BECK'SCHE TEXTAUSGABEN

Steuergesetze
Gebundene Ausgabe

STEUERGESETZE

Einkommen- und Lohnsteuer, Körperschaftsteuer,
Umwandlungssteuer, Bewertung, Erbschaftsteuer, Realsteuern,
Umsatzsteuer, sonstige Verkehrsteuern, Förderungsgesetze,
Abgabenordnung, Finanzverwaltungsvorschriften

Textsammlung
mit Verweisungen und Sachverzeichnis

Gebundene Ausgabe 2023
Stand: 1. Februar 2023

C.H.BECK

Redaktioneller Hinweis
Paragraphenüberschriften in eckigen Klammern sind nicht amtlich. Sie sind ebenso wie die Fußnoten urheber- und wettbewerbsrechtlich geschützt.
Die Angaben zum Stand der Sammlung auf dem Titelblatt beziehen sich auf das Verkündungsdatum der maßgeblichen Gesetz-, Verordnungs- und Amtsblätter.
Verbesserungsvorschläge und mögliche Fehlerhinweise sind jederzeit willkommen.

Verlag C. H. Beck oHG
Wilhelmstraße 9, 80801 München
Fax: (0 89) 3 81 89-101 · Internet: www.beck.de
E-Mail: kundenservice@beck-shop.de

www.beck.de

ISBN 978 3 406 79853 5

© 2023 Verlag C. H. Beck oHG
Wilhelmstraße 9, 80801 München
Druck und Bindung: Druckerei C. H. Beck Nördlingen
(Adresse wie Verlag)

Gedruckt auf säurefreiem, alterungsbeständigem Papier
(hergestellt aus chlorfrei gebleichtem Zellstoff)

Geleitwort

Mit der vorliegenden 212. Ergänzungslieferung wird Ihre rote Loseblatt-sammlung Steuergesetze im Hinblick auf die **Texte** auf den Rechtsstand *Februar 2023* gebracht.

Das Bundesgesetzblatt Teil I ist im Wesentlichen bis zur Ausgabe Nr. 56 vom 28.12.2022 ausgewertet. Die umfangreiche Anzahl von Änderungen führt zu einem kompletten Austausch der Nr. **1** EStG, der Nr. **200** BewG sowie Nr. **800** Abgabenordnung. Neu aufgenommen wurde das Plattformen-Steuertransparenzgesetz (**PStTG**) unter der Nr. **8001**

Folgende nationalen Änderungsgesetzte/-verordnungen sind berücksichtigt:

- Gesetz zur Änderung des Finanzausgleichsgesetzes, des Stabilitätsgesetzes sowie weiterer Gesetze vom 4.12.2022 (BGBl. I S. 2142);
- Inflationsausgleichsgesetz – **InflAusG** vom 8.12.2022 (BGBl. I S. 2230);
- Jahressteuergesetz 2022 (**JStG 2022**) vom 16.12.2022 (BGBl. I S. 2294);
- Achtes Gesetz zur Änderung des Regionalisierungsgesetzes und zur Änderung des Einkommensteuergesetzes vom 16.12.2022 (BGBl. I S. 2352);
- Verordnung zur Änderung der Steueroasen-Abwehrverordnung vom 16.12.2022 (BGBl. I S. 2413);
- Dreizehnte Verordnung zur Änderung der Sozialversicherungsentgelt-verordnung vom 16.12.2022 (BGBl. I S. 2431);
- Sechste Verordnung zur Änderung steuerlicher Verordnungen vom 19.12.2022 (BGBl. I S. 2432);
- Gesetz zur Änderung des Energiesteuer- und des Stromsteuergesetzes zur Verlängerung des sogenannten Spitzenausgleichs vom 19.12.2022 (BGBl. I S. 2483);
- Gesetz zur Einführung einer **Strompreisbremse** und zur Änderung energierechtlicher Bestimmungen vom 20.12.2022 (BGBl. I S. 2512);
- Gesetz zur Umsetzung der Richtlinie (EU) 2021/514 des Rates vom 22. März 2021 zur Änderung der Richtlinie 2011/16/EU über die Zusammenarbeit der Verwaltungsbehörden im Bereich der Besteuerung und zur Modernisierung des Steuerverfahrensrechts vom 20.12.2022 (BGBl. I S. 2730) – sog. **DAC7-Umsetzungsgesetz**;
- KiTa-Qualitätsgesetz vom 20.12.2022 (BGBl. I S. 2791).

Anregungen, Kritik und Hinweise zu Korrekturen sind willkommen unter steuerrecht@beck.de.

München, im Februar 2023   *Verlag C.H.BECK*

1

Geleitwort

Vorwort

Die vorliegende Sammlung enthält alle für die tägliche Beratung nötigen Steuergesetze und Durchführungsverordnungen zum materiellen und formellen Steuerrecht, die relevantesten EU-Richtlinien, die berufsrechtlichen Gesetze für Steuerberater und Wirtschaftsprüfer sowie einen Tabellenanhang mit den Einkommen- und Lohnsteuertabellen. Zur *genauen* Berechnung der **Lohnsteuer** nach dem Formeltarif benutzen Sie bitte das über den Link „https://ch.beck.de/lohnsteuerrechner" herunterladbare **Berechnungsprogramm**. Eine Programmanleitung finden Sie unter den *Vorbemerklungen T 2* ab Seite 10 ff.

Mit dieser Textausgabe sowie den Sammlungen „Zölle und Verbrauchsteuern" und „Doppelbesteuerungsabkommen" bietet der Verlag eine vollständige Zusammenfassung aller Steuergesetze des Bundes, der wichtigsten zollrechtlichen Bestimmungen, der steuerrechtlich relevanten EU-Richtlinien und -Verordnungen sowie der Doppelbesteuerungsabkommen an.

Die Sammlungen werden durch Ergänzungslieferungen auf dem neuesten Stand gehalten. Für die Aufbewahrung ausgetauschter Vorschriften, die für die zurückliegenden Zeiträume Bedeutung behalten und beispielsweise für die Steuerberaterprüfung benötigt werden, empfehlen wir einen gesonderten Ablageordner.

Der Verlag dankt den Beziehern für die vielfältigen Anregungen und Verbesserungsvorschläge, die an ihn herangetragen worden sind; er hofft, dass die Bezieher auch weiterhin durch ihre Kritik den Verlag bei der Gestaltung dieses Werkes unterstützen.

München, Juni 2022 VERLAG C.H.BECK

Inhalt

Inhaltsübersicht

Inhaltsverzeichnis

systematisch geordnet
alphabetisch geordnet

Abkürzungsverzeichnis

Gesetzestexte

Sachverzeichnis

Inhalt

Systematisches Inhaltsverzeichnis[1]

Einkommensteuer, Lohnsteuer

Körperschaftsteuer

---

[1] Ein nach Stichworten alphabetisch geordnetes Inhaltsverzeichnis siehe S. 9 ff.

Inhalt *systematisch*

Umsatzsteuer

Sonstige Verkehrsteuern

Steuerliche Förderungsgesetze

Inhalt systematisch

[1)] Mit EL 207.

Steuerberatungsgesetz, Wirtschaftsprüferordnung

Inhalt <small>systematisch</small>

Tabellenanhang

Sachverzeichnis

Alphabetisches Inhaltsverzeichnis

Inhalt alphabetisch

---

[1] Mit EL 207.

Inhalt alphabetisch

Abkürzungen

ABl.	Amtsblatt
Abs.	Absatz
AEUV	Vertrag über die Arbeitsweise der Europäischen Union
ÄndG	Änderungsgesetz
aF	alte Fassung
AfA	Absetzung für Abnutzung
Amtl. Anm.	Amtliche Anmerkung
angef.	angefügt
AO	Abgabenordnung
Art.	Artikel
AStG	Außensteuergesetz
aufgeh.	aufgehoben
AuslInvestmG	Gesetz über den Vertrieb ausländischer Investmentanteile und über die Besteuerung der Erträge aus ausländischen Investmentanteilen
AuslInvG	Gesetz über steuerliche Maßnahmen bei Auslandsinvestitionen der deutschen Wirtschaft
BAnz.	Bundesanzeiger
BayRS	Bayerische Rechtssammlung
BdF	Bundesminister der Finanzen
BEEG	Bundeselterngeld- und Elternzeitgesetz
Bek.	Bekanntmachung
ber.	berichtigt
BergPDV	Verordnung zur Durchführung des Gesetzes über Bergmannsprämien
BergPG	Gesetz über Bergmannsprämien
BerlinFG	Gesetz zur Förderung der Berliner Wirtschaft
BErzGG	Bundeserziehungsgeldgesetz
BetrAVG	Gesetz zur Verbesserung der betrieblichen Altersversorgung
BetrKV	Betriebskostenverordnung
BewÄndG	Bewertungsänderungsgesetz
BewDV	Durchführungsverordnung zum Bewertungsgesetz
BewG	Bewertungsgesetz
BFH	Bundesfinanzhof
BGBl.	Bundesgesetzblatt
BGBl. III	Bereinigte Sammlung des Bundesrechts, abgeschlossen am 31. 12. 1968 (in Nachweisform fortgeführt in FNA)
bish.	bisher, bisherig
BKGG	Bundeskindergeldgesetz
BMF	Bundesminister der Finanzen
BodSchätzDB	Durchführungsbestimmungen zum Bodenschätzungsgesetz

Abkürzungen

BodSchätzG	Bodenschätzungsgesetz
BodSchätzOffVO	Verordnung über die Offenlegung der Ergebnisse der Bodenschätzung
BsGaV	Betriebsstättengewinnaufteilungsverordnung
BStBl.	Bundessteuerblatt
BV	II. Berechnungsverordnung
BVerfG	Bundesverfassungsgericht
DB	Durchführungs-Bestimmungen
DDR-IG	DDR-Investitionsgesetz
DV/DVO	Durchführungs-Verordnung
DVLStHV	Verordnung zur Durchführung der Vorschriften über Lohnsteuerhilfevereine
DVStB	Verordnung zur Durchführung der Vorschriften über Steuerberater, Steuerbevollmächtigte und Steuerberatungsgesellschaften
ECU	European Currency Unit (Währungseinheit des Europäischen Währungssystems)
EG	Europäische Gemeinschaft
EGAHiG	EG-Amtshilfe-Gesetz
EGAO	Einführungsgesetz zur Abgabenordnung
EigZulG	Eigenheimzulagengesetz
eingef.	eingefügt
EL	Ergänzungslieferung
EntwLStG	Gesetz über steuerliche Maßnahmen zur Förderung von privaten Kapitalanlagen in Entwicklungsländern
ErbStDV	Durchführungsverordnung zum Erbschaftsteuergesetz
ErbStG	Erbschaftsteuergesetz
ErbStRG	Gesetz zur Reform des Erbschaftsteuer- und Schenkungsteuerrechts
Erl.	Erlass
ERRV	Elektronischer-Rechtsverkehr-Verordnung
EStDV	Einkommensteuer-Durchführungsverordnung
EStG	Einkommensteuergesetz
EStR	Einkommensteuer-Richtlinien
EU	Europäische Union
EUAHiG	EU-Amtshilfegesetz
EUBeitrG	EU-Beitreibungsgesetz
EuGH	Europäischer Gerichtshof
EUStBV	Einfuhrumsatzsteuer-Befreiungsverordnung
EWS	Europäisches Währungssystem
EZ	Erhebungszeitraum
FA	Finanzamt
FAG	Finanzausgleichsgesetz
FeuerSchStG	Feuerschutzsteuergesetz
FG	Finanzgericht
FGO	Finanzgerichtsordnung
FKAustG	Finazkonten-Informationsaustauschgesetz
FM	Finanzminister(-ministerium)

Abkürzungen

FNA	Bundesgesetzblatt Teil I, Fundstellennachweis A (Bundesrecht ohne völkerrechtliche Vereinbarungen)
FördergebietsG	Gesetz über Sonderabschreibungen und Abzugsbeträge im Fördergebiet
FVG	Gesetz über die Finanzverwaltung
FVerlV	Funktionsverlagerungsverordnung
FzgLiefgMeldV	Fahrzeuglieferungs-Meldepflichtverordnung
FZulBV	Forschungszulagen-Bescheinigungsverordnung
FZulG	Forderungszulagengesetz
G	Gesetz
GAufzV	Gewinnabgrenzungsaufzeichnungsverordnung
GBl.	Gesetzblatt
geänd.	geändert
GewStDV	Durchführungsverordnung zum Gewerbesteuergesetz
GewStG	Gewerbesteuergesetz
GrEStG	Grunderwerbsteuergesetz
GrStG	Grundsteuergesetz
GVBl.	Gesetz- und Verordnungsblatt
GV. NW.	Gesetz- und Verordnungsblatt Nordrhein-Westfalen
GVOBl.	Gesetz- und Verordnungsblatt Schleswig-Holstein
HGB	Handelsgesetzbuch
idF	in der Fassung
InvStG	Investmentsteuergesetz
InvZulG	Investitionszulagengesetz
KAGG	Gesetz über Kapitalanlagesellschaften
KassenSichV	Kassensicherungsverordnung
KBV	Kleinbetragsverordnung
Kj	Kalenderjahr
KraftStDV	Durchführungsverordnung zum Kraftfahrzeugsteuergesetz
KraftStG	Kraftfahrzeugsteuergesetz
KStDV	Verordnung zur Durchführung des Körperschaftsteuergesetzes
KStG	Körperschaftsteuergesetz
LStDV	Lohnsteuer-Durchführungsverordnung
LStR	Lohnsteuerrichtlinien
MaßstG	Maßstäbegesetz
MinBlFin.	Ministerialblatt des Bundesministeriums der Finanzen
MV	Mitteilungsverordnung
MwStSystRL	Mehrwertsteuer-Systemrichtlinie
mWv	mit Wirkung vom
neu gef.	neu gefasst
nF	neue Fassung
Nr., Nrn.	Nummer, Nummern
OFD	Oberfinanzdirektion
Rdvfg.	Rundverfügung
REITG	REIT-Gesetz

Abkürzungen

Abkürzungen

WPO .... Wirtschaftsprüferordnung
ZerlG .... Zerlegungsgesetz
ZIV .... Zinsinformationsverordnung
ZMDV .... Datenträger-Verordnung über die Abgabe Zusammen–
fassender Meldungen
ZPO .... Zivilprozessordnung

Abkürzungen

1. Einkommensteuergesetz (EStG)[1]

In der Fassung der Bekanntmachung vom 8. Oktober 2009
(BGBl. I S. 3366, ber. I 2009 S. 3862)

Geändert durch Wachstumsbeschleunigungsgesetz vom 22.12.2009 (BGBl. I S. 3950), Gesetz zur Umsetzung steuerlicher EU-Vorgaben sowie zur Änderung steuerlicher Vorschriften vom 8.4.2010 (BGBl. I S. 386), Jahressteuergesetz 2010 (JStG 2010) vom 8.12.2010 (BGBl. I S. 1768), Restrukturierungsgesetz vom 9.12.2010 (BGBl. I S. 1900), Gesetz zur bestätigenden Regelung verschiedener steuerlicher und verkehrsrechtlicher Vorschriften des Haushaltsbegleitgesetzes 2004 vom 5.4.2011 (BGBl. I S. 554), Gesetz zur Umsetzung der Richtlinie 2009/65/EG zur Koordinierung der Rechts- und Verwaltungsvorschriften betreffend bestimmte Organismen für gemeinsame Anlagen in Wertpapieren (OGAW-IV-UmsG) vom 22.6.2011 (BGBl. I S. 1126), Steuervereinfachungsgesetz 2011 vom 1.11.2011 (BGBl. I S. 2131), Beitreibungsrichtlinie-Umsetzungsgesetz (BeitrRLUmsG) vom 7.12.2011 (BGBl. I S. 2592), Gesetz zur Verbesserung der Eingliederungschancen am Arbeitsmarkt vom 20.12.2011 (BGBl. I S. 2854), Gesetz zur Neuordnung der Organisation der landwirtschaftlichen Sozialversicherung vom 12.4.2012 (BGBl. I S. 579), Gesetz zur Änderung des Gemeindefinanzreformgesetzes und von steuerlichen Vorschriften vom 8.5.2012 (BGBl. I S. 1030), Gesetz zum Abbau der kalten Progression vom 20.2.2013 (BGBl. I S. 283), Gesetz zur Änderung und Vereinfachung der Unternehmensbesteuerung und des steuerlichen Reisekostenrechts vom 20.2.2013 (BGBl. I S. 285), Gesetz zur Stärkung des Ehrenamtes (Ehrenamtsstärkungsgesetz) vom 21.3.2013 (BGBl. I S. 556), Gesetz zur Fortentwicklung des Meldewesens (MeldFortG) vom 3.5.2013 (BGBl. I S. 1084; geänd. BGBl. I 2014 S. 1738), Altersvorsorge-Verbesserungsgesetz (AltvVerbG) vom 24.6.2013 (BGBl. I S. 1667), Amtshilferichtlinie-Umsetzungsgesetz (AmtshilfeRLUmsG) vom 26.6.2013 (BGBl. I S. 1809), Gesetz zur Änderung des Einkommensteuergesetzes in Umsetzung der Entscheidung des Bundesverfassungsgerichts vom 7. Mai 2013 vom 15.7.2013 (BGBl. I 2013 S. 2397), Gesetz zur Anpassung des Investmentsteuergesetzes und anderer Gesetze an das AIFM-Umsetzungsgesetz (AIFM-Steuer-Anpassungsgesetz – AIFM-StAnpG) vom 18.12.2013 (BGBl. I S. 4318), Gesetz zur Anpassung steuerlicher Regelungen an die Rechtsprechung des Bundesverfassungsgerichts vom 18.7.2014 (BGBl. I S. 1042), Gesetz zur Anpassung des nationalen Steuerrechts an den Beitritt Kroatiens zur EU und zur Änderung weiterer steuerlicher Vorschriften vom 25.7.2014 (BGBl. I S. 1266), Gesetz zur Änderung des Freizügigkeitsgesetzes/EU und weiterer Vorschriften vom 2.12.2014 (BGBl. I S. 1922), Gesetz zur Anpassung der Abgabenordnung an den Zollkodex der Union und zur Änderung weiterer steuerlicher Vorschriften vom 22.12.2014 (BGBl. I S. 2417), Gesetz zur Modernisierung der Finanzaufsicht über Versicherungen vom 1.4.2015 (BGBl. I S. 434; ber. BGBl. I S. 1834), Gesetz zur Neuregelung der Unterhaltssicherung sowie zur Änderung soldatenrechtlicher Vorschriften vom 29.6.2015 (BGBl. I S. 1061), Gesetz zur Anhebung des Grundfreibetrags, des Kinderfreibetrags, des Kindergeldes und des Kinderzuschlags vom 16.7.2015 (BGBl. I S. 1202), Gesetz zur Entlastung der mittelständischen Wirtschaft von Bürokratie (Bürokratieentlastungsgesetz) vom 28.7.2015 (BGBl. I S. 1400), Zehnte Zuständigkeitsanpassungsverordnung vom 31.8.2015 (BGBl. I S. 1474), Steueränderungsgesetz 2015 vom 2.11.2015 (BGBl. I S. 1834), Gesetz zur Umsetzung der EU-Mobilitäts-Richtlinie vom 21.12.2015 (BGBl. I S. 2553), Gesetz zur Änderung des Einkommensteuergesetzes zur Erhöhung des Lohnsteuereinbehalts in der Seeschifffahrt vom 24.2.2016 (BGBl. I S. 310)[2], Zweites Gesetz

---

[1] Neubekanntmachung des EStG idF der Bek. v. 19.10.2002 (BGBl. I S. 4210; 2003 I S. 179) auf Grund § 51 Abs. 4 Nr. 2 EStG 1997 in der ab 1.9.2009 geltenden Fassung.

[2] Zum Inkrafttreten siehe Art. 2 des Gesetzes: Dieses Gesetz tritt an dem Tag in Kraft, an dem die Europäische Kommission die nach den Leitlinien der Gemeinschaft für staatliche

(Fortsetzung Fußnote nächste Seite)

über die weitere Bereinigung von Bundesrecht vom 8.7.2016 (BGBl. I S. 1594), Gesetz zur Modernisierung des Besteuerungsverfahrens vom 18.7.2016 (BGBl. I S. 1679), Gesetz zur Reform der Investmentbesteuerung (Investmentsteuerreformgesetz – InvStRefG) vom 19.7.2016 (BGBl. I S. 1730), Gesetz zur Neuregelung des Kulturgutschutzrechts vom 31.7.2016 (BGBl. I S. 1914), Gesetz zur steuerlichen Förderung von Elektromobilität im Straßenverkehr vom 7.11.2016 (BGBl. I S. 2498), Gesetz zur Beendigung der Sonderzuständigkeit der Familienkassen des öffentlichen Dienstes im Bereich des Bundes vom 8.12.2016 (BGBl. I S. 2835), Gesetz zur Umsetzung der Änderungen der EU-Amtshilferichtlinie und von weiteren Maßnahmen gegen Gewinnkürzungen und -verlagerungen vom 20.12.2016 (BGBl. I S. 3000), Gesetz zum Erlass und zur Änderung marktordnungsrechtlicher Vorschriften sowie zur Änderung des Einkommensteuergesetzes vom 20.12.2016 (BGBl. I S. 3045), Drittes Gesetz zur Stärkung der pflegerischen Versorgung und zur Änderung weiterer Vorschriften (Drittes Pflegestärkungsgesetz – PSG III) vom 23.12.2016 (BGBl. I S. 3191), Gesetz zur Bekämpfung der Steuerumgehung und zur Änderung weiterer steuerlicher Vorschriften (Steuerumgehungsbekämpfungsgesetz – StUmgBG) vom 23.6.2017 (BGBl. I S. 1682), Gesetz gegen schädliche Steuerpraktiken im Zusammenhang mit Rechteüberlassungen vom 27.6.2017 (BGBl. I S. 2074), Zweites Gesetz zur Entlastung insbesondere der mittelständischen Wirtschaft von Bürokratie (Zweites Bürokratieentlastungsgesetz) vom 30.6.2017 (BGBl. I S. 2143), Gesetz zur strafrechtlichen Rehabilitierung der nach dem 8. Mai 1945 wegen einvernehmlicher homosexueller Handlungen verurteilten Personen und zur Änderung des Einkommensteuergesetzes vom 17.7.2017 (BGBl. I S. 2443), Gesetz zum Ausschluss verfassungsfeindlicher Parteien von der Parteienfinanzierung vom 18.7.2017 (BGBl. I S. 2730), Gesetz zur Stärkung der betrieblichen Altersversorgung und zur Änderung anderer Gesetze (Betriebsrentenstärkungsgesetz) vom 17.8.2017 (BGBl. I S. 3214), Gesetz zur steuerlichen Entlastung der Familien sowie zur Anpassung weiterer steuerlicher Regelungen (Familienentlastungsgesetz – FamEntlastG) vom 29.11.2018 (BGBl. I S. 2210), Gesetz zur Vermeidung von Umsatzsteuerausfällen beim Handel mit Waren im Internet und zur Änderung weiterer steuerlicher Vorschriften vom 11.12.2018 (BGBl. I S. 2338), Gesetz zur Umsetzung der Richtlinie (EU) 2016/2341 des Europäischen Parlaments und des Rates vom 14. Dezember 2016 über die Tätigkeiten und die Beaufsichtigung von Einrichtungen der betrieblichen Altersversorgung (EbAV) (Neufassung) vom 19.12.2018 (BGBl. I S. 2672), Gesetz über steuerliche und weitere Begleitregelungen zum Austritt des Vereinigten Königreichs Großbritannien und Nordirland aus der Europäischen Union (Brexit-Steuerbegleitgesetz – Brexit-StBG) vom 25.3.2019 (BGBl. I S. 357), Gesetz gegen illegale Beschäftigung und Sozialleistungsmissbrauch vom 11.7.2019 (BGBl. I S. 1066), Gesetz zur steuerlichen Förderung des Mietwohnungsneubaus vom 4.8.2019 (BGBl. I S. 1122), Zweites Gesetz zur Anpassung des Datenschutzrechts an die Verordnung (EU) 2016/679 und zur Umsetzung der Richtlinie (EU) 2016/680 (Zweites Datenschutz-Anpassungs- und Umsetzungsgesetz EU – 2. DSAnpUG-EU) vom 20.11.2019 (BGBl. I S. 1626), Drittes Gesetz zur Entlastung insbesondere der mittelständischen Wirtschaft von Bürokratie (Drittes Bürokratieentlastungsgesetz) vom 22.11.2019 (BGBl. I S. 1746), Gesetz zur Reform des Grundsteuer- und Bewertungsrechts (Grundsteuer-Reformgesetz – GrStRefG) vom 26.11.2019 (BGBl. I S. 1794), Gesetz zur weiteren steuerlichen Förderung der Elekromobilität und zur Änderung weiterer steuerlicher Vorschriften vom 12.12.2019 (BGBl. I S. 2451), Gesetz zur Regelung des Sozialen Entschädigungsrechts vom 12.12.2019 (BGBl. I S. 2652), Gesetz zur steuerlichen Förderung von Forschung und Entwicklung vom 14.12.2019 (BGBl. I S. 2763), Gesetz zur Einführung einer Pflicht zur Mitteilung grenzüberschreitender Steuergestaltungen vom 21.12.2019 (BGBl. I S. 2875), Gesetz zur Umsetzung des Klimaschutzprogramms 2030 im Steuerrecht vom 21.12.2019 (BGBl. I S. 2886), Elfte Zuständigkeitsanpassungsverordnung vom 19.6.2020 (BGBl. I S. 1328), Gesetz zur Umsetzung steuerlicher Hilfsmaßnahmen zur Bewältigung der Corona-Krise (Corona-Steuerhilfegesetz) vom 19.6.2020 (BGBl. I S. 1385), Zweites Gesetz zur Umsetzung steuerlicher Hilfsmaßnahmen zur Bewältigung der Corona-Krise (Zweites Corona-Steuerhilfegesetz) vom 29.6.2020 (BGBl. I S. 1512), Gesetz zur Reduzierung und zur Beendigung der Kohleverstromung und zur Änderung weiterer Gesetze (Kohleausstiegsgesetz) vom

---

(Fortsetzung der Fußnote)

Beihilfen im Seeverkehr (ABl. C 13 vom 17.1.2004, S. 3) erforderliche beihilferechtliche Genehmigung erteilt. Die Genehmigung wurde am 3.5.2016 erteilt (BGBl. I S. 1248).

8.8.2020 (BGBl. I S. 1818), Gesetz zur Einführung der Grundrente für langjährige Versicherung in der gesetzlichen Rentenversicherung mit unterdurchschnittlichem Einkommen und für weitere Maßnahmen zur Erhöhung der Alterseinkommen (Grundrentengesetz) vom 12.8.2020 (BGBl. I S. 1879), Zweites Gesetz zur steuerlichen Entlastung von Familien sowie zur Anpassung weiterer steuerlicher Regelungen (Zweites Familienentlastungsgesetz – 2. FamEntlastG) vom 1.12.2020 (BGBl. I S. 2616), Gesetz zur Digitalisierung von Verwaltungsverfahren bei der Gewährung von Familienleistungen vom 3.12.2020 (BGBl. I S. 2668), Gesetz zur Erhöhung der Behinderten-Pauschbeträge und zur Anpassung weiterer steuerlicher Regelungen vom 9.12.2020 (BGBl. I S. 2770), Jahressteuergesetz 2020 (JStG 2020) vom 21.12.2020 (BGBl. I S. 3096; geänd. BGBl. I 2021 S. 3932, 4034), Gesetz zur Verbesserung der Transparenz in der Alterssicherung und der Rehabilitation sowie zur Modernisierung der Sozialversicherungswahlen und zur Änderung anderer Gesetze (Gesetz Digitale Rentenübersicht) vom 11.2.2021 (BGBl. I S. 154), Drittes Gesetz zur Umsetzung steuerlicher Hilfsmaßnahmen zur Bewältigung der Corona-Krise (Drittes Corona-Steuerhilfegesetz) vom 10.3.2021 (BGBl. I S. 330), Gesetz zur Reform des Vormundschafts- und Betreuungsrechts vom 4.5.2021 (BGBl. I S. 882), Gesetz zur Verlängerung des erhöhten Lohnsteuereinbehalts in der Seeschifffahrt vom 12.5.2021 (BGBl. I S. 989), Gesetz zur Umsetzung der Richtlinie (EU) 2019/2034 über die Beaufsichtigung von Wertpapierinstituten vom 12.5.2021 (BGBl. I S. 990), Gesetz zur Modernisierung der Entlastung von Abzugsteuern und der Bescheinigung der Kapitalertragsteuer (Abzugsteuerentlastungsmodernisierungsgesetz – AbzStEntModG) vom 2.6.2021 (BGBl. I S. 1259), Gesetz zur Stärkung des Fondsstandorts Deutschland und zur Umsetzung der Richtlinie (EU) 2019/1160 zur Änderung der Richtlinien 2009/65/EG und 2011/61/EU im Hinblick auf den grenzüberschreitenden Vertrieb von Organismen für gemeinsame Anlagen (Fondsstandortgesetz – FoStoG) vom 3.6.2021 (BGBl. I S. 1498), Gesetz zur Umsetzung der Anti-Steuervermeidungsrichtlinie (ATAD-Umsetzungsgesetz – ATADUmsG) vom 25.6.2021 (BGBl. I S. 2035), Gesetz zur Modernisierung des Körperschaftsteuerrechts vom 25.6.2021 (BGBl. I S. 2050), Gesetz zur Abwehr von Steuervermeidung und unfairem Steuerwettbewerb und zur Änderung weiterer Gesetze vom 25.6.2021 (BGBl. I S. 2056), Gesetz zur Rehabilitierung der wegen einvernehmlicher homosexueller Handlungen, wegen ihrer homosexuellen Orientierung oder wegen ihrer geschlechtlichen Identität dienstrechtlich benachteiligten Soldatinnen und Soldaten vom 16.7.2021 (BGBl. I S. 2993), Gesetz über die Entschädigung der Soldatinnen und Soldaten und zur Neuordnung des Soldatenversorgungsrechts vom 20.8.2021 (BGBl. I S. 3932), Steuerentlastungsgesetz 2022 vom 23.5.2022 (BGBl. I S. 749), Gesetz zur Regelung eines Sofortzuschlages und einer Einmalzahlung in den sozialen Mindestsicherungssystemen sowie zur Änderung des Finanzausgleichsgesetzes und weiterer Gesetze vom 23.5.2022 (BGBl. I S. 760), Viertes Corona-Steuerhilfegesetz vom 19.6.2022 (BGBl. I S. 911), Gesetz zur temporären Senkung des Umsatzsteuersatzes auf Gaslieferungen über das Erdgasnetz vom 19.10.2022 (BGBl. I S. 1743), Inflationsausgleichsgesetz (InflAusG) vom 8.12.2022 (BGBl. I S. 2230), Jahressteuergesetz 2022 (JStG 2022) vom 16.12.2022 (BGBl. I S. 2294), Gesetz zur Änderung des Regionalisierungsgesetzes und zur Änderung des Einkommensteuergesetzes vom 16.12.2022 (BGBl. I S. 2352) und Gesetz zur Umsetzung der Richtlinie (EU) 2021/514 des Rates vom 22. März 2021 zur Änderung der Richtlinie 2011/16/EU über die Zusammenarbeit der Verwaltungsbehörden im Bereich der Besteuerung und zur Modernisierung des Steuerverfahrensrechts vom 20.12.2022 (BGBl. I S. 2730)

BGBl. III/FNA 611-1

Inhaltsübersicht[1]

I. Steuerpflicht

II. Einkommen

1. Sachliche Voraussetzungen für die Besteuerung

---

[1] Zum Teil nicht amtlich.

I. Steuerpflicht

§ 1 Steuerpflicht. (1)[1] [1]Natürliche Personen, die im Inland einen Wohnsitz oder ihren gewöhnlichen Aufenthalt haben, sind unbeschränkt einkommensteuerpflichtig. [2]Zum Inland im Sinne dieses Gesetzes gehört auch der der Bundesrepublik Deutschland zustehende Anteil

1. an der ausschließlichen Wirtschaftszone, soweit dort

   a) die lebenden und nicht lebenden natürlichen Ressourcen der Gewässer über dem Meeresboden, des Meeresbodens und seines Untergrunds erforscht, ausgebeutet, erhalten oder bewirtschaftet werden,

---

[1] § 1 Abs. 1 Satz 2 neu gef. mWv VZ 2016 durch G v. 2.11.2015 (BGBl. I S. 1834).

b) andere Tätigkeiten zur wirtschaftlichen Erforschung oder Ausbeutung der ausschließlichen Wirtschaftszone ausgeübt werden, wie beispielsweise die Energieerzeugung aus Wasser, Strömung und Wind oder

c) künstliche Inseln errichtet oder genutzt werden und Anlagen und Bauwerke für die in den Buchstaben a und b genannten Zwecke errichtet oder genutzt werden, und

2. am Festlandsockel, soweit dort

a) dessen natürliche Ressourcen erforscht oder ausgebeutet werden; natürliche Ressourcen in diesem Sinne sind die mineralischen und sonstigen nicht lebenden Ressourcen des Meeresbodens und seines Untergrunds sowie die zu den sesshaften Arten gehörenden Lebewesen, die im nutzbaren Stadium entweder unbeweglich auf oder unter dem Meeresboden verbleiben oder sich nur in ständigem körperlichen Kontakt mit dem Meeresboden oder seinem Untergrund fortbewegen können; oder

b) künstliche Inseln errichtet oder genutzt werden und Anlagen und Bauwerke für die in Buchstabe a genannten Zwecke errichtet oder genutzt werden.

(2) ¹Unbeschränkt einkommensteuerpflichtig sind auch deutsche Staatsangehörige, die

1. im Inland weder einen Wohnsitz noch ihren gewöhnlichen Aufenthalt haben und

2. zu einer inländischen juristischen Person des öffentlichen Rechts in einem Dienstverhältnis stehen und dafür Arbeitslohn aus einer inländischen öffentlichen Kasse beziehen,

sowie zu ihrem Haushalt gehörende Angehörige, die die deutsche Staatsangehörigkeit besitzen oder keine Einkünfte oder nur Einkünfte beziehen, die ausschließlich im Inland einkommensteuerpflichtig sind. ²Dies gilt nur für natürliche Personen, die in dem Staat, in dem sie ihren Wohnsitz oder ihren gewöhnlichen Aufenthalt haben, lediglich in einem der beschränkten Einkommensteuerpflicht ähnlichen Umfang zu einer Steuer vom Einkommen herangezogen werden.

(3) ¹Auf Antrag werden auch natürliche Personen als unbeschränkt einkommensteuerpflichtig behandelt, die im Inland weder einen Wohnsitz noch ihren gewöhnlichen Aufenthalt haben, soweit sie inländische Einkünfte im Sinne des § 49 haben. ²Dies gilt nur, wenn ihre Einkünfte im Kalenderjahr mindestens zu 90 Prozent der deutschen Einkommensteuer unterliegen oder die nicht der deutschen Einkommensteuer unterliegenden Einkünfte den Grundfreibetrag nach § 32a Absatz 1 Satz 2 Nummer 1 nicht übersteigen; dieser Betrag ist zu kürzen, soweit es nach den Verhältnissen im Wohnsitzstaat des Steuerpflichtigen notwendig und angemessen ist. ³Inländische Einkünfte, die nach einem Abkommen zur Vermeidung der Doppelbesteuerung nur der Höhe nach beschränkt besteuert werden dürfen, gelten hierbei als nicht der deutschen Einkommensteuer unterliegend. ⁴Unberücksichtigt bleiben bei der Ermittlung der Einkünfte nach Satz 2 nicht der deutschen Einkommensteuer unterliegende Einkünfte, die im Ausland nicht besteuert werden, soweit ver-

gleichbare Einkünfte im Inland steuerfrei sind. ⁵Weitere Voraussetzung ist, dass die Höhe der nicht der deutschen Einkommensteuer unterliegenden Einkünfte durch eine Bescheinigung der zuständigen ausländischen Steuerbehörde nachgewiesen wird. ⁶Der Steuerabzug nach § 50a ist ungeachtet der Sätze 1 bis 4 vorzunehmen.

(4) Natürliche Personen, die im Inland weder einen Wohnsitz noch ihren gewöhnlichen Aufenthalt haben, sind vorbehaltlich der Absätze 2 und 3 und des § 1a beschränkt einkommensteuerpflichtig, wenn sie inländische Einkünfte im Sinne des § 49 haben.

§ 1a [Fiktive unbeschränkte Steuerpflicht von EU- und EWR-Familienangehörigen] (1) Für Staatsangehörige eines Mitgliedstaates der Europäischen Union oder eines Staates, auf den das Abkommen über den Europäischen Wirtschaftsraum anwendbar ist, die nach § 1 Absatz 1 unbeschränkt einkommensteuerpflichtig sind oder die nach § 1 Absatz 3 als unbeschränkt einkommensteuerpflichtig zu behandeln sind, gilt bei Anwendung von § 10 Absatz 1a¹⁾ und § 26 Absatz 1 Satz 1 Folgendes:

1.²⁾ Aufwendungen im Sinne des § 10 Absatz 1a sind auch dann als Sonderausgaben abziehbar, wenn der Empfänger der Leistung oder Zahlung nicht unbeschränkt einkommensteuerpflichtig ist. ²Voraussetzung ist, dass

    a) der Empfänger seinen Wohnsitz oder gewöhnlichen Aufenthalt im Hoheitsgebiet eines anderen Mitgliedstaates der Europäischen Union oder eines Staates hat, auf den das Abkommen über den Europäischen Wirtschaftsraum Anwendung findet und

    b) die Besteuerung der nach § 10 Absatz 1a zu berücksichtigenden Leistung oder Zahlung beim Empfänger durch eine Bescheinigung der zuständigen ausländischen Steuerbehörde nachgewiesen wird;

1a., 1b.³⁾ *(aufgehoben)*

2.⁴⁾ der nicht dauernd getrennt lebende Ehegatte ohne Wohnsitz oder gewöhnlichen Aufenthalt im Inland wird auf Antrag für die Anwendung des § 26 Absatz 1 Satz 1 als unbeschränkt einkommensteuerpflichtig behandelt. ²Nummer 1 Satz 2 Buchstabe a gilt entsprechend. ³Bei Anwendung des § 1 Absatz 3 Satz 2 ist auf die Einkünfte beider Ehegatten abzustellen und der Grundfreibetrag nach § 32a Absatz 1 Satz 2 Nummer 1 zu verdoppeln.

(2) Für unbeschränkt einkommensteuerpflichtige Personen im Sinne des § 1 Absatz 2, die die Voraussetzungen des § 1 Absatz 3 Satz 2 bis 5 erfüllen, und für unbeschränkt einkommensteuerpflichtige Personen im Sinne des § 1 Absatz 3, die die Voraussetzungen des § 1 Absatz 2 Satz 1 Nummer 1 und 2 erfüllen und an einem ausländischen Dienstort tätig sind, gilt die Regelung des Absatzes 1 Nummer 2 entsprechend mit der Maßgabe, dass auf Wohnsitz oder

---

¹⁾ Verweis geänd. mWv 1.1.2015 durch G v. 22.12.2014 (BGBl. I S. 2417); zur Anwendung von § 10 Abs. 1a siehe § 52 Abs. 18 Sätze 1 und 2.
²⁾ § 1a Abs. 1 Nr. 1 neu gef. mWv 1.1.2015 durch G v. 22.12.2014 (BGBl. I S. 2417).
³⁾ § 1a Abs. 1 Nrn. 1a und 1b aufgeh. mWv 1.1.2015 durch G v. 22.12.2014 (BGBl. I S. 2417).
⁴⁾ § 1a Abs. 1 Nr. 2 S. 2 Zitat geänd. durch G v. 12.12.2019 (BGBl. I S. 2451).

gewöhnlichen Aufenthalt im Staat des ausländischen Dienstortes abzustellen ist.

II. Einkommen

1. Sachliche Voraussetzungen für die Besteuerung

§ 2 Umfang der Besteuerung, Begriffsbestimmungen. (1) ¹Der Einkommensteuer unterliegen

1. Einkünfte aus Land- und Forstwirtschaft,
2. Einkünfte aus Gewerbebetrieb,
3. Einkünfte aus selbständiger Arbeit,
4. Einkünfte aus nichtselbständiger Arbeit,
5. Einkünfte aus Kapitalvermögen,
6. Einkünfte aus Vermietung und Verpachtung,
7. sonstige Einkünfte im Sinne des § 22,

die der Steuerpflichtige während seiner unbeschränkten Einkommensteuerpflicht oder als inländische Einkünfte während seiner beschränkten Einkommensteuerpflicht erzielt. ²Zu welcher Einkunftsart die Einkünfte im einzelnen Fall gehören, bestimmt sich nach den §§ 13 bis 24.

(2) ¹Einkünfte sind

1.¹⁾ bei Land- und Forstwirtschaft, Gewerbebetrieb und selbständiger Arbeit der Gewinn (§§ 4 bis 7k und 13a),
2. bei den anderen Einkunftsarten der Überschuss der Einnahmen über die Werbungskosten (§§ 8 bis 9a).

²Bei Einkünften aus Kapitalvermögen tritt § 20 Absatz 9 vorbehaltlich der Regelung in § 32d Absatz 2 an die Stelle der §§ 9 und 9a.

(3) Die Summe der Einkünfte, vermindert um den Altersentlastungsbetrag, den Entlastungsbetrag für Alleinerziehende und den Abzug nach § 13 Absatz 3, ist der Gesamtbetrag der Einkünfte.

(4) Der Gesamtbetrag der Einkünfte, vermindert um die Sonderausgaben und die außergewöhnlichen Belastungen, ist das Einkommen.

(5) ¹Das Einkommen, vermindert um die Freibeträge nach § 32 Absatz 6 und um die sonstigen vom Einkommen abzuziehenden Beträge, ist das zu versteuernde Einkommen; dieses bildet die Bemessungsgrundlage für die tarifliche Einkommensteuer. ²Knüpfen andere Gesetze an den Begriff des zu versteuernden Einkommens an, ist für deren Zweck das Einkommen in allen Fällen des § 32 um die Freibeträge nach § 32 Absatz 6 zu vermindern.

(5a)²⁾ ¹Knüpfen außersteuerliche Rechtsnormen an die in den vorstehenden Absätzen definierten Begriffe (Einkünfte, Summe der Einkünfte, Gesamtbetrag

---

¹⁾ § 2 Abs. 2 Satz 1 Nr. 1 geänd. mWv VZ 2010 durch G v. 8.12.2010 (BGBl. I S. 1786).
²⁾ § 2 Abs. 5a Satz 2 angef. mWv VZ 2012 durch G v. 1.11.2011 (BGBl. I S. 2131).

der Einkünfte, Einkommen, zu versteuerndes Einkommen) an, erhöhen sich für deren Zwecke diese Größen um die nach § 32d Absatz 1 und nach § 43 Absatz 5 zu besteuernden Beträge sowie um die nach § 3 Nummer 40 steuerfreien Beträge und mindern sich um die nach § 3c Absatz 2 nicht abziehbaren Beträge. [2]Knüpfen außersteuerliche Rechtsnormen an die in den Absätzen 1 bis 3 genannten Begriffe (Einkünfte, Summe der Einkünfte, Gesamtbetrag der Einkünfte) an, mindern sich für deren Zwecke diese Größen um die nach § 10 Absatz 1 Nummer 5 abziehbaren Kinderbetreuungskosten.

(5b)[1] Soweit Rechtsnormen dieses Gesetzes an die in den vorstehenden Absätzen definierten Begriffe (Einkünfte, Summe der Einkünfte, Gesamtbetrag der Einkünfte, Einkommen, zu versteuerndes Einkommen) anknüpfen, sind Kapitalerträge nach § 32d Absatz 1 und § 43 Absatz 5 nicht einzubeziehen.

(6) [1]Die tarifliche Einkommensteuer, vermindert um [*VZ 2016–2022:* den Unterschiedsbetrag nach § 32c Absatz 1 Satz 2,][2] die anzurechnenden ausländischen Steuern und die Steuerermäßigungen, vermehrt um die Steuer nach § 32d Absatz 3 und 4, die Steuer nach § 34c Absatz 5 und den Zuschlag nach § 3 Absatz 4 Satz 2 des Forstschäden-Ausgleichsgesetzes in der Fassung der Bekanntmachung vom 26. August 1985 (BGBl. I S. 1756), das zuletzt durch Artikel 412 der Verordnung vom 31. August 2015 (BGBl. I S. 1474) geändert worden ist, in der jeweils geltenden Fassung, ist die festzusetzende Einkommensteuer. [2]Wurde der Gesamtbetrag der Einkünfte in den Fällen des § 10a Absatz 2 um Sonderausgaben nach § 10a Absatz 1 gemindert, ist für die Ermittlung der festzusetzenden Einkommensteuer der Anspruch auf Zulage nach Abschnitt XI der tariflichen Einkommensteuer hinzuzurechnen; bei der Ermittlung der dem Steuerpflichtigen zustehenden Zulage bleibt die Erhöhung der Grundzulage nach § 84 Satz 2 außer Betracht. [3]Wird das Einkommen in den Fällen des § 31 um die Freibeträge nach § 32 Absatz 6 gemindert, ist der Anspruch auf Kindergeld nach Abschnitt X der tariflichen Einkommensteuer hinzuzurechnen; nicht jedoch für Kalendermonate, in denen durch Bescheid der Familienkasse ein Anspruch auf Kindergeld festgesetzt, aber wegen § 70 Absatz 1 Satz 2 nicht ausgezahlt wurde.[3]

(7) [1]Die Einkommensteuer ist eine Jahressteuer. [2]Die Grundlagen für ihre Festsetzung sind jeweils für ein Kalenderjahr zu ermitteln. [3]Besteht während eines Kalenderjahres sowohl unbeschränkte als auch beschränkte Einkommensteuerpflicht, so sind die während der beschränkten Einkommensteuerpflicht erzielten inländischen Einkünfte in eine Veranlagung zur unbeschränkten Einkommensteuerpflicht einzubeziehen.

(8)[4] Die Regelungen dieses Gesetzes zu Ehegatten und Ehen sind auch auf Lebenspartner und Lebenspartnerschaften anzuwenden.

---

[1] § 2 Abs. 5b Satz 2 aufgeh. mWv VZ 2012 durch G v. 1.11.2011 (BGBl. I S. 2131).

[2] § 2 Abs. 6 Satz 1 Klammerzusatz eingef. durch G v. 12.12.2019 (BGBl. I S. 2451); zum Inkrafttreten und Anwendung der § 32c siehe Fußnotenhinweise oben.

[3] § 2 Abs. 6 Satz 3 HS 2 angef. mWv 18.7.2019 durch G v. 11.7.2019 (BGBl. I S. 1066).

[4] § 2 Abs. 8 angef. durch G v. 15.7.2013 (BGBl. I S. 2397). Siehe auch BVerfG v. 7.5.2013, 2 BvR 909/06, DStR 2013 S. 1228.

§ 2a[1] Negative Einkünfte mit Bezug zu Drittstaaten. (1) [1]Negative Einkünfte

1. aus einer in einem Drittstaat belegenen land- und forstwirtschaftlichen Betriebsstätte,

2. aus einer in einem Drittstaat belegenen gewerblichen Betriebsstätte,

3. a) aus dem Ansatz des niedrigeren Teilwerts eines zu einem Betriebsvermögen gehörenden Anteils an einer Drittstaaten-Körperschaft oder

   b) aus der Veräußerung oder Entnahme eines zu einem Betriebsvermögen gehörenden Anteils an einer Drittstaaten-Körperschaft oder aus der Auflösung oder Herabsetzung des Kapitals einer Drittstaaten-Körperschaft,

4. in den Fällen des § 17 bei einem Anteil an einer Drittstaaten-Kapitalgesellschaft,

5. aus der Beteiligung an einem Handelsgewerbe als stiller Gesellschafter und aus partiarischen Darlehen, wenn der Schuldner Wohnsitz, Sitz oder Geschäftsleitung in einem Drittstaat hat,

6. a) aus der Vermietung oder der Verpachtung von unbeweglichem Vermögen oder von Sachinbegriffen, wenn diese in einem Drittstaat belegen sind, oder

   b) aus der entgeltlichen Überlassung von Schiffen, sofern der Überlassende nicht nachweist, dass diese ausschließlich oder fast ausschließlich in einem anderen Staat als einem Drittstaat eingesetzt worden sind, es sei denn, es handelt sich um Handelsschiffe, die

   aa) von einem Vercharterer ausgerüstet überlassen oder

   bb) an in einem anderen als in einem Drittstaat ansässige Ausrüster, die die Voraussetzungen des § 510 Absatz 1 des Handelsgesetzbuchs erfüllen, überlassen oder

   cc) insgesamt nur vorübergehend an in einem Drittstaat ansässige Ausrüster, die die Voraussetzungen des § 510 Absatz 1 des Handelsgesetzbuchs erfüllen, überlassen

   worden sind, oder

   c) aus dem Ansatz des niedrigeren Teilwerts oder der Übertragung eines zu einem Betriebsvermögen gehörenden Wirtschaftsguts im Sinne der Buchstaben a und b,

7. a) aus dem Ansatz des niedrigeren Teilwerts, der Veräußerung oder Entnahme eines zu einem Betriebsvermögen gehörenden Anteils an

   b) aus der Auflösung oder Herabsetzung des Kapitals,

   c) in den Fällen des § 17 bei einem Anteil an

   einer Körperschaft mit Sitz oder Geschäftsleitung in einem anderen Staat als einem Drittstaat, soweit die negativen Einkünfte auf einen der in den Nummern 1 bis 6 genannten Tatbestände zurückzuführen sind,

dürfen nur mit positiven Einkünften der jeweils selben Art und, mit Ausnahme der Fälle der Nummer 6 Buchstabe b, aus demselben Staat, in den Fällen

---

[1] Zur Anwendung von § 2a siehe § 52 Abs. 2.

der Nummer 7 auf Grund von Tatbeständen der jeweils selben Art aus demselben Staat, ausgeglichen werden; sie dürfen auch nicht nach § 10d abgezogen werden. ²Den negativen Einkünften sind Gewinnminderungen gleichgestellt. ³Soweit die negativen Einkünfte nicht nach Satz 1 ausgeglichen werden können, mindern sie die positiven Einkünfte der jeweils selben Art, die der Steuerpflichtige in den folgenden Veranlagungszeiträumen aus demselben Staat, in den Fällen der Nummer 7 auf Grund von Tatbeständen der jeweils selben Art aus demselben Staat, erzielt. ⁴Die Minderung ist nur insoweit zulässig, als die negativen Einkünfte in den vorangegangenen Veranlagungszeiträumen nicht berücksichtigt werden konnten (verbleibende negative Einkünfte). ⁵Die am Schluss eines Veranlagungszeitraums verbleibenden negativen Einkünfte sind gesondert festzustellen; § 10d Absatz 4 gilt sinngemäß.

(2) ¹Absatz 1 Satz 1 Nummer 2 ist nicht anzuwenden, wenn der Steuerpflichtige nachweist, dass die negativen Einkünfte aus einer gewerblichen Betriebsstätte in einem Drittstaat stammen, die ausschließlich oder fast ausschließlich die Herstellung oder Lieferung von Waren, außer Waffen, die Gewinnung von Bodenschätzen sowie die Bewirkung gewerblicher Leistungen zum Gegenstand hat, soweit diese nicht in der Errichtung oder dem Betrieb von Anlagen, die dem Fremdenverkehr dienen, oder in der Vermietung oder der Verpachtung von Wirtschaftsgütern einschließlich der Überlassung von Rechten, Plänen, Mustern, Verfahren, Erfahrungen und Kenntnissen bestehen; das unmittelbare Halten einer Beteiligung von mindestens einem Viertel am Nennkapital einer Kapitalgesellschaft, die ausschließlich oder fast ausschließlich die vorgenannten Tätigkeiten zum Gegenstand hat, sowie die mit dem Halten der Beteiligung in Zusammenhang stehende Finanzierung gilt als Bewirkung gewerblicher Leistungen, wenn die Kapitalgesellschaft weder ihre Geschäftsleitung noch ihren Sitz im Inland hat. ²Absatz 1 Satz 1 Nummer 3 und 4 ist nicht anzuwenden, wenn der Steuerpflichtige nachweist, dass die in Satz 1 genannten Voraussetzungen bei der Körperschaft entweder seit ihrer Gründung oder während der letzten fünf Jahre vor und in dem Veranlagungszeitraum vorgelegen haben, in dem die negativen Einkünfte bezogen werden.

(2a) ¹Bei der Anwendung der Absätze 1 und 2 sind

1. als Drittstaaten die Staaten anzusehen, die nicht Mitgliedstaaten der Europäischen Union sind;

2. Drittstaaten-Körperschaften und Drittstaaten-Kapitalgesellschaften solche, die weder ihre Geschäftsleitung noch ihren Sitz in einem Mitgliedstaat der Europäischen Union haben.

²Bei Anwendung des Satzes 1 sind den Mitgliedstaaten der Europäischen Union die Staaten gleichgestellt, auf die das Abkommen über den Europäischen Wirtschaftsraum anwendbar ist, sofern zwischen der Bundesrepublik Deutschland und dem anderen Staat auf Grund der Amtshilferichtlinie gemäß § 2 Absatz 2 des EU-Amtshilfegesetzes¹⁾ oder einer vergleichbaren zwei- oder mehrseitigen Vereinbarung Auskünfte erteilt werden, die erforderlich sind, um die Besteuerung durchzuführen.

---

¹⁾ Zitat geänd. mWv 1.1.2013 durch G v. 26.6.2013 (BGBl. I S. 1809).

(3)[1] ¹ *Sind nach einem Abkommen zur Vermeidung der Doppelbesteuerung bei einem unbeschränkt Steuerpflichtigen aus einer in einem ausländischen Staat belegenen Betriebsstätte stammende Einkünfte aus gewerblicher Tätigkeit von der Einkommensteuer zu befreien, so ist auf Antrag des Steuerpflichtigen ein Verlust, der sich nach den Vorschriften des inländischen Steuerrechts bei diesen Einkünften ergibt, bei der Ermittlung des Gesamtbetrags der Einkünfte abzuziehen, soweit er vom Steuerpflichtigen ausgeglichen oder abgezogen werden könnte, wenn die Einkünfte nicht von der Einkommensteuer zu befreien wären, und soweit er nach diesem Abkommen zu befreiende positive Einkünfte aus gewerblicher Tätigkeit aus anderen in diesem ausländischen Staat belegenen Betriebsstätten übersteigt. ² Soweit der Verlust dabei nicht ausgeglichen wird, ist bei Vorliegen der Voraussetzungen des § 10d der Verlustabzug zulässig. ³ Der nach den Sätzen 1 und 2 abgezogene Betrag ist, soweit sich in einem der folgenden Veranlagungszeiträume bei den nach diesem Abkommen zu befreienden Einkünften aus gewerblicher Tätigkeit aus in diesem ausländischen Staat belegenen Betriebsstätten insgesamt ein positiver Betrag ergibt, in dem betreffenden Veranlagungszeitraum bei der Ermittlung des Gesamtbetrags der Einkünfte wieder hinzuzurechnen. ⁴ Satz 3 ist nicht anzuwenden, wenn der Steuerpflichtige nachweist, daß nach den für ihn geltenden Vorschriften des ausländischen Staates ein Abzug von Verlusten in anderen Jahren als dem Verlustjahr allgemein nicht beansprucht werden kann. ⁵ Der am Schluß eines Veranlagungszeitraums nach den Sätzen 3 und 4 der Hinzurechnung unterliegende und noch nicht hinzugerechnete (verbleibende) Betrag ist gesondert festzustellen; § 10d Abs. 3[2] gilt entsprechend. ⁶ In die gesonderte Feststellung nach Satz 5 einzubeziehen ist der nach § 2 Abs. 1 Satz 3 und 4 des Gesetzes über steuerliche Maßnahmen bei Auslandsinvestitionen der deutschen Wirtschaft vom 18. August 1969 (BGBl. I S. 1214), das zuletzt durch Artikel 8 des Gesetzes vom 25. Juli 1988 (BGBl. I S. 1093) geändert worden ist, der Hinzurechnung unterliegende und noch nicht hinzugerechnete Betrag.*

(4)[3] ¹ Wird eine in einem ausländischen Staat belegene Betriebsstätte

1. in eine Kapitalgesellschaft umgewandelt oder

2. entgeltlich oder unentgeltlich übertragen oder

3. aufgegeben, jedoch die ursprünglich von der Betriebsstätte ausgeübte Geschäftstätigkeit ganz oder teilweise von einer Gesellschaft, an der der inländische Steuerpflichtige zu mindestens 10 Prozent unmittelbar oder mittelbar beteiligt ist, oder von einer ihm nahe stehenden Person im Sinne des § 1 Absatz 2 des Außensteuergesetzes fortgeführt,

so ist ein nach Absatz 3 Satz 1 und 2 abgezogener Verlust, soweit er nach Absatz 3 Satz 3 nicht wieder hinzugerechnet worden ist oder nicht noch hinzuzurechnen ist, im Veranlagungszeitraum der Umwandlung, Übertragung oder Aufgabe in entsprechender Anwendung des Absatzes 3 Satz 3 dem Gesamtbetrag der Einkünfte hinzuzurechnen. ² Satz 1 gilt entsprechend bei Beendigung der unbeschränkten Einkommensteuerpflicht (§ 1 Absatz 1) durch Aufgabe des Wohnsitzes oder des gewöhnlichen Aufenthalts oder bei Beendigung der

---

[1] § 2a Abs. 3 aufgeh. durch G v. 24.3.1999 (BGBl. I S. 402); zur weiteren Anwendung siehe § 52 Abs. 2 Sätze 3 und 4.

[2] Siehe § 52 Abs. 2 Satz 4 iVm Satz 3.

[3] § 2a Abs. 4 idF des § 52 Abs. 3 Satz 8 a. F. (in der Neufassung von § 52 durch G v. 25.7.2014 (BGBl. I S. 1266) nicht mehr enthalten). Die Fassung gilt ab VZ 2006.

EL 212   Februar 2023   17

unbeschränkten Körperschaftsteuerpflicht (§ 1 Absatz 1 des Körperschaftsteuergesetzes) durch Verlegung des Sitzes oder des Orts der Geschäftsleitung sowie bei unbeschränkter Einkommensteuerpflicht (§ 1 Absatz 1) oder unbeschränkter Körperschaftsteuerpflicht (§ 1 Absatz 1 des Körperschaftsteuergesetzes) bei Beendigung der Ansässigkeit im Inland auf Grund der Bestimmungen eines Abkommens zur Vermeidung der Doppelbesteuerung.

2. Steuerfreie Einnahmen

§ 3 [**Steuerfreie Einnahmen**] Steuerfrei sind

1. a) Leistungen aus einer Krankenversicherung, aus einer Pflegeversicherung und aus der gesetzlichen Unfallversicherung,

   b) Sachleistungen und Kinderzuschüsse aus den gesetzlichen Rentenversicherungen einschließlich der Sachleistungen nach dem Gesetz über die Alterssicherung der Landwirte,

   c) Übergangsgeld nach dem Sechsten Buch Sozialgesetzbuch und Geldleistungen nach den §§ 10, 36 bis 39 des Gesetzes über die Alterssicherung der Landwirte,

   d) das Mutterschaftsgeld nach dem Mutterschutzgesetz, der Reichsversicherungsordnung und dem Gesetz über die Krankenversicherung der Landwirte, die Sonderunterstützung für im Familienhaushalt beschäftigte Frauen, der Zuschuss zum Mutterschaftsgeld nach dem Mutterschutzgesetz sowie der Zuschuss bei Beschäftigungsverboten für die Zeit vor oder nach einer Entbindung sowie für den Entbindungstag während einer Elternzeit nach beamtenrechtlichen Vorschriften;

2.[1]) a) das Arbeitslosengeld, das Teilarbeitslosengeld, das Kurzarbeitergeld, der Zuschuss zum Arbeitsentgelt, das Übergangsgeld, der Gründungszuschuss nach dem Dritten Buch Sozialgesetzbuch sowie die übrigen Leistungen nach dem Dritten Buch Sozialgesetzbuch und den entsprechenden Programmen des Bundes und der Länder, soweit sie Arbeitnehmern oder Arbeitsuchenden oder zur Förderung der Aus- oder Weiterbildung oder Existenzgründung der Empfänger gewährt werden,

   b) das Insolvenzgeld, Leistungen auf Grund der in § 169 und § 175 Absatz 2 des Dritten Buches Sozialgesetzbuch genannten Ansprüche sowie Zahlungen des Arbeitgebers an einen Sozialleistungsträger auf Grund des gesetzlichen Forderungsübergangs nach § 115 Absatz 1 des Zehnten Buches Sozialgesetzbuch, wenn ein Insolvenzereignis nach § 165 Absatz 1 Satz 2 auch in Verbindung mit Satz 3 des Dritten Buches Sozialgesetzbuch vorliegt,

   c) die Arbeitslosenbeihilfe nach dem Soldatenversorgungsgesetz,

   d) Leistungen zur Sicherung des Lebensunterhalts und zur Eingliederung in Arbeit nach dem Zweiten Buch Sozialgesetzbuch,

---

[1]) § 3 Nr. 2 neu gef. mWv VZ 2015 durch G v. 25.7.2014 (BGBl. I S. 1266); Buchst. e geänd. mWv VZ 2021 durch G v. 21.12.2020 (BGBl. I S. 3096).

e) mit den in den Nummern 1 bis 2 Buchstabe d und Nummer 67 Buchstabe b genannten Leistungen vergleichbare Leistungen ausländischer Rechtsträger, die ihren Sitz in einem Mitgliedstaat der Europäischen Union, in einem Staat, auf den das Abkommen über den Europäischen Wirtschaftsraum Anwendung findet oder in der Schweiz haben;

2a., 2b.[1] *(aufgehoben)*

3. a)[2] Rentenabfindungen nach § 107 des Sechsten Buches Sozialgesetzbuch, nach § 21 des Beamtenversorgungsgesetzes, nach § 9 Absatz 1 Nummer 3 des Altersgeldgesetzes oder entsprechendem Landesrecht und nach *§ 43 [ab 1.1.2025: § 59]* des Soldatenversorgungsgesetzes in Verbindung mit § 21 des Beamtenversorgungsgesetzes,

b) Beitragserstattungen an den Versicherten nach den §§ 210 und 286d des Sechsten Buches Sozialgesetzbuch sowie nach den §§ 204, 205 und 207 des Sechsten Buches Sozialgesetzbuch, Beitragserstattungen nach den §§ 75 und 117 des Gesetzes über die Alterssicherung der Landwirte und nach § 26 des Vierten Buches Sozialgesetzbuch,

c) Leistungen aus berufsständischen Versorgungseinrichtungen, die den Leistungen nach den Buchstaben a und b entsprechen,

d)[3] Kapitalabfindungen und Ausgleichszahlungen nach § 48 des Beamtenversorgungsgesetzes oder entsprechendem Landesrecht und nach den *§§ 28 bis 35 und 38 [ab 1.1.2025: §§ 43 bis 50 und 53]* des Soldatenversorgungsgesetzes;

4.[4] bei Angehörigen der Bundeswehr, der Bundespolizei, der Zollverwaltung, der Bereitschaftspolizei der Länder, der Vollzugspolizei und der Berufsfeuerwehr der Länder und Gemeinden und bei Vollzugsbeamten der Kriminalpolizei des Bundes, der Länder und Gemeinden

a) der Geldwert der ihnen aus Dienstbeständen überlassenen Dienstkleidung,

b) Einkleidungsbeihilfen und Abnutzungsentschädigungen für die Dienstkleidung der zum Tragen oder Bereithalten von Dienstkleidung Verpflichteten und für dienstlich notwendige Kleidungsstücke der Vollzugsbeamten der Kriminalpolizei sowie der Angehörigen der Zollverwaltung,

c) im Einsatz gewährte Verpflegung oder Verpflegungszuschüsse,

d) der Geldwert der auf Grund gesetzlicher Vorschriften gewährten Heilfürsorge;

5.[5] a) die Geld- und Sachbezüge, die Wehrpflichtige während des Wehrdienstes nach § 4 des Wehrpflichtgesetzes erhalten,

---

[1] § 3 Nr. 2a und 2b aufgeh. mWv VZ 2015 durch G v. 25.7.2014 (BGBl. I S. 1266).

[2] § 3 Nr. 3 Buchst. a geänd. mWv VZ 2020 durch G v. 12.12.2019 (BGBl. I S. 2451); geänd. mWv 1.1.2025 durch G v. 20.8.2021 (BGBl. I S. 3932).

[3] § 3 Nr. 3 Buchst. d geänd. mWv 1.1.2025 durch G v. 20.8.2021 (BGBl. I S. 3932).

[4] § 3 Nr. 4 Satzteil vor Buchst. a geänd., Buchst. b geänd. mWv VZ 2015 durch G v. 25.7.2014 (BGBl. I S. 1266).

[5] § 3 Nr. 5 neu gef. mWv VZ 2020 durch G v. 12.12.2019 (BGBl. I S. 2451).

b) die Geld- und Sachbezüge, die Zivildienstleistende nach § 35 des Zivildienstgesetzes erhalten,

c) die Heilfürsorge, die Soldaten nach § 16 des Wehrsoldgesetzes und Zivildienstleistende nach § 35 des Zivildienstgesetzes erhalten,

d) das an Personen, die einen in § 32 Absatz 4 Satz 1 Nummer 2 Buchstabe d genannten Freiwilligendienst leisten, gezahlte Taschengeld oder eine vergleichbare Geldleistung,

e) Leistungen nach § 5 des Wehrsoldgesetzes;

6.[1)] Bezüge, die auf Grund gesetzlicher Vorschriften aus öffentlichen Mitteln versorgungshalber an Wehrdienstbeschädigte, im Freiwilligen Wehrdienst Beschädigte, Zivildienstbeschädigte und im Bundesfreiwilligendienst Beschädigte oder ihre Hinterbliebenen, Kriegsbeschädigte, Kriegshinterbliebene und ihnen gleichgestellte Personen gezahlt werden, soweit es sich nicht um Bezüge handelt, die auf Grund der Dienstzeit gewährt werden. [2] Gleichgestellte im Sinne des Satzes 1 sind auch Personen, die Anspruch auf Leistungen nach dem *Bundesversorgungsgesetz* [*ab 1.1.2024:* Vierzehnten Buch Sozialgesetzbuch] oder auf Unfallfürsorgeleistungen nach dem Soldatenversorgungsgesetz, [*ab 1.1.2025:* Soldatenentschädigungsgesetz,] Beamtenversorgungsgesetz oder vergleichbarem Landesrecht haben;

7. Ausgleichsleistungen nach dem Lastenausgleichsgesetz, Leistungen nach dem Flüchtlingshilfegesetz, dem Bundesvertriebenengesetz, dem Reparationsschädengesetz, dem Vertriebenenzuwendungsgesetz, dem NS-Verfolgtenentschädigungsgesetz sowie Leistungen nach dem *Entschädigungsgesetz*[2)] und nach dem Ausgleichsleistungsgesetz, soweit sie nicht Kapitalerträge im Sinne des § 20 Absatz 1 Nummer 7 und Absatz 2 sind;

8. Geldrenten, Kapitalentschädigungen und Leistungen im Heilverfahren, die auf Grund gesetzlicher Vorschriften zur Wiedergutmachung nationalsozialistischen Unrechts gewährt werden. [2] Die Steuerpflicht von Bezügen aus einem aus Wiedergutmachungsgründen neu begründeten oder wieder begründeten Dienstverhältnis sowie von Bezügen aus einem früheren Dienstverhältnis, die aus Wiedergutmachungsgründen neu gewährt oder wieder gewährt werden, bleibt unberührt;

8a.[3)] Renten wegen Alters und Renten wegen verminderter Erwerbsfähigkeit aus der gesetzlichen Rentenversicherung, die an Verfolgte im Sinne des § 1 des Bundesentschädigungsgesetzes gezahlt werden, wenn rentenrechtliche Zeiten auf Grund der Verfolgung in der Rente enthalten sind. [2] Renten wegen Todes aus der gesetzlichen Rentenversicherung, wenn der verstorbene Versicherte Verfolgter im Sinne des § 1 des Bundesentschädigungsgesetzes war und wenn rentenrechtliche Zeiten auf Grund der Verfolgung in dieser Rente enthalten sind;

[1)] § 3 Nr. 6 neu gef. mWv VZ 2014 durch G v. 25.7.2014 (BGBl. I S. 1266); Satz 2 geänd. mWv 1.1.2024 durch G v. 12.12.2019 (BGBl. I S. 2652); zur Anwendung siehe § 52 Abs. 54 (bis 31.12.2024); Nr. 6 geänd. mWv 1.1.2025 durch G v. 20.8.2021 (BGBl. I S. 3932).

[2)] G aufgeh. durch Einigungsvertrag v. 31.8.1990 (BGBl. I S. 889).

[3)] § 3 Nr. 8a eingef. durch G v. 7.12.2011 (BGBl. I S. 2592).

9. Erstattungen nach § 23 Absatz 2 Satz 1 Nummer 3 und 4 sowie nach § 39 Absatz 4 Satz 2 des Achten Buches Sozialgesetzbuch;

10.[1] Einnahmen einer Gastfamilie für die Aufnahme eines Menschen mit Behinderungen oder von Behinderung bedrohten Menschen nach § 2 Absatz 1 des Neunten Buches Sozialgesetzbuch zur Pflege, Betreuung, Unterbringung und Verpflegung, die auf Leistungen eines Leistungsträgers nach dem Sozialgesetzbuch beruhen. [2]Für Einnahmen im Sinne des Satzes 1, die nicht auf Leistungen eines Leistungsträgers nach dem Sozialgesetzbuch beruhen, gilt Entsprechendes bis zur Höhe der Leistungen nach dem Zwölften Buch Sozialgesetzbuch. [3]Überschreiten die auf Grund der in Satz 1 bezeichneten Tätigkeit bezogenen Einnahmen der Gastfamilie den steuerfreien Betrag, dürfen die mit der Tätigkeit in unmittelbarem wirtschaftlichen Zusammenhang stehenden Ausgaben abweichend von § 3c nur insoweit als Betriebsausgaben abgezogen werden, als sie den Betrag der steuerfreien Einnahmen übersteigen;

11. Bezüge aus öffentlichen Mitteln oder aus Mitteln einer öffentlichen Stiftung, die wegen Hilfsbedürftigkeit oder als Beihilfe zu dem Zweck bewilligt werden, die Erziehung oder Ausbildung, die Wissenschaft oder Kunst unmittelbar zu fördern. [2]Darunter fallen nicht Kinderzuschläge und Kinderbeihilfen, die auf Grund der Besoldungsgesetze, besonderer Tarife oder ähnlicher Vorschriften gewährt werden. [3]Voraussetzung für die Steuerfreiheit ist, dass der Empfänger mit den Bezügen nicht zu einer bestimmten wissenschaftlichen oder künstlerischen Gegenleistung oder zu einer bestimmten Arbeitnehmertätigkeit verpflichtet wird. [4]Den Bezügen aus öffentlichen Mitteln wegen Hilfsbedürftigkeit gleichgestellt sind Beitragsermäßigungen und Prämienrückzahlungen eines Trägers der gesetzlichen Krankenversicherung für nicht in Anspruch genommene Beihilfeleistungen;

11a.[2] zusätzlich zum ohnehin geschuldeten Arbeitslohn vom Arbeitgeber in der Zeit vom 1. März 2020 bis zum 31. März 2022 auf Grund der Corona-Krise an seine Arbeitnehmer in Form von Zuschüssen und Sachbezügen gewährte Beihilfen und Unterstützungen bis zu einem Betrag von 1500 Euro;

11b.[3] zusätzlich zum ohnehin geschuldeten Arbeitslohn vom Arbeitgeber in der Zeit vom 18. November 2021 bis zum 31. Dezember 2022 an seine Arbeitnehmer zur Anerkennung besonderer Leistungen während der Corona-Krise gewährte Leistungen bis zu einem Betrag von 4500 Euro. [2]Voraussetzung für die Steuerbefreiung ist, dass die Arbeitnehmer in Einrichtungen im Sinne des § 23 Absatz 3 Satz 1 Nummer 1 bis 4, 8, 11 oder Nummer 12 des Infektionsschutzgesetzes oder § 36 Absatz 1 Num-

---

[1] Zur Anwendung von § 3 Nr. 10 a. F. siehe § 52 Abs. 4 Satz 3; Satz 1 geänd. mWv 15.12.2020 durch G v. 9.12.2020 (BGBl. I S. 2770).

[2] § 3 Nr. 11a eingef. durch G v. 19.6.2020 (BGBl. I S. 1385); geänd. durch G v. 21.12.2020 (BGBl. I S. 3096); geänd. durch G v. 2.6.2021 (BGBl. I S. 1259).

[3] § 3 Nr. 11b eingef. mWv VZ 2021 (§ 52 Abs. 4 Satz 4) durch G v. 19.6.2022 (BGBl. I S. 911); Nr. 11b Satz 2 HS 2 angef., Satz 5 angef. mWv VZ 2022 durch G v. 16.12.2022 (BGBl. I S. 2294).

mer 2 oder Nummer 7 des Infektionsschutzgesetzes tätig sind [*ab VZ 2022:* ; maßgeblich ist jeweils die am 22. Juni 2022 gültige Fassung des Infektionsschutzgesetzes]. ³Die Steuerbefreiung gilt entsprechend für Personen, die in den in Satz 2 genannten Einrichtungen im Rahmen einer Arbeitnehmerüberlassung oder im Rahmen eines Werk- oder Dienstleistungsvertrags eingesetzt werden. ⁴Nummer 11a findet auf die Leistungen im Sinne der Sätze 1 bis 3 keine Anwendung [*ab VZ 2022:* ⁵Abweichend von Satz 1 gilt die Steuerbefreiung für Leistungen nach § 150c des Elften Buches Sozialgesetzbuch in der Fassung des Gesetzes zur Stärkung des Schutzes der Bevölkerung und insbesondere vulnerabler Personengruppen vor COVID-19 vom 16. September 2022 (BGBl. I S. 1454) auch dann, wenn sie in der Zeit bis zum 31. Mai 2023 gewährt werden;]

11c.[1]) zusätzlich zum ohnehin geschuldeten Arbeitslohn vom Arbeitgeber in der Zeit vom 26. Oktober 2022 bis zum 31. Dezember 2024 in Form von Zuschüssen und Sachbezügen gewährte Leistungen zur Abmilderung der gestiegenen Verbraucherpreise bis zu einem Betrag von 3 000 Euro;

12.[2]) aus einer Bundeskasse oder Landeskasse gezahlte Bezüge, die zum einen

    a) in einem Bundesgesetz oder Landesgesetz,

    b) auf Grundlage einer bundesgesetzlichen oder landesgesetzlichen Ermächtigung beruhenden Bestimmung oder

    c) von der Bundesregierung oder einer Landesregierung

als Aufwandsentschädigung festgesetzt sind und die zum anderen jeweils auch als Aufwandsentschädigung im Haushaltsplan ausgewiesen werden. ²Das Gleiche gilt für andere Bezüge, die als Aufwandsentschädigung aus öffentlichen Kassen an öffentliche Dienste leistende Personen gezahlt werden, soweit nicht festgestellt wird, dass sie für Verdienstausfall oder Zeitverlust gewährt werden oder den Aufwand, der dem Empfänger erwächst, offenbar übersteigen;

13.[3]) die aus öffentlichen Kassen gezahlten Reisekostenvergütungen, Umzugskostenvergütungen und Trennungsgelder. ²Die als Reisekostenvergütungen gezahlten Vergütungen für Verpflegung sind nur insoweit steuerfrei, als sie die Pauschbeträge nach § 9 Absatz 4a nicht übersteigen; Trennungsgelder sind nur insoweit steuerfrei, als sie die nach § 9 Absatz 1 Satz 3 Nummer 5 und Absatz 4a abziehbaren Aufwendungen nicht übersteigen;

14. Zuschüsse eines Trägers der gesetzlichen Rentenversicherung zu den Aufwendungen eines Rentners für seine Krankenversicherung und von dem gesetzlichen Rentenversicherungsträger getragene Anteile (§ 249a des Fünften Buches Sozialgesetzbuch) an den Beiträgen für die gesetzliche Krankenversicherung;

---

[1]) § 3 Nr. 11c eingef. durch G v. 19.10.2022 (BGBl. I S. 1743).
[2]) § 3 Nr. 12 Satz 1 neu gef. mWv VZ 2014 durch G v. 25.7.2014 (BGBl. I S. 1266).
[3]) § 3 Nr. 13 geänd. mWv VZ 2014 durch G v. 20.2.2013 (BGBl. I S. 285).

14a.[1] der Anteil der Rente aus der gesetzlichen Rentenversicherung, der auf Grund des Zuschlags an Entgeltpunkten für langjährige Versicherung nach dem Sechsten Buch Sozialgesetzbuch geleistet wird;

15.[2] Zuschüsse des Arbeitgebers, die zusätzlich zum ohnehin geschuldeten Arbeitslohn zu den Aufwendungen des Arbeitnehmers für Fahrten mit öffentlichen Verkehrsmitteln im Linienverkehr (ohne Luftverkehr) zwischen Wohnung und erster Tätigkeitsstätte und nach § 9 Absatz 1 Satz 3 Nummer 4a Satz 3 sowie für Fahrten im öffentlichen Personennahverkehr gezahlt werden. [2]Das Gleiche gilt für die unentgeltliche oder verbilligte Nutzung öffentlicher Verkehrsmittel im Linienverkehr (ohne Luftverkehr) für Fahrten zwischen Wohnung und erster Tätigkeitsstätte und nach § 9 Absatz 1 Satz 3 Nummer 4a Satz 3 sowie für Fahrten im öffentlichen Personennahverkehr, die der Arbeitnehmer auf Grund seines Dienstverhältnisses zusätzlich zum ohnehin geschuldeten Arbeitslohn in Anspruch nehmen kann. [3]Die nach den Sätzen 1 und 2 steuerfreien Leistungen mindern den nach § 9 Absatz 1 Satz 3 Nummer 4 Satz 2 abziehbaren Betrag;

16.[3] die Vergütungen, die Arbeitnehmer außerhalb des öffentlichen Dienstes von ihrem Arbeitgeber zur Erstattung von Reisekosten, Umzugskosten oder Mehraufwendungen bei doppelter Haushaltsführung erhalten, soweit sie die nach § 9 als Werbungskosten abziehbaren Aufwendungen nicht übersteigen;

17. Zuschüsse zum Beitrag nach § 32 des Gesetzes über die Alterssicherung der Landwirte;

18. das Aufgeld für ein an die Bank für Vertriebene und Geschädigte (Lastenausgleichsbank) zugunsten des Ausgleichsfonds (§ 5 des Lastenausgleichsgesetzes) gegebenes Darlehen, wenn das Darlehen nach § 7f des Gesetzes in der Fassung der Bekanntmachung vom 15. September 1953 (BGBl. I S. 1355) im Jahr der Hingabe als Betriebsausgabe abzugsfähig war;

19.[4] Weiterbildungsleistungen des Arbeitgebers oder auf dessen Veranlassung von einem Dritten

   a) für Maßnahmen nach § 82 Absatz 1 und 2 des Dritten Buches Sozialgesetzbuch oder

   b) die der Verbesserung der Beschäftigungsfähigkeit des Arbeitnehmers dienen.

   [2]Steuerfrei sind auch Beratungsleistungen des Arbeitgebers oder auf dessen Veranlassung von einem Dritten zur beruflichen Neuorientierung bei Beendigung des Dienstverhältnisses. [3]Die Leistungen im Sinne der Sätze 1 und 2 dürfen keinen überwiegenden Belohnungscharakter haben;

---

[1] § 3 Nr. 14a eingef. durch G v. 16.12.2022 (BGBl. I S. 2294); zur Anwendung ab VZ 2021 siehe § 52 Abs. 4 Sätze 5 bis 8.
[2] § 3 Nr. 15 eingef. mWv VZ 2019 durch G v. 11.12.2018 (BGBl. I S. 2338).
[3] § 3 Nr. 16 geänd. mWv VZ 2014 durch G v. 20.2.2013 (BGBl. I S. 285).
[4] § 3 Nr. 19 neu gef. mWv VZ 2020 durch G v. 21.12.2020 (BGBl. I S. 3096).

20. die aus öffentlichen Mitteln des Bundespräsidenten aus sittlichen oder sozialen Gründen gewährten Zuwendungen an besonders verdiente Personen oder ihre Hinterbliebenen;

21., 22.[1]) *(aufgehoben)*

23.[2]) Leistungen nach

a) dem Häftlingshilfegesetz,

b) dem Strafrechtlichen Rehabilitierungsgesetz,

c) dem Verwaltungsrechtlichen Rehabilitierungsgesetz,

d) dem Beruflichen Rehabilitierungsgesetz,

e) dem Gesetz zur strafrechtlichen Rehabilitierung der nach dem 8. Mai 1945 wegen einvernehmlicher homosexueller Handlungen verurteilten Personen und

f) dem Gesetz zur Rehabilitierung der wegen einvernehmlicher homosexueller Handlungen, wegen ihrer homosexuellen Orientierung oder wegen ihrer geschlechtlichen Identität dienstrechtlich benachteiligten Soldatinnen und Soldaten;

24. Leistungen, die auf Grund des Bundeskindergeldgesetzes gewährt werden;

25. Entschädigungen nach dem Infektionsschutzgesetz vom 20. Juli 2000 (BGBl. I S. 1045);

26.[3]) Einnahmen aus nebenberuflichen Tätigkeiten als Übungsleiter, Ausbilder, Erzieher, Betreuer oder vergleichbaren nebenberuflichen Tätigkeiten, aus nebenberuflichen künstlerischen Tätigkeiten oder der nebenberuflichen Pflege alter, kranker Menschen oder Menschen mit Behinderungen im Dienst oder im Auftrag einer juristischen Person des öffentlichen Rechts, die in einem Mitgliedstaat der Europäischen Union, in einem Staat, auf den das Abkommen über den Europäischen Wirtschaftsraum Anwendung findet, oder in der Schweiz belegen ist, oder einer unter § 5 Absatz 1 Nummer 9 des Körperschaftsteuergesetzes fallenden Einrichtung zur Förderung gemeinnütziger, mildtätiger und kirchlicher Zwecke (§§ 52 bis 54 der Abgabenordnung) bis zur Höhe von insgesamt 3000 Euro[4]) im Jahr. ²Überschreiten die Einnahmen für die in Satz 1 bezeichneten Tätigkeiten den steuerfreien Betrag, dürfen die mit den nebenberuflichen Tätigkeiten in unmittelbarem wirtschaftlichen Zusammenhang stehenden Ausgaben abweichend von § 3c nur insoweit als Betriebsausgaben oder Werbungskosten abgezogen werden, als sie den Betrag der steuerfreien Einnahmen übersteigen;

---

[1]) § 3 Nrn. 21 und 22 aufgeh. durch G v. 1.11.2011 (BGBl. I S. 2131).
[2]) § 3 Nr. 23 neu gef. mWv VZ 2021 durch G v. 16.7.2021 (BGBl. I S. 2993).
[3]) § 3 Nr. 26 Satz 2 geänd. durch G v. 8.12.2010 (BGBl. I S. 1768); Satz 1 geänd. durch G v. 11.12.2018 (BGBl. I S. 2338); zur Anwendung siehe § 52 Abs. 4 Satz 10; Satz 1 geänd. durch G v. 9.12.2020 (BGBl. I S. 2770).
[4]) Betrag geänd. durch G v. 21.3.2013 (BGBl. I S. 556); geänd. mWv VZ 2021 durch G v. 21.12.2020 (BGBl. I S. 3096).

26a.[1] Einnahmen aus nebenberuflichen Tätigkeiten im Dienst oder Auftrag einer juristischen Person des öffentlichen Rechts, die in einem Mitgliedstaat der Europäischen Union, in einem Staat, auf den das Abkommen über den Europäischen Wirtschaftsraum Anwendung findet, oder in der Schweiz belegen ist, oder einer unter § 5 Absatz 1 Nummer 9 des Körperschaftsteuergesetzes fallenden Einrichtung zur Förderung gemeinnütziger, mildtätiger und kirchlicher Zwecke (§§ 52 bis 54 der Abgabenordnung) bis zur Höhe von insgesamt 840 Euro[2] im Jahr. [2] Die Steuerbefreiung ist ausgeschlossen, wenn für die Einnahmen aus der Tätigkeit – ganz oder teilweise – eine Steuerbefreiung nach § 3 Nummer 12, 26 oder 26b gewährt wird. [3] Überschreiten die Einnahmen für die in Satz 1 bezeichneten Tätigkeiten den steuerfreien Betrag, dürfen die mit den nebenberuflichen Tätigkeiten in unmittelbarem wirtschaftlichen Zusammenhang stehenden Ausgaben abweichend von § 3c nur insoweit als Betriebsausgaben oder Werbungskosten abgezogen werden, als sie den Betrag der steuerfreien Einnahmen übersteigen;

26b.[3] *Aufwandsentschädigungen nach § 1835a [**ab VZ 2023**: Aufwandspauschalen nach § 1878] des Bürgerlichen Gesetzbuchs, soweit sie zusammen mit den steuerfreien Einnahmen im Sinne der Nummer 26 den Freibetrag nach Nummer 26 Satz 1 nicht überschreiten. [2] Nummer 26 Satz 2 gilt entsprechend;

27. der Grundbetrag der Produktionsaufgaberente und das Ausgleichsgeld nach dem Gesetz zur Förderung der Einstellung der landwirtschaftlichen Erwerbstätigkeit bis zum Höchstbetrag von 18 407 Euro;

28. die Aufstockungsbeträge im Sinne des § 3 Absatz 1 Nummer 1 Buchstabe a sowie die Beiträge und Aufwendungen im Sinne des § 3 Absatz 1 Nummer 1 Buchstabe b und des § 4 Absatz 2 des Altersteilzeitgesetzes, die Zuschläge, die versicherungsfrei Beschäftigte im Sinne des § 27 Absatz 1 Nummer 1 bis 3 des Dritten Buches Sozialgesetzbuch zur Aufstockung der Bezüge bei Altersteilzeit nach beamtenrechtlichen Vorschriften oder Grundsätzen erhalten sowie die Zahlungen des Arbeitgebers zur Übernahme der Beiträge im Sinne des § 187a des Sechsten Buches Sozialgesetzbuch, soweit sie 50 Prozent der Beiträge nicht übersteigen;

28a.[4] Zuschüsse des Arbeitgebers zum Kurzarbeitergeld und Saison-Kurzarbeitergeld, soweit sie zusammen mit dem Kurzarbeitergeld 80 Prozent des Unterschiedsbetrags zwischen dem Soll-Entgelt und dem Ist-Entgelt nach § 106 des Dritten Buches Sozialgesetzbuch nicht übersteigen und sie für

---

[1] § 3 Nr. 26a Satz 1 geänd. durch G v. 11.12.2018 (BGBl. I S. 2338); zur Anwendung siehe § 52 Abs. 4 Satz 10.
[2] Betrag geänd. durch G v. 21.3.2013 (BGBl. I S. 556); geänd. mWv VZ 2021 durch G v. 21.12.2020 (BGBl. I S. 3096).
[3] § 3 Nr. 26b eingef. durch G v. 8.12.2010 (BGBl. I S. 1768); geänd. mWv 1.1.2023 durch G v. 4.5.2021 (BGBl. I S. 882).
[4] § 3 Nr. 28a eingef. durch G v. 19.6.2020 (BGBl. I S. 1385); geänd. mWv VZ 2021 durch G v. 21.12.2020 (BGBl. I S. 3096); geänd. mWv VZ 2022 durch G v. 19.6.2022 (BGBl. I S. 911).

Lohnzahlungszeiträume, die nach dem 29. Februar 2020 beginnen und vor dem 1. Juli 2022 enden, geleistet werden;

29. das Gehalt und die Bezüge,

a) die die diplomatischen Vertreter ausländischer Staaten, die ihnen zugewiesenen Beamten und die in ihren Diensten stehenden Personen erhalten. ²Dies gilt nicht für deutsche Staatsangehörige oder für im Inland ständig ansässige Personen;

b) der Berufskonsuln, der Konsulatsangehörigen und ihres Personals, soweit sie Angehörige des Entsendestaates sind. ²Dies gilt nicht für Personen, die im Inland ständig ansässig sind oder außerhalb ihres Amtes oder Dienstes einen Beruf, ein Gewerbe oder eine andere gewinnbringende Tätigkeit ausüben;

30. Entschädigungen für die betriebliche Benutzung von Werkzeugen eines Arbeitnehmers (Werkzeuggeld), soweit sie die entsprechenden Aufwendungen des Arbeitnehmers nicht offensichtlich übersteigen;

31. die typische Berufskleidung, die der Arbeitgeber seinem Arbeitnehmer unentgeltlich oder verbilligt überlässt; dasselbe gilt für eine Barablösung eines nicht nur einzelvertraglichen Anspruchs auf Gestellung von typischer Berufskleidung, wenn die Barablösung betrieblich veranlasst ist und die entsprechenden Aufwendungen des Arbeitnehmers nicht offensichtlich übersteigt;

32.[1] die unentgeltliche oder verbilligte Sammelbeförderung eines Arbeitnehmers zwischen Wohnung und erster Tätigkeitsstätte sowie bei Fahrten nach § 9 Absatz 1 Satz 3 Nummer 4a Satz 3 mit einem vom Arbeitgeber gestellten Beförderungsmittel, soweit die Sammelbeförderung für den betrieblichen Einsatz des Arbeitnehmers notwendig ist;

33. zusätzlich zum ohnehin geschuldeten Arbeitslohn erbrachte Leistungen des Arbeitgebers zur Unterbringung und Betreuung von nicht schulpflichtigen Kindern der Arbeitnehmer in Kindergärten oder vergleichbaren Einrichtungen;

34.[2] zusätzlich zum ohnehin geschuldeten Arbeitslohn erbrachte Leistungen des Arbeitgebers zur Verhinderung und Verminderung von Krankheitsrisiken und zur Förderung der Gesundheit in Betrieben, die hinsichtlich Qualität, Zweckbindung, Zielgerichtetheit und Zertifizierung den Anforderungen der §§ 20 und 20b des Fünften Buches Sozialgesetzbuch genügen, soweit sie 600[3] Euro im Kalenderjahr nicht übersteigen;

34a.[4] zusätzlich zum ohnehin geschuldeten Arbeitslohn erbrachte Leistungen des Arbeitgebers

a) an ein Dienstleistungsunternehmen, das den Arbeitnehmer hinsichtlich der Betreuung von Kindern oder pflegebedürftigen Angehörigen berät oder hierfür Betreuungspersonen vermittelt sowie

---

[1] § 3 Nr. 32 geänd. mWv VZ 2014 durch G v. 25.7.2014 (BGBl. I S. 1266).
[2] § 3 Nr. 34 neu gef. durch G v. 11.12.2018 (BGBl. I S. 2338); zur Anwendung siehe § 52 Abs. 4 Satz 11.
[3] Betrag geänd. mWv VZ 2020 durch G v. 22.11.2019 (BGBl. I S. 1746).
[4] § 3 Nr. 34a eingef. mWv VZ 2015 durch G v. 22.12.2014 (BGBl. I S. 2417).

b) zur kurzfristigen Betreuung von Kindern im Sinne des § 32 Absatz 1, die das 14. Lebensjahr noch nicht vollendet haben oder die wegen einer vor Vollendung des 25. Lebensjahres eingetretenen körperlichen, geistigen oder seelischen Behinderung außerstande sind, sich selbst zu unterhalten oder pflegebedürftigen Angehörigen des Arbeitnehmers, wenn die Betreuung aus zwingenden und beruflich veranlassten Gründen notwendig ist, auch wenn sie im privaten Haushalt des Arbeitnehmers stattfindet, soweit die Leistungen 600 Euro im Kalenderjahr nicht übersteigen;

35. die Einnahmen der bei der Deutsche Post AG, Deutsche Postbank AG oder Deutsche Telekom AG beschäftigten Beamten, soweit die Einnahmen ohne Neuordnung des Postwesens und der Telekommunikation nach den Nummern 11 bis 13 und 64 steuerfrei wären;

36.[1] Einnahmen für Leistungen zu körperbezogenen Pflegemaßnahmen, pflegerischen Betreuungsmaßnahmen oder Hilfen bei der Haushaltsführung bis zur Höhe des Pflegegeldes nach § 37 des Elften Buches Sozialgesetzbuch, mindestens aber bis zur Höhe des Entlastungsbetrages nach § 45b Absatz 1 Satz 1 des Elften Buches Sozialgesetzbuch, wenn diese Leistungen von Angehörigen des Pflegebedürftigen oder von anderen Personen, die damit eine sittliche Pflicht im Sinne des § 33 Absatz 2 gegenüber dem Pflegebedürftigen erfüllen, erbracht werden. [2]Entsprechendes gilt, wenn der Pflegebedürftige vergleichbare Leistungen aus privaten Versicherungsverträgen nach den Vorgaben des Elften Buches Sozialgesetzbuch oder nach den Beihilfevorschriften für häusliche Pflege erhält;

[*1.1.2019–31.12.2030:*
37.[2] zusätzlich zum ohnehin geschuldeten Arbeitslohn vom Arbeitgeber gewährte Vorteile für die Überlassung eines betrieblichen Fahrrads, das kein Kraftfahrzeug im Sinne des § 6 Absatz 1 Nummer 4 Satz 2 ist;]

38.[3] Sachprämien, die der Steuerpflichtige für die persönliche Inanspruchnahme von Dienstleistungen von Unternehmen unentgeltlich erhält, die diese zum Zwecke der Kundenbindung im allgemeinen Geschäftsverkehr in einem jedermann zugänglichen planmäßigen Verfahren gewähren, soweit der Wert der Prämien 1080 Euro im Kalenderjahr nicht übersteigt;

39.[4] der Vorteil des Arbeitnehmers im Rahmen eines gegenwärtigen Dienstverhältnisses aus der unentgeltlichen oder verbilligten Überlassung von Vermögensbeteiligungen im Sinne des § 2 Absatz 1 Nummer 1 Buchstabe a, b und f bis l und Absatz 2 bis 5 des Fünften Vermögensbildungsgeset-

---

[1] § 3 Nr. 36 Satz 1 geänd. mWv VZ 2017 durch G v. 23.12.2016 (BGBl. I S. 3191); Satz 1 geänd., Satz 2 neu gef. mWv VZ 2018 durch G v. 11.12.2018 (BGBl. I S. 2338).
[2] § 3 Nr. 37 eingef. durch G v. 11.12.2018 (BGBl. I S. 2338); zur Anwendung siehe § 52 Abs. 4 Satz 12.
[3] § 3 Nr. 38 bestätigt durch G v. 5.4.2011 (BGBl. I S. 554).
[4] § 3 Nr. 39 Satz 2 neu gef. (bish. Buchst. b wird neuer Satz) mWv VZ 2009 durch G v. 8.4.2010 (BGBl. I S. 386); Satz 1 Verweis geänd. durch G v. 25.7.2014 (BGBl. I S. 1266); Satz 1 Betrag geänd. durch G v. 3.6.2021 (BGBl. I S. 1498); zur Anwendung iVm § 19a vgl. § 52 Abs. 27.

zes in der Fassung der Bekanntmachung vom 4. März 1994 (BGBl. I S. 406), zuletzt geändert durch Artikel 2 des Gesetzes vom 7. März 2009 (BGBl. I S. 451), in der jeweils geltenden Fassung, am Unternehmen des Arbeitgebers, soweit der Vorteil insgesamt 1440 Euro im Kalenderjahr nicht übersteigt. ²Voraussetzung für die Steuerfreiheit ist, dass die Beteiligung mindestens allen Arbeitnehmern offensteht, die im Zeitpunkt der Bekanntgabe des Angebots ein Jahr oder länger ununterbrochen in einem gegenwärtigen Dienstverhältnis zum Unternehmen stehen. ³Als Unternehmen des Arbeitgebers im Sinne des Satzes 1 gilt auch ein Unternehmen im Sinne des § 18 des Aktiengesetzes. ⁴Als Wert der Vermögensbeteiligung ist der gemeine Wert anzusetzen;

40.¹⁾ 40 Prozent

a)²⁾ der Betriebsvermögensmehrungen oder Einnahmen aus der Veräußerung oder der Entnahme von Anteilen an Körperschaften, Personenvereinigungen und Vermögensmassen, deren Leistungen beim Empfänger zu Einnahmen im Sinne des § 20 Absatz 1 Nummer 1 und 9 gehören, oder an einer Organgesellschaft im Sinne des § 14 oder § 17 des Körperschaftsteuergesetzes oder aus deren Auflösung oder Herabsetzung von deren Nennkapital oder aus dem Ansatz eines solchen Wirtschaftsguts mit dem Wert, der sich nach § 6 Absatz 1 Nummer 2 Satz 3 ergibt, soweit sie zu den Einkünften aus Land- und Forstwirtschaft, aus Gewerbebetrieb oder aus selbständiger Arbeit gehören. ²Dies gilt nicht, soweit der Ansatz des niedrigeren Teilwerts in vollem Umfang zu einer Gewinnminderung geführt hat und soweit diese Gewinnminderung nicht durch Ansatz eines Werts, der sich nach § 6 Absatz 1 Nummer 2 Satz 3 ergibt, ausgeglichen worden ist. ³Satz 1 gilt außer für Betriebsvermögensmehrungen aus dem Ansatz mit dem Wert, der sich nach § 6 Absatz 1 Nummer 2 Satz 3 ergibt, ebenfalls nicht, soweit Abzüge nach § 6b oder ähnliche Abzüge voll steuerwirksam vorgenommen worden sind,

b)³⁾ des Veräußerungspreises im Sinne des § 16 Absatz 2, soweit er auf die Veräußerung von Anteilen an Körperschaften, Personenvereinigungen und Vermögensmassen entfällt, deren Leistungen beim Empfänger zu Einnahmen im Sinne des § 20 Absatz 1 Nummer 1 und 9 gehören, oder an einer Organgesellschaft im Sinne des § 14 oder § 17 des Körperschaftsteuergesetzes. ²Satz 1 ist in den Fällen des § 16 Absatz 3 entsprechend anzuwenden. ³Buchstabe a Satz 3 gilt entsprechend,

c) des Veräußerungspreises oder des gemeinen Werts im Sinne des § 17 Absatz 2. ²Satz 1 ist in den Fällen des § 17 Absatz 4 entsprechend anzuwenden,

---

¹⁾ Zur erstmaligen bzw. zur weiteren Anwendung von § 3 Nr. 40 siehe § 52 Abs. 4 Sätze 13–17.
²⁾ § 3 Nr. 40 Buchst. a Satz 1 geänd. mWv VZ 2014 durch G v. 25.7.2014 (BGBl. I S. 1266).
³⁾ § 3 Nr. 40 Buchst. b Satz 1 geänd. mWv VZ 2014 durch G v. 25.7.2014 (BGBl. I S. 1266).

d)[1] der Bezüge im Sinne des § 20 Absatz 1 Nummer 1 und der Einnahmen im Sinne des § 20 Absatz 1 Nummer 9. [2]Dies gilt nur, soweit sie das Einkommen der leistenden Körperschaft nicht gemindert haben. [3]Sofern die Bezüge in einem anderen Staat auf Grund einer vom deutschen Recht abweichenden steuerlichen Zurechnung einer anderen Person zugerechnet werden, gilt Satz 1 nur, soweit das Einkommen der anderen Person oder ihr nahestehender Personen nicht niedriger ist als bei einer dem deutschen Recht entsprechenden Zurechnung. [4]Satz 1 Buchstabe d Satz 2 gilt nicht, soweit eine verdeckte Gewinnausschüttung das Einkommen einer dem Steuerpflichtigen nahe stehenden Person erhöht hat und § 32a des Körperschaftsteuergesetzes auf die Veranlagung dieser nahe stehenden Person keine Anwendung findet,

e) der Bezüge im Sinne des § 20 Absatz 1 Nummer 2,

f) der besonderen Entgelte oder Vorteile im Sinne des § 20 Absatz 3, die neben den in § 20 Absatz 1 Nummer 1 und Absatz 2 Satz 1 Nummer 2 Buchstabe a bezeichneten Einnahmen oder an deren Stelle gewährt werden,

g) des Gewinns aus der Veräußerung von Dividendenscheinen und sonstigen Ansprüchen im Sinne des § 20 Absatz 2 Satz 1 Nummer 2 Buchstabe a,

h) des Gewinns aus der Abtretung von Dividendenansprüchen oder sonstigen Ansprüchen im Sinne des § 20 Absatz 2 Satz 1 Nummer 2 Buchstabe a in Verbindung mit § 20 Absatz 2 Satz 2,

i) der Bezüge im Sinne des § 22 Nummer 1 Satz 2, soweit diese von einer nicht von der Körperschaftsteuer befreiten Körperschaft, Personenvereinigung oder Vermögensmasse stammen.

[2]Dies gilt für Satz 1 Buchstabe d bis h nur in Verbindung mit § 20 Absatz 8. [3]Satz 1 Buchstabe a, b und d bis h ist nicht anzuwenden auf Anteile, die bei Kreditinstituten, Finanzdienstleistungsinstituten und Wertpapierinstituten dem Handelsbestand im Sinne des § 340e Absatz 3 des Handelsgesetzbuchs zuzuordnen sind; Gleiches gilt für Anteile, die bei Finanzunternehmen im Sinne des Kreditwesengesetzes, an denen Kreditinstitute, Finanzdienstleistungsinstitute oder Wertpapierinstitute[2] unmittelbar oder mittelbar zu mehr als 50 Prozent beteiligt sind, zum Zeitpunkt des Zugangs zum Betriebsvermögen als Umlaufvermögen auszuweisen sind. [4]Satz 1 ist nicht anzuwenden bei Anteilen an Unterstützungskassen;

40a.[3] 40 Prozent[4] der Vergütungen im Sinne des § 18 Absatz 1 Nummer 4;

---

[1] § 3 Nr. 40 Satz 1 Buchst. d Satz 2 neu gef. durch G v. 26.6.2013 (BGBl. I S. 1809); zur Anwendung siehe § 52 Abs. 4 Satz 17; Satz 3 eingef., bish. Satz 3 wird Satz 4 durch G v. 25.6.2021 (BGBl. I S. 2035); zur Anwendung siehe § 52 Abs. 4 Satz 14.

[2] § 3 Nr. 40 Satz 3 neu gef., Satz 4 aufgeh. durch G v. 20.12.2016 (BGBl. I S. 3000); zur Anwendung von Satz 3 1. und 2. HS vgl. § 52 Abs. 4 Satz 16; Satz 4 angef. mWv VZ 2016 durch G v. 2.11.2015 (BGBl. I S. 1834); Satz 3 geänd. mWv 26.6.2021 durch G v. 12.5.2021 (BGBl. I S. 990).

[3] Zur Anwendung siehe § 52 Abs. 4 Sätze 18 und 19.

[4] Zur Anwendung siehe § 52 Abs. 4 Satz 19.

41.[1] a) *Gewinnausschüttungen, soweit für das Kalenderjahr oder Wirtschaftsjahr, in dem sie bezogen werden, oder für die vorangegangenen sieben Kalenderjahre oder Wirtschaftsjahre aus einer Beteiligung an derselben ausländischen Gesellschaft Hinzurechnungsbeträge (§ 10 Absatz 2 des Außensteuergesetzes) der Einkommensteuer unterlegen haben, § 11 Absatz 1 und 2 des Außensteuergesetzes in der Fassung des Artikels 12 des Gesetzes vom 21. Dezember 1993 (BGBl. I S. 2310) nicht anzuwenden war und der Steuerpflichtige dies nachweist; § 3c Absatz 2 gilt entsprechend;*

   b) *Gewinne aus der Veräußerung eines Anteils an einer ausländischen Kapitalgesellschaft sowie aus deren Auflösung oder Herabsetzung ihres Kapitals, soweit für das Kalenderjahr oder Wirtschaftsjahr, in dem sie bezogen werden, oder für die vorangegangenen sieben Kalenderjahre oder Wirtschaftsjahre aus einer Beteiligung an derselben ausländischen Gesellschaft Hinzurechnungsbeträge (§ 10 Absatz 2 des Außensteuergesetzes) der Einkommensteuer unterlegen haben, § 11 Absatz 1 und 2 des Außensteuergesetzes in der Fassung des Artikels 12 des Gesetzes vom 21. Dezember 1993 (BGBl. I S. 2310) nicht anzuwenden war, der Steuerpflichtige dies nachweist und der Hinzurechnungsbetrag ihm nicht als Gewinnanteil zugeflossen ist.*

   [2]*Die Prüfung, ob Hinzurechnungsbeträge der Einkommensteuer unterlegen haben, erfolgt im Rahmen der gesonderten Feststellung nach § 18 des Außensteuergesetzes;*

42. die Zuwendungen, die auf Grund des Fulbright-Abkommens gezahlt werden;

43. der Ehrensold für Künstler sowie Zuwendungen aus Mitteln der Deutschen Künstlerhilfe, wenn es sich um Bezüge aus öffentlichen Mitteln handelt, die wegen der Bedürftigkeit des Künstlers gezahlt werden;

44.[2] Stipendien, die aus öffentlichen Mitteln oder von zwischenstaatlichen oder überstaatlichen Einrichtungen, denen die Bundesrepublik Deutschland als Mitglied angehört, zur Förderung der Forschung oder zur Förderung der wissenschaftlichen oder künstlerischen Ausbildung oder Fortbildung gewährt werden. [2]Das Gleiche gilt für Stipendien, die zu den in Satz 1 bezeichneten Zwecken von einer Einrichtung, die von einer Körperschaft des öffentlichen Rechts errichtet ist oder verwaltet wird, oder von einer Körperschaft, Personenvereinigung oder Vermögensmasse im Sinne des § 5 Absatz 1 Nummer 9 des Körperschaftsteuergesetzes gegeben werden. [3]Voraussetzung für die Steuerfreiheit ist, dass

   a) die Stipendien einen für die Erfüllung der Forschungsaufgabe oder für die Bestreitung des Lebensunterhalts und die Deckung des Ausbildungsbedarfs erforderlichen Betrag nicht übersteigen und nach den von dem Geber erlassenen Richtlinien vergeben werden,

   b) der Empfänger im Zusammenhang mit dem Stipendium nicht zu einer bestimmten wissenschaftlichen oder künstlerischen Gegenleistung oder zu einer bestimmten Arbeitnehmertätigkeit verpflichtet ist;

---

[1] § 3 Nr. 41 aufgeh. durch G v. 25.6.2021 (BGBl. I S. 2035); zur letztmaligen Anwendung für VZ 2021 siehe § 52 Abs. 4 Satz 20.
[2] § 3 Nr. 44 geänd. mWv VZ 2011 durch G v. 1.11.2011 (BGBl. I S. 2131).

45.[1] die Vorteile des Arbeitnehmers aus der privaten Nutzung von betrieblichen Datenverarbeitungsgeräten und Telekommunikationsgeräten sowie deren Zubehör, aus zur privaten Nutzung überlassenen System- und Anwendungsprogrammen, die der Arbeitgeber auch in seinem Betrieb einsetzt, und aus den im Zusammenhang mit diesen Zuwendungen erbrachten Dienstleistungen. [2]Satz 1 gilt entsprechend für Steuerpflichtige, denen die Vorteile im Rahmen einer Tätigkeit zugewendet werden, für die sie eine Aufwandsentschädigung im Sinne des § 3 Nummer 12 erhalten;

[*vom 1.1.2017 bis 31.12.2030:*

46.[2] zusätzlich zum ohnehin geschuldeten Arbeitslohn vom Arbeitgeber gewährte Vorteile für das elektrische Aufladen eines Elektrofahrzeugs oder Hybridelektrofahrzeugs im Sinne des § 6 Absatz 1 Nummer 4 Satz 2 zweiter Halbsatz an einer ortsfesten betrieblichen Einrichtung des Arbeitgebers oder eines verbundenen Unternehmens (§ 15 des Aktiengesetzes) und für die zur privaten Nutzung überlassene betriebliche Ladevorrichtung;]

47. Leistungen nach § 14a Absatz 4 und § 14b des Arbeitsplatzschutzgesetzes;

48.[3] Leistungen nach dem Unterhaltssicherungsgesetz mit Ausnahme der Leistungen nach § 6 des Unterhaltssicherungsgesetzes;

49.[4] *(aufgehoben)*

50. die Beträge, die der Arbeitnehmer vom Arbeitgeber erhält, um sie für ihn auszugeben (durchlaufende Gelder), und die Beträge, durch die Auslagen des Arbeitnehmers für den Arbeitgeber ersetzt werden (Auslagenersatz);

51. Trinkgelder, die anlässlich einer Arbeitsleistung dem Arbeitnehmer von Dritten freiwillig und ohne dass ein Rechtsanspruch auf sie besteht, zusätzlich zu dem Betrag gegeben werden, der für diese Arbeitsleistung zu zahlen ist;

52. (weggefallen)

53.[5] die Übertragung von Wertguthaben nach § 7f Absatz 1 Satz 1 Nummer 2 des Vierten Buches Sozialgesetzbuch auf die Deutsche Rentenversicherung Bund. [2]Die Leistungen aus dem Wertguthaben durch die Deutsche Rentenversicherung Bund gehören zu den Einkünften aus nichtselbständiger Arbeit im Sinne des § 19. [3]Von ihnen ist Lohnsteuer einzubehalten;

54. Zinsen aus Entschädigungsansprüchen für deutsche Auslandsbonds im Sinne der §§ 52 bis 54 des Bereinigungsgesetzes für deutsche Auslandsbonds in der im Bundesgesetzblatt Teil III, Gliederungsnummer 4139-2, veröffentlichten bereinigten Fassung, soweit sich die Entschädigungs-

---

[1] § 3 Nr. 45 neu gef. durch G v. 8.5.2012 (BGBl. I S. 1030); Satz 2 angef. mWv VZ 2015 durch G v. 22.12.2014 (BGBl. I S. 2417).
[2] § 3 Nr. 46 eingef. durch G v. 7.11.2016 (BGBl. I S. 2498); zur Anwendung siehe § 52 Abs. 4 Satz 21.
[3] § 3 Nr. 48 geänd. mWv VZ 2015 durch G v. 29.6.2015 (BGBl. I S. 1061); geänd. mWv VZ 2020 durch G v. 12.12.2019 (BGBl. I S. 2451).
[4] § 3 Nr. 49 aufgeh. mWv VZ 2011 durch G v. 1.11.2011 (BGBl. I S. 2131).
[5] § 3 Nr. 53 eingef. mWv VZ 2009 durch G v. 19.12.2008 (BGBl. I S. 2794).

ansprüche gegen den Bund oder die Länder richten. ²Das Gleiche gilt für die Zinsen aus Schuldverschreibungen und Schuldbuchforderungen, die nach den §§ 9, 10 und 14 des Gesetzes zur näheren Regelung der Entschädigungsansprüche für Auslandsbonds in der im Bundesgesetzblatt Teil III, Gliederungsnummer 4139-3, veröffentlichten bereinigten Fassung vom Bund oder von den Ländern für Entschädigungsansprüche erteilt oder eingetragen werden;

55.[1] der in den Fällen des § 4 Absatz 2 Nummer 2 und Absatz 3 des Betriebsrentengesetzes vom 19. Dezember 1974 (BGBl. I S. 3610), das zuletzt durch Artikel 8 des Gesetzes vom 5. Juli 2004 (BGBl. I S. 1427) geändert worden ist, in der jeweils geltenden Fassung geleistete Übertragungswert nach § 4 Absatz 5 des Betriebsrentengesetzes, wenn die betriebliche Altersversorgung beim ehemaligen und neuen Arbeitgeber über einen Pensionsfonds, eine Pensionskasse oder ein Unternehmen der Lebensversicherung durchgeführt wird; dies gilt auch, wenn eine Versorgungsanwartschaft aus einer betrieblichen Altersversorgung auf Grund vertraglicher Vereinbarung ohne Fristerfordernis unverfallbar ist. ²Satz 1 gilt auch, wenn der Übertragungswert vom ehemaligen Arbeitgeber oder von einer Unterstützungskasse an den neuen Arbeitgeber oder eine andere Unterstützungskasse geleistet wird. ³Die Leistungen des neuen Arbeitgebers, der Unterstützungskasse, des Pensionsfonds, der Pensionskasse oder des Unternehmens der Lebensversicherung auf Grund des Betrags nach Satz 1 und 2 gehören zu den Einkünften, zu denen die Leistungen gehören würden, wenn die Übertragung nach § 4 Absatz 2 Nummer 2 und Absatz 3 des Betriebsrentengesetzes nicht stattgefunden hätte;

55a.[2] · [3] die nach § 10 des Versorgungsausgleichsgesetzes vom 3. April 2009 (BGBl. I S. 700) in der jeweils geltenden Fassung (interne Teilung) durchgeführte Übertragung von Anrechten für die ausgleichsberechtigte Person zu Lasten von Anrechten der ausgleichspflichtigen Person. ²Die Leistungen aus diesen Anrechten gehören bei der ausgleichsberechtigten Person zu den Einkünften, zu denen die Leistungen bei der ausgleichspflichtigen Person gehören würden, wenn die interne Teilung nicht stattgefunden hätte;

55b.[4] der nach § 14 des Versorgungsausgleichsgesetzes (externe Teilung) geleistete Ausgleichswert zur Begründung von Anrechten für die ausgleichsberechtigte Person zu Lasten von Anrechten der ausgleichspflichtigen Person, soweit Leistungen aus diesen Anrechten zu steuerpflichtigen Einkünften nach den §§ 19, 20 und 22 führen würden. ²Satz 1 gilt nicht, soweit Leistungen, die auf dem begründeten Anrecht beruhen, bei der ausgleichsberechtigten Person zu Einkünften nach § 20 Absatz 1 Nummer 6 oder § 22 Nummer 1 Satz 3 Buchstabe a Doppelbuchstabe bb füh-

---

[1] Siehe § 82 Abs. 4 Nr. 5; § 3 Nr. 55 Satz 1 HS 2 angef. mWv VZ 2018 durch G v. 17.8.2017 (BGBl. I S. 3214).
[2] Siehe § 82 Abs. 4 Nr. 5.
[3] § 3 Nr. 55a eingef. durch G v. 3.4.2009 (BGBl. I S. 700); siehe § 82 Abs. 4 Nr. 5.
[4] § 3 Nr. 55b eingef. durch G v. 3.4.2009 (BGBl. I S. 700); siehe § 82 Abs. 4 Nr. 5.

ren würden. ³Der Versorgungsträger der ausgleichspflichtigen Person hat den Versorgungsträger der ausgleichsberechtigten Person über die für die Besteuerung der Leistungen erforderlichen Grundlagen zu informieren. ⁴Dies gilt nicht, wenn der Versorgungsträger der ausgleichsberechtigten Person die Grundlagen bereits kennt oder aus den bei ihm vorhandenen Daten feststellen kann und dieser Umstand dem Versorgungsträger der ausgleichspflichtigen Person mitgeteilt worden ist;

55c.¹⁾ · ²⁾ Übertragungen von Altersvorsorgevermögen im Sinne des § 92 auf einen anderen auf den Namen des Steuerpflichtigen lautenden Altersvorsorgevertrag (§ 1 Absatz 1 Satz 1 Nummer 10 Buchstabe b des Altersvorsorgeverträge-Zertifizierungsgesetzes), soweit die Leistungen zu steuerpflichtigen Einkünften nach § 22 Nummer 5 führen würden. ²Dies gilt entsprechend,

a) wenn Anwartschaften aus einer betrieblichen Altersversorgung, die über einen Pensionsfonds, eine Pensionskasse oder ein Unternehmen der Lebensversicherung (Direktversicherung) durchgeführt wird, lediglich auf einen anderen Träger einer betrieblichen Altersversorgung in Form eines Pensionsfonds, einer Pensionskasse oder eines Unternehmens der Lebensversicherung (Direktversicherung) übertragen werden, soweit keine Zahlungen unmitttelbar an den Arbeitnehmer erfolgen,

b) wenn Anwartschaften der betrieblichen Altersversorgung abgefunden werden, soweit das Altersvorsorgevermögen zugunsten eines auf den Namen des Steuerpflichtigen lautenden Altersvorsorgevertrages geleistet wird,

c)³⁾ wenn im Fall des Todes des Steuerpflichtigen das Altersvorsorgevermögen auf einen auf den Namen des Ehegatten lautenden Altersvorsorgevertrag übertragen wird, wenn die Ehegatten im Zeitpunkt des Todes des Zulageberechtigten nicht dauernd getrennt gelebt haben (§ 26 Absatz 1) und ihren Wohnsitz oder gewöhnlichen Aufenthalt in einem Mitgliedstaat der Europäischen Union oder einen Staat hatten, auf den das Abkommen über den Europäischen Wirtschaftsraum anwendbar ist; dies gilt auch, wenn die Ehegatten ihren vor dem Zeitpunkt, ab dem das Vereinigte Königreich Großbritannien und Nordirland nicht mehr Mitgliedstaat der Europäischen Union ist und auch nicht wie ein solcher zu behandeln ist, begründeten Wohnsitz oder gewöhnlichen Aufenthalt im Vereinigten Königreich Großbritannien und Nordirland hatten und der Vertrag vor dem 23. Juni 2016 abgeschlossen worden ist;

55d.⁴⁾ Übertragungen von Anrechten aus einem nach § 5a Altersvorsorgeverträge-Zertifizierungsgesetz zertifizierten Vertrag auf einen anderen auf den

---

¹⁾ Siehe § 82 Abs. 4 Nr. 5.
²⁾ § 3 Nr. 55c eingef. mWv VZ 2011 durch G v. 7.12.2011 (BGBl. I S. 2592); Satz 2 Buchst. a eingef., bish. Buchst. a und b werden Buchst. b und c mWv 1.1.2018 durch G v. 17.8.2017 (BGBl. I S. 3214).
³⁾ § 3 Nr. 55c Satz 2 Buchst. c HS 2 angef. mWv 29.3.2019 durch Brexit-StBG v. 25.3.2019 (BGBl. I S. 357).
⁴⁾ § 3 Nr. 55d eingef. mWv VZ 2011 durch G v. 7.12.2011 (BGBl. I S. 2592).

Namen des Steuerpflichtigen lautenden nach § 5a Altersvorsorgeverträge-Zertifizierungsgesetz zertifizierten Vertrag;

55e.[1] die auf Grund eines Abkommens mit einer zwischen- oder überstaatlichen Einrichtung übertragenen Werte von Anrechten auf Altersversorgung, soweit diese zur Begründung von Anrechten auf Altersversorgung bei einer zwischen- oder überstaatlichen Einrichtung dienen. [2]Die Leistungen auf Grund des Betrags nach Satz 1 gehören zu den Einkünften, zu denen die Leistungen gehören, die die übernehmende Versorgungseinrichtung im Übrigen erbringt;

56.[2] Zuwendungen des Arbeitgebers nach § 19 Absatz 1 Satz 1 Nummer 3 Satz 1 aus dem ersten Dienstverhältnis an eine Pensionskasse zum Aufbau einer nicht kapitalgedeckten betrieblichen Altersversorgung, bei der eine Auszahlung der zugesagten Alters-, Invaliditäts- oder Hinterbliebenenversorgung entsprechend § 82 Absatz 2 Satz 2 vorgesehen ist, soweit diese Zuwendungen im Kalenderjahr 2 Prozent der Beitragsbemessungsgrenze in der allgemeinen Rentenversicherung nicht übersteigen. [2]Der in Satz 1 genannte Höchstbetrag erhöht sich ab 1. Januar 2020 auf 3 Prozent und ab 1. Januar 2025 auf 4 Prozent der Beitragsbemessungsgrenze in der allgemeinen Rentenversicherung. [3]Die Beträge nach den Sätzen 1 und 2 sind jeweils um die nach § 3 Nummer 63 Satz 1, 3 oder Satz 4 steuerfreien Beträge zu mindern;

57. die Beträge, die die Künstlersozialkasse zugunsten des nach dem Künstlersozialversicherungsgesetz Versicherten aus dem Aufkommen von Künstlersozialabgabe und Bundeszuschuss an einen Träger der Sozialversicherung oder an den Versicherten zahlt;

58. das Wohngeld nach dem Wohngeldgesetz, die sonstigen Leistungen aus öffentlichen Haushalten oder Zweckvermögen zur Senkung der Miete oder Belastung im Sinne des § 11 Absatz 2 Nummer 4 des Wohngeldgesetzes sowie öffentliche Zuschüsse zur Deckung laufender Aufwendungen und Zinsvorteile bei Darlehen, die aus öffentlichen Haushalten gewährt werden, für eine zu eigenen Wohnzwecken genutzte Wohnung im eigenen Haus oder eine zu eigenen Wohnzwecken genutzte Eigentumswohnung, soweit die Zuschüsse und Zinsvorteile die Vorteile aus einer entsprechenden Förderung mit öffentlichen Mitteln nach dem *Zweiten Wohnungsbaugesetz*[2], dem Wohnraumförderungsgesetz oder einem Landesgesetz zur Wohnraumförderung nicht überschreiten, der Zuschuss für die Wohneigentumsbildung in innerstädtischen Altbauquartieren nach den Regelungen zum Stadtumbau Ost in den Verwaltungsvereinbarungen über die Gewährung von Finanzhilfen des Bundes an die Länder nach Artikel 104a Absatz 4 des Grundgesetzes zur Förderung städtebaulicher Maßnahmen;

59. die Zusatzförderung nach *§ 88e des Zweiten Wohnungsbaugesetzes*[3] und nach § 51f des Wohnungsbaugesetzes für das Saarland und Geldleistungen,

---

[1] § 3 Nr. 55e eingef. mWv VZ 2011 durch G v. 7.12.2011 (BGBl. I S. 2592).
[2] § 3 Nr. 56 Satz 1 und 2 geänd. mWv 1.1.2018 durch G v. 17.8.2017 (BGBl. I S. 3214); geänd. mWv 15.12.2018 durch G v. 11.12.2018 (BGBl. I S. 2338).
[3] Zweites Wohnungsbaugesetz aufgeh. mWv 1.1.2002 durch WoFG v. 13.9.2001 (BGBl. I S. 2376); zur weiteren Anwendung siehe § 48 WoFG v. 13.9.2001 (BGBl. I S. 2376).

die ein Mieter zum Zwecke der Wohnkostenentlastung nach dem Wohn-raumförderungsgesetz oder einem Landesgesetz zur Wohnraumförderung erhält, soweit die Einkünfte dem Mieter zuzurechnen sind, und die Vorteile aus einer mietweisen Wohnungsüberlassung im Zusammenhang mit einem Arbeitsverhältnis, soweit sie die Vorteile aus einer entsprechenden Förderung nach dem *Zweiten Wohnungsbaugesetz*[1], nach dem Wohnraumförderungsgesetz oder einem Landesgesetz zur Wohnraumförderung nicht überschreiten;

[alte Fassung:][2]

[neue Fassung:][3]

60. Leistungen aus öffentlichen Mitteln an Arbeitnehmer des Steinkohlen-, Pechkohlen- und Erzbergbaues, des Braunkohlentiefbaues und der Eisen- und Stahlindustrie aus Anlass von Stilllegungs-, Einschränkungs-, Umstellungs- oder Rationalisierungsmaßnahmen;

60. das Anpassungsgeld für Arbeitnehmer der Braunkohlekraftwerke und -tagebaue sowie Steinkohlekraftwerke, die aus Anlass einer Stilllegungsmaßnahme ihren Arbeitsplatz verloren haben;

61. Leistungen nach § 4 Absatz 1 Nummer 2, § 7 Absatz 3, §§ 9, 10 Absatz 1, §§ 13, 15 des Entwicklungshelfer-Gesetzes;

62. Ausgaben des Arbeitgebers für die Zukunftssicherung des Arbeitnehmers, soweit der Arbeitgeber dazu nach sozialversicherungsrechtlichen oder anderen gesetzlichen Vorschriften oder nach einer auf gesetzlicher Ermächtigung beruhenden Bestimmung verpflichtet ist, und es sich nicht um Zuwendungen oder Beiträge des Arbeitgebers nach den Nummern 56, 63 und 63a[4] handelt. [2]Den Ausgaben des Arbeitgebers für die Zukunftssicherung, die auf Grund gesetzlicher Verpflichtung geleistet werden, werden gleichgestellt Zuschüsse des Arbeitgebers zu den Aufwendungen des Arbeitnehmers

a) für eine Lebensversicherung,

b) für die freiwillige Versicherung in der gesetzlichen Rentenversicherung,

c) für eine öffentlich-rechtliche Versicherungs- oder Versorgungseinrichtung seiner Berufsgruppe,

wenn der Arbeitnehmer von der Versicherungspflicht in der gesetzlichen Rentenversicherung befreit worden ist. [3]Die Zuschüsse sind nur insoweit steuerfrei, als sie insgesamt bei Befreiung von der Versicherungspflicht in der allgemeinen Rentenversicherung die Hälfte und bei Befreiung von der Versicherungspflicht in der knappschaftlichen Rentenversicherung zwei Drittel der Gesamtaufwendungen des Arbeitnehmers nicht übersteigen und nicht

---

[1] Zweites Wohnungsbaugesetz aufgeh. mWv 1.1.2002 durch WoFG v. 13.9.2001 (BGBl. I S. 2376); zur weiteren Anwendung siehe § 48 WoFG v. 13.9.2001 (BGBl. I S. 2376).
[2] Vgl. zur weiteren Anwendung § 52 Abs. 4 Satz 22.
[3] § 3 Nr. 60 neu gef. mWv VZ 2020 durch G v. 8.8.2020 (BGBl. I S. 1818).
[4] Verweis geänd. mWv 1.1.2018 durch G v. 17.8.2017 (BGBl. I S. 3214).

höher sind als der Betrag, der als Arbeitgeberanteil bei Versicherungspflicht in der allgemeinen Rentenversicherung oder in der knappschaftlichen Rentenversicherung zu zahlen wäre;[1]

63.[2] Beiträge des Arbeitgebers aus dem ersten Dienstverhältnis an einen Pensionsfonds, eine Pensionskasse oder für eine Direktversicherung zum Aufbau einer kapitalgedeckten betrieblichen Altersversorgung, bei der eine Auszahlung der zugesagten Alters-, Invaliditäts- oder Hinterbliebenenversorgungsleistungen entsprechend § 82 Absatz 2 Satz 2 vorgesehen ist, soweit die Beiträge im Kalenderjahr 8 Prozent[3] der Beitragsbemessungsgrenze in der allgemeinen Rentenversicherung nicht übersteigen. [2]Dies gilt nicht, soweit der Arbeitnehmer nach § 1a Absatz 3 des Betriebsrentengesetzes verlangt hat, dass die Voraussetzungen für eine Förderung nach § 10a oder Abschnitt XI erfüllt werden. [3]Aus Anlass der Beendigung des Dienstverhätnisses geleistete Beiträge im Sinne des Satzes 1 sind steuerfrei, soweit sie 4 Prozent der Beitragsbemessungsgrenze in der allgemeinen Rentenversicherung, vervielfältigt mit der Anzahl der Kalenderjahre, in denen das Dienstverhältnis des Arbeitnehmers zu dem Arbeitgeber bestanden hat, höchstens jedoch zehn Kalenderjahre, nicht übersteigen. [4]Beiträge im Sinne des Satzes 1, die für Kalenderjahre nachgezahlt werden, in denen das erste Dienstverhältnis ruhte und vom Arbeitgeber im Inland kein steuerpflichtiger Arbeitslohn bezogen wurde, sind steuerfrei, soweit sie 8 Prozent der Beitragsbemessungsgrenze in der allgemeinen Rentenversicherung, vervielfältigt mit der Anzahl dieser Kalenderjahre, höchstens jedoch zehn Kalenderjahre, nicht übersteigen;[4]

63a.[5] Sicherungsbeiträge des Arbeitgebers nach § 23 Absatz 1 des Betriebsrentengesetzes, soweit sie nicht unmittelbar dem einzelnen Arbeitnehmer gutgeschrieben oder zugerechnet werden;

64. bei Arbeitnehmern, die zu einer inländischen juristischen Person des öffentlichen Rechts in einem Dienstverhältnis stehen und dafür Arbeitslohn aus einer inländischen öffentlichen Kasse beziehen, die Bezüge für eine Tätigkeit im Ausland insoweit, als sie den Arbeitslohn übersteigen, der dem Arbeitnehmer bei einer gleichwertigen Tätigkeit am Ort der zahlenden öffentlichen Kasse zustehen würde. [2]Satz 1 gilt auch, wenn das Dienstverhältnis zu einer anderen Person besteht, die den Arbeitslohn entsprechend den im Sinne des Satzes 1 geltenden Vorschriften ermittelt, der Arbeitslohn aus einer öffentlichen Kasse gezahlt wird und ganz oder im Wesentlichen aus öffentlichen Mitteln aufgebracht wird. [3]Bei anderen für einen begrenzten Zeitraum in das Ausland entsandten Arbeitnehmern, die

---

[1] § 3 Nr. 62 Satz 4 aufgeh. mWv 1.1.2018 durch G v. 17.8.2017 (BGBl. I S. 3214).

[2] Zur Anwendung siehe § 52 Abs. 4 Sätze 23 und 24; § 3 Nr. 63 Satz 1 geänd. mWv 15.12.2018 durch G v. 11.12.2018 (BGBl. I S. 2338).

[3] § 3 Nr. 63 Satz 1 geänd. durch G v. 17.8.2017 (BGBl. I S. 3214); zur Anwendung siehe § 52 Abs. 4 Satz 23.

[4] § 3 Nr. 63 Sätze 3 und 4 neu gef. durch G v. 17.8.2017 (BGBl. I S. 3214); zur Anwendung von Satz 3 siehe § 52 Abs. 4 Satz 24.

[5] § 3 Nr. 63a eingef. mWv VZ 2018 durch G v. 17.8.2017 (BGBl. I S. 3214).

dort einen Wohnsitz oder gewöhnlichen Aufenthalt haben, ist der ihnen von einem inländischen Arbeitgeber gewährte Kaufkraftausgleich steuerfrei, soweit er den für vergleichbare Auslandsdienstbezüge nach § 55 des Bundesbesoldungsgesetzes zulässigen Betrag nicht übersteigt;

65.[1] a) Beiträge des Trägers der Insolvenzsicherung (§ 14 des Betriebsrentengesetzes)[2] zugunsten eines Versorgungsberechtigten und seiner Hinterbliebenen an *eine Pensionskasse oder*[3] ein Unternehmen der Lebensversicherung zur Ablösung von Verpflichtungen, die der Träger der Insolvenzsicherung im Sicherungsfall gegenüber dem Versorgungsberechtigten und seinen Hinterbliebenen hat,

    b) Leistungen zur Übernahme von Versorgungsleistungen oder unverfallbaren Versorgungsanwartschaften durch eine Pensionskasse oder ein Unternehmen der Lebensversicherung in den in § 4 Absatz 4 des Betriebsrentengesetzes[2] bezeichneten Fällen,

    c) der Erwerb von Ansprüchen durch den Arbeitnehmer gegenüber einem Dritten im Fall der Eröffnung des Insolvenzverfahrens oder in den Fällen des § 7 Absatz 1 Satz 4 des Betriebsrentengesetzes[2], soweit der Dritte neben dem Arbeitgeber für die Erfüllung von Ansprüchen auf Grund bestehender Versorgungsverpflichtungen oder Versorgungsanwartschaften gegenüber dem Arbeitnehmer und dessen Hinterbliebenen einsteht; dies gilt entsprechend, wenn der Dritte für Wertguthaben aus einer Vereinbarung über die Altersteilzeit nach dem Altersteilzeitgesetz vom 23. Juli 1996 (BGBl. I S. 1078), zuletzt geändert durch Artikel 234 der Verordnung vom 31. Oktober 2006 (BGBl. I S. 2407), in der jeweils geltenden Fassung oder auf Grund von Wertguthaben aus einem Arbeitszeitkonto in den im ersten Halbsatz genannten Fällen für den Arbeitgeber einsteht und

    d)[4] der Erwerb von Ansprüchen durch den Arbeitnehmer im Zusammenhang mit dem Eintritt in die Versicherung nach § 8 Absatz *3 [ab VZ 2022:* 2][5] des Betriebsrentengesetzes.

²In den Fällen nach Buchstabe a, b und c gehören die Leistungen der Pensionskasse, des Unternehmens der Lebensversicherung oder des Dritten zu den Einkünften, zu denen jene Leistungen gehören würden, die ohne Eintritt eines Falles nach Buchstabe a, b und c zu erbringen wären. ³Soweit sie zu den Einkünften aus nichtselbständiger Arbeit im Sinne des § 19 gehören, ist von ihnen Lohnsteuer einzubehalten. ⁴Für die Erhebung der Lohnsteuer gelten die Pensionskasse, das Unternehmen der Lebensversicherung oder die Dritte als Arbeitgeber und der Leistungsempfänger als Arbeitnehmer. ⁵Im Fall des Buchstaben d gehören die Versorgungsleistungen des Unternehmens der Lebensversicherung oder der Pensionskasse,

---

[1] § 3 Nr. 65 Satz 5 angef. mWv VZ 2018 durch G v. 17.8.2017 (BGBl. I S. 3214).
[2] Nr. **70**.
[3] Kursiver Satzteil aufgeh. mWv VZ 2022 durch G v. 16.12.2022 (BGBl. I S. 2294).
[4] § 3 Nr. 65 Satz 1 Buchst. d angef. mWv VZ 2018 durch G v. 17.8.2017 (BGBl. I S. 3214).
[5] Verweis geänd. mWv VZ 2022 durch G v. 16.12.2022 (BGBl. I S. 2294).

soweit sie auf Beiträgen beruhen, die bis zum Eintritt des Arbeitnehmers in die Versicherung geleistet wurden, zu den sonstigen Einkünften im Sinne des § 22 Nummer 5 Satz 1; soweit der Arbeitnehmer in den Fällen des § 8 Absatz 3 [*ab VZ 2022:* 2][1] des Betriebsrentengesetzes[2] die Versicherung mit eigenen Beiträgen fortgesetzt hat, sind die auf diesen Beiträgen beruhenden Versorgungsleistungen sonstige Einkünfte im Sinne des § 22 Nummer 5 Satz 1 oder Satz 2;

66. Leistungen eines Arbeitgebers oder einer Unterstützungskasse an einen Pensionsfonds zur Übernahme bestehender Versorgungsverpflichtungen oder Versorgungsanwartschaften durch den Pensionsfonds, wenn ein Antrag nach § 4d Absatz 3 oder § 4e Absatz 3 gestellt worden ist;

67.[3] a) das Erziehungsgeld nach dem Bundeserziehungsgeldgesetz[4] und vergleichbare Leistungen der Länder,

b) das Elterngeld nach dem Bundeselterngeld- und Elternzeitgesetz[5] und vergleichbare Leistungen der Länder,

c) Leistungen für Kindererziehung an Mütter der Geburtsjahrgänge vor 1921 nach den §§ 294 bis 299 des Sechsten Buches Sozialgesetzbuch sowie

d) Zuschläge, die nach den §§ 50a bis 50e des Beamtenversorgungsgesetzes oder nach den *§§ 70 bis 74* [*ab 1.1.2025:* §§ 96 bis 100] des Soldatenversorgungsgesetzes oder nach vergleichbaren Regelungen der Länder für ein vor dem 1. Januar 2015 geborenes Kind oder für eine vor dem 1. Januar 2015 begonnene Zeit der Pflege einer pflegebedürftigen Person zu gewähren sind; im Falle des Zusammentreffens von Zeiten für mehrere Kinder nach § 50b des Beamtenversorgungsgesetzes oder *§ 71* [*ab 1.1.2025:* § 97] des Soldatenversorgungsgesetzes oder nach vergleichbaren Regelungen der Länder gilt dies, wenn eines der Kinder vor dem 1. Januar 2015 geboren ist;

68. die Hilfen nach dem Gesetz über die Hilfe für durch Anti-D-Immunprophylaxe mit dem Hepatitis-C-Virus infizierte Personen vom 2. August 2000 (BGBl. I S. 1270);

69. die von der Stiftung „Humanitäre Hilfe für durch Blutprodukte HIV-infizierte Personen" nach dem HIV-Hilfegesetz vom 24. Juli 1995 (BGBl. I S. 972) gewährten Leistungen;

70. die Hälfte

a) der Betriebsvermögensmehrungen oder Einnahmen aus der Veräußerung von Grund und Boden und Gebäuden, die am 1. Januar 2007 mindestens fünf Jahre zum Anlagevermögen eines inländischen Betriebsvermögens des Steuerpflichtigen gehören, wenn diese auf Grund eines nach dem 31. Dezember 2006 und vor dem 1. Januar 2010 rechts-

---

[1] Verweis geänd. mWv VZ 2022 durch G v. 16.12.2022 (BGBl. I S. 2294).
[2] Nr. **70**.
[3] § 3 Nr. 67 neu gef. mWv VZ 2015 durch G v. 22.12.2014 (BGBl. I S. 2417); Nr. 67 Buchst. d geänd. mWv 1.1.2025 durch G v. 20.8.2021 (BGBl. I S. 3932).
[4] Nr. **61**.
[5] Nr. **62**.

wirksam abgeschlossenen obligatorischen Vertrages an eine REIT-Aktiengesellschaft oder einen Vor-REIT veräußert werden,

b) der Betriebsvermögensmehrungen, die auf Grund der Eintragung eines Steuerpflichtigen in das Handelsregister als REIT-Aktiengesellschaft im Sinne des REIT-Gesetzes vom 28. Mai 2007 (BGBl. I S. 914)[1] durch Anwendung des § 13 Absatz 1 und 3 Satz 1 des Körperschaftsteuergesetzes auf Grund und Boden und Gebäude entstehen, wenn diese Wirtschaftsgüter vor dem 1. Januar 2005 angeschafft oder hergestellt wurden, und die Schlussbilanz im Sinne des § 13 Absatz 1 und 3 des Körperschaftsteuergesetzes auf einen Zeitpunkt vor dem 1. Januar 2010 aufzustellen ist.

[2]Satz 1 ist nicht anzuwenden,

a) wenn der Steuerpflichtige den Betrieb veräußert oder aufgibt und der Veräußerungsgewinn nach § 34 besteuert wird,

b) soweit der Steuerpflichtige von den Regelungen der §§ 6b und 6c Gebrauch macht,

c) soweit der Ansatz des niedrigeren Teilwerts in vollem Umfang zu einer Gewinnminderung geführt hat und soweit diese Gewinnminderung nicht durch den Ansatz eines Werts, der sich nach § 6 Absatz 1 Nummer 1 Satz 4 ergibt, ausgeglichen worden ist,

d) wenn im Fall des Satzes 1 Buchstabe a der Buchwert zuzüglich der Veräußerungskosten den Veräußerungserlös oder im Fall des Satzes 1 Buchstabe b der Buchwert den Teilwert übersteigt. [2]Ermittelt der Steuerpflichtige den Gewinn nach § 4 Absatz 3, treten an die Stelle des Buchwerts die Anschaffungs- oder Herstellungskosten verringert um die vorgenommenen Absetzungen für Abnutzung oder Substanzverringerung,

e) soweit vom Steuerpflichtigen in der Vergangenheit Abzüge bei den Anschaffungs- oder Herstellungskosten von Wirtschaftsgütern im Sinne des Satzes 1 nach § 6b oder ähnliche Abzüge voll steuerwirksam vorgenommen worden sind,

f) wenn es sich um eine Übertragung im Zusammenhang mit Rechtsvorgängen handelt, die dem Umwandlungssteuergesetz unterliegen und die Übertragung zu einem Wert unterhalb des gemeinen Werts erfolgt.

[3]Die Steuerbefreiung entfällt rückwirkend, wenn

a) innerhalb eines Zeitraums von vier Jahren seit dem Vertragsschluss im Sinne des Satzes 1 Buchstabe a der Erwerber oder innerhalb eines Zeitraums von vier Jahren nach dem Stichtag der Schlussbilanz im Sinne des Satzes 1 Buchstabe b die REIT-Aktiengesellschaft den Grund und Boden oder das Gebäude veräußert,

b)[2] der Vor-REIT oder ein anderer Vor-REIT als sein Gesamtrechtsnachfolger den Status als Vor-REIT gemäß § 10 Absatz 3 Satz 1 des REIT-Gesetzes verliert,

---

[1] Nr. **125**.
[2] § 3 Nr. 70 Satz 3 Buchst. b neu gef. durch G v. 22.6.2011 (BGBl. I S. 1126).

c) die REIT-Aktiengesellschaft innerhalb eines Zeitraums von vier Jahren seit dem Vertragsschluss im Sinne des Satzes 1 Buchstabe a oder nach dem Stichtag der Schlussbilanz im Sinne des Satzes 1 Buchstabe b in keinem Veranlagungszeitraum die Voraussetzungen für die Steuerbefreiung erfüllt,

d) die Steuerbefreiung der REIT-Aktiengesellschaft innerhalb eines Zeitraums von vier Jahren seit dem Vertragsschluss im Sinne des Satzes 1 Buchstabe a oder nach dem Stichtag der Schlussbilanz im Sinne des Satzes 1 Buchstabe b endet,

e) das Bundeszentralamt für Steuern dem Erwerber im Sinne des Satzes 1 Buchstabe a den Status als Vor-REIT im Sinne des § 2 Satz 4 des REIT-Gesetzes vom 28. Mai 2007 (BGBl. I S. 914) bestandskräftig aberkannt hat.

⁴Die Steuerbefreiung entfällt auch rückwirkend, wenn die Wirtschaftsgüter im Sinne des Satzes 1 Buchstabe a vom Erwerber an den Veräußerer oder eine ihm nahe stehende Person im Sinne des § 1 Absatz 2 des Außensteuergesetzes überlassen werden und der Veräußerer oder eine ihm nahe stehende Person im Sinne des § 1 Absatz 2 des Außensteuergesetzes nach Ablauf einer Frist von zwei Jahren seit Eintragung des Erwerbers als REIT-Aktiengesellschaft in das Handelsregister an dieser mittelbar oder unmittelbar zu mehr als 50 Prozent beteiligt ist. ⁵Der Grundstückserwerber haftet für die sich aus dem rückwirkenden Wegfall der Steuerbefreiung ergebenden Steuern;

71.¹⁾ der aus einer öffentlichen Kasse gezahlte Zuschuss

a) für den Erwerb eines Anteils an einer Kapitalgesellschaft in Höhe von [*ab VZ 2022:* bis zu] 20 Prozent der Anschaffungskosten, höchstens jedoch 100 000 Euro. ²Voraussetzung ist, dass

aa) der Anteil an der Kapitalgesellschaft länger als drei Jahre gehalten wird,

bb) die Kapitalgesellschaft, deren Anteil erworben wird,

aaa) nicht älter ist als sieben Jahre, wobei das Datum der Eintragung der Gesellschaft in das Handelsregister maßgeblich ist,

bbb) weniger als 50 Mitarbeiter (Vollzeitäquivalente) hat,

ccc) einen Jahresumsatz oder eine Jahresbilanzsumme von höchstens 10 Millionen Euro hat und

ddd) nicht an einem regulierten Markt notiert ist und keine solche Notierung vorbereitet,

cc) der Zuschussempfänger das 18. Lebensjahr vollendet hat oder eine GmbH oder Unternehmergesellschaft ist, bei der mindestens ein Gesellschafter das 18. Lebensjahr vollendet hat und

dd) für den Erwerb des Anteils kein Fremdkapital eingesetzt wird. ²Wird der Anteil von einer GmbH oder Unternehmergesellschaft im Sinne von Doppelbuchstabe cc erworben, gehören auch solche

---

¹⁾ § 3 Nr. 71 neu gef. durch G v. 27.6.2017 (BGBl. I S. 2074); zur Anwendung siehe § 52 Abs. 4 Satz 26; Buchst. a Satzteil ergänzt mWv VZ 2022 durch G v. 16.12.2022 (BGBl. I S. 2294).

Darlehen zum Fremdkapital, die der GmbH oder Unternehmergesellschaft von ihren Anteilseignern gewährt werden und die von der
GmbH oder Unternehmergesellschaft zum Erwerb des Anteils eingesetzt werden.

b) anlässlich der Veräußerung eines Anteils an einer Kapitalgesellschaft im
Sinne von Buchstabe a in Höhe von 25 Prozent des Veräußerungsgewinns, wenn

aa) der Veräußerer eine natürliche Person ist,

bb) bei Erwerb des veräußerten Anteils bereits ein Zuschuss im Sinne
von Buchstabe a gezahlt und nicht zurückgefordert wurde,

cc) der veräußerte Anteil frühestens drei Jahre (Mindesthaltedauer) und
spätestens zehn Jahre (Höchsthaltedauer) nach Anteilserwerb veräußert wurde,

dd) der Veräußerungsgewinn nach Satz 2 mindestens 2000 Euro beträgt
und

ee) der Zuschuss auf 80 Prozent der Anschaffungskosten begrenzt ist.

² Veräußerungsgewinn im Sinne von Satz 1 ist der Betrag, um den der
Veräußerungspreis die Anschaffungskosten einschließlich eines gezahlten
Agios übersteigt. ³ Erwerbsneben- und Veräußerungskosten sind nicht zu
berücksichtigen;

[ab VZ 2022:

72.¹⁾ die Einnahmen und Entnahmen im Zusammenhang mit dem Betrieb

a) von auf, an oder in Einfamilienhäusern (einschließlich Nebengebäuden)
oder nicht Wohnzwecken dienenden Gebäuden vorhandenen Photovoltaikanlagen mit einer installierten Bruttoleistung laut Marktstammdatenregister von bis zu 30 kW (peak) und

b) von auf, an oder in sonstigen Gebäuden vorhandenen Photovoltaikanlagen mit einer installierten Bruttoleistung laut Marktstammdatenregister von bis zu 15 kW (peak) je Wohn- oder Gewerbeeinheit,

insgesamt höchstens 100 kW (peak) pro Steuerpflichtigen oder Mitunternehmerschaft. ² Werden Einkünfte nach § 2 Absatz 1 Satz 1 Nummer 2 erzielt und sind die aus dieser Tätigkeit erzielten Einnahmen insgesamt steuerfrei nach Satz 1, ist kein Gewinn zu ermitteln. ³ In den Fällen des
Satzes 2 ist § 15 Absatz 3 Nummer 1 nicht anzuwenden.]

§ 3a²⁾ Sanierungserträge. (1) ¹ Betriebsvermögensmehrungen oder Betriebseinnahmen aus einem Schuldenerlass zum Zwecke einer unternehmensbezogenen Sanierung im Sinne des Absatzes 2 (Sanierungsertrag) sind steuerfrei. ² Sind
Betriebsvermögensmehrungen oder Betriebseinnahmen aus einem Schuldener-

---

¹⁾ § 3 Nr. 72 angef. durch G v. 16.12.2022 (BGBl. I S. 2294); zur Anwendung ab VZ 2022
siehe § 52 Abs. 4 Satz 27.

²⁾ § 3a eingef. durch G v. 27.6.2017 (BGBl. I S. 2074); zur Anwendung siehe § 52 Abs. 4a
(insbes. Satz 3); zum Inkrafttreten vorbehaltlich der Feststellung der Europäischen Kommission, dass die Regelungen entweder keine Beihilfen oder mit dem Binnenmarkt vereinbare
Beihilfen darstellen, siehe Art. 6 Abs. 2 G v. 27.6.2017 (BGBl. I S. 2074). Der Inkrafttretens-
vorbehalt wurde mWv 5.7.2017 durch G v. 11.12.2018 (BGBl. I S. 2338) aufgehoben.

lass nach Satz 1 steuerfrei, sind steuerliche Wahlrechte in dem Jahr, in dem ein Sanierungsertrag erzielt wird (Sanierungsjahr) und im Folgejahr im zu sanierenden Unternehmen gewinnmindernd auszuüben. [3] Insbesondere ist der niedrigere Teilwert, der nach § 6 Absatz 1 Nummer 1 Satz 2 und Nummer 2 Satz 2 angesetzt werden kann, im Sanierungsjahr und im Folgejahr anzusetzen.

(2) Eine unternehmensbezogene Sanierung liegt vor, wenn der Steuerpflichtige für den Zeitpunkt des Schuldenerlasses die Sanierungsbedürftigkeit und die Sanierungsfähigkeit des Unternehmens, die Sanierungseignung des betrieblich begründeten Schuldenerlasses und die Sanierungsabsicht der Gläubiger nachweist.

(3) [1] Nicht abziehbare Beträge im Sinne des § 3c Absatz 4, die in Veranlagungszeiträumen vor dem Sanierungsjahr und im Sanierungsjahr anzusetzen sind, mindern den Sanierungsertrag. [2] Dieser Betrag mindert nacheinander

1. den auf Grund einer Verpflichtungsübertragung im Sinne des § 4f Absatz 1 Satz 1 in den dem Wirtschaftsjahr der Übertragung nachfolgenden 14 Jahren verteilt abziehbaren Aufwand des zu sanierenden Unternehmens, es sei denn, der Aufwand ist gemäß § 4f Absatz 1 Satz 7 auf einen Rechtsnachfolger übergegangen, der die Verpflichtung übernommen hat und insoweit der Regelung des § 5 Absatz 7 unterliegt. [2] Entsprechendes gilt in Fällen des § 4f Absatz 2;

2. den nach § 15a ausgleichsfähigen oder verrechenbaren Verlust des Unternehmers (Mitunternehmers) des zu sanierenden Unternehmens des Sanierungsjahrs;

3. den zum Ende des dem Sanierungsjahr vorangegangenen Wirtschaftsjahrs nach § 15a festgestellten verrechenbaren Verlust des Unternehmers (Mitunternehmers) des zu sanierenden Unternehmens;

4. den nach § 15b ausgleichsfähigen oder verrechenbaren Verlust derselben Einkunftsquelle des Unternehmers (Mitunternehmers) des Sanierungsjahrs; bei der Verlustermittlung bleibt der Sanierungsertrag unberücksichtigt;

5. den zum Ende des dem Sanierungsjahr vorangegangenen Jahrs nach § 15b festgestellten verrechenbaren Verlust derselben Einkunftsquelle des Unternehmers (Mitunternehmers);

6. den nach § 15 Absatz 4 ausgleichsfähigen oder nicht abziehbaren Verlust des zu sanierenden Unternehmens des Sanierungsjahrs;

7. den zum Ende des dem Sanierungsjahr vorangegangenen Jahrs nach § 15 Absatz 4 festgestellten in Verbindung mit § 10d Absatz 4 verbleibenden Verlustvortrag, soweit er auf das zu sanierende Unternehmen entfällt;

8. den Verlust des Sanierungsjahrs des zu sanierenden Unternehmens;

9. den ausgleichsfähigen Verlust aus allen Einkunftsarten des Veranlagungszeitraums, in dem das Sanierungsjahr endet;

10. im Sanierungsjahr ungeachtet des § 10d Absatz 2 den nach § 10d Absatz 4 zum Ende des Vorjahrs gesondert festgestellten Verlustvortrag;

11. in der nachfolgenden Reihenfolge den zum Ende des Vorjahrs festgestellten und den im Sanierungsjahr entstehenden verrechenbaren Verlust oder die negativen Einkünfte

    a) nach § 15a,

    b) nach § 15b anderer Einkunftsquellen,

    c) nach § 15 Absatz 4 anderer Betriebe und Mitunternehmeranteile,

    d) nach § 2a,

    e) nach § 2b,

    f) nach § 23 Absatz 3 Satz 7 und 8,

    g) nach sonstigen Vorschriften;

12.[1)] ungeachtet der Beträge des § 10d Absatz 1 Satz 1 die negativen Einkünfte nach § 10d Absatz 1 Satz 1 des Folgejahrs [*ab VZ 2022:* und die negativen Einkünfte nach § 10d Absatz 1 Satz 2 des zweiten Folgejahrs]. [2]Ein Verlustrücktrag nach § 10d Absatz 1 Satz 1 [*ab VZ 2022:* und 2] ist nur möglich, soweit die Beträge nach § 10d Absatz 1 Satz 1 [*ab VZ 2022:* und 2] durch den verbleibenden Sanierungsertrag im Sinne des Satzes 4 nicht überschritten werden;

13. den zum Ende des Vorjahrs festgestellten und den im Sanierungsjahr entstehenden

    a) Zinsvortrag nach § 4h Absatz 1 Satz 5,

    b) EBITDA-Vortrag nach § 4h Absatz 1 Satz 3. [2]Die Minderung des EBITDA-Vortrags des Sanierungsjahrs und der EBITDA-Vorträge aus vorangegangenen Wirtschaftsjahren erfolgt in ihrer zeitlichen Reihenfolge.

[3]Übersteigt der geminderte Sanierungsertrag nach Satz 1 die nach Satz 2 mindernden Beträge, mindern sich insoweit nach Maßgabe des Satzes 2 auch der verteilt abziehbare Aufwand, Verluste, negative Einkünfte, Zinsvorträge oder EBITDA-Vorträge einer dem Steuerpflichtigen nahestehenden Person, wenn diese die erlassenen Schulden innerhalb eines Zeitraums von fünf Jahren vor dem Schuldenerlass auf das zu sanierende Unternehmen übertragen hat und soweit der entsprechende verteilt abziehbare Aufwand, die Verluste, negativen Einkünfte, Zinsvorträge oder EBITDA-Vorträge zum Ablauf des Wirtschaftsjahrs der Übertragung bereits entstanden waren. [4]Der sich nach den Sätzen 2 und 3 ergebende Betrag ist der verbleibende Sanierungsertrag. [5]Die nach den Sätzen 2 und 3 mindernden Beträge bleiben endgültig außer Ansatz und nehmen an den entsprechenden Feststellungen der verrechenbaren Verluste, verbleibenden Verlustvorträge und sonstigen Feststellungen nicht teil.

(3a)[2)] Bei Zusammenveranlagung sind auch die laufenden Beträge und Verlustvorträge des anderen Ehegatten einzubeziehen.

(4) [1]Sind Einkünfte aus Land- und Forstwirtschaft, Gewerbebetrieb oder selbständiger Arbeit nach § 180 Absatz 1 Satz 1 Nummer 2 Buchstabe a oder b der Abgabenordnung gesondert festzustellen, ist auch die Höhe des Sanierungsertrags nach Absatz 1 Satz 1 sowie die Höhe der nach Absatz 3 Satz 2 Nummer 1 bis 6 und 13 mindernden Beträge gesondert festzustellen. [2]Zu-

---

[1)] § 3a Abs. 3 Satz 2 Nr. 12 geänd. mWv VZ 2022 durch G v. 19.6.2022 (BGBl. I S. 911).

[2)] § 3a Abs. 3a eingef. durch G v. 12.12.2019 (BGBl. I S. 2451); zur Anwendung siehe § 52 Abs. 4a Satz 4 iVm. Satz 1.

ständig für die gesonderte Feststellung nach Satz 1 ist das Finanzamt, das für die gesonderte Feststellung nach § 180 Absatz 1 Satz 1 Nummer 2 der Abgabenordnung zuständig ist. [3]Wurden verrechenbare Verluste und Verlustvorträge ohne Berücksichtigung des Absatzes 3 Satz 2 bereits festgestellt oder ändern sich die nach Absatz 3 Satz 2 mindernden Beträge, ist der entsprechende Feststellungsbescheid insoweit zu ändern. [4]Das gilt auch dann, wenn der Feststellungsbescheid bereits bestandskräftig geworden ist; die Feststellungsfrist endet insoweit nicht, bevor die Festsetzungsfrist des Einkommensteuerbescheids oder Körperschaftsteuerbescheids für das Sanierungsjahr abgelaufen ist.

(5) [1]Erträge aus einer nach den §§ 286 ff. der Insolvenzordnung erteilten Restschuldbefreiung, einem Schuldenerlass auf Grund eines außergerichtlichen Schuldenbereinigungsplans zur Vermeidung eines Verbraucherinsolvenzverfahrens nach den §§ 304 ff. der Insolvenzordnung oder auf Grund eines Schuldenbereinigungsplans, dem in einem Verbraucherinsolvenzverfahren zugestimmt wurde oder wenn diese Zustimmung durch das Gericht ersetzt wurde, sind, soweit es sich um Betriebsvermögensmehrungen oder Betriebseinnahmen handelt, ebenfalls steuerfrei, auch wenn die Voraussetzungen einer unternehmensbezogenen Sanierung im Sinne des Absatzes 2 nicht vorliegen. [2]Absatz 3 gilt entsprechend.

§ 3b Steuerfreiheit von Zuschlägen für Sonntags-, Feiertags- oder Nachtarbeit. (1) Steuerfrei sind Zuschläge, die für tatsächlich geleistete Sonntags-, Feiertags- oder Nachtarbeit neben dem Grundlohn gezahlt werden, soweit sie

1. für Nachtarbeit 25 Prozent,
2. vorbehaltlich der Nummern 3 und 4 für Sonntagsarbeit 50 Prozent,
3. vorbehaltlich der Nummer 4 für Arbeit am 31. Dezember ab 14 Uhr und an den gesetzlichen Feiertagen 125 Prozent,
4. für Arbeit am 24. Dezember ab 14 Uhr, am 25. und 26. Dezember sowie am 1. Mai 150 Prozent

des Grundlohns nicht übersteigen.

(2) [1]Grundlohn ist der laufende Arbeitslohn, der dem Arbeitnehmer bei der für ihn maßgebenden regelmäßigen Arbeitszeit für den jeweiligen Lohnzahlungszeitraum zusteht; er ist in einen Stundenlohn umzurechnen und mit höchstens 50 Euro anzusetzen. [2]Nachtarbeit ist die Arbeit in der Zeit von 20 Uhr bis 6 Uhr. [3]Sonntagsarbeit und Feiertagsarbeit ist die Arbeit in der Zeit von 0 Uhr bis 24 Uhr des jeweiligen Tages. [4]Die gesetzlichen Feiertage werden durch die am Ort der Arbeitsstätte geltenden Vorschriften bestimmt.

(3) Wenn die Nachtarbeit vor 0 Uhr aufgenommen wird, gilt abweichend von den Absätzen 1 und 2 Folgendes:

1. Für Nachtarbeit in der Zeit von 0 Uhr bis 4 Uhr erhöht sich der Zuschlagssatz auf 40 Prozent,
2. als Sonntagsarbeit und Feiertagsarbeit gilt auch die Arbeit in der Zeit von 0 Uhr bis 4 Uhr des auf den Sonntag oder Feiertag folgenden Tages.

§ 3c Anteilige Abzüge. (1) Ausgaben dürfen, soweit sie mit steuerfreien Einnahmen in unmittelbarem wirtschaftlichen Zusammenhang stehen, nicht als Betriebsausgaben oder Werbungskosten abgezogen werden; Absatz 2 bleibt unberührt.

(2)[1] [1] Betriebsvermögensminderungen, Betriebsausgaben, Veräußerungskosten oder Werbungskosten, die mit den dem § 3 Nummer 40 zugrunde liegenden Betriebsvermögensmehrungen oder Einnahmen oder mit Vergütungen nach § 3 Nummer 40a in wirtschaftlichem Zusammenhang stehen, dürfen unabhängig davon, in welchem Veranlagungszeitraum die Betriebsvermögensmehrungen oder Einnahmen anfallen, bei der Ermittlung der Einkünfte nur zu 60 Prozent abgezogen werden; Entsprechendes gilt, wenn bei der Ermittlung der Einkünfte der Wert des Betriebsvermögens oder des Anteils am Betriebsvermögen oder die Anschaffungs- oder Herstellungskosten oder der an deren Stelle tretende Wert mindernd zu berücksichtigen sind. [2] Satz 1 ist auch für Betriebsvermögensminderungen oder Betriebsausgaben im Zusammenhang mit einer Darlehensforderung oder aus der Inanspruchnahme von Sicherheiten anzuwenden, die für ein Darlehen hingegeben wurden, wenn das Darlehen oder die Sicherheit von einem Steuerpflichtigen gewährt wird, der zu mehr als einem Viertel unmittelbar oder mittelbar am Grund- oder Stammkapital der Körperschaft, der das Darlehen gewährt wurde, beteiligt ist oder war. [3] Satz 2 ist insoweit nicht anzuwenden, als nachgewiesen wird, dass auch ein fremder Dritter das Darlehen bei sonst gleichen Umständen gewährt oder noch nicht zurückgefordert hätte; dabei sind nur die eigenen Sicherungsmittel der Körperschaft zu berücksichtigen. [4] Die Sätze 2 und 3 gelten entsprechend für Forderungen aus Rechtshandlungen, die einer Darlehensgewährung wirtschaftlich vergleichbar sind. [5] Gewinne aus dem Ansatz des nach § 6 Absatz 1 Nummer 2 Satz 3 maßgeblichen Werts bleiben bei der Ermittlung der Einkünfte außer Ansatz, soweit auf die vorangegangene Teilwertabschreibung Satz 2 angewendet worden ist. [6] Satz 1 ist außerdem ungeachtet eines wirtschaftlichen Zusammenhangs mit den dem § 3 Nummer 40 zugrunde liegenden Betriebsvermögensmehrungen oder Einnahmen oder mit Vergütungen nach § 3 Nummer 40a auch auf Betriebsvermögensminderungen, Betriebsausgaben oder Veräußerungskosten eines Gesellschafters einer Körperschaft anzuwenden, soweit diese mit einer im Gesellschaftsverhältnis veranlassten unentgeltlichen Überlassung von Wirtschaftsgütern an diese Körperschaft oder bei einer teilentgeltlichen Überlassung von Wirtschaftsgütern mit dem unentgeltlichen Teil in Zusammenhang stehen und der Steuerpflichtige zu mehr als einem Viertel unmittelbar oder mittelbar am Grund- oder Stammkapital dieser Körperschaft beteiligt ist oder war. [7] Für die Anwendung des Satzes 1 ist die Absicht zur Erzielung von Betriebsvermögensmehrungen oder Einnahmen im Sinne des § 3 Nummer 40 oder von Vergütungen im Sinne des § 3 Nummer 40a ausreichend. [8] Satz 1 gilt auch für Wertminderungen des Anteils an einer Organgesellschaft, die nicht auf Gewinnausschüttungen zu-

---

[1] § 3c Abs. 2 Satz 1 geänd. durch G v. 14.8.2007 (BGBl. I S. 1912); Abs. 2 Satz 2 eingef., bish. Sätze 2 und 3 werden Sätze 3 und 4 durch G v. 8.12.2010 (BGBl. I S. 1768); Abs. 2 Sätze 2 bis 6 eingef., bish. Sätze 2 bis 4 werden Sätze 7 bis 9 durch G v. 22.12.2014 (BGBl. I S. 2417); zur Anwendung siehe § 52 Abs. 5 Satz 2.

rückzuführen sind. [9] § 8b Absatz 10 des Körperschaftsteuergesetzes gilt sinngemäß.

(3) Betriebsvermögensminderungen, Betriebsausgaben oder Veräußerungskosten, die mit den Betriebsvermögensmehrungen oder Einnahmen im Sinne des § 3 Nummer 70 in wirtschaftlichem Zusammenhang stehen, dürfen unabhängig davon, in welchem Veranlagungszeitraum die Betriebsvermögensmehrungen oder Einnahmen anfallen, nur zur Hälfte abgezogen werden.

(4)[1] [1]Betriebsvermögensminderungen oder Betriebsausgaben, die mit einem steuerfreien Sanierungsertrag im Sinne des § 3a in unmittelbarem wirtschaftlichem Zusammenhang stehen, dürfen unabhängig davon, in welchem Veranlagungszeitraum der Sanierungsertrag entsteht, nicht abgezogen werden. [2]Satz 1 gilt nicht, soweit Betriebsvermögensminderungen oder Betriebsausgaben zur Erhöhung von Verlustvorträgen geführt haben, die nach Maßgabe der in § 3a Absatz 3 getroffenen Regelungen entfallen. [3]Zu den Betriebsvermögensminderungen oder Betriebsausgaben im Sinne des Satzes 1 gehören auch Aufwendungen im Zusammenhang mit einem Besserungsschein und vergleichbare Aufwendungen. [4]Satz 1 gilt für Betriebsvermögensminderungen oder Betriebsausgaben, die nach dem Sanierungsjahr entstehen, nur insoweit, als noch ein verbleibender Sanierungsertrag im Sinne von § 3a Absatz 3 Satz 4 vorhanden ist. [5]Wurden Betriebsvermögensminderungen oder Betriebsausgaben im Sinne des Satzes 1 bereits bei einer Steuerfestsetzung oder einer gesonderten Feststellung nach § 180 Absatz 1 Satz 1 der Abgabenordnung gewinnmindernd berücksichtigt, ist der entsprechende Steuer- oder Feststellungsbescheid insoweit zu ändern. [6]Das gilt auch dann, wenn der Steuer- oder Feststellungsbescheid bereits bestandskräftig geworden ist; die Festsetzungsfrist endet insoweit nicht, bevor die Festsetzungsfrist für das Sanierungsjahr abgelaufen ist.

3. Gewinn

§ 4 Gewinnbegriff im Allgemeinen. (1)[2] [1]Gewinn ist der Unterschiedsbetrag zwischen dem Betriebsvermögen am Schluss des Wirtschaftsjahres und dem Betriebsvermögen am Schluss des vorangegangenen Wirtschaftsjahres, vermehrt um den Wert der Entnahmen und vermindert um den Wert der Einlagen. [2]Entnahmen sind alle Wirtschaftsgüter (Barentnahmen, Waren, Erzeugnisse, Nutzungen und Leistungen), die der Steuerpflichtige dem Betrieb für sich, für seinen Haushalt oder für andere betriebsfremde Zwecke im Laufe des Wirtschaftsjahres entnommen hat. [3]Einer Entnahme für betriebsfremde Zwecke steht der Ausschluss oder die Beschränkung des Besteuerungsrechts der Bundes-

---

[1] § 3c Abs. 4 angef. durch G v. 27.6.2017 (BGBl. I S. 2074); zur Anwendung siehe § 52 Abs. 5 Sätze 3 und 4; zum Inkrafttreten vorbehaltlich der Feststellung der Europäischen Kommission, dass die Regelungen entweder keine Beihilfen oder mit dem Binnenmarkt vereinbare Beihilfen darstellen, siehe § 3a.

[2] § 4 Abs. 1 Satz 4 eingef., bish. Sätze 4 bis 8 werden Sätze 5 bis 9 durch G v. 8.12.2010 (BGBl. I S. 1768); zur Anwendung siehe § 52 Abs. 6 Satz 2; Abs. 1 Satz 3 HS 2 angef. durch G v. 25.6.2021 (BGBl. I S. 2035); zur Anwendung siehe § 52 Abs. 6 Satz 1; Abs. 1 Satz 9 eingef., bish. Satz 9 wird Satz 10 durch G v. 25.6.2021 (BGBl. I S. 2035); zur Anwendung siehe § 52 Abs. 6 Satz 3.

republik Deutschland hinsichtlich des Gewinns aus der Veräußerung oder der Nutzung eines Wirtschaftsguts gleich; dies gilt auf Antrag auch in den Fällen, in denen die Beschränkung des Besteuerungsrechts der Bundesrepublik Deutschland hinsichtlich des Gewinns aus der Veräußerung eines Wirtschaftsguts entfällt und in einem anderen Staat eine Besteuerung auf Grund des Ausschlusses oder der Beschränkung des Besteuerungsrechts dieses Staates hinsichtlich des Gewinns aus der Veräußerung des Wirtschaftsguts erfolgt. [4]Ein Ausschluss oder eine Beschränkung des Besteuerungsrechts hinsichtlich des Gewinns aus der Veräußerung eines Wirtschaftsguts liegt insbesondere vor, wenn ein bisher einem inländischen Betriebsstätte zuzuordnendes Wirtschaftsgut einer ausländischen Betriebsstätte zuzuordnen ist. [5]Satz 3 gilt nicht für Anteile an einer Europäischen Gesellschaft oder Europäischen Genossenschaft in den Fällen

1. einer Sitzverlegung der Europäischen Gesellschaft nach Artikel 8 der Verordnung (EG) Nr. 2157/2001 des Rates vom 8. Oktober 2001 über das Statut der Europäischen Gesellschaft (SE) (ABl. EG Nr. L 294 S. 1), zuletzt geändert durch die Verordnung (EG) Nr. 885/2004 des Rates vom 26. April 2004 (ABl. EU Nr. L 168 S. 1), und

2. einer Sitzverlegung der Europäischen Genossenschaft nach Artikel 7 der Verordnung (EG) Nr. 1435/2003 des Rates vom 22. Juli 2003 über das Statut der Europäischen Genossenschaft (SCE) (ABl. EU Nr. L 207 S. 1).

[6]Ein Wirtschaftsgut wird nicht dadurch entnommen, dass der Steuerpflichtige zur Gewinnermittlung nach § 13a übergeht. [7]Eine Änderung der Nutzung eines Wirtschaftsguts, die bei Gewinnermittlung nach Satz 1 keine Entnahme ist, ist auch bei Gewinnermittlung nach § 13a keine Entnahme. [8]Einlagen sind alle Wirtschaftsgüter (Bareinzahlungen und sonstige Wirtschaftsgüter), die der Steuerpflichtige dem Betrieb im Laufe des Wirtschaftsjahres zugeführt hat; einer Einlage steht die Begründung des Besteuerungsrechts der Bundesrepublik Deutschland hinsichtlich des Gewinns aus der Veräußerung eines Wirtschaftsguts gleich. [9]In den Fällen des Satzes 3 zweiter Halbsatz gilt das Wirtschaftsgut als unmittelbar nach der Entnahme wieder eingelegt. [10]Bei der Ermittlung des Gewinns sind die Vorschriften über die Betriebsausgaben, über die Bewertung und über die Absetzung für Abnutzung oder Substanzverringerung zu befolgen.

(2) [1]Der Steuerpflichtige darf die Vermögensübersicht (Bilanz) auch nach ihrer Einreichung beim Finanzamt ändern, soweit sie den Grundsätzen ordnungsmäßiger Buchführung unter Befolgung der Vorschriften dieses Gesetzes nicht entspricht; diese Änderung ist nicht zulässig, wenn die Vermögensübersicht (Bilanz) einer Steuerfestsetzung zugrunde liegt, die nicht mehr aufgehoben oder geändert werden kann. [2]Darüber hinaus ist eine Änderung der Vermögensübersicht (Bilanz) nur zulässig, wenn sie in einem engen zeitlichen und sachlichen Zusammenhang mit einer Änderung nach Satz 1 steht und soweit die Auswirkung der Änderung nach Satz 1 auf den Gewinn reicht.

(3)[1] [1]Steuerpflichtige, die nicht auf Grund gesetzlicher Vorschriften verpflichtet sind, Bücher zu führen und regelmäßig Abschlüsse zu machen, und

---

[1] Zur Anwendung von § 4 Abs. 3 Satz 4 siehe § 52 Abs. 6 Satz 4.

die auch keine Bücher führen und keine Abschlüsse machen, können als Gewinn den Überschuss der Betriebseinnahmen über die Betriebsausgaben ansetzen. ²Hierbei scheiden Betriebseinnahmen und Betriebsausgaben aus, die im Namen und für Rechnung eines anderen vereinnahmt und verausgabt werden (durchlaufende Posten). ³Die Vorschriften über die Bewertungsfreiheit für geringwertige Wirtschaftsgüter (§ 6 Absatz 2), die Bildung eines Sammelpostens (§ 6 Absatz 2a) und über die Absetzung für Abnutzung oder Substanzverringerung sind zu befolgen.

[Fassung für vor dem 6.5.2006 angeschaffte WG][1])

⁴Die Anschaffungs- oder Herstellungskosten für nicht abnutzbare Wirtschaftsgüter des Anlagevermögens sind erst im Zeitpunkt der Veräußerung oder Entnahme dieser Wirtschaftsgüter als Betriebsausgaben zu berücksichtigen. ⁵Die nicht abnutzbaren Wirtschaftsgüter des Anlagevermögens sind unter Angabe des Tages der Anschaffung oder Herstellung und der Anschaffungs- oder Herstellungskosten oder des an deren Stelle getretenen Werts in besondere, laufend zu führende Verzeichnisse aufzunehmen.

[Fassung für nach dem 5.5.2006 angeschaffte WG][2])

⁴Die Anschaffungs- oder Herstellungskosten für nicht abnutzbare Wirtschaftsgüter des Anlagevermögens, für Anteile an Kapitalgesellschaften, für Wertpapiere und vergleichbare nicht verbriefte Forderungen und Rechte, für Grund und Boden sowie Gebäude des Umlaufvermögens sind erst im Zeitpunkt des Zuflusses des Veräußerungserlöses oder bei Entnahme im Zeitpunkt der Entnahme als Betriebsausgaben zu berücksichtigen. ⁵Die Wirtschaftsgüter des Anlagevermögens und Wirtschaftsgüter des Umlaufvermögens im Sinne des Satzes 4 sind unter Angabe des Tages der Anschaffung oder Herstellung und der Anschaffungs- oder Herstellungskosten oder des an deren Stelle getretenen Werts in besondere, laufend zu führende Verzeichnisse aufzunehmen.

(4) Betriebsausgaben sind die Aufwendungen, die durch den Betrieb veranlasst sind.

(4a)[3]) ¹Schuldzinsen sind nach Maßgabe der Sätze 2 bis 4 nicht abziehbar, wenn Überentnahmen getätigt worden sind. ²Eine Überentnahme ist der Betrag, um den die Entnahmen die Summe des Gewinns und der Einlagen des Wirtschaftsjahres übersteigen. ³Die nicht abziehbaren Schuldzinsen werden typisiert mit 6 Prozent der Überentnahme des Wirtschaftsjahres zuzüglich der Überentnahmen vorangegangener Wirtschaftsjahre und abzüglich der Beträge, um die in den vorangegangenen Wirtschaftsjahren der Gewinn und die Einlagen die Entnahmen überstiegen haben (Unterentnahmen), ermittelt; bei der Ermittlung der Überentnahme ist vom Gewinn ohne Berücksichtigung der

---

[1]) Laut BGBl. „5.5.2006" – wohl Redaktionsversehen, da sonst der 5.5.2006 nicht eingeschlossen; zur Anwendung siehe § 52 Abs. 6 Satz 6.
[2]) Zur Anwendung siehe § 52 Abs. 6 Satz 5.
[3]) Zur Anwendung von Abs. 4a siehe § 52 Abs. 6 Sätze 7 bis 9.

nach Maßgabe dieses Absatzes nicht abziehbaren Schuldzinsen auszugehen. [4]Der sich dabei ergebende Betrag, höchstens jedoch der um 2050 Euro verminderte Betrag der im Wirtschaftsjahr angefallenen Schuldzinsen, ist dem Gewinn hinzuzurechnen. [5]Der Abzug von Schuldzinsen für Darlehen zur Finanzierung von Anschaffungs- oder Herstellungskosten von Wirtschaftsgütern des Anlagevermögens bleibt unberührt. [6]Die Sätze 1 bis 5 sind bei Gewinnermittlung nach §4 Absatz 3 sinngemäß anzuwenden; hierzu sind Entnahmen und Einlagen gesondert aufzuzeichnen.

(5) [1]Die folgenden Betriebsausgaben dürfen den Gewinn nicht mindern:

1. Aufwendungen für Geschenke an Personen, die nicht Arbeitnehmer des Steuerpflichtigen sind. [2]Satz 1 gilt nicht, wenn die Anschaffungs- oder Herstellungskosten der dem Empfänger im Wirtschaftsjahr zugewendeten Gegenstände insgesamt 35 Euro nicht übersteigen;

2. Aufwendungen für die Bewirtung von Personen aus geschäftlichem Anlass, soweit sie 70 Prozent der Aufwendungen übersteigen, die nach der allgemeinen Verkehrsauffassung als angemessen anzusehen und deren Höhe und betriebliche Veranlassung nachgewiesen sind. [2]Zum Nachweis der Höhe und der betrieblichen Veranlassung der Aufwendungen hat der Steuerpflichtige schriftlich die folgenden Angaben zu machen: Ort, Tag, Teilnehmer und Anlass der Bewirtung sowie Höhe der Aufwendungen. [3]Hat die Bewirtung in einer Gaststätte stattgefunden, so genügen Angaben zu dem Anlass und den Teilnehmern der Bewirtung; die Rechnung über die Bewirtung ist beizufügen;

3. Aufwendungen für Einrichtungen des Steuerpflichtigen, soweit sie der Bewirtung, Beherbergung oder Unterhaltung von Personen, die nicht Arbeitnehmer des Steuerpflichtigen sind, dienen (Gästehäuser) und sich außerhalb des Orts eines Betriebs des Steuerpflichtigen befinden;

4. Aufwendungen für Jagd oder Fischerei, für Segeljachten oder Motorjachten sowie für ähnliche Zwecke und für die hiermit zusammenhängenden Bewirtungen;

5.[1]) Mehraufwendungen für die Verpflegung des Steuerpflichtigen. [2]Wird der Steuerpflichtige vorübergehend von seiner Wohnung und dem Mittelpunkt seiner dauerhaft angelegten betrieblichen Tätigkeit entfernt betrieblich tätig, sind die Mehraufwendungen für Verpflegung nach Maßgabe des §9 Absatz 4a abziehbar;

6.[2]) Aufwendungen für die Wege des Steuerpflichtigen zwischen Wohnung und Betriebsstätte und für Familienheimfahrten, soweit in den folgenden Sätzen nichts anderes bestimmt ist. [2]Zur Abgeltung dieser Aufwendungen ist §9 Absatz 1 Satz 3 Nummer 4 Satz 2 bis 6 und Nummer 5 Satz 5 bis 7 und Absatz 2 entsprechend anzuwenden. [3]Bei der Nutzung eines Kraftfahrzeugs dürfen die Aufwendungen in Höhe des positiven Unterschieds-

---

[1]) §4 Abs. 5 Satz 1 Nr. 5 Satz 1 und 2 geänd., Sätze 3 bis 6 aufgeh. mWv 1.1.2014 (§ 52 Abs. 6 Satz 8) durch G v. 20.2.2013 (BGBl. I S. 285).

[2]) §4 Abs. 5 Satz 1 Nr. 6 Zitate geänd. mWv 1.1.2014 durch G v. 20.2.2013 (BGBl. I S. 285); Satz 3 zweiter Satzteil angef. mWv VZ 2013 durch G v. 26.6.2013 (BGBl. I S. 1809); Satz 4 angef. mWv VZ 2021 durch G v. 21.12.2019 (BGBl. I S. 2886).

betrags zwischen 0,03 Prozent des inländischen Listenpreises im Sinne des § 6 Absatz 1 Nummer 4 Satz 2 des Kraftfahrzeugs im Zeitpunkt der Erstzulassung je Kalendermonat für jeden Entfernungskilometer und dem sich nach § 9 Absatz 1 Satz 3 Nummer 4 Satz 2 bis 6 oder Absatz 2 ergebenden Betrag sowie Aufwendungen für Familienheimfahrten in Höhe des positiven Unterschiedsbetrags zwischen 0,002 Prozent des inländischen Listenpreises im Sinne des § 6 Absatz 1 Nummer 4 Satz 2 für jeden Entfernungskilometer und dem sich nach § 9 Absatz 1 Satz 3 Nummer 5 Satz 5 bis 7 oder Absatz 2 ergebenden Betrag den Gewinn nicht mindern; ermittelt der Steuerpflichtige die private Nutzung des Kraftfahrzeugs nach § 6 Absatz 1 Nummer 4 Satz 1 oder Satz 3, treten an die Stelle des mit 0,03 oder 0,002 Prozent des inländischen Listenpreises ermittelten Betrags für Fahrten zwischen Wohnung und Betriebsstätte und für Familienheimfahrten die auf diese Fahrten entfallenden tatsächlichen Aufwendungen; § 6 Absatz 1 Nummer 4 Satz 3 zweiter Halbsatz gilt sinngemäß. [4] § 9 Absatz 1 Satz 3 Nummer 4 Satz 8 und Nummer 5 Satz 9 gilt entsprechend;

6a.[1)] die Mehraufwendungen für eine betrieblich veranlasste doppelte Haushaltsführung, soweit sie die nach § 9 Absatz 1 Satz 3 Nummer 5 Satz 1 bis 4 abziehbaren Beträge und die Mehraufwendungen für betrieblich veranlasste Übernachtungen, soweit sie die nach § 9 Absatz 1 Satz 3 Nummer 5a abziehbaren Beträge übersteigen;

[Fassung bis 31.12.2022]

6b.[3)] Aufwendungen für ein häusliches Arbeitszimmer sowie die Kosten der Ausstattung. [2] Dies gilt nicht, wenn für die betriebliche oder berufliche Tätigkeit kein anderer Arbeitsplatz zur Verfügung steht. [3] In diesem Fall wird die Höhe der abziehbaren Aufwendungen auf 1250 Euro begrenzt; die Beschränkung der Höhe nach gilt nicht, wenn das Arbeitszimmer den Mittelpunkt der gesamten betrieblichen und beruflichen Betätigung bildet. *[1.1.2020–31.12.2022:* [4] Liegt kein häusliches Arbeitszimmer vor oder wird auf einen Abzug der Aufwendungen für ein häus-

[Fassung ab 1.1.2023:][2)]

6b. Aufwendungen für ein häusliches Arbeitszimmer sowie die Kosten der Ausstattung. [2] Dies gilt nicht, wenn das Arbeitszimmer den Mittelpunkt der gesamten betrieblichen und beruflichen Betätigung bildet. [3] Anstelle der Aufwendungen kann pauschal ein Betrag von 1260 Euro (Jahrespauschale) für das Wirtschafts- oder Kalenderjahr abgezogen werden. [4] Für jeden vollen Kalendermonat, in dem die Voraussetzungen nach Satz 2 nicht vorliegen, ermäßigt sich der Betrag von 1260 Euro um ein Zwölftel;

[1)] § 4 Abs. 5 Satz 1 Nr. 6a eingef. mWv 1.1.2014 (§ 52 Abs. 6 Satz 11) durch G v. 20.2. 2013 (BGBl. I S. 285).
[2)] § 4 Abs. 5 Satz 1 Nr. 6b ersetzt durch Nrn. 6b und 6c durch G v. 16.12.2022 (BGBl. I S. 2294); zur Anwendung siehe § 52 Abs. 6 Satz 12.
[3)] § 4 Abs. 5 Satz 1 Nr. 6b Satz 2 ersetzt durch Sätze 2 und 3 durch G v. 8.12.2010 (BGBl. I S. 1768); Satz 4 angef. durch G v. 21.12.2020 (BGBl. I S. 3096), zur zeitlich begrenzten Anwendung siehe § 52 Abs. 6 Satz 16.

[Fassung bis 31.12.2022]

liches Arbeitszimmer nach den Sätzen 2 und 3 verzichtet, kann der Steuerpflichtige für jeden Kalendertag, an dem er seine betriebliche oder berufliche Tätigkeit ausschließlich in der häuslichen Wohnung ausübt und keine außerhalb der häuslichen Wohnung belegene Betätigungsstätte aufsucht, für seine gesamte betriebliche und berufliche Betätigung einen Betrag von 5 Euro abziehen, höchstens 600 Euro im Wirtschafts- oder Kalenderjahr;]

[Fassung ab 1.1.2023:]

6c. für jeden Kalendertag, an dem die betriebliche oder berufliche Tätigkeit überwiegend in der häuslichen Wohnung ausgeübt und keine außerhalb der häuslichen Wohnung belegene erste Tätigkeitsstätte aufgesucht wird, kann für die gesamte betriebliche und berufliche Betätigung ein Betrag von 6 Euro (Tagespauschale), höchstens 1260 Euro im Wirtschafts- oder Kalenderjahr, abgezogen werden. ²Steht für die betriebliche oder berufliche Tätigkeit dauerhaft kein anderer Arbeitsplatz zur Verfügung, ist ein Abzug der Tagespauschale zulässig, auch wenn die Tätigkeit am selben Kalendertag auswärts oder an der ersten Tätigkeitsstätte ausgeübt wird. ³Der Abzug der Tagespauschale ist nicht zulässig, soweit für die Wohnung Unterkunftskosten im Rahmen der Nummer 6a oder des § 9 Absatz 1 Satz 3 Nummer 5 abgezogen werden können oder soweit ein Abzug nach Nummer 6b vorgenommen wird;

7. andere als die in den Nummern 1 bis 6 und 6b bezeichneten Aufwendungen, die die Lebensführung des Steuerpflichtigen oder anderer Personen berühren, soweit sie nach allgemeiner Verkehrsauffassung als unangemessen anzusehen sind;

8.[1] Geldbußen, Ordnungsgelder und Verwarnungsgelder, die von einem Gericht oder einer Behörde im Geltungsbereich dieses Gesetzes oder von einem Mitgliedstaat oder von Organen der Europäischen Union festgesetzt wurden sowie damit zusammenhängende Aufwendungen. ²Dasselbe gilt für Leistungen zur Erfüllung von Auflagen oder Weisungen, die in einem berufsgerichtlichen Verfahren erteilt werden, soweit die Auflagen oder Weisungen nicht lediglich der Wiedergutmachung des durch die Tat verursachten Schadens dienen. ³Die Rückzahlung von Ausgaben im Sinne der Sätze 1 und 2 darf den Gewinn nicht erhöhen. ⁴Das Abzugsverbot für

---

[1] § 4 Abs. 5 Satz 1 Nr. 8 neu gef. mWv 1.1.2019 (§ 52 Abs. 6 Satz 13) durch G v. 12.12.2019 (BGBl. I S. 2451).

Geldbußen gilt nicht, soweit der wirtschaftliche Vorteil, der durch den Gesetzesverstoß erlangt wurde, abgeschöpft worden ist, wenn die Steuern vom Einkommen und Ertrag, die auf den wirtschaftlichen Vorteil entfallen, nicht abgezogen worden sind; Satz 3 ist insoweit nicht anzuwenden;

8a.[1]) Zinsen auf hinterzogene Steuern nach § 235 der Abgabenordnung und Zinsen nach § 233a der Abgabenordnung, soweit diese nach § 235 Absatz 4 der Abgabenordnung auf die Hinterziehungszinsen angerechnet werden;

9.[2]) Ausgleichszahlungen, die in den Fällen der §§ 14 und 17 des Körperschaftsteuergesetzes an außenstehende Anteilseigner geleistet werden;

10. die Zuwendung von Vorteilen sowie damit zusammenhängende Aufwendungen, wenn die Zuwendung der Vorteile eine rechtswidrige Handlung darstellt, die den Tatbestand eines Strafgesetzes oder eines Gesetzes verwirklicht, das die Ahndung mit einer Geldbuße zulässt. [2]Gerichte, Staatsanwaltschaften oder Verwaltungsbehörden haben Tatsachen, die sie dienstlich erfahren und die den Verdacht einer Tat im Sinne des Satzes 1 begründen, der Finanzbehörde für Zwecke des Besteuerungsverfahrens und zur Verfolgung von Steuerstraftaten und Steuerordnungswidrigkeiten mitzuteilen. [3]Die Finanzbehörde teilt Tatsachen, die den Verdacht einer Straftat oder einer Ordnungswidrigkeit im Sinne des Satzes 1 begründen, der Staatsanwaltschaft oder der Verwaltungsbehörde mit. [4]Diese unterrichten die Finanzbehörde von dem Ausgang des Verfahrens und den zugrundeliegenden Tatsachen;

11. Aufwendungen, die mit unmittelbaren oder mittelbaren Zuwendungen von nicht einlagefähigen Vorteilen an natürliche oder juristische Personen oder Personengesellschaften zur Verwendung in Betrieben in tatsächlichem oder wirtschaftlichem Zusammenhang stehen, deren Gewinn nach § 5a Absatz 1 ermittelt wird;

12. Zuschläge nach § 162 Absatz 4 der Abgabenordnung;

13.[3]) Jahresbeiträge nach § 12 Absatz 2 des Restrukturierungsfondsgesetzes.

[2]Das Abzugsverbot gilt nicht, soweit die in den Nummern 2 bis 4 bezeichneten Zwecke Gegenstand einer mit Gewinnabsicht ausgeübten Betätigung des Steuerpflichtigen sind. [3]§ 12 Nummer 1 bleibt unberührt.

(5a) (weggefallen)

(5b) Die Gewerbesteuer und die darauf entfallenden Nebenleistungen sind keine Betriebsausgaben.

(6) Aufwendungen zur Förderung staatspolitischer Zwecke (§ 10b Absatz 2) sind keine Betriebsausgaben.

(7) [1]Aufwendungen im Sinne des Absatzes 5 Satz 1 Nummer 1 bis 4, 6b und 7 sind einzeln und getrennt von den sonstigen Betriebsausgaben aufzuzeichnen. [2]Soweit diese Aufwendungen nicht bereits nach Absatz 5 vom Ab-

---

[1]) § 4 Abs. 5 Satz 1 Nr. 8a geänd. mWv 1.1.2019 (§ 52 Abs. 6 Satz 14) durch G v. 12.12.2019 (BGBl. I S. 2451).
[2]) § 4 Abs. 5 Satz 1 Nr. 9 geänd. mWv VZ 2014 durch G v. 25.7.2014 (BGBl. I S. 1266).
[3]) § 4 Abs. 5 Satz 1 Nr. 13 angef. durch G v. 9.12.2010 (BGBl. I S. 1900).

zug ausgeschlossen sind, dürfen sie bei der Gewinnermittlung nur berücksichtigt werden, wenn sie nach Satz 1 besonders aufgezeichnet sind.

(8) Für Erhaltungsaufwand bei Gebäuden in Sanierungsgebieten und städtebaulichen Entwicklungsbereichen sowie bei Baudenkmalen gelten die §§ 11a und 11b entsprechend.

(9)[1] [1]Aufwendungen des Steuerpflichtigen für seine Berufsausbildung oder für sein Studium sind nur dann Betriebsausgaben, wenn der Steuerpflichtige zuvor bereits eine Erstausbildung (Berufsausbildung oder Studium) abgeschlossen hat. [2]§ 9 Absatz 6 Satz 2 bis 5 gilt entsprechend.

(10)[2] § 9 Absatz 1 Satz 3 Nummer 5b ist entsprechend anzuwenden.

§ 4a Gewinnermittlungszeitraum, Wirtschaftsjahr. (1) [1]Bei Land- und Forstwirten und bei Gewerbetreibenden ist der Gewinn nach dem Wirtschaftsjahr zu ermitteln. [2]Wirtschaftsjahr ist

1. bei Land- und Forstwirten der Zeitraum vom 1. Juli bis zum 30. Juni. [2]Durch Rechtsverordnung[3] kann für einzelne Gruppen von Land- und Forstwirten ein anderer Zeitraum bestimmt werden, wenn das aus wirtschaftlichen Gründen erforderlich ist;

2. bei Gewerbetreibenden, deren Firma im Handelsregister eingetragen ist, der Zeitraum, für den sie regelmäßig Abschlüsse machen. [2]Die Umstellung des Wirtschaftsjahres auf einen vom Kalenderjahr abweichenden Zeitraum ist steuerlich nur wirksam, wenn sie im Einvernehmen mit dem Finanzamt vorgenommen wird;

3. bei anderen Gewerbetreibenden das Kalenderjahr. [2]Sind sie gleichzeitig buchführende Land- und Forstwirte, so können sie mit Zustimmung des Finanzamts den nach Nummer 1 maßgebenden Zeitraum als Wirtschaftsjahr für den Gewerbebetrieb bestimmen, wenn sie für den Gewerbebetrieb Bücher führen und für diesen Zeitraum regelmäßig Abschlüsse machen.

(2) Bei Land- und Forstwirten und bei Gewerbetreibenden, deren Wirtschaftsjahr vom Kalenderjahr abweicht, ist der Gewinn aus Land- und Forstwirtschaft oder aus Gewerbebetrieb bei der Ermittlung des Einkommens in folgender Weise zu berücksichtigen:

1. [1]Bei Land- und Forstwirten ist der Gewinn des Wirtschaftsjahres auf das Kalenderjahr, in dem das Wirtschaftsjahr beginnt, und auf das Kalenderjahr, in dem das Wirtschaftsjahr endet, entsprechend dem zeitlichen Anteil aufzuteilen. [2]Bei der Aufteilung sind Veräußerungsgewinne im Sinne des § 14 auszuscheiden und dem Gewinn des Kalenderjahres hinzuzurechnen, in dem sie entstanden sind;

2. bei Gewerbetreibenden gilt der Gewinn des Wirtschaftsjahres als in dem Kalenderjahr bezogen, in dem das Wirtschaftsjahr endet.

---

[1] § 4 Abs. 9 neu gef. mWv VZ 2015 durch G v. 22.12.2014 (BGBl. I S. 2417).
[2] § 4 Abs. 10 angef. durch G v. 12.12.2019 (BGBl. I S. 2451); zur Anwendung siehe § 52 Abs. 6 Satz 15.
[3] Vgl. hierzu § 8c EStDV (Nr. **10**).

§ 4b Direktversicherung. [1]Der Versicherungsanspruch aus einer Direktversicherung, die von einem Steuerpflichtigen aus betrieblichem Anlass abgeschlossen wird, ist dem Betriebsvermögen des Steuerpflichtigen nicht zuzurechnen, soweit am Schluss des Wirtschaftsjahres hinsichtlich der Leistungen des Versicherers die Person, auf deren Leben die Lebensversicherung abgeschlossen ist, oder ihre Hinterbliebenen bezugsberechtigt sind. [2]Das gilt auch, wenn der Steuerpflichtige die Ansprüche aus dem Versicherungsvertrag abgetreten oder beliehen hat, sofern er sich der bezugsberechtigten Person gegenüber schriftlich verpflichtet, sie bei Eintritt des Versicherungsfalls so zu stellen, als ob die Abtretung oder Beleihung nicht erfolgt wäre.

§ 4c Zuwendungen an Pensionskassen. (1) [1]Zuwendungen an eine Pensionskasse dürfen von dem Unternehmen, das die Zuwendungen leistet (Trägerunternehmen), als Betriebsausgaben abgezogen werden, soweit sie auf einer in der Satzung oder im Geschäftsplan der Kasse festgelegten Verpflichtung oder auf einer Anordnung der Versicherungsaufsichtsbehörde beruhen oder der Abdeckung von Fehlbeträgen bei der Kasse dienen. [2]Soweit die allgemeinen Versicherungsbedingungen und die fachlichen Geschäftsunterlagen im Sinne des § 219 Absatz 3 Nummer 1 Buchstabe b[1]) des Versicherungsaufsichtsgesetzes nicht zum Geschäftsplan gehören, gelten diese als Teil des Geschäftsplans.

(2) Zuwendungen im Sinne des Absatzes 1 dürfen als Betriebsausgaben nicht abgezogen werden, soweit die Leistungen der Kasse, wenn sie vom Trägerunternehmen unmittelbar erbracht würden, bei diesem nicht betrieblich veranlasst wären.

§ 4d Zuwendungen an Unterstützungskassen. (1) [1]Zuwendungen an eine Unterstützungskasse dürfen von dem Unternehmen, das die Zuwendungen leistet (Trägerunternehmen), als Betriebsausgaben abgezogen werden, soweit die Leistungen der Kasse, wenn sie vom Trägerunternehmen unmittelbar erbracht würden, bei diesem betrieblich veranlasst wären und sie die folgenden Beträge nicht übersteigen:

1. bei Unterstützungskassen, die lebenslänglich laufende Leistungen gewähren:
   a) das Deckungskapital für die laufenden Leistungen nach der dem Gesetz als Anlage 1 beigefügten Tabelle[2]). [2]Leistungsempfänger ist jeder ehemalige Arbeitnehmer des Trägerunternehmens, der von der Unterstützungskasse Leistungen erhält; soweit die Kasse Hinterbliebenenversorgung gewährt, ist Leistungsempfänger der Hinterbliebene eines ehemaligen Arbeitnehmers des Trägerunternehmens, der von der Kasse Leistungen erhält. [3]Dem ehemaligen Arbeitnehmer stehen andere Personen gleich, denen Leistungen der Alters-, Invaliditäts- oder Hinterbliebenenversorgung aus Anlass ihrer ehemaligen Tätigkeit für das Trägerunternehmen zugesagt worden sind;

---

[1]) Verweis geänd. mWv 1.1.2016 durch G v. 1.4.2015 (BGBl. I S. 434); geänd. mWv 13.1.2019 durch G v. 19.12.2018 (BGBl. I S. 2672).
[2]) Abgedruckt im Anschluss an dieses Gesetz.

b) in jedem Wirtschaftsjahr für jeden Leistungsanwärter,

 aa) wenn die Kasse nur Invaliditätsversorgung oder nur Hinterbliebenenversorgung gewährt, jeweils 6 Prozent,

 bb) wenn die Kasse Altersversorgung mit oder ohne Einschluss von Invaliditätsversorgung oder Hinterbliebenenversorgung gewährt, 25 Prozent

der jährlichen Versorgungsleistungen, die der Leistungsanwärter oder, wenn nur Hinterbliebenenversorgung gewährt wird, dessen Hinterbliebene nach den Verhältnissen am Schluss des Wirtschaftsjahres der Zuwendung im letzten Zeitpunkt der Anwartschaft, spätestens zum Zeitpunkt des Erreichens der Regelaltersgrenze der gesetzlichen Rentenversicherung erhalten können. ²Leistungsanwärter ist jeder Arbeitnehmer oder ehemalige Arbeitnehmer des Trägerunternehmens, der von der Unterstützungskasse schriftlich zugesagte Leistungen erhalten kann und am Schluss des Wirtschaftsjahres, in dem die Zuwendung erfolgt,

 aa) bei erstmals nach dem 31. Dezember 2017 zugesagten Leistungen das 23. Lebensjahr vollendet hat,

 bb) bei erstmals nach dem 31. Dezember 2008 und vor dem 1. Januar 2018 zugesagten Leistungen das 27. Lebensjahr vollendet hat oder

 cc) bei erstmals vor dem 1. Januar 2009 zugesagten Leistungen das 28. Lebensjahr vollendet hat;

soweit die Kasse nur Hinterbliebenenversorgung gewährt, gilt als Leistungsanwärter jeder Arbeitnehmer oder ehemalige Arbeitnehmer des Trägerunternehmens, der am Schluss des Wirtschaftsjahres, in dem die Zuwendung erfolgt, das nach dem ersten Halbsatz maßgebende Lebensjahr vollendet hat und dessen Hinterbliebene die Hinterbliebenenversorgung erhalten können[1]. ³Das Trägerunternehmen kann bei der Berechnung nach Satz 1 statt des dort maßgebenden Betrags den Durchschnittsbetrag der von der Kasse im Wirtschaftsjahr an Leistungsempfänger im Sinne des Buchstabens a Satz 2 gewährten Leistungen zugrunde legen. ⁴In diesem Fall sind Leistungsanwärter im Sinne des Satzes 2 nur die Arbeitnehmer oder ehemaligen Arbeitnehmer des Trägerunternehmens, die am Schluss des Wirtschaftsjahres, in dem die Zuwendung erfolgt, das 50. Lebensjahr vollendet haben. ⁵Dem Arbeitnehmer oder ehemaligen Arbeitnehmer als Leistungsanwärter stehen andere Personen gleich, denen schriftlich Leistungen der Alters-, Invaliditäts- oder Hinterbliebenenversorgung aus Anlass ihrer Tätigkeit für das Trägerunternehmen zugesagt worden sind;

c)[2] den Betrag des Beitrages, den die Kasse an einen Versicherer zahlt, soweit sie sich die Mittel für ihre Versorgungsleistungen, die der Leistungsanwärter oder Leistungsempfänger nach den Verhältnissen am Schluss des Wirtschaftsjahres der Zuwendung erhalten kann, durch Abschluss einer Versicherung verschafft. ²Bei Versicherungen für einen Leistungsanwär-

---

[1] § 4d Abs. 1 Satz 1 Nr. 1 Buchst. b Satz 2 neu gef. mWv 1.1.2018 durch G v. 21.12.2015 (BGBl. I S. 2553).

[2] § 4d Abs. 1 Satz 1 Nr. 1 Satz 1 Buchst. c Satz 3 geänd. mWv 1.1.2018 durch G v. 21.12.2015 (BGBl. I S. 2553).

ter ist der Abzug des Beitrages nur zulässig, wenn der Leistungsanwärter die in Buchstabe b Satz 2 und 5 genannten Voraussetzungen erfüllt, die Versicherung für die Dauer bis zu dem Zeitpunkt abgeschlossen ist, für den erstmals Leistungen der Altersversorgung vorgesehen sind, mindestens jedoch bis zu dem Zeitpunkt, an dem der Leistungsanwärter das 55. Lebensjahr vollendet hat, und während dieser Zeit jährlich Beiträge gezahlt werden, die der Höhe nach gleich bleiben oder steigen. [3]Das Gleiche gilt für Leistungsanwärter, die das nach Buchstabe b Satz 2 jeweils maßgebende Lebensjahr noch nicht vollendet haben, für Leistungen der Invaliditäts- oder Hinterbliebenenversorgung, für Leistungen der Altersversorgung unter der Voraussetzung, dass die Leistungsanwartschaft bereits unverfallbar ist. [4]Ein Abzug ist ausgeschlossen, wenn die Ansprüche aus der Versicherung der Sicherung eines Darlehens dienen. [5]Liegen die Voraussetzungen der Sätze 1 bis 4 vor, sind die Zuwendungen nach den Buchstaben a und b in dem Verhältnis zu vermindern, in dem die Leistungen der Kasse durch die Versicherung gedeckt sind;

d) den Betrag, den die Kasse einem Leistungsanwärter im Sinne des Buchstabens b Satz 2 und 5 vor Eintritt des Versorgungsfalls als Abfindung für künftige Versorgungsleistungen gewährt, den Übertragungswert nach § 4 Absatz 5 des Betriebsrentengesetzes oder den Betrag, den sie an einen anderen Versorgungsträger zahlt, der eine ihr obliegende Versorgungsverpflichtung übernommen hat.

[2]Zuwendungen dürfen nicht als Betriebsausgaben abgezogen werden, wenn das Vermögen der Kasse ohne Berücksichtigung künftiger Versorgungsleistungen am Schluss des Wirtschaftsjahres das zulässige Kassenvermögen übersteigt. [3]Bei der Ermittlung des Vermögens der Kasse ist am Schluss des Wirtschaftsjahres vorhandener Grundbesitz mit 200 Prozent der Einheitswerte anzusetzen, die zu dem Feststellungszeitpunkt maßgebend sind, der dem Schluss des Wirtschaftsjahres folgt; Ansprüche aus einer Versicherung sind mit dem Wert des geschäftsplanmäßigen Deckungskapitals zuzüglich der Guthaben aus Beitragsrückerstattung am Schluss des Wirtschaftsjahres anzusetzen, und das übrige Vermögen ist mit dem gemeinen Wert am Schluss des Wirtschaftsjahres zu bewerten. [4]Zulässiges Kassenvermögen ist die Summe aus dem Deckungskapital für alle am Schluss des Wirtschaftsjahres laufenden Leistungen nach der dem Gesetz als Anlage 1 beigefügten Tabelle[1]) für Leistungsempfänger im Sinne des Satzes 1 Buchstabe a und dem Achtfachen der nach Satz 1 Buchstabe b abzugsfähigen Zuwendungen. [5]Soweit sich die Kasse die Mittel für ihre Leistungen durch Abschluss einer Versicherung verschafft, ist, wenn die Voraussetzungen für den Abzug des Beitrages nach Satz 1 Buchstabe c erfüllt sind, zulässiges Kassenvermögen der Wert des geschäftsplanmäßigen Deckungskapitals aus der Versicherung am Schluss des Wirtschaftsjahres; in diesem Fall ist das zulässige Kassenvermögen nach Satz 4 in dem Verhältnis zu vermindern, in dem die Leistungen der Kasse durch die Versicherung gedeckt sind. [6]Soweit die Berechnung des Deckungskapitals nicht zum Geschäftsplan gehört, tritt an die

---

[1]) Abgedruckt im Anschluss an dieses Gesetz.

Stelle des geschäftsplanmäßigen Deckungskapitals der nach § 169 Absatz 3 und 4 des Versicherungsvertragsgesetzes berechnete Wert,[1] beim zulässigen Kassenvermögen ohne Berücksichtigung des Guthabens aus Beitragsrück‑ erstattung. [7]Gewährt eine Unterstützungskasse anstelle von lebenslänglich laufenden Leistungen eine einmalige Kapitalleistung, so gelten 10 Prozent der Kapitalleistung als Jahresbetrag einer lebenslänglich laufenden Leistung;

2. bei Kassen, die keine lebenslänglich laufenden Leistungen gewähren, für jedes Wirtschaftsjahr 0,2 Prozent der Lohn- und Gehaltssumme des Trä‑ gerunternehmens, mindestens jedoch den Betrag der von der Kasse in ei‑ nem Wirtschaftsjahr erbrachten Leistungen, soweit dieser Betrag höher ist als die in den vorangegangenen fünf Wirtschaftsjahren vorgenommenen Zuwendungen abzüglich der in dem gleichen Zeitraum erbrachten Leis‑ tungen. [2]Diese Zuwendungen dürfen nicht als Betriebsausgaben abgezogen werden, wenn das Vermögen der Kasse am Schluss des Wirtschaftsjahres das zulässige Kassenvermögen übersteigt. [3]Als zulässiges Kassenvermögen kann 1 Prozent der durchschnittlichen Lohn- und Gehaltssumme der letzten drei Jahre angesetzt werden. [4]Hat die Kasse bereits 10 Wirtschaftsjahre bestan‑ den, darf das zulässige Kassenvermögen zusätzlich die Summe der in den letzten zehn Wirtschaftsjahren gewährten Leistungen nicht übersteigen. [5]Für die Bewertung des Vermögens der Kasse gilt Nummer 1 Satz 3 ent‑ sprechend. [6]Bei der Berechnung der Lohn- und Gehaltssumme des Trä‑ gerunternehmens sind Löhne und Gehälter von Personen, die von der Kas‑ se keine nicht lebenslänglich laufenden Leistungen erhalten können, auszuscheiden.

[2]Gewährt eine Kasse lebenslänglich laufende und nicht lebenslänglich laufende Leistungen, so gilt Satz 1 Nummer 1 und 2 nebeneinander. [3]Leistet ein Trä‑ gerunternehmen Zuwendungen an mehrere Unterstützungskassen, so sind diese Kassen bei der Anwendung der Nummern 1 und 2 als Einheit zu be‑ handeln.

(2) [1]Zuwendungen im Sinne des Absatzes 1 sind von dem Trägerunter‑ nehmen in dem Wirtschaftsjahr als Betriebsausgaben abzuziehen, in dem sie geleistet werden. [2]Zuwendungen, die bis zum Ablauf eines Monats nach Auf‑ stellung oder Feststellung der Bilanz des Trägerunternehmens für den Schluss eines Wirtschaftsjahres geleistet werden, können von dem Trägerunternehmen noch für das abgelaufene Wirtschaftsjahr durch eine Rückstellung gewinn‑ mindernd berücksichtigt werden. [3]Übersteigen die in einem Wirtschaftsjahr geleisteten Zuwendungen die nach Absatz 1 abzugsfähigen Beträge, so können die übersteigenden Beträge im Wege der Rechnungsabgrenzung auf die fol‑ genden drei Wirtschaftsjahre vorgetragen und im Rahmen der für diese Wirt‑ schaftsjahre abzugsfähigen Beträge als Betriebsausgaben behandelt werden. [4]§ 5 Absatz 1 Satz 2 ist nicht anzuwenden.

(3) [1]Abweichend von Absatz 1 Satz 1 Nummer 1 Satz 1 Buchstabe d und Absatz 2 können auf Antrag die insgesamt erforderlichen Zuwendungen an die Unterstützungskasse für den Betrag, den die Kasse an einen Pensionsfonds

---

[1] § 4d Abs. 1 Satz 1 Nr. 1 Satz 6 geänd. mWv 1.1.2018 durch G v. 21.12.2015 (BGBl. I S. 2553).

zahlt, der eine ihr obliegende Versorgungsverpflichtung ganz oder teilweise übernommen hat, nicht im Wirtschaftsjahr der Zuwendung, sondern erst in den dem Wirtschaftsjahr der Zuwendung folgenden zehn Wirtschaftsjahren gleichmäßig verteilt als Betriebsausgaben abgezogen werden. ²Der Antrag ist unwiderruflich; der jeweilige Rechtsnachfolger ist an den Antrag gebunden.

§ 4e Beiträge an Pensionsfonds. (1) Beiträge an einen Pensionsfonds im Sinne des § 236¹⁾ des Versicherungsaufsichtsgesetzes dürfen von dem Unternehmen, das die Beiträge leistet (Trägerunternehmen), als Betriebsausgaben abgezogen werden, soweit sie auf einer festgelegten Verpflichtung beruhen oder der Abdeckung von Fehlbeträgen bei dem Fonds dienen.

(2) Beiträge im Sinne des Absatzes 1 dürfen als Betriebsausgaben nicht abgezogen werden, soweit die Leistungen des Fonds, wenn sie vom Trägerunternehmen unmittelbar erbracht würden, bei diesem nicht betrieblich veranlasst wären.

(3) ¹Der Steuerpflichtige kann auf Antrag die insgesamt erforderlichen Leistungen an einen Pensionsfonds zur teilweisen oder vollständigen Übernahme einer bestehenden Versorgungsverpflichtung oder Versorgungsanwartschaft durch den Pensionsfonds erst in den dem Wirtschaftsjahr der Übertragung folgenden zehn Wirtschaftsjahren gleichmäßig verteilt als Betriebsausgaben abziehen. ²Der Antrag ist unwiderruflich; der jeweilige Rechtsnachfolger ist an den Antrag gebunden. ³Ist eine Pensionsrückstellung nach § 6a gewinnerhöhend aufzulösen, ist Satz 1 mit der Maßgabe anzuwenden, dass die Leistungen an den Pensionsfonds im Wirtschaftsjahr der Übertragung in Höhe der aufgelösten Rückstellung als Betriebsausgaben abgezogen werden können; der die aufgelöste Rückstellung übersteigende Betrag ist in den dem Wirtschaftsjahr der Übertragung folgenden zehn Wirtschaftsjahren gleichmäßig verteilt als Betriebsausgaben abzuziehen. ⁴Satz 3 gilt entsprechend, wenn es im Zuge der Leistungen des Arbeitgebers an den Pensionsfonds zu Vermögensübertragungen einer Unterstützungskasse an den Arbeitgeber kommt.

§ 4f²⁾ Verpflichtungsübernahmen, Schuldbeitritte und Erfüllungsübernahmen. (1) ¹Werden Verpflichtungen übertragen, die beim ursprünglich Verpflichteten Ansatzverboten, -beschränkungen oder Bewertungsvorbehalten unterlegen haben, ist der sich aus diesem Vorgang ergebende Aufwand im Wirtschaftsjahr der Schuldübernahme und den nachfolgenden 14 Jahren gleichmäßig verteilt als Betriebsausgabe abziehbar. ²Ist auf Grund der Übertragung einer Verpflichtung ein Passivposten gewinnerhöhend aufzulösen, ist Satz 1 mit der Maßgabe anzuwenden, dass der sich ergebende Aufwand im Wirtschaftsjahr der Schuldübernahme in Höhe des aufgelösten Passivpostens als Betriebsausgabe abzuziehen ist; der den aufgelösten Passivposten übersteigende Betrag ist in dem Wirtschaftsjahr der Schuldübernahme und den nachfolgenden 14 Wirtschaftsjahren gleichmäßig verteilt als Betriebsausgabe abzu-

---

¹⁾ Verweis geänd. mWv 1.1.2016 durch G v. 1.4.2015 (BGBl. I S. 434).
²⁾ § 4f eingef. durch G v. 18.12.2013 (BGBl. I S. 4318); zur Anwendung siehe § 52 Abs. 8 Satz 1.

ziehen. ³Eine Verteilung des sich ergebenden Aufwands unterbleibt, wenn die Schuldübernahme im Rahmen einer Veräußerung oder Aufgabe des ganzen Betriebes oder des gesamten Mitunternehmeranteils im Sinne der §§ 14, 16 Absatz 1, 3 und 3a sowie des § 18 Absatz 3 erfolgt; dies gilt auch, wenn ein Arbeitnehmer unter Mitnahme seiner erworbenen Pensionsansprüche zu einem neuen Arbeitgeber wechselt oder wenn der Betrieb am Schluss des vorangehenden Wirtschaftsjahres die Gewinngrenze des § 7g Absatz 1 Satz 2 Nummer 1¹⁾ nicht überschreitet. ⁴Erfolgt die Schuldübernahme in dem Fall einer Teilbetriebsveräußerung oder -aufgabe im Sinne der §§ 14, 16 Absatz 1, 3 und 3a sowie des § 18 Absatz 3, ist ein Veräußerungs- oder Aufgabeverlust um den Aufwand im Sinne des Satzes 1 zu vermindern, soweit dieser den Verlust begründet oder erhöht hat. ⁵Entsprechendes gilt für den einen aufgelösten Passivposten übersteigenden Betrag im Sinne des Satzes 2. ⁶Für den hinzugerechneten Aufwand gelten Satz 2 zweiter Halbsatz und Satz 3 entsprechend. ⁷Der jeweilige Rechtsnachfolger des ursprünglichen Verpflichteten ist an die Aufwandsverteilung nach den Sätzen 1 bis 6 gebunden.

(2) Wurde für Verpflichtungen im Sinne des Absatzes 1 ein Schuldbeitritt oder eine Erfüllungsübernahme mit ganzer oder teilweiser Schuldfreistellung vereinbart, gilt für die vom Freistellungsberechtigten an den Freistellungsverpflichteten erbrachten Leistungen Absatz 1 Satz 1, 2 und 7 entsprechend.

§ 4g Bildung eines Ausgleichspostens bei Entnahme nach § 4 Absatz 1 Satz 3. (1)²⁾ ¹Der Steuerpflichtige kann in Höhe des Unterschiedsbetrags zwischen dem Buchwert und dem nach § 6 Absatz 1 Nummer 4 Satz 1 zweiter Halbsatz anzusetzenden Wert eines Wirtschaftsguts auf Antrag einen Ausgleichsposten bilden, soweit das Besteuerungsrecht der Bundesrepublik Deutschland hinsichtlich des Gewinns aus der Veräußerung des Wirtschaftsguts zugunsten eines Staates im Sinne des § 36 Absatz 5 Satz 1 beschränkt oder ausgeschlossen wird (§ 4 Absatz 1 Satz 3). ²Der Ausgleichsposten ist für jedes Wirtschaftsgut getrennt auszuweisen. ³Der Antrag ist unwiderruflich. ⁴Die Vorschriften des Umwandlungssteuergesetzes bleiben unberührt.

(2)³⁾ ¹Der Ausgleichsposten ist im Wirtschaftjahr der Bildung und in den vier folgenden Wirtschaftsjahren zu jeweils einem Fünftel gewinnerhöhend aufzulösen. ²Er ist in vollem Umfang gewinnerhöhend aufzulösen, wenn ein Ereignis im Sinne des § 36 Absatz 5 Satz 4 eintritt oder wenn ein künftiger Steueranspruch aus der Auflösung des Ausgleichspostens gemäß Satz 1 gefährdet erscheint und der Steuerpflichtige dem Verlangen der zuständigen Finanzbehörde auf Leistung einer Sicherheit nicht nachkommt.

(3)⁴⁾ ¹*Wird die Zuordnung eines Wirtschaftsguts zu einer anderen Betriebsstätte des Steuerpflichtigen in einem anderen Mitgliedstaat der Europäischen Union im Sinne des*

¹⁾ § 4f Abs. 1 Satz 3 geänd. durch G v. 21.12.2020 (BGBl. I S. 3096); zur Anwendung (insb. zu abw. Wj.) siehe § 52 Abs. 8 Satz 2.
²⁾ § 4g Abs. 1 neu gef. durch G v. 25.6.2021 (BGBl. I S. 2035); zur Anwendung siehe § 52 Abs. 8a.
³⁾ § 4g Abs. 2 Satz 2 neu gef. mWv VZ 2021 durch G v. 25.6.2021 (BGBl. I S. 2035).
⁴⁾ § 4g Abs. 3 aufgeh. mWv VZ 2021 durch G v. 25.6.2021 (BGBl. I S. 2035).

Absatzes 1 innerhalb der tatsächlichen Nutzungsdauer, spätestens jedoch vor Ablauf von fünf Jahren nach Änderung der Zuordnung, aufgehoben, ist der für dieses Wirtschaftsgut gebildete Ausgleichsposten ohne Auswirkungen auf den Gewinn aufzulösen und das Wirtschaftsgut mit den fortgeführten Anschaffungskosten, erhöht um zwischenzeitlich gewinnerhöhend berücksichtigte Auflösungsbeträge im Sinne der Absätze 2 und 5 Satz 2 und um den Unterschiedsbetrag zwischen dem Rückführungswert und dem Buchwert im Zeitpunkt der Rückführung, höchstens jedoch mit dem gemeinen Wert, anzusetzen. ² Die Aufhebung der geänderten Zuordnung ist ein Ereignis im Sinne des § 175 Absatz 1 Satz 1 Nummer 2 der Abgabenordnung.

(4)[1] ¹ Die Absätze 1 und 2 finden entsprechende Anwendung bei der Ermittlung des Überschusses der Betriebseinnahmen über die Betriebsausgaben gemäß § 4 Absatz 3. ² Wirtschaftsgüter, für die ein Ausgleichsposten nach Absatz 1 gebildet worden ist, sind in ein laufend zu führendes Verzeichnis aufzunehmen. ³ Der Steuerpflichtige hat darüber hinaus Aufzeichnungen zu führen, aus denen die Bildung und Auflösung der Ausgleichsposten hervorgeht. ⁴ Die Aufzeichnungen nach den Sätzen 2 und 3 sind der Steuererklärung beizufügen.

(5)[2] ¹ Der Steuerpflichtige ist verpflichtet, der zuständigen Finanzbehörde die Entnahme oder ein Ereignis im Sinne des Absatzes 2 unverzüglich anzuzeigen. ² Kommt der Steuerpflichtige dieser Anzeigepflicht, seinen Aufzeichnungspflichten nach Absatz 4 oder seinen sonstigen Mitwirkungspflichten im Sinne des § 90 der Abgabenordnung nicht nach, ist der Ausgleichsposten dieses Wirtschaftsguts gewinnerhöhend aufzulösen. ³ § 36 Absatz 5 Satz 8 gilt entsprechend.

(6)[3] Absatz 2 Satz 2 ist mit der Maßgabe anzuwenden, dass allein der Austritt des Vereinigten Königreichs Großbritannien und Nordirland aus der Europäischen Union nicht dazu führt, dass ein als entnommen geltendes Wirtschaftsgut als aus der Besteuerungshoheit der Mitgliedstaaten der Europäischen Union ausgeschieden gilt.

§ 4h Betriebsausgabenabzug für Zinsaufwendungen (Zinsschranke).

(1)[4] ¹ Zinsaufwendungen eines Betriebs sind abziehbar in Höhe des Zinsertrags, darüber hinaus nur bis zur Höhe des verrechenbaren EBITDA. ² Das verrechenbare EBITDA ist 30 Prozent des um die Zinsaufwendungen und die nach § 6 Absatz 2 Satz 1 abzuziehenden, nach § 6 Absatz 2a Satz 2 gewinnmindernd aufzulösenden und nach § 7 abgesetzten Beträge erhöhten und um die Zinserträge verminderten maßgeblichen Gewinns. ³ Soweit das verrechenbare EBITDA die um die Zinserträge geminderten Zinsaufwendungen des Betriebs übersteigt, ist es in die folgenden fünf Wirtschaftsjahre vorzutragen (EBITDA-Vortrag); ein EBITDA-Vortrag entsteht nicht in Wirtschaftsjahren, in denen Absatz 2 die Anwendung von Absatz 1 Satz 1 ausschließt.

---

[1] § 4g Abs. 4 Satz 1 Verweis geänd. mWv VZ 2021 durch G v. 25.6.2021 (BGBl. I S. 2035).
[2] § 4g Abs. 5 Satz 3 angef. mWv VZ 2021 durch G v. 25.6.2021 (BGBl. I S. 2035).
[3] § 4g Abs. 6 angef. mWv 29.3.2019 durch Brexit-StBG v. 25.3.2019 (BGBl. I S. 357); geänd. mWv VZ 2021 durch G v 25.6.2021 (BGBl. I S. 2035).
[4] § 4h Abs. 1 neu gef. durch G v. 22.12.2009 (BGBl. I S. 3950).

⁴Zinsaufwendungen, die nach Satz 1 nicht abgezogen werden können, sind bis zur Höhe der EBITDA-Vorträge aus vorangegangenen Wirtschaftsjahren abziehbar und mindern die EBITDA-Vorträge in ihrer zeitlichen Reihenfolge. ⁵Danach verbleibende nicht abziehbare Zinsaufwendungen sind in die folgenden Wirtschaftsjahre vorzutragen (Zinsvortrag). ⁶Sie erhöhen die Zinsaufwendungen dieser Wirtschaftsjahre, nicht aber den maßgeblichen Gewinn.

(2)¹⁾ ¹Absatz 1 Satz 1 ist nicht anzuwenden, wenn

a) der Betrag der Zinsaufwendungen, soweit er den Betrag der Zinserträge übersteigt, weniger als drei Millionen Euro beträgt, oder

b) der Betrieb nicht oder nur anteilmäßig zu einem Konzern gehört, oder

c) der Betrieb zu einem Konzern gehört und seine Eigenkapitalquote am Schluss des vorangegangenen Abschlussstichtages gleich hoch oder höher ist als die des Konzerns (Eigenkapitalvergleich). ²Ein Unterschreiten der Eigenkapitalquote des Konzerns um bis zu zwei Prozentpunkte²⁾ ist unschädlich. ³Eigenkapitalquote ist das Verhältnis des Eigenkapitals zur Bilanzsumme; sie bemisst sich nach dem Konzernabschluss, der den Betrieb umfasst, und ist für den Betrieb auf der Grundlage des Jahresabschlusses oder Einzelabschlusses zu ermitteln. ⁴Wahlrechte sind im Konzernabschluss und im Jahresabschluss oder Einzelabschluss einheitlich auszuüben; bei gesellschaftsrechtlichen Kündigungsrechten ist insoweit mindestens das Eigenkapital anzusetzen, das sich nach den Vorschriften des Handelsgesetzbuchs ergeben würde. ⁵Bei der Ermittlung der Eigenkapitalquote des Betriebs ist das Eigenkapital um einen im Konzernabschluss enthaltenen Firmenwert, soweit er auf den Betrieb entfällt, und um die Hälfte von Sonderposten mit Rücklagenanteil (§ 273 des Handelsgesetzbuchs) zu erhöhen sowie um das Eigenkapital, das keine Stimmrechte vermittelt – mit Ausnahme von Vorzugsaktien –, die Anteile an anderen Konzerngesellschaften und um Einlagen der letzten sechs Monate vor dem maßgeblichen Abschlussstichtag, soweit ihnen Entnahmen oder Ausschüttungen innerhalb der ersten sechs Monate nach dem maßgeblichen Abschlussstichtag gegenüberstehen, zu kürzen. ⁶Die Bilanzsumme ist um Kapitalforderungen zu kürzen, die nicht im Konzernabschluss ausgewiesen sind und denen Verbindlichkeiten im Sinne des Absatzes 3 in mindestens gleicher Höhe gegenüberstehen. ⁷Sonderbetriebsvermögen ist dem Betrieb der Mitunternehmerschaft zuzuordnen, soweit es im Konzernvermögen enthalten ist. ⁸Die für den Eigenkapitalvergleich maßgeblichen Abschlüsse sind einheitlich nach den International Financial Reporting Standards (IFRS) zu erstellen. ⁹Hiervon abweichend können Abschlüsse nach dem Handelsrecht eines Mitgliedstaats der Europäischen Union verwendet werden, wenn kein Konzernabschluss nach den IFRS zu erstellen und offen zu legen ist und für keines der letzten fünf Wirtschaftsjahre ein Konzernabschluss nach den IFRS erstellt wurde; nach den Generally Accepted Accounting Principles der Vereinigten Staaten von Amerika (US-GAAP) aufzustellende und offen zu legende Abschlüsse sind zu verwenden, wenn kein Konzernabschluss nach den IFRS

---

¹⁾ § 4h Abs. 2 Satz 1 Buchst. c Satz 2 geänd. durch G v. 22.12.2009 (BGBl. I S. 3950); Satz 16 geänd. durch G v. 20.12.2022 (BGBl. I S. 2730).
²⁾ Erweiterung des Toleranzrahmens mW für nach dem 31.12.2009 endende Wj. (§ 52 Abs. 12d Satz 4 a. F.) durch G v. 22.12.2009 (BGBl. I S. 3950).

oder dem Handelsrecht eines Mitgliedstaats der Europäischen Union zu erstellen und offen zu legen ist. [10]Der Konzernabschluss muss den Anforderungen an die handelsrechtliche Konzernrechnungslegung genügen oder die Voraussetzungen erfüllen, unter denen ein Abschluss nach den §§ 291 und 292 des Handelsgesetzbuchs befreiende Wirkung hätte. [11]Wurde der Jahresabschluss oder Einzelabschluss nicht nach denselben Rechnungslegungsstandards wie der Konzernabschluss aufgestellt, ist die Eigenkapitalquote des Betriebs in einer Überleitungsrechnung nach den für den Konzernabschluss geltenden Rechnungslegungsstandards zu ermitteln. [12]Die Überleitungsrechnung ist einer prüferischen Durchsicht zu unterziehen. [13]Auf Verlangen der Finanzbehörde ist der Abschluss oder die Überleitungsrechnung des Betriebs durch einen Abschlussprüfer zu prüfen, der die Voraussetzungen des § 319 des Handelsgesetzbuchs erfüllt. [14]Ist ein dem Eigenkapitalvergleich zugrunde gelegter Abschluss unrichtig und führt der zutreffende Abschluss zu einer Erhöhung der nach Absatz 1 nicht abziehbaren Zinsaufwendungen, ist ein Zuschlag entsprechend § 162 Absatz 4 Satz 1 und 2 der Abgabenordnung festzusetzen. [15]Bemessungsgrundlage für den Zuschlag sind die nach Absatz 1 nicht abziehbaren Zinsaufwendungen. [16]§ 162 Absatz 4 Satz *4 bis 6* [**ab 1.1.2023:** 5 bis 7] der Abgabenordnung gilt sinngemäß.

[2]Ist eine Gesellschaft, bei der der Gesellschafter als Mitunternehmer anzusehen ist, unmittelbar oder mittelbar einer Körperschaft nachgeordnet, gilt für die Gesellschaft § 8a Absatz 2 und 3 des Körperschaftsteuergesetzes entsprechend.

(3) [1]Maßgeblicher Gewinn ist der nach den Vorschriften dieses Gesetzes mit Ausnahme des Absatzes 1 ermittelte steuerpflichtige Gewinn. [2]Zinsaufwendungen sind Vergütungen für Fremdkapital, die den maßgeblichen Gewinn gemindert haben. [3]Zinserträge sind Erträge aus Kapitalforderungen jeder Art, die den maßgeblichen Gewinn erhöht haben. [4]Die Auf- und Abzinsung unverzinslicher oder niedrig verzinslicher Verbindlichkeiten oder Kapitalforderungen führen ebenfalls zu Zinserträgen oder Zinsaufwendungen. [5]Ein Betrieb gehört zu einem Konzern, wenn er nach dem für die Anwendung des Absatzes 2 Satz 1 Buchstabe c zugrunde gelegten Rechnungslegungsstandard mit einem oder mehreren anderen Betrieben konsolidiert wird oder werden könnte. [6]Ein Betrieb gehört für Zwecke des Absatzes 2 auch zu einem Konzern, wenn seine Finanz- und Geschäftspolitik mit einem oder mehreren anderen Betrieben einheitlich bestimmt werden kann.

(4)[1)] [1]Der EBITDA-Vortrag und der Zinsvortrag sind gesondert festzustellen. [2]Zuständig ist das für die gesonderte Feststellung des Gewinns und Verlusts der Gesellschaft zuständige Finanzamt, im Übrigen das für die Besteuerung zuständige Finanzamt. [3]§ 10d Absatz 4 gilt sinngemäß. [4]Feststellungsbescheide sind zu erlassen, aufzuheben oder zu ändern, soweit sich die nach Satz 1 festzustellenden Beträge ändern.

(5)[2)] [1]Bei Aufgabe oder Übertragung des Betriebs gehen ein nicht verbrauchter EBITDA-Vortrag und ein nicht verbrauchter Zinsvortrag unter. [2]Scheidet ein Mitunternehmer aus einer Gesellschaft aus, gehen der EBITDA-

---

[1)] § 4h Abs. 4 Sätze 1 und 4 geänd. durch G v. 22.12.2009 (BGBl. I S. 3950).
[2)] § 4h Abs. 5 Sätze 1 und 2 geänd. durch G v. 22.12.2009 (BGBl. I S. 3950).

Vortrag und der Zinsvortrag anteilig mit der Quote unter, mit der der ausgeschiedene Gesellschafter an der Gesellschaft beteiligt war. ³§ 8c des Körperschaftsteuergesetzes ist auf den Zinsvortrag einer Gesellschaft entsprechend anzuwenden, soweit an dieser unmittelbar oder mittelbar eine Körperschaft als Mitunternehmer beteiligt ist.

§ 4i¹⁾ Sonderbetriebsausgabenabzug bei Vorgängen mit Auslandsbezug. ¹Aufwendungen dürfen nicht als Sonderbetriebsausgaben abgezogen werden, soweit sie auch die Steuerbemessungsgrundlage in einem anderen Staat mindern. ²Satz 1 gilt nicht, soweit diese Aufwendungen Erträge desselben Steuerpflichtigen mindern, die bei ihm sowohl der inländischen Besteuerung unterliegen als auch nachweislich der tatsächlichen Besteuerung in dem anderen Staat.

§ 4j²⁾ Aufwendungen für Rechteüberlassungen. (1) ¹Aufwendungen für die Überlassung der Nutzung oder des Rechts auf Nutzung von Rechten, insbesondere von Urheberrechten und gewerblichen Schutzrechten, von gewerblichen, technischen, wissenschaftlichen und ähnlichen Erfahrungen, Kenntnissen und Fertigkeiten, zum Beispiel Plänen, Mustern und Verfahren, sind ungeachtet eines bestehenden Abkommens zur Vermeidung der Doppelbesteuerung nur nach Maßgabe des Absatzes 3 abziehbar, wenn die Einnahmen des Gläubigers einer von der Regelbesteuerung abweichenden, niedrigen Besteuerung nach Absatz 2 unterliegen (Präferenzregelung) und der Gläubiger eine dem Schuldner nahestehende Person im Sinne des § 1 Absatz 2 des Außensteuergesetzes ist. ²Wenn auch der Gläubiger nach Satz 1 oder eine andere dem Schuldner nach Satz 1 nahestehende Person im Sinne des § 1 Absatz 2 des Außensteuergesetzes wiederum Aufwendungen für Rechte hat, aus denen sich die Rechte nach Satz 1 unmittelbar oder mittelbar ableiten, sind die Aufwendungen nach Satz 1 ungeachtet eines bestehenden Abkommens zur Vermeidung der Doppelbesteuerung auch dann nur nach Maßgabe des Absatzes 3 abziehbar, wenn die weiteren Einnahmen des weiteren Gläubigers einer von der Regelbesteuerung abweichenden, niedrigen Besteuerung nach Absatz 2 unterliegen und der weitere Gläubiger eine dem Schuldner nach Satz 1 nahestehende Person im Sinne des § 1 Absatz 2 des Außensteuergesetzes ist; dies gilt nicht, wenn die Abziehbarkeit der Aufwendungen beim Gläubiger oder der anderen dem Schuldner nahestehenden Person bereits nach dieser Vorschrift beschränkt ist. ³Als Schuldner und Gläubiger gelten auch Betriebsstätten, die ertragsteuerlich als Nutzungsberechtigter oder Nutzungsverpflichteter der Rechte für die Überlassung der Nutzung oder des Rechts auf Nutzung von Rechten behandelt werden. ⁴Die Sätze 1 und 2 sind nicht anzuwenden, soweit sich die niedrige Besteuerung daraus ergibt, dass die Einnahmen des Gläubigers oder des weiteren Gläubigers einer Präferenzregelung unterliegen, die dem Nexus-Ansatz gemäß Kapitel 4 des Abschlussberichts 2015 zu Ak-

---

¹⁾ § 4i eingef. mWv 1.1.2017 durch G v. 20.12.2016 (BGBl. I S. 3000); Überschr. geänd., Satz 1 kursiver Satzteil aufgeh. und geänd. mWv 25.6.2017 durch G v. 23.6.2017 (BGBl. I S. 1682).
²⁾ § 4j eingef. durch G v. 27.6.2017 (BGBl. I S. 2074); zur Anwendung siehe § 52 Abs. 8b.

tionspunkt 5, OECD (2016) „Wirksamere Bekämpfung schädlicher Steuer-praktiken unter Berücksichtigung von Transparenz und Substanz", OECD/G20 Projekt Gewinnverkürzung und Gewinnverlagerung[1], entspricht. [5] Die Sätze 1 und 2 sind insoweit nicht anzuwenden, als auf Grund der aus den Aufwendungen resultierenden Einnahmen ein Hinzurechnungsbetrag im Sinne des § 10 Absatz 1 Satz 1 des Außensteuergesetzes anzusetzen ist.

(2)[2] [1] Eine niedrige Besteuerung im Sinne des Absatzes 1 liegt vor, wenn die von der Regelbesteuerung abweichende Besteuerung der Einnahmen des Gläubigers oder des weiteren Gläubigers zu einer Belastung durch Ertragsteuern von weniger als 25 Prozent führt; maßgeblich ist bei mehreren Gläubigern die niedrigste Belastung. [2] Bei der Ermittlung, ob eine niedrige Besteuerung vorliegt, sind sämtliche Regelungen zu berücksichtigen, die sich auf die Besteuerung der Einnahmen aus der Rechteüberlassung auswirken, insbesondere steuerliche Kürzungen, Befreiungen, Gutschriften oder Ermäßigungen. [3] Werden die Einnahmen für die Überlassung der Nutzung oder des Rechts auf Nutzung von Rechten einer anderen Person ganz oder teilweise zugerechnet oder erfolgt die Besteuerung aus anderen Gründen ganz oder teilweise bei einer anderen Person als dem Gläubiger oder dem weiteren Gläubiger, ist auf die Summe der Belastungen abzustellen. [4] § 8 Absatz 5 Satz 2 und 3 des Außensteuergesetzes gilt entsprechend.

(3) [1] Aufwendungen nach Absatz 1 sind in den Fällen einer niedrigen Besteuerung nach Absatz 2 nur zum Teil abziehbar. [2] Der nicht abziehbare Teil ist dabei wie folgt zu ermitteln:

$$\frac{25\% - \text{Belastung durch Ertragsteuern in }\%}{25\%}$$

§ 4k[3] Betriebsausgabenabzug bei Besteuerungsinkongruenzen.

(1) [1] Aufwendungen für die Nutzung oder im Zusammenhang mit der Übertragung von Kapitalvermögen sind insoweit nicht als Betriebsausgaben abziehbar, als die den Aufwendungen entsprechenden Erträge auf Grund einer vom deutschen Recht abweichenden steuerlichen Qualifikation oder Zurechnung des Kapitalvermögens nicht oder niedriger als bei dem deutschen Recht entsprechender Qualifikation oder Zurechnung besteuert werden. [2] Satz 1 gilt nicht, soweit die Besteuerungsinkongruenz voraussichtlich in einem künftigen Besteuerungszeitraum beseitigt wird und die Zahlungsbedingungen einem Fremdvergleich standhalten.

(2) [1] Soweit nicht bereits die Voraussetzungen für die Versagung des Betriebsausgabenabzugs nach Absatz 1 vorliegen, sind Aufwendungen auch insoweit nicht als Betriebsausgaben abziehbar, als die den Aufwendungen entsprechenden Erträge auf Grund einer vom deutschen Recht abweichenden steuerlichen Behandlung des Steuerpflichtigen oder auf Grund einer vom deutschen Recht abweichenden steuerlichen Beurteilung von anzunehmen-

---

[1] **[Amtl. Anm.:]** Zu beziehen unter OECD Publishing, Paris, http://dx.doi.org/10.1787/9789264258037-de.
[2] § 4j Abs. 2 Satz 4 Verweis geänd. durch G v. 25.6.2021 (BGBl. I S. 2035).
[3] § 4k eingef. durch G v. 25.6.2021 (BGBl. I S. 2035); zur Anwendung siehe § 52 Abs. 8c.

den schuldrechtlichen Beziehungen im Sinne des § 1 Absatz 4 Satz 1 Nummer 2 des Außensteuergesetzes in keinem Staat einer tatsächlichen Besteuerung unterliegen. [2]Handelt es sich bei dem Gläubiger der Erträge im Sinne des Satzes 1 um einen unbeschränkt steuerpflichtigen, unmittelbaren oder mittelbaren Gesellschafter einer ausländischen vermögensverwaltenden Personengesellschaft oder um eine Personengesellschaft, an der ein solcher Gesellschafter unmittelbar oder mittelbar beteiligt ist, gilt § 39 Absatz 2 Nummer 2 der Abgabenordnung nicht, soweit die in Satz 1 genannten Aufwendungen in dem anderen Staat zum Abzug zugelassen sind und die den Aufwendungen entsprechenden Erträge durch die vom deutschen Recht abweichende Zurechnung keiner tatsächlichen Besteuerung unterliegen. [3]Satz 1 gilt nicht, soweit den Aufwendungen Erträge desselben Steuerpflichtigen gegenüberstehen, die sowohl im Inland als auch nachweislich in dem Staat des Gläubigers oder, wenn es sich bei dem Gläubiger um eine Personengesellschaft handelt, im Staat des unmittelbaren oder mittelbaren Gesellschafters beziehungsweise des anderen Unternehmensteils im Rahmen einer anzunehmenden schuldrechtlichen Beziehung einer tatsächlichen Besteuerung unterliegen.

(3) Soweit nicht bereits die Voraussetzungen für die Versagung des Betriebsausgabenabzugs nach den vorstehenden Absätzen vorliegen, sind Aufwendungen auch insoweit nicht als Betriebsausgaben abziehbar, als die den Aufwendungen entsprechenden Erträge auf Grund deren vom deutschen Recht abweichender steuerlicher Zuordnung oder Zurechnung nach den Rechtsvorschriften anderer Staaten in keinem Staat einer tatsächlichen Besteuerung unterliegen.

(4) [1]Soweit nicht bereits die Voraussetzungen für die Versagung des Betriebsausgabenabzugs nach den vorstehenden Absätzen vorliegen, sind Aufwendungen auch insoweit nicht als Betriebsausgaben abziehbar, als die Aufwendungen auch in einem anderen Staat berücksichtigt werden. [2]Eine Berücksichtigung der Aufwendungen im Sinne des Satzes 1 liegt bei unbeschränkt Steuerpflichtigen auch vor, wenn der andere Staat den Abzug der Aufwendungen bereits nach seinen Vorschriften nicht zulässt, die diesem oder den vorstehenden Absätzen entsprechen; dies gilt nicht, wenn der Abzug der Aufwendungen in einem anderen Staat auf Grund einer diesem Absatz entsprechenden Regelung nicht zugelassen wird bei

1. einem mittelbaren oder unmittelbaren Gesellschafter eines unbeschränkt Steuerpflichtigen im Sinne des § 1 des Körperschaftsteuergesetzes oder

2. dem Steuerpflichtigen, sofern sich dessen Wohnsitz, Sitz oder Ort der Geschäftsleitung auch in einem anderen Mitgliedstaat der Europäischen Union befindet und dieser Staat den Steuerpflichtigen für Zwecke der Anwendung eines Abkommens zur Vermeidung der Doppelbesteuerung zwischen der Bundesrepublik Deutschland und diesem Staat als nicht in diesem Staat ansässig behandelt.

[3]Satz 1 gilt nicht, soweit den Aufwendungen Erträge desselben Steuerpflichtigen gegenüberstehen, die sowohl im Inland als auch nachweislich in dem anderen Staat einer tatsächlichen Besteuerung unterliegen. [4]Bei unbeschränkt Steuerpflichtigen, bei denen eine Doppelbesteuerung durch Anrechnung oder

Abzug der ausländischen Steuer vermieden wird, finden die Sätze 1 bis 3 nur Anwendung, soweit die Aufwendungen auch Erträge in einem anderen Staat mindern, die nicht der inländischen Besteuerung unterliegen.

(5) [1] Soweit nicht bereits die Voraussetzungen für die Versagung des Betriebsausgabenabzugs nach den vorstehenden Absätzen vorliegen, sind Aufwendungen auch insoweit nicht als Betriebsausgaben abziehbar, als den aus diesen Aufwendungen unmittelbar oder mittelbar resultierenden Erträgen Aufwendungen gegenüberstehen, deren Abzug beim Gläubiger, einem weiteren Gläubiger oder einer anderen Person bei entsprechender Anwendung dieses Absatzes oder der Absätze 1 bis 4 versagt würde. [2] Satz 1 findet keine Anwendung, soweit der steuerliche Vorteil infolge einer Besteuerungsinkongruenz im Sinne dieses Absatzes oder der Absätze 1 bis 4 bereits beim Gläubiger, beim weiteren Gläubiger oder bei der anderen Person im Sinne des Satzes 1 beseitigt wird.

(6) [1] Die Absätze 1 bis 5 finden nur Anwendung, wenn der Tatbestand dieser Absätze zwischen nahestehenden Personen im Sinne des § 1 Absatz 2 des Außensteuergesetzes oder zwischen einem Unternehmen und seiner Betriebsstätte verwirklicht wird oder wenn eine strukturierte Gestaltung anzunehmen ist. [2] Einer Person, die mit einer anderen Person durch abgestimmtes Verhalten zusammenwirkt, werden für Zwecke dieses Absatzes und der Absätze 1 bis 5 die Beteiligung, die Stimmrechte und die Gewinnbezugsrechte der anderen Person zugerechnet. [3] Eine strukturierte Gestaltung im Sinne des Satzes 1 ist anzunehmen, wenn der steuerliche Vorteil, der sich ohne die Anwendung der vorstehenden Absätze ergeben würde, ganz oder zum Teil in die Bedingungen der vertraglichen Vereinbarungen eingerechnet wurde oder die Bedingungen der vertraglichen Vereinbarungen oder der den vertraglichen Vereinbarungen zugrunde liegenden Umstände darauf schließen lassen, dass die an der Gestaltung Beteiligten den steuerlichen Vorteil erwarten konnten. [4] Ein Steuerpflichtiger wird nicht als Teil einer strukturierten Gestaltung behandelt, wenn nach den äußeren Umständen vernünftigerweise nicht davon auszugehen ist, dass ihm der steuerliche Vorteil bekannt war und er nachweist, dass er nicht an dem steuerlichen Vorteil beteiligt wurde.

(7) Die Absätze 1 bis 6 sind ungeachtet der Vorschriften eines Abkommens zur Vermeidung der Doppelbesteuerung anzuwenden.

§ 5 Gewinn bei Kaufleuten und bei bestimmten anderen Gewerbetreibenden. (1)[1] [1] Bei Gewerbetreibenden, die auf Grund gesetzlicher Vorschriften verpflichtet sind, Bücher zu führen und regelmäßig Abschlüsse zu machen, oder die ohne eine solche Verpflichtung Bücher führen und regelmäßig Abschlüsse machen, ist für den Schluss des Wirtschaftsjahres das Betriebsvermögen anzusetzen (§ 4 Absatz 1 Satz 1), das nach den handelsrechtlichen Grundsätzen ordnungsmäßiger Buchführung auszuweisen ist, es sei denn, im Rahmen der Ausübung eines steuerlichen Wahlrechts wird oder wurde ein anderer Ansatz gewählt. [2] Voraussetzung für die Ausübung steuerlicher Wahlrechte ist, dass die Wirtschaftsgüter, die nicht mit dem handelsrechtlich maß-

---

[1] Vgl. auch Art. 66 Abs. 3 Satz 6 EGHGB.

geblichen Wert in der steuerlichen Gewinnermittlung ausgewiesen werden, in besondere, laufend zu führende Verzeichnisse aufgenommen werden. [3] In den Verzeichnissen sind der Tag der Anschaffung oder Herstellung, die Anschaffungs- oder Herstellungskosten, die Vorschrift des ausgeübten steuerlichen Wahlrechts und die vorgenommenen Abschreibungen nachzuweisen.

(1a) [1] Posten der Aktivseite dürfen nicht mit Posten der Passivseite verrechnet werden. [2] Die Ergebnisse der in der handelsrechtlichen Rechnungslegung zur Absicherung finanzwirtschaftlicher Risiken gebildeten Bewertungseinheiten sind auch für die steuerliche Gewinnermittlung maßgeblich.

(2) Für immaterielle Wirtschaftsgüter des Anlagevermögens ist ein Aktivposten nur anzusetzen, wenn sie entgeltlich erworben wurden.

(2a) Für Verpflichtungen, die nur zu erfüllen sind, soweit künftig Einnahmen oder Gewinne anfallen, sind Verbindlichkeiten oder Rückstellungen erst anzusetzen, wenn die Einnahmen oder Gewinne angefallen sind.

(3) [1] Rückstellungen wegen Verletzung fremder Patent-, Urheber- oder ähnlicher Schutzrechte dürfen erst gebildet werden, wenn

1. der Rechtsinhaber Ansprüche wegen der Rechtsverletzung geltend gemacht hat oder

2. mit einer Inanspruchnahme wegen der Rechtsverletzung ernsthaft zu rechnen ist.

[2] Eine nach Satz 1 Nummer 2 gebildete Rückstellung ist spätestens in der Bilanz des dritten auf ihre erstmalige Bildung folgenden Wirtschaftsjahres gewinnerhöhend aufzulösen, wenn Ansprüche nicht geltend gemacht worden sind.

(4) Rückstellungen für die Verpflichtung zu einer Zuwendung anlässlich eines Dienstjubiläums dürfen nur gebildet werden, wenn das Dienstverhältnis mindestens zehn Jahre bestanden hat, das Dienstjubiläum das Bestehen eines Dienstverhältnisses von mindestens 15 Jahren voraussetzt, die Zusage schriftlich erteilt ist und soweit der Zuwendungsberechtigte seine Anwartschaft nach dem 31. Dezember 1992 erwirbt.

(4a) [1] Rückstellungen für drohende Verluste aus schwebenden Geschäften dürfen nicht gebildet werden. [2] Das gilt nicht für Ergebnisse nach Absatz 1a Satz 2.

(4b) [1] Rückstellungen für Aufwendungen, die in künftigen Wirtschaftsjahren als Anschaffungs- oder Herstellungskosten eines Wirtschaftsguts zu aktivieren sind, dürfen nicht gebildet werden. [2] Rückstellungen für die Verpflichtung zur schadlosen Verwertung radioaktiver Reststoffe sowie ausgebauter oder abgebauter radioaktiver Anlagenteile dürfen nicht gebildet werden, soweit Aufwendungen im Zusammenhang mit der Bearbeitung oder Verarbeitung von Kernbrennstoffen stehen, die aus der Aufarbeitung bestrahlter Kernbrennstoffe gewonnen worden sind und keine radioaktiven Abfälle darstellen.

(5)[1] [1] Als Rechnungsabgrenzungsposten sind nur anzusetzen

1. auf der Aktivseite Ausgaben vor dem Abschlussstichtag, soweit sie Aufwand für eine bestimmte Zeit nach diesem Tag darstellen;

---

[1] § 5 Abs. 5 Satz 2 eingef., bish. Satz 2 wird Satz 3 mWv VZ 2022 durch G v. 16.12.2022 (BGBl. I S. 2294).

2. auf der Passivseite Einnahmen vor dem Abschlussstichtag, soweit sie Ertrag für eine bestimmte Zeit nach diesem Tag darstellen.

[ab VZ 2022: [2]Der Ansatz eines Rechnungsabgrenzungspostens kann unterbleiben, wenn die jeweilige Ausgabe oder Einnahme im Sinne des Satzes 1 den Betrag des § 6 Absatz 2 Satz 1 nicht übersteigt; das Wahlrecht ist einheitlich für alle Ausgaben und Einnahmen im Sinne des Satzes 1 auszuüben.] [3]Auf der Aktivseite sind ferner anzusetzen

1. als Aufwand berücksichtigte Zölle und Verbrauchsteuern, soweit sie auf am Abschlussstichtag auszuweisende Wirtschaftsgüter des Vorratsvermögens entfallen,

2. als Aufwand berücksichtigte Umsatzsteuer auf am Abschlussstichtag auszuweisende Anzahlungen.

(6) Die Vorschriften über die Entnahmen und die Einlagen, über die Zulässigkeit der Bilanzänderung, über die Betriebsausgaben, über die Bewertung und über die Absetzung für Abnutzung oder Substanzverringerung sind zu befolgen.

(7)[1] [1]Übernommene Verpflichtungen, die beim ursprünglich Verpflichteten Ansatzverboten, -beschränkungen oder Bewertungsvorbehalten unterlegen haben, sind zu den auf die Übernahme folgenden Abschlussstichtagen bei dem Übernehmer und dessen Rechtsnachfolger so zu bilanzieren, wie sie beim ursprünglich Verpflichteten ohne Übernahme zu bilanzieren wären. [2]Dies gilt in Fällen des Schuldbeitritts oder der Erfüllungsübernahme mit vollständiger oder teilweiser Schuldfreistellung für die sich aus diesem Rechtsgeschäft ergebenden Verpflichtungen sinngemäß. [3]Satz 1 ist für den Erwerb eines Mitunternehmeranteils entsprechend anzuwenden. [4]Wird eine Pensionsverpflichtung unter gleichzeitiger Übernahme von Vermögenswerten gegenüber einem Arbeitnehmer übernommen, der bisher in einem anderen Unternehmen tätig war, ist Satz 1 mit der Maßgabe anzuwenden, dass bei der Ermittlung des Teilwertes der Verpflichtung der Jahresbetrag nach § 6a Absatz 3 Satz 2 Nummer 1 so zu bemessen ist, dass zu Beginn des Wirtschaftsjahres der Übernahme der Barwert der Jahresbeträge zusammen mit den übernommenen Vermögenswerten gleich dem Barwert der künftigen Pensionsleistungen ist; dabei darf sich kein negativer Jahresbetrag ergeben. [5]Für einen Gewinn, der sich aus der Anwendung der Sätze 1 bis 3 ergibt, kann jeweils in Höhe von vierzehn Fünfzehntel eine gewinnmindernde Rücklage gebildet werden, die in den folgenden 14 Wirtschaftsjahren jeweils mit mindestens einem Vierzehntel gewinnerhöhend aufzulösen ist (Auflösungszeitraum). [6]Besteht eine Verpflichtung, für die eine Rücklage gebildet wurde, bereits vor Ablauf des maßgebenden Auflösungszeitraums nicht mehr, ist die insoweit verbleibende Rücklage erhöhend aufzulösen.

§ 5a Gewinnermittlung bei Handelsschiffen im internationalen Verkehr. (1) [1]Anstelle der Ermittlung des Gewinns nach § 4 Absatz 1 oder § 5 ist bei einem Gewerbebetrieb mit Geschäftsleitung im Inland der Gewinn, soweit

---

[1] § 5 Abs. 7 angef. durch G v. 18.12.2013 (BGBl. I S. 4318); zur Anwendung siehe § 52 Abs. 9.

er auf den Betrieb von Handelsschiffen im internationalen Verkehr entfällt, auf unwiderruflichen Antrag des Steuerpflichtigen nach der in seinem Betrieb geführten Tonnage zu ermitteln, wenn die Bereederung dieser Handelsschiffe im Inland durchgeführt wird. ²Der im Wirtschaftsjahr erzielte Gewinn beträgt pro Tag des Betriebs für jedes im internationalen Verkehr betriebene Handelsschiff für jeweils volle 100 Nettotonnen (Nettoraumzahl)

0,92 Euro bei einer Tonnage bis zu 1000 Nettotonnen,
0,69 Euro für die 1000 Nettotonnen übersteigende Tonnage bis zu
           10 000 Nettotonnen,
0,46 Euro für die 10 000 Nettotonnen übersteigende Tonnage bis zu
           25 000 Nettotonnen,
0,23 Euro für die 25 000 Nettotonnen übersteigende Tonnage.

(2) ¹Handelsschiffe werden im internationalen Verkehr betrieben, wenn eigene oder gecharterte Seeschiffe, die im Wirtschaftsjahr überwiegend in einem inländischen Seeschiffsregister eingetragen sind, in diesem Wirtschaftsjahr überwiegend zur Beförderung von Personen oder Gütern im Verkehr mit oder zwischen ausländischen Häfen, innerhalb eines ausländischen Hafens oder zwischen einem ausländischen Hafen und der Hohen See eingesetzt werden. ²Zum Betrieb von Handelsschiffen im internationalen Verkehr gehören auch ihre Vercharterung, wenn sie vom Vercharterer ausgerüstet worden sind, und die unmittelbar mit ihrem Einsatz oder ihrer Vercharterung zusammenhängenden Neben- und Hilfsgeschäfte einschließlich der Veräußerung der Handelsschiffe und der unmittelbar ihrem Betrieb dienenden Wirtschaftsgüter. ³Der Einsatz und die Vercharterung von gecharterten Handelsschiffen gilt nur dann als Betrieb von Handelsschiffen im internationalen Verkehr, wenn gleichzeitig eigene oder ausgerüstete Handelsschiffe im internationalen Verkehr betrieben werden. ⁴Sind gecharterte Handelsschiffe nicht in einem inländischen Seeschiffsregister eingetragen, gilt Satz 3 unter der weiteren Voraussetzung, dass im Wirtschaftsjahr die Nettotonnage der gecharterten Handelsschiffe das Dreifache der nach den Sätzen 1 und 2 im internationalen Verkehr betriebenen Handelsschiffe nicht übersteigt; für die Berechnung der Nettotonnage sind jeweils die Nettotonnen pro Schiff mit der Anzahl der Betriebstage nach Absatz 1 zu vervielfältigen. ⁵Dem Betrieb von Handelsschiffen im internationalen Verkehr ist gleichgestellt, wenn Seeschiffe, die im Wirtschaftsjahr überwiegend in einem inländischen Seeschiffsregister eingetragen sind, in diesem Wirtschaftsjahr überwiegend außerhalb der deutschen Hoheitsgewässer zum Schleppen, Bergen oder zur Aufsuchung von Bodenschätzen eingesetzt werden; die Sätze 2 bis 4 sind sinngemäß anzuwenden.

(3)¹⁾ ¹Der Antrag auf Anwendung der Gewinnermittlung nach Absatz 1 ist im Wirtschaftsjahr der Anschaffung oder Herstellung des Handelsschiffs (Indienststellung) mit Wirkung ab Beginn dieses Wirtschaftsjahres zu stellen. ²Vor Indienststellung des Handelsschiffs durch den Betrieb von Handelsschiffen im internationalen Verkehr erwirtschaftete Gewinne sind in diesem Fall nicht zu besteuern; Verluste sind weder ausgleichsfähig noch verrechenbar.

---

¹⁾ § 5a Abs. 3 neu gef. durch G v. 29.12.2003 (BGBl. I S. 3076); zur Anwendung siehe § 52 Abs. 10; Bestätigung durch G v. 5.4.2011 (BGBl. I S. 554).

³Bereits erlassene Steuerbescheide sind insoweit zu ändern. ⁴Das gilt auch dann, wenn der Steuerbescheid unanfechtbar geworden ist; die Festsetzungsfrist endet insoweit nicht, bevor die Festsetzungsfrist für den Veranlagungszeitraum abgelaufen ist, in dem der Gewinn erstmals nach Absatz 1 ermittelt wird. ⁵Wird der Antrag auf Anwendung der Gewinnermittlung nach Absatz 1 nicht nach Satz 1 im Wirtschaftsjahr der Anschaffung oder Herstellung des Handelsschiffs (Indienststellung) gestellt, kann er erstmals in dem Wirtschaftsjahr gestellt werden, das jeweils nach Ablauf eines Zeitraumes von zehn Jahren, vom Beginn des Jahres der Indienststellung gerechnet, endet. ⁶Die Sätze 2 bis 4 sind insoweit nicht anwendbar. ⁷Der Steuerpflichtige ist an die Gewinnermittlung nach Absatz 1 vom Beginn des Wirtschaftsjahres an, in dem er den Antrag stellt, zehn Jahre gebunden. ⁸Nach Ablauf dieses Zeitraumes kann er den Antrag mit Wirkung für den Beginn jedes folgenden Wirtschaftsjahres bis zum Ende des Jahres unwiderruflich zurücknehmen. ⁹An die Gewinnermittlung nach allgemeinen Vorschriften ist der Steuerpflichtige ab dem Beginn des Wirtschaftsjahres, in dem er den Antrag zurücknimmt, zehn Jahre gebunden.

(4)¹⁾ ¹Zum Schluss des Wirtschaftsjahres, das der erstmaligen Anwendung des Absatzes 1 vorangeht (Übergangsjahr), ist für jedes Wirtschaftsgut, das unmittelbar dem Betrieb von Handelsschiffen im internationalen Verkehr dient, der Unterschiedsbetrag zwischen Buchwert und Teilwert in ein besonderes Verzeichnis aufzunehmen. ²Der Unterschiedsbetrag ist gesondert und bei Gesellschaften im Sinne des § 15 Absatz 1 Satz 1 Nummer 2 einheitlich festzustellen. ³Der Unterschiedsbetrag nach Satz 1 ist dem Gewinn hinzuzurechnen:

1. in den dem letzten Jahr der Anwendung des Absatzes 1 folgenden fünf Wirtschaftsjahren jeweils in Höhe von mindestens einem Fünftel,
2. in dem Jahr, in dem das Wirtschaftsgut aus dem Betriebsvermögen ausscheidet oder in dem es nicht mehr unmittelbar dem Betrieb von Handelsschiffen im internationalen Verkehr dient,
3. in dem Jahr des Ausscheidens eines Mitunternehmers hinsichtlich des auf ihn entfallenden Unterschiedsbetrags; mindert sich die Beteiligung des Mitunternehmers, ohne dass er aus der Mitunternehmerschaft ausscheidet, erfolgt eine Hinzurechnung entsprechend der Minderung der Beteiligung.

⁴Satz 3 Nummer 3 gilt auch in den Fällen der §§ 20 und 24 des Umwandlungssteuergesetzes. ⁵Wird ein Betrieb, Teilbetrieb oder Anteil eines Mitunternehmers an einem Betrieb auf einen Rechtsnachfolger zum Buchwert nach § 6 Absatz 3 übertragen, geht der Unterschiedsbetrag insoweit auf den Rechtsnachfolger über. ⁶§ 182 Absatz 2 der Abgabenordnung gilt sinngemäß. ⁷Die Sätze 1 bis 6 sind entsprechend anzuwenden, wenn der Steuerpflichtige Wirtschaftsgüter des Betriebsvermögens dem Betrieb von Handelsschiffen im internationalen Verkehr zuführt.

---

¹⁾ § 5a Abs. 4 Satz 3 Nr. 3 neu gef., Satz 4 neu gef. mWv 9.6.2021, Sätze 5 bis 7 angef. durch G v. 2.6.2021 (BGBl. I S. 1259); zur Anwendung der Sätze 5 bis 7 siehe § 52 Abs. 10 Satz 4.

(4a) ¹Bei Gesellschaften im Sinne des § 15 Absatz 1 Satz 1 Nummer 2 tritt für die Zwecke dieser Vorschrift an die Stelle des Steuerpflichtigen die Gesellschaft. ²Der nach Absatz 1 ermittelte Gewinn ist den Gesellschaftern entsprechend ihrem Anteil am Gesellschaftsvermögen zuzurechnen. ³Vergütungen im Sinne des § 15 Absatz 1 Satz 1 Nummer 2 und Satz 2 sind hinzuzurechnen.

(5) ¹Gewinne nach Absatz 1 umfassen auch Einkünfte nach § 16. ²§§ 34, 34c Absatz 1 bis 3 und § 35 sind nicht anzuwenden. ³Rücklagen nach den §§ 6b und 6d¹⁾ sind beim Übergang zur Gewinnermittlung nach Absatz 1 dem Gewinn im Erstjahr hinzuzurechnen; bis zum Übergang in Anspruch genommene Investitionsabzugsbeträge nach § 7g Absatz 1 sind nach Maßgabe des § 7g Absatz 3 rückgängig zu machen.²⁾ ⁴Für die Anwendung des § 15a ist der nach § 4 Absatz 1 oder § 5 ermittelte Gewinn zugrunde zu legen.

(6)³⁾ ¹In der Bilanz zum Schluss des Wirtschaftsjahres, in dem Absatz 1 letztmalig angewendet wird, ist für jedes Wirtschaftsgut, das unmittelbar dem Betrieb von Handelsschiffen im internationalen Verkehr dient, der Teilwert anzusetzen. ²Für Wirtschaftsgüter des abnutzbaren Anlagevermögens sind den weiteren Absetzungen für Abnutzung unverändert die ursprünglichen Anschaffungs- oder Herstellungskosten zugrunde zu legen.

§ 5b⁴⁾ Elektronische Übermittlung von Bilanzen sowie Gewinn- und Verlustrechnungen.

(1)⁵⁾ ¹Wird der Gewinn nach § 4 Absatz 1, § 5 oder § 5a ermittelt, so ist der Inhalt der Bilanz sowie der Gewinn- und Verlustrechnung nach amtlich vorgeschriebenem Datensatz durch Datenfernübertragung zu übermitteln. ²Enthält die Bilanz Ansätze oder Beträge, die den steuerlichen Vorschriften nicht entsprechen, so sind diese Ansätze oder Beträge durch Zusätze oder Anmerkungen den steuerlichen Vorschriften anzupassen und nach amtlich vorgeschriebenem Datensatz durch Datenfernübertragung zu übermitteln. ³Der Steuerpflichtige kann auch eine den steuerlichen Vorschriften entsprechende Bilanz nach amtlich vorgeschriebenem Datensatz durch Datenfernübertragung übermitteln. ⁴Im Fall der Eröffnung des Betriebs sind die Sätze 1 bis 4⁶⁾ für den Inhalt der Eröffnungsbilanz entsprechend anzuwenden.

(2) ¹Auf Antrag kann die Finanzbehörde zur Vermeidung unbilliger Härten auf eine elektronische Übermittlung verzichten. ²§ 150 Absatz 8 der Abgabenordnung gilt entsprechend.

---

¹⁾ § 5a Abs. 5 Satz 3 Verweis geänd. durch G v. 14.8.2007 (BGBl. I S. 1912); zur weiteren Anwendung der bish. Fassung siehe § 52 Abs. 10 Satz 5.

²⁾ § 5a Abs. 5 Satz 3 HS 2 angef. durch G v. 14.8.2007 (BGBl. I S. 1912); zur weiteren Anwendung der bish. Fassung siehe § 52 Abs. 10 Satz 5.

³⁾ § 5a Abs. 6 Satz 2 angef., bish. Text wird Satz 1 mWv 1.1.2019 (§ 52 Abs. 10 Satz 6) durch G v. 12.12.2019 (BGBl. I S. 2451).

⁴⁾ Zur erstmaligen Anwendung siehe § 52 Abs. 11 iVm **§ 1 Anwendungszeitpunktverschiebungsverordnung (AnwZpvV)** vom 20.12.2010 (BGBl. I S. 2135) – dort abgedr. als Fußnote.

⁵⁾ § 5b Abs. 1 Satz 4 aufgeh., bish. Satz 5 wird neuer Satz 4 mWv 1.1.2017 durch G v. 18.7.2016 (BGBl. I S. 1679).

⁶⁾ Red. Fehler: Muss wohl Satz *3* lauten.

§ 6 Bewertung. (1) Für die Bewertung der einzelnen Wirtschaftsgüter, die nach § 4 Absatz 1 oder nach § 5 als Betriebsvermögen anzusetzen sind, gilt das Folgende:

1. [1] Wirtschaftsgüter des Anlagevermögens, die der Abnutzung unterliegen, sind mit den Anschaffungs- oder Herstellungskosten oder dem an deren Stelle tretenden Wert, vermindert um die Absetzungen für Abnutzung, erhöhte Absetzungen, Sonderabschreibungen, Abzüge nach § 6b und ähnliche Abzüge, anzusetzen. [2] Ist der Teilwert auf Grund einer voraussichtlich dauernden Wertminderung niedriger, so kann dieser angesetzt werden. [3] Teilwert ist der Betrag, den ein Erwerber des ganzen Betriebs im Rahmen des Gesamtkaufpreises für das einzelne Wirtschaftsgut ansetzen würde; dabei ist davon auszugehen, dass der Erwerber den Betrieb fortführt. [4] Wirtschaftsgüter, die bereits am Schluss des vorangegangenen Wirtschaftsjahres zum Anlagevermögen des Steuerpflichtigen gehört haben, sind in den folgenden Wirtschaftsjahren gemäß Satz 1 anzusetzen, es sei denn, der Steuerpflichtige weist nach, dass ein niedrigerer Teilwert nach Satz 2 angesetzt werden kann.

1a. [1] Zu den Herstellungskosten eines Gebäudes gehören auch Aufwendungen für Instandsetzungs- und Modernisierungsmaßnahmen, die innerhalb von drei Jahren nach der Anschaffung des Gebäudes durchgeführt werden, wenn die Aufwendungen ohne die Umsatzsteuer 15 Prozent der Anschaffungskosten des Gebäudes übersteigen (anschaffungsnahe Herstellungskosten). [2] Zu diesen Aufwendungen gehören nicht die Aufwendungen für Erweiterungen im Sinne des § 255 Absatz 2 Satz 1 des Handelsgesetzbuchs sowie Aufwendungen für Erhaltungsarbeiten, die jährlich üblicherweise anfallen.

1b.[1] [1] Bei der Berechnung der Herstellungskosten brauchen angemessene Teile der Kosten der allgemeinen Verwaltung sowie angemessene Aufwendungen für soziale Einrichtungen des Betriebs, für freiwillige soziale Leistungen und für die betriebliche Altersversorgung im Sinne des § 255 Absatz 2 Satz 3 des Handelsgesetzbuchs nicht einbezogen zu werden, soweit diese auf den Zeitraum der Herstellung entfallen. [2] Das Wahlrecht ist bei Gewinnermittlung nach § 5 in Übereinstimmung mit der Handelsbilanz auszuüben.

2. [1] Andere als die in Nummer 1 bezeichneten Wirtschaftsgüter des Betriebs (Grund und Boden, Beteiligungen, Umlaufvermögen) sind mit den Anschaffungs- oder Herstellungskosten oder dem an deren Stelle tretenden Wert, vermindert um Abzüge nach § 6b und ähnliche Abzüge, anzusetzen. [2] Ist der Teilwert (Nummer 1 Satz 3) auf Grund einer voraussichtlich dauernden Wertminderung niedriger, so kann dieser angesetzt werden. [3] Nummer 1 Satz 4 gilt entsprechend.

2a. [1] Steuerpflichtige, die den Gewinn nach § 5 ermitteln, können für den Wertansatz gleichartiger Wirtschaftsgüter des Vorratsvermögens unterstellen, dass die zuletzt angeschafften oder hergestellten Wirtschaftsgüter zuerst verbraucht oder veräußert worden sind, soweit dies den handelsrechtlichen

---

[1] § 6 Abs. 1 Nr. 1b eingef. durch G v. 18.7.2016 (BGBl. I S. 1679); zur Anwendung siehe § 52 Abs. 12 Satz 1.

Grundsätzen ordnungsmäßiger Buchführung entspricht. ²Der Vorratsbestand am Schluss des Wirtschaftsjahres, das der erstmaligen Anwendung der Bewertung nach Satz 1 vorangeht, gilt mit seinem Bilanzansatz als erster Zugang des neuen Wirtschaftsjahres. ³Von der Verbrauchs- oder Veräußerungsfolge nach Satz 1 kann in den folgenden Wirtschaftsjahren nur mit Zustimmung des Finanzamts abgewichen werden.

2b. ¹Steuerpflichtige, die in den Anwendungsbereich des § 340 des Handelsgesetzbuchs fallen, haben die zu Handelszwecken erworbenen Finanzinstrumente, die nicht in einer Bewertungseinheit im Sinne des § 5 Absatz 1a Satz 2 abgebildet werden, mit dem beizulegenden Zeitwert abzüglich eines Risikoabschlages (§ 340e Absatz 3 des Handelsgesetzbuchs¹⁾) zu bewerten. ²Nummer 2 Satz 2 ist nicht anzuwenden.

3.²⁾ ¹Verbindlichkeiten sind unter sinngemäßer Anwendung der Vorschriften der Nummer 2 anzusetzen *und mit einem Zinssatz von 5,5 Prozent abzuzinsen. ²Ausgenommen von der Abzinsung sind Verbindlichkeiten, deren Laufzeit am Bilanzstichtag weniger als zwölf Monate beträgt, und Verbindlichkeiten, die verzinslich sind oder auf einer Anzahlung oder Vorausleistung beruhen.*

3a. Rückstellungen sind höchstens insbesondere unter Berücksichtigung folgender Grundsätze anzusetzen:

a) bei Rückstellungen für gleichartige Verpflichtungen ist auf der Grundlage der Erfahrungen in der Vergangenheit aus der Abwicklung solcher Verpflichtungen die Wahrscheinlichkeit zu berücksichtigen, dass der Steuerpflichtige nur zu einem Teil der Summe dieser Verpflichtungen in Anspruch genommen wird;

b) Rückstellungen für Sachleistungsverpflichtungen sind mit den Einzelkosten und den angemessenen Teilen der notwendigen Gemeinkosten zu bewerten;

c) künftige Vorteile, die mit der Erfüllung der Verpflichtung voraussichtlich verbunden sein werden, sind, soweit sie nicht als Forderung zu aktivieren sind, bei ihrer Bewertung wertmindernd zu berücksichtigen;

d) Rückstellungen für Verpflichtungen, für deren Entstehen im wirtschaftlichen Sinne der laufende Betrieb ursächlich ist, sind zeitanteilig in gleichen Raten anzusammeln. ²Rückstellungen für gesetzliche Verpflichtungen zur Rücknahme und Verwertung von Erzeugnissen, die vor Inkrafttreten entsprechender gesetzlicher Verpflichtungen in Verkehr gebracht worden sind, sind zeitanteilig in gleichen Raten bis zum Beginn der jeweiligen Erfüllung anzusammeln; Buchstabe e ist insoweit nicht anzuwenden. ³Rückstellungen für die Verpflichtung, ein Kernkraftwerk stillzulegen, sind ab dem Zeitpunkt der erstmaligen Nutzung bis zum Zeitpunkt, in dem mit der Stilllegung begonnen werden muss, zeitanteılig in gleichen Raten anzusammeln; steht der Zeitpunkt der Stilllegung nicht fest, beträgt der Zeitraum für die Ansammlung 25 Jahre;

---

¹⁾ **Schönfelder Nr. 50.**
²⁾ § 6 Abs. 1 Nr. 3 kursiver Satzteil aufgeh. durch G v. 19.6.2022 (BGBl. I S. 911); zur Anwendung siehe § 52 Abs. 12 Sätze 2 und 3.

e)[1] Rückstellungen für Verpflichtungen sind mit einem Zinssatz von 5,5 Prozent abzuzinsen; *Nummer 3 Satz 2 ist entsprechend anzuwenden* [**ab 1.1.2023:** ausgenommen von der Abzinsung sind Rückstellungen für Verpflichtungen, deren Laufzeit am Bilanzstichtag weniger als zwölf Monate beträgt, und Rückstellungen für Verpflichtungen, die verzinslich sind oder auf einer Anzahlung oder Vorausleistung beruhen]. [2]Für die Abzinsung von Rückstellungen für Sachleistungsverpflichtungen ist der Zeitraum bis zum Beginn der Erfüllung maßgebend. [3]Für die Abzinsung von Rückstellungen für die Verpflichtung, ein Kernkraftwerk stillzulegen, ist der sich aus Buchstabe d Satz 3 ergebende Zeitraum maßgebend; und

f) bei der Bewertung sind die Wertverhältnisse am Bilanzstichtag maßgebend; künftige Preis- und Kostensteigerungen dürfen nicht berücksichtigt werden.

4.[2] [1]Entnahmen des Steuerpflichtigen für sich, für seinen Haushalt oder für andere betriebsfremde Zwecke sind mit dem Teilwert anzusetzen; die Entnahme ist in den Fällen des § 4 Absatz 1 Satz 3 erster Halbsatz mit dem gemeinen Wert und in den Fällen des § 4 Absatz 1 Satz 3 zweiter Halbsatz mit dem Wert anzusetzen, den der andere Staat der Besteuerung zugrunde legt, höchstens jedoch mit dem gemeinen Wert. [2]Die private Nutzung eines Kraftfahrzeugs, das zu mehr als 50 Prozent betrieblich genutzt wird, ist für jeden Kalendermonat mit 1 Prozent des inländischen Listenpreises im Zeitpunkt der Erstzulassung zuzüglich der Kosten für Sonderausstattung einschließlich Umsatzsteuer anzusetzen; bei der privaten Nutzung von Fahrzeugen mit Antrieb ausschließlich durch Elektromotoren, die ganz oder überwiegend aus mechanischen oder elektrochemischen Energiespeichern oder aus emissionsfrei betriebenen Energiewandlern gespeist werden (Elektrofahrzeuge), oder von extern aufladbaren Hybridelektrofahrzeugen, ist der Listenpreis dieser Kraftfahrzeuge

1. soweit die Nummern 2, 3 oder 4 nicht anzuwenden sind und bei Anschaffung vor dem 1. Januar 2023 um die darin enthaltenen Kosten des Batteriesystems im Zeitpunkt der Erstzulassung des Kraftfahrzeugs wie folgt zu mindern: für bis zum 31. Dezember 2013 angeschaffte Kraftfahrzeuge um 500 Euro pro Kilowattstunde der Batteriekapazität, dieser Betrag mindert sich für in den Folgejahren angeschaffte Kraftfahrzeuge um jährlich 50 Euro pro Kilowattstunde der Batteriekapazität; die Minderung pro Kraftfahrzeug beträgt höchstens 10 000 Euro; dieser Höchstbetrag mindert sich für in den Folgejahren angeschaffte Kraftfahrzeuge um jährlich 500 Euro, oder

2. soweit Nummer 3 nicht anzuwenden ist und] bei Anschaffung nach dem 31. Dezember 2018 und vor dem 1. Januar 2022 nur zur Hälfte anzuset-

---

[1] § 6 Abs. 1 Nr. 3a Buchst. e Satz 1 2. Hs. neu gef. durch G v. 19.6.2022 (BGBl. I S. 911); zur Anwendung siehe § 52 Abs. 12 Sätze 2 und 3.
[2] § 6 Abs. 1 Nr. 4 Sätze 2 und 3 neu gef. mWv 15.12.2018 durch G v. 11.12.2018 (BGBl. I S. 2338); Satz 2 Nrn. 1 und 2 geänd., Nrn. 3 bis 5 angef., Satzteil nach Satz 2 Nr. 5 angef., Satz 3 Nrn. 1 und 2 geänd., Nrn. 3 bis 5 angef., Satzteil nach Satz 3 Nr. 5 angef. mWv 1.1.2020 durch G v. 12.12.2019 (BGBl. I S. 2451); Satz 1 HS 2 neu gef. mWv 1.1.2020 (§ 52 Abs. 12 Satz 11) durch G v. 25.6.2021 (BGBl. I S. 2035).

zen; bei extern aufladbaren Hybridelektrofahrzeugen muss das Fahrzeug die Voraussetzungen des § 3 Absatz 2 Nummer 1 oder 2 des Elektromobilitätsgesetzes erfüllen, oder

3.[1] bei Anschaffung nach dem 31. Dezember 2018 und vor dem 1. Januar 2031 nur zu einem Viertel anzusetzen, wenn das Kraftfahrzeug keine Kohlendioxidemission je gefahrenen Kilometer hat und der Bruttolistenpreis des Kraftfahrzeugs nicht mehr als 60 000 Euro[2] beträgt, oder

4.[1] soweit Nummer 3 nicht anzuwenden ist und bei Anschaffung nach dem 31. Dezember 2021 und vor dem 1. Januar 2025 nur zur Hälfte anzusetzen, wenn das Kraftfahrzeug

   a) eine Kohlendioxidemission von höchstens 50 Gramm je gefahrenen Kilometer hat oder

   b) die Reichweite des Fahrzeugs unter ausschließlicher Nutzung der elektrischen Antriebsmaschine mindestens 60 Kilometer beträgt, oder

5.[1] soweit Nummer 3 nicht anzuwenden ist und bei Anschaffung nach dem 31. Dezember 2024 und vor dem 1. Januar 2031 nur zur Hälfte anzusetzen, wenn das Kraftfahrzeug

   a) eine Kohlendioxidemission von höchstens 50 Gramm je gefahrenen Kilometer hat oder

   b) die Reichweite des Fahrzeugs unter ausschließlicher Nutzung der elektrischen Antriebsmaschine mindestens 80 Kilometer beträgt,

die maßgebliche Kohlendioxidemission sowie die Reichweite des Kraftfahrzeugs unter ausschließlicher Nutzung der elektrischen Antriebsmaschine ist der Übereinstimmungsbescheinigung nach Anhang IX der Richtlinie 2007/46/EG oder aus der Übereinstimmungsbescheinigung nach Artikel 38 des Verordnung (EU) Nr. 168/2013 zu entnehmen. [3] Die private Nutzung kann abweichend von Satz 2 mit den auf die Privatfahrten entfallenden Aufwendungen angesetzt werden, wenn die für das Kraftfahrzeug insgesamt entstehenden Aufwendungen durch Belege und das Verhältnis der privaten zu den übrigen Fahrten durch ein ordnungsgemäßes Fahrtenbuch nachgewiesen werden; bei der privaten Nutzung von Fahrzeugen mit Antrieb ausschließlich durch Elektromotoren, die ganz oder überwiegend aus mechanischen oder elektrochemischen Energiespeichern oder aus emissionsfrei betriebenen Energiewandlern gespeist werden (Elektrofahrzeuge), oder von extern aufladbaren Hybridelektrofahrzeugen, sind

1. soweit die Nummern 2, 3 oder 4 nicht anzuwenden sind und bei Anschaffung vor dem 1. Januar 2023 die der Berechnung der Entnahme zugrunde zu legenden insgesamt entstandenen Aufwendungen um Aufwendungen für das Batteriesystem zu mindern; dabei ist bei zum Betriebsvermögen des Steuerpflichtigen gehörenden Elektro- und Hybridelektrofahrzeugen die der Berechnung der Absetzungen für Abnutzung

---

[1] § 6 Abs. 1 Nr. 4 Satz 2 Nrn. 3 bis 5 angef., Text nach Nr. 5 angef. mWv 1.1.2020 durch G v. 12.12.2019 (BGBl. I S. 2451).
[2] Betrag geänd. durch G v. 29.6.2020 (BGBl. I S. 1512); zur Anwendung siehe § 52 Abs. 12 Satz 4.

zugrunde zu legende Bemessungsgrundlage um die nach Satz 2 in pauschaler Höhe festgelegten Aufwendungen zu mindern, wenn darin Kosten für ein Batteriesystem enthalten sind, oder

2. soweit Nummer 3 nicht anzuwenden ist und bei Anschaffung nach dem 31. Dezember 2018 und vor dem 1. Januar 2022 bei der Ermittlung der insgesamt entstandenen Aufwendungen die Anschaffungskosten für das Kraftfahrzeug oder vergleichbare Aufwendungen nur zur Hälfte zu berücksichtigen; bei extern aufladbaren Hybridelektrofahrzeugen muss das Fahrzeug die Voraussetzungen des § 3 Absatz 2 Nummer 1 oder 2 des Elektromobilitätsgesetzes erfüllen, oder

3.[1] bei Anschaffung nach dem 31. Dezember 2018 und vor dem 1. Januar 2031 bei der Ermittlung der insgesamt entstandenen Aufwendungen die Anschaffungskosten für das Kraftfahrzeug oder vergleichbare Aufwendungen nur zu einem Viertel zu berücksichtigen, wenn das Kraftfahrzeug keine Kohlendioxidemission je gefahrenen Kilometer hat, und der Bruttolistenpreis des Kraftfahrzeugs nicht mehr als 60 000 Euro[2] beträgt oder

4.[1] soweit Nummer 3 nicht anzuwenden ist und bei Anschaffung nach dem 31. Dezember 2021 und vor dem 1. Januar 2025 bei der Ermittlung der insgesamt entstandenen Aufwendungen die Anschaffungskosten für das Kraftfahrzeug oder vergleichbare Aufwendungen nur zur Hälfte zu berücksichtigen, wenn das Kraftfahrzeug

   a) eine Kohlendioxidemission von höchstens 50 Gramm je gefahrenen Kilometer hat oder

   b) die Reichweite des Kraftfahrzeugs unter ausschließlicher Nutzung der elektrischen Antriebsmaschine mindestens 60 Kilometer beträgt, oder

5.[1] soweit Nummer 3 nicht anzuwenden ist und bei Anschaffung nach dem 31. Dezember 2024 und vor dem 1. Januar 2031 bei der Ermittlung der insgesamt entstandenen Aufwendungen die Anschaffungskosten für das Kraftfahrzeug oder vergleichbare Aufwendungen nur zur Hälfte zu berücksichtigen, wenn das Kraftfahrzeug

   a) eine Kohlendioxidemission von höchstens 50 Gramm je gefahrenen Kilometer hat oder

   b) die Reichweite des Kraftfahrzeugs unter ausschließlicher Nutzung der elektrischen Antriebsmaschine mindestens 80 Kilometer beträgt,

die maßgebliche Kohlendioxidemission sowie die Reichweite des Kraftfahrzeugs unter ausschließlicher Nutzung der elektrischen Antriebsmaschine ist der Übereinstimmungsbescheinigung nach Anhang IX der Richtlinie 2007/46/EG oder aus der Übereinstimmungsbescheinigung nach Artikel 38 des Verordnung (EU) Nr. 168/2013 zu entnehmen. [4]Wird ein Wirtschaftsgut unmittelbar nach seiner Entnahme einer nach § 5 Absatz 1 Nummer 9 des Körperschaftsteuergesetzes von der Körperschaftsteuer befreiten Körperschaft, Personenvereinigung oder Vermögensmasse oder einer juristischen

---

[1] § 6 Abs. 1 Nr. 4 Satz 3 Nrn. 3 bis 5 angef., Text nach Nr. 5 angef. mWv 1.1.2020 durch G v. 12.12.2019 (BGBl. I S. 2451).
[2] Betrag geänd. durch G v. 29.6.2020 (BGBl. I S. 1512).

Person des öffentlichen Rechts zur Verwendung für steuerbegünstigte Zwecke im Sinne des § 10b Absatz 1 Satz 1 unentgeltlich überlassen, so kann die Entnahme mit dem Buchwert angesetzt werden. [5]Satz 4 gilt nicht für die Entnahme von Nutzungen und Leistungen. [*1.1.2019–31.12.2030:* [6]Die private Nutzung eines betrieblichen Fahrrads, das kein Kraftfahrzeug im Sinne des Satzes 2 ist, bleibt außer Ansatz].[1]

5.[2] [1]Einlagen sind mit dem Teilwert für den Zeitpunkt der Zuführung anzusetzen; sie sind jedoch höchstens mit den Anschaffungs- oder Herstellungskosten anzusetzen, wenn das zugeführte Wirtschaftsgut

a) innerhalb der letzten drei Jahre vor dem Zeitpunkt der Zuführung angeschafft oder hergestellt worden ist,

b) ein Anteil an einer Kapitalgesellschaft ist und der Steuerpflichtige an der Gesellschaft im Sinne des § 17 Absatz 1 oder Absatz 6 beteiligt ist; § 17 Absatz 2 Satz 5 gilt entsprechend, oder

c) ein Wirtschaftsgut im Sinne des § 20 Absatz 2 oder im Sinne des § 2 Absatz 4 des Investmentsteuergesetzes ist.

[2]Ist die Einlage ein abnutzbares Wirtschaftsgut, so sind die Anschaffungs- oder Herstellungskosten um Absetzungen für Abnutzung zu kürzen, die auf den Zeitraum zwischen der Anschaffung oder Herstellung des Wirtschaftsguts und der Einlage entfallen. [3]Ist die Einlage ein Wirtschaftsgut, das vor der Zuführung aus einem Betriebsvermögen des Steuerpflichtigen entnommen worden ist, so tritt an die Stelle der Anschaffungs- oder Herstellungskosten der Wert, mit dem die Entnahme angesetzt worden ist, und an die Stelle des Zeitpunkts der Anschaffung oder Herstellung der Zeitpunkt der Entnahme.

5a.[3] In den Fällen des § 4 Absatz 1 Satz 8 zweiter Halbsatz ist das Wirtschaftsgut mit dem gemeinen Wert anzusetzen; unterliegt der Steuerpflichtige in einem anderen Staat einer Besteuerung auf Grund des Ausschlusses oder der Beschränkung des Besteuerungsrechts dieses Staates, ist das Wirtschaftsgut mit dem Wert anzusetzen, den der andere Staat der Besteuerung zugrunde legt, höchstens jedoch mit dem gemeinen Wert.

5b.[4] Im Fall des § 4 Absatz 1 Satz 9 ist das Wirtschaftsgut jeweils mit dem Wert anzusetzen, den der andere Staat der Besteuerung zugrunde legt, höchstens jedoch mit dem gemeinen Wert.

6. Bei Eröffnung eines Betriebs ist Nummer 5 entsprechend anzuwenden.

7. Bei entgeltlichem Erwerb eines Betriebs sind die Wirtschaftsgüter mit dem Teilwert, höchstens jedoch mit den Anschaffungs- oder Herstellungskosten anzusetzen.

---

[1] § 6 Abs. 1 Nr. 4 Satz 6 angef. mWv 1.1.2019 durch G v. 11.12.2018 (BGBl. I S. 2338); zur letztmaligen Anwendung siehe § 52 Abs. 12 Satz 5.
[2] § 6 Abs. 1 Nr. 5 Satz 1 Buchst. c geänd. durch G v. 11.12.2018 (BGBl. I S. 2338); zur Anwendung siehe § 52 Abs. 12 Satz 6.
[3] § 6 Abs. 1 Nr. 5a geänd. durch G v. 8.12.2010 (BGBl. I S. 1768); HS 2 angef. durch G v. 25.6.2021 (BGBl. I S. 2035); zur Anwendung siehe § 52 Abs. 12 Satz 11.
[4] § 6 Abs. 1 Nr. 5b eingef. durch G v. 25.6.2021 (BGBl. I S. 2035); zur Anwendung siehe § 52 Abs. 12 Satz 11; zur Anwendung von § 4 Abs. 1 Satz 9 siehe § 52 Abs. 6 Satz 3.

(2)[1] [1]Die Anschaffungs- oder Herstellungskosten oder der nach Absatz 1 Nummer 5 bis 6 an deren Stelle tretende Wert von abnutzbaren beweglichen Wirtschaftsgütern des Anlagevermögens, die einer selbständigen Nutzung fähig sind, können im Wirtschaftsjahr der Anschaffung, Herstellung oder Einlage des Wirtschaftsguts oder der Eröffnung des Betriebs in voller Höhe als Betriebsausgaben abgezogen werden, wenn die Anschaffungs- oder Herstellungskosten, vermindert um einen darin enthaltenen Vorsteuerbetrag (§ 9b Absatz 1), oder der nach Absatz 1 Nummer 5 bis 6 an deren Stelle tretende Wert für das einzelne Wirtschaftsgut 800[2] Euro nicht übersteigen. [2]Ein Wirtschaftsgut ist einer selbständigen Nutzung nicht fähig, wenn es nach seiner betrieblichen Zweckbestimmung nur zusammen mit anderen Wirtschaftsgütern des Anlagevermögens genutzt werden kann und die in den Nutzungszusammenhang eingefügten Wirtschaftsgüter technisch aufeinander abgestimmt sind. [3]Das gilt auch, wenn das Wirtschaftsgut aus dem betrieblichen Nutzungszusammenhang gelöst und in einen anderen betrieblichen Nutzungszusammenhang eingefügt werden kann. [4]Wirtschaftsgüter im Sinne des Satzes 1, deren Wert 250[3] Euro übersteigt, sind unter Angabe des Tages der Anschaffung, Herstellung oder Einlage des Wirtschaftsguts oder der Eröffnung des Betriebs und der Anschaffungs- oder Herstellungskosten oder des nach Absatz 1 Nummer 5 bis 6 an deren Stelle tretenden Werts in ein besonderes, laufend zu führendes Verzeichnis aufzunehmen. [5]Das Verzeichnis braucht nicht geführt zu werden, wenn diese Angaben aus der Buchführung ersichtlich sind.

(2a)[4] [1]Abweichend von Absatz 2 Satz 1 kann für die abnutzbaren beweglichen Wirtschaftsgüter des Anlagevermögens, die einer selbständigen Nutzung fähig sind, im Wirtschaftsjahr der Anschaffung, Herstellung oder Einlage des Wirtschaftsguts oder der Eröffnung des Betriebs ein Sammelposten gebildet werden, wenn die Anschaffungs- oder Herstellungskosten, vermindert um einen darin enthaltenen Vorsteuerbetrag (§ 9b Absatz 1), oder der nach Absatz 1 Nummer 5 bis 6 an deren Stelle tretende Wert für das einzelne Wirtschaftsgut 250[5] Euro, aber nicht 1000 Euro übersteigen. [2]Der Sammelposten ist im Wirtschaftsjahr der Bildung und den folgenden vier Wirtschaftsjahren mit jeweils einem Fünftel gewinnmindernd aufzulösen. [3]Scheidet ein Wirtschaftsgut im Sinne des Satzes 1 aus dem Betriebsvermögen aus, wird der Sammelposten nicht vermindert. [4]Die Anschaffungs- oder Herstellungskosten oder der nach Absatz 1 Nummer 5 bis 6 an deren Stelle tretende Wert von

---

[1] § 6 Abs. 2 und 2a idF des G v. 22.12.2009 (BGBl. I S. 3950) sind erstmals für Wirtschaftsgüter anzuwenden, die nach dem 31.12.2009 angeschafft, hergestellt oder in das BV eingelegt worden sind (§ 52 Abs. 16 Satz 14 a. F.).

[2] Betrag geänd. durch G v. 27.6.2017 (BGBl. I S. 2074); zur Anwendung siehe § 52 Abs. 12 Satz 8.

[3] § 6 Abs. 2 Satz 4 Betrag geänd. mWv 1.1.2018 durch G v. 30.6.2017 (BGBl. I S. 2143); zur Anwendung siehe § 52 Abs. 12 Satz 7.

[4] § 6 Abs. 2 und 2a idF des G v. 22.12.2009 (BGBl. I S. 3950) sind erstmals für Wirtschaftsgüter anzuwenden, die nach dem 31.12.2009 angeschafft, hergestellt oder in das BV eingelegt worden sind (§ 52 Abs. 16 Satz 14 a. F.).

[5] Betrag geänd. durch G v. 27.6.2017 (BGBl. I S. 2074); zur Anwendung siehe § 52 Abs. 12 Satz 10.

abnutzbaren beweglichen Wirtschaftsgütern des Anlagevermögens, die einer selbständigen Nutzung fähig sind, können im Wirtschaftsjahr der Anschaffung, Herstellung oder Einlage des Wirtschaftsguts oder der Eröffnung des Betriebs in voller Höhe als Betriebsausgaben abgezogen werden, wenn die Anschaffungs- oder Herstellungskosten, vermindert um einen darin enthaltenen Vorsteuerbetrag (§ 9b Absatz 1), oder der nach Absatz 1 Nummer 5 bis 6 an deren Stelle tretende Wert für das einzelne Wirtschaftsgut 250[1)] Euro nicht übersteigen. ⁵Die Sätze 1 bis 3 sind für alle in einem Wirtschaftsjahr angeschafften, hergestellten oder eingelegten Wirtschaftsgüter einheitlich anzuwenden.

(3)[2)] ¹Wird ein Betrieb, ein Teilbetrieb oder der Anteil eines Mitunternehmers an einem Betrieb unentgeltlich übertragen, so sind bei der Ermittlung des Gewinns des bisherigen Betriebsinhabers (Mitunternehmers) die Wirtschaftsgüter mit den Werten anzusetzen, die sich nach den Vorschriften über die Gewinnermittlung ergeben, sofern die Besteuerung der stillen Reserven sichergestellt ist; dies gilt auch bei der unentgeltlichen Aufnahme einer natürlichen Person in ein bestehendes Einzelunternehmen sowie bei der unentgeltlichen Übertragung eines Teils eines Mitunternehmeranteils auf eine natürliche Person. ²Satz 1 ist auch anzuwenden, wenn der bisherige Betriebsinhaber (Mitunternehmer) Wirtschaftsgüter, die weiterhin zum Betriebsvermögen derselben Mitunternehmerschaft gehören, nicht überträgt, sofern der Rechtsnachfolger den übernommenen Mitunternehmeranteil über einen Zeitraum von mindestens fünf Jahren nicht veräußert oder aufgibt. ³Der Rechtsnachfolger ist an die in Satz 1 genannten Werte gebunden.

(4)[3)] Wird ein einzelnes Wirtschaftsgut außer in den Fällen der Einlage (§ 4 Absatz 1 Satz 8) unentgeltlich in das Betriebsvermögen eines anderen Steuerpflichtigen übertragen, gilt sein gemeiner Wert für das aufnehmende Betriebsvermögen als Anschaffungskosten.

(5) ¹Wird ein einzelnes Wirtschaftsgut von einem Betriebsvermögen in ein anderes Betriebsvermögen desselben Steuerpflichtigen überführt, ist bei der Überführung der Wert anzusetzen, der sich nach den Vorschriften über die Gewinnermittlung ergibt, sofern die Besteuerung der stillen Reserven sichergestellt ist; § 4 Absatz 1 Satz 4 ist entsprechend anzuwenden.[4)] ²Satz 1 gilt auch für die Überführung aus einem eigenen Betriebsvermögen des Steuerpflichtigen in dessen Sonderbetriebsvermögen bei einer Mitunternehmerschaft und umgekehrt sowie für die Überführung zwischen verschiedenen Sonderbetriebsvermögen desselben Steuerpflichtigen bei verschiedenen Mitunternehmerschaften. ³Satz 1 gilt entsprechend, soweit ein Wirtschaftsgut

1. unentgeltlich oder gegen Gewährung oder Minderung von Gesellschaftsrechten aus einem Betriebsvermögen des Mitunternehmers in das Gesamthandsvermögen einer Mitunternehmerschaft und umgekehrt,

---

[1)] Betrag geänd. durch G v. 27.6.2017 (BGBl. I S. 2074); zur Anwendung siehe § 52 Abs. 12 Satz 10.
[2)] § 6 Abs. 3 Satz 1 geänd. durch G v. 20.12.2016 (BGBl. I S. 3000).
[3)] § 6 Abs. 4 geänd. durch G v. 8.12.2010 (BGBl. I S. 1768).
[4)] § 6 Abs. 5 Satz 1 2. Hs. angef. durch G v. 8.12.2010 (BGBl. I S. 1768); zur Anwendung siehe § 52 Abs. 12 Satz 9.

2. unentgeltlich oder gegen Gewährung oder Minderung von Gesellschaftsrechten aus dem Sonderbetriebsvermögen eines Mitunternehmers in das
   Gesamthandsvermögen derselben Mitunternehmerschaft oder einer anderen
   Mitunternehmerschaft, an der er beteiligt ist, und umgekehrt oder

3. unentgeltlich zwischen den jeweiligen Sonderbetriebsvermögen verschiedener Mitunternehmer derselben Mitunternehmerschaft

übertragen wird. [4]Wird das nach Satz 3 übertragene Wirtschaftsgut innerhalb
einer Sperrfrist veräußert oder entnommen, ist rückwirkend auf den Zeitpunkt der Übertragung der Teilwert anzusetzen, es sei denn, die bis zur Übertragung entstandenen stillen Reserven sind durch Erstellung einer Ergänzungsbilanz dem übertragenden Gesellschafter zugeordnet worden; diese
Sperrfrist endet drei Jahre nach Abgabe der Steuererklärung des Übertragenden für den Veranlagungszeitraum, in dem die in Satz 3 bezeichnete Übertragung erfolgt ist. [5]Der Teilwert ist auch anzusetzen, soweit in den Fällen des
Satzes 3 der Anteil einer Körperschaft, Personenvereinigung oder Vermögensmasse an dem Wirtschaftsgut unmittelbar oder mittelbar begründet wird
oder dieser sich erhöht. [6]Soweit innerhalb von sieben Jahren nach der Übertragung des Wirtschaftsguts nach Satz 3 der Anteil einer Körperschaft, Personenvereinigung oder Vermögensmasse an dem übertragenen Wirtschaftsgut
aus einem anderen Grund unmittelbar oder mittelbar begründet wird oder
dieser sich erhöht, ist rückwirkend auf den Zeitpunkt der Übertragung ebenfalls der Teilwert anzusetzen.

(6) [1]Wird ein einzelnes Wirtschaftsgut im Wege des Tausches übertragen,
bemessen sich die Anschaffungskosten nach dem gemeinen Wert des hingegebenen Wirtschaftsguts. [2]Erfolgt die Übertragung im Wege der verdeckten
Einlage, erhöhen sich die Anschaffungskosten der Beteiligung an der Kapitalgesellschaft um den Teilwert des eingelegten Wirtschaftsguts. [3]In den Fällen
des Absatzes 1 Nummer 5 Satz 1 Buchstabe a erhöhen sich die Anschaffungskosten im Sinne des Satzes 2 um den Einlagewert des Wirtschaftsguts. [4]Absatz 5 bleibt unberührt.

(7)[1)] Im Fall des § 4 Absatz 3 sind

1. bei der Bemessung der Absetzungen für Abnutzung oder Substanzverringerung die sich bei der Anwendung der Absätze 3 bis 6 ergebenden Werte als
   Anschaffungskosten zugrunde zu legen und

2. die Bewertungsvorschriften des Absatzes 1 Nummer 1a und der Nummern 4
   bis 7 entsprechend anzuwenden.

§ 6a Pensionsrückstellung. (1) Für eine Pensionsverpflichtung darf eine
Rückstellung (Pensionsrückstellung) nur gebildet werden, wenn und soweit

1. der Pensionsberechtigte einen Rechtsanspruch auf einmalige oder laufende
   Pensionsleistungen hat,

2. die Pensionszusage keine Pensionsleistungen in Abhängigkeit von künftigen
   gewinnabhängigen Bezügen vorsieht und keinen Vorbehalt enthält, dass die
   Pensionsanwartschaft oder die Pensionsleistung gemindert oder entzogen

---

[1)] § 6 Abs. 7 neu gef. mWv VZ 2013 durch G v. 26.6.2013 (BGBl. I S. 1809).

werden kann, oder ein solcher Vorbehalt sich nur auf Tatbestände erstreckt, bei deren Vorliegen nach allgemeinen Rechtsgrundsätzen unter Beachtung billigen Ermessens eine Minderung oder ein Entzug der Pensionsanwartschaft oder der Pensionsleistung zulässig ist, und

3. die Pensionszusage schriftlich erteilt ist; die Pensionszusage muss eindeutige Angaben zu Art, Form, Voraussetzungen und Höhe der in Aussicht gestellten künftigen Leistungen enthalten.

(2)[1] Eine Pensionsrückstellung darf erstmals gebildet werden

1. vor Eintritt des Versorgungsfalls für das Wirtschaftsjahr, in dem die Pensionszusage erteilt wird, frühestens jedoch für das Wirtschaftsjahr, bis zu dessen Mitte der Pensionsberechtigte bei

a) erstmals nach dem 31. Dezember 2017 zugesagten Pensionsleistungen das 23. Lebensjahr vollendet,

b) erstmals nach dem 31. Dezember 2008 und vor dem 1. Januar 2018 zugesagten Pensionsleistungen das 27. Lebensjahr vollendet,

c) erstmals nach dem 31. Dezember 2000 und vor dem 1. Januar 2009 zugesagten Pensionsleistungen das 28. Lebensjahr vollendet,

d) erstmals vor dem 1. Januar 2001 zugesagten Pensionsleistungen das 30. Lebensjahr vollendet

oder bei nach dem 31. Dezember 2000 vereinbarten Entgeltumwandlungen im Sinne von § 1 Absatz 2 des Betriebsrentengesetzes für das Wirtschaftsjahr, in dessen Verlauf die Pensionsanwartschaft gemäß den Vorschriften des Betriebsrentengesetzes unverfallbar wird,

2. nach Eintritt des Versorgungsfalls für das Wirtschaftsjahr, in dem der Versorgungsfall eintritt.

(3) [1] Eine Pensionsrückstellung darf höchstens mit dem Teilwert der Pensionsverpflichtung angesetzt werden. [2] Als Teilwert einer Pensionsverpflichtung gilt

1.[2] vor Beendigung des Dienstverhältnisses des Pensionsberechtigten der Barwert der künftigen Pensionsleistungen am Schluss des Wirtschaftsjahres abzüglich des sich auf denselben Zeitpunkt ergebenden Barwerts betragsmäßig gleich bleibender Jahresbeträge, bei einer Entgeltumwandlung im Sinne von § 1 Absatz 2 des Betriebsrentengesetzes mindestens jedoch der Barwert der gemäß den Vorschriften des Betriebsrentengesetzes unverfallbaren künftigen Pensionsleistungen am Schluss des Wirtschaftsjahres. [2] Die Jahresbeträge sind so zu bemessen, dass am Beginn des Wirtschaftsjahres, in dem das Dienstverhältnis begonnen hat, ihr Barwert gleich dem Barwert der künftigen Pensionsleistungen ist; die künftigen Pensionsleistungen sind dabei mit dem Betrag anzusetzen, der sich nach den Verhältnissen am Bilanzstichtag ergibt. [3] Es sind die Jahresbeträge zugrunde zu legen, die vom Beginn des Wirtschaftsjahres, in dem das Dienstverhältnis begonnen hat,

---

[1] § 6a Abs. 2 Nr. 1 neu gef. mWv 1.1.2018 durch G v. 21.12.2015 (BGBl. I S. 2553).
[2] § 6a Abs. 3 Satz 2 Nr. 1 Satz 6 neu gef. mWv 1.1.2018 durch G v. 21.12.2015 (BGBl. I S. 2553).

bis zu dem in der Pensionszusage vorgesehenen Zeitpunkt des Eintritts des Versorgungsfalls rechnungsmäßig aufzubringen sind. [4]Erhöhungen oder Verminderungen der Pensionsleistungen nach dem Schluss des Wirtschaftsjahres, die hinsichtlich des Zeitpunktes ihres Wirksamwerdens oder ihres Umfangs ungewiss sind, sind bei der Berechnung des Barwerts der künftigen Pensionsleistungen und der Jahresbeträge erst zu berücksichtigen, wenn sie eingetreten sind. [5]Wird die Pensionszusage erst nach dem Beginn des Dienstverhältnisses erteilt, so ist die Zwischenzeit für die Berechnung der Jahresbeträge nur insoweit als Wartezeit zu behandeln, als sie in der Pensionszusage als solche bestimmt ist. [6]Hat das Dienstverhältnis schon vor der Vollendung des nach Absatz 2 Nummer 1 maßgebenden Lebensjahres des Pensionsberechtigten bestanden, gilt es als zu Beginn des Wirtschaftsjahres begonnen, bis zu dessen Mitte der Pensionsberechtigte das nach Absatz 2 Nummer 1 maßgebende Lebensjahr vollendet; bei nach dem 31. Dezember 2000 vereinbarten Entgeltumwandlungen im Sinne von § 1 Absatz 2 des Betriebsrentengesetzes gilt für davor liegende Wirtschaftsjahre als Teilwert der Barwert der gemäß den Vorschriften des Betriebsrentengesetzes unverfallbaren künftigen Pensionsleistungen am Schluss des Wirtschaftsjahres;

2. nach Beendigung des Dienstverhältnisses des Pensionsberechtigten unter Aufrechterhaltung seiner Pensionsanwartschaft oder nach Eintritt des Versorgungsfalls der Barwert der künftigen Pensionsleistungen am Schluss des Wirtschaftsjahres; Nummer 1 Satz 4 gilt sinngemäß.

[3]Bei der Berechnung des Teilwerts der Pensionsverpflichtung sind ein Rechnungszinsfuß von 6 Prozent und die anerkannten Regeln der Versicherungsmathematik anzuwenden.

(4) [1]Eine Pensionsrückstellung darf in einem Wirtschaftsjahr höchstens um den Unterschied zwischen dem Teilwert der Pensionsverpflichtung am Schluss des Wirtschaftsjahres und am Schluss des vorangegangenen Wirtschaftsjahres erhöht werden. [2]Soweit der Unterschiedsbetrag auf der erstmaligen Anwendung neuer oder geänderter biometrischer Rechnungsgrundlagen beruht, kann er nur auf mindestens drei Wirtschaftsjahre gleichmäßig verteilt der Pensionsrückstellung zugeführt werden; Entsprechendes gilt beim Wechsel auf andere biometrische Rechnungsgrundlagen. [3]In dem Wirtschaftsjahr, in dem mit der Bildung einer Pensionsrückstellung frühestens begonnen werden darf (Erstjahr), darf die Rückstellung bis zur Höhe des Teilwerts der Pensionsverpflichtung am Schluss des Wirtschaftsjahres gebildet werden; diese Rückstellung kann auf das Erstjahr und die beiden folgenden Wirtschaftsjahre gleichmäßig verteilt werden. [4]Erhöht sich in einem Wirtschaftsjahr gegenüber dem vorangegangenen Wirtschaftsjahr der Barwert der künftigen Pensionsleistungen um mehr als 25 Prozent, so kann die für dieses Wirtschaftsjahr zulässige Erhöhung der Pensionsrückstellung auf dieses Wirtschaftsjahr und die beiden folgenden Wirtschaftsjahre gleichmäßig verteilt werden. [5]Am Schluss des Wirtschaftsjahres, in dem das Dienstverhältnis des Pensionsberechtigten unter Aufrechterhaltung seiner Pensionsanwartschaft endet oder der Versorgungsfall eintritt, darf die Pensionsrückstellung stets bis zur Höhe des Teilwerts der Pensionsverpflichtung gebildet werden; die für dieses Wirtschaftsjahr zulässige

Erhöhung der Pensionsrückstellung kann auf dieses Wirtschaftsjahr und die beiden folgenden Wirtschaftsjahre gleichmäßig verteilt werden. [6]Satz 2 gilt in den Fällen der Sätze 3 bis 5 entsprechend.

(5) Die Absätze 3 und 4 gelten entsprechend, wenn der Pensionsberechtigte zu dem Pensionsverpflichteten in einem anderen Rechtsverhältnis als einem Dienstverhältnis steht.

§ 6b Übertragung stiller Reserven bei der Veräußerung bestimmter Anlagegüter. (1) [1]Steuerpflichtige, die

Grund und Boden,

Aufwuchs auf Grund und Boden mit dem dazugehörigen Grund und Boden, wenn der Aufwuchs zu einem land- und forstwirtschaftlichen Betriebsvermögen gehört,

Gebäude oder Binnenschiffe

veräußern, können im Wirtschaftsjahr der Veräußerung von den Anschaffungs- oder Herstellungskosten der in Satz 2 bezeichneten Wirtschaftsgüter, die im Wirtschaftsjahr der Veräußerung oder im vorangegangenen Wirtschaftsjahr angeschafft oder hergestellt worden sind, einen Betrag bis zur Höhe des bei der Veräußerung entstandenen Gewinns abziehen. [2]Der Abzug ist zulässig bei den Anschaffungs- oder Herstellungskosten von

1. Grund und Boden,
   soweit der Gewinn bei der Veräußerung von Grund und Boden entstanden ist,
2. Aufwuchs auf Grund und Boden mit dem dazugehörigen Grund und Boden, wenn der Aufwuchs zu einem land- und forstwirtschaftlichen Betriebsvermögen gehört,
   soweit der Gewinn bei der Veräußerung von Grund und Boden oder der Veräußerung von Aufwuchs auf Grund und Boden mit dem dazugehörigen Grund und Boden entstanden ist,
3. Gebäuden,
   soweit der Gewinn bei der Veräußerung von Grund und Boden, von Aufwuchs auf Grund und Boden mit dem dazugehörigen Grund und Boden oder Gebäuden entstanden ist, oder
4. Binnenschiffen,
   soweit der Gewinn bei der Veräußerung von Binnenschiffen entstanden ist.

[3]Der Anschaffung oder Herstellung von Gebäuden steht ihre Erweiterung, ihr Ausbau oder ihr Umbau gleich. [4]Der Abzug ist in diesem Fall nur von dem Aufwand für die Erweiterung, den Ausbau oder den Umbau der Gebäude zulässig.

(2) [1]Gewinn im Sinne des Absatzes 1 Satz 1 ist der Betrag, um den der Veräußerungspreis nach Abzug der Veräußerungskosten den Buchwert übersteigt, mit dem das veräußerte Wirtschaftsgut im Zeitpunkt der Veräußerung anzusetzen gewesen wäre. [2]Buchwert ist der Wert, mit dem ein Wirtschaftsgut nach § 6 anzusetzen ist.

(2a)[1] [1] Werden im Wirtschaftsjahr der Veräußerung der in Absatz 1 Satz 1 bezeichneten Wirtschaftsgüter oder in den folgenden vier Wirtschaftsjahren in Absatz 1 Satz 2 bezeichnete Wirtschaftsgüter angeschafft oder hergestellt oder sind sie in dem der Veräußerung vorangegangenen Wirtschaftsjahr angeschafft oder hergestellt worden, die einem Betriebsvermögen des Steuerpflichtigen in einem anderen Mitgliedstaat der Europäischen Union oder des Europäischen Wirtschaftsraums zuzuordnen sind, kann auf Antrag des Steuerpflichtigen die festgesetzte Steuer, die auf den Gewinn im Sinne des Absatzes 2 entfällt, in fünf gleichen Jahresraten entrichtet werden; die Frist von vier Jahren verlängert sich bei neu hergestellten Gebäuden auf sechs Jahre, wenn mit ihrer Herstellung vor dem Schluss des vierten auf die Veräußerung folgenden Wirtschaftsjahres begonnen worden ist. [2] Der Antrag kann nur im Wirtschaftsjahr der Veräußerung der in Absatz 1 Satz 1 bezeichneten Wirtschaftsgüter gestellt werden. [3] § 36 Absatz 5 Satz 2 bis 5 ist sinngemäß anzuwenden. [4] Unterbleibt der Nachweis einer in Satz 1 genannten Anschaffung oder Herstellung durch den Steuerpflichtigen, sind für die Dauer des durch die Ratenzahlung gewährten Zahlungsaufschubs Zinsen in entsprechender Anwendung des § 234 der Abgabenordnung zu erheben. [5] Unterschreiten die Anschaffungs- oder Herstellungskosten der angeschafften oder hergestellten Wirtschaftsgüter den Gewinn im Sinne des Absatzes 2, gilt Satz 4 mit der Maßgabe, dass die Zinsen nur auf den Unterschiedsbetrag erhoben werden. [6] Bei der Zinsberechnung ist davon auszugehen, dass der Unterschiedsbetrag anteilig auf alle Jahresraten entfällt. [7] Zu den nach Satz 1 angeschafften oder hergestellten Wirtschaftsgütern gehören auch die einem Betriebsvermögen des Steuerpflichtigen im Vereinigten Königreich Großbritannien und Nordirland zuzuordnenden Wirtschaftsgüter, soweit der Antrag nach Satz 1 vor dem Zeitpunkt gestellt worden ist, ab dem das Vereinigte Königreich Großbritannien und Nordirland nicht mehr Mitgliedstaat der Europäischen Union ist und auch nicht wie ein solcher zu behandeln ist.

(3)[2] [1] Soweit Steuerpflichtige den Abzug nach Absatz 1 nicht vorgenommen haben, können sie im Wirtschaftsjahr der Veräußerung eine den steuerlichen Gewinn mindernde Rücklage bilden. [2] Bis zur Höhe dieser Rücklage können sie von den Anschaffungs- oder Herstellungskosten der in Absatz 1 Satz 2 bezeichneten Wirtschaftsgüter, die in den folgenden vier Wirtschaftsjahren angeschafft oder hergestellt worden sind, im Wirtschaftsjahr ihrer Anschaffung oder Herstellung einen Betrag unter Berücksichtigung der Einschränkungen des Absatzes 1 Satz 2 bis 4 abziehen. [3] Die Frist von vier Jahren verlängert sich bei neu hergestellten Gebäuden auf sechs Jahre, wenn mit ihrer Herstellung vor dem Schluss des vierten auf die Bildung der Rücklage folgenden Wirtschaftsjahres begonnen worden ist. [4] Die Rücklage ist in Höhe des abgezogenen Betrags gewinnerhöhend aufzulösen. [5] Ist eine Rücklage am Schluss des vierten auf ihre Bildung folgenden Wirtschaftsjahres noch vorhanden, so ist sie in diesem Zeitpunkt gewinnerhöhend aufzulösen, soweit nicht ein Abzug von den Herstellungskosten von Gebäuden in Betracht kommt, mit deren Herstel-

---

[1] § 6b Abs. 2a eingef. durch G v. 2.11.2015 (BGBl. I S. 1834); zur Anwendung siehe § 52 Abs. 14 Satz 1; Sätze 4 bis 6 angef. durch G v. 11.12.2018 (BGBl. I S. 2338); zur Anwendung siehe § 52 Abs. 14 Satz 3; Satz 7 angef. mWv 29.3.2019 durch G v. 25.3.2019 (BGBl. I S. 357).

[2] Vgl. § 52 Abs. 14 Sätze 4 bis 6.

lung bis zu diesem Zeitpunkt begonnen worden ist; ist die Rücklage am Schluss des sechsten auf ihre Bildung folgenden Wirtschaftsjahres noch vorhanden, so ist sie in diesem Zeitpunkt gewinnerhöhend aufzulösen.

(4) [1] Voraussetzung für die Anwendung der Absätze 1 und 3 ist, dass

1. der Steuerpflichtige den Gewinn nach § 4 Absatz 1 oder § 5 ermittelt,

2. die veräußerten Wirtschaftsgüter im Zeitpunkt der Veräußerung mindestens sechs Jahre ununterbrochen zum Anlagevermögen einer inländischen Betriebsstätte gehört haben,

3. die angeschafften oder hergestellten Wirtschaftsgüter zum Anlagevermögen einer inländischen Betriebsstätte gehören,

4. der bei der Veräußerung entstandene Gewinn bei der Ermittlung des im Inland steuerpflichtigen Gewinns nicht außer Ansatz bleibt und

5. der Abzug nach Absatz 1 und die Bildung und Auflösung der Rücklage nach Absatz 3 in der Buchführung verfolgt werden können.

[2] Der Abzug nach den Absätzen 1 und 3 ist bei Wirtschaftsgütern, die zu einem land- und forstwirtschaftlichen Betrieb gehören oder der selbständigen Arbeit dienen, nicht zulässig, wenn der Gewinn bei der Veräußerung von Wirtschaftsgütern eines Gewerbebetriebs entstanden ist.

(5) An die Stelle der Anschaffungs- oder Herstellungskosten im Sinne des Absatzes 1 tritt in den Fällen, in denen das Wirtschaftsgut im Wirtschaftsjahr vor der Veräußerung angeschafft oder hergestellt worden ist, der Buchwert am Schluss des Wirtschaftsjahres der Anschaffung oder Herstellung.

(6) [1] Ist ein Betrag nach Absatz 1 oder 3 abgezogen worden, so tritt für die Absetzungen für Abnutzung oder Substanzverringerung oder in den Fällen des § 6 Absatz 2 und Absatz 2a im Wirtschaftsjahr des Abzugs der verbleibende Betrag an die Stelle der Anschaffungs- oder Herstellungskosten. [2] In den Fällen des § 7 Absatz 4 Satz 1 und Absatz 5 sind die um den Abzugsbetrag nach Absatz 1 oder 3 geminderten Anschaffungs- oder Herstellungskosten maßgebend.

(7) Soweit eine nach Absatz 3 Satz 1 gebildete Rücklage gewinnerhöhend aufgelöst wird, ohne dass ein entsprechender Betrag nach Absatz 3 abgezogen wird, ist der Gewinn des Wirtschaftsjahres, in dem die Rücklage aufgelöst wird, für jedes volle Wirtschaftsjahr, in dem die Rücklage bestanden hat, um 6 Prozent des aufgelösten Rücklagenbetrags zu erhöhen.

(8) [1] Werden Wirtschaftsgüter im Sinne des Absatzes 1 zum Zweck der Vorbereitung oder Durchführung von städtebaulichen Sanierungs- oder Entwicklungsmaßnahmen an einen der in Satz 2[1] bezeichneten Erwerber übertragen, sind die Absätze 1 bis 7 mit der Maßgabe anzuwenden, dass

1.[2] die Fristen des Absatzes 3 Satz 2, 3 und 5 sich jeweils um drei Jahre verlängern und

2. an die Stelle der in Absatz 4 Nummer 2 bezeichneten Frist von sechs Jahren eine Frist von zwei Jahren tritt.

---

[1] Verweis berichtigt durch G v. 26.6.2013 (BGBl. I S. 1809).
[2] Vgl. § 52 Abs. 14 Sätze 4 bis 6.

²Erwerber im Sinne des Satzes 1 sind Gebietskörperschaften, Gemeindeverbände, Verbände im Sinne des § 166 Absatz 4 des Baugesetzbuchs, Planungsverbände nach § 205 des Baugesetzbuchs, Sanierungsträger nach § 157 des Baugesetzbuchs, Entwicklungsträger nach § 167 des Baugesetzbuchs sowie Erwerber, die städtebauliche Sanierungsmaßnahmen als Eigentümer selbst durchführen (§ 147 Absatz 2 und § 148 Absatz 1 Baugesetzbuch).

(9) Absatz 8 ist nur anzuwenden, wenn die nach Landesrecht zuständige Behörde bescheinigt, dass die Übertragung der Wirtschaftsgüter zum Zweck der Vorbereitung oder Durchführung von städtebaulichen Sanierungs- oder Entwicklungsmaßnahmen an einen der in Absatz 8 Satz 2 bezeichneten Erwerber erfolgt ist.

(10)¹⁾ ¹Steuerpflichtige, die keine Körperschaften, Personenvereinigungen oder Vermögensmassen sind, können Gewinne aus der Veräußerung von Anteilen an Kapitalgesellschaften bis zu einem Betrag von 500 000 Euro auf die im Wirtschaftsjahr der Veräußerung oder in den folgenden zwei Wirtschaftsjahren angeschafften Anteile an Kapitalgesellschaften oder angeschafften oder hergestellten abnutzbaren beweglichen Wirtschaftsgüter oder auf die im Wirtschaftsjahr der Veräußerung oder in den folgenden vier Wirtschaftsjahren angeschafften oder hergestellten Gebäude nach Maßgabe der Sätze 2 bis 10 übertragen. ²Wird der Gewinn im Jahr der Veräußerung auf Gebäude oder abnutzbare bewegliche Wirtschaftsgüter übertragen, so kann ein Betrag bis zur Höhe des bei der Veräußerung entstandenen und nicht nach § 3 Nummer 40 Satz 1 Buchstabe a und b in Verbindung mit § 3c Absatz 2 steuerbefreiten Betrags von den Anschaffungs- oder Herstellungskosten für Gebäude oder abnutzbare bewegliche Wirtschaftsgüter abgezogen werden. ³Wird der Gewinn im Jahr der Veräußerung auf Anteile an Kapitalgesellschaften übertragen, mindern sich die Anschaffungskosten der Anteile an Kapitalgesellschaften in Höhe des Veräußerungsgewinns einschließlich des nach § 3 Nummer 40 Satz 1 Buchstabe a und b in Verbindung mit § 3c Absatz 2 steuerbefreiten Betrags. ⁴Absatz 2, Absatz 4 Satz 1 Nummer 1, 2, 3, 5 und Satz 2 sowie Absatz 5 sind sinngemäß anzuwenden. ⁵Soweit Steuerpflichtige den Abzug nach den Sätzen 1 bis 4 nicht vorgenommen haben, können sie eine Rücklage nach Maßgabe des Satzes 1 einschließlich des nach § 3 Nummer 40 Satz 1 Buchstabe a und b in Verbindung mit § 3c Absatz 2 steuerbefreiten Betrags bilden. ⁶Bei der Auflösung der Rücklage gelten die Sätze 2 und 3 sinngemäß. ⁷Im Fall des Satzes 2 ist die Rücklage in gleicher Höhe um den nach § 3 Nummer 40 Satz 1 Buchstabe a und b in Verbindung mit § 3c Absatz 2 steuerfreien Betrag aufzulösen. ⁸Ist eine Rücklage am Schluss des vierten auf ihre Bildung folgenden Wirtschaftsjahres noch vorhanden, so ist sie in diesem Zeitpunkt gewinnerhöhend aufzulösen. ⁹Soweit der Abzug nach Satz 6 nicht vorgenommen wurde, ist der Gewinn des Wirtschaftsjahres, in dem die Rücklage aufgelöst wird, für jedes volle Wirtschaftsjahr, in dem die Rücklage bestanden hat, um 6 Prozent des nicht nach § 3 Nummer 40 Satz 1 Buchstabe a und b in Verbindung mit § 3c Absatz 2 steuerbefreiten aufgelösten Rücklagenbetrags zu erhöhen. ¹⁰Für die zum Gesamthandsvermögen von Personen-

---

¹⁾ § 6b Abs. 10 Satz 11 aufgeh.; zur Anwendung siehe § 52 Abs. 14 Satz 2 und Sätze 4 bis 6.

gesellschaften oder Gemeinschaften gehörenden Anteile an Kapitalgesellschaften gelten die Sätze 1 bis 9 nur, soweit an den Personengesellschaften und Gemeinschaften keine Körperschaften, Personenvereinigungen oder Vermögensmassen beteiligt sind.

§ 6c Übertragung stiller Reserven bei der Veräußerung bestimmter Anlagegüter bei der Ermittlung des Gewinns nach § 4 Absatz 3 oder nach Durchschnittssätzen. (1) ¹§ 6b mit Ausnahme des § 6b Absatz 4 Nummer 1 ist entsprechend anzuwenden, wenn der Gewinn nach § 4 Absatz 3 oder die Einkünfte aus Land- und Forstwirtschaft nach Durchschnittssätzen ermittelt werden. ²Soweit nach § 6b Absatz 3 eine Rücklage gebildet werden kann, ist ihre Bildung als Betriebsausgabe (Abzug) und ihre Auflösung als Betriebseinnahme (Zuschlag) zu behandeln; der Zeitraum zwischen Abzug und Zuschlag gilt als Zeitraum, in dem die Rücklage bestanden hat.

(2) ¹Voraussetzung für die Anwendung des Absatzes 1 ist, dass die Wirtschaftsgüter, bei denen ein Abzug von den Anschaffungs- oder Herstellungskosten oder vom Wert nach § 6b Absatz 5 vorgenommen worden ist, in besondere, laufend zu führende Verzeichnisse aufgenommen werden. ²In den Verzeichnissen sind der Tag der Anschaffung oder Herstellung, die Anschaffungs- oder Herstellungskosten, der Abzug nach § 6b Absatz 1 und 3 in Verbindung mit Absatz 1, die Absetzungen für Abnutzung, die Abschreibungen sowie die Beträge nachzuweisen, die nach § 6b Absatz 3 in Verbindung mit Absatz 1 als Betriebsausgaben (Abzug) oder Betriebseinnahmen (Zuschlag) behandelt worden sind.

§ 6d Euroumrechnungsrücklage. (1) ¹Ausleihungen, Forderungen und Verbindlichkeiten im Sinne des Artikels 43 des Einführungsgesetzes zum Handelsgesetzbuch, die auf Währungseinheiten der an der europäischen Währungsunion teilnehmenden anderen Mitgliedstaaten oder auf die ECU im Sinne des Artikels 2 der Verordnung (EG) Nr. 1103/97 des Rates vom 17. Juni 1997 (ABl. EG Nr. L 162 S. 1) lauten, sind am Schluss des ersten nach dem 31. Dezember 1998 endenden Wirtschaftsjahres mit dem vom Rat der Europäischen Union gemäß Artikel 109l Absatz 4 Satz 1 des EG-Vertrages unwiderruflich festgelegten Umrechnungskurs umzurechnen und mit dem sich danach ergebenden Wert anzusetzen. ²Der Gewinn, der sich aus diesem jeweiligen Ansatz für das einzelne Wirtschaftsgut ergibt, kann in eine den steuerlichen Gewinn mindernde Rücklage eingestellt werden. ³Die Rücklage ist gewinnerhöhend aufzulösen, soweit das Wirtschaftsgut, aus dessen Bewertung sich der in die Rücklage eingestellte Gewinn ergeben hat, aus dem Betriebsvermögen ausscheidet. ⁴Die Rücklage ist spätestens am Schluss des fünften nach dem 31. Dezember 1998 endenden Wirtschaftsjahres gewinnerhöhend aufzulösen.

(2) ¹In die Euroumrechnungsrücklage gemäß Absatz 1 Satz 2 können auch Erträge eingestellt werden, die sich aus der Aktivierung von Wirtschaftsgütern auf Grund der unwiderruflichen Festlegung der Umrechnungskurse ergeben. ²Absatz 1 Satz 3 gilt entsprechend.

(3) Die Bildung und Auflösung der jeweiligen Rücklage müssen in der Buchführung verfolgt werden können.

§ 6e[1] Fondsetablierungskosten als Anschaffungskosten. (1) [1]Zu den Anschaffungskosten von Wirtschaftsgütern, die ein Steuerpflichtiger gemeinschaftlich mit weiteren Anlegern gemäß einem von einem Projektanbieter vorformulierten Vertragswerk anschafft, gehören auch die Fondsetablierungskosten im Sinne der Absätze 2 und 3. [2]Haben die Anleger in ihrer gesellschaftsrechtlichen Verbundenheit keine wesentlichen Möglichkeiten zur Einflussnahme auf das Vertragswerk, gelten die Wirtschaftsgüter im Sinne von Satz 1 als angeschafft.

(2) [1]Fondsetablierungskosten sind alle auf Grund des vorformulierten Vertragswerks neben den Anschaffungskosten im Sinne von § 255 des Handelsgesetzbuchs vom Anleger an den Projektanbieter oder an Dritte zu zahlenden Aufwendungen, die auf den Erwerb der Wirtschaftsgüter im Sinne des Absatzes 1 Satz 1 gerichtet sind. [2]Zu den Anschaffungskosten der Anleger im Sinne des Absatzes 1 Satz 2 gehören darüber hinaus alle an den Projektanbieter oder an Dritte geleisteten Aufwendungen in wirtschaftlichem Zusammenhang mit der Abwicklung des Projekts in der Investitionsphase. [3]Zu den Anschaffungskosten zählen auch die Haftungs- und Geschäftsführungsvergütungen für Komplementäre, Geschäftsführungsvergütungen bei schuldrechtlichem Leistungsaustausch und Vergütungen für Treuhandkommanditisten, soweit sie auf die Investitionsphase entfallen.

(3) Absatz 1 Satz 1 und Absatz 2 sind sinngemäß in den Fällen anzuwenden, in denen Fondsetablierungskosten vergleichbare Kosten außerhalb einer gemeinschaftlichen Anschaffung zu zahlen sind.

(4) Im Fall des § 4 Absatz 3 sind die Absätze 1 bis 3 entsprechend anzuwenden.

(5) § 15b bleibt unberührt.

§ 7 Absetzung für Abnutzung oder Substanzverringerung. (1) [1]Bei Wirtschaftsgütern, deren Verwendung oder Nutzung durch den Steuerpflichtigen zur Erzielung von Einkünften sich erfahrungsgemäß auf einen Zeitraum von mehr als einem Jahr erstreckt, ist jeweils für ein Jahr der Teil der Anschaffungs- oder Herstellungskosten abzusetzen, der bei gleichmäßiger Verteilung dieser Kosten auf die Gesamtdauer der Verwendung oder Nutzung auf ein Jahr entfällt (Absetzung für Abnutzung in gleichen Jahresbeträgen). [2]Die Absetzung bemisst sich hierbei nach der betriebsgewöhnlichen Nutzungsdauer des Wirtschaftsguts. [3]Als betriebsgewöhnliche Nutzungsdauer des Geschäfts- oder Firmenwerts eines Gewerbebetriebs oder eines Betriebs der Land- und Forstwirtschaft gilt ein Zeitraum von 15 Jahren. [4]Im Jahr der Anschaffung oder Herstellung des Wirtschaftsguts vermindert sich für dieses Jahr der Absetzungsbetrag nach Satz 1 um jeweils ein Zwölftel für jeden vollen Monat, der dem Monat der Anschaffung oder Herstellung vorangeht. [5]Bei Wirtschaftsgütern, die nach einer Verwendung zur Erzielung von Einkünften im Sinne des § 2 Absatz 1 Satz 1 Nummer 4 bis 7 in ein Betriebsvermögen eingelegt worden sind, mindert sich der Einlagewert um die Absetzungen für Abnutzung

---

[1] § 6e eingef. durch G v. 12.12.2019 (BGBl. I S. 2451); zur Anwendung siehe § 52 Abs. 14a.

oder Substanzverringerung, Sonderabschreibungen oder erhöhte Absetzungen, die bis zum Zeitpunkt der Einlage vorgenommen worden sind, höchstens jedoch bis zu den fortgeführten Anschaffungs- oder Herstellungskosten [*ab 1.1.2011:* ; ist der Einlagewert niedriger als dieser Wert, bemisst sich die weitere Absetzung für Abnutzung vom Einlagewert].[1] 6 Bei beweglichen Wirtschaftsgütern des Anlagevermögens, bei denen es wirtschaftlich begründet ist, die Absetzung für Abnutzung nach Maßgabe der Leistung des Wirtschaftsguts vorzunehmen, kann der Steuerpflichtige dieses Verfahren statt der Absetzung für Abnutzung in gleichen Jahresbeträgen anwenden, wenn er den auf das einzelne Jahr entfallenden Umfang der Leistung nachweist. 7 Absetzungen für außergewöhnliche technische oder wirtschaftliche Abnutzung sind zulässig; soweit der Grund hierfür in späteren Wirtschaftsjahren entfällt, ist in den Fällen der Gewinnermittlung nach § 4 Absatz 1 oder nach § 5 eine entsprechende Zuschreibung vorzunehmen.

[Fassung ab 1.1.2009:]

(2)[2] 1 Bei beweglichen Wirtschaftsgütern des Anlagevermögens, die nach dem 31. Dezember 2008 und vor dem 1. Januar 2011 angeschafft oder hergestellt worden sind, kann der Steuerpflichtige statt der Absetzung für Abnutzung in gleichen Jahresbeträgen die Absetzung für Abnutzung in fallenden Jahresbeträgen bemessen. 2 Die Absetzung für Abnutzung in fallenden Jahresbeträgen kann nach einem unveränderlichen Prozentsatz vom jeweiligen Buchwert (Restwert) vorgenommen werden; der dabei anzuwendende Prozentsatz darf höchstens das Zweieinhalbfache des bei der Absetzung für Abnutzung in gleichen Jahresbeträgen in Betracht kommenden Prozentsatzes betragen und 25 Prozent nicht übersteigen. 3 Absatz 1 Satz 4 und § 7a Absatz 8 gelten entsprechend. 4 Bei Wirtschaftsgütern, bei denen die Absetzung für Abnutzung in fallenden Jahresbeträgen bemessen wird, sind

[Fassung ab 1.1.2020:]

(2)[3] 1 Bei beweglichen Wirtschaftsgütern des Anlagevermögens, die nach dem 31. Dezember 2019 und vor dem 1. Januar 2023 angeschafft oder hergestellt worden sind, kann der Steuerpflichtige statt der Absetzung für Abnutzung in gleichen Jahresbeträgen die Absetzung für Abnutzung in fallenden Jahresbeträgen bemessen. 2 Die Absetzung für Abnutzung in fallenden Jahresbeträgen kann nach einem unveränderlichen Prozentsatz vom jeweiligen Buchwert (Restwert) vorgenommen werden; der dabei anzuwendende Prozentsatz darf höchstens das Zweieinhalbfache des bei der Absetzung für Abnutzung in gleichen Jahresbeträgen in Betracht kommenden Prozentsatzes betragen und 25 Prozent nicht übersteigen. 3 Absatz 1 Satz 4 und § 7a Absatz 8 gelten entsprechend. 4 Bei Wirtschaftsgütern, bei denen die Absetzung für Abnutzung in fallenden Jahresbeträgen bemes-

---

[1] § 7 Abs. 1 Satz 5 geänd. durch G v. 8.12.2010 (BGBl. I S. 1768); siehe auch Übergangsregelung in BMF v. 27.10.2010, IV C 3 – S 2190/09/1007, DStR 2010 S. 2304.
[2] § 7 Abs. 2 neu gef. mW für nach dem 31.12.2008 angeschaffte Wirtschaftsgüter durch G v. 21.12.2008 (BGBl. I S. 2896).
[3] § 7 Abs. 2 neu gef. durch G v. 29.6.2020 (BGBl. I S. 1512); Satz 1 geänd. durch G v. 19.6.2022 (BGBl. I S. 911).

[Fassung ab 1.1.2009:]

Absetzungen für außergewöhnliche technische oder wirtschaftliche Abnutzung nicht zulässig.

[Fassung ab 1.1.2020:]

sen wird, sind Absetzungen für außergewöhnliche technische oder wirtschaftliche Abnutzung nicht zulässig.

(3)[1] ¹Der Übergang von der Absetzung für Abnutzung in fallenden Jahresbeträgen zur Absetzung für Abnutzung in gleichen Jahresbeträgen ist zulässig. ²In diesem Fall bemisst sich die Absetzung für Abnutzung vom Zeitpunkt des Übergangs an nach dem dann noch vorhandenen Restwert und der Restnutzungsdauer des einzelnen Wirtschaftsguts. ³Der Übergang von der Absetzung für Abnutzung in gleichen Jahresbeträgen zur Absetzung für Abnutzung in fallenden Jahresbeträgen ist nicht zulässig.

(4) ¹Bei Gebäuden sind abweichend von Absatz 1 als Absetzung für Abnutzung die folgenden Beträge bis zur vollen Absetzung abzuziehen:

1. bei Gebäuden, soweit sie zu einem Betriebsvermögen gehören und nicht Wohnzwecken dienen und für die der Bauantrag nach dem 31. März 1985 gestellt worden ist, jährlich 3 Prozent *[alte Fassung:* 4 vom Hundert][2],

[Fassung bis 31.12.2022:]

2. bei Gebäuden, soweit sie die Voraussetzungen der Nummer 1 nicht erfüllen und die

a) nach dem 31. Dezember 1924 fertiggestellt worden sind, jährlich 2 Prozent,

b) vor dem 1. Januar 1925 fertiggestellt worden sind, jährlich 2,5 Prozent

[Fassung ab 1.1.2023:]

2.[3] bei Gebäuden, soweit sie die Voraussetzungen der Nummer 1 nicht erfüllen und die

a) nach dem 31. Dezember 2022 fertiggestellt worden sind, jährlich 3 Prozent,

b) vor dem 1. Januar 2023 und nach dem 31. Dezember 1924 fertiggestellt worden sind, jährlich 2 Prozent,

c) vor dem 1. Januar 1925 fertiggestellt worden sind, jährlich 2,5 Prozent

der Anschaffungs- oder Herstellungskosten; Absatz 1 Satz 5 gilt entsprechend. ²Beträgt die tatsächliche Nutzungsdauer eines Gebäudes in den Fällen des Satzes 1 Nummer 1 weniger als 33 Jahre *[alte Fassung:* 25 Jahre][2], in den Fällen des Satzes 1 Nummer 2 Buchstabe a weniger als 50 Jahre, in den Fällen des Satzes 1 Nummer 2 Buchstabe b weniger als 40 Jahre, so können anstelle der Absetzungen nach Satz 1 die der tatsächlichen Nutzungsdauer entsprechenden Absetzungen für Abnutzung vorgenommen werden. ³Absatz 1 letzter Satz bleibt unberührt. ⁴Bei Gebäuden im Sinne der Nummer 2 rechtfertigt die für Gebäude im Sinne der Nummer 1 geltende Regelung weder die An-

---

[1] § 7 Abs. 3 neu gef. mW für nach dem 31.12.2008 angeschaffte Wirtschaftsgüter durch G v. 21.12.2008 (BGBl. I S. 2896).

[2] Zur weiteren Anwendung der a. F. siehe § 52 Abs. 15 Sätze 2 und 3.

[3] § 7 Abs. 4 Satz 1 Nr. 2 neu gef. mWv 1.1.2023 durch G v. 16.12.2022 (BGBl. I S. 2294).

wendung des Absatzes 1 letzter Satz noch den Ansatz des niedrigeren Teilwerts (§ 6 Absatz 1 Nummer 1 Satz 2).

(5) [1]Bei *im Inland belegenen Gebäuden,* [***neue Fassung:*** Gebäuden, die in einem Mitgliedstaat der Europäischen Union oder einem anderen Staat belegen sind, auf den das Abkommen über den Europäischen Wirtschaftsraum (EWR-Abkommen) angewendet wird, und][1] die vom Steuerpflichtigen hergestellt oder bis zum Ende des Jahres der Fertigstellung angeschafft worden sind, können abweichend von Absatz 4 als Absetzung für Abnutzung die folgenden Beträge abgezogen werden:

1. bei Gebäuden im Sinne des Absatzes 4 Satz 1 Nummer 1, die vom Steuerpflichtigen auf Grund eines vor dem 1. Januar 1994 gestellten Bauantrags hergestellt oder auf Grund eines vor diesem Zeitpunkt rechtswirksam abgeschlossenen obligatorischen Vertrags angeschafft worden sind,

– im Jahr der Fertigstellung und in den folgenden 3 Jahren	jeweils 10 Prozent,
– in den darauf folgenden 3 Jahren	jeweils 5 Prozent,
– in den darauf folgenden 18 Jahren	jeweils 2,5 Prozent,

2. bei Gebäuden im Sinne des Absatzes 4 Satz 1 Nummer 2, die vom Steuerpflichtigen auf Grund eines vor dem 1. Januar 1995 gestellten Bauantrags hergestellt oder auf Grund eines vor diesem Zeitpunkt rechtswirksam abgeschlossenen obligatorischen Vertrags angeschafft worden sind,

– im Jahr der Fertigstellung und in den folgenden 7 Jahren	jeweils 5 Prozent,
– in den darauf folgenden 6 Jahren	jeweils 2,5 Prozent,
– in den darauf folgenden 36 Jahren	jeweils 1,25 Prozent,

3. bei Gebäuden im Sinne des Absatzes 4 Satz 1 Nummer 2, soweit sie Wohnzwecken dienen, die vom Steuerpflichtigen

   a) auf Grund eines nach dem 28. Februar 1989 und vor dem 1. Januar 1996 gestellten Bauantrags hergestellt oder nach dem 28. Februar 1989 auf Grund eines nach dem 28. Februar 1989 und vor dem 1. Januar 1996 rechtswirksam abgeschlossenen obligatorischen Vertrags angeschafft worden sind,

– im Jahr der Fertigstellung und in den folgenden 3 Jahren	jeweils 7 Prozent,
– in den darauf folgenden 6 Jahren	jeweils 5 Prozent,
– in den darauf folgenden 6 Jahren	jeweils 2 Prozent,
– in den darauf folgenden 24 Jahren	jeweils 1,25 Prozent,

   b)[2] auf Grund eines nach dem 31. Dezember 1995 und vor dem 1. Januar 2004 gestellten Bauantrags hergestellt oder auf Grund eines nach dem 31. Dezember 1995 und vor dem 1. Januar 2004 rechtswirksam abgeschlossenen obligatorischen Vertrags angeschafft worden sind,

– im Jahr der Fertigstellung und in den folgenden 7 Jahren	jeweils 5 Prozent,

---

[1] § 7 Abs. 5 Satz 1 geänd. mWv VZ 2010 durch G v. 8.4.2010 (BGBl. I S. 386).
[2] § 7 Abs. 5 Satz 1 Nr. 3 Buchst. b bestätigt durch G v. 5.4.2011 (BGBl. I S. 554).

– in den darauf folgenden 6 Jahren   jeweils 2,5 Prozent,
– in den darauf folgenden 36 Jahren   jeweils 1,25 Prozent,

c) auf Grund eines nach dem 31. Dezember 2003 und vor dem 1. Januar 2006 gestellten Bauantrags hergestellt oder auf Grund eines nach dem 31. Dezember 2003 und vor dem 1. Januar 2006 rechtswirksam abgeschlossenen obligatorischen Vertrags angeschafft worden sind,

– im Jahr der Fertigstellung und
  in den folgenden 9 Jahren   jeweils 4 Prozent,
– in den darauf folgenden 8 Jahren   jeweils 2,5 Prozent,
– in den darauf folgenden 32 Jahren   jeweils 1,25 Prozent,

der Anschaffungs- oder Herstellungskosten. ²Im Fall der Anschaffung kann Satz 1 nur angewendet werden, wenn der Hersteller für das veräußerte Gebäude weder Absetzungen für Abnutzung nach Satz 1 vorgenommen noch erhöhte Absetzungen oder Sonderabschreibungen in Anspruch genommen hat. ³Absatz 1 Satz 4 gilt nicht.

(5a) Die Absätze 4 und 5 sind auf Gebäudeteile, die selbständige unbewegliche Wirtschaftsgüter sind, sowie auf Eigentumswohnungen und auf im Teileigentum stehende Räume entsprechend anzuwenden.

(6) Bei Bergbauunternehmen, Steinbrüchen und anderen Betrieben, die einen Verbrauch der Substanz mit sich bringen, ist Absatz 1 entsprechend anzuwenden; dabei sind Absetzungen nach Maßgabe des Substanzverzehrs zulässig (Absetzung für Substanzverringerung).

§ 7a Gemeinsame Vorschriften für erhöhte Absetzungen und Sonderabschreibungen. (1) ¹Werden in dem Zeitraum, in dem bei einem Wirtschaftsgut erhöhte Absetzungen oder Sonderabschreibungen in Anspruch genommen werden können (Begünstigungszeitraum), nachträgliche Herstellungskosten aufgewendet, so bemessen sich vom Jahr der Entstehung der nachträglichen Herstellungskosten an bis zum Ende des Begünstigungszeitraums die Absetzungen für Abnutzung, erhöhten Absetzungen und Sonderabschreibungen nach den um die nachträglichen Herstellungskosten erhöhten Anschaffungs- oder Herstellungskosten. ²Entsprechendes gilt für nachträgliche Anschaffungskosten. ³Werden im Begünstigungszeitraum die Anschaffungs- oder Herstellungskosten eines Wirtschaftsguts nachträglich gemindert, so bemessen sich vom Jahr der Minderung an bis zum Ende des Begünstigungszeitraums die Absetzungen für Abnutzung, erhöhten Absetzungen und Sonderabschreibungen nach den geminderten Anschaffungs- oder Herstellungskosten.

(2) ¹Können bei einem Wirtschaftsgut erhöhte Absetzungen oder Sonderabschreibungen bereits für Anzahlungen auf Anschaffungskosten oder für Teilherstellungskosten in Anspruch genommen werden, so sind die Vorschriften über erhöhte Absetzungen und Sonderabschreibungen mit der Maßgabe anzuwenden, dass an die Stelle der Anschaffungs- oder Herstellungskosten die Anzahlungen auf Anschaffungskosten oder die Teilherstellungskosten und an die Stelle des Jahres der Anschaffung oder Herstellung das Jahr der Anzahlung oder Teilherstellung treten. ²Nach Anschaffung oder Herstellung des Wirt-

schaftsguts sind erhöhte Absetzungen oder Sonderabschreibungen nur zulässig, soweit sie nicht bereits für Anzahlungen auf Anschaffungskosten oder für Teilherstellungskosten in Anspruch genommen worden sind. ³Anzahlungen auf Anschaffungskosten sind im Zeitpunkt der tatsächlichen Zahlung aufgewendet. ⁴Werden Anzahlungen auf Anschaffungskosten durch Hingabe eines Wechsels geleistet, so sind sie in dem Zeitpunkt aufgewendet, in dem dem Lieferanten durch Diskontierung oder Einlösung des Wechsels das Geld tatsächlich zufließt. ⁵Entsprechendes gilt, wenn anstelle von Geld ein Scheck hingegeben wird.

(3) Bei Wirtschaftsgütern, bei denen erhöhte Absetzungen in Anspruch genommen werden, müssen in jedem Jahr des Begünstigungszeitraums mindestens Absetzungen in Höhe der Absetzungen für Abnutzung nach § 7 Absatz 1 oder 4 berücksichtigt werden.

(4) Bei Wirtschaftsgütern, bei denen Sonderabschreibungen in Anspruch genommen werden, sind die Absetzungen für Abnutzung nach § 7 Absatz 1 oder 4 vorzunehmen.

(5) Liegen bei einem Wirtschaftsgut die Voraussetzungen für die Inanspruchnahme von erhöhten Absetzungen oder Sonderabschreibungen auf Grund mehrerer Vorschriften vor, so dürfen erhöhte Absetzungen oder Sonderabschreibungen nur auf Grund einer dieser Vorschriften in Anspruch genommen werden.

(6) Erhöhte Absetzungen oder Sonderabschreibungen sind bei der Prüfung, ob die in § 141 Absatz 1 Nummer 4 und 5 der Abgabenordnung bezeichneten Buchführungsgrenzen überschritten sind, nicht zu berücksichtigen.

(7) ¹Ist ein Wirtschaftsgut mehreren Beteiligten zuzurechnen und sind die Voraussetzungen für erhöhte Absetzungen oder Sonderabschreibungen nur bei einzelnen Beteiligten erfüllt, so dürfen die erhöhten Absetzungen und Sonderabschreibungen nur anteilig für diese Beteiligten vorgenommen werden. ²Die erhöhten Absetzungen oder Sonderabschreibungen dürfen von den Beteiligten, bei denen die Voraussetzungen dafür erfüllt sind, nur einheitlich vorgenommen werden.

(8) ¹Erhöhte Absetzungen oder Sonderabschreibungen sind bei Wirtschaftsgütern, die zu einem Betriebsvermögen gehören, nur zulässig, wenn sie in ein besonderes, laufend zu führendes Verzeichnis aufgenommen werden, das den Tag der Anschaffung oder Herstellung, die Anschaffungs- oder Herstellungskosten, die betriebsgewöhnliche Nutzungsdauer und die Höhe der jährlichen Absetzungen für Abnutzung, erhöhten Absetzungen und Sonderabschreibungen enthält. ²Das Verzeichnis braucht nicht geführt zu werden, wenn diese Angaben aus der Buchführung ersichtlich sind.

(9) Sind für ein Wirtschaftsgut Sonderabschreibungen vorgenommen worden, so bemessen sich nach Ablauf des maßgebenden Begünstigungszeitraums die Absetzungen für Abnutzung bei Gebäuden und bei Wirtschaftsgütern im Sinne des § 7 Absatz 5a nach dem Restwert und dem nach § 7 Absatz 4 unter Berücksichtigung der Restnutzungsdauer maßgebenden Prozentsatz, bei anderen Wirtschaftsgütern nach dem Restwert und der Restnutzungsdauer.

[Fassung von VZ 2018 bis VZ 2026:]

§ 7b[1]) Sonderabschreibung für Mietwohnungsneubau. (1) [1]Für die Anschaffung oder Herstellung neuer Wohnungen, die in einem Mitgliedstaat der Europäischen Union belegen sind, können nach Maßgabe der nachfolgenden Absätze im Jahr der Anschaffung oder Herstellung und in den folgenden drei Jahren Sonderabschreibungen bis zu jährlich 5 Prozent der Bemessungsgrundlage neben der Absetzung für Abnutzung nach § 7 Absatz 4 in Anspruch genommen werden. [2]Im Fall der Anschaffung ist eine Wohnung neu, wenn sie bis zum Ende des Jahres der Fertigstellung angeschafft wird. [3]In diesem Fall können die Sonderabschreibungen nach Satz 1 nur vom Anschaffenden in Anspruch genommen werden. [4]Bei der Anwendung des Satzes 1 sind den Mitgliedstaaten der Europäischen Union Staaten gleichgestellt, die auf Grund vertraglicher Verpflichtung Amtshilfe entsprechend dem EU-Amtshilfegesetz in einem Umfang leisten, der für die Überprüfung der Voraussetzungen dieser Vorschrift erforderlich ist.

[Fassung für VZ 2022:]

(2) Die Sonderabschreibungen können nur in Anspruch genommen werden, wenn

1. durch Baumaßnahmen auf Grund eines nach dem 31. August 2018 und vor dem 1. Januar 2022 gestellten Bauantrags oder einer in diesem Zeitraum getätigten Bauanzeige neue, bisher nicht vorhandene, Wohnungen geschaffen werden, die die Voraussetzungen des § 181 Absatz 9 des Bewertungsgesetzes erfüllen; hierzu gehören auch die zu einer Wohnung gehörenden Nebenräume,

2. die Anschaffungs- oder Herstellungskosten 3000 Euro je Quadratmeter Wohnfläche nicht übersteigen und

3. die Wohnung im Jahr der Anschaffung oder Herstellung und in den folgenden neun Jahren der entgeltlichen Überlassung zu Wohnzwecken dient; Wohnungen dienen nicht Wohnzwecken, soweit sie zur vorübergehenden Be-

[Fassung ab VZ 2023:][2])

(2) [1]Die Sonderabschreibungen können nur in Anspruch genommen werden, wenn

1. durch Baumaßnahmen auf Grund eines nach dem 31. August 2018 und vor dem 1. Januar 2022 oder nach dem 31. Dezember 2022 und vor dem 1. Januar 2027 gestellten Bauantrags oder einer in diesem Zeitraum getätigten Bauanzeige neue, bisher nicht vorhandene, Wohnungen hergestellt werden, die die Voraussetzungen des § 181 Absatz 9 des Bewertungsgesetzes erfüllen; hierzu gehören auch die zu einer Wohnung gehörenden Nebenräume,

2. Wohnungen, die aufgrund eines nach dem 31. Dezember 2022 und vor dem 1. Januar 2027 gestellten Bauantrags oder einer in diesem Zeitraum getätigten Bauanzeige hergestellt werden, in einem Gebäude liegen, das die Kriterien eines „Effizienzhaus 40" mit Nachhaltigkeits-Klasse erfüllt und dies

---

[1]) § 7b eingefügt durch G v. 4.8.2019 (BGBl. I S. 1122); zur Anwendung siehe § 52 Abs. 15a.
[2]) § 7b Abs. 2 und 3 neu gef. mWv VZ 2023 durch G v. 16.12.2022 (BGBl. I S. 2294).

[Fassung für VZ 2022:]

herbergung von Personen genutzt werden.

(3) Bemessungsgrundlage für die Sonderabschreibungen nach Absatz 1 sind die Anschaffungs- oder Herstellungskosten der nach Absatz 2 begünstigten Wohnung, jedoch maximal 2000 Euro je Quadratmeter Wohnfläche.

[Fassung ab VZ 2023:]

durch Qualitätssiegel Nachhaltiges Gebäude nachgewiesen wird,

3. die Wohnung im Jahr der Anschaffung oder Herstellung und in den folgenden neun Jahren der entgeltlichen Überlassung zu Wohnzwecken dient; Wohnungen dienen nicht Wohnzwecken, soweit sie zur vorübergehenden Beherbergung von Personen genutzt werden.

²Die Anschaffungs- oder Herstellungskosten dürfen für Wohnungen,

1. die aufgrund eines nach dem 31. August 2018 und vor dem 1. Januar 2022 gestellten Bauantrags oder einer in diesem Zeitraum getätigten Bauanzeige hergestellt werden, 3000 Euro je Quadratmeter Wohnfläche nicht übersteigen,

2. die aufgrund eines nach dem 31. Dezember 2022 und vor dem 1. Januar 2027 gestellten Bauantrags oder einer in diesem Zeitraum getätigten Bauanzeige hergestellt werden, 4800 Euro je Quadratmeter Wohnfläche nicht übersteigen.

(3) Bemessungsgrundlage für die Sonderabschreibungen nach Absatz 1 sind die Anschaffungs- oder Herstellungskosten der nach Absatz 2 begünstigten Wohnung, jedoch

1. maximal 2000 Euro je Quadratmeter Wohnfläche für Wohnungen im Sinne des Absatzes 2 Satz 2 Nummer 1 und

2. maximal 2500 Euro je Quadratmeter Wohnfläche für Wohnungen im Sinne des Absatzes 2 Satz 2 Nummer 2.

(4) ¹Die nach Absatz 1 in Anspruch genommenen Sonderabschreibungen sind rückgängig zu machen, wenn

1. die begünstigte Wohnung im Jahr der Anschaffung oder Herstellung und in den folgenden neun Jahren nicht der entgeltlichen Überlassung zu Wohnzwecken dient,

2. die begünstigte Wohnung oder ein Gebäude mit begünstigten Wohnungen im Jahr der Anschaffung oder der Herstellung oder in den folgenden neun Jahren veräußert wird und der Veräußerungsgewinn nicht der Einkommen- oder Körperschaftsteuer unterliegt oder

3. die Baukostenobergrenze nach Absatz 2 *Nummer 2 [**ab VZ 2023:** Satz 2]*[1] innerhalb der ersten drei Jahre nach Ablauf des Jahres der Anschaffung oder Herstellung der begünstigten Wohnung durch nachträgliche Anschaffungs- oder Herstellungskosten überschritten wird.

[2] Steuer- oder Feststellungsbescheide, in denen Sonderabschreibungen nach Absatz 1 berücksichtigt wurden, sind insoweit aufzuheben oder zu ändern. [3] Das gilt auch dann, wenn die Steuer- oder Feststellungsbescheide bestandskräftig geworden sind; die Festsetzungsfristen für das Jahr der Anschaffung oder Herstellung und für die folgenden drei Kalenderjahre beginnen insoweit mit Ablauf des Kalenderjahres, in dem das Ereignis im Sinne des Satzes 1 eingetreten ist. [4] § 233a Absatz 2a der Abgabenordnung ist insoweit nicht anzuwenden.

[für Bauanträge bis 31.12.2022:]   *[für Bauanträge zwischen 1.1.2023 und 31.12.2026:]*[2]

(5) [1] Die Sonderabschreibungen nach Absatz 1 werden nur gewährt, soweit die Voraussetzungen der Verordnung (EU) Nr. 1407/2013 der Kommission vom 18. Dezember 2013 über die Anwendung der Artikel 107 und 108 des Vertrags über die Arbeitsweise der Europäischen Union auf De-minimis-Beihilfen (ABl. L 352 vom 24.12.2013, S. 1) (De-minimis-Verordnung) in der jeweils geltenden Fassung eingehalten sind. [2] Unter anderem darf hiernach der Gesamtbetrag der einem einzigen Unternehmen gewährten De-minimis-Beihilfe in einem Zeitraum von drei Veranlagungszeiträumen 200 000 Euro nicht übersteigen. [3] Bei dieser Höchstgrenze sind auch andere in diesem Zeitraum an das Unternehmen gewährte De-mini-

(5) [1] Die Sonderabschreibungen nach Absatz 1 werden für Anspruchsberechtigte mit Einkünften im Sinne der §§ 13, 15 und 18 nur gewährt, soweit die Voraussetzungen der Verordnung (EU) Nr. 1407/2013 der Kommission vom 18. Dezember 2013 über die Anwendung der Artikel 107 und 108 des Vertrags über die Arbeitsweise der Europäischen Union auf De-minimis-Beihilfen (ABl. L 352 vom 24.12.2013, S. 1) (De-minimis-Verordnung) in der jeweils geltenden Fassung eingehalten sind. [2] Bei dem nach dieser De-minimis-Verordnung einzuhaltenden Höchstbetrag der einem einzigen Unternehmen in einem Zeitraum von drei Veranlagungszeiträumen zu gewährenden De-minimis-Beihilfe sind alle in diesem Zeitraum an das

---

[1] Verweis geänd. mWv VZ 2023 durch G v. 16.12.2022 (BGBl. I S. 2294).
[2] § 7b Abs. 5 neu gef. durch G v. 16.12.2022 (BGBl. I S. 2294); zur Anwendung siehe § 52 Abs. 15a Satz 3.

[für Bauanträge bis 31.12.2022:]

mis-Beihilfen gleich welcher Art und Zielsetzung zu berücksichtigen. ⁴Die Sonderabschreibungen werden erst gewährt, wenn der Anspruchsberechtigte in geeigneter Weise den Nachweis erbracht hat, in welcher Höhe ihm in den beiden vorangegangenen sowie im laufenden Veranlagungszeitrum De-minimis-Beihilfen gewährt worden sind, für die die vorliegende oder andere De-minimis-Verordnungen gelten, und nur soweit, wie die Voraussetzungen der De-minimis-Verordnung bei dem Unternehmen im Sinne der De-minimis-Verordnung eingehalten werden.

[für Bauanträge zwischen 1.1.2023 und 31.12.2026:]

Unternehmen gewährte De-minimis-Beihilfen gleich welcher Art, Zielsetzung und Regelung zu berücksichtigen. ³Die Sonderabschreibungen werden erst gewährt, wenn der Anspruchsberechtigte in geeigneter Weise den Nachweis erbracht hat, in welcher Höhe ihm in den beiden vorangegangenen sowie im laufenden Veranlagungszeitraum De-minimis-Beihilfen gewährt worden sind, für die die vorliegende oder andere De-minimis-Verordnungen gelten, und nur soweit, wie die Voraussetzungen der De-minimis-Verordnung bei dem Unternehmen im Sinne der De-minimis-Verordnung eingehalten werden.

[Keine Genehmigung der EU-Kommission:]

§ 7c[1] *Sonderabschreibung für Elektronutzfahrzeuge und elektrisch betriebene Lastenfahrräder. (1) Bei neuen Elektronutzfahrzeugen im Sinne des Absatzes 2 sowie elektrisch betriebenen Lastenfahrrädern im Sinne des Absatzes 3, die zum Anlagevermögen gehören, kann im Jahr der Anschaffung neben der Absetzung für Abnutzung nach § 7 Absatz 1 eine Sonderabschreibung in Höhe von 50 Prozent der Anschaffungskosten in Anspruch genommen werden.*

(2) Elektronutzfahrzeuge sind Fahrzeuge der EG-Fahrzeugklassen N1, N2 und N3, die ausschließlich durch Elektromotoren angetrieben werden, die ganz oder überwiegend aus mechanischen oder elektrochemischen Energiespeichern oder aus emissionsfrei betriebenen Energiewandlern gespeist werden.

(3) Elektrisch betriebene Lastenfahrräder sind Schwerlastfahrräder mit einem Mindest-Transportvolumen von einem Kubikmeter und einer Nutzlast von mindestens 150 Kilogramm, die mit einem elektromotorischen Hilfsantrieb angetrieben werden.

(Fortsetzung nächste Seite)

---

[1] § 7c eingef. durch G v. 12.12.2019 (BGBl. I S. 2451); zur Anwendung siehe § 52 Abs. 15b; zum Inkrafttreten der Regelung insgesamt siehe Art. 39 Abs. 7 des G v. 12.12.2019: „Die Nummer 5 des Artikels 2 tritt an dem Tag in Kraft, an dem **die Europäische Kommission** durch Beschluss festgestellt hat, dass die Regelungen der Nummer 5 des Artikels 2 entweder **keine Beihilfen** oder mit dem Binnenmarkt vereinbare Beihilfen darstellen. ...“ **Die Genehmigung wurde von der EU-Kommission nicht erteilt.**

(4) ¹*Die Sonderabschreibung kann nur in Anspruch genommen werden, wenn der Steuerpflichtige die der Sonderabschreibung zugrundeliegenden Anschaffungskosten sowie Angaben zu den in den Absätzen 1 bis 3 enthaltenen Voraussetzungen nach amtlich vorgeschriebenen Datensätzen durch Datenfernübertragung übermittelt.* ²*Auf Antrag kann die Finanzbehörde zur Vermeidung unbilliger Härten auf eine elektronische Übermittlung verzichten; § 150 Absatz 8 der Abgabenordnung gilt entsprechend.* ³*In den Fällen des Satzes 2 müssen sich die entsprechenden Angaben aus den beim Finanzamt einzureichenden Unterlagen ergeben.*

§ 7d¹⁾ *(aufgehoben)*

§ 7e (weggefallen)

§ 7f¹⁾ *(aufgehoben)*

§ 7g²⁾ Investitionsabzugsbeträge und Sonderabschreibungen zur Förderung kleiner und mittlerer Betriebe. (1)³⁾ ¹Steuerpflichtige können für die künftige Anschaffung oder Herstellung von abnutzbaren beweglichen Wirtschaftsgütern des Anlagevermögens, die mindestens bis zum Ende des dem Wirtschaftsjahr der Anschaffung oder Herstellung folgenden Wirtschaftsjahres [*ab 1.1.2020:* vermietet oder]⁴⁾ in einer inländischen Betriebsstätte des Betriebes ausschließlich oder fast ausschließlich betrieblich genutzt werden, bis zu 40 [*ab 1.1.2020:* 50]⁴⁾ Prozent der voraussichtlichen Anschaffungs- oder Herstellungskosten gewinnmindernd abziehen (Investitionsabzugsbeträge). ²Investitionsabzugsbeträge können nur in Anspruch genommen werden, wenn

[*alte Fassung:*]	[*neue Fassung:*]
1. der Betrieb am Schluss des Wirtschaftsjahres, in dem die Abzüge vorgenommen werden, die folgenden Größenmerkmale nicht überschreitet:	1.⁵⁾ der Gewinn
a) bei Gewerbebetrieben oder der selbständigen Arbeit dienenden Betrieben, die ihren Gewinn nach § 4 Absatz 1 oder § 5 ermitteln, ein Betriebsvermögen von 235 000 Euro;	a) nach § 4 oder § 5 ermittelt wird;
b) bei Betrieben der Land- und Forstwirtschaft einen Wirt-	b) im Wirtschaftsjahr, in dem die Abzüge vorgenommen werden sollen, ohne Berücksichtigung der Investitionsabzugsbeträge nach Satz 1 und der Hinzurechnungen nach Absatz 2 200 000 Euro nicht überschreitet und

---

¹⁾ §§ 7d und 7f aufgeh. mWv 1.1.2015 durch G v. 22.12.2014 (BGBl. I S. 2417).
²⁾ § 7g neu gef. durch G v. 14.8.2007 (BGBl. I S. 1912); zur Anwendung der Änderungen durch G v. 21.12.2020 (BGBl. I S. 3096) siehe § 52 Abs. 16.
³⁾ § 7g Abs. 1 bis 4 neu gef. durch G v. 2.11.2015 (BGBl. I S. 1834).
⁴⁾ § 7g Abs. 1 Satz 1 geänd. durch G v. 21.12.2020 (BGBl. I S. 3096); zur Anwendung siehe § 52 Abs. 16 Satz 1 (zu abw. Wj. Satz 1 HS 2).
⁵⁾ § 7g Abs. 1 Satz 2 Nr. 1 neu gef. durch G v. 21.12.2020 (BGBl. I S. 3096); zur Anwendung siehe § 52 Abs. 16 Satz 1.

[alte Fassung:]

     schaftswert oder einen Ersatz-
     wirtschaftswert von 125 000
     Euro oder

c) bei Betrieben im Sinne der Buchstaben a und b, die ihren Gewinn
nach § 4 Absatz 3 ermitteln, ohne
Berücksichtigung der Investitionsabzugsbeträge einen Gewinn von
100 000 Euro;

2. der Steuerpflichtige die Summen der Abzugsbeträge und der nach den Absätzen 2 bis 4 hinzuzurechnenden oder rückgängig zu machenden Beträge
nach amtlich vorgeschriebenen Datensätzen durch Datenfernübertragung
übermittelt. ²Auf Antrag kann die Finanzbehörde zur Vermeidung unbilliger Härten auf eine elektronische Übermittlung verzichten; § 150 Absatz 8
der Abgabenordnung gilt entsprechend. ³In den Fällen des Satzes 2 müssen
sich die Summen der Abzugsbeträge und der nach den Absätzen 2 bis 4
hinzuzurechnenden oder rückgängig zu machenden Beträge aus den beim
Finanzamt einzureichenden Unterlagen ergeben.

³Abzugsbeträge können auch dann in Anspruch genommen werden, wenn
dadurch ein Verlust entsteht oder sich erhöht. ⁴Die Summe der Beträge, die
im Wirtschaftsjahr des Abzugs und in den drei vorangegangenen Wirtschaftsjahren nach Satz 1 insgesamt abgezogen und nicht nach Absatz 2 hinzugerechnet oder nach den Absätzen 3 oder 4 rückgängig gemacht wurden, darf je
Betrieb 200 000 Euro nicht übersteigen.

(2) ¹Im Wirtschaftsjahr der Anschaffung oder Herstellung eines begünstigten Wirtschaftsguts *[ab 1.1.2020:* im Sinne von Absatz 1 Satz 1]¹⁾ können
bis zu *40 [ab 1.1.2020:* 50]¹⁾ Prozent der Anschaffungs- oder Herstellungskosten gewinnerhöhend hinzugerechnet werden; die Hinzurechnung darf
die Summe der nach Absatz 1 abgezogenen und noch nicht nach den Absätzen 2 bis 4 hinzugerechneten oder rückgängig gemachten Abzugsbeträge
nicht übersteigen. *[ab 1.1.2021:* ²Bei nach Eintritt der Unanfechtbarkeit der
erstmaligen Steuerfestsetzung oder der erstmaligen gesonderten Feststellung
nach Absatz 1 in Anspruch genommenen Investitionsabzugsbeträgen setzt
die Hinzurechnung nach Satz 1 voraus, dass das begünstigte Wirtschaftsgut
zum Zeitpunkt der Inanspruchnahme der Investitionsabzugsbeträge noch
nicht angeschafft oder hergestellt worden ist.]²⁾ ³Die Anschaffungs- oder
Herstellungskosten des Wirtschaftsguts können in dem in Satz 1 genannten
Wirtschaftsjahr um bis zu *40 [ab 1.1.2020:* 50]¹⁾ Prozent, höchstens jedoch
um die Hinzurechnung nach Satz 1, gewinnmindernd herabgesetzt werden;
die Bemessungsgrundlage für die Absetzungen für Abnutzung, erhöhten
Absetzungen und Sonderabschreibungen sowie die Anschaffungs- oder Her-

---

¹⁾ § 7g Abs. 2 Satz 1 und 3 geänd. durch G v. 21.12.2020 (BGBl. I S. 3096); zur Anwendung siehe § 52 Abs. 16 Satz 1 (zu abw. Wj. Satz 1 HS 2).
²⁾ § 7g Abs. 2 Satz 2 eingef., bish. Satz 2 wird Satz 3 durch G v. 21.12.2020 (BGBl. I
S. 3096); zur Anwendung siehe § 52 Abs. 16 Satz 2.

stellungskosten im Sinne von § 6 Absatz 2 und 2a verringern sich entsprechend.

(3) [1] Soweit in Anspruch genommene Investitionsabzugsbeträge nicht bis zum Ende des dritten[1] auf das Wirtschaftsjahr des jeweiligen Abzugs folgenden Wirtschaftsjahres nach Absatz 2 Satz 1 hinzugerechnet wurden, sind die Abzüge nach Absatz 1 rückgängig zu machen; die vorzeitige Rückgängigmachung von Investitionsabzugsbeträgen vor Ablauf der Investitionsfrist ist zulässig. [2] Wurde der Gewinn des maßgebenden Wirtschaftsjahres bereits einer Steuerfestsetzung oder einer gesonderten Feststellung zugrunde gelegt, ist der entsprechende Steuer- oder Feststellungsbescheid insoweit zu ändern. [3] Das gilt auch dann, wenn der Steuer- oder Feststellungsbescheid bestandskräftig geworden ist; die Festsetzungsfrist endet insoweit nicht, bevor die Festsetzungsfrist für den Veranlagungszeitraum abgelaufen ist, in dem das dritte auf das Wirtschaftsjahr des Abzugs folgende Wirtschaftsjahr endet. [4] § 233a Absatz 2a der Abgabenordnung ist nicht anzuwenden.

(4) [1] Wird in den Fällen des Absatzes 2 ein begünstigtes Wirtschaftsgut nicht bis zum Ende des dem Wirtschaftsjahr der Anschaffung oder Herstellung folgenden Wirtschaftsjahres [*ab 1.1.2020:* vermietet oder][2] in einer inländischen Betriebsstätte des Betriebes ausschließlich oder fast ausschließlich betrieblich genutzt, sind die Herabsetzung der Anschaffungs- oder Herstellungskosten, die Verringerung der Bemessungsgrundlage und die Hinzurechnung nach Absatz 2 rückgängig zu machen. [2] Wurden die Gewinne der maßgebenden Wirtschaftsjahre bereits Steuerfestsetzungen oder gesonderten Feststellungen zugrunde gelegt, sind die entsprechenden Steuer- oder Feststellungsbescheide insoweit zu ändern. [3] Das gilt auch dann, wenn die Steuer- oder Feststellungsbescheide bestandskräftig geworden sind; die Festsetzungsfristen enden insoweit nicht, bevor die Festsetzungsfrist für den Veranlagungszeitraum abgelaufen ist, in dem die Voraussetzungen des Absatzes 1 Satz 1 erstmals nicht mehr vorliegen. [4] § 233a Absatz 2a der Abgabenordnung ist nicht anzuwenden.

(5) Bei abnutzbaren beweglichen Wirtschaftsgütern des Anlagevermögens können unter den Voraussetzungen des Absatzes 6 im Jahr der Anschaffung oder Herstellung und in den vier folgenden Jahren neben den Absetzungen für Abnutzung nach § 7 Absatz 1 oder Absatz 2 Sonderabschreibungen bis zu insgesamt 20 Prozent der Anschaffungs- oder Herstellungskosten in Anspruch genommen werden.

(6) Die Sonderabschreibungen nach Absatz 5 können nur in Anspruch genommen werden, wenn

1. der Betrieb *zum Schluss des Wirtschaftsjahres* [*ab 1.1.2020:* im Wirtschaftsjahr],[3] das der Anschaffung oder Herstellung vorangeht, die *Größenmerkmale* [*ab 1.1.2020:* Gewinngrenze][3] des Absatzes 1 Satz 2 Nummer 1 nicht überschreitet, und

---

[1] Siehe hierzu § 52 Abs. 16 **Satz 3**.
[2] § 7g Abs. 4 Satz 1 geänd. durch G v. 21.12.2020 (BGBl. I S. 3096); zur Anwendung siehe § 52 Abs. 16 Satz 1 (zu abw. Wj. Satz 1 HS 2).
[3] § 7g Abs. 6 Nr. 1 und Nr. 2 geänd. durch G v. 21.12.2020 (BGBl. I S. 3096); zur Anwendung siehe § 52 Abs. 16 Satz 1 (zu abw. Wj. Satz 1 HS 2).

2. das Wirtschaftsgut im Jahr der Anschaffung oder Herstellung und im darauf folgenden Wirtschaftsjahr [*ab 1.1.2020:* vermietet oder][1] in einer inländischen Betriebsstätte des Betriebs des Steuerpflichtigen ausschließlich oder fast ausschließlich betrieblich genutzt wird; Absatz 4 gilt entsprechend.

(7)[2] ¹Bei Personengesellschaften und Gemeinschaften sind die Absätze 1 bis 6 mit der Maßgabe anzuwenden, dass an die Stelle des Steuerpflichtigen die Gesellschaft oder die Gemeinschaft tritt. [*ab 1.1.2021:* ²Vom Gewinn der Gesamthand oder Gemeinschaft abgezogene Investitionsabzugsbeträge können ausschließlich bei Investitionen der Personengesellschaft oder Gemeinschaft nach Absatz 2 Satz 1 gewinnerhöhend hinzugerechnet werden. ³Entsprechendes gilt für vom Sonderbetriebsgewinn eines Mitunternehmers abgezogene Investitionsabzugsbeträge bei Investitionen dieses Mitunternehmers oder seines Rechtsnachfolgers in seinem Sonderbetriebsvermögen.]

§ 7h Erhöhte Absetzungen bei Gebäuden in Sanierungsgebieten und städtebaulichen Entwicklungsbereichen.

(1) ¹Bei einem im Inland belegenen Gebäude in einem förmlich festgelegten Sanierungsgebiet oder städtebaulichen Entwicklungsbereich kann der Steuerpflichtige abweichend von § 7 Absatz 4 und 5 *jeweils bis zu 10 vom Hundert der Herstellungskosten für Modernisierungs- und Instandsetzungsmaßnahmen im Sinne des § 177 des Baugesetzbuchs im Jahr der Herstellung und in den folgenden neun Jahren absetzen* [*ab 1.1.2004:* im Jahr der Herstellung und in den folgenden sieben Jahren jeweils bis zu 9 Prozent und in den folgenden vier Jahren jeweils bis zu 7 Prozent der Herstellungskosten für Modernisierungs- und Instandsetzungsmaßnahmen im Sinne des § 177 des Baugesetzbuchs absetzen]. ²Satz 1 ist entsprechend anzuwenden auf Herstellungskosten für Maßnahmen, die der Erhaltung, Erneuerung und funktionsgerechten Verwendung eines Gebäudes im Sinne des Satzes 1 dienen, das wegen seiner geschichtlichen, künstlerischen oder städtebaulichen Bedeutung erhalten bleiben soll, und zu deren Durchführung sich der Eigentümer neben bestimmten Modernisierungsmaßnahmen gegenüber der Gemeinde verpflichtet hat. ³Der Steuerpflichtige kann die erhöhten Absetzungen im Jahr des Abschlusses der Maßnahme und in den folgenden *neun Jahren* [*ab 1.1.2004:* elf Jahren] auch für Anschaffungskosten in Anspruch nehmen, die auf Maßnahmen im Sinne der Sätze 1 und 2 entfallen, soweit diese nach dem rechtswirksamen Abschluss eines obligatorischen Erwerbsvertrags oder eines gleichstehenden Rechtsakts durchgeführt worden sind. ⁴Die erhöhten Absetzungen können nur in Anspruch genommen werden, soweit die Herstellungs- oder Anschaffungskosten durch Zuschüsse aus Sanierungs- oder Entwicklungsförderungsmitteln nicht gedeckt sind. ⁵Nach Ablauf des Begünstigungszeitraums ist ein Restwert den Herstellungs- oder Anschaffungskosten des Gebäudes oder dem an deren Stelle tretenden Wert hinzuzurechnen; die weiteren Absetzungen für Abnutzung sind einheitlich für das

---

[1] § 7g Abs. 6 Nr. 1 und Nr. 2 geänd. durch G v. 21.12.2020 (BGBl. I S. 3096); zur Anwendung siehe § 52 Abs. 16 Satz 1 (zu abw. Wj. Satz 1 HS 2).

[2] § 7g Abs. 7 Sätze 2 und 3 angef. durch G v. 21.12.2020 (BGBl. I S. 3096); zur Anwendung siehe § 52 Abs. 16 Satz 2.

gesamte Gebäude nach dem sich hiernach ergebenden Betrag und dem für das Gebäude maßgebenden Prozentsatz zu bemessen.

(1a)[1] ¹Absatz 1 ist nicht anzuwenden, sofern Maßnahmen zur Herstellung eines neuen Gebäudes führen. ²Die Prüfung, ob Maßnahmen zur Herstellung eines neuen Gebäudes führen, obliegt der Finanzbehörde.

(2)[2] ¹Der Steuerpflichtige kann die erhöhten Absetzungen nur in Anspruch nehmen, wenn er durch eine [*ab 1.1.2021:* nicht offensichtlich rechtswidrige][3] Bescheinigung der zuständigen Gemeindebehörde die Voraussetzungen des Absatzes 1 für das Gebäude und die Maßnahmen nachweist; die Bescheinigung hat die Höhe der Aufwendungen für die Maßnahmen nach Absatz 1 Satz 1 und 2 zu enthalten. ²Sind ihm Zuschüsse aus Sanierungs- oder Entwicklungsförderungsmitteln gewährt worden, so hat die Bescheinigung auch deren Höhe zu enthalten; werden ihm solche Zuschüsse nach Ausstellung der Bescheinigung gewährt, so ist diese entsprechend zu ändern.

(3) Die Absätze 1 bis[4] 2 sind auf Gebäudeteile, die selbständige unbewegliche Wirtschaftsgüter sind, sowie auf Eigentumswohnungen und auf im Teileigentum stehende Räume entsprechend anzuwenden.

§ 7i Erhöhte Absetzungen bei Baudenkmalen.

(1) ¹Bei einem im Inland belegenen Gebäude, das nach den jeweiligen landesrechtlichen Vorschriften ein Baudenkmal ist, kann der Steuerpflichtige abweichend von § 7 Absatz 4 und 5 *jeweils bis zu 10 vom Hundert der Herstellungskosten für Baumaßnahmen, die nach Art und Umfang zur Erhaltung des Gebäudes als Baudenkmal oder zu seiner sinnvollen Nutzung erforderlich sind, im Jahr der Herstellung und in den folgenden neun Jahren absetzen* [*ab 1.1.2004:* im Jahr der Herstellung und in den folgenden sieben Jahren jeweils bis zu 9 Prozent und in den folgenden vier Jahren jeweils bis zu 7 Prozent der Herstellungskosten für Baumaßnahmen, die nach Art und Umfang zur Erhaltung des Gebäudes als Baudenkmal oder zu seiner sinnvollen Nutzung erforderlich sind, absetzen]. ²Eine sinnvolle Nutzung ist nur anzunehmen, wenn das Gebäude in der Weise genutzt wird, dass die Erhaltung der schützenswerten Substanz des Gebäudes auf die Dauer gewährleistet ist. ³Bei einem im Inland belegenen Gebäudeteil, das nach den jeweiligen landesrechtlichen Vorschriften ein Baudenkmal ist, sind die Sätze 1 und 2 entsprechend anzuwenden. ⁴Bei einem im Inland belegenen Gebäude oder Gebäudeteil, das für sich allein nicht die Voraussetzungen für ein Baudenkmal erfüllt, aber Teil einer Gebäudegruppe oder Gesamtanlage ist, die nach den jeweiligen landesrechtlichen Vorschriften als Einheit geschützt ist, kann der Steuerpflichtige die erhöhten Absetzungen von den Herstellungskosten für Baumaßnahmen vornehmen, die nach Art und Umfang zur Erhaltung

---

[1] § 7h Abs. 1a eingef. durch G v. 12.12.2019 (BGBl. I S. 2451); zur Anwendung siehe § 52 Abs. 16a Sätze 1 bis 3.

[2] § 7h Abs. 2 Satz 1 HS 2 angef. durch G v. 12.12.2019 (BGBl. I S. 2451); zur Anwendung siehe § 52 Abs. 16a Satz 5.

[3] § 7h Abs. 2 Satz 1 geänd. durch G v. 21.12.2020 (BGBl. I S. 3096); zur Anwendung siehe § 52 Abs. 16a Satz 4.

[4] Verweis geänd. mWv 1.1.2019 (§ 52 Abs. 16a Satz 6) durch G v. 12.12.2019 (BGBl. I S. 2451).

des schützenswerten äußeren Erscheinungsbildes der Gebäudegruppe oder Gesamtanlage erforderlich sind. [5]Der Steuerpflichtige kann die erhöhten Absetzungen im Jahr des Abschlusses der Baumaßnahme und in den folgenden *neun Jahren [ab 1.1.2004:* elf Jahren] auch für Anschaffungskosten in Anspruch nehmen, die auf Baumaßnahmen im Sinne der Sätze 1 bis 4 entfallen, soweit diese nach dem rechtswirksamen Abschluss eines obligatorischen Erwerbsvertrags oder eines gleichstehenden Rechtsakts durchgeführt worden sind. [6]Die Baumaßnahmen müssen in Abstimmung mit der in Absatz 2 bezeichneten Stelle durchgeführt worden sein. [7]Die erhöhten Absetzungen können nur in Anspruch genommen werden, soweit die Herstellungs- oder Anschaffungskosten nicht durch Zuschüsse aus öffentlichen Kassen gedeckt sind. [8]§ 7h Absatz 1 Satz 5 ist entsprechend anzuwenden.

(2) [1]Der Steuerpflichtige kann die erhöhten Absetzungen nur in Anspruch nehmen, wenn er durch eine [*ab 1.1.2021:* nicht offensichtlich rechtswidrige][1]) Bescheinigung der nach Landesrecht zuständigen oder von der Landesregierung bestimmten Stelle die Voraussetzungen des Absatzes 1 für das Gebäude oder Gebäudeteil und für die Erforderlichkeit der Aufwendungen nachweist. [2]Hat eine der für Denkmalschutz oder Denkmalpflege zuständigen Behörden ihm Zuschüsse gewährt, so hat die Bescheinigung auch deren Höhe zu enthalten; werden ihm solche Zuschüsse nach Ausstellung der Bescheinigung gewährt, so ist diese entsprechend zu ändern.

(3) § 7h Absatz 3 ist entsprechend anzuwenden.

§ 7k[2]) *(aufgehoben)*

4. Überschuss der Einnahmen über die Werbungskosten

§ 8 Einnahmen. (1)[3]) [1]Einnahmen sind alle Güter, die in Geld oder Geldeswert bestehen und dem Steuerpflichtigen im Rahmen einer der Einkunftsarten des § 2 Absatz 1 Satz 1 Nummer 4 bis 7 zufließen. [2]Zu den Einnahmen in Geld gehören auch zweckgebundene Geldleistungen, nachträgliche Kostenerstattungen, Geldsurrogate und andere Vorteile, die auf einen Geldbetrag lauten. [3]Satz 2 gilt nicht bei Gutscheinen und Geldkarten, die ausschließlich zum Bezug von Waren oder Dienstleistungen berechtigen und die Kriterien des § 2 Absatz 1 Nummer 10 des Zahlungsdiensteaufsichtsgesetzes erfüllen.

(2)[4]·[5]) [1]Einnahmen, die nicht in Geld bestehen (Wohnung, Kost, Waren, Dienstleistungen und sonstige Sachbezüge), sind mit den um übliche Preisnachlässe geminderten üblichen Endpreisen am Abgabeort anzusetzen. [2]Für

---

[1]) § 7i Abs. 2 Satz 1 geänd. durch G v. 21.12.2020 (BGBl. I S. 3096); zur Anwendung siehe § 52 Abs. 16a Satz 2.

[2]) § 7k aufgeh. mWv 1.1.2015 durch G v. 22.12.2014 (BGBl. I S. 2417).

[3]) § 8 Abs. 1 Sätze 2 und 3 angef. mWv VZ 2020 durch G v. 12.12.2019 (BGBl. I S. 2451).

[4]) Vgl. hierzu SozialversicherungsentgeltVO (Nr. **21**) und die Zusammenstellung der Bewertung der Sachbezüge **(Steuertabellen Nr. 20/4).**

[5]) § 8 Abs. 2 Sätze 3 und 4 geänd., Sätze 8 und 9 eingef., bish. Sätze 8 und 9 werden Sätze 10 und 11 mWv 1.1.2014 durch G v. 20.2.2013 (BGBl. I S. 285); Satz 8 nochmals ergänzt mWv 1.1.2014 durch G v. 25.7.2014 (BGBl. I S. 1266).

die private Nutzung eines betrieblichen Kraftfahrzeugs zu privaten Fahrten gilt § 6 Absatz 1 Nummer 4 Satz 2 entsprechend. ³Kann das Kraftfahrzeug auch für Fahrten zwischen Wohnung und erster Tätigkeitsstätte sowie Fahrten nach § 9 Absatz 1 Satz 3 Nummer 4a Satz 3 genutzt werden, erhöht sich der Wert in Satz 2 für jeden Kalendermonat um 0,03 Prozent des Listenpreises im Sinne des § 6 Absatz 1 Nummer 4 Satz 2 für jeden Kilometer der Entfernung zwischen Wohnung und erster Tätigkeitsstätte sowie der Fahrten nach § 9 Absatz 1 Satz 3 Nummer 4a Satz 3. ⁴Der Wert nach den Sätzen 2 und 3 kann mit dem auf die private Nutzung und die Nutzung zu Fahrten zwischen Wohnung und erster Tätigkeitsstätte sowie Fahrten nach § 9 Absatz 1 Satz 3 Nummer 4a Satz 3 ent-fallenden Teil der gesamten Kraftfahrzeugaufwendungen angesetzt werden, wenn die durch das Kraftfahrzeug insgesamt entstehenden Aufwendungen durch Belege und das Verhältnis der privaten Fahrten und der Fahrten zwischen Wohnung und erster Tätigkeitsstätte sowie Fahrten nach § 9 Absatz 1 Satz 3 Nummer 4a Satz 3 zu den übrigen Fahrten durch ein ordnungsgemäßes Fahr-tenbuch nachgewiesen werden; § 6 Absatz 1 Nummer 4 Satz 3 zweiter Halbsatz gilt entsprechend.[1] ⁵Die Nutzung des Kraftfahrzeugs zu einer Familienheim-fahrt im Rahmen einer doppelten Haushaltsführung ist mit 0,002 Prozent des Listenpreises im Sinne des § 6 Absatz 1 Nummer 4 Satz 2 für jeden Kilometer der Entfernung zwischen dem Ort des eigenen Hausstands und dem Beschäf-tigungsort anzusetzen; dies gilt nicht, wenn für diese Fahrt ein Abzug von Werbungskosten nach § 9 Absatz 1 Satz 3 Nummer 5 Satz 5 und 6[2] in Be-tracht käme; Satz 4 ist sinngemäß anzuwenden. ⁶Bei Arbeitnehmern, für de-ren Sachbezüge durch Rechtsverordnung[3] nach § 17 Absatz 1 Satz 1 Num-mer 4 des Vierten Buches Sozialgesetzbuch Werte bestimmt worden sind, sind diese Werte maßgebend. ⁷Die Werte nach Satz 6 sind auch bei Steuerpflichti-gen anzusetzen, die nicht der gesetzlichen Rentenversicherungspflicht unter-liegen. ⁸Wird dem Arbeitnehmer während einer beruflichen Tätigkeit außer-halb seiner Wohnung und ersten Tätigkeitsstätte oder im Rahmen einer beruflich veranlassten doppelten Haushaltsführung vom Arbeitgeber oder auf dessen Veranlassung von einem Dritten eine Mahlzeit zur Verfügung gestellt, ist diese Mahlzeit mit dem Wert nach Satz 6 (maßgebender amtlicher Sachbe-zugswert nach der Sozialversicherungsentgeltverordnung) anzusetzen, wenn der Preis für die Mahlzeit 60 Euro nicht übersteigt. ⁹Der Ansatz einer nach Satz 8 bewerteten Mahlzeit unterbleibt, wenn beim Arbeitnehmer für ihn entstehende Mehraufwendungen für Verpflegung ein Werbungskostenabzug nach § 9 Absatz 4a Satz 1 bis 7 in Betracht käme. ¹⁰Die oberste Finanzbehör-de eines Landes kann mit Zustimmung des Bundesministeriums der Finanzen für weitere Sachbezüge der Arbeitnehmer Durchschnittswerte festsetzen. ¹¹Sachbezüge, die nach Satz 1 zu bewerten sind, bleiben außer Ansatz, wenn die sich nach Anrechnung der vom Steuerpflichtigen gezahlten Entgelte er-gebenden Vorteile insgesamt *44 [ab VZ 2022: 50]*[4] Euro im Kalendermonat

---

[1] § 8 Abs. 2 Satz 4 HS 2 angef. mWv VZ 2013 durch G v. 26.6.2013 (BGBl. I S. 1809).

[2] Verweis geänd. mWv VZ 2014 durch G v. 25.7.2014 (BGBl. I S. 1266).

[3] Vgl. Sozialversicherungs-RechengrößenVO 2016 (BGBl. I 2015 S. 2137) und nachfol-gende Jahresfassungen.

[4] Betrag geänd. mWv VZ 2022 durch G v. 21.12.2020 (BGBl. I S. 3096).

nicht übersteigen; die nach Absatz 1 Satz 3 nicht zu den Einnahmen in Geld gehörenden Gutscheine und Geldkarten bleiben nur dann außer Ansatz, wenn sie zusätzlich zum ohnehin geschuldeten Arbeitslohn gewährt werden.[2] ¹²Der Ansatz eines Sachbezugs für eine dem Arbeitnehmer vom Arbeitgeber, auf dessen Veranlassung von einem verbundenen Unternehmen (§ 15 des Aktiengesetzes) oder bei einer juristischen Person des öffentlichen Rechts als Arbeitgeber auf dessen Veranlassung von einem entsprechend verbundenen Unternehmen[1] zu eigenen Wohnzwecken überlassene Wohnung unterbleibt, soweit das vom Arbeitnehmer gezahlte Entgelt mindestens zwei Drittel des ortsüblichen Mietwerts und dieser nicht mehr als 25 Euro je Quadratmeter ohne umlagefähige Kosten im Sinne der Verordnung über die Aufstellung von Betriebskosten beträgt.[2]

(3)[3] ¹Erhält ein Arbeitnehmer auf Grund seines Dienstverhältnisses Waren oder Dienstleistungen, die vom Arbeitgeber nicht überwiegend für den Bedarf seiner Arbeitnehmer hergestellt, vertrieben oder erbracht werden und deren Bezug nicht nach § 40 pauschal versteuert wird, so gelten als deren Werte abweichend von Absatz 2 die um 4 Prozent geminderten Endpreise, zu denen der Arbeitgeber oder der dem Abgabeort nächstansässige Arbeitgeber die Waren oder Dienstleistungen fremden Letztverbrauchern im allgemeinen Geschäftsverkehr anbietet. ²Die sich nach Abzug der vom Arbeitnehmer gezahlten Entgelte ergebenden Vorteile sind steuerfrei, soweit sie aus dem Dienstverhältnis insgesamt 1080 Euro im Kalenderjahr nicht übersteigen.

(4)[4] ¹Im Sinne dieses Gesetzes werden Leistungen des Arbeitgebers oder auf seine Veranlassung eines Dritten (Sachbezüge oder Zuschüsse) für eine Beschäftigung nur dann zusätzlich zum ohnehin geschuldeten Arbeitslohn erbracht, wenn

1. die Leistung nicht auf den Anspruch auf Arbeitslohn angerechnet,
2. der Anspruch auf Arbeitslohn nicht zugunsten der Leistung herabgesetzt,
3. die verwendungs- oder zweckgebundene Leistung nicht anstelle einer bereits vereinbarten künftigen Erhöhung des Arbeitslohns gewährt und
4. bei Wegfall der Leistung der Arbeitslohn nicht erhöht

wird. ²Unter den Voraussetzungen des Satzes 1 ist von einer zusätzlich zum ohnehin geschuldeten Arbeitslohn erbrachten Leistung auch dann auszugehen, wenn der Arbeitnehmer arbeitsvertraglich oder auf Grund einer anderen arbeits- oder dienstrechtlichen Rechtsgrundlage (wie Einzelvertrag, Betriebsvereinbarung, Tarifvertrag, Gesetz) einen Anspruch auf diese hat.

§ 9 Werbungskosten. (1) ¹Werbungskosten sind Aufwendungen zur Erwerbung, Sicherung und Erhaltung der Einnahmen. ²Sie sind bei der Einkunftsart abzuziehen, bei der sie erwachsen sind. ³Werbungskosten sind auch

---

[1] § 8 Abs. 2 Satz 12 geänd. mWv VZ 2020 durch G v. 21.12.2020 (BGBl. I S. 3096).
[2] § 8 Abs. 2 Satz 11 HS 2 angef., Satz 12 angef. mWv VZ 2020 durch G v. 12.12.2019 (BGBl. I S. 2451).
[3] § 8 Abs. 3 Satz 2 bestätigt durch G v. 5.4.2011 (BGBl. I S. 554).
[4] § 8 Abs. 4 angef. mWv VZ 2020 durch G v. 21.12.2020 (BGBl. I S. 3096).

1. Schuldzinsen und auf besonderen Verpflichtungsgründen beruhende Renten und dauernde Lasten, soweit sie mit einer Einkunftsart in wirtschaftlichem Zusammenhang stehen. ²Bei Leibrenten kann nur der Anteil abgezogen werden, der sich nach § 22 Nummer 1 Satz 3 Buchstabe a Doppelbuchstabe bb ergibt;

2. Steuern vom Grundbesitz, sonstige öffentliche Abgaben und Versicherungsbeiträge, soweit solche Ausgaben sich auf Gebäude oder auf Gegenstände beziehen, die dem Steuerpflichtigen zur Einnahmeerzielung dienen;

3. Beiträge zu Berufsständen und sonstigen Berufsverbänden, deren Zweck nicht auf einen wirtschaftlichen Geschäftsbetrieb gerichtet ist;

4.[1] Aufwendungen des Arbeitnehmers für die Wege zwischen Wohnung und erster Tätigkeitsstätte im Sinne des Absatzes 4. ²Zur Abgeltung dieser Aufwendungen ist für jeden Arbeitstag, an dem der Arbeitnehmer die erste Tätigkeitsstätte aufsucht, eine Entfernungspauschale für jeden vollen Kilometer der Entfernung zwischen Wohnung und erster Tätigkeitsstätte von 0,30 Euro anzusetzen, höchstens jedoch 4500 Euro im Kalenderjahr; ein höherer Betrag als 4500 Euro ist anzusetzen, soweit der Arbeitnehmer einen eigenen oder ihm zur Nutzung überlassenen Kraftwagen benutzt. ³Die Entfernungspauschale gilt nicht für Flugstrecken und Strecken mit steuerfreier Sammelbeförderung nach § 3 Nummer 32. ⁴Für die Bestimmung der Entfernung ist die kürzeste Straßenverbindung zwischen Wohnung und erster Tätigkeitsstätte maßgebend; eine andere als die kürzeste Straßenverbindung kann zugrunde gelegt werden, wenn diese offensichtlich verkehrsgünstiger ist und vom Arbeitnehmer regelmäßig für die Wege zwischen Wohnung und erster Tätigkeitsstätte benutzt wird. ⁵Nach § 8 Absatz 2 Satz 11 oder Absatz 3 steuerfreie Sachbezüge für Fahrten zwischen Wohnung und erster Tätigkeitsstätte mindern den nach Satz 2 abziehbaren Betrag; ist der Arbeitgeber selbst der Verkehrsträger, ist der Preis anzusetzen, den ein dritter Arbeitgeber an den Verkehrsträger zu entrichten hätte. ⁶Hat ein Arbeitnehmer mehrere Wohnungen, so sind die Wege von einer Wohnung, die nicht der ersten Tätigkeitsstätte am nächsten liegt, nur zu berücksichtigen, wenn sie den Mittelpunkt der Lebensinteressen des Arbeitnehmers bildet und nicht nur gelegentlich aufgesucht wird. ⁷Nach § 3 Nummer 37[2] steuerfreie Sachbezüge mindern den nach Satz 2 abziehbaren Betrag nicht; § 3c Absatz 1 ist nicht anzuwenden. [*ab VZ 2021:* ⁸Zur Abgeltung der Aufwendungen im Sinne des Satzes 1 ist für die Veranlagungszeiträume 2021 bis 2026 abweichend von Satz 2 für jeden Arbeitstag, an dem der Arbeitnehmer die erste Tätigkeitsstätte aufsucht, eine Entfernungspauschale für jeden vollen Kilometer der ersten 20 Kilometer der Entfernung zwischen Wohnung und erster Tätigkeitsstätte von 0,30 Euro und für jeden weiteren vollen Kilometer

a) von 0,35 Euro für 2021,

b) von 0,38 Euro für 2022 bis 2026

---

[1] § 9 Abs. 1 Satz 3 Nr. 4 geänd. mWv 1.1.2014 durch G v. 20.2.2013 (BGBl. I S. 285); Nr. 4 Satz 7 angef. mWv 1.1.2019 durch G v. 11.12.2018 (BGBl. I S. 2338); zur zeitl. Anwendung von § 3 Nr. 37 siehe § 52 Abs. 4 Satz 7.
[2] Siehe hierzu § 52 Abs. 4 Satz 7.

anzusetzen, höchstens 4500 Euro im Kalenderjahr; ein höherer Betrag als 4500 Euro ist anzusetzen, soweit der Arbeitnehmer einen eigenen oder ihm zur Nutzung überlassenen Kraftwagen benutzt.][1]

4a.[2] Aufwendungen des Arbeitnehmers für beruflich veranlasste Fahrten, die nicht Fahrten zwischen Wohnung und erster Tätigkeitsstätte im Sinne des Absatzes 4 sowie keine Familienheimfahrten sind. [2]Anstelle der tatsächlichen Aufwendungen, die dem Arbeitnehmer durch die persönliche Benutzung eines Beförderungsmittels entstehen, können die Fahrtkosten mit den pauschalen Kilometersätzen angesetzt werden, die für das jeweils benutzte Beförderungsmittel (Fahrzeug) als höchste Wegstreckenentschädigung nach dem Bundesreisekostengesetz festgesetzt sind. [3]Hat ein Arbeitnehmer keine erste Tätigkeitsstätte (§ 9 Absatz 4) und hat er nach den dienst- oder arbeitsrechtlichen Festlegungen sowie den diese ausfüllenden Absprachen und Weisungen zur Aufnahme seiner beruflichen Tätigkeit dauerhaft denselben Ort oder dasselbe weiträumige Tätigkeitsgebiet typischerweise arbeitstäglich aufzusuchen, gilt Absatz 1 Satz 3 Nummer 4 und Absatz 2 für die Fahrten von der Wohnung zu diesem Ort oder dem zur Wohnung nächstgelegenen Zugang zum Tätigkeitsgebiet entsprechend. [4]Für die Fahrten innerhalb des weiträumigen Tätigkeitsgebietes gelten die Sätze 1 und 2 entsprechend.

5.[3] notwendige Mehraufwendungen, die einem Arbeitnehmer wegen einer beruflich veranlassten doppelten Haushaltsführung entstehen. [2]Eine doppelte Haushaltsführung liegt nur vor, wenn der Arbeitnehmer außerhalb des Ortes seiner ersten Tätigkeitsstätte einen eigenen Hausstand unterhält und auch am Ort der ersten Tätigkeitsstätte wohnt. [3]Das Vorliegen eines eigenen Hausstandes setzt das Innehaben einer Wohnung sowie eine finanzielle Beteiligung an den Kosten der Lebensführung voraus. [4]Als Unterkunftskosten für eine doppelte Haushaltsführung können im Inland die tatsächlichen Aufwendungen für die Nutzung der Unterkunft angesetzt werden, höchstens 1000 Euro im Monat. [5]Aufwendungen für die Wege vom Ort der ersten Tätigkeitsstätte zum Ort des eigenen Hausstandes und zurück (Familienheimfahrt) können jeweils nur für eine Familienheimfahrt wöchentlich abgezogen werden. [6]Zur Abgeltung der Aufwendungen für eine Familienheimfahrt ist eine Entfernungspauschale von 0,30 Euro für jeden vollen Kilometer der Entfernung zwischen dem Ort des eigenen Hausstandes und dem Ort der ersten Tätigkeitsstätte anzusetzen. [7]Nummer 4 Satz 3 bis 5 ist entsprechend anzuwenden. [8]Aufwendungen für Familienheimfahrten mit einem dem Steuerpflichtigen im Rahmen einer Einkunftsart überlassenen Kraftfahrzeug werden nicht berücksichtigt. [*ab VZ 2021:* [9]Zur Abgeltung der Aufwendungen für eine Familienheimfahrt ist für die Veranlagungszeiträume 2021 bis 2026 abweichend von Satz 6 eine Entfernungspauschale für jeden vollen Kilometer der ersten 20 Kilometer der Entfernung zwischen

---

[1] § 9 Abs. 1 Satz 3 Nr. 4 Satz 8 angef. mWv VZ 2021 durch G v. 21.12.2019 (BGBl. I S. 2886); geänd. mWv 28.5.2022 durch G v. 23.5.2022 (BGBl. I S. 749).
[2] § 9 Abs. 1 Satz 3 Nr. 4a eingef. mWv 1.1.2014 durch G v. 20.2.2013 (BGBl. I S. 285).
[3] § 9 Abs. 1 Satz 3 Nr. 5 neu gef. mWv 1.1.2014 durch G v. 20.2.2013 (BGBl. I S. 285); Satz 9 angef. mWv VZ 2021 durch G v. 21.12.2019 (BGBl. I S. 2886); Satz 9 geänd. mWv 28.5.2022 durch G v. 23.5.2022 (BGBl. I S. 749).

dem Ort des eigenen Hausstandes und dem Ort der ersten Tätigkeitsstätte von 0,30 Euro und für jeden weiteren vollen Kilometer

   a) von 0,35 Euro für 2021,

   b) von 0,38 Euro für 2022 bis 2026

anzusetzen.]

5a.[1] notwendige Mehraufwendungen eines Arbeitnehmers für beruflich veranlasste Übernachtungen an einer Tätigkeitsstätte, die nicht erste Tätigkeitsstätte ist. [2] Übernachtungskosten sind die tatsächlichen Aufwendungen für die persönliche Inanspruchnahme einer Unterkunft zur Übernachtung. [3] Soweit höhere Übernachtungskosten anfielen, weil der Arbeitnehmer eine Unterkunft gemeinsam mit Personen nutzt, die in keinem Dienstverhältnis zum selben Arbeitgeber stehen, sind nur diejenigen Aufwendungen anzusetzen, die bei alleiniger Nutzung durch den Arbeitnehmer angefallen wären. [4] Nach Ablauf von 48 Monaten einer längerfristigen beruflichen Tätigkeit an derselben Tätigkeitsstätte, die nicht erste Tätigkeitsstätte ist, können Unterkunftskosten nur noch bis zur Höhe des Betrags nach Nummer 5 angesetzt werden. [5] Eine Unterbrechung dieser beruflichen Tätigkeit an derselben Tätigkeitsstätte führt zu einem Neubeginn, wenn die Unterbrechung mindestens sechs Monate dauert.

5b.[2] notwendige Mehraufwendungen, die einem Arbeitnehmer während seiner auswärtigen beruflichen Tätigkeit auf einem Kraftfahrzeug des Arbeitgebers oder eines vom Arbeitgeber beauftragten Dritten im Zusammenhang mit einer Übernachtung in dem Kraftfahrzeug für Kalendertage entstehen, an denen der Arbeitnehmer eine Verpflegungspauschale nach Absatz 4a Satz 3 Nummer 1 und 2 sowie Satz 5 zur Nummer 1 und 2 beanspruchen könnte. [2] Anstelle der tatsächlichen Aufwendungen, die dem Arbeitnehmer im Zusammenhang mit einer Übernachtung in dem Kraftfahrzeug entstehen, kann im Kalenderjahr einheitlich eine Pauschale von 8 Euro für jeden Kalendertag berücksichtigt werden, an dem der Arbeitnehmer eine Verpflegungspauschale nach Absatz 4a Satz 3 Nummer 1 und 2 sowie Satz 5 zur Nummer 1 und 2 beanspruchen könnte,

6. Aufwendungen für Arbeitsmittel, zum Beispiel für Werkzeuge und typische Berufskleidung. [2] Nummer 7 bleibt unberührt;

7.[3] Absetzungen für Abnutzung und für Substanzverringerung, Sonderabschreibungen nach § 7b und erhöhte Absetzungen. [2] § 6 Absatz 2 Satz 1 bis 3 ist in Fällen der Anschaffung oder Herstellung von Wirtschaftsgütern entsprechend anzuwenden.

(2)[4] [1] Durch die Entfernungspauschalen sind sämtliche Aufwendungen abgegolten, die durch die Wege zwischen Wohnung und erster Tätigkeits-

---

[1] § 9 Abs. 1 Satz 3 Nr. 5a eingef. mWv 1.1.2014 durch G v. 20.2.2013 (BGBl. I S. 285).
[2] § 9 Abs. 1 Satz 3 Nr. 5b eingef. mWv 1.1.2020 durch G v. 12.12.2019 (BGBl. I S. 2451).
[3] § 9 Abs. 1 Satz 3 Nr. 7 Satz 2 geänd. mWv VZ 2010 durch G v. 22.12.2009 (BGBl. I S. 3590); Satz 1 ergänzt mWv VZ 2018 durch G 12.12.2019 (BGBl. I S. 2451); zur Anwendung siehe § 52 Abs. 16b Satz 1 iVm Abs. 15a Satz 1.
[4] § 9 Abs. 2 Satz 2 geänd. mWv VZ 2012 durch G v. 1.11.2011 (BGBl. I S. 2131); Sätze 1 und 3 geänd. mWv 1.1.2014 durch G v. 20.2.2013 (BGBl. I S. 285); Satz 3 geänd. mWv 15.12.2020 durch G v. 9.12.2020 (BGBl. I S. 2770).

stätte im Sinne des Absatzes 4 und durch die Familienheimfahrten veranlasst sind. [2]Aufwendungen für die Benutzung öffentlicher Verkehrsmittel können angesetzt werden, soweit sie den im Kalenderjahr insgesamt als Entfernungspauschale abziehbaren Betrag übersteigen. [3]Menschen mit Behinderungen,

1. deren Grad der Behinderung mindestens 70 beträgt,

2. deren Grad der Behinderung weniger als 70, aber mindestens 50 beträgt und die in ihrer Bewegungsfähigkeit im Straßenverkehr erheblich beeinträchtigt sind,

können anstelle der Entfernungspauschalen die tatsächlichen Aufwendungen für die Wege zwischen Wohnung und erster Tätigkeitsstätte und für Familienheimfahrten ansetzen. [4]Die Voraussetzungen der Nummern 1 und 2 sind durch amtliche Unterlagen nachzuweisen.

(3) Absatz 1 Satz 3 Nummer 4 bis 5a sowie die Absätze 2 und 4a[1]) gelten bei den Einkunftsarten im Sinne des § 2 Absatz 1 Satz 1 Nummer 5 bis 7 entsprechend.

(4)[2]) [1]Erste Tätigkeitsstätte ist die ortsfeste betriebliche Einrichtung des Arbeitgebers, eines verbundenen Unternehmens (§ 15 des Aktiengesetzes) oder eines vom Arbeitgeber bestimmten Dritten, der der Arbeitnehmer dauerhaft zugeordnet ist. [2]Die Zuordnung im Sinne des Satzes 1 wird durch die dienst- oder arbeitsrechtlichen Festlegungen sowie die diese ausfüllenden Absprachen und Weisungen bestimmt. [3]Von einer dauerhaften Zuordnung ist insbesondere auszugehen, wenn der Arbeitnehmer unbefristet, für die Dauer des Dienstverhältnisses oder über einen Zeitraum von 48 Monaten hinaus an einer solchen Tätigkeitsstätte tätig werden soll. [4]Fehlt eine solche dienst- oder arbeitsrechtliche Festlegung auf eine Tätigkeitsstätte oder ist sie nicht eindeutig, ist erste Tätigkeitsstätte die betriebliche Einrichtung, an der der Arbeitnehmer dauerhaft

1. typischerweise arbeitstäglich tätig werden soll oder

2. je Arbeitswoche zwei volle Arbeitstage oder mindestens ein Drittel seiner vereinbarten regelmäßigen Arbeitszeit tätig werden soll.

[5]Je Dienstverhältnis hat der Arbeitnehmer höchstens eine erste Tätigkeitsstätte. [6]Liegen die Voraussetzungen der Sätze 1 bis 4 für mehrere Tätigkeitsstätten vor, ist diejenige Tätigkeitsstätte erste Tätigkeitsstätte, die der Arbeitgeber bestimmt. [7]Fehlt es an dieser Bestimmung oder ist sie nicht eindeutig, ist die der Wohnung örtlich am nächsten liegende Tätigkeitsstätte die erste Tätigkeitsstätte. [8]Als erste Tätigkeitsstätte gilt auch eine Bildungseinrichtung, die außerhalb eines Dienstverhältnisses zum Zwecke eines Vollzeitstudiums oder einer vollzeitigen Bildungsmaßnahme aufgesucht wird; die Regelungen für Arbeitnehmer nach Absatz 1 Satz 3 Nummer 4 und 5 sowie Absatz 4a sind entsprechend anzuwenden.

---

[1]) Verweis geänd. mWv 1.1.2014 durch G v. 20.2.2013 (BGBl. I S. 285).
[2]) § 9 Abs. 4 eingef. mWv 1.1.2014 durch G v. 20.2.2013 (BGBl. I S. 285); geänd. mWv VZ 2014 durch G v. 25.7.2014 (BGBl. I S. 1266).

(4a)[1] [1]Mehraufwendungen des Arbeitnehmers für die Verpflegung sind nur nach Maßgabe der folgenden Sätze als Werbungskosten abziehbar. [2]Wird der Arbeitnehmer außerhalb seiner Wohnung und ersten Tätigkeitsstätte beruflich tätig (auswärtige berufliche Tätigkeit), ist zur Abgeltung der ihm tatsächlich entstandenen, beruflich veranlassten Mehraufwendungen eine Verpflegungspauschale anzusetzen. [3]Diese beträgt

1. 28 Euro für jeden Kalendertag, an dem der Arbeitnehmer 24 Stunden von seiner Wohnung und ersten Tätigkeitsstätte abwesend ist,

2. jeweils 14 Euro für den An- und Abreisetag, wenn der Arbeitnehmer an diesem, einem anschließenden oder vorhergehenden Tag außerhalb seiner Wohnung übernachtet,

3. 14 Euro für den Kalendertag, an dem der Arbeitnehmer ohne Übernachtung außerhalb seiner Wohnung mehr als 8 Stunden von seiner Wohnung und der ersten Tätigkeitsstätte abwesend ist; beginnt die auswärtige berufliche Tätigkeit an einem Kalendertag und endet am nachfolgenden Kalendertag ohne Übernachtung, werden 14 Euro für den Kalendertag gewährt, an dem der Arbeitnehmer den überwiegenden Teil der insgesamt mehr als 8 Stunden von seiner Wohnung und der ersten Tätigkeitsstätte abwesend ist.

[4]Hat der Arbeitnehmer keine erste Tätigkeitsstätte, gelten die Sätze 2 und 3 entsprechend; Wohnung im Sinne der Sätze 2 und 3 ist der Hausstand, der den Mittelpunkt der Lebensinteressen des Arbeitnehmers bildet sowie eine Unterkunft am Ort der ersten Tätigkeitsstätte im Rahmen der doppelten Haushaltsführung. [5]Bei einer Tätigkeit im Ausland treten an die Stelle der Pauschbeträge nach Satz 3 länderweise unterschiedliche Pauschbeträge, die für die Fälle der Nummer 1 mit 120 sowie der Nummern 2 und 3 mit 80 Prozent der Auslandstagegelder nach dem Bundesreisekostengesetz vom Bundesministerium der Finanzen im Einvernehmen mit den obersten Finanzbehörden der Länder aufgerundet auf volle Euro festgesetzt werden; dabei bestimmt sich der Pauschbetrag nach dem Ort, den der Arbeitnehmer vor 24 Uhr Ortszeit zuletzt erreicht, oder, wenn dieser Ort im Inland liegt, nach dem letzten Tätigkeitsort im Ausland. [6]Der Abzug der Verpflegungspauschalen ist auf die ersten drei Monate einer längerfristigen beruflichen Tätigkeit an derselben Tätigkeitsstätte beschränkt. [7]Eine Unterbrechung der beruflichen Tätigkeit an derselben Tätigkeitsstätte führt zu einem Neubeginn, wenn sie mindestens vier Wochen dauert. [8]Wird dem Arbeitnehmer anlässlich oder während einer Tätigkeit außerhalb seiner ersten Tätigkeitsstätte vom Arbeitgeber oder auf dessen Veranlassung von einem Dritten eine Mahlzeit zur Verfügung gestellt, sind die nach den Sätzen 3 und 5 ermittelten Verpflegungspauschalen zu kürzen:

1. für Frühstück um 20 Prozent,

2. für Mittag- und Abendessen um jeweils 40 Prozent,

der nach Satz 3 Nummer 1 gegebenenfalls in Verbindung mit Satz 5 maßgebenden Verpflegungspauschale für einen vollen Kalendertag; die Kürzung darf

---

[1] § 9 Abs. 4a eingef. mWv 1.1.2014 durch G v. 20.2.2013 (BGBl. I S. 285); geänd. mWv VZ 2014 durch G v. 25.7.2014 (BGBl. I S. 1266); Satz 3 Nrn. 1 bis 3 Beträge geänd. mWv 1.1.2020 durch G v. 12.12.2019 (BGBl. I S. 2451).

die ermittelte Verpflegungspauschale nicht übersteigen. [9] Satz 8 gilt auch, wenn Reisekostenvergütungen wegen der zur Verfügung gestellten Mahlzeiten einbehalten oder gekürzt werden oder die Mahlzeiten nach § 40 Absatz 2 Satz 1 Nummer 1a pauschal besteuert werden. [10] Hat der Arbeitnehmer für die Mahlzeit ein Entgelt gezahlt, mindert dieser Betrag den Kürzungsbetrag nach Satz 8. [11] Erhält der Arbeitnehmer steuerfreie Erstattungen für Verpflegung, ist ein Werbungskostenabzug insoweit ausgeschlossen. [12] Die Verpflegungspauschalen nach den Sätzen 3 und 5, die Dreimonatsfrist nach den Sätzen 6 und 7 sowie die Kürzungsregelungen nach den Sätzen 8 bis 10 gelten entsprechend auch für den Abzug von Mehraufwendungen für Verpflegung, die bei einer beruflich veranlassten doppelten Haushaltsführung entstehen, soweit der Arbeitnehmer vom eigenen Hausstand im Sinne des § 9 Absatz 1 Satz 3 Nummer 5 abwesend ist; dabei ist für jeden Kalendertag innerhalb der Dreimonatsfrist, an dem gleichzeitig eine Tätigkeit im Sinne des Satzes 2 oder des Satzes 4 ausgeübt wird, nur der jeweils höchste in Betracht kommende Pauschbetrag abziehbar. [13] Die Dauer einer Tätigkeit im Sinne des Satzes 2 an dem Tätigkeitsort, an dem die doppelte Haushaltsführung begründet wurde, ist auf die Dreimonatsfrist anzurechnen, wenn sie ihr unmittelbar vorausgegangen ist.

(5)[1] [1] § 4 Absatz 5 Satz 1 Nummer 1 bis 4, 6b bis 8a, 10, 12 und Absatz 6 gilt sinngemäß. [2] Die §§ 4j, 4k, 6 Absatz 1 Nummer 1a und § 6e gelten entsprechend.

(6)[2] [1] Aufwendungen des Steuerpflichtigen für seine Berufsausbildung oder für sein Studium sind nur dann Werbungskosten, wenn der Steuerpflichtige zuvor bereits eine Erstausbildung (Berufsausbildung oder Studium) abgeschlossen hat oder wenn die Berufsausbildung oder das Studium im Rahmen eines Dienstverhältnisses stattfindet. [2] Eine Berufsausbildung als Erstausbildung nach Satz 1 liegt vor, wenn eine geordnete Ausbildung mit einer Mindestdauer von 12 Monaten bei vollzeitiger Ausbildung und mit einer Abschlussprüfung durchgeführt wird. [3] Eine geordnete Ausbildung liegt vor, wenn sie auf der Grundlage von Rechts- oder Verwaltungsvorschriften oder internen Vorschriften eines Bildungsträgers durchgeführt wird. [4] Ist eine Abschlussprüfung nach dem Ausbildungsplan nicht vorgesehen, gilt die Ausbildung mit der tatsächlichen planmäßigen Beendigung als abgeschlossen. [5] Eine Berufsausbildung als Erstausbildung hat auch abgeschlossen, wer die Abschlussprüfung einer durch Rechts- oder Verwaltungsvorschriften geregelten Berufsausbildung mit einer Mindestdauer von 12 Monaten bestanden hat, ohne dass er zuvor die entsprechende Berufsausbildung durchlaufen hat.

§ 9a Pauschbeträge für Werbungskosten. [1] Für Werbungskosten sind bei der Ermittlung der Einkünfte die folgenden Pauschbeträge abzuziehen, wenn nicht höhere Werbungskosten nachgewiesen werden:

---

[1] § 9 Abs. 5 Satz 1 geänd. mWv VZ 2012 durch G v. 1.11.2011 (BGBl. I S. 2131); geänd. mWv 1.1.2014 durch G v. 20.2.2013 (BGBl. I S. 285); Satz 2 Verweis geänd. durch G v. 27.6.2017 (BGBl. I S. 2074), zur Anwendung siehe § 52 Abs. 16b Satz 2; Satz 2 neu gef. durch G v. 12.12.2019 (BGBl. I S. 2451); zur Anwendung siehe § 52 Abs. 16b Satz 3; Satz 2 Verweis erg. mWv 1.1.2020 (§ 52 Abs. 16b Satz 4; siehe auch § 52 Abs. 8c zur Anwendung von § 4k) durch G v. 25.6.2021 (BGBl. I S. 2035).
[2] § 9 Abs. 6 neu gef. mWv 1.1.2015 durch G v. 22.12.2014 (BGBl. I S. 2417).

1. a)¹⁾ von den Einnahmen aus nichtselbständiger Arbeit vorbehaltlich Buchstabe b:
   ein Arbeitnehmer-Pauschbetrag von *1000 Euro* [*ab VZ 2022:* 1200 Euro; *ab VZ 2023:* 1230 Euro]²⁾;

   b) von den Einnahmen aus nichtselbständiger Arbeit, soweit es sich um Versorgungsbezüge im Sinne des § 19 Absatz 2 handelt:
   ein Pauschbetrag von 102 Euro;

2. (weggefallen)

3.³⁾ von den Einnahmen im Sinne des § 22 Nummer 1, 1a und 5:
   ein Pauschbetrag von insgesamt 102 Euro.

²Der Pauschbetrag nach Satz 1 Nummer 1 Buchstabe b darf nur bis zur Höhe der um den Versorgungsfreibetrag einschließlich des Zuschlags zum Versorgungsfreibetrag (§ 19 Absatz 2) geminderten Einnahmen, die Pauschbeträge nach Satz 1 Nummer 1 Buchstabe a und Nummer 3 dürfen nur bis zur Höhe der Einnahmen abgezogen werden.

4a. Umsatzsteuerrechtlicher Vorsteuerabzug

§ 9b [Umsatzsteuerrechtlicher Vorsteuerabzug] (1) Der Vorsteuerbetrag nach § 15 des Umsatzsteuergesetzes gehört, soweit er bei der Umsatzsteuer abgezogen werden kann, nicht zu den Anschaffungs- oder Herstellungskosten des Wirtschaftsguts, auf dessen Anschaffung oder Herstellung er entfällt.

(2)⁴⁾ ¹Wird der Vorsteuerabzug nach § 15a des Umsatzsteuergesetzes berichtigt, so sind die Mehrbeträge als Betriebseinnahmen oder Einnahmen zu behandeln, wenn sie im Rahmen einer der Einkunftsarten des § 2 Absatz 1 Satz 1 bezogen werden; die Minderbeträge sind als Betriebsausgaben oder Werbungskosten zu behandeln, wenn sie durch den Betrieb veranlasst sind oder der Erwerbung, Sicherung und Erhaltung von Einnahmen dienen. ²Die Anschaffungs- oder Herstellungskosten bleiben in den Fällen des Satzes 1 unberührt.

4b. *(aufgehoben)*⁵⁾

§ 9c.⁵⁾ *(aufgehoben)*

---

¹⁾ § 9a Satz 1 Nr. 1 Buchst. a Betrag geänd. mWv VZ 2011; 2. Satzteil aufgeh. mWv VZ 2012 (§ 52 Abs. 1 idF des Art. 1 Nr. 33 Buchst. b des G v. 1.11.2011) durch G v. 1.11.2011 (BGBl. I S. 2131).
²⁾ Betrag geänd. mWv VZ 2022 durch G v. 23.5.2022 (BGBl. I S. 749); geänd. mWv VZ 2023 durch G v. 16.12.2022 (BGBl. I S. 2294).
³⁾ § 9a Satz 1 Nr. 3 geänd. mWv VZ 2010 durch G v. 8.12.2010 (BGBl. I S. 1768); geänd. mWv VZ 2015 durch G v. 22.12.2014 (BGBl. I S. 2417).
⁴⁾ § 9b Abs. 2 neu gef. durch G v. 18.12.2013 (BGBl. I S. 4318); zur Anwendung siehe § 52 Abs. 17.
⁵⁾ Abschnitt II Unterabschnitt 4b. und § 9c aufgeh. mWv VZ 2012 (§ 52 Abs. 1 idF des Art. 1 Nr. 33 Buchst. b des G v. 1.11.2011) durch G v. 1.11.2011 (BGBl. I S. 2131).

5. Sonderausgaben

§ 10 **[Sonderausgaben]** (1) Sonderausgaben sind die folgenden Aufwendungen, wenn sie weder Betriebsausgaben noch Werbungskosten sind oder wie Betriebsausgaben oder Werbungskosten behandelt werden:

1.–1b.[1] *(aufgehoben)*

2.[2] a) Beiträge zu den gesetzlichen Rentenversicherungen oder zur landwirtschaftlichen Alterskasse[3] sowie zu berufsständischen Versorgungseinrichtungen, die den gesetzlichen Rentenversicherungen vergleichbare Leistungen erbringen;

b)[4] Beiträge des Steuerpflichtigen

aa) zum Aufbau einer eigenen kapitalgedeckten Altersversorgung, wenn der Vertrag nur die Zahlung einer monatlichen, auf das Leben des Steuerpflichtigen bezogenen lebenslangen Leibrente nicht vor Vollendung des 62. Lebensjahres oder zusätzlich die ergänzende Absicherung des Eintritts der Berufsunfähigkeit (Berufsunfähigkeitsrente), der verminderten Erwerbsfähigkeit (Erwerbsminderungsrente) oder von Hinterbliebenen (Hinterbliebenenrente) vorsieht. ²Hinterbliebene in diesem Sinne sind der Ehegatte des Steuerpflichtigen und die Kinder, für die er Anspruch auf Kindergeld oder auf einen Freibetrag nach § 32 Absatz 6 hat. ³Der Anspruch auf Waisenrente darf längstens für den Zeitraum bestehen, in dem der Rentenberechtigte die Voraussetzungen für die Berücksichtigung als Kind im Sinne des § 32 erfüllt;

bb) für seine Absicherung gegen den Eintritt der Berufsunfähigkeit oder der verminderten Erwerbsfähigkeit (Versicherungsfall), wenn der Vertrag nur die Zahlung einer monatlichen, auf das Leben des Steuerpflichtigen bezogenen lebenslangen Leibrente für einen Versicherungsfall vorsieht, der bis zur Vollendung des 67. Lebensjahres eingetreten ist. ²Der Vertrag kann die Beendigung der Rentenzahlung wegen eines medizinisch begründeten Wegfalls der Berufsunfähigkeit oder der verminderten Erwerbsfähigkeit vorsehen. ³Die Höhe der zugesagten Rente kann vom Alter des Steuerpflichtigen bei Eintritt des Versicherungsfalls abhängig gemacht werden, wenn der Steuerpflichtige das 55. Lebensjahr vollendet hat.

²Die Ansprüche nach Buchstabe b dürfen nicht vererblich, nicht übertragbar, nicht beleihbar, nicht veräußerbar und nicht kapitalisierbar sein. ³Anbieter und Steuerpflichtiger können vereinbaren, dass bis zu zwölf Monatsleistungen in einer Auszahlung zusammengefasst werden oder eine

---

[1] § 10 Abs. 1 Nrn. 1, 1a und 1b aufgeh. mWv VZ 2015 durch G v. 22.12.2014 (BGBl. I S. 2417).

[2] § 10 Abs. 1 Nr. 2 Sätze 2 und 3 eingef., bish. Sätze 2 und 3 werden Sätze 4 und 5 mWv VZ 2014 durch G v 24.6.2013 (BGBl. I S. 1667); Sätze 3 und 4 eingef., bish. Sätze 3 bis 5 werden Sätze 5 bis 7 mWv VZ 2015 durch G v. 22.12.2014 (BGBl. I S. 2417).

[3] § 10 Abs. 1 Nr. 2 Buchst. a geänd. mWv 1.1.2013 durch G v. 12.4.2012 (BGBl. I S. 579).

[4] § 10 Abs. 1 Nr. 2 Buchst. b neu gef. mWv VZ 2014 durch G v. 24.6.2013 (BGBl. I S. 1667).

Kleinbetragsrente im Sinne von § 93 Absatz 3 Satz 2 abgefunden wird. ⁴Bei der Berechnung der Kleinbetragsrente sind alle bei einem Anbieter bestehenden Verträge des Steuerpflichtigen jeweils nach Buchstabe b Doppelbuchstabe aa oder Doppelbuchstabe bb zusammenzurechnen. ⁵Neben den genannten Auszahlungsformen darf kein weiterer Anspruch auf Auszahlungen bestehen. ⁶Zu den Beiträgen nach den Buchstaben a und b ist der nach § 3 Nummer 62 steuerfreie Arbeitgeberanteil zur gesetzlichen Rentenversicherung und ein diesem gleichgestellter steuerfreier Zuschuss des Arbeitgebers hinzuzurechnen. ⁷Beiträge nach § 168 Absatz 1 Nummer 1b oder 1c oder nach § 172 Absatz 3 oder 3a des Sechsten Buches Sozialgesetzbuch werden abweichend von Satz 6¹⁾ nur auf Antrag des Steuerpflichtigen hinzugerechnet;

3.²⁾ Beiträge zu

a) Krankenversicherungen, soweit diese zur Erlangung eines durch das Zwölfte Buch Sozialgesetzbuch bestimmten sozialhilfegleichen Versorgungsniveaus erforderlich sind und sofern auf die Leistungen ein Anspruch besteht. ²Für Beiträge zur gesetzlichen Krankenversicherung sind dies die nach dem Dritten Titel des Ersten Abschnitts des Achten Kapitels des Fünften Buches Sozialgesetzbuch oder die nach dem Sechsten Abschnitt des Zweiten Gesetzes über die Krankenversicherung der Landwirte festgesetzten Beiträge. ³Für Beiträge zu einer privaten Krankenversicherung sind dies die Beitragsanteile, die auf Vertragsleistungen entfallen, die, mit Ausnahme der auf das Krankengeld entfallenden Beitragsanteile, in Art, Umfang und Höhe den Leistungen nach dem Dritten Kapitel des Fünften Buches Sozialgesetzbuch vergleichbar sind; § 158 Absatz 2 des Versicherungsaufsichtsgesetzes³⁾ gilt entsprechend. ⁴Wenn sich aus den Krankenversicherungsbeiträgen nach Satz 2 ein Anspruch auf Krankengeld oder ein Anspruch auf eine Leistung, die anstelle von Krankengeld gewährt wird, ergeben kann, ist der jeweilige Beitrag um 4 Prozent zu vermindern;

b) gesetzlichen Pflegeversicherungen (soziale Pflegeversicherung und private Pflege-Pflichtversicherung).

²Als eigene Beiträge des Steuerpflichtigen können auch eigene Beiträge im Sinne der Buchstaben a oder b eines Kindes behandelt werden, wenn der Steuerpflichtige die Beiträge des Kindes, für das ein Anspruch auf einen Freibetrag nach § 32 Absatz 6 oder auf Kindergeld besteht, durch Leistungen in Form von Bar- oder Sachunterhalt wirtschaftlich getragen hat, unab-

---

¹⁾ Verweis berichtigt durch G v. 17.8.2017 (BGBl. I S. 3214).
²⁾ § 10 Abs. 1 Nr. 3 Buchst. a Satz 1 geänd. mWv VZ 2013 durch G v. 26.6.2013 (BGBl. I S. 1809); § 10 Abs. 1 Nr. 3 Satz 4 angef. mWv VZ 2011 durch G v. 8.12.2010 (BGBl. I S. 1768); Nr. 3 Buchst. a Satz 1 und Satz 3 1. HS geänd. mWv VZ 2013 durch G v. 26.6.2013 (BGBl. I S. 1809); Nr. 3 Satz 3 geänd. mWv VZ 2015 durch G v. 22.12.2014 (BGBl. I S. 2417); Nr. 3 Buchst. a Satz 3 2. HS geänd. mWv 1.1.2016 duch G v. 1.4.2015 (BGBl. I S. 434); Satz 2 neu gef., Satz 3 eingef., bish. Sätze 3 und 4 werden Sätze 4 und 5 mWv VZ 2019 und neuer Satz 5 geänd. mWv VZ 2020 durch G v. 12.12.2019 (BGBl. I S. 2451); Satz 2 HS 2 angef. mWv VZ 2023 durch G v. 16.12.2022 (BGBl. I S. 2294).
³⁾ Verweis geänd. mWv 1.1.2016 durch G v. 1.4.2015 (BGBl. I S. 434).

hängig von Einkünften oder Bezügen des Kindes [*ab VZ 2023:* ; Voraussetzung für die Berücksichtigung beim Steuerpflichtigen ist die Angabe der
erteilten Identifikationsnummer (§ 139b der Abgabenordnung) des Kindes
in der Einkommensteuererklärung des Steuerpflichtigen]. ³Satz 2 gilt entsprechend, wenn der Steuerpflichtige die Beiträge für ein unterhaltsberechtig-
tes Kind trägt, welches nicht selbst Versicherungsnehmer ist, sondern der andere Elternteil. ⁴Hat der Steuerpflichtige in den Fällen des Absatzes 1a¹⁾
Nummer 1 eigene Beiträge im Sinne des Buchstaben a oder des Buchstaben b zum Erwerb einer Krankenversicherung oder gesetzlichen Pflegeversicherung für einen geschiedenen oder dauernd getrennt lebenden unbeschränkt einkommensteuerpflichtigen Ehegatten geleistet, dann werden
diese abweichend von Satz 1 als eigene Beiträge des geschiedenen oder
dauernd getrennt lebenden unbeschränkt einkommensteuerpflichtigen Ehegatten behandelt. ⁵Beiträge, die für nach Ablauf des Veranlagungszeitraums
beginnende Beitragsjahre geleistet werden und in der Summe das Dreifache
der auf den Veranlagungszeitraum entfallenden Beiträge überschreiten, sind
in dem Veranlagungszeitraum anzusetzen, für den sie geleistet wurden;

3a. Beiträge zu Kranken- und Pflegeversicherungen, soweit diese nicht nach
Nummer 3 zu berücksichtigen sind; Beiträge zu Versicherungen gegen Arbeitslosigkeit, zu Erwerbs- und Berufsunfähigkeitsversicherungen, die nicht
unter Nummer 2 Satz 1 Buchstabe b fallen, zu Unfall- und Haftpflichtversicherungen sowie zu Risikoversicherungen, die nur für den Todesfall eine
Leistung vorsehen; Beiträge zu Versicherungen im Sinne des § 10 Absatz 1
Nummer 2 Buchstabe b Doppelbuchstabe bb bis dd in der am 31. Dezember 2004 geltenden Fassung,²⁾ wenn die Laufzeit dieser Versicherungen vor

---

¹⁾ Verweis geänd. mWv VZ 2015 durch G v. 22.12.2014 (BGBl. I S. 2417).
²⁾ **Die am 31.12.2004 geltende Fassung hat folgenden Wortlaut:**
„2. a) Beiträge zu Kranken-, Pflege-, Unfall- und Haftpflichtversicherungen, zu den gesetzli-
    chen Rentenversicherungen und an die Bundesagentur für Arbeit;
  b) Beiträge zu den folgenden Versicherungen auf den Erlebens- oder Todesfall:
    aa) Risikoversicherungen, die nur für den Todesfall eine Leistung vorsehen,
    bb) Rentenversicherungen ohne Kapitalwahlrecht,
    cc) Rentenversicherungen mit Kapitalwahlrecht gegen laufende Beitragsleistung, wenn
        das Kapitalwahlrecht nicht vor Ablauf von zwölf Jahren seit Vertragsabschluss ausge-
        übt werden kann,
    dd) Kapitalversicherungen gegen laufende Beitragsleistung mit Sparanteil, wenn der
        Vertrag für die Dauer von mindestens zwölf Jahren abgeschlossen worden ist.
  ²Beiträge zu Versicherungen im Sinne der Doppelbuchstaben cc und dd sind ab dem
  Kalenderjahr 2004 in Höhe von 88 vom Hundert als Vorsorgeaufwendungen zu berücksichtigen. ³Bei Steuerpflichtigen, die am 31. Dezember 1990 einen Wohnsitz oder
  ihren gewöhnlichen Aufenthalt in dem in Artikel 3 des Einigungsvertrages genannten
  Gebiet und vor dem 1. Januar 1991 keinen Wohnsitz oder gewöhnlichen Aufenthalt im
  bisherigen Geltungsbereich dieses Gesetzes hatten, gilt bis 31. Dezember 1996 Folgendes:
  ⁴Hat der Steuerpflichtige zurzeit des Vertragsabschlusses das 47. Lebensjahr vollendet,
  verkürzt sich bei laufender Beitragsleistung die Mindestvertragsdauer von zwölf Jahren um
  die Zahl der angefangenen Lebensjahre, um die er älter als 47 Jahre ist, höchstens jedoch auf
  sechs Jahre. ⁵Fondsgebundene Lebensversicherungen sind ausgeschlossen. ⁶Ausgeschlos-
  sen sind auch Versicherungen auf den Erlebens- oder Todesfall, bei denen der Steuerpflichtige Ansprüche aus einem von einer anderen Person abgeschlossenen Vertrag entgeltlich

(Fortsetzung der Fußnote nächste Seite)

dem 1. Januar 2005 begonnen hat und ein Versicherungsbeitrag bis zum 31. Dezember 2004 entrichtet wurde; § 10 Absatz 1 Nummer 2 Satz 2 bis 6 und Absatz 2 Satz 2 in der am 31. Dezember 2004 geltenden Fassung ist in diesen Fällen weiter anzuwenden;

4.[1] gezahlte Kirchensteuer; dies gilt nicht, soweit die Kirchensteuer als Zuschlag zur Kapitalertragsteuer oder als Zuschlag auf die nach dem gesonderten Tarif des § 32d Absatz 1 ermittelte Einkommensteuer gezahlt wurde;

5.[2] zwei Drittel der Aufwendungen, höchstens 4000 Euro je Kind, für Dienstleistungen zur Betreuung eines zum Haushalt des Steuerpflichtigen gehörenden Kindes im Sinne des § 32 Absatz 1, welches das 14. Lebensjahr noch nicht vollendet hat oder wegen einer vor Vollendung des 25. Lebensjahres eingetretenen körperlichen, geistigen oder seelischen Behinderung außerstande ist, sich selbst zu unterhalten. [2] Dies gilt nicht für Aufwendungen für Unterricht, die Vermittlung besonderer Fähigkeiten sowie für sportliche und andere Freizeitbetätigungen. [3] Ist das zu betreuende Kind nicht nach § 1 Absatz 1 oder Absatz 2 unbeschränkt einkommensteuerpflichtig, ist der in Satz 1 genannte Betrag zu kürzen, soweit es nach den Verhältnissen im Wohnsitzstaat des Kindes notwendig und angemessen ist. [4] Voraussetzung für den Abzug der Aufwendungen nach Satz 1 ist, dass der Steuerpflichtige für die Aufwendungen eine Rechnung erhalten hat und die Zahlung auf das Konto des Erbringers der Leistung erfolgt ist;

6. (weggefallen)

7.[3] Aufwendungen für die eigene Berufsausbildung bis zu 6000 Euro im Kalenderjahr. [2] Bei Ehegatten, die die Voraussetzungen des § 26 Absatz 1 Satz 1 erfüllen, gilt Satz 1 für jeden Ehegatten. [3] Zu den Aufwendungen im Sinne des Satzes 1 gehören auch Aufwendungen für eine auswärtige Unterbringung. [4] § 4 Absatz 5 Satz 1 Nummer 6b [*ab 1.1.2023:* und 6c] sowie § 9 Absatz 1 Satz 3 Nummer 4 und 5, Absatz 2, 4 Satz 8 und Absatz 4a sind bei der Ermittlung der Aufwendungen anzuwenden;

8.[4] (weggefallen)

9. 30 Prozent des Entgelts, höchstens 5000 Euro, das der Steuerpflichtige für ein Kind, für das er Anspruch auf einen Freibetrag nach § 32 Absatz 6 oder auf Kindergeld hat, für dessen Besuch einer Schule in freier Trägerschaft oder einer überwiegend privat finanzierten Schule entrichtet, mit Ausnahme des

---

(Fortsetzung Fußnote)

erworben hat, es sei denn, es werden aus anderen Rechtsverhältnissen entstandene Abfindungs- und Ausgleichsansprüche arbeitsrechtlicher, erbrechtlicher oder familienrechtlicher Art durch Übertragung von Ansprüchen aus Lebensversicherungsverträgen erfüllt;

c) Beiträge zu einer zusätzlichen freiwilligen Pflegeversicherung;"

[1] § 10 Abs. 1 Nr. 4 neu gef. durch G v. 8.12.2010 (BGBl. I S. 1768).

[2] § 10 Abs. 1 Nr. 5 eingef. durch G v. 1.11.2011 (BGBl. I S. 2131); zur Anwendung siehe § 52 Abs. 18 Satz 3.

[3] § 10 Abs. 1 Nr. 7 Satz 1 geänd. durch G v. 7.12.2011 (BGBl. I S. 2592); Satz 4 geänd. mWv 1.1.2014 durch G v. 20.2.2013 (BGBl. I S. 285); Satz 4 geänd. mWv 1.1.2014 durch G v. 25.7.2014 (BGBl. I S. 1266); Satz 4 geänd. mWv 1.1.2023 (§ 52 Abs. 6 Satz 12 zu § 6c) durch G v. 16.12.2022 (BGBl. I S. 2294).

[4] Nr. 8 aufgeh. mWv VZ 2009; siehe nunmehr § 9c Abs. 2 und 3.

Entgelts für Beherbergung, Betreuung und Verpflegung. ²Voraussetzung ist, dass die Schule in einem Mitgliedstaat der Europäischen Union oder in einem Staat belegen ist, auf den das Abkommen über den Europäischen Wirtschaftsraum Anwendung findet, und die Schule zu einem von dem zuständigen inländischen Ministerium eines Landes, von der Kultusministerkonferenz der Länder oder von einer inländischen Zeugnisanerkennungsstelle anerkannten oder einem inländischen Abschluss an einer öffentlichen Schule als gleichwertig anerkannten allgemein bildenden oder berufsbildenden Schul-, Jahrgangs- oder Berufsabschluss führt. ³Der Besuch einer anderen Einrichtung, die auf einen Schul-, Jahrgangs- oder Berufsabschluss im Sinne des Satzes 2 ordnungsgemäß vorbereitet, steht einem Schulbesuch im Sinne des Satzes 1 gleich. ⁴Der Besuch einer Deutschen Schule im Ausland steht dem Besuch einer solchen Schule gleich, unabhängig von ihrer Belegenheit. ⁵Der Höchstbetrag nach Satz 1 wird für jedes Kind, bei dem die Voraussetzungen vorliegen, je Elternpaar nur einmal gewährt.

(1a)**¹⁾** Sonderausgaben sind auch die folgenden Aufwendungen:

1.**²⁾** Unterhaltsleistungen an den geschiedenen oder dauernd getrennt lebenden unbeschränkt einkommensteuerpflichtigen Ehegatten, wenn der Geber dies mit Zustimmung des Empfängers beantragt, bis zu 13 805 Euro im Kalenderjahr. ²Der Höchstbetrag nach Satz 1 erhöht sich um den Betrag der im jeweiligen Veranlagungszeitraum nach Absatz 1 Nummer 3 für die Absicherung des geschiedenen oder dauernd getrennt lebenden unbeschränkt einkommensteuerpflichtigen Ehegatten aufgewandten Beiträge. ³Der Antrag kann jeweils nur für ein Kalenderjahr gestellt und nicht zurückgenommen werden. ⁴Die Zustimmung ist mit Ausnahme der nach § 894 der Zivilprozessordnung als erteilt geltenden bis auf Widerruf wirksam. ⁵Der Widerruf ist vor Beginn des Kalenderjahres, für das die Zustimmung erstmals nicht gelten soll, gegenüber dem Finanzamt zu erklären. ⁶Die Sätze 1 bis 5 gelten für Fälle der Nichtigkeit oder der Aufhebung der Ehe entsprechend. ⁷Voraussetzung für den Abzug der Aufwendungen ist die Angabe der erteilten Identifikationsnummer (§ 139b der Abgabenordnung) der unterhaltenen Person in der Steuererklärung des Unterhaltsleistenden, wenn die unterhaltene Person der unbeschränkten oder beschränkten Steuerpflicht unterliegt. ⁸Die unterhaltene Person ist für diese Zwecke verpflichtet, dem Unterhaltsleistenden ihre erteilte Identifikationsnummer (§ 139b der Abgabenordnung) mitzuteilen. ⁹Kommt die unterhaltene Person dieser Verpflichtung nicht nach, ist der Unterhaltsleistende berechtigt, bei der für ihn zuständigen Finanzbehörde die Identifikationsnummer der unterhaltenen Person zu erfragen;

2.**³⁾** auf besonderen Verpflichtungsgründen beruhende, lebenslange und wiederkehrende Versorgungsleistungen, die nicht mit Einkünften in wirtschaft-

---

¹⁾ § 10 Abs. 1a eingef. durch G v. 22.12.2014 (BGBl. I S. 2417); zur Anwendung siehe § 52 Abs. 18 Sätze 1 und 2.
²⁾ § 10 Abs. 1a Nr. 1 Sätze 7 bis 9 angef. mWv VZ 2016 durch G v. 2.11.2015 (BGBl. I S. 1834).
³⁾ Zur Anwendung siehe § 52 Abs. 18 Sätze 1 und 2; § 10 Abs. 1a Nr. 2 Satz 4 angef. mWv VZ 2021 durch G v. 21.12.2020 (BGBl. I S. 3096).

lichem Zusammenhang stehen, die bei der Veranlagung außer Betracht bleiben, wenn der Empfänger unbeschränkt einkommensteuerpflichtig ist. ²Dies gilt nur für

a) Versorgungsleistungen im Zusammenhang mit der Übertragung eines Mitunternehmeranteils an einer Personengesellschaft, die eine Tätigkeit im Sinne der §§ 13, 15 Absatz 1 Satz 1 Nummer 1 oder des § 18 Absatz 1 ausübt,

b) Versorgungsleistungen im Zusammenhang mit der Übertragung eines Betriebs oder Teilbetriebs, sowie

c) Versorgungsleistungen im Zusammenhang mit der Übertragung eines mindestens 50 Prozent betragenden Anteils an einer Gesellschaft mit beschränkter Haftung, wenn der Übergeber als Geschäftsführer tätig war und der Übernehmer diese Tätigkeit nach der Übertragung übernimmt.

³Satz 2 gilt auch für den Teil der Versorgungsleistungen, der auf den Wohnteil eines Betriebs der Land- und Forstwirtschaft entfällt. [*ab VZ 2021:* ⁴Voraussetzung für den Abzug der Aufwendungen ist die Angabe der erteilten Identifikationsnummer (§ 139b der Abgabenordnung) des Empfängers in der Steuererklärung des Leistenden; Nummer 1 Satz 8 und 9 gilt entsprechend;]

3.**1)** Ausgleichsleistungen zur Vermeidung eines Versorgungsausgleichs nach § 6 Absatz 1 Satz 2 Nummer 2 und § 23 des Versorgungsausgleichsgesetzes sowie § 1408 Absatz 2 und § 1587 des Bürgerlichen Gesetzbuchs, soweit der Verpflichtete mit Zustimmung des Berechtigten beantragt und der Berechtigte unbeschränkt einkommensteuerpflichtig ist. ²Nummer 1 Satz 3 bis 5 gilt entsprechend. ³Voraussetzung für den Abzug der Aufwendungen ist die Angabe der erteilten Identifikationsnummer (§ 139b der Abgabenordnung) des Berechtigten in der Steuererklärung des Verpflichteten; Nummer 1 Satz 8 und 9 gilt entsprechend;

4.**2)** Ausgleichszahlungen im Rahmen des Versorgungsausgleichs nach den §§ 20 bis 22 und 26 des Versorgungsausgleichsgesetzes und nach den §§ 1587f, 1587g und 1587i des Bürgerlichen Gesetzbuchs in der bis zum 31. August 2009 geltenden Fassung sowie nach § 3a des Gesetzes zur Regelung von Härten im Versorgungsausgleich, soweit die ihnen zu Grunde liegenden Einnahmen bei der ausgleichspflichtigen Person der Besteuerung unterliegen, wenn die ausgleichsberechtigte Person unbeschränkt einkommensteuerpflichtig ist. ²Nummer 3 Satz 3 gilt entsprechend.

(2) ¹Voraussetzung für den Abzug der in Absatz 1 Nummer 2, 3 und 3a bezeichneten Beträge (Vorsorgeaufwendungen) ist, dass sie

1.**3)** nicht in unmittelbarem wirtschaftlichen Zusammenhang mit steuerfreien Einnahmen stehen; ungeachtet dessen sind Vorsorgeaufwendungen im Sinne des Absatzes 1 Nummer 2, 3 und 3a zu berücksichtigen, soweit

---

1) § 10 Abs. 1a Nr. 3 Satz 1 geänd. mWv 1.1.2017 durch G v. 20.12.2016 (BGBl. I S. 3000); Nr. 3 Satz 3 angef. mWv VZ 2020 durch G v. 12.12.2019 (BGBl. I S. 2451).

2) § 10 Abs. 1a Nr. 4 Satz 2 angef. mWv VZ 2020 durch G v. 12.12.2019 (BGBl. I S. 2451).

3) § 10 Abs. 2 Satz 1 Nr. 1 HS 2 angef. durch G v. 11.12.2018 (BGBl. I S. 2338).

a)[1] sie in unmittelbarem wirtschaftlichen Zusammenhang mit in einem Mitgliedstaat der Europäischen Union oder einem Vertragsstaat des Abkommens über den Europäischen Wirtschaftsraum oder in der Schweizerischen Eidgenossenschaft erzielten Einnahmen aus nichtselbständiger Tätigkeit stehen,

b) diese Einnahmen nach einem Abkommen zur Vermeidung der Doppelbesteuerung im Inland steuerfrei sind und

c) der Beschäftigungsstaat keinerlei steuerliche Berücksichtigung von Vorsorgeaufwendungen im Rahmen der Besteuerung dieser Einnahmen zulässt;

steuerfreie Zuschüsse zu einer Kranken- oder Pflegeversicherung stehen insgesamt in unmittelbarem wirtschaftlichen Zusammenhang mit den Vorsorgeaufwendungen im Sinne des Absatzes 1 Nummer 3,

2.[2] geleistet werden an

a) Versicherungsunternehmen,

aa) die ihren Sitz oder ihre Geschäftsleitung in einem Mitgliedstaat der Europäischen Union oder einem Vertragsstaat des Abkommens über den Europäischen Wirtschaftsraum haben und das Versicherungsgeschäft im Inland betreiben dürfen, oder

bb) denen die Erlaubnis zum Geschäftsbetrieb im Inland erteilt ist.

2Darüber hinaus werden Beiträge nur berücksichtigt, wenn es sich um Beträge im Sinne des Absatzes 1 Nummer 3 Satz 1 Buchstabe a an eine Einrichtung handelt, die eine anderweitige Absicherung im Krankheitsfall im Sinne des § 5 Absatz 1 Nummer 13 des Fünften Buches Sozialgesetzbuch oder eine der Beihilfe oder freien Heilfürsorge vergleichbare Absicherung im Sinne des § 193 Absatz 3 Satz 2 Nummer 2 des Versicherungsvertragsgesetzes gewährt. 3Dies gilt entsprechend, wenn ein Steuerpflichtiger, der weder seinen Wohnsitz noch seinen gewöhnlichen Aufenthalt im Inland hat, mit den Beiträgen einen Versicherungsschutz im Sinne des Absatzes 1 Nummer 3 Satz 1 erwirbt,

b) berufsständische Versorgungseinrichtungen,

c) einen Sozialversicherungsträger oder

d) einen Anbieter im Sinne des § 80.

2Vorsorgeaufwendungen nach Absatz 1 Nummer 2 Buchstabe b werden nur berücksichtigt, wenn die Beiträge zugunsten eines Vertrags geleistet wurden, der nach § 5a des Altersvorsorgeverträge-Zertifizierungsgesetzes zertifiziert ist, wobei die Zertifizierung Grundlagenbescheid im Sinne des § 171 Absatz 10 der Abgabenordnung ist.[3]

---

[1] § 10 Abs. 2 Satz 1 Nr. 1 Buchst. a geänd. durch G v. 21.12.2020 (BGBl. I S. 3096); zur Anwendung siehe § 52 Abs. 18 Satz 4.
[2] § 10 Abs. 2 Satz 1 Nr. 2 neu gef. mWv VZ 2013 durch G v. 26.6.2013 (BGBl. I S. 1809).
[3] § 10 Abs. 2 Satz 2 neu gef., Satz 3 aufgeh., Abs. 2a neu gef., Abs. 2b eingef. mWv VZ 2019 durch G v. 20.11.2019 (BGBl. I S. 1626).

(2a)[1] [1] Bei Vorsorgeaufwendungen nach Absatz 1 Nummer 2 Buchstabe b hat der Anbieter als mitteilungspflichtige Stelle nach Maßgabe des § 93c der Abgabenordnung und unter Angabe der Vertrags- oder der Versicherungsdaten die Höhe der im jeweiligen Beitragsjahr geleisteten Beiträge und die Zertifizierungsnummer an die zentrale Stelle (§ 81) zu übermitteln. [2] § 22a Absatz 2 gilt entsprechend. [3] § 72a Absatz 4 und § 93c Absatz 4 der Abgabenordnung finden keine Anwendung.

(2b)[1] [1] Bei Vorsorgeaufwendungen nach Absatz 1 Nummer 3 hat das Versicherungsunternehmen, der Träger der gesetzlichen Kranken- und Pflegeversicherung, die Künstlersozialkasse oder eine Einrichtung im Sinne des Absatzes 2 Satz 1 Nummer 2 Buchstabe a Satz 2 als mitteilungspflichtige Stelle nach Maßgabe des § 93c der Abgabenordnung und unter Angabe der Vertrags- oder der Versicherungsdaten die Höhe der im jeweiligen Beitragsjahr geleisteten und erstatteten Beiträge sowie die in § 93c Absatz 1 Nummer 2 Buchstabe c der Abgabenordnung genannten Daten mit der Maßgabe, dass insoweit als Steuerpflichtiger die versicherte Person gilt, an die zentrale Stelle (§ 81) zu übermitteln; sind Versicherungsnehmer und versicherte Person nicht identisch, sind zusätzlich die Identifikationsnummer und der Tag der Geburt des Versicherungsnehmers anzugeben. [2] Satz 1 gilt nicht, soweit diese Daten mit der elektronischen Lohnsteuerbescheinigung (§ 41b Absatz 1 Satz 2) oder der Rentenbezugsmitteilung (§ 22a Absatz 1 Satz 1 Nummer 4) zu übermitteln sind. [3] § 22a Absatz 2 gilt entsprechend. [4] Zuständige Finanzbehörde im Sinne des § 72a Absatz 4 und des § 93c Absatz 4 der Abgabenordnung ist das Bundeszentralamt für Steuern. [5] Wird in den Fällen des § 72a Absatz 4 der Abgabenordnung eine unzutreffende Höhe der Beiträge übermittelt, ist die entgangene Steuer mit 30 Prozent des zu hoch ausgewiesenen Betrags anzusetzen.

(3)[2] [1] Vorsorgeaufwendungen nach Absatz 1 Nummer 2 sind bis zu dem Höchstbeitrag zur knappschaftlichen Rentenversicherung, aufgerundet auf einen vollen Betrag in Euro, zu berücksichtigen. [2] Bei zusammenveranlagten Ehegatten verdoppelt sich der Höchstbetrag. [3] Der Höchstbetrag nach Satz 1 oder 2 ist bei Steuerpflichtigen, die

1. Arbeitnehmer sind und die während des ganzen oder eines Teils des Kalenderjahres

   a) in der gesetzlichen Rentenversicherung versicherungsfrei oder auf Antrag des Arbeitgebers von der Versicherungspflicht befreit waren und denen für den Fall ihres Ausscheidens aus der Beschäftigung auf Grund des Beschäftigungsverhältnisses eine lebenslängliche Versorgung oder an deren Stelle eine Abfindung zusteht oder die in der gesetzlichen Rentenversicherung nachzuversichern sind oder

   b) nicht der gesetzlichen Rentenversicherungspflicht unterliegen, eine Berufstätigkeit ausgeübt und im Zusammenhang damit auf Grund vertrag-

---

[1] § 10 Abs. 2 Satz 2 neu gef., Satz 3 aufgeh., Abs. 2a neu gef., Abs. 2b eingef. mWv VZ 2019 durch G v. 20.11.2019 (BGBl. I S. 1626).
[2] § 10 Abs. 3 Satz 1 und Satz 7 geänd. mWv VZ 2015 durch G v. 22.12.2014 (BGBl. I S. 2417); Satz 6 neu gef. mWv VZ 2023 durch G v. 16.12.2022 (BGBl. I S. 2294).

licher Vereinbarungen Anwartschaftsrechte auf eine Altersversorgung erworben haben, oder

2. Einkünfte im Sinne des § 22 Nummer 4 erzielen und die ganz oder teilweise ohne eigene Beitragsleistung einen Anspruch auf Altersversorgung erwerben,

um den Betrag zu kürzen, der, bezogen auf die Einnahmen aus der Tätigkeit, die die Zugehörigkeit zum genannten Personenkreis begründen, dem Gesamtbeitrag (Arbeitgeber- und Arbeitnehmeranteil) zur allgemeinen Rentenversicherung entspricht. [4]Im Kalenderjahr 2013 sind 76 Prozent[1] der nach den Sätzen 1 bis 3 ermittelten Vorsorgeaufwendungen anzusetzen. [5]Der sich danach ergebende Betrag, vermindert um den nach § 3 Nummer 62 steuerfreien Arbeitgeberanteil zur gesetzlichen Rentenversicherung und einen diesem gleichgestellten steuerfreien Zuschuss des Arbeitgebers, ist als Sonderausgabe abziehbar. [6]Der Prozentsatz in Satz 4 erhöht sich in den folgenden Kalenderjahren bis zum Kalenderjahr *2025 um je 2 Prozentpunkte je Kalenderjahr* [*ab VZ 2023:* 2022 um je 2 Prozentpunkte je Kalenderjahr; ab dem Kalenderjahr 2023 beträgt er 100 Prozent]. [7]Beiträge nach § 168 Absatz 1 Nummer 1b oder 1c oder nach § 172 Absatz 3 oder 3a des Sechsten Buches Sozialgesetzbuch vermindern den abziehbaren Betrag nach Satz 5 nur, wenn der Steuerpflichtige die Hinzurechnung dieser Beiträge zu den Vorsorgeaufwendungen nach Absatz 1 Nummer 2 Satz 7[2] beantragt hat.

(4) [1]Vorsorgeaufwendungen im Sinne des Absatzes 1 Nummer 3 und 3a können je Kalenderjahr insgesamt bis 2800 Euro abgezogen werden. [2]Der Höchstbetrag beträgt 1900 Euro bei Steuerpflichtigen, die ganz oder teilweise ohne eigene Aufwendungen einen Anspruch auf vollständige oder teilweise Erstattung oder Übernahme von Krankheitskosten haben oder für deren Krankenversicherung Leistungen im Sinne des § 3 Nummer 9, 14, 57 oder 62 erbracht werden. [3]Bei zusammen veranlagten Ehegatten bestimmt sich der gemeinsame Höchstbetrag aus der Summe der jedem Ehegatten unter den Voraussetzungen von Satz 1 und 2 zustehenden Höchstbeträge. [4]Übersteigen die Vorsorgeaufwendungen im Sinne des Absatzes 1 Nummer 3 die nach den Sätzen 1 bis 3 zu berücksichtigenden Vorsorgeaufwendungen, sind diese abzuziehen und ein Abzug von Vorsorgeaufwendungen im Sinne des Absatzes 1 Nummer 3a scheidet aus.

(4a)[3] [1]Ist in den Kalenderjahren 2013 bis 2019 der Abzug der Vorsorgeaufwendungen nach Absatz 1 Nummer 2 Buchstabe a, Absatz 1 Nummer 3 und Nummer 3a in der für das Kalenderjahr 2004 geltenden Fassung des § 10 Absatz 3[4] mit folgenden Höchstbeträgen für den Vorwegabzug

---

[1] Geänd. mWv VZ 2013 durch G v. 24.6.2013 (BGBl. I S. 1667).
[2] Verweis geänd. durch G v. 24.6.2013 (BGBl. I S. 1667).
[3] § 10 Abs. 4a geänd., Tabelle Zeilen der Kalenderjahre 2005 bis 2012 aufgeh. mWv VZ 2013 durch G v. 24.6.2013 (BGBl. I S. 1667).
[4] **§ 10 Abs. 3 in der für das Kj. 2004 geltenden Fassung hat folgenden Wortlaut:**
„(3) Für Vorsorgeaufwendungen gelten je Kalenderjahr folgende Höchstbeträge:
1. ein Grundhöchstbetrag von .... 1334 Euro,
im Fall der Zusammenveranlagung von Ehegatten von .... 2668 Euro;
(Fortsetzung der Fußnote nächste Seite)

Kalenderjahr	Vorwegabzug für den Steuerpflichtigen	Vorwegabzug im Fall der Zusammenveranlagung von Ehegatten
2013	2100	4200
2014	1800	3600
2015	1500	3000
2016	1200	2400
2017	900	1800
2018	600	1200
2019	300	600

zuzüglich des Erhöhungsbetrags nach Satz 3 günstiger, ist der sich danach ergebende Betrag anstelle des Abzugs nach Absatz 3 und 4 anzusetzen. ²Mindestens ist bei Anwendung des Satzes 1 der Betrag anzusetzen, der sich ergeben würde, wenn zusätzlich noch die Vorsorgeaufwendungen nach Absatz 1 Nummer 2 Buchstabe b in die Günstigerprüfung einbezogen werden würden; der Erhöhungsbetrag nach Satz 3 ist nicht hinzuzurechnen. ³Erhöhungsbetrag sind die Beiträge nach Absatz 1 Nummer 2 Buchstabe b, soweit sie nicht den um die Beiträge nach Absatz 1 Nummer 2 Buchstabe a und den nach § 3 Nummer 62 steuerfreien Arbeitgeberanteil zur gesetzlichen Rentenversicherung und einen diesem gleichgestellten steuerfreien Zuschuss verminderten Höchstbetrag nach Absatz 3 Satz 1 bis 3 überschreiten; Absatz 3 Satz 4 und 6 gilt entsprechend.

(4b)[1] ¹Erhält der Steuerpflichtige für die von ihm für einen anderen Veranlagungszeitraum geleisteten Aufwendungen im Sinne des Satzes 2 einen steuerfreien Zuschuss, ist dieser den erstatteten Aufwendungen gleichzustellen. ²Übersteigen bei den Sonderausgaben nach Absatz 1 Nummer 2 bis 3a die im Veranlagungszeitraum erstatteten Aufwendungen die geleisteten Aufwendungen (Erstattungsüberhang), ist der Erstattungsüberhang mit anderen im Rahmen der jeweiligen Nummer anzusetzenden Aufwendungen zu verrechnen. ³Ein verbleibender Betrag des sich bei den Aufwendungen nach Absatz 1

(Fortsetzung Fußnote)

2. ein Vorwegabzug von   3068 Euro,
    im Fall der Zusammenveranlagung von Ehegatten von   6136 Euro.
    ²Diese Beträge sind zu kürzen um 16 vom Hundert der Summe der Einnahmen
    a) aus nichtselbständiger Arbeit im Sinne des § 19 ohne Versorgungsbezüge im Sinne des § 19 Abs. 2, wenn für die Zukunftssicherung des Steuerpflichtigen Leistungen im Sinne des § 3 Nr. 62 erbracht werden oder der Steuerpflichtige zum Personenkreis des § 10c Abs. 3 Nr. 1 oder 2 gehört, und
    b) aus der Ausübung eines Mandats im Sinne des § 22 Nr. 4;
3. für Beiträge nach Abs. 1 Nr. 2 Buchstabe c ein zusätzlicher Höchstbetrag von 184 Euro für Steuerpflichtige, die nach dem 31. Dezember 1957 geboren sind;
4. Vorsorgeaufwendungen, die die nach den Nummern 1 bis 3 abziehbaren Beträge übersteigen, können zur Hälfte, höchstens bis zu 50 vom Hundert des Grundhöchstbetrags abgezogen werden (hälftiger Höchstbetrag)."
[1] § 10 Abs. 4b eingef. mWv VZ 2012 durch G v. 1.11.2011 (BGBl. I S. 2131); Sätze 4 bis 6 angef. mWv VZ 2016 (§ 52 Abs. 18 Satz 5) durch G v. 26.6.2013 (BGBl. I S. 1809); Sätze 4 bis 6 geänd. mWv 1.1.2017 durch G v. 18.7.2016 (BGBl. I S. 1679).

Nummer 3 und 4 ergebenden Erstattungsüberhangs ist dem Gesamtbetrag der Einkünfte hinzuzurechnen. ⁴Nach Maßgabe des § 93c der Abgabenordnung¹⁾ haben Behörden im Sinne des § 6 Absatz 1 der Abgabenordnung und andere öffentliche Stellen, die einem Steuerpflichtigen für die von ihm geleisteten Beiträge im Sinne des Absatzes 1 Nummer 2, 3 und 3a steuerfreie Zuschüsse gewähren oder Vorsorgeaufwendungen im Sinne dieser Vorschrift erstatten, als mitteilungspflichtige Stellen, neben den nach § 93c Absatz 1 der Abgabenordnung erforderlichen Angaben, die zur Gewährung und Prüfung des Sonderausgabenabzugs nach § 10 erforderlichen Daten an die zentrale Stelle zu übermitteln. ⁵§ 22a Absatz 2 gilt entsprechend. ⁶§ 72a Absatz 4 und § 93c Absatz 4 der Abgabenordnung finden keine Anwendung.

*[Fassung bis VZ 2009:]*²⁾

(5) Nach Maßgabe einer Rechtsverordnung ist eine Nachversteuerung durchzuführen bei Versicherungen im Sinne des Absatzes 1 Nummer 3 Buchstabe b, wenn die Voraussetzungen für den Sonderausgabenabzug nach Absatz 2 Satz 2 in der am 31. Dezember 2004 geltenden Fassung nicht erfüllt sind.

[Fassung ab VZ 2010:]

(5) Durch Rechtsverordnung³⁾ wird bezogen auf den Versicherungstarif bestimmt, wie der nicht abziehbare Teil der Beiträge zum Erwerb eines Krankenversicherungsschutzes im Sinne des Absatzes 1 Nummer 3 Buchstabe a Satz 3 durch einheitliche prozentuale Abschläge auf die zugunsten des jeweiligen Tarifs gezahlte Prämie zu ermitteln ist, soweit der nicht abziehbare Beitragsteil nicht bereits als gesonderter Tarif oder Tarifbaustein ausgewiesen wird.

(6)⁴⁾ Absatz 1 Nummer 2 Buchstabe b Doppelbuchstabe aa ist für Vertragsabschlüsse vor dem 1. Januar 2012 mit der Maßgabe anzuwenden, dass der Vertrag die Zahlung der Leibrente nicht vor der Vollendung des 60. Lebensjahres vorsehen darf.

§ 10a⁵⁾ Zusätzliche Altersvorsorge. (1)⁶⁾ ¹In der inländischen gesetzlichen Rentenversicherung Pflichtversicherte können Altersvorsorgebeiträge (§ 82) zuzüglich der dafür nach Abschnitt XI zustehenden Zulage jährlich bis zu 2100 Euro als Sonderausgaben abziehen; das Gleiche gilt für

1. Empfänger von inländischer Besoldung nach dem Bundesbesoldungsgesetz oder einem Landesbesoldungsgesetz,

---

¹⁾ Nr. **800**.
²⁾ Zur Weitergeltung siehe § 52 Abs. 18 Satz 6.
³⁾ Vgl. Krankenversicherungsbeitragsanteil-Ermittlungsverordnung (KVBEVO) vom 11.8. 2009 (BGBl. I S. 2730) in der jeweils geltenden Fassung.
⁴⁾ § 10 Abs. 6 angef. mWv VZ 2014 durch G v. 25.7.2014 (BGBl. I S. 1266); Satz 2 aufgeh. mWv 1.1.2019 durch G v. 20.11.2019 (BGBl. I S. 1626).
⁵⁾ Zur Anwendung siehe Abs. 6.
⁶⁾ § 10a Abs. 1 Satz 1 geänd. durch G v. 8.4.2010 (BGBl. I S. 386); Satz 1 geänd. mWv VZ 2019 durch G v. 17.8.2017 (BGBl. I S. 3214); Satz 1 geänd. mWv VZ 2019 durch G v. 20.11.2019 (BGBl. I S. 1626).

2. Empfänger von Amtsbezügen aus einem inländischen Amtsverhältnis, deren Versorgungsrecht die entsprechende Anwendung des § 69e Absatz 3 und 4 des Beamtenversorgungsgesetzes vorsieht,

3. die nach § 5 Absatz 1 Satz 1 Nummer 2 und 3 des Sechsten Buches Sozialgesetzbuch versicherungsfrei Beschäftigten, die nach § 6 Absatz 1 Satz 1 Nummer 2 oder nach § 230 Absatz 2 Satz 2 des Sechsten Buches Sozialgesetzbuch von der Versicherungspflicht befreiten Beschäftigten, deren Versorgungsrecht die entsprechende Anwendung des § 69e Absatz 3 und 4 des Beamtenversorgungsgesetzes vorsieht,

4. Beamte, Richter, Berufssoldaten und Soldaten auf Zeit, die ohne Besoldung beurlaubt sind, für die Zeit einer Beschäftigung, wenn während der Beurlaubung die Gewährleistung einer Versorgungsanwartschaft unter den Voraussetzungen des § 5 Absatz 1 Satz 1 des Sechsten Buches Sozialgesetzbuch auf diese Beschäftigung erstreckt wird, und

5. Steuerpflichtige im Sinne der Nummern 1 bis 4, die beurlaubt sind und deshalb keine Besoldung, Amtsbezüge oder Entgelt erhalten, sofern sie eine Anrechnung von Kindererziehungszeiten nach § 56 des Sechsten Buches Sozialgesetzbuch in Anspruch nehmen könnten, wenn die Versicherungsfreiheit in der inländischen gesetzlichen Rentenversicherung nicht bestehen würde,

wenn sie spätestens bis zum Ablauf des Beitragsjahres (§ 88) gegenüber der zuständigen Stelle (§ 81a) schriftlich eingewilligt haben, dass diese der zentralen Stelle (§ 81) jährlich mitteilt, dass der Steuerpflichtige zum begünstigten Personenkreis gehört, dass die zuständige Stelle der zentralen Stelle die für die Ermittlung des Mindesteigenbeitrags (§ 86) und die Gewährung der Kinderzulage (§ 85) erforderlichen Daten übermittelt und die zentrale Stelle diese Daten für das Zulageverfahren verarbeiten darf. ²Bei der Erteilung der Einwilligung ist der Steuerpflichtige darauf hinzuweisen, dass er die Einwilligung vor Beginn des Kalenderjahres, für das sie erstmals nicht mehr gelten soll, gegenüber der zuständigen Stelle widerrufen kann.

[bis VZ 2012:][1]	*[ab VZ 2013:]*[2]
³Versicherungspflichtige nach dem Gesetz über die Alterssicherung der Landwirte stehen Pflichtversicherten gleich; dies gilt auch für Personen, die eine Anrechnungszeit nach § 58 Absatz 1 Nummer 3 oder Nummer 6 des Sechsten Buches Sozialgesetzbuch in der gesetzlichen Rentenversicherung erhalten und unmittelbar vor der Arbeitslosigkeit einer der in Satz 1 oder der im ersten Halbsatz	³Versicherungspflichtige nach dem Gesetz über die Alterssicherung der Landwirte stehen Pflichtversicherten gleich; dies gilt auch für Personen, die
	1. eine Anrechnungszeit nach § 58 Absatz 1 Nummer 3 oder Nummer 6 des Sechsten Buches Sozialgesetzbuch in der gesetzlichen Rentenversicherung erhalten und

---

[1] § 10a Abs. 1 Satz 3 neu gef. mWv VZ 2011 (Art. 32 Abs. 5 des JStG 2010) durch G v. 8.12.2010 (BGBl. I S. 1768).

[2] § 10a Abs. 1 Satz 3 neu gef. mWv VZ 2013 durch G v. 24.6.2013 (BGBl. I S. 1667).

[bis VZ 2012:]
genannten begünstigten Personen-gruppen angehörten.

[ab VZ 2013:]
2. unmittelbar vor einer Anrechnungszeit nach § 58 Absatz 1 Nummer 3 oder Nummer 6 des Sechsten Buches Sozialgesetzbuch einer der im ersten Halbsatz, in Satz 1 oder in Satz 4 genannten begünstigten Personengruppen angehörten.

⁴Die Sätze 1 und 2 gelten entsprechend für Steuerpflichtige, die nicht zum begünstigten Personenkreis nach Satz 1 oder 3 gehören und eine Rente wegen voller Erwerbsminderung oder Erwerbsunfähigkeit oder eine Versorgung wegen Dienstunfähigkeit aus einem der in Satz 1 oder 3 genannten Alterssicherungssysteme beziehen, wenn unmittelbar vor dem Bezug der entsprechenden Leistungen der Leistungsbezieher einer der in Satz 1 oder 3 genannten begünstigten Personengruppen angehörte; dies gilt nicht, wenn der Steuerpflichtige das 67. Lebensjahr vollendet hat. ⁵Bei der Ermittlung der dem Steuerpflichtigen zustehenden Zulage nach Satz 1 bleibt die Erhöhung der Grundzulage nach § 84 Satz 2 außer Betracht.

[ab VZ 2023:

(1a)¹⁾ ¹Steuerpflichtige, die eine Kinderzulage für ein Kind beantragen, das im Beitragsjahr sein viertes Lebensjahr noch nicht vollendet hat und für das gegenüber dem Steuerpflichtigen oder seinem Ehegatten Kindergeld festgesetzt worden ist, stehen einem in der inländischen gesetzlichen Rentenversicherung Pflichtversicherten gleich, wenn eine Anrechnung von Kindererziehungszeiten nach § 56 des Sechsten Buches Sozialgesetzbuch nur auf Grund eines fehlenden oder noch nicht beschiedenen Antrags auf Berücksichtigung von Kindererziehungszeiten bislang nicht erfolgt ist. ²Voraussetzung ist, dass der Steuerpflichtige spätestens am Tag nach der Vollendung des vierten Lebensjahres des Kindes die Kindererziehungszeiten beim zuständigen Träger der gesetzlichen Rentenversicherung beantragt. ³Werden die Kindererziehungszeiten vom Träger der gesetzlichen Rentenversicherung nicht anerkannt, entfällt rückwirkend die Förderberechtigung nach Satz 1. ⁴Wurde das Kind am 1. Januar geboren, gilt Satz 1 mit der Maßgabe, dass das fünfte Lebensjahr noch nicht vollendet sein darf.]

(1b)¹⁾ ¹Sofern eine Zulagenummer (§ 90 Absatz 1 Satz 2) durch die zentrale Stelle oder eine Versicherungsnummer nach § 147 des Sechsten Buches Sozialgesetzbuch noch nicht vergeben ist, haben die in Absatz 1 Satz 1 Nummer 1 bis 5 genannten Steuerpflichtigen über die zuständige Stelle eine Zulagenummer bei der zentralen Stelle zu beantragen. ²Für Empfänger einer Versorgung im Sinne des Absatzes 1 Satz 4 gilt Satz 1 entsprechend.

(2) ¹Ist der Sonderausgabenabzug nach Absatz 1 für den Steuerpflichtigen günstiger als der Anspruch auf die Zulage nach Abschnitt XI, erhöht sich die

---

¹⁾ § 10a Abs. 1a eingef., bish. Abs. 1a wird 1b mWv VZ 2023 durch G v. 16.12.2022 (BGBl. I S. 2294).

unter Berücksichtigung des Sonderausgabenabzugs ermittelte tarifliche Einkommensteuer um den Anspruch auf Zulage. ²In den anderen Fällen scheidet der Sonderausgabenabzug aus. ³Die Günstigerprüfung wird von Amts wegen vorgenommen.

(2a)[1] *(aufgehoben)*

(3)[2] ¹Der Abzugsbetrag nach Absatz 1 steht im Fall der Veranlagung von Ehegatten nach § 26 Absatz 1 jedem Ehegatten unter den Voraussetzungen des Absatzes 1 gesondert zu. ²Gehört nur ein Ehegatte zu dem nach Absatz 1 begünstigten Personenkreis und ist der andere Ehegatte nach § 79 Satz 2 zulageberechtigt, sind bei dem nach Absatz 1 abzugsberechtigten Ehegatten die von beiden Ehegatten geleisteten Altersvorsorgebeiträge und die dafür zustehenden Zulagen bei der Anwendung der Absätze 1 und 2 zu berücksichtigen. ³Der Höchstbetrag nach Absatz 1 Satz 1 erhöht sich in den Fällen des Satzes 2 um 60 Euro. ⁴Dabei sind die von dem Ehegatten, der zu dem nach Absatz 1 begünstigten Personenkreis gehört, geleisteten Altersvorsorgebeiträge vorrangig zu berücksichtigen, jedoch mindestens 60 Euro der von dem anderen Ehegatten geleisteten Altersvorsorgebeiträge. ⁵Gehören beide Ehegatten zu dem nach Absatz 1 begünstigten Personenkreis und liegt ein Fall der Veranlagung nach § 26 Absatz 1 vor, ist bei der Günstigerprüfung nach Absatz 2 der Anspruch auf Zulage beider Ehegatten anzusetzen.

(4) ¹Im Fall des Absatzes 2 Satz 1 stellt das Finanzamt die über den Zulageanspruch nach Abschnitt XI hinausgehende Steuerermäßigung gesondert fest und teilt diese der zentralen Stelle (§ 81) mit; § 10d Absatz 4 Satz 3 bis 5 gilt entsprechend. ²Sind Altersvorsorgebeiträge zugunsten von mehreren Verträgen geleistet worden, erfolgt die Zurechnung im Verhältnis der nach Absatz 1 berücksichtigten Altersvorsorgebeiträge. ³Ehegatten ist der nach Satz 1 festzustellende Betrag auch im Fall der Zusammenveranlagung jeweils getrennt zuzurechnen; die Zurechnung erfolgt im Verhältnis der nach Absatz 1 berücksichtigten Altersvorsorgebeiträge. ⁴Werden Altersvorsorgebeiträge nach Absatz 3 Satz 2 berücksichtigt, die der nach § 79 Satz 2 zulageberechtigte Ehegatte zugunsten eines auf seinen Namen lautenden Vertrages geleistet hat, ist die hierauf entfallende Steuerermäßigung dem Vertrag zuzurechnen, zu dessen Gunsten die Altersvorsorgebeiträge geleistet wurden. ⁵Die Übermittlung an die zentrale Stelle erfolgt unter Angabe der Vertragsnummer und der Identifikationsnummer (§ 139b der Abgabenordnung) sowie der Zulage- oder Versicherungsnummer nach § 147 des Sechsten Buches Sozialgesetzbuch.

(5)[3] ¹Nach Maßgabe des § 93c der Abgabenordnung hat der Anbieter als mitteilungspflichtige Stelle auch unter Angabe der Vertragsdaten die Höhe der im jeweiligen Beitragsjahr zu berücksichtigenden Altersvorsorgebeiträge sowie die Zulage- oder die Versicherungsnummer nach § 147 des Sechsten Buches Sozialgesetzbuch an die zentrale Stelle zu übermitteln. ²§ 22a Absatz 2 gilt

---

[1] § 10a Abs. 2a aufgeh. mWv VZ 2019 durch G v. 20.11.2019 (BGBl. I S. 1626).
[2] § 10a Abs. 3 Sätze 3 und 4 eingef., bish. Satz 3 wird Satz 5 mWv VZ 2012 durch G v. 7.12.2011 (BGBl. I S. 2592).
[3] § 10a Abs. 5 Sätze 1 und 2 neu gef. mWv VZ 2019 durch G v. 20.11.2019 (BGBl. I S. 1626).

entsprechend. ³Die Übermittlung muss auch dann erfolgen, wenn im Fall der mittelbaren Zulageberechtigung keine Altersvorsorgebeiträge geleistet worden sind. ⁴§ 72a Absatz 4 der Abgabenordnung findet keine Anwendung. ⁵Die übrigen Voraussetzungen für den Sonderausgabenabzug nach den Absätzen 1 bis 3 werden im Wege der Datenerhebung und des automatisierten Datenabgleichs nach § 91 überprüft. ⁶Erfolgt eine Datenübermittlung nach Satz 1 und wurde noch keine Zulagenummer (§ 90 Absatz 1 Satz 2) durch die zentrale Stelle oder keine Versicherungsnummer nach § 147 des Sechsten Buches Sozialgesetzbuch vergeben, gilt § 90 Absatz 1 Satz 2 und 3 entsprechend.

(6)¹⁾ ¹Für die Anwendung der Absätze 1 bis 5 stehen den in der inländischen gesetzlichen Rentenversicherung Pflichtversicherten nach Absatz 1 Satz 1 die Pflichtmitglieder in einem ausländischen gesetzlichen Alterssicherungssystem gleich, wenn diese Pflichtmitgliedschaft

1. mit einer Pflichtmitgliedschaft in einem inländischen Alterssicherungssystem nach Absatz 1 Satz 1 oder 3 vergleichbar ist und

2. vor dem 1. Januar 2010 begründet wurde.

²Für die Anwendung der Absätze 1 bis 5 stehen den Steuerpflichtigen nach Absatz 1 Satz 4 die Personen gleich,

1. die aus einem ausländischen gesetzlichen Alterssicherungssystem eine Leistung erhalten, die den in Absatz 1 Satz 4 genannten Leistungen vergleichbar ist,

2. die unmittelbar vor dem Bezug der entsprechenden Leistung nach Satz 1 oder Absatz 1 Satz 1 oder 3 begünstigt waren und

3. die noch nicht das 67. Lebensjahr vollendet haben.

³Als Altersvorsorgebeiträge (§ 82) sind bei den in Satz 1 oder 2 genannten Personen nur diejenigen Beiträge zu berücksichtigen, die vom Abzugsberechtigten zugunsten seines vor dem 1. Januar 2010 abgeschlossenen Vertrags geleistet wurden. ⁴Endet die unbeschränkte Steuerpflicht eines Zulageberechtigten im Sinne des Satzes 1 oder 2 durch Aufgabe des inländischen Wohnsitzes oder gewöhnlichen Aufenthalts und wird die Person nicht nach § 1 Absatz 3 als unbeschränkt einkommensteuerpflichtig behandelt, so gelten die §§ 93 und 94 entsprechend; *§ 95 Absatz 2 und 3 und § 99 Absatz 1 in der am 31. Dezember 2008 geltenden Fassung sind* [*ab VZ 2023:* § 99 Absatz 1 in der am 31. Dezember 2008 geltenden Fassung ist] anzuwenden.

(7)²⁾ Soweit nichts anderes bestimmt ist, sind die Regelungen des § 10a und des Abschnitts XI in der für das jeweilige Beitragsjahr geltenden Fassung anzuwenden.

§ 10b³⁾ Steuerbegünstigte Zwecke. (1) ¹Zuwendungen (Spenden und Mitgliedsbeiträge) zur Förderung steuerbegünstigter Zwecke im Sinne der §§ 52 bis 54 der Abgabenordnung können insgesamt bis zu

---

¹⁾ § 10a Abs. 6 angef. mWv VZ 2014 durch G v. 25.7.2014 (BGBl. I S. 1266); Satz 4 HS 2 geänd. mWv VZ 2023 durch G v. 16.12.2022 (BGBl. I S. 2294).
²⁾ § 10a Abs. 7 angef. mWv 1.1.2018 durch G v. 17.8.2017 (BGBl. I S. 3214).
³⁾ § 10b Abs. 1 Sätze 1 und 2 ersetzt durch Sätze 1 bis 7; bish. Sätze 3 bis 5 werden Sätze 8 bis 10 durch G v. 8.4.2010 (BGBl. I S. 386).

1. 20 Prozent des Gesamtbetrags der Einkünfte oder

2. 4 Promille der Summe der gesamten Umsätze und der im Kalenderjahr aufgewendeten Löhne und Gehälter

als Sonderausgaben abgezogen werden. [2]Voraussetzung für den Abzug ist, dass diese Zuwendungen

1. an eine juristische Person des öffentlichen Rechts oder an eine öffentliche Dienststelle, die in einem Mitgliedstaat der Europäischen Union oder in einem Staat belegen ist, auf den das Abkommen über den Europäischen Wirtschaftsraum (EWR-Abkommen) Anwendung findet, oder

2. an eine nach § 5 Absatz 1 Nummer 9 des Körperschaftsteuergesetzes steuerbefreite Körperschaft, Personenvereinigung oder Vermögensmasse oder

3. an eine Körperschaft, Personenvereinigung oder Vermögensmasse, die in einem Mitgliedstaat der Europäischen Union oder in einem Staat belegen ist, auf den das Abkommen über den Europäischen Wirtschaftsraum (EWR-Abkommen) Anwendung findet, und die nach § 5 Absatz 1 Nummer 9 des Körperschaftsteuergesetzes in Verbindung mit § 5 Absatz 2 Nummer 2 zweiter Halbsatz des Körperschaftsteuergesetzes steuerbefreit wäre, wenn sie inländische Einkünfte erzielen würde,

geleistet werden. [3]Für nicht im Inland ansässige Zuwendungsempfänger nach Satz 2 ist weitere Voraussetzung, dass durch diese Staaten Amtshilfe und Unterstützung bei der Beitreibung geleistet werden. [4]Amtshilfe ist der Auskunftsaustausch im Sinne oder entsprechend der Amtshilferichtlinie gemäß § 2 Absatz 2 des EU-Amtshilfegesetzes.[1] [5]Beitreibung ist die gegenseitige Unterstützung bei der Beitreibung von Forderungen im Sinne oder entsprechend der Beitreibungsrichtlinie[2] einschließlich der in diesem Zusammenhang anzuwendenden Durchführungsbestimmungen in den für den jeweiligen Veranlagungszeitraum geltenden Fassungen oder eines entsprechenden Nachfolgerechtsaktes. [6]Werden die steuerbegünstigten Zwecke des Zuwendungsempfängers im Sinne von Satz 2 Nummer 1 nur im Ausland verwirklicht, ist für den Sonderausgabenabzug Voraussetzung, dass natürliche Personen, die ihren Wohnsitz oder ihren gewöhnlichen Aufenthalt im Geltungsbereich dieses Gesetzes haben, gefördert werden oder dass die Tätigkeit dieses Zuwendungsempfängers neben der Verwirklichung der steuerbegünstigten Zwecke auch zum Ansehen der Bundesrepublik Deutschland beitragen kann. [7]Abziehbar sind auch Mitgliedsbeiträge an Körperschaften, die Kunst und Kultur gemäß § 52 Absatz 2 Satz 1[3] Nummer 5 der Abgabenordnung fördern, soweit es sich nicht um Mitgliedsbeiträge nach Satz 8 Nummer 2 handelt, auch wenn den Mitgliedern Vergünstigungen gewährt werden. [8]Nicht abziehbar sind Mitgliedsbeiträge an Körperschaften,

1. die den Sport (§ 52 Absatz 2 Satz 1[3] Nummer 21 der Abgabenordnung),

2. die kulturelle Betätigungen, die in erster Linie der Freizeitgestaltung dienen,

---

[1] § 10b Abs. 1 Satz 4 geänd. mWv 1.1.2013 durch G v. 26.6.2013 (BGBl. I S. 1809).
[2] § 10b Abs. 1 Satz 5 geänd. durch G v. 7.12.2011 (BGBl. I S. 2592).
[3] Verweis geänd. durch G v. 8.12.2010 (BGBl. I S. 1768).

3. die Heimatpflege und Heimatkunde (§ 52 Absatz 2 Satz 1[1]) Nummer 22 der Abgabenordnung),

4. die Zwecke im Sinne des § 52 Absatz 2 Satz 1[1]) Nummer 23 der Abgabenordnung

fördern oder

5.[2]) deren Zweck nach § 52 Absatz 2 Satz 2 der Abgabenordnung für gemeinnützig erklärt worden ist, weil deren Zweck die Allgemeinheit auf materiellem, geistigem oder sittlichem Gebiet entsprechend einem Zweck nach den Nummern 1 bis 4 fördert.

[9] Abziehbare Zuwendungen, die die Höchstbeträge nach Satz 1 überschreiten oder die den um die Beträge nach § 10 Absatz 3 und 4, § 10c und § 10d verminderten Gesamtbetrag der Einkünfte übersteigen, sind im Rahmen der Höchstbeträge in den folgenden Veranlagungszeiträumen als Sonderausgaben abzuziehen. [10] § 10d Absatz 4 gilt entsprechend.

(1a)[3]) [1] Spenden zur Förderung steuerbegünstigter Zwecke im Sinne der §§ 52 bis 54 der Abgabenordnung in das zu erhaltende Vermögen (Vermögensstock) einer Stiftung, welche die Voraussetzungen des Absatzes 1 Satz 2 bis 6 erfüllt, können auf Antrag des Steuerpflichtigen im Veranlagungszeitraum der Zuwendung und in den folgenden neun Veranlagungszeiträumen bis zu einem Gesamtbetrag von 1 Million Euro, bei Ehegatten, die nach den §§ 26, 26b zusammen veranlagt werden, bis zu einem Gesamtbetrag von 2 Millionen Euro, zusätzlich zu den Höchstbeträgen nach Absatz 1 Satz 1 abgezogen werden. [2] Nicht abzugsfähig nach Satz 1 sind Spenden in das verbrauchbare Vermögen einer Stiftung. [3] Der besondere Abzugsbetrag nach Satz 1 bezieht sich auf den gesamten Zehnjahreszeitraum und kann der Höhe nach innerhalb dieses Zeitraums nur einmal in Anspruch genommen werden. [4] § 10d Absatz 4 gilt entsprechend.

(2)[4]) [1] Zuwendungen an politische Parteien im Sinne des § 2 des Parteiengesetzes sind, sofern die jeweilige Partei nicht gemäß § 18 Absatz 7 des Parteiengesetzes von der staatlichen Teilfinanzierung ausgeschlossen ist, bis zur Höhe von insgesamt 1650 Euro und im Fall der Zusammenveranlagung von Ehegatten bis zur Höhe von insgesamt 3300 Euro im Kalenderjahr abzugsfähig. [2] Sie können nur insoweit als Sonderausgaben abgezogen werden, als für sie nicht eine Steuerermäßigung nach § 34g gewährt worden ist.

(3)[5]) [1] Als Zuwendung im Sinne dieser Vorschrift gilt auch die Zuwendung von Wirtschaftsgütern mit Ausnahme von Nutzungen und Leistungen. [2] Ist das Wirtschaftsgut unmittelbar vor seiner Zuwendung einem Betriebsvermö-

---

[1]) Verweis geänd. durch G v. 8.12.2010 (BGBl. I S. 1768).

[2]) § 10b Abs. 1 Satz 8 Nr. 5 angef. durch G v. 12.12.2019 (BGBl. I S. 2451); zur Anwendung siehe § 52 Abs. 18a.

[3]) § 10b Abs. 1a Satz 1 geänd., Satz 2 eingef., bish. Sätze 2 und 3 werden Sätze 3 und 4 mWv VZ 2013 (siehe PM Nr. 19 des BMF v. 1.3.2013) durch G v. 21.3.2013 (BGBl. I S. 556).

[4]) § 10b Abs. 2 Satz 1 geänd. mWv 29.7.2017 durch G v. 18.7.2017 (BGBl. I S. 2730).

[5]) § 10b Abs. 3 Satz 2 geänd. mWv VZ 2013 (siehe PM Nr. 19 des BMF v. 1.3.2013) durch G v. 21.3.2013 (BGBl. I S. 556).

gen entnommen worden, so bemisst sich die Zuwendungshöhe nach dem Wert, der bei der Entnahme angesetzt wurde und nach der Umsatzsteuer, die auf die Entnahme entfällt. ³Ansonsten bestimmt sich die Höhe der Zuwendung nach dem gemeinen Wert des zugewendeten Wirtschaftsguts, wenn dessen Veräußerung im Zeitpunkt der Zuwendung keinen Besteuerungstatbestand erfüllen würde. ⁴In allen übrigen Fällen dürfen bei der Ermittlung der Zuwendungshöhe die fortgeführten Anschaffungs- oder Herstellungskosten nur überschritten werden, soweit eine Gewinnrealisierung stattgefunden hat. ⁵Aufwendungen zugunsten einer Körperschaft, die zum Empfang steuerlich abziehbarer Zuwendungen berechtigt ist, können nur abgezogen werden, wenn ein Anspruch auf die Erstattung der Aufwendungen durch Vertrag oder Satzung eingeräumt und auf die Erstattung verzichtet worden ist. ⁶Der Anspruch darf nicht unter der Bedingung des Verzichts eingeräumt worden sein.

(4) ¹Der Steuerpflichtige darf auf die Richtigkeit der Bestätigung über Spenden und Mitgliedsbeiträge vertrauen, es sei denn, dass er die Bestätigung durch unlautere Mittel oder falsche Angaben erwirkt hat oder dass ihm die Unrichtigkeit der Bestätigung bekannt oder infolge grober Fahrlässigkeit nicht bekannt war. ²Wer vorsätzlich oder grob fahrlässig eine unrichtige Bestätigung ausstellt oder veranlasst, dass Zuwendungen nicht zu den in der Bestätigung angegebenen steuerbegünstigten Zwecken verwendet werden, haftet für die entgangene Steuer. ³Diese ist mit 30 Prozent des zugewendeten Betrags anzusetzen. ⁴In den Fällen des Satzes 2 zweite Alternative (Veranlasserhaftung) ist vorrangig der Zuwendungsempfänger in Anspruch zu nehmen; die in diesen Fällen für den Zuwendungsempfänger handelnden natürlichen Personen sind nur in Anspruch zu nehmen, wenn die entgangene Steuer nicht nach § 47 der Abgabenordnung erloschen ist und Vollstreckungsmaßnahmen gegen den Zuwendungsempfänger nicht erfolgreich sind.[1] ⁵Die Festsetzungsfrist für Haftungsansprüche nach Satz 2 läuft nicht ab, solange die Festsetzungsfrist für die vom Empfänger der Zuwendung geschuldete Körperschaftsteuer für den Veranlagungszeitraum nicht abgelaufen ist, in dem die unrichtige Bestätigung ausgestellt worden ist oder veranlasst wurde, dass die Zuwendung nicht zu den in der Bestätigung angegebenen steuerbegünstigten Zwecken verwendet worden ist; § 191 Absatz 5 der Abgabenordnung ist nicht anzuwenden.

§ 10c[2] Sonderausgaben-Pauschbetrag. ¹Für Sonderausgaben nach § 10 Absatz 1 Nummer 4, 5, 7 und 9 sowie Absatz 1a[3] und nach § 10b wird ein Pauschbetrag von 36 Euro abgezogen (Sonderausgaben-Pauschbetrag), wenn der Steuerpflichtige nicht höhere Aufwendungen nachweist. ²Im Fall der Zusammenveranlagung von Ehegatten verdoppelt sich der Sonderausgaben-Pauschbetrag.

---

[1] § 10b Abs. 4 Satz 4 geänd. durch G v. 8.4.2010 (BGBl. I S. 386).

[2] § 10c neu gef. mWv VZ 2010 durch G v. 16.7.2009 (BGBl. I S. 1959).

[3] Verweis geänd. mWv VZ 2012 durch G v. 1.11.2011 (BGBl. I S. 2131); geänd. mWv VZ 2014 durch G v. 25.7.2014 (BGBl. I S. 1266); geänd. mWv VZ 2015 durch G v. 22.12.2014 (BGBl. I S. 2417).

§ 10d[1]) Verlustabzug.

[Fassung VZ 2020–2023:]

(1) [1]Negative Einkünfte, die bei der Ermittlung des Gesamtbetrags der Einkünfte nicht ausgeglichen werden, sind bis zu einem Betrag von 10 000 000 Euro, bei Ehegatten, die nach den §§ 26, 26b zusammenveranlagt werden, bis zu einem Betrag von 20 000 000 Euro vom Gesamtbetrag der Einkünfte des unmittelbar vorangegangenen Veranlagungszeitraums vorrangig vor Sonderausgaben, außergewöhnlichen Belastungen und sonstigen Abzugsbeträgen abzuziehen (Verlustrücktrag).

[Fassung ab VZ 2024:]

(1) [1]Negative Einkünfte, die bei der Ermittlung des Gesamtbetrags der Einkünfte nicht ausgeglichen werden, sind bis zu einem Betrag von 1 000 000 Euro, bei Ehegatten, die nach den §§ 26, 26b zusammenveranlagt werden, bis zu einem Betrag von 2 000 000 Euro vom Gesamtbetrag der Einkünfte des unmittelbar vorangegangenen Veranlagungszeitraums vorrangig vor Sonderausgaben, außergewöhnlichen Belastungen und sonstigen Abzugsbeträgen abzuziehen (Verlustrücktrag).

[2]Soweit ein Ausgleich der negativen Einkünfte nach Satz 1 nicht möglich ist, sind diese vom Gesamtbetrag der Einkünfte des zweiten dem Veranlagungszeitraum vorangegangenen Veranlagungszeitraums vorrangig vor Sonderausgaben, außergewöhnlichen Belastungen und sonstigen Abzugbeträgen abzuziehen. [3]Dabei wird der Gesamtbetrag der Einkünfte des unmittelbar vorangegangenen Veranlagungszeitraums und des zweiten dem Veranlagungszeitraum vorangegangenen Veranlagungszeitraums um die Begünstigungsbeträge nach § 34a Absatz 3 Satz 1 gemindert. [4]Ist für den unmittelbar vorangegangenen Veranlagungszeitraum oder den zweiten dem Veranlagungszeitraum vorangegangenen Veranlagungszeitraum bereits ein Steuerbescheid erlassen worden, so ist er insoweit zu ändern, als der Verlustrücktrag zu gewähren oder zu berichtigen ist. [5]Das gilt auch dann, wenn der Steuerbescheid unanfechtbar geworden ist; die Festsetzungsfrist endet insoweit nicht, bevor die Festsetzungsfrist für den Veranlagungszeitraum abgelaufen ist, in dem die negativen Einkünfte nicht ausgeglichen werden. [6]Auf Antrag des Steuerpflichtigen ist von der Anwendung des Verlustrücktrags nach den Sätzen 1 und 2 insgesamt abzusehen.

(2) [1]Nicht ausgeglichene negative Einkünfte, die nicht nach Absatz 1 abgezogen worden sind, sind in den folgenden Veranlagungszeiträumen bis zu einem Gesamtbetrag der Einkünfte von 1 Million Euro unbeschränkt, darüber hinaus bis zu 60 Prozent des 1 Million Euro übersteigenden Gesamtbetrags der Einkünfte vorrangig vor Sonderausgaben, außergewöhnlichen Belastungen und sonstigen Abzugsbeträgen abzuziehen (Verlustvortrag). [2]Bei Ehegatten, die nach den §§ 26, 26b zusammenveranlagt werden, tritt an die Stelle des Betrags von 1 Million Euro ein Betrag von 2 Millionen Euro. [3]Der Abzug ist nur insoweit zulässig, als die Verluste nicht nach Absatz 1 abgezogen worden sind und in den vorangegangenen Veranlagungszeiträumen nicht nach Satz 1 und 2 abgezogen werden konnten.

---

[1]) § 10d Abs. 1 neu gef. mWv VZ 2022 (§ 52 Abs. 18b Satz 2), Abs. 1 Satz 1 neu gef. mWv VZ 2024 (§ 52 Abs. 18b Satz 3) durch G v. 19.6.2022 (BGBl. I S. 911).

(3) (weggefallen)

(4)[1] [1]Der am Schluss eines Veranlagungszeitraums verbleibende Verlustvortrag ist gesondert festzustellen. [2]Verbleibender Verlustvortrag sind die bei der Ermittlung des Gesamtbetrags der Einkünfte nicht ausgeglichenen negativen Einkünfte, vermindert um die nach Absatz 1 abgezogenen und die nach Absatz 2 abziehbaren Beträge und vermehrt um den auf den Schluss des vorangegangenen Veranlagungszeitraums festgestellten verbleibenden Verlustvortrag. [3]Zuständig für die Feststellung ist das für die Besteuerung zuständige Finanzamt. [4]Bei der Feststellung des verbleibenden Verlustvortrags sind die Besteuerungsgrundlagen so zu berücksichtigen, wie sie den Steuerfestsetzungen des Veranlagungszeitraums, auf dessen Schluss der verbleibende Verlustvortrag festgestellt wird, und des Veranlagungszeitraums, in dem ein Verlustrücktrag vorgenommen werden kann, zu Grunde gelegt worden sind; § 171 Absatz 10, § 175 Absatz 1 Satz 1 Nummer 1 und § 351 Absatz 2 der Abgabenordnung sowie § 42 der Finanzgerichtsordnung gelten entsprechend. [5]Die Besteuerungsgrundlagen dürfen bei der Feststellung nur insoweit abweichend von Satz 4 berücksichtigt werden, wie die Aufhebung, Änderung oder Berichtigung der Steuerbescheide ausschließlich mangels Auswirkung auf die Höhe der festzusetzenden Steuer unterbleibt. [6]Die Feststellungsfrist endet nicht, bevor die Festsetzungsfrist für den Veranlagungszeitraum abgelaufen ist, auf dessen Schluss der verbleibende Verlustvortrag gesondert festzustellen ist; § 181 Absatz 5 der Abgabenordnung ist nur anzuwenden, wenn die zuständige Finanzbehörde die Feststellung des Verlustvortrags pflichtwidrig unterlassen hat.

(Fortsetzung nächstes Blatt)

---

[1] § 10d Abs. 4 Sätze 4 und 5 neu gef. durch G v. 8.12.2010 (BGBl. I S. 1768).

§ 10e[1] Steuerbegünstigung der zu eigenen Wohnzwecken genutzten Wohnung im eigenen Haus. (1) [1]Der Steuerpflichtige kann von den Herstellungskosten einer Wohnung in einem im Inland belegenen eigenen Haus oder einer im Inland belegenen eigenen Eigentumswohnung zuzüglich der Hälfte der Anschaffungskosten für den dazugehörenden Grund und Boden (Bemessungsgrundlage) im Jahr der Fertigstellung und in den drei folgenden Jahren jeweils bis zu 6 Prozent, höchstens jeweils 10 124 Euro, und in den vier darauffolgenden Jahren jeweils bis zu 5 Prozent, höchstens jeweils 8437 Euro, wie Sonderausgaben abziehen. [2]Voraussetzung ist, dass der Steuerpflichtige die Wohnung hergestellt und in dem jeweiligen Jahr des Zeitraums nach Satz 1 (Abzugszeitraum) zu eigenen Wohnzwecken genutzt hat und die Wohnung keine Ferienwohnung oder Wochenendwohnung ist. [3]Eine Nutzung zu eigenen Wohnzwecken liegt auch vor, wenn Teile einer zu eigenen Wohnzwecken genutzten Wohnung unentgeltlich zu Wohnzwecken überlassen werden. [4]Hat der Steuerpflichtige die Wohnung angeschafft, so sind die Sätze 1 bis 3 mit der Maßgabe anzuwenden, dass an die Stelle des Jahres der Fertigstellung das Jahr der Anschaffung und an die Stelle der Herstellungskosten die Anschaffungskosten treten; hat der Steuerpflichtige die Wohnung nicht bis zum Ende des zweiten auf das Jahr der Fertigstellung folgenden Jahres angeschafft, kann er von der Bemessungsgrundlage im Jahr der Anschaffung und in den drei folgenden Jahren höchstens jeweils 4602 Euro und in den vier darauffolgenden Jahren höchstens jeweils 3835 Euro abziehen. [5]§ 6b Absatz 6 gilt sinngemäß. [6]Bei einem Anteil an der zu eigenen Wohnzwecken genutzten Wohnung kann der Steuerpflichtige den entsprechenden Teil der Abzugsbeträge nach Satz 1 wie Sonderausgaben abziehen. [7]Werden Teile der Wohnung nicht zu eigenen Wohnzwecken genutzt, ist die Bemessungsgrundlage um den auf den nicht zu eigenen Wohnzwecken entfallenden Teil zu kürzen. [8]Satz 4 ist nicht anzuwenden, wenn der Steuerpflichtige die Wohnung oder einen Anteil daran von seinem Ehegatten anschafft und bei den Ehegatten die Voraussetzungen des § 26 Absatz 1 vorliegen.

(2) Absatz 1 gilt entsprechend für Herstellungskosten zu eigenen Wohnzwecken genutzter Ausbauten und Erweiterungen an einer im Inland belegenen, zu eigenen Wohnzwecken genutzten Wohnung.

(3) [1]Der Steuerpflichtige kann die Abzugsbeträge nach den Absätzen 1 und 2, die er in einem Jahr des Abzugszeitraums nicht ausgenutzt hat, bis zum Ende des Abzugszeitraums abziehen. [2]Nachträgliche Herstellungskosten oder Anschaffungskosten, die bis zum Ende des Abzugszeitraums entstehen, können vom Jahr ihrer Entstehung an für die Veranlagungszeiträume, in denen der Steuerpflichtige Abzugsbeträge nach den Absätzen 1 und 2 hätte abziehen können, so behandelt werden, als wären sie zu Beginn des Abzugszeitraums entstanden.

(4) [1]Die Abzugsbeträge nach den Absätzen 1 und 2 kann der Steuerpflichtige nur für eine Wohnung oder für einen Ausbau oder eine Erweiterung abziehen. [2]Ehegatten, bei denen die Voraussetzungen des § 26 Absatz 1 vorliegen,

---

[1] Zur erstmaligen und **letztmaligen Anwendung** von § 10e siehe § 52 Abs. 19 Sätze 6 und 7. Zur Anwendung im Beitrittsgebiet siehe § 57 Abs. 1.

können die Abzugsbeträge nach den Absätzen 1 und 2 für insgesamt zwei der in Satz 1 bezeichneten Objekte abziehen, jedoch nicht gleichzeitig für zwei in räumlichem Zusammenhang belegene Objekte, wenn bei den Ehegatten im Zeitpunkt der Herstellung oder Anschaffung der Objekte die Voraussetzungen des § 26 Absatz 1 vorliegen. ³Den Abzugsbeträgen stehen die erhöhten Absetzungen nach § 7b in der jeweiligen Fassung ab Inkrafttreten des Gesetzes vom 16. Juni 1964 (BGBl. I S. 353) und nach § 15 Absatz 1 bis 4 des Berlinförderungsgesetzes in der jeweiligen Fassung ab Inkrafttreten des Gesetzes vom 11. Juli 1977 (BGBl. I S. 1213) gleich. ⁴Nutzt der Steuerpflichtige die Wohnung im eigenen Haus oder die Eigentumswohnung (Erstobjekt) nicht bis zum Ablauf des Abzugszeitraums zu eigenen Wohnzwecken und kann er deshalb die Abzugsbeträge nach den Absätzen 1 und 2 nicht mehr in Anspruch nehmen, so kann er die Abzugsbeträge nach Absatz 1 bei einer weiteren Wohnung im Sinne des Absatzes 1 Satz 1 (Folgeobjekt) in Anspruch nehmen, wenn er das Folgeobjekt innerhalb von zwei Jahren vor und drei Jahren nach Ablauf des Veranlagungszeitraums, in dem er das Erstobjekt letztmals zu eigenen Wohnzwecken genutzt hat, anschafft oder herstellt; Entsprechendes gilt bei einem Ausbau oder einer Erweiterung einer Wohnung. ⁵Im Fall des Satzes 4 ist der Abzugszeitraum für das Folgeobjekt um die Anzahl der Veranlagungszeiträume zu kürzen, in denen der Steuerpflichtige für das Erstobjekt die Abzugsbeträge nach den Absätzen 1 und 2 hätte abziehen können; hat der Steuerpflichtige das Folgeobjekt in einem Veranlagungszeitraum, in dem er das Erstobjekt noch zu eigenen Wohnzwecken genutzt hat, hergestellt oder angeschafft oder ausgebaut oder erweitert, so beginnt der Abzugszeitraum für das Folgeobjekt mit Ablauf des Veranlagungszeitraums, in dem der Steuerpflichtige das Erstobjekt letztmals zu eigenen Wohnzwecken genutzt hat. ⁶Für das Folgeobjekt sind die Prozentsätze der vom Erstobjekt verbliebenen Jahre maßgebend. ⁷Dem Erstobjekt im Sinne des Satzes 4 steht ein Erstobjekt im Sinne des § 7b Absatz 5 Satz 4 sowie des § 15 Absatz 1 und des § 15b Absatz 1 des Berlinförderungsgesetzes gleich. ⁸Ist für den Steuerpflichtigen Objektverbrauch nach den Sätzen 1 bis 3 eingetreten, kann er die Abzugsbeträge nach den Absätzen 1 und 2 für ein weiteres, in dem in Artikel 3 des Einigungsvertrages genannten Gebiet belegenes Objekt abziehen, wenn der Steuerpflichtige oder dessen Ehegatte, bei denen die Voraussetzungen des § 26 Absatz 1 vorliegen, in dem in Artikel 3 des Einigungsvertrages genannten Gebiet zugezogen ist und

1. seinen ausschließlichen Wohnsitz in diesem Gebiet zu Beginn des Veranlagungszeitraums hat oder ihn im Laufe des Veranlagungszeitraums begründet oder

2. bei mehrfachem Wohnsitz einen Wohnsitz in diesem Gebiet hat und sich dort überwiegend aufhält.

⁹Voraussetzung für die Anwendung des Satzes 8 ist, dass die Wohnung im eigenen Haus oder die Eigentumswohnung vor dem 1. Januar 1995 hergestellt oder angeschafft oder der Ausbau oder die Erweiterung vor diesem Zeitpunkt fertig gestellt worden ist. ¹⁰Die Sätze 2 und 4 bis 6 sind für im Satz 8 bezeichnete Objekte sinngemäß anzuwenden.

(5) ¹Sind mehrere Steuerpflichtige Eigentümer einer zu eigenen Wohnzwecken genutzten Wohnung, so ist Absatz 4 mit der Maßgabe anzuwenden, dass

der Anteil des Steuerpflichtigen an der Wohnung einer Wohnung gleichsteht; Entsprechendes gilt bei dem Ausbau oder bei der Erweiterung einer zu eigenen Wohnzwecken genutzten Wohnung. [2]Satz 1 ist nicht anzuwenden, wenn Eigentümer der Wohnung der Steuerpflichtige und sein Ehegatte sind und bei den Ehegatten die Voraussetzungen des § 26 Absatz 1 vorliegen. [3]Erwirbt im Fall des Satzes 2 ein Ehegatte infolge Erbfalls einen Miteigentumsanteil an der Wohnung hinzu, so kann er die auf diesen Anteil entfallenden Abzugsbeträge nach den Absätzen 1 und 2 weiter in der bisherigen Höhe abziehen; Entsprechendes gilt, wenn im Fall des Satzes 2 während des Abzugszeitraums die Voraussetzungen des § 26 Absatz 1 wegfallen und ein Ehegatte den Anteil des anderen Ehegatten an der Wohnung erwirbt.

(5a) [1]Die Abzugsbeträge nach den Absätzen 1 und 2 können nur für die Veranlagungszeiträume in Anspruch genommen werden, in denen der Gesamtbetrag der Einkünfte 61 355 Euro, bei nach § 26b zusammenveranlagten Ehegatten 122 710 Euro nicht übersteigt. [2]Eine Nachholung von Abzugsbeträgen nach Absatz 3 Satz 1 ist nur für Veranlagungszeiträume möglich, in denen die in Satz 1 genannten Voraussetzungen vorgelegen haben; Entsprechendes gilt für nachträgliche Herstellungskosten oder Anschaffungskosten im Sinne des Absatzes 3 Satz 2.

(6) [1]Aufwendungen des Steuerpflichtigen, die bis zum Beginn der erstmaligen Nutzung einer Wohnung im Sinne des Absatzes 1 zu eigenen Wohnzwecken entstehen, unmittelbar mit der Herstellung oder Anschaffung des Gebäudes oder der Eigentumswohnung oder der Anschaffung des dazugehörenden Grund und Bodens zusammenhängen, nicht zu den Herstellungskosten oder Anschaffungskosten der Wohnung oder zu den Anschaffungskosten des Grund und Bodens gehören und die im Fall der Vermietung oder Verpachtung der Wohnung als Werbungskosten abgezogen werden könnten, können wie Sonderausgaben abgezogen werden. [2]Wird eine Wohnung bis zum Beginn der erstmaligen Nutzung zu eigenen Wohnzwecken vermietet oder zu eigenen beruflichen oder eigenen betrieblichen Zwecken genutzt und sind die Aufwendungen Werbungskosten oder Betriebsausgaben, können sie nicht wie Sonderausgaben abgezogen werden. [3]Aufwendungen nach Satz 1, die Erhaltungsaufwand sind und im Zusammenhang mit der Anschaffung des Gebäudes oder der Eigentumswohnung stehen, können insgesamt nur bis zu 15 Prozent der Anschaffungskosten des Gebäudes oder der Eigentumswohnung, höchstens bis zu 15 Prozent von 76 694 Euro, abgezogen werden. [4]Die Sätze 1 und 2 gelten entsprechend bei Ausbauten und Erweiterungen an einer zu Wohnzwecken genutzten Wohnung.

(6a) [1]Nimmt der Steuerpflichtige Abzugsbeträge für ein Objekt nach den Absätzen 1 oder 2 in Anspruch oder ist er auf Grund des Absatzes 5a zur Inanspruchnahme von Abzugsbeträgen für ein solches Objekt nicht berechtigt, so kann er die mit diesem Objekt in wirtschaftlichem Zusammenhang stehenden Schuldzinsen, die für die Zeit der Nutzung zu eigenen Wohnzwecken entstehen, im Jahr der Herstellung oder Anschaffung und in den beiden folgenden Kalenderjahren bis zur Höhe von jeweils 12 000 Deutsche Mark wie Sonderausgaben abziehen, wenn er das Objekt vor dem 1. Januar 1995 fertiggestellt oder vor diesem Zeitpunkt bis zum Ende des Jahres der Fertigstellung angeschafft hat. [2]Soweit der Schuldzinsenabzug nach Satz 1 nicht in vollem Umfang im Jahr der Herstellung oder Anschaffung in Anspruch genommen werden kann, kann er in dem dritten auf das Jahr der Herstellung oder Anschaffung folgenden Kalenderjahr nachgeholt werden. [3]Absatz 1 Satz 6 gilt sinngemäß.

(7) [1]Sind mehrere Steuerpflichtige Eigentümer einer zu eigenen Wohnzwecken genutzten Wohnung, so können die Abzugsbeträge nach den Absätzen 1 und 2 und die Aufwendungen nach den Absätzen 6 und 6a gesondert und einheitlich festgestellt werden. [2]Die für die gesonderte Feststellung von Einkünften nach § 180 Absatz 1 Nummer 2 Buchstabe a der Abgabenordnung geltenden Vorschriften sind entsprechend anzuwenden.

§ 10f Steuerbegünstigung für zu eigenen Wohnzwecken genutzte Baudenkmale und Gebäude in Sanierungsgebieten und städtebaulichen Entwicklungsbereichen. (1) [1]Der Steuerpflichtige kann Aufwendungen an einem eigenen Gebäude im Kalenderjahr des Abschlusses der Baumaßnahme und in den neun folgenden Kalenderjahren jeweils bis zu 9 Prozent wie Sonderausgaben abziehen, wenn die Voraussetzungen des § 7h oder des § 7i vorliegen. [2]Dies gilt nur, soweit er das Gebäude in dem jeweiligen Kalenderjahr zu eigenen Wohnzwecken nutzt und die Aufwendungen nicht in die Bemessungsgrundlage nach § 10e oder dem Eigenheimzulagengesetz einbezogen hat. [3]Für Zeiträume, für die der Steuerpflichtige erhöhte Absetzungen von Aufwendungen nach § 7h oder § 7i abgezogen hat, kann er für diese Aufwendungen keine Abzugsbeträge nach Satz 1 in Anspruch nehmen. [4]Eine Nutzung zu eigenen Wohnzwecken liegt auch vor, wenn Teile einer zu eigenen Wohnzwecken genutzten Wohnung unentgeltlich zu Wohnzwecken überlassen werden.

(2) [1]Der Steuerpflichtige kann Erhaltungsaufwand, der an einem eigenen Gebäude entsteht und nicht zu den Betriebsausgaben oder Werbungskosten gehört, im Kalenderjahr des Abschlusses der Maßnahme und in den neun folgenden Kalenderjahren jeweils bis zu 9 Prozent wie Sonderausgaben abziehen, wenn die Voraussetzungen des § 11a Absatz 1 in Verbindung mit § 7h Absatz 2 oder des § 11b Satz 1 oder 2 in Verbindung mit § 7i Absatz 1 Satz 2 und Absatz 2 vorliegen. [2]Dies gilt nur, soweit der Steuerpflichtige das Gebäude in dem jeweiligen Kalenderjahr zu eigenen Wohnzwecken nutzt und diese Aufwendungen nicht nach § 10e Absatz 6 oder § 10i abgezogen hat. [3]Soweit der Steuerpflichtige das Gebäude während des Verteilungszeitraums zur Einkunftserzielung nutzt, ist der noch nicht berücksichtigte Teil des Erhaltungsaufwands im Jahr des Übergangs zur Einkunftserzielung wie Sonderausgaben abzuziehen. [4]Absatz 1 Satz 4 ist entsprechend anzuwenden.

(3) [1]Die Abzugsbeträge nach den Absätzen 1 und 2 kann der Steuerpflichtige nur bei einem Gebäude in Anspruch nehmen. [2]Ehegatten, bei denen die Voraussetzungen des § 26 Absatz 1 vorliegen, können die Abzugsbeträge nach den Absätzen 1 und 2 bei insgesamt zwei Gebäuden abziehen. [3]Gebäuden im Sinne der Absätze 1 und 2 stehen Gebäude gleich, für die Abzugsbeträge nach § 52 Absatz 21 Satz 6 in Verbindung mit § 51 Absatz 1 Nummer 2 Buchstabe x oder Buchstabe y des Einkommensteuergesetzes 1987 in der Fassung der

Bekanntmachung vom 27. Februar 1987 (BGBl. I S. 657) in Anspruch genommen worden sind; Entsprechendes gilt für Abzugsbeträge nach § 52 Absatz 21 Satz 7.

(4) ¹Sind mehrere Steuerpflichtige Eigentümer eines Gebäudes, so ist Absatz 3 mit der Maßgabe anzuwenden, dass der Anteil des Steuerpflichtigen an einem solchen Gebäude dem Gebäude gleichsteht. ²Erwirbt ein Miteigentümer, der für seinen Anteil bereits Abzugsbeträge nach Absatz 1 oder Absatz 2 abgezogen hat, einen Anteil an demselben Gebäude hinzu, kann er für danach von ihm durchgeführte Maßnahmen im Sinne der Absätze 1 oder 2 auch die Abzugsbeträge nach den Absätzen 1 und 2 in Anspruch nehmen, die auf den hinzuerworbenen Anteil entfallen. ³§ 10e Absatz 5 Satz 2 und 3 sowie Absatz 7 ist sinngemäß anzuwenden.

(5) Die Absätze 1 bis 4 sind auf Gebäudeteile, die selbständige unbewegliche Wirtschaftsgüter sind, und auf Eigentumswohnungen entsprechend anzuwenden.

§ 10g Steuerbegünstigung für schutzwürdige Kulturgüter, die weder zur Einkunftserzielung noch zu eigenen Wohnzwecken genutzt werden. (1) ¹Der Steuerpflichtige kann Aufwendungen für Herstellungs- und Erhaltungsmaßnahmen an eigenen schutzwürdigen Kulturgütern im Inland, soweit sie öffentliche oder private Zuwendungen oder etwaige aus diesen Kulturgütern erzielte Einnahmen übersteigen, im Kalenderjahr des Abschlusses der Maßnahme und in den neun folgenden Kalenderjahren jeweils bis zu 9 Prozent wie Sonderausgaben abziehen. ²Kulturgüter im Sinne des Satzes 1 sind

1. Gebäude oder Gebäudeteile, die nach den jeweiligen landesrechtlichen Vorschriften ein Baudenkmal sind,

2. Gebäude oder Gebäudeteile, die für sich allein nicht die Voraussetzungen für ein Baudenkmal erfüllen, aber Teil einer nach den jeweiligen landesrechtlichen Vorschriften als Einheit geschützten Gebäudegruppe oder Gesamtanlage sind,

3. gärtnerische, bauliche und sonstige Anlagen, die keine Gebäude oder Gebäudeteile und nach den jeweiligen landesrechtlichen Vorschriften unter Schutz gestellt sind,

4.¹⁾ Mobiliar, Kunstgegenstände, Kunstsammlungen, wissenschaftliche Sammlungen, Bibliotheken oder Archive, die sich seit mindestens 20 Jahren im Besitz der Familie des Steuerpflichtigen befinden oder als nationales Kulturgut in ein Verzeichnis national wertvollen Kulturgutes nach § 7 Absatz 1 des Kulturgutschutzgesetzes vom 31. Juli 2016 (BGBl. I S. 1914) eingetragen ist und deren Erhaltung wegen ihrer Bedeutung für Kunst, Geschichte oder Wissenschaft im öffentlichen Interesse liegt,

wenn sie in einem den Verhältnissen entsprechenden Umfang der wissenschaftlichen Forschung oder der Öffentlichkeit zugänglich gemacht werden, es sei denn, dem Zugang stehen zwingende Gründe des Denkmal- oder Archiv-

---

¹⁾ § 10g Abs. 1 Satz 2 Nr. 4 geänd. mWv 6.8.2016 durch G v. 31.7.2016 (BGBl. I S. 1914).

schutzes entgegen. ³Die Maßnahmen müssen nach Maßgabe der geltenden Bestimmungen der Denkmal- und Archivpflege erforderlich und in Abstimmung mit der in Absatz 3 genannten Stelle durchgeführt worden sein; bei Aufwendungen für Herstellungs- und Erhaltungsmaßnahmen an Kulturgütern im Sinne des Satzes 2 Nummer 1 und 2 ist § 7i Absatz 1 Satz 1 bis 4 sinngemäß anzuwenden.

(2)¹⁾ ¹Die Abzugsbeträge nach Absatz 1 Satz 1 kann der Steuerpflichtige nur in Anspruch nehmen, soweit er die schutzwürdigen Kulturgüter im jeweiligen Kalenderjahr weder zur Erzielung von Einkünften im Sinne des § 2 noch Gebäude oder Gebäudeteile zu eigenen Wohnzwecken nutzt und die Aufwendungen nicht nach § 10e Absatz 6, § 10h Satz 3 oder § 10i abgezogen hat. ²Für Zeiträume, für die der Steuerpflichtige von Aufwendungen Absetzungen für Abnutzung, erhöhte Absetzungen, Sonderabschreibungen oder Beträge nach § 10e Absatz 1 bis 5, den §§ 10f, 10h, 15b des Berlinförderungsgesetzes abgezogen hat, kann er für diese Aufwendungen keine Abzugsbeträge nach Absatz 1 Satz 1 in Anspruch nehmen; Entsprechendes gilt, wenn der Steuerpflichtige für Aufwendungen die Eigenheimzulage nach dem Eigenheimzulagengesetz in Anspruch genommen hat. ³Soweit die Kulturgüter während des Zeitraums nach Absatz 1 Satz 1 zur Einkunftserzielung genutzt werden, ist der noch nicht berücksichtigte Teil der Aufwendungen, die auf Erhaltungsarbeiten entfallen, im Jahr des Übergangs zur Einkunftserzielung wie Sonderausgaben abzuziehen.

(3) ¹Der Steuerpflichtige kann den Abzug vornehmen, wenn er durch eine Bescheinigung der nach Landesrecht zuständigen oder von der Landesregierung bestimmten Stelle die Voraussetzungen des Absatzes 1 für das Kulturgut und für die Erforderlichkeit der Aufwendungen nachweist. ²Hat eine der für Denkmal- oder Archivpflege zuständigen *Behörde*²⁾ ihm Zuschüsse gewährt, so hat die Bescheinigung auch deren Höhe zu enthalten; werden ihm solche Zuschüsse nach Ausstellung der Bescheinigung gewährt, so ist diese entsprechend zu ändern.

(4) ¹Die Absätze 1 bis 3 sind auf Gebäudeteile, die selbständige unbewegliche Wirtschaftsgüter sind, sowie auf Eigentumswohnungen und im Teileigentum stehende Räume entsprechend anzuwenden. ²§ 10e Absatz 7 gilt sinngemäß.

§ 10h, § 10i³⁾ *(aufgehoben)*

6. Vereinnahmung und Verausgabung

§ 11 [Vereinnahmung und Verausgabung] (1) ¹Einnahmen sind innerhalb des Kalenderjahres bezogen, in dem sie dem Steuerpflichtigen zugeflossen sind. ²Regelmäßig wiederkehrende Einnahmen, die dem Steuerpflichtigen kurze Zeit vor Beginn oder kurze Zeit nach Beendigung des Kalenderjahres, zu dem sie wirtschaftlich gehören, zugeflossen sind, gelten als in diesem Ka-

---

¹⁾ § 10g Abs. 2 Satz 2 geänd. mWv 15.7.2016 durch G v. 8.7.2016 (BGBl. I S. 1594).
²⁾ Muss wohl lauten „Behörden".
³⁾ §§ 10h, 10i aufgeh. mWv 23.7.2016 durch G v. 18.7.2016 (BGBl. I S. 1679).

lenderjahr bezogen. ³Der Steuerpflichtige kann Einnahmen, die auf einer Nutzungsüberlassung im Sinne des Absatzes 2 Satz 3 beruhen, insgesamt auf den Zeitraum gleichmäßig verteilen, für den die Vorauszahlung geleistet wird. ⁴Für Einnahmen aus nichtselbständiger Arbeit gilt § 38a Absatz 1 Satz 2 und 3 und § 40 Absatz 3 Satz 2. ⁵Die Vorschriften über die Gewinnermittlung (§ 4 Absatz 1, § 5) bleiben unberührt.

(2) ¹Ausgaben sind für das Kalenderjahr abzusetzen, in dem sie geleistet worden sind. ²Für regelmäßig wiederkehrende Ausgaben gilt Absatz 1 Satz 2 entsprechend. ³Werden Ausgaben für eine Nutzungsüberlassung von mehr als fünf Jahren im Voraus geleistet, sind sie insgesamt auf den Zeitraum gleichmäßig zu verteilen, für den die Vorauszahlung geleistet wird.¹⁾ ⁴Satz 3 ist auf ein Damnum oder Disagio nicht anzuwenden, soweit dieses marktüblich ist. ⁵§ 42 der Abgabenordnung bleibt unberührt. ⁶Die Vorschriften über die Gewinnermittlung (§ 4 Absatz 1, § 5) bleiben unberührt.

§ 11a Sonderbehandlung von Erhaltungsaufwand bei Gebäuden in Sanierungsgebieten und städtebaulichen Entwicklungsbereichen.

(1) ¹Der Steuerpflichtige kann durch Zuschüsse aus Sanierungs- oder Entwicklungsförderungsmitteln nicht gedeckten Erhaltungsaufwand für Maßnahmen im Sinne des § 177 des Baugesetzbuchs an einem im Inland belegenen Gebäude in einem förmlich festgelegten Sanierungsgebiet oder städtebaulichen Entwicklungsbereich auf zwei bis fünf Jahre gleichmäßig verteilen. ²Satz 1 ist entsprechend anzuwenden auf durch Zuschüsse aus Sanierungs- oder Entwicklungsförderungsmitteln nicht gedeckten Erhaltungsaufwand für Maßnahmen, die der Erhaltung, Erneuerung und funktionsgerechten Verwendung eines Gebäudes im Sinne des Satzes 1 dienen, das wegen seiner geschichtlichen, künstlerischen oder städtebaulichen Bedeutung erhalten bleiben soll, und zu deren Durchführung sich der Eigentümer neben bestimmten Modernisierungsmaßnahmen gegenüber der Gemeinde verpflichtet hat.

(2) ¹Wird das Gebäude während des Verteilungszeitraums veräußert, ist der noch nicht berücksichtigte Teil des Erhaltungsaufwands im Jahr der Veräußerung als Betriebsausgaben oder Werbungskosten abzusetzen. ²Das Gleiche gilt, wenn ein nicht zu einem Betriebsvermögen gehörendes Gebäude in ein Betriebsvermögen eingebracht oder wenn ein Gebäude aus dem Betriebsvermögen entnommen oder wenn ein Gebäude nicht mehr zur Einkunftserzielung genutzt wird.

(3) Steht das Gebäude im Eigentum mehrerer Personen, ist der in Absatz 1 bezeichnete Erhaltungsaufwand von allen Eigentümern auf den gleichen Zeitraum zu verteilen.

(4)²⁾ § 7h Absatz 1a bis 3 ist entsprechend anzuwenden.

§ 11b Sonderbehandlung von Erhaltungsaufwand bei Baudenkmalen. ¹Der Steuerpflichtige kann durch Zuschüsse aus öffentlichen Kassen nicht gedeckten Erhaltungsaufwand für ein im Inland belegenes Gebäude oder

---

¹⁾ Siehe zu § 11 Abs. 2 Satz 3 BVerfG v. 25.3.2021 (BGBl. I S. 1800).
²⁾ § 11a Abs. 4 Verweis geänd. durch G v. 12.12.2019 (BGBl. I S. 2451); zur Anwendung von § 7h Abs. 1a siehe § 52 Abs. 16a Satz 1 bis 3.

Gebäudeteil, das nach den jeweiligen landesrechtlichen Vorschriften ein Baudenkmal ist, auf zwei bis fünf Jahre gleichmäßig verteilen, soweit die Aufwendungen nach Art und Umfang zur Erhaltung des Gebäudes oder Gebäudeteils als Baudenkmal oder zu seiner sinnvollen Nutzung erforderlich und die Maßnahmen in Abstimmung mit der in § 7i Absatz 2 bezeichneten Stelle vorgenommen worden sind. ²Durch Zuschüsse aus öffentlichen Kassen nicht gedeckten Erhaltungsaufwand für ein im Inland belegenes Gebäude oder Gebäudeteil, das für sich allein nicht die Voraussetzungen für ein Baudenkmal erfüllt, aber Teil einer Gebäudegruppe oder Gesamtanlage ist, die nach den jeweiligen landesrechtlichen Vorschriften als Einheit geschützt ist, kann der Steuerpflichtige auf zwei bis fünf Jahre gleichmäßig verteilen, soweit die Aufwendungen nach Art und Umfang zur Erhaltung des schützenswerten äußeren Erscheinungsbildes der Gebäudegruppe oder Gesamtanlage erforderlich und die Maßnahmen in Abstimmung mit der in § 7i Absatz 2 bezeichneten Stelle vorgenommen worden sind. ³§ 7h Absatz 3 und § 7i Absatz 1 Satz 2 und Absatz 2 sowie § 11a Absatz 2 und 3 sind entsprechend anzuwenden.

7. Nicht abzugsfähige Ausgaben

§ 12[1] **[Nicht abzugsfähige Ausgaben]** Soweit in § 10 Absatz 1 Nummer 2 bis 5, 7 und 9 sowie Absatz 1a Nummer 1, den §§ 10a, 10b und den §§ 33 bis 33b nichts anderes bestimmt ist, dürfen weder bei den einzelnen Einkunftsarten noch vom Gesamtbetrag der Einkünfte abgezogen werden

1. die für den Haushalt des Steuerpflichtigen und für den Unterhalt seiner Familienangehörigen aufgewendeten Beträge. ²Dazu gehören auch die Aufwendungen für die Lebensführung, die die wirtschaftliche oder gesellschaftliche Stellung des Steuerpflichtigen mit sich bringt, auch wenn sie zur Förderung des Berufs oder der Tätigkeit des Steuerpflichtigen erfolgen;

2. freiwillige Zuwendungen, Zuwendungen auf Grund einer freiwillig begründeten Rechtspflicht und Zuwendungen an eine gegenüber dem Steuerpflichtigen oder seinem Ehegatten gesetzlich unterhaltsberechtigte Person oder deren Ehegatten, auch wenn diese Zuwendungen auf einer besonderen Vereinbarung beruhen;

3. die Steuern vom Einkommen und sonstige Personensteuern sowie die Umsatzsteuer für Umsätze, die Entnahmen sind, und die Vorsteuerbeträge auf Aufwendungen, für die das Abzugsverbot der Nummer 1 oder des § 4 Absatz 5 Satz 1 Nummer 1 bis 5, 7 oder Absatz 7 gilt; das gilt auch für die auf diese Steuern entfallenden Nebenleistungen;

4.[2] in einem Strafverfahren festgesetzte Geldstrafen, sonstige Rechtsfolgen vermögensrechtlicher Art, bei denen der Strafcharakter überwiegt, und Leistungen zur Erfüllung von Auflagen oder Weisungen, soweit die Auflagen oder Weisungen nicht lediglich der Wiedergutmachung des durch die

---

[1] § 12 geänd. mWv VZ 2012 durch G v. 1.11.2011 (BGBl. I S. 2131); geänd. mWv VZ 2015 durch G v. 22.12.2014 (BGBl. I S. 2417).
[2] § 12 Nr. 4 geänd. durch G v. 12.12.2019 (BGBl. I S. 2451); zur Anwendung siehe § 52 Abs. 20.

im Sinne des § 34 Absatz 6a des Bewertungsgesetzes einer *Erwerbs- und Wirtschaftsgenossenschaft* [**ab 1.1.2022:** Genossenschaft] oder eines Vereins gegen Gewährung von Mitgliedsrechten übertragen, so ist die auf den dabei entstehenden Gewinn entfallende Einkommensteuer auf Antrag in jährlichen Teilbeträgen zu entrichten. ²Der einzelne Teilbetrag muss mindestens ein Fünftel dieser Steuer betragen.

(7)¹⁾ § 15 Absatz 1 Satz 1 Nummer 2, Absatz 1a, Absatz 2 Satz 2 und 3, §§ 15a und 15b sind entsprechend anzuwenden.

§ 13a²⁾ Ermittlung des Gewinns aus Land- und Forstwirtschaft nach Durchschnittssätzen. (1) ¹Der Gewinn eines Betriebs der Land- und Forstwirtschaft ist nach den Absätzen 3 bis 7 zu ermitteln, wenn

1. der Steuerpflichtige nicht auf Grund gesetzlicher Vorschriften verpflichtet ist, für den Betrieb Bücher zu führen und regelmäßig Abschlüsse zu machen und

2. in diesem Betrieb am 15. Mai innerhalb des Wirtschaftsjahres Flächen der landwirtschaftlichen Nutzung (§ 160 Absatz 2 Satz 1 Nummer 1 Buchstabe a des Bewertungsgesetzes) selbst bewirtschaftet werden und diese Flächen 20 Hektar ohne Sondernutzungen nicht überschreiten und

3. die Tierbestände insgesamt 50 Vieheinheiten (§ 13 Absatz 1 Nummer 1) nicht übersteigen und

4. die selbst bewirtschafteten Flächen der forstwirtschaftlichen Nutzung (§ 160 Absatz 2 Satz 1 Nummer 1 Buchstabe b des Bewertungsgesetzes) 50 Hektar nicht überschreiten und

5. die selbst bewirtschafteten Flächen der Sondernutzungen (Absatz 6) die in Anlage 1a Nummer 2 Spalte 2 genannten Grenzen nicht überschreiten.

²Satz 1 ist auch anzuwenden, wenn nur Sondernutzungen bewirtschaftet werden und die in Anlage 1a Nummer 2 Spalte 2 genannten Grenzen nicht überschritten werden. ³Die Sätze 1 und 2 gelten nicht, wenn der Betrieb im laufenden Wirtschaftsjahr im Ganzen zur Bewirtschaftung als Eigentümer, Miteigentümer, Nutzungsberechtigter oder durch Umwandlung übergegangen ist und der Gewinn bisher nach § 4 Absatz 1 oder 3 ermittelt wurde. ⁴Der Gewinn ist letztmalig für das Wirtschaftsjahr nach Durchschnittssätzen zu ermitteln, das nach Bekanntgabe der Mitteilung endet, durch die die Finanzbehörde auf den Beginn der Buchführungspflicht (§ 141 Absatz 2 der Abgabenordnung) oder auf den Wegfall einer anderen Voraussetzung des Satzes 1 hingewiesen hat. ⁵Der Gewinn ist erneut nach Durchschnittssätzen zu ermitteln, wenn die Voraussetzungen des Satzes 1 wieder vorliegen und ein Antrag nach Absatz 2 nicht gestellt wird.

(2) ¹Auf Antrag des Steuerpflichtigen ist für einen Betrieb im Sinne des Absatzes 1 der Gewinn für vier aufeinander folgende Wirtschaftsjahre nicht nach

---

¹⁾ Zur Anwendung siehe § 52 Abs. 22 iVm Abs. 25.
²⁾ § 13a neu gef. durch G v. 22.12.2014 (BGBl. I S. 2417); zur Anwendung siehe § 52 Abs. 22a Satz 2.

den Absätzen 3 bis 7 zu ermitteln. ²Wird der Gewinn eines dieser Wirtschaftsjahre durch den Steuerpflichtigen nicht nach § 4 Absatz 1 oder 3 ermittelt, ist der Gewinn für den gesamten Zeitraum von vier Wirtschaftsjahren nach den Absätzen 3 bis 7 zu ermitteln. ³Der Antrag ist bis zur Abgabe der Steuererklärung, jedoch spätestens zwölf Monate nach Ablauf des ersten Wirtschaftsjahres, auf das er sich bezieht, schriftlich zu stellen. ⁴Er kann innerhalb dieser Frist zurückgenommen werden.

(3) ¹Durchschnittssatzgewinn ist die Summe aus

1. dem Gewinn der landwirtschaftlichen Nutzung,

2. dem Gewinn der forstwirtschaftlichen Nutzung,

3. dem Gewinn der Sondernutzungen,

4. den Sondergewinnen,

5. den Einnahmen aus Vermietung und Verpachtung von Wirtschaftsgütern des land- und forstwirtschaftlichen Betriebsvermögens,

6. den Einnahmen aus Kapitalvermögen, soweit sie zu den Einkünften aus Land- und Forstwirtschaft gehören (§ 20 Absatz 8).

²Die Vorschriften von § 4 Absatz 4a, § 6 Absatz 2 und 2a sowie zum Investitionsabzugsbetrag und zu Sonderabschreibungen finden keine Anwendung. ³Bei abnutzbaren Wirtschaftsgütern des Anlagevermögens gilt die Absetzung für Abnutzung in gleichen Jahresbeträgen nach § 7 Absatz 1 Satz 1 bis 5 als in Anspruch genommen. ⁴Die Gewinnermittlung ist nach amtlich vorgeschriebenem Datensatz durch Datenfernübertragung spätestens mit der Steuererklärung zu übermitteln. ⁵Auf Antrag kann die Finanzbehörde zur Vermeidung unbilliger Härten auf eine elektronische Übermittlung verzichten; in diesem Fall ist der Steuererklärung eine Gewinnermittlung nach amtlich vorgeschriebenem Vordruck beizufügen. ⁶§ 150 Absatz 8¹⁾ der Abgabenordnung gilt entsprechend.

(4) ¹Der Gewinn aus der landwirtschaftlichen Nutzung ist die nach den Grundsätzen des § 4 Absatz 1 ermittelte Summe aus dem Grundbetrag für die selbst bewirtschafteten Flächen und den Zuschlägen für Tierzucht und Tierhaltung. ²Als Grundbetrag je Hektar der landwirtschaftlichen Nutzung (§ 160 Absatz 2 Satz 1 Nummer 1 Buchstabe a des Bewertungsgesetzes) ist der sich aus Anlage 1a ergebende Betrag vervielfältigt mit der selbst bewirtschafteten Fläche anzusetzen. ³Als Zuschlag für Tierzucht und Tierhaltung ist im Wirtschaftsjahr je Vieheinheit der sich aus Anlage 1a jeweils ergebende Betrag vervielfältigt mit den Vieheinheiten anzusetzen.

(5) Der Gewinn aus der forstwirtschaftlichen Nutzung (§ 160 Absatz 2 Satz 1 Nummer 1 Buchstabe b des Bewertungsgesetzes) ist nach § 51 der Einkommensteuer-Durchführungsverordnung zu ermitteln.

(6) ¹Als Sondernutzungen gelten die in § 160 Absatz 2 Satz 1 Nummer 1 Buchstabe c bis e des Bewertungsgesetzes in Verbindung mit Anlage 1a Nummer 2 genannten Nutzungen. ²Bei Sondernutzungen, die die in Anlage 1a Nummer 2 Spalte 3 genannten Grenzen überschreiten, ist ein Gewinn

---

¹⁾ Verweis geänd. mWv 1.1.2017 durch G v. 18.7.2016 (BGBl. I S. 1679).

von 1000 Euro je Sondernutzung anzusetzen. [3]Für die in Anlage 1a Nummer 2 nicht genannten Sondernutzungen ist der Gewinn nach § 4 Absatz 3 zu ermitteln.

(7) [1]Nach § 4 Absatz 3 zu ermittelnde Sondergewinne sind

1. Gewinne
   a) aus der Veräußerung oder Entnahme von Grund und Boden und dem dazugehörigen Aufwuchs, den Gebäuden, den immateriellen Wirtschaftsgütern und den Beteiligungen; § 55 ist anzuwenden;
   b) aus der Veräußerung oder Entnahme der übrigen Wirtschaftsgüter des Anlagevermögens und von Tieren, wenn der Veräußerungspreis oder der an dessen Stelle tretende Wert für das jeweilige Wirtschaftsgut mehr als 15 000 Euro betragen hat;
   c) aus Entschädigungen, die gewährt worden sind für den Verlust, den Untergang oder die Wertminderung der in den Buchstaben a und b genannten Wirtschaftsgüter;
   d) aus der Auflösung von Rücklagen;
2. Betriebseinnahmen oder Betriebsausgaben nach § 9b Absatz 2;
3. Einnahmen aus dem Grunde nach gewerblichen Tätigkeiten, die dem Bereich der Land- und Forstwirtschaft zugerechnet werden, abzüglich der pauschalen Betriebsausgaben nach Anlage 1a Nummer 3;
4. Rückvergütungen nach § 22 des Körperschaftsteuergesetzes aus Hilfs- und Nebengeschäften.

[2]Die Anschaffungs- oder Herstellungskosten bei Wirtschaftsgütern des abnutzbaren Anlagevermögens mindern sich für die Dauer der Durchschnittssatzgewinnermittlung mit dem Ansatz der Gewinne nach den Absätzen 4 bis 6 um die Absetzung für Abnutzung in gleichen Jahresbeträgen. [3]Die Wirtschaftsgüter im Sinne des Satzes 1 Nummer 1 Buchstabe a sind unter Angabe des Tages der Anschaffung oder Herstellung und der Anschaffungs- oder Herstellungskosten oder des an deren Stelle getretenen Werts in besondere, laufend zu führende Verzeichnisse aufzunehmen. [4]Absatz 3 Satz 4 bis 6 gilt entsprechend.

(8) Das Bundesministerium der Finanzen wird ermächtigt, durch Rechtsverordnung mit Zustimmung des Bundesrates die Anlage 1a dadurch zu ändern, dass es die darin aufgeführten Werte turnusmäßig an die Ergebnisse der Erhebungen nach § 2 des Landwirtschaftsgesetzes und im Übrigen an Erhebungen der Finanzverwaltung anpassen kann.

[ab 1.1.2025:]

§ 13b[1] **Gemeinschaftliche Tierhaltung.** (1) [1]Zu den Einkünften aus Land- und Forstwirtschaft gehören auch die Einkünfte aus landwirtschaftlicher Tierzucht und Tierhaltung von Genossenschaften (§ 1 Absatz 1 Nummer 2 des Körperschaftsteuergesetzes), von Gesellschaften, bei denen die Gesellschafter als Mitunternehmer (§ 15 Absatz 1 Satz 1 Nummer 2) anzusehen sind,

---

[1] § 13b eingef. durch G v. 12.12.2019 (BGBl. I S. 2451); zur Anwendung siehe § 52 Abs. 22b Satz 1.

oder von Vereinen (§ 1 Absatz 1 Nummer 5 des Körperschaftsteuergesetzes), wenn

1. alle Gesellschafter oder Mitglieder
   a) Inhaber eines Betriebs der Land- und Forstwirtschaft mit selbst bewirtschafteten regelmäßig landwirtschaftlich genutzten Flächen sind,
   b) nach dem Gesamtbild der Verhältnisse hauptberuflich Land- und Forstwirte sind,
   c) Landwirte im Sinne des § 1 Absatz 2 des Gesetzes über die Alterssicherung der Landwirte sind und dies durch eine Bescheinigung der jeweiligen Sozialversicherungsträger nachgewiesen wird und
   d) die sich nach § 13 Absatz 1 Nummer 1 Satz 2 für sie ergebende Möglichkeit zur landwirtschaftlichen Tiererzeugung oder Tierhaltung in Vieheinheiten ganz oder teilweise auf die Genossenschaft, die Gesellschaft oder den Verein übertragen haben;

2. die Anzahl der von der Genossenschaft, der Gesellschaft oder dem Verein im Wirtschaftsjahr erzeugten oder gehaltenen Vieheinheiten keine der nachfolgenden Grenzen nachhaltig überschreitet:
   a) die Summe der sich nach Nummer 1 Buchstabe d ergebenden Vieheinheiten und
   b) die Summe der Vieheinheiten, die sich nach § 13 Absatz 1 Nummer 1 Satz 2 auf der Grundlage der Summe der von den Gesellschaftern oder Mitgliedern regelmäßig landwirtschaftlich genutzten Flächen ergibt;

3. die Betriebe der Gesellschafter oder Mitglieder nicht mehr als 40 Kilometer von der Produktionsstätte der Genossenschaft, der Gesellschaft oder des Vereins entfernt liegen.

²Die Voraussetzungen des Satzes 1 Nummer 1 Buchstabe c gelten als erfüllt, wenn hauptberufliche Landwirte (Nummer 1 Buchstabe b) nicht die Voraussetzungen des § 1 Absatz 2 des Gesetzes über die Alterssicherung der Landwirte erfüllen, weil sie im Inland in der gesetzlichen Rentenversicherung versicherungspflichtig sind oder auf sie das Recht der sozialen Sicherheit eines anderen Mitgliedstaats der Europäischen Union anzuwenden ist und dies durch eine Bescheinigung des zuständigen Sozialversicherungsträgers nachgewiesen wird; entsprechendes gilt für die Schweiz oder einen Staat, auf den das Abkommen über den Europäischen Wirtschaftsraum anzuwenden ist. ³Die Voraussetzungen des Satzes 1 Nummer 1 Buchstabe d und des Satzes 1 Nummer 2 sind durch besondere, laufend und zeitnah zu führende Verzeichnisse nachzuweisen.

(2) Der Anwendung des Absatzes 1 steht es nicht entgegen, wenn die dort bezeichneten Genossenschaften, Gesellschaften oder Vereine die Tiererzeugung oder Tierhaltung ohne regelmäßig landwirtschaftlich genutzte Flächen betreiben.

(3) Von den in Absatz 1 bezeichneten Genossenschaften, Gesellschaften oder Vereinen regelmäßig landwirtschaftlich genutzte Flächen sind bei der Ermittlung der nach Absatz 1 Satz 1 Nummer 2 maßgebenden Grenzen wie Flächen von Gesellschaftern oder Mitgliedern zu behandeln, die ihre Mög-

lichkeit zur landwirtschaftlichen Tiererzeugung oder Tierhaltung im Sinne des Absatzes 1 Satz 1 Nummer 1 Buchstabe d auf die Genossenschaft, die Gesellschaft oder den Verein übertragen haben.

(4) Bei dem einzelnen Gesellschafter oder Mitglied der in Absatz 1 bezeichneten Genossenschaften, Gesellschaften oder Vereine ist § 13 Absatz 1 Nummer 1 Satz 2 mit der Maßgabe anzuwenden, dass die in seinem Betrieb erzeugten oder gehaltenen Vieheinheiten mit den Vieheinheiten zusammenzurechnen sind, die im Rahmen der nach Absatz 1 Satz 1 Nummer 1 Buchstabe d übertragenen Möglichkeiten erzeugt oder gehalten werden.

(5) Die Vorschriften des § 241 Absatz 2 bis 5 des Bewertungsgesetzes sind entsprechend anzuwenden.

§ 14 Veräußerung des Betriebs. (1)[1] ¹Zu den Einkünften aus Land- und Forstwirtschaft gehören auch Gewinne, die bei der Veräußerung eines land- oder forstwirtschaftlichen Betriebs oder Teilbetriebs oder eines Anteils an einem land- und forstwirtschaftlichen Betriebsvermögen erzielt werden. ²§ 16 gilt entsprechend mit der Maßgabe, dass der Freibetrag nach § 16 Absatz 4 nicht zu gewähren ist, wenn der Freibetrag nach § 14a Absatz 1 gewährt wird.

(2)[2] ¹Wird ein land- und forstwirtschaftlicher Betrieb durch die Entnahme, Überführung oder Übertragung von Flächen verkleinert und verbleibt mindestens eine Fläche, die der Erzeugung von Pflanzen oder Tieren im Sinne des § 13 Absatz 1 zu dienen bestimmt ist, liegt unabhängig von der Größe dieser Fläche keine Betriebsaufgabe vor. ²§ 16 Absatz 3b bleibt unberührt.

(3)[3] ¹Werden im Rahmen der Aufgabe des Betriebs einer land- und forstwirtschaftlichen Mitunternehmerschaft Grundstücke an den einzelnen Mitunternehmer übertragen oder scheidet ein Mitunternehmer unter Mitnahme einzelner Grundstücke aus einer Mitunternehmerschaft aus, gelten diese unabhängig von ihrer Größe auch bei fortgeführter oder erstmaliger Verpachtung bis zu einer Veräußerung oder Entnahme bei diesem weiterhin als Betriebsvermögen. ²Dies gilt entsprechend für Grundstücke des bisherigen Sonderbetriebsvermögens des einzelnen Mitunternehmers. ³Die Sätze 1 und 2 sind nur anzuwenden, wenn mindestens eine übertragene oder aus dem Sonderbetriebsvermögen überführte Fläche der Erzeugung von Pflanzen oder Tieren im Sinne des § 13 Absatz 1 zu dienen bestimmt ist. ⁴Für den übernehmenden Mitunternehmer gilt § 16 Absatz 3b entsprechend.

§ 14a Vergünstigungen bei der Veräußerung bestimmter land- und forstwirtschaftlicher Betriebe. (1) ¹Veräußert ein Steuerpflichtiger nach dem 30. Juni 1970 und vor dem 1. Januar 2001 seinen land- und forstwirtschaftlichen Betrieb im Ganzen, so wird auf Antrag der Veräußerungsgewinn

---

[1] § 14 bish. Wortlaut wird Abs. 1 mWv VZ 2020 durch G v. 21.12.2020 (BGBl. I S. 3096).
[2] § 14 Abs. 2 angef. mWv VZ 2020 durch G v. 21.12.2020 (BGBl. I S. 3096).
[3] § 14 Abs. 3 angef. durch G v. 21.12.2020 (BGBl. I S. 3096); zur Anwendung siehe § 52 Abs. 22c.

(§ 16 Absatz 2) nur insoweit zur Einkommensteuer herangezogen, als er den Betrag von 150 000 Deutsche Mark übersteigt, wenn

1. der für den Zeitpunkt der Veräußerung maßgebende Wirtschaftswert (§ 46 des Bewertungsgesetzes) des Betriebs 40 000 Deutsche Mark nicht übersteigt,

2. die Einkünfte des Steuerpflichtigen im Sinne des § 2 Absatz 1 Satz 1 Nummer 2 bis 7 in den Veranlagungszeitraum der Veräußerung vorangegangenen beiden Veranlagungszeiträumen jeweils den Betrag von 35 000 Deutsche Mark nicht überstiegen haben. ²Bei Ehegatten, die nicht dauernd getrennt leben, gilt Satz 1 mit der Maßgabe, dass die Einkünfte beider Ehegatten zusammen jeweils 70 000 Deutsche Mark nicht überstiegen haben.

²Ist im Zeitpunkt der Veräußerung ein nach Nummer 1 maßgebender Wirtschaftswert nicht festgestellt oder sind bis zu diesem Zeitpunkt die Voraussetzungen für eine Wertfortschreibung erfüllt, so ist der Wert maßgebend, der sich für den Zeitpunkt der Veräußerung als Wirtschaftswert ergeben würde.

(2) ¹Der Anwendung des Absatzes 1 und des § 34 Absatz 1 steht nicht entgegen, wenn die zum land- und forstwirtschaftlichen Vermögen gehörenden Gebäude mit dem dazugehörigen Grund und Boden nicht mitveräußert werden. ²In diesem Fall gelten die Gebäude mit dem dazugehörigen Grund und Boden als entnommen. ³Der Freibetrag kommt auch dann in Betracht, wenn zum Betrieb ein forstwirtschaftlicher Teilbetrieb gehört und dieser nicht mitveräußert, sondern als eigenständiger Betrieb vom Steuerpflichtigen fortgeführt wird. ⁴In diesem Fall ermäßigt sich der Freibetrag auf den Teil, der dem Verhältnis des tatsächlich entstandenen Veräußerungsgewinns zu dem bei einer Veräußerung des ganzen land- und forstwirtschaftlichen Betriebs erzielbaren Veräußerungsgewinn entspricht.

(3) ¹Als Veräußerung gilt auch die Aufgabe des Betriebs, wenn

1. die Voraussetzungen des Absatzes 1 erfüllt sind und

2. der Steuerpflichtige seinen land- und forstwirtschaftlichen Betrieb zum Zweck der Strukturverbesserung abgegeben hat und dies durch eine Bescheinigung der nach Landesrecht zuständigen Stelle nachweist.

²§ 16 Absatz 3 Satz 4 und 5 gilt entsprechend.

(4) ¹Veräußert oder entnimmt ein Steuerpflichtiger nach dem 31. Dezember 1979 und vor dem 1. Januar 2006 Teile des zu einem land- und forstwirtschaftlichen Betrieb gehörenden Grund und Bodens, so wird der bei der Veräußerung oder der Entnahme entstehende Gewinn auf Antrag nur insoweit zur Einkommensteuer herangezogen, als er den Betrag von 61 800 Euro übersteigt. ²Satz 1 ist nur anzuwenden, wenn

1. der Veräußerungspreis nach Abzug der Veräußerungskosten oder der Grund und Boden innerhalb von zwölf Monaten nach der Veräußerung oder Entnahme in sachlichem Zusammenhang mit der Hoferbfolge oder Hofübernahme zur Abfindung weichender Erben verwendet wird und

2. das Einkommen des Steuerpflichtigen ohne Berücksichtigung des Gewinns aus der Veräußerung oder Entnahme und des Freibetrags in dem dem Veranlagungszeitraum der Veräußerung oder Entnahme vorangegangenen Ver-

anlagungszeitraum den Betrag von 18 000 Euro nicht überstiegen hat; bei Ehegatten, die nach den §§ 26, 26b zusammen veranlagt werden, erhöht sich der Betrag von 18 000 Euro auf 36 000 Euro.

³ Übersteigt das Einkommen den Betrag von 18 000 Euro, so vermindert sich der Betrag von 61 800 Euro nach Satz 1 je angefangene 250 Euro des übersteigenden Einkommens um 10 300 Euro; bei Ehegatten, die nach den §§ 26, 26b zusammen veranlagt werden und deren Einkommen den Betrag von 36 000 Euro übersteigt, vermindert sich der Betrag von 61 800 Euro nach Satz 1 je angefangene 500 Euro des übersteigenden Einkommens um 10 300 Euro. ⁴ Werden mehrere weichende Erben abgefunden, so kann der Freibetrag mehrmals, jedoch insgesamt nur einmal je weichender Erbe geltend gemacht werden, auch wenn die Abfindung in mehreren Schritten oder durch mehrere Inhaber des Betriebs vorgenommen wird. ⁵ Weichender Erbe ist, wer gesetzlicher Erbe eines Inhabers eines land- und forstwirtschaftlichen Betriebs ist oder bei gesetzlicher Erbfolge wäre, aber nicht zur Übernahme des Betriebs berufen ist; eine Stellung als Mitunternehmer des Betriebs bis zur Auseinandersetzung steht einer Behandlung als weichender Erbe nicht entgegen, wenn sich die Erben innerhalb von zwei Jahren nach dem Erbfall auseinandersetzen. ⁶ Ist ein zur Übernahme des Betriebs berufener Miterbe noch minderjährig, beginnt die Frist von zwei Jahren mit Eintritt der Volljährigkeit.

(5) ¹ Veräußert ein Steuerpflichtiger nach dem 31. Dezember 1985 und vor dem 1. Januar 2001 Teile des zu einem land- und forstwirtschaftlichen Betrieb gehörenden Grund und Bodens, so wird der bei der Veräußerung entstehende Gewinn auf Antrag nur insoweit zur Einkommensteuer herangezogen, als er den Betrag von 90 000 Deutsche Mark übersteigt, wenn

1. der Steuerpflichtige den Veräußerungspreis nach Abzug der Veräußerungskosten zur Tilgung von Schulden verwendet, die zum land- und forstwirtschaftlichen Betrieb gehören und vor dem 1. Juli 1985 bestanden haben, und

2. die Voraussetzungen des Absatzes 4 Satz 2 Nummer 2 erfüllt sind.

² Übersteigt das Einkommen den Betrag von 35 000 Deutsche Mark, so vermindert sich der Betrag von 90 000 Deutsche Mark nach Satz 1 für jede angefangenen 500 Deutsche Mark des übersteigenden Einkommens um 15 000 Deutsche Mark; bei Ehegatten, die nach den §§ 26, 26b zusammen veranlagt werden und bei denen das Einkommen den Betrag von 70 000 Deutsche Mark übersteigt, vermindert sich der Betrag von 90 000 Deutsche Mark nach Satz 1 für jede angefangenen 1000 Deutsche Mark des übersteigenden Einkommens um 15 000 Deutsche Mark. ³ Der Freibetrag von höchstens 90 000 Deutsche Mark wird für alle Veräußerungen im Sinne des Satzes 1 insgesamt nur einmal gewährt.

(6) Verwendet der Steuerpflichtige den Veräußerungspreis oder entnimmt er den Grund und Boden nur zum Teil zu den in den Absätzen 4 und 5 angegebenen Zwecken, so ist nur der entsprechende Teil des Gewinns aus der Veräußerung oder Entnahme steuerfrei.

(7) Auf die Freibeträge nach Absatz 4 in dieser Fassung sind die Freibeträge, die nach Absatz 4 in den vor dem 1. Januar 1986 geltenden Fassungen gewährt worden sind, anzurechnen.

b) Gewerbebetrieb (§ 2 Absatz 1 Satz 1 Nummer 2)

§ 15 Einkünfte aus Gewerbebetrieb. (1) [1]Einkünfte aus Gewerbebetrieb sind

1. Einkünfte aus gewerblichen Unternehmen. [2]Dazu gehören auch Einkünfte aus gewerblicher Bodenbewirtschaftung, z.B. aus Bergbauunternehmen und aus Betrieben zur Gewinnung von Torf, Steinen und Erden, soweit sie nicht land- oder forstwirtschaftliche Nebenbetriebe sind;
2. die Gewinnanteile der Gesellschafter einer Offenen Handelsgesellschaft, einer Kommanditgesellschaft und einer anderen Gesellschaft, bei der der Gesellschafter als Unternehmer (Mitunternehmer) des Betriebs anzusehen ist, und die Vergütungen, die der Gesellschafter von der Gesellschaft für seine Tätigkeit im Dienst der Gesellschaft oder für die Hingabe von Darlehen oder für die Überlassung von Wirtschaftsgütern bezogen hat. [2]Der mittelbar über eine oder mehrere Personengesellschaften beteiligte Gesellschafter steht dem unmittelbar beteiligten Gesellschafter gleich; er ist als Mitunternehmer des Betriebs der Gesellschaft anzusehen, an der er mittelbar beteiligt ist, wenn er und die Personengesellschaften, die seine Beteiligung vermitteln, jeweils als Mitunternehmer der Betriebe der Personengesellschaften anzusehen sind, an denen sie unmittelbar beteiligt sind;
3. die Gewinnanteile der persönlich haftenden Gesellschafter einer Kommanditgesellschaft auf Aktien, soweit sie nicht auf Anteile am Grundkapital entfallen, und die Vergütungen, die der persönlich haftende Gesellschafter von der Gesellschaft für seine Tätigkeit im Dienst der Gesellschaft oder für die Hingabe von Darlehen oder für die Überlassung von Wirtschaftsgütern bezogen hat.

[2]Satz 1 Nummer 2 und 3 gilt auch für Vergütungen, die als nachträgliche Einkünfte (§ 24 Nummer 2) bezogen werden. [3]§ 13 Absatz 5 gilt entsprechend, sofern das Grundstück im Veranlagungszeitraum 1986 zu einem gewerblichen Betriebsvermögen gehört hat.

(1a)[1)] [1]In den Fällen des § 4 Absatz 1 Satz 5 ist der Gewinn aus einer späteren Veräußerung der Anteile ungeachtet der Bestimmungen eines Abkommens zur Vermeidung der Doppelbesteuerung in der gleichen Art und Weise zu besteuern, wie die Veräußerung dieser Anteile an der Europäischen Gesellschaft oder Europäischen Genossenschaft zu besteuern gewesen wäre, wenn keine Sitzverlegung stattgefunden hätte. [2]Dies gilt auch, wenn später die Anteile verdeckt in eine Kapitalgesellschaft eingelegt werden, die Europäische Gesellschaft oder Europäische Genossenschaft aufgelöst wird oder wenn ihr Kapital herabgesetzt und zurückgezahlt wird oder wenn Beträge aus dem steuerlichen Einlagenkonto im Sinne des § 27 des Körperschaftsteuergesetzes ausgeschüttet oder zurückgezahlt werden.

(2) [1]Eine selbständige nachhaltige Betätigung, die mit der Absicht, Gewinn zu erzielen, unternommen wird und sich als Beteiligung am allgemeinen wirtschaftlichen Verkehr darstellt, ist Gewerbebetrieb, wenn die Betätigung weder

---

[1)] § 15 Abs. 1a Satz 1 geänd. durch G v. 8.12.2010 (BGBl. I S. 1768).

als Ausübung von Land- und Forstwirtschaft noch als Ausübung eines freien Berufs noch als eine andere selbständige Arbeit anzusehen ist. [2]Eine durch die Betätigung verursachte Minderung der Steuern vom Einkommen ist kein Gewinn im Sinne des Satzes 1. [3]Ein Gewerbebetrieb liegt, wenn seine Voraussetzungen im Übrigen gegeben sind, auch dann vor, wenn die Gewinnerzielungsabsicht nur ein Nebenzweck ist.

(3) Als Gewerbebetrieb gilt in vollem Umfang die mit Einkünfteerzielungsabsicht unternommene Tätigkeit

1.[1]) einer offenen Handelsgesellschaft, einer Kommanditgesellschaft oder einer anderen Personengesellschaft, wenn die Gesellschaft auch eine Tätigkeit im Sinne des Absatzes 1 Satz 1 Nummer 1 ausübt oder gewerbliche Einkünfte im Sinne des Absatzes 1 Satz 1 Nummer 2 bezieht. [2]Dies gilt unabhängig davon, ob aus der Tätigkeit im Sinne des Absatzes 1 Satz 1 Nummer 1 ein Gewinn oder Verlust erzielt wird oder ob die gewerblichen Einkünfte im Sinne des Absatzes 1 Satz 1 Nummer 2 positiv oder negativ sind;

2. einer Personengesellschaft, die keine Tätigkeit im Sinne des Absatzes 1 Satz 1 Nummer 1 ausübt und bei der ausschließlich eine oder mehrere Kapitalgesellschaften persönlich haftende Gesellschafter sind und nur diese oder Personen, die nicht Gesellschafter sind, zur Geschäftsführung befugt sind (gewerblich geprägte Personengesellschaft). [2]Ist eine gewerblich geprägte Personengesellschaft als persönlich haftender Gesellschafter an einer anderen Personengesellschaft beteiligt, so steht für die Beurteilung, ob die Tätigkeit dieser Personengesellschaft als Gewerbebetrieb gilt, die gewerblich geprägte Personengesellschaft einer Kapitalgesellschaft gleich.

(4)[2]) [1]Verluste aus gewerblicher Tierzucht oder gewerblicher Tierhaltung dürfen weder mit anderen Einkünften aus Gewerbebetrieb noch mit Einkünften aus anderen Einkunftsarten ausgeglichen werden; sie dürfen auch nicht nach § 10d abgezogen werden. [2]Die Verluste mindern jedoch nach Maßgabe des § 10d die Gewinne, die der Steuerpflichtige in dem unmittelbar vorangegangenen und in den folgenden Wirtschaftsjahren aus gewerblicher Tierzucht oder gewerblicher Tierhaltung erzielt hat oder erzielt; § 10d Absatz 4 gilt entsprechend. [3]Die Sätze 1 und 2 gelten entsprechend für Verluste aus Termingeschäften, durch die der Steuerpflichtige einen Differenzausgleich oder einen durch den Wert einer veränderlichen Bezugsgröße bestimmten Geldbetrag oder Vorteil erlangt. [4]Satz 3 gilt nicht für die Geschäfte, die zum gewöhnlichen Geschäftsbetrieb bei Kreditinstituten, Finanzdienstleistungsinstituten und Finanzunternehmen im Sinne des Gesetzes über das Kreditwesen [*ab VZ 2021:* oder bei Wertpapierinstituten im Sinne des Wertpapierinstitutsgesetzes] gehören oder die der Absicherung von Geschäften des gewöhnlichen Geschäftsbetriebs dienen. [5]Satz 4 gilt nicht, wenn es sich um Geschäfte handelt, die der Absicherung von Aktiengeschäften dienen, bei denen der Veräußerungsgewinn nach § 3 Nummer 40 Satz 1 Buchstabe a und b in Verbindung

---

[1]) § 15 Abs. 3 Nr. 1 Satz 2 angef. durch G v. 12.12.2019 (BGBl. I S. 2451); zur Anwendung siehe § 52 Abs. 23 Satz 1.
[2]) § 15 Abs. 4 Satz 2 und 7 ergänzt durch G v. 26.6.2013; zur Anwendung siehe § 52 Abs. 23 Satz 2; Satz 4 geänd. mWv VZ 2021 durch G v. 12.5.2021 (BGBl. I S. 990).

mit § 3c Absatz 2 teilweise steuerfrei ist, oder die nach § 8b Absatz 2 des Körperschaftsteuergesetzes bei der Ermittlung des Einkommens außer Ansatz bleiben. [6] Verluste aus stillen Gesellschaften, Unterbeteiligungen oder sonstigen Innengesellschaften an Kapitalgesellschaften, bei denen der Gesellschafter oder Beteiligte als Mitunternehmer anzusehen ist, dürfen weder mit Einkünften aus Gewerbebetrieb noch aus anderen Einkunftsarten ausgeglichen werden; sie dürfen auch nicht nach § 10d abgezogen werden. [7] Die Verluste mindern jedoch nach Maßgabe des § 10d die Gewinne, die der Gesellschafter oder Beteiligte in dem unmittelbar vorangegangenen Wirtschaftsjahr oder in den folgenden Wirtschaftsjahren aus derselben stillen Gesellschaft, Unterbeteiligung oder sonstigen Innengesellschaft bezieht; § 10d Absatz 4 gilt entsprechend. [8] Die Sätze 6 und 7 gelten nicht, soweit der Verlust auf eine natürliche Person als unmittelbar oder mittelbar beteiligter Mitunternehmer entfällt.

§ 15a[1] Verluste bei beschränkter Haftung. (1) [1] Der einem Kommanditisten zuzurechnende Anteil am Verlust der Kommanditgesellschaft darf weder mit anderen Einkünften aus Gewerbebetrieb noch mit Einkünften aus anderen Einkunftsarten ausgeglichen werden, soweit ein negatives Kapitalkonto des Kommanditisten entsteht oder sich erhöht; er darf insoweit auch nicht nach § 10d abgezogen werden. [2] Haftet der Kommanditist am Bilanzstichtag den Gläubigern der Gesellschaft auf Grund des § 171 Absatz 1 des Handelsgesetzbuchs, so können abweichend von Satz 1 Verluste des Kommanditisten bis zur Höhe des Betrags, um den die im Handelsregister eingetragene Einlage des Kommanditisten seine geleistete Einlage übersteigt, auch ausgeglichen oder abgezogen werden, soweit durch den Verlust ein negatives Kapitalkonto entsteht oder sich erhöht. [3] Satz 2 ist nur anzuwenden, wenn derjenige, dem der Anteil zuzurechnen ist, im Handelsregister eingetragen ist, das Bestehen der Haftung nachgewiesen wird und eine Vermögensminderung auf Grund der Haftung nicht durch Vertrag ausgeschlossen oder nach Art und Weise des Geschäftsbetriebs unwahrscheinlich ist.

(1a) [1] Nachträgliche Einlagen führen weder zu einer nachträglichen Ausgleichs- oder Abzugsfähigkeit eines vorhandenen verrechenbaren Verlustes noch zu einer Ausgleichs- oder Abzugsfähigkeit des dem Kommanditisten zuzurechnenden Anteils am Verlust eines zukünftigen Wirtschaftsjahres, soweit durch den Verlust ein negatives Kapitalkonto des Kommanditisten entsteht oder sich erhöht. [2] Nachträgliche Einlagen im Sinne des Satzes 1 sind Einlagen, die nach Ablauf eines Wirtschaftsjahres geleistet werden, in dem ein nicht ausgleichs- oder abzugsfähiger Verlust im Sinne des Absatzes 1 entstanden oder ein Gewinn im Sinne des Absatzes 3 Satz 1 zugerechnet worden ist.

(2) [1] Soweit der Verlust nach den Absätzen 1 und 1a nicht ausgeglichen oder abgezogen werden darf, mindert er die Gewinne, die dem Kommanditisten in späteren Wirtschaftsjahren aus seiner Beteiligung an der Kommanditgesellschaft zuzurechnen sind. [2] Der verrechenbare Verlust, der nach Abzug von einem Veräußerungs- oder Aufgabegewinn verbleibt, ist im Zeitpunkt der Veräußerung oder Aufgabe des gesamten Mitunternehmeranteils oder der

---

[1] Zum Anwendungsbereich siehe **§ 52 Abs. 24.**

Betriebsveräußerung oder -aufgabe bis zur Höhe der nachträglichen Einlagen im Sinne des Absatzes 1a ausgleichs- oder abzugsfähig.

(3) [1]Soweit ein negatives Kapitalkonto des Kommanditisten durch Entnahmen entsteht oder sich erhöht (Einlageminderung) und soweit nicht auf Grund der Entnahmen eine nach Absatz 1 Satz 2 zu berücksichtigende Haftung besteht oder entsteht, ist dem Kommanditisten der Betrag der Einlageminderung als Gewinn zuzurechnen. [2]Der nach Satz 1 zuzurechnende Betrag darf den Betrag der Anteile am Verlust der Kommanditgesellschaft nicht übersteigen, der im Wirtschaftsjahr der Einlageminderung und in den zehn vorangegangenen Wirtschaftsjahren ausgleichs- oder abzugsfähig gewesen ist. [3]Wird der Haftungsbetrag im Sinne des Absatzes 1 Satz 2 gemindert (Haftungsminderung) und sind im Wirtschaftsjahr der Haftungsminderung und den zehn vorangegangenen Wirtschaftsjahren Verluste nach Absatz 1 Satz 2 ausgleichs- oder abzugsfähig gewesen, so ist dem Kommanditisten der Betrag der Haftungsminderung, vermindert um auf Grund der Haftung tatsächlich geleistete Beträge, als Gewinn zuzurechnen; Satz 2 gilt sinngemäß. [4]Die nach den Sätzen 1 bis 3 zuzurechnenden Beträge mindern die Gewinne, die dem Kommanditisten im Wirtschaftsjahr der Zurechnung oder in späteren Wirtschaftsjahren aus seiner Beteiligung an der Kommanditgesellschaft zuzurechnen sind.

(4) [1]Der nach Absatz 1 nicht ausgleichs- oder abzugsfähige Verlust eines Kommanditisten, vermindert um die nach Absatz 2 abzuziehenden und vermehrt um die nach Absatz 3 hinzuzurechnenden Beträge (verrechenbarer Verlust), ist jährlich gesondert festzustellen. [2]Dabei ist von dem verrechenbaren Verlust des vorangegangenen Wirtschaftsjahres auszugehen. [3]Zuständig für den Erlass des Feststellungsbescheids ist das für die gesonderte Feststellung des Gewinns und Verlustes der Gesellschaft zuständige Finanzamt. [4]Der Feststellungsbescheid kann nur insoweit angegriffen werden, als der verrechenbare Verlust gegenüber dem verrechenbaren Verlust des vorangegangenen Wirtschaftsjahres sich verändert hat. [5]Die gesonderten Feststellungen nach Satz 1 können mit der gesonderten und einheitlichen Feststellung der einkommensteuerpflichtigen und körperschaftsteuerpflichtigen Einkünfte verbunden werden. [6]In diesen Fällen sind die gesonderten Feststellungen des verrechenbaren Verlustes einheitlich durchzuführen.

(5) Absatz 1 Satz 1, Absatz 1a, 2 und 3 Satz 1, 2 und 4 sowie Absatz 4 gelten sinngemäß für andere Unternehmer, soweit deren Haftung der eines Kommanditisten vergleichbar ist, insbesondere für

1. stille Gesellschafter einer stillen Gesellschaft im Sinne des § 230 des Handelsgesetzbuchs, bei der der stille Gesellschafter als Unternehmer (Mitunternehmer) anzusehen ist,

2. Gesellschafter einer Gesellschaft im Sinne des Bürgerlichen Gesetzbuchs, bei der der Gesellschafter als Unternehmer (Mitunternehmer) anzusehen ist, soweit die Inanspruchnahme des Gesellschafters für Schulden in Zusammenhang mit dem Betrieb durch Vertrag ausgeschlossen oder nach Art und Weise des Geschäftsbetriebs unwahrscheinlich ist,

3. Gesellschafter einer ausländischen Personengesellschaft, bei der der Gesellschafter als Unternehmer (Mitunternehmer) anzusehen ist, soweit die Haf-

tung des Gesellschafters für Schulden in Zusammenhang mit dem Betrieb der eines Kommanditisten oder eines stillen Gesellschafters entspricht oder soweit die Inanspruchnahme des Gesellschafters für Schulden in Zusammenhang mit dem Betrieb durch Vertrag ausgeschlossen oder nach Art und Weise des Geschäftsbetriebs unwahrscheinlich ist,

4. Unternehmer, soweit Verbindlichkeiten nur in Abhängigkeit von Erlösen oder Gewinnen aus der Nutzung, Veräußerung oder sonstigen Verwertung von Wirtschaftsgütern zu tilgen sind,

5. Mitreeder einer Reederei im Sinne des § 489 des Handelsgesetzbuchs, bei der der Mitreeder als Unternehmer (Mitunternehmer) anzusehen ist, wenn die persönliche Haftung des Mitreeders für die Verbindlichkeiten der Reederei ganz oder teilweise ausgeschlossen oder soweit die Inanspruchnahme des Mitreeders für Verbindlichkeiten der Reederei nach Art und Weise des Geschäftsbetriebs unwahrscheinlich ist.

§ 15b[1] Verluste im Zusammenhang mit Steuerstundungsmodellen.

(1) [1]Verluste im Zusammenhang mit einem Steuerstundungsmodell dürfen weder mit Einkünften aus Gewerbebetrieb noch mit Einkünften aus anderen Einkunftsarten ausgeglichen werden; sie dürfen auch nicht nach § 10d abgezogen werden. [2]Die Verluste mindern jedoch die Einkünfte, die der Steuerpflichtige in den folgenden Wirtschaftsjahren aus derselben Einkunftsquelle erzielt. [3]§ 15a ist insoweit nicht anzuwenden.

(2) [1]Ein Steuerstundungsmodell im Sinne des Absatzes 1 liegt vor, wenn auf Grund einer modellhaften Gestaltung steuerliche Vorteile in Form negativer Einkünfte erzielt werden sollen. [2]Dies ist der Fall, wenn dem Steuerpflichtigen auf Grund eines vorgefertigten Konzepts die Möglichkeit geboten werden soll, zumindest in der Anfangsphase der Investition Verluste mit übrigen Einkünften zu verrechnen. [3]Dabei ist es ohne Belang, auf welchen Vorschriften die negativen Einkünfte beruhen.

(3) Absatz 1 ist nur anzuwenden, wenn innerhalb der Anfangsphase das Verhältnis der Summe der prognostizierten Verluste zur Höhe des gezeichneten und nach dem Konzept auch aufzubringenden Kapitals oder bei Einzelinvestoren des eingesetzten Eigenkapitals 10 Prozent übersteigt.

(3a)[2] Unabhängig von den Voraussetzungen nach den Absätzen 2 und 3 liegt ein Steuerstundungsmodell im Sinne des Absatzes 1 insbesondere vor, wenn ein Verlust aus Gewerbebetrieb entsteht oder sich erhöht, indem ein Steuerpflichtiger, der nicht auf Grund gesetzlicher Vorschriften verpflichtet ist, Bücher zu führen und regelmäßig Abschlüsse zu machen, auf Grund des Erwerbs von Wirtschaftsgütern des Umlaufvermögens sofort abziehbare Betriebsausgaben tätigt, wenn deren Übereignung ohne körperliche Übergabe durch Besitzkonstitut nach § 930 des Bürgerlichen Gesetzbuchs oder durch Abtretung des Herausgabeanspruchs nach § 931 des Bürgerlichen Gesetzbuchs erfolgt.

---

[1] Zur Anwendung von § 15b siehe § 52 Abs. 25.
[2] § 15b Abs. § 3a eingef. durch G v. 18.12.2013 (BGBl. I S. 4318); zur Anwendung siehe § 52 Abs. 25 Satz 5.

(4) ¹Der nach Absatz 1 nicht ausgleichsfähige Verlust ist jährlich gesondert festzustellen. ²Dabei ist von dem verrechenbaren Verlust des Vorjahres auszugehen. ³Der Feststellungsbescheid kann nur insoweit angegriffen werden, als der verrechenbare Verlust gegenüber dem verrechenbaren Verlust des Vorjahres sich verändert hat. ⁴Handelt es sich bei dem Steuerstundungsmodell um eine Gesellschaft oder Gemeinschaft im Sinne des § 180 Absatz 1 Satz 1[1) Nummer 2 Buchstabe a der Abgabenordnung, ist das für die gesonderte und einheitliche Feststellung der einkommensteuerpflichtigen und körperschaftsteuerpflichtigen Einkünfte aus dem Steuerstundungsmodell zuständige Finanzamt für den Erlass des Feststellungsbescheids nach Satz 1 zuständig; anderenfalls ist das Betriebsfinanzamt (§ 18 Absatz 1 Nummer 2 der Abgabenordnung) zuständig. ⁵Handelt es sich bei dem Steuerstundungsmodell um eine Gesellschaft oder Gemeinschaft im Sinne des § 180 Absatz 1 Satz 1[1) Nummer 2 Buchstabe a der Abgabenordnung, können die gesonderten Feststellungen nach Satz 1 mit der gesonderten und einheitlichen Feststellung der einkommensteuerpflichtigen und körperschaftsteuerpflichtigen Einkünfte aus dem Steuerstundungsmodell verbunden werden; in diesen Fällen sind die gesonderten Feststellungen nach Satz 1 einheitlich durchzuführen.

§ 16 Veräußerung des Betriebs. (1) ¹Zu den Einkünften aus Gewerbebetrieb gehören auch Gewinne, die erzielt werden bei der Veräußerung

1. des ganzen Gewerbebetriebs oder eines Teilbetriebs. ²Als Teilbetrieb gilt auch die das gesamte Nennkapital umfassende Beteiligung an einer Kapitalgesellschaft; im Fall der Auflösung der Kapitalgesellschaft ist § 17 Absatz 4 Satz 3 sinngemäß anzuwenden;

2. des gesamten Anteils eines Gesellschafters, der als Unternehmer (Mitunternehmer) des Betriebs anzusehen ist (§ 15 Absatz 1 Satz 1 Nummer 2);

3. des gesamten Anteils eines persönlich haftenden Gesellschafters einer Kommanditgesellschaft auf Aktien (§ 15 Absatz 1 Satz 1 Nummer 3).

²Gewinne, die bei der Veräußerung eines Teils eines Anteils im Sinne von Satz 1 Nummer 2 oder 3 erzielt werden, sind laufende Gewinne.

(2) ¹Veräußerungsgewinn im Sinne des Absatzes 1 ist der Betrag, um den der Veräußerungspreis nach Abzug der Veräußerungskosten den Wert des Betriebsvermögens (Absatz 1 Satz 1 Nummer 1) oder den Wert des Anteils am Betriebsvermögen (Absatz 1 Satz 1 Nummer 2 und 3) übersteigt. ²Der Wert des Betriebsvermögens oder des Anteils ist für den Zeitpunkt der Veräußerung nach § 4 Absatz 1 oder nach § 5 zu ermitteln. ³Soweit auf der Seite des Veräußerers und auf der Seite des Erwerbers dieselben Personen Unternehmer oder Mitunternehmer sind, gilt der Gewinn insoweit jedoch als laufender Gewinn.

(3) ¹Als Veräußerung gilt auch die Aufgabe des Gewerbebetriebs sowie eines Anteils im Sinne des Absatzes 1 Satz 1 Nummer 2 oder Nummer 3. ²Werden im Zuge der Realteilung einer Mitunternehmerschaft Teilbetriebe, Mitunternehmeranteile oder einzelne Wirtschaftsgüter in das jeweilige Be-

---

1) Verweis geänd. mWv 1.1.2017 durch G v. 18.7.2016 (BGBl. I S. 1679).

triebsvermögen der einzelnen Mitunternehmer übertragen, so sind bei der Ermittlung des Gewinns der Mitunternehmerschaft die Wirtschaftsgüter mit den Werten anzusetzen, die sich nach den Vorschriften über die Gewinnermittlung ergeben, sofern die Besteuerung der stillen Reserven sichergestellt ist; der übernehmende Mitunternehmer ist an diese Werte gebunden; § 4 Absatz 1 Satz 4 ist entsprechend anzuwenden.[1] ³Dagegen ist für den jeweiligen Übertragungsvorgang rückwirkend der gemeine Wert anzusetzen, soweit bei einer Realteilung, bei der einzelne Wirtschaftsgüter übertragen worden sind, zum Buchwert übertragener Grund und Boden, übertragene Gebäude oder andere übertragene wesentliche Betriebsgrundlagen innerhalb einer Sperrfrist nach der Übertragung veräußert oder entnommen werden; diese Sperrfrist endet drei Jahre nach Abgabe der Steuererklärung der Mitunternehmerschaft für den Veranlagungszeitraum der Realteilung. ⁴Satz 2 ist bei einer Realteilung, bei der einzelne Wirtschaftsgüter übertragen werden, nicht anzuwenden, soweit die Wirtschaftsgüter unmittelbar oder mittelbar auf eine Körperschaft, Personenvereinigung oder Vermögensmasse übertragen werden; in diesem Fall ist bei der Übertragung der gemeine Wert anzusetzen. ⁵Soweit einzelne dem Betrieb gewidmete Wirtschaftsgüter im Rahmen der Aufgabe des Betriebs veräußert werden und soweit auf der Seite des Veräußerers und auf der Seite des Erwerbers dieselben Personen Unternehmer oder Mitunternehmer sind, gilt der Gewinn aus der Aufgabe des Gewerbebetriebs als laufender Gewinn. ⁶Werden die einzelnen dem Betrieb gewidmeten Wirtschaftsgüter im Rahmen der Aufgabe des Betriebs veräußert, so sind die Veräußerungspreise anzusetzen. ⁷Werden die Wirtschaftsgüter nicht veräußert, so ist der gemeine Wert im Zeitpunkt der Aufgabe anzusetzen. ⁸Bei Aufgabe eines Gewerbebetriebs, an dem mehrere Personen beteiligt waren, ist für jeden einzelnen Beteiligten der gemeine Wert der Wirtschaftsgüter anzusetzen, die er bei der Auseinandersetzung erhalten hat.

(3a)[2] Einer Aufgabe des Gewerbebetriebs steht der Ausschluss oder die Beschränkung des Besteuerungsrechts der Bundesrepublik Deutschland hinsichtlich des Gewinns aus der Veräußerung sämtlicher Wirtschaftsgüter des Betriebs oder eines Teilbetriebs gleich; § 4 Absatz 1 Satz 4 gilt entsprechend.

(3b)[3] ¹In den Fällen der Betriebsunterbrechung und der Betriebsverpachtung im Ganzen gilt ein Gewerbebetrieb sowie ein Anteil im Sinne des Absatzes 1 Satz 1 Nummer 2 oder Nummer 3 nicht als aufgegeben, bis

1. der Steuerpflichtige die Aufgabe im Sinne des Absatzes 3 Satz 1 ausdrücklich gegenüber dem Finanzamt erklärt oder

2. dem Finanzamt Tatsachen bekannt werden, aus denen sich ergibt, dass die Voraussetzungen für eine Aufgabe im Sinne des Absatzes 3 Satz 1 erfüllt sind.

²Die Aufgabe des Gewerbebetriebs oder Anteils im Sinne des Absatzes 1 Satz 1 Nummer 2 oder Nummer 3 ist in den Fällen des Satzes 1 Nummer 1

---

[1] § 16 Abs. 3 Satz 2 HS 2 angef. durch G v. 8.12.2010 (BGBl. I S. 1768); zur Anwendung von § 4 Abs. 1 Satz 4 siehe § 52 Abs. 6 Satz 1.
[2] § 16 Abs. 3a eingef. durch G v. 8.12.2010 (BGBl. I S. 1768).
[3] § 16 Abs. 3b eingef. durch G v. 1.11.2011 (BGBl. I S. 2131).

rückwirkend für den vom Steuerpflichtigen gewählten Zeitpunkt anzuerkennen, wenn die Aufgabeerklärung spätestens drei Monate nach diesem Zeitpunkt abgegeben wird. ³Wird die Aufgabeerklärung nicht spätestens drei Monate nach dem vom Steuerpflichtigen gewählten Zeitpunkt abgegeben, gilt der Gewerbebetrieb oder Anteil im Sinne des Absatzes 1 Satz 1 Nummer 2 oder Nummer 3 erst in dem Zeitpunkt als aufgegeben, in dem die Aufgabeerklärung beim Finanzamt eingeht.

(4) ¹Hat der Steuerpflichtige das 55. Lebensjahr vollendet oder ist er im sozialversicherungsrechtlichen Sinne dauernd berufsunfähig, so wird der Veräußerungsgewinn auf Antrag zur Einkommensteuer nur herangezogen, soweit er 45 000 Euro übersteigt. ²Der Freibetrag ist dem Steuerpflichtigen nur einmal zu gewähren. ³Er ermäßigt sich um den Betrag, um den der Veräußerungsgewinn 136 000 Euro übersteigt.

(5) Werden bei einer Realteilung, bei der Teilbetriebe auf einzelne Mitunternehmer übertragen werden, Anteile an einer Körperschaft, Personenvereinigung oder Vermögensmasse unmittelbar oder mittelbar von einem nicht von § 8b Absatz 2 des Körperschaftsteuergesetzes begünstigten Steuerpflichtigen auf einen von § 8b Absatz 2 des Körperschaftsteuergesetzes begünstigten Mitunternehmer übertragen, ist abweichend von Absatz 3 Satz 2 rückwirkend auf den Zeitpunkt der Realteilung der gemeine Wert anzusetzen, wenn der übernehmende Mitunternehmer die Anteile innerhalb eines Zeitraums von sieben Jahren nach der Realteilung unmittelbar oder mittelbar veräußert oder durch einen Vorgang nach § 22 Absatz 1 Satz 6 Nummer 1 bis 5 des Umwandlungssteuergesetzes weiter überträgt; § 22 Absatz 2 Satz 3 des Umwandlungssteuergesetzes gilt entsprechend.

§ 17 Veräußerung von Anteilen an Kapitalgesellschaften. (1)[1] ¹Zu den Einkünften aus Gewerbebetrieb gehört auch der Gewinn aus der Veräußerung von Anteilen an einer Kapitalgesellschaft, wenn der Veräußerer innerhalb der letzten fünf Jahre am Kapital der Gesellschaft unmittelbar oder mittelbar zu mindestens 1 Prozent beteiligt war. ²Die verdeckte Einlage von Anteilen an einer Kapitalgesellschaft in eine Kapitalgesellschaft steht der Veräußerung der Anteile gleich. ³Anteile an einer Kapitalgesellschaft sind Aktien, Anteile an einer Gesellschaft mit beschränkter Haftung, Genussscheine oder ähnliche Beteiligungen und Anwartschaften auf solche Beteiligungen [*ab 1.1.2022:* sowie Anteile an einer optierenden Gesellschaft im Sinne des § 1a des Körperschaftsteuergesetzes.] ⁴Hat der Veräußerer den veräußerten Anteil innerhalb der letzten fünf Jahre vor der Veräußerung unentgeltlich erworben, so gilt Satz 1 entsprechend, wenn der Veräußerer zwar nicht selbst, aber der Rechtsvorgänger oder, sofern der Anteil nacheinander unentgeltlich übertragen worden ist, einer der Rechtsvorgänger innerhalb der letzten fünf Jahre im Sinne von Satz 1 beteiligt war.

(2) ¹Veräußerungsgewinn im Sinne des Absatzes 1 ist der Betrag, um den der Veräußerungspreis nach Abzug der Veräußerungskosten die Anschaffungskosten übersteigt. ²In den Fällen des Absatzes 1 Satz 2 tritt an die Stel-

---

[1] § 17 Abs. 1 Satz 3 ergänzt mWv 1.1.2022 durch G v. 25.6.2021 (BGBl. I S. 2050).

le des Veräußerungspreises der Anteile ihr gemeiner Wert. [3]Weist der Veräußerer nach, dass ihm die Anteile bereits im Zeitpunkt der Begründung der unbeschränkten Steuerpflicht nach § 1 Absatz 1 zuzurechnen waren und dass der bis zu diesem Zeitpunkt entstandene Vermögenszuwachs auf Grund gesetzlicher Bestimmungen des Wegzugsstaats im Wegzugsstaat einer der Steuer nach § 6 des Außensteuergesetzes vergleichbaren Steuer unterlegen hat, tritt an die Stelle der Anschaffungskosten der Wert, den der Wegzugsstaat bei der Berechnung der der Steuer nach § 6 des Außensteuergesetzes vergleichbaren Steuer angesetzt hat, höchstens jedoch der gemeine Wert. [4]Satz 3 ist in den Fällen des § 6 Absatz 3 des Außensteuergesetzes nicht anzuwenden. [5]Hat der Veräußerer den veräußerten Anteil unentgeltlich erworben, so sind als Anschaffungskosten des Anteils die Anschaffungskosten des Rechtsvorgängers maßgebend, der den Anteil zuletzt entgeltlich erworben hat. [6]Ein Veräußerungsverlust ist nicht zu berücksichtigen, soweit er auf Anteile entfällt,

a) die der Steuerpflichtige innerhalb der letzten fünf Jahre unentgeltlich erworben hatte. [2]Dies gilt nicht, soweit der Rechtsvorgänger anstelle des Steuerpflichtigen den Veräußerungsverlust hätte geltend machen können;

b) die entgeltlich erworben worden sind und nicht innerhalb der gesamten letzten fünf Jahre zu einer Beteiligung des Steuerpflichtigen im Sinne von Absatz 1 Satz 1 gehört haben. [2]Dies gilt nicht für innerhalb der letzten fünf Jahre erworbene Anteile, deren Erwerb zur Begründung einer Beteiligung des Steuerpflichtigen im Sinne von Absatz 1 Satz 1 geführt hat oder die nach Begründung der Beteiligung im Sinne von Absatz 1 Satz 1 erworben worden sind.

(2a)[1] [1]Anschaffungskosten sind die Aufwendungen, die geleistet werden, um die Anteile im Sinne des Absatzes 1 zu erwerben. [2]Zu den Anschaffungskosten gehören auch die Nebenkosten sowie die nachträglichen Anschaffungskosten. [3]Zu den nachträglichen Anschaffungskosten im Sinne des Satzes 2 gehören insbesondere

1. offene oder verdeckte Einlagen,

2. Darlehensverluste, soweit die Gewährung des Darlehens oder das Stehenlassen des Darlehens in der Krise der Gesellschaft gesellschaftsrechtlich veranlasst war, und

3. Ausfälle von Bürgschaftsregressforderungen und vergleichbaren Forderungen, soweit die Hingabe oder das Stehenlassen der betreffenden Sicherheit gesellschaftsrechtlich veranlasst war.

[4]Eine gesellschaftsrechtliche Veranlassung liegt regelmäßig vor, wenn ein fremder Dritter das Darlehen oder Sicherungsmittel im Sinne der Nummern 2 oder 3 bei sonst gleichen Umständen zurückgefordert oder nicht gewährt hätte. [5]Leistet der Steuerpflichtige über den Nennbetrag seiner Anteile hinaus Einzahlungen in das Kapital der Gesellschaft, sind die Einzahlungen bei der Ermittlung der Anschaffungskosten gleichmäßig auf seine gesamten Anteile

---

[1] § 17 Abs. 2a eingef. durch G v. 12.12.2019 (BGBl. I S. 2451); zur Anwendung siehe § 52 Abs. 25a.

einschließlich seiner im Rahmen von Kapitalerhöhungen erhaltenen neuen Anteile aufzuteilen.

(3) ¹Der Veräußerungsgewinn wird zur Einkommensteuer nur herangezogen, soweit er den Teil von 9060 Euro übersteigt, der dem veräußerten Anteil an der Kapitalgesellschaft entspricht. ²Der Freibetrag ermäßigt sich um den Betrag, um den der Veräußerungsgewinn den Teil von 36 100 Euro übersteigt, der dem veräußerten Anteil an der Kapitalgesellschaft entspricht.

(4) ¹Als Veräußerung im Sinne des Absatzes 1 gilt auch die Auflösung einer Kapitalgesellschaft, die Kapitalherabsetzung, wenn das Kapital zurückgezahlt wird, und die Ausschüttung oder Zurückzahlung von Beträgen aus dem steuerlichen Einlagenkonto im Sinne des § 27 des Körperschaftsteuergesetzes. ²In diesen Fällen ist als Veräußerungspreis der gemeine Wert des dem Steuerpflichtigen zugeteilten oder zurückgezahlten Vermögens der Kapitalgesellschaft anzusehen. ³Satz 1 gilt nicht, soweit die Bezüge nach § 20 Absatz 1 Nummer 1 oder 2 zu den Einnahmen aus Kapitalvermögen gehören.

(5) ¹Die Beschränkung oder der Ausschluss des Besteuerungsrechts der Bundesrepublik Deutschland hinsichtlich des Gewinns aus der Veräußerung der Anteile an einer Kapitalgesellschaft im Fall der Verlegung des Sitzes oder des Orts der Geschäftsleitung der Kapitalgesellschaft in einen anderen Staat stehen der Veräußerung der Anteile zum gemeinen Wert gleich. ²Dies gilt nicht in den Fällen der Sitzverlegung einer Europäischen Gesellschaft nach Artikel 8 der Verordnung (EG) Nr. 2157/2001 und der Sitzverlegung einer anderen Kapitalgesellschaft in einen anderen Mitgliedstaat der Europäischen Union. ³In diesen Fällen ist der Gewinn aus einer späteren Veräußerung der Anteile ungeachtet der Bestimmungen eines Abkommens zur Vermeidung der Doppelbesteuerung in der gleichen Art und Weise zu besteuern, wie die Veräußerung dieser Anteile zu besteuern gewesen wäre, wenn keine Sitzverlegung stattgefunden hätte. ⁴§ 15 Absatz 1a Satz 2 ist entsprechend anzuwenden.

(6) Als Anteile im Sinne des Absatzes 1 Satz 1 gelten auch Anteile an Kapitalgesellschaften, an denen der Veräußerer innerhalb der letzten fünf Jahre am Kapital der Gesellschaft nicht unmittelbar oder mittelbar zu mindestens 1 Prozent beteiligt war, wenn

1. die Anteile auf Grund eines Einbringungsvorgangs im Sinne des Umwandlungssteuergesetzes, bei dem nicht der gemeine Wert zum Ansatz kam, erworben wurden und

2. zum Einbringungszeitpunkt für die eingebrachten Anteile die Voraussetzungen von Absatz 1 Satz 1 erfüllt waren oder die Anteile auf einer Sacheinlage im Sinne von § 20 Absatz 1 des Umwandlungssteuergesetzes vom 7. Dezember 2006 (BGBl. I S. 2782, 2791) in der jeweils geltenden Fassung beruhen.

(7) Als Anteile im Sinne des Absatzes 1 Satz 1 gelten auch Anteile an einer Genossenschaft einschließlich der Europäischen Genossenschaft.

c) Selbständige Arbeit (§ 2 Absatz 1 Satz 1 Nummer 3)

§ 18 [Selbständige Arbeit] (1) Einkünfte aus selbständiger Arbeit sind

1. Einkünfte aus freiberuflicher Tätigkeit. ²Zu der freiberuflichen Tätigkeit gehören die selbständig ausgeübte wissenschaftliche, künstlerische, schriftstellerische, unterrichtende oder erzieherische Tätigkeit, die selbständige Berufstätigkeit der Ärzte, Zahnärzte, Tierärzte, Rechtsanwälte, Notare, Patentanwälte, Vermessungsingenieure, Ingenieure, Architekten, Handelschemiker, Wirtschaftsprüfer, Steuerberater, beratenden Volks- und Betriebswirte, vereidigten Buchprüfer, Steuerbevollmächtigten, Heilpraktiker, Dentisten, Krankengymnasten, Journalisten, Bildberichterstatter, Dolmetscher, Übersetzer, Lotsen und ähnlicher Berufe. ³Ein Angehöriger eines freien Berufs im Sinne der Sätze 1 und 2 ist auch dann freiberuflich tätig, wenn er sich der Mithilfe fachlich vorgebildeter Arbeitskräfte bedient; Voraussetzung ist, dass er auf Grund eigener Fachkenntnisse leitend und eigenverantwortlich tätig wird. ⁴Eine Vertretung im Fall vorübergehender Verhinderung steht der Annahme einer leitenden und eigenverantwortlichen Tätigkeit nicht entgegen;

2. Einkünfte der Einnehmer einer staatlichen Lotterie, wenn sie nicht Einkünfte aus Gewerbebetrieb sind;

3. Einkünfte aus sonstiger selbständiger Arbeit, z.B. Vergütungen für die Vollstreckung von Testamenten, für Vermögensverwaltung und für die Tätigkeit als Aufsichtsratsmitglied;

4.¹⁾ Einkünfte, die ein Beteiligter an einer vermögensverwaltenden Gesellschaft oder Gemeinschaft, deren Zweck im Erwerb, Halten und in der Veräußerung von Anteilen an Kapitalgesellschaften besteht, als Vergütung für Leistungen zur Förderung des Gesellschafts- oder Gemeinschaftszwecks erzielt, wenn der Anspruch auf die Vergütung unter der Voraussetzung eingeräumt worden ist, dass die Gesellschafter oder Gemeinschafter ihr eingezahltes Kapital vollständig zurückerhalten haben; § 15 Absatz 3 ist nicht anzuwenden.

(2) Einkünfte nach Absatz 1 sind auch dann steuerpflichtig, wenn es sich nur um eine vorübergehende Tätigkeit handelt.

(3) ¹Zu den Einkünften aus selbständiger Arbeit gehört auch der Gewinn, der bei der Veräußerung des Vermögens oder eines selbständigen Teils des Vermögens oder eines Anteils am Vermögen erzielt wird, das der selbständigen Arbeit dient. ²§ 16 Absatz 1 Satz 1 Nummer 1 und 2 und Absatz 1 Satz 2 sowie Absatz 2 bis 4 gilt entsprechend.

(4)²⁾ ¹§ 13 Absatz 5 gilt entsprechend, sofern das Grundstück im Veranlagungszeitraum 1986 zu einem der selbständigen Arbeit dienenden Betriebsvermögen gehört hat. ²§ 15 Absatz 1 Satz 1 Nummer 2, Absatz 1a, Absatz 2 Satz 2 und 3, §§ 15a und 15b sind entsprechend anzuwenden.

d) Nichtselbständige Arbeit (§ 2 Absatz 1 Satz 1 Nummer 4)

§ 19 [**Nichtselbständige Arbeit**] (1) ¹Zu den Einkünften aus nichtselbständiger Arbeit gehören

---

¹⁾ Zu Nr. 4 siehe § 52 Abs. 4 Satz 8.
²⁾ Zur Anwendung siehe § 52 Abs. 26.

1. Gehälter, Löhne, Gratifikationen, Tantiemen und andere Bezüge und Vorteile für eine Beschäftigung im öffentlichen oder privaten Dienst;

1a.[1] Zuwendungen des Arbeitgebers an seinen Arbeitnehmer und dessen Begleitperson anlässlich von Veranstaltungen auf betrieblicher Ebene mit gesellschaftlichem Charakter (Betriebsveranstaltung). [2] Zuwendungen im Sinne des Satzes 1 sind alle Aufwendungen des Arbeitgebers einschließlich Umsatzsteuer unabhängig davon, ob sie einzelnen Arbeitnehmern individuell zurechenbar sind oder ob es sich um einen rechnerischen Anteil an den Kosten der Betriebsveranstaltung handelt, die der Arbeitgeber gegenüber Dritten für den äußeren Rahmen der Betriebsveranstaltung aufwendet. [3] Soweit solche Zuwendungen den Betrag von 110 Euro je Betriebsveranstaltung und teilnehmenden Arbeitnehmer nicht übersteigen, gehören sie nicht zu den Einkünften aus nichtselbständiger Arbeit, wenn die Teilnahme an der Betriebsveranstaltung allen Angehörigen des Betriebs oder eines Betriebsteils offensteht. [4] Satz 3 gilt für bis zu zwei Betriebsveranstaltungen jährlich. [5] Die Zuwendungen im Sinne des Satzes 1 sind abweichend von § 8 Absatz 2 mit den anteilig auf den Arbeitnehmer und dessen Begleitpersonen entfallenden Aufwendungen des Arbeitgebers im Sinne des Satzes 2 anzusetzen;

2. Wartegelder, Ruhegelder, Witwen- und Waisengelder und andere Bezüge und Vorteile aus früheren Dienstleistungen, auch soweit sie von Arbeitgebern ausgleichspflichtiger Personen an ausgleichsberechtigte Personen infolge einer nach § 10 oder § 14 des Versorgungsausgleichsgesetzes durchgeführten Teilung geleistet werden;

3.[2] laufende Beiträge und laufende Zuwendungen des Arbeitgebers aus einem bestehenden Dienstverhältnis an einen Pensionsfonds, eine Pensionskasse oder für eine Direktversicherung oder für eine betriebliche Altersversorgung. [2] Zu den Einkünften aus nichtselbständiger Arbeit gehören auch Sonderzahlungen, die der Arbeitgeber neben den laufenden Beiträgen und Zuwendungen an eine solche Versorgungseinrichtung leistet, mit Ausnahme der Zahlungen des Arbeitgebers

a)[3] zur erstmaligen Bereitstellung der Kapitalausstattung zur Erfüllung der Solvabilitätskapitalanforderung nach den §§ 89, 213, 234g oder 238 des Versicherungsaufsichtsgesetzes,

b) zur Wiederherstellung einer angemessenen Kapitalausstattung nach unvorhersehbaren Verlusten oder zur Finanzierung der Verstärkung der Rechnungsgrundlagen auf Grund einer unvorhersehbaren und nicht nur vorübergehenden Änderung der Verhältnisse, wobei die Sonderzahlungen nicht zu einer Absenkung des laufenden Beitrags führen oder durch

---

[1] § 19 Abs. 1 Satz 1 Nr. 1a eingef. mWv VZ 2015 durch G v. 22.12.2014 (BGBl. I S. 2417).
[2] § 19 Abs. 1 Satz 1 Nr. 3 Satz 2 neu gef., Satz 3 geänd. durch G v. 22.12.2014 (BGBl. I S. 2417); zur Anwendung siehe § 52 Abs. 26a.
[3] § 19 Abs. 1 Satz 1 Nr. 3 Satz 2 Buchst. a und c geänd. mWv 1.1.2016 durch G v. 1.4.2015 (BGBl. I S. 434; ber. BGBl. I S. 1834); Buchst. a Verweis geänd. mWv 13.1.2019 durch G v. 19.12.2018 (BGBl. I S. 2672).

die Absenkung des laufenden Beitrags Sonderzahlungen ausgelöst werden dürfen,

c)¹⁾ in der Rentenbezugszeit nach § 236 Absatz 2 des Versicherungsaufsichtsgesetzes oder

d) in Form von Sanierungsgeldern;

Sonderzahlungen des Arbeitgebers sind insbesondere Zahlungen an eine Pensionskasse anlässlich

a) seines Ausscheidens aus einer nicht im Wege der Kapitaldeckung finanzierten betrieblichen Altersversorgung oder

b) des Wechsels von einer nicht im Wege der Kapitaldeckung zu einer anderen nicht im Wege der Kapitaldeckung finanzierten betrieblichen Altersversorgung.

³ Von Sonderzahlungen im Sinne des Satzes 2 zweiter Halbsatz Buchstabe b ist bei laufenden und wiederkehrenden Zahlungen entsprechend dem periodischen Bedarf nur auszugehen, soweit die Bemessung der Zahlungsverpflichtungen des Arbeitgebers in das Versorgungssystem nach dem Wechsel die Bemessung der Zahlungsverpflichtung zum Zeitpunkt des Wechsels übersteigt. ⁴ Sanierungsgelder sind Sonderzahlungen des Arbeitgebers an eine Pensionskasse anlässlich der Systemumstellung einer nicht im Wege der Kapitaldeckung finanzierten betrieblichen Altersversorgung auf der Finanzierungs- oder Leistungsseite, die der Finanzierung der zum Zeitpunkt der Umstellung bestehenden Versorgungsverpflichtungen oder Versorgungsanwartschaften dienen; bei laufenden und wiederkehrenden Zahlungen entsprechend dem periodischen Bedarf ist nur von Sanierungsgeldern auszugehen, soweit die Bemessung der Zahlungsverpflichtungen des Arbeitgebers in das Versorgungssystem nach der Systemumstellung die Bemessung der Zahlungsverpflichtung zum Zeitpunkt der Systemumstellung übersteigt.

² Es ist gleichgültig, ob es sich um laufende oder um einmalige Bezüge handelt und ob ein Rechtsanspruch auf sie besteht.

(2) ¹ Von Versorgungsbezügen bleiben ein nach einem Prozentsatz ermittelter, auf einen Höchstbetrag begrenzter Betrag (Versorgungsfreibetrag) und ein Zuschlag zum Versorgungsfreibetrag steuerfrei. ² Versorgungsbezüge sind

1. das Ruhegehalt, Witwen- oder Waisengeld, der Unterhaltsbeitrag oder ein gleichartiger Bezug

a) auf Grund beamtenrechtlicher oder entsprechender gesetzlicher Vorschriften,

b) nach beamtenrechtlichen Grundsätzen von Körperschaften, Anstalten oder Stiftungen des öffentlichen Rechts oder öffentlich-rechtlichen Verbänden von Körperschaften

oder

2. in anderen Fällen Bezüge und Vorteile aus früheren Dienstleistungen wegen Erreichens einer Altersgrenze, verminderter Erwerbsfähigkeit oder Hinter-

---

¹⁾ § 19 Abs. 1 Satz 1 Nr. 3 Satz 2 Buchst. a und c geänd. mWv 1.1.2016 durch G v. 1.4.2015 (BGBl. I S. 434; ber. BGBl. I S. 1834); Buchst. a Verweis geänd. mWv 13.1.2019 durch G v. 19.12.2018 (BGBl. I S. 2672).

bliebenenbezüge; Bezüge wegen Erreichens einer Altersgrenze gelten erst dann als Versorgungsbezüge, wenn der Steuerpflichtige das 63. Lebensjahr oder, wenn er schwerbehindert ist, das 60. Lebensjahr vollendet hat.

[3] Der maßgebende Prozentsatz, der Höchstbetrag des Versorgungsfreibetrags und der Zuschlag zum Versorgungsfreibetrag sind der nachstehenden Tabelle zu entnehmen:

Jahr des Versorgungs- beginns	Versorgungsfreibetrag		Zuschlag zum Versorgungs- freibetrag in Euro
	in % der Versorgungsbezüge	Höchstbetrag in Euro	
bis 2005	40,0	3000	900
ab 2006	38,4	2880	864
2007	36,8	2760	828
2008	35,2	2640	792
2009	33,6	2520	756
2010	32,0	2400	720
2011	30,4	2280	684
2012	28,8	2160	648
2013	27,2	2040	612
2014	25,6	1920	576
2015	24,0	1800	540
2016	22,4	1680	504
2017	20,8	1560	468
2018	19,2	1440	432
2019	17,6	1320	396
2020	16,0	1200	360
2021	15,2	1140	342
2022	14,4	1080	324
2023	13,6	1020	306
2024	12,8	960	288
2025	12,0	900	270
2026	11,2	840	252
2027	10,4	780	234
2028	9,6	720	216
2029	8,8	660	198
2030	8,0	600	180
2031	7,2	540	162
2032	6,4	480	144
2033	5,6	420	126
2034	4,8	360	108
2035	4,0	300	90
2036	3,2	240	72
2037	2,4	180	54
2038	1,6	120	36
2039	0,8	60	18
2040	0,0	0	0

⁴Bemessungsgrundlage für den Versorgungsfreibetrag ist

a) bei Versorgungsbeginn vor 2005
   das Zwölffache des Versorgungsbezugs für Januar 2005,

b) bei Versorgungsbeginn ab 2005
   das Zwölffache des Versorgungsbezugs für den ersten vollen Monat,

jeweils zuzüglich voraussichtlicher Sonderzahlungen im Kalenderjahr, auf die zu diesem Zeitpunkt ein Rechtsanspruch besteht. ⁵Der Zuschlag zum Versorgungsfreibetrag darf nur bis zur Höhe der um den Versorgungsfreibetrag geminderten Bemessungsgrundlage berücksichtigt werden. ⁶Bei mehreren Versorgungsbezügen mit unterschiedlichem Bezugsbeginn bestimmen sich der insgesamt berücksichtigungsfähige Höchstbetrag des Versorgungsfreibetrags und der Zuschlag zum Versorgungsfreibetrag nach dem Jahr des Beginns des ersten Versorgungsbezugs. ⁷Folgt ein Hinterbliebenenbezug einem Versorgungsbezug, bestimmen sich der Prozentsatz, der Höchstbetrag des Versorgungsfreibetrags und der Zuschlag zum Versorgungsfreibetrag für den Hinterbliebenenbezug nach dem Jahr des Beginns des Versorgungsbezugs. ⁸Der nach den Sätzen 3 bis 7 berechnete Versorgungsfreibetrag und Zuschlag zum Versorgungsfreibetrag gelten für die gesamte Laufzeit des Versorgungsbezugs. ⁹Regelmäßige Anpassungen des Versorgungsbezugs führen nicht zu einer Neuberechnung. ¹⁰Abweichend hiervon sind der Versorgungsfreibetrag und der Zuschlag zum Versorgungsfreibetrag neu zu berechnen, wenn sich der Versorgungsbezug wegen Anwendung von Anrechnungs-, Ruhens-, Erhöhungs- oder Kürzungsregelungen erhöht oder vermindert. ¹¹In diesen Fällen sind die Sätze 3 bis 7 mit dem geänderten Versorgungsbezug als Bemessungsgrundlage im Sinne des Satzes 4 anzuwenden; im Kalenderjahr der Änderung sind der höchste Versorgungsfreibetrag und Zuschlag zum Versorgungsfreibetrag maßgebend. ¹²Für jeden vollen Kalendermonat, für keine Versorgungsbezüge gezahlt werden, ermäßigen sich der Versorgungsfreibetrag und der Zuschlag zum Versorgungsfreibetrag in diesem Kalenderjahr um je ein Zwölftel.

[*ab 1.1.2022:* (3)¹⁾ ¹Die Energiepreispauschale nach dem Versorgungsrechtlichen Energiepreispauschalen-Gewährungsgesetz oder vergleichbare Leistungen aus Ausgleich gestiegener Energiepreise nach Landesrecht sind als Einnahmen nach Absatz 2 zu berücksichtigen. ²Sie gelten nicht als Sonderzahlung im Sinne von Absatz 2 Satz 4, jedoch als regelmäßige Anpassung des Versorgungsbezugs im Sinne von Absatz 2 Satz 9. ³Im Lohnsteuerabzugsverfahren sind die Energiepreispauschale und vergleichbare Leistungen bei der Berechnung einer Vorsorgepauschale nach § 39b Absatz 2 Satz 5 Nummer 3 Buchstabe b und c nicht zu berücksichtigen. ⁴In den Fällen des Satzes 1 sind die §§ 3 und 24a nicht anzuwenden.]

§ 19a²⁾ Sondervorschrift für Einkünfte aus nichtselbständiger Arbeit bei Vermögensbeteiligungen. (1) ¹Werden einem Arbeitnehmer von sei-

---

¹⁾ § 19 Abs. 3 angef. mWv 1.1.2022 durch G v. 16.12.2022 (BGBl. I S. 2294).
²⁾ § 19a neu gef. durch G v. 3.6.2021 (BGBl. I S. 1498); zur Anwendung siehe § 52 Abs. 27.

nem Arbeitgeber zusätzlich zum ohnehin geschuldeten Arbeitslohn Vermögensbeteiligungen im Sinne des § 2 Absatz 1 Nummer 1 Buchstabe a, b und f bis l und Absatz 2 bis 5 des Fünften Vermögensbildungsgesetzes an dem Unternehmen des Arbeitgebers unentgeltlich oder verbilligt übertragen, so unterliegt der Vorteil im Sinne des § 19 Absatz 1 Satz 1 Nummer 1 im Kalenderjahr der Übertragung nicht der Besteuerung. ²Dies gilt auch, wenn die Vermögensbeteiligungen mittelbar über Personengesellschaften gehalten werden. ³Bei der Ermittlung des Vorteils im Sinne des Satzes 1 ist der Freibetrag nach § 3 Nummer 39 abzuziehen, wenn die Voraussetzungen vorliegen. ⁴Ein nicht besteuerter Vorteil im Sinne des Satzes 1 ist bei der Berechnung der Vorsorgepauschale (§ 39b Absatz 2 Satz 5 Nummer 3) einzubeziehen. ⁵Die Anschaffungskosten sind mit dem gemeinen Wert der Vermögensbeteiligung anzusetzen.

(2) ¹Die vorläufige Nichtbesteuerung nach Absatz 1 kann im Lohnsteuerabzugsverfahren nur mit Zustimmung des Arbeitnehmers angewendet werden. ²Eine Nachholung der vorläufigen Nichtbesteuerung im Rahmen der Veranlagung zur Einkommensteuer ist ausgeschlossen.

(3) Absatz 1 ist nur anzuwenden, wenn das Unternehmen des Arbeitgebers im Zeitpunkt der Übertragung der Vermögensbeteiligung die in Artikel 2 Absatz 1 des Anhangs der Empfehlung der Kommission vom 6. Mai 2003 betreffend die Definition der Kleinstunternehmen sowie der kleinen und mittleren Unternehmen (ABl. L 124 vom 20.5.2003, S. 36) in der jeweils geltenden Fassung genannten Schwellenwerte nicht überschreitet oder im vorangegangenen Kalenderjahr nicht überschritten hat und seine Gründung nicht mehr als zwölf Jahre zurückliegt.

(4) ¹Der nach Absatz 1 nicht besteuerte Arbeitslohn unterliegt erst dann der Besteuerung nach § 19 und dem Lohnsteuerabzug als sonstiger Bezug, wenn

1. die Vermögensbeteiligung ganz oder teilweise entgeltlich oder unentgeltlich übertragen wird, insbesondere auch in den Fällen des § 17 Absatz 4 und des § 20 Absatz 2 Satz 2 oder bei Einlagen in ein Betriebsvermögen,

2. seit der Übertragung der Vermögensbeteiligung zwölf Jahre vergangen sind oder

3. das Dienstverhältnis zu dem bisherigen Arbeitgeber beendet wird. ²Übernimmt der Arbeitgeber in diesem Fall die Lohnsteuer, ist der übernommene Abzugsbetrag nicht Teil des zu besteuernden Arbeitslohns.

²In den Fällen des Satzes 1 sind für die zu besteuernden Arbeitslöhne § 34 Absatz 1 und § 39b Absatz 3 Satz 9 und 10 entsprechend anzuwenden, wenn seit der Übertragung der Vermögensbeteiligung mindestens drei Jahre vergangen sind. ³Die nach Satz 1 zu besteuernden Arbeitslöhne sind bei der Berechnung der Vorsorgepauschale (§ 39b Absatz 2 Satz 5 Nummer 3) nicht einzubeziehen. ⁴Ist in den Fällen des Satzes 1 der gemeine Wert der Vermögensbeteiligung abzüglich geleisteter Zuzahlungen des Arbeitnehmers bei der verbilligten Übertragung niedriger als der nach Absatz 1 nicht besteuerte Arbeitslohn, so unterliegt nur der gemeine Wert der Vermögensbeteiligung abzüglich geleisteter Zuzahlungen der Besteuerung. ⁵In den

Fällen des Satzes 4 gilt neben den geleisteten Zuzahlungen nur der tatsächlich besteuerte Arbeitslohn als Anschaffungskosten im Sinne der §§ 17 und 20. ^{6}Die Sätze 4 und 5 sind nicht anzuwenden, soweit die Wertminderung nicht betrieblich veranlasst ist oder diese auf einer gesellschaftsrechtlichen Maßnahme, insbesondere einer Ausschüttung oder Einlagerückgewähr, beruht.

(5) Das Betriebsstättenfinanzamt hat nach der Übertragung einer Vermögensbeteiligung im Rahmen einer Anrufungsauskunft (§ 42e) den vom Arbeitgeber nicht besteuerten Vorteil im Sinne des Absatzes 1 zu bestätigen.

(6) ^{1}Der nach Absatz 1 nicht besteuerte gemeine Wert der Vermögensbeteiligung und die übrigen Angaben des nach den vorstehenden Absätzen durchgeführten Besteuerungsverfahrens sind vom Arbeitgeber im Lohnkonto aufzuzeichnen. ^{2}Die Aufbewahrungsfrist nach § 41 Absatz 1 Satz 9 endet insoweit nicht vor Ablauf von sechs Jahren nach der Besteuerung im Sinne des Absatzes 4 Satz 1.

e) Kapitalvermögen (§ 2 Absatz 1 Satz 1 Nummer 5)

§ 20$^{1)}$ **[Kapitalvermögen]** (1)$^{2)}$ Zu den Einkünften aus Kapitalvermögen gehören

1. Gewinnanteile (Dividenden) [*bis 31.12.2021:* , *Ausbeuten*] und sonstige Bezüge aus Aktien, Genussrechten, mit denen das Recht am Gewinn und Liquidationserlös einer Kapitalgesellschaft verbunden ist, aus Anteilen an Gesellschaften mit beschränkter Haftung, an *Erwerbs- und Wirtschaftsgenossenschaften sowie an bergbautreibenden Vereinigungen, die die Rechte einer juristischen Person haben* [*ab 1.1.2022:* Genossenschaften sowie an einer optierenden Gesellschaft im Sinne des § 1a des Körperschaftsteuergesetzes.] ^{2}Zu den sonstigen Bezügen gehören auch verdeckte Gewinnausschüttungen. ^{3}Die Bezüge gehören nicht zu den Einnahmen, soweit sie aus Ausschüttungen einer Körperschaft stammen, für die Beträge aus dem steuerlichen Einlagekonto im Sinne des § 27 des Körperschaftsteuergesetzes als verwendet gelten. ^{4}Als sonstige Bezüge gelten auch Einnahmen, die anstelle der Bezüge im Sinne des Satzes 1 von einem anderen als dem Anteilseigner nach Absatz 5 bezogen werden, wenn die Aktien mit Dividendenberechtigung erworben, aber ohne Dividendenanspruch geliefert werden;

2. Bezüge, die nach der Auflösung einer Körperschaft oder Personenvereinigung im Sinne der Nummer 1 anfallen und die nicht in der Rückzahlung von Nennkapital bestehen; Nummer 1 Satz 3 gilt entsprechend. ^{2}Gleiches gilt für Bezüge, die auf Grund einer Kapitalherabsetzung oder nach der Auflösung einer unbeschränkt steuerpflichtigen Körperschaft oder Personenvereinigung im Sinne der Nummer 1 anfallen und die als Gewinnausschüttung im Sinne des § 28 Absatz 2 Satz 2 und 4 des Körperschaftsteuergesetzes gelten;

$^{1)}$ Zur Anwendung siehe **§ 52 Abs. 28.**
$^{2)}$ § 20 Abs. 1 Nrn. 3 und 3a eingef. durch G v. 19.7.2016 (BGBl. I S. 1730); zur Anwendung siehe § 52 Abs. 28 Satz 20; Nr. 1 Satz 1 kursiver Satzteil aufgeh. und geänd. mWv 1.1.2022 durch G v. 25.6.2021 (BGBl. I S. 2050).

3. Investmenterträge nach § 16 des Investmentsteuergesetzes;

3a. Spezial-Investmenterträge nach § 34 des Investmentsteuergesetzes;

4. Einnahmen aus der Beteiligung an einem Handelsgewerbe als stiller Gesellschafter und aus partiarischen Darlehen, es sei denn, dass der Gesellschafter oder Darlehensgeber als Mitunternehmer anzusehen ist. [2]Auf Anteile des stillen Gesellschafters am Verlust des Betriebes sind § 15 Absatz 4 Satz 6 bis 8 und § 15a sinngemäß anzuwenden;[1)]

5. Zinsen aus Hypotheken und Grundschulden und Renten aus Rentenschulden. [2]Bei Tilgungshypotheken und Tilgungsgrundschulden ist nur der Teil der Zahlungen anzusetzen, der als Zins auf den jeweiligen Kapitalrest entfällt;

6.[2)] der Unterschiedsbetrag zwischen der Versicherungsleistung und der Summe der auf sie entrichteten Beiträge (Erträge) im Erlebensfall oder bei Rückkauf des Vertrags bei Rentenversicherungen mit Kapitalwahlrecht, soweit nicht die lebenslange Rentenzahlung gewählt und erbracht wird, und bei Kapitalversicherungen mit Sparanteil, wenn der Vertrag nach dem 31. Dezember 2004 abgeschlossen worden ist. [2]Wird die Versicherungsleistung nach Vollendung des 60. Lebensjahres des Steuerpflichtigen und nach Ablauf von zwölf Jahren seit dem Vertragsabschluss ausgezahlt, ist die Hälfte des Unterschiedsbetrags anzusetzen. [3]Bei entgeltlichem Erwerb des Anspruchs auf die Versicherungsleistung treten die Anschaffungskosten an die Stelle der vor dem Erwerb entrichteten Beiträge. [4]Die Sätze 1 bis 3 sind auf Erträge aus fondsgebundenen Lebensversicherungen, auf Erträge im Erlebensfall bei Rentenversicherungen ohne Kapitalwahlrecht, soweit keine lebenslange Rentenzahlung vereinbart und erbracht wird, und auf Erträge bei Rückkauf des Vertrages bei Rentenversicherungen ohne Kapitalwahlrecht entsprechend anzuwenden. [5]Ist in einem Versicherungsvertrag eine gesonderte Verwaltung von speziell für diesen Vertrag zusammengestellten Kapitalanlagen vereinbart, die nicht auf öffentlich vertriebene Investmentfondsanteile oder Anlagen, die die Entwicklung eines veröffentlichten Indexes abbilden, beschränkt ist, und kann der wirtschaftlich Berechtigte unmittelbar oder mittelbar über die Veräußerung der Vermögensgegenstände und die Wiederanlage der Erlöse bestimmen (vermögensverwaltender Versicherungsvertrag), sind die dem Versicherungsunternehmen zufließenden Erträge dem wirtschaftlich Berechtigten aus dem Versicherungsvertrag zuzurechnen; Sätze 1 bis 4 sind nicht anzuwenden. [6]Satz 2 ist nicht anzuwenden, wenn

a) in einem Kapitallebensversicherungsvertrag mit vereinbarter laufender Beitragszahlung in mindestens gleichbleibender Höhe bis zum Zeitpunkt des Erlebensfalls die vereinbarte Leistung bei Eintritt des versicherten Risikos weniger als 50 Prozent der Summe der für die gesamte Vertragsdauer zu zahlenden Beiträge beträgt und

b) bei einem Kapitallebensversicherungsvertrag die vereinbarte Leistung bei Eintritt des versicherten Risikos das Deckungskapital oder den

---

[1)] Zur Anwendung von Satz 2 siehe § 52 Abs. 28 Sätze 1 und 2.
[2)] Zur Anwendung von Nr. 6 siehe § 52 Abs. 28 Sätze 3 bis 10.

Zeitwert der Versicherung spätestens fünf Jahre nach Vertragsabschluss nicht um mindestens 10 Prozent des Deckungskapitals, des Zeitwerts oder der Summe der gezahlten Beiträge übersteigt. ²Dieser Prozentsatz darf bis zum Ende der Vertragslaufzeit in jährlich gleichen Schritten auf Null sinken.

⁷Hat der Steuerpflichtige Ansprüche aus einem von einer anderen Person abgeschlossenen Vertrag entgeltlich erworben, gehört zu den Einkünften aus Kapitalvermögen auch der Unterschiedsbetrag zwischen der Versicherungsleistung bei Eintritt eines versicherten Risikos und den Aufwendungen für den Erwerb und Erhalt des Versicherungsanspruches; insoweit findet Satz 2 keine Anwendung. ⁸Satz 7 gilt nicht, wenn die versicherte Person den Versicherungsanspruch von einem Dritten erwirbt oder aus anderen Rechtsverhältnissen entstandene Abfindungs- und Ausgleichsansprüche arbeitsrechtlicher, erbrechtlicher oder familienrechtlicher Art durch Übertragung von Ansprüchen aus Versicherungsverträgen erfüllt werden.[1] ⁹Bei fondsgebundenen Lebensversicherungen sind 15 Prozent des Unterschiedsbetrages steuerfrei oder dürfen nicht bei der Ermittlung der Einkünfte abgezogen werden, soweit der Unterschiedsbetrag aus Investmenterträgen[2] stammt;[3]

7.[4] Erträge aus sonstigen Kapitalforderungen jeder Art, wenn die Rückzahlung des Kapitalvermögens oder ein Entgelt für die Überlassung des Kapitalvermögens zur Nutzung zugesagt oder geleistet worden ist, auch wenn die Höhe der Rückzahlung oder des Entgelts von einem ungewissen Ereignis abhängt. ²Dies gilt unabhängig von der Bezeichnung und der zivilrechtlichen Ausgestaltung der Kapitalanlage. ³Erstattungszinsen im Sinne des § 233a der Abgabenordnung sind Erträge im Sinne des Satzes 1;

8. Diskontbeträge von Wechseln und Anweisungen einschließlich der Schatzwechsel;

9. Einnahmen aus Leistungen einer nicht von der Körperschaftsteuer befreiten Körperschaft, Personenvereinigung oder Vermögensmasse im Sinne des § 1 Absatz 1 Nummer 3 bis 5 des Körperschaftsteuergesetzes, die Gewinnausschüttungen im Sinne der Nummer 1 wirtschaftlich vergleichbar sind, soweit sie nicht bereits zu den Einnahmen im Sinne der Nummer 1 gehören; Nummer 1 Satz 2, 3 und Nummer 2 gelten entsprechend. ²Satz 1 ist auf Leistungen von vergleichbaren Körperschaften, Personenvereinigungen oder Vermögensmassen, die weder Sitz noch Geschäftsleitung im Inland haben, entsprechend anzuwenden;[5]

10. a) Leistungen eines nicht von der Körperschaftsteuer befreiten Betriebs gewerblicher Art im Sinne des § 4 des Körperschaftsteuergesetzes mit

---

¹⁾ § 20 Abs. 1 Nr. 6 Sätze 7 und 8 angef. durch G v. 25.7.2014 (BGBl. I S. 1266); zur Anwendung siehe § 52 Abs. 28 Satz 10.
²⁾ Siehe § 52 Abs. 28 Satz 21.
³⁾ § 20 Abs. 1 Nr. 6 Satz 9 angef. durch G v. 19.7.2016 (BGBl. I S. 1730); zur Anwendung siehe § 52 Abs. 28 Sätze 20, 21 und 22.
⁴⁾ § 20 Abs. 1 Nr. 7 Satz 3 angef. durch G v. 8.12.2010 (BGBl. I S. 1768).
⁵⁾ § 20 Abs. 1 Nr. 9 Satz 2 angef. durch G v. 8.12.2010 (BGBl. I S. 1768).

eigener Rechtspersönlichkeit, die zu mit Gewinnausschüttungen im Sinne der Nummer 1 Satz 1 wirtschaftlich vergleichbaren Einnahmen führen; Nummer 1 Satz 2, 3 und Nummer 2 gelten entsprechend;

b)[1] der nicht den Rücklagen zugeführte Gewinn und verdeckte Gewinnausschüttungen eines nicht von der Körperschaftsteuer befreiten Betriebs gewerblicher Art im Sinne des § 4 des Körperschaftsteuergesetzes ohne eigene Rechtspersönlichkeit, der den Gewinn durch Betriebsvermögensvergleich ermittelt oder Umsätze einschließlich der steuerfreien Umsätze, ausgenommen die Umsätze nach § 4 Nummer 8 bis 10 des Umsatzsteuergesetzes, von mehr als 350 000 Euro im Kalenderjahr oder einen Gewinn von mehr als 30 000 Euro im Wirtschaftsjahr hat, sowie der Gewinn im Sinne des § 22 Absatz 4 des Umwandlungssteuergesetzes. [2]Die Auflösung der Rücklagen zu Zwecken außerhalb des Betriebs gewerblicher Art führt zu einem Gewinn im Sinne des Satzes 1; in Fällen der Einbringung nach dem Sechsten und des Formwechsels nach dem Achten Teil des Umwandlungssteuergesetzes gelten die Rücklagen als aufgelöst. [3]Bei dem Geschäft der Veranstaltung von Werbesendungen der inländischen öffentlich-rechtlichen Rundfunkanstalten gelten drei Viertel des Einkommens im Sinne des § 8 Absatz 1 Satz 3 des Körperschaftsteuergesetzes als Gewinn im Sinne des Satzes 1. [4]Die Sätze 1 und 2 sind bei wirtschaftlichen Geschäftsbetrieben der von der Körperschaftsteuer befreiten Körperschaften, Personenvereinigungen oder Vermögensmassen entsprechend anzuwenden. [5]Nummer 1 Satz 3 gilt entsprechend. [6]Satz 1 in der am 12. Dezember 2006 geltenden Fassung ist für Anteile, die einbringungsgeboren im Sinne des § 21 des Umwandlungssteuergesetzes in der am 12. Dezember 2006 geltenden Fassung sind, weiter anzuwenden;

11. Stillhalterprämien, die für die Einräumung von Optionen vereinnahmt werden; schließt der Stillhalter ein Glattstellungsgeschäft ab, mindern sich die Einnahmen aus den Stillhalterprämien um die im Glattstellungsgeschäft gezahlten Prämien.

(2)[2] [1]Zu den Einkünften aus Kapitalvermögen gehören auch

1. der Gewinn aus der Veräußerung von Anteilen an einer Körperschaft im Sinne des Absatzes 1 Nummer 1. [2]Anteile an einer Körperschaft sind auch Genussrechte im Sinne des Absatzes 1 Nummer 1, den Anteilen im Sinne des Absatzes 1 Nummer 1 ähnliche Beteiligungen und Anwartschaften auf Anteile im Sinne des Absatzes 1 Nummer 1;

2. der Gewinn aus der Veräußerung

a)[3] von Dividendenscheinen und sonstigen Ansprüchen durch den Inhaber des Stammrechts, wenn die dazugehörigen Aktien oder sonstigen Anteile nicht mitveräußert werden. [2]Soweit eine Besteuerung nach Satz 1 erfolgt ist, tritt diese insoweit an die Stelle der Besteuerung nach Absatz 1;

---

[1] § 20 Abs. 1 Nr. 10 Buchst. b Satz 6 angef. durch G v. 25.7.2014 (BGBl. I S. 1266).

[2] Zur Anwendung von Abs. 2 siehe § 52 Abs. 28 Sätze 11 bis 17.

[3] § 20 Abs. 2 Satz 1 Nummer 2 Buchst. a Satz 2 geänd. mWv VZ 2014 durch G v. 25.7.2014 (BGBl. I S. 1266).

b) von Zinsscheinen und Zinsforderungen durch den Inhaber oder ehemaligen Inhaber der Schuldverschreibung, wenn die dazugehörigen Schuldverschreibungen nicht mitveräußert werden. ²Entsprechendes gilt für die Einlösung von Zinsscheinen und Zinsforderungen durch den ehemaligen Inhaber der Schuldverschreibung.

²Satz 1 gilt sinngemäß für die Einnahmen aus der Abtretung von Dividenden- oder Zinsansprüchen oder sonstigen Ansprüchen im Sinne des Satzes 1, wenn die dazugehörigen Anteilsrechte oder Schuldverschreibungen nicht in einzelnen Wertpapieren verbrieft sind. ³Satz 2 gilt auch bei der Abtretung von Zinsansprüchen aus Schuldbuchforderungen, die in ein öffentliches Schuldbuch eingetragen sind;

3. der Gewinn
   a) bei Termingeschäften, durch die der Steuerpflichtige einen Differenzausgleich oder einen durch den Wert einer veränderlichen Bezugsgröße bestimmten Geldbetrag oder Vorteil erlangt;
   b) aus der Veräußerung eines als Termingeschäft ausgestalteten Finanzinstruments;

4. der Gewinn aus der Veräußerung von Wirtschaftsgütern, die Erträge im Sinne des Absatzes 1 Nummer 4 erzielen;

5. der Gewinn aus der Übertragung von Rechten im Sinne des Absatzes 1 Nummer 5;

6. der Gewinn aus der Veräußerung von Ansprüchen auf eine Versicherungsleistung im Sinne des Absatzes 1 Nummer 6. ²Das Versicherungsunternehmen hat nach Kenntniserlangung von einer Veräußerung unverzüglich Mitteilung an das für den Steuerpflichtigen zuständige Finanzamt zu machen und auf Verlangen des Steuerpflichtigen über die Höhe der entrichteten Beiträge im Zeitpunkt der Veräußerung zu erteilen;

7. der Gewinn aus der Veräußerung von sonstigen Kapitalforderungen jeder Art im Sinne des Absatzes 1 Nummer 7;

8. der Gewinn aus der Übertragung oder Aufgabe einer die Einnahmen im Sinne des Absatzes 1 Nummer 9 vermittelnden Rechtsposition.

²Als Veräußerung im Sinne des Satzes 1 gilt auch die Einlösung, Rückzahlung, Abtretung oder verdeckte Einlage in eine Kapitalgesellschaft; in den Fällen von Satz 1 Nummer 4 gilt auch die Vereinnahmung eines Auseinandersetzungsguthabens als Veräußerung. ³Die Anschaffung oder Veräußerung einer unmittelbaren oder mittelbaren Beteiligung an einer Personengesellschaft gilt als Anschaffung oder Veräußerung der anteiligen Wirtschaftsgüter. ⁴Wird ein Zinsschein oder eine Zinsforderung vom Stammrecht abgetrennt, gilt dies als Veräußerung der Schuldverschreibung und als Anschaffung der durch die Trennung entstandenen Wirtschaftsgüter. ⁵Eine Trennung gilt als vollzogen, wenn dem Inhaber der Schuldverschreibung die Wertpapierkennnummern für die durch die Trennung entstandenen Wirtschaftsgüter zugehen.¹⁾

---

¹⁾ § 20 Abs. 2 Sätze 4 und 5 angef. durch G v. 19.7.2016 (BGBl. I S. 1730); zur Anwendung siehe § 52 Abs. 28 Satz 19.

(3) Zu den Einkünften aus Kapitalvermögen gehören auch besondere Entgelte oder Vorteile, die neben den in den Absätzen 1 und 2 bezeichneten Einnahmen oder an deren Stelle gewährt werden.

(3a)[1] ¹Korrekturen im Sinne des § 43a Absatz 3 Satz 7 sind erst zu dem dort genannten Zeitpunkt zu berücksichtigen. ²Weist der Steuerpflichtige durch eine Bescheinigung der auszahlenden Stelle nach, dass sie die Korrektur nicht vorgenommen hat und auch nicht vornehmen wird, kann der Steuerpflichtige die Korrektur nach § 32d Absatz 4 und 6 geltend machen.

(4) ¹Gewinn im Sinne des Absatzes 2 ist der Unterschied zwischen den Einnahmen aus der Veräußerung nach Abzug der Aufwendungen, die im unmittelbaren sachlichen Zusammenhang mit dem Veräußerungsgeschäft stehen, und den Anschaffungskosten; bei nicht in Euro getätigten Geschäften sind die Einnahmen im Zeitpunkt der Veräußerung und die Anschaffungskosten im Zeitpunkt der Anschaffung in Euro umzurechnen. ²In den Fällen der verdeckten Einlage tritt an die Stelle der Einnahmen aus der Veräußerung der Wirtschaftsgüter ihr gemeiner Wert; der Gewinn ist für das Kalenderjahr der verdeckten Einlage anzusetzen. ³Ist ein Wirtschaftsgut im Sinne des Absatzes 2 in das Privatvermögen durch Entnahme oder Betriebsaufgabe überführt worden, tritt an die Stelle der Anschaffungskosten der nach § 6 Absatz 1 Nummer 4 oder § 16 Absatz 3 angesetzte Wert. ⁴In den Fällen des Absatzes 2 Satz 1 Nummer 6 gelten die entrichteten Beiträge im Sinne des Absatzes 1 Nummer 6 Satz 1 als Anschaffungskosten; ist ein entgeltlicher Erwerb vorausgegangen, gelten auch die nach dem Erwerb entrichteten Beiträge als Anschaffungskosten. ⁵Gewinn bei einem Termingeschäft ist der Differenzausgleich oder der durch den Wert einer veränderlichen Bezugsgröße bestimmte Geldbetrag oder Vorteil abzüglich der Aufwendungen, die im unmittelbaren sachlichen Zusammenhang mit dem Termingeschäft stehen. ⁶Bei unentgeltlichem Erwerb sind dem Einzelrechtsnachfolger für Zwecke dieser Vorschrift die Anschaffung, die Überführung des Wirtschaftsguts in das Privatvermögen, der Erwerb eines Rechts aus Termingeschäften oder die Beiträge im Sinne des Absatzes 1 Nummer 6 Satz 1 durch den Rechtsvorgänger zuzurechnen. ⁷Bei vertretbaren Wertpapieren, die einem Verwahrer zur Sammelverwahrung im Sinne des § 5 des Depotgesetzes in der Fassung der Bekanntmachung vom 11. Januar 1995 (BGBl. I S. 34), das zuletzt durch Artikel 4 des Gesetzes vom 5. April 2004 (BGBl. I S. 502) geändert worden ist, in der jeweils geltenden Fassung anvertraut worden sind, ist zu unterstellen, dass die zuerst angeschafften Wertpapiere zuerst veräußert wurden. ⁸Ist ein Zinsschein oder eine Zinsforderung vom Stammrecht abgetrennt worden, gilt als Veräußerungserlös der Schuldverschreibung deren gemeiner Wert zum Zeitpunkt der Trennung. ⁹Für die Ermittlung der Anschaffungskosten ist der Wert nach Satz 8 entsprechend dem gemeinen Wert der neuen Wirtschaftsgüter aufzuteilen.[2]

---

[1] § 20 Abs. 3a eingef. durch G v. 8.12.2010 (BGBl. I S. 1768).
[2] § 20 Abs. 4 Sätze 8 und 9 angef. durch G v. 19.7.2016 (BGBl. I S. 1730); zur Anwendung siehe § 52 Abs. 28 Satz 21.

(4a)[1] [1] Werden Anteile an einer Körperschaft, Vermögensmasse oder Personenvereinigung gegen Anteile an einer anderen Körperschaft, Vermögensmasse oder Personenvereinigung getauscht und wird der Tausch auf Grund gesellschaftsrechtlicher Maßnahmen vollzogen, die von den beteiligten Unternehmen ausgehen, treten abweichend von Absatz 2 Satz 1 und den §§ 13 und 21 des Umwandlungssteuergesetzes die übernommenen Anteile steuerlich an die Stelle der bisherigen Anteile, wenn das Recht der Bundesrepublik Deutschland hinsichtlich der Besteuerung des Gewinns aus der Veräußerung der erhaltenen Anteile nicht ausgeschlossen oder beschränkt ist oder die Mitgliedstaaten der Europäischen Union bei einer Verschmelzung Artikel 8 der Richtlinie 2009/133/EG des Rates vom 19. Oktober 2009 über das gemeinsame Steuersystem für Fusionen, Spaltungen, Abspaltungen, die Einbringung von Unternehmensteilen und den Austausch von Anteilen, die Gesellschaften verschiedener Mitgliedstaaten betreffen, sowie für die Verlegung des Sitzes einer Europäischen Gesellschaft oder einer Europäischen Genossenschaft von einem Mitgliedstaat in einen anderen Mitgliedstaat (ABl. L 310 vom 25.11. 2009, S. 34) in der jeweils geltenden Fassung anzuwenden haben; in diesem Fall ist der Gewinn aus einer späteren Veräußerung der erworbenen Anteile ungeachtet der Bestimmungen eines Abkommens zur Vermeidung der Doppelbesteuerung in der gleichen Art und Weise zu besteuern, wie die Veräußerung der Anteile an der übertragenden Körperschaft zu besteuern wäre, und § 15 Absatz 1a Satz 2 entsprechend anzuwenden. [2] Erhält der Steuerpflichtige in den Fällen des Satzes 1 zusätzlich zu den Anteilen eine Gegenleistung, gilt diese als Ertrag im Sinne des Absatzes 1 Nummer 1. [3] Besitzt bei sonstigen Kapitalforderungen im Sinne des Absatzes 1 Nummer 7 der Inhaber das Recht, bei Fälligkeit anstelle der Zahlung eines Geldbetrags vom Emittenten die Lieferung von Wertpapieren [*ab 1.1.2021:* im Sinne des Absatzes 1 Nummer 1] zu verlangen oder besitzt der Emittent das Recht, bei Fälligkeit dem Inhaber anstelle der Zahlung eines Geldbetrags [*ab 1.1.2021:* solche] Wertpapiere anzudienen und macht der Inhaber der Forderung oder der Emittent von diesem Recht Gebrauch, ist abweichend von Absatz 4 Satz 1 das Entgelt für den Erwerb der Forderung als Veräußerungspreis der Forderung und als Anschaffungskosten der erhaltenen Wertpapiere anzusetzen; Satz 2 gilt entsprechend. [4] Werden Bezugsrechte veräußert oder ausgeübt, die nach § 186 des Aktiengesetzes, § 55 des Gesetzes betreffend die Gesellschaften mit beschränkter Haftung oder eines vergleichbaren ausländischen Rechts einen Anspruch auf Abschluss eines Zeichnungsvertrags begründen, wird der Teil der Anschaffungskosten der Altanteile, der auf das Bezugsrecht entfällt, bei der Ermittlung des Gewinns nach Absatz 4 Satz 1 mit 0 Euro angesetzt. [5] *Werden Steuerpflichtigen Anteile im Sinne des Absatzes 2 Satz 1 Nummer 1 zugeteilt, ohne dass dieser eine gesonderte Gegenleistung zu entrichten hat, werden der Ertrag und die Anschaffungskosten dieser Anteile mit 0 Euro angesetzt, wenn die Voraussetzungen der Sätze 3 und 4 nicht vorliegen und die Er-*

---

[1] § 20 Abs. 4a Satz 1 geänd. durch G v. 8.12.2010 (BGBl. I S. 1768); geänd. durch G v. 12.12.2019 (BGBl. I S. 2451); Satz 3 neu gef. durch G v. 8.12.2010 (BGBl. I S. 1768), zur Anwendung siehe § 52 Abs. 28 Satz 18; Satz 3 geänd. durch G v. 21.12.2020 (BGBl. I S. 3096), zur Anwendung siehe § 52 Abs. 28 Satz 19.

mittlung der Höhe des Kapitalertrags nicht möglich ist. [*ab 1.1.2021:* von einer Körperschaft, Personenvereinigung oder Vermögensmasse, die weder Geschäftsleitung noch Sitz im Inland hat, Anteile zugeteilt, ohne dass der Steuerpflichtige eine Gegenleistung zu erbringen hat, sind sowohl der Ertrag als auch die Anschaffungskosten der erhaltenen Anteile mit 0 Euro anzusetzen, wenn die Voraussetzungen der Sätze 3, 4, und 7 nicht vorliegen; die Anschaffungskosten der die Zuteilung begründenden Anteile bleiben unverändert.][1] [6]Soweit es auf die steuerliche Wirksamkeit einer Kapitalmaßnahme im Sinne der vorstehenden Sätze 1 bis 5 ankommt, ist auf den Zeitpunkt der Einbuchung in das Depot des Steuerpflichtigen abzustellen. [7]Geht Vermögen einer Körperschaft durch Abspaltung auf andere Körperschaften über, gelten abweichend von Satz 5 und § 15 des Umwandlungssteuergesetzes die Sätze 1 und 2 entsprechend.[2]

(5) [1]Einkünfte aus Kapitalvermögen im Sinne des Absatzes 1 Nummer 1 und 2 erzielt der Anteilseigner. [2]Anteilseigner ist derjenige, dem nach § 39 der Abgabenordnung die Anteile an dem Kapitalvermögen im Sinne des Absatzes 1 Nummer 1 im Zeitpunkt des Gewinnverteilungsbeschlusses zuzurechnen sind. [3]Sind einem Nießbraucher oder Pfandgläubiger die Einnahmen im Sinne des Absatzes 1 Nummer 1 oder 2 zuzurechnen, gilt er als Anteilseigner.

(6)[3] [1]Verluste aus Kapitalvermögen dürfen nicht mit Einkünften aus anderen Einkunftsarten ausgeglichen werden; sie dürfen auch nicht nach § 10d abgezogen werden. [2]Die Verluste mindern jedoch die Einkünfte, die der Steuerpflichtige in den folgenden Veranlagungszeiträumen aus Kapitalvermögen erzielt. [3]§ 10d Absatz 4 ist sinngemäß anzuwenden [*ab VZ 2022:* ; im Fall von zusammenveranlagten Ehegatten erfolgt ein gemeinsamer Verlustausgleich vor der Verlustfeststellung.] [4]Verluste aus Kapitalvermögen im Sinne des Absatzes 2 Satz 1 Nummer 1 Satz 1, die aus der Veräußerung von Aktien entstehen, dürfen nur mit Gewinnen aus Kapitalvermögen im Sinne des Absatzes 2 Satz 1 Nummer 1 Satz 1, die aus der Veräußerung von Aktien entstehen, ausgeglichen werden; die Sätze 2 und 3 gelten sinngemäß. [*ab 1.1.2021:* [5]Verluste aus Kapitalvermögen im Sinne des Absatzes 2 Satz 1 Nummer 3 dürfen nur in Höhe von 20000 Euro mit Gewinnen im Sinne des Absatzes 2 Satz 1 Nummer 3 und mit Einkünften im Sinne des § 20 Absatz 1 Nummer 11 ausgeglichen werden; die Sätze 2 und 3 gelten sinngemäß mit der Maßgabe, dass nicht verrechnete Verluste je Folgejahr nur bis zur Höhe von 20000 Euro mit Gewinnen im Sinne des Absatzes 2 Satz 1 Nummer 3 und mit Einkünften im Sinne des § 20 Absatz 1 Nummer 11 verrechnet werden dürfen.][4] [6]Verluste aus Kapitalvermögen aus der ganzen oder teilweisen Uneinbringlichkeit einer

---

[1] § 20 Abs. 4a Satz 5 neu gef. durch G v. 21.12.2020 (BGBl. I S. 3096); zur Anwendung siehe § 52 Abs. 28 Satz 20.
[2] § 20 Abs. 4a Satz 7 angef. durch G v. 26.6.2013 (BGBl. I S. 1809).
[3] § 20 Abs. 6 Satz 1 aufgeh. mWv VZ 2014, Sätze 2 bis 6 werden Sätze 1 bis 5 und Satz 4 Verweis geänd. durch G v. 25.7.2014 (BGBl. I S. 1266); Abs. 6 Satz 3 HS 2 angef. mWv VZ 2022 durch G v. 16.12.2022 (BGBl. I S. 2294).
[4] § 20 Abs. 6 Satz 5 angef. durch G v. 21.12.2019 (BGBl. I S. 2875); geänd. durch G v. 21.12.2020 (BGBl. I S. 3096), zur Anwendung siehe § 52 Abs. 28 Satz 25.

Kapitalforderung, aus der Ausbuchung wertloser Wirtschaftsgüter im Sinne des Absatzes 1, aus der Übertragung wertloser Wirtschaftsgüter im Sinne des Absatzes 1 auf einen Dritten oder aus einem sonstigen Ausfall von Wirtschaftsgütern im Sinne des Absatzes 1 dürfen nur in Höhe von 20000 Euro mit Einkünften aus Kapitalvermögen ausgeglichen werden; die Sätze 2 und 3 gelten sinngemäß mit der Maßgabe, dass nicht verrechnete Verluste je Folgejahr nur bis zur Höhe von 20000 Euro mit Einkünften aus Kapitalvermögen verrechnet werden dürfen.[1] 7Verluste aus Kapitalvermögen, die der Kapitalertragsteuer unterliegen, dürfen nur verrechnet werden oder mindern die Einkünfte, die der Steuerpflichtige in den folgenden Veranlagungszeiträumen aus Kapitalvermögen erzielt, wenn eine Bescheinigung im Sinne des § 43a Absatz 3 Satz 4 vorliegt.[2]

(7)[3] 1§ 15b ist sinngemäß anzuwenden. 2Ein vorgefertigtes Konzept im Sinne des § 15b Absatz 2 Satz 2 liegt auch vor, wenn die positiven Einkünfte nicht der tariflichen Einkommensteuer unterliegen.

(8) 1Soweit Einkünfte der in den Absätzen 1, 2 und 3 bezeichneten Art zu den Einkünften aus Land- und Forstwirtschaft, aus Gewerbebetrieb, aus selbständiger Arbeit oder aus Vermietung und Verpachtung gehören, sind sie diesen Einkünften zuzurechnen. 2Absatz 4a findet insoweit keine Anwendung.

(9)[4] 1Bei der Ermittlung der Einkünfte aus Kapitalvermögen ist als Werbungskosten ein Betrag von *801 [ab VZ 2023:* 1000] Euro abzuziehen (Sparer-Pauschbetrag); der Abzug der tatsächlichen Werbungskosten ist ausgeschlossen. 2Ehegatten, die zusammen veranlagt werden, wird ein gemeinsamer Sparer-Pauschbetrag von *1602 [ab VZ 2023:* 2000] Euro gewährt. 3Der gemeinsame Sparer-Pauschbetrag ist bei der Einkunftsermittlung bei jedem Ehegatten je zur Hälfte abzuziehen; sind die Kapitalerträge eines Ehegatten niedriger als *801 [ab VZ 2023:* 1000] Euro, so ist der anteilige SparerPauschbetrag insoweit, als er die Kapitalerträge dieses Ehegatten übersteigt, bei dem anderen Ehegatten abzuziehen. 4Der Sparer-Pauschbetrag und der gemeinsame Sparer-Pauschbetrag dürfen nicht höher sein als die nach Maßgabe des Absatzes 6 verrechneten Kapitalerträge.

f) Vermietung und Verpachtung
(§ 2 Absatz 1 Satz 1 Nummer 6)

§ 21 **[Vermietung und Verpachtung]** (1) 1Einkünfte aus Vermietung und Verpachtung sind

1. Einkünfte aus Vermietung und Verpachtung von unbeweglichem Vermögen, insbesondere von Grundstücken, Gebäuden, Gebäudeteilen, Schiffen, die in ein Schiffsregister eingetragen sind, und Rechten, die den Vorschrif-

---

[1] § 20 Abs. 6 Satz 6 angef. durch G v. 21.12.2019 (BGBl. I S. 2875); geänd. durch G v. 21.12.2020 (BGBl. I S. 3096), zur Anwendung siehe § 52 Abs. 28 Satz 26.
[2] § 20 Abs. 6 Satz 5 wird Satz 7 durch G v. 21.12.2019 (BGBl. I S. 2875).
[3] Zur Anwendung von Abs. 7 (bish. Abs. 2b) siehe § 52 Abs. 28 Satz 2.
[4] § 20 Abs. 9 Sätze 1 bis 3 Beträge geänd. mWv VZ 2023 durch G v. 16.12.2022 (BGBl. I S. 2294).

ten des bürgerlichen Rechts über Grundstücke unterliegen (z. B. Erbbaurecht, Mineralgewinnungsrecht);

2. Einkünfte aus Vermietung und Verpachtung von Sachinbegriffen, insbesondere von beweglichem Betriebsvermögen;

3. Einkünfte aus zeitlich begrenzter Überlassung von Rechten, insbesondere von schriftstellerischen, künstlerischen und gewerblichen Urheberrechten, von gewerblichen Erfahrungen und von Gerechtigkeiten und Gefällen;

4. Einkünfte aus der Veräußerung von Miet- und Pachtzinsforderungen, auch dann, wenn die Einkünfte im Veräußerungspreis von Grundstücken enthalten sind und die Miet- oder Pachtzinsen sich auf einen Zeitraum beziehen, in dem der Veräußerer noch Besitzer war.

²§§ 15a und 15b sind sinngemäß anzuwenden.[1)]

(2)[2)] ¹Beträgt das Entgelt für die Überlassung einer Wohnung zu Wohnzwecken *weniger als 66 [ab VZ 2021: 50][3)]* Prozent der ortsüblichen Marktmiete, so ist die Nutzungsüberlassung in einen entgeltlichen und einen unentgeltlichen Teil aufzuteilen. ²Beträgt das Entgelt bei auf Dauer angelegter Wohnungsvermietung mindestens 66 Prozent der ortsüblichen Miete, gilt die Wohnungsvermietung als entgeltlich.

(3) Einkünfte der in den Absätzen 1 und 2 bezeichneten Art sind Einkünften aus anderen Einkunftsarten zuzurechnen, soweit sie zu diesen gehören.

g) Sonstige Einkünfte (§ 2 Absatz 1 Satz 1 Nummer 7)

§ 22 **Arten der sonstigen Einkünfte.** Sonstige Einkünfte sind

1.[3)] Einkünfte aus wiederkehrenden Bezügen, soweit sie nicht zu den in § 2 Absatz 1 Nummer 1 bis 6 bezeichneten Einkunftsarten gehören; § 15b ist sinngemäß anzuwenden. ²Werden die Bezüge freiwillig oder auf Grund einer freiwillig begründeten Rechtspflicht oder einer gesetzlich unterhaltsberechtigten Person gewährt, so sind sie nicht dem Empfänger zuzurechnen; dem Empfänger sind dagegen zuzurechnen

a) Bezüge, die von einer Körperschaft, Personenvereinigung oder Vermögensmasse außerhalb der Erfüllung steuerbegünstigter Zwecke im Sinne der §§ 52 bis 54 der Abgabenordnung gewährt werden, und

b) Bezüge im Sinne des § 1 der Verordnung über die Steuerbegünstigung von Stiftungen, die an die Stelle von Familienfideikommissen getreten sind, in der im Bundesgesetzblatt Teil III, Gliederungsnummer 611-4-3, veröffentlichten bereinigten Fassung.

³Zu den in Satz 1 bezeichneten Einkünften gehören auch

a) Leibrenten und andere Leistungen,

[1)] Zur Anwendung von Satz 2 siehe § 52 Abs. 29.
[2)] § 21 Abs. 2 Satz 1 geänd., Satz 2 angef. mWv VZ 2012 durch G v. 1.11.2011 (BGBl. I S. 2131); Satz 1 geänd. mWv VZ 2021 durch G v. 21.12.2020 (BGBl. I S. 3096).
[3)] Zur Anwendung von Nr. 1 Satz 1 2. HS siehe § 52 Abs. 30.

aa)[1] die aus den gesetzlichen Rentenversicherungen, der landwirtschaftlichen Alterskasse, den berufsständischen Versorgungseinrichtungen und aus Rentenversicherungen im Sinne des § 10 Absatz 1 Nummer 2 Buchstabe b erbracht werden, soweit sie jeweils der Besteuerung unterliegen. [2]Bemessungsgrundlage für den der Besteuerung unterliegenden Anteil ist der Jahresbetrag der Rente. [3]Der der Besteuerung unterliegende Anteil ist nach dem Jahr des Rentenbeginns und dem in diesem Jahr maßgebenden Prozentsatz aus der nachstehenden Tabelle zu entnehmen:

Jahr des Rentenbeginns	Besteuerungsanteil in %
bis 2005	50
ab 2006	52
2007	54
2008	56
2009	58
2010	60
2011	62
2012	64
2013	66
2014	68
2015	70
2016	72
2017	74
2018	76
2019	78
2020	80
2021	81
2022	82
2023	83
2024	84
2025	85
2026	86
2027	87
2028	88
2029	89
2030	90
2031	91
2032	92
2033	93
2034	94
2035	95

---

[1] § 22 Nr. 1 Satz 3 Buchst. a Doppelbuchst. aa geänd. mWv 1.1.2013 durch G v. 12.4.2012 (BGBl. I S. 579); Doppelbuchst. aa Satz 9 angef. mWv VZ 2021 durch G v. 21.12.2020 (BGBl. I S. 3096).

Jahr des Rentenbeginns	Besteuerungsanteil in %
2036	96
2037	97
2038	98
2039	99
2040	100

⁴Der Unterschiedsbetrag zwischen dem Jahresbetrag der Rente und dem der Besteuerung unterliegenden Anteil der Rente ist der steuerfreie Teil der Rente. ⁵Dieser gilt ab dem Jahr, das dem Jahr des Rentenbeginns folgt, für die gesamte Laufzeit des Rentenbezugs. ⁶Abweichend hiervon ist der steuerfreie Teil der Rente bei einer Veränderung des Jahresbetrags der Rente in dem Verhältnis anzupassen, in dem der veränderte Jahresbetrag der Rente zum Jahresbetrag der Rente steht, der der Ermittlung des steuerfreien Teils der Rente zugrunde liegt. ⁷Regelmäßige Anpassungen des Jahresbetrags der Rente führen nicht zu einer Neuberechnung und bleiben bei einer Neuberechnung außer Betracht. ⁸Folgen nach dem 31. Dezember 2004 Renten aus derselben Versicherung einander nach, gilt für die spätere Rente Satz 3 mit der Maßgabe, dass sich der Prozentsatz nach dem Jahr richtet, das sich ergibt, wenn die Laufzeit der vorhergehenden Renten von dem Jahr des Beginns der späteren Rente abgezogen wird; der Prozentsatz kann jedoch nicht niedriger bemessen werden als der für das Jahr 2005. [*ab VZ 2021:* ⁹Verstirbt der Rentenempfänger, ist ihm die Rente für den Sterbemonat noch zuzurechnen;]

bb)¹⁾ die nicht solche im Sinne des Doppelbuchstaben aa sind und bei denen in den einzelnen Bezügen Einkünfte aus Erträgen des Rentenrechts enthalten sind. ²Dies gilt auf Antrag auch für Leibrenten und andere Leistungen, soweit diese auf bis zum 31. Dezember 2004 geleisteten Beiträgen beruhen, welche oberhalb des Betrags des Höchstbeitrags zur gesetzlichen Rentenversicherung gezahlt wurden; der Steuerpflichtige muss nachweisen, dass der Betrag des Höchstbeitrags mindestens zehn Jahre überschritten wurde; hiervon im Versorgungsausgleich übertragene Rentenanwartschaften betroffen sind, gilt § 4 Absatz 1 und 2²⁾ des Versorgungsausgleichsgesetzes entsprechend. ³Als Ertrag des Rentenrechts gilt für die gesamte Dauer des Rentenbezugs der Unterschiedsbetrag zwischen dem Jahresbetrag der Rente und dem Betrag, der sich bei gleichmäßiger Verteilung des Kapitalwerts der Rente auf ihre voraussichtliche Laufzeit ergibt; dabei ist der Kapitalwert nach dieser Laufzeit zu berechnen. ⁴Der Ertrag des Rentenrechts (Ertragsanteil) ist aus der nachstehenden Tabelle zu entnehmen:

---

¹⁾ § 22 Nr. 1 Satz 3 Buchst. a Doppelbuchst. bb Satz 6 angef. mWv VZ 2021 durch G v. 21.12.2020 (BGBl. I S. 3096).
²⁾ Verweis geänd. mWv VZ 2010 durch G v. 8.12.2010 (BGBl. I S. 1768).

Bei Beginn der Rente vollendetes Lebensjahr des Rentenberechtigten	Ertrags- anteil in %	Bei Beginn der Rente vollendetes Lebensjahr des Rentenberechtigten	Ertrags- anteil in %
0 bis 1	59	51 bis 52	29
2 bis 3	58	53	28
4 bis 5	57	54	27
6 bis 8	56	55 bis 56	26
9 bis 10	55	57	25
11 bis 12	54	58	24
13 bis 14	53	59	23
15 bis 16	52	60 bis 61	22
17 bis 18	51	62	21
19 bis 20	50	63	20
21 bis 22	49	64	19
23 bis 24	48	65 bis 66	18
25 bis 26	47	67	17
27	46	68	16
28 bis 29	45	69 bis 70	15
30 bis 31	44	71	14
32	43	72 bis 73	13
33 bis 34	42	74	12
35	41	75	11
36 bis 37	40	76 bis 77	10
38	39	78 bis 79	9
39 bis 40	38	80	8
41	37	81 bis 82	7
42	36	83 bis 84	6
43 bis 44	35	85 bis 87	5
45	34	88 bis 91	4
46 bis 47	33	92 bis 93	3
48	32	94 bis 96	2
49	31	ab 97	1
50	30		

⁵Die Ermittlung des Ertrags aus Leibrenten, die vor dem 1. Januar 1955 zu laufen begonnen haben, und aus Renten, deren Dauer von der Lebenszeit mehrerer Personen oder einer anderen Person als des Rentenberechtigten abhängt, sowie aus Leibrenten, die auf eine bestimmte Zeit beschränkt sind, wird durch eine Rechtsverordnung bestimmt. [*ab VZ 2021:* ⁶Doppelbuchstabe aa Satz 9 gilt entsprechend;]

b) Einkünfte aus Zuschüssen und sonstigen Vorteilen, die als wiederkehrende Bezüge gewährt werden;

[ab VZ 2022:

c)[1] die Energiepreispauschale nach dem Rentenbeziehende-Energiepreis-pauschalengesetz;]

1a.[2] Einkünfte aus Leistungen und Zahlungen nach § 10 Absatz 1a, soweit für diese die Voraussetzungen für den Sonderausgabenabzug beim Leistungs- oder Zahlungsverpflichteten nach § 10 Absatz 1a erfüllt sind;

1b., 1c.[3] *(aufgehoben)*

2. Einkünfte aus privaten Veräußerungsgeschäften im Sinne des § 23;

3.[4] Einkünfte aus Leistungen, soweit sie weder zu anderen Einkunftsarten (§ 2 Absatz 1 Satz 1 Nummer 1 bis 6) noch zu den Einkünften im Sinne der Nummern 1, 1a, 2 oder 4 gehören, z. B. Einkünfte aus gelegentlichen Vermittlungen und aus der Vermietung beweglicher Gegenstände. ²Solche Einkünfte sind nicht einkommensteuerpflichtig, wenn sie weniger als 256 Euro im Kalenderjahr betragen haben. ³Übersteigen die Werbungskosten die Einnahmen, so darf der übersteigende Betrag bei Ermittlung des Einkommens nicht ausgeglichen werden; er darf auch nicht nach § 10 d abgezogen werden. ⁴Die Verluste mindern jedoch nach Maßgabe des § 10 d die Einkünfte, die der Steuerpflichtige in dem unmittelbar vorangegangenen Veranlagungszeitraum oder in den folgenden Veranlagungszeiträumen aus Leistungen im Sinne des Satzes 1 erzielt hat oder erzielt; § 10 d Absatz 4 gilt entsprechend;

4.[5] Entschädigungen, Amtszulagen, Zuschüsse zu Kranken- und Pflegeversicherungsbeiträgen, Übergangsgelder, Überbrückungsgelder, Sterbegelder, Versorgungsabfindungen, Versorgungsbezüge, die auf Grund des Abgeordnetengesetzes oder des Europaabgeordnetengesetzes, sowie vergleichbare Bezüge, die auf Grund der entsprechenden Gesetze der Länder gezahlt werden, und die Entschädigungen, das Übergangsgeld, das Ruhegehalt und die Hinterbliebenenversorgung, die auf Grund des Abgeordnetenstatuts des Europäischen Parlaments von der Europäischen Union gezahlt werden. ²Werden zur Abgeltung des durch das Mandat veranlassten Aufwandes Aufwandsentschädigungen gezahlt, so dürfen die durch das Mandat veranlassten Aufwendungen nicht als Werbungskosten abgezogen werden. ³Wahlkampfkosten zur Erlangung eines Mandats im Bundestag, im Europäischen Parlament oder im Parlament eines Landes dürfen nicht als Werbungskosten abgezogen werden. ⁴Es gelten entsprechend

a) für Nachversicherungsbeiträge auf Grund gesetzlicher Verpflichtung nach den Abgeordnetengesetzen im Sinne des Satzes 1 und für Zuschüsse zu Kranken- und Pflegeversicherungsbeiträgen § 3 Nummer 62,

b) für Versorgungsbezüge § 19 Absatz 2 nur bezüglich des Versorgungsfreibetrags; beim Zusammentreffen mit Versorgungsbezügen im Sinne des § 19 Absatz 2 Satz 2 bleibt jedoch insgesamt höchstens ein Betrag in

---

[1] § 22 Nr. 1 Satz 3 Buchst. c angef. mWv VZ 2022 durch G v. 16.12.2022 (BGBl. I S. 2294).
[2] § 22 Nr. 1a neu gef. mWv VZ 2015 durch G v. 22.12.2014 (BGBl. I S. 2417).
[3] § 22 Nr. 1b und 1c aufgeh. mWv VZ 2015 durch G v. 22.12.2014 (BGBl. I S. 2417).
[4] § 22 Nr. 3 Sätze 5 und 6 aufgeh. mWv VZ 2014 durch G v. 25.7.2014 (BGBl. I S. 1266).
[5] Zur Anwendung im Beitrittsgebiet siehe § 57 Abs. 5.

Höhe des Versorgungsfreibetrags nach § 19 Absatz 2 Satz 3 im Veranlagungszeitraum steuerfrei,

c) für das Übergangsgeld, das in einer Summe gezahlt wird, und für die Versorgungsabfindung § 34 Absatz 1,

d) für die Gemeinschaftssteuer, die auf die Entschädigungen, das Übergangsgeld, das Ruhegehalt und die Hinterbliebenenversorgung auf Grund des Abgeordnetenstatuts des Europäischen Parlaments von der Europäischen Union erhoben wird, § 34c Absatz 1; dabei sind die im ersten Halbsatz genannten Einkünfte für die entsprechende Anwendung des § 34c Absatz 1 wie ausländische Einkünfte und die Gemeinschaftssteuer wie eine der deutschen Einkommensteuer entsprechende ausländische Steuer zu behandeln;

5.[1] Leistungen aus Altersvorsorgeverträgen, Pensionsfonds, Pensionskassen und Direktversicherungen. [2]Soweit die Leistungen nicht auf Beiträgen, auf die § 3 Nummer 63, 63a, § 10a, Abschnitt XI oder Abschnitt XII angewendet wurden, nicht auf Zulagen im Sinne des Abschnitts XI, nicht auf Zahlungen im Sinne des § 92a Absatz 2 Satz 4 Nummer 1 und des § 92a Absatz 3 Satz 9 Nummer 2, nicht auf steuerfreien Leistungen nach § 3 Nummer 66 und nicht auf Ansprüchen beruhen, die durch steuerfreie Zuwendungen nach § 3 Nummer 56 oder die durch die nach § 3 Nummer 55b Satz 1 oder § 3 Nummer 55c[2] steuerfreie Leistung aus einem neu begründeten Anrecht erworben wurden,

a) ist bei lebenslangen Renten sowie bei Berufsunfähigkeits-, Erwerbsminderungs- und Hinterbliebenenrenten Nummer 1 Satz 3 Buchstabe a entsprechend anzuwenden,

b) ist bei Leistungen aus Versicherungsverträgen, Pensionsfonds, Pensionskassen und Direktversicherungen, die nicht solche nach Buchstabe a sind, § 20 Absatz 1 Nummer 6 in der jeweils für den Vertrag geltenden Fassung entsprechend anzuwenden,

c) unterliegt bei anderen Leistungen der Unterschiedsbetrag zwischen der Leistung und der Summe der auf sie entrichteten Beiträge der Besteuerung; § 20 Absatz 1 Nummer 6 Satz 2 gilt entsprechend.

[3]In den Fällen des § 93 Absatz 1 Satz 1 und 2 gilt das ausgezahlte geförderte Altersvorsorgevermögen nach Abzug der Zulagen im Sinne des Abschnitts XI als Leistung im Sinne des Satzes 2. [4]Als Leistung im Sinne des Satzes 1 gilt auch der Verminderungsbetrag nach § 92a Absatz 2 Satz 5 und der Auflösungsbetrag nach § 92a Absatz 3 Satz 5. [5]Der Auflösungsbetrag nach § 92a Absatz 2 Satz 6 wird zu 70 Prozent als Leistung nach Satz 1 erfasst. [6]Tritt nach dem Beginn der Auszahlungsphase zu Lebzeiten des Zulageberechtigten der Fall des § 92a Absatz 3 Satz 1 ein, dann ist

a) innerhalb eines Zeitraums bis zum zehnten Jahr nach dem Beginn der Auszahlungsphase das Eineinhalbfache,

---

[1] § 22 Nr. 5 Satz 6 ergänzt mWv VZ 2010, Satz 10 angef. mWv 1.9.2009 durch G v. 8.12.2010 (BGBl. I S. 1768); Satz 2 geänd., Satz 11 angef. mWv VZ 2011 durch G v. 7.12.2011 (BGBl. I S. 2592); Satz 2 geänd. mWv 1.1.2018 durch G v. 17.8.2017 (BGBl. I S. 3214).
[2] Siehe hierzu § 82 Abs. 4 Nr. 5.

b) innerhalb eines Zeitraums zwischen dem zehnten und 20. Jahr nach dem Beginn der Auszahlungsphase das Einfache

des nach Satz 5 noch nicht erfassten Auflösungsbetrags als Leistung nach Satz 1 zu erfassen; § 92a Absatz 3 Satz 9 gilt entsprechend mit der Maßgabe, dass als noch nicht zurückgeführter Betrag im Wohnförderkonto der noch nicht erfasste Auflösungsbetrag gilt. [7] Bei erstmaligem Bezug von Leistungen, in den Fällen des § 93 Absatz 1 sowie bei Änderung der im Kalenderjahr auszuzahlenden Leistung hat der Anbieter (§ 80) nach Ablauf des Kalenderjahres dem Steuerpflichtigen nach amtlich vorgeschriebenem Muster den Betrag der im abgelaufenen Kalenderjahr zugeflossenen Leistungen im Sinne der Sätze 1 bis 3 je gesondert mitzuteilen; mit Einverständnis des Steuerpflichtigen kann die Mitteilung elektronisch bereitgestellt werden.[1] [8] Werden dem Steuerpflichtigen Abschluss- und Vertriebskosten eines Altersvorsorgevertrages erstattet, gilt der Erstattungsbetrag als Leistung im Sinne des Satzes 1. [9] In den Fällen des § 3 Nummer 55a richtet sich die Zuordnung zu Satz 1 oder Satz 2 bei der ausgleichsberechtigten Person danach, wie eine nur auf die Ehezeit bezogene Zuordnung der sich aus dem übertragenen Anrecht ergebenden Leistung zu Satz 1 oder Satz 2 bei der ausgleichspflichtigen Person im Zeitpunkt der Übertragung ohne die Teilung vorzunehmen gewesen wäre. [10] Dies gilt sinngemäß in den Fällen des § 3 Nummer 55 und 55e. [11] Wird eine Versorgungsverpflichtung nach § 3 Nummer 66 auf einen Pensionsfonds übertragen und hat der Steuerpflichtige bereits vor dieser Übertragung Leistungen auf Grund dieser Versorgungsverpflichtung erhalten, so sind insoweit auf die Leistungen aus dem Pensionsfonds im Sinne des Satzes 1 die Beträge nach § 9a Satz 1 Nummer 1 und § 19 Absatz 2 entsprechend anzuwenden; § 9a Satz 1 Nummer 3 ist nicht anzuwenden. [12] Wird auf Grund einer internen Teilung nach § 10 des Versorgungsausgleichsgesetzes oder einer externen Teilung nach § 14 des Versorgungsausgleichsgesetzes ein Anrecht zugunsten der ausgleichsberechtigten Person begründet, so gilt dieser Vertrag insoweit zu dem gleichen Zeitpunkt als abgeschlossen wie der Vertrag der ausgleichspflichtigen Person, wenn die aus dem Vertrag der ausgleichspflichtigen Person ausgezahlten Leistungen zu einer Besteuerung nach Satz 2 führen. [13] Für Leistungen aus Altersvorsorgeverträgen nach § 93 Absatz 3 ist § 34 Absatz 1 entsprechend anzuwenden. [14] Soweit Begünstigungen, die mit denen in Satz 2 vergleichbar sind, bei der deutschen Besteuerung gewährt wurden, gelten die darauf beruhenden Leistungen ebenfalls als Leistung nach Satz 1. [15] § 20 Absatz 1 Nummer 6 Satz 9 in der ab dem 27. Juli 2016 geltenden Fassung *ist anzuwenden, soweit keine Steuerbefreiung nach den §§ 8 bis 12 des Investmentsteuergesetzes erfolgt ist* [**ab VZ 2021:** *findet keine Anwendung.* [16] Nummer 1 Satz 3 Buchstabe a Doppelbuchstabe aa Satz 9 gilt entsprechend].[2]

---

[1] § 22 Nr. 5 Satz 7 HS 2 angef. mWv VZ 2020 durch G v. 22.11.2019 (BGBl. I S. 1746).
[2] § 22 Nr. 5 Satz 7 geänd., Satz 8 aufgeh., Sätze 9 und 11 werden Sätze 8 bis 10 mWv VZ 2014 durch G v. 24.6.2013 (BGBl. I S. 1667); Satz 7 geänd., Sätze 11 und 12 angef. mWv VZ 2014 durch G v. 25.7.2014 (BGBl. I S. 1266); Sätze 13 bis 15 angef. mWv 1.1.2018 durch G v. 17.8.2017 (BGBl. I S. 3214); Satz 15 neu gef., Satz 16 angef. mWv VZ 2021 durch G v. 21.12.2020 (BGBl. I S. 3096).

§ 22a Rentenbezugsmitteilungen an die zentrale Stelle. (1)[1] [1]Nach Maßgabe des § 93c der Abgabenordnung haben die Träger der gesetzlichen Rentenversicherung, die landwirtschaftliche Alterskasse, die berufsständischen Versorgungseinrichtungen, die Pensionskassen, die Pensionsfonds, die Versicherungsunternehmen, die Unternehmen, die Verträge im Sinne des § 10 Absatz 1 Nummer 2 Buchstabe b anbieten, und die Anbieter im Sinne des § 80 als mitteilungspflichtige Stellen der zentralen Stelle (§ 81) unter Beachtung der im Bundessteuerblatt veröffentlichten Auslegungsvorschriften der Finanzverwaltung folgende Daten zu übermitteln (Rentenbezugsmitteilung)[2]:

1. die in § 93c Absatz 1 Nummer 2 Buchstabe c der Abgabenordnung genannten Daten mit der Maßgabe, dass der Leistungsempfänger als Steuerpflichtiger gilt. [2]Eine inländische Anschrift des Leistungsempfängers ist nicht zu übermitteln. [3]Ist der mitteilungspflichtigen Stelle eine ausländische Anschrift des Leistungsempfängers bekannt, ist diese anzugeben. [4]In diesen Fällen ist auch die Staatsangehörigkeit des Leistungsempfängers, soweit bekannt, mitzuteilen;

2. je gesondert den Betrag der Leibrenten und anderen Leistungen im Sinne des § 22 Nummer 1 Satz 3 Buchstabe a Doppelbuchstabe aa und bb Satz 4 sowie Doppelbuchstabe bb Satz 5 in Verbindung mit § 55 Absatz 2 der Einkommensteuer-Durchführungsverordnung sowie im Sinne des § 22 Nummer 5 Satz 1 bis 3. [2]Der im Betrag der Rente enthaltene Teil, der ausschließlich auf einer Anpassung der Rente beruht, ist gesondert mitzuteilen;

3. Zeitpunkt des Beginns und des Endes des jeweiligen Leistungsbezugs; folgen nach dem 31. Dezember 2004 Renten aus derselben Versicherung einander nach, so ist auch die Laufzeit der vorhergehenden Renten mitzuteilen;

4. die Beiträge im Sinne des § 10 Absatz 1 Nummer 3 Buchstabe a Satz 1 und 2 und Buchstabe b, soweit diese von der mitteilungspflichtigen Stelle an die Träger der gesetzlichen Kranken- und Pflegeversicherung abgeführt werden;

5. die dem Leistungsempfänger zustehenden Beitragszuschüsse nach § 106 des Sechsten Buches Sozialgesetzbuch;

6.[3] ab dem 1. Januar 2017 ein gesondertes Merkmal und ab dem 1. Januar 2019 zwei gesonderte Merkmale für Verträge, auf denen gefördertes Altersvorsorgevermögen gebildet wurde; die zentrale Stelle ist in diesen Fällen berechtigt, die Daten dieser Rentenbezugsmitteilung im Zulagekonto zu speichern und zu verarbeiten;

7.[4] ab dem 1. Januar 2019 die gesonderte Kennzeichnung einer Leistung aus einem Altersvorsorgevertrag nach § 93 Absatz 3;

---

[1] § 22a Abs. 1 neu gef. mWv 1.1.2017 durch G v. 18.7.2016 (BGBl. I S. 1679); zur Anwendung siehe **§ 52 Abs. 30b.**
[2] Jährliche Information zum Rentenbezugsmitteilungsverfahren abrufbar unter www.bzst.de.
[3] § 22a Abs. 1 Satz 1 Nr. 6 geänd. durch G v. 17.8.2017 (BGBl. I S. 3214); geänd. mWv VZ 2019 durch G v. 11.12.2018 (BGBl. I S. 2338).
[4] § 22a Abs. 1 Satz 1 Nr. 7 angef. mWv 1.1.2019 durch G v. 17.8.2017 (BGBl. I S. 3214).

8.[1] ab dem 1. Januar 2022 die durch Steuerabzug gemäß § 50a Absatz 7 einbehaltenen Beträge.

[*ab 1.1.2022:* [2]Die Träger der gesetzlichen Rentenversicherung und die landwirtschaftliche Alterskasse haben gesondert neben der nach Satz 1 zu übermittelnden Rentenbezugsmitteilung für Leistungsempfänger im Sinne des § 1 Absatz 2 des Rentenbeziehende-Energiepreispauschalengesetzes einmalig eine Rentenbezugsmitteilung nach Maßgabe des § 93c der Abgabenordnung mit den Daten nach Satz 1 Nummer 1 und 3 sowie den Betrag der Leistung nach § 1 Absatz 1 des Rentenbeziehende-Energiepreispauschalengesetzes zu übermitteln.] [3]§ 72a Absatz 4 und § 93c Absatz 1 Nummer 3 der Abgabenordnung finden keine Anwendung.[2]

(2)[3] [1]Der Leistungsempfänger hat der mitteilungspflichtigen Stelle seine Identifikationsnummer sowie den Tag seiner Geburt mitzuteilen. [2]Teilt der Leistungsempfänger die Identifikationsnummer der mitteilungspflichtigen Stelle trotz Aufforderung nicht mit, übermittelt das Bundeszentralamt für Steuern der mitteilungspflichtigen Stelle auf deren Anfrage die Identifikationsnummer des Leistungsempfängers sowie, falls es sich bei der mitteilungspflichtigen Stelle um einen Träger der gesetzlichen Sozialversicherung handelt, auch den beim Bundeszentralamt für Steuern gespeicherten Tag der Geburt des Leistungsempfängers (§ 139b Absatz 3 Nummer 8 der Abgabenordnung), wenn dieser von dem in der Anfrage übermittelten Tag der Geburt abweicht und für die weitere Datenübermittlung benötigt wird;[4] weitere Daten dürfen nicht übermittelt werden. [3]In der Anfrage dürfen nur die in § 139b Absatz 3 der Abgabenordnung genannten Daten des Leistungsempfängers angegeben werden, soweit sie der mitteilungspflichtigen Stelle bekannt sind. [4]Die Anfrage der mitteilungspflichtigen Stelle und die Antwort des Bundeszentralamtes für Steuern sind nach amtlich vorgeschriebenem Datensatz durch Datenfernübertragung über die zentrale Stelle zu übermitteln. [5]Die zentrale Stelle führt eine ausschließlich automatisierte Prüfung der ihr übermittelten Daten daraufhin durch, ob sie vollständig und schlüssig sind und ob das vorgeschriebene Datenformat verwendet worden ist. [6]Sie speichert die Daten des Leistungsempfängers nur für Zwecke dieser Prüfung bis zur Übermittlung an das Bundeszentralamt für Steuern oder an die mitteilungspflichtige Stelle. [7]Die Daten sind für die Übermittlung zwischen der zentralen Stelle und dem Bundeszentralamt für Steuern zu verschlüsseln. [8]Die mitteilungspflichtige Stelle darf die Identifikationsnummer sowie einen nach Satz 2 mitgeteilten Tag der Geburt nur verarbeiten, soweit dies für die Erfüllung der Mitteilungspflicht nach Absatz 1 Satz 1 erforderlich ist. [9]§ 93c der Abgabenordnung ist für das Verfahren nach den Sätzen 1 bis 8 nicht anzuwenden. [*ab 1.10.2023:* [10]Die Sätze 1 bis 9 gelten ab dem Stichtag, der in der Rechtsverordnung nach § 13 Absatz 3

---

[1] § 22a Abs. 1 Satz 1 Nr. 8 angef. durch G v. 21.12.2020 (BGBl. I S. 3096).
[2] § 22a Abs. 1 Satz 2 eingef., bish. Satz 2 wird Satz 3 mWv 1.1.2022 durch G v. 15.12.2022 (BGBl. I S. 2294).
[3] § 22a Abs. 2 neu gef. mWv 1.1.2017 durch G v. 18.7.2016 (BGBl. I S. 1679); Abs. 2 Satz 2 berichtigt durch G v. 11.12.2018 (BGBl. I S. 2338); Abs. 2 Satz 8 geänd. mWv VZ 2019 durch G v. 20.11.2019 (BGBl. I S. 1626).
[4] Zur Anwendung von Satz 2 siehe § 52 Abs. 30a.

des Rentenübersichtsgesetzes festgelegt wird, für die Träger der gesetzlichen Rentenversicherung, für die landwirtschaftliche Alterskasse und für die berufsständischen Versorgungseinrichtungen mit der Maßgabe, dass diese die Identifikationsnummer ihrer Versicherten zur Durchführung des Rentenübersichtsgesetzes bereits vor dem Leistungsbezug erheben können; in diesen Fällen teilt das Bundeszentralamt für Steuern der mitteilungspflichtigen Stelle auf deren Anfrage die Identifikationsnummer des Versicherten nur mit, wenn die von der anfragenden Stelle übermittelten Daten mit den nach § 139b Absatz 3 der Abgabenordnung beim Bundeszentralamt für Steuern gespeicherten Daten im maschinellen Datenabgleich übereinstimmen. ¹¹Wird im Rahmen einer Registermodernisierung ein gesondertes Erhebungsverfahren für die Erhebung der Identifikationsnummer eingerichtet, ist abweichend von Satz 10 das neu eingerichtete Erhebungsverfahren zu nutzen.]¹⁾

(3)²⁾ Die mitteilungspflichtige Stelle hat den Leistungsempfänger jeweils darüber zu unterrichten, dass die Leistung der zentralen Stelle mitgeteilt wird.

(4)²⁾ *(aufgehoben)*

(5)³⁾ ¹Wird eine Rentenbezugsmitteilung nicht innerhalb der in § 93c Absatz 1 Nummer 1 der Abgabenordnung⁴⁾ genannten Frist übermittelt, so ist für jeden angefangenen Monat, in dem die Rentenbezugsmitteilung noch aussteht, ein Betrag in Höhe von 10 Euro für jede ausstehende Rentenbezugsmitteilung an die zentrale Stelle zu entrichten (Verspätungsgeld). ²Die Erhebung erfolgt durch die zentrale Stelle im Rahmen ihrer Prüfung nach § 93c Absatz 4 der Abgabenordnung. ³Von der Erhebung ist abzusehen, soweit die Fristüberschreitung auf Gründen beruht, die die mitteilungspflichtige Stelle nicht zu vertreten hat. ⁴Das Handeln eines gesetzlichen Vertreters oder eines Erfüllungsgehilfen steht dem eigenen Handeln gleich. ⁵Das von einer mitteilungspflichtigen Stelle zu entrichtende Verspätungsgeld darf 50 000 Euro für alle für einen Veranlagungszeitraum zu übermittelnden Rentenbezugsmitteilungen nicht übersteigen.

[ab 1.1.2021:

(6)⁵⁾ Die zentrale Stelle ist berechtigt, in den in § 151b Absatz 3 Satz 2 des Sechsten Buches Sozialgesetzbuch genannten Fällen die Rentenbezugsmitteilung an die Träger der gesetzlichen Rentenversicherung zu übermitteln.]

§ 23⁶⁾ **Private Veräußerungsgeschäfte.** (1)⁷⁾ ¹Private Veräußerungsgeschäfte (§ 22 Nummer 2) sind

---

¹⁾ § 22a Abs. 2 Sätze 10 und 11 angef. mWv 1.10.2023 durch G v. 11.2.2021 (BGBl. I S. 154).
²⁾ § 22a Abs. 3 geänd., Abs. 4 aufgeh. mWv 1.1.2017 durch G v. 18.7.2016 (BGBl. I S. 1679).
³⁾ § 22a Abs. 5 angef. durch G v. 8.12.2010 (BGBl. I S. 1768); Sätze 3 und 5 geänd. mWv 1.1.2017 durch G v. 18.7.2016 (BGBl. I S. 1679); Sätze 1 und 2 geänd. mWv 1.1.2018 durch G v. 11.12.2018 (BGBl. I S. 2338).
⁴⁾ Nr. **800**.
⁵⁾ § 22a Abs. 6 angef. mWv 1.1.2021 durch G v. 12.8.2020 (BGBl. I S. 1879).
⁶⁾ Zur Anwendung siehe **§ 52 Abs. 31**.
⁷⁾ Zur Anwendung von Abs. 1 siehe § 52 Abs. 31 Sätze 1 bis 4.

1. Veräußerungsgeschäfte bei Grundstücken und Rechten, die den Vorschriften des bürgerlichen Rechts über Grundstücke unterliegen (z. B. Erbbaurecht, Mineralgewinnungsrecht), bei denen der Zeitraum zwischen Anschaffung und Veräußerung nicht mehr als zehn Jahre beträgt. ²Gebäude und Außenanlagen sind einzubeziehen, soweit sie innerhalb dieses Zeitraums errichtet, ausgebaut oder erweitert werden; dies gilt entsprechend für Gebäudeteile, die selbständige unbewegliche Wirtschaftsgüter sind, sowie für Eigentumswohnungen und im Teileigentum stehende Räume. ³Ausgenommen sind Wirtschaftsgüter, die im Zeitraum zwischen Anschaffung oder Fertigstellung und Veräußerung ausschließlich zu eigenen Wohnzwecken oder im Jahr der Veräußerung und in den beiden vorangegangenen Jahren zu eigenen Wohnzwecken genutzt wurden;

2.¹⁾ Veräußerungsgeschäfte bei anderen Wirtschaftsgütern, bei denen der Zeitraum zwischen Anschaffung und Veräußerung nicht mehr als ein Jahr beträgt. ²Ausgenommen sind Veräußerungen von Gegenständen des täglichen Gebrauchs. ³Bei Anschaffung und Veräußerung mehrerer gleichartiger Fremdwährungsbeträge ist zu unterstellen, dass die zuerst angeschafften Beträge zuerst veräußert wurden. ⁴Bei Wirtschaftsgütern im Sinne von Satz 1²⁾, aus deren Nutzung als Einkunftsquelle zumindest in einem Kalenderjahr Einkünfte erzielt werden, erhöht sich der Zeitraum auf zehn Jahre;

3.³⁾ Veräußerungsgeschäfte, bei denen die Veräußerung der Wirtschaftsgüter früher erfolgt als der Erwerb.

²Als Anschaffung gilt auch die Überführung eines Wirtschaftsguts in das Privatvermögen des Steuerpflichtigen durch Entnahme oder Betriebsaufgabe. ³Bei unentgeltlichem Erwerb ist dem Einzelrechtsnachfolger für Zwecke dieser Vorschrift die Anschaffung oder die Überführung des Wirtschaftsguts in das Privatvermögen durch den Rechtsvorgänger zuzurechnen. ⁴Die Anschaffung oder Veräußerung einer unmittelbaren oder mittelbaren Beteiligung an einer Personengesellschaft gilt als Anschaffung oder Veräußerung der anteiligen Wirtschaftsgüter. ⁵Als Veräußerung im Sinne des Satzes 1 Nummer 1 gilt auch

1. die Einlage eines Wirtschaftsguts in das Betriebsvermögen, wenn die Veräußerung aus dem Betriebsvermögen innerhalb eines Zeitraums von zehn Jahren seit Anschaffung des Wirtschaftsguts erfolgt, und

2. die verdeckte Einlage in eine Kapitalgesellschaft.

(2) Einkünfte aus privaten Veräußerungsgeschäften der in Absatz 1 bezeichneten Art sind den Einkünften aus anderen Einkunftsarten zuzurechnen, soweit sie zu diesen gehören.

(3) ¹Gewinn oder Verlust aus Veräußerungsgeschäften nach Absatz 1 ist der Unterschied zwischen Veräußerungspreis einerseits und den Anschaffungs- oder Herstellungskosten und den Werbungskosten andererseits. ²In den Fällen

---

¹⁾ § 23 Abs. 1 Satz 1 Nr. 2 Satz 2 eingef., bish. Satz 2 wird Satz 3 durch G v. 8.12.2010 (BGBl. I S. 1768); zur Anwendung siehe § 52 Abs. 31 Satz 1 HS 2; Satz 3 eingef., bish. Satz 3 wird Satz 4 mWv VZ 2014 durch G v. 25.7.2014 (BGBl. I S. 1266).
²⁾ Verweis geänd. durch G v. 8.12.2010 (BGBl. I S. 1768).
³⁾ § 23 Abs. 1 Satz 1 Nr. 3 angef. durch G v. 20.12.2016 (BGBl. I S. 3000); zur Anwendung siehe § 52 Abs. 31 Satz 3.

des Absatzes 1 Satz 5 Nummer 1 tritt an die Stelle des Veräußerungspreises der für den Zeitpunkt der Einlage nach § 6 Absatz 1 Nummer 5 angesetzte Wert, in den Fällen des Absatzes 1 Satz 5 Nummer 2 der gemeine Wert. [3]In den Fällen des Absatzes 1 Satz 2 tritt an die Stelle der Anschaffungs- oder Herstellungskosten der nach § 6 Absatz 1 Nummer 4 oder § 16 Absatz 3 angesetzte Wert. [4]Die Anschaffungs- oder Herstellungskosten mindern sich um Absetzungen für Abnutzung, erhöhte Absetzungen und Sonderabschreibungen, soweit sie bei der Ermittlung der Einkünfte im Sinne des § 2 Absatz 1 Satz 1 Nummer 4 bis 7 abgezogen worden sind.[1]) [5]Gewinne bleiben steuerfrei, wenn der aus den privaten Veräußerungsgeschäften erzielte Gesamtgewinn im Kalenderjahr weniger als 600 Euro betragen hat. [6]In den Fällen des Absatzes 1 Satz 5 Nummer 1 sind Gewinne oder Verluste für das Kalenderjahr, in dem der Preis für die Veräußerung aus dem Betriebsvermögen zugeflossen ist, in den Fällen des Absatzes 1 Satz 5 Nummer 2 für das Kalenderjahr der verdeckten Einlage anzusetzen. [7]Verluste dürfen nur bis zur Höhe des Gewinns, den der Steuerpflichtige im gleichen Kalenderjahr aus privaten Veräußerungsgeschäften erzielt hat, ausgeglichen werden; sie dürfen nicht nach § 10 d abgezogen werden. [8]Die Verluste mindern jedoch nach Maßgabe des § 10 d die Einkünfte, die der Steuerpflichtige in dem unmittelbar vorangegangenen Veranlagungszeitraum oder in den folgenden Veranlagungszeiträumen aus privaten Veräußerungsgeschäften nach Absatz 1 erzielt hat oder erzielt; § 10 d Absatz 4 gilt entsprechend.[2])

h) Gemeinsame Vorschriften

§ 24 [Entschädigungen, Nutzungsvergütungen u. ä.] Zu den Einkünften im Sinne des § 2 Absatz 1 gehören auch

1. Entschädigungen, die gewährt worden sind

    a) als Ersatz für entgangene oder entgehende Einnahmen oder

    b) für die Aufgabe oder Nichtausübung einer Tätigkeit, für die Aufgabe einer Gewinnbeteiligung oder einer Anwartschaft auf eine solche;

    c) als Ausgleichszahlungen an Handelsvertreter nach § 89b des Handelsgesetzbuchs;

2. Einkünfte aus einer ehemaligen Tätigkeit im Sinne des § 2 Absatz 1 Satz 1 Nummer 1 bis 4 oder aus einem früheren Rechtsverhältnis im Sinne des § 2 Absatz 1 Satz 1 Nummer 5 bis 7, und zwar auch dann, wenn sie dem Steuerpflichtigen als Rechtsnachfolger zufließen;

3. Nutzungsvergütungen für die Inanspruchnahme von Grundstücken für öffentliche Zwecke sowie Zinsen auf solche Nutzungsvergütungen und auf Entschädigungen, die mit der Inanspruchnahme von Grundstücken für öffentliche Zwecke zusammenhängen.

§ 24a Altersentlastungsbetrag. [1]Der Altersentlastungsbetrag ist bis zu einem Höchstbetrag im Kalenderjahr ein nach einem Prozentsatz ermittelter

---

[1]) Zur Anwendung von Satz 4 siehe § 52 Abs. 31 Satz 5 HS 2.
[2]) § 23 Abs. 3 Sätze 9 und 10 aufgeh. mWv VZ 2014 durch G v. 25. 7. 2014 (BGBl. I S. 1266).

Betrag des Arbeitslohns und der positiven Summe der Einkünfte, die nicht solche aus nichtselbständiger Arbeit sind. ²Bei der Bemessung des Betrags bleiben außer Betracht:

1. Versorgungsbezüge im Sinne des § 19 Absatz 2;

2. Einkünfte aus Leibrenten im Sinne des § 22 Nummer 1 Satz 3 Buchstabe a;

3. Einkünfte im Sinne des § 22 Nummer 4 Satz 4 Buchstabe b;

4. Einkünfte im Sinne des § 22 Nummer 5 Satz 1, soweit § 22 Nummer 5 Satz 11[1] anzuwenden ist;

5. Einkünfte im Sinne des § 22 Nummer 5 Satz 2 Buchstabe a.

³Der Altersentlastungsbetrag wird einem Steuerpflichtigen gewährt, der vor dem Beginn des Kalenderjahres, in dem er sein Einkommen bezogen hat, das 64. Lebensjahr vollendet hatte. ⁴Im Fall der Zusammenveranlagung von Ehegatten zur Einkommensteuer sind die Sätze 1 bis 3 für jeden Ehegatten gesondert anzuwenden. ⁵Der maßgebende Prozentsatz und der Höchstbetrag des Altersentlastungsbetrags sind der nachstehenden Tabelle zu entnehmen:

Das auf die Vollendung des 64. Lebensjahres folgende Kalenderjahr	Altersentlastungsbetrag		Das auf die Vollendung des 64. Lebensjahres folgende Kalenderjahr	Altersentlastungsbetrag	
	in % der Einkünfte	Höchstbetrag in Euro		in % der Einkünfte	Höchstbetrag in Euro
2005	40,0	1900	2023	13,6	646
2006	38,4	1824	2024	12,8	608
2007	36,8	1748	2025	12,0	570
2008	35,2	1672	2026	11,2	532
2009	33,6	1596	2027	10,4	494
2010	32,0	1520	2028	9,6	456
2011	30,4	1444	2029	8,8	418
2012	28,8	1368	2030	8,0	380
2013	27,2	1292	2031	7,2	342
2014	25,6	1216	2032	6,4	304
2015	24,0	1140	2033	5,6	266
2016	22,4	1064	2034	4,8	228
2017	20,8	988	2035	4,0	190
2018	19,2	912	2036	3,2	152
2019	17,6	836	2037	2,4	114
2020	16,0	760	2038	1,6	76
2021	15,2	722	2039	0,8	38
2022	14,4	684	2040	0,0	0

§ 24b[2] **Entlastungsbetrag für Alleinerziehende.** (1) ¹Allein stehende Steuerpflichtige können einen Entlastungsbetrag von der Summe der Einkünfte abziehen, wenn zu ihrem Haushalt mindestens ein Kind gehört, für das ih-

---

[1] Verweis geänd. durch G v. 25. 7. 2014 (BGBl. I S. 1266).
[2] § 24b neu gef. mWv VZ 2015 durch G v. 16.7.2015 (BGBl. I S. 1202).

nen ein Freibetrag nach § 32 Absatz 6 oder Kindergeld zusteht. ²Die Zugehörigkeit zum Haushalt ist anzunehmen, wenn das Kind in der Wohnung des allein stehenden Steuerpflichtigen gemeldet ist. ³Ist das Kind bei mehreren Steuerpflichtigen gemeldet, steht der Entlastungsbetrag nach Satz 1 demjenigen Alleinstehenden zu, der die Voraussetzungen auf Auszahlung des Kindergeldes nach § 64 Absatz 2 Satz 1 erfüllt oder erfüllen würde in Fällen, in denen nur ein Anspruch auf einen Freibetrag nach § 32 Absatz 6 besteht. ⁴Voraussetzung für die Berücksichtigung ist die Identifizierung des Kindes durch die an dieses Kind vergebene Identifikationsnummer (§ 139 b der Abgabenordnung). ⁵Ist das Kind nach einem Steuergesetz steuerpflichtig (§ 139 a Absatz 2 der Abgabenordnung), ist es in anderer geeigneter Weise zu identifizieren. ⁶Die nachträgliche Vergabe der Identifikationsnummer wirkt auf Monate zurück, in denen die Voraussetzungen der Sätze 1 bis 3 vorliegen.

(2) ¹Gehört zum Haushalt des allein stehenden Steuerpflichtigen ein Kind im Sinne des Absatzes 1, beträgt der Entlastungsbetrag im Kalenderjahr *1908 [ab VZ 2022:* 4008; *ab VZ 2023:* 4260]¹⁾ Euro. ²Für jedes weitere Kind im Sinne des Absatzes 1 erhöht sich der Betrag nach Satz 1 um 240 Euro je weiterem Kind. ³*Der Betrag nach Satz 1 erhöht sich für die Kalenderjahre 2020 und 2021 jeweils um 2100 Euro.²⁾*

(3) ¹Allein stehend im Sinne des Absatzes 1 sind Steuerpflichtige, die nicht die Voraussetzungen für die Anwendung des Splitting-Verfahrens (§ 26 Absatz 1) erfüllen oder verwitwet sind und keine Haushaltsgemeinschaft mit einer anderen volljährigen Person bilden, es sei denn, für diese steht ihnen ein Freibetrag nach § 32 Absatz 6 oder Kindergeld zu oder es handelt sich um ein Kind im Sinne des § 63 Absatz 1 Satz 1, das einen Dienst nach § 32 Absatz 5 Satz 1 Nummer 1 und 2 leistet oder eine Tätigkeit nach § 32 Absatz 5 Satz 1 Nummer 3 ausübt. ²Ist die andere Person mit Haupt- oder Nebenwohnsitz in der Wohnung des Steuerpflichtigen gemeldet, wird vermutet, dass sie mit dem Steuerpflichtigen gemeinsam wirtschaftet (Haushaltsgemeinschaft). ³Diese Vermutung ist widerlegbar, es sei denn, der Steuerpflichtige und die andere Person leben in einer eheähnlichen oder lebenspartnerschaftsähnlichen Gemeinschaft.

(4)³⁾ Für jeden vollen Kalendermonat, in dem die Voraussetzungen des Absatzes 1 nicht vorgelegen haben, ermäßigt sich der Entlastungsbetrag nach Absatz 2 um ein Zwölftel.

III. Veranlagung

§ 25 Veranlagungszeitraum, Steuererklärungspflicht. (1) Die Einkommensteuer wird nach Ablauf des Kalenderjahres (Veranlagungszeitraum) nach

---

¹⁾ Betrag geänd. mWv VZ 2022 durch G v. 21.12.2020 (BGBl. I S. 3096); geänd. mWv VZ 2023 durch G v. 16.12.2022 (BGBl. I S. 2294).
²⁾ § 24b Abs. 2 Satz 3 angef. durch G v. 29.6.2020 (BGBl. I S. 1512) und aufgeh. mWv VZ 2022 durch G v. 21.12.2020 (BGBl. I S. 3096).
³⁾ § 24b bish. Abs. 3 wird Abs. 4 und geänd. durch G v. 16.7.2015 (BGBl. I S. 1202); zur Anwendung vgl. § 52 Abs. 37b Satz 4.

dem Einkommen veranlagt, das der Steuerpflichtige in diesem Veranlagungszeitraum bezogen hat, soweit nicht nach § 43 Absatz 5 und § 46 eine Veranlagung unterbleibt.

(2) (weggefallen)

(3)[1] [1]Die steuerpflichtige Person hat für den Veranlagungszeitraum eine eigenhändig unterschriebene Einkommensteuererklärung abzugeben. [2]Wählen Ehegatten die Zusammenveranlagung (§ 26b), haben sie eine gemeinsame Steuererklärung abzugeben, die von beiden eigenhändig zu unterschreiben ist.

(4) [1]Die Erklärung nach Absatz 3 ist nach amtlich vorgeschriebenem Datensatz durch Datenfernübertragung zu übermitteln, wenn Einkünfte nach § 2 Absatz 1 Satz 1 Nummer 1 bis 3 erzielt werden und es sich nicht um einen der Veranlagungsfälle gemäß § 46 Absatz 2 Nummer 2 bis 8 handelt. [2]Auf Antrag kann die Finanzbehörde zur Vermeidung unbilliger Härten auf eine Übermittlung durch Datenfernübertragung verzichten.

§ 26[2] **Veranlagung von Ehegatten.** (1) [1]Ehegatten können zwischen der Einzelveranlagung (§ 26a) und der Zusammenveranlagung (§ 26b) wählen, wenn

1. beide unbeschränkt einkommensteuerpflichtig im Sinne des § 1 Absatz 1 oder 2 oder des § 1a sind,

2. sie nicht dauernd getrennt leben und

3. bei ihnen die Voraussetzungen aus den Nummern 1 und 2 zu Beginn des Veranlagungszeitraums vorgelegen haben oder im Laufe des Veranlagungszeitraums eingetreten sind.

[2]Hat ein Ehegatte in dem Veranlagungszeitraum, in dem seine zuvor bestehende Ehe aufgelöst worden ist, eine neue Ehe geschlossen und liegen bei ihm und dem neuen Ehegatten die Voraussetzungen des Satzes 1 vor, bleibt die zuvor bestehende Ehe für die Anwendung des Satzes 1 unberücksichtigt.

(2) [1]Ehegatten werden einzeln veranlagt, wenn einer der Ehegatten die Einzelveranlagung wählt. [2]Ehegatten werden zusammen veranlagt, wenn beide Ehegatten die Zusammenveranlagung wählen. [3]Die Wahl wird für den betreffenden Veranlagungszeitraum durch Angabe in der Steuererklärung getroffen. [4]Die Wahl der Veranlagungsart innerhalb eines Veranlagungszeitraums kann nach Eintritt der Unanfechtbarkeit des Steuerbescheids nur noch geändert werden, wenn

1. ein Steuerbescheid, der die Ehegatten betrifft, aufgehoben, geändert oder berichtigt wird und

2. die Änderung der Wahl der Veranlagungsart der zuständigen Finanzbehörde bis zum Eintritt der Unanfechtbarkeit des Änderungs- oder Berichtigungsbescheids schriftlich oder elektronisch mitgeteilt oder zur Niederschrift erklärt worden ist und

---

[1] § 25 Abs. 3 neu gef. mWv VZ 2013 durch G v. 1.11.2011 (BGBl. I S. 2131).
[2] § 26 neu gef. mWv VZ 2013 durch G v. 1.11.2011 (BGBl. I S. 2131).

3. der Unterschiedsbetrag aus der Differenz der festgesetzten Einkommensteuer entsprechend der bisher gewählten Veranlagungsart und der festzusetzenden Einkommensteuer, die sich bei einer geänderten Ausübung der Wahl der Veranlagungsarten ergeben würde, positiv ist. ²Die Einkommensteuer der einzeln veranlagten Ehegatten ist hierbei zusammenzurechnen.

(3) Wird von dem Wahlrecht nach Absatz 2 nicht oder nicht wirksam Gebrauch gemacht, so ist eine Zusammenveranlagung durchzuführen.

§ 26a[1] Einzelveranlagung von Ehegatten. (1) ¹Bei der Einzelveranlagung von Ehegatten sind jedem Ehegatten die von ihm bezogenen Einkünfte zuzurechnen. ²Einkünfte eines Ehegatten sind nicht allein deshalb zum Teil dem anderen Ehegatten zuzurechnen, weil dieser bei der Erzielung der Einkünfte mitgewirkt hat.

(2) ¹Sonderausgaben, außergewöhnliche Belastungen und die Steuerermäßigungen nach den §§ 35a und 35c werden demjenigen Ehegatten zugerechnet, der die Aufwendungen wirtschaftlich getragen hat. ²Auf übereinstimmenden Antrag der Ehegatten werden sie jeweils zur Hälfte abgezogen. ³Der Antrag des Ehegatten, der die Aufwendungen wirtschaftlich getragen hat, ist in begründeten Einzelfällen ausreichend. ⁴§ 26 Absatz 2 Satz 3 gilt entsprechend.

(3) Die Anwendung des § 10d für den Fall des Übergangs von der Einzelveranlagung zur Zusammenveranlagung und von der Zusammenveranlagung zur Einzelveranlagung zwischen zwei Veranlagungszeiträumen, wenn bei beiden Ehegatten nicht ausgeglichene Verluste vorliegen, wird durch Rechtsverordnung[2] der Bundesregierung mit Zustimmung des Bundesrates geregelt.

§ 26b Zusammenveranlagung von Ehegatten. Bei der Zusammenveranlagung von Ehegatten werden die Einkünfte, die die Ehegatten erzielt haben, zusammengerechnet, den Ehegatten gemeinsam zugerechnet und, soweit nichts anderes vorgeschrieben ist, die Ehegatten sodann gemeinsam als Steuerpflichtiger behandelt.

§ 26c.[3] *(aufgehoben)*

§ 27. (weggefallen)

§ 28 Besteuerung bei fortgesetzter Gütergemeinschaft. Bei fortgesetzter Gütergemeinschaft gelten Einkünfte, die in das Gesamtgut fallen, als Einkünfte des überlebenden Ehegatten, wenn dieser unbeschränkt steuerpflichtig ist.

§§ 29 und 30. (weggefallen)

---

[1] § 26a neu gef. mWv VZ 2013 durch G v. 1.11.2011 (BGBl. I S. 2131); Abs. 2 Satz 1 geänd. mWv 1.1.2020 durch G v. 21.12.2019 (BGBl. I S. 2886).
[2] Vgl. hierzu § 62d EStDV (Nr. **10**).
[3] § 26c aufgeh. mWv VZ 2013 (§ 52 Abs. 68 Satz 2 a. F.) durch G v. 1.11.2011 (BGBl. I S. 2131).

IV. Tarif

§ 31[1)] **Familienleistungsausgleich.** [1]Die steuerliche Freistellung eines Einkommensbetrags in Höhe des Existenzminimums eines Kindes einschließlich der Bedarfe für Betreuung und Erziehung oder Ausbildung wird im gesamten Veranlagungszeitraum entweder durch die Freibeträge nach § 32 Absatz 6 oder durch Kindergeld nach Abschnitt X bewirkt. [2]Soweit das Kindergeld dafür nicht erforderlich ist, dient es der Förderung der Familie. [3]Im laufenden Kalenderjahr wird Kindergeld als Steuervergütung monatlich gezahlt. [4]Bewirkt der Anspruch auf Kindergeld für den gesamten Veranlagungszeitraum die nach Satz 1 gebotene steuerliche Freistellung nicht vollständig und werden deshalb bei der Veranlagung zur Einkommensteuer die Freibeträge nach § 32 Absatz 6 vom Einkommen abgezogen, erhöht sich die unter Abzug dieser Freibeträge ermittelte tarifliche Einkommensteuer um den Anspruch auf Kindergeld für den gesamten Veranlagungszeitraum; bei nicht zusammenveranlagten Eltern wird der Kindergeldanspruch im Umfang des Kinderfreibetrags angesetzt. [5]Bei der Prüfung der Steuerfreistellung und der Hinzurechnung nach Satz 4 bleibt der Anspruch auf Kindergeld für Kalendermonate unberücksichtigt, in denen durch Bescheid der Familienkasse ein Anspruch auf Kindergeld festgesetzt, aber wegen § 70 Absatz 1 Satz 2 nicht ausgezahlt wurde. [6]Satz 4 gilt entsprechend für mit dem Kindergeld vergleichbare Leistungen nach § 65. [7]Besteht nach ausländischem Recht Anspruch auf Leistungen für Kinder, wird dieser insoweit nicht berücksichtigt, als er das inländische Kindergeld übersteigt.

§ 32[2)] **Kinder, Freibeträge für Kinder.** (1) Kinder sind
1. im ersten Grad mit dem Steuerpflichtigen verwandte Kinder,
2. Pflegekinder (Personen, mit denen der Steuerpflichtige durch ein familienähnliches, auf längere Dauer berechnetes Band verbunden ist, sofern er sie nicht zu Erwerbszwecken in seinen Haushalt aufgenommen hat und das Obhuts- und Pflegeverhältnis zu den Eltern nicht mehr besteht).

(2) [1]Besteht bei einem angenommenen Kind das Kindschaftsverhältnis zu den leiblichen Eltern weiter, ist es vorrangig als angenommenes Kind zu berücksichtigen. [2]Ist ein im ersten Grad mit dem Steuerpflichtigen verwandtes Kind zugleich ein Pflegekind, ist es vorrangig als Pflegekind zu berücksichtigen.

(3) Ein Kind wird in dem Kalendermonat, in dem es lebend geboren wurde, und in jedem folgenden Kalendermonat, zu dessen Beginn es das 18. Lebensjahr noch nicht vollendet hat, berücksichtigt.

(4)[3)] [1]Ein Kind, das das 18. Lebensjahr vollendet hat, wird berücksichtigt, wenn es

---

[1)] § 31 Satz 5 eingef., bish. Sätze 5 und 6 werden Sätze 6 und 7 mWv 18.7.2019 durch G v. 11.7.2019 (BGBl. I S. 1066).
[2)] Zur Anwendung von § 32 siehe § 52 Abs. 32.
[3)] § 32 Abs. 4 Sätze 2 bis 10 ersetzt durch Sätze 2 und 3 mWv VZ 2012 durch G v. 1.11.2011 (BGBl. I S. 2131).

1. noch nicht das 21. Lebensjahr vollendet hat, nicht in einem Beschäftigungsverhältnis steht und bei einer Agentur für Arbeit im Inland als Arbeitsuchender gemeldet ist oder

2. noch nicht das 25. Lebensjahr vollendet hat und

a) für einen Beruf ausgebildet wird oder

b)[1] sich in einer Übergangszeit von höchstens vier Monaten befindet, die zwischen zwei Ausbildungsabschnitten oder zwischen einem Ausbildungsabschnitt und der Ableistung des gesetzlichen Wehr- oder Zivildienstes, einer vom Wehr- oder Zivildienst befreienden Tätigkeit als Entwicklungshelfer oder als Dienstleistender im Ausland nach § 14b des Zivildienstgesetzes oder der Ableistung des freiwilligen Wehrdienstes nach § 58b des Soldatengesetzes oder der Ableistung eines freiwilligen Dienstes im Sinne des Buchstaben d liegt, oder

c) eine Berufsausbildung mangels Ausbildungsplatzes nicht beginnen oder fortsetzen kann oder

[Fassung bis VZ 2021:]

d)[3] ein freiwilliges soziales Jahr oder ein freiwilliges ökologisches Jahr im Sinne des Jugendfreiwilligendienstegesetzes oder eine Freiwilligenaktivität im Rahmen des Europäischen Solidaritätskorps im Sinne der Verordnung (EU) Nr. 2018/1475 des Europäischen Parlaments und des Rates vom 2. Oktober 2018 zur Festlegung des rechtlichen Rahmens des Europäischen Solidaritätskorps sowie zur Änderung der Verordnung (EU) Nr. 1288/2013 und der Verordnung (EU) Nr. 1293/2013 sowie des Beschlusses Nr. 1313/2013/EU (ABl. L 250 vom 4.10.2018, S. 1)] oder einen anderen Dienst im Ausland im Sinne von § 5 des Bundesfreiwilli-

[Fassung ab VZ 2022:][2]

d) einen der folgenden freiwilligen Dienste leistet:

aa) ein freiwilliges soziales Jahr im Sinne des Jugendfreiwilligendienstegesetzes,

bb) ein freiwilliges ökologisches Jahr im Sinne des Jugendfreiwilligendienstegesetzes,

cc) einen Bundesfreiwilligendienst im Sinne des Bundesfreiwilligendienstegesetzes,

dd) eine Freiwilligentätigkeit im Rahmen des Europäischen Solidaritätskorps im Sinne der Verordnung (EU) 2021/888 des Europäischen Parlaments und des Rates vom 20. Mai 2021 zur Aufstellung des Programms für das Europäische Solidaritätskorps und zur Aufhebung der Verordnungen (EU) 2018/1475 und (EU)

---

[1] § 32 Abs. 4 Satz 1 Nr. 2 Buchst. b geänd. mWv 1.1.2015 durch G v. 22.12.2014 (BGBl. I S. 2417).
[2] § 32 Abs. 4 Satz 1 Nr. 2 Buchst. d neu gef. mWv VZ 2022 durch G v. 16.12.2022 (BGBl. I S. 2294).
[3] § 32 Abs. 4 Satz 1 Nr. 2 Buchst. d geänd. mWv 1.1.2011 durch G v. 7.12.2011 (BGBl. I S. 2592); geänd. mWv VZ 2014 durch G v. 25.7.2014 (BGBl. I S. 1266); geänd. mWv VZ 2019 durch G v. 29.11.2018 (BGBl. I S. 2210); geänd. mWv 18.7.2019 durch G v. 11.7.2019 (BGBl. I S. 1066).

[Fassung bis VZ 2021:]

gendienstgesetzes[1]) oder einen entwicklungspolitischen Freiwilligendienst „weltwärts" im Sinne der Förderleitlinie des Bundesministeriums für wirtschaftliche Zusammenarbeit und Entwicklung vom 1. Januar 2016 oder einen Freiwilligendienst aller Generationen im Sinne von § 2 Absatz 1a des Siebten Buches Sozialgesetzbuch oder einen Internationalen Jugendfreiwilligendienst im Sinne der Richtlinie des Bundesministeriums für Familie, Senioren, Frauen und Jugend vom 25. Mai 2018 (GMBl S. 545) oder einen Bundesfreiwilligendienst im Sinne des Bundesfreiwilligendienstgesetzes leistet oder

[Fassung ab VZ 2022:]

Nr. 375/2014 (ABl. L 202 vom 8.6.2021, S. 32),

ee) einen anderen Dienst im Ausland im Sinne von § 5 des Bundesfreiwilligendienstgesetzes,

ff) einen entwicklungspolitischen Freiwilligendienst „weltwärts" im Sinne der Förderleitlinie des Bundesministeriums für wirtschaftliche Zusammenarbeit und Entwicklung vom 1. Januar 2016,

gg) einen Freiwilligendienst aller Generationen im Sinne von § 2 Absatz 1a des Siebten Buches Sozialgesetzbuch oder

hh) einen Internationalen Jugendfreiwilligendienst im Sinne der Richtlinie des Bundesministeriums für Familie, Senioren, Frauen und Jugend vom 4. Januar 2021 (GMBl S. 77) oder

3. wegen körperlicher, geistiger oder seelischer Behinderung außerstande ist, sich selbst zu unterhalten; Voraussetzung ist, dass die Behinderung vor Vollendung des 25. Lebensjahres eingetreten ist.

2 Nach Abschluss einer erstmaligen Berufsausbildung oder[2]) eines Erststudiums wird ein Kind in den Fällen des Satzes 1 Nummer 2 nur berücksichtigt, wenn das Kind keiner Erwerbstätigkeit nachgeht. 3 Eine Erwerbstätigkeit mit bis zu 20 Stunden regelmäßiger wöchentlicher Arbeitszeit, ein Ausbildungsdienstverhältnis oder ein geringfügiges Beschäftigungsverhältnis im Sinne der §§ 8 und 8a des Vierten Buches Sozialgesetzbuch sind unschädlich.

(5) 1 In den Fällen des Absatzes 4 Satz 1 Nummer 1 oder Nummer 2 Buchstabe a und b wird ein Kind, das

1. den gesetzlichen Grundwehrdienst oder Zivildienst geleistet hat oder

2. sich anstelle des gesetzlichen Grundwehrdienstes freiwillig für die Dauer von nicht mehr als drei Jahren zum Wehrdienst verpflichtet hat, oder

3. eine vom gesetzlichen Grundwehrdienst oder Zivildienst befreiende Tätigkeit als Entwicklungshelfer im Sinne des § 1 Absatz 1 des Entwicklungshelfer-Gesetzes ausgeübt hat,

für einen der Dauer dieser Dienste oder der Tätigkeit entsprechenden Zeitraum, höchstens für die Dauer des inländischen gesetzlichen Grundwehrdienstes oder bei anerkannten Kriegsdienstverweigerern für die Dauer des inländischen ge-

---

[1]) Verweis geänd. mWv 1.1.2012 durch G v. 26.6.2013 (BGBl. I S. 1809).
[2]) § 32 Abs. 4 Satz 2 geänd. mWv 1.1.2012 durch G v. 26.6.2013 (BGBl. I S. 1809).

setzlichen Zivildienstes über das 21. oder 25. Lebensjahr hinaus berücksichtigt. ²Wird der gesetzliche Grundwehrdienst oder Zivildienst in einem Mitgliedstaat der Europäischen Union oder einem Staat, auf den das Abkommen über den Europäischen Wirtschaftsraum Anwendung findet, geleistet, so ist die Dauer dieses Dienstes maßgebend. ³Absatz 4 Satz 2 und 3[1] gilt entsprechend.

(6)[2] ¹Bei der Veranlagung zur Einkommensteuer wird für jedes zu berücksichtigende Kind des Steuerpflichtigen ein Freibetrag von *2490 Euro [für VZ 2020:* 2586 Euro; *für VZ 2021:* 2730 Euro; *für VZ 2022:* 2810 Euro[3]*; für VZ 2023:* 3012 Euro; *für VZ 2024:* 3192 Euro][4] für das sächliche Existenzminimum des Kindes (Kinderfreibetrag) sowie ein Freibetrag von *1320 Euro [ab VZ 2021:* 1464 Euro][5] für den Betreuungs- und Erziehungs- oder Ausbildungsbedarf des Kindes vom Einkommen abgezogen. ²Bei Ehegatten, die nach den §§ 26, 26b zusammen zur Einkommensteuer veranlagt werden, verdoppeln sich die Beträge nach Satz 1, wenn das Kind zu beiden Ehegatten in einem Kindschaftsverhältnis steht. ³Die Beträge nach Satz 2 stehen dem Steuerpflichtigen auch dann zu, wenn

1. der andere Elternteil verstorben oder nicht unbeschränkt einkommensteuerpflichtig ist oder

2. der Steuerpflichtige allein das Kind angenommen hat oder das Kind nur zu ihm in einem Pflegekindschaftsverhältnis steht.

⁴Für ein nicht nach § 1 Absatz 1 oder 2 unbeschränkt einkommensteuerpflichtiges Kind können die Beträge nach den Sätzen 1 bis 3 nur abgezogen werden, soweit sie nach den Verhältnissen seines Wohnsitzstaates notwendig und angemessen sind. ⁵Für jeden Kalendermonat, in dem die Voraussetzungen für einen Freibetrag nach den Sätzen 1 bis 4 nicht vorliegen, ermäßigen sich die dort genannten Beträge um ein Zwölftel. ⁶Abweichend von Satz 1 wird bei einem unbeschränkt einkommensteuerpflichtigen Elternpaar, bei dem die Voraussetzungen des § 26 Absatz 1 Satz 1 nicht vorliegen, auf Antrag eines Elternteils der dem anderen Elternteil zustehende Kinderfreibetrag auf ihn übertragen, wenn er, nicht jedoch der andere Elternteil, seiner Unterhaltspflicht gegenüber dem Kind für das Kalenderjahr im Wesentlichen nachkommt oder der andere Elternteil mangels Leistungsfähigkeit nicht unterhaltspflichtig ist [*ab VZ 2021:* ; die Übertragung des Kinderfreibetrags führt stets auch zur Übertragung des Freibetrags für den Betreuungs- und Erziehungs- oder Ausbildungsbedarf].[6] ⁷Eine

---

[1]) Verweis geänd. mWv VZ 2012 durch G v. 1.11.2011 (BGBl. I S. 2131).

[2]) § 32 Abs. 6 Sätze 6 und 7 ersetzt durch Sätze 6 bis 11 mWv VZ 2012 durch G v. 1.11.2011 (BGBl. I S. 2131); Abs. 6 Sätze 12 bis 14 angef. mWv VZ 2023 durch G v. 16.12.2022 (BGBl. I S. 2294).

[3]) Betrag geänd. mWv 1.1.2022 durch Art. 1 des G v. 8.12.2022 (BGBl. I S. 2230); aber: gilt nicht für das Lohnsteuerabzugsverfahren (§ 52 Abs. 32 Satz 5) beim Arbeitgeber in 2022 (dafür gilt der 2021-Wert von 2730 Euro).

[4]) Betrag geänd. mWv 1.1.2015/2016 durch G v. 16.7.2015 (BGBl. I S. 1202); geänd. mWv 1.1.2017/2018 durch G v. 20.12.2016 (BGBl. I S. 3000); geänd. mWv 1.1.2019/2020 durch G v. 29.11.2018 (BGBl. I S. 2210); geänd. mWv 1.1.2020 durch G v. 1.12.2020 (BGBl. I S. 2616); geänd. mWv VZ 2023/2024 durch G v. 8.12.2022 (BGBl. I S. 2230).

[5]) Betrag geänd. mWv 1.1.2010 durch G v. 22.12.2009 (BGBl. I S. 3950); geänd. mWv VZ 2021 durch G v. 1.12.2020 (BGBl. I S. 2616).

[6]) § 32 Abs. 6 Satz 6 HS 2 angef. mWv VZ 2021 durch G v. 2.6.2021 (BGBl. I S. 1259).

Übertragung nach Satz 6 scheidet für Zeiträume aus, für die Unterhaltsleistungen nach dem Unterhaltsvorschussgesetz gezahlt werden. [8]Bei minderjährigen Kindern wird der dem Elternteil, in dessen Wohnung das Kind nicht gemeldet ist, zustehende Freibetrag für den Betreuungs- und Erziehungs- oder Ausbildungsbedarf auf Antrag des anderen Elternteils auf diesen übertragen, wenn bei dem Elternpaar die Voraussetzungen des § 26 Absatz 1 Satz 1 nicht vorliegen. [9]Eine Übertragung nach Satz 8 scheidet aus, wenn der Übertragung widersprochen wird, weil der Elternteil, bei dem das Kind nicht gemeldet ist, Kinderbetreuungskosten trägt oder das Kind regelmäßig in einem nicht unwesentlichen Umfang betreut. [10]Die den Eltern nach den Sätzen 1 bis 9 zustehenden Freibeträge können auf Antrag auch auf einen Stiefelternteil oder Großelternteil übertragen werden, wenn dieser das Kind in seinen Haushalt aufgenommen hat oder dieser einer Unterhaltspflicht gegenüber dem Kind unterliegt. [11]Die Übertragung nach Satz 10 kann auch mit Zustimmung des berechtigten Elternteils erfolgen, die nur für künftige Kalenderjahre widerrufen werden kann. [*ab VZ 2023:* [12]Voraussetzung für die Berücksichtigung des Kinderfreibetrags sowie des Freibetrags für den Betreuungs- und Erziehungs- oder Ausbildungsbedarf des Kindes ist die Identifizierung des Kindes durch die an dieses Kind vergebene Identifikationsnummer (§ 139b der Abgabenordnung). [13]Ist das Kind nicht nach einem Steuergesetz steuerpflichtig (§ 139a Absatz 2 der Abgabenordnung), ist es in anderer geeigneter Weise zu identifizieren. [14]Die nachträgliche Identifizierung oder nachträgliche Vergabe der Identifikationsnummer wirkt auf Monate zurück, in denen die übrigen Voraussetzungen für die Gewährung des Kinderfreibetrags sowie des Freibetrags für den Betreuungs- und Erziehungs- oder Ausbildungsbedarf des Kindes vorliegen.]

§ 32a[1] Einkommensteuertarif.

[*Fassung von Abs. 1 für VZ 2021:*][2]

(1) [1]Die tarifliche Einkommensteuer bemisst sich nach dem zu versteuernden Einkommen. [2]Sie beträgt im Veranlagungszeitraum 2021 vorbehaltlich der §§ 32b, 32d, 34, 34a, 34b und 34c jeweils in Euro für zu versteuernde Einkommen

1. bis 9744 Euro (Grundfreibetrag): 0;

2. von 9745 Euro bis 14753 Euro: (995,21 · y + 1400) · y;

3. von 14754 Euro bis 57918 Euro: (208,85 · z + 2397) · z + 950,96;

[*Fassung von Abs. 1 für VZ 2022:*][3]

(1) [1]Die tarifliche Einkommensteuer bemisst sich nach dem zu versteuernden Einkommen. [2]Sie beträgt ab dem Veranlagungszeitraum 2022 vorbehaltlich der §§ 32b, 32d, 34, 34a, 34b und 34c jeweils in Euro für zu versteuernde Einkommen

1. bis 10347 Euro (Grundfreibetrag): 0;

2. von 10348 Euro bis 14926 Euro: (1088,67 · y + 1400) · y;

3. von 14927 Euro bis 58596 Euro: (206,43 · z + 2397) · z + 869,32;

---

[1] Zur Berechnung der geltenden Einkommensteuer siehe das beiliegende **Berechnungsprogramm auf CD-ROM** sowie die im **Anhang T 1a und T 1b** abgedruckten **Einkommensteuer-Grundtabellen und -Splittingtabellen.**

[2] § 32a Abs. 1 neu gef. mWv 1.1.2021 bzw. 1.1.2022 durch G v. 1.12.2020 (BGBl. I S. 2616).

[3] § 32a Abs. 1 neu gef. mWv 1.1.2022 durch G v. 23.5.2022 (BGBl. I S. 749).

[Fassung von Abs. 1 für VZ 2021:]

4. von 57 919 Euro bis 274 612 Euro:
   0,42 · x − 9136,63;

5. von 274 613 Euro an:
   0,45 · x − 17 374,99.

³Die Größe „y" ist ein Zehntausendstel des den Grundfreibetrag übersteigenden Teils des auf einen vollen Euro-Betrag abgerundeten zu versteuernden Einkommens. ⁴Die Größe „z" ist ein Zehntausendstel des 14 753 Euro übersteigenden Teils des auf einen vollen Euro-Betrag abgerundeten zu versteuernden Einkommens. ⁵Die Größe „x" ist das auf einen vollen Euro-Betrag abgerundete zu versteuernde Einkommen. ⁶Der sich ergebende Steuerbetrag ist auf den nächsten vollen Euro-Betrag abzurunden.

[Fassung von Abs. 1 für VZ 2023:][1]

(1) ¹Die tarifliche Einkommensteuer bemisst sich nach dem auf volle Euro abgerundeten zu versteuernden Einkommen. ²Sie beträgt im Veranlagungszeitraum 2023 vorbehaltlich der §§ 32b, 32d, 34, 34a, 34b und 34c jeweils in Euro für zu versteuernde Einkommen

1. bis 10 908 Euro (Grundfreibetrag):
   0;

2. von 10 909 Euro bis 15 999 Euro:
   (979,18 · y + 1400) · y;

3. von 16 000 Euro bis 62 809 Euro:
   (192,59 · z + 2397) · z + 966,53;

4. von 62 810 Euro bis 277 825 Euro:
   0,42 · x − 9972,98;

5. von 277 826 Euro an:
   0,45 · x − 18 307,73.

³Die Größe „y" ist ein Zehntausendstel des den Grundfreibetrag

[Fassung von Abs. 1 für VZ 2022:]

4. von 58 597 Euro bis 277 825 Euro:
   0,42 · x − 9336,45;

5. von 277 826 Euro an:
   0,45 · x − 17 671,20.

³Die Größe „y" ist ein Zehntausendstel des den Grundfreibetrag übersteigenden Teils des auf einen vollen Euro-Betrag abgerundeten zu versteuernden Einkommens. ⁴Die Größe „z" ist ein Zehntausendstel des 14 926 Euro übersteigenden Teils des auf einen vollen Euro-Betrag abgerundeten zu versteuernden Einkommens. ⁵Die Größe „x" ist das auf einen vollen Euro-Betrag abgerundete zu versteuernde Einkommen. ⁶Der sich ergebende Steuerbetrag ist auf den nächsten vollen Euro-Betrag abzurunden.

[Fassung von Abs. 1 für VZ 2024:][2]

(1) ¹Die tarifliche Einkommensteuer bemisst sich nach dem auf volle Euro abgerundeten zu versteuernden Einkommen. ²Sie beträgt ab dem Veranlagungszeitraum 2024 vorbehaltlich der §§ 32b, 32d, 34, 34a, 34b und 34c jeweils in Euro für zu versteuernde Einkommen

1. bis 11 604 Euro (Grundfreibetrag):
   0;

2. von 11 605 Euro bis 17 005 Euro:
   (922,98 · y + 1400) · y;

3. von 17 006 Euro bis 66 760 Euro:
   (181,19 · z + 2397) · z + 1025,38;

4. von 66 761 Euro bis 277 825 Euro:
   0,42 · x − 10 602,13;

5. von 277 826 Euro an:
   0,45 · x − 18 936,88.

³Die Größe „y" ist ein Zehntausendstel des den Grundfreibetrag

---

[1] § 32a Abs. 1 neu gef. mWv 1.1.2023 durch Art. 2 des G v. 8.12.2022 (BGBl. I S. 2230).
[2] § 32a Abs. 1 neu gef. mWv 1.1.2024 durch Art. 3 des G v. 8.12.2022 (BGBl. I S. 2230).

[*Fassung von Abs. 1 für VZ 2023:*]	[*Fassung für von Abs. 1 für VZ 2024:*]
übersteigenden Teils des auf einen vollen Euro-Betrag abgerundeten zu versteuernden Einkommens. [4]Die Größe „z" ist ein Zehntausendstel des 15 999 Euro übersteigenden Teils des auf einen vollen Euro-Betrag abgerundeten zu versteuernden Einkommens. [5]Die Größe „x" ist das auf einen vollen Euro-Betrag abgerundete zu versteuernde Einkommen. [6]Der sich ergebende Steuerbetrag ist auf den nächsten vollen Euro-Betrag abzurunden.	übersteigenden Teils des auf einen vollen Euro-Betrag abgerundeten zu versteuernden Einkommens. [4]Die Größe „z" ist ein Zehntausendstel des 17 005 Euro übersteigenden Teils des auf einen vollen Euro-Betrag abgerundeten zu versteuernden Einkommens. [5]Die Größe „x" ist das auf einen vollen Euro-Betrag abgerundete zu versteuernde Einkommen. [6]Der sich ergebende Steuerbetrag ist auf den nächsten vollen Euro-Betrag abzurunden.

(2)–(4) (weggefallen)

(5) Bei Ehegatten, die nach den §§ 26, 26b zusammen zur Einkommensteuer veranlagt werden, beträgt die tarifliche Einkommensteuer vorbehaltlich der §§ 32b, 32d, 34, 34a, 34b und 34c das Zweifache des Steuerbetrags, der sich für die Hälfte ihres gemeinsam zu versteuernden Einkommens nach Absatz 1 ergibt (Splitting-Verfahren).

(6) [1]Das Verfahren nach Absatz 5 ist auch anzuwenden zur Berechnung der tariflichen Einkommensteuer für das zu versteuernde Einkommen

1 bei einem verwitweten Steuerpflichtigen für den Veranlagungszeitraum, der dem Kalenderjahr folgt, in dem der Ehegatte verstorben ist, wenn der Steuerpflichtige und sein verstorbener Ehegatte im Zeitpunkt seines Todes die Voraussetzungen des § 26 Absatz 1 Satz 1 erfüllt haben,

2.[1]) bei einem Steuerpflichtigen, dessen Ehe in dem Kalenderjahr, in dem er sein Einkommen bezogen hat, aufgelöst worden ist, wenn in diesem Kalenderjahr

 a) der Steuerpflichtige und sein bisheriger Ehegatte die Voraussetzungen des § 26 Absatz 1 Satz 1 erfüllt haben,

 b) der bisherige Ehegatte wieder geheiratet hat und

 c) der bisherige Ehegatte und dessen neuer Ehegatte ebenfalls die Voraussetzungen des § 26 Absatz 1 Satz 1 erfüllen.

[2]Voraussetzung für die Anwendung des Satzes 1 ist, dass der Steuerpflichtige nicht nach den §§ 26, 26a einzeln zur Einkommensteuer veranlagt wird.[2])

§ 32b Progressionsvorbehalt. (1) [1]Hat ein zeitweise oder während des gesamten Veranlagungszeitraums unbeschränkt Steuerpflichtiger oder ein beschränkt Steuerpflichtiger, auf den § 50 Absatz 2 Satz 2 Nummer 4 Anwendung findet,

---

 [1]) § 32a Abs. 6 Satz 1 Nr. 2 Satz 2 aufgeh. mWv VZ 2013 (§ 52 Abs. 68 Satz 1 a. F.) durch G v. 1.11.2011 (BGBl. I S. 2131).
 [2]) § 32a Abs. 6 Satz 2 geänd. mWv VZ 2013 durch G v. 1.11.2011 (BGBl. I S. 2131).

1. a)[1] Arbeitslosengeld, Teilarbeitslosengeld, Zuschüsse zum Arbeitsentgelt, Kurzarbeitergeld, Insolvenzgeld, Übergangsgeld nach dem Dritten Buch Sozialgesetzbuch; Insolvenzgeld, das nach § 170 Absatz 1 des Dritten Buches Sozialgesetzbuch einem Dritten zusteht, ist dem Arbeitnehmer zuzurechnen,

   b) Krankengeld, Mutterschaftsgeld, Verletztengeld, Übergangsgeld oder vergleichbare Lohnersatzleistungen nach dem Fünften, Sechsten oder Siebten Buch Sozialgesetzbuch, der Reichsversicherungsordnung, dem Gesetz über die Krankenversicherung der Landwirte oder dem Zweiten Gesetz über die Krankenversicherung der Landwirte,

   c) Mutterschaftsgeld, Zuschuss zum Mutterschaftsgeld, die Sonderunterstützung nach dem Mutterschutzgesetz sowie den Zuschuss bei Beschäftigungsverboten für die Zeit vor oder nach einer Entbindung sowie für den Entbindungstag während einer Elternzeit nach beamtenrechtlichen Vorschriften,

   d)[2] Arbeitslosenbeihilfe nach dem Soldatenversorgungsgesetz,

   e) Entschädigungen für Verdienstausfall nach dem Infektionsschutzgesetz vom 20. Juli 2000 (BGBl. I S. 1045),

[Fassung bis 31.12.2023:]	*[Fassung ab 1.1.2024:][3]*
f) Versorgungskrankengeld oder Übergangsgeld nach dem Bundesversorgungsgesetz,	f) Krankengeld der Sozialen Entschädigung *oder Übergangsgeld nach dem Vierzehnten Buch Sozialgesetzbuch,* **[ab 1.1.2025:** Übergangsgeld nach dem Vierzehnten Buch Sozialgesetzbuch, Krankengeld der Soldatenentschädigung oder Übergangsgeld nach dem Soldatenentschädigungsgesetz,**]**

   g)[4] nach § 3 Nummer 28 steuerfreie Aufstockungsbeträge oder Zuschläge sowie nach § 3 Nummer 28a steuerfreie Zuschüsse,

   h)[5] Leistungen an Arbeitnehmerinnen und Arbeitnehmer nach § 5 des Unterhaltssicherungsgesetzes,

   i)[6] nach § 3 Nummer 60 steuerfreie Anpassungsgelder,

---

[1] § 32b Abs. 1 Satz 1 Nr. 1 Buchst. a neu gef. mWv VZ 2015 durch G v. 25.7.2014 (BGBl. I S. 1266).

[2] § 32b Abs. 1 Satz 1 Nr. 1 Buchst. d geänd. mWv VZ 2015 durch G v. 25.7.2014 (BGBl. I S. 1266).

[3] § 32b Abs. 1 Satz 1 Nr. 1 Buchst. f neu gef. mWv VZ 2024 durch G v. 12.12.2019 (BGBl. I S. 2652); Buchst. f geänd. mWv 1.1.2025 durch G v. 20.8.2021 (BGBl. I S. 3932).

[4] § 32b Abs. 1 Satz 1 Nr. 1 Buchst. g geänd. durch G v. 19.6.2020 (BGBl. I S. 1385).

[5] § 32b Abs. 1 Satz 1 Nr. 1 Buchst. h neu gef. mWv VZ 2020 durch G v. 12.12.2019 (BGBl. I S. 2451).

[6] § 32b Abs. 1 Satz 1 Nr. 1 Buchst. i neu gef. mWv 14.8.2020 durch G v. 8.8.2020 (BGBl. I S. 1818).

j) Elterngeld nach dem Bundeselterngeld- und Elternzeitgesetz,[1)]

k)[2)] nach § 3 Nummer 2 Buchstabe e steuerfreie Leistungen, wenn vergleichbare Leistungen inländischer öffentlicher Kassen nach den Buchstaben a bis j dem Progressionsvorbehalt unterfallen, oder

2. ausländische Einkünfte, die im Veranlagungszeitraum nicht der deutschen Einkommensteuer unterlegen haben; dies gilt nur für Fälle der zeitweisen unbeschränkten Steuerpflicht einschließlich der in § 2 Absatz 7 Satz 3 geregelten Fälle; ausgenommen sind Einkünfte, die nach einem sonstigen zwischenstaatlichen Übereinkommen im Sinne der Nummer 4 steuerfrei sind und die nach diesem Übereinkommen nicht unter dem Vorbehalt der Einbeziehung bei der Berechnung der Einkommensteuer stehen,

3. Einkünfte, die nach einem Abkommen zur Vermeidung der Doppelbesteuerung steuerfrei sind,

4. Einkünfte, die nach einem sonstigen zwischenstaatlichen Übereinkommen unter dem Vorbehalt der Einbeziehung bei der Berechnung der Einkommensteuer steuerfrei sind,

5. Einkünfte, die bei Anwendung von § 1 Absatz 3 oder § 1a oder § 50 Absatz 2 Satz 2 Nummer 4 im Veranlagungszeitraum bei der Ermittlung des zu versteuernden Einkommens unberücksichtigt bleiben, weil sie nicht der deutschen Einkommensteuer oder einem Steuerabzug unterliegen; ausgenommen sind Einkünfte, die nach einem sonstigen zwischenstaatlichen Übereinkommen im Sinne der Nummer 4 steuerfrei sind und die nach diesem Übereinkommen nicht unter dem Vorbehalt der Einbeziehung bei der Berechnung der Einkommensteuer stehen,

bezogen, so ist auf das nach § 32a Absatz 1 zu versteuernde Einkommen ein besonderer Steuersatz anzuwenden. [2]Satz 1 Nummer 3 gilt nicht für Einkünfte

1. aus einer anderen als in einem Drittstaat belegenen land- und forstwirtschaftlichen Betriebsstätte,

2. aus einer anderen als in einem Drittstaat belegenen gewerblichen Betriebsstätte, die nicht die Voraussetzungen des § 2a Absatz 2 Satz 1 erfüllt,

3. aus der Vermietung oder der Verpachtung von unbeweglichem Vermögen oder von Sachinbegriffen, wenn diese in einem anderen Staat als in einem Drittstaat belegen sind, oder

4. aus der entgeltlichen Überlassung von Schiffen, sofern diese ausschließlich oder fast ausschließlich in einem anderen als einem Drittstaat eingesetzt worden sind, es sei denn, es handelt sich um Handelsschiffe, die

   a) von einem Vercharterer ausgerüstet überlassen oder

   b) an in einem anderen als in einem Drittstaat ansässige Ausrüster, die die Voraussetzungen des § 510 Absatz 1 des Handelsgesetzbuchs erfüllen, überlassen oder

---

[1)] Nr. **62**.
[2)] § 32b Abs. 1 Satz 1 Nr. 1 Buchst. k angef. mWv VZ 2015 durch G v. 25.7.2014 (BGBl. I S. 1266).

c) insgesamt nur vorübergehend an in einem Drittstaat ansässige Ausrüster, die die Voraussetzungen des § 510 Absatz 1 des Handelsgesetzbuchs erfüllen, überlassen

worden sind, oder

5. aus dem Ansatz des niedrigeren Teilwerts oder der Übertragung eines zu einem Betriebsvermögen gehörenden Wirtschaftsguts im Sinne der Nummern 3 und 4.

³§ 2a Absatz 2a und § 15b sind sinngemäß anzuwenden.¹⁾

(1a) Als unmittelbar von einem unbeschränkt Steuerpflichtigen bezogene ausländische Einkünfte im Sinne des Absatzes 1 Nummer 3 gelten auch die ausländischen Einkünfte, die eine Organgesellschaft im Sinne des § 14 oder des § 17 des Körperschaftsteuergesetzes bezogen hat und die nach einem Abkommen zur Vermeidung der Doppelbesteuerung steuerfrei sind, in dem Verhältnis, in dem dem unbeschränkt Steuerpflichtigen das Einkommen der Organgesellschaft bezogen auf das gesamte Einkommen der Organgesellschaft im Veranlagungszeitraum zugerechnet wird.

(2) Der besondere Steuersatz nach Absatz 1 ist der Steuersatz, der sich ergibt, wenn bei der Berechnung der Einkommensteuer das nach § 32a Absatz 1 zu versteuernde Einkommen vermehrt oder vermindert wird um

1. im Fall des Absatzes 1 Nummer 1 die Summe der Leistungen nach Abzug des Arbeitnehmer-Pauschbetrags (§ 9a Satz 1 Nummer 1), soweit er nicht bei der Ermittlung der Einkünfte aus nichtselbständiger Arbeit abziehbar ist;

2. im Fall des Absatzes 1 Nummer 2 bis 5 die dort bezeichneten Einkünfte, wobei die darin enthaltenen außerordentlichen Einkünfte mit einem Fünftel zu berücksichtigen sind. ²Bei der Ermittlung der Einkünfte im Fall des Absatzes 1 Nummer 2 bis 5

   a) ist der Arbeitnehmer-Pauschbetrag (§ 9a Satz 1 Nummer 1 Buchstabe a) abzuziehen, soweit er nicht bei der Ermittlung der Einkünfte aus nichtselbständiger Arbeit abziehbar ist;

   b) sind Werbungskosten nur insoweit abzuziehen, als sie zusammen mit den bei der Ermittlung der Einkünfte aus nichtselbständiger Arbeit abziehbaren Werbungskosten den Arbeitnehmer-Pauschbetrag (§ 9a Satz 1 Nummer 1 Buchstabe a) übersteigen;

   c)²⁾ sind bei Gewinnermittlung nach § 4 Absatz 3 die Anschaffungs- oder Herstellungskosten für Wirtschaftsgüter des Umlaufvermögens im Zeitpunkt des Zuflusses des Veräußerungserlöses oder bei Entnahme im Zeitpunkt der Entnahme als Betriebsausgaben zu berücksichtigen. ²§ 4 Absatz 3 Satz 5 gilt entsprechend.

(3)³⁾ ¹Nach Maßgabe des § 93c der Abgabenordnung haben die Träger der Sozialleistungen im Sinne des Absatzes 1 Satz 1 Nummer 1 für jeden Leis-

---

¹⁾ § 32b Abs. 1 Satz 3 geänd. durch G v. 18.12.2013 (BGBl. I S. 4318); zur Anwendung siehe § 52 Abs. 33 Satz 2.

²⁾ § 32b Abs. 2 Nr. 2 Satz 2 Buchst. c angef. durch G v. 26.6.2013 (BGBl. I S. 1809); zur Anwendung siehe § 52 Abs. 33 Satz 1.

³⁾ § 32b Abs. 3 ersetzt durch Abs. 3 bis 5 durch G v. 18.7.2016 (BGBl. I S. 1679); zur Anwendung siehe § 52 Abs. 33 Satz 3.

tungsempfänger der für seine Besteuerung nach dem Einkommen zuständigen Finanzbehörde neben den nach § 93c Absatz 1 der Abgabenordnung erforderlichen Angaben die Daten über die im Kalenderjahr gewährten Leistungen sowie die Dauer des Leistungszeitraums zu übermitteln, soweit die Leistungen nicht in der Lohnsteuerbescheinigung anzugeben sind (§ 41b Absatz 1 Satz 2 Nummer 5); § 41b Absatz 2 und § 22a Absatz 2 gelten entsprechend. [2] Die mitteilungspflichtige Stelle hat den Empfänger der Leistungen auf die steuerliche Behandlung dieser Leistungen und seine Steuererklärungspflicht hinzuweisen. [3] In den Fällen des § 170 Absatz 1 des Dritten Buches Sozialgesetzbuch gilt als Empfänger des an Dritte ausgezahlten Insolvenzgeldes der Arbeitnehmer, der seinen Arbeitsentgeltanspruch übertragen hat.

(4)[1] [1] In den Fällen des Absatzes 3 ist für die Anwendung des § 72a Absatz 4 und des § 93c Absatz 4 Satz 1 der Abgabenordnung das Betriebsstättenfinanzamt des Trägers der jeweiligen Sozialleistungen zuständig. [2] Sind für ihn mehrere Betriebsstättenfinanzämter zuständig oder hat er keine Betriebsstätte im Sinne des § 41 Absatz 2, so ist das Finanzamt zuständig, in dessen Bezirk sich seine Geschäftsleitung nach § 10 der Abgabenordnung im Inland befindet.

(5)[2] · [3] Die nach Absatz 3 übermittelten Daten können durch das nach Absatz 4 zuständige Finanzamt bei den für die Besteuerung der Leistungsempfänger nach dem Einkommen zuständigen Finanzbehörden abgerufen und zur Anwendung des § 72a Absatz 4 und des § 93c Absatz 4 Satz 1 der Abgabenordnung verarbeitet werden.

[VZ 2016 bis VZ 2022:]
§ 32c[4] *Tarifermäßigung bei Einkünften aus Land- und Forstwirtschaft.*
(1) [1] Auf Antrag des Steuerpflichtigen wird nach Ablauf von drei Veranlagungszeiträumen (Betrachtungszeitraum) unter den Voraussetzungen des Absatzes 5 für Einkünfte aus Land- und Forstwirtschaft im Sinne des § 13 eine Tarifermäßigung nach Satz 2 gewährt. [2] Ist die Summe der tariflichen Einkommensteuer, die innerhalb des Betrachtungszeitraums auf die steuerpflichtigen Einkünfte aus Land- und Forstwirtschaft im Sinne des § 13 entfällt, höher als die Summe der nach Absatz 2 ermittelten fiktiven tariflichen Einkommensteuer, die innerhalb des Betrachtungszeitraums auf die steuerpflichtigen Einkünfte aus Land- und Forstwirtschaft im Sinne des § 13 entfällt, wird bei der Steuerfestsetzung des letzten Veranlagungszeitraums im Betrachtungszeitraum die tarifliche Einkommensteuer um den Unterschiedsbetrag ermäßigt. [3] Satz 1 gilt nicht, wenn nur in einem Veranlagungszeitraum des Betrachtungszeitraums Einkünfte aus Land- und Forstwirtschaft erzielt werden.

(2) [1] Die fiktive tarifliche Einkommensteuer, die auf die steuerpflichtigen Einkünfte aus Land- und Forstwirtschaft im Sinne des § 13 entfällt, wird für jeden Veranlagungs-

---

[1] § 32b Abs. 3 ersetzt durch Abs. 3 bis 5 durch G v. 18.7.2016 (BGBl. I S. 1679); zur Anwendung siehe § 52 Abs. 33 Satz 3.
[2] § 32b Abs. 3 ersetzt durch Abs. 3 bis 5 durch G v. 18.7.2016 (BGBl. I S. 1679); zur Anwendung siehe § 52 Abs. 33 Satz 3.
[3] § 32b Abs. 5 geänd. mWv VZ 2019 duch G v. 20.11.2019 (BGBl. I S. 1626).
[4] § 32c eingef. durch G v. 12.12.2019 (BGBl. I S. 2451); zur Anwendung siehe § 52 Abs. 33a. Die Regelung stand gem. Art. 39 Abs. 8 unter dem Vorbehalt der Genehmigung der EU-Kommission; am 30.1.2020 stellte die EU-Kommission fest, dass die Tarifermäßigung eine mit dem Binnenmarkt vereinbare Beihilfe darstellt (BGBl. I 2020 S. 597).

zeitraum des Betrachtungszeitraums gesondert ermittelt. [2] Dabei treten an die Stelle der tatsächlichen Einkünfte aus Land- und Forstwirtschaft im Sinne des § 13 die nach Satz 3 zu ermittelnden durchschnittlichen Einkünfte. [3] Zur Ermittlung der durchschnittlichen Einkünfte aus Land- und Forstwirtschaft wird die Summe der tatsächlichen Einkünfte aus Land- und Forstwirtschaft der Veranlagungszeiträume eines Betrachtungszeitraums gleichmäßig auf die Veranlagungszeiträume des Betrachtungszeitraums verteilt.

(3) [1] Die auf die steuerpflichtigen Einkünfte aus Land- und Forstwirtschaft im Sinne des § 13 entfallende tarifliche Einkommensteuer im Sinne des Absatzes 1 ermittelt sich aus dem Verhältnis der positiven steuerpflichtigen Einkünfte aus Land- und Forstwirtschaft zur Summe der positiven Einkünfte. [2] Entsprechendes gilt bei der Ermittlung der fiktiven tariflichen Einkommensteuer. [3] Bei Ehegatten, die nach den §§ 26, 26b zusammen zur Einkommensteuer veranlagt werden, werden für die Ermittlung der Einkünfte jeder Einkunftsart im Sinne des Satzes 1 die Einkünfte beider Ehegatten zusammengerechnet.

(4) Bei der Ermittlung der tatsächlichen und der durchschnittlichen Einkünfte aus Land- und Forstwirtschaft im Sinne der Absätze 2 und 3 bleiben außer Betracht:

1. außerordentliche Einkünfte nach § 34 Absatz 2,

2. nach § 34a begünstigte nicht entnommene Gewinne sowie

3. Einkünfte aus außerordentlichen Holznutzungen im Sinne des § 34b Absatz 1 und 2.

(5) [1] Die Inanspruchnahme der Tarifermäßigung ist nur zulässig, wenn

1. für negative Einkünfte, die im ersten Veranlagungszeitraum des Betrachtungszeitraums erzielt wurden, kein Verlustrücktrag nach § 10d Absatz 1 in den letzten Veranlagungszeitraum eines vorangegangenen Betrachtungszeitraums vorgenommen wurde,

2. für negative Einkünfte, die im zweiten und dritten Veranlagungszeitraum des Betrachtungszeitraums erzielt wurden, kein Antrag nach § 10d Absatz 1 Satz 6[1)] gestellt wurde,

3. der Steuerpflichtige kein Unternehmen in Schwierigkeiten im Sinne der Rahmenregelung der Europäischen Union für staatliche Beihilfen im Agrar- und Forstsektor und in ländlichen Gebieten 2014–2020 (2014/C 204/01) (ABl. C 204 vom 1.7.2014, S. 1) ist,

4. ein Steuerpflichtiger, der zu einer Rückzahlung von Beihilfen auf Grund eines früheren Beschlusses der Europäischen Kommission zur Feststellung der Unzulässigkeit einer Beihilfe und ihrer Unvereinbarkeit mit dem Binnenmarkt verpflichtet worden ist, dieser Rückforderungsanordnung vollständig nachgekommen ist,

5. der Steuerpflichtige weder einen der in Artikel 10 Absatz 1 der Verordnung (EU) Nr. 508/2014 des Europäischen Parlaments und des Rates vom 15. Mai 2014 über den Europäischen Meeres- und Fischereifonds und zur Aufhebung der Verordnungen (EG) Nr. 2328/2003, (EG) Nr. 861/2006, (EG) Nr. 1198/2006 und (EG) Nr. 791/2007 des Rates und der Verordnung (EU) Nr. 1255/2011 des Europäischen Parlaments und des Rates (ABl. L 149 vom 20.5.2014, S. 1) genannten Verstöße oder Vergehen noch einen Betrug gemäß Artikel 10 Absatz 3 die

---

[1)] § 32c Abs. 5 Satz 1 Nr. 2 Verweis geänd. durch G v. 19.6.2022 (BGBl. I S. 911).

ser Verordnung in dem Zeitraum begangen hat, der in den delegierten Rechtsakten auf der Grundlage von Artikel 10 Absatz 4 dieser Verordnung festgelegt ist, und

6. ein Steuerpflichtiger mit Einkünften aus Binnenfischerei, Teichwirtschaft oder Fischzucht für Binnenfischerei und Teichwirtschaft versichert, dass er für einen Zeitraum von fünf Jahren nach Bekanntgabe des Einkommensteuerbescheids, mit dem die Tarifermäßigung gewährt wird, die Bestimmungen der Gemeinsamen Fischereipolitik einhalten wird.

[2] Der Steuerpflichtige hat bei der Beantragung der Tarifermäßigung zu erklären, dass die in Satz 1 Nummer 3 bis 6 genannten Voraussetzungen bestehen. [3] Der Steuerpflichtige hat dem zuständigen Finanzamt nach Beantragung der Tarifermäßigung unverzüglich mitzuteilen, wenn eine der in Satz 1 Nummer 3 bis 6 genannten Voraussetzungen nicht mehr vorliegt.

(6)[1] [1] Ist für einen Veranlagungszeitraum, in dem eine Tarifermäßigung nach Absatz 1 gewährt wurde, bereits ein Einkommensteuerbescheid erlassen worden, ist dieser zu ändern, soweit sich in einem Einkommensteuerbescheid des Betrachtungszeitraums Besteuerungsgrundlagen ändern. [2] Die Festsetzungsfrist endet insoweit nicht, bevor die Festsetzungsfrist für den Veranlagungszeitraum abgelaufen ist, in dem sich die Besteuerungsgrundlagen geändert haben. [3] Die Sätze 1 und 2 gelten in den Fällen des § 36 Absatz 2 Nummer 4 entsprechend für die Anrechnungsverfügung.

(7) [1] Wird während eines Zeitraums von fünf Jahren nach Bekanntgabe des Einkommensteuerbescheids, mit dem die Tarifermäßigung für den jeweiligen Betrachtungszeitraum gewährt wurde, einer der in Artikel 10 Absatz 1 der Verordnung (EU) Nr. 508/2014 genannten Verstöße durch die zuständige Behörde festgestellt, ist eine Tarifermäßigung im Sinne des Absatzes 1 Satz 2 rückgängig zu machen. [2] Ein solcher Verstoß gilt als rückwirkendes Ereignis im Sinne von § 175 Absatz 1 Satz 1 Nummer 2 in Verbindung mit Absatz 2 der Abgabenordnung. [3] Der Steuerpflichtige hat einen Verstoß unverzüglich nach dessen Feststellung dem zuständigen Finanzamt anzuzeigen. [4] Die Festsetzungsfrist für die Steuer endet nicht vor Ablauf von vier Jahren nach Ablauf des Kalenderjahres, in dem die Finanzbehörde von dem Verstoß nach Satz 1 Kenntnis erlangt hat.

§ 32d Gesonderter Steuertarif für Einkünfte aus Kapitalvermögen.

(1) [1] Die Einkommensteuer für Einkünfte aus Kapitalvermögen, die nicht unter § 20 Absatz 8 fallen, beträgt 25 Prozent. [2] Die Steuer nach Satz 1 vermindert sich um die nach Maßgabe des Absatzes 5 anrechenbaren ausländischen Steuern. [3] Im Fall der Kirchensteuerpflicht ermäßigt sich die Steuer nach den Sätzen 1 und 2 um 25 Prozent der auf die Kapitalerträge entfallenden Kirchensteuer. [4] Die Einkommensteuer beträgt damit

$$\frac{e - 4q}{4 + k} \, .$$

[5] Dabei sind „e" die nach den Vorschriften des § 20 ermittelten Einkünfte, „q" die nach Maßgabe des Absatzes 5 anrechenbare ausländische Steuer und „k"

---

[1] § 32c Abs. 6 Satz 3 geänd. mWv VZ 2021 durch G v. 21.12.2020 (BGBl. I S. 3096).

der für die Kirchensteuer erhebende Religionsgesellschaft (Religionsgemeinschaft) geltende Kirchensteuersatz.

(2) Absatz 1 gilt nicht

1. für Kapitalerträge im Sinne des § 20 Absatz 1 Nummer 4 und 7 sowie Absatz 2 Satz 1 Nummer 4 und 7,

   a)[1] wenn Gläubiger und Schuldner einander nahe stehende Personen sind,
   soweit die den Kapitalerträgen entsprechenden Aufwendungen beim
   Schuldner Betriebsausgaben oder Werbungskosten im Zusammenhang
   mit Einkünften sind, die der inländischen Besteuerung unterliegen und
   § 20 Absatz 9 Satz 1 zweiter Halbsatz keine Anwendung findet,

   b)[2] wenn sie von einer Kapitalgesellschaft oder Genossenschaft an einen
   Anteilseigner gezahlt werden, der zu mindestens 10 Prozent an der Gesellschaft oder Genossenschaft beteiligt ist [*ab 1.1.2021/VZ 2024:* , soweit die den Kapitalerträgen entsprechenden Aufwendungen beim
   Schuldner Betriebsausgaben oder Werbungskosten im Zusammenhang
   mit Einkünften sind, die der inländischen Besteuerung unterliegen und
   § 20 Absatz 9 Satz 1 zweiter Halbsatz keine Anwendung findet]. ²Dies
   gilt auch, wenn der Gläubiger der Kapitalerträge eine dem Anteilseigner
   nahe stehende Person ist, oder

   c) soweit ein Dritter die Kapitalerträge schuldet und diese Kapitalanlage
   im Zusammenhang mit einer Kapitalüberlassung an einen Betrieb des
   Gläubigers steht. ²Dies gilt entsprechend, wenn Kapital überlassen
   wird

      aa) an eine dem Gläubiger der Kapitalerträge nahestehende Person oder

      bb) an eine Personengesellschaft, bei der der Gläubiger der Kapitalerträge
      oder eine diesem nahestehende Person als Mitunternehmer beteiligt
      ist oder

      cc) an eine Kapitalgesellschaft oder Genossenschaft, an der der Gläubiger
      der Kapitalerträge oder eine diesem nahestehende Person zu mindes-
      tens 10 Prozent beteiligt ist,

   sofern der Dritte auf den Gläubiger oder eine diesem nahestehende Person zurückgreifen kann. ³Ein Zusammenhang ist anzunehmen, wenn die
   Kapitalanlage und die Kapitalüberlassung auf einem einheitlichen Plan
   beruhen. ⁴Hiervon ist insbesondere dann auszugehen, wenn die Kapitalüberlassung in engem zeitlichen Zusammenhang mit einer Kapitalanlage
   steht oder die jeweiligen Zinsvereinbarungen miteinander verknüpft
   sind. ⁵Von einem Zusammenhang ist jedoch nicht auszugehen, wenn die
   Zinsvereinbarungen marktüblich sind oder die Anwendung des Absatzes 1 beim Steuerpflichtigen zu keinem Belastungsvorteil führt. ⁶Die
   Sätze 1 bis 5 gelten sinngemäß, wenn das überlassene Kapital vom Gläubiger der Kapitalerträge für die Erzielung von Einkünften im Sinne des
   § 2 Absatz 1 Satz 1 Nummer 4, 6 und 7 eingesetzt wird.

   ²Insoweit findet § 20 Absatz 6 und 9 keine Anwendung;

---

[1] § 32d Abs. 2 Nr. 1 Satz 1 Buchst. a geänd. durch G v. 8.12.2010 (BGBl. I S. 1768).
[2] § 32d Abs. 2 Nr. 1 Buchst. b Satz 1 geänd. durch G v. 21.12.2020 (BGBl. I S. 3096); zur
Anwendung siehe § 52 Abs. 33b Satz 1 (1.1.2021) und Satz 2 (VZ 2024).

2. für Kapitalerträge im Sinne des § 20 Absatz 1 Nummer 6 Satz 2. [2]Insoweit findet § 20 Absatz 6 keine Anwendung;

3.[1] auf Antrag für Kapitalerträge im Sinne des § 20 Absatz 1 Nummer 1 und 2 aus einer Beteiligung an einer Kapitalgesellschaft, wenn der Steuerpflichtige im Veranlagungszeitraum, für den der Antrag erstmals gestellt wird, unmittelbar oder mittelbar

   a) zu mindestens 25 Prozent an der Kapitalgesellschaft beteiligt ist oder

   b) zu mindestens 1 Prozent an der Kapitalgesellschaft beteiligt ist und durch eine berufliche Tätigkeit für diese maßgeblichen unternehmerischen Einfluss auf deren wirtschaftliche Tätigkeit nehmen kann.

[2]Insoweit finden § 3 Nummer 40 Satz 2 und § 20 Absatz 6 und 9 keine Anwendung. [3]Der Antrag gilt für die jeweilige Beteiligung erstmals für den Veranlagungszeitraum, für den er gestellt worden ist. [4]Er ist spätestens zusammen mit der Einkommensteuererklärung für den jeweiligen Veranlagungszeitraum zu stellen und gilt, solange er nicht widerrufen wird, auch für die folgenden vier Veranlagungszeiträume, ohne dass die Antragsvoraussetzungen erneut zu belegen sind. [5]Die Widerrufserklärung muss dem Finanzamt spätestens mit der Steuererklärung für den Veranlagungszeitraum zugehen, für den die Sätze 1 bis 4 erstmals nicht mehr angewandt werden sollen. [6]Nach einem Widerruf ist ein erneuter Antrag des Steuerpflichtigen für diese Beteiligung an der Kapitalgesellschaft nicht mehr zulässig;

4.[2] für Bezüge im Sinne des § 20 Absatz 1 Nummer 1 und für Einnahmen im Sinne des § 20 Absatz 1 Nummer 9, soweit sie das Einkommen der leistenden Körperschaft gemindert haben; dies gilt nicht, soweit eine verdeckte Gewinnausschüttung das Einkommen einer dem Steuerpflichtigen nahe stehenden Person erhöht hat und § 32a des Körperschaftsteuergesetzes auf die Veranlagung dieser nahe stehenden Person keine Anwendung findet.

(3)[3] [1]Steuerpflichtige Kapitalerträge, die nicht der Kapitalertragsteuer unterlegen haben, hat der Steuerpflichtige in seiner Einkommensteuererklärung anzugeben. [2]Für diese Kapitalerträge erhöht sich die tarifliche Einkommensteuer um den nach Absatz 1 ermittelten Betrag. [3]Im Fall des Satzes 1 ist eine Veranlagung ungeachtet von § 46 Absatz 2 durchzuführen.

(4) Der Steuerpflichtige kann mit der Einkommensteuererklärung für Kapitalerträge, die der Kapitalertragsteuer unterlegen haben, eine Steuerfestsetzung entsprechend Absatz 3 Satz 2 insbesondere in Fällen eines nicht vollständig ausgeschöpften Sparer-Pauschbetrags, einer Anwendung der Ersatzbemessungsgrundlage nach § 43a Absatz 2 Satz 7, eines noch nicht im Rahmen des § 43a Absatz 3 berücksichtigten Verlusts, eines Verlustvortrags nach § 20 Absatz 6 und noch nicht berücksichtigter ausländischer Steuern, zur Überprüfung des Steuereinbehalts dem Grund oder der Höhe nach oder zur Anwendung von Absatz 1 Satz 3 beantragen.

---

[1] § 32d Abs. 2 Nr. 3 Buchst. b geänd. mWv VZ 2017 (§ 52 Abs. 33b Satz 1) durch G v. 20.12.2016 (BGBl. I S. 3000).

[2] § 32d Abs. 2 Nr. 4 angef. durch G v. 8.12.2010 (BGBl. I S. 1768); geänd. mWv 1.1.2014 durch G v. 26.6.2013 (BGBl. I S. 1809).

[3] § 32d Abs. 3 Satz 3 angef. mWv VZ 2019 durch G v. 12.12.2019 (BGBl. I S. 2451).

(5)[1] [1]In den Fällen der Absätze 3 und 4 ist bei unbeschränkt Steuerpflichtigen, die mit ausländischen Kapitalerträgen in dem Staat, aus dem die Kapitalerträge stammen, zu einer der deutschen Einkommensteuer entsprechenden Steuer herangezogen werden, die auf ausländische Kapitalerträge festgesetzte und gezahlte und um einen entstandenen Ermäßigungsanspruch gekürzte ausländische Steuer, jedoch höchstens 25 Prozent ausländische Steuer auf den einzelnen [*ab VZ 2021:* steuerpflichtigen] Kapitalertrag, auf die deutsche Steuer anzurechnen. [2]Soweit in einem Abkommen zur Vermeidung der Doppelbesteuerung die Anrechnung einer ausländischen Steuer einschließlich einer als gezahlt geltenden Steuer auf die deutsche Steuer vorgesehen ist, gilt Satz 1 entsprechend. [3]Die ausländischen Steuern sind nur bis zur Höhe der auf die im jeweiligen Veranlagungszeitraum bezogenen Kapitalerträge im Sinne des Satzes 1 entfallenden deutschen Steuer anzurechnen.

(6)[2] [1]Auf Antrag des Steuerpflichtigen werden anstelle der Anwendung der Absätze 1, 3 und 4 die nach § 20 ermittelten Kapitaleinkünfte den Einkünften im Sinne des § 2 hinzugerechnet und der tariflichen Einkommensteuer unterworfen, wenn dies zu einer niedrigeren Einkommensteuer einschließlich Zuschlagsteuern führt (Günstigerprüfung). [2]Absatz 5 ist mit der Maßgabe anzuwenden, dass die nach dieser Vorschrift ermittelten ausländischen Steuern auf die zusätzliche tarifliche Einkommensteuer anzurechnen sind, die auf die hinzugerechneten Kapitaleinkünfte entfällt. [3]Der Antrag kann für den jeweiligen Veranlagungszeitraum nur einheitlich für sämtliche Kapitalerträge gestellt werden. [4]Bei zusammenveranlagten Ehegatten kann der Antrag nur für sämtliche Kapitalerträge beider Ehegatten gestellt werden.

§ 33 Außergewöhnliche Belastungen. (1) Erwachsen einem Steuerpflichtigen zwangsläufig größere Aufwendungen als der überwiegenden Mehrzahl der Steuerpflichtigen gleicher Einkommensverhältnisse, gleicher Vermögensverhältnisse und gleichen Familienstands (außergewöhnliche Belastung), so wird auf Antrag die Einkommensteuer dadurch ermäßigt, dass der Teil der Aufwendungen, der die dem Steuerpflichtigen zumutbare Belastung (Absatz 3) übersteigt, vom Gesamtbetrag der Einkünfte abgezogen wird.

(2)[3] [1]Aufwendungen erwachsen dem Steuerpflichtigen zwangsläufig, wenn er sich ihnen aus rechtlichen, tatsächlichen oder sittlichen Gründen nicht entziehen kann und soweit die Aufwendungen den Umständen nach notwendig sind und einen angemessenen Betrag nicht übersteigen. [2]Aufwendungen, die zu den Betriebsausgaben, Werbungskosten oder Sonderausgaben gehören, bleiben dabei außer Betracht; das gilt für Aufwendungen im Sinne des § 10 Absatz 1 Nummer 7 und 9 nur insoweit, als sie als Sonderausgaben abgezogen werden können. [3]Aufwendungen, die durch Diätverpflegung entstehen, können nicht als außergewöhnliche Belastung berücksichtigt werden. [4]Aufwendungen für die Führung eines Rechtsstreits (Prozesskosten) sind vom Abzug ausgeschlossen, es sei denn, es handelt sich um Aufwendungen ohne die der

---

[1] § 32d Abs. 5 Satz 1 geänd. mWv VZ 2021 durch G v. 21.12.2020 (BGBl. I S. 3096).
[2] § 32d Abs. 6 Satz 1 geänd. durch G v. 8.12.2010 (BGBl. I S. 1768).
[3] § 33 Abs. 2 Satz 2 geänd. mWv VZ 2011 durch G v. 1.11.2011 (BGBl. I S. 2131).

Steuerpflichtige Gefahr liefe, seine Existenzgrundlage zu verlieren und seine lebensnotwendigen Bedürfnisse in dem üblichen Rahmen nicht mehr befriedigen zu können.[1]

[ab VZ 2021:

(2a)[2] [1]Abweichend von Absatz 1 wird für Aufwendungen für durch eine Behinderung veranlasste Fahrten nur eine Pauschale gewährt (behinderungsbedingte Fahrtkostenpauschale). [2]Die Pauschale erhalten:

1. Menschen mit einem Grad der Behinderung von mindestens 80 oder mit einem Grad der Behinderung von mindestens 70 und dem Merkzeichen „G",

2. Menschen mit dem Merkzeichen „aG", mit dem Merkzeichen „Bl", mit dem Merkzeichen „TBl" oder mit dem Merkzeichen „H".

[3]Bei Erfüllung der Anspruchsvoraussetzungen nach Satz 2 Nummer 1 beträgt die Pauschale 900 Euro. [4]Bei Erfüllung der Anspruchsvoraussetzungen nach Satz 2 Nummer 2 beträgt die Pauschale 4500 Euro. [5]In diesem Fall kann die Pauschale nach Satz 3 nicht zusätzlich in Anspruch genommen werden. [6]Über die Fahrtkostenpauschale nach Satz 1 hinaus sind keine weiteren behinderungsbedingten Fahrtkosten als außergewöhnliche Belastung nach Absatz 1 berücksichtigungsfähig. [7]Die Pauschale ist bei der Ermittlung des Teils der Aufwendungen im Sinne des Absatzes 1, der die zumutbare Belastung übersteigt, einzubeziehen. [8]Sie kann auch gewährt werden, wenn ein Behinderten-Pauschbetrag nach § 33b Absatz 5 übertragen wurde. [9]§ 33b Absatz 5 ist entsprechend anzuwenden.]

(3) [1]Die zumutbare Belastung beträgt

bei einem Gesamtbetrag der Einkünfte	bis 15 340 EUR	über 15 340 EUR bis 51 130 EUR	über 51 130 EUR
1. bei Steuerpflichtigen, die keine Kinder haben und bei denen die Einkommensteuer			
a) nach § 32a Absatz 1,	5	6	7
b) nach § 32a Absatz 5 oder 6 (Splitting-Verfahren)	4	5	6
zu berechnen ist;			
2. bei Steuerpflichtigen mit			
a) einem Kind oder zwei Kindern,	2	3	4
b) drei oder mehr Kindern	1	1	2

Prozent des
Gesamtbetrags der Einkünfte.

---

[1] § 33 Abs. 2 Satz 4 angef. mWv VZ 2013 durch G v. 26.6.2013 (BGBl. I S. 1809).
[2] § 33 Abs. 2a eingef. durch G v. 9.12.2020 (BGBl. I S. 2770); zur Anwendung siehe § 52 Abs. 33c.

[2] Als Kinder des Steuerpflichtigen zählen die, für die er Anspruch auf einen Freibetrag nach § 32 Absatz 6 oder auf Kindergeld hat.

(4)[1]) Die Bundesregierung wird ermächtigt, durch Rechtsverordnung mit Zustimmung des Bundesrates die Einzelheiten des Nachweises von Aufwendungen nach Absatz 1 [*ab VZ 2021:* und der Anspruchsvoraussetzungen nach Absatz 2a] zu bestimmen.

§ 33a Außergewöhnliche Belastung in besonderen Fällen. (1) [1]Erwachsen einem Steuerpflichtigen Aufwendungen für den Unterhalt und eine etwaige Berufsausbildung einer dem Steuerpflichtigen oder seinem Ehegatten gegenüber gesetzlich unterhaltsberechtigten Person, so wird auf Antrag die Einkommensteuer dadurch ermäßigt, dass die Aufwendungen bis *zu 9168 Euro* [*für VZ 2020:* bis zu 9408 Euro; *für VZ 2021:* bis zu 9744 Euro; *für VZ 2022:* zur Höhe des Grundfreibetrags nach § 32a Absatz 1 Satz 2 Nummer 1][2]) Euro im Kalenderjahr vom Gesamtbetrag der Einkünfte abgezogen werden. [2]Der Höchstbetrag nach Satz 1 erhöht sich um den Betrag der im jeweiligen Veranlagungszeitraum nach § 10 Absatz 1 Nummer 3 für die Absicherung der unterhaltsberechtigten Person aufgewandten Beiträge; dies gilt nicht für Kranken- und Pflegeversicherungsbeiträge, die bereits nach § 10 Absatz 1 Nummer 3 Satz 1 anzusetzen sind. [3]Der gesetzlich unterhaltsberechtigten Person gleichgestellt ist eine Person, wenn bei ihr zum Unterhalt bestimmte inländische öffentliche Mittel mit Rücksicht auf die Unterhaltsleistungen des Steuerpflichtigen gekürzt werden. [4]Voraussetzung ist, dass weder der Steuerpflichtige noch eine andere Person Anspruch auf einen Freibetrag nach § 32 Absatz 6 oder auf Kindergeld für die unterhaltene Person hat und die unterhaltene Person kein oder nur ein geringes Vermögen besitzt; ein angemessenes Hausgrundstück im Sinne von § 90 Absatz 2 Nummer 8 des Zwölften Buches Sozialgesetzbuch bleibt unberücksichtigt.[3]) [5]Hat die unterhaltene Person andere Einkünfte oder Bezüge, so vermindert sich die Summe der nach Satz 1 und Satz 2 ermittelten Beträge um den Betrag, um den diese Einkünfte und Bezüge den Betrag von 624 Euro im Kalenderjahr übersteigen, sowie um die von der unterhaltenen Person als Ausbildungshilfe aus öffentlichen Mitteln oder von Förderungseinrichtungen, die hierfür öffentliche Mittel erhalten, bezogenen Zuschüsse; zu den Bezügen gehören auch steuerfreie Gewinne nach den §§ 14, 16 Absatz 4, § 17 Absatz 3 und § 18 Absatz 3, die nach § 19 Absatz 2 steuerfrei bleibenden Einkünfte sowie Sonderabschreibungen und erhöhte Absetzungen, soweit sie die höchstmöglichen Absetzungen für Abnutzung nach § 7 übersteigen.[4]) [6]Ist die unterhaltene Person nicht unbeschränkt einkommensteuerpflichtig, so können die Aufwendungen nur abgezogen werden, soweit sie nach den Verhältnissen

---

[1]) § 33 Abs. 4 angef. mWv VZ 2011 durch G v. 1.11.2011 (BGBl. I S. 2131); geänd. mWv VZ 2021 (§ 52 Abs. 33c) durch G v. 9.12.2020 (BGBl. I S. 2770); vgl. § 64 EStDV (Nr. **10**).
[2]) Beträge geänd. mWv VZ 2017/2018 durch G v. 20.12.2016 (BGBl. I S. 3000); geänd. mWv VZ 2019/2020 durch G v. 29.11.2018 (BGBl. I S. 2210); geänd. mWv VZ 2021/2022 durch G v. 1.12.2020 (BGBl. I S. 2616); Satz 1 geänd. mWv VZ 2022 durch G v. 8.12.2022 (BGBl. I S. 2230).
[3]) Zweiter Halbsatz angef. durch G v. 26.6.2013 (BGBl. I S. 1809).
[4]) § 33a Abs. 1 Satz 5 geänd. mWv VZ 2012 durch G v. 1.11.2011 (BGBl. I S. 2131).

des Wohnsitzstaates der unterhaltenen Person notwendig und angemessen sind, höchstens jedoch der Betrag, der sich nach den Sätzen 1 bis 5 ergibt; ob der Steuerpflichtige zum Unterhalt gesetzlich verpflichtet ist, ist nach inländischen Maßstäben zu beurteilen. [7] Werden die Aufwendungen für eine unterhaltene Person von mehreren Steuerpflichtigen getragen, so wird bei jedem der Teil des sich hiernach ergebenden Betrags abgezogen, der seinem Anteil am Gesamtbetrag der Leistungen entspricht. [8] Nicht auf Euro lautende Beträge sind entsprechend dem für Ende September des Jahres vor dem Veranlagungszeitraum von der Europäischen Zentralbank bekannt gegebenen Referenzkurs umzurechnen.[1] [9] Voraussetzung für den Abzug der Aufwendungen ist die Angabe der erteilten Identifikationsnummer (§ 139b der Abgabenordnung) der unterhaltenen Person in der Steuererklärung des Unterhaltsleistenden, wenn die unterhaltene Person der unbeschränkten oder beschränkten Steuerpflicht unterliegt. [10] Die unterhaltene Person ist für diese Zwecke verpflichtet, dem Unterhaltsleistenden ihre erteilte Identifikationsnummer (§ 139b der Abgabenordnung) mitzuteilen. [11] Kommt die unterhaltene Person dieser Verpflichtung nicht nach, ist der Unterhaltsleistende berechtigt, bei der für ihn zuständigen Finanzbehörde die Identifikationsnummer der unterhaltenen Person zu erfragen.[2]

(2)[3] [1] Zur Abgeltung des Sonderbedarfs eines sich in Berufsausbildung befindenden, auswärtig untergebrachten, volljährigen Kindes, für das Anspruch auf einen Freibetrag nach § 32 Absatz 6 oder Kindergeld besteht, kann der Steuerpflichtige einen Freibetrag in Höhe von *924 [ab VZ 2023: 1200]* Euro je Kalenderjahr vom Gesamtbetrag der Einkünfte abziehen. [2] Für ein nicht unbeschränkt einkommensteuerpflichtiges Kind mindert sich der vorstehende Betrag nach Maßgabe des Absatzes 1 Satz 6. [3] Erfüllen mehrere Steuerpflichtige für dasselbe Kind die Voraussetzungen nach Satz 1, so kann der Freibetrag insgesamt nur einmal abgezogen werden. [4] Jedem Elternteil steht grundsätzlich die Hälfte des Abzugsbetrags nach den Sätzen 1 und 2 zu. [5] Auf gemeinsamen Antrag der Eltern ist eine andere Aufteilung möglich.

(3)[4] [1] Für jeden vollen Kalendermonat, in dem die in den Absätzen 1 und 2 bezeichneten Voraussetzungen nicht vorgelegen haben, ermäßigen sich die dort bezeichneten Beträge um je ein Zwölftel [*ab VZ 2022:* ; der sich daraus ergebende Betrag ist auf den nächsten vollen Euro-Betrag aufzurunden]. [2] Eigene Einkünfte und Bezüge der nach Absatz 1 unterhaltenen Person, die auf diese Kalendermonate entfallen, vermindern den nach Satz 1 ermäßigten Höchstbetrag nicht. [3] Als Ausbildungshilfe bezogene Zuschüsse der nach Absatz 1 unterhaltenen Person mindern nur den zeitanteiligen Höchstbetrag der Kalendermonate, für die sie bestimmt sind.

[1] § 33a Abs. 1 Satz 8 angef. durch G v. 26.6.2013 (BGBl. I S. 1809).
[2] § 33a Abs. 1 Sätze 9 bis 11 angef. mWv VZ 2015 durch G v. 25.7.2014 (BGBl. I S. 1266).
[3] § 33a Abs. 2 Satz 3 Verweis geänd. durch G v. 8.12.2010 (BGBl. I S. 1768); Satz 2 aufgeh., Sätze 3 bis 6 werden Sätze 2 bis 5, bish. Sätze 3 und 5 geänd. mWv VZ 2012 durch G v. 1.11.2011 (BGBl. I S. 2131); Abs. 2 Satz 1 Betrag geänd. mWv VZ 2023 durch G v. 16.12.2022 (BGBl. I S. 2294).
[4] § 33a Abs. 3 Sätze 2 und 3 neu gef. mWv VZ 2014 durch G v. 25.7.2014 (BGBl. I S. 1266); Abs. 3 Satz 1 HS 2 angef. mWv VZ 2022 durch G v. 8.12.2022 (BGBl. I S. 2230).

(4) In den Fällen der Absätze 1 und 2 kann wegen der in diesen Vorschriften bezeichneten Aufwendungen der Steuerpflichtige eine Steuerermäßigung nach § 33 nicht in Anspruch nehmen.

§ 33b[1]) **Pauschbeträge für Menschen mit Behinderungen, Hinterbliebene und Pflegepersonen.** (1) ¹Wegen der Aufwendungen für die Hilfe bei den gewöhnlichen und regelmäßig wiederkehrenden Verrichtungen des täglichen Lebens, für die Pflege sowie für einen erhöhten Wäschebedarf können Menschen mit Behinderungen unter den Voraussetzungen des Absatzes 2 anstelle einer Steuerermäßigung nach § 33 einen Pauschbetrag nach Absatz 3 geltend machen (Behinderten-Pauschbetrag). ²Das Wahlrecht kann für die genannten Aufwendungen im jeweiligen Veranlagungszeitraum nur einheitlich ausgeübt werden.

(2) Einen Pauschbetrag erhalten Menschen, deren Grad der Behinderung auf mindestens 20 festgestellt ist, sowie Menschen, die hilflos im Sinne des Absatzes 3 Satz 4 sind.

(3) ¹Die Höhe des Pauschbetrags nach Satz 2 richtet sich nach dem dauernden Grad der Behinderung. ²Als Pauschbetrag werden gewährt bei einem Grad der Behinderung von mindestens:

20	384 Euro,
30	620 Euro,
40	860 Euro,
50	1140 Euro,
60	1440 Euro,
70	1780 Euro,
80	2120 Euro,
90	2460 Euro,
100	2840 Euro.

³Menschen, die hilflos im Sinne des Satzes 4 sind, Blinde und Taubblinde erhalten einen Pauschbetrag von 7400 Euro; in diesem Fall kann der Pauschbetrag nach Satz 2 nicht zusätzlich in Anspruch genommen werden. ⁴Hilflos ist eine Person, wenn sie für eine Reihe von häufig und regelmäßig wiederkehrenden Verrichtungen zur Sicherung ihrer persönlichen Existenz im Ablauf eines jeden Tages fremder Hilfe dauernd bedarf. ⁵Diese Voraussetzungen sind auch erfüllt, wenn die Hilfe in Form einer Überwachung oder einer Anleitung zu den in Satz 4 genannten Verrichtungen erforderlich ist oder wenn die Hilfe zwar nicht dauernd geleistet werden muss, jedoch eine ständige Bereitschaft zur Hilfeleistung erforderlich ist.

(4)[2]) ¹Personen, denen laufende Hinterbliebenenbezüge bewilligt worden sind, erhalten auf Antrag einen Pauschbetrag von 370 Euro (Hinterbliebenen-Pauschbetrag), wenn die Hinterbliebenenbezüge geleistet werden

---

1) § 33b Überschr. geänd., Abs. 1 Satz 1 geänd., Abs. 2 und 3 neu gef., Abs. 5 Satz 5 angef., Abs. 6 neu gef., Abs. 8 angef. durch G v. 9.12.2020 (BGBl. I S. 2770); zur Anwendung siehe § 52 Abs. 33c.
2) § 33b Abs. 4 Satz 1 Nr. 1 geänd. mWv 1.1.2024 durch G v. 12.12.2019 (BGBl. I S. 2652); Nr. 5 angef. mWv 1.1.2025 durch G v. 20.8.2021 (BGBl. I S. 3932).

1. nach dem *Bundesversorgungsgesetz oder einem anderen Gesetz, das die Vorschriften des Bundesversorgungsgesetzes* [*ab 1.1.2024:* Vierzehnten Buch Sozialgesetzbuch oder einem anderen Gesetz, das die Vorschriften des Vierzehnten Buches Sozialgesetzbuch] über Hinterbliebenenbezüge für entsprechend anwendbar erklärt, oder

2. nach den Vorschriften über die gesetzliche Unfallversicherung oder

3. nach den beamtenrechtlichen Vorschriften an Hinterbliebene eines an den Folgen eines Dienstunfalls verstorbenen Beamten oder

4. nach den Vorschriften des Bundesentschädigungsgesetzes über die Entschädigung für Schäden an Leben, Körper oder Gesundheit oder

[*ab 1.1.2025:*

5. nach den Vorschriften des Soldatenentschädigungsgesetzes.]

[2]Der Pauschbetrag wird auch dann gewährt, wenn das Recht auf die Bezüge ruht oder der Anspruch auf die Bezüge durch Zahlung eines Kapitals abgefunden worden ist.

(5)[1] [1]Steht der Behinderten-Pauschbetrag oder der Hinterbliebenen-Pauschbetrag einem Kind zu, für das der Steuerpflichtige Anspruch auf einen Freibetrag nach § 32 Absatz 6 oder auf Kindergeld hat, so wird der Pauschbetrag auf Antrag auf den Steuerpflichtigen übertragen, wenn ihn das Kind nicht in Anspruch nimmt. [2]Dabei ist der Pauschbetrag grundsätzlich auf beide Elternteile je zur Hälfte aufzuteilen, es sei denn, der Kinderfreibetrag wurde auf den anderen Elternteil übertragen. [3]Auf gemeinsamen Antrag der Eltern ist eine andere Aufteilung möglich. [4]In diesen Fällen besteht für Aufwendungen, für die der Behinderten-Pauschbetrag gilt, kein Anspruch auf eine Steuerermäßigung nach § 33. [*ab VZ 2021:* [5]Voraussetzung für die Übertragung nach Satz 1 ist die Angabe der erteilten Identifikationsnummer (§ 139b der Abgabenordnung) des Kindes in der Einkommensteuererklärung des Steuerpflichtigen.]

(6) [1]Wegen der außergewöhnlichen Belastungen, die einem Steuerpflichtigen durch die Pflege einer Person erwachsen, kann er anstelle einer Steuerermäßigung nach § 33 einen Pauschbetrag geltend machen (Pflege-Pauschbetrag), wenn er dafür keine Einnahmen im Kalenderjahr erhält und der Steuerpflichtige die Pflege entweder in seiner Wohnung oder in der Wohnung des Pflegebedürftigen persönlich durchführt und diese Wohnung in einem Mitgliedstaat der Europäischen Union oder in einem Staat gelegen ist, auf den das Abkommen über den Europäischen Wirtschaftsraum anzuwenden ist. [2]Zu den Einnahmen nach Satz 1 zählt unabhängig von der Verwendung nicht das von den Eltern eines Kindes mit Behinderungen für dieses Kind empfangene Pflegegeld. [3]Als Pflege-Pauschbetrag wird gewährt:

1. bei Pflegegrad 2　　　　　600 Euro,

2. bei Pflegegrad 3　　　　　1100 Euro,

3. bei Pflegegrad 4
oder 5　　　　　　　　　1800 Euro.

---

[1] § 33b Abs. 5 Satz 2 neu gef. mWv VZ 2012 durch G v. 1.11.2011 (BGBl. I S. 2131); Abs. 5 Satz 5 angef. mWv VZ 2021 (§ 52 Abs. 33c) durch G v. 9.12.2020 (BGBl. I S. 2770).

[4]Ein Pflege-Pauschbetrag nach Satz 3 Nummer 3 wird auch gewährt, wenn die gepflegte Person hilflos im Sinne des § 33b Absatz 3 Satz 4 ist. [5]Bei erstmaliger Feststellung, Änderung oder Wegfall des Pflegegrads im Laufe des Kalenderjahres ist der Pflege-Pauschbetrag nach dem höchsten Grad zu gewähren, der im Kalenderjahr festgestellt war. [6]Gleiches gilt, wenn die Person die Voraussetzungen nach Satz 4 erfüllt. [7]Sind die Voraussetzungen nach Satz 4 erfüllt, kann der Pauschbetrag nach Satz 3 Nummer 1 und 2 nicht zusätzlich in Anspruch genommen werden. [8]Voraussetzung für die Gewährung des Pflege-Pauschbetrags ist die Angabe der erteilten Identifikationsnummer (§ 139b der Abgabenordnung) der gepflegten Person in der Einkommensteuererklärung des Steuerpflichtigen. [9]Wird ein Pflegebedürftiger von mehre-ren Steuerpflichtigen im Veranlagungszeitraum gepflegt, wird der Pflege-Pauschbetrag nach der Zahl der Pflegepersonen, bei denen die Voraussetzungen der Sätze 1 bis 4 vorliegen, geteilt.

(7) Die Bundesregierung wird ermächtigt, durch Rechtsverordnung mit Zustimmung des Bundesrates zu bestimmen, wie nachzuweisen ist, dass die Voraussetzungen für die Inanspruchnahme der Pauschbeträge vorliegen.

(8) Die Vorschrift des § 33b Absatz 6 ist ab Ende des Kalenderjahres 2026 zu evaluieren.

§ 34 Außerordentliche Einkünfte.

(1) [1]Sind in dem zu versteuernden Einkommen außerordentliche Einkünfte enthalten, so ist die auf alle im Veranlagungszeitraum bezogenen außerordentlichen Einkünfte entfallende Einkommensteuer nach den Sätzen 2 bis 4 zu berechnen. [2]Die für die außerordentlichen Einkünfte anzusetzende Einkommensteuer beträgt das Fünffache des Unterschiedsbetrags zwischen der Einkommensteuer für das um diese Einkünfte verminderte zu versteuernde Einkommen (verbleibendes zu versteuerndes Einkommen) und der Einkommensteuer für das verbleibende zu versteuernde Einkommen zuzüglich eines Fünftels dieser Einkünfte. [3]Ist das verbleibende zu versteuernde Einkommen negativ und das zu versteuernde Einkommen positiv, so beträgt die Einkommensteuer das Fünffache der auf ein Fünftel des zu versteuernden Einkommens entfallenden Einkommensteuer. [4]Die Sätze 1 bis 3 gelten nicht für außerordentliche Einkünfte im Sinne des Absatzes 2 Nummer 1, wenn der Steuerpflichtige auf diese Einkünfte ganz oder teilweise § 6b oder § 6c anwendet.

(2) Als außerordentliche Einkünfte kommen nur in Betracht:

1. Veräußerungsgewinne im Sinne der §§ 14, 14a Absatz 1, der §§ 16 und 18 Absatz 3 mit Ausnahme des steuerpflichtigen Teils der Veräußerungsgewinne, die nach § 3 Nummer 40 Buchstabe b in Verbindung mit § 3c Absatz 2 teilweise steuerbefreit sind;

2. Entschädigungen im Sinne des § 24 Nummer 1;

3. Nutzungsvergütungen und Zinsen im Sinne des § 24 Nummer 3, soweit sie für einen Zeitraum von mehr als drei Jahren nachgezahlt werden;

4. Vergütungen für mehrjährige Tätigkeiten; mehrjährig ist eine Tätigkeit, soweit sie sich über mindestens zwei Veranlagungszeiträume erstreckt und einen Zeitraum von mehr als zwölf Monaten umfasst.

5.[1] *(aufgehoben)*

(3) [1]Sind in dem zu versteuernden Einkommen außerordentliche Einkünfte im Sinne des Absatzes 2 Nummer 1 enthalten, so kann auf Antrag abweichend von Absatz 1 die auf den Teil dieser außerordentlichen Einkünfte, der den Betrag von insgesamt 5 Millionen Euro nicht übersteigt, entfallende Einkommensteuer zu einem ermäßigten Steuersatz bemessen werden, wenn der Steuerpflichtige das 55. Lebensjahr vollendet hat oder wenn er im sozialversicherungsrechtlichen Sinne dauernd berufsunfähig ist. [2]Der ermäßigte Steuersatz beträgt 56 Prozent des durchschnittlichen Steuersatzes, der sich ergäbe, wenn die tarifliche Einkommensteuer nach dem gesamten zu versteuernden Einkommen zuzüglich der dem Progressionsvorbehalt unterliegenden Einkünfte zu bemessen wäre, mindestens jedoch 14[2] Prozent. [3]Auf das um die in Satz 1 genannten Einkünfte verminderte zu versteuernde Einkommen (verbleibendes zu versteuerndes Einkommen) sind vorbehaltlich des Absatzes 1 die allgemeinen Tarifvorschriften anzuwenden. [4]Die Ermäßigung nach den Sätzen 1 bis 3 kann der Steuerpflichtige nur einmal im Leben in Anspruch nehmen. [5]Erzielt der Steuerpflichtige in einem Veranlagungszeitraum mehr als einen Veräußerungs- oder Aufgabegewinn im Sinne des Satzes 1, kann er die Ermäßigung nach den Sätzen 1 bis 3 nur für einen Veräußerungs- oder Aufgabegewinn beantragen. [6]Absatz 1 Satz 4 ist entsprechend anzuwenden.

§ 34a Begünstigung der nicht entnommenen Gewinne. (1)[3] [1]Sind in dem zu versteuernden Einkommen nicht entnommene Gewinne aus Land- und Forstwirtschaft, Gewerbebetrieb oder selbständiger Arbeit (§ 2 Absatz 1 Satz 1 Nummer 1 bis 3) im Sinne des Absatzes 2 enthalten, ist die Einkommensteuer für diese Gewinne auf Antrag des Steuerpflichtigen ganz oder teilweise mit einem Steuersatz von 28,25 Prozent zu berechnen; dies gilt nicht, soweit für die Gewinne der Freibetrag nach § 16 Absatz 4 oder die Steuerermäßigung nach § 34 Absatz 3 in Anspruch genommen wird oder es sich um Gewinne im Sinne des § 18 Absatz 1 Nummer 4 handelt. [2]Der Antrag nach Satz 1 ist für jeden Betrieb oder Mitunternehmeranteil für jeden Veranlagungszeitraum gesondert bei dem für die Einkommensbesteuerung zuständigen Finanzamt zu stellen. [3]Bei Mitunternehmeranteilen kann der Steuerpflichtige den Antrag nur stellen, wenn sein Anteil am nach § 4 Absatz 1 Satz 1 oder § 5 ermittelten Gewinn mehr als 10 Prozent beträgt oder 10 000 Euro übersteigt. [4]Der Antrag kann bis zur Unanfechtbarkeit des Einkommensteuerbescheids für den nächsten Veranlagungszeitraum vom Steuerpflichtigen ganz oder teilweise zurückgenommen werden; der Einkommensteuerbescheid ist entsprechend zu ändern. [5]Die Festsetzungsfrist endet insoweit nicht, bevor die Festsetzungsfrist für den nächsten Veranlagungszeitraum abgelaufen ist.

(2) Der nicht entnommene Gewinn des Betriebs oder Mitunternehmeranteils ist der nach § 4 Absatz 1 Satz 1 oder § 5 ermittelte Gewinn vermindert um den positiven Saldo der Entnahmen und Einlagen des Wirtschaftsjahres.

---

[1] § 34 Abs. 2 Nr. 5 aufgeh. mWv VZ 2012 durch G v. 1.11.2011 (BGBl. I S. 2131).
[2] Prozentsatz geänd. durch G v. 8.12.2010 (BGBl. I S. 1768).
[3] Zur erstmaligen Anwendung von § 34a siehe § 52 Abs. 34 Satz 1.

(3) ¹Der Begünstigungsbetrag ist der im Veranlagungszeitraum nach Absatz 1 Satz 1 auf Antrag begünstigte Gewinn. ²Der Begünstigungsbetrag des Veranlagungszeitraums, vermindert um die darauf entfallende Steuerbelastung nach Absatz 1 und den darauf entfallenden Solidaritätszuschlag, vermehrt um den nachversteuerungspflichtigen Betrag des Vorjahres und den auf diesen Betrieb oder Mitunternehmeranteil nach Absatz 5 übertragenen nachversteuerungspflichtigen Betrag, vermindert um den Nachversteuerungsbetrag im Sinne des Absatzes 4 und den auf einen anderen Betrieb oder Mitunternehmeranteil nach Absatz 5 übertragenen nachversteuerungspflichtigen Betrag, ist der nachversteuerungspflichtige Betrag des Betriebs oder Mitunternehmeranteils zum Ende des Veranlagungszeitraums. ³Dieser ist für jeden Betrieb oder Mitunternehmeranteil jährlich gesondert festzustellen.

(4) ¹Übersteigt der positive Saldo der Entnahmen und Einlagen des Wirtschaftsjahres bei einem Betrieb oder Mitunternehmeranteil den nach § 4 Absatz 1 Satz 1 oder § 5 ermittelten Gewinn (Nachversteuerungsbetrag), ist vorbehaltlich Absatz 5 eine Nachversteuerung durchzuführen, soweit zum Ende des vorangegangenen Veranlagungszeitraums ein nachversteuerungspflichtiger Betrag nach Absatz 3 festgestellt wurde. ²Die Einkommensteuer auf den Nachversteuerungsbetrag beträgt 25 Prozent. ³Der Nachversteuerungsbetrag ist um die Beträge, die für die Erbschaftsteuer (Schenkungsteuer) anlässlich der Übertragung des Betriebs oder Mitunternehmeranteils entnommen wurden, zu vermindern.

(5) ¹Die Übertragung oder Überführung eines Wirtschaftsguts nach § 6 Absatz 5 Satz 1 bis 3 führt unter den Voraussetzungen des Absatzes 4 zur Nachversteuerung. ²Eine Nachversteuerung findet nicht statt, wenn der Steuerpflichtige beantragt, den nachversteuerungspflichtigen Betrag in Höhe des Buchwerts des übertragenen oder überführten Wirtschaftsguts, höchstens jedoch in Höhe des Nachversteuerungsbetrags, den die Übertragung oder Überführung des Wirtschaftsguts ausgelöst hätte, auf den anderen Betrieb oder Mitunternehmeranteil zu übertragen.

(6) ¹Eine Nachversteuerung des nachversteuerungspflichtigen Betrags nach Absatz 4 ist durchzuführen

1. in den Fällen der Betriebsveräußerung oder -aufgabe im Sinne der §§ 14, 16 Absatz 1 und 3 sowie des § 18 Absatz 3,

2. in den Fällen der Einbringung eines Betriebs oder Mitunternehmeranteils in eine Kapitalgesellschaft oder eine Genossenschaft sowie in den Fällen des Formwechsels einer Personengesellschaft in eine Kapitalgesellschaft oder Genossenschaft,

3.¹⁾ in den Fällen der unentgeltlichen Übertragung eines Betriebs oder Mitunternehmeranteils nach § 6 Absatz 3, wenn die Übertragung an eine Körperschaft, Personenvereinigung oder Vermögensmasse im Sinne des § 1 Absatz 1 des Körperschaftsteuergesetzes erfolgt. ²Dies gilt entsprechend für eine unentgeltliche Übertragung auf eine Mitunternehmerschaft, soweit der

---

¹⁾ § 34a Abs. 6 Satz 1 Nr. 3 eingef., bish. Nrn. 3 und 4 werden Nrn. 4 und 5 durch G v. 27.6.2017 (BGBl. I S. 2074); zur Anwendung siehe § 52 Abs. 34 Satz 2.

Betrieb oder der Mitunternehmeranteil einer Körperschaft, Personenvereinigung oder Vermögensmasse im Sinne des § 1 Absatz 1 des Körperschaftsteuergesetzes als Mitunternehmer zuzurechnen ist,

4. wenn der Gewinn nicht mehr nach § 4 Absatz 1 Satz 1 oder § 5 ermittelt wird oder

5. wenn der Steuerpflichtige dies beantragt.

²In den Fällen der Nummern 1 bis 3[1] ist die nach Absatz 4 geschuldete Einkommensteuer auf Antrag des Steuerpflichtigen oder seines Rechtsnachfolgers in regelmäßigen Teilbeträgen für einen Zeitraum von höchstens zehn Jahren seit Eintritt der ersten Fälligkeit zinslos zu stunden, wenn ihre alsbaldige Einziehung mit erheblichen Härten für den Steuerpflichtigen verbunden wäre.

(7)[2] ¹In den Fällen der unentgeltlichen Übertragung eines Betriebs oder Mitunternehmeranteils nach § 6 Absatz 3 hat der Rechtsnachfolger den nachversteuerungspflichtigen Betrag fortzuführen; Absatz 6 Satz 1 Nummer 3 bleibt unberührt. ²In den Fällen der Einbringung eines Betriebs oder Mitunternehmeranteils zu Buchwerten nach § 24 des Umwandlungssteuergesetzes geht der für den eingebrachten Betrieb oder Mitunternehmeranteil festgestellte nachversteuerungspflichtige Betrag auf den neuen Mitunternehmeranteil über.

(8) Negative Einkünfte dürfen nicht mit ermäßigt besteuerten Gewinnen im Sinne von Absatz 1 Satz 1 ausgeglichen werden; sie dürfen insoweit auch nicht nach § 10d abgezogen werden.

(9) ¹Zuständig für den Erlass der Feststellungsbescheide über den nachversteuerungspflichtigen Betrag ist das für die Einkommensbesteuerung zuständige Finanzamt. ²Die Feststellungsbescheide können nur insoweit angegriffen werden, als sich der nachversteuerungspflichtige Betrag gegenüber dem nachversteuerungspflichtigen Betrag des Vorjahres verändert hat. ³Die gesonderten Feststellungen nach Satz 1 können mit dem Einkommensteuerbescheid verbunden werden.

(10)[3] ¹Sind Einkünfte aus Land- und Forstwirtschaft, Gewerbebetrieb oder selbständiger Arbeit nach § 180 Absatz 1 Satz 1 Nummer 2 Buchstabe a oder b der Abgabenordnung gesondert festzustellen, können auch die Höhe der Entnahmen und Einlagen sowie weitere für die Tarifermittlung nach den Absätzen 1 bis 7 erforderliche Besteuerungsgrundlagen gesondert festgestellt werden. ²Zuständig für die gesonderten Feststellungen nach Satz 1 ist das Finanzamt, das für die gesonderte Feststellung nach § 180 Absatz 1 Satz 1 Nummer 2 der Abgabenordnung zuständig ist. ³Die gesonderten Feststellungen nach Satz 1 können mit der Feststellung nach § 180 Absatz 1 Satz 1 Nummer 2 der Abgabenordnung verbunden werden. ⁴Die Feststellungsfrist für die gesonderte Feststellung nach Satz 1 endet nicht vor Ablauf der Feststellungsfrist für die Feststellung nach § 180 Absatz 1 Satz 1 Nummer 2 der Abgabenordnung.

---

[1] Verweis geänd. durch G v. 27.6.2017 (BGBl. I S. 2074); zur Anwendung siehe § 52 Abs. 34 Satz 2.
[2] § 34a Abs. 7 Satz 1 HS 2 angef. durch G v. 27.6.2017 (BGBl. I S. 2074).
[3] § 34a Abs. 10 geänd. mWv 1.1.2017 durch G v. 18.7.2016 (BGBl. I S. 1679).

(11)[1] [1] Der Bescheid über die gesonderte Feststellung des nachversteuerungspflichtigen Betrags ist zu erlassen, aufzuheben oder zu ändern, soweit der Steuerpflichtige einen Antrag nach Absatz 1 stellt oder diesen ganz oder teilweise zurücknimmt und sich die Besteuerungsgrundlagen im Einkommensteuerbescheid ändern. [2] Dies gilt entsprechend, wenn der Erlass, die Aufhebung oder Änderung des Einkommensteuerbescheids mangels steuerlicher Auswirkung unterbleibt. [3] Die Feststellungsfrist endet nicht, bevor die Festsetzungsfrist für den Veranlagungszeitraum abgelaufen ist, auf dessen Schluss der nachversteuerungspflichtige Betrag des Betriebs oder Mitunternehmeranteils gesondert festzustellen ist.

§ 34b[2] Steuersätze bei Einkünften aus außerordentlichen Holznutzungen. (1) Außerordentliche Holznutzungen sind

1. Holznutzungen, die aus volks- oder staatswirtschaftlichen Gründen erfolgt sind. [2] Sie liegen nur insoweit vor, als sie durch gesetzlichen oder behördlichen Zwang veranlasst sind;

2. Holznutzungen infolge höherer Gewalt (Kalamitätsnutzungen). [2] Sie sind durch Eis-, Schnee-, Windbruch oder Windwurf, Erdbeben, Bergrutsch, Insektenfraß, Brand oder durch Naturereignisse mit vergleichbaren Folgen verursacht. [3] Hierzu gehören nicht die Schäden, die in der Forstwirtschaft regelmäßig entstehen.

(2) [1] Zur Ermittlung der Einkünfte aus außerordentlichen Holznutzungen sind von den Einnahmen sämtlicher Holznutzungen die damit in sachlichem Zusammenhang stehenden Betriebsausgaben abzuziehen. [2] Das nach Satz 1 ermittelte Ergebnis ist auf die ordentlichen und außerordentlichen Holznutzungsarten aufzuteilen, *in dem*[3] die außerordentlichen Holznutzungen zur gesamten Holznutzung ins Verhältnis gesetzt *wird*.[4] [3] Bei einer Gewinnermittlung durch Betriebsvermögensvergleich sind die im Wirtschaftsjahr veräußerten Holzmengen maßgebend. [4] Bei einer Gewinnermittlung nach den Grundsätzen des § 4 Absatz 3 ist von den Holzmengen auszugehen, die den im Wirtschaftsjahr zugeflossenen Einnahmen zugrunde liegen. [5] Die Sätze 1 bis 4 gelten für entnommenes Holz entsprechend.

(3) Die Einkommensteuer bemisst sich für die Einkünfte aus außerordentlichen Holznutzungen im Sinne des Absatzes 1

1. nach der Hälfte des durchschnittlichen Steuersatzes, der sich ergäbe, wenn die tarifliche Einkommensteuer nach dem gesamten zu versteuernden Einkommen zuzüglich der dem Progressionsvorbehalt unterliegenden Einkünfte zu bemessen wäre;

2. nach dem halben Steuersatz der Nummer 1, soweit sie den Nutzungssatz (§ 68 der Einkommensteuer-Durchführungsverordnung) übersteigen.

(4) Einkünfte aus außerordentlichen Holznutzungen sind nur anzuerkennen, wenn

---

[1] Zur erstmaligen Anwendung von § 34a Abs. 11 siehe § 52 Abs. 34 Satz 1.
[2] § 34b neu gef. mWv VZ 2012 durch G v. 1.11.2011 (BGBl. I S. 2131).
[3] Sic, muss wohl lauten „indem".
[4] Sic, muss wohl lauten „werden".

1. das im Wirtschaftsjahr veräußerte oder entnommene Holz mengenmäßig getrennt nach ordentlichen und außerordentlichen Holznutzungen nachgewiesen wird und

2. Schäden infolge höherer Gewalt unverzüglich nach Feststellung des Schadensfalls der zuständigen Finanzbehörde mitgeteilt und nach der Aufarbeitung mengenmäßig nachgewiesen werden.

(5) Die Bundesregierung wird ermächtigt, durch Rechtsverordnung mit Zustimmung des Bundesrates

1. die Steuersätze abweichend von Absatz 3 für ein Wirtschaftsjahr aus sachlichen Billigkeitsgründen zu regeln,

2. die Anwendung des § 4a des Forstschäden-Ausgleichsgesetzes für ein Wirtschaftsjahr aus sachlichen Billigkeitsgründen zu regeln,

wenn besondere Schadensereignisse nach Absatz 1 Nummer 2 vorliegen und eine Einschlagsbeschränkung (§ 1 Absatz 1 des Forstschäden-Ausgleichsgesetzes) nicht angeordnet wurde.

V. Steuerermäßigungen

1. Steuerermäßigung bei ausländischen Einkünften

§ 34c [Steuerermäßigung bei ausländischen Einkünften] (1)[1] [1]Bei unbeschränkt Steuerpflichtigen, die mit ausländischen Einkünften in dem Staat, aus dem die Einkünfte stammen, zu einer der deutschen Einkommensteuer entsprechenden Steuer herangezogen werden, ist die festgesetzte und gezahlte und um einen entstandenen Ermäßigungsanspruch gekürzte ausländische Steuer auf die deutsche Einkommensteuer anzurechnen, die auf die Einkünfte aus diesem Staat entfällt; das gilt nicht für Einkünfte aus Kapitalvermögen, auf die § 32d Absatz 1 und 3 bis 6 anzuwenden ist. [2]Die auf die ausländischen Einkünfte nach Satz 1 erster Halbsatz entfallende deutsche Einkommensteuer ist in der Weise zu ermitteln, dass der sich bei der Veranlagung des zu versteuernden Einkommens, einschließlich der ausländischen Einkünfte, nach den §§ 32a, 32b, 34, 34a und 34b ergebende durchschnittliche Steuersatz auf die ausländischen Einkünfte anzuwenden ist. [3]Bei der Ermittlung des zu versteuernden Einkommens und der ausländischen Einkünfte sind die Einkünfte nach Satz 1 zweiter Halbsatz nicht zu berücksichtigen; bei der Ermittlung der ausländischen Einkünfte sind die ausländischen Einkünfte nicht zu berücksichtigen, die in dem Staat, aus dem sie stammen, nach dessen Recht nicht besteuert werden. [4]Gehören ausländische Einkünfte der in § 34d Nummer 3, 4, 6, 7 und 8 Buchstabe c genannten Art zum Gewinn eines inländischen Betriebes, sind bei ihrer Ermittlung Betriebsausgaben und Betriebsvermögensminderungen abzuziehen, die mit den diesen Einkünften zugrunde liegenden Einnahmen in wirtschaftlichem Zusammenhang stehen. [5]Die ausländischen

---

[1] § 34c Abs. 1 Sätze 2 und 3 geänd. mWv VZ 2015 (für Satz 2 vgl. § 52 Abs. 34a) durch G v. 22.12.2014 (BGBl. I S. 2417).

Steuern sind nur insoweit anzurechnen, als sie auf die im Veranlagungszeitraum bezogenen Einkünfte entfallen.

(2) Statt der Anrechnung (Absatz 1) ist die ausländische Steuer auf Antrag bei der Ermittlung der Einkünfte abzuziehen, soweit sie auf ausländische Einkünfte entfällt, die nicht steuerfrei sind.

(3) Bei unbeschränkt Steuerpflichtigen, bei denen eine ausländische Steuer vom Einkommen nach Absatz 1 nicht angerechnet werden kann, weil die Steuer nicht der deutschen Einkommensteuer entspricht oder nicht in dem Staat erhoben wird, aus dem die Einkünfte stammen, oder weil keine ausländischen Einkünfte vorliegen, ist die festgesetzte und gezahlte und um einen entstandenen Ermäßigungsanspruch gekürzte ausländische Steuer bei der Ermittlung der Einkünfte abzuziehen, soweit sie auf Einkünfte entfällt, die der deutschen Einkommensteuer unterliegen.

(4) (weggefallen)

(5) Die obersten Finanzbehörden der Länder oder die von ihnen beauftragten Finanzbehörden können mit Zustimmung des Bundesministeriums der Finanzen die auf ausländische Einkünfte entfallende deutsche Einkommensteuer ganz oder zum Teil erlassen oder in einem Pauschbetrag festsetzen, wenn es aus volkswirtschaftlichen Gründen zweckmäßig ist oder die Anwendung des Absatzes 1 besonders schwierig ist.

(6) [1]Die Absätze 1 bis 3 sind vorbehaltlich der Sätze 2 bis 6 nicht anzuwenden, wenn die Einkünfte aus einem ausländischen Staat stammen, mit dem ein Abkommen zur Vermeidung der Doppelbesteuerung besteht. [2]Soweit in einem Abkommen zur Vermeidung der Doppelbesteuerung die Anrechnung einer ausländischen Steuer auf die deutsche Einkommensteuer vorgesehen ist, sind Absatz 1 Satz 2 bis 5 und Absatz 2 entsprechend auf die nach dem Abkommen anzurechnende und um einen entstandenen Ermäßigungsanspruch gekürzte[1] ausländische Steuer anzuwenden; das gilt nicht für Einkünfte, auf die § 32d Absatz 1 und 3 bis 6 anzuwenden ist; bei nach dem Abkommen als gezahlt geltenden ausländischen Steuerbeträgen sind Absatz 1 Satz 3 und Absatz 2 nicht anzuwenden. [3]Absatz 1 Satz 3 gilt auch dann entsprechend, wenn die Einkünfte in dem ausländischen Staat nach dem Abkommen zur Vermeidung der Doppelbesteuerung mit diesem Staat nicht besteuert werden können. [4]Bezieht sich ein Abkommen zur Vermeidung der Doppelbesteuerung nicht auf eine Steuer vom Einkommen dieses Staates, so sind die Absätze 1 und 2 entsprechend anzuwenden. [5]In den Fällen des § 50d Absatz 9 sind die Absätze 1 bis 3 und Satz 6 entsprechend anzuwenden. [6]Absatz 3 ist anzuwenden, wenn der Staat, mit dem ein Abkommen zur Vermeidung der Doppelbesteuerung besteht, Einkünfte besteuert, die nicht aus diesem Staat stammen, es sei denn, die Besteuerung hat ihre Ursache in einer Gestaltung, für die wirtschaftliche oder sonst beachtliche Gründe fehlen, oder das Abkommen gestattet dem Staat die Besteuerung dieser Einkünfte.

(7) Durch Rechtsverordnung[2] können Vorschriften erlassen werden über

---

[1] § 34c Abs. 6 Satz 2 geänd. mWv VZ 2020 durch G v. 12.12.2019 (BGBl. I S. 2451).
[2] Vgl. hierzu §§ 68a, 68b EStDV (Nr. **10**).

1. die Anrechnung ausländischer Steuern, wenn die ausländischen Einkünfte aus mehreren fremden Staaten stammen,

2. den Nachweis über die Höhe der festgesetzten und gezahlten ausländischen Steuern,

3. die Berücksichtigung ausländischer Steuern, die nachträglich erhoben oder zurückgezahlt werden.

§ 34d Ausländische Einkünfte. Ausländische Einkünfte im Sinne des § 34c Absatz 1 bis 5 sind

1. Einkünfte aus einer in einem ausländischen Staat betriebenen Land- und Forstwirtschaft (§§ 13 und 14) und Einkünfte der in den Nummern 3, 4, 6, 7 und 8 Buchstabe c genannten Art, soweit sie zu den Einkünften aus Land- und Forstwirtschaft gehören;

2 Einkünfte aus Gewerbebetrieb (§§ 15 und 16),

a) die durch eine in einem ausländischen Staat belegene Betriebsstätte oder durch einen in einem ausländischen Staat tätigen ständigen Vertreter erzielt werden, und Einkünfte der in den Nummern 3, 4, 6, 7 und 8 Buchstabe c genannten Art, soweit sie zu den Einkünften aus Gewerbebetrieb gehören,

b) die aus Bürgschafts- und Avalprovisionen erzielt werden, wenn der Schuldner Wohnsitz, Geschäftsleitung oder Sitz in einem ausländischen Staat hat, oder

c) die durch den Betrieb eigener oder gecharterter Seeschiffe oder Luftfahrzeuge aus Beförderungen zwischen ausländischen oder von ausländischen zu inländischen Häfen erzielt werden, einschließlich der Einkünfte aus anderen mit solchen Beförderungen zusammenhängenden, sich auf das Ausland erstreckenden Beförderungsleistungen;

3. Einkünfte aus selbständiger Arbeit (§ 18), die in einem ausländischen Staat ausgeübt oder verwertet wird oder worden ist, und Einkünfte der in den Nummern 4, 6, 7 und 8 Buchstabe c genannten Art, soweit sie zu den Einkünften aus selbständiger Arbeit gehören;

4. Einkünfte aus der Veräußerung von

a) Wirtschaftsgütern, die zum Anlagevermögen eines Betriebs gehören, wenn die Wirtschaftsgüter in einem ausländischen Staat belegen sind,

b)[1] Anteilen an Kapitalgesellschaften,

   aa) wenn die Gesellschaft Geschäftsleitung oder Sitz in einem ausländischen Staat hat oder

   bb)[2] deren Anteilswert zu irgendeinem Zeitpunkt während der 365 Tage vor der Veräußerung unmittelbar oder mittelbar zu mehr als 50 Prozent auf in einem ausländischen Staat belegenen unbeweglichen Vermögen beruhte und die Anteile dem Veräußerer zu diesem Zeitpunkt zuzurechnen waren; für die Ermittlung dieser Quote sind die aktiven

---

[1] § 34d Nr. 4 Buchst. b neu gef. mWv 1.1.2019 durch G v. 11.12.2018 (BGBl. I S. 2338).
[2] Zur Anwendung siehe § 52 Abs. 34b Satz 1.

Wirtschaftsgüter des Betriebsvermögens mit den Buchwerten, die zu diesem Zeitpunkt anzusetzen gewesen wären, zugrunde zu legen;

5. Einkünfte aus nichtselbständiger Arbeit (§ 19), die in einem ausländischen Staat ausgeübt oder, ohne im Inland ausgeübt zu werden oder worden zu sein, in einem ausländischen Staat verwertet wird oder worden ist, und Einkünfte, die von ausländischen öffentlichen Kassen mit Rücksicht auf ein gegenwärtiges oder früheres Dienstverhältnis gewährt werden. ²Einkünfte, die von inländischen öffentlichen Kassen einschließlich der Kassen der Deutschen Bundesbahn und der Deutschen Bundesbank mit Rücksicht auf ein gegenwärtiges oder früheres Dienstverhältnis gewährt werden, gelten auch dann als inländische Einkünfte, wenn die Tätigkeit in einem ausländischen Staat ausgeübt wird oder worden ist;

6. Einkünfte aus Kapitalvermögen (§ 20), wenn der Schuldner Wohnsitz, Geschäftsleitung oder Sitz in einem ausländischen Staat hat oder das Kapitalvermögen durch ausländischen Grundbesitz gesichert ist;

7.[1] Einkünfte aus Vermietung und Verpachtung (§ 21), soweit das unbewegliche Vermögen oder die Sachinbegriffe in einem ausländischen Staat belegen oder die Rechte zur Nutzung in einem ausländischen Staat überlassen worden sind. ²Bei unbeweglichem Vermögen, das zum Anlagevermögen eines Betriebs gehört, gelten als Einkünfte im Sinne dieser Nummer auch Wertveränderungen von Wirtschaftsgütern, die mit diesem Vermögen in wirtschaftlichem Zusammenhang stehen;

8. sonstige Einkünfte im Sinne des § 22, wenn

a) der zur Leistung der wiederkehrenden Bezüge Verpflichtete Wohnsitz, Geschäftsleitung oder Sitz in einem ausländischen Staat hat,

b) bei privaten Veräußerungsgeschäften die veräußerten Wirtschaftsgüter in einem ausländischen Staat belegen sind,

c) bei Einkünften aus Leistungen einschließlich der Einkünfte aus Leistungen im Sinne des § 49 Absatz 1 Nummer 9 der zur Vergütung der Leistung Verpflichtete Wohnsitz, Geschäftsleitung oder Sitz in einem ausländischen Staat hat.

2. Steuerermäßigung bei Einkünften aus Land- und Forstwirtschaft

§ 34e.[2] *(aufgehoben)*

2a. Steuerermäßigung für Steuerpflichtige mit Kindern bei Inanspruchnahme erhöhter Absetzungen für Wohngebäude oder der Steuerbegünstigungen für eigengenutztes Wohneigentum

§ 34f [Steuerermäßigung für Steuerpflichtige mit Kindern bei Inanspruchnahme erhöhter Absetzungen für Wohngebäude oder der

---

[1] § 34d Nr. 7 Satz 2 angef. durch G v. 11.12.2018 (BGBl. I S. 2338); zur Anwendung siehe § 52 Abs. 34b Satz 2.
[2] § 34e aufgeh. durch G v. 25.7.2014 (BGBl. I S. 1266).

Steuerbegünstigungen für eigengenutztes Wohneigentum] (1) [1]Bei Steuerpflichtigen, die erhöhte Absetzungen nach § 7b oder nach § 15 des Berlinförderungsgesetzes in Anspruch nehmen, ermäßigt sich die tarifliche Einkommensteuer, vermindert um die sonstigen Steuerermäßigungen mit Ausnahme der §§ 34g und 35, auf Antrag um je 600 Deutsche Mark für das zweite und jedes weitere Kind des Steuerpflichtigen oder seines Ehegatten. [2]Voraussetzung ist,

1. dass der Steuerpflichtige das Objekt, bei einem Zweifamilienhaus mindestens eine Wohnung, zu eigenen Wohnzwecken nutzt oder wegen des Wechsels des Arbeitsortes nicht zu eigenen Wohnzwecken nutzen kann und

2. dass es sich einschließlich des ersten Kindes um Kinder im Sinne des § 32 Absatz 1 bis 5 oder 6 Satz 7 handelt, die zum Haushalt des Steuerpflichtigen gehören oder in dem für die erhöhten Absetzungen maßgebenden Begünstigungszeitraum gehört haben, wenn diese Zugehörigkeit auf Dauer angelegt ist oder war.

(2) [1]Bei Steuerpflichtigen, die die Steuerbegünstigung nach § 10e Absatz 1 bis 5 oder nach § 15b des Berlinförderungsgesetzes in Anspruch nehmen, ermäßigt sich die tarifliche Einkommensteuer, vermindert um die sonstigen Steuerermäßigungen mit Ausnahme des § 34g, auf Antrag um je 512 Euro für jedes Kind des Steuerpflichtigen oder seines Ehegatten im Sinne des § 32 Absatz 1 bis 5 oder 6 Satz 7. [2]Voraussetzung ist, dass das Kind zum Haushalt des Steuerpflichtigen gehört oder in dem für die Steuerbegünstigung maßgebenden Zeitraum gehört hat, wenn diese Zugehörigkeit auf Dauer angelegt ist oder war.

(3)[1)] [1]Bei Steuerpflichtigen, die die Steuerbegünstigung nach § 10e Absatz 1, 2, 4 und 5 in Anspruch nehmen, ermäßigt sich die tarifliche Einkommensteuer, vermindert um die sonstigen Steuerermäßigungen, auf Antrag um je 512 Euro für jedes Kind des Steuerpflichtigen oder seines Ehegatten im Sinne des § 32 Absatz 1 bis 5 oder 6 Satz 7. [2]Voraussetzung ist, dass das Kind zum Haushalt des Steuerpflichtigen gehört oder in dem für die Steuerbegünstigung maßgebenden Zeitraum gehört hat, wenn diese Zugehörigkeit auf Dauer angelegt ist oder war. [3]Soweit sich der Betrag der Steuerermäßigung nach Satz 1 bei der Ermittlung der festzusetzenden Einkommensteuer nicht steuerentlastend auswirkt, ist er von der tariflichen Einkommensteuer der zwei vorangegangenen Veranlagungszeiträume abzuziehen. [4]Steuerermäßigungen, die nach den Sätzen 1 und 3 nicht berücksichtigt werden können, können bis zum Ende des Abzugszeitraums im Sinne des § 10e und in den zwei folgenden Veranlagungszeiträumen abgezogen werden. [5]Ist für einen Veranlagungszeitraum bereits ein Steuerbescheid erlassen worden, so ist er insoweit zu ändern, als die Steuerermäßigung nach den Sätzen 3 und 4 zu gewähren oder zu berichtigen ist; die Verjährungsfristen enden insoweit nicht, bevor die Verjährungsfrist für den Veranlagungszeitraum abgelaufen ist, für den die Steuerermäßigung nach Satz 1 beantragt worden ist.

(4)[2)] [1]Die Steuerermäßigungen nach den Absätzen 2 oder 3 kann der Steuerpflichtige insgesamt nur bis zur Höhe der Bemessungsgrundlage der Ab-

---

[1)] Zur erstmaligen Anwendung siehe § 52 Abs. 35.
[2)] Zur erstmaligen Anwendung siehe § 52 Abs. 35.

zugsbeträge nach § 10e Absatz 1 oder 2 in Anspruch nehmen. ²Die Steuerermäßigung nach den Absätzen 1, 2 und 3 Satz 1 kann der Steuerpflichtige im Kalenderjahr nur für ein Objekt in Anspruch nehmen.

2b. Steuerermäßigung bei Zuwendungen an politische Parteien und an unabhängige Wählervereinigungen

§ 34g [**Steuerermäßigung bei Zuwendungen an politische Parteien und an unabhängige Wählervereinigungen**] ¹Die tarifliche Einkommensteuer, vermindert um die sonstigen Steuerermäßigungen mit Ausnahme des § 34f Absatz 3, ermäßigt sich bei Zuwendungen an

1.[1]) politische Parteien im Sinne des § 2 des Parteiengesetzes, sofern die jeweilige Partei nicht gemäß § 18 Absatz 7 des Parteiengesetzes von der staatlichen Teilfinanzierung ausgeschlossen ist, und

2. Vereine ohne Parteicharakter, wenn

   a) der Zweck des Vereins ausschließlich darauf gerichtet ist, durch Teilnahme mit eigenen Wahlvorschlägen an Wahlen auf Bundes-, Landes- oder Kommunalebene bei der politischen Willensbildung mitzuwirken, und

   b) der Verein auf Bundes-, Landes- oder Kommunalebene bei der jeweils letzten Wahl wenigstens ein Mandat errungen oder der zuständigen Wahlbehörde oder dem zuständigen Wahlorgan angezeigt hat, dass er mit eigenen Wahlvorschlägen auf Bundes-, Landes- oder Kommunalebene an der jeweils nächsten Wahl teilnehmen will.

²Nimmt der Verein an der jeweils nächsten Wahl nicht teil, wird die Ermäßigung nur für die bis zum Wahltag an ihn geleisteten Beiträge und Spenden gewährt. ³Die Ermäßigung für Beiträge und Spenden an den Verein wird erst wieder gewährt, wenn er sich mit eigenen Wahlvorschlägen an einer Wahl beteiligt hat. ⁴Die Ermäßigung wird in diesem Fall nur für Beiträge und Spenden gewährt, die nach Beginn des Jahres, in dem die Wahl stattfindet, geleistet werden.

²Die Ermäßigung beträgt 50 Prozent der Ausgaben, höchstens jeweils 825 Euro für Ausgaben nach den Nummern 1 und 2, im Fall der Zusammenveranlagung von Ehegatten höchstens jeweils 1650 Euro. ³§ 10b Absatz 3 und 4 gilt entsprechend.

3. Steuerermäßigung bei Einkünften aus Gewerbebetrieb

§ 35 [**Steuerermäßigung bei Einkünften aus Gewerbebetrieb**]
(1) ¹Die tarifliche Einkommensteuer, vermindert um die sonstigen Steuerermäßigungen mit Ausnahme der §§ 34f, 34g, 35a und 35c[2]) ermäßigt sich, soweit sie anteilig auf im zu versteuernden Einkommen enthaltene gewerbliche Einkünfte entfällt (Ermäßigungshöchstbetrag),

---

[1]) § 34g Satz 1 Nr. 1 geänd. mWv 29.7.2017 durch G v. 18.7.2017 (BGBl. I S. 2730).
[2]) Verweis auf § 35c ergänzt mWv 1.1.2020 durch G v. 21.12.2019 (BGBl. I S. 2886).

1. bei Einkünften aus gewerblichen Unternehmen im Sinne des § 15 Absatz 1 Satz 1 Nummer 1

   um das Vierfache[1] des jeweils für den dem Veranlagungszeitraum entsprechenden Erhebungszeitraum nach § 14 des Gewerbesteuergesetzes für das Unternehmen festgesetzten Steuermessbetrags (Gewerbesteuer-Messbetrag); Absatz 2 Satz 5 ist entsprechend anzuwenden;

2. bei Einkünften aus Gewerbebetrieb als Mitunternehmer im Sinne des § 15 Absatz 1 Satz 1 Nummer 2 oder als persönlich haftender Gesellschafter einer Kommanditgesellschaft auf Aktien im Sinne des § 15 Absatz 1 Satz 1 Nummer 3

   um das Vierfache[2] des jeweils für den dem Veranlagungszeitraum entsprechenden Erhebungszeitraum festgesetzten anteiligen Gewerbesteuer-Messbetrags.

[2]Der Ermäßigungshöchstbetrag ist wie folgt zu ermitteln:

$$\frac{\text{Summe der positiven gewerblichen Einkünfte}}{\text{Summe aller positiven Einkünfte}} \cdot \text{geminderte tarifliche Steuer.}$$

[3]Gewerbliche Einkünfte im Sinne der Sätze 1 und 2 sind die der Gewerbesteuer unterliegenden Gewinne und Gewinnanteile, soweit sie nicht nach anderen Vorschriften von der Steuerermäßigung nach § 35 ausgenommen sind. [4]Geminderte tarifliche Steuer ist die tarifliche Steuer nach Abzug von Beträgen auf Grund der Anwendung zwischenstaatlicher Abkommen und nach Anrechnung der ausländischen Steuern nach § 32d Absatz 6 Satz 2[3], § 34c Absatz 1 und 6 dieses Gesetzes und § 12 des Außensteuergesetzes. [5]Der Abzug des Steuerermäßigungsbetrags ist auf die tatsächlich zu zahlende Gewerbesteuer beschränkt.

(2) [1]Bei Mitunternehmerschaften im Sinne des § 15 Absatz 1 Satz 1 Nummer 2 oder bei Kommanditgesellschaften auf Aktien im Sinne des § 15 Absatz 1 Satz 1 Nummer 3 ist der Betrag des Gewerbesteuer-Messbetrags, die tatsächlich zu zahlende Gewerbesteuer und der auf die einzelnen Mitunternehmer oder auf die persönlich haftenden Gesellschafter entfallende Anteil gesondert und einheitlich festzustellen. [2]Der Anteil eines Mitunternehmers am Gewerbesteuer-Messbetrag richtet sich nach seinem Anteil am Gewinn der Mitunternehmerschaft nach Maßgabe des allgemeinen Gewinnverteilungsschlüssels; Vorabgewinnanteile sind nicht zu berücksichtigen. [3]Wenn auf Grund der Bestimmungen in einem Abkommen zur Vermeidung der Doppelbesteuerung bei der Festsetzung des Gewerbesteuer-Messbetrags für eine Mitunternehmerschaft nur der auf einen Teil der Mitunternehmer entfallende anteilige Gewerbeertrag berücksichtigt wird, ist der Gewerbesteuer-Messbetrag nach Maßgabe des allgemeinen Gewinnverteilungsschlüssels in voller Höhe auf diese Mitunternehmer entsprechend ihrer Anteile am Gewerbeer-

---

[1] § 35 Abs. 1 Satz 1 Nr. 1 geänd. mWv VZ 2020 (vgl. Fn. zu § 52 Abs. 35a) durch G v. 29.6.2020 (BGBl. I S. 1512).
[2] § 35 Abs. 1 Satz 1 Nr. 2 geänd. mWv VZ 2020 (vgl. Fn. zu § 52 Abs. 35a) durch G v. 29.6.2020 (BGBl. I S. 1512).
[3] Zitat ergänzt durch G v. 26.6.2013 (BGBl. I S. 1809).

trag der Mitunternehmerschaft aufzuteilen. ⁴Der anteilige Gewerbesteuer-Messbetrag ist als Prozentsatz mit zwei Nachkommastellen gerundet zu ermitteln. ⁵Bei der Feststellung nach Satz 1 sind anteilige Gewerbesteuer-Messbeträge, die aus einer Beteiligung an einer Mitunternehmerschaft stammen, einzubeziehen.

(3) ¹Zuständig für die gesonderte Feststellung nach Absatz 2 ist das für die gesonderte Feststellung der Einkünfte zuständige Finanzamt. ²Für die Ermittlung der Steuerermäßigung nach Absatz 1 sind die Festsetzung des Gewerbesteuer-Messbetrags, die Feststellung des Anteils an dem festzusetzenden Gewerbesteuer-Messbetrag nach Absatz 2 Satz 1 und die Festsetzung der Gewerbesteuer Grundlagenbescheide. ³Für die Ermittlung des anteiligen Gewerbesteuer-Messbetrags nach Absatz 2 sind die Festsetzung des Gewerbesteuer-Messbetrags und die Festsetzung des anteiligen Gewerbesteuer-Messbetrags aus der Beteiligung an einer Mitunternehmerschaft Grundlagenbescheide.

(4) Für die Aufteilung und die Feststellung der tatsächlich zu zahlenden Gewerbesteuer bei Mitunternehmerschaften im Sinne des § 15 Absatz 1 Satz 1 Nummer 2 und bei Kommanditgesellschaften auf Aktien im Sinne des § 15 Absatz 1 Satz 1 Nummer 3 gelten die Absätze 2 und 3 entsprechend.

4. Steuerermäßigung bei Aufwendungen für haushaltsnahe Beschäftigungsverhältnisse und für die Inanspruchnahme haushaltsnaher Dienstleistungen

§ 35a Steuerermäßigung bei Aufwendungen für haushaltsnahe Beschäftigungsverhältnisse, haushaltsnahe Dienstleistungen und Handwerkerleistungen. (1) Für haushaltsnahe Beschäftigungsverhältnisse, bei denen es sich um eine geringfügige Beschäftigung im Sinne des § 8a des Vierten Buches Sozialgesetzbuch handelt, ermäßigt sich die tarifliche Einkommensteuer, vermindert um die sonstigen Steuerermäßigungen, auf Antrag um 20 Prozent, höchstens 510 Euro, der Aufwendungen des Steuerpflichtigen.

(2) ¹Für andere als in Absatz 1 aufgeführte haushaltsnahe Beschäftigungsverhältnisse oder für die Inanspruchnahme von haushaltsnahen Dienstleistungen, die nicht Dienstleistungen nach Absatz 3 sind, ermäßigt sich die tarifliche Einkommensteuer, vermindert um die sonstigen Steuerermäßigungen, auf Antrag um 20 Prozent, höchstens 4000 Euro, der Aufwendungen des Steuerpflichtigen. ²Die Steuerermäßigung kann auch in Anspruch genommen werden für die Inanspruchnahme von Pflege- und Betreuungsleistungen sowie für Aufwendungen, die einem Steuerpflichtigen wegen der Unterbringung in einem Heim oder zur dauernden Pflege erwachsen, soweit darin Kosten für Dienstleistungen enthalten sind, die mit denen einer Hilfe im Haushalt vergleichbar sind.

(3)¹⁾ ¹Für die Inanspruchnahme von Handwerkerleistungen für Renovierungs-, Erhaltungs- und Modernisierungsmaßnahmen ermäßigt sich die tarif-

---

¹⁾ § 35a Abs. 3 neu gef. mWv VZ 2011 durch G v. 8.12.2010 (BGBl. I S. 1768).

liche Einkommensteuer, vermindert um die sonstigen Steuerermäßigungen, auf Antrag um 20 Prozent der Aufwendungen des Steuerpflichtigen, höchstens jedoch um 1200 Euro. [2]Dies gilt nicht für öffentlich geförderte Maßnahmen, für die zinsverbilligte Darlehen oder steuerfreie Zuschüsse in Anspruch genommen werden.

(4) [1]Die Steuerermäßigung nach den Absätzen 1 bis 3 kann nur in Anspruch genommen werden, wenn das Beschäftigungsverhältnis, die Dienstleistung oder die Handwerkerleistung in einem in der Europäischen Union oder dem Europäischen Wirtschaftsraum liegenden Haushalt des Steuerpflichtigen oder – bei Pflege- und Betreuungsleistungen – der gepflegten oder betreuten Person ausgeübt oder erbracht wird. [2]In den Fällen des Absatzes 2 Satz 2 zweiter Halbsatz ist Voraussetzung, dass das Heim oder der Ort der dauernden Pflege in der Europäischen Union oder dem Europäischen Wirtschaftsraum liegt.

(5)[1)] [1]Die Steuerermäßigungen nach den Absätzen 1 bis 3 können nur in Anspruch genommen werden, soweit die Aufwendungen nicht Betriebsausgaben oder Werbungskosten darstellen und soweit sie nicht als Sonderausgaben oder außergewöhnliche Belastungen berücksichtigt worden sind; für Aufwendungen, die dem Grunde nach unter § 10 Absatz 1 Nummer 5 fallen, ist eine Inanspruchnahme ebenfalls ausgeschlossen. [2]Der Abzug von der tariflichen Einkommensteuer nach den Absätzen 2 und 3 gilt nur für Arbeitskosten. [3]Voraussetzung für die Inanspruchnahme der Steuerermäßigung für haushaltsnahe Dienstleistungen nach Absatz 2 oder für Handwerkerleistungen nach Absatz 3 ist, dass der Steuerpflichtige für die Aufwendungen eine Rechnung erhalten hat und die Zahlung auf das Konto des Erbringers der Leistung erfolgt ist. [4]Leben zwei Alleinstehende in einem Haushalt zusammen, können sie die Höchstbeträge nach den Absätzen 1 bis 3 insgesamt jeweils nur einmal in Anspruch nehmen.

5. Steuerermäßigung bei Belastung mit Erbschaftsteuer

§ 35b[2)] Steuerermäßigung bei Belastung mit Erbschaftsteuer. [1]Sind bei der Ermittlung des Einkommens Einkünfte berücksichtigt worden, die im Veranlagungszeitraum oder in den vorangegangenen vier Veranlagungszeiträumen als Erwerb von Todes wegen der Erbschaftsteuer unterlegen haben, so wird auf Antrag die um sonstige Steuerermäßigungen gekürzte tarifliche Einkommensteuer, die auf diese Einkünfte entfällt, um den in Satz 2 bestimmten Prozentsatz ermäßigt. [2]Der Prozentsatz bestimmt sich nach dem Verhältnis, in dem die festgesetzte Erbschaftsteuer zu dem Betrag steht, der sich ergibt, wenn dem steuerpflichtigen Erwerb (§ 10 Absatz 1 des Erbschaftsteuer- und Schenkungsteuergesetzes) die Freibeträge nach den §§ 16 und 17 und der steuerfreie Betrag nach § 5 des Erbschaftsteuer- und Schenkungsteuergesetzes hinzugerechnet werden.

[1)] § 35a Abs. 5 Satz 1 neu gef. durch G v. 8.12.2010 (BGBl. I S. 1768); Satz 1 Verweis geänd. mWv VZ 2012 durch G v. 1.11.2011 (BGBl. I S. 2131).
[2)] § 35b Satz 3 aufgeh. mWv VZ 2015 durch G v. 22.12.2014 (BGBl. I S. 2417).

6. Steuerermäßigung für energetische Maßnahmen bei zu eigenen Wohnzwecken genutzten Gebäuden[1]

§ 35c[2] Steuerermäßigung für energetische Maßnahmen bei zu eigenen Wohnzwecken genutzten Gebäuden. (1) ¹Für energetische Maßnahmen an einem in der Europäischen Union oder dem Europäischen Wirtschaftsraum belegenen zu eigenen Wohnzwecken genutzten eigenen Gebäude (begünstigtes Objekt) ermäßigt sich auf Antrag die tarifliche Einkommensteuer, vermindert um die sonstigen Steuerermäßigungen, im Kalenderjahr des Abschlusses der energetischen Maßnahme und im nächsten Kalenderjahr um je 7 Prozent der Aufwendungen des Steuerpflichtigen, höchstens jedoch um je 14 000 Euro und im übernächsten Kalenderjahr um 6 Prozent der Aufwendungen des Steuerpflichtigen, höchstens jedoch um 12 000 Euro für das begünstigte Objekt. ²Voraussetzung ist, dass das begünstigte Objekt bei der Durchführung der energetischen Maßnahme älter als zehn Jahre ist; maßgebend hierfür ist der Beginn der Herstellung. ³Energetische Maßnahmen im Sinne des Satzes 1 sind:

1. Wärmedämmung von Wänden,

2. Wärmedämmung von Dachflächen,

3. Wärmedämmung von Geschossdecken,

4. Erneuerung der Fenster oder Außentüren,

5. Erneuerung oder Einbau einer Lüftungsanlage,

6. Erneuerung der Heizungsanlage,

7. Einbau von digitalen Systemen zur energetischen Betriebs- und Verbrauchsoptimierung und

8. Optimierung bestehender Heizungsanlagen, sofern diese älter als zwei Jahre sind.

⁴Zu den Aufwendungen für energetische Maßnahmen gehören auch die Kosten für die Erteilung der Bescheinigung nach Satz 7 sowie die Kosten für Energieberater, die vom Bundesamt für Wirtschaft und Ausfuhrkontrolle (BAFA) als fachlich qualifiziert zum Förderprogramm „Energieberatung für Wohngebäude (Vor-Ort-Beratung, individueller Sanierungsfahrplan)" zugelassen sind, wenn der Energieberater durch den Steuerpflichtigen mit der planerischen Begleitung oder Beaufsichtigung der energetischen Maßnahmen nach Satz 3 beauftragt worden ist; die tarifliche Einkommensteuer vermindert sich abweichend von Satz 1 um 50 Prozent der Aufwendungen für den Energieberater. ⁵Die Förderung kann für mehrere Einzelmaßnahmen an einem begünstigten Objekt in Anspruch genommen werden; je begünstigtes Objekt beträgt der Höchstbetrag der Steuerermäßigung 40 000 Euro. ⁶Voraussetzung für die Förderung ist, dass die jeweilige energetische Maßnahme von einem Fachunternehmen ausgeführt wurde und die Anforderungen aus der Rechtsverord-

---

[1] 6. Unterabschnitt eingef. mWv 1.1.2020 durch G v. 21.12.2019 (BGBl. I S. 2886).
[2] § 35c eingef. durch G v. 21.12.2019 (BGBl. I S. 2886); zur Anwendung siehe § 52 Abs. 35a.

nung nach Absatz 7 erfüllt sind. [7] Die Steuerermäßigungen können nur in Anspruch genommen werden, wenn durch eine nach amtlich vorgeschriebenem Muster erstellte Bescheinigung des ausführenden Fachunternehmens nachgewiesen wird, dass die Voraussetzungen der Sätze 1 bis 3 und die Anforderungen aus der Rechtsverordnung nach Absatz 7 dem Grunde und der Höhe nach erfüllt sind.

(2) [1] Die Steuerermäßigung nach Absatz 1 kann nur in Anspruch genommen werden, wenn der Steuerpflichtige das Gebäude im jeweiligen Kalenderjahr ausschließlich zu eigenen Wohnzwecken nutzt. [2] Eine Nutzung zu eigenen Wohnzwecken liegt auch vor, wenn Teile einer zu eigenen Wohnzwecken genutzten Wohnung anderen Personen unentgeltlich zu Wohnzwecken überlassen werden.

(3) [1] Der Steuerpflichtige kann die Steuerermäßigung nach Absatz 1 nicht in Anspruch nehmen, soweit die Aufwendungen als Betriebsausgaben, Werbungskosten, Sonderausgaben oder außergewöhnliche Belastungen berücksichtigt worden sind. [2] Die Steuerermäßigung nach Absatz 1 ist ebenfalls nicht zu gewähren, wenn für die energetischen Maßnahmen eine Steuerbegünstigung nach § 10f oder eine Steuerermäßigung nach § 35a in Anspruch genommen wird oder es sich um eine öffentlich geförderte Maßnahme handelt, für die zinsverbilligte Darlehen oder steuerfreie Zuschüsse in Anspruch genommen werden.

(4) Voraussetzung für die Inanspruchnahme der Steuermäßigung für energetische Maßnahmen ist, dass

1. der Steuerpflichtige für die Aufwendungen eine Rechnung erhalten hat, die die förderungsfähigen energetischen Maßnahmen, die Arbeitsleistung des Fachunternehmens und die Adresse des begünstigten Objekts ausweisen, und die in deutscher Sprache ausgefertigt ist und

2. die Zahlung auf das Konto des Erbringers der Leistung erfolgt ist.

(5) Die Absätze 1 bis 4 sind auf Gebäudeteile, die selbständige unbewegliche Wirtschaftsgüter sind, und auf Eigentumswohnungen entsprechend anzuwenden.

(6) [1] Steht das Eigentum am begünstigten Objekt mehreren Personen zu, können die Steuerermäßigungen nach Absatz 1 für das begünstigte Objekt insgesamt nur einmal in Anspruch genommen werden. [2] Die der Steuerermäßigung nach Absatz 1 zugrunde liegenden Aufwendungen können einheitlich und gesondert festgestellt werden. [3] Die für die gesonderte Feststellung von Einkünften nach § 180 Absatz 1 Nummer 2a der Abgabenordnung geltenden Vorschriften sind entsprechend anzuwenden.

(7) Die Bundesregierung wird ermächtigt, durch Rechtsverordnung mit Zustimmung des Bundestages und des Bundesrates die Mindestanforderungen für die energetischen Maßnahmen nach Absatz 1 Satz 3 sowie die Anforderungen an ein Fachunternehmen nach Absatz 1 Satz 6 festzulegen.

VI. Steuererhebung

1. Erhebung der Einkommensteuer

§ 36 Entstehung und Tilgung der Einkommensteuer. (1) Die Einkommensteuer entsteht, soweit in diesem Gesetz nichts anderes bestimmt ist, mit Ablauf des Veranlagungszeitraums.

(2) Auf die Einkommensteuer werden angerechnet:

1. die für den Veranlagungszeitraum entrichteten Einkommensteuer-Vorauszahlungen (§ 37);

2.[1)] die durch Steuerabzug erhobene Einkommensteuer, soweit sie entfällt auf

   a) die bei der Veranlagung erfassten Einkünfte oder

   b) die nach § 3 Nummer 40 dieses Gesetzes oder nach § 8b Absatz 1, 2 und 6 Satz 2 des Körperschaftsteuergesetzes bei der Ermittlung des Einkommens außer Ansatz bleibenden Bezüge

und keine Erstattung beantragt oder durchgeführt worden ist. [2]Die durch Steuerabzug erhobene Einkommensteuer wird nicht angerechnet, wenn die in § 45a Absatz 2 oder Absatz 3 bezeichnete Bescheinigung nicht vorgelegt worden ist oder die Angaben gemäß § 45a Absatz 2a nicht übermittelt worden sind. [3]Soweit der Steuerpflichtige einen Antrag nach § 32d Absatz 4 oder Absatz 6 stellt, ist es für die Anrechnung ausreichend, wenn die Bescheinigung auf Verlangen des Finanzamts vorgelegt wird. [4]In den Fällen des § 8b Absatz 6 Satz 2 des Körperschaftsteuergesetzes ist es für die Anrechnung ausreichend, wenn die Bescheinigung nach § 45a Absatz 2 und 3 vorgelegt wird, die der Gläubiger der Kapitalerträge ausgestellt worden ist. [*ab 1.1.2021:* [5]In den Fällen des § 2 Absatz 7 Satz 3 ist auch die durch Steuerabzug im Kalenderjahr des Wechsels von der unbeschränkten zur beschränkten Einkommensteuerpflicht erhobene Einkommensteuer anzurechnen, die auf Einkünfte entfällt, die weder der unbeschränkten noch der beschränkten Steuerpflicht unterliegen; § 37 Absatz 2 der Abgabenordnung findet insoweit keine Anwendung;]

3.[2)] die nach § 10 des Forschungszulagengesetzes festgesetzte Forschungszulage. [2]Das gilt auch für die gesondert und einheitlich festgestellte Forschungszulage;

[*Für VZ 2016–2022:*

4.[3)] *in den Fällen des § 32c Absatz 1 Satz 2 der nicht zum Abzug gebrachte Unterschiedsbetrag, wenn dieser höher ist als die tarifliche Einkommensteuer des letzten Veranlagungszeitraums im Betrachtungszeitraum.*]

[1)] § 36 Abs. 2 Nr. 2 neu gef. mWv 1.1.2017 durch G v. 18.7.2016 (BGBl. I S. 1679); Nr. 2 Satz 5 angef. durch G v. 21.12.2020 (BGBl. I S. 3096); zur Anwendung siehe § 52 Abs. 35b Satz 1; Nr. 2 Satz 2 letzter Satzteil angef. durch G v. 2.6.2021 (BGBl. I S. 1259); zur Anwendung von § 45a Abs. 2a **ab 1.1.2025** siehe § 52 Abs. 44a Satz 3.
[2)] § 36 Abs. 2 Nr. 3 angef. mWv 1.1.2020 durch G v. 14.12.2019 (BGBl. I S. 2763).
[3)] § 36 Abs. 2 Nr. 3 angef. durch G v. 12.12.2019 (BGBl. I S. 2451); Nummerierung ber. durch G v. 21.12.2020 (BGBl. I S. 3096); zur Anwendung siehe § 52 Abs. 35b Satz 2.

(3) ¹Die Steuerbeträge nach Absatz 2 Nummer 2 sind auf volle Euro aufzurunden. ²Bei den durch Steuerabzug erhobenen Steuern ist jeweils die Summe der Beträge einer einzelnen Abzugsteuer aufzurunden.

(4) ¹Wenn sich nach der Abrechnung ein Überschuss zuungunsten des Steuerpflichtigen ergibt, hat der Steuerpflichtige (Steuerschuldner) diesen Betrag, soweit er den fällig gewordenen, aber nicht entrichteten Einkommensteuer-Vorauszahlungen entspricht, sofort, im Übrigen innerhalb eines Monats nach Bekanntgabe des Steuerbescheids zu entrichten (Abschlusszahlung). ²Wenn sich nach der Abrechnung ein Überschuss zugunsten des Steuerpflichtigen ergibt, wird dieser dem Steuerpflichtigen nach Bekanntgabe des Steuerbescheids ausgezahlt. ³Bei Ehegatten, die nach den §§ 26, 26b zusammen zur Einkommensteuer veranlagt worden sind, wirkt die Auszahlung an einen Ehegatten auch für und gegen den anderen Ehegatten.

(5)¹⁾ ¹Die festgesetzte Steuer, die auf den Aufgabegewinn nach § 16 Absatz 3a und den durch den Wechsel der Gewinnermittlungsart erzielten Gewinn entfällt, kann auf Antrag des Steuerpflichtigen in fünf gleichen Jahresraten entrichtet werden, wenn die Wirtschaftsgüter einem Betriebsvermögen des Steuerpflichtigen in einem anderen Mitgliedstaat der Europäischen Union oder des Europäischen Wirtschaftsraums zuzuordnen sind, sofern durch diese Staaten Amtshilfe entsprechend oder im Sinne der Amtshilferichtlinie gemäß § 2 Absatz 11 des EU-Amtshilfegesetzes und gegenseitige Unterstützung bei der Beitreibung im Sinne der Beitreibungsrichtlinie einschließlich der in diesem Zusammenhang anzuwendenden Durchführungsbestimmungen in den für den jeweiligen Veranlagungszeitraum geltenden Fassungen oder eines entsprechenden Nachfolgerechtsakts geleistet werden. ²Die erste Jahresrate ist innerhalb eines Monats nach Bekanntgabe des Steuerbescheids zu entrichten; die übrigen Jahresraten sind jeweils am 31. Juli des Folgejahres fällig. ³Die Jahresraten sind nicht zu verzinsen; sie sollen in der Regel nur gegen Sicherheitsleistung gewährt werden. ⁴Die noch nicht entrichtete Steuer wird innerhalb eines Monats nach Eintritt eines der nachfolgenden Ereignisse fällig,

1. soweit ein Wirtschaftsgut im Sinne des Satzes 1 veräußert, entnommen, in andere als die in Satz 1 genannten Staaten verlagert oder verdeckt in eine Kapitalgesellschaft eingelegt wird,

2. wenn der Betrieb oder Teilbetrieb während dieses Zeitraums eingestellt, veräußert oder in andere als die in Satz 1 genannten Staaten verlegt wird,

3. wenn der Steuerpflichtige aus der inländischen unbeschränkten Steuerpflicht oder der unbeschränkten Steuerpflicht in den in Satz 1 genannten Staaten ausscheidet oder in einem anderen als den in Satz 1 genannten Staaten ansässig wird,

4. wenn der Steuerpflichtige Insolvenz anmeldet oder abgewickelt wird oder

5. wenn der Steuerpflichtige seinen Verpflichtungen im Zusammenhang mit den Ratenzahlungen nicht nachkommt und über einen angemessenen Zeitraum, der zwölf Monate nicht überschreiten darf, keine Abhilfe für seine Situation schafft; Satz 2 bleibt unberührt.

---

¹⁾ § 36 Abs. 5 neu gef. mWv VZ 2021 durch G v. 25.6.2021 (BGBl. I S. 2035).

⁵Ändert sich die festgesetzte Steuer, sind die Jahresraten entsprechend anzupassen. ⁶Der Steuerpflichtige hat der zuständigen Finanzbehörde jährlich mit der Steuererklärung oder, sofern keine Pflicht zur Abgabe einer Steuererklärung besteht, zum 31. Juli anzuzeigen, ob die Voraussetzungen für die Ratenzahlung weiterhin erfüllt sind; kommt er dieser Anzeigepflicht oder seinen sonstigen Mitwirkungspflichten im Sinne des § 90 der Abgabenordnung nicht nach, werden die noch nicht entrichteten Jahresraten rückwirkend zum 1. August des vorangegangenen Jahres fällig, frühestens aber einen Monat nach Bekanntgabe des Steuerbescheids. ⁷Unbeschadet des Satzes 6 hat der Steuerpflichtige den Eintritt eines Ereignisses nach Satz 4 der zuständigen Finanzbehörde unverzüglich anzuzeigen. ⁸Unterliegt der Steuerpflichtige einer Erklärungspflicht, kann die Anzeige auf Grund eines Ereignisses nach Satz 4 Nummer 1 abweichend von der in Satz 7 genannten Frist mit der nächsten Steuererklärung erfolgen.

§ 36a¹⁾ Beschränkung der Anrechenbarkeit der Kapitalertragsteuer.

(1) ¹Bei Kapitalerträgen im Sinne des § 43 Absatz 1 Satz 1 Nummer 1a setzt die volle Anrechnung der durch Steuerabzug erhobenen Einkommensteuer ferner voraus, dass der Steuerpflichtige hinsichtlich der diesen Kapitalerträgen zugrunde liegenden Anteile oder Genussscheine

1. während der Mindesthaltedauer nach Absatz 2 ununterbrochen wirtschaftlicher Eigentümer ist,

2. während der Mindesthaltedauer nach Absatz 2 ununterbrochen das Mindestwertänderungsrisiko nach Absatz 3 trägt und

3. nicht verpflichtet ist, die Kapitalerträge ganz oder überwiegend, unmittelbar oder mittelbar anderen Personen zu vergüten.

²Fehlen die Voraussetzungen des Satzes 1, so sind drei Fünftel der Kapitalertragsteuer nicht anzurechnen. ³Die nach den Sätzen 1 und 2 nicht angerechnete Kapitalertragsteuer ist auf Antrag bei der Ermittlung der Einkünfte abzuziehen. ⁴Die Sätze 1 bis 3 gelten entsprechend für Anteile oder Genussscheine, die zu inländischen Kapitalerträgen im Sinne des § 43 Absatz 3 Satz 1 führen und einer Wertpapiersammelbank im Ausland zur Verwahrung anvertraut sind.

(2) ¹Die Mindesthaltedauer umfasst 45 Tage und muss innerhalb eines Zeitraums von 45 Tagen vor und 45 Tagen nach der Fälligkeit der Kapitalerträge erreicht werden. ²Bei Anschaffungen und Veräußerungen ist zu unterstellen, dass die zuerst angeschafften Anteile oder Genussscheine zuerst veräußert wurden.

(3) ¹Der Steuerpflichtige muss unter Berücksichtigung von gegenläufigen Ansprüchen und Ansprüchen nahe stehender Personen das Risiko aus einem sinkenden Wert der Anteile oder Genussscheine im Umfang von mindestens 70 Prozent tragen (Mindestwertänderungsrisiko). ²Kein hinreichendes Mindestwertänderungsrisiko liegt insbesondere dann vor, wenn der Steuerpflichti-

---

¹⁾ § 36a eingef. durch G v. 19.7.2016 (BGBl. I S. 1730); zur Anwendung siehe § 52 Abs. 35c Satz 1.

ge oder eine ihm nahe stehende Person Kurssicherungsgeschäfte abgeschlossen hat, die das Wertänderungsrisiko der Anteile oder Genussscheine unmittelbar oder mittelbar um mehr als 30 Prozent mindern.

(4)[1] [1]Einkommen- oder körperschaftsteuerpflichtige Personen, bei denen insbesondere auf Grund einer Steuerbefreiung kein Steuerabzug vorgenommen oder denen ein Steuerabzug erstattet wurde und die die Voraussetzungen für eine Anrechenbarkeit der Kapitalertragsteuer nach den Absätzen 1 bis 3 nicht erfüllen, haben

1. dies gegenüber ihrem zuständigen Finanzamt anzuzeigen,

2. Kapitalertragsteuer in Höhe von 15 Prozent der Kapitalerträge im Sinne des § 43 Absatz 1 Satz 1 Nummer 1a und des Absatzes 1 Satz 4 nach amtlich vorgeschriebenem Vordruck auf elektronischem Weg anzumelden und

3. die angemeldete Steuer zu entrichten.

[2]Die Anzeige, Anmeldung und Entrichtung hat bei Steuerpflichtigen, die ihren Gewinn durch Betriebsvermögensvergleich ermitteln, bis zum 10. Tag des auf den Ablauf des Wirtschaftsjahres folgenden Monats und bei anderen Steuerpflichtigen bis zum 10. Tag des auf den Ablauf des Kalenderjahres folgenden Monats zu erfolgen.

(5) Die Absätze 1 bis 4 sind nicht anzuwenden, wenn

1. die Kapitalerträge im Sinne des § 43 Absatz 1 Satz 1 Nummer 1a und des Absatzes 1 Satz 4 im Veranlagungszeitraum nicht mehr als 20 000 Euro betragen oder

2. der Steuerpflichtige bei Zufluss der Kapitalerträge im Sinne des § 43 Absatz 1 Satz 1 Nummer 1a und des Absatzes 1 Satz 4 seit mindestens einem Jahr ununterbrochen wirtschaftlicher Eigentümer der Aktien oder Genussscheine ist; Absatz 2 Satz 2 gilt entsprechend.

(6) [1]Der Treuhänder und der Treugeber gelten für die Zwecke der vorstehenden Absätze als eine Person, wenn Kapitalerträge im Sinne des § 43 Absatz 1 Satz 1 Nummer 1a und des Absatzes 1 Satz 4 einem Treuhandvermögen zuzurechnen sind, welches ausschließlich der Erfüllung von Altersvorsorgeverpflichtungen dient und dem Zugriff übriger Gläubiger entzogen ist. [2]Entsprechendes gilt für Versicherungsunternehmen und Versicherungsnehmer im Rahmen von fondsgebundenen Lebensversicherungen, wenn die Leistungen aus dem Vertrag an den Wert eines internen Fonds im Sinne des § 124 Absatz 2 Satz 2 Nummer 1 des Versicherungsaufsichtsgesetzes gebunden sind.

(7) § 42 der Abgabenordnung bleibt unberührt.

§ 37 Einkommensteuer-Vorauszahlung. (1) [1]Der Steuerpflichtige hat am 10. März, 10. Juni, 10. September und 10. Dezember Vorauszahlungen auf die Einkommensteuer zu entrichten, die er für den laufenden Veranlagungszeitraum voraussichtlich schulden wird. [2]Die Einkommensteuer-Voraus-

---

[1] § 36a Abs. 4 neu gef. durch G v. 12.12.2019 (BGBl. I S. 2451); zur Anwendung siehe § 52 Abs. 35c Satz 2.

zahlung entsteht jeweils mit Beginn des Kalendervierteljahres, in dem die Vorauszahlungen zu entrichten sind, oder, wenn die Steuerpflicht erst im Laufe des Kalendervierteljahres begründet wird, mit Begründung der Steuerpflicht.

(2) (weggefallen)

(3)[1] [1]Das Finanzamt setzt die Vorauszahlungen durch Vorauszahlungsbescheid fest. [2]Die Vorauszahlungen bemessen sich grundsätzlich nach der Einkommensteuer, die sich nach Anrechnung der Steuerabzugsbeträge (§ 36 Absatz 2 Nummer 2) bei der letzten Veranlagung ergeben hat. [3]Das Finanzamt kann bis zum Ablauf des auf den Veranlagungszeitraum folgenden 15. Kalendermonats die Vorauszahlungen an die Einkommensteuer anpassen, die sich für den Veranlagungszeitraum voraussichtlich ergeben wird; dieser Zeitraum verlängert sich auf 23 Monate, wenn die Einkünfte aus Land- und Forstwirtschaft bei der erstmaligen Steuerfestsetzung die anderen Einkünfte voraussichtlich überwiegen werden.[2] [4]Bei der Anwendung der Sätze 2 und 3 bleiben Aufwendungen im Sinne des § 10 Absatz 1 Nummer 4, 5, 7 und 9 sowie Absatz 1a, der §§ 10b und 33 sowie die abziehbaren Beträge nach § 33a, wenn die Aufwendungen und abziehbaren Beträge insgesamt 600 Euro nicht übersteigen, außer Ansatz. [5]Die Steuerermäßigung nach § 34a bleibt außer Ansatz. [6]Bei der Anwendung der Sätze 2 und 3 bleibt der Sonderausgabenabzug nach § 10a Absatz 1 außer Ansatz. [7]Außer Ansatz bleiben bis zur Anschaffung oder Fertigstellung der Objekte im Sinne des § 10e Absatz 1 und 2 und § 10h auch die Aufwendungen, die nach § 10e Absatz 6 und § 10h Satz 3 wie Sonderausgaben abgezogen werden; Entsprechendes gilt auch für Aufwendungen, die nach § 10i für nach dem Eigenheimzulagengesetz[3] begünstigte Objekte wie Sonderausgaben abgezogen werden. [8]Negative Einkünfte aus der Vermietung oder Verpachtung eines Gebäudes im Sinne des § 21 Absatz 1 Satz 1 Nummer 1 werden bei der Festsetzung der Vorauszahlungen nur für Kalenderjahre berücksichtigt, die nach der Anschaffung oder Fertigstellung dieses Gebäudes beginnen. [9]Wird ein Gebäude vor dem Kalenderjahr seiner Fertigstellung angeschafft, tritt an die Stelle der Anschaffung die Fertigstellung. [10]Satz 8 gilt nicht für negative Einkünfte aus der Vermietung oder Verpachtung eines Gebäudes, für das Sonderabschreibungen nach § 7b[4] dieses Gesetzes oder erhöhte Absetzungen nach den §§ 14a, 14c oder 14d des Berlinförderungsgesetzes in Anspruch genommen werden. [11]Satz 8 gilt für negative Einkünfte aus der Vermietung oder Verpachtung eines anderen Vermögensgegenstands im Sinne des § 21 Absatz 1 Satz 1 Nummer 1 bis 3 entsprechend mit der Maßgabe, dass an die Stelle der Anschaffung oder Fertigstellung die Aufnahme der Nutzung durch den Steuerpflichtigen tritt. [12]In den Fällen des § 31, in denen die gebotene steuerliche Freistellung eines Einkommensbetrags in Höhe des Existenz-

---

[1] § 37 Abs. 3 Sätze 3 und 4 geänd. durch G v. 1.11.2011 (BGBl. I S. 2131); Satz 4 geänd. mWv 1.1.2015 durch G v. 22.12.2014 (BGBl. I S. 2417); Satz 10 geänd. mWv 15.7.2016 durch G v. 8.7.2016 (BGBl. I S. 1594); Satz 10 neu gef. mWv 9.8.2019 durch G v. 4.8.2019 (BGBl. I S. 1122).
[2] Zu den Zeiträumen siehe **§ 52 Abs. 35d**.
[3] Nr. **5**.
[4] Zur **Anwendung von § 7b** für VZ 2018 bis 2026 siehe § 52 Abs. 15a.

minimums eines Kindes durch das Kindergeld nicht in vollem Umfang bewirkt wird, bleiben bei der Anwendung der Sätze 2 und 3 Freibeträge nach § 32 Absatz 6 und zu verrechnendes Kindergeld außer Ansatz.

(4) ¹Bei einer nachträglichen Erhöhung der Vorauszahlungen ist die letzte Vorauszahlung für den Veranlagungszeitraum anzupassen. ²Der Erhöhungsbetrag ist innerhalb eines Monats nach Bekanntgabe des Vorauszahlungsbescheids zu entrichten.

(5) ¹Vorauszahlungen sind nur festzusetzen, wenn sie mindestens 400 Euro im Kalenderjahr und mindestens 100 Euro für einen Vorauszahlungszeitpunkt betragen. ²Festgesetzte Vorauszahlungen sind nur zu erhöhen, wenn sich der Erhöhungsbetrag im Fall des Absatzes 3 Satz 2 bis 5 für einen Vorauszahlungszeitpunkt auf mindestens 100 Euro, im Fall des Absatzes 4 auf mindestens 5000 Euro beläuft.

(6)¹⁾ *(aufgehoben)*

§ 37a Pauschalierung der Einkommensteuer durch Dritte. (1) ¹Das Finanzamt kann auf Antrag zulassen, dass das Unternehmen, das Sachprämien im Sinne des § 3 Nummer 38 gewährt, die Einkommensteuer für den Teil der Prämien, der nicht steuerfrei ist, pauschal erhebt. ²Bemessungsgrundlage der pauschalen Einkommensteuer ist der gesamte Wert der Prämien, die den im Inland ansässigen Steuerpflichtigen zufließen. ³Der Pauschsteuersatz beträgt 2,25 Prozent.²⁾

(2) ¹Auf die pauschale Einkommensteuer ist § 40 Absatz 3 sinngemäß anzuwenden. ²Das Unternehmen hat die Prämienempfänger von der Steuerübernahme zu unterrichten.

(3) ¹Über den Antrag entscheidet das Betriebsstättenfinanzamt des Unternehmens (§ 41a Absatz 1 Satz 1 Nummer 1). ²Hat das Unternehmen mehrere Betriebsstättenfinanzämter, so ist das Finanzamt der Betriebsstätte zuständig, in der die für die pauschale Besteuerung maßgebenden Prämien ermittelt werden. ³Die Genehmigung zur Pauschalierung wird mit Wirkung für die Zukunft erteilt und kann zeitlich befristet werden; sie erstreckt sich auf alle im Geltungszeitraum ausgeschütteten Prämien.

(4) Die pauschale Einkommensteuer gilt als Lohnsteuer und ist von dem Unternehmen in der Lohnsteuer-Anmeldung der Betriebsstätte im Sinne des Absatzes 3 anzumelden und spätestens am zehnten Tag nach Ablauf des für die Betriebsstätte maßgebenden Lohnsteuer-Anmeldungszeitraums an das Betriebsstättenfinanzamt abzuführen.

§ 37b Pauschalierung der Einkommensteuer bei Sachzuwendungen. (1) ¹Steuerpflichtige können die Einkommensteuer einheitlich für alle innerhalb eines Wirtschaftsjahres gewährten

1. betrieblich veranlassten Zuwendungen, die zusätzlich zur ohnehin vereinbarten Leistung oder Gegenleistung erbracht werden, und

---

¹⁾ § 37 Abs. 6 angef. mWv VZ 2014 durch G v. 25.7.2014 (BGBl. I S. 1266) und aufgeh. mWv VZ 2020 durch G v. 21.12.2020 (BGBl. I S. 3096).
²⁾ § 37a Abs. 1 Satz 3 bestätigt durch G v. 5.4.2011 (BGBl. I S. 554).

2. Geschenke im Sinne des § 4 Absatz 5 Satz 1 Nummer 1,

die nicht in Geld bestehen, mit einem Pauschsteuersatz von 30 Prozent erheben. [2]Bemessungsgrundlage der pauschalen Einkommensteuer sind die Aufwendungen des Steuerpflichtigen einschließlich Umsatzsteuer; bei Zuwendungen an Arbeitnehmer verbundener Unternehmen ist Bemessungsgrundlage mindestens der sich nach § 8 Absatz 3 Satz 1 ergebende Wert. [3]Die Pauschalierung ist ausgeschlossen,

1. soweit die Aufwendungen je Empfänger und Wirtschaftsjahr oder
2. wenn die Aufwendungen für die einzelne Zuwendung

den Betrag von 10 000 Euro übersteigen.

(2) [1]Absatz 1 gilt auch für betrieblich veranlasste Zuwendungen an Arbeitnehmer des Steuerpflichtigen, soweit sie nicht in Geld bestehen und zusätzlich zum ohnehin geschuldeten Arbeitslohn erbracht werden. [2]In den Fällen des § 8 Absatz 2 Satz 2 bis 10[1]), Absatz 3, *§ 19a*[2]), § 40 Absatz 2 sowie in Fällen, in denen Vermögensbeteiligungen überlassen werden, ist Absatz 1 nicht anzuwenden; Entsprechendes gilt, soweit die Zuwendungen nach § 40 Absatz 1 pauschaliert worden sind. [3]§ 37a Absatz 1 bleibt unberührt.

(3) [1]Die pauschal besteuerten Sachzuwendungen bleiben bei der Ermittlung der Einkünfte des Empfängers außer Ansatz. [2]Auf die pauschale Einkommensteuer ist § 40 Absatz 3 sinngemäß anzuwenden. [3]Der Steuerpflichtige hat den Empfänger von der Steuerübernahme zu unterrichten.

(4) [1]Die pauschale Einkommensteuer gilt als Lohnsteuer und ist von dem die Sachzuwendung gewährenden Steuerpflichtigen in der Lohnsteuer-Anmeldung der Betriebsstätte nach § 41 Absatz 2 anzumelden und spätestens am zehnten Tag nach Ablauf des für die Betriebsstätte maßgebenden Lohnsteuer-Anmeldungszeitraums an das Betriebsstättenfinanzamt abzuführen. [2]Hat der Steuerpflichtige mehrere Betriebsstätten im Sinne des Satzes 1, so ist das Finanzamt der Betriebsstätte zuständig, in der die für die pauschale Besteuerung maßgebenden Sachbezüge ermittelt werden.

2. Steuerabzug vom Arbeitslohn (Lohnsteuer)

§ 38 Erhebung der Lohnsteuer. (1)[3]) [1]Bei Einkünften aus nichtselbständiger Arbeit wird die Einkommensteuer durch Abzug vom Arbeitslohn erhoben (Lohnsteuer), soweit der Arbeitslohn von einem Arbeitgeber gezahlt wird, der

1. im Inland einen Wohnsitz, seinen gewöhnlichen Aufenthalt, seine Geschäftsleitung, seinen Sitz, eine Betriebsstätte oder einen ständigen Vertreter im Sinne der §§ 8 bis 13 der Abgabenordnung hat (inländischer Arbeitgeber) oder
2. einem Dritten (Entleiher) Arbeitnehmer gewerbsmäßig zur Arbeitsleistung im Inland überlässt, ohne inländischer Arbeitgeber zu sein (ausländischer Verleiher).

---

[1]) Verweis geänd. durch G v. 20.2.2013 (BGBl. I S. 285).
[2]) § 19a aufgeh. mWv Kj. 2009, zur weiteren Anwendung von § 19a siehe § 52 Abs. 27.
[3]) § 38 Abs. 1 Satz 2 HS 1 neu gef. mWv VZ 2020 durch G v. 12.12.2019 (BGBl. I S. 2451).

²In den Fällen der internationalen Arbeitnehmerentsendung ist das nach Satz 1 Nummer 1 in Deutschland ansässige aufnehmende Unternehmen inländischer Arbeitgeber, wenn es den Arbeitslohn für die ihm geleistete Arbeit wirtschaftlich trägt oder nach dem Fremdvergleichsgrundsatz hätte tragen müssen; Voraussetzung hierfür ist nicht, dass das Unternehmen dem Arbeitnehmer den Arbeitslohn im eigenen Namen und für eigene Rechnung auszahlt. ³Der Lohnsteuer unterliegt auch der im Rahmen des Dienstverhältnisses von einem Dritten gewährte Arbeitslohn, wenn der Arbeitgeber weiß oder erkennen kann, dass derartige Vergütungen erbracht werden; dies ist insbesondere anzunehmen, wenn Arbeitgeber und Dritter verbundene Unternehmen im Sinne von § 15 des Aktiengesetzes sind.

(2) ¹Der Arbeitnehmer ist Schuldner der Lohnsteuer. ²Die Lohnsteuer entsteht in dem Zeitpunkt, in dem der Arbeitslohn dem Arbeitnehmer zufließt.

(3) ¹Der Arbeitgeber hat die Lohnsteuer für Rechnung des Arbeitnehmers bei jeder Lohnzahlung vom Arbeitslohn einzubehalten. ²Bei juristischen Personen des öffentlichen Rechts hat die öffentliche Kasse, die den Arbeitslohn zahlt, die Pflichten des Arbeitgebers. ³In den Fällen der nach § 7f Absatz 1 Satz 1 Nummer 2 des Vierten Buches Sozialgesetzbuch an die Deutsche Rentenversicherung Bund übertragenen Wertguthaben hat die Deutsche Rentenversicherung Bund bei Inanspruchnahme des Wertguthabens die Pflichten des Arbeitgebers.

(3a) ¹Soweit sich aus einem Dienstverhältnis oder einem früheren Dienstverhältnis tarifvertragliche Ansprüche des Arbeitnehmers auf Arbeitslohn unmittelbar gegen einen Dritten mit Wohnsitz, Geschäftsleitung oder Sitz im Inland richten und von diesem durch die Zahlung von Geld erfüllt werden, hat der Dritte die Pflichten des Arbeitgebers. ²In anderen Fällen kann das Finanzamt zulassen, dass ein Dritter mit Wohnsitz, Geschäftsleitung oder Sitz im Inland die Pflichten des Arbeitgebers im eigenen Namen erfüllt. ³Voraussetzung ist, dass der Dritte

1. sich hierzu gegenüber dem Arbeitgeber verpflichtet hat,

2. den Lohn auszahlt oder er nur Arbeitgeberpflichten für von ihm vermittelte Arbeitnehmer übernimmt und

3. die Steuererhebung nicht beeinträchtigt wird.

⁴Die Zustimmung erteilt das Betriebsstättenfinanzamt des Dritten auf dessen Antrag im Einvernehmen mit dem Betriebsstättenfinanzamt des Arbeitgebers; sie darf mit Nebenbestimmungen versehen werden, die die ordnungsgemäße Steuererhebung sicherstellen und die Überprüfung des Lohnsteuerabzugs nach § 42f erleichtern sollen. ⁵Die Zustimmung kann mit Wirkung für die Zukunft widerrufen werden. ⁶In den Fällen der Sätze 1 und 2 sind die das Lohnsteuerverfahren betreffenden Vorschriften mit der Maßgabe anzuwenden, dass an die Stelle des Arbeitgebers der Dritte tritt; der Arbeitgeber ist von seinen Pflichten befreit, soweit der Dritte diese Pflichten erfüllt hat. ⁷Erfüllt der Dritte die Pflichten des Arbeitgebers, kann er den Arbeitslohn, der einem Arbeitnehmer in demselben Lohnabrechnungszeitraum aus mehreren Dienstverhältnissen zufließt, für die Lohnsteuerermittlung und in der Lohnsteuerbescheinigung zusammenrechnen.

(4) ¹Wenn der vom Arbeitgeber geschuldete Barlohn zur Deckung der Lohnsteuer nicht ausreicht, hat der Arbeitnehmer dem Arbeitgeber den Fehlbetrag zur Verfügung zu stellen oder der Arbeitgeber einen entsprechenden Teil der anderen Bezüge des Arbeitnehmers zurückzubehalten. ²Soweit der Arbeitnehmer seiner Verpflichtung nicht nachkommt und der Arbeitgeber den Fehlbetrag nicht durch Zurückbehaltung von anderen Bezügen des Arbeitnehmers aufbringen kann, hat der Arbeitgeber dies dem Betriebsstättenfinanzamt (§ 41a Absatz 1 Satz 1 Nummer 1) anzuzeigen. ³Der Arbeitnehmer hat dem Arbeitgeber die von einem Dritten gewährten Bezüge (Absatz 1 Satz 3) am Ende des jeweiligen Lohnzahlungszeitraums anzugeben; wenn der Arbeitnehmer keine Angabe oder eine erkennbar unrichtige Angabe macht, hat der Arbeitgeber dies dem Betriebsstättenfinanzamt anzuzeigen. ⁴Das Finanzamt hat die zu wenig erhobene Lohnsteuer vom Arbeitnehmer nachzufordern.

§ 38a Höhe der Lohnsteuer. (1) ¹Die Jahreslohnsteuer bemisst sich nach dem Arbeitslohn, den der Arbeitnehmer im Kalenderjahr bezieht (Jahresarbeitslohn). ²Laufender Arbeitslohn gilt in dem Kalenderjahr als bezogen, in dem der Lohnzahlungszeitraum endet; in den Fällen des § 39b Absatz 5 Satz 1 tritt der Lohnabrechnungszeitraum an die Stelle des Lohnzahlungszeitraums. ³Arbeitslohn, der nicht als laufender Arbeitslohn gezahlt wird (sonstige Bezüge), wird in dem Kalenderjahr bezogen, in dem er dem Arbeitnehmer zufließt.

(2) Die Jahreslohnsteuer wird nach dem Jahresarbeitslohn so bemessen, dass sie der Einkommensteuer entspricht, die der Arbeitnehmer schuldet, wenn er ausschließlich Einkünfte aus nichtselbständiger Arbeit erzielt.

(3) ¹Vom laufenden Arbeitslohn wird die Lohnsteuer jeweils mit dem auf den Lohnzahlungszeitraum fallenden Teilbetrag der Jahreslohnsteuer erhoben, die sich bei Umrechnung des laufenden Arbeitslohns auf einen Jahresarbeitslohn ergibt. ²Von sonstigen Bezügen wird die Lohnsteuer mit dem Betrag erhoben, der zusammen mit der Lohnsteuer für den laufenden Arbeitslohn des Kalenderjahres und für etwa im Kalenderjahr bereits gezahlte sonstige Bezüge die voraussichtliche Jahreslohnsteuer ergibt.

(4)¹⁾ Bei der Ermittlung der Lohnsteuer werden die Besteuerungsgrundlagen des Einzelfalls durch die Einreihung der Arbeitnehmer in Steuerklassen (§ 38b), Feststellung von Freibeträgen und Hinzurechnungsbeträgen (§ 39a) sowie Bereitstellung von elektronischen Lohnsteuerabzugsmerkmalen (§ 39e) oder Ausstellung von entsprechenden Bescheinigungen für den Lohnsteuerabzug (§ 39 Absatz 3 und § 39e Absatz 7 und 8) berücksichtigt.

§ 38b²⁾ Lohnsteuerklassen, Zahl der Kinderfreibeträge. (1) ¹Für die Durchführung des Lohnsteuerabzugs werden Arbeitnehmer in Steuerklassen eingereiht. ²Dabei gilt Folgendes:

1. In die Steuerklasse I gehören Arbeitnehmer, die

---

¹⁾ § 38a Abs. 4 geänd. mWv VZ 2012 durch G v. 7.12.2011 (BGBl. I S. 2592).
²⁾ § 38b Überschr. neu gef., bish. Wortlaut wird Abs. 1 und Satz 1 geänd., Satz 2 Nr. 1 neu gef., Nr. 2, 6 geänd., Abs. 2 und 3 angef. mWv 1.1.2012 durch G v. 7.12.2011 (BGBl. I S. 2592).

a) unbeschränkt einkommensteuerpflichtig und
  aa) ledig sind,
  bb) verheiratet, verwitwet oder geschieden sind und bei denen die Voraussetzungen für die Steuerklasse III oder IV nicht erfüllt sind;
oder
b) beschränkt einkommensteuerpflichtig sind;
2. in die Steuerklasse II gehören die unter Nummer 1 Buchstabe a bezeichneten Arbeitnehmer, wenn bei ihnen der Entlastungsbetrag für Alleinerziehende (§ 24b) zu berücksichtigen ist;
3. in die Steuerklasse III gehören Arbeitnehmer,
  a)[1] die verheiratet sind, wenn beide Ehegatten unbeschränkt einkommensteuerpflichtig sind und nicht dauernd getrennt leben und der Ehegatte des Arbeitnehmers auf Antrag beider Ehegatten in die Steuerklasse V eingereiht wird,
  b) die verwitwet sind, wenn sie und ihr verstorbener Ehegatte im Zeitpunkt seines Todes unbeschränkt einkommensteuerpflichtig waren und in diesem Zeitpunkt nicht dauernd getrennt gelebt haben, für das Kalenderjahr, das dem Kalenderjahr folgt, in dem der Ehegatte verstorben ist,
  c) deren Ehe aufgelöst worden ist, wenn
    aa) im Kalenderjahr der Auflösung der Ehe beide Ehegatten unbeschränkt einkommensteuerpflichtig waren und nicht dauernd getrennt gelebt haben und
    bb) der andere Ehegatte wieder geheiratet hat, von seinem neuen Ehegatten nicht dauernd getrennt lebt und er und sein neuer Ehegatte unbeschränkt einkommensteuerpflichtig sind,
  für das Kalenderjahr, in dem die Ehe aufgelöst worden ist;
4.[2] in die Steuerklasse IV gehören Arbeitnehmer, die verheiratet sind, wenn beide Ehegatten unbeschränkt einkommensteuerpflichtig sind und nicht dauernd getrennt leben; dies gilt auch, wenn einer der Ehegatten keinen Arbeitslohn bezieht und kein Antrag nach Nummer 3 Buchstabe a gestellt worden ist;
5 in die Steuerklasse V gehören die unter Nummer 4 bezeichneten Arbeitnehmer, wenn der Ehegatte des Arbeitnehmers auf Antrag beider Ehegatten in die Steuerklasse III eingereiht wird;
6. die Steuerklasse VI gilt bei Arbeitnehmern, die nebeneinander von mehreren Arbeitgebern Arbeitslohn beziehen, für die Einbehaltung der Lohnsteuer vom Arbeitslohn aus dem zweiten und einem weiteren Dienstverhältnis sowie in den Fällen des § 39c.

[3] Als unbeschränkt einkommensteuerpflichtig im Sinne der Nummern 3 und 4 gelten nur Personen, die die Voraussetzungen des § 1 Absatz 1 oder 2 oder des § 1a erfüllen.

---

[1] § 38b Abs. 1 Satz 2 Nr. 3 Buchst. a neu gef. mWv 1.1.2018 durch G v. 23.6.2017 (BGBl. I S. 1682).
[2] § 38b Abs. 1 Satz 2 Nr. 4 geänd. mWv 1.1.2018 durch G v. 23.6.2017 (BGBl. I S. 1682).

(2) ¹Für ein minderjähriges und nach § 1 Absatz 1 unbeschränkt einkommensteuerpflichtiges Kind im Sinne des § 32 Absatz 1 Nummer 1 und Absatz 3 werden bei der Anwendung der Steuerklassen I bis IV die Kinderfreibeträge als Lohnsteuerabzugsmerkmal nach § 39 Absatz 1 wie folgt berücksichtigt:

1. mit Zähler 0,5, wenn dem Arbeitnehmer der Kinderfreibetrag nach § 32 Absatz 6 Satz 1 zusteht, oder

2. mit Zähler 1, wenn dem Arbeitnehmer der Kinderfreibetrag zusteht, weil

   a) die Voraussetzungen des § 32 Absatz 6 Satz 2 vorliegen oder

   b) der andere Elternteil vor dem Beginn des Kalenderjahres verstorben ist oder

   c) der Arbeitnehmer allein das Kind angenommen hat.

²Soweit dem Arbeitnehmer Kinderfreibeträge nach § 32 Absatz 1 bis 6 zustehen, die nicht nach Satz 1 berücksichtigt werden, ist die Zahl der Kinderfreibeträge auf Antrag vorbehaltlich des § 39a Absatz 1 Nummer 6 zu Grunde zu legen. ³In den Fällen des Satzes 2 können die Kinderfreibeträge für mehrere Jahre gelten, wenn nach den tatsächlichen Verhältnissen zu erwarten ist, dass die Voraussetzungen bestehen bleiben. ⁴Bei Anwendung der Steuerklassen III und IV sind auch Kinder des Ehegatten bei der Zahl der Kinderfreibeträge zu berücksichtigen. ⁵Der Antrag kann nur nach amtlich vorgeschriebenem Vordruck gestellt werden.

(3)¹⁾ ¹Auf Antrag des Arbeitnehmers kann abweichend von Absatz 1 oder 2 eine für ihn ungünstigere Steuerklasse oder geringere Zahl der Kinderfreibeträge als Lohnsteuerabzugsmerkmal gebildet werden. ²Der Wechsel von der Steuerklasse III oder V in die Steuerklasse IV ist auch auf Antrag nur eines Ehegatten möglich mit der Folge, dass beide Ehegatten in die Steuerklasse IV eingereiht werden. ³Diese Anträge sind nach amtlich vorgeschriebenem Vordruck zu stellen und vom Antragsteller eigenhändig zu unterschreiben.

§ 39²⁾ Lohnsteuerabzugsmerkmale.
(1) ¹Für die Durchführung des Lohnsteuerabzugs werden auf Veranlassung des Arbeitnehmers Lohnsteuerabzugsmerkmale gebildet (§ 39a Absatz 1 und 4, § 39e Absatz 1 in Verbindung mit § 39e Absatz 4 Satz 1 und § 39e Absatz 8). ²Soweit Lohnsteuerabzugsmerkmale nicht nach § 39e Absatz 1 Satz 1 automatisiert gebildet werden oder davon abweichend zu bilden sind, ist das Finanzamt für die Bildung der Lohnsteuerabzugsmerkmale nach den §§ 38b und 39a und die Bestimmung ihrer Geltungsdauer zuständig. ³Für die Bildung der Lohnsteuerabzugsmerkmale sind die von den Meldebehörden nach § 39e Absatz 2 Satz 2 mitgeteilten Daten vorbehaltlich einer nach Satz 2 abweichenden Bildung durch das Finanzamt bindend. ⁴Die Bildung der Lohnsteuerabzugsmerkmale ist eine gesonderte Feststellung von Besteuerungsgrundlagen im Sinne des § 179 Ab-

---

¹⁾ § 38b Abs. 3 Satz 2 ersetzt durch Sätze 2 und 3 mWv 1.1.2018 durch G v. 23.6.2017 (BGBl. I S. 1682).
²⁾ § 39 neu gef. mWv 1.1.2012 durch G v. 7.12.2011 (BGBl. I S. 2592).

satz 1 der Abgabenordnung, die unter dem Vorbehalt der Nachprüfung steht. ⁵Die Bildung und die Änderung der Lohnsteuerabzugsmerkmale sind dem Arbeitnehmer bekannt zu geben. ⁶Die Bekanntgabe richtet sich nach § 119 Absatz 2 der Abgabenordnung und § 39e Absatz 6. ⁷Der Bekanntgabe braucht keine Belehrung über den zulässigen Rechtsbehelf beigefügt zu werden. ⁸Ein schriftlicher Bescheid mit einer Belehrung über den zulässigen Rechtsbehelf ist jedoch zu erteilen, wenn einem Antrag des Arbeitnehmers auf Bildung oder Änderung der Lohnsteuerabzugsmerkmale nicht oder nicht in vollem Umfang entsprochen wird oder der Arbeitnehmer die Erteilung eines Bescheids beantragt. ⁹Vorbehaltlich des Absatzes 5 ist § 153 Absatz 2 der Abgabenordnung nicht anzuwenden.

(2) ¹Für die Bildung und die Änderung der Lohnsteuerabzugsmerkmale nach Absatz 1 Satz 2 des nach § 1 Absatz 1 unbeschränkt einkommensteuerpflichtigen Arbeitnehmers ist das Wohnsitzfinanzamt im Sinne des § 19 Absatz 1 Satz 1 und 2 der Abgabenordnung und in den Fällen des Absatzes 4 Nummer 5 das Betriebsstättenfinanzamt nach § 41a Absatz 1 Satz 1 Nummer 1 zuständig. ²Ist der Arbeitnehmer nach § 1 Absatz 2 unbeschränkt einkommensteuerpflichtig, nach § 1 Absatz 3 als unbeschränkt einkommensteuerpflichtig zu behandeln oder beschränkt einkommensteuerpflichtig, ist das Betriebsstättenfinanzamt für die Bildung und die Änderung der Lohnsteuerabzugsmerkmale zuständig. ³Ist der nach § 1 Absatz 3 als unbeschränkt einkommensteuerpflichtig zu behandelnde Arbeitnehmer gleichzeitig bei mehreren inländischen Arbeitgebern tätig, ist für die Bildung der weiteren Lohnsteuerabzugsmerkmale das Betriebsstättenfinanzamt zuständig, das erstmals Lohnsteuerabzugsmerkmale gebildet hat. ⁴Bei Ehegatten, die beide Arbeitslohn von inländischen Arbeitgebern beziehen, ist das Betriebsstättenfinanzamt des älteren Ehegatten zuständig.

(3)¹⁾ ¹In den Fällen des Absatzes 2 Satz 1 hat der Arbeitnehmer den Antrag für die erstmalige Zuteilung einer Identifikationsnummer (§ 139b der Abgabenordnung²⁾) beim Wohnsitzfinanzamt und in den Fällen des Absatzes 2 Satz 2 beim Betriebsstättenfinanzamt zu stellen. ²Die Zuteilung einer Identifikationsnummer kann auch der Arbeitgeber beantragen, wenn ihn der Arbeitnehmer dazu nach § 80 Absatz 1 der Abgabenordnung bevollmächtigt hat. ³Ist dem Arbeitnehmer in den Fällen des Absatzes 2 Satz 1 und 2 bereits eine Identifikationsnummer zugeteilt worden, teilt das zuständige Finanzamt diese auf Anfrage des Arbeitnehmers mit. ⁴Eine Anfrage nach Satz 3 kann auch der Arbeitgeber im Namen des Arbeitnehmers stellen. ⁵Wird einem Arbeitnehmer in den Fällen des Satzes 1 keine Identifikationsnummer zugeteilt, gilt § 39e Absatz 8 sinngemäß.

(4) Lohnsteuerabzugsmerkmale sind

1. Steuerklasse (§ 38b Absatz 1) und Faktor (§ 39f),

2. Zahl der Kinderfreibeträge bei den Steuerklassen I bis IV (§ 38b Absatz 2),

3. Freibetrag und Hinzurechnungsbetrag (§ 39a),

---

¹⁾ § 39 Abs. 3 neu gef. mWv VZ 2020 durch G v. 12.12.2019 (BGBl. I S. 2451); Satz 1 und 3 geänd. durch G v. 21.12.2020 (BGBl. I S. 3096).
²⁾ Nr. **800**.

[alte Fassung:]

4. Höhe der Beiträge für eine private Krankenversicherung und für eine private Pflege-Pflichtversicherung (§ 39b Absatz 2 Satz 5 Nummer 3 Buchstabe d) für die Dauer von zwölf Monaten, wenn der Arbeitnehmer dies beantragt,

[Fassung ab 1.1.2023/2024:]

4.[1] Höhe der monatlichen Beiträge

   a) für eine private Krankenversicherung und für eine private Pflege-Pflichtversicherung, wenn die Voraussetzungen für die Gewährung eines nach § 3 Nummer 62 steuerfreien Zuschusses für diese Beiträge vorliegen,

   b) für eine private Krankenversicherung und für eine private Pflege-Pflichtversicherung im Sinne des § 10 Absatz 1 Nummer 3 Satz 1,

5.[2] Mitteilung, dass der von einem Arbeitgeber gezahlte Arbeitslohn nach einem Abkommen zur Vermeidung der Doppelbesteuerung von der Lohnsteuer freizustellen ist, wenn der Arbeitnehmer oder der Arbeitgeber dies beantragt.

[ab 1.1.2023/2024:

(4a)[3] ¹Das Versicherungsunternehmen als mitteilungspflichtige Stelle hat dem Bundeszentralamt für Steuern nach Maßgabe des § 93c der Abgabenordnung die in Absatz 4 Nummer 4 genannten Beiträge unter Angabe der Vertrags- oder Versicherungsdaten zu übermitteln, soweit der Versicherungsnehmer dieser Übermittlung nicht gegenüber dem Versicherungsunternehmen widerspricht; das Bundeszentralamt für Steuern bildet aus den automatisiert übermittelten Daten die entsprechenden Lohnsteuerabzugsmerkmale. ²Abweichend von § 93c Absatz 1 Nummer 1 der Abgabenordnung sind die Daten bis zum 20. November des Vorjahres, für das die Beiträge maßgeblich sind, zu übermitteln. ³Bei unterjährigen Beitragsänderungen sind die Daten dem Bundeszentralamt für Steuern zeitgleich mit der Mitteilung der Beitragsänderung an den Versicherungsnehmer zu übermitteln. ⁴Ändern sich die nach Satz 2 übermittelten Daten infolge von Beitragsvorausleistungen, sind die geänderten Daten bis zum letzten Tag des Monats Februar des laufenden Jahres dem Bundeszentralamt für Steuern zu übermitteln.]

(5) ¹Treten bei einem Arbeitnehmer die Voraussetzungen für eine für ihn ungünstigere Steuerklasse oder geringere Zahl der Kinderfreibeträge ein, ist der Arbeitnehmer verpflichtet, dem Finanzamt dies mitzuteilen und die Steuerklasse und die Zahl der Kinderfreibeträge umgehend ändern zu lassen. ²Dies

---

  ¹⁾ § 39 Abs. 4 Nr. 4 neu gef. durch G v. 21.12.2020 (BGBl. I S. 3096); Nr. 4 Buchst. b Verweis geänd. durch G v. 16.12.2022 (BGBl. I S. 2294); zur Anwendung siehe § 52 Abs. 36 Satz 3.

  ²⁾ Zur Anwendung siehe § 52 Abs. 36 Satz 1.

  ³⁾ § 39 Abs. 4a eingef. durch G v. 21.12.2020 (BGBl. I S. 3096); Satz 1 HS 2 angef. durch G v. 16.12.2022 (BGBl. I S. 2294); zur Anwendung siehe § 52 Abs. 36 Satz 3.

gilt insbesondere, wenn die Voraussetzungen für die Berücksichtigung des Entlastungsbetrags für Alleinerziehende, für die die Steuerklasse II zur Anwendung kommt, entfallen. ³Eine Mitteilung ist nicht erforderlich, wenn die Abweichung einen Sachverhalt betrifft, der zu einer Änderung der Daten führt, die nach § 39e Absatz 2 Satz 2 von den Meldebehörden zu übermitteln sind. ⁴Kommt der Arbeitnehmer seiner Verpflichtung nicht nach, ändert das Finanzamt die Steuerklasse und die Zahl der Kinderfreibeträge von Amts wegen. ⁵Unterbleibt die Änderung der Lohnsteuerabzugsmerkmale, hat das Finanzamt zu wenig erhobene Lohnsteuer vom Arbeitnehmer nachzufordern, wenn diese 10 Euro übersteigt.

(6) ¹Ändern sich die Voraussetzungen für die Steuerklasse oder für die Zahl der Kinderfreibeträge zu Gunsten des Arbeitnehmers, kann dieser beim Finanzamt die Änderung der Lohnsteuerabzugsmerkmale beantragen. ²Die Änderung ist mit Wirkung von dem ersten Tag des Monats an vorzunehmen, in dem erstmals die Voraussetzungen für die Änderung vorlagen. ³Ehegatten können *einmalig* im Laufe des Kalenderjahres beim Finanzamt die Änderung der Steuerklassen beantragen.¹⁾ ⁴Dies gilt unabhängig von der automatisierten Bildung der Steuerklassen nach § 39e Absatz 3 Satz 3 sowie einer von den Ehegatten gewünschten Änderung dieser automatisierten Bildung. ⁵Das Finanzamt hat eine Änderung nach Satz 3 mit Wirkung vom Beginn des Kalendermonats vorzunehmen, der auf die Antragstellung folgt. ⁶Für eine Berücksichtigung der Änderung im laufenden Kalenderjahr ist der Antrag nach Satz 1 oder 3 spätestens bis zum 30. November zu stellen.

(7) ¹Wird ein unbeschränkt einkommensteuerpflichtiger Arbeitnehmer beschränkt einkommensteuerpflichtig, hat er dies dem Finanzamt unverzüglich mitzuteilen. ²Das Finanzamt hat die Lohnsteuerabzugsmerkmale vom Zeitpunkt des Eintritts der beschränkten Einkommensteuerpflicht an zu ändern. ³Absatz 1 Satz 5 bis 8 gilt entsprechend. ⁴Unterbleibt die Mitteilung, hat das Finanzamt zu wenig erhobene Lohnsteuer vom Arbeitnehmer nachzufordern, wenn diese 10 Euro übersteigt.

(8)²⁾ Ohne Einwilligung des Arbeitnehmers und soweit gesetzlich nichts anderes zugelassen ist, darf der Arbeitgeber die Lohnsteuerabzugsmerkmale nur für die Einbehaltung der Lohn- und Kirchensteuer verarbeiten.

(9)²⁾ *(aufgehoben)*

§ 39a³⁾ Freibetrag und Hinzurechnungsbetrag. (1) ¹Auf Antrag des unbeschränkt einkommensteuerpflichtigen Arbeitnehmers ermittelt das Finanzamt die Höhe eines vom Arbeitslohn insgesamt abzuziehenden Freibetrags aus der Summe der folgenden Beträge:

---

¹⁾ § 39 Abs. 6 Satz 3 geänd. mWv 1.1.2018 durch G v. 23.6.2017 (BGBl. I S. 1682); kursiver Satzteil aufgeh. mWv 1.1.2020 durch G v. 22.11.2019 (BGBl. I S. 1746).
²⁾ § 39 Abs. 8 neu gef., Abs. 9 aufgeh. mWv VZ 2019 durch G v. 20.11.2019 (BGBl. I S. 1626).
³⁾ § 39a Abs. 1 Satzteil vor Nr. 1 neu gef., Nr. 6 Satz 2 neu gef., Satz 3 angef., Nr. 7 neu gef., Abs. 1 Satz 2 angef., Abs. 2 bis 5 neu gef. mWv VZ 2012 durch G v. 7.12.2011 (BGBl. I S. 2592); Abs. 1 Satz 1 Nr. 4 geänd. mWv 15.12.2020 durch G v. 9.12.2020 (BGBl. I S. 2770).

1. Werbungskosten, die bei den Einkünften aus nichtselbständiger Arbeit anfallen, soweit sie den Arbeitnehmer-Pauschbetrag (§ 9a Satz 1 Nummer 1 Buchstabe a) oder bei Versorgungsbezügen den Pauschbetrag (§ 9a Satz 1 Nummer 1 Buchstabe b) übersteigen,

[ab VZ 2024:

1a.[1]) Sonderausgaben im Sinne des § 10 Absatz 1 Nummer 3 Satz 1 unter den Voraussetzungen des § 10 Absatz 2, wenn die Beiträge an Versicherungsunternehmen oder Sozialversicherungsträger geleistet werden, die ihren Sitz oder ihre Geschäftsleitung nicht im Inland haben,]

2. Sonderausgaben im Sinne des § 10 Absatz 1 Nummer 4, 5, 7 und 9 sowie Absatz 1a[2]) und des § 10b, soweit sie den Sonderausgaben-Pauschbetrag von 36 Euro übersteigen,

3. der Betrag, der nach den §§ 33, 33a und 33b Absatz 6 wegen außergewöhnlicher Belastungen zu gewähren ist,

4. die Pauschbeträge für Menschen mit Behinderungen und Hinterbliebene (§ 33b Absatz 1 bis 5),

4a.[3]) der Erhöhungsbetrag nach § 24b Absatz 2 Satz 2 *sowie in den Kalenderjahren 2020 und 2021 der Erhöhungsbetrag nach § 24b Absatz 2 Satz 3; für den Erhöhungsbetrag nach § 24b Absatz 2 Satz 3 kann auch ohne Antrag des Arbeitnehmers ein Freibetrag ermittelt werden,*

5. die folgenden Beträge, wie sie nach § 37 Absatz 3 bei der Festsetzung von Einkommensteuer-Vorauszahlungen zu berücksichtigen sind:

   a)[4]) die Beträge, die nach § 10d Absatz 2, §§ 10e, 10f, 10g, 10h, 10i, nach § 15b des Berlinförderungsgesetzes abgezogen werden können,

   b) die negative Summe der Einkünfte im Sinne des § 2 Absatz 1 Satz 1 Nummer 1 bis 3, 6 und 7 und der negativen Einkünfte im Sinne des § 2 Absatz 1 Satz 1 Nummer 5,

   c)[5]) das Vierfache der Steuerermäßigung nach den §§ 34f, 35a und 35c,

6. die Freibeträge nach § 32 Absatz 6 für jedes Kind im Sinne des § 32 Absatz 1 bis 4, für das kein Anspruch auf Kindergeld besteht. ²Soweit für diese Kinder Kinderfreibeträge nach § 38b Absatz 2 berücksichtigt worden sind, ist die Zahl der Kinderfreibeträge entsprechend zu vermindern. ³Der Arbeitnehmer ist verpflichtet, den nach Satz 1 ermittelten Freibetrag ändern zu lassen, wenn für das Kind ein Kinderfreibetrag nach § 38b Absatz 2 berücksichtigt wird,

---

[1]) § 39a Abs. 1 Satz 1 Nr. 1a eingef. mWv VZ 2024 durch G v. 21.12.2020 (BGBl. I S. 3096); ber. durch G v. 16.12.2022 (BGBl. I S. 2294).
[2]) Verweis geänd. mWv VZ 2015 durch G v. 22.12.2014 (BGBl. I S. 2417).
[3]) § 39a Abs. 1 Satz 1 Nr. 4a eingef. mWv VZ 2015 durch G v. 16.7.2015 (BGBl. I S. 1202); 2. HS angef. durch G v. 29.6.2020 (BGBl. I S. 1512); kursiver Satzteil gestrichen mWv VZ 2022 durch G v. 21.12.2020 (BGBl. I S. 3096).
[4]) § 39a Abs. 1 Satz 1 Nr. 5 Buchst. a geänd. mWv 15.7.2016 durch G v. 8.7.2016 (BGBl. I S. 1594).
[5]) § 39a Abs. 1 Satz 1 Nr. 5 Buchst. c geänd. mWv 1.1.2020 durch G v. 21.12.2019 (BGBl. I S. 2886).

7.[1] ein Betrag für ein zweites oder ein weiteres Dienstverhältnis insgesamt bis zur Höhe *des auf volle Euro abgerundeten zu versteuernden Jahresbetrags nach § 39b Absatz 2 Satz 5, bis zu dem nach der Steuerklasse des Arbeitnehmers, die für den Lohnsteuerabzug vom Arbeitslohn aus dem ersten Dienstverhältnis anzuwenden ist, Lohnsteuer nicht zu erheben ist* [**ab VZ 2023:** der Summe aus dem Grundfreibetrag (§ 32a Absatz 1 Satz 2 Nummer 1), dem Arbeitnehmer-Pauschbetrag (§ 9a Satz 1 Nummer 1 Buchstabe a) und dem Sonderausgaben-Pauschbetrag (§ 10c Satz 1), wenn im ersten Dienstverhältnis die Steuerklasse I oder IV maßgeblich ist, sowie zusätzlich dem Entlastungsbetrag für Alleinerziehende (§ 24b Absatz 2 Satz 1), wenn im ersten Dienstverhältnis die Steuerklasse II maßgeblich ist; ist im ersten Dienstverhältnis die Steuerklasse III maßgeblich, sind der doppelte Grundfreibetrag, der Arbeitnehmer-Pauschbetrag und der Sonderausgaben-Pauschbetrag anzusetzen; ist im ersten Dienstverhältnis die Steuerklasse V maßgeblich, sind der Arbeitnehmer-Pauschbetrag und der Sonderausgaben-Pauschbetrag anzusetzen.] ²Voraussetzung ist, dass

a) der Jahresarbeitslohn aus dem ersten Dienstverhältnis geringer ist als der nach Satz 1 maßgebende *Eingangsbetrag* [**ab VZ 2023:** Betrag] und

b) in Höhe des Betrags für ein zweites oder ein weiteres Dienstverhältnis zugleich für das erste Dienstverhältnis ein Betrag ermittelt wird, der dem Arbeitslohn hinzuzurechnen ist (Hinzurechnungsbetrag).

³Soll für das erste Dienstverhältnis auch ein Freibetrag nach den Nummern 1 bis 6 und 8 ermittelt werden, ist nur der diesen Freibetrag übersteigende Betrag als Hinzurechnungsbetrag zu berücksichtigen. ⁴Ist der Freibetrag höher als der Hinzurechnungsbetrag, ist nur der den Hinzurechnungsbetrag übersteigende Freibetrag zu berücksichtigen,

8. der Entlastungsbetrag für Alleinerziehende (§ 24b) bei Verwitweten, die nicht in Steuerklasse II gehören.

²Der insgesamt abzuziehende Freibetrag und der Hinzurechnungsbetrag gelten mit Ausnahme von Satz 1 Nummer 4 und vorbehaltlich der Sätze 3 bis 5 für die gesamte Dauer eines Kalenderjahres. ³Die Summe der nach Satz 1 Nummer 1 bis 3 sowie 4a bis 8 ermittelten Beträge wird längstens für einen Zeitraum von zwei Kalenderjahren ab Beginn des Kalenderjahres, für das der Freibetrag erstmals gilt oder geändert wird, berücksichtigt. ⁴Der Arbeitnehmer kann eine Änderung des Freibetrags innerhalb dieses Zeitraums beantragen, wenn sich die Verhältnisse zu seinen Gunsten ändern. ⁵Ändern sich die Verhältnisse zu seinen Ungunsten, ist er verpflichtet, dies dem Finanzamt umgehend anzuzeigen.[2]

(2) ¹Der Antrag nach Absatz 1 ist nach amtlich vorgeschriebenem Vordruck zu stellen und vom Arbeitnehmer eigenhändig zu unterschreiben. ²Die Frist

---

[1] § 39a Abs. 1 Satz 1 Nr. 7 Satz 1 neu gef.; Satz 2 Buchst. a geänd. mWv VZ 2023 durch G v. 8.12.2022 (BGBl. I S. 2230).
[2] § 39a Abs. 1 Satz 2 ersetzt durch Sätze 2 bis 5 durch G v. 26.6.2013 (BGBl. I S. 1809); zur Anwendung siehe § 52 Abs. 37 iVm BMF v. 21.5.2015 (BStBl. I S. 488); Satz 3 geänd. durch G v. 16.7.2015 (BGBl. I S. 1202); Satz 3 geänd. durch G v. 28.7.2015 (BGBl. I S. 1400).

EL 212   Februar 2023   243

für die Antragstellung beginnt am 1. Oktober des Vorjahres, für das der Freibetrag gelten soll. [3] Sie endet am 30. November des Kalenderjahres, in dem der Freibetrag gilt. [4] Der Antrag ist hinsichtlich eines Freibetrags aus der Summe der nach Absatz 1 Satz 1 Nummer 1 bis 3 und 8 in Betracht kommenden Aufwendungen und Beträge unzulässig, wenn die Aufwendungen im Sinne des § 9, soweit sie den Arbeitnehmer-Pauschbetrag übersteigen, die Aufwendungen im Sinne des § 10 Absatz 1 Nummer *4, 5, 7 und 9* [*ab VZ 2024:* 3 Satz 1, Nummer 4, 5, 7 und 9][1] sowie Absatz 1a,[2] der §§ 10b und 33 sowie die abziehbaren Beträge nach den §§ 24b, 33a und 33b Absatz 6 insgesamt 600 Euro nicht übersteigen. [5] Das Finanzamt kann auf nähere Angaben des Arbeitnehmers verzichten, wenn er

1. höchstens den Freibetrag beantragt, der für das vorangegangene Kalenderjahr ermittelt wurde, und

2. versichert, dass sich die maßgebenden Verhältnisse nicht wesentlich geändert haben.

[6] Das Finanzamt hat den Freibetrag durch Aufteilung in Monatsfreibeträge, falls erforderlich in Wochen- und Tagesfreibeträge, jeweils auf die der Antragstellung folgenden Monate des Kalenderjahres gleichmäßig zu verteilen. [7] Abweichend hiervon darf ein Freibetrag, der im Monat Januar eines Kalenderjahres beantragt wird, mit Wirkung vom 1. Januar dieses Kalenderjahres an berücksichtigt werden. [8] Ist der Arbeitnehmer beschränkt einkommensteuerpflichtig, hat das Finanzamt den nach Absatz 4 ermittelten Freibetrag durch Aufteilung in Monatsbeträge, falls erforderlich in Wochen- und Tagesbeträge, jeweils auf die voraussichtliche Dauer des Dienstverhältnisses im Kalenderjahr gleichmäßig zu verteilen. [9] Die Sätze 5 bis 8 gelten für den Hinzurechnungsbetrag nach Absatz 1 Satz 1 Nummer 7 entsprechend.

(3) [1] Für Ehegatten, die beide unbeschränkt einkommensteuerpflichtig sind und nicht dauernd getrennt leben, ist jeweils die Summe der nach Absatz 1 Satz 1 Nummer 2 bis 4 und 5[3] in Betracht kommenden Beträge gemeinsam zu ermitteln; der in Absatz 1 Satz 1 Nummer 2 genannte Betrag ist zu verdoppeln. [2] Für die Anwendung des Absatzes 2 Satz 4 ist die Summe der für beide Ehegatten in Betracht kommenden Aufwendungen im Sinne des § 9, soweit sie jeweils den Arbeitnehmer-Pauschbetrag übersteigen, und der Aufwendungen im Sinne des § 10 Absatz 1 Nummer *4, 5, 7 und 9* [*ab VZ 2024:* 3 Satz 1, Nummer 4, 5, 7 und 9][1] sowie Absatz 1a,[2] der §§ 10b und 33 sowie der abziehbaren Beträge nach den §§ 24b, 33a und 33b Absatz 6 maßgebend. [3] Die nach Satz 1 ermittelte Summe ist je zur Hälfte auf die Ehegatten aufzuteilen, wenn für jeden Ehegatten Lohnsteuerabzugsmerkmale gebildet werden und die Ehegatten keine andere Aufteilung beantragen. [4] Für eine andere Aufteilung gilt Absatz 1 Satz 2 entsprechend. [5] Für einen Arbeitnehmer, dessen Ehe in dem Kalenderjahr, für das der Freibetrag gilt, aufgelöst worden ist und dessen bisheriger Ehegatte in demselben Kalenderjahr wieder geheiratet hat, sind die nach

---

[1] Verweis geänd. mWv VZ 2024 durch G v. 21.12.2020 (BGBl. I S. 3096), ber. durch G v. 16.12.2022 (BGBl. I S. 2294).
[2] Verweis geänd. mWv VZ 2015 durch G v. 22.12.2014 (BGBl. I S. 2417).
[3] Verweis geänd. mWv VZ 2015 durch G v. 16.7.2015 (BGBl. I S. 1202).

Absatz 1 in Betracht kommenden Beträge ausschließlich auf Grund der in seiner Person erfüllten Voraussetzungen zu ermitteln. ⁶Satz 1 zweiter Halbsatz ist auch anzuwenden, wenn die tarifliche Einkommensteuer nach § 32a Absatz 6 zu ermitteln ist.

(4)¹⁾ ¹Für einen beschränkt einkommensteuerpflichtigen Arbeitnehmer, für den § 50 Absatz 1 Satz 5 anzuwenden ist, ermittelt das Finanzamt auf Antrag einen Freibetrag, der vom Arbeitslohn insgesamt abzuziehen ist, aus der Summe der folgenden Beträge:

1. Werbungskosten, die bei den Einkünften aus nichtselbständiger Arbeit anfallen, soweit sie den Arbeitnehmer-Pauschbetrag (§ 9a Satz 1 Nummer 1 Buchstabe a) oder bei Versorgungsbezügen den Pauschbetrag (§ 9a Satz 1 Nummer 1 Buchstabe b) übersteigen,

[ab VZ 2024:

1a.²⁾ Sonderausgaben im Sinne des § 10 Absatz 1 Nummer 3 Satz 1 unter den Voraussetzungen des § 10 Absatz 2, wenn die Beiträge an Versicherungsunternehmen oder Sozialversicherungsträger geleistet werden, die ihren Sitz oder ihre Geschäftsleitung nicht im Inland haben,]

2. Sonderausgaben im Sinne des § 10b, soweit sie den Sonderausgaben-Pauschbetrag (§ 10c) übersteigen, und die wie Sonderausgaben abziehbaren Beträge nach § 10e oder § 10i, jedoch erst nach Fertigstellung oder Anschaffung des begünstigten Objekts oder nach Fertigstellung der begünstigten Maßnahme,

3. den Freibetrag oder den Hinzurechnungsbetrag nach Absatz 1 Satz 1 Nummer 7.

²Der Antrag kann nur nach amtlich vorgeschriebenem Vordruck bis zum Ablauf des Kalenderjahres gestellt werden, für das die Lohnsteuerabzugsmerkmale gelten.

(5) Ist zu wenig Lohnsteuer erhoben worden, weil ein Freibetrag unzutreffend als Lohnsteuerabzugsmerkmal ermittelt worden ist, hat das Finanzamt den Fehlbetrag vom Arbeitnehmer nachzufordern, wenn er 10 Euro übersteigt.

§ 39b³⁾ ⁴⁾ Einbehaltung der Lohnsteuer. (1) Bei unbeschränkt und beschränkt einkommensteuerpflichtigen Arbeitnehmern hat der Arbeitgeber den Lohnsteuerabzug nach Maßgabe der Absätze 2 bis 6 durchzuführen.

(2)⁵⁾ ¹Für die Einbehaltung der Lohnsteuer vom laufenden Arbeitslohn hat der Arbeitgeber die Höhe des laufenden Arbeitslohns im Lohnzahlungszeit-

---

¹⁾ § 39a Abs. 4 Satz 1 geänd. durch G v. 21.12.2020 (BGBl. I S. 3096); zur Anwendung siehe § 52 Abs. 46 Satz 1 (neue Satzzählung von § 50 Abs. 1).
²⁾ § 39a Abs. 4 Satz 1 Nr. 1a eingef. mWv VZ 2024 durch G v. 21.12.2020 (BGBl. I S. 3096); ber. durch G v. 16.12.2022 (BGBl. I S. 2294).
³⁾ Zur Berechnung der geltenden Lohnsteuer siehe das beiliegende **Berechnungsprogramm auf CD-ROM** sowie die im **Anhang aT2 und aT3** abgedruckten **Jahreslohnsteuer- und Monatslohnsteuertabellen.**
⁴⁾ § 39b Überschr. und Abs. 1 neu gef. mWv VZ 2012 durch G v. 7.12.2011 (BGBl. I S. 2592).
⁵⁾ § 39b Abs. 2 Satz 4 und 8 geänd. mWv VZ 2012 durch G v. 7.12.2011 (BGBl. I S. 2592).

raum festzustellen und auf einen Jahresarbeitslohn hochzurechnen. [2]Der Arbeitslohn eines monatlichen Lohnzahlungszeitraums ist mit zwölf, der Arbeitslohn eines wöchentlichen Lohnzahlungszeitraums mit $360/7$ und der Arbeitslohn eines täglichen Lohnzahlungszeitraums mit 360 zu vervielfältigen. [3]Von dem hochgerechneten Jahresarbeitslohn sind ein etwaiger Versorgungsfreibetrag (§ 19 Absatz 2) und Altersentlastungsbetrag (§ 24a) abzuziehen. [4]Außerdem ist der hochgerechnete Jahresarbeitslohn um einen etwaigen als Lohnsteuerabzugsmerkmal für den Lohnzahlungszeitraum mitgeteilten Freibetrag (§ 39a Absatz 1) oder Hinzurechnungsbetrag (§ 39a Absatz 1 Satz 1 Nummer 7), vervielfältigt unter sinngemäßer Anwendung von Satz 2, zu vermindern oder zu erhöhen. [5]Der so verminderte oder erhöhte hochgerechnete Jahresarbeitslohn, vermindert um

1. den Arbeitnehmer-Pauschbetrag (§ 9a Satz 1 Nummer 1 Buchstabe a) oder bei Versorgungsbezügen den Pauschbetrag (§ 9a Satz 1 Nummer 1 Buchstabe b) und den Zuschlag zum Versorgungsfreibetrag (§ 19 Absatz 2) in den Steuerklassen I bis V,

2. den Sonderausgaben-Pauschbetrag (§ 10c Satz 1) in den Steuerklassen I bis V,

3. eine Vorsorgepauschale aus den Teilbeträgen

 a)[1] für die Rentenversicherung bei Arbeitnehmern, die in der gesetzlichen Rentenversicherung pflichtversichert oder von der gesetzlichen Rentenversicherung nach § 6 Absatz 1 Nummer 1 des Sechsten Buches Sozialgesetzbuch befreit sind, in den Steuerklassen I bis VI in Höhe des Betrags, der bezogen auf den Arbeitslohn 50 Prozent des Beitrags in der allgemeinen Rentenversicherung unter Berücksichtigung der jeweiligen Beitragsbemessungsgrenzen entspricht,

 b)[2] für die Krankenversicherung bei Arbeitnehmern, die in der gesetzlichen Krankenversicherung versichert sind, in den Steuerklassen I bis VI in Höhe des Betrags, der bezogen auf den Arbeitslohn unter Berücksichtigung der Beitragsbemessungsgrenze, den ermäßigten Beitragssatz (§ 243 des Fünften Buches Sozialgesetzbuch) und den Zusatzbeitragssatz der Krankenkasse (§ 242 des Fünften Buches Sozialgesetzbuch) dem Arbeitnehmeranteil eines pflichtversicherten Arbeitnehmers entspricht,

 c) für die Pflegeversicherung bei Arbeitnehmern, die in der sozialen Pflegeversicherung versichert sind, in den Steuerklassen I bis VI in Höhe des Betrags, der bezogen auf den Arbeitslohn unter Berücksichtigung der Beitragsbemessungsgenze und den bundeseinheitlichen Beitragssatz dem Arbeitnehmeranteil eines pflichtversicherten Arbeitnehmers entspricht, erhöht um den Beitragszuschlag des Arbeitnehmers nach § 55 Absatz 3 des Elften Buches Sozialgesetzbuch, wenn die Voraussetzungen dafür vorliegen,

---

[1] Von 2010 bis 2024 siehe Maßgabe in Abs. 4.
[2] § 39b Abs. 2 Satz 5 Nr. 3 Buchst. b geänd. mWv VZ 2015 durch G v. 25.7.2014 (BGBl. I S. 1266).

[Fassung bis 31.12.2023:]

d)[2] für die Krankenversicherung und für die private Pflege-Pflichtversicherung bei Arbeitnehmern, die nicht unter Buchstabe b und c fallen, in den Steuerklassen I bis V in Höhe der dem Arbeitgeber mitgeteilten Beiträge im Sinne des § 10 Absatz 1 Nummer 3, etwaig vervielfältigt unter sinngemäßer Anwendung von Satz 2 auf einen Jahresbetrag, vermindert um den Betrag, der bezogen auf den Arbeitslohn unter Berücksichtigung der Beitragsbemessungsgrenze, den ermäßigten Beitragssatz und den durchschnittlichen Zusatzbeitragssatz in der gesetzlichen Krankenversicherung sowie den bundeseinheitlichen Beitragssatz in der sozialen Pflegeversicherung dem Arbeitgeberanteil für einen pflichtversicherten Arbeitnehmer entspricht, wenn der Arbeitgeber gesetzlich verpflichtet ist, Zuschüsse zu den Kranken- und Pflegeversicherungsbeiträgen des Arbeitnehmers zu leisten;

[Fassung ab 1.1.2024:][1]

d) für die Krankenversicherung und für die private Pflege-Pflichtversicherung bei Arbeitnehmern, die nicht unter die Buchstaben b und c fallen, in den Steuerklassen I bis V in Höhe der dem Arbeitgeber als Lohnsteuerabzugsmerkmal bereitgestellten Beiträge nach § 39 Absatz 4 Nummer 4 Buchstabe b, etwaig vervielfältigt unter sinngemäßer Anwendung von Satz 2 auf einen Jahresbetrag, vermindert um die nach § 3 Nummer 62 steuerfreien Zuschüsse, die unter Berücksichtigung der als Lohnsteuerabzugsmerkmal bereitgestellten Beiträge nach § 39 Absatz 4 Nummer 4 Buchstabe a ermittelt wurden;

e) für die Versicherung gegen Arbeitslosigkeit bei Arbeitnehmern, die in der Arbeitslosenversicherung (Drittes Buch Sozialgesetzbuch) versichert sind, in den Steuerklassen I bis V in Höhe des Betrags, der bezogen auf den Arbeitslohn unter Berücksichtigung der jeweiligen Beitragsbemessungsgrenze und den bundeseinheitlichen Beitragssatz, dem Arbeitnehmeranteil eines pflichtversicherten Arbeitnehmers entspricht; der Teilbetrag ist jedoch nur anzusetzen, soweit er zusammen mit den Teilbeträgen nach den Buchstaben b bis d einen Betrag in Höhe von 1900 Euro nicht übersteigt;

---

[1] § 39b Abs. 2 Satz 5 Nr. 3 Buchst. d neu gef., Buchst. e angef. mWv VZ 2024 durch G v. 21.12.2020 (BGBl. I S. 3096); Buchst. d neu gef. durch G v. 2.6.2021 (BGBl. I S. 1259).

[2] § 39b Abs. 2 Satz 5 Nr. 3 Buchst. d geänd. mWv VZ 2019 durch G v. 12.12.2019 (BGBl. I S. 2451).

Entschädigungen im Sinne des § 24 Nummer 1 sind bei Anwendung der Buchstaben a bis c *nicht zu berücksichtigen; mindestens ist für die Summe der Teilbeträge nach den Buchstaben b und c oder für den Teilbetrag nach Buchstabe d ein Betrag in Höhe von 12 Prozent des Arbeitslohns, höchstens 1900 Euro in den Steuerklassen I, II, IV, V, VI und höchstens 3000 Euro in der Steuerklasse III anzusetzen* [*ab 1.1.2024:* und e nicht zu berücksichtigen][1],

4.[2]) den Entlastungsbetrag für Alleinerziehende für ein Kind (§ 24b Absatz 2 Satz 1) in der Steuerklasse II,

ergibt den zu versteuernden Jahresbetrag. [6]Für den zu versteuernden Jahresbetrag ist die Jahreslohnsteuer in den Steuerklassen I, II und IV nach § 32a Absatz 1 sowie in der Steuerklasse III nach § 32a Absatz 5 zu berechnen. [7]In den Steuerklassen V und VI ist die Jahreslohnsteuer zu berechnen, die sich aus dem Zweifachen des Unterschiedsbetrags zwischen dem Steuerbetrag für das Eineinviertelfache und dem Steuerbetrag für das Dreiviertelfache des zu versteuernden Jahresbetrags nach § 32a Absatz 1 ergibt; die Jahreslohnsteuer beträgt jedoch mindestens 14 Prozent des zu versteuernden Jahresbetrags, für den *10 635* [*für VZ 2020:* 10898; *für VZ 2021:* 11 237; *für VZ 2022:* 11 793[3]]; *für VZ 2023:* 12 485; *für VZ 2024:* 13 729] Euro[4]) übersteigenden Teil des zu versteuernden Jahresbetrags höchstens 42 Prozent, für den *27 980* [*für VZ 2020:* 28 526; *für VZ 2021:* 28 959; *für VZ 2022:* 29 298; *für VZ 2023:* 31 404; *für VZ 2024:* 33 380] Euro[4]) übersteigenden Teil des zu versteuernden Jahresbetrags 42 Prozent und für den *212 261* [*für VZ 2020:* 216 400; *für VZ 2021:* 219 690; *für VZ 2022:* 222 260] Euro[3]) übersteigenden Teil des zu versteuernden Jahresbetrags 45 Prozent.[5] [8]Für die Lohnsteuerberechnung ist die als Lohnsteuerabzugsmerkmal mitgeteilte oder die nach § 39c Absatz 1 oder Absatz 2 oder nach § 39e Absatz 5a oder Absatz 6 Satz 8 anzuwendende[6]) Steuerklasse maßgebend. [9]Die monatliche Lohnsteuer ist $^1/_{12}$, die wöchentliche Lohnsteuer sind $^7/_{360}$ und die tägliche Lohnsteuer ist $^1/_{360}$ der Jahreslohnsteuer. [10]Bruchteile eines Cents, die sich bei der Berechnung nach den Sätzen 2 und 9 ergeben, bleiben jeweils außer Ansatz. [11]Die auf den Lohnzahlungszeitraum entfallende Lohnsteuer ist vom Arbeitslohn einzubehalten. [12]Das Betriebsstättenfinanzamt kann allgemein oder auf Antrag zulassen, dass die Lohnsteuer unter den Voraussetzungen des § 42b Absatz 1 nach dem voraussichtlichen Jahresarbeitslohn ermittelt wird, wenn gewährleistet ist, dass die zutreffende Jahreslohnsteuer (§ 38a Absatz 2) nicht unterschritten wird. [13]Darüber hinaus kann das Betriebsstättenfinanzamt auf Antrag zulassen, dass

---

[1]) § 39b Abs. 2 Nr. 3 abschl. Satzteil geänd. mWv VZ 2024 durch G v. 21.12.2020 (BGBl. I S. 3096).
[2]) § 39b Abs. 2 Satz 5 Nr. 4 geänd. durch G v. 16.7.2015 (BGBl. I S. 1202); zur Anwendung siehe § 52 Abs. 37b.
[3]) Betrag geänd. mWv 1.1.2022 durch G v. 23.5.2022 (BGBl. I S. 749).
[4]) Beträge geänd. mWv VZ 2015/2016 durch G v. 16.7.2015 (BGBl. I S. 1202); geänd. mWv VZ 2017/2018 durch G v. 20.12.2016 (BGBl. I S. 3000); geänd. mWv VZ 2019/2020 durch G v. 29.11.2018 (BGBl. I S. 2210); geänd. mWv VZ 2021/2022 durch G v. 1.12.2020 (BGBl. I S. 2616); geänd. mWv VZ 2023/2024 durch G v. 8.12.2022 (BGBl. I S. 2230).
[5]) § 39b Abs. 2 Satz 7 HS 2 neu gef. mWv VZ 2016 durch G v. 16.7.2015 (BGBl. I S. 1202).
[6]) § 39b Abs. 2 Satz 8 geänd. mWv 1.1.2017 durch G v. 18.7.2016 (BGBl. I S. 1679).

bei nach § 1 Absatz 1 unbeschränkt einkommensteuerpflichtigen Arbeitnehmern mit Steuerklasse VI und ohne Freibetrag nach § 39a, die bei dem Arbeitgeber gelegentlich, nicht regelmäßig wiederkehrend beschäftigt werden und deren Dauer der Beschäftigung 24 zusammenhängende Arbeitstage nicht übersteigt, der während der Beschäftigung erzielte Arbeitslohn auf einen Jahresbetrag hochgerechnet und die sich ergebende Lohnsteuer auf den Lohnabrechnungszeitraum zurückgerechnet wird, wobei als Lohnabrechnungszeitraum der Zeitraum vom Beginn des Kalenderjahres bis zum Ende der Beschäftigung gilt. ¹⁴Bei Anwendung des Satzes 13 sind auch der im Kalenderjahr in etwaigen vorangegangenen und beendeten weiteren Dienstverhältnissen in der Steuerklasse VI bezogene Arbeitslohn und die darauf erhobene Lohnsteuer einzubeziehen, soweit dort bereits Satz 13 angewandt wurde. ¹⁵Voraussetzung für die Anwendung des Verfahrens nach Satz 13 ist zudem, dass der Arbeitnehmer vor Aufnahme der Beschäftigung

1. unter Angabe seiner Identifikationsnummer gegenüber dem Arbeitgeber schriftlich zustimmt,

2. mit der Zustimmung den nach Satz 14 einzubeziehenden Arbeitslohn und die darauf erhobene Lohnsteuer erklärt und

3. mit der Zustimmung versichert, dass ihm der Pflichtveranlagungstatbestand nach § 46 Absatz 2 Nummer 2 und 3a bekannt ist.

¹⁶Die Zustimmungserklärung des Arbeitnehmers ist zum Lohnkonto zu nehmen.¹⁾

(3)²⁾ ¹Für die Einbehaltung der Lohnsteuer von einem sonstigen Bezug hat der Arbeitgeber den voraussichtlichen Jahresarbeitslohn ohne den sonstigen Bezug festzustellen. ²Hat der Arbeitnehmer Lohnsteuerbescheinigungen aus früheren Dienstverhältnissen des Kalenderjahres nicht vorgelegt, so ist bei der Ermittlung des voraussichtlichen Jahresarbeitslohns der Arbeitslohn für Beschäftigungszeiten bei früheren Arbeitgebern mit dem Betrag anzusetzen, der sich ergibt, wenn der laufende Arbeitslohn im Monat der Zahlung des sonstigen Bezugs entsprechend der Beschäftigungsdauer bei früheren Arbeitgebern hochgerechnet wird. ³Der voraussichtliche Jahresarbeitslohn ist um den Versorgungsfreibetrag (§ 19 Absatz 2) und den Altersentlastungsbetrag (§ 24a), wenn die Voraussetzungen für den Abzug dieser Beträge jeweils erfüllt sind, sowie um einen etwaigen als Lohnsteuerabzugsmerkmal mitgeteilten Jahresfreibetrag zu vermindern und um einen etwaigen Jahreshinzurechnungsbetrag zu erhöhen. ⁴Für den so ermittelten Jahresarbeitslohn (maßgebender Jahresarbeitslohn) ist die Lohnsteuer nach Maßgabe des Absatzes 2 Satz 5 bis 7 zu ermitteln. ⁵Außerdem ist die Jahreslohnsteuer für den maßgebenden Jahresarbeitslohn unter Einbeziehung des sonstigen Bezugs zu ermitteln. ⁶Dabei ist der sonstige Bezug um den Versorgungsfreibetrag und den Altersentlastungsbetrag zu vermindern, wenn die Voraussetzungen für den Abzug dieser Beträge jeweils erfüllt sind und soweit sie nicht bei der Steuerberechnung für den maßgebenden Jah-

---

¹⁾ § 39b Abs. 2 Sätze 13 bis 16 angef. mWv 1.1.2018 durch G v. 23.6.2017 (BGBl. I S. 1682).
²⁾ § 39b Abs. 3 Sätze 3 und 7 geänd. mWv VZ 2012 durch G v. 7.12.2011 (BGBl. I S. 2592); Satz 6 geänd. mWv VZ 2014 durch G v. 25.7.2014 (BGBl. I S. 1266).

resarbeitslohn berücksichtigt worden sind. [7] Für die Lohnsteuerberechnung ist die als Lohnsteuerabzugsmerkmal mitgeteilte oder die nach § 39c Absatz 1 oder Absatz 2 oder nach § 39e Absatz 5a oder Absatz 6 Satz 8 anzuwendende[1]) Steuererklasse maßgebend. [8] Der Unterschiedsbetrag zwischen den ermittelten Jahreslohnsteuerbeträgen ist die Lohnsteuer, die vom sonstigen Bezug einzubehalten ist. [9] Die Lohnsteuer ist bei einem sonstigen Bezug im Sinne des § 34 Absatz 1 und 2 Nummer 2 und 4 in der Weise zu ermäßigen, dass der sonstige Bezug bei der Anwendung des Satzes 5 mit einem Fünftel anzusetzen und der Unterschiedsbetrag im Sinne des Satzes 8 zu verfünffachen ist; § 34 Absatz 1 Satz 3 ist sinngemäß anzuwenden. [10] Ein sonstiger Bezug im Sinne des § 34 Absatz 1 und 2 Nummer 4 ist bei der Anwendung des Satzes 4 in die Bemessungsgrundlage für die Vorsorgepauschale nach Absatz 2 Satz 5 Nummer 3 einzubeziehen.

(4)[2]) *In den Kalenderjahren 2010 bis 2024 ist Absatz 2 Satz 5 Nummer 3 Buchstabe a mit der Maßgabe anzuwenden, dass im Kalenderjahr 2010 der ermittelte Betrag auf 40 Prozent begrenzt und dieser Prozentsatz in jedem folgenden Kalenderjahr um je 4 Prozentpunkte erhöht wird.*

(5) [1] Wenn der Arbeitgeber für den Lohnzahlungszeitraum lediglich Abschlagszahlungen leistet und eine Lohnabrechnung für einen längeren Zeitraum (Lohnabrechnungszeitraum) vornimmt, kann er den Lohnabrechnungszeitraum als Lohnzahlungszeitraum behandeln und die Lohnsteuer abweichend von § 38 Absatz 3 bei der Lohnabrechnung einbehalten. [2] Satz 1 gilt nicht, wenn der Lohnabrechnungszeitraum fünf Wochen übersteigt oder die Lohnabrechnung nicht innerhalb von drei Wochen nach dessen Ablauf erfolgt. [3] Das Betriebsstättenfinanzamt kann anordnen, dass die Lohnsteuer von den Abschlagszahlungen einzubehalten ist, wenn die Erhebung der Lohnsteuer sonst nicht gesichert erscheint. [4] Wenn wegen einer besonderen Entlohnungsart weder ein Lohnzahlungszeitraum noch ein Lohnabrechnungszeitraum festgestellt werden kann, gilt als Lohnzahlungszeitraum die Summe der tatsächlichen Arbeitstage oder Arbeitswochen.

(6)[3]) [1] Das Bundesministerium der Finanzen hat im Einvernehmen mit den obersten Finanzbehörden der Länder auf der Grundlage der Absätze 2 und 3 einen Programmablaufplan für die maschinelle Berechnung der Lohnsteuer aufzustellen und bekannt zu machen. [2] Im Programmablaufplan kann von den Regelungen in den Absätzen 2 und 3 abgewichen werden, wenn sich das Ergebnis der maschinellen Berechnung der Lohnsteuer an das Ergebnis einer Veranlagung zur Einkommensteuer anlehnt.

(7) (weggefallen)

§ 39c[4]) Einbehaltung der Lohnsteuer ohne Lohnsteuerabzugsmerkmale.

(1) [1] Solange der Arbeitnehmer dem Arbeitgeber zum Zweck des Abrufs der elektronischen Lohnsteuerabzugsmerkmale (§ 39e Absatz 4 Satz 1) die ihm zugeteilte Identifikationsnummer sowie den Tag der Geburt schuldhaft

---

[1]) § 39b Abs. 3 Satz 7 geänd. mWv 1.1.2017 durch G v. 18.7.2016 (BGBl. I S. 1679).
[2]) § 39b Abs. 4 aufgeh. mWv 1.1.2023 durch G v. 16.12.2022 (BGBl. I S. 2294).
[3]) § 39b Abs. 6 Satz 2 angef. durch G v. 25.7.2014 (BGBl. I S. 1266).
[4]) § 39c neu gef. mWv VZ 2012 durch G v. 7.12.2011 (BGBl. I S. 2592).

nicht mitteilt oder das Bundeszentralamt für Steuern die Mitteilung elektronischer Lohnsteuerabzugsmerkmale ablehnt, hat der Arbeitgeber die Lohnsteuer nach Steuerklasse VI zu ermitteln. [2] Kann der Arbeitgeber die elektronischen Lohnsteuerabzugsmerkmale wegen technischer Störungen nicht abrufen oder hat der Arbeitnehmer die fehlende Mitteilung der ihm zuzuteilenden Identifikationsnummer nicht zu vertreten, hat der Arbeitgeber für die Lohnsteuerberechnung die voraussichtlichen Lohnsteuerabzugsmerkmale im Sinne des § 38b längstens für die Dauer von drei Kalendermonaten zu Grunde zu legen. [3] Hat nach Ablauf der drei Kalendermonate der Arbeitnehmer die Identifikationsnummer sowie den Tag der Geburt nicht mitgeteilt, ist rückwirkend Satz 1 anzuwenden. [4] Sobald dem Arbeitgeber in den Fällen des Satzes 2 die elektronischen Lohnsteuerabzugsmerkmale vorliegen, sind die Lohnsteuerermittlungen für die vorangegangenen Monate zu überprüfen und, falls erforderlich, zu ändern. [5] Die zu wenig oder zu viel einbehaltene Lohnsteuer ist jeweils bei der nächsten Lohnabrechnung auszugleichen.

(2) [1] Ist ein Antrag nach § 39 Absatz 3 Satz 1 oder § 39e Absatz 8 nicht gestellt, hat der Arbeitgeber die Lohnsteuer nach Steuerklasse VI zu ermitteln. [2] Legt der Arbeitnehmer binnen sechs Wochen nach Eintritt in das Dienstverhältnis oder nach Beginn des Kalenderjahres eine Bescheinigung für den Lohnsteuerabzug vor, ist Absatz 1 Satz 4 und 5 sinngemäß anzuwenden.

(3) [1] In den Fällen des § 38 Absatz 3a Satz 1 kann der Dritte die Lohnsteuer für einen sonstigen Bezug mit 20 Prozent unabhängig von den Lohnsteuerabzugsmerkmalen des Arbeitnehmers ermitteln, wenn der maßgebende Jahresarbeitslohn nach § 39b Absatz 3 zuzüglich des sonstigen Bezugs 10 000 Euro nicht übersteigt. [2] Bei der Feststellung des maßgebenden Jahresarbeitslohns sind nur die Lohnzahlungen des Dritten zu berücksichtigen.

§ 39d.[1] *(aufgehoben)*

§ 39e[2] Verfahren zur Bildung und Anwendung der elektronischen Lohnsteuerabzugsmerkmale. (1) [1] Das Bundeszentralamt für Steuern bildet für jeden Arbeitnehmer grundsätzlich automatisiert die Steuerklasse und für die bei den Steuerklassen I bis IV zu berücksichtigenden Kinder die Zahl der Kinderfreibeträge nach § 38b Absatz 2 Satz 1 als Lohnsteuerabzugsmerkmale (§ 39 Absatz 4 Satz 1 Nummer 1 und 2); für Änderungen gilt § 39 Absatz 2 entsprechend. [2] Soweit das Finanzamt Lohnsteuerabzugsmerkmale nach § 39 bildet, teilt es sie dem Bundeszentralamt für Steuern zum Zweck der Bereitstellung für den automatisierten Abruf durch den Arbeitgeber mit. [3] Lohnsteuerabzugsmerkmale sind frühestens bereitzustellen mit Wirkung von Beginn des Kalenderjahres an, für das sie anzuwenden sind, jedoch nicht für einen Zeitpunkt vor Beginn des Dienstverhältnisses.

(2) [1] Das Bundeszentralamt für Steuern speichert zum Zweck der Bereitstellung automatisiert abrufbarer Lohnsteuerabzugsmerkmale für den Arbeitgeber die Lohnsteuerabzugsmerkmale unter Angabe der Identifikationsnummer so-

---

[1] § 39d aufgeh. mWv VZ 2012 durch G v. 7.12.2011 (BGBl. I S. 2592); siehe nunmehr § 39 Abs. 2 und 3 n. F., § 39a Abs. 4 n. F.
[2] § 39e neu gef. mWv VZ 2012 durch G v. 7.12.2011 (BGBl. I S. 2592).

wie für jeden Steuerpflichtigen folgende Daten zu den in § 139b Absatz 3 der Abgabenordnung genannten Daten hinzu:

1. rechtliche Zugehörigkeit zu einer steuererhebenden Religionsgemeinschaft sowie Datum des Eintritts und Austritts,
2. melderechtlichen Familienstand sowie den Tag der Begründung oder Auflösung des Familienstands und bei Verheirateten die Identifikationsnummer des Ehegatten,
3. Kinder mit ihrer Identifikationsnummer.

²Die nach Landesrecht für das Meldewesen zuständigen Behörden (Meldebehörden) haben dem Bundeszentralamt für Steuern unter Angabe der Identifikationsnummer und des Tages der Geburt die in Satz 1 Nummer 1 bis 3 bezeichneten Daten und deren Änderungen im Melderegister mitzuteilen. ³In den Fällen des Satzes 1 Nummer 3 besteht die Mitteilungspflicht nur, wenn das Kind mit Hauptwohnsitz oder alleinigem Wohnsitz im Zuständigkeitsbereich der Meldebehörde gemeldet ist und solange das Kind das 18. Lebensjahr noch nicht vollendet hat. ⁴Sofern die Identifikationsnummer noch nicht zugeteilt wurde, teilt die Meldebehörde die Daten unter Angabe des Vorläufigen Bearbeitungsmerkmals nach § 139b Absatz 6 Satz 2 der Abgabenordnung mit. ⁵Für die Datenübermittlung gelten die §§ 2 und 3 der Zweiten Bundesmeldedatenübermittlungsverordnung vom 1. Dezember 2014 (BGBl. I S. 1950) in der jeweils geltenden Fassung entsprechend.¹⁾

(3) ¹Das Bundeszentralamt für Steuern hält die Identifikationsnummer, den Tag der Geburt, Merkmale für den Kirchensteuerabzug und die Lohnsteuerabzugsmerkmale des Arbeitnehmers nach § 39 Absatz 4 zum unentgeltlichen automatisierten Abruf durch den Arbeitgeber nach amtlich vorgeschriebenem Datensatz bereit (elektronische Lohnsteuerabzugsmerkmale). ²Bezieht ein Arbeitnehmer nebeneinander von mehreren Arbeitgebern Arbeitslohn, sind für jedes weitere Dienstverhältnis elektronische Lohnsteuerabzugsmerkmale zu bilden. ³Bei Eheschließung wird für jeden Ehegatten automatisiert die Steuerklasse IV gebildet, wenn zum Zeitpunkt der Eheschließung die Voraussetzungen des § 38b Absatz 1 Satz 2 Nummer 4 vorliegen.²⁾ ⁴Das Bundeszentralamt für Steuern führt die elektronischen Lohnsteuerabzugsmerkmale des Arbeitnehmers zum Zweck ihrer Bereitstellung nach Satz 1 mit der Wirtschafts-Identifikationsnummer (§ 139c der Abgabenordnung) des Arbeitgebers zusammen.

(4)³⁾ ¹Der Arbeitnehmer hat jedem seiner Arbeitgeber bei Eintritt in das Dienstverhältnis zum Zweck des Abrufs der Lohnsteuerabzugsmerkmale mitzuteilen,

1. wie die Identifikationsnummer sowie der Tag der Geburt lauten,
2. ob es sich um das erste oder ein weiteres Dienstverhältnis handelt (§ 38b Absatz 1 Satz 2 Nummer 6) und
3. ob und in welcher Höhe ein nach § 39a Absatz 1 Satz 1 Nummer 7 festgestellter Freibetrag abgerufen werden soll.

---

¹⁾ § 39e Abs. 2 Satz 5 geänd. mWv VZ 2015 durch G v. 2.11.2015 (BGBl. I S. 1834).
²⁾ § 39e Abs. 3 Satz 3 neu gef. mWv VZ 2018 durch G v. 23.6.2017 (BGBl. I S. 1682).
³⁾ § 39e Abs. 4 Satz 7 neu gef. mWv VZ 2019 durch G v. 20.11.2019 (BGBl. I S. 1626).

²Der Arbeitgeber hat bei Beginn des Dienstverhältnisses die elektronischen Lohnsteuerabzugsmerkmale für den Arbeitnehmer beim Bundeszentralamt für Steuern durch Datenfernübertragung abzurufen und sie in das Lohnkonto für den Arbeitnehmer zu übernehmen. ³Für den Abruf der elektronischen Lohnsteuerabzugsmerkmale hat sich der Arbeitgeber zu authentifizieren und seine Wirtschafts-Identifikationsnummer, die Daten des Arbeitnehmers nach Satz 1 Nummer 1 und 2, den Tag des Beginns des Dienstverhältnisses und etwaige Angaben nach Satz 1 Nummer 3 mitzuteilen. ⁴Zur Plausibilitätsprüfung der Identifikationsnummer hält das Bundeszentralamt für Steuern für den Arbeitgeber entsprechende Regeln bereit. ⁵Der Arbeitgeber hat den Tag der Beendigung des Dienstverhältnisses unverzüglich dem Bundeszentralamt für Steuern durch Datenfernübertragung mitzuteilen. ⁶Beauftragt der Arbeitgeber einen Dritten mit der Durchführung des Lohnsteuerabzugs, hat sich der Dritte für den Datenabruf zu authentifizieren und zusätzlich seine Wirtschafts-Identifikationsnummer mitzuteilen. ⁷Für die Verarbeitung der elektronischen Lohnsteuerabzugsmerkmale gilt § 39 Absatz 8 entsprechend.

(5) ¹Die abgerufenen elektronischen Lohnsteuerabzugsmerkmale sind vom Arbeitgeber für die Durchführung des Lohnsteuerabzugs des Arbeitnehmers anzuwenden, bis

1. ihm das Bundeszentralamt für Steuern geänderte elektronische Lohnsteuerabzugsmerkmale zum Abruf bereitstellt oder

2. der Arbeitgeber dem Bundeszentralamt für Steuern die Beendigung des Dienstverhältnisses mitteilt.

²Sie sind in der üblichen Lohnabrechnung anzugeben. ³Der Arbeitgeber ist verpflichtet, die vom Bundeszentralamt für Steuern bereitgestellten Mitteilungen und elektronischen Lohnsteuerabzugsmerkmale monatlich anzufragen und abzurufen. ⁴Kommt der Arbeitgeber seinen Verpflichtungen nach den Sätzen 1 und 3 sowie nach Absatz 4 Satz 2, 3 und 5 nicht nach, ist das Betriebsstättenfinanzamt für die Aufforderung zum Abruf und zur Anwendung der Lohnsteuerabzugsmerkmale sowie zur Mitteilung der Beendigung des Dienstverhältnisses und für die Androhung und Festsetzung von Zwangsmitteln zuständig.¹⁾

(5a)²⁾ ¹Zahlt der Arbeitgeber, ein von diesem beauftragter Dritter in dessen Namen oder ein Dritter im Sinne des § 38 Absatz 3a verschiedenartige Bezüge als Arbeitslohn, kann der Arbeitgeber oder der Dritte die Lohnsteuer für den zweiten und jeden weiteren Bezug abweichend von Absatz 5 ohne Abruf weiterer elektronischer Lohnsteuerabzugsmerkmale nach der Steuerklasse VI einbehalten. ²Verschiedenartige Bezüge liegen vor, wenn der Arbeitnehmer vom Arbeitgeber folgenden Arbeitslohn bezieht:

1. neben dem Arbeitslohn für ein aktives Dienstverhältnis auch Versorgungsbezüge,

2. neben Versorgungsbezügen, Bezügen und Vorteilen aus seinem früheren Dienstverhältnis auch andere Versorgungsbezüge oder

---

¹⁾ § 39e Abs. 5 Satz 4 angef. mWv VZ 2017 durch G v. 18.7.2016 (BGBl. I S. 1679).
²⁾ § 39e Abs. 5a eingef. mWv VZ 2017 durch G v. 18.7.2016 (BGBl. I S. 1679).

3. neben Bezügen und Vorteilen während der Elternzeit oder vergleichbaren Unterbrechungszeiten des aktiven Dienstverhältnisses auch Arbeitslohn für ein weiteres befristetes aktives Dienstverhältnis.

³§ 46 Absatz 2 Nummer 2 ist entsprechend anzuwenden.

(6)[1] ¹Gegenüber dem Arbeitgeber gelten die Lohnsteuerabzugsmerkmale (§ 39 Absatz 4) mit dem Abruf der elektronischen Lohnsteuerabzugsmerkmale als bekannt gegeben. ²Einer Rechtsbehelfsbelehrung bedarf es nicht. ³Die Lohnsteuerabzugsmerkmale gelten gegenüber dem Arbeitnehmer als bekannt gegeben, sobald der Arbeitgeber dem Arbeitnehmer den Ausdruck der Lohnabrechnung mit den nach Absatz 5 Satz 2 darin ausgewiesenen elektronischen Lohnsteuerabzugsmerkmalen ausgehändigt oder elektronisch bereitgestellt hat. ⁴Die elektronischen Lohnsteuerabzugsmerkmale sind dem Steuerpflichtigen auf Antrag vom zuständigen Finanzamt mitzuteilen oder elektronisch bereitzustellen. ⁵Wird dem Arbeitnehmer bekannt, dass die elektronischen Lohnsteuerabzugsmerkmale zu seinen Gunsten von den nach § 39 zu bildenden Lohnsteuerabzugsmerkmalen abweichen, ist er verpflichtet, dies dem Finanzamt unverzüglich mitzuteilen. ⁶Der Steuerpflichtige kann beim zuständigen Finanzamt

1. den Arbeitgeber benennen, der zum Abruf von elektronischen Lohnsteuerabzugsmerkmalen berechtigt ist (Positivliste) oder nicht berechtigt ist (Negativliste). ²Hierfür hat der Arbeitgeber dem Arbeitnehmer seine Wirtschafts-Identifikationsnummer mitzuteilen. ³Für die Verarbeitung der Wirtschafts-Identifikationsnummer gilt § 39 Absatz 8 entsprechend;

oder

2. die Bildung oder die Bereitstellung der elektronischen Lohnsteuerabzugsmerkmale allgemein sperren oder allgemein freischalten lassen.

⁷Macht der Steuerpflichtige von seinem Recht nach Satz 6 Gebrauch, hat er die Positivliste, die Negativliste, die allgemeine Sperrung oder die allgemeine Freischaltung in einem bereitgestellten elektronischen Verfahren oder nach amtlich vorgeschriebenem Vordruck dem Finanzamt zu übermitteln. ⁸Werden wegen einer Sperrung nach Satz 6 einem Arbeitgeber, der Daten abrufen möchte, keine elektronischen Lohnsteuerabzugmerkmale bereitgestellt, wird dem Arbeitgeber die Sperrung mitgeteilt und dieser hat die Lohnsteuer nach Steuerklasse VI zu ermitteln.

(7) ¹Auf Antrag des Arbeitgebers kann das Betriebsstättenfinanzamt zur Vermeidung unbilliger Härten zulassen, dass er nicht am Abrufverfahren teilnimmt. ²Dem Antrag eines Arbeitgebers ohne maschinelle Lohnabrechnung, der ausschließlich Arbeitnehmer im Rahmen einer geringfügigen Beschäftigung in seinem Privathaushalt im Sinne des § 8a des Vierten Buches Sozialgesetzbuch beschäftigt, ist stattzugeben. ³Der Arbeitgeber hat dem Antrag unter Angabe seiner Wirtschafts-Identifikationsnummer ein Verzeichnis der beschäftigten Arbeitnehmer mit Angabe der jeweiligen Identifikationsnummer und des Tages der Geburt des Arbeitnehmers beizufügen. ⁴Der Antrag ist

---

[1] § 39e Abs. 6 Satz 6 Nr. 1 Satz 3 geänd. mWv VZ 2019 durch G v. 20.11.2019 (BGBl. I S. 1626).

Einkommensteuergesetz

nach amtlich vorgeschriebenem Vordruck jährlich zu stellen und vom Arbeitgeber zu unterschreiben. ⁵Das Betriebsstättenfinanzamt übermittelt dem Arbeitgeber für die Durchführung des Lohnsteuerabzugs für ein Kalenderjahr eine arbeitgeberbezogene Bescheinigung mit den Lohnsteuerabzugsmerkmalen des Arbeitnehmers (Bescheinigung für den Lohnsteuerabzug) sowie etwaige Änderungen. ⁶Diese Bescheinigung sowie die Änderungsmitteilungen sind als Belege zum Lohnkonto zu nehmen und bis zum Ablauf des Kalenderjahres aufzubewahren. ⁷Absatz 5 Satz 1 und 2 sowie Absatz 6 Satz 3 gelten entsprechend. ⁸Der Arbeitgeber hat den Tag der Beendigung des Dienstverhältnisses unverzüglich dem Betriebsstättenfinanzamt mitzuteilen.

(8)¹ ¹Ist einem nach § 1 Absatz 1 unbeschränkt einkommensteuerpflichtigen Arbeitnehmer keine Identifikationsnummer zugeteilt, hat das Wohnsitzfinanzamt auf Antrag eine Bescheinigung für den Lohnsteuerabzug für die Dauer eines Kalenderjahres auszustellen. [*ab VZ 2021:* ²Die Bescheinigung kann auch der Arbeitgeber beantragen, wenn ihn der Arbeitnehmer dazu nach § 80 Absatz 1 der Abgabenordnung²) bevollmächtigt hat.] ³Diese Bescheinigung ersetzt die Verpflichtung und Berechtigung des Arbeitgebers zum Abruf der elektronischen Lohnsteuerabzugsmerkmale (Absätze 4 und 6). ⁴In diesem Fall tritt an die Stelle der Identifikationsnummer das lohnsteuerliche Ordnungsmerkmal nach § 41b Absatz 2 Satz 1 und 2. ⁵Für die Durchführung des Lohnsteuerabzugs hat der Arbeitnehmer seinem Arbeitgeber vor Beginn des Kalenderjahres oder bei Eintritt in das Dienstverhältnis die nach Satz 1 ausgestellte Bescheinigung für den Lohnsteuerabzug vorzulegen. ⁶§ 39c Absatz 1 Satz 2 bis 5 ist sinngemäß anzuwenden. ⁷Der Arbeitgeber hat die Bescheinigung für den Lohnsteuerabzug entgegenzunehmen und während des Dienstverhältnisses, längstens bis zum Ablauf des jeweiligen Kalenderjahres, aufzubewahren.

(9) Ist die Wirtschafts-Identifikationsnummer noch nicht oder nicht vollständig eingeführt, tritt an ihre Stelle die Steuernummer der Betriebsstätte oder des Teils des Betriebs des Arbeitgebers, in dem der für den Lohnsteuerabzug maßgebende Arbeitslohn des Arbeitnehmers ermittelt wird (§ 41 Absatz 2).

(10)³ Die beim Bundeszentralamt für Steuern nach Absatz 2 Satz 1 gespeicherten Daten können auch zur Prüfung und Durchführung der Einkommensbesteuerung (§ 2) des Steuerpflichtigen für Veranlagungszeiträume ab 2005, zur Ermittlung des Einkommens nach § 97a des Sechsten Buches Sozialgesetzbuch und zur Prüfung eines Anspruchs auf Kindergeld verarbeitet werden.

§ 39f Faktorverfahren anstelle Steuerklassenkombination III/V.

(1)⁴ ¹Bei Ehegatten, die in die Steuerklasse IV gehören (§ 38b Absatz 1 Satz 2 Nummer 4 erster Halbsatz), hat das Finanzamt auf Antrag beider Ehegatten

---

¹⁾ § 39e Abs. 8 Satz 2 eingef., bish. Sätze 2 bis 6 werden Sätze 3 bis 7 mWv VZ 2021 durch G v. 21.12.2020 (BGBl. I S. 3096).
²⁾ Nr. **800**.
³⁾ § 39e Abs. 10 neu gef. mWv 1.1.2023 durch G v. 16.12.2022 (BGBl. I S. 2294).
⁴⁾ § 39f Abs. 1 Sätze 1, 5 und 6 geänd. mWv VZ 2012 durch G v. 7.12.2011 (BGBl. I S. 2592); Satz 5 eingef., bish. Sätze 5 bis 7 werden Sätze 6 bis 8 mWv 1.8.2015, Sätze 9 bis 11 angef. durch G v. 28.7.2015 (BGBl. I S. 1400); zur Anwendung letzterer siehe § 52 Abs. 37a; Abs. 1 Satz 1 geänd. mWv VZ 2019 durch G v. 12.12.2019 (BGBl. I S. 2451).

nach § 39a anstelle der Steuerklassenkombination III/V (§ 38b Absatz 1 Satz 2 Nummer 5) als Lohnsteuerabzugsmerkmal jeweils die Steuerklasse IV in Verbindung mit einem Faktor zur Ermittlung der Lohnsteuer zu bilden, wenn der Faktor kleiner als 1 ist. [2]Der Faktor ist Y : X und vom Finanzamt mit drei Nachkommastellen ohne Rundung zu berechnen. [3]„Y" ist die voraussichtliche Einkommensteuer für beide Ehegatten nach dem Splittingverfahren (§ 32a Absatz 5) unter Berücksichtigung der in § 39b Absatz 2 genannten Abzugsbeträge. [4]„X" ist die Summe der voraussichtlichen Lohnsteuer bei Anwendung der Steuerklasse IV für jeden Ehegatten. [5]Maßgeblich sind die Steuerbeträge des Kalenderjahres, für das der Faktor erstmals gelten soll. [6]Als Bemessungsgrundlage für Y werden jeweils neben den Jahresarbeitslöhnen beider Dienstverhältnisse zusätzlich nur Beträge einbezogen, die nach § 39a Absatz 1 Satz 1 Nummer 1 bis 6 als Freibetrag ermittelt und als Lohnsteuerabzugsmerkmal gebildet werden könnten; Freibeträge werden neben dem Faktor nicht als Lohnsteuerabzugsmerkmal gebildet. [7]In den Fällen des § 39a Absatz 1 Satz 1 Nummer 7 sind bei der Ermittlung von Y und X die Hinzurechnungsbeträge zu berücksichtigen; die Hinzurechnungsbeträge sind zusätzlich als Lohnsteuerabzugsmerkmal für das erste Dienstverhältnis zu bilden. [8]Arbeitslöhne aus zweiten und weiteren Dienstverhältnissen (Steuerklasse VI) sind im Faktorverfahren nicht zu berücksichtigen. [9]Der nach Satz 1 gebildete Faktor gilt bis zum Ablauf des Kalenderjahres, das auf das Kalenderjahr folgt, in dem der Faktor erstmals gilt oder zuletzt geändert worden ist. [10]Die Ehegatten können eine Änderung des Faktors beantragen, wenn sich die für die Ermittlung des Faktors maßgeblichen Jahresarbeitslöhne im Sinne des Satzes 6 ändern. [11]Besteht eine Anzeigepflicht nach § 39a Absatz 1 Satz 5 oder wird eine Änderung des Freibetrags nach § 39a Absatz 1 Satz 4 beantragt, gilt die Anzeige oder der Antrag auf Änderung des Freibetrags zugleich als Antrag auf Anpassung des Faktors.[1]

(2) Für die Einbehaltung der Lohnsteuer vom Arbeitslohn hat der Arbeitgeber Steuerklasse IV und den Faktor anzuwenden.

(3)[2] [1]§ 39 Absatz 6 Satz 3 und 5 gilt mit der Maßgabe, dass die Änderungen nach Absatz 1 Satz 10 und 11 keine Änderungen im Sinne des § 39 Absatz 6 Satz 3 sind.[3] [2]§ 39a ist anzuwenden mit der Maßgabe, dass ein Antrag nach amtlich vorgeschriebenem Vordruck (§ 39a Absatz 2) nur erforderlich ist, wenn bei der Faktorermittlung zugleich Beträge nach § 39a Absatz 1 Satz 1 Nummer 1 bis 6 berücksichtigt werden sollen.

(4)[4] Das Faktorverfahren ist im Programmablaufplan für die maschinelle Berechnung der Lohnsteuer (§ 39b Absatz 6) zu berücksichtigen.

§ 40 Pauschalierung der Lohnsteuer in besonderen Fällen. (1) [1]Das Betriebsstättenfinanzamt (§ 41a Absatz 1 Satz 1 Nummer 1) kann auf Antrag des Arbeitgebers zulassen, dass die Lohnsteuer mit einem unter Berücksichtigung der Vorschriften des § 38a zu ermittelnden Pauschsteuersatz erhoben wird, soweit

---

[1] Zur Anwendung der Sätze 9 bis 11 vgl. § 52 Abs. 37a.

[2] § 39f Abs. 3 Sätze 1 und 2 geänd. mWv VZ 2012 durch G v. 7.12.2011 (BGBl. I S. 2592).

[3] § 39f Abs. 3 Satz 1 neu gef. durch G v. 28.7.2015 (BGBl. I S. 1400); zur Anwendung siehe § 52 Abs. 37a.

[4] § 39f Abs. 4 geänd. mWv VZ 2012 durch G v. 7.12.2011 (BGBl. I S. 2592).

1. von dem Arbeitgeber sonstige Bezüge in einer größeren Zahl von Fällen gewährt werden oder

2. in einer größeren Zahl von Fällen Lohnsteuer nachzuerheben ist, weil der Arbeitgeber die Lohnsteuer nicht vorschriftsmäßig einbehalten hat.

²Bei der Ermittlung des Pauschsteuersatzes ist zu berücksichtigen, dass die in Absatz 3 vorgeschriebene Übernahme der pauschalen Lohnsteuer durch den Arbeitgeber für den Arbeitnehmer eine in Geldeswert bestehende Einnahme im Sinne des § 8 Absatz 1 darstellt (Nettosteuersatz). ³Die Pauschalierung ist in den Fällen des Satzes 1 Nummer 1 ausgeschlossen, soweit der Arbeitgeber einem Arbeitnehmer sonstige Bezüge von mehr als 1000 Euro im Kalenderjahr gewährt. ⁴Der Arbeitgeber hat dem Antrag eine Berechnung beizufügen, aus der sich der durchschnittliche Steuersatz unter Zugrundelegung der durchschnittlichen Jahresarbeitslöhne und der durchschnittlichen Jahreslohnsteuer in jeder Steuerklasse für diejenigen Arbeitnehmer ergibt, denen die Bezüge gewährt werden sollen oder gewährt worden sind.

(2¹⁾) ¹Abweichend von Absatz 1 kann der Arbeitgeber die Lohnsteuer mit einem Pauschsteuersatz von 25 Prozent erheben, soweit er

1. arbeitstäglich Mahlzeiten im Betrieb an die Arbeitnehmer unentgeltlich oder verbilligt abgibt oder Barzuschüsse an ein anderes Unternehmen leistet, das arbeitstäglich Mahlzeiten an die Arbeitnehmer unentgeltlich oder verbilligt abgibt. ²Voraussetzung ist, dass die Mahlzeiten nicht als Lohnbestandteile vereinbart sind,

1a.²⁾ oder auf seine Veranlassung ein Dritter den Arbeitnehmern anlässlich einer beruflichen Tätigkeit außerhalb seiner Wohnung und ersten Tätigkeitsstätte Mahlzeiten zur Verfügung stellt, die nach § 8 Absatz 2 Satz 8 und 9 mit dem Sachbezugswert anzusetzen sind,

2. Arbeitslohn aus Anlass von Betriebsveranstaltungen zahlt,

3. Erholungsbeihilfen gewährt, wenn diese zusammen mit Erholungsbeihilfen, die in demselben Kalenderjahr früher gewährt worden sind, 156 Euro für den Arbeitnehmer, 104 Euro für dessen Ehegatten und 52 Euro für jedes Kind nicht übersteigen und der Arbeitgeber sicherstellt, dass die Beihilfen zu Erholungszwecken verwendet werden,

4³⁾ Vergütungen für Verpflegungsmehraufwendungen anlässlich einer Tätigkeit im Sinne des § 9 Absatz 4a Satz 2 oder Satz 4 zahlt, soweit die Vergütungen die nach § 9 Absatz 4a Satz 3, 5 und 6 zustehenden Pauschalen um nicht mehr als 100 Prozent übersteigen,

5.⁴⁾ den Arbeitnehmern zusätzlich zum ohnehin geschuldeten Arbeitslohn unentgeltlich oder verbilligt Datenverarbeitungsgeräte übereignet; das gilt auch für Zubehör und Internetzugang. ²Das Gleiche gilt für Zuschüsse

---

¹⁾ § 40 Abs. 2 Sätze 2 und 3 neu gef., Satz 4 angef. mWv VZ 2019 durch G v. 12.12.2019 (BGBl. I S. 2451).
²⁾ § 40 Abs. 2 Satz 1 Nr. 1a eingef. mWv 1.1.2014 durch G v. 20.2.2013 (BGBl. I S. 285).
³⁾ § 40 Abs. 2 Satz 1 Nr. 4 geänd. mWv 1.1.2014 durch G v. 25.7.2014 (BGBl. I S. 1266), berichtigt mWv 1.1.2015 durch G v. 22.12.2014 (BGBl. I S. 2417).
⁴⁾ § 40 Abs. 2 Satz 1 Nr. 5 geänd. mWv 1.1.2013 durch G v. 26.6.2013 (BGBl. I S. 1809).

des Arbeitgebers, die zusätzlich zum ohnehin geschuldeten Arbeitslohn zu den Aufwendungen des Arbeitnehmers für die Internetnutzung gezahlt werden,

[vom 1.1.2017 bis 31.12.2030:[1]

6. den Arbeitnehmern zusätzlich zum ohnehin geschuldeten Arbeitslohn unentgeltlich oder verbilligt die Ladevorrichtung für Elektrofahrzeuge oder Hybridelektrofahrzeuge im Sinne des § 6 Absatz 1 Nummer 4 Satz 2 zweiter Halbsatz übereignet. [2]Das Gleiche gilt für Zuschüsse des Arbeitgebers, die zusätzlich zum ohnehin geschuldeten Arbeitslohn zu den Aufwendungen des Arbeitnehmers für den Erwerb und die Nutzung dieser Ladevorrichtung gezahlt werden,]

7.[2] den Arbeitnehmern zusätzlich zum ohnehin geschuldeten Arbeitslohn unentgeltlich oder verbilligt ein betriebliches Fahrrad, das kein Kraftfahrzeug im Sinne des § 6 Absatz 1 Nummer 4 Satz 2 ist, übereignet.

[2]Der Arbeitgeber kann die Lohnsteuer mit folgenden Pauschsteuersätzen erheben:

1. mit einem Pauschsteuersatz von 15 Prozent für die nicht nach § 3 Nummer 15 steuerfreien

   a) Sachbezüge in Form einer unentgeltlichen oder verbilligten Beförderung eines Arbeitnehmers zwischen Wohnung und erster Tätigkeitsstätte sowie Fahrten nach § 9 Absatz 1 Satz 3 Nummer 4a Satz 3 oder

   b) Zuschüsse zu den Aufwendungen des Arbeitnehmers für Fahrten zwischen Wohnung und erster Tätigkeitsstätte oder Fahrten nach § 9 Absatz 1 Satz 3 Nummer 4a Satz 3, die zusätzlich zum ohnehin geschuldeten Arbeitslohn geleistet werden,

   soweit die Bezüge den Betrag nicht übersteigen, den der Arbeitnehmer nach § 9 Absatz 1 Satz 3 Nummer 4 und Absatz 2 als Werbungskosten geltend machen könnte, wenn die Bezüge nicht pauschal besteuert würden; diese pauschal besteuerten Bezüge mindern die nach § 9 Absatz 1 Satz 3 Nummer 4 Satz 2 und Absatz 2 abziehbaren Werbungskosten oder

2. mit einem Pauschsteuersatz von 25 Prozent anstelle der Steuerfreiheit nach § 3 Nummer 15 einheitlich für alle dort genannten Bezüge eines Kalenderjahres, auch wenn die Bezüge dem Arbeitnehmer nicht zusätzlich zum ohnehin geschuldeten Arbeitslohn gewährt werden; für diese pauschal besteuerten Bezüge unterbleibt eine Minderung der nach § 9 Absatz 1 Satz 3 Nummer 4 Satz 2 und Absatz 2 abziehbaren Werbungskosten oder

[ab 1.1.2021:

3.[3] mit einem Pauschsteuersatz von 25 Prozent für die Freifahrtberechtigungen, die Soldaten nach § 30 Absatz 6 des Soldatengesetzes erhalten; für diese pauschal besteuerten Bezüge unterbleibt eine Minderung der nach § 9

---

[1] § 40 Abs. 2 Satz 1 Nr. 6 angef. durch G v. 7.11.2016 (BGBl. I S. 2498); zur Anwendung siehe § 52 Abs. 37c Satz 1.
[2] § 40 Abs. 2 Satz 1 Nr. 7 angef. mWv VZ 2020 durch G v. 12.12.2019 (BGBl. I S. 2451).
[3] § 40 Abs. 2 Satz 2 Nr. 3 angef., Satz 4 geänd. durch G v. 21.12.2020 (BGBl. I S. 3096); zur Anwendung siehe § 52 Abs. 37c Satz 2.

Absatz 1 Satz 3 Nummer 4 Satz 2 sowie Nummer 5 Satz 6 abziehbaren Werbungskosten.]

³ Die nach Satz 2 pauschalbesteuerten Bezüge bleiben bei der Anwendung des § 40a Absatz 1 bis 4 außer Ansatz. ⁴ Bemessungsgrundlage der pauschalen Lohnsteuer sind in den Fällen des Satzes 2 Nummer 2 [*ab 1.1.2021:* und 3]¹⁾ die Aufwendungen des Arbeitgebers einschließlich Umsatzsteuer.

(3) ¹ Der Arbeitgeber hat die pauschale Lohnsteuer zu übernehmen. ² Er ist Schuldner der pauschalen Lohnsteuer; auf den Arbeitnehmer abgewälzte pauschale Lohnsteuer gilt als zugeflossener Arbeitslohn und mindert nicht die Bemessungsgrundlage. ³ Der pauschal besteuerte Arbeitslohn und die pauschale Lohnsteuer bleiben bei einer Veranlagung zur Einkommensteuer und beim Lohnsteuer-Jahresausgleich außer Ansatz. ⁴ Die pauschale Lohnsteuer ist weder auf die Einkommensteuer noch auf die Jahreslohnsteuer anzurechnen.

§ 40a²⁾ Pauschalierung der Lohnsteuer für Teilzeitbeschäftigte und geringfügig Beschäftigte. (1) ¹ Der Arbeitgeber kann unter Verzicht auf den Abruf von elektronischen Lohnsteuerabzugsmerkmalen (§ 39e Absatz 4 Satz 2) oder die Vorlage einer Bescheinigung für den Lohnsteuerabzug (§ 39 Absatz 3 oder § 39e Absatz 7 oder Absatz 8) bei Arbeitnehmern, die nur kurzfristig beschäftigt werden, die Lohnsteuer mit einem Pauschsteuersatz von 25 Prozent des Arbeitslohns erheben. ² Eine kurzfristige Beschäftigung liegt vor, wenn der Arbeitnehmer bei dem Arbeitgeber gelegentlich, nicht regelmäßig wiederkehrend beschäftigt wird, die Dauer der Beschäftigung 18 zusammenhängende Arbeitstage nicht übersteigt und

1. der Arbeitslohn während der Beschäftigungsdauer *120* [*ab 1.1.2023:* 150] Euro³⁾ durchschnittlich je Arbeitstag nicht übersteigt oder

2. die Beschäftigung zu einem unvorhersehbaren Zeitpunkt sofort erforderlich wird.

(2)⁴⁾ Der Arbeitgeber kann unter Verzicht auf den Abruf von elektronischen Lohnsteuerabzugsmerkmalen (§ 39e Absatz 4 Satz 2) oder die Vorlage einer Bescheinigung für den Lohnsteuerabzug (§ 39 Absatz 3 oder § 39e Absatz 7 oder Absatz 8) die Lohnsteuer einschließlich Solidaritätszuschlag und Kirchensteuern (einheitliche Pauschsteuer) für das Arbeitsentgelt aus geringfügigen Beschäftigungen im Sinne des § 8 Absatz 1 Nummer 1 oder des § 8a des Vierten Buches Sozialgesetzbuch, für die er Beiträge nach § 168 Absatz 1 Nummer 1b oder 1c (geringfügig versicherungspflichtig Beschäftigte) oder nach § 172 Absatz 3 oder 3a (versicherungsfrei oder von der Versicherungspflicht befreite geringfügig Beschäftigte) oder nach § 276a Absatz 1 (versicherungsfrei geringfügig Beschäftigte) des Sechsten Buches Sozialgesetzbuch zu

---

¹⁾ § 40 Abs. 2 Satz 2 Nr. 3 angef., Satz 4 geänd. durch G v. 21.12.2020 (BGBl. I S. 3096); zur Anwendung siehe § 52 Abs. 37c Satz 2.

²⁾ § 40a Abs. 1 bis 4 geänd. mWv VZ 2012 durch G v. 7.12.2011 (BGBl. I S. 2592).

³⁾ Betrag geänd. mWv VZ 2015 durch G v. 28.7.2015 (BGBl. I S. 1400); geänd. mWv VZ 2017 durch G v. 30.6.2017 (BGBl. I S. 2143); geänd. mWv 1.1.2020 durch G v. 22.11.2019 (BGBl. I S. 1746); geänd. mWv 1.1.2023 durch G v. 16.12.2022 (BGBl. I S. 2294).

⁴⁾ § 40a Abs. 2 geänd. durch G v. 25.7.2014 (BGBl. I S. 1266); zur Anwendung siehe § 52 Abs. 38.

entrichten hat, mit einem einheitlichen Pauschsteuersatz in Höhe von insgesamt 2 Prozent des Arbeitsentgelts erheben.

(2a)[1] Hat der Arbeitgeber in den Fällen des Absatzes 2 keine Beiträge nach § 168 Absatz 1 Nummer 1b oder 1c oder nach § 172 Absatz 3 oder 3a oder nach § 276a Absatz 1 des Sechsten Buches Sozialgesetzbuch zu entrichten, kann er unter Verzicht auf den Abruf von elektronischen Lohnsteuerabzugsmerkmalen (§ 39e Absatz 4 Satz 2) oder die Vorlage einer Bescheinigung für den Lohnsteuerabzug (§ 39 Absatz 3 oder § 39e Absatz 7 oder Absatz 8) die Lohnsteuer mit einem Pauschsteuersatz in Höhe von 20 Prozent des Arbeitsentgelts erheben.

(3) [1] Abweichend von den Absätzen 1 und 2a kann der Arbeitgeber unter Verzicht auf den Abruf von elektronischen Lohnsteuerabzugsmerkmalen (§ 39e Absatz 4 Satz 2) oder die Vorlage einer Bescheinigung für den Lohnsteuerabzug (§ 39 Absatz 3 oder § 39e Absatz 7 oder Absatz 8) bei Aushilfskräften, die in Betrieben der Land- und Forstwirtschaft im Sinne des § 13 Absatz 1 Nummer 1 bis 4 ausschließlich mit typisch land- oder forstwirtschaftlichen Arbeiten beschäftigt werden, die Lohnsteuer mit einem Pauschsteuersatz von 5 Prozent des Arbeitslohns erheben. [2] Aushilfskräfte im Sinne dieser Vorschrift sind Personen, die für die Ausführung und für die Dauer von Arbeiten, die nicht ganzjährig anfallen, beschäftigt werden; eine Beschäftigung mit anderen land- und forstwirtschaftlichen Arbeiten ist unschädlich, wenn deren Dauer 25 Prozent der Gesamtbeschäftigungsdauer nicht überschreitet. [3] Aushilfskräfte sind nicht Arbeitnehmer, die zu den land- und forstwirtschaftlichen Fachkräften gehören oder die der Arbeitgeber mehr als 180 Tage im Kalenderjahr beschäftigt.

(4) Die Pauschalierungen nach den Absätzen 1 und 3 sind unzulässig
1. bei Arbeitnehmern, deren Arbeitslohn während der Beschäftigungsdauer durchschnittlich je Arbeitsstunde 15 [*ab 1.1.2023:* 19] Euro[2] übersteigt,
2. bei Arbeitnehmern, die für eine andere Beschäftigung von demselben Arbeitgeber Arbeitslohn beziehen, der nach § 39b oder § 39c dem Lohnsteuerabzug unterworfen wird.

(5) Auf die Pauschalierungen nach den Absätzen 1 bis 3 und 7[3] ist § 40 Absatz 3 anzuwenden.

(6)[4] [1] Für die Erhebung der einheitlichen Pauschsteuer nach Absatz 2 ist die Deutsche Rentenversicherung Knappschaft-Bahn-See zuständig. [2] Die Regelungen zum Steuerabzug vom Arbeitslohn sind entsprechend anzuwenden. [3] Für die Anmeldung, Abführung und Vollstreckung der einheitlichen Pauschsteuer sowie die Erhebung eines Säumniszuschlags und das Mahnverfahren für

---

[1] § 40a Abs. 2a geänd. durch G v. 25.7.2014 (BGBl. I S. 1266); zur Anwendung siehe § 52 Abs. 38.
[2] Betrag geänd. mWv 1.1.2020 durch G v. 22.11.2019 (BGBl. I S. 1746); geänd. mWv 1.1.2023 durch G v. 16.12.2022 (BGBl. I S. 2294).
[3] § 40a Abs. 5 red. korr. durch G v. 21.12.2020 (BGBl. I S. 3096).
[4] § 40a Abs. 6 Sätze 1, 3, 4, 5 und 6 geänd. mWv VZ 2013 durch G v. 26.6.2013 (BGBl. I S. 1809); Satz 3 geänd. durch G v. 25.7.2014 (BGBl. I S. 1266); zur Anwendung siehe § 52 Abs. 38.

die einheitliche Pauschsteuer gelten dabei die Regelungen für die Beiträge nach § 168 Absatz 1 Nummer 1b oder 1c oder nach § 172 Absatz 3 oder 3a oder nach § 276a Absatz 1 des Sechsten Buches Sozialgesetzbuch. ⁴Die Deutsche Rentenversicherung Knappschaft-Bahn-See hat die einheitliche Pauschsteuer auf die erhebungsberechtigten Körperschaften aufzuteilen; dabei entfallen aus Vereinfachungsgründen 90 Prozent der einheitlichen Pauschsteuer auf die Lohnsteuer, 5 Prozent auf den Solidaritätszuschlag und 5 Prozent auf die Kirchensteuern. ⁵Die erhebungsberechtigten Kirchen haben sich auf eine Aufteilung des Kirchensteueranteils zu verständigen und diesen der Deutschen Rentenversicherung Knappschaft-Bahn-See mitzuteilen. ⁶Die Deutsche Rentenversicherung Knappschaft-Bahn-See ist berechtigt, die einheitliche Pauschsteuer nach Absatz 2 zusammen mit den Sozialversicherungsbeiträgen beim Arbeitgeber einzuziehen.

(7)[1] ¹Der Arbeitgeber kann unter Verzicht auf den Abruf von elektronischen Lohnsteuerabzugsmerkmalen (§ 39e Absatz 4 Satz 2) die Lohnsteuer für Bezüge von kurzfristigen, im Inland ausgeübten Tätigkeiten beschränkt steuerpflichtiger Arbeitnehmer, die einer ausländischen Betriebsstätte dieses Arbeitgebers zugeordnet sind, mit einem Pauschsteuersatz von 30 Prozent des Arbeitslohns erheben. ²Eine kurzfristige Tätigkeit im Sinne des Satzes 1 liegt nur vor, wenn die im Inland ausgeübte Tätigkeit 18 zusammenhängende Arbeitstage nicht übersteigt.

§ 40b Pauschalierung der Lohnsteuer bei bestimmten Zukunftssicherungsleistungen

[Fassung bis 31.12.2004:][2]

(1) ¹Der Arbeitgeber kann die Lohnsteuer von den Beiträgen für eine Direktversicherung des Arbeitnehmers und von den Zuwendungen an eine Pensionskasse mit einem Pauschsteuersatz von 20 vom Hundert der Beiträge und Zuwendungen erheben. ²Die pauschale Erhebung der Lohnsteuer von Beiträgen für eine Direktversicherung ist nur zulässig, wenn die Versicherung nicht auf den Erlebensfall eines früheren als des 60. Lebensjahres abgeschlossen und eine vorzeitige Kündigung des Versicherungsvertrags durch den Arbeitnehmer ausgeschlossen worden ist.

(2) ¹Absatz 1 gilt nicht, soweit die zu besteuernden Beiträge und Zuwendungen des Arbeitgebers für den

[Fassung ab 1.1.2005:]

(1) Der Arbeitgeber kann die Lohnsteuer von den Zuwendungen zum Aufbau einer nicht kapitalgedeckten betrieblichen Altersversorgung an eine Pensionskasse mit einem Pauschsteuersatz von 20 Prozent der Zuwendungen erheben.

(2) ¹Absatz 1 gilt nicht, soweit die zu besteuernden Zuwendungen des Arbeitgebers für den Arbeitnehmer

---

[1] § 40a Abs. 7 angef. mWv 1.1.2020 durch G v. 22.11.2019 (BGBl. I S. 1746).
[2] Zur weiteren Anwendung siehe § 52 Abs. 40.

[Fassung bis 31.12.2004:][1]

Arbeitnehmer 1752 Euro im Kalenderjahr übersteigen oder nicht aus seinem ersten Dienstverhältnis bezogen werden. [2]Sind mehrere Arbeitnehmer gemeinsam in einem Direktversicherungsvertrag oder in einer Pensionskasse versichert, so gilt als Beitrag oder Zuwendung für den einzelnen Arbeitnehmer der Teilbetrag, der sich bei einer Aufteilung der gesamten Beiträge oder der gesamten Zuwendungen durch die Zahl der begünstigten Arbeitnehmer ergibt, wenn dieser Teilbetrag 1752 Euro nicht übersteigt; hierbei sind Arbeitnehmer, für die Beiträge und Zuwendungen von mehr als 2148 Euro im Kalenderjahr geleistet werden, nicht einzubeziehen. [3]Für Beiträge und Zuwendungen, die der Arbeitgeber für den Arbeitnehmer aus Anlass der Beendigung des Dienstverhältnisses erbracht hat, vervielfältigt sich der Betrag von 1752 Euro mit der Anzahl der Kalenderjahre, in denen das Dienstverhältnis des Arbeitnehmers zu dem Arbeitgeber bestanden hat; in diesem Fall ist Satz 2 nicht anzuwenden. [4]Der vervielfältigte Betrag vermindert sich um die nach Absatz 1 pauschal besteuerten Beiträge und Zuwendungen, die der Arbeitgeber in dem Kalenderjahr, in dem das Dienstverhältnis beendet wird, und in den sechs vorangegangenen Kalenderjahren erbracht hat.

[Fassung ab 1.1.2005:]

1752 Euro im Kalenderjahr übersteigen oder nicht aus seinem ersten Dienstverhältnis bezogen werden. [2]Sind mehrere Arbeitnehmer gemeinsam in der Pensionskasse versichert, so gilt als Zuwendung für den einzelnen Arbeitnehmer der Teilbetrag, der sich bei einer Aufteilung der gesamten Zuwendungen durch die Zahl der begünstigten Arbeitnehmer ergibt, wenn dieser Teilbetrag 1752 Euro nicht übersteigt; hierbei sind Arbeitnehmer, für die Zuwendungen von mehr als 2148 Euro im Kalenderjahr geleistet werden, nicht einzubeziehen. [3]Für Zuwendungen, die der Arbeitgeber für den Arbeitnehmer aus Anlass der Beendigung des Dienstverhältnisses erbracht hat, vervielfältigt sich der Betrag von 1752 Euro mit der Anzahl der Kalenderjahre, in denen das Dienstverhältnis des Arbeitnehmers zu dem Arbeitgeber bestanden hat; in diesem Fall ist Satz 2 nicht anzuwenden. [4]Der vervielfältigte Betrag vermindert sich um die nach Absatz 1 pauschal besteuerten Zuwendungen, die der Arbeitgeber in dem Kalenderjahr, in dem das Dienstverhältnis beendet wird, und in den sechs vorangegangenen Kalenderjahren erbracht hat.

(3) Von den Beiträgen für eine Unfallversicherung des Arbeitnehmers kann der Arbeitgeber die Lohnsteuer mit einem Pauschsteuersatz von 20 Prozent der Beiträge erheben, wenn mehrere Arbeitnehmer gemeinsam in einem Unfallversicherungsvertrag versichert sind und der Teilbetrag, der sich bei einer Aufteilung der gesamten Beiträge nach Abzug der Versicherungsteuer durch die Zahl der begünstigten Arbeitnehmer ergibt, 100 Euro[2] im Kalenderjahr nicht übersteigt.

---

[1] Zur weiteren Anwendung siehe § 52 Abs. 40.
[2] Betrag geänd. mWv 1.1.2020 durch G v. 22.11.2019 (BGBl. I S. 1746).

(4) In den Fällen des § 19 Absatz 1 Satz 1 Nummer 3 Satz 2 hat der Arbeitgeber die Lohnsteuer mit einem Pauschsteuersatz in Höhe von 15 Prozent der Sonderzahlungen zu erheben.

(5) ¹§ 40 Absatz 3 ist anzuwenden. ²Die Anwendung des § 40 Absatz 1 Satz 1 Nummer 1 auf Bezüge im Sinne des Absatzes 1, des Absatzes 3 und des Absatzes 4 ist ausgeschlossen.

§ 41[1] **Aufzeichnungspflichten beim Lohnsteuerabzug.** (1)[2] ¹Der Arbeitgeber hat am Ort der Betriebsstätte (Absatz 2) für jeden Arbeitnehmer und jedes Kalenderjahr ein Lohnkonto zu führen. ²In das Lohnkonto sind die nach § 39e Absatz 4 Satz 2 und Absatz 5 Satz 3 abgerufenen elektronischen Lohnsteuerabzugsmerkmale sowie die für den Lohnsteuerabzug erforderlichen Merkmale aus der vom Finanzamt ausgestellten Bescheinigung für den Lohnsteuerabzug (§ 39 Absatz 3 oder § 39e Absatz 7 oder Absatz 8) zu übernehmen. ³Bei jeder Lohnzahlung für das Kalenderjahr, für das das Lohnkonto gilt, sind im Lohnkonto die Art und Höhe des gezahlten Arbeitslohns einschließlich der steuerfreien Bezüge sowie die einbehaltene oder übernommene Lohnsteuer einzutragen; an die Stelle der Lohnzahlung tritt in den Fällen des § 39b Absatz 5 Satz 1 die Lohnabrechnung. ⁴Ferner sind das Kurzarbeitergeld, der Zuschuss zum Mutterschaftsgeld nach dem Mutterschutzgesetz, der Zuschuss bei Beschäftigungsverboten für die Zeit vor oder nach einer Entbindung sowie für den Entbindungstag während einer Elternzeit nach beamtenrechtlichen Vorschriften, die Entschädigungen für Verdienstausfall nach dem Infektionsschutzgesetz vom 20. Juli 2000 (BGBl. I S. 1045), die nach § 3 Nummer 28 steuerfreien Aufstockungsbeträge oder Zuschläge und die nach § 3 Nummer 28a steuerfreien Zuschüsse einzutragen.[3] ⁵Ist während der Dauer des Dienstverhältnisses in anderen Fällen als in denen des Satzes 4 der Anspruch auf Arbeitslohn für mindestens fünf aufeinander folgende Arbeitstage im Wesentlichen weggefallen, so ist dies jeweils durch Eintragung des Großbuchstabens U zu vermerken. ⁶Hat der Arbeitgeber die Lohnsteuer von einem sonstigen Bezug im ersten Dienstverhältnis berechnet und ist dabei der Arbeitslohn aus früheren Dienstverhältnissen des Kalenderjahres außer Betracht geblieben, so ist dies durch Eintragung des Großbuchstabens S zu vermerken. ⁷Die Bundesregierung wird ermächtigt, durch Rechtsverordnung mit Zustimmung des Bundesrates vorzuschreiben, welche Einzelangaben im Lohnkonto aufzuzeichnen sind und Einzelheiten für eine elektronische Bereitstellung dieser Daten im Rahmen einer Lohnsteuer-Außenprüfung oder einer Lohnsteuer-Nachschau durch die Einrichtung einer einheitlichen digitalen Schnittstelle zu regeln.[4] ⁸Dabei können für Arbeitnehmer mit geringem Arbeitslohn und für die Fälle der §§ 40 bis 40b Aufzeichnungserleichterungen sowie für steuerfreie Bezüge Aufzeichnungen außerhalb des Lohnkontos zuge-

---

[1] Vgl. hierzu §§ 4, 5 LStDV (Nr. **20**).
[2] § 41 Abs. 1 Satz 4 aufgeh. mWv 1.1.2010; nachfolgende Satzzählung demzufolge neu; Satz 2 geänd. mWv VZ 2012 durch G v. 7.12.2011 (BGBl. I S. 2592); Satz 7 ergänzt, Satz 10 angef. mWv 1.1.2017 durch G v. 18.7.2016 (BGBl. I S. 1679); Satz 4 geänd. durch G v. 19.6.2020 (BGBl. I S. 1385).
[3] § 41 Abs. 1 Satz 4 geänd. durch G v. 19.6.2020 (BGBl. I S. 1385).
[4] Vgl. hierzu § 4 Abs. 2a LStDV (Nr. **20**).

lassen werden. ⁹Die Lohnkonten sind bis zum Ablauf des sechsten Kalender-jahres, das auf die zuletzt eingetragene Lohnzahlung folgt, aufzubewahren. ¹⁰Die Aufbewahrungsfrist nach Satz 9 gilt abweichend von § 93c Absatz 1 Nummer 4 der Abgabenordnung¹⁾ auch für die dort genannten Aufzeichnun-gen und Unterlagen.

(2) ¹Betriebsstätte ist der Betrieb oder Teil des Betriebs des Arbeitgebers, in dem der für die Durchführung des Lohnsteuerabzugs maßgebende Arbeitslohn ermittelt wird. ²Wird der maßgebende Arbeitslohn nicht in dem Betrieb oder einem Teil des Betriebs des Arbeitgebers oder nicht im Inland ermittelt, so gilt als Betriebsstätte der Mittelpunkt der geschäftlichen Leitung des Arbeitgebers im Inland; im Fall des § 38 Absatz 1 Satz 1 Nummer 2 gilt als Betriebsstätte der Ort im Inland, an dem die Arbeitsleistung ganz oder vorwiegend stattfin-det. ³Als Betriebsstätte gilt auch der inländische Heimathafen deutscher Han-delsschiffe, wenn die Reederei im Inland keine Niederlassung hat.

§ 41a Anmeldung und Abführung der Lohnsteuer. (1)²⁾ ¹Der Arbeitge-ber hat spätestens am zehnten Tag nach Ablauf eines jeden Lohnsteuer-Anmeldungszeitraums

1. dem Finanzamt, in dessen Bezirk sich die Betriebsstätte (§ 41 Absatz 2) be-findet (Betriebsstättenfinanzamt), eine Steuererklärung einzureichen, in der er die Summen der im Lohnsteuer-Anmeldungszeitraum einzubehaltenden und zu übernehmenden Lohnsteuer [*ab 1.1.2021:* , getrennt nach den Ka-lenderjahren in denen der Arbeitslohn bezogen wird oder als bezogen gilt,] angibt (Lohnsteuer-Anmeldung),

2. die im Lohnsteuer-Anmeldungszeitraum insgesamt einbehaltene und über-nommene Lohnsteuer an das Betriebsstättenfinanzamt abzuführen.

²Die Lohnsteuer-Anmeldung ist nach amtlich vorgeschriebenem Datensatz durch Datenfernübertragung zu übermitteln. ³Auf Antrag kann das Finanzamt zur Vermeidung unbilliger Härten auf eine elektronische Übermittlung ver-zichten; in diesem Fall ist die Lohnsteuer-Anmeldung nach amtlich vorge-schriebenem Vordruck abzugeben und vom Arbeitgeber oder von einer zu seiner Vertretung berechtigten Person zu unterschreiben. ⁴Der Arbeitgeber wird von der Verpflichtung zur Abgabe weiterer Lohnsteuer-Anmeldungen befreit, wenn er Arbeitnehmer, für die er Lohnsteuer einzubehalten oder zu übernehmen hat, nicht mehr beschäftigt und das dem Finanzamt mitteilt.

(2) ¹Lohnsteuer-Anmeldungszeitraum ist grundsätzlich der Kalendermo-nat. ²Lohnsteuer-Anmeldungszeitraum ist das Kalendervierteljahr, wenn die abzuführende Lohnsteuer für das vorangegangene Kalenderjahr mehr als 1080 Euro³⁾, aber nicht mehr als 5000 Euro⁴⁾ betragen hat; Lohnsteuer-An-meldungszeitraum ist das Kalenderjahr, wenn die abzuführende Lohnsteuer

---

¹⁾ **Nr. 800.**
²⁾ § 41a Abs. 1 Satz 2 geänd. mWv 1.1.2017 durch G v. 18.7.2016 (BGBl. I S. 1679); Abs. 1 Satz 1 Nr. 1 geänd. durch G v. 12.12.2019 (BGBl. I S. 2451); zur Anwendung siehe § 52 Abs. 40a Satz 1; geänd. durch G v. 16.12.2022 (BGBl. I S. 2294).
³⁾ Betrag geänd. mWv VZ 2015 durch G v. 25.7.2014 (BGBl. I S. 1266).
⁴⁾ Betrag geänd. mWv VZ 2017 durch G v. 30.6.2017 (BGBl. I S. 2143).

für das vorangegangene Kalenderjahr nicht mehr als 1080 Euro[1] betragen hat.
³ Hat die Betriebsstätte nicht während des ganzen vorangegangenen Kalenderjahres bestanden, so ist die für das vorangegangene Kalenderjahr abzuführende Lohnsteuer für die Feststellung des Lohnsteuer-Anmeldungszeitraums auf einen Jahresbetrag umzurechnen. ⁴ Wenn die Betriebsstätte im vorangegangenen Kalenderjahr noch nicht bestanden hat, ist die auf einen Jahresbetrag umgerechnete für den ersten vollen Kalendermonat nach der Eröffnung der Betriebsstätte abzuführende Lohnsteuer maßgebend.

(3) ¹ Die oberste Finanzbehörde des Landes kann bestimmen, dass die Lohnsteuer nicht dem Betriebsstättenfinanzamt, sondern einer anderen öffentlichen Kasse anzumelden und an diese abzuführen ist; die Kasse erhält insoweit die Stellung einer Landesfinanzbehörde. ² Das Betriebsstättenfinanzamt oder die zuständige andere öffentliche Kasse können anordnen, dass die Lohnsteuer abweichend von dem nach Absatz 1 maßgebenden Zeitpunkt anzumelden und abzuführen ist, wenn die Abführung der Lohnsteuer nicht gesichert erscheint.

[*Fassung Abs. 4 regulär:*][2) · 3)]

(4) ¹ Arbeitgeber, die eigene oder gecharterte Handelsschiffe betreiben, dürfen

[bis 31.5.2015:]	**[ab 1.6.2016 bis 31.5.2021:][4)]**
vom Gesamtbetrag der anzumeldenden und abzuführenden Lohnsteuer einen Betrag von 40 Prozent der Lohnsteuer der auf solchen Schiffen in einem zusammenhängenden Arbeitsverhältnis von mehr als 183 Tagen beschäftigten Besatzungsmitglieder abziehen und einbehalten.	*die gesamte anzumeldende und abzuführende Lohnsteuer, die auf den Arbeitslohn entfällt, der an die Besatzungsmitglieder für die Beschäftigungszeiten auf diesen Schiffen gezahlt wird, abziehen und einbehalten.*

² Die Handelsschiffe müssen in einem inländischen Seeschiffsregister eingetragen sein, die deutsche Flagge führen und zur Beförderung von Personen oder Gütern im Verkehr mit oder zwischen ausländischen Häfen, innerhalb eines ausländischen Hafens oder zwischen einem ausländischen Hafen und der Hohen See betrieben werden. ³ Die Sätze 1 und 2 sind entsprechend anzuwenden, wenn Seeschiffe im Wirtschaftsjahr überwiegend außerhalb der deutschen Hoheitsgewässer zum Schleppen, Bergen oder zur Aufsuchung von Bodenschätzen oder zur Vermessung von Energielagerstätten unter dem Meeresboden eingesetzt werden. ⁴ Ist für den Lohnsteuerabzug die Lohnsteuer nach der Steuerklasse V oder VI zu ermitteln, so bemisst sich der Betrag nach Satz 1 nach der Lohnsteuer der Steuerklasse I.

[*Fassung Abs. 4 ab 1.6.2021 bis 31.5.2027:*]

(4)[5)] ¹ Arbeitgeber, die eigene oder gecharterte Handelsschiffe betreiben, dürfen die anzumeldende und abzuführende Lohnsteuer abziehen und einbe-

---

[1] Betrag geänd. mWv VZ 2015 durch G v. 25.7.2014 (BGBl. I S. 1266).

[2] Zur Fassung ab 1.6.2021 siehe die im Anschluss abgedruckte Fassung.

[3] Gilt wieder für Lohnzahlungszeitraum ab 1.6.2027 (§ 52 Abs. 40a Satz 3).

[4] § 41a Abs. 4 Satz 1 neu gef. durch G v. 24.2.2016 (BGBl. I S. 310); zur Anwendung siehe § 52 Abs. 40a Satz 2 bis 4 iVm Bek. über das Inkrafttreten des G zur Änderung des EStG zur Erhöhung des Lohnsteuereinbehalts in der Seeschifffahrt vom 18.5.2016 (BGBl. I S. 1248).

[5] § 41a Abs. 4 neu gef. durch G v. 12.5.2021 (BGBl. I S. 989); Satz 2 neu gef. durch G v. 19.6.2022 (BGBl. I S. 911); zur Anwendung siehe § 52 Abs. 40a Satz 3.

halten, die auf den Arbeitslohn entfällt, der an die Besatzungsmitglieder für die Beschäftigungszeiten auf diesen Schiffen gezahlt wird. ²Die Handelsschiffe müssen in einem Seeschiffsregister eines Mitgliedstaates der Europäischen Union oder eines Staates, auf den das Abkommen über den Europäischen Wirtschaftsraum anwendbar ist, eingetragen sein, die Flagge eines dieser Staaten führen und zur Beförderung von Personen oder Gütern im Verkehr mit oder zwischen ausländischen Häfen, innerhalb eines ausländischen Hafens oder zwischen einem ausländischen Hafen und der Hohen See betrieben werden. ³Die Sätze 1 und 2 sind entsprechend anzuwenden, wenn Seeschiffe im Wirtschaftsjahr überwiegend außerhalb der deutschen Hoheitsgewässer zum Schleppen, Bergen oder zur Aufsuchung von Bodenschätzen oder zur Vermessung von Energielagerstätten unter dem Meeresboden eingesetzt werden. ⁴Bei Besatzungsmitgliedern, die auf Schiffen, einschließlich Ro-Ro-Fahrgastschiffen, arbeiten, die im regelmäßigen Personenbeförderungsdienst zwischen Häfen im Hoheitsgebiet der Mitgliedstaaten der Europäischen Union eingesetzt werden, gelten die Sätze 1 und 2 nur, wenn die Besatzungsmitglieder Staatsangehörige eines Mitgliedstaates der Europäischen Union oder eines Staates sind, auf den das Abkommen über den Europäischen Wirtschaftsraum anwendbar ist. ⁵Bei Seeschiffen, die für Schlepp- und Baggerarbeiten genutzt werden, gelten die Sätze 1 und 2 nur, wenn es sich um seetüchtige Schlepper und Baggerschiffe mit Eigenantrieb handelt und die Schiffe während mindestens 50 Prozent ihrer Betriebszeit für Tätigkeiten auf See eingesetzt werden. ⁶Ist für den Lohnsteuerabzug die Lohnsteuer nach der Steuerklasse V oder VI zu ermitteln, bemisst sich der Betrag nach Satz 1 nach der Lohnsteuer der Steuerklasse I.]

§ 41b Abschluss des Lohnsteuerabzugs. (1)[1] ¹Bei Beendigung eines Dienstverhältnisses oder am Ende des Kalenderjahres hat der Arbeitgeber das Lohnkonto des Arbeitnehmers abzuschließen. ²Auf Grund der Aufzeichnungen im Lohnkonto hat der Arbeitgeber nach Abschluss des Lohnkontos für jeden Arbeitnehmer der für dessen Besteuerung nach dem Einkommen zuständigen Finanzbehörde nach Maßgabe des § 93c der Abgabenordnung neben den in § 93c Absatz 1 der Abgabenordnung genannten Daten insbesondere folgende Angaben zu übermitteln (elektronische Lohnsteuerbescheinigung):

1.[2] die abgerufenen elektronischen Lohnsteuerabzugsmerkmale oder die auf der entsprechenden Bescheinigung für den Lohnsteuerabzug eingetragenen Lohnsteuerabzugsmerkmale sowie die Bezeichnung und die Nummer des Finanzamts, an das die Lohnsteuer abgeführt worden ist,

2. die Dauer des Dienstverhältnisses während des Kalenderjahres sowie die Anzahl der nach § 41 Absatz 1 Satz 5[3] vermerkten Großbuchstaben U,

3. die Art und Höhe des gezahlten Arbeitslohns sowie den nach § 41 Absatz 1 Satz 6 vermerkten Großbuchstaben S,

---

[1] § 41b Abs. 1 Satz 2 Satzteil vor Nr. 1 geänd. mWv 1.1.2017 durch G v. 18.7.2016 (BGBl. I S. 1679).
[2] § 41b Abs. 1 Satz 2 Nr. 1 neu gef. mWv 1.1.2017 durch G v. 18.7.2016 (BGBl. I S. 1679).
[3] Verweis korrigiert durch G v. 18.7.2016 (BGBl. I S. 1679).

4. die einbehaltene Lohnsteuer, den Solidaritätszuschlag und die Kirchensteuer,

5.[1] das Kurzarbeitergeld, den Zuschuss zum Mutterschaftsgeld nach dem Mutterschutzgesetz, die Entschädigungen für Verdienstausfall nach dem Infektionsschutzgesetz vom 20. Juli 2000 (BGBl. I S. 1045), zuletzt geändert durch Artikel 11 § 3 des Gesetzes vom 6. August 2002 (BGBl. I S. 3082), in der jeweils geltenden Fassung, die nach § 3 Nummer 28 steuerfreien Aufstockungsbeträge oder Zuschläge sowie die nach § 3 Nummer 28a steuerfreien Zuschüsse,[2]

6.[3] die auf die Entfernungspauschale nach § 3 Nummer 15 Satz 3 und § 9 Absatz 1 Satz 3 Nummer 4 Satz 5 anzurechnenden steuerfreien Arbeitgeberleistungen,

7.[3] die auf die Entfernungspauschale nach § 40 Absatz 2 Satz 2 Nummer 1 2. Halbsatz anzurechnenden pauschal besteuerten Arbeitgeberleistungen,

8.[4] für die dem Arbeitnehmer zur Verfügung gestellten Mahlzeiten nach § 8 Absatz 2 Satz 8 den Großbuchstaben M,

9. für die steuerfreie Sammelbeförderung nach § 3 Nummer 32 den Großbuchstaben F,

10. die nach § 3 Nummer 13 und 16 steuerfrei gezahlten Verpflegungszuschüsse und Vergütungen bei doppelter Haushaltsführung,

11. Beiträge zu den gesetzlichen Rentenversicherungen und an berufsständische Versorgungseinrichtungen, getrennt nach Arbeitgeber- und Arbeitnehmeranteil,

12. die nach § 3 Nummer 62 gezahlten Zuschüsse zur Kranken- und Pflegeversicherung,

13. die Beiträge des Arbeitnehmers zur gesetzlichen Krankenversicherung und zur sozialen Pflegeversicherung,

14. die Beiträge des Arbeitnehmers zur Arbeitslosenversicherung,

15.[5] *den nach § 39b Absatz 2 Satz 5 Nummer 3 Buchstabe d berücksichtigten Teilbetrag der Vorsorgepauschale.*

[3]Der Arbeitgeber hat dem Arbeitnehmer die elektronische Lohnsteuerbescheinigung nach amtlich vorgeschriebenem Muster binnen angemessener Frist als Ausdruck auszuhändigen oder elektronisch bereitzustellen. [4]Soweit der Arbeitgeber nicht zur elektronischen Übermittlung nach Absatz 1 Satz 2 verpflichtet ist, hat er nach Ablauf des Kalenderjahres oder wenn das Dienstverhältnis vor Ablauf des Kalenderjahres beendet wird, eine Lohnsteuerbescheinigung nach amtlich vorgeschriebenem Muster auszustellen und an das

---

[1] § 41b Abs. 1 Satz 2 Nr. 5 geänd. mWv 1.1.2017 durch G v. 18.7.2016 (BGBl. I S. 1679).
[2] § 41b Abs. 1 Satz 2 Nr. 5 geänd. durch G v. 19.6.2020 (BGBl. I S. 1385).
[3] § 41b Abs. 1 Satz 2 Nrn. 6 und 7 neu gef. mWv 1.1.2019 durch G v. 12.12.2019 (BGBl. I S. 2451).
[4] § 41b Abs. 1 Satz 2 Nr. 8 neu gef. mWv 1.1.2014 durch G v. 20.2.2012 (BGBl. I S. 285).
[5] § 41b Abs. 1 Satz 2 Nr. 15 aufgeh. **mWv 1.1.2024** durch G v. 21.12.2020 (BGBl. I S. 3096).

Betriebsstättenfinanzamt bis zum letzten Tag des Monats Februar des auf den Abschluss des Lohnkontos folgenden Kalenderjahres zu übersenden.[1] [5]Er hat dem Arbeitnehmer eine Zweitausfertigung dieser Bescheinigung auszuhändigen.[1] [6]Nicht ausgehändigte Lohnsteuerbescheinigungen hat der Arbeitgeber dem Betriebsstättenfinanzamt einzureichen.[2]

(2)[3] [1]Ist dem Arbeitgeber die Identifikationsnummer (§ 139b der Abgabenordnung) des Arbeitnehmers nicht bekannt, hat er bis zum Veranlagungszeitraum 2022 für die Datenübermittlung nach Absatz 1 Satz 2 aus dem Namen, Vornamen und Geburtsdatum des Arbeitnehmers ein Ordnungsmerkmal nach amtlich festgelegter Regel für den Arbeitnehmer zu bilden und das Ordnungsmerkmal zu verwenden. [2]Er darf das lohnsteuerliche Ordnungsmerkmal nur für die Zuordnung der elektronischen Lohnsteuerbescheinigung oder sonstiger für das Besteuerungsverfahren erforderlicher Daten zu einem bestimmten Steuerpflichtigen und für Zwecke des Besteuerungsverfahrens verarbeiten oder bilden.

(2a)[4] *(aufgehoben)*

(3)[5] [1]Ein Arbeitgeber ohne maschinelle Lohnabrechnung, der ausschließlich Arbeitnehmer im Rahmen einer geringfügigen Beschäftigung in seinem Privathaushalt im Sinne des § 8a des Vierten Buches Sozialgesetzbuch beschäftigt und keine elektronische Lohnsteuerbescheinigung erteilt, hat anstelle der elektronischen Lohnsteuerbescheinigung eine entsprechende Lohnsteuerbescheinigung nach amtlich vorgeschriebenem Muster auszustellen und an das Betriebsstättenfinanzamt bis zum letzten Tag des Monats Februar des auf den Abschluss des Lohnkontos folgenden Kalenderjahres zu übersenden. [2]Der Arbeitgeber hat dem Arbeitnehmer nach Ablauf des Kalenderjahres oder nach Beendigung des Dienstverhältnisses, wenn es vor Ablauf des Kalenderjahres beendet wird, eine Zweitausfertigung der Lohnsteuerbescheinigung auszuhändigen. [3]Nicht ausgehändigte Lohnsteuerbescheinigungen hat der Arbeitgeber dem Betriebsstättenfinanzamt einzureichen.

(4)[6] [1]In den Fällen des Absatzes 1 ist für die Anwendung des § 72a Absatz 4 und des § 93c Absatz 4 Satz 1 der Abgabenordnung sowie für die Anwendung des Absatzes 2a das Betriebsstättenfinanzamt des Arbeitgebers zuständig. [2]Sind für einen Arbeitgeber mehrere Betriebsstättenfinanzämter zuständig, so ist das Finanzamt zuständig, in dessen Bezirk sich die Geschäfts-

---

[1]) § 41b Abs. 1 Satz 4 und 5 geänd. mWv 1.1.2020 durch G v. 12.12.2019 (BGBl. I S. 2451).

[2]) § 41b Abs. 1 Sätze 4 bis 6 geänd. mWv 1.1.2012 durch G v. 7.12.2011 (BGBl. I S. 2592); Sätze 3 und 4 geänd. mWv 1.1.2014 durch G v. 25.7.2014 (BGBl. I S. 1266); Satz 3 geänd. mWv 1.1.2017 durch G v. 18.7.2016 (BGBl. I S. 1679).

[3]) § 41b Abs. 2 neu gef. mWv 1.1.2014 durch G v. 25.7.2014 (BGBl. I S. 1266); Satz 2 geänd. mWv 1.1.2019 durch G v. 20.11.2019 (BGBl. I S. 1626); Satz 1 geänd. mWv 1.1.2020 durch G v. 12.12.2019 (BGBl. I S. 2451).

[4]) § 41b Abs. 2a aufgeh. mWv 1.1.2019 durch G v. 20.11.2019 (BGBl. I S. 1626).

[5]) § 41b Abs. 3 Satz 1 geänd., Sätze 2 und 3 ersetzt durch Satz 2, bish. Satz 4 wird Satz 3 mWv 1.1.2012 durch G v. 7.12.2011 (BGBl. I S. 2592); Sätze 2 und 3 geänd. mWv 1.1.2017 durch G v. 18.7.2016 (BGBl. I S. 1679); Sätze 1 und 2 geänd. mWv 1.1.2020 durch G v. 12.12.2019 (BGBl. I S. 2451).

[6]) § 41b Abs. 4 ersetzt durch Abs. 4 bis 6 mWv 1.1.2017 durch G v. 18.7.2016 (BGBl. I S. 1679).

leitung des Arbeitgebers im Inland befindet. ³Ist dieses Finanzamt kein Betriebsstättenfinanzamt, so ist das Finanzamt zuständig, in dessen Bezirk sich die Betriebsstätte mit den meisten Arbeitnehmern befindet.

(5)¹⁾ ¹Die nach Absatz 1 übermittelten Daten können durch das nach Absatz 4 zuständige Finanzamt zum Zweck der Anwendung des § 72a Absatz 4 und des § 93c Absatz 4 Satz 1 der Abgabenordnung verarbeitet werden. ²Zur Überprüfung der Ordnungsmäßigkeit der Einbehaltung und Abführung der Lohnsteuer können diese Daten auch von den hierfür zuständigen Finanzbehörden bei den für die Besteuerung der Arbeitnehmer nach dem Einkommen zuständigen Finanzbehörden verarbeitet werden.

(6) Die Absätze 1 bis 5 gelten nicht für Arbeitnehmer, soweit sie Arbeitslohn bezogen haben, der nach den §§ 40 bis 40b pauschal besteuert worden ist.

§ 41c Änderung des Lohnsteuerabzugs.

(1) ¹Der Arbeitgeber ist berechtigt, bei der jeweils nächstfolgenden Lohnzahlung bisher erhobene Lohnsteuer zu erstatten oder noch nicht erhobene Lohnsteuer nachträglich einzubehalten,

1.²⁾ wenn ihm elektronische Lohnsteuerabzugsmerkmale zum Abruf zur Verfügung gestellt werden oder ihm der Arbeitnehmer eine Bescheinigung für den Lohnsteuerabzug mit Eintragungen vorlegt, die auf einen Zeitpunkt vor Abruf der Lohnsteuerabzugsmerkmale oder vor Vorlage der Bescheinigung für den Lohnsteuerabzug zurückwirken, oder

2. wenn er erkennt, dass er die Lohnsteuer bisher nicht vorschriftsmäßig einbehalten hat; dies gilt auch bei rückwirkender Gesetzesänderung.

²In den Fällen [*ab 1.1.2024:* des Satzes 1 Nummer 1, wenn es sich um Lohnsteuerabzugsmerkmale nach § 39 Absatz 4 Nummer 4 handelt, und in den Fällen]³⁾ des Satzes 1 Nummer 2 ist der Arbeitgeber jedoch verpflichtet, wenn ihm dies wirtschaftlich zumutbar ist.

(2) ¹Die zu erstattende Lohnsteuer ist dem Betrag zu entnehmen, den der Arbeitgeber für seine Arbeitnehmer insgesamt an Lohnsteuer einbehalten oder übernommen hat. ²Wenn die zu erstattende Lohnsteuer aus dem Betrag nicht gedeckt werden kann, der insgesamt an Lohnsteuer einzubehalten oder zu übernehmen ist, wird der Fehlbetrag dem Arbeitgeber auf Antrag vom Betriebsstättenfinanzamt ersetzt.

(3)⁴⁾ ¹Nach Ablauf des Kalenderjahres oder, wenn das Dienstverhältnis vor Ablauf des Kalenderjahres endet, nach Beendigung des Dienstverhältnisses, ist die Änderung des Lohnsteuerabzugs nur bis zur Übermittlung oder Ausschreibung der Lohnsteuerbescheinigung zulässig. ²Bei Änderung des Lohnsteuerabzugs nach Ablauf des Kalenderjahres ist die nachträglich einzubehaltende Lohnsteuer nach dem Jahresarbeitslohn zu ermitteln. ³Eine Erstattung von Lohnsteuer ist nach Ablauf des Kalenderjahres nur im Wege des Lohnsteuer-Jahresausgleichs nach § 42b zulässig. ⁴Eine Minderung der einzubehal-

---

¹⁾ § 41b Abs. 5 Sätze 1 und 2 geänd. mWv 1.1.2019 durch G v. 20.11.2019 (BGBl. I S. 1626).
²⁾ § 41c Abs. 1 Satz 1 Nr. 1 neu gef. mWv 1.1.2012 durch G v. 7.12.2011 (BGBl. I S. 2592).
³⁾ § 41c Abs. 1 Satz 2 geänd. mWv 1.1.2024 durch G v. 21.12.2020 (BGBl. I S. 3096).
⁴⁾ § 41c Abs. 3 Sätze 4 bis 6 angef. mWv 1.1.2014 durch G v. 25.7.2014 (BGBl. I S. 1266).

tenden und zu übernehmenden Lohnsteuer (§ 41a Absatz 1 Satz 1 Nummer 1) nach § 164 Absatz 2 Satz 1 der Abgabenordnung ist nach der Übermittlung oder Ausschreibung der Lohnsteuerbescheinigung nur dann zulässig, wenn sich der Arbeitnehmer ohne vertraglichen Anspruch und gegen den Willen des Arbeitgebers Beträge verschafft hat, für die Lohnsteuer einbehalten wurde. ⁵In diesem Fall hat der Arbeitgeber die bereits übermittelte oder ausgestellte Lohnsteuerbescheinigung zu berichtigen und sie als geändert gekennzeichnet an die Finanzverwaltung zu übermitteln; § 41b Absatz 1 gilt entsprechend. ⁶Der Arbeitgeber hat seinen Antrag zu begründen und die Lohnsteuer-Anmeldung (§ 41a Absatz 1 Satz 1) zu berichtigen.

(4)¹⁾ ¹Der Arbeitgeber hat die Fälle, in denen er die Lohnsteuer nach Absatz 1 nicht nachträglich einbehält oder die Lohnsteuer nicht nachträglich einbehalten kann, weil

1. der Arbeitnehmer vom Arbeitgeber Arbeitslohn nicht mehr bezieht oder

2. der Arbeitgeber nach Ablauf des Kalenderjahres bereits die Lohnsteuerbescheinigung übermittelt oder ausgeschrieben hat,

dem Betriebsstättenfinanzamt unverzüglich anzuzeigen. ²Das Finanzamt hat die zu wenig erhobene Lohnsteuer vom Arbeitnehmer nachzufordern, wenn der nachzufordernde Betrag 10 Euro übersteigt. ³§ 42d bleibt unberührt.

§§ 42 und 42a. (weggefallen)

§ 42b Lohnsteuer-Jahresausgleich durch den Arbeitgeber. (1)²⁾ ¹Der Arbeitgeber ist berechtigt, seinen Arbeitnehmern, die während des abgelaufenen Kalenderjahres (Ausgleichsjahr) ständig in einem zu ihm bestehenden Dienstverhältnis gestanden haben, die für das Ausgleichsjahr einbehaltene Lohnsteuer insoweit zu erstatten, als sie die auf den Jahresarbeitslohn entfallende Jahreslohnsteuer übersteigt (Lohnsteuer-Jahresausgleich). ²Er ist zur Durchführung des Lohnsteuer-Jahresausgleichs verpflichtet, wenn er am 31. Dezember des Ausgleichsjahres mindestens zehn Arbeitnehmer beschäftigt. ³Der Arbeitgeber darf den Lohnsteuer-Jahresausgleich nicht durchführen, wenn

1. der Arbeitnehmer es beantragt oder

2. der Arbeitnehmer für das Ausgleichsjahr oder für einen Teil des Ausgleichsjahres nach den Steuerklassen V oder VI zu besteuern war oder

3. der Arbeitnehmer für einen Teil des Ausgleichsjahres nach den Steuerklassen II, III oder IV zu besteuern war oder

3a. bei der Lohnsteuerberechnung ein Freibetrag oder Hinzurechnungsbetrag zu berücksichtigen war oder

3b. das Faktorverfahren angewandt wurde oder

---

¹⁾ § 41c Abs. 4 Satz 1 Nr. 1 aufgeh., bish. Nrn. 2 und 3 werden Nrn. 1 und 2 mWv 1.1.2012 durch G v. 7.12.2011 (BGBl. I S. 2592).
²⁾ § 42b Abs. 1 Satz 1 geänd., Satz 3 aufgeh., bish. Satz 4 wird Satz 3 mWv 1.1.2012 durch G v. 7.12.2011 (BGBl. I S. 2592); Abs. 1 Satz 1 geänd. mWv 1.1.2020 durch G v. 12.12.2019 (BGBl. I S. 2451).

4.[1] der Arbeitnehmer im Ausgleichsjahr Kurzarbeitergeld, Zuschuss zum Mutterschaftsgeld nach dem Mutterschutzgesetz, Zuschuss bei Beschäftigungsverboten für die Zeit vor oder nach einer Entbindung sowie für den Entbindungstag während einer Elternzeit nach beamtenrechtlichen Vorschriften, Entschädigungen für Verdienstausfall nach dem Infektionsschutzgesetz vom 20. Juli 2000 (BGBl. I S. 1045), nach § 3 Nummer 28 steuerfreie Aufstockungsbeträge oder Zuschläge oder nach § 3 Nummer 28a steuerfreie Zuschüsse bezogen hat oder

4a. die Anzahl der im Lohnkonto oder in der Lohnsteuerbescheinigung eingetragenen Großbuchstaben U mindestens eins beträgt oder

5.[2] für den Arbeitnehmer im Ausgleichsjahr im Rahmen der Vorsorgepauschale jeweils nur zeitweise Beträge nach § 39b Absatz 2 Satz 5 Nummer 3 Buchstabe a bis *d* [*ab 1.1.2024:* e] oder der Beitragszuschlag nach § 39b Absatz 2 Satz 5 Nummer 3 Buchstabe c berücksichtigt wurden oder sich im Ausgleichsjahr der Zusatzbeitragssatz (§ 39b Absatz 2 Satz 5 Nummer 3 Buchstabe b) geändert hat oder

6. der Arbeitnehmer im Ausgleichsjahr ausländische Einkünfte aus nichtselbständiger Arbeit bezogen hat, die nach einem Abkommen zur Vermeidung der Doppelbesteuerung oder unter Progressionsvorbehalt nach § 34c Absatz 5 von der Lohnsteuer freigestellt waren.

(2)[3] [1]Für den Lohnsteuer-Jahresausgleich hat der Arbeitgeber den Jahresarbeitslohn aus dem zu ihm bestehenden Dienstverhältnis festzustellen. [2]Dabei bleiben Bezüge im Sinne des § 34 Absatz 1 und 2 Nummer 2 und 4 außer Ansatz, wenn der Arbeitnehmer nicht jeweils die Einbeziehung in den Lohnsteuer-Jahresausgleich beantragt. [3]Vom Jahresarbeitslohn sind der etwa in Betracht kommende Versorgungsfreibetrag und Zuschlag zum Versorgungsfreibetrag und der etwa in Betracht kommende Altersentlastungsbetrag abzuziehen. [4]Für den so geminderten Jahresarbeitslohn ist die Jahreslohnsteuer nach § 39b Absatz 2 Satz 6 und 7 zu ermitteln nach Maßgabe der Steuerklasse, die für den letzten Lohnzahlungszeitraum des Ausgleichsjahres als elektronisches Lohnsteuerabzugsmerkmal abgerufen oder auf der Bescheinigung für den Lohnsteuerabzug oder etwaigen Mitteilungen über Änderungen zuletzt eingetragen wurde. [5]Den Betrag, um den die sich hiernach ergebende Jahreslohnsteuer die Lohnsteuer unterschreitet, die von dem zugrunde gelegten Jahresarbeitslohn insgesamt erhoben worden ist, hat der Arbeitgeber dem Arbeitnehmer zu erstatten. [6]Bei der Ermittlung der insgesamt erhobenen Lohnsteuer ist die Lohnsteuer auszuscheiden, die von den nach Satz 2 außer Ansatz gebliebenen Bezügen einbehalten worden ist.

(3) [1]Der Arbeitgeber darf den Lohnsteuer-Jahresausgleich frühestens bei der Lohnabrechnung für den letzten im Ausgleichsjahr endenden Lohnzahlungs-

---

[1] § 42b Abs. 1 Satz 3 Nr. 4 geänd. durch G v. 19.6.2020 (BGBl. I S. 1385).
[2] § 42b Abs. 1 Satz 3 Nr. 5 letzter Satzteil angef. mWv 1.1.2015 durch G v. 25.7.2014 (BGBl. I S. 1266); Nr. 5 Verweis geänd. mWv 1.1.2024 durch G v. 21.12.2020 (BGBl. I S. 3096).
[3] § 42b Abs. 2 Satz 1 geänd, Satz 4 neu gef. mWv 1.1.2012 durch G v. 7.12.2011 (BGBl. I S. 2592); Satz 4 geänd. durch G v. 21.12.2020 (BGBl. I S. 3096).

zeitraum, spätestens bei der Lohnabrechnung für den letzten Lohnzahlungs-zeitraum, der im Monat Februar[1] des dem Ausgleichsjahr folgenden Kalen-derjahres endet, durchführen. [2]Die zu erstattende Lohnsteuer ist dem Betrag zu entnehmen, den der Arbeitgeber für seine Arbeitnehmer für den Lohnzah-lungszeitraum insgesamt an Lohnsteuer erhoben hat. [3]§ 41c Absatz 2 Satz 2 ist anzuwenden.

(4)[2] [1]Im Lohnkonto für das Ausgleichsjahr ist die im Lohnsteuer-Jahres-ausgleich erstattete Lohnsteuer gesondert einzutragen. [2]In der Lohnsteuerbe-scheinigung für das Ausgleichsjahr ist der sich nach Verrechnung der erhobe-nen Lohnsteuer mit der erstatteten Lohnsteuer ergebende Betrag als erhobene Lohnsteuer einzutragen.

§ 42c. (weggefallen)

§ 42d Haftung des Arbeitgebers und Haftung bei Arbeitnehmer-überlassung. (1) Der Arbeitgeber haftet

1. für die Lohnsteuer, die er einzubehalten und abzuführen hat,

2. für die Lohnsteuer, die er beim Lohnsteuer-Jahresausgleich zu Unrecht erstattet hat,

3. für die Einkommensteuer (Lohnsteuer), die auf Grund fehlerhafter Angaben im Lohnkonto oder in der Lohnsteuerbescheinigung verkürzt wird,

4. für die Lohnsteuer, die in den Fällen des § 38 Absatz 3a der Dritte zu über-nehmen hat.

(2)[3] Der Arbeitgeber haftet nicht, soweit Lohnsteuer nach § 39 Absatz 5 oder § 39a Absatz 5 nachzufordern ist und in den vom Arbeitgeber angezeig-ten Fällen des § 38 Absatz 4 Satz 2 und 3 und des § 41c Absatz 4.

(3) [1]Soweit die Haftung des Arbeitgebers reicht, sind der Arbeitgeber und der Arbeitnehmer Gesamtschuldner. [2]Das Betriebsstättenfinanzamt kann die Steuerschuld oder Haftungsschuld nach pflichtgemäßem Ermessen gegenüber jedem Gesamtschuldner geltend machen. [3]Der Arbeitgeber kann auch dann in Anspruch genommen werden, wenn der Arbeitnehmer zur Einkommensteuer veranlagt wird. [4]Der Arbeitnehmer kann im Rahmen der Gesamtschuldner-schaft nur in Anspruch genommen werden,

1. wenn der Arbeitgeber die Lohnsteuer nicht vorschriftsmäßig vom Arbeits-lohn einbehalten hat,

2. wenn der Arbeitnehmer weiß, dass der Arbeitgeber die einbehaltene Lohnsteuer nicht vorschriftsmäßig angemeldet hat. [2]Dies gilt nicht, wenn der Arbeitnehmer den Sachverhalt dem Finanzamt unverzüglich mitgeteilt hat.

(4) [1]Für die Inanspruchnahme des Arbeitgebers bedarf es keines Haftungs-bescheids und keines Leistungsgebots, soweit der Arbeitgeber

---

[1] Zeitraum geänd. mWv 1.1.2017 durch G v. 18.7.2016 (BGBl. I S. 1679).
[2] § 42b Abs. 4 Satz 1 aufgeh., bish. Sätze 2 und 3 werden Sätze 1 und 2 mWv 1.1.2012 durch G v. 7.12.2011 (BGBl. I S. 2592).
[3] § 42d Abs. 2 Verweis geänd. mWv 1.1.2012 durch G v. 7.12.2011 (BGBl. I S. 2592).

1. die einzubehaltende Lohnsteuer angemeldet hat oder

2. nach Abschluss einer Lohnsteuer-Außenprüfung seine Zahlungsverpflichtung schriftlich anerkennt.

²Satz 1 gilt entsprechend für die Nachforderung zu übernehmender pauschaler Lohnsteuer.

(5) Von der Geltendmachung der Steuernachforderung oder Haftungsforderung ist abzusehen, wenn diese insgesamt 10 Euro nicht übersteigt.

(6)¹⁾ ¹Soweit einem Dritten (Entleiher) Arbeitnehmer im Sinne des § 1 Absatz 1 Satz 1 des Arbeitnehmerüberlassungsgesetzes in der Fassung der Bekanntmachung vom 3. Februar 1995 (BGBl. I S. 158), das zuletzt durch Artikel 26 des Gesetzes vom 20. Dezember 2011 (BGBl. I S. 2854) geändert worden ist, zur Arbeitsleistung überlassen werden, haftet er mit Ausnahme der Fälle, in denen eine Arbeitnehmerüberlassung nach § 1 Absatz 3 des Arbeitnehmerüberlassungsgesetzes vorliegt, neben dem Arbeitgeber. ²Der Entleiher haftet nicht, wenn der Überlassung eine Erlaubnis nach § 1 des Arbeitnehmerüberlassungsgesetzes in der jeweils geltenden Fassung zugrunde liegt und soweit er nachweist, dass er den nach § 51 Absatz 1 Nummer 2 Buchstabe d vorgesehenen Mitwirkungspflichten nachgekommen ist. ³Der Entleiher haftet ferner nicht, wenn er über das Vorliegen einer Arbeitnehmerüberlassung ohne Verschulden irrte. ⁴Die Haftung beschränkt sich auf die Lohnsteuer für die Zeit, für die ihm der Arbeitnehmer überlassen worden ist. ⁵Soweit die Haftung des Entleihers reicht, sind der Arbeitgeber, der Entleiher und der Arbeitnehmer Gesamtschuldner. ⁶Der Entleiher darf auf Zahlung nur in Anspruch genommen werden, soweit die Vollstreckung in das inländische bewegliche Vermögen des Arbeitgebers fehlgeschlagen ist oder keinen Erfolg verspricht; § 219 Satz 2 der Abgabenordnung ist entsprechend anzuwenden. ⁷Ist durch die Umstände der Arbeitnehmerüberlassung die Lohnsteuer schwer zu ermitteln, so ist die Haftungsschuld mit 15 Prozent des zwischen Verleiher und Entleiher vereinbarten Entgelts ohne Umsatzsteuer anzunehmen, solange der Entleiher nicht glaubhaft macht, dass die Lohnsteuer, für die er haftet, niedriger ist. ⁸Die Absätze 1 bis 5 sind entsprechend anzuwenden. ⁹Die Zuständigkeit des Finanzamts richtet sich nach dem Ort der Betriebsstätte des Verleihers.

(7) Soweit der Entleiher Arbeitgeber ist, haftet der Verleiher wie ein Entleiher nach Absatz 6.

(8) ¹Das Finanzamt kann hinsichtlich der Lohnsteuer der Leiharbeitnehmer anordnen, dass der Entleiher einen bestimmten Teil des mit dem Verleiher vereinbarten Entgelts einzubehalten und abzuführen hat, wenn dies zur Sicherung des Steueranspruchs notwendig ist; Absatz 6 Satz 4 ist anzuwenden. ²Der Verwaltungsakt kann auch mündlich erlassen werden. ³Die Höhe des einzubehaltenden und abzuführenden Teils des Entgelts bedarf keiner Begründung, wenn der in Absatz 6 Satz 7 genannte Prozentsatz nicht überschritten wird.

---

¹⁾ § 42d Abs. 6 Satz 1 und 2 geänd. mWv 1.1.2013 durch G v. 26.6.2013 (BGBl. I S. 1809).

(9) ¹Der Arbeitgeber haftet auch dann, wenn ein Dritter nach § 38 Absatz 3a dessen Pflichten trägt. ²In diesen Fällen haftet der Dritte neben dem Arbeitgeber. ³Soweit die Haftung des Dritten reicht, sind der Arbeitgeber, der Dritte und der Arbeitnehmer Gesamtschuldner. ⁴Absatz 3 Satz 2 bis 4 ist anzuwenden; Absatz 4 gilt auch für die Inanspruchnahme des Dritten. ⁵Im Fall des § 38 Absatz 3a Satz 2 beschränkt sich die Haftung des Dritten auf die Lohnsteuer, die für die Zeit zu erheben ist, für die er sich gegenüber dem Arbeitgeber zur Vornahme des Lohnsteuerabzugs verpflichtet hat; der maßgebende Zeitraum endet nicht, bevor der Dritte seinem Betriebsstättenfinanzamt die Beendigung seiner Verpflichtung gegenüber dem Arbeitgeber angezeigt hat. ⁶In den Fällen des § 38 Absatz 3a Satz 7 ist als Haftungsschuld der Betrag zu ermitteln, um den die Lohnsteuer, die für den gesamten Arbeitslohn des Lohnzahlungszeitraums zu berechnen und einzubehalten ist, die insgesamt tatsächlich einbehaltene Lohnsteuer übersteigt. ⁷Betrifft die Haftungsschuld mehrere Arbeitgeber, so ist sie bei fehlerhafter Lohnsteuerberechnung nach dem Verhältnis der Arbeitslöhne und für nachträglich zu erfassende Arbeitslohnbeträge nach dem Verhältnis dieser Beträge auf die Arbeitgeber aufzuteilen. ⁸In den Fällen des § 38 Absatz 3a ist das Betriebsstättenfinanzamt des Dritten für die Geltendmachung der Steuer- oder Haftungsschuld zuständig.

§ 42e Anrufungsauskunft. ¹Das Betriebsstättenfinanzamt hat auf Anfrage eines Beteiligten darüber Auskunft zu geben, ob und inwieweit im einzelnen Fall die Vorschriften über die Lohnsteuer anzuwenden sind. ²Sind für einen Arbeitgeber mehrere Betriebsstättenfinanzämter zuständig, so erteilt das Finanzamt die Auskunft, in dessen Bezirk sich die Geschäftsleitung (§ 10 der Abgabenordnung) des Arbeitgebers im Inland befindet. ³Ist dieses Finanzamt kein Betriebsstättenfinanzamt, so ist das Finanzamt zuständig, in dessen Bezirk sich die Betriebsstätte mit den meisten Arbeitnehmern befindet. ⁴In den Fällen der Sätze 2 und 3 hat der Arbeitgeber sämtliche Betriebsstättenfinanzämter, das Finanzamt der Geschäftsleitung und erforderlichenfalls die Betriebsstätte mit den meisten Arbeitnehmern anzugeben sowie zu erklären, für welche Betriebsstätten die Auskunft von Bedeutung ist.

§ 42f Lohnsteuer–Außenprüfung. (1) Für die Außenprüfung der Einbehaltung oder Übernahme und Abführung der Lohnsteuer ist das Betriebsstättenfinanzamt zuständig.

(2) ¹Für die Mitwirkungspflicht des Arbeitgebers bei der Außenprüfung gilt § 200 der Abgabenordnung. ²Darüber hinaus haben die Arbeitnehmer des Arbeitgebers dem mit der Prüfung Beauftragten jede gewünschte Auskunft über Art und Höhe ihrer Einnahmen zu geben und auf Verlangen die etwa in ihrem Besitz befindlichen Bescheinigungen für den Lohnsteuerabzug¹⁾ sowie die Belege über bereits entrichtete Lohnsteuer vorzulegen. ³Dies gilt auch für Personen, bei denen es streitig ist, ob sie Arbeitnehmer des Arbeitgebers sind oder waren.

(3) ¹In den Fällen des § 38 Absatz 3a ist für die Außenprüfung das Betriebsstättenfinanzamt des Dritten zuständig; § 195 Satz 2 der Abgabenordnung bleibt

---

¹⁾ § 42 f Abs. 2 Satz 2 geänd. mWv 1.1.2012 durch G v. 7.12.2011 (BGBl. I S. 2592).

unberührt. ²Die Außenprüfung ist auch beim Arbeitgeber zulässig; dessen Mitwirkungspflichten bleiben neben den Pflichten des Dritten bestehen.

(4)¹⁾ Auf Verlangen des Arbeitgebers können die Außenprüfung und die Prüfungen durch die Träger der Rentenversicherung (§ 28p des Vierten Buches Sozialgesetzbuch) zur gleichen Zeit durchgeführt werden.

§ 42g²⁾ Lohnsteuer-Nachschau. (1) ¹Die Lohnsteuer-Nachschau dient der Sicherstellung einer ordnungsgemäßen Einbehaltung und Abführung der Lohnsteuer. ²Sie ist ein besonderes Verfahren zur zeitnahen Aufklärung steuererheblicher Sachverhalte.

(2) ¹Eine Lohnsteuer-Nachschau findet während der üblichen Geschäfts- und Arbeitszeiten statt. ²Dazu können die mit der Nachschau Beauftragten ohne vorherige Ankündigung und außerhalb einer Lohnsteuer-Außenprüfung Grundstücke und Räume von Personen, die eine gewerbliche oder berufliche Tätigkeit ausüben, betreten. ³Wohnräume dürfen gegen den Willen des Inhabers nur zur Verhütung dringender Gefahren für die öffentliche Sicherheit und Ordnung betreten werden.

(3) ¹Die von der Lohnsteuer-Nachschau betroffenen Personen haben dem mit der Nachschau Beauftragten auf Verlangen Lohn- und Gehaltsunterlagen, Aufzeichnungen, Bücher, Geschäftspapiere und andere Urkunden über der Lohnsteuer-Nachschau unterliegenden Sachverhalte vorzulegen und Auskünfte zu erteilen, soweit dies zur Feststellung einer steuerlichen Erheblichkeit zweckdienlich ist. ²§ 42f Absatz 2 Satz 2 und 3 gilt sinngemäß.

(4) ¹Wenn die bei der Lohnsteuer-Nachschau getroffenen Feststellungen hierzu Anlass geben, kann ohne vorherige Prüfungsanordnung (§ 196 der Abgabenordnung) zu einer Lohnsteuer-Außenprüfung nach § 42f übergegangen werden. ²Auf den Übergang zur Außenprüfung wird schriftlich hingewiesen.

(5) Werden anlässlich einer Lohnsteuer-Nachschau Verhältnisse festgestellt, die für die Festsetzung und Erhebung anderer Steuern erheblich sein können, so ist die Auswertung der Feststellungen insoweit zulässig, als ihre Kenntnis für die Besteuerung der in Absatz 2 genannten Personen oder anderer Personen von Bedeutung sein kann.

3. Steuerabzug vom Kapitalertrag (Kapitalertragsteuer)

§ 43 Kapitalerträge mit Steuerabzug. (1) ¹Bei den folgenden inländischen und in den Fällen der Nummern 5 bis 7³⁾ Buchstabe a und Nummern 8 bis 12 sowie Satz 2 auch ausländischen Kapitalerträgen wird die Einkommensteuer durch Abzug vom Kapitalertrag (Kapitalertragsteuer) erhoben:

1.⁴⁾ Kapitalerträgen im Sinne des § 20 Absatz 1 Nummer 1, soweit diese nicht nachfolgend in Nummer 1a gesondert genannt sind, und Kapital-

---

¹⁾ § 42f Abs. 4 angef. mWv 1.1.2010 durch G v. 20.12.2008 (BGBl. I S. 2850).
²⁾ § 42g eingef. mWv 1.1.2013 durch G v. 26.6.2013 (BGBl. I S. 1809).
³⁾ § 43 Abs. 1 Satz 1 Verweis geänd. durch G v. 19.7.2016 (BGBl. I S. 1730); zur Anwendung siehe § 52 Abs. 42 Satz 4.
⁴⁾ § 43 Abs. 1 Satz 1 geänd. durch G v. 22.6.2011 (BGBl. I S. 1126).

erträgen im Sinne des § 20 Absatz 1 Nummer 2. [2]Entsprechendes gilt für Kapitalerträge im Sinne des § 20 Absatz 2 Satz 1 Nummer 2 Buchstabe a und Nummer 2 Satz 2;

1a.[1)] Kapitalerträgen im Sinne des § 20 Absatz 1 Nummer 1 aus Aktien und Genussscheinen, die entweder gemäß § 5 des Depotgesetzes zur Sammelverwahrung im Wertpapiersammelbank zugelassen sind und dieser zur Sammelverwahrung im Inland anvertraut wurden, bei denen eine Sonderverwahrung gemäß § 2 Satz 1 des Depotgesetzes erfolgt oder bei denen die Erträge gegen Aushändigung der Dividendenscheine oder sonstigen Erträgnisscheine ausgezahlt oder gutgeschrieben werden;

2.[2)] Zinsen aus Teilschuldverschreibungen, bei denen neben der festen Verzinsung ein Recht auf Umtausch in Gesellschaftsanteile (Wandelanleihen) oder eine Zusatzverzinsung, die sich nach der Höhe der Gewinnausschüttungen des Schuldners richtet (Gewinnobligationen), eingeräumt ist, und Zinsen aus Genussrechten, die nicht in § 20 Absatz 1 Nummer 1 genannt sind. [2]Zu den Gewinnobligationen gehören nicht solche Teilschuldverschreibungen, bei denen der Zinsfuß nur vorübergehend herabgesetzt und gleichzeitig eine von dem jeweiligen Gewinnergebnis des Unternehmens abhängige Zusatzverzinsung bis zur Höhe des ursprünglichen Zinsfußes festgelegt worden ist. [3]Zu den Kapitalerträgen im Sinne des Satzes 1 gehören nicht die Bundesbankgenussrechte im Sinne des § 3 Absatz 1 des Gesetzes über die Liquidation der Deutschen Reichsbank und der Deutschen Golddiskontbank in der im Bundesgesetzblatt Teil III, Gliederungsnummer 7620-6, veröffentlichten bereinigten Fassung, das zuletzt durch das Gesetz vom 17. Dezember 1975 (BGBl. I S. 3123) geändert worden ist. [4]Beim Steuerabzug auf Kapitalerträge sind die für den Steuerabzug nach Nummer 1a geltenden Vorschriften entsprechend anzuwenden, wenn

a) die Teilschuldverschreibungen und Genussrechte gemäß § 5 des Depotgesetzes zur Sammelverwahrung durch eine Wertpapiersammelbank zugelassen sind und dieser zur Sammelverwahrung im Inland anvertraut wurden,

b) die Teilschuldverschreibungen und Genussrechte gemäß § 2 Satz 1 des Depotgesetzes gesondert aufbewahrt werden oder

c) die Erträge der Teilschuldverschreibungen und Genussrechte gegen Aushändigung der Erträgnisscheine ausgezahlt oder gutgeschrieben werden;

3.[3)] Kapitalerträgen im Sinne des § 20 Absatz 1 Nummer 4 [*ab 1.1.2023:* , außer bei Kapitalerträgen im Sinne der Nummer 8a];

4.[4)] Kapitalerträgen im Sinne des § 20 Absatz 1 Nummer 6 Satz 1 bis 6; § 20 Absatz 1 Nummer 6 Satz 2 und 3 in der am 1. Januar 2008 anzuwendenden Fassung bleiben für Zwecke der Kapitalertragsteuer unberücksichtigt.

[1)] § 43 Abs. 1 Satz 1 Nr. 1a eingef. durch G v. 22.6.2011 (BGBl. I S. 1126); geänd. mWv 1.1.2013 durch G v. 26.6.2013 (BGBl. I S. 1809).
[2)] § 43 Abs. 1 Satz 1 Nr. 2 Satz 4 angef. durch G v. 26.6.2013 (BGBl. I S. 1809).
[3)] § 43 Abs. 1 Satz 1 Nr. 3 geänd. mWv 1.1.2023 durch G v. 16.12.2022 (BGBl. I S. 2294).
[4)] § 43 Abs. 1 Satz 1 Nr. 4 1. HS Verweis geänd. durch G v. 25.7.2014 (BGBl. I S. 1266).

²Der Steuerabzug vom Kapitalertrag ist in den Fällen des § 20 Absatz 1 Nummer 6 Satz 4 in der am 31. Dezember 2004 geltenden Fassung nur vorzunehmen, wenn das Versicherungsunternehmen auf Grund einer Mitteilung des Finanzamts weiß oder infolge der Verletzung eigener Anzeigeverpflichtungen nicht weiß, dass die Kapitalerträge nach dieser Vorschrift zu den Einkünften aus Kapitalvermögen gehören;

5.[1]) Kapitalerträgen im Sinne des § 20 Absatz 1 Nummer 3 mit Ausnahme der Gewinne aus der Veräußerung von Anteilen an Investmentfonds im Sinne des § 16 Absatz 1 Nummer 3 in Verbindung mit § 2 Absatz 13 des Investmentsteuergesetzes;

6.[2]) ausländischen Kapitalerträgen im Sinne der Nummern 1 und 1a;

7.[3]) Kapitalerträgen im Sinne des § 20 Absatz 1 Nummer 7, außer bei Kapitalerträgen im Sinne der *Nummer 2* [*ab 1.1.2023:* Nummern 2 und 8a], wenn

a)[3]) es sich um Zinsen aus Anleihen und Forderungen handelt, die in ein öffentliches Schuldbuch [*ab 1.1.2023:* , ein elektronisches Wertpapierregister im Sinne des § 4 Absatz 1 des Gesetzes über elektronische Wertpapiere] oder in ein ausländisches Register eingetragen oder über die Sammelurkunden im Sinne des § 9a des Depotgesetzes oder Teilschuldverschreibungen ausgegeben sind;

b)[4]) der Schuldner der nicht in Buchstabe a genannten Kapitalerträge ein inländisches Kreditinstitut oder ein inländisches Finanzdienstleistungsinstitut im Sinne des Gesetzes über das Kreditwesen oder ein Wertpapierinstitut im Sinne des Wertpapierinstitutsgesetzes ist. ²Kreditinstitut in diesem Sinne ist auch die Kreditanstalt für Wiederaufbau, eine Bausparkasse, ein Versicherungsunternehmen für Erträge aus Kapitalanlagen, die mit Einlagegeschäften bei Kreditinstituten vergleichbar sind, die Deutsche Bundesbank bei Geschäften mit jedermann einschließlich ihrer Betriebsangehörigen im Sinne der §§ 22 und 25 des Gesetzes über die Deutsche Bundesbank und eine inländische Zweigstelle oder Zweigniederlassung eines ausländischen Unternehmens im Sinne der §§ 53 und 53b des Gesetzes über das Kreditwesen, nicht aber eine ausländische Zweigstelle eines inländischen Kredit-, Finanzdienstleistungs- oder Wertpapierinstituts. ³Die inländische Zweigstelle oder Zweigniederlassung gilt anstelle des ausländischen Unternehmens als Schuldner der Kapitalerträge;

---

[1]) § 43 Abs. 1 Satz 1 Nr. 5 eingef. durch G v. 19.7.2016 (BGBl. I S. 1730); zur Anwendung siehe § 52 Abs. 42 Satz 4.

[2]) § 43 Abs. 1 Satz 1 Nr. 6 geänd. durch G v. 22.6.2011 (BGBl. I S. 1126).

[3]) § 43 Abs. 1 Nr. 7 einl. Satzteil und Buchst. a geänd. mWv 1.1.2023 durch G v. 16.12.2022 (BGBl. I S. 2294).

[4]) Zur erstmaligen Anwendung von Nr. 7 Buchst. b Satz 2 siehe § 52 Abs. 42 Satz 1; Buchst. b Sätze 2 und 3 geänd. mWv 1.1.2014 durch G v. 25.7.2014 (BGBl. I S. 1266); Buchst. b Satz 2 geänd. mWv VZ 2019 durch G v. 12.12.2019 (BGBl. I S. 2451); Sätze 1 und 2 geänd. mWv 26.6.2021 durch G v. 12.5.2021 (BGBl. I S. 990); Satz 2 geänd. durch G v. 16.12.2022 (BGBl. I S. 2294).

[ab 1.1.2021 bis 31.12.2022:

  c)[1] *es sich um Zinsen aus Forderungen handelt, die über eine Internet-Dienstleistungsplattform erworben wurden.* [2]*Eine Internet-Dienstleistungsplattform in diesem Sinne ist ein webbasiertes Medium, das Kauf- und Verkaufsaufträge in Aktien und anderen Finanzinstrumenten sowie Darlehensnehmer und Darlehensgeber zusammenführt und so einen Vertragsabschluss vermittelt;]*

7a. Kapitalerträgen im Sinne des § 20 Absatz 1 Nummer 9;

7b. Kapitalerträgen im Sinne des § 20 Absatz 1 Nummer 10 Buchstabe a;

7c. Kapitalerträgen im Sinne des § 20 Absatz 1 Nummer 10 Buchstabe b;

8. Kapitalerträgen im Sinne des § 20 Absatz 1 Nummer 11;

[ab 1.1.2023:

8a.[2] Kapitalerträgen im Sinne des § 20 Absatz 1 Nummer 4 und 7, wenn es sich um Zinsen aus Forderungen handelt, die über eine Internet-Dienstleistungsplattform erworben wurden. [2]Eine Internet-Dienstleistungsplattform in diesem Sinne ist ein webbasiertes Medium, das Kauf- und Verkaufsaufträge in Aktien und anderen Finanzinstrumenten sowie Darlehensnehmer und Darlehensgeber zusammenführt und so einen Vertragsabschluss vermittelt;]

9.[3] Kapitalerträgen im Sinne des § 20 Absatz 2 Satz 1 Nummer 1 und Gewinnen aus der Veräußerung von Anteilen an Investmentfonds im Sinne des § 16 Absatz 1 Nummer 3 in Verbindung mit § 2 Absatz 13 des Investmentsteuergesetzes;

10. Kapitalerträgen im Sinne des § 20 Absatz 2 Satz 1 Nummer 2 Buchstabe b und Nummer 7;

11. Kapitalerträgen im Sinne des § 20 Absatz 2 Satz 1 Nummer 3;

12. Kapitalerträgen im Sinne des § 20 Absatz 2 Satz 1 Nummer 8.

[2]Dem Steuerabzug unterliegen auch Kapitalerträge im Sinne des § 20 Absatz 3, die neben den in den Nummern 1 bis 12 bezeichneten Kapitalerträgen oder an deren Stelle gewährt werden. [3]Der Steuerabzug ist ungeachtet des § 3 Nummer 40 und des § 8b des Körperschaftsteuergesetzes vorzunehmen. [4]Für Zwecke des Kapitalertragsteuerabzugs gilt die Übertragung eines von einer auszahlenden Stelle verwahrten oder verwalteten Wirtschaftsguts im Sinne des § 20 Absatz 2 auf einen anderen Gläubiger als Veräußerung des Wirtschaftsguts. [5]Satz 4 gilt nicht, wenn der Steuerpflichtige der auszahlenden Stelle unter Benennung der in Satz 6 Nummer 4 bis 6 bezeichneten Daten mitteilt, dass es sich um eine unentgeltliche Übertragung handelt.[4] [6]Die auszahlende Stelle hat in den Fällen des Satzes 5 folgende Daten dem für sie zuständigen

---

[1] § 43 Abs. 1 Satz 1 Nr. 7 Buchst. c angef. durch G v. 12.12.2019 (BGBl. I S. 2451); zur Anwendung siehe § 52 Abs. 42 Satz 2; aufgeh. mWv 1.1.2023 durch G v. 16.12.2022 (BGBl. I S. 2294).
[2] § 43 Abs. 1 Satz 1 Nr. 8a eingef. mWv 1.1.2023 durch G v. 16.12.2022 (BGBl. I S. 2294).
[3] § 43 Abs. 1 Satz 1 Nr. 9 neu gef. durch G v. 19.7.2016 (BGBl. I S. 1730); zur Anwendung siehe § 52 Abs. 42 Satz 5.
[4] § 43 Abs. 1 Satz 5 neu gef. durch G v. 8.12.2010 (BGBl. I S. 1768).

Betriebsstättenfinanzamt bis zum 31. Mai des jeweiligen Folgejahres nach Maßgabe des § 93c der Abgabenordnung mitzuteilen:

1. Bezeichnung der auszahlenden Stelle,

2. das zuständige Betriebsstättenfinanzamt,

3. das übertragene Wirtschaftsgut, den Übertragungszeitpunkt, den Wert zum Übertragungszeitpunkt und die Anschaffungskosten des Wirtschaftsguts,

4. Name, Geburtsdatum, Anschrift und Identifikationsnummer des Übertragenden,

5.[1] Name, Geburtsdatum, Anschrift und Identifikationsnummer des Empfängers sowie die Bezeichnung des Kreditinstituts, der Nummer des Depots, des Kontos oder des Schuldbuchkontos. [2]Sofern die Identifikationsnummer des Empfängers nicht bereits bekannt ist, kann die auszahlende Stelle diese in einem maschinellen Verfahren nach amtlich vorgeschriebenem Datensatz beim Bundeszentralamt für Steuern erfragen. [3]In der Anfrage dürfen nur die in § 139b Absatz 3 der Abgabenordnung genannten Daten der betroffenen Person angegeben werden. [4]Das Bundeszentralamt für Steuern teilt der auszahlenden Stelle die Identifikationsnummer der betroffenen Person mit, sofern die übermittelten Daten mit den nach § 139b Absatz 3 der Abgabenordnung beim Bundeszentralamt für Steuern gespeicherten Daten übereinstimmen. [5]Ist eine eindeutige Zuordnung des Empfängers nicht möglich, ist die Depotübertragung als kapitalertragsteuerpflichtiger Vorgang nach Satz 4 dieses Absatzes zu behandeln;

6. soweit bekannt, das persönliche Verhältnis (Verwandtschaftsverhältnis, Ehe, Lebenspartnerschaft) zwischen Übertragendem und Empfänger.[2]

[7] § 72a Absatz 4, § 93c Absatz 4 und § 203a der Abgabenordnung finden keine Anwendung.[3]

(1a)[4] *(aufgehoben)*

(2)[5] [1]Der Steuerabzug ist außer in den Fällen des Absatzes 1 Satz 1 Nummer 1a und 7c nicht vorzunehmen, wenn Gläubiger und Schuldner der Kapitalerträge (Schuldner) oder die auszahlende Stelle im Zeitpunkt des Zufließens dieselbe Person sind. [2]Der Steuerabzug ist außerdem nicht vorzunehmen, wenn in den Fällen des Absatzes 1 Satz 1 Nummer 5 bis 7 und 8 bis 12 Gläubiger der Kapitalerträge ein inländisches Kredit-, Finanzdienstleistungs- oder Wertpapierinstitut nach Absatz 1 Satz 1 Nummer 7 Buchstabe b oder eine

---

[1] § 43 Abs. 1 Satz 6 Nr. 5 Sätze 2 bis 5 angef. durch G v. 2.6.2021 (BGBl. I S. 1259); zur Anwendung siehe § 52 Abs. 42 Satz 5.
[2] § 43 Abs. 1 Sätze 5 und 6 neu gef. durch G v. 8.12.2010 (BGBl. I S. 1768); Satz 6 geänd. durch G v. 18.7.2016 (BGBl. I S. 1679); zur Anwendung siehe § 52 Abs. 42 Satz 3.
[3] § 43 Abs. 1 Satz 7 angef. mWv 1.1.2017 durch G v. 18.7.2016 (BGBl. I S. 1679).
[4] § 43 Abs. 1a aufgeh. mWv 1.1.2009 durch G v. 8.12.2010 (BGBl. I S. 1768).
[5] § 43 Abs. 2 Satz 3 Nr. 2, Satz 6 geänd. mWv 1.1.2009 durch G v. 8.12.2010 (BGBl. I S. 1768); Satz 1 geänd. mWv. 1.1.2012 durch G v. 22.6.2011 (BGBl. I S. 1126); Sätze 7 und 8 neu gef. (zur Anwendung siehe § 52 Abs. 42 Satz 3) durch G v. 18.7.2016 (BGBl. I S. 1679); Satz 2 Verweis geänd. durch G v. 19.7.2016 (BGBl. I S. 1730); zur Anwendung siehe § 52 Abs. 42 Satz 4; Satz 2 geänd. durch G v. 16.12.2022 (BGBl. I S. 2294).

inländische Kapitalverwaltungsgesellschaft[1] ist. [3]Bei Kapitalerträgen im Sinne des Absatzes 1 Satz 1 Nummer 6 und 8 bis 12 ist ebenfalls kein Steuerabzug vorzunehmen, wenn

1. eine unbeschränkt steuerpflichtige Körperschaft, Personenvereinigung oder Vermögensmasse, die nicht unter Satz 2 oder § 44a Absatz 4 Satz 1 fällt, Gläubigerin der Kapitalerträge ist, oder

2. die Kapitalerträge Betriebseinnahmen eines inländischen Betriebs sind und der Gläubiger der Kapitalerträge dies gegenüber der auszahlenden Stelle nach amtlich vorgeschriebenem Muster erklärt; dies gilt entsprechend für Kapitalerträge aus Options- und Termingeschäften im Sinne des Absatzes 1 Satz 1 Nummer 8 und 11, wenn sie zu den Einkünften aus Vermietung und Verpachtung gehören.

[4]Im Fall des § 1 Absatz 1 Nummer 4 und 5 des Körperschaftsteuergesetzes ist Satz 3 Nummer 1 nur anzuwenden, wenn die Körperschaft, Personenvereinigung oder Vermögensmasse durch eine Bescheinigung des für sie zuständigen Finanzamts ihre Zugehörigkeit zu dieser Gruppe von Steuerpflichtigen nachweist. [5]Die Bescheinigung ist unter dem Vorbehalt des Widerrufs auszustellen. [6]Die Fälle des Satzes 3 Nummer 2 hat die auszahlende Stelle gesondert aufzuzeichnen und die Erklärung der Zugehörigkeit der Kapitalerträge zu den Betriebseinnahmen oder zu den Einnahmen aus Vermietung und Verpachtung sechs Jahre aufzubewahren; die Frist beginnt mit dem Schluss des Kalenderjahres, in dem die Freistellung letztmalig berücksichtigt wird. [7]Die auszahlende Stelle hat in den Fällen des Satzes 3 Nummer 2 der Finanzbehörde, die für die Besteuerung des Einkommens des Gläubigers der Kapitalerträge zuständig ist, nach Maßgabe des § 93c der Abgabenordnung neben den in § 93c Absatz 1 der Abgabenordnung genannten Angaben auch die Konto- und Depotbezeichnung oder das sonstige Kennzeichnung des Geschäftsvorgangs zu übermitteln. [8]§ 72a Absatz 4, § 93c Absatz 1 Nummer 3 und Absatz 4 sowie § 203a der Abgabenordnung finden keine Anwendung.

(3) [1]Kapitalerträge im Sinne des Absatzes 1 Satz 1 Nummer 1 Satz 1 sowie Nummer 1a bis 4[2] sind inländische, wenn der Schuldner Wohnsitz, Geschäftsleitung oder Sitz im Inland hat; Kapitalerträge im Sinne des Absatzes 1 Satz 1 Nummer 4 sind auch dann inländische, wenn der Schuldner eine Niederlassung im Sinne der §§ 61, 65 oder des § 68[3] des Versicherungsaufsichtsgesetzes im Inland hat. [2]Kapitalerträge im Sinne des Absatzes 1 Satz 1 Nummer 1 Satz 2 sind inländische, wenn der Schuldner der veräußerten Ansprüche die Voraussetzungen des Satzes 1 erfüllt. [3]Kapitalerträge im Sinne des § 20 Absatz 1 Nummer 1 Satz 4 sind inländische, wenn der Emittent der Aktien Geschäftsleitung oder Sitz im Inland hat. [4]Kapitalerträge im Sinne des Absatzes 1 Satz 1 Nummer 6 sind ausländische, wenn weder die Voraussetzungen nach Satz 1 noch nach Satz 2 vorliegen.

(4) Der Steuerabzug ist auch dann vorzunehmen, wenn die Kapitalerträge beim Gläubiger zu den Einkünften aus Land- und Forstwirtschaft, aus Gewer-

---

[1] Bezeichnung geänd. durch G v. 18.12.2013 (BGBl. I S. 4318).
[2] Verweis geänd. durch G v. 22.6.2011 (BGBl. I S. 1126).
[3] Verweis geänd. mWv 1.1.2016 durch G v. 1.4.2015 (BGBl. I S. 434).

bebetrieb, aus selbständiger Arbeit oder aus Vermietung und Verpachtung gehören.

(5)[1] [1]Für Kapitalerträge im Sinne des § 20, soweit sie der Kapitalertragsteuer unterlegen haben, ist die Einkommensteuer mit dem Steuerabzug abgegolten; die Abgeltungswirkung des Steuerabzugs tritt nicht ein, wenn der Gläubiger nach § 44 Absatz 1 Satz 10 und 11 und Absatz 5 in Anspruch genommen werden kann. [2]Dies gilt nicht in Fällen des § 32d Absatz 2 und für Kapitalerträge, die zu den Einkünften aus Land- und Forstwirtschaft, aus Gewerbebetrieb, aus selbständiger Arbeit oder aus Vermietung und Verpachtung gehören. [3]Auf Antrag des Gläubigers werden Kapitalerträge im Sinne des Satzes 1 in die besondere Besteuerung von Kapitalerträgen nach § 32d einbezogen. [4]Eine vorläufige Festsetzung der Einkommensteuer im Sinne des § 165 Absatz 1 Satz 2 Nummer 2 bis 4 der Abgabenordnung umfasst auch Einkünfte im Sinne des Satzes 1, für die der Antrag nach Satz 3 nicht gestellt worden ist.

§ 43a Bemessung der Kapitalertragsteuer. (1) [1]Die Kapitalertragsteuer beträgt

1. in den Fällen des § 43 Absatz 1 Satz 1 Nummer 1 bis 7a[2] und 8 bis 12 sowie Satz 2:

   25 Prozent des Kapitalertrags;

2. in den Fällen des § 43 Absatz 1 Satz 1 Nummer 7b und 7c:

   15 Prozent des Kapitalertrags.

[2]Im Fall einer Kirchensteuerpflicht ermäßigt sich die Kapitalertragsteuer um 25 Prozent der auf die Kapitalerträge entfallenden Kirchensteuer. [3]§ 32d Absatz 1 Satz 4 und 5 gilt entsprechend.

(2)[3] [1]Dem Steuerabzug unterliegen die vollen Kapitalerträge ohne Abzug; dies gilt nicht für Erträge aus Investmentfonds nach § 16 Absatz 1 des Investmentsteuergesetzes, auf die nach § 20 des Investmentsteuergesetzes eine Teilfreistellung anzuwenden ist; § 20 Absatz 1 Satz 2 bis 4 des Investmentsteuergesetzes sind beim Steuerabzug nicht anzuwenden. [2]In den Fällen des § 43 Absatz 1 Satz 1 Nummer 9 bis 12 bemisst sich der Steuerabzug

1. bei Gewinnen aus der Veräußerung von Anteilen an Investmentfonds im Sinne des § 16 Absatz 1 Nummer 3 in Verbindung mit § 2 Absatz 13 des Investmentsteuergesetzes nach § 19 des Investmentsteuergesetzes und

2. in allen übrigen Fällen nach § 20 Absatz 4 und 4a,

wenn die Wirtschaftsgüter von der die Kapitalerträge auszahlenden Stelle erworben oder veräußert und seitdem verwahrt oder verwaltet worden sind.

---

[1] § 43 Abs. 5 Satz 1 geänd., Satz 4 angef. mWv 1.1.2009 durch G v. 8.12.2010 (BGBl. I S. 1768); Satz 1 Verweis geänd. durch G v. 19.7.2016 (BGBl. I S. 1730), zur Anwendung siehe § 52 Abs. 42 Satz 4.
[2] § 43a Abs. 1 Satz 1 Nr. 1 Verweis geänd. mWv 1.1.2018 (§ 52 Abs. 42a) durch G v. 19.7.2016 (BGBl. I S. 1730).
[3] § 43a Abs. 2 Sätze 1 und 2 neu gef. durch G v. 19.7.2016 (BGBl. I S. 1730); zur Anwendung siehe § 52 Abs. 42a.

³Überträgt der Steuerpflichtige die Wirtschaftsgüter auf ein anderes Depot, hat die abgebende inländische auszahlende Stelle der übernehmenden inländischen auszahlenden Stelle die Anschaffungsdaten mitzuteilen. ⁴Satz 3 gilt in den Fällen des § 43 Absatz 1 Satz 5 entsprechend. ⁵Handelt es sich bei der abgebenden auszahlenden Stelle um ein Kreditinstitut, ein Finanzdienstleistungsinstitut oder ein Wertpapierinstitut mit Sitz in einem anderen Mitgliedstaat der Europäischen Union, in einem anderen Vertragsstaat des EWR-Abkommens vom 3. Januar 1994 (ABl. EG Nr. L 1 S. 3) in der jeweils geltenden Fassung oder in einem anderen Vertragsstaat nach Artikel 17 Absatz 2 Ziffer i der Richtlinie 2003/48/EG vom 3. Juni 2003 im Bereich der Besteuerung von Zinserträgen (ABl. EU Nr. L 157 S. 38), kann der Steuerpflichtige den Nachweis nur durch eine Bescheinigung des ausländischen Instituts führen; dies gilt entsprechend für eine in diesem Gebiet belegene Zweigstelle eines inländischen Kreditinstituts, Finanzdienstleistungsinstituts oder einem inländischen Wertpapierinstitut.¹⁾ ⁶In allen anderen Fällen ist ein Nachweis der Anschaffungsdaten nicht zulässig. ⁷Sind die Anschaffungsdaten nicht nachgewiesen, bemisst sich der Steuerabzug nach 30 Prozent der Einnahmen aus der Veräußerung oder Einlösung der Wirtschaftsgüter. ⁸In den Fällen des § 43 Absatz 1 Satz 4 gelten der Börsenpreis zum Zeitpunkt der Übertragung zuzüglich Stückzinsen als Einnahmen aus der Veräußerung und die mit dem Depotübertrag verbundenen Kosten als Veräußerungskosten im Sinne des § 20 Absatz 4 Satz 1. ⁹Zur Ermittlung des Börsenpreises ist der niedrigste am Vortag der Übertragung im regulierten Markt notierte Kurs anzusetzen; liegt am Vortag eine Notierung nicht vor, so werden die Wirtschaftsgüter mit dem letzten innerhalb von 30 Tagen vor dem Übertragungstag im regulierten Markt notierten Kurs angesetzt; Entsprechendes gilt für Wertpapiere, die im Inland in den Freiverkehr einbezogen sind oder in einem anderen Staat des Europäischen Wirtschaftsraums zum Handel an einem geregelten Markt im Sinne des Artikels 1 Nummer 13 der Richtlinie 93/22/EWG des Rates vom 10. Mai 1993 über Wertpapierdienstleistungen (ABl. EG Nr. L 141 S. 27) zugelassen sind. ¹⁰Liegt ein Börsenpreis nicht vor, bemisst sich die Steuer nach 30 Prozent der Anschaffungskosten. ¹¹Die übernehmende auszahlende Stelle hat als Anschaffungskosten den von der abgebenden Stelle angesetzten Börsenpreis anzusetzen und die bei der Übertragung als Einnahmen aus der Veräußerung angesetzten Stückzinsen nach Absatz 3 zu berücksichtigen. ¹²Satz 9 gilt entsprechend. ¹³Liegt ein Börsenpreis nicht vor, bemisst sich der Steuerabzug nach 30 Prozent der Einnahmen aus der Veräußerung oder Einlösung der Wirtschaftsgüter. ¹⁴Hat die auszahlende Stelle die Wirtschafsgüter vor dem 1. Januar 1994 erworben oder veräußert und seitdem verwahrt oder verwaltet, kann sie den Steuerabzug nach 30 Prozent der Einnahmen aus der Veräußerung oder Einlösung der Wertpapiere und Kapitalforderungen bemessen. ¹⁵Abweichend von den Sätzen 2 bis 14 bemisst sich der Steuerabzug bei Kapitalerträgen aus nicht für einen marktmäßigen Handel bestimmten schuldbuchfähigen Wertpapieren des Bundes und der Länder oder bei Kapitalerträgen im Sinne des § 43 Absatz 1 Satz 1 Nummer 7 Buchstabe b

---

¹⁾ § 43a Abs. 2 Satz 5 geänd. mWv VZ 2013 durch G v. 26.6.2013 (BGBl. I S. 1809); geänd. durch G v. 12.5.2021 (BGBl. I S. 990).

aus nicht in Inhaber- oder Orderschuldverschreibungen verbrieften Kapitalforderungen nach dem vollen Kapitalertrag ohne jeden Abzug.

(3)[1] [1]Die auszahlende Stelle hat ausländische Steuern auf Kapitalerträge
nach Maßgabe des § 32d Absatz 5 zu berücksichtigen. [2]Sie hat unter Berücksichtigung des § 20 Absatz 6 Satz 4 im Kalenderjahr negative Kapitalerträge
einschließlich gezahlter Stückzinsen bis zur Höhe der positiven Kapitalerträge
auszugleichen; liegt ein gemeinsamer Freistellungsauftrag im Sinne des § 44a
Absatz 2 Satz 1 Nummer 1 in Verbindung mit § 20 Absatz 9 Satz 2 vor, erfolgt ein gemeinsamer Ausgleich. [3]Der nicht ausgeglichene Verlust ist auf das
nächste Kalenderjahr zu übertragen. [4]Auf Verlangen des Gläubigers der Kapitalerträge hat sie über die Höhe eines nicht ausgeglichenen Verlusts eine
Bescheinigung nach amtlich vorgeschriebenem Muster zu erteilen; der Ver-
lustübertrag entfällt in diesem Fall. [5]Der unwiderrufliche Antrag auf Erteilung
der Bescheinigung muss bis zum 15. Dezember des laufenden Jahres der auszahlenden Stelle zugehen. [6]Überträgt der Gläubiger der Kapitalerträge seine
im Depot befindlichen Wirtschaftsgüter vollständig auf ein anderes Depot, hat
die abgebende auszahlende Stelle der übernehmenden auszahlenden Stelle auf
Verlangen des Gläubigers der Kapitalerträge die Höhe des nicht ausgeglichenen Verlusts mitzuteilen; eine Bescheinigung nach Satz 4 darf in diesem
Fall nicht erteilt werden. [7]Erfährt die auszahlende Stelle nach Ablauf des Kalenderjahres von der Veränderung einer Bemessungsgrundlage oder einer zu
erhebenden Kapitalertragsteuer, hat sie die entsprechende Korrektur erst zum
Zeitpunkt ihrer Kenntnisnahme vorzunehmen; § 44 Absatz 5 bleibt unberührt. [8]Die vorstehenden Sätze gelten nicht in den Fällen des § 20 Absatz 8
und des § 44 Absatz 1 Satz 4 Nummer 1 Buchstabe a Doppelbuchstabe bb
sowie bei Körperschaften, Personenvereinigungen oder Vermögensmassen.

(4)[2] [1]Die Absätze 2 und 3 gelten entsprechend für die das Bundesschuldbuch führende Stelle oder eine Landesschuldenverwaltung als auszahlende
Stelle. [2]Werden die Wertpapiere oder Forderungen von einem Kreditinstitut,
Finanzdienstleistungsinstitut oder einem Wertpapierinstitut mit der Maßgabe
der Verwahrung und Verwaltung durch die das Bundesschuldbuch führende
Stelle oder eine Landesschuldenverwaltung erworben, hat das Kreditinstitut,
das Finanzdienstleistungsinstitut oder das Wertpapierinstitut der das Bundesschuldbuch führenden Stelle oder einer Landesschuldenverwaltung zusammen
mit den im Schuldbuch einzutragenden Wertpapieren und Forderungen den
Erwerbszeitpunkt und die Anschaffungsdaten sowie in Fällen des Absatzes 2 den
Erwerbspreis der für einen marktmäßigen Handel bestimmten schuldbuchfähigen Wertpapiere des Bundes oder der Länder und außerdem mitzuteilen, dass es
diese Wertpapiere und Forderungen erworben oder veräußert und seitdem verwahrt oder verwaltet hat.

**§ 43b Bemessung der Kapitalertragsteuer bei bestimmten Gesell-
schaften.** (1) [1]Auf Antrag wird die Kapitalertragsteuer für Kapitalerträge
im Sinne des § 20 Absatz 1 Nummer 1, die einer Muttergesellschaft, die we-

---

[1] § 43a Abs. 3 Satz 7 eingef., bish. Satz 7 wird Satz 8 mWv 1.1.2009 durch G v. 8.12.2010
(BGBl. I S. 1768); Satz 2 geänd. durch G v. 25.7.2014 (BGBl. I S. 1266).
[2] § 43a Abs. 4 Satz 2 geänd. durch G v. 12.5.2021 (BGBl. I S. 990).

der ihren Sitz noch ihre Geschäftsleitung im Inland hat, oder einer in einem anderen Mitgliedstaat der Europäischen Union gelegenen Betriebsstätte dieser Muttergesellschaft, aus Ausschüttungen einer Tochtergesellschaft zufließen, nicht erhoben; § 50d Absatz 3 gilt entsprechend.[1] [2]Satz 1 gilt auch für Ausschüttungen einer Tochtergesellschaft, die einer in einem anderen Mitgliedstaat der Europäischen Union gelegenen Betriebsstätte einer unbeschränkt steuerpflichtigen Muttergesellschaft zufließen. [3]Ein Zufluss an die Betriebsstätte liegt nur vor, wenn die Beteiligung an der Tochtergesellschaft tatsächlich zu dem Betriebsvermögen der Betriebsstätte gehört. [4]Die Sätze 1 bis 3 gelten nicht für Kapitalerträge im Sinne des § 20 Absatz 1 Nummer 1, die anlässlich der Liquidation oder Umwandlung einer Tochtergesellschaft zufließen.

(2)[2] [1]Muttergesellschaft im Sinne des Absatzes 1 ist jede Gesellschaft, die

1. die in der Anlage 2[3] zu diesem Gesetz bezeichneten Voraussetzungen erfüllt und

2. nach Artikel 3 Absatz 1 Buchstabe a der Richtlinie 2011/96/EU des Rates vom 30. November 2011 über das gemeinsame Steuersystem der Mutter- und Tochtergesellschaften verschiedener Mitgliedstaaten (ABl. L 345 vom 29.12.2011, S. 8), die zuletzt durch die Richtlinie 2014/86/EU (ABl. L 219 vom 25.7.2014, S. 40) geändert worden ist, zum Zeitpunkt der Entstehung der Kapitalertragsteuer gemäß § 44 Absatz 1 Satz 2 nachweislich mindestens zu 10 Prozent unmittelbar am Kapital der Tochtergesellschaft beteiligt ist (Mindestbeteiligung).

[2]Ist die Mindestbeteiligung zu diesem Zeitpunkt nicht erfüllt, ist der Zeitpunkt des Gewinnverteilungsbeschlusses maßgeblich. [3]Tochtergesellschaft im Sinne des Absatzes 1 sowie des Satzes 1 ist jede unbeschränkt steuerpflichtige Gesellschaft, die die in der Anlage 2[3] zu diesem Gesetz und in Artikel 3 Absatz 1 Buchstabe b der Richtlinie 2011/96/EU bezeichneten Voraussetzungen erfüllt. [4]Weitere Voraussetzung ist, dass die Beteiligung nachweislich ununterbrochen zwölf Monate besteht. [5]Wird dieser Beteiligungszeitraum nach dem Zeitpunkt der Entstehung der Kapitalertragsteuer gemäß § 44 Absatz 1 Satz 2 vollendet, ist die einbehaltene und abgeführte Kapitalertragsteuer nach *§ 50d Absatz 1 [**neue Fassung:** § 50c Absatz 3]*[4] zu erstatten; das Freistellungsverfahren nach *§ 50d [**neue Fassung:** § 50c]*[4] Absatz 2 ist ausgeschlossen.

(2a) Betriebsstätte im Sinne der Absätze 1 und 2 ist eine feste Geschäftseinrichtung in einem anderen Mitgliedstaat der Europäischen Union, durch die die Tätigkeit der Muttergesellschaft ganz oder teilweise ausgeübt wird, wenn das Besteuerungsrecht für die Gewinne dieser Geschäftseinrichtung nach dem jeweils geltenden Abkommen zur Vermeidung der Doppelbesteuerung

---

[1] § 43b Abs. 1 Satz 1 letzter HS angef. durch G v. 2.6.2021 (BGBl. I S. 1259); zur Anwendung von § 50d Abs. 3 siehe § 52 Abs. 47b.

[2] § 43b Abs. 2 Satz 1 neu gef. durch G v. 2.11.2015 (BGBl. I S. 1834); zur Anwendung siehe § 52 Abs. 42b.

[3] Abgedruckt im Anschluss an dieses Gesetz.

[4] Verweise geänd. durch G v. 2.6.2021 (BGBl. I S. 1259); zur Anwendung von § 50c siehe § 52 Abs. 47a.

dem Staat, in dem sie gelegen ist, zugewiesen wird und diese Gewinne in diesem Staat der Besteuerung unterliegen.

(3)[1] *(aufgehoben)*

§ 44 Entrichtung der Kapitalertragsteuer. (1)[2] [1]Schuldner der Kapitalertragsteuer ist in den Fällen des § 43 Absatz 1 Satz 1 Nummer 1 bis 7b und 8 bis 12 sowie Satz 2 der Gläubiger der Kapitalerträge. [2]Die Kapitalertragsteuer entsteht in dem Zeitpunkt, in dem die Kapitalerträge dem Gläubiger zufließen. [3]In diesem Zeitpunkt haben in den Fällen des § 43 Absatz 1 Satz 1 Nummer 1, 2 bis 4 sowie 7a und 7b der Schuldner der Kapitalerträge, jedoch in den Fällen des § 43 Absatz 1 Satz 1 Nummer 1 Satz 2 die für den Verkäufer der Wertpapiere den Verkaufsauftrag ausführende Stelle im Sinne des Satzes 4 Nummer 1, und in den Fällen des § 43 Absatz 1 Satz 1 Nummer 1a, 5 bis 7 und 8 bis 12 sowie Satz 2 die die Kapitalerträge auszahlende Stelle den Steuerabzug unter Beachtung der im Bundessteuerblatt veröffentlichten Auslegungsvorschriften der Finanzverwaltung für Rechnung des Gläubigers der Kapitalerträge vorzunehmen. [4]Die die Kapitalerträge auszahlende Stelle ist

1.[3] in den Fällen des § 43 Absatz 1 Satz 1 Nummer 5 bis 7 Buchstabe a und Nummer 8 bis 12 sowie Satz 2

a)[4] das inländische Kredit-, Finanzdienstleistungs- oder Wertpapierinstitut im Sinne des § 43 Absatz 1 Satz 1 Nummer 7 Buchstabe b,

aa)[5] das die Teilschuldverschreibungen, die Anteile an einer Sammelschuldbuchforderung, die Wertrechte, die Zinsscheine, die Anteile an Investmentfonds im Sinne des Investmentsteuergesetzes [*ab 1.1.2023:* , die elektronischen Wertpapiere im Sinne des § 2 des Gesetzes über elektronische Wertpapiere] oder sonstige Wirtschaftsgüter verwahrt oder verwaltet oder deren Veräußerung durchführt und die Kapitalerträge auszahlt oder gutschreibt oder in den Fällen des § 43 Absatz 1 Satz 1 Nummer 8 und 11 die Kapitalerträge auszahlt oder gutschreibt,

bb)[6] das die Kapitalerträge gegen Aushändigung der Zinsscheine oder der Teilschuldverschreibungen einem anderen als einem ausländischen Kredit-, Finanzdienstleistungs- oder Wertpapierinstitut auszahlt oder gutschreibt;

---

[1] § 43b Abs. 3 ist letztmals auf Ausschüttungen anzuwenden, die vor dem 1.1.2009 zugeflossen sind, daher aufgeh. durch G v. 26.6.2013 (BGBl. I S. 1809).
[2] § 44 Abs. 1 Satz 3 und Satz 5 geänd. durch G v. 22.6.2011 (BGBl. I S. 1126); Satz 3 ergänzt mWv 1.1.2016 durch G v. 2.11.2015 (BGBl. I S. 1834); Satz 3 Verweis geänd. mWv 1.1.2018 (§ 52 Abs. 44 Satz 3) durch G v. 19.7.2016 (BGBl. I S. 1730).
[3] § 44 Abs. 1 Satz 4 Nr. 1 einl. Satzteil geänd. mWv 1.1.2018 durch G v. 19.7.2016 (BGBl. I S. 1730); zur Anwendung siehe § 52 Abs. 44 Satz 3.
[4] § 44 Abs. 1 Satz 4 Nr. 1 Buchst. a einl. Satzteil geänd. G v. 16.12.2022 (BGBl. I S. 2294).
[5] § 44 Abs. 1 Satz 4 Nr. 1 Buchst. a Doppelbuchst. aa geänd. durch G v. 8.12.2010 (BGBl. I S. 1768); geänd. mWv 1.1.2018 durch G v. 19.7.2016 (BGBl. I S. 1730); zur Anwendung siehe § 52 Abs. 44 Satz 3; geänd. mWv 1.1.2023 durch G v. 16.12.2022 (BGBl. I S. 2294).
[6] § 44 Abs. 1 Satz 4 Nr. 1 Buchst. a Doppelbuchst. bb geänd. durch G v. 16.12.2022 (BGBl. I S. 2294).

b)[1]) der Schuldner der Kapitalerträge in den Fällen des § 43 Absatz 1 Satz 1 Nummer 7 Buchstabe a und Nummer 10 unter den Voraussetzungen des Buchstabens a, wenn kein inländisches Kredit-, Finanzdienstleistungs- oder Wertpapierinstitut die die Kapitalerträge auszahlende Stelle ist;

2.[2]) in den Fällen des § 43 Absatz 1 Satz 1 Nummer 7 Buchstabe b das inländische Kredit-, Finanzdienstleistungs- oder Wertpapierinstitut das die Kapitalerträge als Schuldner auszahlt oder gutschreibt;

[Fassung ab 1.1.2021:]	*[Fassung ab 1.1.2023:]*
2a.[3]) in den Fällen des § 43 Absatz 1 Satz 1 Nummer 7 Buchstabe c	2a.[4]) in den Fällen des § 43 Absatz 1 Satz 1 Nummer 8a
a) der inländische Betreiber oder die inländische Zweigniederlassung eines ausländischen Betreibers einer Internet-Dienstleistungsplattform im Sinne des § 43 Absatz 1 Satz 1 Nummer 7 Buchstabe c Satz 2, der die Kapitalerträge an den Gläubiger auszahlt oder gutschreibt,	a) der inländische Betreiber oder die inländische Zweigniederlassung eines ausländischen Betreibers einer Internet-Dienstleistungsplattform im Sinne des § 43 Absatz 1 Satz 1 Nummer 8a Satz 2, der die Kapitalerträge an den Gläubiger auszahlt oder gutschreibt,
b)[2]) das inländische Kredit-, Finanzdienstleistungs- oder Wertpapierinstitut im Sinne des § 43 Absatz 1 Satz 1 Nummer 7 Buchstabe b, das die Kapitalerträge im Auftrag des inländischen oder ausländischen Betreibers einer Internet-Dienstleistungsplattform im Sinne des § 43 Absatz 1 Satz 1 Nummer 7 Buchstabe c Satz 2 an den Gläubiger auszahlt oder gutschreibt,	b) das inländische Kredit-, Finanzdienstleistungs- oder Wertpapierinstitut im Sinne des § 43 Absatz 1 Satz 1 Nummer 7 Buchstabe b, das inländische Zahlungsinstitut im Sinne des § 1 Absatz 1 Satz 1 Nummer 1 des Zahlungsdiensteaufsichtsgesetzes oder das inländische E-Geld-Institut im Sinne des § 1 Absatz 1 Satz 1 Nummer 2 des Zahlungsdiensteaufsichtsgesetzes, das die Kapitalerträge im Auftrag des inländischen oder ausländischen Betreibers einer Internet-Dienstleistungsplattform im Sinne des § 43 Absatz 1 Satz 1 Nummer 8a Satz 2 oder nach Vermittlung der Kapitalforderung durch eine Internet-Dienstleistungsplattform für
sofern sich für diese Kapitalerträge kein zum Steuerabzug Verpflichteter nach der Nummer 1 ergibt.	

---

[1]) § 44 Abs. 1 Satz 4 Nr. 1 Buchst. b geänd. durch G v. 16.12.2022 (BGBl. I S. 2294).
[2]) § 44 Abs. 1 Satz 4 Nr. 2 und Nr. 2a Buchst. b geänd. durch G v. 16.12.2022 (BGBl. I S. 2294).
[3]) § 44 Abs. 1 Satz 4 Nr. 2a eingef. durch G v. 12.12.2019 (BGBl. I S. 2451); zur Anwendung § 52 Abs. 44 Satz 1.
[4]) § 44 Abs. 1 Satz 4 Nr. 2a neu gef. mWv 1.1.2023 durch G v. 16.12.2022 (BGBl. I S. 2294).

[Fassung ab 1.1.2023:]

den Schuldner der Kapitalerträge an den Gläubiger auszahlt oder gutschreibt,

c) der Schuldner der Kapitalerträge, wenn es keinen inländischen Abzugsverpflichteten nach Buchstabe a oder b gibt. ²Der inländische Betreiber oder die inländische Zweigniederlassung eines ausländischen Betreibers einer Internet-Dienstleistungsplattform im Sinne des § 43 Absatz 1 Satz 1 Nummer 8a Satz 2 (Plattformbetreiber) haftet in diesem Fall für die nicht einbehaltenen Steuern oder zu Unrecht gewährten Steuervorteile. ³Der Plattformbetreiber haftet nicht nach Satz 2, wenn er den Schuldner der Kapitalerträge auf seine Verpflichtung, die Kapitalertragsteuer einzubehalten und abzuführen hingewiesen und dies dokumentiert hat;

3.[1)] in den Fällen des § 43 Absatz 1 Satz 1 Nummer 1a

a)[2)] das inländische Kredit-, Finanzdienstleistungs- oder Wertpapierinstitut im Sinne des § 43 Absatz 1 Satz 1 Nummer 7 Buchstabe b, welche die Anteile verwahrt oder verwaltet und die Kapitalerträge auszahlt oder gutschreibt oder die Kapitalerträge gegen Aushändigung der Dividendenscheine auszahlt oder gutschreibt oder die Kapitalerträge an eine ausländische Stelle auszahlt,

b) die Wertpapiersammelbank, der die Anteile zur Sammelverwahrung anvertraut wurden, wenn sie die Kapitalerträge an eine ausländische Stelle auszahlt,

c)[3)] der Schuldner der Kapitalerträge, soweit die Wertpapiersammelbank, der die Anteile zur Sammelverwahrung anvertraut wurden, keine Dividendenregulierung vornimmt; die Wertpapiersammelbank hat dem Schuldner der Kapitalerträge den Umfang der Bestände ohne Dividendenregulierung mitzuteilen,

---

[1)] § 44 Abs. 1 Satz 4 Nr. 3 eingef. durch G v. 22.6.2011 (BGBl. I S. 1126).
[2)] § 44 Abs. 1 Satz 4 Nr. 3 Buchst. a geänd. (Satzteil ergänzt, kursiver Satzteil aufgeh.) mWv 26.6.2021 durch G v. 12.5.2021 (BGBl. I S. 990); geänd. durch G v. 16.12.2022 (BGBl. I S. 2294).
[3)] § 44 Abs. 1 Satz 4 Nr. 3 Buchst. c angef. mWv 1.1.2015 durch G v. 22.12.2014 (BGBl. I S. 2417).

4.[1]) in den Fällen des § 43 Absatz 1 Satz 1 Nummer 5, soweit es sich um die Vorabpauschale nach § 16 Absatz 1 Nummer 2 des Investmentsteuergesetzes handelt, das inländische Kredit-, Finanzdienstleistungs- oder Wertpapierinstitut im Sinne des § 43 Absatz 1 Satz 1 Nummer 7 Buchstabe b, welches die Anteile an dem Investmentfonds im Sinne des Investmentsteuergesetzes verwahrt oder verwaltet;

5.[2]) in den Fällen des § 43 Absatz 1 Satz 1 Nummer 5 der Investmentfonds, wenn es sich um Kapitalerträge aus Anteilen an inländischen Investmentfonds handelt, die nicht von einem inländischen oder ausländischen Kredit-, Finanzdienstleistungs- oder Wertpapierinstitut im Sinne des § 43 Absatz 1 Satz 1 Nummer 7 Buchstabe b verwahrt oder verwaltet werden;

[*ab 1.1.2023:*

6.[3]) für Kapitalerträge aus Kryptowertpapieren im Sinne des § 4 Absatz 3 des Gesetzes über elektronische Wertpapiere, in den Fällen des § 43 Absatz 1 Satz 1 Nummer 5, 7 Buchstabe a, Nummer 8 und 9 bis 12 die registerführende Stelle nach § 16 Absatz 2 des Gesetzes über elektronische Wertpapiere, sofern sich keine auszahlende Stelle aus den Nummern 1, 4 und 5 ergibt.]

⁵Die innerhalb eines Kalendermonats einbehaltene Steuer ist jeweils bis zum zehnten des folgenden Monats an das Finanzamt abzuführen, das für die Besteuerung

1. des Schuldners der Kapitalerträge,

2. der den Verkaufsauftrag ausführenden Stelle oder

3. der die Kapitalerträge auszahlenden Stelle

nach dem Einkommen zuständig ist; bei Kapitalerträgen im Sinne des § 43 Absatz 1 Satz 1 Nummer 1 ist die einbehaltene Steuer in dem Zeitpunkt abzuführen, in dem die Kapitalerträge dem Gläubiger zufließen. ⁶Dabei ist die Kapitalertragsteuer, die zu demselben Zeitpunkt abzuführen ist, jeweils auf den nächsten vollen Eurobetrag abzurunden. ⁷Wenn Kapitalerträge ganz oder teilweise nicht in Geld bestehen (§ 8 Absatz 2) und der in Geld geleistete Kapitalertrag nicht zur Deckung der Kapitalertragsteuer ausreicht, hat der Gläubiger der Kapitalerträge dem zum Steuerabzug Verpflichteten den Fehl-

(Fortsetzung nächstes Blatt)

---

[1]) § 44 Abs. 1 Satz 4 Nr. 4 angef. mWv 1.1.2018 (§ 52 Abs. 44 Satz 3) durch G v. 19.7. 2016 (BGBl. I S. 1730); geänd. durch G v. 16.12.2022 (BGBl. I S. 2294).

[2]) § 44 Abs. 1 Satz 4 Nr. 5 angef. durch G v. 21.12.2020 (BGBl. I S. 3096); zur Anwendung siehe § 52 Abs. 44 Satz 4; geänd. durch G v. 16.12.2022 (BGBl. I S. 2294).

[3]) § 44 Abs. 1 Satz 4 Nr. 6 angef. mWv 1.1.2023 durch G v. 16.12.2022 (BGBl. I S. 2294).

betrag zur Verfügung zu stellen. [8] Zu diesem Zweck kann der zum Steuerabzug Verpflichtete den Fehlbetrag von einem bei ihm unterhaltenen und auf den Namen des Gläubigers der Kapitalerträge lautenden Konto, ohne Einwilligung des Gläubigers, einziehen. [9] Soweit der Gläubiger nicht vor Zufluss der Kapitalerträge widerspricht, darf der zum Steuerabzug Verpflichtete auch insoweit die Geldbeträge von einem auf den Namen des Gläubigers der Kapitalerträge lautenden Konto einziehen, wie ein mit dem Gläubiger vereinbarter Kontokorrentkredit für dieses Konto nicht in Anspruch genommen wurde.

[Fassung bis 31.12.2024:][1)]	*[Fassung ab 1.1.2025:]*[2)]
[10] Soweit der Gläubiger seiner Verpflichtung nicht nachkommt, hat der zum Steuerabzug Verpflichtete dies dem für ihn zuständigen Betriebsstättenfinanzamt anzuzeigen. [11] Das Finanzamt hat die zu wenig erhobene Kapitalertragsteuer vom Gläubiger der Kapitalerträge nachzufordern.	[10] Soweit der Gläubiger seiner Verpflichtung nicht nachkommt, hat der zum Steuerabzug Verpflichtete dies dem für ihn zuständigen Betriebsstättenfinanzamt nach Maßgabe des §93c der Abgabenordnung anzuzeigen und neben den in §93c Absatz 1 der Abgabenordnung genannten Angaben folgende Daten zu übermitteln:

[Fassung ab 1.1.2025 — Fortsetzung:]

1. das Datum der Gutschrift des Kapitalertrags,
2. die Bezeichnung und die Internationale Wertpapierkennnummer der Wertpapiergattung sowie die dem Kapitalertrag zugrundeliegende Stückzahl der Wertpapiere soweit vorhanden, ansonsten die Bezeichnung des betroffenen Kapitalertrags,
3. sofern ermittelbar, die Höhe des Kapitalertrags, für den der Steuereinbehalt fehlgeschlagen ist.

[11] Das Wohnsitz-Finanzamt hat die zu wenig erhobene Kapitalertragsteuer vom Gläubiger der Kapitalerträge nach §32d Absatz 3 in der Veranlagung nachzufordern.

(1a)[3)] [1] Werden inländische Aktien über eine ausländische Stelle mit Dividendenberechtigung erworben, aber ohne Dividendenanspruch geliefert und leitet die ausländische Stelle auf die Erträge im Sinne des §20 Absatz 1

[1)] §44 Abs. 1 Sätze 8 und 9 eingef., bish. Sätze 8 und 9 werden Sätze 10 und 11 mWv 1.1.2018 (§52 Abs. 44 Satz 3) durch G v. 19.7.2016 (BGBl. I S. 1730).

[2)] §44 Abs. 1 Sätze 10 und 11 neu gef. durch G v. 16.12.2022 (BGBl. I S. 2294); zur Anwendung siehe §52 Abs. 44 Satz 5.

[3)] §44 Abs. 1a eingef. durch G v. 26.6.2013 (BGBl. I S. 1809).

Nummer 1 Satz 4 einen einbehaltenen Steuerbetrag im Sinne des § 43a Absatz 1 Satz 1 Nummer 1 an eine inländische Wertpapiersammelbank weiter, ist diese zur Abführung der einbehaltenen Steuer verpflichtet. ²Bei Kapitalerträgen im Sinne des § 43 Absatz 1 Satz 1 Nummer 1 und 2 gilt Satz 1 entsprechend.

(1b)[1] Bei inländischen und ausländischen Investmentfonds ist für die Vorabpauschale nach § 16 Absatz 1 Nummer 2 des Investmentsteuergesetzes Absatz 1 Satz 7 bis 11 entsprechend anzuwenden.

(2)[2] ¹Gewinnanteile (Dividenden) und andere Kapitalerträge im Sinne des § 43 Absatz 1 Satz 1 Nummer 1, deren Ausschüttung von einer Körperschaft beschlossen wird, fließen dem Gläubiger der Kapitalerträge an dem Tag zu (Absatz 1), der im Beschluss als Tag der Auszahlung bestimmt worden ist. ²Ist die Ausschüttung nur festgesetzt, ohne dass über den Zeitpunkt der Auszahlung ein Beschluss gefasst worden ist, so gilt als Zeitpunkt des Zufließens der Tag nach der Beschlussfassung; ist durch Gesetz eine abweichende Fälligkeit des Auszahlungsanspruchs bestimmt oder lässt das Gesetz eine abweichende Bestimmung der Fälligkeit durch Satzungsregelung zu, gilt als Zeitpunkt des Zufließens der Tag der Fälligkeit. ³Für Kapitalerträge im Sinne des § 20 Absatz 1 Nummer 1 Satz 4 gelten diese Zuflusszeitpunkte entsprechend.

(3) ¹Ist bei Einnahmen aus der Beteiligung an einem Handelsgewerbe als stiller Gesellschafter in dem Beteiligungsvertrag über den Zeitpunkt der Ausschüttung keine Vereinbarung getroffen, so gilt der Kapitalertrag am Tag nach der Aufstellung der Bilanz oder einer sonstigen Feststellung des Gewinnanteils des stillen Gesellschafters, spätestens jedoch sechs Monate nach Ablauf des Wirtschaftsjahres, für das der Kapitalertrag ausgeschüttet oder gutgeschrieben werden soll, als zugeflossen. ²Bei Zinsen aus partiarischen Darlehen gilt Satz 1 entsprechend.

(4) Haben Gläubiger und Schuldner der Kapitalerträge vor dem Zufließen ausdrücklich Stundung des Kapitalertrags vereinbart, weil der Schuldner vorübergehend zur Zahlung nicht in der Lage ist, so ist der Steuerabzug erst mit Ablauf der Stundungsfrist vorzunehmen.

(5) ¹Die Schuldner der Kapitalerträge, die den Verkaufsauftrag ausführenden Stellen oder die die Kapitalerträge auszahlenden Stellen haften für die Kapitalertragsteuer, die sie einzubehalten und abzuführen haben, es sei denn, sie weisen nach, dass sie die ihnen auferlegten Pflichten weder vorsätzlich noch grob fahrlässig verletzt haben. ²Der Gläubiger der Kapitalerträge wird nur in Anspruch genommen, wenn

1. der Schuldner, die den Verkaufsauftrag ausführende Stelle oder die die Kapitalerträge auszahlende Stelle die Kapitalerträge nicht vorschriftsmäßig gekürzt hat,

2. der Gläubiger weiß, dass der Schuldner, die den Verkaufsauftrag ausführende Stelle oder die die Kapitalerträge auszahlende Stelle die einbehaltene

---

Kapitalertragsteuer nicht vorschriftsmäßig abgeführt hat, und dies dem Finanzamt nicht unverzüglich mitteilt oder

3.[1] das die Kapitalerträge auszahlende inländische Kredit-, Finanzdienstleistungs- oder Wertpapierinstitut die Kapitalerträge zu Unrecht ohne Abzug der Kapitalertragsteuer ausgezahlt hat.

[3] Für die Inanspruchnahme des Schuldners der Kapitalerträge, der den Verkaufsauftrag ausführenden Stelle und der die Kapitalerträge auszahlenden Stelle bedarf es keines Haftungsbescheids, soweit der Schuldner, die den Verkaufsauftrag ausführende Stelle oder die die Kapitalerträge auszahlende Stelle die einbehaltene Kapitalertragsteuer richtig angemeldet hat oder soweit sie ihre Zahlungsverpflichtungen gegenüber dem Finanzamt oder dem Prüfungsbeamten des Finanzamts schriftlich anerkennen.

(6)[2] [1] In den Fällen des § 43 Absatz 1 Satz 1 Nummer 7c gilt die juristische Person des öffentlichen Rechts und die von der Körperschaftsteuer befreite Körperschaft, Personenvereinigung oder Vermögensmasse als Gläubiger und der Betrieb gewerblicher Art und der wirtschaftliche Geschäftsbetrieb als Schuldner der Kapitalerträge. [2] Die Kapitalertragsteuer entsteht, auch soweit sie auf verdeckte Gewinnausschüttungen entfällt, die im abgelaufenen Wirtschaftsjahr vorgenommen worden sind, im Zeitpunkt der Bilanzerstellung; sie entsteht spätestens acht Monate nach Ablauf des Wirtschaftsjahres; in den Fällen des § 20 Absatz 1 Nummer 10 Buchstabe b Satz 2 am Tag nach der Beschlussfassung über die Verwendung und in den Fällen des § 22 Absatz 4 des Umwandlungssteuergesetzes am Tag nach der Veräußerung. [3] Die Kapitalertragsteuer entsteht in den Fällen des § 20 Absatz 1 Nummer 10 Buchstabe b Satz 3 zum Ende des Wirtschaftsjahres. [4] Die Absätze 1 bis 4 und 5 Satz 2 sind entsprechend anzuwenden. [5] Der Schuldner der Kapitalerträge haftet für die Kapitalertragsteuer, soweit sie auf verdeckte Gewinnausschüttungen und auf Veräußerungen im Sinne des § 22 Absatz 4 des Umwandlungssteuergesetzes entfällt.

(7) [1] In den Fällen des § 14 Absatz 3 des Körperschaftsteuergesetzes entsteht die Kapitalertragsteuer in dem Zeitpunkt der Feststellung der Handelsbilanz der Organgesellschaft; sie entsteht spätestens acht Monate nach Ablauf des Wirtschaftsjahres der Organgesellschaft. [2] Die entstandene Kapitalertragsteuer ist an dem auf den Entstehungszeitpunkt nachfolgenden Werktag an das Finanzamt abzuführen, das für die Besteuerung der Organgesellschaft nach dem Einkommen zuständig ist. [3] Im Übrigen sind die Absätze 1 bis 4 entsprechend anzuwenden.

§ 44a[3] Abstandnahme vom Steuerabzug. (1)[4] [1] Soweit die Kapitalerträge, die einem unbeschränkt einkommensteuerpflichtigen Gläubiger zufließen, zusammen mit den Kapitalerträgen, für die die Kapitalertragsteuer nach § 44b

---

[1] § 44 Abs. 5 Satz 2 Nr. 3 geänd. durch G v. 16.12.2022 (BGBl. I S. 2294).
[2] Vgl. § 52 Abs. 44 Satz 2.
[3] Vgl. zunächst **§ 52 Abs. 43**.
[4] § 44a Abs. 1 neu gef. durch G v. 26.6.2013 (BGBl. I S. 1809); Satz 1 Nr. 2 geänd. mWv 1.1.2014 durch G v. 25.7.2014 (BGBl. I S. 1266); Satz 1 und Satz 1 Nr. 3 geänd. mWv 1.1.2016 durch G v. 2.11.2015 (BGBl. I S. 1834).

zu erstatten ist oder nach Absatz 10 kein Steuerabzug vorzunehmen ist, den Sparer-Pauschbetrag nach § 20 Absatz 9 nicht übersteigen, ist ein Steuerabzug nicht vorzunehmen bei Kapitalerträgen im Sinne des

1. § 43 Absatz 1 Satz 1 Nummer 1 und 2 aus Genussrechten oder

2. § 43 Absatz 1 Satz 1 Nummer 1 und 2 aus Anteilen, die von einer Kapitalgesellschaft ihren Arbeitnehmern überlassen worden sind und von ihr, einem von der Kapitalgesellschaft bestellten Treuhänder, einem inländischen Kreditinstitut oder einer inländischen Zweigniederlassung einer der in § 53b Absatz 1 oder 7 des Kreditwesengesetzes genannten Unternehmen verwahrt werden, und

3. § 43 Absatz 1 Satz 1 Nummer 3 bis 7 und 8 bis 12 sowie Satz 2.

²Den Arbeitnehmern im Sinne des Satzes 1 stehen Arbeitnehmer eines mit der Kapitalgesellschaft verbundenen Unternehmens nach § 15 des Aktiengesetzes sowie frühere Arbeitnehmer der Kapitalgesellschaft oder eines mit ihr verbundenen Unternehmens gleich. ³Den von der Kapitalgesellschaft überlassenen Anteilen stehen Aktien gleich, die den Arbeitnehmern bei einer Kapitalerhöhung auf Grund ihres Bezugsrechts aus den von der Kapitalgesellschaft überlassenen Aktien zugeteilt worden sind oder die den Arbeitnehmern auf Grund einer Kapitalerhöhung aus Gesellschaftsmitteln gehören. ⁴Bei Kapitalerträgen im Sinne des § 43 Absatz 1 Satz 1 Nummer 1, 2 bis 7 und 8 bis 12 sowie Satz 2, die einem unbeschränkt einkommensteuerpflichtigen Gläubiger zufließen, ist der Steuerabzug nicht vorzunehmen, wenn anzunehmen ist, dass auch für Fälle der Günstigerprüfung nach § 32d Absatz 6 keine Steuer entsteht.

(2) ¹Voraussetzung für die Abstandnahme vom Steuerabzug nach Absatz 1 ist, dass dem nach § 44 Absatz 1 zum Steuerabzug Verpflichteten in den Fällen

1.¹⁾ des Absatzes 1 Satz 1 ein Freistellungsauftrag des Gläubigers der Kapitalerträge nach amtlich vorgeschriebenem Muster oder

2. des Absatzes 1 Satz 4 eine Nichtveranlagungs-Bescheinigung des für den Gläubiger zuständigen Wohnsitzfinanzamts

vorliegt. ²In den Fällen des Satzes 1 Nummer 2 ist die Bescheinigung unter dem Vorbehalt des Widerrufs auszustellen. ³Ihre Geltungsdauer darf höchstens drei Jahre betragen und muss am Schluss eines Kalenderjahres enden. ⁴Fordert das Finanzamt die Bescheinigung zurück oder erkennt der Gläubiger, dass die Voraussetzungen für ihre Erteilung weggefallen sind, so hat er dem Finanzamt die Bescheinigung zurückzugeben.

(2a)²⁾ ¹Ein Freistellungsauftrag kann nur erteilt werden, wenn der Gläubiger der Kapitalerträge seine Identifikationsnummer (§ 139b der Abgabenordnung) und bei gemeinsamen Freistellungsaufträgen auch die Identifikationsnummer

---

¹⁾ § 44a Abs. 2 Satz 1 Nr. 1 geänd. mWv 1.1.2009 durch G v. 8.12.2010 (BGBl. I S. 1768); Satz 1 Nrn. 1 und 2 Zitat geänd. durch G v. 26.6.2013 (BGBl. I S. 1809).

²⁾ § 44a Abs. 2a eingef. durch G v. 8.12.2010 (BGBl. I S. 1768); Satz 3 neu gef. mWv 1.1.2014 durch G v. 25.7.2014 (BGBl. I S. 1266); Satz 6 aufgeh., bish. Sätze 7 und 8 werden Sätze 6 und 7 mWv 1.1.2017 durch G v. 18.7.2016 (BGBl. I S. 1679); Satz 7 geänd. mWv VZ 2019 durch G v. 20.11.2019 (BGBl. I S. 1626).

des Ehegatten mitteilt. ²Ein Freistellungsauftrag ist ab dem 1. Januar 2016 unwirksam, wenn der Meldestelle im Sinne des § 45d Absatz 1 Satz 1 keine Identifikationsnummer des Gläubigers der Kapitalerträge und bei gemeinsamen Freistellungsaufträgen auch keine des Ehegatten vorliegen. ³Sofern der Meldestelle im Sinne des § 45d Absatz 1 Satz 1 die Identifikationsnummer nicht bereits bekannt ist, kann sie diese beim Bundeszentralamt für Steuern abfragen. ⁴In der Anfrage dürfen nur die in § 139b Absatz 3 der Abgabenordnung genannten Daten des Gläubigers der Kapitalerträge und bei gemeinsamen Freistellungsaufträgen die des Ehegatten angegeben werden, soweit sie der Meldestelle bekannt sind. ⁵Die Anfrage hat nach amtlich vorgeschriebenem Datensatz durch Datenfernübertragung zu erfolgen. ⁶Das Bundeszentralamt für Steuern teilt der Meldestelle die Identifikationsnummer mit, sofern die übermittelten Daten mit den nach § 139b Absatz 3 der Abgabenordnung beim Bundeszentralamt für Steuern gespeicherten Daten übereinstimmen. ⁷Die Meldestelle darf die Identifikationsnummer nur verarbeiten, soweit dies zur Erfüllung von steuerlichen Pflichten erforderlich ist.

(3) Der nach § 44 Absatz 1 zum Steuerabzug Verpflichtete hat in seinen Unterlagen das Finanzamt, das die Bescheinigung erteilt hat, den Tag der Ausstellung der Bescheinigung und die in der Bescheinigung angegebene Steuer- und Listennummer zu vermerken sowie die Freistellungsaufträge aufzubewahren.

(4)¹⁾ ¹Ist der Gläubiger

1. eine von der Körperschaftsteuer befreite inländische Körperschaft, Personenvereinigung oder Vermögensmasse oder

2. eine inländische juristische Person des öffentlichen Rechts,

so ist der Steuerabzug bei Kapitalerträgen im Sinne des § 43 Absatz 1 Satz 1 Nummer 4 bis 7 und 8 bis 12 sowie Satz 2 nicht vorzunehmen. ²Dies gilt auch, wenn es sich bei den Kapitalerträgen um Bezüge im Sinne des § 20 Absatz 1 Nummer 1 und 2 handelt, die der Gläubiger von einer von der Körperschaftsteuer befreiten Körperschaft bezieht. ³Voraussetzung ist, dass der Gläubiger dem Schuldner oder dem die Kapitalerträge auszahlenden inländischen Kredit-, Finanzdienstleistungs- oder Wertpapierinstitut durch eine Bescheinigung des für seine Geschäftsleitung oder seinen Sitz zuständigen Finanzamts nachweist, dass er eine Körperschaft, Personenvereinigung oder Vermögensmasse im Sinne des Satzes 1 Nummer 1 oder 2 ist. ⁴Absatz 2 Satz 2 bis 4 und Absatz 3 gelten entsprechend. ⁵Die in Satz 3 bezeichnete Bescheinigung wird nicht erteilt, wenn die Kapitalerträge in den Fällen des Satzes 1 Nummer 1 in einem wirtschaftlichen Geschäftsbetrieb anfallen, für den die Befreiung von der Körperschaftsteuer ausgeschlossen ist, oder wenn sie in den Fällen des Satzes 1 Nummer 2 in einem nicht von der Körperschaftsteuer befreiten Betrieb gewerblicher Art anfallen. ⁶Ein Steuerabzug ist auch nicht vorzunehmen bei Kapitalerträgen im

---

¹⁾ § 44a Abs. 4 Satz 6 angef. mWv VZ 2009 durch G v. 8.12.2010 (BGBl. I S. 1768); Satz 1 Verweis geänd. durch G v. 19.7.2016 (BGBl. I S. 1730) – zur Anwendung von § 43 Abs. 1 Satz 1 Nr. 4 bis 7 siehe § 52 Abs. 42 Satz 3; Abs. 4 Satz 3 geänd. mWv 26.6.2021 durch G v. 12.5.2021 (BGBl. I S. 990); Satz 3 geänd. durch G v. 16.12.2022 (BGBl. I S. 2294).

Sinne des § 49 Absatz 1 Nummer 5 Buchstabe c und d, die einem Anleger zufließen, der eine nach den Rechtsvorschriften eines Mitgliedstaates der Europäischen Union oder des Europäischen Wirtschaftsraums gegründete Gesellschaft im Sinne des Artikels 54 des Vertrags über die Arbeitsweise der Europäischen Union oder des Abkommens über den Europäischen Wirtschaftsraum mit Sitz und Ort der Geschäftsleitung innerhalb des Hoheitsgebietes eines dieser Staaten ist, und der einer Körperschaft im Sinne des § 5 Absatz 1 Nummer 3 des Körperschaftsteuergesetzes vergleichbar ist; soweit es sich um eine nach den Rechtsvorschriften eines Mitgliedstaates des Europäischen Wirtschaftsraums gegründete Gesellschaft oder eine Gesellschaft mit Ort und Geschäftsleitung in diesem Staat handelt, ist zusätzlich Voraussetzung, dass mit diesem Staat ein Amtshilfeabkommen besteht.

(4a)[1] [1]Absatz 4 ist entsprechend auf Personengesellschaften im Sinne des § 212 Absatz 1 des Fünften Buches Sozialgesetzbuch anzuwenden. [2]Dabei tritt die Personengesellschaft an die Stelle des Gläubigers der Kapitalerträge.

(4b)[2] [1]Werden Kapitalerträge im Sinne des § 43 Absatz 1 Satz 1 Nummer 1 von einer Genossenschaft an ihre Mitglieder gezahlt, hat sie den Steuerabzug nicht vorzunehmen, wenn ihr für das jeweilige Mitglied

1. eine Nichtveranlagungs-Bescheinigung nach Absatz 2 Satz 1 Nummer 2,

2. eine Bescheinigung nach Absatz 5 Satz 4,

3. eine Bescheinigung nach Absatz 7 Satz 2 oder

4. eine Bescheinigung nach Absatz 8 Satz 2 vorliegt; in diesen Fällen ist ein Steuereinbehalt in Höhe von drei Fünfteln vorzunehmen.

[2]Eine Genossenschaft hat keinen Steuerabzug vorzunehmen, wenn ihr ein Freistellungsauftrag erteilt wurde, der auch Kapitalerträge im Sinne des Satzes 1 erfasst, soweit die Kapitalerträge zusammen mit den Kapitalerträgen, für die nach Absatz 1 kein Steuerabzug vorzunehmen ist oder für die die Kapitalertragsteuer nach § 44b zu erstatten ist, den mit dem Freistellungsauftrag beantragten Freibetrag nicht übersteigen. [3]Dies gilt auch, wenn die Genossenschaft einen Verlustausgleich nach § 43a Absatz 3 Satz 2 unter Einbeziehung von Kapitalerträgen im Sinne des Satzes 1 durchgeführt hat.

(5) [1]Bei Kapitalerträgen im Sinne des § 43 Absatz 1 Satz 1 Nummer 1, 2, 5 bis 7[3] und 8 bis 12 sowie Satz 2, die einem unbeschränkt oder beschränkt einkommensteuerpflichtigen Gläubiger zufließen, ist der Steuerabzug nicht vorzunehmen, wenn die Kapitalerträge Betriebseinnahmen des Gläubigers sind und die Kapitalertragsteuer bei ihm auf Grund der Art seiner Geschäfte auf Dauer höher wäre als die gesamte festzusetzende Einkommensteuer oder Körperschaftsteuer. [2]Ist der Gläubiger ein Lebens- oder Krankenversiche-

---

[1] § 44a Abs. 4a eingef. mWv VZ 2009 durch G v. 8.12.2010 (BGBl. I S. 1768).
[2] § 44a Abs. 4b eingef. durch G v. 1.11.2011 (BGBl. I S. 2131); Satz 1 Nr. 3 und 4 geänd. mWv 18.12.2019 durch G v. 12.12.2019 (BGBl. I S. 2451).
[3] § 44a Abs. 5 Satz 1 geänd. durch G v. 26.6.2013 (BGBl. I S. 1809); geänd. durch G v. 19.7.2016 (BGBl. I S. 1730).

rungsunternehmen als Organgesellschaft, ist für die Anwendung des Satzes 1 eine bestehende Organschaft im Sinne des § 14 des Körperschaftsteuergesetzes nicht zu berücksichtigen, wenn die beim Organträger anzurechnende Kapitalertragsteuer, einschließlich der Kapitalertragsteuer des Lebens- oder Krankenversicherungsunternehmens, die auf Grund von § 19 Absatz 5 des Körperschaftsteuergesetzes anzurechnen wäre, höher wäre, als die gesamte festzusetzende Körperschaftsteuer. ³Für die Prüfung der Voraussetzung des Satzes 2 ist auf die Verhältnisse der dem Antrag auf Erteilung einer Bescheinigung im Sinne des Satzes 4 vorangehenden drei Veranlagungszeiträume abzustellen. ⁴Die Voraussetzung des Satzes 1 ist durch eine Bescheinigung des für den Gläubiger zuständigen Finanzamts nachzuweisen. ⁵Die Bescheinigung ist unter dem Vorbehalt des Widerrufs auszustellen. ⁶Die Voraussetzung des Satzes 2 ist gegenüber dem für den Gläubiger zuständigen Finanzamt durch eine Bescheinigung des für den Organträger zuständigen Finanzamts nachzuweisen.

(6)¹⁾ ¹Voraussetzung für die Abstandnahme vom Steuerabzug nach den Absätzen 1, 4 und 5 bei Kapitalerträgen im Sinne des § 43 Absatz 1 Satz 1 Nummer 6, 7 und 8 bis 12 sowie Satz 2 ist, dass die Teilschuldverschreibungen, die Anteile an der Sammelschuldbuchforderung, die Wertrechte, die Einlagen und Guthaben oder sonstigen Wirtschaftsgüter im Zeitpunkt des Zufließens der Einnahmen unter dem Namen des Gläubigers der Kapitalerträge bei der die Kapitalerträge auszahlenden Stelle verwahrt oder verwaltet werden. ²Ist dies nicht der Fall, ist die Bescheinigung nach § 45a Absatz 2 durch einen entsprechenden Hinweis zu kennzeichnen. ³Wird bei einem inländischen Kredit- oder Finanzdienstleistungsinstitut oder bei einem inländischen Wertpapierinstitut im Sinne des § 43 Absatz 1 Satz 1 Nummer 7 Buchstabe b ein Konto oder Depot für eine gemäß § 5 Absatz 1 Nummer 9 des Körperschaftsteuergesetzes befreite Stiftung im Sinne des § 1 Absatz 1 Nummer 5 des Körperschaftsteuergesetzes auf den Namen eines anderen Berechtigten geführt und ist das Konto oder Depot durch einen Zusatz zur Bezeichnung eindeutig sowohl vom übrigen Vermögen des anderen Berechtigten zu unterscheiden als auch steuerlich der Stiftung zuzuordnen, so gilt es für die Anwendung des Absatzes 4, des Absatzes 7, des Absatzes 10 Satz 1 Nummer 3 und des § 44b Absatz 6 in Verbindung mit Absatz 7 als im Namen der Stiftung geführt.

(7)²⁾ ¹Ist der Gläubiger eine inländische

1. Körperschaft, Personenvereinigung oder Vermögensmasse im Sinne des § 5 Absatz 1 Nummer 9 des Körperschaftsteuergesetzes oder

2. Stiftung des öffentlichen Rechts, die ausschließlich und unmittelbar gemeinnützigen oder mildtätigen Zwecken dient, oder

3. juristische Person des öffentlichen Rechts, die ausschließlich und unmittelbar kirchlichen Zwecken dient,

---

¹⁾ § 44a Abs. 6 Satz 3 angef. durch G v. 1.11.2011 (BGBl. I S. 2131); geänd. mWv 26.6.2021 durch G v. 12.5.2021 (BGBl. I S. 990).
²⁾ § 44a Abs. 7 Satz 1 geänd., Sätze 2 und 3 aufgeh., bish. Sätze 4 und 5 werden Sätze 2 und 3, neuer Satz 2 geänd. durch G v. 26.6.2013 (BGBl. I S. 1809).

so ist der Steuerabzug bei Kapitalerträgen im Sinne des § 43 Absatz 1 Satz 1 Nummer 1, 2, 3 und 7a bis 7c nicht vorzunehmen. ²Voraussetzung für die Anwendung des Satzes 1 ist, dass der Gläubiger durch eine Bescheinigung des für seine Geschäftsleitung oder seinen Sitz zuständigen Finanzamts nachweist, dass er eine Körperschaft, Personenvereinigung oder Vermögensmasse nach Satz 1 ist. ³Absatz 4 gilt entsprechend.

(8)¹⁾ ¹Ist der Gläubiger

1. eine nach § 5 Absatz 1 mit Ausnahme der Nummer 9 des Körperschaftsteuergesetzes oder nach anderen Gesetzen von der Körperschaftsteuer befreite Körperschaft, Personenvereinigung oder Vermögensmasse oder

2. eine inländische juristische Person des öffentlichen Rechts, die nicht in Absatz 7 bezeichnet ist,

so ist der Steuerabzug bei Kapitalerträgen im Sinne des § 43 Absatz 1 Satz 1 Nummer 1, 2, 3 und 7a nur in Höhe von drei Fünfteln vorzunehmen. ²Voraussetzung für die Anwendung des Satzes 1 ist, dass der Gläubiger durch eine Bescheinigung des für seine Geschäftsleitung oder seinen Sitz zuständigen Finanzamts nachweist, dass er eine Körperschaft, Personenvereinigung oder Vermögensmasse im Sinne des Satzes 1 ist. ³Absatz 4 gilt entsprechend.

(8a)²⁾ ¹Absatz 8 ist entsprechend auf Personengesellschaften im Sinne des § 212 Absatz 1 des Fünften Buches Sozialgesetzbuch anzuwenden. ²Dabei tritt die Personengesellschaft an die Stelle des Gläubigers der Kapitalerträge.

(9)³⁾ ¹Ist der Gläubiger der Kapitalerträge im Sinne des § 43 Absatz 1 eine beschränkt steuerpflichtige Körperschaft im Sinne des § 2 Nummer 1 des Körperschaftsteuergesetzes, so werden zwei Fünftel der einbehaltenen und abgeführten Kapitalertragsteuer erstattet.

[alte Fassung:]	*[neue Fassung:]*
²§ 50d Absatz 1 Satz 3 bis 12⁴⁾, Absatz 3 und 4 ist entsprechend anzuwenden. ³Der Anspruch auf eine weitergehende Freistellung und Erstattung nach § 50d Absatz 1 in Verbindung mit § 43b oder § 50g oder nach einem Abkommen zur Vermeidung der Doppelbesteuerung bleibt unberührt. ⁴Verfahren nach den vorstehenden Sätzen und nach § 50d Absatz 1 soll das Bundeszentralamt für Steuern verbinden.	²§ 50c Absatz 3 und 5 sowie § 50d Absatz 3 sind entsprechend anzuwenden. ³Weitergehende Ansprüche aus § 43b oder § 50g oder einem Abkommen zur Vermeidung der Doppelbesteuerung bleiben unberührt. ⁴Verfahren nach den vorstehenden Sätzen und nach § 50c Absatz 3 soll das Bundeszentralamt für Steuern verbinden.

---

¹⁾ § 44a Abs. 8 Satz 1 geänd. durch G v. 1.11.2011 (BGBl. I S. 2131); Satz 1 geänd., Satz 2 aufgeh., bish. Sätze 3 und 4 werden Sätze 2 und 3 durch G v. 26.6.2013 (BGBl. I S. 1809).
²⁾ § 44a Abs. 8a eingef. mWv VZ 2012 durch G v. 7.12.2011 (BGBl. I S. 2592).
³⁾ § 44a Abs. 9 Sätze 1 und 3 geänd. mWv 1.1.2009 durch G v. 8.12.2010 (BGBl. I S. 1768); Satz 2 geänd. mWv 1.1.2012 durch G v. 22.6.2011 (BGBl. I S. 1126); Sätze 2 bis 4 neu gef. durch G v. 2.6.2021 (BGBl. I S. 1259); zur Anwendung von § 50d Abs. 3 siehe § 52 Abs. 47b, von § 50c Abs. 5 siehe § 52 Abs. 47a Satz 2.
⁴⁾ Verweis geänd. durch G v. 26.6.2013 (BGBl. I S. 1809).

(10)[1] [1] Werden Kapitalerträge im Sinne des § 43 Absatz 1 Satz 1 Nummer 1a gezahlt, hat die auszahlende Stelle keinen Steuerabzug vorzunehmen, wenn

1. der auszahlenden Stelle eine Nichtveranlagungs-Bescheinigung nach Absatz 2 Satz 1 Nummer 2 für den Gläubiger vorgelegt wird,

2. *der auszahlenden Stelle eine Bescheinigung nach Absatz 5 für den Gläubiger vorgelegt wird,*

2. der auszahlenden Stelle eine Bescheinigung nach Absatz 7 Satz 2 für den Gläubiger vorgelegt wird; soweit die Kapitalerträge einen Betrag von 20 000 Euro übersteigen, ist bei Gläubigern nach Absatz 7 Satz 1 Nummer 1 abweichend vom ersten Halbsatz ein Steuerabzug in Höhe von drei Fünfteln vorzunehmen, wenn der Gläubiger bei Zufluss der Kapitalerträge nicht seit mindestens einem Jahr ununterbrochen wirtschaftlicher Eigentümer der Aktien oder Genussscheine ist oder

3. der auszahlenden Stelle eine Bescheinigung nach Absatz 8 Satz 2 für den Gläubiger vorgelegt wird; in diesen Fällen ist ein Steuereinbehalt in Höhe von drei Fünfteln vorzunehmen.

[2] Wird der auszahlenden Stelle ein Freistellungsauftrag erteilt, der auch Kapitalerträge im Sinne des Satzes 1 erfasst, oder führt diese einen Verlustausgleich nach § 43a Absatz 3 Satz 2 unter Einbeziehung von Kapitalerträgen im Sinne des Satzes 1 durch, so hat sie den Steuerabzug nicht vorzunehmen, soweit die Kapitalerträge zusammen mit den Kapitalerträgen, für die nach Absatz 1 kein Steuerabzug vorzunehmen ist oder die Kapitalertragsteuer nach § 44b zu erstatten ist, den mit dem Freistellungsauftrag beantragten Freistellungsbetrag nicht übersteigen. [3] Absatz 6 ist entsprechend anzuwenden. [4] Werden Kapitalerträge im Sinne des § 43 Absatz 1 Satz 1 Nummer 1a von einer auszahlenden Stelle im Sinne des § 44 Absatz 1 Satz 4 Nummer 3 an eine ausländische Stelle ausgezahlt, hat diese auszahlende Stelle über den von ihr vor der Zahlung in das Ausland von diesen Kapitalerträgen vorgenommenen Steuerabzug der letzten inländischen auszahlenden Stelle in der Wertpapierverwahrkette, welche die Kapitalerträge auszahlt oder gutschreibt, auf deren Antrag eine Sammel-Steuerbescheinigung für die Summe der eigenen und der für Kunden verwahrten Aktien nach amtlich vorgeschriebenem Muster auszustellen. [5] Der Antrag darf nur für Aktien gestellt werden, die mit Dividendenberechtigung erworben und mit Dividendenanspruch geliefert wurden. [6] Wird eine solche Sammel-Steuerbescheinigung beantragt, ist die Ausstellung von Einzel-Steuerbescheinigungen oder die Weiterleitung eines Antrags auf Ausstellung einer Einzel-Steuerbescheinigung über den Steuerabzug von denselben Kapitalerträgen ausgeschlossen; die Sammel-Steuerbescheinigung ist als solche zu kennzeichnen. [7] Auf die ihr ausgestellte Sammel-Steuerbescheinigung wendet die letzte inländische auszahlende Stelle § 44b Absatz 6 mit der Maßgabe an, dass

---

[1] § 44a Abs. 10 eingef. durch G v. 22.6.2011 (BGBl. I S. 1126); Sätze 4 bis 7 angef. durch G v. 7.12.2011 (BGBl. I S. 2592); Nrn. 3 und 4 Zitate angepasst durch G v. 26.6.2013 (BGBl. I S. 1809); Nr. 3 HS 2 angef. mWv 1.1.2019 durch G v. 11.12.2018 (BGBl. I S. 2338); Nr. 2 aufgeh., Nrn. 3 und 4 werden Nrn. 2 und 3 mWv VZ 2021 durch G v. 2.6.2021 (BGBl. I S. 1259).

sie von den ihr nach dieser Vorschrift eingeräumten Möglichkeiten Gebrauch zu machen hat.

§ 44b Erstattung der Kapitalertragsteuer. (1)[1] Nach Ablauf eines Kalenderjahres hat der zum Steuerabzug Verpflichtete die im vorangegangenen Kalenderjahr abgeführte Steuer auf Ausschüttungen eines Investmentfonds zu erstatten, soweit die Ausschüttungen nach § 17 des Investmentsteuergesetzes nicht als Ertrag gelten.

(2)[2] Ist bei Gläubigern nach § 44a Absatz 7 Satz 1 Nummer 1 gemäß § 44a Absatz 10 Satz 1 Nummer 2 Kapitalertragsteuer einbehalten und abgeführt worden, wird auf Antrag durch das Finanzamt, in dessen Bezirk sich die Geschäftsleitung oder der Sitz des Gläubigers befindet, die Kapitalertragsteuer erstattet, wenn der Gläubiger die Voraussetzungen nach § 36a Absatz 1 bis 3 erfüllt.

(3), (4)[2] *(aufgehoben)*

(5)[3] [1]Ist Kapitalertragsteuer einbehalten oder abgeführt worden, obwohl eine Verpflichtung hierzu nicht bestand, oder hat der Gläubiger dem nach § 44 Absatz 1 zum Steuerabzug Verpflichteten die Bescheinigung nach § 43 Absatz 2 Satz 4, den Freistellungsauftrag, die Nichtveranlagungs-Bescheinigung oder die Bescheinigungen nach § 44a Absatz 4 oder Absatz 5 erst zu einem Zeitpunkt vorgelegt, zu dem die Kapitalertragsteuer bereits abgeführt war, oder nach diesem Zeitpunkt erst die Erklärung nach § 43 Absatz 2 Satz 3 Nummer 2 abgegeben, ist auf Antrag des nach § 44 Absatz 1 zum Steuerabzug Verpflichteten die Steueranmeldung (§ 45a Absatz 1) insoweit zu ändern; stattdessen kann der zum Steuerabzug Verpflichtete bei der folgenden Steueranmeldung die abzuführende Kapitalertragsteuer entsprechend kürzen. [2]Erstattungsberechtigt ist der Antragsteller. [3]Solange noch keine Steuerbescheinigung nach § 45a erteilt ist, hat der zum Steuerabzug Verpflichtete das Verfahren nach Satz 1 zu betreiben. [4]Die vorstehenden Sätze sind in den Fällen des Absatzes 6 nicht anzuwenden.

(6)[4] [1]Werden Kapitalerträge im Sinne des § 43 Absatz 1 Satz 1 Nummer 1 und 2 durch ein inländisches Kredit-, Finanzdienstleistungs- oder Wertpapierinstitut[5] im Sinne des § 43 Absatz 1 Satz 1 Nummer 7 Buchstabe b, das die Wertpapiere, Wertrechte oder sonstigen Wirtschaftsgüter unter dem Namen des Gläubigers verwahrt oder verwaltet, als Schuldner der Kapitalerträge oder für Rechnung des Schuldners gezahlt, kann das Kredit- oder Finanzdienstleistungsinstitut oder das Wertpapierinstitut die einbehaltene und abgeführte Kapitalertragsteuer dem Gläubiger der Kapitalerträge bis zur Ausstellung einer Steuerbescheinigung, längstens bis zum 31. März des auf den Zufluss der

---

[1] § 44b Abs. 1 eingef. mWv 1.1.2018 durch G v. 19.7.2016 (BGBl. I S. 1730).

[2] § 44b Abs. 2 bis 4 aufgeh. mWv 1.1.2013 durch G v. 26.6.2013 (BGBl. I S. 1809); neuer Abs. 2 eingef. mWv 1.1.2019 durch G v. 11.12.2018 (BGBl. I S. 2338); Abs. 2 Verweis geänd. durch G v. 2.6.2021 (BGBl. I S. 1259).

[3] § 44b Abs. 5 Satz 3 eingef., bish. Satz 3 wird Satz 4 mWv 1.1.2015 durch G v. 22.12.2014 (BGBl. I S. 2417).

[4] § 44b Abs. 6 Sätze 1 bis 4 geänd. mWv 26.6.2021 durch G v. 12.5.2021 (BGBl. I S. 990).

[5] Satzteil geänd. durch G v. 16.12.2022 (BGBl. I S. 2294).

Kapitalerträge folgenden Kalenderjahrs, unter den folgenden Voraussetzungen erstatten:

1. dem Kredit-, Finanzdienstleistungs- oder Wertpapierinstitut[1] wird eine Nichtveranlagungs-Bescheinigung nach § 44a Absatz 2 Satz 1 Nummer 2 für den Gläubiger vorgelegt,

2. dem Kredit-, Finanzdienstleistungs- oder Wertpapierinstitut[1] wird eine Bescheinigung nach § 44a Absatz 5 für den Gläubiger vorgelegt,

3. dem Kredit-, Finanzdienstleistungs- oder Wertpapierinstitut[1] wird eine Bescheinigung nach § 44a Absatz 7 Satz 2[2] für den Gläubiger vorgelegt und eine Abstandnahme war nicht möglich oder

4. dem Kredit-, Finanzdienstleistungs- oder Wertpapierinstitut[1] wird eine Bescheinigung nach § 44a Absatz 8 Satz 2[2] für den Gläubiger vorgelegt und die teilweise Abstandnahme war nicht möglich; in diesen Fällen darf die Kapitalertragsteuer nur in Höhe von zwei Fünfteln erstattet werden.

[2] Das erstattende Kredit- oder Finanzdienstleistungsinstitut oder das erstattende Wertpapierinstitut haftet in sinngemäßer Anwendung des § 44 Absatz 5 für zu Unrecht vorgenommene Erstattungen; für die Zahlungsaufforderung gilt § 219 Satz 2 der Abgabenordnung entsprechend. [3] Das Kredit- oder Finanzdienstleistungsinstitut oder das Wertpapierinstitut hat die Summe der Erstattungsbeträge in der Steueranmeldung gesondert anzugeben und von der von ihm abzuführenden Kapitalertragsteuer abzusetzen. [4] Wird dem Kredit-, Finanzdienstleistungs- oder Wertpapierinstitut[1] ein Freistellungsauftrag erteilt, der auch Kapitalerträge im Sinne des Satzes 1 erfasst, oder führt das Institut oder das Wertpapierinstitut einen Verlustausgleich nach § 43a Absatz 3 Satz 2 unter Einbeziehung von Kapitalerträgen im Sinne des Satzes 1 aus, so hat es bis zur Ausstellung der Steuerbescheinigung, längstens bis zum 31. März des auf den Zufluss der Kapitalerträge folgenden Kalenderjahrs, die einbehaltene und abgeführte Kapitalertragsteuer auf diese Kapitalerträge zu erstatten; Satz 2 ist entsprechend anzuwenden.

(7)[3] [1] Eine Gesamthandsgemeinschaft kann für ihre Mitglieder im Sinne des § 44a Absatz 7 oder Absatz 8 eine Erstattung der Kapitalertragsteuer bei dem für die gesonderte Feststellung ihrer Einkünfte zuständigen Finanzamt beantragen. [2] Die Erstattung ist unter den Voraussetzungen des § 44a Absatz 4, 7 oder Absatz 8 und in dem dort bestimmten Umfang zu gewähren. [*ab VZ 2022:* [3] Kapitalertragsteuer, die nach § 43 Absatz 1 Satz 1 Nummer 1a einbehalten wurde, ist unter den Voraussetzungen des § 44a Absatz 10 und in dem dort bestimmten Umfang zu erstatten, wenn der Gläubiger die Voraussetzungen nach § 36a Absatz 1 bis 3 erfüllt.]

---

[1] Satzteil geänd. durch G v. 16.12.2022 (BGBl. I S. 2294).
[2] Verweis geänd. durch G v. 26.6.2013 (BGBl. I S. 1809).
[3] § 44b Abs. 7 angef. mWv 1.1.2013 durch G v. 26.6.2013 (BGBl. I S. 1809); Satz 3 angef. mWv VZ 2022 durch G v. 16.12.2022 (BGBl. I S. 2294).

§ 45[1] **Ausschluss der Erstattung von Kapitalertragsteuer.** [1] In den Fällen, in denen die Dividende an einen anderen als an den Anteilseigner ausgezahlt wird, ist die Erstattung oder Anrechnung von Kapitalertragsteuer für den Zahlungsempfänger ausgeschlossen. [2] Satz 1 gilt nicht für den Erwerber eines Dividendenscheines oder sonstigen Anspruches in den Fällen des § 20 Absatz 2 Satz 1 Nummer 2 Buchstabe a Satz 2; beim Erwerber sind drei Fünftel der Kapitalertragsteuer nicht anzurechnen oder zu erstatten. [3] In den Fällen des § 20 Absatz 2 Satz 1 Nummer 2 Buchstabe b ist die Erstattung von Kapitalertragsteuer an den Erwerber von Zinsscheinen nach § 37 Absatz 2 der Abgabenordnung ausgeschlossen.

§ 45a Anmeldung und Bescheinigung der Kapitalertragsteuer.
(1)[2] [1] Die Anmeldung der einbehaltenen Kapitalertragsteuer ist dem Finanzamt innerhalb der in § 44 Absatz 1 oder Absatz 7 bestimmten Frist nach amtlich vorgeschriebenem Vordruck auf elektronischem Weg zu übermitteln; die auszahlende Stelle hat die Kapitalertragsteuer auf die Erträge im Sinne des § 43 Absatz 1 Satz 1 Nummer 1a jeweils gesondert für das Land, in dem sich der Ort der Geschäftsleitung des Schuldners der Kapitalerträge befindet, anzugeben. [2] Satz 1 gilt entsprechend, wenn ein Steuerabzug nicht oder nicht in voller Höhe vorzunehmen ist. [3] Der Grund für die Nichtabführung ist anzugeben. [4] Auf Antrag kann das Finanzamt zur Vermeidung unbilliger Härten auf eine elektronische Übermittlung verzichten; in diesem Fall ist die Kapitalertragsteuer-Anmeldung vom Schuldner, der den Verkaufsauftrag ausführenden Stelle, der auszahlenden Stelle oder einer vertretungsberechtigten Person zu unterschreiben.

(2)[3] [1] Folgende Stellen sind verpflichtet, dem Gläubiger der Kapitalerträge auf Verlangen eine Bescheinigung nach amtlich vorgeschriebenem Muster auszustellen, die die nach § 32d erforderlichen Angaben enthält; bei Vorliegen der Voraussetzungen des

1. § 43 Absatz 1 Satz 1 Nummer 1, 2 bis 4, 7a und 7b der Schuldner der Kapitalerträge,
2. § 43 Absatz 1 Satz 1 Nummer 1a, 5 bis 7 und 8 bis 12 sowie Satz 2 die die Kapitalerträge auszahlende Stelle vorbehaltlich des Absatzes 3,
3. § 44 Absatz 1a die zur Abführung der Steuer verpflichtete Stelle und

(Fortsetzung nächstes Blatt)

---

[1] § 45 Satz 2 neu gef. mWv 1.1.2014 durch G v. 25.7.2014 (BGBl. I S. 1266); Satz 1 geänd., Satz 2 HS 2 angef. mWv 15.12.2018 durch G v. 11.12.2018 (BGBl. I S. 2338).
[2] § 45a Abs. 1 Satz 1 HS 2 angef. durch G v. 22.6.2011 (BGBl. I S. 1126); Satz 1 HS 1 geänd. mWv 1.1.2017 durch G v. 18.7.2016 (BGBl. I S. 1679); Abs. 2 Satz 1 Nr. 2 geänd. mWv 18.12.2019 durch G v. 12.12.2019 (BGBl. I S. 2451).
[3] § 45a Abs. 2 Satz 1 neu gef. durch G v. 26.6.2013 (BGBl. I S. 1809); Satz 2 eingef., bish. Sätze 2 bis 4 werden Sätze 3 bis 5 mWv 23.7.2016 durch G v. 18.7.2016 (BGBl. I S. 1679); Satz 1 Nr. 2 geänd. durch G v. 12.12.2019 (BGBl. I S. 2451).

4.[1] § 44 Absatz 1 Satz 4 Nummer 5 der Investmentfonds.

[2]Die Bescheinigung kann elektronisch übermittelt werden; auf Anforderung des Gläubigers der Kapitalerträge ist sie auf Papier zu übersenden. [3]Die Bescheinigung braucht nicht unterschrieben zu werden, wenn sie in einem maschinellen Verfahren ausgedruckt worden ist und den Aussteller erkennen lässt. [4]§ 44a Absatz 6 gilt sinngemäß; über die zu kennzeichnenden Bescheinigungen haben die genannten Institute und Unternehmen Aufzeichnungen zu führen. [5]Diese müssen einen Hinweis auf den Buchungsbeleg über die Auszahlung an den Empfänger der Bescheinigung enthalten.

[ab 1.1.2025:

(2a)[2] Ist der Gläubiger der Kapitalerträge beschränkt steuerpflichtig, tritt in den Fällen des § 43 Absatz 1 Satz 1 Nummer 1a und 2 Satz 4 an die Stelle der Bescheinigung nach Absatz 2 Satz 1 die Übermittlung der Angaben gemäß § 45b Absatz 5.]

(3)[3] [1]Werden Kapitalerträge für Rechnung des Schuldners durch ein inländisches Kreditinstitut, ein inländisches Finanzdienstleistungsinstitut oder ein inländisches Wertpapierinstitut gezahlt, so hat anstelle des Schuldners das Kreditinstitut, das Finanzdienstleistungsinstitut oder das Wertpapierinstitut die Bescheinigung zu erteilen, sofern nicht die Voraussetzungen des Absatzes 2 Satz 1 erfüllt sind. [2]Satz 1 gilt in den Fällen des § 20 Absatz 1 Nummer 1 Satz 4 entsprechend; der Emittent der Aktien gilt insoweit als Schuldner der Kapitalerträge.

(4) [1]Eine Bescheinigung nach Absatz 2 oder Absatz 3 ist auch zu erteilen, wenn in Vertretung des Gläubigers ein Antrag auf Erstattung der Kapitalertragsteuer nach § 44b gestellt worden ist oder gestellt wird. [2]Satz 1 gilt entsprechend, wenn nach § 44a Absatz 8 Satz 1 der Steuerabzug nur nicht in voller Höhe vorgenommen worden ist.

(5)[4] [1]Eine Ersatzbescheinigung darf nur ausgestellt werden, wenn die Urschrift oder die elektronisch übermittelten Daten nach den Angaben des Gläubigers abhandengekommen oder vernichtet sind. [2]Die Ersatzbescheinigung muss als solche gekennzeichnet sein. [3]Über die Ausstellung von Ersatzbescheinigungen hat der Aussteller Aufzeichnungen zu führen.

[Fassung bis 31.12.2022:]	**[Fassung ab 1.1.2023:]**
(6)[5] [1]Eine Bescheinigung, die den Absätzen 2 bis 5 nicht entspricht, hat	(6)[6] [1]Eine Bescheinigung, die den Absätzen 2 bis 5 nicht entspricht, hat

---

[1] § 45a Abs. 2 Satz 1 Nr. 4 angef. durch G v. 21.12.2020 (BGBl. I S. 3096); zur Anwendung siehe § 52 Abs. 44a Satz 1.
[2] § 45a Abs. 2a eingef. durch G v. 2.6.2021 (BGBl. I S. 1259); zur Anwendung siehe § 52 Abs. 44a Satz 3.
[3] § 45a Abs. 3 Satz 1 geänd. durch G v. 22.6.2011 (BGBl. I S. 1126); Abs. 3 Sätze 1 und 2 geänd. mWv 26.6.2021 durch G v. 12.5.2021 (BGBl. I S. 990).
[4] § 45a Abs. 5 Satz 1 geänd. mWv 23.7.2016 durch G v. 18.7.2016 (BGBl. I S. 1679).
[5] § 45a Abs. 6 Satz 1 neu gef. mWv 23.7.2016 durch G v. 18.7.2016 (BGBl. I S. 1679).
[6] § 45a Abs. 6 neu gef. durch G v. 21.12.2020 (BGBl. I S. 3096); zur Anwendung siehe § 52 Abs. 44a Satz 2.

[Fassung bis 31.12.2022:]

der Aussteller durch eine berichtigte Bescheinigung zu ersetzen und im Fall der Übermittlung in Papierform zurückzufordern. ²Die berichtigte Bescheinigung ist als solche zu kennzeichnen. ³Wird die zurückgeforderte Bescheinigung nicht innerhalb eines Monats nach Zusendung der berichtigten Bescheinigung an den Aussteller zurückgegeben, hat der Aussteller das nach seinen Unterlagen für den Empfänger zuständige Finanzamt schriftlich zu benachrichtigen.

[Fassung ab 1.1.2023:]

der Aussteller unverzüglich durch eine berichtigte Bescheinigung zu ersetzen. ²Die berichtigte Bescheinigung ist als solche zu kennzeichnen. ³Der Aussteller hat dem für ihn zuständigen Betriebsstättenfinanzamt unverzüglich nach Maßgabe des § 93c der Abgabenordnung neben den in § 93c Absatz 1 der Abgabenordnung genannten Angaben folgende Daten zu übermitteln:

1. den Anlass für die Ausstellung der berichtigten Bescheinigung und deren Ausstellungsdatum,

2. die ursprünglichen und die berichtigten Angaben in der Bescheinigung sowie

3. in den Fällen des Gläubigerwechsels die Identifikationsnummer, den Namen und die Anschrift des bisherigen Gläubigers der Kapitalerträge.

⁴Bei Steuerpflichtigen, die nicht unbeschränkt steuerpflichtig sind, findet Satz 3 mit der Maßgabe Anwendung, dass der Aussteller die Daten an das Bundeszentralamt für Steuern zu übermitteln hat.

(7)¹⁾ ¹Der Aussteller einer Bescheinigung, die den Absätzen 2 bis 5 *[ab 1.1.2025:* sowie § 45b Absatz 1 bis 4] nicht entspricht, haftet für die auf Grund *der Bescheinigung verkürzten Steuern oder zu Unrecht gewährten Steuervorteile [ab 1.1.2025:* dessen verkürzten Steuern oder zu Unrecht gewährten Steuervorteile; dies gilt entsprechend für die die Kapitalerträge auszahlende Stelle im Hinblick auf die nach § 45b Absatz 5 zu übermittelnden Angaben.] ²Ist die Bescheinigung nach Absatz 3 durch ein inländisches Kredit-, Finanzdienstleistungs- oder Wertpapierinstitut auszustellen, so haftet der Schuldner auch, wenn er zum Zweck der Bescheinigung unrichtige Angaben macht. *[bis 31.12.2023:* ³Der Aussteller haftet nicht

1. in den Fällen des Satzes 2,

2. wenn er die ihm nach Absatz 6 obliegenden Verpflichtungen erfüllt hat.]*

---

¹⁾ § 45a Abs. 7 Satz 1 neu gef. mWv 1.1.2025 (§ 52 Abs. 44a Satz 3), Satz 3 aufgeh. mWv 31.12.2023 (§ 52 Abs. 44a Satz 4) durch G v. 2.6.2021 (BGBl. I S. 1259); Satz 2 geänd. durch G v. 16.12.2022 (BGBl. I S. 2294).

[ab 1.1.2025:]

§ 45b[1] Angaben zur Bescheinigung und Abführung der Kapitalertragsteuer. (1) Die die Kapitalerträge auszahlende Stelle weist jeder nach Maßgabe des § 45a Absatz 2 zu erteilenden Bescheinigung und jedem nach § 45b Absatz 5 zu übermittelnden Datensatz eine nach amtlichem Muster zu erstellende Ordnungsnummer zu.

(2) Bei Kapitalerträgen im Sinne des § 43 Absatz 1 Satz 1 Nummer 1a und 2 Satz 4 ist die Bescheinigung nach § 45a Absatz 2 um folgende Angaben zu ergänzen:

1. die Identifikationsnummer nach § 139b der Abgabenordnung des Gläubigers der Kapitalerträge; handelt es sich bei dem Gläubiger der Kapitalerträge nicht um eine natürliche Person, so sind dessen Firma oder Name, Anschrift und Wirtschafts-Identifikationsnummer nach § 139c der Abgabenordnung oder, wenn die Wirtschafts-Identifikationsnummer noch nicht vergeben wurde, dessen Steuernummer anzugeben;

2. den Bruttobetrag der vom Gläubiger der Kapitalerträge je Wertpapiergattung und Zahlungstag erzielten Kapitalerträge unter Angabe der Bezeichnung und der Internationalen Wertpapierkennnummer des Wertpapiers;

3. den Betrag, der je Wertpapiergattung und Zahlungstag einbehaltenen und abgeführten Kapitalertragsteuer und den Betrag der einbehaltenen und abgeführten Zuschlagsteuern; die Ermäßigung der Kapitalertragsteuer um die auf die Kapitalerträge entfallende Kirchensteuer ist nicht zu berücksichtigen; sind die Kapitalerträge nach Maßgabe des § 43a Absatz 3 Satz 2 mit negativen Kapitalerträgen auszugleichen, sind statt der Beträge der abgeführten Steuern der Betrag der einbehaltenen und auf die Kapitalerträge entfallenden Kapitalertragsteuer vor Durchführung des Verlustausgleiches und vor Berücksichtigung des Sparer-Pauschbetrages sowie der Betrag der darauf entfallenden Zuschlagsteuern anzugeben;

4. die Höhe des jeweils angewendeten Steuersatzes;

5. die Stückzahl der Wertpapiere je Wertpapiergattung und Zahlungstag sowie davon die Stückzahl der Wertpapiere, die auf der Grundlage einer Wertpapierleihe oder eines Wertpapierpensionsgeschäftes übertragen wurden, verbunden mit der Angabe, ob bei Anschaffung der Aktien die Lieferung von Aktien mit oder ohne Dividendenanspruch vereinbart wurde und ob Aktien mit oder ohne Dividendenanspruch geliefert wurden;

6. zur Anschaffung der Wertpapiere oder zu ihrer Übertragung auf der Grundlage einer Wertpapierleihe oder eines Wertpapierpensionsgeschäftes jeweils das Datum des Handelstags, das Datum des vereinbarten Abwicklungstags und das Datum des tatsächlichen Abwicklungstags sowie die jeweilige Stückzahl;

7. zur Veräußerung der Wertpapiere oder zu ihrer Rückübertragung auf der Grundlage einer Wertpapierleihe oder eines Wertpapierpensionsgeschäftes, soweit die Wertpapiere innerhalb von 45 Tagen nach Fälligkeit der Kapital-

---

[1] § 45b eingef. durch G v. 2.6.2021 (BGBl. I S. 1259); zur Anwendung siehe § 52 Abs. 44b; Abs. 3 Satz 3 und Abs. 7 Satz 2 geänd. durch G v. 16.12.2022 (BGBl. I S. 2294).

erträge veräußert oder rückübertragen wurden, jeweils das Datum des Handelstags, das Datum des vereinbarten Abwicklungstags und das Datum des tatsächlichen Abwicklungstags sowie die jeweilige Stückzahl;

8. die Firma, die Rechtsform, die Anschrift und der Legal Entity Identifier der jeweils in die Verwahrkette nacheinander eingebundenen inländischen oder ausländischen Zwischenverwahrstellen der Wertpapiere sowie der Depotbank, die die Wertpapiere für den Gläubiger der Kapitalerträge unmittelbar verwahrt, unter Angabe der jeweiligen Depotnummern der durch die Zwischenverwahrstellen geführten Depots, in denen die Aktien verwahrt werden;

9. die Konto- oder Depotnummer des Gläubigers der Kapitalerträge; werden die Wertpapiere durch einen Treuhänder für den Gläubiger der Kapitalerträge verwahrt, sind die Konto- oder Depotnummer des Treuhänders sowie die Daten nach Nummer 1 auch für den Treuhänder anzugeben.

(3) ¹Soweit die Kapitalerträge im Sinne des Absatzes 2 auf Grund eines Hinterlegungsscheines bezogen wurden, beziehen sich die Angaben nach Absatz 2 auf den Hinterlegungsschein. ²Die Bescheinigung nach § 45a Absatz 2 ist in diesem Fall je Wertpapiergattung und Zahlungstag um folgende Angaben zu ergänzen:

1. die Bezeichnung und die Internationale Wertpapierkennnummer der hinterlegten Wertpapiere;

2. das in den Emissionsbedingungen des Hinterlegungsscheines festgelegte Verhältnis der Hinterlegungsscheine zu den durch die inländische Hinterlegungsstelle verwahrten inländischen Wertpapieren;

3. die Gesamtzahl ausgegebener Hinterlegungsscheine sowie die Gesamtzahl der hinterlegten Wertpapiere, jeweils zum Zeitpunkt des Gewinnverteilungsbeschlusses;

4. die Anzahl der Hinterlegungsscheine des Gläubigers der Kapitalerträge zum Zeitpunkt des Gewinnverteilungsbeschlusses.

³Einem Kredit-, Finanzdienstleistungs- oder Wertpapierinstitut darf eine Bescheinigung nach § 45a Absatz 2 Satz 1 erster Halbsatz nur erteilt werden, soweit es dem Aussteller schriftlich versichert, dass die Wertpapiere nicht als Deckungsbestand für ausgegebene Hinterlegungsscheine dienen. ⁴Für Kapitalerträge, die auf einem Hinterlegungsschein beruhen, darf dem Inhaber des Hinterlegungsscheines eine Bescheinigung nur erteilt werden, wenn der Emittent des Hinterlegungsscheines dem Aussteller schriftlich versichert, dass die Gesamtzahl ausgegebener Hinterlegungsscheine im gesamten Zeitraum zwischen dem Gewinnverteilungsbeschluss für die bei der inländischen Hinterlegungsstelle hinterlegten Wertpapiere und der Gutschrift der Erträge bei den Inhabern der Hinterlegungsscheine dem Verhältnis nach Satz 2 Nummer 2 entsprochen hat.

(4) ¹Der Aussteller der Bescheinigung hat die nach Absatz 2 und 3 Satz 2 zu ergänzenden Angaben an das Bundeszentralamt für Steuern nach Maßgabe des § 93c Absatz 1 Nummer 1 und 2 der Abgabenordnung elektronisch zu übermitteln; dabei ist die nach Absatz 1 vergebene Ordnungsnummer anzugeben.

²Die Datenübermittlung nach Satz 1 hat abweichend von § 93c Absatz 1 Nummer 1 der Abgabenordnung bis spätestens zum 31. Juli des auf den Zufluss des Kapitalertrages folgenden Kalenderjahres zu erfolgen. ³Sind die Kapitalerträge nach Maßgabe des § 43a Absatz 3 Satz 2 mit negativen Kapitalerträgen auszugleichen, so sind neben den Angaben nach Satz 1 der Betrag der auf der nach amtlichem Muster erteilten Bescheinigung für den Gläubiger der Kapitalerträge ausgewiesenen Kapitalertragsteuer und der Betrag der ausgewiesenen Zuschlagsteuer zu übermitteln. ⁴Die nach Maßgabe des § 93c Absatz 1 Nummer 3 der Abgabenordnung dem Steuerpflichtigen zu erteilende Information kann auf der Bescheinigung angegeben werden.

(5) ¹In den Fällen des § 45a Absatz 2a hat die die Kapitalerträge auszahlende Stelle auf Verlangen des Gläubigers der Kapitalerträge dem Bundeszentralamt für Steuern nach Maßgabe des § 93c Absatz 1 Nummer 1 und 2 der Abgabenordnung für jeden Zufluss unverzüglich elektronisch die in den Absätzen 2 und 3 Satz 2 genannten Angaben zu übermitteln; dabei sind die nach Absatz 1 vergebene Ordnungsnummer, das durch den Ansässigkeitsstaat vergebene Steueridentifikationsmerkmal des Gläubigers der Kapitalerträge sowie, sofern der Gläubiger der Kapitalerträge keine natürliche Person ist und eine Wirtschafts-Identifikationsnummer nach § 139c Absatz 1 der Abgabenordnung noch nicht vergeben wurde, die Rechtsform und das Datum des Gründungsaktes der Körperschaft, Personenvereinigung oder Vermögensmasse anzugeben. ²Absatz 3 Satz 3 und 4 gilt entsprechend.

(6) ¹Wurde für Kapitalerträge im Sinne des § 43 Absatz 1 Satz 1 Nummer 1a oder Nummer 2 Satz 4 keine Bescheinigung nach § 45a Absatz 2 erteilt oder wurden keine Angaben gemäß § 45a Absatz 2a übermittelt, hat die die Kapitalerträge auszahlende Stelle dem Bundeszentralamt für Steuern elektronisch nach Maßgabe des § 93c Absatz 1 Nummer 1 und 2 der Abgabenordnung folgende Angaben zu den Zuflüssen des vorangegangenen Kalenderjahres zu übermitteln:

1. die Identifikationsnummer nach § 139b Absatz 1 der Abgabenordnung des Depotinhabers; handelt es sich bei dem Depotinhaber nicht um eine natürliche Person, so sind dessen Firma oder Name, Anschrift und Wirtschafts-Identifikationsnummer nach § 139c Absatz 1 der Abgabenordnung oder, wenn diese noch nicht vergeben wurde, dessen Steuernummer anzugeben; bei im Ausland ansässigen Steuerpflichtigen ist zusätzlich das durch den Ansässigkeitsstaat vergebene Steueridentifikationsmerkmal anzugeben;

2. die Konto- oder Depotnummer;

3. den Bruttobetrag der je Wertpapiergattung und Zahlungstag erzielten Kapitalerträge unter Angabe der Bezeichnung und der Internationalen Wertpapierkennnummer des Wertpapiers sowie die Stückzahl der Wertpapiere und

4. den Betrag der je Wertpapiergattung und Zahlungstag einbehaltenen und abgeführten Kapitalertragsteuer und den Betrag der Zuschlagsteuern sowie den angewendeten Steuersatz.

²Wurde für Kapitalerträge im Sinne des § 43 Absatz 1 Satz 1 Nummer 1a oder Nummer 2 Satz 4 vom Steuerabzug ganz oder teilweise Abstand genommen, so hat die die Kapitalerträge auszahlende Stelle dem Bundeszentralamt für

Steuern elektronisch nach Maßgabe des § 93c Absatz 1 Nummer 1 und 2 der Abgabenordnung neben den in den Absätzen 2, 3 Satz 2 und Absatz 5 Satz 1 genannten Angaben folgende Angaben zu den Zuflüssen des vorangegangenen Kalenderjahres zu übermitteln:

1. die Ordnungsnummer, die bei Erteilung einer Bescheinigung nach § 45a Absatz 2 oder Übermittlung von Angaben gemäß § 45a Absatz 2a vergeben wurde, und

2. die Rechtsgrundlage für den reduzierten oder unterlassenen Steuerabzug.

³Die Datenübermittlung nach den Sätzen 1 und 2 hat abweichend von § 93c Absatz 1 Nummer 1 der Abgabenordnung bis spätestens zum 31. Juli des auf den Zufluss des Kapitalertrages folgenden Kalenderjahres zu erfolgen.

(7) ¹Die inländischen und ausländischen Zwischenverwahrstellen sowie die Depotbank und der Treuhänder, die die Wertpapiere für den Gläubiger der Kapitalerträge unmittelbar verwahren, sind für die Zwecke der Absätze 2 bis 5 verpflichtet, ihrer jeweiligen Verwahrstelle die Angaben nach Absatz 2 Nummer 1, 2, 5 bis 9 und Absatz 3 Satz 2 vollständig und richtig mitzuteilen. ²Das Kredit-, Finanzdienstleistungs- oder Wertpapierinstitut und der Emittent der Hinterlegungsscheine haben die nach § 45b Absatz 3 Satz 3 oder Satz 4 gegenüber dem Aussteller der Steuerbescheinigung zu erteilende schriftliche Versicherung vollständig und richtig abzugeben. ³Die Bescheinigung nach § 45a Absatz 2 darf erst erteilt und die Angaben gemäß § 45a Absatz 2a dürfen erst übermittelt werden, wenn die die Kapitalerträge auszahlende Stelle die Angaben nach den Absätzen 2 und 3 vollständig vorliegen.

(8) In den Fällen der Absätze 4 bis 6 gilt Folgendes:

1. § 93c Absatz 3 der Abgabenordnung ist mit der Maßgabe anzuwenden, dass der übermittelte Datensatz unabhängig davon zu korrigieren oder zu stornieren ist, wann die die Kapitalerträge auszahlende Stelle die Feststellung im Sinne des § 93c Absatz 3 Satz 1 Nummer 1 oder Nummer 2 der Abgabenordnung trifft; die die Kapitalerträge auszahlende Stelle ist unabhängig von der in § 93c Absatz 3 der Abgabenordnung genannten Frist verpflichtet, einen Datensatz zu übermitteln, wenn sie nachträglich erkennt, dass sie zur Übermittlung eines Datensatzes verpflichtet war und der Datensatz nicht übermittelt wurde;

2. § 171 Absatz 10a der Abgabenordnung ist mit der Maßgabe anzuwenden, dass die Festsetzungsfrist unabhängig vom Zeitpunkt des Zugangs der Daten bei dem Bundeszentralamt für Steuern nicht vor Ablauf von zwei Jahren nach Zugang der Daten endet.

(9) Inländische börsennotierte Gesellschaften haben gemäß § 67d des Aktiengesetzes Informationen über die Identität ihrer Aktionäre zum Zeitpunkt ihres Gewinnverteilungsbeschlusses zu verlangen und die ihnen übermittelten Informationen elektronisch nach Maßgabe des § 93c der Abgabenordnung unverzüglich elektronisch an das Bundeszentralamt für Steuern zu übermitteln.

(10) ¹Das Bundeszentralamt für Steuern speichert die nach den Absätzen 4 bis 6 und 9 übermittelten Daten zur Ermittlung der auf die Kapitalerträge einbehaltenen und abgeführten Kapitalertragsteuer und analysiert diese im

Hinblick auf missbräuchliche Steuergestaltungsmodelle, die die Erlangung eines Steuervorteils aus der Erhebung oder Entlastung von Kapitalertragsteuer mit erheblicher Bedeutung zum Gegenstand haben. ²Es darf dazu auch ihm nach Maßgabe dieser Absätze übermittelte personenbezogene Daten verarbeiten, soweit dies zur Erfüllung der Aufgabe nach Satz 1 erforderlich ist.

[ab 1.1.2025:]

§ 45c¹⁾ Zusammengefasste Mitteilung zur Bescheinigung und Abführung der Kapitalertragsteuer. (1) ¹Die die Kapitalerträge auszahlende Stelle hat dem Bundeszentralamt für Steuern bis zum 31. Juli des auf den Zufluss der Kapitalerträge folgenden Kalenderjahres folgende Daten zu übermitteln:

1. die Summe der in einem Kalenderjahr je Wertpapiergattung und Zahlungstag durch die die Kapitalerträge auszahlende Stelle berücksichtigten Bruttoerträge im Sinne des § 43 Absatz 1 Satz 1 Nummer 1a und 2 Satz 4;

2. den Betrag der auf diese Kapitalerträge einbehaltenen und abgeführten Kapitalertragsteuer und den Betrag der einbehaltenen und abgeführten Zuschlagsteuern;

3. die für diese Kapitalerträge nach § 45a Absatz 2 bescheinigte oder gemäß § 45a Absatz 2a angegebene Kapitalertragsteuer und Zuschlagsteuern; sind die Kapitalerträge nach Maßgabe des § 43a Absatz 3 Satz 2 mit negativen Kapitalerträgen auszugleichen, sind der Betrag der einbehaltenen und auf die Kapitalerträge entfallenden Kapitalertragsteuer vor Durchführung des Verlustausgleiches und vor Berücksichtigung des Sparer-Pauschbetrages sowie der Betrag der darauf entfallenden Zuschlagsteuern zu übermitteln;

4. die diesen Kapitalerträgen zugrunde liegende Stückzahl der Wertpapiere und

5. die Bezeichnung und die Internationale Wertpapierkennnummer der Wertpapiergattung.

²Satz 1 gilt entsprechend für die Summe der gutgeschriebenen Kapitalerträge, bei denen ein Steuerabzug nicht oder nicht in voller Höhe vorgenommen wurde. ³Die Rechtsgrundlage für die Abstandnahme vom Steuerabzug und die darauf entfallenden Beträge sind anzugeben.

(2) ¹Die inländische Wertpapiersammelbank hat dem Bundeszentralamt für Steuern bis zum 31. Juli des auf den Zufluss der Kapitalerträge folgenden Kalenderjahres folgende Daten je Wertpapiergattung und Kundendepot unter Angabe der Internationalen Wertpapierkennnummer und der Stückzahl der Wertpapiere zu übermitteln:

1. die in § 45b Absatz 2 Nummer 1 genannten Angaben zum Depotinhaber; verfügt der Depotinhaber nicht über eine inländische Steuernummer, so ist die durch seinen Ansässigkeitsstaat vergebene Steueridentifikationsnummer anzugeben;

2. die Konto- oder Depotnummer;

---

¹⁾ § 45c eingef. durch G v. 2.6.2021 (BGBl. I S. 1259); zur Anwendung siehe § 52 Abs. 44c.

3. die Summe der in einem Kalenderjahr am Zahlungstag gutgeschriebenen Kapitalerträge im Sinne des § 43 Absatz 1 Satz 1 Nummer 1a und 2 Satz 4, die auf Grund eines gebuchten Bestandes am Dividendenstichtag gutgeschrieben wurden;

4. die Summe der in einem Kalenderjahr gutgeschriebenen Kompensationszahlungen;

5. die Summe der in einem Kalenderjahr belasteten Kompensationszahlungen;

6. den Saldo aus der Summe der gutgeschriebenen Kapitalerträge zuzüglich der Summe der gutgeschriebenen Kompensationszahlungen und der Summe der belasteten Kompensationszahlungen;

7. den Betrag der einbehaltenen und abgeführten Kapitalertragsteuer und den Betrag der einbehaltenen und abgeführten Zuschlagsteuern auf die Beträge nach den Nummern 3 und 4;

8. die Stückzahl der Wertpapiere, für die die Wertpapiersammelbank keine Dividendenregulierung vorgenommen hat.

²Die Pflicht zur Datenübermittlung nach Satz 1 mit Ausnahme der Angabe nach Satz 1 Nummer 8 gilt entsprechend für die die Kapitalerträge auszahlenden Stellen nach § 44 Absatz 1 Satz 4 Nummer 3. ³Dem Bundeszentralamt für Steuern sind bis zum 31. Juli des auf die Abführung des Steuerbetrages folgenden Kalenderjahres der Betrag der nach § 44 Absatz 1a abgeführten Kapitalertragsteuer sowie die nach § 45a Absatz 2 Satz 1 Nummer 3 bescheinigten Angaben zu übermitteln.

(3) ¹§ 93c der Abgabenordnung ist mit Ausnahme von dessen Absatz 1 Nummer 2 Buchstabe c und d und Nummer 3 entsprechend anzuwenden. ²§ 45b Absatz 8 gilt entsprechend.

(4) ¹Das Bundeszentralamt für Steuern speichert die ihm nach den Absätzen 1 und 2 übermittelten Daten zur Ermittlung der auf diese Kapitalerträge einbehaltenen und bescheinigten Kapitalertragsteuer und analysiert diese im Hinblick auf missbräuchliche Steuergestaltungsmodelle, die die Erlangung eines Steuervorteils aus der Erhebung oder Entlastung von Kapitalertragsteuer mit erheblicher Bedeutung zum Gegenstand haben. ²Es darf dazu ihm nach Maßgabe der Absätze 1 und 2 übermittelte personenbezogene Daten verarbeiten, soweit dies zur Erfüllung der Aufgabe nach Satz 1 erforderlich ist.

§ 45d Mitteilungen an das Bundeszentralamt für Steuern. (1)¹⁾ ¹Wer nach § 44 Absatz 1 dieses Gesetzes und nach § 7 des Investmentsteuergesetzes²⁾ zum Steuerabzug verpflichtet ist, hat dem Bundeszentralamt für Steuern nach Maßgabe des § 93c der Abgabenordnung neben den in § 93c Absatz 1 der Abgabenordnung genannten Angaben folgende Daten zu übermitteln:

1. bei den Kapitalerträgen, für die ein Freistellungsauftrag erteilt worden ist,

---

¹⁾ § 45d Abs. 1 neu gef. durch G v. 18.7.2016 (BGBl. I S. 1679); zur Anwendung siehe § 52 Abs. 45 Satz 2.
²⁾ Nr. **120**.

a) die Kapitalerträge, bei denen vom Steuerabzug Abstand genommen worden ist oder bei denen Kapitalertragsteuer auf Grund des Freistellungsauftrags gemäß § 44b Absatz 6 Satz 4 dieses Gesetzes oder gemäß § 7 Absatz 5 Satz 1 des Investmentsteuergesetzes erstattet wurde,

b) die Kapitalerträge, bei denen die Erstattung von Kapitalertragsteuer beim Bundeszentralamt für Steuern beantragt worden ist,

2. die Kapitalerträge, bei denen auf Grund einer Nichtveranlagungs-Bescheinigung einer natürlichen Person nach § 44a Absatz 2 Satz 1 Nummer 2 vom Steuerabzug Abstand genommen oder eine Erstattung vorgenommen wurde.

²Bei einem gemeinsamen Freistellungsauftrag sind die Daten beider Ehegatten zu übermitteln. ³§ 72a Absatz 4, § 93c Absatz 1 Nummer 3 und § 203a der Abgabenordnung finden keine Anwendung.

(2)¹⁾ ¹Das Bundeszentralamt für Steuern darf den Sozialleistungsträgern die Daten nach Absatz 1 mitteilen, soweit dies zur Überprüfung des bei der Sozialleistung zu berücksichtigenden Einkommens oder Vermögens erforderlich ist oder die betroffene Person zustimmt. ²Für Zwecke des Satzes 1 ist das Bundeszentralamt für Steuern berechtigt, die ihm von den Sozialleistungsträgern übermittelten Daten mit den vorhandenen Daten nach Absatz 1 im Wege des automatisierten Datenabgleichs zu überprüfen und das Ergebnis den Sozialleistungsträgern mitzuteilen.

(3)²⁾ ¹Ein inländischer Versicherungsvermittler im Sinne des § 59 Absatz 1 des Versicherungsvertragsgesetzes hat das Zustandekommen eines Vertrages im Sinne des § 20 Absatz 1 Nummer 6 zwischen einer im Inland ansässigen Person und einem Versicherungsunternehmen mit Sitz und Geschäftsleitung im Ausland nach Maßgabe des § 93c der Abgabenordnung dem Bundeszentralamt für Steuern mitzuteilen. ²Dies gilt nicht, wenn das Versicherungsunternehmen eine Niederlassung im Inland hat oder das Versicherungsunternehmen dem Bundeszentralamt für Steuern bis zu diesem Zeitpunkt das Zustandekommen eines Vertrages angezeigt und den Versicherungsvermittler hierüber in Kenntnis gesetzt hat. ³Neben den in § 93c Absatz 1 der Abgabenordnung genannten Daten sind folgende Daten zu übermitteln:

1. Name und Anschrift des Versicherungsunternehmens sowie Vertragsnummer oder sonstige Kennzeichnung des Vertrages,

2. Laufzeit und garantierte Versicherungssumme oder Beitragssumme für die gesamte Laufzeit,

3. Angabe, ob es sich um einen konventionellen, einen fondsgebundenen oder einen vermögensverwaltenden Versicherungsvertrag handelt.

⁴Ist mitteilungspflichtige Stelle nach Satz 1 das ausländische Versicherungsunternehmen und verfügt dieses weder über ein Identifikationsmerkmal nach den §§ 139a bis 139c der Abgabenordnung noch über eine Steuernummer oder ein sonstiges Ordnungsmerkmal, so kann abweichend von § 93c Absatz 1

---

¹⁾ § 45d Abs. 2 Satz 1 geänd. mWv VZ 2019 durch G v. 20.11.2019 (BGBl. I S. 1626).
²⁾ § 45d Abs. 3 neu gef. durch G v. 18.7.2016 (BGBl. I S. 1679); zur Anwendung siehe § 52 Abs. 45 Satz 3.

Nummer 2 Buchstabe a der Abgabenordnung auf diese Angaben verzichtet werden. [5]Der Versicherungsnehmer gilt als Steuerpflichtiger im Sinne des § 93c Absatz 1 Nummer 2 Buchstabe c der Abgabenordnung. [6]§ 72a Absatz 4 und § 203a der Abgabenordnung finden keine Anwendung.

§ 45e[1] Ermächtigung für Zinsinformationsverordnung. [1]Die Bundesregierung wird ermächtigt, durch Rechtsverordnung[2] mit Zustimmung des Bundesrates die Richtlinie 2003/48/EG des Rates vom 3. Juni 2003 (ABl. EU Nr. L 157 S. 38) in der jeweils geltenden Fassung im Bereich der Besteuerung von Zinserträgen umzusetzen. [2]§ 45d Absatz 1 Satz 2 und Absatz 2 ist entsprechend anzuwenden.

4. Veranlagung von Steuerpflichtigen mit steuerabzugspflichtigen Einkünften

§ 46 Veranlagung bei Bezug von Einkünften aus nichtselbständiger Arbeit. (1) (weggefallen)

(2) Besteht das Einkommen ganz oder teilweise aus Einkünften aus nichtselbständiger Arbeit, von denen ein Steuerabzug vorgenommen worden ist, so wird eine Veranlagung nur durchgeführt,

1. wenn die positive Summe der einkommensteuerpflichtigen Einkünfte, die nicht dem Steuerabzug vom Arbeitslohn zu unterwerfen waren, vermindert um die darauf entfallenden Beträge nach § 13 Absatz 3 und § 24a, oder die positive Summe der Einkünfte und Leistungen, die dem Progressionsvorbehalt unterliegen, jeweils mehr als 410 Euro beträgt;

2. wenn der Steuerpflichtige nebeneinander von mehreren Arbeitgebern Arbeitslohn bezogen hat; das gilt nicht, soweit nach § 38 Absatz 3a Satz 7 Arbeitslohn von mehreren Arbeitgebern für den Lohnsteuerabzug zusammengerechnet worden ist;

[Fassung für VZ 2022/2023:]

3.[3] wenn bei einem Steuerpflichtigen die Summe der beim Steuerabzug vom Arbeitslohn nach § 39b Absatz 2 Satz 5 Nummer 3 Buchstabe b bis d berücksichtigten Teilbeträge der Vorsorgepauschale größer ist als die abziehbaren Vorsorgeaufwendungen nach § 10 Absatz 1 Nummer 3 und Nummer 3a in Verbindung mit Absatz 4 und der im Kalenderjahr insgesamt

[Fassung ab VZ 2024:]

3.[4] wenn Beiträge zur Krankenversicherungen und gesetzlichen Pflegeversicherungen im Sinne des § 10 Absatz 1 Nummer 3 erstattet wurden, die Erstattung mehr als 410 Euro betrug und der im Kalenderjahr erzielte Arbeitslohn höher ist als die Summe aus dem Grundfreibetrag (§ 32a Absatz 1 Satz 2 Nummer 1), dem Arbeitnehmer-Pauschbetrag (§ 9a Satz 1

---

[1] § 45e Satz 2 geänd. durch G v. 25.7.2014 (BGBl. I S. 1266).
[2] ZinsinformationsVO v. 26.1.2004 (Nr. 11) in der jeweils geltenden Fassung.
[3] § 46 Abs. 2 Nr. 3 neu gef. mW für VZ 2023 durch G v. 8.12.2022 (BGBl. I S. 2230).
[4] § 46 Abs. 2 Nr. 3 neu gef. mWv VZ 2024 durch G v. 8.12.2022 (BGBl. I S. 2230).

[Fassung für VZ 2022/2023:]

erzielte Arbeitslohn *13 150 Euro übersteigt, oder bei Ehegatten, die die Voraussetzungen des §26 Absatz 1 erfüllen, der im Kalenderjahr von den Ehegatten insgesamt erzielte Arbeitslohn 24 950 Euro übersteigt [ab VZ 2023:* höher ist als die Summe aus dem Grundfreibetrag (§32a Absatz 1 Satz 2 Nummer 1), dem Arbeitnehmer-Pauschbetrag (§9a Satz 1 Nummer 1 Buchstabe a) und dem Sonderausgaben-Pauschalbetrag (§10c Satz 1) oder bei Ehegatten, die die Voraussetzungen des §26 Absatz 1 erfüllen, höher ist als die Summe aus dem doppelten Grundfreibetrag, dem Arbeitnehmer-Pauschbetrag und dem doppelten Sonderausgaben-Pauschbetrag];

[Fassung ab VZ 2024:]

Nummer 1 Buchstabe a) und dem Sonderausgaben-Pauschbetrag (§10c Satz 1) oder bei Ehegatten, die die Voraussetzungen des §26 Absatz 1 erfüllen, höher ist als die Summe aus dem doppelten Grundfreibetrag, dem Arbeitnehmer-Pauschbetrag und dem doppelten Sonderausgaben-Pauschbetrag;

3a. wenn von Ehegatten, die nach den §§26, 26b zusammen zur Einkommensteuer zu veranlagen sind, beide Arbeitslohn bezogen haben und einer für den Veranlagungszeitraum oder einen Teil davon nach der Steuerklasse V oder VI besteuert oder bei Steuerklasse IV der Faktor (§39f) eingetragen worden ist;

4. wenn für einen Steuerpflichtigen ein Freibetrag im Sinne des §39a Absatz 1 Satz 1 Nummer 1 bis 3, 5 oder Nummer 6 ermittelt worden ist und der im Kalenderjahr insgesamt erzielte Arbeitslohn

[Fassung für VZ 2022:][1]

13 150 Euro übersteigt oder bei Ehegatten, die die Voraussetzungen des §26 Absatz 1 erfüllen, der im Kalenderjahr von den Ehegatten insgesamt erzielte Arbeitslohn 24 950 Euro übersteigt;

[Fassung ab VZ 2023:][2]

höher ist als die Summe aus dem Grundfreibetrag (§32a Absatz 1 Satz 2 Nummer 1), dem Arbeitnehmer-Pauschbetrag (§9a Satz 1 Nummer 1 Buchstabe a) und dem Sonderausgaben-Pauschbetrag (§10c Satz 1) oder bei Ehegatten, die die Voraussetzungen des §26 Absatz 1 erfüllen, höher ist als die Summe aus dem doppelten Grundfreibetrag, dem Arbeitnehmer-Pauschbetrag und dem doppelten Sonderausgaben-Pauschbetrag;

---

[1] §46 Abs. 2 Nr. 4 neu gef. mWv VZ 2009 durch G v. 8.12.2010 (BGBl. I S. 1768); geänd. mWv VZ 2012 durch G v. 7.12.2011 (BGBl. I S. 2592); geänd. mWv 1.1.2020 durch G v. 12.12.2019 (BGBl. I S. 2451).
[2] §46 Abs. 2 Nr. 4 neu gef. mWv VZ 2023 durch G v. 8.12.2022 (BGBl. I S. 2230).

dasselbe gilt für einen Steuerpflichtigen, der zum Personenkreis des § 1 Absatz 2 gehört.

4a. wenn bei einem Elternpaar, bei dem die Voraussetzungen des § 26 Absatz 1 Satz 1 nicht vorliegen,

a) bis c) (weggefallen)

d) im Fall des § 33a Absatz 2 Satz 5[1] das Elternpaar gemeinsam eine Aufteilung des Abzugsbetrags in einem anderen Verhältnis als je zur Hälfte beantragt oder

e)[2] im Fall des § 33b Absatz 5 Satz 3 das Elternpaar gemeinsam eine Aufteilung des Pauschbetrags für Menschen mit Behinderungen oder des Pauschbetrags für Hinterbliebene in einem anderen Verhältnis als je zur Hälfte beantragt.

[2]Die Veranlagungspflicht besteht für jeden Elternteil, der Einkünfte aus nichtselbständiger Arbeit bezogen hat;

5. wenn bei einem Steuerpflichtigen die Lohnsteuer für einen sonstigen Bezug im Sinne des § 34 Absatz 1 und 2 Nummer 2 und 4 nach § 39b Absatz 3 Satz 9 oder für einen sonstigen Bezug nach § 39c Absatz 3[3] ermittelt wurde;

5a. wenn der Arbeitgeber die Lohnsteuer von einem sonstigen Bezug berechnet hat und dabei der Arbeitslohn aus früheren Dienstverhältnissen des Kalenderjahres außer Betracht geblieben ist (§ 39b Absatz 3 Satz 2, § 41 Absatz 1 Satz 6[4], Großbuchstabe S);

6. wenn die Ehe des Arbeitnehmers im Veranlagungszeitraum durch Tod, Scheidung oder Aufhebung aufgelöst worden ist und er oder sein Ehegatte der aufgelösten Ehe im Veranlagungszeitraum wieder geheiratet hat;

7.[5] wenn

a) für einen unbeschränkt Steuerpflichtigen im Sinne des § 1 Absatz 1 bei der Bildung der Lohnsteuerabzugsmerkmale (§ 39) ein Ehegatte im Sinne des § 1a Absatz 1 Nummer 2 berücksichtigt worden ist oder

b) für einen Steuerpflichtigen, der zum Personenkreis des § 1 Absatz 3 oder des § 1a gehört, Lohnsteuerabzugsmerkmale nach § 39 Absatz 2 gebildet worden sind; das nach § 39 Absatz 2 Satz 2 bis 4 zuständige Betriebsstättenfinanzamt ist dann auch für die Veranlagung zuständig;

8. wenn die Veranlagung beantragt wird, insbesondere zur Anrechnung von Lohnsteuer auf die Einkommensteuer. [2]Der Antrag ist durch Abgabe einer Einkommensteuererklärung zu stellen;

9.[6] wenn ein Antrag im Sinne der Nummer 8 gestellt wird und daneben beantragt wird, als unbeschränkt Steuerpflichtiger im Sinne des § 1 Absatz 3 behandelt zu werden; die Zuständigkeit liegt beim lohnsteuerlichen Betriebsstättenfinanzamt des Arbeitgebers.

---

[1] Verweis geänd. mWv VZ 2012 durch G v. 1.11.2011 (BGBl. I S. 2131).

[2] § 46 Abs. 2 Nr. 4a Buchst. e geänd. mWv 15.12.2020 durch G v. 9.12.2020 (BGBl. I S. 2770).

[3] Verweis geänd. mWv VZ 2012 durch G v. 7.12.2011 (BGBl. I S. 2592).

[4] Verweis angepasst durch G v. 25.7.2014 (BGBl. I S. 1266).

[5] § 46 Abs. 2 Nr. 7 geänd. mWv VZ 2012 durch G v. 7.12.2011 (BGBl. I S. 2592).

[6] § 46 Abs. 2 Nr. 9 angef. mWv VZ 2020 durch G v. 12.12.2019 (BGBl. I S. 2451).

(3)[1] [1]In den Fällen des Absatzes 2 ist ein Betrag in Höhe der einkommensteuerpflichtigen Einkünfte, von denen der Steuerabzug vom Arbeitslohn nicht vorgenommen worden ist und die nicht nach § 32d Absatz 6 der tariflichen Einkommensteuer unterworfen wurden, vom Einkommen abzuziehen, wenn diese Einkünfte insgesamt nicht mehr als 410 Euro betragen. [2]Der Betrag nach Satz 1 vermindert sich um den Altersentlastungsbetrag, soweit dieser den unter Verwendung des nach § 24a Satz 5 maßgebenden Prozentsatzes zu ermittelnden Anteil des Arbeitslohns mit Ausnahme der Versorgungsbezüge im Sinne des § 19 Absatz 2 übersteigt, und um den nach § 13 Absatz 3 zu berücksichtigenden Betrag.

(4) [1]Kommt nach Absatz 2 eine Veranlagung zur Einkommensteuer nicht in Betracht, so gilt die Einkommensteuer, die auf die Einkünfte aus nichtselbständiger Arbeit entfällt, für den Steuerpflichtigen durch den Lohnsteuerabzug als abgegolten, soweit er nicht für zuwenig erhobene Lohnsteuer in Anspruch genommen werden kann. [2]§ 42b bleibt unberührt.

(5)[2] Durch Rechtsverordnung[3] kann in den Fällen des Absatzes 2 Nummer 1, in denen die einkommensteuerpflichtigen Einkünfte, von denen der Steuerabzug vom Arbeitslohn nicht vorgenommen worden ist und die nicht nach § 32d Absatz 6 der tariflichen Einkommensteuer unterworfen wurden, den Betrag von 410 Euro übersteigen, die Besteuerung so gemildert werden, dass auf die volle Besteuerung dieser Einkünfte stufenweise übergeleitet wird.

§ 47. (weggefallen)

VII. Steuerabzug bei Bauleistungen

§ 48 Steuerabzug. (1) [1]Erbringt jemand im Inland eine Bauleistung (Leistender) an einen Unternehmer im Sinne des § 2 des Umsatzsteuergesetzes oder an eine juristische Person des öffentlichen Rechts (Leistungsempfänger), ist der Leistungsempfänger verpflichtet, von der Gegenleistung einen Steuerabzug in Höhe von 15 Prozent für Rechnung des Leistenden vorzunehmen. [2]Vermietet der Leistungsempfänger Wohnungen, so ist Satz 1 nicht auf Bauleistungen für diese Wohnungen anzuwenden, wenn er nicht mehr als zwei Wohnungen vermietet. [3]Bauleistungen sind alle Leistungen, die der Herstellung, Instandsetzung, Instandhaltung, Änderung oder Beseitigung von Bauwerken dienen. [4]Als Leistender gilt auch derjenige, der über eine Leistung abrechnet, ohne sie erbracht zu haben.

(2) [1]Der Steuerabzug muss nicht vorgenommen werden, wenn der Leistende dem Leistungsempfänger eine im Zeitpunkt der Gegenleistung gültige Freistellungsbescheinigung nach § 48b Absatz 1 Satz 1 vorlegt oder die Gegenleistung im laufenden Kalenderjahr den folgenden Betrag voraussichtlich nicht übersteigen wird:

---

[1] § 46 Abs. 3 Satz 1 geänd. mWv VZ 2014 durch G v. 25.7.2014 (BGBl. I S. 1266).
[2] § 46 Abs. 5 geänd. mWv VZ 2014 durch G v. 25.7.2014 (BGBl. I S. 1266).
[3] Vgl. hierzu § 70 EStDV (Nr. **10**).

1. 15 000 Euro, wenn der Leistungsempfänger ausschließlich steuerfreie Umsätze nach § 4 Nummer 12 Satz 1 des Umsatzsteuergesetzes ausführt,

2. 5000 Euro in den übrigen Fällen.

^{2}Für die Ermittlung des Betrags sind die für denselben Leistungsempfänger erbrachten und voraussichtlich zu erbringenden Bauleistungen zusammenzurechnen.

(3) Gegenleistung im Sinne des Absatzes 1 ist das Entgelt zuzüglich Umsatzsteuer.

(4) Wenn der Leistungsempfänger den Steuerabzugsbetrag angemeldet und abgeführt hat,

1. ist § 160 Absatz 1 Satz 1 der Abgabenordnung nicht anzuwenden,

2. sind § 42d Absatz 6 und 8 und § 50a Absatz 7 nicht anzuwenden.

§ 48a Verfahren. (1)[1] ^{1}Der Leistungsempfänger hat bis zum zehnten Tag

[Fassung bis VZ 2024:]

nach Ablauf des Monats, in dem die Gegenleistung im Sinne des § 48 erbracht wird, eine Anmeldung nach amtlich vorgeschriebenem Vordruck abzugeben, in der er den Steuerabzug für den Anmeldungszeitraum selbst zu berechnen hat. ^{2}Der Abzugsbetrag ist am zehnten Tag nach Ablauf des Anmeldungszeitraums fällig und an das für den Leistenden zuständige Finanzamt für Rechnung des Leistenden abzuführen. ^{3}Die Anmeldung des Abzugsbetrags steht einer Steueranmeldung gleich.

[Fassung ab VZ 2025:]

nach Ablauf des Monats, in dem die Gegenleistung im Sinne des § 48 erbracht wird, eine elektronische Anmeldung, in der er den Steuerabzug für den Anmeldungszeitraum selbst zu berechnen hat, nach amtlich vorgeschriebenem Datensatz über die amtlich vorgeschriebene Schnittstelle zu übermitteln. ^{2}Auf Antrag kann das Finanzamt zur Vermeidung unbilliger Härten auf die Übermittlung nach amtlich vorgeschriebenem Datensatz über die amtlich vorgeschriebene Schnittstelle verzichten; in diesem Fall ist die Anmeldung vom Leistungsempfänger nach amtlich vorgeschriebenem Vordruck abzugeben. ^{3}Der Abzugsbetrag ist am zehnten Tag nach Ablauf des Anmeldungszeitraums fällig und an das für den Leistenden zuständige Finanzamt für Rechnung des Leistenden abzuführen. ^{4}Die Anmeldung des Abzugsbetrags steht einer Steueranmeldung gleich.

(2) Der Leistungsempfänger hat mit dem Leistenden unter Angabe

1. des Namens und der Anschrift des Leistenden,

---

[1] § 48a Abs. 1 Satz 1 neu gef., Satz 2 eingef., bish. Sätze 2 und 3 werden Sätze 3 und 4 mWv VZ 2025 durch G v. 16.12.2022 (BGBl. I S. 2294).

2. des Rechnungsbetrags, des Rechnungsdatums und des Zahlungstags,

3. der Höhe des Steuerabzugs und

4. des Finanzamts, bei dem der Abzugsbetrag angemeldet worden ist,

über den Steuerabzug abzurechnen.

(3) [1]Der Leistungsempfänger haftet für einen nicht oder zu niedrig abgeführten Abzugsbetrag. [2]Der Leistungsempfänger haftet nicht, wenn ihm im Zeitpunkt der Gegenleistung eine Freistellungsbescheinigung (§ 48b) vorgelegen hat, auf deren Rechtmäßigkeit er vertrauen konnte. [3]Er darf insbesondere dann nicht auf eine Freistellungsbescheinigung vertrauen, wenn diese durch unlautere Mittel oder durch falsche Angaben erwirkt wurde und ihm dies bekannt oder infolge grober Fahrlässigkeit nicht bekannt war. [4]Den Haftungsbescheid erlässt das für den Leistenden zuständige Finanzamt.

(4) § 50b gilt entsprechend.

(Fortsetzung nächstes Blatt)

§ 48b Freistellungsbescheinigung. (1) [1]Auf Antrag des Leistenden hat das für ihn zuständige Finanzamt, wenn der zu sichernde Steueranspruch nicht gefährdet erscheint und ein inländischer Empfangsbevollmächtigter bestellt ist, eine Bescheinigung nach amtlich vorgeschriebenem Vordruck zu erteilen, die den Leistungsempfänger von der Pflicht zum Steuerabzug befreit. [2]Eine Gefährdung kommt insbesondere dann in Betracht, wenn der Leistende

1. Anzeigepflichten nach § 138 der Abgabenordnung nicht erfüllt,

2. seiner Auskunfts- und Mitwirkungspflicht nach § 90 der Abgabenordnung nicht nachkommt,

3. den Nachweis der steuerlichen Ansässigkeit durch Bescheinigung der zuständigen ausländischen Steuerbehörde nicht erbringt.

(2) Eine Bescheinigung soll erteilt werden, wenn der Leistende glaubhaft macht, dass keine zu sichernden Steueransprüche bestehen.

(3)[1] [1]In der Bescheinigung sind anzugeben:

1. Name, Anschrift und Steuernummer des Leistenden,

2. Geltungsdauer der Bescheinigung,

3. Umfang der Freistellung sowie der Leistungsempfänger, wenn sie nur für bestimmte Bauleistungen gilt,

4. das ausstellende Finanzamt.

[2]Der Antragsteller ist über die Verarbeitung der in Satz 1 genannten Daten durch das Bundeszentralamt für Steuern gemäß Absatz 6 zu informieren.

(4) Wird eine Freistellungsbescheinigung aufgehoben, die nur für bestimmte Bauleistungen gilt, ist dies den betroffenen Leistungsempfängern mitzuteilen.

(5) Wenn eine Freistellungsbescheinigung vorliegt, gilt § 48 Absatz 4 entsprechend.

(6)[2] [1]Das Bundeszentralamt für Steuern speichert die Daten nach Absatz 3 Satz 1. [2]Es erteilt dem Leistungsempfänger im Sinne des § 48 Absatz 1 Satz 1 im Wege einer elektronischen Abfrage Auskunft über die beim Bundeszentralamt für Steuern gespeicherten Freistellungsbescheinigungen.

§ 48c Anrechnung. (1) [1]Soweit der Abzugsbetrag einbehalten und angemeldet worden ist, wird er auf vom Leistenden zu entrichtende Steuern nacheinander wie folgt angerechnet:

1. die nach § 41a Absatz 1 einbehaltene und angemeldete Lohnsteuer,

2. die Vorauszahlungen auf die Einkommen- oder Körperschaftsteuer,

3. die Einkommen- oder Körperschaftsteuer des Besteuerungs- oder Veranlagungszeitraums, in dem die Leistung erbracht worden ist, und

---

[1] § 48b Abs. 3 Satz 2 angef., bish. Text wird Satz 1 mWv VZ 2019 durch G v. 20.11.2019 (BGBl. I S. 1626).
[2] § 48b Abs. 6 Satz 1 eingef., neuer Satz 2 geänd., neuer Satz 3 aufgeh. mWv VZ 2019 durch G v. 20.11.2019 (BGBl. I S. 1626).

4. die vom Leistenden im Sinne der §§ 48, 48a anzumeldenden und abzuführenden Abzugsbeträge.

²Die Anrechnung nach Satz 1 Nummer 2 kann nur für Vorauszahlungszeiträume innerhalb des Besteuerungs- oder Veranlagungszeitraums erfolgen, in dem die Leistung erbracht worden ist. ³Die Anrechnung nach Satz 1 Nummer 2 darf nicht zu einer Erstattung führen.

(2) ¹Auf Antrag des Leistenden erstattet das nach § 20a Absatz 1 der Abgabenordnung zuständige Finanzamt den Abzugsbetrag. ²Die Erstattung setzt voraus, dass der Leistende nicht zur Abgabe von Lohnsteueranmeldungen verpflichtet ist und eine Veranlagung zur Einkommen- oder Körperschaftsteuer nicht in Betracht kommt oder der Leistende glaubhaft macht, dass im Veranlagungszeitraum keine zu sichernden Steueransprüche entstehen werden. ³Der Antrag ist nach amtlich vorgeschriebenem Muster bis zum Ablauf des zweiten Kalenderjahres zu stellen, das auf das Jahr folgt, in dem der Abzugsbetrag angemeldet worden ist; weitergehende Fristen nach einem Abkommen zur Vermeidung der Doppelbesteuerung bleiben unberührt.

(3) Das Finanzamt kann die Anrechnung ablehnen, soweit der angemeldete Abzugsbetrag nicht abgeführt worden ist und Anlass zu der Annahme besteht, dass ein Missbrauch vorliegt.

§ 48d Besonderheiten im Fall von Doppelbesteuerungsabkommen.
(1) ¹Können Einkünfte, die dem Steuerabzug nach § 48 unterliegen, nach einem Abkommen zur Vermeidung der Doppelbesteuerung nicht besteuert werden, so sind die Vorschriften über die Einbehaltung, Abführung und Anmeldung der Steuer durch den Schuldner der Gegenleistung ungeachtet des Abkommens anzuwenden. ²Unberührt bleibt der Anspruch des Gläubigers der Gegenleistung auf Erstattung der einbehaltenen und abgeführten Steuer. ³Der Anspruch ist durch Antrag nach § 48c Absatz 2 geltend zu machen. ⁴Der Gläubiger der Gegenleistung hat durch eine Bestätigung der für ihn zuständigen Steuerbehörde des anderen Staates nachzuweisen, dass er dort ansässig ist. ⁵§ 48b gilt entsprechend. ⁶Der Leistungsempfänger kann sich im Haftungsverfahren nicht auf die Rechte des Gläubigers aus dem Abkommen berufen.

(2) Unbeschadet des § 5 Absatz 1 Nummer 2 des Finanzverwaltungsgesetzes liegt die Zuständigkeit für Entlastungsmaßnahmen nach Absatz 1 bei dem nach § 20a der Abgabenordnung zuständigen Finanzamt.

VIII. Besteuerung beschränkt Steuerpflichtiger

§ 49 Beschränkt steuerpflichtige Einkünfte. (1) Inländische Einkünfte im Sinne der beschränkten Einkommensteuerpflicht (§ 1 Absatz 4) sind
1. Einkünfte aus einer im Inland betriebenen Land- und Forstwirtschaft (§§ 13, 14);
2. Einkünfte aus Gewerbebetrieb (§§ 15 bis 17),
   a) für den im Inland eine Betriebsstätte unterhalten wird oder ein ständiger Vertreter bestellt ist,

b) die durch den Betrieb eigener oder gecharterter Seeschiffe oder Luftfahrzeuge aus Beförderungen zwischen inländischen und von inländischen zu ausländischen Häfen erzielt werden, einschließlich der Einkünfte aus anderen mit solchen Beförderungen zusammenhängenden,
   sich auf das Inland erstreckenden Beförderungsleistungen,

c) die von einem Unternehmen im Rahmen einer internationalen Be-
   triebsgemeinschaft oder eines Pool-Abkommens, bei denen ein Unternehmen mit Sitz oder Geschäftsleitung im Inland die Beförderung
   durchführt, aus Beförderungen und Beförderungsleistungen nach
   Buchstabe b erzielt werden,

d) die, soweit sie nicht zu den Einkünften im Sinne der Nummern 3 und
   4 gehören, durch im Inland ausgeübte oder verwertete künstlerische,
   sportliche, artistische, unterhaltende oder ähnliche Darbietungen erzielt
   werden, einschließlich der Einkünfte aus anderen mit diesen Leistungen
   zusammenhängenden Leistungen, unabhängig davon, wem die Einnahmen zufließen,

e)[1] die unter den Voraussetzungen des § 17 erzielt werden, wenn es sich
   um Anteile an einer Kapitalgesellschaft handelt,
   aa) die ihren Sitz oder ihre Geschäftsleitung im Inland hat,
   bb) bei deren Erwerb auf Grund eines Antrags nach § 13 Absatz 2 oder
       § 21 Absatz 2 Satz 3 Nummer 2 des Umwandlungssteuergesetzes
       nicht der gemeine Wert der eingebrachten Anteile angesetzt wor-
       den ist oder auf die § 17 Absatz 5 Satz 2 anzuwenden war oder
   cc) deren Anteilswert zu irgendeinem Zeitpunkt während der
       365 Tage vor der Veräußerung unmittelbar oder mittelbar zu mehr
       als 50 Prozent auf inländischem unbeweglichem Vermögen beruh-
       te und die Anteile dem Veräußerer zu diesem Zeitpunkt zuzu-
       rechnen waren; für die Ermittlung dieser Quote sind die aktiven
       Wirtschaftsgüter des Betriebsvermögens mit den Buchwerten, die
       zu diesem Zeitpunkt anzusetzen gewesen wären, zugrunde zu le-
       gen,

f)[2] die, soweit sie nicht zu den Einkünften im Sinne des Buchstaben a gehören, durch
   aa) Vermietung und Verpachtung oder
   bb) Veräußerung

von inländischem unbeweglichem Vermögen, von Sachinbegriffen oder
Rechten [*neue Fassung:* im Sinne des § 21 Absatz 1 Satz 1 Nummer 1
oder sonstigen Rechten, insbesondere Patentrechten, Markenrechten
oder Sortenrechten], die im Inland belegen oder in ein inländisches öffentliches Buch oder Register eingetragen sind oder deren Verwertung

---

[1] § 49 Abs. 1 Nr. 2 Buchst. e Doppelbuchst. cc eingef. durch G v. 11.12.2018 (BGBl. I
S. 2338); zur Anwendung siehe § 52 Abs. 45a Satz 1.
[2] § 49 Abs. 1 Nr. 2 Buchst. f Satz 2 eingef., bish. Satz 2 wird Satz 3 mWv 1.1.2017 durch
G v. 19.7.2016 (BGBl. I S. 1730); Satz 4 angef. durch G v. 11.12.2018 (BGBl. I S. 2338); zur
Anwendung siehe § 52 Abs. 45a Satz 2; Satz 1 geänd., Satz 2 eingef., bish. Sätze 2 bis 4 wer-
den Sätze 3 bis 5 durch G v. 16.12.2022 (BGBl. I S. 2294); zur Anwendung siehe § 52
Abs. 45a Satz 3.

in einer inländischen Betriebsstätte oder anderen Einrichtung erfolgt, erzielt werden. [*neue Fassung:* [2]Bei sonstigen Rechten, bei denen Einkünfte nur auf Grund der Eintragung in ein inländisches öffentliches Buch oder Register vorliegen, liegen Einkünfte abweichend von Satz 1 nicht vor, wenn die Vermietung und Verpachtung oder die Veräußerung nicht zwischen nahestehenden Personen im Sinne des § 1 Absatz 2 des Außensteuergesetzes erfolgt oder der Besteuerung der Einkünfte die Bestimmungen eines Abkommens zur Vermeidung der Doppelbesteuerung unter Berücksichtigung der ihre Anwendung regelnden Vorschriften dieses Gesetzes entgegenstehen.] [3]§ 23 Absatz 1 Satz 4 gilt entsprechend. [4]Als Einkünfte aus Gewerbebetrieb gelten auch die Einkünfte aus Tätigkeiten im Sinne dieses Buchstabens, die von einer Körperschaft im Sinne des § 2 Nummer 1 des Körperschaftsteuergesetzes erzielt werden, die mit einer Kapitalgesellschaft oder sonstigen juristischen Person im Sinne des § 1 Absatz 1 Nummer 1 bis 3 des Körperschaftsteuergesetzes vergleichbar ist. [5]Zu den Einkünften aus der Veräußerung von inländischem unbeweglichem Vermögen im Sinne dieses Buchstabens gehören auch Wertveränderungen von Wirtschaftsgütern, die mit diesem Vermögen in wirtschaftlichem Zusammenhang stehen, oder

g)[1] die aus der Verschaffung der Gelegenheit erzielt werden, einen Berufssportler als solchen im Inland vertraglich zu verpflichten; dies gilt nur, wenn die Gesamteinnahmen 10 000 Euro übersteigen;

3. Einkünfte aus selbständiger Arbeit (§ 18), die im Inland ausgeübt oder verwertet wird oder worden ist, oder für die im Inland eine feste Einrichtung oder eine Betriebsstätte unterhalten wird;

4. Einkünfte aus nichtselbständiger Arbeit (§ 19), die

a) im Inland ausgeübt oder verwertet wird oder worden ist,

b)[2] aus inländischen öffentlichen Kassen einschließlich der Kassen des Bundeseisenbahnvermögens und der Deutschen Bundesbank mit Rücksicht auf ein gegenwärtiges oder früheres Dienstverhältnis gewährt werden, ohne dass ein Zahlungsanspruch gegenüber der inländischen öffentlichen Kasse bestehen muss; dies gilt nicht, wenn das Dienstverhältnis im Tätigkeitsstaat oder einem anderen ausländischen Staat begründet wurde, der Arbeitnehmer keinen inländischen Wohnsitz oder gewöhnlichen Aufenthalt auf Grund des Dienstverhältnisses oder eines vorangegangenen vergleichbaren Dienstverhältnisses aufgegeben hat und mit dem Tätigkeitsstaat kein Abkommen zur Vermeidung der Doppelbesteuerung besteht,

c) als Vergütung für eine Tätigkeit als Geschäftsführer, Prokurist oder Vorstandsmitglied einer Gesellschaft mit Geschäftsleitung im Inland bezogen werden,

---

[1] § 49 Abs. 1 Nr. 2 Buchst. g angef. mWv VZ 2010 durch G v. 8.12.2010 (BGBl. I S. 1768).

[2] § 49 Abs. 1 Nr. 4 Buchst. b HS 2 angef. mWv VZ 2020 durch G v. 12.12.2019 (BGBl. I S. 2451).

d) als Entschädigung im Sinne des § 24 Nummer 1 für die Auflösung eines Dienstverhältnisses gezahlt werden, soweit die für die zuvor ausgeübte Tätigkeit bezogenen Einkünfte der inländischen Besteuerung unterlegen haben,

e) an Bord eines im internationalen Luftverkehr eingesetzten Luftfahrzeugs ausgeübt wird, das von einem Unternehmen mit Geschäftsleitung im Inland betrieben wird;

5.¹⁾ Einkünfte aus Kapitalvermögen im Sinne des

   a) § 20 Absatz 1 Nummer 1, 2, 4, 6 und 9, wenn
      aa) der Schuldner Wohnsitz, Geschäftsleitung oder Sitz im Inland hat,
      bb) in den Fällen des § 20 Absatz 1 Nummer 1 Satz 4 der Emittent der Aktien Geschäftsleitung oder Sitz im Inland hat oder
      cc) es sich um Fälle des § 44 Absatz 1 Satz 4 Nummer 1 Buchstabe a Doppelbuchstabe bb handelt;

      dies gilt auch für Erträge aus Wandelanleihen und Gewinnobligationen,

   b) *(aufgehoben)*

   c) § 20 Absatz 1 Nummer 5 und 7, wenn
      aa) das Kapitalvermögen durch inländischen Grundbesitz, durch inländische Rechte, die den Vorschriften des bürgerlichen Rechts über Grundstücke unterliegen, oder durch Schiffe, die in ein inländisches Schiffsregister eingetragen sind, unmittelbar oder mittelbar gesichert ist. ²Ausgenommen sind Zinsen aus Anleihen und Forderungen, die in ein öffentliches Schuldbuch eingetragen oder über die Sammelurkunden im Sinne des § 9a des Depotgesetzes oder Teilschuldverschreibungen, soweit es sich nicht um Wandelanleihen oder Gewinnobligationen handelt, ausgegeben sind, oder
      bb) das Kapitalvermögen aus Genussrechten besteht, die nicht in § 20 Absatz 1 Nummer 1 genannt sind,

   d)²⁾ § 43 Absatz 1 Satz 1 Nummer 7 Buchstabe a, Nummer 9 und 10 sowie Satz 2, wenn sie von einem Schuldner oder von einem inländischen Kreditinstitut oder einem inländischen Finanzdienstleistungsinstitut oder einem inländischen Wertpapierinstitut im Sinne des § 43 Absatz 1 Satz 1 Nummer 7 Buchstabe b anderen als einem ausländischen Kreditinstitut oder einem ausländischen Finanzdienstleistungsinstitut oder einem ausländischen Wertpapierinstitut
      aa) gegen Aushändigung der Zinsscheine ausgezahlt oder gutgeschrieben werden und die Teilschuldverschreibungen nicht von dem Schuldner, dem inländischen Kreditinstitut, dem inländischen Fi-

---

¹⁾ § 49 Abs. 1 Nr. 5 Satz 1 Buchst. a geänd., Buchst. b aufgeh. durch G v. 19.7.2016 (BGBl. I S. 1730); zur Anwendung siehe § 52 Abs. 45a Satz 4; Nr. 5 Satz 1 Buchst. a neu gef., Buchst. c Doppelbuchst. aa) Satz 2 geänd. mWv VZ 2020 durch G v. 12.12.2019 (BGBl. I S. 2451).
²⁾ § 49 Abs. 1 Nr. 5 Buchst. d geänd. mWv 26.6.2021 durch G v. 12.5.2021 (BGBl. I S. 990).

nanzdienstleistungsinstitut oder dem inländischen Wertpapierinstitut verwahrt werden oder

bb) gegen Übergabe der Wertpapiere ausgezahlt oder gutgeschrieben werden und diese vom Kreditinstitut weder verwahrt noch verwaltet werden.

²§ 20 Absatz 3 gilt entsprechend;

6.¹⁾ Einkünfte aus Vermietung und Verpachtung (§ 21), soweit sie nicht zu den Einkünften im Sinne der Nummern 1 bis 5 gehören, wenn das unbewegliche Vermögen, die Sachinbegriffe oder Rechte [*neue Fassung:* im Sinne des § 21 Absatz 1 Satz 1 Nummer 1 oder sonstige Rechte, insbesondere Patentrechte, Markenrechte oder Sortenrechte,] im Inland belegen oder in ein inländisches öffentliches Buch oder Register eingetragen sind oder in einer inländischen Betriebsstätte oder in einer anderen Einrichtung verwertet werden [*neue Fassung:* ²Bei sonstigen Rechten, bei denen Einkünfte nur auf Grund der Eintragung in ein inländisches öffentliches Buch oder Register vorliegen, liegen Einkünfte abweichend von Satz 1 nicht vor, wenn die Vermietung und Verpachtung nicht zwischen nahestehenden Personen im Sinne des § 1 Absatz 2 des Außensteuergesetzes erfolgt oder der Besteuerung der Einkünfte die Bestimmungen eines Abkommens zur Vermeidung der Doppelbesteuerung unter Berücksichtigung der ihre Anwendung regelnden Vorschriften dieses Gesetzes entgegenstehen];

7.²⁾ sonstige Einkünfte im Sinne des § 22 Nummer 1 Satz 3 Buchstabe a, die von den inländischen gesetzlichen Rentenversicherungsträgern, der inländischen landwirtschaftlichen Alterskasse, den inländischen berufsständischen Versorgungseinrichtungen, den inländischen Versicherungsunternehmen oder sonstigen inländischen Zahlstellen gewährt werden; dies gilt entsprechend für Leibrenten und andere Leistungen ausländischer Zahlstellen, wenn die Beiträge, die den Leistungen zugrunde liegen, nach § 10 Absatz 1 Nummer 2 ganz oder teilweise bei der Ermittlung der Sonderausgaben berücksichtigt wurden;

8. sonstige Einkünfte im Sinne des § 22 Nummer 2, soweit es sich um private Veräußerungsgeschäfte handelt, mit

a) inländischen Grundstücken oder

b) inländischen Rechten, die den Vorschriften des bürgerlichen Rechts über Grundstücke unterliegen;

8 a. sonstige Einkünfte im Sinne des § 22 Nummer 4;

9. sonstige Einkünfte im Sinne des § 22 Nummer 3, auch wenn sie bei Anwendung dieser Vorschrift einer anderen Einkunftsart zuzurechnen wären, soweit es sich um Einkünfte aus inländischen unterhaltenden Darbietungen, aus der Nutzung beweglicher Sachen im Inland oder aus der Überlassung der Nutzung oder des Rechts auf Nutzung von gewerblichen, tech-

---

¹⁾ § 49 Abs. 1 Nr. 6 Satz 1 geänd., Satz 2 angef. durch G v. 16.12.2022 (BGBl. I S. 2294); zur Anwendung siehe § 52 Abs. 45a Satz 3.
²⁾ § 49 Abs. 1 Nr. 7 2. HS angef. mWv VZ 2010 durch G v. 8.4.2010 (BGBl. I S. 386); 1. HS geänd. mWv VZ 2013 durch G v. 12.4.2012 (BGBl. I S. 579).

nischen, wissenschaftlichen und ähnlichen Erfahrungen, Kenntnissen und Fertigkeiten, zum Beispiel Plänen, Mustern und Verfahren, handelt, die im Inland genutzt werden oder worden sind; dies gilt nicht, soweit es sich um steuerpflichtige Einkünfte im Sinne der Nummern 1 bis 8 handelt;

10. [1)] sonstige Einkünfte im Sinne des § 22 Nummer 5; dies gilt auch für Leistungen ausländischer Zahlstellen, soweit die Leistungen bei einem unbeschränkt Steuerpflichtigen zu Einkünften nach § 22 Nummer 5 Satz 1 führen würden oder wenn die Beiträge, die den Leistungen zugrunde liegen, nach § 10 Absatz 1 Nummer 2 ganz oder teilweise bei der Ermittlung der Sonderausgaben berücksichtigt wurden.

[ab 1.1.2022:
11. [2)] Einkünfte aus der Beteiligung an einer Personengesellschaft oder Gemeinschaft, die ihren Sitz oder ihre Geschäftsleitung im Inland hat oder in ein inländisches Register eingetragen ist, soweit diese Einkünfte

    a) in dem Staat, in dem der Beteiligte seinen Wohnsitz oder gewöhnlichen Aufenthalt hat, aufgrund einer vom deutschen Recht abweichenden steuerlichen Behandlung der Personengesellschaft oder Gemeinschaft keiner Besteuerung unterliegen,

    b) nicht bereits als Einkünfte im Sinne der Nummern 1 bis 10 einer Besteuerung unterliegen und

    c) in keinem anderen Staat einer Besteuerung unterliegen.

[2]Satz 1 gilt nur, wenn dem Beteiligten allein oder zusammen mit ihm nahestehenden Personen im Sinne des § 1 Absatz 2 des Außensteuergesetzes, die keiner unbeschränkten Steuerpflicht im Inland nach § 1 Absatz 1 oder nach § 1 des Körperschaftsteuergesetzes unterliegen, mehr als die Hälfte der Stimmrechte oder mehr als die Hälfte der Anteile am Kapital unmittelbar oder mittelbar zuzurechnen sind oder unmittelbar oder mittelbar ein Anspruch auf mehr als die Hälfte des Gewinns oder des Liquidationserlöses der Personengesellschaft oder Gemeinschaft zusteht; eine Beteiligung in diesem Sinne setzt nicht die Stellung als Gesellschafter oder Gemeinschafter voraus. [3]Die Sätze 1 und 2 gelten nicht, wenn es sich bei der Personengesellschaft oder Gemeinschaft um einen Altersvorsorgevermögensfonds im Sinne des § 53 des Investmentsteuergesetzes handelt oder die Einkünfte auch bei einer nicht vom deutschen Recht abweichenden Behandlung der Personengesellschaft oder Gemeinschaft im ausländischen Staat keiner Besteuerung unterliegen würden. [4]Die Besteuerung nach den vorstehenden Sätzen erfolgt ungeachtet der Bestimmungen eines Abkommens zur Vermeidung der Doppelbesteuerung.]

(2) Im Ausland gegebene Besteuerungsmerkmale bleiben außer Betracht, soweit bei ihrer Berücksichtigung inländische Einkünfte im Sinne des Absatzes 1 nicht angenommen werden könnten.

(3) [1]Bei Schifffahrt- und Luftfahrtunternehmen sind die Einkünfte im Sinne des Absatzes 1 Nummer 2 Buchstabe b mit 5 Prozent der für diese Beför-

---

[1)] § 49 Abs. 1 Nr. 10 neu gef. mWv VZ 2010 durch G v. 8.4.2010 (BGBl. I S. 386).
  [2)] § 49 Abs. 1 Nr. 11 angef. durch G v. 25.6.2021 (BGBl. I S. 2035); zur Anwendung siehe § 52 Abs. 45a Satz 5.

derungsleistungen vereinbarten Entgelte anzusetzen. ²Das gilt auch, wenn solche Einkünfte durch eine inländische Betriebsstätte oder einen inländischen ständigen Vertreter erzielt werden (Absatz 1 Nummer 2 Buchstabe a). ³Das gilt nicht in den Fällen des Absatzes 1 Nummer 2 Buchstabe c oder soweit das deutsche Besteuerungsrecht nach einem Abkommen zur Vermeidung der Doppelbesteuerung ohne Begrenzung des Steuersatzes aufrechterhalten bleibt.

(4) ¹Abweichend von Absatz 1 Nummer 2 sind Einkünfte steuerfrei, die ein beschränkt Steuerpflichtiger mit Wohnsitz oder gewöhnlichem Aufenthalt in einem ausländischen Staat durch den Betrieb eigener oder gecharterter Schiffe oder Luftfahrzeuge aus einem Unternehmen bezieht, dessen Geschäftsleitung sich in dem ausländischen Staat befindet. ²Voraussetzung für die Steuerbefreiung ist, dass dieser ausländische Staat Steuerpflichtigen mit Wohnsitz oder gewöhnlichem Aufenthalt im Geltungsbereich dieses Gesetzes eine entsprechende Steuerbefreiung für derartige Einkünfte gewährt und dass das Bundesministerium für Verkehr und digitale Infrastruktur[1] die Steuerbefreiung nach Satz 1 für verkehrspolitisch unbedenklich erklärt hat.

§ 50 Sondervorschriften für beschränkt Steuerpflichtige. (1)[2] ¹Beschränkt Steuerpflichtige dürfen Betriebsausgaben (§ 4 Absatz 4 bis 8) oder Werbungskosten (§ 9) nur insoweit abziehen, als sie mit inländischen Einkünften in wirtschaftlichem Zusammenhang stehen. ²§ 32a Absatz 1 ist mit der Maßgabe anzuwenden, dass das zu versteuernde Einkommen um den Grundfreibetrag des § 32a Absatz 1 Satz 2 Nummer 1 erhöht wird; dies gilt bei Einkünften nach § 49 Absatz 1 Nummer 4 nur in Höhe des diese Einkünfte abzüglich der nach Satz 5 abzuziehenden Aufwendungen übersteigenden Teils des Grundfreibetrags. ³Wenn für das um den Grundfreibetrag erhöhte zu versteuernde Einkommen ein besonderer Steuersatz nach § 32b Absatz 2 oder nach § 2 Absatz 5 des Außensteuergesetzes gilt, ist dieser auf das zu versteuernde Einkommen anzuwenden. ⁴§ 10 Absatz 1, 1a Nummer 1, 3 und 4, Absatz 2 bis 6, die §§ 10a, 10c, 16 Absatz 4, die §§ 24b, 32, 32a Absatz 6, die §§ 33, 33a, 33b, 35a und 35c sind nicht anzuwenden. ⁵Hiervon abweichend sind bei Arbeitnehmern, die Einkünfte aus nichtselbständiger Arbeit im Sinne des § 49 Absatz 1 Nummer 4 beziehen, § 10 Absatz 1 Nummer 2 Buchstabe a, Nummer 3 und Absatz 3[3] sowie § 10c anzuwenden, soweit die Aufwendungen auf die Zeit entfallen, in der Einkünfte im Sinne des § 49 Absatz 1 Nummer 4 erzielt wurden und die Einkünfte nach § 49 Absatz 1 Nummer 4 nicht übersteigen. ⁶Die Jahres- und Monatsbeträge der Pauschalen nach § 9a Satz 1 Nummer 1 und § 10c ermäßigen sich zeitanteilig, wenn Ein-

---

[1] Bezeichnung geänd. durch VO v. 31.8.2015 (BGBl. I S. 1474).
[2] § 50 Abs. 1 Satz 2 geänd., Satz 4 ergänzt mWv VZ 2011 durch G v. 7.12.2011 (BGBl. I S. 2592); Sätze 3 und 4 geänd. mWv VZ 2012 durch G v. 1.11.2011 (BGBl. I S. 2131); Satz 3 geänd. mWv 1.1.2017 (§ 52 Abs. 46 Satz 1) durch G v. 20.12.2016 (BGBl. I S. 3000); Satz 3 Verweis geänd. mWv 1.1.2020 durch G v. 21.12.2019 (BGBl. I S. 2886); Satz 3 eingef., bish. Sätze 3 bis 5 werden Sätze 4 bis 6 durch G v. 21.12.2020 (BGBl. I S. 3096), zur Anwendung siehe § 52 Abs. 46 Satz 1; Satz 2 geänd. durch G v. 2.6.2021 (BGBl. I S. 1259); zur Anwendung siehe § 52 Abs. 46 Satz 5.
[3] Verweis geänd. durch G v. 8.12.2010 (BGBl. I S. 1768).

künfte im Sinne des § 49 Absatz 1 Nummer 4 nicht während eines vollen Kalenderjahres oder Kalendermonats zugeflossen sind.

[ab 1.1.2021:

(1a)¹⁾ ¹Abweichend von Absatz 1 Satz 4 ist § 10 Absatz 1 Nummer 2 Buchstabe a sowie Absatz 2 und 3 auf Beiträge an berufsständische Versorgungseinrichtungen anzuwenden, wenn eine gesetzliche Pflichtmitgliedschaft in der Versorgungseinrichtung besteht, die auf einer für die inländische Berufsausübung erforderlichen Zulassung beruht. ²Dies gilt nur für Staatsangehörige

1. eines Mitgliedstaates der Europäischen Union oder eines Staates, auf den das Abkommen über den Europäischen Wirtschaftsraum Anwendung findet, und die im Hoheitsgebiet eines dieser Staaten oder der Schweiz ihren Wohnsitz oder gewöhnlichen Aufenthalt haben, sowie

2. der Schweizerischen Eidgenossenschaft, die ihren Wohnsitz oder gewöhnlichen Aufenthalt im Hoheitsgebiet eines Mitgliedstaates der Europäischen Union oder der Schweiz haben.

³Die Beiträge können nur als Sonderausgaben abgezogen werden, soweit sie in unmittelbarem wirtschaftlichem Zusammenhang mit inländischen Einkünften nach § 49 Absatz 1 Nummer 2 oder 3 stehen, die aus der durch die Zulassung ermöglichten Berufsausübung erzielt werden. ⁴Der Abzug der Beiträge erfolgt entsprechend dem Anteil der inländischen Einkünfte im Sinne des Satzes 3 an dem Gesamtbetrag der positiven in- und ausländischen Einkünfte aus der durch die Zulassung ermöglichten Berufsausübung. ⁵Der Abzug der Beiträge ist ausgeschlossen, soweit sie im Rahmen der Einkommensbesteuerung des Steuerpflichtigen in einem Staat, in dem er seinen Wohnsitz oder gewöhnlichen Aufenthalt hat, abgezogen worden sind oder sie die Einkünfte nach Satz 3 übersteigen.]

(2)²⁾ ¹Die Einkommensteuer für Einkünfte, die dem Steuerabzug vom Arbeitslohn oder vom Kapitalertrag oder dem Steuerabzug auf Grund des § 50a unterliegen, gilt bei beschränkt Steuerpflichtigen durch den Steuerabzug als abgegolten. ²Satz 1 gilt nicht

1. für Einkünfte eines inländischen Betriebs;

2. wenn nachträglich festgestellt wird, dass die Voraussetzungen der unbeschränkten Einkommensteuerpflicht im Sinne des § 1 Absatz 2 oder Absatz 3 oder des § 1a nicht vorgelegen haben; § 39 Absatz 7 ist sinngemäß anzuwenden;

3. in Fällen des § 2 Absatz 7 Satz 3;

4. für Einkünfte aus nichtselbständiger Arbeit im Sinne des § 49 Absatz 1 Nummer 4,

---

¹⁾ § 50 Abs. 1a eingef. durch G v. 21.12.2020 (BGBl. I S. 3096); zur Anwendung siehe § 52 Abs. 46 Satz 2.

²⁾ § 50 Abs. 2 Satz 2 Nr. 2 geänd., Nr. 4 Buchst. a neu gef., Sätze 3 und 6 geänd. mWv VZ 2012 durch G v. 7.12.2011 (BGBl. I S. 2592); Abs. 2 Satz 2 Nr. 6 angef. durch Art. 1 des G v. 12.12.2019 (BGBl. I S. 2451); zur Anwendung siehe § 52 Abs. 46 Satz 3; Abs. 2 Satz 2 Nr. 4 Buchst. a geänd., Buchst. c angef., Satz 6 geänd. mWv 1.1.2020 durch Art. 2 des G v. 12.12.2019 (BGBl. I S. 2451); Abs. 2 Sätze 9 und 10 angef. mWv 1.1.2021 durch G v. 21.12.2020 (BGBl. I S. 3096).

a)[1] wenn als Lohnsteuerabzugsmerkmal ein Freibetrag nach § 39a Absatz 4 gebildet worden ist und der im Kalenderjahr insgesamt erzielte Arbeitslohn *13 150 Euro übersteigt [ab VZ 2023:* höher ist als die Summe aus dem Grundfreibetrag (§ 32a Absatz 1 Satz 2 Nummer 1), dem Arbeitnehmer-Pauschbetrag (§ 9a Satz 1 Nummer 1 Buchstabe a) und dem Sonderausgaben-Pauschbetrag (§ 10c Satz 1)],

b) wenn die Veranlagung zur Einkommensteuer beantragt wird (§ 46 Absatz 2 Nummer 8) oder

c) in den Fällen des § 46 Absatz 2 Nummer 2, 5 und 5a;

5. für Einkünfte im Sinne des § 50a Absatz 1 Nummer 1, 2 und 4, wenn die Veranlagung zur Einkommensteuer beantragt wird;

6.[2] für Einkünfte aus Kapitalvermögen im Sinne des § 49 Absatz 1 Nummer 5 Satz 1 Buchstabe a, auf die § 20 Absatz 1 Nummer 6 Satz 2 anzuwenden ist, wenn die Veranlagung zur Einkommensteuer beantragt wird.

[3] In den Fällen des Satzes 2 Nummer 4 erfolgt die Veranlagung durch das Betriebsstättenfinanzamt, das nach § 39 Absatz 2 Satz 2 oder Satz 4 für die Bildung und die Änderung der Lohnsteuerabzugsmerkmale zuständig ist. [4] Bei mehreren Betriebsstättenfinanzämtern ist das Betriebsstättenfinanzamt zuständig, in dessen Bezirk der Arbeitnehmer zuletzt beschäftigt war. [5] Bei Arbeitnehmern mit Steuerklasse VI ist das Betriebsstättenfinanzamt zuständig, in dessen Bezirk der Arbeitnehmer zuletzt unter Anwendung der Steuerklasse I beschäftigt war. [6] Hat der Arbeitgeber für den Arbeitnehmer keine elektronischen Lohnsteuerabzugsmerkmale (§ 39e Absatz 4 Satz 2) abgerufen und wurde keine Bescheinigung für den Lohnsteuerabzug nach § 39 Absatz 3 oder § 39e Absatz 7 Satz 5 ausgestellt, ist das Betriebsstättenfinanzamt zuständig, in dessen Bezirk der Arbeitnehmer zuletzt beschäftigt war. [7] Satz 2 Nummer 4 Buchstabe b und Nummer 5 gilt nur für Staatsangehörige eines Mitgliedstaats der Europäischen Union oder eines anderen Staates, auf den das Abkommen über den Europäischen Wirtschaftsraum Anwendung findet, die im Hoheitsgebiet eines dieser Staaten ihren Wohnsitz oder gewöhnlichen Aufenthalt haben. [8] In den Fällen des Satzes 2 Nummer 5 erfolgt die Veranlagung durch das Bundeszentralamt für Steuern.[3] *[ab 1.1.2021:* [9] In den Fällen des Satzes 2 Nummer 6 ist für die Besteuerung des Gläubigers nach dem Einkommen das Finanzamt zuständig, das auch für die Besteuerung des Schuldners nach dem Einkommen zuständig ist; bei mehreren Schuldnern ist das Finanzamt zuständig, das für den Schuldner, dessen Leistung dem Gläubiger im Veranlagungszeitraum zuerst zufloss, zuständig ist. [10] Werden im Rahmen einer Veranlagung Einkünfte aus nichtselbständiger Arbeit im Sinne des § 49 Absatz 1 Nummer 4 bei der Ermittlung des zu versteuernden Einkommens berücksichtigt, gilt § 46 Absatz 3 und 5 entsprechend.]

---

[1] § 50 Abs. 2 Satz 2 Nr. 4 Buchst. a geänd. mWv VZ 2023 durch G v. 8.12.2022 (BGBl. I S. 2230).

[2] Siehe hierzu § 52 Abs. 46 Satz 3; red. Ber. durch G v. 21.12.2020 (BGBl. I S. 3096).

[3] Zur erstmaligen Anwendung von Satz 8 siehe § 52 Abs. 46 Satz 2 iVm § 2 Abs. 1 der VO v. 24.6.2013 (BGBl. I S. 1679): 1.1.2014.

(3) § 34c Absatz 1 bis 3 ist bei Einkünften aus Land- und Forstwirtschaft, Gewerbebetrieb oder selbständiger Arbeit, für die im Inland ein Betrieb unterhalten wird, entsprechend anzuwenden, soweit darin nicht Einkünfte aus einem ausländischen Staat enthalten sind, mit denen der beschränkt Steuerpflichtige dort in einem der unbeschränkten Steuerpflicht ähnlichen Umfang zu einer Steuer vom Einkommen herangezogen wird.

(4) Die obersten Finanzbehörden der Länder oder die von ihnen beauftragten Finanzbehörden können mit Zustimmung des Bundesministeriums der Finanzen die Einkommensteuer bei beschränkt Steuerpflichtigen ganz oder zum Teil erlassen oder in einem Pauschbetrag festsetzen, wenn dies im besonderen öffentlichen Interesse liegt; ein besonderes öffentliches Interesse besteht *insbesondere*[1]

1.[2] an der inländischen Veranstaltung international bedeutsamer kultureller und sportlicher Ereignisse, um deren Ausrichtung ein internationaler Wettbewerb stattfindet, oder

2.[2] am inländischen Auftritt einer ausländischen Kulturvereinigung, wenn ihr Auftritt wesentlich aus öffentlichen Mitteln gefördert wird.

§ 50a Steuerabzug bei beschränkt Steuerpflichtigen.

(1) Die Einkommensteuer wird bei beschränkt Steuerpflichtigen im Wege des Steuerabzugs erhoben

1. bei Einkünften, die durch im Inland ausgeübte künstlerische, sportliche, artistische, unterhaltende oder ähnliche Darbietungen erzielt werden, einschließlich der Einkünfte aus anderen mit diesen Leistungen zusammenhängenden Leistungen, unabhängig davon, wem die Einkünfte zufließen (§ 49 Absatz 1 Nummer 2 bis 4 und 9), es sei denn, es handelt sich um Einkünfte aus nichtselbständiger Arbeit, die bereits dem Steuerabzug vom Arbeitslohn nach § 38 Absatz 1 Satz 1 Nummer 1 unterliegen,

2. bei Einkünften aus der inländischen Verwertung von Darbietungen im Sinne der Nummer 1 (§ 49 Absatz 1 Nummer 2 bis 4 und 6),

3.[3] bei Einkünften, die aus Vergütungen für die Überlassung der Nutzung oder des Rechts auf Nutzung von Rechten, insbesondere von Urheberrechten und gewerblichen Schutzrechten, von gewerblichen, technischen, wissenschaftlichen und ähnlichen Erfahrungen, Kenntnissen und Fertigkeiten, zum Beispiel Plänen, Mustern und Verfahren, herrühren, sowie bei Einkünften, die aus der Verschaffung der Gelegenheit erzielt werden, einen Berufssportler über einen begrenzten Zeitraum vertraglich zu verpflichten (§ 49 Absatz 1 Nummer 2, 3, 6 und 9),

4.[4] bei Einkünften, die Mitgliedern des Aufsichtsrats, Verwaltungsrats oder anderen mit der Überwachung der Geschäftsführung von Körperschaften, Personenvereinigungen und Vermögensmassen im Sinne des § 1 des Kör-

---

[1] Kursives Wort gestrichen mWv 1.1.2016 durch G v. 2.11.2015 (BGBl. I S. 1834); zur weiteren Anwendung siehe § 52 Abs. 46 Satz 4.
[2] § 50 Abs. 4 Nrn. 1 und 2 geänd. mWv VZ 2010 durch G v. 8.12.2010 (BGBl. I S. 1768).
[3] § 50a Abs. 1 Nr. 3 geänd. mWv VZ 2010 durch G v. 8.12.2010 (BGBl. I S. 1768).
[4] § 50a Abs. 1 Nr. 4 geänd. durch G v. 12.12.2019 (BGBl. I S. 2451).

perschaftsteuergesetzes beauftragten Personen sowie von anderen inländischen Personenvereinigungen des privaten und öffentlichen Rechts, bei denen die Gesellschafter nicht als Unternehmer (Mitunternehmer) anzusehen sind, für die Überwachung der Geschäftsführung gewährt werden (§ 49 Absatz 1 Nummer 3).

(2) ¹Der Steuerabzug beträgt 15 Prozent, in den Fällen des Absatzes 1 Nummer 4 beträgt er 30 Prozent der gesamten Einnahmen. ²Vom Schuldner der Vergütung ersetzte oder übernommene Reisekosten gehören nur insoweit zu den Einnahmen, als die Fahrt- und Übernachtungsauslagen die tatsächlichen Kosten und die Vergütungen für Verpflegungsmehraufwand die Pauschbeträge nach § 4 Absatz 5 Satz 1 Nummer 5 übersteigen. ³Bei Einkünften im Sinne des Absatzes 1 Nummer 1 wird ein Steuerabzug nicht erhoben, wenn die Einnahmen je Darbietung 250 Euro nicht übersteigen.

(3)¹⁾ ¹Der Schuldner der Vergütung kann von den Einnahmen in den Fällen des Absatzes 1 Nummer 1, 2 und 4 mit ihnen in unmittelbarem wirtschaftlichem Zusammenhang stehende Betriebsausgaben oder Werbungskosten abziehen, die ihm ein beschränkt Steuerpflichtiger in einer für das Bundeszentralamt für Steuern nachprüfbaren Form nachgewiesen hat oder die vom Schuldner der Vergütung übernommen worden sind. ²Das gilt nur, wenn der beschränkt Steuerpflichtige Staatsangehöriger eines Mitgliedstaats der Europäischen Union oder eines anderen Staates ist, auf den das Abkommen über den Europäischen Wirtschaftsraum Anwendung findet, und im Hoheitsgebiet eines dieser Staaten seinen Wohnsitz oder gewöhnlichen Aufenthalt hat. ³Es gilt entsprechend bei einer beschränkt steuerpflichtigen Körperschaft, Personenvereinigung oder Vermögensmasse im Sinne des § 32 Absatz 4 des Körperschaftsteuergesetzes. ⁴In diesen Fällen beträgt der Steuerabzug von den nach Abzug der Betriebsausgaben oder Werbungskosten verbleibenden Einnahmen (Nettoeinnahmen), wenn

1. Gläubiger der Vergütung eine natürliche Person ist, 30 Prozent,

2. Gläubiger der Vergütung eine Körperschaft, Personenvereinigung oder Vermögensmasse ist, 15 Prozent.

(4)²⁾ ¹Hat der Gläubiger einer Vergütung seinerseits Steuern für Rechnung eines anderen beschränkt steuerpflichtigen Gläubigers einzubehalten (zweite Stufe), kann er vom Steuerabzug absehen, wenn seine Einnahmen bereits dem Steuerabzug nach Absatz 2 unterlegen haben. ²Wenn der Schuldner der Vergütung auf zweiter Stufe Betriebsausgaben oder Werbungskosten nach Absatz 3 geltend macht, die Veranlagung nach § 50 Absatz 2 Satz 2 Nummer 5 beantragt oder die Erstattung der Abzugsteuer nach § 50c Absatz 3 oder einer anderen Vorschrift beantragt, hat er die sich nach Absatz 2 oder Absatz 3 ergebende Steuer zu diesem Zeitpunkt zu entrichten; Absatz 5 gilt entsprechend.

---

¹⁾ Zur erstmaligen Anwendung siehe § 52 Abs. 47 Satz 1 iVm § 2 Abs. 2 der VO vom 24.6.2013 (BGBl. I S. 1679): 1.1.2014.
²⁾ § 50a Abs. 4 Satz 2 Verweis geänd. durch G v. 2.6.2021 (BGBl. I S. 1259); zur Anwendung von § 50c Abs. 3 siehe § 52 Abs. 47a Satz 2.

(5)[1] [1] Die Steuer entsteht in dem Zeitpunkt, in dem die Vergütung dem Gläubiger zufließt. [2] In diesem Zeitpunkt hat der Schuldner der Vergütung den Steuerabzug für Rechnung des Gläubigers (Steuerschuldner) vorzunehmen. [3] Er hat die innerhalb eines Kalendervierteljahres einzubehaltende Steuer jeweils bis zum zehnten des dem Kalendervierteljahr folgenden Monats beim Bundeszentralamt für Steuern anzumelden und die einbehaltene Steuer an das Bundeszentralamt für Steuern abzuführen. [4] Eine Anmeldungsverpflichtung beim Bundeszentralamt für Steuern besteht auch, wenn ein Steuerabzug auf Grund des Absatzes 2 Satz 3 oder des Absatzes 4 Satz 1 nicht vorzunehmen ist oder auf Grund des § 50c Absatz 2 nicht oder nicht in voller Höhe vorzunehmen ist; Satz 3 gilt insoweit entsprechend. [5] Der Schuldner der Vergütung haftet für die Einbehaltung und Abführung der Steuer. [6] Der Steuerschuldner kann in Anspruch genommen werden, wenn der Schuldner der Vergütung den Steuerabzug nicht vorschriftsmäßig vorgenommen hat. [7] Der Schuldner der Vergütung ist verpflichtet, dem Gläubiger auf Verlangen die folgenden Angaben nach amtlich vorgeschriebenem Muster zu bescheinigen:

1. den Namen und die Anschrift des Gläubigers,

2. die Art der Tätigkeit und Höhe der Vergütung in Euro,

3. den Zahlungstag,

4. den Betrag der einbehaltenen und abgeführten Steuer nach Absatz 2 oder Absatz 3.

5.[2] (aufgehoben)

(6) Die Bundesregierung kann durch Rechtsverordnung[3] mit Zustimmung des Bundesrates bestimmen, dass bei Vergütungen für die Nutzung oder das Recht auf Nutzung von Urheberrechten (Absatz 1 Nummer 3), die nicht unmittelbar an den Gläubiger, sondern an einen Beauftragten geleistet werden, anstelle des Schuldners der Vergütung der Beauftragte die Steuer einzubehalten und abzuführen hat und für die Einbehaltung und Abführung haftet.

(7)[4] [1] Das Finanzamt des Vergütungsgläubigers kann anordnen, dass der Schuldner der Vergütung für Rechnung des Gläubigers (Steuerschuldner) die Einkommensteuer von beschränkt steuerpflichtigen Einkünften, soweit diese nicht bereits dem Steuerabzug unterliegen, im Wege des Steuerabzugs einzubehalten und abzuführen hat, wenn dies zur Sicherung des Steueranspruchs zweckmäßig ist. [2] Der Steuerabzug beträgt 25 Prozent der gesamten Einnahmen, bei Körperschaften, Personenvereinigungen oder Vermögensmassen 15 Prozent der gesamten Einnahmen; das Finanzamt kann die Höhe des Steuerabzugs hiervon abweichend an die voraussichtlich geschuldete Steuer anpassen. [3] Absatz 5 gilt entsprechend mit der Maßgabe, dass die Steuer bei dem

---

[1] § 50a Abs. 5 Satz 3 ersetzt durch Sätze 3 und 4, Sätze 4 bis 6 werden Sätze 5 bis 7 durch G v. 2.6.2021 (BGBl. I S. 1259).

[2] § 50a Abs. 5 Satz 7 Nr. 5 aufgeh.; zur erstmaligen Anwendung siehe § 52 Abs. 47 Satz 1.

[3] Vgl. hierzu § 73 EStDV (Nr. **10**).

[4] § 50a Abs. 7 Sätze 2 und 3 geänd. durch G v. 25.7.2014 (BGBl. I S. 1266); zur Anwendung siehe § 52 Abs. 47 Satz 2; Abs. 7 Sätze 5 bis 7 angef. mWv VZ 2021 durch G v. 21.12.2020 (BGBl. I S. 3096).

Finanzamt anzumelden und abzuführen ist, das den Steuerabzug angeordnet hat; das Finanzamt kann anordnen, dass die innerhalb eines Monats einbehaltene Steuer jeweils bis zum zehnten des Folgemonats anzumelden und abzuführen ist. ⁴§ 50 Absatz 2 Satz 1 ist nicht anzuwenden. [*ab VZ 2021:* ⁵Ist für Einkünfte im Sinne des § 49 Absatz 1 Nummer 7 und 10 der Steuerabzug einbehalten und abgeführt worden, obwohl eine Verpflichtung hierzu nicht bestand, ist auf Antrag des Schuldners der Vergütung die Anmeldung über den Steuerabzug insoweit zu ändern; stattdessen kann der Schuldner der Vergütung, sobald er erkennt, dass er den Steuerabzug ohne Verpflichtung einbehalten und abgeführt hat, bei der folgenden Steueranmeldung den abzuführenden Steuerabzug entsprechend kürzen; erstattungsberechtigt ist der Schuldner der Vergütung; die nach Absatz 5 Satz 6 erteilte Bescheinigung ist durch eine berichtigte Bescheinigung zu ersetzen und im Fall der Übermittlung in Papierform zurückzufordern. ⁶Die Anrechnung der durch Steuerabzug erhobenen Einkommensteuer nach § 36 Absatz 2 Nummer 2 Buchstabe a richtet sich nach der Höhe der in der Rentenbezugsmitteilung nach § 22a ausgewiesenen einbehaltenen Steuerabzugsbeträge. ⁷Wird eine Rentenbezugsmitteilung wegen einbehaltener Steuerabzugsbeträge korrigiert, ist die Anrechnung insoweit nachzuholen oder zu ändern.]

IX. Sonstige Vorschriften, Bußgeld-, Ermächtigungs- und Schlussvorschriften

§ 50b Prüfungsrecht. ¹Die Finanzbehörden sind berechtigt, Verhältnisse, die für die Anrechnung oder Vergütung von Körperschaftsteuer, für die Anrechnung oder Erstattung von Kapitalertragsteuer, für die Nichtvornahme des Steuerabzugs, für die Ausstellung der Jahresbescheinigung nach § 24c oder für die Mitteilungen an das Bundeszentralamt für Steuern nach § 45e von Bedeutung sind oder der Aufklärung bedürfen, bei den am Verfahren Beteiligten zu prüfen. ²Die §§ 193 bis 203 der Abgabenordnung gelten sinngemäß.

§ 50c¹⁾ Entlastung vom Steuerabzug in bestimmten Fällen. (1) ¹Soweit der Besteuerung von Einkünften, die der Kapitalertragsteuer oder dem Steuerabzug nach § 50a unterliegen, der § 43b, der § 50g oder ein Abkommen zur Vermeidung der Doppelbesteuerung entgegenstehen, sind dessen ungeachtet die Vorschriften zur Einbehaltung, Abführung und Anmeldung der Steuer anzuwenden. ²Der zum Steuerabzug Verpflichtete kann sich vorbehaltlich des Absatzes 2 nicht auf die Rechte des Gläubigers der Kapitalerträge oder Vergütungen aus § 43b, § 50g oder dem Abkommen berufen.

(2) ¹Der Schuldner der Kapitalerträge oder Vergütungen ist zur Einbehaltung und Abführung der Steuer nicht verpflichtet,

1. soweit dem Gläubiger der Kapitalerträge oder Vergütungen auf dessen Antrag (Freistellungsantrag) vom Bundeszentralamt für Steuern bescheinigt

---

¹⁾ § 50c eingef. durch G v. 2.6.2021 (BGBl. I S. 1259); zur Anwendung siehe § 52 Abs. 47a; Abs. 2 Satz 3 geänd. durch G v. 25.6.2021 (BGBl. I S. 2035).

wird, dass § 43b, § 50g oder ein Abkommen zur Vermeidung der Doppelbesteuerung der Besteuerung der Einkünfte entgegensteht (Freistellungsbescheinigung), oder

2. [1] soweit es sich um Einkünfte eines beschränkt Steuerpflichtigen im Sinne des § 50a Absatz 1 Nummer 3 handelt und soweit der Besteuerung der Einkünfte ein Abkommen zur Vermeidung der Doppelbesteuerung entgegensteht; dies gilt nur, wenn die Vergütung zuzüglich der dem beschränkt Steuerpflichtigen in demselben Kalenderjahr vom Schuldner bereits zugeflossenen Vergütungen 5000 Euro nicht übersteigt.

[2] Der Schuldner ist zur Steueranmeldung auch dann verpflichtet, wenn er gemäß Satz 1 keine Steuer einzubehalten und abzuführen hat. [3] Eine Steueranmeldung kann auf der Grundlage des Satzes 1 nicht geändert werden, es sei denn, die Freistellungsbescheinigung ist zum Zeitpunkt der Anmeldung der Steuer noch nicht erteilt worden. [4] Eine Freistellungsbescheinigung ist auf einen Zeitraum von höchstens drei Jahren frühestens ab dem Tag, an dem der Antrag beim Bundeszentralamt für Steuern eingeht, zu befristen und von der Einhaltung der Voraussetzungen ihrer Erteilung während ihrer Geltung abhängig zu machen; sie kann mit weiteren Nebenbestimmungen gemäß § 120 Absatz 2 der Abgabenordnung versehen werden. [5] Eine Freistellungsbescheinigung für die Kapitalertragsteuer auf Grund eines Abkommens zur Vermeidung der Doppelbesteuerung ist nur zu erteilen, wenn der Gläubiger der Kapitalerträge eine Kapitalgesellschaft ist, die im Staat ihrer Ansässigkeit den Steuern vom Einkommen oder Gewinn unterliegt, ohne davon befreit zu sein, und soweit dem Gläubiger Kapitalerträge von einer unbeschränkt steuerpflichtigen Kapitalgesellschaft im Sinne des § 1 Absatz 1 Nummer 1 des Körperschaftsteuergesetzes zufließen, an deren Nennkapital der Gläubiger zu mindestens einem Zehntel unmittelbar beteiligt ist. [6] Über einen Freistellungsantrag ist innerhalb von drei Monaten nach Vorlage aller erforderlichen Nachweise zu entscheiden.

(3) [1] Dem beschränkt steuerpflichtigen Gläubiger der Kapitalerträge oder Vergütungen wird auf seinen fristgemäßen Antrag beim Bundeszentralamt für Steuern (Erstattungsantrag) auf der Grundlage eines Freistellungsbescheides die gemäß Absatz 1 Satz 1 einbehaltene und abgeführte oder auf Grund eines Haftungsbescheids oder Nachforderungsbescheids entrichtete Steuer erstattet, wenn die Steuer nicht nach § 36 Absatz 2 Nummer 2 auf die Einkommensteuer oder die Körperschaftsteuer des Gläubigers angerechnet werden kann. [2] Die Frist für einen Erstattungsantrag beträgt vier Jahre und beginnt mit Ablauf des Kalenderjahres, in dem die Kapitalerträge oder Vergütungen bezogen worden sind; sie endet nicht vor Ablauf eines Jahres seit dem Zeitpunkt der Entrichtung der Steuer und nicht vor Ablauf der im Abkommen zur Vermeidung der Doppelbesteuerung vorgesehenen Frist. [3] Ein Freistellungsbescheid für Kapitalertragsteuer wird nur erteilt, wenn die in § 45a Absatz 2 oder Absatz 3 bezeichnete Bescheinigung vorgelegt wurde oder die Angaben gemäß § 45a Absatz 2a übermittelt wurden; einem Antrag auf Erstattung der nach § 50a entrichteten Steuer ist die Bescheinigung nach § 50a Absatz 5 Satz 6 beizufügen. [4] Hat der Gläubiger nach § 50a Absatz 5 Steuern für Rechnung

---

[1] Vgl. § 52 Abs. 47a Satz 1.

anderer beschränkt steuerpflichtiger Gläubiger einzubehalten, kann die Auszahlung des Erstattungsanspruchs davon abhängig gemacht werden, dass er die Zahlung der von ihm einzubehaltenden Steuer nachweist, hierfür Sicherheit leistet oder unwiderruflich die Zustimmung zur Verrechnung seines Erstattungsanspruchs mit dem Steueranspruch nach § 50a Absatz 5 Satz 3 erklärt.

(4) ¹Ein nach Absatz 3 in Verbindung mit § 50g zu erstattender Betrag ist nach Maßgabe der §§ 238 und 239 der Abgabenordnung zu verzinsen. ²Die Festsetzungsfrist beginnt mit Ablauf des Kalenderjahres, in dem der Freistellungsbescheid erlassen, aufgehoben oder nach § 129 der Abgabenordnung berichtigt worden ist. ³Der Zinslauf beginnt zwölf Monate nach Ablauf des Monats, in dem der Erstattungsantrag und alle für die Entscheidung erforderlichen Nachweise vorliegen, frühestens am Tag der Entrichtung der Steuer. ⁴Der Zinslauf endet mit Ablauf des Tages, an dem der Freistellungsbescheid wirksam wird. ⁵§ 233a Absatz 5 der Abgabenordnung gilt sinngemäß.

(5)¹⁾ ¹Der Freistellungsantrag und der Erstattungsantrag sind nach amtlich vorgeschriebenem Datensatz über die amtlich bestimmte Schnittstelle zu übermitteln. ²Der Antragsteller hat durch eine Bestätigung der für ihn zuständigen Steuerbehörde des anderen Staates nachzuweisen, dass er dort ansässig ist oder in den Fällen des § 43b Absatz 1 Satz 1 zweite Alternative oder des § 50g Absatz 1 Satz 1 letzte Alternative dort eine Betriebsstätte hat. ³Zur Vermeidung unbilliger Härten kann das Bundeszentralamt für Steuern auf Antrag auf eine Übermittlung gemäß Satz 1 verzichten; in diesem Fall ist der Freistellungsantrag oder der Erstattungsantrag nach amtlich vorgeschriebenem Vordruck zu stellen. ⁴Die Entscheidung über einen Freistellungsantrag und die Entscheidung über einen Erstattungsantrag werden zum Datenabruf über die amtlich bestimmte Schnittstelle bereitgestellt, es sei denn, der Antrag war nach amtlich vorgeschriebenem Vordruck zu stellen; § 122a Absatz 3 und 4 der Abgabenordnung ist entsprechend anzuwenden.

[alte Fassung:]

§ 50d Besonderheiten im Fall von Doppelbesteuerungsabkommen und der §§ 43b und 50g.

(1)³⁾ ¹Können Einkünfte, die dem Steuerabzug vom Kapitalertrag oder dem Steuerabzug auf Grund des § 50a unterliegen, nach den §§ 43b, 50g oder nach einem Abkommen zur Vermeidung der Doppelbesteue-

[neue Fassung:]

§ 50d²⁾ Anwendung von Abkommen zur Vermeidung der Doppelbesteuerung.

(1)–(2)⁴⁾ *(aufgehoben)*

---

¹⁾ Vgl. § 52 Abs. 47a Satz 2 und 3.

²⁾ § 50d Überschr. geänd., Abs. 1, 1a und 2 aufgeh., Abs. 3 neu gef., Abs. 4 bis 6 aufgeh. durch G v. 2.6.2021 (BGBl. I S. 1259).

³⁾ § 50d Abs. 1 Satz 4 eingef., bish. Sätze 4 bis 6 werden Sätze 5 bis 7, Satz 8 eingef., bish. Sätze 7 bis 10 werden Sätze 9 bis 12 durch G v. 22.6.2011 (BGBl. I S. 1126); Satz 11 eingef., bish. Sätze 11 und 12 werden Sätze 12 und 13 durch G v. 26.6.2013 (BGBl. I S. 1809). **Die Regelungen von § 50d Abs. 1 wurden in § 50c Abs. 1 und 3 überführt.**

⁴⁾ Siehe nunmehr § 50c.

[alte Fassung:]   *[neue Fassung:]*

rung nicht oder nur nach einem niedrigeren Steuersatz besteuert werden, so sind die Vorschriften über die Einbehaltung, Abführung und Anmeldung der Steuer ungeachtet der §§ 43b und 50g sowie des Abkommens anzuwenden. ²Unberührt bleibt der Anspruch des Gläubigers der Kapitalerträge oder Vergütungen auf völlige oder teilweise Erstattung der einbehaltenen und abgeführten oder der auf Grund Haftungsbescheid oder Nachforderungsbescheid entrichteten Steuer. ³Die Erstattung erfolgt auf Antrag des Gläubigers der Kapitalerträge oder Vergütungen auf der Grundlage eines Freistellungsbescheids; der Antrag ist nach amtlich vorgeschriebenem Vordruck bei dem Bundeszentralamt für Steuern zu stellen. ⁴Dem Vordruck ist in den Fällen des § 43 Absatz 1 Satz 1 Nummer 1a eine Bescheinigung nach § 45a Absatz 2 beizufügen. ⁵Der zu erstattende Betrag wird nach Bekanntgabe des Freistellungsbescheids ausgezahlt. ⁶Hat der Gläubiger der Vergütungen im Sinne des § 50a nach § 50a Absatz 5 Steuern für Rechnung beschränkt steuerpflichtiger Gläubiger einzubehalten, kann die Auszahlung des Erstattungsanspruchs davon abhängig gemacht werden, dass er die Zahlung der von ihm einzubehaltenden Steuer nachweist, hierfür Sicherheit leistet oder unwiderruflich die Zustimmung zur Verrechnung seines Erstattungsanspruchs mit seiner Steuerzahlungsschuld erklärt. ⁷Das Bundeszentralamt für Steuern kann zulassen, dass Anträge auf maschinell verwertbaren Datenträgern gestellt werden.¹⁾ ⁸Der Antragsteller hat in den Fällen des § 43 Absatz 1 Satz 1 Nummer 1a zu versichern, dass ihm

---

¹⁾ Siehe hierzu § 52 Abs. 47 Satz 3: Satz 7 anwendbar bis **31.12.2024.**

[alte Fassung:]   *[neue Fassung:]*

eine Bescheinigung im Sinne des § 45a Absatz 2 vorliegt oder, soweit er selbst die Kapitalerträge als auszahlende Stelle dem Steuerabzug unterworfen hat, nicht ausgestellt wurde; er hat die Bescheinigung zehn Jahre nach Antragstellung aufzubewahren.[1] [9]Die Frist für den Antrag auf Erstattung beträgt vier Jahre nach Ablauf des Kalenderjahres, in dem die Kapitalerträge oder Vergütungen bezogen worden sind. [10]Die Frist nach Satz 9 endet nicht vor Ablauf von sechs Monaten nach dem Zeitpunkt der Entrichtung der Steuer. [11]Ist der Gläubiger der Kapitalerträge oder Vergütungen eine Person, der die Kapitalerträge oder Vergütungen nach diesem Gesetz oder nach dem Steuerrecht des anderen Vertragsstaats nicht zugerechnet werden, steht der Anspruch auf völlige oder teilweise Erstattung des Steuerabzugs vom Kapitalertrag oder nach § 50a auf Grund eines Abkommens zur Vermeidung der Doppelbesteuerung nur der Person zu, der die Kapitalerträge oder Vergütungen nach den Steuergesetzen des anderen Vertragsstaats als Einkünfte oder Gewinne einer ansässigen Person zugerechnet werden.[2] [12]Für die Erstattung der Kapitalertragsteuer gilt § 45 entsprechend. [13]Der Schuldner der Kapitalerträge oder Vergütungen kann sich vorbehaltlich des Absatzes 2 nicht auf die Rechte des Gläubigers aus dem Abkommen berufen.

(1a)[3] [1]Der nach Absatz 1 in Verbindung mit § 50g zu erstattende Betrag ist zu verzinsen. [2]Der Zinslauf beginnt zwölf Monate nach Ablauf des Monats, in dem der Antrag auf

---

[1] Siehe hierzu § 52 Abs. 47a Satz 3: Satz 8 anwendbar bis **31.12.2024.**
[2] Siehe jetzt **Abs. 11a.**
[3] Siehe jetzt § 50c Abs. 4.

[alte Fassung:] *[neue Fassung:]*

Erstattung und alle für die Entscheidung erforderlichen Nachweise vorliegen, frühestens am Tag der Entrichtung der Steuer durch den Schuldner der Kapitalerträge oder Vergütungen. [3]Er endet mit Ablauf des Tages, an dem der Freistellungsbescheid wirksam wird. [4]Wird der Freistellungsbescheid aufgehoben, geändert oder nach § 129 der Abgabenordnung berichtigt, ist eine bisherige Zinsfestsetzung zu ändern. [5]§ 233a Absatz 5 der Abgabenordnung gilt sinngemäß. [6]Für die Höhe und Berechnung der Zinsen gilt § 238 der Abgabenordnung. [7]Auf die Festsetzung der Zinsen ist § 239 der Abgabenordnung sinngemäß anzuwenden. [8]Die Vorschriften dieses Absatzes sind nicht anzuwenden, wenn der Steuerabzug keine abgeltende Wirkung hat (§ 50 Absatz 2).

(2)[1)] [1]In den Fällen der §§ 43b, 50a Absatz 1, § 50g kann der Schuldner der Kapitalerträge oder Vergütungen den Steuerabzug nach Maßgabe von § 43b oder § 50g oder des Abkommens unterlassen oder nach einem niedrigeren Steuersatz vornehmen, wenn das Bundeszentralamt für Steuern dem Gläubiger auf Grund eines von ihm nach amtlich vorgeschriebenem Vordruck gestellten Antrags bescheinigt, dass die Voraussetzungen dafür vorliegen (Freistellung im Steuerabzugsverfahren); dies gilt auch bei Kapitalerträgen, die einer nach einem Abkommen zur Vermeidung der Doppelbesteuerung im anderen Vertragsstaat ansässigen Kapitalgesellschaft, die am Nennkapital einer unbeschränkt steuerpflichtigen Kapitalgesellschaft im Sinne des § 1 Ab-

---

[1)] Siehe jetzt § 50c Abs. 2.

[alte Fassung:]

[neue Fassung:]

satz 1 Nummer 1 des Körperschaft-steuergesetzes zu mindestens einem Zehntel unmittelbar beteiligt ist und im Staat ihrer Ansässigkeit den Steuern vom Einkommen oder Gewinn unterliegt, ohne davon befreit zu sein, von der unbeschränkt steuerpflichtigen Kapitalgesellschaft zufließen. ²Die Freistellung kann unter dem Vorbehalt des Widerrufs erteilt und von Auflagen oder Bedingungen abhängig gemacht werden. ³Sie kann in den Fällen des § 50a Absatz 1 von der Bedingung abhängig gemacht werden, dass die Erfüllung der Verpflichtungen nach § 50a Absatz 5 nachgewiesen werden, soweit die Vergütungen an andere beschränkt Steuerpflichtige weitergeleitet werden. ⁴Die Geltungsdauer der Bescheinigung nach Satz 1 beginnt frühestens an dem Tag, an dem der Antrag beim Bundeszentralamt für Steuern eingeht; sie beträgt mindestens ein Jahr und darf drei Jahre nicht überschreiten; der Gläubiger der Kapitalerträge oder der Vergütungen ist verpflichtet, den Wegfall der Voraussetzungen für die Freistellung unverzüglich dem Bundeszentralamt für Steuern mitzuteilen. ⁵Voraussetzung für die Abstandnahme vom Steuerabzug ist, dass dem Schuldner der Kapitalerträge oder Vergütungen die Bescheinigung nach Satz 1 vorliegt. ⁶Über den Antrag ist innerhalb von drei Monaten zu entscheiden. ⁷Die Frist beginnt mit der Vorlage aller für die Entscheidung erforderlichen Nachweise. ⁸Bestehende Anmeldeverpflichtungen bleiben unberührt.

(3)¹⁾ ¹Eine ausländische Gesellschaft hat keinen Anspruch auf völli-

(3) ¹Eine Körperschaft, Personenvereinigung oder Vermögensmasse

---

¹⁾ § 50d Abs. 3 Satz 1 neu gef., Satz 4 eingef., bisch. Satz 4 wird Satz 5 mWv VZ 2012 durch G v. 7.12.2011 (BGBl. I S. 2592).

[alte Fassung:]

ge oder teilweise Entlastung nach Absatz 1 oder Absatz 2, soweit Personen an ihr beteiligt sind, denen die Erstattung oder Freistellung nicht zustände, wenn sie die Einkünfte unmittelbar erzielten, und die von der ausländischen Gesellschaft im betreffenden Wirtschaftsjahr erzielten Bruttoerträge nicht aus eigener Wirtschaftstätigkeit stammen, sowie

1. in Bezug auf diese Erträge für die Einschaltung der ausländischen Gesellschaft wirtschaftliche oder sonst beachtliche Gründe fehlen oder

2. die ausländische Gesellschaft nicht mit einem für ihren Geschäftszweck angemessen eingerichteten Geschäftsbetrieb am allgemeinen wirtschaftlichen Verkehr teilnimmt.

²Maßgebend sind ausschließlich die Verhältnisse der ausländischen Gesellschaft; organisatorische, wirtschaftliche oder sonst beachtliche Merkmale der Unternehmen, die der ausländischen Gesellschaft nahe stehen (§ 1 Absatz 2 des Außensteuergesetzes), bleiben außer Betracht. ³An einer eigenen Wirtschaftstätigkeit fehlt es, soweit die ausländische Gesellschaft ihre Bruttoerträge aus der Verwaltung von Wirtschaftsgütern erzielt oder ihre wesentlichen Geschäftstätigkeiten auf Dritte überträgt. ⁴Die Feststellungslast für das Vorliegen wirtschaftlicher oder sonst beachtlicher Gründe im Sinne von Satz 1 Nummer 1 sowie des Geschäftsbetriebs im Sinne von Satz 1 Nummer 2 obliegt der ausländischen Gesellschaft. ⁵Die Sätze 1 bis

[neue Fassung:]

hat auf der Grundlage eines Abkommens zur Vermeidung der Doppelbesteuerung keinen Anspruch auf Entlastung von der Kapitalertragsteuer und vom Steuerabzug nach § 50a, soweit

1. Personen an ihr beteiligt oder durch die Satzung, das Stiftungsgeschäft oder die sonstige Verfassung begünstigt sind, denen dieser Anspruch nicht zustünde, wenn sie die Einkünfte unmittelbar erzielten, und

2. die Einkunftsquelle keinen wesentlichen Zusammenhang mit einer Wirtschaftstätigkeit dieser Körperschaft, Personenvereinigung oder Vermögensmasse aufweist; das Erzielen der Einkünfte, deren Weiterleitung an beteiligte oder begünstigte Personen sowie eine Tätigkeit, soweit sie mit einem für den Geschäftszweck nicht angemessen eingerichteten Geschäftsbetrieb ausgeübt wird, gelten nicht als Wirtschaftstätigkeit.

²Satz 1 findet keine Anwendung, soweit die Körperschaft, Personenvereinigung oder Vermögensmasse nachweist, dass keiner der Hauptzwecke ihrer Einschaltung die Erlangung eines steuerlichen Vorteils ist, oder wenn mit der Hauptgattung der Anteile an ihr ein wesentlicher und regelmäßiger Handel an einer anerkannten Börse stattfindet. ³§ 42 der Abgabenordnung bleibt unberührt.

[alte Fassung:]

3 sind nicht anzuwenden, wenn mit der Hauptgattung der Aktien der ausländischen Gesellschaft ein wesentlicher und regelmäßiger Handel an einer anerkannten Börse stattfindet oder für die ausländische Gesellschaft die Vorschriften des Investmentsteuergesetzes gelten.

(4)[1] [1] Der Gläubiger der Kapitalerträge oder Vergütungen im Sinne des § 50a hat nach amtlich vorgeschriebenem Vordruck durch eine Bestätigung der für ihn zuständigen Steuerbehörde des anderen Staates nachzuweisen, dass er dort ansässig ist oder die Voraussetzungen des § 50g Absatz 3 Nummer 5 Buchstabe c erfüllt sind. [2] Das Bundesministerium der Finanzen kann im Einvernehmen mit den obersten Finanzbehörden der Länder erleichterte Verfahren oder vereinfachte Nachweise zulassen.

(5)[3] [1] Abweichend von Absatz 2 kann das Bundeszentralamt für Steuern in den Fällen des § 50a Absatz 1 Nummer 3 den Schuldner der Vergütung auf Antrag allgemein ermächtigen, den Steuerabzug zu unterlassen oder nach einem niedrigeren Steuersatz vorzunehmen (Kontrollmeldeverfahren). [2] Die Ermächtigung kann in Fällen geringer steuerlicher Bedeutung erteilt und mit Auflagen verbunden werden. [3] Einer Bestätigung nach Absatz 4 Satz 1 bedarf es im Kontrollmeldeverfahren nicht. [4] Inhalt der Auflage kann die Angabe des Namens, des Wohnortes oder des Ortes des Sitzes oder der Geschäftsleitung des Schuldners und des Gläubigers, der Art der Vergütung, des Bruttobe-

[neue Fassung:]

(4)–(6)[2] *(aufgehoben)*

---

[1] Siehe jetzt § 50c Abs. 5 Satz 2.
[2] Siehe nunmehr § 50c.
[3] Siehe jetzt § 50c Abs. 2 Satz 1 Nr. 2.

[alte Fassung:]

trags und des Zeitpunkts der Zahlungen sowie des einbehaltenen Steuerbetrags sein. [5]Mit dem Antrag auf Teilnahme am Kontrollmeldeverfahren gilt die Zustimmung des Gläubigers und des Schuldners zur Weiterleitung der Angaben des Schuldners an den Wohnsitz- oder Sitzstaat des Gläubigers als erteilt. [6]Die Ermächtigung ist als Beleg aufzubewahren. [7]Absatz 2 Satz 8 gilt entsprechend.

(6) Soweit Absatz 2 nicht anwendbar ist, gilt Absatz 5 auch für Kapitalerträge im Sinne des § 43 Absatz 1 Satz 1 Nummer 1 und 4, wenn sich im Zeitpunkt der Zahlung des Kapitalertrags der Anspruch auf Besteuerung nach einem niedrigeren Steuersatz ohne nähere Ermittlung feststellen lässt.

[neue Fassung:]

(7) Werden Einkünfte im Sinne des § 49 Absatz 1 Nummer 4 aus einer Kasse einer juristischen Person des öffentlichen Rechts im Sinne der Vorschrift eines Abkommens zur Vermeidung der Doppelbesteuerung über den öffentlichen Dienst gewährt, so ist diese Vorschrift bei Bestehen eines Dienstverhältnisses mit einer anderen Person in der Weise auszulegen, dass die Vergütungen für der erstgenannten Person geleistete Dienste gezahlt werden, wenn sie ganz oder im Wesentlichen aus öffentlichen Mitteln aufgebracht werden.

(8) [1]Sind Einkünfte eines unbeschränkt Steuerpflichtigen aus nichtselbständiger Arbeit (§ 19) nach einem Abkommen zur Vermeidung der Doppelbesteuerung von der Bemessungsgrundlage der deutschen Steuer auszunehmen, wird die Freistellung bei der Veranlagung ungeachtet des Abkommens nur gewährt, soweit der Steuerpflichtige nachweist, dass der Staat, dem nach dem Abkommen das Besteuerungsrecht zusteht, auf dieses Besteuerungsrecht verzichtet hat oder dass die in diesem Staat auf die Einkünfte festgesetzten Steuern entrichtet wurden. [2]Wird ein solcher Nachweis erst geführt, nachdem die Einkünfte in eine Veranlagung zur Einkommensteuer einbezogen wurden, ist der Steuerbescheid insoweit zu ändern. [3]§ 175 Absatz 1 Satz 2 der Abgabenordnung ist entsprechend anzuwenden.

(9)[1] [1]Sind Einkünfte eines unbeschränkt Steuerpflichtigen nach einem Abkommen zur Vermeidung der Doppelbesteuerung von der Bemessungsgrund-

---

[1] § 50d Abs. 9 Satz 3 geänd. durch G v. 26.6.2013 (BGBl. I S. 1809); Satz 1 geänd., Satz 4 angef. mWv 1.1.2017 durch G v. 20.12.2016 (BGBl. I S. 3000).

lage der deutschen Steuer auszunehmen, so wird die Freistellung der Einkünfte ungeachtet des Abkommens nicht gewährt, soweit

1. der andere Staat die Bestimmungen des Abkommens so anwendet, dass die Einkünfte in diesem Staat von der Besteuerung auszunehmen sind oder nur zu einem durch das Abkommen begrenzten Steuersatz besteuert werden können,

2. die Einkünfte in dem anderen Staat nur deshalb nicht steuerpflichtig sind, weil sie von einer Person bezogen werden, die in diesem Staat nicht auf Grund ihres Wohnsitzes, ständigen Aufenthalts, des Ortes ihrer Geschäftsleitung, des Sitzes oder eines ähnlichen Merkmals unbeschränkt steuerpflichtig ist, oder

[ab VZ 2021:

3.[1] die Einkünfte in dem anderen Staat nur deshalb nicht steuerpflichtig sind, weil sie einer Betriebsstätte in einem anderen Staat zugeordnet werden oder auf Grund einer anzunehmenden schuldrechtlichen Beziehung die steuerliche Bemessungsgrundlage in dem anderen Staat gemindert wird.]

²Nummer 2 gilt nicht für Dividenden, die nach einem Abkommen zur Vermeidung der Doppelbesteuerung von der Bemessungsgrundlage der deutschen Steuer auszunehmen sind, es sei denn, die Dividenden sind bei der Ermittlung des Gewinns der ausschüttenden Gesellschaft abgezogen worden. ³Bestimmungen eines Abkommens zur Vermeidung der Doppelbesteuerung sowie Absatz 8 und § 20 Absatz 2 des Außensteuergesetzes bleiben unberührt, soweit sie jeweils die Freistellung von Einkünften in einem weitergehenden Umfang einschränken. ⁴Bestimmungen eines Abkommens zur Vermeidung der Doppelbesteuerung, nach denen Einkünfte aufgrund ihrer Behandlung im anderen Vertragsstaat nicht von der Bemessungsgrundlage der deutschen Steuer ausgenommen werden, sind auch auf Teile von Einkünften anzuwenden, soweit die Voraussetzungen der jeweiligen Bestimmung des Abkommens hinsichtlich dieser Einkunftsteile erfüllt sind.

(10)[2] ¹Sind auf eine Vergütung im Sinne des § 15 Absatz 1 Satz 1 Nummer 2 Satz 1 zweiter Halbsatz und Nummer 3 zweiter Halbsatz die Vorschriften eines Abkommens zur Vermeidung der Doppelbesteuerung anzuwenden und enthält das Abkommen keine solche Vergütungen betreffende ausdrückliche Regelung, gilt die Vergütung für Zwecke der Anwendung des Abkommens zur Vermeidung der Doppelbesteuerung ausschließlich als Teil des Unternehmensgewinns des vergütungsberechtigten Gesellschafters. ²Satz 1 gilt auch für die durch das Sonderbetriebsvermögen veranlassten Erträge und Aufwendungen. ³Die Vergütung des Gesellschafters ist ungeachtet der Vorschriften eines Abkommens zur Vermeidung der Doppelbesteuerung über die Zuordnung von Vermögenswerten zu einer Betriebsstätte derjenigen Betriebsstätte der Gesellschaft zuzurechnen, der der Aufwand für die der Vergütung zugrunde liegende Leistung zuzuordnen ist; die in Satz 2 genannten Erträge und Aufwendungen sind der Betriebsstätte zuzurechnen, der die Ver-

---

[1] § 50d Abs. 9 Satz 1 Nr. 3 angef. mWv VZ 2021 durch G v. 25.6.2021 (BGBl. I S. 2035).
[2] § 50d Abs. 10 neu gef. durch G v. 26.6.2013 (BGBl. I S. 1809).

gütung zuzuordnen ist. [4]Die Sätze 1 bis 3 gelten auch in den Fällen des § 15 Absatz 1 Satz 1 Nummer 2 Satz 2 sowie in den Fällen des § 15 Absatz 1 Satz 2 entsprechend. [5]Sind Einkünfte im Sinne der Sätze 1 bis 4 einer Person zuzurechnen, die nach einem Abkommen zur Vermeidung der Doppelbesteuerung als im anderen Staat ansässig gilt, und weist der Steuerpflichtige nach, dass der andere Staat die Einkünfte besteuert, ohne die darauf entfallende deutsche Steuer anzurechnen, ist die in diesem Staat nachweislich auf diese Einkünfte festgesetzte und gezahlte und um einen entstandenen Ermäßigungsanspruch gekürzte, der deutschen Einkommensteuer entsprechende, anteilige ausländische Steuer bis zur Höhe der anteilig auf diese Einkünfte entfallenden deutschen Einkommensteuer anzurechnen. [6]Satz 5 gilt nicht, wenn das Abkommen zur Vermeidung der Doppelbesteuerung eine ausdrückliche Regelung für solche Einkünfte enthält. [7]Die Sätze 1 bis 6

1. sind nicht auf Gesellschaften im Sinne des § 15 Absatz 3 Nummer 2 anzuwenden;

2. gelten entsprechend, wenn die Einkünfte zu den Einkünften aus selbständiger Arbeit im Sinne des § 18 gehören; dabei tritt der Artikel über die selbständige Arbeit an die Stelle des Artikels über die Unternehmenseinkünfte, wenn das Abkommen zur Vermeidung der Doppelbesteuerung einen solchen Artikel enthält.

[8]Absatz 9 Satz 1 Nummer 1 bleibt unberührt.

(11)[1] [1]Sind Dividenden bei einem unbeschränkt steuerpflichtigen Zahlungsempfänger nach einem Abkommen zur Vermeidung der Doppelbesteuerung von der Bemessungsgrundlage der deutschen Steuer auszunehmen, wird die Freistellung ungeachtet des Abkommens nur insoweit gewährt, als die Dividenden nach deutschem Steuerrecht nicht einer anderen Person zuzurechnen sind. [2]Soweit die Dividenden nach deutschem Steuerrecht einer anderen Person zuzurechnen sind, werden sie bei dieser Person freigestellt, wenn sie bei ihr als Zahlungsempfänger nach Maßgabe des Abkommens freigestellt würden.

(11a)[2] Ist der Gläubiger der Kapitalerträge oder Vergütungen eine Person, der die Kapitalerträge oder Vergütungen nach diesem Gesetz oder nach dem Steuerrecht des anderen Vertragsstaats nicht zugerechnet werden, steht der Anspruch auf völlige oder teilweise Erstattung des Steuerabzugs vom Kapitalertrag oder nach § 50a auf Grund eines Abkommens zur Vermeidung der Doppelbesteuerung nur der Person zu, der die Kapitalerträge oder Vergütungen nach den Steuergesetzen des anderen Vertragsstaats als Einkünfte oder Gewinne einer ansässigen Person zugerechnet werden.

(12)[3] [1]Abfindungen, die anlässlich der Beendigung eines Dienstverhältnisses gezahlt werden, gelten für Zwecke der Anwendung eines Abkommens zur Vermeidung der Doppelbesteuerung als für frühere Tätigkeit geleistetes zusätz-

---

[1] § 50d Abs. 11 angef. durch G v. 8.5.2012 (BGBl. I S. 1030); Satz 1 geänd. mWv 9.6.2021 durch G v. 2.6.2021 (BGBl. I S. 1259).
[2] § 50d Abs. 11a eingef. durch G v. 2.6.2021 (BGBl. I S. 1259).
[3] § 50d Abs. 12 angef. mWv 1.1.2017 durch G v. 20.12.2016 (BGBl. I S. 3000); Satz 3 geänd. durch G v. 2.6.2021 (BGBl. I S. 1259).

liches Entgelt. ²Dies gilt nicht, soweit das Abkommen in einer gesonderten, ausdrücklich solche Abfindungen betreffenden Vorschrift eine abweichende Regelung trifft. ³Absatz 9 Satz 1 Nummer 1 sowie Rechtsverordnungen gemäß § 2 Absatz 2 Satz 1 der Abgabenordnung bleiben unberührt.

(13)¹⁾ Werden Aktien einer Gesellschaft mit Sitz oder Geschäftsleitung im Inland mit Dividendenberechtigung erworben, aber ohne Dividendenanspruch geliefert, sind vom Erwerber an Stelle von Dividenden erhaltene sonstige Bezüge für Zwecke der Anwendung eines Abkommens zur Vermeidung der Doppelbesteuerung den Dividenden, die von dieser Gesellschaft gezahlt werden, gleichgestellt.

[*ab 1.1.2022:*

(14)²⁾ ¹Dem Gläubiger der Kapitalerträge im Sinne des § 20 Absatz 1 Nummer 1 und 2 aus Anteilen an einer optierenden Gesellschaft im Sinne des § 1a des Körperschaftsteuergesetzes steht ungeachtet der Bestimmungen eines Abkommens zur Vermeidung der Doppelbesteuerung kein Anspruch auf Entlastung von der Kapitalertragsteuer zu, wenn die Kapitalerträge im anderen Staat aufgrund einer vom deutschen Recht abweichenden steuerlichen Behandlung der optierenden Gesellschaft nicht der Besteuerung unterliegen. ²Gewinne aus der Veräußerung von Anteilen an einer optierenden Gesellschaft im Sinne des § 1a des Körperschaftsteuergesetzes sind ungeachtet der Bestimmungen eines Abkommens zur Vermeidung der Doppelbesteuerung zu versteuern, wenn sie im anderen Staat aufgrund einer vom deutschen Recht abweichenden steuerlichen Behandlung der optierenden Gesellschaft nicht der Besteuerung unterliegen.]

§ 50e Bußgeldvorschriften; Nichtverfolgung von Steuerstraftaten bei geringfügiger Beschäftigung in Privathaushalten. (1) Ordnungswidrig handelt, wer vorsätzlich oder leichtfertig entgegen § 45d Absatz 1 Satz 1, § 45d Absatz 3 Satz 1, der nach § 45e erlassenen Rechtsverordnung³⁾ oder den unmittelbar geltenden Verträgen mit den in Artikel 17 der Richtlinie 2003/48/EG genannten Staaten und Gebieten eine Mitteilung nicht, nicht richtig, nicht vollständig oder nicht rechtzeitig abgibt. ²*Die Ordnungswidrigkeit kann mit einer Geldbuße bis zu fünftausend Euro geahndet werden.*⁴⁾

(1a)⁵⁾ *Verwaltungsbehörde im Sinne des § 36 Absatz 1 Nummer 1 des Gesetzes über Ordnungswidrigkeiten ist in den Fällen des Absatzes 1 Satz 1 das Bundeszentralamt für Steuern.*

[*ab 1.1.2025:*

(2)⁶⁾ ⁷⁾ Ordnungswidrig handelt, wer vorsätzlich oder leichtfertig

---

¹⁾ § 50d Abs. 13 angef. mWv 1.1.2020 durch G v. 12.12.2019 (BGBl. I S. 2451).

²⁾ § 50d Abs. 14 angef. mWv 1.1.2022 durch G v. 25.6.2021 (BGBl. I S. 2050).

³⁾ Vgl. ZinsinformationsVO (Nr. **11**) in der jeweils geltenden Fassung.

⁴⁾ § 50e Abs. 1 Satz 2 aufgeh. mWv 1.1.2022 (§ 52 Abs. 47c Satz 1) durch G v. 2.6.2021 (BGBl. I S. 1259).

⁵⁾ § 50e Abs. 1a aufgeh. mWv 1.1.2022 (§ 52 Abs. 47c Satz 1) durch G v. 2.6.2021 (BGBl. I S. 1259).

⁶⁾ § 50e Abs. 2 bis 5 eingef., bish. Abs. 2 wird Abs. 6 durch G v. 2.6.2021 (BGBl. I S. 1259).

⁷⁾ Zur Anwendung siehe § 52 Abs. 47c Satz 2.

1. entgegen § 45b Absatz 3 Satz 3 oder 4, jeweils auch in Verbindung mit Absatz 5 Satz 2, eine Bescheinigung erteilt,

2. entgegen § 45b Absatz 4 Satz 1 erster Halbsatz, Absatz 5 Satz 1 erster Halbsatz oder Absatz 6 Satz 1 oder 2, § 45c Absatz 1 Satz 1, auch in Verbindung mit Satz 2, oder § 45c Absatz 2 Satz 1, auch in Verbindung mit Satz 2, eine dort genannte Angabe oder dort genannte Daten nicht richtig oder nicht vollständig übermittelt oder

3. entgegen

   a) § 45b Absatz 7 Satz 1 eine Mitteilung nicht richtig oder nicht vollständig macht oder

   b) § 45b Absatz 7 Satz 2 eine schriftliche Versicherung nicht richtig oder nicht vollständig abgibt

und dadurch ermöglicht, Steuern zu verkürzen oder nicht gerechtfertigte Steuervorteile zu erlangen.

(3)[1]·[2] In den Fällen des Absatzes 2 Nummer 2 kann die Ordnungswidrigkeit auch dann geahndet werden, wenn sie nicht im Geltungsbereich dieses Gesetzes begangen wird.]

[ab 1.1.2022:

(4)[1]·[3] Die Ordnungswidrigkeit kann in den Fällen des Absatzes 2 mit einer Geldbuße bis zu zwanzigtausend Euro, in den Fällen des Absatzes 1 mit einer Geldbuße bis zu fünftausend Euro geahndet werden.

(5)[1]·[3] Verwaltungsbehörde im Sinne des § 36 Absatz 1 Nummer 1 des Gesetzes über Ordnungswidrigkeiten ist das Bundeszentralamt für Steuern.]

(6)[1] [1] Liegen die Voraussetzungen des § 40a Absatz 2 vor, werden Steuerstraftaten (§§ 369 bis 376 der Abgabenordnung) als solche nicht verfolgt, wenn der Arbeitgeber in den Fällen des § 8a des Vierten Buches Sozialgesetzbuch entgegen § 41a Absatz 1 Nummer 1, auch in Verbindung mit Absatz 2 und 3 und § 51a, und § 40a Absatz 6 Satz 3 dieses Gesetzes in Verbindung mit § 28a Absatz 7 Satz 1 des Vierten Buches Sozialgesetzbuch für das Arbeitsentgelt die Lohnsteuer-Anmeldung und die Anmeldung der einheitlichen Pauschsteuer nicht oder nicht rechtzeitig durchführt und dadurch Steuern verkürzt oder für sich oder einen anderen nicht gerechtfertigte Steuervorteile erlangt. [2] Die Freistellung von der Verfolgung nach Satz 1 gilt auch für den Arbeitnehmer einer in Satz 1 genannten Beschäftigung, der die Finanzbehörde pflichtwidrig über steuerlich erhebliche Tatsachen aus dieser Beschäftigung in Unkenntnis lässt. [3] Die Bußgeldvorschriften der §§ 377 bis 384 der Abgabenordnung bleiben mit der Maßgabe anwendbar, dass § 378 der Abgabenordnung auch bei vorsätzlichem Handeln anwendbar ist.

---

[1] § 50e Abs. 2 bis 5 eingef., bish. Abs. 2 wird Abs. 6 durch G v. 2.6.2021 (BGBl. I S. 1259).
[2] Zur Anwendung siehe § 52 Abs. 47c Satz 2.
[3] Zur Anwendung siehe § 52 Abs. 47c Satz 1.

§ 50f[1]) Bußgeldvorschriften. (1) Ordnungswidrig handelt, wer vorsätzlich oder leichtfertig entgegen § 22a Absatz 1 Satz 1 dort genannte Daten nicht, nicht vollständig oder nicht rechtzeitig übermittelt oder eine dort genannte Mitteilung nicht, nicht vollständig oder nicht rechtzeitig macht.

(2) Die Ordnungswidrigkeit kann mit einer Geldbuße bis zu fünfzigtausend Euro geahndet werden.

(3) Verwaltungsbehörde im Sinne des § 36 Absatz 1 Nummer 1 des Gesetzes über Ordnungswidrigkeiten ist die zentrale Stelle nach § 81.

§ 50g Entlastung vom Steuerabzug bei Zahlungen von Zinsen und Lizenzgebühren zwischen verbundenen Unternehmen verschiedener Mitgliedstaaten der Europäischen Union. (1) ¹Auf Antrag werden die Kapitalertragsteuer für Zinsen und die Steuer auf Grund des § 50a für Lizenzgebühren, die von einem Unternehmen der Bundesrepublik Deutschland oder einer dort gelegenen Betriebsstätte eines Unternehmens eines anderen Mitgliedstaates der Europäischen Union als Schuldner an ein Unternehmen eines anderen Mitgliedstaates der Europäischen Union oder an eine in einem anderen Mitgliedstaat der Europäischen Union gelegene Betriebsstätte eines Unternehmens eines Mitgliedstaates der Europäischen Union als Gläubiger gezahlt werden, nicht erhoben. ²Erfolgt die Besteuerung durch Veranlagung, werden die Zinsen und Lizenzgebühren bei der Ermittlung der Einkünfte nicht erfasst. ³Voraussetzung für die Anwendung der Sätze 1 und 2 ist, dass der Gläubiger der Zinsen oder Lizenzgebühren ein mit dem Schuldner verbundenes Unternehmen oder dessen Betriebsstätte ist. ⁴Die Sätze 1 bis 3 sind nicht anzuwenden, wenn die Zinsen oder Lizenzgebühren an eine Betriebsstätte eines Unternehmens eines Mitgliedstaates der Europäischen Union als Gläubiger gezahlt werden, die in einem Staat außerhalb der Europäischen Union oder im Inland gelegen ist und in der die Tätigkeit des Unternehmens ganz oder teilweise ausgeübt wird.

(2) Absatz 1 ist nicht anzuwenden auf die Zahlung von

1. Zinsen,
   a) die nach deutschem Recht als Gewinnausschüttung behandelt werden (§ 20 Absatz 1 Nummer 1 Satz 2) oder
   b) die auf Forderungen beruhen, die einen Anspruch auf Beteiligung am Gewinn des Schuldners begründen;
2. Zinsen oder Lizenzgebühren, die den Betrag übersteigen, den der Schuldner und der Gläubiger ohne besondere Beziehungen, die zwischen den beiden oder einem von ihnen und einem Dritten auf Grund von Absatz 3 Nummer 5 Buchstabe b bestehen, vereinbart hätten.

(3) Für die Anwendung der Absätze 1 und 2 gelten die folgenden Begriffsbestimmungen und Beschränkungen:

1. ¹Der Gläubiger muss der Nutzungsberechtigte sein. ²Nutzungsberechtigter ist

---

[1]) § 50f Abs. 1 und 2 neu gef. mWv VZ 2019 durch G v. 20.11.2019 (BGBl. I S. 1626).

a) ein Unternehmen, wenn es die Einkünfte im Sinne von § 2 Absatz 1 erzielt;

b) eine Betriebsstätte, wenn

aa) die Forderung, das Recht oder der Gebrauch von Informationen, auf Grund derer/dessen Zahlungen von Zinsen oder Lizenzgebühren geleistet werden, tatsächlich zu der Betriebsstätte gehört und

bb)[1] die Zahlungen der Zinsen oder Lizenzgebühren Einkünfte darstellen, auf Grund derer die Gewinne der Betriebsstätte in dem Mitgliedstaat der Europäischen Union, in dem sie gelegen ist, zu einer der in Nummer 5 Satz 1 Buchstabe a Doppelbuchstabe cc genannten Steuern beziehungsweise im Fall Belgiens dem „impôt des non-résidents/belasting der nietverblijfhouders" beziehungsweise im Fall Spaniens dem „Impuesto sobre la Renta de no Residentes" oder zu einer mit diesen Steuern identischen oder weitgehend ähnlichen Steuer herangezogen werden, die nach dem jeweiligen Zeitpunkt des Inkrafttretens der Richtlinie 2003/49/EG des Rates vom 3. Juni 2003 über eine gemeinsame Steuerregelung für Zahlungen von Zinsen und Lizenzgebühren zwischen verbundenen Unternehmen verschiedener Mitgliedstaaten (ABl. L 157 vom 26.6.2003, S. 49), die zuletzt durch die Richtlinie 2013/13/EU (ABl. L 141 vom 28.5.2013, S. 30) geändert worden ist, anstelle der bestehenden Steuern oder ergänzend zu ihnen eingeführt wird.

2. Eine Betriebsstätte gilt nur dann als Schuldner der Zinsen oder Lizenzgebühren, wenn die Zahlung bei der Ermittlung des Gewinns der Betriebsstätte eine steuerlich abzugsfähige Betriebsausgabe ist.

3. Gilt eine Betriebsstätte eines Unternehmens eines Mitgliedstaates der Europäischen Union als Schuldner oder Gläubiger von Zinsen oder Lizenzgebühren, so wird kein anderer Teil des Unternehmens als Schuldner oder Gläubiger der Zinsen oder Lizenzgebühren angesehen.

4. Im Sinne des Absatzes 1 sind

a) „Zinsen" Einkünfte aus Forderungen jeder Art, auch wenn die Forderungen durch Pfandrechte an Grundstücken gesichert sind, insbesondere Einkünfte aus öffentlichen Anleihen und aus Obligationen einschließlich der damit verbundenen Aufgelder und der Gewinne aus Losanleihen; Zuschläge für verspätete Zahlung und die Rückzahlung von Kapital gelten nicht als Zinsen;

b) „Lizenzgebühren" Vergütungen jeder Art, die für die Nutzung oder für das Recht auf Nutzung von Urheberrechten an literarischen, künstlerischen oder wissenschaftlichen Werken, einschließlich kinematografischer Filme und Software, von Patenten, Marken, Mustern oder Modellen, Plänen, geheimen Formeln oder Verfahren oder für die Mitteilung gewerblicher, kaufmännischer oder wissenschaftlicher Erfahrungen gezahlt

---

[1] § 50g Abs. 3 Nr. 1 Buchst. b Doppelbuchst. bb geänd. durch G v. 25.7.2014 (BGBl. I S. 1266); zur Anwendung siehe § 52 Abs. 59c Satz 2 a. F.: „§ 50g und die Anlage 3 (zu § 50g) in der am 1. Juli 2013 geltenden Fassung sind erstmals auf Zahlungen anzuwenden, die nach dem 30. Juni 2013 erfolgen."

werden; Zahlungen für die Nutzung oder das Recht auf Nutzung gewerblicher, kaufmännischer oder wissenschaftlicher Ausrüstungen gelten als Lizenzgebühren.

5. Die Ausdrücke „Unternehmen eines Mitgliedstaates der Europäischen Union", „verbundenes Unternehmen" und „Betriebsstätte" bedeuten:

a) „Unternehmen eines Mitgliedstaates der Europäischen Union" jedes Unternehmen, das

aa) eine der in Anlage 3 Nummer 1 zu diesem Gesetz aufgeführten Rechtsformen aufweist und

bb) nach dem Steuerrecht eines Mitgliedstaates in diesem Mitgliedstaat ansässig ist und nicht nach einem zwischen dem betreffenden Staat und einem Staat außerhalb der Europäischen Union geschlossenen Abkommen zur Vermeidung der Doppelbesteuerung von Einkünften für steuerliche Zwecke als außerhalb der Gemeinschaft ansässig gilt und

cc)[1] einer der in Anlage 3 Nummer 2 zu diesem Gesetz aufgeführten Steuern unterliegt und nicht von ihr befreit ist. [2] Entsprechendes gilt für eine mit diesen Steuern identische oder weitgehend ähnliche Steuer, die nach dem jeweiligen Zeitpunkt des Inkrafttretens der Richtlinie 2003/49/EG des Rates vom 3. Juni 2003 (ABl. L 157 vom 26.6. 2003, S. 49), zuletzt geändert durch die Richtlinie 2013/13/EU des Rates (ABl. L 141 vom 28.5.2013, S. 30) anstelle der bestehenden Steuern oder ergänzend zu ihnen eingeführt wird.

[2] Ein Unternehmen ist im Sinne von Doppelbuchstabe bb in einem Mitgliedstaat der Europäischen Union ansässig, wenn es der unbeschränkten Steuerpflicht im Inland oder einer vergleichbaren Besteuerung in einem anderen Mitgliedstaat der Europäischen Union nach dessen Rechtsvorschriften unterliegt.

b) „Verbundenes Unternehmen" jedes Unternehmen, das dadurch mit einem zweiten Unternehmen verbunden ist, dass

aa) das erste Unternehmen unmittelbar mindestens zu 25 Prozent an dem Kapital des zweiten Unternehmens beteiligt ist oder

bb) das zweite Unternehmen unmittelbar mindestens zu 25 Prozent an dem Kapital des ersten Unternehmens beteiligt ist oder

cc) ein drittes Unternehmen unmittelbar mindestens zu 25 Prozent an dem Kapital des ersten Unternehmens und dem Kapital des zweiten Unternehmens beteiligt ist.

[2] Die Beteiligungen dürfen nur zwischen Unternehmen bestehen, die in einem Mitgliedstaat der Europäischen Union ansässig sind.

c) „Betriebsstätte" eine feste Geschäftseinrichtung in einem Mitgliedstaat der Europäischen Union, in der die Tätigkeit eines Unternehmens eines

---

[1] § 50g Abs. 3 Nr. 5 Buchst. a Satz 1 Doppelbuchst. cc geänd. durch G v. 25.7.2014 (BGBl. I S. 1266); zur Anwendung siehe § 52 Abs. 59c Satz 2 a. F.: „§ 50g und die Anlage 3 (zu § 50g) in der am 1. Juli 2013 geltenden Fassung sind erstmals auf Zahlungen anzuwenden, die nach dem 30. Juni 2013 erfolgen."

anderen Mitgliedstaates der Europäischen Union ganz oder teilweise ausgeübt wird.

(4)[1] § 50d Absatz 3 gilt entsprechend.

(5) Entlastungen von der Kapitalertragsteuer für Zinsen und der Steuer auf Grund des § 50a nach einem Abkommen zur Vermeidung der Doppelbesteuerung, die weiter gehen als die nach Absatz 1 gewährten, werden durch Absatz 1 nicht eingeschränkt.

(6) [1]Ist im Fall des Absatzes 1 Satz 1 eines der Unternehmen ein Unternehmen der Schweizerischen Eidgenossenschaft oder ist eine in der Schweizerischen Eidgenossenschaft gelegene Betriebsstätte eines Unternehmens eines anderen Mitgliedstaats der Europäischen Union Gläubiger der Zinsen oder Lizenzgebühren, gelten die Absätze 1 bis 5 entsprechend mit der Maßgabe, dass die Schweizerische Eidgenossenschaft insoweit einem Mitgliedstaat der Europäischen Union gleichgestellt ist. [2]Absatz 3 Nummer 5 Buchstabe a gilt entsprechend mit der Maßgabe, dass ein Unternehmen der Schweizerischen Eidgenossenschaft jedes Unternehmen ist, das

1. eine der folgenden Rechtsformen aufweist:
   – Aktiengesellschaft/société anonyme/società anonima;
   – Gesellschaft mit beschränkter Haftung/société à responsabilité limitée/società a responsabilità limitata;
   – Kommanditaktiengesellschaft/société en commandite par actions/società in accomandita per azioni, und

2. nach dem Steuerrecht der Schweizerischen Eidgenossenschaft dort ansässig ist und nicht nach einem zwischen der Schweizerischen Eidgenossenschaft und einem Staat außerhalb der Europäischen Union geschlossenen Abkommen zur Vermeidung der Doppelbesteuerung von Einkünften für steuerliche Zwecke als außerhalb der Gemeinschaft oder der Schweizerischen Eidgenossenschaft ansässig gilt, und

3. unbeschränkt der schweizerischen Körperschaftsteuer unterliegt, ohne von ihr befreit zu sein.

§ 50h Bestätigung für Zwecke der Entlastung von Quellensteuern in einem anderen Mitgliedstaat der Europäischen Union oder der Schweizerischen Eidgenossenschaft. Auf Antrag hat das Finanzamt, das für die Besteuerung eines Unternehmens der Bundesrepublik Deutschland oder einer dort gelegenen Betriebsstätte eines Unternehmens eines anderen Mitgliedstaats der Europäischen Union im Sinne des § 50g Absatz 3 Nummer 5 oder eines Unternehmens der Schweizerischen Eidgenossenschaft im Sinne des § 50g Absatz 6 Satz 2 zuständig ist, für die Entlastung von der Quellensteuer dieses Staats auf Zinsen oder Lizenzgebühren im Sinne des § 50g zu bescheinigen, dass das empfangende Unternehmen steuerlich im Inland ansässig ist oder die Betriebsstätte im Inland gelegen ist.

---

[1] § 50g Abs. 4 neu gef. durch G v. 2.6.2021 (BGBl. I S. 1259); zur Anwendung von § 50d Abs. 3 siehe § 52 Abs. 47b.

§ 50i[1] Besteuerung bestimmter Einkünfte und Anwendung von Doppelbesteuerungsabkommen. (1)[2] ¹Sind Wirtschaftsgüter des Betriebsvermögens oder sind Anteile im Sinne des § 17

1. vor dem 29. Juni 2013 in das Betriebsvermögen einer Personengesellschaft im Sinne des § 15 Absatz 3 übertragen oder überführt worden,

2. ist eine Besteuerung der stillen Reserven im Zeitpunkt der Übertragung oder Überführung unterblieben, und

3. ist das Recht der Bundesrepublik Deutschland hinsichtlich der Besteuerung des Gewinns aus der Veräußerung oder Entnahme dieser Wirtschaftsgüter oder Anteile ungeachtet der Anwendung dieses Absatzes vor dem 1. Januar 2017 ausgeschlossen oder beschränkt worden,

so ist der Gewinn, den ein Steuerpflichtiger, der im Sinne eines Abkommens zur Vermeidung der Doppelbesteuerung im anderen Vertragsstaat ansässig ist, aus der späteren Veräußerung oder Entnahme dieser Wirtschaftsgüter oder Anteile erzielt, ungeachtet entgegenstehender Bestimmungen des Abkommens zur Vermeidung der Doppelbesteuerung zu versteuern. ²Als Übertragung oder Überführung von Anteilen im Sinne des § 17 in das Betriebsvermögen einer Personengesellschaft gilt auch die Gewährung neuer Anteile an eine Personengesellschaft, die bisher auch eine Tätigkeit im Sinne des § 15 Absatz 1 Satz 1 Nummer 1 ausgeübt hat oder gewerbliche Einkünfte im Sinne des § 15 Absatz 1 Satz 1 Nummer 2 bezogen hat, im Rahmen der Einbringung eines Betriebs oder Teilbetriebs oder eines Mitunternehmeranteils dieser Personengesellschaft in eine Körperschaft nach § 20 des Umwandlungssteuergesetzes, wenn

1. der Einbringungszeitpunkt vor dem 29. Juni 2013 liegt,

2. die Personengesellschaft nach der Einbringung als Personengesellschaft im Sinne des § 15 Absatz 3 fortbesteht und

3. das Recht der Bundesrepublik Deutschland hinsichtlich der Besteuerung des Gewinns aus der Veräußerung oder Entnahme der neuen Anteile ungeachtet der Anwendung dieses Absatzes bereits im Einbringungszeitpunkt ausgeschlossen oder beschränkt ist oder vor dem 1. Januar 2017 ausgeschlossen oder beschränkt worden ist.

³Auch die laufenden Einkünfte aus der Beteiligung an der Personengesellschaft, auf die die in Satz 1 genannten Wirtschaftsgüter oder Anteile übertragen oder überführt oder der im Sinne des Satzes 2 neue Anteile gewährt wurden, sind ungeachtet entgegenstehender Bestimmungen des Abkommens zur Vermeidung der Doppelbesteuerung zu versteuern. ⁴Die Sätze 1 und 3 gelten sinngemäß, wenn Wirtschaftsgüter vor dem 29. Juni 2013 Betriebsvermögen eines Einzelunternehmens oder einer Personengesellschaft geworden sind, die deswegen Einkünfte aus Gewerbebetrieb erzielen, weil der Steuerpflichtige sowohl im überlassenden Betrieb als auch im nutzenden Betrieb allein oder zusammen mit anderen Gesellschaftern einen einheitlichen geschäftlichen

---

[1] § 50i eingef. durch G v. 26.6.2013 (BGBl. I S. 1809); neu gef. durch G v. 25.7.2014 (BGBl. I S. 1266); zur Anwendung siehe § 52 Abs. 48.

[2] § 50i Abs. 1 Satz 1 und 2 neu gef. durch G v. 20.12.2016 (BGBl. I S. 3000).

Betätigungswillen durchsetzen kann und dem nutzenden Betrieb eine wesentliche Betriebsgrundlage zur Nutzung überlässt.[1]

(2)[2] Bei Einbringung nach § 20 des Umwandlungssteuergesetzes sind die Wirtschaftsgüter und Anteile im Sinne des Absatzes 1 abweichend von § 20 Absatz 2 Satz 2 des Umwandlungssteuergesetzes stets mit dem gemeinen Wert anzusetzen, soweit das Recht der Bundesrepublik Deutschland hinsichtlich der Besteuerung des Gewinns aus der Veräußerung der erhaltenen Anteile oder hinsichtlich der mit diesen im Zusammenhang stehenden Anteile im Sinne des § 22 Absatz 7 des Umwandlungssteuergesetzes ausgeschlossen oder beschränkt ist.

§ 50j[3] **Versagung der Entlastung von Kapitalertragsteuern in bestimmten Fällen.** (1) [1]Ein Gläubiger von Kapitalerträgen im Sinne des § 43 Absatz 1 Satz 1 Nummer 1a, die nach einem Abkommen zur Vermeidung der Doppelbesteuerung nicht oder nur nach einem Steuersatz unterhalb des Steuersatzes des § 43a Absatz 1 Satz 1 Nummer 1 besteuert werden, hat ungeachtet dieses Abkommens nur dann Anspruch auf völlige oder teilweise Entlastung nach § 50c Absatz 3, wenn er

1. während der Mindesthaltedauer nach Absatz 2 hinsichtlich der diesen Kapitalerträgen zugrunde liegenden Anteile oder Genussscheine ununterbrochen wirtschaftlicher Eigentümer ist,

2. während der Mindesthaltedauer nach Absatz 2 ununterbrochen das Mindestwertänderungsrisiko nach Absatz 3 trägt und

3. nicht verpflichtet ist, die Kapitalerträge im Sinne des § 43 Absatz 1 Satz 1 Nummer 1a ganz oder überwiegend, unmittelbar oder mittelbar anderen Personen zu vergüten.

[2]Satz 1 gilt entsprechend für Anteile oder Genussscheine, die zu inländischen Kapitalerträgen im Sinne des § 43 Absatz 3 Satz 1 führen und einer Wertpapiersammelbank im Ausland zur Verwahrung anvertraut sind.

(2) [1]Die Mindesthaltedauer umfasst 45 Tage und muss innerhalb eines Zeitraums von 45 Tagen vor und 45 Tagen nach der Fälligkeit der Kapitalerträge erreicht werden. [2]Bei Anschaffungen und Veräußerungen ist zu unterstellen, dass die zuerst angeschafften Anteile oder Genussscheine zuerst veräußert wurden.

(3) [1]Der Gläubiger der Kapitalerträge muss unter Berücksichtigung von gegenläufigen Ansprüchen und Ansprüchen nahe stehender Personen das Risiko aus einem sinkenden Wert der Anteile oder Genussscheine im Umfang von mindestens 70 Prozent tragen (Mindestwertänderungsrisiko). [2]Kein hinreichendes Mindestwertänderungsrisiko liegt insbesondere dann vor, wenn der Gläubiger der Kapitalerträge oder eine ihm nahe stehende Person Kurssiche-

---

[1] Zur Anwendung von Satz 4 siehe § 52 Abs. 48 Satz 3.
[2] § 50i Abs. 2 neu gef. durch G v. 20.12.2016 (BGBl. I S. 3000); zur Anwendung siehe § 52 Abs. 48 Satz 4. Siehe auch BMF v. 5.1.2017 – IV B 5 – S 1300/14/10007, DStR 2017, 157.
[3] § 50j eingef. mWv 1.1.2017 durch G v. 20.12.2016 (BGBl. I S. 3000); Abs. 1 Satz 1 und Abs. 4 Satz 2 Verweise geänd. durch G v. 2.6.2021 (BGBl. I S. 1259).

rungsgeschäfte abgeschlossen hat, die das Wertänderungsrisiko der Anteile oder Genussscheine unmittelbar oder mittelbar um mehr als 30 Prozent mindern.

(4) ^{1}Die Absätze 1 bis 3 sind nur anzuwenden, wenn

1. die Steuer auf die dem Antrag zu Grunde liegenden Kapitalerträge nach einem Abkommen zur Vermeidung der Doppelbesteuerung 15 Prozent des Bruttobetrags der Kapitalerträge im Sinne des § 43 Absatz 1 Satz 1 Nummer la und des Absatzes 1 Satz 2 unterschreitet und

2. es sich nicht um Kapitalerträge handelt, die einer beschränkt steuerpflichtigen Kapitalgesellschaft, die am Nennkapital einer unbeschränkt steuerpflichtigen Kapitalgesellschaft im Sinne des § 1 Absatz 1 Nummer 1 des Körperschaftsteuergesetzes zu mindestens einem Zehntel unmittelbar beteiligt ist und im Staat ihrer Ansässigkeit den Steuern vom Einkommen oder Gewinn unterliegt, ohne davon befreit zu sein, von der unbeschränkt steuerpflichtigen Kapitalgesellschaft zufließen.

^{2}Die Absätze 1 bis 3 sind nicht anzuwenden, wenn der Gläubiger der Kapitalerträge im Sinne des § 43 Absatz 1 Satz 1 Nummer 1a und des Absatzes 1 Satz 2 bei Zufluss seit mindestens einem Jahr ununterbrochen wirtschaftlicher Eigentümer der Aktien oder Genussscheine ist; Absatz 2 Satz 2 gilt entsprechend.

(5) Bestimmungen eines Abkommens zur Vermeidung der Doppelbesteuerung, § 42 der Abgabenordnung und andere steuerliche Vorschriften bleiben unberührt, soweit sie jeweils die Entlastung in einem weitergehenden Umfang einschränken.

§ 51 Ermächtigungen. (1) Die Bundesregierung wird ermächtigt, mit Zustimmung des Bundesrates

1. zur Durchführung dieses Gesetzes Rechtsverordnungen zu erlassen, soweit dies zur Wahrung der Gleichmäßigkeit bei der Besteuerung, zur Beseitigung von Unbilligkeiten in Härtefällen, zur Steuerfreistellung des Existenzminimums oder zur Vereinfachung des Besteuerungsverfahrens erforderlich ist, und zwar:

   a) über die Abgrenzung der Steuerpflicht, die Beschränkung der Steuererklärungspflicht auf die Fälle, in denen eine Veranlagung in Betracht
   kommt, über die den Einkommensteuererklärungen beizufügenden Unterlagen und über die Beistandspflichten Dritter;

   b) über die Ermittlung der Einkünfte und die Feststellung des Einkommens einschließlich der abzugsfähigen Beträge;

   c) über die Höhe von besonderen Betriebsausgaben-Pauschbeträgen für Gruppen von Betrieben, bei denen hinsichtlich der Besteuerungsgrundlagen annähernd gleiche Verhältnisse vorliegen, wenn der Steuerpflichtige Einkünfte aus Gewerbebetrieb (§ 15) oder selbständiger Arbeit (§ 18) erzielt, in Höhe eines Prozentsatzes der Umsätze im Sinne des § 1 Absatz 1 Nummer 1 des Umsatzsteuergesetzes; Umsätze aus der Veräußerung von Wirtschaftsgütern des Anlagevermögens sind nicht zu berücksichtigen. [2] Einen besonderen Betriebsausgaben-Pauschbetrag dürfen nur Steuerpflichtige in Anspruch nehmen, die ihren Gewinn durch Einnahme-Überschussrechnung nach § 4 Absatz 3 ermitteln. [3] Bei der Festlegung der Höhe des besonderen Betriebsausgaben-Pauschbetrags ist der Zuordnung der Betriebe entsprechend der Klassifikation der Wirtschaftszweige, Fassung für Steuerstatistiken, Rechnung zu tragen. [4] Bei der Ermittlung der besonderen Betriebsausgaben-Pauschbeträge sind alle Betriebsausgaben mit Ausnahme der an das Finanzamt gezahlten Umsatzsteuer zu berücksichtigen. [5] Bei der Veräußerung oder Entnahme von Wirtschaftsgütern des Anlagevermögens sind die Anschaffungs- oder Herstellungskosten, vermindert um die Absetzungen für Abnutzung nach § 7 Absatz 1 oder 4 sowie die Veräußerungskosten neben dem besonderen Betriebsausgaben-Pauschbetrag abzugsfähig. [6] Der Steuerpflichtige kann im folgenden Veranlagungszeitraum zur Ermittlung der tatsächlichen Betriebsausgaben übergehen. [7] Wechselt der Steuerpflichtige zur Ermittlung der tatsächlichen Betriebsausgaben, sind die abnutzbaren Wirtschaftsgüter des Anlagevermögens mit ihren Anschaffungs- oder Herstellungskosten, vermindert um die Absetzungen für Abnutzung nach § 7 Absatz 1 oder 4, in ein laufend zu führendes Verzeichnis aufzunehmen. [8] § 4 Absatz 3 Satz 5 bleibt unberührt. [9] Nach dem Wechsel zur Ermittlung der tatsächlichen Betriebsausgaben ist eine erneute Inanspruchnahme des besonderen Betriebsausgaben-Pauschbetrags erst nach Ablauf der folgenden vier Veranlagungszeiträume zulässig; die §§ 140 und 141 der Abgabenordnung bleiben unberührt;

    d) über die Veranlagung, die Anwendung der Tarifvorschriften und die Regelung der Steuerentrichtung einschließlich der Steuerabzüge;

    e) über die Besteuerung der beschränkt Steuerpflichtigen einschließlich eines Steuerabzugs;

    f) [1] *(aufgehoben)*

2. Vorschriften durch Rechtsverordnung zu erlassen

    a) über die sich aus der Aufhebung oder Änderung von Vorschriften dieses Gesetzes ergebenden Rechtsfolgen, soweit dies zur Wahrung der Gleichmäßigkeit bei der Besteuerung oder zur Beseitigung von Unbilligkeiten in Härtefällen erforderlich ist;

    b) (weggefallen)

    c) [2] über den Nachweis von Zuwendungen im Sinne des § 10b einschließlich erleichterter Nachweisanforderungen;

    d) über Verfahren, die in den Fällen des § 38 Absatz 1 *Satz 1* [3] Nummer 2 den Steueranspruch der Bundesrepublik Deutschland sichern oder die sicherstellen, dass bei Befreiungen im Ausland ansässiger Leiharbeitneh-

---

[1] Zu § 51 Abs. 1 Nr. 1 Buchst. f siehe SteuerhinterziehungsbekämpfungsVO v. 18.9.2009 (BGBl. I S. 3046), aufgeh. mWv 1.7.2021 durch G v. 25.6.2021 (BGBl. I S. 2056); demzuf. Buchst. f aufgeh. mWv 1.7.2021 durch G v. 25.6.2021 (BGBl. I S. 2056).
[2] § 51 Abs. 1 Nr. 2 Buchst. c geänd. durch G v. 1.11.2011 (BGBl. I S. 2131).
[3] Red. Anm.: „Satz 1" müsste zur Vollständigkeit des Verweises eingefügt werden.

mer von der Steuer der Bundesrepublik Deutschland auf Grund von Abkommen zur Vermeidung der Doppelbesteuerung die ordnungsgemäße Besteuerung im Ausland gewährleistet ist. ²Hierzu kann nach Maßgabe zwischenstaatlicher Regelungen bestimmt werden, dass

    aa) der Entleiher in dem hierzu notwendigen Umfang an derartigen Verfahren mitwirkt,

    bb) er sich im Haftungsverfahren nicht auf die Freistellungsbestimmungen des Abkommens berufen kann, wenn er seine Mitwirkungspflichten verletzt;

e) bis m) (weggefallen)

n) über Sonderabschreibungen

    aa) im Tiefbaubetrieb des Steinkohlen-, Pechkohlen-, Braunkohlen- und Erzbergbaues bei Wirtschaftsgütern des Anlagevermögens unter Tage und bei bestimmten mit dem Grubenbetrieb unter Tage in unmittelbarem Zusammenhang stehenden, der Förderung, Seilfahrt, Wasserhaltung und Wetterführung sowie der Aufbereitung des Minerals dienenden Wirtschaftsgütern des Anlagevermögens über Tage, soweit die Wirtschaftsgüter für die Errichtung von neuen Förderschachtanlagen, auch in Form von Anschlussschachtanlagen,

    für die Errichtung neuer Schächte sowie die Erweiterung des Grubengebäudes und den durch Wasserzuflüsse aus stillliegenden Anlagen bedingten Ausbau der Wasserhaltung bestehender Schachtanlagen,

    für Rationalisierungsmaßnahmen in der Hauptschacht-, Blindschacht-, Strecken- und Abbauförderung, im Streckenvortrieb, in der Gewinnung, Seilfahrt, Wetterführung und Wasserhaltung sowie in der Aufbereitung,

    für die Zusammenfassung von mehreren Förderschachtanlagen zu einer einheitlichen Förderschachtanlage und

    für den Wiederaufschluss stillliegender Grubenfelder und Feldesteile,

    bb) im Tagebaubetrieb des Braunkohlen- und Erzbergbaues bei bestimmten Wirtschaftsgütern des beweglichen Anlagevermögens (Grubenaufschluss, Entwässerungsanlagen, Großgeräte sowie Einrichtungen des Grubenrettungswesens und der ersten Hilfe und im Erzbergbau auch Aufbereitungsanlagen), die

    für die Erschließung neuer Tagebaue, auch in Form von Anschlusstagebauen, für Rationalisierungsmaßnahmen bei laufenden Tagebauen,

    beim Übergang zum Tieftagebau für die Freilegung und Gewinnung der Lagerstätte und

    für die Wiederinbetriebnahme stillgelegter Tagebaue

von Steuerpflichtigen, die den Gewinn nach § 5 ermitteln, vor dem 1. Januar 1990 angeschafft oder hergestellt werden. ²Die Sonderabschreibungen können bereits für Anzahlungen auf Anschaffungskosten und für Teilherstellungskosten zugelassen werden. ³Hat der Steuerpflichtige vor dem 1. Januar 1990 die Wirtschaftsgüter bestellt oder mit ihrer Herstellung begonnen, so können die Sonderabschreibungen auch für nach dem

31. Dezember 1989 und vor dem 1. Januar 1991 angeschaffte oder hergestellte Wirtschaftsgüter sowie für vor dem 1. Januar 1991 geleistete Anzahlungen auf Anschaffungskosten und entstandene Teilherstellungskosten in Anspruch genommen werden. [4] Voraussetzung für die Inanspruchnahme der Sonderabschreibungen ist, dass die Förderungswürdigkeit der bezeichneten Vorhaben von der obersten Landesbehörde für Wirtschaft im Einvernehmen mit dem Bundesministerium für Wirtschaft und Energie[1]) bescheinigt worden ist. [5] Die Sonderabschreibungen können im Wirtschaftsjahr der Anschaffung oder Herstellung und in den vier folgenden Wirtschaftsjahren in Anspruch genommen werden, und zwar bei beweglichen Wirtschaftsgütern des Anlagevermögens bis zu insgesamt 50 Prozent, bei unbeweglichen Wirtschaftsgütern des Anlagevermögens bis zu insgesamt 30 Prozent der Anschaffungs- oder Herstellungskosten. [6] Bei den begünstigten Vorhaben im Tagebaubetrieb des Braunkohlen- und Erzbergbaues kann außerdem zugelassen werden, dass die vor dem 1. Januar 1991 aufgewendeten Kosten für den Vorabraum bis zu 50 Prozent als sofort abzugsfähige Betriebsausgaben behandelt werden;

o) (weggefallen)

p) über die Bemessung der Absetzungen für Abnutzung oder Substanzverringerung bei nicht zu einem Betriebsvermögen gehörenden Wirtschaftsgütern, die vor dem 21. Juni 1948 angeschafft oder hergestellt oder die unentgeltlich erworben sind. [2] Hierbei kann bestimmt werden, dass die Absetzungen für Abnutzung oder Substanzverringerung nicht nach den Anschaffungs- oder Herstellungskosten, sondern nach Hilfswerten (am 21. Juni 1948 maßgebender Einheitswert, Anschaffungs- oder Herstellungskosten des Rechtsvorgängers abzüglich der von ihm vorgenommenen Absetzungen, fiktive Anschaffungskosten an einem noch zu bestimmenden Stichtag) zu bemessen sind. [3] Zur Vermeidung von Härten kann zugelassen werden, dass anstelle der Absetzungen für Abnutzung, die nach dem am 21. Juni 1948 maßgebenden Einheitswert zu bemessen sind, der Betrag abgezogen wird, der für das Wirtschaftsgut in dem Veranlagungszeitraum 1947 als Absetzung für Abnutzung geltend gemacht werden konnte. [4] Für das Land Berlin tritt in den Sätzen 1 bis 3 an die Stelle des 21. Juni 1948 jeweils der 1. April 1949;

q) über erhöhte Absetzungen bei Herstellungskosten

    aa) für Maßnahmen, die für den Anschluss eines im Inland belegenen Gebäudes an eine Fernwärmeversorgung einschließlich der Anbindung an das Heizsystem erforderlich sind, wenn die Fernwärmeversorgung überwiegend aus Anlagen der Kraft-Wärme-Kopplung, zur Verbrennung von Müll oder zur Verwertung von Abwärme gespeist wird,

    bb) für den Einbau von Wärmepumpenanlagen, Solaranlagen und Anlagen zur Wärmerückgewinnung in einem im Inland belegenen Gebäude einschließlich der Anbindung an das Heizsystem,

---

1) Bezeichnung geänd. durch VO v. 31.8.2015 (BGBl. I S. 1474).

cc) für die Errichtung von Windkraftanlagen, wenn die mit diesen Anlagen erzeugte Energie überwiegend entweder unmittelbar oder durch Verrechnung mit Elektrizitätsbezügen des Steuerpflichtigen von einem Elektrizitätsversorgungsunternehmen zur Versorgung eines im Inland belegenen Gebäudes des Steuerpflichtigen verwendet wird, einschließlich der Anbindung an das Versorgungssystem des Gebäudes,

dd) für die Errichtung von Anlagen zur Gewinnung von Gas, das aus pflanzlichen oder tierischen Abfallstoffen durch Gärung unter Sauerstoffabschluss entsteht, wenn dieses Gas zur Beheizung eines im Inland belegenen Gebäudes des Steuerpflichtigen oder zur Warmwasserbereitung in einem solchen Gebäude des Steuerpflichtigen verwendet wird, einschließlich der Anbindung an das Versorgungssystem des Gebäudes,

ee) für den Einbau einer Warmwasseranlage zur Versorgung von mehr als einer Zapfstelle und einer zentralen Heizungsanlage oder bei einer zentralen Heizungs- und Warmwasseranlage für den Einbau eines Heizkessels, eines Brenners, einer zentralen Steuerungseinrichtung, einer Wärmeabgabeeinrichtung und eine Änderung der Abgasanlage in einem im Inland belegenen Gebäude oder in einer im Inland belegenen Eigentumswohnung, wenn mit dem Einbau nicht vor Ablauf von zehn Jahren seit Fertigstellung dieses Gebäudes begonnen worden ist und der Einbau nach dem 30. Juni 1985 fertiggestellt worden ist; Entsprechendes gilt für Anschaffungskosten für neue Einzelöfen, wenn keine Zentralheizung vorhanden ist.

² Voraussetzung für die Gewährung der erhöhten Absetzungen ist, dass die Maßnahmen vor dem 1. Januar 1992 fertiggestellt worden sind; in den Fällen des Satzes 1 Doppelbuchstabe aa müssen die Gebäude vor dem 1. Juli 1983 fertiggestellt worden sein, es sei denn, dass der Anschluss nicht schon im Zusammenhang mit der Errichtung des Gebäudes möglich war. ³ Die erhöhten Absetzungen dürfen jährlich 10 Prozent der Aufwendungen nicht übersteigen. ⁴ Sie dürfen nicht gewährt werden, wenn für dieselbe Maßnahme eine Investitionszulage in Anspruch genommen wird. ⁵ Sind die Aufwendungen Erhaltungsaufwand und entstehen sie bei einer zu eigenen Wohnzwecken genutzten Wohnung im eigenen Haus, für die der Nutzungswert nicht mehr besteuert wird, und liegen in den Fällen des Satzes 1 Doppelbuchstabe aa die Voraussetzungen des Satzes 2 zweiter Halbsatz vor, so kann der Abzug dieser Aufwendungen wie Sonderausgaben mit gleichmäßiger Verteilung auf das Kalenderjahr, in dem die Arbeiten abgeschlossen worden sind, und die neun folgenden Kalenderjahre zugelassen werden, wenn die Maßnahme vor dem 1. Januar 1992 abgeschlossen worden ist;

r) nach denen Steuerpflichtige größere Aufwendungen

aa) für die Erhaltung von nicht zu einem Betriebsvermögen gehörenden Gebäuden, die überwiegend Wohnzwecken dienen,

bb) zur Erhaltung eines Gebäudes in einem förmlich festgelegten Sanierungsgebiet oder städtebaulichen Entwicklungsbereich, die für Maßnahmen im Sinne des § 177 des Baugesetzbuchs sowie für bestimmte

Maßnahmen, die der Erhaltung, Erneuerung und funktionsgerechten Verwendung eines Gebäudes dienen, das wegen seiner geschichtlichen, künstlerischen oder städtebaulichen Bedeutung erhalten bleiben soll, und zu deren Durchführung sich der Eigentümer neben bestimmten Modernisierungsmaßnahmen gegenüber der Gemeinde verpflichtet hat, aufgewendet worden sind,

cc) zur Erhaltung von Gebäuden, die nach den jeweiligen landesrechtlichen Vorschriften Baudenkmale sind, soweit die Aufwendungen nach Art und Umfang zur Erhaltung des Gebäudes als Baudenkmal und zu seiner sinnvollen Nutzung erforderlich sind,

auf zwei bis fünf Jahre gleichmäßig verteilen können. [2]In den Fällen der Doppelbuchstaben bb und cc ist Voraussetzung, dass der Erhaltungsaufwand vor dem 1. Januar 1990 entstanden ist. [3]In den Fällen von Doppelbuchstabe cc sind die Denkmaleigenschaft des Gebäudes und die Voraussetzung, dass die Aufwendungen nach Art und Umfang zur Erhaltung des Gebäudes als Baudenkmal und zu seiner sinnvollen Nutzung erforderlich sind, durch eine Bescheinigung der nach Landesrecht zuständigen oder von der Landesregierung bestimmten Stelle nachzuweisen;

s) nach denen bei Anschaffung oder Herstellung von abnutzbaren beweglichen und bei Herstellung von abnutzbaren unbeweglichen Wirtschaftsgütern des Anlagevermögens auf Antrag ein Abzug von der Einkommensteuer für den Veranlagungszeitraum der Anschaffung oder Herstellung bis zur Höhe von 7,5 Prozent der Anschaffungs- oder Herstellungskosten dieser Wirtschaftsgüter vorgenommen werden kann, wenn eine Störung des gesamtwirtschaftlichen Gleichgewichts eingetreten ist oder sich abzeichnet, die eine nachhaltige Verringerung der Umsätze oder der Beschäftigung zur Folge hatte oder erwarten lässt, insbesondere bei einem erheblichen Rückgang der Nachfrage nach Investitionsgütern oder Bauleistungen. [2]Bei der Bemessung des von der Einkommensteuer abzugsfähigen Betrags dürfen nur berücksichtigt werden

aa) die Anschaffungs- oder Herstellungskosten von beweglichen Wirtschaftsgütern, die innerhalb eines jeweils festzusetzenden Zeitraums, der ein Jahr nicht übersteigen darf (Begünstigungszeitraum), angeschafft oder hergestellt werden,

bb) die Anschaffungs- oder Herstellungskosten von beweglichen Wirtschaftsgütern, die innerhalb des Begünstigungszeitraums bestellt und angezahlt werden oder mit deren Herstellung innerhalb des Begünstigungszeitraums begonnen wird, wenn sie innerhalb eines Jahres, bei Schiffen innerhalb zweier Jahre nach Ablauf des Begünstigungszeitraums geliefert oder fertiggestellt werden. [2]Soweit bewegliche Wirtschaftsgüter im Sinne des Satzes 1 mit Ausnahme von Schiffen nach Ablauf eines Jahres, aber vor Ablauf zweier Jahre nach dem Ende des Begünstigungszeitraums geliefert oder fertiggestellt werden, dürfen bei Bemessung des Abzugs von der Einkommensteuer die bis zum Ablauf eines Jahres nach dem Ende des Begünstigungszeitraums aufgewendeten Anzahlungen und Teilherstellungskosten berücksichtigt werden, cc) die Herstellungskosten von Gebäuden, bei denen innerhalb des Begünstigungszeitraums der Antrag auf Baugenehmigung gestellt wird, wenn sie bis zum Ablauf von zwei Jahren nach dem Ende des Begünstigungszeitraums fertiggestellt werden;

dabei scheiden geringwertige Wirtschaftsgüter im Sinne des § 6 Absatz 2 und Wirtschaftsgüter, die in gebrauchtem Zustand erworben werden, aus. ³Von der Begünstigung können außerdem Wirtschaftsgüter ausgeschlossen werden, für die Sonderabschreibungen, erhöhte Absetzungen oder die Investitionszulage nach § 19 des Berlinförderungsgesetzes in Anspruch genommen werden. ⁴In den Fällen des Satzes 2 Doppelbuchstabe bb und cc können bei Bemessung des von der Einkommensteuer abzugsfähigen Betrags bereits die im Begünstigungszeitraum, im Fall des Satzes 2 Doppelbuchstabe bb Satz 2 auch die bis zum Ablauf eines Jahres nach dem Ende des Begünstigungszeitraums aufgewendeten Anzahlungen und Teilherstellungskosten berücksichtigt werden; der Abzug von der Einkommensteuer kann insoweit schon für den Veranlagungszeitraum vorgenommen werden, in dem die Anzahlungen oder Teilherstellungskosten aufgewendet worden sind. ⁵Übersteigt der von der Einkommensteuer abzugsfähige Betrag die für den Veranlagungszeitraum der Anschaffung oder Herstellung geschuldete Einkommensteuer, so kann der übersteigende Betrag von der Einkommensteuer für den darauf folgenden Veranlagungszeitraum abgezogen werden. ⁶Entsprechendes gilt, wenn in den Fällen des Satzes 2 Doppelbuchstabe bb und cc der Abzug von der Einkommensteuer bereits für Anzahlungen oder Teilherstellungskosten geltend gemacht wird. ⁷Der Abzug von der Einkommensteuer darf jedoch die für den Veranlagungszeitraum der Anschaffung oder Herstellung und den folgenden Veranlagungszeitraum insgesamt zu entrichtende Einkommensteuer nicht übersteigen. ⁸In den Fällen des Satzes 2 Doppelbuchstabe bb Satz 2 gilt dies mit der Maßgabe, dass an die Stelle des Veranlagungszeitraums der Anschaffung oder Herstellung der Veranlagungszeitraum tritt, in dem zuletzt Anzahlungen oder Teilherstellungskosten aufgewendet worden sind. ⁹Werden begünstigte Wirtschaftsgüter von Gesellschaften im Sinne des § 15 Absatz 1 Satz 1 Nummer 2 und 3 angeschafft oder hergestellt, so ist der abzugsfähige Betrag nach dem Verhältnis der Gewinnanteile einschließlich der Vergütungen aufzuteilen. ¹⁰Die Anschaffungs- oder Herstellungskosten der Wirtschaftsgüter, die bei Bemessung des von der Einkommensteuer abzugsfähigen Betrags berücksichtigt worden sind, werden durch den Abzug von der Einkommensteuer nicht gemindert. ¹¹Rechtsverordnungen auf Grund dieser Ermächtigung bedürfen der Zustimmung des Bundestages. ¹²Die Zustimmung gilt als erteilt, wenn der Bundestag nicht binnen vier Wochen nach Eingang der Vorlage der Bundesregierung die Zustimmung verweigert hat;

t) (weggefallen)

u) über Sonderabschreibungen bei abnutzbaren Wirtschaftsgütern des Anlagevermögens, die der Forschung oder Entwicklung dienen und nach dem 18. Mai 1983 und vor dem 1. Januar 1990 angeschafft oder hergestellt werden. ²Voraussetzung für die Inanspruchnahme der Sonderabschreibungen ist, dass die beweglichen Wirtschaftsgüter ausschließlich und die unbeweglichen Wirtschaftsgüter zu mehr als 33^1/$_3$ Prozent der Forschung oder Entwicklung dienen. ^{3}Die Sonderabschreibungen können auch für Ausbauten und Erweiterungen an bestehenden Gebäuden, Gebäudeteilen, Eigentumswohnungen oder im Teileigentum stehenden Räumen zugelassen werden, wenn die ausgebauten oder neu hergestellten Gebäudeteile zu mehr als 33^1/$_3$ Prozent der Forschung oder Entwicklung dienen. ^{4}Die Wirtschaftsgüter dienen der Forschung oder Entwicklung, wenn sie verwendet werden

aa) zur Gewinnung von neuen wissenschaftlichen oder technischen Erkenntnissen und Erfahrungen allgemeiner Art (Grundlagenforschung) oder

bb) zur Neuentwicklung von Erzeugnissen oder Herstellungsverfahren oder

cc) zur Weiterentwicklung von Erzeugnissen oder Herstellungsverfahren, soweit wesentliche Änderungen dieser Erzeugnisse oder Verfahren entwickelt werden.

^{5}Die Sonderabschreibungen können im Wirtschaftsjahr der Anschaffung oder Herstellung und in den vier folgenden Wirtschaftsjahren in Anspruch genommen werden, und zwar

aa) bei beweglichen Wirtschaftsgütern des Anlagevermögens bis zu insgesamt 40 Prozent,

bb) bei unbeweglichen Wirtschaftsgütern des Anlagevermögens, die zu mehr als 66^2/$_3$ Prozent der Forschung oder Entwicklung dienen, bis zu insgesamt 15 Prozent, die nicht zu mehr als 66^2/$_3$ Prozent, aber zu mehr als 33^1/$_3$ Prozent der Forschung oder Entwicklung dienen, bis zu insgesamt 10 Prozent,

cc) bei Ausbauten und Erweiterungen an bestehenden Gebäuden, Gebäudeteilen, Eigentumswohnungen oder im Teileigentum stehenden Räumen, wenn die ausgebauten oder neu hergestellten Gebäudeteile zu mehr als 66^2/$_3$ Prozent der Forschung oder Entwicklung dienen, bis zu insgesamt 15 Prozent, zu nicht mehr als 66^2/$_3$ Prozent, aber zu mehr als 33^1/$_3$ Prozent der Forschung oder Entwicklung dienen, bis zu insgesamt 10 Prozent

der Anschaffungs- oder Herstellungskosten. ^{6}Sie können bereits für Anzahlungen auf Anschaffungskosten und für Teilherstellungskosten zugelassen werden. ^{7}Die Sonderabschreibungen sind nur unter der Bedingung zuzulassen, dass die Wirtschaftsgüter und die ausgebauten oder neu hergestellten Gebäudeteile mindestens drei Jahre nach ihrer Anschaffung oder Herstellung in dem erforderlichen Umfang der Forschung oder Entwicklung in einer inländischen Betriebsstätte des Steuerpflichtigen dienen;

v) (weggefallen)

w) über Sonderabschreibungen bei Handelsschiffen, die auf Grund eines vor dem 25. April 1996 abgeschlossenen Schiffbauvertrags hergestellt, in einem inländischen Seeschiffsregister eingetragen und vor dem 1. Januar 1999 von Steuerpflichtigen angeschafft oder hergestellt worden sind, die den Gewinn nach § 5 ermitteln. [2]Im Fall der Anschaffung eines Handelsschiffes ist weitere Voraussetzung, dass das Schiff vor dem 1. Januar 1996 in ungebrauchtem Zustand vom Hersteller oder nach dem 31. Dezember 1995 auf Grund eines vor dem 25. April 1996 abgeschlossenen Kaufvertrags bis zum Ablauf des vierten auf das Jahr der Fertigstellung folgenden Jahres erworben worden ist. [3]Bei Steuerpflichtigen, die in eine Gesellschaft im Sinne des § 15 Absatz 1 Satz 1 Nummer 2 und Absatz 3 nach Abschluss des Schiffbauvertrags (Unterzeichnung des Hauptvertrags) eingetreten sind, dürfen Sonderabschreibungen nur zugelassen werden, wenn sie der Gesellschaft vor dem 1. Januar 1999 beitreten. [4]Die Sonderabschreibungen können im Wirtschaftsjahr der Anschaffung oder Herstellung und in den vier folgenden Wirtschaftsjahren bis zu insgesamt 40 Prozent der Anschaffungs- oder Herstellungskosten in Anspruch genommen werden. [5]Sie können bereits für Anzahlungen auf Anschaffungskosten und für Teilherstellungskosten zugelassen werden. [6]Die Sonderabschreibungen sind nur unter der Bedingung zuzulassen, dass die Handelsschiffe innerhalb eines Zeitraums von acht Jahren nach ihrer Anschaffung oder Herstellung nicht veräußert werden; für Anteile an einem Handelsschiff gilt dies entsprechend. [7]Die Sätze 1 bis 6 gelten für Schiffe, die der Seefischerei dienen, entsprechend. [8]Für Luftfahrzeuge, die vom Steuerpflichtigen hergestellt oder in ungebrauchtem Zustand vom Hersteller erworben worden sind und die zur gewerbsmäßigen Beförderung von Personen oder Sachen im internationalen Luftverkehr oder zur Verwendung zu sonstigen gewerblichen Zwecken im Ausland bestimmt sind, gelten die Sätze 1 bis 4 und 6 mit der Maßgabe entsprechend, dass an die Stelle der Eintragung in ein inländisches Seeschiffsregister die Eintragung in die deutsche Luftfahrzeugrolle, an die Stelle des Höchstsatzes von 40 Prozent ein Höchstsatz von 30 Prozent und bei der Vorschrift des Satzes 6 an die Stelle des Zeitraums von acht Jahren ein Zeitraum von sechs Jahren treten;

x) über erhöhte Absetzungen bei Herstellungskosten für Modernisierungs- und Instandsetzungsmaßnahmen im Sinne des § 177 des Baugesetzbuchs sowie für bestimmte Maßnahmen, die der Erhaltung, Erneuerung und funktionsgerechten Verwendung eines Gebäudes dienen, das wegen seiner geschichtlichen, künstlerischen oder städtebaulichen Bedeutung erhalten bleiben soll, und zu deren Durchführung sich der Eigentümer neben bestimmten Modernisierungsmaßnahmen gegenüber der Gemeinde verpflichtet hat, die für Gebäude in einem förmlich festgelegten Sanierungsgebiet oder städtebaulichen Entwicklungsbereich aufgewendet worden sind; Voraussetzung ist, dass die Maßnahmen vor dem 1. Januar 1991 abgeschlossen worden sind. [2]Die erhöhten Absetzungen dürfen jährlich 10 Prozent der Aufwendungen nicht übersteigen;

y) über erhöhte Absetzungen für Herstellungskosten an Gebäuden, die nach den jeweiligen landesrechtlichen Vorschriften Baudenkmale sind, soweit die Aufwendungen nach Art und Umfang zur Erhaltung des Gebäudes als Baudenkmal und zu seiner sinnvollen Nutzung erforderlich sind; Voraussetzung ist, dass die Maßnahmen vor dem 1. Januar 1991 abgeschlossen worden sind. [2]Die Denkmaleigenschaft des Gebäudes und die Voraussetzung, dass die Aufwendungen nach Art und Umfang zur Erhaltung des Gebäudes als Baudenkmal und zu seiner sinnvollen Nutzung erforderlich sind, sind durch eine Bescheinigung der nach Landesrecht zuständigen oder von der Landesregierung bestimmten Stelle nachzuweisen. [3]Die erhöhten Absetzungen dürfen jährlich 10 Prozent der Aufwendungen nicht übersteigen;

3. die in § 4a Absatz 1 Satz 2 Nummer 1, § 10 Absatz 5, § 22 Nummer 1 Satz 3 Buchstabe a, § 26a Absatz 3, § 34c Absatz 7, § 46 Absatz 5 und § 50a Absatz 6 vorgesehenen Rechtsverordnungen zu erlassen.

(2) [1]Die Bundesregierung wird ermächtigt, durch Rechtsverordnung Vorschriften zu erlassen, nach denen die Inanspruchnahme von Sonderabschreibungen und erhöhten Absetzungen sowie die Bemessung der Absetzung für Abnutzung in fallenden Jahresbeträgen ganz oder teilweise ausgeschlossen werden können, wenn eine Störung des gesamtwirtschaftlichen Gleichgewichts eingetreten ist oder sich abzeichnet, die erhebliche Preissteigerungen mit sich gebracht hat oder erwarten lässt, insbesondere, wenn die Inlandsnachfrage nach Investitionsgütern oder Bauleistungen das Angebot wesentlich übersteigt. [2]Die Inanspruchnahme von Sonderabschreibungen und erhöhten Absetzungen sowie die Bemessung der Absetzung für Abnutzung in fallenden Jahresbeträgen darf nur ausgeschlossen werden

1. für bewegliche Wirtschaftsgüter, die innerhalb eines jeweils festzusetzenden Zeitraums, der frühestens mit dem Tage beginnt, an dem die Bundesregierung ihren Beschluss über die Verordnung bekannt gibt, und der ein Jahr nicht übersteigen darf, angeschafft oder hergestellt werden. [2]Für bewegliche Wirtschaftsgüter, die vor Beginn dieses Zeitraums bestellt und angezahlt worden sind oder mit deren Herstellung vor Beginn dieses Zeitraums angefangen worden ist, darf jedoch die Inanspruchnahme von Sonderabschreibungen und erhöhten Absetzungen sowie die Bemessung der Absetzung für Abnutzung in fallenden Jahresbeträgen nicht ausgeschlossen werden;

2. für bewegliche Wirtschaftsgüter und für Gebäude, die in dem in Nummer 1 bezeichneten Zeitraum bestellt werden oder mit deren Herstellung in diesem Zeitraum begonnen wird. [2]Als Beginn der Herstellung gilt bei Gebäuden der Zeitpunkt, in dem der Antrag auf Baugenehmigung gestellt wird.

[3]Rechtsverordnungen auf Grund dieser Ermächtigung bedürfen der Zustimmung des Bundestages und des Bundesrates. [4]Die Zustimmung gilt als erteilt, wenn der Bundesrat nicht binnen drei Wochen, der Bundestag nicht binnen vier Wochen nach Eingang der Vorlage der Bundesregierung die Zustimmung verweigert hat.

(3) [1]Die Bundesregierung wird ermächtigt, durch Rechtsverordnung mit Zustimmung des Bundesrates Vorschriften zu erlassen, nach denen die Einkommensteuer einschließlich des Steuerabzugs vom Arbeitslohn, des Steuerabzugs vom Kapitalertrag und des Steuerabzugs bei beschränkt Steuerpflichtigen

1. um höchstens 10 Prozent herabgesetzt werden kann. [2]Der Zeitraum, für den die Herabsetzung gilt, darf ein Jahr nicht übersteigen; er soll sich mit dem Kalenderjahr decken. [3]Voraussetzung ist, dass eine Störung des ge-

samtwirtschaftlichen Gleichgewichts eingetreten ist oder sich abzeichnet, die eine nachhaltige Verringerung der Umsätze oder der Beschäftigung zur Folge hatte oder erwarten lässt, insbesondere bei einem erheblichen Rückgang der Nachfrage nach Investitionsgütern und Bauleistungen oder Verbrauchsgütern;

2. um höchstens 10 Prozent erhöht werden kann. ²Der Zeitraum, für den die Erhöhung gilt, darf ein Jahr nicht übersteigen; er soll sich mit dem Kalenderjahr decken. ³Voraussetzung ist, dass eine Störung des gesamtwirtschaftlichen Gleichgewichts eingetreten ist oder sich abzeichnet, die erhebliche Preissteigerungen mit sich gebracht hat oder erwarten lässt, insbesondere, wenn die Nachfrage nach Investitionsgütern und Bauleistungen oder Verbrauchsgütern das Angebot wesentlich übersteigt.

²Rechtsverordnungen auf Grund dieser Ermächtigung bedürfen der Zustimmung des Bundestages.

(4)¹⁾ Das Bundesministerium der Finanzen wird ermächtigt,

1. im Einvernehmen mit den obersten Finanzbehörden der Länder die Vordrucke für

  a) (weggefallen)

  b) die Erklärungen zur Einkommensbesteuerung,

  c) die Anträge nach § 38b Absatz 2, nach § 39a Absatz 2, in dessen Vordrucke der Antrag nach § 39f einzubeziehen ist, die Anträge nach § 39a Absatz 4 sowie die Anträge zu den elektronischen Lohnsteuerabzugsmerkmalen (§ 38b Absatz 3 und § 39e Absatz 6 Satz 7),

  d) die Lohnsteuer-Anmeldung (§ 41a Absatz 1),

  e) die Anmeldung der Kapitalertragsteuer (§ 45a Absatz 1) und den Freistellungsauftrag nach § 44a Absatz 2 Satz 1 Nummer 1,

  f) die Anmeldung des Abzugsbetrags (§ 48a),

  g) die Erteilung der Freistellungsbescheinigung (§ 48b),

  h) die Anmeldung der Abzugsteuer (§ 50a Absatz 7)

  i) *die Entlastung von der Kapitalertragsteuer und vom Steuerabzug nach § 50a auf Grund von Abkommen zur Vermeidung der Doppelbesteuerung*

  und die Muster der Bescheinigungen für den Lohnsteuerabzug nach § 39 Absatz 3 und § 39e Absatz 7 Satz 5, des Ausdrucks der elektronischen Lohnsteuerbescheinigung (§ 41b Absatz 1), das Muster der Lohnsteuerbescheinigung nach § 41b Absatz 3 Satz 1, der Anträge auf Erteilung einer Bescheinigung für den Lohnsteuerabzug nach § 39 Absatz 3 und § 39e Absatz 7 Satz 1 sowie der in § 45a Absatz 2 und 3 vorgesehenen Bescheinigungen zu bestimmen;

1a. im Einvernehmen mit den obersten Finanzbehörden der Länder auf der Basis der §§ 32a und 39b einen Programmablaufplan für die Herstellung

---

¹⁾ § 51 Abs. 4 Nr. 1 Buchst. c neu gef., Satzteil nach Buchst. i neu gef. durch G v. 7.12.2011 (BGBl. I S. 2592); Nr. 1 Verweise geänd. durch G v. 12.12.2019 (BGBl. I S. 2451); Buchst. i aufgeh. **mWv 1.1.2024** (§ 52 Abs. 48a) durch G v. 2.6.2021 (BGBl. I S. 1259); Nr. 1 Satzteil nach Buchst. i geänd. durch G v. 16.12.2022 (BGBl. I S. 2294).

von Lohnsteuertabellen zur manuellen Berechnung der Lohnsteuer aufzustellen und bekannt zu machen. ²Der Lohnstufenabstand beträgt bei den Jahrestabellen 36. ³Die in den Tabellenstufen auszuweisende Lohnsteuer ist aus der Obergrenze der Tabellenstufen zu berechnen und muss an der Obergrenze mit der maschinell berechneten Lohnsteuer übereinstimmen. ⁴Die Monats-, Wochen- und Tagestabellen sind aus den Jahrestabellen abzuleiten;

1b. im Einvernehmen mit den obersten Finanzbehörden der Länder den Mindestumfang der nach § 5b elektronisch zu übermittelnden Bilanz und Gewinn- und Verlustrechnung zu bestimmen;

1c. durch Rechtsverordnung zur Durchführung dieses Gesetzes mit Zustimmung des Bundesrates Vorschriften über einen von dem vorgesehenen erstmaligen Anwendungszeitpunkt gemäß § 52 *Absatz 15a*[1]) in der Fassung des Artikels 1 des Gesetzes vom 20. Dezember 2008 (BGBl. I S. 2850) abweichenden späteren Anwendungszeitpunkt[2]) zu erlassen, wenn bis zum 31. Dezember 2010 erkennbar ist, dass die technischen oder organisatorischen Voraussetzungen für eine Umsetzung der in § 5b Absatz 1 in der Fassung des Artikels 1 des Gesetzes vom 20. Dezember 2008 (BGBl. I S. 2850) vorgesehenen Verpflichtung nicht ausreichen;

1d.[3]) die Vordrucke für die Anmeldung des Steuerabzugs von Vergütungen im Sinne des § 50a Absatz 1 sowie das amtlich vorgeschriebene Muster nach § 50a Absatz 5 Satz 7 zu bestimmen;

[*ab 1.1.2024:*

1e.[4]) im Einvernehmen mit den obersten Finanzbehörden der Länder die Vorgaben für die Zuweisung der Ordnungsnummer nach § 45b Absatz 1 zu bestimmen;]

2. den Wortlaut dieses Gesetzes und der zu diesem Gesetz erlassenen Rechtsverordnungen in der jeweils geltenden Fassung satzweise nummeriert mit neuem Datum und in neuer Paragraphenfolge bekannt zu machen und dabei Unstimmigkeiten im Wortlaut zu beseitigen.

§ 51a Festsetzung und Erhebung von Zuschlagsteuern. (1)[5]) ¹Auf die Festsetzung und Erhebung von Steuern, die nach der Einkommensteuer bemessen werden (Zuschlagsteuern), sind die Vorschriften dieses Gesetzes [*ab 1.1.2021:* mit Ausnahme des § 36] entsprechend anzuwenden. ²Wird Einkommensteuer im Wege des Steuerabzugs erhoben, dürfen die zu diesem Zweck verarbeiteten personenbezogenen Daten auch für die Erhebung einer Zuschlagsteuer im Wege des Steuerabzugs verarbeitet werden.

---

[1]) Jetzt § 52 Abs. 11.
[2]) Siehe hierzu Anwendungszeitpunktverschiebungsverordnung **(AnwZpvV)** vom 20.12. 2010 (BGBl. I S. 2135); abgedruckt zu § 52 Abs. 11.
[3]) § 51 Abs. 4 Nr. 1d eingef. mWv 18.12.2019 durch G v. 12.12.2019 (BGBl. I S. 2451).
[4]) § 51 Abs. 4 Nr. 1e eingef. mWv 1.1.2024 (§ 52 Abs. 48a) durch G v. 2.6.2021 (BGBl. I S. 1259).
[5]) § 51a Abs. 1 Satz 2 angef., bish. Wortlaut wird Satz 1 mWv VZ 2019 durch G v. 20.11.2019 (BGBl. I S. 1626); § 51 Abs. 1 Satz 1 geänd. mWv 1.1.2021 durch G v. 1.12.2020 (BGBl. I S. 2616).

(2) ¹Bemessungsgrundlage ist die Einkommensteuer, die abweichend von § 2 Absatz 6 unter Berücksichtigung von Freibeträgen nach § 32 Absatz 6 in allen Fällen des § 32 festzusetzen wäre. ²Zur Ermittlung der Einkommensteuer im Sinne des Satzes 1 ist das zu versteuernde Einkommen um die nach § 3 Nummer 40 steuerfreien Beträge zu erhöhen und um die nach § 3c Absatz 2 nicht abziehbaren Beträge zu mindern. ³§ 35 ist bei der Ermittlung der festzusetzenden Einkommensteuer nach Satz 1 nicht anzuwenden.

(2a)¹⁾ ¹Vorbehaltlich des § 40a Absatz 2 ist beim Steuerabzug vom Arbeitslohn Bemessungsgrundlage die Lohnsteuer; beim Steuerabzug vom laufenden Arbeitslohn und beim Jahresausgleich ist die Lohnsteuer maßgebend, die sich ergibt, wenn der nach § 39b Absatz 2 Satz 5 zu versteuernde Jahresbetrag für die Steuerklassen I, II und III um den

[Fassungen bis 31.12.2020:]
Kinderfreibetrag von *4788 [für VZ 2019:* 4980; *für VZ 2020:* 5172]²⁾ Euro sowie den Freibetrag für den Betreuungs- und Erziehungs- oder Ausbildungsbedarf von 2640³⁾ Euro und für die Steuerklasse IV um den Kinderfreibetrag von *2394 [für VZ 2019:* 2490; *für VZ 2020:* 2586]²⁾ Euro sowie den Freibetrag für den Betreuungs- und Erziehungs- oder Ausbildungsbedarf von 1320 Euro³⁾ für jedes Kind vermindert wird, für das eine Kürzung der Freibeträge für Kinder nach § 32 Absatz 6 Satz 4 nicht in Betracht kommt.

[Fassung ab 1.1.2021:]
doppelten Kinderfreibetrag sowie den doppelten Freibetrag für den Betreuungs- und Erziehungs- oder Ausbildungsbedarf und für die Steuerklasse IV um den Kinderfreibetrag sowie den Freibetrag für den Betreuungs- und Erziehungs- oder Ausbildungsbedarf (§ 32 Absatz 6 Satz 1) für jedes Kind vermindert wird, für das eine Kürzung der Freibeträge für Kinder nach § 32 Absatz 6 Satz 4 nicht in Betracht kommt.

²Bei der Anwendung des § 39b für die Ermittlung der Zuschlagsteuern ist die als Lohnsteuerabzugsmerkmal gebildete Zahl der Kinderfreibeträge maßgebend. ³Bei Anwendung des § 39f ist beim Steuerabzug vom laufenden Arbeitslohn die Lohnsteuer maßgebend, die sich bei Anwendung des nach § 39f Absatz 1 ermittelten Faktors auf den nach den Sätzen 1 und 2 ermittelten Betrag ergibt.

(2b)⁴⁾ ¹Wird die Einkommensteuer nach § 43 Absatz 1 durch Abzug vom Kapitalertrag (Kapitalertragsteuer) erhoben, wird die darauf entfallende Kirchensteuer nach dem Kirchensteuersatz der Religionsgemeinschaft, der der Kirchensteuerpflichtige angehört, als Zuschlag zur Kapitalertragsteuer erho-

---

¹⁾ § 51a Abs. 2a Satz 2 geänd. mWv VZ 2012 durch G v. 7.12.2011 (BGBl. I S. 2592); Satz 1 neu gef. mWv 1.1.2021 durch G v. 1.12.2020 (BGBl. I S. 2616).
²⁾ § 51a Abs. 2a Satz 1 geänd., Beträge geänd. mWv VZ 2015/2016 durch G v. 16.7.2015 (BGBl. I S. 1202); Beträge geänd. mWv VZ 2017/2018 durch G v. 20.12.2016 (BGBl. I S. 3000); geänd. mWv VZ 2019/2020 durch G v. 29.11.2018 (BGBl. I S. 2210).
³⁾ Beträge geänd. mWv VZ 2010 durch G v. 22.12.2009 (BGBl. I S. 3950).
⁴⁾ § 51a Abs. 2b Satz 2 angef., bish. Text wird Satz 1 mWv 1.1.2023 durch G v. 1.12.2020 (BGBl. I S. 2616).

ben. [*ab 1.1.2023:* [2]Satz 1 ist nicht anzuwenden, wenn die Kapitalerträge zu den Einkünften aus Land- und Forstwirtschaft, aus Gewerbebetrieb, aus selbständiger Arbeit oder aus Vermietung und Verpachtung gehören.]

(2c)[1] [1]Der zur Vornahme des Steuerabzugs vom Kapitalertrag Verpflichtete (Kirchensteuerabzugsverpflichteter) hat die auf die Kapitalertragsteuer nach Absatz 2b entfallende Kirchensteuer nach folgenden Maßgaben einzubehalten:

(Fortsetzung nächstes Blatt)

---

[1] § 51a Abs. 2c neu gef. mWv VZ 2015 (§ 52a Abs. 49) durch G v. 7.12.2011 (BGBl. I S. 2592); geänd. durch G v. 26.6.2013 (BGBl. I S. 1809).

1. ¹Das Bundeszentralamt für Steuern speichert unabhängig von und zusätzlich zu den in § 139b Absatz 3 der Abgabenordnung genannten und nach § 39e gespeicherten Daten des Steuerpflichtigen den Kirchensteuersatz der steuererhebenden Religionsgemeinschaft des Kirchensteuerpflichtigen sowie die ortsbezogenen Daten, mit deren Hilfe der Kirchensteuerpflichtige seiner Religionsgemeinschaft zugeordnet werden kann. ²Die Daten werden als automatisiert abrufbares Merkmal für den Kirchensteuerabzug bereitgestellt;

2.¹⁾ sofern dem Kirchensteuerabzugsverpflichteten die Identifikationsnummer des Schuldners der Kapitalertragsteuer nicht bereits bekannt ist, kann er sie beim Bundeszentralamt für Steuern anfragen. ²In der Anfrage dürfen nur die in § 139b Absatz 3 der Abgabenordnung genannten Daten des Schuldners der Kapitalertragsteuer angegeben werden, soweit sie dem Kirchensteuerabzugsverpflichteten bekannt sind. ³Die Anfrage hat nach amtlich vorgeschriebenem Datensatz durch Datenfernübertragung zu erfolgen. ⁴Das Bundeszentralamt für Steuern teilt dem Kirchensteuerabzugsverpflichteten die Identifikationsnummer mit, sofern die übermittelten Daten mit den nach § 139b Absatz 3 der Abgabenordnung beim Bundeszentralamt für Steuern gespeicherten Daten übereinstimmen;

[Fassung bis 31.12.2021:]

3. der Kirchensteuerabzugsverpflichtete hat unter Angabe der Identifikationsnummer und des Geburtsdatums des Schuldners der Kapitalertragsteuer einmal jährlich im Zeitraum vom 1. September bis 31. Oktober beim Bundeszentralamt für Steuern anzufragen, ob der Schuldner der Kapitalertragsteuer am 31. August des betreffenden Jahres (Stichtag) kirchensteuerpflichtig ist (Regelabfrage). ²Für Kapitalerträge im Sinne des § 43 Absatz 1 Nummer 4 aus Versicherungsverträgen hat der Kirchensteuerabzugsverpflichtete eine auf den Zuflusszeitpunkt der Kapitalerträge bezogene Abfrage (Anlassabfrage) an das Bundeszentralamt für Steuern zu richten. ³Im Übrigen kann der Kirchensteuerabzugsverpflichtete eine Anlassabfrage bei

*[Fassung ab 1.1.2022:]*²⁾

3. der Kirchensteuerabzugsverpflichtete hat unter Angabe der Identifikationsnummer und des Geburtsdatums des Schuldners der Kapitalertragsteuer bei Begründung einer rechtlichen Verbindung beim Bundeszentralamt für Steuern anzufragen, ob der Schuldner der Kapitalertragsteuer kirchensteuerpflichtig ist (Anlassabfrage), und einmal jährlich im Zeitraum vom 1. September bis 31. Oktober beim Bundeszentralamt für Steuern anzufragen, ob der Schuldner der Kapitalertragsteuer am 31. August des betreffenden Jahres (Stichtag) kirchensteuerpflichtig ist (Regelabfrage). ²Für Kapitalerträge im Sinne des § 43 Absatz 1 Nummer 4 aus Versicherungsverträgen hat der Kirchensteuerabzugsverpflichtete eine auf den Zuflusszeitpunkt der

---

¹⁾ § 51a Abs. 2c Nr. 2 Satz 4 aufgeh., bish. Satz 5 wird Satz 4 mWv 1.1.2017 durch G v. 18.7.2016 (BGBl. I S. 1679).
²⁾ § 51a Abs. 2c Satz 1 Nr. 3 Sätze 1, 3, 5 neu gef., Satz 9 aufgeh., bish. Sätze 10 und 11 werden Sätze 9 und 10 mWv 1.1.2022 durch G v. 1.12.2020 (BGBl. I S. 2616).

[Fassung bis 31.12.2021:]

Begründung einer Geschäftsbeziehung oder auf Veranlassung des Kunden an das Bundeszentralamt für Steuern richten. ⁴Auf die Anfrage hin teilt das Bundeszentralamt für Steuern dem Kirchensteuerabzugsverpflichteten die rechtliche Zugehörigkeit zu einer steuererhebenden Religionsgemeinschaft und den für die Religionsgemeinschaft geltenden Kirchensteuersatz zum Zeitpunkt der Anfrage als automatisiert abrufbares Merkmal nach Nummer 1 mit. ⁵Während der Dauer der rechtlichen Verbindung ist der Schuldner der Kapitalertragssteuer zumindest einmal vom Kirchensteuerabzugsverpflichteten auf die Datenabfrage sowie das gegenüber dem Bundeszentralamt für Steuern bestehende Widerspruchsrecht, das sich auf die Übermittlung von Daten zur Religionszugehörigkeit bezieht (Absatz 2e Satz 1), schriftlich oder in geeigneter Form hinzuweisen.¹⁾ ⁶Anträge auf das Setzen der Sperrvermerke, die im aktuellen Kalenderjahr für eine Regelabfrage berücksichtigt werden sollen, müssen bis zum 30. Juni beim Bundeszentralamt für Steuern eingegangen sein. ⁷Alle übrigen Sperrvermerke können nur berücksichtigt werden, wenn sie spätestens zwei Monate vor der Abfrage des Kirchensteuerabzugsverpflichteten eingegangen sind. ⁸Dies gilt für den Widerruf entsprechend. ⁹Der Hinweis nach Satz 5 hat rechtzeitig vor der Regel- oder Anlassabfrage zu erfolgen.²⁾ ¹⁰Gehört der

[Fassung ab 1.1.2022:]

Kapitalerträge bezogene Abfrage (Anlassabfrage) an das Bundeszentralamt für Steuern zu richten. ³Im Übrigen kann der Kirchensteuerabzugsverpflichtete eine Anlassabfrage auf Veranlassung des Schuldners der Kapitalertragsteuer an das Bundeszentralamt für Steuern richten. ⁴Auf die Anfrage hin teilt das Bundeszentralamt für Steuern dem Kirchensteuerabzugsverpflichteten die rechtliche Zugehörigkeit zu einer steuererhebenden Religionsgemeinschaft und den für die Religionsgemeinschaft geltenden Kirchensteuersatz zum Zeitpunkt der Anfrage als automatisiert abrufbares Merkmal nach Nummer 1 mit. ⁵Bei Begründung einer rechtlichen Verbindung ist der Schuldner der Kapitalertragsteuer vom Kirchensteuerabzugsverpflichteten auf die Datenabfarge sowie das Antragsrecht nach Absatz 2e Satz 1 in geeigneter Form hinzuweisen. ⁶Anträge auf das Setzen der Sperrvermerke, die im aktuellen Kalenderjahr für eine Regelabfrage berücksichtigt werden sollen, müssen bis zum 30. Juni beim Bundeszentralamt für Steuern eingegangen sein. ⁷Alle übrigen Sperrvermerke können nur berücksichtigt werden, wenn sie spätestens zwei Monate vor der Abfrage des Kirchensteuerabzugsverpflichteten eingegangen sind. ⁸Dies gilt für den Widerruf entsprechend. ⁹Gehört der Schuldner der Kapitalertragsteuer keiner steuererhebenden Religionsgemeinschaft an oder hat er dem Ab-

---

¹⁾ § 51a Abs. 2c Satz 1 Nr. 3 Satz 5 geänd. mWv 1.8.2015 durch G v. 28.7.2015 (BGBl. I S. 1400).
²⁾ § 51a Abs. 2c Satz 1 Nr. 3 Satz 9 geänd. mWv 1.8.2015 durch G v. 28.7.2015 (BGBl. I S. 1400).

[Fassung bis 31.12.2021:]

Schuldner der Kapitalertragsteuer keiner steuererhebenden Religionsgemeinschaft an oder hat er dem Abruf vonDaten zur Religionszugehörigeit widersprochen (Sperrvermerk), so teilt das Bundeszentralamt für Steuern dem Kirchensteuerabzugsverpflichteten zur Religionszugehörigkeit einen neutralen Wert (Nullwert) mit. ¹¹Der Kirchensteuerabzugsverpflichtete hat die vorhandenen Daten zur Religionszugehörigkeit unverzüglich zu löschen, wenn ein Nullwert übermittelt wurde;

[Fassung ab 1.1.2022:]

ruf von Daten zur Religionszugehörigkeit widersprochen (Sperrvermerk), so teilt das Bundeszentralamt für Steuern dem Kirchensteuerabzugsverpflichteten zur Religionszugehörigkeit einen neutralen Wert (Nullwert) mit. ¹⁰Der Kirchensteuerabzugsverpflichtete hat die vorhandenen Daten zur Religionszugehörigkeit unverzüglich zu löschen, wenn ein Nullwert übermittelt wurde;

4. im Falle einer am Stichtag oder im Zuflusszeitpunkt bestehenden Kirchensteuerpflicht hat der Kirchensteuerabzugsverpflichtete den Kirchensteuerabzug für die steuererhebende Religionsgemeinschaft durchzuführen und den Kirchensteuerbetrag an das für ihn zuständige Finanzamt abzuführen. ²§ 45a Absatz 1 gilt entsprechend; in der Steueranmeldung sind die nach Satz 1 einbehaltenen Kirchensteuerbeträge für jede steuererhebende Religionsgemeinschaft jeweils als Summe anzumelden. ³Die auf Grund der Regelabfrage vom Bundeszentralamt für Steuern bestätigte Kirchensteuerpflicht hat der Kirchensteuerabzugsverpflichtete dem Kirchensteuerabzug des auf den Stichtag folgenden Kalenderjahres zu Grunde zu legen. ⁴Das Ergebnis einer Anlassabfrage wirkt anlassbezogen.

²Die Daten gemäß Nummer 3 sind nach amtlich vorgeschriebenem Datensatz durch Datenfernübertragung zu übermitteln. ³Die Verbindung der Anfrage nach Nummer 2 mit der Anfrage nach Nummer 3 zu einer Anfrage ist zulässig. ⁴Auf Antrag kann das Bundeszentralamt für Steuern zur Vermeidung unbilliger Härten auf eine elektronische Übermittlung verzichten. ⁵§ 44 Absatz 5 ist mit der Maßgabe anzuwenden, dass der Haftungsbescheid von dem für den Kirchensteuerabzugsverpflichteten zuständigen Finanzamt erlassen wird. ⁶§ 45a Absatz 2 ist mit der Maßgabe anzuwenden, dass die steuererhebende Religionsgemeinschaft angegeben wird. ⁷Sind an den Kapitalerträgen ausschließlich Ehegatten beteiligt, wird der Anteil an der Kapitalertragsteuer hälftig ermittelt. ⁸Der Kirchensteuerabzugsverpflichtete darf die von ihm für die Durchführung des Kirchensteuerabzugs erhobenen Daten ausschließlich für diesen Zweck verarbeiten.¹⁾ ⁹Er hat organisatorisch dafür Sorge zu tragen, dass ein Zugriff auf diese Daten für andere Zwecke gesperrt ist. ¹⁰Ohne Einwilligung der oder des Kirchensteuerpflichtigen und soweit gesetzlich nichts anderes zugelassen ist, dürfen der Kirchensteuerabzugsverpflichtete und die betei-

---

¹⁾ § 51a Abs. 2c Satz 8 geänd. mWv VZ 2019 durch G v. 20.11.2019 (BGBl. I S. 1626).

ligte Finanzbehörde die Daten nach Satz 8 nicht für andere Zwecke verarbeiten.[1]

(2d) [1]Wird die nach Absatz 2b zu erhebende Kirchensteuer nicht nach Absatz 2c als Kirchensteuerabzug vom Kirchensteuerabzugsverpflichteten einbehalten, wird sie nach Ablauf des Kalenderjahres nach dem Kapitalertragsteuerbetrag veranlagt, der sich ergibt, wenn die Steuer auf Kapitalerträge nach § 32d Absatz 1 Satz 4 und 5 errechnet wird; wenn Kirchensteuer als Kirchensteuerabzug nach Absatz 2c erhoben wurde, wird eine Veranlagung auf Antrag des Steuerpflichtigen durchgeführt. [2]Der Abzugsverpflichtete hat dem Kirchensteuerpflichtigen auf dessen Verlangen hin eine Bescheinigung über die einbehaltene Kapitalertragsteuer zu erteilen. [3]Der Kirchensteuerpflichtige hat die erhobene Kapitalertragsteuer zu erklären und die Bescheinigung nach Satz 2 oder nach § 45a Absatz 2 oder 3 vorzulegen.

(2e)[2] [1]Der Schuldner der Kapitalertragsteuer kann unter Angabe seiner Identifikationsnummer nach amtlich vorgeschriebenem Vordruck schriftlich beim Bundeszentralamt für Steuern beantragen, dass der automatisierte Datenabruf seiner rechtlichen Zugehörigkeit zu einer steuererhebenden Religionsgemeinschaft bis auf schriftlichen Widerruf unterbleibt (Sperrvermerk). [2]Das Bundeszentralamt für Steuern kann für die Abgabe der Erklärungen nach Satz 1 ein anderes sicheres Verfahren zur Verfügung stellen. [3]Der Sperrvermerk verpflichtet den Kirchensteuerpflichtigen für jeden Veranlagungszeitraum, in dem Kapitalertragsteuer einbehalten worden ist, zur Abgabe einer Steuererklärung zum Zwecke der Veranlagung nach Absatz 2d Satz 1. [4]Das Bundeszentralamt für Steuern übermittelt für jeden Veranlagungszeitraum, *in dem der Sperrvermerk abgerufen worden ist, an das Wohnsitzfinanzamt Name und Anschrift des Kirchensteuerabzugsverpflichteten, an den im Fall des Absatzes 2c Nummer 3 auf Grund des Sperrvermerks ein Nullwert im Sinne des Absatzes 2c Satz 1 Nummer 3 Satz 6 [**Fassung ab 1.1.2021:** für den ein Sperrvermerk abgerufen worden ist, an das Wohnsitzfinanzamt des Schuldners der Kapitalertragsteuer Name und Anschrift des Kirchensteuerabzugsverpflichteten, dem im Fall des Absatzes 2c Satz 1 Nummer 3 auf Grund des Sperrvermerks ein Nullwert im Sinne des Absatzes 2c Satz 1 Nummer 3 Satz 10 {**ab 1.1.2022:** 9}] mitgeteilt worden ist.* [5]Das Wohnsitzfinanzamt fordert den Kirchensteuerpflichtigen zur Abgabe einer Steuererklärung nach § 149 Absatz 1 Satz 1 und 2 der Abgabenordnung auf.

(3) Ist die Einkommensteuer für Einkünfte, die dem Steuerabzug unterliegen, durch den Steuerabzug abgegolten oder werden solche Einkünfte bei der Veranlagung zur Einkommensteuer oder beim Lohnsteuer-Jahresausgleich nicht erfasst, gilt dies für die Zuschlagsteuer entsprechend.

(4) [1]Die Vorauszahlungen auf Zuschlagsteuern sind gleichzeitig mit den festgesetzten Vorauszahlungen auf die Einkommensteuer zu entrichten; § 37 Absatz 5 ist nicht anzuwenden. [2]Solange ein Bescheid über die Vorauszahlungen auf Zuschlagsteuern nicht erteilt worden ist, sind die Vorauszahlungen

---

[1] § 51a Abs. 2c Satz 10 neu gef. mWv VZ 2019 durch G v. 20.11.2019 (BGBl. I S. 1626).
[2] § 51a Abs. 2e neu gef. mWv VZ 2015 (§ 52 Abs. 49) durch G v. 7.12.2011 (BGBl. I S. 2592); geänd. durch G v. 26.6.2013 (BGBl. I S. 1809); Satz 4 geänd. mWv 1.1.2021 bzw. 1.1.2022 durch G v. 1.12.2020 (BGBl. I S. 2616).

ohne besondere Aufforderung nach Maßgabe der für die Zuschlagsteuern geltenden Vorschriften zu entrichten. ³ § 240 Absatz 1 Satz 3 der Abgabenordnung ist insoweit nicht anzuwenden; § 254 Absatz 2 der Abgabenordnung gilt insoweit sinngemäß.

(5) ¹ Mit einem Rechtsbehelf gegen die Zuschlagsteuer kann weder die Bemessungsgrundlage noch die Höhe des zu versteuernden Einkommens angegriffen werden. ² Wird die Bemessungsgrundlage geändert, ändert sich die Zuschlagsteuer entsprechend.

(6) Die Absätze 1 bis 5 gelten für die Kirchensteuern nach Maßgabe landesrechtlicher Vorschriften.

§ 52¹⁾ Anwendungsvorschriften.

(1)²⁾ ¹ Diese Fassung des Gesetzes ist, soweit in den folgenden Absätzen nichts anderes bestimmt ist, erstmals für den Veranlagungszeitraum 2023 anzuwenden. ² Beim Steuerabzug vom Arbeitslohn gilt Satz 1 mit der Maßgabe, dass diese Fassung erstmals auf den laufenden Arbeitslohn anzuwenden ist, der für einen nach dem 31. Dezember 2022 endenden Lohnzahlungszeitraum gezahlt wird, und auf sonstige Bezüge, die nach dem 31. Dezember 2022 zufließen. ³ Beim Steuerabzug vom Kapitalertrag gilt Satz 1 mit der Maßgabe, dass diese Fassung des Gesetzes erstmals auf Kapitalerträge anzuwenden ist, die dem Gläubiger nach dem 31. Dezember 2022 zufließen.

[ab VZ 2024:³⁾

(1) ¹ Diese Fassung des Gesetzes ist, soweit in den folgenden Absätzen nichts anderes bestimmt ist, erstmals für den Veranlagungszeitraum 2024 anzuwenden. ² Beim Steuerabzug vom Arbeitslohn gilt Satz 1 mit der Maßgabe, dass diese Fassung erstmals auf den laufenden Arbeitslohn anzuwenden ist, der für einen nach dem 31. Dezember 2023 endenden Lohnzahlungszeitraum gezahlt wird, und auf sonstige Bezüge, die nach dem 31. Dezember 2023 zufließen. ³ Beim Steuerabzug vom Kapitalertrag gilt Satz 1 mit der Maßgabe, dass diese Fassung des Gesetzes erstmals auf Kapitalerträge anzuwenden ist, die dem Gläubiger nach dem 31. Dezember 2023 zufließen.]*

(2) ¹ § 2a Absatz 1 Satz 1 Nummer 6 Buchstabe b in der am 1. Januar 2000 geltenden Fassung ist erstmals auf negative Einkünfte eines Steuerpflichtigen anzuwenden, die er aus einer entgeltlichen Überlassung von Schiffen auf Grund eines nach dem 31. Dezember 1999 rechtswirksam abgeschlossenen obligatorischen Vertrags oder gleichstehenden Rechtsakts erzielt. ² Für negative Einkünfte im Sinne des § 2a Absatz 1 und 2 in der am 24. Dezember 2008 geltenden Fassung, die vor dem 25. Dezember 2008 nach § 2a Absatz 1 Satz 5 bestandskräftig gesondert festgestellt wurden, ist § 2a Absatz 1 Satz 3 bis 5 in der am 24. Dezember 2008 geltenden Fassung weiter anzuwenden. ³ § 2a Absatz 3 Satz 3, 5 und 6 in der am 29. April 1997 geltenden Fassung ist für Veranlagungszeiträume bis 1999 weiter anzuwenden, soweit sich ein positiver Betrag im Sinne des § 2a Absatz 3 Satz 3 in der am 29. April 1997 geltenden Fassung ergibt oder soweit eine in einem ausländischen Staat belegene Be-

---

¹⁾ § 52 neu gef. durch G v. 25.7.2014 (BGBl. I S. 1266).
²⁾ § 52 Abs. 1 neu gef. durch Art. 4 des G v. 16.12.2022 (BGBl. I S. 2294).
³⁾ § 52 Abs. 1 neu gef. durch G v. 21.12.2020 (BGBl. I S. 3096).

triebsstätte im Sinne des § 2a Absatz 4 in der Fassung des § 52 Absatz 3 Satz 8 in der am 30. Juli 2014[1]) geltenden Fassung in eine Kapitalgesellschaft umgewandelt, übertragen oder aufgegeben wird. [4]Insoweit ist in § 2a Absatz 3 Satz 5 letzter Halbsatz in der am 29. April 1997 geltenden Fassung die Angabe „§ 10d Absatz 3" durch die Angabe „§ 10d Absatz 4" zu ersetzen.

(3) § 2b in der Fassung der Bekanntmachung vom 19. Oktober 2002 (BGBl. I S. 4210; 2003 I S. 179) ist weiterhin für Einkünfte aus einer Einkunftsquelle im Sinne des § 2b anzuwenden, die der Steuerpflichtige nach dem 4. März 1999 und vor dem 11. November 2005 rechtswirksam erworben oder begründet hat.

(4)[2]) [1]§ 3 Nummer 5 in der am 30. Juni 2013 geltenden Fassung ist vorbehaltlich des Satzes 2 erstmals für den Veranlagungszeitraum 2013 anzuwenden. [2]§ 3 Nummer 5 in der am 29. Juni 2013 geltenden Fassung ist weiterhin anzuwenden für freiwillig Wehrdienst Leistende, die das Dienstverhältnis vor dem 1. Januar 2014 begonnen haben. [3]§ 3 Nummer 10 in der am 31. Dezember 2005 geltenden Fassung ist weiter anzuwenden für ausgezahlte Übergangsbeihilfen an Soldatinnen auf Zeit und Soldaten auf Zeit, wenn das Dienstverhältnis vor dem 1. Januar 2006 begründet worden ist. [4]§ 3 Nummer 11b in der Fassung des Artikels 1 des Gesetzes vom 19. Juni 2022 (BGBl. I S. 911) ist erstmals für den Veranlagungszeitrum 2021 anzuwenden. [5]§ 3 Nummer 14a in der Fassung des Artikels 3 des Gesetzes vom 16. Dezember 2022 (BGBl. I S. 2294) ist erstmals für den Veranlagungszeitraum 2021 anzuwenden. [6]Ist in der für das jeweilige Leistungsjahr zuletzt übermittelten Rentenbezugsmitteilung im Sinne des § 22a in den nach § 22a Absatz 1 Satz 1 Nummer 2 zu übermittelnden Daten der Zuschlag an Entgeltpunkten für langjährige Versicherung nach dem Sechsten Buch Sozialgesetzbuch enthalten, haben die Träger der gesetzlichen Rentenversicherung als mitteilungspflichtige Stelle im Sinne des § 22a bis zum letzten Tag des Monats Februar 2024 für das jeweilige Leistungsjahr eine insoweit korrigierte Rentenbezugsmitteilung zu übermitteln. [7]Ein Einkommensteuerbescheid ist infolge einer nach Satz 6 korrigierten Rentenbezugsmitteilung insoweit zu ändern. [8]Das gilt auch, wenn der Einkommensteuerbescheid bereits bestandskräftig ist; andere Änderungsvorschriften bleiben unberührt. [9]Auf fortlaufende Leistungen nach dem Gesetz über die Heimkehrerstiftung vom 21. Dezember 1992 (BGBl. I S. 2094, 2101), das zuletzt durch

---

[1]) Datum des Tags der Verkündung des G v. 25.7.2014 (BGBl. I S. 1266).
[2]) § 52 Abs. 4 Satz 13 angef. durch G v. 22.12.2014 (BGBl. I S. 2417); Satz 10 eingef., bish. Sätze 10 bis 13 werden Sätze 11 bis 14 durch G v. 7.11.2016 (BGBl. I S. 2498); Satz 7 eingef., bish. Sätze 7 bis 14 werden Sätze 8 bis 15 durch G v. 20.12.2016 (BGBl. I S. 3000); Satz 16 angef. durch G v. 27.6.2017 (BGBl. I S. 2074); Satz 12 geänd., Satz 14 neu gef., Satz 15 eingef., Sätze 15 und 16 werden Sätze 16 und 17 mWv 1.1.2018 durch G v. 17.8.2017 (BGBl. I S. 3214); Sätze 5 bis 7 eingef., bish. Sätze 5 bis 11 werden Sätze 8 bis 14, bish. Sätze 12 und 13 aufgeh., bish. Sätze 14 bis 17 werden Sätze 15 bis 18 durch G v. 11.12.2018 (BGBl. I S. 2338); Sätze 7 und 14 geänd. durch G v. 12.12.2019 (BGBl. I S. 2451); Satz 15 eingef., bish. Sätze 15 bis 18 werden Sätze 16 bis 19 durch G v. 8.8.2020 (BGBl. I S. 1818); Satz 9 eingef., bish. Sätze 9 bis 13 werden Sätze 10 bis 14, Satz 15 eingef., bish. Sätze 14 bis 19 werden Sätze 16 bis 21 durch G v. 25.6.2021 (BGBl. I S. 2035); Satz 4 eingef., bish. Sätze 4 bis 21 werden Sätze 5 bis 22 durch G v. 19.6.2022 (BGBl. I S. 911); Sätze 5 bis 8 eingef., bish. Sätze 5 bis 22 werden Sätze 9 bis 26, Satz 27 angef. durch G v. 16.12.2022 (BGBl. I S. 2294).

Artikel 1 des Gesetzes vom 10. Dezember 2007 (BGBl. I S. 2830) geändert worden ist, in der jeweils geltenden Fassung ist § 3 Nummer 19 in der am 31. Dezember 2010 geltenden Fassung weiter anzuwenden. [10] § 3 Nummer 26 und 26a in der Fassung des Artikels 2 des Gesetzes vom 11. Dezember 2018 (BGBl. I S. 2338) ist in allen offenen Fällen anzuwenden. [11] Für die Anwendung des § 3 Nummer 34 in der Fassung des Artikels 3 des Gesetzes vom 11. Dezember 2018 (BGBl. I S. 2338) ist das Zertifizierungserfordernis nach § 20 Absatz 2 Satz 2 in Verbindung mit § 20 Absatz 5 des Fünften Buches Sozialgesetzbuch für bereits vor dem 1. Januar 2019 begonnene unzertifizierte Gesundheitsmaßnahmen erstmals maßgeblich für Sachbezüge, die nach dem 31. Dezember 2019 gewährt werden. [12] § 3 Nummer 37 in der Fassung des Artikels 3 des Gesetzes vom 11. Dezember 2018 (BGBl. I S. 2338) ist letztmals für den Veranlagungszeitraum 2030 anzuwenden, sowie beim Steuerabzug vom Arbeitslohn auf Vorteile, die in einem vor dem 1. Januar 2031 endenden Lohnzahlungszeitraum oder als sonstige Bezüge vor dem 1. Januar 2031 zugewendet werden. [13] § 3 Nummer 40 ist erstmals anzuwenden für

1. Gewinnausschüttungen, auf die bei der ausschüttenden Körperschaft der nach Artikel 3 des Gesetzes vom 23. Oktober 2000 (BGBl. I S. 1433) aufgehobene Vierte Teil des Körperschaftsteuergesetzes nicht mehr anzuwenden ist; für die übrigen in § 3 Nummer 40 genannten Erträge im Sinne des § 20 gilt Entsprechendes;

2. Erträge im Sinne des § 3 Nummer 40 Satz 1 Buchstabe a, b, c und j nach Ablauf des ersten Wirtschaftsjahres der Gesellschaft, an der die Anteile bestehen, für das das Körperschaftsteuergesetz in der Fassung des Artikels 3 des Gesetzes vom 23. Oktober 2000 (BGBl. I S. 1433) erstmals anzuwenden ist.

[14] § 3 Nummer 40 Satz 1 Buchstabe d Satz 3 in der Fassung des Artikels 1 des Gesetzes vom 25. Juni 2021 (BGBl. I S. 2035) ist erstmals für Bezüge anzuwenden, die nach dem 31. Dezember 2019 zufließen. [15] § 3 Nummer 40 Satz 3 und 4 in der am 12. Dezember 2006 geltenden Fassung ist für Anteile, die einbringungsgeboren im Sinne des § 21 des Umwandlungssteuergesetzes in der am 12. Dezember 2006 geltenden Fassung sind, weiter anzuwenden. [16] § 3 Nummer 40 Satz 3 erster Halbsatz in der am 1. Januar 2017 geltenden Fassung ist erstmals für den Veranlagungszeitraum 2017 anzuwenden; der zweite Halbsatz ist anzuwenden auf Anteile, die nach dem 31. Dezember 2016 dem Betriebsvermögen zugehen. [17] Bei vom Kalenderjahr abweichenden Wirtschaftsjahren ist § 3 Nummer 40 Buchstabe d Satz 2 in der am 30. Juni 2013 geltenden Fassung erstmals für den Veranlagungszeitraum anzuwenden, in dem das Wirtschaftsjahr endet, das nach dem 31. Dezember 2013 begonnen hat. [18] § 3 Nummer 40a in der am 6. August 2004 geltenden Fassung ist auf Vergütungen im Sinne des § 18 Absatz 1 Nummer 4 anzuwenden, wenn die vermögensverwaltende Gesellschaft oder Gemeinschaft nach dem 31. März 2002 und vor dem 1. Januar 2009 gegründet worden ist oder soweit die Vergütungen in Zusammenhang mit der Veräußerung von Anteilen an Kapitalgesellschaften stehen, die nach dem 7. November 2003 und vor dem 1. Januar 2009 erworben worden sind. [19] § 3 Nummer 40a in der am 19. August 2008 geltenden Fassung ist erstmals auf Vergütungen im Sinne des § 18 Absatz 1 Nummer 4 anzuwenden, wenn die vermögensverwaltende Gesellschaft oder

Gemeinschaft nach dem 31. Dezember 2008 gegründet worden ist. [20] § 3 Nummer 41 in der am 30. Juni 2021 geltenden Fassung ist letztmals für den Veranlagungszeitraum 2021 anzuwenden. [21] § 3 Nummer 46 in der am 17. November 2016 geltenden Fassung ist erstmals anzuwenden auf Vorteile, die in einem nach dem 31. Dezember 2016 endenden Lohnzahlungszeitraum oder als sonstige Bezüge nach dem 31. Dezember 2016 zugewendet werden, und letztmals anzuwenden auf Vorteile, die in einem vor dem 1. Januar 2031 endenden Lohnzahlungszeitraum oder als sonstige Bezüge vor dem 1. Januar 2031 zugewendet werden. [22] § 3 Nummer 60 in der am 13. August 2020 geltenden Fassung ist weiterhin anzuwenden für Anpassungsgelder an Arbeitnehmer im Steinkohlenbergbau bis zum Auslaufen dieser öffentlichen Mittel im Jahr 2027. [23] Der Höchstbetrag nach § 3 Nummer 63 Satz 1 verringert sich um Zuwendungen, auf die § 40b Absatz 1 und 2 Satz 1 und 2 in der am 31. Dezember 2004 geltenden Fassung angewendet wird. [24] § 3 Nummer 63 Satz 3 in der ab dem 1. Januar 2018 geltenden Fassung ist nicht anzuwenden, soweit § 40b Absatz 1 und 2 Satz 3 und 4 in der am 31. Dezember 2004 geltenden Fassung angewendet wird. [25] § 3 Nummer 71 in der am 31. Dezember 2014 geltenden Fassung ist erstmals für den Veranlagungszeitraum 2013 anzuwenden. [26] § 3 Nummer 71 in der Fassung des Artikels 1 des Gesetzes vom 27. Juni 2017 (BGBl. I S. 2074) ist erstmals für den Veranlagungszeitraum 2017 anzuwenden. [27] § 3 Nummer 72 in der Fassung des Artikels 1 des Gesetzes vom 16. Dezember 2022 (BGBl. I S. 2294) ist für Einnahmen und Entnahmen anzuwenden, die nach dem 31. Dezember 2021 erzielt oder getätigt werden.

(4a)[1] [1] § 3a in der Fassung des Artikels 2 des Gesetzes vom 27. Juni 2017 (BGBl. I S. 2074) ist erstmals in den Fällen anzuwenden, in denen die Schulden ganz oder teilweise nach dem 8. Februar 2017 erlassen wurden. [2] Satz 1 gilt bei einem Schuldenerlass nach dem 8. Februar 2017 nicht, wenn dem Steuerpflichtigen auf Antrag Billigkeitsmaßnahmen aus Gründen des Vertrauensschutzes für einen Sanierungsertrag auf Grundlage von § 163 Absatz 1 Satz 2 und den §§ 222, 227 der Abgabenordnung zu gewähren sind. [3] Auf Antrag des Steuerpflichtigen ist § 3a auch in den Fällen anzuwenden, in denen die Schulden vor dem 9. Februar 2017 erlassen wurden. [4] Satz 1 gilt auch für § 3a Absatz 3a in der Fassung des Artikels 1 des Gesetzes vom 12. Dezember 2019 (BGBl. I S. 2451).

(5)[2] [1] § 3c Absatz 2 *Satz 3 und 4*[3] in der am 12. Dezember 2006 geltenden Fassung ist für Anteile, die einbringungsgeboren im Sinne des § 21 des Umwandlungssteuergesetzes in der am 12. Dezember 2006 geltenden Fassung sind, weiter anzuwenden. [2] § 3c Absatz 2 in der am 31. Dezember 2014 geltenden Fassung ist erstmals für Wirtschaftsjahre anzuwenden, die nach dem 31. Dezember 2014 beginnen. [3] § 3c Absatz 4 in der Fassung des Artikels 2 des Gesetzes vom 27. Juni 2017 (BGBl. I S. 2074) ist für Betriebsvermögensminderungen oder Betriebsausgaben in unmittelbarem wirtschaftlichem Zusam-

---

[1] § 52 Abs. 4a eingef. durch G v. 27.6.2017 (BGBl. I S. 2074); Satz 3 angef. durch G v. 11.12.2018 (BGBl. I S. 2338); Satz 4 angef. durch G v. 12.12.2019 (BGBl. I S. 2451).
[2] § 52 Abs. 5 Satz 2 angef. durch G v. 22.12.2014 (BGBl. I S. 2417); Satz 3 angef. durch G v. 27.6.2017 (BGBl. I S. 2074); Satz 4 angef. durch G v. 11.12.2018 (BGBl. I S. 2338).
[3] Jetzt: Satz 8 und 9.

menhang mit einem Schuldenerlass nach dem 8. Februar 2017 anzuwenden, für den § 3a angewendet wird. ⁴§ 3c Absatz 4 ist auch in den Fällen anzuwenden, in denen dem Steuerpflichtigen die Steuerbefreiung des § 3a auf Grund eines Antrags nach Absatz 4a Satz 3 gewährt wird.

(6)¹⁾ ¹§ 4 Absatz 1 Satz 3 in der Fassung des Artikels 1 des Gesetzes vom 25. Juni 2021 (BGBl. I S. 2035) ist erstmals für nach dem 31. Dezember 2019 endende Wirtschaftsjahre anzuwenden. ²§ 4 Absatz 1 Satz 4 in der Fassung des Artikels 1 des Gesetzes vom 8. Dezember 2010 (BGBl. I S. 1768) gilt in allen Fällen, in denen § 4 Absatz 1 Satz 3 anzuwenden ist. ³§ 4 Absatz 1 Satz 9 in der Fassung des Artikels 1 des Gesetzes vom 25. Juni 2021 (BGBl. I S. 2035) ist erstmals für nach dem 31. Dezember 2019 endende Wirtschaftsjahre anzuwenden. ⁴§ 4 Absatz 3 Satz 4 ist nicht anzuwenden, soweit die Anschaffungs- oder Herstellungskosten vor dem 1. Januar 1971 als Betriebsausgaben abgesetzt worden sind. ⁵§ 4 Absatz 3 Satz 4 und 5 in der Fassung des Artikels 1 des Gesetzes vom 28. April 2006 (BGBl. I S. 1095) ist erstmals für Wirtschaftsgüter anzuwenden, die nach dem 5. Mai 2006 angeschafft, hergestellt oder in das Betriebsvermögen eingelegt werden. ⁶Die Anschaffungs- oder Herstellungskosten für nicht abnutzbare Wirtschaftsgüter des Anlagevermögens, die vor dem 5. Mai 2006 angeschafft, hergestellt oder in das Betriebsvermögen eingelegt wurden, sind erst im Zeitpunkt des Zuflusses des Veräußerungserlöses oder im Zeitpunkt der Entnahme als Betriebsausgaben zu berücksichtigen. ⁷§ 4 Absatz 4a in der Fassung des Gesetzes vom 22. Dezember 1999 (BGBl. I S. 2601) ist erstmals für das Wirtschaftsjahr anzuwenden, das nach dem 31. Dezember 1998 endet. ⁸Über- und Unterentnahmen vorangegangener Wirtschaftsjahre bleiben unberücksichtigt. ⁹Bei vor dem 1. Januar 1999 eröffneten Betrieben sind im Fall der Betriebsaufgabe bei der Überführung von Wirtschaftsgütern aus dem Betriebsvermögen in das Privatvermögen die Buchwerte nicht als Entnahme anzusetzen; im Fall der Betriebsveräußerung ist nur der Veräußerungsgewinn als Entnahme anzusetzen. ¹⁰§ 4 Absatz 5 Satz 1 Nummer 5 in der Fassung des Artikels 1 des Gesetzes vom 20. Februar 2013 (BGBl. I S. 285) ist erstmals ab dem 1. Januar 2014 anzuwenden. ¹¹§ 4 Absatz 5 Satz 1 Nummer 6a in der Fassung des Artikels 1 des Gesetzes vom 20. Februar 2013 (BGBl. I S. 285) ist erstmals ab dem 1. Januar 2014 anzuwenden. ¹²§ 4 Absatz 5 Satz 1 Nummer 6b und 6c in der Fassung des Artikels 1 des Gesetzes vom 16. Dezember 2022 (BGBl. I S. 2294) ist für nach dem 31. Dezember 2022 in der häuslichen Wohnung ausgeübte Tätigkeiten anzuwenden. ¹³§ 4 Absatz 5 Satz 1 Nummer 8 in der Fassung des Artikels 1 des Gesetzes vom 12. Dezember 2019 (BGBl. I S. 2451) ist erstmals anzuwenden auf nach dem 31. Dezember 2018 festgesetzte Geldbußen, Ordnungsgelder und Verwarnungsgelder sowie auf nach dem 31. Dezember 2018 entstandene mit der Geldbuße, dem Ordnungsgeld oder dem Verwarnungsgeld zusammenhängende Aufwendungen. ¹⁴§ 4 Absatz 5 Satz 1 Nummer 8a in der Fassung des Artikels 1 des Gesetzes vom

---

¹⁾ § 52 Abs. 6 Sätze 10 bis 12 angef. durch G v. 12.12.2019 (BGBl. I S. 2451); Satz 13 angef. durch G v. 21.12.2020 (BGBl. I S. 3096); neuer Satz 1 eingef., bish. Satz 1 wird Satz 2, Satz 3 eingef., bish. Sätze 2 bis 13 werden Sätze 4 bis 15 durch G v. 25.6.2021 (BGBl. I S. 2035); Satz 15 geänd. durch G v. 19.6.2022 (BGBl. I S. 911); Satz 12 eingef., bish. Sätze 12 bis 15 werden Sätze 13 bis 16 durch G v. 16.12.2022 (BGBl. I S. 2294).

12. Dezember 2019 (BGBl. I S. 2451) ist erstmals anzuwenden auf nach dem 31. Dezember 2018 festgesetzte Zinsen im Sinne der Vorschrift. ¹⁵ § 4 Absatz 10 in der Fassung des Artikels 2 des Gesetzes vom 12. Dezember 2019 (BGBl. I S. 2451) ist erstmals anzuwenden auf nach dem 31. Dezember 2019 durchgeführte Übernachtungen im Sinne der Vorschrift. ¹⁶ § 4 Absatz 5 Satz 1 Nummer 6b Satz 4 in der Fassung des Artikels 1 des Gesetzes vom 21. Dezember 2020 (BGBl. I S. 3096) ist für nach dem 31. Dezember 2019 und vor dem 1. Januar 2023 in der häuslichen Wohnung ausgeübte Tätigkeiten anzuwenden.

(7)¹⁾ *(aufgehoben)*

(8)²⁾ ¹ § 4f in der Fassung des Gesetzes vom 18. Dezember 2013 (BGBl. I S. 4318) ist erstmals für Wirtschaftsjahre anzuwenden, die nach dem 28. November 2013 enden. ² § 4f Absatz 1 Satz 3 in der Fassung des Artikels 1 des Gesetzes vom 21. Dezember 2020 (BGBl. I S. 3096) ist erstmals für Wirtschaftsjahre anzuwenden, die nach dem 31. Dezember 2019 enden; bei nach § 4a vom Kalenderjahr abweichenden Wirtschaftsjahren ist § 4f Absatz 1 Satz 3 spätestens für Wirtschaftsjahre anzuwenden, die nach dem 17. Juli 2020 enden.

(8a)³⁾ § 4g Absatz 1 in der Fassung des Artikels 1 des Gesetzes vom 25. Juni 2021 (BGBl. I S. 2035) ist in allen offenen Fällen anzuwenden.

(8b)⁴⁾ § 4j in der Fassung des Artikels 1 des Gesetzes vom 27. Juni 2017 (BGBl. I S. 2074) ist erstmals für Aufwendungen anzuwenden, die nach dem 31. Dezember 2017 entstehen.

(8c)⁵⁾ ¹ § 4k in der Fassung des Artikels 1 des Gesetzes vom 25. Juni 2021 (BGBl. I S. 2035) ist erstmals für Aufwendungen anzuwenden, die nach dem 31. Dezember 2019 entstehen. ² Aufwendungen, die rechtlich bereits vor dem 1. Januar 2020 verursacht wurden, gelten bei der Anwendung des Satzes 1 nur insoweit als nach dem 31. Dezember 2019 entstanden, als ihnen ein Dauerschuldverhältnis zugrunde liegt und sie ab diesem Zeitpunkt ohne wesentliche Nachteile hätten vermieden werden können. ³ Ein Nachteil ist insbesondere dann wesentlich im Sinne des Satzes 2, wenn sämtliche mit der Vermeidung der Aufwendungen verbundenen Kosten den steuerlichen Vorteil infolge der Besteuerungsinkongruenz übersteigen. ⁴ Satz 2 gilt nicht, wenn das Dauerschuldverhältnis nach dem 31. Dezember 2019 wesentlich geändert wurde.

(9)⁶⁾ ¹ § 5 Absatz 5 Satz 2 in der Fassung des Artikels 1 des Gesetzes vom 16. Dezember 2022 (BGBl. I S. 2294) ist erstmals für Wirtschaftsjahre anzuwenden, die nach dem 31. Dezember 2021 enden. ² § 5 Absatz 7 in der Fassung des Gesetzes vom 18. Dezember 2013 (BGBl. I S. 4318) ist erstmals für Wirtschaftsjahre anzuwenden, die nach dem 28. November 2013 enden. ³ Auf Antrag kann § 5 Absatz 7 auch für frühere Wirtschaftsjahre angewendet werden. ⁴ Bei Schuld-

---

¹⁾ § 52 Abs. 7 aufgeh. mWv 1.1.2018 durch G v. 21.12.2015 (BGBl. I S. 2553).
²⁾ § 8 Satz 2 angef. durch G v. 21.12.2020 (BGBl. I S. 3096).
³⁾ § 52 Abs. 8a eingef. durch G v. 25.6.2021 (BGBl. I S. 2035).
⁴⁾ § 52 Abs. 8a eingef. durch G v. 27.6.2017 (BGBl. I S. 2074); wird Abs. 8b durch G v. 25.6.2021 (BGBl. I S. 2035).
⁵⁾ § 52 Abs. 8c eingef. durch G v. 25.6.2021 (BGBl. I S. 2035).
⁶⁾ § 52 Abs. 9 Satz 1 eingef., bish. Sätze 1 bis 3 werden Sätze 2 bis 4 durch G v. 16.12.2022 (BGBl. I S. 2294).

übertragungen, Schuldbeitritten und Erfüllungsübernahmen, die vor dem 14. Dezember 2011 vereinbart wurden, ist § 5 Absatz 7 Satz 5 mit der Maßgabe anzuwenden, dass für einen Gewinn, der sich aus der Anwendung von § 5 Absatz 7 Satz 1 bis 3 ergibt, jeweils in Höhe von 19 Zwanzigsteln eine gewinnmindernde Rücklage gebildet werden kann, die in den folgenden 19 Wirtschaftsjahren jeweils mit mindestens einem Neunzehntel gewinnerhöhend aufzulösen ist.

(10)[1] [1] § 5a Absatz 3 in der Fassung des Artikels 9 des Gesetzes vom 29. Dezember 2003 (BGBl. I S. 3076) ist erstmals für das Wirtschaftsjahr anzuwenden, das nach dem 31. Dezember 2005 endet. [2] § 5a Absatz 3 Satz 1 in der am 31. Dezember 2003 geltenden Fassung ist weiterhin anzuwenden, wenn der Steuerpflichtige im Fall der Anschaffung das Handelsschiff auf Grund eines vor dem 1. Januar 2006 rechtswirksam abgeschlossenen schuldrechtlichen Vertrags oder gleichgestellten Rechtsakts angeschafft oder im Fall der Herstellung mit der Herstellung des Handelsschiffs vor dem 1. Januar 2006 begonnen hat. [3] In Fällen des Satzes 2 muss der Antrag auf Anwendung des § 5a Absatz 1 spätestens bis zum Ablauf des Wirtschaftsjahres gestellt werden, das vor dem 1. Januar 2008 endet. [4] § 5a Absatz 4 Satz 5 bis 7 in der Fassung des Artikels 1 des Gesetzes vom 2. Juni 2021 (BGBl. I S. 1259) ist erstmals auf Wirtschaftsjahre anzuwenden, die nach dem 31. Dezember 1998 beginnen. [5] Soweit Ansparabschreibungen im Sinne des § 7g Absatz 3 in der am 17. August 2007 geltenden Fassung zum Zeitpunkt des Übergangs zur Gewinnermittlung nach § 5a Absatz 1 noch nicht gewinnerhöhend aufgelöst worden sind, ist § 5a Absatz 5 Satz 3 in der am 17. August 2007 geltenden Fassung weiter anzuwenden. [6] § 5a Absatz 6 in der durch Artikel 1 des Gesetzes vom 12. Dezember 2019 (BGBl. I S. 2451) geänderten Fassung ist erstmals für Wirtschaftsjahre anzuwenden, die nach dem 31. Dezember 2018 beginnen.

(11)[2] § 5b in der Fassung des Artikels 1 des Gesetzes vom 20. Dezember 2008 (BGBl. I S. 2850) ist erstmals für Wirtschaftsjahre anzuwenden, die nach dem 31. Dezember 2010 beginnen.

(12)[3] [1] § 6 Absatz 1 Nummer 1b kann auch für Wirtschaftsjahre angewendet werden, die vor dem 23. Juli 2016[4] enden. [2] § 6 Absatz 1 Nummer 3 und

---

[1] § 52 Abs. 10 Satz 5 angef. durch G v. 12.12.2019 (BGBl. I S. 2451); Satz 4 eingef., bish. Sätze 4 und 5 werden Sätze 5 und 6 durch G v. 2.6.2021 (BGBl. I S. 1259).

[2] Siehe hierzu jedoch Verordnung zur Festlegung eines späteren Anwendungszeitpunkts der Verpflichtungen nach § 5b des Einkommensteuergesetzes **(Anwendungszeitpunktverschiebungsverordnung – AnwZpvV)** vom 20.12.2010 (BGBl. I S. 2135): „**§ 1 Verschiebung des erstmaligen Anwendungszeitpunktes der Verpflichtungen nach § 5b des Einkommensteuergesetzes.** Abweichend von § 52 Absatz 15a des Einkommensteuergesetzes sind die Bilanz und die Gewinn- und Verlustrechnung erstmals für Wirtschaftsjahre, die nach dem 31. Dezember 2011 beginnen, elektronisch zu übermitteln."

[3] § 52 Abs. 12 Satz 1 geänd. durch G v. 2.11.2015 (BGBl. I S. 1834); Satz 1 eingef., bish. Sätze 1 und 2 werden Sätze 2 und 3 durch G v. 18.7.2016 (BGBl. I S. 1679); Satz 3 eingef., bish. Satz 3 wird Satz 4, Satz 5 angef. durch G v. 27.6.2017 (BGBl. I S. 2074); Satz 3 eingef., bish. Sätze 3 bis 5 werden Sätze 4 bis 6 durch G v. 30.6.2017 (BGBl. I S. 2143); Satz 2 eingef., bish. Satz 2 wird Satz 3 und neu gef., bish. Sätze 3 bis 6 werden Sätze 4 bis 7 durch G v. 11.12.2018 (BGBl. I S. 2338); Satz 2 geänd. durch G v. 12.12.2019 (BGBl. I S. 2451); Satz 2 eingef., bish. Sätze 2 bis 7 werden Sätze 3 bis 8 durch G v. 29.6.2020 (BGBl. I S. 1512); Satz 9 angef. durch G v. 25.6.2021 (BGBl. I S. 2035); Sätze 2 und 3 eingef., bish. Sätze 2 bis 9 werden Sätze 4 bis 11 durch G v. 19.6.2022 (BGBl. I S. 911).

[4] Tag nach der Verkündung des G v. 18.7.2016 (BGBl. I S. 1679).

3a Buchstabe e in der Fassung des Artikels 3 des Gesetzes vom 19. Juni 2022 (BGBl. I S. 911) ist erstmals für Wirtschaftsjahre anzuwenden, die nach dem 31. Dezember 2022 enden. ³Auf Antrag kann § 6 Absatz 1 Nummer 3 und 3a Buchstabe e in der Fassung des Artikels 3 des Gesetzes vom 19. Juni 2022 (BGBl. I S. 911) auch für frühere Wirtschaftsjahre angewendet werden. ⁴§ 6 Absatz 1 Nummer 4 Satz 2 Nummer 3 und Satz 3 Nummer 3 in der Fassung des Artikels 1 des Gesetzes vom 29. Juni 2020 (BGBl. I S. 1512) ist bereits ab dem 1. Januar 2020 anzuwenden. ⁵§ 6 Absatz 1 Nummer 4 Satz 6 ist bis zum 31. Dezember 2030 anzuwenden. ⁶§ 6 Absatz 1 Nummer 5 Satz 1 Buchstabe c in der Fassung des Artikels 2 des Gesetzes vom 11. Dezember 2018 (BGBl. I S. 2338) ist erstmals bei Wirtschaftsgütern anzuwenden, die nach dem 31. Dezember 2017 in ein Betriebsvermögen eingelegt werden. ⁷§ 6 Absatz 2 Satz 4 in der Fassung des Artikels 4 des Gesetzes vom 30. Juni 2017 (BGBl. I S. 2143) ist erstmals bei Wirtschaftsgütern anzuwenden, die nach dem 31. Dezember angeschafft, hergestellt oder in das Betriebsvermögen eingelegt werden. ⁸§ 6 Absatz 2 Satz 1 in der Fassung des Artikels 1 des Gesetzes vom 27. Juni 2017 (BGBl. I S. 2074) ist erstmals bei Wirtschaftsgütern anzuwenden, die nach dem 31. Dezember 2017 angeschafft, hergestellt oder in das Betriebsvermögen eingelegt werden. ⁹§ 6 Absatz 5 Satz 1 zweiter Halbsatz in der am 14. Dezember 2010 geltenden Fassung gilt in allen Fällen, in denen § 4 Absatz 1 Satz 3 anzuwenden ist. ¹⁰§ 6 Absatz 2a in der Fassung des Artikels 1 des Gesetzes vom 27. Juni 2017 (BGBl. I S. 2074) ist erstmals bei Wirtschaftsgütern anzuwenden, die nach dem 31. Dezember 2017 angeschafft, hergestellt oder in das Betriebsvermögen eingelegt werden. ¹¹ § 6 Absatz 1 Nummer 4 Satz 1 zweiter Halbsatz, Nummer 5a zweiter Halbsatz und Nummer 5b in der Fassung des Artikels 1 des Gesetzes vom 25. Juni 2021 (BGBl. I S. 2035) ist erstmals für nach dem 31. Dezember 2019 endende Wirtschaftsjahre anzuwenden.

(13)¹⁾ *(aufgehoben)*

(14)²⁾ ¹§ 6b Absatz 2a in der am 6. November 2015 geltenden Fassung ist auch auf Gewinne im Sinne des § 6b Absatz 2 anzuwenden, die vor dem 6. November 2015 entstanden sind. ²§ 6b Absatz 10 Satz 11 in der am 12. Dezember 2006 geltenden Fassung ist für Anteile, die einbringungsgeboren im Sinne des § 21 des Umwandlungssteuergesetzes in der am 12. Dezember 2006 geltenden Fassung sind, weiter anzuwenden. ³§ 6b Absatz 2a in der Fassung des Artikels 1 des Gesetzes vom 11. Dezember 2018 (BGBl. I S. 2338) ist erstmals auf Gewinne im Sinne des § 6b Absatz 2 anzuwenden, die in nach dem 31. Dezember 2017 beginnenden Wirtschaftsjahren entstanden sind. ⁴Die Fristen des § 6b Absatz 3 Satz 2, 3 und 5, Absatz 8 Satz 1 Nummer 1 sowie Absatz 10 Satz 1 und 8 verlängern sich jeweils um drei Jahre, wenn die Rücklage wegen § 6b Absatz 3 Satz 5, Absatz 8 Satz 1 Nummer 1 in Verbindung mit Absatz 3 Satz 5 oder Ab-

---

¹⁾ § 52 Abs. 13 aufgeh. mWv 1.1.2018 durch G v. 21.12.2015 (BGBl. I S. 2553).
²⁾ § 52 Abs. 14 Satz 1 eingef., bish. Wortlaut wird Satz 2 durch G v. 2.11.2015 (BGBl. I S. 1834); Satz 3 angef. durch G v. 11.12.2018 (BGBl. I S. 2338); Sätze 4 bis 6 angef. durch G v. 29.6.2020 (BGBl. I S. 1512); Satz 4 geänd., Satz 5 neu gef., Satz 6 aufgeh. durch G v. 25.6.2021 (BGBl. I S. 2050); Sätze 4 und 5 geänd., Satz 6 angef. durch G v. 19.6.2022 (BGBl. I S. 911).

satz 10 Satz 8 am Schluss des nach dem 29. Februar 2020 und vor dem 1. Januar 2021 endenden Wirtschaftsjahres aufzulösen wäre. [5] Die in Satz 4 genannten Fristen verlängern sich um zwei Jahre, wenn die Rücklage wegen § 6b Absatz 3 Satz 5, Absatz 8 Satz 1 Nummer 1 in Verbindung mit Absatz 3 Satz 5 oder Absatz 10 Satz 8 am Schluss des nach dem 31. Dezember 2020 und vor dem 1. Januar 2022 endenden Wirtschaftsjahres aufzulösen wäre. [6] Die in Satz 4 genannten Fristen verlängern sich um ein Jahr, wenn die Rücklage wegen § 6b Absatz 3 Satz 5, Absatz 8 Satz 1 Nummer 1 in Verbindung mit Absatz 3 Satz 5 oder Absatz 10 Satz 8 am Schluss des nach dem 31. Dezember 2021 und vor dem 1. Januar 2023 endenden Wirtschaftsjahres aufzulösen wäre.

(14a)[1] § 6e in der Fassung des Artikels 1 des Gesetzes vom 12. Dezember 2019 (BGBl. I S. 2451) ist auch in Wirtschaftsjahren anzuwenden, die vor dem 18. Dezember 2019 enden.

(15) [1] Bei Wirtschaftsgütern, die vor dem 1. Januar 2001 angeschafft oder hergestellt worden sind, ist § 7 Absatz 2 Satz 2 in der Fassung des Gesetzes vom 22. Dezember 1999 (BGBl. I S. 2601) weiter anzuwenden. [2] Bei Gebäuden, soweit sie zu einem Betriebsvermögen gehören und nicht Wohnzwecken dienen, ist § 7 Absatz 4 Satz 1 und 2 in der am 31. Dezember 2000 geltenden Fassung weiter anzuwenden, wenn der Steuerpflichtige im Fall der Herstellung vor dem 1. Januar 2001 mit der Herstellung des Gebäudes begonnen hat oder im Fall der Anschaffung das Objekt auf Grund eines vor dem 1. Januar 2001 rechtswirksam abgeschlossenen obligatorischen Vertrags oder gleichstehenden Rechtsakts angeschafft hat. [3] Als Beginn der Herstellung gilt bei Gebäuden, für die eine Baugenehmigung erforderlich ist, der Zeitpunkt, in dem der Bauantrag gestellt wird; bei baugenehmigungsfreien Gebäuden, für die Bauunterlagen einzureichen sind, der Zeitpunkt, in dem die Bauunterlagen eingereicht werden.

(15a)[2] [1] Die Inanspruchnahme der Sonderabschreibungen nach § 7b in der Fassung des Artikels 1 des Gesetzes vom 4. August 2019 (BGBl. I S. 1122) kann erstmalig für den Veranlagungszeitraum 2018 und letztmalig für den Veranlagungszeitraum 2026, in den Fällen des § 4a letztmalig für Wirtschaftsjahre, die vor dem 1. Januar 2027 enden, geltend gemacht werden. [2] Das gilt auch dann, wenn der Abschreibungszeitraum nach § 7b Absatz 1 noch nicht abgelaufen ist. [3] § 7b Absatz 5 in der Fassung des Artikels 4 des Gesetzes vom 16. Dezember 2022 (BGBl. I S. 2294) gilt für Sonderabschreibungen, die für neue Wohnungen in Anspruch genommen werden, die aufgrund eines nach dem 31. Dezember 2022 und vor dem 1. Januar 2027 gestellten Bauantrags oder einer in diesem Zeitraum getätigten Bauanzeige hergestellt werden.

(15b)[3] § 7c in der Fassung des Artikels 2 des Gesetzes vom 12. Dezember 2019 (BGBl. I S. 2451) ist für nach dem 31. Dezember 2019 und vor dem 1. Januar 2031 angeschaffte neue Elektrolieferfahrzeuge anzuwenden.

---

[1] § 52 Abs. 14a eingef. durch G v. 12.12.2019 (BGBl. I S. 2451).
[2] § 52 Abs. 15a eingef. durch G v. 4.8.2019 (BGBl. I S. 1122); Satz 1 geänd. durch G v. 12.12.2019 (BGBl. I S. 2451); Satz 3 angef. durch G v. 16.12.2022 (BGBl. I S. 2294).
[3] § 52 Abs. 15b eingef. durch G v. 12.12.2019 (BGBl. I S. 2451).

(16)[1] [1] § 7g Absatz 1 Satz 1, 2 Nummer 1, Absatz 2 Satz 1 und 3, Absatz 4 Satz 1 sowie Absatz 6 in der Fassung des Artikels 1 des Gesetzes vom 21. Dezember 2020 (BGBl. I S. 3096) ist erstmals für Investitionsabzugsbeträge und Sonderabschreibungen anzuwenden, die in nach dem 31. Dezember 2019 endenden Wirtschaftsjahren in Anspruch genommen werden; bei nach § 4a vom Kalenderjahr abweichenden Wirtschaftsjahren ist § 7g Absatz 1 Satz 2 Nummer 1 und Absatz 6 Nummer 1 spätestens für Investitionsabzugsbeträge und Sonderabschreibungen anzuwenden, die in nach dem 17. Juli 2020 endenden Wirtschaftsjahren in Anspruch genommen werden. [2] § 7g Absatz 2 Satz 2 und Absatz 7 in der Fassung des Artikels 1 des Gesetzes vom 21. Dezember 2020 (BGBl. I S. 3096) ist erstmals für Investitionsabzugsbeträge anzuwenden, die in nach dem 31. Dezember 2020 endenden Wirtschaftsjahren in Anspruch genommen werden. [3] Bei in nach dem 31. Dezember 2016 und vor dem 1. Januar 2018 endenden Wirtschaftsjahren beanspruchten Investitionsabzugsbeträgen endet die Investitionsfrist abweichend von § 7g Absatz 3 Satz 1 erst zum Ende des sechsten auf das Wirtschaftsjahr des Abzugs folgenden Wirtschaftsjahres. [4] Bei in nach dem 31. Dezember 2017 und vor dem 1. Januar 2019 endenden Wirtschaftsjahren beanspruchten Investitionsabzugsbeträgen endet die Investitionsfrist abweichend von § 7g Absatz 3 Satz 1 erst zum Ende des fünften auf das Wirtschaftsjahr des Abzugs folgenden Wirtschaftsjahres. [5] Bei in nach dem 31. Dezember 2018 und vor dem 1. Januar 2020 endenden Wirtschaftsjahren beanspruchten Investitionsabzugsbeträgen endet die Investitionsfrist abweichend von § 7g Absatz 3 Satz 1 erst zum Ende des vierten auf das Wirtschaftsjahr des Abzugs folgenden Wirtschaftsjahres.

(16a)[2] [1] § 7h Absatz 1a in der Fassung des Artikels 1 des Gesetzes vom 12. Dezember 2019 (BGBl. I S. 2451) ist erstmals auf Baumaßnahmen anzuwenden, mit denen nach dem 31. Dezember 2018 begonnen wurde. [2] Als Beginn der Baumaßnahmen am Gebäude, für die eine Baugenehmigung erforderlich ist, gilt der Zeitpunkt, in dem der Bauantrag gestellt wurde. [3] Bei baugenehmigungsfreien Baumaßnahmen, für die Bauunterlagen einzureichen sind, gilt als Beginn der Baumaßnahmen der Zeitpunkt, in dem die Bauunterlagen eingereicht werden. [4] § 7h Absatz 2 Satz 1 in der Fassung des Artikels 1 des Gesetzes vom 21. Dezember 2020 (BGBl. I S. 3096) ist erstmals anzuwenden auf Bescheinigungen der zuständigen Gemeindebehörde, die nach dem 31. Dezember 2020 erteilt werden. [5] § 7h Absatz 2 Satz 1 letzter Halbsatz in der Fassung des Artikels 1 des Gesetzes vom 12. Dezember 2019 (BGBl. I S. 2451) ist erstmals anzuwenden auf Bescheinigungen der zuständigen Gemeindebehörde, die nach dem 31. Dezember 2018 erteilt werden. [6] § 7h Absatz 3 in der Fassung des Artikels 1 des Gesetzes vom 12. Dezember 2019 (BGBl. I S. 2451) ist erstmals anzuwenden auf Baumaßnahmen, mit denen nach dem 31. Dezember 2018 begonnen wurde sowie auf Bescheinigungen,

---

[1] § 52 Abs. 16 neu gef. durch G v. 21.12.2020 (BGBl. I S. 3096); Satz 3 geänd., Satz 4 angef. durch G v. 25.6.2021 (BGBl. I S. 2050); Sätze 3 und 4 geänd., Satz 5 angef. durch G v. 19.6.2022 (BGBl. I S. 911).
[2] § 52 Abs. 16a eingef. durch G v. 12.12.2019 (BGBl. I S. 2451); Satz 4 eingef., bish. Sätze 4 und 5 werden Sätze 5 und 6, Satz 7 angef. durch G v. 21.12.2020 (BGBl. I S. 3096).

die nach dem 31. Dezember 2018 erteilt werden. [7]§ 7i Absatz 2 Satz 1 in der Fassung des Artikels 1 des Gesetzes vom 21. Dezember 2020 (BGBl. I S. 3096) ist erstmals anzuwenden auf Bescheinigungen der nach Landesrecht zuständigen oder von der Landesregierung bestimmten Stelle, die nach dem 31. Dezember 2020 erteilt werden.

(16b)[1] [1]§ 9 Absatz 1 Satz 3 Nummer 7 Satz 1 in der Fassung des Artikels 1 des Gesetzes vom 12. Dezember 2019 (BGBl. I S. 2451) ist erstmals anzuwenden auf Sonderabschreibungen nach § 7b in der Fassung des Artikels 1 des Gesetzes vom 4. August 2019 (BGBl. I S. 1122). [2]§ 9 Absatz 5 Satz 2 in der Fassung des Artikels 1 des Gesetzes vom 27. Juni 2017 (BGBl. I S. 2074) ist erstmals für Aufwendungen im Sinne des § 4j in der Fassung des Artikels 1 des Gesetzes vom 27. Juni 2017 (BGBl. I S. 2074) anzuwenden, die nach dem 31. Dezember 2017 entstehen. [3]§ 9 Absatz 5 Satz 2 in der Fassung des Artikels 1 des Gesetzes vom 12. Dezember 2019 (BGBl. I S. 2451) ist auch für Veranlagungszeiträume vor 2019 anzuwenden. [4]§ 9 Absatz 5 Satz 2 in der Fassung des Artikels 1 des Gesetzes vom 25. Juni 2021 (BGBl. I S. 2035) ist erstmals für Aufwendungen im Sinne des § 4k anzuwenden, die nach dem 31. Dezember 2019 entstehen.

(17) § 9b Absatz 2 in der Fassung des Artikels 11 des Gesetzes vom 18. Dezember 2013 (BGBl. I S. 4318) ist auf Mehr- und Minderbeträge infolge von Änderungen der Verhältnisse im Sinne von § 15a des Umsatzsteuergesetzes anzuwenden, die nach dem 28. November 2013 eingetreten sind.

(18)[2] [1]§ 10 Absatz 1a Nummer 2 in der am 1. Januar 2015 geltenden Fassung ist auf alle Versorgungsleistungen anzuwenden, die auf Vermögensübertragungen beruhen, die nach dem 31. Dezember 2007 vereinbart worden sind. [2]Für Versorgungsleistungen, die auf Vermögensübertragungen beruhen, die vor dem 1. Januar 2008 vereinbart worden sind, gilt dies nur, wenn das übertragene Vermögen nur deshalb einen ausreichenden Ertrag bringt, weil ersparte Aufwendungen, mit Ausnahme des Nutzungsvorteils eines vom Vermögensübernehmer zu eigenen Zwecken genutzten Grundstücks, zu den Erträgen des Vermögens gerechnet werden. [3]§ 10 Absatz 1 Nummer 5 in der am 1. Januar 2012 geltenden Fassung gilt auch für Kinder, die wegen einer vor dem 1. Januar 2007 in der Zeit ab Vollendung des 25. Lebensjahres und vor Vollendung des 27. Lebensjahres eingetretenen körperlichen, geistigen oder seelischen Behinderung außerstande sind, sich selbst zu unterhalten. [4]§ 10 Absatz 2 Satz 1 Nummer 1 in der Fassung des Artikels 1 des Gesetzes vom 21. Dezember 2020 (BGBl. I S. 3096) ist in allen offenen Fällen anzuwenden. [5]§ 10 Absatz 4b Satz 4 bis 6 in der am 30. Juni 2013 geltenden Fassung ist erstmals für die Übermittlung der Daten des Veranlagungszeitraums 2016 anzuwenden. [6]§ 10 Absatz 5 in der am 31. Dezember 2009 geltenden Fassung ist auf Beiträge zu Versicherungen im Sinne des § 10 Absatz 1 Nummer 2 Buch-

---

[1] § 52 Abs. 16a eingef. durch G v. 27.6.2017 (BGBl. I S. 2074); Abs. 16a wird Abs. 16b, Satz 1 eingef., bish. Wortlaut wird Satz 2 und Satz 3 angef. durch G v. 12.12.2019 (BGBl. I S. 2451); Satz 4 angef. durch G v. 25.6.2021 (BGBl. I S. 2035).
[2] § 52 Abs. 18 Satz 1 geänd. durch G v. 22.12.2014 (BGBl. I S. 2417); Satz 4 eingef., bish. Sätze 4 und 5 werden Sätze 5 und 6 durch G v. 11.12.2018 (BGBl. I S. 2338); Satz 4 geänd. durch G v. 21.12.2020 (BGBl. I S. 3096).

stabe b Doppelbuchstabe bb bis dd in der am 31. Dezember 2004 geltenden Fassung weiterhin anzuwenden, wenn die Laufzeit dieser Versicherungen vor dem 1. Januar 2005 begonnen hat und ein Versicherungsbeitrag bis zum 31. Dezember 2004 entrichtet wurde.

(18a)[1] § 10b Absatz 1 Satz 8 in der Fassung des Artikels 2 des Gesetzes vom 12. Dezember 2019 (BGBl. I S. 2451) ist erstmals auf Mitgliedsbeiträge anzuwenden, die nach dem 31. Dezember 2019 gezahlt werden.

(18b)[2] [1] § 10d Absatz 1 Satz 1 in der Fassung des Artikels 1 des Gesetzes vom 10. März 2021 (BGBl. I S. 330) ist für die Veranlagungszeiträume 2020 und 2021 anzuwenden. [2] § 10d Absatz 1 in der Fassung des Artikels 3 des Gesetzes vom 19. Juni 2022 (BGBl. I S. 911) ist erstmals für den Veranlagungszeitraum 2022 anzuwenden. [3] § 10d Absatz 1 Satz 1 in der Fassung des Artikels 4 des Gesetzes vom 19. Juni 2022 (BGBl. I S. 911) ist erstmals für den Veranlagungszeitraum 2024 anzuwenden.

(19) [1] Für nach dem 31. Dezember 1986 und vor dem 1. Januar 1991 hergestellte oder angeschaffte Wohnungen im eigenen Haus oder Eigentumswohnungen sowie in diesem Zeitraum fertiggestellte Ausbauten oder Erweiterungen ist § 10e in der am 30. Dezember 1989 geltenden Fassung weiter anzuwenden. [2] Für nach dem 31. Dezember 1990 hergestellte oder angeschaffte Wohnungen im eigenen Haus oder Eigentumswohnungen sowie in diesem Zeitraum fertiggestellte Ausbauten oder Erweiterungen ist § 10e in der am 28. Juni 1991 geltenden Fassung weiter anzuwenden. [3] Abweichend von Satz 2 ist § 10e Absatz 1 bis 5 und 6 bis 7 in der am 28. Juni 1991 geltenden Fassung erstmals für den Veranlagungszeitraum 1991 bei Objekten im Sinne des § 10e Absatz 1 und 2 anzuwenden, wenn im Fall der Herstellung der Steuerpflichtige nach dem 30. September 1991 den Bauantrag gestellt oder mit der Herstellung des Objekts begonnen hat oder im Fall der Anschaffung der Steuerpflichtige das Objekt nach dem 30. September 1991 auf Grund eines nach diesem Zeitpunkt rechtswirksam abgeschlossenen obligatorischen Vertrags oder gleichstehenden Rechtsakts angeschafft hat oder mit der Herstellung des Objekts nach dem 30. September 1991 begonnen worden ist. [4] § 10e Absatz 5a ist erstmals bei den in § 10e Absatz 1 und 2 bezeichneten Objekten anzuwenden, wenn im Fall der Herstellung der Steuerpflichtige den Bauantrag nach dem 31. Dezember 1991 gestellt oder, falls ein solcher nicht erforderlich ist, mit der Herstellung nach diesem Zeitpunkt begonnen hat, oder im Fall der Anschaffung der Steuerpflichtige das Objekt auf Grund eines nach dem 31. Dezember 1991 rechtswirksam abgeschlossenen obligatorischen Vertrags oder gleichstehenden Rechtsakts angeschafft hat. [5] § 10e Absatz 1 Satz 4 in der am 27. Juni 1993 geltenden Fassung und § 10e Absatz 6 Satz 3 in der am 30. Dezember 1993 geltenden Fassung sind erstmals anzuwenden, wenn der Steuerpflichtige das Objekt auf Grund eines nach dem 31. Dezember 1993 rechtswirksam abgeschlossenen obligatorischen Vertrags oder gleichstehenden Rechtsakts angeschafft hat. [6] § 10e ist letztmals anzuwenden, wenn der

---

[1] § 52 Abs. 18a eingef. durch G v. 12.12.2019 (BGBl. I S. 2451).
[2] § 52 Abs. 18b eingef. duch G v. 29.6.2020 (BGBl. I S. 1512); geänd. durch G v. 10.3.2021 (BGBl. I S. 330); neu gef. und Satz 3 angef. durch G v. 19.6.2022 (BGBl. I S. 911).

Steuerpflichtige im Fall der Herstellung vor dem 1. Januar 1996 mit der Herstellung des Objekts begonnen hat oder im Fall der Anschaffung das Objekt auf Grund eines vor dem 1. Januar 1996 rechtswirksam abgeschlossenen obligatorischen Vertrags oder gleichstehenden Rechtsakts angeschafft hat. [7]Als Beginn der Herstellung gilt bei Objekten, für die eine Baugenehmigung erforderlich ist, der Zeitpunkt, in dem der Bauantrag gestellt wird; bei baugenehmigungsfreien Objekten, für die Bauunterlagen einzureichen sind, gilt als Beginn der Herstellung der Zeitpunkt, in dem die Bauunterlagen eingereicht werden.

(20)[1] §12 Nummer 4 in der Fassung des Artikels 1 des Gesetzes vom 12. Dezember 2019 (BGBl. I S. 2451) ist erstmals anzuwenden auf nach dem 31. Dezember 2018 festgesetzte Geldstrafen, sonstige Rechtsfolgen vermögensrechtlicher Art, bei denen der Strafcharakter überwiegt, und Leistungen zur Erfüllung von Auflagen oder Weisungen, soweit die Auflagen oder Weisungen nicht lediglich der Wiedergutmachung des durch die Tat verursachten Schadens dienen, sowie auf nach dem 31. Dezember 2018 entstandene damit zusammenhängende Aufwendungen.

(21)[2] *(aufgehoben)*

(22) Für die Anwendung des §13 Absatz 7 in der am 31. Dezember 2005 geltenden Fassung gilt Absatz 25 entsprechend.

(22a)[3] [1]§13a in der am 31. Dezember 2014 geltenden Fassung ist letztmals für das Wirtschaftsjahr anzuwenden, das vor dem 31. Dezember 2015 endet. [2]§13a in der am 1. Januar 2015 geltenden Fassung ist erstmals für das Wirtschaftsjahr anzuwenden, das nach dem 30. Dezember 2015 endet. [3]Die Bindungsfrist auf Grund des §13a Absatz 2 Satz 1 in der am 31. Dezember 2014 geltenden Fassung bleibt bestehen.

(22b)[4] [1]§13b in der Fassung des Artikels 5 des Gesetzes vom 12. Dezember 2019 (BGBl. I S. 2451) ist erstmals für das Wirtschaftsjahr anzuwenden, das nach dem 31. Dezember 2024 beginnt. [2]Für gemeinschaftliche Tierhaltungen gemäß §51a des Bewertungsgesetzes gelten für einkommensteuerrechtliche Zwecke die zu Beginn des Wirtschaftsjahres 2024/2025 noch gültigen Vorschriften der §§51, 51a des Bewertungsgesetzes bis zum Ablauf des Wirtschaftsjahres 2024/2025 fort.

(22c)[5] [1]§14 Absatz 3 ist erstmals auf Fälle anzuwenden, in denen die Übertragung oder Überführung der Grundstücke nach dem 16. Dezember 2020 stattgefunden hat. [2]Auf unwiderruflichen Antrag des jeweiligen Mitunternehmers ist §14 Absatz 3 auch für Übertragungen oder Überführungen vor dem 17. Dezember 2020 anzuwenden. [3]Der Antrag ist bei dem Finanzamt zu stellen, das für die einheitliche und gesonderte Feststellung der Einkünfte der Mitunternehmerschaft zuständig ist.

---

[1] §52 Abs. 20 eingef. durch G v. 12.12.2019 (BGBl. I S. 2451).
[2] §52 Abs. 21 aufgeh. durch G v. 18.7.2016 (BGBl. I S. 1679).
[3] §52 Abs. 22a eingef. durch G v. 22.12.2014 (BGBl. I S. 2417).
[4] §52 Abs. 22b eingef. durch G v. 12.12.2019 (BGBl. I S. 2451); ber. durch G v. 21.12.2020 (BGBl. I S. 3096).
[5] §52 Abs. 22c eingef. durch G v. 21.12.2020 (BGBl. I S. 3096).

(23)[1] [1] § 15 Absatz 3 Nummer 1 Satz 2 ist auch für Veranlagungszeiträume vor 2019 anzuwenden. [2] § 15 Absatz 4 Satz 2 und 7 in der am 30. Juni 2013 geltenden Fassung ist in allen Fällen anzuwenden, in denen am 30. Juni 2013 die Feststellungsfrist noch nicht abgelaufen ist.

(24) [1] § 15a ist nicht auf Verluste anzuwenden, soweit sie

1. durch Sonderabschreibungen nach § 82f der Einkommensteuer-Durchführungsverordnung,

2. durch Absetzungen für Abnutzung in fallenden Jahresbeträgen nach § 7 Absatz 2 von den Herstellungskosten oder von den Anschaffungskosten von in ungebrauchtem Zustand vom Hersteller erworbenen Seeschiffen, die in einem inländischen Seeschiffsregister eingetragen sind,

entstehen; Nummer 1 gilt nur bei Schiffen, deren Anschaffungs- oder Herstellungskosten zu mindestens 30 Prozent durch Mittel finanziert werden, die weder unmittelbar noch mittelbar in wirtschaftlichem Zusammenhang mit der Aufnahme von Krediten durch den Gewerbebetrieb stehen, zu dessen Betriebsvermögen das Schiff gehört. [2] § 15a ist in diesen Fällen erstmals anzuwenden auf Verluste, die in nach dem 31. Dezember 1999 beginnenden Wirtschaftsjahren entstehen, wenn der Schiffbauvertrag vor dem 25. April 1996 abgeschlossen worden ist und der Gesellschafter der Gesellschaft vor dem 1. Januar 1999 beigetreten ist; soweit Verluste, die in dem Betrieb der Gesellschaft entstehen und nach Satz 1 oder nach § 15a Absatz 1 Satz 1 ausgleichsfähig oder abzugsfähig sind, zusammen das Eineinviertelfache der insgesamt geleisteten Einlage übersteigen, ist § 15a auf Verluste anzuwenden, die in nach dem 31. Dezember 1994 beginnenden Wirtschaftsjahren entstehen. [3] Scheidet ein Kommanditist oder ein anderer Mitunternehmer, dessen Haftung der eines Kommanditisten vergleichbar ist und dessen Kapitalkonto in der Steuerbilanz der Gesellschaft auf Grund von ausgleichs- oder abzugsfähigen Verlusten negativ geworden ist, aus der Gesellschaft aus oder wird in einem solchen Fall die Gesellschaft aufgelöst, so gilt der Betrag, den der Mitunternehmer nicht ausgleichen muss, als Veräußerungsgewinn im Sinne des § 16. [4] In Höhe der nach Satz 3 als Gewinn zuzurechnenden Beträge sind bei den anderen Mitunternehmern unter Berücksichtigung der für die Zurechnung von Verlusten geltenden Grundsätze Verlustanteile anzusetzen. [5] Bei der Anwendung des § 15a Absatz 3 sind nur Verluste zu berücksichtigen, auf die § 15a Absatz 1 anzuwenden ist.

(25) [1] § 15b in der Fassung des Artikels 1 des Gesetzes vom 22. Dezember 2005 (BGBl. I S. 3683) ist nur auf Verluste der dort bezeichneten Steuerstundungsmodelle anzuwenden, denen der Steuerpflichtige nach dem 10. November 2005 beigetreten ist oder für die nach dem 10. November 2005 mit dem Außenvertrieb begonnen wurde. [2] Der Außenvertrieb beginnt in dem Zeitpunkt, in dem die Voraussetzungen für die Veräußerung der konkret bestimmbaren Fondsanteile erfüllt sind und die Gesellschaft selbst oder über ein Vertriebsunternehmen mit Außenwirkung an den Markt herangetreten ist. [3] Dem Beginn des Außenvertriebs stehen der Beschluss von Kapitalerhöhun-

---

[1] § 52 Abs. 23 Satz 1 eingef., bish. Wortlaut wird Satz 2 durch G v. 12.12.2019 (BGBl. I S. 2451).

gen und die Reinvestition von Erlösen in neue Projekte gleich. ⁴Besteht das Steuerstundungsmodell nicht im Erwerb eines Anteils an einem geschlossenen Fonds, ist § 15b in der Fassung des Artikels 1 des Gesetzes vom 22. Dezember 2005 (BGBl. I S. 3683) anzuwenden, wenn die Investition nach dem 10. November 2005 rechtsverbindlich getätigt wurde. ⁵§ 15b Absatz 3a ist erstmals auf Verluste der dort bezeichneten Steuerstundungsmodelle anzuwenden, bei denen Wirtschaftsgüter des Umlaufvermögens nach dem 28. November 2013 angeschafft, hergestellt oder in das Betriebsvermögen eingelegt werden.

(25a)¹⁾ ¹§ 17 Absatz 2a in der Fassung des Artikels 2 des Gesetzes vom 12. Dezember 2019 (BGBl. I S. 2451) ist erstmals für Veräußerungen im Sinne von § 17 Absatz 1, 4 oder 5 nach dem 31. Juli 2019²⁾ anzuwenden. ²Auf Antrag des Steuerpflichtigen ist § 17 Absatz 2a Satz 1 bis 4 auch für Veräußerungen im Sinne von § 17 Absatz 1, 4 oder 5 vor dem 31. Juli 2019²⁾ anzuwenden.

(26) Für die Anwendung des § 18 Absatz 4 Satz 2 in der Fassung des Artikels 1 des Gesetzes vom 22. Dezember 2005 (BGBl. I S. 3683) gilt Absatz 25 entsprechend.

(26a)³⁾ § 19 Absatz 1 Satz 1 Nummer 3 Satz 2 und 3 in der am 31. Dezember 2014 geltenden Fassung gilt für alle Zahlungen des Arbeitgebers nach dem 30. Dezember 2014.

(27)⁴⁾ § 19a in der Fassung des Artikels 3 des Gesetzes vom 3. Juni 2021 (BGBl. I S. 1498) ist erstmals anzuwenden auf Vermögensbeteiligungen, die nach dem 30. Juni 2021 übertragen werden.

(28)⁵⁾ ¹Für die Anwendung des § 20 Absatz 1 Nummer 4 Satz 2 in der am 31. Dezember 2005 geltenden Fassung gilt Absatz 25 entsprechend. ²Für die Anwendung von § 20 Absatz 1 Nummer 4 Satz 2 und Absatz 2b in der am 1. Januar 2007 geltenden Fassung gilt Absatz 25 entsprechend. ³§ 20 Absatz 1 Nummer 6 in der Fassung des Gesetzes vom 7. September 1990 (BGBl. I S. 1898) ist erstmals auf nach dem 31. Dezember 1974 zugeflossene Zinsen aus Versicherungsverträgen anzuwenden, die nach dem 31. Dezember 1973 abgeschlossen worden sind. ⁴§ 20 Absatz 1 Nummer 6 in der Fassung des Gesetzes vom 20. Dezember 1996 (BGBl. I S. 2049) ist erstmals auf Zinsen aus Versicherungsverträgen anzuwenden, bei denen die Ansprüche nach dem 31. Dezember 1996 entgeltlich erworben worden sind. ⁵Für Kapitalerträge aus Versicherungsverträgen, die vor dem 1. Januar 2005 abgeschlossen worden sind, ist § 20 Absatz 1 Nummer 6 in der am 31. Dezember 2004 geltenden Fassung mit der Maßgabe weiterhin anzuwenden, dass in Satz 3 die Wörter „§ 10 Absatz 1 Nummer 2 Buchstabe b Satz 5" durch die Wörter „§ 10 Absatz 1 Nummer 2 Buchstabe b Satz 6" ersetzt werden. ⁶§ 20 Absatz 1 Nummer 6 Satz 3 in der

---

¹⁾ § 52 Abs. 25a eingef. durch G v. 12.12.2019 (BGBl. I S. 2451).
²⁾ Datum des Kabinettsbeschlusses zur Einbringung des Regierungsentwurfs.
³⁾ § 52 Abs. 26a eingef. durch G v. 22.12.2014 (BGBl. I S. 2417).
⁴⁾ § 52 Abs. 27 neu gef. durch G v. 3.6.2021 (BGBl. I S. 1498).
⁵⁾ § 52 Abs. 28 Sätze 19 bis 22 angef. durch G v. 19.7.2016 (BGBl. I S. 1730); Sätze 23 und 24 angef. durch G v. 21.12.2019 (BGBl. I S. 2875); Sätze 19 und 20 eingef., bish. Sätze 19 bis 24 werden Sätze 21 bis 26 und Sätze 25 und 26 geänd. durch G v. 21.12.2020 (BGBl. I S. 3096).

Fassung des Artikels 1 des Gesetzes vom 13. Dezember 2006 (BGBl. I S. 2878) ist erstmals anzuwenden auf Versicherungsleistungen im Erlebensfall bei Versicherungsverträgen, die nach dem 31. Dezember 2006 abgeschlossen werden, und auf Versicherungsleistungen bei Rückkauf eines Vertrages nach dem 31. Dezember 2006. [7] § 20 Absatz 1 Nummer 6 Satz 2 ist für Vertragsabschlüsse nach dem 31. Dezember 2011 mit der Maßgabe anzuwenden, dass die Versicherungsleistung nach Vollendung des 62. Lebensjahres des Steuerpflichtigen ausgezahlt wird. [8] § 20 Absatz 1 Nummer 6 Satz 6 in der Fassung des Artikels 1 des Gesetzes vom 19. Dezember 2008 (BGBl. I S. 2794) ist für alle Versicherungsverträge anzuwenden, die nach dem 31. März 2009 abgeschlossen werden oder bei denen die erstmalige Beitragsleistung nach dem 31. März 2009 erfolgt. [9] Wird auf Grund einer internen Teilung nach § 10 des Versorgungsausgleichsgesetzes oder einer externen Teilung nach § 14 des Versorgungsausgleichsgesetzes ein Anrecht in Form eines Versicherungsvertrags zugunsten der ausgleichsberechtigten Person begründet, so gilt dieser Vertrag insoweit zu dem gleichen Zeitpunkt als abgeschlossen wie derjenige der ausgleichspflichtigen Person. [10] § 20 Absatz 1 Nummer 6 Satz 7 und 8 ist auf Versicherungsleistungen anzuwenden, die auf Grund eines nach dem 31. Dezember 2014 eingetretenen Versicherungsfalles ausgezahlt werden. [11] § 20 Absatz 2 Satz 1 Nummer 1 in der am 18. August 2007 geltenden Fassung ist erstmals auf Gewinne aus der Veräußerung von Anteilen anzuwenden, die nach dem 31. Dezember 2008 erworben wurden. [12] § 20 Absatz 2 Satz 1 Nummer 3 in der am 18. August 2007 geltenden Fassung ist erstmals auf Gewinne aus Termingeschäften anzuwenden, bei denen der Rechtserwerb nach dem 31. Dezember 2008 stattgefunden hat. [13] § 20 Absatz 2 Satz 1 Nummer 4, 5 und 8 in der am 18. August 2007 geltenden Fassung ist erstmals auf Gewinne anzuwenden, bei denen die zugrunde liegenden Wirtschaftsgüter, Rechte oder Rechtspositionen nach dem 31. Dezember 2008 erworben oder geschaffen wurden. [14] § 20 Absatz 2 Satz 1 Nummer 6 in der am 18. August 2007 geltenden Fassung ist erstmals auf die Veräußerung von Ansprüchen nach dem 31. Dezember 2008 anzuwenden, bei denen der Versicherungsvertrag nach dem 31. Dezember 2004 abgeschlossen wurde; dies gilt auch für Versicherungsverträge, die vor dem 1. Januar 2005 abgeschlossen wurden, sofern bei einem Rückkauf zum Veräußerungszeitpunkt die Erträge nach § 20 Absatz 1 Nummer 6 in der am 31. Dezember 2004 geltenden Fassung steuerpflichtig wären. [15] § 20 Absatz 2 Satz 1 Nummer 7 in der Fassung des Artikels 1 des Gesetzes vom 14. August 2007 (BGBl. I S. 1912) ist erstmals auf nach dem 31. Dezember 2008 zufließende Kapitalerträge aus der Veräußerung sonstiger Kapitalforderungen anzuwenden. [16] Für Kapitalerträge aus Kapitalforderungen, die zum Zeitpunkt des vor dem 1. Januar 2009 erfolgten Erwerbs zwar Kapitalforderungen im Sinne des § 20 Absatz 1 Nummer 7 in der am 31. Dezember 2008 anzuwendenden Fassung, aber nicht Kapitalforderungen im Sinne des § 20 Absatz 2 Satz 1 Nummer 4 in der am 31. Dezember 2008 anzuwendenden Fassung sind, ist § 20 Absatz 2 Satz 1 Nummer 7 nicht anzuwenden; für die bei der Veräußerung in Rechnung gestellten Stückzinsen ist Satz 15 anzuwenden; Kapitalforderungen im Sinne des § 20 Absatz 2 Satz 1 Nummer 4 in der am 31. Dezember 2008 anzuwendenden Fassung liegen auch vor, wenn die Rückzahlung nur teilweise garantiert ist oder wenn eine Trennung zwischen Ertrags- und Vermögensebene möglich erscheint. [17] Bei Kapitalforderungen, die zwar nicht die Voraussetzungen von § 20 Absatz 1 Nummer 7 in der am 31. Dezember 2008 geltenden Fassung, aber die Voraussetzungen von § 20 Absatz 1 Nummer 7 in der am 18. August 2007 geltenden Fassung erfüllen, ist § 20 Absatz 2 Satz 1 Nummer 7 in Verbindung mit § 20 Absatz 1 Nummer 7 vorbehaltlich der Regelung in Absatz 31 Satz 2 und 3 auf alle nach dem 30. Juni 2009 zufließenden Kapitalerträge anzuwenden, es sei denn, die Kapitalforderung wurde vor dem 15. März 2007 angeschafft. [18] § 20 Absatz 4a Satz 3 in der Fassung des Artikels 1 des Gesetzes vom 8. Dezember 2010 (BGBl. I S. 1768) ist erstmals für Wertpapiere anzuwenden, die nach dem 31. Dezember 2009 geliefert wurden, sofern für die Lieferung § 20 Absatz 4 anzuwenden ist. [19] § 20 Absatz 4a Satz 3 in der Fassung des Artikels 1 des Gesetzes vom 21. Dezember 2020 (BGBl. I S. 3096) ist für die Andienung von Wertpapieren anzuwenden, wenn diese nach dem 31. Dezember 2020 erfolgt. [20] § 20 Absatz 4a Satz 5 in der Fassung des Artikels 1 des Gesetzes vom 21. Dezember 2020 (BGBl. I S. 3096) ist für die Zuteilung von Anteilen anzuwenden, wenn diese nach dem 31. Dezember 2020 erfolgt und die die Zuteilung begründenden Anteile nach dem 31. Dezember 2008 angeschafft worden sind. [21] § 20 Absatz 2 und 4 in der am 27. Juli 2016 geltenden Fassung ist erstmals ab dem 1. Januar 2017 anzuwenden. [22] § 20 Absatz 1 in der am 27. Juli 2016 geltenden Fassung ist erstmals ab dem 1. Januar 2018 anzuwenden. [23] Investmenterträge nach § 20 Absatz 1 Nummer 6 Satz 9 sind

1. die nach dem 31. Dezember 2017 zugeflossenen Ausschüttungen nach § 2 Absatz 11 des Investmentsteuergesetzes,

2. die realisierten oder unrealisierten Wertveränderungen aus Investmentanteilen nach § 2 Absatz 4 Satz 1 des Investmentsteuergesetzes, die das Versicherungsunternehmen nach dem 31. Dezember 2017 dem Sicherungsvermögen zur Sicherung der Ansprüche des Steuerpflichtigen zugeführt hat, und

3. die realisierten oder unrealisierten Wertveränderungen aus Investmentanteilen nach § 2 Absatz 4 Satz 1 des Investmentsteuergesetzes, die das Versicherungsunternehmen vor dem 1. Januar 2018 dem Sicherungsvermögen zur Sicherung der Ansprüche des Steuerpflichtigen zugeführt hat, soweit Wertveränderungen gegenüber dem letzten im Kalenderjahr 2017 festgesetzten Rücknahmepreis des Investmentanteils eingetreten sind.

[24] Wird kein Rücknahmepreis festgesetzt, tritt der Börsen- oder Marktpreis an die Stelle des Rücknahmepreises. [25] § 20 Absatz 6 Satz 5 in der Fassung des Artikels 1 des Gesetzes vom 21. Dezember 2020 (BGBl. I S. 3096) ist auf Verluste anzuwenden, die nach dem 31. Dezember 2020 entstehen. [26] § 20 Absatz 6 Satz 6 in der Fassung des Artikels 1 des Gesetzes vom 21. Dezember 2020 (BGBl. I S. 3096) ist auf Verluste anzuwenden, die nach dem 31. Dezember 2019 entstehen.

(29) Für die Anwendung des § 21 Absatz 1 Satz 2 in der am 31. Dezember 2005 geltenden Fassung gilt Absatz 25 entsprechend.

(30)[1] Für die Anwendung des § 22 Nummer 1 Satz 1 zweiter Halbsatz in der am 31. Dezember 2005 geltenden Fassung gilt Absatz 25 entsprechend.

---

[1] Siehe hierzu BVerfG v. 25.3.2021 (BGBl. I S. 1800).

(30a)[1] § 22a Absatz 2 Satz 2 in der am 1. Januar 2017 geltenden Fassung ist erstmals für die Übermittlung von Daten ab dem 1. Januar 2019 anzuwenden.

(30b)[2] [1] Die mitteilungspflichtige Stelle nach § 22a Absatz 1 kann die Identifikationsnummer im Sinne des § 139b der Abgabenordnung ihrer Kunden, bei denen das Versicherungs- oder Vertragsverhältnis vor dem Stichtag bestand, der in der Rechtsverordnung nach § 13 Absatz 3 des Rentenübersichtsgesetzes festgelegt wird, abweichend von § 22a Absatz 2 Satz 1 und 2 zur Durchführung des Rentenübersichtsgesetzes beim Bundeszentralamt für Steuern bereits vor dem Leistungsbezug erheben. [2] Das Bundeszentralamt für Steuern teilt der mitteilungspflichtigen Stelle die Identifikationsnummer des Versicherten nur mit, wenn die von der mitteilungspflichtigen Stelle übermittelten Daten mit den nach § 139b Absatz 3 der Abgabenordnung beim Bundeszentralamt für Steuern gespeicherten Daten im maschinellen Datenabgleich übereinstimmen.

(31)[3] [1] § 23 Absatz 1 Satz 1 Nummer 2 in der am 18. August 2007 geltenden Fassung ist erstmals auf Veräußerungsgeschäfte anzuwenden, bei denen die Wirtschaftsgüter nach dem 31. Dezember 2008 auf Grund eines nach diesem Zeitpunkt rechtswirksam abgeschlossenen obligatorischen Vertrags oder gleichstehenden Rechtsakts angeschafft wurden; § 23 Absatz 1 Satz 1 Nummer 2 Satz 2 in der am 14. Dezember 2010 geltenden Fassung ist erstmals auf Veräußerungsgeschäfte anzuwenden, bei denen die Gegenstände des täglichen Gebrauchs auf Grund eines nach dem 13. Dezember 2010 rechtskräftig abgeschlossenen Vertrags oder gleichstehenden Rechtsakts angeschafft wurden. [2] § 23 Absatz 1 Satz 1 Nummer 2 in der am 1. Januar 1999 geltenden Fassung ist letztmals auf Veräußerungsgeschäfte anzuwenden, bei denen die Wirtschaftsgüter vor dem 1. Januar 2009 erworben wurden. [3] § 23 Absatz 1 Satz 1 Nummer 3 in der Fassung des Artikels 7 des Gesetzes vom 20. Dezember 2016 (BGBl. I S. 3000) ist erstmals auf Veräußerungsgeschäfte anzuwenden, bei denen die Veräußerung auf einem nach dem 23. Dezember 2016 rechtswirksam abgeschlossenen obligatorischen Vertrag oder gleichstehenden Rechtsakt beruht. [4] § 23 Absatz 1 Satz 1 Nummer 4 ist auf Termingeschäfte anzuwenden, bei denen der Erwerb des Rechts auf einen Differenzausgleich, Geldbetrag oder Vorteil nach dem 31. Dezember 1998 und vor dem 1. Januar 2009 erfolgt. [5] § 23 Absatz 3 Satz 4 in der am 1. Januar 2000 geltenden Fassung ist auf Veräußerungsgeschäfte anzuwenden, bei denen der Steuerpflichtige das Wirtschaftsgut nach dem 31. Juli 1995 und vor dem 1. Januar 2009 angeschafft oder nach dem 31. Dezember 1998 und vor dem 1. Januar 2009 fertiggestellt hat; § 23 Absatz 3 Satz 4 in der am 1. Januar 2009 geltenden Fassung ist auf Veräußerungsgeschäfte anzuwenden, bei denen der Steuerpflichtige das Wirtschaftsgut nach dem 31. Dezember 2008 angeschafft oder fertiggestellt hat. [6] § 23 Absatz 1 Satz 2 und 3 sowie Absatz 3 Satz 3 in der am 12. Dezember 2006 geltenden Fassung sind für Anteile, die einbringungsgebo-

---

[1] § 52 Abs. 30a eingef. durch G v. 18.7.2016 (BGBl. I S. 1679).
[2] § 52 Abs. 30b eingef. durch G v. 11.2.2021 (BGBl. I S. 154).
[3] § 52 Abs. 31 Satz 3 eingef., bish. Sätze 3 bis 5 werden Sätze 4 bis 6 durch G v. 20.12.2016 (BGBl. I S. 3000).

ren im Sinne des § 21 des Umwandlungssteuergesetzes in der am 12. Dezember 2006 geltenden Fassung sind, weiter anzuwenden.

(32)[1] [1] § 32 Absatz 4 Satz 1 Nummer 3 in der Fassung des Artikels 1 des Gesetzes vom 19. Juli 2006 (BGBl. I S. 1652) ist erstmals für Kinder anzuwenden, die im Veranlagungszeitraum 2007 wegen einer vor Vollendung des 25. Lebensjahres eingetretenen körperlichen, geistigen oder seelischen Behinderung außerstande sind, sich selbst zu unterhalten; für Kinder, die wegen einer vor dem 1. Januar 2007 in der Zeit ab der Vollendung des 25. Lebensjahres und vor Vollendung des 27. Lebensjahres eingetretenen körperlichen, geistigen oder seelischen Behinderung außerstande sind, sich selbst zu unterhalten, ist § 32 Absatz 4 Satz 1 Nummer 3 weiterhin in der bis zum 31. Dezember 2006 geltenden Fassung anzuwenden. [2] § 32 Absatz 5 ist nur noch anzuwenden, wenn das Kind den Dienst oder die Tätigkeit vor dem 1. Juli 2011 angetreten hat. [3] Für die nach § 10 Absatz 1 Nummer 2 Buchstabe b und den §§ 10a, 82 begünstigten Verträge, die vor dem 1. Januar 2007 abgeschlossen wurden, gelten für das Vorliegen einer begünstigten Hinterbliebenenversorgung die Altersgrenzen des § 32 in der am 31. Dezember 2006 geltenden Fassung. [4] Dies gilt entsprechend für die Anwendung des § 93 Absatz 1 Satz 3 Buchstabe b. [5] § 32 Absatz 6 Satz 1 in der Fassung des Artikels 1 des Gesetzes vom 8. Dezember 2022 (BGBl. I S. 2230) ist beim Steuerabzug vom Arbeitslohn ab dem 1. Januar 2023 anzuwenden.

(32a)[2] [1] § 32a Absatz 1 und § 51a Absatz 2a Satz 1 in der am 23. Juli 2015 geltenden Fassung sind beim Steuerabzug vom Arbeitslohn erstmals anzuwenden auf laufenden Arbeitslohn, der für einen nach dem 30. November 2015 endenden Lohnzahlungszeitraum gezahlt wird, und auf sonstige Bezüge, die nach dem 30. November 2015 zufließen. [2] Bei der Lohnsteuerberechnung auf laufenden Arbeitslohn, der für einen nach dem 30. November 2015, aber vor dem 1. Januar 2016 endenden täglichen, wöchentlichen und monatlichen Lohnzahlungszeitraum gezahlt wird, ist zu berücksichtigen, dass § 32a Absatz 1 und § 51a Absatz 2a Satz 1 in der am 23. Juli 2015 geltenden Fassung bis zum 30. November 2015 nicht angewandt wurden (Nachholung). [3] Das Bundesministerium der Finanzen hat im Einvernehmen mit den obersten Finanzbehörden der Länder entsprechende Programmablaufpläne aufzustellen und bekannt zu machen (§ 39b Absatz 6 und § 51 Absatz 4 Nummer 1a).

(33)[3] [1] § 32b Absatz 2 Satz 1 Nummer 2 Satz 2 Buchstabe c ist erstmals auf Wirtschaftsgüter des Umlaufvermögens anzuwenden, die nach dem 28. Februar 2013 angeschafft, hergestellt oder in das Betriebsvermögen eingelegt werden. [2] § 32b Absatz 1 Satz 3 in der Fassung des Artikels 11 des Gesetzes vom 18. Dezember 2013 (BGBl. I S. 4318) ist in allen offenen Fällen anzuwenden. [3] § 32b Absatz 3 bis 5 in der am 1. Januar 2017 geltenden Fassung ist erstmals für ab dem 1. Januar 2018 gewährte Leistungen anzuwenden.

---

[1] § 52 Abs. 32 Satz 5 angef. durch G v. 8.12.2022 (BGBl. I S. 2230).
[2] § 52 Abs. 32a eingef. durch G v. 16.7.2015 (BGBl. I S. 1202).
[3] § 52 Abs. 33 Satz 3 angef. durch G v. 18.7.2016 (BGBl. I S. 1679).

(33a)[1] [1] § 32c in der Fassung des Artikels 4 des Gesetzes vom 12. Dezember 2019 (BGBl. I S. 2451) ist erstmals für den Veranlagungszeitraum 2016 anzuwenden. [2] § 32c ist im Veranlagungszeitraum 2016 mit der Maßgabe anzuwenden, dass der erste Betrachtungszeitraum die Veranlagungszeiträume 2014 bis 2016 umfasst. [3] Die weiteren Betrachtungszeiträume umfassen die Veranlagungszeiträume 2017 bis 2019 und 2020 bis 2022. [4] § 32c ist letztmalig für den Veranlagungszeitraum 2022 anzuwenden.

(33b)[2] [1] § 32d Absatz 2 Nummer 1 Buchstabe b in der Fassung des Artikels 1 des Gesetzes vom 21. Dezember 2020 (BGBl. I S. 3096) ist auf Kapitalerträge anzuwenden, die nach dem 31. Dezember 2020 erzielt werden. [2] Auf Kapitalerträge aus Darlehen an die Kapitalgesellschaft oder Genossenschaft, deren rechtliche Grundlage vor dem 1. Januar 2021 begründet wurde, ist § 32d Absatz 2 Nummer 1 Buchstabe b in der Fassung des Artikels 1 des Gesetzes vom 21. Dezember 2020 (BGBl. I S. 3096) ab dem Veranlagungszeitraum 2024 anzuwenden. [3] § 32d Absatz 2 Nummer 3 Buchstabe b in der Fassung des Artikels 7 des Gesetzes vom 20. Dezember 2016 (BGBl. I S. 3000) ist erstmals auf Anträge für den Veranlagungszeitraum 2017 anzuwenden.

(33c)[3] Die §§ 33 und 33b in der Fassung des Artikels 1 des Gesetzes vom 9. Dezember 2020 (BGBl. I S. 2770) sind erstmals für den Veranlagungszeitraum 2021 anzuwenden.

(34)[4] [1] § 34a in der Fassung des Artikels 1 des Gesetzes vom 19. Dezember 2008 (BGBl. I S. 2794) ist erstmals für den Veranlagungszeitraum 2008 anzuwenden. [2] § 34a Absatz 6 Satz 1 Nummer 3 und Satz 2 in der Fassung des Artikels 1 des Gesetzes vom 27. Juni 2017 (BGBl. I S. 2074) ist erstmals für unentgeltliche Übertragungen nach dem 5. Juli 2017 anzuwenden.

(34a)[5] Für Veranlagungszeiträume bis einschließlich 2014 ist § 34c Absatz 1 Satz 2 in der bis zum 31. Dezember 2014 geltenden Fassung in allen Fällen, in denen die Einkommensteuer noch nicht bestandskräftig festgesetzt ist, mit der Maßgabe anzuwenden, dass an die Stelle der Wörter „Summe der Einkünfte" die Wörter „Summe der Einkünfte abzüglich des Altersentlastungsbetrages (§ 24a), des Entlastungsbetrages für Alleinerziehende (§ 24b), der Sonderausgaben (§§ 10, 10a, 10b, 10c), der außergewöhnlichen Belastungen (§§ 33 bis 33b), der berücksichtigten Freibeträge für Kinder (§§ 31, 32 Absatz 6) und des Grundfreibetrages (§ 32a Absatz 1 Satz 2 Nummer 1)" treten.

(34b)[6] [1] § 34d Nummer 4 Buchstabe b Doppelbuchstabe bb in der Fassung des Artikels 3 des Gesetzes vom 11. Dezember 2018 (BGBl. I S. 2338) ist erstmals auf Gewinne aus der Veräußerung von Anteilen anzuwenden, bei denen die Veräußerung nach dem 31. Dezember 2018 erfolgt, und nur soweit den Gewinnen nach dem 31. Dezember 2018 eingetretene Wertveränderungen

---

[1] § 52 Abs. 33a eingef. durch G v. 12.12.2019 (BGBl. I S. 2451).
[2] § 52 Abs. 33a eingef. durch G v. 20.12.2016 (BGBl. I S. 3000); wird Abs. 33b und geänd. durch G v. 12.12.2019 (BGBl. I S. 2451); Sätze 1 und 2 eingef., bish. Wortlaut wird Satz 3 durch G v. 21.12.2020 (BGBl. I S. 3096).
[3] § 52 Abs. 33c eingef. durch G v. 9.12.2020 (BGBl. I S. 2770).
[4] § 52 Abs. 34 Satz 2 angef., bish. Text wird Satz 1 durch G v. 27.6.2017 (BGBl. I S. 2074).
[5] § 52 Abs. 34a eingef. durch G v. 22.12.2014 (BGBl. I S. 2417).
[6] § 52 Abs. 34b eingef. durch G v. 11.12.2018 (BGBl. I S. 2338).

zugrunde liegen. ²§ 34d Nummer 7 in der Fassung des Artikels 3 des Gesetzes vom 11. Dezember 2018 (BGBl. I S. 2338) ist erstmals auf Wertveränderungen anzuwenden, die nach dem 31. Dezember 2018 eintreten.

(35) ¹§ 34f Absatz 3 und 4 Satz 2 in der Fassung des Gesetzes vom 25. Februar 1992 (BGBl. I S. 297) ist erstmals anzuwenden bei Inanspruchnahme der Steuerbegünstigung nach § 10e Absatz 1 bis 5 in der Fassung des Gesetzes vom 25. Februar 1992 (BGBl. I S. 297). ²§ 34f Absatz 4 Satz 1 ist erstmals anzuwenden bei Inanspruchnahme der Steuerbegünstigung nach § 10e Absatz 1 bis 5 oder nach § 15b des Berlinförderungsgesetzes für nach dem 31. Dezember 1991 hergestellte oder angeschaffte Objekte.

(35a)¹⁾ ¹§ 35c ist erstmals auf energetische Maßnahmen anzuwenden, mit deren Durchführung nach dem 31. Dezember 2019 begonnen wurde und die vor dem 1. Januar 2030 abgeschlossen sind. ²Als Beginn gilt bei energetischen Maßnahmen, für die eine Baugenehmigung erforderlich ist, der Zeitpunkt, in dem der Bauantrag gestellt wird. ³Bei nicht genehmigungsbedürftigen Vorhaben für solche Vorhaben, die nach Maßgabe des Bauordnungsrechts der zuständigen Behörde zur Kenntnis zu geben sind, gilt als Beginn der Zeitpunkt des Eingangs der Kenntnisgabe bei der zuständigen Behörde und für sonstige nicht genehmigungsbedürftige, insbesondere genehmigungs-, anzeige- und verfahrensfreie Vorhaben, der Zeitpunkt des Beginns der Bauausführung.

(35b)²⁾ ¹§ 36 Absatz 2 Nummer 2 Satz 5 in der Fassung des Artikels 2 des Gesetzes vom 21. Dezember 2020 (BGBl. I S. 3096) ist erstmals auf Kapitalerträge anzuwenden, die nach dem 31. Dezember 2020 zufließen. ²§ 36 Absatz 2 Nummer 4 in der Fassung des Artikels 2 des Gesetzes vom 21. Dezember 2020 (BGBl. I S. 3096) ist erstmals für den Veranlagungszeitraum 2016 und letztmalig für den Veranlagungszeitraum 2022 anzuwenden.

(35c)³⁾ ¹§ 36a in der am 27. Juli 2016 geltenden Fassung ist erstmals auf Kapitalerträge anzuwenden, die ab dem 1. Januar 2016 zufließen. ²§ 36a in der Fassung des Artikels 1 des Gesetzes vom 12. Dezember 2019 (BGBl. I S. 2451) ist erstmals auf Kapitalerträge anzuwenden, die ab dem 1. Januar 2019 zufließen.

(35d)⁴⁾ § 37 Absatz 3 Satz 3 ist auf Antrag des Steuerpflichtigen mit der Maßgabe anzuwenden, dass

---

¹⁾ § 52 Abs. 35a eingef. durch G v. 29.6.2020 (BGBl. I S. 1512); neu gef. durch G v. 21.12.2020 (BGBl. I S. 3096).
Durch die Neufassung von § 52 Abs. 35a wird der vorherige Abs. 35a überschrieben; dieser lautete:
„§(35a) § 35 Absatz 1 in der Fassung des Artikels 1 des Gesetzes von 29. Juni 2020 (BGBl. I S. 1512) ist erstmals für den Veranlagungszeitraum 2020 anzuwenden."
²⁾ § 52 Abs. 35a eingef. durch G v. 12.12.2019 (BGBl. I S. 2451); Sätze 1 bis 3 eingef.; bish. Wortlaut wird Satz 4 durch G v. 21.12.2019 (BGBl. I S. 2886); Abs. 35a wird Abs. 35b durch G v. 29.6.2020 (BGBl. I S. 1512); neu gef. durch G v. 21.12.2020 (BGBl. I S. 3096).
³⁾ § 52 Abs. 35a eingef. durch G v. 20.12.2016 (BGBl. I S. 3045); Satz 2 angef., bish. Wortlaut wird Satz 1 durch G v. 12.12.2019 (BGBl. I S. 2451); Abs. 35a wird Abs. 35b durch G v. 12.12.2019 (BGBl. I S. 2451); Abs. 35b wird Abs. 35c durch G v. 29.6.2020 (BGBl. I S. 1512).
⁴⁾ § 52 Abs. 35d neu gef. durch G v. 19.6.2022 (BGBl. I S. 911).

1. für den Veranlagungszeitraum 2019 an die Stelle des 15. Kalendermonats der 21. Kalendermonat und an die Stelle des 23. Kalendermonats der 28. Kalendermonat,

2. für die Veranlagungszeiträume 2020 und 2021 an die Stelle des 15. Kalendermonats der 21. Kalendermonat und an die Stelle des 23. Kalendermonats der 29. Kalendermonat,

3. für den Veranlagungszeitraum 2022 an die Stelle des 15. Kalendermonats der 20. Kalendermonat und an die Stelle des 23. Kalendermonats der 28. Kalendermonat,

4. für den Veranlagungszeitraum 2023 an die Stelle des 15. Kalendermonats der 18. Kalendermonat und an die Stelle des 23. Kalendermonats der 26. Kalendermonat und

5. für den Veranlagungszeitraum 2024 an die Stelle des 15. Kalendermonats der 17. Kalendermonat und an die Stelle des 23. Kalendermonats der 25. Kalendermonat

tritt.

(36)[1] [1]Das Bundesministerium der Finanzen kann im Einvernehmen mit den obersten Finanzbehörden der Länder in einem Schreiben mitteilen, wann das in § 39 Absatz 4 Nummer 5 genannten Lohnsteuerabzugsmerkmal erstmals abgerufen werden kann (§ 39e Absatz 3 Satz 1). [2]Dieses Schreiben ist im Bundessteuerblatt zu veröffentlichen. [3]§ 39 in der Fassung des Artikels 4 des Gesetzes vom 16. Dezember 2022 (BGBl. I S. 2294) ist erstmals ab dem 1. Januar 2024 anzuwenden; er kann im Rahmen eines Pilotprojekts mit Echtdaten bereits ab dem 1. Januar 2023 angewendet werden.

(37) [1]Das Bundesministerium der Finanzen kann im Einvernehmen mit den obersten Finanzbehörden der Länder in einem Schreiben mitteilen, ab wann die Regelungen in § 39a Absatz 1 Satz 3 bis 5 erstmals anzuwenden sind. [2]Dieses Schreiben ist im Bundessteuerblatt zu veröffentlichen.[2]

(37a)[3] § 39f Absatz 1 Satz 9 bis 11 und Absatz 3 Satz 1 ist erstmals für den Veranlagungszeitraum 2019 anzuwenden.

(37b)[4] [1]§ 39b Absatz 2 Satz 5 Nummer 4 in der am 23. Juli 2015 geltenden Fassung ist erstmals anzuwenden auf laufenden Arbeitslohn, der für einen nach dem 30. November 2015 endenden Lohnzahlungszeitraum gezahlt wird, und auf sonstige Bezüge, die nach dem 30. November 2015 zufließen. [2]Bei der Lohnsteuerberechnung auf laufenden Arbeitslohn, der für einen nach dem 30. November 2015, aber vor dem 1. Januar 2016 endenden täglichen, wöchentlichen und monatlichen Lohnzahlungszeitraum gezahlt wird, ist zu berücksichtigen, dass § 39b Absatz 2 Satz 5 Nummer 4 in der am 23. Juli 2015 geltenden Fassung bis zum 30. November 2015 nicht angewandt wurde (Nachholung). [3]Das Bundesministerium der Finanzen hat dies im Einverneh-

---

[1] § 52 Abs. 36 Satz 1 geänd., Satz 3 angef. durch G v. 21.12.2020 (BGBl. I S. 3096); Satz 3 geänd. durch G v. 16.12.2022 (BGBl. I S. 2294).
[2] BMF v. 21.5.2015 (BStBl. I S. 488).
[3] § 52 Abs. 37a eingef. durch G v. 28.7.2015 (BGBl. I S. 1400) und neu gef. durch G v. 23.6.2017 (BGBl. I S. 1682).
[4] § 52 Abs. 37b eingef. durch G v. 16.7.2015 (BGBl. I S. 1202).

men mit den obersten Finanzbehörden der Länder bei der Aufstellung und Bekanntmachung der geänderten Programmablaufpläne für 2015 zu berücksichtigen (§ 39b Absatz 6 und § 51 Absatz 4 Nummer 1a). ⁴In den Fällen des § 24b Absatz 4 ist für das Kalenderjahr 2015 eine Veranlagung durchzuführen, wenn die Nachholung nach Satz 2 durchgeführt wurde.

(37c)[1] ¹§ 40 Absatz 2 Satz 1 Nummer 6 in der am 17. November 2016 gelten den Fassung ist erstmals anzuwenden auf Vorteile, die in einem nach dem 31. Dezember 2016 endenden Lohnzahlungszeitraum oder als sonstige Bezüge nach dem 31. Dezember 2016 zugewendet werden, und letztmals anzuwenden auf Vorteile, die in einem vor dem 1. Januar 2031 endenden Lohnzahlungszeitraum oder als sonstige Bezüge vor dem 1. Januar 2031 zugewendet werden. ²§ 40 Absatz 2 Satz 2 Nummer 3 und Satz 4 in der Fassung des Artikels 2 des Gesetzes vom 21. Dezember 2020 (BGBl. I S. 3096) ist erstmals auf Freifahrtberechtigungen anzuwenden, die nach dem 31. Dezember 2020 gewährt werden.

(38) § 40a Absatz 2, 2a und 6 in der am 31. Juli 2014[2] geltenden Fassung ist erstmals ab dem Kalenderjahr 2013 anzuwenden.

(39)[3] *(aufgehoben)*

(40)[4] § 40b Absatz 1 und 2 in der am 31. Dezember 2004 geltenden Fassung ist weiter anzuwenden auf Beiträge für eine Direktversicherung des Arbeitnehmers und Zuwendungen an eine Pensionskasse, wenn vor dem 1. Januar 2018 mindestens ein Beitrag nach § 40b Absatz 1 und 2 in einer vor dem 1. Januar 2005 geltenden Fassung pauschal besteuert wurde.

(40a)[5] ¹§ 41a Absatz 1 Satz 1 Nummer 1 in der Fassung des Artikels 2 des Gesetzes vom 12. Dezember 2019 (BGBl. I S. 2451) ist erstmals für Lohnzahlungszeiträume anzuwenden, die nach dem 31. Dezember 2020 enden. ²§ 41a Absatz 4 Satz 1 in der Fassung des Artikels 1 des Gesetzes vom 24. Februar 2016 (BGBl. I S. 310) gilt für eine Dauer von 60 Monaten und ist erstmals für laufenden Arbeitslohn anzuwenden, der für den Lohnzahlungszeitraum gezahlt wird, der nach dem Kalendermonat folgt, in dem die Europäische Kommission die Genehmigung zu diesem Änderungsgesetz erteilt hat; die Regelung ist erstmals für sonstige Bezüge anzuwenden, die nach dem Monat zufließen, in dem die Europäische Kommission die Genehmigung zu diesem Änderungsgesetz erteilt hat. ³§ 41a Absatz 4 in der Fassung des Artikels 3 des Gesetzes vom 19. Juni 2022 (BGBl. I S. 911) gilt für eine Dauer von 72 Monaten und ist erstmals für laufenden Arbeitslohn anzuwenden, der für einen ab dem 1. Juni

---

[1] § 52 Abs. 37c eingef. durch G v. 7.11.2016 (BGBl. I S. 2498); geänd. durch G v. 12.12.2019 (BGBl. I S. 2451); Satz 2 angef. durch G v. 21.12.2020 (BGBl. I S. 3096).
[2] Tag nach der Verkündung des G v. 25.7.2014 (BGBl. I S. 1266).
[3] § 52 Abs. 39 aufgeh. durch G v. 23.6.2017 (BGBl. I S. 1682).
[4] § 52 Abs. 40 Satz 1 geänd. durch G v. 17.8.2017 (BGBl. I S. 3214); siehe auch Seite 1 Fn. 2: Genehmigung am 3.5.2016 erteilt; Satz 1 geänd., Satz 2 aufgeh. durch G v. 11.12.2018 (BGBl. I S. 2338).
[5] § 52 Abs. 40a eingef. durch G v. 24.2.2016 (BGBl. I S. 310); Satz 1 eingef., bish. Sätze 1 bis 3 werden Sätze 2 bis 4 durch G v. 12.12.2019 (BGBl. I S. 2451); Sätze 3 und 4 neu gef. durch G v. 12.5.2021 (BGBl. I S. 989); Sätze 3 und 4 ersetzt durch Satz 3 durch G v. 19.6.2022 (BGBl. I S. 911).

2021 endenden Lohnzahlungszeitraum gezahlt wird, und für sonstige Bezüge, die ab dem 1. Juni 2021 zufließen.

(41) Bei der Veräußerung oder Einlösung von Wertpapieren und Kapitalforderungen, die von der das Bundesschuldbuch führenden Stelle oder einer Landesschuldenverwaltung verwahrt oder verwaltet werden können, bemisst sich der Steuerabzug nach den bis zum 31. Dezember 1993 geltenden Vorschriften, wenn die Wertpapier- und Kapitalforderungen vor dem 1. Januar 1994 emittiert worden sind; dies gilt nicht für besonders in Rechnung gestellte Stückzinsen.

(42)[1] [1] § 43 Absatz 1 Satz 1 Nummer 7 Buchstabe b Satz 2 in der Fassung des Artikels 1 des Gesetzes vom 13. Dezember 2006 (BGBl. I S. 2878) ist erstmals auf Verträge anzuwenden, die nach dem 31. Dezember 2006 abgeschlossen werden. [2] § 43 Absatz 1 Satz 1 Nummer 7 Buchstabe c in der Fassung des Artikels 2 des Gesetzes vom 12. Dezember 2019 (BGBl. I S. 2451) ist erstmals auf Kapitalerträge anzuwenden, die dem Gläubiger nach dem 31. Dezember 2020 zufließen. [3] § 43 Absatz 1 Satz 6 und Absatz 2 Satz 7 und 8 in der am 1. Januar 2017 geltenden Fassung ist erstmals anzuwenden auf Kapitalerträge, die dem Gläubiger nach dem 31. Dezember 2016 zufließen. [4] § 43 in der Fassung des Artikels 3 des Gesetzes vom 19. Juli 2016 (BGBl. I S. 1730) ist erstmals ab dem 1. Januar 2018 anzuwenden. [5] § 43 Absatz 1 Satz 6 Nummer 5 in der Fassung des Artikels 1 des Gesetzes vom 2. Juni 2021 (BGBl. I S. 1259) ist erstmals auf Kapitalerträge anzuwenden, die nach dem 31. Dezember 2019 zufließen.

(42a)[2] § 43a in der Fassung des Artikels 3 des Gesetzes vom 19. Juli 2016 (BGBl. I S. 1730) ist erstmals ab dem 1. Januar 2018 anzuwenden.

(42b)[3] § 43b und Anlage 2 (zu § 43b) in der am 1. Januar 2016 geltenden Fassung sind erstmals auf Ausschüttungen anzuwenden, die nach dem 31. Dezember 2015 zufließen.

(43)[4] [1] Ist ein Freistellungsauftrag im Sinne des § 44a vor dem 1. Januar 2023 unter Beachtung des § 20 Absatz 9 in der bis dahin geltenden Fassung erteilt worden, hat der nach § 44 Absatz 1 zum Steuerabzug Verpflichtete den angegebenen Freistellungsbetrag um 24,844 Prozent zu erhöhen. [2] Ist in dem Freistellungsauftrag der gesamte Sparer-Pauschbetrag angegeben, ist der Erhöhungsbetrag in voller Höhe zu berücksichtigen.

(44)[5] [1] § 44 Absatz 1 Satz 4 Nummer 2a in der Fassung des Artikels 2 des Gesetzes vom 12. Dezember 2019 (BGBl. I S. 2451) ist erstmals auf Kapitalerträge anzuwenden, die dem Gläubiger nach dem 31. Dezember 2020 zuflie-

---

[1] § 52 Abs. 42 Satz 2 angef. durch G v. 18.7.2016 (BGBl. I S. 1679); Satz 3 angef. durch G v. 19.7.2016 (BGBl. I S. 1730); Satz 2 eingef., bish. Sätze 2 und 3 werden Sätze 3 und 4 durch G v. 12.12.2019 (BGBl. I S. 2451); Satz 5 angef. durch G v. 2.6.2021 (BGBl. I S. 1259).
[2] § 52 Abs. 42a eingef. durch G v. 19.7.2016 (BGBl. I S. 1730).
[3] § 52 Abs. 42a eingef. durch G v. 2.11.2015 (BGBl. I S. 1834); wird Abs. 42b durch G v. 19.7.2016 (BGBl. I S. 1730).
[4] § 52 Abs. 43 neu gef. durch G v. 16.12.2022 (BGBl. I S. 2294).
[5] § 52 Abs. 44 Satz 2 angef. durch G v. 19.7.2016 (BGBl. I S. 1730); Satz 1 eingef., bish. Sätze 1 und 2 werden Sätze 2 und 3 durch G v. 12.12.2019 (BGBl. I S. 2451); Satz 4 angef. durch G v. 21.12.2020 (BGBl. I S. 3096); Satz 5 angef. durch G v. 16.12.2022 (BGBl. I S. 2294).

ßen. [2] § 44 Absatz 6 Satz 2 und 5 in der am 12. Dezember 2006 geltenden Fassung ist für Anteile, die einbringungsgeboren im Sinne des § 21 des Umwandlungssteuergesetzes in der am 12. Dezember 2006 geltenden Fassung sind, weiter anzuwenden. [3] § 44 in der Fassung des Artikels 3 des Gesetzes vom 19. Juli 2016 (BGBl. I S. 1730) ist erstmals ab dem 1. Januar 2018 anzuwenden. [4] § 44 Absatz 1 in der Fassung des Artikels 1 des Gesetzes vom 21. Dezember 2020 (BGBl. I S. 3096) ist erstmals auf Kapitalerträge anzuwenden, die dem Gläubiger nach dem 29. Dezember 2020 zufließen. [5] § 44 Absatz 1 Satz 10 und 11 in der Fassung des Artikels 6 des Gesetzes vom 16. Dezember 2022 (BGBl. I S. 2294) ist auf Kapitalerträge anzuwenden, die nach dem 31. Dezember 2024 zufließen oder als zugeflossen gelten.

(44a)[1] [1] § 45a Absatz 2 Satz 1 in der Fassung des Artikels 1 des Gesetzes vom 21. Dezember 2020 (BGBl. I S. 3096) ist erstmals auf Kapitalerträge anzuwenden, die dem Gläubiger nach dem 29. Dezember 2020 zufließen. [2] § 45a Absatz 6 in der Fassung des Artikels 2 des Gesetzes vom 21. Dezember 2020 (BGBl. I S. 3096) ist auf Kapitalerträge anzuwenden, die nach dem 31. Dezember 2022 zufließen. [3] § 45a Absatz 2a und 7 Satz 1 in der Fassung des Artikels 1 des Gesetzes vom 2. Juni 2021 (BGBl. I S. 1259) ist erstmals auf Kapitalerträge anzuwenden, die dem Gläubiger nach dem 31. Dezember 2024 zufließen. [4] § 45a Absatz 7 Satz 3 in der am 8. Juni 2021 geltenden Fassung ist letztmals anzuwenden für Kapitalerträge, die vor dem 1. Januar 2024 zufließen.

(44b)[2] § 45b in der Fassung des Artikels 1 des Gesetzes vom 2. Juni 2021 (BGBl. I S. 1259) ist erstmals auf Kapitalerträge anzuwenden, die dem Gläubiger nach dem 31. Dezember 2024 zufließen.

(44c)[2] § 45c in der Fassung des Artikels 1 des Gesetzes vom 2. Juni 2021 (BGBl. I S. 1259) ist erstmals auf Kapitalerträge anzuwenden, die dem Gläubiger nach dem 31. Dezember 2024 zufließen.

(45)[3] [1] § 45d Absatz 1 in der am 14. Dezember 2010 geltenden Fassung ist erstmals für Kapitalerträge anzuwenden, die ab dem 1. Januar 2013 zufließen; eine Übermittlung der Identifikationsnummer hat für Kapitalerträge, die vor dem 1. Januar 2016 zufließen, nur zu erfolgen, wenn die Identifikationsnummer der Meldestelle vorliegt. [2] § 45d Absatz 1 in der am 1. Januar 2017 geltenden Fassung ist erstmals anzuwenden auf Kapitalerträge, die dem Gläubiger nach dem 31. Dezember 2016 zufließen. [3] § 45d Absatz 3 in der am 1. Januar 2017 geltenden Fassung ist für Versicherungsverträge anzuwenden, die nach dem 31. Dezember 2016 abgeschlossen werden.

(45a)[4] [1] § 49 Absatz 1 Nummer 2 Buchstabe e Doppelbuchstabe cc in der Fassung des Artikels 3 des Gesetzes vom 11. Dezember 2018 (BGBl. I S. 2338)

---

[1] § 52 Abs. 44a eingef. und Satz 2 angef. durch G v. 21.12.2020 (BGBl. I S. 3096); Sätze 3 und 4 angef. durch G v. 2.6.2021 (BGBl. I S. 1259).
[2] § 52 Abs. 44b und 44c eingef. durch G v. 2.6.2021 (BGBl. I S. 1259).
[3] § 52 Abs. 45 Sätze 2 und 3 angef. durch G v. 18.7.2016 (BGBl. I S. 1679).
[4] § 52 Abs. 45a eingef. durch G v. 19.7.2016 (BGBl. I S. 1730); geänd. durch G v. 20.12. 2016 (BGBl. I S. 3000); Sätze 1 und 2 eingef., bish. Sätze 1 und 2 werden Sätze 3 und 4 durch G v. 11.12.2018 (BGBl. I S. 2338); Satz 4 neu gef. durch G v. 25.6.2021 (BGBl. I S. 2035); Satz 3 eingef., bish. Sätze 3 und 4 werden Sätze 4 und 5 durch G v. 16.12.2022 (BGBl. I S. 2294).

ist erstmals auf Gewinne aus der Veräußerung von Anteilen anzuwenden, bei denen die Veräußerung nach dem 31. Dezember 2018 erfolgt, und nur soweit den Gewinnen nach dem 31. Dezember 2018 eingetretene Wertveränderungen zugrunde liegen. ² § 49 Absatz 1 Nummer 2 Buchstabe f in der Fassung des Artikels 3 des Gesetzes vom 11. Dezember 2018 (BGBl. I S. 2338) ist erstmals auf Wertveränderungen anzuwenden, die nach dem 31. Dezember 2018 eintreten. ³ § 49 Absatz 1 Nummer 2 Buchstabe f Satz 1 und 2 und Nummer 6 in der am 20. Dezember 2022 geltenden Fassung ist, soweit die Vermietung und Verpachtung oder die Veräußerung von sonstigen Rechten, bei denen Einkünfte nur auf Grund der Eintragung in ein inländisches öffentliches Buch oder Register vorliegen, nicht zwischen nahestehenden Personen im Sinne des § 1 Absatz 2 des Außensteuergesetzes erfolgt, auf alle offenen Fälle anzuwenden; im Übrigen ist § 49 Absatz 1 Nummer 2 Buchstabe f Satz 1 und 2 und Nummer 6 in der am 20. Dezember 2022 geltenden Fassung auf Veräußerungen, die nach dem 31. Dezember 2022 erfolgen oder auf Vergütungen, die nach dem 31. Dezember 2022 zufließen, anzuwenden. ⁴ § 49 Absatz 1 Nummer 5 in der am 27. Juli 2016 geltenden Fassung ist erstmals auf Kapitalerträge anzuwenden, die ab dem 1. Januar 2018 zufließen. ⁵ § 49 Absatz 1 Nummer 11 in der am 1. Juli 2021 geltenden Fassung ist erstmals auf Einkünfte anzuwenden, die nach dem 31. Dezember 2021 zufließen.

(46)¹⁾ ¹ § 50 Absatz 1 Satz 3 in der Fassung des Artikels 1 des Gesetzes vom 21. Dezember 2020 (BGBl. I S. 3096) ist in allen offenen Fällen anzuwenden. ² § 50 Absatz 1a in der Fassung des Artikels 2 des Gesetzes vom 21. Dezember 2020 (BGBl. I S. 3096) ist erstmals auf Beiträge an berufsständische Versorgungseinrichtungen anzuwenden, die nach dem 31. Dezember 2020 geleistet werden. ³ § 50 Absatz 2 Satz 2 Nummer 6 in der Fassung des Artikels 1 des Gesetzes vom 12. Dezember 2019 (BGBl. I S. 2451) ist erstmals auf Kapitalerträge anzuwenden, die nach dem 31. Dezember 2016 zufließen. ⁴ § 50 Absatz 4 in der am 1. Januar 2016 geltenden Fassung ist in allen offenen Fällen anzuwenden. ⁵ § 50 Absatz 1 Satz 2 in der Fassung des Artikels 1 des Gesetzes vom 2. Juni 2021 (BGBl. I S. 1259) ist in allen offenen Fällen anzuwenden.

(47) ¹ Der Zeitpunkt der erstmaligen Anwendung des § 50a Absatz 3 und 5 in der am 18. August 2009 geltenden Fassung wird durch eine Rechtsverordnung²⁾ der Bundesregierung bestimmt, die der Zustimmung des Bundesrates bedarf; dieser Zeitpunkt darf nicht vor dem 31. Dezember 2011 liegen. ² § 50a Absatz 7 in der am 31. Juli 2014 geltenden Fassung ist erstmals auf Vergütungen anzuwenden, für die der Steuerabzug nach dem 31. Dezember 2014 angeordnet worden ist.

(47a)³⁾ ¹ § 50c Absatz 2 Satz 1 Nummer 2 in der Fassung des Artikels 1 des Gesetzes vom 2. Juni 2021 (BGBl. I S. 1259) ist erstmals auf Einkünfte anzu-

---

¹⁾ § 52 Abs. 46 Satz 2 angef., bish. Text wird Satz 1 durch G v. 2.11.2015 (BGBl. I S. 1834); Satz 1 eingef., bish. Sätze 1 und 2 werden Sätze 2 und 3 durch G v. 20.12.2016 (BGBl. I S. 3000); Satz 3 eingef., bish. Satz 3 wird Satz 4 durch G v. 12.12.2019 (BGBl. I S. 2451); Sätze 1 und 2 neu gef. durch G v. 21.12.2020 (BGBl. I S. 3096); Satz 5 angef. durch G v. 2.6.2021 (BGBl. I S. 1259).
²⁾ VO v. 24.6.2013 (BGBl. I S. 1679): 1.1.2014.
³⁾ § 52 Abs. 47a bis 47c eingef. durch G v. 2.6.2021 (BGBl. I S. 1259).

wenden, die dem beschränkt Steuerpflichtigen nach dem 31. Dezember 2021 zufließen; die Geltung von Ermächtigungen nach § 50d Absatz 5 und 6 des Gesetzes in der Fassung, die vor dem Inkrafttreten des Artikels 1 des Gesetzes vom 2. Juni 2021 (BGBl. I S. 1259) galt, endet spätestens zu diesem Zeitpunkt. ² § 50c Absatz 5 Satz 1, 3 und 4 in der Fassung des Artikels 1 des Gesetzes vom 2. Juni 2021 (BGBl. I S. 1259) ist erstmals auf Anträge anzuwenden, die nach dem 31. Dezember 2022 gestellt werden; für Anträge, die gemäß § 50c Absatz 2 oder 3 bis zu diesem Zeitpunkt gestellt werden, ist der amtlich vorgeschriebene Vordruck zu verwenden. ³ § 50d Absatz 1 Satz 7 und 8 in der vor dem 9. Juni 2021 geltenden Fassung ist bis zum 31. Dezember 2024 anzuwenden.¹⁾

(47b)²⁾ § 50d Absatz 3 in der Fassung des Artikels 1 des Gesetzes vom 2. Juni 2021 (BGBl. I S. 1259) ist in allen offenen Fällen anzuwenden, es sei denn, § 50d Absatz 3 in der Fassung, die zu dem Zeitpunkt galt, in dem die Einkünfte zugeflossen sind, steht dem Anspruch auf Entlastung nicht entgegen.

(47c)²⁾ ¹ § 50e Absatz 1 und 4 bis 6 in der Fassung des Artikels 1 des Gesetzes vom 2. Juni 2021 (BGBl. I S. 1259) ist ab dem 1. Januar 2022 anzuwenden. ² § 50e Absatz 2 und 3 in der Fassung des Artikels 1 des Gesetzes vom 2. Juni 2021 (BGBl. I S. 1259) ist erstmals auf die nach dem 31. Dezember 2024 nicht oder nicht vollständig erfolgte Übermittlung von Daten oder Mitteilungen anzuwenden.

(48) ¹ § 50i Absatz 1 Satz 1 und 2 ist auf die Veräußerung oder Entnahme von Wirtschaftsgütern oder Anteilen anzuwenden, die nach dem 29. Juni 2013 stattfindet. ² Hinsichtlich der laufenden Einkünfte aus der Beteiligung an der Personengesellschaft ist die Vorschrift in allen Fällen anzuwenden, in denen die Einkommensteuer noch nicht bestandskräftig festgesetzt worden ist. ³ § 50i Absatz 1 Satz 4 in der am 31. Juli 2014³⁾ geltenden Fassung ist erstmals auf die Veräußerung oder Entnahme von Wirtschaftsgütern oder Anteilen anzuwenden, die nach dem 31. Dezember 2013 stattfindet. ⁴ § 50i Absatz 2 in der Fassung des Artikels 7 des Gesetzes vom 20. Dezember 2016 (BGBl. I S. 3000) ist erstmals für Einbringungen anzuwenden, bei denen der Einbringungsvertrag nach dem 31. Dezember 2013 geschlossen worden ist.⁴⁾

(48a)⁵⁾ § 51 in der Fassung des Artikels 1 des Gesetzes vom 2. Juni 2021 (BGBl. I S. 1259) gilt erstmals für die Vergabe von Ordnungsnummern zu Steuerbescheinigungen für Kapitalerträge, die nach dem 31. Dezember 2023 zufließen.

(49) § 51a Absatz 2c und 2e in der am 30. Juni 2013 geltenden Fassung ist erstmals auf nach dem 31. Dezember 2014 zufließende Kapitalerträge anzuwenden.

---

¹⁾ § 52 Abs. 47a Satz 2 neu gef., Satz 3 angef. durch G v. 16.12.2022 (BGBl. I S. 2294).
²⁾ § 52 Abs. 47a bis 47c eingef. durch G v. 2.6.2021 (BGBl. I S. 1259).
³⁾ Tag der Verkündung des G v. 25.7.2014 (BGBl. I S. 1266); Datum korrigiert durch G v. 22.12.2014 (BGBl. I S. 2417).
⁴⁾ § 52 Abs. 4 Sätze 4 und 5 ersetzt durch Satz 4 durch G v. 20.12.2016 (BGBl. I S. 3000).
⁵⁾ § 52 Abs. 48a eingef. durch G v. 2.6.2021 (BGBl. I S. 1259).

(49a)[1] [1] § 62 Absatz 1a in der am 18. Juli 2019 geltenden Fassung ist für Kindergeldfestsetzungen anzuwenden, die Zeiträume betreffen, die nach dem 31. Juli 2019 beginnen. [2] § 62 Absatz 2 Nummer 1 bis 4 in der Fassung des Artikels 3 des Gesetzes vom 12. Dezember 2019 (BGBl. I S. 2451) ist für Kindergeldfestsetzungen anzuwenden, die Zeiträume betreffen, die nach dem 29. Februar 2020 beginnen. [3] § 62 Absatz 2 Nummer 2 Buchstabe c in der Fassung des Artikels 11 Nummer 2 des Gesetzes vom 23. Mai 2022 (BGBl. I S. 760) ist für Kindergeldfestsetzungen anzuwenden, die Zeiträume betreffen, die nach dem 31. Mai 2022 beginnen. [4] § 62 Absatz 2 Nummer 5 in der Fassung des Artikels 3 des Gesetzes vom 12. Dezember 2019 (BGBl. I S. 2451) ist für Kindergeldfestsetzungen anzuwenden, die Zeiträume betreffen, die nach dem 31. Dezember 2019 beginnen. [5] Die §§ 62, 63 und 67 in der am 9. Dezember 2014 geltenden Fassung sind für Kindergeldfestsetzungen anzuwenden, die Zeiträume betreffen, die nach dem 31. Dezember 2015 beginnen. [6] Die §§ 62, 63 und 67 in der am 9. Dezember 2014 geltenden Fassung sind auch für Kindergeldfestsetzungen anzuwenden, die Zeiträume betreffen, die vor dem 1. Januar 2016 liegen, der Antrag auf Kindergeld aber erst nach dem 31. Dezember 2015 gestellt wird. [7] § 66 Absatz 1 in der am 23. Juli 2015 geltenden Fassung ist für Kindergeldfestsetzungen anzuwenden, die Zeiträume betreffen, die nach dem 31. Dezember 2014 beginnen. [8] § 66 Absatz 1 in der am 1. Januar 2016 geltenden Fassung ist für Kindergeldfestsetzungen anzuwenden, die Zeiträume betreffen, die nach dem 31. Dezember 2015 beginnen. [9] § 66 Absatz 1 in der am 1. Januar 2017 geltenden Fassung ist für Kindergeldfestsetzungen anzuwenden, die Zeiträume betreffen, die nach dem 31. Dezember 2016 beginnen. [10] § 66 Absatz 1 in der am 1. Januar 2018 geltenden Fassung ist für Kindergeldfestsetzungen anzuwenden, die Zeiträume betreffen, die nach dem 31. Dezember 2017 beginnen. [11] § 66 Absatz 3 ist auf Anträge anzuwenden, die nach dem 31. Dezember 2017 und vor dem 18. Juli 2019 eingehen. [12] § 69 in der am 1. Januar 2018 geltenden Fassung ist erstmals am 1. November 2019 anzuwenden. [13] § 66 Absatz 1 in der Fassung des Artikels 2 des Gesetzes vom 29. November 2018 (BGBl. I S. 2210) ist für Kindergeldfestsetzungen anzuwenden, die Zeiträume betreffen, die nach dem 30. Juni 2019 beginnen. [14] § 66 Absatz 1 in der Fassung des Artikels 1 des Gesetzes vom 1. Dezember 2020 (BGBl. I S. 2616) ist für Kindergeldfestsetzungen anzuwenden, die Zeiträume betreffen, die nach dem 31. Dezember 2020 beginnen. [15] § 69 Satz 1 in der Fassung des Artikels 4 des Gesetzes vom

---

[1] § 52 Abs. 49a eingef. durch G v. 2.12.2014 (BGBl. I S. 1922); Sätze 3 und 4 angef. durch G v. 16.7.2015 (BGBl. I S. 1202); Sätze 5 und 6 angef. durch G v. 20.12.2016 (BGBl. I S. 3000); Sätze 7 und 8 angef. durch G v. 23.6.2017 (BGBl. I S. 1682); Satz 9 angef. durch G v. 29.11.2018 (BGBl. I S. 2210); Satz 1 eingef., bish. Sätze 1 bis 9 werden Sätze 2 bis 10, Satz 8 geänd. durch G v. 11.7.2019 (BGBl. I S. 1066); Satz 2 eingef., bish. Sätze 2 bis 10 werden Sätze 3 bis 11 durch Art. 2 des G v. 12.12.2019 (BGBl. I S. 2451); Satz 2 geänd., Satz 3 eingef., aktuelle Sätze 3 bis 11 werden Sätze 4 bis 12 durch Art. 3 des G v. 12.12.2019 (BGBl. I S. 2451); das Inkrafttreten erfolgt zum Datum des ersten Tags des siebten auf die Verkündung des Fachkräfteeinwanderungsgesetzes folgenden Kalendermonats (siehe Art. 39 Abs. 3 des G v. 12.12.2019). Dies ist der 1. März 2020. Satz 13 angef. durch G v. 1.12.2020 (BGBl. I S. 2616); Satz 3 eingef., bish. Sätze 3 bis 13 werden Sätze 4 bis 14 durch G v. 23.5.2022 (BGBl. I S. 760); Sätze 15 bis 17 angef. durch G v. 16.12.2022 (BGBl. I S. 2294).

16. Dezember 2022 (BGBl. I S. 2294) ist erstmals am 1. Januar 2024 anzuwenden. [16] § 69 Satz 2 in der Fassung des Artikels 4 des Gesetzes vom 16. Dezember 2022 (BGBl. I S. 2294) ist erstmals für den Veranlagungszeitraum 2024 anzuwenden. [17] § 69 Satz 3 in der Fassung des Artikels 4 des Gesetzes vom 16. Dezember 2022 (BGBl. I S. 2294) ist erstmals anzuwenden für Kinder, deren Geburt nach dem 31. Dezember 2023 erfolgt.

(50)[1] [1] § 70 Absatz 1 Satz 2 ist auf Anträge anzuwenden, die nach dem 18. Juli 2019 eingehen. [2] § 70 Absatz 4 in der am 31. Dezember 2011 geltenden Fassung ist weiter für Kindergeldfestsetzungen anzuwenden, die Zeiträume betreffen, die vor dem 1. Januar 2012 enden.

(51)[2] [1] § 89 Absatz 2 Satz 1 in der am 1. Januar 2017 geltenden Fassung ist erstmals für die Übermittlung von Daten ab dem 1. Januar 2017 anzuwenden. [2] § 89 Absatz 2 Satz 1 in der Fassung des Artikels 3 des Gesetzes vom 11. Dezember 2018 (BGBl. I S. 2338) ist erstmals für die Übermittlung von Daten ab dem 1. Januar 2020 anzuwenden.

(51a)[3] [1] Auf Stundungsfälle, bei denen der Beginn der Auszahlungsphase vor dem 1. Januar 2023 liegt, findet § 95 Absatz 2 Satz 2 bis 5 in der bis zum 31. Dezember 2022 geltenden Fassung weiter Anwendung. [2] Bei Stundungsfällen, bei denen der Rückzahlungsbetrag nach § 95 Absatz 2 Satz 1 in der bis zum 31. Dezember 2022 geltenden Fassung gestundet wurde und der Beginn der Auszahlungsphase nach dem 31. Dezember 2022 liegt, sind die Stundungszinsen zu erlassen und ist § 95 in der jeweils geltenden Fassung anzuwenden.

(52)[4] § 110 in der Fassung des Artikels 1 des Gesetzes vom 10. März 2021 (BGBl. I S. 330) ist für den Veranlagungszeitraum 2019 anzuwenden.

(53)[5] § 111 in der Fassung des Artikels 1 des Gesetzes vom 10. März 2021 (BGBl. I S. 330) ist für die Veranlagungszeiträume 2019 und 2020 anzuwenden.

(54)[6] *Für Personen, die Leistungen nach dem Soldatenversorgungsgesetz in der Fassung der Bekanntmachung vom 16. September 2009 (BGBl. I S. 3054), das zuletzt durch Artikel 19 des Gesetzes vom 4. August 2019 (BGBl. I S. 1147) geändert worden ist, in Verbindung mit dem Bundesversorgungsgesetz in der Fassung der Bekanntmachung vom 22. Januar 1982 (BGBl. I S. 21), das zuletzt durch Artikel 1 der Verordnung vom 13. Juni 2019 (BGBl. I S. 793) geändert worden ist, erhalten, gelten die Vorschriften des § 3 Nummer 6 Satz 2, des § 32b Absatz 1 Satz 1 Nummer 1 Buchstabe f und des § 33b Absatz 4 Satz 1 Nummer 1 in der am 31. Dezember 2023 geltenden Fassung weiter.*

---

[1] § 52 Abs. 50 Satz 1 eingef., bish. Wortlaut wird Satz 2 durch G v. 11.7.2019 (BGBl. I S. 1066).
[2] § 52 Abs. 51 angef. durch G v. 18.7.2016 (BGBl. I S. 1679); Satz 2 angef., bish. Wortlaut wird Satz 1 durch G v. 11.12.2018 (BGBl. I S. 2338).
[3] § 52 Abs. 51a eingef. durch G v. 16.12.2022 (BGBl. I S. 2294).
[4] § 52 Abs. 52 eingef. durch G v. 29.6.2020 (BGBl. I S. 1512); geänd. durch G v. 10.3.2021 (BGBl. I S. 330).
[5] § 52 Abs. 53 eingef. durch G v. 29.6.2020 (BGBl. I S. 1512); geänd. durch G v. 10.3.2021 (BGBl. I S. 330).
[6] § 52 Abs. 54 angef. durch G v. 21.12.2020 (BGBl. I S. 3096) und **aufgeh. mWv 1.1.2025** durch G v. 20.8.2021 (BGBl. I S. 3932).

§ 52a.[1] *(aufgehoben)*

§ 52b.[2] *(aufgehoben)*

§ 53.[3] *(aufgehoben)*

§ 54. (weggefallen)

§ 55 Schlussvorschriften (Sondervorschriften für die Gewinnermittlung nach § 4 oder nach Durchschnittssätzen bei vor dem 1. Juli 1970 angeschafftem Grund und Boden). (1) [1]Bei Steuerpflichtigen, deren Gewinn für das Wirtschaftsjahr, in das der 30. Juni 1970 fällt, nicht nach § 5 zu ermitteln ist, gilt bei Grund und Boden, der mit Ablauf des 30. Juni 1970 zu ihrem Anlagevermögen gehört hat, als Anschaffungs- oder Herstellungskosten (§ 4 Absatz 3 Satz 4 und § 6 Absatz 1 Nummer 2 Satz 1) das Zweifache des nach den Absätzen 2 bis 4 zu ermittelnden Ausgangsbetrags. [2]Zum Grund und Boden im Sinne des Satzes 1 gehören nicht die mit ihm in Zusammenhang stehenden Wirtschaftsgüter und Nutzungsbefugnisse.

(2) [1]Bei der Ermittlung des Ausgangsbetrags des zum land- und forstwirtschaftlichen Vermögen (§ 33 Absatz 1 Satz 1 des Bewertungsgesetzes in der Fassung der Bekanntmachung vom 10. Dezember 1965 – BGBl. I S. 1861 –, zuletzt geändert durch das Bewertungsänderungsgesetz 1971 vom 27. Juli 1971 – BGBl. I S. 1157) gehörenden Grund und Bodens ist seine Zuordnung zu den Nutzungen und Wirtschaftsgütern (§ 34 Absatz 2 des Bewertungsgesetzes) am 1. Juli 1970 maßgebend; dabei sind die Hof- und Gebäudeflächen sowie die Hausgärten im Sinne des § 40 Absatz 3 des Bewertungsgesetzes nicht in die einzelne Nutzung einzubeziehen. [2]Es sind anzusetzen:

1. bei Flächen, die nach dem Bodenschätzungsgesetz[4] vom 20. Dezember 2007 (BGBl. I S. 3150, 3176) in der jeweils geltenden Fassung zu schätzen sind, für jedes katastermäßig abgegrenzte Flurstück der Betrag in Deutsche Mark, der sich ergibt, wenn die für das Flurstück am 1. Juli 1970 im amtlichen Verzeichnis nach § 2 Absatz 2 der Grundbuchordnung (Liegenschaftskataster) ausgewiesene Ertragsmesszahl vervierfacht wird. [2]Abweichend von Satz 1 sind für Flächen der Nutzungteile

a) Hopfen, Spargel, Gemüsebau und Obstbau
   2,05 Euro je Quadratmeter,

b) Blumen- und Zierpflanzenbau sowie Baumschulen
   2,56 Euro je Quadratmeter

anzusetzen, wenn der Steuerpflichtige dem Finanzamt gegenüber bis zum 30. Juni 1972 eine Erklärung über die Größe, Lage und Nutzung der betreffenden Flächen abgibt,

---

[1] § 52a aufgeh. durch G v. 25.7.2014 (BGBl. I S. 1266).
[2] § 52b aufgeh. durch G v. 12.12.2019 (BGBl. I S. 2451).
[3] § 53 aufgeh. durch G v. 18.7.2016 (BGBl. I S. 1679).
[4] Nr. **210.**

2. für Flächen der forstwirtschaftlichen Nutzung
je Quadratmeter 0,51 Euro,

3. für Flächen der weinbaulichen Nutzung der Betrag, der sich unter Berücksichtigung der maßgebenden Lagenvergleichszahl (Vergleichszahl der einzelnen Weinbaulage, § 39 Absatz 1 Satz 3 und § 57 Bewertungsgesetz), die für ausbauende Betriebsweise mit Fassweinerzeugung anzusetzen ist, aus der nachstehenden Tabelle ergibt:

Lagenvergleichszahl	Ausgangsbetrag je Quadratmeter in Euro
bis 20	1,28
21 bis 30	1,79
31 bis 40	2,56
41 bis 50	3,58
51 bis 60	4,09
61 bis 70	4,60
71 bis 100	5,11
über 100	6,39

4. für Flächen der sonstigen land- und forstwirtschaftlichen Nutzung, auf die Nummer 1 keine Anwendung findet,
je Quadratmeter 0,51 Euro,

5. für Hofflächen, Gebäudeflächen und Hausgärten im Sinne des § 40 Absatz 3 des Bewertungsgesetzes
je Quadratmeter 2,56 Euro,

6. für Flächen des Geringstlandes
je Quadratmeter 0,13 Euro,

7. für Flächen des Abbaulandes
je Quadratmeter 0,26 Euro,

8. für Flächen des Unlandes
je Quadratmeter 0,05 Euro.

(3) [1]Lag am 1. Juli 1970 kein Liegenschaftskataster vor, in dem Ertragsmesszahlen ausgewiesen sind, so ist der Ausgangsbetrag in sinngemäßer Anwendung des Absatzes 2 Nummer 1 Satz 1 auf der Grundlage der durchschnittlichen Ertragsmesszahl der landwirtschaftlichen Nutzung eines Betriebs zu ermitteln, die die Grundlage für die Hauptfeststellung des Einheitswerts auf den 1. Januar 1964 bildet. [2]Absatz 2 Satz 2 Nummer 1 Satz 2 bleibt unberührt.

(4) Bei nicht zum land- und forstwirtschaftlichen Vermögen gehörendem Grund und Boden ist als Ausgangsbetrag anzusetzen:

1. Für unbebaute Grundstücke der auf den 1. Januar 1964 festgestellte Einheitswert. [2]Wird auf den 1. Januar 1964 kein Einheitswert festgestellt oder hat sich der Bestand des Grundstücks nach dem 1. Januar 1964 und vor dem 1. Juli 1970 verändert, so ist der Wert maßgebend, der sich ergeben würde, wenn das Grundstück nach seinem Bestand vom 1. Juli 1970 und nach den Wertverhältnissen vom 1. Januar 1964 zu bewerten wäre;

2. für bebaute Grundstücke der Wert, der sich nach Nummer 1 ergeben würde, wenn das Grundstück unbebaut wäre.

(5) ¹Weist der Steuerpflichtige nach, dass der Teilwert für Grund und Boden im Sinne des Absatzes 1 am 1. Juli 1970 höher ist als das Zweifache des Ausgangsbetrags, so ist auf Antrag des Steuerpflichtigen der Teilwert als Anschaffungs- oder Herstellungskosten anzusetzen. ²Der Antrag ist bis zum 31. Dezember 1975 bei dem Finanzamt zu stellen, das für die Ermittlung des Gewinns aus dem Betrieb zuständig ist. ³Der Teilwert ist gesondert festzustellen. ⁴Vor dem 1. Januar 1974 braucht diese Feststellung nur zu erfolgen, wenn ein berechtigtes Interesse des Steuerpflichtigen gegeben ist. ⁵Die Vorschriften der Abgabenordnung und der Finanzgerichtsordnung über die gesonderte Feststellung von Besteuerungsgrundlagen gelten entsprechend.

(6) ¹Verluste, die bei der Veräußerung oder Entnahme von Grund und Boden im Sinne des Absatzes 1 entstehen, dürfen bei der Ermittlung des Gewinns in Höhe des Betrags nicht berücksichtigt werden, um den der ausschließlich auf den Grund und Boden entfallende Veräußerungspreis oder der an dessen Stelle tretende Wert nach Abzug der Veräußerungskosten unter dem Zweifachen des Ausgangsbetrags liegt. ²Entsprechendes gilt bei Anwendung des § 6 Absatz 1 Nummer 2 Satz 2.

(7) Grund und Boden, der nach § 4 Absatz 1 Satz 5 des Einkommensteuergesetzes 1969 nicht anzusetzen war, ist wie eine Einlage zu behandeln; er ist dabei mit dem nach Absatz 1 oder Absatz 5 maßgebenden Wert anzusetzen.

§ 56 Sondervorschriften für Steuerpflichtige in dem in Artikel 3 des Einigungsvertrages genannten Gebiet. Bei Steuerpflichtigen, die am 31. Dezember 1990 einen Wohnsitz oder ihren gewöhnlichen Aufenthalt in dem in Artikel 3 des Einigungsvertrages genannten Gebiet und im Jahre 1990 keinen Wohnsitz oder gewöhnlichen Aufenthalt im bisherigen Geltungsbereich dieses Gesetzes hatten, gilt Folgendes:
§ 7 Absatz 5 ist auf Gebäude anzuwenden, die in dem *in*¹⁾ Artikel 3 des Einigungsvertrages genannten Gebiet nach dem 31. Dezember 1990 angeschafft oder hergestellt worden sind.

§ 57 Besondere Anwendungsregeln aus Anlass der Herstellung der Einheit Deutschlands. (1) Die §§ 7c, 7f, 7g, 7k und 10e dieses Gesetzes, die §§ 76, 78, 82a und 82f der Einkommensteuer-Durchführungsverordnung sowie die §§ 7 und 12 Absatz 3 des Schutzbaugesetzes²⁾ sind auf Tatbestände anzuwenden, die in dem in Artikel 3 des Einigungsvertrages genannten Gebiet nach dem 31. Dezember 1990 verwirklicht worden sind.

(2) Die §§ 7b und 7d dieses Gesetzes sowie die §§ 81, 82d, 82g und 82i der Einkommensteuer-Durchführungsverordnung sind nicht auf Tatbestände anzuwenden, die in dem in Artikel 3 des Einigungsvertrages genannten Gebiet verwirklicht worden sind.

---

¹⁾ Redaktionelle Ergänzung; fehlt im Gesetzestext.
²⁾ Nr. **65**.

(3)[1] *Bei der Anwendung des § 7g Absatz 2 Nummer 1 und des § 14a Absatz 1 ist in dem in Artikel 3 des Einigungsvertrages genannten Gebiet anstatt vom maßgebenden Einheitswert des Betriebs der Land- und Forstwirtschaft und den darin ausgewiesenen Werten vom Ersatzwirtschaftswert nach § 125 des Bewertungsgesetzes auszugehen.*

(4) [1] § 10d Absatz 1 ist mit der Maßgabe anzuwenden, dass der Sonderausgabenabzug erstmals von dem für die zweite Hälfte des Veranlagungszeitraums 1990 ermittelten Gesamtbetrag der Einkünfte vorzunehmen ist. [2] § 10d Absatz 2 und 3 ist auch für Verluste anzuwenden, die in dem in Artikel 3 des Einigungsvertrages genannten Gebiet im Veranlagungszeitraum 1990 entstanden sind.

(5) § 22 Nummer 4 ist auf vergleichbare Bezüge anzuwenden, die auf Grund des Gesetzes über Rechtsverhältnisse der Abgeordneten der Volkskammer der Deutschen Demokratischen Republik vom 31. Mai 1990 (GBl. I Nr. 30 S. 274)[2] gezahlt worden sind.

(6) § 34f Absatz 3 Satz 3 ist erstmals auf die in dem in Artikel 3 des Einigungsvertrags genannten Gebiet für die zweite Hälfte des Veranlagungszeitraums 1990 festgesetzte Einkommensteuer anzuwenden.

§ 58 Weitere Anwendung von Rechtsvorschriften, die vor Herstellung der Einheit Deutschlands in dem in Artikel 3 des Einigungsvertrages genannten Gebiet gegolten haben. (1) Die Vorschriften über Sonderabschreibungen nach § 3 Absatz 1 des Steueränderungsgesetzes vom 6. März 1990 (GBl. I Nr. 17 S. 136)[2] in Verbindung mit § 7 der Durchführungsbestimmung zum Gesetz zur Änderung der Rechtsvorschriften über die Einkommen-, Körperschaft- und Vermögensteuer – Steueränderungsgesetz – vom 16. März 1990 (GBl. I Nr. 21 S. 195)[2] sind auf Wirtschaftsgüter weiter anzuwenden, die nach dem 31. Dezember 1989 und vor dem 1. Januar 1991 in dem in Artikel 3 des Einigungsvertrages genannten Gebiet angeschafft oder hergestellt worden sind.

(2) [1] Rücklagen nach § 3 Absatz 2 des Steueränderungsgesetzes vom 6. März 1990 (GBl. I Nr. 17 S. 136) in Verbindung mit § 8 der Durchführungsbestimmung zum Gesetz zur Änderung der Rechtsvorschriften über die Einkommen-, Körperschaft- und Vermögensteuer – Steueränderungsgesetz – vom 16. März 1990 (GBl. I Nr. 21 S. 195) dürfen, soweit sie zum 31. Dezember 1990 zulässigerweise gebildet worden sind, auch nach diesem Zeitpunkt fortgeführt werden. [2] Sie sind spätestens im Veranlagungszeitraum 1995 gewinn- oder sonst einkünfteerhöhend aufzulösen. [3] Sind vor dieser Auflösung begünstigte Wirtschaftsgüter angeschafft oder hergestellt worden, sind die in Rücklage eingestellten Beträge von den Anschaffungs- oder Herstellungskosten abzuziehen; die Rücklage ist in Höhe des abgezogenen Betrags im Veranlagungszeitraum der Anschaffung oder Herstellung gewinn- oder sonst einkünfteerhöhend aufzulösen.

(3) Die Vorschrift über den Steuerabzugsbetrag nach § 9 Absatz 1 der Durchführungsbestimmung zum Gesetz zur Änderung der Rechtsvorschriften

---

[1] § 57 Abs. 3 aufgeh. mWv 1.1.2025 durch G v. 26.11.2019 (BGBl. I S. 1794).
[2] GBl. der DDR.

über die Einkommen-, Körperschaft- und Vermögensteuer – Steueränderungsgesetz – vom 16. März 1990 (GBl. I Nr. 21 S. 195) ist für Steuerpflichtige weiter anzuwenden, die vor dem 1. Januar 1991 in dem in Artikel 3 des Einigungsvertrages genannten Gebiet eine Betriebsstätte begründet haben, wenn sie von dem Tag der Begründung der Betriebsstätte an zwei Jahre lang die Tätigkeit ausüben, die Gegenstand der Betriebsstätte ist.

§§ 59 bis 61. (weggefallen)

X. Kindergeld

§ 62 Anspruchsberechtigte. (1)[1] ¹Für Kinder im Sinne des § 63 hat Anspruch auf Kindergeld nach diesem Gesetz, wer

1. im Inland einen Wohnsitz oder seinen gewöhnlichen Aufenthalt hat oder

2. ohne Wohnsitz oder gewöhnlichen Aufenthalt im Inland

   a) nach § 1 Absatz 2 unbeschränkt einkommensteuerpflichtig ist oder

   b) nach § 1 Absatz 3 als unbeschränkt einkommensteuerpflichtig behandelt wird.

²Voraussetzung für den Anspruch nach Satz 1 ist, dass der Berechtigte durch die an ihn vergebene Identifikationsnummer (§ 139b der Abgabenordnung) identifiziert wird. ³Die nachträgliche Vergabe der Identifikationsnummer wirkt auf Monate zurück, in denen die Voraussetzungen des Satzes 1 vorliegen.

(1a)[2] ¹Begründet ein Staatsangehöriger eines anderen Mitgliedstaates der Europäischen Union oder eines Staates, auf den das Abkommen über den Europäischen Wirtschaftsraum Anwendung findet, im Inland einen Wohnsitz oder gewöhnlichen Aufenthalt, so hat er für die ersten drei Monate ab Begründung des Wohnsitzes oder des gewöhnlichen Aufenthalts keinen Anspruch auf Kindergeld. ²Dies gilt nicht, wenn er nachweist, dass er inländische Einkünfte im Sinne des § 2 Absatz 1 Satz 1 Nummer 1 bis 4 mit Ausnahme von Einkünften nach § 19 Absatz 1 Satz 1 Nummer 2 erzielt. ³Nach Ablauf des in Satz 1 genannten Zeitraums hat er Anspruch auf Kindergeld, es sei denn, die Voraussetzungen des § 2 Absatz 2 oder Absatz 3 des Freizügigkeitsgesetzes/EU liegen vor oder es sind nur Voraussetzungen des § 2 Absatz 2 Nummer 1a des Freizügigkeitsgesetzes/EU erfüllt, ohne dass vorher eine andere der in § 2 Absatz 2 des Freizügigkeitsgesetzes/EU genannten Voraussetzungen erfüllt war. ⁴Die Prüfung, ob die Voraussetzungen für einen Anspruch auf Kindergeld gemäß Satz 2 vorliegen oder gemäß Satz 3 nicht gegeben sind, führt die Familienkasse in eigener Zuständigkeit durch. ⁵Lehnt die Familienkasse eine Kindergeldfestsetzung in diesem Fall ab, hat sie ihre Entscheidung der zuständigen Ausländerbehörde mitzuteilen. ⁶Wurde das

---

[1] § 62 Abs. 1 Sätze 2 und 3 angef. durch G v. 2.12.2014 (BGBl. I S. 1922); zur Anwendung siehe § 52 Abs. 49a Sätze 3 und 4.
[2] § 62 Abs. 1a eingef. durch G v. 11.7.2019 (BGBl. I S. 1066); zur Anwendung siehe § 52 Abs. 49a Satz 1.

Vorliegen der Anspruchsvoraussetzungen durch die Verwendung gefälschter oder verfälschter Dokumente oder durch Vorspiegelung falscher Tatsachen vorgetäuscht, hat die Familienkasse die zuständige Ausländerbehörde unverzüglich zu unterrichten.

(2)[1] Ein nicht freizügigkeitsberechtigter Ausländer erhält Kindergeld nur, wenn er

1. eine Niederlassungserlaubnis oder eine Erlaubnis zum Daueraufenthalt–EU besitzt,

2. eine Blaue Karte EU, eine ICT-Karte, eine Mobiler-ICT-Karte oder eine Aufenthaltserlaubnis besitzt, die für einen Zeitraum von mindestens sechs Monaten zur Ausübung einer Erwerbstätigkeit berechtigen oder berechtigt haben oder diese erlauben, es sei denn, die Aufenthaltserlaubnis wurde

   a) nach § 16e des Aufenthaltsgesetzes zu Ausbildungszwecken, nach § 19c Absatz 1 des Aufenthaltsgesetzes zum Zweck der Beschäftigung als Au-Pair oder zum Zweck der Saisonbeschäftigung, nach § 19e des Aufenthaltsgesetzes zum Zweck der Teilnahme an einem Europäischen Freiwilligendienst oder nach § 20 Absatz 1 und 2 des Aufenthaltsgesetzes zur Arbeitsplatzsuche erteilt,

   b) nach § 16b des Aufenthaltsgesetzes zum Zweck eines Studiums, nach § 16d des Aufenthaltsgesetzes für Maßnahmen zur Anerkennung ausländischer Berufsqualifikationen oder nach § 20 Absatz 3 des Aufenthaltsgesetzes zur Arbeitsplatzsuche erteilt und er ist weder erwerbstätig noch nimmt er Elternzeit nach § 15 des Bundeselterngeld- und Elternzeitgesetzes oder laufende Geldleistungen nach dem Dritten Buch Sozialgesetzbuch in Anspruch,

   c)[2] nach § 23 Absatz 1 des Aufenthaltsgesetzes wegen eines Krieges in seinem Heimatland oder nach den *§§ 23a, 24 [ab 1.6.2022: § 23a]* oder § 25 Absatz 3 bis 5 des Aufenthaltsgesetzes erteilt,

3. eine in Nummer 2 Buchstabe c genannte Aufenthaltserlaubnis besitzt und im Bundesgebiet berechtigt erwerbstätig ist oder Elternzeit nach § 15 des Bundeselterngeld- und Elternzeitgesetzes oder laufende Geldleistungen nach dem Dritten Buch Sozialgesetzbuch in Anspruch nimmt,

4. eine in Nummer 2 Buchstabe c genannte Aufenthaltserlaubnis besitzt und sich seit mindestens 15 Monaten erlaubt, gestattet oder geduldet im Bundesgebiet aufhält oder

5.[3] eine Beschäftigungsduldung gemäß § 60d in Verbindung mit § 60a Absatz 2 Satz 3 des Aufenthaltsgesetzes besitzt.

---

[1] § 62 Abs. 2 geänd. durch Art. 3 des G v. 12.12.2019 (BGBl. I S. 2451); das Inkrafttreten erfolgt zum Datum des ersten Tags des siebten auf die Verkündung des Fachkräfteeinwanderungsgesetzes folgenden Kalendermonats (siehe Art. 39 Abs. 3 des G v. 12.12.2019). Dies ist der 1. März 2020.

[2] § 62 Abs. 2 Nr. 2 Buchst. c geänd. durch G v. 23.5.2022 (BGBl. I S. 760); zur Anwendung siehe § 52 Abs. 49a Satz 3.

[3] Zur Anwendung siehe § 52 Abs. 49a Satz 3.

§ 63 Kinder. (1)[1] ¹Als Kinder werden berücksichtigt

1. Kinder im Sinne des § 32 Absatz 1,

2. vom Berechtigten in seinen Haushalt aufgenommene Kinder seines Ehegatten,

3. vom Berechtigten in seinen Haushalt aufgenommene Enkel.

²§ 32 Absatz 3 bis 5 gilt entsprechend. ³Voraussetzung für die Berücksichtigung ist die Identifizierung des Kindes durch die an dieses Kind vergebene Identifikationsnummer (§ 139b der Abgabenordnung). ⁴Ist das Kind nicht nach einem Steuergesetz steuerpflichtig (§ 139a Absatz 2 der Abgabenordnung), ist es in anderer geeigneter Weise zu identifizieren. ⁵Die nachträgliche Identifizierung oder nachträgliche Vergabe der Identifikationsnummer wirkt auf Monate zurück, in denen die Voraussetzungen der Sätze 1 bis 4 vorliegen. ⁶Kinder, die weder einen Wohnsitz noch ihren gewöhnlichen Aufenthalt im Inland, in einem Mitgliedstaat der Europäischen Union oder in einem Staat, auf den das Abkommen über den Europäischen Wirtschaftsraum Anwendung findet, haben, werden nicht berücksichtigt, es sei denn, sie leben im Haushalt eines Berechtigten im Sinne des § 62 Absatz 1 Satz 1 Nummer 2 Buchstabe a. ⁷Kinder im Sinne von § 2 Absatz 4 Satz 2 des Bundeskindergeldgesetzes[2] werden nicht berücksichtigt.

(2) Die Bundesregierung wird ermächtigt, durch Rechtsverordnung, die nicht der Zustimmung des Bundesrates bedarf, zu bestimmen, dass einem Berechtigten, der im Inland erwerbstätig ist oder sonst seine hauptsächlichen Einkünfte erzielt, für seine in Absatz 1 *Satz 3*[3] erster Halbsatz bezeichneten Kinder Kindergeld ganz oder teilweise zu leisten ist, soweit dies mit Rücksicht auf die durchschnittlichen Lebenshaltungskosten für Kinder in deren Wohnsitzstaat und auf die dort gewährten dem Kindergeld vergleichbaren Leistungen geboten ist.

§ 64 Zusammentreffen mehrerer Ansprüche. (1) Für jedes Kind wird nur einem Berechtigten Kindergeld gezahlt.

(2) ¹Bei mehreren Berechtigten wird das Kindergeld demjenigen gezahlt, der das Kind in seinen Haushalt aufgenommen hat. ²Ist ein Kind in den gemeinsamen Haushalt von Eltern, einem Elternteil und dessen Ehegatten, Pflegeeltern oder Großeltern aufgenommen worden, so bestimmen diese untereinander den Berechtigten. ³Wird eine Bestimmung nicht getroffen, so bestimmt das Familiengericht auf Antrag den Berechtigten. ⁴Den Antrag kann stellen, wer ein berechtigtes Interesse an der Zahlung des Kindergeldes hat. ⁵Lebt ein Kind im gemeinsamen Haushalt von Eltern und Großeltern, so wird das Kindergeld vorrangig einem Elternteil gezahlt; es wird an einen Großelternteil gezahlt, wenn der Elternteil gegenüber der zuständigen Stelle auf seinen Vorrang schriftlich verzichtet hat.

---

[1] § 63 Abs. 1 Sätze 3 bis 5 eingef., bish. Sätze 3 und 4 werden Sätze 6 und 7, neuer Satz 6 geänd. durch G v. 2.12.2014 (BGBl. I S. 1922); zur Anwendung siehe § 52 Abs. 49a Sätze 5 und 6.

[2] Nr. **60.**

[3] Müsste nunmehr lauten: „Satz 6".

(3) ¹ Ist das Kind nicht in den Haushalt eines Berechtigten aufgenommen, so erhält das Kindergeld derjenige, der dem Kind eine Unterhaltsrente zahlt. ² Zahlen mehrere Berechtigte dem Kind Unterhaltsrenten, so erhält das Kindergeld derjenige, der dem Kind die höchste Unterhaltsrente zahlt. ³ Werden gleich hohe Unterhaltsrenten gezahlt oder zahlt keiner der Berechtigten dem Kind Unterhalt, so bestimmen die Berechtigten untereinander, wer das Kindergeld erhalten soll. ⁴ Wird eine Bestimmung nicht getroffen, so gilt Absatz 2 Satz 3 und 4 entsprechend.

§ 65¹⁾ Andere Leistungen für Kinder. ¹ Kindergeld wird nicht für ein Kind gezahlt, für das eine der folgenden Leistungen zu zahlen ist oder bei entsprechender Antragstellung zu zahlen wäre:

[Fassung bis VZ 2021:]

1. Kinderzulagen aus der gesetzlichen Unfallversicherung oder Kinderzuschüsse aus den gesetzlichen Rentenversicherungen,
2. Leistungen für Kinder, die im Ausland gewährt werden und dem Kindergeld oder einer der unter Nummer 1 genannten Leistungen vergleichbar sind,
3. Leistungen für Kinder, die von einer zwischen- oder überstaatlichen Einrichtung gewährt werden und dem Kindergeld vergleichbar sind.

[Fassung ab VZ 2022:]

1. Leistungen für Kinder, die im Ausland gewährt werden und dem Kindergeld oder der Kinderzulage aus der gesetzlichen Unfallversicherung nach § 217 Absatz 3 des Siebten Buches Sozialgesetzbuch in der bis zum 30. Juni 2020 geltenden Fassung oder dem Kinderzuschuss aus der gesetzlichen Rentenversicherung nach § 270 des Sechsten Buches Sozialgesetzbuch in der bis zum 16. November 2016 geltenden Fassung vergleichbar sind,
2. Leistungen für Kinder, die von einer zwischen- oder überstaatlichen Einrichtung gewährt werden und dem Kindergeld vergleichbar sind.

² Soweit es für die Anwendung von Vorschriften dieses Gesetzes auf den Erhalt von Kindergeld ankommt, stehen die Leistungen nach Satz 1 dem Kindergeld gleich. ³ Steht ein Berechtigter in einem Versicherungspflichtverhältnis zur Bundesagentur für Arbeit nach § 24 des Dritten Buches Sozialgesetzbuch oder ist er versicherungsfrei nach § 28 Absatz 1 Nummer 1 des Dritten Buches Sozialgesetzbuch oder steht er im Inland in einem öffentlich-rechtlichen Dienst- oder Amtsverhältnis, so wird sein Anspruch auf Kindergeld für ein Kind nicht nach Satz 1 Nummer 3 [*ab VZ 2022:* 2] mit Rücksicht darauf ausgeschlossen, dass sein Ehegatte als Beamter, Ruhestandsbeamter oder sonstiger Bediensteter der Europäischen Union für das Kind Anspruch auf Kinderzulage hat.

---

¹⁾ § 65 Abs. 2 aufgeh., bish. Abs. 1 wird neuer § 65; Satz 1 Nr. 1 und 2 neu gef., Satz 3 geänd. mWv VZ 2022 durch G v. 16.12.2022 (BGBl. I S. 2294).

(2) *Ist in den Fällen des Absatzes 1 Satz 1 Nummer 1 der Bruttobetrag der anderen Leistung niedriger als das Kindergeld nach § 66, wird Kindergeld in Höhe des Unterschiedsbetrags gezahlt, wenn er mindestens 5 Euro beträgt.*

§ 66 Höhe des Kindergeldes, Zahlungszeitraum.

[Fassung ab 1.1.2021:][1])

(1) ¹Das Kindergeld beträgt monatlich für das erste und zweite Kind jeweils 219 Euro, für das dritte Kind 225 Euro und für das vierte und jedes weitere Kind jeweils 250 Euro. ²Darüber hinaus wird für jedes Kind, für das für den Monat Juli 2022 ein Anspruch auf Kindergeld besteht, für den Monat Juli 2022 ein Einmalbetrag in Höhe von 100 Euro gezahlt. ³Ein Anspruch in Höhe des Einmalbetrags von 100 Euro für das Kalenderjahr 2022 besteht auch für ein Kind, für das nicht für den Monat Juli 2022, jedoch für mindestens einen anderen Kalendermonat im Kalenderjahr 2022 ein Anspruch auf Kindergeld besteht. ⁴Der Einmalbetrag nach den Sätzen 2 und 3 wird als Kindergeld im Rahmen der Vergleichsberechnung nach § 31 Satz 4 berücksichtigt.

[Fassung ab 1.1.2023:][2])

(1) Das Kindergeld beträgt monatlich für jedes Kind 250 Euro.

(2) Das Kindergeld wird monatlich vom Beginn des Monats an gezahlt, in dem die Anspruchsvoraussetzungen erfüllt sind, bis zum Ende des Monats, in dem die Anspruchsvoraussetzungen wegfallen.

(3)[3]) *(aufgehoben)*

§ 67[4]) Antrag.

¹Das Kindergeld ist bei der zuständigen Familienkasse schriftlich zu beantragen; eine elektronische Antragstellung nach amtlich vorgeschriebenem Datensatz über die amtlich vorgeschriebene Schnittstelle ist zulässig, soweit der Zugang eröffnet wurde. ²Den Antrag kann außer dem Berechtigten auch stellen, wer ein berechtigtes Interesse an der Leistung des

---

[1]) § 66 Abs. 1 neu gef. mWv 1.1.2021 durch G v. 1.12.2020 (BGBl. I S. 2616); zur Anwendung siehe § 52 Abs. 49a Satz 13; Sätze 2 bis 4 angef. durch G v. 10.3.2021 (BGBl. I S. 330); Sätze 2 und 3 geänd. mWv 28.5.2022 durch G v. 23.5.2022 (BGBl. I S. 749).

[2]) § 66 Abs. 1 neu gef. mWv 1.1.2023 durch G v. 8.12.2022 (BGBl. I S. 2230).

[3]) § 66 Abs. 3 aufgeh. durch G v. 11.7.2019 (BGBl. I S. 1066); zur letztmaligen Anwendung siehe § 52 Abs. 49a Satz 10; siehe nunmehr § 70 Abs. 1 Sätze 2 und 3.

[4]) § 67 Sätze 3 bis 5 angef. durch G v. 2.12.2014 (BGBl. I S. 1922); zur Anwendung siehe § 52 Abs. 49a Sätze 3 und 4; Satz 1 2. HS angef. mWv 10.12.2020 durch G v. 3.12.2020 (BGBl. I S. 2668).

Kindergeldes hat. ³In Fällen des Satzes 2 ist § 62 Absatz 1 Satz 2 bis 3 anzuwenden. ⁴Der Berechtigte ist zu diesem Zweck verpflichtet, demjenigen, der ein berechtigtes Interesse an der Leistung des Kindergeldes hat, seine an ihn vergebene Identifikationsnummer (§ 139b der Abgabenordnung) mitzuteilen. ⁵Kommt der Berechtigte dieser Verpflichtung nicht nach, teilt die zuständige Familienkasse demjenigen, der ein berechtigtes Interesse an der Leistung des Kindergeldes hat, auf seine Anfrage die Identifikationsnummer des Berechtigten mit.

§ 68¹⁾ Besondere Mitwirkungspflichten und Offenbarungsbefugnis.

(1) ¹Wer Kindergeld beantragt oder erhält, hat Änderungen in den Verhältnissen, die für die Leistung erheblich sind oder über die im Zusammenhang mit der Leistung Erklärungen abgegeben worden sind, unverzüglich der zuständigen Familienkasse mitzuteilen. ²Ein Kind, das das 18. Lebensjahr vollendet hat, ist auf Verlangen der Familienkasse verpflichtet, an der Aufklärung des für die Kindergeldzahlung maßgebenden Sachverhalts mitzuwirken; § 101 der Abgabenordnung findet insoweit keine Anwendung.

(2) (weggefallen)

(3) Auf Antrag des Berechtigten erteilt die das Kindergeld auszahlende Stelle eine Bescheinigung über das für das Kalenderjahr ausgezahlte Kindergeld.

(4)²⁾ ¹Die Familienkassen dürfen den Stellen, die die Bezüge im öffentlichen Dienst anweisen, den für die jeweilige Kindergeldzahlung maßgebenden Sachverhalt durch automatisierte Abrufverfahren bereitstellen oder Auskunft über diesen Sachverhalt erteilen. ²Das Bundesministerium der Finanzen wird ermächtigt, durch Rechtsverordnung ohne Zustimmung des Bundesrates zur Durchführung von automatisierten Abrufen nach Satz 1 die Voraussetzungen, unter denen ein Datenabruf erfolgen darf, festzulegen.

(5) ¹Zur Erfüllung der in § 31a Absatz 2 der Abgabenordnung genannten Mitteilungspflichten dürfen die Familienkassen den Leistungsträgern, die für Leistungen der Arbeitsförderung nach § 19 Absatz 2, für Leistungen der Grundsicherung für Arbeitsuchende nach § 19a Absatz 2, für Kindergeld, Kinderzuschlag, Leistungen für Bildung und Teilhabe und Elterngeld nach § 25 Absatz 3 oder für Leistungen der Sozialhilfe nach § 28 Absatz 2 des Ersten Buches Sozialgesetzbuch zuständig sind, und den nach § 9 Absatz 1 Satz 2 des Unterhaltsvorschussgesetzes zuständigen Stellen den für die jeweilige Kindergeldzahlung maßgebenden Sachverhalt durch automatisierte Abrufverfahren bereitstellen. ²Das Bundesministerium der Finanzen wird ermächtigt, durch Rechtsverordnung mit Zustimmung des Bundesrates zur Durchführung von automatisierten Abrufen nach Satz 1 die Voraussetzungen, unter denen ein Datenabruf erfolgen darf, festzulegen.

(6) ¹Zur Prüfung und Bemessung der in Artikel 3 Absatz 1 Buchstabe j in Verbindung mit Artikel 1 Buchstabe z der Verordnung (EG) Nr. 883/2004 des

---

¹⁾ § 68 Abs. 4 neu gef. durch G v. 8.12.2016 (BGBl. I S. 2835); Überschr. geänd. und Abs. 5 bis 7 angef. mWv 18.7.2019 durch G v. 11.7.2019 (BGBl. I S. 1066).
²⁾ § 68 Abs. 4 Satz 1 geänd. mWv 26.11.2019 durch G v. 20.11.2019 (BGBl. I S. 1626).

Europäischen Parlaments und des Rates vom 29. April 2004 zur Koordinierung der Systeme der sozialen Sicherheit (ABl. L 166 vom 30.4.2004, S. 1), die zuletzt durch die Verordnung (EU) 2017/492 (ABl. L 76 vom 22.3.2017, S. 13) geändert worden ist, genannten Familienleistungen dürfen die Familienkassen den zuständigen öffentlichen Stellen eines Mitgliedstaates der Europäischen Union den für die jeweilige Kindergeldzahlung maßgebenden Sachverhalt durch automatisierte Abrufverfahren bereitstellen. ²Das Bundesministerium der Finanzen wird ermächtigt, durch Rechtsverordnung ohne Zustimmung des Bundesrates zur Durchführung von automatisierten Abrufen nach Satz 1 die Voraussetzungen, unter denen ein Datenabruf erfolgen darf, festzulegen.

(7) ¹Die Datenstelle der Rentenversicherung darf den Familienkassen in einem automatisierten Abrufverfahren die zur Überprüfung des Anspruchs auf Kindergeld nach § 62 Absatz 1a und 2 erforderlichen Daten übermitteln; § 79 Absatz 2 bis 4 des Zehnten Buches Sozialgesetzbuch gilt entsprechend. ²Die Träger der Leistungen nach dem Zweiten und Dritten Buch Sozialgesetzbuch dürfen den Familienkassen in einem automatisierten Abrufverfahren die zur Überprüfung des Anspruchs auf Kindergeld nach § 62 erforderlichen Daten übermitteln. ³Das Bundesministerium für Arbeit und Soziales wird ermächtigt, durch Rechtsverordnung mit Zustimmung des Bundesrates die Voraussetzungen für das Abrufverfahren und Regelungen zu den Kosten des Verfahrens nach Satz 2 festzulegen.

§ 69¹⁾ **Datenübermittlung an die Familienkassen.** ¹Erfährt das Bundeszentralamt für Steuern, dass ein Kind, für das Kindergeld gezahlt wird, [*bis 31.12.2023: ins Ausland*] verzogen ist oder von Amts wegen von der Meldebehörde abgemeldet wurde, hat es der zuständigen Familienkasse unverzüglich die in § 139b Absatz 3 Nummer 1, 3, 5, 8 und 14 der Abgabenordnung genannten Daten zum Zweck der Prüfung der Rechtmäßigkeit des Bezugs von Kindergeld zu übermitteln. [*ab 1.1.2024:* ²Die beim Bundeszentralamt für Steuern gespeicherten Daten für ein Kind, für das Kindergeld gezahlt wird, werden auf Anfrage auch den Finanzämtern zur Prüfung der Rechtmäßigkeit der Berücksichtigung der Freibeträge nach § 32 Absatz 6 zur Verfügung gestellt. ³Erteilt das Bundeszentralamt für Steuern auf Grund der Geburt eines Kindes eine neue Identifikationsnummer nach § 139b der Abgabenordnung, übermittelt es der zuständigen Familienkasse zum Zweck der Prüfung des Bezugs von Kindergeld unverzüglich

1. die in § 139b Absatz 3 Nummer 1, 3, 5, 8 und 10 der Abgabenordnung genannten Daten des Kindes sowie

2. soweit vorhanden, die in § 139b Absatz 3 Nummer 1, 3, 5, 8 und 10 und Absatz 3a der Abgabenordnung genannten Daten der Personen, bei denen für dieses Kind nach § 39e Absatz 1 ein Kinderfreibetrag berücksichtigt wird.]

---

¹⁾ § 69 eingef. durch G v. 23.6.2017 (BGBl. I S. 1682); zur Anwendung siehe § 52 Abs. 49a Satz 12; Satz 1 geänd., Sätze 2 und 3 angef. durch G v. 16.12.2022 (BGBl. I S. 2294); zur Anwendung siehe § 52 Abs. 49a Sätze 15 bis 17.

§ 70 Festsetzung und Zahlung des Kindergeldes. (1)[1] [1]Das Kindergeld nach § 62 wird von den Familienkassen durch Bescheid festgesetzt und ausgezahlt. [2]Die Auszahlung von festgesetztem Kindergeld erfolgt rückwirkend nur für die letzten sechs Monate vor Beginn des Monats, in dem der Antrag auf Kindergeld eingegangen ist. [3]Der Anspruch auf Kindergeld nach § 62 bleibt von dieser Auszahlungsbeschränkung unberührt.

(2) [1]Soweit in den Verhältnissen, die für den Anspruch auf Kindergeld erheblich sind, Änderungen eintreten, ist die Festsetzung des Kindergeldes mit Wirkung vom Zeitpunkt der Änderung der Verhältnisse aufzuheben oder zu ändern. [2]Ist die Änderung einer Kindergeldfestsetzung nur wegen einer Anhebung der in § 66 Absatz 1 genannten Kindergeldbeträge erforderlich, kann von der Erteilung eines schriftlichen Änderungsbescheides abgesehen werden.

(3)[2] [1]Materielle Fehler der letzten Festsetzung können durch Aufhebung oder Änderung der Festsetzung mit Wirkung ab dem auf die Bekanntgabe der Aufhebung oder Änderung der Festsetzung folgenden Monat beseitigt werden. [2]Bei der Aufhebung oder Änderung der Festsetzung ist § 176 der Abgabenordnung entsprechend anzuwenden; dies gilt nicht für Monate, die nach der Verkündung der maßgeblichen Entscheidung eines obersten Bundesgerichts beginnen.

(4)[3] *(aufgehoben)*

§ 71[4] Vorläufige Einstellung der Zahlung des Kindergeldes. (1) Die Familienkasse kann die Zahlung des Kindergeldes ohne Erteilung eines Bescheides vorläufig einstellen, wenn

1. sie Kenntnis von Tatsachen erhält, die kraft Gesetzes zum Ruhen oder zum Wegfall des Anspruchs führen, und

2. die Festsetzung, aus der sich der Anspruch ergibt, deshalb mit Wirkung für die Vergangenheit aufzuheben ist.

(2) [1]Soweit die Kenntnis der Familienkasse nicht auf Angaben des Berechtigten beruht, der das Kindergeld erhält, sind dem Berechtigten unverzüglich die vorläufige Einstellung der Zahlung des Kindergeldes sowie die dafür maßgeblichen Gründe mitzuteilen. [2]Ihm ist Gelegenheit zu geben, sich zu äußern.

(3) Die Familienkasse hat die vorläufig eingestellte Zahlung des Kindergeldes unverzüglich nachzuholen, soweit die Festsetzung, aus der sich der Anspruch ergibt, zwei Monate nach der vorläufigen Einstellung der Zahlung nicht mit Wirkung für die Vergangenheit aufgehoben oder geändert wird.

---

[1] § 70 Abs. 1 Sätze 2 und 3 angef. durch G v. 11.7.2019 (BGBl. I S. 1066); zur Anwendung siehe § 52 Abs. 50 Satz 1.
[2] § 70 Abs. 3 Satz 1 geänd., Satz 2 aufgeh., bish. Satz 3 wird Satz 2 und 1. HS geänd. mWv 1.1.2015 durch G v. 22.12.2014 (BGBl. I S. 2417).
[3] § 70 Abs. 4 aufgeh. durch G v. 1.11.2011 (BGBl. I S. 2131); zur Anwendung siehe § 52 Abs. 50 Satz 2.
[4] § 71 eingef. mWv 18.7.2019 durch G v. 11.7.2019 (BGBl. I S. 1066).

[Fassung bis 31.12.2023:]

§ 72 Festsetzung und Zahlung des Kindergeldes an Angehörige des öffentlichen Dienstes.

(1)[1] [1] Steht Personen, die

1. in einem öffentlich-rechtlichen Dienst-, Amts- oder Ausbildungsverhältnis stehen, mit Ausnahme der Ehrenbeamten,

2. Versorgungsbezüge nach beamten- oder soldatenrechtlichen Vorschriften oder Grundsätzen erhalten oder

3. Arbeitnehmer einer Körperschaft, einer Anstalt oder einer Stiftung des öffentlichen Rechts sind, einschließlich der zu ihrer Berufsausbildung Beschäftigten,

Kindergeld nach Maßgabe dieses Gesetzes zu, wird es von den Körperschaften, Anstalten oder Stiftungen des öffentlichen Rechts als Familienkassen festgesetzt und ausgezahlt. [2] Das Bundeszentralamt für Steuern erteilt den Familienkassen ein Merkmal zu ihrer Identifizierung (Familienkassenschlüssel). [3] Satz 1 ist nicht anzuwenden, wenn die Körperschaften, Anstalten oder Stiftungen des öffentlichen Rechts gegenüber dem Bundeszentralamt für Steuern auf ihre Zuständigkeit zur Festsetzung und Auszahlung des Kindergeldes schriftlich oder elektronisch verzichtet haben und dieser Verzicht vom Bundeszentralamt für Steuern schriftlich oder elektronisch bestätigt worden ist. [4] Die Bestätigung des Bundeszentralamts für Steuern darf erst erfolgen, wenn die haushalterischen Voraussetzungen für die Übernahme der Festsetzung und

[Fassung ab 1.1.2024:]

§ 72[2] *(aufgehoben)*

---

[1] § 72 Abs. 1 neu gef. durch G v. 8.12.2016 (BGBl. I S. 2835); Satz 7 angef. mWv 1.1.2019 durch G v. 11.12.2018 (BGBl. I S. 2338); Satz 6 und 7 HS 2 geänd. mWv 1.3.2023 durch G v. 16.12.2022 (BGBl. I S. 2294).

[2] § 72 aufgeh. **mWv 1.1.2024** durch G v. 16.12.2022 (BGBl. I S. 2294).

[Fassung bis 31.12.2023:]
Auszahlung des Kindergeldes durch die Bundesagentur für Arbeit vorliegen. [5]Das Bundeszentralamt für Steuern veröffentlicht die Namen und die Anschriften der Körperschaften, Anstalten oder Stiftungen des öffentlichen Rechts, die nach Satz 3 auf die Zuständigkeit verzichtet haben, sowie den jeweiligen Zeitpunkt, zu dem der Verzicht wirksam geworden ist, im Bundessteuerblatt. [6]Hat eine Körperschaft, Anstalt oder Stiftung des öffentlichen Rechts die Festsetzung des Kindergeldes auf eine *[bis 28.2.2023: Bundes- oder]* Landesfamilienkasse im Sinne des § 5 Absatz 1 Nummer 11 Satz 6 *bis 9 [ab 1.3.2023:* und 7] des Finanzverwaltungsgesetzes übertragen, kann ein Verzicht nach Satz 3 nur durch die *[bis 28.2.2023: Bundes- oder]* Landesfamilienkasse im Einvernehmen mit der auftraggebenden Körperschaft, Anstalt oder Stiftung wirksam erklärt werden. [7]Satz 1 ist nicht anzuwenden, wenn die Körperschaften, Anstalten oder Stiftungen des öffentlichen Rechts nach dem 31. Dezember 2018 errichtet wurden; das Bundeszentralamt für Steuern kann auf Antrag eine Ausnahmegenehmigung erteilen, wenn das Kindergeld durch eine Landesfamilienkasse im Sinne des § 5 Absatz 1 Nummer 11 Satz *8 bis 10 [ab 1.3.2023:* 6 bis 8] des Finanzverwaltungsgesetzes festgesetzt und ausgezahlt wird und kein Verzicht nach Satz 3 vorliegt.

(2)[1] *Der Deutschen Post AG, der Deutschen Postbank AG und der Deutschen Telekom AG obliegt die Durchführung dieses Gesetzes für ihre jeweiligen Beamten und Versorgungsempfänger in Anwendung des Absatzes 1.*

---

[1] § 72 Abs. 2 aufgeh. mWv 1.1.2022 durch G v. 8.12.2016 (BGBl. I S. 2835).

[Fassung bis 31.12.2023:]

(3)[1] Absatz 1 gilt nicht für Personen, die ihre Bezüge oder *[ab 1.1.2022:* ihr] Arbeitsentgelt

1. von einem Dienstherrn oder Arbeitgeber im Bereich der Religionsgesellschaften des öffentlichen Rechts, *[bis 31.12.2021:* oder]

2. von einem Spitzenverband der Freien Wohlfahrtspflege, einem diesem unmittelbar oder mittelbar angeschlossenen Mitgliedsverband oder einer einem solchen Verband angeschlossenen Einrichtung oder Anstalt *[ab 1.1.2022:* oder]

[ab 1.1.2022:

3. von einem Dienstherrn oder Arbeitgeber im Bereich des Bundes *mit Ausnahme der Nachrichtendienste des Bundes, des Bundesverwaltungsamtes sowie derjenigen Behörden, Körperschaften, Anstalten und Stiftungen des öffentlichen Rechts, die die Festsetzung und Auszahlung des Kindergeldes auf das Bundesverwaltungsamt übertragen haben,* *[ab 1.3.2022:* mit Ausnahme des Bundesnachrichtendienstes],

erhalten.

(4)[2] *Die Absätze 1 und 2 gelten [ab 1.1.2022:* Absatz 1 gilt] nicht für Personen, die voraussichtlich nicht länger als sechs Monate in den Kreis der in Absatz 1 Satz 1 Nummer 1 bis 3 *[bis 31.12.2021: und Absatz 2]* Bezeichneten eintreten.

(5) Obliegt mehreren Rechtsträgern die Zahlung von Bezügen oder Arbeitsentgelt (Absatz 1 Satz 1) gegenüber einem Berechtigten, so ist für die Durchführung dieses Gesetzes zuständig:

---

[1] § 72 Abs. 3 geänd., Nr. 3 angef. mWv 1.1.2022 durch G v. 8.12.2016 (BGBl. I S. 2835); Nr. 3 neu gef. (kursiver Satzteil aufgeh., Text geänd.) mWv 1.3.2023 durch G v. 16.12.2022 (BGBl. I S. 2294).
[2] § 72 Abs. 4 geänd. mWv 1.1.2022 durch G v. 8.12.2016 (BGBl. I S. 2835).

[Fassung bis 31.12.2023:]

1. bei Zusammentreffen von Versorgungsbezügen mit anderen Bezügen oder Arbeitsentgelt der Rechtsträger, dem die Zahlung der anderen Bezüge oder des Arbeitsentgelts obliegt;

2. bei Zusammentreffen mehrerer Versorgungsbezüge der Rechtsträger, dem die Zahlung der neuen Versorgungsbezüge im Sinne der beamtenrechtlichen Ruhensvorschriften obliegt;

3. bei Zusammentreffen von Arbeitsentgelt (Absatz 1 Satz 1 Nummer 3) mit Bezügen aus einem der in Absatz 1 Satz 1 Nummer 1 bezeichneten Rechtsverhältnisse der Rechtsträger, dem die Zahlung dieser Bezüge obliegt;

4. bei Zusammentreffen mehrerer Arbeitsentgelte (Absatz 1 Satz 1 Nummer 3) der Rechtsträger, dem die Zahlung des höheren Arbeitsentgelts obliegt oder – falls die Arbeitsentgelte gleich hoch sind – der Rechtsträger, zu dem das zuerst begründete Arbeitsverhältnis besteht.

(6) ¹Scheidet ein Berechtigter im Laufe eines Monats aus dem Kreis der in Absatz 1 Satz 1 Nummer 1 bis 3 Bezeichneten aus oder tritt er im Laufe eines Monats in diesen Kreis ein, so wird das Kindergeld für diesen Monat von der Stelle gezahlt, die bis zum Ausscheiden oder Eintritt des Berechtigten zuständig war. ²Dies gilt nicht, soweit die Zahlung von Kindergeld für ein Kind in Betracht kommt, das erst nach dem Ausscheiden oder Eintritt bei dem Berechtigten nach § 63 zu berücksichtigen ist. ³Ist in einem Fall des Satzes 1 das Kindergeld bereits für einen folgenden Monat gezahlt wor-

[Fassung bis 31.12.2023:]
den, so muss der für diesen Monat Berechtigte die Zahlung gegen sich gelten lassen.

(7)[1] ¹In den Abrechnungen der Bezüge und des Arbeitsentgelts ist das Kindergeld gesondert auszuweisen, wenn es zusammen mit den Bezügen oder dem Arbeitsentgelt ausgezahlt wird. ²Der Rechtsträger hat die Summe des von ihm für alle Berechtigten ausgezahlten Kindergeldes dem Betrag, den er insgesamt an Lohnsteuer einzubehalten hat, zu entnehmen und unter Angabe des in Absatz 1 genannten Familienkassenschlüssels bei der nächsten Lohnsteuer-Anmeldung gesondert abzusetzen. ³Übersteigt das insgesamt ausgezahlte Kindergeld den Betrag, der insgesamt an Lohnsteuer abzuführen ist, so wird der übersteigende Betrag dem Rechtsträger auf Antrag von dem Finanzamt, an das die Lohnsteuer abzuführen ist, aus den Einnahmen der Lohnsteuer ersetzt.

(8)[2] ¹Abweichend von Absatz 1 Satz 1 werden Kindergeldansprüche auf Grund über- oder zwischenstaatlicher Rechtsvorschriften durch die Familienkassen der Bundesagentur für Arbeit festgesetzt und ausgezahlt. ²Dies gilt auch für Fälle, in denen Kindergeldansprüche sowohl nach Maßgabe dieses Gesetzes als auch auf Grund über- oder zwischenstaatlicher Rechtsvorschriften bestehen. *[ab 1.3.2023:* ³Die Sätze 1 und 2 sind auf Kindergeldansprüche von Angehörigen des Bundesnachrichtendienstes nicht anzuwenden.]

§ 73. (weggefallen)

---

[1] § 72 Abs. 7 Satz 2 geänd. mWv 1.1.2019 durch G v. 8.12.2016 (BGBl. I S. 2835).
[2] § 72 Abs. 8 Satz 3 angef. mWv 1.1.2022 durch G v. 8.12.2016 (BGBl. I S. 2835), aufgeh. mWv 1.3.2023 durch G v. 16.12.2022 (BGBl. I S. 2294) und angef. mWv 1.3.2023 durch G v. 16.12.2022 (BGBl. I S. 2352).

§ 74 Zahlung des Kindergeldes in Sonderfällen. (1) [1]Das für ein Kind festgesetzte Kindergeld nach § 66 Absatz 1 kann an das Kind ausgezahlt werden, wenn der Kindergeldberechtigte ihm gegenüber seiner gesetzlichen Unterhaltspflicht nicht nachkommt. [2]Kindergeld kann an Kinder, die bei der Festsetzung des Kindergeldes berücksichtigt werden, bis zur Höhe des Betrags, der sich bei entsprechender Anwendung des § 76 ergibt, ausgezahlt werden. [3]Dies gilt auch, wenn der Kindergeldberechtigte mangels Leistungsfähigkeit nicht unterhaltspflichtig ist oder nur Unterhalt in Höhe eines Betrags zu leisten braucht, der geringer ist als das für die Auszahlung in Betracht kommende Kindergeld. [4]Die Auszahlung kann auch an die Person oder Stelle erfolgen, die dem Kind Unterhalt gewährt.

(2) Für Erstattungsansprüche der Träger von Sozialleistungen gegen die Familienkasse gelten die §§ 102 bis 109 und 111 bis 113 des Zehnten Buches Sozialgesetzbuch entsprechend.

§ 75 Aufrechnung. (1)[1] Mit Ansprüchen auf Erstattung von Kindergeld kann die Familienkasse gegen Ansprüche auf Kindergeld bis zu deren Hälfte aufrechnen, wenn der Leistungsberechtigte nicht nachweist, dass er dadurch hilfebedürftig im Sinne der Vorschriften des Zwölften Buches Sozialgesetzbuch über die Hilfe zum Lebensunterhalt oder im Sinne der Vorschriften des Zweiten Buches Sozialgesetzbuch über die Leistungen zur Sicherung des Lebensunterhalts wird.

(2) Absatz 1 gilt für die Aufrechnung eines Anspruchs auf Erstattung von Kindergeld gegen einen späteren Kindergeldanspruch eines mit dem Erstattungspflichtigen in Haushaltsgemeinschaft lebenden Berechtigten entsprechend, soweit es sich um laufendes Kindergeld für ein Kind handelt, das bei beiden berücksichtigt werden kann oder konnte.

§ 76 Pfändung. [1]Der Anspruch auf Kindergeld kann nur wegen gesetzlicher Unterhaltsansprüche eines Kindes, das bei der Festsetzung des Kindergeldes berücksichtigt wird, gepfändet werden. [2]Für die Höhe des pfändbaren Betrags gilt:
1. [1]Gehört das unterhaltsberechtigte Kind zum Kreis der Kinder, für die dem Leistungsberechtigten Kindergeld gezahlt wird, so ist eine Pfändung bis zu dem Betrag möglich, der bei gleichmäßiger Verteilung des Kindergeldes auf jedes dieser Kinder entfällt. [2]Ist das Kindergeld durch die Berücksichtigung eines weiteren Kindes erhöht, für das einer dritten Person Kindergeld oder dieser oder dem Leistungsberechtigten eine andere Geldleistung für Kinder zusteht, so bleibt der Erhöhungsbetrag bei der Bestimmung des pfändbaren Betrags des Kindergeldes nach Satz 1 außer Betracht;
2. der Erhöhungsbetrag nach Nummer 1 Satz 2 ist zugunsten jedes bei der Festsetzung des Kindergeldes berücksichtigten unterhaltsberechtigten Kindes zu dem Anteil pfändbar, der sich bei gleichmäßiger Verteilung auf alle Kinder, die bei der Festsetzung des Kindergeldes zugunsten des Leistungsberechtigten berücksichtigt werden, ergibt.

---

[1] § 75 Abs. 1 geänd. mWv 1.1.2015 durch G v. 22.12.2014 (BGBl. I S. 2417).

§ 76a.[1] *(aufgehoben)*

§ 77 Erstattung von Kosten im Vorverfahren. (1) [1]Soweit der Einspruch gegen die Kindergeldfestsetzung erfolgreich ist, hat die Familienkasse demjenigen, der den Einspruch erhoben hat, die zur zweckentsprechenden Rechtsverfolgung oder Rechtsverteidigung notwendigen Aufwendungen zu erstatten. [2]Dies gilt auch, wenn der Einspruch nur deshalb keinen Erfolg hat, weil die Verletzung einer Verfahrens- oder Formvorschrift nach § 126 der Abgabenordnung unbeachtlich ist. [3]Aufwendungen, die durch das Verschulden eines Erstattungsberechtigten entstanden sind, hat dieser selbst zu tragen; das Verschulden eines Vertreters ist dem Vertretenen zuzurechnen.

(2) Die Gebühren und Auslagen eines Bevollmächtigten oder Beistandes, der nach den Vorschriften des Steuerberatungsgesetzes zur geschäftsmäßigen Hilfeleistung in Steuersachen befugt ist, sind erstattungsfähig, wenn dessen Zuziehung notwendig war.

(3) [1]Die Familienkasse setzt auf Antrag den Betrag der zu erstattenden Aufwendungen fest. [2]Die Kostenentscheidung bestimmt auch, ob die Zuziehung eines Bevollmächtigten oder Beistandes im Sinne des Absatzes 2 notwendig war.

§ 78 Übergangsregelungen. (1) bis (4) (weggefallen)

(5) [1]Abweichend von § 64 Absatz 2 und 3 steht Berechtigten, die für Dezember 1990 für ihre Kinder Kindergeld in dem in Artikel 3 des Einigungsvertrages genannten Gebiet bezogen haben, das Kindergeld für diese Kinder auch für die folgende Zeit zu, solange sie ihren Wohnsitz oder gewöhnlichen Aufenthalt in diesem Gebiet beibehalten und die Kinder die Voraussetzungen ihrer Berücksichtigung weiterhin erfüllen. [2]§ 64 Absatz 2 und 3 ist insoweit erst für die Zeit vom Beginn des Monats an anzuwenden, in dem ein hierauf gerichteter Antrag bei der zuständigen Stelle eingegangen ist; der hiernach Berechtigte muss die nach Satz 1 geleisteten Zahlungen gegen sich gelten lassen.

XI. Altersvorsorgezulage

§ 79[2] **Zulageberechtigte.** [1]Die in § 10a Absatz 1 genannten Personen haben Anspruch auf eine Altersvorsorgezulage (Zulage). [2]Ist nur ein Ehegatte nach Satz 1 begünstigt, so ist auch der andere Ehegatte zulageberechtigt, wenn

1. beide Ehegatten nicht dauernd getrennt leben (§ 26 Absatz 1),
2. beide Ehegatten ihren Wohnsitz oder gewöhnlichen Aufenthalt in einem Mitgliedstaat der Europäischen Union oder einem Staat haben, auf den das Abkommen über den Europäischen Wirtschaftsraum anwendbar ist,
3. ein auf den Namen des anderen Ehegatten lautender Altersvorsorgevertrag besteht,

---

[1] § 76a aufgeh. mWv 1.1.2012 durch Art. 7 Abs. 4 des G v. 7.7.2009 (BGBl. I S. 1707).
[2] § 79 Satz 2 neu gef. mWv VZ 2013 durch G v. 24.6.2013 (BGBl. I S. 1667); Satz 3 angef. mWv VZ 2014 durch G v. 25.7.2014 (BGBl. I S. 1266).

4. der andere Ehegatte zugunsten des Altersvorsorgevertrags nach Nummer 3 im jeweiligen Beitragsjahr mindestens 60 Euro geleistet hat und

5. die Auszahlungsphase des Altersvorsorgevertrags nach Nummer 3 noch nicht begonnen hat.

³Satz 1 gilt entsprechend für die in § 10a Absatz 6 Satz 1 und 2 genannten Personen, sofern sie unbeschränkt steuerpflichtig sind oder für das Beitragsjahr nach § 1 Absatz 3 als unbeschränkt steuerpflichtig behandelt werden.

§ 80 Anbieter. Anbieter im Sinne dieses Gesetzes sind Anbieter von Altersvorsorgeverträgen gemäß § 1 Absatz 2 des Altersvorsorgeverträge-Zertifizierungsgesetzes[1]) sowie die in § 82 Absatz 2 genannten Versorgungseinrichtungen.

§ 81 Zentrale Stelle. Zentrale Stelle im Sinne dieses Gesetzes ist die Deutsche Rentenversicherung Bund.

§ 81a Zuständige Stelle. ¹Zuständige Stelle ist bei einem

1. Empfänger von Besoldung nach dem Bundesbesoldungsgesetz oder einem Landesbesoldungsgesetz die die Besoldung anordnende Stelle,

2. Empfänger von Amtsbezügen im Sinne des § 10a Absatz 1 Satz 1 Nummer 2 die die Amtsbezüge anordnende Stelle,

3. versicherungsfrei Beschäftigten sowie bei einem von der Versicherungspflicht befreiten Beschäftigten im Sinne des § 10a Absatz 1 Satz 1 Nummer 3 der die Versorgung gewährleistende Arbeitgeber der rentenversicherungsfreien Beschäftigung,

4. Beamten, Richter, Berufssoldaten und Soldaten auf Zeit im Sinne des § 10a Absatz 1 Satz 1 Nummer 4 der zur Zahlung des Arbeitsentgelts verpflichtete Arbeitgeber und

5. Empfänger einer Versorgung im Sinne des § 10a Absatz 1 Satz 4 die die Versorgung anordnende Stelle.

²Für die in § 10a Absatz 1 Satz 1 Nummer 5 genannten Steuerpflichtigen gilt Satz 1 entsprechend.

§ 82 Altersvorsorgebeiträge. (1)[2]) ¹Geförderte Altersvorsorgebeiträge sind im Rahmen des in § 10a Absatz 1 Satz 1 genannten Höchstbetrags

1. Beiträge,

2. Tilgungsleistungen,

die der Zulageberechtigte (§ 79) bis zum Beginn der Auszahlungsphase zugunsten eines auf seinen Namen lautenden Vertrags leistet, der nach § 5 des Altersvorsorgeverträge-Zertifizierungsgesetzes[1]) zertifiziert ist (Altersvorsorgevertrag). ²Die Zertifizierung ist Grundlagenbescheid im Sinne des § 171 Ab-

---

¹) **Aichberger** Sozialgesetzbuch Nr. **6/80**.
²) § 82 Abs. 1 Sätze 1 und 3 geänd. mWv 1.1.2010 durch G v. 8.12.2010 (BGBl. I S. 1768); Satz 1 geänd. mWv VZ 2013, Sätze 6 und 7 angef. mWv VZ 2014 durch G v. 24.6.2013 (BGBl. I S. 1667); Satz 8 angef. mWv VZ 2014 durch G v. 25.7.2014 (BGBl. I S. 1266).

satz 10 der Abgabenordnung. ³Als Tilgungsleistungen gelten auch Beiträge, die vom Zulageberechtigten zugunsten eines auf seinen Namen lautenden Altersvorsorgevertrags im Sinne des § 1 Absatz 1a Satz 1 Nummer 3 des Altersvorsorgeverträge-Zertifizierungsgesetzes erbracht wurden und die zur Tilgung eines im Rahmen des Altersvorsorgevertrags abgeschlossenen Darlehens abgetreten wurden. ⁴Im Fall der Übertragung von gefördertem Altersvorsorgevermögen nach § 1 Absatz 1 Satz 1 Nummer 10 Buchstabe b des Altersvorsorgeverträge-Zertifizierungsgesetzes[1]) in einen Altersvorsorgevertrag im Sinne des § 1 Absatz 1a Satz 1 Nummer 3 des Altersvorsorgeverträge-Zertifizierungsgesetzes[1]) gelten die Beiträge nach Satz 1 vom Zeitpunkt der Übertragung als Tilgungsleistungen nach Satz 3; eine erneute Förderung nach § 10a oder Abschnitt XI erfolgt insoweit nicht. ⁵Tilgungsleistungen nach den Sätzen 1 und 3 werden nur berücksichtigt, wenn das zugrunde liegende Darlehen für eine nach dem 31. Dezember 2007 vorgenommene wohnungswirtschaftliche Verwendung im Sinne des § 92a Absatz 1 Satz 1 eingesetzt wurde. ⁶Bei einer Aufgabe der Selbstnutzung nach § 92a Absatz 3 Satz 1 gelten im Beitragsjahr der Aufgabe der Selbstnutzung auch die nach der Aufgabe der Selbstnutzung geleisteten Beiträge oder Tilgungsleistungen als Altersvorsorgebeiträge nach Satz 1. ⁷Bei einer Reinvestition nach § 92a Absatz 3 Satz 9 Nummer 1 gelten im Beitragsjahr der Reinvestition auch die davor geleisteten Beiträge oder Tilgungsleistungen als Altersvorsorgebeiträge nach Satz 1. ⁸Bei einem beruflich bedingten Umzug nach § 92a Absatz 4 gelten

1. im Beitragsjahr des Wegzugs auch die nach dem Wegzug und

2. im Beitragsjahr des Wiedereinzugs auch die vor dem Wiedereinzug

geleisteten Beiträge und Tilgungsleistungen als Altersvorsorgebeiträge nach Satz 1.

(2) ¹Zu den Altersvorsorgebeiträgen gehören auch

a) die aus dem individuell versteuerten Arbeitslohn des Arbeitnehmers geleisteten Beiträge an einen Pensionsfonds, eine Pensionskasse oder eine Direktversicherung zum Aufbau einer kapitalgedeckten betrieblichen Altersversorgung und

b)[2]) Beiträge des Arbeitnehmers und des ausgeschiedenen Arbeitnehmers, die dieser im Fall der zunächst durch Entgeltumwandlung (§ 1a des Betriebsrentengesetzes) finanzierten und nach § 3 Nummer 63 oder § 10a und diesem Abschnitt geförderten kapitalgedeckten betrieblichen Altersversorgung nach Maßgabe des § 1a Absatz 4, des § 1b Absatz 5 Satz 1 Nummer 2 und des § 22 Absatz 3 Nummer 1 Buchstabe a des Betriebsrentengesetzes selbst erbringt.

²Satz 1 gilt nur, wenn

1. a) vereinbart ist, dass die zugesagten Altersversorgungsleistungen als monatliche Leistungen in Form einer lebenslangen Leibrente oder als Raten-

---

¹) **Aichberger** Sozialgesetzbuch Nr. **6/80**.
²) § 82 Abs. 2 Satz 1 Buchst. b Verweis geänd. mWv 1.1.2018 durch G v. 11.12.2018 (BGBl. I S. 2338); Satz 1 Satzteil nach Buchst. b aufgeh., Satz 2 eingef., bish. Satz 2 wird Satz 3 mWv 15.12.2018 durch G v. 11.12.2018 (BGBl. I S. 2338).

zahlungen im Rahmen eines Auszahlungsplans mit einer anschließenden Teilkapitalverrentung ab spätestens dem 85. Lebensjahr ausgezahlt werden und die Leistungen während der gesamten Auszahlungsphase gleich bleiben oder steigen; dabei können bis zu zwölf Monatsleistungen in einer Auszahlung zusammengefasst und bis zu 30 Prozent des zu Beginn der Auszahlungsphase zur Verfügung stehenden Kapitals außerhalb der monatlichen Leistungen ausgezahlt werden, und

b) ein vereinbartes Kapitalwahlrecht nicht oder nicht außerhalb des letzten Jahres vor dem vertraglich vorgesehenen Beginn der Altersversorgungsleistung ausgeübt wurde, oder

2. bei einer reinen Beitragszusage nach § 1 Absatz 2 Nummer 2a des Betriebsrentengesetzes der Pensionsfonds, die Pensionskasse oder die Direktversicherung eine lebenslange Zahlung als Altersversorgungsleistung zu erbringen hat.

³Die §§ 3 und 4 des Betriebsrentengesetzes stehen dem vorbehaltlich des § 93 nicht entgegen.

(3) Zu den Altersvorsorgebeiträgen gehören auch die Beitragsanteile, die zur Absicherung der verminderten Erwerbsfähigkeit des Zulageberechtigten und zur Hinterbliebenenversorgung verwendet werden, wenn in der Leistungsphase die Auszahlung in Form einer Rente erfolgt.

(4) Nicht zu den Altersvorsorgebeiträgen zählen

1.¹⁾ Aufwendungen, die vermögenswirksame Leistungen nach dem Fünften Vermögensbildungsgesetz in der jeweils geltenden Fassung darstellen,

2. prämienbegünstigte Aufwendungen nach dem Wohnungsbau-Prämiengesetz in der Fassung der Bekanntmachung vom 30. Oktober 1997 (BGBl. I S. 2678), zuletzt geändert durch Artikel 5 des Gesetzes vom 29. Juli 2008 (BGBl. I S. 1509), in der jeweils geltenden Fassung,

3. Aufwendungen, die im Rahmen des § 10 als Sonderausgaben geltend gemacht werden,

4. Zahlungen nach § 92a Absatz 2 Satz 4 Nummer 1 und Absatz 3 Satz 9 Nummer 2 oder

5.²⁾ Übertragungen im Sinne des § 3 Nummer 55 bis 55c.

(5)³⁾ ¹Der Zulageberechtigte kann für ein abgelaufenes Beitragsjahr bis zum Beitragsjahr 2011 Altersvorsorgebeiträge auf einen auf seinen Namen lautenden Altersvorsorgevertrag leisten, wenn

1. der Anbieter des Altersvorsorgevertrags davon Kenntnis erhält, in welcher Höhe und für welches Beitragsjahr die Altersvorsorgebeiträge berücksichtigt werden sollen,

2. in dem Beitragsjahr, für das die Altersvorsorgebeiträge berücksichtigt werden sollen, ein Altersvorsorgevertrag bestanden hat,

---

¹⁾ § 82 Abs. 4 Nr. 1 geänd. durch G v. 8.12.2010 (BGBl. I S. 1768).
²⁾ § 82 Abs. 4 Nr. 5 angef. durch G v. 7.12.2011 (BGBl. I S. 2592).
³⁾ § 82 Abs. 5 angef. mWv VZ 2014 durch G v. 25.7.2014 (BGBl. I S. 1266).

3. im fristgerechten Antrag auf Zulage für dieses Beitragsjahr eine Zulageberechtigung nach § 79 Satz 2 angegeben wurde, aber tatsächlich eine Zulageberechtigung nach § 79 Satz 1 vorliegt,

4. die Zahlung der Altersvorsorgebeiträge für abgelaufene Beitragsjahre bis
   zum Ablauf von zwei Jahren nach Erteilung der Bescheinigung nach § 92,
   mit der zuletzt Ermittlungsergebnisse für dieses Beitragsjahr bescheinigt
   wurden, längstens jedoch bis zum Beginn der Auszahlungsphase des Altersvorsorgevertrages erfolgt und

5. der Zulageberechtigte vom Anbieter in hervorgehobener Weise darüber
   informiert wurde oder dem Anbieter seine Kenntnis darüber versichert,
   dass die Leistungen aus diesen Altersvorsorgebeiträgen der vollen nachgela-
   gerten Besteuerung nach § 22 Nummer 5 Satz 1 unterliegen.

²Wurden die Altersvorsorgebeiträge dem Altersvorsorgevertrag gutgeschrieben
und sind die Voraussetzungen nach Satz 1 erfüllt, so hat der Anbieter der zentralen Stelle (§ 81) die entsprechenden Daten nach § 89 Absatz 2 Satz 1 für das
zurückliegende Beitragsjahr nach einem mit der zentralen Stelle abgestimmten
Verfahren mitzuteilen. ³Die Beträge nach Satz 1 gelten für die Ermittlung der
zu zahlenden Altersvorsorgezulage nach § 83 als Altersvorsorgebeiträge für das
Beitragsjahr, für das sie gezahlt wurden. ⁴Für die Anwendung des § 10a Absatz 1 Satz 1 sowie bei der Ermittlung der dem Steuerpflichtigen zustehenden
Zulage im Rahmen des § 2 Absatz 6 und des § 10a sind die nach Satz 1 gezahlten Altersvorsorgebeiträge weder für das Beitragsjahr nach Satz 1 Nummer 2 noch für das Beitragsjahr der Zahlung zu berücksichtigen.

§ 83 Altersvorsorgezulage. In Abhängigkeit von den geleisteten Altersvorsorgebeiträgen wird eine Zulage gezahlt, die sich aus einer Grundzulage
(§ 84) und einer Kinderzulage (§ 85) zusammensetzt.

§ 84¹⁾ Grundzulage. ¹Jeder Zulageberechtigte erhält eine Grundzulage;
diese beträgt ab dem Beitragsjahr 2018 jährlich 175 Euro. ²Für Zulageberechtigte nach § 79 Satz 1, die zu Beginn des Beitragsjahres (§ 88) das
25. Lebensjahr noch nicht vollendet haben, erhöht sich die Grundzulage nach
Satz 1 um einmalig 200 Euro. ³Die Erhöhung nach Satz 2 ist für das erste
nach dem 31. Dezember 2007 beginnende Beitragsjahr zu gewähren, für das
eine Altersvorsorgezulage beantragt wird.

§ 85 Kinderzulage. (1)²⁾ ¹Die Kinderzulage beträgt für jedes Kind, für das
gegenüber dem Zulageberechtigten Kindergeld festgesetzt wird, jährlich
185 Euro. ²Für ein nach dem 31. Dezember 2007 geborenes Kind erhöht sich
die Kinderzulage nach Satz 1 auf 300 Euro. ³Der Anspruch auf Kinderzulage
entfällt für den Veranlagungszeitraum, für den das Kindergeld insgesamt zurückgefordert wird. ⁴Erhalten mehrere Zulageberechtigte für dasselbe Kind
Kindergeld, steht die Kinderzulage demjenigen zu, dem gegenüber für den
ersten Anspruchszeitraum (§ 66 Absatz 2) im Kalenderjahr Kindergeld festgesetzt worden ist.

---

¹⁾ § 84 Satz 1 geänd. mWv 1.1.2018 durch G v. 17.8.2017 (BGBl. I S. 3214).
²⁾ § 85 Abs. 1 Sätze 1 und 4 geänd. mWv 1.1.2018 durch G v. 17.8.2017 (BGBl. I S. 3214).

(2)[1] [1]Bei Eltern verschiedenen Geschlechts, die miteinander verheiratet sind, nicht dauernd getrennt leben (§ 26 Absatz 1) und ihren Wohnsitz oder gewöhnlichen Aufenthalt in einem Mitgliedstaat der Europäischen Union oder einem Staat haben, auf den das Abkommen über den Europäischen Wirtschaftsraum (EWR-Abkommen) anwendbar ist, wird die Kinderzulage der Mutter zugeordnet, auf Antrag beider Eltern dem Vater. [2]Bei Eltern gleichen Geschlechts, die miteinander verheiratet sind oder eine Lebenspartnerschaft führen, nicht dauernd getrennt leben (§ 26 Absatz 1) und ihren Wohnsitz oder gewöhnlichen Aufenthalt in einem Mitgliedstaat der Europäischen Union oder einem Staat haben, auf den das EWR-Abkommen anwendbar ist, ist die Kinderzulage dem Elternteil zuzuordnen, dem gegenüber das Kindergeld festgesetzt wird, auf Antrag beider Eltern dem anderen Elternteil. [3]Der Antrag kann für ein abgelaufenes Beitragsjahr nicht zurückgenommen werden.

§ 86[2] Mindesteigenbeitrag.

(1) [1]Die Zulage nach den §§ 84 und 85 wird gekürzt, wenn der Zulageberechtigte nicht den Mindesteigenbeitrag leistet. [2]Dieser beträgt jährlich 4 Prozent der Summe der in dem dem Kalenderjahr vorangegangenen Kalenderjahr

1. erzielten beitragspflichtigen Einnahmen im Sinne des Sechsten Buches Sozialgesetzbuch,

2. bezogenen Besoldung und Amtsbezüge,

3. in den Fällen des § 10a Absatz 1 Satz 1 Nummer 3 und Nummer 4 erzielten Einnahmen, die beitragspflichtig wären, wenn die Versicherungsfreiheit in der gesetzlichen Rentenversicherung nicht bestehen würde und

4. bezogenen Rente wegen voller Erwerbsminderung oder Erwerbsunfähigkeit oder bezogenen Versorgungsbezüge wegen Dienstunfähigkeit in den Fällen des § 10a Absatz 1 Satz 4,

jedoch nicht mehr als der in § 10a Absatz 1 Satz 1 genannte Höchstbetrag,[3] vermindert um die Zulage nach den §§ 84 und 85; gehört der Ehegatte zum Personenkreis nach § 79 Satz 2, berechnet sich der Mindesteigenbeitrag des nach § 79 Satz 1 Begünstigten unter Berücksichtigung der den Ehegatten insgesamt zustehenden Zulagen. [3]Auslandsbezogene Bestandteile nach den §§ 52 ff. des Bundesbesoldungsgesetzes oder entsprechender Regelungen eines Landesbesoldungsgesetzes bleiben unberücksichtigt. [4]Als Sockelbetrag sind ab dem Jahr 2005 jährlich 60 Euro zu leisten. [5]Ist der Sockelbetrag höher als der Mindesteigenbeitrag nach Satz 2, so ist der Sockelbetrag als Mindesteigenbeitrag zu leisten. [6]Die Kürzung der Zulage ermittelt sich nach dem Verhältnis der Altersvorsorgebeiträge zum Mindesteigenbeitrag.

---

[1] § 85 Abs. 2 Satz 1 geänd. mWv VZ 2010 durch G v. 8.4.2010 (BGBl. I S. 386); Satz 2 eingef., bish. Satz 2 wird Satz 3 mWv 24.7.2014 durch G v. 18.7.2014 (BGBl. I S. 1042); Satz 2 geänd. mWv 1.1.2018 durch G v. 17.8.2017 (BGBl. I S. 3214); Sätze 1 und 2 geänd. mWv 15.12.2018 durch G v. 11.12.2018 (BGBl. I S. 2338).
[2] Zur Anwendung siehe Abs. 5.
[3] § 86 Abs. 1 Satz 2 geänd. mWv VZ 2013 durch G v. 24.6.2013 (BGBl. I S. 1667).

(2)[1] [1]Ein nach § 79 Satz 2 begünstigter Ehegatte hat Anspruch auf eine ungekürzte Zulage, wenn der zum begünstigten Personenkreis nach § 79 Satz 1 gehörende Ehegatte seinen geförderten Mindesteigenbeitrag unter Berücksichtigung der den Ehegatten insgesamt zustehenden Zulagen erbracht hat. [2]Werden bei einer in der gesetzlichen Rentenversicherung pflichtversicherten Person beitragspflichtige Einnahmen zu Grunde gelegt, die höher sind als das tatsächlich erzielte Entgelt oder die Entgeltersatzleistung, ist das tatsächlich erzielte Entgelt oder der Zahlbetrag der Entgeltersatzleistung für die Berechnung des Mindesteigenbeitrags zu berücksichtigen. [3]Für die nicht erwerbsmäßig ausgeübte Pflegetätigkeit einer nach § 3 Satz 1 Nummer 1a des Sechsten Buches Sozialgesetzbuch rentenversicherungspflichtigen Person ist für die Berechnung des Mindesteigenbeitrags ein tatsächlich erzieltes Entgelt von 0 Euro zu berücksichtigen.

(3) [1]Für Versicherungspflichtige nach dem Gesetz über die Alterssicherung der Landwirte ist Absatz 1 mit der Maßgabe anzuwenden, dass auch die Einkünfte aus Land- und Forstwirtschaft im Sinne des § 13 des zweiten dem Beitragsjahr vorangegangenen Veranlagungszeitraums als beitragspflichtige Einnahmen des vorangegangenen Kalenderjahres gelten. [2]Negative Einkünfte im Sinne des Satzes 1 bleiben unberücksichtigt, wenn weitere nach Absatz 1 oder Absatz 2 zu berücksichtigende Einnahmen erzielt werden.

(4) Wird nach Ablauf des Beitragsjahres festgestellt, dass die Voraussetzungen für die Gewährung einer Kinderzulage nicht vorgelegen haben, ändert sich dadurch die Berechnung des Mindesteigenbeitrags für dieses Beitragsjahr nicht.

(5)[2] Bei den in § 10a Absatz 6 Satz 1 und 2 genannten Personen ist der Summe nach Absatz 1 Satz 2 die Summe folgender Einnahmen und Leistungen aus dem dem Kalenderjahr vorangegangenen Kalenderjahr hinzuzurechnen:

1. die erzielten Einnahmen aus der Tätigkeit, die die Zugehörigkeit zum Personenkreis des § 10a Absatz 6 Satz 1 begründet, und

2. die bezogenen Leistungen im Sinne des § 10a Absatz 6 Satz 2 Nummer 1.

§ 87 Zusammentreffen mehrerer Verträge. (1) [1]Zahlt der nach § 79 Satz 1 Zulageberechtigte Altersvorsorgebeiträge zugunsten mehrerer Verträge, so wird die Zulage nur für zwei dieser Verträge gewährt. [2]Der insgesamt nach § 86 zu leistende Mindesteigenbeitrag muss zugunsten dieser Verträge geleistet worden sein. [3]Die Zulage ist entsprechend dem Verhältnis der auf diese Verträge geleisteten Beiträge zu verteilen.

(2) [1]Der nach § 79 Satz 2 Zulageberechtigte kann die Zulage für das jeweilige Beitragsjahr nicht auf mehrere Altersvorsorgeverträge verteilen. [2]Es ist nur der Altersvorsorgevertrag begünstigt, für den zuerst die Zulage beantragt wird.

---

[1] § 86 Abs. 2 Satz 2 geänd. mWv 1.1.2011 durch G v. 8.12.2010 (BGBl. I S. 1786); Satz 4 angef. mWv VZ 2013 durch G v. 24.6.2013 (BGBl. I S. 1667); Satz 3 aufgeh., bish. Satz 4 wird Satz 3 mWv VZ 2014 durch G v. 25.7.2014 (BGBl. I S. 1266).
[2] § 86 Abs. 5 angef. mWv VZ 2014 durch G v. 25.7.2014 (BGBl. I S. 1266).

§ 88 Entstehung des Anspruchs auf Zulage. Der Anspruch auf die Zulage entsteht mit Ablauf des Kalenderjahres, in dem die Altersvorsorgebeiträge geleistet worden sind (Beitragsjahr).

§ 89 Antrag. (1) [1]Der Zulageberechtigte hat den Antrag auf Zulage nach amtlich vorgeschriebenem Vordruck bis zum Ablauf des zweiten Kalenderjahres, das auf das Beitragsjahr (§ 88) folgt, bei dem Anbieter seines Vertrages einzureichen. [2]Hat der Zulageberechtigte im Beitragsjahr Altersvorsorgebeiträge für mehrere Verträge gezahlt, so hat er mit dem Zulageantrag zu bestimmen, auf welche Verträge die Zulage überwiesen werden soll. [3]Beantragt der Zulageberechtigte die Zulage für mehr als zwei Verträge, so wird die Zulage nur für die zwei Verträge mit den höchsten Altersvorsorgebeiträgen gewährt. [4]Sofern eine Zulagenummer (§ 90 Absatz 1 Satz 2) durch die zentrale Stelle (§ 81) oder eine Versicherungsnummer nach § 147 des Sechsten Buches Sozialgesetzbuch für den nach § 79 Satz 2 berechtigten Ehegatten noch nicht vergeben ist, hat dieser über seinen Anbieter eine Zulagenummer bei der zentralen Stelle zu beantragen. [5]Der Antragsteller ist verpflichtet, dem Anbieter unverzüglich eine Änderung der Verhältnisse mitzuteilen, die zu einer Minderung oder zum Wegfall des Zulageanspruchs führt.

(1a)[1] [1]Der Zulageberechtigte kann den Anbieter seines Vertrages schriftlich bevollmächtigen, für ihn abweichend von Absatz 1 die Zulage für jedes Beitragsjahr zu beantragen. [2]Absatz 1 Satz 5 gilt mit Ausnahme der Mitteilung geänderter beitragspflichtiger Einnahmen im Sinne des Sechsten Buches Sozialgesetzbuch entsprechend. [3]Ein Widerruf der Vollmacht ist bis zum Ablauf des Beitragsjahres, für das der Anbieter keinen Antrag auf Zulage stellen soll, gegenüber dem Anbieter zu erklären.

(2)[2] [1]Der Anbieter ist verpflichtet,

a) die Vertragsdaten,

b) die Identifikationsnummer, die Versicherungsnummer nach § 147 des Sechsten Buches Sozialgesetzbuch, die Zulagenummer des Zulageberechtigten und dessen Ehegatten oder einen Antrag auf Vergabe einer Zulagenummer eines nach § 79 Satz 2 berechtigten Ehegatten,

c) die vom Zulageberechtigten mitgeteilten Angaben zur Ermittlung des Mindesteigenbeitrags (§ 86),

d) die Identifikationsnummer des Kindes sowie die weiteren für die Gewährung der Kinderzulage erforderlichen Daten,

e) die Höhe der geleisteten Altersvorsorgebeiträge und

f) das Vorliegen einer nach Absatz 1a erteilten Vollmacht

als die für die Ermittlung und Überprüfung des Zulageanspruchs und Durchführung des Zulageverfahrens erforderlichen Daten zu erfassen. [2]Er hat die Daten der bei ihm im Laufe eines Kalendervierteljahres eingegangenen Anträ-

---

[1] § 89 Abs. 1a Satz 2 geänd. mWv VZ 2019 durch G v. 12.12.2019 (BGBl. I S. 2451).
[2] § 89 Abs. 2 Satz 1 Buchst. b ergänzt durch G v. 18.7.2016 (BGBl. I S. 1679); zur Anwendung siehe § 52 Abs. 51; Satz 1 Buchst. d geänd. mWv 1.1.2020 (§ 52 Abs. 51 Satz 2), Satz 4 angef. mWv VZ 2019 durch G v. 11.12.2018 (BGBl. I S. 2338).

1 EStG § 90

ge bis zum Ende des folgenden Monats nach amtlich vorgeschriebenem Datensatz durch amtlich bestimmte Datenfernübertragung an die zentrale Stelle zu übermitteln. ³Dies gilt auch im Fall des Absatzes 1 Satz 5. ⁴§ 22a Absatz 2 gilt entsprechend.

(3) ¹Ist der Anbieter nach Absatz 1a Satz 1 bevollmächtigt worden, hat er der zentralen Stelle die nach Absatz 2 Satz 1 erforderlichen Angaben für jedes Kalenderjahr bis zum Ablauf des auf das Beitragsjahr folgenden Kalenderjahres zu übermitteln. ²Liegt die Bevollmächtigung erst nach dem im Satz 1 genannten Meldetermin vor, hat der Anbieter die Angaben bis zum Ende des folgenden Kalendervierteljahres nach der Bevollmächtigung, spätestens jedoch bis zum Ablauf der in Absatz 1 Satz 1 genannten Antragsfrist, zu übermitteln. ³Absatz 2 Satz 2 und 3 gilt sinngemäß.

§ 90¹⁾ Verfahren. (1) ¹Die zentrale Stelle ermittelt auf Grund der von ihr erhobenen oder der ihr übermittelten Daten, ob und in welcher Höhe ein Zulageanspruch besteht. ²Soweit der zuständige Träger der Rentenversicherung keine Versicherungsnummer vergeben hat, vergibt die zentrale Stelle zur Erfüllung der ihr nach diesem Abschnitt zugewiesenen Aufgaben eine Zulagenummer. ³Die zentrale Stelle teilt im Fall eines Antrags nach § 10a Absatz *1a* [*ab 1.1.2023:* 1b] der zuständigen Stelle, im Fall eines Antrags nach § 89 Absatz 1 Satz 4 dem Anbieter die Zulagenummer mit; von dort wird sie an den Antragsteller weitergeleitet.

(2) ¹Die zentrale Stelle veranlasst die Auszahlung an den Anbieter zugunsten der Zulageberechtigten durch die zuständige Kasse [*ab 1.1.2024:* nach erfolgter Berechnung nach Absatz 1 und Überprüfung nach § 91]. ²Ein gesonderter *Zulagebescheid* [*ab 1.1.2024:* Bescheid] ergeht vorbehaltlich des Absatzes 4 nicht. ³Der Anbieter hat die erhaltenen Zulagen unverzüglich den begünstigten Verträgen gutzuschreiben. ⁴Zulagen, die nach Beginn der Auszahlungsphase für das Altersvorsorgevermögen von der zentralen Stelle an den Anbieter überwiesen werden, können vom Anbieter an den Anleger ausgezahlt werden. ⁵Besteht kein Zulageanspruch, so teilt die zentrale Stelle dies dem Anbieter durch Datensatz mit. ⁶Die zentrale Stelle teilt dem Anbieter die Altersvorsorgebeiträge im Sinne des § 82, auf die § 10a oder dieser Abschnitt angewendet wurde, durch Datensatz mit.

(3) ¹Erkennt die zentrale Stelle bis zum Ende des zweiten auf die Ermittlung der Zulage folgenden Jahres nachträglich, [*ab 1.1.2024:* auf Grund neuer, berichtigter oder stornierter Daten,] dass der Zulageanspruch ganz oder teilweise nicht besteht oder weggefallen ist, so hat sie zu Unrecht gutgeschriebene oder ausgezahlte Zulagen bis zum Ablauf eines Jahres nach der Erkenntnis zurückzufordern und dies [*ab 1.1.2024:* dem Zulageberechtigten durch Bescheid nach Absatz 4 Satz 1 Nummer 2 und] dem Anbieter durch Datensatz mitzuteilen. ²Bei bestehendem Vertragsverhältnis hat der Anbieter das Konto

---

¹⁾ § 90 Abs. 3a eingef. mWv 1.1.2018 durch G v. 17.8.2017 (BGBl. I S. 3214); Abs. 3 Satz 1 geänd. mWv 1.1.2019 durch G v. 17.8.2017 (BGBl. I S. 3214); Abs. 1 Satz 3 geänd., Abs. 3 Sätze 6 und 7 angef. mWv 1.1.2023 durch G v. 16.12.2022 (BGBl. I S. 2294); Abs. 2 Sätze 1 und 2 geänd., Abs. 3 Satz 1 und Abs. 4 neu gef. mWv 1.1.2024 durch G v. 16.12.2022 (BGBl. I S. 2294).

zu belasten. ³Die ihm im Kalendervierteljahr mitgeteilten Rückforderungsbeträge hat er bis zum zehnten Tag des dem Kalendervierteljahr folgenden Monats in einem Betrag bei der zentralen Stelle anzumelden und an diese abzuführen. ⁴Die Anmeldung nach Satz 3 ist nach amtlich vorgeschriebenem Vordruck abzugeben. ⁵Sie gilt als Steueranmeldung im Sinne der Abgabenordnung. [*ab 1.1.2023:* ⁶Abweichend von Satz 1 gilt die Ausschlussfrist für den Personenkreis der Kindererziehenden nach § 10a Absatz 1a nicht; die zentrale Stelle hat die Zulage bis zur Vollendung des fünften Lebensjahres des Kindes, das für die Anerkennung der Förderberechtigung nach § 10a Absatz 1a maßgebend war, zurückzufordern, wenn die Kindererziehungszeiten bis zu diesem Zeitpunkt in der gesetzlichen Rentenversicherung nicht angerechnet wurden. ⁷Hat der Zulageberechtigte die Kindererziehungszeiten innerhalb der in § 10a Absatz 1a genannten Frist beantragt, der zuständige Träger der gesetzlichen Rentenversicherung aber nicht innerhalb der Ausschlussfrist von Satz 6 oder 7 darüber abschließend beschieden, verlängert sich die Ausschlussfrist um drei Monate nach Kenntniserlangung der zentralen Stelle vom Erlass des Bescheides.]

(3a) ¹Erfolgt nach der Durchführung einer versorgungsrechtlichen Teilung eine Rückforderung von zu Unrecht gezahlten Zulagen, setzt die zentrale Stelle den Rückforderungsbetrag nach Absatz 3 unter Anrechnung bereits vom Anbieter einbehaltener und abgeführter Beträge gegenüber dem Zulageberechtigten fest, soweit

1. das Guthaben auf dem Vertrag des Zulageberechtigten zur Zahlung des Rückforderungsbetrags nach § 90 Absatz 3 Satz 1 nicht ausreicht und

2. im Rückforderungsbetrag ein Zulagebetrag enthalten ist, der in der Ehe- oder Lebenspartnerschaftszeit ausgezahlt wurde.

²Erfolgt nach einer Inanspruchnahme eines Altersvorsorge-Eigenheimbetrags im Sinne des § 92a Absatz 1 oder während einer Darlehenstilgung bei Altersvorsorgeverträgen nach § 1 Absatz 1a des Altersvorsorgeverträge-Zertifizierungsgesetzes eine Rückforderung zu Unrecht gezahlter Zulagen, setzt die zentrale Stelle den Rückforderungsbetrag nach Absatz 3 unter Anrechnung bereits vom Anbieter einbehaltener und abgeführter Beträge gegenüber dem Zulageberechtigten fest, soweit das Guthaben auf dem Altersvorsorgevertrag des Zulageberechtigten zur Zahlung des Rückforderungsbetrags nicht ausreicht. ³Der Anbieter hat in diesen Fällen der zentralen Stelle die nach Absatz 3 einbehaltenen und abgeführten Beträge nach amtlich vorgeschriebenem Datensatz durch amtlich bestimmte Datenfernübertragung mitzuteilen.

[Fassung bis 31.12.2023:]

(4)²⁾ ¹Eine Festsetzung der Zulage erfolgt nur auf besonderen Antrag des Zulageberechtigten. ²Der Antrag ist schriftlich innerhalb eines Jahres vom Antragsteller an den Anbieter

[Fassung ab 1.1.2024:]¹⁾

(4) ¹Eine Festsetzung der Zulage erfolgt

1. von Amts wegen, wenn die nach den vorliegenden Daten abschlie-

---

¹⁾ § 90 Abs. 4 neu gef. mWv 1.1.2024 durch G v. 16.12.2022 (BGBl. I S. 2294).
²⁾ § 90 Abs. 4 Satz 2 neu gef. mWv VZ 2013 durch G v. 24.6.2013 (BGBl. I S. 1667).

[Fassung bis 31.12.2023:]

zu richten; die Frist beginnt mit der Erteilung der Bescheinigung nach § 92, die die Ermittlungsergebnisse für das Beitragsjahr enthält, für das eine Festsetzung der Zulage erfolgen soll. ³Der Anbieter leitet den Antrag der zentralen Stelle zur Festsetzung zu. ⁴Er hat dem Antrag eine Stellungnahme und die zur Festsetzung erforderlichen Unterlagen beizufügen. ⁵Die zentrale Stelle teilt die Festsetzung auch dem Anbieter mit. ⁶Im Übrigen gilt Absatz 3 entsprechend.

[Fassung ab 1.1.2024:]

ßend berechnete Zulage von der beantragten Zulage abweicht,

2. im Falle des Absatzes 3 von Amts wegen,

3. auf besonderen Antrag des Zulageberechtigten, sofern nicht bereits eine Festsetzung von Amts wegen erfolgt ist, oder

4. auf Anforderung des zuständigen Finanzamtes, wenn dessen Daten von den Daten der zentralen Stelle abweichen; eine gesonderte Festsetzung unterbleibt, wenn eine Festsetzung nach den Nummern 1 bis 3 bereits erfolgt ist, für das Beitragsjahr keine Zulage beantragt wurde oder die Frist nach Absatz 3 Satz 1 abgelaufen ist.

²Der Antrag nach Satz 1 Nummer 3 ist schriftlich oder elektronisch innerhalb eines Jahres vom Zulageberechtigten an die zentrale Stelle zu richten; die Frist beginnt mit der Erteilung der Bescheinigung nach § 92, die die Ermittlungsergebnisse für das Beitragsjahr enthält, für das eine Festsetzung der Zulage erfolgen soll. ³Der Anbieter teilt auf Anforderung der zentralen Stelle nach amtlich vorgeschriebenem Datensatz durch amtlich bestimmte Datenfernübertragung das Datum der Erteilung der nach Satz 2 maßgebenden Bescheinigung nach § 92 mit. ⁴Er hat auf Anforderung weitere ihm vorliegende, für die Festsetzung erforderliche Unterlagen beizufügen; eine ergänzende Stellungnahme kann beigefügt werden; dies kann auch elektronisch erfolgen, wenn sowohl der Anbieter als auch die zentrale Stelle mit diesem Verfahren einverstanden sind. ⁵Die zentrale Stelle teilt die Festsetzung

[Fassung ab 1.1.2024:]

nach Satz 1 Nummer 3 auch dem Anbieter und die Festsetzung nach Satz 1 Nummer 4 auch dem Finanzamt mit; erfolgt keine Festsetzung nach Satz 1 Nummer 4, teilt dies die zentrale Stelle dem Finanzamt ebenfalls mit. ⁶Im Übrigen gilt Absatz 3 entsprechend. ⁷Satz 1 Nummer 1 gilt nicht, wenn der Datensatz nach § 89 Absatz 2 auf Grund von unzureichenden oder fehlerhaften Angaben des Zulageberechtigten abgewiesen sowie um eine Fehlermeldung ergänzt worden ist und die Angaben nicht innerhalb der Antragsfrist des § 89 Absatz 1 Satz 1 von dem Zulageberechtigten an den Anbieter nachgereicht werden.

(5)[1] ¹Im Rahmen des Festsetzungsverfahrens *[ab 1.1.2024:* oder Einspruchsverfahrens] kann der Zulageberechtigte bis zum rechtskräftigen Abschluss des Festsetzungsverfahrens eine nicht fristgerecht abgegebene Einwilligung nach § 10a Absatz 1 Satz 1 Halbsatz 2 gegenüber der zuständigen Stelle nachholen. ²Über die Nachholung hat er die zentrale Stelle unter Angabe des Datums der Erteilung der Einwilligung unmittelbar zu informieren. ³Hat der Zulageberechtigte im Rahmen des Festsetzungsverfahrens eine wirksame Einwilligung gegenüber der zuständigen Stelle erteilt, wird er so gestellt, als hätte er die Einwilligung innerhalb der Frist nach § 10a Absatz 1 Satz 1 Halbsatz 2 wirksam gestellt.

§ 91 Datenerhebung und Datenabgleich. (1)[2] ¹Für die Berechnung und Überprüfung der Zulage sowie die Überprüfung des Vorliegens der Voraussetzungen des Sonderausgabenabzugs nach § 10a übermitteln die Träger der gesetzlichen Rentenversicherung, die landwirtschaftliche Alterskasse, die Bundesagentur für Arbeit, die Meldebehörden, die Familienkassen und die Finanzämter der zentralen Stelle auf Anforderung unter Angabe der Identifikationsnummer (§ 139b der Abgabenordnung[3]) des Steuerpflichtigen die bei ihnen vorhandenen Daten nach § 89 Absatz 2 durch Datenfernübertragung; für Zwecke der Berechnung des Mindesteigenbeitrags für ein Beitragsjahr darf die zentrale Stelle bei den Trägern der gesetzlichen Rentenversicherung und der landwirtschaftlichen Alterskasse die bei ihnen vorhandenen Daten zu den

---

[1] § 90 Abs. 5 angef. mWv VZ 2019 durch G v. 17.8.2017 (BGBl. I S. 3214); geänd. mWv 1.1.2024 durch G v. 16.12.2022 (BGBl. I S. 2294).
[2] § 91 Abs. 1 Satz 1 HS 1 und 2 geänd. mWv VZ 2013 durch G v. 12.4.2012 (BGBl. I S. 579); HS 1 geänd. und HS 3 angef. mWv VZ 2019 durch G v. 12.12.2019 (BGBl. I S. 2451).
[3] Nr. **800**.

beitragspflichtigen Einnahmen sowie in den Fällen des § 10a Absatz 1 Satz 4 zur Höhe der bezogenen Rente wegen voller Erwerbsminderung oder Erwerbsunfähigkeit erheben, sofern diese nicht vom Anbieter nach § 89 übermittelt worden sind; im Datenabgleich mit den Familienkassen sind auch die Identifikationsnummern des Kindergeldberechtigten und des Kindes anzugeben. ²Für Zwecke der Überprüfung nach Satz 1 darf die zentrale Stelle die ihr übermittelten Daten mit den ihr nach § 89 Absatz 2 übermittelten Daten automatisiert abgleichen.

[Fassung bis 31.12.2023:]

³Führt die Überprüfung zu einer Änderung der ermittelten oder festgesetzten Zulage, ist dies dem Anbieter mitzuteilen. ⁴Ergibt die Überprüfung eine Abweichung von dem in der Steuerfestsetzung berücksichtigten Sonderausgabenabzug nach § 10a oder der gesonderten Feststellung nach § 10a Absatz 4, ist dies dem Finanzamt mitzuteilen; die Steuerfestsetzung oder die gesonderte Feststellung ist insoweit zu ändern.

[Fassung ab 1.1.2024:]¹⁾

³Ergibt die Überprüfung eine Abweichung von dem in der Steuerfestsetzung berücksichtigten Sonderausgabenabzug nach § 10a oder der gesonderten Feststellung nach § 10a Absatz 4, ist dies dem Finanzamt mitzuteilen; die Steuerfestsetzung oder die gesonderte Feststellung ist insoweit zu ändern. ⁴Ist die Zulage nach § 90 Absatz 4 von der zentralen Stelle unanfechtbar festgesetzt worden, sind diese gesondert festgesetzten Besteuerungsgrundlagen für das Finanzamt bindend und auch der gesonderten Feststellung nach § 10a Absatz 4 zu Grunde zu legen.

(2) ¹Die zuständige Stelle hat der zentralen Stelle die Daten nach § 10a Absatz 1 Satz 1 zweiter Halbsatz bis zum 31. März des dem Beitragsjahr folgenden Kalenderjahres durch Datenfernübertragung zu übermitteln. ²Liegt die Einwilligung nach § 10a Absatz 1 Satz 1 zweiter Halbsatz erst nach dem im Satz 1 genannten Meldetermin vor, hat die zuständige Stelle die Daten spätestens bis zum Ende des folgenden Kalendervierteljahres nach Erteilung der Einwilligung nach Maßgabe von Satz 1 zu übermitteln.

§ 92²⁾ **Bescheinigung.** ¹Der Anbieter hat dem Zulageberechtigten jährlich bis zum Ablauf des auf das Beitragsjahr folgenden Jahres eine Bescheinigung nach amtlich vorgeschriebenem Muster zu erteilen über

1. die Höhe der im abgelaufenen Beitragsjahr geleisteten Altersvorsorgebeiträge (Beiträge und Tilgungsleistungen),

2. die im abgelaufenen Beitragsjahr getroffenen, aufgehobenen oder geänderten Ermittlungsergebnisse (§ 90),

---

¹⁾ § 91 Abs. 1 Satz 3 aufgeh., Satz 4 wird Satz 3 und neuer Satz 4 angef. mWv 1.1.2024 durch G v. 16.12.2022 (BGBl. I S. 2294).
²⁾ § 92 Satz 1 geänd. mWv VZ 2013 durch G v. 24.6.2013 (BGBl. I S. 1667); Sätze 2 und 3 ersetzt durch Sätze 2 bis 4 mWv VZ 2014 durch G v. 24.6.2013 (BGBl. I S. 1667); Satz 1 einl. Satzteil geänd. mWv VZ 2018 durch G v. 17.8.2017 (BGBl. I S. 3214).

3. die Summe der bis zum Ende des abgelaufenen Beitragsjahres dem Vertrag gutgeschriebenen Zulagen,

4. die Summe der bis zum Ende des abgelaufenen Beitragsjahres geleisteten Altersvorsorgebeiträge (Beiträge und Tilgungsleistungen),

5. den Stand des Altersvorsorgevermögens,

6.[1] den Stand des Wohnförderkontos (§ 92a Absatz 2 Satz 1), sofern er diesen von der zentralen Stelle mitgeteilt bekommen hat, und

7.[2] die Bestätigung der durch den Anbieter erfolgten Datenübermittlung an die zentrale Stelle im Fall des § 10a Absatz 5 Satz 1.

[2]Einer jährlichen Bescheinigung bedarf es nicht, wenn zu Satz 1 Nummer 1, 2, 6 und 7 keine Angaben erforderlich sind und sich zu Satz 1 Nummer 3 bis 5 keine Änderungen gegenüber der zuletzt erteilten Bescheinigung ergeben. [3]Liegen die Voraussetzungen des Satzes 2 nur hinsichtlich der Angabe nach Satz 1 Nummer 6 nicht vor und wurde die Geschäftsbeziehung im Hinblick auf den jeweiligen Altersvorsorgevertrag zwischen Zulageberechtigtem und Anbieter beendet, weil

1. das angesparte Kapital vollständig aus dem Altersvorsorgevertrag entnommen wurde oder

2. das gewährte Darlehen vollständig getilgt wurde,

bedarf es keiner jährlichen Bescheinigung, wenn der Anbieter dem Zulageberechtigten in einer Bescheinigung im Sinne dieser Vorschrift Folgendes mitteilt: „Das Wohnförderkonto erhöht sich bis zum Beginn der Auszahlungsphase jährlich um 2 Prozent,[3] solange Sie keine Zahlungen zur Minderung des Wohnförderkontos leisten." [4]Der Anbieter kann dem Zulageberechtigten mit dessen Einverständnis die Bescheinigung auch elektronisch bereitstellen.

§ 92a Verwendung für eine selbst genutzte Wohnung. (1)[4] [1]Der Zulageberechtigte kann das in einem Altersvorsorgevertrag gebildete und nach § 10a oder nach diesem Abschnitt geförderte Kapital in vollem Umfang oder, wenn das verbleibende geförderte Restkapital mindestens 3000 Euro beträgt, teilweise wie folgt verwenden (Altersvorsorge-Eigenheimbetrag):

1. bis zum Beginn der Auszahlungsphase unmittelbar für die Anschaffung oder Herstellung einer Wohnung oder zur Tilgung eines zu diesem Zweck aufgenommenen Darlehens, wenn das dafür entnommene Kapital mindestens 3000 Euro beträgt, oder

2. bis zum Beginn der Auszahlungsphase unmittelbar für den Erwerb von Pflicht-Geschäftsanteilen an einer eingetragenen Genossenschaft für die Selbstnutzung einer Genossenschaftswohnung oder zur Tilgung eines zu diesem Zweck aufgenommenen Darlehens, wenn das dafür entnommene Kapital mindestens 3000 Euro beträgt, oder

---

[1] § 92 Satz 1 Nr. 6 geänd. mWv VZ 2013 durch G v. 24.6.2013 (BGBl. I S. 1667).
[2] § 92 Satz 1 Nr. 7 Verweis berichtigt durch G v. 8.12.2010 (BGBl. I S. 1768).
[3] Prozentsatz geänd. mWv VZ 2014 durch G v. 25.7.2014 (BGBl. I S. 1266).
[4] § 92a Abs. 1 Satz 1 Nr. 3 geänd. mWv VZ 2010 durch G v. 8.12.2010 (BGBl. I S. 1768).

3.[1] bis zum Beginn der Auszahlungsphase unmittelbar für die Finanzierung eines Umbaus [*ab 1.1.2024:* oder der energetischen Sanierung] einer Wohnung, wenn

a) das dafür entnommene Kapital

aa) mindestens 6000 Euro beträgt und für einen innerhalb eines Zeitraums von drei Jahren nach der Anschaffung oder Herstellung der Wohnung vorgenommenen Umbau verwendet wird oder

bb) mindestens 20 000 Euro beträgt,

[Fassung bis 31.12.2023:]	*[Fassung ab 1.1.2024:]*
b) das dafür entnommene Kapital zu mindestens 50 Prozent auf Maßnahmen entfällt, die die Vorgaben der DIN 18040 Teil 2, Ausgabe September 2011, soweit baustrukturell möglich, erfüllen, und der verbleibende Teil der Kosten der Reduzierung von Barrieren in oder an der Wohnung dient; die zweckgerechte Verwendung ist durch einen Sachverständigen zu bestätigen; und	b) das dafür entnommene Kapital aa) zu mindestens 50 Prozent auf Maßnahmen entfällt, die die Vorgaben der DIN 18040 Teil 2, Ausgabe September 2011, soweit baustrukturell möglich, erfüllen, und der verbleibende Teil der Kosten der Reduzierung von Barrieren in oder an der Wohnung dient; die zweckgerechte Verwendung ist durch einen Sachverständigen zu bestätigen; oder
c) der Zulageberechtigte oder ein Mitnutzer der Wohnung für die Umbaukosten weder eine Förderung durch Zuschüsse noch eine Steuerermäßigung nach § 35a in Anspruch nimmt oder nehmen wird noch die Berücksichtigung als außergewöhnliche Belastung nach § 33 beantragt hat oder beantragen wird und dies schriftlich bestätigt. ²Diese Bestätigung ist bei der Antragstellung nach § 92b Absatz 1 Satz 1 gegenüber der zentralen Stelle abzugeben. ³Bei der Inanspruchnahme eines Darlehens im Rahmen eines Altersvorsorgevertrags nach § 1 Absatz 1a des Altersvorsorgeverträge-Zertifizierungsgesetzes hat der Zulageberechtigte	bb) auf energetische Maßnahmen im Sinne des § 35c Absatz 1 Satz 3 und 4 entfällt, die von einem Fachunternehmen ausgeführt werden; § 35c Absatz 1 Satz 6 und 7 gilt entsprechend; und
	c) der Zulageberechtigte oder ein Mitnutzer der Wohnung für die Umbaukosten weder eine Förderung durch Zuschüsse noch eine Steuerermäßigung nach den §§ 35a oder 35c in Anspruch nimmt oder nehmen wird noch die Berücksichtigung als Betriebsausgaben, Werbungskosten, Sonderausgaben oder außergewöhnliche

---

[1] § 92a Abs. 1 Satz 1 Nr. 3 Satzteil vor Buchst. a geänd. mWv VZ 2014 durch G v. 25.7.2014 (BGBl. I S. 1266); Satz 1 Nr. 3 Satzteil vor Buchst. a geänd., Buchst. b und c neu gef. mWv 1.1.2024 durch G v. 16.12.2022 (BGBl. I S. 2294).

[Fassung bis 31.12.2023:]

die Bestätigung gegenüber seinem Anbieter abzugeben.

[Fassung ab 1.1.2024:]

Belastung nach § 33 beantragt hat oder beantragen wird und dies schriftlich bestätigt. ²Diese Bestätigung ist bei der Antragstellung nach § 92b Absatz 1 Satz 1 gegenüber der zentralen Stelle abzugeben. ³Bei der Inanspruchnahme eines Darlehens im Rahmen eines Altersvorsorgevertrags nach § 1 Absatz 1a des Altersvorsorgeverträge-Zertifizierungsgesetzes hat der Zulageberechtigte die Bestätigung gegenüber seinem Anbieter abzugeben.

²Die DIN 18040 ist im Beuth-Verlag GmbH, Berlin und Köln, erschienen und beim Deutschen Patent- und Markenamt in München archivmäßig gesichert niedergelegt. ³Die technischen Mindestanforderungen für die Reduzierung von Barrieren in oder an der Wohnung nach Satz 1 Nummer 3 Buchstabe b werden durch das Bundesministerium des Innern, für Bau und Heimat[1] im Einvernehmen mit dem Bundesministerium der Finanzen festgelegt und im Bundesbaublatt veröffentlicht. ⁴Sachverständige im Sinne dieser Vorschrift sind nach Landesrecht Bauvorlageberechtigte sowie nach § 91 Absatz 1 Nummer 8 der Handwerksordnung öffentlich bestellte und vereidigte Sachverständige, die für ein Sachgebiet bestellt sind, das die Barrierefreiheit und Barrierereduzierung in Wohngebäuden umfasst, und die eine besondere Sachkunde oder ergänzende Fortbildung auf diesem Gebiet nachweisen. ⁵Eine nach Satz 1 begünstigte Wohnung ist

1. eine Wohnung in einem eigenen Haus oder

2. eine eigene Eigentumswohnung oder

3. eine Genossenschaftswohnung einer eingetragenen Genossenschaft,

wenn diese Wohnung in einem Mitgliedstaat der Europäischen Union oder in einem Staat, auf den das Abkommen über den Europäischen Wirtschaftsraum (EWR-Abkommen) anwendbar ist, belegen ist und die Hauptwohnung oder den Mittelpunkt der Lebensinteressen des Zulageberechtigten darstellt; dies gilt auch für eine im Vereinigten Königreich Großbritannien und Nordirland belegene Wohnung, die vor dem Zeitpunkt, ab dem das Vereinigte Königreich Großbritannien und Nordirland nicht mehr Mitgliedstaat der Europäischen Union ist und auch nicht wie ein solcher zu behandeln ist, bereits begünstigt war, soweit für diese Wohnung bereits vor diesem Zeitpunkt eine Verwendung nach Satz 1 erfolgt ist und keine erneute beantragt

---

[1] Bezeichnung geänd. durch VO v. 19.6.2020 (BGBl. I S. 1328).

wird.[1] [6] Einer Wohnung im Sinne des Satzes 5 steht ein eigentumsähnliches oder lebenslanges Dauerwohnrecht nach § 33 des Wohnungseigentumsgesetzes gleich, soweit Vereinbarungen nach § 39 des Wohnungseigentumsgesetzes getroffen werden. [7] Bei der Ermittlung des Restkapitals nach Satz 1 ist auf den Stand des geförderten Altersvorsorgevermögens zum Ablauf des Tages abzustellen, an dem die zentrale Stelle den Bescheid nach § 92b ausgestellt hat. [8] Der Altersvorsorge-Eigenheimbetrag gilt nicht als Leistung aus einem Altersvorsorgevertrag, die dem Zulageberechtigten im Zeitpunkt der Auszahlung zufließt.

(2)[2] [1] Der Altersvorsorge-Eigenheimbetrag, die Tilgungsleistungen im Sinne des § 82 Absatz 1 Satz 1 Nummer 2 und die hierfür gewährten Zulagen sind durch die zentrale Stelle in Bezug auf den zugrunde liegenden Altersvorsorgevertrag gesondert zu erfassen (Wohnförderkonto); die zentrale Stelle teilt für jeden Altersvorsorgevertrag, für den sie ein Wohnförderkonto (Altersvorsorgevertrag mit Wohnförderkonto) führt, dem Anbieter jährlich den Stand des Wohnförderkontos nach amtlich vorgeschriebenem Datensatz durch Datenfernübertragung mit. [2] Beiträge, die nach § 82 Absatz 1 Satz 3 wie Tilgungsleistungen behandelt wurden, sind im Zeitpunkt der unmittelbaren Darlehenstilgung einschließlich der zur Tilgung eingesetzten Zulagen und Erträge in das Wohnförderkonto aufzunehmen; zur Tilgung eingesetzte ungeförderte Beiträge einschließlich der darauf entfallenden Erträge fließen dem Zulageberechtigten in diesem Zeitpunkt zu. [3] Nach Ablauf eines Beitragsjahres, letztmals für das Beitragsjahr des Beginns der Auszahlungsphase, ist der sich aus dem Wohnförderkonto ergebende Gesamtbetrag um 2 Prozent zu erhöhen. [4] Das Wohnförderkonto ist zu vermindern um

1. Zahlungen des Zulageberechtigten auf einen auf seinen Namen lautenden zertifizierten Altersvorsorgevertrag nach § 1 Absatz 1 des Altersvorsorgeverträge-Zertifizierungsgesetzes bis zum Beginn der Auszahlungsphase zur Minderung der in das Wohnförderkonto eingestellten Beträge; der Anbieter, bei dem die Einzahlung erfolgt, hat die Einzahlung der zentralen Stelle nach amtlich vorgeschriebenen Datensatz durch Datenfernübertragung mitzuteilen; erfolgt die Einzahlung nicht auf den Altersvorsorgevertrag mit Wohnförderkonto, hat der Zulageberechtigte dem Anbieter, bei dem die Einzahlung erfolgt, die Vertragsdaten des Altersvorsorgevertrags mit Wohnförderkonto mitzuteilen; diese hat der Anbieter der zentralen Stelle zusätzlich mitzuteilen;

2. den Verminderungsbetrag nach Satz 5.

[5] Verminderungsbetrag ist der sich mit Ablauf der Kalenderjahres des Beginns der Auszahlungsphase ergebende Stand des Wohnförderkontos dividiert durch die Anzahl der Jahre bis zur Vollendung des 85. Lebensjahres des Zulageberechtigten; als Beginn der Auszahlungsphase gilt der vom Zulageberechtigten und Anbieter vereinbarte Zeitpunkt, der zwischen der Vollendung des

---

[1] § 92a Abs. 1 Satz 5 HS 2 angef. mWv 29.3.2019 durch Brexit-StBG v. 25.3.2019 (BGBl. I S. 357).
[2] § 92a Abs. 2 Satz 5 HS 4 angef., Satz 7 geänd. mWv 1.1.2018 durch G v. 17.8.2017 (BGBl. I S. 3214); Satz 5 HS 4 geänd. mWv 1.1.2018 durch G v. 11.12.2018 (BGBl. I S. 2338).

60. Lebensjahres und des 68. Lebensjahres des Zulageberechtigten liegen muss; ist ein Auszahlungszeitpunkt nicht vereinbart, so gilt die Vollendung des 67. Lebensjahres als Beginn der Auszahlungsphase; die Verschiebung des Beginns der Auszahlungsphase über das 68. Lebensjahr des Zulageberechtigten hinaus ist unschädlich, sofern es sich um eine Verschiebung im Zusammenhang mit der Abfindung einer Kleinbetragsrente auf Grund des § 1 Absatz 1 Satz 1 Nummer 4 Buchstabe a des Altersvorsorgeverträge-Zertifizierungsgesetzes[1]) handelt. [6] Anstelle einer Verminderung nach Satz 5 kann der Zulageberechtigte jederzeit in der Auszahlungsphase von der zentralen Stelle die Auflösung des Wohnförderkontos verlangen (Auflösungsbetrag). [7] Der Anbieter hat im Zeitpunkt der unmittelbaren Darlehenstilgung die Beträge nach Satz 2 erster Halbsatz und der Anbieter eines Altersvorsorgevertrags mit Wohnförderkonto hat zu Beginn der Auszahlungsphase den Zeitpunkt des Beginns der Auszahlungsphase der zentralen Stelle nach amtlich vorgeschriebenem Datensatz durch Datenfernübertragung spätestens bis zum Ablauf des zweiten Monats, der auf den Monat der unmittelbaren Darlehenstilgung oder des Beginns der Auszahlungsphase folgt, mitzuteilen. [8] Wird gefördertes Altersvorsorgevermögen nach § 93 Absatz 2 Satz 1 von einem Anbieter auf einen anderen auf den Namen des Zulageberechtigten lautenden Altersvorsorgevertrag vollständig übertragen und hat die zentrale Stelle für den bisherigen Altersvorsorgevertrag ein Wohnförderkonto geführt, so schließt sie das Wohnförderkonto des bisherigen Vertrags und führt es für den neuen Altersvorsorgevertrag fort. [9] Erfolgt eine Zahlung nach Satz 4 Nummer 1 oder nach Absatz 3 Satz 9 Nummer 2 auf einen anderen Altersvorsorgevertrag als auf den Altersvorsorgevertrag mit Wohnförderkonto, schließt die zentrale Stelle das Wohnförderkonto des bisherigen Vertrags und führt es ab dem Zeitpunkt der Einzahlung für den Altersvorsorgevertrag fort, auf den die Einzahlung erfolgt ist. [10] Die zentrale Stelle teilt die Schließung des Wohnförderkontos dem Anbieter des bisherigen Altersvorsorgevertrags mit Wohnförderkonto mit.

(2a)[2]) [1] Geht im Rahmen der Regelung von Scheidungsfolgen der Eigentumsanteil des Zulageberechtigten an der Wohnung im Sinne des Absatzes 1 Satz 5 ganz oder teilweise auf den anderen Ehegatten über, geht das Wohnförderkonto in Höhe des Anteils, der dem Verhältnis des übergegangenen Eigentumsanteils zum ursprünglichen Eigentumsanteil entspricht, mit allen Rechten und Pflichten auf den anderen Ehegatten über; dabei ist auf das Lebensalter des anderen Ehegatten abzustellen. [2] Hat der andere Ehegatte das Lebensalter für den vertraglich vereinbarten Beginn der Auszahlungsphase oder, soweit kein Beginn der Auszahlungsphase vereinbart wurde, das 67. Lebensjahr im Zeitpunkt des Übergangs des Wohnförderkontos bereits überschritten, so gilt als Beginn der Auszahlungsphase der Zeitpunkt des Übergangs des Wohnförderkontos. [3] Der Zulageberechtigte hat den Übergang des Eigentumsanteils der zentralen Stelle nachzuweisen. [4] Dazu hat er die für die Anlage eines Wohnförderkontos erforderlichen Daten des anderen Ehegatten mitzuteilen. [5] Die Sätze 1 bis 4 gelten entsprechend für Ehegatten, die im Zeitpunkt des Todes des Zulageberechtigten

---

[1]) **Aichberger** Sozialgesetzbuch Nr. **6/80**.
[2]) § 92a Abs. 2a Satz 1 geänd. mWv 1.1.2018 durch G v. 17.8.2017 (BGBl. I S. 3214).

1. nicht dauernd getrennt gelebt haben (§ 26 Absatz 1) und

2.[1] ihren Wohnsitz oder gewöhnlichen Aufenthalt in einem Mitgliedstaat der Europäischen Union oder einem Staat hatten, auf den das Abkommen über den Europäischen Wirtschaftsraum anwendbar ist; dies gilt auch, wenn die Ehegatten ihren vor dem Zeitpunkt, ab dem das Vereinigte Königreich Großbritannien und Nordirland nicht mehr Mitgliedstaat der Europäischen Union ist und auch nicht wie ein solcher zu behandeln ist, begründeten Wohnsitz oder gewöhnlichen Aufenthalt im Vereinigten Königreich Großbritannien und Nordirland hatten und der Altersvorsorgevertrag vor dem 23. Juni 2016 abgeschlossen worden ist.

(3)[2] [1]Nutzt der Zulageberechtigte die Wohnung im Sinne des Absatzes 1 Satz 5, für die ein Altersvorsorge-Eigenheimbetrag verwendet oder für die eine Tilgungsförderung im Sinne des § 82 Absatz 1 in Anspruch genommen worden ist, nicht nur vorübergehend nicht mehr zu eigenen Wohnzwecken, hat er dies dem Anbieter, in der Auszahlungsphase der zentralen Stelle, unter Angabe des Zeitpunkts der Aufgabe der Selbstnutzung anzuzeigen. [2]Eine Aufgabe der Selbstnutzung liegt auch vor, soweit der Zulageberechtigte das Eigentum an der Wohnung aufgibt. [3]Die Anzeigepflicht gilt entsprechend für den Rechtsnachfolger der begünstigten Wohnung, wenn der Zulageberechtigte stirbt. [4]Die Anzeigepflicht entfällt, wenn das Wohnförderkonto vollständig zurückgeführt worden ist, es sei denn, es liegt ein Fall des § 22 Nummer 5 Satz 6 vor. [5]Im Fall des Satzes 1 gelten die im Wohnförderkonto erfassten Beträge als Leistungen aus einem Altersvorsorgevertrag, die dem Zulageberechtigten nach letztmaliger Erhöhung des Wohnförderkontos nach Absatz 2 Satz 3 zum Ende des Veranlagungszeitraums, in dem die Selbstnutzung aufgegeben wurde, zufließen; das Wohnförderkonto ist aufzulösen (Auflösungsbetrag). [6]Verstirbt der Zulageberechtigte, ist der Auflösungsbetrag ihm noch zuzurechnen. [7]Der Anbieter hat der zentralen Stelle den Zeitpunkt der Aufgabe nach amtlich vorgeschriebenem Datensatz durch Datenfernübertragung spätestens bis zum Ablauf des zweiten Monats, der auf den Monat der Anzeige des Zulageberechtigten folgt mitzuteilen. [8]Wurde im Fall des Satzes 1 eine Tilgungsförderung nach § 82 Absatz 1 Satz 3 in Anspruch genommen und erfolgte keine Einstellung in das Wohnförderkonto nach Absatz 2 Satz 2, sind die Beiträge, die nach § 82 Absatz 1 Satz 3 wie Tilgungsleistungen behandelt wurden, sowie die darauf entfallenden Zulagen und Erträge in ein Wohnförderkonto aufzunehmen und anschließend die weiteren Regelungen dieses Absatzes anzuwenden; Absatz 2 Satz 2 zweiter Halbsatz und Satz 7 gilt entsprechend. [9]Die Sätze 5 bis 7 sowie § 20[3] sind nicht anzuwenden, wenn

1. der Zulageberechtigte einen Betrag in Höhe des noch nicht zurückgeführten Betrags im Wohnförderkonto innerhalb von zwei Jahren vor dem Veranlagungszeitraum und von fünf Jahren nach Ablauf des Veranlagungszeitraums, in dem er die Wohnung letztmals zu eigenen Wohnzwecken ge-

---

nutzt hat, für eine weitere Wohnung im Sinne des Absatzes 1 Satz 5 verwendet,

2. der Zulageberechtigte einen Betrag in Höhe des noch nicht zurückgeführten Betrags im Wohnförderkonto innerhalb eines Jahres nach Ablauf des Veranlagungszeitraums, in dem er die Wohnung letztmals zu eigenen Wohnzwecken genutzt hat, auf einen auf seinen Namen lautenden zertifizierten Altersvorsorgevertrag zahlt; Absatz 2 Satz 4 Nummer 1 ist entsprechend anzuwenden,

3. die Ehewohnung auf Grund einer richterlichen Entscheidung nach § 1361b des Bürgerlichen Gesetzbuchs oder nach der Verordnung über die Behandlung der Ehewohnung und des Hausrats dem anderen Ehegatten zugewiesen wird,

4. der Zulageberechtigte krankheits- oder pflegebedingt die Wohnung nicht mehr bewohnt, sofern er Eigentümer dieser Wohnung bleibt, sie ihm weiterhin zur Selbstnutzung zur Verfügung steht und sie nicht von Dritten, mit Ausnahme seines Ehegatten, genutzt wird oder

5.[1] der Zulageberechtigte innerhalb von fünf Jahren nach Ablauf des Veranlagungszeitraums, in dem er die Wohnung letztmals zu eigenen Wohnzwecken genutzt hat, die Selbstnutzung dieser Wohnung wieder aufnimmt.

¹⁰ Satz 9 Nummer 1 und 2 setzt voraus, dass der Zulageberechtigte dem Anbieter, in der Auszahlungsphase der zentralen Stelle, die fristgemäße Reinvestitionsabsicht im Rahmen der Anzeige nach Satz 1 und den Zeitpunkt der Reinvestition oder die Aufgabe der Reinvestitionsabsicht anzeigt; in den Fällen des Absatzes 2a und des Satzes 9 Nummer 3 gelten die Sätze 1 bis 9 entsprechend für den anderen, geschiedenen oder überlebenden Ehegatten,[2] wenn er die Wohnung nicht nur vorübergehend nicht mehr zu eigenen Wohnzwecken nutzt. ¹¹ Satz 5 ist mit der Maßgabe anzuwenden, dass der Eingang der Anzeige der aufgegebenen Reinvestitionsabsicht, spätestens jedoch der 1. Januar

1. des sechsten Jahres nach dem Jahr der Aufgabe der Selbstnutzung bei einer Reinvestitionsabsicht nach Satz 9 Nummer 1 oder

2. des zweiten Jahres nach dem Jahr der Aufgabe der Selbstnutzung bei einer Reinvestitionsabsicht nach Satz 9 Nummer 2

als Zeitpunkt der Aufgabe gilt. ¹² Satz 9 Nummer 5 setzt voraus, dass bei einer beabsichtigten Wiederaufnahme der Selbstnutzung der Zulageberechtigte dem Anbieter, in der Auszahlungsphase der zentralen Stelle, die Absicht der fristgemäßen Wiederaufnahme der Selbstnutzung im Rahmen der Anzeige nach Satz 1 und den Zeitpunkt oder die Aufgabe der Reinvestitionsabsicht nach Satz 10 anzeigt. ¹³ Satz 10 zweiter Halbsatz und Satz 11 gelten für die Anzeige der Absicht der fristgemäßen Wiederaufnahme der Selbstnutzung entsprechend.

(4)[3] ¹ Absatz 3 sowie § 20 sind auf Antrag des Steuerpflichtigen nicht anzuwenden, wenn er

---

[1] § 92a Abs. 3 Satz 9 Nr. 5 angef. mWv 1.1.2018 durch G v. 17.8.2017 (BGBl. I S. 3214).
[2] § 92a Satz 10 geänd. durch G v. 25.7.2014 (BGBl. I S. 1266).
[3] § 92a Abs. 4 Satz 1 Verweis geänd. durch G v. 24.6.2013 (BGBl. I S. 1667); Sätze 1 und 3 geänd. mWv VZ 2014 durch G v. 25.7.2014 (BGBl. I S. 1266).

1. die Wohnung im Sinne des Absatzes 1 Satz 5 auf Grund eines beruflich bedingten Umzugs für die Dauer der beruflich bedingten Abwesenheit nicht selbst nutzt; wird während dieser Zeit mit einer anderen Person ein Nutzungsrecht für diese Wohnung vereinbart, ist diese Vereinbarung von vornherein entsprechend zu befristen,

2. beabsichtigt, die Selbstnutzung wieder aufzunehmen und

3. die Selbstnutzung spätestens mit der Vollendung seines 67. Lebensjahres aufnimmt.

²Der Steuerpflichtige hat den Antrag bei der zentralen Stelle zu stellen und dabei die notwendigen Nachweise zu erbringen. ³Die zentrale Stelle erteilt dem Steuerpflichtigen einen Bescheid über die Bewilligung des Antrags und informiert den Anbieter des Altersvorsorgevertrags mit Wohnförderkonto des Zulageberechtigten über die Bewilligung, eine Wiederaufnahme der Selbstnutzung nach einem beruflich bedingten Umzug und den Wegfall der Voraussetzungen nach diesem Absatz; die Information hat nach amtlich vorgeschriebenem Datensatz durch Datenfernübertragung zu erfolgen. ⁴Entfällt eine der in Satz 1 genannten Voraussetzungen, ist Absatz 3 mit der Maßgabe anzuwenden, dass bei einem Wegfall der Voraussetzung nach Satz 1 Nummer 1 als Zeitpunkt der Aufgabe der Zeitpunkt des Wegfalls der Voraussetzung und bei einem Wegfall der Voraussetzung nach Satz 1 Nummer 2 oder Nummer 3 der Eingang der Mitteilung des Steuerpflichtigen nach Absatz 3 als Zeitpunkt der Aufgabe gilt, spätestens jedoch die Vollendung des 67. Lebensjahres des Steuerpflichtigen.

§ 92b Verfahren bei Verwendung für eine selbst genutzte Wohnung.

(1)¹⁾ ¹Der Zulageberechtigte hat die Verwendung des Kapitals nach § 92a Absatz 1 Satz 1 spätestens zehn Monate vor dem Beginn der Auszahlungsphase des Altersvorsorgevertrags im Sinne des § 1 Absatz 1 Nummer 2 des Altersvorsorgeverträge-Zertifizierungsgesetzes bei der zentralen Stelle zu beantragen und dabei die notwendigen Nachweise zu erbringen. ²Er hat zu bestimmen, aus welchen Altersvorsorgeverträgen der Altersvorsorge-Eigenheimbetrag ausgezahlt werden soll. ³Die zentrale Stelle teilt dem Zulageberechtigten durch Bescheid und den Anbietern der in Satz 2 genannten Altersvorsorgeverträge nach amtlich vorgeschriebenem Datensatz durch Datenfernübertragung mit, bis zu welcher Höhe eine wohnungswirtschaftliche Verwendung im Sinne des § 92a Absatz 1 Satz 1 vorliegen kann.

(2)²⁾ ¹Die Anbieter der in Absatz 1 Satz 2 genannten Altersvorsorgeverträge dürfen den Altersvorsorge-Eigenheimbetrag auszahlen, sobald sie die Mitteilung nach Absatz 1 Satz 3 erhalten haben. ²Sie haben der zentralen Stelle nach amtlich vorgeschriebenem Datensatz durch Datenfernübertragung Folgendes spätestens bis zum Ablauf des zweiten Monats, der auf den Monat der Auszahlung folgt, anzuzeigen:

1. den Auszahlungszeitpunkt und den Auszahlungsbetrag,

---

¹⁾ § 92b Abs. 1 geänd. durch G v. 24.6.2013 (BGBl. I S. 1667).
²⁾ § 92b Abs. 2 Satz 2 geänd. mWv 1.1.2018 durch G v. 17.8.2017 (BGBl. I S. 3214).

2. die Summe der bis zum Auszahlungszeitpunkt dem Altersvorsorgevertrag gutgeschriebenen Zulagen,

3. die Summe der bis zum Auszahlungszeitpunkt geleisteten Altersvorsorgebeiträge und

4. den Stand des geförderten Altersvorsorgevermögens im Zeitpunkt der Auszahlung.

(3)[1] [1]Die zentrale Stelle stellt zu Beginn der Auszahlungsphase und in den Fällen des § 92a Absatz 2a und 3 Satz 5 den Stand des Wohnförderkontos, soweit für die Besteuerung erforderlich, den Verminderungsbetrag und den Auflösungsbetrag von Amts wegen gesondert fest. [2]Die zentrale Stelle teilt die Feststellung dem Zulageberechtigten, in den Fällen des § 92a Absatz 2a Satz 1 auch dem anderen Ehegatten, durch Bescheid und dem Anbieter nach amtlich vorgeschriebenem Datensatz durch Datenfernübertragung mit. [3]Der Anbieter hat auf Anforderung der zentralen Stelle die zur Feststellung erforderlichen Unterlagen vorzulegen. [4]Auf Antrag des Zulageberechtigten stellt die zentrale Stelle den Stand des Wohnförderkontos gesondert fest. [5]§ 90 Absatz 4 Satz 2 bis 5 gilt entsprechend.

§ 93 Schädliche Verwendung. (1) [1]Wird gefördertes Altersvorsorgevermögen nicht unter den in § 1 Absatz 1 Satz 1 Nummer 4 und 10 Buchstabe c des Altersvorsorgeverträge-Zertifizierungsgesetzes[2] oder § 1 Absatz 1 Satz 1 Nummer 4, 5 und 10 Buchstabe c des Altersvorsorgeverträge-Zertifizierungsgesetzes in der bis zum 31. Dezember 2004 geltenden Fassung genannten Voraussetzungen an den Zulageberechtigten ausgezahlt (schädliche Verwendung), sind die auf das ausgezahlte geförderte Altersvorsorgevermögen entfallenden Zulagen und die nach § 10a Absatz 4 gesondert festgestellten Beträge (Rückzahlungsbetrag) zurückzuzahlen. [2]Dies gilt auch bei einer Auszahlung nach Beginn der Auszahlungsphase (§ 1 Absatz 1 Satz 1 Nummer 2 des Altersvorsorgeverträge-Zertifizierungsgesetzes) und bei Auszahlungen im Fall des Todes des Zulageberechtigten. [3]Hat der Zulageberechtigte Zahlungen im Sinne des § 92a Absatz 2 Satz 4 Nummer 1 oder § 92a Absatz 3 Satz 9 Nummer 2 geleistet, dann handelt es sich bei dem hierauf beruhenden Altersvorsorgevermögen um gefördertes Altersvorsorgevermögen im Sinne des Satzes 1; der Rückzahlungsbetrag bestimmt sich insoweit nach der für die in das Wohnförderkonto eingestellten Beträge gewährten Förderung. [4]Eine Rückzahlungsverpflichtung besteht nicht für den Teil der Zulagen und der Steuerermäßigung,

a) der auf nach § 1 Absatz 1 Satz 1 Nummer 2 des Altersvorsorgeverträge-Zertifizierungsgesetzes angespartes gefördertes Altersvorsorgevermögen entfällt, wenn es in Form einer Hinterbliebenenrente an die dort genannten Hinterbliebenen ausgezahlt wird; dies gilt auch für Leistungen im Sinne des § 82 Absatz 3 an Hinterbliebene des Steuerpflichtigen;

---

[1] § 92b Abs. 3 Sätze 1 und 2 geänd. durch G v. 8.12.2010 (BGBl. I S. 1768); geänd. mWv VZ 2014 durch G v. 24.6.2013 (BGBl. I S. 1667).
[2] **Aichberger** Sozialgesetzbuch Nr. **6/80**.

b) der den Beitragsanteilen zuzuordnen ist, die für die zusätzliche Absicherung der verminderten Erwerbsfähigkeit und eine zusätzliche Hinterbliebenenabsicherung ohne Kapitalbildung verwendet worden sind;

c)[1] der auf gefördertes Altersvorsorgevermögen entfällt, das im Fall des Todes des Zulageberechtigten auf einen auf den Namen des Ehegatten lautenden Altersvorsorgevertrag übertragen wird, wenn die Ehegatten im Zeitpunkt des Todes des Zulageberechtigten nicht dauernd getrennt gelebt haben (§ 26 Absatz 1) und ihren Wohnsitz oder gewöhnlichen Aufenthalt in einem Mitgliedstaat der Europäischen Union oder einem Staat hatten, auf den das Abkommen über den Europäischen Wirtschaftsraum (EWR-Abkommen) anwendbar ist; dies gilt auch, wenn die Ehegatten ihren vor dem Zeitpunkt, ab dem das Vereinigte Königreich Großbritannien und Nordirland nicht mehr Mitgliedstaat der Europäischen Union ist und auch nicht wie ein solcher zu behandeln ist, begründeten Wohnsitz oder gewöhnlichen Aufenthalt im Vereinigten Königreich Großbritannien und Nordirland hatten und der Vertrag vor dem 23. Juni 2016 abgeschlossen worden ist;

d) der auf den Altersvorsorge-Eigenheimbetrag entfällt.

(1a)[2] [1] Eine schädliche Verwendung liegt nicht vor, wenn gefördertes Altersvorsorgevermögen auf Grund einer internen Teilung nach § 10 des Versorgungsausgleichsgesetzes oder auf Grund einer externen Teilung nach § 14 des Versorgungsausgleichsgesetzes auf einen zertifizierten Altersvorsorgevertrag oder eine nach § 82 Absatz 2 begünstigte betriebliche Altersversorgung übertragen wird; die auf das übertragene Anrecht entfallende steuerliche Förderung geht mit allen Rechten und Pflichten auf die ausgleichsberechtigte Person über. [2] Eine schädliche Verwendung liegt ebenfalls nicht vor, wenn gefördertes Altersvorsorgevermögen auf Grund einer externen Teilung nach § 14 des Versorgungsausgleichsgesetzes auf die Versorgungsausgleichskasse oder die gesetzliche Rentenversicherung übertragen wird; die Rechte und Pflichten der ausgleichspflichtigen Person aus der steuerlichen Förderung des übertragenen Anteils entfallen. [3] In den Fällen der Sätze 1 und 2 teilt die zentrale Stelle der ausgleichspflichtigen Person die Höhe der auf die Ehezeit im Sinne des § 3 Absatz 1 des Versorgungsausgleichsgesetzes oder die Lebenspartnerschaftszeit im Sinne des § 20 Absatz 2 des Lebenspartnerschaftsgesetzes entfallenden gesondert festgestellten Beträge nach § 10a Absatz 4 und die ermittelten Zulagen mit. [4] Die entsprechenden Beträge sind monatsweise zuzuordnen. [5] Die zentrale Stelle teilt die geänderte Zuordnung der gesondert festgestellten Beträge nach § 10a Absatz 4 sowie der ermittelten Zulagen der ausgleichspflichtigen und in den Fällen des Satzes 1 auch der ausgleichsberechtigten Person durch Feststellungsbescheid mit. [6] Nach Eintritt der Unanfechtbarkeit dieses Feststellungsbescheids informiert die zentrale Stelle den Anbieter durch einen Datensatz über die geänderte Zuordnung.

---

[1] § 93 Abs. 1 Satz 4 Buchst. c geänd. mWv VZ 2010 durch G v. 8.4.2010 (BGBl. I S. 386); Buchst. c HS 2 angef. mWv 29.3.2019 durch Brexit-StBG v. 25.3.2019 (BGBl. I S. 357).
[2] § 93 Abs. 1a neu gef. mWv 1.9.2009 durch G v. 8.12.2010 (BGBl. I S. 1768); Satz 3 Klammerzusatz eingef. mWv 24.7.2014 durch G v. 18.7.2014 (BGBl. I S. 1042).

(2)[1] [1]Die Übertragung von gefördertem Altersvorsorgevermögen auf einen anderen auf den Namen des Zulageberechtigten lautenden Altersvorsorgevertrag (§ 1 Absatz 1 Satz 1 Nummer 10 Buchstabe b des Altersvorsorgeverträge-Zertifizierungsgesetzes) stellt keine schädliche Verwendung dar. [2]Dies gilt sinngemäß in den Fällen des § 4 Absatz 2 und 3 des Betriebsrentengesetzes, wenn das geförderte Altersvorsorgevermögen auf eine der in § 82 Absatz 2 Buchstabe a genannten Einrichtungen der betrieblichen Altersversorgung zum Aufbau einer kapitalgedeckten betrieblichen Altersversorgung übertragen und eine lebenslange Altersversorgung entsprechend § 82 Absatz 2 Satz 2 vorgesehen ist, wie auch in den Fällen einer Übertragung nach § 3 Nummer 55c Satz 2 Buchstabe a.[2] [3]In den übrigen Fällen der Abfindung von Anwartschaften der betrieblichen Altersversorgung gilt dies, soweit das geförderte Altersvorsorgevermögen zugunsten eines auf den Namen des Zulageberechtigten lautenden Altersvorsorgevertrages geleistet wird. [4]Auch keine schädliche Verwendung sind die gesetzliche Forderungs- und Vermögensübergang nach § 9 des Betriebsrentengesetzes und die gesetzlich vorgesehene schuldbefreiende Übertragung nach § 8 Absatz 1 des Betriebsrentengesetzes.

(3)[3] [1]Auszahlungen zur Abfindung einer Kleinbetragsrente zu Beginn der Auszahlungsphase oder im darauffolgenden Jahr gelten nicht als schädliche Verwendung. [2]Eine Kleinbetragsrente ist eine Rente, die bei gleichmäßiger Verrentung des gesamten zu Beginn der Auszahlungsphase zur Verfügung stehenden Kapitals eine monatliche Rente ergibt, die 1 Prozent der monatlichen Bezugsgröße nach § 18 des Vierten Buches Sozialgesetzbuch nicht übersteigt. [3]Bei der Berechnung dieses Betrags sind alle bei einem Anbieter bestehenden Verträge des Zulageberechtigten insgesamt zu berücksichtigen, auf die nach diesem Abschnitt geförderte Altersvorsorgebeiträge geleistet wurden. [4]Die Sätze 1 bis 3 gelten entsprechend, wenn

1. nach dem Beginn der Auszahlungsphase ein Versorgungsausgleich durchgeführt wird und

2. sich dadurch die Rente verringert.

(4)[4] [1]Wird bei einem einheitlichen Vertrag nach § 1 Absatz 1a Satz 1 Nummer 2 zweiter Halbsatz des Altersvorsorgeverträge-Zertifizierungsgesetzes das Darlehen nicht wohnungswirtschaftlich im Sinne des § 92a Absatz 1 Satz 1 verwendet, liegt zum Zeitpunkt der Darlehensauszahlung eine schädliche Verwendung des geförderten Altersvorsorgevermögens vor, es sei denn, das geförderte Altersvorsorgevermögen wird innerhalb eines Jahres nach Ablauf des Veranlagungszeitraums, in dem das Darlehen ausgezahlt wurde, auf einen anderen zertifizierten Altersvorsorgevertrag übertragen, der auf den Namen des Zulageberechtigten lautet. [2]Der Zulageberechtigte hat dem Anbieter die Absicht zur Kapitalübertragung, den Zeitpunkt der Kapitalübertragung bis zum Zeitpunkt der Darlehensauszahlung und die Aufgabe der Absicht zur

---

[1] § 93 Abs. 2 Satz 4 angef. mWv 1.1.2018 durch G v. 17.8.2017 (BGBl. I S. 3214).
[2] § 93 Abs. 2 Satz 2 geänd. mWv 15.12.2018 durch G v. 11.12.2018 (BGBl. I S. 2338).
[3] § 93 Abs. 3 Satz 1 geänd., Satz 4 angef. mWv 1.1.2018 durch G v. 17.8.2017 (BGBl. I S. 3214).
[4] § 93 Abs. 4 angef. mWv VZ 2010 durch G v. 8.12.2010 (BGBl. I S. 1768); geänd. mWv VZ 2013 durch G v. 24.6.2013 (BGBl. I S. 1667).

Kapitalübertragung mitzuteilen. ³Wird die Absicht zur Kapitalübertragung aufgegeben, tritt die schädliche Verwendung zu dem Zeitpunkt ein, zu dem die Mitteilung des Zulageberechtigten hierzu beim Anbieter eingeht, spätestens aber am 1. Januar des zweiten Jahres nach dem Jahr, in dem das Darlehen ausgezahlt wurde.

§ 94 Verfahren bei schädlicher Verwendung. (1)[1] ¹In den Fällen des § 93 Absatz 1 hat der Anbieter der zentralen Stelle vor der Auszahlung des geförderten Altersvorsorgevermögens die schädliche Verwendung nach amtlich vorgeschriebenem Datensatz durch amtlich bestimmte Datenfernübertragung anzuzeigen. ²Die zentrale Stelle ermittelt den Rückzahlungsbetrag und teilt diesen dem Anbieter durch Datensatz mit. ³Der Anbieter hat den Rückzahlungsbetrag einzubehalten, mit der nächsten Anmeldung nach § 90 Absatz 3 anzumelden und an die zentrale Stelle abzuführen. ⁴Der Anbieter hat die einbehaltenen und abgeführten Beträge der zentralen Stelle nach amtlich vorgeschriebenem Datensatz durch amtlich bestimmte Datenfernübertragung mitzuteilen und diese Beträge dem Zulageberechtigten zu bescheinigen; mit Einverständnis des Zulageberechtigten kann die Bescheinigung elektronisch bereitgestellt werden. ⁵In den Fällen des § 93 Absatz 3 gilt Satz 1 entsprechend.

(2)[2] ¹Eine Festsetzung des Rückzahlungsbetrags erfolgt durch die zentrale Stelle auf besonderen Antrag des Zulageberechtigten oder sofern die Rückzahlung nach Absatz 1 ganz oder teilweise nicht möglich oder nicht erfolgt ist. ²§ 90 Absatz 4 Satz 2 bis 6 gilt entsprechend; § 90 Absatz 4 Satz 5 gilt nicht, wenn die Geschäftsbeziehung im Hinblick auf den jeweiligen Altersvorsorgevertrag zwischen dem Zulageberechtigten und dem Anbieter beendet wurde. ³Im Rückforderungsbescheid sind auf den Rückzahlungsbetrag die vom Anbieter bereits einbehaltenen und abgeführten Beträge nach Maßgabe der Bescheinigung nach Absatz 1 Satz 4 anzurechnen. ⁴Der Zulageberechtigte hat den verbleibenden Rückzahlungsbetrag innerhalb eines Monats nach Bekanntgabe des Rückforderungsbescheids an die zuständige Kasse zu entrichten. ⁵Die Frist für die Festsetzung des Rückzahlungsbetrags beträgt vier Jahre und beginnt mit Ablauf des Kalenderjahres, in dem die Auszahlung im Sinne des § 93 Absatz 1 erfolgt ist.

(3)[3] ¹Sofern der zentralen Stelle für den Zulageberechtigten im Zeitpunkt der schädlichen Verwendung eine Meldung nach § 118 Absatz 1a des Zwölften Buches Sozialgesetzbuch über erstmaligen Bezug von Hilfe zum Lebensunterhalt und von Grundsicherung im Alter und bei Erwerbsminderung vorliegt, teilt die zentrale Stelle zum Zeitpunkt der Mitteilung nach Absatz 1 Satz 2 der Datenstelle der Rentenversicherungsträger als Vermittlungsstelle die schädliche Verwendung durch Datenfernübertragung mit. ²Dies gilt nicht, wenn das Ausscheiden aus diesem Hilfebezug nach § 118 Absatz 1a des Zwölften Buches Sozialgesetzbuch angezeigt wurde.

---

[1] § 94 Abs. 1 Satz 4 geänd. mWv VZ 2014 durch G v. 24.6.2013 (BGBl. I S. 1667); Satz 4 HS 2 angef. mWv 1.1.2020 durch G v. 22.11.2019 (BGBl. I S. 1746).
[2] § 94 Abs. 2 Satz 2 HS 2 angef. mWv VZ 2010 durch G v. 8.12.2010 (BGBl. I S. 1768).
[3] § 94 Abs. 3 angef. mWv 1.1.2019 durch G v. 17.8.2017 (BGBl. I S. 3214).

§95 Sonderfälle der Rückzahlung.

[alte Fassung:]

(1)[2] [1]Die §§ 93 und 94 gelten entsprechend, wenn

1. sich der Wohnsitz oder gewöhnliche Aufenthalt des Zulageberechtigten außerhalb der Mitgliedstaaten der Europäischen Union und der Staaten befindet, auf die das Abkommen über den Europäischen Wirtschaftsraum (EWR-Abkommen) anwendbar ist, oder wenn der Zulageberechtigte ungeachtet eines Wohnsitzes oder gewöhnlichen Aufenthaltes in einem dieser Staaten nach einem Abkommen zur Vermeidung der Doppelbesteuerung mit einem dritten Staat als außerhalb des Hoheitsgebiets dieser Staaten ansässig gilt und

2.[3] entweder keine Zulageberechtigung besteht oder der Vertrag in der Auszahlungsphase ist.

[2]Satz 1 gilt nicht, sofern sich der Wohnsitz oder gewöhnliche Aufenthalt des Zulageberechtigten bereits seit dem 22. Juni 2016 ununterbrochen im Vereinigten Königreich Großbritannien und Nordirland befindet und der Vertrag vor dem 23. Juni 2016 abgeschlossen worden ist.

(2)[4] [1]Auf Antrag des Zulageberechtigten ist der Rückzahlungsbetrag im Sinne des §93 Absatz 1 Satz 1[5] zunächst bis zum Beginn der Auszahlung zu stunden.[6] [2]Die Stun-

[neue Fassung:][1]

[1]Die §§ 93 und 94 gelten entsprechend, wenn sich der Wohnsitz oder gewöhnliche Aufenthalt des Zulageberechtigten ab Beginn der Auszahlungsphase außerhalb der Mitgliedstaaten der Europäischen Union und der Staaten befindet, auf die das Abkommen über den Europäischen Wirtschaftsraum (EWR-Abkommen) anwendbar ist, oder wenn der Zulageberechtigte ungeachtet eines Wohnsitzes oder gewöhnlichen Aufenthaltes in einem dieser Staaten nach einem Abkommen zur Vermeidung der Doppelbesteuerung mit einem dritten Staat als außerhalb des Hoheitsgebiets dieser Staaten ansässig gilt. [2]Satz 1 gilt nicht, sofern sich der Wohnsitz oder gewöhnliche Aufenthalt des Zulageberechtigten bereits seit dem 22. Juni 2016 ununterbrochen im Vereinigten Königreich Großbritannien und Nordirland befindet und der Vertrag vor dem 23. Juni 2016 abgeschlossen worden ist.

---

[1] § 95 neu gef. durch G v. 16.12.2022 (BGBl. I S. 2294); zur Anwendung siehe § 52 Abs. 51a.

[2] § 95 Überschr. neu gef., Abs. 1 neu gef. durch G v. 8.4.2010 (BGBl. I S. 386); Abs. 1 Satz 2 angef., bish. Wortlaut wird Satz 1 mWv 29.3.2019 durch Brexit-StBG v. 25.3.2019 (BGBl. I S. 357).

[3] § 95 Abs. 1 Nr. 2 neu gef. mWv VZ 2013 durch G v. 24.6.2013 (BGBl. I S. 1667).

[4] § 95 Abs. 2 Satz 1 geänd., Satz 3 aufgeh., bish. Sätze 4 bis 6 werden Sätze 3 bis 5 durch G v. 8.4.2010 (BGBl. I S. 386); Satz 5 eingef., bish. Satz 5 wird Satz 6 mWv 1.1.2020 durch G v. 22.11.2019 (BGBl. I S. 1746); zur **weiteren Anwendung** von § 95 Abs. 2 Sätze 2 bis 5 siehe § 52 Abs. 51a Satz 1.

[5] § 95 Abs. 2 Satz 1 Verweis geänd., Satz 2 geänd. mWv VZ 2013 durch G v. 24.6.2013 (BGBl. I S. 1667).

[6] Siehe hierzu § 52 Abs. 51a Satz 2.

[alte Fassung:]

dung ist zu verlängern, wenn der Rückzahlungsbetrag mit mindestens 15 Prozent der Leistungen aus dem Vertrag[1] getilgt wird. [3]Die Stundung endet, wenn das geförderte Altersvorsorgevermögen nicht unter den in § 1 Absatz 1 Satz 1 Nummer 4 des Altersvorsorgeverträge-Zertifizierungsgesetzes genannten Voraussetzungen an den Zulageberechtigten ausgezahlt wird. [4]Der Stundungsantrag ist über den Anbieter an die zentrale Stelle zu richten. [5]Der Anbieter hat dem Zulageberechtigten den Stundungsantrag bereitzustellen; mit Einverständnis des Zulageberechtigten kann der Antrag elektronisch bereitgestellt werden. [6]Die zentrale Stelle teilt ihre Entscheidung auch dem Anbieter mit.

(3)[2] Wurde der Rückzahlungsbetrag nach Absatz 2 gestundet und

1. verlegt der ehemals Zulageberechtigte seinen ausschließlichen Wohnsitz oder gewöhnlichen Aufenthalt in einen Mitgliedstaat der Europäischen Union oder einen Staat, auf den das Abkommen über den Europäischen Wirtschaftsraum (EWR-Abkommen) anwendbar ist, oder

2. wird der ehemals Zulageberechtigte erneut zulageberechtigt,

sind der Rückzahlungsbetrag und die bereits entstandenen Stundungszinsen von der zentralen Stelle zu erlassen.

§ 96 Anwendung der Abgabenordnung, allgemeine Vorschriften.
(1) [1]Auf die Zulagen und die Rückzahlungsbeträge sind die für Steuervergütungen geltenden Vorschriften der Abgabenordnung entsprechend anzuwenden. [2]Dies gilt nicht für § 163 der Abgabenordnung.

---

[1] § 95 Abs. 2 Satz 1 Verweis geänd., Satz 2 geänd. mWv VZ 2013 durch G v. 24.6.2013 (BGBl. I S. 1667).
[2] § 95 Abs. 3 neu gef. durch G v. 8.4.2010 (BGBl. I S. 386).

(2)[1] [1]Hat der Anbieter vorsätzlich oder grob fahrlässig

1. unrichtige oder unvollständige Daten übermittelt oder

2. Daten pflichtwidrig nicht übermittelt,

obwohl der Zulageberechtigte seiner Informationspflicht gegenüber dem Anbieter zutreffend und rechtzeitig nachgekommen ist, haftet der Anbieter für die entgangene Steuer und die zu Unrecht gewährte Steuervergünstigung. [2]Dies gilt auch, wenn im Verhältnis zum Zulageberechtigten Festsetzungsverjährung eingetreten ist. [3]Der Zulageberechtigte haftet als Gesamtschuldner neben dem Anbieter, wenn er weiß, dass der Anbieter unrichtige oder unvollständige Daten übermittelt oder Daten pflichtwidrig nicht übermittelt hat. [4]Für die Inanspruchnahme des Anbieters ist die zentrale Stelle zuständig.

(3) Die zentrale Stelle hat auf Anfrage des Anbieters Auskunft über die Anwendung des Abschnitts XI zu geben.

(4) [1]Die zentrale Stelle kann beim Anbieter ermitteln, ob er seine Pflichten erfüllt hat. [2]Die §§ 193 bis 203 der Abgabenordnung gelten sinngemäß. [3]Auf Verlangen der zentralen Stelle hat der Anbieter ihr Unterlagen, soweit sie im Ausland geführt und aufbewahrt werden, verfügbar zu machen.

(5) Der Anbieter erhält vom Bund oder den Ländern keinen Ersatz für die ihm aus diesem Verfahren entstehenden Kosten.

(6) [1]Der Anbieter darf die im Zulageverfahren bekannt gewordenen Verhältnisse der Beteiligten nur für das Verfahren verwerten. [2]Er darf sie ohne Zustimmung der Beteiligten nur offenbaren, soweit dies gesetzlich zugelassen ist.

(7) [1]Für die Zulage gelten die Strafvorschriften des § 370 Absatz 1 bis 4, der §§ 371, 375 Absatz 1 und des § 376 sowie die Bußgeldvorschriften der §§ 378, 379 Absatz 1 und 4 und der §§ 383 und 384 der Abgabenordnung entsprechend. [2]Für das Strafverfahren wegen einer Straftat nach Satz 1 sowie der Begünstigung einer Person, die eine solche Tat begangen hat, gelten die §§ 385 bis 408, für das Bußgeldverfahren wegen einer Ordnungswidrigkeit nach Satz 1 die §§ 409 bis 412 der Abgabenordnung entsprechend.

§ 97 Übertragbarkeit.
[1]Das nach § 10a oder Abschnitt XI geförderte Altersvorsorgevermögen einschließlich seiner Erträge, die geförderten laufenden Altersvorsorgebeiträge und der Anspruch auf die Zulage sind nicht übertragbar. [2]§ 93 Absatz 1a und § 4 des Betriebsrentengesetzes bleiben unberührt.

§ 98 Rechtsweg.
In öffentlich-rechtlichen Streitigkeiten über die auf Grund des Abschnitts XI ergehenden Verwaltungsakte ist der Finanzrechtsweg gegeben.

§ 99 Ermächtigung.
(1)[2] Das Bundesministerium der Finanzen wird ermächtigt, die Vordrucke für die Anträge nach § 89[3], für die Anmeldung nach

---

[1] § 96 Abs. 2 neu gef. mWv 1.1.2018 durch G v. 17.8.2017 (BGBl. I S. 3214).
[2] § 99 Abs. 1 geänd. durch G v. 8.12.2010 (BGBl. I. S. 1768); geänd. mWv 18.12.2019 durch G v. 12.12.2019 (BGBl. I S. 2451).
[3] Verweis geänd. durch G v. 8.4.2010 (BGBl. I S. 386).

§ 90 Absatz 3 und für die in den §§ 92 und 94 Absatz 1 Satz 4 vorgesehenen Bescheinigungen und im Einvernehmen mit den obersten Finanzbehörden der Länder das Muster für die nach § 22 Nummer 5 Satz 7 vorgesehene Bescheinigung und den Inhalt und Aufbau der für die Durchführung des Zulageverfahrens zu übermittelnden Datensätze zu bestimmen.

(2)[1] ¹Das Bundesministerium der Finanzen wird ermächtigt, im Einvernehmen mit dem Bundesministerium für Arbeit und Soziales und dem Bundesministerium des Innern, für Bau und Heimat[2] durch Rechtsverordnung mit Zustimmung des Bundesrates Vorschriften zur Durchführung dieses Gesetzes über das Verfahren für die Ermittlung, Festsetzung, Auszahlung, Rückzahlung und Rückforderung der Zulage sowie die Rückzahlung und Rückforderung der nach § 10a Absatz 4 festgestellten Beträge zu erlassen. ²Hierzu gehören insbesondere

1. Vorschriften über Aufzeichnungs-, Aufbewahrungs-, Bescheinigungs- und Anzeigepflichten des Anbieters,

2. Grundsätze des vorgesehenen Datenaustausches zwischen den Anbietern, der zentralen Stelle, den Trägern der gesetzlichen Rentenversicherung, der Bundesagentur für Arbeit, den Meldebehörden, den Familienkassen, den zuständigen Stellen und den Finanzämtern und

3. Vorschriften über Mitteilungspflichten, die für die Erteilung der Bescheinigungen nach § 22 Nummer 5 Satz 7 und § 92 erforderlich sind.

XII.[3] Förderbetrag zur betrieblichen Altersversorgung

§ 100[3] **Förderbetrag zur betrieblichen Altersversorgung.** (1) ¹Arbeitgeber im Sinne des § 38 Absatz 1 dürfen vom Gesamtbetrag der einzubehaltenden Lohnsteuer für jeden Arbeitnehmer mit einem ersten Dienstverhältnis einen Teilbetrag des Arbeitgeberbeitrags zur kapitalgedeckten betrieblichen Altersversorgung (Förderbetrag) entnehmen und bei der nächsten Lohnsteuer-Anmeldung gesondert absetzen. ²Übersteigt der insgesamt zu gewährende Förderbetrag den Betrag, der insgesamt an Lohnsteuer abzuführen ist, so wird der übersteigende Betrag dem Arbeitgeber auf Antrag von dem Finanzamt, an das die Lohnsteuer abzuführen ist, aus den Einnahmen der Lohnsteuer ersetzt.

(2) ¹Der Förderbetrag beträgt im Kalenderjahr 30 Prozent des zusätzlichen Arbeitgeberbeitrags nach Absatz 3, höchstens *144 [ab 19.8.2020:* 288][4] Euro. ²In Fällen, in denen der Arbeitgeber bereits im Jahr 2016 einen zusätzlichen Arbeitgeberbeitrag an einen Pensionsfonds, eine Pensionskasse oder für eine Direktversicherung geleistet hat, ist der jeweilige Förderbetrag auf den Betrag beschränkt, den der Arbeitgeber darüber hinaus leistet.

---

[1] Siehe hierzu VO zur Durchführung der steuerlichen Vorschriften des EStG zur Altersvorsorge (Altersvorsorge-DurchführungsVO) idF der Bek. v. 28.2.2005 (BGBl. I S. 487) in der jeweils geltenden Fassung.
[2] Bezeichnung geänd. durch VO v. 19.6.2020 (BGBl. I S. 1328).
[3] Abschnitt XII (§ 100) eingef. mWv 1.1.2018 durch G v. 17.8.2017 (BGBl. I S. 3214).
[4] Betrag geänd. mWv 19.8.2020 durch G v. 12.8.2020 (BGBl. I S. 1879).

(3) Voraussetzung für die Inanspruchnahme des Förderbetrags nach den Absätzen 1 und 2 ist, dass

1. der Arbeitslohn des Arbeitnehmers im Lohnzahlungszeitraum, für den der Förderbetrag geltend gemacht wird, im Inland dem Lohnsteuerabzug unterliegt;

2. der Arbeitgeber für den Arbeitnehmer zusätzlich zum ohnehin geschuldeten Arbeitslohn im Kalenderjahr mindestens einen Betrag in Höhe von 240 Euro an einen Pensionsfonds, eine Pensionskasse oder für eine Direktversicherung zahlt;

3. im Zeitpunkt der Beitragsleistung der laufende Arbeitslohn (§ 39b Absatz 2 Satz 1 und 2), der pauschal besteuerte Arbeitslohn (§ 40a Absatz 1 und 3) oder das pauschal besteuerte Arbeitsentgelt (§ 40a Absatz 2 und 2a) nicht mehr beträgt als

   a) *73,34 [ab 19.8.2020:* 85,84][1] Euro bei einem täglichen Lohnzahlungszeitraum,

   b) *513,34 [ab 19.8.2020:* 600,84][1] Euro bei einem wöchentlichen Lohnzahlungszeitraum,

   c) *2200 [ab 19.8.2020:* 2575][1] Euro bei einem monatlichen Lohnzahlungszeitraum oder

   d) *26 400 [ab 19.8.2020:* 30 900][1] Euro bei einem jährlichen Lohnzahlungszeitraum;

4.[2] eine Auszahlung der zugesagten Alters-, Invaliditäts- oder Hinterbliebenenversorgungsleistungen entsprechend § 82 Absatz 2 Satz 2 vorgesehen ist;

5. sichergestellt ist, dass von den Beiträgen jeweils derselbe prozentuale Anteil zur Deckung der Vertriebskosten herangezogen wird; der Prozentsatz kann angepasst werden, wenn die Kalkulationsgrundlagen geändert werden, darf die ursprüngliche Höhe aber nicht überschreiten.

(4) ¹Für die Inanspruchnahme des Förderbetrags sind die Verhältnisse im Zeitpunkt der Beitragsleistung maßgeblich; spätere Änderungen der Verhältnisse sind unbeachtlich. ²Abweichend davon sind die für den Arbeitnehmer nach Absatz 1 geltend gemachten Förderbeträge zurückzugewähren, wenn eine Anwartschaft auf Leistungen aus einer nach Absatz 1 geförderten betrieblichen Altersversorgung später verfällt und sich daraus eine Rückzahlung an den Arbeitgeber ergibt. ³Der Förderbetrag ist nur zurückzugewähren, soweit er auf den Rückzahlungsbetrag entfällt. ⁴Der Förderbetrag ist in der Lohnsteuer-Anmeldung für den Lohnzahlungszeitraum, in dem die Rückzahlung zufließt, der an das Betriebsstättenfinanzamt abzuführenden Lohnsteuer hinzuzurechnen.

(5) Für den Förderbetrag gelten entsprechend:

1. die §§ 41, 41a, 42e, 42f und 42g,

---

[1] Beträge geänd. mWv 19.8.2020 durch G v. 12.8.2020 (BGBl. I S. 1879).
[2] § 100 Abs. 3 Nr. 4 Verweis geänd. mWv 15.12.2018 durch G v. 11.12.2018 (BGBl. I S. 2338).

2. die für Steuervergütungen geltenden Vorschriften der Abgabenordnung mit Ausnahme des § 163 der Abgabenordnung und

3. die §§ 195 bis 203 der Abgabenordnung, die Strafvorschriften des § 370 Absatz 1 bis 4, der §§ 371, 375 Absatz 1 und des § 376, die Bußgeldvorschriften der §§ 378, 379 Absatz 1 und 4 und der §§ 383 und 384 der Abgabenordnung, die §§ 385 bis 408 für das Strafverfahren und die §§ 409 bis 412 der Abgabenordnung für das Bußgeldverfahren.

(6) ¹Der Arbeitgeberbeitrag im Sinne des Absatzes 3 Nummer 2 ist steuerfrei, soweit er im Kalenderjahr *480 [ab 19.8.2020:* 960]¹⁾ Euro nicht übersteigt. ²Die Steuerfreistellung des § 3 Nummer 63 bleibt hiervon unberührt.

[*ab VZ 2021:*]

XIII. Mobilitätsprämie²⁾

§ 101²⁾ **Bemessungsgrundlage und Höhe der Mobilitätsprämie.** ¹Steuerpflichtige können für die Veranlagungszeiträume 2021 bis 2026 neben der Berücksichtigung der Entfernungspauschalen ab dem 21. vollen Entfernungskilometer gemäß § 9 Absatz 1 Satz 3 Nummer 4 Satz 8 Buchstabe a und b, Nummer 5 Satz 9 Buchstabe a und b und § 4 Absatz 5 Satz 1 Nummer 6 Satz 4 als Werbungskosten oder Betriebsausgaben eine Mobilitätsprämie beanspruchen. ²Bemessungsgrundlage der Mobilitätsprämie sind die berücksichtigten Entfernungspauschalen im Sinne des Satzes 1, begrenzt auf den Betrag, um den das zu versteuernde Einkommen den Grundfreibetrag im Sinne des § 32a Absatz 1 Satz 2 Nummer 1 unterschreitet; bei Ehegatten, die nach den §§ 26, 26b zusammen zur Einkommensteuer veranlagt werden, sind das gemeinsame zu versteuernde Einkommen und der doppelte Grundfreibetrag maßgebend. ³Bei Steuerpflichtigen mit Einkünften aus nichtselbständiger Arbeit gilt dies nur, soweit die Entfernungspauschalen im Sinne des Satzes 1 zusammen mit den übrigen zu berücksichtigenden Werbungskosten im Zusammenhang mit den Einnahmen aus nichtselbständiger Arbeit den Arbeitnehmer-Pauschbetrag nach § 9a Satz 1 Nummer 1 Buchstabe a übersteigen. ⁴Die Mobilitätsprämie beträgt 14 Prozent dieser Bemessungsgrundlage.

§ 102²⁾ **Anspruchsberechtigung.** Anspruchsberechtigt sind unbeschränkt oder beschränkt Steuerpflichtige im Sinne des § 1.

§ 103²⁾ **Entstehung der Mobilitätsprämie.** Der Anspruch auf die Mobilitätsprämie entsteht mit Ablauf des Kalenderjahres, in dem der Anspruchsberechtigte die erste Tätigkeitsstätte im Sinne des § 9 Absatz 4 oder eine Betriebsstätte im Sinne des § 4 Absatz 5 Satz 1 Nummer 6 aufgesucht oder Familienheimfahrten im Rahmen einer doppelten Haushaltsführung im Sinne

---

¹⁾ Betrag geänd. mWv 19.8.2020 durch G v. 12.8.2020 (BGBl. I S. 1879).
²⁾ Abschnitt XIII (§§ 101 bis 109) angef. mWv VZ 2021 durch G v. 21.12.2019 (BGBl. I S. 2886).

des § 9 Absatz 1 Satz 3 Nummer 5 Satz 5 sowie des § 4 Absatz 5 Satz 1 Nummer 6 durchgeführt hat.

§ 104[1]) **Antrag auf die Mobilitätsprämie.** (1) Die Mobilitätsprämie wird auf Antrag gewährt.

(2) ¹Der Anspruchsberechtigte hat den Antrag auf die Mobilitätsprämie bis zum Ablauf des vierten Kalenderjahres, das auf das Kalenderjahr folgt, in dem nach § 103 die Mobilitätsprämie entsteht, zu stellen. ²Der Antrag ist nach amtlich vorgeschriebenem Vordruck bei dem Finanzamt zu stellen, das für die Besteuerung des Anspruchsberechtigten nach dem Einkommen zuständig ist.

§ 105[1]) · [2]) **Festsetzung und Auszahlung der Mobilitätsprämie.** (1) ¹Die Mobilitätsprämie ist nach Ablauf des Kalenderjahres im Rahmen einer Einkommensteuerveranlagung festzusetzen. ²Eine Festsetzung erfolgt nur, wenn die Mobilitätsprämie mindestens 10 Euro beträgt. ³Die festgesetzte Mobilitätsprämie mindert die festgesetzte Einkommensteuer im Wege der Anrechnung. ⁴Sie gilt insoweit als Steuervergütung. ⁵Die Auszahlung erfolgt aus den Einnahmen an Einkommensteuer.

(2) ¹Besteht das Einkommen ganz oder teilweise aus Einkünften aus nichtselbständiger Arbeit, die dem Steuerabzug unterlegen haben, gilt der Antrag auf Mobilitätsprämie zugleich als ein Antrag auf Einkommensteuerveranlagung. ²Besteht nach § 46 keine Pflicht zur Durchführung einer Veranlagung und wird keine Veranlagung, insbesondere zur Anrechnung von Lohnsteuer auf die Einkommensteuer nach § 46 Absatz 2 Nummer 8 beantragt, ist für die Festsetzung der Mobilitätsprämie die im Rahmen der Einkommensteuerveranlagung festgesetzte Einkommensteuer, die sich auf Grund des Antrags auf Mobilitätsprämie ergibt, mit Null Euro anzusetzen. ³Auch in den Fällen des § 25 gilt, ungeachtet des § 56 Satz 1 der Einkommensteuer-Durchführungsverordnung,[3]) der Antrag auf Mobilitätsprämie zugleich als Abgabe einer Einkommensteuererklärung.

§ 106[1]) **Ertragsteuerliche Behandlung der Mobilitätsprämie.** Die Mobilitätsprämie gehört nicht zu den steuerpflichtigen Einnahmen im Sinne des Einkommensteuergesetzes.

§ 107[1]) **Anwendung der Abgabenordnung.** Auf die Mobilitätsprämie sind die für Steuervergütungen geltenden Vorschriften der Abgabenordnung mit Ausnahme des § 163 der Abgabenordnung[4]) entsprechend anzuwenden.

§ 108[1]) **Anwendung von Straf- und Bußgeldvorschriften der Abgabenordnung.** ¹Für die Mobilitätsprämie gelten die Strafvorschriften des § 370 Absatz 1 bis 4, der §§ 371, 375 Absatz 1 und des § 376 der Abgaben-

---

[1]) Abschnitt XIII (§§ 101 bis 109) angef. mWv VZ 2021 durch G v. 21.12.2019 (BGBl. I S. 2886).
[2]) § 105 neu gef. mWv VZ 2021 durch G v. 21.12.2020 (BGBl. I S. 3096).
[3]) Nr. **10**.
[4]) Nr. **800**.

ordnung sowie die Bußgeldvorschriften der §§ 378 und 379 Absatz 1 und 4 sowie der §§ 383 und 384 der Abgabenordnung entsprechend. ²Für das Strafverfahren wegen einer Straftat nach Satz 1 sowie der Begünstigung einer Person, die eine solche Tat begangen hat, gelten die §§ 385 bis 408 der Abgabenordnung, für das Bußgeldverfahren wegen einer Ordnungswidrigkeit nach Satz 1 die §§ 409 bis 412 der Abgabenordnung entsprechend.

§ 109¹⁾ Verordnungsermächtigung. Die Bundesregierung wird ermächtigt, durch Rechtsverordnung mit Zustimmung des Bundesrates das Verfahren bei der Festsetzung und der Auszahlung der Mobilitätsprämie näher zu regeln.

XIV. Sondervorschriften zur Bewältigung der Corona-Pandemie

§ 110²⁾ Anpassung von Vorauszahlungen für den Veranlagungszeitraum 2019. (1) ¹Auf Antrag wird der für die Bemessung der Vorauszahlungen für den Veranlagungszeitraum 2019 zugrunde gelegte Gesamtbetrag der Einkünfte pauschal um 30 Prozent gemindert. ²Das gilt nicht, soweit in dem Gesamtbetrag der Einkünfte Einkünfte aus nichtselbständiger Arbeit (§ 19) enthalten sind. ³Voraussetzung für die Anwendung des Satzes 1 ist, dass die Vorauszahlungen für 2020 auf 0 Euro herabgesetzt wurden.

(2) Abweichend von Absatz 1 wird der für die Bemessung der Vorauszahlungen für den Veranlagungszeitraum 2019 zugrunde gelegte Gesamtbetrag der Einkünfte um einen höheren Betrag als 30 Prozent gemindert, wenn der Steuerpflichtige einen voraussichtlichen Verlustrücktrag im Sinne des § 10d Absatz 1 Satz 1 für 2020 in dieser Höhe nachweisen kann.

(3)³⁾ ¹Die Minderungen nach den Absätzen 1 und 2 dürfen insgesamt 10 000 000 Euro, bei Ehegatten, die nach den §§ 26 und 26b zusammenveranlagt werden, 20 000 000 Euro nicht überschreiten. ²§ 37 Absatz 3, 5 und 6 ist entsprechend anzuwenden.

§ 111⁴⁾ Vorläufiger Verlustrücktrag für 2020 und 2021. (1)⁵⁾ ¹Auf Antrag wird bei der Steuerfestsetzung für den Veranlagungszeitraum 2019 pauschal ein Betrag in Höhe von 30 Prozent des Gesamtbetrags der Einkünfte des Veranlagungszeitraums 2019 als Verlustrücktrag aus 2020 abgezogen (vorläufiger Verlustrücktrag für 2020). ²Bei der Berechnung des vorläufigen Verlustrücktrags für 2020 sind Einkünfte aus nichtselbständiger Arbeit (§ 19) nicht zu berücksichtigen, die im Gesamtbetrag der Einkünfte enthalten sind.

¹⁾ Abschnitt XIII (§§ 101 bis 109) angef. mWv VZ 2021 durch G v. 21.12.2019 (BGBl. I S. 2886).
²⁾ § 110 eingef. durch G v. 29.6.2020 (BGBl. I S. 1512).
³⁾ § 110 Abs. 3 geänd. durch G v. 10.3.2021 (BGBl. I S. 330); zur Anwendung siehe § 52 Abs. 52.
⁴⁾ § 111 eingef. durch G v. 29.6.2020 (BGBl. I S. 1512); Überschr. geänd. durch G v. 10.3.2021 (BGBl. I S. 330); zur Anwendung siehe § 52 Abs. 53.
⁵⁾ § 111 Abs. 1 Satz 4 angef. mWv VZ 2021 durch G v. 21.12.2020 (BGBl. I S. 3096).

³Voraussetzung für die Anwendung des Satzes 1 ist, dass die Vorauszahlungen für den Veranlagungszeitraum 2020 auf 0 Euro herabgesetzt wurden. [*ab VZ 2021:* ⁴Soweit bei der Steuerfestsetzung für den Veranlagungszeitraum 2019 der vorläufige Verlustrücktrag für 2020 abgezogen wird, ist § 233a Absatz 2a der Abgabenordnung entsprechend anzuwenden.]

(2) Abweichend von Absatz 1 wird ein höherer Betrag als 30 Prozent vom Gesamtbetrag der Einkünfte abgezogen, wenn der Steuerpflichtige einen voraussichtlichen Verlustrücktrag im Sinne des § 10d Absatz 1 Satz 1 für 2020 in dieser Höhe nachweisen kann.

(3)¹) Der vorläufige Verlustrücktrag für 2020 nach den Absätzen 1 und 2 kann insgesamt bis zu 10 000 000 Euro, bei Ehegatten, die nach den §§ 26 und 26b zusammenveranlagt werden, bis zu 20 000 000 Euro betragen.

(4) ¹Führt die Herabsetzung von Vorauszahlungen für den Veranlagungszeitraum 2019 auf Grund eines voraussichtlich erwarteten Verlustrücktrags für 2020 zu einer Nachzahlung bei der Steuerfestsetzung für den Veranlagungszeitraum 2019, so wird diese auf Antrag des Steuerpflichtigen bis zum Ablauf eines Monats nach Bekanntgabe der Steuerfestsetzung für den Veranlagungszeitraum 2020 gestundet. ²Stundungszinsen werden nicht erhoben.

(5) Für den Veranlagungszeitraum 2020 ist bei Anwendung von Absatz 1 oder 2 eine Einkommensteuererklärung abzugeben.

(6) ¹Mit der Veranlagung für 2020 ist die Steuerfestsetzung für den Veranlagungszeitraum 2019 zu ändern; hierbei ist der bislang berücksichtigte vorläufige Verlustrücktrag für 2020 dem Gesamtbetrag der Einkünfte hinzuzurechnen. ²Dies gilt auch dann, wenn der Steuerbescheid für den Veranlagungszeitraum 2019 bestandskräftig geworden ist; die Festsetzungsfrist endet insoweit nicht, bevor die Festsetzungsfrist für den Veranlagungszeitraum 2020 abgelaufen ist. ³Soweit die Änderung der Steuerfestsetzung für den Veranlagungszeitraum 2019 auf der Hinzurechnung des vorläufigen Verlustrücktrags für 2020 beruht, ist § 233a Absatz 2a der Abgabenordnung entsprechend anzuwenden.

(7) Die Absätze 1 bis 3 sind nicht anzuwenden, wenn die Veranlagung für den Veranlagungszeitraum 2020 vor der Veranlagung für den Veranlagungszeitraum 2019 durchgeführt wird.

(8)²) ¹Wird der Einkommensteuerbescheid für 2019 vor dem 1. April 2021 bestandskräftig, kann bis zum 17. April 2021 nachträglich ein erstmaliger oder geänderter Antrag auf Berücksichtigung des vorläufigen Verlustrücktrags für 2020 gestellt werden. ²Der Einkommensteuerbescheid für 2019 ist insoweit zu ändern.

(9)²) Die Absätze 1 bis 7 gelten für die Steuerfestsetzung für den Veranlagungszeitraum 2020 und die Berücksichtigung des Verlustrücktrags für 2021 entsprechend.

---

¹) § 111 Abs. 3 geänd. durch G v. 10.3.2021 (BGBl. I S. 330); zur Anwendung siehe § 52 Abs. 53.
²) § 111 Abs. 8 neu gef., Abs. 9 angef. durch G v. 10.3.2021 (BGBl. I S. 330); zur Anwendung siehe § 52 Abs. 53.

XV. Energiepreispauschale[1]

§ 112 Veranlagungszeitraum, Höhe. (1) Für den Veranlagungszeitraum 2022 wird Anspruchsberechtigten eine einmalige steuerpflichtige Energiepreispauschale gewährt.

(2) Die Höhe der Energiepreispauschale beträgt 300 Euro.

§ 113 Anspruchsberechtigung. Unbeschränkt Steuerpflichtige nach § 1 Absatz 1, die im Veranlagungszeitraum 2022 Einkünfte aus § 13, § 15, § 18 oder § 19 Absatz 1 Satz 1 Nummer 1 erzielen, haben Anspruch auf eine Energiepreispauschale.

§ 114 Entstehung des Anspruchs. Der Anspruch auf die Energiepreispauschale entsteht am 1. September 2022.

§ 115 Festsetzung mit der Einkommensteuerveranlagung. (1) Die Energiepreispauschale wird mit der Einkommensteuerveranlagung für den Veranlagungszeitraum 2022 festgesetzt.

(2) Absatz 1 gilt nicht, wenn die Energiepreispauschale nach § 117 vom Arbeitgeber ausgezahlt wurde.

§ 116 Anrechnung auf die Einkommensteuer. (1) ¹Eine nach § 115 Absatz 1 festgesetzte Energiepreispauschale ist auf die festgesetzte Einkommensteuer anzurechnen. ²Die festgesetzte Energiepreispauschale ist bei der Ermittlung des Unterschiedsbetrages nach § 233a Absatz 3 Satz 1 der Abgabenordnung entsprechend zu berücksichtigen.

(2) Ergibt sich nach der Anrechnung nach Absatz 1 ein Erstattungsbetrag, so wird dieser dem Anspruchsberechtigten ausgezahlt.

§ 117 Auszahlung an Arbeitnehmer. (1) ¹Arbeitnehmer erhalten die Energiepreispauschale vom Arbeitgeber, wenn sie am 1. September 2022

1. in einem gegenwärtigen ersten Dienstverhältnis stehen und

2. in eine der Steuerklassen 1 bis 5 eingereiht sind oder nach § 40a Absatz 2 pauschal besteuerten Arbeitslohn beziehen.

²Satz 1 gilt nicht, wenn der Arbeitgeber keine Lohnsteuer-Anmeldung abgibt. ³Satz 1 gilt in den Fällen der Pauschalbesteuerung nach § 40a Absatz 2 nur, wenn der Arbeitnehmer dem Arbeitgeber schriftlich bestätigt hat, dass es sich um das erste Dienstverhältnis handelt.

(2) ¹Arbeitgeber im Sinne des § 38 Absatz 1 haben an Arbeitnehmer im Sinne des Absatzes 1 Satz 1 die Energiepreispauschale im September 2022 auszuzahlen. ²Die Arbeitgeber haben hierbei die Energiepreispauschale gesondert vom Gesamtbetrag der einzubehaltenden Lohnsteuer zu entnehmen, die

---

[1] Abschn. XV (§§ 112–122) eingef. mWv VZ 2022 durch G v. 23.5.2022 (BGBl. I S. 749).

1. in den Fällen des § 41a Absatz 2 Satz 1 bis zum 10. September 2022,
2. in den Fällen des § 41a Absatz 2 Satz 2 Halbsatz 1 bis zum 10. Oktober 2022 und
3. in den Fällen des § 41a Absatz 2 Satz 2 Halbsatz 2 bis zum 10. Januar 2023

anzumelden und abzuführen ist. [3]Übersteigt die insgesamt zu gewährende Energiepreispauschale den Betrag, der insgesamt an Lohnsteuer abzuführen ist, wird der übersteigende Betrag dem Arbeitgeber von dem Finanzamt, an das die Lohnsteuer abzuführen ist, aus den Einnahmen der Lohnsteuer ersetzt.

(3) [1]Der Arbeitgeber kann in den Fällen des § 41a Absatz 2 Satz 2 Halbsatz 1 die Energiepreispauschale an den Arbeitnehmer abweichend von Absatz 2 Satz 1 im Oktober 2022 auszahlen. [2]Absatz 2 Satz 2 und 3 bleibt hiervon unberührt. [3]Der Arbeitgeber kann in den Fällen des § 41a Absatz 2 Satz 2 Halbsatz 2 auf die Auszahlung an den Arbeitnehmer verzichten.

(4) Eine vom Arbeitgeber ausgezahlte Energiepreispauschale ist in der elektronischen Lohnsteuerbescheinigung (§ 41b Absatz 1 Satz 2) mit dem Großbuchstaben E anzugeben.

§ 118 Energiepreispauschale im Einkommensteuer-Vorauszahlungsverfahren. (1) [1]Ist eine Einkommensteuer-Vorauszahlung auch für Einkünfte aus § 13, § 15 oder § 18 für den 10. September 2022 festgesetzt worden, dann ist diese Festsetzung um die Energiepreispauschale zu mindern. [2]Betragen die für den 10. September 2022 festgesetzten Vorauszahlungen weniger als 300 Euro, so mindert die Energiepreispauschale die Vorauszahlung auf 0 Euro.

(2) [1]Die Minderung der Einkommensteuer-Vorauszahlung für den 10. September 2022 nach Absatz 1 hat durch Allgemeinverfügung nach § 118 Satz 2 der Abgabenordnung oder durch geänderten Vorauszahlungsbescheid zu erfolgen. [2]Sachlich zuständig für den Erlass der Allgemeinverfügung ist jeweils die oberste Landesfinanzbehörde. [3]Die Allgemeinverfügung ist im Bundessteuerblatt und auf den Internetseiten des Bundesministeriums der Finanzen zu veröffentlichen. [4]Sie gilt am Tag nach der Herausgabe des Bundessteuerblattes, in dem sie veröffentlicht wird, als bekannt gegeben. [5]Abweichend von § 47 Absatz 1 der Finanzgerichtsordnung endet die Klagefrist mit Ablauf von drei Monaten nach dem Tag der Bekanntgabe der Allgemeinverfügung. [6]Die Klage ist nur gegen die oberste Finanzbehörde zu richten, die die Allgemeinverfügung erlassen hat.

§ 119 Steuerpflicht. (1) [1]Bei Anspruchsberechtigten, die im Veranlagungszeitraum 2022 Einkünfte aus nichtselbständiger Arbeit erzielt haben, ist die Energiepreispauschale stets als Einnahme nach § 19 Absatz 1 Satz 1 Nummer 1 für den Veranlagungszeitraum 2022 zu berücksichtigen. [2]Dies gilt nicht für pauschal besteuerten Arbeitslohn nach § 40a. [3]Im Lohnsteuerabzugsverfahren ist die Energiepreispauschale bei der Berechnung einer Vorsorgepauschale nach § 39b Absatz 2 Satz 5 Nummer 3 Buchstabe a bis c nicht zu berücksichtigen.

(2) [1]Bei den übrigen Anspruchsberechtigten gilt die Energiepreispauschale stets als Einnahme nach § 22 Nummer 3 für den Veranlagungszeitraum 2022. [2]Die Freigrenze nach § 22 Nummer 3 Satz 2 ist insoweit nicht anzuwenden.

§ 120 Anwendung der Abgabenordnung. (1) ¹Auf die Energiepreispauschale sind die für Steuervergütungen geltenden Vorschriften der Abgabenordnung entsprechend anzuwenden. ²§ 163 der Abgabenordnung gilt nicht.

(2) In öffentlich-rechtlichen Streitigkeiten über die zur Energiepreispauschale ergehenden Verwaltungsakte der Finanzbehörden ist der Finanzrechtsweg eröffnet.

§ 121 Anwendung von Straf- und Bußgeldvorschriften der Abgabenordnung. (1) Für die Energiepreispauschale gelten die Strafvorschriften des § 370 Absatz 1 bis 4 und 7, der §§ 371, 375 Absatz 1 und des § 376 der Abgabenordnung sowie die Bußgeldvorschriften der §§ 378 und 379 Absatz 1 und 4 sowie der §§ 383 und 384 der Abgabenordnung entsprechend.

(2) Für das Strafverfahren wegen einer Straftat nach Absatz 1 sowie der Begünstigung einer Person, die eine solche Tat begangen hat, gelten die §§ 385 bis 408 der Abgabenordnung entsprechend.

(3) Für das Bußgeldverfahren wegen einer Ordnungswidrigkeit nach Absatz 1 gelten die §§ 409 bis 412 der Abgabenordnung entsprechend.

§ 122¹⁾ Nichtberücksichtigung als Einkommen bei Sozialleistungen, Unpfändbarkeit. ¹Die Energiepreispauschale ist bei einkommensabhängigen Sozialleistungen nicht als Einkommen zu berücksichtigen. ²Die Energiepreispauschale ist in Höhe des in § 112 Absatz 2 genannten Betrages unpfändbar.

[ab VZ 2022:]
XVI. Besteuerung der Gas-/Wärmepreisbremse²⁾

§ 123 Grundsatz der Besteuerung. (1) ¹Die einmalige Entlastung bei leitungsgebundenen Erdgaslieferungen an Letztverbraucher nach § 2 Absatz 1 Satz 1 des Erdgas-Wärme-Soforthilfegesetzes wird den Einkünften aus Leistungen nach § 22 Nummer 3 Satz 1 zugeordnet, soweit sie weder zu anderen Einkunftsarten (§ 2 Absatz 1 Satz 1 Nummer 1 bis 6) noch zu den Einkünften im Sinne des § 22 Nummer 1, 1a, 2 oder Nummer 4 gehört. ²Satz 1 gilt auch für die vorläufige Leistung des Erdgaslieferanten auf die Entlastung bei Letztverbrauchern mit Standardlastprofil nach § 3 Absatz 1 Satz 1 des Erdgas-Wärme-Soforthilfegesetzes, die finanzielle Kompensation nach § 4 Absatz 1 des Erdgas-Wärme-Soforthilfegesetzes sowie die Entlastungen bei Mietverhältnissen und in Wohnungseigentümergemeinschaften nach § 5 des Erdgas-Wärme-Soforthilfegesetzes. ³§ 22 Nummer 3 Satz 2 ist nicht anzuwenden.

(2) Gehört eine Entlastung im Sinne des Absatzes 1 zu den Einkünften aus Leistungen nach § 22 Nummer 3 Satz 1, dann ist die Entlastung nach Absatz 1 nicht Gegenstand der Berechnungen zu § 2 Absatz 1 bis 5, sondern wird dem zu versteuernden Einkommen des § 2 Absatz 5 Satz 1 nach Maßgabe des § 124 hinzugerechnet.

---

¹⁾ § 122 angef mWv VZ 2022 durch G v. 23.5.2022 (BGBl. I S. 749); Überschrift neu gef., Satz 2 angef., bish. Text wird Satz 1 mWv VZ 2022 durch G v. 16.12.2022 (BGBl. I S. 2294).
²⁾ Abschnitt XVI (§§ 123–126) eingef. mWv VZ 2022 durch G v. 16.12.2022 (BGBl. I S. 2294).

§ 124 Einstieg und Milderungszone. (1) [1]Die Entlastung nach § 123 Absatz 1 ist mit Beginn der Milderungszone des Absatzes 2 dem zu versteuernden Einkommen nach § 2 Absatz 5 Satz 1 in Höhe des Hinzurechnungsbetrags nach Absatz 2 zuzurechnen. [2]Oberhalb der Milderungszone des Absatzes 2 wird die Entlastung nach § 123 Absatz 1 dem zu versteuernden Einkommen des § 2 Absatz 5 Satz 1 in voller Höhe zugerechnet.

(2) [1]Die Milderungszone beginnt ab einem zu versteuernden Einkommen von 66 915 Euro und endet bei einem zu versteuernden Einkommen von 104 009 Euro. [2]Bei Ehegatten, die zusammenveranlagt werden, beginnt die Milderungszone ab einem zu versteuernden Einkommen von 133 830 Euro und endet bei einem zu versteuernden Einkommen von 208 018 Euro. [3]Im Bereich der Milderungszone ist als Zurechnungsbetrag nach § 123 Absatz 2 nur der Bruchteil der Entlastungen des § 123 Absatz 1 einzubeziehen, der sich als Differenz aus dem individuellen zu versteuernden Einkommen des Steuerpflichtigen und der Untergrenze der Milderungszone dividiert durch die Breite der Milderungszone errechnet.

§ 125 Zufluss und Besteuerung. [1]Ist eine Entlastung nach § 123 Absatz 1 den Einkünften aus Leistungen nach § 22 Nummer 3 Satz 1 zuzuordnen, gelten für deren Besteuerung die in den Rechnungen nach § 2 Absatz 3, § 3 Absatz 1 Satz 4 und nach § 4 Absatz 2 des Erdgas-Wärme-Soforthilfegesetzes als Kostenentlastung gesondert ausgewiesenen Beträge im Veranlagungszeitraum der Erteilung dieser Rechnung als nach § 11 Absatz 1 Satz 1 zugeflossen. [2]Satz 1 gilt entsprechend für die Abrechnungen der Vermieter und Verpächter nach § 5 Absatz 1 und 5 des Erdgas-Wärme-Soforthilfegesetzes sowie der Wohnungseigentümergemeinschaften nach § 5 Absatz 3 des Erdgas-Wärme-Soforthilfegesetzes.

§ 126 Anwendung von Straf- und Bußgeldvorschriften der Abgabenordnung. (1) Für die einmalige Entlastung bei leitungsgebundenen Erdgaslieferungen an Letztverbraucher nach § 2 Absatz 1 Satz 1 des Erdgas-Wärme-Soforthilfegesetzes gelten die Strafvorschriften des § 370 Absatz 1 bis 4 und 7, der §§ 371, 375 Absatz 1 und des § 376 der Abgabenordnung sowie die Bußgeldvorschriften der §§ 378 und 379 Absatz 1 und 4 sowie der §§ 383 und 384 der Abgabenordnung entsprechend.

(2) Für das Strafverfahren wegen einer Straftat nach Absatz 1 sowie der Begünstigung einer Person, die eine solche Tat begangen hat, gelten die §§ 385 bis 408 der Abgabenordnung entsprechend.

(3) Für das Bußgeldverfahren wegen einer Ordnungswidrigkeit nach Absatz 1 gelten die §§ 409 bis 412 der Abgabenordnung entsprechend.

Anlage 1 (zu § 4 d Absatz 1)

Tabelle für die Errechnung des Deckungskapitals für lebenslänglich laufende Leistungen von Unterstützungskassen

Erreichtes Alter des Leistungsempfängers (Jahre)	Die Jahresbeiträge der laufenden Leistungen sind zu vervielfachen bei Leistungen	
	an männliche Leistungsempfänger mit	an weibliche Leistungsempfänger mit
1	2	3
bis 26	11	17
27 bis 29	12	17
30	13	17
31 bis 35	13	16
36 bis 39	14	16
40 bis 46	14	15
47 und 48	14	14
49 bis 52	13	14
53 bis 56	13	13
57 und 58	13	12
59 und 60	12	12
61 bis 63	12	11
64	11	11
65 bis 67	11	10
68 bis 71	10	9
72 bis 74	9	8
75 bis 77	8	7
78	8	6
79 bis 81	7	6
82 bis 84	6	5
85 bis 87	5	4
88	4	4
89 und 90	4	3
91 bis 93	3	3
94	3	2
95 und älter	2	2

Anlage 1a (zu § 13a)[1]

Ermittlung des Gewinns aus Land- und Forstwirtschaft nach Durchschnittssätzen

Für ein Wirtschaftsjahr betragen

1. der Grundbetrag und die Zuschläge für Tierzucht und Tierhaltung der landwirtschaftlichen Nutzung (§ 13a Absatz 4):

Gewinn pro Hektar selbst bewirtschafteter Fläche	350 EUR
bei Tierbeständen für die ersten 25 Vieheinheiten	0 EUR/Vieheinheit
bei Tierbeständen für alle weiteren Vieheinheiten	300 EUR/Vieheinheit

Angefangene Hektar und Vieheinheiten sind anteilig zu berücksichtigen.

2. die Grenzen und Gewinne der Sondernutzungen (§ 13a Absatz 6):

Nutzung	Grenze	Grenze
1	2	3
Weinbauliche Nutzung	0,66 ha	0,16 ha
Nutzungsteil Obstbau	1,37 ha	0,34 ha
Nutzungsteil Gemüsebau Freilandgemüse Unterglas Gemüse	0,67 ha 0,06 ha	0,17 ha 0,015 ha
Nutzungsteil Blumen/ Zierpflanzenbau Freiland Zierpflanzen Unterglas Zierpflanzen	0,23 ha 0,04 ha	0,05 ha 0,01 ha
Nutzungsteil Baumschulen	0,15 ha	0,04 ha
Sondernutzung Spargel	0,42 ha	0,1 ha
Sondernutzung Hopfen	0,78 ha	0,19 ha
Binnenfischerei	2000 kg Jahresfang	500 kg Jahresfang
Teichwirtschaft	1,6 ha	0,4 ha
Fischzucht	0,2 ha	0,05 ha
Imkerei	70 Völker	30 Völker
Wanderschäfereien	120 Mutterschafe	30 Mutterschafe
Weihnachtsbaumkulturen	0,4 ha	0,1 ha

3. in den Fällen des § 13a Absatz 7 Satz 1 Nummer 3 die Betriebsausgaben 60 Prozent der Betriebseinnahmen.

---

[1] Anlage 1a eingef. mWv 1.1.2015 durch G v. 22.12.2014 (BGBl. I S. 2417).

Anlage 2 (zu § 43b)

Gesellschaften im Sinne der Richtlinie Nr. 2011/96/EU

Gesellschaft im Sinne der genannten Richtlinie ist jede Gesellschaft, die

1.[1) eine der folgenden Formen aufweist:

a) eine Gesellschaft, die gemäß der Verordnung (EG) Nr. 2157/2001 des Rates vom 8. Oktober 2001 über das Statut der Europäischen Gesellschaft (SE) und der Richtlinie 2001/86/EG des Rates vom 8. Oktober 2001 zur Ergänzung des Statuts der Europäischen Gesellschaft hinsichtlich der Beteiligung der Arbeitnehmer gegründet wurde, sowie eine Genossenschaft, die gemäß der Verordnung (EG) Nr. 1435/2003 des Rates vom 22. Juli 2003 über das Statut der Europäischen Genossenschaft (SCE) und gemäß der Richtlinie 2003/72/EG des Rates vom 22. Juli 2003 zur Ergänzung des Statuts der Europäischen Genossenschaft hinsichtlich der Beteiligung der Arbeitnehmer gegründet wurde,

b) Gesellschaften belgischen Rechts mit der Bezeichnung „société anonyme"/„naamloze vennootschap", „société en commandite par actions"/„commanditaire vennootschap op aandelen", „société privée à responsabilité limitée"/„besloten vennootschap met beperkte aansprakelijkheid", „société coopérative à responsabilité limitée"/„coöperatieve vennootschap met beperkte aansprakelijkheid", „société coopérative à responsabilité illimitée"/„coöperatieve vennootschap met onbeperkte aansprakelijkheid", „société en nom collectif"/„vennootschap onder firma" oder „société en commandite simple"/„gewone commanditaire vennootschap", öffentliche Unternehmen, die eine der genannten Rechtsformen angenommen haben, und andere nach belgischem Recht gegründete Gesellschaften, die der belgischen Körperschaftsteuer unterliegen,

c) Gesellschaften bulgarischen Rechts mit der Bezeichnung „събирателно дружество", „командитно дружество", „дружество с ограничена отговорност", „акционерно дружество", „командитно дружество с акции", „неперсонифицирано дружество", „кооперации", „кооперативни съюзи" oder „държавни предприятия", die nach bulgarischem Recht gegründet wurden und gewerbliche Tätigkeiten ausüben,

d) Gesellschaften tschechischen Rechts mit der Bezeichnung „akciová společnost" oder „společnost s ručením omezeným",

e) Gesellschaften dänischen Rechts mit der Bezeichnung „aktieselskab" oder „anpartsselskab" und weitere nach dem Körperschaftsteuergesetz steuerpflichtige Gesellschaften, soweit ihr steuerbarer Gewinn nach den

---

[1) Anlage 2 neu gef. durch G v. 25.7.2014 (BGBl. I S. 1266); zur erstmaligen Anwendung siehe § 52 Abs. 55a Satz 2 a. F.:

„§ 43b und die Anlage 2 (zu § 43b) in der am 1. Juli 2013 geltenden Fassung sind erstmals auf Ausschüttungen anzuwenden, die nach dem 30. Juni 2013 zufließen."

allgemeinen steuerrechtlichen Bestimmungen für die „aktieselskaber" ermittelt und besteuert wird,

f) Gesellschaften deutschen Rechts mit der Bezeichnung „Aktiengesellschaft", „Kommanditgesellschaft auf Aktien", „Gesellschaft mit beschränkter Haftung", „Versicherungsverein auf Gegenseitigkeit", „Erwerbs- und Wirtschaftsgenossenschaft" oder „Betrieb gewerblicher Art von juristischen Personen des öffentlichen Rechts" und andere nach deutschem Recht gegründete Gesellschaften, die der deutschen Körperschaftsteuer unterliegen,

g) Gesellschaften estnischen Rechts mit der Bezeichnung „täisühing", „usaldusühing", „osaühing", „aktsiaselts" oder „tulundusühistu",

h) nach irischem Recht gegründete oder eingetragene Gesellschaften, gemäß dem Industrial and Provident Societies Act eingetragene Körperschaften, gemäß dem Building Societies Act gegründete „building societies" und „trustee savings banks" im Sinne des Trustee Savings Banks Act von 1989,

i) Gesellschaften griechischen Rechts mit der Bezeichnung „ανώνυμη εταιρεία" oder „εταιρεία περιωρισμένης ευθύνης (Ε.Π.Ε.)" und andere nach griechischem Recht gegründete Gesellschaften, die der griechischen Körperschaftsteuer unterliegen,

j) Gesellschaften spanischen Rechts mit der Bezeichnung „sociedad anónima", „sociedad comanditaria por acciones" oder „sociedad de responsabilidad limitada" und die öffentlich-rechtlichen Körperschaften, deren Tätigkeit unter das Privatrecht fällt sowie andere nach spanischem Recht gegründete Körperschaften, die der spanischen Körperschaftsteuer („impuesto sobre sociedades") unterliegen,

k) Gesellschaften französischen Rechts mit der Bezeichnung „société anonyme", „société en commandite par actions", „société à responsabilité limitée", „sociétés par actions simplifiées", „sociétés d'assurances mutuelles", „caisses d'épargne et de prévoyance", „sociétés civiles", die automatisch der Körperschaftsteuer unterliegen, „coopératives", „unions de coopératives", die öffentlichen Industrie- und Handelsbetriebe, die öffentlichen Industrie- und Handelsunternehmen und andere nach französischem Recht gegründete Gesellschaften, die der französischen Körperschaftsteuer unterliegen,

l) Gesellschaften kroatischen Rechts mit der Bezeichnung „dioničko društvo" oder „društvo s ograničenom odgovornošću" und andere nach kroatischem Recht gegründete Gesellschaften, die der kroatischen Gewinnsteuer unterliegen,

m) Gesellschaften italienischen Rechts mit der Bezeichnung „società per azioni", „società in accomandita per azioni", „società a responsabilità limitata", „società cooperative" oder „società di mutua assicurazione" sowie öffentliche und private Körperschaften, deren Tätigkeit ganz oder überwiegend handelsgewerblicher Art ist,

n) Gesellschaften zyprischen Rechts mit der Bezeichnung „εταιρείες" im Sinne der Einkommensteuergesetze,

o) Gesellschaften lettischen Rechts mit der Bezeichnung „akciju sabiedrība" oder „sabiedrība ar ierobežotu atbildību",

p) Gesellschaften litauischen Rechts,

q) Gesellschaften luxemburgischen Rechts mit der Bezeichnung „société anonyme", „société en commandite par actions", „société à responsabilité limitée", „société coopérative", „société coopérative organisée comme une société anonyme", „association d'assurances mutuelles", „association d'épargne-pension" oder „entreprise de nature commerciale, industrielle ou minière de l'Etat, des communes, des syndicats de communes, des établissements publics et des autres personnes morales de droit public" sowie andere nach luxemburgischem Recht gegründete Gesellschaften, die der luxemburgischen Körperschaftsteuer unterliegen,

r) Gesellschaften ungarischen Rechts mit der Bezeichnung: „közkereseti társaság", „betéti társaság", „közös vállalat", „korlátolt felelősségű társaság", „részvénytársaság", „egyesülés" oder „szövetkezet",

s) Gesellschaften maltesischen Rechts mit der Bezeichnung: „Kumpaniji ta' Responsabilita' Limitata" oder „Soċjetajiet en commandite li l-kapital tagħhom maqsum f'azzjonijiet",

t) Gesellschaften niederländischen Rechts mit der Bezeichnung „naamloze vennootschap", „besloten vennootschap met beperkte aansprakelijkheid", „open commanditaire vennootschap", „coöperatie", „onderlinge waarborgmaatschappij", „fonds voor gemene rekening", „vereniging op coöperatieve grondslag" oder „vereniging welke op onderlinge grondslag als verzekeraar of keredietinstelling optreedt" und andere nach niederländischem Recht gegründete Gesellschaften, die der niederländischen Körperschaftsteuer unterliegen,

u) Gesellschaften österreichischen Rechts mit der Bezeichnung „Aktiengesellschaft", „Gesellschaft mit beschränkter Haftung", „Versicherungsvereine auf Gegenseitigkeit", „Erwerbs- und Wirtschaftsgenossenschaften", „Betriebe gewerblicher Art von Körperschaften des öffentlichen Rechts" oder „Sparkassen" sowie andere nach österreichischem Recht gegründete Gesellschaften, die der österreichischen Körperschaftsteuer unterliegen,

v)[1] Gesellschaften polnischen Rechts mit der Bezeichnung „spółka akcyjna", „spółka z ograniczoną odpowiedzialnością" oder „spółka komandytowo-akcyjna",

w) Gesellschaften portugiesischen Rechts in Form von Handelsgesellschaften oder zivilrechtlichen Handelsgesellschaften sowie Genossenschaften und öffentliche Unternehmen,

x)[1] Gesellschaften rumänischen Rechts mit der Bezeichnung „societăți pe acțiuni", „societăți în comandită pe acțiuni", „societăți cu răspundere limitată", „societăți în nume colectiv" oder „societăți în comandită simplă",

y) Gesellschaften slowenischen Rechts mit der Bezeichnung „delniška družba", „komanditna družba" oder „družba z omejeno odgovornostjo",

---

[1] Anlage 2 Buchst. v) und x) neu gef. mWv 1.1.2016 (§ 52 Abs. 42b) durch G v. 2.11.2015 (BGBl. I S. 1834).

z) Gesellschaften slowakischen Rechts mit der Bezeichnung „akciová spoločnosť“, „spoločnosť s ručením obmedzeným“ oder „komanditná spoločnosť“,

aa) Gesellschaften finnischen Rechts mit der Bezeichnung „osakeyhtiö“/ „aktiebolag“, „osuuskunta“/„andelslag“, „säästöpankki“/„sparbank“ oder „vakuutusyhtiö“/„försäkringsbolag“,

bb) Gesellschaften schwedischen Rechts mit der Bezeichnung „aktiebolag“, „försäkringsaktiebolag“, „ekonomiska föreningar“, „sparbanker“, „ömsesidiga försäkringsbolag“ oder „försäkringsföreningar“,

cc) nach dem Recht des Vereinigten Königreichs gegründete Gesellschaften;

2. nach dem Steuerrecht eines Mitgliedstaates in Bezug auf den steuerlichen Wohnsitz als in diesem Staat ansässig betrachtet wird und auf Grund eines mit einem dritten Staat geschlossenen Doppelbesteuerungsabkommens in Bezug auf den steuerlichen Wohnsitz nicht als außerhalb der Gemeinschaft ansässig betrachtet wird und

3. ohne Wahlmöglichkeit einer der folgenden Steuern oder irgendeiner Steuer, die eine dieser Steuern ersetzt, unterliegt, ohne davon befreit zu sein:
   – vennootschapsbelasting/impôt des sociétés in Belgien,
   – корпоративен данък in Bulgarien,
   – daň z příjmů právnických osob in der Tschechischen Republik,
   – selskabsskat in Dänemark,
   – Körperschaftsteuer in Deutschland,
   – tulumaks in Estland,
   – corporation tax in Irland,
   – φόρος εισοδήματος νομικών προσώπων κερδοσκοπικού χαρακτήρα in Griechenland,
   – impuesto sobre sociedades in Spanien,
   – impôt sur les sociétés in Frankreich,
   – porez na dobit in Kroatien,
   – imposta sul reddito delle persone giuridiche in Italien,
   – φόρος εισοδήματος in Zypern,
   – uzņēmumu ienākuma nodoklis in Lettland,
   – pelno mokestis in Litauen,
   – impôt sur le revenu des collectivités in Luxemburg,
   – társasági adó, osztalékadó in Ungarn,
   – taxxa fuq l-income in Malta,
   – vennootschapsbelasting in den Niederlanden,
   – Körperschaftsteuer in Österreich,
   – podatek dochodowy od osób prawnych in Polen,
   – imposto sobre o rendimento das pessoas colectivas in Portugal,
   – impozit pe profit in Rumänien,
   – davek od dobička pravnih oseb in Slowenien,
   – daň z príjmov právnických osôb in der Slowakei,
   – yhteisöjen tulovero/inkomstskatten för samfund in Finnland,
   – statlig inkomstskatt in Schweden,
   – corporation tax im Vereinigten Königreich.

Anlage 3 (zu § 50g)[1]

1. Unternehmen im Sinne von § 50g Absatz 3 Nummer 5 Buchstabe a Doppelbuchstabe aa sind:

  a) Gesellschaften belgischen Rechts mit der Bezeichnung „naamloze vennootschap"/„société anonyme", „commanditaire vennootschap op aandelen"/„société en commandite par actions" oder „besloten vennootschap met beperkte aansprakelijkheid"/„société privée à responsabilité limitée" sowie öffentlich-rechtliche Körperschaften, deren Tätigkeit unter das Privatrecht fällt;

  b) Gesellschaften dänischen Rechts mit der Bezeichnung „aktieselskab" und „anpartsselskab";

  c) Gesellschaften deutschen Rechts mit der Bezeichnung „Aktiengesellschaft", „Kommanditgesellschaft auf Aktien" oder „Gesellschaft mit beschränkter Haftung";

  d) Gesellschaften griechischen Rechts mit der Bezeichnung „ανώνυμη εταιρία";

  e) Gesellschaften spanischen Rechts mit der Bezeichnung „sociedad anónima", „sociedad comanditaria por acciones" oder „sociedad de responsabilidad limitada" sowie öffentlich-rechtliche Körperschaften, deren Tätigkeit unter das Privatrecht fällt;

  f) Gesellschaften französischen Rechts mit der Bezeichnung „société anonyme", „société en commandite par actions" oder „société à responsabilité limitée" sowie die staatlichen Industrie- und Handelsbetriebe und Unternehmen;

  g) Gesellschaften irischen Rechts mit der Bezeichnung „public companies limited by shares or by guarantee", „private companies limited by shares or by guarantee", gemäß den „Industrial and Provident Societies Acts" eingetragene Einrichtungen oder gemäß den „Building Societies Acts" eingetragene „building societies";

  h) Gesellschaften italienischen Rechts mit der Bezeichnung „società per azioni", „società in accomandita per azioni" oder „società a responsabilità limitata" sowie staatliche und private Industrie- und Handelsunternehmen;

  i) Gesellschaften luxemburgischen Rechts mit der Bezeichnung „société anonyme", „société en commandite par actions" oder „société à responsabilité limitée";

  j) Gesellschaften niederländischen Rechts mit der Bezeichnung „naamloze vennootschap" oder „besloten vennootschap met beperkte aansprakelijkheid";

---

[1] Anlage 3 neu gef. durch G v. 25.7.2014 (BGBl. I S. 1266); zur erstmaligen Anwendung siehe § 52 Abs. 59c Satz 2 a. F.:

„§ 50g und die Anlage 3 (zu § 50g) in der am 1. Juli 2013 geltenden Fassung sind erstmals auf Zahlungen anzuwenden, die nach dem 30. Juni 2013 erfolgen."

k) Gesellschaften österreichischen Rechts mit der Bezeichnung „Aktiengesellschaft" oder „Gesellschaft mit beschränkter Haftung";

l) Gesellschaften portugiesischen Rechts in Form von Handelsgesellschaften oder zivilrechtlichen Handelsgesellschaften sowie Genossenschaften und öffentliche Unternehmen;

m) Gesellschaften finnischen Rechts mit der Bezeichnung „osakeyhtiö/ aktiebolag", „osuuskunta/andelslag", „säästöpankki/sparbank" oder „vakuutusyhtiö/försäkringsbolag";

n) Gesellschaften schwedischen Rechts mit der Bezeichnung „aktiebolag" oder „försäkringsaktiebolag";

o) nach dem Recht des Vereinigten Königreichs gegründete Gesellschaften;

p) Gesellschaften tschechischen Rechts mit der Bezeichnung „akciová společnost", „společnost s ručením omezeným", „veřejná obchodní společnost", „komanditní společnost" oder „družstvo";

q) Gesellschaften estnischen Rechts mit der Bezeichnung „täisühing", „usaldusühing", „osaühing", „aktsiaselts" oder „tulundusühistu";

r) Gesellschaften zyprischen Rechts, die nach dem Gesellschaftsrecht als Gesellschaften bezeichnet werden, Körperschaften des öffentlichen Rechts und sonstige Körperschaften, die als Gesellschaft im Sinne der Einkommensteuergesetze gelten;

s) Gesellschaften lettischen Rechts mit der Bezeichnung „akciju sabiedrība" oder „sabiedrība ar ierobežotu atbildību";

t) nach dem Recht Litauens gegründete Gesellschaften;

u) Gesellschaften ungarischen Rechts mit der Bezeichnung „közkereseti társaság", „betéti társaság", „közös vállalat", „korlátolt felelősségű társaság", „részvénytársaság", „egyesülés", „közhasznú társaság" oder „szövetkezet";

v) Gesellschaften maltesischen Rechts mit der Bezeichnung „Kumpaniji ta' Responsabilita' Limitata"oder „Soċjetajiet in akkomandita li l-kapital tagħhom maqsum f'azzjonijiet";

w) Gesellschaften polnischen Rechts mit der Bezeichnung „spółka akcyjna" oder „spółka z ograniczoną odpowiedzialnością";

x) Gesellschaften slowenischen Rechts mit der Bezeichnung „delniška družba", „komanditna delniška družba", „komanditna družba", „družba z omejeno odgovornostjo" oder „družba z neomejeno odgovornostjo";

y) Gesellschaften slowakischen Rechts mit der Bezeichnung „akciová spoločnos", „spoločnosť s ručením obmedzeným", „komanditná spoločnos", „verejná obchodná spoločnos" oder „družstvo";

aa) Gesellschaften bulgarischen Rechts mit der Bezeichnung „събирателното дружество", „командитното дружество", „дружеството с ограничена отговорност", „акционерното дружество", „командитното дружество с акции", „кооперации",

„кооперативни съюзи" oder „държавни предприятия", die nach bulgarischem Recht gegründet wurden und gewerbliche Tätigkeiten ausüben;

bb) Gesellschaften rumänischen Rechts mit der Bezeichnung „societăți pe acțiuni", „societăți în comandită pe acțiuni" oder „societăți cu răspundere limitată";

cc) Gesellschaften kroatischen Rechts mit der Bezeichnung „dioničko društvo" oder „društvo s ograničenom odgovornošću" und andere nach kroatischem Recht gegründete Gesellschaften, die der kroatischen Gewinnsteuer unterliegen.

2. Steuern im Sinne von § 50g Absatz 3 Nummer 5 Buchstabe a Doppelbuchstabe cc sind:
   - impôt des sociétés/vennootschapsbelasting in Belgien,
   - selskabsskat in Dänemark,
   - Körperschaftsteuer in Deutschland,
   - φόρος εισοδήματος νομικών προσώπων in Griechenland,
   - impuesto sobre sociedades in Spanien,
   - impôt sur les sociétés in Frankreich,
   - corporation tax in Irland,
   - imposta sul reddito delle persone giuridiche in Italien,
   - impôt sur le revenu des collectivités in Luxemburg,
   - vennootschapsbelasting in den Niederlanden,
   - Körperschaftsteuer in Österreich,
   - imposto sobre o rendimento da pessoas colectivas in Portugal,
   - yhteisöjen tulovero/inkomstskatten för samfund in Finnland,
   - statlig inkomstskatt in Schweden,
   - corporation tax im Vereinigten Königreich,
   - Daň z příjmů právnických osob in der Tschechischen Republik,
   - Tulumaks in Estland,
   - φόρος εισοδήματος in Zypern,
   - Uzņēmumu ienākuma nodoklis in Lettland,
   - Pelno mokestis in Litauen,
   - Társasági adó in Ungarn,
   - Taxxa fuq l-income in Malta,
   - Podatek dochodowy od osób prawnych in Polen,
   - Davek od dobička pravnih oseb in Slowenien,
   - Daň z príjmov právnických osôb in der Slowakei,
   - корпоративен данък in Bulgarien,
   - impozit pe profit, impozitul pe veniturile obținute din România de nerezidenți in Rumänien,
   - porez na dobit in Kroatien.

1a. Solidaritätszuschlaggesetz 1995
(SolzG 1995)

In der Fassung der Bekanntmachung vom 15. Oktober 2002
(BGBl. I S. 4130)[1]

Geändert durch Zweites Gesetz für moderne Dienstleistungen am Arbeitsmarkt vom 23.12. 2002 (BGBl. I S. 4621), Jahressteuergesetz 2007 vom 13.12.2006 (BGBl. I S. 2878), Jahressteuergesetz 2008 vom 20.12.2007 (BGBl. I S. 3150), Jahressteuergesetz 2009 vom 19.12.2008 (BGBl. I S. 2794), Familienleistungsgesetz vom 22.12.2008 (BGBl. I S. 2955), Wachstumsbeschleunigungsgesetz vom 22.12.2009 (BGBl. I S. 3950), Jahressteuergesetz 2010 (JStG 2010) vom 8.12.2010 (BGBl. I S. 1768), Beitreibungsrichtlinie-Umsetzungsgesetz (BeitrRLUmsG) vom 7.12.2011 (BGBl. I S. 2592), Gesetz zur Anhebung des Grundfreibetrags, des Kinderfreibetrags, des Kindergeldes und des Kinderzuschlags vom 16.7.2015 (BGBl. I S. 1202), Gesetz zur Reform der Investmentbesteuerung (Investmentsteuerreformgesetz – InvStRefG) vom 19.7.2016 (BGBl. I S. 1730), Gesetz zur Umsetzung der Änderungen der EU-Amtshilferichtlinie und von weiteren Maßnahmen gegen Gewinnkürzungen und -verlagerungen vom 20.12.2016 (BGBl. I S. 3000), Gesetz zur steuerlichen Entlastung der Familien sowie zur Anpassung weiterer steuerlicher Regelungen vom 29.11.2018 (BGBl. I S. 2210), Zweites Gesetz zur Anpassung des Datenschutzrechts an die Verordnung (EU) 2016/679 und zur Umsetzung der Richtlinie (EU) 2016/680 (Zweites Datenschutz-Anpassungs- und Umsetzungsgesetz EU – 2. DSAnpUG-EU) vom 20.11.2019 (BGBl. I S. 1626), Gesetz zur Rückführung des Solidaritätszuschlags 1995 vom 10.12.2019 (BGBl. I S. 2115), Zweites Familienentlastungsgesetz (2. FamEntlastG) vom 1.12.2020 (BGBl. I S. 2616) und Gesetz zum Ausgleich der Inflation durch einen fairen Einkommensteuertarif sowie zur Anpassung weiterer steuerlicher Regelungen (Inflationsausgleichsgesetz – InflAusG) vom 8.12.2022 (BGBl. I S. 2230)

BGBl. III/FNA 610-6-12

§ 1 Erhebung eines Solidaritätszuschlags. (1) Zur Einkommensteuer und zur Körperschaftsteuer wird ein Solidaritätszuschlag als Ergänzungsabgabe erhoben.

(2)[2] [1] Auf die Festsetzung und Erhebung des Solidaritätszuschlags sind die Vorschriften des Einkommensteuergesetzes mit Ausnahme des § 36a des Einkommensteuergesetzes und des Körperschaftsteuergesetzes entsprechend anzuwenden. [2] Wird die Einkommen- oder Körperschaftsteuer im Wege des Steuerabzugs erhoben, so dürfen die zu diesem Zweck verarbeiteten personenbezogenen Daten auch für die Erhebung des Solidaritätszuschlags im Wege des Steuerabzugs verarbeitet werden.

(3) Ist die Einkommen- oder Körperschaftsteuer für Einkünfte, die dem Steuerabzug unterliegen, durch den Steuerabzug abgegolten oder werden solche Einkünfte bei der Veranlagung zur Einkommen- oder Körperschaftsteuer oder beim Lohnsteuer-Jahresausgleich nicht erfasst, gilt dies für den Solidaritätszuschlag entsprechend.

(4) [1] Die Vorauszahlungen auf den Solidaritätszuschlag sind gleichzeitig mit den festgesetzten Vorauszahlungen auf die Einkommensteuer oder Körperschaft-

---

[1] Neubekanntmachung des SolzG 1995 v. 23.6.1993 (BGBl. I S. 944, 975) auf Grund des Art. 15 5. G zur Änd. des Steuerbeamtenausbildungsgesetzes v. 23.7.2002 (BGBl. I S. 2715) in der ab 27.7.2002 geltenden Fassung.

[2] § 1 Abs. 2 geänd. mWv VZ 2016 (§ 6 Abs. 16) durch G v. 19.7.2016 (BGBl. I S. 1730); Satz 2 angef., bish. Text wird Satz 1 mWv VZ 2019 durch G v. 20.11.2019 (BGBl. I S. 1626).

steuer zu entrichten; § 37 Abs. 5 des Einkommensteuergesetzes[1] ist nicht anzuwenden. [2]Solange ein Bescheid über die Vorauszahlungen auf den Solidaritätszuschlag nicht erteilt worden ist, sind die Vorauszahlungen ohne besondere Aufforderung nach Maßgabe der für den Solidaritätszuschlag geltenden Vorschriften zu entrichten. [3]§ 240 Abs. 1 Satz 3 der Abgabenordnung[2] ist insoweit nicht anzuwenden; § 254 Abs. 2 der Abgabenordnung gilt insoweit sinngemäß.

(5) [1]Mit einem Rechtsbehelf gegen den Solidaritätszuschlag kann weder die Bemessungsgrundlage noch die Höhe des zu versteuernden Einkommens angegriffen werden. [2]Wird die Bemessungsgrundlage geändert, ändert sich der Solidaritätszuschlag entsprechend.

§ 2 Abgabepflicht. Abgabepflichtig sind

1. natürliche Personen, die nach § 1 des Einkommensteuergesetzes einkommensteuerpflichtig sind,

2. natürliche Personen, die nach § 2 des Außensteuergesetzes[3] erweitert beschränkt steuerpflichtig sind,

3. Körperschaften, Personenvereinigungen und Vermögensmassen, die nach § 1 oder § 2 des Körperschaftsteuergesetzes[4] körperschaftsteuerpflichtig sind.

§ 3 Bemessungsgrundlage und zeitliche Anwendung. (1) Der Solidaritätszuschlag bemisst sich vorbehaltlich der Absätze 2 bis 5,

1. soweit eine Veranlagung zur Einkommensteuer oder Körperschaftsteuer vorzunehmen ist:

   nach der nach Absatz 2 berechneten Einkommensteuer oder der festgesetzten Körperschaftsteuer für Veranlagungszeiträume ab 1998, vermindert um die anzurechnende oder vergütete Körperschaftsteuer, wenn ein positiver Betrag verbleibt;

2. soweit Vorauszahlungen zur Einkommensteuer oder Körperschaftsteuer zu leisten sind:

   nach den Vorauszahlungen auf die Steuer für Veranlagungszeiträume ab 2002;

3. soweit Lohnsteuer zu erheben ist:

   nach der nach Absatz 2a berechneten Lohnsteuer für

   a) laufenden Arbeitslohn, der für einen nach dem 31. Dezember 1997 endenden Lohnzahlungszeitraum gezahlt wird,

   b) sonstige Bezüge, die nach dem 31. Dezember 1997 zufließen;

4. soweit ein Lohnsteuer-Jahresausgleich durchzuführen ist, nach der nach Absatz 2a sich ergebenden Jahreslohnsteuer für Ausgleichsjahre ab 1998;

5. soweit Kapitalertragsteuer oder Zinsabschlag zu erheben ist außer in den Fällen des § 43b des Einkommensteuergesetzes:

   nach der ab 1. Januar 1998 zu erhebenden Kapitalertragsteuer oder dem ab diesem Zeitpunkt zu erhebenden Zinsabschlag;

---

[1] Nr. **1**.
[2] Nr. **800**.
[3] Nr. **725**.
[4] Nr. **100**.

6. soweit bei beschränkt Steuerpflichtigen ein Steuerabzugsbetrag nach § 50a des Einkommensteuergesetzes zu erheben ist:

nach dem ab 1. Januar 1998 zu erhebenden Steuerabzugsbetrag.

(2) Bei der Veranlagung zur Einkommensteuer ist Bemessungsgrundlage für den Solidaritätszuschlag die Einkommensteuer, die abweichend von § 2 Abs. 6 des Einkommensteuergesetzes unter Berücksichtigung von Freibeträgen nach § 32 Abs. 6 des Einkommensteuergesetzes in allen Fällen des § 32 des Einkommensteuergesetzes festzusetzen wäre.

[Fassung bis 31.12.2022:]

(2a) [1] Vorbehaltlich des § 40a Absatz 2 des Einkommensteuergesetzes ist beim Steuerabzug vom Arbeitslohn Bemessungsgrundlage die Lohnsteuer; beim Steuerabzug vom laufenden Arbeitslohn und beim Jahresausgleich ist die Lohnsteuer maßgebend, die sich ergibt, wenn der nach § 39b Absatz 2 Satz 5 des Einkommensteuergesetzes zu versteuernde Jahresbetrag für die Steuerklassen I, II und III im Sinne des § 38b des Einkommensteuergesetzes um den Kinderfreibetrag von *4368* [2] *[ab 1.1.2020:* 5172; *ab 1.1.2021:* 5460] [3] Euro sowie den Freibetrag für den Betreuungs- und Erziehungs- oder Ausbildungsbedarf von *2640* [2] *[ab 1.1.2021:* 2928] [3] Euro und für die Steuerklasse IV im Sinne des § 38b des Einkommensteuergesetzes um den Kinderfreibetrag von *2184* [2] *[ab 1.1. 2020:* 2586; *ab 1.1.2021:* 2730] [3] Euro sowie den Freibetrag für den Betreuungs- und Erziehungs- oder Ausbildungsbedarf von *1320* [2] *[ab 1.1.2021:* 1464] [3] Euro für jedes Kind vermindert wird, für das eine Kürzung der Freibeträge für Kinder nach § 32 Absatz 6 Satz 4 des Einkommensteuergesetzes nicht in Betracht kommt.

[Fassung ab 1.1.2023:]

(2a) [1] [1] Vorbehaltlich des § 40a Absatz 2 des Einkommensteuergesetzes ist beim Steuerabzug vom Arbeitslohn Bemessungsgrundlage die Lohnsteuer; beim Steuerabzug vom laufenden Arbeitslohn und beim Jahresausgleich ist die Lohnsteuer maßgebend, die sich ergibt, wenn der nach § 39b Absatz 2 Satz 5 des Einkommensteuergesetzes zu versteuernde Jahresbetrag für die Steuerklassen I, II und III im Sinne des § 38b des Einkommensteuergesetzes um den doppelten Kinderfreibetrag sowie den doppelten Freibetrag für den Betreuungs- und Erziehungs- oder Ausbildungsbedarf und für die Steuerklasse IV im Sinne des § 38b des Einkommensteuergesetzes um den Kinderfreibetrag sowie den Freibetrag für den Betreuungs- und Erziehungs- oder Ausbildungsbedarf (§ 32 Absatz 6 Satz 1 des Einkommensteuergesetzes) für jedes Kind vermindert wird, für das eine Kürzung der Freibeträge für Kinder nach § 32 Absatz 6 Satz 4 des Einkommensteuergesetzes nicht in Betracht kommt.

---

[1] § 3 Absatz 2a Satz 1 neu gef. durch G v. 8.12.2022 (BGBl. I S. 2230); zur Anwendung vgl. § 6 Abs. 23 Satz 1.

[2] Betrag geänd. mWv VZ 2010 (§ 6 Abs. 11) durch G v. 22.12.2009 (BGBl. I S. 3950).

[3] Beträge geänd. mWv 1.1.2017/1.1.2018 (§ 6 Abs. 17 und 18) durch G v. 20.12.2016 (BGBl. I S. 3000); geänd. mWv 1.1.2019/1.1.2020 (§ 6 Abs. 19 und 20) durch G v. 29.11.2018 (BGBl. I S. 2210); geänd. mWv 1.1.2021 (§ 6 Abs. 22) durch G v. 1.12.2020 (BGBl. I S. 2616).

² Bei der Anwendung des § 39b des Einkommensteuergesetzes für die Ermittlung des Solidaritätszuschlages ist die als Lohnsteuerabzugsmerkmal gebildete Zahl der Kinderfreibeträge maßgebend.[1] ³ Bei Anwendung des § 39f des Einkommensteuergesetzes ist beim Steuerabzug vom laufenden Arbeitslohn die Lohnsteuer maßgebend, die sich bei Anwendung des nach § 39f Abs. 1 des Einkommensteuergesetzes ermittelten Faktors auf den nach den Sätzen 1 und 2 ermittelten Betrag ergibt.[2]

(3)[3] ¹ Der Solidaritätszuschlag ist von einkommensteuerpflichtigen Personen nur zu erheben, wenn die Bemessungsgrundlage nach Absatz 1 Nummer 1 und 2, vermindert um die Einkommensteuer nach § 32d Absatz 3 und 4 des Einkommensteuergesetzes,

1. in den Fällen des § 32a Absatz 5 und 6 des Einkommensteuergesetzes *1944 [ab VZ 2021:* 33 912; *ab VZ 2023:* 35 086; *ab VZ 2024:* 36 260] Euro,[4]

2. in anderen Fällen *972 [ab VZ 2021:* 16 956; *ab VZ 2023:* 17 543; *ab VZ 2024:* 18 130] Euro,[4]

übersteigt. ² Auf die Einkommensteuer nach § 32d Absatz 3 und 4 des Einkommensteuergesetzes ist der Solidaritätszuschlag ungeachtet des Satzes 1 zu erheben.

(4)[5] Beim Abzug vom laufenden Arbeitslohn ist der Solidaritätszuschlag nur zu erheben, wenn die Bemessungsgrundlage im jeweiligen Lohnzahlungszeitraum

1. bei monatlicher Lohnzahlung
   a) in der Steuerklasse III mehr als 2826 [*ab VZ 2023:* 2923,83; *ab VZ 2024:* 3021,67][6] Euro und
   b) in den Steuerklassen I, II, IV bis VI mehr als 1413 [*ab VZ 2023:* 1461,92; *ab VZ 2024:* 1510,83][6] Euro,

2. bei wöchentlicher Lohnzahlung
   a) in der Steuerklasse III mehr als 659,40 [*ab VZ 2023:* 682,23; *ab VZ 2024:* 705,06][6] Euro und
   b) in den Steuerklassen I, II, IV bis VI mehr als 329,70 [*ab VZ 2023:* 341,11; *ab VZ 2024:* 352,53][6] Euro,

3. bei täglicher Lohnzahlung

---

[1] § 3 Abs. 2a Satz 2 angef. durch G v. 13.12.2006 (BGBl. I S. 2878); geänd. mWv VZ 2012 (§ 6 Abs. 13) durch G v. 7.12.2011 (BGBl. I S. 2592).

[2] § 3 Abs. 2a Satz 3 angef. durch G v. 19.12.2008 (BGBl. I S. 2794).

[3] § 3 Abs. 3 Satz 1 geänd., Satz 2 angef. durch G v. 8.12.2010 (BGBl. I S. 1768); zur Anwendung siehe § 6 Abs. 12.

[4] § 3 Abs. 3 Satz 1 Nrn. 1 und 2 Beträge geänd. durch G v. 10.12.2019 (BGBl. I S. 2115); zur Anwendung siehe § 6 Abs. 21 Satz 1; Beträge geänd. durch G v. 8.12.2022 (BGBl. I S. 2230); zur Anwendung siehe § 6 Abs. 23 Satz 2 und Abs. 24 Satz 1.

[5] § 3 Abs. 4 Satz 2 aufgeh., bish. Satz 1 Nrn. 1 bis 3 Beträge geänd. durch G v. 10.12.2019 (BGBl. I S. 2115); zur Anwendung siehe § 6 Abs. 21 Satz 2.

[6] Beträge geänd. durch G v. 8.12.2022 (BGBl. I S. 2230); zur Anwendung siehe § 6 Abs. 23 Satz 3 und Abs. 24 Satz 2.

a) in der Steuerklasse III mehr als 94,20 [*ab VZ 2023:* 97,46; *ab VZ 2024:* 100,72][1) Euro und

b) in den Steuerklassen I, II, IV bis VI mehr als 47,10 [*ab VZ 2023:* 48,73; *ab VZ 2024:* 50,36][1) Euro

beträgt.

(4a)[2) [1]Beim Abzug von einem sonstigen Bezug ist der Solidaritätszuschlag nur zu erheben, wenn die Jahreslohnsteuer im Sinne des § 39b Absatz 3 Satz 5 des Einkommensteuergesetzes unter Berücksichtigung des Kinderfreibetrags und des Freibetrags für den Betreuungs- und Erziehungs- oder Ausbildungsbedarf für jedes Kind entsprechend den Vorgaben in Absatz 2a folgende Beträge übersteigt:

1. in den Steuerklassen I, II, IV bis VI 16 956 [*ab VZ 2023:* 17 543; *ab VZ 2024:* 18 130][1) Euro und

2. in der Steuerklasse III 33 912 [*ab VZ 2023:* 35 086; *ab VZ 2024:* 36 260][1) Euro.

[2]Die weiteren Berechnungsvorgaben in § 39b Absatz 3 des Einkommensteuergesetzes finden Anwendung.

(5)[3) Beim Lohnsteuer-Jahresausgleich ist der Solidaritätszuschlag nur zu ermitteln, wenn die Bemessungsgrundlage in Steuerklasse III mehr als 33 912 [*ab VZ 2023:* 35 086; *ab VZ 2024:* 36 260] Euro und in den Steuerklassen I, II oder IV mehr als 16 956 [*ab VZ 2023:* 17 543; *ab VZ 2024:* 18 130] Euro beträgt.

§ 4[4) **Zuschlagsatz.** [1]Der Solidaritätszuschlag beträgt 5,5 Prozent der Bemessungsgrundlage. [2]Er beträgt nicht mehr als *20 Prozent* [*ab 1.1.2021:* 11,9 Prozent] des Unterschiedsbetrages zwischen der Bemessungsgrundlage, vermindert um die Einkommensteuer nach § 32d Absatz 3 und 4 des Einkommensteuergesetzes, und der nach § 3 *Absatz 3 bis 5* [*ab 1.1.2021:* Absatz 3, 4 und 5] jeweils maßgebenden Freigrenze. [3]Bruchteile eines Cents bleiben außer Ansatz. [4]Der Solidaritätszuschlag auf die Einkommensteuer nach § 32d Absatz 3 und 4 des Einkommensteuergesetzes [*ab 1.1.2021:* und auf die Lohnsteuer nach § 39b Absatz 3 des Einkommensteuergesetzes] beträgt ungeachtet des Satzes 2 5,5 Prozent.

§ 5 Doppelbesteuerungsabkommen. Werden auf Grund eines Abkommens zur Vermeidung der Doppelbesteuerung im Geltungsbereich dieses

---

[1) Beträge geänd. durch G v. 8.12.2022 (BGBl. I S. 2230); zur Anwendung siehe § 6 Abs. 23 Satz 3 und Abs. 24 Satz 2.
[2) § 3 Abs. 4a eingef. durch G v. 10.12.2019 (BGBl I S. 2115); Zur Anwendung siehe § 6 Abs. 21 Satz 2.
[3) § 3 Abs. 5 Beträge geänd. durch G v. 10.12.2019 (BGBl. I S. 2115); zur Anwendung siehe § 6 Abs. 21 Satz 3; Beträge geänd. durch G v. 8.12.2022 (BGBl. I S. 2230); zur Anwendung siehe § 6 Abs. 23 Satz 4 und Abs. 24 Satz 2.
[4) § 4 Satz 2 geänd., Satz 4 angef. durch G v. 8.12.2010 (BGBl. I S. 1768); zur Anwendung siehe § 6 Abs. 12; Sätze 2 und 4 geänd. durch G v. 10.12.2019 (BGBl. I S. 2115); zur Anwendung siehe § 6 Abs. 21 Sätze 1 und 2.

Gesetzes erhobene Steuern vom Einkommen ermäßigt, so ist diese Ermäßigung zuerst auf den Solidaritätszuschlag zu beziehen.

§ 6 Anwendungsvorschrift. (1) § 2 in der Fassung des Gesetzes vom 18. Dezember 1995 (BGBl. I S. 1959) ist ab dem Veranlagungszeitraum 1995 anzuwenden.

(2) Das Gesetz in der Fassung des Gesetzes vom 11. Oktober 1995 (BGBl. I S. 1250) ist erstmals für den Veranlagungszeitraum 1996 anzuwenden.

(3) Das Gesetz in der Fassung des Gesetzes vom 21. November 1997 (BGBl. I S. 2743) ist erstmals für den Veranlagungszeitraum 1998 anzuwenden.

(4) Das Gesetz in der Fassung des Gesetzes vom 23. Oktober 2000 (BGBl. I S. 1433) ist erstmals für den Veranlagungszeitraum 2001 anzuwenden.

(5) Das Gesetz in der Fassung des Gesetzes vom 21. Dezember 2000 (BGBl. I S. 1978) ist erstmals für den Veranlagungszeitraum 2001 anzuwenden.

(6) Das Solidaritätszuschlaggesetz 1995 in der Fassung des Artikels 6 des Gesetzes vom 19. Dezember 2000 (BGBl. I S. 1790) ist erstmals für den Veranlagungszeitraum 2002 anzuwenden.

(7) § 1 Abs. 2a in der Fassung des Gesetzes zur Regelung der Bemessungsgrundlage für Zuschlagsteuern vom 21. Dezember 2000 (BGBl. I S. 1978, 1979) ist letztmals für den Veranlagungszeitraum 2001 anzuwenden.

(8) § 3 Abs. 2a *in der Fassung des Gesetzes zur Regelung der Bemessungsgrundlage für Zuschlagsteuern vom 21. Dezember 2000 (BGBl. I S. 1978, 1979)*[1] ist erstmals für den Veranlagungszeitraum 2002 anzuwenden.

(9)[2] § 3 in der Fassung des Artikels 7 des Gesetzes vom 20. Dezember 2007 (BGBl. I S. 3150) ist erstmals für den Veranlagungszeitraum 2008 anzuwenden.

(10)[3] § 3 in der Fassung des Artikels 5 des Gesetzes vom 22. Dezember 2008 (BGBl. I S. 2955) ist erstmals für den Veranlagungszeitraum 2009 anzuwenden.

(11)[4] § 3 in der Fassung des Artikels 9 des Gesetzes vom 22. Dezember 2009 (BGBl. I S. 3950) ist erstmals für den Veranlagungszeitraum 2010 anzuwenden.

(12)[5] ¹§ 3 Absatz 3 und § 4 in der Fassung des Artikels 31 des Gesetzes vom 8. Dezember 2010 (BGBl. I S. 1768) sind erstmals für den Veranlagungszeitraum 2011 anzuwenden. ²Abweichend von Satz 1 sind § 3 Absatz 3 und § 4 in der Fassung des Artikels 31 des Gesetzes vom 8. Dezember 2010 (BGBl. I S. 1768) auch für die Veranlagungszeiträume 2009 und 2010 anzuwenden, soweit sich dies zu Gunsten des Steuerpflichtigen auswirkt.

---

[1] Redaktionelles Versehen des Gesetzgebers – müsste richtig lauten: idF des Zweiten Gesetzes zur Familienförderung v. 16.8.2001 (BGBl. I S. 2074) bzw. idF des Fünften Gesetzes zur Änderung des Steuerbeamten-Ausbildungsgesetzes und zur Änderung von Steuergesetzen v. 23.7.2002 (BGBl. I S. 2715).
[2] § 6 Abs. 9 angef. durch G v. 20.12.2007 (BGBl. I S. 3150).
[3] § 6 Abs. 10 angef. durch G v. 22.12.2008 (BGBl. I S. 2955).
[4] § 6 Abs. 11 angef. durch G v. 22.12.2009 (BGBl. I S. 3950).
[5] § 6 Abs. 12 angef. durch G v. 8.12.2010 (BGBl. I S. 1768).

(13)[1] § 3 Absatz 2a Satz 2 in der Fassung des Artikels 6 des Gesetzes vom 7. Dezember 2011 (BGBl. I S. 2592) ist erstmals für den Veranlagungszeitraum 2012 anzuwenden.

(14)[2] ¹§ 3 Absatz 2a Satz 1 in der am 23. Juli 2015 geltenden Fassung ist erstmals anzuwenden auf laufenden Arbeitslohn, der für einen nach dem 30. November 2015 endenden Lohnzahlungszeitraum gezahlt wird, und auf sonstige Bezüge, die nach dem 30. November 2015 zufließen. ²Bei der Lohnsteuerberechnung auf laufenden Arbeitslohn, der für einen nach dem 30. November 2015, aber vor dem 1. Januar 2016 endenden täglichen, wöchentlichen und monatlichen Lohnzahlungszeitraum gezahlt wird, ist zu berücksichtigen, dass § 3 Absatz 2a Satz 1 in der am 23. Juli 2015 geltenden Fassung bis zum 30. November 2015 nicht angewandt wurde (Nachholung). ³Das Bundesministerium der Finanzen hat dies im Einvernehmen mit den obersten Finanzbehörden der Länder bei der Aufstellung und Bekanntmachung der entsprechenden Programmablaufpläne zu berücksichtigen (§ 52 Absatz 32a Satz 3 des Einkommensteuergesetzes).

(15)[3] § 3 Absatz 2a in der am 1. Januar 2016 geltenden Fassung ist erstmals auf den laufenden Arbeitslohn anzuwenden, der für einen nach dem 31. Dezember 2015 endenden Lohnzahlungszeitraum gezahlt wird, und auf sonstige Bezüge, die nach dem 31. Dezember 2015 zufließen.

(16)[4] Das Gesetz in der Fassung des Gesetzes von 19. Juli 2016 (BGBl. I S. 1730) ist erstmals für den Veranlagungszeitraum 2016 anzuwenden.

(17)[5] § 3 Absatz 2a in der am 1. Januar 2017 geltenden Fassung ist erstmals auf den laufenden Arbeitslohn anzuwenden, der für einen nach dem 31. Dezember 2016 endenden Lohnzahlungszeitraum gezahlt wird, und auf sonstige Bezüge, die nach dem 31. Dezember 2016 zufließen.

(18)[5] § 3 Absatz 2a in der am 1. Januar 2018 geltenden Fassung ist erstmals auf den laufenden Arbeitslohn anzuwenden, der für einen nach dem 31. Dezember 2017 endenden Lohnzahlungszeitraum gezahlt wird, und auf sonstige Bezüge, die nach dem 31. Dezember 2017 zufließen.

(19)[6] § 3 Absatz 2a in der am 1. Januar 2019 geltenden Fassung ist erstmals auf den laufenden Arbeitslohn anzuwenden, der für einen nach dem 31. Dezember 2018 endenden Lohnzahlungszeitraum gezahlt wird, und auf sonstige Bezüge, die nach dem 31. Dezember 2018 zufließen.

(20)[7] § 3 Absatz 2a in der am 1. Januar 2020 geltenden Fassung ist erstmals auf den laufenden Arbeitslohn anzuwenden, der für einen nach dem 31. Dezember 2019 endenden Lohnzahlungszeitraum gezahlt wird, und auf sonstige Bezüge, die nach dem 31. Dezember 2019 zufließen.

---

[1] § 6 Abs. 13 angef. durch G v. 7.12.2011 (BGBl. I S. 2592).
[2] § 6 Abs. 14 angef. durch G v. 16.7.2015 (BGBl. I S. 1202).
[3] § 6 Abs. 15 angef. durch G v. 16.7.2015 (BGBl. I S. 1202).
[4] § 6 Abs. 16 angef. durch G v. 19.7.2016 (BGBl. I S. 1730).
[5] § 6 Abs. 17 und 18 angef. durch G v. 20.12.2016 (BGBl. I S. 3000).
[6] § 6 Abs. 19 angef. durch G v. 29.11.2018 (BGBl. I S. 2210).
[7] § 6 Abs. 20 angef. durch G v. 29.11.2018 (BGBl. I S. 2210).

(21)[1] [1] § 3 Absatz 3 und § 4 Satz 2 in der Fassung des Gesetzes vom 10. Dezember 2019 (BGBl. I S. 2115) sind erstmals im Veranlagungszeitraum 2021 anzuwenden. [2] § 3 Absatz 4 und 4a und § 4 Satz 2 und 4 in der Fassung des Gesetzes vom 10. Dezember 2019 (BGBl. I S. 2115) sind erstmals auf den laufenden Arbeitslohn anzuwenden, der für einen nach dem 31. Dezember 2020 endenden Lohnzahlungszeitraum gezahlt wird, und auf sonstige Bezüge, die nach dem 31. Dezember 2020 zufließen. [3] § 3 Absatz 5 in der Fassung des Gesetzes vom 10. Dezember 2019 (BGBl. I S. 2115) ist beim Lohnsteuer-Jahresausgleich durch den Arbeitgeber (§ 42b des Einkommensteuergesetzes) erstmals für das Ausgleichsjahr 2021 anzuwenden.

(22)[2] § 3 Absatz 2a in der am 1. Januar 2021 geltenden Fassung ist erstmals auf den laufenden Arbeitslohn anzuwenden, der für einen nach dem 31. Dezember 2020 endenden Lohnzahlungszeitraum gezahlt wird, und auf sonstige Bezüge, die nach dem 31. Dezember 2020 zufließen.

(23)[3] [1] § 3 Absatz 2a in der am 1. Januar 2023 geltenden Fassung ist erstmals auf den laufenden Arbeitslohn anzuwenden, der für einen nach dem 31. Dezember 2022 endenden Lohnzahlungszeitraum gezahlt wird, und auf sonstige Bezüge, die nach dem 31. Dezember 2022 zufließen. [2] § 3 Absatz 3 in der Fassung des Artikels 4 des Gesetzes vom 8. Dezember 2022 (BGBl. I S. 2230) ist erstmals im Veranlagungszeitraum 2023 anzuwenden. [3] § 3 Absatz 4 und 4a in der Fassung des Artikels 4 des Gesetzes vom 8. Dezember 2022 (BGBl. I S. 2230) ist erstmals auf den laufenden Arbeitslohn anzuwenden, der für einen nach dem 31. Dezember 2022 endenden Lohnzahlungszeitraum gezahlt wird, und auf sonstige Bezüge, die nach dem 31. Dezember 2022 zufließen. [4] § 3 Absatz 5 in der Fassung des Artikels 4 des Gesetzes vom 8. Dezember 2022 (BGBl. I S. 2230) ist beim Lohnsteuer-Jahresausgleich durch den Arbeitgeber (§ 42b des Einkommensteuergesetzes) erstmals für das Ausgleichsjahr 2023 anzuwenden.

(24)[4] [1] § 3 Absatz 3 in der Fassung des Artikels 5 des Gesetzes vom 8. Dezember 2022 (BGBl. I S. 2230) ist erstmals im Veranlagungszeitraum 2024 anzuwenden. [2] § 3 Absatz 4 und 4a in der Fassung des Artikels 5 des Gesetzes vom 8. Dezember 2022 (BGBl. I S. 2230) ist erstmals auf den laufenden Arbeitslohn anzuwenden, der für einen nach dem 31. Dezember 2023 endenden Lohnzahlungszeitraum gezahlt wird, und auf sonstige Bezüge, die nach dem 31. Dezember 2023 zufließen. [3] § 3 Absatz 5 in der Fassung des Artikels 5 des Gesetzes vom 8. Dezember 2022 (BGBl. I S. 2230) ist beim Lohnsteuer-Jahresausgleich durch den Arbeitgeber (§ 42b des Einkommensteuergesetzes) erstmals für das Ausgleichsjahr 2024 anzuwenden.

---

[1] § 6 Abs. 21 angef. durch G v. 10.12.2019 (BGBl. I S. 2115).
[2] § 6 Abs. 22 angef. durch G v. 1.12.2020 (BGBl. I S. 2616).
[3] § 6 Abs. 23 angef. durch G v. 8.12.2022 (BGBl. I S. 2230).
[4] § 6 Abs. 24 angef. durch G v. 8.12.2022 (BGBl. I S. 2230).

2. Richtlinie 2011/96/EU des Rates über das gemeinsame Steuersystem der Mutter- und Tochtergesellschaften verschiedener Mitgliedstaaten

Vom 30. November 2011 (ABl. EU Nr. L 345 S. 9)

Zuletzt geändert durch RL 2015/121/EU vom 27. 1. 2015 (ABl. EU Nr. L 21 S. 1)

Art. 1[1) **[Anwendungsbereich]** (1) Jeder Mitgliedstaat wendet diese Richtlinie an

a) auf Gewinnausschüttungen, die Gesellschaften dieses Mitgliedstaats von Tochtergesellschaften eines anderen Mitgliedstaats zufließen;

b) auf Gewinnausschüttungen von Tochtergesellschaften dieses Mitgliedstaats an Gesellschaften anderer Mitgliedstaaten;

c) auf Gewinnausschüttungen, die in diesem Mitgliedstaat gelegenen Betriebstätten von Gesellschaften anderer Mitgliedstaaten von ihren Tochtergesellschaften eines anderen Mitgliedstaats als dem der Betriebstätte zufließen;

d) auf Gewinnausschüttungen von Gesellschaften dieses Mitgliedstaats an in einem anderen Mitgliedstaat gelegene Betriebstätten von Gesellschaften dieses Mitgliedstaats, deren Tochtergesellschaften sie sind.

(2) Liegt – unter Berücksichtigung aller relevanten Fakten und Umstände – eine unangemessene Gestaltung oder eine unangemessene Abfolge von Gestaltungen vor, bei der der wesentliche Zweck oder einer der wesentlichen Zwecke darin besteht, einen steuerlichen Vorteil zu erlangen, der dem Ziel oder Zweck dieser Richtlinie zuwiderläuft, so gewähren die Mitgliedstaaten Vorteile dieser Richtlinie nicht.

Eine Gestaltung kann mehr als einen Schritt oder Teil umfassen.

(3) Für die Zwecke von Absatz 2 gilt eine Gestaltung oder eine Abfolge von Gestaltungen in dem Umfang als unangemessen, wie sie nicht aus triftigen wirtschaftlichen Gründen vorgenommen wurde, die die wirtschaftliche Realität widerspiegeln.

(4) Die vorliegende Richtlinie steht der Anwendung einzelstaatlicher oder vertraglicher Bestimmungen zur Verhinderung von Steuerhinterziehung, Steuerbetrug oder Missbrauch nicht entgegen.

Art. 2 [Begriffsbestimmungen] Für die Zwecke dieser Richtlinie gelten folgende Begriffsbestimmungen:

a) „Gesellschaft eines Mitgliedstaats" ist jede Gesellschaft,

   i) die eine der in Anhang I Teil A aufgeführten Formen aufweist;

   ii) die nach dem Steuerrecht eines Mitgliedstaats in Bezug auf den steuerlichen Wohnsitz als in diesem Mitgliedstaat ansässig und aufgrund eines

---

[1) Art. 1 Abs. 2 ersetzt durch Abs. 2 bis 4 mWv 17. 2. 2015 durch RL 2015/121/EU v. 27. 1. 2015 (ABl. EU Nr. L 21 S. 1).

mit einem dritten Staat geschlossenen Doppelbesteuerungsabkommens
in Bezug auf den steuerlichen Wohnsitz nicht als außerhalb der Union
ansässig betrachtet wird;

iii) die ferner ohne Wahlmöglichkeit einer der in Anhang I Teil B aufgeführten Steuern oder irgendeiner Steuer, die eine dieser Steuern ersetzt,
unterliegt, ohne davon befreit zu sein.

b) „Betriebstätte" ist eine feste Geschäftseinrichtung in einem Mitgliedstaat,
durch die die Tätigkeit einer Gesellschaft eines anderen Mitgliedstaats ganz
oder teilweise ausgeübt wird, sofern die Gewinne dieser Geschäftseinrichtung in dem Mitgliedstaat, in dem sie gelegen ist, nach dem jeweils geltenden bilateralen Doppelbesteuerungsabkommen oder – in Ermangelung eines solchen Abkommens – nach innerstaatlichem Recht steuerpflichtig sind.

Art. 3 [Mutter- und Tochtergesellschaft] (1) Im Sinne dieser Richtlinie

a) gilt als „Muttergesellschaft"

i) wenigstens eine Gesellschaft eines Mitgliedstaats, die die Bedingungen
des Artikels 2 erfüllt und die einen Anteil von wenigstens 10% am Kapital einer Gesellschaft eines anderen Mitgliedstaats hält, die die gleichen
Bedingungen erfüllt;

ii) unter denselben Bedingungen eine Gesellschaft eines Mitgliedstaats, die
einen Anteil von wenigstens 10% am Kapital einer Gesellschaft desselben
Mitgliedstaats hält, der ganz oder teilweise von einer in einem anderen
Mitgliedstaat gelegenen Betriebstätte der erstgenannten Gesellschaft
gehalten wird;

b) ist „Tochtergesellschaft" die Gesellschaft, an deren Kapital eine andere Gesellschaft den in Buchstabe a genannten Anteil hält.

(2) Abweichend von Absatz 1 haben die Mitgliedstaaten die Möglichkeit,

a) durch bilaterale Vereinbarung als Kriterium die Stimmrechte statt des Kapitalanteils vorzusehen,

b) von dieser Richtlinie ihre Gesellschaften auszunehmen, die nicht während
eines ununterbrochenen Zeitraums von mindestens zwei Jahren im Besitz
einer Beteiligung bleiben, aufgrund deren sie als Muttergesellschaften gelten, oder an denen eine Gesellschaft eines anderen Mitgliedstaats nicht
während eines ununterbrochenen Zeitraums von mindestens zwei Jahren
eine solche Beteiligung hält.

Art. 4 [Bewertungsgrundsätze] (1) Fließen einer Muttergesellschaft oder
ihrer Betriebstätte aufgrund der Beteiligung der Muttergesellschaft an der
Tochtergesellschaft Gewinne zu, die nicht anlässlich der Liquidation der Tochtergesellschaft ausgeschüttet werden, so

a)[1] besteuern der Mitgliedstaat der Muttergesellschaft und der Mitgliedstaat
der Betriebsstätte diese Gewinne insoweit nicht, als sie von der Tochtergesellschaft nicht abgezogen werden können, und besteuern sie diese Gewin-

---

[1] Art. 4 Abs. 1 Buchst. a neu gef. mWv 14. 8. 2014 durch RL 2014/86/EU v. 8. 7. 2014
(ABl. EU Nr. L 219 S. 40).

ne insoweit, als sie von der Tochtergesellschaft abgezogen werden können, oder

b) lassen der Mitgliedstaat der Muttergesellschaft und der Staat der Betriebstätte im Falle einer Besteuerung zu, dass die Muttergesellschaft und die Betriebstätte auf die geschuldete Steuer den Steuerteilbetrag, den die Tochtergesellschaft und jegliche Enkelgesellschaft für diesen Gewinn entrichten, bis zur Höhe der entsprechenden Steuerschuld anrechnen können, vorausgesetzt, dass die Gesellschaft und die ihr nachgeordnete Gesellschaft im Sinne von Artikel 2 auf jeder Stufe die Bedingungen gemäß Artikel 3 erfüllen.

(2) Diese Richtlinie hindert den Mitgliedstaat der Muttergesellschaft nicht daran, eine Tochtergesellschaft aufgrund seiner Bewertung der rechtlichen Merkmale dieser Tochtergesellschaft, die sich aus dem Recht, nach dem sie gegründet wurde, ergeben, als steuerlich transparent zu betrachten und daher die Muttergesellschaft im Zeitpunkt der Entstehung in Höhe des auf die Muttergesellschaft entfallenden Anteils am Gewinn der Tochtergesellschaft zu besteuern. In diesem Fall besteuert der Mitgliedstaat der Muttergesellschaft die von der Tochtergesellschaft ausgeschütteten Gewinne nicht.

Bestimmt der Mitgliedstaat der Muttergesellschaft deren Anteil an den ihr zuzurechnenden Gewinnen ihrer Tochtergesellschaft im Zeitpunkt der Entstehung, so gewährt er entweder eine Steuerbefreiung dieser Gewinne oder gestattet, dass die Muttergesellschaft auf die geschuldete Steuer den Teilbetrag

(Fortsetzung nächstes Blatt)

der Körperschaftsteuer, der sich auf den Gewinnanteil der Muttergesellschaft bezieht und den ihre Tochtergesellschaft und jede Enkelgesellschaft für diese Gewinne entrichten, bis zur Höhe der entsprechenden Steuerschuld anrechnen kann, vorausgesetzt, dass die Gesellschaft und die ihr nachgeordnete Gesellschaft im Sinne von Artikel 2 auf jeder Stufe die Bedingungen gemäß Artikel 3 erfüllen.

(3) Jeder Mitgliedstaat kann bestimmen, dass Kosten der Beteiligung an der Tochtergesellschaft und Minderwerte, die sich aufgrund der Ausschüttung ihrer Gewinne ergeben, nicht vom steuerpflichtigen Gewinn der Muttergesellschaft abgesetzt werden können.

Werden in diesem Fall die mit der Beteiligung zusammenhängenden Verwaltungskosten pauschal festgesetzt, so darf der Pauschalbetrag 5% der von der Tochtergesellschaft ausgeschütteten Gewinne nicht übersteigen.

(4) Die Absätze 1 und 2 gelten bis zum Zeitpunkt der tatsächlichen Anwendung eines gemeinsamen Körperschaftssteuersystems.

(5) Der Rat erlässt gemäß einem besonderen Gesetzgebungsverfahren einstimmig und nach Anhörung des Europäischen Parlaments und des Wirtschafts- und Sozialausschusses rechtzeitig die ab dem Zeitpunkt der tatsächlichen Anwendung eines gemeinsamen Körperschaftssteuersystems geltenden Bestimmungen.

Art. 5 [Steuerabzug von der Quelle] Die von einer Tochtergesellschaft an ihre Muttergesellschaft ausgeschütteten Gewinne sind vom Steuerabzug an der Quelle befreit.

Art. 6 [Ausschluss des Steuerabzugs] Der Mitgliedstaat der Muttergesellschaft kann keinen Steuerabzug an der Quelle auf Gewinne vornehmen, die diese Gesellschaft von ihrer Tochtergesellschaft bezieht.

Art. 7 [Abgrenzungsvorschriften] (1) Der in dieser Richtlinie verwendete Ausdruck „Steuerabzug an der Quelle" umfasst nicht die in Verbindung mit der Ausschüttung von Gewinnen an die Muttergesellschaft erfolgende Vorauszahlung der Körperschaftsteuer an den Sitzmitgliedstaat der Tochtergesellschaft.

(2) Diese Richtlinie berührt nicht die Anwendung einzelstaatlicher oder vertraglicher Bestimmungen, die die Beseitigung oder Minderung der Doppelbesteuerung der Dividenden bezwecken, und insbesondere nicht die Bestimmungen, die die Auszahlung von Steuerkrediten an die Dividendenempfänger betreffen.

Art. 8 [Umsetzungsfrist] (1) Die Mitgliedstaaten setzen die Rechts- und Verwaltungsvorschriften in Kraft, die erforderlich sind, um dieser Richtlinie spätestens bis zum 18. Januar 2012 nachzukommen. Sie setzen die Kommission unverzüglich davon in Kenntnis.

Wenn die Mitgliedstaaten diese Vorschriften erlassen, nehmen sie in den Vorschriften selbst oder durch einen Hinweis bei der amtlichen Veröffentlichung auf diese Richtlinie Bezug. Die Mitgliedstaaten regeln die Einzelheiten der Bezugnahme.

(2) Die Mitgliedstaaten teilen der Kommission den Wortlaut der wichtigsten innerstaatlichen Rechtsvorschriften mit, die sie auf dem unter diese Richtlinie fallenden Gebiet erlassen; der Mitteilung ist eine Tabelle der Entsprechungen zwischen diesen Rechtsvorschriften und der vorliegenden Richtlinie beigefügt.

Art. 9 [Aufgehobene Fassung][1] Die Richtlinie 90/435/EWG, in der Fassung der in Anhang II Teil A aufgeführten Rechtsakte, wird unbeschadet der Verpflichtung der Mitgliedstaaten hinsichtlich der in Anhang II Teil B genannten Fristen für die Umsetzung in innerstaatliches Recht aufgehoben.

Bezugnahmen auf die aufgehobene Richtlinie gelten als Bezugnahmen auf die vorliegende Richtlinie und sind nach Maßgabe der Entsprechungstabelle in Anhang III zu lesen.

Art. 10 [Inkrafttreten] Diese Richtlinie tritt am zwanzigsten Tag nach ihrer Veröffentlichung im Amtsblatt der Europäischen Union in Kraft.[2]

Art. 11 [Adressat] Diese Richtlinie ist an die Mitgliedstaaten gerichtet.

ANHANG I

TEIL A

Liste der unter Artikel 2 Buchstabe a Ziffer i fallenden Gesellschaften

a) Die gemäß der Verordnung (EG) Nr. 2157/2001 des Rates vom 8. Oktober 2001 über das Statut der Europäischen Gesellschaft (SE)[3] und der Richtlinie 2001/86/EG des Rates vom 8. Oktober 2001 zur Ergänzung des Statuts der Europäischen Gesellschaft hinsichtlich der Beteiligung der Arbeitnehmer[4] gegründeten Gesellschaften sowie die gemäß der Verordnung (EG) Nr. 1435/2003 des Rates vom 22. Juli 2003 über das Statut der Europäischen Genossenschaft (SCE)[5] und gemäß der Richtlinie 2003/72/EG des Rates vom 22. Juli 2003 zur Ergänzung des Statuts der Europäischen Genossenschaft hinsichtlich der Beteiligung der Arbeitnehmer[6] gegründeten Genossenschaften,

b) Gesellschaften belgischen Rechts mit der Bezeichnung „société anonyme"/„naamloze vennootschap", „société en commandite par actions"/„commanditaire vennootschap op aandelen", „société privée à responsabilité limitée"/„besloten vennootschap met beperkte aansprakelijkheid", „société coopérative à responsabilité limitée"/„coöperatieve vennootschap met beperkte aansprakelijkheid", „société coopérative à responsabilité illimitée"/„coöperatieve vennootschap met onbeperkte aansprakelijkheid", „société en nom collectif"/„vennootschap onder firma" oder „société en commandite simple"/„gewone commanditaire vennootschap", öffentliche Unternehmen, die eine der genannten Rechts-

---

[1] Anhang II.
[2] 18. 1. 2012.
[3] **[Amtl. Anm.:]** ABl. L 294 vom 10. 11. 2001, S. 1.
[4] **[Amtl. Anm.:]** ABl. L 294 vom 10. 11. 2001, S. 22.
[5] **[Amtl. Anm.:]** ABl. L 207 vom 18. 8. 2003, S. 1.
[6] **[Amtl. Anm.:]** ABl. L 207 vom 18. 8. 2003, S. 25.

formen angenommen haben, und andere nach belgischem Recht gegründete Gesellschaften, die der belgischen Körperschaftssteuer unterliegen,

c) Gesellschaften bulgarischen Rechts mit der Bezeichnung „събирателно дружество", „командитно дружество", „дружество с ограничена отговорност", „акционерно дружество", „командитно дружество с акции", „неперсонифицирано дружество", „кооперации", „кооперативни съюзи" oder „държавни предприятия", die nach bulgarischem Recht gegründet wurden und gewerbliche Tätigkeiten ausüben,

d) Gesellschaften tschechischen Rechts mit der Bezeichnung „akciová spolecnost" oder „spolecnost s rucením omezeným",

e) Gesellschaften dänischen Rechts mit der Bezeichnung „aktieselskab" oder „anpartsselskab". Weitere nach dem Körperschaftssteuergesetz steuerpflichtige Gesellschaften, soweit ihr steuerbarer Gewinn nach den allgemeinen steuerrechtlichen Bestimmungen für die „aktieselskaber" ermittelt und besteuert wird,

f) Gesellschaften deutschen Rechts mit der Bezeichnung „Aktiengesellschaft", „Kommanditgesellschaft auf Aktien", „Gesellschaft mit beschränkter Haftung", „Versicherungsverein auf Gegenseitigkeit", „Erwerbs- und Wirtschaftsgenossenschaft" oder „Betrieb gewerblicher Art von juristischen Personen des öffentlichen Rechts" und andere nach deutschem Recht gegründete Gesellschaften, die der deutschen Körperschaftssteuer unterliegen,

g) Gesellschaften estnischen Rechts mit der Bezeichnung „täisühing", „usaldusühing", „osaühing", „aktsiaselts" oder „tulundusühistu",

h) nach irischem Recht gegründete oder eingetragene Gesellschaften, gemäß dem Industrial and Provident Societies Act eingetragene Körperschaften, gemäß dem Building Societies Act gegründete „building societies" und „trustee savings banks" im Sinne des Trustee Savings Banks Act von 1989,

i) Gesellschaften griechischen Rechts mit der Bezeichnung „ανώνυμη εταιρεία" oder „εταιρεία περιωρισμένης ευθύνης (Ε.Π.Ε.)" und andere nach griechischem Recht gegründete Gesellschaften, die der griechischen Körperschaftssteuer unterliegen,

j) Gesellschaften spanischen Rechts mit der Bezeichnung „sociedad anónima", „sociedad comanditaria por acciones" oder „sociedad de responsabilidad limitada" und die öffentlich-rechtlichen Körperschaften, deren Tätigkeit unter das Privatrecht fällt. Andere nach spanischem Recht gegründete Körperschaften, die der spanischen Körperschaftssteuer („impuesto sobre sociedades") unterliegen,

k) Gesellschaften französischen Rechts mit der Bezeichnung „société anonyme", „société en commandite par actions", „société à responsabilité limitée", „sociétés par actions simplifiées", „sociétés d'assurances mutuelles", „caisses d'épargne et de prévoyance", „sociétés civiles", die automatisch der Körperschaftssteuer unterliegen, „coopératives", „unions de coopératives", die öffentlichen Industrie- und Handelsbetriebe und -unternehmen und andere nach französischem Recht gegründete Gesellschaften, die der französischen Körperschaftssteuer unterliegen,

ka)[1]) Gesellschaften kroatischen Rechts mit der Bezeichung ‚dioničko društvo' oder ‚društvo s ograničenom odgovornošću' und andere nach kroatischem Recht gegründete Gesellschaften, die der kroatischen Gewinnsteuer unterliegen,

l) Gesellschaften italienischen Rechts mit der Bezeichnung „società per azioni", „società in accomandita per azioni", „società a responsabilità limitata", „società cooperative", „società di mutua assicurazione" sowie öffentliche und private Körperschaften, deren Tätigkeit ganz oder überwiegend handelsgewerblicher Art ist,

m) Gesellschaften zyprischen Rechts mit der Bezeichnung: „εταιρείες" im Sinne der Einkommensteuergesetze,

n) Gesellschaften lettischen Rechts mit der Bezeichnung: „akciju sabiedrība", „sabiedrība ar ierobežotu atbildību",

o) Gesellschaften litauischen Rechts,

---

[1]) Buchst. ka) eingef. durch RL 2013/13/EU (ABl. EU Nr. L 141, S. 30).

p) Gesellschaften luxemburgischen Rechts mit der Bezeichnung „société anonyme", „société en commandite par actions", „société à responsabilité limitée", „société coopérative", „société coopérative organisée comme une société anonyme", „association d'assurances mutuelles", „association d'épargne-pension", „entreprise de nature commerciale, industrielle ou minière de l'Etat, des communes, des syndicats de communes, des établissements publics et des autres personnes morales de droit public" sowie andere nach luxemburgischem Recht gegründete Gesellschaften, die der luxemburgischen Körperschaftssteuer unterliegen,

q) Gesellschaften ungarischen Rechts mit der Bezeichnung: „közkereseti társaság", „betéti társaság", „közös vállalat", „korlátolt felelosségv társaság", „részvénytársaság", „egyesülés", „szövetkezet",

r) Gesellschaften maltesischen Rechts mit der Bezeichnung: „Kumpaniji ta' Responsabilita' Limitata", „Soċjetajiet en commandite li l-kapital tagħhom maqsum f'azzjonijiet",

s) Gesellschaften niederländischen Rechts mit der Bezeichnung „naamloze vennootschap", „besloten vennootschap met beperkte aansprakelijkheid", „open commanditaire vennootschap", „coöperatie", „onderlinge waarborgmaatschappij", „fonds voor gemene rekening", „vereniging op coöperatieve grondslag", „vereniging welke op onderlinge grondslag als verzekeraar of kredietinstelling optreedt" und andere nach niederländischem Recht gegründete Gesellschaften, die der niederländischen Körperschaftssteuer unterliegen,

t) Gesellschaften österreichischen Rechts mit der Bezeichnung „Aktiengesellschaft", „Gesellschaft mit beschränkter Haftung", „Versicherungsvereine auf Gegenseitigkeit", „Erwerbs- und Wirtschaftsgenossenschaften", „Betriebe gewerblicher Art von Körperschaften des öffentlichen Rechts", „Sparkassen" sowie andere nach österreichischem Recht gegründete Gesellschaften, die der österreichischen Körperschaftssteuer unterliegen,

u)[1] Gesellschaften polnischen Rechts mit der Bezeichnung: „spółka akcyjna", „spółka z ograniczoną odpowiedzialnością", „spółka komandytowo-akcyjna",

v) Gesellschaften portugiesischen Rechts in Form von Handelsgesellschaften oder zivilrechtlichen Handelsgesellschaften sowie Genossenschaften und öffentliche Unternehmen,

w)[2] Gesellschaften rumänischen Rechts mit der Bezeichnung: „societăÃi pe acÃiuni", „societăÃi în comandită pe acÃiuni", „societăÃi cu răspundere limitată", „societăÃi în nume colectiv", „societăÃi în comandită simplă",

x) Gesellschaften slowenischen Rechts mit der Bezeichnung: „delniška družba", „komanditna družba", „družba z omejeno odgovornostjo",

y) Gesellschaften slowakischen Rechts mit der Bezeichnung: „akciová spoločnost'", „spoločnost' s ručením obmedzeným", „komanditná spoločnost'",

z) Gesellschaften finnischen Rechts mit der Bezeichnung „osakeyhtiö"/„aktiebolag", „osuuskunta"/„andelslag", „säästöpankki"/„sparbank" und „vakuutusyhtiö"/„försäkringsbolag",

aa) Gesellschaften schwedischen Rechts mit der Bezeichnung „aktiebolag", „försäkringsaktiebolag", „ekonomiska föreningar", „sparbanker", „ömsesidiga försäkringsbolag" und „försäkringsföreningar",

ab) nach dem Recht des Vereinigten Königreichs gegründete Gesellschaften.

TEIL B

Liste der unter Artikel 2 Buchstabe a Ziffer iii fallenden Steuern

– impôt des sociétés/vennootschapsbelasting in Belgien,
– корпоративен данък in Bulgarien,

---

[1]) Buchst. u) neu gef. mWv 14. 8. 2014 durch RL 2014/86/EU v. 8. 7. 2014 (ABl. EU Nr. L 219 S. 40).
[2]) Buchst. w) neu gef. mWv 14. 8. 2014 durch RL 2014/86/EU v. 8. 7. 2014 (ABl. EU Nr. L 219 S. 40).

- daň z příjmů právnických osob in der Tschechischen Republik,
- selskabsskat in Dänemark,
- Körperschaftssteuer in Deutschland,
- tulumaks in Estland,
- corporation tax in Irland,
- φόρος εισοδήματος νομικών προσώπων κερδοσκοπικού χαρακτήρα in Griechenland,
- impuesto sobre sociedades in Spanien,
- impôt sur les sociétés in Frankreich,
- porez na dobit in Kroatien,[1]
- imposta sul reddito delle società in Italien,
- φόρος εισοδήματος in Zypern,
- uzOēmumu ienākuma nodoklis in Lettland,
- pelno mokestis in Litauen,
- impôt sur le revenu des collectivités in Luxemburg,
- társasági adó, osztalékadó in Ungarn,
- taxxa fuq l-income in Malta,
- vennootschapsbelasting in den Niederlanden,
- Körperschaftssteuer in Österreich,
- podatek dochodowy od osób prawnych in Polen,
- imposto sobre o rendimento das pessoas colectivas in Portugal,
- impozit pe profit in Rumänien,
- davek od dobička pravnih oseb in Slowenien,
- daň z príjmov právnických osôb in der Slowakei,
- yhteisöjen tulovero/inkomstskatten för samfund in Finnland,
- statlig inkomstskatt in Schweden,
- corporation tax im Vereinigten Königreich.

ANHANG II

TEIL A

Aufgehobene Richtlinie mit Liste ihrer nachfolgenden Änderungen
(gemäß Artikel 9)

Richtlinie 90/435/EWG des Rates
(ABl. L 225 vom 20. 8. 1990, S. 6).

Beitrittsakte von 1994 Anhang I, Nummer XI. B. I.3
(ABl. C 241 vom 29. 8. 1994, S. 196).

Richtlinie 2003/123/EG des Rates
(ABl. L 7 vom 13. 1. 2004, S. 41).

Beitrittsakte von 2003 Anhang II, Nummer 9.8
(ABl. L 236 vom 23. 9. 2003, S. 555).

Richtlinie 2006/98/EG des Rates   nur Nummer 7 des Anhangs
(ABl. L 363 vom 20. 12. 2006, S. 129).

[1] Spiegelstr. eingef. durch RL 2013/13/EU (ABl. EU Nr. L 141, S. 30).

TEIL B

Fristen für die Umsetzung in innerstaatliches Recht
(gemäß Artikel 9)

Richtlinie	Umsetzungsfrist
90/435/EWG	31. Dezember 1991
2003/123/EG	1. Januar 2005
2006/98/EG	1. Januar 2007

ANHANG III

Entsprechungstabelle

Richtlinie 90/435/EWG	Vorliegende Richtlinie
Artikel 1 Absatz 1 erster bis vierter Gedankenstrich	Artikel 1 Absatz 1 Buchstaben a bis d
Artikel 1 Absatz 2	Artikel 1 Absatz 2
Artikel 2 Absatz 1 erster Teil des einleitenden Satzes	Artikel 2 einleitender Satz
Artikel 2 Absatz 1 zweiter Teil des einleitenden Satzes	Artikel 2 Buchstabe a einleitender Satz
Artikel 2 Absatz 1 Buchstabe a	Artikel 2 Buchstabe a Ziffer i
Artikel 2 Absatz 1 Buchstabe b	Artikel 2 Buchstabe a Ziffer ii
Artikel 2 Absatz 1 Buchstabe c einleitender Satz von Unterabsatz 1 und Unterabsatz 2	Artikel 2 Buchstabe a Ziffer iii
Artikel 2 Absatz 1 Buchstabe c Unterabsatz 1 erster bis siebenundzwanzigster Gedankenstrich	Anhang I Teil B erster bis siebenundzwanzigster Gedankenstrich
Artikel 2 Absatz 2	Artikel 2 Buchstabe b
Artikel 3 Absatz 1 einleitender Satz	Artikel 3 Absatz 1 einleitender Satz
Artikel 3 Absatz 1 Buchstabe a Unterabsatz 1 erste Worte	Artikel 3 Absatz 1 Buchstabe a einleitender Satz
Artikel 3 Absatz 1 Buchstabe a Unterabsatz 1 letzte Worte	Artikel 3 Absatz 1 Buchstabe a Ziffer i
Artikel 3 Absatz 1 Buchstabe a Unterabsatz 2	Artikel 3 Absatz 1 Buchstabe a Ziffer ii
Artikel 3 Absatz 1 Buchstabe a Unterabsatz 3	–
Artikel 3 Absatz 1 Buchstabe a Unterabsatz 4	–
Artikel 3 Absatz 1 Buchstabe b	Artikel 3 Absatz 1 Buchstabe b
Artikel 3 Absatz 2 erster und zweiter Gedankenstrich	Artikel 3 Absatz 2 Buchstaben a und b

Richtlinie 90/435/EWG	Vorliegende Richtlinie
Artikel 4 Absatz 1 erster und zweiter Gedankenstrich	Artikel 4 Absatz 1 Buchstaben a und b
Artikel 4 Absatz 1 a	Artikel 4 Absatz 2
Artikel 4 Absatz 2 erster Satz	Artikel 4 Absatz 3 Unterabsatz 1
Artikel 4 Absatz 2 zweiter Satz	Artikel 4 Absatz 3 Unterabsatz 2
Artikel 4 Absatz 3 Unterabsatz 1	Artikel 4 Absatz 4
Artikel 4 Absatz 3 Unterabsatz 2	Artikel 4 Absatz 5
Artikel 5, 6 und 7	Artikel 5, 6 und 7
Artikel 8 Absatz 1	–
Artikel 8 Absatz 2	*Artikel 8*
–	*Artikel 9*
–	*Artikel 10*
Artikel 9	*Artikel 11*
Anhang	Anhang I, Teil A
–	*Anhang II*
–	Anhang III

3. Vertrag über die Arbeitsweise der Europäischen Union

In der Fassung der Bekanntmachung vom 9. Mai 2008

Zuletzt geändert durch Art. 2 ÄndBeschl. 2012/419/EU vom 11.7.2012 (ABl. Nr. L 204 S. 131)

– Auszug –

Abschnitt 2. Staatliche Beihilfen

Art. 107 [Beihilfeverbot; Ausnahmen] (1) Soweit in den Verträgen nicht etwas anderes bestimmt ist, sind staatliche oder aus staatlichen Mitteln gewährte Beihilfen gleich welcher Art, die durch die Begünstigung bestimmter Unternehmen oder Produktionszweige den Wettbewerb verfälschen oder zu verfälschen drohen, mit dem Binnenmarkt unvereinbar, soweit sie den Handel zwischen Mitgliedstaaten beeinträchtigen.

(2) Mit dem Binnenmarkt vereinbar sind:

a) Beihilfen sozialer Art an einzelne Verbraucher, wenn sie ohne Diskriminierung nach der Herkunft der Waren gewährt werden;

b) Beihilfen zur Beseitigung von Schäden, die durch Naturkatastrophen oder sonstige außergewöhnliche Ereignisse entstanden sind;

c) Beihilfen für die Wirtschaft bestimmter, durch die Teilung Deutschlands betroffener Gebiete der Bundesrepublik Deutschland, soweit sie zum Ausgleich der durch die Teilung verursachten wirtschaftlichen Nachteile erforderlich sind. ²Der Rat kann fünf Jahre nach dem Inkrafttreten des Vertrags von Lissabon auf Vorschlag der Kommission einen Beschluss erlassen, mit dem dieser Buchstabe aufgehoben wird.

(3) Als mit dem Binnenmarkt vereinbar können angesehen werden:

a) Beihilfen zur Förderung der wirtschaftlichen Entwicklung von Gebieten, in denen die Lebenshaltung außergewöhnlich niedrig ist oder eine erhebliche Unterbeschäftigung herrscht, sowie der in Artikel 349 genannten Gebiete unter Berücksichtigung ihrer strukturellen, wirtschaftlichen und sozialen Lage;

b) Beihilfen zur Förderung wichtiger Vorhaben von gemeinsamem europäischem Interesse oder zur Behebung einer beträchtlichen Störung im Wirtschaftsleben eines Mitgliedstaats;

c) Beihilfen zur Förderung der Entwicklung gewisser Wirtschaftszweige oder Wirtschaftsgebiete, soweit sie die Handelsbedingungen nicht in einer Weise verändern, die dem gemeinsamen Interesse zuwiderläuft;

d) Beihilfen zur Förderung der Kultur und der Erhaltung des kulturellen Erbes, soweit sie die Handels- und Wettbewerbsbedingungen in der Union nicht in einem Maß beeinträchtigen, das dem gemeinsamen Interesse zuwiderläuft;

e) sonstige Arten von Beihilfen, die der Rat durch einen Beschluss auf Vorschlag der Kommission bestimmt.

Art. 108 [Beihilfeaufsicht] (1) [1]Die Kommission überprüft fortlaufend in Zusammenarbeit mit den Mitgliedstaaten die in diesen bestehenden Beihilferegelungen. [2]Sie schlägt ihnen die zweckdienlichen Maßnahmen vor, welche die fortschreitende Entwicklung und das Funktionieren des Binnenmarkts erfordern.

(2) Stellt die Kommission fest, nachdem sie den Beteiligten eine Frist zur Äußerung gesetzt hat, dass eine von einem Staat oder aus staatlichen Mitteln gewährte Beihilfe mit dem Binnenmarkt nach Artikel 107 unvereinbar ist oder dass sie missbräuchlich angewandt wird, so beschließt sie, dass der betreffende Staat sie binnen einer von ihr bestimmten Frist aufzuheben oder umzugestalten hat.

Kommt der betreffende Staat diesem Beschluss innerhalb der festgesetzten Frist nicht nach, so kann die Kommission oder jeder betroffene Staat in Abweichung von den Artikeln 258 und 259 den Gerichtshof der Europäischen Union unmittelbar anrufen.

[1]Der Rat kann einstimmig auf Antrag eines Mitgliedstaats beschließen, dass eine von diesem Staat gewährte oder geplante Beihilfe in Abweichung von Artikel 107 oder von den nach Artikel 109 erlassenen Verordnungen als mit dem Binnenmarkt vereinbar gilt, wenn außergewöhnliche Umstände einen solchen Beschluss rechtfertigen. [2]Hat die Kommission bezüglich dieser Beihilfe das in Unterabsatz 1 dieses Absatzes vorgesehene Verfahren bereits eingeleitet, so bewirkt der Antrag des betreffenden Staates an den Rat die Aussetzung dieses Verfahrens, bis der Rat sich geäußert hat.

Äußert sich der Rat nicht binnen drei Monaten nach Antragstellung, so beschließt die Kommission.

(3) [1]Die Kommission wird von jeder beabsichtigten Einführung oder Umgestaltung von Beihilfen so rechtzeitig unterrichtet, dass sie sich dazu äußern kann. [2]Ist sie der Auffassung, dass ein derartiges Vorhaben nach Artikel 107 mit dem Binnenmarkt unvereinbar ist, so leitet sie unverzüglich das in Absatz 2 vorgesehene Verfahren ein. [3]Der betreffende Mitgliedstaat darf die beabsichtigte Maßnahme nicht durchführen, bevor die Kommission einen abschließenden Beschluss erlassen hat.

(4) Die Kommission kann Verordnungen zu den Arten von staatlichen Beihilfen erlassen, für die der Rat nach Artikel 109 festgelegt hat, dass sie von dem Verfahren nach Absatz 3 ausgenommen werden können.

Art. 109 [Erlass von Durchführungsverordnungen] Der Rat kann auf Vorschlag der Kommission und nach Anhörung des Europäischen Parlaments alle zweckdienlichen Durchführungsverordnungen zu den Artikeln 107 und 108 erlassen und insbesondere die Bedingungen für die Anwendung des Artikels 108 Absatz 3 sowie diejenigen Arten von Beihilfen festlegen, die von diesem Verfahren ausgenommen sind.

Kapitel 2. Steuerliche Vorschriften

Art. 110 [Diskriminierungs- und Protektionsverbot] Die Mitgliedstaaten erheben auf Waren aus anderen Mitgliedstaaten weder unmittelbar noch mittelbar höhere inländische Abgaben gleich welcher Art, als gleichartige inländische Waren unmittelbar oder mittelbar zu tragen haben.

Die Mitgliedstaaten erheben auf Waren aus anderen Mitgliedstaaten keine inländischen Abgaben, die geeignet sind, andere Produktionen mittelbar zu schützen.

Art. 111 [Privilegierungsverbot für Rückvergütungen] Werden Waren in das Hoheitsgebiet eines Mitgliedstaats ausgeführt, so darf die Rückvergütung für inländische Abgaben nicht höher sein als die auf die ausgeführten Waren mittelbar oder unmittelbar erhobenen inländischen Abgaben.

Art. 112 [Kompensationsverbot unter Genehmigungsvorbehalt] Für Abgaben außer Umsatzsteuern, Verbrauchsabgaben und sonstigen indirekten Steuern sind Entlastungen und Rückvergütungen bei der Ausfuhr nach anderen Mitgliedstaaten sowie Ausgleichsabgaben bei der Einfuhr aus den Mitgliedstaaten nur zulässig, soweit der Rat sie vorher auf Vorschlag der Kommission für eine begrenzte Frist genehmigt hat.

Art. 113 [Harmonisierung der indirekten Steuern] Der Rat erlässt gemäß einem besonderen Gesetzgebungsverfahren und nach Anhörung des Europäischen Parlaments und des Wirtschafts- und Sozialausschusses einstimmig die Bestimmungen zur Harmonisierung der Rechtsvorschriften über die Umsatzsteuern, die Verbrauchsabgaben und sonstige indirekte Steuern, soweit diese Harmonisierung für die Errichtung und das Funktionieren des Binnenmarkts und die Vermeidung von Wettbewerbsverzerrungen notwendig ist.

Kapitel 3. Angleichung der Rechtsvorschriften

Art. 114 [Rechtsangleichung im Binnenmarkt] (1) [1]Soweit in den Verträgen nichts anderes bestimmt ist, gilt für die Verwirklichung der Ziele des Artikels 26 die nachstehende Regelung. [2]Das Europäische Parlament und der Rat erlassen gemäß dem ordentlichen Gesetzgebungsverfahren und nach Anhörung des Wirtschafts- und Sozialausschusses die Maßnahmen zur Angleichung der Rechts- und Verwaltungsvorschriften der Mitgliedstaaten, welche die Errichtung und das Funktionieren des Binnenmarkts zum Gegenstand haben.

(2) Absatz 1 gilt nicht für die Bestimmungen über die Steuern, die Bestimmungen über die Freizügigkeit und die Bestimmungen über die Rechte und Interessen der Arbeitnehmer.

(3) [1]Die Kommission geht in ihren Vorschlägen nach Absatz 1 in den Bereichen Gesundheit, Sicherheit, Umweltschutz und Verbraucherschutz von einem hohen Schutzniveau aus und berücksichtigt dabei insbesondere alle auf wissenschaftliche Ergebnisse gestützten neuen Entwicklungen. [2]Im Rahmen ihrer jeweiligen Befugnisse streben das Europäische Parlament und der Rat dieses Ziel ebenfalls an.

(4) Hält es ein Mitgliedstaat nach dem Erlass einer Harmonisierungsmaßnahme durch das Europäische Parlament und den Rat beziehungsweise durch den Rat oder die Kommission für erforderlich, einzelstaatliche Bestimmungen beizubehalten, die durch wichtige Erfordernisse im Sinne des Artikels 36 oder

in Bezug auf den Schutz der Arbeitsumwelt oder den Umweltschutz gerechtfertigt sind, so teilt er diese Bestimmungen sowie die Gründe für ihre Beibehaltung der Kommission mit.

(5) Unbeschadet des Absatzes 4 teilt ferner ein Mitgliedstaat, der es nach
dem Erlass einer Harmonisierungsmaßnahme durch das Europäische Parlament und den Rat beziehungsweise durch den Rat oder die Kommission für
erforderlich hält, auf neue wissenschaftliche Erkenntnisse gestützte einzelstaatliche Bestimmungen zum Schutz der Umwelt oder der Arbeitsumwelt aufgrund eines spezifischen Problems für diesen Mitgliedstaat, das sich nach dem
Erlass der Harmonisierungsmaßnahme ergibt, einzuführen, die in Aussicht
genommenen Bestimmungen sowie die Gründe für ihre Einführung der
Kommission mit.

(6) Die Kommission beschließt binnen sechs Monaten nach den Mitteilungen nach den Absätzen 4 und 5, die betreffenden einzelstaatlichen Bestimmungen zu billigen oder abzulehnen, nachdem sie geprüft hat, ob sie ein Mittel zur willkürlichen Diskriminierung und eine verschleierte Beschränkung
des Handels zwischen den Mitgliedstaaten darstellen und ob sie das Funktionieren des Binnenmarkts behindern.

Erlässt die Kommission innerhalb dieses Zeitraums keinen Beschluss, so gelten die in den Absätzen 4 und 5 genannten einzelstaatlichen Bestimmungen
als gebilligt.

Die Kommission kann, sofern dies aufgrund des schwierigen Sachverhalts
gerechtfertigt ist und keine Gefahr für die menschliche Gesundheit besteht,
dem betreffenden Mitgliedstaat mitteilen, dass der in diesem Absatz genannte
Zeitraum gegebenenfalls um einen weiteren Zeitraum von bis zu sechs Monaten verlängert wird.

(7) Wird es einem Mitgliedstaat nach Absatz 6 gestattet, von der Harmonisierungsmaßnahme abweichende einzelstaatliche Bestimmungen beizubehalten
oder einzuführen, so prüft die Kommission unverzüglich, ob sie eine Anpassung dieser Maßnahme vorschlägt.

(8) Wirft ein Mitgliedstaat in einem Bereich, der zuvor bereits Gegenstand
von Harmonisierungsmaßnahmen war, ein spezielles Gesundheitsproblem auf,
so teilt er dies der Kommission mit, die dann umgehend prüft, ob sie dem Rat
entsprechende Maßnahmen vorschlägt.

(9) In Abweichung von dem Verfahren der Artikel 258 und 259 kann die
Kommission oder ein Mitgliedstaat den Gerichtshof der Europäischen Union
unmittelbar anrufen, wenn die Kommission oder der Staat der Auffassung ist,
dass ein anderer Mitgliedstaat die in diesem Artikel vorgesehenen Befugnisse
missbraucht.

(10) Die vorgenannten Harmonisierungsmaßnahmen sind in geeigneten
Fällen mit einer Schutzklausel verbunden, welche die Mitgliedstaaten ermächtigt, aus einem oder mehreren der in Artikel 36 genannten nichtwirtschaftli-
chen Gründe vorläufige Maßnahmen zu treffen, die einem Kontrollverfahren
der Union unterliegen.

**Art. 115 [Nationales Recht mit unmittelbarer Auswirkung auf
den Binnenmarkt; Rechtsangleichung]** Unbeschadet des Artikels 114
erlässt der Rat gemäß einem besonderen Gesetzgebungsverfahren einstimmig

und nach Anhörung des Europäischen Parlaments und des Wirtschafts- und Sozialausschusses Richtlinien für die Angleichung derjenigen Rechts- und Verwaltungsvorschriften der Mitgliedstaaten, die sich unmittelbar auf die Errichtung oder das Funktionieren des Binnenmarkts auswirken.

Art. 116 [Behandlung bestehender wettbewerbsverzerrender Vorschriften] Stellt die Kommission fest, dass vorhandene Unterschiede in den Rechts- und Verwaltungsvorschriften der Mitgliedstaaten die Wettbewerbsbedingungen auf dem Binnenmarkt verfälschen und dadurch eine Verzerrung hervorrufen, die zu beseitigen ist, so tritt sie mit den betreffenden Mitgliedstaaten in Beratungen ein.

[1] Führen diese Beratungen nicht zur Beseitigung dieser Verzerrung, so erlassen das Europäische Parlament und der Rat gemäß dem ordentlichen Gesetzgebungsverfahren die erforderlichen Richtlinien. [2] Es können alle sonstigen in den Verträgen vorgesehenen zweckdienlichen Maßnahmen erlassen werden.

Art. 117 [Behandlung geplanter wettbewerbsverzerrender Vorschriften] (1) [1] Ist zu befürchten, dass der Erlass oder die Änderung einer Rechts- oder Verwaltungsvorschrift eine Verzerrung im Sinne des Artikels 116 verursacht, so setzt sich der Mitgliedstaat, der diese Maßnahmen beabsichtigt, mit der Kommission ins Benehmen. [2] Diese empfiehlt nach Beratung mit den Mitgliedstaaten den beteiligten Staaten die zur Vermeidung dieser Verzerrung geeigneten Maßnahmen.

(2) [1] Kommt der Staat, der innerstaatliche Vorschriften erlassen oder ändern will, der an ihn gerichteten Empfehlung der Kommission nicht nach, so kann nicht gemäß Artikel 116 verlangt werden, dass die anderen Mitgliedstaaten ihre innerstaatlichen Vorschriften ändern, um die Verzerrung zu beseitigen. [2] Verursacht ein Mitgliedstaat, der die Empfehlung der Kommission außer acht lässt, eine Verzerrung lediglich zu seinem eigenen Nachteil, so findet Artikel 116 keine Anwendung.

Art. 118 [Schutz des geistigen Eigentums] Im Rahmen der Verwirklichung oder des Funktionierens des Binnenmarkts erlassen das Europäische Parlament und der Rat gemäß dem ordentlichen Gesetzgebungsverfahren Maßnahmen zur Schaffung europäischer Rechtstitel über einen einheitlichen Schutz der Rechte des geistigen Eigentums in der Union sowie zur Einführung von zentralisierten Zulassungs-, Koordinierungs- und Kontrollregelungen auf Unionsebene.

[1] Der Rat legt gemäß einem besonderen Gesetzgebungsverfahren durch Verordnungen die Sprachenregelungen für die europäischen Rechtstitel fest. [2] Der Rat beschließt einstimmig nach Anhörung des Europäischen Parlaments.

5. Eigenheimzulagengesetz (EigZulG)[1]

In der Fassung der Bekanntmachung vom 26. März 1997
(BGBl. I S. 734)[2]

Geändert durch Gesetz zur Änderung des § 42 Abs. 2 des Wohngeldgesetzes und des § 9 Abs. 3 und 4 des Eigenheimzulagengesetzes vom 16. 7. 1998 (BGBl. I S. 1860), Steuerentlastungsgesetz 1999/2000/2002 vom 24. 3. 1999 (BGBl. I S. 402), Gesetz zur Familienförderung vom 22. 12. 1999 (BGBl. I S. 2552), Gesetz zur Änderung des Wohngeldgesetzes und anderer Gesetze vom 22. 12. 1999 (BGBl. I S. 2671), Steuer-Euroglättungsgesetz vom 19. 12. 2000 (BGBl. I S. 1790), Gesetz zur Änderung des Eigenheimzulagengesetzes und anderer Gesetze vom 19. 12. 2000 (BGBl. I S. 1810), Haushaltsbegleitgesetz 2004 vom 29. 12. 2003 (BGBl. I S. 3076), Gesetz zur Abschaffung der Eigenheimzulage vom 22. 12. 2005 (BGBl. I S. 3680), Jahressteuergesetz 2009 vom 19. 12. 2008 (BGBl. I S. 2794) und Gesetz zur Anpassung steuerlicher Regelungen an die Rechtsprechung des Bundesverfassungsgerichts vom 18. 7. 2014 (BGBl. I S. 1042)

BGBl. III/FNA 2330-30

§ 1 Anspruchsberechtigter. Unbeschränkt Steuerpflichtige im Sinne des Einkommensteuergesetzes haben Anspruch auf eine Eigenheimzulage nach Maßgabe der folgenden Vorschriften.

§ 2 Begünstigtes Objekt. (1) [1]Begünstigt ist die Herstellung oder Anschaffung einer Wohnung in einem im Inland belegenen eigenen Haus oder einer im Inland belegenen eigenen Eigentumswohnung. [2]Nicht begünstigt ist eine Ferien- oder Wochenendwohnung oder eine Wohnung, für die Absetzungen für Abnutzung als Betriebsausgaben oder Werbungskosten im Rahmen der doppelten Haushaltsführung abgezogen werden oder § 52 Abs. 15 Satz 2 oder 3 oder Abs. 21 Satz 2 des Einkommensteuergesetzes gilt. [3]Nicht begünstigt sind auch eine Wohnung oder ein Anteil daran, die der Anspruchsberechtigte von seinem Ehegatten anschafft, wenn bei den Ehegatten im Zeitpunkt der Anschaffung die Voraussetzungen des § 26 Abs. 1 des Einkommensteuergesetzes vorliegen.

(2)[3] *Ausbauten und Erweiterungen an einer Wohnung in einem im Inland belegenen eigenen Haus oder einer im Inland belegenen eigenen Eigentumswohnung stehen der Herstellung einer Wohnung im Sinne des Absatzes 1 gleich.*

§ 3 Förderzeitraum. Der Anspruchsberechtigte kann die Eigenheimzulage im Jahr der Fertigstellung oder Anschaffung und in den sieben folgenden Jahren (Förderzeitraum) in Anspruch nehmen.

§ 4 Nutzung zu eigenen Wohnzwecken. [1]Der Anspruch besteht nur für Kalenderjahre, in denen der Anspruchsberechtigte die Wohnung zu eigenen Wohnzwecken nutzt. [2]Eine Nutzung zu eigenen Wohnzwecken liegt auch vor, soweit eine Wohnung unentgeltlich an einen Angehörigen im Sinne des § 15 der Abgabenordnung zu Wohnzwecken überlassen wird.

---

[1] **Eigenheimzulage abgeschafft mWv 1. 1. 2006.** Zum Einzelnen siehe § 19 Abs. 9.

[2] Neubekanntmachung des EigZulG idF der Bek. v. 30. 1. 1996 (BGBl. I S. 113) auf Grund des § 18 EigZulG idF der Bek. v. 30. 1. 1996 (BGBl. I S. 113) in der ab 28. 12. 1996 geltenden Fassung.

[3] § 2 Abs. 2 aufgeh. durch G. v. 29. 12. 2003 (BGBl. I S. 3076); zur erstmaligen Anwendung siehe § 19 Abs. 8 Satz 1.

§ 5 Einkunftsgrenze

[Fassung bis 31. 12. 2003]

[1]Der Anspruchsberechtigte kann die Eigenheimzulage ab dem Jahr in Anspruch nehmen (Erstjahr), in dem der Gesamtbetrag der Einkünfte nach § 2 Abs. 3 des Einkommensteuergesetzes des Erstjahrs zuzüglich des Gesamtbetrags der Einkünfte des vorangegangenen Jahrs (Vorjahr) *160 000 Deutsche Mark*[2] *[ab 1. 1. 2002: 81 807 Euro]*[3] nicht übersteigt. [2]Bei Ehegatten, die im Erstjahr nach §26 b des Einkommensteuergesetzes zusammenveranlagt werden oder die nicht zur Einkommensteuer veranlagt werden und die Voraussetzungen des §26 Abs. 1 des Einkommensteuergesetzes erfüllen, tritt an die Stelle des Betrags von *160 000 Deutsche Mark*[2] *[ab 1. 1. 2002: 81 807 Euro]*[3] der Betrag von *320 000 Deutsche Mark*[2] *[ab 1. 1. 2002: 163 614 Euro]*[3]. [3]Für jedes Kind, für das im Erstjahr die Voraussetzungen für die Inanspruchnahme der Kinderzulage nach § 9 Abs. 5 Satz 1 und 2 vorliegen, erhöhen sich die Beträge nach den Sätzen 1 und 2 um *60 000 Deutsche Mark [ab 1. 1. 2002: 30 678 Euro]*[3], in den Fällen des § 9 Abs. 5 Satz 3 um *30 000 Deutsche Mark [ab 1. 1. 2002: 15 339 Euro]*[3] für jeden Anspruchsberechtigten. [4]Ist in den Fällen des Satzes 1 im Vorjahr für den Anspruchsberechtigten eine Zusammenveranlagung nach § 26 b des Einkommensteuergesetzes durchgeführt worden oder ist er nicht zur Einkommensteuer veranlagt worden und waren die Voraus-

[Fassung ab 1. 1. 2004][1)]

[1]Der Anspruchsberechtigte kann die Eigenheimzulage ab dem Jahr in Anspruch nehmen (Erstjahr), in dem die Summe der positiven Einkünfte nach § 2 Abs. 2 des Einkommensteuergesetzes des Erstjahrs zuzüglich der Summe der positiven Einkünfte des vorangegangenen Jahrs (Vorjahr) 70 000 Euro nicht übersteigt. [2]Ehegatten, die im Erstjahr die Voraussetzungen des § 26 Abs. 1 des Einkommensteuergesetzes erfüllen, können die Eigenheimzulage ab dem Jahr in Anspruch nehmen, in dem die Summe der positiven Einkünfte der Eheleute nach § 2 Abs. 2 des Einkommensteuergesetzes des Erstjahrs zuzüglich der Summe der positiven Einkünfte der Eheleute des vorangegangenen Jahrs 140 000 Euro nicht übersteigt. [3]Für jedes Kind, für das im Erstjahr die Voraussetzungen für die Inanspruchnahme der Kinderzulage nach § 9 Abs. 5 Satz 1 und 2 vorliegen, erhöhen sich die Beträge nach den Sätzen 1 und 2 um 30 000 Euro, in den Fällen des § 9 Abs. 5 Satz 3 um 15 000 Euro für jeden Anspruchsberechtigten.

[1)] § 5 neu gef. durch G v. 29. 12. 2003 (BGBl. I S. 3076); zur erstmaligen Anwendung siehe § 19 Abs. 8 Satz 1; zu § 5 Satz 3 (Berechnung der Einkunftsgrenze) siehe § 19 Abs. 10.

[2)] § 5 Sätze 1 und 2 Beträge geänd., Satz 3 eingef. durch G v. 22. 12. 1999 (BGBl. I S. 2671); zur erstmaligen Anwendung siehe § 19 Abs. 3.

[3)] § 5 Sätze 1, 2 und 3 Beträge geänd. durch G v. 19. 12. 2000 (BGBl. I S. 1790); zur erstmaligen Anwendung siehe § 19 Abs. 7.

[Fassung bis 31. 12. 2003]
setzungen des § 26 Abs. 1 des Einkommensteuergesetzes erfüllt, ist
der auf den Anspruchsberechtigten
entfallende Anteil am Gesamtbetrag
der Einkünfte des Vorjahrs zu berücksichtigen. [5]Liegen in den Fällen des Satzes 2 im Vorjahr die dort
genannten Voraussetzungen nicht
vor, ist der Gesamtbetrag der Einkünfte des Vorjahrs beider Ehegatten zu berücksichtigen.

§ 6 Objektbeschränkung. (1) [1]Der Anspruchsberechtigte kann die Eigenheimzulage nur für eine Wohnung oder einen Ausbau oder eine Erweiterung (Objekt) in Anspruch nehmen. [2]Ehegatten, bei denen die Voraussetzungen des § 26 Abs. 1 des Einkommensteuergesetzes vorliegen,
können die Eigenheimzulage für insgesamt zwei Objekte beanspruchen,
jedoch nicht gleichzeitig für zwei in räumlichem Zusammenhang belegene
Objekte, wenn bei den Ehegatten im Zeitpunkt der Fertigstellung oder
Anschaffung der Objekte die Voraussetzungen des § 26 Abs. 1 des Einkommensteuergesetzes vorliegen.

(2) [1]Sind mehrere Anspruchsberechtigte Eigentümer einer Wohnung,
steht jeder Anteil an dieser Wohnung einer Wohnung gleich; Entsprechendes gilt bei dem Ausbau oder der Erweiterung der Wohnung. [2]Satz 1
ist nicht anzuwenden, wenn Ehegatten Eigentümer der Wohnung sind
und bei den Ehegatten die Voraussetzungen des § 26 Abs. 1 des Einkommensteuergesetzes vorliegen. [3]Erwirbt im Fall des Satzes 2 ein Ehegatte
infolge Erbfalls einen Miteigentumsanteil an der Wohnung hinzu, so kann
er den auf diesen Anteil entfallenden Fördergrundbetrag nach § 9 Abs. 2
bis 4 weiter in der bisherigen Höhe in Anspruch nehmen; *Entsprechendes
gilt, wenn im Fall des Satzes 2 während des Förderzeitraums die Voraussetzungen des § 26 Abs. 1 des Einkommensteuergesetzes wegfallen und ein Ehegatte
den Anteil des anderen Ehegatten an der Wohnung erwirbt.* [ab 1. 1. 2004:
[4]Absatz 1 Satz 1 findet insoweit keine Anwendung. [5]Satz 3 gilt entsprechend, wenn im Fall des Satzes 2 während des Förderzeitraums die Voraussetzungen des § 26 Abs. 1 des Einkommensteuergesetzes wegfallen und
ein Ehegatte den Anteil des anderen Ehegatten an der Wohnung erwirbt.][1)]

(3) Der Eigenheimzulage stehen die erhöhten Absetzungen nach § 7b
des Einkommensteuergesetzes in der jeweiligen Fassung ab Inkrafttreten
des Gesetzes vom 16. Juni 1964 (BGBl. I S. 353) und nach § 15 Abs. 1
bis 4 des Berlinförderungsgesetzes in der jeweiligen Fassung ab Inkrafttreten des Gesetzes vom 11. Juli 1977 (BGBl. I S. 1213), die Abzugsbeträge
nach § 10e des Einkommensteuergesetzes und nach § 15b des Berlinför-

---

[1)] § 6 Abs. 2 Satz 3 HS 2 ersetzt durch Sätze 4 und 5 durch G v. 29. 12. 2003 (BGBl. I
S. 3076).

derungsgesetzes in der jeweiligen Fassung ab Inkrafttreten des Gesetzes vom 15. Mai 1986 (BGBl. I S. 730) [*ab 1. 1. 2004:* sowie eine steuerliche Begünstigung von Aufwendungen für dasselbe selbstgenutzte Wohneigentum in einem anderen Staat][1] gleich.

§ 7 Folgeobjekt. [1]Nutzt der Anspruchsberechtigte die Wohnung (Erstobjekt) nicht bis zum Ablauf des Förderzeitraums zu eigenen Wohnzwecken und kann er deshalb die Eigenheimzulage nicht mehr in Anspruch nehmen, kann er die Eigenheimzulage für ein weiteres Objekt (Folgeobjekt) beanspruchen. [2]Das Folgeobjekt ist ein eigenständiges Objekt im Sinne des § 2. [3]Der Förderzeitraum für das Folgeobjekt ist um die Kalenderjahre zu kürzen, in denen der Anspruchsberechtigte die Eigenheimzulage für das Erstobjekt in Anspruch hätte nehmen können; hat der Anspruchsberechtigte das Folgeobjekt in einem Jahr, in dem er das Erstobjekt noch zu eigenen Wohnzwecken genutzt hat, hergestellt, *angeschafft, ausgebaut oder erweitert* [*ab 1. 1. 2004:* oder angeschafft][2], so beginnt der Förderzeitraum für das Folgeobjekt mit Ablauf des Jahres, in dem der Anspruchsberechtigte das Erstobjekt letztmals zu eigenen Wohnzwecken genutzt hat. [4]Dem Erstobjekt im Sinne des Satzes 1 steht ein Erstobjekt im Sinne des § 7b Abs. 5 Satz 4 und § 10e Abs. 4 Satz 4 des Einkommensteuergesetzes sowie § 15 Abs. 1 und § 15b Abs. 1 des Berlinförderungsgesetzes gleich.

§ 8 Bemessungsgrundlage

[Fassung bis 31. 12. 2003]

[1]Bemessungsgrundlage für den Fördergrundbetrag nach § 9 Abs. 2 sind die Herstellungskosten oder Anschaffungskosten der Wohnung zuzüglich der Anschaffungskosten für den dazugehörenden Grund und Boden. [2]Bei Ausbauten oder Erweiterungen nach § 2 Abs. 2 sind Bemessungsgrundlage die Herstellungskosten.

[Fassung ab 1. 1. 2004][3]

[1]Bemessungsgrundlage für den Fördergrundbetrag nach § 9 Abs. 2 sind die Herstellungskosten oder Anschaffungskosten der Wohnung zuzüglich der Anschaffungskosten für den dazugehörigen Grund und Boden sowie die Aufwendungen für Instandsetzungs- und Modernisierungsmaßnahmen, die innerhalb von zwei Jahren nach der Anschaffung an der Wohnung durchgeführt werden. [2]Zu den Aufwendungen gehören nicht die Aufwendungen für Erhaltungsarbeiten, die jährlich üblicherweise anfallen.

[3]Werden Teile der Wohnung nicht zu eigenen Wohnzwecken genutzt, ist die Bemessungsgrundlage um den hierauf entfallenden Teil zu kürzen.

---

[1] § 6 Abs. 3 geänd. durch G v. 29. 12. 2003 (BGBl. I S. 3076); zur erstmaligen Anwendung von Abs. 3 siehe § 19 Abs. 8 Satz 1.
[2] § 7 Satz 3 Halbsatz 2 geänd. durch G v. 29. 12. 2003 (BGBl. I S. 3076); zur erstmaligen Anwendung siehe § 19 Abs. 8 Satz 1.
[3] § 8 Sätze 1 und 2 neugef. durch G v. 29. 12. 2003 (BGBl. I S. 3076); zur erstmaligen Anwendung siehe § 19 Abs. 8 Satz 1.

§ 9 Höhe der Eigenheimzulage. (1) Die Eigenheimzulage umfaßt den Fördergrundbetrag nach den Absätzen 2 bis 4 und die Kinderzulage nach Absatz 5.

(2)[1] [1]Der Fördergrundbetrag beträgt jährlich *5 vom Hundert* [*ab 1. 1. 2004:*1vom Hundert][2] *der Bemessungsgrundlage, höchstens 5000 Deutsche Mark* [*ab 1. 1. 2002:* 2556 Euro[3]/*ab 1. 1. 2004:* 1250 Euro[2]]. [2]*Bei Anschaffung der Wohnung nach Ablauf des zweiten auf das Jahr der Fertigstellung folgenden Jahres sowie bei Ausbauten und Erweiterungen nach § 2 Abs. 2 beträgt der Fördergrundbetrag jährlich 2,5 vom Hundert der Bemessungsgrundlage, höchstens 2500 Deutsche Mark* [*ab 1. 1. 2002: 1278 Euro*][4] [5]. [3]Sind mehrere Anspruchsberechtigte Eigentümer einer Wohnung, kann der Anspruchsberechtigte den Fördergrundbetrag entsprechend seinem Miteigentumsanteil in Anspruch nehmen. [4]Der Fördergrundbetrag für die Herstellung oder Anschaffung einer Wohnung mindert sich jeweils um den Betrag, den der Anspruchsberechtigte im jeweiligen Kalenderjahr des Förderzeitraums für die Anschaffung von Genossenschaftsanteilen nach § 17 in Anspruch genommen hat.

(3)[6] [1]Der Fördergrundbetrag nach Absatz 2 erhöht sich jährlich um 2 vom Hundert der Bemessungsgrundlage nach Satz 3, höchstens um *500 Deutsche Mark* [*ab 1. 1. 2002:* 256 Euro][4]. [2]Dies gilt nicht bei Ausbauten und Erweiterungen nach § 2 Abs. 2. [3]Bemessungsgrundlage sind

1. die Aufwendungen für den Einbau einer verbrennungsmotorisch oder thermisch angetriebenen Wärmepumpenanlage mit einer Leistungszahl von mindestens 1,3, einer Elektro-Wärmepumpenanlage mit einer Leistungszahl von mindestens 4,0, einer elektrischen Sole-Wasser-Wärmepumpenanlage mit einer Leistungszahl von mindestens 3,8, einer Solaranlage oder einer Anlage zur Wärmerückgewinnung einschließlich der Anbindung an das Heizsystem, wenn der Anspruchsberechtigte

   a) eine Wohnung, für deren Errichtung die Wärmeschutzverordnung vom 16. August 1994 (BGBl. I S. 2121) gilt, hergestellt oder bis zum Ende des Jahres der Fertigstellung angeschafft, oder

   b) eine Wohnung nach Ablauf des Jahres der Fertigstellung angeschafft

   und die Maßnahme vor Beginn der Nutzung der Wohnung zu eigenen Wohnzwecken und vor dem 1. Januar 2003 abgeschlossen hat, oder

2. die Anschaffungskosten einer Wohnung, für deren Errichtung die Wärmeschutzverordnung vom 16. August 1994 (BGBl. I S. 2121) gilt, und die der Anspruchsberechtigte bis zum Ende des zweiten auf das Jahr der Fertigstellung folgenden Jahres und vor dem 1. Januar 2003 ange-

---

[1] Zur erstmaligen Anwendung von § 9 Abs. 2 Satz 2 siehe § 19 Abs. 4.

[2] § 9 Abs. 2 Satz 1 geänd. durch G v. 29. 12. 2003 (BGBl. I S. 3076); zur erstmaligen Anwendung siehe § 19 Abs. 8 Satz 1.

[3] § 9 Abs. 2 Satz 1 Betrag geänd. durch G v. 19. 12. 2000 (BGBl. I S. 1790); zur erstmaligen Anwendung siehe § 19 Abs. 7.

[4] § 9 Abs. 2 Satz 2 und Abs. 3 Satz 1 Beträge geänd. durch G v. 19. 12. 2000 (BGBl. I S. 1790 und 1810); zur erstmaligen Anwendung siehe § 19 Abs. 7.

[5] § 9 Abs. 2 Satz 2 aufgeh. mWv 1. 1. 2004 durch G v. 29. 12. 2003 (BGBl. I S. 3076); zur erstmaligen Anwendung siehe § 19 Abs. 8 Satz 1.

[6] § 9 Abs. 3 Satz 3 neugef. durch G v. 19. 12. 2000 (BGBl. I S. 1810).

schafft hat, soweit sie auf die in Nummer 1 genannten Maßnahmen entfallen.

(4)[1] [1]Der Fördergrundbetrag nach Absatz 2 erhöht sich um jährlich *400 Deutsche Mark [ab 1. 1. 2002:* 205 Euro][2], wenn

1. die Wohnung in einem Gebäude belegen ist, für dessen Errichtung die Wärmeschutzverordnung vom 16. August 1994 (BGBl. I S. 2121) gilt und dessen Jahres-Heizwärmebedarf den danach geforderten Wert um mindestens 25 vom Hundert unterschreitet, und

2. der Anspruchsberechtigte die Wohnung vor dem 1. Januar 2003 fertiggestellt oder vor diesem Zeitpunkt bis zum Ende des Jahres der Fertigstellung angeschafft hat.

[2]Dies gilt nicht bei Ausbauten und Erweiterungen nach § 2 Abs. 2. [3]Der Anspruchsberechtigte kann den Betrag nach Satz 1 nur in Anspruch nehmen, wenn er durch einen Wärmebedarfsausweis im Sinne des § 12 der Wärmeschutzverordnung nachweist, daß die Voraussetzungen des Satzes 1 Nr. 1 vorliegen.

(5)[3] [1]Die Kinderzulage beträgt jährlich für jedes Kind, für das der Anspruchsberechtigte oder sein Ehegatte im jeweiligen Kalenderjahr des Förderzeitraums einen Freibetrag für Kinder nach § 32 Abs. 6 des Einkommensteuergesetzes oder Kindergeld erhält, *1500 Deutsche Mark [ab 1. 1. 2002:* 767 Euro[4]/*ab 1. 1. 2004:* 800 Euro[5]]. [2]Voraussetzung ist, daß das Kind im Förderzeitraum zum inländischen Haushalt des Anspruchsberechtigten gehört oder gehört hat. [3]Sind mehrere Anspruchsberechtigte Eigentümer einer Wohnung, und haben sie zugleich für ein Kind Anspruch auf die Kinderzulage, ist bei jedem die Kinderzulage zur Hälfte anzusetzen. [4]Der Anspruchsberechtigte kann die Kinderzulage im Kalenderjahr nur für eine Wohnung in Anspruch nehmen. [5]Der Kinderzulage steht die Steuerermäßigung nach § 34f des Einkommensteuergesetzes gleich. [6]Absatz 2 *Satz 4 [ab 1. 1. 2004:* Satz 3][5] ist entsprechend anzuwenden.

(6)[6] [1]Die Summe der Fördergrundbeträge nach Absatz 2 und der Kinderzulagen nach Absatz 5 darf die Bemessungsgrundlage nach § 8 nicht überschreiten. [2]Sind mehrere Anspruchsberechtigte Eigentümer der Wohnung, darf die Summe der Beträge nach Satz 1 die auf den Anspruchsberechtigten entfallende Bemessungsgrundlage nicht überschreiten. [3]*Bei Ausbauten und Erweiterungen nach § 2 Abs. 2 darf die Summe der Beträge nach Satz 1 50 vom Hundert der Bemessungsgrundlage, in den Fällen des Satzes 2 50 vom Hundert der auf den Anspruchsberechtigten entfallenden Bemessungsgrundlage nicht überschreiten.*[5]

---

[1] § 9 Abs. 4 Satz 1 neugef. durch G v. 19. 12. 2000 (BGBl. I S. 1810).
[2] § 9 Abs. 4 Satz 1 Beträge geänd. durch G v. 19. 12. 2000 (BGBl. I S. 1790 und 1810); zur erstmaligen Anwendung siehe § 19 Abs. 7.
[3] § 9 Abs. 5 Satz 1 geänd. durch G v. 22. 12. 1999 (BGBl. I S. 2552). Zu § 9 Abs. 5 (Festsetzung der Kinderzulage) siehe § 19 Abs. 10.
[4] § 9 Abs. 5 Satz 1 Betrag geänd. durch G v. 19. 12. 2000 (BGBl. I S. 1790); zur erstmaligen Anwendung siehe § 19 Abs. 7.
[5] § 9 Abs. 5 Satz 1 und Satz 6 geänd., Abs. 6 Satz 3 aufgeh. durch G v. 29. 12. 2003 (BGBl. I S. 3076); zur erstmaligen Anwendung siehe § 19 Abs. 8 Satz 1.
[6] Zur erstmaligen Anwendung von § 9 Abs. 6 Satz 3 siehe § 19 Abs. 4.

§ 10 Entstehung des Anspruchs auf Eigenheimzulage. Der Anspruch auf Eigenheimzulage entsteht mit Beginn der Nutzung der hergestellten oder angeschafften Wohnung zu eigenen Wohnzwecken, für jedes weitere Jahr des Förderzeitraums mit Beginn des Kalenderjahres, für das eine Eigenheimzulage festzusetzen ist.

§ 11 Festsetzung der Eigenheimzulage. (1) [1]Die Eigenheimzulage wird für das Jahr, in dem erstmals die Voraussetzungen für die Inanspruchnahme der Eigenheimzulage vorliegen, und die folgenden Jahre des Förderzeitraums von dem für die Besteuerung des Anspruchsberechtigten nach dem Einkommen zuständigen Finanzamt festgesetzt. [2]Für die Höhe des Fördergrundbetrags nach § 9 Abs. 2 und die Zahl der Kinder nach § 9 Abs. 5 Satz 1 und 2 sind die Verhältnisse bei Beginn der Nutzung der hergestellten oder angeschafften Wohnung zu eigenen Wohnzwecken maßgeblich. [3]Liegen die Voraussetzungen für die Inanspruchnahme der Eigenheimzulage erst zu einem späteren Zeitpunkt vor, sind die Verhältnisse zu diesem Zeitpunkt maßgeblich. [4]Die Festsetzungsfrist für die Eigenheimzulage endet nicht vor Ablauf der Festsetzungsfrist für die Einkommensteuer der nach § 5 maßgebenden Jahre. [5]Ist der Ablauf der Festsetzungsfrist nach Satz 4 hinausgeschoben, verlängert sich die Festsetzungsfrist für die folgenden Jahre des Förderzeitraums um die gleiche Zeit.

(2) [1]Haben sich die Verhältnisse für die Höhe des Fördergrundbetrags nach § 9 Abs. 2 oder die Zahl der Kinder nach § 9 Abs. 5 Satz 1 und 2, die bei der zuletzt festgesetzten Eigenheimzulage zugrunde gelegt worden sind, geändert, ist die Eigenheimzulage neu festzusetzen (Neufestsetzung). [2]Neu festgesetzt wird mit Wirkung ab dem Kalenderjahr, für das sich die Abweichung bei der Eigenheimzulage ergibt.

(3) [1]Entfallen die Voraussetzungen nach den §§ 1, 2, 4 und 6 während eines Jahres des Förderzeitraums und kann der Anspruchsberechtigte die Eigenheimzulage nicht mehr in Anspruch nehmen, ist die Festsetzung mit Wirkung ab dem folgenden Kalenderjahr aufzuheben. [2]Liegen die Voraussetzungen für die Inanspruchnahme erneut vor, ist Absatz 1 entsprechend anzuwenden.

(4) Der Bescheid über die Festsetzung der Eigenheimzulage ist aufzuheben oder zu ändern, wenn nachträglich bekannt wird, daß *der Gesamtbetrag der Einkünfte* [*ab 1. 1. 2004:* die Summe der positiven Einkünfte][1]) in den nach § 5 maßgebenden Jahren insgesamt die Einkunftsgrenze über- oder unterschreitet.

(5) [1]Materielle Fehler der letzten Festsetzung können durch Neufestsetzung oder durch Aufhebung der Festsetzung beseitigt werden. [2]Neu festgesetzt wird mit Wirkung ab dem Kalenderjahr, in dem der Fehler dem Finanzamt bekannt wird, bei einer Aufhebung oder einer Neufestsetzung zuungunsten des Anspruchsberechtigten jedoch frühestens mit Wirkung ab dem Kalenderjahr, in dem das Finanzamt aufhebt oder neu festsetzt. [3]Bei

---

[1]) § 11 Abs. 4 geänd. durch G v. 29. 12. 2003 (BGBl. I S. 3076); zur erstmaligen Anwendung siehe § 19 Abs. 8 Satz 1.

der Neufestsetzung oder Aufhebung der Festsetzung nach Satz 1 ist § 176 der Abgabenordnung entsprechend anzuwenden; dies gilt nicht für ein Kalenderjahr, das nach der Verkündung der maßgeblichen Entscheidung eines obersten Gerichts des Bundes beginnt.

(6) [1]Sind mehrere Anspruchsberechtigte Eigentümer einer Wohnung, kann die Bemessungsgrundlage nach § 8 und § 9 Abs. 3 gesondert und einheitlich festgestellt werden. [2]Die für die gesonderte Feststellung von Einkünften nach § 180 Abs. 1 Nr. 2 Buchstabe a der Abgabenordnung geltenden Vorschriften sind entsprechend anzuwenden. [3]Bei Ehegatten, die gemeinsam Eigentümer einer Wohnung sind, ist die Festsetzung der Zulage für Jahre des Förderzeitraums, in denen die Voraussetzungen des § 26 Abs. 1 des Einkommensteuergesetzes vorliegen, zusammen durchzuführen. [4]Die Eigenheimzulage ist neu festzusetzen, wenn die Voraussetzungen des § 26 Abs. 1 des Einkommensteuergesetzes während des Förderzeitraums entfallen oder eintreten.

§ 12 Antrag auf Eigenheimzulage. (1) Der Antrag auf Eigenheimzulage ist nach amtlichem Vordruck zu stellen und eigenhändig zu unterschreiben.

(2) Der Anspruchsberechtigte ist verpflichtet, dem zuständigen Finanzamt unverzüglich eine Änderung der Verhältnisse mitzuteilen, die zu einer Minderung oder dem Wegfall der Eigenheimzulage führen.

§ 13 Auszahlung. (1) [1]Für das Jahr der Bekanntgabe des Bescheids und die vorangegangenen Jahre ist die Eigenheimzulage innerhalb eines Monats nach Bekanntgabe des Bescheids, für jedes weitere Jahr des Förderzeitraums am 15. März auszuzahlen. [2]Ergibt sich auf Grund der Neufestsetzung eine Erhöhung der Eigenheimzulage, ist der Unterschiedsbetrag innerhalb eines Monats nach Bekanntgabe des Bescheids auszuzahlen. [3]Ist die Eigenheimzulage nach § 11 Abs. 6 Satz 3 für beide Ehegatten zusammen festgesetzt worden, wirkt die Auszahlung der Eigenheimzulage an einen Ehegatten auch für und gegen den anderen Ehegatten; dies gilt auch, wenn die Eigenheimzulage nach der Auszahlung nach § 11 Abs. 6 Satz 4 neu festgesetzt wird.

(2) Die Eigenheimzulage ist aus den Einnahmen an Einkommensteuer auszuzahlen.

§ 14 Rückforderung. Ergibt sich auf Grund der Neufestsetzung eine Minderung der Eigenheimzulage oder wird die Festsetzung aufgehoben, sind überzahlte Beträge innerhalb eines Monats nach Bekanntgabe des Bescheids zurückzuzahlen.

§ 15 Anwendung der Abgabenordnung. (1) [1]Die für Steuervergütungen geltenden Vorschriften der Abgabenordnung sind entsprechend anzuwenden. [2]Dies gilt nicht für § 163 der Abgabenordnung. [3]In öffentlich-rechtlichen Streitigkeiten über die auf Grund dieses Gesetzes ergehenden Verwaltungsakte der Finanzbehörden ist der Finanzrechtsweg gegeben.

(2) Für die Verfolgung einer Straftat nach § 263 des Strafgesetzbuches[1], die sich auf die Eigenheimzulage bezieht, sowie die Begünstigung einer Person, die eine solche Straftat begangen hat, gelten die Vorschriften der Abgabenordnung über die Verfolgung von Steuerstraftaten entsprechend.

§ 16 Ertragsteuerliche Behandlung der Eigenheimzulage. [1]Die Eigenheimzulage gehört nicht zu den Einkünften im Sinne des Einkommensteuergesetzes. [2]Sie mindert nicht die steuerlichen Herstellungs- und Anschaffungskosten.

§ 17[2] Eigenheimzulage bei Anschaffung von Genossenschaftsanteilen. [1]Der Anspruchsberechtigte kann die Eigenheimzulage einmal für die Anschaffung von Geschäftsanteilen in Höhe von mindestens *10 000 Deutsche Mark* [*ab 1. 1. 2002:* 5113 Euro[3]/*ab 1. 1. 2004:* 5000 Euro[4]] an einer nach dem 1. Januar 1995 in das Genossenschaftsregister eingetragenen Genossenschaft (Genossenschaftsanteile) in Anspruch nehmen [*ab 1. 1. 2004:*, wenn er spätestens im letzten Jahr des Förderzeitraums mit der Nutzung einer Genossenschaftswohnung zu eigenen Wohnzwecken beginnt.][4] [2]Voraussetzung ist, daß die Satzung der Genossenschaft unwiderruflich den Genossenschaftsmitgliedern, die Förderung erhalten, das vererbliche Recht auf Erwerb des Eigentums an der von ihnen zu Wohnzwecken genutzten Wohnung für den Fall einräumt, daß die Mehrheit der in einem Objekt wohnenden Genossenschaftsmitglieder der Begründung von Wohnungseigentum und Veräußerung der Wohnungen schriftlich zugestimmt hat. [3]Bemessungsgrundlage ist die geleistete Einlage. [4]Der Fördergrundbetrag beträgt jährlich 3 vom Hundert der Bemessungsgrundlage, höchstens *2400 Deutsche Mark* [*ab 1. 1. 2002:* 1227 Euro[5]/*ab 1. 1. 2004:* 1200 Euro[4]] für jedes Jahr, in dem der Anspruchsberechtigte die Genossenschaftsanteile innehat. [5]Die Kinderzulage beträgt für jedes Kind, für das die Voraussetzungen des § 9 Abs. 5 Satz 1 und 2 vorliegen, jährlich *500 Deutsche Mark* [*ab 1. 1. 2002:* 256 Euro[5]/*ab 1. 1. 2004:* 250 Euro[4]]; haben beide Elternteile zugleich für ein Kind Anspruch auf die Kinderzulage, ist bei jedem die Kinderzulage zur Hälfte anzusetzen. [6]Die Summe der Fördergrundbeträge und der Kinderzulagen darf die Bemessungsgrundlage nicht überschreiten. [7]Der Anspruch auf Eigenheimzulage entsteht mit dem Jahr der Anschaffung der Genossenschaftsanteile. [8]Im übrigen sind die §§ 1, 3, 5, 7 und 10 bis 16 entsprechend anzuwenden.

---

[1] Verweis geänd. durch G v. 24. 3. 1999 (BGBl. I S. 402).
[2] § 17 Satz 5 neugef. durch G v. 24. 3. 1999 (BGBl. I S. 402); zur erstmaligen Anwendung siehe § 19 Abs. 6.
[3] § 17 Satz 1 Betrag geänd. durch G v. 19. 12. 2000 (BGBl. I S. 1790); zur erstmaligen Anwendung siehe § 19 Abs. 7.
[4] § 17 Satz 1 geänd. bzw. ergänzt, Sätze 4 und 5 Beträge geänd. durch G v. 29. 12. 2003 (BGBl. I S. 3076); zur erstmaligen Anwendung siehe § 19 Abs. 8 Satz 2.
[5] § 17 Sätze 4 und 5 Beträge geänd. durch G v. 19. 12. 2000 (BGBl. I S. 1790); zur erstmaligen Anwendung siehe § 19 Abs. 7.

§ 18 Ermächtigung. Das Bundesministerium der Finanzen wird ermächtigt, den Wortlaut dieses Gesetzes in der jeweils geltenden Fassung satzweise numeriert mit neuem Datum, unter neuer Überschrift und in neuer Paragraphenfolge bekanntzumachen und dabei Unstimmigkeiten des Wortlauts zu beseitigen und im Einvernehmen mit den obersten Finanzbehörden der Länder den Vordruck für den nach § 12 Abs. 1 vorgesehenen Antrag zu bestimmen.

§ 19 Anwendungsbereich. (1) Dieses Gesetz ist erstmals anzuwenden, wenn der Anspruchsberechtigte im Fall der Herstellung nach dem 31. Dezember 1995 mit der Herstellung des Objekts begonnen oder im Fall der Anschaffung die Wohnung oder die Genossenschaftsanteile nach dem 31. Dezember 1995 auf Grund eines nach diesem Zeitpunkt rechtswirksam abgeschlossenen obligatorischen Vertrags oder gleichstehenden Rechtsakts angeschafft hat.

(2) [1]Das Gesetz kann auf Antrag des Anspruchsberechtigten auch angewandt werden, wenn der Anspruchsberechtigte

1. die Wohnung als Mieter auf Grund einer Veräußerungspflicht des Wohnungsunternehmens nach § 5 des Altschuldenhilfe-Gesetzes anschafft und der Zeitpunkt des zugrundeliegenden rechtswirksam abgeschlossenen obligatorischen Vertrags oder gleichstehenden Rechtsakts nach dem 28. Juni 1995 liegt oder

2. im Fall der Herstellung nach dem 26. Oktober 1995 mit der Herstellung des Objekts begonnen oder im Fall der Anschaffung die Wohnung nach dem 26. Oktober 1995 auf Grund eines nach diesem Zeitpunkt rechtswirksam abgeschlossenen obligatorischen Vertrags oder gleichstehenden Rechtsakts angeschafft hat.

[2]Stellt der Anspruchsberechtigte den Antrag nach Satz 1, finden die §§ 10e, 10h und 34f des Einkommensteuergesetzes keine Anwendung. [3]Der Antrag ist unwiderruflich. [4]Er ist ausgeschlossen, wenn der Anspruchsberechtigte für das Objekt in einem Jahr Abzugsbeträge nach § 10e Abs. 1 bis 5 oder § 10h des Einkommensteuergesetzes, die Steuerermäßigung nach § 34f des Einkommensteuergesetzes in Anspruch genommen oder für Veranlagungszeiträume nach dem Veranlagungszeitraum 1994 Aufwendungen nach § 10e Abs. 6 oder § 10h Satz 3 des Einkommensteuergesetzes abgezogen hat.

(3)[1) § 5 Satz 1 bis 3 in der Fassung des Gesetzes vom 22. Dezember 1999 (BGBl. I S. 2671) ist erstmals anzuwenden, wenn der Anspruchsberechtigte im Fall der Herstellung nach dem 31. Dezember 1999 mit der Herstellung des Objekts begonnen oder im Fall der Anschaffung die Wohnung oder die Genossenschaftsanteile nach dem 31. Dezember 1999 auf Grund eines nach diesem Zeitpunkt rechtswirksam abgeschlossenen obligatorischen Vertrags oder gleichstehenden Rechtsakts angeschafft hat.

[1) § 19 Abs. 3 eingef., bish. Abs. 3 bis 5 werden Abs. 4 bis 6 durch G v. 22. 12. 1999 (BGBl. I S. 2671).

(4) § 9 Abs. 2 Satz 2 und Abs. 6 Satz 3 ist erstmals auf Ausbauten und Erweiterungen nach § 2 Abs. 2 anzuwenden, wenn der Anspruchsberechtigte mit der Herstellung nach dem 31. Dezember 1996 begonnen hat.

(5) Als Beginn der Herstellung gilt bei Objekten, für die eine Baugenehmigung erforderlich ist, der Zeitpunkt, in dem der Bauantrag gestellt wird; bei baugenehmigungsfreien Objekten, für die Bauunterlagen einzureichen sind, der Zeitpunkt, in dem die Bauunterlagen eingereicht werden.

(6)[1] § 17 Satz 5 in der Fassung des Gesetzes vom 24. März 1999 (BGBl. I S. 402) ist erstmals anzuwenden, wenn der Anspruchsberechtigte nach dem 31. Dezember 1998 einer Genossenschaft beigetreten ist.

(7)[2] § 5 Satz 1 bis 3, § 9 Abs. 2 Satz 1 und 2, § 9 Abs. 5 Satz 1 und § 17 Satz 1, 4 und 5 in der Fassung des Artikels 11 des Gesetzes vom 19. Dezember 2000 (BGBl. I S. 1790) und § 9 Abs. 3 Satz 1, § 9 Abs. 4 Satz 1 in der Fassung des Artikels 1 Nr. 2 des Gesetzes vom 19. Dezember 2000 (BGBl. I S. 1810) sind erstmals anzuwenden auf nach dem 31. Dezember 2001 fertig gestellte oder angeschaffte Wohnungen, fertig gestellte Ausbauten und Erweiterungen oder angeschaffte Genossenschaftsanteile.

(8)[3] [1]Die §§ 2, 5 und 6 Abs. 3 sowie die §§ 7, 8, 9 und 11 in der Fassung des Artikels 6 des Gesetzes vom 29. Dezember 2003 (BGBl. I S. 3076) sind erstmals anzuwenden, wenn der Anspruchsberechtigte im Fall der Herstellung nach dem 31. Dezember 2003 mit der Herstellung des Objekts begonnen oder im Fall der Anschaffung die Wohnung nach dem 31. Dezember 2003 auf Grund eines nach diesem Zeitpunkt rechtswirksam abgeschlossenen obligatorischen Vertrags oder gleichstehenden Rechtsakts angeschafft hat. [2]§ 17 in der Fassung des Artikels 6 des Gesetzes vom 29. Dezember 2003 (BGBl. I S. 3076) ist erstmals anzuwenden, wenn der Anspruchsberechtigte nach dem 31. Dezember 2003 einer Genossenschaft beigetreten ist.

(8a)[4] [1]Bei Lebenspartnern ist auf gemeinsamen Antrag die für das jeweilige Jahr geltende Fassung des Eigenheimzulagengesetzes mit der Maßgabe anzuwenden, dass die für Ehegatten geltenden Regelungen sinngemäß anzuwenden sind. [2]Satz 1 ist in allen Fällen anzuwenden, in denen die Eigenheimzulage für die begünstigten Objekte entweder noch nicht bestandskräftig festgesetzt wurde oder eine Neufestsetzung nach § 11 Absatz 5 zulässig ist.

(9)[5] Dieses Gesetz ist letztmals anzuwenden, wenn der Anspruchsberechtigte im Fall der Herstellung vor dem 1. Januar 2006 mit der Herstellung des Objekts begonnen oder im Fall der Anschaffung die Wohnung auf Grund eines vor diesem Zeitpunkt rechtswirksam abgeschlossenen obligatorischen Vertrags oder gleichstehenden Rechtsakts angeschafft hat oder vor diesem Zeitpunkt einer Genossenschaft beigetreten ist.

---

[1] § 19 Abs. 6 (bish. Abs. 5) angef. durch G v. 24. 3. 1999 (BGBl. I S. 402).
[2] § 19 Abs. 7 angef. durch G v. 19. 12. 2000 (BGBl. I S. 1790) und neugef. durch G v. 19. 12. 2000 (BGBl. I S. 1810).
[3] § 19 Abs. 8 angef. durch G v. 29. 12. 2003 (BGBl. I S. 3076).
[4] § 19 Abs. 8a eingef. durch G v. 18. 7. 2014 (BGBl. I S. 1042).
[5] § 19 Abs. 9 angef. durch G v. 22. 12. 2005 (BGBl. I S. 3680).

(10)[1] Für die Berechnung der Einkunftsgrenze (§ 5 Satz 3) und die Festsetzung der Kinderzulage (§ 9 Abs. 5) ist § 32 Abs. 4 Satz 1 Nr. 2, 3 und Abs. 5 Satz 1 des Einkommensteuergesetzes in der am 31. Dezember 2006 geltenden Fassung weiterhin anzuwenden.

---

[1] § 19 Abs. 10 angef. durch G v. 19. 12. 2008 (BGBl. I S. 2794).

10. Einkommensteuer-Durchführungsverordnung 2000
(EStDV 2000)[1]

In der Fassung der Bekanntmachung vom 10. Mai 2000
(BGBl. I S. 717)

Geändert durch Gesetz zur weiteren steuerlichen Förderung von Stiftungen vom 14.7.2000 (BGBl. I S. 1034), Steuersenkungsgesetz vom 23.10.2000 (BGBl. I S. 1433), Steuer-Euroglättungsgesetz vom 19.12.2000 (BGBl. I S. 1790), Neuntes Buch Sozialgesetzbuch (SGB IX) vom 19.6.2001 (BGBl. I S. 1046), Siebente Zuständigkeitsanpassungs-Verordnung vom 29.10.2001 (BGBl. I S. 2785), Steueränderungsgesetz 2001 vom 20.12.2001 (BGBl. I S. 3794), Flutopfersolidaritätsgesetz vom 19.9.2002 (BGBl. I S. 3651), Kleinunternehmerförderungsgesetz vom 31.7.2003 (BGBl. I S. 1550), Achte Zuständigkeitsanpassungsverordnung vom 25.11.2003 (BGBl. I S. 2304), Gesetz zur Umsetzung der Protokollerklärung der Bundesregierung zur Vermittlungsempfehlung zum Steuervergünstigungsabbaugesetz vom 22.12.2003 (BGBl. I S. 2840), Gesetz zur Einordnung des Sozialhilferechts in das Sozialgesetzbuch vom 27.12.2003 (BGBl. I S. 3022), Haushaltsbegleitgesetz 2004 vom 29.12.2003 (BGBl. I S. 3076), Geschmacksmusterreformgesetz vom 12.3.2004 (BGBl. I S. 390), Alterseinkünftegesetz vom 5.7.2004 (BGBl. I S. 1427), EU-Richtlinien-Umsetzungsgesetz vom 9.12.2004 (BGBl. I S. 3310), Dreiundzwanzigste Verordnung zur Änderung der Einkommensteuer-Durchführungsverordnung vom 29.12.2004 (BGBl. I S. 3884), Neunte Zuständigkeitsanpassungsverordnung vom 31.10.2006 (BGBl. I S. 2407), Gesetz über steuerliche Begleitungsmaßnahmen zur Einführung der Europäischen Gesellschaft und zur Änderung weiterer steuerrechtlicher Vorschriften (SEStEG) vom 7.12.2006 (BGBl. I S. 2782), Gesetz zur weiteren Stärkung des bürgerschaftlichen Engagements vom 10.10.2007 (BGBl. I S. 2332), Jahressteuergesetz 2008 vom 20.12.2007 (BGBl. I S. 3150), Jahressteuergesetz 2009 vom 19.12.2008 (BGBl. I S. 2794), Steuerbürokratieabbaugesetz vom 20.12.2008 (BGBl. I S. 2850), Gesetz zur Sicherung von Beschäftigung und Stabilität in Deutschland vom 2.3.2009 (BGBl. I S. 416), Begleitgesetz zur zweiten Föderalismusreform vom 10.8.2009 (BGBl. I S. 2702), Verordnung zur Änderung steuerlicher Verordnungen vom 17.11.2010 (BGBl. I S. 1544), Gesetz über die weitere Bereinigung von Bundesrecht vom 8.12.2010 (BGBl. I S. 1864), Steuervereinfachungsgesetz vom 1.11.2011 (BGBl. I S. 2131), Verordnung zum Erlass und zur Änderung steuerlicher Verordnungen vom 11.12.2012 (BGBl. I S. 2637), Ehrenamtsstärkungsgesetz vom 21.3.2013 (BGBl. I S. 556), Verordnung zur Übertragung der Zuständigkeit für das Steuerabzugs- und Veranlagungsverfahren nach den §§ 50 und 50a des Einkommensteuergesetzes auf das Bundeszentralamt für Steuern und zur Regelung verschiedener Anwendungszeitpunkte und weiterer Vorschriften vom 24.6.2013 (BGBl. I S. 1679), Gesetz zur Anpassung steuerlicher Regelungen an die Rechtsprechung des Bundesverfassungsgerichts vom 18.7.2014 (BGBl. I S. 1042), Gesetz zur Anpassung des nationalen Steuerrechts an den Beitritt Kroatiens zur EU und zur Änderung weiterer steuerlicher Vorschriften vom 25.7.2014 (BGBl. I S. 1266), Verordnung zur Änderung steuerlicher Verordnungen und weiterer Vorschriften vom 22.12.2014 (BGBl. I S. 2392), zehnte Zuständigkeitsanpassungsverordnung vom 31.8.2015 (BGBl. I S. 1474), Gesetz zur Modernisierung des Besteuerungsverfahrens vom 18.7.2016 (BGBl. I S. 1679), Dritte Verordnung zur Änderung steuerlicher Verordnungen vom 18.7.2016 (BGBl. I S. 1722), Gesetz zur Stärkung der Teilhabe und Selbstbestimmung von Menschen mit Behinderungen (Bundesteilhabegesetz – BTHG) vom 23.12.2016 (BGBl. I S. 3234), Vierte Verordnung zur Änderung Steuerlicher Verordnungen vom 12.7. 2017 (BGBl. I S. 2360), Gesetz zum Ausschluss verfassungsfeindlicher Parteien von der Partei-

---

[1] Neubekanntmachung der Einkommensteuer-Durchführungsverordnung idF der Bek. v. 18.6.1997 (BGBl. I S. 1558) auf Grund des § 51 Abs. 4 Nr. 2 des EStG idF der Bek. v. 16.4.1997 (BGBl. I S. 821) und auf Grund des Art. 26 des StBereinG 1999 v. 22.12.1999 (BGBl. I S. 2601) in der ab 1.1.2000 geltenden Fassung.
Zum Anwendungsbereich vgl. § 84.
Zur Anwendung im **Beitrittsgebiet** siehe §§ 56–58 EStG (Nr. **1**).

10 EStDV

enfinanzierung vom 18.7.2017 (BGBl. I S. 2730), Fünfte Verordnung zur Änderung steuerlicher Verordnungen vom 25.6.2020 (BGBl. I S. 1495), Gesetz zur Erhöhung der Behinderten-Pauschbeträge und zur Anpassung weiterer steuerlicher Regelungen vom 9.12.2020 (BGBl. I S. 2770), Jahressteuergesetz 2020 (JStG 2020) vom 21.12.2020 (BGBl. I S. 3096) und Gesetz zur Modernisierung der Entlastung von Abzugsteuern und der Bescheinigung der Kapitalertragsteuer (Abzugsteuerentlastungsmodernisierungsgesetz – AbzStEntModG) vom 2.6.2021 (BGBl. I S. 1259)

BGBl. III/FNA 611-1-1

Inhaltsübersicht

§ 1[1] Anwendung auf Ehegatten und Lebenspartner. Die Regelungen dieser Verordnung zu Ehegatten und Ehen sind auch auf Lebenspartner und Lebenspartnerschaften anzuwenden.

§§ 2 und 3. (weggefallen)

Zu § 3 des Gesetzes

§ 4 Steuerfreie Einnahmen. Die Vorschriften der Lohnsteuer-Durchführungsverordnung über die Steuerpflicht oder die Steuerfreiheit von Einnahmen aus nichtselbständiger Arbeit sind bei der Veranlagung anzuwenden.

§ 5. (weggefallen)

Zu den §§ 4 bis 7 des Gesetzes

§ 6 Eröffnung, Erwerb, Aufgabe und Veräußerung eines Betriebs.
(1) Wird ein Betrieb eröffnet oder erworben, so tritt bei der Ermittlung des Gewinns an die Stelle des Betriebsvermögens am Schluss des vorangegangenen Wirtschaftsjahrs das Betriebsvermögen im Zeitpunkt der Eröffnung oder des Erwerbs des Betriebs.

(2) Wird ein Betrieb aufgegeben oder veräußert, so tritt bei der Ermittlung des Gewinns an die Stelle des Betriebsvermögens am Schluss des Wirtschaftsjahrs das Betriebsvermögen im Zeitpunkt der Aufgabe oder der Veräußerung des Betriebs.

§ 7.[2] (weggefallen)

---

[1] § 1 eingef. durch G. v. 18.7.2014 (BGBl. I S. 1042); zur Anwendung siehe § 84 Abs. 1a.
[2] § 7 weggefallen; zur letztmaligen Anwendung siehe § 84 Abs. 1b.

§ 8 Eigenbetrieblich genutzte Grundstücke von untergeordnetem Wert. Eigenbetrieblich genutzte Grundstücksteile brauchen nicht als Betriebsvermögen behandelt zu werden, wenn ihr Wert nicht mehr als ein Fünftel des gemeinen Werts des gesamten Grundstücks und nicht mehr als 20 500 Euro[1] beträgt.

§ 8a. (weggefallen)

§ 8b Wirtschaftsjahr. [1] Das Wirtschaftsjahr umfasst einen Zeitraum von zwölf Monaten. [2] Es darf einen Zeitraum von weniger als zwölf Monaten umfassen, wenn

1. ein Betrieb eröffnet, erworben, aufgegeben oder veräußert wird oder

2. ein Steuerpflichtiger von regelmäßigen Abschlüssen auf einen bestimmten Tag zu regelmäßigen Abschlüssen auf einen anderen bestimmten Tag übergeht. [2] Bei Umstellung eines Wirtschaftsjahrs, das mit dem Kalenderjahr übereinstimmt, auf ein vom Kalenderjahr abweichendes Wirtschaftsjahr und bei Umstellung eines vom Kalenderjahr abweichenden Wirtschaftsjahrs auf ein anderes vom Kalenderjahr abweichendes Wirtschaftsjahr gilt dies nur, wenn die Umstellung im Einvernehmen mit dem Finanzamt vorgenommen wird.

§ 8c[2] Wirtschaftsjahr bei Land- und Forstwirten. (1) [1] Als Wirtschaftsjahr im Sinne des § 4a Abs. 1 Nr. 1 des Gesetzes können Betriebe mit

1. einem Futterbauanteil von 80 Prozent[3] und mehr der Fläche der landwirtschaftlichen Nutzung den Zeitraum vom 1. Mai bis 30. April,

2. reiner Forstwirtschaft den Zeitraum vom 1. Oktober bis 30. September,

3. reinem Weinbau den Zeitraum vom 1. September bis 31. August

bestimmen. [2] Ein Betrieb der in Satz 1 bezeichneten Art liegt auch dann vor, wenn daneben in geringem Umfang noch eine andere land- und forstwirtschaftliche Nutzung vorhanden ist. [3] Soweit die Oberfinanzdirektionen vor dem 1. Januar 1955 ein anderes als die in § 4a Abs. 1 Nr. 1 des Gesetzes oder in Satz 1 bezeichneten Wirtschaftsjahre festgesetzt haben, kann dieser andere Zeitraum als Wirtschaftsjahr bestimmt werden; dies gilt nicht für den Weinbau.

(2)[4] [1] *Gartenbaubetriebe und reine Forstbetriebe* [**ab 1.1.2019**: [1] Land- und forstwirtschaftliche Betriebe] können auch das Kalenderjahr als Wirtschaftsjahr bestimmen. [2] Stellt ein Land- und Forstwirt von einem vom Kalenderjahr abweichenden Wirtschaftsjahr auf ein mit dem Kalenderjahr übereinstimmendes Wirtschaftsjahr um, verlängert sich das letzte vom Kalenderjahr abweichende Wirtschaftsjahr um den Zeitraum bis zum Beginn des ersten mit dem

---

[1] Betrag geänd. durch G v. 19.12.2000 (BGBl. I S. 1790).
[2] Zum Anwendungsbereich siehe § 84 Abs. 2 Sätze 1 und 2.
[3] Bezeichnung geänd. durch VO v. 17.11.2010 (BGBl. I S. 1544).
[4] § 8c Abs. 2 Satz 1 geänd. mWv für nach dem 31.12.2018 beginnende Wirtschaftsjahre (§ 84 Abs. 2) durch VO v. 25.6.2020 (BGBl. I S. 1495).

Kalenderjahr übereinstimmenden Wirtschaftsjahr; ein Rumpfwirtschaftsjahr ist nicht zu bilden. ³Stellt ein Land- und Forstwirt das Wirtschaftsjahr für einen Betrieb mit reinem Weinbau auf ein Wirtschaftsjahr im Sinne des Absatzes 1 Satz 1 Nr. 3 um, gilt Satz 2 entsprechend.

(3) Buchführende Land- und Forstwirte im Sinne des § 4a Absatz 1 Satz 2 Nummer 3 Satz 2¹⁾ des Gesetzes sind Land- und Forstwirte, die auf Grund einer gesetzlichen Verpflichtung oder ohne eine solche Verpflichtung Bücher führen und regelmäßig Abschlüsse machen.

§ 9. (weggefallen)

§ 9a Anschaffung, Herstellung. Jahr der Anschaffung ist das Jahr der Lieferung, Jahr der Herstellung ist das Jahr der Fertigstellung.

§ 10 Absetzung für Abnutzung im Fall des § 4 Abs. 3 des Gesetzes.
(1) ¹Bei nicht in dem in Artikel 3 des Einigungsvertrages genannten Gebiet belegenen Gebäuden, die bereits am 21. Juni 1948 zum Betriebsvermögen gehört haben, sind im Fall des § 4 Abs. 3 des Gesetzes für die Bemessung der Absetzung für Abnutzung als Anschaffungs- oder Herstellungskosten höchstens die Werte zugrunde zu legen, die sich bei sinngemäßer Anwendung des § 16 Abs. 1 des D-Markbilanzgesetzes in der im Bundesgesetzblatt Teil III, Gliederungsnummer 4140-1, veröffentlichten bereinigten Fassung ergeben würden. ²In dem Teil des Landes Berlin, in dem das Grundgesetz bereits vor dem 3. Oktober 1990 galt, tritt an die Stelle des 21. Juni 1948 der 1. April 1949.

(2) Für Gebäude, die zum Betriebsvermögen eines Betriebs oder einer Betriebsstätte im Saarland gehören, gilt Absatz 1 mit der Maßgabe, daß an die Stelle des 21. Juni 1948 der 6. Juli 1959 sowie an die Stelle des § 16 Abs. 1 des D-Markbilanzgesetzes der § 8 Abs. 1 und der § 11 des D-Markbilanzgesetzes für das Saarland in der im Bundesgesetzblatt Teil III, Gliederungsnummer 4140-2, veröffentlichten bereinigten Fassung treten.

§ 10a.²⁾ *(aufgehoben)*

§§ 11 bis 11b. (weggefallen)

§ 11c Absetzung für Abnutzung bei Gebäuden. (1) ¹Nutzungsdauer eines Gebäudes im Sinne des § 7 Abs. 4 Satz 2 des Gesetzes ist der Zeitraum, in dem ein Gebäude voraussichtlich seiner Zweckbestimmung entsprechend genutzt werden kann. ²Der Zeitraum der Nutzungsdauer beginnt

1. bei Gebäuden, die der Steuerpflichtige vor dem 21. Juni 1948 angeschafft oder hergestellt hat, mit dem 21. Juni 1948;

2. bei Gebäuden, die der Steuerpflichtige nach dem 20. Juni 1948 hergestellt hat, mit dem Zeitpunkt der Fertigstellung;

---

¹⁾ Verweis geänd. durch VO v. 17.11.2010 (BGBl. I S. 1544).
²⁾ § 10a aufgeh. mWv VZ 2009 durch G v. 8.12.2010 (BGBl. I S. 1864).

3. bei Gebäuden, die der Steuerpflichtige nach dem 20. Juni 1948 angeschafft
   hat, mit dem Zeitpunkt der Anschaffung.

³Für im Land Berlin belegene Gebäude treten an die Stelle des 20. Juni 1948
jeweils der 31. März 1949 und an die Stelle des 21. Juni 1948 jeweils der
1. April 1949. ⁴Für im Saarland belegene Gebäude treten an die Stelle des
20. Juni 1948 jeweils der 19. November 1947 und an die Stelle des 21. Juni
1948 jeweils der 20. November 1947; soweit im Saarland belegene Gebäude
zu einem Betriebsvermögen gehören, treten an die Stelle des 20. Juni 1948
jeweils der 5. Juli 1959 und an die Stelle des 21. Juni 1948 jeweils der 6. Juli
1959.

(Fortsetzung nächstes Blatt)

(2)[1] [1]Hat der Steuerpflichtige nach § 7 Abs. 4 Satz 3 des Gesetzes bei einem Gebäude eine Absetzung für außergewöhnliche technische oder wirtschaftliche Abnutzung vorgenommen, so bemessen sich die Absetzungen für Abnutzung von dem folgenden Wirtschaftsjahr oder Kalenderjahr an nach den Anschaffungs- oder Herstellungskosten des Gebäudes abzüglich des Betrags der Absetzung für außergewöhnliche technische oder wirtschaftliche Abnutzung. [2]Entsprechendes gilt, wenn der Steuerpflichtige ein zu einem Betriebsvermögen gehörendes Gebäude nach § 6 Abs. 1 Nr. 1 Satz 2 des Gesetzes mit dem niedrigeren Teilwert angesetzt hat. [3]Im Fall der Zuschreibung nach § 7 Abs. 4 Satz 3 des Gesetzes oder der Wertaufholung nach § 6 Abs. 1 Nr. 1 Satz 4 des Gesetzes erhöht sich die Bemessungsgrundlage für die Absetzungen für Abnutzung von dem folgenden Wirtschaftsjahr oder Kalenderjahr an um den Betrag der Zuschreibung oder Wertaufholung.

§ 11 d Absetzung für Abnutzung oder Substanzverringerung bei nicht zu einem Betriebsvermögen gehörenden Wirtschaftsgütern, die der Steuerpflichtige unentgeltlich erworben hat. (1)[2] [1]Bei den nicht zu einem Betriebsvermögen gehörenden Wirtschaftsgütern, die der Steuerpflichtige unentgeltlich erworben hat, bemessen sich die Absetzungen für Abnutzung nach den Anschaffungs- oder Herstellungskosten des Rechtsvorgängers oder dem Wert, der beim Rechtsvorgänger an deren Stelle getreten ist oder treten würde, wenn dieser noch Eigentümer wäre, zuzüglich der vom Rechtsnachfolger aufgewendeten Herstellungskosten und nach dem Prozentsatz, der für den Rechtsvorgänger maßgebend sein würde, wenn er noch Eigentümer des Wirtschaftsguts wäre. [2]Absetzungen für Abnutzung durch den Rechtsnachfolger sind nur zulässig, soweit die vom Rechtsvorgänger und vom Rechtsnachfolger zusammen vorgenommenen Absetzungen für Abnutzung, erhöhten Absetzungen und Abschreibungen bei dem Wirtschaftsgut noch nicht zur vollen Absetzung geführt haben. [3]Die Sätze 1 und 2 gelten für die Absetzung für Substanzverringerung und für erhöhte Absetzungen entsprechend.

(2) Bei Bodenschätzen, die der Steuerpflichtige auf einem ihm gehörenden Grundstück entdeckt hat, sind Absetzungen für Substanzverringerung nicht zulässig.

§ 12. (weggefallen)

Zu den §§ 7 e und 10 a des Gesetzes

§§ 13 und **14.** (weggefallen)

Zu § 7 b des Gesetzes

§ 15 Erhöhte Absetzungen für Einfamilienhäuser, Zweifamilienhäuser und Eigentumswohnungen. (1) Bauherr ist, wer auf eigene Rechnung und Gefahr ein Gebäude baut oder bauen lässt.

---

[1] Zur erstmaligen Anwendung von § 11 c Abs. 2 Satz 3 siehe § 84 Abs. 2 a.
[2] § 11 d Abs. 1 Satz 1 geänd. durch VO v. 17. 11. 2010 (BGBl. I S. 1544).

(2) In den Fällen des § 7b des Gesetzes in den vor Inkrafttreten des Gesetzes vom 22. Dezember 1981 (BGBl. I S. 1523) geltenden Fassungen und des § 54 des Gesetzes in der Fassung der Bekanntmachung vom 24. Januar 1984 (BGBl. I S. 113) ist § 15 der Einkommensteuer-Durchführungsverordnung 1979 (BGBl. 1980 I S. 1801), geändert durch die Verordnung vom 11. Juni 1981 (BGBl. I S. 526)[1]), weiter anzuwenden.

§§ 16 bis 21. (weggefallen)

Zu § 7 e des Gesetzes

§§ 22 bis 28. (weggefallen)

Zu § 10 des Gesetzes

§ 29 Anzeigepflichten bei Versicherungsverträgen. (1) [1]Bei Versicherungen, deren Laufzeit vor dem 1. Januar 2005 begonnen hat, hat der Sicherungsnehmer nach amtlich vorgeschriebenem Muster dem für die Veranlagung des Versicherungsnehmers nach dem Einkommen zuständigen Finanzamt, bei einem Versicherungsnehmer, der im Inland weder einen Wohnsitz noch seinen gewöhnlichen Aufenthalt hat, dem für die Veranlagung des Sicherungsnehmers zuständigen Finanzamt (§§ 19, 20 der Abgabenordnung) unverzüglich die Fälle anzuzeigen, in denen Ansprüche aus Versicherungsverträgen zur Tilgung oder Sicherung von Darlehen eingesetzt werden.[2]) [2]Satz 1 gilt entsprechend für das Versicherungsunternehmen, wenn der Sicherungsnehmer Wohnsitz, Sitz oder Geschäftsleitung im Ausland hat. [3]Werden Ansprüche aus Versicherungsverträgen von Personen, die im Inland einen Wohnsitz oder ihren gewöhnlichen Aufenthalt haben (§ 1 Abs. 1 des Gesetzes), zur Tilgung oder Sicherung von Darlehen eingesetzt, sind die Sätze 1 und 2 nur anzuwen-

---

[1]) § 15 in dieser Fassung hat folgenden Wortlaut:
„§ 15 Erhöhte Absetzungen für Einfamilienhäuser, Zweifamilienhäuser und Eigentumswohnungen. (1) Bauherr im Sinne des § 7b des Gesetzes ist, wer auf eigene Rechnung und Gefahr ein Gebäude baut oder bauen läßt.
(2) Zu den Anschaffungskosten im Sinne des § 7b Abs. 1 des Gesetzes gehören nicht die Aufwendungen für den Grund und Boden.
(3) Ausbauten und Erweiterungen sind Baumaßnahmen im Sinne des § 17 Abs. 1 und 2, Kaufeigenheime sind Wohngebäude im Sinne des § 9 Abs. 2, Trägerkleinsiedlungen sind Kleinsiedlungen im Sinne des § 10 Abs. 3 und Kaufeigentumswohnungen sind Eigentumswohnungen im Sinne des § 12 Abs. 2 des Zweiten Wohnungsbaugesetzes (Wohnungsbau- und Familienheimgesetz).
(4) Bei Bemessung der erhöhten Absetzungen für Kaufeigenheime, Trägerkleinsiedlungen und Kaufeigentumswohnungen nach § 7b Abs. 7 des Gesetzes bleiben Herstellungskosten, die bei einem Einfamilienhaus oder einer Eigentumswohnung die Grenze von 150 000 Deutsche Mark, bei einem Zweifamilienhaus die Grenze von 200 000 Deutsche Mark übersteigen, außer Ansatz.
(5) In den Fällen des § 7b des Gesetzes in den vor Inkrafttreten des Gesetzes vom 1. Juli 1977 (BGBl. I S. 1213) geltenden Fassungen und des § 54 des Gesetzes sind die §§ 15, 16 und 83 a der Einkommensteuer-Durchführungsverordnung in der Fassung der Bekanntmachung vom 5. Dezember 1977 (BGBl. I S. 2443) weiter anzuwenden."
[2]) § 29 Abs. 1 Satz 1 neu gef. durch G v. 5. 7. 2004 (BGBl. I S. 1427).

den, wenn die Darlehen den Betrag von 25 565 Euro[1] übersteigen. ⁴Der Steuerpflichtige hat dem für seine Veranlagung zuständigen Finanzamt (§ 19 der Abgabenordnung) die Abtretung und die Beleihung unverzüglich anzuzeigen.[2]

(2)[3]–(6)[4] *(aufgehoben)*

§ 30 Nachversteuerung bei Versicherungsverträgen

[Fassung bis 31.12.2004]

(1) ¹Wird bei vor dem 1. Januar 1975 abgeschlossenen Versicherungsverträgen gegen Einmalbeitrag, soweit dieser nach dem 31. Dezember 1966 geleistet worden ist, oder bei nachdem 31. Dezember 1974 abgeschlossenen Rentenversicherungsverträgen ohne Kapitalwahlrecht gegen Einmalbeitrag (§ 10 Abs. 5 Nr. 2 des Gesetzes) vor Ablauf der Vertragsdauer

1. die Versicherungssumme ausgezahlt, ohne dass der Schadensfall eingetreten ist oder in der Rentenversicherung die vertragsmäßige Rentenleistung erbracht wird, oder

2. der Einmalbeitrag zurückgezahlt,

so ist eine Nachversteuerung für den Veranlagungszeitraum durchzuführen, in dem einer dieser Tatbestände verwirklicht ist. ²Zu diesem Zweck ist die Steuer zu berechnen, die festzusetzen gewesen wäre, wenn der Steuerpflichtige den Einmalbeitrag nicht geleistet hätte. ³Der Unterschiedsbetrag zwischen dieser und der festgesetzten Steuer ist als Nachsteuer zu erheben.

[Fassung ab 1.1.2005][5]

¹Eine Nachversteuerung ist durchzuführen, *wenn der Sonderausgabenabzug von Beiträgen nach § 10 Abs. 1 Nr. 3 Buchstabe b des Gesetzes zu versagen ist [**ab VZ 2016:** wenn die Voraussetzungen für den Sonderausgabenabzug von Vorsorgeaufwendungen nach § 10 Absatz 2 Satz 2 des Gesetzes in der am 31. Dezember 2004 geltenden Fassung nicht erfüllt sind].* ²Zu diesem Zweck ist die Steuer zu berechnen, die festzusetzen gewesen wäre, wenn der Steuerpflichtige die Beiträge nicht geleistet hätte. ³Der Unterschied zwischen dieser und der festgesetzten Steuer ist als Nachsteuer zu erheben.

---

[1] Betrag geänd. durch G v. 19.12.2000 (BGBl. I S. 1790).
[2] § 29 Abs. 1 Satz 4 angef. durch G v. 5.7.2004 (BGBl. I S. 1427).
[3] § 29 Abs. 2 und 4 aufgeh. mWv 1.1.2005 durch G v. 5.7.2004 (BGBl. I S. 1427).
[4] § 29 Abs. 3, 5 und 6 aufgeh. mWv VZ 1996 durch G v. 15.12.1995 (BGBl. I S. 1783); zur letztmaligen Anwendung für VZ 2005 vgl. § 84 Abs. 3.
[5] § 30 neu gef. durch G v. 5.7.2004 (BGBl. I S. 1427); Satz 1 geänd. mWv VZ 2016 durch VO v. 18.7.2016 (BGBl. I S. 1722).

[Fassung bis 31.12.2004]

(2) Eine Nachversteuerung ist entsprechend Absatz 1 auch durchzuführen, wenn der Sonderausgabenabzug von Beiträgen zu Lebensversicherungen nach § 10 Abs. 2 des Gesetzes zu versagen ist.

§§ 31 bis 44. (weggefallen)

Zu § 10a des Gesetzes

§§ 45 bis 47. (weggefallen)

Zu § 10b des Gesetzes

§§ 48 und 49.[1] (weggefallen)

§ 50[2] **Zuwendungsbestätigung.** (1) [1]Zuwendungen im Sinne der §§ 10b und 34g des Gesetzes dürfen vorbehaltlich des Absatzes 2 nur abgezogen werden, wenn der Zuwendende eine Zuwendungsbestätigung, die der Zuwendungsempfänger unter Berücksichtigung des § 63 Absatz 5 der Abgabenordnung nach amtlich vorgeschriebenem Vordruck ausgestellt hat, oder die in den Absätzen 4 bis 6 bezeichneten Unterlagen erhalten hat. [2]*Dies gilt nicht für Zuwendungen an nicht im Inland ansässige Zuwendungsempfänger nach § 10b Absatz 1 Satz 2 Nummer 1 und 3 des Gesetzes.*[3]

(2) [1]Der Zuwendende kann den Zuwendungsempfänger bevollmächtigen, die Zuwendungsbestätigung der für seine Besteuerung nach dem Einkommen zuständigen Finanzbehörde nach amtlich vorgeschriebenem Datensatz durch Datenfernübertragung nach Maßgabe des § 93c der Abgabenordnung zu übermitteln. [2]Der Zuwendende hat dem Zuwendungsempfänger zu diesem Zweck seine Identifikationsnummer (§ 139b der Abgabenordnung) mitzuteilen. [3]Die Vollmacht kann nur mit Wirkung für die Zukunft widerrufen werden. [4]Der Zuwendungsempfänger hat dem Zuwendenden die nach Satz 1 übermittelten Daten elektronisch oder auf dessen Wunsch als Ausdruck zur Verfügung zu stellen; in beiden Fällen ist darauf hinzuweisen, dass die Daten der Finanzbehörde übermittelt worden sind. [5]§ 72a Absatz 4 der Abgabenordnung findet keine Anwendung.

(3) [1]In den Fällen des Absatzes 2 ist für die Anwendung des § 93c Absatz 4 Satz 1 der Abgabenordnung das Finanzamt zuständig, in dessen Bezirk sich die Geschäftsleitung (§ 10 der Abgabenordnung) des Zuwendungsempfängers im Inland befindet. [2]Die nach Absatz 2 übermittelten Daten können durch

---

[1] § 48 und § 49 aufgeh. mWv 1.1.2007 durch G v. 10.10.2007 (BGBl. I S. 2332).
[2] § 50 neu gef. durch G v. 18.7.2016 (BGBl. I S. 1679); zur Anwendung siehe § 84 Abs. 2c.
[3] § 50 Abs. 1 Satz 2 aufgeh. durch G v. 21.12.2020 (BGBl. I S. 3096); zur Anwendung **ab 1.1.2025** vgl. § 84 Abs. 2d.

dieses Finanzamt zum Zweck der Anwendung des § 93c Absatz 4 Satz 1 der Abgabenordnung bei den für die Besteuerung der Zuwendenden nach dem Einkommen zuständigen Finanzbehörden abgerufen und verwendet werden.

(4) [1]Statt einer Zuwendungsbestätigung genügt der Bareinzahlungsbeleg oder die Buchungsbestätigung eines Kreditinstituts, wenn

1. die Zuwendung zur Hilfe in Katastrophenfällen:

   a) innerhalb eines Zeitraums, den die obersten Finanzbehörden der Länder im Benehmen mit dem Bundesministerium der Finanzen bestimmen, auf ein für juristischen Person des öffentlichen Rechts, einer inländischen öffentlichen Dienststelle oder eines inländischen amtlich anerkannten Verbandes der freien Wohlfahrtspflege einschließlich seiner Mitgliedsorganisationen eingezahlt worden ist oder

   b) bis zur Einrichtung des Sonderkontos auf ein anderes Konto der genannten Zuwendungsempfänger eingezahlt wird; wird die Zuwendung über ein als Treuhandkonto geführtes Konto eines Dritten auf eines der genannten Sonderkonten eingezahlt, genügt der Bareinzahlungsbeleg oder die Buchungsbestätigung des Kreditinstituts des Zuwendenden zusammen mit einer Kopie des Barzahlungsbelegs oder der Buchungsbestätigung des Kreditinstituts des Dritten, oder

2. die Zuwendung *200* [*ab 1.1.2020:* 300] Euro[1]) nicht übersteigt und

   a) der Empfänger eine inländische juristische Person des öffentlichen Rechts oder eine inländische öffentliche Dienststelle ist oder

   b) der Empfänger eine Körperschaft, Personenvereinigung oder Vermögensmasse im Sinne des § 5 Absatz 1 Nummer 9 des Körperschaftsteuergesetzes ist, wenn der steuerbegünstigte Zweck, für den die Zuwendung verwendet wird, und die Angaben über die Freistellung des Empfängers von der Körperschaftsteuer auf einem von ihm hergestellten Beleg aufgedruckt sind und darauf angegeben ist, ob es sich bei der Zuwendung um eine Spende oder einen Mitgliedsbeitrag handelt, oder

   c)[2]) der Empfänger eine politische Partei im Sinne des § 2 des Parteiengesetzes ist [*ab 29.7.2017:* , die nicht gemäß § 18 Absatz 7 des Parteiengesetzes von der staatlichen Teilfinanzierung ausgeschlossen ist,] und bei Spenden der Verwendungszweck auf dem vom Empfänger hergestellten Beleg aufgedruckt ist.

[2]Aus der Buchungsbestätigung müssen der Name und die Kontonummer oder ein sonstiges Identifizierungsmerkmal des Auftraggebers und des Empfängers, der Betrag, der Buchungstag sowie die tatsächliche Durchführung der Zahlung ersichtlich sein. [3]In den Fällen des Satzes 1 Nummer 2 Buchstabe b hat der Zuwendende zusätzlich den vom Zuwendungsempfänger hergestellten Beleg aufzubewahren.

(5) Bei Zuwendungen zur Hilfe in Katastrophenfällen innerhalb eines Zeitraums, den die obersten Finanzbehörden der Länder im Benehmen mit dem Bundesministerium der Finanzen bestimmen, die über ein Konto eines

---

[1]) § 50 Abs. 4 Satz 1 Nr. 2 Betrag geänd. durch G v. 21.12.2020 (BGBl. I S. 3096); zur Anwendung siehe § 84 Abs. 2c.
[2]) § 50 Abs. 4 Satz 1 Nr. 2 Buchst. c geänd. mWv 29.7.2017 durch G v. 18.7.2017 (BGBl. I S. 2730).

Dritten an eine inländische juristische Person des öffentlichen Rechts, an eine inländische öffentliche Dienststelle oder an eine nach § 5 Absatz 1 Nummer 9 des Körperschaftsteuergesetzes steuerbefreite Körperschaft, Personenvereinigung oder Vermögensmasse geleistet werden, genügt das Erhalten einer auf den jeweiligen Zuwendenden ausgestellten Zuwendungsbestätigung des Zuwendungsempfängers, wenn das Konto des Dritten als Treuhandkonto geführt wurde, die Zuwendung von dort an den Zuwendungsempfänger weitergeleitet wurde und diesem eine Liste mit den einzelnen Zuwendenden und ihrem jeweiligen Anteil an der Zuwendungssumme übergeben wurde.

(6) Bei Zahlungen von Mitgliedsbeiträgen an politische Parteien im Sinne des § 2 des Parteiengesetzes genügen statt Zuwendungsbestätigungen Bareinzahlungsbelege, Buchungsbestätigungen oder Beitragsquittungen.

(7) ¹Eine in § 5 Absatz 1 Nummer 9 des Körperschaftsteuergesetzes bezeichnete Körperschaft, Personenvereinigung oder Vermögensmasse hat die Vereinnahmung der Zuwendung und ihre zweckentsprechende Verwendung ordnungsgemäß aufzuzeichnen und ein Doppel der Zuwendungsbestätigung aufzubewahren. ²Diese Aufbewahrungspflicht entfällt in den Fällen des Absatzes 2. ³Bei Sachzuwendungen und beim Verzicht auf die Erstattung von Aufwand müssen sich aus den Aufzeichnungen auch die Grundlagen für den vom Empfänger bestätigten Wert der Zuwendung ergeben.

(8) ¹Die in den Absätzen 1, 4, 5 und 6 bezeichneten Unterlagen sind vom Zuwendenden auf Verlangen der Finanzbehörde vorzulegen. ²Soweit der Zuwendende sie nicht bereits auf Verlangen der Finanzbehörde vorgelegt hat, sind sie vom Zuwendenden bis zum Ablauf eines Jahres nach Bekanntgabe der Steuerfestsetzung aufzubewahren.

(Fortsetzung nächstes Blatt)

Zu § 13 des Gesetzes

§ 51[1] Pauschale Ermittlung der Gewinne aus Holznutzungen.

(1) Steuerpflichtige, die für ihren Betrieb nicht zur Buchführung verpflichtet sind, den Gewinn nicht nach § 4 Absatz 1 des Einkommensteuergesetzes ermitteln und deren forstwirtschaftlich genutzte Fläche 50 Hektar nicht übersteigt, können auf Antrag für ein Wirtschaftsjahr bei der Ermittlung der Gewinne aus Holznutzungen pauschale Betriebsausgaben abziehen.

(2) Die pauschalen Betriebsausgaben betragen 55 Prozent der Einnahmen aus der Verwertung des eingeschlagenen Holzes.

(3) Soweit Holz auf dem Stamm verkauft wird, betragen die pauschalen Betriebsausgaben 20 Prozent der Einnahmen aus der Verwertung des stehenden Holzes.

(4) Mit den pauschalen Betriebsausgaben nach den Absätzen 2 und 3 sind sämtliche Betriebsausgaben mit Ausnahme der Wiederaufforstungskosten und der Minderung des Buchwerts für ein Wirtschaftsgut Baumbestand abgegolten.

(5) Diese Regelung gilt nicht für die Ermittlung des Gewinns aus Waldverkäufen sowie für die übrigen Einnahmen und die damit in unmittelbarem Zusammenhang stehenden Betriebsausgaben.

§ 52[2] Mitteilungspflichten bei Beihilfen aus öffentlichen Mitteln.

(1) [1] Behörden und andere öffentliche Stellen im Sinne von § 6 Absatz 1 bis 1e der Abgabenordnung sind als mitteilungspflichtige Stellen verpflichtet, der für die Besteuerung des Zahlungsempfängers nach dem Einkommen zuständigen Finanzbehörde eine Mitteilung zu übermitteln, wenn von dieser einer als Land- und Forstwirt tätigen natürlichen Person, Personenvereinigung oder juristischen Person Beihilfen aus öffentlichen Mitteln der Europäischen Union, des Bundes oder eines Landes gewährt werden. [2] Von der Mitteilungspflicht ausgenommen sind Förderkredite, Gewährleistungen, Bürgschaften, Garantien und Beteiligungen.

(2) [1] Zur Sicherstellung der gesetzmäßigen und gleichmäßigen Besteuerung der Beihilfen sind neben den nach § 93c Absatz 1 der Abgabenordnung erforderlichen Angaben folgende Angaben mitzuteilen:

1. der Tag der Antragstellung,

2. die Art und die Höhe der jeweils gewährten Beihilfe,

3. der Zeitraum oder der Zeitpunkt, für den die Beihilfe gewährt wird,

4. der Tag der Zahlung oder der Zahlungsanordnung.

[2] Die in § 93c Absatz 1 Nummer 2 Buchstabe c und d der Abgabenordnung genannten Daten sind mit der Maßgabe zu übermitteln, dass der Zahlungsempfänger als Steuerpflichtiger gilt. [3] Als Zahlungsempfänger ist stets der ur-

---

[1] § 51 neu gef. durch G v. 1.11.2011 (BGBl. I S. 2131); zur Anwendung siehe § 84 Abs. 3a.

[2] § 52 eingef. durch VO v. 25.6.2020 (BGBl. I S. 1495); zur Anwendung siehe § 84 Abs. 3b.

sprüngliche Gläubiger der Forderung mitzuteilen, auch wenn die Forderung abgetreten, verpfändet oder gepfändet ist.

(3) [1] Die Mitteilungen sind bis zum letzten Tag des Monats Februar des auf die Gewährung der Beihilfe folgenden Kalenderjahres nach amtlich vorgeschriebenem Datensatz über die amtlich bestimmte Schnittstelle (§ 87b Absatz 1 und 2 der Abgabenordnung) zu übermitteln. [2] Für den Tag der Gewährung der Beihilfe ist der Tag der Zahlung oder der Zahlungsanordnung gemäß Absatz 2 Satz 1 Nummer 4 maßgeblich. [3] Der Zahlungsempfänger im Sinne des Absatzes 2 hat der mitteilungspflichtigen Stelle zu diesem Zweck sein Identifikationsmerkmal (§§ 139a bis 139c der Abgabenordnung) mitzuteilen. [4] Die Mitteilung kann im Rahmen der Antragsverfahren der gewährten Beihilfen erfolgen.

Zu § 17 des Gesetzes

§ 53 Anschaffungskosten bestimmter Anteile an Kapitalgesellschaften. [1] Bei Anteilen an einer Kapitalgesellschaft, die vor dem 21. Juni 1948 erworben worden sind, sind als Anschaffungskosten im Sinne des § 17 Abs. 2 des Gesetzes die endgültigen Höchstwerte zugrunde zu legen, mit denen die Anteile in eine steuerliche Eröffnungsbilanz in Deutscher Mark auf den 21. Juni 1948 hätten eingestellt werden können; bei Anteilen, die am 21. Juni 1948 als Auslandsvermögen beschlagnahmt waren, ist bei Veräußerung vor der Rückgabe der Veräußerungserlös und bei Veräußerung nach der Rückgabe der Wert im Zeitpunkt der Rückgabe als Anschaffungskosten maßgebend. [2] Im Land Berlin tritt an die Stelle des 21. Juni 1948 jeweils der 1. April 1949; im Saarland tritt an die Stelle des 21. Juni 1948 für die in § 43 Abs. 1 Ziff. 1 des Gesetzes über die Einführung des deutschen Rechts auf dem Gebiete der Steuern, Zölle und Finanzmonopole im Saarland vom 30. Juni 1959 (BGBl. I S. 339) bezeichneten Personen jeweils der 6. Juli 1959.

§ 54 Übersendung von Urkunden durch die Notare. (1)[1] [1] Die Notare übersenden dem in § 20 der Abgabenordnung bezeichneten Finanzamt eine beglaubigte Abschrift der auf Grund gesetzlicher Vorschrift aufgenommenen oder beglaubigten Urkunden, die die Gründung, Kapitalerhöhung oder -herabsetzung, Umwandlung oder Auflösung von Kapitalgesellschaften oder die Verfügung über Anteile an Kapitalgesellschaften zum Gegenstand haben. [2] Gleiches gilt für Dokumente, die im Rahmen einer Anmeldung einer inländischen Zweigniederlassung einer Kapitalgesellschaft mit Sitz im Ausland zur Eintragung in das Handelsregister diesem zu übersenden sind.

(2) [1] Die Abschrift ist binnen zwei Wochen, von der Aufnahme oder Beglaubigung der Urkunde ab gerechnet, einzureichen. [2] Sie soll mit der Steuernummer gekennzeichnet sein, mit der die Kapitalgesellschaft bei dem Finanzamt geführt wird. [3] Die Absendung der Urkunde ist auf der zurückbehaltenen Urschrift der Urkunde beziehungsweise auf einer zurückbehaltenen Abschrift zu vermerken.

---

[1] § 54 Abs. 1 Satz 2 angef. mWv 1.1.2008 (§ 84 Abs. 3c Satz 1) durch G v. 20.12.2007 (BGBl. I S. 3150).

(3) Den Beteiligten dürfen die Urschrift, eine Ausfertigung oder beglaubigte Abschrift der Urkunde erst ausgehändigt werden, wenn die Abschrift der Urkunde an das Finanzamt abgesandt ist.

(4)[1] Im Fall der Verfügung über Anteile an Kapitalgesellschaften durch einen Anteilseigner, der nicht nach § 1 Abs. 1 des Gesetzes unbeschränkt steuerpflichtig ist, ist zusätzlich bei dem Finanzamt Anzeige zu erstatten, das bei Beendigung einer zuvor bestehenden unbeschränkten Steuerpflicht des Anteilseigners oder bei unentgeltlichem Erwerb dessen Rechtsvorgängers nach § 19 der Abgabenordnung für die Besteuerung des Anteilseigners zuständig war.

Zu § 22 des Gesetzes

§ 55 Ermittlung des Ertrags aus Leibrenten in besonderen Fällen.

(1) Der Ertrag des Rentenrechts ist in den folgenden Fällen auf Grund der in § 22 Nr. 1 Satz 3 Buchstabe a Doppelbuchstabe bb[2] des Gesetzes aufgeführten Tabelle zu ermitteln:

1. bei Leibrenten, die vor dem 1. Januar 1955 zu laufen begonnen haben. [2]Dabei ist das vor dem 1. Januar 1955 vollendete Lebensjahr des Rentenberechtigten maßgebend;

2. bei Leibrenten, deren Dauer von der Lebenszeit einer anderen Person als des Rentenberechtigten abhängt. [2]Dabei ist das bei Beginn der Rente, im Fall der Nummer 1 das vor dem 1. Januar 1955 vollendete Lebensjahr dieser Person maßgebend;

3. bei Leibrenten, deren Dauer von der Lebenszeit mehrerer Personen abhängt. [2]Dabei ist das bei Beginn der Rente, im Fall der Nummer 1 das vor dem 1. Januar 1955 vollendete Lebensjahr der ältesten Person maßgebend, wenn das Rentenrecht mit dem Tod des zuerst Sterbenden erlischt, und das Lebensjahr der jüngsten Person, wenn das Rentenrecht mit dem Tod des zuletzt Sterbenden erlischt.

(Fortsetzung nächstes Blatt)

---

[1] § 54 Abs. 4 angef. durch G v. 7.12.2006 (BGBl. I S. 2782); zur erstmaligen Anwendung siehe § 84 Abs. 3c Satz 2.
[2] Zitat geänd. durch G v. 5.7.2004 (BGBl. I S. 1427).

(2) [1]Der Ertrag der Leibrenten, die auf eine bestimmte Zeit beschränkt sind (abgekürzte Leibrenten), ist nach der Lebenserwartung unter Berücksichtigung der zeitlichen Begrenzung zu ermitteln. [2]Der Ertragsanteil ist aus der nachstehenden Tabelle[1] zu entnehmen. [3]Absatz 1 ist entsprechend anzuwenden.

Beschränkung der Laufzeit der Rente auf … Jahre ab Beginn des Rentenbezugs (ab 1. Januar 1955, falls die Rente vor diesem Zeitpunkt zu laufen begonnen hat)	Der Ertragsanteil beträgt vorbehaltlich der Spalte 3 … Prozent[2]	Der Ertragsanteil ist der Tabelle in §22 Nr.1 Satz 3 Buchstabe a Doppelbuchstabe bb des Gesetzes zu entnehmen, wenn der Rentenberechtigte zu Beginn des Rentenbezugs (vor dem 1. Januar 1955, falls die Rente vor diesem Zeitpunkt zu laufen begonnen hat) das …te Lebensjahr vollendet hatte
1	2	3
1	0	entfällt
2	1	entfällt
3	2	97
4	4	92
5	5	88
6	7	83
7	8	81
8	9	80
9	10	78
10	12	75
11	13	74
12	14	72
13	15	71
14–15	16	69
16–17	18	67
18	19	65
19	20	64
20	21	63
21	22	62
22	23	60
23	24	59
24	25	58
25	26	57
26	27	55
27	28	54
28	29	53
29–30	30	51
31	31	50
32	32	49

[1] Tabelle neu gef. durch G v. 5. 7. 2004 (BGBl. I S. 1427).
[2] Bezeichnung geänd. durch VO v. 17. 11. 2010 (BGBl. I S. 1544).

Beschränkung der Laufzeit der Rente auf ... Jahre ab Beginn des Rentenbezugs (ab 1. Januar 1955, falls die Rente vor diesem Zeitpunkt zu laufen begonnen hat)	Der Ertragsanteil beträgt vorbehaltlich der Spalte 3 ... Prozent[1]	Der Ertragsanteil ist der Tabelle in § 22 Nr. 1 Satz 3 Buchstabe a Doppelbuchstabe bb des Gesetzes zu entnehmen, wenn der Rentenberechtigte zu Beginn des Rentenbezugs (vor dem 1. Januar 1955, falls die Rente vor diesem Zeitpunkt zu laufen begonnen hat) das ... te Lebensjahr vollendet hatte
1	2	3
33	33	48
34	34	46
35–36	35	45
37	36	43
38	37	42
39	38	41
40–41	39	39
42	40	38
43–44	41	36
45	42	35
46–47	43	33
48	44	32
49–50	45	30
51–52	46	28
53	47	27
54–55	48	25
56–57	49	23
58–59	50	21
60–61	51	19
62–63	52	17
64–65	53	15
66–67	54	13
68–69	55	11
70–71	56	9
72–74	57	6
75–76	58	4
77–79	59	2
ab 80	Der Ertragsanteil ist immer der Tabelle in § 22 Nr. 1 Satz 3 Buchstabe a Doppelbuchstabe bb des Gesetzes zu entnehmen.	

Zu § 25 des Gesetzes

§ 56 Steuererklärungspflicht. [1]Unbeschränkt Steuerpflichtige haben eine jährliche Einkommensteuererklärung für das abgelaufene Kalenderjahr (Veranlagungszeitraum) in den folgenden Fällen abzugeben:

---

[1] Bezeichnung geänd. durch VO v. 17. 11. 2010 (BGBl. I S. 1544).

1.[1] Ehegatten, bei denen im Veranlagungszeitraum die Voraussetzungen des § 26 Abs. 1 des Gesetzes vorgelegen haben und von denen keiner die Einzelveranlagung nach § 26a des Gesetzes wählt,

a)[2] wenn keiner der Ehegatten Einkünfte aus nichtselbständiger Arbeit, von denen ein Steuerabzug vorgenommen worden ist, bezogen und der Gesamtbetrag der Einkünfte mehr als das Zweifache des Grundfreibetrages nach § 32a Absatz 1 Satz 2 Nummer 1 des Gesetzes in der jeweils geltenden Fassung betragen hat,

b) wenn mindestens einer der Ehegatten Einkünfte aus nichtselbständiger Arbeit, von denen ein Steuerabzug vorgenommen worden ist, bezogen hat und eine Veranlagung nach § 46 Abs. 2 Nr. 1 bis 7 des Gesetzes in Betracht kommt.

c)[3] *(aufgehoben)*

2. Personen, bei denen im Veranlagungszeitraum die Voraussetzungen des § 26 Abs. 1 des Gesetzes nicht vorgelegen haben,

a)[4] wenn der Gesamtbetrag der Einkünfte den Grundfreibetrag nach § 32a Absatz 1 Satz 2 Nummer 1 des Gesetzes in der jeweils geltenden Fassung überstiegen hat und darin keine Einkünfte aus nichtselbständiger Arbeit, von denen ein Steuerabzug vorgenommen worden ist, enthalten sind,

b) wenn in dem Gesamtbetrag der Einkünfte Einkünfte aus nichtselbständiger Arbeit, von denen ein Steuerabzug vorgenommen worden ist, enthalten sind und eine Veranlagung nach § 46 Abs. 2 Nr. 1 bis 6 und 7 Buchstabe b des Gesetzes in Betracht kommt.

c)[5] *(aufgehoben)*

²Eine Steuererklärung ist außerdem abzugeben, wenn zum Schluss des vorangegangenen Veranlagungszeitraums ein verbleibender Verlustabzug festgestellt worden ist.

§§ 57 bis 59. (weggefallen)

§ 60 Unterlagen zur Steuererklärung. (1)[6] ¹Der Steuererklärung ist eine Abschrift der Bilanz, die auf dem Zahlenwerk der Buchführung beruht, im Fall der Eröffnung des Betriebs auch eine Abschrift der Eröffnungsbilanz beizufügen, wenn der Gewinn nach § 4 Abs. 1, § 5 oder § 5a des Gesetzes ermittelt und auf eine elektronische Übermittlung nach § 5b Abs. 2 des Gesetzes verzichtet wird. ²Werden Bücher geführt, die den Grundsätzen der

---

[1] § 56 Satz 1 Nummer 1 geänd. durch G v. 1.11.2011 (BGBl. I S. 2131); zur Anwendung siehe § 84 Abs. 11.
[2] § 56 Satz 1 Nr. 1 Buchst. a geänd. mWv VZ 2009 durch G v. 2.3.2009 (BGBl. I S. 416).
[3] § 56 Satz 1 Nr. 1 Buchst. c aufgeh. mWv VZ 2009 durch VO v. 17.11.2010 (BGBl. I S. 1544).
[4] § 56 Satz 1 Nr. 2 Buchst. a geänd. mWv VZ 2009 durch G v. 2.3.2009 (BGBl. I S. 416).
[5] § 56 Satz 1 Nr. 2 Buchst. c aufgeh. mWv VZ 2009 durch VO v. 17.11.2010 (BGBl. I S. 1544).
[6] § 60 Abs. 1 Satz 1 neu gef. durch G v. 20.12.2008 (BGBl. I S. 2850); zur erstmaligen Anwendung siehe § 84 Abs. 3e.

doppelten Buchführung entsprechen, ist eine Gewinn- und Verlustrechnung beizufügen.

(2) ¹Enthält die Bilanz Ansätze oder Beträge, die den steuerlichen Vorschriften nicht entsprechen, so sind diese Ansätze oder Beträge durch Zusätze oder Anmerkungen den steuerlichen Vorschriften anzupassen. ²Der Steuerpflichtige kann auch eine den steuerlichen Vorschriften entsprechende Bilanz (Steuerbilanz) beifügen.

(3) ¹Liegt ein Anhang, ein Lagebericht oder ein Prüfungsbericht vor, so ist eine Abschrift der Steuererklärung beizufügen. ²Bei der Gewinnermittlung nach § 5a des Gesetzes ist das besondere Verzeichnis nach § 5a Abs. 4 des Gesetzes der Steuererklärung beizufügen.

(4)¹⁾ ¹Wird der Gewinn nach § 4 Abs. 3 des Gesetzes durch den Überschuss der Betriebseinnahmen über die Betriebsausgaben ermittelt, ist die Einnahmenüberschussrechnung nach amtlich vorgeschriebenem Datensatz durch Datenfernübertragung zu übermitteln. ²Auf Antrag kann die Finanzbehörde zur Vermeidung unbilliger Härten auf eine elektronische Übermittlung verzichten; in diesem Fall ist der Steuererklärung eine Gewinnermittlung nach amtlich vorgeschriebenem Vordruck beizufügen. ³§ 150 *Abs. 7 und* [*ab 1.1.2017:* Absatz]²⁾ 8 der Abgabenordnung gilt entsprechend.

Zu den §§ 26a bis 26c des Gesetzes

§ 61³⁾ **Antrag auf hälftige Verteilung von Abzugsbeträgen im Fall des § 26a des Gesetzes.** Können die Ehegatten den Antrag nach § 26a Absatz 2 des Gesetzes nicht gemeinsam stellen, weil einer der Ehegatten dazu aus zwingenden Gründen nicht in der Lage ist, kann das Finanzamt den Antrag des anderen Ehegatten als genügend ansehen.

§§ 62 bis 62c. (weggefallen)

§ 62d Anwendung des § 10d des Gesetzes bei der Veranlagung von Ehegatten. (1)⁴⁾ ¹Im Fall der Einzelveranlagung von Ehegatten (§ 26a des Gesetzes) kann der Steuerpflichtige den Verlustabzug nach § 10d des Gesetzes auch für Verluste derjenigen Veranlagungszeiträume geltend machen, in denen die Ehegatten nach § 26b des Gesetzes zusammen *oder nach § 26c des Gesetzes besonders* veranlagt worden sind. ²Der Verlustabzug kann in diesem Fall nur für Verluste geltend gemacht werden, die der einzeln veranlagte Ehegatte erlitten hat.

(2)⁵⁾ ¹Im Fall der Zusammenveranlagung von Ehegatten (§ 26b des Gesetzes) kann der Steuerpflichtige den Verlustabzug nach § 10d des Gesetzes auch

---

¹⁾ § 60 Abs. 4 neu gef. durch G v. 20.12.2008 (BGBl. I S. 2850); zur erstmaligen Anwendung siehe § 84 Abs. 3e.
²⁾ Verweis geänd. mWv 1.1.2017 durch G v. 18.7.2016 (BGBl. I S. 1679).
³⁾ § 61 neu gef. durch G v. 1.11.2011 (BGBl. I S. 2131); zur Anwendung siehe § 84 Abs. 11.
⁴⁾ § 62d Abs. 1 Satz 1 geänd. bzw. kursiver Satzteil aufgeh., Satz 2 geänd. durch G v. 1.11.2011 (BGBl. I S. 2131); zur Anwendung siehe § 84 Abs. 11.
⁵⁾ § 62d Abs. 2 Satz 2 neu gef. durch G v. 22.12.2003 (BGBl. I S. 2840); zur erstmaligen Anwendung siehe § 84 Abs. 3f; Abs. 2 Satz 1 geänd. durch G v. 1.11.2011 (BGBl. I S. 2131); zur Anwendung siehe § 84 Abs. 11.

für Verluste derjenigen Veranlagungszeiträume geltend machen, in denen die Ehegatten nach § 26a des Gesetzes einzeln veranlagt worden sind. ²Im Fall der Zusammenveranlagung von Ehegatten (§ 26b des Gesetzes) in einem Veranlagungszeitraum, in den negative Einkünfte nach § 10d Abs. 1 des Gesetzes zurückgetragen werden, sind nach Anwendung des § 10d Abs. 1 des Gesetzes verbleibende negative Einkünfte für den Verlustvortrag nach § 10d Abs. 2 des Gesetzes in Veranlagungszeiträume, in denen eine Zusammenveranlagung nicht stattfindet, auf die Ehegatten nach dem Verhältnis aufzuteilen, in dem die auf den einzelnen Ehegatten entfallenden Verluste im Veranlagungszeitraum der Verlustentstehung zueinander stehen.

§ 63. (weggefallen)

Zu § 33 des Gesetzes

§ 64[1] **Nachweis von Krankheitskosten und der Voraussetzungen der behinderungsbedingten Fahrtkostenpauschale.** (1) Den Nachweis der Zwangsläufigkeit von Aufwendungen im Krankheitsfall hat der Steuerpflichtige zu erbringen:

1. durch eine Verordnung eines Arztes oder Heilpraktikers für Arznei-, Heil- und Hilfsmittel (§§ 2, 23, 31 bis 33 des Fünften Buches Sozialgesetzbuch);

2. durch ein amtsärztliches Gutachten oder eine ärztliche Bescheinigung eines Medizinischen Dienstes der Krankenversicherung (§ 275 des Fünften Buches Sozialgesetzbuch) für

   a) eine Bade- oder Heilkur; bei einer Vorsorgekur ist auch die Gefahr einer durch die Kur abzuwendenden Krankheit, bei einer Klimakur der medizinisch angezeigte Kurort und die voraussichtliche Kurdauer zu bescheinigen,

   b) eine psychotherapeutische Behandlung; die Fortführung einer Behandlung nach Ablauf der Bezuschussung durch die Krankenversicherung steht einem Behandlungsbeginn gleich,

   c) eine medizinisch erforderliche auswärtige Unterbringung eines an Legasthenie oder einer anderen Behinderung leidenden Kindes des Steuerpflichtigen,

   d) die Notwendigkeit der Betreuung des Steuerpflichtigen durch eine Begleitperson, sofern sich diese nicht bereits aus dem Nachweis der Behinderung nach § 65 Absatz 1 Nummer 1 ergibt,

   e) medizinische Hilfsmittel, die als allgemeine Gebrauchsgegenstände des täglichen Lebens im Sinne von § 33 Absatz 1 des Fünften Buches Sozialgesetzbuch anzusehen sind,

   f) wissenschaftlich nicht anerkannte Behandlungsmethoden, wie z.B. Frisch- und Trockenzellenbehandlungen, Sauerstoff-, Chelat- und Eigenbluttherapie.

---

[1] § 64 Überschr. neu gef., Abs. 3 angef. mWv 1.1.2021 durch G v. 9.12.2020 (BGBl. I S. 2770).

²Der nach Satz 1 zu erbringende Nachweis muss vor Beginn der Heilmaßnahme oder dem Erwerb des medizinischen Hilfsmittels ausgestellt worden sein;

3. durch eine Bescheinigung des behandelnden Krankenhausarztes für Besuchsfahrten zu einem für längere Zeit in einem Krankenhaus liegenden Ehegatten oder Kind des Steuerpflichtigen, in dem bestätigt wird, dass der Besuch des Steuerpflichtigen zur Heilung oder Linderung einer Krankheit entscheidend beitragen kann.

(2) Die zuständigen Gesundheitsbehörden haben auf Verlangen des Steuerpflichtigen die für steuerliche Zwecke erforderlichen Gesundheitszeugnisse, Gutachten oder Bescheinigungen auszustellen.

(3) Für den Nachweis der Anspruchsvoraussetzungen zur behinderungsbedingten Fahrtkostenpauschale sind die Vorschriften des § 65 anzuwenden.

Zu § 33b des Gesetzes

§ 65[1] **Nachweis der Behinderung und des Pflegegrads.** (1) Den Nachweis einer Behinderung hat der Steuerpflichtige zu erbringen:

1. bei einer Behinderung, deren Grad auf mindestens 50 festgestellt ist, durch Vorlage eines Ausweises nach dem Neunten Buch Sozialgesetzbuch oder eines Bescheides der nach § 152[2] Absatz 1 des Neunten Buches Sozialgesetzbuch[3] zuständigen Behörde,

[Fassung bis VZ 2020:]

2. bei einer Behinderung, deren Grad auf weniger als 50, aber mindestens 25 festgestellt ist,
   a) durch eine Bescheinigung der nach § 69 Absatz 1 des Neunten Buches Sozialgesetzbuch[2] zuständigen Behörde auf Grund eines Feststellungsbescheids nach § 152[2] Absatz 1 des Neunten Buches Sozialgesetzbuch, die eine Äußerung darüber enthält, ob die Behinderung zu einer dauernden Einbuße der körperlichen Beweglichkeit geführt hat oder auf einer typischen Berufskrankheit beruht, oder,

[Fassung ab VZ 2021:]

2.[4] bei einer Behinderung, deren Grad auf weniger als 50, aber mindestens 20 festgestellt ist,
   a) durch eine Bescheinigung oder einen Bescheid der nach § 152 Absatz 1 des Neunten Buches Sozialgesetzbuch zuständigen Behörde oder,
   b) wenn ihm wegen seiner Behinderung nach den gesetzlichen Vorschriften Renten oder andere laufende Bezüge zustehen, durch den Rentenbescheid oder den die anderen laufenden Bezüge nachweisenden Bescheid.

---

[1] § 65 Überschr. neu gef. durch G v. 9.12.2020 (BGBl. I S. 2770). Zur letztmaligen Anwendung von Abs. 1 siehe § 84 Abs. 3g Satz 4 und 5.
[2] Verweis geänd. mWv 1.1.2018 durch G v. 23.12.2016 (BGBl. I S. 3234).
[3] Verweis geänd. durch VO v. 17.11.2010 (BGBl. I S. 1544).
[4] § 65 Abs. 1 Nr. 2 neu gef. durch G v. 2.6.2021 (BGBl. I S. 1259); zur Anwendung siehe § 84 Abs. 3g Satz 1.

[Fassung bis VZ 2020:]

  b) wenn ihm wegen seiner Behinderung nach den gesetzlichen Vorschriften Renten oder andere laufende Bezüge zustehen, durch den Rentenbescheid oder den die anderen laufenden Bezüge nachweisenden Bescheid.

(2)[1] [1]Die gesundheitlichen Merkmale „blind" und „hilflos" hat der Steuerpflichtige durch einen Ausweis nach dem Neunten Buch Sozialgesetzbuch, der mit den Merkzeichen „Bl" oder „H" gekennzeichnet ist, oder durch einen Bescheid der nach § 152 Absatz 1 des Neunten Buches Sozialgesetzbuch[2] zuständigen Behörde, der die entsprechenden Feststellungen enthält, nachzuweisen. [2]Dem Merkzeichen „H" steht die Einstufung als pflegebedürftige Person mit schwersten Beeinträchtigungen der Selbständigkeit oder der Fähigkeiten in die Pflegegrade 4 oder 5 nach dem Elften Buch Sozialgesetzbuch, dem Zwölften Buch Sozialgesetzbuch oder diesen entsprechenden gesetzlichen Bestimmungen gleich.

(2a)[3] Den Nachweis der Einstufung in einen Pflegegrad nach dem Elften Buch Sozialgesetzbuch, dem Zwölften Buch Sozialgesetzbuch oder diesen entsprechenden gesetzlichen Bestimmungen hat der Steuerpflichtige durch Vorlage des entsprechenden Bescheides nachzuweisen.

(3)[4] [1]Die Gewährung des Behinderten-Pauschbetrags setzt voraus, dass der Antragsteller Inhaber gültiger Unterlagen nach den Absätzen 1 und 2 ist. [2]Bei erstmaliger Geltendmachung des Pauschbetrags oder bei Änderung der Verhältnisse hat der Steuerpflichtige die Unterlagen nach den Absätzen 1 und 2 zusammen mit seiner Steuererklärung oder seinem Antrag auf Lohnsteuerermäßigung, ansonsten auf Anforderung des Finanzamts vorzulegen.

(3a)[4] · [5] [1]Die Gewährung des Behinderten-Pauschbetrags setzt voraus, dass die für die Feststellung einer Behinderung zuständige Stelle als mitteilungspflichtige Stelle ihre Feststellungen zur Behinderung nach den Absätzen 1 und 2 nach Maßgabe des § 93c der Abgabenordnung an die für die Besteuerung des Antragstellers zuständige Finanzbehörde übermittelt hat. [2]Die nach Satz 1 mitteilungspflichtige Stelle hat ihre Feststellungen auf schriftlichen oder elektronischen Antrag derjenigen Person, die diese Feststellungen begehrt, an die nach Satz 1 zuständige Finanzbehörde zu übermitteln. [3]Die Person hat der mitteilungspflichtigen Stelle zu diesem Zweck ihre Identifikationsnummer (§ 139b der Abgabenordnung) mitzuteilen. [4]Neben den nach § 93c Absatz 1 der Abgabenordnung zu übermittelnden Daten sind zusätzlich folgende Daten zu übermitteln:

---

  [1] § 65 Abs. 2 Satz 2 neu gef. mWv 1.1.2021 durch G v. 9.12.2020 (BGBl. I S. 2770).
  [2] Verweis geänd. mWv 1.1.2018 durch G v. 23.12.2016 (BGBl. I S. 3234).
  [3] § 65 Abs. 2a eingef. mWv 1.1.2021 durch G v. 9.2020 (BGBl. I S. 2770).
  [4] § 65 Abs. 3 ersetzt durch Abs. 3 und 3a durch G v. 18.7.2016 (BGBl. I S. 1679); zur Anwendung von Abs. 3 siehe § 84 Satz 5 und 6.
  [5] Zur erstmaligen Anwendung von § 65 Abs. 3a siehe § 84 Abs. 3g Sätze 2 bis 4.

1. der Grad der Behinderung,
2. die Feststellung weiterer gesundheitlicher Merkmale (Merkzeichen):
   a) G (erheblich gehbehindert),
   b) aG (außergewöhnlich gehbehindert),
   c) B (ständige Begleitung notwendig),
   d) H (hilflos),
   e) Bl (blind),
   f) Gl (gehörlos),
3. die Feststellung, dass die Behinderung zu einer dauernden Einbuße der körperlichen Beweglichkeit geführt hat,
4. die Feststellung, dass die Behinderung auf einer typischen Berufskrankheit beruht,
5. [1] die Einstufung als *Schwerstpflegebedürftiger in die Pflegestufe III,* [*künftige Fassung:* pflegebedürftige Person mit schwersten Beeinträchtigungen der Selbständigkeit oder der Fähigkeiten in den Pflegegraden 4 oder 5],
6. die Dauer der Gültigkeit der Feststellung. ⁵Die mitteilungspflichtige Stelle hat jede Änderung der Feststellungen nach Satz 4 abweichend von § 93c Absatz 1 Nummer 1 der Abgabenordnung unverzüglich zu übermitteln. ⁶§ 72a Absatz 4, § 93c Absatz 1 Nummer 3 und Absatz 4 sowie § 203a der Abgabenordnung finden keine Anwendung.

(4)[2] ¹Ist der Mensch mit Behinderung verstorben und kann sein Rechtsnachfolger die Unterlagen nach den Absätzen 1 und 2 nicht vorlegen, so genügt zum Nachweis eine gutachtliche Stellungnahme der nach § 152[3] Absatz 1 des Neunten Buches Sozialgesetzbuch[4] zuständigen Behörde. ²Diese Stellungnahme hat die Finanzbehörde einzuholen.

§§ 66 und 67. (weggefallen)

Zu § 34b des Gesetzes

§ 68[5] Nutzungssatz, Betriebsgutachten, Betriebswerk.
(1) ¹Der Nutzungssatz muss periodisch für zehn Jahre durch die Finanzbehörde festgesetzt werden. ²Er muss den Holznutzungen entsprechen, die unter Berücksichtigung der vollen Ertragsfähigkeit des Waldes in Kubikmetern im Festmaß (Erntefestmeter Derbholz ohne Rinde) nachhaltig erzielbar sind.

(2) ¹Der Festsetzung des Nutzungssatzes ist ein amtlich anerkanntes Betriebsgutachten oder ein Betriebswerk zugrunde zu legen, das auf den Anfang des Wirtschaftsjahres aufzustellen ist, von dem an die Periode von zehn Jahren

---

[1] § 65 Abs. 3a Satz 4 Nr. 5 geänd. durch G. v. 9.12.2020 (BGBl. I S. 2770); zur Anwendung siehe § 84 Abs. 3g Sätze 2 ff.
[2] § 65 Abs. 4 Satz 1 geänd. mWv 1.1.2021 durch G v. 9.12.2020 (BGBl. I S. 2770).
[3] Verweis geänd. mWv 1.1.2018 durch G v. 23.12.2016 (BGBl. I S. 3234).
[4] Verweis geänd. durch VO v. 17.11.2010 (BGBl. I S. 1544).
[5] § 68 neu gef. mWv VZ 2012 durch G v. 1.11.2011 (BGBl. I S. 2131); Abs. 1 Satz 2 neu gef., Abs. 2 Satz 3 geänd. mWv VZ 2016 durch VO v. 18.7.2016 (BGBl. I S. 1722).

beginnt. [2]Es soll innerhalb eines Jahres nach diesem Stichtag der Finanzbehörde übermittelt werden. [3]Sofern der Zeitraum, für den es aufgestellt wurde, nicht unmittelbar an den vorherigen Zeitraum der Nutzungssatzfestsetzung anschließt, muss es spätestens auf den Anfang des Wirtschaftsjahrs des Schadensereignisses aufgestellt sein.

(3) [1]Ein Betriebsgutachten im Sinne des Absatzes 2 ist amtlich anerkannt, wenn die Anerkennung von einer Behörde oder einer Körperschaft des öffentlichen Rechts des Landes, in dem der forstwirtschaftliche Betrieb liegt, ausgesprochen wird. [2]Die Länder bestimmen, welche Behörden oder Körperschaften des öffentlichen Rechts diese Anerkennung auszusprechen haben.

(Fortsetzung nächstes Blatt)

Zu § 34c des Gesetzes

§ 68a[1] **Einkünfte aus mehreren ausländischen Staaten.** [1]Die für die Einkünfte aus einem ausländischen Staat festgesetzte und gezahlte und um einen entstandenen Ermäßigungsanspruch gekürzte ausländische Steuer ist nur bis zur Höhe der deutschen Steuer anzurechnen, die auf die Einkünfte aus diesem ausländischen Staat entfällt. [2]Stammen die Einkünfte aus mehreren ausländischen Staaten, so sind die Höchstbeträge der anrechenbaren ausländischen Steuern für jeden einzelnen ausländischen Staat gesondert zu berechnen.

§ 68b Nachweis über die Höhe der ausländischen Einkünfte und Steuern. [1]Der Steuerpflichtige hat den Nachweis über die Höhe der ausländischen Einkünfte und über die Festsetzung und Zahlung der ausländischen Steuern durch Vorlage entsprechender Urkunden (z. B. Steuerbescheid, Quittung über die Zahlung) zu führen. [2]Sind diese Urkunden in einer fremden Sprache abgefasst, so kann eine beglaubigte Übersetzung in die deutsche Sprache verlangt werden.

§ 69. (weggefallen)

Zu § 46 des Gesetzes

§ 70[2] **Ausgleich von Härten in bestimmten Fällen.** [1]Betragen in den Fällen des § 46 Absatz 2 Nummer 1 bis 7 des Gesetzes die einkommensteuerpflichtigen Einkünfte, von denen der Steuerabzug vom Arbeitslohn nicht vorgenommen worden ist und die nicht nach § 32d Absatz 6 des Gesetzes der tariflichen Einkommensteuer unterworfen wurden], insgesamt mehr als 410 Euro, so ist vom Einkommen der Betrag abzuziehen, um den die bezeichneten Einkünfte, vermindert um den auf sie entfallenden Altersentlastungsbetrag (§ 24a des Gesetzes) und den nach § 13 Absatz 3 des Gesetzes zu berücksichtigenden Betrag, niedriger als 820 Euro sind (Härteausgleichsbetrag). [2]Der Härteausgleichsbetrag darf nicht höher sein als die nach Satz 1 verminderten Einkünfte.

§§ 71 und 72. (weggefallen)

Zu § 50 des Gesetzes

§ 73. (weggefallen)

Zu § 50a des Gesetzes

§ 73a[3] **Begriffsbestimmungen.** (1) Inländisch im Sinne des § 50a Abs. 1 Nr. 4 des Gesetzes sind solche Personenvereinigungen, die ihre Geschäftsleitung oder ihren Sitz im Geltungsbereich des Gesetzes haben.

---

[1] § 68a Satz 1 geänd. mWv VZ 2009 durch VO v. 17.11.2010 (BGBl. I S. 1544).

[2] § 70 Beträge geänd. mWv 1.1.2002 durch G v. 19.12.2000 (BGBl. I S. 1790); zur erstmaligen Anwendung siehe § 84 Abs. 3h; Satz 1 geänd. mWv VZ 2014 (§ 84 Abs. 3h) durch G v. 25.7.2014 (BGBl. I S. 1266).

[3] § 73a Abs. 1 und 2 geänd., Abs. 3 neu gef. durch G v. 19.12.2008 (BGBl. I S. 2794); zur erstmaligen Anwendung siehe § 84 Abs. 3i Satz 1; Abs. 3 neu gef. durch VO v. 22.12.2014 (BGBl. I S. 2392); zur Anwendung siehe § 84 Abs. 3i Satz 6.

(2)[1] Urheberrechte im Sinne des § 50a Abs. 1 Nr. 3 des Gesetzes sind Rechte, die nach Maßgabe des Urheberrechtsgesetzes geschützt sind.

(3) Gewerbliche Schutzrechte im Sinne des § 50a Absatz 1 Nummer 3 des Gesetzes sind Rechte, die nach Maßgabe

1. des Designgesetzes,

2. des Patentgesetzes,

3. des Gebrauchsmustergesetzes oder

4. des Markengesetzes

geschützt sind.

§ 73b. (weggefallen)

§ 73c[2] Zeitpunkt des Zufließens im Sinne des § 50a Abs. 5 Satz 1 des Gesetzes. Die Vergütungen im Sinne des § 50a Abs. 1 des Gesetzes fließen dem Gläubiger zu

1. im Fall der Zahlung, Verrechnung oder Gutschrift:
bei Zahlung, Verrechnung oder Gutschrift;

2. im Fall der Hinausschiebung der Zahlung wegen vorübergehender Zahlungsunfähigkeit des Schuldners:
bei Zahlung, Verrechnung oder Gutschrift;

3. im Fall der Gewährung von Vorschüssen:
bei Zahlung, Verrechnung oder Gutschrift der Vorschüsse.

§ 73d Aufzeichnungen, Aufbewahrungspflichten, Steueraufsicht.
(1)[3] ¹Der Schuldner der Vergütungen im Sinne des § 50a Abs. 1 des Gesetzes (Schuldner) hat besondere Aufzeichnungen zu führen. ²Aus den Aufzeichnungen müssen ersichtlich sein:

1. Name und Wohnung des beschränkt steuerpflichtigen Gläubigers (Steuerschuldners),

2. Höhe der Vergütungen in Euro[4],

3. Höhe und Art der von der Bemessungsgrundlage des Steuerabzugs abgezogenen Betriebsausgaben oder Werbungskosten,

4. Tag, an dem die Vergütungen dem Steuerschuldner zugeflossen sind,

5. Höhe und Zeitpunkt der Abführung der einbehaltenen Steuer.

---

[1] § 73a Abs. 2 geänd. durch VO v. 25.6.2020 (BGBl. I S. 1495).
[2] § 73c einleitender Satzteil geänd. durch G v. 19.12.2008 (BGBl. I S. 2794); zur erstmaligen Wirkung siehe § 84 Abs. 3i Satz 1.
[3] § 73d Abs. 1 neu gef. durch G v. 19.12.2008 (BGBl. I S. 2794); zur erstmaligen Anwendung siehe § 84 Abs. 3i Satz 1.
[4] Bezeichnung geänd. durch G v. 19.12.2000 (BGBl. I S. 1790).

³Er hat in Fällen des § 50a Abs. 3 des Gesetzes die von der Bemessungsgrundlage des Steuerabzugs abgezogenen Betriebsausgaben oder Werbungskosten und die Staatsangehörigkeit des beschränkt steuerpflichtigen Gläubigers in einer für das Bundeszentralamt für Steuern¹⁾ nachprüfbaren Form zu dokumentieren.

(2) Bei der Veranlagung des Schuldners zur Einkommensteuer (Körperschaftsteuer) und bei Außenprüfungen, die bei dem Schuldner vorgenommen werden, ist auch zu prüfen, ob die Steuern ordnungsmäßig einbehalten und abgeführt worden sind.

§ 73e²⁾ Einbehaltung, Abführung und Anmeldung der Steuer von Vergütungen im Sinne des § 50a Abs. 1 und 7 des Gesetzes (§ 50a Abs. 5 des Gesetzes).

¹Der Schuldner hat die innerhalb eines Kalendervierteljahrs einbehaltene Steuer von Vergütungen im Sinne des § 50a Absatz 1 des Gesetzes unter der Bezeichnung „Steuerabzug von Vergütungen im Sinne des § 50a Absatz 1 des Einkommensteuergesetzes" jeweils bis zum zehnten des dem Kalendervierteljahr folgenden Monats an das Bundeszentralamt für Steuern³⁾ abzuführen. ²Bis zum gleichen Zeitpunkt hat der Schuldner dem Bundeszentralamt für Steuern³⁾ eine Steueranmeldung über den Gläubiger, die Höhe der Vergütungen im Sinne des § 50a Absatz 1 des Gesetzes, die Höhe und Art der von der Bemessungsgrundlage des Steuerabzugs abgezogenen Betriebsausgaben oder Werbungskosten und die Höhe des Steuerabzugs zu übersenden. ³Satz 2 gilt entsprechend, wenn ein Steuerabzug auf Grund des § 50a Absatz 2 Satz 3 oder Absatz 4 Satz 1 des Gesetzes nicht vorzunehmen ist oder auf Grund des § 50c Absatz 2 des Gesetzes nicht oder nicht in voller Höhe vorzunehmen ist.⁴⁾ ⁴Die Steueranmeldung ist nach amtlich vorgeschriebenem Datensatz durch Datenfernübertragung zu übermitteln.⁵⁾ ⁵Auf Antrag kann das Bundeszentralamt für Steuern³⁾ zur Vermeidung unbilliger Härten auf eine elektronische Übermittlung verzichten; in diesem Fall ist die Steueranmeldung vom Schuldner oder von einem zu seiner Vertretung Berechtigten zu unterschreiben. ⁶Ist es zweifelhaft, ob der Gläubiger beschränkt oder unbeschränkt steuerpflichtig ist, so darf der Schuldner die Einbehaltung der Steuer nur dann unterlassen, wenn der Gläubiger durch eine Bescheinigung des nach den abgabenrechtlichen Vorschriften für die Besteuerung seines Einkommens zuständigen Finanzamts nachweist, dass er unbeschränkt steuerpflichtig ist. ⁷Die Sätze 1, 2, 4 und 5 gelten entsprechend für die Steuer nach § 50a Absatz 7 des Gesetzes mit der Maßgabe, dass

1. die Steuer an das Finanzamt abzuführen und bei dem Finanzamt anzumelden ist, das den Steuerabzug angeordnet hat, und

---

¹⁾ § 73d Abs. 1 Satz 3 Zuständigkeit geänd. durch G v. 10.8.2009 (BGBl. I S. 2702); zur erstmaligen Anwendung ab 1.1.2014 siehe § 84 Abs. 3i Satz 4.
²⁾ § 73e neu gef. durch G v. 19.12.2008 (BGBl. I S. 2794); zur erstmaligen Anwendung siehe § 84 Abs. 3i Sätze 1 und 2.
³⁾ § 73e Sätze 1, 2 und 5 geänd. durch G v. 10.8.2009 (BGBl. I S. 2702); zur erstmaligen Anwendung siehe § 84 Abs. 3i Satz 4.
⁴⁾ § 73e Satz 3 geänd. mWv 9.6.2021 durch G v. 2.6.2021 (BGBl. I S. 1259).
⁵⁾ § 73e Satz 4 geänd. mWv 1.1.2017 durch G v. 18.7.2016 (BGBl. I S. 1679); geänd. mWv 1.1.2017 durch G v. 12.7.2017 (BGBl. I S. 2360).

2. bei entsprechender Anordnung die innerhalb eines Monats einbehaltene Steuer jeweils bis zum zehnten des Folgemonats anzumelden und abzuführen ist.[1]

§ 73f Steuerabzug in den Fällen des § 50a Abs. 6 des Gesetzes.

[1]Der Schuldner der Vergütungen für die Nutzung oder das Recht auf Nutzung von Urheberrechten im Sinne des § 50a Abs. 1 Nr. 3[2] des Gesetzes braucht den Steuerabzug nicht vorzunehmen, wenn er diese Vergütungen auf Grund eines Übereinkommens nicht an den beschränkt steuerpflichtigen Gläubiger (Steuerschuldner), sondern an die Gesellschaft für musikalische Aufführungs- und mechanische Vervielfältigungsrechte (Gema) oder an einen anderen Rechtsträger abführt und die obersten Finanzbehörden der Länder mit Zustimmung des Bundesministeriums der Finanzen einwilligen, dass dieser andere Rechtsträger an die Stelle des Schuldners tritt. [2]In diesem Fall hat die Gema oder der andere Rechtsträger den Steuerabzug vorzunehmen; § 50a Abs. 5 des Gesetzes sowie die §§ 73d und 73e gelten entsprechend.

§ 73g[3] Haftungsbescheid.

(1) Ist die Steuer nicht ordnungsmäßig einbehalten oder abgeführt, so hat das Bundeszentralamt für Steuern oder das zuständige Finanzamt die Steuer von dem Schuldner, in den Fällen des § 73f von dem dort bezeichneten Rechtsträger, durch Haftungsbescheid oder von dem Steuerschuldner durch Steuerbescheid anzufordern.

(2) Der Zustellung des Haftungsbescheids an den Schuldner bedarf es nicht, wenn der Schuldner die einbehaltene Steuer dem Bundeszentralamt für Steuern oder dem Finanzamt ordnungsmäßig angemeldet hat (§ 73e) oder wenn er vor dem Bundeszentralamt für Steuern oder dem Finanzamt oder einem Prüfungsbeamten des Bundeszentralamts für Steuern oder des Finanzamts seine Verpflichtung zur Zahlung der Steuer schriftlich anerkannt hat.

Zu § 51 des Gesetzes

§§ 74 bis 80. (weggefallen)

(Fortsetzung nächste Seite)

---

[1] § 73e Satz 7 neu gef. durch G v. 25.7.2014 (BGBl. I S. 1266); zur Anwendung siehe § 84 Abs. 3i Satz 5.

[2] § 73f Verweis geänd. durch G v. 19.12.2008 (BGBl. I S. 2794); zur erstmaligen Anwendung siehe § 84 Abs. 3i Satz 1.

[3] § 73g Abs. 1 und Abs. 2 geänd. durch G v. 10.8.2009 (BGBl. I S. 2702); zur erstmaligen Anwendung siehe § 84 Abs. 3i Satz 4.

§ 81[1]) **Bewertungsfreiheit für bestimmte Wirtschaftsgüter des Anlagevermögens im Kohlen- und Erzbergbau.** (1) [1]Steuerpflichtige, die den Gewinn nach § 5 des Gesetzes ermitteln, können bei abnutzbaren Wirtschaftsgütern des Anlagevermögens, bei denen die in den Absätzen 2 und 3 bezeichneten Voraussetzungen vorliegen, im Wirtschaftsjahr der Anschaffung oder Herstellung und in den vier folgenden Wirtschaftsjahren Sonderabschreibungen vornehmen, und zwar

1. bei beweglichen Wirtschaftsgütern des Anlagevermögens bis zur Höhe von insgesamt 50 Prozent[2]),

2. bei unbeweglichen Wirtschaftsgütern des Anlagevermögens bis zur Höhe von insgesamt 30 Prozent[2])

der Anschaffungs- oder Herstellungskosten. [2]§ 9a gilt entsprechend.

(2) Voraussetzung für die Anwendung des Absatzes 1 ist,

1. dass die Wirtschaftsgüter

a) im Tiefbaubetrieb des Steinkohlen-, Pechkohlen-, Braunkohlen- und Erzbergbaues

aa) für die Errichtung von neuen Förderschachtanlagen, auch in der Form von Anschlussschachtanlagen,

bb) für die Errichtung neuer Schächte sowie die Erweiterung des Grubengebäudes und den durch Wasserzuflüsse aus stillliegenden Anlagen bedingten Ausbau der Wasserhaltung bestehender Schachtanlagen,

cc) für Rationalisierungsmaßnahmen in der Hauptschacht-, Blindschacht-, Strecken- und Abbauförderung, im Streckenvortrieb, in der Gewinnung, Versatzwirtschaft, Seilfahrt, Wetterführung und Wasserhaltung sowie in der Aufbereitung,

dd) für die Zusammenfassung von mehreren Förderschachtanlagen zu einer einheitlichen Förderschachtanlage oder

ee) für den Wiederaufschluss stillliegender Grubenfelder und Feldesteile,

b) im Tagebaubetrieb des Braunkohlen- und Erzbergbaues

aa) für die Erschließung neuer Tagebaue, auch in Form von Anschlusstagebauen,

bb) für Rationalisierungsmaßnahmen bei laufenden Tagebauen,

cc) beim Übergang zum Tieftagebau für die Freilegung und Gewinnung der Lagerstätte oder

dd) für die Wiederinbetriebnahme stillgelegter Tagebaue

angeschafft oder hergestellt werden und

2. dass die Förderungswürdigkeit dieser Vorhaben von der obersten Landesbehörde oder der von ihr bestimmten Stelle im Einvernehmen mit dem Bundesministerium für Wirtschaft und Energie[3]) bescheinigt worden ist.

---

[1]) Zur Anwendung im Beitrittsgebiet siehe § 57 Abs. 2 EStG (Nr. **1**).
[2]) Bezeichnung geänd. durch VO v. 17. 11. 2010 (BGBl. I S. 1544).
[3]) Bezeichnung geänd. durch VO v. 31. 8. 2015 (BGBl. I S. 1474).

(3) Die Abschreibungen nach Absatz 1 können nur in Anspruch genommen werden

1. in den Fällen des Absatzes 2 Nr. 1 Buchstabe a bei Wirtschaftsgütern des Anlagevermögens unter Tage und bei den in der Anlage 5 zu dieser Verordnung bezeichneten Wirtschaftsgütern des Anlagevermögens über Tage,

2. in den Fällen des Absatzes 2 Nr. 1 Buchstabe b bei den in der Anlage 6 zu dieser Verordnung bezeichneten Wirtschaftsgütern des beweglichen Anlagevermögens.

(4) Die Abschreibungen nach Absatz 1 können in Anspruch genommen werden bei im Geltungsbereich dieser Verordnung ausschließlich des in Artikel 3 des Einigungsvertrages genannten Gebiets

1. vor dem 1. Januar 1990 angeschafften oder hergestellten Wirtschaftsgütern,

2. a) nach dem 31. Dezember 1989 und vor dem 1. Januar 1991 angeschafften oder hergestellten Wirtschaftsgütern,

b) vor dem 1. Januar 1991 geleisteten Anzahlungen auf Anschaffungskosten und entstandenen Teilherstellungskosten,

wenn der Steuerpflichtige vor dem 1. Januar 1990 die Wirtschaftsgüter bestellt oder mit ihrer Herstellung begonnen hat.

(5) Bei den in Absatz 2 Nr. 1 Buchstabe b bezeichneten Vorhaben können die vor dem 1. Januar 1990 im Geltungsbereich dieser Verordnung ausschließlich des in Artikel 3 des Einigungsvertrages genannten Gebiets aufgewendeten Kosten für den Vorabraum bis zu 50 Prozent[1] als sofort abzugsfähige Betriebsausgaben behandelt werden.

§ 82. (weggefallen)

§ 82 a[2] Erhöhte Absetzungen von Herstellungskosten und Sonderbehandlung von Erhaltungsaufwand für bestimmte Anlagen und Einrichtungen bei Gebäuden. (1)[3] [1]Der Steuerpflichtige kann von den Herstellungskosten

1.[4] für Maßnahmen, die für den Anschluss eines im Inland belegenen Gebäudes an eine Fernwärmeversorgung einschließlich der Anbindung an das Heizsystem erforderlich sind, wenn die Fernwärmeversorgung überwiegend aus Anlagen der Kraft-Wärme-Kopplung, zur Verbrennung von Müll oder zur Verwertung von Abwärme gespeist wird,

2. für den Einbau von Wärmepumpenanlagen, Solaranlagen und Anlagen zur Wärmerückgewinnung in einem im Inland belegenen Gebäude einschließlich der Anbindung an das Heizsystem,

---

[1] Bezeichnung geänd. durch VO v. 17. 11. 2010 (BGBl. I S. 1544).
[2] Zur Anwendung im Beitrittsgebiet siehe § 84 Abs. 4 Satz 1 EStDV sowie § 57 Abs 1 EStG (Nr. 1).
[3] Zur Anwendung siehe § 84 Abs. 4 Nr. 1.
[4] § 82 a Abs. 1 Satz 1 geänd. durch VO v. 17. 11. 2010 (BGBl. I S. 1544).

3. für die Errichtung von Windkraftanlagen, wenn die mit diesen Anlagen erzeugte Energie überwiegend entweder unmittelbar oder durch Verrechnung mit Elektrizitätsbezügen des Steuerpflichtigen von einem Elektrizitätsversorgungsunternehmen zur Versorgung eines im Inland belegenen Gebäudes des Steuerpflichtigen verwendet wird, einschließlich der Anbindung an das Versorgungssystem des Gebäudes,

4. für die Errichtung von Anlagen zur Gewinnung von Gas, das aus pflanzlichen oder tierischen Abfallstoffen durch Gärung unter Sauerstoffabschluss entsteht, wenn dieses Gas zur Beheizung eines im Inland belegenen Gebäudes des Steuerpflichtigen oder zur Warmwasserbereitung in einem solchen Gebäude des Steuerpflichtigen verwendet wird, einschließlich der Anbindung an das Versorgungssystem des Gebäudes,

5. für den Einbau einer Warmwasseranlage zur Versorgung von mehr als einer Zapfstelle und einer zentralen Heizungsanlage oder bei einer zentralen Heizungs- und Warmwasseranlage für den Einbau eines Heizkessels, eines Brenners, einer zentralen Steuerungseinrichtung, einer Wärmeabgabeeinrichtung und eine Änderung der Abgasanlage in einem im Inland belegenen Gebäude oder in einer im Inland belegenen Eigentumswohnung, wenn mit der Maßnahme nicht vor Ablauf von zehn Jahren seit Fertigstellung dieses Gebäudes begonnen worden ist,

an Stelle der nach § 7 Abs. 4 oder 5 oder § 7b des Gesetzes zu bemessenden Absetzungen für Abnutzung im Jahr der Herstellung und in den folgenden neun Jahren jeweils bis zu 10 Prozent absetzen. ² Nach Ablauf dieser zehn Jahre ist ein etwa noch vorhandener Restwert den Anschaffungs- oder Herstellungskosten des Gebäudes oder dem an deren Stelle tretenden Wert hinzuzurechnen; die weiteren Absetzungen für Abnutzung sind einheitlich für das gesamte Gebäude nach dem sich hiernach ergebenden Betrag und dem für das Gebäude maßgebenden Hundertsatz zu bemessen. ³ Voraussetzung für die Inanspruchnahme der erhöhten Absetzungen ist, dass das Gebäude in den Fällen der Nummer 1 vor dem 1. Juli 1983 fertiggestellt worden ist; die Voraussetzung entfällt, wenn der Anschluss nicht schon im Zusammenhang mit der Errichtung des Gebäudes möglich war.

(2)[1] Die erhöhten Absetzungen können nicht vorgenommen werden, wenn für dieselbe Maßnahme eine Investitionszulage gewährt wird.

(3)[2] ¹ Sind die Aufwendungen für eine Maßnahme im Sinne des Absatzes 1 Erhaltungsaufwand und entstehen sie bei einer zu eigenen Wohnzwecken genutzten Wohnung im eigenen Haus, deren Nutzungswert nicht mehr besteuert wird, und liegen in den Fällen des Absatzes 1 Nr. 1 die Voraussetzungen des Absatzes 1 Satz 3 vor, können die Aufwendungen wie Sonderausgaben abgezogen werden; sie sind auf das Jahr, in dem die Arbeiten abgeschlossen worden sind, und die neun folgenden Jahre gleichmäßig zu verteilen. ² Entsprechendes gilt bei Aufwendungen zur Anschaffung neuer Einzelöfen für eine Wohnung, wenn keine zentrale Heizungsanlage vorhanden ist und die

---

[1] Zur Anwendung siehe § 84 Abs. 4 Nr. 1.
[2] Zur Anwendung siehe § 84 Abs. 4 Nrn. 2 und 3.

Wohnung seit mindestens zehn Jahren fertiggestellt ist. ³§ 82b Abs. 2 und 3 gilt entsprechend.

§ 82 b¹⁾ Behandlung größeren Erhaltungsaufwands bei Wohngebäu-den.

(1) ¹Der Steuerpflichtige kann größere Aufwendungen für die Erhaltung von Gebäuden, die im Zeitpunkt der Leistung des Erhaltungsaufwands nicht zu einem Betriebsvermögen gehören und überwiegend Wohnzwecken dienen, abweichend von § 11 Abs. 2 des Gesetzes auf zwei bis fünf Jahre gleichmäßig verteilen. ²Ein Gebäude dient überwiegend Wohnzwecken, wenn die Grund-fläche der Wohnzwecken dienenden Räume des Gebäudes mehr als die Hälfte der gesamten Nutzfläche beträgt. ³Zum Gebäude gehörende Garagen sind ohne Rücksicht auf ihre tatsächliche Nutzung als Wohnzwecken dienend zu behandeln, soweit in ihnen nicht mehr als ein Personenkraftwagen für jede in dem Gebäude befindliche Wohnung untergestellt werden kann. ⁴Räume für die Unterstellung weiterer Kraftwagen sind stets als nicht Wohnzwecken die-nend zu behandeln.

(2) ¹Wird das Gebäude während des Verteilungszeitraums veräußert, ist der noch nicht berücksichtigte Teil des Erhaltungsaufwands im Jahr der Veräuße-rung als Werbungskosten abzusetzen. ²Das Gleiche gilt, wenn ein Gebäude in ein Betriebsvermögen eingebracht oder nicht mehr zur Einkunftserzielung genutzt wird.

(3) Steht das Gebäude im Eigentum mehrerer Personen, so ist der in Ab-satz 1 bezeichnete Erhaltungsaufwand von allen Eigentümern auf den gleichen Zeitraum zu verteilen.

§§ 82 c bis 82 e. (weggefallen)

§ 82 d²⁾ *Bewertungsfreiheit für abnutzbare Wirtschaftsgüter des Anlagevermö-gens, die der Forschung oder Entwicklung dienen.*

(1) ¹Bei abnutzbaren Wirt-schaftsgütern des Anlagevermögens können unter den Voraussetzungen des Absatzes 3 im Wirtschaftsjahr der Anschaffung oder Herstellung und in den vier folgenden Wirt-schaftsjahren folgende Sonderabschreibungen vorgenommen werden:

1. bei beweglichen Wirtschaftsgütern des Anlagevermögens bis zu insgesamt 40 vom Hundert,

2. bei unbeweglichen Wirtschaftsgütern des Anlagevermögens sowie bei Ausbauten und Erweiterungen an bestehenden Gebäuden, Gebäudeteilen, Eigentumswohnungen oder im Teileigentum stehenden Räumen des Anlagevermögens

   a) in den Fällen des Absatzes 3 Nr. 2 Buchstabe a bis zu insgesamt 15 vom Hun-dert,

   b) in den Fällen des Absatzes 3 Nr. 2 Buchstabe b bis zu insgesamt 10 vom Hun-dert

der Anschaffungs- oder Herstellungskosten. ²§ 9a gilt entsprechend.

---

¹⁾ § 82 b eingef. durch G v. 29. 12. 2003 (BGBl. 1 S. 3076); zur erstmaligen Anwendung siehe § 84 Abs. 4 a Satz 2.
²⁾ § 82 d aufgeh.; zur Anwendung siehe § 84 Abs. 4 b sowie § 57 Abs. 2 EStG (Nr. **1**).

(2) Die Abschreibungen nach Absatz 1 können bereits für Anzahlungen auf An-schaffungskosten und für Teilherstellungskosten in Anspruch genommen werden.

(3) Die Abschreibungen nach Absatz 1 können nur in Anspruch genommen werden, wenn

1. die beweglichen Wirtschaftsgüter ausschließlich,

2. die unbeweglichen Wirtschaftsgüter sowie die ausgebauten oder neu hergestellten Gebäudeteile

  a) zu mehr als 66¹/₃ vom Hundert[1]) oder

  b) zu nicht mehr als 66¹/₃ vom Hundert[1]), aber zu mehr als 33¹/₃ vom Hundert

seit ihrer Anschaffung oder Herstellung mindestens drei Jahre in einer inländischen Betriebsstätte des Steuerpflichtigen der Forschung oder Entwicklung dienen.

(4) Die Wirtschaftsgüter sowie die ausgebauten oder neu hergestellten Gebäudeteile dienen der Forschung oder Entwicklung, wenn sie verwendet werden

1. zur Gewinnung von neuen wissenschaftlichen oder technischen Erkenntnissen und Erfahrungen allgemeiner Art (Grundlagenforschung) oder

2. zur Neuentwicklung von Erzeugnissen oder Herstellungsverfahren oder

3. zur Weiterentwicklung von Erzeugnissen oder Herstellungsverfahren, soweit wesentliche Änderungen dieser Erzeugnisse oder Verfahren entwickelt werden.

(5) Die Abschreibungen nach Absatz 1 können für Wirtschaftsgüter sowie für ausgebaute und neu hergestellte Gebäudeteile in Anspruch genommen werden, die in der Zeit vom 19. Mai 1983 bis zum 31. Dezember 1989 angeschafft oder hergestellt werden.

§ 82 f Bewertungsfreiheit für Handelsschiffe, für Schiffe, die der Seefischerei dienen, und für Luftfahrzeuge. (1) [1]Steuerpflichtige, die den Gewinn nach § 5 des Gesetzes ermitteln, können bei Handelsschiffen, die in einem inländischen Seeschiffsregister eingetragen sind, im Wirtschaftsjahr der Anschaffung oder Herstellung und in den vier folgenden Wirtschaftsjahren Sonderabschreibungen bis zu insgesamt 40 Prozent[2]) der Anschaffungs- oder Herstellungskosten vornehmen. [2]§ 9 a gilt entsprechend.

(2) Im Fall der Anschaffung eines Handelsschiffs ist Absatz 1 nur anzuwenden, wenn das Handelsschiff vor dem 1. Januar 1996 in ungebrauchtem Zustand vom Hersteller oder nach dem 31. Dezember 1995 bis zum Ablauf des vierten auf das Jahr der Fertigstellung folgenden Jahres erworben worden ist.

(3) [1]Die Inanspruchnahme der Abschreibungen nach Absatz 1 ist nur unter der Bedingung zulässig, dass die Handelsschiffe innerhalb eines Zeitraums von acht Jahren nach ihrer Anschaffung oder Herstellung nicht veräußert werden. [2]Für Anteile an Handelsschiffen gilt dies entsprechend.

(4) Die Abschreibungen nach Absatz 1 können bereits für Anzahlungen auf Anschaffungskosten und für Teilherstellungskosten in Anspruch genommen werden.

---

[1]) Redaktionelles Versehen – muß richtig lauten: „66²/₃ vom Hundert".
[2]) Bezeichnung geänd. durch VO v. 17. 11. 2010 (BGBl. I S. 1544).

(5) ¹Die Abschreibungen nach Absatz 1 können nur in Anspruch genommen werden, wenn das Handelsschiff vor dem 1. Januar 1999 angeschafft oder hergestellt wird und der Kaufvertrag oder Bauvertrag vor dem 25. April 1996 abgeschlossen worden ist. ²Bei Steuerpflichtigen, die in eine Gesellschaft im Sinne des § 15 Absatz 1 Satz 1 Nummer 2 und Absatz 3¹⁾ des Einkommensteuergesetzes nach Abschluss des Schiffbauvertrags (Unterzeichnung des Hauptvertrags) eintreten, sind Sonderabschreibungen nur zulässig, wenn sie der Gesellschaft vor dem 1. Januar 1999 beitreten.

(6) ¹Die Absätze 1 bis 5 gelten für Schiffe, die der Seefischerei dienen, entsprechend. ²Für Luftfahrzeuge, die vom Steuerpflichtigen hergestellt oder in ungebrauchtem Zustand vom Hersteller erworben worden sind und die zur gewerbsmäßigen Beförderung von Personen oder Sachen im internationalen Luftverkehr oder zur Verwendung zu sonstigen gewerblichen Zwecken im Ausland bestimmt sind, gelten die Absätze 1 und 3 bis 5 mit der Maßgabe entsprechend, dass an die Stelle der Eintragung in ein inländisches Seeschiffsregister die Eintragung in die deutsche Luftfahrzeugrolle, an die Stelle des Höchstsatzes von 40 Prozent²⁾ ein Höchstsatz von 30 Prozent²⁾ und bei der Vorschrift des Absatzes 3 an die Stelle des Zeitraums von acht Jahren ein Zeitraum von sechs Jahren treten.

§ 82 g³⁾ Erhöhte Absetzungen von Herstellungskosten für bestimmte Baumaßnahmen. ¹Der Steuerpflichtige kann von den durch Zuschüsse aus Sanierungs- oder Entwicklungsförderungsmitteln nicht gedeckten Herstellungskosten für Modernisierungs- und Instandsetzungsmaßnahmen im Sinne des § 177 des Baugesetzbuchs sowie für Maßnahmen, die der Erhaltung, Erneuerung und funktionsgerechten Verwendung eines Gebäudes dienen, das wegen seiner geschichtlichen, künstlerischen oder städtebaulichen Bedeutung erhalten bleiben soll, und zu deren Durchführung sich der Eigentümer neben bestimmten Modernisierungsmaßnahmen gegenüber der Gemeinde verpflichtet hat, die für Gebäude in einem förmlich festgelegten Sanierungsgebiet oder städtebaulichen Entwicklungsbereich aufgewendet worden sind, an Stelle der nach § 7 Abs. 4 oder 5 oder § 7b des Gesetzes zu bemessenden Absetzungen für Abnutzung im Jahr der Herstellung und in den neun folgenden Jahren jeweils bis zu 10 Prozent²⁾ absetzen. ²§ 82a Abs. 1 Satz 2 gilt entsprechend. ³Satz 1 ist anzuwenden, wenn der Steuerpflichtige eine Bescheinigung der zuständigen Gemeindebehörde vorlegt, dass er Baumaßnahmen im Sinne des Satzes 1 durchgeführt hat; sind ihm Zuschüsse aus Sanierungs- oder Entwicklungsförderungsmitteln gewährt worden, so hat die Bescheinigung auch deren Höhe zu enthalten.

§ 82 h.⁴⁾ (weggefallen)

---

¹⁾ Verweis geänd. durch VO v. 17. 11. 2010 (BGBl. I S. 1544).
²⁾ Bezeichnung geänd. durch VO v. 17. 11. 2010 (BGBl. I S. 1544).
³⁾ Zur Anwendung von § 82g siehe § 84 Abs. 6 sowie § 57 Abs. 2 EStG (Nr. **1**).
⁴⁾ § 82 h weggefallen; zur Anwendung siehe § 84 Abs. 7 Satz 1.

§ 82i[1]) **Erhöhte Absetzungen von Herstellungskosten bei Baudenkmälern.** (1) [1]Bei einem Gebäude, das nach den jeweiligen landesrechtlichen Vorschriften ein Baudenkmal ist, kann der Steuerpflichtige von den Herstellungskosten für Baumaßnahmen, die nach Art und Umfang zur Erhaltung des Gebäudes als Baudenkmal und zu seiner sinnvollen Nutzung erforderlich sind und die nach Abstimmung mit der in Absatz 2 bezeichneten Stelle durchgeführt worden sind, an Stelle der nach § 7 Abs. 4 des Gesetzes zu bemessenden Absetzungen für Abnutzung im Jahr der Herstellung und in den neun folgenden Jahren jeweils bis zu 10 Prozent[2]) absetzen. [2]Eine sinnvolle Nutzung ist nur anzunehmen, wenn das Gebäude in der Weise genutzt wird, dass die Erhaltung der schützenswerten Substanz des Gebäudes auf die Dauer gewährleistet ist. [3]Bei einem Gebäudeteil, der nach den jeweiligen landesrechtlichen Vorschriften ein Baudenkmal ist, sind die Sätze 1 und 2 entsprechend anzuwenden. [4]Bei einem Gebäude, das für sich allein nicht die Voraussetzungen für ein Baudenkmal erfüllt, aber Teil einer Gebäudegruppe oder Gesamtanlage ist, die nach den jeweiligen landesrechtlichen Vorschriften als Einheit geschützt ist, können die erhöhten Absetzungen von den Herstellungskosten der Gebäudeteile und Maßnahmen vorgenommen werden, die nach Art und Umfang zur Erhaltung des schützenswerten Erscheinungsbildes der Gruppe oder Anlage erforderlich sind. [5]§ 82a Abs. 1 Satz 2 gilt entsprechend.

(2) Die erhöhten Absetzungen können nur in Anspruch genommen werden, wenn der Steuerpflichtige die Voraussetzungen des Absatzes 1 für das Gebäude oder den Gebäudeteil und für die Erforderlichkeit der Herstellungskosten durch eine Bescheinigung der nach Landesrecht zuständigen oder von der Landesregierung bestimmten Stelle nachweist.

§ 83. (weggefallen)

Schlussvorschriften

§ 84 Anwendungsvorschriften. (1)[3]) Die vorstehende Fassung dieser Verordnung ist, soweit in den folgenden Absätzen nichts anderes bestimmt ist, erstmals für den Veranlagungszeitraum 2020 anzuwenden.

(1a)[4]) § 1 in der Fassung des Artikels 2 des Gesetzes vom 18. Juli 2014 (BGBl. I S. 1042) ist in allen Fällen anzuwenden, in denen die Einkommensteuer noch nicht bestandskräftig festgesetzt ist.

(1b)[4]) § 7 der Einkommensteuer-Durchführungsverordnung 1997 in der Fassung der Bekanntmachung vom 18. Juni 1997 (BGBl. I S. 1558) ist letztmals für das Wirtschaftsjahr anzuwenden, das vor dem 1. Januar 1999 endet.

---

[1]) Zur Anwendung von § 82i siehe § 84 Abs. 8 sowie § 57 Abs. 2 EStG (Nr. **1**).
[2]) Bezeichnung geänd. durch VO v. 17.11.2010 (BGBl. I S. 1544).
[3]) § 84 Abs. 1 geänd. durch G v. 20.12.2008 (BGBl. I S. 2850); geänd. durch G v. 1.11.2011 (BGBl. I S. 2131); geänd. durch VO v. 18.7.2016 (BGBl. I S. 1722); geänd. durch VO v. 12.7.2017 (BGBl. I S. 2360); geänd. durch VO v. 25.6.2020 (BGBl. I S. 1495).
[4]) § 84 Abs. 1a eingef., bish. Abs. 1a und 1b werden Abs. 1b und 1c durch G v. 18.7.2014 (BGBl. I S. 1042).

(1c)[1] Die §§ 8 und 8a der Einkommensteuer-Durchführungsverordnung 1986 in der Fassung der Bekanntmachung vom 24. Juli 1986 (BGBl. I S. 1239) sind letztmals für das Wirtschaftsjahr anzuwenden, das vor dem 1. Januar 1990 endet.

(2)[2] § 8c Absatz 2 Satz 1 in der Fassung des Artikels 1 der Verordnung vom 25. Juni 2020 (BGBl. I S. 1495) kann erstmals für Wirtschaftsjahre angewendet werden, die nach dem 31. Dezember 2018 beginnen.

(2a) § 11c Abs. 2 Satz 3 ist erstmals für das nach dem 31. Dezember 1998 endende Wirtschaftsjahr anzuwenden.

(2b) § 29 Abs. 1 ist auch für Veranlagungszeiträume vor 1996 anzuwenden, soweit die Fälle, in denen Ansprüche aus Versicherungsverträgen nach dem 13. Februar 1992 zur Tilgung oder Sicherung von Darlehen eingesetzt wurden, noch nicht angezeigt worden sind.

(2c)[3] § 50 in der am 1. Januar 2020 geltenden Fassung ist erstmals auf Zuwendungen anzuwenden, die dem Zuwendungsempfänger nach dem 31. Dezember 2019 zufließen.

(2d)[4] § 50 in der Fassung des Artikels 7 des Gesetzes vom 21. Dezember 2020 (BGBl. I S. 3096) ist erstmals auf Zuwendungen anzuwenden, die dem Zuwendungsempfänger nach dem 31. Dezember 2024 zufließen.

(3) § 29 Abs. 3 bis 6, §§ 31 und 32 sind in der vor dem 1. Januar 1996 geltenden Fassung für vor diesem Zeitpunkt an Bausparkassen geleistete Beiträge letztmals für den Veranlagungszeitraum 2005 anzuwenden.

(3a)[5] § 51 in der Fassung des Artikels 2 des Gesetzes vom 1. November 2011 (BGBl. I S. 2131) ist erstmals für das Wirtschaftsjahr anzuwenden, das nach dem 31. Dezember 2011 beginnt.

(3b)[6] [1]§ 52 ist erstmals für den übernächsten Veranlagungszeitraum anzuwenden, der auf den Veranlagungszeitraum folgt, in dem die für die Anwendung erforderlichen technischen und organisatorischen Voraussetzungen in der Finanzverwaltung für eine Umsetzung der Regelung vorliegen. [2]Das Bundesministerium der Finanzen gibt im Einvernehmen mit dem Bundesministerium für Ernährung und Landwirtschaft sowie den obersten Finanzbehörden der Länder im Bundessteuerblatt den Veranlagungszeitraum bekannt, ab dem die Regelung des § 52 erstmals anzuwenden ist. [3]Bisher schon bestehende Mitteilungspflichten sind für die Veranlagungszeiträume vor erstmaliger Anwendung des § 52 weiter zu erfüllen.

---

[1] § 84 Abs. 1a eingef., bish. Abs. 1a und 1b werden Abs. 1b und 1c durch G v. 18.7.2014 (BGBl. I S. 1042).
[2] § 84 Abs. 2 neu gef. durch VO v. 25.6.2020 (BGBl. I S. 1495).
[3] § 84 Abs. 2c eingef. durch G v. 18.7.2016 (BGBl. I S. 1679); geänd. durch G v. 21.12.2020 (BGBl. I S. 3096).
[4] § 84 Abs. 2d eingef. durch G v. 21.12.2020 (BGBl. I S. 3096).
[5] § 84 Abs. 3a neu gef. durch G v. 1.11.2011 (BGBl. I S. 2131).
[6] § 84 Abs. 3b eingef., bish. Abs. 3b bis 3i werden Abs. 3c bis 3j durch VO v. 25.6.2020 (BGBl. I S. 1495).

(3c)[1] [1] § 54 Abs. 1 Satz 2 in der Fassung des Artikels 1a des Gesetzes vom 20. Dezember 2007 (BGBl. I S. 3150) ist erstmals für Vorgänge nach dem 31. Dezember 2007 anzuwenden. [2] § 54 Abs. 4 in der Fassung des Artikels 2 des Gesetzes vom 7. Dezember 2006 (BGBl. I S. 2782) ist erstmals auf Verfügungen über Anteile an Kapitalgesellschaften anzuwenden, die nach dem 31. Dezember 2006 beurkundet werden.

(3d)[2] § 56 in der Fassung des Artikels 10 des Gesetzes vom 29. Dezember 2003 (BGBl. I S. 3076) ist erstmals für den Veranlagungszeitraum 2004 anzuwenden.

(3e)[3] § 60 Abs. 1 und 4 in der Fassung des Artikels 2 des Gesetzes vom 20. Dezember 2008 (BGBl. I S. 2850) ist erstmals für Wirtschaftsjahre (Gewinnermittlungszeiträume) anzuwenden, die nach dem 31. Dezember 2010 beginnen.

(3f)[4] § 62d Abs. 2 Satz 2 in der Fassung des Artikels 2 des Gesetzes vom 22. Dezember 2003 (BGBl. I S. 2840) ist erstmals auf Verluste anzuwenden, die aus dem Veranlagungszeitraum 2004 in den Veranlagungszeitraum 2003 zurückgetragen werden.

(3g)[5] [1] § 65 Absatz 1 in der Fassung des Artikels 10 des Gesetzes vom 2. Juni 2021 (BGBl. I S. 1259) ist erstmals für den Veranlagungszeitraum 2021 anzuwenden. [2] § 65 Absatz 3a ist erstmals für den Veranlagungszeitraum anzuwenden, der auf den Veranlagungszeitraum folgt, in dem die für die Anwendung erforderlichen Programmierarbeiten für das elektronische Datenübermittlungsverfahren abgeschlossen sind. [3] Das Bundesministerium der Finanzen gibt im Einvernehmen mit den obersten Finanzbehörden der Länder im Bundessteuerblatt Teil I den Veranlagungszeitraum bekannt, ab dem die Regelung des § 65 Absatz 3a erstmals anzuwenden ist. [4] Mit der Anwendung von § 65 Absatz 3a ist § 65 Absatz 1 Nummer 1 und 2 Buchstabe a, Absatz 2 Satz 1 und 2 zweiter Halbsatz nicht weiter anzuwenden. [5] Der Anwendungsbereich des § 65 Absatz 3 wird auf die Fälle des § 65 Absatz 1 Nummer 2 Buchstabe b beschränkt. [6] Zu diesem Zeitpunkt noch gültige und dem Finanzamt vorliegende Feststellungen über eine Behinderung werden bis zum Ende ihrer Gültigkeit weiter berücksichtigt, es sei denn, die Feststellungen ändern sich vor Ablauf der Gültigkeit.

---

[1] § 84 früherer Abs. 3b eingef. durch G v. 7.12.2006 (BGBl. I S. 2782), Satz 1 eingef., bish. Wortlaut wird Satz 2 durch G v. 20.12.2007 (BGBl. I S. 3150); bish. Abs. 3b wird Abs. 3c durch VO v. 25.6.2020 (BGBl. I S. 1495).

[2] § 84 früherer Abs. 3b neu gef. durch G v. 29.12.2003 (BGBl. I S. 3076); bish. Abs. 3b wird Abs. 3c durch G v. 7.12.2006 (BGBl. I S. 2782); bish. Abs. 3c wird Abs. 3d durch VO v. 25.6.2020 (BGBl. I S. 1495).

[3] § 84 früherer Abs. 3d neu gef. durch G v. 20.12.2008 (BGBl. I S. 2850); bish. Abs. 3d wird Abs. 3e durch VO v. 25.6.2020 (BGBl. I S. 1495).

[4] § 84 früherer Abs. 3d eingef. durch G v. 22.12.2003 (BGBl. I S. 2840); bish. Abs. 3d wird Abs. 3e durch G v. 7.12.2006 (BGBl. I S. 2782); bish. Abs. 3e wird Abs. 3f durch VO v. 25.6.2020 (BGBl. I S. 1495).

[5] § 84 Abs. 3g neu gef. durch G v. 9.12.2020 (BGBl. I S. 2770); Satz 1 geänd., Satz 4 ersetzt durch Sätze 4 und 5, bish. Satz 5 wird Satz 6 durch G v. 2.6.2021 (BGBl. I S. 1259).

(3h)[1] § 70 in der Fassung des Artikels 24 des Gesetzes vom 25. Juli 2014 (BGBl. I S. 1266) ist erstmals ab dem Veranlagungszeitraum 2014 anzuwenden.

(3i)[2] [1]Die §§ 73a, 73c, 73d Abs. 1 sowie die §§ 73e und 73f Satz 1 in der Fassung des Artikels 2 des Gesetzes vom 19. Dezember 2008 (BGBl. I S. 2794) sind erstmals auf Vergütungen anzuwenden, die nach dem 31. Dezember 2008 zufließen. [2]Abweichend von Satz 1 ist § 73e Satz 4 und 5 in der Fassung des Artikels 2 des Gesetzes vom 19. Dezember 2008 (BGBl. I S. 2794) erstmals auf Vergütungen anzuwenden, die nach dem 31. Dezember 2009 zufließen. [3]§ 73e Satz 4 in der Fassung der Bekanntmachung vom 10. Mai 2000 (BGBl. I S. 717) ist letztmals auf Vergütungen anzuwenden, die vor dem 1. Januar 2010 zufließen. [4]§ 73d Absatz 1 Satz 3, § 73e Satz 1, 2 und 5 sowie § 73g Absatz 1 und 2 in der Fassung des Artikels 9 des Gesetzes vom 10. August 2009 (BGBl. I S. 2702) sind erstmals auf Vergütungen anzuwenden, die nach dem 31. Dezember 2013 zufließen. [5]§ 73e Satz 7 in der am 31. Juli 2014[3] geltenden Fassung ist erstmals auf Vergütungen anzuwenden, für die der Steuerabzug nach dem 31. Dezember 2014 angeordnet worden ist. [6]§ 73a Absatz 3 in der am 30. Dezember 2014 geltenden Fassung ist erstmals ab dem 1. Januar 2014 anzuwenden.

(3j)[4] § 80 der Einkommensteuer-Durchführungsverordnung 1997 in der Fassung der Bekanntmachung vom 18. Juni 1997 (BGBl. I S. 1558) ist letztmals für das Wirtschaftsjahr anzuwenden, das vor dem 1. Januar 1999 endet.

(4) [1]§ 82a ist auf Tatbestände anzuwenden, die in dem in Artikel 3 des Einigungsvertrages genannten Gebiet nach dem 31. Dezember 1990 und vor dem 1. Januar 1992 verwirklicht worden sind. [2]Auf Tatbestände, die im Geltungsbereich dieser Verordnung ausschließlich des in Artikel 3 des Einigungsvertrages genannten Gebiets verwirklicht worden sind, ist

1. § 82a Abs. 1 und 2 bei Herstellungskosten für Einbauten von Anlagen und Einrichtungen im Sinne von dessen Absatz 1 Nr. 1 bis 5 anzuwenden, die nach dem 30. Juni 1985 und vor dem 1. Januar 1992 fertiggestellt worden sind,

2. § 82a Abs. 3 Satz 1 ab dem Veranlagungszeitraum 1987 bei Erhaltungsaufwand für Arbeiten anzuwenden, die vor dem 1. Januar 1992 abgeschlossen worden sind,

---

[1] § 84 früherer Abs. 3g neu gef. durch G v. 25.7.2014 (BGBl. I S. 1266); bish. Abs. 3g wird Abs. 3h durch VO v. 25.6.2020 (BGBl. I S. 1495).
[2] § 84 früherer Abs. 3f neu gef. durch G v. 19.12.2008 (BGBl. I S. 2794), Satz 4 angef. durch G v. 10.8.2009 (BGBl. I S. 2702); Satz 4 neu gef. durch VO v. 24.6.2013 (BGBl. I S. 1679); Satz 5 angef. durch G v. 25.7.2014 (BGBl. I S. 1266); Satz 6 angef. durch VO v. 22.12.2014 (BGBl. I S. 2392); bish. Abs. 3h wird Abs. 3i durch VO v. 25.6.2020 (BGBl. I S. 1495).
[3] Datum der Verkündung des G. v. 25.7.2014.
[4] § 84 früherer Abs. 3f wird Abs. 3g durch G v. 20.12.2001 (BGBl. I S. 3794); bish. Abs. 3g wird Abs. 3h durch G v. 22.12.2003 (BGBl. I S. 2840); bish. Abs. 3 wird Abs. 3i durch G v. 7.12.2006 (BGBl. I S. 2782); bish. Abs. 3i wird Abs. 3j durch VO v. 25.6.2020 (BGBl. I S. 1495).

3. § 82a Abs. 3 Satz 2 ab dem Veranlagungszeitraum 1987 bei Aufwendungen für Einzelöfen anzuwenden, die vor dem 1. Januar 1992 angeschafft worden sind,

4. § 82a Abs. 3 Satz 1 in der Fassung der Bekanntmachung vom 24. Juli 1986 für Veranlagungszeiträume vor 1987 bei Erhaltungsaufwand für Arbeiten anzuwenden, die nach dem 30. Juni 1985 abgeschlossen worden sind,

5. § 82a Abs. 3 Satz 2 in der Fassung der Bekanntmachung vom 24. Juli 1986 für Veranlagungszeiträume vor 1987 bei Aufwendungen für Einzelöfen anzuwenden, die nach dem 30. Juni 1985 angeschafft worden sind,

(Fortsetzung nächstes Blatt)

6. § 82 a bei Aufwendungen für vor dem 1. Juli 1985 fertiggestellte Anlagen und Einrichtungen in den vor diesem Zeitpunkt geltenden Fassungen weiter anzuwenden.

(4 a)[1] [1] § 82 b der Einkommensteuer-Durchführungsverordnung 1997 in der Fassung der Bekanntmachung vom 18. Juni 1997 (BGBl. I S. 1558) ist letztmals auf Erhaltungsaufwand anzuwenden, der vor dem 1. Januar 1999 entstanden ist. [2] § 82 b in der Fassung des Artikels 10 des Gesetzes vom 29. Dezember 2003 (BGBl. I S. 3076) ist erstmals auf Erhaltungsaufwand anzuwenden, der nach dem 31. Dezember 2003 entstanden ist.

(4 b) § 82 d der Einkommensteuer-Durchführungsverordnung 1986 ist auf Wirtschaftsgüter sowie auf ausgebaute und neu hergestellte Gebäudeteile anzuwenden, die im Geltungsbereich dieser Verordnung ausschließlich des in Artikel 3 des Einigungsvertrages genannten Gebiets nach dem 18. Mai 1983 und vor dem 1. Januar 1990 hergestellt oder angeschafft worden sind.

(5) § 82 f Abs. 5 und 7 Satz 1 der Einkommensteuer-Durchführungsverordnung 1979 in der Fassung der Bekanntmachung vom 24. September 1980 (BGBl. I S. 1801) ist letztmals für das Wirtschaftsjahr anzuwenden, das dem Wirtschaftsjahr vorangeht, für das § 15 a des Gesetzes erstmals anzuwenden ist.

(6) [1] § 82 g ist auf Maßnahmen anzuwenden, die nach dem 30. Juni 1987 und vor dem 1. Januar 1991 in dem Geltungsbereich dieser Verordnung ausschließlich des in Artikel 3 des Einigungsvertrages genannten Gebiets abgeschlossen worden sind. [2] Auf Maßnahmen, die vor dem 1. Juli 1987 in dem Geltungsbereich dieser Verordnung ausschließlich des in Artikel 3 des Einigungsvertrages genannten Gebiets abgeschlossen worden sind, ist § 82 g in der vor diesem Zeitpunkt geltenden Fassung weiter anzuwenden.

(7) [1] § 82 h in der durch die Verordnung vom 19. Dezember 1988 (BGBl. I S. 2301) geänderten Fassung ist erstmals auf Maßnahmen, die nach dem 30. Juni 1987 in dem Geltungsbereich dieser Verordnung ausschließlich des in Artikel 3 des Einigungsvertrages genannten Gebiets abgeschlossen worden sind, und letztmals auf Erhaltungsaufwand, der vor dem 1. Januar 1990 in dem Geltungsbereich dieser Verordnung ausschließlich des in Artikel 3 des Einigungsvertrages genannten Gebiets entstanden ist, mit der Maßgabe anzuwenden, dass der noch nicht berücksichtigte Teil des Erhaltungsaufwands in dem Jahr, in dem das Gebäude letztmals zur Einkunftserzielung genutzt wird, als Betriebsausgaben oder Werbungskosten abzusetzen ist. [2] Auf Maßnahmen, die vor dem 1. Juli 1987 in dem Geltungsbereich dieser Verordnung ausschließlich des in Artikel 3 des Einigungsvertrages genannten Gebiets abgeschlossen worden sind, ist § 82 h in der vor diesem Zeitpunkt geltenden Fassung weiter anzuwenden.

(8) § 82 i ist auf Herstellungskosten für Baumaßnahmen anzuwenden, die nach dem 31. Dezember 1977 und vor dem 1. Januar 1991 in dem Geltungsbereich dieser Verordnung ausschließlich des in Artikel 3 des Einigungsvertrages genannten Gebiets abgeschlossen worden sind.

---

[1] § 84 Abs. 4 a Satz 2 angef. durch G v. 29. 12. 2003 (BGBl. I S. 3076).

(9) § 82 k der Einkommensteuer-Durchführungsverordnung 1986 ist auf Erhaltungsaufwand, der vor dem 1. Januar 1990 in dem Geltungsbereich dieser Verordnung ausschließlich des in Artikel 3 des Einigungsvertrages genannten Gebiets entstanden ist, mit der Maßgabe anzuwenden, dass der noch nicht berücksichtigte Teil des Erhaltungsaufwands in dem Jahr, in dem das Gebäude letztmals zur Einkunftserzielung genutzt wird, als Betriebsausgaben oder Werbungskosten abzusetzen ist.

(10) [1] In Anlage 3 (zu § 80 Abs. 1) ist die Nummer 26 erstmals für das Wirtschaftsjahr anzuwenden, das nach dem 31. Dezember 1990 beginnt. [2] Für Wirtschaftsjahre, die vor dem 1. Januar 1991 beginnen, ist die Nummer 26 in Anlage 3 in der vor diesem Zeitpunkt geltenden Fassung anzuwenden.

(11)[1] § 56 Satz 1 Nummer 1, die §§ 61 und 62 d in der Fassung des Artikels 2 des Gesetzes vom 1. November 2011 (BGBl. I S. 2131) sind erstmals für den Veranlagungszeitraum 2013 anzuwenden.

§ 85. (gegenstandslos)

Anlage 1[2] (weggefallen)

Anlage 2 bis 4 (weggefallen)

Anlage 5 (Zu § 81 Abs. 3 Nr. 1)

Verzeichnis der Wirtschaftsgüter des Anlagevermögens über Tage im Sinne des § 81 Abs. 3 Nr. 1

Die Bewertungsfreiheit des § 81 kann im Tiefbaubetrieb des Steinkohlen-, Pechkohlen-, Braunkohlen- und Erzbergbaues für die Wirtschaftsgüter des Anlagevermögens über Tage in Anspruch genommen werden, die zu den folgenden, mit dem Grubenbetrieb unter Tage in unmittelbarem Zusammenhang stehenden, der Förderung, Seilfahrt, Wasserhaltung und Wetterführung sowie der Aufbereitung des Minerals dienenden Anlagen und Einrichtungen gehören:

1. Förderanlagen und -einrichtungen einschließlich Schachthalle, Hängebank, Wagenumlauf und Verladeeinrichtungen sowie Anlagen der Berge- und Grubenholzwirtschaft,

2. Anlagen und Einrichtungen der Wetterwirtschaft und Wasserhaltung,

3. Waschkauen sowie Einrichtungen der Grubenlampenwirtschaft, des Grubenrettungswesens und der Ersten Hilfe,

---

[1] § 84 Abs. 11 angef. durch G v. 1. 11. 2011 (BGBl. I S. 2131).
[2] Anlage 1 aufgeh. mWv 1. 1. 2007 durch G v. 10. 10. 2007 (BGBl. I S. 2332).

4. Sieberei, Wäsche und sonstige Aufbereitungsanlagen; im Erzbergbau alle der Aufbereitung dienenden Anlagen sowie die Anlagen zum Rösten von Eisenerzen, wenn die Anlagen nicht zu einem Hüttenbetrieb gehören.

Anlage 6 (Zu § 81 Abs. 3 Nr. 2)

<h2 style="text-align:center">Verzeichnis der Wirtschaftsgüter des
beweglichen Anlagevermögens im Sinne des § 81 Abs. 3 Nr. 2</h2>

Die Bewertungsfreiheit des § 81 kann im Tagebaubetrieb des Braunkohlen- und Erzbergbaues für die folgenden Wirtschaftsgüter des beweglichen Anlagevermögens in Anspruch genommen werden:

1. Grubenaufschluss,

2. Entwässerungsanlagen,

3. Großgeräte, die der Lösung, Bewegung und Verkippung der Abraummassen sowie der Förderung und Bewegung des Minerals dienen, soweit sie wegen ihrer besonderen, die Ablagerungs- und Größenverhältnisse des Tagebaubetriebs berücksichtigenden Konstruktion nur für diesen Tagebaubetrieb oder anschließend für andere begünstigte Tagebaubetriebe verwendet werden; hierzu gehören auch Spezialabraun- und -kohlenwagen einschließlich der dafür erforderlichen Lokomotiven sowie Transportbandanlagen mit den Auf- und Übergaben und den dazugehörigen Bunkereinrichtungen mit Ausnahme der Rohkohlenbunker in Kraftwerken, Brikettfabriken oder Versandanlagen, wenn die Wirtschaftsgüter die Voraussetzungen des ersten Halbsatzes erfüllen,

4. Einrichtungen des Grubenrettungswesens und der Ersten Hilfe,

5. Wirtschaftsgüter, die zu den Aufbereitungsanlagen im Erzbergbau gehören, wenn die Aufbereitungsanlagen nicht zu einem Hüttenbetrieb gehören.

11. Verordnung zur Umsetzung der Richtlinie 2003/48/EG des Rates vom 3. Juni 2003 im Bereich der Besteuerung von Zinserträgen (Zinsinformationsverordnung – ZIV)

Vom 26. Januar 2004 (BGBl. I S. 128)[1]

Geändert durch 1. Änderungsverordnung vom 22. 6. 2005 (BGBl. I S. 1692)[1], Gesetz zur Neuorganisation der Bundesfinanzverwaltung und zur Schaffung eines Refinanzierungsregisters vom 22. 9. 2005 (BGBl. I S. 2809), Zweite Verordnung zur Änderung der Zinsinformationsverordnung vom 5. 11. 2007 (BGBl. I S. 2562) und Dritte Verordnung zur Änderung steuerlicher Verordnungen vom 18. 7. 2016 (BGBl. I S. 1722)

BGBl. III/FNA 611-1-33

Auf Grund des § 45 e des Einkommensteuergesetzes in der Fassung der Bekanntmachung vom 19. Oktober 2002 (BGBl. I S. 4210, 2003 I S. 179), der durch Artikel 1 Nr. 28 des Gesetzes vom 15. Dezember 2003 (BGBl. I S. 2645) eingefügt worden ist, verordnet die Bundesregierung:

Inhaltsübersicht

---

[1] In Kraft ab 1. 7. 2005. Siehe Anm. zu § 17 Satz 2.

Abschnitt 1. Allgemeine Bestimmungen

§ 1 Zielsetzung. Die inländischen Zahlstellen haben die für die Durchführung dieser Verordnung notwendigen Aufgaben unabhängig davon wahrzunehmen, wo der Schuldner der den Zinsen zugrunde liegenden Forderung niedergelassen ist.

§ 2[1)] Definition des wirtschaftlichen Eigentümers. (1) Als „wirtschaftlicher Eigentümer" im Sinne dieser Verordnung gilt jede natürliche Person, die eine Zinszahlung vereinnahmt oder zu deren Gunsten eine Zinszahlung erfolgt, es sei denn, sie weist nach, dass sie die Zahlung nicht für sich selbst vereinnahmt hat oder sie nicht zu ihren Gunsten erfolgt ist, das heißt, dass sie

1. als Zahlstelle im Sinne von § 4 Abs. 1 handelt oder

2. im Auftrag

   a) einer juristischen Person,

   b) einer Einrichtung, deren Gewinne den allgemeinen Vorschriften der Unternehmensbesteuerung unterliegen,

   c) eines nach der Richtlinie 85/611/EWG des Rates vom 20. Dezember 1985 zur Koordinierung der Rechts- und Verwaltungsvorschriften betreffend bestimmte Organismen für gemeinsame Anlagen in Wertpapieren (ABl. EG Nr. L 375 S. 3), zuletzt geändert durch die Richtlinie 2001/108/EG des Europäischen Parlaments und des Rates vom 21. Januar 2002 (ABl. EG Nr. L 41 S. 35), zugelassenen Organismus für gemeinsame Anlagen in Wertpapieren (OGAW) oder

   d) einer Einrichtung nach § 4 Abs. 2 der Verordnung

   handelt und in letzterem Fall Namen und Anschrift der betreffenden Einrichtung dem Wirtschaftsbeteiligten mitteilt, der die Zinsen zahlt, welcher diese Angaben wiederum der zuständigen Behörde des Mitgliedstaats, in dem er ansässig ist, übermittelt, oder

3. im Auftrag einer anderen natürlichen Person handelt, welche der wirtschaftliche Eigentümer ist, und deren Identität und Wohnsitz nach § 3 Abs. 2 der Zahlstelle mitteilt.

(2) [1]Liegen einer Zahlstelle Informationen vor, die den Schluss nahe legen, dass die natürliche Person, die eine Zinszahlung vereinnahmt oder zu deren Gunsten eine Zinszahlung erfolgt, möglicherweise nicht der wirtschaftliche Eigentümer ist, und fällt diese natürliche Person weder unter Absatz 1 Nr. 1 noch unter Absatz 1 Nr. 2, so unternimmt die Zahlstelle angemessene Schritte nach § 3 Abs. 2 zur Feststellung der Identität des wirtschaftlichen Eigentümers. [2]Kann die Zahlstelle den wirtschaftlichen Eigentümer nicht feststellen, so behandelt sie die betreffende natürliche Person als den wirtschaftlichen Eigentümer.

[1)] § 2 Abs. 1 Nr. 2 Buchst. d, Nr. 3, Abs. 2 Satz 1 geänd. durch VO v. 22. 6. 2005 (BGBl. I S. 1692).

§ 3 Ermittlung von Identität und Wohnsitz des wirtschaftlichen Eigentümers. (1) Bei vertraglichen Beziehungen, die vor dem 1. Januar 2004 eingegangen wurden, ermittelt die Zahlstelle die Identität des wirtschaftlichen Eigentümers, nämlich seinen Namen und seine Anschrift sowie seinen Wohnsitz, anhand der Informationen, die ihr auf Grund der geltenden Vorschriften, insbesondere des Geldwäschegesetzes in der jeweils geltenden Fassung, zur Verfügung stehen.

(2) [1] Bei vertraglichen Beziehungen oder, wenn vertragliche Beziehungen fehlen, bei Transaktionen, die ab dem 1. Januar 2004 eingegangen oder getätigt wurden, ermittelt die Zahlstelle die Identität des wirtschaftlichen Eigentümers, nämlich seinen Namen und seine Anschrift, seinen Wohnsitz und, sofern vorhanden, die ihm vom Mitgliedstaat seines steuerlichen Wohnsitzes zu Steuerzwecken erteilte Steuer-Identifikationsnummer. [2] Die Angaben zur Identität des wirtschaftlichen Eigentümers und seiner Steuer-Identifikationsnummer werden auf der Grundlage des Passes oder des von ihm vorgelegten amtlichen Personalausweises festgestellt. [3] Ist die Anschrift nicht in diesem Pass oder diesem amtlichen Personalausweis eingetragen, so wird sie auf der Grundlage eines anderen vom wirtschaftlichen Eigentümer vorgelegten beweiskräftigen Dokuments festgestellt. [4] Ist die Steuer-Identifikationsnummer nicht im Pass, im amtlichen Personalausweis oder einem anderen vom wirtschaftlichen Eigentümer vorgelegten beweiskräftigen Dokument, etwa einem Nachweis über den steuerlichen Wohnsitz, eingetragen, so wird seine Identität anhand seines auf der Grundlage des Passes oder amtlichen Personalausweises festgestellten Geburtsdatums und -ortes präzisiert. [5] Der Wohnsitz wird anhand der im Pass oder im amtlichen Personalausweis angegebenen Adresse oder erforderlichenfalls anhand eines anderen vom wirtschaftlichen Eigentümer vorgelegten beweiskräftigen Dokuments in der Weise ermittelt, dass bei einer natürlichen Person, die einen in einem Mitgliedstaat ausgestellten Pass oder amtlichen Personalausweis vorlegt und die ihren Angaben zufolge in einem Staat ihren Wohnsitz haben soll, der nicht Mitgliedstaat ist (Drittstaat), der Wohnsitz anhand eines Nachweises über den steuerlichen Wohnsitz festgestellt wird, der von der zuständigen Behörde des Drittstaats ausgestellt ist, in dem die betreffende Person ihren eigenen Angaben zufolge ihren Wohnsitz haben soll. [6] Wird dieser Nachweis nicht vorgelegt, so gilt der Wohnsitz als in dem Mitgliedstaat belegen, in dem der Pass oder ein anderer amtlicher Identitätsausweis ausgestellt wurde.

§ 4 Definition der Zahlstelle. (1) [1] Als „Zahlstelle" im Sinne dieser Verordnung gilt jeder Wirtschaftsbeteiligte, der dem wirtschaftlichen Eigentümer Zinsen zahlt oder eine Zinszahlung zu dessen unmittelbaren Gunsten einzieht, und zwar unabhängig davon, ob dieser Wirtschaftsbeteiligte der Schuldner der den Zinsen zugrunde liegenden Forderung ist oder vom Schuldner oder dem wirtschaftlichen Eigentümer mit der Zinszahlung oder deren Einziehung beauftragt ist. [2] Ein Wirtschaftsbeteiligter ist jegliche natürliche oder juristische Person, die in Ausübung ihres Berufs oder ihres Gewerbes Zinszahlungen tätigt.

(2) [1]Jegliche in einem Mitgliedstaat niedergelassene Einrichtung, an die eine Zinszahlung zugunsten des wirtschaftlichen Eigentümers geleistet wird oder die eine Zinszahlung zugunsten des wirtschaftlichen Eigentümers einzieht, gilt bei einer solchen Zahlung oder Einnahme ebenfalls als Zahlstelle. [2]Dies gilt nicht, wenn der Wirtschaftsbeteiligte auf Grund beweiskräftiger und von der Einrichtung vorgelegter offizieller Unterlagen Grund zu der Annahme hat, dass

1. sie eine juristische Person mit Ausnahme der in Absatz 5 genannten juristischen Personen ist oder

2. ihre Gewinne den allgemeinen Vorschriften für die Unternehmensbesteuerung unterliegen oder

3. sie ein nach der Richtlinie 85/611/EWG zugelassener OGAW ist.

[3]Zahlt ein Wirtschaftsbeteiligter Zinsen zugunsten einer solchen in einem anderen Mitgliedstaat niedergelassenen und gemäß Satz 1 als Zahlstelle geltenden Einrichtung oder zieht er für sie Zinsen ein, so teilt er Namen und Anschrift der Einrichtung sowie den Gesamtbetrag der zugunsten dieser Einrichtung gezahlten oder eingezogenen Zinsen der zuständigen Behörde des Mitgliedstaats seiner Niederlassung mit, welche diese Informationen an die zuständige Behörde des Mitgliedstaats weiterleitet, in dem die betreffende Einrichtung niedergelassen ist.

(3) [1]Inländische Einrichtungen im Sinne von Absatz 2 Satz 1 können sich für die Zwecke dieser Verordnung jedoch als OGAW im Sinne von Absatz 2 Satz 2 Nr. 3 behandeln lassen, wenn sie steuerlich erfasst sind. [2]Macht eine inländische Einrichtung von dieser Wahlmöglichkeit Gebrauch, so wird ihr von der nach § 5 zuständigen Behörde ein entsprechender Nachweis ausgestellt, den sie an den Wirtschaftsbeteiligten weiterleitet.

(4) Sind der Wirtschaftsbeteiligte und die Einrichtung im Sinne von Absatz 2 im Inland niedergelassen, so gelten die Vorschriften dieser Verordnung für die Einrichtung, wenn sie als Zahlstelle handelt.

(5) Die von Absatz 2 Satz 2 Nr. 1 ausgenommenen juristischen Personen sind:

1. in Finnland: avoin yhtiö (Ay) und kommandiittiyhtiö (Ky)/öppet bolag und kommanditbolag,

2. in Schweden: handelsbolag (HB) und kommanditbolag (KB).

§ 5 Definition der zuständigen Behörde. (1) Als „zuständige Behörde" im Sinne dieser Verordnung gilt:

1. in den Mitgliedstaaten jegliche Behörde, die die Mitgliedstaaten der Kommission melden, und

2. in Drittländern die für Zwecke bilateraler oder multilateraler Steuerabkommen zuständige Behörde oder, in Ermangelung einer solchen, diejenige Behörde, die für die Ausstellung von Aufenthaltsbescheinigungen für steuerliche Zwecke zuständig ist.

(2) ¹Zuständige Behörde im Inland ist das Bundeszentralamt für Steuern[1]. ²Abweichend hiervon ist für die Ausstellung des Nachweises nach § 4 Abs. 3 das Finanzamt, bei dem die Einrichtung steuerlich geführt wird, und für die Bescheinigung nach § 13 das Wohnsitzfinanzamt des Antragstellers zuständig.

§ 6 Definition der Zinszahlung. (1) ¹Als „Zinszahlung" im Sinne dieser Verordnung gelten:

1.[2] gezahlte oder einem Konto gutgeschriebene Zinsen, die mit Forderungen jeglicher Art zusammenhängen, unabhängig davon, ob diese grundpfandrechtlich gesichert sind oder nicht und ob sie ein Recht auf Beteiligung am Gewinn des Schuldners beinhalten oder nicht, insbesondere Erträge aus Staatspapieren, Anleihen und Schuldverschreibungen einschließlich der mit diesen Titeln verbundenen Prämien und Gewinne; Zuschläge für verspätete Zahlungen gelten nicht als Zinszahlung;

2. bei Abtretung, Rückzahlung oder Einlösung von Forderungen im Sinne von Nummer 1 aufgelaufene oder kapitalisierte Zinsen;

3. direkte oder über eine Einrichtung im Sinne von § 4 Abs. 2 laufende Zinserträge, die ausgeschüttet werden von

a) nach der Richtlinie 85/611/EWG zugelassenen OGAW,

b) Einrichtungen, die von der Wahlmöglichkeit des § 4 Abs. 3 Gebrauch gemacht haben,

c) außerhalb des Gebiets im Sinne von § 7 niedergelassenen Organismen für gemeinsame Anlagen;

4. Erträge, die bei Abtretung, Rückzahlung oder Einlösung von Anteilen an den nachstehend aufgeführten Organismen und Einrichtungen realisiert werden, wenn diese direkt oder indirekt über nachstehend aufgeführte andere Organismen für gemeinsame Anlagen oder Einrichtungen mehr als 40 Prozent ihres Vermögens in den unter Nummer 1 genannten Forderungen angelegt haben:

a) nach der Richtlinie 85/611/EWG zugelassene OGAW,

b) Einrichtungen, die von der Wahlmöglichkeit des § 4 Abs. 3 Gebrauch gemacht haben,

c) außerhalb des Gebiets im Sinne von § 7 niedergelassene Organismen für gemeinsame Anlagen.

²Die in Satz 1 Nr. 4 genannten Erträge sind nur insoweit in die Definition der Zinsen einzubeziehen, wie sie Erträgen entsprechen, die mittelbar oder unmittelbar aus Zinszahlungen im Sinne des Satzes 1 Nr. 1 und 2 stammen.

(2) In Bezug auf Absatz 1 Satz 1 Nr. 3 und 4 gilt für den Fall, dass einer Zahlstelle keine Informationen über den Anteil der Zinszahlungen an den

---

[1] Bezeichnung geänd. durch G v. 22. 9. 2005 (BGBl. I S. 2809).
[2] § 6 Abs. 1 Satz 1 Nr. 1 geänd. mWv 1. 7. 2005 durch VO v. 22. 6. 2005 (BGBl. I S. 1692).

Erträgen vorliegen, der Gesamtbetrag der betreffenden Erträge als Zinszahlung.

(3) ¹In Bezug auf Absatz 1 Satz 1 Nr. 4 gilt für den Fall, dass einer Zahlstelle keine Informationen über den Prozentanteil des in Forderungen oder in Anteilen gemäß der Definition unter jener Nummer angelegten Vermögens vorliegen, dieser Prozentanteil als über 40 Prozent liegend. ²Kann die Zahlstelle den vom wirtschaftlichen Eigentümer erzielten Ertrag nicht bestimmen, so gilt als Ertrag der Erlös aus der Abtretung, der Rückzahlung oder der Einlösung der Anteile.

(4) Werden Zinsen im Sinne von Absatz 1 an eine Einrichtung im Sinne von § 4 Abs. 2 gezahlt, der die Wahlmöglichkeit in § 4 Abs. 3 nicht eingeräumt wurde, oder einem Konto einer solchen Einrichtung gutgeschrieben, so gelten sie als Zinszahlung durch diese Einrichtung.

(5)¹⁾ ¹Abweichend von Absatz 1 Satz 1 Nr. 3 und 4 sind von der Definition der Zinszahlung jegliche Erträge im Sinne der genannten Bestimmungen ausgeschlossen, die von im Inland niedergelassenen Unternehmen oder Einrichtungen stammen, sofern diese höchstens 15 Prozent ihres Vermögens in Forderungen im Sinne von Absatz 1 Satz 1 Nr. 1 angelegt haben. ²Ebenso sind abweichend von Absatz 4 von der Definition der Zinszahlung nach Absatz 1 die Zinsen ausgeschlossen, die einer im Inland niedergelassenen Einrichtung nach § 4 Abs. 2, der die Wahlmöglichkeit nach § 4 Abs. 3 nicht eingeräumt wurde, gezahlt oder einem Konto dieser Einrichtung gutgeschrieben worden sind, sofern die entsprechenden Einrichtungen höchstens 15 Prozent ihres Vermögens in Forderungen im Sinne von Absatz 1 Satz 1 Nr. 1 angelegt haben.

(6) Der in Absatz 1 Satz 1 Nr. 4 und Absatz 3 genannte Prozentanteil beträgt ab dem 1. Januar 2011 25 Prozent.

(7) Maßgebend für die Prozentanteile gemäß Absatz 1 Satz 1 Nr. 4 und Absatz 5 ist die in den Vertragsbedingungen oder in der Satzung der betreffenden Organismen oder Einrichtungen dargelegte Anlagepolitik oder, in Ermangelung solcher Angaben, die tatsächliche Zusammensetzung des Vermögens der betreffenden Organismen oder Einrichtungen.

§ 7 Räumlicher Geltungsbereich. Diese Verordnung gilt für Zinszahlungen durch eine inländische Zahlstelle an wirtschaftliche Eigentümer, die ihren Wohnsitz in einem anderen Mitgliedstaat der Europäischen Gemeinschaft haben.

Abschnitt 2. Datenübermittlung

§ 8²⁾ Datenübermittlung durch die Zahlstelle. ¹Wenn der wirtschaftliche Eigentümer der Zinsen in einem anderen Mitgliedstaat ansässig

---

¹⁾ § 6 Abs. 5 Satz 2 neugef. mWv 1. 7. 2005 durch VO v. 22. 6. 2005 (BGBl. I S. 1692).

²⁾ § 8 neugef. mWv 1. 7. 2005 durch VO v. 22. 6. 2005 (BGBl. I S. 1692).

ist, hat die inländische Zahlstelle dem Bundeszentralamt für Steuern[1]) zum Zwecke der Weiterübermittlung nach § 9 folgende Daten zu übermitteln:

1. die nach § 3 zu ermittelnden Daten über den wirtschaftlichen Eigentümer,

2. den Namen und die Anschrift der Zahlstelle,

3. die Kontonummer des wirtschaftlichen Eigentümers oder, in Ermangelung einer solchen, das Kennzeichen der Forderung, aus der die Zinsen herrühren,

4. den Gesamtbetrag der Zinsen oder Erträge und den Gesamtbetrag des Erlöses aus der Abtretung, Rückzahlung oder Einlösung, die im Kalenderjahr zugeflossen sind.

[2]Die Datenübermittlung hat bis zum 31. Mai des Jahres zu erfolgen, das auf das Jahr des Zuflusses folgt.

§ 9[2]) Datenerhebung und Datenübermittlung durch das Bundeszentralamt für Steuern[3]). (1) [1]Das Bundeszentralamt für Steuern[2]) speichert die nach § 8 übermittelten Daten und übermittelt sie zum Zwecke der Besteuerung weiter an die zuständigen Behörden des Mitgliedstaats, in dem der wirtschaftliche Eigentümer ansässig ist. [2]Die Daten über sämtliche während eines Kalenderjahres erfolgte Zinszahlungen werden einmal jährlich automatisiert weiter übermittelt, und zwar binnen sechs Monaten nach dem Ende des Kalenderjahres.

(2) Soweit nichts anderes bestimmt ist, gelten für die Datenübermittlung nach Absatz 1 die Bestimmungen des EG-Amtshilfe-Gesetzes mit Ausnahme von dessen § 3.

(3) Das Bundeszentralamt für Steuern[2]) nimmt Daten über Zinszahlungen an wirtschaftliche Eigentümer, die im Inland ansässig sind, von den zuständigen Behörden der anderen Mitgliedstaaten entgegen, speichert sie und übermittelt sie zum Zwecke der Besteuerung an die Landesfinanzverwaltungen weiter.

(4) Die nach den Absätzen 1 und 3 beim Bundeszentralamt für Steuern[2]) gespeicherten Daten werden drei Jahre nach Ablauf des Jahres, in dem die Weiterübermittlung erfolgt ist, gelöscht.

Abschnitt 3. Übergangsbestimmungen

§ 10[4]) Übergangszeitraum. Deutschland übermittelt Belgien, Luxemburg und Österreich durch das Bundeszentralamt für Steuern[1]) Daten nach Abschnitt 2 dieser Verordnung, auch wenn diese Staaten während des in Artikel 10 der Richtlinie des Rates vom 3. Juni 2003 benannten Über-

---

[1]) Bezeichnung geänd. durch G v. 22. 9. 2005 (BGBl. I S. 2809).
[2]) § 9 neugef. mWv 1. 7. 2005 durch VO v. 22. 6. 2005 (BGBl. I S. 1692).
[3]) Überschrift geänd. durch G v. 22. 9. 2005 (BGBl. I S. 2809).
[4]) § 10 neugef. mWv 1. 7. 2005 durch VO v. 22. 6. 2005 (BGBl. I S. 1692).

gangszeitraums ab dem in § 17 Satz 1 und 2 genannten Zeitpunkt und vorbehaltlich des § 13 die Bestimmungen des Abschnitts 2 der Richtlinie nicht anwenden müssen.

§ 11 Besteuerung nach innerstaatlichen Rechtsvorschriften. Die Erhebung einer Quellensteuer durch Belgien, Luxemburg und Österreich als Zahlstellenstaat steht einer Besteuerung der Erträge durch Deutschland als Wohnsitzstaat des wirtschaftlichen Eigentümers gemäß seinen innerstaatlichen Rechtsvorschriften nicht entgegen.

§ 12 Einnahmen. Das Bundeszentralamt für Steuern[1] nimmt den der Bundesrepublik Deutschland zustehenden Anteil aus der Erhebung von Quellensteuern durch die Staaten Belgien, Luxemburg und Österreich entgegen.

§ 13 Ausnahmen vom Quellensteuerverfahren. [1] Zur Ermöglichung einer Abstandnahme von der Erhebung einer Quellensteuer in den Staaten Belgien, Luxemburg und Österreich stellt das nach § 5 Abs. 2 Satz 2 zuständige Finanzamt auf Antrag des wirtschaftlichen Eigentümers mit inländischem steuerlichen Wohnsitz eine Bescheinigung mit folgenden Angaben zur Vorlage bei seiner Zahlstelle aus:

1. Name, Anschrift und Steuer- oder sonstige Identifikationsnummer oder, in Ermangelung einer solchen, Geburtsdatum und -ort des wirtschaftlichen Eigentümers;
2. Name und Anschrift der Zahlstelle;
3. Kontonummer des wirtschaftlichen Eigentümers oder, in Ermangelung einer solchen, Kennzeichen des Wertpapiers.

[2] Diese Bescheinigung gilt für die Dauer von höchstens drei Jahren. [3] Sie wird jedem wirtschaftlichen Eigentümer auf Antrag binnen zwei Monaten ausgestellt.

§ 14 Vermeidung der Doppelbesteuerung. (1) Bei einem wirtschaftlichen Eigentümer mit inländischem steuerlichen Wohnsitz wird gemäß den Absätzen 2 und 3 jegliche Doppelbesteuerung, die sich aus der Erhebung von Quellensteuer durch Belgien, Luxemburg und Österreich nach § 11 ergeben könnte, ausgeschlossen.

(2)[2] [1] Wurden von einem wirtschaftlichen Eigentümer vereinnahmte Zinsen im Mitgliedstaat der Zahlstelle mit der Quellensteuer belastet, so wird dem wirtschaftlichen Eigentümer eine Steuergutschrift in Höhe der einbehaltenen Steuer gewährt. [2] Zu diesem Zweck rechnet die Bundesrepublik Deutschland entsprechend § 36 des Einkommensteuergesetzes unter Ausschluss von Anrechnungsregeln in Abkommen zur Vermeidung der Doppelbesteuerung und des § 34 c des Einkommensteuergesetzes die Quellensteuer auf die deutsche Einkommensteuer an. [3] Die Quellensteuer

---

[1] Bezeichnung geänd. durch G v. 22. 9. 2005 (BGBl. I S. 2809).
[2] § 14 Abs. 2 Satz 2 geänd. durch VO v. 22. 6. 2005 (BGBl. I S. 1692).

wird auch bei der Festsetzung der Einkommensteuervorauszahlungen berücksichtigt.

(3) Wurden von einem wirtschaftlichen Eigentümer vereinnahmte Zinsen über die Quellensteuer nach § 11 hinaus noch mit anderen Arten von ausländischen Steuern belastet und wird ihm dafür nach einem von der Bundesrepublik Deutschland abgeschlossenen Abkommen zur Vermeidung der Doppelbesteuerung oder nach § 34 c des Einkommensteuergesetzes eine Anrechnung dieser ausländischen Steuer auf die deutsche Einkommensteuer gewährt, so hat diese Anrechnung vor Anwendung von Absatz 2 zu erfolgen.

§ 15 Umlauffähige Schuldtitel. (1)[1] [1] Während des Übergangszeitraums nach Artikel 10 Abs. 2 der Richtlinie 2003/48/EG des Rates vom 3. Juni 2003 im Bereich der Besteuerung von Zinserträgen (ABl. EU Nr. L 157 S. 38), spätestens jedoch bis zum 31. Dezember 2010, gelten in- und ausländische Anleihen sowie andere umlauffähige Schuldtitel, die erstmals vor dem 1. März 2001 begeben wurden oder bei denen die zugehörigen Emissionsprospekte vor diesem Zeitpunkt durch die zuständigen Behörden im Sinne der Richtlinie 80/390/EWG des Rates vom 17. März 1980 zur Koordinierung der Bedingungen für die Erstellung, die Kontrolle und die Vorbereitung des Prospekts, der für die Zulassung von Wertpapieren zur amtlichen Notierung an einer Wertpapierbörse zu veröffentlichen ist (ABl. EG Nr. L 100 S. 1), aufgehoben durch die Richtlinie 2001/34/EG des Europäischen Parlaments und des Rates vom 28. Mai 2001 (ABl. EG Nr. L 184 S. 1, Nr. L 217 S. 18), oder durch die zuständigen Behörden von Drittländern genehmigt wurden, nicht als Forderungen im Sinne des § 6 Abs. 1 Satz 1 Nr. 1, wenn ab dem 1. März 2002 keine Folgeemissionen dieser umlauffähigen Schuldtitel mehr getätigt werden. [2] Sofern der Übergangszeitraum nach § 10 über den 31. Dezember 2010 hinausgeht, finden die Bestimmungen dieser Vorschrift jedoch nur dann weiterhin Anwendung auf die betreffenden umlauffähigen Schuldtitel, wenn

1. diese Bruttozinsklauseln und Klauseln über die vorzeitige Ablösung enthalten,
2. die Zahlstelle des Emittenten in einem Mitgliedstaat niedergelassen ist, der die Quellensteuer nach § 11 erhebt, und die Zahlstelle die Zinsen unmittelbar an einen wirtschaftlichen Eigentümer mit Wohnsitz in einem anderen Mitgliedstaat zahlt.

[3] Tätigt eine Regierung oder eine damit verbundene Einrichtung nach der Anlage, die als Behörde handelt oder deren Funktion durch einen internationalen Vertrag anerkannt ist, ab dem 1. März 2002 eine Folgeemission eines der vorstehend genannten umlauffähigen Schuldtitel, so gilt die gesamte Emission, das heißt die erste und alle Folgeemissionen, als Forderung im Sinne des § 6 Abs. 1 Satz 1 Nr. 1. [4] Tätigt eine von Satz 3 nicht erfasste Einrichtung ab dem 1. März 2002 eine Folgeemission eines der

---

[1] § 15 Abs. 1 Satz 3 geänd. durch VO v. 22. 6. 2005 (BGBl. I S. 1692).

vorstehend genannten umlauffähigen Schuldtitel, so gilt diese Folgeemission als Forderung im Sinne von § 6 Abs. 1 Satz 1 Nr. 1.

(2) Diese Vorschrift steht einer Besteuerung von Erträgen aus den in Absatz 1 genannten umlauffähigen Schuldtiteln nach inländischen Rechtsvorschriften nicht entgegen.

Abschnitt 4. Anwendungs- und Schlussbestimmungen

§ 16 Andere Quellensteuern. Diese Verordnung steht der Erhebung anderer Arten der Quellensteuer als die nach § 11 gemäß den innerstaatlichen Rechtsvorschriften nicht entgegen.

§ 16a[1] Erweiterung des Anwendungsbereichs. (1) [1]Diese Verordnung ist vorbehaltlich der Absätze 2 bis 4 entsprechend anwendbar auf

1. Zinszahlungen durch eine inländische Zahlstelle an wirtschaftliche Eigentümer, die in den nachfolgenden Staaten oder abhängigen oder assoziierten Gebieten steuerlich ansässig sind:
   a) Schweizerische Eidgenossenschaft, Fürstentum Liechtenstein, Republik San Marino, Fürstentum Monaco, Fürstentum Andorra,
   b) Guernsey, Jersey, Insel Man, Anguilla, Britische Jungferninseln, Kaiminseln, Montserrat, Turks- und Caicosinseln, Aruba, Niederländische Antillen,

2. die aus den in Nummer 1 genannten Staaten oder Gebieten übermittelten Daten über Zinszahlungen an wirtschaftliche Eigentümer, die im Inland ansässig sind,

3. die in der Schweizerischen Eidgenossenschaft, im Fürstentum Liechtenstein, in der Republik San Marino, im Fürstentum Monaco und im Fürstentum Andorra sowie auf Guernsey, Jersey, der Insel Man, den Britischen Jungferninseln, den Turks- und Caicosinseln und den Niederländischen Antillen erhobene Quellensteuer auf Zinszahlungen, von der 75 Prozent der Einnahmen an den Mitgliedstaat der Europäischen Union weiterzuleiten sind, in dem der wirtschaftliche Eigentümer ansässig ist.

[2]§ 14 Abs. 3 ist entsprechend anwendbar auf eine Belastung mit anderen Arten von ausländischen Steuern über die Quellensteuer im Sinne des Satzes 1 Nr. 3 hinaus.

(2)[2] [1]Die inländischen Zahlstellen und das Bundeszentralamt für Steuern[3] erheben und übermitteln Daten nach Abschnitt 2 dieser Verordnung nur bei Zinszahlungen an wirtschaftliche Eigentümer, die auf den Britischen Jungferninseln, Guernsey, Jersey, der Insel Man, Montserrat, Aruba oder den Niederländischen Antillen steuerlich ansässig sind. [2]Solange auf

---

[1] § 16a eingef. mWv 1. 7. 2005 durch VO v. 22. 6. 2005 (BGBl. I S. 1692).
[2] § 16a Abs. 2 Sätze 1 und 2 geänd. durch VO v. 5. 11. 2007 (BGBl. I S. 2562).
[3] Bezeichnung geänd. durch G v. 22. 9. 2005 (BGBl. I S. 2809).

Anguilla sowie den Turks- und Caicosinseln keine direkten Steuern erhoben werden, sind keine Daten zu erheben und zu übermitteln bei Zinszahlungen an wirtschaftliche Eigentümer, die in diesen Gebieten ansässig sind.

(3) Das nach § 5 Abs. 2 Satz 2 zuständige Finanzamt stellt eine Bescheinigung nach § 13 nur zur Ermöglichung einer Abstandnahme von der Erhebung einer Quellensteuer im Sinne des Absatzes 1 Satz 1 Nr. 3 im Fürstentum Andorra sowie auf Guernsey, Jersey, der Insel Man, den Britischen Jungferninseln, den Turks- und Caicosinseln oder den Niederländischen Antillen aus.

(4) Zuständige Behörde im Sinne dieser Verordnung ist

1. in der Schweizerischen Eidgenossenschaft:
   le Directeur de l'Administration fédérale des contributions/der Direktor der Eidgenössischen Steuerverwaltung/il direttore dell'Amministrazione federale delle contribuzioni oder sein Vertreter oder Beauftragter,

2. im Fürstentum Liechtenstein:
   die Regierung des Fürstentums Liechtenstein oder ein Beauftragter,

3. in der Republik San Marino:
   il Segretario di Stato per le Finanze e il Bilancio oder ein Beauftragter,

4. im Fürstentum Monaco:
   le Conseiller de Gouvernement pour les Finances et l'Economie oder ein Beauftragter,

5. im Fürstentum Andorra:
   el Ministre encarregat de les Finances oder ein Beauftragter; für die Anwendung des Artikels 3 des Abkommens zwischen der Europäischen Gemeinschaft und dem Fürstentum Andorra über Regelungen, die denen der Richtlinie 2003/48/EG des Rates im Bereich der Besteuerung von Zinserträgen gleichwertig sind, ist die zuständige Behörde jedoch el Ministre encarregat de l'Interior oder ein Beauftragter,

6. auf Guernsey:
   the Administrator of Income Tax,

7. auf Jersey:
   the Comptroller of Income Tax,

8. auf der Insel Man:
   the Chief Financial Officer of the Treasury or his delegate,

9. auf Anguilla:
   der Leiter des Rechnungswesens der Finanzämter,

10. auf den Britischen Jungferninseln:
    der Finanzminister (Financial Secretary),

11. auf den Kaimaninseln:
    der Finanzminister (Financial Secretary),

12. auf Montserrat:
    das Dezernat für Steuereinnahmen (Inland Revenue Departement),

13. auf den Turks- und Caicosinseln:
    die Finanzdienstleistungskommission (Financial Services Commission),

14. auf Aruba:
der Finanzminister oder sein Beauftragter,
15. auf den Niederländischen Antillen:
der Finanzminister oder sein Beauftragter.

§ 17¹⁾ Anwendungsbestimmungen. (1) Vorbehaltlich der Absätze 2 und 3 gilt diese Verordnung nur für Zinszahlungen, die bis zum 31. Dezember 2015 zugeflossen sind.

(2) Der Abschnitt 3 dieser Verordnung gilt auch für die im Jahr 2016 zu erhebende Quellensteuer.

(3) ¹§ 16a gilt für Zinszahlungen, die nach dem 31. Dezember 2015 bis zu dem Zeitpunkt zufließen, zu dem eine Änderung, eine Suspendierung oder eine Beendigung der Anwendung der Abkommen, die mit den in § 16a Absatz 1 Satz 1 Nummer 1 genannten Staaten oder abhängigen oder assoziierten Gebieten jeweils geschlossen wurden, in Kraft getreten ist. ²Dies gilt auch für Curacao und Sint Maarten.

Anlage
(zu § 15)

Liste der verbundenen Einrichtungen

Folgende Einrichtungen sind als „mit der Regierung verbundene Einrichtungen, die als Behörde handeln oder deren Funktion durch einen internationalen Vertrag anerkannt ist," im Sinne des § 15 zu betrachten:
– Einrichtungen innerhalb der Europäischen Union:

Belgien	Région flamande (Vlaams Gewest) (Flämische Region) Région wallonne (Wallonische Region) Région bruxelloise (Brussels Gewest) (Region Brüssel-Hauptstadt) Communauté française (Französische Gemeinschaft) Communauté flamande (Vlaamse Gemeenschap) (Flämische Gemeinschaft) Communauté germanophone (Deutschsprachige Gemeinschaft)
Bulgarien²⁾	Общините (Städte und Gemeinden) Социалноосигурителни фондове (Sozialversicherungsfonds)
Spanien	Xunta de Galicia (Regierung der autonomen Gemeinschaft Galicien) Junta de Andalucía (Regierung der autonomen Gemeinschaft Andalusien) Junta de Extremadura (Regierung der autonomen Gemeinschaft Extremadura) Junta de Castilla-La Mancha (Regierung der autonomen Gemeinschaft Kastilien-La Mancha) Junta de Castilla-León (Regierung der autonomen Gemeinschaft Kastilien und León) Gobierno Foral de Navarra (Regierung der autonomen Gemeinschaft Navarra) Govern de les Illes Balears (Regierung der autonomen Gemeinschaft Balearen)

---

¹⁾ § 17 neu gef. durch VO v. 18. 7. 2016 (BGBl. I S. 1722).
²⁾ Eingefügt durch VO v. 5. 11. 2007 (BGBl. I S. 2562).

Generalitat de Catalunya (Regierung der autonomen Gemeinschaft Katalonien)
Generalitat de Valencia (Regierung der autonomen Gemeinschaft Valencia)
Diputación General de Aragón (Regierung der autonomen Gemeinschaft Aragón)
Gobierno de la Islas Canarias (Regierung der autonomen Gemeinschaft Kanarische Inseln)
Gobierno de Murcia (Regierung der autonomen Gemeinschaft Murcia)
Gobierno de Madrid (Regierung der autonomen Gemeinschaft Madrid)
Gobierno de la Comunidad Autónoma del País Vasco/Euzkadi (Regierung der autonomen Gemeinschaft Baskenland)
Diputación Foral de Cuipúzcoa (Provinzrat von Cuipúzcoa)
Diputación Foral de Vizcaya/Biskaia (Provinzrat von Biskaya)
Diputación Foral de Alava (Provinzrat von Álava)
Ayuntamiento de Madrid (Stadt Madrid)
Ayuntamiento de Barcelona (Stadt Barcelona)
Cabildo Insular de Gran Canaria (Inselrat Gran Canaria)
Cabildo Insular de Tenerife (Inselrat Teneriffa)
Instituto de Crédito Oficial (Amtliches Kreditinstitut)
Instituto Catalán de Finanzas (Katalanisches Finanzinstitut)
Instituto Valenciano de Finanzas (Valencianisches Finanzinstitut)

Griechenland	Griechische Telekommunikationsanstalt Griechisches Eisenbahnnetz Staatliche Elektrizitätswerke
Frankreich	La Caisse d'amortissement de la dette sociale (CADES) (Schuldenfinanzierungskasse der Sozialversicherung) L'Agence française de développement (AFD) (Französische Agentur für Entwicklung) Réseau Ferré de France (RFF) (Eigentums- und Verwaltungsgesellschaft des französischen Eisenbahnnetzes) Caisse Nationale des Autoroutes (CNA) (Staatliche Finanzierungskasse der Autobahnen) Assistance publique Hôpitaux des Paris (APHP) (Verbund der öffentlichen Krankenhäuser des Großraums Paris) Charbonnages des France (CDF) (Zentralverwaltung der staatlichen französischen Steinkohleförderunternehmen) Entreprise minière et chimique (EMC.) (Staatliche Bergbau- und Chemieholdinggesellschaft)
Italien	Regionen Provinzen Städte und Gemeinden Cassa Depositi e Prestiti (Spar- und Kreditkasse)
Lettland[1]	Pašvaldíbas (Kommunalverwaltungen)
Polen[1]	gminy (Gemeinden) powiaty (Bezirke) województwa (Woiwodschaften) związki gmin (Gemeindeverbände) powiatów (Bezirksverbände) województw (Woiwodschaftsverbände)

[1] Eingefügt durch VO v. 22. 6. 2005 (BGBl. I S. 1692).

miastro stoleczne Warszawa (Hauptstadt Warschau)
Agencja Restrukturyzacji i Modernizacji Rolnictwa (Amt für die Umstrukturierung und Modernisierung der Landwirtschaft)
Agencja Nieruchomości Rolnych (Amt für landwirtschaftliche Eigentumsfragen)

Portugal   Região autónoma da Madeira (Autonome Region Madeira)
Região autónoma dos Açores (Autonome Region Azoren)
Städte und Gemeinden

Rumänien[1]   autorităţile administraţiei publice locale (lokale Behörden der öffentlichen
Verwaltung)

Slowakei[2]   mestá a obce (Gemeinden)
Železnice Slovenskey republiky (Slowakische Eisenbahngesellschaft)
Štátny fond cestného hospodárstva (Staatlicher Straßenfonds)
Slovenské elektrárne (Slowakische Kraftwerke)
Vodohospodárska výstavba (Wasserwirtschaftsgesellschaft)

– internationale Einrichtungen:

Europäische Bank für Wiederaufbau und Entwicklung
Europäische Investitionsbank
Asiatische Entwicklungsbank
Afrikanische Entwicklungsbank
Weltbank/IBRD/IWF
Internationale Finanzkorporation
Interamerikanische Entwicklungsbank
Sozialentwicklungsfonds des Europarats
EURATOM
Europäische Gemeinschaft
Corporación Andina de Fomento (CAF) (Anden-Entwicklungsgesellschaft)
Eurofima
Europäische Gemeinschaft für Kohle und Stahl
Nordische Investitionsbank
Karibische Entwicklungsbank
Die Bestimmungen des § 15 gelten unbeschadet internationaler Verpflichtungen, die die
Mitgliedstaaten in Bezug auf die oben aufgeführten internationalen Einrichtungen eingegangen sind.

– Einrichtungen in Drittländern:

Einrichtungen, die folgende Kriterien erfüllen:

1. Die Einrichtung gilt nach im Geltungsbereich der Verordnung anzuwendenden Kriterien
eindeutig als öffentliche Körperschaft.

2. Sie ist eine von der Regierung kontrollierte Einrichtung, die gemeinwirtschaftliche
Aktivitäten verwaltet und finanziert, wozu in erster Linie die Bereitstellung von gemeinwirtschaftlichen (nicht marktbestimmten) Gütern und Dienstleistungen zum Nutzen der Allgemeinheit gehört.

3. Sie legt regelmäßig in großem Umfang Anleihen auf.

4. Der betreffende Staat kann gewährleisten, dass die betreffende Einrichtung im Falle von
Bruttozinsklauseln keine vorzeitige Tilgung vornehmen wird.

---

[1] Eingefügt durch VO v. 5. 11. 2007 (BGBl. I S. 2562).
[2] Eingefügt durch VO v. 22. 6. 2005 (BGBl. I S. 1692).

12. Gesetz zur Abwehr von Steuervermeidung und unfairem Steuerwettbewerb (Steueroasen-Abwehrgesetz – StAbwG)

Vom 25. Juni 2021 (BGBl. I S. 2056)

Zuletzt geändert durch Jahressteuergesetz 2022 vom 16.12.2022 (BGBl. I S. 2294) und Gesetz zur Umsetzung der Richtlinie (EU) 2021/514 des Rates vom 22. März 2021 zur Änderung der Richtlinie 2011/16/EU über die Zusammenarbeit der Verwaltungsbehörden im Bereich der Besteuerung und zur Modernisierung des Steuerverfahrensrechts vom 20.12.2022 (BGBl. I S. 2730)

FNA 610-1-29

Inhaltsübersicht

Abschnitt 1. Allgemeine Vorschriften

§ 1 Anwendungsbereich. (1) Die Vorschriften dieses Gesetzes sind auf natürliche Personen, Körperschaften, Personenvereinigungen und Vermögensmassen anzuwenden.

(2) Dieses Gesetz ist auf Steuern einschließlich der Steuervergütungen anzuwenden, die durch Bundesrecht oder Recht der Europäischen Union geregelt sind und durch Bundesfinanzbehörden, Landesfinanzbehörden oder Gemeinden verwaltet werden, ausgenommen die Umsatzsteuer, einschließlich der Einfuhrumsatzsteuer, Einfuhr- und Ausfuhrabgaben und Verbrauchsteuern.

(3) ¹Die Vorschriften dieses Gesetzes werden durch Abkommen zur Vermeidung der Doppelbesteuerung nicht eingeschränkt oder ausgeschlossen. ²Darüber hinaus werden deutsche Besteuerungsrechte durch Abkommen zur

Vermeidung der Doppelbesteuerung mit nicht kooperativen Steuerhoheitsgebieten für den Zeitraum, in denen die Abschnitte 3 und 4 bezogen auf dieses Steuerhoheitsgebiet Anwendung finden, nicht berührt.

§ 2 Begriffsbestimmungen. (1) Ein Staat oder ein Gebiet (Steuerhoheitsgebiet) ist im Sinne dieses Gesetzes nicht kooperativ, wenn das Steuerhoheitsgebiet eine der Voraussetzungen des § 4 Absatz 1, des § 5 Absatz 1 oder des § 6 erfüllt.

(2) Ansässig in einem nicht kooperativen Steuerhoheitsgebiet im Sinne dieses Gesetzes sind

1. natürliche Personen, wenn sie einen Wohnsitz (§ 8 der Abgabenordnung) oder ihren gewöhnlichen Aufenthalt (§ 9 der Abgabenordnung);
2. Körperschaften, Personenvereinigungen und Vermögensmassen, wenn sie einen Sitz (§ 11 der Abgabenordnung) oder ihren Ort der Geschäftsleitung (§ 10 der Abgabenordnung)

in einem nicht kooperativen Steuerhoheitsgebiet haben.

§ 3 Verordnungsermächtigung. (1) [1]Zur Sicherstellung einer einheitlichen Rechtsanwendung erlassen das Bundesministerium der Finanzen und das Bundesministerium für Wirtschaft und Energie mit Zustimmung des Bundesrates eine Rechtsverordnung, in der genannt sind

1. die Steuerhoheitsgebiete, die nach Maßgabe des § 2 Absatz 1 nicht kooperative Steuerhoheitsgebiete sind, wenn sie in der im Amtsblatt der Europäischen Union veröffentlichten EU-Liste nicht kooperativer Länder und Gebiete für Steuerzwecke in der jeweils aktuellen Fassung genannt sind; und
2. der Zeitpunkt, ab dem ein bisher als nicht kooperativ genanntes Steuerhoheitsgebiet die Voraussetzungen des § 2 Absatz 1 nicht länger erfüllt.

[2]Die Rechtsverordnung ist für die Anwendung der Abschnitte 3 und 4 maßgeblich.

(2) [1]Wird in der Rechtsverordnung nach Absatz 1 ein Steuerhoheitsgebiet als nicht kooperatives Steuerhoheitsgebiet genannt, finden die Abschnitte 3 und 4 in Bezug auf dieses Steuerhoheitsgebiet ab dem Beginn des Folgejahres des Inkrafttretens der Rechtsverordnung Anwendung. [2]Eine Ausnahme soll gelten für § 8, der ab dem Beginn des vierten Jahres nach Inkrafttreten, sowie für § 11, der ab Beginn des dritten Jahres nach Inkrafttreten der Rechtsverordnung, Anwendung findet. [3]Weicht das Wirtschaftsjahr der Person, die Adressat der Maßnahmen der Abschnitte 3 und 4 ist, vom Kalenderjahr ab, gelten die Sätze 1 und 2 mit der Maßgabe, dass auf den Beginn des folgenden Wirtschaftsjahres abzustellen ist.

(3) [1]Wird in der Rechtsverordnung nach Absatz 1 ein Steuerhoheitsgebiet nicht länger als nicht kooperatives Steuerhoheitsgebiet genannt, finden die Abschnitte 3 und 4 in Bezug auf dieses Steuerhoheitsgebiet bereits ab dem 1. Januar des Kalenderjahres, in dessen Verlauf der in der Rechtsverordnung genannte Zeitpunkt des Wegfalls der Voraussetzungen fällt, keine Anwendung mehr. [2]Weicht das Wirtschaftsjahr der Person, die Adressat der Maßnahmen der Abschnitte 3 und 4 ist, vom Kalenderjahr ab, gilt Satz 1 mit der Maßgabe, dass auf den Beginn des Wirtschaftsjahres abzustellen ist.

Abschnitt 2. Qualifikation eines Staates oder Gebiets

§ 4 Intransparenz in Steuersachen. (1) Ein Steuerhoheitsgebiet ist nicht kooperativ, wenn dieses Steuerhoheitsgebiet keine hinreichende Transparenz in Steuersachen gewährleistet.

(2) Ein Steuerhoheitsgebiet gewährleistet keine hinreichende Transparenz in Steuersachen, wenn dieses Steuerhoheitsgebiet

1. den automatischen Austausch von Informationen über Finanzkonten in Steuersachen mit der Bundesrepublik Deutschland sowie allen anderen Mitgliedstaaten der Europäischen Union nach dem gemeinsamen Meldestandard nicht durchführt;

2. nicht weitgehend den OECD Standard für Transparenz und effektiven Informationsaustausch auf Ersuchen umgesetzt hat; oder

3. das Übereinkommen vom 25. Januar 1988 über die gegenseitige Amtshilfe in Steuersachen in der Fassung des Änderungsprotokolls vom 27. Mai 2010 nicht ratifiziert hat oder, sofern das Steuerhoheitsgebiet nicht über die volle staatliche Souveränität verfügt, es dem Übereinkommen vom 25. Januar 1988 über die gegenseitige Amtshilfe in Steuersachen in der Fassung des Änderungsprotokolls vom 27. Mai 2010 nicht beigetreten ist; die Transparenz ist allerdings hinreichend gewährleistet, wenn das Steuerhoheitsgebiet den wirksamen Austausch von Informationen auf Ersuchen sowie den automatischen Austausch von Informationen mit der Bundesrepublik Deutschland und allen anderen Mitgliedstaaten der Europäischen Union aufgrund geltender Abkommen sicherstellt.

(3) Gemeinsamer Meldestandard nach Absatz 2 Nummer 1 ist der durch die Organisation für wirtschaftliche Zusammenarbeit und Entwicklung (OECD) zusammen mit den G20-Staaten entwickelte Standard für den automatischen Austausch von Informationen über Finanzkonten in Steuersachen in dem Stand der Veröffentlichung durch die OECD vom 15. Juli 2014.

(4) [1] Der OECD Standard nach Absatz 2 Nummer 2 bestimmt sich anhand der „2016 Terms of Reference" im „Informationsaustausch auf Ersuchen, Handbuch für die gegenseitige Überprüfung 2016–2020", Global Forum on Transparency and Exchange of Information for Tax Purposes (2016).[1] [2] Der Standard ist in einem Steuerhoheitsgebiet weitgehend nicht umgesetzt, wenn von ihm wesentlich abgewichen wird und diese Abweichung signifikante Auswirkungen auf die praktische Durchführung des Informationsaustausches auf Ersuchen hatte oder voraussichtlich haben wird.

§ 5 Unfairer Steuerwettbewerb. (1) Ein Steuerhoheitsgebiet ist nicht kooperativ, wenn es unfairen Steuerwettbewerb betreibt.

---

[1] Amtlicher Hinweis: Dieses Dokument ist im Internet abrufbar unter https://www.bzst.de/DE/Behoerden/InternationaleAmtshilfe/AmtshilfeDirekteSteuern/amtshilfe_direkte_steuern_node.html

(2) ¹Ein Steuerhoheitsgebiet betreibt unfairen Steuerwettbewerb, wenn es Regelungen, einschließlich Rechts-, Verwaltungsvorschriften und Verwaltungspraktiken auf dem Gebiet des Steuerrechts, anwendet, die gemessen an den üblicherweise in dem betreffenden Steuerhoheitsgebiet geltenden Besteuerungsniveaus eine deutlich niedrigere Effektivbesteuerung, einschließlich einer Nullbesteuerung, bewirken. ²Diese Regelungen sind insbesondere dann als unfairer Steuerwettbewerb anzusehen, wenn sie

1. Vorteile ausschließlich Gebietsfremden oder für Transaktionen mit Gebietsfremden gewähren;

2. Vorteile gewähren, die von der inländischen Wirtschaft des nicht kooperativen Steuerhoheitsgebietes nicht in Anspruch genommen werden können, so dass sie keine Auswirkungen auf dessen Steuergrundlage haben;

3. Vorteile von einer tatsächlichen wirtschaftlichen Tätigkeit oder Präsenz in dem diese Vorteile gewährenden Steuerhoheitsgebiet entkoppeln und die steuerlichen Vorteile auch ohne eine derartige Tätigkeit oder Präsenz gewährt werden;

4. bei der Gewinnermittlung bei Aktivitäten innerhalb einer multinationalen Unternehmensgruppe von international allgemein anerkannten Grundsätzen, insbesondere denen der OECD, abweichen; oder

5. intransparent, insbesondere nicht allgemein vorhersehbar oder hinreichend dokumentiert sind, einschließlich der Fälle, in denen von den Regelungen in der Handhabung durch die Verwaltungsbehörden bewusst abgewichen wird, um gesetzlich nicht vorgesehene Vorteile zu gewähren.

(3) ¹Für ein Steuerhoheitsgebiet, das über kein Körperschaftsteuersystem oder über ein Körperschaftsteuersystem verfügt, dessen Anwendung zu einem effektiven Körperschaftsteuersatz von null oder nahe null führt (Nullsatzjurisdiktion), sind Regelungen sowie Strukturen als unfairer Steuerwettbewerb anzusehen, wenn sie zum Ziel haben, Gewinne anzuziehen, die keine reale Wirtschaftstätigkeit in dem Steuerhoheitsgebiet abbilden. ²Regelungen und Strukturen sind insbesondere dann als unfairer Steuerwettbewerb anzusehen, wenn hierdurch eine den Regelungen unter Absatz 2 Satz 2 Nummer 1 bis 5 entsprechende Wirkung entsteht. ³Für die Beurteilung der Wirkung ist unerheblich, ob es sich um steuerliche oder nichtsteuerliche Regelungen und Strukturen in dem betreffenden Steuerhoheitsgebiet handelt. ⁴Allein der Umstand, dass ein Steuerhoheitsgebiet eine Nullsatzjurisdiktion ist, führt nicht dazu, dass die betreffenden Regelungen oder Strukturen dieses Steuerhoheitsgebietes als unfairer Steuerwettbewerb anzusehen sind.

§ 6 Nichterfüllung der BEPS-Mindeststandards. (1) ¹Ein Steuerhoheitsgebiet ist nicht kooperativ, wenn es sich nicht zur Umsetzung der Mindeststandards des OECD/G20 BEPS-Projekts (Base Erosion and Profit Shifting, vgl. BEPS-Projekt Erläuterungen, Abschlussbericht 2015) gegen Gewinnverkürzung und Gewinnverschiebung verpflichtet hat. ²Die Mindeststandards umfassen Aktionspunkt 5 „Wirksame Bekämpfung schädlicher Steuerpraktiken unter Berücksichtigung von Transparenz und Substanz", Aktionspunkt 6 „Verhinderung von Abkommensmissbrauch", Aktionspunkt 13 „Verrechnungspreisdokumentation und länderbezogene Berichterstattung" und Aktionspunkt 14 „Verbesserung der Wirksamkeit von Streitbeilegungsmechanismen".

(2) Ein Steuerhoheitsgebiet ist auch dann nicht kooperativ, wenn es

1. nicht mit der Bundesrepublik Deutschland sowie allen anderen Mitgliedstaaten der Europäischen Union über einen Mechanismus zum Austausch länderbezogener Berichte verfügt; oder

2. hinsichtlich der Vertraulichkeit, der Datenschutzvorkehrungen, der sachgemäßen Verwendung oder dem rechtzeitigen und ausreichenden Austausch von Informationen zu länderbezogenen Berichten von dem Mindeststandard des OECD/G20 BEPS-Projekts, Aktionspunkt 13 „Verrechnungspreisdokumentation und länderbezogene Berichterstattung" wesentlich abweicht.

Abschnitt 3. Abwehrmaßnahmen[1]

§ 7 Betroffene Geschäftsvorgänge. [1]Unterhält ein Steuerpflichtiger Geschäftsbeziehungen oder Beteiligungsverhältnisse in oder mit Bezug zu einem nicht kooperativen Steuerhoheitsgebiet (Geschäftsvorgänge), gelten die §§ 8 bis 11. [2]Satz 1 ist auch auf anzunehmende schuldrechtliche Beziehungen im Sinne des § 1 Absatz 4 Satz 1 Nummer 2 des Außensteuergesetzes sowie auf Vorgänge, die auf einer gesellschaftsrechtlichen Vereinbarung beruhen, anzuwenden.

§ 8 Verbot des Betriebsausgaben- und Werbungskostenabzugs. [1]Aufwendungen aus Geschäftsvorgängen im Sinne des § 7 dürfen den Gewinn oder den Überschuss der Einnahmen über die Werbungskosten nicht mindern. [2]Dies gilt nicht, soweit

1. die den Aufwendungen entsprechenden Erträge der unbeschränkten oder beschränkten Steuerpflicht nach den Vorschriften des Einkommensteuergesetzes, Körperschaftsteuergesetzes oder dieses Gesetzes unterliegen; oder

2. auf Grund der aus den Aufwendungen resultierenden Einnahmen ein Hinzurechnungsbetrag im Sinne des § 10 Absatz 1 Satz 1 des Außensteuergesetzes anzusetzen ist.

§ 9[2] Verschärfte Hinzurechnungsbesteuerung. [1]Sind unbeschränkt steuerpflichtige Personen an einer ausländischen Gesellschaft im Sinne des § 7 Absatz 1 des Außensteuergesetzes gemäß § 7 des Außensteuergesetzes beteiligt, die in einem nicht kooperativen Steuerhoheitsgebiet ansässig ist, ist die ausländische Gesellschaft über § 8 Absatz 1 des Außensteuergesetzes hinaus und ungeachtet von § 8 Absatz 2 bis 4 und § 9 des Außensteuergesetzes Zwischengesellschaft für ihre gesamten Einkünfte, die insgesamt einer niedrigen Besteuerung im Sinne des § 8 Absatz 5 des Außensteuergesetzes unterliegen. [2]Satz 1 gilt nicht, soweit dessen Anwendung zu niedrigeren steuerpflichtigen Einkünften führt als ohne dessen Geltung. [3]Für in einem nicht kooperativen

---

[1] Zur Anwendung siehe § 13 Abs. 2.
[2] Zur Anwendung siehe **§ 13 Abs. 3.**

Steuerhoheitsgebiet gelegene Betriebsstätten eines unbeschränkt Steuerpflichtigen gilt § 20 Absatz 2 Satz 1 des Außensteuergesetzes mit der Maßgabe, dass dieser auf sämtliche Einkünfte der Betriebsstätte anzuwenden ist; § 20 Absatz 2 Satz 2 des Außensteuergesetzes ist nicht anzuwenden und Satz 2 gilt entsprechend.

§ 10[1) Quellensteuermaßnahmen. (1) ¹Über § 49 des Einkommensteuergesetzes hinaus liegen steuerpflichtige Einkünfte derjenigen natürlichen Personen sowie derjenigen Körperschaften, Personenvereinigungen oder Vermögensmassen, die in einem nicht kooperativen Steuerhoheitsgebiet ansässig sind, auch vor, soweit sie Einkünfte erzielen aus

1. Finanzierungsbeziehungen. ²Inhaberschuldverschreibungen, die durch eine Globalurkunde verbrieft und im Rahmen der Girosammelverwahrung bei einem Zentralverwahrer verwahrt werden und mit diesen vergleichbare Schuldtitel, die an einer anerkannten Börse im Sinne des § 138 Absatz 2 Satz 1 Nummer 3 Buchstabe b Satz 2 der Abgabenordnung handelbar sind, gelten nicht als Finanzierungsbeziehungen;

2. Versicherungs- oder Rückversicherungsprämien;

3. der Erbringung von Dienstleistungen, soweit sie nicht bereits von den Nummern 1 und 2 erfasst sind. ²Nutzungsüberlassungen gelten nicht als Erbringung von Dienstleistungen;

4. dem Handel mit Waren oder Dienstleistungen im Sinne der Nummer 3 oder

5. der Vermietung und Verpachtung oder der Veräußerung von Rechten, die in ein inländisches öffentliches Buch oder Register eingetragen sind.

²Steuerpflichtige Einkünfte nach Satz 1 liegen bei dessen Nummern 1 bis 4 nur vor, wenn sie nach § 2 Absatz 1 Satz 1 erster Halbsatz des Einkommensteuergesetzes bei unbeschränkt Steuerpflichtigen der Besteuerung unterlägen und die dem Steuerpflichtigen hierbei gewährten Vergütungen als Betriebsausgaben oder Werbungskosten eines anderen unbeschränkt Steuerpflichtigen ungeachtet des § 8 Satz 1 bei dessen Veranlagung zur Einkommen- oder Körperschaftsteuer ungeachtet der Wahl der Gewinnermittlungsart berücksichtigt werden können.

(2) ¹§ 50a Absatz 1, 2 Satz 1 und 2 und Absatz 3 bis 5 des Einkommensteuergesetzes und die §§ 73c bis 73g der Einkommensteuer-Durchführungsverordnung sowie die weiteren gesetzlichen Vorschriften, die an den Steuerabzug auf Grund des § 50a des Einkommensteuergesetzes anknüpfen, gelten für die Vergütungen im Sinne des Absatzes 1 Satz 1 entsprechend. ²Dabei ist § 50a Absatz 2 Satz 1 des Einkommensteuergesetzes mit der Maßgabe anzuwenden, dass der Steuerabzug 15 Prozent der gesamten Einnahmen beträgt.

§ 11 Maßnahmen bei Gewinnausschüttungen und Anteilsveräußerungen. (1) ¹Auf Bezüge im Sinne des § 20 Absatz 1 Nummer 1, 2, 9 und 10 Buchstabe a des Einkommensteuergesetzes, die von einer in einem nicht kooperativen Steuerhoheitsgebiet ansässigen Körperschaft geleistet werden, finden keine Anwendung

---

¹⁾ § 10 neu gef. mWv 1.1.2022 (§ 13 Abs. 1a) durch G v. 16.12.2022 (BGBl. I S. 2294).

1. die Vorschriften über die Steuerbefreiung nach § 8b Absatz 1 Satz 1 des Körperschaftsteuergesetzes und

2. den in Nummer 1 genannten Vorschriften vergleichbare Vorschriften in Abkommen zur Vermeidung der Doppelbesteuerung.

²Auf Gewinne aus der Veräußerung eines Anteils an einer Körperschaft oder Personenvereinigung, deren Leistungen beim Empfänger zu Bezügen im Sinne des Satzes 1 gehören, finden die Vorschriften über die Steuerbefreiung nach § 8b Absatz 2 Satz 1 des Körperschaftsteuergesetzes und vergleichbare Vorschriften in Abkommen zur Vermeidung der Doppelbesteuerung keine Anwendung. ³Die Sätze 1 und 2 gelten auch, wenn der Steuerpflichtige Bezüge von einer nahestehenden Person im Sinne des § 1 Absatz 2 des Außensteuergesetzes erhält und diese Bezüge aus Ausschüttungen oder Veräußerungsgewinnen resultieren, die die nahestehende Person unmittelbar oder mittelbar von einer Körperschaft im Sinne des Satzes 1 erhalten hat; dies gilt nicht, wenn bereits auf Ebene der nahestehenden Person die Sätze 1 und 2 oder vergleichbare Vorschriften angewendet worden sind.

(2) Für Einkünfte im Sinne des Absatzes 1 sind § 2 Absatz 5b Satz 1, § 32d Absatz 1 und § 43 Absatz 5 des Einkommensteuergesetzes in Bezug auf Einkünfte, die das Kreditinstitut für Rechnung des Schuldners an den Steuerpflichtigen zahlt, und § 3 Nummer 40 Satz 1 und 2 des Einkommensteuergesetzes nicht anzuwenden.

(3) Die Absätze 1 und 2 gelten nicht, soweit der Steuerpflichtige nachweist, dass die Ausschüttungen aus Beträgen resultieren, die beim Leistenden bereits der Besteuerung nach § 10 unterlegen haben oder für die bereits das Abzugsverbot nach § 8 angewendet worden ist.

Abschnitt 4. Besondere Anforderungen an das Steuerverwaltungsverfahren[1)]

§ 12 Gesteigerte Mitwirkungspflichten. (1) ¹Der Steuerpflichtige hat über die nach § 90 der Abgabenordnung bestehenden Mitwirkungspflichten hinaus eine gesteigerte Mitwirkungspflicht. ²Die gesteigerte Mitwirkungspflicht umfasst die in den folgenden Absätzen geregelten Verpflichtungen.

(2) ¹Der Steuerpflichtige hat für Geschäftsvorgänge im Sinne des § 7 folgende Aufzeichnungen zu erstellen:

1. Darstellung der Geschäftsbeziehungen, Übersicht über Art und Umfang dieser Geschäftsbeziehungen, insbesondere Wareneinkauf, Dienstleistungen, Darlehensverhältnisse, Versicherungsverhältnisse, Nutzungsüberlassungen sowie Kostenumlagen;

2. Verträge und vereinbarte Vertragsbedingungen, die den Geschäftsbeziehungen zugrunde liegen, und ihre Veränderung innerhalb des Wirtschaftsjahres;

3. Auflistung von Vereinbarungen mit Bezug zu immateriellen Werten, einschließlich Kostenumlagevereinbarungen sowie Forschungsdienstleistungs-

---

[1)] Zur Anwendung siehe § 13 Abs. 2.

vereinbarungen und Lizenzvereinbarungen, sowie Auflistung der immateriellen Werte, die der Steuerpflichtige im Rahmen der betreffenden Geschäftsbeziehungen nutzt oder zur Nutzung überlässt;

4. die von den Beteiligten im Rahmen der Geschäftsbeziehungen ausgeübten Funktionen und übernommenen Risiken sowie deren Veränderungen innerhalb des Wirtschaftsjahres;

5. die eingesetzten wesentlichen Vermögenswerte;

6. die gewählten Geschäftsstrategien;

7. die Markt- und Wettbewerbsverhältnisse, die für die Besteuerung von Bedeutung sind;

8. die natürlichen Personen, die unmittelbar oder mittelbar Gesellschafter oder Anteilseigner einer Gesellschaft in dem nicht kooperativen Steuerhoheitsgebiet sind, zu dem der Steuerpflichtige in Geschäftsbeziehung steht; das gilt nicht, soweit mit der Hauptgattung der Aktien der ausländischen Gesellschaft ein wesentlicher und regelmäßiger Handel an einer Börse in einem Mitgliedstaat der Europäischen Union oder in einem Vertragsstaat des EWR-Abkommens stattfindet oder an einer Börse, die in einem anderen Staat nach § 193 Absatz 1 Satz 1 Nummer 2 und 4 des Kapitalanlagegesetzbuchs von der Bundesanstalt für Finanzdienstleistungsaufsicht zugelassen ist.

²Die Aufzeichnungen nach Satz 1 sind spätestens ein Jahr nach Ablauf des betreffenden Kalenderjahres oder Wirtschaftsjahres zu erstellen und an die örtlich zuständige Finanzbehörde sowie in den Fällen, in denen die Voraussetzungen des § 138a der Abgabenordnung erfüllt sind, dem Bundeszentralamt für Steuern, zu übermitteln. ³Daneben sind die Aufzeichnungen auf Anforderung entsprechend § 90 Absatz 4 Satz 1 und 3¹⁾ der Abgabenordnung vorzulegen.

(3) ¹Nach Aufforderung der zuständigen Finanzbehörde hat der Steuerpflichtige die Richtigkeit und Vollständigkeit der Angaben gemäß Absatz 2 an Eides statt zu versichern und die Finanzbehörde zu bevollmächtigen, in seinem Namen mögliche Auskunftsansprüche gegenüber den von der Finanzbehörde benannten Personen, zu denen Geschäftsvorgänge im Sinne des § 7 bestehen, außergerichtlich und gerichtlich geltend zu machen. ²§ 95 der Abgabenordnung bleibt unberührt.

Abschnitt 5. Schlussvorschriften

§ 13 **Anwendungsvorschriften.** (1) Die Abschnitte 3 und 4 dieses Gesetzes sind ab dem 1. Januar 2022 anzuwenden.

(1a)²⁾ § 10 in der Fassung des Artikels 24 des Gesetzes vom 16. Dezember 2022 (BGBl. I S. 2294) ist erstmals ab dem 1. Januar 2022 anzuwenden.

---

¹⁾ Verweis geänd. mWv 1.1.2023 durch G v. 20.12.2022 (BGBl. I S. 2730).
²⁾ § 13 Abs. 1a eingef. durch G v. 16.12.2022 (BGBl. I S. 2294).

(2) Abweichend von Absatz 1 sind die Abschnitte 3 und 4 dieses Gesetzes in Bezug auf Steuerhoheitsgebiete, die am 1. Januar 2021 nicht auf der im Amtsblatt der Europäischen Union veröffentlichten EU-Liste nicht kooperativer Länder und Gebiete für Steuerzwecke genannt waren, ab dem 1. Januar 2023 anzuwenden.

(3) [1] Vorbehaltlich der Absätze 1 und 2 ist § 9 in der am Tag nach Verkündung geltenden Fassung erstmals anzuwenden

1. für die Einkommen- und Körperschaftsteuer für den Veranlagungszeitraum,

2. für die Gewerbesteuer für den Erhebungszeitraum,

für den Zwischeneinkünfte hinzuzurechnen sind, die in einem Wirtschaftsjahr der Zwischengesellschaft oder der Betriebsstätte entstanden sind, das nach dem 31. Dezember 2021 beginnt. [2] Für Zwischeneinkünfte einer Zwischengesellschaft oder einer Untergesellschaft im Sinne des § 14 Absatz 1 des Außensteuergesetzes in der am 30. Juni 2021 geltenden Fassung oder einer ihr nachgeschalteten ausländischen Gesellschaft im Sinne des § 14 Absatz 3 des Außensteuergesetzes in der am 30. Juni 2021 geltenden Fassung oder einer Betriebsstätte, die in einem Wirtschaftsjahr entstanden sind, das vor dem 1. Januar 2022 beginnt, ist § 9 vorbehaltlich der Absätze 1 und 2 in der folgenden Fassung anzuwenden:

(Fortsetzung nächstes Blatt)

„**§ 9 Verschärfte Hinzurechnungsbesteuerung.** [1]Sind unbeschränkt steuerpflichtige Personen an einer ausländischen Gesellschaft im Sinne des § 7 Absatz 1 des Außensteuergesetzes in der am 30. Juni 2021 geltenden Fassung gemäß § 7 des Außensteuergesetzes in der am 30. Juni 2021 geltenden Fassung beteiligt, die in einem nicht kooperativen Steuerhoheitsgebiet ansässig ist, ist die ausländische Gesellschaft über § 8 Absatz 1 des Außensteuergesetzes in der am 30. Juni 2021 geltenden Fassung hinaus und ungeachtet von § 8 Absatz 2 und § 9 des Außensteuergesetzes in der am 30. Juni 2021 geltenden Fassung Zwischengesellschaft für ihre gesamten Einkünfte, die insgesamt einer niedrigen Besteuerung im Sinne des § 8 Absatz 3 des Außensteuergesetzes in der am 30. Juni 2021 geltenden Fassung unterliegen. [2]Untergesellschaften im Sinne des § 14 Absatz 1 des Außensteuergesetzes in der am 30. Juni 2021 geltenden Fassung und ihnen nachgeschaltete ausländische Gesellschaften im Sinne des § 14 Absatz 3 des Außensteuergesetzes in der am 30. Juni 2021 geltenden Fassung, die in nicht kooperativen Steuerhoheitsgebieten ansässig sind, sind über § 14 Absatz 1 und § 8 Absatz 1 des Außensteuergesetzes in der am 30. Juni 2021 geltenden Fassung hinaus und ungeachtet von § 8 Absatz 2 und § 9 des Außensteuergesetzes in der am 30. Juni 2021 geltenden Fassung nachgeschaltete Zwischengesellschaften für ihre gesamten Einkünfte, soweit diese einer niedrigen Besteuerung unterlegen haben; negative Einkünfte solcher Gesellschaften sind abweichend von § 14 Absatz 1 Satz 1 des Außensteuergesetzes in der am 30. Juni 2021 geltenden Fassung nicht zuzurechnen. [3]Die Sätze 1 und 2 gelten nicht, soweit deren Anwendung zu niedrigeren steuerpflichtigen Einkünften oder zuzurechnenden Einkünften führen würden als ohne deren Geltung. [4]Für in einem nicht kooperativen Steuerhoheitsgebiet gelegene Betriebsstätten eines unbeschränkt Steuerpflichtigen gilt § 20 Absatz 2 Satz 1 des Außensteuergesetzes in der am 30. Juni 2021 geltenden Fassung mit der Maßgabe, dass dieser auf sämtliche Einkünfte der Betriebstätte anzuwenden ist; § 20 Absatz 2 Satz 2 des Außensteuergesetzes in der am 30. Juni 2021 geltenden Fassung ist nicht anzuwenden und Satz 3 gilt entsprechend.“

Verordnung zur Durchführung des § 3 des Steueroasen-Abwehrgesetzes (Steueroasen-Abwehrverordnung – StAbwV)

Vom 20. Dezember 2021 (BGBl. I S. 5236)

Zuletzt geändert durch Verordnung zur Änderung der Steueroasen-Abwehrverordnung vom 16.12.2022 (BGBl. I S. 2413)

FNA 610-1-29-1

Auf Grund des § 3 Absatz 1 Satz 1 des Steueroasen-Abwehrgesetzes vom 25. Juni 2021 (BGBl. I S. 2056) in Verbindung mit § 1 Absatz 1 des Zuständigkeitsanpassungsgesetzes vom 16. August 2002 (BGBl. I S. 3165) und dem Organisationserlass vom 8. Dezember 2021 (BGBl. I S. 5176) verordnen das Bundesministerium der Finanzen und das Bundesministerium für Wirtschaft und Klimaschutz:

§ 1 Anwendungsbereich. Diese Verordnung benennt

1. die nicht kooperativen Steuerhoheitsgebiete nach § 2 Absatz 1 des Gesetzes, die in der jeweils geltenden EU-Liste der nicht kooperativen Länder und Gebiete für Steuerzwecke genannt sind und

2. den Zeitpunkt, ab dem ein bisher als nicht kooperativ genanntes Steuerhoheitsgebiet die Voraussetzungen des § 2 Absatz 1 des Gesetzes nicht länger erfüllt.

§ 2[1) Nicht kooperative Steuerhoheitsgebiete. Folgende Steuerhoheitsgebiete sind nach Maßgabe des § 2 Absatz 1 des Gesetzes nicht kooperativ und werden im Anhang I der Schlussfolgerungen des Rates zur überarbeiteten EU-Liste nicht kooperativer Länder und Gebiete für Steuerzwecke vom 4. Oktober 2022 (ABl. C 391 vom 12.10.2022, S. 2) als nicht kooperativ genannt:

1. Amerikanisch-Samoa (seit dem 24. Dezember 2021),
2. Anguilla (seit dem 21. Dezember 2022),
3. Bahamas (seit dem 21. Dezember 2022),
4. Fidschi (seit dem 24. Dezember 2021),
5. Guam (seit dem 24. Dezember 2021),
6. Palau (seit dem 24. Dezember 2021),
7. Panama (seit dem 24. Dezember 2021),
8. Samoa (seit dem 24. Dezember 2021),
9. Trinidad und Tobago (seit dem 24. Dezember 2021),

[1) § 2 neu gef. durch VO vom 16.12.2022 (BGBl. I S. 2413).

10. Turks- und Caicosinseln (seit dem 21. Dezember 2022),
11. Amerikanische Jungferninseln (seit dem 24. Dezember 2021),
12. Vanuatu (seit dem 24. Dezember 2021).

§ 3 Inkrafttreten. Diese Verordnung tritt am Tag nach der Verkündung in Kraft.

20. Lohnsteuer–Durchführungsverordnung (LStDV 1990)

In der Fassung der Bekanntmachung vom 10. Oktober 1989 (BGBl. I S. 1848)[1]

Geändert durch Steueränderungsgesetz 1992 vom 25.2.1992 (BGBl. I S. 297), Jahressteuergesetz 1996 vom 11.10.1995 (BGBl. I S. 1250), Steuerentlastungsgesetz 1999/2000/2002 vom 24.3.1999 (BGBl. I S. 402), Steuerbereinigungsgesetz 1999 vom 22.12.1999 (BGBl. I S. 2601), Steuer–Euroglättungsgesetz vom 19.12.2000 (BGBl. I S. 1790), Steueränderungsgesetz 2001 vom 20.12.2001 (BGBl. I S. 3794), Steueränderungsgesetz 2003 vom 15.12.2003 (BGBl. I S. 2645), Alterseinkünftegesetz vom 5.7.2004 (BGBl. I S. 1427), Jahressteuergesetz 2007 vom 13.12.2006 (BGBl. I S. 2878), Verordnung zur Änderung steuerlicher Verordnungen vom 17.11.2010 (BGBl. I S. 1544), Beitreibungsrichtlinie-Umsetzungsgesetz (BeitrRLUmsG) vom 7.12.2011 (BGBl. I S. 2592), Gesetz zur Änderung und Vereinfachung der Unternehmensbesteuerung und des steuerlichen Reisekostenrechts vom 20.2.2013 (BGBl. I S. 285), Gesetz zur Anpassung des nationalen Steuerrechts an den Beitritt Kroatiens zur EU und zur Änderung weiterer steuerlicher Vorschriften vom 25.7.2014 (BGBl. I S. 1266), Gesetz zur Modernisierung des Besteuerungsverfahrens vom 18.7.2016 (BGBl. I S. 1679), Gesetz zur Stärkung der betrieblichen Altersversorgung, zur Anwendung anderer Gesetze (Betriebsrentenstärkungsgesetz) vom 17.8.2017 (BGBl. I S. 3214), Gesetz zur Vermeidung von Umsatzsteuerausfällen beim Handel mit Waren im Internet und zur Änderung weiterer steuerlicher Vorschriften vom 11.12.2018 (BGBl. I S. 2338) und Fünfte Verordnung zur Änderung steuerlicher Verordnungen vom 25.6.2020 (BGBl. I S. 1495)

BGBl. III/FNA 611-2

§ 1 Arbeitnehmer, Arbeitgeber. (1) [1]Arbeitnehmer sind Personen, die in öffentlichem oder privatem Dienst angestellt oder beschäftigt sind oder waren und die aus diesem Dienstverhältnis oder einem früheren Dienstverhältnis Arbeitslohn beziehen. [2]Arbeitnehmer sind auch die Rechtsnachfolger dieser Personen, soweit sie Arbeitslohn aus dem früheren Dienstverhältnis ihres Rechtsvorgängers beziehen.

(2) [1]Ein Dienstverhältnis (Absatz 1) liegt vor, wenn der Angestellte (Beschäftigte) dem Arbeitgeber (öffentliche Körperschaft, Unternehmer, Haushaltsvorstand) seine Arbeitskraft schuldet. [2]Dies ist der Fall, wenn die tätige Person in der Betätigung ihres geschäftlichen Willens unter der Leitung des Arbeitgebers steht oder im geschäftlichen Organismus des Arbeitgebers dessen Weisungen zu folgen verpflichtet ist.

(3) Arbeitnehmer ist nicht, wer Lieferungen und sonstige Leistungen innerhalb der von ihm selbständig ausgeübten gewerblichen oder beruflichen Tätigkeit im Inland gegen Entgelt ausführt, soweit es sich um die Entgelte für diese Lieferungen und sonstigen Leistungen handelt.

---

[1] Neubekanntmachung der Lohnsteuer-Durchführungsverordnung idF der Bek. v. 23.10.1984 (BGBl. I S. 1313) auf Grund des § 51 Abs. 4 EStG idF der Bek. v. 27.2.1987 (BGBl. I S. 657) in der ab 20.10.1989 geltenden Fassung.

§ 2 Arbeitslohn. (1) ¹Arbeitslohn sind alle Einnahmen, die dem Arbeitnehmer aus dem Dienstverhältnis zufließen. ²Es ist unerheblich, unter welcher Bezeichnung oder in welcher Form die Einnahmen gewährt werden.

(2) Zum Arbeitslohn gehören auch

1. Einnahmen im Hinblick auf ein künftiges Dienstverhältnis;

2. Einnahmen aus einem früheren Dienstverhältnis, unabhängig davon, ob sie dem zunächst Bezugsberechtigten oder seinem Rechtsnachfolger zufließen. ²Bezüge, die ganz oder teilweise auf früheren Beitragsleistungen des Bezugsberechtigten oder seines Rechtsvorgängers beruhen, gehören nicht zum Arbeitslohn, es sei denn, daß die Beitragsleistungen Werbungskosten gewesen sind;

3.¹⁾ Ausgaben, die ein Arbeitgeber leistet, um einen Arbeitnehmer oder diesem nahestehende Personen für den Fall der Krankheit, des Unfalls, der Invalidität, des Alters oder des Todes abzusichern (Zukunftssicherung). ²Voraussetzung ist, daß der Arbeitnehmer der Zukunftssicherung ausdrücklich oder stillschweigend zustimmt. ³Ist bei einer Zukunftssicherung für mehrere Arbeitnehmer oder diesen nahestehende Personen in Form einer Gruppenversicherung oder Pauschalversicherung der für den einzelnen Arbeitnehmer geleistete Teil der Ausgaben nicht in anderer Weise zu ermitteln, so sind die Ausgaben nach der Zahl der gesicherten Arbeitnehmer auf diese aufzuteilen. ⁴Nicht zum Arbeitslohn gehören Ausgaben, die nur dazu dienen, dem Arbeitgeber die Mittel zur Leistung einer dem Arbeitnehmer zugesagten Versorgung zu verschaffen;

4. Entschädigungen, die dem Arbeitnehmer oder seinem Rechtsnachfolger als Ersatz für entgangenen oder entgehenden Arbeitslohn oder für die Aufgabe oder Nichtausübung einer Tätigkeit gewährt werden;

5. besondere Zuwendungen, die auf Grund des Dienstverhältnisses oder eines früheren Dienstverhältnisses gewährt werden, zum Beispiel Zuschüsse im Krankheitsfall;

6. besondere Entlohnungen für Dienste, die über die regelmäßige Arbeitszeit hinaus geleistet werden, wie Entlohnung für Überstunden, Überschichten, Sonntagsarbeit;

7. Lohnzuschläge, die wegen der Besonderheit der Arbeit gewährt werden;

8. Entschädigungen für Nebenämter und Nebenbeschäftigungen im Rahmen eines Dienstverhältnisses.

§ 3²⁾ *(aufgehoben)*

§ 4 Lohnkonto. (1) Der Arbeitgeber hat im Lohnkonto des Arbeitnehmers Folgendes aufzuzeichnen:

1.³⁾ den Vornamen, den Familiennamen, den Tag der Geburt, den Wohnort, die Wohnung sowie die in einer vom Finanzamt ausgestellten Bescheini-

---

¹⁾ § 2 Abs. 2 Nr. 3 Satz 1 bish. Halbsatz 2 aufgeh. durch G v. 22.12.1999 (BGBl. I S. 2601).
²⁾ § 3 aufgeh. mWv 1.1.1999 durch G v. 24.3.1999 (BGBl. I S. 402).
³⁾ § 4 Abs. 1 Nr. 1 neu gef. mWv 1.1.2012 durch G v. 7.12.2011 (BGBl. I S. 2592).

gung für den Lohnsteuerabzug eingetragenen allgemeinen Besteuerungs-merkmale. ²Ändern sich im Laufe des Jahres die in einer Bescheinigung für den Lohnsteuerabzug eingetragenen allgemeinen Besteuerungsmerk-male, so ist auch der Zeitpunkt anzugeben, von dem an die Änderungen gelten;

2.¹⁾ den Jahresfreibetrag oder den Jahreshinzurechnungsbetrag sowie den Mo-natsbetrag, Wochenbetrag oder Tagesbetrag, der in einer vom Finanzamt ausgestellten Bescheinigung für den Lohnsteuerabzug eingetragen ist, und den Zeitraum, für den die Eintragungen gelten;

3.²⁾ bei einem Arbeitnehmer, der dem Arbeitgeber eine Bescheinigung nach § 39b Abs. 6 des Einkommensteuergesetzes in der am 31. Dezember 2010 geltenden Fassung (Freistellungsbescheinigung) vorgelegt hat, einen Hin-weis darauf, daß eine Bescheinigung vorliegt, den Zeitraum, für den die Lohnsteuerbefreiung gilt, das Finanzamt, das die Bescheinigung ausge-stellt hat, und den Tag der Ausstellung;

4.³⁾ in den Fällen des § 19 Abs. 2 des Einkommensteuergesetzes die für die zutreffende Berechnung des Versorgungsfreibetrags und des Zuschlags zum Versorgungsfreibetrag erforderlichen Angaben.

(2) Bei jeder Lohnabrechnung ist im Lohnkonto folgendes aufzuzeichnen:

1. der Tag der Lohnzahlung und der Lohnzahlungszeitraum;

2. in den Fällen des § 41 Absatz 1 Satz 5⁴⁾ des Einkommensteuergesetzes je-weils der Großbuchstabe U;

3. der Arbeitslohn, getrennt nach Barlohn und Sachbezügen, und die davon einbehaltene Lohnsteuer. ²Dabei sind die Sachbezüge einzeln zu bezeich-nen und – unter Angabe des Abgabetags oder bei laufenden Sachbezü-gen des Abgabezeitraums, des Abgabeorts und des Entgelts – mit dem nach § 8 Abs. 2 oder 3 des Einkommensteuergesetzes maßgebenden und um das Entgelt geminderten Wert zu erfassen. ³Sachbezüge im Sinne des § 8 Abs. 3 des Einkommensteuergesetzes und Versorgungsbezüge sind jeweils als solche kenntlich zu machen und ohne Kürzung um Freibeträge nach § 8 Abs. 3 oder § 19 Abs. 2 des Einkommensteuergesetzes einzutragen. ⁴Trägt der Arbeitgeber im Falle der Nettolohnzahlung die auf den Arbeitslohn entfallende Steuer selbst, ist in jedem Fall der Bruttoarbeitslohn einzu-tragen, die nach den Nummern 4 bis 8 gesondert aufzuzeichnenden Be-träge sind nicht mitzuzählen;

4.⁵⁾ steuerfreie Bezüge mit Ausnahme der Vorteile im Sinne des § 3 Num-mer 37, 45, 46 und 51 des Einkommensteuergesetzes. ²Das Betriebsstätten-

---

¹⁾ § 4 Abs. 1 Nr. 2 geänd. mWv 1.1.2000 durch G v. 22.12.1999 (BGBl. I S. 2601); geänd. mWv 1.1.2012 durch G v. 7.12.2011 (BGBl. I S. 2592).

²⁾ § 4 Abs. 1 Nr. 3 geänd. mWv 1.1.2012 durch G v. 7.12.2011 (BGBl. I S. 2592).

³⁾ § 4 Abs. 1 Nr. 4 angef. mWv 1.1.2005 durch G v. 5.7.2004 (BGBl. I S. 1427).

⁴⁾ Verweis geänd. durch VO v. 17.11.2010 (BGBl. I S. 1544).

⁵⁾ § 4 Abs. 2 Nr. 4 Satz 1 geänd. durch G v. 20.12.2001 (BGBl. I S. 3794); geänd. mWv 1.1.2002 (Art. 25 Abs. 2 des G v. 15.12.2003) durch G v. 15.12.2003 (BGBl. I S. 2645); ge-änd. mWv 30.6.2020 durch VO v. 25.6.2020 (BGBl. I S. 1495).

finanzamt kann zulassen, daß auch andere nach § 3 des Einkommensteuergesetzes steuerfreie Bezüge nicht angegeben werden, wenn es sich um Fälle
von geringer Bedeutung handelt oder wenn die Möglichkeit zur Nachprüfung in anderer Weise sichergestellt ist;

5. Bezüge, die nach einem Abkommen zur Vermeidung der Doppelbesteuerung oder unter Progressionsvorbehalt nach § 34c Abs. 5 des Einkommensteuergesetzes von der Lohnsteuer freigestellt sind;

6.[1]) außerordentliche Einkünfte im Sinne des § 34 Abs. 1 und 2 Nr. 2 und 4
des Einkommensteuergesetzes und die davon nach § 39b Abs. 3 Satz 9 des
Einkommensteuergesetzes einbehaltene Lohnsteuer;

7.[2]) das Vorliegen der Voraussetzungen für den Förderbetrag nach § 100 des
Einkommensteuergesetzes;

8.[3]) Bezüge, die nach den §§ 40 bis 40b des Einkommensteuergesetzes pauschal besteuert worden sind, und die darauf entfallende Lohnsteuer. [2]Lassen
sich in den Fällen des § 40 Absatz 1 Satz 1 Nummer 2 und Absatz 2 des
Einkommensteuergesetzes die auf den einzelnen Arbeitnehmer entfallenden
Beträge nicht ohne weiteres ermitteln, so sind sie in einem Sammelkonto
anzuschreiben. [3]Das Sammelkonto muß die folgenden Angaben enthalten:
Tag der Zahlung, Zahl der bedachten Arbeitnehmer, Summe der insgesamt
gezahlten Bezüge, Höhe der Lohnsteuer sowie Hinweise auf die als Belege
zum Sammelkonto aufzubewahrenden Unterlagen, insbesondere Zahlungsnachweise, Bestätigung des Finanzamts über die Zulassung der Lohnsteuer-
pauschalierung. [4]In den Fällen des § 40a des Einkommensteuergesetzes genügt es, wenn der Arbeitgeber Aufzeichnungen führt, aus denen sich für die
einzelnen Arbeitnehmer Name und Anschrift, Dauer der Beschäftigung,
Tag der Zahlung, Höhe des Arbeitslohns und in den Fällen des § 40a Abs. 3
des Einkommensteuergesetzes auch die Art der Beschäftigung ergeben.
[5]Sind in den Fällen der Sätze 3 und 4 Bezüge nicht mit dem ermäßigten Kirchensteuersatz besteuert worden, so ist zusätzlich der fehlende Kirchensteuerabzug aufzuzeichnen und auf die als Beleg aufzubewahrende
Unterlage hinzuweisen, aus der hervorgeht, daß der Arbeitnehmer keiner
Religionsgemeinschaft angehört, für die die Kirchensteuer von den Finanzbehörden erhoben wird.

(2a)[4]) [1]Der Arbeitgeber hat die nach den Absätzen 1 und 2 sowie die nach
§ 41 des Einkommensteuergesetzes aufzuzeichnenden Daten der Finanzbehörde nach einer amtlich vorgeschriebenen einheitlichen Form über eine
digitale Schnittstelle elektronisch bereitzustellen. [2]Auf Antrag des Arbeitgebers kann das Betriebsstättenfinanzamt zur Vermeidung unbilliger Härten
zulassen, dass der Arbeitgeber die in Satz 1 genannten Daten in anderer aus-
wertbarer Form bereitstellt.

---

[1]) § 4 Abs. 2 Nr. 6 geänd. mWv 1.1.1999 durch G v. 24.3.1999 (BGBl. I S. 402).

[2]) § 4 Abs. 2 Nr. 7 eingef. mWv 1.1.2018 durch G v. 17.8.2017 (BGBl. I S. 3214).

[3]) § 4 Abs. 2 Nr. 8 geänd. durch G v. 25.2.1992 (BGBl. I S. 297); Satz 2 Verweis geänd.
durch VO v. 17.11.2010 (BGBl. I S. 1544).

[4]) § 4 Abs. 2a eingef. durch G v. 18.7.2016 (BGBl. I S. 1679); zur Anwendung ab **1.1.2018**
siehe § 8 Abs. 3.

(3)[1] [1]Das Betriebsstättenfinanzamt kann bei Arbeitgebern, die für die Lohnabrechnung ein maschinelles Verfahren anwenden, Ausnahmen von den Vorschriften der Absätze 1 und 2 zulassen, wenn die Möglichkeit zur Nachprüfung in anderer Weise sichergestellt ist. [2]Das Betriebsstättenfinanzamt soll zulassen, daß Sachbezüge im Sinne des § 8 Absatz 2 Satz 11 und Absatz 3 des Einkommensteuergesetzes für solche Arbeitnehmer nicht aufzuzeichnen sind, für die durch betriebliche Regelungen und entsprechende Überwachungsmaßnahmen gewährleistet ist, daß die in § 8 Absatz 2 Satz 11 oder Absatz 3 des Einkommensteuergesetzes genannten Beträge nicht überschritten werden.

(4)[2] [1]In den Fällen des § 38 Abs. 3a des Einkommensteuergesetzes ist ein Lohnkonto vom Dritten zu führen. [2]In den Fällen des § 38 Abs. 3a Satz 2 ist der Arbeitgeber anzugeben und auch der Arbeitslohn einzutragen, der nicht vom Dritten, sondern vom Arbeitgeber selbst gezahlt wird. [3]In den Fällen des § 38 Abs. 3a Satz 7 ist der Arbeitslohn für jedes Dienstverhältnis gesondert aufzuzeichnen.

§ 5[3] Besondere Aufzeichnungs- und Mitteilungspflichten im Rahmen der betrieblichen Altersversorgung. (1)[4] Der Arbeitgeber hat bei der Durchführung einer kapitalgedeckten betrieblichen Altersversorgung über eine Pensionskasse oder eine Direktversicherung im Fall des § 52 Absatz 40 des Einkommensteuergesetzes aufzuzeichnen, dass vor dem 1. Januar 2018 mindestens ein Beitrag nach § 40b Absatz 1 und 2 des Einkommensteuergesetzes in einer vor dem 1. Januar 2005 geltenden Fassung pauschal besteuert wurde.

(2) [1]Der Arbeitgeber hat der Versorgungseinrichtung (Pensionsfonds, Pensionskasse, Direktversicherung), die für ihn die betriebliche Altersversorgung durchführt, spätestens zwei Monate nach Ablauf des Kalenderjahres oder nach Beendigung des Dienstverhältnisses im Laufe des Kalenderjahres *gesondert je Versorgungszusage*[5] die für den einzelnen Arbeitnehmer geleisteten und

1. nach § 3 Nummer 56 und 63 sowie nach § 100 Absatz 6 Satz 1 des Einkommensteuergesetzes steuerfrei belassenen,

2. nach § 40b des Einkommensteuergesetzes in der am 31. Dezember 2004 geltenden Fassung pauschal besteuerten oder

3. individuell besteuerten

Beiträge mitzuteilen. [2]Ferner hat der Arbeitgeber oder die Unterstützungskasse die nach § 3 Nr. 66 des Einkommensteuergesetzes steuerfrei belassenen

---

[1] § 4 Abs. 3 Satz 2 neu gef. durch G v. 11.10.1995 (BGBl. I S. 1250); Satz 1 geänd. durch VO v. 17.11.2010 (BGBl. I S. 1544); Satz 2 geänd. mWv 1.1.2014 durch G v. 20.2.2013 (BGBl. I S. 285).
[2] § 4 Abs. 4 aufgeh. durch G v. 22.12.1999 (BGBl. I S. 2601) und angef. mWv 1.1.2004 (§ 8 Abs. 1) durch G v. 15.12.2003 (BGBl. I S. 2645).
[3] § 5 eingef. mWv 1.1.2007 durch G v. 13.12.2006 (BGBl. I S. 2878).
[4] § 5 Abs. 1 neu gef. mWv 15.12.2018 durch G v. 11.12.2018 (BGBl. I S. 2338).
[5] § 5 Abs. 2 Satzteil vor Nr. 1 und Nr. 1 geänd. mWv 1.1.2018 durch G v. 17.8.2017 (BGBl. I S. 3214).

Leistungen mitzuteilen. ³Die Mitteilungspflicht des Arbeitgebers oder der Unterstützungskasse kann durch einen Auftragnehmer wahrgenommen werden.

(3) ¹Eine Mitteilung nach Absatz 2 kann unterbleiben, wenn die Versorgungseinrichtung die steuerliche Behandlung der für den einzelnen Arbeitnehmer im Kalenderjahr geleisteten Beiträge bereits kennt oder aus den bei ihr vorhandenen Daten feststellen kann, und dieser Umstand dem Arbeitgeber mitgeteilt worden ist. ²Unterbleibt die Mitteilung des Arbeitgebers, ohne dass ihm eine entsprechende Mitteilung der Versorgungseinrichtung vorliegt, so hat die Versorgungseinrichtung davon auszugehen, dass es sich insgesamt bis zu den in § 3 Nr. 56 oder 63 des Einkommensteuergesetzes genannten Höchstbeträgen um steuerbegünstigte Beiträge handelt, die in der Auszahlungsphase als Leistungen im Sinne von § 22 Nr. 5 Satz 1 des Einkommensteuergesetzes zu besteuern sind.

§§ 6, 7[1] *(aufgehoben)*

§ 8[2] Anwendungszeitraum. (1) Die Vorschriften dieser Verordnung in der Fassung des Artikels 2 des Gesetzes vom 13. Dezember 2006 (BGBl. I S. 2878) sind erstmals anzuwenden auf laufenden Arbeitslohn, der für einen nach dem 31. Dezember 2006 endenden Lohnzahlungszeitraum gezahlt wird, und auf sonstige Bezüge, die nach dem 31. Dezember 2006 zufließen.

(2) ¹§ 6 Abs. 3 und 4 sowie § 7 in der am 31. Dezember 2001 geltenden Fassung sind weiter anzuwenden im Falle einer schädlichen Verfügung vor dem 1. Januar 2002. ²Die Nachversteuerung nach § 7 Abs. 1 Satz 1 unterbleibt, wenn der nachzufordernde Betrag 10 Euro nicht übersteigt.

(3) § 4 Absatz 2a ist für ab dem 1. Januar 2018 im Lohnkonto aufzuzeichnende Daten anzuwenden.

§ 9[3] Berlin-Klausel. *(aufgehoben)*

---

[1] §§ 6, 7 aufgeh. mWv 1.1.2002 durch G v. 20.12.2001 (BGBl. I S. 3794); zur weiteren Anwendung von § 6 Abs. 3 und 4 siehe § 8 Abs. 2 Satz 1.
[2] § 8 neu gef. durch G v. 20.12.2001 (BGBl. I S. 3794), Abs. 1 neu gef. durch G v. 13.12.2006 (BGBl. I S. 2878); Abs. 3 angef. durch G v. 18.7.2016 (BGBl. I S. 1679).
[3] § 9 aufgeh. durch G v. 25.2.1992 (BGBl. I S. 297).

21. Verordnung über die sozialversicherungsrechtliche Beurteilung von Zuwendungen des Arbeitgebers als Arbeitsentgelt (Sozialversicherungsentgeltverordnung – SvEV)[1] · [2]

Vom 21. Dezember 2006 (BGBl. I S. 3385)

Geändert durch VO vom 21.12.2006 (BGBl. I S. 3385), Gesetz zur Förderung der zusätzlichen Altersvorsorge vom 10.12.2007 (BGBl. I S. 2838), Gesetz zur Änderung des Vierten Buches Sozialgesetzbuch und anderer Gesetze vom 19.12.2007 (BGBl. I S. 3024), Erste VO zur Änderung der SozialversicherungsentgeltVO vom 18.11.2008 (BGBl. I S. 2220), Gesetz zur Änderung des Vierten Buches Sozialgesetzbuch, zur Errichtung einer Versorgungsausgleichskasse und anderer Gesetze vom 15.7.2009 (BGBl. I S. 1939), Zweite VO zur Änderung der SozialversicherungsentgeltVO vom 19.10.2009 (BGBl. I S. 3667), Dritte VO zur Änderung der SozialversicherungsentgeltVO vom 10.11.2010 (BGBl. I S. 1751), Vierte VO zur Änderung der SozialversicherungsentgeltVO vom 2.12.2011 (BGBl. I S. 2453), Beitreibungrichtlinie-Umsetzungsgesetz (BeitrRLUmsG) vom 7.12.2011 (BGBl. I S. 2592), Gesetz zur Verbesserung der Eingliederungschancen am Arbeitsmarkt vom 20.12.2011 (BGBl. I S. 2854), Fünfte Verordnung zur Änderung der Sozialversicherungsentgeltverordnung vom 19.12.2012 (BGBl. I S. 2714), Sechste Verordnung zur Änderung der Sozialversicherungsentgeltverordnung vom 21.10.2013 (BGBl. I S. 3871), Siebte Verordnung zur Änderung der Sozialversicherungsentgeltverordnung vom 24.11.2014 (BGBl. I S. 1799), Fünftes Gesetz zur Änderung des Vierten Buches Sozialgesetzbuch und anderer Gesetze vom 15.4.2015 (BGBl. I S. 583), Achte Verordnung zur Änderung der Sozialversicherungsentgeltverordnung vom 18.11.2015 (BGBl. I S. 2075), Neunte Verordnung zur Änderung der Sozialversicherungsentgeltverordnung vom 21.11.2016 (BGBl. I S. 2637), Gesetz zur Neuregelung des Mutterschutzrechts vom 23.5.2017 (BGBl. I S. 1228), Gesetz zur Stärkung der betrieblichen Altersversorgung und zur Änderung anderer Gesetze (Betriebsrentenstärkungsgesetz) vom 17.8.2017 (BGBl. I S. 3214), Verordnung zur Änderung der Sozialversicherungsentgeltverordnung und anderer Verordnungen vom 7.12. 2017 (BGBl. I S. 3906), Zehnte Verordnung zur Änderung der Sozialversicherungsentgeltverordnung vom 6.11.2018 (BGBl. I S. 1842), Elfte Verordnung zur Änderung der Sozialversicherungsentgeltverordnung vom 29.11.2019 (BGBl. I S. 1997) und Verordnung zur Änderung der Sozialversicherungsentgeltverordnung, der Unfallversicherungsobergrenzenverordnung vom 15.12.2020 (BGBl. I S. 2933), Gesetz zur Stärkung des Fondsstandorts Deutschland und zur Umsetzung der Richtline (EU) 2019/1160 zur Änderung der Richtlinien 2009/65/EG und 2011/61/EU im Hinblick auf den grenzüberschreitenden Vertrieb von Organismen für gemeinsame Anlagen (Fondsstandortgesetz – FoStoG) vom 3.6.2021 (BGBl. I S. 1498), Zwölfte Verordnung zur Änderung der Sozialversicherungsentgeltverordnung vom 6.12.2021 (BGBl. I S. 5187) und Dreizehnte Verordnung zur Änderung der Sozialversicherungsentgeltverordnung vom 16.12.2022 (BGBl. I S. 2431)

BGBl. III/FNA 860-4-1-16

§ 1 Dem sozialversicherungspflichtigen Arbeitsentgelt nicht zuzurechnende Zuwendungen. (1)[3] [1] Dem Arbeitsentgelt sind nicht zuzurechnen:

---

[1] Die SvEV ist als Art. 1 der VO zur Neuordnung der Regelungen über die sozialversicherungsrechtliche Beurteilung von Zuwendungen des Arbeitgebers als Arbeitsentgelt v. 21.12.2006 verkündet worden.

[2] In Kraft ab 1.1.2007. Gleichzeitig tritt die SachbezV außer Kraft.

[3] § 1 Abs. 1 Satz 3 geänd. und Satz 4 angef. mWv 1.1.2008 durch G v. 19.12.2007 (BGBl. I S. 3024); Satz 2 neu gef., Satz 3 ergänzt mWv 22.4.2015 durch G v. 15.4.2015 (BGBl. I S. 583), Satz 1 Nr. 1 letzter Satzteil angef. mWv 1.7.2021 durch G v. 3.6.2021 (BGBl. I S. 1498).

1. einmalige Einnahmen, laufende Zulagen, Zuschläge, Zuschüsse sowie ähnliche Einnahmen, die zusätzlich zu Löhnen oder Gehältern gewährt werden, soweit sie lohnsteuerfrei sind; dies gilt nicht für Sonntags-, Feiertags- und Nachtarbeitszuschläge, soweit das Entgelt, auf dem sie berechnet werden, mehr als 25 Euro für jede Stunde beträgt, und nicht für Vermögensbeteiligungen nach § 19a Absatz 1 Satz 1 des Einkommensteuergesetzes,

2. sonstige Bezüge nach § 40 Abs. 1 Satz 1 Nr. 1 des Einkommensteuergesetzes, die nicht einmalig gezahltes Arbeitsentgelt nach § 23a des Vierten Buches Sozialgesetzbuch sind,

3. Einnahmen nach § 40 Abs. 2 des Einkommensteuergesetzes,

4.[1]) Beiträge nach § 40b des Einkommensteuergesetzes in der am 31. Dezember 2004 geltenden Fassung, die zusätzlich zu Löhnen und Gehältern gewährt werden; dies gilt auch für darin enthaltene Beiträge, die aus einer Entgeltumwandlung (§ 1 Abs. 2 Nr. 3 des Betriebsrentengesetzes[2])) stammen,

4a.[3]) Zuwendungen nach § 3 Nr. 56 und § 40b des Einkommensteuergesetzes, die zusätzlich zu Löhnen und Gehältern gewährt werden und für die Satz 3 und 4 nichts Abweichendes bestimmen,

5. Beträge nach § 10 des Entgeltfortzahlungsgesetzes,

6.[4]) Zuschüsse zum Mutterschaftsgeld nach § 20 des Mutterschutzgesetzes,

7. in den Fällen des § 3 Abs. 3 der vom Arbeitgeber insoweit übernommene Teil des Gesamtsozialversicherungsbeitrags,

8. Zuschüsse des Arbeitgebers zum Kurzarbeitergeld und Saison-Kurzarbeitergeld, soweit sie zusammen mit dem Kurzarbeitergeld 80 Prozent des Unterschiedsbetrages zwischen dem Sollentgelt und dem Ist-Entgelt nach § 106[5]) des Dritten Buches Sozialgesetzbuch nicht übersteigen,

9.[6]) steuerfreie Zuwendungen an Pensionskassen, Pensionsfonds oder Direktversicherungen nach § 3 Nr. 63 Satz 1 und 2 sowie § 100 Absatz 6 Satz 1 des Einkommensteuergesetzes im Kalenderjahr bis zur Höhe von insgesamt 4 Prozent der Beitragsbemessungsgrenze in der allgemeinen Rentenversicherung; dies gilt auch für darin enthaltene Beträge, die aus einer Entgeltumwandlung (§ 1 Abs. 2 Nr. 3 des Betriebsrentengesetzes) stammen,

10. Leistungen eines Arbeitgebers oder einer Unterstützungskasse an einen Pensionsfonds zur Übernahme bestehender Versorgungsverpflichtungen oder Versorgungsanwartschaften durch den Pensionsfonds, soweit diese nach § 3 Nr. 66 des Einkommensteuergesetzes steuerfrei sind,

---

[1]) § 1 Abs. 1 Satz 1 Nr. 4 neu gef. mWv 1.1.2008 durch G v. 19.12.2007 (BGBl. I S. 3024), Nr. 4 HS 2 angef. mWv 1.1.2009 durch VO v. 18.11.2008 (BGBl. I S. 2220).

[2]) Nr. **70.**

[3]) § 1 Abs. 1 Satz 1 Nr. 4a eingef. mWv 1.1.2008 durch G v. 19.12.2007 (BGBl. I S. 3024).

[4]) § 1 Abs. 1 Satz 1 Nr. 6 geänd. mWv 1.1.2018 durch G v. 23.5.2017 (BGBl. I S. 1228).

[5]) Verweis geänd. mWv 1.4.2012 durch G v. 20.12.2011 (BGBl. I S. 2854).

[6]) § 1 Abs. 1 Satz 1 Nr. 9 HS 2 angef. mWv 1.1.2009 durch G v. 10.12.2007 (BGBl. I S. 2838); Verweis geänd. mWv 1.1.2018 durch G v. 17.8.2017 (BGBl. I S. 3214).

11. steuerlich nicht belastete Zuwendungen des Beschäftigten zugunsten von durch Naturkatastrophen im Inland Geschädigten aus Arbeitsentgelt einschließlich Wertguthaben,

12.[1] Sonderzahlungen nach § 19 Absatz 1 Satz 1 Nummer 3 Satz 2 bis 4 des Einkommensteuergesetzes der Arbeitgeber zur Deckung eines finanziellen Fehlbetrages an die Einrichtungen, für die Satz 3 gilt,

13.[2] Sachprämien nach § 37a des Einkommensteuergesetzes,

14.[3] Zuwendungen nach § 37b Abs. 1 des Einkommensteuergesetzes, soweit die Zuwendungen an Arbeitnehmer eines Dritten erbracht werden und diese Arbeitnehmer nicht Arbeitnehmer eines mit dem Zuwendenden verbundenen Unternehmens sind,

15.[4] vom Arbeitgeber getragene oder übernommene Studiengebühren für ein Studium des Beschäftigten, soweit sie steuerrechtlich kein Arbeitslohn sind,

16.[5] steuerfreie Aufwandsentschädigungen und die in § 3 Nummer 26 und 26a des Einkommensteuergesetzes genannten steuerfreien Einnahmen.

[2] Dem Arbeitsentgelt sind die in Satz 1 Nummer 1 bis 4a, 9 bis 11, 13, 15 und 16 genannten Einnahmen, Zuwendungen und Leistungen nur dann nicht zuzurechnen, soweit diese vom Arbeitgeber oder von einem Dritten mit der Entgeltabrechnung für den jeweiligen Abrechnungszeitraum lohnsteuerfrei belassen oder pauschal besteuert werden. [3] Die Summe der in Satz 1 Nr. 4a genannten Zuwendungen nach § 3 Nr. 56 und § 40b des Einkommensteuergesetzes, die vom Arbeitgeber oder von einem Dritten mit der Entgeltabrechnung für den jeweiligen Abrechnungszeitraum lohnsteuerfrei belassen oder pauschal besteuert werden, höchstens jedoch monatlich 100 Euro, sind bis zur Höhe von 2,5 Prozent des für ihre Bemessung maßgebenden Entgelts dem Arbeitsentgelt zuzurechnen, wenn die Versorgungsregelung mindestens bis zum 31. Dezember 2000 vor der Anwendung etwaiger Nettobegrenzungsregelungen eine allgemein erreichbare Gesamtversorgung von mindestens 75 Prozent des gesamtversorgungsfähigen Entgelts und nach dem Eintritt des Versorgungsfalles eine Anpassung nach Maßgabe der Entwicklung der Arbeitsentgelte im Bereich der entsprechenden Versorgungsregelung oder gesetzlicher Versorgungsbezüge vorsieht; die dem Arbeitsentgelt zuzurechnenden Beiträge und Zuwendungen vermindern sich um monatlich 13,30 Euro. [4] Satz 3 gilt mit der Maßgabe, dass die Zuwendungen nach § 3 Nr. 56 und § 40b des Einkommensteuergesetzes dem Arbeitsentgelt insoweit zugerechnet werden, als sie in der Summe monatlich 100 Euro übersteigen.

(2) In der gesetzlichen Unfallversicherung und in der Seefahrt sind auch lohnsteuerfreie Zuschläge für Sonntags-, Feiertags- und Nachtarbeit dem Arbeitsentgelt zuzurechnen; dies gilt in der Unfallversicherung nicht für Erwerbseinkommen, das bei einer Hinterbliebenenrente zu berücksichtigen ist.

---

[1] § 1 Abs. 1 Satz 1 Nr. 12 geänd. mWv 22.4.2015 durch G v. 15.4.2015 (BGBl. I S. 583).
[2] § 1 Abs. 1 Satz 1 Nr. 13 angef. mWv 1.1.2009 durch VO v. 18.11.2008 (BGBl. I S. 2220).
[3] § 1 Abs. 1 Satz 1 Nr. 14 angef. mWv 1.1.2009 durch VO v. 18.11.2008 (BGBl. I S. 2220).
[4] § 1 Abs. 1 Satz 1 Nr. 15 angef. mWv 22.7.2009 durch G v. 15.7.2009 (BGBl. I S. 1939).
[5] § 1 Abs. 1 Satz 1 Nr. 16 angef. mWv 22.4.2015 durch G v. 15.4.2015 (BGBl. I S. 583).

§ 2 Verpflegung, Unterkunft und Wohnung als Sachbezug. (1) [1]Der Wert der als Sachbezug zur Verfügung gestellten Verpflegung wird auf monatlich *258* [*ab 1.1.2021:* 263; *ab 1.1.2022:* 270; *ab 1.1.2023:* 288] Euro[1] festgesetzt. [2]Dieser Wert setzt sich zusammen aus dem Wert für

1. Frühstück von *54* [*ab 1.1.2021:* 55; *ab 1.1.2022:* 56; *ab 1.1.2023:* 60] Euro,[1]
2. Mittagessen von *102* [*ab 1.1.2021:* 104; *ab 1.1.2022:* 107; *ab 1.1.2023:* 114] Euro[1] und
3. Abendessen von *102* [*ab 1.1.2021:* 104; *ab 1.1.2022:* 107; *ab 1.1.2023:* 114] Euro[1].

(2) [1]Für Verpflegung, die nicht nur dem Beschäftigten, sondern auch seinen nicht bei demselben Arbeitgeber beschäftigten Familienangehörigen zur Verfügung gestellt wird, erhöhen sich die nach Absatz 1 anzusetzenden Werte je Familienangehörigen,

1. der das 18. Lebensjahr vollendet hat, um 100 Prozent,
2. der das 14., aber noch nicht das 18. Lebensjahr vollendet hat, um 80 Prozent,
3. der das 7., aber noch nicht das 14. Lebensjahr vollendet hat, um 40 Prozent und
4. der das 7. Lebensjahr noch nicht vollendet hat, um 30 Prozent.

[2]Bei der Berechnung des Wertes ist das Lebensalter des Familienangehörigen im ersten Entgeltabrechnungszeitraum des Kalenderjahres maßgebend. [3]Sind Ehegatten bei demselben Arbeitgeber beschäftigt, sind die Erhöhungswerte nach Satz 1 für Verpflegung der Kinder beiden Ehegatten je zur Hälfte zuzurechnen.

(3) [1]Der Wert einer als Sachbezug zur Verfügung gestellten Unterkunft wird auf monatlich *235* [*ab 1.1.2021:* 237; *ab 1.1.2022:* 241; *ab 1.1.2023:* 265] Euro[1] festgesetzt. [2]Der Wert der Unterkunft nach Satz 1 vermindert sich

1. bei Aufnahme des Beschäftigten in den Haushalt des Arbeitgebers oder bei Unterbringung in einer Gemeinschaftsunterkunft um 15 Prozent,
2. für Jugendliche bis zur Vollendung des 18. Lebensjahres und Auszubildende um 15 Prozent und
3. bei der Belegung
   a) mit zwei Beschäftigten um 40 Prozent,
   b) mit drei Beschäftigten um 50 Prozent und
   c) mit mehr als drei Beschäftigten um 60 Prozent.

[1] Beträge geänd. mWv 1.1.2013 durch VO v. 19.12.2012 (BGBl. I S. 2714); geänd. mWv 1.1.2014 durch VO v. 21.10.2013 (BGBl. I S. 3871); geänd. mWv 1.1.2016 durch VO v. 18.11.2015 (BGBl. I S. 2075); geänd. mWv 1.1.2017 durch VO v. 21.11.2016 (BGBl. I S. 2637); geänd. mWv 1.1.2018 durch VO v. 7.12.2017 (BGBl. I S. 3906); geänd. mWv 1.1.2019 durch VO v. 6.11.2018 (BGBl. I S. 1842); geänd. mWv 1.1.2020 durch VO v. 29.11.2019 (BGBl. I S. 1997); geänd. mWv 1.1.2021 durch VO v. 15.12.2020 (BGBl. 1 S. 2933); geänd. mWv 1.1.2022 durch VO v. 6.12.2021 (BGBl. I S. 5187); geänd. mWv 1.1.2023 durch VO v. 16.12.2022 (BGBl. I S. 2431).

³ Ist es nach Lage des einzelnen Falles unbillig, den Wert einer Unterkunft nach Satz 1 zu bestimmen, kann die Unterkunft mit dem ortsüblichen Mietpreis bewertet werden; Absatz 4 Satz 2 gilt entsprechend.

(4) ¹ Für eine als Sachbezug zur Verfügung gestellte Wohnung ist als Wert der ortsübliche Mietpreis unter Berücksichtigung der sich aus der Lage der Wohnung zum Betrieb ergebenden Beeinträchtigungen sowie unter entsprechender Anwendung des § 8 Absatz 2 Satz 12 des Einkommensteuergesetzes anzusetzen. ² Ist im Einzelfall die Feststellung des ortsüblichen Mietpreises mit außergewöhnlichen Schwierigkeiten verbunden, kann die Wohnung mit *4,12* [*ab 1.1.2021:* 4,16; *ab 1.1.2022:* 4,23; *ab 1.1.2023:* 4,66] Euro¹⁾ je Quadratmeter monatlich, bei einfacher Ausstattung (ohne Sammelheizung oder ohne Bad oder Dusche) mit *3,37* [*ab 1.1.2021:* 3,40; *ab 1.1.2022:* 3,46; *ab 1.1.2023:* 3,81] Euro¹⁾ je Quadratmeter monatlich bewertet werden. ³ Bestehen gesetzliche Mietpreisbeschränkungen, sind die durch diese Beschränkungen festgelegten Mietpreise als Werte anzusetzen. ⁴ Dies gilt auch für die vertraglichen Mietpreisbeschränkungen im sozialen Wohnungsbau, die nach den jeweiligen Förderrichtlinien des Landes für den betreffenden Förderjahrgang sowie für die mit Wohnungsfürsorgemitteln aus öffentlichen Haushalten geförderten Wohnungen vorgesehen sind. ⁵ Für Energie, Wasser und sonstige Nebenkosten ist der übliche Preis am Abgabeort anzusetzen.

(5) Werden Verpflegung, Unterkunft oder Wohnung verbilligt als Sachbezug zur Verfügung gestellt, ist der Unterschiedsbetrag zwischen dem vereinbarten Preis und dem Wert, der sich bei freiem Bezug nach den Absätzen 1 bis 4 ergeben würde, dem Arbeitsentgelt zuzurechnen.

(6) ¹ Bei der Berechnung des Wertes für kürzere Zeiträume als einen Monat ist für jeden Tag ein Dreißigstel der Werte nach den Absätzen 1 bis 5 zugrunde zu legen. ² Die Prozentsätze der Absätze 2 und 3 sind auf den Tageswert nach Satz 1 anzuwenden. ³ Die Berechnungen werden jeweils auf 2 Dezimalstellen durchgeführt; die zweite Dezimalstelle wird um 1 erhöht, wenn sich in der dritten Dezimalstelle eine der Zahlen 5 bis 9 ergibt.

§ 3 Sonstige Sachbezüge. (1)²⁾ ¹ Werden Sachbezüge, die nicht von § 2 erfasst werden, unentgeltlich zur Verfügung gestellt, ist als Wert für diese Sachbezüge der um übliche Preisnachlässe geminderte übliche Endpreis am Abgabeort anzusetzen. ² Sind auf Grund des § 8 Absatz 2 Satz 10 des Einkommensteuergesetzes Durchschnittswerte festgesetzt worden, sind diese Werte maßgebend. ³ Findet § 8 Abs. 2 Satz 2, 3, 4 oder 5 oder Abs. 3 Satz 1 des Einkommensteuergesetzes Anwendung, sind die dort genannten Werte maßgebend. ⁴ § 8 Absatz 2 Satz 11 des Einkommensteuergesetzes gilt entsprechend.

---

¹⁾ Beträge geänd. mWv 1.1.2013 durch VO v. 19.12.2012 (BGBl. I S. 2714); geänd. mWv 1.1.2014 durch VO v. 21.10.2013 (BGBl. I S. 3871); geänd. mWv 1.1.2015 durch VO v. 24.11.2014 (BGBl. I S. 1799); geänd. mWv 1.1.2018 durch VO v. 7.12.2017 (BGBl. I S. 3906); geänd. mWv 1.1.2019 durch VO v. 6.11.2018 (BGBl. I S. 1842); geänd. mWv 1.1.2020 durch VO v. 29.11.2019 (BGBl. I S. 1997); geänd. mWv 1.1.2021 durch VO v. 15.12.2020 (BGBl. I S. 2933); geänd. mWv 1.1.2022 durch VO v. 6.12.2021 (BGBl. I S. 5187); geänd. mWv 1.1.2023 durch VO v. 16.12.2022 (BGBl. I S. 2431).
²⁾ § 3 Abs. 1 Sätze 2 und 4 geänd. mWv 1.1.2014 durch VO v. 21.10.2013 (BGBl. I S. 3871).

(2) Werden Sachbezüge, die nicht von § 2 erfasst werden, verbilligt zur Verfügung gestellt, ist als Wert für diese Sachbezüge der Unterschiedsbetrag zwischen dem vereinbarten Preis und dem Wert, der sich bei freiem Bezug nach Absatz 1 ergeben würde, dem Arbeitsentgelt zuzurechnen.

(3) ¹Waren und Dienstleistungen, die vom Arbeitgeber nicht überwiegend für den Bedarf seiner Arbeitnehmer hergestellt, vertrieben oder erbracht werden und die nach § 40 Abs. 1 Satz 1 Nr. 1 des Einkommensteuergesetzes pauschal versteuert werden, können mit dem Durchschnittsbetrag der pauschal versteuerten Waren und Dienstleistungen angesetzt werden; dabei kann der Durchschnittsbetrag des Vorjahres angesetzt werden. ²Besteht das Beschäftigungsverhältnis nur während eines Teils des Kalenderjahres, ist für jeden Tag des Beschäftigungsverhältnisses der dreihundertsechzigste Teil des Durchschnittswertes nach Satz 1 anzusetzen. ³Satz 1 gilt nur, wenn der Arbeitgeber den von dem Beschäftigten zu tragenden Teil des Gesamtsozialversicherungsbeitrags übernimmt. ⁴Die Sätze 1 bis 3 gelten entsprechend für Sachzuwendungen im Wert von nicht mehr als 80 Euro, die der Arbeitnehmer für Verbesserungsvorschläge sowie für Leistungen in der Unfallverhütung und im Arbeitsschutz erhält. ⁵Die mit einem Durchschnittswert angesetzten Sachbezüge, die in einem Kalenderjahr gewährt werden, sind insgesamt dem letzten Entgeltabrechnungszeitraum in diesem Kalenderjahr zuzuordnen.

§ 4[1] *(aufgehoben)*

---

[1] § 4 aufgeh. mWv 1.1.2009 durch Art. 2 der VO v. 21.12.2006 (BGBl. I S. 3385).

24. Fünftes Gesetz zur Förderung der Vermögensbildung der Arbeitnehmer (Fünftes Vermögensbildungsgesetz – 5. VermBG)[1]·[2]

In der Fassung der Bekanntmachung vom 4. März 1994 (BGBl. I S. 406)

Geändert durch Drittes Durchführungsgesetz/EWG zum VAG vom 21.7.1994 (BGBl. I S. 1630), Arbeitsförderungs-Reformgesetz vom 24.3.1997 (BGBl. I S. 594), Zivilschutzneuordnungsgesetz vom 25.3.1997 (BGBl. I S. 726), Drittes Finanzmarktförderungsgesetz vom 24.3.1998 (BGBl. I S. 529), Drittes Vermögensbeteiligungsgesetz vom 7.9.1998 (BGBl. I S. 2647), Steuer-Euroglättungsgesetz vom 19.12.2000 (BGBl. I S. 1790), Altersvermögensgesetz vom 26.6.2001 (BGBl. I S. 1310), Steueränderungsgesetz 2001 vom 20.12.2001 (BGBl. I S. 3794), Investmentmodernisierungsgesetz vom 15.12.2003 (BGBl. I S. 2676), Drittes Gesetz für moderne Dienstleistungen am Arbeitsmarkt vom 23.12.2003 (BGBl. I S. 2848), Haushaltsbegleitgesetz 2004 vom 29.12.2003 (BGBl. I S. 3076), Gesetz zur Einführung der Europäischen Genossenschaft und zur Änderung des Genossenschaftsrechts vom 14.8.2006 (BGBl. I S. 1911), Finanzmarktrichtlinie-Umsetzungsgesetz vom 16.7.2007 (BGBl. I S. 1330), Gesetz zur Reform des Versicherungsvertragsrechts vom 23.11.2007 (BGBl. I S. 2631), Investmentänderungsgesetz vom 21.12.2007 (BGBl. I S. 3089), Eigenheimrentengesetz vom 29.7.2008 (BGBl. I S. 1509), Gesetz zur Änderung des Fünften Vermögensbildungsgesetzes vom 8.12.2008 (BGBl. I S. 2373), Steuerbürokratieabbaugesetz vom 20.12.2008 (BGBl. I S. 2850), Mitarbeiterkapitalbeteiligungsgesetz vom 7.3.2009 (BGBl. I S. 451), Bürgerentlastungsgesetz Krankenversicherung vom 16.7.2009 (BGBl. I S. 1959), Jahressteuergesetz 2010 (JStG 2010) vom 8.12.2010 (BGBl. I S. 1768), Gesetz zur bestätigenden Regelung verschiedener steuerlicher und verkehrsrechtlicher Vorschriften des Haushaltsbegleitgesetzes 2004 vom 5.4.2011 (BGBl. I S. 554), Beitreibungsrichtlinie-Umsetzungsgesetz (BeitrRLUmsG) vom 7.12.2011 (BGBl. I S. 2592), Amtshilferichtlinie-Umsetzungsgesetz (AmtshilfeRLUmsG vom 26. Juni 2013 (BGBl. I S. 1809), Gesetz zur Anpassung des Investmentsteuergesetzes und anderer Gesetze an die AIFM-Umsetzungsgesetz (AIFM-Steuer-Anpassungsgesetz – AIFM-StAnpG) vom 18.12.2013 (BGBl. I S. 4318), Gesetz zur Modernisierung des Besteuerungsverfahrens vom 18.7.2016 (BGBl. I S. 1679) und Zweites Gesetz zur Anpassung des Datenschutzrechts an die Verordnung (EU) 2016/679 und zur Umsetzung der Richtlinie (EU) 2016/680 (Zweites Datenschutz-Anpassungs- und Umsetzungsgesetz EU – 2. DSAnpUG-EU) vom 20.11.2019 (BGBl. I S. 1626)

BGBl. III/FNA 800-9

§ 1 Persönlicher Geltungsbereich. (1) Die Vermögensbildung der Arbeitnehmer durch vereinbarte vermögenswirksame Leistungen der Arbeitgeber wird nach den Vorschriften dieses Gesetzes gefördert.

(2) [1] Arbeitnehmer im Sinne dieses Gesetzes sind Arbeiter und Angestellte einschließlich der zu ihrer Berufsausbildung Beschäftigten. [2] Als Arbeitnehmer gelten auch die in Heimarbeit Beschäftigten.

(3) Die Vorschriften dieses Gesetzes gelten nicht

1. für vermögenswirksame Leistungen juristischer Personen an Mitglieder des Organs, das zur gesetzlichen Vertretung der juristischen Person berufen ist,

---

[1] Neubekanntmachung des 5. VermBG idF der Bek. v. 19.2.1987 (BGBl. I S. 630) auf Grund Art. 33 des Mißbrauchsbekämpfungs- und Steuerbereinigungsgesetzes v. 21.12.1993 (BGBl. I S. 2310) in der seit 1.1.1994 geltenden Fassung.
[2] Die hier abgedruckte Fassung gilt für **vermögenswirksame Leistungen,** die **nach** dem **31.12.1993 angelegt** werden (§ 17).

2. für vermögenswirksame Leistungen von Personengesamtheiten an die durch Gesetz, Satzung oder Gesellschaftsvertrag zur Vertretung der Personengesamtheit berufenen Personen.

(4)[1] Für Beamte, Richter, Berufssoldaten und Soldaten auf Zeit gelten die nachstehenden Vorschriften dieses Gesetzes entsprechend.

§ 2 Vermögenswirksame Leistungen, Anlageformen. (1) Vermögenswirksame Leistungen sind Geldleistungen, die der Arbeitgeber für den Arbeitnehmer anlegt

1. als Sparbeiträge des Arbeitnehmers auf Grund eines Sparvertrags über Wertpapiere oder andere Vermögensbeteiligungen (§ 4)

   a) zum Erwerb von Aktien, die vom Arbeitgeber ausgegeben werden oder an einer deutschen Börse zum *amtlichen Handel oder zum geregelten Markt* [*ab 1.11.2007:* regulierten Markt][2] zugelassen oder in den Freiverkehr einbezogen sind,

   b) zum Erwerb von Wandelschuldverschreibungen, die vom Arbeitgeber ausgegeben werden oder an einer deutschen Börse *zum amtlichen Handel oder zum geregelten Markt* [*ab 1.11.2007:* regulierten Markt][2] zugelassen oder in den Freiverkehr einbezogen sind, sowie von Gewinnschuldverschreibungen, die vom Arbeitgeber ausgegeben werden, zum Erwerb von Namensschuldverschreibungen des Arbeitgebers jedoch nur dann, wenn auf dessen Kosten die Ansprüche des Arbeitnehmers aus der Schuldverschreibung durch ein Kreditinstitut verbürgt oder durch ein Versicherungsunternehmen privatrechtlich gesichert sind und das Kreditinstitut oder Versicherungsunternehmen im Geltungsbereich dieses Gesetzes zum Geschäftsbetrieb befugt ist,

[Fassung ab 1.1.2004:][3]

c) zum Erwerb von Anteilen an Sondervermögen nach den §§ 46 bis 65 und 83 bis 86 des Investmentgesetzes sowie von ausländischen Investmentanteilen, die nach dem Investmentgesetz öffentlich vertrieben werden dürfen, wenn nach dem Jahresbericht für das vorletzte Geschäftsjahr, das dem Kalenderjahr des Abschlusses des Vertrags im Sinne des § 4 oder des § 5 vorausgeht, der Wert der Aktien in diesem Sonderver-

[Fassung ab 1.1.2014:][4]

c) zum Erwerb von Anteilen an OGAW-Sondervermögen sowie an als Sondervermögen aufgelegten offenen Publikums-AIF nach den §§ 218 und 219 des Kapitalanlagegesetzbuchs sowie von Anteilen an offenen EU-Investmentvermögen und offenen ausländischen AIF, die nach dem Kapitalanlagegesetzbuch vertrieben werden dürfen, wenn nach dem Jahresbericht für das vorletzte Geschäftsjahr, das dem Kalenderjahr des Ab-

---

[1] § 1 Abs. 4 geänd. durch G v. 25.3.1997 (BGBl. I S. 726).
[2] § 2 Abs. 1 Nr. 1 Buchst. a und b geänd. mWv 1.11.2007 durch G v. 16.7.2007 (BGBl. I S. 1330).
[3] § 2 Abs. 1 Nr. 1 Buchst. c neu gef. mWv 1.1.2004 durch G v. 15.12.2003 (BGBl. I S. 2676).
[4] § 2 Abs. 1 Nr. 1 Buchst. c neu gef. durch G v. 18.12.2013 (BGBl. I S. 4318); zur Anwendung siehe § 17 Abs. 15 Satz 1.

[Fassung ab 1. 1. 2004:]

mögen 60 Prozent des Werts dieses Sondervermögens nicht unterschreitet; für neu aufgelegte Sondervermögen ist für das erste und zweite Geschäftsjahr der erste Jahresbericht oder der erste Halbjahresbericht nach Auflegung des Sondervermögens maßgebend,

[Fassung ab 1. 1. 2014:]

schlusses des Vertrags im Sinne des § 4 oder des § 5 vorausgeht, der Wert der Aktien in diesem Investmentvermögen 60 Prozent des Werts dieses Investmentvermögens nicht unterschreitet; für neu aufgelegte Investmentvermögen ist für das erste und das zweite Geschäftsjahr der erste Jahresbericht oder der erste Halbjahresbericht nach Auflegung des Investmentvermögens maßgebend,

d)[1] *zum Erwerb von Anteilen an einem Mitarbeiterbeteiligungs-Sondervermögen nach Abschnitt 7a des Investmentgesetzes vom 15. Dezember 2003 (BGBl. I S. 2676), zuletzt geändert durch Art. 3 des Gesetzes vom 7. März 2009 (BGBl. I S. 451), in der jeweils geltenden Fassung,*

e) *(aufgehoben)*

f) zum Erwerb von Genußscheinen, die vom Arbeitgeber als Wertpapiere ausgegeben werden oder an einer deutschen Börse zum *amtlichen Handel oder zum geregelten Markt* [**ab 1. 11. 2007:** reguliertem Markt][2] zugelassen oder in den Freiverkehr einbezogen sind und von Unternehmen mit Sitz und Geschäftsleitung im Geltungsbereich dieses Gesetzes, die keine Kreditinstitute sind, ausgegeben werden, wenn mit den Genußscheinen das Recht am Gewinn eines Unternehmens verbunden ist und der Arbeitnehmer nicht als Mitunternehmer im Sinne des § 15 Abs. 1 Satz 1 Nr. 2[3] des Einkommensteuergesetzes anzusehen ist,

g) zur Begründung oder zum Erwerb eines Geschäftsguthabens bei einer Genossenschaft mit Sitz und Geschäftsleitung im Geltungsbereich dieses Gesetzes; ist die Genossenschaft nicht der Arbeitgeber, so setzt die Anlage vermögenswirksamer Leistungen voraus, daß die Genossenschaft entweder ein Kreditinstitut oder eine Bau- oder Wohnungsgenossenschaft im Sinne des § 2 Abs. 1 Nr. 2 des Wohnungsbau-Prämiengesetzes ist, die zum Zeitpunkt der Begründung oder des Erwerbs des Geschäftsguthabens seit mindestens drei Jahren im Genossenschaftsregister ohne wesentliche Änderung ihres Unternehmensgegenstandes eingetragen und nicht aufgelöst ist oder Sitz und Geschäftsleitung in dem in Artikel 3 des Einigungs-

---

[1] § 2 Abs. 1 Nr. 1 Buchst. d eingef. mWv 1. 4. 2009 durch G v. 7. 3. 2009 (BGBl. I S. 451) und aufgeh. mWv 1. 1. 2014 (§ 17 Abs. 15 Satz 1) durch G v. 18. 12. 2013 (BGBl. I S. 4318).
[2] § 2 Abs. 1 Nr. 1 Buchst. f geänd. mWv 1. 11. 2007 durch G v. 16. 7. 2007 (BGBl. I S. 1330).
[3] § 2 Abs. 1 Nr. 1 Buchst. f Zitat geänd. mWv 1. 4. 2009 durch G v. 7. 3. 2009 (BGBl. I S. 451).

vertrages genannten Gebiet hat und dort entweder am 1. Juli 1990 als Arbeiterwohnungsbaugenossenschaft, Gemeinnützige Wohnungsbaugenossenschaft oder sonstige Wohnungsbaugenossenschaft bestanden oder einen nicht unwesentlichen Teil von Wohnungen aus dem Bestand einer solchen Bau- oder Wohnungsgenossenschaft erworben hat,

h) zur Übernahme einer Stammeinlage oder zum Erwerb eines Geschäftsanteils an einer Gesellschaft mit beschränkter Haftung mit Sitz und Geschäftsleitung im Geltungsbereich dieses Gesetzes, wenn die Gesellschaft das Unternehmen des Arbeitgebers ist,

i) zur Begründung oder zum Erwerb einer Beteiligung als stiller Gesellschafter im Sinne des § 230 des Handelsgesetzbuchs am Unternehmen des Arbeitgebers mit Sitz und Geschäftsleitung im Geltungsbereich dieses Gesetzes, wenn der Arbeitnehmer nicht als Mitunternehmer im Sinne des § 15 Abs. 1 Nr. 2 des Einkommensteuergesetzes anzusehen ist,

k) zur Begründung oder zum Erwerb einer Darlehensforderung gegen den Arbeitgeber, wenn auf dessen Kosten die Ansprüche des Arbeitnehmers aus dem Darlehensvertrag durch ein Kreditinstitut verbürgt oder durch ein Versicherungsunternehmen privatrechtlich gesichert sind und das Kreditinstitut oder Versicherungsunternehmen im Geltungsbereich dieses Gesetzes zum Geschäftsbetrieb befugt ist,

l) zur Begründung oder zum Erwerb eines Genußrechts am Unternehmen des Arbeitgebers mit Sitz und Geschäftsleitung im Geltungsbereich dieses Gesetzes, wenn damit das Recht am Gewinn dieses Unternehmens verbunden ist, der Arbeitnehmer nicht als Mitunternehmer im Sinne des § 15 Abs. 1 Nr. 2 des Einkommensteuergesetzes anzusehen ist und über das Genußrecht kein Genußschein im Sinne des Buchstaben f ausgegeben wird,

2. als Aufwendungen des Arbeitnehmers auf Grund eines Wertpapier- Kaufvertrags (§ 5),

3. als Aufwendungen des Arbeitnehmers auf Grund eines Beteiligungs-Vertrags (§ 6) oder eines Beteiligungs-Kaufvertrags (§ 7),

4. als Aufwendungen des Arbeitnehmers nach den Vorschriften des Wohnungsbau-Prämiengesetzes; die Voraussetzungen für die Gewährung einer Prämie nach dem Wohnungsbau-Prämiengesetz brauchen nicht vorzuliegen; die Anlage vermögenswirksamer Leistungen als Aufwendungen nach § 2 Absatz 1 Nummer 2 des Wohnungsbau-Prämiengesetzes für den ersten Erwerb von Anteilen an Bau- und Wohnungsgenossenschaften setzt voraus, daß die Voraussetzungen der Nummer 1 Buchstabe g zweiter Halbsatz erfüllt sind,

5. als Aufwendungen des Arbeitnehmers

a) zum Bau, zum Erwerb, zum Ausbau oder zur Erweiterung eines im Inland belegenen Wohngebäudes oder einer im Inland belegenen Eigentumswohnung,

b) zum Erwerb eines Dauerwohnrechts im Sinne des Wohnungseigentumsgesetzes an einer im Inland belegenen Wohnung,

c) zum Erwerb eines im Inland belegenen Grundstücks zum Zwecke des Wohnungsbaus oder

d) zur Erfüllung von Verpflichtungen, die im Zusammenhang mit den in den Buchstaben a bis c bezeichneten Vorhaben eingegangen sind,

die Förderung [ab 1. 1. 2012: sofern der Anlage nicht ein von einem Dritten vorgefertigtes Konzept zu Grunde liegt, bei dem der Arbeitnehmer vermögenswirksame Leistungen zusammen mit mehr als 15 anderen Arbeitnehmern anlegen kann; die Förderung][1] der Aufwendungen nach den Buchstaben a bis c setzt voraus, daß sie unmittelbar für die dort bezeichneten Vorhaben verwendet werden,

6. als Sparbeiträge des Arbeitnehmers auf Grund eines Sparvertrags (§ 8),

7. als Beiträge des Arbeitnehmers auf Grund eines Kapitalversicherungsvertrags (§ 9),

8. als Aufwendungen des Arbeitnehmers, der nach § 18 Abs. 2 oder 3 die Mitgliedschaft in einer Genossenschaft oder Gesellschaft mit beschränkter Haftung gekündigt hat, zur Erfüllung von Verpflichtungen aus der Mitgliedschaft, die nach dem 31. Dezember 1994 fortbestehen oder entstehen.

(2) [1]Aktien, Wandelschuldverschreibungen, Gewinnschuldverschreibungen oder Genußscheine eines Unternehmens, das im Sinne des § 18 Abs. 1 des Aktiengesetzes als herrschendes Unternehmen mit dem Unternehmen des Arbeitgebers verbunden ist, stehen Aktien, Wandelschuldverschreibungen, Gewinnschuldverschreibungen oder Genußscheinen im Sinne des Absatzes 1 Nr. 1 Buchstabe a, b oder f gleich, die vom Arbeitgeber ausgegeben werden. [2]Ein Geschäftsguthaben bei einer Genossenschaft mit Sitz und Geschäftsleitung im Geltungsbereich dieses Gesetzes, die im Sinne des § 18 Abs. 1 des Aktiengesetzes als herrschendes Unternehmen mit dem Unternehmen des Arbeitgebers verbunden ist, steht einem Geschäftsguthaben im Sinne des Absatzes 1 Nr. 1 Buchstabe g bei einer Genossenschaft, die das Unternehmen des Arbeitgebers ist, gleich. [3]Eine Stammeinlage oder ein Geschäftsanteil an einer Gesellschaft mit beschränkter Haftung mit Sitz und Geschäftsleitung im Geltungsbereich dieses Gesetzes, die im Sinne des § 18 Abs. 1 des Aktiengesetzes als herrschendes Unternehmen mit dem Unternehmen des Arbeitgebers verbunden ist, stehen einer Stammeinlage oder einem Geschäftsanteil im Sinne des Absatzes 1 Nr. 1 Buchstabe h an einer Gesellschaft, die das Unternehmen des Arbeitgebers ist, gleich. [4]Eine Beteiligung als stiller Gesellschafter an einem Unternehmen mit Sitz und Geschäftsleitung im Geltungsbereich dieses Gesetzes, das im Sinne des § 18 Abs. 1 des Aktiengesetzes als herrschendes Unternehmen mit dem Unternehmen des Arbeitgebers verbunden ist oder das auf Grund eines Vertrags mit dem Arbeitgeber an dessen Unternehmen gesellschaftsrechtlich beteiligt ist, steht einer Beteiligung als stiller Gesellschafter im Sinne des Absatzes 1 Nr. 1 Buchstabe i gleich. [5]Eine Darlehensforderung gegen ein Unternehmen mit Sitz und Geschäftsleitung im Geltungsbereich dieses Gesetzes, das im Sinne des § 18 Abs. 1 des Aktiengesetzes als herrschendes

---

[1] § 2 Abs. 1 Nr. 5 Satzteil nach Buchst. d ergänzt durch G v. 7. 12. 2011 (BGBl. I S. 2592); zur Anwendung siehe § 17 Abs. 12.

Unternehmen mit dem Unternehmen des Arbeitgebers verbunden ist, oder ein Genußrecht an einem solchen Unternehmen stehen einer Darlehensforderung oder einem Genußrecht im Sinne des Absatzes 1 Nr. 1 Buchstabe k oder l gleich.

(3) Die Anlage vermögenswirksamer Leistungen in Gewinnschuldverschreibungen im Sinne des Absatzes 1 Nr. 1 Buchstabe b und des Absatzes 2 Satz 1, in denen neben der gewinnabhängigen Verzinsung eine gewinnunabhängige Mindestverzinsung zugesagt ist, setzt voraus, daß

1. der Aussteller in der Gewinnschuldverschreibung erklärt, die gewinnunabhängige Mindestverzinsung werde im Regelfall die Hälfte der Gesamtverzinsung nicht überschreiten, oder

2. die gewinnunabhängige Mindestverzinsung zum Zeitpunkt der Ausgabe der Gewinnschuldverschreibung die Hälfte der Emissionsrendite festverzinslicher Wertpapiere nicht überschreitet, die in den Monatsberichten der Deutschen Bundesbank für den viertletzten Kalendermonat ausgewiesen wird, der dem Kalendermonat der Ausgabe vorausgeht.

(4) Die Anlage vermögenswirksamer Leistungen in Genußscheinen und Genußrechten im Sinne des Absatzes 1 Nr. 1 Buchstabe f und l und des Absatzes 2 Satz 1 und 5 setzt voraus, daß eine Rückzahlung zum Nennwert nicht zugesagt ist; ist neben dem Recht am Gewinn eine gewinnunabhängige Mindestverzinsung zugesagt, gilt Absatz 3 entsprechend.

(5) Der Anlage vermögenswirksamer Leistungen nach Absatz 1 Nr. 1 Buchstabe f, i bis l, Absatz 2 Satz 1, 4 und 5 sowie Absatz 4 in einer Genossenschaft mit Sitz und Geschäftsleitung im Geltungsbereich dieses Gesetzes stehen § 19 und eine Festsetzung durch *Statut* [*ab 18. 8. 2006:* Satzung][1] gemäß § 20 des *Gesetzes betreffend die Erwerbs- und Wirtschaftsgenossenschaften* [*ab 18. 8. 2006:* Genossenschaftsgesetzes][1] nicht entgegen.

(5 a)[2] [1]Der Arbeitgeber hat vor der Anlage vermögenswirksamer Leistungen im eigenen Unternehmen in Zusammenarbeit mit dem Arbeitnehmer Vorkehrungen zu treffen, die der Absicherung der angelegten vermögenswirksamen Leistungen bei einer während der Dauer der Sperrfrist eintretenden Zahlungsunfähigkeit des Arbeitgebers dienen. [2]Das Bundesministerium für Arbeit und Sozialordnung berichtet den gesetzgebenden Körperschaften bis zum 30. Juni 2002 über die nach Satz 1 getroffenen Vorkehrungen.

(6) [1]Vermögenswirksame Leistungen sind steuerpflichtige Einnahmen im Sinne des Einkommensteuergesetzes und Einkommen, Verdienst oder Entgelt (Arbeitsentgelt) im Sinne der Sozialversicherung und des Dritten Buches Sozialgesetzbuch.[3] [2]Reicht der nach Abzug der vermögenswirksamen Leistung verbleibende Arbeitslohn zur Deckung der einzubehaltenden Steuern, Sozialversicherungsbeiträge und Beiträge zur Bundesagentur[4] für Arbeit nicht aus, so hat der Arbeitnehmer dem Arbeitgeber den zur Deckung erforderlichen Betrag zu zahlen.

---

[1] § 2 Abs. 5 geänd. durch G v. 14. 8. 2006 (BGBl. I S. 1911).
[2] § 2 Abs. 5 a eingef. mWv 1. 1. 1999 durch G v. 7. 9. 1998 (BGBl. I S. 2647).
[3] Geänd. durch G v. 24. 3. 1997 (BGBl. I S. 594).
[4] Bezeichnung geänd. durch G v. 23. 12. 2003 (BGBl. I S. 2848).

(7) ¹Vermögenswirksame Leistungen sind arbeitsrechtlich Bestandteil des Lohns oder Gehalts. ²Der Anspruch auf die vermögenswirksame Leistung ist nicht übertragbar.

§ 3 Vermögenswirksame Leistungen für Angehörige, Überweisung durch den Arbeitgeber, Kennzeichnungs-, Bestätigungs- und Mitteilungspflichten. (1) ¹Vermögenswirksame Leistungen können auch angelegt werden

1.¹⁾ zugunsten des *Ehegatten des Arbeitnehmers (§ 26 Abs. 1 des Einkommensteuergesetzes)* [*ab 1. 1. 2013:* nicht dauernd getrennt lebenden Ehegatten oder Lebenspartners des Arbeitnehmers],

2. zugunsten der in § 32 Abs. 1 des Einkommensteuergesetzes bezeichneten Kinder, die zu Beginn des maßgebenden Kalenderjahrs das 17. Lebensjahr noch nicht vollendet hatten oder die in diesem Kalenderjahr lebend geboren wurden oder

3. zugunsten der Eltern oder eines Elternteils des Arbeitnehmers, wenn der Arbeitnehmer als Kind die Voraussetzungen der Nummer 2 erfüllt.

²Dies gilt nicht für die Anlage vermögenswirksamer Leistungen auf Grund von Verträgen nach den §§ 5 bis 7.

(2) ¹Der Arbeitgeber hat die vermögenswirksamen Leistungen für den Arbeitnehmer unmittelbar an das Unternehmen oder Institut zu überweisen, bei dem sie angelegt werden sollen. ²Er hat dabei gegenüber dem Unternehmen oder Institut die vermögenswirksamen Leistungen zu kennzeichnen. ³Das Unternehmen oder Institut hat die nach § 2 Abs. 1 Nr. 1 bis 5, Abs. 2 bis 4 angelegten vermögenswirksamen Leistungen und die Art ihrer Anlage zu kennzeichnen. ⁴Kann eine vermögenswirksame Leistung nicht oder nicht mehr die Voraussetzungen des § 2 Abs. 1 bis 4 erfüllen, so hat das Unternehmen oder Institut dies dem Arbeitgeber unverzüglich schriftlich mitzuteilen. ⁵Die Sätze 1 bis 4 gelten nicht für die Anlage vermögenswirksamer Leistungen auf Grund von Verträgen nach den §§ 5, 6 Abs. 1 und § 7 Abs. 1 mit dem Arbeitgeber.

(3) ¹Für eine vom Arbeitnehmer gewählte Anlage nach § 2 Abs. 1 Nr. 5 hat der Arbeitgeber auf Verlangen des Arbeitnehmers die vermögenswirksamen Leistungen an den Arbeitnehmer zu überweisen, wenn dieser dem Arbeitgeber eine schriftliche Bestätigung seines Gläubigers vorgelegt hat, daß die Anlage bei ihm die Voraussetzungen des § 2 Abs. 1 Nr. 5 erfüllt; Absatz 2 gilt in diesem Falle nicht. ²Der Arbeitgeber hat die Richtigkeit der Bestätigung nicht zu prüfen.

§ 4 Sparvertrag über Wertpapiere oder andere Vermögensbeteiligungen. (1) Ein Sparvertrag über Wertpapiere oder andere Vermögensbeteiligungen im Sinne des § 2 Abs. 1 Nr. 1 ist ein Sparvertrag mit einem Kreditinstitut [*ab 28. 12. 2007:* oder einer Kapitalanlagegesellschaft; *ab 24. 12. 2013:*

---

¹⁾ § 3 Abs. 1 Satz 1 Nr. 1 neu gef. durch G v. 26. 6. 2013 (BGBl. I S. 1809); zur Anwendung siehe § 17 Abs. 13 Satz 1.

Kapitalverwaltungsgesellschaft][1]), in dem sich der Arbeitnehmer verpflichtet, als Sparbeiträge zum Erwerb von Wertpapieren im Sinne des § 2 Abs. 1 Nr. 1 Buchstabe a bis f, Abs. 2 Satz 1, Abs. 3 und 4 oder zur Begründung oder zum Erwerb von Rechten im Sinne des § 2 Abs. 1 Nr. 1 Buchstabe g bis l, Abs. 2 Satz 2 bis 5 und Abs. 4 einmalig oder für die Dauer von sechs Jahren seit Vertragsabschluß laufend vermögenswirksame Leistungen einzahlen zu lassen oder andere Beträge einzuzahlen.

(2) [1]Die Förderung der auf Grund eines Vertrags nach Absatz 1 angelegten vermögenswirksamen Leistungen setzt voraus, daß

1. die Leistungen eines Kalenderjahrs, vorbehaltlich des Absatzes 3, spätestens bis zum Ablauf des folgenden Kalenderjahrs zum Erwerb der Wertpapiere oder zur Begründung oder zum Erwerb der Rechte verwendet und bis zur Verwendung festgelegt werden und

2. die mit den Leistungen erworbenen Wertpapiere unverzüglich nach ihrem Erwerb bis zum Ablauf einer Frist von sieben Jahren (Sperrfrist) festgelegt werden und über die Wertpapiere oder die mit den Leistungen begründeten oder erworbenen Rechte bis zum Ablauf der Sperrfrist nicht durch Rückzahlung, Abtretung, Beleihung oder in anderer Weise verfügt wird.

[2]Die Sperrfrist gilt für alle auf Grund des Vertrags angelegten vermögenswirksamen Leistungen und beginnt am 1. Januar des Kalenderjahrs, in dem der Vertrag abgeschlossen worden ist. [3]Als Zeitpunkt des Vertragsabschlusses gilt der Tag, an dem die vermögenswirksame Leistung, bei Verträgen über laufende Einzahlungen die erste vermögenswirksame Leistung, beim Kreditinstitut [*ab 28. 12. 2007:* oder bei der *Kapitalanlagegesellschaft; ab 24. 12. 2013:* Kapital-verwaltungsgesellschaft][1]) eingeht.

(3) Vermögenswirksame Leistungen, die nicht bis zum Ablauf der Frist nach Absatz 2 Nr. 1 verwendet worden sind, gelten als rechtzeitig verwendet, wenn sie am Ende eines Kalenderjahrs insgesamt 150 Euro[2]) nicht übersteigen und bis zum Ablauf der Sperrfrist nach Absatz 2 verwendet oder festgelegt werden.

(4) Eine vorzeitige Verfügung ist abweichend von Absatz 2 unschädlich, wenn

1.[3]) der Arbeitnehmer oder sein von ihm nicht dauernd getrennt lebender Ehegatte (*§ 26 Abs. 1 Satz 1 des Einkommensteuergesetzes*) [*ab 1. 1. 2013:* oder Lebenspartner] nach Vertragsabschluß gestorben oder völlig erwerbsunfähig geworden ist,

2.[3]) der Arbeitnehmer nach Vertragsabschluß, aber vor der vorzeitigen Verfügung geheiratet [*ab 1. 1. 2013:* oder eine Lebenspartnerschaft begründet] hat und im Zeitpunkt der vorzeitigen Verfügung mindestens zwei Jahre seit Beginn der Sperrfrist vergangen sind,

3. der Arbeitnehmer nach Vertragsabschluß arbeitslos geworden ist und die Arbeitslosigkeit mindestens ein Jahr lang ununterbrochen bestanden hat und im Zeitpunkt der vorzeitigen Verfügung noch besteht,

---

[1]) § 4 Abs. 1 und Abs. 2 Satz 3 ergänzt mWv 28. 12. 2007 durch G v. 21. 12. 2007 (BGBl. I S. 3089); geänd. mWv 24. 12. 2013 durch G v. 18. 12. 2013 (BGBl. I S. 4318).
[2]) Betrag geänd. durch G v. 19. 12. 2000 (BGBl. I S. 1790).
[3]) § 4 Abs. 4 Nrn. 1 und 2 geänd. durch G v. 26. 6. 2013 (BGBl. I S. 1809); zur Anwendung siehe § 17 Abs. 13 Satz 2.

4.[1]) der Arbeitnehmer den Erlös innerhalb der folgenden drei Monate unmittelbar für die eigene Weiterbildung oder für die seines von ihm nicht dauernd getrennt lebenden Ehegatten [*ab 1.1.2013:* oder Lebenspartners] einsetzt und die Maßnahme außerhalb des Betriebes, dem er oder der Ehegatte [*ab 1.1.2013:* oder der Lebenspartner] angehört, durchgeführt wird und Kenntnisse und Fertigkeiten vermittelt werden, die dem beruflichen Fortkommen dienen und über arbeitsplatzbezogene Anpassungsfortbildungen hinausgehen; für vermögenswirksame Leistungen, die der Arbeitgeber für den Arbeitnehmer nach § 2 *Abs. 1 Nr. 1 Buchstabe a, b, d, f bis l* [*ab 1.1.2014:* Absatz 1 Nummer 1 Buchstabe a, b, f bis l][2]) angelegt hat und die Rechte am Unternehmen des Arbeitgebers begründen, gilt dies nur bei Zustimmung des Arbeitgebers; bei nach § 2 Abs. 2 gleichgestellten Anlagen gilt dies nur bei Zustimmung des Unternehmens, das im Sinne des § 18 Abs. 1 des Aktiengesetzes als herrschendes Unternehmen mit dem Unternehmen des Arbeitgebers verbunden ist,

5. der Arbeitnehmer nach Vertragsabschluß unter Aufgabe der nichtselbständigen Arbeit eine Erwerbstätigkeit, die nach § 138 Abs. 1 der Abgabenordnung der Gemeinde mitzuteilen ist, aufgenommen hat oder

6. festgelegte Wertpapiere veräußert werden und der Erlös bis zum Ablauf des Kalendermonats, der dem Kalendermonat der Veräußerung folgt, zum Erwerb von in Absatz 1 bezeichnete Wertpapieren wiederverwendet wird; der bis zum Ablauf des der Veräußerung folgenden Kalendermonats nicht wiederverwendete Erlös gilt als rechtzeitig wiederverwendet, wenn er am Ende eines Kalendermonats insgesamt *300 Deutsche Mark* [*ab 1.1.2002:* 150 Euro][3]) nicht übersteigt.

(5) Unschädlich ist auch, wenn in die Rechte und Pflichten des Kreditinstituts [*ab 28.12.2007:* oder der *Kapitalanlagegesellschaft; ab 24.12.2013:* Kapitalverwaltungsgesellschaft][4]) aus dem Sparvertrag an seine Stelle ein anderes Kreditinstitut [*ab 28.12.2007:* oder eine andere *Kapitalanlagegesellschaft; ab 24.12.2013:* Kapitalverwaltungsgesellschaft][4]) während der Laufzeit des Vertrags durch Rechtsgeschäft eintritt.

(6) [1] Werden auf einen Vertrag über laufend einzuzahlende vermögenswirksame Leistungen oder andere Beträge in einem Kalenderjahr, das dem Kalenderjahr des Vertragsabschlusses folgt, weder vermögenswirksame Leistungen noch andere Beträge eingezahlt, so ist der Vertrag unterbrochen und kann nicht fortgeführt werden. [2] Das gleiche gilt, wenn mindestens alle Einzahlungen eines Kalenderjahrs zurückgezahlt oder die Rückzahlungsansprüche aus dem Vertrag abgetreten oder beliehen werden.

---

[1]) § 4 Abs. 4 Nr. 4 neu gef. durch G v. 8.12.2008 (BGBl. I S. 2373); zur erstmaligen Anwendung § 17 Abs. 9; erster Halbsatz geänd. durch G v. 26.6.2013 (BGBl. I S. 1809); zur Anwendung siehe § 17 Abs. 13 Satz 2.
[2]) Verweis geänd. durch G v. 18.12.2013 (BGBl. I S. 4318); zur Anwendung siehe § 17 Abs. 15 Satz 2.
[3]) Betrag geänd. durch G v. 19.12.2000 (BGBl. I S. 1790).
[4]) § 4 Abs. 5 ergänzt mWv 28.12.2007 durch G v. 21.12.2007 (BGBl. I S. 3089); geändert mWv 24.12.2013 durch G v. 18.12.2013 (BGBl. I S. 4318).

§ 5 Wertpapier-Kaufvertrag. (1) Ein Wertpapier-Kaufvertrag im Sinne des § 2 Abs. 1 Nr. 2 ist ein Kaufvertrag zwischen dem Arbeitnehmer und dem Arbeitgeber zum Erwerb von Wertpapieren im Sinne des § 2 Abs. 1 Nr. 1 Buchstabe a bis f, Abs. 2 Satz 1, Abs. 3 und 4 durch den Arbeitnehmer mit der Vereinbarung, den vom Arbeitnehmer geschuldeten Kaufpreis mit vermögenswirksamen Leistungen zu verrechnen oder mit anderen Beträgen zu zahlen.

(2) Die Förderung der auf Grund eines Vertrags nach Absatz 1 angelegten vermögenswirksamen Leistungen setzt voraus, daß

1. mit den Leistungen eines Kalenderjahrs spätestens bis zum Ablauf des folgenden Kalenderjahrs die Wertpapiere erworben werden und

2. die mit den Leistungen erworbenen Wertpapiere unverzüglich nach ihrem Erwerb bis zum Ablauf einer Frist von sechs Jahren (Sperrfrist) festgelegt werden und über die Wertpapiere bis zum Ablauf der Sperrfrist nicht durch Rückzahlung, Abtretung, Beleihung oder in anderer Weise verfügt wird; die Sperrfrist beginnt am 1. Januar des Kalenderjahrs, in dem das Wertpapier erworben worden ist; § 4 Abs. 4 Nr. 1 bis 5 gilt entsprechend.

§ 6 Beteiligungs-Vertrag. (1) Ein Beteiligungs-Vertrag im Sinne des § 2 Abs. 1 Nr. 3 ist ein Vertrag zwischen dem Arbeitnehmer und dem Arbeitgeber über die Begründung von Rechten im Sinne des § 2 Abs. 1 Nr. 1 Buchstabe g bis l und Abs. 4 für den Arbeitnehmer am Unternehmen des Arbeitgebers mit der Vereinbarung, die vom Arbeitnehmer für die Begründung geschuldete Geldsumme mit vermögenswirksamen Leistungen zu verrechnen oder mit anderen Beträgen zu zahlen.

(2) Ein Beteiligungs-Vertrag im Sinne des § 2 Abs. 1 Nr. 3 ist auch ein Vertrag zwischen dem Arbeitnehmer und

1. einem Unternehmen, das nach § 2 Abs. 2 Satz 2 bis 5 mit dem Unternehmen des Arbeitgebers verbunden oder nach § 2 Abs. 2 Satz 4 an diesem Unternehmen beteiligt ist, über die Begründung von Rechten im Sinne des § 2 Abs. 1 Nr. 1 Buchstabe g bis l, Abs. 2 Satz 2 bis 5 und Abs. 4 für den Arbeitnehmer an diesem Unternehmen oder

2. einer Genossenschaft mit Sitz und Geschäftsleitung im Geltungsbereich dieses Gesetzes, die ein Kreditinstitut oder eine Bau- oder Wohnungsgenossenschaft ist, die die Voraussetzungen des § 2 Abs. 1 Nr. 1 Buchstabe g zweiter Halbsatz erfüllt, über die Begründung eines Geschäftsguthabens für den Arbeitnehmer bei dieser Genossenschaft

mit der Vereinbarung, die vom Arbeitnehmer für die Begründung der Rechte oder des Geschäftsguthabens geschuldete Geldsumme mit vermögenswirksamen Leistungen zahlen zu lassen oder mit anderen Beträgen zu zahlen.

(3) Die Förderung der auf Grund eines Vertrags nach Absatz 1 oder 2 angelegten vermögenswirksamen Leistungen setzt voraus, daß

1. mit den Leistungen eines Kalenderjahrs spätestens bis zum Ablauf des folgenden Kalenderjahrs die Rechte begründet werden und

2. über die mit den Leistungen begründeten Rechte bis zum Ablauf einer Frist von sechs Jahren (Sperrfrist) nicht durch Rückzahlung, Abtretung, Be-

leihung oder in anderer Weise verfügt wird; die Sperrfrist beginnt am 1. Januar des Kalenderjahrs, in dem das Recht begründet worden ist; § 4 Abs. 4 Nr. 1 bis 5 gilt entsprechend.

§ 7 Beteiligungs-Kaufvertrag. (1) Ein Beteiligungs-Kaufvertrag im Sinne des § 2 Abs. 1 Nr. 3 ist ein Kaufvertrag zwischen dem Arbeitnehmer und dem Arbeitgeber zum Erwerb von Rechten im Sinne des § 2 Abs. 1 Nr. 1 Buchstabe g bis l, Abs. 2 Satz 2 bis 5 und Abs. 4 durch den Arbeitnehmer mit der Vereinbarung, den vom Arbeitnehmer geschuldeten Kaufpreis mit vermögenswirksamen Leistungen zu verrechnen oder mit anderen Beträgen zu zahlen.

(2) Ein Beteiligungs-Kaufvertrag im Sinne des § 2 Abs. 1 Nr. 3 ist auch ein Kaufvertrag zwischen dem Arbeitnehmer und einer Gesellschaft mit beschränkter Haftung, die nach § 2 Abs. 2 Satz 3 mit dem Unternehmen des Arbeitgebers verbunden ist, zum Erwerb eines Geschäftsanteils im Sinne des § 2 Abs. 1 Nr. 1 Buchstabe h an dieser Gesellschaft durch den Arbeitnehmer mit der Vereinbarung, den vom Arbeitnehmer geschuldeten Kaufpreis mit vermögenswirksamen Leistungen zahlen zu lassen oder mit anderen Beträgen zu zahlen.

(3) Für die Förderung der auf Grund eines Vertrags nach Absatz 1 oder 2 angelegten vermögenswirksamen Leistungen gilt § 6 Abs. 3 entsprechend.

§ 8 Sparvertrag. (1) Ein Sparvertrag im Sinne des § 2 Abs. 1 Nr. 6 ist ein Sparvertrag zwischen dem Arbeitnehmer und einem Kreditinstitut, in dem die in den Absätzen 2 bis 5 bezeichneten Vereinbarungen, mindestens aber die in den Absätzen 2 und 3 bezeichneten Vereinbarungen, getroffen sind.

(2) [1] Der Arbeitnehmer ist verpflichtet,

1. einmalig oder für die Dauer von sechs Jahren seit Vertragsabschluß laufend, mindestens aber einmal im Kalenderjahr, als Sparbeiträge vermögenswirksame Leistungen einzahlen zu lassen oder andere Beträge einzuzahlen und

2. bis zum Ablauf einer Frist von sieben Jahren (Sperrfrist) die eingezahlten vermögenswirksamen Leistungen bei dem Kreditinstitut festzulegen und die Rückzahlungsansprüche aus dem Vertrag weder abzutreten noch zu beleihen.

[2] Der Zeitpunkt des Vertragsabschlusses und der Beginn der Sperrfrist bestimmen sich nach den Regelungen des § 4 Abs. 2 Satz 2 und 3.

(3) Der Arbeitnehmer ist abweichend von der in Absatz 2 Satz 1 Nr. 2 bezeichneten Vereinbarung zu vorzeitiger Verfügung berechtigt, wenn eine der in § 4 Abs. 4 Nr. 1 bis 5 bezeichneten Voraussetzungen erfüllt ist.

(4) [1] Der Arbeitnehmer ist abweichend von der in Absatz 2 Satz 1 Nr. 2 bezeichneten Vereinbarung auch berechtigt, vor Ablauf der Sperrfrist mit eingezahlten vermögenswirksamen Leistungen zu erwerben

1. Wertpapiere im Sinne des § 2 Abs. 1 Nr. 1 Buchstabe a bis f, Abs. 2 Satz 1, Abs. 3 und 4,

2. Schuldverschreibungen, die vom Bund, von den Ländern, von den Gemeinden, von anderen Körperschaften des öffentlichen Rechts, vom Arbeitgeber, von einem im Sinne des § 18 Abs. 1 des Aktiengesetzes als herrschendes Unternehmen mit dem Unternehmen des Arbeitgebers verbundenen Unternehmen oder von einem Kreditinstitut mit Sitz und Geschäftsleitung im Geltungsbereich dieses Gesetzes ausgegeben werden, Namensschuldverschreibungen des Arbeitgebers jedoch nur dann, wenn auf dessen Kosten die Ansprüche des Arbeitnehmers aus der Schuldverschreibung durch ein Kreditinstitut verbürgt oder durch ein Versicherungsunternehmen privatrechtlich gesichert sind und das Kreditinstitut oder Versicherungsunternehmen im Geltungsbereich dieses Gesetzes zum Geschäftsbetrieb befugt ist,

3. Genußscheine, die von einem Kreditinstitut mit Sitz und Geschäftsleitung im Geltungsbereich dieses Gesetzes, das nicht der Arbeitgeber ist, als Wertpapiere ausgegeben werden, wenn mit den Genußscheinen das Recht am Gewinn des Kreditinstituts verbunden ist, der Arbeitnehmer nicht als Mitunternehmer im Sinne des § 15 Abs. 1 Nr. 2 des Einkommensteuergesetzes anzusehen ist und die Voraussetzungen des § 2 Abs. 4 erfüllt sind,

4. Anleiheforderungen, die in ein Schuldbuch des Bundes oder eines Landes eingetragen werden,

5. *Anteilscheine [ab 1. 1. 2004:* Anteile][1] an einem Sondervermögen, die von *Kapitalanlagegesellschaften [ab 24. 12. 2013:* Kapitalverwaltungsgesellschaften][2] im Sinne des *Gesetzes über Kapitalanlagegesellschaften [ab 1. 1. 2004:* Investmentgesetzes][1]; *ab 24. 12. 2013:* Kapitalanlagegesetzbuchs[2]] ausgegeben werden und nicht unter § 2 Abs. 1 Nr. 1 Buchstabe c *oder d*[2] fallen, oder

[Fassung bis 23. 12. 2013:]

6. ausländische Investmentanteile, die nach dem *Gesetz über den Vertrieb ausländischer Investmentanteile und über die Besteuerung der Erträge aus ausländischen Investmentanteilen [ab 1. 1. 2004:* Investmentgesetz][1] im Wege des öffentlichen Anbietens, der öffentlichen Werbung oder in ähnlicher Weise vertrieben werden dürfen und nicht unter § 2 Abs. 1 Nr. 1 Buchstabe e fallen.

[Fassung ab 24. 12. 2013:][3]

6. Anteile an offenen EU-Investmentvermögen und ausländischen AIF, die nach dem Kapitalanlagegesetzbuch vertrieben werden dürfen.

---

[1] § 8 Abs. 4 Satz 1 Nrn. 5 und 6 geänd. mWv 1. 1. 2004 durch G v. 15. 12. 2003 (BGBl. I S. 2676).
[2] Verweise geänd. bzw. aufgeh. mWv 24. 12. 2013 durch G v. 18. 12. 2013 (BGBl. I S. 4318).
[3] § 8 Abs. 4 Satz 1 Nr. 6 neu gef. mWv 24. 12. 2013 durch G v. 18. 12. 2013 (BGBl. I S. 4318).

[2] Der Arbeitnehmer ist verpflichtet, bis zum Ablauf der Sperrfrist die nach Satz 1 erworbenen Wertpapiere bei dem Kreditinstitut, mit dem der Sparvertrag abgeschlossen ist, festzulegen und über die Wertpapiere nicht zu verfügen; diese Verpflichtung besteht nicht, wenn eine der in § 4 Abs. 4 Nr. 1 bis 5 bezeichneten Voraussetzungen erfüllt ist.

[Fassung bis 31. 12. 2008]

(5) Der Arbeitnehmer ist abweichend von der in Absatz 2 Satz 1 Nr. 2 bezeichneten Vereinbarung auch berechtigt, vor Ablauf der Sperrfrist die Überweisung eingezahlter vermögenswirksamer Leistungen auf einen von ihm oder seinem Ehegatten (§ 26 Abs. 1 des Einkommensteuergesetzes) abgeschlossenen Bausparvertrag zu verlangen, wenn weder mit der Auszahlung der Bausparsumme begonnen worden ist noch die überwiesenen Beträge vor Ablauf der Sperrfrist ganz oder zum Teil zurückgezahlt, noch Ansprüche aus dem Bausparvertrag abgetreten oder beliehen werden oder wenn eine solche vorzeitige Verfügung nach § 2 Abs. 2 Satz 2 Nr. 1 und 2 des Wohnungsbau-Prämiengesetzes unschädlich ist.

[Fassung ab 1. 1. 2009][1)]

(5) [1]Der Arbeitnehmer ist abweichend von der in Absatz 2 Satz 1 Nummer 2 bezeichneten Vereinbarung auch berechtigt, vor Ablauf der Sperrfrist die Überweisung eingezahlter vermögenswirksamer Leistungen auf einen von ihm oder seinem *Ehegatten (§ 26 Abs. 1 des Einkommensteuergesetzes)* [*ab 1. 1. 2013:* nicht dauernd getrennt lebende Ehegatten oder Lebenspartner][2)] abgeschlossenen Bausparvertrag zu verlangen, wenn weder mit der Auszahlung der Bausparsumme begonnen worden ist noch die überwiesenen Beträge vor Ablauf der Sperrfrist ganz oder zum Teil zurückgezahlt, noch Ansprüche aus dem Bausparvertrag abgetreten oder beliehen werden oder wenn eine solche vorzeitige Verfügung nach § 2 Absatz 3 Satz 2 Nummer 1 und 2 des Wohnungsbau-Prämiengesetzes in der Fassung der Bekanntmachung vom 30. Oktober 1997 (BGBl. I S. 2678), das zuletzt durch Artikel 7 des Gesetzes vom 5. April 2011 (BGBl. I S. 554) geändert worden ist, in der jeweils geltenden Fassung unschädlich ist. [2]Satz 1 gilt für vor dem 1. Januar 2009 und nach dem 31. Dezember 2008 abgeschlossene Bausparverträge.

§ 9 Kapitalversicherungsvertrag. (1) Ein Kapitalversicherungsvertrag im Sinne des § 2 Abs. 1 Nr. 7 ist ein Vertrag über eine Kapitalversicherung auf

---

[1)] § 8 Abs. 5 neu gef. durch G v. 29. 7. 2008 (BGBl. I S. 1509); zur erstmaligen Anwendung siehe § 17 Abs. 8.
[2)] § 8 Abs. 5 Satz 1 geänd. durch G v. 26. 6. 2013 (BGBl. I S. 1809); zur Anwendung siehe § 17 Abs. 13 Satz 2.

den Erlebens- und Todesfall gegen laufenden Beitrag, der für die Dauer von mindestens zwölf Jahren und mit den in den Absätzen 2 bis 5 bezeichneten Vereinbarungen zwischen dem Arbeitnehmer und einem Versicherungsunternehmen abgeschlossen ist, das im Geltungsbereich dieses Gesetzes zum Geschäftsbetrieb befugt ist.

(2) Der Arbeitnehmer ist verpflichtet, als Versicherungsbeiträge vermögenswirksame Leistungen einzahlen zu lassen oder andere Beträge einzuzahlen.

(3) Die Versicherungsbeiträge enthalten keine Anteile für Zusatzleistungen wie für Unfall, Invalidität oder Krankheit.

(4)[1] Der Versicherungsvertrag sieht vor, daß bereits ab Vertragsbeginn ein nicht kürzbarer Anteil von mindestens 50 Prozent des gezahlten Beitrags als Rückkaufswert (§ 169[2] des Versicherungsvertragsgesetzes) erstattet oder der Berechnung der prämienfreien Versicherungsleistung (§ 165[2] des Versicherungsvertragsgesetzes) zugrunde gelegt wird.

(5) Die Gewinnanteile werden verwendet

1. zur Erhöhung der Versicherungsleistung oder

2. auf Verlangen des Arbeitnehmers zur Verrechnung mit fälligen Beiträgen, wenn er nach Vertragsabschluß arbeitslos geworden ist und die Arbeitslosigkeit mindestens ein Jahr lang ununterbrochen bestanden hat und im Zeitpunkt der Verrechnung noch besteht.

§ 10[3] Vereinbarung zusätzlicher vermögenswirksamer Leistungen. (1) Vermögenswirksame Leistungen können in Verträgen mit Arbeitnehmern, in Betriebsvereinbarungen, in Tarifverträgen oder in bindenden Festsetzungen (§ 19 des Heimarbeitsgesetzes) vereinbart werden.

(2) Vermögenswirksame Leistungen, die in Tarifverträgen vereinbart werden, werden nur dann nach den Vorschriften dieses Gesetzes gefördert, wenn die Tarifverträge nicht die Möglichkeit vorsehen, daß statt einer vermögenswirksamen Leistung eine andere Leistung, insbesondere eine Barleistung, erbracht wird.

(3) [1] Der Anspruch des Arbeitnehmers gegen den Arbeitgeber auf die in einem Tarifvertrag vereinbarte vermögenswirksame Leistung erlischt nicht, wenn der Arbeitnehmer statt der vermögenswirksamen Leistung eine andere Leistung, insbesondere eine Barleistung, annimmt. [2] Der Arbeitnehmer ist nicht verpflichtet, die andere Leistung an den Arbeitgeber herauszugeben.

(4) Absatz 3 gilt entsprechend für einen nichttarifgebundenen Arbeitnehmer, wenn der Arbeitgeber ihm statt der den tarifgebundenen Arbeitnehmern auf Grund eines Tarifvertrags gezahlten vermögenswirksamen Leistungen eine andere Leistung, insbesondere eine Barleistung, erbringt.

(5) [1] Der Arbeitgeber kann auf tarifvertraglich vereinbarte vermögenswirksame Leistungen die betrieblichen Sozialleistungen anrechnen, die dem Ar-

---

[1] § 9 Abs. 4 neugef. mWv 1. 1. 1994 (§ 17 Abs. 1) durch G v. 21. 7. 1994 (BGBl. I S. 1630).
[2] Zitat geänd. durch G v. 23. 11. 2007 (BGBl. I S. 2631).
[3] § 10 Abs. 2 bis 4 und Abs. 5 Satz 2 aufgeh. mWv 1. 1. 2002 durch G v. 26. 6. 2001 (BGBl. I S. 1310).

beitnehmer in dem Kalenderjahr bisher schon als vermögenswirksame Leistungen erbracht worden sind. [2] *Das gilt nicht, soweit der Arbeitnehmer bei den betrieblichen Sozialleistungen zwischen einer vermögenswirksamen Leistung und einer anderen Leistung, insbesondere einer Barleistung, wählen konnte.*

§ 11 Vermögenswirksame Anlage von Teilen des Arbeitslohns.
(1) Der Arbeitgeber hat auf schriftliches Verlangen des Arbeitnehmers einen Vertrag über die vermögenswirksame Anlage von Teilen des Arbeitslohns abzuschließen.

(2) Auch vermögenswirksam angelegte Teile des Arbeitslohns sind vermögenswirksame Leistungen im Sinne dieses Gesetzes.

(3) [1] Zum Abschluß eines Vertrags nach Absatz 1, wonach die Lohnteile nicht zusammen mit anderen vermögenswirksamen Leistungen für den Arbeitnehmer angelegt und überwiesen werden sollen, ist der Arbeitgeber nur dann verpflichtet, wenn der Arbeitnehmer die Anlage von Teilen des Arbeitslohns in monatlichen der Höhe nach gleichbleibenden Beträgen von mindestens 13 Euro[1] oder in vierteljährlichen der Höhe nach gleichbleibenden Beträgen von mindestens 39 Euro[1] oder nur einmal im Kalenderjahr in Höhe eines Betrags von mindestens 39 Euro[1] verlangt. [2] Der Arbeitnehmer kann bei der Anlage in monatlichen Beträgen während des Kalenderjahrs die Art der vermögenswirksamen Anlage und das Unternehmen oder Institut, bei dem sie erfolgen soll, nur mit Zustimmung des Arbeitgebers wechseln.

(4) [1] Der Arbeitgeber kann einen Termin im Kalenderjahr bestimmen, zu dem die Arbeitnehmer des Betriebs oder Betriebsteils die einmalige Anlage von Teilen des Arbeitslohns nach Absatz 3 verlangen können. [2] Die Bestimmung dieses Termins unterliegt der Mitbestimmung des Betriebsrats oder der zuständigen Personalvertretung; das für die Mitbestimmung in sozialen Angelegenheiten vorgeschriebene Verfahren ist einzuhalten. [3] Der nach Satz 1 bestimmte Termin ist den Arbeitnehmern in jedem Kalenderjahr erneut in geeigneter Form bekanntzugeben. [4] Zu einem anderen als dem nach Satz 1 bestimmten Termin kann der Arbeitnehmer eine einmalige Anlage nach Absatz 3 nur verlangen

1. von Teilen des Arbeitslohns, den er im letzten Lohnzahlungszeitraum des Kalenderjahrs erzielt, oder

2. von Teilen besonderer Zuwendungen, die im Zusammenhang mit dem Weihnachtsfest oder Jahresende gezahlt werden.

(5) [1] Der Arbeitnehmer kann jeweils einmal im Kalenderjahr von dem Arbeitgeber schriftlich verlangen, daß der Vertrag über die vermögenswirksame Anlage von Teilen des Arbeitslohns aufgehoben, eingeschränkt oder erweitert wird. [2] Im Fall der Aufhebung ist der Arbeitgeber nicht verpflichtet, in demselben Kalenderjahr einen neuen Vertrag über die vermögenswirksame Anlage von Teilen des Arbeitslohns abzuschließen.

(6) In Tarifverträgen oder Betriebsvereinbarungen kann von den Absätzen 3 bis 5 abgewichen werden.

---

[1] Beträge geänd. mWv 1. 1. 2002 durch G v. 19. 12. 2000 (BGBl. I S. 1790).

§ 12[1] Freie Wahl der Anlage. [1]Vermögenswirksame Leistungen werden nur dann nach den Vorschriften dieses Gesetzes gefördert, wenn der Arbeitnehmer die Art der vermögenswirksamen Anlage und das Unternehmen oder Institut, bei dem sie erfolgen soll, frei wählen kann. [2]Einer Förderung steht jedoch nicht entgegen, daß durch Tarifvertrag die Anlage auf die Formen des § 2 Abs. 1 Nr. 1 bis 5, Abs. 2 bis 4 beschränkt wird. [3]Eine Anlage im Unternehmen des Arbeitgebers nach § 2 Abs. 1 Nr. 1 Buchstabe g bis l und Abs. 4 ist nur mit Zustimmung des Arbeitgebers zulässig.

§ 13 Anspruch auf Arbeitnehmer-Sparzulage

[Fassung für vor dem 1. 1. 1999 angelegte vermögenswirksame Leistungen][2]

(1) Der Arbeitnehmer, der Einkünfte aus nichtselbständiger Arbeit im Sinne des § 19 Abs. 1 des Einkommensteuergesetzes bezieht, hat für die nach § 2 Abs. 1 Nr. 1 bis 5, Abs. 2 bis 4 angelegten vermögenswirksamen Leistungen, soweit sie insgesamt 936 Deutsche Mark im Kalenderjahr nicht übersteigen, Anspruch auf eine Arbeitnehmer-Sparzulage nach diesem Gesetz, wenn das zu versteuernde Einkommen (§ 2 Abs. 5 des Einkommensteuergesetzes) in dem Kalenderjahr, in dem die vermögenswirksamen Leistungen angelegt worden sind, 27 000 Deutsche Mark oder bei einer Zusammenveranlagung von Ehegatten nach § 26 b des Einkommensteuergesetzes 54 000 Deutsche Mark nicht übersteigt.

[Fassung für nach dem 31. 12. 1998 angelegte vermögenswirksame Leistungen][3]

(1) [1]*Der Arbeitnehmer, der Einkünfte aus nichtselbständiger Arbeit im Sinne des § 19 Abs. 1 des Einkommensteuergesetzes bezieht, hat Anspruch auf Sparzulage nach Absatz 2, wenn sein Einkommen die Einkommensgrenze nicht überschreitet.* [2]*Diese beträgt 17 900 Euro[4] oder bei einer Zusammenveranlagung von Ehegatten nach § 26 b des Einkommensteuergesetzes 35 800 Euro[4].* [*ab 1. 1. 2009:* [1]Der Arbeitnehmer hat Anspruch auf eine Arbeitnehmer-Sparzulage nach Absatz 2, wenn [*ab 1. 1. 2017:* er gegenüber dem Unternehmen, dem Institut oder dem in § 3 Absatz 3 genannten Gläubiger in die Datenübermittlung nach Maßgabe des § 15 Absatz 1 Satz 2 und 3 eingewilligt hat und][5] sein Einkommen folgende Grenzen nicht übersteigt:

1.[6] bei nach § 2 Abs. 1 Nr. 1 bis 3, Abs. 2 bis 4 angelegten vermögenswirksamen Leistungen die Einkommensgrenze von 20 000 Euro oder bei einer Zusammenveranlagung *von Ehegatten*[6] nach § 26 b

---

[1] § 12 Satz 2 eingef. mWv 1. 1. 1999 durch G v. 7. 9. 1998 (BGBl. I S. 2647).

[2] Zur Anwendung siehe § 17 Abs. 6.

[3] § 13 Abs. 1 und 2 neu gef. durch G v. 7. 9. 1998 (BGBl. I S. 2647).

[4] Beträge geänd. mWv 1. 1. 2002 durch G v. 19. 12. 2000 (BGBl. I S. 1790).

[5] § 13 Abs. 1 Satz 1 Klammerzusatz eingef. durch G v. 26. 6. 2013 (BGBl. I S. 1809); zur Anwendung siehe § 17 Abs. 14 iVm BMF v. 16. 12. 2016, IV C 5 – S 2439/16/10001: 1. 1. 2017.

[6] Kursiver Satzteil gestrichen durch G v. 26. 6. 2013 (BGBl. I S. 1809); zur Anwendung siehe § 17 Abs. 14 iVm BMF v. 16. 12. 2016, IV C 5 – S 2439/16/10001: 1. 1. 2017.

[Fassung für vor dem 1. 1. 1999 angelegte vermögenswirksame Leistungen]

[Fassung für nach dem 31. 12. 1998 angelegte vermögenswirksame Leistungen]

des Einkommensteuergesetzes von 40 000 Euro oder

2. bei nach § 2 Abs. 1 Nr. 4 und 5 angelegten vermögenswirksamen Leistungen die Einkommensgrenze von 17 900 Euro oder bei einer Zusammenveranlagung *von Ehegatten*[1)] nach § 26 b des Einkommensteuergesetzes von 35 800 Euro.][2)]

[2] Maßgeblich ist das zu versteuernde Einkommen nach § 2 *[ab 1. 1. 2009:* Absatz 5][3)] des Einkommensteuergesetzes[4)] in dem Kalenderjahr, in dem die vermögenswirksamen Leistungen angelegt worden sind.

(2) Die Arbeitnehmer-Sparzulage beträgt 10 vom Hundert der vermögenswirksamen Leistungen, die nach § 2 Abs. 1 Nr. 1 bis 5, Abs. 2 bis 4 angelegt werden.

(2) [1] Die Arbeitnehmer-Sparzulage beträgt *20 vom Hundert [ab 1. 1. 2004:* 18 vom Hundert[5)]/*ab 1. 1. 2009:* 20 Prozent[6)]] der nach § 2 Absatz 1 Nummer 1 bis 3, Absatz 2 bis 4 angelegten vermögenswirksamen Leistungen, soweit sie *408 Euro*[7)] *[ab 1. 1. 2004:* 400 Euro][5)] im Kalenderjahr nicht übersteigen, und *10 vom Hundert [ab 1. 1. 2004:* 9 Prozent][5)] der nach § 2 Absatz 1 Nummer 4 und 5 angelegten vermögenswirksamen Leistungen, soweit sie *480 Euro*[7)] *[ab 1. 1. 2004:* 470 Euro][5)] im Kalenderjahr nicht übersteigen. [2] *Für Arbeitnehmer, die ihren Hauptwohnsitz in dem*

[1)] Kursiver Satzteil gestrichen durch G v. 26. 6. 2013 (BGBl. I S. 1809); zur Anwendung siehe § 17 Abs. 14.

[2)] § 13 Abs. 1 Sätze 1 und 2 ersetzt durch Satz 1 durch G v. 7. 3. 2009 (BGBl. I S. 451); zur Anwendung siehe § 17 Abs. 7.

[3)] Verweis ergänzt durch G v. 8. 12. 2010 (BGBl. I S. 1768); zur Anwendung siehe § 17 Abs. 11.

[4)] Verweis geänd. durch G v. 20. 12. 2001 (BGBl. I S. 3794).

[5)] § 13 Abs. 2 geänd. durch G v. 29. 12. 2003 (BGBl. I S. 3076); bestätigt durch G v. 5. 4. 2011 (BGBl. I S. 554).

[6)] § 13 Abs. 2 Satz 1 geänd., Satz 2 aufgeh. durch G v. 7. 3. 2009 (BGBl. I S. 451); zur Anwendung siehe § 17 Abs. 7.

[7)] Beträge geänd. mWv 1. 1. 2002 durch G v. 19. 12. 2000 (BGBl. I S. 1790).

[Fassung für vor dem 1. 1. 1999 angelegte vermögenswirksame Leistungen]

[Fassung für nach dem 31. 12. 1998 angelegte vermögenswirksame Leistungen]

in Artikel 3 des Einigungsvertrages genannten Gebiet haben, tritt an die Stelle des Zulagesatzes von 20 vom Hundert [vom 1. 1.–31. 12. 2004: 18 vom Hundert][1] der Zulagesatz von 25 vom Hundert [vom 1. 1.–31. 12. 2004: 22 vom Hundert][2].

(3)[3] ¹Die Arbeitnehmer-Sparzulage gilt weder als steuerpflichtige Einnahme im Sinne des Einkommensteuergesetzes noch als Einkommen, Verdienst oder Entgelt (Arbeitsentgelt) im Sinne der Sozialversicherung und des Dritten Buches Sozialgesetzbuch[4]; sie gilt arbeitsrechtlich nicht als Bestandteil des Lohns oder Gehalts. ²Der Anspruch auf Arbeitnehmer-Sparzulage ist nicht übertragbar.

(4) Der Anspruch auf Arbeitnehmer-Sparzulage entsteht mit Ablauf des Kalenderjahrs, in dem die vermögenswirksamen Leistungen angelegt worden sind.

[Fassung bis 31. 12. 2008]

(5) ¹Der Anspruch auf Arbeitnehmer-Sparzulage entfällt mit Wirkung für die Vergangenheit, soweit die in den §§ 4 bis 7 genannten Fristen oder bei einer Anlage nach § 2 Abs. 1 Nr. 4 die in § 2 Abs. 1 Nr. 3 und 4 und Abs. 2 Satz 1 des Wohnungsbau–Prämiengesetzes vorgesehenen Voraussetzungen nicht eingehalten werden.

[Fassung ab 1. 1. 2009][5]

(5) ¹Der Anspruch auf Arbeitnehmer-Sparzulage entfällt rückwirkend, soweit die in den §§ 4 bis 7 genannten Fristen oder bei einer Anlage nach § 2 Abs. 1 Nr. 4 die in § 2 Abs. 1 Nr. 3 und 4 und Abs. 3 Satz 1 des Wohnungsbau–Prämiengesetzes vorgesehenen Voraussetzungen nicht eingehalten werden. ²Satz 1 gilt für vor dem 1. Januar 2009 und nach dem 31. Dezember 2008 abgeschlossene Bausparverträge.

³Der Anspruch entfällt nicht, wenn die Sperrfrist nicht eingehalten wird, weil

1. der Arbeitnehmer das Umtausch- oder Abfindungsangebot eines Wertpapier-Emittenten angenommen hat oder Wertpapiere dem Aussteller nach

---

[1] § 13 Abs. 2 geänd. durch G v. 29. 12. 2003 (BGBl. I S. 3076); bestätigt durch G v. 5. 4. 2011 (BGBl. I S. 554).
[2] § 13 Abs. 2 Satz 1 geänd., Satz 2 aufgeh. durch G v. 7. 3. 2009 (BGBl. I S. 451); zur Anwendung siehe § 17 Abs. 7.
[3] § 13 Abs. 3 Satz 2 angef. mWv 1. 1. 1994 (§ 17 Abs. 1) durch G v. 21. 7. 1994 (BGBl. I S. 1630).
[4] Geänd. durch G v. 24. 3. 1997 (BGBl. I S. 594).
[5] § 13 Abs. 5 Satz 1 ersetzt durch Sätze 1 und 2 durch G v. 29. 7. 2008 (BGBl. I S. 1509); zur erstmaligen Anwendung siehe § 17 Abs. 8.

Auslosung oder Kündigung durch den Aussteller zur Einlösung vorgelegt worden sind,

2. die mit den vermögenswirksamen Leistungen erworbenen oder begründeten Wertpapiere oder Rechte im Sinne des § 2 Abs. 1 Nr. 1, Abs. 2 bis 4 ohne Mitwirkung des Arbeitnehmers wertlos geworden sind oder

3.[1]) der Arbeitnehmer über nach § 2 Abs. 1 Nr. 4 angelegte vermögenswirksame Leistungen nach Maßgabe des § 4 Abs. 4 Nr. 4 in Höhe von mindestens 30 Euro verfügt.

§ 14 Festsetzung der Arbeitnehmer-Sparzulage, Anwendung der Abgabenordnung, Verordnungsermächtigung, Rechtsweg.

(1) [1]Die Verwaltung der Arbeitnehmer-Sparzulage obliegt den Finanzämtern. [2]Die Arbeitnehmer-Sparzulage wird aus den Einnahmen an Lohnsteuer gezahlt.

(2) [1]Auf die Arbeitnehmer-Sparzulage sind die für Steuervergütungen geltenden Vorschriften der Abgabenordnung entsprechend anzuwenden. [2]Dies gilt nicht für § 163 der Abgabenordnung.

(3) [1]Für die Arbeitnehmer-Sparzulage gelten die Strafvorschriften des § 370 Abs. 1 bis 4, der §§ 371, 375 Abs. 1 und des § 376 sowie die Bußgeldvorschriften der §§ 378, 379 Abs. 1 und 4 und der §§ 383 und 384 der Abgabenordnung entsprechend. [2]Für das Strafverfahren wegen einer Straftat nach Satz 1 sowie der Begünstigung einer Person, die eine solche Tat begangen hat, gelten die §§ 385 bis 408, für das Bußgeldverfahren wegen einer Ordnungswidrigkeit nach Satz 1 die §§ 409 bis 412 der Abgabenordnung entsprechend.

(4)[2]) · [3]) [1]Die Arbeitnehmer-Sparzulage wird auf Antrag durch das für die Besteuerung des Arbeitnehmers nach dem Einkommen zuständige Finanzamt festgesetzt. [2]Der Arbeitnehmer hat den Antrag nach amtlich vorgeschriebenem Vordruck zu stellen. [3]Die Arbeitnehmer-Sparzulage wird fällig

a) mit Ablauf der für die Anlageform vorgeschriebenen Sperrfrist nach diesem Gesetz,

b) mit Ablauf der im Wohnungsbau-Prämiengesetz oder in der Verordnung zur Durchführung des Wohnungsbau-Prämiengesetzes genannten Sperr- und Rückzahlungsfristen. [2]Bei Bausparverträgen gelten die in § 2 Abs. 3 Satz 1 des Wohnungsbau-Prämiengesetzes genannten Sperr- und Rückzahlungsfristen und zwar unabhängig davon, ob der Vertrag vor dem 1. Januar 2009 oder nach dem 31. Dezember 2008 abgeschlossen worden ist,[4])

---

[1]) § 13 Abs. 5 Satz 3 Nr. 3 angef. durch G v. 8. 12. 2008 (BGBl. I S. 2373); zur erstmaligen Anwendung siehe § 17 Abs. 9.

[2]) § 14 Abs. 4 Satz 2 neu gef. durch G v. 16. 7. 2009 (BGBl. I S. 1959); zur erstmaligen Anwendung siehe § 17 Abs. 10.

[3]) § 14 Abs. 4 Satz 3 aufgeh., bish. Satz 4 wird Satz 3 durch G v. 26. 6. 2013 (BGBl. I S. 1809); zur Anwendung siehe § 17 Abs. 14 iVm BMF v. 16. 12. 2016, IV C 5 – S 2439/16/10001: 1. 1. 2017.

[4]) § 14 Abs. 4 Satz 4 Buchst. b Satz 2 angef. durch G v. 29. 7. 2008 (BGBl. I S. 1509); zur erstmaligen Anwendung siehe § 17 Abs. 8.

c) mit Zuteilung des Bausparvertrags oder

d) in den Fällen unschädlicher Verfügung.

[Fassung bis 29. 6. 2013:]

(5)[2] Wird im Besteuerungsverfahren die Entscheidung über die Höhe des zu versteuernden Einkommens nachträglich in der Weise geändert, dass dadurch die Einkommensgrenzen des § 13 Abs. 1 unterschritten werden und entsteht für Aufwendungen, die vermögenswirksame Leistungen darstellen, erstmals ein Anspruch auf Arbeitnehmer-Sparzulage, kann der Arbeitnehmer den Antrag auf Arbeitnehmer-Sparzulage abweichend von Absatz 4 innerhalb eines Jahres nach Bekanntgabe der Änderung stellen.

(6)[2] Besteht für Aufwendungen, die vermögenswirksame Leistungen darstellen, ein Anspruch auf Arbeitnehmer-Sparzulage und hat der Arbeitnehmer hierfür abweichend von § 1 Satz 2 Nr. 1 des Wohnungsbau-Prämiengesetzes Wohnungsbauprämie beantragt, kann der Arbeitnehmer die Arbeitnehmer-Sparzulage abweichend von Absatz 4 innerhalb eines Jahres nach Bekanntgabe der Mitteilung über die Änderung des Prämienanspruchs (§ 4a Abs. 4 Satz 1 und 2, § 4b Abs. 2 Satz 3 des Wohnungsbau-Prämiengesetzes) erstmalig beantragen.

[Fassung ab 30. 6. 2013:][1]

(5) [1]Ein Bescheid über die Ablehnung der Festsetzung einer Arbeitnehmer-Sparzulage ist aufzuheben und die Arbeitnehmer-Sparzulage ist nachträglich festzusetzen, wenn der Einkommensteuerbescheid nach Ergehen des Ablehnungsbescheides geändert wird und dadurch erstmals festgestellt wird, dass die Einkommensgrenzen des § 13 Absatz 1 unterschritten sind. [2]Die Frist für die Festsetzung der Arbeitnehmer-Sparzulage endet in diesem Fall nicht vor Ablauf eines Jahres nach Bekanntgabe des geänderten Steuerbescheides. [3]Satz 2 gilt entsprechend, wenn der geänderten Einkommensteuerfestsetzung kein Bescheid über die Ablehnung der Festsetzung einer Arbeitnehmer-Sparzulage vorangegangen ist.

(6) Besteht für Aufwendungen, die vermögenswirksame Leistungen darstellen, ein Anspruch auf Arbeitnehmer-Sparzulage und hat der Arbeitnehmer hierfür abweichend von § 1 Satz 2 Nummer 1 des Wohnungsbau-Prämiengesetzes eine Wohnungsbauprämie beantragt, endet die Frist für die Festsetzung der Arbeitnehmer-Sparzulage nicht vor Ablauf eines Jahres nach Bekanntgabe der Mitteilung über die Änderung des Prämienanspruchs.

(7) [1]Die Bundesregierung wird ermächtigt, durch Rechtsverordnung mit Zustimmung des Bundesrates das Verfahren bei der Festsetzung und der Auszahlung der Arbeitnehmer-Sparzulage näher zu regeln, soweit dies zur Vereinfachung des Verfahrens erforderlich ist. [2]Dabei kann auch bestimmt werden, daß der Arbeitgeber, das Unternehmen, das Institut oder der in § 3 Abs. 3 genannte

---

[1] § 14 Abs. 5 und 6 neu gef. durch G v. 26. 6. 2013 (BGBl. I S. 1809).
[2] § 14 Abs. 5 und 6 eingef. mWv 1. 1. 1998 durch G v. 26. 6. 2001 (BGBl. I S. 1310).

Gläubiger bei der Antragstellung mitwirkt und ihnen die Arbeitnehmer-Sparzulage zugunsten des Arbeitnehmers überwiesen wird.

(8) In öffentlich-rechtlichen Streitigkeiten über die auf Grund dieses Gesetzes ergehenden Verwaltungsakte der Finanzbehörden ist der Finanzrechtsweg gegeben.

§ 15[1)]**Elektronische Vermögensbildungsbescheinigung, Verordnungsermächtigungen, Haftung, Anrufungsauskunft, Außenprüfung.**
(1)[2)] [1]Das Unternehmen, das Institut oder der in § 3 Absatz 3 genannte Gläubiger hat der für die Besteuerung des Arbeitnehmers nach dem Einkommen zuständigen Finanzbehörde nach Maßgabe des § 93c der Abgabenordnung neben den in § 93c Absatz 1 der Abgabenordnung genannten Daten folgende Angaben zu übermitteln (elektronische Vermögensbildungsbescheinigung), wenn der Arbeitnehmer gegenüber der mitteilungspflichtigen Stelle in die Datenübermittlung eingewilligt hat:

1. den jeweiligen Jahresbetrag der nach § 2 Abs. 1 Nr. 1 bis 5, Abs. 2 bis 4 angelegten vermögenswirksamen Leistungen sowie die Art ihrer Anlage,

2. das Kalenderjahr, dem diese vermögenswirksamen Leistungen zuzuordnen sind, und

3. entweder das Ende der für die Anlageform vorgeschriebenen Sperrfrist nach diesem Gesetz oder bei einer Anlage nach § 2 Abs. 1 Nr. 4 das Ende der im Wohnungsbau-Prämiengesetz oder in der Verordnung zur Durchführung des Wohnungsbau-Prämiengesetzes genannten Sperr- und Rückzahlungsfristen. [2]Bei Bausparverträgen sind die in § 2 Abs. 3 Satz 1 des Wohnungsbau-Prämiengesetzes genannten Sperr- und Rückzahlungsfristen zu bescheinigen unabhängig davon, ob der Vertrag vor dem 1. Januar 2009 oder nach dem 31. Dezember 2008 abgeschlossen worden ist.

[2]Die Einwilligung nach Satz 1 ist spätestens bis zum Ablauf des zweiten Kalenderjahres, das auf das Kalenderjahr der Anlage der vermögenswirksamen Leistungen folgt, zu erteilen. [3]Dabei hat der Arbeitnehmer dem Mitteilungspflichtigen die Identifikationsnummer mitzuteilen. *[4]Die Einwilligung gilt als erteilt, wenn die übermittelnde Stelle den Arbeitnehmer schriftlich darüber informiert, dass vom Vorliegen einer Einwilligung ausgegangen wird und die Daten übermittelt werden, wenn der Arbeitnehmer dem nicht innerhalb einer Frist von vier Wochen nach Erhalt dieser schriftlichen Information schriftlich widerspricht. [5]Die Einwilligung gilt auch für die folgenden Kalenderjahre, es sei denn, der Arbeitnehmer widerruft diese schriftlich gegenüber der übermittelnden Stelle. [6]Der Widerruf muss der übermittelnden Stelle vor Beginn des Kalenderjahres, für das die Einwilligung erstmals nicht mehr gelten soll, vorliegen.*[3)] [4]Wird die Einwilligung nach Ablauf des Kalenderjahres

---

[1)] § 15 Überschrift und Abs. 1 neu gef. durch G v. 26.6.2013 (BGBl. I S. 1809); zur Anwendung siehe § 17 Abs. 14 iVm BMF v. 16.12.2016, BStBl. I S. 1435 zur erstmaligen Anwendung.
[2)] § 15 Satzteil vor Nr. 1 neu gef.; Nr. 1 aufgeh., bish. Nrn. 2 bis 4 werden Nrn. 1 bis 3 mWv 1.1.2017 durch G v. 18.7.2016 (BGBl. I S. 1679).
[3)] § 15 Abs. 1 Satz 4 bis 6 aufgeh., bish. Satz 7 wird Satz 4 mWv 26.11.2019 durch G v. 20.11.2019 (BGBl. I S. 1626).

der Anlage der vermögenswirksamen Leistungen abgegeben, sind die Daten bis zum Ende des folgenden Kalendervierteljahres zu übermitteln.[1]

(1a)[2] [1]In den Fällen des Absatzes 1 ist für die Anwendung des § 72a Absatz 4 und des § 93c Absatz 4 Satz 1 der Abgabenordnung die für die Besteuerung der mitteilungspflichtigen Stelle nach dem Einkommen zuständige Finanzbehörde zuständig. [2]Die nach Absatz 1 übermittelten Daten können durch die nach Satz 1 zuständige Finanzbehörde zum Zweck der Anwendung des § 93c Absatz 4 Satz 1 der Abgabenordnung bei den für die Besteuerung der Arbeitnehmer nach dem Einkommen zuständigen Finanzbehörden abgerufen und verwendet werden.

(2) Die Bundesregierung wird ermächtigt, durch Rechtsverordnung mit Zustimmung des Bundesrates weitere Vorschriften zu erlassen über

1. Aufzeichnungs- und Mitteilungspflichten des Arbeitgebers und des Unternehmens oder Instituts, bei dem die vermögenswirksamen Leistungen angelegt sind, und

2. die Festlegung von Wertpapieren und die Art der Festlegung, soweit dies erforderlich ist, damit nicht die Arbeitnehmer-Sparzulage zu Unrecht gezahlt, versagt, nicht zurückgefordert oder nicht einbehalten wird.

(3) Haben der Arbeitgeber, das Unternehmen, das Institut oder der in § 3 Abs. 3 genannte Gläubiger ihre Pflichten nach diesem Gesetz oder nach einer auf Grund dieses Gesetzes erlassenen Rechtsverordnung verletzt, so haften sie für die Arbeitnehmer-Sparzulage, die wegen ihrer Pflichtverletzung zu Unrecht gezahlt, nicht zurückgefordert oder nicht einbehalten worden ist.

(4)[3] Das Finanzamt, das für die Besteuerung nach dem Einkommen der in Absatz 3 Genannten zuständig ist, hat auf deren Anfrage Auskunft darüber zu erteilen, wie im einzelnen Fall die Vorschriften über vermögenswirksame Leistungen anzuwenden sind, die nach § 2 Absatz 1 Nummer 1 bis 5 und Absatz 2 bis 4 angelegt werden.

(5) [1]Das für die Lohnsteuer-Außenprüfung zuständige Finanzamt kann bei den in Absatz 3 Genannten eine Außenprüfung durchführen, um festzustellen, ob sie ihre Pflichten nach diesem Gesetz oder nach einer auf Grund dieses Gesetzes erlassenen Rechtsverordnung, soweit diese mit der Anlage vermögenswirksamer Leistungen nach § 2 Abs. 1 Nr. 1 bis 5, Abs. 2 bis 4 zusammenhängen, erfüllt haben. [2]Die §§ 195 bis 203a[4] der Abgabenordnung gelten entsprechend.

§ 16 Berlin-Klausel. (gegenstandslos)

---

[1] § 15 Abs. 1 Satz 7 aufgeh., bish. Satz 8 wird Satz 7 und kursive Satzteile aufgeh. mWv 1.1.2017 durch G v. 18.7.2016 (BGBl. I S. 1679).
[2] § 15 Abs. 1a eingef. mWv 1.1.2017 durch G v. 18.7.2016 (BGBl. I S. 1679).
[3] § 15 Abs. 4 geänd. mWv 1.1.2017 durch G v. 18.7.2016 (BGBl. I S. 1679).
[4] Verweis geänd. mWv 1.1.2017 durch G v. 18.7.2016 (BGBl. I S. 1679).

§ 17 Anwendungsvorschriften. (1)[1] Die vorstehenden Vorschriften dieses Gesetzes gelten vorbehaltlich der nachfolgenden Absätze für vermögenswirksame Leistungen, die nach dem 31. Dezember 1993 angelegt werden.

(2) Für vermögenswirksame Leistungen, die vor dem 1. Januar 1994 angelegt werden, gilt, soweit Absatz 5 nichts anderes bestimmt, § 17 des Fünften Vermögensbildungsgesetzes in der Fassung der Bekanntmachung vom 19. Januar 1989 (BGBl. I S. 137) – Fünftes Vermögensbildungsgesetz 1989 –, unter Berücksichtigung der Änderung durch Artikel 2 Nr. 1 des Gesetzes vom 13. Dezember 1990 (BGBl. I S. 2749).

(3) Für vermögenswirksame Leistungen, die im Jahr 1994 angelegt werden auf Grund eines vor dem 1. Januar 1994 abgeschlossenen Vertrags

1. nach § 4 Abs. 1 oder § 5 Abs. 1 des Fünften Vermögensbildungsgesetzes 1989 zum Erwerb von Aktien oder Wandelschuldverschreibungen, die keine Aktien oder Wandelschuldverschreibungen im Sinne des vorstehenden § 2 Abs. 1 Nr. 1 Buchstabe a oder b, Abs. 2 Satz 1 sind, oder

2. nach § 6 Abs. 2 des Fünften Vermögensbildungsgesetzes 1989 über die Begründung eines Geschäftsguthabens bei einer Genossenschaft, die keine Genossenschaft im Sinne des vorstehenden § 2 Abs. 1 Nr. 1 Buchstabe g, Abs. 2 Satz 2 ist, oder

3. nach § 6 Abs. 2 oder § 7 Abs. 2 des Fünften Vermögensbildungsgesetzes 1989 über die Übernahme einer Stammeinlage oder zum Erwerb eines Geschäftsanteils an einer Gesellschaft mit beschränkter Haftung, die keine Gesellschaft im Sinne des vorstehenden § 2 Abs. 1 Nr. 1 Buchstabe h, Abs. 2 Satz 3 ist,

gelten statt der vorstehenden §§ 2, 4, 6 und 7 die §§ 2, 4, 6 und 7 des Fünften Vermögensbildungsgesetzes 1989.

(4) Für vermögenswirksame Leistungen, die nach dem 31. Dezember 1993 auf Grund eines Vertrags im Sinne des § 17 Abs. 5 Satz 1 des Fünften Vermögensbildungsgesetzes 1989 angelegt werden, gilt § 17 Abs. 5 und 6 des Fünften Vermögensbildungsgesetzes 1989.

(5) [1]Für vermögenswirksame Leistungen, die vor dem 1. Januar 1994 auf Grund eines Vertrags im Sinne des Absatzes 3 angelegt worden sind, gelten § 4 Abs. 2 bis 5, § 5 Abs. 2, § 6 Abs. 3 und § 7 Abs. 3 des Fünften Vermögensbildungsgesetzes 1989 über Fristen für die Verwendung vermögenswirksamer Leistungen und über Sperrfristen nach dem 31. Dezember 1993 nicht mehr. [2]Für vermögenswirksame Leistungen, die vor dem 1. Januar 1990 auf Grund eines Vertrags im Sinne des § 17 Abs. 2 des Fünften Vermögensbildungsgesetzes 1989 über die Begründung einer oder mehrerer Beteiligungen als stiller Gesellschafter angelegt worden sind, gilt § 7 Abs. 3 des Fünften Vermögensbildungsgesetzes in der Fassung der Bekanntmachung vom 19. Februar 1987 (BGBl. I S. 630) über die Sperrfrist nach dem 31. Dezember 1993 nicht mehr.

(6)[2] Für vermögenswirksame Leistungen, die vor dem 1. Januar 1999 angelegt worden sind, gilt § 13 Abs. 1 und 2 dieses Gesetzes in der Fassung der Bekanntmachung vom 4. März 1994 (BGBl. I S. 406).

---

[1] § 17 Abs. 1 neu gef. durch G v. 29. 7. 2008 (BGBl. I S. 1509).
[2] § 17 Abs. 6 angef. durch G v. 7. 9. 1998 (BGBl. I S. 2647).

(7)[1] § 13 Abs. 1 Satz 1 und Abs. 2 in der Fassung des Artikels 2 des Gesetzes vom 7. März 2009 (BGBl. I S. 451) ist erstmals für vermögenswirksame Leistungen anzuwenden, die nach dem 31. Dezember 2008 angelegt werden.

(8)[2] § 8 Abs. 5, § 13 Abs. 5 Satz 1 und 2, § 14 Abs. 4 Satz 4 Buchstabe b und § 15 Abs. 1 Nr. 3 in der Fassung des Artikels 7 des Gesetzes vom 29. Juli 2008 (BGBl. I S. 1509) sind erstmals für vermögenswirksame Leistungen anzuwenden, die nach dem 31. Dezember 2008 angelegt werden.

(9)[3] § 4 Abs. 4 Nr. 4 und § 13 Abs. 5 Satz 3 Nr. 3 in der Fassung des Artikels 1 des Gesetzes vom 8. Dezember 2008 (BGBl. I S. 2373) ist erstmals bei Verfügungen nach dem 31. Dezember 2008 anzuwenden.

(10)[4] § 14 Absatz 4 Satz 2 in der Fassung des Artikels 12 des Gesetzes vom 16. Juli 2009 (BGBl. I S. 1959) ist erstmals für vermögenswirksame Leistungen anzuwenden, die nach dem 31. Dezember 2006 angelegt werden, und in Fällen, in denen am 22. Juli 2009 über einen Antrag auf Arbeitnehmer-Sparzulage noch nicht bestandskräftig entschieden ist.

(11)[5] § 13 Absatz 1 Satz 2 in der Fassung des Artikels 10 des Gesetzes vom 8. Dezember 2010 (BGBl. I S. 1768) ist erstmals für vermögenswirksame Leistungen anzuwenden, die nach dem 31. Dezember 2008 angelegt werden.

(12)[6] § 2 Absatz 1 Nummer 5 in der Fassung des Artikels 13 des Gesetzes vom 7. Dezember 2011 (BGBl. I S. 2592) ist erstmals für vermögenswirksame Leistungen anzuwenden, die nach dem 31. Dezember 2011 angelegt werden.

(13)[7] ¹§ 3 Absatz 1 Satz 1 Nummer 1 in der Fassung des Artikels 18 des Gesetzes vom 26. Juni 2013 (BGBl. I S. 1809) ist erstmals für vermögenswirksame Leistungen anzuwenden, die nach dem 31. Dezember 2012 angelegt werden. ²§ 4 Absatz 4 Nummer 1, 2 und 4 sowie § 8 Absatz 5 Satz 1 in der Fassung des Artikels 18 des Gesetzes vom 26. Juni 2013 (BGBl. I S. 1809) sind erstmals bei Verfügungen nach dem 31. Dezember 2012 anzuwenden.

(14)[7] ¹Das Bundesministerium der Finanzen teilt den Zeitpunkt der erstmaligen Anwendung der §§ 13 und 14 Absatz 4 sowie des § 15 in der Fassung des Artikels 18 des Gesetzes vom 26. Juni 2013 (BGBl. I S. 1809) durch ein im Bundessteuerblatt zu veröffentlichendes Schreiben[8] mit. ²Bis zu diesem Zeitpunkt sind die §§ 13 und 14 Absatz 4 sowie der § 15 in der Fassung des Artikels 13 des Gesetzes vom 7. Dezember 2011 (BGBl. I S. 2592) weiter anzuwenden.

(15)[9] ¹§ 2 Absatz 1 Nummer 1 in der Fassung des Artikels 5 des Gesetzes vom 18. Dezember 2013 (BGBl. I S. 4318) ist erstmals für vermögenswirksa-

---

[1] § 17 Abs. 7 neu gef. durch G v. 7. 3. 2009 (BGBl. I S. 451).
[2] § 17 Abs. 8 angef. durch G v. 29. 7. 2008 (BGBl. I S. 1509).
[3] § 17 Abs. 9 angef. durch G v. 8. 12. 2008 (BGBl. I S. 2373).
[4] § 17 Abs. 10 angef. durch G v. 16. 7. 2009 (BGBl. I S. 1959).
[5] § 17 Abs. 11 angef. durch G v. 8. 12. 2010 (BGBl. I S. 1768).
[6] § 17 Abs. 12 angef. durch G v. 7. 12. 2011 (BGBl. I S. 2592).
[7] § 17 Abs. 13 und 14 angef. durch G v. 26. 6. 2013 (BGBl. I S. 1809).
[8] Vgl. BMF v. 16. 12. 2016, BStBl. I S. 1435: erstmalige Anwendung für nach dem 31. 12. 2016 angelegte vermögenswirks. Leistungen.
[9] § 17 Abs. 15 angef. durch G v. 18. 12. 2013 (BGBl. I S. 4318).

me Leistungen anzuwenden, die nach dem 31. Dezember 2013 angelegt werden. [2] § 4 Absatz 4 Nummer 4 in der Fassung des Artikels 5 des Gesetzes vom 18. Dezember 2013 (BGBl. I S. 4318) ist erstmals bei Verfügungen nach dem 31. Dezember 2013 anzuwenden.

[*ab 26.11.2019:*
(16)[1] Zur Abwicklung von Verträgen, die vor dem 25. Mai 2018 unter den Voraussetzungen des § 15 Absatz 1 Satz 4 in der am 30. Juni 2013 geltenden Fassung abgeschlossen wurden, sind das Unternehmen, das Institut oder der in § 3 Absatz 3 genannte Gläubiger verpflichtet, die Daten nach Maßgabe des § 15 Absatz 1 Satz 1 zu übermitteln, es sei denn, der Arbeitnehmer hat der Datenübermittlung schriftlich widersprochen.]

§ 18 Kündigung eines vor 1994 abgeschlossenen Anlagevertrags und der Mitgliedschaft in einer Genossenschaft oder Gesellschaft mit beschränkter Haftung. (1) Hat sich der Arbeitnehmer in einem Vertrag im Sinne des § 17 Abs. 3 verpflichtet, auch nach dem 31. Dezember 1994 vermögenswirksame Leistungen überweisen zu lassen oder andere Beträge zu zahlen, so kann er den Vertrag bis zum 30. September 1994 auf den 31. Dezember 1994 mit der Wirkung schriftlich kündigen, daß auf Grund dieses Vertrags vermögenswirksame Leistungen oder andere Beträge nach dem 31. Dezember 1994 nicht mehr zu zahlen sind.

(2) [1] Ist der Arbeitnehmer im Zusammenhang mit dem Abschluß eines Vertrags im Sinne des § 17 Abs. 3 Nr. 2 Mitglied in einer Genossenschaft geworden, so kann er die Mitgliedschaft bis zum 30. September 1994 auf den 31. Dezember 1994 mit der Wirkung schriftlich kündigen, daß nach diesem Zeitpunkt die Verpflichtung, Einzahlungen auf einen Geschäftsanteil zu leisten und ein Eintrittsgeld zu zahlen, entfällt. [2] Weitergehende Rechte des Arbeitnehmers nach dem Statut der Genossenschaft bleiben unberührt. [3] Der ausge-

(Fortsetzung nächstes Blatt)

---

[1] § 17 Abs. 16 angef. mWv 26.11.2019 durch G v. 20.11.2019 (BGBl. I S. 1626).

schiedene Arbeitnehmer kann die Auszahlung des Auseinandersetzungsguthabens, die Genossenschaft kann die Zahlung eines den ausgeschiedenen Arbeitnehmer treffenden Anteils an einem Fehlbetrag zum 1. Januar 1998 verlangen.

(3) [1] Ist der Arbeitnehmer im Zusammenhang mit dem Abschluß eines
Vertrags im Sinne des § 17 Abs. 3 Nr. 3 Gesellschafter einer Gesellschaft mit
beschränkter Haftung geworden, so kann er die Mitgliedschaft bis zum
30. September 1994 auf den 31. Dezember 1994 schriftlich kündigen.
[2] Weitergehende Rechte des Arbeitnehmers nach dem Gesellschaftsvertrag
bleiben unberührt. [3] Der zum Austritt berechtigte Arbeitnehmer kann von der
Gesellschaft als Abfindung den Verkehrswert seines Geschäftsanteils verlangen;
maßgebend ist der Verkehrswert im Zeitpunkt des Zugangs der Kündigungs-
erklärung. [4] Der Arbeitnehmer kann die Abfindung nur verlangen, wenn die
Gesellschaft sie ohne Verstoß gegen § 30 Abs. 1 des Gesetzes betreffend die
Gesellschaften mit beschränkter Haftung zahlen kann. [5] Hat die Gesellschaft
die Abfindung bezahlt, so stehen dem Arbeitnehmer aus seinem Geschäftsanteil keine Rechte mehr zu. [6] Kann die Gesellschaft bis zum 31. Dezember
1996 die Abfindung nicht gemäß Satz 4 zahlen, so ist sie auf Antrag des zum
Austritt berechtigten Arbeitnehmers aufzulösen. [7] § 61 Abs. 1, Abs. 2 Satz 1
und Abs. 3 des Gesetzes betreffend die Gesellschaften mit beschränkter Haftung gilt im übrigen entsprechend.

(4) Werden auf Grund der Kündigung nach Absatz 1, 2 oder 3 Leistungen
nicht erbracht, so hat der Arbeitnehmer dies nicht zu vertreten.

(5) [1] Hat der Arbeitnehmer nach Absatz 1 einen Vertrag im Sinne des § 17
Abs. 3 Nr. 2 oder nach Absatz 2 die Mitgliedschaft in einer Genossenschaft
gekündigt, so gelten beide Kündigungen als erklärt, wenn der Arbeitnehmer
dies nicht ausdrücklich ausgeschlossen hat. [2] Entsprechendes gilt, wenn der
Arbeitnehmer nach Absatz 1 einen Vertrag im Sinne des § 17 Abs. 3 Nr. 3
oder nach Absatz 3 die Mitgliedschaft in einer Gesellschaft mit beschränkter
Haftung gekündigt hat.

(6) Macht der Arbeitnehmer von seinem Kündigungsrecht nach Absatz 1
keinen Gebrauch, so gilt die Verpflichtung, vermögenswirksame Leistungen
überweisen zu lassen, nach dem 31. Dezember 1994 als Verpflichtung, andere
Beträge in entsprechender Höhe zu zahlen.

24a. Verordnung zur Durchführung des Fünften Vermögensbildungsgesetzes (Fünftes Vermögensbildungsgesetz-Durchführungsverordnung – VermBDV)[1]·[2]

Vom 20. Dezember 1994 (BGBl. I S. 3904)

Geändert durch Steuer-Euroglättungsgesetz vom 19.12.2000 (BGBl. I S. 1790), Investmentänderungsgesetz vom 21.12.2007 (BGBl. I S. 3089), Eigenheimrentengesetz vom 29.7.2008 (BGBl. I S. 1509), Steuerbürokratieabbaugesetz vom 20.12.2008 (BGBl. I S. 2850), Amtshilferichtlinie-Umsetzungsgesetz (AmtshilfeRLUmsG) vom 26.6.2013 (BGBl. I S. 1809), Gesetz zur Anpassung des Investmentsteuergesetzes und anderer Gesetze an das AIFM-Umsetzungsgesetz (AIFM-Steuer-Anpassungsgesetz – AIFM-StAnpG) vom 18.12.2013 (BGBl. I S. 4318), Gesetz zur Anpassung steuerlicher Regelungen an die Rechtsprechung des Bundesverfassungsgerichts vom 18.7.2014 (BGBl. I S. 1042), Verordnung zur Änderung steuerlicher Verordnungen und weiterer Vorschriften vom 22.12.2014 (BGBl. I S. 2392) und Vierte Verordnung zur Änderung Steuerlicher Verordnungen vom 12.7.2017 (BGBl. I S. 2360)

BGBl. III/FNA 800-9-3-3

Auf Grund des § 14 Abs. 5 und des § 15 Abs. 2 des Fünften Vermögensbildungsgesetzes in der Fassung der Bekanntmachung vom 4. März 1994 (BGBl. I S. 406) verordnet die Bundesregierung und auf Grund des § 156 Abs. 1 der Abgabenordnung vom 16. März 1976 (BGBl. I S. 613), der durch Artikel 26 des Gesetzes vom 21. Dezember 1993 (BGBl. I S. 2310) geändert worden ist, verordnet das Bundesministerium der Finanzen:

§ 1 Verfahren. Auf das Verfahren bei der Festsetzung, Auszahlung und Rückzahlung der Arbeitnehmer-Sparzulage sind neben den in § 14 Abs. 2 des Gesetzes bezeichneten Vorschriften die für die Einkommensteuer und Lohnsteuer geltenden Regelungen sinngemäß anzuwenden, soweit sich aus den nachstehenden Vorschriften nichts anderes ergibt.

§ 2 Mitteilungspflichten des Arbeitgebers, des Kreditinstituts oder des Unternehmens. (1) Der Arbeitgeber hat bei Überweisung vermögenswirksamer Leistungen im Dezember und Januar eines Kalenderjahres dem Kreditinstitut oder dem Unternehmen, bei dem die vermögenswirksamen Leistungen angelegt werden, das Kalenderjahr mitzuteilen, dem die vermögenswirksamen Leistungen zuzuordnen sind.

---

[1] § 8 ist auf vermögenswirksame Leistungen, über die nach dem 31.12.1994 vorzeitig verfügt worden ist, anzuwenden. Im übrigen ist diese VO auf vermögenswirksame Leistungen, die nach dem 31.12.1993 angelegt werden, anzuwenden (§ 10).

[2] Titel neu gef. durch VO v. 12.7.2017 (BGBl. I S. 2360).

[Fassung bis 31.12.2017:]

(2) [1] Werden bei einer Anlage nach § 2 Abs. 1 Nr. 4 des Gesetzes oder § 17 Abs. 5 Satz 1 Nr. 1 des Fünften Vermögensbildungsgesetzes in der Fassung der Bekanntmachung vom 19. Januar 1989 (BGBl. I S. 137)

1. Wohnbau-Sparverträge in Baufinanzierungsverträge umgewandelt (§ 12 Abs. 1 Nr. 2 der Verordnung zur Durchführung des Wohnungsbau-Prämiengesetzes in der Fassung der Bekanntmachung vom 29. Juni 1994, BGBl. I S. 1446),

2. Baufinanzierungsverträge in Wohnbau-Sparverträge umgewandelt (§ 18 Abs. 1 Nr. 2 der Verordnung zur Durchführung des Wohnungsbau-Prämiengesetzes in der Fassung der Bekanntmachung vom 29. Juni 1994, BGBl. I S. 1446) oder

3. [1] Sparbeiträge auf einen von dem Arbeitnehmer oder seinem Ehegatten [*ab 24.7.2014:* oder Lebenspartner] abgeschlossenen Bausparvertrag überwiesen (§ 4 Abs. 3 Nr. 7 des Fünften Vermögensbildungsgesetzes in der Fassung der Bekanntmachung vom 19. Februar 1987, BGBl. I S. 630),

so hat das Kreditinstitut oder Unternehmen, bei dem die vermögenswirksamen Leistungen angelegt worden sind, dem neuen Kreditinstitut oder Unternehmen den Betrag der vermögenswirksamen Leistungen, das Kalenderjahr, dem sie zuzuordnen sind, das Ende der Sperrfrist, seinen Institutsschlüssel *(§ 5 Abs. 2)*

[Fassung ab 1.1.2018:]

(2)[2] [1] Werden bei einer Anlage nach § 2 Absatz 1 Nummer 4 des Gesetzes

1. Wohnbau-Sparverträge in Baufinanzierungsverträge umgewandelt (§ 12 Absatz 1 Nummer 2 der Verordnung zur Durchführung des Wohnungsbau-Prämiengesetzes) oder

2. Baufinanzierungsverträge in Wohnbau-Sparverträge umgewandelt (§ 18 Absatz 1 Nummer 2 der Verordnung zur Durchführung des Wohnungsbau-Prämiengesetzes),

hat das Kreditinstitut oder Unternehmen, bei dem die vermögenswirksamen Leistungen angelegt worden sind, dem neuen Kreditinstitut oder Unternehmen unverzüglich mitzuteilen:

a) den Betrag der vermögenswirksamen Leistungen,

b) das Kalenderjahr, dem sie zuzuordnen sind,

c) das Ende der Sperrfrist,

d) seinen Institutsschlüssel gemäß § 5 Absatz 1 und

e) die bisherige Vertragsnummer des Arbeitnehmers.

---

[1] § 2 Abs. 2 Satz 1 Nr. 3 geänd. mWv 24.7.2014 durch G v. 18.7.2014 (BGBl. I S. 1042).
[2] § 2 Abs. 2 Satz 1 neu gef. mWv 1.1.2018 (§ 10 Abs. 1) durch VO v. 12.7.2017 (BGBl. I S. 2360).

[Fassung bis 31.12.2017:]
[neue Fassung: gemäß § 5 Absatz 1][1]
und die bisherige Vertragsnummer
des Arbeitnehmers unverzüglich
schriftlich mitzuteilen.
[2] Das neue Kreditinstitut oder Unternehmen hat die Angaben aufzuzeichnen.

(3) [1] Das Kreditinstitut oder die *Kapitalanlagegesellschaft [ab 24.12.2013*: Kapitalverwaltungsgesellschaft][2], bei dem vermögenswirksame Leistungen auf Grund eines Vertrags im Sinne des § 4 des Gesetzes angelegt werden, hat

1. dem Arbeitgeber, der mit den vermögenswirksamen Leistungen erworbene Wertpapiere verwahrt oder an dessen Unternehmen eine nichtverbriefte Vermögensbeteiligung im Sinne des § 2 Abs. 1 Nr. 1 Buchstabe g bis l des Gesetzes mit den vermögenswirksamen Leistungen begründet oder erworben wird, oder

2. dem Unternehmen, an dem eine nichtverbriefte Vermögensbeteiligung im Sinne des § 2 Abs. 1 Nr. 1 Buchstabe g bis l des Gesetzes mit den vermögenswirksamen Leistungen begründet oder erworben wird,

das Ende der für die vermögenswirksamen Leistungen geltenden Sperrfrist unverzüglich *schriftlich*[3] mitzuteilen. [2] Wenn über die verbrieften oder nichtverbrieften Vermögensbeteiligungen vor Ablauf der Sperrfrist verfügt worden ist, hat dies der Arbeitgeber oder das Unternehmen dem Kreditinstitut oder der *Kapitalanlagegesellschaft [ab 24.12.2013:* Kapitalverwaltungsgesellschaft][2] unverzüglich mitzuteilen.

(4) [1] Der Arbeitgeber, bei dem vermögenswirksame Leistungen auf Grund eines Vertrags im Sinne des § 5 des Gesetzes angelegt werden, hat dem vom Arbeitnehmer benannten Kreditinstitut, das die erworbenen Wertpapiere verwahrt, oder der vom Arbeitnehmer benannten *Kapitalanlagegesellschaft [ab 24.12.2013:* Kapitalverwaltungsgesellschaft][2], die die erworbenen Wertpapiere verwahrt, das Ende der für die vermögenswirksamen Leistungen geltenden Sperrfrist unverzüglich *schriftlich*[3] mitzuteilen. [2] Wenn über die Wertpapiere vor Ablauf der Sperrfrist verfügt worden ist, hat dies das Kreditinstitut oder die *Kapitalanlagegesellschaft [ab 24.12.2013:* Kapitalverwaltungsgesellschaft][2] dem Arbeitgeber unverzüglich mitzuteilen.

§ 3 Aufzeichnungspflichten des Beteiligungsunternehmens.

(1) [1] Das Unternehmen, an dem eine nichtverbriefte Vermögensbeteiligung im Sinne des § 2 Abs. 1 Nr. 1 Buchstabe g bis l des Gesetzes auf Grund eines Vertrags im Sinne des § 6 Abs. 2 oder des § 7 Abs. 2 des Gesetzes mit vermögenswirksamen Leistungen begründet oder erworben wird, hat den Betrag der vermögenswirksamen Leistungen und das Kalenderjahr, dem sie

---

[1] § 2 Abs. 2 Satz 1 geänd. durch G v. 26.6.2013 (BGBl. I S. 1809); zur Anwendung siehe § 11 Abs. 1 Sätze 2 und 3.
[2] Bezeichnung geänd. mWv 24.12.2013 durch G v. 18.12.2013 (BGBl. I S. 4318).
[3] Schriftformerfordernis aufgeh. mWv 1.1.2018 (§ 10 Abs. 1) durch VO v. 12.7.2017 (BGBl. I S. 2360).

zuzuordnen sind, sowie das Ende der Sperrfrist aufzuzeichnen. ²Bei Verträgen im Sinne des § 4 des Gesetzes genügt die Aufzeichnung des Endes der Sperrfrist.

(2) Zu den Aufzeichnungen nach Absatz 1 Satz 1 ist auch der Arbeitgeber verpflichtet, an dessen Unternehmen eine nichtverbriefte Vermögensbeteiligung im Sinne des § 2 Abs. 1 Nr. 1 Buchstabe g bis l des Gesetzes auf Grund eines Vertrags im Sinne des § 6 Abs. 1 oder des § 7 Abs. 1 des Gesetzes mit vermögenswirksamen Leistungen begründet oder erworben wird.

§ 4 Festlegung von Wertpapieren. (1) Wertpapiere, die auf Grund eines Vertrags im Sinne des § 4 des Gesetzes mit vermögenswirksamen Leistungen erworben werden, sind auf den Namen des Arbeitnehmers dadurch festzulegen, daß sie für die Dauer der Sperrfrist wie folgt in Verwahrung gegeben werden:

1. ¹Erwirbt der Arbeitnehmer Einzelurkunden, so müssen diese in das Depot bei dem Kreditinstitut oder der *Kapitalanlagegesellschaft* [*ab 24.12.2013:* Kapitalverwaltungsgesellschaft][1] gegeben werden, mit dem er den Sparvertrag abgeschlossen hat. ²Das Kreditinstitut oder die *Kapitalanlagegesellschaft* [*ab 24.12.2013:* Kapitalverwaltungsgesellschaft][1] muß in den Depotbüchern einen Sperrvermerk für die Dauer der Sperrfrist anbringen. ³Bei Drittverwahrung genügt ein Sperrvermerk im Kundenkonto beim erstverwahrenden Kreditinstitut oder bei der erstverwahrenden *Kapitalanlagegesellschaft* [*ab 24.12.2013:* Kapitalverwaltungsgesellschaft][1].

2. Erwirbt der Arbeitnehmer Anteile an einem Sammelbestand von Wertpapieren oder werden Wertpapiere bei einer Wertpapiersammelbank in Sammelverwahrung gegeben, so muß das Kreditinstitut oder die *Kapitalanlagegesellschaft* [*ab 24.12.2013:* Kapitalverwaltungsgesellschaft][1] einen Sperrvermerk in das Depotkonto eintragen.

(2) ¹Wertpapiere nach Absatz 1 Satz 1,

1. die eine Vermögensbeteiligung an Unternehmen des Arbeitgebers oder eine gleichgestellte Vermögensbeteiligung (§ 2 Abs. 2 Satz 1 des Gesetzes) verbriefen oder

2. die der Arbeitnehmer vom Arbeitgeber erwirbt,

können auch vom Arbeitgeber verwahrt werden. ²Der Arbeitgeber hat die Verwahrung sowie das Ende der Sperrfrist aufzuzeichnen.

(3) ¹Wertpapiere, die auf Grund eines Vertrags im Sinne des § 5 des Gesetzes erworben werden, sind festzulegen durch Verwahrung

1. beim Arbeitgeber oder

2. im Auftrag des Arbeitgebers bei einem Dritten oder

3. bei einem vom Arbeitnehmer benannten inländischen Kreditinstitut oder bei einer vom Arbeitnehmer benannten inländischen *Kapitalanlagegesellschaft* [*ab 24.12.2013:* Kapitalverwaltungsgesellschaft][1].

---

[1] Bezeichnung geänd. mWv 24.12.2013 durch G v. 18.12.2013 (BGBl. I S. 4318).

² In den Fällen der Nummern 1 und 2 hat der Arbeitgeber die Verwahrung, den Betrag der vermögenswirksamen Leistungen, das Kalenderjahr, dem sie zuzuordnen sind, und das Ende der Sperrfrist aufzuzeichnen. ³ Im Falle der Nummer 3 hat das Kreditinstitut oder die *Kapitalanlagegesellschaft [ab 24.12.2013:* Kapitalverwaltungsgesellschaft]¹⁾ das Ende der Sperrfrist aufzuzeichnen.

(4) Bei einer Verwahrung durch ein Kreditinstitut oder eine *Kapitalanlagegesellschaft [ab 24.12.2013:* Kapitalverwaltungsgesellschaft]¹⁾ hat der Arbeitnehmer innerhalb von drei Monaten nach dem Erwerb der Wertpapiere dem Arbeitgeber eine Bescheinigung des Kreditinstituts oder der *Kapitalanlagegesellschaft [ab 24.12.2013:* Kapitalverwaltungsgesellschaft]¹⁾ darüber vorzulegen, daß die Wertpapiere entsprechend Absatz 1 in Verwahrung genommen worden sind.

§ 5²⁾ Elektronische Vermögensbildungsbescheinigung.

[Fassung bis 31.12.2017:]

(1) ¹ Das Kreditinstitut, das Unternehmen oder der Arbeitgeber, bei dem vermögenswirksame Leistungen nach § 2 Abs. 1 Nr. 1 bis 4, Abs. 2 bis 4 des Gesetzes oder nach § 17 Abs. 5 Satz 1 des Fünften Vermögensbildungsgesetzes in der am 19. Januar 1989 geltenden Fassung (BGBl. I S. 137) angelegt werden, hat in der elektronischen Vermögensbildungsbescheinigung seinen Institutsschlüssel und die Vertragsnummer des Arbeitnehmers anzugeben; dies gilt nicht für Anlagen nach § 2 Abs. 1 Nr. 4 des Gesetzes in Verbindung mit § 2 Abs. 1 Nr. 2 des Wohnungsbau-Prämiengesetzes.

[Fassung ab 1.1.2018:]

(1) ¹ Das Kreditinstitut, das Unternehmen oder der Arbeitgeber, bei dem vermögenswirksame Leistungen nach § 2 Absatz 1 Nummer 1 bis 4 oder Absatz 2 bis 4 des Gesetzes angelegt werden, hat in der elektronischen Vermögensbildungsbescheinigung seinen Institutsschlüssel und die Vertragsnummer des Arbeitnehmers anzugeben.

² Der Institutsschlüssel ist bei der *Zentralstelle der Länder [ab 1.1.2018:* Zentralstelle für Arbeitnehmer-Sparzulage und Wohnungsbauprämie] anzufordern. ³ Bei der Anforderung sind anzugeben

1. Name und Anschrift des anfordernden Kreditinstituts, Unternehmens oder Arbeitgebers,

2. Bankverbindung für die Überweisung der Arbeitnehmer-Sparzulagen,

3. Lieferanschrift für die Übersendung von Datenträgern.

⁴ Die Vertragsnummer darf keine Sonderzeichen enthalten.

(2) Der Arbeitgeber oder das Unternehmen, bei dem vermögenswirksame Leistungen nach § 2 Abs. 1 Nr. 2 und 3, Abs. 2 bis 4 des Gesetzes angelegt

---

¹⁾ Bezeichnung geänd. mWv 24.12.2013 durch G v. 18.12.2013 (BGBl. I S. 4318).
²⁾ § 5 Abs. 1 Satz 1 neu gef., Satz 2 geänd. mWv. 1.1.2018 (§ 10 Abs. 1) durch VO v. 12.7.2017 (BGBl. I S. 2360).

werden, hat in der elektronischen Vermögensbildungsbescheinigung, die noch nicht zum Erwerb von Wertpapieren oder zur Begründung von Rechten verwendet worden sind, als Ende der Sperrfrist den 31. Dezember des sechsten Kalenderjahres nach dem Kalenderjahr anzugeben, dem die vermögenswirksamen Leistungen zuzuordnen sind.

(3)[1] [1]In der elektronischen Vermögensbildungsbescheinigung über vermögenswirksame Leistungen, die nach § 2 Absatz 1 Nummer 1 oder Nummer 4 des Gesetzes bei Kreditinstituten, *Kapitalanlagegesellschaften [ab 24.12.2013: Kapitalverwaltungsgesellschaften]*[2] oder Versicherungsunternehmen angelegt worden sind, ist bei einer unschädlichen vorzeitigen Verfügung als Ende der Sperrfrist der Zeitpunkt dieser Verfügung anzugeben. [2]Dies gilt bei Zuteilung eines Bausparvertrags entsprechend.

(4)[3] Bei einer schädlichen vorzeitigen Verfügung über vermögenswirksame Leistungen, die nach § 2 Abs. 1 Nr. 1 oder 4 des Gesetzes bei Kreditinstituten, *Kapitalanlagegesellschaften [ab 24.12.2013: Kapitalverwaltungsgesellschaften]*[2] oder Versicherungsunternehmen angelegt worden sind, darf eine elektronische Vermögensbildungsbescheinigung nicht erteilt werden.

§ 6 Festsetzung der Arbeitnehmer-Sparzulage, Mitteilungspflichten der Finanzämter.

(1)[4] [1]Die Festsetzung der Arbeitnehmer-Sparzulage ist regelmäßig mit der Einkommensteuererklärung zu beantragen. [2]Die festzusetzende Arbeitnehmer-Sparzulage ist auf den nächsten vollen Euro-Betrag[5] aufzurunden. [3]Sind für den Arbeitnehmer die vermögenswirksamen Leistungen eines Kalenderjahres auf mehr als einem der in § 2 Abs. 1 Nr. 1 bis 5 des Gesetzes bezeichneten Anlageverträge angelegt worden, so gilt die Aufrundung für jeden Vertrag.

(2) [1]Festgesetzte, noch nicht fällige Arbeitnehmer-Sparzulagen sind der *Zentralstelle der Länder [ab 1.1.2018:* Zentralstelle für Arbeitnehmer-Sparzulage und Wohnungsbauprämie]*[6] zur Aufzeichnung der für ihre Auszahlung notwendigen Daten mitzuteilen. [2]Das gilt auch für die Änderung festgesetzter Arbeitnehmer-Sparzulagen sowie in den Fällen, in denen festgesetzte Arbeitnehmer-Sparzulagen nach Auswertung einer Anzeige über die teilweise schädliche vorzeitige Verfügung (§ 8 Abs. 4 Satz 2) unberührt bleiben.

(3)[7] Werden bei einer Anlage nach § 2 Abs. 1 Nr. 1 bis 4, Abs. 2 bis 4 des Gesetzes vor Ablauf der Sperrfrist teilweise Beträge zurückgezahlt, Ansprüche aus dem Vertrag abgetreten oder beliehen, die Bauspar- oder Versicherungssumme ausgezahlt, die Festlegung aufgehoben oder Spitzenbeträge nach § 4

---

[1] § 5 Abs. 3 Satz 1 geänd. durch VO v. 22.12.2014 (BGBl. I S. 2392); Satz 1 geänd. mWv 1.1.2018 (§ 10 Abs. 1) durch VO v. 12.7.2017 (BGBl. I S. 2360).
[2] Bezeichnung geänd. mWv 24.12.2013 durch G v. 18.12.2013 (BGBl. I S. 4318).
[3] § 5 Abs. 4 geänd. mWv 1.1.2018 (§ 10 Abs. 1) durch VO v. 12.7.2017 (BGBl. I S. 2360).
[4] § 6 Abs. 1 Satz 1 geänd. mWv 1.1.2018 (§ 10 Abs. 1) durch VO v. 12.7.2017 (BGBl. I S. 2360).
[5] Bezeichnung geänd. mWv 1.1.2002 durch G v. 19.12.2000 (BGBl. I S. 1790).
[6] Bezeichnung geänd. mWv 1.1.2018 (§ 10 Abs. 1) durch VO v. 12.7.2017 (BGBl. I S. 2360).
[7] § 6 Abs. 3 geänd. mWv 1.1.2018 (§ 10 Abs. 1) durch VO v. 12.7.2017 (BGBl. I S. 2360).

Abs. 3 des Gesetzes von mehr als 150 Euro[1] nicht rechtzeitig verwendet, so gelten für die Festsetzung oder Neufestsetzung der Arbeitnehmer-Sparzulage die Beträge in folgender Reihenfolge als zurückgezahlt:

1. Beträge, die keine vermögenswirksamen Leistungen sind,

2. vermögenswirksame Leistungen, für die keine Arbeitnehmer-Sparzulage festgesetzt worden ist,

3. vermögenswirksame Leistungen, für die eine Arbeitnehmer-Sparzulage festgesetzt worden ist.

(4)[2] [1] In den Fällen des § 4 Abs. 4 Nr. 6 des Gesetzes gilt für die Festsetzung oder Neufestsetzung der Arbeitnehmer-Sparzulage der nicht wiederverwendete Erlös, wenn er 150 Euro[1] übersteigt, in folgender Reihenfolge als zurückgezahlt:

1. Beträge, die keine vermögenswirksamen Leistungen sind,

2. vermögenswirksame Leistungen, für die keine Arbeitnehmer-Sparzulage festgesetzt worden ist,

3. vermögenswirksame Leistungen, für die eine Arbeitnehmer-Sparzulage festgesetzt worden ist.

[2] Maßgebend sind die bis zum Ablauf des Kalenderjahres, das dem Kalenderjahr der Veräußerung vorangeht, angelegten Beträge.

§ 7 Auszahlung der Arbeitnehmer-Sparzulage. (1) Die festgesetzte Arbeitnehmer-Sparzulage ist vom Finanzamt an den Arbeitnehmer auszuzahlen

1. bei einer Anlage nach § 2 Abs. 1 Nr. 4 des Gesetzes in Verbindung mit § 2 Abs. 1 Nr. 2 des Wohnungsbau-Prämiengesetzes sowie bei einer Anlage nach § 2 Abs. 1 Nr. 5 des Gesetzes;

2.[3] bei einer Anlage nach § 2 Abs. 1 Nr. 1 bis 4, Abs. 2 bis 4 des Gesetzes, wenn im Zeitpunkt der Bekanntgabe des Bescheids über die Festsetzung der Arbeitnehmer-Sparzulage die für die Anlageform vorgeschriebene Sperrfrist oder die im Wohnungsbau-Prämiengesetz oder in der Verordnung zur Durchführung des Wohnungsbau-Prämiengesetzes genannten Sperr- und Rückzahlungsfristen abgelaufen sind, [2] Bei Bausparverträgen gelten die in § 2 Abs. 3 Satz 1 des Wohnungsbau-Prämiengesetzes genannten Sperr- und Rückzahlungsfristen unabhängig davon, ob der Vertrag vor dem 1. Januar 2009 oder nach dem 31. Dezember 2008 abgeschlossen worden ist;

3.[4] in den Fällen des § 5 Absatz 3;

4. bei einer Anlage nach § 2 Abs. 1 Nr. 2 und 3 des Gesetzes, wenn eine unschädliche vorzeitige Verfügung vorliegt.

---

[1] Betrag geänd. mWv 1.1.2002 durch G v. 19.12.2000 (BGBl. I S. 1790).

[2] § 6 Abs. 4 Satz 1 geänd. mWv 1.1.2018 (§ 10 Abs. 1) durch VO v. 12.7.2017 (BGBl. I S. 2360).

[3] § 7 Abs. 1 Nr. 2 Satz 1 geänd., Satz 2 angef. durch G v. 29.7.2008 (BGBl. I S. 1509); zur erstmaligen Anwendung siehe § 11 Abs. 1; Satz 1 geänd. mWv 1.1.2018 (§ 10 Abs. 1) durch VO v. 12.7.2017 (BGBl. I S. 2360).

[4] § 7 Abs. 1 Nr. 3 Verweis geänd. durch G v. 26.6.2013 (BGBl. I S. 1809); zur Anwendung siehe § 11 Abs. 1 Sätze 2 und 3.

(2)[1] [1]Die bei der Zentralstelle *der Länder aufgezeichneten Arbeitnehmer-Sparzulagen für Anlagen nach § 2 Abs. 1 Nr. 1 bis 4, Abs. 2 bis 4 des Gesetzes oder nach § 17 Abs. 5 Satz 1 des Fünften Vermögensbildungsgesetzes in der am 19. Januar 1989 geltenden Fassung (BGBl. I S. 137)* [ab **1.1.2018**: für Arbeitnehmer-Sparzulage und Wohnungsbauprämie aufgezeichneten Arbeitnehmer-Sparzulagen für Anlagen nach § 2 Absatz 1 Nummer 1 bis 4, Absatz 2 bis 4 des Gesetzes] sind dem Kreditinstitut, dem Unternehmen oder dem Arbeitgeber, bei dem die vermögenswirksamen Leistungen angelegt worden sind, zugunsten des Arbeitnehmers zu überweisen. [2]Die Überweisung ist in den Fällen des § 14 Abs. 4 Satz 4 Buchstabe c und d des Gesetzes bis zum Ende des Kalendermonats vorzunehmen, der auf den Kalendermonat folgt, in dem die Zuteilung oder die unschädliche vorzeitige Verfügung angezeigt worden ist.

§ 8 Anzeigepflichten des Kreditinstituts, des Unternehmens oder des Arbeitgebers.

[Fassung bis 31.12.2017:]

(1) Der Zentralstelle der Länder ist anzuzeigen

1. von dem Kreditinstitut, der *Kapitalanlagegesellschaft* [ab **24.12.2013**: Kapitalverwaltungsgesellschaft][3] oder dem Versicherungsunternehmen, das bei ihm nach § 2 Abs. 1 Nr. 1 oder 4 des Gesetzes oder § 17 Abs. 5 Satz 1 des Fünften Vermögensbildungsgesetzes in der am 19. Januar 1989 geltenden Fassung (BGBl. I S. 137) angelegte vermögenswirksame Leistungen nach § 15 Abs. 1 des Gesetzes bescheinigt hat, wenn vor Ablauf der Sperrfrist

   a) vermögenswirksame Leistungen zurückgezahlt werden,

   b) über Ansprüche aus einem Vertrag im Sinne des § 4 des Gesetzes, einem Bausparvertrag

[Fassung ab 1.1.2018:][2]

(1) Der Zentralstelle für Arbeitnehmer-Sparzulage und Wohnungsbauprämie ist anzuzeigen,

1. von dem Kreditinstitut, der Kapitalverwaltungsgesellschaft oder dem Versicherungsunternehmen, welches zu den nach § 2 Absatz 1 Nummer 1 oder Nummer 4 des Gesetzes angelegten vermögenswirksamen Leistungen eine elektronische Vermögensbildungsbescheinigung übermittelt hat, wenn vor Ablauf der Sperrfrist

   a) vermögenswirksame Leistungen zurückgezahlt werden,

   b) über Ansprüche aus einem Vertrag im Sinne des § 4 des Gesetzes oder einem Bausparvertrag durch Rückzahlung, Abtretung, Beleihung oder in anderer Weise verfügt wird,

---

[1] § 7 Abs. 2 Satz 1 geänd. mWv 1.1.2018 (§ 10 Abs. 1) durch VO v. 12.7.2017 (BGBl. I S. 2360).
[2] § 8 Abs. 1 Nrn. 1 und 2 neu gef. mWv 1.1.2018 (§ 10 Abs. 1) durch VO v. 12.7.2017 (BGBl. I S. 2360).
[3] § 8 Abs. 1 Nrn. 1 und 2 ergänzt durch G v. 21.12.2007 (BGBl. I S. 3089); Bezeichnung geänd. mWv 24.12.2013 durch G v. 18.12.2013 (BGBl. I S. 4318).

[Fassung bis 31.12.2017:]

oder einem Vertrag nach § 17 Abs. 5 Satz 1 des Fünften Vermögensbildungsgesetzes in der am 19. Januar 1989 geltenden Fassung (BGBl. I S. 137) durch Rückzahlung, Abtretung, Beleihung oder in anderer Weise verfügt wird,

c) die Festlegung erworbener Wertpapiere aufgehoben oder über solche Wertpapiere verfügt wird,

d) der Bausparvertrag zugeteilt oder die Bausparsumme ausgezahlt wird oder

e) die Versicherungssumme ausgezahlt oder der Versicherungsvertrag in einen Vertrag umgewandelt wird, der die Voraussetzungen des in § 17 Abs. 5 Satz 1 Nr. 3 des Fünften Vermögensbildungsgesetzes in der am 19. Januar 1989 geltenden Fassung (BGBl. I S. 137) bezeichneten Vertrags nicht erfüllt;

2. von dem Kreditinstitut oder der *Kapitalanlagegesellschaft* *[ab 24.12.2013:* Kapitalverwaltungsgesellschaft],[2] bei dem vermögenswirksame Leistungen nach § 4 des Gesetzes oder § 17 Abs. 5 Satz 1 Nr. 2 des Fünften Vermögensbildungsgesetzes in der am 19. Januar 1989 geltenden Fassung (BGBl. I S. 137) angelegt worden sind, wenn Spitzenbeträge nach § 4 Abs. 3 oder Abs. 4 Nr. 6 des Gesetzes oder § 5 Abs. 3 oder 4 des Fünften Vermögensbildungsgeset-

[Fassung ab 1.1.2018:][1]

c) die Festlegung erworbener Wertpapiere aufgehoben oder über solche Wertpapiere verfügt wird oder

d) der Bausparvertrag zugeteilt oder die Bausparsumme ausgezahlt wird;

2. von dem Kreditinstitut oder der Kapitalverwaltungsgesellschaft, bei dem oder bei der vermögenswirksame Leistungen nach § 4 des Gesetzes angelegt worden sind, wenn Spitzenbeträge nach § 4 Absatz 3 oder Absatz 4 Nummer 6 des Gesetzes von mehr als 150 Euro nicht rechtzeitig verwendet oder wiederverwendet worden sind;

---

[1] § 8 Abs. 1 Nrn. 1 und 2 neu gef. mWv 1.1.2018 (§ 10 Abs. 1) durch VO v. 12.7.2017 (BGBl. I S. 2360).
[2] § 8 Abs. 1 Nrn. 1 und 2 ergänzt durch G v. 21.12.2007 (BGBl. I S. 3089); Bezeichnung geänd. mWv 24.12.2013 durch G v. 18.12.2013 (BGBl. I S. 4318).

[Fassung bis 31.12.2017:]

zes in der am 19. Februar 1987 geltenden Fassung (BGBl. I S. 630) von mehr als 150 Euro[1] nicht rechtzeitig verwendet oder wiederverwendet worden sind;

3. von dem Kreditinstitut oder der Kapitalanlagegesellschaft *[ab 24.12.2013: Kapitalverwaltungsgesellschaft]*[2], dem nach § 2 Abs. 3 Satz 2 mitgeteilt worden ist, daß über verbriefte oder nichtverbriefte Vermögensbeteiligungen vor Ablauf der Sperrfrist verfügt worden ist;

4. von dem Unternehmen oder Arbeitgeber, bei dem eine nichtverbriefte Vermögensbeteiligung nach § 2 Abs. 1 Nr. 1 Buchstabe g bis l des Gesetzes auf Grund eines Vertrags nach § 6 oder § 7 des Gesetzes mit vermögenswirksamen Leistungen begründet oder erworben worden ist, wenn vor Ablauf der Sperrfrist über die Vermögensbeteiligung verfügt wird oder wenn der Arbeitnehmer die Vermögensbeteiligung nicht bis zum Ablauf des Kalenderjahres erhalten hat, das auf das Kalenderjahr der vermögenswirksamen Leistungen folgt;

5. von dem Arbeitgeber, der Wertpapiere nach § 4 Abs. 3 Satz 1 Nr. 1 oder 2 verwahrt oder bei einem Dritten verwahren läßt, wenn vor Ablauf der Sperrfrist die Festlegung von Wertpapieren aufgehoben oder über Wertpapiere verfügt wird oder wenn bei einer Verwahrung nach § 4 Abs. 3 Satz 1 Nr. 3 der Arbeitnehmer die Verwahrungsbescheinigung nach § 4 Abs. 4 nicht rechtzeitig vorlegt;

6. von dem Arbeitgeber, bei dem vermögenswirksame Leistungen auf Grund eines Vertrags im Sinne des § 5 des Gesetzes angelegt werden, wenn ihm die Mitteilung des Kreditinstituts oder der *Kapitalanlagegesellschaft [ab 24.12.2013:* Kapitalverwaltungsgesellschaft]*[2] nach § 2 Abs. 4 Satz 2 zugegangen ist oder wenn der Arbeitnehmer mit den vermögenswirksamen Leistungen eines Kalenderjahres nicht bis zum Ablauf des folgenden Kalenderjahres die Wertpapiere erworben hat.

(2)[3] [1] Das Kreditinstitut, die *Kapitalanlagegesellschaft [ab 24.12.2013:* Kapitalverwaltungsgesellschaft]*[2] oder das Versicherungsunternehmen hat in den Anzeigen nach Absatz 1 Nr. 1 bis 3 zu kennzeichnen, ob eine unschädliche, vollständig schädliche oder teilweise schädliche vorzeitige Verfügung vorliegt. [2] *Der Betrag, über den schädlich vorzeitig verfügt worden ist, sowie die in den einzelnen Kalenderjahren jeweils angelegten vermögenswirksamen Leistungen sind nur in Anzeigen über teilweise schädliche vorzeitige Verfügungen anzugeben.* [ab 20.7.2017:* [2] Nur in den Anzeigen über eine teilweise schädliche vorzeitige Verfügung sind der Gesamtbetrag, über den schädlich vorzeitig verfügt worden ist, sowie die in den einzelnen Kalenderjahren jeweils angelegten vermögenswirksamen Leistungen

---

[1] Betrag geänd. mWv 1.1.2002 durch G v. 19.12.2000 (BGBl. I S. 1790).
[2] § 8 Abs. 1 Nrn. 3 bis 6 sowie Abs. 2 Satz 1 ergänzt durch G v. 21.12.2007 (BGBl. I S. 3089); Bezeichnung geänd. mWv 24.12.2013 durch G v. 18.12.2013 (BGBl. I S. 4318).
[3] § 8 Abs. 2 Satz 2 ersetzt durch Sätze 2 bis 5 durch VO v. 12.7.2017 (BGBl. I S. 2360); zur Anwendung siehe § 10 Abs. 2.

anzugeben. ³Der Gesamtbetrag ist die Summe aller Teilbeträge, über die schädlich vorzeitig verfügt worden ist. ⁴Bei späteren Anzeigen sind auch die bereits angezeigten Teilbeträge einzubeziehen. ⁵Der jeweils letzte übermittelte Gesamtbetrag ist gültig.

(3)¹⁾ Die Anzeigen nach Absatz 1 sind nach amtlich vorgeschriebenem Vordruck oder nach amtlich vorgeschriebenem Datensatz durch Datenfernübertragung für die innerhalb eines Kalendermonats bekannt gewordenen vorzeitigen Verfügungen der *Zentralstelle der Länder* [*ab 1.1.2018:* Zentralstelle für Arbeitnehmer-Sparzulage und Wohnungsbauprämie] jeweils spätestens bis zum 15. Tag des folgenden Kalendermonats zuzuleiten.

(4)²⁾ ¹Sind bei der *Zentralstelle der Länder* [*ab 1.1.2018:* Zentralstelle für Arbeitnehmer-Sparzulage und Wohnungsbauprämie] Arbeitnehmer-Sparzulagen für Fälle aufgezeichnet,

1. die nach Absatz 1 Nr. 4 bis 6 angezeigt werden oder

2. die nach Absatz 1 Nr. 1 bis 3 angezeigt werden, wenn die Anzeigen als vollständig oder teilweise schädliche vorzeitige Verfügung gekennzeichnet sind,

so hat die Zentralstelle die Auszahlung der aufgezeichneten Arbeitnehmer-Sparzulagen zu sperren. ²Die Zentralstelle hat die Anzeigen um ihre Aufzeichnungen zu ergänzen und zur Auswertung dem Finanzamt zu übermitteln, das nach Kenntnis der Zentralstelle zuletzt eine Arbeitnehmer-Sparzulage für den Arbeitnehmer festgesetzt hat.

§ 9 Rückforderung der Arbeitnehmer-Sparzulage durch das Finanzamt.
¹Das für die Besteuerung des Arbeitnehmers nach dem Einkommen zuständige Finanzamt (§ 19 der Abgabenordnung) hat eine zu Unrecht gezahlte Arbeitnehmer-Sparzulage vom Arbeitnehmer zurückzufordern. ²Die Rückforderung unterbleibt, wenn der zurückzufordernde Betrag fünf Euro³⁾ nicht übersteigt.

§ 10⁴⁾ Anwendungsregelung.
(1) Diese Verordnung in der am 20. Juli 2017 geltenden Fassung ist, soweit in Absatz 2 nichts anderes bestimmt ist, erstmals ab dem 1. Januar 2018 anzuwenden.

(2) § 8 Absatz 2 Satz 2 bis 5 in der am 20. Juli 2017 geltenden Fassung ist anzuwenden bei Anzeigen nach dem 19. Juli 2017.

§ 11⁵⁾ *Inkrafttreten, weiter anzuwendende Vorschriften.*
(1) ¹Diese Verordnung in der Fassung des Artikels 14 des Gesetzes vom 20. Dezember 2008 (BGBl. I S. 2850) ist ab 1. Januar 2009 anzuwenden. ²Das Bundesministerium der Finanzen teilt den Zeitpunkt der erstmaligen Anwendung von § 2 Absatz 2 Satz 1, der

---

¹⁾ § 8 Abs. 3 geänd. durch G v. 20.12.2008 (BGBl. I S. 2850); geänd. mWv 1.1.2018 (§ 10 Abs. 1) durch VO v. 12.7.2017 (BGBl. I S. 2360).
²⁾ § 8 Abs. 4 Satz 1 geänd. mWv 1.1.2018 (§ 10 Abs. 1) durch VO v. 12.7.2017 (BGBl. I S. 2360).
³⁾ Betrag geänd. mWv 1.1.2002 durch G v. 19.12.2000 (BGBl. I S. 1790).
⁴⁾ § 10 neu gef. durch VO v. 12.7.2017 (BGBl. I S. 2360).
⁵⁾ § 11 aufgeh. mWv 1.1.2018 durch VO v. 12.7.2017 (BGBl. I S. 2360).

§§ 5 *und 7 Absatz 1 Nummer 3 in der Fassung des Artikels 19 des Gesetzes vom 26. Juni 2013 (BGBl. I S. 1809) durch ein im Bundessteuerblatt zu veröffentlichendes Schreiben mit.* [3] *Bis zu diesem Zeitpunkt sind § 2 Absatz 2 Satz 1, die §§ 5 und 7 Absatz 1 Nummer 3 in der Fassung des Artikels 14 des Gesetzes vom 20. Dezember 2008 (BGBl. I S. 2850) weiter anzuwenden.*

(2) [1] *Die Verordnung zur Durchführung des Fünften Vermögensbildungsgesetzes vom 4. Dezember 1991 (BGBl. I S. 1556), geändert durch Artikel 4 des Gesetzes vom 21. Dezember 1993 (BGBl. I S. 2310), tritt am Tage nach der Verkündung dieser Verordnung außer Kraft.* [2] *Sie ist auf vermögenswirksame Leistungen, die vor dem 1. Januar 1994 angelegt worden sind, weiter anzuwenden; § 7 ist auch auf vermögenswirksame Leistungen, über die vor dem 1. Januar 1995 vorzeitig verfügt worden ist, weiter anzuwenden.* [3] *Im übrigen ist die Verordnung zur Durchführung des Fünften Vermögensbildungsgesetzes vom 4. Dezember 1991 auf vermögenswirksame Leistungen, die nach dem 31. Dezember 1993 angelegt worden sind, nicht mehr anzuwenden.*

52. Wohnungsbau-Prämiengesetz
(WoPG 1996)

In der Fassung der Bekanntmachung vom 30. Oktober 1997
(BGBl. I S. 2678)[1]·[2]

Geändert durch Steuer-Euroglättungsgesetz vom 19.12.2000 (BGBl. I S. 1790), Steuer-änderungsgesetz 2001 vom 20.12.2001 (BGBl. I S. 3794), Fünftes Gesetz zur Änderung des Steuerbeamten-Ausbildungsgesetzes und zur Änderung von Steuergesetzen vom 23.7.2002 (BGBl. I S. 2715), Haushaltsbegleitgesetz 2004 vom 29.12.2003 (BGBl. I S. 3076), Eigenheim-rentengesetz vom 29.7.2008 (BGBl. I S. 1509), Steuerbürokratieabbaugesetz vom 20.12.2008 (BGBl. I S. 2850), Jahressteuergesetz 2010 (JStG 2010) vom 8.12.2010 (BGBl. I S. 1768), Gesetz zur bestätigenden Regelung verschiedener steuerlicher und verkehrsrechtlicher Vor-schriften des Haushaltsbegleitgesetzes 2004 vom 5.4.2011 (BGBl. I S. 554), Gesetz zur Anpas-sung steuerlicher Regelungen an die Rechtsprechung des Bundesverfassungsgerichts vom 18.7.2014 (BGBl. I S. 1042), und Gesetz zur weiteren steuerlichen Förderung der Elektromo-bilität und zur Änderung weiterer steuerlicher Vorschriften vom 12.12.2019 (BGBl. I S. 2451)

BGBl. III/FNA 2330-9

§ 1[3] **Prämienberechtigte.** [1]Unbeschränkt einkommensteuerpflichtige Per-sonen im Sinne des § 1 Absatz 1, 2 oder 3 des Einkommensteuergesetzes, die das 16. Lebensjahr vollendet haben oder Vollwaisen sind, können für Aufwen-dungen zur Förderung des Wohnungsbaus eine Prämie erhalten. [2]Vorausset-zung ist, daß

1. die Aufwendungen nicht vermögenswirksame Leistungen darstellen, für die Anspruch auf Arbeitnehmer-Sparzulage nach § 13 des Fünften Vermögens-bildungsgesetzes besteht, und

2. das maßgebende Einkommen des Prämienberechtigten die Einkommens-grenze (§ 2a) nicht überschritten hat.

§ 2 Prämienbegünstigte Aufwendungen. (1) Als Aufwendungen zur Förderung des Wohnungsbaus im Sinne des § 1 gelten

1.[4] Beiträge an Bausparkassen zur Erlangung von Baudarlehen, soweit die an dieselbe Bausparkasse geleisteten Beiträge im Sparjahr (§ 4 Abs. 1) mindes-tens 50 Euro[5] betragen. [2]Voraussetzung ist, daß die Bausparkasse ihren Sitz oder ihre Geschäftsleitung in einem Mitgliedstaat der Europäischen Union hat und ihr die Erlaubnis zum Geschäftsbetrieb im Gebiet der Europäischen

---

[1] Neubekanntmachung des WoPG idF der Bek. v. 30.7.1992 (BGBl. I S. 1405) auf Grund des § 9 Abs. 2 WoPG idF der Bek. v. 30.7.1992 (BGBl. I S. 1405) in der ab 18.12.1996 gel-tenden Fassung.
Die vorliegende Fassung ist erstmals für das Sparjahr 2009 anzuwenden (§ 10 Abs. 1).
[2] **Zur Anwendung im Beitrittsgebiet siehe § 10 Abs. 2.**
[3] § 1 Satz 1 geänd. durch G v. 12.12.2019 (BGBl. I S. 2451); zur Anwendung vgl. § 10 Abs. 1 Satz 2.
[4] § 2 Abs. 1 Nr. 1 Satz 4 geänd. mWv 18.12.2019 durch G v. 12.12.2019 (BGBl. I S. 2451).
[5] Betrag geänd. mWv 1.1.2002 durch G v. 19.12.2000 (BGBl. I S. 1790).

Union erteilt ist. [3] Bausparkassen sind Kreditinstitute, deren Geschäftsbetrieb darauf gerichtet ist, Bauspareinlagen entgegenzunehmen und aus den angesammelten Beträgen den Bausparern nach einem auf gleichmäßige Zuteilungsfolge gerichteten Verfahren Baudarlehen für wohnungswirtschaftliche Maßnahmen zu gewähren. [4] Werden Beiträge an Bausparkassen zugunsten eines zertifizierten Altervorsorgevertrages zur Erlangung eines Bauspardarlehens in einem Sparjahr (§ 4 Abs. 1) vom Anbieter den Altersvorsorgebeiträgen nach § 82 des Einkommensteuergesetzes zugeordnet, handelt es sich bei allen Beiträgen zu diesem Vertrag innerhalb dieses Sparjahres bis zu dem in § 10a Absatz 1 des Einkommensteuergesetzes genannten Höchstbetrag um Altersvorsorgebeiträge und nicht um prämienbegünstigte Aufwendungen im Sinne der Absätze 2 und 3;[1]

2. Aufwendungen für den ersten Erwerb von Anteilen an Bau- und Wohnungsgenossenschaften;

3.[2] Beiträge auf Grund von Sparverträgen, die auf die Dauer von drei bis sechs Jahren als allgemeine Sparverträge oder als Sparverträge mit festgelegten Sparraten mit einem Kreditinstitut abgeschlossen werden, wenn die eingezahlten Sparbeiträge und die Prämien zum Bau und Erwerb selbst genutzten Wohneigentums oder zum Erwerb eines eigentumsähnlichen Dauerwohnrechts verwendet werden;

4.[3] Beiträge auf Grund von Verträgen, die mit Wohnungs- und Siedlungsunternehmen nach der Art von Sparverträgen mit festgelegten Sparraten auf die Dauer von drei bis acht Jahren mit dem Zweck einer Kapitalansammlung abgeschlossen werden, wenn die eingezahlten Beiträge und die Prämien zum Bau oder Erwerb selbst genutzten Wohneigentums oder zum Erwerb eines eigentumsähnlichen Dauerwohnrechts verwendet werden. [2] Den Verträgen mit Wohnungs- und Siedlungsunternehmen stehen Verträge mit den am 31. Dezember 1989 als Organe der staatlichen Wohnungspolitik anerkannten Unternehmen gleich, soweit sie die Voraussetzungen nach Satz 1 erfüllen.

[Fassung bis Sparjahr 2008]

(2) [1] Für die Prämienbegünstigung der in Absatz 1 Nr. 1 bezeichneten Aufwendungen ist Voraussetzung, daß vor Ablauf von sieben Jahren seit Vertragsabschluß weder die Bausparsumme ganz oder zum Teil ausgezahlt noch geleistete Beiträge ganz oder zum Teil zurückgezahlt oder Ansprüche aus dem Bauspar-

[Fassung ab Sparjahr 2009][4]

(2) [1] Für die Prämienbegünstigung der in Absatz 1 Nr. 1 bezeichneten Aufwendungen ist Voraussetzung, dass

1. bei Auszahlung der Bausparsumme oder bei Beleihung der Ansprüche aus dem Vertrag der Bausparer die empfangenen Beträge unverzüglich und unmittelbar

---

[1] § 2 Abs. 1 Nr. 1 Satz 4 angef. mit erstmaliger Wirkung für Sparjahr 2008 (§ 10 Abs. 1 Satz 3) durch G v. 29.7.2008 (BGBl. I S. 1509).
[2] § 2 Abs. 1 Nr. 3 geänd. durch G v. 23.7.2002 (BGBl. I S. 2715).
[3] § 2 Abs. 1 Nr. 4 geänd. durch G v. 23.7.2002 (BGBl. I S. 2715).
[4] § 2 Abs. 2 Sätze 1 und 2 ersetzt durch Sätze 1 bis 7 mit erstmaliger Wirkung für Sparjahr 2009 durch G v. 29.7.2008 (BGBl. I S. 1509).

[Fassung bis Sparjahr 2008]

vertrag abgetreten oder beliehen werden. ²Unschädlich ist jedoch die vorzeitige Verfügung, wenn

1. die Bausparsumme ausgezahlt oder die Ansprüche aus dem Vertrag beliehen werden und der Bausparer die empfangenen Beträge unverzüglich und unmittelbar zum Wohnungsbau verwendet oder

2. im Falle der Abtretung der Erwerber die Bausparsumme oder die auf Grund einer Beleihung empfangenen Beträge unverzüglich und unmittelbar zum Wohnungsbau für den Abtretenden oder dessen Angehörige im Sinne des § 15 der Abgabenordnung verwendet oder

3. der Bausparer oder sein von ihm nicht dauernd getrennt lebender Ehegatte nach Vertragsabschluß gestorben oder völlig erwerbsunfähig geworden ist oder

4. der Bausparer nach Vertragsabschluß arbeitslos geworden ist und die Arbeitslosigkeit mindestens ein Jahr lang ununterbrochen bestanden hat und im Zeitpunkt der vorzeitigen Verfügung noch besteht *oder*

5.¹⁾ *der Bausparer, der Staatsangehöriger eines Staates ist, mit dem die Bundesregierung Vereinbarungen über Anwerbung und Beschäftigung von Arbeitnehmern abgeschlossen hat und der nicht Mitglied der Europäischen Gemeinschaft ist, die Bausparsumme oder die Zwischenfinanzierung nach dem Gesetz über eine Wiedereingliederungshilfe im Wohnungsbau für rückkehrende Ausländer vom 18. Februar 1986 (BGBl. I S. 280) unverzüglich und unmittelbar zum Wohnungsbau*

[Fassung ab Sparjahr 2009]

zum Wohnungsbau verwendet oder

2. im Fall der Abtretung der Erwerber die Bausparsumme oder die auf Grund einer Beleihung empfangenen Beträge unverzüglich und unmittelbar zum Wohnungsbau für die abtretende Person oder deren Angehörige im Sinne des § 15 der Abgabenordnung verwendet.

²Unschädlich ist jedoch eine Verfügung ohne Verwendung zum Wohnungsbau, die frühestens sieben Jahre nach dem Vertragsabschluss erfolgt, wenn der Bausparer bei Vertragsabschluss das 25. Lebensjahr noch nicht vollendet hatte. ³Die Prämienbegünstigung ist in diesen Fällen auf die Berücksichtigung der in Absatz 1 Nr. 1 bezeichneten Aufwendungen der letzten sieben Sparjahre bis zu der Verfügung beschränkt. ⁴Jeder Bausparer kann nur einmal über einen vor Vollendung des 25. Lebensjahres abgeschlossenen Bausparvertrag ohne wohnungswirtschaftliche Verwendung prämienunschädlich verfügen. ⁵Unschädlich ist auch eine Verfügung ohne Verwendung zum Wohnungsbau, wenn der Bausparer oder sein von ihm nicht dauernd getrennt lebender Ehegatte nach Vertragsabschluss gestorben oder völlig erwerbsunfähig geworden ist oder der Bausparer nach Vertragsabschluss arbeitslos geworden ist und die Arbeitslosigkeit mindestens ein Jahr lang ununterbrochen bestanden hat und im Zeitpunkt der Verfügung noch besteht. ⁶Die Prämienbegünstigung ist in diesen Fällen auf die Berücksichtigung der in Absatz 1 Nr. 1 bezeichneten Aufwendungen der letz-

---

¹⁾ § 2 Abs. 2 Nr. 5 aufgeh. mit erstmaliger Wirkung für Sparjahr 2002 durch G v. 20.12.2001 (BGBl. I S. 3794).

[Fassung bis Sparjahr 2008]

im Heimatland verwendet und innerhalb von vier Jahren und drei Monaten nach Beginn der Auszahlung der Bausparsumme, spätestens am 31. März 1998, den Geltungsbereich dieses Gesetzes auf Dauer verlassen hat.

[Fassung ab Sparjahr 2009]

ten sieben Sparjahre bis zum Eintritt des Ereignisses beschränkt. [7] Die Vereinbarung über die Erhöhung der Bausparsumme ist als selbständiger Vertrag zu behandeln.

[8] Als Wohnungsbau im Sinne der Nummern 1 und 2 gelten auch bauliche Maßnahmen des Mieters zur Modernisierung seiner Wohnung. [9] Dies gilt ebenfalls für den ersten Erwerb von Anteilen an Bau- und Wohnungsgenossenschaften im Sinne des Absatzes 1 Nr. 2 und den Erwerb von Rechten zur dauernden Selbstnutzung von Wohnraum in Alten-, Altenpflege- und Behinderteneinrichtungen oder –anlagen. [10] Sofern nichts anderes bestimmt ist, setzt die Unschädlichkeit weiter voraus, dass die empfangenen Beträge nur zum Wohnungsbau in einem Mitgliedstaat der Europäischen Union oder in einem Staat eingesetzt werden, auf den das Abkommen über den Europäischen Wirtschaftsraum anwendbar ist.[1)]

(3)[2)] [1] Für vor dem 1. Januar 2009 abgeschlossene Verträge, für die bis zum 31. Dezember 2008 mindestens ein Beitrag in Höhe der Regelsparrate entrichtet wurde, ist Voraussetzung für die Prämienbegünstigung der in Absatz 1 Nr. 1 bezeichneten Aufwendungen, dass vor Ablauf von sieben Jahren seit Vertragsabschluss weder die Bausparsumme ganz oder zum Teil ausgezahlt noch geleistete Beiträge ganz oder zum Teil zurückgezahlt oder Ansprüche aus dem Bausparvertrag abgetreten oder beliehen werden. [2] Unschädlich ist jedoch die vorzeitige Verfügung, wenn

1. die Bausparsumme ausgezahlt oder die Ansprüche aus dem Vertrag beliehen werden und der Bausparer die empfangenen Beträge unverzüglich und unmittelbar zum Wohnungsbau verwendet,

2. im Fall der Abtretung der Erwerber die Bausparsumme oder die auf Grund einer Beleihung empfangenen Beträge unverzüglich und unmittelbar zum Wohnungsbau für die abtretende Person oder deren Angehörige im Sinne des § 15 der Abgabenordnung verwendet,

3. der Bausparer oder sein von ihm nicht dauernd getrennt lebender Ehegatte nach Vertragsabschluss gestorben oder völlig erwerbsunfähig geworden ist oder

4. der Bausparer nach Vertragsabschluss arbeitslos geworden ist und die Arbeitslosigkeit mindestens ein Jahr lang ununterbrochen bestanden hat und im Zeitpunkt der vorzeitigen Verfügung noch besteht.

[3] Absatz 2 Satz 7 bis 10 gilt sinngemäß.

[1)] § 2 Abs. 2 Satz 10 neu gef. durch G v. 12.12.2019 (BGBl. I S. 2451; zur Anwendung siehe § 10 Abs. 1 Satz 2.
[2)] § 2 Abs. 3 angef. durch G v. 29.7.2008 (BGBl. I S. 1509).

§ 2a Einkommensgrenze. [1]Die Einkommensgrenze beträgt *25 600* [*ab 1.1.2021:* 35 000] Euro[1], bei Ehegatten (§ 3 Abs. 3) *51 200* [*ab 1.1.2021:* 70 000] Euro[1]. [2]Maßgebend ist das zu versteuernde Einkommen (§ 2 Absatz 5 des Einkommensteuergesetzes)[2] des Sparjahrs (§ 4 Abs. 1). [3]Bei Ehegatten ist das zu versteuernde Einkommen maßgebend, das sich bei einer Zusammenveranlagung nach § 26b des Einkommensteuergesetzes ergeben hat oder, falls eine Veranlagung nicht durchgeführt worden ist, ergeben würde.

§ 2b. (weggefallen)

§ 3 Höhe der Prämie. (1) [1]Die Prämie bemißt sich nach den im Sparjahr (§ 4 Abs. 1) geleisteten prämienbegünstigten Aufwendungen. [2]Sie beträgt *8,8* [*ab 1.1.2021:* 10] Prozent[3] der Aufwendungen.

(2) [1]Die Aufwendungen des Prämienberechtigten sind je Kalenderjahr bis zu einem Höchstbetrag von *512* [*ab 1.1.2021:* 700] Euro[4], bei Ehegatten (Absatz 3) zusammen bis zu *1024* [*ab 1.1.2021:* 1400] Euro[4] prämienbegünstigt. [2]Die Höchstbeträge stehen den Prämienberechtigten gemeinsam zu (Höchstbetragsgemeinschaft).

(3)[5] Ehegatten im Sinne dieses Gesetzes sind Personen, welche nach § 26b des Einkommensteuergesetzes zusammen veranlagt werden oder die, falls eine Veranlagung zur Einkommensteuer nicht durchgeführt wird, die Voraussetzungen des § 26 Absatz 1 Satz 1 des Einkommensteuergesetzes erfüllen. [*ab 24.7.2014:* [2]Die Regelungen dieses Gesetzes zu Ehegatten sind auch auf Lebenspartner anzuwenden, wenn in Verbindung mit § 2 Absatz 8 des Einkommensteuergesetzes die Voraussetzungen des Satzes 1 erfüllt sind.]

§ 4 Prämienverfahren allgemein. (1) [1]Der Anspruch auf Prämie entsteht mit Ablauf des Sparjahrs. [2]Sparjahr ist das Kalenderjahr, in dem die prämienbegünstigten Aufwendungen geleistet worden sind.

(2) [1]Die Prämie ist nach amtlich vorgeschriebenem Vordruck bis zum Ablauf des zweiten Kalenderjahrs, das auf das Sparjahr (Absatz 1) folgt, bei dem Unternehmen zu beantragen, an das die prämienbegünstigten Aufwendungen geleistet worden sind. [2]Der Antragsteller hat zu erklären, für welche Aufwendungen er die Prämie beansprucht, wenn bei mehreren Verträgen die Summe der Aufwendungen den Höchstbetrag (§ 3 Abs. 2) überschreitet; Ehegatten (§ 3 Abs. 3) haben dies einheitlich zu erklären. [3]Der Antragsteller ist verpflichtet, dem Unternehmen unverzüglich eine Änderung der Verhältnisse mitzuteilen, die zu einer Minderung oder zum Wegfall des Prämienanspruchs führen.

---

[1] Beträge geänd. mWv 1.1.2002 durch G v. 19.12.2000 (BGBl. I S. 1790); geänd. mWv 1.1.2021 (§ 10 Abs. 3) durch G v. 12.12.2019 (BGBl. I S. 2451).

[2] Zitat geänd. durch G v. 20.12.2001 (BGBl. I S. 3794); geänd. mWv Sparjahr 2009 durch G v. 8.12.2010 (BGBl. I S. 1768).

[3] Geänd. durch G v. 29.12.2003 (BGBl. I S. 3076); bestätigt durch G v. 5.4.2011 (BGBl. I S. 554); geänd. mWv 1.1.2021 (§ 10 Abs. 3) durch G v. 12.12.2019 (BGBl. I S. 2451).

[4] Beträge geänd. mWv 1.1.2002 durch G v. 19.12.2000 (BGBl. I S. 1790); geänd. mWv 1.1.2021 (§ 10 Abs. 3) durch G v. 12.12.2019 (BGBl. I S. 2451).

[5] § 3 Abs. 3 Satz 2 angef. mWv 24.7.2014 durch G v. 18.7.2014 (BGBl. I S. 1042).

(3) ¹Überschreiten bei mehreren Verträgen die insgesamt ermittelten oder festgesetzten Prämien die für das Sparjahr höchstens zulässige Prämie (§ 3), ist die Summe der Prämien hierauf zu begrenzen. ²Dabei ist die Prämie vorrangig für Aufwendungen auf Verträge mit dem jeweils älteren Vertragsdatum zu belassen. ³Insoweit ist eine abweichende Erklärung des Prämienberechtigten oder seines Ehegatten unbeachtlich.

(4)¹⁾ Ein Rückforderungsanspruch erlischt, wenn er nicht bis zum Ablauf des vierten Kalenderjahrs geltend gemacht worden ist, das auf das Kalenderjahr folgt, in dem der Prämienberechtigte die Prämie verwendet hat (§ 5).

(5) ¹Das Unternehmen darf die im Prämienverfahren bekanntgewordenen Verhältnisse der Beteiligten nur für das Verfahren verwerten. ²Es darf sie ohne Zustimmung der Beteiligten nur offenbaren, soweit dies gesetzlich zugelassen ist.

§ 4a Prämienverfahren im Fall des § 2 Abs. 1 Nr. 1. (1) ¹Bei Aufwendungen im Sinne des § 2 Abs. 1 Nr. 1 hat die Bausparkasse auf Grund des Antrags zu ermitteln, ob und in welcher Höhe ein Prämienanspruch nach Maßgabe dieses Gesetzes oder nach einer auf Grund dieses Gesetzes erlassenen Rechtsverordnung besteht. ²Dabei hat sie alle Verträge mit dem Prämienberechtigten und seinem Ehegatten (§ 3 Abs. 3) zu berücksichtigen. ³Die Bausparkasse hat dem Antragsteller das Ermittlungsergebnis spätestens im nächsten Kontoauszug mitzuteilen.

(2) ¹Die Bausparkasse hat die im Kalendermonat ermittelten Prämien (Absatz 1 Satz 1) im folgenden Kalendermonat in einem Betrag zur Auszahlung anzumelden [*ab Sparjahr 2009:* , wenn die Voraussetzungen für die Prämienbegünstigung nach § 2 Abs. 2 nachgewiesen sind]²⁾. ²*Sind die Aufwendungen auf Grund eines nach dem 31. Dezember 1991 geschlossenen Vertrags geleistet worden,* [*ab Sparjahr 2009:* ²In den Fällen des § 2 Abs. 3]²⁾ darf die Prämie nicht vor Ablauf des Kalendermonats angemeldet werden, in dem

a) der Bausparvertrag zugeteilt,

b) die in § 2 *Abs. 2* [*ab Sparjahr 2009:* Abs. 3]²⁾ Satz 1 genannte Frist überschritten oder

c) unschädlich im Sinne des § 2 *Abs. 2* [*ab Sparjahr 2009:* Abs. 3]²⁾ Satz 2 verfügt

worden ist. ³Die Anmeldung ist nach amtlich vorgeschriebenem Vordruck (Wohnungsbauprämien-Anmeldung) bei dem für die Besteuerung der Bausparkasse nach dem Einkommen zuständigen Finanzamt (§ 20 der Abgabenordnung) abzugeben. ⁴Hierbei hat die Bausparkasse zu bestätigen, daß die Voraussetzungen für die Auszahlung des angemeldeten Prämien-betrags vorliegen. ⁵Die Wohnungsbauprämien-Anmeldung gilt als Steueranmeldung im

---

¹⁾ § 4 Abs. 4 geänd. durch G v. 20.12.2001 (BGBl. I S. 3794); zur erstmaligen Anwendung siehe § 10 Abs. 1 Satz 5.
²⁾ § 4a Abs. 2 Satz 1 HS 2 angef., Satz 2 geänd. mit erstmaliger Wirkung für Sparjahr 2009 durch G v. 29.7.2008 (BGBl. I S. 1509).

Sinne der Abgabenordnung. ⁶Das Finanzamt veranlaßt die Auszahlung an die Bausparkasse zugunsten der Prämienberechtigten durch die zuständige Bundeskasse. ⁷Die Bausparkasse hat die erhaltenen Prämien unverzüglich dem Prämienberechtigten gutzuschreiben oder auszuzahlen.

(3) ¹Die Bausparkasse hat die für die Überprüfung des Prämienanspruchs erforderlichen Daten innerhalb von vier Monaten nach Ablauf der Antragsfrist für das Sparjahr (§ 4 Abs. 2 Satz 1) nach amtlich vorgeschriebenem Datensatz *durch Datenübermittlung auf amtlich vorgeschriebenen maschinell verwertbaren Datenträgern* [*ab 1.1.2009:* durch Datenfernübertragung]¹⁾ an die Zentralstelle der Länder zu übermitteln. ²Besteht der Prämienanspruch nicht oder in anderer Höhe, so teilt die Zentralstelle dies der Bausparkasse durch einen Datensatz mit.

(4) ¹Erkennt die Bausparkasse oder wird ihr mitgeteilt, daß der Prämienanspruch ganz oder teilweise nicht besteht oder weggefallen ist, so hat sie das bisherige Ermittlungsergebnis aufzuheben oder zu ändern; zu Unrecht gutgeschriebene oder ausgezahlte Prämien hat sie zurückzufordern. ²Absatz 1 Satz 3 gilt entsprechend. ³Bei fortbestehendem Vertragsverhältnis kann sie das Konto belasten. ⁴Die Bausparkasse hat geleistete Rückforderungsbeträge in der Wohnungsbauprämien-Anmeldung des nachfolgenden Monats abzusetzen. ⁵Kann die Bausparkasse zu Unrecht gutgeschriebene oder ausgezahlte Prämien nicht belasten oder kommt der Prämienempfänger ihrer Zahlungsaufforderung nicht nach, so hat sie hierüber unverzüglich das für die Besteuerung nach dem Einkommen des Prämienberechtigten zuständige Finanzamt (Wohnsitzfinanzamt nach § 19 der Abgabenordnung) zu unterrichten. ⁶In diesen Fällen erläßt das Wohnsitzfinanzamt einen Rückforderungsbescheid.

(5) ¹Eine Festsetzung der Prämie erfolgt nur auf besonderen Antrag des Prämienberechtigten. ²Der Antrag ist schriftlich innerhalb eines Jahres nach Bekanntwerden des Ermittlungsergebnisses der Bausparkasse vom Antragsteller unter Angabe seines Wohnsitzfinanzamts an die Bausparkasse zu richten. ³Die Bausparkasse leitet den Antrag diesem Finanzamt zur Entscheidung zu. ⁴Dem Antrag hat sie eine Stellungnahme und die zur Entscheidung erforderlichen Unterlagen beizufügen. ⁵Das Finanzamt teilt seine Entscheidung auch der Bausparkasse mit.

(6) ¹Die Bausparkasse haftet als Gesamtschuldner neben dem Prämienempfänger für die Prämie, die wegen ihrer Pflichtverletzung zu Unrecht gezahlt, nicht einbehalten oder nicht zurückgefordert wird. ²Die Bausparkasse haftet nicht, wenn sie ohne Verschulden darüber irrte, daß die Prämie zu zahlen war. ³Für die Inanspruchnahme der Bausparkasse ist das in Absatz 2 Satz 3 bestimmte Finanzamt zuständig. ⁴Für die Inanspruchnahme des Prämienempfängers ist das Wohnsitzfinanzamt zuständig.

(7) Das nach Absatz 2 Satz 3 zuständige Finanzamt hat auf Anfrage der Bausparkasse Auskunft über die Anwendung dieses Gesetzes zu geben.

(8) ¹Das nach Absatz 2 Satz 3 zuständige Finanzamt kann bei der Bausparkasse ermitteln, ob sie ihre Pflichten nach diesem Gesetz oder nach einer

---

¹⁾ § 4a Abs. 3 Satz 1 geänd. durch G v. 20.12.2008 (BGBl. I S. 2850); zur erstmaligen Anwendung siehe § 10 Abs. 1 Satz 6.

auf Grund dieses Gesetzes erlassenen Rechtsverordnung erfüllt hat. ²Die §§ 193 bis 203 der Abgabenordnung gelten sinngemäß. ³Die Unterlagen über das Prämienverfahren sind im Geltungsbereich dieses Gesetzes zu führen und aufzubewahren.

(9) Die Bausparkasse erhält vom Bund oder den Ländern keinen Ersatz für die ihr aus dem Prämienverfahren entstehenden Kosten.

§ 4b Prämienverfahren in den Fällen des § 2 Abs. 1 Nr. 2 bis 4.

(1) Bei Aufwendungen im Sinne des § 2 Abs. 1 Nr. 2 bis 4 hat das Unternehmen den Antrag an das Wohnsitzfinanzamt des Prämienberechtigten weiterzuleiten.

(2) ¹Wird dem Antrag entsprochen, veranlaßt das Finanzamt die Auszahlung der Prämie an das Unternehmen zugunsten des Prämienberechtigten durch die zuständige Bundeskasse. ²Einen Bescheid über die Festsetzung der Prämie erteilt das Finanzamt nur auf besonderen Antrag des Prämienberechtigten. ³Wird nachträglich festgestellt, daß die Voraussetzungen für die Prämie nicht vorliegen oder die Prämie aus anderen Gründen ganz oder teilweise zu Unrecht gezahlt worden ist, so hat das Finanzamt die Prämienfestsetzung aufzuheben oder zu ändern und die Prämie, soweit sie zu Unrecht gezahlt worden ist, zurückzufordern. ⁴Sind zu diesem Zeitpunkt die prämienbegünstigten Aufwendungen durch das Unternehmen noch nicht ausgezahlt, so darf die Auszahlung nicht vorgenommen werden, bevor die Prämien an das Finanzamt zurückgezahlt sind.

§ 5 Verwendung der Prämie. (1) (weggefallen)

(2) ¹Die Prämien für die in § 2 Abs. 1 Nr. 1, 3 und 4 bezeichneten Aufwendungen sind vorbehaltlich des *§ 2 Abs. 2 Satz 2 [ab Sparjahr 2009: § 2 Abs. 2 Satz 2 bis 6 sowie Abs. 3 Satz 2]*¹⁾ zusammen mit den prämienbegünstigten Aufwendungen zu dem vertragsmäßigen Zweck zu verwenden. ²Geschieht das nicht, so hat das Unternehmen in den Fällen des § 4b dem Finanzamt unverzüglich Mitteilung zu machen.

(3) Über Prämien, die für Aufwendungen nach § 2 Abs. 1 Nr. 2 ausgezahlt werden, kann der Prämienberechtigte verfügen, wenn das Geschäftsguthaben beim Ausscheiden des Prämienberechtigten aus der Genossenschaft ausgezahlt wird.

§ 6 Steuerliche Behandlung der Prämie. Die Prämien gehören nicht zu den Einkünften im Sinne des Einkommensteuergesetzes.

§ 7 Aufbringung der Mittel. Der Bund stellt die Beträge für die Prämien den Ländern in voller Höhe gesondert zur Verfügung.

§ 8 Anwendung der Abgabenordnung und der Finanzgerichtsordnung. (1) ¹Auf die Wohnungsbauprämie sind die für Steuervergütungen geltenden Vorschriften der Abgabenordnung entsprechend anzuwenden. ²Dies

---

¹⁾ Verweis geänd. durch G v. 29.7.2008 (BGBl. I S. 1509).

gilt nicht für § 108 Abs. 3 der Abgabenordnung hinsichtlich der in § 2 genannten Fristen sowie für die §§ 109 und 163 der Abgabenordnung.

(2) [1] Für die Wohnungsbauprämie gelten die Strafvorschriften des § 370 Abs. 1 bis 4, der §§ 371, 375 Abs. 1 und des § 376 sowie die Bußgeldvorschriften der §§ 378, 379 Abs. 1, 4 und der §§ 383 und 384 der Abgabenordnung entsprechend. [2] Für das Strafverfahren wegen einer Straftat nach Satz 1 sowie der Begünstigung einer Person, die eine solche Tat begangen hat, gelten die §§ 385 bis 408, für das Bußgeldverfahren wegen einer Ordnungswidrigkeit nach Satz 1 die §§ 409 bis 412 der Abgabenordnung entsprechend.

(3) In öffentlich-rechtlichen Streitigkeiten über die auf Grund dieses Gesetzes ergehenden Verwaltungsakte der Finanzbehörden ist der Finanzrechtsweg gegeben.

(4) Besteuerungsgrundlagen für die Berechnung des nach § 2a maßgebenden Einkommens, die der Veranlagung zur Einkommensteuer zugrunde gelegen haben, können der Höhe nach nicht durch einen Rechtsbehelf gegen die Prämie angegriffen werden.

§ 9 Ermächtigungen. (1) Die Bundesregierung wird ermächtigt, durch Rechtsverordnung mit Zustimmung des Bundesrates Vorschriften zur Durchführung dieses Gesetzes zu erlassen über

1. (weggefallen)
2. die Bestimmung der Genossenschaften, die zu den Bau- und Wohnungsgenossenschaften gehören (§ 2 Abs. 1 Nr. 2);
3. den Inhalt der in § 2 Abs. 1 Nr. 3 bezeichneten Sparverträge, die Berechnung der Rückzahlungsfristen, die Folgen vorzeitiger Rückzahlung von Sparbeträgen und die Verpflichtungen der Kreditinstitute; die Vorschriften sind den in den §§ 18 bis 29 der Einkommensteuer-Durchführungsverordnung 1953 enthaltenen Vorschriften mit der Maßgabe anzupassen, daß eine Frist bestimmt werden kann, innerhalb der die Prämien zusammen mit den prämienbegünstigten Aufwendungen zu dem vertragsmäßigen Zweck zu verwenden sind;
4. den Inhalt der in § 2 Abs. 1 Nr. 4 bezeichneten Verträge und die Verwendung der auf Grund solcher Verträge angesammelten Beträge; dabei kann der vertragsmäßige Zweck auf den Bau durch das Unternehmen oder auf den Erwerb von dem Unternehmen, mit dem der Vertrag abgeschlossen worden ist, beschränkt und eine Frist von mindestens drei Jahren bestimmt werden, innerhalb der die Prämien zusammen mit den prämienbegünstigten Aufwendungen zu dem vertragsmäßigen Zweck zu verwenden sind. [2] Die Prämienbegünstigung kann auf Verträge über Gebäude beschränkt werden, die nach dem 31. Dezember 1949 fertiggestellt worden sind. [3] Für die Fälle des Erwerbs kann bestimmt werden, daß der angesammelte Betrag und die Prämien nur zur Leistung des in bar zu zahlenden Kaufpreises verwendet werden dürfen;
5. die Ermittlung, Festsetzung, Auszahlung oder Rückzahlung der Prämie, wenn Besteuerungsgrundlagen für die Berechnung des nach § 2a maßgebenden Einkommens, die der Veranlagung zur Einkommensteuer zugrunde gelegen haben, geändert werden oder wenn für Aufwendungen, die vermö-

genswirksame Leistungen darstellen, Arbeitnehmer-Sparzulagen zurückgezahlt oder nachträglich festgesetzt oder ausgezahlt werden;

6. das Verfahren für die Ermittlung, Festsetzung, Auszahlung und Rückforderung der Prämie. [2]Hierzu gehören insbesondere Vorschriften über Aufzeichnungs-, Aufbewahrungs-, Bescheinigungs- und Anzeigepflichten des Unternehmens, bei dem die prämienbegünstigten Aufwendungen angelegt worden sind.

(2) Das Bundesministerium der Finanzen wird ermächtigt, den Wortlaut des Wohnungsbau-Prämiengesetzes und der hierzu erlassenen Durchführungsverordnung in der jeweils geltenden Fassung mit neuem Datum, unter neuer Überschrift und in neuer Paragraphenfolge bekanntzumachen und dabei Unstimmigkeiten des Wortlauts zu beseitigen.

(3) Das Bundesministerium der Finanzen wird ermächtigt, im Einvernehmen mit den obersten Finanzbehörden der Länder

a) den in § 4 Abs. 2 Satz 1 und den in § 4a Abs. 2 Satz 3 vorgeschriebenen Vordruck und

b) die in § 4a Abs. 3 vorgeschriebenen Datensätze *und Datenträger*[1)]

zu bestimmen.

§ 10[2)] **Schlußvorschriften.** (1)[3)] [1]Dieses Gesetz in der Fassung des Artikels 11 des Gesetzes vom 8. Dezember 2010 (BGBl. I S. 1768) ist vorbehaltlich Satz 2 erstmals für das Sparjahr 2009 anzuwenden. [2]§ 1 Satz 1 und § 2 Absatz 2 Satz 10 in der Fassung des Artikels 26 des Gesetzes vom 12. Dezember 2019 (BGBl. I S. 2451) sind in allen offenen Fällen anzuwenden. [3]§ 2 Abs. 1 Nr. 1 Satz 4 in der Fassung des Artikels 5 des Gesetzes vom 29. Juli 2008 (BGBl. I S. 1509) ist erstmals für das Sparjahr 2008 anzuwenden. [4]Bei Aufwendungen im Sinne des § 2 Abs. 1 Nr. 1 ist die Prämie für Sparjahre vor 1996 nach § 4 in der Fassung des Artikels 7 des Gesetzes vom 15. Dezember 1995 (BGBl. I S. 1783)[4)] festzusetzen. [5]§ 4 Abs. 4 in der Fassung des Artikels 29 des Gesetzes

---

[1)] § 9 Abs. 3 Buchst. b kursive Worte aufgeh. durch G v. 20.12.2008 (BGBl. I S. 2850); zur erstmaligen Anwendung siehe § 10 Abs. 1 Satz 5.

[2)] § 10 Abs. 1 Satz 1 ersetzt durch Sätze 1 und 2, Sätze 2 und 3 werden Sätze 3 und 4 durch G v. 29.7.2008 (BGBl. I S. 1509), Satz 4 angef. durch G v. 20.12.2001 (BGBl. I S. 3794), Satz 5 angef. durch G v. 20.12.2008 (BGBl. I S. 2850); Abs. 1 Satz 2 eingef., bish. Sätze 2 bis 5 werden Sätze 3 bis 6 durch G v. 12.12.2019 (BGBl. I S. 2451).

[3)] § 10 Abs. 1 Satz 1 geänd. durch G v. 8.12.2010 (BGBl. I S. 1768).

[4)] § 4 hat folgenden Wortlaut: „§ 4 Prämienverfahren. (1) Die Prämie wird für Aufwendungen im Sinne des § 2 Abs. 1 Nr. 2 bis 4 auf Antrag nach Ablauf des Sparjahrs gezahlt. Sparjahr ist das Kalenderjahr, in dem die Aufwendungen geleistet worden sind. Für Aufwendungen im Sinne des § 2 Abs. 1 Nr. 1 wird die Prämie auf Antrag nach Ablauf des Sparjahrs ebenfalls gezahlt, wenn sie auf Grund eines Vertrages geleistet worden sind, der vor dem 1. Januar 1992 geschlossen worden ist. Ist der Vertrag nach dem 31. Dezember 1991 geschlossen worden, so wird die Prämie auf Antrag nach Ablauf des Sparjahrs lediglich festgesetzt.

(2) Der Antrag ist nach amtlich vorgeschriebenem Vordruck bis zum Ablauf des zweiten Kalenderjahrs, das auf das Sparjahr (Absatz 1) folgt, an das Unternehmen oder Institut zu richten, an das die prämienbegünstigten Aufwendungen geleistet worden sind. Das Unternehmen oder Institut leitet den Antrag an das Finanzamt weiter, das für die Besteuerung des Einkommens des Prämienberechtigten zuständig ist.

(Fortsetzung der Fußnote nächste Seite)

vom 20. Dezember 2001 (BGBl. I S. 3794) ist erstmals bei nicht vertragsgemäßer Verwendung nach dem 31. Dezember 1998 anzuwenden. ⁶§ 4a Abs. 3 Satz 1 und § 9 Abs. 3 Buchstabe b in der Fassung des Arikels 13 des Gesetzes vom 20. Dezember 2008 (BGBl. I S. 2850) sind erstmals für Datenlieferungen nach dem 31. Dezember 2008 anzuwenden.

(2) ¹Beiträge an Bausparkassen (§ 2 Abs. 1 Nr. 1), für die in den Kalenderjahren 1991 bis 1993 die Zusatzförderung nach § 10 Abs. 6 dieses Gesetzes in der Fassung der Bekanntmachung vom 30. Juli 1992 (BGBl. I S. 1405)¹⁾ in Anspruch genommen worden ist, müssen ausdrücklich zur Verwendung für

---

(Fortsetzung der Fußnote)

(3) Wird dem Antrag in den Fällen des Absatzes 1 Satz 1 und 3 entsprochen, überweist das Finanzamt die Prämie zugunsten des Prämienberechtigten an das Unternehmen oder Institut. Einen Bescheid über die Festsetzung der Prämie erteilt das Finanzamt nur auf zusätzlichen Antrag des Prämienberechtigten. Wird nachträglich festgestellt, daß die Voraussetzungen des § 2 Abs. 2 nicht vorliegen oder die Prämie aus anderen Gründen ganz oder teilweise zu Unrecht gezahlt worden ist, so hat das Finanzamt die Prämienfestsetzung aufzuheben zu ändern und die Prämie, soweit sie zu Unrecht gezahlt worden ist, zurückzufordern. Sind zu diesem Zeitpunkt die prämienbegünstigten Aufwendungen durch das Unternehmen oder Institut noch nicht ausgezahlt, so darf die Auszahlung nicht vorgenommen werden, bevor die Prämien an das Finanzamt zurückgezahlt sind. Ein Rückforderungsanspruch erlischt, wenn er nicht bis zum Ablauf des zweiten Kalenderjahrs geltend gemacht worden ist, das auf das Kalenderjahr folgt, in dem die Prämie dem Prämienberechtigten von dem Unternehmen oder Institut ausgezahlt worden ist.

(4) Wird dem Antrag in den Fällen des Absatzes 1 Satz 4 entsprochen, teilt das Finanzamt der Bausparkasse die Höhe der festgesetzten Prämie mit. Die Bausparkasse merkt die Prämie im Konto des Bausparers gesondert vor. Sobald
a) der Bausparvertrag zugeteilt,
b) die in § 2 Abs. 2 Satz 1 genannte Frist überschritten oder
c) unschädlich im Sinne des § 2 Abs. 2 Satz 2 Nr. 1 bis 5 verfügt
worden ist, fordert die Bausparkasse die festgesetzten Prämienbeträge bei dem Finanzamt an, das zu diesem Zeitpunkt für die Besteuerung des Einkommens des Prämienberechtigten zuständig ist. Das Finanzamt überweist den angeforderten Prämienbetrag an die Bausparkasse, wenn diese bestätigt hat, daß die Voraussetzungen für die Auszahlung der Prämie vorliegen. Wird der Bausparvertrag in den Fällen des Satzes 3 fortgeführt, sind anfallende Prämien jährlich an die Bausparkasse zu überweisen. Absatz 3 Satz 2 bis 5 gilt entsprechend."

---

¹⁾ § 10 Abs. 6 hat folgenden Wortlaut: „(6) In den Kalenderjahren 1991 bis 1993 gilt für Beiträge an Bausparkassen zur Erlangung von Baudarlehen, die zur Förderung des Wohnungsbaus in dem in Artikel 3 des Einigungsvertrages genannten Gebiet bestimmt sind, zusätzlich:
1. Der Vertrag muß ausdrücklich zur Verwendung zum Wohnungsbau in dem in Artikel 3 des Einigungsvertrages genannten Gebiet bestimmt sein. Ein Vertrag, der diese Bestimmung nicht enthält, kann entsprechend ergänzt werden.
2. Für Beiträge auf Grund eines Vertrags nach Nummer 1 gilt § 3 Abs. 1 und Abs. 2 mit der Maßgabe, daß sich der Prämiensatz um 5 vom Hundert der Aufwendungen (Zusatzprämie) und die prämienbegünstigten Aufwendungen um 1200 Deutsche Mark, bei Ehegatten um 2400 Deutsche Mark, erhöhen (zusätzlicher Höchstbetrag).
3. Eine Verfügung, die § 2 Abs. 2, nicht aber dem besonderen vertraglichen Zweck entspricht, ist hinsichtlich der Zusatzprämie und des zusätzlichen Höchstbetrages schädlich. Schädlich ist auch die Verwendung für Ferien- und Wochenendwohnungen, die in einem entsprechend ausgewiesenen Sondergebiet liegen oder die sich auf Grund ihrer Bauweise nicht zum dauernden Bewohnen eignen."

den Wohnungsbau in dem in Artikel 3 des Einigungsvertrages genannten Gebiet bestimmt sein. [2]Eine Verfügung, die § 2 Abs. 3[1] entspricht, nicht aber dem besonderen vertraglichen Zweck, ist hinsichtlich der Zusatzprämie und des zusätzlichen Höchstbetrages schädlich. [3]Schädlich ist auch die Verwendung für Ferien- und Wochenendwohnungen, die in einem entsprechend ausgewiesenen Sondergebiet liegen oder die sich auf Grund ihrer Bauweise nicht zum dauernden Bewohnen eignen.

(3)[2] § 2a Satz 1, § 3 Absatz 1 Satz 2 und § 3 Absatz 2 Satz 1 in der Fassung des Gesetzes vom 12. Dezember 2019 (BGBl. I S. 2451) sind erstmals für das Sparjahr 2021 anzuwenden.

---

[1] Verweis geänd. durch G v. 29.7.2008 (BGBl. I S. 1509).
[2] § 10 Abs. 3 angef. durch G v. 12.12.2019 (BGBl. I S. 2451).

53. Verordnung zur Durchführung des Wohnungsbau–Prämiengesetzes (WoPDV 1996)[1]

In der Fassung der Bekanntmachung vom 30. Oktober 1997
(BGBl. I S. 2684)

Geändert durch Fünftes Gesetz zur Änderung des Steuerbeamten-Ausbildungsgesetzes und zur Änderung von Steuergesetzen vom 23.7.2002 (BGBl. I S. 2715), Eigenheimrentengesetz vom 29.7.2008 (BGBl. I S. 1509) und Fünfte Verordnung zur Änderung steuerlicher Verordnungen vom 25.6.2020 (BGBl. I S. 1495)

BGBl. III/FNA 2330-9-1

1. Beiträge an Bausparkassen zur Erlangung von Baudarlehen

§ 1. (weggefallen)

§ 1a Aufzeichnungs- und Aufbewahrungspflichten. (1) Die Bausparkasse hat Aufzeichnungen zu führen über

1. den Namen und die Anschrift des Bausparers sowie des Abtretenden und des Abtretungsempfängers der Ansprüche aus einem Bausparvertrag,

2. die Vertragsnummer und das Vertragsdatum des Bausparvertrags,

3. die prämienbegünstigten Aufwendungen je Sparjahr,

4. die ermittelte oder festgesetzte Prämie je Sparjahr,

5. die ausgezahlte Prämie je Sparjahr,

6. den Anlaß der Anmeldung in den Fällen des § 4a Abs. 2 Satz 2 des Gesetzes,

7. den nach § 4a Abs. 3 Satz 2 des Gesetzes mitgeteilten Prämienanspruch,

8. das Finanzamt, das im Fall des § 4a Abs. 5 des Gesetzes festgesetzt hat.

(2) Die Bausparkasse hat Unterlagen zu den Aufzeichnungen zu nehmen, aus denen sich der Inhalt des Bausparvertrags und die zweckentsprechende Verwendung oder eine unschädliche Verfügung über die Bausparsumme ergeben.

(3) [1]Der Antrag auf Wohnungsbauprämie und die sonstigen Unterlagen sind geordnet zu sammeln und nach Ende des Sparjahrs zehn Jahre lang aufzubewahren. [2]Die Bausparkasse kann die Unterlagen durch Bildträger oder andere Speichermedien ersetzen.

(4) Sonstige Vorschriften über Aufzeichnungspflichten bleiben unberührt.

---

[1] Neubekanntmachung der WoPDV idF der Bek. v. 29.6.1994 (BGBl. I S. 1446) auf Grund des § 9 Abs. 2 WoPG idF der Bek. v. 30.7.1992 (BGBl. I S. 1405) in der ab 18.12.1996 geltenden Fassung.
Die vorliegende Fassung ist erstmals für das Sparjahr 2009 anzuwenden (§ 20).

(5) Die Bausparkasse hat dem Finanzamt auf Anforderung den Inhalt der Aufzeichnungen mitzuteilen und die für die Festsetzung der Prämie erforderlichen Unterlagen auszuhändigen.

§ 1b Übertragung von Bausparverträgen auf eine andere Bausparkasse. ¹Werden Bausparverträge auf eine andere Bausparkasse übertragen und verpflichtet sich diese gegenüber dem Bausparer und der Bausparkasse, mit der der Vertrag abgeschlossen worden ist, in die Rechte und Pflichten aus dem Vertrag einzutreten, so gilt die Übertragung nicht als Rückzahlung. ²Das Bausparguthaben muß von der übertragenden Bausparkasse unmittelbar an die übernehmende Bausparkasse überwiesen werden.

§ 2 Wegfall des Prämienanspruchs und Rückzahlung der Prämien.
(1) ¹Der Prämienanspruch entfällt, soweit bei Bausparverträgen

1. prämienschädlich verfügt wird, oder
2. die für die Zusatzförderung nach § 10 Abs. 2 des Gesetzes erforderlichen Voraussetzungen nicht erfüllt werden.

²Bereits ausgezahlte Prämien sind an die Bausparkasse oder an das zuständige Finanzamt zurückzuzahlen. ³Bei einer Teilrückzahlung von Beiträgen kann der Bausparer bestimmen, welche Beiträge als zurückgezahlt sollen. ⁴Das gilt auch, wenn die Bausparsumme zum Teil ausgezahlt oder die ausgezahlte Bausparsumme teilweise schädlich verwendet wird oder Ansprüche aus dem Vertrag zum Teil abgetreten oder beliehen werden.

(2) ¹Absatz 1 ist nicht anzuwenden, wenn unschädlich nach *§ 2 Abs. 2 Satz 2 bis 5* [*ab Sparjahr 2009:* § 2 Abs. 2 Satz 2 bis 6 sowie Abs. 3 Satz 2 und 3]¹⁾ des Gesetzes verfügt worden ist. ²Beabsichtigt im Fall des *§ 2 Abs. 2 Satz 2 Nr. 2* [*ab Sparjahr 2009:* § 2 Abs. 2 Satz 1 Nr. 2 oder Abs. 3 Satz 2 Nr. 2]¹⁾ des Gesetzes der Abtretungsempfänger im Zeitpunkt der Abtretung der Ansprüche aus dem Bausparvertrag eine unverzügliche und unmittelbare Verwendung zum Wohnungsbau für den Abtretenden oder dessen Angehörige (§ 15 der Abgabenordnung), so ist die Prämie dem Abtretenden auszuzahlen oder die Rückforderung bereits ausgezahlter Prämien auszusetzen, wenn der Abtretende eine Erklärung des Abtretungsempfängers über die Verwendungsabsicht beibringt.

2. Bau- und Wohnungsgenossenschaften

§ 3 Bau- und Wohnungsgenossenschaften.

[Fassung bis 31.12.2020:]

Bau- und Wohnungsgenossenschaften im Sinne des § 2 Abs. 1 Nr. 2 des Gesetzes sind Genossenschaften, deren Zweck auf den Bau und die Fi-

*[Fassung ab 1.1.2021:]*²⁾

¹Bau- und Wohnungsgenossenschaften im Sinne des § 2 Absatz 1 Nummer 2 des Gesetzes sind Genossenschaften, die nach dem in ihrer Sat-

---

¹⁾ Verweise geänd. durch G v. 29.7.2008 (BGBl. I S. 1509).
²⁾ § 3 neu gef. durch VO v. 25.6.2020 (BGBl. I S. 1495); zur Anwendung siehe § 20 Satz 2.

[Fassung bis 31.12.2020:]

nanzierung sowie die Verwaltung oder Veräußerung von Wohnungen oder auf die wohnungswirtschaftliche Betreuung gerichtet ist.

[Fassung ab 1.1.2021:]

zung festgesetzten Gegenstand und nach der tatsächlichen Geschäftstätigkeit des Unternehmens die Versorgung ihrer Mitglieder mit Wohnungen bezwecken. [2]Die tatsächliche Geschäftstätigkeit bezweckt dann die Versorgung der Mitglieder mit Wohnungen, wenn mehr als 50 Prozent des Betrags der Geschäftsguthaben der Mitglieder verwendet wird für

1. den Bau oder den Erwerb von Wohnungen, die von den Mitgliedern genutzt werden sollen, oder

2. die Verwaltung, Bestandserhaltung oder Modernisierung von Wohnungen, die von den Mitgliedern genutzt werden.

[3]Bei neu gegründeten Genossenschaften reicht es in den ersten drei Jahren ihres Bestehens für die tatsächliche Geschäftstätigkeit aus, wenn die Genossenschaft unverzüglich mit dem Bau oder dem Erwerb von Wohnungen, die von ihren Mitgliedern genutzt werden sollen, beginnt, wobei die üblichen Vorbereitungen wie Bauland- oder Gebäudebeschaffung, Planungs- und Bauantragsverfahren mit einzubeziehen sind. [4]Bau- und Wohnungsgenossenschaften im Sinne des § 2 Absatz 1 Nummer 2 des Gesetzes haben gegenüber der Bausparkasse sowie gegenüber ihren Mitgliedern in Textform zu erklären, dass die vorgenannten Voraussetzungen vorliegen, und sind verpflichtet, einen Wegfall dieser Voraussetzungen unverzüglich anzuzeigen. [5]Die Bausparkasse hat diese Unterlagen zu den Aufzeichnungen zu nehmen.

3. Wohnbau-Sparverträge

§ 4 Allgemeine Sparverträge. (1) [1]Allgemeine Sparverträge im Sinne des § 2 Abs. 1 Nr. 3 des Gesetzes sind Verträge mit

1. einem Kreditinstitut oder

2. einem am 31. Dezember 1989 als gemeinnützig anerkannten Wohnungsunternehmen oder einem am 31. Dezember 1989 als Organ der

(Fortsetzung nächste Seite)

staatlichen Wohnungspolitik anerkannten Unternehmen, wenn diese Unternehmen eigene Spareinrichtungen unterhalten, auf die die Vorschriften des Gesetzes über das Kreditwesen anzuwenden sind,

in denen der Prämienberechtigte sich verpflichtet, die eingezahlten Sparbeiträge auf drei bis sechs Jahre festzulegen und die eingezahlten Sparbeiträge sowie die Prämien zu dem in § 2 Abs. 1 Nr. 3 des Gesetzes bezeichneten Zweck zu verwenden. ²Die Verträge können zugunsten dritter Personen abgeschlossen werden.

(2) ¹Die Verlängerung der Festlegung um jeweils ein Jahr oder um mehrere Jahre bis zu einer Gesamtdauer der Festlegung von sechs Jahren kann zwischen dem Prämienberechtigten und dem Unternehmen vereinbart werden. ²Die Vereinbarung über die Verlängerung ist vor Ablauf der Festlegungsfrist zu treffen.

§ 5 Rückzahlungsfrist bei allgemeinen Sparverträgen. ¹Die Sparbeiträge dürfen erst nach Ablauf der vereinbarten Festlegungsfrist (§ 4) zurückgezahlt werden. ²Die Festlegungsfrist beginnt am 1. Januar, wenn der Vertrag vor dem 1. Juli, und am 1. Juli, wenn der Vertrag nach dem 30. Juni des betreffenden Kalenderjahrs abgeschlossen worden ist.

§ 6 Sparverträge mit festgelegten Sparraten. (1) ¹Sparverträge mit festgelegten Sparraten im Sinne des § 2 Abs. 1 Nr. 3 des Gesetzes sind Verträge mit einem der in § 4 Abs. 1 bezeichneten Unternehmen, in denen sich der Prämienberechtigte verpflichtet, für drei bis sechs Jahre laufend, jedoch mindestens vierteljährlich, der Höhe nach gleichbleibende Sparraten einzuzahlen und die eingezahlten Sparbeiträge sowie die Prämien zu dem in § 2 Abs. 1 Nr. 3 des Gesetzes bezeichneten Zweck zu verwenden. ²Die Verträge können zugunsten dritter Personen abgeschlossen werden.

(2) ¹Die Verlängerung der Einzahlungsverpflichtung um jeweils ein Jahr oder um mehrere Jahre bis zu einer Gesamtdauer der Einzahlungen von sechs Jahren kann zwischen dem Prämienberechtigten und dem Unternehmen vereinbart werden. ²Die Vereinbarung über die Verlängerung ist spätestens im Zeitpunkt der letzten nach dem Vertrag zu leistenden Einzahlung zu treffen.

(3) Den in Absatz 1 bezeichneten Einzahlungen werden gleichgestellt

1. zusätzliche Einzahlungen, soweit sie in einem Kalenderjahr nicht höher sind als der Jahresbetrag der in Absatz 1 bezeichneten Einzahlungen, sowie

2. zusätzliche Einzahlungen, die vermögenswirksame Leistungen darstellen, bis zur Höhe des nach dem Fünften Vermögensbildungsgesetz geförderten Betrags.

§ 7 Rückzahlungsfrist bei Sparverträgen mit festgelegten Sparraten. Die auf Grund eines Sparvertrags mit festgelegten Sparraten eingezahlten Sparbeiträge dürfen ein Jahr nach dem Tag der letzten Einzahlung, jedoch nicht vor Ablauf eines Jahres nach dem letzten regelmäßigen Fälligkeitstag, zurückgezahlt werden.

§ 8 Unterbrechung von Sparverträgen mit festgelegten Sparraten.
(1) [1]Sparraten, die nicht rechtzeitig geleistet worden sind, können innerhalb eines halben Jahres nach ihrer Fälligkeit, spätestens bis zum 15. Januar des folgenden Kalenderjahrs, nachgeholt werden; die im folgenden Kalenderjahr nachgeholten Sparraten gelten als Einzahlungen des Kalenderjahrs der Fälligkeit. [2]Innerhalb des letzten halben Jahres vor Ablauf der Festlegungsfrist ist eine Nachholung ausgeschlossen.

(2) [1]Der Vertrag ist in vollem Umfang unterbrochen, wenn eine Sparrate nicht spätestens vor Ablauf der in Absatz 1 bezeichneten Nachholfrist eingezahlt worden ist oder wenn Einzahlungen zurückgezahlt werden; das gleiche gilt, wenn Ansprüche aus dem Vertrag abgetreten werden, es sei denn, der Abtretungsempfänger ist ein Angehöriger (§ 15 der Abgabenordnung) oder die im Vertrag bezeichnete andere Person. [2]Der Vertrag ist teilweise unterbrochen, wenn eine Sparrate in geringerer als der vereinbarten Höhe geleistet und der Unterschiedsbetrag nicht innerhalb der in Absatz 1 bezeichneten Frist nachgeholt worden ist.

(3) [1]Ist der Vertrag in vollem Umfang unterbrochen (Absatz 2 Satz 1), so sind spätere Einzahlungen nicht mehr prämienbegünstigt. [2]Liegt eine teilweise Unterbrechung (Absatz 2 Satz 2) vor, so sind spätere Einzahlungen nur in Höhe des Teils der Sparraten prämienbegünstigt, der ununterbrochen in gleichbleibender Höhe geleistet worden ist. [3]Dieser Betrag ist auch maßgebend für die zusätzlichen Einzahlungen, die nach § 6 Abs. 3 Nr. 1 erbracht werden können.

§ 9 Vorzeitige Rückzahlung. [1]Soweit vor Ablauf der in den §§ 5 und 7 bezeichneten Fristen, außer in den Fällen des § 12, Sparbeiträge im Sinne des § 4 oder des § 6 zurückgezahlt werden, werden Prämien nicht ausgezahlt; bereits ausgezahlte Prämien sind an das Finanzamt zurückzuzahlen. [2]Das gilt auch, wenn der Prämienberechtigte oder die im Vertrag bezeichnete andere Person stirbt oder nach Vertragsabschluß völlig erwerbsunfähig wird.

§ 10 Verwendung der Sparbeiträge. (1) [1]Die auf Grund eines allgemeinen Sparvertrags (§ 4) oder eines Sparvertrags mit festgelegten Sparraten (§ 6) eingezahlten Beträge sind von dem Prämienberechtigten oder der in dem Vertrag bezeichneten anderen Person zusammen mit den Prämien innerhalb eines Jahres nach der Rückzahlung der Sparbeiträge, spätestens aber innerhalb von vier Jahren nach dem Zeitpunkt, in dem die eingezahlten Sparbeiträge frühestens zurückgezahlt werden dürfen, zu dem in § 2 Abs. 1 Nr. 3 des Gesetzes bezeichneten Zweck zu verwenden. [2]§ 9 Satz 2 findet Anwendung.

(2)[1)] Eine Verwendung zu dem in § 2 Abs. 1 Nr. 3 des Gesetzes bezeichneten Zweck ist gegeben, wenn die eingezahlten Beträge verwendet werden
1. zum Bau selbstgenutzten Wohneigentums für den Prämienberechtigten, die in dem Vertrag bezeichnete andere Person oder die in § 15 der Abgabenordnung bezeichneten Angehörigen dieser Personen,

---

[1)] § 10 Abs. 2 Nrn. 1 und 2 geänd. durch G v. 23. 7. 2002 (BGBl. I S. 2715).

2. zum Erwerb selbstgenutzten Wohneigentums oder eines eigentums-ähnlichen Dauerwohnrechts durch den Prämienberechtigten, die in dem Vertrag bezeichnete andere Person oder die in § 15 der Abgaben-ordnung bezeichneten Angehörigen dieser Personen.

§ 11 Anzeigepflicht. [1]Die in § 4 Abs. 1 bezeichneten Unternehmen haben, außer im Fall des Todes des Prämienberechtigten oder der in dem Vertrag bezeichneten anderen Person, dem für ihre Veranlagung oder dem für die Veranlagung des Prämienberechtigten zuständigen Finanzamt un-verzüglich die Fälle mitzuteilen, in denen

1. Sparbeiträge vor Ablauf der in den §§ 5 und 7 bezeichneten Fristen zu-rückgezahlt werden,

2. Sparbeiträge und Prämien nicht oder nicht innerhalb der Fristen des § 10 zu dem dort bezeichneten Zweck verwendet werden,

3. Sparverträge auf ein anderes Unternehmen übertragen oder in Verträge mit Wohnungs- und Siedlungsunternehmen oder mit am 31. Dezember 1989 anerkannten Organen der staatlichen Wohnungspolitik umgewan-delt werden (§ 12 Abs. 1).

[2]Die Anzeige kann auch von der Niederlassung eines Unternehmens an das Finanzamt gerichtet werden, in dessen Bezirk sich die Niederlassung befindet.

§ 12 Übertragung und Umwandlung von Sparverträgen. (1) Prä-mien werden auch ausgezahlt und bereits ausgezahlte Prämien werden nicht zurückgefordert, wenn

1. allgemeine Sparverträge (§ 4) und Sparverträge mit festgelegten Sparra-ten (§ 6) während ihrer Laufzeit unter Übertragung der bisherigen Ein-zahlungen und der Prämien auf ein anderes Unternehmen übertragen werden und sich dieses gegenüber dem Prämienberechtigten und dem Unternehmen, mit dem der Vertrag abgeschlossen worden ist, ver-pflichtet, in die Rechte und Pflichten aus dem Vertrag einzutreten,

2. Sparverträge mit festgelegten Sparraten während ihrer Laufzeit unter Übertragung der bisherigen Einzahlungen und der Prämien in Verträge mit Wohnungs- und Siedlungsunternehmen oder mit am 31. Dezember 1989 anerkannten Organen der staatlichen Wohnungspolitik im Sinne des § 13 umgewandelt werden.

(2) [1]In Fällen der Übertragung (Absatz 1 Nr. 1) gelten die §§ 4 bis 11 weiter mit der Maßgabe, daß die bisherigen Einzahlungen als Einzahlun-gen auf Grund des Vertrags mit dem Unternehmen, auf das der Vertrag übertragen worden ist, behandelt werden. [2]In Fällen der Umwandlung (Absatz 1 Nr. 2) gelten die §§ 15 bis 17 mit der Maßgabe, daß die bisheri-gen Einzahlungen als Einzahlungen auf Grund des Vertrags mit dem Wohnungs- oder Siedlungsunternehmen oder mit dem am 31. Dezember 1989 anerkannten Organ der staatlichen Wohnungspolitik behandelt wer-den.

4. Verträge mit Wohnungs- und Siedlungsunternehmen und Organen der staatlichen Wohnungspolitik (Baufinanzierungsverträge)

§ 13 Inhalt der Verträge. (1) [1]Verträge im Sinne des § 2 Abs. 1 Nr. 4 des Gesetzes sind Verträge mit einem Wohnungs- oder Siedlungsunternehmen (§ 14) oder einem am 31. Dezember 1989 anerkannten Organ der staatlichen Wohnungspolitik (§ 2 Abs. 1 Nr. 4 Satz 2 des Gesetzes), in denen sich der Prämienberechtigte verpflichtet,

1. einen bestimmten Kapitalbetrag in der Weise anzusammeln, daß er für drei bis acht Jahre laufend, jedoch mindestens vierteljährlich, der Höhe nach gleichbleibende Sparraten bei dem Wohnungs- oder Siedlungsunternehmen oder dem am 31. Dezember 1989 anerkannten Organ der staatlichen Wohnungspolitik einzahlt, und

2. den angesammelten Betrag und die Prämien zu dem in § 2 Abs. 1 Nr. 4 des Gesetzes bezeichneten Zweck zu verwenden (§ 16),

und in denen sich das Wohnungs- oder Siedlungsunternehmen oder das am 31. Dezember 1989 anerkannte Organ der staatlichen Wohnungspolitik verpflichtet, die nach dem Vertrag vorgesehene Leistung (§ 16) zu erbringen. [2]§ 6 Abs. 2 gilt entsprechend. [3]Die Verträge können zugunsten dritter Personen abgeschlossen werden.

(2) Den in Absatz 1 bezeichneten Einzahlungen werden gleichgestellt

1. zusätzliche Einzahlungen, soweit sie in einem Kalenderjahr nicht höher sind als der Jahresbetrag der in Absatz 1 bezeichneten Einzahlungen, sowie

2. zusätzliche Einzahlungen, die vermögenswirksame Leistungen darstellen, bis zur Höhe des nach dem Fünften Vermögensbildungsgesetz geförderten Betrags.

§ 14 Wohnungs- und Siedlungsunternehmen. Wohnungs- und Siedlungsunternehmen im Sinne des § 13 sind

1. am 31. Dezember 1989 als gemeinnützig anerkannte Wohnungsunternehmen,

2. gemeinnützige Siedlungsunternehmen,

3. Unternehmen, die vor Aufhebung des Reichsheimstättengesetzes zur Ausgabe von Heimstätten zugelassen waren,

4. andere Wohnungs- und Siedlungsunternehmen, wenn sie die folgenden Voraussetzungen erfüllen:

   a) Das Unternehmen muß im Handelsregister oder im Genossenschaftsregister eingetragen sein;

   b) der Zweck des Unternehmens muß ausschließlich oder weit überwiegend auf den Bau und die Verwaltung oder Übereignung von Wohnungen oder die wohnungswirtschaftliche Betreuung gerichtet sein. [2]Die tatsächliche Geschäftsführung muß dem entsprechen;

   c) das Unternehmen muß sich einer regelmäßigen und außerordentlichen Überprüfung seiner wirtschaftlichen Lage und seines Geschäftsgebarens, insbesondere der Verwendung der gesparten Beträge, durch einen wohnungswirtschaftlichen Verband, zu dessen satzungsmäßigem Zweck eine solche Prüfung gehört, unterworfen haben. [2]Soweit das Unternehmen oder seine Gesellschafter an anderen Unternehmen gleicher Art beteiligt sind, muß sich die Überprüfung zugleich auf diese erstrecken.

§ 15 Unterbrechung und Rückzahlung der Einzahlungen.

(1) [1]Sparraten, die nicht rechtzeitig geleistet worden sind, können innerhalb eines halben Jahres nach ihrer Fälligkeit, spätestens bis zum 15. Januar des folgenden Kalenderjahrs, nachgeholt werden; die im folgenden Kalenderjahr nachgeholten Sparraten gelten als Einzahlungen des Kalenderjahrs der Fälligkeit. [2]Innerhalb des letzten halben Jahres vor Ablauf der Festlegungsfrist ist eine Nachholung ausgeschlossen.

(2) [1]Der Vertrag ist in vollem Umfang unterbrochen, wenn eine Sparrate nicht spätestens vor Ablauf der in Absatz 1 bezeichneten Nachholfrist eingezahlt worden ist oder wenn Einzahlungen zurückgezahlt werden; das gleiche gilt, wenn Ansprüche aus dem Vertrag abgetreten werden, es sei denn, der Abtretungsempfänger ist ein Angehöriger (§ 15 der Abgabenordnung) oder die im Vertrag bezeichnete andere Person. [2]Der Vertrag ist teilweise unterbrochen, wenn eine Sparrate in geringerer als der vereinbarten Höhe geleistet und der Unterschiedsbetrag nicht innerhalb der in Absatz 1 bezeichneten Frist nachgeholt worden ist.

(3) [1]Ist der Vertrag in vollem Umfang unterbrochen (Absatz 2 Satz 1), so sind spätere Einzahlungen nicht mehr prämienbegünstigt. [2]Liegt eine teilweise Unterbrechung (Absatz 2 Satz 2) vor, so sind spätere Einzahlungen nur in Höhe des Teils der Sparraten prämienbegünstigt, der ununterbrochen in gleichbleibender Höhe geleistet worden ist. [3]Dieser Betrag ist auch maßgebend für die zusätzlichen Einzahlungen, die nach § 13 Abs. 2 Nr. 1 erbracht werden können.

(4) [1]Soweit eingezahlte Beiträge, außer in den Fällen des § 18, zurückgezahlt werden, werden Prämien nicht ausgezahlt; bereits ausgezahlte Prämien sind an das Finanzamt zurückzuzahlen. [2]Das gilt nicht, wenn der Prämienberechtigte oder die im Vertrag bezeichnete andere Person stirbt oder nach Vertragsabschluß völlig erwerbsunfähig wird.

§ 16 Verwendung der angesammelten Beträge. (1) [1]Der angesammelte Betrag ist zusammen mit den Prämien innerhalb von fünf Jahren nach dem Zeitpunkt, in dem nach dem Vertrag die letzte Zahlung zu leisten ist, von dem Prämienberechtigten oder der im Vertrag bezeichneten anderen Person zu dem in § 2 Abs. 1 Nr. 4 des Gesetzes bezeichneten Zweck zu verwenden. [2]§ 15 Abs. 4 Satz 2 findet Anwendung.

(2)[1)] Eine Verwendung zu dem in § 2 Abs. 1 Nr. 4 des Gesetzes bezeichneten Zweck ist gegeben, wenn der angesammelte Betrag und die Prämien verwendet werden

---

[1)] § 16 Abs. 2 Nrn. 1 und 2 geänd. durch G v. 23. 7. 2002 (BGBl. I S. 2715).

1. zum Bau selbstgenutzten Wohneigentums für den Prämienberechtigten, die in dem Vertrag bezeichnete andere Person oder die in § 15 der Abgabenordnung bezeichneten Angehörigen dieser Person durch das Wohnungs- und Siedlungsunternehmen oder das am 31. Dezember 1989 anerkannte Organ der staatlichen Wohnungspolitik oder

2. zum Erwerb selbstgenutzten Wohneigentums oder eines eigentumsähnlichen Dauerwohnrechts durch den Prämienberechtigten, die in dem Vertrag bezeichnete andere Person oder die in § 15 der Abgabenordnung bezeichneten Angehörigen dieser Personen; dabei muß es sich um einen Erwerb von dem Wohnungs- und Siedlungsunternehmen oder dem am 31. Dezember 1989 anerkannten Organ der staatlichen Wohnungspolitik und um selbstgenutztes Wohneigentum handeln, das nach dem 31. Dezember 1949 errichtet worden ist.

(3) Bei einer Verwendung im Sinne des Absatzes 2 Nr. 2 dürfen der angesammelte Betrag und die Prämien nur zur Leistung des bar zu zahlenden Teils des Kaufpreises verwendet werden.

§ 17 Anzeigepflicht. [1]Das Wohnungs- oder Siedlungsunternehmen oder das am 31. Dezember 1989 anerkannte Organ der staatlichen Wohnungspolitik hat, außer im Fall des Todes des Prämienberechtigten oder der in dem Vertrag bezeichneten anderen Person, dem für seine Veranlagung oder dem für die Veranlagung des Prämienberechtigten zuständigen Finanzamt unverzüglich die Fälle mitzuteilen, in denen

1. angesammelte Beträge zurückgezahlt werden (§ 15),

2. angesammelte Beträge und Prämien nicht oder nicht innerhalb der Frist des § 16 zu dem in § 2 Abs. 1 Nr. 4 des Gesetzes bezeichneten Zweck verwendet werden,

3. Verträge auf ein anderes Wohnungs- oder Siedlungsunternehmen oder ein anderes am 31. Dezember 1989 anerkanntes Organ der staatlichen Wohnungspolitik übertragen oder in Sparverträge mit festgelegten Sparraten im Sinne des § 6 umgewandelt werden (§ 18 Abs. 1).

[2]Die Anzeige kann auch von der Niederlassung eines Wohnungs- oder Siedlungsunternehmens oder eines am 31. Dezember 1989 anerkannten Organs der staatlichen Wohnungspolitik an das Finanzamt gerichtet werden, in dessen Bezirk sich die Niederlassung befindet.

§ 18 Übertragung und Umwandlung von Verträgen mit Wohnungs- und Siedlungsunternehmen und Organen der staatlichen Wohnungspolitik. (1) Prämien werden auch ausgezahlt und bereits ausgezahlte Prämien werden nicht zurückgefordert, wenn Verträge mit Wohnungs- und Siedlungsunternehmen oder am 31. Dezember 1989 anerkannten Organen der staatlichen Wohnungspolitik (§ 13) während ihrer Laufzeit unter Übertragung der bisherigen Einzahlungen und der Prämien

1. auf ein anderes Wohnungs- oder Siedlungsunternehmen oder ein anderes am 31. Dezember 1989 anerkanntes Organ der staatlichen Wohnungspolitik übertragen werden und sich dieses gegenüber dem Prämien-

berechtigten und dem Unternehmen, mit dem der Vertrag abgeschlossen worden ist, verpflichtet, in die Rechte und Pflichten aus dem Vertrag einzutreten,

2. in einen Sparvertrag mit festgelegten Sparraten im Sinne des § 6 umgewandelt werden.

(2) § 12 Abs. 2 ist entsprechend anzuwenden.

5. Änderung der Voraussetzungen für den Prämienanspruch in besonderen Fällen

§ 19 Änderung des zu versteuernden Einkommens. (1) Wird im Besteuerungsverfahren die Entscheidung über die Höhe des zu versteuernden Einkommens nachträglich in der Weise geändert, daß dadurch

1. die Einkommensgrenze (§ 2a des Gesetzes) unterschritten wird, so kann der Prämienberechtigte die Prämie innerhalb eines Jahres nach Bekanntgabe der Änderung erstmalig oder erneut beantragen;

2. die Einkommensgrenze überschritten wird, so ist die Prämie neu zu ermitteln oder festzusetzen; ausgezahlte Prämien sind zurückzufordern.

(2) Besteht oder entsteht für Aufwendungen, die vermögenswirksame Leistungen darstellen,

1. kein Anspruch auf Arbeitnehmer-Sparzulage und liegen dennoch die Voraussetzungen für den Prämienanspruch vor, so kann der Prämienberechtigte die Prämie innerhalb eines Jahres nach Bekanntgabe des Bescheids über die Arbeitnehmer-Sparzulage erstmalig oder erneut beantragen;

2. nachträglich ein Anspruch auf Arbeitnehmer-Sparzulage und entfällt damit der Prämienanspruch, so ist die Prämie neu zu ermitteln oder festzusetzen; ausgezahlte Prämien sind zurückzufordern.

6. Anwendungszeitraum

§ 20[1) Anwendungsvorschrift. [1]Diese Verordnung in der Fassung des Artikels 6 des Gesetzes vom 29. Juli 2008 (BGBl. I S. 1509) ist erstmals für das Sparjahr 2009 anzuwenden. [2]§ 3 in der Fassung der Verordnung vom 25. Juni 2020 (BGBl. I S. 1495) ist anzuwenden, soweit der Erwerb von Anteilen an Bau- und Wohnungsgenossenschaften nach dem 31. Dezember 2020 erfolgt.

[1)] § 20 neu gef. durch G v. 29.7.2008 (BGBl. I S. 1509); Satz 2 angef., bish. Text wird Satz 1 durch VO v. 25.6.2020 (BGBl. I S. 1495).

60. Bundeskindergeldgesetz (BKGG)

In der Fassung der Bekanntmachung vom 28. Januar 2009
(BGBl. I S. 142, ber. S. 3177)[1]

Geändert durch Dienstrechtsneuordnungsgesetz vom 5.2.2009 (BGBl. I S. 160), Gesetz zur Sicherung von Beschäftigung und Stabilität in Deutschland vom 2.3.2009 (BGBl. I S. 416), Bürgerentlastungsgesetz Krankenversicherung vom 16.7.2009 (BGBl. I S. 1959), Wachstumsbeschleunigungsgesetz vom 22.12.2009 (BGBl. I S. 3950), Gesetz zur Ermittlung von Regelbedarfen und zur Änderung des Zweiten und Zwölften Buches Sozialgesetzbuch vom 24.3.2011 (BGBl. I S. 453), Gesetz zur Änderung des Bundesversorgungsgesetzes und anderer Vorschriften vom 20.6.2011 (BGBl. I S. 1114), Steuervereinfachungsgesetz 2011 vom 1.11.2011 (BGBl. I S. 2131), Beitreibungsrichtlinie-Umsetzungsgesetz (BeitrRLUmsG) vom 7.12.2011 (BGBl. I S. 2592), Unterhaltsvorschussentbürokratisierungsgesetz vom 3.5.2013 (BGBl. I S. 1108), Gesetz zur Änderung des Zweiten Buches Sozialgesetzbuch und anderer Gesetze vom 7.5.2013 (BGBl. I S. 1167), Amtshilferichtlinie-Umsetzungsgesetz (AmtshilfeRLUmsG) vom 26.6.2013 (BGBl. I S. 1809), Gesetz zur Anpassung steuerlicher Regelungen an die Rechtsprechung des Bundesverfassungsgerichts vom 18.7.2014 (BGBl. I S. 1042), Gesetz zur Anpassung des nationalen Steuerrechts an den Beitritt Kroatiens zur EU und zur Änderung weiterer steuerlicher Vorschriften vom 25.7.2014 (BGBl. I S. 1266), Gesetz zur Anpassung der Abgabenordnung an den Zollkodex der Union und zur Änderung weiterer steuerlicher Vorschriften vom 22.12.2014 (BGBl. I S. 2417), Gesetz zur Anhebung des Grundfreibetrags, des Kinderfreibetrags, des Kindergeldes und des Kinderzuschlags vom 16.7.2015 (BGBl. I S. 1202), Neuntes Gesetz zur Änderung des Zweiten Buches Sozialgesetzbuch – Rechtsvereinfachung – sowie zur vorübergehenden Aussetzung der Insolvenzantragspflicht vom 26.7.2016 (BGBl. I S. 1824), Gesetz zur Umsetzung der Änderungen der EU-Amtshilferichtlinie und von weiteren Maßnahmen gegen Gewinnkürzungen und -verlagerungen vom 20.12.2016 (BGBl. I S. 3000), Gesetz zum Abbau verzichtbarer Anordnungen der Schriftform im Verwaltungsrecht des Bundes vom 29.3.2017 (BGBl. I S. 626), Gesetz zur Bekämpfung der Steuerumgehung, und zur Änderung weiterer steuerlicher Vorschriften (Steuerumgehungsbekämpfungsgesetz – StUmgBG) vom 23.6.2017 (BGBl. I S. 1682), Gesetz zur steuerlichen Entlastung der Familien sowie zur Anpassung weiterer steuerlicher Regelungen vom 29.11.2018 (BGBl. I S. 2210), Gesetz zur zielgenauen Stärkung von Familien und ihren Kindern durch die Neugestaltung des Kinderzuschlags und die Verbesserung der Leistungen für Bildung und Teilhabe (Starke-Familien-Gesetz – StaFamG) vom 29.4.2019 (BGBl. I S. 530), Gesetz gegen illegale Beschäftigung und Sozialleistungsmissbrauch vom 11.7.2019 (BGBl. I S. 1066), Gesetz zur weiteren steuerlichen Förderung der Elektromobilität und zur Änderung weiterer steuerlicher Vorschriften vom 12.12.2019 (BGBl. I S. 2451), Gesetz für den erleichterten Zugang zu sozialer Sicherung und zum Einsatz und zur Absicherung sozialer Dienstleister aufgrund des Coronavirus SARS-CoV-2 (Sozialschutz-Paket) vom 27.3.2020 (BGBl. I S. 575), Gesetz zu Sozialen Maßnahmen zur Bekämpfung der Corona-Pandemie (Sozialschutz-Paket II) vom 20.5.2020 (BGBl. I S. 1055), Zweites Gesetz zur Umsetzung steuerlicher Hilfsmaßnahmen zur Bewältigung der Corona-Krise (Zweites Corona-Steuerhilfegesetz) vom 29.6.2020 (BGBl. I S. 1512), Gesetz für ein Zukunftsprogramm Krankenhäuser (Krankenhauszukunftsgesetz –KHZG) vom 23.10.2020 (BGBl. I S. 2208), Zweites Gesetz zur steuerlichen Entlastung von Familien sowie zur Anpassung weiterer steuerlicher Regelungen (Zweites Familienentlastungsgesetz – 2. FamEntlastG) vom 1.12.2020 (BGBl. I S. 2616), Gesetz zur Ermittlung des Regelbedarfs und zur Änderung des Zwölften Buches Sozialgesetzbuch sowie weiterer Gesetze vom 9.12.2020 (BGBl. I S. 2855), Drittes Gesetz zur Umsetzung

---

[1] Neubekanntmachung des BKGG idF der Bek. v. 17.7.2007 (BGBl. I S. 1450) auf Grund Art. 6 Familienleistungsgesetz v. 22.12.2009 (BGBl. I S. 2955) in der ab 1.1.2009 geltenden Fassung. Zum Kindergeld für unbeschränkt Steuerpflichtige siehe §§ 62 ff. EStG (Nr. 1).

steuerlicher Hilfsmaßnahmen zur Bewältigung der Corona-Krise (Drittes Corona-Steuer-hilfegesetz) vom 10.3.2021 (BGBl. I S. 330), Sozialschutz-Paket III vom 10.3.2021 (BGBl. I S. 335), Gesetz zur Änderung des Gesetzes über Finanzhilfen des Bundes zum Ausbau der Tagesbetreuung für Kinder und zur Änderung weiterer Gesetze (Kitafinanzhilfenänderungs-gesetz – KitaFinHÄndG) vom 25.6.2021 (BGBl. I S. 2020), Gesetz zur Änderung des Infek-tionsschutzgesetzes und weiterer Gesetze vom 22.11.2021 (BGBl. I S. 4906), Steuerentlas-tungsgesetz 2022 vom 23.5.2022 (BGBl. I S. 749), Gesetz zur Regelung eines Sofortzuschlages und einer Einmalzahlung in den sozialen Mindestsicherungssystemen sowie zur Änderung des Finanzausgleichsgesetzes und weiterer Gesetze vom 23.5.2022 (BGBl. I S. 760), Gesetz zum Ausgleich der Inflation durch einen fairen Einkommensteuertarif sowie zur Anpassung weite-rer steuerlicher Regelungen (Inflationsausgleichsgesetz – InflAusG) vom 8.12.2022 (BGBl. I S. 2230), Jahressteuergesetz 2022 (JStG 2022) vom 16.12.2022 (BGBl. I S. 2294) und Bürger-geld-Gesetz vom 16.12.2022 (BGBl. I S. 2328)

BGBl. III/FNA 85-4

Erster Abschnitt. Leistungen

§ 1 Anspruchsberechtigte. (1) Kindergeld nach diesem Gesetz für seine Kinder erhält, wer nach § 1 Absatz 1 und 2 des Einkommensteuergesetzes nicht unbeschränkt steuerpflichtig ist und auch nicht nach § 1 Absatz 3 des Einkommensteuergesetzes als unbeschränkt steuerpflichtig behandelt wird und

1. in einem Versicherungspflichtverhältnis zur Bundesagentur für Arbeit nach dem Dritten Buch Sozialgesetzbuch steht oder versicherungsfrei nach § 28 Absatz 1 Nummer 1 des Dritten Buches Sozialgesetzbuch ist oder

2. als Entwicklungshelfer Unterhaltsleistungen im Sinne des § 4 Absatz 1 Nummer 1 des Entwicklungshelfer-Gesetzes erhält oder als Missionar der Missionswerke und -gesellschaften, die Mitglieder oder Vereinbarungspart-ner des Evangelischen Missionswerkes Hamburg, der Arbeitsgemeinschaft Evangelikaler Missionen e.V., des Deutschen katholischen Missionsrates oder der Arbeitsgemeinschaft pfingstlich-charismatischer Missionen sind, tä-tig ist oder

3.[1] eine nach § 123a des Beamtenrechtsrahmengesetzes oder § 29 des Bun-desbeamtengesetzes oder § 20 des Beamtenstatusgesetzes bei einer Einrich-tung außerhalb Deutschlands zugewiesene Tätigkeit ausübt oder

4.[2] als Ehegatte oder Lebenspartner eines Mitglieds der Truppe oder des zivi-len Gefolges eines NATO-Mitgliedstaates die Staatsangehörigkeit eines EU/EWR-Mitgliedstaates besitzt und in Deutschland seinen Wohnsitz oder ge-wöhnlichen Aufenthalt hat.

(2) [1] Kindergeld für sich selbst erhält, wer

1. in Deutschland einen Wohnsitz oder seinen gewöhnlichen Aufenthalt hat,

2. Vollwaise ist oder den Aufenthalt seiner Eltern nicht kennt und

3. nicht bei einer anderen Person als Kind zu berücksichtigen ist.

---

[1] § 1 Abs. 1 Nr. 3 geänd. durch G v. 5.2.2009 (BGBl. I S. 160/271); geänd. durch G v. 1.11.2011 (BGBl. I S. 2131).
[2] § 1 Abs. 1 Nr. 4 ergänzt mWv 24.7.2014 durch G v. 18.7.2014 (BGBl. I S. 1042).

²§ 2 Absatz 2 und 3 sowie die §§ 4 und 5 sind entsprechend anzuwenden. ³Im Fall des § 2 Absatz 2 Satz 1 Nummer 3 wird Kindergeld längstens bis zur Vollendung des 25. Lebensjahres[1] gewährt.

(3)[2] ¹Ein nicht freizügigkeitsberechtigter Ausländer erhält Kindergeld nur, wenn er

1. eine Niederlassungserlaubnis oder eine Erlaubnis zum Daueraufenthalt–EU besitzt,

2. eine Blaue Karte EU, eine ICT-Karte, eine Mobiler-ICT-Karte oder eine Aufenthaltserlaubnis besitzt, die für einen Zeitraum von mindestens sechs Monaten zur Ausübung einer Erwerbstätigkeit berechtigen oder berechtigt haben oder diese erlauben, es sei denn, die Aufenthaltserlaubnis wurde

   a) nach § 16e des Aufenthaltsgesetzes zu Ausbildungszwecken, nach § 19c Absatz 1 des Aufenthaltsgesetzes zum Zweck der Beschäftigung als Au-Pair oder zum Zweck der Saisonbeschäftigung, nach § 19e des Aufenthaltsgesetzes zum Zweck der Teilnahme an einem Europäischen Freiwilligendienst oder nach § 20 Absatz 1 und 2 des Aufenthaltsgesetzes zur Arbeitsplatzsuche erteilt,

   b) nach § 16b des Aufenthaltsgesetzes zum Zweck eines Studiums, nach § 16d des Aufenthaltsgesetzes für Maßnahmen zur Anerkennung ausländischer Berufsqualifikationen oder nach § 20 Absatz 3 des Aufenthaltsgesetzes zur Arbeitsplatzsuche erteilt und er ist weder erwerbstätig noch nimmt er Elternzeit nach § 15 des Bundeselterngeld- und Elternzeitgesetzes oder laufende Geldleistungen nach dem Dritten Buch Sozialgesetzbuch in Anspruch,

   c)[3] nach § 23 Absatz 1 des Aufenthaltsgesetzes wegen eines Krieges in seinem Heimatland oder nach den § 23a oder § 25 Absatz 3 bis 5 des Aufenthaltsgesetzes erteilt,

3. eine in Nummer 2 Buchstabe c genannte Aufenthaltserlaubnis besitzt und im Bundesgebiet berechtigt erwerbstätig ist oder Elternzeit nach § 15 des Bundeselterngeld- und Elternzeitgesetzes oder laufende Geldleistungen nach dem Dritten Buch Sozialgesetzbuch in Anspruch nimmt,

4. eine in Nummer 2 Buchstabe c genannte Aufenthaltserlaubnis besitzt und sich seit mindestens 15 Monaten erlaubt, gestattet oder geduldet im Bundesgebiet aufhält oder

5. eine Beschäftigungsduldung gemäß § 60d in Verbindung mit § 60a Absatz 2 Satz 3 des Aufenthaltsgesetzes besitzt.

²Abweichend von Satz 1 Nummer 3 erste Alternative erhält ein minderjähriger nicht freizügigkeitsberechtigter Ausländer unabhängig von einer Erwerbstätigkeit Kindergeld.

§ 2 Kinder. (1) Als Kinder werden auch berücksichtigt

---

[1] Fassung durch G v. 19.7.2006 (BGBl. I S. 1652); zur Übergangsregelung siehe § 20 Abs. 8.
[2] § 1 Abs. 3 neu gef. mWv 1.1.2020 durch Art. 34 des G v. 12.12.2019 (BGBl. I S. 2451).
[3] § 1 Abs. 3 Nr. 2 Buchst. c geänd. durch G v. 23.5.2022 (BGBl. I S. 760); zur Anwendung siehe § 20 Abs. 13 Satz 3.

1.[1)] vom Berechtigten in seinen Haushalt aufgenommene Kinder seines Ehegatten oder Lebenspartners,

2. Pflegekinder (Personen, mit denen der Berechtigte durch ein familienähnliches, auf Dauer berechnetes Band verbunden ist, sofern er sie nicht zu Erwerbszwecken in seinen Haushalt aufgenommen hat und das Obhuts- und Pflegeverhältnis zu den Eltern nicht mehr besteht),

3. vom Berechtigten in seinen Haushalt aufgenommene Enkel.

(2) [1]Ein Kind, das das 18. Lebensjahr vollendet hat, wird berücksichtigt, wenn es

1. noch nicht das 21. Lebensjahr vollendet hat, nicht in einem Beschäftigungsverhältnis steht und bei einer Agentur für Arbeit im Inland als Arbeitsuchender gemeldet ist oder

2. noch nicht das 25. Lebensjahr vollendet hat und

   a) für einen Beruf ausgebildet wird oder

   b)[2)] sich in einer Übergangszeit von höchstens vier Monaten befindet, die zwischen zwei Ausbildungsabschnitten oder zwischen einem Ausbildungsabschnitt und der Ableistung des gesetzlichen Wehr- oder Zivildienstes, einer vom Wehr- oder Zivildienst befreienden Tätigkeit als Entwicklungshelfer oder als Dienstleistender im Ausland nach § 14b des Zivildienstgesetzes oder der Ableistung des freiwilligen Wehrdienstes nach § 58b des Soldatengesetzes oder der Ableistung eines freiwilligen Dienstes im Sinne des Buchstaben d liegt, oder

   c) eine Berufsausbildung mangels Ausbildungsplatzes nicht beginnen oder fortsetzen kann oder

[Fassung bis 20.12.2022:][3)]	*[Fassung ab 21.12.2022:]*[4)]
d) ein freiwilliges soziales Jahr oder ein freiwilliges ökologisches Jahr im Sinne des Jugendfreiwilligendienstegesetzes oder eine Freiwilligenaktivität im Rahmen des Europäischen Solidaritätskorps im Sinne der Verordnung (EU) Nr. 2018/1475 des Europäischen Parlaments und des Rates vom 2. Oktober 2018 zur Festlegung	d) einen der folgenden freiwilligen Dienste leistet: aa) ein freiwilliges soziales Jahr im Sinne des Jugendfreiwilligendienstegesetzes, bb) ein freiwilliges ökologisches Jahr im Sinne des Jugendfreiwilligendienstegesetzes, cc) einen Bundesfreiwilligendienst im Sinne des Bundesfreiwilligendienstgesetzes,

---

[1)] § 2 Abs. 1 Nr. 1 ergänzt mWv 24.7.2014 durch G v. 18.7.2014 (BGBl. I S. 1042).

[2)] § 2 Abs. 2 Satz 1 Nr. 2 Buchst. b ergänzt mWv 1.1.2015 durch G v. 22.12.2014 (BGBl. I S. 2417).

[3)] § 2 Abs. 2 Satz 1 Nr. 2 Buchst. d geänd. durch G v. 16.7.2009 (BGBl. I S. 1959); geänd. durch G v. 25.7.2014 (BGBl. I S. 1266); zur Anwendung siehe § 20 Abs. 9; geänd. durch G v. 7.12.2011 (BGBl. I S. 2592); geänd. mWv 1.1.2019 durch G v. 29.11.2018 (BGBl. I S. 2210); geänd. mWv 18.7.2019 durch G v. 11.7.2019 (BGBl. I S. 1066).

[4)] § 2 Abs. 2 Satz 1 Nr. 2 Buchst. d neu gef. mWv 21.12.2022 durch G v. 16.12.2022 (BGBl. I S. 2294).

[Fassung bis 20.12.2022:][1]

des rechtlichen Rahmens des Europäischen Solidaritätskorps sowie zur Änderung der Verordnung (EU) Nr. 1288/2013 und der Verordnung (EU) Nr. 1293/2013 sowie des Beschlusses Nr. 1313/2013/EU (ABl. L 250 vom 4.10.2018, S. 1) oder einen anderen Dienst im Ausland im Sinne von § 5 des Bundesfreiwilligendienstgesetzes[3] oder einen entwicklungspolitischen Freiwilligendienst „weltwärts" im Sinne der Förderleitlinie des Bundesministeriums für wirtschaftliche Zusammenarbeit und Entwicklung vom 1. Januar 2016 oder einen Freiwilligendienst aller Generationen im Sinne von § 2 Absatz 1a des Siebten Buches Sozialgesetzbuch oder einen Internationalen Jugendfreiwilligendienst im Sinne der Richtlinie des Bundesministeriums für Familie, Senioren, Frauen und Jugend vom 25. Mai 2018 (GMBl. S. 545) oder einen Bundesfreiwilligendienst im Sinne des Bundesfreiwilligendienstgesetzes leistet oder

[Fassung ab 21.12.2022:][2]

dd) eine Freiwilligentätigkeit im Rahmen des Europäischen Solidaritätskorps im Sinne der Verordnung (EU) 2021/888 des Europäischen Parlaments und des Rates vom 20. Mai 2021 zur Aufstellung des Programms für das Europäische Solidaritätskorps und zur Aufhebung der Verordnungen (EU) 2018/1475 und (EU) Nr. 375/2014 (ABl. L 202 vom 8.6.2021, S. 32),

ee) einen anderen Dienst im Ausland im Sinne von § 5 des Bundesfreiwilligendienstgesetzes,

ff) einen entwicklungspolitischen Freiwilligendienst „weltwärts" im Sinne der Förderleitlinie des Bundesministeriums für wirtschaftliche Zusammenarbeit und Entwicklung vom 1. Januar 2016,

gg) einen Freiwilligendienst aller Generationen im Sinne von § 2 Absatz 1a des Siebten Buches Sozialgesetzbuch oder

hh) einen Internationalen Jugendfreiwilligendienst im Sinne der Richtlinie des Bundesministeriums für Familie, Senioren, Frauen und Jugend vom 4. Januar 2021 (GMBl. S. 77) oder

3. wegen körperlicher, geistiger oder seelischer Behinderung außerstande ist, sich selbst zu unterhalten; Voraussetzung ist, dass die Behinderung vor Vollendung des 25. Lebensjahres[4] eingetreten ist.

---

[1] § 2 Abs. 2 Satz 1 Nr. 2 Buchst. d geänd. durch G v. 16.7.2009 (BGBl. I S. 1959); geänd. durch G v. 25.7.2014 (BGBl. I S. 1266); zur Anwendung siehe § 20 Abs. 9; geänd. durch G v. 7.12.2011 (BGBl. I S. 2592); geänd. mWv 1.1.2019 durch G v. 29.11.2018 (BGBl. I S. 2210); geänd. mWv 18.7.2019 durch G v. 11.7.2019 (BGBl. I S. 1066).

[2] § 2 Abs. 2 Satz 1 Nr. 2 Buchst. d neu gef. mWv 21.12.2022 durch G v. 16.12.2022 (BGBl. I S. 2294).

[3] Verweis geänd. mWv 1.1.2012 durch G v. 26.6.2013 (BGBl. I S. 1809).

[4] Fassung durch G v. 19.7.2006 (BGBl. I S. 1652); zur Übergangsregelung siehe § 20 Abs. 8.

² Nach Abschluss einer erstmaligen Berufsausbildung oder[1] eines Erststudiums wird ein Kind in den Fällen des Satzes 1 Nummer 2 nur berücksichtigt, wenn das Kind keiner Erwerbstätigkeit nachgeht. ³ Eine Erwerbstätigkeit mit bis zu 20 Stunden regelmäßiger wöchentlicher Arbeitszeit, ein Ausbildungsdienstverhältnis oder ein geringfügiges Beschäftigungsverhältnis im Sinne der §§ 8 und 8a des Vierten Buches Sozialgesetzbuch sind unschädlich.[2]

(3)[3] *(aufgehoben)*

(4) ¹ Kinder, für die einer anderen Person nach dem Einkommensteuergesetz Kindergeld oder ein Kinderfreibetrag zusteht, werden nicht berücksichtigt. ² Dies gilt nicht für Kinder, die in den Haushalt des Anspruchsberechtigten nach § 1 aufgenommen worden sind oder für die dieser die höhere Unterhaltsrente zahlt, wenn sie weder in seinen Haushalt noch in den Haushalt eines nach § 62 des Einkommensteuergesetzes Anspruchsberechtigten aufgenommen sind.

(5) ¹ Kinder, die weder einen Wohnsitz noch ihren gewöhnlichen Aufenthalt in Deutschland haben, werden nicht berücksichtigt. ² Dies gilt nicht gegenüber Berechtigten nach § 1 Absatz 1 Nummer 2 und 3, wenn sie die Kinder in ihren Haushalt aufgenommen haben.

(6) Die Bundesregierung wird ermächtigt, durch Rechtsverordnung, die nicht der Zustimmung des Bundesrates bedarf, zu bestimmen, dass einem Berechtigten, der in Deutschland erwerbstätig ist oder sonst seine hauptsächlichen Einkünfte erzielt, für seine in Absatz 5 Satz 1 bezeichneten Kinder Kindergeld ganz oder teilweise zu leisten ist, soweit dies mit Rücksicht auf die durchschnittlichen Lebenshaltungskosten für Kinder in deren Wohnland und auf die dort gewährten dem Kindergeld vergleichbaren Leistungen geboten ist.

§ 3[4] **Zusammentreffen mehrerer Ansprüche.** (1) Für jedes Kind werden nur einer Person Kindergeld, Kinderzuschlag und Leistungen für Bildung und Teilhabe gewährt.

(2) ¹ Erfüllen für ein Kind mehrere Personen die Anspruchsvoraussetzungen, so werden das Kindergeld, der Kinderzuschlag und die Leistungen für Bildung und Teilhabe derjenigen Person gewährt, die das Kind in ihren Haushalt aufgenommen hat. ² Ist ein Kind in den gemeinsamen Haushalt von Eltern, von einem Elternteil und dessen Ehegatten oder Lebenspartner, von Pflegeeltern oder Großeltern aufgenommen worden, bestimmen diese untereinander den Berechtigten. ³ Wird eine Bestimmung nicht getroffen, bestimmt das Familiengericht[5] auf Antrag den Berechtigten. ⁴ Antragsberechtigt ist, wer ein berechtigtes Interesse an der Leistung des Kindergeldes hat. ⁵ Lebt ein Kind im ge-

---

[1] Geänd. mWv 1.1.2012 durch G v. 26.6.2013 (BGBl. I S. 1809).
[2] § 2 Abs. 2 Sätze 2 bis 10 ersetzt durch Sätze 2 und 3 mWv 1.1.2012 durch G v. 1.11.2011 (BGBl. I S. 2131).
[3] Zur letztmaligen Anwendung siehe § 20 Abs. 11.
[4] § 3 Abs. 1 und Abs. 2 Satz 1 und Satz 5 geänd. mWv 1.1.2011 durch G v. 24.3.2011 (BGBl. I S. 453); Abs. 2 Satz 2 ergänzt mWv 24.7.2014 durch G v. 18.7.2014 (BGBl. I S. 1042).
[5] **Amtl. Anm.:** Gemäß Artikel 104 des FGG-Reformgesetzes vom 17. Dezember 2008 (BGBl. I S. 2586) wird am 1. September 2009 das Wort „Vormundschaftsgericht" durch das Wort „Familiengericht" ersetzt.

meinsamen Haushalt von Eltern und Großeltern, werden das Kindergeld, der Kinderzuschlag und die Leistungen für Bildung und Teilhabe vorrangig einem Elternteil gewährt; sie werden an einen Großelternteil gewährt, wenn der Elternteil gegenüber der zuständigen Stelle auf seinen Vorrang schriftlich verzichtet hat.

(3) [1] Ist das Kind nicht in den Haushalt einer der Personen aufgenommen, die die Anspruchsvoraussetzungen erfüllen, wird das Kindergeld derjenigen Person gewährt, die dem Kind eine Unterhaltsrente zahlt. [2] Zahlen mehrere anspruchsberechtigte Personen dem Kind Unterhaltsrenten, wird das Kindergeld derjenigen Person gewährt, die dem Kind laufend die höchste Unterhaltsrente zahlt. [3] Werden gleich hohe Unterhaltsrenten gezahlt oder zahlt keiner der Berechtigten dem Kind Unterhalt, so bestimmen die Berechtigten untereinander, wer das Kindergeld erhalten soll. [4] Wird eine Bestimmung nicht getroffen, so gilt Absatz 2 Satz 3 und 4 entsprechend.

§4 Andere Leistungen für Kinder.

[Fassung bis 20.12.2022:]

(1) [1] Kindergeld wird nicht für ein Kind gewährt, für das eine der folgenden Leistungen zu zahlen ist oder bei entsprechender Antragstellung zu zahlen wäre:

1. Kinderzulagen aus der gesetzlichen Unfallversicherung oder Kinderzuschüsse aus den gesetzlichen Rentenversicherungen,

2. Leistungen für Kinder, die außerhalb Deutschlands gewährt werden und dem Kindergeld oder einer der unter Nummer 1 genannten Leistungen vergleichbar sind,

3. Leistungen für Kinder, die von einer zwischen- oder überstaatlichen Einrichtung gewährt werden und dem Kindergeld vergleichbar sind.

[2] Steht ein Berechtigter in einem Versicherungspflichtverhältnis zur Bundesagentur für Arbeit nach dem Dritten Buch Sozialgesetzbuch oder ist er versicherungsfrei nach § 28 Absatz 1 Nummer 1 des Dritten Buches Sozialgesetzbuch oder steht er in Deutschland in einem öffentlich-rechtlichen Dienst- oder Amts-

[Fassung ab 21.12.2022:][1]

[1] Kindergeld wird nicht für ein Kind gezahlt, für das eine der folgenden Leistungen zu zahlen ist oder bei entsprechender Antragstellung zu zahlen wäre:

1. Leistungen für Kinder, die im Ausland gewährt werden und dem Kindergeld oder der Kinderzulage aus der gesetzlichen Unfallversicherung nach § 217 Absatz 3 des Siebten Buches Sozialgesetzbuch in der bis zum 30. Juni 2020 geltenden Fassung oder dem Kinderzuschuss aus der gesetzlichen Rentenversicherung nach § 270 des Sechsten Buches Sozialgesetzbuch in der bis zum 16. November 2016 geltenden Fassung vergleichbar sind,

2. Leistungen für Kinder, die von einer zwischen- oder überstaatlichen Einrichtung gewährt werden und dem Kindergeld vergleichbar sind.

[2] Steht ein Berechtigter in einem Versicherungspflichtverhältnis zur Bundesagentur für Arbeit nach dem Dritten Buch Sozialgesetzbuch oder ist er versicherungsfrei nach § 28 Ab-

---

[1] § 4 neu gef. mWv 21.12.2022 durch G v. 16.12.2022 (BGBl. I S. 2294).

[Fassung bis 20.12.2022:]

verhältnis, so wird sein Anspruch auf Kindergeld für ein Kind nicht nach Satz 1 Nummer 3 mit Rücksicht darauf ausgeschlossen, dass sein Ehegatte oder Lebenspartner als Beamter, Ruhestandsbeamter oder sonstiger Bediensteter der Europäischen Gemeinschaften für das Kind Anspruch auf Kinderzulage hat.[1]

(2) [1]Ist in den Fällen des Absatzes 1 Satz 1 Nummer 1 der Bruttobetrag der anderen Leistung niedriger als das Kindergeld nach § 6, wird Kindergeld in Höhe des Unterschiedsbetrages gezahlt. [2]Ein Unterschiedsbetrag unter 5 Euro wird nicht geleistet.

[Fassung ab 21.12.2022:]

satz 1 Nummer 1 des Dritten Buches Sozialgesetzbuch oder steht er in Deutschland in einem öffentlich-rechtlichen Dienst- oder Amtsverhältnis, so wird sein Anspruch auf Kindergeld für ein Kind nicht nach Satz 1 Nummer 2 mit Rücksicht darauf ausgeschlossen, dass sein Ehegatte oder Lebenspartner als Beamter, Ruhestandsbeamter oder sonstiger Bediensteter der Europäischen Gemeinschaften für das Kind Anspruch auf Kinderzulage hat.

§ 5[2] Beginn und Ende des Anspruchs. (1) Das Kindergeld, der Kinderzuschlag und die Leistungen für Bildung und Teilhabe werden vom Beginn des Monats an gewährt, in dem die Anspruchsvoraussetzungen erfüllt sind; sie werden bis zum Ende des Monats gewährt, in dem die Anspruchsvoraussetzungen wegfallen.

(2)[3] Das Kindergeld wird rückwirkend nur für die letzten sechs Monate vor Beginn des Monats gezahlt, in dem der Antrag auf Kindergeld eingegangen ist.

(3)[4] [1]Der Kinderzuschlag wird nicht für Zeiten vor der Antragstellung gewährt. [2]§ 28 des Zehnten Buches Sozialgesetzbuch gilt mit der Maßgabe, dass der Antrag unverzüglich nach Ablauf des Monats, in dem die Ablehnung oder Erstattung der anderen Leistungen bindend geworden ist, nachzuholen ist.

§ 6[5] Höhe des Kindergeldes. (1) Das Kindergeld beträgt monatlich für jedes Kind 250 Euro.

(2) *(aufgehoben)*

---

[1] § 4 Abs. 1 Satz 2 ergänzt mWv 24.7.2014 durch G v. 18.7.2014 (BGBl. I S. 1042).
[2] § 5 Abs. 1 und 2 geänd. mWv 1.1.2011 durch G v. 24.3.2011 (BGBl. I S. 453).
[3] § 5 Abs. 2 neu gef. mWv 1.7.2019 durch G v. 29.4.2019 (BGBl. I S. 530).
[4] § 5 Abs. 3 angef. mWv 1.7.2019, geänd. mWv 1.1.2020 durch G v. 29.4.2019 (BGBl. I S. 530); Abs. 3 Satz 2 aufgeh., bish. Satz 3 wird Satz 2 mWv 1.1.2021 durch G v. 1.12.2020 (BGBl. I S. 2616).
[5] § 6 Abs. 1 neu gef., Abs. 2 geänd. mWv 1.1.2010 durch G v. 22.12.2009 (BGBl. I S. 3950); Abs. 1 neu gef., Abs. 2 geänd. mWv 1.1.2015 und mWv 1.1.2016 durch G v. 16.7.2015 (BGBl. I S. 1202); Abs. 1 neu gef., Abs. 2 geänd. mWv 1.1.2017 und Abs. 1 neu gef., Abs. 2 geänd. mWv 1.1.2018 durch G v. 20.12.2016 (BGBl. I S. 3000); Abs. 3 neu gef. mWv 1.1.2018 durch G v. 23.6.2017 (BGBl. I S. 1682); Abs. 1 neu gef., Abs. 2 geänd. mWv 1.7.2019 durch G v. 29.11.2018 (BGBl. I S. 2210); Abs. 1 neu gef., Abs. 2 geänd. durch G v. 1.12.2020 (BGBl. I S. 2616); Abs. 1 neu gef., Abs. 2 aufgeh. mWv 1.1.2023 durch G v. 8.12.2022) BGBl. I S. 2230).

(3)[1] [1]Darüber hinaus wird für jedes Kind, für das für den Monat Juli 2022 ein Anspruch auf Kindergeld besteht, für den Monat Juli 2022 ein Einmalbetrag in Höhe von 100 Euro gezahlt. [2]Ein Anspruch in Höhe des Einmalbetrags von 100 Euro für das Kalenderjahr 2022 besteht auch für ein Kind, für das nicht für den Monat Juli 2022, jedoch für mindestens einen anderen Kalendermonat im Kalenderjahr 2022 ein Anspruch auf Kindergeld besteht.

§ 6a[2] Kinderzuschlag.

(1) Personen erhalten für in ihrem Haushalt lebende unverheiratete oder nicht verpartnerte Kinder, die noch nicht das 25. Lebensjahr vollendet haben, einen Kinderzuschlag, wenn

1. sie für diese Kinder nach diesem Gesetz oder nach dem X. Abschnitt des Einkommensteuergesetzes Anspruch auf Kindergeld oder Anspruch auf andere Leistungen im Sinne von § 4 haben,

2.[3] sie mit Ausnahme des Wohngeldes, des Kindergeldes und des Kinderzuschlags über Einkommen im Sinne des § 11 Absatz 1 Satz 1 und 2 des Zweiten Buches Sozialgesetzbuch in Höhe von mindestens 900 Euro oder, wenn sie alleinerziehend sind, in Höhe von mindestens 600 Euro verfügen, wobei Beträge nach § 11b des Zweiten Buches Sozialgesetzbuch nicht abzusetzen sind, und

3.[4] bei Bezug des Kinderzuschlags keine Hilfebedürftigkeit im Sinne des § 9 des Zweiten Buches Sozialgesetzbuch besteht, wobei die Bedarfe nach § 28 des Zweiten Buches Sozialgesetzbuch außer Betracht bleiben. [2]Bei der Prüfung der Hilfebedürftigkeit ist das für den Antragsmonat bewilligte Wohngeld zu berücksichtigen. [3]Wird kein Wohngeld bezogen und könnte mit Wohngeld und Kinderzuschlag Hilfebedürftigkeit vermieden werden, ist bei der Prüfung Wohngeld in der Höhe anzusetzen, in der es voraussichtlich für den Antragsmonat zu bewilligen wäre.

(1a)[5] Ein Anspruch auf Kinderzuschlag besteht abweichend von Absatz 1 Nummer 3, wenn

1. bei Bezug von Kinderzuschlag Hilfebedürftigkeit besteht, der Bedarfsgemeinschaft zur Vermeidung von Hilfebedürftigkeit aber mit ihrem Einkommen, dem Kinderzuschlag und dem Wohngeld höchstens 100 Euro fehlen,

2. sich bei der Ermittlung des Einkommens der Eltern nach § 11b Absatz 2 bis 3 des Zweiten Buches Sozialgesetzbuch wegen Einkommen aus Erwerbstätigkeit Absetzbeträge in Höhe von mindestens 100 Euro ergeben und

3. kein Mitglied der Bedarfsgemeinschaft Leistungen nach dem Zweiten oder nach dem Zwölften Buch Sozialgesetzbuch erhält oder beantragt hat.

---

[1] § 6 Abs. 3 angef. durch G v. 29.6.2020 (BGBl. I S. 1512); neu gef. durch G v. 10.3.2021 (BGBl. I S. 330); geänd. durch G v. 23.5.2022 (BGBl. I S. 749).

[2] § 6a neu gef. mWv 1.7.2019, Abs. 1 Nr. 2 geänd., Nr. 3 aufgeh., bish. Nr. 4 wird Nr. 3 und neu gef., Abs. 1a eingef., Abs. 6 Satz 3 geänd. mWv 1.1.2020 durch G v. 29.4.2019 (BGBl. I S. 530); zur Anwendung siehe § 20 Abs. 4.

[3] § 6a Abs. 1 Nr. 2 geänd. mWv 1.1.2023 durch G v. 16.12.2022 (BGBl. I S. 2328).

[4] § 6a Abs. 1 Nr. 3 Sätze 2 und 3 angef. mWv 1.1.2021 durch G v. 1.12.2020 (BGBl. I S. 2616).

[5] § 6a Abs. 1a Nr. 2 geänd. mWv 1.1.2023 durch G v. 16.12.2022 (BGBl. I S. 2328).

(2)¹⁾ ¹Der monatliche Höchstbetrag des Kinderzuschlags deckt zusammen mit dem für ein erstes Kind nach § 66 des Einkommensteuergesetzes zu zahlenden Kindergeld ein Zwölftel des steuerfrei zu stellenden sächlichen Existenzminimums eines Kindes für das jeweilige Kalenderjahr mit Ausnahme des Anteils für Bildung und Teilhabe. ²Steht dieses Existenzminimum eines Kindes zu Beginn eines Jahres nicht fest, ist insoweit der für das Jahr geltende Betrag für den Mindestunterhalt eines Kindes in der zweiten Altersstufe nach der Mindestunterhaltsverordnung maßgeblich. ³Als Höchstbetrag des Kinderzuschlags in dem jeweiligen Kalenderjahr gilt der Betrag, der sich zu Beginn des Jahres nach den Sätzen 1 und 2 ergibt, mindestens jedoch ein Betrag in Höhe des Vorjahres. ⁴Der Betrag nach Satz 3 erhöht sich ab 1. Juli 2022 um einen Sofortzuschlag in Höhe von 20 Euro.²⁾

(3)³⁾ ¹Ausgehend vom Höchstbetrag mindert sich der jeweilige Kinderzuschlag, wenn das Kind nach den §§ 11 bis 12 des Zweiten Buches Sozialgesetzbuch zu berücksichtigendes Einkommen oder Vermögen hat. ²Bei der Berücksichtigung des Einkommens bleiben das Wohngeld, das Kindergeld und der Kinderzuschlag außer Betracht. ³Der Kinderzuschlag wird um 45 Prozent des zu berücksichtigenden Einkommens des Kindes monatlich gemindert. ⁴Ein Anspruch auf Zahlung des Kinderzuschlags für ein Kind besteht nicht, wenn zumutbare Anstrengungen unterlassen wurden, Ansprüche auf Einkommen des Kindes geltend zu machen. ⁵§ 12 des Zweiten Buches Sozialgesetzbuch ist mit der Maßgabe anzuwenden, dass Vermögen nur berücksichtigt wird, wenn es erheblich ist. ⁶Ist das zu berücksichtigende Vermögen höher als der nach den Sätzen 1 bis 5 verbleibende monatliche Anspruch auf Kinderzuschlag, so dass es den Kinderzuschlag für den ersten Monat des Bewilligungszeitraums vollständig mindert, entfällt der Anspruch auf Kinderzuschlag. ⁷Ist das zu berücksichtigende Vermögen niedriger als der monatliche Anspruch auf Kinderzuschlag, ist der Kinderzuschlag im ersten Monat des Bewilligungszeitraums um einen Betrag in Höhe des zu berücksichtigenden Vermögens zu mindern und ab dem folgenden Monat Kinderzuschlag ohne Minderung wegen des Vermögens zu zahlen.

(4) Die Summe der einzelnen Kinderzuschläge nach den Absätzen 2 und 3 bildet den Gesamtkinderzuschlag.

(5)⁴⁾ ¹Der Gesamtkinderzuschlag wird in voller Höhe gewährt, wenn das nach den §§ 11 bis 11b des Zweiten Buches Sozialgesetzbuch mit Ausnahme des Wohngeldes und des Kinderzuschlags zu berücksichtigende Einkommen der Eltern einen Betrag in Höhe der bei der Berechnung des Bürgergeldes zu berücksichtigenden Bedarfe der Eltern (Gesamtbedarf der Eltern) nicht übersteigt und kein zu berücksichtigendes Vermögen der Eltern nach § 12 des Zweiten Buches Sozialgesetzbuch vorhanden ist. ²Als Einkommen oder Vermögen der Eltern gilt dabei dasjenige der Mitglieder der Bedarfsgemeinschaft mit Ausnahme des Einkommens oder Vermögens der in dem Haushalt leben-

---

¹⁾ Siehe hierzu **§ 20 Abs. 3a.**
²⁾ § 6a Abs. 2 Satz 4 angef. mWv 1.6.2022 durch G v. 23.5.2022 (BGBl. I S. 760).
³⁾ § 6a Abs. 3 Satz 4 geänd. mWv 30.6.2021 durch G v. 25.6.2021 (BGBl. I S. 2020); Satz 5 neu gef. mWv 1.1.2023 durch G v. 16.12.2022 (BGBl. I S. 2328).
⁴⁾ § 6a Abs. 5 Satz 1 neu gef., Satz 3 eingef., bish. Satz 3 wird Satz 4 und bish. Satz 4 aufgeh. mWv 1.1.2023 durch G v. 16.12.2022 (BGBl. I S. 2328).

den Kinder. ³Absatz 3 Satz 5 gilt entsprechend. ⁴Zur Feststellung des Gesamtbedarfs der Eltern sind die Bedarfe für Unterkunft und Heizung in dem Verhältnis aufzuteilen, das sich aus den im 12. Bericht der Bundesregierung über die Höhe des Existenzminimums von Erwachsenen und Kindern festgestellten entsprechenden Bedarfen für Alleinstehende, Ehepaare, Lebenspartnerschaften und Kinder ergibt.

(6)¹⁾ ¹Der Gesamtkinderzuschlag wird um das zu berücksichtigende Einkommen der Eltern gemindert, soweit es deren Bedarf übersteigt. ²Wenn das zu berücksichtigende Einkommen der Eltern nicht nur aus Erwerbseinkünften besteht, ist davon auszugehen, dass die Überschreitung des Gesamtbedarfs der Eltern durch die Erwerbseinkünfte verursacht wird, wenn nicht die Summe der anderen Einkommensteile für sich genommen diesen maßgebenden Betrag übersteigt. ³Der Gesamtkinderzuschlag wird um 45 Prozent des Betrags, um den die monatlichen Erwerbseinkünfte den maßgebenden Betrag übersteigen, monatlich gemindert. ⁴Anderes Einkommen oder Vermögen der Eltern mindern den Gesamtkinderzuschlag in voller Höhe. ⁵Bei der Berücksichtigung des Vermögens gilt Absatz 3 Satz 6 und 7 entsprechend.

(7)²⁾ ¹Über den Gesamtkinderzuschlag ist jeweils für sechs Monate zu entscheiden (Bewilligungszeitraum).³⁾ ²Der Bewilligungszeitraum beginnt mit dem Monat, in dem der Antrag gestellt wird, jedoch frühestens nach Ende eines laufenden Bewilligungszeitraums. ³Änderungen in den tatsächlichen oder rechtlichen Verhältnissen während des laufenden Bewilligungszeitraums sind abweichend von § 48 des Zehnten Buches Sozialgesetzbuch nicht zu berücksichtigen, es sei denn, die Zusammensetzung der Bedarfsgemeinschaft oder der Höchstbetrag des Kinderzuschlags ändert sich. ⁴Wird ein neuer Antrag gestellt, unverzüglich nachdem der Verwaltungsakt nach § 48 des Zehnten Buches Sozialgesetzbuch wegen einer Änderung der Bedarfsgemeinschaft aufgehoben worden ist, so beginnt ein neuer Bewilligungszeitraum unmittelbar nach dem Monat, in dem sich die Bedarfsgemeinschaft geändert hat.

(8)⁴⁾ ¹Für die Ermittlung des monatlich zu berücksichtigenden Einkommens ist der Durchschnitt des Einkommens aus den sechs Monaten vor Beginn des Bewilligungszeitraums maßgeblich. ²Bei Personen, die den selbst genutzten Wohnraum mieten, sind als monatliche Bedarfe für Unterkunft und Heizung die laufenden Bedarfe für den ersten Monat des Bewilligungszeitraums zugrunde zu legen. ³Bei Personen, die an dem selbst genutzten Wohnraum Eigentum haben, sind als monatliche Bedarfe für Unterkunft und Heizung die Bedarfe aus den durchschnittlichen Monatswerten des Kalenderjahres vor Beginn des Bewilligungszeitraums zugrunde zu legen. ⁴Liegen die entsprechenden Monatswerte für den Wohnraum nicht vor, soll abweichend von Satz 3 ein Durchschnitt aus den letzten vorliegenden Monatswerten für den Wohnraum zugrunde gelegt werden, nicht jedoch aus mehr als zwölf Mo-

---

¹⁾ § 6a Abs. 6 Satz 1 neu gef., Satz 2 geänd., Satz 5 angef. mWv 1.1.2023 durch G v. 16.12.2022 (BGBl. I S. 2328).
²⁾ Siehe hierzu § 20 Abs. 5.
³⁾ Siehe hierzu § 20 Abs. 4.
⁴⁾ Siehe hierzu § 20 Abs. 6 und 7.

natswerten. [5] Im Übrigen sind die tatsächlichen und rechtlichen Verhältnisse zu Beginn des Bewilligungszeitraums maßgeblich.

§ 6b[1) Leistungen für Bildung und Teilhabe. (1) [1] Personen erhalten Leistungen für Bildung und Teilhabe für ein Kind, wenn sie für dieses Kind nach diesem Gesetz oder nach dem X. Abschnitt des Einkommensteuergesetzes Anspruch auf Kindergeld oder Anspruch auf andere Leistungen im Sinne von § 4 haben und wenn

1. das Kind mit ihnen in einem Haushalt lebt und sie für ein Kind Kinderzuschlag nach § 6a beziehen oder

2. im Falle der Bewilligung von Wohngeld sie und das Kind, für das sie Kindergeld beziehen, zu berücksichtigende Haushaltsmitglieder sind.

[2] Satz 1 gilt entsprechend, wenn das Kind, nicht jedoch die berechtigte Person zu berücksichtigendes Haushaltsmitglied im Sinne von Satz 1 Nummer 2 ist und die berechtigte Person Leistungen nach dem Zweiten oder Zwölften Buch Sozialgesetzbuch bezieht. [3] Wird das Kindergeld nach § 74 Absatz 1 des Einkommensteuergesetzes oder nach § 48 Absatz 1 des Ersten Buches Sozialgesetzbuch ausgezahlt, stehen die Leistungen für Bildung und Teilhabe dem Kind oder der Person zu, die dem Kind Unterhalt gewährt.

(2)[2)] [1] Die Leistungen für Bildung und Teilhabe entsprechenden Leistungen zur Deckung der Bedarfe nach § 28 Absatz 2 bis 7 des Zweiten Buches Sozialgesetzbuch. [2] § 28 Absatz 1 Satz 2 des Zweiten Buches Sozialgesetzbuch gilt entsprechend. [3] Für die Bemessung der Leistungen für die Schülerbeförderung nach § 28 Absatz 4 des Zweiten Buches Sozialgesetzbuch sind die erforderlichen tatsächlichen Aufwendungen zu berücksichtigen, soweit sie nicht von Dritten übernommen werden. [4] Die Leistungen nach Satz 1 gelten nicht als Einkommen oder Vermögen im Sinne dieses Gesetzes. [5] § 19 Absatz 3 des Zweiten Buches Sozialgesetzbuch findet keine Anwendung.

(2a)[3)] Ansprüche auf Leistungen für Bildung und Teilhabe verjähren in zwölf Monaten nach Ablauf des Kalendermonats, in dem sie entstanden sind.

(3)[4)] Für die Erbringung der Leistungen für Bildung und Teilhabe gelten die §§ 29, 30 und 40 Absatz 6 des Zweiten Buches Sozialgesetzbuch entsprechend.

§ 6c[5) Unterhaltspflichten. Unterhaltspflichten werden durch den Kinderzuschlag nicht berührt.

§ 6d[6) Kinderfreizeitbonus aus Anlass der COVID-19-Pandemie für Familien mit Kinderzuschlag, Wohngeld oder Sozialhilfe. (1) [1] Personen

---

[1)] § 6b eingef. mWv 1.1.2011 durch G v. 24.3.2011 (BGBl. I S. 453).

[2)] § 6b Abs. 2 Satz 3 geänd. Sätze 4 und 5 gestrichen, bish. Sätze 6 und 7 werden 4 und 5 mWv 1.8.2019 durch G v. 29.4.2019 (BGBl. I S. 530).

[3)] § 6b Abs. 2a eingef. mWv 1.8.2013 durch G v. 7.5.2013 (BGBl. I S. 1167).

[4)] § 6b Abs. 3 geänd. mWv 1.8.2013 durch G v. 7.5.2013 (BGBl. I S. 1167); geänd. mWv. 1.1.2017 durch G v. 20.12.2016 (BGBl. I S. 3000).

[5)] § 6c eingef. mWv 30.6.2021 durch G v. 25.6.2021 (BGBl. I S. 2020); siehe zur Anwendung auch § 19 Abs. 4.

[6)] § 6d eingef. mWv 1.7.2021 durch G v. 25.6.2021 (BGBl. I S. 2020).

erhalten eine Einmalzahlung in Höhe von 100 Euro für ein Kind, welches das 18. Lebensjahr noch nicht vollendet hat und für das sie für den Monat August 2021 Kindergeld nach diesem Gesetz oder nach dem X. Abschnitt des Einkommensteuergesetzes oder andere Leistungen im Sinne von § 4 beziehen, wenn

1. sie für dieses Kind für den Monat August 2021 Kinderzuschlag nach § 6a beziehen,

2. sie und dieses Kind oder nur dieses Kind zu berücksichtigende Haushaltsmitglieder im Sinne der §§ 5 und 6 Absatz 1 des Wohngeldgesetzes sind und die Wohngeldbewilligung den Monat August 2021 umfasst oder

3. dieses Kind für den Monat August 2021 Leistungen nach dem Dritten Kapitel des Zwölften Buches Sozialgesetzbuch bezieht.

[2] Eines gesonderten Antrags bedarf es in den Fällen des Satzes 1 Nummer 1 nicht. [3] In den Fällen des Satzes 1 Nummer 2 und 3 bedarf es eines Antrags; § 9 Absatz 1 Satz 2 ist entsprechend anzuwenden.

(2) [1] Die Einmalzahlung nach Absatz 1 Satz 1 ist bei Sozialleistungen, deren Zahlung von anderen Einkommen abhängig ist, nicht als Einkommen zu berücksichtigen. [2] Der Anspruch auf die Einmalzahlung nach Absatz 1 Satz 1 ist unpfändbar. [3] § 6c gilt entsprechend.

(Fortsetzung nächstes Blatt)

Zweiter Abschnitt. Organisation und Verfahren

§ 7[1] **Zuständigkeit.** (1) Die Bundesagentur für Arbeit (Bundesagentur) führt dieses Gesetz nach fachlichen Weisungen des Bundesministeriums für Familie, Senioren, Frauen und Jugend durch.

(2) Die Bundesagentur führt bei der Durchführung dieses Gesetzes die Bezeichnung „Familienkasse".

(3) Abweichend von Absatz 1 führen die Länder § 6b als eigene Angelegenheit aus.

§ 7a[2] **Datenübermittlung.** Die Träger der Leistungen nach § 6b und die Träger der Grundsicherung für Arbeitsuchende teilen sich alle Tatsachen mit, die für die Erbringung und Abrechnung der Leistungen nach § 6b dieses Gesetzes und § 28 des Zweiten Buches Sozialgesetzbuch erforderlich sind.

§ 7b[3] **Automatisiertes Abrufverfahren.** Macht das Bundesministerium der Finanzen von seiner Ermächtigung nach § 68 Absatz 6 Satz 2 des Einkommensteuergesetzes Gebrauch und erlässt eine Rechtsverordnung zur Durchführung von automatisierten Abrufen nach § 68 Absatz 6 Satz 1 des Einkommensteuergesetzes, so ist die Rechtsverordnung im Geltungsbereich dieses Gesetzes entsprechend anzuwenden.

§ 8[4] **Aufbringung der Mittel.** (1) Die Aufwendungen der Bundesagentur für die Durchführung dieses Gesetzes trägt der Bund.

(2) Der Bund stellt der Bundesagentur nach Bedarf die Mittel bereit, die sie für die Zahlung des Kindergeldes und des Kinderzuschlags benötigt.

(Fortsetzung nächstes Blatt)

---

[1] § 7 Überschr. geänd., Abs. 3 angef. mWv 1.1.2011 durch G v. 24.3.2011 (BGBl. I S. 453).
[2] § 7a eingef. mWv 1.1.2011 durch G v. 24.3.2011 (BGBl. I S. 453).
[3] § 7b eingef. mWv 18.7.2019 durch G v. 11.7.2019 (BGBl. I S. 1066).
[4] § 8 Überschr. geänd., Abs. 4 angef. mWv 1.1.2011 durch G v. 24.3.2011 (BGBl. I S. 453); Abs. 2 geänd., Abs. 3 Satz 2 angef., bish. Text wird Satz 1 und geänd. mWv. 1.1.2021 durch G v. 1.12.2020 (BGBl. I S. 2616).

(3) ¹Der Bund erstattet die Verwaltungskosten, die der Bundesagentur aus der Durchführung dieses Gesetzes entstehen. ²Näheres wird durch Verwaltungsvereinbarung geregelt.

(4) Abweichend von den Absätzen 1 bis 3 tragen die Länder die Ausgaben für die Leistungen nach § 6b und ihre Durchführung.

§ 9¹⁾ **Antrag.** (1) ¹Das Kindergeld und der Kinderzuschlag sind schriftlich zu beantragen. ²Der Antrag soll bei der nach § 13 zuständigen Familienkasse gestellt werden. ³Den Antrag kann außer dem Berechtigten auch stellen, wer ein berechtigtes Interesse an der Leistung des Kindergeldes hat.

(2) ¹Vollendet ein Kind das 18. Lebensjahr, so wird es für den Anspruch auf Kindergeld nur dann weiterhin berücksichtigt, wenn der oder die Berechtigte anzeigt, dass die Voraussetzungen des § 2 Absatz 2 vorliegen. ²Absatz 1 gilt entsprechend.

(3)²⁾ ¹Die Leistungen für Bildung und Teilhabe sind bei der zuständigen Stelle zu beantragen. ²Absatz 1 Satz 3 gilt entsprechend.

§ 10 Auskunftspflicht. (1)³⁾ ¹§ 60 Absatz 1 des Ersten Buches Sozialgesetzbuch gilt auch für die bei dem Antragsteller oder Berechtigten berücksichtigten Kinder, für den nicht dauernd getrennt lebenden Ehegatten des Antragstellers oder Berechtigten und für die sonstigen Personen, bei denen die bezeichneten Kinder berücksichtigt werden. ²§ 60 Absatz 4 des Zweiten Buches Sozialgesetzbuch gilt entsprechend.

(2)⁴⁾ Soweit es zur Durchführung der §§ 2 und § 6a erforderlich ist, hat der jeweilige Arbeitgeber der in diesen Vorschriften bezeichneten Personen auf Verlangen der zuständigen Stelle eine Bescheinigung über den Arbeitslohn, die einbehaltenen Steuern und Sozialabgaben auszustellen.

(3) Die Familienkassen können dem nach Absatz 2 Verpflichteten eine angemessene Frist zur Erfüllung der Pflicht setzen.

§ 11⁵⁾ **Gewährung des Kindergeldes und des Kinderzuschlags.** (1) Das Kindergeld und der Kinderzuschlag werden monatlich gewährt.

(2) Auszuzahlende Beträge sind auf Euro *abzurunden*⁶⁾, und zwar unter 50 Cent nach unten, sonst nach oben.

(3) § 45 Absatz 3 des Zehnten Buches Sozialgesetzbuch findet keine Anwendung.

(4) Ein rechtswidriger nicht begünstigender Verwaltungsakt ist abweichend von § 44 Absatz 1 des Zehnten Buches Sozialgesetzbuch für die Zukunft zu-

---

¹⁾ § 9 Abs. 3 angef. mWv 1.1.2011 durch G v. 24.3.2011 (BGBl. I S. 453).
²⁾ § 9 Abs. 3 geänd. mWv 1.7.2019 durch G v. 29.4.2019 (BGBl. I S. 530).
³⁾ § 10 Abs. 1 Satz 2 angef. mWv 24.7.2014 durch G v. 18.7.2014 (BGBl. I S. 1042).
⁴⁾ § 10 Abs. 2 geänd. mWv 1.1.2012 durch G v. 7.12.2011 (BGBl. I S. 2592).
⁵⁾ § 11 Überschr. geänd., Abs. 1 geänd. mWv 1.1.2011 durch G v. 24.3.2011 (BGBl. I S. 453); Abs. 5 und 6 angef. mWv 1.8.2016 durch G v. 26.7.2016 (BGBl. I S. 1824); Abs. 5 aufgeh., bish. Abs. 6 wird Abs. 5 und Abs. 6 angef. mWv 1.7.2019 durch G v. 29.4.2019 (BGBl. I S. 530).
⁶⁾ Sic; wohl: zu runden.

rückzunehmen; er kann ganz oder teilweise auch für die Vergangenheit zurückgenommen werden.

(5) Wird ein Verwaltungsakt über die Bewilligung von Kinderzuschlag aufgehoben, sind bereits erbrachte Leistungen abweichend von § 50 Absatz 1 des Zehnten Buches Sozialgesetzbuch nicht zu erstatten, soweit der Bezug von Kinderzuschlag den Anspruch auf Leistungen nach dem Zweiten Buch Sozialgesetzbuch ausschließt oder mindert.

(6) Entsprechend anwendbar sind die Vorschriften des Dritten Buches Sozialgesetzbuch über

1. die Aufhebung von Verwaltungsakten (§ 330 Absatz 2, 3 Satz 1) sowie
2. die vorläufige Zahlungseinstellung nach § 331 mit der Maßgabe, dass die Familienkasse auch zur teilweisen Zahlungseinstellung berechtigt ist, wenn sie von Tatsachen Kenntnis erhält, die zu einem geringeren Leistungsanspruch führen.

§ 12 Aufrechnung. § 51 des Ersten Buches Sozialgesetzbuch gilt für die Aufrechnung eines Anspruchs auf Erstattung von Kindergeld und Kinderzuschlag gegen einen späteren Anspruch auf Kindergeld und Kinderzuschlag eines oder einer mit dem Erstattungspflichtigen in Haushaltsgemeinschaft lebenden Berechtigten entsprechend, soweit es sich um laufendes Kindergeld oder laufenden Kinderzuschlag für ein Kind handelt, das bei beiden berücksichtigt werden konnte.

§ 13[1] Zuständige Stelle. (1) [1]Für die Entgegennahme des Antrages und die Entscheidungen über den Anspruch ist die Familienkasse (§ 7 Absatz 2) zuständig, in deren Bezirk der Berechtigte seinen Wohnsitz hat. [2]Hat der Berechtigte keinen Wohnsitz im Geltungsbereich dieses Gesetzes, ist die Familienkasse zuständig, in deren Bezirk er seinen gewöhnlichen Aufenthalt hat. [3]Hat der Berechtigte im Geltungsbereich dieses Gesetzes weder einen Wohnsitz noch einen gewöhnlichen Aufenthalt, ist die Familienkasse zuständig, in deren Bezirk er erwerbstätig ist. [4]In den übrigen Fällen ist die Familienkasse Bayern Nord zuständig.

(2) Die Entscheidungen über den Anspruch trifft die Leitung der Familienkasse.

(3) Der Vorstand der Bundesagentur kann für bestimmte Bezirke oder Gruppen von Berechtigten die Entscheidungen über den Anspruch auf Kindergeld und Kinderzuschlag einheitlich einer anderen Familienkasse übertragen.

(4) Für die Leistungen nach § 6b bestimmen abweichend von den Absätzen 1 und 2 die Landesregierungen oder die von ihnen beauftragten Stellen die für die Durchführung zuständigen Behörden.

---

[1] § 13 Überschr. geänd., Abs. 4 angef. mWv 1.1.2011 durch G v. 24.3.2011 (BGBl. I S. 453); Abs. 1 Satz 4 und Abs. 3 geänd. mWv 1.1.2021 durch G v. 1.12.2020 (BGBl. I S. 2616).

§ 14[1] Bescheid. [1] Wird der Antrag auf Kindergeld, Kinderzuschlag oder Leistungen für Bildung und Teilhabe abgelehnt, ist ein Bescheid[2] zu erteilen. [2] Das Gleiche gilt, wenn das Kindergeld, Kinderzuschlag oder Leistungen für Bildung und Teilhabe entzogen werden.

§ 15 Rechtsweg. Für Streitigkeiten nach diesem Gesetz sind die Gerichte der Sozialgerichtsbarkeit zuständig.

Dritter Abschnitt. Bußgeldvorschriften

§ 16 Ordnungswidrigkeiten. (1) Ordnungswidrig handelt, wer vorsätzlich oder leichtfertig

1. entgegen § 60 Absatz 1 Satz 1 Nummer 1 oder Nummer 3 des Ersten Buches Sozialgesetzbuch in Verbindung mit § 10 Absatz 1 auf Verlangen nicht die leistungserheblichen Tatsachen angibt oder Beweisurkunden vorlegt,

2.[3] entgegen § 60 Absatz 1 Satz 1 Nummer 2 des Ersten Buches Sozialgesetzbuch eine Änderung in den Verhältnissen, die für einen Anspruch auf Kindergeld, Kinderzuschlag oder Leistungen für Bildung und Teilhabe erheblich ist, nicht, nicht richtig, nicht vollständig oder nicht rechtzeitig mitteilt oder

3. entgegen § 10 Absatz 2 oder Absatz 3 auf Verlangen eine Bescheinigung nicht, nicht richtig, nicht vollständig oder nicht rechtzeitig ausstellt.

(2) Die Ordnungswidrigkeit kann mit einer Geldbuße geahndet werden.

(3) § 66 des Zehnten Buches Sozialgesetzbuch gilt entsprechend.

(4) Verwaltungsbehörden im Sinne des § 36 Absatz 1 Nummer 1 des Gesetzes über Ordnungswidrigkeiten sind die nach § 409 der Abgabenordnung bei Steuerordnungswidrigkeiten wegen des Kindergeldes nach dem X. Abschnitt des Einkommensteuergesetzes zuständigen Verwaltungsbehörden.

Vierter Abschnitt. Übergangs- und Schlussvorschriften

§ 17 Recht der Europäischen Gemeinschaft. [1] Soweit in diesem Gesetz Ansprüche Deutschen vorbehalten sind, haben Angehörige der anderen Mitgliedstaaten der Europäischen Union, Flüchtlinge und Staatenlose nach Maßgabe des Vertrages zur Gründung der Europäischen Gemeinschaft und der auf seiner Grundlage erlassenen Verordnungen die gleichen Rechte.

---

[1] § 14 geänd. mWv 1.1.2011 durch G v. 24.3.2011 (BGBl. I S. 453).
[2] § 14 Satz 1 geänd. (Schriftformerfordernis aufgeh.) mWv 5.4.2017 durch G v. 29.3.2017 (BGBl. I S. 626).
[3] § 16 Abs. 1 Nr. 2 geänd. mWv 1.1.2011 durch G v. 24.3.2011 (BGBl. I S. 453).

²Auch im Übrigen bleiben die Bestimmungen der genannten Verordnungen unberührt.

§ 18 Anwendung des Sozialgesetzbuches. Soweit dieses Gesetz keine ausdrückliche Regelung trifft, ist bei der Ausführung das Sozialgesetzbuch anzuwenden.

§ 19 Übergangsvorschriften. (1) Ist für die Nachzahlung und Rückforderung von Kindergeld und Zuschlag zum Kindergeld für Berechtigte mit geringem Einkommen der Anspruch eines Jahres vor 1996 maßgeblich, finden die §§ 10, 11 und 11a in der bis zum 31. Dezember 1995 geltenden Fassung[1] Anwendung.

(2) Verfahren, die am 1. Januar 1996 anhängig sind, werden nach den Vorschriften des Sozialgesetzbuches und des Bundeskindergeldgesetzes in der bis zum 31. Dezember 1995 geltenden Fassung zu Ende geführt, soweit in § 78 des Einkommensteuergesetzes nichts anderes bestimmt ist.

(3)[2] Wird Kinderzuschlag vor dem 1. Juli 2019 bewilligt, finden die Regelungen des Bundeskindergeldgesetzes in der bis zum 30. Juni 2019 geltenden Fassung weiter Anwendung, mit Ausnahme der Regelung zum monatlichen Höchstbetrag des Kinderzuschlags nach § 20 Absatz 3.

(4)[3] § 6c lässt Unterhaltsleistungen, die vor dem 30. Juni 2021 fällig geworden sind, unberührt.

§ 20[4] Anwendungsvorschrift. (1) ¹§ 1 Absatz 3 in der am 19. Dezember 2006 geltenden Fassung ist in Fällen, in denen eine Entscheidung über den Anspruch auf Kindergeld für Monate in dem Zeitraum zwischen dem 1. Januar 1994 und dem 18. Dezember 2006 noch nicht bestandskräftig geworden ist, anzuwenden, wenn dies für den Antragsteller günstiger ist. ²In diesem Fall werden die Aufenthaltsgenehmigungen nach dem Ausländergesetz den Aufenthaltstiteln nach dem Aufenthaltsgesetz entsprechend den Fortgeltungsregelungen in § 101 des Aufenthaltsgesetzes gleichgestellt.

(2)[5] *(aufgehoben)*

(3) Abweichend von § 6a Absatz 2 beträgt für die Zeit vom 1. Juli 2019 bis zum 31. Dezember 2020 der monatliche Höchstbetrag des Kinderzuschlags für jedes zu berücksichtigende Kind 185 Euro.

(3a)[6] Abweichend von § 6a Absatz 2 beträgt der monatliche Höchstbetrag des Kinderzuschlags im Kalenderjahr 2023 für jedes zu berücksichtigende Kind 250 Euro.

---

[1] Nachstehend als Anhang abgedruckt.
[2] § 19 Abs. 3 angef. mWv 1.7.2019, geänd. mWv 1.1.2020 durch G v. 29.4.2019 (BGBl. I S. 530).
[3] § 19 Abs. 4 eingef. mWv 30.6.2021 durch G v. 25.6.2021 (BGBl. I S. 2020).
[4] § 20 Abs. 2 und 3 neu gef.; Abs. 5 Sätze 1–4 aufgeh., bish. Satz 5 wird alleiniger Wortlaut, Abs. 7 und 8 aufgeh., bish. Abs. 9 und 10 werden Abs. 7 und 8 mWv 1.7.2019, Abs. 2 eingef., bish. Abs. 2–8 werden Abs. 3–9 mWv 1.1.2020 durch G v. 29.4.2019 (BGBl. I S. 530).
[5] § 20 Abs. 2 aufgeh. mWv 1.1.2023 durch G v. 16.12.2022 (BGBl. I S. 2328).
[6] § 20 Abs. 3a eingef. mWv 1.1.2023 durch G v. 8.12.2022 (BGBl. I S. 2230).

(4)[1] Wird einer Person Kinderzuschlag für einen nach dem 30. Juni 2019 und vor dem 1. Juli 2021 beginnenden Bewilligungszeitraum bewilligt und wird ihr der Verwaltungsakt erst nach Ablauf des ersten Monats des Bewilligungszeitraums bekannt gegeben, endet dieser Bewilligungszeitraum abweichend von § 6a Absatz 7 Satz 1 am Ende des fünften Monats nach dem Monat der Bekanntgabe des Verwaltungsaktes.

(5)[2] ¹Abweichend von § 6a Absatz 7 Satz 1 wird in Fällen, in denen der höchstmögliche Gesamtkinderzuschlag bezogen wird und der sechsmonatige Bewilligungszeitraum in der Zeit vom 1. April 2020 bis zum 30. September 2020 endet, der Bewilligungszeitraum von Amts wegen einmalig um weitere sechs Monate verlängert. ²Satz 1 gilt entsprechend, wenn der ursprüngliche Bewilligungszeitraum in Anwendung des § 20 Absatz 4 mehr als sechs Monate umfasst.

(6)[2] ¹Abweichend von § 6a Absatz 8 Satz 1 ist für Anträge, die in der Zeit vom 1. April 2020 bis zum 30. September 2020 eingehen, bei der Ermittlung des monatlich zu berücksichtigenden Einkommens der Eltern nur das Einkommen aus dem letzten Monat vor Beginn des Bewilligungszeitraums maßgeblich. ²In diesen Fällen wird abweichend von § 6a Absatz 3 Satz 1 und Absatz 5 Satz 1 Vermögen nach § 12 des Zweiten Buches Sozialgesetzbuch nicht berücksichtigt. ³Satz 2 gilt nicht, wenn das Vermögen erheblich ist; es wird vermutet, dass kein erhebliches Vermögen vorhanden ist, wenn die Antragstellerin oder der Antragsteller dies im Antrag erklärt.

(6a)[3] ¹Abweichend von § 6a Absatz 3 Satz 1 und Absatz 5 Satz 1 wird für Bewilligungszeiträume, die in der Zeit vom 1. Oktober 2020 bis 31. März 2022[4] beginnen, Vermögen nach § 12 des Zweiten Buches Sozialgesetzbuch nicht berücksichtigt. ²Satz 1 gilt nicht, wenn das Vermögen erheblich ist; es wird vermutet, dass kein erhebliches Vermögen vorhanden ist, wenn die Antragstellerin oder der Antragsteller dies im Antrag erklärt. ³Macht die Bundesregierung von ihrer Verordnungsermächtigung nach § 67 Absatz 5 des Zweiten Buches Sozialgesetzbuch Gebrauch und verlängert den in § 67 Absatz 1 des Zweiten Buches Sozialgesetzbuch genannten Zeitraum, ändert sich das in Satz 1 genannte Datum, bis zu dem die Regelung Anwendung findet, entsprechend.

(7)[2] ¹In Fällen, in denen der Bewilligungszeitraum vor dem 1. April 2020 begonnen hat, kann im April oder Mai 2020 einmalig während des laufenden Bewilligungszeitraums ein Antrag auf Überprüfung gestellt werden. ²Bei der Überprüfung ist abweichend von § 6a Absatz 8 Satz 1 als monatlich zu berücksichtigendes Einkommen der Eltern nur das Einkommen aus dem Monat vor dem Überprüfungsantrag zugrunde zu legen. ³Im Übrigen sind die bereits für den laufenden Bewilligungszeitraum nach Absatz 8 ermittelten tatsächli-

---

1) § 20 Abs. 4 geänd. durch G v. 27.3.2020 (BGBl. I S. 575).
2) § 20 Abs. 5 bis 7 eingef. durch G v. 27.3.2020 (BGBl. I S. 575).
3) § 20 Abs. 6a eingef. mWv. 29.10.2020 durch G v. 23.10.2020 (BGBl. I S. 2208); Zeitraum verlängert und Satz 3 angef. mWv. 1.1.2021 durch G v. 9.12.2021 (BGBl. I S. 2855); Satz 1 geänd., Satz 3 aufgeh. mWv. 1.4.2021 durch G v. 10.3.2021 (BGBl. I S. 335); Satz 1 geänd., Satz 3 angef. mWv 24.11.2021 durch G v. 22.11.2021 (BGBl. I S. 4906)
4) Zum Datum siehe Satz 3.

chen und rechtlichen Verhältnisse zugrunde zu legen. [4]Die Voraussetzung nach § 6a Absatz 1 Nummer 3, dass bei Bezug des Kinderzuschlags keine Hilfebedürftigkeit besteht, ist nicht anzuwenden. [5]Ergibt die Überprüfung einen höheren Kinderzuschlag, wird für die restlichen Monate des Bewilligungszeitraums Kinderzuschlag in der neuen Höhe bewilligt; anderenfalls ist der Antrag abzulehnen. [6]Ist ein Bewilligungsbescheid für einen Bewilligungszeitraum, der vor dem 1. April 2020 beginnt, noch nicht ergangen, gelten die Sätze 1 bis 5 entsprechend. [7]In den Fällen nach den Sätzen 1 bis 6 ist die Verlängerungsregelung nach Absatz 5 nicht anzuwenden.

(7a)[1] *(aufgehoben)*

(8)[2] [1]§ 1 Absatz 2 Satz 3 und § 2 Absatz 2 und 3 in der Fassung des Artikels 3 des Gesetzes vom 19. Juli 2006 (BGBl. I S. 1652) ist für Kinder, die im Kalenderjahr 2006 das 24. Lebensjahr vollendeten, mit der Maßgabe anzuwenden, dass jeweils an die Stelle der Angabe „25. Lebensjahres" die Angabe „26. Lebensjahres" und an die Stelle der Angabe „25. Lebensjahr" die Angabe „26. Lebensjahr" tritt; für Kinder, die im Kalenderjahr 2006 das 25. oder 26. Lebensjahr vollendeten, sind § 1 Absatz 2 Satz 3 und § 2 Absatz 2 und 3 weiterhin in der bis zum 31. Dezember 2006 geltenden Fassung anzuwenden. [2]§ 1 Absatz 2 Satz 3 und § 2 Absatz 2 und 3 in der Fassung des Artikels 3 des Gesetzes vom 19. Juli 2006 (BGBl. I S. 1652) sind erstmals für Kinder anzuwenden, die im Kalenderjahr 2007 wegen einer vor Vollendung des 25. Lebensjahres eingetretenen körperlichen, geistigen oder seelischen Behinderung außerstande sind, sich selbst zu unterhalten; für Kinder, die wegen einer vor dem 1. Januar 2007 in der Zeit ab der Vollendung des 25. Lebensjahres und vor Vollendung des 27. Lebensjahres eingetretenen körperlichen, geistigen oder seelischen Behinderung außerstande sind, sich selbst zu unterhalten, ist § 2 Absatz 2 Satz 1 Nummer 2 weiterhin in der bis zum 31. Dezember 2006 geltenden Fassung anzuwenden. [3]§ 2 Absatz 3 Satz 1 in der Fassung des Artikels 3 des Gesetzes vom 19. Juli 2006 (BGBl. I S. 1652) ist für Kinder, die im Kalenderjahr 2006 das 24. Lebensjahr vollendeten, mit der Maßgabe anzuwenden, dass an die Stelle der Angabe „über das 21. oder 25. Lebensjahr hinaus" die Angabe „über das 21. oder 26. Lebensjahr hinaus" tritt; für Kinder, die im Kalenderjahr 2006 das 25., 26. oder 27. Lebensjahr vollendeten, ist § 2 Absatz 3 Satz 1 weiterhin in der bis zum 31. Dezember 2006 geltenden Fassung anzuwenden.

(9)[3] § 2 Absatz 2 Satz 1 Nummer 2 Buchstabe d in der am 31. Juli 2014 geltenden Fassung ist auf Freiwilligendienste im Sinne der Verordnung (EU) Nr. 1288/2013 des Europäischen Parlaments und des Rates vom 11. Dezember 2013 zur Einrichtung von „Erasmus+", dem Programm der Union für allgemeine und berufliche Bildung, Jugend und Sport, und zur Aufhebung der Beschlüsse Nr. 1719/2006/EG, Nr. 1720/2006/EG und Nr. 1298/2008/EG (ABl. L 347 vom 20.12.2013, S. 50), die ab dem 1. Januar 2014 begonnen wurden, ab dem 1. Januar 2014 anzuwenden.

---

[1] § 20 Abs. 7a aufgeh. durch G v. 16.12.2022 (BGBl. I S. 2328).
[2] § 20 Abs. 5 wird Abs. 8 durch G v. 27.3.2020 (BGBl. I S. 575).
[3] § 20 Abs. 6 wird Abs. 9 durch G v. 27.3.2020 (BGBl. I S. 575).

(9a)[1] § 2 Absatz 2 Satz 2 in der Fassung des Artikels 13 des Gesetzes vom 16. Juli 2009 (BGBl. I S. 1959) ist ab dem 1. Januar 2010 anzuwenden.

(10)[2] § 2 Absatz 2 Satz 4 in der Fassung des Artikels 2 Absatz 8 des Gesetzes vom 16. Mai 2008 (BGBl. I S. 842) ist erstmals ab dem 1. Januar 2009 anzuwenden.

(11)[3] § 2 Absatz 3 ist letztmals bis zum 31. Dezember 2018 anzuwenden; Voraussetzung ist in diesen Fällen, dass das Kind den Dienst oder die Tätigkeit vor dem 1. Juli 2011 angetreten hat.

(12)[4] § 6 Absatz 3 in der am 1. Januar 2018 geltenden Fassung ist auf Anträge anzuwenden, die nach dem 31. Dezember 2017 eingehen.

(13)[5] [1] § 1 Absatz 3 Satz 1 Nummer 1 bis 4 in der Fassung des Artikels 34 des Gesetzes vom 12. Dezember 2019 (BGBl. I S. 2451) ist für Entscheidungen anzuwenden, die Zeiträume betreffen, die nach dem letzten Tag des sechsten auf die Verkündung des Fachkräfteeinwanderungsgesetzes folgenden Kalendermonats beginnen. [2] § 1 Absatz 3 Satz 1 Nummer 5 in der Fassung des Artikels 34 des Gesetzes vom 12. Dezember 2019 (BGBl. I S. 2451) ist für Entscheidungen anzuwenden, die Zeiträume betreffen, die nach dem 31. Dezember 2019 beginnen. [3] § 1 Absatz 3 Nummer 2 Buchstabe c in der Fassung des Artikels 5 Nummer 1 des Gesetzes vom 23. Mai 2022 (BGBl. I S. 760) ist für Entscheidungen anzuwenden, die Zeiträume betreffen, die nach dem 31. Mai 2022 beginnen.

§ 21 Sondervorschrift zur Steuerfreistellung des Existenzminimums eines Kindes in den Veranlagungszeiträumen 1983 bis 1995 durch Kindergeld. [1] In Fällen, in denen die Entscheidung über die Höhe des Kindergeldanspruchs für Monate in dem Zeitraum zwischen dem 1. Januar 1983 und dem 31. Dezember 1995 noch nicht bestandskräftig geworden ist, kommt eine von den §§ 10 und 11 in der jeweils geltenden Fassung abweichende Bewilligung von Kindergeld nur in Betracht, wenn die Einkommensteuer formell bestandskräftig und hinsichtlich der Höhe der Kinderfreibeträge nicht vorläufig festgesetzt sowie das Existenzminimum des Kindes nicht unter der Maßgabe des § 53 des Einkommensteuergesetzes steuerfrei belassen worden ist. [2] Dies ist vom Kindergeldberechtigten durch eine Bescheinigung des zuständigen Finanzamtes nachzuweisen. [3] Nach Vorlage dieser Bescheinigung hat die Familienkasse den vom Finanzamt ermittelten Unterschiedsbetrag zwischen der festgesetzten Einkommensteuer und der Einkommensteuer, die nach § 53 Satz 6 des Einkommensteuergesetzes festzusetzen gewesen wäre, wenn die Voraussetzungen nach § 53 Satz 1

---

[1] § 20 Abs. 6a wird Abs. 9a durch G v. 27.3.2020 (BGBl. I S. 575).
[2] § 20 Abs. 7 wird Abs. 10 durch G v. 27.3.2020 (BGBl. I S. 575).
[3] § 20 Abs. 8 wird Abs. 11 durch G v. 27.3.2020 (BGBl. I S. 575).
[4] § 20 Abs. 9 wird Abs. 12 durch G v. 27.3.2020 (BGBl. I S. 575).
[5] § 20 Abs. 10 neu gef. durch Art. 34 des G v. 12.12.2019 (BGBl. I S. 2451); die Fassung gilt ab dem Inkrafttreten des Fachkräfteeinwanderungsgesetzes (Art. 1 Abs. 3 des G v. 12.12.2019); Abs. 10 wird Abs. 13 durch G v. 27.3.2020 (BGBl. I S. 575); Satz 3 angef. mWv 1.6.2022 durch G v. 23.5.2022 (BGBl. I S. 760).

und 2 des Einkommensteuergesetzes vorgelegen hätten, als zusätzliches Kindergeld zu zahlen.

§ 22[1] *Bericht der Bundesregierung. Die Bundesregierung legt dem Deutschen Bundestag bis zum 31. Juli 2023 einen Bericht über die Auswirkungen des § 6a (Kinderzuschlag) und insbesondere über die Auswirkungen der erweiterten Zugangsmöglichkeit zum Kinderzuschlag nach § 6a Absatz 1a sowie über die gegebenenfalls notwendige Weiterentwicklung dieser Vorschrift vor.*

Anhang zu § 19
§§ 10, 11, 11a a. F.

§ 10 **Höhe des Kindergeldes.** (1) [1]Das Kindergeld beträgt für das 1. Kind 70 Deutsche Mark, für das 2. Kind 130 Deutsche Mark, für das 3. Kind 220 Deutsche Mark und für das 4. und jedes weitere Kind je 240 Deutsche Mark monatlich. [2]Bei der Anwendung des Satzes 1 gelten Kinder, Geschwister und Pflegekinder eines Berechtigten, dem auch Kindergeld nach § 1 Abs. 2 zusteht oder ohne Anwendung des § 8 Abs. 1 zustehen würde, als 2. oder weiteres Kind, wenn sie zuvor bei den Eltern des Berechtigten berücksichtigt wurden.

(Fortsetzung nächstes Blatt)

---

[1] § 22 aufgeh. mWv 1.6.2022 durch G v. 23.5.2022 (BGBl. I S. 760).

(2) ¹ Das Kindergeld für das 2. und jedes weitere Kind wird nach dem in Satz 4 genannten Maßstab stufenweise bis auf den Sockelbetrag von
– 70 Deutsche Mark für das 2. Kind,
– 140 Deutsche Mark für jedes weitere Kind
gemindert, wenn das Jahreseinkommen des Berechtigten und seines nicht dauernd von ihm getrenntlebenden Ehegatten den für ihn maßgeblichen Freibetrag um wenigstens 480 Deutsche Mark übersteigt. ² Für die Minderung des nach § 8 Abs. 2 bemessenen Kindergeldes verringert sich der Sockelbetrag des Satzes 1 um den Betrag der bei der Bemessung nach § 8 Abs. 2 berücksichtigten anderen Leistung. ³ Der Freibetrag setzt sich zusammen aus
– 26 600 Deutsche Mark für Berechtigte, die verheiratet sind und von ihrem Ehegatten nicht dauernd getrennt leben,
– 19 000 Deutsche Mark für sonstige Berechtigte
sowie 9200 Deutsche Mark für jedes Kind, für das dem Berechtigten Kindergeld zusteht oder ohne Anwendung des § 8 Abs. 1 zustehen würde. ⁴ Für je 480 Deutsche Mark, um die das Jahreseinkommen den Freibetrag übersteigt, wird das Kindergeld um 20 Deutsche Mark monatlich gemindert; kommt die Minderung des für mehrere Kinder zu zahlenden Kindergeldes in Betracht, wird sie beim Gesamtkindergeld vorgenommen.

(3) ¹ Der Sockelbetrag für das 3. und jedes weitere Kind wird auf 70 Deutsche Mark festgesetzt, wenn das Jahreseinkommen des Berechtigten und seines nicht dauernd von ihm getrennt lebenden Ehegatten den für ihn nach diesem Absatz maßgeblichen Freibetrag übersteigt. ² Der Freibetrag beträgt
– 100 000 Deutsche Mark für Berechtigte, die verheiratet sind und von ihrem Ehegatten nicht dauernd getrennt leben,
– 75 000 Deutsche Mark für sonstige Berechtigte
sowie 9200 Deutsche Mark für das 4. und jedes weitere Kind, für das dem Berechtigten Kindergeld zusteht oder ohne Anwendung des § 8 Abs. 1 zustehen würde.

§ 11 Jahreseinkommen. (1) ¹ Als Jahreseinkommen gilt die Summe der in dem nach Absatz 3 oder 4 maßgeblichen Kalenderjahr erzielten positiven Einkünfte im Sinne des § 2 Abs. 1 und 2 des Einkommensteuergesetzes. ² Ein Ausgleich mit Verlusten aus anderen Einkunftsarten und mit Verlusten des Ehegatten ist nicht zulässig.

(2) Vom Einkommen werden abgezogen

1. die Einkommensteuer und die Kirchensteuer, die für das nach Absatz 3 oder 4 maßgebliche Kalenderjahr zu leisten waren oder sind,

2. die steuerlich anerkannten Vorsorgeaufwendungen für das nach Absatz 3 oder 4 maßgebliche Kalenderjahr, soweit sie im Rahmen der Höchstbeträge nach § 10 des Einkommensteuergesetzes abziehbar sind, zumindest die Vorsorgepauschale (§ 10c des Einkommensteuergesetzes),

2a. der nach § 33b Abs. 5 des Einkommensteuergesetzes für das nach Absatz 3 oder 4 maßgebliche Kalenderjahr abgezogene Behinderten-Pauschbetrag für ein Kind, für das der Freibetrag nach § 10 Abs. 2 Satz 3 erhöht worden ist, oder die nach § 33 des Einkommensteuergesetzes wegen der Behinderung des Kindes geltend gemachten außergewöhnlichen Belastungen bis zur Höhe dieses Pauschbetrages,

3. die Unterhaltsleistungen, die der Berechtigte oder sein nicht dauernd von ihm getrenntlebender Ehegatte in dem nach Absatz 3 oder 4 maßgeblichen Kalenderjahr erbracht hat oder erbringt

   a) an Kinder, für die der Freibetrag nach § 10 Abs. 2 Satz 3 nicht erhöht worden ist, jedoch nur bis zu dem durch Unterhaltsurteil oder -vergleich festgesetzten Betrag,

   b) an sonstige Personen, soweit die Leistungen nach § 10 Abs. 1 Nr. 1 oder § 33a Abs. 1 des Einkommensteuergesetzes berücksichtigt worden oder zu berücksichtigen sind.

(2a) Für die Berücksichtigung von Einkünften aus nichtselbständiger Arbeit, die keiner staatlichen Besteuerung unterlagen oder die nur nach ausländischem Steuerrecht, und zwar abschließend ohne Festsetzungsbescheid der Steuerbehörde, zu besteuern waren, ist von deren Bruttobetrag auszugehen; hiervon werden abgezogen

1. ein Betrag in Höhe des Arbeitnehmer-Pauschbetrages (§ 9a Nr. 1 des Einkommensteuergesetzes),

2. die darauf entfallenden Lohn- und Kirchensteuern oder steuerähnlichen Abgaben,

3. Vorsorgeaufwendungen bis zu dem nach Absatz 2 Nr. 2 maßgeblichen Höchstbetrag,

3a. der für das nach Absatz 3 oder 4 maßgebliche Kalenderjahr bei der Besteuerung nach ausländischem Steuerrecht abgezogene, dem Behinderten-Pauschbetrag nach § 33b Abs. 5 des Einkommensteuergesetzes entsprechende Betrag für ein Kind, für das der Freibetrag nach § 10 Abs. 2 Satz 3 erhöht worden ist,

4. Unterhaltsleistungen an Kinder nach Absatz 2 Nr. 3 Buchstabe a oder entsprechend dieser Vorschrift bis zu dem Betrag von je 9200 DM an sonstige unterhaltsberechtigte Personen.

(2b) ¹Für die Berücksichtigung von Einkünften, die nur nach ausländischem Steuerrecht, und zwar abschließend durch Festsetzungsbescheid der Steuerbehörde, zu besteuern waren, gelten die Absätze 1 und 2 mit der Maßgabe, daß an die Stelle der darin genannten Vorschriften die entsprechenden Vorschriften des ausländischen Steuerrechts treten. ²Kann die Anwendung des Satzes 1 wegen der Unterschiede zwischen dem ausländischen Steuerrecht und dem Einkommensteuergesetz nicht erfolgen, ist abweichend von Satz 1 als Einkommen der Betrag anzusetzen, der die Bemessungsgrundlage für die im Einzelfall festgesetzte tarifliche Einkommensteuer ist; hiervon werden die darauf entfallenden Einkommen- und Kirchensteuern sowie Unterhaltsleistungen nach Absatz 2 Nr. 3 Buchstabe a abgezogen.

(2c) ¹Einkünfte und Abzüge in ausländischer Währung sind nach dem Mittelkurs der anderen Währung, der an der Frankfurter Devisenbörse für Ende

September des nach Absatz 3 oder 4 maßgeblichen Kalenderjahres amtlich festgestellt ist, in Deutsche Mark umzurechnen. ²§ 8 Abs. 2 Satz 5 gilt entsprechend.

(3) ¹Maßgeblich ist das Einkommen im vorletzten Kalenderjahr vor dem Kalenderjahr, für das die Zahlung des Kindergeldes in Betracht kommt, und zwar mit Ausnahme der in Absatz 2a genannten Einkünfte so, wie es der Besteuerung zugrunde gelegt worden ist. ²Steht die Steuerfestsetzung noch aus, so werden zunächst die Sockelbeträge (§ 10 Abs. 2 Satz 1) gezahlt. ³Jedoch ist Berechtigten, denen für Dezember des vorigen Jahres mehr als die Sockelbeträge zustand, die Sockelbeträge übersteigendes Kindergeld nach dem für diesen Monat maßgeblichen Einkommen bis einschließlich Juni unter dem Vorbehalt der Rückforderung zu zahlen. ⁴Sobald die Steuer festgesetzt ist, ist endgültig über die Höhe des Kindergeldes zu entscheiden. ⁵Überzahltes Kindergeld ist vom Berechtigten zu erstatten. ⁶Mit dem Erstattungsanspruch kann gegen Ansprüche auf laufendes Kindergeld bis zu deren voller Höhe aufgerechnet werden; § 23 Abs. 2 gilt entsprechend.

(4) ¹Macht der Berechtigte vor Ablauf des Kalenderjahres, für das die Zahlung des Kindergeldes in Betracht kommt (Leistungsjahr), glaubhaft, daß das Einkommen in diesem Jahr voraussichtlich so gering sein wird, daß bei seiner Berücksichtigung das Kindergeld nicht nur in Höhe des Sockelbetrages zu leisten wäre, so wird dieses Einkommen zugrunde gelegt und Kindergeld in Höhe des den Sockelbetrag übersteigenden Betrages unter dem Vorbehalt der Rückforderung gezahlt. ²Sobald sich das im Leistungsjahr erzielte Einkommen endgültig feststellen läßt, wird abschließend entschieden. ³Ergibt sich dabei, daß der Berechtigte zu Unrecht Kindergeld erhalten hat, hat er den überzahlten Betrag zurückzuzahlen. ⁴Mit dem Erstattungsanspruch kann gegen laufende Kindergeldansprüche bis zu deren voller Höhe aufgerechnet werden; § 23 Abs. 2 gilt entsprechend.

§ 11a Zuschlag zum Kindergeld für Berechtigte mit geringem Einkommen. (1) ¹Das Kindergeld für die Kinder, für die dem Berechtigten der Kinderfreibetrag nach § 32 Abs. 6 des Einkommensteuergesetzes zusteht, erhöht sich um den nach Absatz 6 bemessenen Zuschlag, wenn das zu versteuernde Einkommen (§ 2 Abs. 5 des Einkommensteuergesetzes) des Berechtigten geringer ist als der Grundfreibetrag nach § 32a Abs. 1 Nr. 1 des Einkommensteuergesetzes. ²Das zu versteuernde Einkommen wird berücksichtigt, soweit und wie es der Besteuerung zugrunde gelegt wurde; soweit erheblich, ist das zu versteuernde Einkommen als Negativbetrag festzustellen. ³Ist die tarifliche Einkommensteuer nach § 32a Abs. 5 oder 6 des Einkommensteuergesetzes berechnet worden, tritt an die Stelle des Grundfreibetrages das Zweifache dieses Betrages. ⁴Satz 1 gilt nicht für Berechtigte, deren Einkommen zuzüglich des Einkommens ihres nicht dauernd von ihnen getrenntlebenden Ehegatten überwiegend aus ausländischen, im Ausland erzielten inländischen Einkünften oder von einer über- oder zwischenstaatlichen Einrichtung gezahlten Einkünften besteht und insoweit nicht nach dem Einkommensteuergesetz versteuert wird.

(2) [1]Ist die tarifliche Einkommensteuer für Ehegatten, die beide Kindergeld beziehen, nach § 32a Abs. 5 des Einkommensteuergesetzes berechnet worden, erhält derjenige von ihnen, der das höhere nach § 10 bemessene Kindergeld bezieht, den Zuschlag auch für die Kinder, für die dem anderen Kindergeld gezahlt wird. [2]Bei gleich hohem Kindergeld gilt § 3 Abs. 3 entsprechend.

(3) Steht der Kinderfreibetrag für ein Kind dem Berechtigten und einem anderen je zur Hälfte zu, so erhält auch der andere entsprechend Absatz 1 einen nach Absatz 6 bemessenen Zuschlag als Kindergeld.

(4) [1]Steht der Kinderfreibetrag für ein Kind nicht dem Berechtigten, sondern einer Person zu, die nach § 3 Abs. 2 Satz 1 als Berechtigter ausgeschlossen ist, so erhält diese Person entsprechend Absatz 1 einen nach Absatz 6 bemessenen Zuschlag als Kindergeld. [2]Absatz 3 gilt entsprechend.

(5) [1]Für ein Kind, für das nach § 8 kein Kindergeld zu zahlen ist, erhält derjenige, der ohne die Anwendung des § 8 Abs. 1 Anspruch auf Kindergeld hätte, entsprechend Absatz 1 einen nach Absatz 6 bemessenen Zuschlag als Kindergeld. [2]Die Absätze 3 und 4 gelten entsprechend.

(6) [1]Der Zuschlag beträgt ein Zwölftel von 19 vom Hundert des Unterschiedsbetrages zwischen dem zu versteuernden Einkommen und dem nach Absatz 1 Satz 1 oder Satz 3 maßgeblichen Grundfreibetrag, höchstens von 19 vom Hundert der Summe der dem Berechtigten zustehenden Kinderfreibeträge. [2]In Fällen der Steuerfestsetzung nach § 32b des Einkommensteuergesetzes tritt an die Stelle des nach Satz 1 maßgeblichen Vomhundertsatzes ein Vomhundertsatz in Höhe des Unterschiedes zwischen dem nach Satz 1 maßgeblichen Vomhundertsatz und dem im Steuerbescheid ausgewiesenen besonderen Steuersatz. [3]§ 20 Abs. 3 ist anzuwenden.

(7) [1]Der Zuschlag wird nach Ablauf des Jahres, für das er zu leisten ist, auf Antrag gezahlt. [2]Die Zahlung setzt voraus, daß der Antrag spätestens innerhalb von sechs Monaten nach Ablauf dieses Jahres oder, wenn die Steuer erst nach Ablauf dieses Jahres festgesetzt wird, nach der Steuerfestsetzung gestellt worden ist.

(8) [1]Macht der Berechtigte glaubhaft, daß die ihm und seinem nicht dauernd von ihm getrenntlebenden Ehegatten zustehenden Kinderfreibeträge sich voraussichtlich nicht oder nur teilweise auswirken werden, wird der Zuschlag unter dem Vorbehalt der Rückforderung bereits während des Jahres, für das er in Betracht kommt, gezahlt. [2]Dies gilt nicht, soweit die Zahlung des Zuschlags nach oder in entsprechender Anwendung von Absatz 3 in Betracht kommt. [3]Zuschläge unter 20 Deutsche Mark werden hiernach nicht geleistet. [4]§ 11 Abs. 3 Satz 4 bis 6 gilt entsprechend.

62. Gesetz zum Elterngeld und zur Elternzeit (Bundeselterngeld- und Elternzeitgesetz – BEEG)[1]

In der Fassung der Bekanntmachung vom 27. Januar 2015 (BGBl. I S. 33)

Die Neufassung enthält folgende Änderungsgesetze: Gesetz zur Umsetzung aufenthalts- und asylrechtlicher Richtlinien der EU vom 19.8.2007 (BGBl. I S. 1970), Erstes Gesetz zur Änderung des Bundeselterngeld- und Elternzeitgesetzes vom 17.1.2009 (BGBl. I S. 61), Dienstrechtsneuordnungsgesetz vom 5.2.2009 (BGBl. I S. 160), ELENA-Verfahrensgesetz vom 28.3.2009 (BGBl. I S. 634), Haushaltsbegleitgesetz 2011 (HBeglG 2011) vom 9.12.2010 (BGBl. I S. 1885), Steuervereinfachungsgesetz 2011 vom 1.11.2011 (BGBl. I S. 2131), Gesetz zur Änderung des Beherbergungsstatistikgesetzes und des Handelsstatistikgesetzes sowie zur Aufhebung von Vorschriften zum Verfahren des elektronischen Entgeltnachweises vom 23.11.2011 (BGBl. I S. 2298), Gesetz zur Vereinfachung des Elterngeldvollzugs vom 10.9.2012 (BGBl. I S. 1878; ber. I 2013 S. 69), Gesetz zur Neuausrichtung der Pflegeversicherung vom 23.10.2012 (BGBl. I S. 2246), Gesetz zur Einführung eines Betreuungsgeldes (Betreuungsgeldgesetz) vom 15.2.2013 (BGBl. I S. 254), Gesetz zur Einführung des Elterngeld Plus mit Partnerschaftsbonus und einer flexibleren Elternzeit im Bundeselterngeld- und Elternzeitgesetz vom 18.12.2014 (BGBl. I S. 2325), Heil- und Hilfsmittelversorgungsgesetz (HHVG) vom 4.4.2017 (BGBl. I S. 778), Gesetz zur Neuregelung des Mutterschutzrechts vom 23.5.2017 (BGBl. I S. 1228), Zweites Gesetz zur Anpassung des Datenschutzrechts an die Verordnung (EU) 2016/679 und zur Umsetzung der Richtlinie (EU) 2016/680 (Zweites Datenschutz-Anpassungs- und Umsetzungsgesetz EU – 2. DSAnpUG-EU) vom 20.11.2019 (BGBl. I S. 1626), Gesetz zur weiteren steuerlichen Förderung der Elektromobilität und zur Änderung weiterer steuerlicher Vorschriften vom 12.12.2019 (BGBl. I S. 2451), Gesetz für Maßnahmen im Elterngeld aus Anlass der COVID-19-Pandemie vom 20.5.2020 (BGBl. I S. 1061), Gesetz zur Digitalisierung von Verwaltungsverfahren bei der Gewährung von Familienleistungen vom 3.12.2020 (BGBl. I S. 2668), Gesetz zur Beschäftigungssicherung infolge der COVID-19-Pandemie (Beschäftigungssicherungsgesetz – BeschSiG) vom 3.12.2020 (BGBl. I S. 2691), Jahressteuergesetz 2020 (JStG 2020) vom 21.12.2020 (BGBl. I S. 3096), Zweites Gesetz zur Änderung des Bundeselterngeld- und Elternzeitgesetzes vom 15.2.2021 (BGBl. I S. 239), Gesetz zur Verlängerung des Sozialdienstleister-Einsatzgesetzes und weiterer Regelungen vom 18.3.2022 (BGBl. I S. 473), Gesetz zur Regelung eines Sofortzuschlages und einer Einmalzahlung in den sozialen Mindestsicherungssystemen sowie zur Änderung des Finanzausgleichsgesetzes und weiterer Gesetze vom 23.5.2022 (BGBl. I S. 760), Bürgergeld-Gesetz vom 16.12.2022 (BGBl. I S. 2328) und Gesetz zur weiteren Umsetzung der Richtlinie (EU) 2019/1158 des Europäischen Parlaments und des Rates vom 20. Juni 2019 zur Vereinbarkeit von Beruf und Privatleben für Eltern und pflegende Angehörige und zur Aufhebung der Richtlinie 2010/18/EU des Rates vom 19.12.2022 (BGBl. I S. 2510)

BGBl. III/FNA 85–5

Abschnitt 1. Elterngeld[2]

§ 1 Berechtigte. (1) [1]Anspruch auf Elterngeld hat, wer

1. einen Wohnsitz oder seinen gewöhnlichen Aufenthalt in Deutschland hat,

2. mit seinem Kind in einem Haushalt lebt,

3. dieses Kind selbst betreut und erzieht und

4. keine oder keine volle Erwerbstätigkeit ausübt.

[2]Bei Mehrlingsgeburten besteht nur ein Anspruch auf Elterngeld.[3]

---

[1] Das BEEG ist als Art. 1 des Gesetzes zur Einführung des Elterngeldes vom 5.12.2006 (BGBl. I S. 2748) verkündet worden.
[2] Zur **Anwendung siehe § 28 Abs. 1.**
[3] § 1 Abs. 1 Satz 2 angef. durch G v. 18.12.2014 (BGBl. I S. 2325).

(2) [1]Anspruch auf Elterngeld hat auch, wer, ohne eine der Voraussetzungen des Absatzes 1 Satz 1 Nummer 1[1)] zu erfüllen,

1. nach § 4 des Vierten Buches Sozialgesetzbuch dem deutschen Sozialversicherungsrecht unterliegt oder im Rahmen seines in Deutschland bestehenden öffentlich-rechtlichen Dienst- oder Amtsverhältnisses vorübergehend ins Ausland abgeordnet, versetzt oder kommandiert ist,

2. Entwicklungshelfer oder Entwicklungshelferin im Sinne des § 1 des Entwicklungshelfer-Gesetzes ist oder als Missionar oder Missionarin der Missionswerke und –gesellschaften, die Mitglieder oder Vereinbarungspartner des Evangelischen Missionswerkes Hamburg, der Arbeitsgemeinschaft Evangelikaler Missionen e. V., *des Deutschen katholischen Missionsrates*[2)] oder der Arbeitsgemeinschaft pfingstlich-charismatischer Missionen sind, tätig ist oder

3. die deutsche Staatsangehörigkeit besitzt und nur vorübergehend bei einer zwischen- oder überstaatlichen Einrichtung tätig ist, insbesondere nach den Entsenderichtlinien des Bundes beurlaubte Beamte und Beamtinnen, oder wer vorübergehend eine nach § 123a des Beamtenrechtsrahmengesetzes oder § 29 des Bundesbeamtengesetzes[3)] zugewiesene Tätigkeit im Ausland wahrnimmt.

[2]Dies gilt auch für mit der nach Satz 1 berechtigten Person in einem Haushalt lebende Ehegatten, *Ehegattinnen, Lebenspartner oder Lebenspartnerinnen* [**ab 1.9.2021:** oder Ehegattinnen].[4)]

(3) [1]Anspruch auf Elterngeld hat abweichend von Absatz 1 Satz 1 Nummer 2[5)] auch, wer

1. mit einem Kind in einem Haushalt lebt, das er mit dem Ziel der Annahme als Kind aufgenommen hat,

2.[6)] ein Kind des *Ehegatten, der Ehegattin, des Lebenspartners oder der Lebenspartnerin* [**ab 1.9.2021:** Ehegatten oder der Ehegattin] in seinen Haushalt aufgenommen hat oder

3. mit einem Kind in einem Haushalt lebt und die von ihm erklärte Anerkennung der Vaterschaft nach § 1594 Absatz 2 des Bürgerlichen Gesetzbuchs noch nicht wirksam oder über die von ihm beantragte Vaterschaftsfeststellung nach § 1600d des Bürgerlichen Gesetzbuchs noch nicht entschieden ist.

[2]Für angenommene Kinder und Kinder im Sinne des Satzes 1 Nummer 1 sind die Vorschriften dieses Gesetzes mit der Maßgabe anzuwenden, dass statt des Zeitpunktes der Geburt der Zeitpunkt der Aufnahme des Kindes bei der berechtigten Person maßgeblich ist.

[1)] Verweis geänd. durch G v. 18.12.2014 (BGBl. I S. 2325).
[2)] Kursiver Satzteil aufgeh. mWv 1.9.2021 (§ 28 Abs. 1) durch G v. 15.2.2021 (BGBl. I S. 239).
[3)] Eingef. durch G v. 5.2.2009 (BGBl. I S. 160).
[4)] § 1 Abs. 2 Satz 2 geänd. mWv 1.9.2021 (§ 28 Abs. 1) durch G v. 15.2.2021 (BGBl. I S. 239).
[5)] Verweis geänd. durch G v. 18.12.2014 (BGBl. I S. 2325).
[6)] § 1 Abs. 3 Satz 1 Nr. 2 geänd. mWv 1.9.2021 (§ 28 Abs. 1) durch G v. 15.2.2021 (BGBl. I S. 239).

(4)[1] Können die Eltern wegen einer schweren Krankheit, Schwerbehinderung oder *Tod* [**ab 1.9.2021:** Todes] der Eltern ihr Kind nicht betreuen, haben Verwandte bis zum dritten Grad und ihre Ehegatten, *Ehegattinnen, Lebenspartner oder Lebenspartnerinnen* [**ab 1.9.2021:** oder Ehegattinnen] Anspruch auf Elterngeld, wenn sie die übrigen Voraussetzungen nach Absatz 1 erfüllen und [**ab 1.9.2021:** wenn] von anderen Berechtigten Elterngeld nicht in Anspruch genommen wird.

(5) Der Anspruch auf Elterngeld bleibt unberührt, wenn die Betreuung und Erziehung des Kindes aus einem wichtigen Grund nicht sofort aufgenommen werden kann oder wenn sie unterbrochen werden muss.

(6)[2] Eine Person ist nicht voll erwerbstätig, wenn ihre Arbeitszeit *30* [**ab 1.9.2021:** 32] Wochenstunden im Durchschnitt des *Monats* [**ab 1.9.2021:** Lebensmonats] nicht übersteigt, sie eine Beschäftigung zur Berufsbildung ausübt oder sie eine geeignete Tagespflegeperson im Sinne des § 23 des Achten Buches Sozialgesetzbuch ist und nicht mehr als fünf Kinder in Tagespflege betreut.

(7) [1] Ein nicht freizügigkeitsberechtigter Ausländer oder eine nicht freizügigkeitsberechtigte Ausländerin ist nur anspruchsberechtigt, wenn diese Person

1. eine Niederlassungserlaubnis oder eine Erlaubnis zum Daueraufenthalt-EU besitzt,

2. eine Blaue Karte EU, eine ICT-Karte, eine Mobiler-ICT-Karte oder eine Aufenthaltserlaubnis besitzt, die für einen Zeitraum von mindestens sechs Monaten zur Ausübung einer Erwerbstätigkeit berechtigen oder berechtigt haben oder diese erlauben, es sei denn, die Aufenthaltserlaubnis wurde

   a) nach § 16e des Aufenthaltsgesetzes zu Ausbildungszwecken, nach § 19c Absatz 1 des Aufenthaltsgesetzes zum Zweck der Beschäftigung als Au-Pair oder zum Zweck der Saisonbeschäftigung, nach § 19e des Aufenthaltsgesetzes zum Zweck der Teilnahme an einem Europäischen Freiwilligendienst oder nach § 20 Absatz 1 und 2 des Aufenthaltsgesetzes zur Arbeitsplatzsuche erteilt,

   b) nach § 16b des Aufenthaltsgesetzes zum Zweck eines Studiums, nach § 16d des Aufenthaltsgesetzes für Maßnahmen zur Anerkennung ausländischer Berufsqualifikationen oder nach § 20 Absatz 3 des Aufenthaltsgesetzes zur Arbeitsplatzsuche erteilt und er ist weder erwerbstätig noch nimmt er Elternzeit nach § 15 des Bundeselterngeld- und Elternzeitgesetzes oder laufende Geldleistungen nach dem Dritten Buch Sozialgesetzbuch in Anspruch,

   c)[3] nach § 23 Absatz 1 des Aufenthaltsgesetzes wegen eines Krieges in seinem Heimatland oder nach den *§§ 23a, 24* [**ab 1.6.2022:** § 23a] oder § 25 Absatz 3 bis 5 des Aufenthaltsgesetzes erteilt,

3. eine in Nummer 2 Buchstabe c genannte Aufenthaltserlaubnis besitzt und im Bundesgebiet berechtigt erwerbstätig ist oder Elternzeit nach § 15 des

---

[1] § 1 Abs. 4 geänd. mWv 1.9.2021 (§ 28 Abs. 1) durch G v. 15.2.2021 (BGBl. I S. 239).
[2] § 1 Abs. 6 geänd. durch G v. 10.9.2012 (BGBl. S. 1878); geänd. mWv 1.9.2021 (§ 28 Abs. 1) durch G v. 15.2.2021 (BGBl. I S. 239).
[3] § 1 Abs. 7 Satz 1 Nr. 2 Buchst. c geänd. durch G v. 23.5.2022 (BGBl. I S. 760); zur Anwendung siehe § 28 Abs. 3 Satz 3.

Bundeselterngeld- und Elternzeitgesetzes oder laufende Geldleistungen nach dem Dritten Buch Sozialgesetzbuch in Anspruch nimmt,

4. eine in Nummer 2 Buchstabe c genannte Aufenthaltserlaubnis besitzt und sich seit mindestens 15 Monaten erlaubt, gestattet oder geduldet im Bundesgebiet aufhält oder

5.[1)] eine Beschäftigungsduldung gemäß § 60d in Verbindung mit § 60a Absatz 2 Satz 3 des Aufenthaltsgesetzes besitzt.

[2]Abweichend von Satz 1 Nummer 3 erste Alternative ist ein minderjähriger nicht freizügigkeitsberechtigter Ausländer oder eine minderjährige nicht freizügigkeitsberechtigte Ausländerin unabhängig von einer Erwerbstätigkeit anspruchsberechtigt.

(8)[2)] [1]Ein Anspruch entfällt, wenn die berechtigte Person im letzten abgeschlossenen Veranlagungszeitraum vor der Geburt des Kindes ein zu versteuerndes Einkommen nach § 2 Absatz 5 des Einkommensteuergesetzes in Höhe von mehr als 250 000 Euro erzielt hat. [2]Erfüllt auch eine andere Person die Voraussetzungen des Absatzes 1 Satz 1 Nummer 2 oder der Absätze 3 oder 4, entfällt abweichend von Satz 1 der Anspruch, wenn die Summe des zu versteuernden Einkommens beider Personen mehr als *500 000* [*ab 1.9.2021:* 300 000] Euro beträgt.

§ 2 Höhe des Elterngeldes. (1)[3)] [1]Elterngeld wird in Höhe von 67 Prozent des Einkommens aus Erwerbstätigkeit vor der Geburt des Kindes gewährt. [2]Es wird bis zu einem Höchstbetrag von 1800 Euro monatlich für volle *Monate* [*ab 1.9.2021:* Lebensmonate] gezahlt, in denen die berechtigte Person kein Einkommen aus Erwerbstätigkeit hat. [3]Das Einkommen aus Erwerbstätigkeit errechnet sich nach Maßgabe der §§ 2c bis 2f aus der um die Abzüge für Steuern und Sozialabgaben verminderten Summe der positiven Einkünfte aus

1. nichtselbständiger Arbeit nach § 2 Absatz 1 Satz 1 Nummer 4 des Einkommensteuergesetzes sowie

2. Land- und Forstwirtschaft, Gewerbebetrieb und selbständiger Arbeit nach § 2 Absatz 1 Satz 1 Nummer 1 bis 3 des Einkommensteuergesetzes,

die im Inland zu versteuern sind und die die berechtigte Person durchschnittlich monatlich im Bemessungszeitraum nach § 2b oder in *Monaten* [*ab 1.9.2021:* Lebensmonaten] der Bezugszeit nach § 2 Absatz 3 hat.

(2)[4)] [1]In den Fällen, in denen das Einkommen aus Erwerbstätigkeit vor der Geburt geringer als 1000 Euro war, erhöht sich der Prozentsatz von 67 Prozent um 0,1 Prozentpunkte für je 2 Euro, um die dieses Einkommen den Betrag von 1000 Euro unterschreitet, auf bis zu 100 Prozent. [2]In den Fällen, in

---

[1)] § 1 Abs. 7 Satz 1 Nr. 4 wird Nr. 5 (und gilt ab 1.1.2020 gem. § 28 Abs. 3 Satz 2 durch G v. 12.12.2019 (BGBl. I S. 2451).

[2)] § 1 Abs. 8 angef. mWv 1.1.2011 durch G v. 9.12.2010 (BGBl. I S. 1885); Satz 1 und 2 geänd. mWv 1.8.2013 durch G v. 15.2.2013 (BGBl. I S. 254); Satz 2 geänd. durch G v. 18.12.2014 (BGBl. I S. 2325); Satz 2 Betrag geänd. mWv 1.9.2021 (§ 28 Abs. 1) durch G v. 15.2.2021 (BGBl. I S. 239).

[3)] § 2 Abs. 1 neu gef. durch G v. 10.9.2012 (BGBl. I S. 1878); Abs. 1 Satz 2 und 3 geänd. mWv 1.9.2021 (§ 28 Abs. 1) durch G v. 15.2.2021 (BGBl. I S. 239).

[4)] § 2 Abs. 2 geänd. durch G v. 10.9.2012 (BGBl. I S. 1878).

denen das Einkommen aus Erwerbstätigkeit vor der Geburt höher als 1200 Euro war, sinkt der Prozentsatz von 67 Prozent um 0,1 Prozentpunkte für je 2 Euro, um die dieses Einkommen den Betrag von 1200 Euro überschreitet, auf bis zu 65 Prozent.

(3)[1)]¹Für *Monate [ab 1.9.2021:* Lebensmonate] nach der Geburt des Kindes, in denen die berechtigte Person ein Einkommen aus Erwerbstätigkeit hat, das durchschnittlich geringer ist als das Einkommen aus Erwerbstätigkeit vor der Geburt, wird Elterngeld in Höhe des nach Absatz 1 oder 2 maßgeblichen Prozentsatzes des Unterschiedsbetrages dieser Einkommen aus Erwerbstätigkeit gezahlt. ²Als Einkommen aus Erwerbstätigkeit vor der Geburt ist dabei höchstens der Betrag von 2770 Euro anzusetzen. ³Der Unterschiedsbetrag nach Satz 1 ist für das Einkommen aus Erwerbstätigkeit in *Monaten [ab 1.9.2021:* Lebensmonaten], in denen die berechtigte Person *Elterngeld im Sinne des § 4 Absatz 2 Satz 2* [*ab 1.9.2021:* Basiselterngeld] in Anspruch nimmt, und in *Monaten [ab 1.9.2021:* Lebensmonaten], in denen sie Elterngeld Plus im Sinne des *§ 4 Absatz 3 Satz 1* [*ab 1.9.2021:* § 4a Absatz 2] in Anspruch nimmt, getrennt zu berechnen.

(4)[2)]¹Elterngeld wird mindestens in Höhe von 300 Euro gezahlt. ²Dies gilt auch, wenn die berechtigte Person vor der Geburt des Kindes kein Einkommen aus Erwerbstätigkeit hat.

(6)–(9)[3)] *(aufgehoben)*

§ 2a Geschwisterbonus und Mehrlingszuschlag. (1) ¹Lebt die berechtigte Person in einem Haushalt mit

1. zwei Kindern, die noch nicht drei Jahre alt sind, oder

2. drei oder mehr Kindern, die noch nicht sechs Jahre alt sind,

wird das Elterngeld um 10 Prozent, mindestens jedoch um 75 Euro erhöht (Geschwisterbonus). ²Zu berücksichtigen sind alle Kinder, für die die berechtigte Person die Voraussetzungen des § 1 Absatz 1 und 3 erfüllt und für die sich das Elterngeld nicht nach Absatz 4 erhöht.

(2) ¹Für angenommene Kinder, die noch nicht 14 Jahre alt sind, gilt als Alter des Kindes der Zeitraum seit der Aufnahme des Kindes in den Haushalt der berechtigten Person. ²Dies gilt auch für Kinder, die die berechtigte Person entsprechend § 1 Absatz 3 Satz 1 Nummer 1 mit dem Ziel der Annahme als Kind in ihren Haushalt aufgenommen hat. ³Für Kinder mit Behinderung im Sinne von § 2 Absatz 1 Satz 1 des Neunten Buches Sozialgesetzbuch liegt die Altersgrenze nach Absatz 1 Satz 1 bei 14 Jahren.

(3) Der Anspruch auf den Geschwisterbonus endet mit Ablauf des Monats, in dem eine der in Absatz 1 genannten Anspruchsvoraussetzungen entfällt.

(4) ¹Bei Mehrlingsgeburten erhöht sich das Elterngeld um je 300 Euro für das zweite und jedes weitere Kind (Mehrlingszuschlag). ²Dies gilt auch, wenn ein Geschwisterbonus nach Absatz 1 gezahlt wird.

---

¹) § 2 Abs. 3 Satz 3 angef. durch G v. 18.12.2014 (BGBl. I S. 2325); Sätze 1 und 3 geänd. mWv 1.9.2021 (§ 28 Abs. 1) durch G v. 15.2.2021 (BGBl. I S. 239).
²) § 2 Abs. 4 aufgeh., bish. Abs. 5 wird Abs. 4 und geänd. durch G v. 10.9.2012 (BGBl. I S. 1878).
³) § 2 Abs. 6 bis 9 aufgeh. durch G v. 10.9.2012 (BGBl. I S. 1878).

§ 2b Bemessungszeitraum. (1)[1] [1]Für die Ermittlung des Einkommens aus nichtselbstständiger Erwerbstätigkeit im Sinne von § 2c vor der Geburt sind die zwölf Kalendermonate vor dem *Monat* [*ab 1.9.2021:* Kalendermonat] der Geburt des Kindes maßgeblich. [2]Bei der Bestimmung des Bemessungszeitraums nach Satz 1 bleiben Kalendermonate unberücksichtigt, in denen die berechtigte Person

1.[2] im Zeitraum nach § 4 Absatz 1 *Satz 1* [*ab 1.9.2021:* Satz 2 und 3 und Absatz 5 Satz 3 Nummer 2] Elterngeld für ein älteres Kind bezogen hat,

2.[3] während der Schutzfristen nach § 3 des Mutterschutzgesetzes nicht beschäftigt werden durfte oder Mutterschaftsgeld nach dem Fünften Buch Sozialgesetzbuch oder nach dem Zweiten Gesetz über die Krankenversicherung der Landwirte bezogen hat,

3. eine Krankheit hatte, die maßgeblich durch eine Schwangerschaft bedingt war, oder

4. Wehrdienst nach dem Wehrpflichtgesetz in der bis zum 31. Mai 2011 geltenden Fassung oder nach dem Vierten Abschnitt des Soldatengesetzes oder Zivildienst nach dem Zivildienstgesetz geleistet hat

und in den Fällen der Nummern 3 und 4 dadurch ein geringeres Einkommen aus Erwerbstätigkeit hatte. [*ab 1.9.2021:* [3]Abweichend von Satz 2 sind Kalendermonate im Sinne des Satzes 2 Nummer 1 bis 4 auf Antrag der berechtigten Person zu berücksichtigen.] [4]Abweichend von Satz 2 bleiben auf Antrag bei der Ermittlung des Einkommens für die Zeit vom 1. März 2020 bis zum Ablauf des 23. September 2022[4] auch solche Kalendermonate unberücksichtigt, in denen die berechtigte Person aufgrund der COVID-19-Pandemie ein geringeres Einkommen aus Erwerbstätigkeit hatte und dies glaubhaft machen kann. [5]Satz 2 Nummer 1 gilt in den Fällen des § 27 Absatz 1 Satz 1 mit der Maßgabe, dass auf Antrag auch Kalendermonate mit Elterngeldbezug für ein älteres Kind nach Vollendung von dessen 14. Lebensmonat unberücksichtigt bleiben, soweit der Elterngeldbezug von der Zeit vor Vollendung des 14. Lebensmonats auf danach verschoben wurde.[5]

(2)[6] [1]Für die Ermittlung des Einkommens aus selbstständiger Erwerbstätigkeit im Sinne von § 2d vor der Geburt sind die jeweiligen steuerlichen Gewinnermittlungszeiträume maßgeblich, die dem letzten abgeschlossenen steuerlichen Veranlagungszeitraum vor der Geburt des Kindes zugrunde liegen. [2]Haben in einem Gewinnermittlungszeitraum die Voraussetzungen des Absat-

---

[1] § 2b Abs. 1 Satz 1 geänd.; Satz 3 eingef. mWv 1.9.2021 (§ 28 Abs. 1) durch G v. 15.2.2021 (BGBl. I S. 239).

[2] § 2b Abs. 1 Satz 2 Nr. 1 geänd. durch G v. 18.12.2014 (BGBl. I S. 2325); geänd. mWv 1.9.2021 (§ 28 Abs. 1) durch G v. 15.2.2021 (BGBl. I S. 239).

[3] § 2b Abs. 1 Satz 2 Nr. 2 geänd. durch G v. 23.10.2012 (BGBl. I S. 2246); zur Anwendung siehe § 28 Abs. 1b; geänd. mWv 1.1.2018 durch G v. 23.5.2017 (BGBl. I S. 1228).

[4] Zeitraum verlängert durch G v. 18.3.2022 (BGBl. I S. 473).

[5] § 2b Abs. 1 Sätze 3 und 4 angef. mWv 1.3.2020 durch G v. 20.5.2020 (BGBl. I S. 1061). Vgl. hierzu auch § 27.

[6] § 2b Abs. 2 Satz 2 geänd. mWv 1.3.2020 durch G v. 20.5.2020 (BGBl. I S. 1061).

zes 1 Satz 2 oder Satz 3 vorgelegen, sind auf Antrag die Gewinnermittlungszeiträume maßgeblich, die dem diesen Ereignissen vorangegangenen abgeschlossenen steuerlichen Veranlagungszeitraum zugrunde liegen.

(3)[1] [1]Abweichend von Absatz 1 ist für die Ermittlung des Einkommens aus nichtselbstständiger Erwerbstätigkeit vor der Geburt der [*ab 1.9.2021:* letzte abgeschlossene] steuerliche Veranlagungszeitraum [*ab 1.9.2021:* vor der Geburt] maßgeblich, *der den Gewinnermittlungszeiträumen nach Absatz 2 zugrunde liegt, wenn die berechtigte Person in den Zeiträumen nach Absatz 1 oder Absatz 2 Einkommen aus selbstständiger Erwerbstätigkeit hatte.* [*ab 1.9.2021:* wenn die berechtigte Person in den Zeiträumen nach Absatz 1 oder Absatz 2 Einkommen aus selbstständiger Erwerbstätigkeit hatte.] [2]Haben im Bemessungszeitraum nach Satz 1 die Voraussetzungen des Absatzes 1 Satz 2 oder Satz 3 vorgelegen, ist Absatz 2 Satz 2 mit der zusätzlichen Maßgabe anzuwenden, dass für die Ermittlung des Einkommens aus nichtselbstständiger Erwerbstätigkeit vor der Geburt der vorangegangene steuerliche Veranlagungszeitraum maßgeblich ist.

[*ab 1.9.2021:*

(4)[2] [1]Abweichend von Absatz 3 ist auf Antrag der berechtigten Person für die Ermittlung des Einkommens aus nichtselbstständiger Erwerbstätigkeit allein der Bemessungszeitraum nach Absatz 1 maßgeblich, wenn die zu berücksichtigende Summe der Einkünfte aus Land- und Forstwirtschaft, Gewerbebetrieb und selbstständiger Arbeit nach § 2 Absatz 1 Satz 1 Nummer 1 bis 3 des Einkommensteuergesetzes

1. in den jeweiligen steuerlichen Gewinnermittlungszeiträumen, die dem letzten abgeschlossenen steuerlichen Veranlagungszeitraum vor der Geburt des Kindes zugrunde liegen, durchschnittlich weniger als 35 Euro im Kalendermonat betrug und

2. in den jeweiligen steuerlichen Gewinnermittlungszeiträumen, die dem steuerlichen Veranlagungszeitraum der Geburt des Kindes zugrunde liegen, bis einschließlich zum Kalendermonat vor der Geburt des Kindes durchschnittlich weniger als 35 Euro im Kalendermonat betrug.

[2]Abweichend von § 2 Absatz 1 Satz 3 Nummer 2 ist für die Berechnung des Elterngeldes im Fall des Satzes 1 allein das Einkommen aus nichtselbstständiger Erwerbstätigkeit maßgeblich. [3]Die für die Entscheidung über den Antrag notwendige Ermittlung der Höhe der Einkünfte aus Land- und Forstwirtschaft, Gewerbebetrieb und selbstständiger Arbeit erfolgt für die Zeiträume nach Satz 1 Nummer 1 entsprechend § 2d Absatz 2; in Fällen, in denen zum Zeitpunkt der Entscheidung kein Einkommensteuerbescheid vorliegt, und für den Zeitraum nach Satz 1 Nummer 2 erfolgt die Ermittlung der Höhe der Einkünfte entsprechend § 2d Absatz 3. [4]Die Entscheidung über den Antrag erfolgt abschließend auf der Grundlage der Höhe der Einkünfte, wie sie sich aus den gemäß Satz 3 vorgelegten Nachweisen ergibt.]

---

[1] § 2b Abs. 3 Satz 2 geänd. mWv 1.3.2020 durch G v. 20.5.2020 (BGBl. I S. 1061); Satz 1 neu gef. mWv 1.9.2021 (§ 28 Abs. 1) durch G v. 15.2.2021 (BGBl. I S. 239).
[2] § 2b Abs. 4 angef. mWv 1.9.2021 (§ 28 Abs. 1) durch G v. 15.2.2021 (BGBl. I S. 239).

§ 2c[1] Einkommen aus nichtselbstständiger Erwerbstätigkeit.

(1)[2] [1]Der monatlich durchschnittlich zu berücksichtigende Überschuss der Einnahmen aus nichtselbstständiger Arbeit in Geld oder Geldeswert über ein Zwölftel des Arbeitnehmer-Pauschbetrags, vermindert um die Abzüge für Steuern und Sozialabgaben nach den §§ 2e und 2f, ergibt das Einkommen aus nichtselbstständiger Erwerbstätigkeit. [2]Nicht berücksichtigt werden Einnahmen, die im Lohnsteuerabzugsverfahren nach den lohnsteuerlichen Vorgaben als sonstige Bezüge zu behandeln sind. [3]Die zeitliche Zuordnung von Einnahmen erfolgt nach den lohnsteuerlichen Vorgaben für das Lohnsteuerabzugsverfahren. [4]Maßgeblich ist der Arbeitnehmer-Pauschbetrag nach § 9a Satz 1 Nummer 1 Buchstabe a des Einkommensteuergesetzes in der am 1. Januar des Kalenderjahres vor der Geburt des Kindes für dieses Jahr geltenden Fassung.

(2)[3] [1]Grundlage der Ermittlung der Einnahmen sind die Angaben in den für die maßgeblichen *Monate [ab 1.9.2021:* Kalendermonate] erstellten Lohn- und Gehaltsbescheinigungen des Arbeitgebers. [2]Die Richtigkeit und Vollständigkeit der Angaben in den maßgeblichen Lohn- und Gehaltsbescheinigungen wird vermutet.

(3)[4] [1]Grundlage der Ermittlung der nach den §§ 2e und 2f erforderlichen Abzugsmerkmale für Steuern und Sozialabgaben sind die Angaben in der Lohn- und Gehaltsbescheinigung, die für den letzten *Monat [ab 1.9.2021:* Kalendermonat] im Bemessungszeitraum mit Einnahmen nach Absatz 1 erstellt wurde. [2]Soweit sich in den Lohn- und Gehaltsbescheinigungen des Bemessungszeitraums eine Angabe zu einem Abzugsmerkmal geändert hat, ist die von der Angabe nach Satz 1 abweichende Angabe maßgeblich, wenn sie in der überwiegenden Zahl der *Monate [ab 1.9.2021:* Kalendermonate] des Bemessungszeitraums gegolten hat. [3]§ 2c Absatz 2 Satz 2 gilt entsprechend.

§ 2d[1] Einkommen aus selbstständiger Erwerbstätigkeit.
(1) Die monatlich durchschnittlich zu berücksichtigende Summe der positiven Einkünfte aus Land- und Forstwirtschaft, Gewerbebetrieb und selbstständiger Arbeit (Gewinneinkünfte), vermindert um die Abzüge für Steuern und Sozialabgaben nach den §§ 2e und 2f, ergibt das Einkommen aus selbstständiger Erwerbstätigkeit.

(2) [1]Bei der Ermittlung der im Bemessungszeitraum zu berücksichtigenden Gewinneinkünfte sind die entsprechenden im Einkommensteuerbescheid ausgewiesenen Gewinne anzusetzen. [2]Ist kein Einkommensteuerbescheid zu erstellen, werden die Gewinneinkünfte in entsprechender Anwendung des Absatzes 3 ermittelt.

---

[1] §§ 2a bis 2f eingef. durch G v. 10.9.2012 (BGBl. I S. 1878).
[2] § 2c Abs. 1 Satz 2 geänd. durch G v. 18.12.2014 (BGBl. I S. 2325); Abs. 1 Satz 3 eingef. mWv 21.5.2020, bish. Satz 3 wird Satz 4 durch G v. 20.5.2020 (BGBl. I S. 1061).
[3] § 2c Abs. 2 Satz 2 angef. durch G v. 18.12.2014 (BGBl. I S. 2325); Abs. 2 Satz 1 geänd. mWv 1.9.2021 (§ 28 Abs. 1) durch G v. 15.2.2021 (BGBl. I S. 239).
[4] § 2c Abs. 3 Satz 3 angef. durch G v. 18.12.2014 (BGBl. I S. 2325); Abs. 3 Sätze 1 und 2 geänd. mWv 1.9.2021 (§ 28 Abs. 1) durch G v. 15.2.2021 (BGBl. I S. 239).

(3) ¹Grundlage der Ermittlung der in den Bezugsmonaten zu berücksichtigenden Gewinneinkünfte ist eine Gewinnermittlung, die mindestens den Anforderungen des § 4 Absatz 3 des Einkommensteuergesetzes entspricht. ²Als Betriebsausgaben sind 25 Prozent der zugrunde gelegten Einnahmen oder auf Antrag die damit zusammenhängenden tatsächlichen Betriebsausgaben anzusetzen.

(4) ¹Soweit nicht in § 2c Absatz 3 etwas anderes bestimmt ist, sind bei der Ermittlung der nach § 2e erforderlichen Abzugsmerkmale für Steuern die Angaben im Einkommensteuerbescheid maßgeblich. ²§ 2c Absatz 3 Satz 2 gilt entsprechend.

(5)¹) Die zeitliche Zuordnung von Einnahmen und Ausgaben erfolgt nach den einkommensteuerrechtlichen Grundsätzen.

§ 2e²) Abzüge für Steuern. (1) ¹Als Abzüge für Steuern sind Beträge für die Einkommensteuer, den Solidaritätszuschlag und, wenn die berechtigte Person kirchensteuerpflichtig ist, die Kirchensteuer zu berücksichtigen. ²Die Abzüge für Steuern werden einheitlich für Einkommen aus nichtselbständiger und selbständiger Erwerbstätigkeit auf Grundlage einer Berechnung anhand des am 1. Januar des Kalenderjahres vor der Geburt des Kindes für dieses Jahr geltenden Programmablaufplans für die maschinelle Berechnung der vom Arbeitslohn einzubehaltenden Lohnsteuer, des Solidaritätszuschlags und der Maßstabsteuer für die Kirchenlohnsteuer im Sinne von § 39b Absatz 6 des Einkommensteuergesetzes nach den Maßgaben der Absätze 2 bis 5 ermittelt.

(2) ¹Bemessungsgrundlage für die Ermittlung der Abzüge für Steuern ist die monatlich durchschnittlich zu berücksichtigende Summe der Einnahmen nach § 2c, soweit sie von der berechtigten Person zu versteuern sind, und der Gewinneinkünfte nach § 2d. ²Bei der Ermittlung der Abzüge für Steuern nach Absatz 1 werden folgende Pauschalen berücksichtigt:

1. der Arbeitnehmer-Pauschbetrag nach § 9a Satz 1 Nummer 1 Buchstabe a des Einkommensteuergesetzes, wenn die berechtigte Person von ihr zu versteuernde Einnahmen hat, die unter § 2c fallen, und

2. eine Vorsorgepauschale

   a) mit den Teilbeträgen nach § 39b Absatz 2 Satz 5 Nummer 3 Buchstabe *b und c* [*ab 1.1.2024:* b, c und e]³) des Einkommensteuergesetzes, falls die berechtigte Person von ihr zu versteuernde Einnahmen nach § 2c hat, ohne in der gesetzlichen Rentenversicherung oder einer vergleichbaren Einrichtung versicherungspflichtig gewesen zu sein, oder

   b) mit den Teilbeträgen nach § 39b Absatz 2 Satz 5 Nummer 3 Buchstabe *a bis c* [*ab 1.1.2024:* a bis c und e]³) des Einkommensteuergesetzes in allen übrigen Fällen,

---

¹) § 2d Abs. 5 angef. mWv 21.5.2020 durch G v. 20.5.2020 (BGBl. I S. 1061).
²) §§ 2a bis 2f eingef. durch G v. 10.9.2012 (BGBl. I S. 1878).
³) Verweise geänd. mWv 1.1.2024 durch G v. 21.12.2020 (BGB. I S. 3096).

wobei die Höhe der Teilbeträge ohne Berücksichtigung der besonderen Regelungen zur Berechnung der Beiträge nach § 55 Absatz 3 und § 58 Absatz 3 des Elften Buches Sozialgesetzbuch bestimmt wird.

(3) [1] Als Abzug für die Einkommensteuer ist der Betrag anzusetzen, der sich unter Berücksichtigung der Steuerklasse und des Faktors nach § 39f des Einkommensteuergesetzes nach § 2c Absatz 3 ergibt; die Steuerklasse VI bleibt unberücksichtigt. [2] War die berechtigte Person im Bemessungszeitraum nach § 2b in keine Steuerklasse eingereiht oder ist ihr nach § 2d zu berücksichtigender Gewinn höher als ihr nach § 2c zu berücksichtigender Überschuss der Einnahmen über ein Zwölftel des Arbeitnehmer-Pauschbetrags, ist als Abzug für die Einkommensteuer der Betrag anzusetzen, der sich unter Berücksichtigung der Steuerklasse IV ohne Berücksichtigung eines Faktors nach § 39f des Einkommensteuergesetzes ergibt.

(4) [1] Als Abzug für den Solidaritätszuschlag ist der Betrag anzusetzen, der sich nach den Maßgaben des Solidaritätszuschlagsgesetzes 1995 für die Einkommensteuer nach Absatz 3 ergibt. [2] Freibeträge für Kinder werden nach den Maßgaben des § 3 Absatz 2a des Solidaritätszuschlagsgesetzes 1995 berücksichtigt.

(5) [1] Als Abzug für die Kirchensteuer ist der Betrag anzusetzen, der sich unter Anwendung eines Kirchensteuersatzes von 8 Prozent für die Einkommensteuer nach Absatz 3 ergibt. [2] Freibeträge für Kinder werden nach den Maßgaben des § 51a Absatz 2a des Einkommensteuergesetzes berücksichtigt.

(6) Vorbehaltlich der Absätze 2 bis 5 werden Freibeträge und Pauschalen nur berücksichtigt, wenn sie ohne weitere Voraussetzung jeder berechtigten Person zustehen.

§ 2f[1]**) Abzüge für Sozialabgaben.** (1) [1] Als Abzüge für Sozialabgaben sind Beträge für die gesetzliche Sozialversicherung oder für eine vergleichbare Einrichtung sowie für die Arbeitsförderung zu berücksichtigen. [2] Die Abzüge für Sozialabgaben werden einheitlich für Einkommen aus nichtselbstständiger und selbstständiger Erwerbstätigkeit anhand folgender Beitragssatzpauschalen ermittelt:

1. 9 Prozent für die Kranken- und Pflegeversicherung, falls die berechtigte Person in der gesetzlichen Krankenversicherung nach § 5 Absatz 1 Nummer 1 bis 12 des Fünften Buches Sozialgesetzbuch versicherungspflichtig gewesen ist,

2. 10 Prozent für die Rentenversicherung, falls die berechtigte Person in der gesetzlichen Rentenversicherung oder einer vergleichbaren Einrichtung versicherungspflichtig gewesen ist, und

3. 2 Prozent für die Arbeitsförderung, falls die berechtigte Person nach dem Dritten Buch Sozialgesetzbuch versicherungspflichtig gewesen ist.

(2) [1] Bemessungsgrundlage für die Ermittlung der Abzüge für Sozialabgaben ist die monatlich durchschnittlich zu berücksichtigende Summe der Einnahmen nach § 2c und der Gewinneinkünfte nach § 2d. [2] Einnahmen aus Beschäfti-

---

[1] §§ 2a bis 2f eingef. durch G v. 10.9.2012 (BGBl. I S. 1878).

gungen im Sinne des § 8, des § 8a oder des § 20 Absatz 3 Satz 1 des Vierten Buches Sozialgesetzbuch werden nicht berücksichtigt. ³Für Einnahmen aus Beschäftigungsverhältnissen im Sinne des § 20 Absatz 2 des Vierten Buches Sozialgesetzbuch ist der Betrag anzusetzen, der sich nach § 344 Absatz 4 des Dritten Buches Sozialgesetzbuch für diese Einnahmen ergibt, wobei der Faktor im Sinne des § 163 Absatz 10 Satz 2 des Sechsten Buches Sozialgesetzbuch unter Zugrundelegung der Beitragssatzpauschalen nach Absatz 1 bestimmt wird.

(3) Andere Maßgaben zur Bestimmung der sozialversicherungsrechtlichen Beitragsbemessungsgrundlagen werden nicht berücksichtigt.

§ 3[1][2] Anrechnung von anderen Einnahmen. (1)[2] ¹Auf das der berechtigten Person nach § 2 oder nach § 2 in Verbindung mit § 2a zustehende Elterngeld werden folgende Einnahmen angerechnet:

1.[3] Mutterschaftsleistungen

   a) in Form des Mutterschaftsgeldes nach dem Fünften Buch Sozialgesetzbuch oder nach dem Zweiten Gesetz über die Krankenversicherung der Landwirte mit Ausnahme des Mutterschaftsgeldes nach § 19[4] Absatz 2 des Mutterschutzgesetzes oder

   b) in Form des Zuschusses zum Mutterschaftsgeld nach § 20[4] des Mutterschutzgesetzes, die der berechtigten Person für die Zeit ab dem Tag der Geburt des Kindes zustehen,

2. Dienst- und Anwärterbezüge sowie Zuschüsse, die der berechtigten Person nach beamten- oder soldatenrechtlichen Vorschriften für die Zeit eines Beschäftigungsverbots ab dem Tag der Geburt des Kindes zustehen,

3.[5] dem Elterngeld *oder dem Betreuungsgeld* vergleichbare Leistungen, auf die eine nach § 1 berechtigte Person außerhalb Deutschlands oder gegenüber einer über- oder zwischenstaatlichen Einrichtung Anspruch hat,

4. Elterngeld, das der berechtigten Person für ein älteres Kind zusteht, sowie

5. Einnahmen, die der berechtigten Person als Ersatz für Erwerbseinkommen zustehen und

   a) die nicht bereits für die Berechnung des Elterngeldes nach § 2 berücksichtigt werden oder

   b) bei deren Berechnung das Elterngeld nicht berücksichtigt wird.

²Stehen der berechtigten Person die Einnahmen nur für einen Teil des Lebensmonats des Kindes zu, sind sie nur auf den entsprechenden Teil des Elterngeldes anzurechnen. ³Für jeden Kalendermonat, in dem Einnahmen nach Satz 1 Nummer 4 oder Nummer 5 im Bemessungszeitraum bezogen worden

---

[1] § 3 Überschrift geänd. durch G v. 10.9.2012 (BGBl. I S. 1878).
[2] § 3 Abs. 1 und 2 neu gef. durch G v. 10.9.2012 (BGBl. I S. 1878); Abs. 1 Satz 1 Nr. 1 geänd. durch G v. 23.10.2012 (BGBl. I S. 2246), zur Anwendung siehe § 28 Abs. 1b.
[3] § 3 Abs. 1 Satz 1 Nr. 1 neu gef. durch G v. 18.12.2014 (BGBl. I S. 2325); Abs. 1 Satz 4 angef. mWv 1.9.2021 (§ 28 Abs. 1) durch G v. 15.2.2021 (BGBl. I S. 239).
[4] Verweis geänd. mWv 1.1.2018 durch G v. 23.5.2017 (BGBl. I S. 1228).
[5] § 3 Abs. 1 Satz 1 Nr. 3 geänd. mWv 1.8.2013 durch G v. 15.2.2013 (BGBl. I S. 254); Satz 1 Nr. 3 kursiver Satzteil aufgeh. mWv 1.9.2021 (§ 28 Abs. 1) durch G v. 15.2.2021 (BGBl. I S. 239).

sind, wird der Anrechnungsbetrag um ein Zwölftel gemindert. [*ab 1.9.2021:* ⁴Beginnt der Bezug von Einnahmen nach Satz 1 Nummer 5 nach der Geburt des Kindes und berechnen sich die anzurechnenden Einnahmen auf der Grundlage eines Einkommens, das geringer ist als das Einkommen aus Erwerbstätigkeit im Bemessungszeitraum, so ist der Teil des Elterngeldes in Höhe des nach § 2 Absatz 1 oder 2 maßgeblichen Prozentsatzes des Unterschiedsbetrages zwischen dem durchschnittlichen monatlichen Einkommen aus Erwerbstätigkeit im Bemessungszeitraum und dem durchschnittlichen monatlichen Bemessungseinkommen der anzurechnenden Einnahmen von der Anrechnung freigestellt.]

(2)¹⁾ ¹Bis zu einem Betrag von 300 Euro ist das Elterngeld von der Anrechnung nach Absatz 1 frei, soweit nicht Einnahmen nach Absatz 1 Satz 1 Nummer 1 bis 3 auf das Elterngeld anzurechnen sind. ²Dieser Betrag erhöht sich bei Mehrlingsgeburten um je 300 Euro für das zweite und jedes weitere Kind.

(3)²⁾ Solange kein Antrag auf die in Absatz 1 Satz 1 Nummer 3 genannten vergleichbaren Leistungen gestellt wird, ruht der Anspruch auf Elterngeld bis zur möglichen Höhe der vergleichbaren Leistung.

[Fassung bis 31.8.2021:]	*[Fassung ab 1.9.2021:]³⁾*
§ 4⁴⁾ Art und Dauer des Bezugs. (1) ¹Elterngeld kann in der Zeit vom Tag der Geburt bis zur Vollendung des 14. Lebensmonats des Kindes bezogen werden. ²Abweichend von Satz 1 kann Elterngeld Plus nach Absatz 3 auch nach dem 14. Lebensmonat bezogen werden, solange es ab dem 15. Lebensmonat in aufeinander folgenden Lebensmonaten von zumindest einem Elternteil in Anspruch genommen wird. ³Für angenommene Kinder und Kinder im Sinne des § 1 Absatz 3 Satz 1 Nummer 1 kann Elterngeld ab Aufnahme bei der berechtigten Person längstens bis zur Vollendung des achten Lebensjahres des Kindes bezogen werden.	**§ 4⁵⁾ Bezugsdauer, Anspruchsumfang.** (1) ¹Elterngeld wird als Basiselterngeld oder als Elterngeld Plus gewährt. ²Es kann ab dem Tag der Geburt bezogen werden. ³Basiselterngeld kann bis zur Vollendung des 14. Lebensmonats des Kindes bezogen werden. ⁴Elterngeld Plus kann bis zur Vollendung des 32. Lebensmonats bezogen werden, solange es ab dem 15. Lebensmonat in aufeinander folgenden Lebensmonaten von zumindest einem Elternteil in Anspruch genommen wird. ⁵Für angenommene Kinder und Kinder im Sinne des § 1 Absatz 3 Satz 1 Nummer 1 kann Elterngeld ab Aufnahme bei der berechtigten Person längstens bis zur Vollendung des achten Lebensjahres des Kindes bezogen werden.

---

¹⁾ § 3 Abs. 1 und 2 neu gef. durch G v. 10.9.2012 (BGBl. I S. 1878); Abs. 1 Nr. 1 geänd. durch G v. 23.10.2012 (BGBl. I S. 2246), zur Anwendung siehe § 28 Abs. 1b.

²⁾ § 3 Abs. 3 Satz 1 aufgeh., bish. Satz 2 wird Abs. 3 und geänd. durch G v. 10.9.2012 (BGBl. I S. 1878).

³⁾ § 4 ersetzt durch §§ 4 bis 4d mWv 1.9.2021 (§ 28 Abs. 1) durch G v. 15.2.2021 (BGBl. I S. 239).

⁴⁾ § 4 Überschr. neu gef., Abs. 1 Satz 2 eingef. und neuer Satz 3 geänd., Abs. 2 Sätze 2 und 3 neu gef. durch G v. 18.12.2014 (BGBl. I S. 2325).

⁵⁾ § 4 neu gef. mWv 1.9.2021 (§ 28 Abs. 1) durch G v. 15.2.2021 (BGBl. I S. 239).

[Fassung bis 31.8.2021:]

(2) [1] Elterngeld wird in Monatsbeträgen für Lebensmonate des Kindes gezahlt. [2] Es wird allein nach den Vorgaben der §§ 2 bis 3 ermittelt (Basiselterngeld), soweit nicht Elterngeld nach Absatz 3 in Anspruch genommen wird. [3] Der Anspruch endet mit dem Ablauf des Monats, in dem eine Anspruchsvoraussetzung entfallen ist. [4] Die Eltern können die jeweiligen Monatsbeträge abwechselnd oder gleichzeitig beziehen.

(3) [1)] [1] Statt für einen Monat Elterngeld im Sinne des Absatzes 2 Satz 2 zu beanspruchen, kann die berechtigte Person jeweils zwei Monate lang ein Elterngeld beziehen, das nach den §§ 2 bis 3 und den zusätzlichen Vorgaben der Sätze 2 und 3 ermittelt wird (Elterngeld Plus). [2] Das Elterngeld Plus beträgt monatlich höchstens die Hälfte des Elterngeldes nach Absatz 2 Satz 2, das der berechtigten Person zustünde, wenn sie während des Elterngeldbezugs keine Einnahmen im Sinne des § 2 oder des § 3 hätte oder hat. [3] Für die Berechnung des Elterngeld Plus halbieren sich:

1. der Mindestbetrag für das Elterngeld nach § 2 Absatz 4 Satz 1,
2. der Mindestgeschwisterbonus nach § 2a Absatz 1 Satz 1,
3. der Mehrlingszuschlag nach § 2a Absatz 4 sowie
4. die von der Anrechnung freigestellten Elterngeldbeträge nach § 3 Absatz 2.

(4) [2)] [1] Die Eltern haben gemeinsam Anspruch auf zwölf Monatsbe-

[Fassung ab 1.9.2021:]

(2) [1] Elterngeld wird in Monatsbeträgen für Lebensmonate des Kindes gezahlt. [2] Der Anspruch endet mit dem Ablauf des Lebensmonats, in dem eine Anspruchsvoraussetzung entfallen ist. [3] Die Eltern können die jeweiligen Monatsbeträge abwechselnd oder gleichzeitig beziehen.

(3) [1] Die Eltern haben gemeinsam Anspruch auf zwölf Monatsbeträge Basiselterngeld. [2] Ist das Einkommen aus Erwerbstätigkeit eines Elternteils in zwei Lebensmonaten gemindert, haben die Eltern gemeinsam Anspruch auf zwei weitere Monate Basiselterngeld (Partnermonate). [3] Statt für einen Lebensmonat Basiselterngeld zu beanspruchen, kann die berechtigte Person jeweils zwei Lebensmonate Elterngeld Plus beziehen.

(4) [1] Ein Elternteil hat Anspruch auf höchstens zwölf Monatsbeträge Basiselterngeld zuzüglich der höchstens vier zustehenden Monatsbeträge Partnerschaftsbonus nach § 4b. [2] Ein Elternteil hat nur Anspruch auf Elterngeld, wenn er es mindestens für zwei Lebensmonate bezieht. [3] Lebensmonate des Kindes, in denen einem Elternteil nach § 3 Absatz 1 Satz 1 Nummer 1 bis 3 anzurechnende Leistungen oder nach § 192 Absatz 5 Satz 2 des Versicherungsvertragsgesetzes Versicherungsleistungen zustehen, gelten als Monate, für die dieser Elternteil Basiselterngeld nach § 4a Absatz 1 bezieht.

[1)] § 4 Abs. 3 ersetzt durch Abs. 3 bis 6 durch G v. 18.12.2014 (BGBl. I S. 2325).
[2)] § 4 Abs. 3 ersetzt durch Abs. 3 bis 6 durch G v. 18.12.2014 (BGBl. I S. 2325); Satz 3 geänd. mWv 11.4.2017 durch G v. 4.4.2017 (BGBl. I S. 778); Satz 1 Nr. 1 Verweis geänd. mWv 1.1.2018 durch G v. 23.5.2017 (BGBl. I S. 1228).

[Fassung bis 31.8.2021:]

träge Elterngeld im Sinne des Absatzes 2 Satz 2. [2] Erfolgt für zwei Monate eine Minderung des Einkommens aus Erwerbstätigkeit, können sie für zwei weitere Monate Elterngeld im Sinne des Absatzes 2 Satz 2 beanspruchen (Partnermonate). [3] Wenn beide Elternteile in vier aufeinander folgenden Lebensmonaten gleichzeitig

1. nicht weniger als 25 und nicht mehr als 30 Wochenstunden im Durchschnitt des Monats erwerbstätig sind und

2. die Voraussetzungen des § 1 erfüllen,

hat jeder Elternteil für diese Monate Anspruch auf vier weitere Monatsbeträge Elterngeld Plus (Partnerschaftsbonus).

(5)[1] [1] Ein Elternteil kann höchstens zwölf Monatsbeträge Elterngeld im Sinne des Absatzes 2 Satz 2 zuzüglich der vier nach Absatz 4 Satz 3 zustehenden Monatsbeträge Elterngeld Plus beziehen. [2] Er kann Elterngeld nur beziehen, wenn er es mindestens für zwei Monate in Anspruch nimmt. [3] Lebensmonate des Kindes, in denen einem Elternteil nach § 3 Absatz 1 Satz 1 Nummer 1 bis 3 anzurechnende Leistungen oder nach § 192 Absatz 5 Satz 2 des Versicherungsvertragsgesetzes Versicherungsleistungen zustehen, gelten als Monate, für die dieser Elternteil Elterngeld im Sinne des Absatzes 2 Satz 2 bezieht.

(6)[1] [1] Ein Elternteil kann abweichend von Absatz 5 Satz 1 zusätzlich auch die weiteren Monatsbeträge

[Fassung ab 1.9.2021:]

(5) [1] Abweichend von Absatz 3 Satz 1 beträgt der gemeinsame Anspruch der Eltern auf Basiselterngeld für ein Kind, das

1. mindestens sechs Wochen vor dem voraussichtlichen Tag der Entbindung geboren wurde:
13 Monatsbeträge Basiselterngeld;

2. mindestens acht Wochen vor dem voraussichtlichen Tag der Entbindung geboren wurde:
14 Monatsbeträge Basiselterngeld;

3. mindestens zwölf Wochen vor dem voraussichtlichen Tag der Entbindung geboren wurde:
15 Monatsbeträge Basiselterngeld;

4. mindestens 16 Wochen vor dem voraussichtlichen Tag der Entbindung geboren wurde:
16 Monatsbeträge Basiselterngeld.

[2] Für die Berechnung des Zeitraums zwischen dem voraussichtlichen Tag der Entbindung und dem tatsächlichen Tag der Geburt ist der voraussichtliche Tag der Entbindung maßgeblich, wie er sich aus dem ärztlichen Zeugnis oder dem Zeugnis einer Hebamme oder eines Entbindungspflegers ergibt.

[3] Im Fall von

1. Satz 1 Nummer 1

a) hat ein Elternteil abweichend von Absatz 4 Satz 1 Anspruch auf höchstens 13 Monatsbeträge Basiselterngeld zuzüglich der höchstens vier zustehenden Monatsbeträge Partnerschaftsbonus nach § 4b,

b) kann Basiselterngeld abweichend von Absatz 1 Satz 3 bis

---

[1] § 4 Abs. 3 ersetzt durch Abs. 3 bis 6 durch G v. 18.12.2014 (BGBl. I S. 2325); Satz 3 geänd. mWv 11.4.2017 durch G v. 4.4.2017 (BGBl. I S. 778); Satz 1 Nr. 1 Verweis geänd. mWv 1.1.2018 durch G v. 23.5.2017 (BGBl. I S. 1228).

[Fassung bis 31.8.2021:]

Elterngeld nach Absatz 4 Satz 2 beziehen, wenn für zwei Monate eine Minderung des Einkommens aus Erwerbstätigkeit erfolgt und wenn

1. bei ihm die Voraussetzungen für den Entlastungsbetrag für Alleinerziehende nach § 24b Absatz 1 und 3 des Einkommensteuergesetzes vorliegen und der andere Elternteil weder mit ihm noch mit dem Kind in einer Wohnung lebt,

2. mit der Betreuung durch den anderen Elternteil eine Gefährdung des Kindeswohls im Sinne von § 1666 Absatz 1 und 2 des Bürgerlichen Gesetzbuchs verbunden wäre oder

3. die Betreuung durch den anderen Elternteil unmöglich ist, insbesondere weil er wegen einer schweren Krankheit oder Schwerbehinderung sein Kind nicht betreuen kann; für die Feststellung der Unmöglichkeit der Betreuung bleiben wirtschaftliche Gründe und Gründe einer Verhinderung wegen anderweitiger Tätigkeiten außer Betracht.

²Ist ein Elternteil im Sinne des Satzes 1 Nummer 1 bis 3 in vier aufeinander folgenden Lebensmonaten nicht weniger als 25 und nicht mehr als 30 Wochenstunden im Durchschnitt des Monats erwerbstätig, kann er für diese Monate abweichend von Absatz 5 Satz 1 vier weitere Monatsbeträge Elterngeld Plus beziehen.

(7)[1] ¹Die Absätze 1 bis 6 gelten in den Fällen des § 1 Absatz 3 und 4 entsprechend. ²Nicht sorgeberechtigte Elternteile und Personen, die nach § 1 Absatz 3 Satz 1 Nummer 2

[Fassung ab 1.9.2021:]

zur Vollendung des 15. Lebensmonats des Kindes bezogen werden und

c) kann Elterngeld Plus abweichend von Absatz 1 Satz 4 bis zur Vollendung des 32. Lebensmonats des Kindes bezogen werden, solange es ab dem 16. Lebensmonat in aufeinander folgenden Lebensmonaten von zumindest einem Elternteil in Anspruch genommen wird;

2. Satz 1 Nummer 2

a) hat ein Elternteil abweichend von Absatz 4 Satz 1 Anspruch auf höchstens 14 Monatsbeträge Basiselterngeld zuzüglich der höchstens vier zustehenden Monatsbeträge Partnerschaftsbonus nach § 4b,

b) kann Basiselterngeld abweichend von Absatz 1 Satz 3 bis zur Vollendung des 16. Lebensmonats des Kindes bezogen werden und

c) kann Elterngeld Plus abweichend von Absatz 1 Satz 4 bis zur Vollendung des 32. Lebensmonats des Kindes bezogen werden, solange es ab dem 17. Lebensmonat in aufeinander folgenden Lebensmonaten von zumindest einem Elternteil in Anspruch genommen wird;

3. Satz 1 Nummer 3

a) hat ein Elternteil abweichend von Absatz 4 Satz 1 Anspruch auf höchstens 15 Monatsbeträge Basiselterngeld zuzüglich der höchstens vier zustehenden Monatsbeträge Partnerschaftsbonus nach § 4b,

---

[1] § 4 Abs. 7 Verweise geänd. durch G v. 18.12.2014 (BGBl. I S. 2325).

[Fassung bis 31.8.2021:]

und 3 Elterngeld beziehen können, bedürfen der Zustimmung des sorgeberechtigten Elternteils.

[Fassung ab 1.9.2021:]

b) kann Basiselterngeld abweichend von Absatz 1 Satz 3 bis zur Vollendung des 17. Lebensmonats des Kindes bezogen werden und

c) kann Elterngeld Plus abweichend von Absatz 1 Satz 4 bis zur Vollendung des 32. Lebensmonats des Kindes bezogen werden, solange es ab dem 18. Lebensmonat in aufeinander folgenden Lebensmonaten von zumindest einem Elternteil in Anspruch genommen wird;

4. Satz 1 Nummer 4

a) hat ein Elternteil abweichend von Absatz 4 Satz 1 Anspruch auf höchstens 16 Monatsbeträge Basiselterngeld zuzüglich der höchstens vier zustehenden Monatsbeträge Partnerschaftsbonus nach § 4b,

b) kann Basiselterngeld abweichend von Absatz 1 Satz 3 bis zur Vollendung des 18. Lebensmonats des Kindes bezogen werden und

c) kann Elterngeld Plus abweichend von Absatz 1 Satz 4 bis zur Vollendung des 32. Lebensmonats des Kindes bezogen werden, solange es ab dem 19. Lebensmonat in aufeinander folgenden Lebensmonaten von zumindest einem Elternteil in Anspruch genommen wird.

Abschnitt 2. Betreuungsgeld[1]

[Fassung bis 31.8.2021:][1]

§ 4a Berechtigte. *(1) Anspruch auf Betreuungsgeld hat, wer*

1. *die Voraussetzungen des § 1 Absatz 1 Nummer 1 bis 3, Absatz 2 bis 5, 7 und 8 erfüllt und*

2. *für das Kind keine Leistungen nach § 24 Absatz 2 in Verbindung mit den §§ 22 bis 23 des Achten Buches Sozialgesetzbuch in Anspruch nimmt.*

(2) Können die Eltern ihr Kind wegen einer schweren Krankheit, Schwerbehinderung oder Tod der Eltern nicht betreuen, haben Berechtigte im Sinne von Absatz 1 Nummer 1 in Verbindung mit § 1 Absatz 4 einen Anspruch auf Betreuungsgeld abweichend von Absatz 1 Nummer 2, wenn für das Kind nicht mehr als 20 Wochenstunden im Durchschnitt des Monats Leistungen nach § 24 Absatz 2 in Verbindung mit den §§ 22 bis 23 des Achten Buches Sozialgesetzbuch in Anspruch genommen werden.

§ 4b Höhe des Betreuungsgeldes. *Das Betreuungsgeld beträgt für jedes Kind 150 Euro pro Monat.*

[Fassung ab 1.9.2021:]

§ 4a[2] Berechnung von Basiselterngeld und Elterngeld Plus.

(1) Basiselterngeld wird allein nach den Vorgaben der §§ 2 bis 3 ermittelt.

(2) [1]Elterngeld Plus wird nach den Vorgaben der §§ 2 bis 3 und den zusätzlichen Vorgaben der Sätze 2 und 3 ermittelt. [2]Das Elterngeld Plus beträgt monatlich höchstens die Hälfte des Basiselterngeldes, das der berechtigten Person zustünde, wenn sie während des Elterngeldbezugs keine Einnahmen im Sinne des § 2 oder des § 3 hätte oder hat. [3]Für die Berechnung des Elterngeldes Plus halbieren sich:

1. der Mindestbetrag für das Elterngeld nach § 2 Absatz 4 Satz 1,

2. der Mindestbetrag des Geschwisterbonus nach § 2a Absatz 1 Satz 1,

3. der Mehrlingszuschlag nach § 2a Absatz 4 sowie

4. die von der Anrechnung freigestellten Elterngeldbeträge nach § 3 Absatz 2.

§ 4b[3] Partnerschaftsbonus.

(1) Wenn beide Elternteile

1. nicht weniger als 24 und nicht mehr als 32 Wochenstunden im Durchschnitt des Lebensmonats erwerbstätig sind und

2. die Voraussetzungen des § 1 erfüllen,

hat jeder Elternteil für diesen Lebensmonat Anspruch auf einen zusätzlichen Monatsbetrag Elterngeld Plus (Partnerschaftsbonus).

---

[1] Zwischenüberschrift aufgeh. mWv 1.9.2021 (§ 28 Abs. 1) durch G v. 15.2.2021 (BGBl. I S. 239). **§§ 4a–4d aF nichtig** gem. BVerfG v. 21.7.2015 (BGBl. I S. 1565).
[2] § 4a neu gef. mWv 1.9.2021 (§ 28 Abs. 1) durch G v. 15.2.2021 (BGBl. I S. 239).
[3] § 4b neu gef. mWv 1.9.2021 (§ 28 Abs. 1) durch G v. 15.2.2021 (BGBl. I S. 239).

[Fassung bis 31.8.2021:][1]

[Fassung ab 1.9.2021:]

(2) [1]Die Eltern haben je Elternteil Anspruch auf höchstens vier Monatsbeträge Partnerschaftsbonus. [2]Sie können den Partnerschaftsbonus nur beziehen, wenn sie ihn jeweils für mindestens zwei Lebensmonate in Anspruch nehmen.

(3) Die Eltern können den Partnerschaftsbonus nur gleichzeitig und in aufeinander folgenden Lebensmonaten beziehen.

(4) Treten während des Bezugs des Partnerschaftsbonus die Voraussetzungen für einen alleinigen Bezug nach § 4c Absatz 1 Nummer 1 bis 3 ein, so kann der Bezug durch einen Elternteil nach § 4c Absatz 2 fortgeführt werden.

(5) Das Erfordernis des Bezugs in aufeinander folgenden Lebensmonaten nach Absatz 3 und § 4 Absatz 1 Satz 4 gilt auch dann als erfüllt, wenn sich während des Bezugs oder nach dem Ende des Bezugs herausstellt, dass die Voraussetzungen für den Partnerschaftsbonus nicht in allen Lebensmonaten, für die der Partnerschaftsbonus beantragt wurde, vorliegen oder vorlagen.

§ 4c *Anrechnung von anderen Leistungen.* [1]*Dem Betreuungsgeld oder dem Elterngeld vergleichbare Leistungen, auf die eine nach § 4a berechtigte Person außerhalb Deutschlands oder gegenüber einer über- oder zwischenstaatlichen Einrichtung Anspruch hat, werden auf das Betreuungsgeld angerechnet, soweit sie den Betrag übersteigen, der für denselben Zeitraum nach § 3 Absatz 1 Satz 1 Nummer 3 auf das Elterngeld anzurechnen ist.* [2]*Stehen der berechtigten Person die Leistungen nur für einen Teil des*

§ 4c[2] **Alleiniger Bezug durch einen Elternteil.** (1) Ein Elternteil kann abweichend von § 4 Absatz 4 Satz 1 zusätzlich auch das Elterngeld für die Partnermonate nach § 4 Absatz 3 Satz 3 beziehen, wenn das Einkommen aus Erwerbstätigkeit für zwei Lebensmonate gemindert ist und

1. bei diesem Elternteil die Voraussetzungen für den Entlastungsbetrag für Alleinerziehende nach § 24b Absatz 1 und 3 des Ein-

---

[1] §§ 4a–4d aF nichtig gem BVerfG v. 21.7.2015 (BGBl. I S. 1565).
[2] § 4c neu gef. mWv 1.9.2021 (§ 28 Abs. 1) durch G v. 15.2.2021 (BGBl. I S. 239).

[Fassung bis 31.8.2021:][1)]

Lebensmonats des Kindes zu, sind sie nur auf den entsprechenden Teil des Betreuungsgeldes anzurechnen. [3] *Solange kein Antrag auf die in Satz 1 genannten vergleichbaren Leistungen gestellt wird, ruht der Anspruch auf Betreuungsgeld bis zur möglichen Höhe der vergleichbaren Leistung.*

[Fassung ab 1.9.2021:]

kommensteuergesetzes vorliegen und der andere Elternteil weder mit ihm noch mit dem Kind in einer Wohnung lebt,

2. mit der Betreuung durch den anderen Elternteil eine Gefährdung des Kindeswohls im Sinne von § 1666 Absatz 1 und 2 des Bürgerlichen Gesetzbuchs verbunden wäre oder

3. die Betreuung durch den anderen Elternteil unmöglich ist, insbesondere weil er wegen einer schweren Krankheit oder einer Schwerbehinderung sein Kind nicht betreuen kann; für die Feststellung der Unmöglichkeit der Betreuung bleiben wirtschaftliche Gründe und Gründe einer Verhinderung wegen anderweitiger Tätigkeiten außer Betracht.

(2) Liegt eine der Voraussetzungen des Absatzes 1 Nummer 1 bis 3 vor, so hat ein Elternteil, der in mindestens zwei bis höchstens vier aufeinander folgenden Lebensmonaten nicht weniger als 24 und nicht mehr als 32 Wochenstunden im Durchschnitt des Lebensmonats erwerbstätig ist, für diese Lebensmonate Anspruch auf zusätzliche Monatsbeträge Elterngeld Plus.

§ 4d Bezugszeitraum.
(1) [1] Betreuungsgeld kann in der Zeit vom ersten Tag des 15. Lebensmonats bis zur Vollendung des 36. Lebensmonats des Kindes bezogen werden. [2] Vor dem 15. Lebensmonat wird Betreuungsgeld nur gewährt, wenn die Eltern die Monatsbeträge des Elterngeldes, die ihnen für ihr Kind nach § 4 Absatz 4 Satz 1 und 2 und nach § 4 Absatz 6 Satz 1 zu-

§ 4d[2)] **Weitere Berechtigte.** [1] Die §§ 4 bis 4c gelten in den Fällen des § 1 Absatz 3 und 4 entsprechend. [2] Der Bezug von Elterngeld durch nicht sorgeberechtigte Elternteile und durch Personen, die nach § 1 Absatz 3 Satz 1 Nummer 2 und 3 Anspruch auf Elterngeld haben, bedarf der Zustimmung des sorgeberechtigten Elternteils.

[1)] §§ 4a–4d nichtig gem BVerfG v. 21.7.2015 (BGBl. I S. 1565).
[2)] § 4d neu gef. mWv 1.9.2021 (§ 28 Abs. 1) durch G v. 15.2.2021 (BGBl. I S. 239).

[Fassung bis 31.8.2021:]

stehen, bereits bezogen haben. [3] Für jedes Kind wird höchstens für 22 Lebensmonate Betreuungsgeld gezahlt.

(2) [1] Für angenommene Kinder und Kinder im Sinne des § 1 Absatz 3 Satz 1 Nummer 1 kann Betreuungsgeld ab dem ersten Tag des 15. Monats nach Aufnahme bei der berechtigten Person längstens bis zur Vollendung des dritten Lebensjahres des Kindes bezogen werden. [2] Absatz 1 Satz 2 und 3 ist entsprechend anzuwenden.

(3) [1] Für einen Lebensmonat eines Kindes kann nur ein Elternteil Betreuungsgeld beziehen. [2] Lebensmonate des Kindes, in denen einem Elternteil nach § 4c anzurechnende Leistungen zustehen, gelten als Monate, für die dieser Elternteil Betreuungsgeld bezieht.

(4) Der Anspruch endet mit dem Ablauf des Monats, in dem eine Anspruchsvoraussetzung entfallen ist.

(5) [1] Absatz 1 Satz 2 und Absatz 3 gelten in den Fällen des § 4a Absatz 1 Nummer 1 in Verbindung mit § 1 Absatz 3 und 4 entsprechend. [2] Nicht sorgeberechtigte Elternteile und Personen, die nach § 4a Absatz 1 Nummer 1 in Verbindung mit § 1 Absatz 3 Satz 1 Nummer 2 und 3 Betreuungsgeld beziehen können, bedürfen der Zustimmung des sorgeberechtigten Elternteils.

Abschnitt *3.* [*ab 1.9.2021: 2.*] Verfahren und Organisation[1]

[Fassung bis 31.8.2021:]

§ 5 Zusammentreffen von Ansprüchen. (1)[2] Erfüllen beide Elternteile die Anspruchsvoraussetzungen für Elterngeld oder Betreuungsgeld, bestimmen sie, wer von ihnen welche Monatsbeträge der jeweiligen Leistung in Anspruch nimmt.

(2)[3] ¹Beanspruchen beide Elternteile zusammen mehr als die ihnen nach § 4 Absatz 4 oder nach § 4 Absatz 4 in Verbindung mit § 4 Absatz 7 zustehenden Monatsbeträge Elterngeld oder mehr als die ihnen zustehenden 22 Monatsbeträge Betreuungsgeld, besteht der Anspruch eines Elternteils auf die jeweilige Leistung, der nicht über die Hälfte der Monatsbeträge hinausgeht, ungekürzt; der Anspruch des anderen Elternteils wird gekürzt auf die verbleibenden Monatsbeträge. ²Beanspruchen beide Elternteile mehr als die Hälfte der Monatsbeträge Elterngeld oder Betreuungsgeld, steht ihnen jeweils die Hälfte der Monatsbeträge der jeweiligen Leistung zu.

(3)[4] ¹Die Absätze 1 und 2 gelten in den Fällen des § 1 Absatz 3 und 4 oder des § 4a Absatz 1 Nummer 1 in Verbindung mit § 1 Absatz 3 und 4 entsprechend. ²Wird eine Einigung mit einem nicht sorgeberechtigten Elternteil oder einer Person, die nach § 1 Absatz 3 Satz 1 Nummer 2 und 3 Elterngeld oder nach § 4a Absatz 1

[Fassung ab 1.9.2021:]

§ 5[5] Zusammentreffen von Ansprüchen. (1) Erfüllen beide Elternteile die Anspruchsvoraussetzungen, bestimmen sie, wer von ihnen die Monatsbeträge für welche Lebensmonate des Kindes in Anspruch nimmt.

(2) ¹Beanspruchen beide Elternteile zusammen mehr als die ihnen nach § 4 Absatz 3 und § 4b oder nach § 4 Absatz 3 und § 4b in Verbindung mit § 4d zustehenden Monatsbeträge, so besteht der Anspruch eines Elternteils, der nicht über die Hälfte der zustehenden Monatsbeträge hinausgeht, ungekürzt; der Anspruch des anderen Elternteils wird gekürzt auf die vom Gesamtanspruch verbleibenden Monatsbeträge. ²Beansprucht jeder der beiden Elternteile mehr als die Hälfte der ihm zustehenden Monatsbeträge, steht jedem Elternteil die Hälfte des Gesamtanspruchs der Monatsbeträge zu.

(3) ¹Die Absätze 1 und 2 gelten in den Fällen des § 1 Absatz 3 und 4 entsprechend. ²Wird eine Einigung mit einem nicht sorgeberechtigten Elternteil oder einer Person, die nach § 1 Absatz 3 Satz 1 Nummer 2 und 3 Anspruch auf Elterngeld hat, nicht erzielt, so kommt es abweichend von Absatz 2 allein auf die Entscheidung des sorgeberechtigten Elternteils an.

---

[1] Überschrift eingef. mWv 1.8.2013 durch G v. 15.2.2013 (BGBl. I S. 254); Abschn. 3 wird Abschn. 2 mWv 1.9.2021 (§ 28 Abs. 1) durch G v. 15.2.2021 (BGBl. I S. 239).
[2] § 5 Abs. 1 Sätze 2 und 3 aufgeh. mWv 24.1.2009 durch G v. 17.1.2009 (BGBl. I S. 61); Abs. 1 geänd. mWv 1.8.2013 durch G v. 15.2.2013 (BGBl. I S. 254).
[3] § 5 Abs. 2 Sätze 1 und 2 geänd. mWv 1.8.2013 durch G v. 15.2.2013 (BGBl. I S. 254); geänd. durch G v. 18.12.2014 (BGBl. I S. 2325).
[4] § 5 Abs. 3 neu gef. mWv 1.8.2013 durch G v. 15.2.2013 (BGBl. I S. 254).
[5] § 5 neu gef. mWv 1.9.2021 (§ 28 Abs. 1) durch G v. 15.2.2021 (BGBl. I S. 239).

[Fassung bis 31.8.2021:]
Nummer 1 in Verbindung mit § 1 Absatz 3 Satz 1 Nummer 2 und 3 Betreuungsgeld beziehen kann, nicht erzielt, kommt es abweichend von Absatz 2 allein auf die Entscheidung des sorgeberechtigten Elternteils an.

§ 6[1] **Auszahlung.** Elterngeld *und Betreuungsgeld werden im Laufe des Monats gezahlt, für den sie bestimmt sind* [*ab 1.9.2021:* wird im Laufe des Lebensmonats gezahlt, für den es bestimmt ist.]

§ 7 Antragstellung. (1)[2] ¹Elterngeld *oder Betreuungsgeld* ist schriftlich zu beantragen. ²*Sie werden rückwirkend nur für die letzten drei Monate vor Beginn des Monats geleistet, in dem der Antrag auf die jeweilige Leistung eingegangen ist.* ³*In dem Antrag auf Elterngeld oder Betreuungsgeld ist anzugeben, für welche Monate Elterngeld im Sinne des § 4 Absatz 2 Satz 2, für welche Monate Elterngeld Plus oder für welche Monate Betreuungsgeld beantragt wird.* [*ab 1.9.2021:* ²Es wird rückwirkend nur für die letzten drei Lebensmonate vor Beginn des Lebensmonats geleistet, in dem der Antrag auf Elterngeld eingegangen ist. ³Im Antrag ist anzugeben, für welche Lebensmonate Basiselterngeld, für welche Lebensmonate Elterngeld Plus oder für welche Lebensmonate Partnerschaftsbonus beantragt wird.]

(2)[3] ¹Die im Antrag getroffenen Entscheidungen können bis zum Ende des Bezugszeitraums geändert werden. ²Eine Änderung kann rückwirkend nur für die letzten drei *Monate* [*ab 1.9.2021:* Lebensmonate] vor Beginn des *Monats* [*ab 1.9.2021:* Lebensmonats] verlangt werden, in dem der Änderungsantrag eingegangen ist. ³Sie ist außer in den Fällen besonderer Härte unzulässig, soweit Monatsbeträge bereits ausgezahlt sind. ⁴Abweichend von den Sätzen 2 und 3 kann für einen *Monat* [*ab 1.9.2021:* Lebensmonat], in dem bereits Elterngeld Plus bezogen wurde, nachträglich *Elterngeld nach § 4 Absatz 2 Satz 2* [*ab 1.9.2021:* Basiselterngeld] beantragt werden. ⁵Im Übrigen finden die für die Antragstellung geltenden Vorschriften auch auf den Änderungsantrag Anwendung.

---

¹⁾ § 6 neu gef. mWv 1.9.2021 (§ 28 Abs. 1) durch G v. 15.2.2021 (BGBl. I S. 239).

²⁾ § 7 Abs. 1 Sätze 1 und 2 geänd. mWv 1.8.2013 durch G v. 15.2.2013 (BGBl. I S. 254); Satz 3 angef. durch G v. 18.12.2014 (BGBl. I S. 2325); Abs. 1 Satz 1 kursiver Satzteil aufgeh., Sätze 2 und 3 neu gef. mWv 1.9.2021 (§ 28 Abs. 1) durch G v. 15.2.2021 (BGBl. I S. 239).

³⁾ § 7 Abs. 2 neu gef., Abs. 3 angef. mWv 24.1.2009 durch G v. 17.1.2009 (BGBl. I S. 61); Abs. 2 Satz 2 geänd., Satz 3 aufgeh. durch G v. 10.9.2012 (BGBl. I S. 1878); Abs. 2 Satz 1 geänd., Abs. 3 Sätze 2 und 3 geänd. mWv 1.8.2013 durch G v. 15.2.2013 (BGBl. I S. 254); Abs. 2 Satz 1 aufgeh., Satz 4 eingef., Abs. 3 Satz 1 geänd., Sätze 2 und 3 neu gef. durch G v. 18.12.2014 (BGBl. I S. 2325); Abs. 2 Sätze 2 und 4 geänd. mWv 1.9.2021 (§ 28 Abs. 1) durch G v. 15.2.2021 (BGBl. I S. 239).

[Fassung bis 31.8.2021:]

(3)[1] [1]Der Antrag ist außer in den Fällen des § 4 Absatz 6 und der Antragstellung durch eine allein sorgeberechtigte Person von der Person, die ihn stellt, und zur Bestätigung der Kenntnisnahme auch von der anderen berechtigten Person zu unterschreiben. [2]Die andere berechtigte Person kann gleichzeitig einen Antrag auf das von ihr beanspruchte Elterngeld oder Betreuungsgeld stellen oder der Behörde anzeigen, wie viele Monatsbeträge sie für die jeweilige Leistung beansprucht, wenn mit ihrem Anspruch die Höchstgrenzen nach § 4 Absatz 4 überschritten würden. [3]Liegt der Behörde weder ein Antrag auf Elterngeld oder Betreuungsgeld noch eine Anzeige der anderen berechtigten Person nach Satz 2 vor, erhält der Antragsteller oder die Antragstellerin die Monatsbeträge der jeweiligen Leistung ausgezahlt; die andere berechtigte Person kann bei einem späteren Antrag abweichend von § 5 Absatz 2 nur die unter Berücksichtigung von § 4 Absatz 4 oder § 4d Absatz 1 Satz 3 verbleibenden Monatsbeträge der jeweiligen Leistung erhalten.

[Fassung ab 1.9.2021:]

(3)[2] [1]Der Antrag ist, außer im Fall des § 4c und der Antragstellung durch eine allein sorgeberechtigte Person, zu unterschreiben von der Person, die ihn stellt, und zur Bestätigung der Kenntnisnahme auch von der anderen berechtigten Person. [2]Die andere berechtigte Person kann gleichzeitig

1. einen Antrag auf Elterngeld stellen oder

2. der Behörde anzeigen, wie viele Monatsbeträge sie beansprucht, wenn mit ihrem Anspruch die Höchstgrenzen nach § 4 Absatz 3 in Verbindung mit § 4b überschritten würden.

[3]Liegt der Behörde von der anderen berechtigten Person weder ein Antrag auf Elterngeld noch eine Anzeige nach Satz 2 vor, so werden sämtliche Monatsbeträge der berechtigten Person ausgezahlt, die den Antrag gestellt hat; die andere berechtigte Person kann bei einem späteren Antrag abweichend von § 5 Absatz 2 nur die unter Berücksichtigung von § 4 Absatz 3 in Verbindung mit § 4b vom Gesamtanspruch verbleibenden Monatsbeträge erhalten.

§ 8 Auskunftspflicht, Nebenbestimmungen. (1)[3] Soweit im Antrag auf Elterngeld Angaben zum voraussichtlichen Einkommen aus Erwerbstätigkeit gemacht wurden, *sind [ab 1.9.2021:* ist] nach Ablauf des Bezugszeitraums für diese Zeit das tatsächliche Einkommen aus Erwerbstätigkeit *und die Arbeitszeit* nachzuweisen.

---

[1] § 7 Abs. 2 neu gef., Abs. 3 angef. mWv 24.1.2009 durch G v. 17.1.2009 (BGBl. I S. 61); Abs. 2 Satz 2 geänd., Satz 3 aufgeh. durch G v. 10.9.2012 (BGBl. I S. 1878); Abs. 2 Satz 1 geänd., Abs. 3 Sätze 2 und 3 geänd. mWv 1.8.2013 durch G v. 15.2.2013 (BGBl. I S. 254); Abs. 2 Satz 1 aufgeh., Satz 4 eingef., Abs. 3 Satz 1 geänd., Sätze 2 und 3 neu gef. durch G v. 18.12.2014 (BGBl. I S. 2325).

[2] § 7 Abs. 3 neu gef. mWv 1.9.2021 (§ 28 Abs. 1) durch G v. 15.2.2021 (BGBl. I S. 239).

[3] § 8 Abs. 1 geänd. durch G v. 10.9.2012 (BGBl. I S. 1878); geänd. mWv 1.8.2013 durch G v. 15.2.2013 (BGBl. I S. 254); geänd. durch G v. 18.12.2014 (BGBl. I S. 2325); geänd. und kursiver Satzteil aufgeh. mWv 1.9.2021 (§ 28 Abs. 1) durch G v. 15.2.2021 (BGBl. I S. 239).

(1a)[1] [1] Die Mitwirkungspflichten nach § 60 des Ersten Buches Sozialgesetzbuch gelten

1. im Falle des § 1 Absatz 8 Satz 2 auch für die andere Person im Sinne des § 1 Absatz 8 Satz 2 und

2.[2] im Falle des *§ 4 Absatz 4 Satz 3* [*ab 1.9.2021:* § 4b] oder des *§ 4 Absatz 4 Satz 3 in Verbindung mit § 4 Absatz 7 Satz 1* [*ab 1.9.2021:* § 4b in Verbindung mit § 4d Satz 1] für beide Personen, die den Partnerschaftsbonus beantragt haben.

[2] § 65 Absatz 1 und 3 des Ersten Buches Sozialgesetzbuch gilt entsprechend.

(2)[3] [1] Elterngeld wird in den Fällen, in denen die berechtigte Person nach ihren Angaben im Antrag im Bezugszeitraum voraussichtlich kein Einkommen aus Erwerbstätigkeit haben wird, unter dem Vorbehalt des Widerrufs für den Fall gezahlt, dass sie entgegen ihren Angaben im Antrag Einkommen aus Erwerbstätigkeit hat. [2] In den Fällen, in denen zum Zeitpunkt der Antragstellung der Steuerbescheid für den letzten abgeschlossenen [*ab 1.9.2021:* steuerlichen] Veranlagungszeitraum vor der Geburt des Kindes nicht vorliegt und nach den Angaben im Antrag *auf Elterngeld oder Betreuungsgeld* die Beträge nach § 1 Absatz 8 *oder nach § 4a Absatz 1 Nummer 1 in Verbindung mit § 1 Absatz 8* voraussichtlich nicht überschritten werden, wird *die jeweilige Leistung unter dem Vorbehalt des Widerrufs für den Fall gezahlt, dass entgegen den Angaben im Antrag auf die jeweilige Leistung die Beträge nach § 1 Absatz 8 oder nach § 4a Absatz 1 Nummer 1 in Verbindung mit* [*ab 1.9.2021:* das Elterngeld unter dem Vorbehalt des Widerrufs für den Fall gezahlt, dass entgegen den Angaben im Antrag die Beträge nach] § 1 Absatz 8 überschritten werden.

(3)[4] Das Elterngeld wird bis zum Nachweis der jeweils erforderlichen Angaben vorläufig unter Berücksichtigung der glaubhaft gemachten Angaben gezahlt, wenn

1.[5] zum Zeitpunkt der Antragstellung der Steuerbescheid für den letzten abgeschlossenen Veranlagungszeitraum vor der Geburt des Kindes nicht vorliegt und noch nicht angegeben werden kann, ob die Beträge nach § 1 Absatz 8 *oder nach § 4a Absatz 1 Nummer 1 in Verbindung mit § 1 Absatz 8* überschritten werden,

2. das Einkommen aus Erwerbstätigkeit vor der Geburt nicht ermittelt werden kann oder

---

[1] § 8 Abs. 1a eingef. durch G v. 18.12.2014 (BGBl. I S. 2325).

[2] § 8 Abs. 1a Satz 1 Nr. 2 geänd. mWv 1.9.2021 (§ 28 Abs. 1) durch G v. 15.2.2021 (BGBl. I S. 239).

[3] § 8 Abs. 2 Satz 2, Abs. 3 Satz 2 angef. mWv 1.1.2011 durch G v. 9.12.2010 (BGBl. I S. 1885); Abs. 2 Satz 1 neu gef. durch G v. 10.9.2012 (BGBl. I S. 1878); Satz 2 neu gef. (kursive Satzteile aufgeh., Wortlaut geänd.) mWv 1.9.2021 (§ 28 Abs. 1) durch G v. 15.2.2021 (BGBl. I S. 239).

[4] § 8 Abs. 3 neu gef. durch G v. 18.12.2014 (BGBl. I S. 2325); geänd. und kursiver Satzteil aufgeh. mWv 1.9.2021 (§ 28 Abs. 1) durch G v. 15.2.2021 (BGBl. I S. 239).

[5] § 8 Abs. 3 Nr. 1 kursiver Satzteil aufgeh. mWv 1.9.2021 (§ 28 Abs. 1) durch G v. 15.2.2021 (BGBl. I S. 239).

3. die berechtigte Person nach den Angaben im Antrag auf Elterngeld im Bezugszeitraum voraussichtlich Einkommen aus Erwerbstätigkeit hat.

4.[1] *die berechtigte Person weitere Monatsbeträge Elterngeld Plus nach § 4 Absatz 4
Satz 3 oder nach § 4 Absatz 6 Satz 2 beantragt.*

[2] *Satz 1 Nummer 1 gilt entsprechend bei der Beantragung von Betreuungsgeld.*[1]

§ 9[2]) **Einkommens- und Arbeitszeitnachweis, Auskunftspflicht des
Arbeitgebers.** (1) [1]Soweit es zum Nachweis des Einkommens aus Erwerbstätigkeit oder der wöchentlichen Arbeitszeit erforderlich ist, hat der Arbeitgeber
der nach § 12 zuständigen Behörde für bei ihm Beschäftigte das Arbeitsentgelt, die für die Ermittlung der nach den §§ 2e und 2f erforderlichen Abzugsmerkmale für Steuern und Sozialabgaben sowie die Arbeitszeit auf Verlangen zu bescheinigen; das Gleiche gilt für ehemalige Arbeitgeber. [2]Für die in
Heimarbeit Beschäftigten und die ihnen Gleichgestellten (§ 1 Absatz 1 und 2
des Heimarbeitsgesetzes) tritt an die Stelle des Arbeitgebers der Auftraggeber
oder Zwischenmeister.

[***Für ab dem 1.1.2022 geborene Kinder:***

(2) [1]Für den Nachweis des Einkommens aus Erwerbstätigkeit kann die nach
§ 12 Absatz 1 zuständige Behörde auch das in § 108a Absatz 1 des Vierten Buches Sozialgesetzbuch vorgesehene Verfahren zur elektronischen Abfrage und
Übermittlung von Entgeltbescheinigungsdaten nutzen. [2]Sie darf dieses Verfahren nur nutzen, wenn die betroffene Arbeitnehmerin oder der betroffene Arbeitnehmer zuvor in dessen Nutzung eingewilligt hat. [3]Wenn der betroffene
Arbeitgeber ein systemgeprüftes Entgeltabrechnungsprogramm nutzt, ist er verpflichtet, die jeweiligen Entgeltbescheinigungsdaten mit dem in § 108a Absatz 1
des Vierten Buches Sozialgesetzbuch vorgesehenen Verfahren zu übermitteln.]

§ 10[3]) **Verhältnis zu anderen Sozialleistungen.** (1)[4] Das Elterngeld, *das
Betreuungsgeld* und *jeweils* vergleichbare Leistungen der Länder sowie die nach
§ 3 *oder § 4c* auf die *jeweilige* Leistung angerechneten Einnahmen oder Leistungen bleiben bei Sozialleistungen, deren Zahlung von anderen Einkommen
abhängig ist, bis zu einer Höhe von insgesamt 300 Euro im Monat als Einkommen unberücksichtigt.

(2)[4] Das Elterngeld, *das Betreuungsgeld* und *jeweils* vergleichbare Leistungen
der Länder sowie die nach § 3 *oder § 4c* auf die *jeweilige* Leistung angerechneten Einnahmen oder Leistungen dürfen bis zu einer Höhe von insgesamt

---

[1]) § 8 Abs. 3 Nr. 4 aufgeh., Satz 2 aufgeh. mWv 1.9.2021 (§ 28 Abs. 1) durch G v.
15.2.2021 (BGBl. I S. 239).
[2]) § 9 Satz 1 geänd. mWv 24.1.2009 durch G v. 17.1.2009 (BGBl. I S. 61); Satz 1 HS 2
aufgeh. mWv 2.4.2009 durch G v. 28.3.2009 (BGBl. I S. 634); Satz 1 und 2 geänd. durch G
v. 10.9.2012 (BGBl. I S. 1878); Abs. 2 angef., bish. Wortlaut wird Abs. 1 durch G v. 3.12.
2020 (BGBl. I S. 2668); zur Anwendung siehe § 28 Abs. 4.
[3]) § 10 Abs. 1, 2, 3 und 5 geänd., Abs. 6 angef. durch G v. 10.9.2012 (BGBl. I S. 1878);
Abs. 1 und 2 geänd. mWv 1.8.2013 durch G v. 15.2.2013 (BGBl. I S. 254).
[4]) § 10 Abs. 1 und 2 kursive Satzteile aufgeh. mWv 1.9.2021 (§ 28 Abs. 1) durch G v.
15.2.2021 (BGBl. I S. 239).

300 Euro nicht dafür herangezogen werden, um auf Rechtsvorschriften beruhende Leistungen anderer, auf die kein Anspruch besteht, zu versagen.

(3)**1)** Soweit die berechtigte Person Elterngeld Plus bezieht, bleibt das Elterngeld nur bis zur Hälfte des Anrechnungsfreibetrags, der nach Abzug der anderen nach Absatz 1 nicht zu berücksichtigenden Einnahmen für das Elterngeld verbleibt, als Einkommen unberücksichtigt und darf nur bis zu dieser Höhe nicht dafür herangezogen werden, um auf Rechtsvorschriften beruhende Leistungen anderer, auf die kein Anspruch besteht, zu versagen.

(4) Die nach den Absätzen 1 bis 3 nicht zu berücksichtigenden oder nicht heranzuziehenden Beträge vervielfachen sich bei Mehrlingsgeburten mit der Zahl der geborenen Kinder.

(5)**2)** ¹Die Absätze 1 bis 4 gelten nicht bei Leistungen nach dem Zweiten Buch Sozialgesetzbuch, dem Zwölften Buch Sozialgesetzbuch, § 6a des Bundeskindergeldgesetzes [*ab 1.9.2021:* und dem Asybewerberleistungsgesetz]. ²Bei den in Satz 1 bezeichneten Leistungen bleiben das Elterngeld und vergleichbare Leistungen der Länder sowie die nach § 3 auf das Elterngeld angerechneten Einnahmen in Höhe des nach § 2 Absatz 1 berücksichtigten Einkommens aus Erwerbstätigkeit vor der Geburt bis zu 300 Euro im Monat als Einkommen unberücksichtigt. ³Soweit die berechtigte Person Elterngeld Plus bezieht, verringern sich die Beträge nach Satz 2 um die Hälfte. [*ab 1.1.2023:* ⁴Abweichend von Satz 2 bleibt Mutterschaftsgeld gemäß § 19 des Mutterschutzgesetzes in voller Höhe unberücksichtigt.]

(6) Die Absätze 1 bis 4 gelten entsprechend, soweit für eine Sozialleistung ein Kostenbeitrag erhoben werden kann, der einkommensabhängig ist.

§ 11³) Unterhaltspflichten. ¹Unterhaltsverpflichtungen werden durch die Zahlung des Elterngeldes, *des Betreuungsgeldes* und *jeweils* vergleichbarer Leistungen der Länder nur insoweit berührt, als die Zahlung 300 Euro monatlich übersteigt. ²Soweit die berechtigte Person Elterngeld Plus bezieht, werden die Unterhaltspflichten insoweit berührt, als die Zahlung 150 Euro übersteigt. ³Die in den Sätzen 1 und 2 genannten Beträge vervielfachen sich bei Mehrlingsgeburten mit der Zahl der geborenen Kinder. ⁴Die Sätze 1 bis 3 gelten nicht in den Fällen des § 1361 Absatz 3, der §§ 1579, 1603 Absatz 2 und des § 1611 Absatz 1 des Bürgerlichen Gesetzbuchs.

§ 12 Zuständigkeit; Bewirtschaftung der Mittel. (1)⁴) ¹Die Landesregierungen oder die von ihnen beauftragten Stellen bestimmen die für die Ausführung dieses Gesetzes zuständigen Behörden.

---

¹⁾ § 10 Abs. 3 geänd. durch G v. 18.12.2014 (BGBl. I S. 2325).
²⁾ § 10 Abs. 5 angef. mWv 1.1.2011 durch G v. 9.12.2010 (BGBl. I S. 1885); Satz 3 geänd. durch G v. 18.12.2014 (BGBl. I S. 2325); Abs. 5 Satz 1 geänd. mWv 1.9.2021 (§ 28 Abs. 1) durch G v. 15.2.2021 (BGBl. I S. 239); Abs. 5 Satz 4 angef. mWv 1.1.2023 durch G v. 16.12.2022 (BGBl. I S. 2328).
³⁾ § 11 Satz 1 geänd. mWv 1.8.2013 durch G v. 15.2.2013 (BGBl. I S. 254); Satz 2 geänd. durch G v. 18.12.2014 (BGBl. I S. 2325); Satz 1 kursive Satzteile aufgeh. mWv 1.9.2021 (§ 28 Abs. 1) durch G v. 15.2.2021 (BGBl. I S. 239).
⁴⁾ § 12 Abs. 1 Satz 3 geänd., Abs. 2 geänd. mWv 1.8.2013 durch G v. 15.2.2013 (BGBl. I S. 254).

[Fassung bis 31.8.2021:]

²Diesen Behörden obliegt auch die Beratung zur Elternzeit. ³In den Fällen des § 1 Absatz 2 oder des § 4a Absatz 1 Nummer 1 in Verbindung mit § 1 Absatz 2 ist die von den Ländern für die Durchführung dieses Gesetzes bestimmte Behörde des Bezirks zuständig, in dem die berechtigte Person ihren letzten inländischen Wohnsitz hatte; hilfsweise ist die Behörde des Bezirks zuständig, in dem der entsendende Dienstherr oder Arbeitgeber der berechtigten Person oder der Arbeitgeber des Ehegatten, der Ehegattin, des Lebenspartners oder der Lebenspartnerin der berechtigten Person den inländischen Sitz hat.

(2) Der Bund trägt die Ausgaben für das Elterngeld und das Betreuungsgeld.

[Fassung ab 1.9.2021:][1]

²Zuständig ist die von den Ländern für die Durchführung dieses Gesetzes bestimmte Behörde des Bezirks, in dem das Kind, für das Elterngeld beansprucht wird, zum Zeitpunkt der ersten Antragstellung seinen inländischen Wohnsitz hat. ³Hat das Kind, für das Elterngeld beansprucht wird, in den Fällen des § 1 Absatz 2 zum Zeitpunkt der ersten Antragstellung keinen inländischen Wohnsitz, so ist die von den Ländern für die Durchführung dieses Gesetzes bestimmte Behörde des Bezirks zuständig, in dem die berechtigte Person ihren letzten inländischen Wohnsitz hatte; hilfsweise ist die Behörde des Bezirks zuständig, in dem der entsendende Dienstherr oder Arbeitgeber der berechtigten Person oder der Arbeitgeber des Ehegatten oder der Ehegattin der berechtigten Person den inländischen Sitz hat.

(2) Den nach Absatz 1 zuständigen Behörden obliegt auch die Beratung zur Elternzeit.

[ab 1.1.2023:

(3)[2] ¹Der Bund trägt die Ausgaben für das Elterngeld. ²Die damit zusammenhängenden Einnahmen sind an den Bund abzuführen. ³Für die Ausgaben und die mit ihnen zusammenhängenden Einnahmen sind die Vorschriften über das Haushaltsrecht des Bundes einschließlich der Verwaltungsvorschriften anzuwenden.]

§ 13 Rechtsweg. (1) ¹Über öffentlich-rechtliche Streitigkeiten in Angelegenheiten der §§ 1 bis 12 entscheiden die Gerichte der Sozialgerichtsbarkeit. ²§ 85 Absatz 2 Nummer 2 des Sozialgerichtsgesetzes gilt mit der Maßgabe, dass die zuständige Stelle nach § 12 bestimmt wird.

(2) Widerspruch und Anfechtungsklage haben keine aufschiebende Wirkung.

---

[1] § 12 Abs. 1 Satz 2 und 3 neu gef., Abs. 2 eingef., bish. Abs. 2 wird Abs. 3 und neu gef. mWv 1.9.2021 (§ 28 Abs. 1) durch G v. 15.2.2021 (BGBl. I S. 239).
[2] § 12 Abs. 3 gilt ab 1.1.2023 gem. Art. 7 Abs. 3 des G v. 15.2.2021 (BGBl. I S. 239).

§ 14 Bußgeldvorschriften. (1)[1] Ordnungswidrig handelt, wer vorsätzlich oder fahrlässig

1. entgegen § 8 Absatz 1 einen Nachweis nicht, nicht richtig, nicht vollständig oder nicht rechtzeitig erbringt,
2. entgegen § 9 Absatz 1 eine dort genannte Angabe nicht, nicht richtig, nicht vollständig oder nicht rechtzeitig bescheinigt,
3. entgegen § 60 Absatz 1 Satz 1 Nummer 1 des Ersten Buches Sozialgesetzbuch, auch in Verbindung mit § 8 Absatz 1a Satz 1, eine Angabe nicht, nicht richtig, nicht vollständig oder nicht rechtzeitig macht,
4. entgegen § 60 Absatz 1 Satz 1 Nummer 2 des Ersten Buches Sozialgesetzbuch, auch in Verbindung mit § 8 Absatz 1a Satz 1, eine Mitteilung nicht, nicht richtig, nicht vollständig oder nicht rechtzeitig macht oder
5. entgegen § 60 Absatz 1 Satz 1 Nummer 3 des Ersten Buches Sozialgesetzbuch, auch in Verbindung mit § 8 Absatz 1a Satz 1, eine Beweisurkunde nicht, nicht richtig, nicht vollständig oder nicht rechtzeitig vorlegt.

(2) Die Ordnungswidrigkeit kann mit einer Geldbuße von bis zu zweitausend Euro geahndet werden.

(3) Verwaltungsbehörden im Sinne des § 36 Absatz 1 Nummer 1 des Gesetzes über Ordnungswidrigkeiten sind die in § 12 Absatz 1 *Satz 1 und 3*[2] genannten Behörden.

Abschnitt 4. [*ab 1.9.2021:* 3.] Elternzeit für Arbeitnehmerinnen und Arbeitnehmer[3]

§ 15 Anspruch auf Elternzeit. (1) [1]Arbeitnehmerinnen und Arbeitnehmer haben Anspruch auf Elternzeit, wenn sie

1. a) mit ihrem Kind,
   b) mit einem Kind, für das sie die Anspruchsvoraussetzungen nach § 1 Abs. 3 oder 4 erfüllen, oder
   c) mit einem Kind, das sie in Vollzeitpflege nach § 33 des Achten Buches Sozialgesetzbuch aufgenommen haben,
   in einem Haushalt leben und
2. dieses Kind selbst betreuen und erziehen.

[2]Nicht sorgeberechtigte Elternteile und Personen, die nach Satz 1 Nr. 1 Buchstabe b und c Elternzeit nehmen können, bedürfen der Zustimmung des sorgeberechtigten Elternteils.

(1a)[4] [1]Anspruch auf Elternzeit haben Arbeitnehmerinnen und Arbeitnehmer auch, wenn sie mit ihrem Enkelkind in einem Haushalt leben und dieses Kind selbst betreuen und erziehen und

---

[1] § 14 Abs. 1 Nr. 1 eingef., bish. Nrn. 1 bis 4 werden Nrn. 2 bis 5 und geänd. durch G v. 18.12.2014 (BGBl. I S. 2325); Nr. 2 geänd. durch G v. 3.12.2020 (BGBl. I S. 2668).
[2] Verweis gestrichen mWv 1.9.2021 (§ 28 Abs. 1) durch G v. 15.2.2021 (BGBl. I S. 239).
[3] Abschn. 4 wird Abschn. 3 mWv 1.9.2021 (§ 28 Abs. 1) durch G v. 15.2.2021 (BGBl. I S. 239).
[4] § 15 Abs. 1a eingef. mWv 24.1.2009 durch G v. 17.1.2009 (BGBl. I S. 61); geänd. durch G v. 18.12.2014 (BGBl. I S. 2325).

1. ein Elternteil des Kindes minderjährig ist oder

2. ein Elternteil des Kindes sich in einer Ausbildung befindet, die vor Vollendung des 18. Lebensjahres begonnen wurde und die Arbeitskraft des Elternteils im Allgemeinen voll in Anspruch nimmt.

²Der Anspruch besteht nur für Zeiten, in denen keiner der Elternteile des Kindes selbst Elternzeit beansprucht.

(2)[1] ¹Der Anspruch auf Elternzeit besteht bis zur Vollendung des dritten Lebensjahres eines Kindes. ²Ein Anteil von bis zu 24 Monaten kann zwischen dem dritten Geburtstag und dem vollendeten achten Lebensjahr des Kindes in Anspruch genommen werden. ³Die Zeit der Mutterschutzfrist nach § 3 Absatz 2 und 3 des Mutterschutzgesetzes wird für die Elternzeit der Mutter auf die Begrenzung nach den Sätzen 1 und 2 angerechnet. ⁴Bei mehreren Kindern besteht der Anspruch auf Elternzeit für jedes Kind, auch wenn sich die Zeiträume im Sinne der Sätze 1 und 2 überschneiden. ⁵Bei einem angenommenen Kind und bei einem Kind in Vollzeit- oder Adoptionspflege kann Elternzeit von insgesamt bis zu drei Jahren ab der Aufnahme bei der berechtigten Person, längstens bis zur Vollendung des achten Lebensjahres des Kindes genommen werden; die Sätze 2 und 4 sind entsprechend anwendbar, soweit sie die zeitliche Aufteilung regeln. ⁶Der Anspruch kann nicht durch Vertrag ausgeschlossen oder beschränkt werden.

(3) ¹Die Elternzeit kann, auch anteilig, von jedem Elternteil allein oder von beiden Elternteilen gemeinsam genommen werden. ²Satz 1 gilt in den Fällen des Absatzes 1 Satz 1 Nummer 1 Buchstabe b und c entsprechend.

(4)[2] ¹Der Arbeitnehmer oder die Arbeitnehmerin darf während der Elternzeit nicht mehr als *30 [ab 1.9.2021:* 32] Wochenstunden im Durchschnitt des Monats erwerbstätig sein. ²Eine im Sinne des § 23 des Achten Buches Sozialgesetzbuch geeignete Tagespflegeperson *kann [ab 1.9.2021:* darf] bis zu fünf Kinder in Tagespflege betreuen, auch wenn die wöchentliche Betreuungszeit *30 [ab 1.9.2021:* 32] Stunden übersteigt. ³Teilzeitarbeit bei einem anderen Arbeitgeber oder selbstständige Tätigkeit nach Satz 1 bedürfen der Zustimmung des Arbeitgebers. ⁴Dieser kann sie nur innerhalb von vier Wochen aus dringenden betrieblichen Gründen schriftlich ablehnen.

(5)[3] ¹Der Arbeitnehmer oder die Arbeitnehmerin kann eine Verringerung der Arbeitszeit und ihre Verteilung beantragen. ²Der Antrag kann mit der schriftlichen Mitteilung nach Absatz 7 Satz 1 Nummer 5 verbunden werden. ³Über den Antrag sollen sich der Arbeitgeber und der Arbeitnehmer oder die Arbeitnehmerin innerhalb von vier Wochen einigen. ⁴Lehnt der Arbeitgeber den Antrag ab, so hat er dies dem Arbeitnehmer oder der Arbeitnehmerin innerhalb der Frist nach Satz 3 mit einer Begründung mitzuteilen. ⁵Unberührt bleibt das Recht, sowohl die vor der Elternzeit bestehende Teilzeitarbeit unverändert während der Elternzeit fortzusetzen, soweit Absatz 4 beachtet ist, als

---

[1] § 15 Abs. 2 Satz 2 eingef., bish. Sätze 2 und 3 werden Sätze 3 und 4 und geänd., bish. Satz 4 wird aufgeh., Satz 5 geänd. durch G v. 18.12.2014 (BGBl. I S. 2325); Satz 3 Verweis geänd. mWv 1.1.2018 durch G v. 23.5.2017 (BGBl. I S. 1228).

[2] § 15 Abs. 4 Satz 1 geänd. durch G v. 10.9.2012 (BGBl. I S. 1878); Sätze 1 und 2 geänd. mWv 1.9.2021 (§ 28 Abs. 1) durch G v. 15.2.2021 (BGBl. I S. 239).

[3] § 15 Abs. 5 Satz 1 geänd. durch G v. 18.12.2014 (BGBl. I S. 2325); Abs. 5 neu gef. mWv 24.12.2022 durch G v. 19.12.2022 (BGBl. I S. 2510).

auch nach der Elternzeit zu der Arbeitszeit zurückzukehren, die vor Beginn der Elternzeit vereinbart war.

(6) Der Arbeitnehmer oder die Arbeitnehmerin kann gegenüber dem Arbeitgeber, soweit eine Einigung nach Absatz 5 nicht möglich ist, unter den Voraussetzungen des Absatzes 7 während der Gesamtdauer der Elternzeit zweimal eine Verringerung seiner oder ihrer Arbeitszeit beanspruchen.

(7)[1] [1] Für den Anspruch auf Verringerung der Arbeitszeit gelten folgende Voraussetzungen:

1. Der Arbeitgeber beschäftigt, unabhängig von der Anzahl der Personen in Berufsbildung, in der Regel mehr als 15 Arbeitnehmer und Arbeitnehmerinnen,

2. das Arbeitsverhältnis in demselben Betrieb oder Unternehmen besteht ohne Unterbrechung länger als sechs Monate,

3.[2] die vertraglich vereinbarte regelmäßige Arbeitszeit soll für mindestens zwei Monate auf einen Umfang von nicht weniger als 15 und nicht mehr als 30 [*ab 1.9.2021:* 32] Wochenstunden im Durchschnitt des Monats verringert werden,

4. dem Anspruch stehen keine dringenden betrieblichen Gründe entgegen und

5. der Anspruch auf Teilzeit wurde dem Arbeitgeber

    a) für den Zeitraum bis zum vollendeten dritten Lebensjahr des Kindes sieben Wochen und

    b) für den Zeitraum zwischen dem dritten Geburtstag und dem vollendeten achten Lebensjahr des Kindes 13 Wochen

    vor Beginn der Teilzeittätigkeit schriftlich mitgeteilt.

[2] Der Antrag muss den Beginn und den Umfang der verringerten Arbeitszeit enthalten. [3] Die gewünschte Verteilung der verringerten Arbeitszeit soll im Antrag angegeben werden. [4] Falls der Arbeitgeber die beanspruchte Verringerung oder Verteilung der Arbeitszeit ablehnt, muss die Ablehnung innerhalb der in Satz 5 genannten Frist und mit schriftlicher Begründung erfolgen. [5] Hat ein Arbeitgeber die Verringerung der Arbeitszeit

1. in einer Elternzeit zwischen der Geburt und dem vollendeten dritten Lebensjahr des Kindes nicht spätestens vier Wochen nach Zugang des Antrags oder

2. in einer Elternzeit zwischen dem dritten Geburtstag und dem vollendeten achten Lebensjahr des Kindes nicht spätestens acht Wochen nach Zugang des Antrags

schriftlich abgelehnt, gilt die Zustimmung als erteilt und die Verringerung der Arbeitszeit entsprechend den Wünschen der Arbeitnehmerin oder des Arbeitnehmers als festgelegt. [6] Haben Arbeitgeber und Arbeitnehmerin oder Arbeitnehmer über die Verteilung der Arbeitszeit kein Einvernehmen nach Absatz 5 Satz 2 erzielt und hat der Arbeitgeber nicht innerhalb der in Satz 5 genannten

---

[1] § 15 Abs. 7 Satz 1 Nr. 3 geänd., Nr. 5 neu gef., Satz 4 geänd., Satz 5 neu gef., Sätze 6 und 7 angef. durch G v. 18.12.2014 (BGBl. I S. 2325); Satz 4 neu gef. mWv 24.12.2022 durch G v. 19.12.2022 (BGBl. I S. 2510).
[2] § 15 Abs. 7 Satz 1 Nr. 3 geänd. mWv 1.9.2021 (§ 28 Abs. 1) durch G v. 15.2.2021 (BGBl. I S. 239).

Fristen die gewünschte Verteilung schriftlich abgelehnt, gilt die Verteilung der Arbeitszeit entsprechend den Wünschen der Arbeitnehmerin oder des Arbeitnehmers als festgelegt. [7] Soweit der Arbeitgeber den Antrag auf Verringerung oder Verteilung der Arbeitszeit rechtzeitig ablehnt, kann die Arbeitnehmerin oder der Arbeitnehmer Klage vor dem Gericht für Arbeitssachen erheben.

§ 16 Inanspruchnahme der Elternzeit. (1)[1)] [1] Wer Elternzeit beanspruchen will, muss sie

1. für den Zeitraum bis zum vollendeten dritten Lebensjahr des Kindes spätestens sieben Wochen und

2. für den Zeitraum zwischen dem dritten Geburtstag und dem vollendeten achten Lebensjahr des Kindes spätestens 13 Wochen

vor Beginn der Elternzeit schriftlich vom Arbeitgeber verlangen. [2] Verlangt die Arbeitnehmerin oder der Arbeitnehmer Elternzeit nach Satz 1 Nummer 1, muss sie oder er gleichzeitig erklären, für welche Zeiten innerhalb von zwei Jahren Elternzeit genommen werden soll. [3] Bei dringenden Gründen ist ausnahmsweise eine angemessene kürzere Frist möglich. [4] Nimmt die Mutter die Elternzeit im Anschluss an die Mutterschutzfrist, wird die Zeit der Mutterschutzfrist nach § 3 Absatz 2 und 3[2)] des Mutterschutzgesetzes auf den Zeitraum nach Satz 2 angerechnet. [5] Nimmt die Mutter die Elternzeit im Anschluss an einen auf die Mutterschutzfrist folgenden Erholungsurlaub, werden die Zeit der Mutterschutzfrist nach § 3 Absatz 2 und 3[2)] des Mutterschutzgesetzes und die Zeit des Erholungsurlaubs auf den Zweijahreszeitraum nach Satz 2 angerechnet. [6] Jeder Elternteil kann seine Elternzeit auf drei Zeitabschnitte verteilen; eine Verteilung auf weitere Zeitabschnitte ist nur mit der Zustimmung des Arbeitgebers möglich. [7] Der Arbeitgeber kann die Inanspruchnahme eines dritten Abschnitts einer Elternzeit innerhalb von acht Wochen nach Zugang des Antrags aus dringenden betrieblichen Gründen ablehnen, wenn dieser Abschnitt im Zeitraum zwischen dem dritten Geburtstag und dem vollendeten achten Lebensjahr des Kindes liegen soll. [8] Der Arbeitgeber hat dem Arbeitnehmer oder der Arbeitnehmerin die Elternzeit zu bescheinigen. [9] Bei einem Arbeitgeberwechsel ist bei der Anmeldung der Elternzeit auf Verlangen des neuen Arbeitgebers eine Bescheinigung des früheren Arbeitgebers über bereits genommene Elternzeit durch die Arbeitnehmerin oder den Arbeitnehmer vorzulegen.

(2)[3)] Können Arbeitnehmerinnen aus einem von ihnen nicht zu vertretenden Grund eine sich unmittelbar an die Mutterschutzfrist des § 3 Absatz 2 und 3[4)] des Mutterschutzgesetzes anschließende Elternzeit nicht rechtzeitig verlangen, können sie dies innerhalb einer Woche nach Wegfall des Grundes nachholen.

[1)] § 16 Abs. 1 Satz 1 ersetzt durch Sätze 1 und 2, bish. Sätze 2 bis 5 werden Sätze 3 bis 6 und geänd., Satz 7 eingef., bish. Satz 6 wird Satz 8, Satz 9 angef. durch G v. 18.12.2014 (BGBl. I S. 2325); zur Anwendung siehe § 28 Abs. 1 Satz 2.

[2)] Verweis geänd. mWv 1.1.2018 durch G v. 23.5.2017 (BGBl. I S. 1228).

[3)] § 16 Abs. 2 geänd. durch G v. 18.12.2014 (BGBl. I S. 2325).

[4)] Verweis geänd. mWv 1.1.2018 durch G v. 23.5.2017 (BGBl. I S. 1228).

(3)[1] [1]Die Elternzeit kann vorzeitig beendet oder im Rahmen des § 15 Absatz 2 verlängert werden, wenn der Arbeitgeber zustimmt. [2]Die vorzeitige Beendigung wegen der Geburt eines weiteren Kindes oder in Fällen besonderer Härte, insbesondere bei Eintritt einer schweren Krankheit, Schwerbehinderung oder Tod eines Elternteils oder eines Kindes der berechtigten Person oder bei erheblich gefährdeter wirtschaftlicher Existenz der Eltern nach Inanspruchnahme der Elternzeit, kann der Arbeitgeber unbeschadet von Satz 3 nur innerhalb von vier Wochen aus dringenden betrieblichen Gründen schriftlich ablehnen. [3]Die Elternzeit kann zur Inanspruchnahme der Schutzfristen des § 3[2] des Mutterschutzgesetzes auch ohne Zustimmung des Arbeitgebers vorzeitig beendet werden; in diesen Fällen soll die Arbeitnehmerin dem Arbeitgeber die Beendigung der Elternzeit rechtzeitig mitteilen. [4]Eine Verlängerung der Elternzeit kann verlangt werden, wenn ein vorgesehener Wechsel der Anspruchsberechtigten aus einem wichtigen Grund nicht erfolgen kann.

(4) Stirbt das Kind während der Elternzeit, endet diese spätestens drei Wochen nach dem Tod des Kindes.

(5) Eine Änderung in der Anspruchsberechtigung hat der Arbeitnehmer oder die Arbeitnehmerin dem Arbeitgeber unverzüglich mitzuteilen.

§ 17 Urlaub. (1) [1]Der Arbeitgeber kann den Erholungsurlaub, der dem Arbeitnehmer oder der Arbeitnehmerin für das Urlaubsjahr zusteht, für jeden vollen Kalendermonat der Elternzeit um ein Zwölftel kürzen. [2]Dies gilt nicht, wenn der Arbeitnehmer oder die Arbeitnehmerin während der Elternzeit bei seinem oder ihrem Arbeitgeber Teilzeitarbeit leistet.

(2) Hat der Arbeitnehmer oder die Arbeitnehmerin den ihm oder ihr zustehenden Urlaub vor dem Beginn der Elternzeit nicht oder nicht vollständig erhalten, hat der Arbeitgeber den Resturlaub nach der Elternzeit im laufenden oder im nächsten Urlaubsjahr zu gewähren.

(3) Endet das Arbeitsverhältnis während der Elternzeit oder wird es im Anschluss an die Elternzeit nicht fortgesetzt, so hat der Arbeitgeber den noch nicht gewährten Urlaub abzugelten.

(4) Hat der Arbeitnehmer oder die Arbeitnehmerin vor Beginn der Elternzeit mehr Urlaub erhalten, als ihm oder ihr nach Absatz 1 zusteht, kann der Arbeitgeber den Urlaub, der dem Arbeitnehmer oder der Arbeitnehmerin nach dem Ende der Elternzeit zusteht, um die zu viel gewährten Urlaubstage kürzen.

§ 18[3] Kündigungsschutz. (1) [1]Der Arbeitgeber darf das Arbeitsverhältnis ab dem Zeitpunkt, von dem an Elternzeit verlangt worden ist, nicht kündigen. [2]Der Kündigungsschutz nach Satz 1 beginnt

---

[1] § 16 Abs. 3 neu gef. durch G v. 10.9.2012 (BGBl. I S. 1878).
[2] Verweis geänd. mWv 1.1.2018 durch G v. 23.5.2017 (BGBl. I S. 1228).
[3] § 18 Abs. 1 Satz 1 geänd., Sätze 2 und 3 eingef., bish. Sätze 2 bis 4 werden Sätze 4 bis 6, Satz 6 geänd.; Abs. 2 geänd. durch G v. 18.12.2014 (BGBl. I S. 2325); Abs. 2 Nr. 2 Verweis geänd. mWv 1.9.2021 (§ 28 Abs. 1) durch G v. 15.2.2021 (BGBl. I S. 239).

1. frühestens acht Wochen vor Beginn einer Elternzeit bis zum vollendeten dritten Lebensjahr des Kindes und

2. frühestens 14 Wochen vor Beginn einer Elternzeit zwischen dem dritten Geburtstag und dem vollendeten achten Lebensjahr des Kindes.

[3] Während der Elternzeit darf der Arbeitgeber das Arbeitsverhältnis nicht kündigen. [4] In besonderen Fällen kann ausnahmsweise eine Kündigung für zulässig erklärt werden. [5] Die Zulässigkeitserklärung erfolgt durch die für den Arbeitsschutz zuständige oberste Landesbehörde oder die von ihr bestimmte Stelle. [6] Die Bundesregierung kann mit Zustimmung des Bundesrates allgemeine Verwaltungsvorschriften zur Durchführung des Satzes 4 erlassen.

(2) Absatz 1 gilt entsprechend, wenn Arbeitnehmer oder Arbeitnehmerinnen

1. während der Elternzeit bei demselben Arbeitgeber Teilzeitarbeit leisten oder

2. ohne Elternzeit in Anspruch zu nehmen, Teilzeitarbeit leisten und Anspruch auf Elterngeld nach § 1 während des Zeitraums nach § 4 Absatz 1 *Satz 1 und 3 [**ab 1.9.2021:** Satz 2, 3 und 5]* haben.

§ 19 **Kündigung zum Ende der Elternzeit.** Der Arbeitnehmer oder die Arbeitnehmerin kann das Arbeitsverhältnis zum Ende der Elternzeit nur unter Einhaltung einer Kündigungsfrist von drei Monaten kündigen.

§ 20 **Zur Berufsbildung Beschäftigte, in Heimarbeit Beschäftigte.**
(1)[1] [1] Die zu ihrer Berufsbildung Beschäftigten gelten als Arbeitnehmer und Arbeitnehmerinnen im Sinne dieses Gesetzes. [2] Die Elternzeit wird auf *Berufsbildungszeiten [**ab 1.9.2021:** die Dauer einer Berufsausbildung]* nicht angerechnet *[**ab 1.9.2021:**, es sei denn, dass während der Elternzeit die Berufsausbildung nach § 7a des Berufsbildungsgesetzes oder § 27b der Handwerksordnung in Teilzeit durchgeführt wird. [3] § 15 Absatz 4 Satz 1 bleibt unberührt.]*

(2) [1] Anspruch auf Elternzeit haben auch die in Heimarbeit Beschäftigten und die ihnen Gleichgestellten (§ 1 Absatz 1 und 2 des Heimarbeitsgesetzes), soweit sie am Stück mitarbeiten. [2] Für sie tritt an die Stelle des Arbeitgebers der Auftraggeber oder Zwischenmeister und an die Stelle des Arbeitsverhältnisses das Beschäftigungsverhältnis.

§ 21 **Befristete Arbeitsverträge.** (1) Ein sachlicher Grund, der die Befristung eines Arbeitsverhältnisses rechtfertigt, liegt vor, wenn ein Arbeitnehmer oder eine Arbeitnehmerin zur Vertretung eines anderen Arbeitnehmers oder einer anderen Arbeitnehmerin für die Dauer eines Beschäftigungsverbotes nach dem Mutterschutzgesetz, einer Elternzeit, einer auf Tarifvertrag, Betriebsvereinbarung oder einzelvertraglicher Vereinbarung beruhenden Arbeitsfreistellung zur Betreuung eines Kindes oder für diese Zeiten zusammen oder für Teile davon eingestellt wird.

(2) Über die Dauer der Vertretung nach Absatz 1 hinaus ist die Befristung für notwendige Zeiten einer Einarbeitung zulässig.

---

[1] § 20 Abs. 1 neu gef. mWv 1.9.2021 (§ 28 Abs. 1) durch G v. 15.2.2021 (BGBl. I S. 239).

(3) Die Dauer der Befristung des Arbeitsvertrags muss kalendermäßig bestimmt oder bestimmbar oder den in den Absätzen 1 und 2 genannten Zwecken zu entnehmen sein.

(4) [1] Der Arbeitgeber kann den befristeten Arbeitsvertrag unter Einhaltung einer Frist von mindestens drei Wochen, jedoch frühestens zum Ende der Elternzeit, kündigen, wenn die Elternzeit ohne Zustimmung des Arbeitgebers vorzeitig endet und der Arbeitnehmer oder die Arbeitnehmerin die vorzeitige Beendigung der Elternzeit mitgeteilt hat. [2] Satz 1 gilt entsprechend, wenn der Arbeitgeber die vorzeitige Beendigung der Elternzeit in den Fällen des § 16 Absatz 3 Satz 2 nicht ablehnen darf.

(5) Das Kündigungsschutzgesetz ist im Falle des Absatzes 4 nicht anzuwenden.

(6) Absatz 4 gilt nicht, soweit seine Anwendung vertraglich ausgeschlossen ist.

(7) [1] Wird im Rahmen arbeitsrechtlicher Gesetze oder Verordnungen auf die Zahl der beschäftigten Arbeitnehmer und Arbeitnehmerinnen abgestellt, so sind bei der Ermittlung dieser Zahl Arbeitnehmer und Arbeitnehmerinnen, die sich in der Elternzeit befinden oder zur Betreuung eines Kindes freigestellt sind, nicht mitzuzählen, solange für sie aufgrund von Absatz 1 ein Vertreter oder eine Vertreterin eingestellt ist. [2] Dies gilt nicht, wenn der Vertreter oder die Vertreterin nicht mitzuzählen ist. [3] Die Sätze 1 und 2 gelten entsprechend, wenn im Rahmen arbeitsrechtlicher Gesetze oder Verordnungen auf die Zahl der Arbeitsplätze abgestellt wird.

Abschnitt 5. [*ab 1.9.2021:* 4.]
Statistik und Schlussvorschriften[1]

§ 22[2] **Bundesstatistik.** (1) [1] Zur Beurteilung der Auswirkungen dieses Gesetzes sowie zu seiner Fortentwicklung sind laufende Erhebungen zum Bezug von Elterngeld *und Betreuungsgeld*[3] als Bundesstatistiken durchzuführen. [2] Die Erhebungen erfolgen zentral beim Statistischen Bundesamt.

(2)[4] [1] Die Statistik zum Bezug von Elterngeld erfasst vierteljährlich zum jeweils letzten Tag des aktuellen und der vorangegangenen zwei Kalendermonate für Personen, die in einem dieser Kalendermonate Elterngeld bezogen

---

[1] Abschn. 5 wird Abschn. 4 mWv 1.9.2021 (§ 28 Abs. 1) durch G v. 15.2.2021 (BGBl. I S. 239).

[2] § 22 Abs. 2 Nrn. 8 und 13 Buchst. d und e, Abs. 3 und Abs. 4 Nrn. 1 und 2 geänd., Abs. 4 Nr. 3 angef. mWv 24.1.2009 durch G v. 17.1.2009 (BGBl. I S. 61); Abs. 2 und 3 neu gef. durch G v. 10.9.2012 (BGBl. I S. 1878); Abs. 1 geänd., Abs. 2 bish. Wortlaut wird Satz 1 und geänd., Satz 2 angef. mWv 1.8.2013 durch G v. 15.2.2013 (BGBl. I S. 254).

[3] § 22 Abs. 1 Satz 1 kurisver Satzteil gestrichen mWv 1.9.2021 (§ 28 Abs. 1) durch G v. 15.2.2021 (BGBl. I S. 239).

[4] § 22 Abs. 2 Satz 1 Satzteil vor Nr. 1 geänd., Nr. 2 geänd., Nrn. 3 und 5 neu gef., Satz 2 geänd. durch G v. 18.12.2014 (BGBl. I S. 2325); zur Anwendung siehe § 28 Abs. 1 Sätze 2 und 3.

haben, für jedes den Anspruch auslösende Kind folgende Erhebungsmerkmale:

1. Art der Berechtigung nach § 1,
2. Grundlagen der Berechnung des zustehenden Monatsbetrags nach Art und Höhe (§ 2 Absatz 1, 2, 3 oder 4, § 2a Absatz 1 oder 4, § 2c, die §§ 2d, 2e oder § 2f),
3. Höhe und Art des zustehenden Monatsbetrags (*§ 4 Absatz 2 Satz 2 und Absatz 3* [*ab 1.9.2021: § 4a Absatz 1 und 2*][1) Satz 1) ohne die Berücksichtigung der Einnahmen nach § 3,
4. Art und Höhe der Einnahmen nach § 3,
5. Inanspruchnahme der als Partnerschaftsbonus gewährten Monatsbeträge nach *§ 4 Absatz 4 Satz 3* [*ab 1.9.2021: § 4b Absatz 1*][1) und der weiteren Monatsbeträge Elterngeld Plus nach *§ 4 Absatz 6 Satz 2* [*ab 1.9.2021: § 4c Absatz 2*][1),
6. Höhe des monatlichen Auszahlungsbetrags,
7. Geburtstag des Kindes,
8. für die Elterngeld beziehende Person:
   a) Geschlecht, Geburtsjahr und -monat,
   b) Staatsangehörigkeit,
   c) Wohnsitz oder gewöhnlicher Aufenthalt,
   d) Familienstand und unverheiratetes Zusammenleben mit dem anderen Elternteil,

[*ab 1.9.2021:*

   e)[2) Vorliegen der Voraussetzungen nach § 4c Absatz 1 Nummer 1 und]
   f)[2) Anzahl der im Haushalt lebenden Kinder.

[2]Die Angaben nach den Nummern 2, 3, 5 und 6 sind für jeden Lebensmonat des Kindes, bezogen auf den nach § 4 Absatz 1 möglichen Zeitraum des Leistungsbezugs zu melden.

(3)[3) [1]Die Statistik zum Bezug von Betreuungsgeld erfasst vierteljährlich zum jeweils letzten Tag des aktuellen und der vorangegangenen zwei Kalendermonate erstmalig zum 30. September 2013 für Personen, die in einem dieser Kalendermonate Betreuungsgeld bezogen haben, für jedes den Anspruch auslösende Kind folgende Erhebungsmerkmale:

1. Art der Berechtigung nach § 4a,
2. Höhe des monatlichen Auszahlungsbetrags,
3. Geburtstag des Kindes,

---

[1]) Verweis geänd. mWv 1.9.2021 (§ 28 Abs. 1) durch G v. 15.2.2021 (BGBl. I S. 239).
[2]) § 22 Abs. 2 Satz 1 Nr. 8 Buchst. e eingef., bish. Buchst. e wird Buchst. f mWv 1.9.2021 (§ 28 Abs. 1) durch G v. 15.2.2021 (BGBl. I S. 239).
[3]) § 22 Abs. 3 aufgeh., bish. Abs. 4 wird Abs. 3 mWv 1.9.2021 (§ 28 Abs. 1) durch G v. 15.2.2021 (BGBl. I S. 239).

4. für die Betreuungsgeld beziehende Person:

a) Geschlecht, Geburtsjahr und -monat,

b) Staatsangehörigkeit,

c) Wohnsitz oder gewöhnlicher Aufenthalt,

d) Familienstand und unverheiratetes Zusammenleben mit dem anderen Elternteil und

e) Anzahl der im Haushalt lebenden Kinder.

2 Die Angaben nach Nummer 2 sind für jeden Lebensmonat des Kindes bezogen auf den nach § 4d Absatz 1 möglichen Zeitraum des Leistungsbezugs zu melden.

(3)[1] Hilfsmerkmale sind:

1. Name und Anschrift der zuständigen Behörde,

2. Name und Telefonnummer sowie Adresse für elektronische Post der für eventuelle Rückfragen zur Verfügung stehenden Person und

3. Kennnummer des Antragstellers oder der Antragstellerin.

§ 23[2] Auskunftspflicht; Datenübermittlung an das Statistische Bundesamt. (1) [1]Für die Erhebung nach § 22 besteht Auskunftspflicht. [2]Die Angaben nach § 22 Absatz 4 Nummer 2 sind freiwillig. [3]Auskunftspflichtig sind die nach § 12 Absatz 1 zuständigen Stellen.

(2)[3] [1]Der Antragsteller oder die Antragstellerin ist gegenüber den nach § 12 Absatz 1 zuständigen Stellen zu den Erhebungsmerkmalen nach § 22 Absatz 2 und 3 auskunftspflichtig. [2]Die zuständigen Stellen nach § 12 Absatz 1 dürfen die Angaben nach § 22 Absatz 2 Satz 1 Nummer 8 und Absatz 3 Satz 1 Nummer 4, soweit sie für den Vollzug dieses Gesetzes nicht erforderlich sind, nur durch technische und organisatorische Maßnahmen getrennt von den übrigen Daten nach § 22 Absatz 2 und 3 und nur für die Übermittlung an das Statistische Bundesamt verwenden und haben diese unverzüglich nach Übermittlung an das Statistische Bundesamt zu löschen.

(3) Die in sich schlüssigen Angaben sind als Einzeldatensätze elektronisch bis zum Ablauf von 30 Arbeitstagen nach Ablauf des Berichtszeitraums an das Statistische Bundesamt zu übermitteln.

§ 24[4] Übermittlung von Tabellen mit statistischen Ergebnissen durch das Statistische Bundesamt. [1]Zur Verwendung gegenüber den gesetzgebenden Körperschaften und zu Zwecken der Planung, jedoch nicht zur Regelung von Einzelfällen, übermittelt das Statistische Bundesamt Tabellen mit statistischen Ergebnissen, auch soweit Tabellenfelder nur einen einzigen Fall ausweisen, an die fachlich zuständigen obersten Bundes- oder Landesbehörden. [2]Tabellen, deren Tabellenfelder nur einen einzigen Fall ausweisen, dürfen nur dann übermittelt werden, wenn sie nicht differenzierter als auf

---

[1] § 22 Abs. 4 wird Abs. 3 mWv 1.9.2021 (§ 28 Abs. 1) durch G v. 15.2.2021 (BGBl. I S. 239).
[2] § 23 Abs. 2 eingef., bish Abs. 2 wird Abs. 3 mWv 24.1.2009 durch G v. 17.1.2009 (BGBl. I S. 61); Überschr. geänd., Abs. 2 geänd. durch G v. 10.9.2012 (BGBl. I S. 1878).
[3] § 23 Abs. 2 geänd. mWv 1.8.2013 durch G v. 15.2.2013 (BGBl. I S. 254).
[4] § 24 neu gef., durch G v. 10.9.2012 (BGBl. I S. 1878).

Regierungsbezirksebene, im Falle der Stadtstaaten auf Bezirksebene, aufbereitet sind.

§ 24a[1] Übermittlung von Einzelangaben durch das Statistische Bundesamt. (1) [1] Zur Abschätzung von Auswirkungen der Änderungen dieses Gesetzes im Rahmen der Zwecke nach § 24 übermittelt das Statistische Bundesamt auf Anforderung der fachlich zuständigen Bundesministeriums diesem oder von ihm beauftragten Forschungseinrichtungen Einzelangaben ab dem Jahr 2007 ohne Hilfsmerkmale mit Ausnahme des Merkmals nach § 22 Absatz 4 Nummer 3 für die Entwicklung und den Betrieb von Mikrosimulationsmodellen. [2] Die Einzelangaben dürfen nur im hierfür erforderlichen Umfang und mittels eines sicheren Datentransfers übermittelt werden.

(2)[2] [1] Bei der Verarbeitung der Daten nach Absatz 1 ist das Statistikgeheimnis nach § 16 des Bundesstatistikgesetzes zu wahren. [2] Dafür ist die Trennung von statistischen und nichtstatistischen Aufgaben durch Organisation und Verfahren zu gewährleisten. [3] Die nach Absatz 1 übermittelten Daten dürfen nur für die Zwecke verwendet werden, für die sie übermittelt wurden. [4] Die übermittelten Einzeldaten sind nach dem Erreichen des Zweckes zu löschen, zu dem sie übermittelt wurden.

(3) [1] Personen, die Empfängerinnen und Empfänger von Einzelangaben nach Absatz 1 Satz 1 sind, unterliegen der Pflicht zur Geheimhaltung nach § 16 Absatz 1 und 10 des Bundesstatistikgesetzes. [2] Personen, die Einzelangaben nach Absatz 1 Satz 1 erhalten sollen, müssen Amtsträger oder für den öffentlichen Dienst besonders Verpflichtete sein. [3] Personen, die Einzelangaben erhalten sollen und die nicht Amtsträger oder für den öffentlichen Dienst besonders Verpflichtete sind, sind vor der Übermittlung zur Geheimhaltung zu verpflichten. [4] § 1 Absatz 2, 3 und 4 Nummer 2 des Verpflichtungsgesetzes vom 2. März 1974 (BGBl. I S. 469, 547), das durch § 1 Nummer 4 des Gesetzes vom 15. August 1974 (BGBl. I S. 1942) geändert worden ist, gilt in der jeweils geltenden Fassung entsprechend. [5] Die Empfängerinnen und Empfänger von Einzelangaben dürfen aus ihrer Tätigkeit gewonnene Erkenntnisse nur für die in Absatz 1 genannten Zwecke verwenden.

§ 24b[3] Elektronische Unterstützung bei der Antragstellung. (1) [1] Zur elektronischen Unterstützung bei der Antragstellung kann der Bund ein Internetportal einrichten und betreiben. [2] Das Internetportal ermöglicht das elektronische Ausfüllen der Antragsformulare der Länder sowie die Übermittlung der Daten aus dem Antragsformular an die nach § 12 zuständige Behörde. [3] Zuständig für Einrichtung und Betrieb des Internetportals ist das Bundesministerium für Familie, Senioren, Frauen und Jugend. [4] Die Ausführung dieses Gesetzes durch die nach § 12 zuständigen Behörden bleibt davon unberührt.

---

[1] § 24a eingef. durch G v. 10.9.2012 (BGBl. I S. 1878).
[2] § 24a Abs. 2 Satz 1 geänd. mWv 26.11.2019 durch G v. 20.11.2019 (BGBl. I S. 1626).
[3] § 24b eingef. mWv 26.11.2019 durch G v. 20.11.2019 (BGBl. I S. 1626).

(2) ¹Das Bundesministerium für Familie, Senioren, Frauen und Jugend ist für das Internetportal datenschutzrechtlich verantwortlich. ²Für die elektronische Unterstützung bei der Antragstellung darf das Bundesministerium für Familie, Senioren, Frauen und Jugend die zur Beantragung von Elterngeld erforderlichen personenbezogenen Daten sowie die in § 22 genannten statistischen Erhebungsmerkmale verarbeiten, sofern der Nutzer in die Verarbeitung eingewilligt hat. ³Die statistischen Erhebungsmerkmale einschließlich der zur Beantragung von Elterngeld erforderlichen personenbezogenen Daten sind nach Beendigung der Nutzung des Internetportals unverzüglich zu löschen.

[Für ab dem 1.1.2022 geborene Kinder:

§ 25[1]) Datenübermittlung durch die Standesämter. Beantragt eine Person Elterngeld, so darf das für die Entgegennahme der Anzeige der Geburt zuständige Standesamt der nach § 12 Absatz 1 zuständigen Behörde die erforderlichen Daten über die Beurkundung der Geburt eines Kindes elektronisch übermitteln, wenn die antragstellende Person zuvor in die elektronische Datenübermittlung eingewilligt hat.]

§ 26 Anwendung der Bücher des Sozialgesetzbuches. (1)[2]) Soweit dieses Gesetz zum Elterngeld *oder Betreuungsgeld* keine ausdrückliche Regelung trifft, ist bei der Ausführung des Ersten, Zweiten und Dritten Abschnitts das Erste Kapitel des Zehnten Buches Sozialgesetzbuch anzuwenden.

(2)[3]) § 328 Absatz 3 und § 331 des Dritten Buches Sozialgesetzbuch gelten entsprechend.

§ 27[4]) Sonderregelung aus Anlass der COVID-19-Pandemie.
(1)[5]) ¹Übt ein Elternteil eine systemrelevante Tätigkeit aus, so kann sein Bezug von Elterngeld auf Antrag für die Zeit vom 1. März 2020 bis 31. Dezember 2020 aufgeschoben werden. ²Der Bezug der verschobenen Lebensmonate ist spätestens bis zum 30. Juni 2021 anzutreten. ³Wird von der Möglichkeit des Aufschubs Gebrauch gemacht, so kann das Basiselterngeld abweichend von § 4 Absatz 1 *Satz 1 [ab 1.9.2021:* Satz 2 und 3] auch noch nach Vollendung des 14. Lebensmonats bezogen werden. ⁴In der Zeit von 1. März 2020 bis 30. Juni 2021 entstehende Lücken im Elterngeldbezug sind abweichend von § 4 Absatz 1 *Satz 2 [ab 1.9.2021:* Satz 4] unschädlich.

(2) ¹Für ein Verschieben des Partnerschaftsbonus genügt es, wenn nur ein Elternteil einen systemrelevanten Beruf ausübt. ²Hat der Bezug des Partnerschaftsbonus bereits begonnen, so gelten allein die Bestimmungen des Absatzes 3.

---

¹) § 25 neu gef. durch G v. 3.12.2020 (BGBl. I S. 2668); zur Anwendung siehe § 28 Abs. 4.
²) § 26 Abs. 1 geänd. mWv 1.8.2013 durch G v. 15.2.2013 (BGBl. I S. 254); Abs. 1 kursiver Satzteil aufgeh. mWv 1.9.2021 (§ 28 Abs. 1) durch G v. 15.2.2021 (BGBl. I S. 239).
³) § 26 Abs. 2 neu gef. durch G v. 10.9.2012 (BGBl. I S. 1878).
⁴) § 27 eingef. mWv 1.3.2020 durch G v. 20.5.2020 (BGBl. I S. 1061).
⁵) § 27 Abs. 1 Satz 3 und 4 Zitat geänd. mWv 1.9.2021 (§ 28 Abs. 1) durch G v. 15.2.2021 (BGBl. I S. 239).

(3)[1] Liegt der Bezug des Partnerschaftsbonus ganz oder teilweise vor dem Ablauf des 23. September 2022 und kann die berechtigte Person die Voraussetzungen des Bezugs aufgrund der COVID-19-Pandemie nicht einhalten, gelten die Angaben zur Höhe des Einkommens und zum Umfang der Arbeitszeit, die bei der Beantragung des Partnerschaftsbonus glaubhaft gemacht worden sind.

(4)[2] *(aufgehoben)*

§ 28[3] **Übergangsvorschrift.** (1)[4] [1] Für die vor dem 1. September 2021 geborenen oder mit dem Ziel der Adoption aufgenommenen Kinder ist dieses Gesetz in der bis zum 31. August 2021 geltenden Fassung[5] weiter anzuwenden. [2] *Für die vor dem 1. Juli 2015 geborenen oder mit dem Ziel der Adoption aufgenommenen Kinder sind die §§ 2 bis 22 in der bis zum 31. Dezember 2014 geltenden Fassung weiter anzuwenden.* [3] *Satz 2 gilt nicht für § 2c Absatz 1 Satz 2 und § 22 Absatz 2 Satz 1 Nummer 2.*

(1a)[6] Soweit dieses Gesetz Mutterschaftsgeld nach dem Fünften Buch Sozialgesetzbuch oder nach dem Zweiten Gesetz über die Krankenversicherung der Landwirte in Bezug nimmt, gelten die betreffenden Regelungen für Mutterschaftsgeld nach der Reichsversicherungsordnung oder nach dem Gesetz über die Krankenversicherung der Landwirte entsprechend.

(2)[7] Für die dem Erziehungsgeld vergleichbaren Leistungen der Länder sind § 8 Absatz 1 und § 9 des Bundeserziehungsgeldgesetzes in der bis zum 31. Dezember 2006 geltenden Fassung weiter anzuwenden.

(3)[8] [1] § 1 Absatz 7 Satz 1 Nummer 1 bis 4 in der Fassung des Artikels 36 des Gesetzes vom 12. Dezember 2019 (BGBl. I S. 2451) ist für Entscheidungen anzuwenden, die Zeiträume betreffen, die nach dem 29. Februar 2020[9] beginnen. [2] § 1 Absatz 7 Satz 1 Nummer 5 in der Fassung des Artikels 36 des Gesetzes vom 12. Dezember 2019 (BGBl. I S. 2451) ist für Entscheidungen anzuwenden, die Zeiträume betreffen, die nach dem 31. Dezember 2019 beginnen. [3] § 1 Absatz 7 Satz 1 Nummer 2 Buchstabe c in der Fassung des Artikels 12 Nummer 1 des Gesetzes vom 23. Mai 2022 (BGBl. I S. 760) ist für

---

[1] § 27 Abs. 3 neu gef. mWv 28.5.2020 durch G v. 15.2.2021 (BGBl. I S. 239); geänd. durch G v. 18.3.2022 (BGBl. I S. 473).
[2] § 27 Abs. 4 neu gef. mWv 1.1.2021 durch G v. 3.12.2020 (BGBl. I S. 2691) und aufgeh. mWv 1.9.2021 durch G v. 15.2.2021 (BGBl. I S. 239).
[3] § 27 wird § 28 mWv 1.3.2020 durch G v. 20.5.2020 (BGBl. I S. 1061).
[4] § 28 Abs. 1 neu gef. (Satz 1 geänd., Sätze 2 und 3 aufgeh.) durch G v. 15.2.2021 (BGBl. I S. 239).
[5] Abgedruckt unter Nr. **62a.**
[6] § 28 Abs. 1a eingef. als Abs. 1b durch G v. 23.10.2012 (BGBl. I S. 2246); bish. Abs. 1a aufgeh., Abs. 1b wird Abs. 1a durch G v. 18.12.2014 (BGBl. I S. 2325).
[7] § 28 Abs. 2 und 3 aufgeh. bish. Abs. 4 wird Abs. 2 durch G v. 10.9.2012 (BGBl. I S. 1878).
[8] § 28 Abs. 3 neu gef. durch G v. 12.12.2019 (BGBl. I S. 2451); Satz 3 angef. durch G v. 23.5.2022 (BGBl. I S. 760).
[9] Datum des letzten Tages des sechsten auf die Verkündung des Fachkräfteeinwanderungsgesetzes folgenden Kalendermonats.

Entscheidungen anzuwenden, die Zeiträume betreffen, die nach dem 31. Mai 2022 beginnen.

(4)[1] [1] § 9 Absatz 2 und § 25 sind auf Kinder anwendbar, die nach dem 31. Dezember 2021 geboren oder nach dem 31. Dezember 2021 mit dem Ziel der Adoption aufgenommen worden sind. [2] Zur Erprobung des Verfahrens können diese Regelungen in Pilotprojekten mit Zustimmung des Bundesministeriums für Familie, Senioren, Frauen und Jugend, des Bundesministeriums für Arbeit und Soziales und des Bundesministeriums des Innern, für Bau und Heimat auf Kinder, die vor dem 1. Januar 2022 geboren oder vor dem 1. Januar 2022 zur Adoption aufgenommen worden sind, angewendet werden.

---

[1] § 28 Abs. 4 angef. durch G v. 3.12.2020 (BGBl. I S. 2668).

70. Gesetz zur Verbesserung der betrieblichen Altersversorgung (Betriebsrentengesetz – BetrAVG)[1)]

Vom 19. Dezember 1974 (BGBl. I S. 3610)

Geändert durch 14. Gesetz zur Änderung des Versicherungsaufsichtsgesetzes vom 29.3.1983 (BGBl. I S. 377), Gesetz zur Förderung der Rückkehrbereitschaft von Ausländern vom 28.11.1983 (BGBl. I S. 1377), Gesetz zur Erleichterung des Übergangs vom Arbeitsleben in den Ruhestand vom 13.4.1984 (BGBl. I S. 601), Gesetz zur Änderung des Gesetzes über die Lastenausgleichsbank vom 20.2.1986 (BGBl. I S. 297), Gesetz über weitere Maßnahmen auf dem Gebiet des Versorgungsausgleichs vom 8.12.1986 (BGBl. I S. 2317), Rentenreformgesetz 1992 vom 18.12.1989 (BGBl. I S. 2261), Steueränderungsgesetz 1992 vom 25.2.1992 (BGBl. I S. 297), Drittes Durchführungsgesetz/EWG zum VAG vom 21.7.1994 (BGBl. I S. 1630), Einführungsgesetz zur Insolvenzordnung vom 5.10.1994 (BGBl. I S. 2911), Rentenreformgesetz 1999 vom 16.12.1997 (BGBl. I S. 2998), Steuerbereinigungsgesetz 1999 vom 22.12.1999 (BGBl. I S. 2601), Erstes Gesetz zur Änderung des Gesetzes zur Verbesserung der betrieblichen Altersversorgung vom 21.12.2000 (BGBl. I S. 1914), 4. Euro-Einführungsgesetz vom 21.12.2000 (BGBl. I S. 1983), Altersvermögensgesetz vom 26.6.2001 (BGBl. I S. 1310), Gesetz zur Modernisierung des Schuldrechts vom 26.11.2001 (BGBl. I S. 3138), Gesetz zu dem Abkommen vom 22. September 2000 zwischen der BRD und Luxemburg über Zusammenarbeit im Bereich der Insolvenzsicherung betrieblicher Altersversorgung vom 10.12.2001 (BGBl. II S. 1258), Hüttenknappschaftliches Zusatzversicherungs-Neuregelungs-Gesetz vom 21.6.2002 (BGBl. I S. 2167), Gesetz zur Änderung von Fristen und Bezeichnungen im Neunten Buch Sozialgesetzbuch und zur Änderung anderer Gesetze vom 3.4.2003 (BGBl. I S. 462), Gesetz zur Änderung des Sozialgesetzbuches und anderer Gesetze vom 24.7.2003 (BGBl. I S. 1526), Förderbankenneustrukturierungsgesetz vom 15.8.2003 (BGBl. I S. 1657), Alterseinkünftegesetz vom 5.7.2004 (BGBl. I S. 1427), Gesetz zur Organisationsreform in der gesetzlichen Rentenversicherung vom 9.12.2004 (BGBl. I S. 3242), Siebtes Gesetz zur Änderung des Versicherungsaufsichtsgesetzes vom 29.8.2005 (BGBl. I S. 2546), Gesetz zur Änderung des Betriebsrentengesetzes und anderer Gesetze vom 2.12.2006 (BGBl. I S. 2742) RV-Altersgrenzenanpassungsgesetz vom 20.4.2007 (BGBl. I S. 554) Gesetz zur Reform des Versicherungsvertragsrechts vom 23.11.2007 (BGBl. I S. 2631), Gesetz zur Förderung der zusätzlichen Altersvorsorge und zur Änderung des Dritten Buches Sozialgesetzbuch vom 10.12.2007 (BGBl. I S. 2838), Gesetz zur Verbesserung der Rahmenbedingungen für die Absicherung flexibler Arbeitszeitregelungen und zur Änderung anderer Gesetze vom 21.12.2008 (BGBl. I S. 2940), Gesetz über die Leistungsverbesserungen in der gesetzlichen Rentenversicherung (RV-Leistungsverbesserungsgesetz) vom 23.6.2014 (BGBl. I S. 787), Gesetz zur Modernisierung der Finanzaufsicht über Versicherungen vom 1.4.2015 (BGBl. I S. 434; ber. BGBl. I S. 2553), Gesetz zur Umsetzung der EU-Mobilitäts-Richtlinie vom 21.12.2015 (BGBl. I S. 2553), Gesetz zur Stärkung der betrieblichen Altersversorgung und zur Änderung anderer Gesetze (Betriebsrentenstärkungsgesetz) vom 17.8.2017 (BGBl. I S. 3214), Gesetz zur Umsetzung der Richtlinie (EU) 2016/2341 des Europäischen Parlaments und des Rates vom 14. Dezember 2016 über die Tätigkeiten und die Beaufsichtigung von Einrichtungen der betrieblichen Altersversorgung (EbAV) (Neufassung) vom 19.12.2018 (BGBl. I S. 2672), Siebtes Gesetz zur Änderung des Vierten Buches Sozialgesetzbuch und anderer Gesetze vom 12.6.2020 (BGBl. I S. 1248), Sanierungs- und Insolvenzrechtsfortentwicklungsgesetz (SanInsFoG) vom 22.12.2020 (BGBl. I S. 3256) und Achtes Gesetz zur Änderung des Vierten Buches Sozialgesetzbuch und anderer Gesetze (8. SGB IV-Änderungsgesetz – 8. SGB IV-ÄndG) vom 20.12.2022 (BGBl. I S. 2759)

BGBl. III/FNA 800-22

[1)] **Zur Anwendung im Beitrittsgebiet** bestimmt der Einigungsvertrag v. 31.8.1990 (BGBl. II S. 889, 1024):
„a) Dieses Gesetz tritt am 1. Januar 1992 in Kraft.
b) §§ 1 bis 18 finden auf Zusagen über Leistungen der betrieblichen Altersversorgung Anwendung, die nach dem 31. Dezember 1991 erteilt werden; die Nachversicherung gemäß § 18 Abs. 6 von Zeiten vor dem 1. Januar 1992 ist ausgeschlossen.
c) §§ 26 bis 30 sind nicht anzuwenden."

Der Bundestag hat mit Zustimmung des Bundesrates das folgende Gesetz beschlossen:

Erster Teil. Arbeitsrechtliche Vorschriften

Erster Abschnitt. Durchführung der betrieblichen Altersversorgung[1]

§ 1[1] **Zusage des Arbeitgebers auf betriebliche Altersversorgung.**
(1) [1] Werden einem Arbeitnehmer Leistungen der Alters-, Invaliditäts- oder Hinterbliebenenversorgung aus Anlass seines Arbeitsverhältnisses vom Arbeitgeber zugesagt (betriebliche Altersversorgung), gelten die Vorschriften dieses Gesetzes. [2] Die Durchführung der betrieblichen Altersversorgung kann unmittelbar über den Arbeitgeber oder über einen der in § 1b Abs. 2 bis 4 genannten Versorgungsträger erfolgen. [3] Der Arbeitgeber steht für die Erfüllung der von ihm zugesagten Leistungen auch dann ein, wenn die Durchführung nicht unmittelbar über ihn erfolgt.

(2)[2] Betriebliche Altersversorgung liegt auch vor, wenn

1. der Arbeitgeber sich verpflichtet, bestimmte Beiträge in eine Anwartschaft auf Alters-, Invaliditäts- oder Hinterbliebenenversorgung umzuwandeln (beitragsorientierte Leistungszusage),

2. der Arbeitgeber sich verpflichtet, Beiträge zur Finanzierung von Leistungen der Betrieblichen Altersversorgung an einen Pensionsfonds, eine Pensionskasse oder eine Direktversicherung zu zahlen und für Leistungen zur Altersversorgung das planmäßig zuzurechnende Versorgungskapital auf der Grundlage der gezahlten Beiträge (Beiträge und die daraus erzielten Erträge), mindestens die Summe der zugesagten Beiträge, soweit sie nicht rechnungsmäßig für einen biometrischen Risikoausgleich verbraucht wurden, hierfür zur Verfügung zu stellen (Beitragszusage mit Mindestleistung),

[ab 1.1.2018:

2a. der Arbeitgeber durch Tarifvertrag oder auf Grund eines Tarifvertrages in einer Betriebs- oder Dienstvereinbarung verpflichtet wird, Beiträge zur Finanzierung von Leistungen der betrieblichen Altersversorgung an einen Pensionsfonds, eine Pensionskasse oder eine Direktversicherung nach § 22 zu zahlen; die Pflichten des Arbeitgebers nach Absatz 1 Satz 3, § 1a Absatz 4 Satz 2, den §§ 1b bis 6 und 16 sowie die Insolvenzsicherungspflicht nach dem Vierten Abschnitt bestehen nicht (reine Beitragszusage),]

3. künftige Entgeltansprüche in eine wertgleiche Anwartschaft auf Versorgungsleistungen umgewandelt werden (Entgeltumwandlung) oder

---

[1] Überschrift und § 1 neu gef. mWv 1.1.2001 durch G v. 26.6.2001 (BGBl. I S. 1310); zur Anw. von § 1 siehe § 26.
[2] § 1 Abs. 2 neu gef. durch G v. 26.6.2001 (BGBl. I S. 1310), Nr. 4 angef. durch G v. 21.6.2002 (BGBl. I S. 2167); zur Geltung siehe § 30e; Nr. 2a eingef. mWv 1.1.2018 durch G v. 17.8.2017 (BGBl. I S. 3214).

4. der Arbeitnehmer Beiträge aus seinem Arbeitsentgelt zur Finanzierung von Leistungen der betrieblichen Altersversorgung an einen Pensionsfonds, eine Pensionskasse oder eine Direktversicherung leistet und die Zusage des Arbeitgebers auch die Leistungen aus diesen Beiträgen umfasst; die Regelungen für Entgeltumwandlung sind hierbei entsprechend anzuwenden, soweit die zugesagten Leistungen aus diesen Beiträgen im Wege der Kapitaldeckung finanziert werden.

§ 1a[1) Anspruch auf betriebliche Altersversorgung durch Entgeltumwandlung. (1)[2) 1Der Arbeitnehmer kann vom Arbeitgeber verlangen, dass von seinen künftigen Entgeltansprüchen bis zu 4 vom Hundert der jeweiligen Beitragsbemessungsgrenze in der allgemeinen Rentenversicherung[3) durch Entgeltumwandlung für seine betriebliche Altersversorgung verwendet werden. 2Die Durchführung des Anspruchs des Arbeitnehmers wird durch Vereinbarung geregelt. 3Ist der Arbeitgeber zu einer Durchführung über einen Pensionsfonds oder eine Pensionskasse (§ 1b Abs. 3) [*ab 1.1.2018:* oder über eine Versorgungseinrichtung nach § 22] bereit, ist die betriebliche Altersversorgung dort durchzuführen; andernfalls kann der Arbeitnehmer verlangen, dass der Arbeitgeber für ihn eine Direktversicherung (§ 1b Abs. 2) abschließt. 4Soweit der Anspruch geltend gemacht wird, muss der Arbeitnehmer jährlich einen Betrag in Höhe von mindestens einem Hundertsechzigstel der Bezugsgröße nach § 18 Abs. 1 des Vierten Buches Sozialgesetzbuch für seine betriebliche Altersversorgung verwenden. 5Soweit der Arbeitnehmer Teile seines regelmäßigen Entgelts für betriebliche Altersversorgung verwendet, kann der Arbeitgeber verlangen, dass während eines laufenden Kalenderjahres gleich bleibende monatliche Beträge verwendet werden.

[ab 1.1.2019:

(1a)[4) Der Arbeitgeber muss 15 Prozent des umgewandelten Entgelts zusätzlich als Arbeitgeberzuschuss an den Pensionsfonds, die Pensionskasse oder die Direktversicherung weiterleiten, soweit er durch die Entgeltumwandlung Sozialversicherungsbeiträge einspart.]

(2) Soweit eine durch Entgeltumwandlung finanzierte betriebliche Altersversorgung besteht, ist der Anspruch des Arbeitnehmers auf Entgeltumwandlung ausgeschlossen.

(3) Soweit der Arbeitnehmer einen Anspruch auf Entgeltumwandlung für betriebliche Altersversorgung nach Absatz 1 hat, kann er verlangen, dass die Voraussetzungen für eine Förderung nach den §§ 10a, 82 Abs. 2 des Einkommensteuergesetzes erfüllt werden, wenn die betriebliche Altersversorgung über einen Pensionsfonds, eine Pensionskasse oder eine Direktversicherung durchgeführt wird.

[1) § 1a eingef. mWv 1.1.2002 durch G v. 26.6.2001 (BGBl. I S. 1310), Abs. 4 angef. mWv 1.1.2005 durch G v. 5.7.2004 (BGBl. I S. 1427).
[2) § 1a Abs. 1 Satz 3 geänd. mWv 1.1.2018 durch G v. 17.8.2017 (BGBl. I S. 3214).
[3) Bezeichnung geänd. durch G v. 9.12.2004 (BGBl. I S. 3242).
[4) § 1a Abs. 1a eingef. durch G v. 17.8.2017 (BGBl. I S. 3214); zur Anwendung siehe § 26a.

(4) ¹Falls der Arbeitnehmer bei fortbestehendem Arbeitsverhältnis kein Entgelt erhält, hat er das Recht, die Versicherung oder Versorgung mit eigenen Beiträgen fortzusetzen. ²Der Arbeitgeber steht auch für die Leistungen aus diesen Beiträgen ein. ³Die Regelungen über Entgeltumwandlung gelten entsprechend.

§ 1b¹⁾ Unverfallbarkeit und Durchführung der betrieblichen Altersversorgung. (1) ¹Einem Arbeitnehmer, dem Leistungen aus der betrieblichen Altersversorgung zugesagt worden sind, bleibt die Anwartschaft erhalten, wenn das Arbeitsverhältnis vor Eintritt des Versorgungsfalls, jedoch nach Vollendung des *30. Lebensjahres [ab 1.1.2009:* 25. Lebensjahres; *ab 1.1.2018:* 21. Lebensjahres]²⁾ endet und die Versorgungszusage zu diesem Zeitpunkt mindestens *fünf [ab 1.1.2018:* drei]²⁾ Jahre bestanden hat (unverfallbare Anwartschaft). ²Ein Arbeitnehmer behält seine Anwartschaft auch dann, wenn er aufgrund einer Vorruhestandsregelung ausscheidet und ohne das vorherige Ausscheiden die Wartezeit und die sonstigen Voraussetzungen für den Bezug von Leistungen der betrieblichen Altersversorgung hätte erfüllen können. ³Eine Änderung der Versorgungszusage oder ihre Übernahme durch eine andere Person unterbricht nicht den Ablauf der Fristen nach Satz 1. ⁴Der Verpflichtung aus einer Versorgungszusage stehen Versorgungsverpflichtungen gleich, die auf betrieblicher Übung oder dem Grundsatz der Gleichbehandlung beruhen. ⁵Der Ablauf einer vorgesehenen Wartezeit wird durch die Beendigung des Arbeitsverhältnisses nach Erfüllung der Voraussetzungen der Sätze 1 und 2 nicht berührt. ⁶Wechselt ein Arbeitnehmer vom Geltungsbereich dieses Gesetzes in einen anderen Mitgliedstaat der Europäischen Union, bleibt die Anwartschaft in gleichem Umfange wie für Personen erhalten, die auch nach Beendigung eines Arbeitsverhältnisses innerhalb des Geltungsbereichs dieses Gesetzes verbleiben.

(2) ¹Wird für die betriebliche Altersversorgung eine Lebensversicherung auf das Leben des Arbeitnehmers durch den Arbeitgeber abgeschlossen und sind der Arbeitnehmer oder seine Hinterbliebenen hinsichtlich der Leistungen des Versicherers ganz oder teilweise bezugsberechtigt (Direktversicherung), so ist der Arbeitgeber verpflichtet, wegen Beendigung des Arbeitsverhältnisses nach Erfüllung der in Absatz 1 Satz 1 und 2 genannten Voraussetzungen das Bezugsrecht nicht mehr zu widerrufen. ²Eine Vereinbarung, nach der das Bezugsrecht durch die Beendigung des Arbeitsverhältnisses nach Erfüllung der in Absatz 1 Satz 1 und 2³⁾ genannten Voraussetzungen auflösend bedingt ist, ist unwirksam. ³Hat der Arbeitgeber die Ansprüche aus dem Versicherungsvertrag abgetreten oder beliehen, so ist er verpflichtet, den Arbeitnehmer, dessen Arbeitsverhältnis nach Erfüllung der in Absatz 1 Satz 1 und 2 genannten Voraussetzungen geendet hat, bei Eintritt des Versicherungsfalles so zu stellen, als

---

¹⁾ § 1b eingef. mWv 1.1.2001 durch G v. 26.6.2001 (BGBl. I S. 1310); zur Anwendung vor dem 1.1.2001 siehe § 30f Abs. 1.
²⁾ § 1b Abs. 1 Satz 1 geänd. mWv 1.1.2009 durch G v. 10.12.2007 (BGBl. I S. 2838); geänd. mWv 1.1.2018 durch G v. 21.12.2015 (BGBl. I S. 2553); zur Geltung siehe aber auch **§ 30f Abs. 3**.
³⁾ Verweis geänd. durch G v. 21.6.2002 (BGBl. I S. 2167).

ob die Abtretung oder Beleihung nicht erfolgt wäre. ⁴Als Zeitpunkt der Erteilung der Versorgungszusage im Sinne des Absatzes 1 gilt der Versicherungsbeginn, frühestens jedoch der Beginn der Betriebszugehörigkeit.

(3)¹⁾ ¹Wird die betriebliche Altersversorgung von einer rechtsfähigen Versorgungseinrichtung durchgeführt, die dem Arbeitnehmer oder seinen Hinterbliebenen auf ihre Leistungen einen Rechtsanspruch gewährt (Pensionskasse und Pensionsfonds), so gilt Absatz 1 entsprechend. ²Als Zeitpunkt der Erteilung der Versorgungszusage im Sinne des Absatzes 1 gilt der Versicherungsbeginn, frühestens jedoch der Beginn der Betriebszugehörigkeit.

(4) ¹Wird die betriebliche Altersversorgung von einer rechtsfähigen Versorgungseinrichtung durchgeführt, die auf ihre Leistungen keinen Rechtsanspruch gewährt (Unterstützungskasse), so sind die nach Erfüllung der in Absatz 1 Satz 1 und 2 genannten Voraussetzungen und vor Eintritt des Versorgungsfalles aus dem Unternehmen ausgeschiedenen Arbeitnehmer und ihre Hinterbliebenen den bis zum Eintritt des Versorgungsfalles dem Unternehmen angehörenden Arbeitnehmern und deren Hinterbliebenen gleichgestellt. ²Die Versorgungszusage gilt in dem Zeitpunkt als erteilt im Sinne des Absatzes 1, von dem an der Arbeitnehmer zum Kreis der Begünstigten der Unterstützungskasse gehört.

(5)²⁾ ¹Soweit betriebliche Altersversorgung durch Entgeltumwandlung [*ab 1.1.2018:* einschließlich eines möglichen Arbeitgeberzuschusses nach § 1a Absatz 1a]³⁾ erfolgt, behält der Arbeitnehmer seine Anwartschaft, wenn sein Arbeitsverhältnis vor Eintritt des Versorgungsfalles endet; in den Fällen der Absätze 2 und 3

1. dürfen die Überschussanteile nur zur Verbesserung der Leistung verwendet,

2. muss dem ausgeschiedenen Arbeitnehmer das Recht zur Fortsetzung der Versicherung oder Versorgung mit eigenen Beiträgen eingeräumt und

3. muss das Recht zur Verpfändung, Abtretung oder Beleihung durch den Arbeitgeber ausgeschlossen werden.

²Im Fall einer Direktversicherung ist dem Arbeitnehmer darüber hinaus mit Beginn der Entgeltumwandlung ein unwiderrufliches Bezugsrecht einzuräumen.

§ 2⁴⁾ Höhe der unverfallbaren Anwartschaft. (1) ¹Bei Eintritt des Versorgungsfalles wegen Erreichens der Altersgrenze, wegen Invalidität oder Tod haben ein vorher ausgeschiedener Arbeitnehmer, dessen Anwartschaft nach § 1b⁵⁾ fortbesteht, und seine Hinterbliebenen einen Anspruch mindestens in Höhe des Teiles der ohne das vorherige Ausscheiden zustehenden Leistung, der dem Verhältnis der Dauer der Betriebszugehörigkeit zu der Zeit vom Beginn der Be-

---

¹⁾ § 1b Abs. 3 Satz 1 geänd. mWv 1.1.2002 durch G v. 26.6.2001 (BGBl. I S. 1310).
²⁾ § 1b Abs. 5 bish. Nr. 1 aufgeh., Satz 2 angef. durch G v. 21.6.2002 (BGBl. I S. 2167).
³⁾ § 1b Abs. Abs. 5 Satz 1 geänd. durch G v. 17.8.2017 (BGBl. I S. 3214); § 1a Abs. 1a eingef. mWv 1.1.2019; zur Anwendung von § 1a Abs. 1a s. auch § 26a.
⁴⁾ § 2 Abs. 2 Satz 4, Abs. 3 Sätze 1 und 2 sowie Abs. 5 Satz 2 HS 2 geänd. mWv 29.7.1994 durch G v. 21.7.1994 (BGBl. I S. 1630).
⁵⁾ Zitate geänd. mWv 1.1.2001 durch G v. 26.6.2001 (BGBl. I S. 1310).

triebszugehörigkeit bis zum Erreichen der Regelaltersgrenze in der gesetzlichen Rentenversicherung entspricht; an die Stelle des Erreichens der Regelaltersgrenze tritt ein früherer Zeitpunkt, wenn dieser in der Versorgungsregelung als feste Altersgrenze vorgesehen ist, spätestens der Zeitpunkt *in dem* [*ab 1.7.2014:* der Vollendung des 65. Lebensjahres, falls] der Arbeitnehmer ausscheidet und gleichzeitig eine Altersrente aus der gesetzlichen Rentenversicherung für besonders langjährig Versicherte in Anspruch nimmt.[1] [2]Der Mindestanspruch auf Leistungen wegen Invalidität oder Tod vor Erreichen der Altersgrenze ist jedoch nicht höher als der Betrag, den der Arbeitnehmer oder seine Hinterbliebenen erhalten hätten, wenn im Zeitpunkt des Ausscheidens der Versorgungsfall eingetreten wäre und die sonstigen Leistungsvoraussetzungen erfüllt gewesen wären.

(2)[2] [1]Ist bei einer Direktversicherung der Arbeitnehmer nach Erfüllung der Voraussetzungen des § 1b Abs. 1 und 5[2] vor Eintritt des Versorgungsfalles ausgeschieden, so gilt Absatz 1 mit der Maßgabe, daß sich der vom Arbeitgeber zu finanzierende Teilanspruch nach Absatz 1, soweit er über die von dem Versicherer nach dem Versicherungsvertrag auf Grund der Beiträge des Arbeitgebers zu erbringende Versicherungsleistung hinausgeht, gegen den Arbeitgeber richtet. [2]An die Stelle der Ansprüche nach Satz 1 tritt *auf Verlangen des Arbeitgebers*[3] die von dem Versicherer auf Grund des Versicherungsvertrages zu erbringende Versicherungsleistung, wenn

1. spätestens nach 3 Monaten seit dem Ausscheiden des Arbeitnehmers das Bezugsrecht unwiderruflich ist und eine Abtretung oder Beleihung des Rechts aus dem Versicherungsvertrag durch den Arbeitgeber und Beitragsrückstände nicht vorhanden sind,

2. vom Beginn der Versicherung, frühestens jedoch vom Beginn der Betriebszugehörigkeit an, nach dem Versicherungsvertrag die Überschußanteile nur zur Verbesserung der Versicherungsleistung zu verwenden sind und

3. der ausgeschiedene Arbeitnehmer nach dem Versicherungsvertrag das Recht zur Fortsetzung der Versicherung mit eigenen Beiträgen hat.

[3]*Der Arbeitgeber kann sein Verlangen nach Satz 2 nur innerhalb von 3 Monaten seit dem Ausscheiden des Arbeitnehmers diesem und dem Versicherer mitteilen.* [*ab 24.6.2020:* [3]Die Einstandspflicht des Arbeitgebers nach § 1 Absatz 1 Satz 3 bleibt unberührt.][4] [4]Der ausgeschiedene Arbeitnehmer darf die Ansprüche aus dem Versicherungsvertrag in Höhe der durch Beitragszahlungen des Arbeitgebers gebildeten geschäftsplanmäßigen Deckungskapitals oder, soweit die Berechnung des Deckungskapitals nicht zum Geschäftsplan gehört, des nach § 169 Abs. 3 und 4 des Versicherungsvertragsgesetzes berechneten Wertes weder abtreten noch beleihen. [5]In dieser Höhe darf der Rückkaufswert auf Grund einer Kündigung des Versicherungsvertrages nicht in Anspruch genommen werden; im Falle einer Kündigung wird die Versicherung in eine

---

[1] § 2 Abs. 1 Satz 1 geänd. durch G v. 20.4.2007 (BGBl. I S. 554); geänd. mWv 1.7.2014 durch G v. 23.6.2014 (BGBl. I S. 787).
[2] § 2 Abs. 2 Sätze 4 und 6 geänd. mWv 1.1.2008 durch G v. 23.11.2007 (BGBl. I S. 2631), Satz 7 angef. mWv 1.1.2009 durch G v. 21.12.2008 (BGBl. I S. 2940).
[3] Kursiver Satzteil aufgeh. mWv 24.6.2020 durch G v. 12.6.2020 (BGBl. I S. 1248).
[4] § 2 Abs. 2 Satz 3 neu gef. mWv 24.6.2020 durch G v. 12.6.2020 (BGBl. I S. 1248).

prämienfreie Versicherung umgewandelt. ⁶ § 169 Abs. 1 des Versicherungsvertragsgesetzes findet insoweit keine Anwendung. ⁷ Eine Abfindung des Anspruchs nach § 3 ist weiterhin möglich.

(3)¹⁾ ¹ Für Pensionskassen gilt Absatz 1 mit der Maßgabe, daß sich der vom Arbeitgeber zu finanzierende Teilanspruch nach Absatz 1, soweit er über die von der Pensionskasse nach dem aufsichtsbehördlich genehmigten Geschäftsplan oder, soweit eine aufsichtsbehördliche Genehmigung nicht vorgeschrieben ist, nach den allgemeinen Versicherungsbedingungen und den fachlichen Geschäftsunterlagen im Sinne des § 9 Absatz 2 Nummer 2 in Verbindung mit § 219 Absatz 3 Nummer 1 Buchstabe b des Versicherungsaufsichtsgesetzes (Geschäftsunterlagen) auf Grund der Beiträge des Arbeitgebers zu erbringende Leistung hinausgeht, gegen den Arbeitgeber richtet. ² An die Stelle der Ansprüche nach Satz 1 tritt auf *Verlangen des Arbeitgebers*²⁾ die von der Pensionskasse auf Grund des Geschäftsplanes oder der Geschäftsunterlagen zu erbringende Leistung, wenn nach dem aufsichtsbehördlich genehmigten Geschäftsplan oder den Geschäftsunterlagen

1. vom Beginn der Versicherung, frühestens jedoch vom Beginn der Betriebszugehörigkeit an, Überschußanteile, die auf Grund des Finanzierungsverfahrens regelmäßig entstehen, nur zur Verbesserung der Versicherungsleistung zu verwenden sind oder die Steigerung der Versorgungsanwartschaften des Arbeitnehmers der Entwicklung seines Arbeitsentgeltes, soweit es unter den jeweiligen Beitragsbemessungsgrenzen der gesetzlichen Rentenversicherungen liegt, entspricht und

2. der ausgeschiedene Arbeitnehmer das Recht zur Fortsetzung der Versicherung mit eigenen Beiträgen hat.

³ Absatz 2 Satz 3 bis 7 gilt entsprechend.

(3a)³⁾ Für Pensionsfonds gilt Absatz 1 mit der Maßgabe, dass sich der vom Arbeitgeber zu finanzierende Teilanspruch, soweit er über die vom Pensionsfonds auf der Grundlage der nach dem geltenden Pensionsplan im Sinne des § 237 Absatz 1 Satz 3 des Versicherungsaufsichtsgesetzes berechnete Deckungsrückstellung hinausgeht, gegen den Arbeitgeber richtet.

(4) Eine Unterstützungskasse hat bei Eintritt des Versorgungsfalles einem vorzeitig ausgeschiedenen Arbeitnehmer, der nach § 1b Abs. 4 gleichgestellt ist, und seinen Hinterbliebenen mindestens den nach Absatz 1 berechneten Teil der Versorgung zu gewähren.

(5)⁴⁾ ¹ *Bei der Berechnung des Teilanspruchs nach Absatz 1 bleiben Veränderungen der Versorgungsregelung und der Bemessungsgrundlagen für die Leistung der betrieblichen*

---

¹⁾ § 2 Abs. 3 Satz 3 Verweis geänd. mWv 1.1.2009 durch G v. 21.12.2008 (BGBl. I S. 2940); Abs. 3 Satz 1 Verweis geänd. mWv 1.1.2016 durch G v. 1.4.2015 (BGBl. I S. 434); Verweis geänd. mWv 13.1.2019 durch G v. 19.12.2018 (BGBl. I S. 2672).
²⁾ Kursiver Satzteil aufgeh. mWv 24.6.2020 durch G v. 12.6.2020 (BGBl. I S. 1248).
³⁾ § 2 Abs. 3a eingef. mWv 1.1.2002 durch G v. 26.6.2001 (BGBl. I S. 1310); Verweis geänd. mWv 1.1.2016 durch G v. 1.4.2015 (BGBl. I S. 434); Verweis geänd. mWv 13.1.2019 durch G v. 19.12.2018 (BGBl. I S. 2672).
⁴⁾ § 2 Abs. 5 aufgeh., nachf. Abs. 5a und 5b werden Abs. 5 und 6 mWv 1.1.2018 durch G v. 21.12.2015 (BGBl. I S. 2553).

Altersversorgung, soweit sie nach dem Ausscheiden des Arbeitnehmers eintreten, außer Betracht; dies gilt auch für die Bemessungsgrundlagen anderer Versorgungsbezüge, die bei der Berechnung der Leistung der betrieblichen Altersversorgung zu berücksichtigen sind. ² Ist eine Rente der gesetzlichen Rentenversicherung zu berücksichtigen, so kann das bei der Berechnung von Pensionsrückstellungen allgemein zulässige Verfahren zugrunde gelegt werden, wenn nicht der ausgeschiedene Arbeitnehmer die Anzahl der im Zeitpunkt des Ausscheidens erreichten Entgeltpunkte nachweist; bei Pensionskassen sind der aufsichtsbehördlich genehmigte Geschäftsplan oder die Geschäftsunterlagen maßgebend. ³ Bei Pensionsfonds sind der Pensionsplan und die sonstigen Geschäftsunterlagen maßgebend. ⁴ Versorgungsanwartschaften, die der Arbeitnehmer nach seinem Ausscheiden erwirbt, dürfen zu keiner Kürzung des Teilanspruchs nach Absatz 1 führen.

(5)[1] Bei einer unverfallbaren Anwartschaft aus Entgeltumwandlung tritt an die Stelle der Ansprüche nach Absatz 1, 3a oder 4 die vom Zeitpunkt der Zusage auf betriebliche Altersversorgung bis zum Ausscheiden des Arbeitnehmers erreichte Anwartschaft auf Leistungen aus den bis dahin umgewandelten Entgeltbestandteilen; dies gilt entsprechend für eine unverfallbare Anwartschaft aus Beiträgen im Rahmen einer beitragsorientierten Leistungszusage.

(6)[2] An die Stelle der Ansprüche nach den Absätzen 2, 3, 3a und *5a [ab 1.1.2018:* 5] tritt bei einer Beitragszusage mit Mindestleistung das dem Arbeitnehmer planmäßig zuzurechnende Versorgungskapital auf der Grundlage der bis zu seinem Ausscheiden geleisteten Beiträge (Beiträge und die bis zum Eintritt des Versorgungsfalls erzielten Erträge), mindestens die Summe der bis dahin zugesagten Beiträge, soweit sie nicht rechnungsmäßig für einen biometrischen Risikoausgleich verbraucht wurden.

[ab 1.1.2018:]

§ 2a[3] **Berechnung und Wahrung des Teilanspruchs.** (1) Bei der Berechnung des Teilanspruchs eines mit unverfallbarer Anwartschaft ausgeschiedenen Arbeitnehmers nach § 2 sind die Versorgungsregelung und die Bemessungsgrundlagen im Zeitpunkt des Ausscheidens zugrunde zu legen; Veränderungen, die nach dem Ausscheiden eintreten, bleiben außer Betracht.

(2)[4] ¹ Abweichend von Absatz 1 darf ein ausgeschiedener Arbeitnehmer im Hinblick auf den Wert seiner unverfallbaren Anwartschaft gegenüber vergleichbaren nicht ausgeschiedenen Arbeitnehmern nicht benachteiligt werden. ² Eine Benachteiligung gilt insbesondere als ausgeschlossen, wenn

1. die Anwartschaft

    a) als nominales Anrecht festgelegt ist,

    b) eine Verzinsung enthält, die auch dem ausgeschiedenen Arbeitnehmer zugutekommt, oder

---

[1] § 2 Abs. 5a eingef. mWv 1.1.2001 durch G v. 26.6.2001 (BGBl. I S. 1310); zur Anwendung vor dem 1.1.2001 siehe § 30g Abs. 2; Abs. 5a wird Abs. 5 mWv 1.1.2018 durch G v. 21.12.2015 (BGBl. I S. 2553).
[2] § 2 Abs. 5b eingef. mWv 1.1.2002 durch G v. 26.6.2001 (BGBl. I S. 1310); Abs. 5b wird Abs. 6 und geänd. mWv 1.1.2018 durch G v. 21.12.2015 (BGBl. I S. 2553).
[3] § 2a eingef. mWv 1.1.2018 durch G v. 21.12.2015 (BGBl. I S. 2553).
[4] Zur Geltung von Abs. 2 siehe § 30g Abs. 1.

c) über einen Pensionsfonds, eine Pensionskasse oder eine Direktversicherung durchgeführt wird und die Erträge auch dem ausgeschiedenen Arbeitnehmer zugutekommen, oder

2. die Anwartschaft angepasst wird

   a) um 1 Prozent jährlich,

   b) wie die Anwartschaften oder die Nettolöhne vergleichbarer nicht ausgeschiedener Arbeitnehmer,

   c) wie die laufenden Leistungen, die an die Versorgungsempfänger des Arbeitgebers erbracht werden, oder

   d) entsprechend dem Verbraucherpreisindex für Deutschland.

(3) ¹Ist bei der Berechnung des Teilanspruchs eine Rente der gesetzlichen Rentenversicherung zu berücksichtigen, so kann bei einer unmittelbaren oder über eine Unterstützungskasse durchgeführten Versorgungszusage das bei der Berechnung von Pensionsrückstellungen allgemein zulässige Verfahren zugrunde gelegt werden, es sei denn, der ausgeschiedene Arbeitnehmer weist die bei der gesetzlichen Rentenversicherung im Zeitpunkt des Ausscheidens erreichten Entgeltpunkte nach. ²Bei einer Versorgungszusage, die über eine Pensionskasse oder einen Pensionsfonds durchgeführt wird, sind der aufsichtsbehördlich genehmigte Geschäftsplan, der Pensionsplan oder die sonstigen Geschäftsunterlagen zugrunde zu legen.

(4) Versorgungsanwartschaften, die der Arbeitnehmer nach seinem Ausscheiden erwirbt, dürfen nicht zu einer Kürzung des Teilanspruchs führen.

§ 3 Abfindung

[Fassung bis 31.12.2004][1)]

(1) ¹Eine nach § 1b Abs. 1 bis 3 und 5[3)] unverfallbare Anwartschaft kann im Falle der Beendigung des Arbeitsverhältnisses nur nach den Sätzen 2 bis 6 abgefunden werden. ²Die Anwartschaft ist auf Verlangen des Arbeitgebers oder des Arbeitnehmers abzufinden, wenn der bei Erreichen der vorgesehenen Altersgrenze maßgebliche Monatsbetrag der laufenden Versorgungsleistung eins vom Hundert der monatlichen Bezugsgröße (§ 18 Viertes Buch Sozialgesetzbuch), bei Kapitalleistungen zwölf Zehntel der

[Fassung ab 1.1.2005][2)]

(1) Unverfallbare Anwartschaften im Falle der Beendigung des Arbeitsverhältnisses und laufende Leistungen dürfen nur unter den Voraussetzungen der folgenden Absätze abgefunden werden.

(2) ¹Der Arbeitgeber kann eine Anwartschaft ohne Zustimmung des Arbeitnehmers abfinden, wenn der Monatsbetrag der aus der Anwartschaft resultierenden laufenden Leistung bei Erreichen der vorgesehenen Altersgrenze eins vom Hundert, bei Kapitalleistungen zwölf Zehntel der

---

[1)] § 3 Abs. 1 neu gef. mWv 1.1.1999 durch G v. 16.12.1997 (BGBl. I S. 2998), Abs. 2 Sätze 2 und 3 geänd. mWv 29.7.1994 durch G v. 21.7.1994 (BGBl. I S. 1630).
[2)] § 3 neu gef. durch G v. 5.7.2004 (BGBl. I S. 1427); zur Anwendung siehe § 30g Abs. 3; Abs. 2 Satz 3 eingef., bish. Satz 3 wird Satz 4 mWv 1.1.2018 durch G v. 21.12.2015 (BGBl. I S. 2553).
[3)] § 3 Abs. 1 Satz 1 geänd. mWv 1.1.2001 durch G v. 26.6.2001 (BGBl. I S. 1310).

[Fassung bis 31.12.2004]

monatlichen Bezugsgröße nicht übersteigt. ³ Die Anwartschaft kann nur mit Zustimmung des Arbeitnehmers abgefunden werden, wenn

1. ihr monatlicher Wert zwei vom Hundert der monatlichen Bezugsgröße, bei Kapitalleistungen vierundzwanzig Zehntel der monatlichen Bezugsgröße nicht übersteigt,

2. ¹⁾ ihr monatlicher Wert vier vom Hundert der monatlichen Bezugsgröße, bei Kapitalleistungen achtundvierzig Zehntel der monatlichen Bezugsgröße nicht übersteigt und der Abfindungsbetrag vom Arbeitgeber unmittelbar zur Zahlung von Beiträgen zur gesetzlichen Rentenversicherung oder zum Aufbau einer Versorgungsleistung bei einer Direktversicherung, Pensionskasse oder einem Pensionsfonds verwendet wird,

3. die Beiträge zur gesetzlichen Rentenversicherung erstattet worden sind oder

4. ²⁾ sie auf einer Entgeltumwandlung beruht und die Grenzwerte nach den Nummern 1 oder 2 nicht überschritten werden.

⁴ Der Teil einer Anwartschaft, der während eines Insolvenzverfahrens erdient worden ist, kann ohne Zustimmung des Arbeitnehmers abgefunden werden, wenn die Betriebstätigkeit vollständig eingestellt und das Unternehmen liquidiert wird. ⁵ Die Abfindung ist gesondert auszuweisen und einmalig zu zahlen. ⁶ Für Versorgungsleistungen, die gemäß § 2 Abs. 4 von einer Unterstützungskasse zu erbrin-

[Fassung ab 1.1.2005]

monatlichen Bezugsgröße nach § 18 des Vierten Buches Sozialgesetzbuch nicht übersteigen würde. ² Dies gilt entsprechend für die Abfindung einer laufenden Leistung. *[ab 1.1.2018:* ³ Die Abfindung einer Anwartschaft bedarf der Zustimmung des Arbeitnehmers, wenn dieser nach Beendigung des Arbeitsverhältnisses ein neues Arbeitsverhältnis in einem anderen Mitgliedstaat der Europäischen Union begründet und dies innerhalb von drei Monaten nach Beendigung des Arbeitsverhältnisses seinem ehemaligen Arbeitgeber mitteilt.] ⁴ Die Abfindung ist unzulässig, wenn der Arbeitnehmer von seinem Recht auf Übertragung der Anwartschaft Gebrauch macht.

(3) Die Anwartschaft ist auf Verlangen des Arbeitnehmers abzufinden, wenn die Beiträge zur gesetzlichen Rentenversicherung erstattet worden sind.

(4) Der Teil der Anwartschaft, der während eines Insolvenzverfahrens erdient worden ist, kann ohne Zustimmung des Arbeitnehmers abgefunden werden, wenn die Betriebstätigkeit vollständig eingestellt und das Unternehmen liquidiert wird.

(5) Für die Berechnung des Abfindungsbetrages gilt § 4 Abs. 5 entsprechend.

(6) Die Abfindung ist gesondert auszuweisen und einmalig zu zahlen.

---

¹⁾ § 3 Abs. 1 Satz 3 Nr. 2 geänd. mWv 1.1.2001 durch G v. 26.6.2001 (BGBl. I S. 1310).
²⁾ § 3 Abs. 1 Satz 3 Nr. 4 angef. und Abs. 2 Satz 2 geänd. mWv 1.1.2001 durch G v. 26.6.2001 (BGBl. I S. 1310).

[Fassung bis 31.12.2004]

gen sind, gelten die Sätze 1 bis 5 entsprechend.

(2)[1] ¹Die Abfindung wird nach dem Barwert der nach § 2 bemessenen künftigen Versorgungsleistungen im Zeitpunkt der Beendigung des Arbeitsverhältnisses berechnet. ²Soweit sich der Anspruch auf die künftigen Versorgungsleistungen gegen ein Unternehmen der Lebensversicherung, einen Pensionsfonds oder eine Pensionskasse richtet, berechnet sich die Abfindung nach dem geschäftsplanmäßigen Deckungskapital im Zeitpunkt der Beendigung des Arbeitsverhältnisses oder, soweit die Berechnung des Deckungskapitals nicht zum Geschäftsplan gehört, nach dem Zeitwert gemäß § 176 Abs. 3 des Gesetzes über den Versicherungsvertrag. ³Hierbei sind der bei der jeweiligen Form der betrieblichen Altersversorgung vorgeschriebene Rechnungszinsfuß und die Rechnungsgrundlagen sowie die anerkannten Regeln der Versicherungsmathematik, bei Direktversicherungen und Pensionskassen deren Geschäftsplan oder Geschäftsunterlagen, maßgebend.

[Fassung bis 31.12.2004]

§ 4 Übernahme. (1) ¹Die Verpflichtung, bei Eintritt des Versorgungsfalles Versorgungsleistungen nach § 2 Abs. 1 bis 3a[3] zu gewähren, kann von jedem Unternehmen, bei dem der ausgeschiedene Arbeitnehmer beschäftigt wird, von einer Pensionskasse, von einem Unterneh-

[Fassung ab 1.1.2005][2]

§ 4 Übertragung. (1) Unverfallbare Anwartschaften und laufende Leistungen dürfen nur unter den Voraussetzungen der folgenden Absätze übertragen werden.

(2) Nach Beendigung des Arbeitsverhältnisses kann im Einvernehmen des ehemaligen mit dem neuen

---

[1] § 3 Abs. 1 Satz 3 Nr. 4 angef. und Abs. 2 Satz 2 geänd. mWv 1.1.2001 durch G v. 26.6.2001 (BGBl. I S. 1310).
[2] § 4 neu gef. durch G v. 5.7.2004 (BGBl. I S. 1427); zur Anwendung von § 4 Abs. 3 siehe § 30b.
[3] Verweis geänd. durch G v. 21.6.2002 (BGBl. I S. 2167).

[Fassung bis 31.12.2004]

men der Lebensversicherung oder einem öffentlich-rechtlichen Versorgungsträger mit Zustimmung des Arbeitnehmers übernommen werden. ²Eine vertragliche Schuldübernahme durch andere Versorgungsträger ist dem Arbeitnehmer gegenüber unwirksam. ³Bei einer Schuldübernahme durch ein Unternehmen der Lebensversicherung gilt § 2 Abs. 2 Satz 4 bis 6 entsprechend.

(2) Hat eine Unterstützungskasse einem vorzeitig ausgeschiedenen Arbeitnehmer Versorgungsleistungen nach § 2 Abs. 4 zu gewähren, kann diese Verpflichtung mit Zustimmung des Arbeitnehmers von den in Absatz 1 genannten Trägern oder von einer anderen Unterstützungskasse übernommen werden.

(3)[1] ¹Wird die Betriebstätigkeit eingestellt und das Unternehmen liquidiert, kann eine Versorgungsleistung auf Grund einer Zusage oder einer unverfallbaren Anwartschaft nach § 1b Abs. 1[2] oder eine Versorgungsleistung, die gemäß § 1b Abs. 4[2] von einer Unterstützungskasse oder gemäß § 1b Abs. 3 von einem Pensionsfonds erbracht wird oder zu erbringen ist, von einer Pensionskasse oder von einem Unternehmen der Lebensversicherung ohne Zustimmung des Versorgungsempfängers oder Arbeitnehmers übernommen werden, wenn sicher

[Fassung ab 1.1.2005]

Arbeitgeber sowie dem Arbeitnehmer

1. die Zusage vom neuen Arbeitgeber übernommen werden oder

2. der Wert der vom Arbeitnehmer erworbenen unverfallbaren Anwartschaft auf betriebliche Altersversorgung (Übertragungswert) auf den neuen Arbeitgeber übertragen werden, wenn dieser eine wertgleiche Zusage erteilt; für die neue Anwartschaft gelten die Regelungen über Entgeltumwandlung entsprechend.

(3)[3] ¹Der Arbeitnehmer kann innerhalb eines Jahres nach Beendigung des Arbeitsverhältnisses von seinem ehemaligen Arbeitgeber verlangen, dass der Übertragungswert *[ab 1.1.2018:* oder auf die Versorgungseinrichtung nach § 22 des neuen Arbeitgebers]* übertragen wird, wenn

1. die betriebliche Altersversorgung über einen Pensionsfonds, eine Pensionskasse oder eine Direktversicherung durchgeführt worden ist und

2. der Übertragungswert die Beitragsbemessungsgrenze in der allgemeinen Rentenversicherung[4] nicht übersteigt.

²Der Anspruch richtet sich gegen den Versorgungsträger, wenn *der ehemalige Arbeitgeber[5]* die versicherungsförmige Lösung nach § 2 Abs. 2

---

[1] § 4 Abs. 3 angef. mWv 1.1.1999 durch G v. 16.12.1997 (BGBl. I S. 2998), Abs. 3 neu gef. mWv 1.1.2000 durch G v. 22.12.1999 (BGBl. I S. 2601), Abs. 3 Satz 1 geänd. durch G v. 21.6.2002 (BGBl. I S. 2167).

[2] § 4 Abs. 3 Zitate geänd. und Abs. 4 angef. mWv 1.1.2001 durch G v. 26.6.2001 (BGBl. I S. 1310).

[3] § 4 Abs. 3 Satz 1 geänd., Satz 5 angef. mWv 1.1.2018 durch G v. 17.8.2017 (BGBl. I S. 3214).

[4] Bezeichnung geänd. durch G v. 9.12.2004 (BGBl. I S. 3242).

[5] § 4 Abs. 3 Satz 2 kursiver Satzteil aufgeh., geänd. mWv 24.6.2020 durch G v. 12.6.2020 (BGBl. I S. 1248).

[Fassung bis 31.12.2004]

gestellt ist, dass die Überschussanteile ab Rentenbeginn entsprechend § 16 Abs. 3 Nr. 2 verwendet werden. ² § 2 Abs. 2 Satz 4 bis 6 gilt entsprechend.

(4)¹⁾ ¹ Der Arbeitgeber ist verpflichtet, auf Verlangen des Arbeitnehmers frühestens ab Beendigung des Arbeitsverhältnisses den Barwert der nach § 1b Abs. 5 unverfallbaren Anwartschaft auf einen neuen Arbeitgeber, bei dem der ausgeschiedene Arbeitnehmer beschäftigt ist oder einen Versorgungsträger des neuen Arbeitgebers zu übertragen, wenn der neue Arbeitgeber dem Arbeitnehmer eine dem übertragenen Barwert wertmäßig entsprechende Zusage erteilt. ² Für die Höhe des Barwertes gilt § 3 Abs. 2 entsprechend mit der Maßgabe, dass an die Stelle des Zeitpunktes der Beendigung des Arbeitsverhältnisses der Zeitpunkt der Übertragung tritt. ³ Mit der Erteilung der Zusage durch den neuen Arbeitgeber erlischt die Verpflichtung des alten Arbeitgebers.

[Fassung ab 1.1.2005]

oder 3 *gewählt hat* [**ab 24.6.2020:** vorliegt]²⁾ oder soweit der Arbeitnehmer die Versicherung oder Versorgung mit eigenen Beiträgen fortgeführt hat.

³ Der neue Arbeitgeber ist verpflichtet, eine dem Übertragungswert wertgleiche Zusage zu erteilen und über einen Pensionsfonds, eine Pensionskasse oder eine Direktversicherung durchzuführen. ⁴ Für die neue Anwartschaft gelten die Regelungen über Entgeltumwandlung entsprechend. [**ab 1.1.2018:** ⁵ Ist der neue Arbeitgeber zu einer Durchführung über eine Versorgungseinrichtung nach § 22 bereit, ist die betriebliche Altersversorgung dort durchzuführen; die Sätze 3 und 4 sind in diesem Fall nicht anzuwenden.]

(4)³⁾ ¹ Wird die Betriebstätigkeit eingestellt und das Unternehmen liquidiert, kann eine Zusage von einer Pensionskasse oder einem Unternehmen der Lebensversicherung ohne Zustimmung des Arbeitnehmers oder Versorgungsempfängers übernommen werden, wenn sichergestellt ist, dass die Überschussanteile ab Rentenbeginn entsprechend § 16 Abs. 3 Nr. 2 verwendet werden. [**ab 24.6.2020:** ² Bei einer Pensionskasse nach § 7 Absatz 1 Satz 2 Nummer 3 muss sichergestellt sein, dass im Zeitpunkt der Übernahme der in der Rechtsverordnung zu § 235 Absatz 1 Nummer 4 des Versicherungsaufsichtsgesetzes in der jeweils geltenden Fassung festgesetzte Höchstzinssatz zur Berechnung der

---

¹⁾ § 4 Abs. 3 Zitate geänd. und Abs. 4 angef. mWv 1.1.2001 durch G v. 26.6.2001 (BGBl. I S. 1310).

²⁾ § 4 Abs. 3 Satz 2 kursiver Satzteil aufgeh., geänd. mWv 24.6.2020 durch G v. 12.6.2020 (BGBl. I S. 1248).

³⁾ § 4 Abs. 4 Satz 2 eingef., bish. Satz 2 wird Satz 3 mWv 24.6.2020 durch G v. 12.6.2020 (BGBl. I S. 1248).

[Fassung ab 1.1.2005]

Deckungsrückstellung nicht überschritten wird.] ³ § 2 Abs. 2 Satz 4 bis 6 gilt entsprechend.

(5) ¹ Der Übertragungswert entspricht bei einer unmittelbar über den Arbeitgeber oder über eine Unterstützungskasse durchgeführten betrieblichen Altersversorgung dem Barwert der nach § 2 bemessenen künftigen Versorgungsleistung im Zeitpunkt der Übertragung; bei der Berechnung des Barwerts sind die Rechnungsgrundlagen sowie die anerkannten Regeln der Versicherungsmathematik maßgebend. ² Soweit die betriebliche Altersversorgung über einen Pensionsfonds, eine Pensionskasse oder eine Direktversicherung durchgeführt worden ist, entspricht der Übertragungswert dem gebildeten Kapital im Zeitpunkt der Übertragung.

(6) Mit der vollständigen Übertragung des Übertragungswerts erlischt die Zusage des ehemaligen Arbeitgebers.

[Fassung bis 31.12.2017:]

§ 4a¹⁾ Auskunftsanspruch. 1) Der Arbeitgeber oder der Versorgungsträger hat dem Arbeitnehmer bei einem berechtigten Interesse auf dessen Ver-langen schriftlich mitzuteilen,

1. in welcher Höhe aus der bisher erworbenen unverfallbaren Anwartschaft bei Erreichen der in der Versorgungsregelung vorgesehenen Altersgrenze ein Anspruch auf Altersversorgung besteht und

[Fassung ab 1.1.2018:]

§ 4a²⁾ Auskunftspflichten. (1) Der Arbeitgeber oder der Versorgungsträger hat dem Arbeitnehmer auf dessen Verlangen mitzuteilen,

1. ob und wie eine Anwartschaft auf betriebliche Altersversorgung erworben wird,

2. wie hoch der Anspruch auf betriebliche Altersversorgung aus der bisher erworbenen Anwartschaft ist und bei Erreichen der in der Versorgungsregelung vorgesehenen Altersgrenze voraussichtlich sein wird,

---

¹⁾ § 4a eingef. mWv 1.1.2005 durch G v. 5.7.2004 (BGBl. I S. 1427).
²⁾ § 4a neu gef. mWv 1.1.2018 durch G v. 21.12.2015 (BGBl. I S. 2553).

[Fassung bis 31.12.2017:]

2. wie hoch bei einer Übertragung der Anwartschaft nach § 4 Abs. 3 der Übertragungswert ist.

(2) Der neue Arbeitgeber oder der Versorgungsträger hat dem Arbeitnehmer auf dessen Verlangen schriftlich mitzuteilen, in welcher Höhe aus dem Übertragungswert ein Anspruch auf Altersversorgung und ob eine Invaliditäts- oder Hinterbliebenenversorgung bestehen würde.

[Fassung ab 1.1.2018:]

3. wie sich eine Beendigung des Arbeitsverhältnisses auf die Anwartschaft auswirkt und

4. wie sich die Anwartschaft nach einer Beendigung des Arbeitsverhältnisses entwickeln wird.

(2) ¹Der Arbeitgeber oder der Versorgungsträger hat dem Arbeitnehmer oder dem ausgeschiedenen Arbeitnehmer auf dessen Verlangen mitzuteilen, wie hoch bei einer Übertragung der Anwartschaft nach § 4 Absatz 3 der Übertragungswert ist. ²Der neue Arbeitgeber oder der Versorgungsträger hat dem Arbeitnehmer auf dessen Verlangen mitzuteilen, in welcher Höhe aus dem Übertragungswert ein Anspruch auf Altersversorgung bestehen würde und ob eine Invaliditäts- oder Hinterbliebenenversorgung bestehen würde.

(3) ¹Der Arbeitgeber oder der Versorgungsträger hat dem ausgeschiedenen Arbeitnehmer auf dessen Verlangen mitzuteilen, wie hoch die Anwartschaft auf betriebliche Altersversorgung ist und wie sich die Anwartschaft künftig entwickeln wird. ²Satz 1 gilt entsprechend für Hinterbliebene im Versorgungsfall.

(4) Die Auskunft muss verständlich, in Textform und in angemessener Frist erteilt werden.

Zweiter Abschnitt. Auszehrungsverbot

§ 5 Auszehrung und Anrechnung. (1) Die bei Eintritt des Versorgungsfalles festgesetzten Leistungen der betrieblichen Altersversorgung dürfen nicht mehr dadurch gemindert oder entzogen werden, daß Beträge, um die sich andere Versorgungsbezüge nach diesem Zeitpunkt durch Anpassung an die wirtschaftliche Entwicklung erhöhen, angerechnet oder bei der Begrenzung der Gesamtversorgung auf einen Höchstbetrag berücksichtigt werden.

(2) ¹Leistungen der betrieblichen Altersversorgung dürfen durch Anrechnung oder Berücksichtigung anderer Versorgungsbezüge, soweit sie auf eigenen Beiträgen des Versorgungsempfängers beruhen, nicht gekürzt werden. ²Dies gilt nicht für Renten aus den gesetzlichen Rentenversicherungen, soweit sie auf Pflichtbeiträgen beruhen, sowie für sonstige Versorgungsbezüge, die mindestens zur Hälfte auf Beiträgen oder Zuschüssen des Arbeitgebers beruhen.

Dritter Abschnitt. Altersgrenze

§ 6[1) **Vorzeitige Altersleistung.** ¹Einem Arbeitnehmer, der die Altersrente aus der gesetzlichen Rentenversicherung *vor Vollendung des 65. Lebensjahres*[2) als Vollrente in Anspruch nimmt, sind auf sein Verlangen nach Erfüllung der Wartezeit und sonstiger Leistungsvoraussetzungen Leistungen der betrieblichen Altersversorgung zu gewähren. ²Wird die Altersrente aus der gesetzlichen Rentenversicherung auf einen Teilbetrag beschränkt, können die Leistungen der betrieblichen Altersversorgung eingestellt werden. ³Der ausgeschiedene Arbeitnehmer ist verpflichtet, eine Beschränkung der Altersrente aus der gesetzlichen Rentenversicherung dem Arbeitgeber oder sonstigen Versorgungsträger unverzüglich anzuzeigen.

Vierter Abschnitt. Insolvenzsicherung

§ 7[3) **Umfang des Versicherungsschutzes.** (1)[4) ¹Versorgungsempfänger, deren Ansprüche aus einer unmittelbaren Versorgungszusage des Arbeitgebers nicht erfüllt werden, weil über das Vermögen des Arbeitgebers oder über seinen Nachlaß das Insolvenzverfahren eröffnet worden ist, und ihre Hinterbliebenen haben gegen den Träger der Insolvenzsicherung einen Anspruch in Höhe der Leistung, die der Arbeitgeber aufgrund der Versorgungszusage zu erbringen hätte, wenn das Insolvenzverfahren nicht eröffnet worden wäre. ²Satz 1 gilt entsprechend,

1. wenn Leistungen aus einer Direktversicherung aufgrund der in § 1b Abs. 2 Satz 3 genannten Tatbestände nicht gezahlt werden und der Arbeitgeber seiner Verpflichtung nach § 1b Abs. 2 Satz 3 wegen der Eröffnung des Insolvenzverfahrens nicht nachkommt,

---

[1) § 6 neu gef. mWv 1.1.1992 durch G v. 18.12.1989 (BGBl. I S. 2261), Satz 1 geänd. mWv 1.1.1999 durch G v. 16.12.1997 (BGBl. I S. 2998); Sätze 2 und 3 neu gef. durch G v. 20.12.2022 (BGBl. I S. 2759).
[2) § 6 Satz 1 kursiver Satzteil aufgeh. mWv 1.1.2008 durch G v. 20.4.2007 (BGBl. I S. 554).
[3) § 7 neu gef. mWv 1.1.1999 durch G v. 16.12.1997 (BGBl. I S. 2998); zur Anw. siehe **§ 30.**
[4) § 7 Abs. 1 Satz 2 neu gef. mWv 1.1.2002 durch G v. 26.6.2001 (BGBl. I S. 1310), Satz 6 geänd. mWv 1.1.2008 durch G v. 23.11.2007 (BGBl. I S. 2631).

[Fassung bis 23.6.2020:]

2. wenn eine Unterstützungskasse oder ein Pensionsfonds die nach ihrer Versorgungsregelung vorgesehene Versorgung nicht erbringt, weil über das Vermögen oder den Nachlass eines Arbeitgebers, der der Unterstützungskasse oder dem Pensionsfonds Zuwendungen leistet (Trägerunternehmen), das Insolvenzverfahren eröffnet worden ist.

[Fassung ab 24.6.2020:][1)]

2. wenn eine Unterstützungskasse die nach ihrer Versorgungsregelung vorgesehene Versorgung nicht erbringt, weil über das Vermögen oder den Nachlass eines Arbeitgebers, der der Unterstützungskasse Zuwendungen leistet, das Insolvenzverfahren eröffnet worden ist,

3. wenn über das Vermögen oder den Nachlass des Arbeitgebers, dessen Versorgungszusage von einem Pensionsfonds oder einer Pensionskasse durchgeführt wird, das Insolvenzverfahren eröffnet worden ist und soweit der Pensionsfonds oder die Pensionskasse die nach der Versorgungszusage des Arbeitgebers vorgesehene Leistung nicht erbringt; ein Anspruch gegen den Träger der Insolvenzsicherung besteht nicht, wenn eine Pensionskasse einem Sicherungsfonds nach dem Dritten Teil des Versicherungsaufsichtsgesetzes angehört oder in Form einer gemeinsamen Einrichtung nach § 4 des Tarifvertragsgesetzes organisiert ist.

³§ 14 des Versicherungsvertragsgesetzes findet entsprechende Anwendung. ⁴Der Eröffnung des Insolvenzverfahrens stehen bei der Anwendung der Sätze 1 bis 3 gleich

1. die Abweisung des Antrags auf Eröffnung des Insolvenzverfahrens mangels Masse,

2. der außergerichtliche Vergleich (Stundungs-, Quoten- oder Liquidationsvergleich) des Arbeitgebers mit seinen Gläubigern zur Abwendung eines Insolvenzverfahrens, wenn ihm der Träger der Insolvenzsicherung zustimmt,

3. die vollständige Beendigung der Betriebstätigkeit im Geltungsbereich dieses Gesetzes, wenn ein Antrag auf Eröffnung des Insolvenzverfahrens nicht gestellt worden ist und ein Insolvenzverfahren offensichtlich mangels Masse nicht in Betracht kommt.

[1)] § 7 Abs. 1 Nr. 2 neu gef., Nr. 3 angef. mWv 24.6.2020 durch G v. 12.6.2020 (BGBl. I S. 1248).

(1a) ¹Der Anspruch gegen den Träger der Insolvenzsicherung entsteht mit dem Beginn des Kalendermonats, der auf den Eintritt des Sicherungsfalles folgt. ²Der Anspruch endet mit Ablauf des Sterbemonats des Begünstigten, soweit in der Versorgungszusage des Arbeitgebers nicht etwas anderes bestimmt ist. ³In den Fällen des Absatzes 1 Satz 1 und 4 Nr. 1 und 3 umfaßt der Anspruch auch rückständige Versorgungsleistungen, soweit diese bis zu zwölf Monaten¹⁾ vor Entstehen der Leistungspflicht des Trägers der Insolvenzsicherung entstanden sind.

[Fassung bis 23.6.2020:]

(2)³⁾ ¹Personen, die bei Eröffnung des Insolvenzverfahrens oder bei Eintritt der nach Absatz 1 Satz 4 gleichstehenden Voraussetzungen (Sicherungsfall) eine nach § 1b unverfallbare Versorgungsanwartschaft haben, und ihre Hinterbliebenen haben bei Eintritt des Versorgungsfalls einen Anspruch gegen den Träger der Insolvenzsicherung, wenn die Anwartschaft beruht

1. auf einer unmittelbaren Versorgungszusage des Arbeitgebers oder
2. auf einer Direktversicherung und der Arbeitnehmer hinsichtlich der Leistungen des Versicherers widerruflich bezugsberechtigt ist oder die Leistungen aufgrund der in § 1b Abs. 2 Satz 3 genannten Tatbestände nicht gezahlt werden und der Arbeitgeber seiner Verpflichtung aus § 1b Abs. 2 Satz 3 wegen der Eröffnung des Insolvenzverfahrens nicht nachkommt.

²Satz 1 gilt entsprechend für Personen, die zum Kreis der Begünstigten einer Unterstützungskasse oder eines Pensionsfonds gehören, wenn der Sicherungsfall bei einem Trägerunternehmen eingetreten ist. ³Die Hö-

[Fassung ab 24.6.2020:]²⁾

(2) Personen, die bei Eröffnung des Insolvenzverfahrens oder bei Eintritt der nach Absatz 1 Satz 4 gleichstehenden Voraussetzungen (Sicherungsfall) eine nach § 1b unverfallbare Versorgungsanwartschaft haben, und ihre Hinterbliebenen haben bei Eintritt des Versorgungsfalls einen Anspruch gegen den Träger der Insolvenzsicherung, wenn die Anwartschaft beruht

1. auf einer unmittelbaren Versorgungszusage des Arbeitgebers,
2. auf einer Direktversicherung und der Arbeitnehmer hinsichtlich der Leistungen des Versicherers widerruflich bezugsberechtigt ist oder die Leistungen auf Grund der in § 1b Absatz 2 Satz 3 genannten Tatbestände nicht gezahlt werden und der Arbeitgeber seiner Verpflichtung aus § 1b Absatz 2 Satz 3 wegen der Eröffnung des Insolvenzverfahrens nicht nachkommt,
3. auf einer Versorgungszusage des Arbeitgebers, die von einer Unterstützungskasse durchgeführt wird, oder
4. auf einer Versorgungszusage des Arbeitgebers, die von einem Pen-

---

¹⁾ Von sechs auf zwölf Monate verlängert mWv 1.1.2009 durch G v. 21.12.2008 (BGBl. I S. 2940).
²⁾ § 7 Abs. 2 neu gef., Abs. 2a angef. mWv 24.6.2020 durch G v. 12.6.2020 (BGBl. I S. 1248).
³⁾ § 7 Abs. 2 neu gef. mWv 1.1.2002 durch G v. 26.6.2001 (BGBl. I S. 1310); Sätze 3 und 5 geänd., Satz 6 angef. mWv 1.1.2018 durch G v. 21.12.2015 (BGBl. I S. 2553).

[Fassung bis 23.6.2020:]

he des Anspruchs richtet sich nach der Höhe der Leistungen *gemäß § 2 Abs. 1, 2 Satz 2 und Abs. 5 [ab 1.1.2018:* nach § 2 Absatz 1 und 2 Satz 2], bei Unterstützungskassen nach dem Teil der nach der Versorgungsregelung vorgesehenen Versorgung, der dem Verhältnis der Dauer der Betriebszugehörigkeit zu der Zeit vom Beginn der Betriebszugehörigkeit bis zum Erreichen der in der Versorgungsregelung vorgesehenen festen Altersgrenze entspricht, es sei denn, § 2 Abs. *5a [ab 1.1.2018:* 5] ist anwendbar. [4]Für die Berechnung der Höhe des Anspruchs nach Satz 3 wird die Betriebszugehörigkeit bis zum Eintritt des Sicherungsfalles berücksichtigt. [5]Bei Pensionsfonds mit Leistungszusagen gelten für die Höhe des Anspruchs die Bestimmungen für unmittelbare Versorgungszusagen entsprechend, bei Beitragszusagen mit Mindestleistung gilt für die Höhe des Anspruchs § 2 *Abs. 5b. [ab 1.1.2018:* Absatz 6. [6]Bei der Berechnung der Höhe des Anspruchs sind Veränderungen der Versorgungsregelung und der Bemessungsgrundlagen, die nach dem Eintritt des Sicherungsfalles eintreten, nicht zu berücksichtigen; § 2a Absatz 2 findet keine Anwendung.]

[Fassung ab 24.6.2020:]

sionsfonds oder einer Pensionskasse nach Absatz 1 Satz 2 Nummer 3 durchgeführt wird, soweit der Pensionsfonds oder die Pensionskasse die nach der Versorgungszusage des Arbeitgebers vorgesehene Leistung nicht erbringt.

(2a) [1]Die Höhe des Anspruchs nach Absatz 2 richtet sich

1. bei unmittelbaren Versorgungszusagen, Unterstützungskassen und Pensionsfonds nach § 2 Absatz 1,

2. bei Direktversicherungen nach § 2 Absatz 2 Satz 2,

3. bei Pensionskassen nach § 2 Absatz 3 Satz 2.

[2]Die Betriebszugehörigkeit wird bis zum Eintritt des Sicherungsfalls berücksichtigt. [3]§ 2 Absatz 5 und 6 gilt entsprechend. [4]Veränderungen der Versorgungsregelung und der Bemessungsgrundlagen, die nach dem Eintritt des Sicherungsfalls eintreten, sind nicht zu berücksichtigen; § 2a Absatz 2 findet keine Anwendung.

(3)[1)] [1]Ein Anspruch auf laufende Leistungen gegen den Träger der Insolvenzsicherung beträgt im Monat höchstens das Dreifache der im Zeitpunkt der ersten Fälligkeit maßgebenden monatlichen Bezugsgröße gemäß § 18 des Vierten Buches Sozialgesetzbuch. [2]Satz 1 gilt entsprechend bei einem Anspruch auf Kapitalleistungen mit der Maßgabe, daß zehn vom Hundert der Leistung als Jahresbetrag einer laufenden Leistung anzusetzen sind.

(4) [1]Ein Anspruch auf Leistungen gegen den Träger der Insolvenzsicherung vermindert sich in dem Umfang, in dem der Arbeitgeber oder sonstige Träger der Versorgung die Leistungen der betrieblichen Altersversorgung erbringt.

[1)] § 7 Abs. 3 Zitat geänd. mWv 1.1.2001, bish. Satz 4 angef. mWv 1.1.2002 durch G v. 26.6.2001 (BGBl. I S. 1310) und bish. Sätze 3 und 4 aufgeh. mWv 1.7.2002 durch G v. 21.6.2002 (BGBl. I S. 2167).

² Wird im Insolvenzverfahren ein Insolvenzplan bestätigt, vermindert sich der Anspruch auf Leistungen gegen den Träger der Insolvenzsicherung insoweit, als nach dem Insolvenzplan der Arbeitgeber oder sonstige Träger der Versorgung einen Teil der Leistungen selbst zu erbringen hat. ³ Sieht der Insolvenzplan vor, daß der Arbeitgeber oder sonstige Träger der Versorgung die Leistungen der betrieblichen Altersversorgung von einem bestimmten Zeitpunkt an selbst zu erbringen hat, entfällt der Anspruch auf Leistungen gegen den Träger der Insolvenzsicherung von diesem Zeitpunkt an. ⁴ Die Sätze 2 und 3 sind für den außergerichtlichen Vergleich nach Absatz 1 Satz 4 Nr. 2 entsprechend anzuwenden. ⁵ Im Insolvenzplan soll vorgesehen werden, daß bei einer nachhaltigen Besserung der wirtschaftlichen Lage des Arbeitgebers die vom Träger der Insolvenzsicherung zu erbringenden Leistungen ganz oder zum Teil vom Arbeitgeber oder sonstigen Träger der Versorgung wieder übernommen werden.

(5) ¹ Ein Anspruch gegen den Träger der Insolvenzsicherung besteht nicht, soweit nach den Umständen des Falles die Annahme gerechtfertigt ist, daß es der alleinige oder überwiegende Zweck der Versorgungszusage oder ihre Verbesserung oder der für die Direktversicherung in § 1b Abs. 2 Satz 3¹⁾ genannten Tatbestände gewesen ist, den Träger der Insolvenzsicherung in Anspruch zu nehmen. ² Diese Annahme ist insbesondere dann gerechtfertigt, wenn bei Erteilung oder Verbesserung der Versorgungszusage wegen der wirtschaftlichen Lage des Arbeitgebers zu erwarten war, daß die Zusage nicht erfüllt werde.

[Fassung bis 31.12.2004]
³ Verbesserungen der Versorgungszusagen werden bei der Bemessung der Leistungen des Trägers der Insolvenzsicherung nicht berücksichtigt, soweit sie in den beiden letzten Jahren vor dem Eintritt des Sicherungsfalls vereinbart worden sind; dies gilt nicht für ab 1. Januar 2002 gegebene Zusagen, soweit bei Entgeltumwandlung Beträge von bis zu 4 vom Hundert der Beitragsbemessungsgrenze in der Rentenversicherung der Arbeiter und Angestellten für eine betriebliche Altersversorgung verwendet werden.

*[Fassung ab 1.1.2005]*²⁾
³ Ein Anspruch auf Leistungen gegen den Träger der Insolvenzsicherung besteht bei Zusagen und Verbesserungen von Zusagen, die in den beiden letzten Jahren vor dem Eintritt des Sicherungsfalls erfolgt sind, nur
1. für ab dem 1. Januar 2002 gegebene Zusagen, soweit bei Entgeltumwandlung Beträge von bis zu 4 vom Hundert der Beitragsbemessungsgrenze in der allgemeinen Rentenversicherung³⁾ für eine betriebliche Altersversorgung verwendet werden oder
2. für im Rahmen von Übertragungen gegebene Zusagen, soweit der Übertragungswert die Beitragsbe-

¹⁾ § 7 Abs. 5 Satz 1 Zitat geänd. mWv 1.1.2001 durch G v. 26.6.2001 (BGBl. I S. 1310), Satz 3 Halbsatz 2 angef. mWv 1.7.2002 durch G v. 21.6.2002 (BGBl. I S. 2167).
²⁾ § 7 Abs. 5 Satz 3 neu gef. mWv 1.1.2005 durch G v. 5.7.2004 (BGBl. I S. 1427).
³⁾ Bezeichnung geänd. durch G v. 9.12.2004 (BGBl. I S. 3242).

[Fassung ab 1.1.2005]

messungsgrenze in der allgemeinen Rentenversicherung[1] nicht übersteigt.

(6) Ist der Sicherungsfall durch kriegerische Ereignisse, innere Unruhen, Naturkatastrophen oder Kernenergie verursacht worden, kann der Träger der Insolvenzsicherung mit Zustimmung der Bundesanstalt für Finanzdienstleistungsaufsicht[2] die Leistungen nach billigem Ermessen abweichend von den Absätzen 1 bis 5 festsetzen.

§ 8[3] **Übertragung der Leistungspflicht.** (1) Ein Anspruch gegen den Träger der Insolvenzsicherung auf Leistungen nach § 7 besteht nicht, wenn *eine Pensionskasse oder*[4] ein Unternehmen der Lebensversicherung sich dem Träger der Insolvenzsicherung gegenüber verpflichtet, diese Leistungen zu erbringen, und die nach § 7 Berechtigten ein unmittelbares Recht erwerben, die Leistungen zu fordern.

(2)[4] *¹ Der Träger der Insolvenzsicherung hat die gegen ihn gerichteten Ansprüche auf den Pensionsfonds, dessen Trägerunternehmen die Eintrittspflicht nach § 7 ausgelöst hat, im Sinne von Absatz 1 zu übertragen, wenn die Bundesanstalt für Finanzdienstleistungsaufsicht hierzu die Genehmigung erteilt. ² Die Genehmigung kann nur erteilt werden, wenn durch Auflagen der Bundesanstalt für Finanzdienstleistungsaufsicht die dauernde Erfüllbarkeit der Leistungen aus dem Pensionsplan sichergestellt werden kann. ³ Die Genehmigung der Bundesanstalt für Finanzdienstleistungsaufsicht kann der Pensionsfonds nur innerhalb eines Monats [**ab 1.1.2005:** von drei Monaten][5] nach Eintritt des Sicherungsfalles beantragen.*

(2)[6] ¹An die Stelle des Anspruchs gegen den Träger der lnsolvenzsicherung nach § 7 tritt auf Verlangen des Berechtigten die Versicherungsleistung aus einer auf sein Leben abgeschlossenen Rückdeckungsversicherung, wenn die Versorgungszusage auf die Leistungen der Rückdeckungsversicherung verweist. ²Das Wahlrecht des Berechtigten nach Satz 1 besteht nicht, sofern die Rückdeckungsversicherung in die lnsolvenzmasse des Arbeitgebers fällt oder *eine Übertragung des Anspruchs durch den Träger der lnsolvenzsicherung nach Absatz 2 erfolgt* [**ab 24.6.2020:** die Aufsichtsbehörde das Vermögen nach § 9 Absatz 3a oder 3b nicht auf den Träger der Insolvenzsicherung überträgt]. ³Der Berechtigte hat das Recht, als Versicherungsnehmer in die Versicherung einzutreten und die Versicherung mit eigenen Beiträgen fortzusetzen; § 1b Absatz 5 Satz 1 Nummer 1 und § 2 Absatz 2 Satz 4 bis 6 gelten entsprechend. ⁴Der Träger der lnsol-

---

[1] Bezeichnung geänd. durch G v. 9.12.2004 (BGBl. I S. 3242).
[2] Bezeichnung geänd. durch G v. 5.7.2004 (BGBl. I S. 1427).
[3] § 8 Überschr. geänd., bish. Abs. 1a wird Abs. 2, Abs. 3 angef. mWv 1.1.2018 durch G v. 17.8.2017 (BGBl. I S. 3214).
[4] § 8 Abs. 1 kursiver Satzteil und Abs. 2 aufgeh. mWv 24.6.2020 durch G v. 12.6.2020 (BGBl. I S. 1248).
[5] Frist verlängert durch G v. 5.7.2004 (BGBl. I S. 1427).
[6] § 8 Abs. 3 wird Abs. 2 und Satz 2 geänd. mWv 24.6.2020 durch G v. 12.6.2020 (BGBl. I S. 1248).

venzsicherung informiert den Berechtigten über sein Wahlrecht nach Satz 1 und über die damit verbundenen Folgen für den Insolvenzschutz. [5] Das Wahlrecht erlischt sechs Monate nach Information durch den Träger der lnsolvenzsicherung. [6] Der Versicherer informiert den Träger der Insolvenzsicherung unverzüglich über den Versicherungsnehmerwechsel.]

[*ab 1.1.2018:*

§ 8a[1]) **Abfindung durch den Träger der Insolvenzversicherung.** [1] Der Träger der Insolvenzsicherung kann eine Anwartschaft ohne Zustimmung des Arbeitnehmers abfinden, wenn der Monatsbetrag der aus der Anwartschaft resultierenden laufenden Leistung bei Erreichen der vorgesehenen Altersgrenze eins vom Hundert, bei Kapitalleistungen zwölf Zehntel der monatlichen Bezugsgröße nach § 18 des Vierten Buches Sozialgesetzbuch nicht übersteigen würde oder wenn dem Arbeitnehmer die Beiträge zur gesetzlichen Rentenversicherung erstattet worden sind. [2] Dies gilt entsprechend für die Abfindung einer laufenden Leistung. [3] Die Abfindung ist darüber hinaus möglich, wenn sie an ein Unternehmen der Lebensversicherung gezahlt wird, bei dem der Versorgungsberechtigte im Rahmen einer Direktversicherung versichert ist. [4] § 2 Abs. 2 Satz 4 bis 6 und § 3 Abs. 5 gelten entsprechend.]

§ 9[2]) **Mitteilungspflicht; Forderungs- und Vermögensübergang.**

(1) [1] Der Träger der Insolvenzsicherung teilt dem Berechtigten die ihm nach § 7 oder § 8 zustehenden Ansprüche oder Anwartschaften schriftlich mit. [2] Unterbleibt die Mitteilung, so ist der Anspruch oder die Anwartschaft spätestens ein Jahr nach dem Sicherungsfall bei dem Träger der Insolvenzsicherung anzumelden; erfolgt die Anmeldung später, so beginnen die Leistungen frühestens mit dem Ersten des Monats der Anmeldung, es sei denn, daß der Berechtigte an der rechtzeitigen Anmeldung ohne sein Verschulden verhindert war.

(2) [1] Ansprüche oder Anwartschaften des Berechtigten gegen den Arbeitgeber auf Leistungen der betrieblichen Altersversorgung, die den Anspruch gegen den Träger der Insolvenzsicherung begründen, gehen im Falle eines Insolvenzverfahrens mit dessen Eröffnung, in den übrigen Sicherungsfällen dann auf den Träger der Insolvenzsicherung über, wenn dieser nach Absatz 1 Satz 1 dem Berechtigten die ihm zustehenden Ansprüche oder Anwartschaften mitteilt. [2] Der Übergang kann nicht zum Nachteil des Berechtigten geltend gemacht werden. [3] Die mit der Eröffnung des Insolvenzverfahrens übergegangenen Anwartschaften werden im Insolvenzverfahren als unbedingte Forderungen nach § 45 der Insolvenzordnung geltend gemacht.

(3) [1] Ist der Träger der Insolvenzsicherung zu Leistungen verpflichtet, die ohne den Eintritt des Sicherungsfalles eine Unterstützungskasse erbringen würde, geht deren Vermögen einschließlich der Verbindlichkeiten auf ihn

---

[1]) § 8 Abs. 2 wird neuer § 8a mWv 1.1.2018 durch G v. 17.8.2017 (BGBl. I S. 3214).
[2]) § 9 Abs. 2 Satz 1 und Abs. 3 Satz 4 geänd., Abs. 2 Satz 3 sowie Abs. 4 und 5 angef. mWv 1.1.1999 durch G v. 5.10.1994 (BGBl. I S. 2911), Abs. 3 Satz 4 Halbsatz 2 angef. mWv 1.1.1999 durch G v. 16.12.1997 (BGBl. I S. 2998).

über; die Haftung für die Verbindlichkeiten beschränkt sich auf das übergegangene Vermögen. ²Wenn die übergegangenen Vermögenswerte den Barwert der Ansprüche und Anwartschaften gegen den Träger der Insolvenzsicherung übersteigen, hat dieser den übersteigenden Teil entsprechend der Satzung der Unterstützungskasse zu verwenden. ³Bei einer Unterstützungskasse mit mehreren Trägerunternehmen hat der Träger der Insolvenzsicherung einen Anspruch gegen die Unterstützungskasse auf einen Betrag, der dem Teil des Vermögens der Kasse entspricht, der auf das Unternehmen entfällt, bei dem der Sicherungsfall eingetreten ist. ⁴Die Sätze 1 bis 3 gelten nicht, wenn der Sicherungsfall auf den in § 7 Abs. 1 Satz 4 Nr. 2 genannten Gründen beruht, es sei denn, daß das Trägerunternehmen seine Betriebstätigkeit nach Eintritt des Sicherungsfalls nicht fortsetzt und aufgelöst wird (Liquidationsvergleich).

[Fassung bis 23.6.2020:]

(3a)²⁾ Absatz 3 findet entsprechende Anwendung auf einen Pensionsfonds, wenn die Bundesanstalt für Finanzdienstleistungsaufsicht die Genehmigung für die Übertragung der Leistungspflicht durch den Träger der Insolvenzsicherung nach § 8 *Abs. 1a [**ab 1.1.2018:** Absatz 2]* nicht erteilt.

*[Fassung ab 24.6.2020:]*¹⁾

(3a) ¹Hat die Pensionskasse nach § 7 Absatz 1 Satz 2 Nummer 3 Kenntnis über den Sicherungsfall bei einem Arbeitgeber erlangt, dessen Versorgungszusage von ihr durchgeführt wird, hat sie dies und die Auswirkungen des Sicherungsfalls auf die Pensionskasse der Aufsichtsbehörde und dem Träger der Insolvenzsicherung unverzüglich mitzuteilen. ²Sind bei der Pensionskasse vor Eintritt des Sicherungsfalls garantierte Leistungen gekürzt worden oder liegen der Aufsichtsbehörde Informationen vor, die eine dauerhafte Verschlechterung der finanziellen Lage der Pensionskasse wegen der Insolvenz des Arbeitgebers erwarten lassen, entscheidet die Aufsichtsbehörde nach Anhörung des Trägers der Insolvenzsicherung und der Pensionskasse nach pflichtgemäßem Ermessen, ob das dem Arbeitgeber zuzuordnende Vermögen der Pensionskasse einschließlich der Verbindlichkeiten auf den Träger der Insolvenzsicherung übertragen werden soll. ³Die Aufsichtsbehörde teilt ihre Entscheidung dem Träger der Insolvenzsicherung und der Pensi-

---

¹⁾ § 9 Abs. 3a neu gef., Abs. 3b eingef. mWv 24.6.2020 durch G v. 12.6.2020 (BGBl. I S. 1248).
²⁾ § 9 Abs. 3a eingef. mWv 1.1.2002 durch G v. 26.6.2001 (BGBl. I S. 1310); Verweis geänd. mWv 1.1.2018 durch G v. 17.8.2017 (BGBl. I S. 3214).

[Fassung ab 24.6.2020:]

onskasse mit. [4]Die Übertragungsanordnung kann mit Nebenbestimmungen versehen werden. [5]Absatz 3 Satz 1 zweiter Halbsatz gilt entsprechend. [6]Der Träger der Insolvenzsicherung kann nach Anhörung der Aufsichtsbehörde der Pensionskasse Finanzmittel zur Verfügung stellen. [7]Werden nach Eintritt des Sicherungsfalls von der Pensionskasse garantierte Leistungen gekürzt, gelten die Sätze 2 bis 6 entsprechend.

(3b) [1]Absatz 3a gilt entsprechend für den Pensionsfonds. [2]Abweichend von Absatz 3a Satz 2 hat die Aufsichtsbehörde bei nicht versicherungsförmigen Pensionsplänen stets das dem Arbeitgeber zuzuordnende Vermögen einschließlich der Verbindlichkeiten auf den Träger der Insolvenzsicherung zu übertragen.

(4)[1)] [1]In einem Insolvenzplan, der die Fortführung des Unternehmens oder eines Betriebes vorsieht, *kann für den Träger der Insolvenzsicherung eine besondere Gruppe gebildet werden.* [*ab 1.1.2021:* ist für den Träger der Insolvenzsicherung eine besondere Gruppe zu bilden, sofern er hierauf nicht verzichtet.] [2]Sofern im Insolvenzplan nichts anderes vorgesehen ist, kann der Träger der Insolvenzsicherung, wenn innerhalb von drei Jahren nach der Aufhebung des Insolvenzverfahrens ein Antrag auf Eröffnung eines neuen Insolvenzverfahrens über das Vermögen des Arbeitgebers gestellt wird, in diesem Verfahren als Insolvenzgläubiger Erstattung der von ihm erbrachten Leistungen verlangen.

(5) Dem Träger der Insolvenzsicherung steht gegen den Beschluß, durch den das Insolvenzverfahren eröffnet wird, die sofortige Beschwerde zu.

§ 10 Beitragspflicht und Beitragsbemessung. (1)[2)] [1]Die Mittel für die Durchführung der Insolvenzsicherung werden auf Grund öffentlichrechtlicher Verpflichtung durch Beiträge aller Arbeitgeber aufgebracht, die Leistungen der betrieblichen Altersversorgung unmittelbar zugesagt haben, eine betriebliche Altersversorgung über eine Unterstützungskasse, eine Direktversicherung der in § 7 Abs. 1 Satz 2 und Absatz 2 Satz 1 Nr. 2 bezeichneten Art, einen Pensionsfonds [*ab 24.6.2020:* oder eine Pensionskasse nach § 7 Absatz 1 Satz 2 Nummer 3] durchführen. [*ab 24.6.2020:* [2]Der Versorgungsträger kann die Beiträge für den Arbeitgeber übernehmen.]

[1)] § 9 Abs. 4 Satz 1 geänd. mWv 1.1.2021 durch G v. 22.12.2020 (BGBl. I S. 3256).
[2)] § 10 Abs. 1 neu gef. mWv 24.6.2020 durch G v. 12.6.2020 (BGBl. I S. 1248).

(2)[1] [1]Die Beiträge müssen den Barwert der im laufenden Kalenderjahr entstehenden Ansprüche auf Leistungen der Insolvenzsicherung decken zuzüglich eines Betrages für die aufgrund eingetretener Insolvenzen zu sichernden Anwartschaften, der sich aus dem Unterschied der Barwerte dieser Anwartschaften am Ende des Kalenderjahres und am Ende des Vorjahres bemisst. [2]Der Rechnungszinsfuß bei der Berechnung des Barwerts der Ansprüche auf Leistungen der Insolvenzsicherung bestimmt sich nach § 235 Absatz 1 Nummer 4 des Versicherungsaufsichtsgesetzes; soweit keine Übertragung nach § 8 Abs. 1 stattfindet, ist der Rechnungszinsfuß bei der Berechnung des Barwerts der Anwartschaften um ein Drittel höher. [3]Darüber hinaus müssen die Beiträge die im gleichen Zeitraum entstehenden Verwaltungskosten und sonstigen Kosten, die mit der Gewährung der Leistungen zusammenhängen, und die Zuführung zu einem von der Bundesanstalt für Finanzdienstleistungsaufsicht festgesetzten Ausgleichsfonds decken; § 193 des Versicherungsaufsichtsgesetzes bleibt unberührt. [4]Auf die am Ende des Kalenderjahres fälligen Beiträge können Vorschüsse erhoben werden.

[Satz 5 und 6 idF bis 31.12.2015:]	*[Satz 5 idF ab 1.1.2016:]*[2]
[5]Sind die nach den Sätzen 1 bis 3 erforderlichen Beiträge höher als im vorangegangenen Kalenderjahr, so kann der Unterschiedsbetrag auf das laufende und die folgenden vier Kalenderjahre verteilt werden. [6]In Jahren, in denen sich außergewöhnlich hohe Beiträge ergeben würden, kann zu deren Ermäßigung der Ausgleichsfonds in einem von der Bundesanstalt für Finanzdienstleistungsaufsicht zu genehmigenden Umfang herangezogen werden.	[5]In Jahren, in denen sich außergewöhnlich hohe Beiträge ergeben würden, kann zu deren Ermäßigung der Ausgleichsfonds in einem von der Bundesanstalt für Finanzdienstleistungsaufsicht zu genehmigenden Umfang herangezogen werden; außerdem können die nach den Sätzen 1 bis 3 erforderlichen Beiträge auf das laufende und die bis zu vier folgenden Kalenderjahre verteilt werden.

(3) Die nach Absatz 2 erforderlichen Beiträge werden auf die Arbeitgeber nach Maßgabe der nachfolgenden Beträge umgelegt, soweit sie sich auf die laufenden Versorgungsleistungen und die nach § 1b unverfallbaren Versorgungsanwartschaften beziehen (Beitragsbemessungsgrundlage); diese Beträge sind festzustellen auf den Schluß des Wirtschaftsjahres des Arbeitgebers, das im abgelaufenen Kalenderjahr geendet hat:

1. Bei Arbeitgebern, die Leistungen der betrieblichen Altersversorgung unmittelbar zugesagt haben, ist Beitragsbemessungsgrundlage der Teilwert der Pensionsverpflichtung (§ 6a Abs. 3 des Einkommensteuergesetzes).

---

[1] § 10 Abs. 2 neu gef. mWv 12.12.2006 durch G v. 2.12.2006 (BGBl. I S. 2742); Abs. 2 Satz 2 und 3 Verweis geänd. mWv 1.1.2016 durch G v. 1.4.2015 (BGBl. I S. 434); Satz 2 Verweis ber. durch G v. 17.8.2017 (BGBl. I S. 3214); Satz 2 Verweis geänd. mWv 13.1.2019 durch G v. 19.12.2018 (BGBl. I S. 2672).
[2] § 10 Abs. 2 Satz 5 neu gef., Satz 6 aufgeh. mWv 1.1.2016 durch G v. 1.4.2015 (BGBl. I S. 434).

2. ¹Bei Arbeitgebern, die eine betriebliche Altersversorgung über eine Direktversicherung mit widerruflichem Bezugsrecht durchführen, ist Beitragsbemessungsgrundlage das geschäftsplanmäßige Deckungskapital oder, soweit die Berechnung des Deckungskapitals nicht zum Geschäftsplan gehört, die Deckungsrückstellung. ²Für Versicherungen, bei denen der Versicherungsfall bereits eingetreten ist, und für Versicherungsanwartschaften, für die ein unwiderrufliches Bezugsrecht eingeräumt ist, ist das Deckungskapital oder die Deckungsrückstellung nur insoweit zu berücksichtigen, als die Versicherungen abgetreten oder beliehen sind.

3. Bei Arbeitgebern, die eine betriebliche Altersversorgung über eine Unterstützungskasse durchführen, ist Beitragsbemessungsgrundlage das Deckungskapital für die laufenden Leistungen (§ 4d Abs. 1 Nr. 1 Buchstabe a des Einkommensteuergesetzes) zuzüglich des Zwanzigfachen der nach § 4d Abs. 1 Nr. 1 Buchstabe b Satz 1 des Einkommensteuergesetzes errechneten jährlichen Zuwendungen für Leistungsanwärter im Sinne von § 4d Abs. 1 Nr. 1 Buchstabe b Satz 2 des Einkommensteuergesetzes.

[Fassung bis 23.6.2020:]

4.²⁾ Bei Arbeitgebern, soweit sie betriebliche Altersversorgung über einen Pensionsfonds durchführen, ist Beitragsbemessungsgrundlage 20 vom Hundert des entsprechend Nummer 1 ermittelten Betrages.

*[Fassung ab 24.6.2020:]*¹⁾

4. Bei Arbeitgebern, die eine betriebliche Altersversorgung über einen Pensionsfonds oder eine Pensionskasse nach § 7 Absatz 1 Satz 2 Nummer 3 durchführen, ist Beitragsbemessungsgrundlage

a) für unverfallbare Anwartschaften auf lebenslange Altersleistungen die Höhe der jährlichen Versorgungsleistung, die im Versorgungsfall, spätestens zum Zeitpunkt des Erreichens der Regelaltersgrenze in der gesetzlichen Rentenversicherung, erreicht werden kann, bei ausschließlich lebenslangen Invaliditäts- oder lebenslangen Hinterbliebenenleistungen jeweils ein Viertel dieses Wertes; bei Kapitalleistungen gelten 10 Prozent der Kapitalleistung, bei Auszahlungsplänen 10 Prozent der Ratensumme zuzüglich des Restkapitals als Höhe der le-

---

¹⁾ § 10 Abs. 3 Nr. 4 neu gef. mWv 24.6.2020 durch G v. 12.6.2020 (BGBl. I S. 1248).
²⁾ § 10 Abs. 3 Nr. 4 angef. mWv 1.1.2002 durch G v. 26.6.2001 (BGBl. I S. 1310), Nr. 4 neu gef. mWv 1.1.2002 durch G v. 24.7.2003 (BGBl. I S. 1526).

[Fassung ab 24.6.2020:]

benslangen jährlichen Versorgungsleistung,

b) für lebenslang laufende Versorgungsleistungen 20 Prozent des
nach Anlage 1 Spalte 2 zu § 4d
Absatz 1 des Einkommensteuergesetzes berechneten Deckungskapitals; bei befristeten Versorgungsleistungen gelten 10 Prozent des
Produktes aus maximal möglicher
Restlaufzeit in vollen Jahren und
der Höhe der jährlichen laufenden
Leistung, bei Auszahlungsplänen
10 Prozent der zukünftigen Ratensumme zuzüglich des Restkapitals als Höhe der lebenslangen
jährlichen Versorgungsleistung.

(4) [1] Aus den Beitragsbescheiden des Trägers der Insolvenzsicherung findet
die Zwangsvollstreckung in entsprechender Anwendung der Vorschriften der
Zivilprozeßordnung statt. [2] Die vollstreckbare Ausfertigung erteilt der Träger
der Insolvenzsicherung.

§ 10a[1] Säumniszuschläge; Zinsen; Verjährung. (1) Für Beiträge, die
wegen Verstoßes des Arbeitgebers gegen die Meldepflicht erst nach Fälligkeit
erhoben werden, kann der Träger der Insolvenzsicherung für jeden angefangenen Monat vom Zeitpunkt der Fälligkeit an einen Säumniszuschlag in Höhe
von bis zu eins vom Hundert der nacherhobenen Beiträge erheben.

(2) [1] Für festgesetzte Beiträge und Vorschüsse, die der Arbeitgeber nach Fälligkeit zahlt, erhebt der Träger der Insolvenzsicherung für jeden Monat Verzugszinsen in Höhe von 0,5 vom Hundert der rückständigen Beiträge.
[2] Angefangene Monate bleiben außer Ansatz.

(3) [1] Vom Träger der Insolvenzsicherung zu erstattende Beiträge werden
vom Tage der Fälligkeit oder bei Feststellung des Erstattungsanspruchs durch
gerichtliche Entscheidung vom Tage der Rechtshängigkeit an für jeden Monat
mit 0,5 vom Hundert verzinst. [2] Angefangene Monate bleiben außer Ansatz.

(4) [1] Ansprüche auf Zahlung der Beiträge zur Insolvenzsicherung gemäß
§ 10 sowie Erstattungsansprüche nach Zahlung nicht geschuldeter Beiträge
zur Insolvenzsicherung verjähren in sechs Jahren. [2] Die Verjährungsfrist beginnt mit Ablauf des Kalenderjahres, in dem die Beitragspflicht entstanden
oder der Erstattungsanspruch fällig geworden ist. [3] Auf die Verjährung sind die
Vorschriften des Bürgerlichen Gesetzbuchs anzuwenden.

---

[1] § 10a eingef. mWv 1.1.1999 durch G v. 16.12.1997 (BGBl. I S. 2998).

§ 11 Melde-, Auskunfts- und Mitteilungspflichten. (1)[1] [1] Der Arbeitgeber hat dem Träger der Insolvenzsicherung eine betriebliche Altersversorgung nach § 1b Abs. 1 bis 4 für seine Arbeitnehmer innerhalb von 3 Monaten nach Erteilung der unmittelbaren Versorgungszusage, dem Abschluß einer Direktversicherung, der Errichtung einer Unterstützungskasse, eines Pensionsfonds [*ab 24.6.2020:* oder einer Pensionskasse nach § 7 Absatz 1 Satz 2 Nummer 3] mitzuteilen.[2] [2] Der Arbeitgeber, der sonstige Träger der Versorgung, der Insolvenzverwalter und die nach § 7 Berechtigten sind verpflichtet, dem Träger der Insolvenzsicherung alle Auskünfte zu erteilen, die zur Durchführung der Vorschriften dieses Abschnittes erforderlich sind, sowie Unterlagen vorzulegen, aus denen die erforderlichen Angaben ersichtlich sind.

(2)[3] [1] Ein beitragspflichtiger Arbeitgeber hat dem Träger der Insolvenzsicherung spätestens bis zum 30. September eines jeden Kalenderjahres die Höhe des nach § 10 Abs. 3 für die Bemessung des Beitrages maßgebenden Betrages bei unmittelbaren Versorgungszusagen *und Pensionsfonds* auf Grund eines versicherungsmathematischen Gutachtens, bei Direktversicherungen auf Grund einer Bescheinigung des Versicherers und bei Unterstützungskassen [*ab 24.6.2020:* , Pensionsfonds und Pensionskassen] auf Grund einer nachprüfbaren Berechnung mitzuteilen. [2] Der Arbeitgeber hat die in Satz 1 bezeichneten Unterlagen mindestens 6 Jahre aufzubewahren.

(3)[4] [1] Der Insolvenzverwalter hat dem Träger der Insolvenzsicherung die Eröffnung des Insolvenzverfahrens, Namen und Anschriften der Versorgungsempfänger und die Höhe ihrer Versorgung nach § 7 unverzüglich mitzuteilen. [2] Er hat zugleich Namen und Anschriften der Personen, die bei Eröffnung des Insolvenzverfahrens eine nach § 1 unverfallbare Versorgungsanwartschaft haben, sowie die Höhe ihrer Anwartschaft nach § 7 mitzuteilen.

(4)[4] Der Arbeitgeber, der sonstige Träger der Versorgung und die nach § 7 Berechtigten sind verpflichtet, dem Insolvenzverwalter Auskünfte über alle Tatsachen zu erteilen, auf die sich die Mitteilungspflicht nach Absatz 3 bezieht.

(5)[4] In den Fällen, in denen ein Insolvenzverfahren nicht eröffnet wird (§ 7 Abs. 1 Satz 4) oder nach § 207 der Insolvenzordnung eingestellt worden ist, sind die Pflichten des Insolvenzverwalters nach Absatz 3 vom Arbeitgeber oder dem sonstigen Träger der Versorgung zu erfüllen.

(6)[5] [1] Kammern und andere Zusammenschlüsse von Unternehmern oder anderen selbständigen Berufstätigen, die als Körperschaften des öffentlichen

---

[1] § 11 Abs. 1 Satz 1 geänd. mWv 1.1.1999 durch G v. 16.12.1997 (BGBl. I S. 2998), Satz 2 geänd. mWv 1.1.1999 durch G v. 5.10.1994 (BGBl. I S. 2911), Abs. 1 Satz 1 geänd. mWv 1.1.2002 durch G v. 26.6.2001 (BGBl. I S. 1310).
[2] § 11 Abs. 1 Satz 1 geänd. durch G v. 26.6.2001 (BGBl. I S. 1310); geänd. mWv 24.6.2020 durch G v. 12.6.2020 (BGBl. I S. 1248).
[3] § 11 Abs. 2 Satz 1 geänd. mWv 1.1.2002 durch G v. 26.6.2001 (BGBl. I S. 1310); Abs. 2 Satz 1 kursiver Satzteil aufgeh., geänd. mWv 24.6.2020 durch G v. 12.6.2020 (BGBl. I S. 1248).
[4] § 11 Abs. 3 und 4 geänd., Abs. 5 angef. mWv 1.1.1999 durch G v. 5.10.1994 (BGBl. I S. 2911).
[5] § 11 Abs. 6 Satz 2 angef., bish. Text wird Satz 1 mWv 24.6.2020 durch G v. 12.6.2020 (BGBl. I S. 1248).

Rechts errichtet sind, ferner Verbände und andere Zusammenschlüsse, denen Unternehmer oder andere selbständige Berufstätige kraft Gesetzes angehören oder anzugehören haben, haben den Träger der Insolvenzsicherung bei der Ermittlung der nach § 10 beitragspflichtigen Arbeitgeber zu unterstützen. [*ab 24.6.2020:* ²Die Aufsichtsbehörden haben auf Anfrage dem Träger der Insolvenzsicherung die unter ihrer Aufsicht stehenden Pensionskassen mitzuteilen.]

[*ab 24.6.2020:*

(6a)¹⁾ Ist bei einem Arbeitgeber, dessen Versorgungszusage von einer Pensionskasse oder einem Pensionsfonds durchgeführt wird, der Sicherungsfall eingetreten, muss die Pensionskasse oder der Pensionsfonds dem Träger der Insolvenzsicherung beschlossene Änderungen von Versorgungsleistungen unverzüglich mitteilen.]

(7)²⁾ Die nach den Absätzen 1 bis 3 und 5 zu Mitteilungen und Auskünften und die nach Absatz 6 zur Unterstützung Verpflichteten haben die vom Träger der Insolvenzsicherung vorgesehenen Vordrucke [*ab 24.6.2020:* und technischen Verfahren] zu verwenden.

(8) ¹Zur Sicherung der vollständigen Erfassung der nach § 10 beitragspflichtigen Arbeitgeber können die Finanzämter dem Träger der Insolvenzsicherung mitteilen, welche Arbeitgeber für die Beitragspflicht in Betracht kommen. ²Die Bundesregierung wird ermächtigt, durch Rechtsverordnung mit Zustimmung des Bundesrates das Nähere zu bestimmen und Einzelheiten des Verfahrens zu regeln.

§ 12 Ordnungswidrigkeiten. (1)³⁾ Ordnungswidrig handelt, wer vorsätzlich oder fahrlässig

1. entgegen § 11 Absatz 1 Satz 1, Absatz 2 Satz 1, *Abs. 3 oder Abs. 5* [*ab 24.6.2020:* Absatz 3, 5 oder 6a] eine Mitteilung nicht, nicht richtig, nicht vollständig oder nicht rechtzeitig vornimmt,

2. entgegen § 11 Abs. 1 Satz 2 oder Abs. 4 eine Auskunft nicht, nicht richtig, nicht vollständig oder nicht rechtzeitig erteilt oder

3. entgegen § 11 Abs. 1 Satz 2 Unterlagen nicht, nicht richtig, nicht vollständig oder nicht rechtzeitig vorlegt oder entgegen § 11 Abs. 2 Satz 2 Unterlagen nicht aufbewahrt.

(2) Die Ordnungswidrigkeit kann mit einer Geldbuße bis zu zweitausendfünfhundert Euro geahndet werden.

(3) Verwaltungsbehörde im Sinne des § 36 Abs. 1 Nr. 1 des Gesetzes über Ordnungswidrigkeiten ist die Bundesanstalt für Finanzdienstleistungsaufsicht⁴⁾.

§ 13.⁵⁾ *(aufgehoben)*

---

¹⁾ § 11 Abs. 6a eingef. mWv 24.6.2020 durch G v. 12.6.2020 (BGBl. I S. 1248).
²⁾ § 11 Abs. 7 geänd. mWv 24.6.2020 durch G v. 12.6.2020 (BGBl. I S. 1248).
³⁾ § 12 Abs. 1 Nr. 1 Verweis geänd. mWv 24.6.2020 durch G v. 12.6.2020 (BGBl. I S. 1248).
⁴⁾ Bezeichnung geänd. durch G v. 5.7.2004 (BGBl. I S. 1427).
⁵⁾ § 13 aufgeh. durch G v. 16.12.1997 (BGBl. I S. 2998).

§ 14 Träger der Insolvenzsicherung. (1)[1] [1]Träger der Insolvenzsicherung ist der Pensions-Sicherungs-Verein Versicherungsverein auf Gegenseitigkeit. [2]Er ist zugleich Träger der Insolvenzsicherung von Versorgungszusagen Luxemburger Unternehmen nach Maßgabe des Abkommens vom 22. September 2000 zwischen der Bundesrepublik Deutschland und dem Großherzogtum Luxemburg über Zusammenarbeit im Bereich der Insolvenzsicherung betrieblicher Altersversorgung. *[3]Er unterliegt der Aufsicht durch die Bundesanstalt für Finanzdienstleistungsaufsicht.*[2] *[4]Die Vorschriften des Versicherungsaufsichtsgesetzes gelten, soweit dieses Gesetz nichts anderes bestimmt.*

[ab 1.1.2016:

(2)[3] [1]Der Pensions-Sicherungs-Verein Versicherungsverein auf Gegenseitigkeit unterliegt der Aufsicht durch die Bundesanstalt für Finanzdienstleistungsaufsicht. [2]Soweit dieses Gesetz nichts anderes bestimmt, gelten für ihn die Vorschriften für kleine Versicherungsunternehmen nach den §§ 212 bis 216 des Versichungsaufsichtsgesetzes und die auf Grund des § 217 des Versicherungsaufsichtsgesetzes erlassenen Rechtsverordnungen entsprechend. [3]Die folgenden Vorschriften gelten mit folgenden Maßgaben:

1. § 212 Absatz 2 Nummer 1 des Versicherungsaufsichtsgesetzes gilt mit der Maßgabe, dass § 30 des Versicherungsaufsichtsgesetzes Anwendung findet;
2. § 212 Absatz 3 Nummer 6 des Versicherungsaufsichtsgesetzes gilt ohne Maßgabe; § 212 Absatz 3 Nummer 7, 10 und 12 des Versicherungsaufsichtsgesetzes gilt mit der Maßgabe, dass die dort genannten Vorschriften auch auf die interne Revision Anwendung finden; § 212 Absatz 3 Nummer 13 des Versicherungsaufsichtsgesetzes gilt mit der Maßgabe, dass die Bundesanstalt für Finanzdienstleistungsaufsicht bei Vorliegen der gesetzlichen Tatbestandsmerkmale die Erlaubnis zum Geschäftsbetrieb widerrufen kann;
3.[4] § 214 Absatz 1 des Versicherungsaufsichtsgesetzes gilt mit der Maßgabe, dass grundsätzlich die Hälfte des Ausgleichsfonds den Eigenmitteln zugerechnet werden kann. [2]Auf Antrag des Pensions-Sicherungs-Vereins Versicherungsverein auf Gegenseitigkeit kann die Bundesanstalt für Finanzdienstleistungsaufsicht im Fall einer Inanspruchnahme des Ausgleichsfonds nach § 10 Absatz 2 Satz 5 festsetzen, dass der Ausgleichsfonds vorübergehend zu einem hierüber hinausgehenden Anteil den Eigenmitteln zugerechnet werden kann; § 214 Absatz 6 des Versicherungsaufsichtsgesetzes findet keine Anwendung;
4. der Umfang des Sicherungsvermögens muss mindestens der Summe aus den Bilanzwerten der in § 125 Absatz 2 des Versicherungsaufsichtsgesetzes genannten Beträge und dem nicht den Eigenmitteln zuzurechnenden Teil des Ausgleichsfonds entsprechen;

---

[1] § 14 Abs. 1 neu gef. durch G v. 10.12.2001 (BGBl. II S. 1258); Abs. 1 Sätze 3 und 4 aufgeh. mWv 1.1.2016 durch G v. 1.4.2015 (BGBl. I S. 434).
[2] Bezeichnung geänd. durch G v. 5.7.2004 (BGBl. I S. 1427).
[3] § 14 Abs. 2 eingef., bish. Abs. 2 und 3 werden Abs. 3 und 4 mWv 1.1.2016 durch G v. 1.4.2015 (BGBl. I S. 434).
[4] § 14 Abs. 2 Satz 3 Nr. 3 Verweis geänd. mWv 13.1.2019 durch G v. 19.12.2018 (BGBl. I S. 2672).

5. § 134 Absatz 3 Satz 2 des Versicherungsaufsichtsgesetzes gilt mit der Maßgabe, dass die Aufsichtsbehörde die Frist für Maßnahmen des Pensions-
Sicherungs-Vereins Versicherungsverein auf Gegenseitigkeit um einen
angemessenen Zeitraum verlängern kann; § 134 Absatz 6 Satz 1 des Versicherungsaufsichtsgesetzes ist entsprechend anzuwenden;

6. § 135 Absatz 2 Satz 2 des Versicherungsaufsichtsgesetzes gilt mit der Maßgabe, dass die Aufsichtsbehörde die genannte Frist um einen angemessenen
Zeitraum verlängern kann.]

(3) [1] Der Bundesminister für Arbeit und Sozialordnung weist durch Rechtsverordnung mit Zustimmung des Bundesrates die Stellung des Trägers der Insolvenzsicherung der Kreditanstalt für Wiederaufbau[1] zu, bei der ein Fonds zur
Insolvenzsicherung der betrieblichen Altersversorgung gebildet wird, wenn

1. bis zum 31. Dezember 1974 nicht nachgewiesen worden ist, daß der in
Absatz 1 genannte Träger die Erlaubnis der Aufsichtsbehörde zum Geschäftsbetrieb erhalten hat,

2. der in Absatz 1 genannte Träger aufgelöst worden ist oder

3. die Aufsichtsbehörde den Geschäftsbetrieb des in Absatz 1 genannten Trägers untersagt oder die Erlaubnis zum Geschäftsbetrieb widerruft.

[2] In den Fällen der Nummern 2 und 3 geht das Vermögen des in Absatz 1
genannten Trägers einschließlich der Verbindlichkeiten auf die Kreditanstalt
für Wiederaufbau[1] über, die es dem Fonds zur Insolvenzsicherung der betrieblichen Altersversorgung zuweist.

(4) [1] Wird die Insolvenzsicherung von der Kreditanstalt für Wiederaufbau[1]
durchgeführt, gelten die Vorschriften dieses Abschnittes mit folgenden Abweichungen:

1. In § 7 Abs. 6 entfällt die Zustimmung der Bundesanstalt für Finanzdienstleistungsaufsicht[2].

2. [1] § 10 Abs. 2 findet keine Anwendung. [2] Die von der Kreditanstalt für Wiederaufbau[1] zu erhebenden Beiträge müssen den Bedarf für die laufenden
Leistungen der Insolvenzsicherung im laufenden Kalenderjahr und die im
gleichen Zeitraum entstehenden Verwaltungskosten und sonstigen Kosten,
die mit der Gewährung der Leistungen zusammenhängen, decken. [3] Bei einer Zuweisung nach Absatz 2 Nr. 1 beträgt der Beitrag für die ersten
3 Jahre mindestens 0,1 vom Hundert der Beitragsbemessungsgrundlage gemäß § 10 Abs. 3; der nicht benötigte Teil dieses Beitragsaufkommens wird
einer Betriebsmittelreserve zugeführt. [4] Bei einer Zuweisung nach Absatz 2
Nr. 2 oder 3 wird in den ersten 3 Jahren zu dem Beitrag nach Nummer 2
Satz 2 ein Zuschlag von 0,08 vom Hundert der Beitragsbemessungsgrundlage gemäß § 10 Abs. 3 zur Bildung einer Betriebsmittelreserve erhoben.
[5] Auf die Beiträge können Vorschüsse erhoben werden.

3. In § 12 Abs. 3 tritt an die Stelle der Bundesanstalt für Finanzdienstleistungsaufsicht[2] die Kreditanstalt für Wiederaufbau[1].

---

[1] Geänd. durch G v. 15.8.2003 (BGBl. I S. 1657).
[2] Bezeichnung geänd. durch G v. 5.7.2004 (BGBl. I S. 1427).

² Die Kreditanstalt für Wiederaufbau¹⁾ verwaltet den Fonds im eigenen Namen. ³ Für Verbindlichkeiten des Fonds haftet sie nur mit dem Vermögen des Fonds. ⁴ Dieser haftet nicht für die sonstigen Verbindlichkeiten der Bank. ⁵ § 11 Abs. 1 Satz 1 des Gesetzes über die Kreditanstalt für Wiederaufbau in der Fassung der Bekanntmachung vom 23. Juni 1969 (BGBl. I S. 573), das zuletzt durch Artikel 14 des Gesetzes vom 21. Juni 2002 (BGBl. I S. 2010) geändert worden ist, ist in der jeweils geltenden Fassung auch für den Fonds anzuwenden.²⁾

§ 15 Verschwiegenheitspflicht. ¹ Personen, die bei dem Träger der Insolvenzsicherung beschäftigt oder für ihn tätig sind, dürfen fremde Geheimnisse, insbesondere Betriebs- oder Geschäftsgeheimnisse, nicht unbefugt offenbaren oder verwerten. ² Sie sind nach dem Gesetz über die förmliche Verpflichtung nichtbeamteter Personen vom 2. März 1974 (Bundesgesetzbl. I S. 469, 547) von der Bundesanstalt für Finanzdienstleistungsaufsicht³⁾ auf die gewissenhafte Erfüllung ihrer Obliegenheiten zu verpflichten.

Fünfter Abschnitt. Anpassung

§ 16 Anpassungsprüfungspflicht. (1) Der Arbeitgeber hat alle drei Jahre eine Anpassung der laufenden Leistungen der betrieblichen Altersversorgung zu prüfen und hierüber nach billigem Ermessen zu entscheiden; dabei sind insbesondere die Belange des Versorgungsempfängers und die wirtschaftliche Lage des Arbeitgebers zu berücksichtigen.

(2)⁴⁾ Die Verpflichtung nach Absatz 1 gilt als erfüllt, wenn die Anpassung nicht geringer ist als der Anstieg

1.⁵⁾ des Verbraucherpreisindexes für Deutschland oder

2. der Nettolöhne vergleichbarer Arbeitnehmergruppen des Unternehmens

im Prüfungszeitraum.

(3)⁶⁾ Die Verpflichtung nach Absatz 1 entfällt, wenn

1. der Arbeitgeber sich verpflichtet, die laufenden Leistungen jährlich um wenigstens eins vom Hundert anzupassen,

2. die betriebliche Altersversorgung über eine Direktversicherung im Sinne des § 1b Abs. 2 oder über eine Pensionskasse im Sinne des § 1b Abs. 3 durchgeführt wird, *[ab 31.12.2015:* und]⁷⁾ ab Rentenbeginn sämtliche auf den Rentenbestand entfallende Überschußanteile zur Erhöhung der laufenden Leistungen verwendet werden *und zur Berechnung der garantierten Leis-*

---

¹⁾ Geänd. durch G v. 15.8.2003 (BGBl. I S. 1657).
²⁾ § 14 Abs. 3 Satz 5 neu gef. mWv 22.8.2003 durch G v. 15.8.2003 (BGBl. I S. 1657).
³⁾ Bezeichnung geänd. durch G v. 5.7.2004 (BGBl. I S. 1427).
⁴⁾ § 16 Abs. 2 angef. mWv 1.1.1999 durch G v. 16.12.1997 (BGBl. I S. 2998).
⁵⁾ § 16 Abs. 2 Nr. 1 neu gef. mWv 1.1.2003 durch G v. 3.4.2003 (BGBl. I S. 462); zur Geltung siehe § 30c Abs. 4.
⁶⁾ § 16 Abs. 3 angef. mWv 1.1.1999 durch G v. 16.12.1997 (BGBl. I S. 2998); zur Geltung von § 16 Abs. 3 Nr. 1 siehe § 30c Abs. 1.
⁷⁾ § 16 Abs. 3 Nr. 2 geänd., kursiver Satzteil aufgeh. mWv 31.12.2015 durch G v. 21.12.2015 (BGBl. I S. 2553); zur Anwendung siehe auch **§ 30c Abs. 1a**.

tung der nach § 65 Abs. 1 Nr. 1 Buchstabe a des Versicherungsaufsichtsgesetzes festgesetzte Höchstzinssatz zur Berechnung der Deckungsrückstellung nicht überschritten wird[1] oder

3.[1] eine Beitragszusage mit Mindestleistung erteilt wurde; Absatz 5 findet insoweit keine Anwendung.

(4)[2] [1]Sind laufende Leistungen nach Absatz 1 nicht oder nicht in vollem Umfang anzupassen (zu Recht unterbliebene Anpassung), ist der Arbeitgeber nicht verpflichtet, die Anpassung zu einem späteren Zeitpunkt nachzuholen. [2]Eine Anpassung gilt als zu Recht unterblieben, wenn der Arbeitgeber dem Versorgungsempfänger die wirtschaftliche Lage des Unternehmens schriftlich dargelegt, der Versorgungsempfänger nicht binnen drei Kalendermonaten nach Zugang der Mitteilung schriftlich widersprochen hat und er auf die Rechtsfolgen eines nicht fristgemäßen Widerspruchs hingewiesen wurde.

(5)[3] Soweit betriebliche Altersversorgung durch Entgeltumwandlung finanziert wird, ist der Arbeitgeber verpflichtet, die Leistungen mindestens entsprechend Absatz 3 Nr. 1 anzupassen oder im Falle der Durchführung über eine Direktversicherung oder eine Pensionskasse sämtliche Überschussanteile entsprechend Absatz 3 Nr. 2 zu verwenden.

(6)[4]·[5] Eine Verpflichtung zur Anpassung besteht nicht für monatliche Raten im Rahmen eines Auszahlungsplans sowie für Renten ab Vollendung des 85. Lebensjahres im Anschluss an einen Auszahlungsplan.

Sechster Abschnitt. Geltungsbereich

§ 17 Persönlicher Geltungsbereich. (1) [1]Arbeitnehmer im Sinne der §§ 1 bis 16 sind Arbeiter und Angestellte einschließlich der zu ihrer Berufsausbildung Beschäftigten; ein Berufsausbildungsverhältnis steht einem Arbeitsverhältnis gleich. [2]Die §§ 1 bis 16 gelten entsprechend für Personen, die nicht Arbeitnehmer sind, wenn ihnen Leistungen der Alters-, Invaliditäts- oder Hinterbliebenenversorgung aus Anlaß ihrer Tätigkeit für ein Unternehmen zugesagt worden sind. [3]Arbeitnehmer im Sinne von § 1a Abs. 1 sind nur Personen nach den Sätzen 1 und 2, soweit sie aufgrund der Beschäftigung oder Tätigkeit bei dem Arbeitgeber, gegen den sich der Anspruch nach § 1a richten würde, in der gesetzlichen Rentenversicherung pflichtversichert sind.[6]

(2)[7] Die §§ 7 bis 15 gelten nicht für den Bund, die Länder, die Gemeinden sowie die Körperschaften, Stiftungen und Anstalten des öffentlichen Rechts, bei denen das Insolvenzverfahren nicht zulässig ist, und solche juristische Per-

---

[1] § 16 Abs. 3 Nr. 3 angef. mWv 1.1.2002 durch G v. 26.6.2001 (BGBl. I S. 1310).
[2] § 16 Abs. 4 angef. mWv 1.1.1999 durch G v. 16.12.1997 (BGBl. I S. 2998); zur Geltung siehe § 30c Abs. 2.
[3] § 16 Abs. 5 angef. mWv 1.1.2001 durch G v. 26.6.2001 (BGBl. I S. 1310); zur Geltung siehe § 30c Abs. 3.
[4] § 16 Abs. 6 angef. mWv 1.1.2001 durch G v. 26.6.2001 (BGBl. I S. 1310).
[5] § 16 Abs. 6 neu gef. durch G v. 21.6.2002 (BGBl. I S. 2167).
[6] § 17 Abs. 1 Satz 3 angef. mWv 1.1.2002 durch G v. 26.6.2001 (BGBl. I S. 1310).
[7] § 17 Abs. 2 geänd. mWv 1.1.1999 durch G v. 5.10.1994 (BGBl. I S. 2911).

sonen des öffentlichen Rechts, bei denen der Bund, ein Land oder eine Gemeinde kraft Gesetzes die Zahlungsfähigkeit sichert.

(3)[1] *(aufgehoben)*

(3)[2] Gesetzliche Regelungen über Leistungen der betrieblichen Altersversorgung werden unbeschadet des § 18 durch die §§ 1 bis 16 und 26 bis 30 nicht berührt.

§ 18[3] Sonderregelungen für den öffentlichen Dienst. (1)[4] [1]Für Personen, die

1. bei der Versorgungsanstalt des Bundes und der Länder (VBL) oder einer kommunalen oder kirchlichen Zusatzversorgungseinrichtung versichert sind, oder

2. bei einer anderen Zusatzversorgungseinrichtung versichert sind, die mit einer der Zusatzversorgungseinrichtungen nach Nummer 1 ein Überleitungsabkommen abgeschlossen hat oder aufgrund satzungsrechtlicher Vorschriften der Zusatzversorgungseinrichtungen nach Nummer 1 ein solches Abkommen abschließen kann, oder

3. unter das Hamburgische Zusatzversorgungsgesetz oder unter das Bremische Ruhelohngesetz in ihren jeweiligen Fassungen fallen oder auf die diese Gesetze sonst Anwendung finden,

gelten die §§ 2, [*ab 1.1.2018:* 2a Absatz 1, 3 und 4 sowie die §§] 5, 16, 27 und 28 nicht, soweit sich aus den nachfolgenden Regelungen nichts Abweichendes ergibt; § 4 gilt nicht, wenn die Anwartschaft oder die laufende Leistung ganz oder teilweise umlage- oder haushaltsfinanziert ist.[5] [*ab 24.6.2020:* [2]Soweit die betriebliche Altersversorgung über eine der in Satz 1 genannten Einrichtungen durchgeführt wird, finden die §§ 7 bis 15 keine Anwendung.]

(2)[6] Bei Eintritt des Versorgungsfalles vor dem 2. Januar 2002 erhalten die in Absatz 1 Nummer 1 und 2 bezeichneten Personen, deren Anwartschaft nach § 1b fortbesteht und deren Arbeitsverhältnis vor Eintritt des Versorgungsfalles geendet hat, von der Zusatzversorgungseinrichtung aus der Pflichtversicherung eine Zusatzrente nach folgenden Maßgaben:

1. [1]Der monatliche Betrag der Zusatzrente beträgt für jedes Jahr der aufgrund des Arbeitsverhältnisses bestehenden Pflichtversicherung bei einer Zusatzversorgungseinrichtung 2,25 vom Hundert, höchstens jedoch 100 vom

---

[1] § 17 Abs. 3 aufgeh. mWv 1.1.2018 durch G v. 17.8.2017 (BGBl. I S. 3214).
[2] § 17 Abs. 4 wird Abs. 3, Abs. 5 aufgeh. mWv 1.1.2018 durch G v. 17.8.2017 (BGBl. I S. 3214).
[3] § 18 neu gef. mWv 1.1.2001 – mit Ausnahme von Abs. 9, der ab 1.1.1999 gilt – durch G v. 21.12.2000 (BGBl. I S. 1914); zur Geltung siehe § 30d.
[4] § 18 Abs. 1 Nrn. 1 und 2 geänd. (zur Geltung siehe § 30d Abs. 2a), Nr. 3 neu gef. mWv 1.1.2002 durch G v. 17.8.2017 (BGBl. I S. 3214); Abs. 1 Satz 2 angef., bish. Text wird Satz 1 mWv 24.6.2020 durch G v. 12.6.2020 (BGBl. I S. 1248); vgl. zur Anw. **§ 30d**.
[5] § 18 Abs. 1 Satz 1 HS 2 angef. mWv 1.1.2005 durch G v. 5.7.2004 (BGBl. I S. 1427); geänd. mWv 1.1.2018 durch G v. 21.12.2015 (BGBl. I S. 2553).
[6] § 18 Abs. 2 Satzteil vor Nr. 1 neu gef., Nr. 6 geänd. mWv 1.1.2002 durch G v. 17.8.2017 (BGBl. I S. 3214).

Hundert der Leistung, die bei dem höchstmöglichen Versorgungssatz zugestanden hätte (Voll-Leistung). [2] Für die Berechnung der Voll-Leistung

a) ist der Versicherungsfall der Regelaltersrente maßgebend,

b) ist das Arbeitsentgelt maßgebend, das nach der Versorgungsregelung für
die Leistungsbemessung maßgebend wäre, wenn im Zeitpunkt des Ausscheidens der Versicherungsfall im Sinne der Versorgungsregelung eingetreten wäre,

c)[1] *finden § 2 Abs. 5 Satz 1 und § 2 Abs. 6 [ab 1.1.2018:* findet § 2a Absatz 1] entsprechend Anwendung,

d) ist im Rahmen einer Gesamtversorgung der im Falle einer Teilzeitbeschäftigung oder Beurlaubung nach der Versorgungsregelung für die gesamte Dauer des Arbeitsverhältnisses maßgebliche Beschäftigungsquotient
nach der Versorgungsregelung als Beschäftigungsquotient auch für die
übrige Zeit maßgebend,

e) finden die Vorschriften der Versorgungsregelung über eine Mindestleistung keine Anwendung und

f) ist eine anzurechnende Grundversorgung nach dem bei der Berechnung
von Pensionsrückstellungen für die Berücksichtigung von Renten aus der
gesetzlichen Rentenversicherung allgemein zulässigen Verfahren zu ermitteln. [2] Hierbei ist das Arbeitsentgelt nach Buchstabe b zugrunde zu legen
und – soweit während der Pflichtversicherung Teilzeitbeschäftigung bestand – diese nach Maßgabe der Versorgungsregelung zu berücksichtigen.

2. Die Zusatzrente vermindert sich um 0,3 vom Hundert für jeden vollen
Kalendermonat, den der Versorgungsfall vor Vollendung des 65. Lebensjahres eintritt, höchstens jedoch um den in der Versorgungsregelung für
die Voll-Leistung vorgesehenen Vomhundertsatz.

3. Übersteigt die Summe der Vomhundertsätze nach Nummer 1 aus unterschiedlichen Arbeitsverhältnissen 100, sind die einzelnen Leistungen im
gleichen Verhältnis zu kürzen.

4. Die Zusatzrente muss monatlich mindestens den Betrag erreichen, der sich
aufgrund des Arbeitsverhältnisses nach der Versorgungsregelung als Versicherungsrente aus den jeweils maßgeblichen Vomhundertsätzen der zusatz-
versorgungspflichtigen Entgelte oder der gezahlten Beiträge und Erhöhungsbeträge ergibt.

5. [1] Die Vorschriften der Versorgungsregelung über das Erlöschen, das Ruhen
und die Nichtleistung der Versorgungsrente gelten entsprechend. [2] Soweit
die Versorgungsregelung eine Mindestleistung in Ruhensfällen vorsieht, gilt
dies nur, wenn die Mindestleistung der Leistung im Sinne der Nummer 4
entspricht.

6. [1] Verstirbt die in Absatz 1 genannte Person und beginnt die Hinterbliebenenrente vor dem 2. Januar 2002, erhält eine Witwe oder ein Witwer
60 vom Hundert, eine Witwe oder ein Witwer im Sinne des § 46 Abs. 1

---

[1] § 18 Abs. 2 Nr. 1 Satz 2 Buchst. c geänd. mWv 1.1.2018 durch G v. 21.12.2015 (BGBl. I
S. 2553).

des Sechsten Buches Sozialgesetzbuch 42 vom Hundert, eine Halbwaise 12 vom Hundert und eine Vollwaise 20 vom Hundert der unter Berücksichtigung der in diesem Absatz genannten Maßgaben zu berechnenden Zusatzrente; die §§ 46, 48, 103 bis 105 des Sechsten Buches Sozialgesetzbuch sind entsprechend anzuwenden. ²Die Leistungen an mehrere Hinterbliebene dürfen den Betrag der Zusatzrente nicht übersteigen; gegebenenfalls sind die Leistungen im gleichen Verhältnis zu kürzen.

7. Versorgungsfall ist der Versicherungsfall im Sinne der Versorgungsregelung.

(2a)[1] Bei Eintritt des Versorgungsfalles oder bei Beginn der Hinterbliebenenrente nach dem 1. Januar 2002 erhalten die in Absatz 1 Nummer 1 und 2 genannten Personen, deren Anwartschaft nach § 1b fortbesteht und deren Arbeitsverhältnis vor Eintritt des Versorgungsfalles geendet hat, von der Zusatzversorgungseinrichtung die nach der jeweils maßgebenden Versorgungsregelung vorgesehenen Leistungen.

(3)[2] ¹Personen, auf die bis zur Beendigung ihres Arbeitsverhältnisses die Regelungen des Hamburgischen Zusatzversorgungsgesetzes oder des Bremischen Ruhelohngesetzes in ihren jeweiligen Fassungen Anwendung gefunden haben, haben Anspruch gegenüber ihrem ehemaligen Arbeitgeber auf Leistungen in sinngemäßer Anwendung des Absatzes 2 mit Ausnahme von Absatz 2 Nummer 3 und 4 sowie Nummer 5 Satz 2; bei Anwendung des Hamburgischen Zusatzversorgungsgesetzes bestimmt sich der monatliche Betrag der Zusatzrente abweichend von Absatz 2 nach dem nach dem Hamburgischen Zusatzversorgungsgesetz maßgebenden Berechnungsweise. ²An die Stelle des Stichtags 2. Januar 2002 tritt im Bereich des Hamburgischen Zusatzversorgungsgesetzes der 1. August 2003 und im Bereich des Bremischen Ruhelohngesetzes der 1. März 2007.

(4)[3] ¹Die Leistungen nach den Absätzen 2, 2a und 3 werden in der Pflichtversicherung jährlich zum 1. Juli um 1 Prozent erhöht. ²In der freiwilligen Versicherung bestimmt sich die Anpassung der Leistungen nach der jeweils maßgebenden Versorgungsregelung.

(5)[4] Besteht bei Eintritt des Versorgungsfalles neben dem Anspruch auf Zusatzrente nach Absatz 2 oder auf die in Absatz 3 oder Absatz 7 bezeichneten Leistungen auch Anspruch auf eine Versorgungsrente oder Versicherungsrente der in Absatz 1 Satz 1 Nr. 1 und 2 bezeichneten Zusatzversorgungseinrichtungen oder Anspruch auf entsprechende Versorgungsleistungen der Versorgungsanstalt der deutschen Kulturorchester oder der Versorgungsanstalt der deutschen Bühnen oder nach den Regelungen des Ersten Ruhegeldgesetzes, des Zweiten Ruhegeldgesetzes oder des Bremischen Ruhelohngesetzes, in deren Berechnung auch die der Zusatzrente nach Absatz 2 zugrunde liegenden Zeiten berücksichtigt sind, ist nur die im Zahlbetrag höhere Rente zu leisten.

---

[1] § 18 Abs. 2a eingef. mWv 1.1.2002 durch G v. 17.8.2017 (BGBl. I S. 3214).
[2] § 18 Abs. 3 neu gef. mWv 1.1.2002 durch G v. 17.8.2017 (BGBl. I S. 3214).
[3] § 18 Abs. 4 neu gef. mWv 1.1.2002 durch G v. 17.8.2017 (BGBl. I S. 3214).
[4] § 18 Abs. 5 geänd. mWv 1.1.2002 durch G v. 17.8.2017 (BGBl. I S. 3214).

(6)[1] Eine Anwartschaft auf Versorgungsleistungen kann bei Übertritt der anwartschaftsberechtigten Person in ein Versorgungssystem einer überstaatlichen Einrichtung in das Versorgungssystem dieser Einrichtung übertragen werden, wenn ein entsprechendes Abkommen zwischen der Zusatzversorgungseinrichtung oder der Freien und Hansestadt Hamburg oder der Freien Hansestadt Bremen und der überstaatlichen Einrichtung besteht.

(7)[2] ¹Für Personen, die bei der Versorgungsanstalt der deutschen Kulturorchester oder der Versorgungsanstalt der deutschen Bühnen pflichtversichert sind, gelten die §§ 2 *bis [ab 1.1.2018:* und 3, mit Ausnahme von § 3 Absatz 2 Satz 3, sowie die §§ 4,] 5, 16, 27 und 28 nicht *[ab 24.6.2020:* ; soweit die betriebliche Altersversorgung über die Versorgungsanstalten durchgeführt wird, finden die §§ 7 bis 15 keine Anwendung]. ²Bei Eintritt des Versorgungsfalles treten an die Stelle der Zusatzrente und der Leistungen an Hinterbliebene nach Absatz 2 und an die Stelle der Regelung in Absatz 4 die satzungsgemäß vorgesehenen Leistungen; Absatz 2 Nr. 5 findet entsprechend Anwendung. ³*Die Höhe der Leistungen kann nach dem Ausscheiden aus dem Beschäftigungsverhältnis nicht mehr geändert werden.* ⁴*Als [ab 1.1.2018:* ³Als] pflichtversichert gelten auch die freiwillig Versicherten der Versorgungsanstalt der deutschen Kulturorchester und der Versorgungsanstalt der deutschen Bühnen.

(8) Gegen Entscheidungen der Zusatzversorgungseinrichtungen über Ansprüche nach diesem Gesetz ist der Rechtsweg gegeben, der für Versicherte der Einrichtung gilt.

(9)[3] Bei Personen, die aus einem Arbeitsverhältnis ausscheiden, in dem sie nach § 5 Abs. 1 Satz 1 Nr. 2 des Sechsten Buches Sozialgesetzbuch versicherungsfrei waren, dürfen die Ansprüche nach § 2 Abs. 1 Satz 1 und 2 nicht hinter dem Rentenanspruch zurückbleiben, der sich ergeben hätte, wenn der Arbeitnehmer für die Zeit der versicherungsfreien Beschäftigung in der gesetzlichen Rentenversicherung nachversichert worden wäre; die Vergleichsberechnung ist im Versorgungsfall aufgrund einer Auskunft der Deutschen Rentenversicherung Bund[4] vorzunehmen.

§ 18a[5] Verjährung.

¹Der Anspruch auf Leistungen aus der betrieblichen Altersversorgung verjährt in 30 Jahren. ²Ansprüche auf regelmäßig wiederkehrende Leistungen unterliegen der regelmäßigen Verjährungsfrist nach den Vorschriften des Bürgerlichen Gesetzbuchs.

---

[1] § 18 Abs. 6 neu gef. mWv 1.1.2002 durch G v. 17.8.2017 (BGBl. I S. 3214).
[2] § 18 Abs. 7 Satz 1 geänd., Satz 3 aufgeh., bish. Satz 4 wird Satz 3 mWv 1.1.2018 durch G v. 21.12.2015 (BGBl. I S. 2553); Abs. 7 Satz 1 HS 2 angef. mWv 24.6.2020 durch G v. 12.6.2020 (BGBl. I S. 1248).
[3] In Kraft ab 1.1.1999 (Art. 2 des G v. 21.12.2000, BGBl. I S. 1914).
[4] Bezeichnung geänd. mWv 1.10.2005 durch G v. 9.12.2004 (BGBl. I S. 3242).
[5] § 18a eingef. mWv 1.1.2002 durch G v. 26.11.2001 (BGBl. I S. 3138).

Siebter Abschnitt. Betriebliche Altersversorgung und Tarifvertrag[1]

Unterabschnitt 1. Tariföffnung; Optionssysteme

§ 19 Allgemeine Tariföffnungsklausel. (1) Von den §§ 1a, 2, 2a Absatz 1, 3 und 4, § 3, mit Ausnahme des § 3 Absatz 2 Satz 3, von den §§ 4, 5, 16, 18a Satz 1, §§ 27 und 28 kann in Tarifverträgen abgewichen werden.

(2) Die abweichenden Bestimmungen haben zwischen nichttarifgebundenen Arbeitgebern und Arbeitnehmern Geltung, wenn zwischen diesen die Anwendung der einschlägigen tariflichen Regelung vereinbart ist.

(3) Im Übrigen kann von den Bestimmungen dieses Gesetzes nicht zuungunsten des Arbeitnehmers abgewichen werden.

§ 20 Tarifvertrag und Entgeltumwandlung; Optionssysteme. (1) Soweit Entgeltansprüche auf einem Tarifvertrag beruhen, kann für diese eine Entgeltumwandlung nur vorgenommen werden, soweit dies durch Tarifvertrag vorgesehen oder durch Tarifvertrag zugelassen ist.

(2) [1]In einem Tarifvertrag oder auf Grund eines Tarifvertrages in einer Betriebs- oder Dienstvereinbarung kann geregelt werden, dass der Arbeitgeber für alle Arbeitnehmer oder für eine Gruppe von Arbeitnehmern des Unternehmens oder einzelner Betriebe eine automatische Entgeltumwandlung einführt, gegen die der Arbeitnehmer ein Widerspruchsrecht hat (Optionssystem). [2]Das Angebot des Arbeitgebers auf Entgeltumwandlung gilt als vom Arbeitnehmer angenommen, wenn er nicht widersprochen hat und das Angebot

1. in Textform und mindestens drei Monate vor der ersten Fälligkeit des umzuwandelnden Entgelts gemacht worden ist und

2. deutlich darauf hinweist,

   a) welcher Betrag und welcher Vergütungsbestandteil umgewandelt werden sollen und

   b) dass der Arbeitnehmer ohne Angabe von Gründen innerhalb einer Frist von mindestens einem Monat nach dem Zugang des Angebots widersprechen und die Entgeltumwandlung mit einer Frist von höchstens einem Monat beenden kann.

[3]Nichttarifgebundene Arbeitgeber können ein einschlägiges tarifvertragliches Optionssystem anwenden oder auf Grund eines einschlägigen Tarifvertrages durch Betriebs- oder Dienstvereinbarung die Einführung eines Optionssystems regeln; Satz 2 gilt entsprechend.

---

[1] Siebter Abschnitt (§§ 19 bis 25) eingef. mWv 1.1.2018 durch G v. 17.8.2017 (BGBl. I S. 3214).

Unterabschnitt 2. Tarifvertrag und reine Beitragszusage

§ 21 Tarifvertragsparteien. (1) Vereinbaren die Tarifvertragsparteien eine betriebliche Altersversorgung in Form der reinen Beitragszusage, müssen sie sich an deren Durchführung und Steuerung beteiligen.

(2) [1] Die Tarifvertragsparteien sollen im Rahmen von Tarifverträgen nach Absatz 1 bereits bestehende Betriebsrentensysteme angemessen berücksichtigen. [2] Die Tarifvertragsparteien müssen insbesondere prüfen, ob auf der Grundlage einer Betriebs- oder Dienstvereinbarung oder, wenn ein Betriebs- oder Personalrat nicht besteht, durch schriftliche Vereinbarung zwischen Arbeitgeber und Arbeitnehmer, tarifvertraglich vereinbarte Beiträge für eine reine Beitragszusage für eine andere nach diesem Gesetz zulässige Zusageart verwendet werden dürfen.

(3) [1] Die Tarifvertragsparteien sollen nichttarifgebundenen Arbeitgebern und Arbeitnehmern den Zugang zur durchführenden Versorgungseinrichtung nicht verwehren. [2] Der durchführenden Versorgungseinrichtung dürfen im Hinblick auf die Aufnahme und Verwaltung von Arbeitnehmern nichttarifgebundener Arbeitgeber keine sachlich unbegründeten Vorgaben gemacht werden.

(4) Wird eine reine Beitragszusage über eine Direktversicherung durchgeführt, kann eine gemeinsame Einrichtung nach § 4 des Tarifvertragsgesetzes als Versicherungsnehmer an die Stelle des Arbeitgebers treten.

§ 22 Arbeitnehmer und Versorgungseinrichtung. (1) [1] Bei einer reinen Beitragszusage hat der Pensionsfonds, die Pensionskasse oder die Direktversicherung dem Versorgungsempfänger auf der Grundlage des planmäßig zuzurechnenden Versorgungskapitals laufende Leistungen der betrieblichen Altersversorgung zu erbringen. [2] Die Höhe der Leistungen darf nicht garantiert werden.

(2) [1] Die auf den gezahlten Beiträgen beruhende Anwartschaft auf Altersrente ist sofort unverfallbar. [2] Die Erträge der Versorgungseinrichtung müssen auch dem ausgeschiedenen Arbeitnehmer zugutekommen.

(3) Der Arbeitnehmer hat gegenüber der Versorgungseinrichtung das Recht,

1. nach Beendigung des Arbeitsverhältnisses
   a) die Versorgung mit eigenen Beiträgen fortzusetzen oder
   b) innerhalb eines Jahres das gebildete Versorgungskapital auf die neue Versorgungseinrichtung, an die Beiträge auf der Grundlage einer reinen Beitragszusage gezahlt werden, zu übertragen,
2. entsprechend § 4a Auskunft zu verlangen und
3. entsprechend § 6 vorzeitige Altersleistungen in Anspruch zu nehmen.

(4) [1] Die bei der Versorgungseinrichtung bestehende Anwartschaft ist nicht übertragbar, nicht beleihbar und nicht veräußerbar. [2] Sie darf vorbehaltlich des Satzes 3 nicht vorzeitig verwertet werden. [3] Die Versorgungseinrichtung kann Anwartschaften und laufende Leistungen bis zu der Wertgrenze in § 3 Ab-

satz 2 Satz 1 abfinden; § 3 Absatz 2 Satz *2* [*ab 24.6.2020:* 3][1] gilt entsprechend.

(5) Für die Verjährung der Ansprüche gilt § 18a entsprechend.

§ 23 Zusatzbeiträge des Arbeitgebers. (1) Zur Absicherung der reinen Beitragszusage soll im Tarifvertrag ein Sicherungsbeitrag vereinbart werden.

(2) Bei einer reinen Beitragszusage ist im Fall der Entgeltumwandlung im Tarifvertrag zu regeln, dass der Arbeitgeber 15 Prozent des umgewandelten Entgelts zusätzlich als Arbeitgeberzuschuss an die Versorgungseinrichtung weiterleiten muss, soweit der Arbeitgeber durch die Entgeltumwandlung Sozialversicherungsbeiträge einspart.

§ 24 Nichttarifgebundene Arbeitgeber und Arbeitnehmer. Nichttarifgebundene Arbeitgeber und Arbeitnehmer können die Anwendung der einschlägigen tariflichen Regelung vereinbaren.

§ 25 Verordnungsermächtigung. [1]Das Bundesministerium für Arbeit und Soziales wird ermächtigt, im Einvernehmen mit dem Bundesministerium der Finanzen durch Rechtsverordnung Mindestanforderungen an die Verwendung der Beiträge nach § 1 Absatz 2 Nummer 2a festzulegen. [2]Die Ermächtigung kann im Einvernehmen mit dem Bundesministerium der Finanzen auf die Bundesanstalt für Finanzdienstleistungsaufsicht übertragen werden. [3]Rechtsverordnungen nach den Sätzen 1 und 2 bedürfen nicht der Zustimmung des Bundesrates.

Zweiter Teil. Übergangs- und Schlußvorschriften

§ 26 [Ausschluß der Rückwirkung] Die §§ 1 bis 4 und 18 gelten nicht, wenn das Arbeitsverhältnis oder Dienstverhältnis vor dem Inkrafttreten des Gesetzes beendet worden ist.

§ 26a[2] Übergangsvorschrift zu § 1a Absatz 1a. § 1a Absatz 1a gilt für individual- und kollektivrechtliche Entgeltumwandlungsvereinbarungen, die vor dem 1. Januar 2019 geschlossen worden sind, erst ab dem 1. Januar 2022.

§ 27 [Direktversicherungen und Pensionskassen] § 2 Abs. 2 Satz 2 Nr. 2 und 3 und Abs. 3 Satz 2 Nr. 1 und 2 gelten in Fällen, in denen vor dem Inkrafttreten des Gesetzes die Direktversicherung abgeschlossen worden ist oder die Versicherung des Arbeitnehmers bei einer Pensionskasse begonnen hat, mit der Maßgabe, daß die in diesen Vorschriften genannten Voraussetzungen spätestens für die Zeit nach Ablauf eines Jahres seit dem Inkrafttreten des Gesetzes erfüllt sein müssen.

---

[1] Verweis geänd. mWv 24.6.2020 durch G v. 12.6.2020 (BGBl. I S. 1248).
[2] § 26a eingef. durch G v. 17.8.2017 (BGBl. I S. 3214).

§ 28 [Auszehrungs- und Anrechnungsverbot] § 5 gilt für Fälle, in denen der Versorgungsfall vor dem Inkrafttreten des Gesetzes eingetreten ist, mit der Maßgabe, daß diese Vorschrift bei der Berechnung der nach dem Inkrafttreten des Gesetzes fällig werdenden Versorgungsleistungen anzuwenden ist.

§ 29 [Vorzeitige Altersleistungen] § 6 gilt für die Fälle, in denen das Altersruhegeld der gesetzlichen Rentenversicherung bereits vor dem Inkrafttreten des Gesetzes in Anspruch genommen worden ist, mit der Maßgabe, daß die Leistungen der betrieblichen Altersversorgung vom Inkrafttreten des Gesetzes an zu gewähren sind.

§ 30[1]) [Erstmalige Beitrags- und Leistungspflicht bei Insolvenzsicherung] (1) [1] Ein Anspruch gegen den Träger der Insolvenzsicherung nach § 7 besteht nur, wenn der Sicherungsfall nach dem Inkrafttreten der §§ 7 bis 15 eingetreten ist; er kann erstmals nach dem Ablauf von sechs Monaten nach diesem Zeitpunkt geltend gemacht werden. [2] Die Beitragspflicht des Arbeitgebers beginnt mit dem Inkrafttreten der §§ 7 bis 15.

[ab 24.6.2020:

(2) [1] Wenn die betriebliche Altersversorgung über eine Pensionskasse nach § 7 Absatz 1 Satz 2 Nummer 3 durchgeführt wird, besteht ein Anspruch gegen den Träger der Insolvenzsicherung, wenn der Sicherungsfall nach dem 31. Dezember 2021 eingetreten ist. [2] Die Beitragspflicht des Arbeitgebers, der betriebliche Altersversorgung über eine Pensionskasse nach § 7 Absatz 1 Satz 2 Nummer 3 durchführt, beginnt im Jahr 2021; der Beitrag beträgt in diesem Jahr 3 Promille der Beitragsbemessungsgrundlage nach § 10 Absatz 3 Nummer 4. [3] Zusätzlich zum Beitrag nach § 10 Absatz 2 Satz 1 wird für die betriebliche Altersversorgung nach Satz 2 für die Jahre 2022 bis 2025 ein Beitrag in Höhe von 1,5 Promille der Beitragsbemessungsgrundlage nach § 10 Absatz 3 Nummer 4 erhoben; die Beiträge sind zum Ende des jeweiligen Kalenderjahres fällig.

(3) [1] Ist der Sicherungsfall nach Absatz 2 vor dem 1. Januar 2022 eingetreten, besteht ein Anspruch gegen den Träger der Insolvenzsicherung, wenn die Pensionskasse nach der Versorgungszusage des Arbeitgebers vorgesehene Leistung um mehr als die Hälfte kürzt oder das Einkommen des ehemaligen Arbeitnehmers wegen einer Kürzung unter die von Eurostat für Deutschland ermittelte Armutsgefährdungsschwelle fällt. [2] Leistungen werden nur auf Antrag und nicht rückwirkend erbracht; sie können mit Nebenbestimmungen versehen werden. [3] Mit dem Antrag sind Unterlagen vorzulegen, die den Anspruch belegen. [4] Die Kosten, die dem Träger der Insolvenzsicherung insofern entstehen, werden vom Bund übernommen; Einzelheiten werden in einer Verwaltungsvereinbarung zwischen dem Träger der Insolvenzsicherung und dem Bundesministerium für Arbeit und Soziales im Einvernehmen mit dem Bundesministerium der Finanzen geregelt.

---

[1]) § 30 bish. Text wird Abs. 1; Abs. 2 bis 5 angef. mWv 24.6.2020 durch G v. 12.6.2020 (BGBl. I S. 1248).

(4) Soweit die betriebliche Altersversorgung über einen Pensionsfonds durchgeführt wird, gelten für Sicherungsfälle, die vor dem 1. Januar 2022 eingetreten sind, die §§ 7, 8 und 9 in der am 31. Dezember 2019 geltenden Fassung; für die Beitragsjahre 2020 bis 2022 können Arbeitgeber die Beitragsbemessungsgrundlage nach § 10 Absatz 3 Nummer 4 in der am 31. Dezember 2019 geltenden Fassung ermitteln.

(5) ¹Das Bundesministerium für Arbeit und Soziales untersucht 2026, ob die Beitragsbemessung nach § 10 Absatz 3 Nummer 4 bei betrieblicher Altersversorgung, die von Pensionskassen durchgeführt wird, weiterhin sachgerecht ist, insbesondere, ob die Höhe des Beitrags dem vom Träger der Insolvenzsicherung zu tragenden Risiko entspricht. ²Das Bundesministerium für Arbeit und Soziales kann Dritte mit dieser Untersuchung beauftragen.]

§ 30a¹⁾ *(aufgehoben)*

§ 30b²⁾·³⁾ [Geltung von § 4 Abs. 3] § 4 Abs. 3 gilt nur für Zusagen, die nach dem 31. Dezember 2004 erteilt wurden.

§ 30c²⁾ [Geltung von § 16 Abs. 3 Nr. 1, von Abs. 4 und Abs. 5]
(1) § 16 Abs. 3 Nr. 1 gilt nur für laufende Leistungen, die auf Zusagen beruhen, die nach dem 31. Dezember 1998 erteilt werden.

(1a)⁴⁾ § 16 Abs. 3 Nr. 2 gilt auch für Anpassungszeiträume, die vor dem 1. Januar 2016 liegen; in diesen Zeiträumen bereits erfolgte Anpassungen oder unterbliebene Anpassungen, gegen die der Versorgungsberechtigte vor dem 1. Januar 2016 Klage erhoben hat, bleiben unberührt.

(2) § 16 Abs. 4 gilt nicht für vor dem 1. Januar 1999 zu Recht unterbliebene Anpassungen.

(3)⁵⁾ § 16 Abs. 5 gilt nur für laufende Leistungen, die auf Zusagen beruhen, die nach dem 31. Dezember 2000 erteilt werden.

(4)⁶⁾ Für die Erfüllung der Anpassungsprüfungspflicht für Zeiträume vor dem 1. Januar 2003 gilt § 16 Abs. 2 Nr. 1 mit der Maßgabe, dass an die Stelle des Verbraucherpreisindexes für Deutschland der Preisindex für die Lebenshaltung von 4-Personen-Haushalten von Arbeitern und Angestellten mit mittlerem Einkommen tritt.

§ 30d⁷⁾·⁸⁾ Übergangsregelung zu § 18. (1) ¹Ist der Versorgungsfall vor dem 1. Januar 2001 eingetreten oder ist der Arbeitnehmer vor dem 1. Januar 2001 aus dem Beschäftigungsverhältnis bei einem öffentlichen Arbeitgeber

---

¹⁾ § 30a aufgeh. durch G v. 17.8.2017 (BGBl. I S. 3214).
²⁾ §§ 30b–30d eingef. mWv 1.1.1999 durch G v. 16.12.1997 (BGBl. I S. 2998).
³⁾ § 30b neu gef. durch G v. 5.7.2004 (BGBl. I S. 1427).
⁴⁾ § 30c Abs. 1a eingef. durch G v. 17.8.2017 (BGBl. I S. 3214).
⁵⁾ § 30c Abs. 3 angef. durch G v. 3.4.2003 (BGBl. I S. 462).
⁶⁾ § 30c Abs. 4 angef. durch G v. 3.4.2003 (BGBl. I S. 462).
⁷⁾ §§ 30b–30d eingef. mWv 1.1.1999 durch G v. 16.12.1997 (BGBl. I S. 2998).
⁸⁾ § 30d neu gef. durch G v. 21.12.2000 (BGBl. I S. 1914); Abs. 1 Satz 1 geänd., Abs. 2a eingef. durch G v. 17.8.2017 (BGBl. I S. 2314).

ausgeschieden und der Versorgungsfall nach dem 31. Dezember 2000 und vor dem 2. Januar 2002 eingetreten, sind für die Berechnung der Voll-Leistung die Regelungen der Zusatzversorgungseinrichtungen nach § 18 Abs. 1 Satz 1 Nr. 1 und 2 oder die Gesetze im Sinne des § 18 Abs. 1 Satz 1 Nr. 3 sowie die weiteren Berechnungsfaktoren jeweils in der am 31. Dezember 2000 geltenden Fassung maßgebend; § 18 Abs. 2 Nr. 1 Buchstabe b bleibt unberührt. [2]Die Steuerklasse III/0 ist zugrunde zu legen. [3]Ist der Versorgungsfall vor dem 1. Januar 2001 eingetreten, besteht der Anspruch auf Zusatzrente mindestens in der Höhe, wie er sich aus § 18 in der Fassung vom 16. Dezember 1997 (BGBl. I S. 2998) ergibt.

(2) Die Anwendung des § 18 ist in den Fällen des Absatzes 1 ausgeschlossen, soweit eine Versorgungsrente der in § 18 Abs. 1 Satz 1 Nr. 1 und 2 bezeichneten Zusatzversorgungseinrichtungen oder eine entsprechende Leistung aufgrund der Regelungen des Ersten Ruhegeldgesetzes, des Zweiten Ruhegeldgesetzes oder des Bremischen Ruhelohngesetzes bezogen wird, oder eine Versicherungsrente abgefunden wurde.

(2a) Für Personen, deren Beschäftigungsverhältnis vor dem 1. Januar 2002 vor Eintritt des Versorgungsfalls geendet und deren Anwartschaft nach § 1b fortbesteht, haben die in § 18 Absatz 1 Satz 1 Nummer 1 und 2 bezeichneten Zusatzversorgungseinrichtungen bei Eintritt des Versorgungsfalls nach dem 1. Januar 2002 die Anwartschaft für Zeiten bis zum 1. Januar 2002 nach § 18 Absatz 2 unter Berücksichtigung des § 18 Absatz 5 zu ermitteln.

(3) [1]Für Arbeitnehmer im Sinne des § 18 Abs. 1 Satz 1 Nr. 4, 5 und 6 in der bis zum 31. Dezember 1998 geltenden Fassung, für die bis zum 31. Dezember 1998 ein Anspruch auf Nachversicherung nach § 18 Abs. 6 entstanden ist, gilt Absatz 1 Satz 1 für die aufgrund der Nachversicherung zu ermittelnde Voll-Leistung entsprechend mit der Maßgabe, dass sich der nach § 2 zu ermittelnde Anspruch gegen den ehemaligen Arbeitgeber richtet. [2]Für den nach § 2 zu ermittelnden Anspruch gilt § 18 Abs. 2 Nr. 1 Buchstabe b entsprechend; für die übrigen Bemessungsfaktoren ist auf die Rechtslage am 31. Dezember 2000 abzustellen. [3]Leistungen der gesetzlichen Rentenversicherung, die auf einer Nachversicherung wegen Ausscheidens aus einem Dienstordnungsverhältnis beruhen, und Leistungen, die die zuständige Versorgungseinrichtung aufgrund von Nachversicherungen im Sinne des § 18 Abs. 6 in der am 31. Dezember 1998 geltenden Fassung gewährt, werden auf den Anspruch nach § 2 angerechnet. [4]Hat das Arbeitsverhältnis im Sinne des § 18 Abs. 9 bereits am 31. Dezember 1998 bestanden, ist in die Vergleichsberechnung nach § 18 Abs. 9 auch die Zusatzrente nach § 18 in der bis zum 31. Dezember 1998 geltenden Fassung einzubeziehen.

§ 30e[1]) [Geltung von § 1 Abs. 2 Nr. 4] (1) § 1 Abs. 2 Nr. 4 zweiter Halbsatz gilt für Zusagen, die nach dem 31. Dezember 2002 erteilt werden.

---

[1]) § 30e eingef. durch G v. 21.6.2002 (BGBl. I S. 2167), Abs. 2 Satz 2 eingef. durch G v. 5.7.2004 (BGBl. I S. 1427); geänd. mWv 1.1.2018 durch G v. 21.12.2015 (BGBl. I S. 2553).

(2) ¹§ 1 Abs. 2 Nr. 4 zweiter Halbsatz findet auf Pensionskassen, deren Leistungen der betrieblichen Altersversorgung durch Beiträge der Arbeitnehmer und Arbeitgeber gemeinsam finanziert und die als beitragsorientierte Leistungszusage oder als Leistungszusage durchgeführt werden, mit der Maßgabe Anwendung, dass dem ausgeschiedenen Arbeitnehmer das Recht zur Fortführung mit eigenen Beiträgen nicht eingeräumt werden und eine Überschussverwendung gemäß § 1b Abs. 5 Nr. 1 nicht erfolgen muss. ²Wird dem ausgeschiedenen Arbeitnehmer ein Recht zur Fortführung nicht eingeräumt, gilt für die Höhe der unverfallbaren Anwartschaft § 2 Abs. 5a [ab 1.1.2018: Absatz 5] entsprechend. ³Für die Anpassung laufender Leistungen gelten die Regelungen nach § 16 Abs. 1 bis 4. ⁴Die Regelung in Absatz 1 bleibt unberührt.

§ 30f¹⁾ [Geltung von § 1b Abs. 1] (1) ¹Wenn Leistungen der betrieblichen Altersversorgung vor dem 1. Januar 2001 zugesagt worden sind, ist § 1b Abs. 1 mit der Maßgabe anzuwenden, dass die Anwartschaft erhalten bleibt, wenn das Arbeitsverhältnis vor Eintritt des Versorgungsfalles, jedoch nach Vollendung des 35. Lebensjahres endet und die Versorgungszusage zu diesem Zeitpunkt

1. mindestens zehn Jahre oder

2. bei mindestens zwölfjähriger Betriebszugehörigkeit mindestens drei Jahre

bestanden hat;²⁾ in diesen Fällen bleibt die Anwartschaft auch erhalten, wenn die Zusage ab dem 1. Januar 2001 fünf Jahre bestanden hat und nach Beendigung des Arbeitsverhältnisses das 30. Lebensjahr vollendet ist. ²§ 1b Abs. 5 findet für Anwartschaften aus diesen Zusagen keine Anwendung.

(2)²⁾ Wenn Leistungen der betrieblichen Altersversorgung vor dem 1. Januar 2009 und nach dem 31. Dezember 2000 zugesagt worden sind, ist § 1b Abs. 1 Satz 1 mit der Maßgabe anzuwenden, dass die Anwartschaft erhalten bleibt, wenn das Arbeitsverhältnis vor Eintritt des Versorgungsfalls, jedoch nach Vollendung des 30. Lebensjahres endet und die Versorgungszusage zu diesem Zeitpunkt fünf Jahre bestanden hat; in diesen Fällen bleibt die Anwartschaft auch erhalten, wenn die Zusage ab dem 1. Januar 2009 fünf Jahre bestanden hat und bei Beendigung des Arbeitsverhältnisses das 25. Lebensjahr vollendet ist.

(3)³⁾ Wenn Leistungen der betrieblichen Altersversorgung vor dem 1. Januar 2018 und nach dem 31. Dezember 2008 zugesagt worden sind, ist § 1b Absatz 1 Satz 1 mit der Maßgabe anzuwenden, dass die Anwartschaft erhalten bleibt, wenn das Arbeitsverhältnis vor Eintritt des Versorgungsfalls, jedoch nach Vollendung des 25. Lebensjahres endet und die Versorgungszusage zu diesem Zeitpunkt fünf Jahre bestanden hat; in diesen Fällen bleibt die Anwartschaft auch erhalten, wenn die Zusage ab dem 1. Januar 2018 drei Jahre bestanden hat und bei Beendigung des Arbeitsverhältnisses das 21. Lebensjahr vollendet ist.

---

¹⁾ § 30f eingef. durch G v. 26.6.2001 (BGBl. I S. 1310).
²⁾ § 30f Abs. 1 Satz 1 HS 1 geänd., Abs. 2 angef. mWv 1.1.2009 durch G v. 10.12.2007 (BGBl. I S. 2838).
³⁾ § 30f Abs. 3 angef. durch G v. 21.12.2015 (BGBl. I S. 2553).

§ 30g[1] [Geltung von § 2 Abs. 5] (1) [1] 2a Absatz 2 gilt nicht für Beschäftigungszeiten vor dem 1. Januar 2018. [2] Für Beschäftigungszeiten nach dem 31. Dezember 2017 gilt § 2a Absatz 2 nicht, wenn das Versorgungssystem vor dem 20. Mai 2014 für neue Arbeitnehmer geschlossen war.

(2) [1] § 2 Absatz 5 gilt nur für Anwartschaften, die auf Zusagen beruhen, die nach dem 31. Dezember 2000 erteilt worden sind. [2] Im Einvernehmen zwischen Arbeitgeber und Arbeitnehmer kann § 2 Absatz 5 auch auf Anwartschaften angewendet werden, die auf Zusagen beruhen, die vor dem 1. Januar 2001 erteilt worden sind.

(3) § 3 findet keine Anwendung auf laufende Leistungen, die vor dem 1. Januar 2005 erstmals gezahlt worden sind.

§ 30h[2] [Geltung von § 20 Abs. 1] § 20 Abs. 1 gilt für Entgeltumwandlungen, die auf Zusagen beruhen, die nach dem 29. Juni 2001 erteilt werden.

§ 30i[3] [Umlage des Barwerts der Anwartschaften bei Insolvenz]
(1) [1] Der Barwert der bis zum 31. Dezember 2005 aufgrund eingetretener Insolvenzen zu sichernden Anwartschaften wird einmalig auf die beitragspflichtigen Arbeitgeber entsprechend § 10 Abs. 3 umgelegt und vom Träger der Insolvenzsicherung nach Maßgabe der Beträge zum Schluss des Wirtschaftsjahres, das im Jahr 2004 geendet hat, erhoben. [2] Der Rechnungszinsfuß bei der Berechnung des Barwerts beträgt 3,67 vom Hundert.

(2) [1] Der Betrag ist in 15 gleichen Raten fällig. [2] Die erste Rate wird am 31. März 2007 fällig, die weiteren zum 31. März der folgenden Kalenderjahre. [3] Bei vorfälliger Zahlung erfolgt eine Diskontierung der einzelnen Jahresraten mit dem zum Zeitpunkt der Zahlung um ein Drittel erhöhten Rechnungszinsfuß nach der nach § 235 Nummer 4 des Versicherungsaufsichtsgesetzes erlassenen Rechtsverordnung, wobei nur volle Monate berücksichtigt werden.

(3) Der abgezinste Gesamtbetrag ist gemäß Absatz 2 am 31. März 2007 fällig, wenn die sich ergebende Jahresrate nicht höher als 50 Euro ist.

(4) Insolvenzbedingte Zahlungsausfälle von ausstehenden Raten werden im Jahr der Insolvenz in die erforderlichen jährlichen Beiträge gemäß § 10 Abs. 2 eingerechnet.

§ 30j[4] Übergangsregelung zu § 20 Absatz 2. § 20 Abs. 2 gilt nicht für Optionssysteme, die auf der Grundlage von Betriebs- oder Dienstvereinbarungen vor dem 1. Juni 2017 eingeführt worden sind.

---

[1] § 30g eingef. mWv 1.1.2001 durch G v. 26.6.2001 (BGBl. I S. 1310); Abs. 2 neu gef. mWv 1.1.2005 durch G v. 5.7.2004 (BGBl. I S. 1427); Abs. 1 neu eingef., bish. Abs. 1 wird Abs. 2 und Sätze 1 und 2 geänd., bish. Abs. 2 wird Abs. 3 mWv 1.1.2018 durch G v. 21.12.2015 (BGBl. I S. 2553).

[2] § 30h eingef. durch G v. 26.6.2001 (BGBl. I S. 1310); geänd. durch G v. 17.8.2017 (BGBl. I S. 3214).

[3] § 30i eingef. mWv 12.12.2006 durch G v. 2.12.2006 (BGBl. I S. 2742); Abs. 2 Satz 3 geänd. mWv 1.1.2016 durch G v. 1.4.2015 (BGBl. I S. 434).

[4] § 30j eingef. durch G v. 17.8.2017 (BGBl. I S. 3214).

§ 31[1] **[Anwendung]** Auf Sicherungsfälle, die vor dem 1. Januar 1999 eingetreten sind, ist dieses Gesetz in der bis zu diesem Zeitpunkt geltenden Fassung anzuwenden.

§ 32 **[Inkrafttreten]** [1]Dieses Gesetz tritt vorbehaltlich des Satzes 2 am Tage nach seiner Verkündung[2] in Kraft. [2]Die §§ 7 bis 15 treten am 1. Januar 1975 in Kraft.

---

[1] § 31 neu gef. durch G v. 5.10.1994 (BGBl. I S. 2911).
[2] Verkündet am 21.12.1974. Das Inkrafttreten der späteren Änderungen ergibt sich aus den jeweiligen Änderungsgesetzen.

100. Körperschaftsteuergesetz (KStG)[1]

In der Fassung der Bekanntmachung vom 15. Oktober 2002

(BGBl. I S. 4144)

Geändert durch Steuervergünstigungsabbaugesetz vom 16.5.2003 (BGBl. I S. 660), Förderbankenneustrukturierungsgesetz vom 15.8.2003 (BGBl. I S. 1657), Steueränderungsgesetz 2003 vom 15.12.2003 (BGBl. I S. 2645), Gesetz zur Umsetzung der Protokollerklärung der Bundesregierung zur Vermittlungsempfehlung zum Steuervergünstigungsabbaugesetz vom 22.12.2003 (BGBl. I S. 2840), Haushaltsbegleitgesetz 2004 vom 29.12.2003 (BGBl. I S. 3076), EG-Amtshilfe-Anpassungsgesetz vom 2.12.2004 (BGBl. I S. 3112), Gesetz zur Organisationsreform in der gesetzlichen Rentenversicherung vom 9.12.2004 (BGBl. I S. 3242), EU-Richtlinien-Umsetzungsgesetz vom 9.12.2004 (BGBl. I S. 3310), Gesetz zur Änderung des Versicherungsaufsichtsgesetzes und anderer Gesetze vom 15.12.2004 (BGBl. I S. 3416), Steueränderungsgesetz 2007 vom 19.7.2006 (BGBl. I S. 1652), Gesetz zur Umsetzung der neu gefassten Bankenrichtlinie und der neu gefassten Kapitaladäquanzrichtlinie vom 17.11.2006 (BGBl. I S. 2606), Gesetz über steuerliche Begleitmaßnahmen zur Einführung der Europäischen Gesellschaft und zur Änderung weiterer steuerrechtlicher Vorschriften (SEStEG) vom 7.12.2006 (BGBl. I S. 2782, ber. BGBl. 2007 I S. 68), Jahressteuergesetz 2007 vom 13.12.2006 (BGBl. I S. 2878), Unternehmensteuerreformgesetz 2008 vom 14.8.2007 (BGBl. I S. 1912), Gesetz zur weiteren Stärkung des bürgerschaftlichen Engagements vom 10.10.2007 (BGBl. I S. 2332), Jahressteuergesetz 2008 vom 20.12.2007 (BGBl. I S. 3150), Gesetz zur Modernisierung der Rahmenbedingungen für Kapitalbeteiligungen vom 12.8.2008 (BGBl. I S. 1672)[2], Jahressteuergesetz 2009 vom 19.12.2008 (BGBl. I S. 2794), Steuerbürokratieabbaugesetz vom 20.12.2008 (BGBl. I S. 2850), Drittes Mittelstandsentlastungsgesetz vom 17.3.2009 (BGBl. I S. 550), Gesetz zur Fortführung der Gesetzeslage 2006 bei der Entfernungspauschale vom 20.4.2009 (BGBl. I S. 774), Bürgerentlastungsgesetz Krankenversicherung vom 16.7.2009 (BGBl. I S. 1959), Steuerhinterziehungsbekämpfungsgesetz vom 29.7.2009 (BGBl. I S. 2302), Wachstumsbeschleunigungsgesetz vom 22.12.2009 (BGBl. I S. 3950), Gesetz zur Umsetzung steuerlicher EU-Vorgaben sowie zur Änderung steuerlicher Vorschriften vom 8.4.2010 (BGBl. I S. 386), Jahressteuergesetz 2010 (JStG 2010) vom 8.12.2010 (BGBl. I S. 1768), OGAW-IV-Umsetzungsgesetz (OGAW-IV-UmsG) vom 22. Juni 2011 (BGBl. I S. 1126), Steuervereinfachungsgesetz 2011 vom 1.11.2011 (BGBl. I S. 2131), Beitreibungsrichtlinie-Umsetzungsgesetz (BeitrRLUmsG) vom 7.12.2011 (BGBl. I S. 2592), Gesetz zur Änderung und Vereinfachung der Unternehmensbesteuerung und des steuerlichen Reisekostenrechts vom 20.2.2013 (BGBl. I S. 285), Ehrenamtsstärkungsgesetz vom 21.3.2013 (BGBl. I S. 556), Gesetz zur Umsetzung des EuGH-Urteils vom 20. Oktober 2011 in der Rechtssache C-284/09 vom 21.3.2013 (BGBl. I S. 561), Amtshilferichtlinie-Umsetzungsgesetz (AmtshilfeRLUmsG) vom 26.6.2013 (BGBl. I S. 1809), Gesetz zur Anpassung des Investmentsteuergesetzes und anderer Gesetze an das AIFM-Umsetzungsgesetz (AIFM-Steuer-Anpassungsgesetz – AIFM-StAnpG) vom 18.12.2013 (BGBl. I S. 4318), Gesetz zur Anpassung des nationalen Steuerrechts an den Beitritt Kroatiens zur EU und zur Änderung weiterer steuerlicher Vorschriften vom 25.7.2014 (BGBl. I S. 1266), Gesetz zur Anpassung der Abgabenordnung an den Zollkodex der Union und zur Änderung weiterer steuerlicher Vorschriften vom 22.12.2014 (BGBl. I S. 2417), Gesetz zur Modernisierung der Finanzaufsicht über Versicherungen vom 1.4.2015 (BGBl. I S. 434), Steueränderungsgesetz 2015 vom 2.11.2015 (BGBl. I S. 1834), Gesetz zur Reform der Investmentbesteuerung (Investmentsteuerreformge-

---

[1] Neubekanntmachung des KStG idF der Bek. v. 22.4.1999 (BGBl. I S. 817) auf Grund des § 33 Abs. 2 Nr. 2 KStG idF der Bek. v. 22.4.1999 (BGBl. I S. 817), eingef. durch Art. 3 Nr. 19 des G v. 23.10.2000 (BGBl. I S. 1433), in der ab 21.9.2002 geltenden Fassung.

Vgl. dazu die KStDV (Nr. 110) und die Körperschaftsteuer-Richtlinien (**Steuerrichtlinien Nr. 100**). **Zum Anwendungsbereich vgl. § 34. Zur Anwendung im Beitrittsgebiet siehe § 35.**

[2] Die Änderungen des KStG durch das MoRaKG standen unter dem **Vorbehalt der Genehmigung der EU-Kommission.** Diese wurde jedoch nicht erteilt, so dass die entspr. Änderungsartikel nicht in Kraft getreten sind (Art. 8 Abs. 2 MoRaKG).

Erster Teil. Steuerpflicht

§ 1 Unbeschränkte Steuerpflicht. (1) Unbeschränkt körperschaftsteuerpflichtig sind die folgenden Körperschaften, Personenvereinigungen und Vermögensmassen, die ihre Geschäftsleitung oder ihren Sitz im Inland haben:

1.[1] Kapitalgesellschaften (insbesondere Europäische Gesellschaften, Aktiengesellschaften, Kommanditgesellschaften auf Aktien, Gesellschaften mit beschränkter Haftung) [*ab 1.1.2022:* einschließlich optierender Gesellschaften im Sinne des § 1a];

2.[1] Genossenschaften einschließlich der Europäischen Genossenschaften;

3. Versicherungs- und Pensionsfondsvereine[2] auf Gegenseitigkeit;

4. sonstige juristische Personen des privaten Rechts;

5. nichtrechtsfähige Vereine, Anstalten, Stiftungen und andere Zweckvermögen des privaten Rechts;

6. Betriebe gewerblicher Art von juristischen Personen des öffentlichen Rechts.

(2) Die unbeschränkte Körperschaftsteuerpflicht erstreckt sich auf sämtliche Einkünfte.

(3)[3] Zum Inland im Sinne dieses Gesetzes gehört auch der der Bundesrepublik Deutschland zustehende Anteil

1. an der ausschließlichen Wirtschaftszone, soweit dort

   a) die lebenden und nicht lebenden natürlichen Ressourcen der Gewässer über dem Meeresboden, des Meeresbodens und seines Untergrunds erforscht, ausgebeutet, erhalten oder bewirtschaftet werden,

   b) andere Tätigkeiten zur wirtschaftlichen Erforschung oder Ausbeutung der ausschließlichen Wirtschaftszone ausgeübt werden, wie beispielsweise die Energieerzeugung aus Wasser, Strömung und Wind oder

   c) künstliche Inseln errichtet oder genutzt werden und Anlagen und Bauwerke für die in den Buchstaben a und b genannten Zwecke errichtet oder genutzt werden, und

2. am Festlandsockel, soweit dort

   a) dessen natürliche Ressourcen erforscht oder ausgebeutet werden; natürliche Ressourcen in diesem Sinne sind die mineralischen und sonstigen nicht lebenden Ressourcen des Meeresbodens und seines Untergrunds sowie die zu den sesshaften Arten gehörenden Lebewesen, die im nutzbaren Stadium entweder unbeweglich auf oder unter dem Meeresboden verbleiben oder sich nur in ständigem körperlichen Kontakt mit dem Meeresboden oder seinem Untergrund fortbewegen können; oder

   b) künstliche Inseln errichtet oder genutzt werden und Anlagen und Bauwerke für die in Buchstabe a genannten Zwecke errichtet oder genutzt werden.

---

[1] § 1 Abs. 1 Nrn. 1 und 2 neu gef. mWv VZ 2006 durch G v. 7.12.2006 (BGBl. I S. 2782); Nr. 1 ergänzt durch G v. 25.6.2021 (BGBl. I S. 2050); zur **Anwendung von § 1a siehe § 34 Abs. 1a.**

[2] Bezeichnung geänd. durch G v. 9.12.2004 (BGBl. I S. 3310).

[3] § 1 Abs. 3 neu gef. mWv VZ 2016 durch G v. 2.11.2015 (BGBl. I S. 1834).

§ 1a[1] Option zur Körperschaftsbesteuerung. (1) [1]Auf unwiderruflichen Antrag sind für Zwecke der Besteuerung nach dem Einkommen eine Personenhandels- oder Partnerschaftsgesellschaft wie eine Kapitalgesellschaft (optierende Gesellschaft) und ihre Gesellschafter wie die nicht persönlich haftenden Gesellschafter einer Kapitalgesellschaft zu behandeln; § 217 Absatz 1 des Umwandlungsgesetzes gilt sinngemäß. [2]Der Antrag ist von der Personenhandels- oder Partnerschaftsgesellschaft nach amtlich vorgeschriebenem Datensatz durch Datenfernübertragung bei dem für die gesonderte und einheitliche Feststellung der Einkünfte nach § 180 der Abgabenordnung zuständigen Finanzamt spätestens einen Monat vor Beginn des Wirtschaftsjahrs zu stellen, ab dem die Besteuerung wie eine Kapitalgesellschaft gelten soll; § 31 Absatz 1a Satz 2 gilt entsprechend. [3]Erfolgt für die Personenhandels- oder Partnerschaftsgesellschaft keine gesonderte und einheitliche Feststellung der Einkünfte, ist der Antrag bei dem für die Einkommensteuer oder Körperschaftsteuer des Gesellschafters zuständigen Finanzamt zu stellen. [4]Erzielt eine Personenhandels- oder Partnerschaftsgesellschaft ausschließlich Einkünfte, die dem Steuerabzug vom Kapitalertrag oder dem Steuerabzug auf Grund des § 50a des Einkommensteuergesetzes unterliegen und gilt infolgedessen die Einkommensteuer nach § 50 Absatz 2 Satz 1 des Einkommensteuergesetzes oder die Körperschaftsteuer nach § 32 Absatz 1 als abgegolten, ist der Antrag bei dem Bundeszentralamt für Steuern zu stellen. [5]Hat die Gesellschaft ihren Sitz im Inland, ist der Antrag abweichend von den Sätzen 3 und 4 bei dem Finanzamt zu stellen, in dessen Bezirk die Gesellschaft ihren Sitz hat. [6]Die Sätze 1 bis 5 finden keine Anwendung auf

1. Investmentfonds im Sinne des Investmentsteuergesetzes und

2. Gesellschaften, die nach Ausübung der Option in dem Staat, in dem sich ihre Geschäftsleitung befindet, keiner der deutschen unbeschränkten Körperschaftsteuerpflicht vergleichbaren Steuerpflicht unterliegen.

(2) [1]Der Übergang zur Körperschaftsbesteuerung gilt als Formwechsel im Sinne des § 1 Absatz 3 Nummer 3 des Umwandlungssteuergesetzes. [2]Die §§ 1 und 25 des Umwandlungssteuergesetzes sind entsprechend anzuwenden. [3]Als Einbringungszeitpunkt gilt das Ende des Wirtschaftsjahrs, das dem Wirtschaftsjahr im Sinne des Absatzes 1 Satz 2 unmittelbar vorangeht; § 9 Satz 3 des Umwandlungssteuergesetzes ist nicht anzuwenden. [4]Das im Einbringungszeitpunkt in der Steuerbilanz auszuweisende Eigenkapital wird auf dem steuerlichen Einlagekonto der optierenden Gesellschaft erfasst. [5]Die zur Vertretung der Gesellschaft ermächtigten Personen gelten als gesetzliche Vertreter der optierenden Gesellschaft.

(3) [1]Aufgrund der Option gilt die Beteiligung an einer optierenden Gesellschaft für Zwecke der Besteuerung nach dem Einkommen als Beteiligung eines nicht persönlich haftenden Gesellschafters an einer Kapitalgesellschaft. [2]Beim Gesellschafter führen daher insbesondere

1. durch das Gesellschaftsverhältnis veranlasste Einnahmen zu Einkünften im Sinne des § 20 Absatz 1 Nummer 1 des Einkommensteuergesetzes,

---

[1] § 1a eingef. durch G v. 25.6.2021 (BGBl. I S. 2050); zur Anwendung siehe § 34 Abs. 1a.

2. Einnahmen, die er von der Gesellschaft für seine Tätigkeit im Dienst der Gesellschaft bezieht, zu Einkünften im Sinne des § 19 des Einkommensteuergesetzes,

3. Einnahmen aus der Hingabe von Darlehen zu Einkünften im Sinne des § 20 Absatz 1 Nummer 7 oder Absatz 2 Satz 1 Nummer 7 des Einkommensteuergesetzes und

4. Einnahmen aus der Überlassung von Wirtschaftsgütern zu Einkünften im Sinne des § 21 oder § 22 des Einkommensteuergesetzes.

³Die §§ 13 bis 16, 18 und 35 des Einkommensteuergesetzes sind vorbehaltlich des Satzes 4 nicht anzuwenden. ⁴Soweit entsprechende Einnahmen bei einem Gesellschafter einer Kapitalgesellschaft anderen Einkunftsarten zuzurechnen wären, gilt abweichend von Satz 3, dass auch die Einnahmen des Gesellschafters der optierenden Gesellschaft zu diesen Einkünften gehören. ⁵Gewinnanteile gelten erst dann als ausgeschüttet, wenn sie entnommen werden oder ihre Auszahlung verlangt werden kann. ⁶§ 4 Absatz 3 des Einkommensteuergesetzes ist bei einer optierenden Gesellschaft nicht anzuwenden. ⁷In den Fällen des Satzes 2 Nummer 2 gelten die optierende Gesellschaft als lohnsteuerlicher Arbeitgeber und der Gesellschafter als Arbeitnehmer.

(4) ¹Eine Gesellschaft, die nach Absatz 1 zur Körperschaftsbesteuerung optiert hat, kann beantragen, dass sie nicht mehr wie eine Kapitalgesellschaft und ihre Gesellschafter nicht mehr wie die nicht persönlich haftenden Gesellschafter einer Kapitalgesellschaft behandelt werden (Rückoption). ²Die Rückoption gilt als Formwechsel nach § 1 Absatz 1 Satz 1 Nummer 2 des Umwandlungssteuergesetzes mit der Maßgabe, dass § 9 Satz 3 des Umwandlungssteuergesetzes keine Anwendung findet. ³Absatz 1 Satz 2, 3 und 5 gilt mit der Maßgabe entsprechend, dass der Antrag bei dem für die Körperschaftsbesteuerung zuständigen Finanzamt zu stellen ist; in den Fällen des Absatzes 1 Satz 4 ist der Antrag bei dem Bundeszentralamt für Steuern zu stellen. ⁴Die Sätze 1 und 2 finden auch ohne Antrag Anwendung, wenn die Voraussetzungen des Absatzes 1 entfallen. ⁵Scheidet der vorletzte Gesellschafter aus der Gesellschaft aus, gilt die optierende Gesellschaft als unmittelbar danach aufgelöst und, sofern der verbleibende Gesellschafter die persönlichen Voraussetzungen eines übernehmenden Rechtsträgers einer Umwandlung einer Kapitalgesellschaft im Sinne des § 1 Absatz 1 Satz 1 Nummer 1 oder 4 des Umwandlungssteuergesetzes erfüllt, im Fall des § 1 Absatz 1 Satz 1 Nummer 1 des Umwandlungssteuergesetzes als auf den verbleibenden Gesellschafter verschmolzen beziehungsweise gilt im Fall des § 1 Absatz 1 Satz 1 Nummer 4 des Umwandlungssteuergesetzes das Vermögen der optierenden Gesellschaft als auf den verbleibenden Gesellschafter übertragen mit der Maßgabe, dass jeweils § 2 des Umwandlungssteuergesetzes keine Anwendung findet. ⁶Erfüllt der verbleibende Gesellschafter nicht die persönlichen Voraussetzungen eines übernehmenden Rechtsträgers einer Umwandlung einer Kapitalgesellschaft im Sinne des § 1 Absatz 1 Satz 1 Nummer 1 oder 4 des Umwandlungssteuergesetzes, gilt die optierende Gesellschaft als aufgelöst und ihr Vermögen als an die Gesellschafter ausgeschüttet; § 11 des Körperschaftsteuergesetzes ist entsprechend mit der Maßgabe anzuwenden, dass an die Stelle des zur Verteilung kommenden Vermögens der gemeine Wert des vorhandenen Vermögens tritt. ⁷Abweichend von Satz 4 gilt die

Umwandlung der optierenden Gesellschaft in eine Körperschaft im Sinne des Umwandlungssteuergesetzes als Umwandlung einer Kapitalgesellschaft in eine Körperschaft.

§ 2 Beschränkte Steuerpflicht. Beschränkt körperschaftsteuerpflichtig sind

1. Körperschaften, Personenvereinigungen und Vermögensmassen, die weder ihre Geschäftsleitung noch ihren Sitz im Inland haben, mit ihren inländischen Einkünften;

(Fortsetzung nächstes Blatt)

2.[1]) sonstige Körperschaften, Personenvereinigungen und Vermögensmassen, die nicht unbeschränkt steuerpflichtig sind, mit den inländischen Einkünften, die dem Steuerabzug vollständig oder teilweise unterliegen; inländische Einkünfte sind auch

a) die Entgelte, die den sonstigen Körperschaften, Personenvereinigungen oder Vermögensmassen dafür gewährt werden, dass sie Anteile an einer Kapitalgesellschaft mit Sitz oder Geschäftsleitung im Inland einem Anderen überlassen und der Andere, dem die Anteile zuzurechnen sind, diese Anteile oder gleichartige Anteile zurückzugeben hat,

b) die Entgelte, die den sonstigen Körperschaften, Personenvereinigungen oder Vermögensmassen im Rahmen eines Wertpapierpensionsgeschäfts im Sinne des § 340b Abs. 2 des Handelsgesetzbuchs gewährt werden, soweit Gegenstand des Wertpapierpensionsgeschäfts Anteile an einer Kapitalgesellschaft mit Sitz oder Geschäftsleitung im Inland sind, und

c) die in § 8b Abs. 10 Satz 2 genannten Einnahmen oder Bezüge, die den sonstigen Körperschaften, Personenvereinigungen oder Vermögensmassen als Entgelt für die Überlassung von Anteilen an einer Kapitalgesellschaft mit Sitz oder Geschäftsleitung im Inland gewährt gelten.

§ 3 Abgrenzung der Steuerpflicht bei nichtrechtsfähigen Personenvereinigungen und Vermögensmassen sowie bei Realgemeinden.
(1) Nichtrechtsfähige Personenvereinigungen, Anstalten, Stiftungen und andere Zweckvermögen sind körperschaftsteuerpflichtig, wenn ihr Einkommen weder nach diesem Gesetz noch nach dem Einkommensteuergesetz unmittelbar bei einem anderen Steuerpflichtigen zu versteuern ist.

(2) [1] Hauberg-, Wald-, Forst- und Laubgenossenschaften und ähnliche Realgemeinden, die zu den in § 1 bezeichneten Steuerpflichtigen gehören, sind nur insoweit körperschaftsteuerpflichtig, als sie einen Gewerbebetrieb unterhalten oder verpachten, der über den Rahmen eines Nebenbetriebs hinausgeht. [2] Im Übrigen sind ihre Einkünfte unmittelbar bei den Beteiligten zu versteuern.

§ 4 Betriebe gewerblicher Art von juristischen Personen des öffentlichen Rechts. (1) [1] Betriebe gewerblicher Art von juristischen Personen des öffentlichen Rechts im Sinne des § 1 Abs. 1 Nr. 6 sind vorbehaltlich des Absatzes 5 alle Einrichtungen, die einer nachhaltigen wirtschaftlichen Tätigkeit zur Erzielung von Einnahmen außerhalb der Land- und Forstwirtschaft dienen und die sich innerhalb der Gesamtbetätigung der juristischen Person wirtschaftlich herausheben. [2] Die Absicht, Gewinn zu erzielen, und die Beteiligung am allgemeinen wirtschaftlichen Verkehr sind nicht erforderlich.

(2) Ein Betrieb gewerblicher Art ist auch unbeschränkt steuerpflichtig, wenn er selbst eine juristische Person des öffentlichen Rechts ist.

(3) Zu den Betrieben gewerblicher Art gehören auch Betriebe, die der Versorgung der Bevölkerung mit Wasser, Gas, Elektrizität oder Wärme, dem öffentlichen Verkehr oder dem Hafenbetrieb dienen.

---

[1]) § 2 Nr. 2 geänd. mWv VZ 2004 durch G v. 15.12.2003 (BGBl. I S. 2645); 2. HS angef. durch G v. 14.8.2007 (BGBl. I S. 1912).

(4) Als Betrieb gewerblicher Art gilt die Verpachtung eines solchen Betriebs.

(5) ¹Zu den Betrieben gewerblicher Art gehören nicht Betriebe, die überwiegend der Ausübung der öffentlichen Gewalt dienen (Hoheitsbetriebe). ²Für die Annahme eines Hoheitsbetriebs reichen Zwangs- oder Monopolrechte nicht aus.

(6)[1] ¹Ein Betrieb gewerblicher Art kann mit einem oder mehreren anderen Betrieben gewerblicher Art zusammengefasst werden, wenn

1. sie gleichartig sind,

2. zwischen ihnen nach dem Gesamtbild der tatsächlichen Verhältnisse objektiv eine enge wechselseitige technisch-wirtschaftliche Verflechtung von einigem Gewicht besteht oder

3. Betriebe gewerblicher Art im Sinne des Absatzes 3 vorliegen.

²Ein Betrieb gewerblicher Art kann nicht mit einem Hoheitsbetrieb zusammengefasst werden.

§ 5 Befreiungen. (1) Von der Körperschaftsteuer sind befreit

1.[2] das Bundeseisenbahnvermögen, die staatlichen Lotterieunternehmen und der Erdölbevorratungsverband nach § 2 Absatz 1 des Erdölbevorratungsgesetzes vom 16. Januar 2012 (BGBl. I S. 74) in der jeweils geltenden Fassung;

2.[3] die Deutsche Bundesbank, die Kreditanstalt für Wiederaufbau, die Landwirtschaftliche Rentenbank, die Bayerische Landesanstalt für Aufbaufinanzierung, die Niedersächsische Gesellschaft für öffentliche Finanzierungen mit beschränkter Haftung, die Bremer Aufbau-Bank GmbH, die Landeskreditbank Baden-Württemberg − Förderbank, die Bayerische Landesbodenkreditanstalt, die Investitionsbank Berlin, die Hamburgische Investitions- und Förderbank[4], die NRW.Bank, die Investitions- und Förderbank Niedersachsen, die Saarländische Investitionskreditbank Aktiengesellschaft, die Investitionsbank Schleswig-Holstein, die Investitionsbank des Landes Brandenburg, die Sächsische Aufbaubank − Förderbank −, die Thüringer Aufbaubank, die Investitionsbank Sachsen-Anhalt − *Anstalt der Norddeutschen Landesbank − Girozentrale −*[5], die Investitions- und Strukturbank Rheinland-Pfalz, das Landesförderinstitut Mecklenburg-Vorpommern − Geschäftsbereich der Norddeutschen Landesbank Girozentrale −, die Wirtschafts- und Infrastrukturbank Hessen[6] − rechtlich unselbständige Anstalt in der Landesbank Hessen-Thüringen Girozentrale

---

[1] § 4 Abs. 6 angef. mWv VZ 2009 durch G v. 19.12.2008 (BGBl. I S. 2794).
[2] § 5 Abs. 1 Nr. 1 geänd. mWv VZ 2019 (§ 34 Abs. 2a) durch G v. 12.12.2019 (BGBl. I S. 2451).
[3] § 5 Abs. 1 Nr. 2 geänd. durch G v. 15.8.2003 (BGBl. I S. 1657), v. 15.12.2003 (BGBl. I S. 2645), v. 9.12.2004 (BGBl. I S. 3310), v. 13.12.2006 (BGBl. I S. 2878), v. 19.12.2008 (BGBl. I S. 2794); geänd. durch G v. 8.12.2010 (BGBl. I S. 1768); geänd. durch G v. 25.7.2014 (BGBl. I S. 1266).
[4] Zur Anwendung siehe § 34 Abs. 3.
[5] Kursiver Satzteil aufgeh. durch G v. 16.12.2022 (BGBl. I S. 2294); zur Anwendung (VZ 2023) siehe § 34 Abs. 3 Sätze 3 und 4.
[6] Geänd. mWv VZ 2009 durch G v. 8.12.2010 (BGBl. I S. 1768).

und die Liquiditäts-Konsortialbank Gesellschaft mit beschränkter Haftung;

2a. die Bundesanstalt für vereinigungsbedingte Sonderaufgaben;

3. rechtsfähige Pensions-, Sterbe- und Krankenkassen, die den Personen, denen die Leistungen der Kasse zugute kommen oder zugute kommen sollen (Leistungsempfängern), einen Rechtsanspruch gewähren, und rechtsfähige Unterstützungskassen, die den Leistungsempfängern keinen Rechtsanspruch gewähren,

   a) wenn sich die Kasse beschränkt

      aa) auf Zugehörige oder frühere Zugehörige einzelner oder mehrerer wirtschaftlicher Geschäftsbetriebe oder

      bb) auf Zugehörige oder frühere Zugehörige der Spitzenverbände der freien Wohlfahrtspflege (Arbeiterwohlfahrt-Bundesverband e. V., Deutscher Caritasverband e. V., Deutscher Paritätischer Wohlfahrtsverband e. V., Deutsches Rotes Kreuz, Diakonisches Werk – Innere Mission und Hilfswerk der Evangelischen Kirche in Deutschland sowie Zentralwohlfahrtsstelle der Juden in Deutschland e. V.) einschließlich ihrer Untergliederungen, Einrichtungen und Anstalten und sonstiger gemeinnütziger Wohlfahrtsverbände oder

      cc) auf Arbeitnehmer sonstiger Körperschaften, Personenvereinigungen und Vermögensmassen im Sinne der §§ 1 und 2; den Arbeitnehmern stehen Personen, die sich in einem arbeitnehmerähnlichen Verhältnis befinden, gleich;

   zu den Zugehörigen oder Arbeitnehmern rechnen jeweils auch deren Angehörige;

   b) wenn sichergestellt ist, dass der Betrieb der Kasse nach dem Geschäftsplan und nach Art und Höhe der Leistungen eine soziale Einrichtung darstellt. ²Diese Voraussetzung ist bei Unterstützungskassen, die Leistungen von Fall zu Fall gewähren, nur gegeben, wenn sich diese Leistungen mit Ausnahme des Sterbegeldes auf Fälle der Not oder Arbeitslosigkeit beschränken;

   c) wenn vorbehaltlich des § 6 die ausschließliche und unmittelbare Verwendung des Vermögens und der Einkünfte der Kasse nach der Satzung und der tatsächlichen Geschäftsführung für die Zwecke der Kasse dauernd gesichert ist;

   d) wenn bei Pensions-, Sterbe- und Krankenkassen am Schluss des Wirtschaftsjahrs, zu dem der Wert der Deckungsrückstellung versicherungsmathematisch zu berechnen ist, das nach den handelsrechtlichen Grundsätzen ordnungsmäßiger Buchführung unter Berücksichtigung des Geschäftsplans sowie der allgemeinen Versicherungsbedingungen und der fachlichen Geschäftsunterlagen im Sinne des § 219 Absatz 3 Nummer 1[1]) des Versicherungsaufsichtsgesetzes auszuweisende Vermögen nicht höher ist als bei einem Versicherungsverein auf Gegenseitigkeit die Verlustrücklage und bei einer Kasse anderer Rechtsform der

---

[1]) Verweis geänd. durch G v. 1.4.2015 (BGBl. I S. 434); zur Anwendung siehe § 34 Abs. 3a.

dieser Rücklage entsprechende Teil des Vermögens. ²Bei der Ermittlung des Vermögens ist eine Rückstellung für Beitragsrückerstattung nur insoweit abziehbar, als den Leistungsempfängern ein Anspruch auf die Überschussbeteiligung zusteht. ³Übersteigt das Vermögen der Kasse den bezeichneten Betrag, so ist die Kasse nach Maßgabe des § 6 Abs. 1 bis 4 steuerpflichtig; und

e) wenn bei Unterstützungskassen am Schluss des Wirtschaftsjahrs das Vermögen ohne Berücksichtigung künftiger Versorgungsleistungen nicht höher ist als das um 25 Prozent erhöhte zulässige Kassenvermögen. ²Für die Ermittlung des tatsächlichen und des zulässigen Kassenvermögens gilt § 4d des Einkommensteuergesetzes. ³Übersteigt das Vermögen der Kasse den in Satz 1 bezeichneten Betrag, so ist die Kasse nach Maßgabe des § 6 Abs. 5 steuerpflichtig;

4. kleinere Versicherungsvereine auf Gegenseitigkeit im Sinne des § 210¹⁾ des Versicherungsaufsichtsgesetzes, wenn

a) ihre Beitragseinnahmen im Durchschnitt der letzten drei Wirtschaftsjahre einschließlich des im Veranlagungszeitraum endenden Wirtschaftsjahrs die durch Rechtsverordnung festzusetzenden Jahresbeträge nicht überstiegen haben oder

b) sich ihr Geschäftsbetrieb auf die Sterbegeldversicherung beschränkt und die Versicherungsvereine nach dem Geschäftsplan sowie nach Art und Höhe der Leistungen soziale Einrichtungen darstellen;

5. Berufsverbände ohne öffentlich-rechtlichen Charakter sowie kommunale Spitzenverbände auf Bundes- oder Landesebene einschließlich ihrer Zusammenschlüsse, wenn der Zweck dieser Verbände nicht auf einen wirtschaftlichen Geschäftsbetrieb gerichtet ist. ²Die Steuerbefreiung ist ausgeschlossen,

a) soweit die Körperschaften oder Personenvereinigungen einen wirtschaftlichen Geschäftsbetrieb unterhalten oder

b) wenn die Berufsverbände Mittel von mehr als 10 Prozent der Einnahmen für die unmittelbare oder mittelbare Unterstützung oder Förderung politischer Parteien verwenden.

³Die Sätze 1 und 2 gelten auch für Zusammenschlüsse von juristischen Personen des öffentlichen Rechts, die wie die Berufsverbände allgemeine ideelle und wirtschaftliche Interessen ihrer Mitglieder wahrnehmen. ⁴Verwenden Berufsverbände Mittel für die unmittelbare oder mittelbare Unterstützung oder Förderung politischer Parteien, beträgt die Körperschaftsteuer 50 Prozent der Zuwendungen;

6. Körperschaften oder Personenvereinigungen, deren Hauptzweck die Verwaltung des Vermögens für einen nichtrechtsfähigen Berufsverband der in Nummer 5 bezeichneten Art ist, sofern ihre Erträge im Wesentlichen aus dieser Vermögensverwaltung herrühren und ausschließlich dem Berufsverband zufließen;

---

¹⁾ Verweis geänd. durch G v. 1.4.2015 (BGBl. I S. 434); zur Anwendung siehe § 34 Abs. 3a.

7.[1)] politische Parteien im Sinne des § 2 des Parteiengesetzes und ihre Gebietsverbände, sofern die jeweilige Partei nicht gemäß § 18 Absatz 7 des Parteiengesetzes von der staatlichen Teilfinanzierung ausgeschlossen ist, sowie kommunale Wählervereinigungen und ihre Dachverbände. [2]Wird ein wirtschaftlicher Geschäftsbetrieb unterhalten, so ist die Steuerbefreiung insoweit ausgeschlossen;

8. öffentlich-rechtliche Versicherungs- und Versorgungseinrichtungen von Berufsgruppen, deren Angehörige auf Grund einer durch Gesetz angeordneten oder auf Gesetz beruhenden Verpflichtung Mitglieder dieser Einrichtung sind, wenn die Satzung der Einrichtung die Zahlung keiner höheren jährlichen Beiträge zulässt als das Zwölffache der Beiträge, die sich bei einer Beitragsbemessungsgrundlage in Höhe der doppelten monatlichen Beitragsbemessungsgrenze in der allgemeinen Rentenversicherung[2)] ergeben würden. [2]Ermöglicht die Satzung der Einrichtung nur Pflichtmitgliedschaften sowie freiwillige Mitgliedschaften, die unmittelbar an eine Pflichtmitgliedschaft anschließen, so steht dies der Steuerbefreiung nicht entgegen, wenn die Satzung die Zahlung keiner höheren jährlichen Beiträge zulässt als das Fünfzehnfache der Beiträge, die sich bei einer Beitragsbemessungsgrundlage in Höhe der doppelten monatlichen Beitragsbemessungsgrenze in der allgemeinen Rentenversicherung[2)] ergeben würden;

9. Körperschaften, Personenvereinigungen und Vermögensmassen, die nach der Satzung, dem Stiftungsgeschäft oder der sonstigen Verfassung und nach der tatsächlichen Geschäftsführung ausschließlich und unmittelbar gemeinnützigen, mildtätigen oder kirchlichen Zwecken dienen (§§ 51 bis 68 der Abgabenordnung). [2]Wird ein wirtschaftlicher Geschäftsbetrieb unterhalten, ist die Steuerbefreiung insoweit ausgeschlossen. [3]Satz 2 gilt nicht für selbst bewirtschaftete Forstbetriebe;

10.[3)] Genossenschaften sowie Vereine, soweit sie

a) Wohnungen herstellen oder erwerben und sie den Mitgliedern auf Grund eines Mietvertrags oder auf Grund eines genossenschaftlichen Nutzungsvertrags zum Gebrauch überlassen; den Wohnungen stehen Räume in Wohnheimen im Sinne des § 15 des Zweiten Wohnungsbaugesetzes gleich,

b) im Zusammenhang mit einer Tätigkeit im Sinne des Buchstabens a Gemeinschaftsanlagen oder Folgeeinrichtungen herstellen oder erwerben und sie betreiben, wenn sie überwiegend für Mitglieder bestimmt sind und der Betrieb durch die Genossenschaft oder den Verein notwendig ist.

[2]Die Steuerbefreiung ist ausgeschlossen, wenn die Einnahmen des Unternehmens aus den in Satz 1 nicht bezeichneten Tätigkeiten 10 Prozent der gesamten Einnahmen übersteigen. [3]Erzielt das Unternehmen Einnahmen

---

[1)] § 5 Abs. 1 Nr. 7 Satz 1 geänd. mWv 29.7.2017 durch G v. 18.7.2017 (BGBl. I S. 2730).
[2)] Bezeichnung geänd. mWv VZ 2005 durch G v. 9.12.2004 (BGBl. I S. 3242).
[3)] § 5 Abs. 1 Nr. 10 Satz 1 geänd. mWv VZ 2020 durch G v. 12.12.2019 (BGBl. I S. 2451); zum Verzicht auf die Steuerbefreiung siehe § 34 Abs. 2.

aus der Lieferung von Strom aus Anlagen, für den es unter den Voraussetzungen des § 21 Absatz 3 des Erneuerbare-Energien-Gesetzes einen Anspruch auf Zahlung eines Mieterstromzuschlags hat, erhöht sich die Grenze des Satzes 2 für diese Einnahmen auf 20 Prozent, wenn die Grenze des Satzes 2 nur durch diese Einnahmen überschritten wird. ⁴Zu den Einnahmen nach Satz 3 gehören auch Einnahmen aus der zusätzlichen Stromlieferung im Sinne des § 42a Absatz 2 Satz 6 des Energiewirtschaftsgesetzes sowie Einnahmen aus der Einspeisung von Strom aus diesen Anlagen.[1] ⁵Investierende Mitglieder im Sinne des § 8 Absatz 2 des Genossenschaftsgesetzes sind keine Mitglieder im Sinne des Satzes 1. ⁶Satz 1 ist auch auf Verträge zur vorübergehenden Unterbringung von Wohnungslosen anzuwenden, die mit juristischen Personen des öffentlichen Rechts oder mit Steuerpflichtigen im Sinne der Nummer 9, die Mitglied sind, abgeschlossen werden. ⁷Eine Einweisungsverfügung nach den Ordnungsbehördengesetzen der Länder steht dem Abschluss eines Vertrags im Sinne des Satzes 6 gleich;[2]

11. (weggefallen)

12.[3] die von den zuständigen Landesbehörden begründeten oder anerkannten gemeinnützigen Siedlungsunternehmen im Sinne des Reichssiedlungsgesetzes in der jeweils aktuellen Fassung oder entsprechender Landesgesetze, soweit diese Landesgesetze nicht wesentlich von den Bestimmungen des Reichssiedlungsgesetzes abweichen, und im Sinne der Bodenreformgesetze der Länder, soweit die Unternehmen im ländlichen Raum Siedlungs-, Agrarstrukturverbesserungs- und Landentwicklungsmaßnahmen mit Ausnahme des Wohnungsbaus durchführen. ²Die Steuerbefreiung ist ausgeschlossen, wenn die Einnahmen des Unternehmens aus den in Satz 1 nicht bezeichneten Tätigkeiten die Einnahmen aus den in Satz 1 bezeichneten Tätigkeiten übersteigen;

13. (weggefallen)

14.[4] Genossenschaften sowie Vereine, soweit sich ihr Geschäftsbetrieb beschränkt

    a) auf die gemeinschaftliche Benutzung land- und forstwirtschaftlicher Betriebseinrichtungen oder Betriebsgegenstände,

    b) auf Leistungen im Rahmen von Dienst- oder Werkverträgen für die Produktion land- und forstwirtschaftlicher Erzeugnisse für die Betriebe der Mitglieder, wenn die Leistungen im Bereich der Land- und Forstwirtschaft liegen; dazu gehören auch Leistungen zur Erstellung und Unterhaltung von Betriebsvorrichtungen, Wirtschaftswegen und Bodenverbesserungen,

---

[1] § 5 Abs. 1 Nr. 10 Sätze 3 und 4 angef. durch G v. 4.8.2019 (BGBl. I S. 1122); zur Anwendung siehe § 34 Abs. 3b.

[2] § 5 Abs. 1 Nr. 10 Satz 5 angef. mWv VZ 2020 durch G v. 21.12.2019 (BGBl. I S. 2875); Sätze 6 und 7 angef. mWv VZ 2020 durch G v. 21.12.2020 (BGBl. I S. 3096).

[3] § 5 Abs. 1 Nr. 12 Satz 1 ergänzt durch G v. 20.12.2007 (BGBl. I S. 3150).

[4] § 5 Abs. 1 Nr. 14 geänd. mWv VZ 2020 durch G v. 12.12.2019 (BGBl. I S. 2451); zum Verzicht auf die Steuerbefreiung siehe § 34 Abs. 2.

c) auf die Bearbeitung oder die Verwertung der von den Mitgliedern selbst gewonnenen land- und forstwirtschaftlichen Erzeugnisse, wenn die Bearbeitung oder die Verwertung im Bereich der Land- und Forstwirtschaft liegt, oder

d) auf die Beratung für die Produktion oder Verwertung land- und forstwirtschaftlicher Erzeugnisse der Betriebe der Mitglieder.

^{2}Die Steuerbefreiung ist ausgeschlossen, wenn die Einnahmen des Unternehmens aus den in Satz 1 nicht bezeichneten Tätigkeiten 10 Prozent der gesamten Einnahmen übersteigen. ^{3}Bei Genossenschaften und Vereinen, deren Geschäftsbetrieb sich überwiegend auf die Durchführung von Milchqualitäts- und Milchleistungsprüfungen oder auf die Tierbesamung beschränkt, bleiben die auf diese Tätigkeiten gerichteten Zweckgeschäfte mit Nichtmitgliedern bei der Berechnung der 10-Prozentgrenze außer Ansatz;

15. der Pensions-Sicherungs-Verein Versicherungsverein auf Gegenseitigkeit,

a) wenn er mit Erlaubnis der Versicherungsaufsichtsbehörde ausschließlich die Aufgaben des Trägers der Insolvenzsicherung wahrnimmt, die sich aus dem Gesetz zur Verbesserung der betrieblichen Altersversorgung vom 19. Dezember 1974 (BGBl. I S. 3610) ergeben, und

b) wenn seine Leistungen nach dem Kreis der Empfänger sowie nach Art und Höhe den in den §§ 7 bis 9, 17 und 30 des Gesetzes zur Verbesserung der betrieblichen Altersversorgung bezeichneten Rahmen nicht überschreiten;

(Fortsetzung nächstes Blatt)

16.[1]) Körperschaften, Personenvereinigungen und Vermögensmassen, soweit sie

a) als Einlagensicherungssysteme im Sinne des § 2 Absatz 1 des Einlagensicherungsgesetzes sowie als Entschädigungseinrichtungen im Sinne des Anlegerentschädigungsgesetzes ihre gesetzlichen Pflichtaufgaben erfüllen oder

b) als nicht als Einlagensicherungssysteme anerkannte vertragliche Systeme zum Schutz von Einlagen und institutsbezogene Sicherungssysteme im Sinne des § 61 des Einlagensicherungsgesetzes nach ihrer Satzung oder sonstigen Verfassung ausschließlich den Zweck haben, Einlagen zu sichern oder bei Gefahr für die Erfüllung der Verpflichtungen eines Kreditinstituts im Sinne des § 1 Absatz 1 des Kreditwesengesetzes oder eines Finanzdienstleistungsinstituts im Sinne des § 1 Absatz 1a Satz 2 Nummer 1 bis 4 des Kreditwesengesetzes [*ab 26.6.2021:* oder eines Wertpapierinstituts im Sinne des § 2 Absatz 1 des Wertpapierinstitutsgesetzes] Hilfe zu leisten oder Einlagensicherungssysteme im Sinne des § 2 Absatz 1 des Einlagensicherungsgesetzes bei deren Pflichterfüllung zu unterstützen.

²Voraussetzung für die Steuerbefreiung nach Satz 1 ist zusätzlich, dass das Vermögen und etwa erzielte Überschüsse dauernd nur zur Erreichung des gesetzlichen oder satzungsmäßigen Zwecks verwendet werden. ³Die Sätze 1 und 2 gelten entsprechend für Sicherungsfonds im Sinne der §§ 223 und 224[2]) des Versicherungsaufsichtsgesetzes sowie für Einrichtungen zur Sicherung von Einlagen bei Wohnungsgenossenschaften mit Spareinrichtung. ⁴Die Steuerbefreiung ist für wirtschaftliche Geschäftsbetriebe ausgeschlossen, die nicht ausschließlich auf die Erfüllung der begünstigten Aufgaben gerichtet sind;

17. Bürgschaftsbanken (Kreditgarantiegemeinschaften), deren Tätigkeit sich auf die Wahrnehmung von Wirtschaftsförderungsmaßnahmen insbesondere in Form der Übernahme und Verwaltung von staatlichen Bürgschaften und Garantien oder von Bürgschaften und Garantien mit staatlichen Rückbürgschaften oder auf der Grundlage staatlich anerkannter Richtlinien gegenüber Kreditinstituten, Versicherungsunternehmen, Leasinggesellschaften und Beteiligungsgesellschaften für Kredite, Leasingforderungen und Beteiligungen an mittelständischen Unternehmen zu ihrer Gründung und zur Erhaltung und Förderung ihrer Leistungsfähigkeit beschränkt. ²Voraussetzung ist, dass das Vermögen und etwa erzielte Überschüsse nur zur Erreichung des in Satz 1 genannten Zwecks verwendet werden;

18. Wirtschaftsförderungsgesellschaften, deren Tätigkeit sich auf die Verbesserung der sozialen und wirtschaftlichen Struktur einer bestimmten Region durch Förderung der Wirtschaft, insbesondere durch Industrieansiedlung, Beschaffung neuer Arbeitsplätze und der Sanierung von Altlasten beschränkt, wenn an ihnen überwiegend Gebietskörperschaften beteiligt sind.

---

¹) § 5 Abs. 1 Nr. 16 Sätze 1 und 2 neu gef. durch G v. 2.11.2015 (BGBl. I S. 1834); zur Anwendung siehe § 34 Abs. 3 Satz 3; Abs. 1 Nr. 16 Buchst. b geänd. mWv 26.6.2021 durch G v. 12.5.2020 (BGBl. I S. 990).

²) Verweis geänd. durch G v. 1.4.2015 (BGBl. I S. 434); zur Anwendung siehe § 34 Abs. 3a.

²Voraussetzung ist, dass das Vermögen und etwa erzielte Überschüsse nur zur Erreichung des in Satz 1 genannten Zwecks verwendet werden;

19. Gesamthafenbetriebe im Sinne des § 1 des Gesetzes über die Schaffung eines besonderen Arbeitgebers für Hafenarbeiter vom 3. August 1950 (BGBl. I S. 352), soweit sie Tätigkeiten ausüben, die in § 2 Abs. 1 dieses Gesetzes bestimmt und nach § 2 Abs. 2 dieses Gesetzes genehmigt worden sind. ²Voraussetzung ist, dass das Vermögen und etwa erzielte Überschüsse nur zur Erfüllung der begünstigten Tätigkeiten verwendet werden. ³Wird ein wirtschaftlicher Geschäftsbetrieb unterhalten, dessen Tätigkeit nicht ausschließlich auf die Erfüllung der begünstigten Tätigkeiten gerichtet ist, ist die Steuerbefreiung insoweit ausgeschlossen;

20. Zusammenschlüsse von juristischen Personen des öffentlichen Rechts, von steuerbefreiten Körperschaften oder von steuerbefreiten Personenvereinigungen,
    a) deren Tätigkeit sich auf den Zweck beschränkt, im Wege des Umlageverfahrens die Versorgungslasten auszugleichen, die den Mitgliedern aus Versorgungszusagen gegenüber ihren Arbeitnehmern erwachsen,
    b) wenn am Schluss des Wirtschaftsjahrs das Vermögen nicht höher ist als 60 Prozent der im Wirtschaftsjahr erbrachten Leistungen an die Mitglieder;

21. die nicht in der Rechtsform einer Körperschaft des öffentlichen Rechts errichteten Arbeitsgemeinschaften Medizinischer Dienst der Krankenversicherung im Sinne des § 278 des Fünften Buches Sozialgesetzbuch und der Medizinische Dienst der Spitzenverbände der Krankenkassen im Sinne des § 282 des Fünften Buches Sozialgesetzbuch, soweit sie die ihnen durch Gesetz zugewiesenen Aufgaben wahrnehmen. ²Voraussetzung ist, dass das Vermögen und etwa erzielte Überschüsse nur zur Erreichung der in Satz 1 genannten Zwecke verwendet werden;

22. gemeinsame Einrichtungen der Tarifvertragsparteien im Sinne des § 4 Abs. 2 des Tarifvertragsgesetzes vom 25. August 1969 (BGBl. I S. 1323), die satzungsmäßige Beiträge auf der Grundlage des § 186a des Arbeitsförderungsgesetzes vom 25. Juni 1969 (BGBl. I S. 582) oder tarifvertraglicher Vereinbarungen erheben und Leistungen ausschließlich an die tarifgebundenen Arbeitnehmer des Gewerbezweigs oder an deren Hinterbliebene erbringen, wenn sie dabei zu nicht steuerbegünstigten Betrieben derselben oder ähnlicher Art nicht in größerem Umfang in Wettbewerb treten, als es bei Erfüllung ihrer begünstigten Aufgaben unvermeidlich ist. ²Wird ein wirtschaftlicher Geschäftsbetrieb unterhalten, dessen Tätigkeit nicht ausschließlich auf die Erfüllung der begünstigten Tätigkeiten gerichtet ist, ist die Steuerbefreiung insoweit ausgeschlossen;

23.[1] die Auftragsforschung öffentlich-rechtlicher Wissenschafts- und Forschungseinrichtungen; ist die Tätigkeit auf die Anwendung gesicherter wissenschaftlicher Erkenntnisse, die Übernahme von Projektträgerschaften sowie wirtschaftliche Tätigkeiten ohne Forschungsbezug gerichtet, ist die Steuerbefreiung insoweit ausgeschlossen;

---

[1] § 5 Abs. 1 Nr. 23 angef. durch G v. 15.12.2003 (BGBl. I S. 2645).

§ 6a[1] Einkommensermittlung bei voll steuerpflichtigen Unterstützungskassen. Bei Unterstützungskassen, die voll steuerpflichtig sind, ist § 6 Absatz 5 Satz 2 und Absatz 5a entsprechend anzuwenden.

Zweiter Teil. Einkommen

Erstes Kapitel. Allgemeine Vorschriften

§ 7 Grundlagen der Besteuerung. (1) Die Körperschaftsteuer bemisst sich nach dem zu versteuernden Einkommen.

(2) Zu versteuerndes Einkommen ist das Einkommen im Sinne des § 8 Abs. 1, vermindert um die Freibeträge der §§ 24 und 25.

(3) [1] Die Körperschaftsteuer ist eine Jahressteuer. [2] Die Grundlagen für ihre Festsetzung sind jeweils für ein Kalenderjahr zu ermitteln. [3] Besteht die unbeschränkte oder beschränkte Steuerpflicht nicht während eines ganzen Kalenderjahrs, so tritt an die Stelle des Kalenderjahrs der Zeitraum der jeweiligen Steuerpflicht.

(4) [1] Bei Steuerpflichtigen, die verpflichtet sind, Bücher nach den Vorschriften des Handelsgesetzbuchs zu führen, ist der Gewinn nach dem Wirtschaftsjahr zu ermitteln, für das sie regelmäßig Abschlüsse machen. [2] Weicht bei diesen Steuerpflichtigen das Wirtschaftsjahr, für das sie regelmäßig Abschlüsse machen, vom Kalenderjahr ab, so gilt der Gewinn aus Gewerbebetrieb als in dem Kalenderjahr bezogen, in dem das Wirtschaftsjahr endet. [3] Die Umstellung des Wirtschaftsjahrs auf einen vom Kalenderjahr abweichenden Zeitraum ist steuerlich nur wirksam, wenn sie im Einvernehmen mit dem Finanzamt vorgenommen wird.

§ 8 Ermittlung des Einkommens. (1)[2] [1] Was als Einkommen gilt und wie das Einkommen zu ermitteln ist, bestimmt sich nach den Vorschriften des Einkommensteuergesetzes und dieses Gesetzes. [2] Bei Betrieben gewerblicher Art im Sinne des § 4 sind die Absicht, Gewinn zu erzielen, und die Beteiligung am allgemeinen wirtschaftlichen Verkehr nicht erforderlich. [3] Bei den inländischen öffentlich-rechtlichen Rundfunkanstalten beträgt das Einkommen aus dem Geschäft der Veranstaltung von Werbesendungen 16 Prozent der Entgelte (§ 10 Abs. 1 des Umsatzsteuergesetzes) aus Werbesendungen. [4] Bei Körperschaften im Sinne des § 1 Absatz 1 mit Sitz im Ausland, deren Ort der Geschäftsleitung im Inland belegen ist und die nach inländischem Gesellschaftsrecht mangels Rechtsfähigkeit nicht als juristische Person zu behandeln sind, sind Leistungen und Leistungsversprechen zwischen der Körperschaft und Personen, die aus dieser Körperschaft Einkünfte im Sinne des § 20 Absatz 1 Nummer 1 und 9 des Einkommensteuergesetzes erzielen, für Zwe-

---

[1] § 6a eingef. mWv VZ 2016 durch G v. 2.11.2015 (BGBl. I S. 1834).
[2] § 8 Abs. 1 Satz 2 eingef. durch G v. 19.12.2008 (BGBl. I S. 2794); Satz 4 angef. durch G v. 25.6.2021 (BGBl. I S. 2056); zur Anwendung siehe § 34 Abs. 3c.

cke der Durchführung der Besteuerung mit Ertragsteuern wie Leistungen und Leistungsversprechen zwischen einer rechtsfähigen Körperschaft und deren Anteilseignern zu behandeln.

(2)[1] Bei unbeschränkt Steuerpflichtigen im Sinne des § 1 Abs. 1 Nr. 1 bis 3 sind alle Einkünfte als Einkünfte aus Gewerbebetrieb zu behandeln.

(3)[2] [1]Für die Ermittlung des Einkommens ist es ohne Bedeutung, ob das Einkommen verteilt wird. [2]Auch verdeckte Gewinnausschüttungen sowie Ausschüttungen jeder Art auf Genussrechte, mit denen das Recht auf Beteiligung am Gewinn und am Liquidationserlös der Kapitalgesellschaft verbunden ist, mindern das Einkommen nicht. [3]Verdeckte Einlagen erhöhen das Einkommen nicht. [4]Das Einkommen erhöht sich, soweit eine verdeckte Einlage das Einkommen des Gesellschafters gemindert hat. [5]Satz 4 gilt auch für eine verdeckte Einlage, die auf einer verdeckten Gewinnausschüttung einer dem Gesellschafter nahe stehenden Person beruht und bei der Besteuerung des Gesellschafters nicht berücksichtigt wurde, es sei denn, die verdeckte Gewinnausschüttung hat bei der leistenden Körperschaft das Einkommen nicht gemindert. [6]In den Fällen des Satzes 5 erhöht die verdeckte Einlage nicht die Anschaffungskosten der Beteiligung.

(4)[3] *(aufgehoben)*

(5) Bei Personenvereinigungen bleiben für die Ermittlung des Einkommens Beiträge, die auf Grund der Satzung von den Mitgliedern lediglich in ihrer Eigenschaft als Mitglieder erhoben werden, außer Ansatz.

(6) Besteht das Einkommen nur aus Einkünften, von denen lediglich ein Steuerabzug vorzunehmen ist, so ist ein Abzug von Betriebsausgaben oder Werbungskosten nicht zulässig.

(7)[4] [1]Die Rechtsfolgen einer verdeckten Gewinnausschüttung im Sinne des Absatzes 3 Satz 2 sind

1. bei Betrieben gewerblicher Art im Sinne des § 4 nicht bereits deshalb zu ziehen, weil sie ein Dauerverlustgeschäft ausüben.

2. bei Kapitalgesellschaften nicht bereits deshalb zu ziehen, weil sie ein Dauerverlustgeschäft ausüben. [2]Satz 1 gilt nur bei Kapitalgesellschaften, bei denen die Mehrheit der Stimmrechte unmittelbar oder mittelbar auf juristische Personen des öffentlichen Rechts entfällt und nachweislich ausschließlich diese Gesellschafter die Verluste aus Dauerverlustgeschäften tragen.

[2]Ein Dauerverlustgeschäft liegt vor, soweit aus verkehrs-, umwelt-, sozial-, kultur-, bildungs- oder gesundheitspolitischen Gründen eine wirtschaftliche Betätigung ohne kostendeckendes Entgelt unterhalten wird oder in den Fällen von Satz 1 Nr. 2 das Geschäft Ausfluss einer Tätigkeit ist, die bei juristischen Personen des öffentlichen Rechts zu einem Hoheitsbetrieb gehört.

---

[1] § 8 Abs. 2 neu gef. mWv VZ 2006 durch G v. 7.12.2006 (BGBl. I S. 2782).
[2] § 8 Abs. 3 Sätze 3 bis 6 angef. durch G v. 13.12.2006 (BGBl. I S. 2878).
[3] § 8 Abs. 4 aufgeh. durch G v. 14.8.2007 (BGBl. I S. 1912).
[4] § 8 Abs. 7 angef. durch G v. 19.12.2008 (BGBl. I S. 2794).

(8)[1] [1]Werden Betriebe gewerblicher Art zusammengefasst, ist § 10d des Einkommensteuergesetzes auf den Betrieb gewerblicher Art anzuwenden, der sich durch die Zusammenfassung ergibt. [2]Nicht ausgeglichene negative Einkünfte der einzelnen Betriebe gewerblicher Art aus der Zeit vor der Zusammenfassung können nicht beim zusammengefassten Betrieb gewerblicher Art abgezogen werden. [3]Ein Rücktrag von Verlusten des zusammengefassten Betriebs gewerblicher Art auf die einzelnen Betriebe gewerblicher Art vor Zusammenfassung ist unzulässig. [4]Ein bei einem Betrieb gewerblicher Art vor der Zusammenfassung festgestellter Verlustvortrag kann nach Maßgabe des § 10d des Einkommensteuergesetzes vom Gesamtbetrag der Einkünfte abgezogen werden, den dieser Betrieb gewerblicher Art nach Beendigung der Zusammenfassung erzielt. [5]Die Einschränkungen der Sätze 2 bis 4 gelten nicht, wenn gleichartige Betriebe gewerblicher Art zusammengefasst oder getrennt werden. [6]Kommt es bei einem Betrieb gewerblicher Art, der sich durch eine Zusammenfassung ergeben hat, innerhalb eines Zeitraums von fünf Jahren nach der Zusammenfassung zur Anwendung des § 3a des Einkommensteuergesetzes, ist § 3a Absatz 3 Satz 3 des Einkommensteuergesetzes entsprechend auf die in Satz 4 genannten Verlustvorträge anzuwenden.[2]

(9)[3] [1]Wenn für Kapitalgesellschaften Absatz 7 Satz 1 Nr. 2 zur Anwendung kommt, sind die einzelnen Tätigkeiten der Gesellschaft nach folgender Maßgabe Sparten zuzuordnen:

1. Tätigkeiten, die als Dauerverlustgeschäfte Ausfluss einer Tätigkeit sind, die bei juristischen Personen des öffentlichen Rechts zu einem Hoheitsbetrieb gehören, sind jeweils gesonderten Sparten zuzuordnen;

2. Tätigkeiten, die nach § 4 Abs. 6 Satz 1 zusammenfassbar sind oder aus den übrigen, nicht in Nummer 1 bezeichneten Dauerverlustgeschäften stammen, sind jeweils gesonderten Sparten zuzuordnen, wobei zusammenfassbare Tätigkeiten jeweils eine einheitliche Sparte bilden;

3. alle übrigen Tätigkeiten sind einer einheitlichen Sparte zuzuordnen.

[2]Für jede sich hiernach ergebende Sparte ist der Gesamtbetrag der Einkünfte getrennt zu ermitteln. [3]Die Aufnahme einer weiteren, nicht gleichartigen Tätigkeit führt zu einer neuen, gesonderten Sparte; Entsprechendes gilt für die Aufgabe einer solchen Tätigkeit. [4]Ein negativer Gesamtbetrag der Einkünfte einer Sparte darf nicht mit einem positiven Gesamtbetrag der Einkünfte einer anderen Sparte ausgeglichen oder nach Maßgabe des § 10d des Einkommensteuergesetzes abgezogen werden. [5]Er mindert jedoch nach Maßgabe des

---

[1] § 8 Abs. 8 angef. durch G v. 19.12.2008 (BGBl. I S. 2794); Satz 6 angef. mWv VZ 2017 durch G v. 27.6.2017 (BGBl. I S. 2074); zur Anwendung vor VZ 2017 siehe § 34 Abs. 3d.

[2] Das Inkrafttreten von § 8 Abs. 8 Satz 6 hing von der Feststellung der Europäischen Kommission ab, dass § 3a EStG mit dem Europ. Beihilferecht vereinbar ist. Die Generaldirektion Wettbewerb der KOM hat Deutschland mitgeteilt, dass die Steuerbefreiung für Sanierungserträge (§ 3a EStG/§ 7b GewStG) als bestehende Maßnahme anzusehen ist, da sie vor Inkrafttreten des AEUV in Deutschland eingeführt wurde und auch nach dessen Inkrafttreten weiterhin anwendbar ist. Mithin gilt § 8 Abs. 8 Satz 6 mWv VZ 2017; zur Anwendung vor VZ 2017 siehe § 34 Abs. 3d.

[3] § 8 Abs. 9 angef. durch G v. 19.12.2008 (BGBl. I S. 2794).

§ 10d des Einkommensteuergesetzes die positiven Gesamtbeträge der Einkünfte, die sich in dem unmittelbar vorangegangenen und in den folgenden Veranlagungszeiträumen für dieselbe Sparte ergeben. ⁶Liegen die Voraussetzungen des Absatzes 7 Satz 1 Nr. 2 Satz 2 ab einem Zeitpunkt innerhalb eines Veranlagungszeitraums nicht mehr vor, sind die Sätze 1 bis 5 ab diesem Zeitpunkt nicht mehr anzuwenden; hiernach nicht ausgeglichene oder abgezogene negative Beträge sowie verbleibende Verlustvorträge aus den Sparten, in denen Dauerverlusttätigkeiten ausgeübt werden, entfallen. ⁷Liegen die Voraussetzungen des Absatzes 7 Satz 1 Nr. 2 Satz 2 erst ab einem bestimmten Zeitpunkt innerhalb eines Veranlagungszeitraums vor, sind die Sätze 1 bis 5 ab diesem Zeitpunkt anzuwenden; ein bis zum Eintritt der Voraussetzungen entstandener Verlust kann nach Maßgabe des § 10d des Einkommensteuergesetzes abgezogen werden; ein danach verbleibender Verlust ist der Sparte zuzuordnen, in denen keine Dauerverlustgeschäfte ausgeübt werden. ⁸Der am Schluss eines Veranlagungszeitraums verbleibende negative Gesamtbetrag der Einkünfte einer Sparte ist gesondert festzustellen; § 10d Absatz 4 des Einkommensteuergesetzes gilt entsprechend. ⁹Die §§ 3a und 3c Absatz 4 des Einkommensteuergesetzes sind entsprechend anzuwenden; § 3a Absatz 2 des Einkommensteuergesetzes ist für die Kapitalgesellschaft anzuwenden.¹⁾

(10)²⁾ ¹Bei Einkünften aus Kapitalvermögen ist § 2 Absatz 5b des Einkommensteuergesetzes nicht anzuwenden. ²§ 32d Abs. 2 Satz 1 Nr. 1 Satz 1 und Nr. 3 Satz 1 und Satz 3 bis 6 des Einkommensteuergesetzes ist entsprechend anzuwenden; in diesen Fällen ist § 20 Abs. 6 und 9 des Einkommensteuergesetzes nicht anzuwenden.

§ 8a³⁾ Betriebsausgabenabzug für Zinsaufwendungen bei Körperschaften (Zinsschranke). (1)⁴⁾ ¹§ 4h Abs. 1 Satz 2 des Einkommensteuergesetzes ist mit der Maßgabe anzuwenden, dass anstelle des maßgeblichen Gewinns das maßgebliche Einkommen tritt. ²Maßgebliches Einkommen ist das nach den Vorschriften des Einkommensteuergesetzes und dieses Gesetzes ermittelte Einkommen mit Ausnahme der §§ 4h und 10d des Einkommensteuergesetzes und des § 9 Abs. 1 Nr. 2 dieses Gesetzes. ³Die §§ 8c und 8d gelten für den Zinsvortrag nach § 4h Absatz 1 Satz 5 des Einkommensteuergesetzes mit der Maßgabe entsprechend, dass stille Reserven im Sinne des § 8c Absatz 1 Satz 6 nur zu berücksichtigen sind, soweit sie die nach § 8c Absatz 1 Satz 5 und § 8d Absatz 2 Satz 1 abziehbaren nicht genutzten Verluste übersteigen.⁵⁾ ⁴Auf Kapitalgesellschaften, die ihre Einkünfte nach § 2 Abs. 2 Nr. 2 des

---

¹⁾ § 8 Abs. 9 Satz 8 angef. mWv VZ 2009 durch G v. 8.12.2010 (BGBl. I S. 1768); Satz 9 angef. mWv VZ 2017 durch G v. 27.6.2017 (BGBl. I S. 2074); zur Anwendung vor VZ 2017 siehe § 34 Abs. 3d.

²⁾ § 8 Abs. 10 angef. mWv VZ 2009 durch G v. 19.12.2008 (BGBl. I S. 2794); Satz 1 Verweis geänd. mWv VZ 2012 durch G v. 1.11.2011 (BGBl. I S. 2131).

³⁾ § 8a neu gef. mW für nach dem 25.5.2007 beginnende Wj. durch G v. 14.8.2007 (BGBl. I S. 1912).

⁴⁾ § 8a Abs. 1 Satz 1 geänd. durch G v. 22.12.2009 (BGBl. I S. 3950).

⁵⁾ § 8a Abs. 1 Satz 3 neu gef. durch G v. 22.12.2009 (BGBl. I S. 3950); geänd. durch G v. 20.12.2016 (BGBl. I S. 2998), zur Anwendung von § 8d siehe § 34 Abs. 6a; Satz 3 geänd. durch G v. 11.12.2018 (BGBl. I S. 2338).

Einkommensteuergesetzes ermitteln, ist § 4h des Einkommensteuergesetzes sinngemäß anzuwenden.

(2)[1] § 4h Abs. 2 Satz 1 Buchstabe b des Einkommensteuergesetzes ist nur anzuwenden, wenn die Vergütungen für Fremdkapital an einen zu mehr als einem Viertel unmittelbar oder mittelbar am Grund- oder Stammkapital beteiligten Anteilseigner, eine diesem nahe stehende Person (§ 1 Abs. 2 des Außensteuergesetzes vom 8. September 1972 – BGBl. I S. 1713 –, das zuletzt durch Artikel 3 des Gesetzes vom 28. Mai 2007 – BGBl. I S. 914 – geändert worden ist, in der jeweils geltenden Fassung) oder einen Dritten, der auf den zu mehr als einem Viertel am Grund- oder Stammkapital beteiligten Anteilseigner oder eine diesem nahe stehende Person zurückgreifen kann, nicht mehr als 10 Prozent der die Zinserträge übersteigenden Zinsaufwendungen der Körperschaft im Sinne des § 4h Abs. 3 des Einkommensteuergesetzes betragen und die Körperschaft dies nachweist.

(3)[2] ¹§ 4h Abs. 2 Satz 1 Buchstabe c des Einkommensteuergesetzes ist nur anzuwenden, wenn die Vergütungen für Fremdkapital der Körperschaft oder eines anderen demselben Konzern zugehörenden Rechtsträgers an einen zu mehr als einem Viertel unmittelbar oder mittelbar am Kapital beteiligten Gesellschafter einer konzernzugehörigen Gesellschaft, eine diesem nahe stehende Person (§ 1 Abs. 2 des Außensteuergesetzes) oder einen Dritten, der auf den zu mehr als einem Viertel am Kapital beteiligten Gesellschafter oder eine diesem nahe stehende Person zurückgreifen kann, nicht mehr als 10 Prozent der die Zinserträge übersteigenden Zinsaufwendungen des Rechtsträgers im Sinne des § 4h Abs. 3 des Einkommensteuergesetzes betragen und die Körperschaft dies nachweist. ²Satz 1 gilt nur für Zinsaufwendungen aus Verbindlichkeiten, die in dem voll konsolidierten Konzernabschluss nach § 4h Abs. 2 Satz 1 Buchstabe c des Einkommensteuergesetzes ausgewiesen sind und bei Finanzierung durch einen Dritten einen Rückgriff gegen einen nicht zum Konzern gehörenden Gesellschafter oder eine diesem nahe stehende Person auslösen.

§ 8b Beteiligung an anderen Körperschaften und Personenvereinigungen. (1)[3] ¹Bezüge im Sinne des § 20 Abs. 1 Nr. 1, 2, 9 und 10 Buchstabe a des Einkommensteuergesetzes bleiben bei der Ermittlung des Einkommens außer Ansatz. ²Satz 1 gilt nur, soweit die Bezüge das Einkommen der leistenden Körperschaft nicht gemindert haben. ³Sofern die Bezüge in einem anderen Staat auf Grund einer vom deutschen Recht abweichenden steuerlichen Zurechnung der Anteile im Sinne des Satzes 1 einer anderen Person zugerechnet werden, gilt Satz 1 nur, soweit das Einkommen der anderen Person oder ihr nahestehender Personen nicht niedriger ist als bei einer dem deutschen Recht entsprechenden Zurechnung. ⁴Sind die Bezüge im Sinne des Satzes 1 nach einem Abkommen zur Vermeidung der Doppelbesteuerung von

---

[1] Zur Anwendung von § 8a Abs. 2 siehe § 34 Abs. 4.
[2] Zur Anwendung von § 8a Abs. 3 siehe § 34 Abs. 4.
[3] § 8b Abs. 1 Sätze 2 bis 4 eingef. durch G v. 13.12.2006 (BGBl. I S. 2878); Abs. 1 Satz 2 neu gef. durch G v. 26.6.2013 (BGBl. I S. 1809); Abs. 1 Satz 3 eingef., bish. Sätze 3 bis 5 werden Sätze 4 bis 6 durch G v. 25.6.2021 (BGBl. I S. 2035); zur Anwendung siehe § 34 Abs. 5 Satz 1.

der Bemessungsgrundlage für die Körperschaftsteuer auszunehmen, gilt Satz 2 ungeachtet des Wortlauts des Abkommens für diese Freistellung entsprechend. ⁵Satz 2 gilt nicht, soweit die verdeckte Gewinnausschüttung das Einkommen einer dem Steuerpflichtigen nahe stehenden Person erhöht hat und § 32a des Körperschaftsteuergesetzes auf die Veranlagung dieser nahe stehenden Person keine Anwendung findet. ⁶Bezüge im Sinne des Satzes 1 sind auch Einnahmen aus der Veräußerung von Dividendenscheinen und sonstigen Ansprüchen im Sinne des § 20 Abs. 2 Satz 1 Nr. 2 Buchstabe a des Einkommensteuergesetzes sowie Einnahmen aus der Abtretung von Dividendenansprüchen oder sonstigen Ansprüchen im Sinne des § 20 Abs. 2 Satz 2 des Einkommensteuergesetzes.

(2)¹⁾ ¹Bei der Ermittlung des Einkommens bleiben Gewinne aus der Veräußerung eines Anteils an einer Körperschaft oder Personenvereinigung, deren Leistungen beim Empfänger zu Einnahmen im Sinne des § 20 Abs. 1 Nr. 1, 2, 9 und 10 Buchstabe a des Einkommensteuergesetzes gehören, oder an einer Organgesellschaft im Sinne des § 14 oder § 17 außer Ansatz. ²Veräußerungsgewinn im Sinne des Satzes 1 ist der Betrag, um den der Veräußerungspreis oder der an dessen Stelle tretende Wert nach Abzug der Veräußerungskosten den Wert übersteigt, der sich nach den Vorschriften über die steuerliche Gewinnermittlung im Zeitpunkt der Veräußerung ergibt (Buchwert). ³Satz 1 gilt entsprechend für Gewinne aus der Auflösung oder der Herabsetzung des Nennkapitals oder aus dem Ansatz des in § 6 Absatz 1 Nummer 2 Satz 3 des Einkommensteuergesetzes bezeichneten Werts. ⁴Die Sätze 1 und 3 gelten nicht, soweit der Anteil in früheren Jahren steuerwirksam auf den niedrigeren Teilwert abgeschrieben und die Gewinnminderung nicht durch den Ansatz eines höheren Werts ausgeglichen worden ist. ⁵Satz 4 gilt außer für Gewinne aus dem Ansatz mit dem Wert, der sich nach § 6 Abs. 1 Nr. 2 Satz 3 des Einkommensteuergesetzes ergibt, auch für steuerwirksam vorgenommene Abzüge nach § 6b des Einkommensteuergesetzes und ähnliche Abzüge. ⁶Veräußerung im vorstehenden Sinne ist auch die verdeckte Einlage.

(3)²⁾ ¹Von dem jeweiligen Gewinn im Sinne des Absatzes 2 Satz 1, 3 und 6 gelten 5 Prozent als Ausgaben, die nicht als Betriebsausgaben abgezogen werden dürfen. ²§ 3c Abs. 1 des Einkommensteuergesetzes ist nicht anzuwenden. ³Gewinnminderungen, die im Zusammenhang mit dem in Absatz 2 genannten Anteil entstehen, sind bei der Ermittlung des Einkommens nicht zu berücksichtigen. ⁴Zu den Gewinnminderungen im Sinne des Satzes 3 gehören auch Gewinnminderungen im Zusammenhang mit einer Darlehensforderung oder aus der Inanspruchnahme von Sicherheiten, die für ein Darlehen hingegeben wurden, wenn das Darlehen oder die Sicherheit von einem Gesellschafter gewährt wird, der zu mehr als einem Viertel unmittelbar oder mit-

---

¹⁾ § 8b Abs. 2 neu gef. mWv VZ 2004 durch G v. 22.12.2003 (BGBl. I S. 2840); Satz 3 geänd., Satz 5 eingef. mWv VZ 2006 durch G v. 7.12.2006 (BGBl. I S. 2782); Sätze 1 und 3 geänd. mWv VZ 2015 durch G v. 25.7.2014 (BGBl. I S. 1266).
²⁾ § 8b Abs. 3 neu gef. mWv VZ 2004 durch G v. 22.12.2003 (BGBl. I S. 2840); Sätze 4 bis 8 angef. mWv VZ 2008 durch G v. 20.12.2007 (BGBl. I S. 3150); Satz 6 eingef., bish. Sätze 6 bis 8 werden Sätze 7 bis 9 und neuer Satz 8 geänd. durch G v. 25.6.2021 (BGBl. I S. 2050); zur Anwendung siehe § 34 Abs. 5 Satz 2.

telbar am Grund- oder Stammkapital der Körperschaft, der das Darlehen gewährt wurde, beteiligt ist oder war. [5] Dies gilt auch für diesem Gesellschafter nahestehende Personen im Sinne des § 1 Abs. 2 des Außensteuergesetzes oder für Gewinnminderungen aus dem Rückgriff eines Dritten auf den zu mehr als einem Viertel am Grund- oder Stammkapital beteiligten Gesellschafter oder eine diesem nahestehende Person auf Grund eines der Gesellschaft gewährten Darlehens. [*ab 1.1.2022:* [6] Währungskursverluste gelten nicht als Gewinnminderungen im Sinne der Sätze 4 und 5.] [7] Die Sätze 4 und 5 sind nicht anzuwenden, wenn nachgewiesen wird, dass auch ein fremder Dritter das Darlehen bei sonst gleichen Umständen gewährt oder noch nicht zurückgefordert hätte; dabei sind nur die eigenen Sicherungsmittel der Gesellschaft zu berücksichtigen. [8] Die Sätze 4 bis 6 [*ab 1.1.2022:* 7] gelten entsprechend für Forderungen aus Rechtshandlungen, die einer Darlehensgewährung wirtschaftlich vergleichbar sind. [9] Gewinne aus dem Ansatz einer Darlehensforderung mit dem nach § 6 Abs. 1 Nr. 2 Satz 3 des Einkommensteuergesetzes maßgeblichen Wert bleiben bei der Ermittlung des Einkommens außer Ansatz, soweit auf die vorangegangene Teilwertabschreibung Satz 3 angewendet worden ist.

(4)[1] [1] Bezüge im Sinne des Absatzes 1 sind abweichend von Absatz 1 Satz 1 bei der Ermittlung des Einkommens zu berücksichtigen, wenn die Beteiligung zu Beginn des Kalenderjahres unmittelbar weniger als 10 Prozent des Grund- oder Stammkapitals betragen hat; ist ein Grund- oder Stammkapital nicht vorhanden, ist die Beteiligung am Vermögen, bei Genossenschaften die Beteiligung an der Summe der Geschäftsguthaben, maßgebend. [2] Für die Bemessung der Höhe der Beteiligung ist § 13 Absatz 2 Satz 2 des Umwandlungssteuergesetzes nicht anzuwenden. [3] Überlässt eine Körperschaft Anteile an einen anderen und hat der andere diese oder gleichartige Anteile zurückzugeben, werden die Anteile für die Ermittlung der Beteiligungsgrenze der überlassenden Körperschaft zugerechnet. [4] Beteiligungen über eine Mitunternehmerschaft sind dem Mitunternehmer anteilig zuzurechnen; § 15 Absatz 1 Satz 1 Nummer 2 Satz 2 des Einkommensteuergesetzes gilt sinngemäß. [5] Eine dem Mitunternehmer nach Satz 4 zugerechnete Beteiligung gilt für die Anwendung dieses Absatzes als unmittelbare Beteiligung. [6] Für Zwecke dieses Absatzes gilt der Erwerb einer Beteiligung von mindestens 10 Prozent als zu Beginn des Kalenderjahres erfolgt. [7] Absatz 5 ist auf Bezüge im Sinne des Satzes 1 nicht anzuwenden. [8] Beteiligungen von Kreditinstituten im Sinne des § 1 Absatz 1 Satz 1 des Kreditwesengesetzes, die Mitglied einer kreditwirtschaftlichen Verbundgruppe im Sinne des § 2 Absatz 1 Nummer 13 des Zahlungsdiensteaufsichtsgesetzes sind, an anderen Unternehmen und Einrichtungen dieser Verbundgruppe sind zusammenzurechnen.

(5)[2] [1] Von den Bezügen im Sinne des Absatzes 1, die bei der Ermittlung des Einkommens außer Ansatz bleiben, gelten 5 Prozent als Ausgaben, die

---

[1] § 8b Abs. 4 neu gef. durch G v. 21.3.2013 (BGBl. I S. 561); zur Anwendung siehe § 34 Abs. 5 Satz 3 sowie § 27 Abs. 11 UmwStG (Nr. **130**); Abs. 4 Satz 8 geänd. durch G v. 12.12.2019 (BGBl. I S. 2451); zur Anwendung siehe § 34 Abs. 5 Satz 4.
[2] § 8b Abs. 5 neu gef. mWv VZ 2004 durch G v. 22.12.2003 (BGBl. I S. 2840).

nicht als Betriebsausgaben abgezogen werden dürfen. [2] § 3c Abs. 1 des Einkommensteuergesetzes ist nicht anzuwenden.

(6) [1] Die Absätze 1 bis 5 gelten auch für die dort genannten Bezüge, Gewinne und Gewinnminderungen, die dem Steuerpflichtigen im Rahmen des Gewinnanteils aus einer Mitunternehmerschaft zugerechnet werden, sowie für Gewinne und Verluste, soweit sie bei der Veräußerung oder Aufgabe eines Mitunternehmeranteils auf Anteile im Sinne des Absatzes 2 entfallen. [2] Die Absätze 1 bis 5 gelten für Bezüge und Gewinne, die einem Betrieb gewerblicher Art einer juristischen Person des öffentlichen Rechts über andere juristische Personen des öffentlichen Rechts zufließen, über die sie mittelbar an der leistenden Körperschaft, Personenvereinigung oder Vermögensmasse beteiligt ist und bei denen die Leistungen nicht im Rahmen eines Betriebs gewerblicher Art erfasst werden, und damit im Zusammenhang stehende Gewinnminderungen entsprechend.

(7)[1] [1] Die Absätze 1 bis 6 sind nicht auf Anteile anzuwenden, die bei Kreditinstituten [*ab 26.6.2021:* , Wertpapierinstituten] und Finanzdienstleistungsinstituten dem Handelsbestand im Sinne des § 340e Absatz 3 des Handelsgesetzbuchs zuzuordnen sind. [2] Gleiches gilt für Anteile, die bei Finanzunternehmen im Sinne des Kreditwesengesetzes, an denen Kreditinstitute [*ab 26.6. 2021:* , Wertpapierinstitute] oder Finanzdienstleistungsinstitute unmittelbar oder mittelbar zu mehr als 50 Prozent beteiligt sind, zum Zeitpunkt des Zugangs zum Betriebsvermögen als Umlaufvermögen auszuweisen sind.

(8)[2] [1] Die Absätze 1 bis 7 sind nicht anzuwenden auf Anteile, die bei Lebens- und Krankenversicherungsunternehmen den Kapitalanlagen zuzurechnen sind. [2] Satz 1 gilt nicht für Gewinne im Sinne des Absatzes 2, soweit eine Teilwertabschreibung in früheren Jahren nach Absatz 3 bei der Ermittlung des Einkommens unberücksichtigt geblieben ist und diese Minderung nicht durch den Ansatz eines höheren Werts ausgeglichen worden ist. [3] Gewinnminderungen, die im Zusammenhang mit den Anteilen im Sinne des Satzes 1 stehen, sind bei der Ermittlung des Einkommens nicht zu berücksichtigen, wenn das Lebens- oder Krankenversicherungsunternehmen die Anteile von einem verbundenen Unternehmen (§ 15 des Aktiengesetzes) erworben hat, soweit ein Veräußerungsgewinn für das verbundene Unternehmen nach Absatz 2 in der Fassung des Artikels 3 des Gesetzes vom 23. Oktober 2000 (BGBl. I S. 1433) bei der Ermittlung des Einkommens außer Ansatz geblieben ist. [4] Für die Ermittlung des Einkommens sind die Anteile mit den nach handelsrechtlichen Vorschriften ausgewiesenen Werten anzusetzen, die bei der Ermittlung der nach § 21 abziehbaren Beträge zu Grunde gelegt wurden. [5] Entsprechendes gilt für Pensionsfonds.

(9)[3] Die Absätze 7 und 8 gelten nicht für Bezüge im Sinne des Absatzes 1, auf die die Mitgliedstaaten der Europäischen Union Artikel 4 Abs. 1

---

[1] § 8b Abs. 7 neu gef. durch G v. 20.12.2016 (BGBl. I S. 3000); zur Anwendung siehe § 34 Abs. 5 Satz 4; Sätze 1 und 2 geänd. mWv 26.6.2021 durch G v. 12.5.2021 (BGBl. I S. 990).
[2] § 8b Abs. 8 angef. mWv VZ 2004 bzw. bei abweichendem Wj. mWv VZ 2005 durch G v. 22.12.2003 (BGBl. I S. 2840).
[3] § 8b Abs. 9 angef. durch G v. 9.12.2004 (BGBl. I S. 3310); geänd. durch G v. 26.6.2013 (BGBl. I S. 1809).

der Richtlinie 2011/96/EU des Rates vom 30. November 2011 über das gemeinsame Steuersystem der Mutter- und Tochtergesellschaften verschiedener Mitgliedstaaten (ABl. L 345 vom 29.12.2011, S. 8), anzuwenden haben.

(10)[1] [1]Überlässt eine Körperschaft (überlassende Körperschaft) Anteile, auf die bei ihr Absatz 4, 7 oder 8 anzuwenden ist oder auf die bei ihr aus anderen Gründen die Steuerfreistellungen der Absätze 1 und 2 oder vergleichbare ausländische Vorschriften nicht anzuwenden sind, an eine Körperschaft (andere Körperschaft), bei der auf die Anteile Absatz 4, 7 oder 8 nicht anzuwenden ist, und hat die andere Körperschaft, der die Anteile zuzurechnen sind, diese oder gleichartige Anteile zurückzugeben, dürfen die für die Überlassung gewährten Entgelte bei der anderen Körperschaft nicht als Betriebsausgabe abgezogen werden. [2]Überlässt die andere Körperschaft für die Überlassung der Anteile Wirtschaftsgüter an die überlassende Körperschaft, aus denen diese Einnahmen oder Bezüge erzielt, gelten diese Einnahmen oder Bezüge als von der anderen Körperschaft bezogen und als Entgelt für die Überlassung an die überlassende Körperschaft gewährt. [3]Absatz 3 Satz 1 und 2 sowie Absatz 5 sind nicht anzuwenden. [4]Die Sätze 1 bis 3 gelten auch für Wertpapierpensionsgeschäfte im Sinne des § 340b Absatz 2 des Handelsgesetzbuchs. [5]Die Sätze 1 bis 4 gelten nicht, wenn die andere Körperschaft keine Einnahmen oder Bezüge aus den ihr überlassenen Anteilen erzielt. [6]Zu den Einnahmen und Bezügen aus den überlassenen Anteilen im Sinne des Satzes 5 gehören auch Entgelte, die die andere Körperschaft dafür erhält, dass sie die entliehenen Wertpapiere weiterverleiht.[2] [7]Die Sätze 1 bis 6 gelten entsprechend, wenn die Anteile an eine Personengesellschaft oder von einer Personengesellschaft überlassen werden, an der die überlassende oder die andere Körperschaft unmittelbar oder mittelbar über eine Personengesellschaft oder mehrere Personengesellschaften beteiligt ist. [8]In diesen Fällen gelten die Anteile als an die Körperschaft oder von der Körperschaft überlassen. [9]Die Sätze 1 bis 8 gelten entsprechend, wenn Anteile, die die Voraussetzungen des Absatzes 7 erfüllen, von einer Personengesellschaft überlassen werden. [10]Die Sätze 1 bis 8 gelten nicht, soweit § 2 Nummer 2 zweiter Halbsatz oder § 5 Absatz 2 Nummer 1 zweiter Halbsatz[3] auf die überlassende Körperschaft Anwendung findet. [11]Als Anteil im Sinne der Sätze 1 bis 10 gilt auch der Anteil im Sinne von § 2 Absatz 4 des Investmentsteuergesetzes vom 19. Juli 2016 (BGBl. I S. 1730), das zuletzt durch Artikel 10 des Gesetzes vom 23. Juni 2017 (BGBl. I S. 1682) geändert worden ist, in der jeweils geltenden Fassung, soweit daraus Einnahmen erzielt werden, auf die § 8b anzuwenden ist.

(11)[4] Die Absätze 1 bis 10 sind nicht anzuwenden bei Anteilen an Unterstützungskassen.

---

[1] § 8b Abs. 10 angef. mWv VZ 2007 durch G v. 14.8.2007 (BGBl. I S. 1912), Satz 9 angef. mWv VZ 2009 durch G v. 19.12.2008 (BGBl. I S. 2794); Satz 1 geänd. durch G v. 21.3.2013 (BGBl. I S. 561); geänd. durch G v. 26.6.2013 (BGBl. I S. 1809); Satz 11 neu gef. mWv 1.1.2018 durch G v. 11.12.2018 (BGBl. I S. 2338).
[2] § 8b Abs. 10 Satz 6 eingef., bish. Sätze 6 bis 8 werden Sätze 7 bis 9 durch G v. 26.6.2013 (BGBl. I S. 1809).
[3] § 8b Abs. 10 Satz 9 geänd., Satz 10 eingef., bish. Satz 9 wird Satz 11 durch G v. 26.6.2013 (BGBl. I S. 1809).
[4] § 8b Abs. 11 angef. mWv VZ 2016 durch G v. 2.11.2015 (BGBl. I S. 1834).

§ 8c[1] Verlustabzug bei Körperschaften. (1)[2] [1] Werden innerhalb von fünf Jahren mittelbar oder unmittelbar mehr als 50 Prozent des gezeichneten Kapitals, der Mitgliedschaftsrechte, der Beteiligungsrechte oder der Stimmrechte an einer Körperschaft an einen Erwerber oder diesem nahe stehende Personen übertragen oder liegt ein vergleichbarer Sachverhalt vor (schädlicher Beteiligungserwerb), sind bis zum schädlichen Beteiligungserwerb nicht ausgeglichene oder abgezogene negative Einkünfte (nicht genutzte Verluste) vollständig nicht mehr abziehbar. [2] Als ein Erwerber im Sinne des Satzes 1 gilt auch eine Gruppe von Erwerbern mit gleichgerichteten Interessen. [3] Eine Kapitalerhöhung steht der Übertragung des gezeichneten Kapitals gleich, soweit sie zu einer Veränderung der Beteiligungsquoten am Kapital der Körperschaft führt. [4] Ein schädlicher Beteiligungserwerb liegt nicht vor, wenn

1. an dem übertragenden Rechtsträger der Erwerber zu 100 Prozent mittelbar oder unmittelbar beteiligt ist und der Erwerber eine natürliche oder juristische Person oder eine Personenhandelsgesellschaft ist,

2. an dem übernehmenden Rechtsträger der Veräußerer zu 100 Prozent mittelbar oder unmittelbar beteiligt ist und der Veräußerer eine natürliche oder juristische Person oder eine Personenhandelsgesellschaft ist oder

3. an dem übertragenden und an dem übernehmenden Rechtsträger dieselbe natürliche oder juristische Person oder dieselbe Personenhandelsgesellschaft zu jeweils 100 Prozent mittelbar oder unmittelbar beteiligt ist.

[5] Ein nicht abziehbarer nicht genutzter Verlust kann abweichend von Satz 1 abgezogen werden, soweit er die gesamten zum Zeitpunkt des schädlichen Beteiligungserwerbs vorhandenen im Inland steuerpflichtigen stillen Reserven des Betriebsvermögens der Körperschaft nicht übersteigt. [6] Stille Reserven im Sinne des Satzes 5 sind der Unterschiedsbetrag zwischen dem in der steuerlichen Gewinnermittlung ausgewiesenen Eigenkapital und dem auf dieses Eigenkapital jeweils entfallenden gemeinen Wert der Anteile an der Körperschaft, soweit diese im Inland steuerpflichtig sind. [7] Ist das Eigenkapital der Körperschaft negativ, sind stille Reserven im Sinne des Satzes 5 der Unterschiedsbetrag zwischen dem in der steuerlichen Gewinnermittlung ausgewiesenen Eigenkapital und dem dem Anteil entsprechenden gemeinen Wert des Betriebsvermögens der Körperschaft. [8] Bei der Ermittlung der stillen Reserven ist nur das Betriebsvermögen zu berücksichtigen, das der Körperschaft ohne steuerrechtliche Rückwirkung, insbesondere ohne Anwendung des § 2 Absatz 1 des Umwandlungssteuergesetzes, zuzurechnen ist.

(1a)[3] [1] Für die Anwendung des Absatzes 1 ist ein Beteiligungserwerb zum Zweck der Sanierung des Geschäftsbetriebs der Körperschaft unbeachtlich. [2] Sanierung ist eine Maßnahme, die darauf gerichtet ist, die Zahlungsunfähig-

---

[1] § 8c eingef. durch G v. 14.8.2007 (BGBl. I S. 1912).

[2] § 8c Abs. 1 neu gef. durch G v. 11.12.2018 (BGBl. I S. 2338); zur Anwendung siehe § 34 Abs. 6 Sätze 1 und 2; Abs. 1 Satz 1 geänd. mWv VZ 2020 durch G v. 12.12.2019 (BGBl. I S. 2451); vgl. hierzu BVerfG v. 29.3.2017 (BGBl. I S. 1289).

[3] § 8c Abs. 1a eingef. durch G v. 16.7.2009 (BGBl. I S. 1959); zur Anwendung siehe § 34 Abs. 6 Satz 3 und 4; Satz 3 Nr. 2 geänd. durch G v. 12.12.2019 (BGBl. I S. 2451); zur Anwendung siehe § 34 Abs. 6 Satz 3.

keit oder Überschuldung zu verhindern oder zu beseitigen und zugleich die wesentlichen Betriebsstrukturen zu erhalten.

[3]Die Erhaltung der wesentlichen Betriebsstrukturen setzt voraus, dass

1. die Körperschaft eine geschlossene Betriebsvereinbarung mit einer Arbeitsplatzregelung befolgt oder

2. die Summe der maßgebenden jährlichen Lohnsummen der Körperschaft innerhalb von fünf Jahren nach dem Beteiligungserwerb 400 Prozent der Ausgangslohnsumme nicht unterschreitet; § 13a Absatz 1 Satz 3 und 4 und Absatz 4 des Erbschaftsteuer- und Schenkungsteuergesetzes in der Fassung des Gesetzes vom 24. Dezember 2008 (BGBl. I S. 3018) gilt sinngemäß; oder

3. der Körperschaft durch Einlagen wesentliches Betriebsvermögen zugeführt wird. [2]Eine wesentliche Betriebsvermögenszuführung liegt vor, wenn der Körperschaft innerhalb von zwölf Monaten nach dem Beteiligungserwerb neues Betriebsvermögen zugeführt wird, das mindestens 25 Prozent des in der Steuerbilanz zum Schluss des vorangehenden Wirtschaftsjahrs enthaltenen Aktivvermögens entspricht. [3]Wird nur ein Anteil an der Körperschaft erworben, ist nur der entsprechende Anteil des Aktivvermögens zuzuführen. [4]Der Erlass von Verbindlichkeiten durch den Erwerber oder eine diesem nahestehende Person steht der Zuführung neuen Betriebsvermögens gleich, soweit die Verbindlichkeiten werthaltig sind. [5]Leistungen der Kapitalgesellschaft, die innerhalb von drei Jahren nach der Zuführung des neuen Betriebsvermögens erfolgen, mindern den Wert des zugeführten Betriebsvermögens.[1] [6]Wird dadurch die erforderliche Zuführung nicht mehr erreicht, ist Satz 1 nicht mehr anzuwenden.

[4]Keine Sanierung liegt vor, wenn die Körperschaft ihren Geschäftsbetrieb im Zeitpunkt des Beteiligungserwerbs im Wesentlichen eingestellt hat oder nach dem Beteiligungserwerb ein Branchenwechsel innerhalb eines Zeitraums von fünf Jahren erfolgt.

(2)[2] § 3a Absatz 3 des Einkommensteuergesetzes ist auf verbleibende nicht genutzte Verluste anzuwenden, die sich nach einer Anwendung des Absatzes 1 ergeben.

§ 8d[3] Fortführungsgebundener Verlustvortrag. (1)[4] [1]§ 8c ist nach einem schädlichen Beteiligungserwerb auf Antrag nicht anzuwenden, wenn die Körperschaft seit ihrer Gründung oder zumindest seit dem Beginn des dritten Veranlagungszeitraums, der dem Veranlagungszeitraum nach Satz 5 vorausgeht, ausschließlich denselben Geschäftsbetrieb unterhält und in diesem Zeitraum bis

---

[1] § 8c Abs. 1a Satz 3 Nr. 3 Satz 5 geänd. durch G v. 22.12.2009 (BGBl. I S. 3950).

[2] § 8c Abs. 2 angef. mWv VZ 2017 durch G v. 27.6.2017 (BGBl. I S. 2074); zur Anwendung vor VZ 2017 siehe § 34 Abs. 3d.

[3] § 8d eingef. durch G v. 20.12.2016 (BGBl. I S. 2998); zur Anwendung siehe § 34 Abs. 6a.

[4] § 8d Abs. 1 Satz 9 angef. mWv VZ 2017 durch G v. 27.6.2017 (BGBl. I S. 2074); zur Anwendung vor VZ 2017 siehe § 34 Abs. 3d.

zum Schluss des Veranlagungszeitraums des schädlichen Beteiligungserwerbs kein Ereignis im Sinne von Absatz 2 stattgefunden hat. ²Satz 1 gilt nicht:

1. für Verluste aus der Zeit vor einer Einstellung oder Ruhendstellung des Geschäftsbetriebs[1] oder

2. wenn die Körperschaft zu Beginn des dritten Veranlagungszeitraums, der dem Veranlagungszeitraum nach Satz 5 vorausgeht, Organträger oder an einer Mitunternehmerschaft beteiligt ist.

³Ein Geschäftsbetrieb umfasst die von einer einheitlichen Gewinnerzielungsabsicht getragenen, nachhaltigen, sich gegenseitig ergänzenden und fördernden Betätigungen der Körperschaft und bestimmt sich nach qualitativen Merkmalen in einer Gesamtbetrachtung. ⁴Qualitative Merkmale sind insbesondere die angebotenen Dienstleistungen oder Produkte, der Kunden- und Lieferantenkreis, die bedienten Märkte und die Qualifikation der Arbeitnehmer. ⁵Der Antrag ist in der Steuererklärung für die Veranlagung des Veranlagungszeitraums zu stellen, in den der schädliche Beteiligungserwerb fällt. ⁶Der Verlustvortrag, der zum Schluss des Veranlagungszeitraums verbleibt, in den der schädliche Beteiligungserwerb fällt, wird zum fortführungsgebundenen Verlust (fortführungsgebundener Verlustvortrag). ⁷Dieser ist gesondert auszuweisen und festzustellen; § 10d Absatz 4 des Einkommensteuergesetzes gilt entsprechend. ⁸Der fortführungsgebundene Verlustvortrag ist vor dem nach § 10d Absatz 4 des Einkommensteuergesetzes festgestellten Verlustvortrag abzuziehen. ⁹Satz 8 gilt bei Anwendung des § 3a Absatz 3 des Einkommensteuergesetzes entsprechend.[2]

(2) ¹Wird der Geschäftsbetrieb im Sinne des Absatzes 1 eingestellt, geht der nach Absatz 1 zuletzt festgestellte fortführungsgebundene Verlustvortrag unter; § 8c Absatz 1 Satz 5 bis 8[3] gilt bezogen auf die zum Schluss des vorangegangenen Veranlagungszeitraums vorhandenen stillen Reserven entsprechend. ²Gleiches gilt, wenn

1. der Geschäftsbetrieb ruhend gestellt wird,

2. der Geschäftsbetrieb einer andersartigen Zweckbestimmung zugeführt wird,

3. die Körperschaft einen zusätzlichen Geschäftsbetrieb aufnimmt,

4. die Körperschaft sich an einer Mitunternehmerschaft beteiligt,

5. die Körperschaft die Stellung eines Organträgers im Sinne des § 14 Absatz 1 einnimmt oder

6. auf die Körperschaft Wirtschaftsgüter übertragen werden, die sie zu einem geringeren als dem gemeinen Wert ansetzt.

§ 9 Abziehbare Aufwendungen. (1) Abziehbare Aufwendungen sind auch:

1.[4] bei Kommanditgesellschaften auf Aktien und bei vergleichbaren Kapitalgesellschaften der Teil des Gewinns, der an persönlich haftende Gesell-

---

[1] Zur Anwendung siehe § 34 Abs. 6a Satz 2.
[2] Siehe zur Anwendung von § 8d Abs. 1 Satz 9 § 34 Abs. 3d.
[3] Verweis geänd. durch G v. 11.12.2018 (BGBl. I S. 2338).
[4] § 9 Abs. 1 Nr. 1 geänd. mWv VZ 2006 durch G v. 7.12.2006 (BGBl. I S. 2782).

schafter auf ihre nicht auf das Grundkapital gemachten Einlagen oder als Vergütung (Tantieme) für die Geschäftsführung verteilt wird;

2. [1] vorbehaltlich des § 8 Absatz 3 Zuwendungen (Spenden und Mitgliedsbeiträge) zur Förderung steuerbegünstigter Zwecke im Sinne der §§ 52 bis 54 der Abgabenordnung bis zur Höhe von insgesamt

 a) 20 Prozent des Einkommens oder

 b) 4 Promille der Summe der gesamten Umsätze und der im Kalenderjahr aufgewendeten Löhne und Gehälter.

[2] Voraussetzung für den Abzug ist, dass diese Zuwendungen

 a) an eine juristische Person des öffentlichen Rechts oder an eine öffentliche Dienststelle, die in einem Mitgliedstaat der Europäischen Union oder in einem Staat belegen ist, auf den das Abkommen über den Europäischen Wirtschaftsraum (EWR-Abkommen) Anwendung findet, oder

 b) an eine nach § 5 Absatz 1 Nummer 9 steuerbefreite Körperschaft, Personenvereinigung oder Vermögensmasse oder

 c) an eine Körperschaft, Personenvereinigung oder Vermögensmasse, die in einem Mitgliedstaat der Europäischen Union oder in einem Staat belegen ist, auf den das Abkommen über den Europäischen Wirtschaftsraum (EWR-Abkommen) Anwendung findet, und die nach § 5 Absatz 1 Nummer 9 in Verbindung mit § 5 Absatz 2 Nummer 2 zweiter Halbsatz steuerbefreit wäre, wenn sie inländische Einkünfte erzielen würde,

geleistet werden (Zuwendungsempfänger). [3] Für nicht im Inland ansässige Zuwendungsempfänger nach Satz 2 ist weitere Voraussetzung, dass durch diese Staaten Amtshilfe und Unterstützung bei der Beitreibung geleistet werden. [4] Amtshilfe ist der Auskunftsaustausch im Sinne oder entsprechend der Amtshilferichtlinie gemäß § 2 Absatz 2 des EU-Amtshilfegesetzes[2]. [5] Beitreibung ist die gegenseitige Unterstützung bei der Beitreibung von Forderungen im Sinne oder entsprechend der Beitreibungsrichtlinie[3] einschließlich der in diesem Zusammenhang anzuwendenden Durchführungsbestimmungen in den für den jeweiligen Veranlagungszeitraum geltenden Fassungen oder eines entsprechenden Nachfolgerechtsaktes. [6] Werden die steuerbegünstigten Zwecke des Zuwendungsempfängers im Sinne von Satz 2 Buchstabe a nur im Ausland verwirklicht, ist für die Abziehbarkeit der Zuwendungen Voraussetzung, dass natürliche Personen, die ihren Wohnsitz oder ihren gewöhnlichen Aufenthalt im Geltungsbereich dieses Gesetzes haben, gefördert werden oder dass die Tätigkeit dieses Zuwendungsempfängers neben der Verwirklichung der steuerbegünstigten Zwecke auch zum Ansehen der Bundesrepublik Deutschland beitragen kann. [7] Abziehbar sind auch Mitgliedsbeiträge an Körperschaften, die Kunst und Kultur gemäß § 52 Absatz 2 Nummer 5 der Abgabenordnung fördern,

---

 [1] § 9 Abs. 1 Nr. 2 Satz 1 ersetzt durch Sätze 1 bis 7, bish. Sätze 2 bis 4 werden Sätze 8 bis 10 durch G v. 8.4.2010 (BGBl. I S. 386); Satz 8 geänd. durch G v. 12.12.2019 (BGBl. I S. 2451).
 [2] Verweis geänd. durch G v. 26.6.2013 (BGBl. I S. 1809).
 [3] Geänd. mWv VZ 2012 (§ 34 Abs. 8a Satz 7) durch G v. 7.12.2011 (BGBl. I S. 2592).

soweit es sich nicht um Mitgliedsbeiträge nach Satz 8 Nummer 2 handelt, auch wenn den Mitgliedern Vergünstigungen gewährt werden. [8]Nicht abziehbar sind Mitgliedsbeiträge an Körperschaften,

1. die den Sport (§ 52 Absatz 2 Satz 1 Nummer 21 der Abgabenordnung),

2. die kulturelle Betätigungen, die in erster Linie der Freizeitgestaltung dienen,

3. die die Heimatpflege und Heimatkunde (§ 52 Absatz 2 Satz 1 Nummer 22 der Abgabenordnung),

4. die Zwecke im Sinne des § 52 Absatz 2 Satz 1 Nummer 23 der Abgabenordnung

fördern oder

5.[1)] deren Zweck nach § 52 Absatz 2 Satz 2 der Abgabenordnung für gemeinnützig erklärt worden ist, weil deren Zweck die Allgemeinheit auf materiellem, geistigem oder sittlichem Gebiet entsprechend einem Zweck nach den Nummern 1 bis 4 fördert.

[9]Abziehbare Zuwendungen, die die Höchstbeträge nach Satz 1 überschreiten, sind im Rahmen der Höchstbeträge in den folgenden Veranlagungszeiträumen abzuziehen. [10]§ 10d Abs. 4 des Einkommensteuergesetzes gilt entsprechend.

(2)[2)] [1]Als Einkommen im Sinne dieser Vorschrift gilt das Einkommen vor Abzug der in Absatz 1 bezeichneten Zuwendungen und vor dem Verlustabzug nach § 10d des Einkommensteuergesetzes. [2]Als Zuwendung im Sinne dieser Vorschrift gilt auch die Zuwendung von Wirtschaftsgütern mit Ausnahme von Nutzungen und Leistungen. [3]Der Wert der Zuwendung ist nach § 6 Absatz 1 Nummer 4 Satz 1 und 4[3)] des Einkommensteuergesetzes zu ermitteln. [4]Aufwendungen zugunsten einer Körperschaft, die zum Empfang steuerlich abziehbarer Zuwendungen berechtigt ist, sind nur abziehbar, wenn ein Anspruch auf die Erstattung der Aufwendungen durch Vertrag oder Satzung eingeräumt und auf die Erstattung verzichtet worden ist. [5]Der Anspruch darf nicht unter der Bedingung des Verzichts eingeräumt worden sein.

(3)[4)] [1]Der Steuerpflichtige darf auf die Richtigkeit der Bestätigung über Spenden und Mitgliedsbeiträge vertrauen, es sei denn, dass er die Bestätigung durch unlautere Mittel oder falsche Angaben erwirkt hat oder dass ihm die Unrichtigkeit der Bestätigung bekannt oder infolge grober Fahrlässigkeit nicht bekannt war. [2]Wer vorsätzlich oder grob fahrlässig eine unrichtige Bestätigung ausstellt oder veranlasst, dass Zuwendungen nicht zu den in der Bestätigung angegebenen steuerbegünstigten Zwecken verwendet werden (Veranlasserhaftung), haftet für die entgangene Steuer; diese ist mit 30 Prozent des zugewendeten Betrags anzusetzen. [3]In den Fällen der Veranlasserhaftung ist vorrangig

---

[1)] § 9 Abs. 1 Nr. 2 Satz 8 Nr. 5 angef. durch G v. 12.12.2019 (BGBl. I S. 2451); zur Anwendung siehe § 34 Abs. 6b.

[2)] § 9 Abs. 2 neu gef. mWv VZ 2007 durch G v. 10.10.2007 (BGBl. I S. 2332).

[3)] § 9 Abs. 2 Satz 3 Zitat geänd. durch G v. 20.4.2009 (BGBl. I S. 774).

[4)] § 9 Abs. 3 Satz 2 HS 2 angef. mWv 1.1.2010, Sätze 3 und 4 ersetzt durch Satz 3 durch G v. 8.4.2010 (BGBl. I S. 386).

der Zuwendungsempfänger in Anspruch zu nehmen; die natürlichen Personen, die in diesen Fällen für den Zuwendungsempfänger handeln, sind nur in Anspruch zu nehmen, wenn die entgangene Steuer nicht nach § 47 der Abgabenordnung erloschen ist und Vollstreckungsmaßnahmen gegen den Zuwendungsempfänger nicht erfolgreich sind; § 10b Absatz 4 Satz 5 des Einkommensteuergesetzes gilt entsprechend.

§ 10[1]) **Nichtabziehbare Aufwendungen.** Nichtabziehbar sind auch:

1. die Aufwendungen für die Erfüllung von Zwecken des Steuerpflichtigen, die durch Stiftungsgeschäft, Satzung oder sonstige Verfassung vorgeschrieben sind. ²§ 9 Abs. 1 Nr. 2 bleibt unberührt,

2. die Steuern vom Einkommen und sonstige Personensteuern sowie die Umsatzsteuer für Umsätze, die Entnahmen oder verdeckte Gewinnausschüttungen sind, und die Vorsteuerbeträge auf Aufwendungen, für die das Abzugsverbot des § 4 Abs. 5 Satz 1 Nr. 1 bis 4 und 7 oder Abs. 7 des Einkommensteuergesetzes gilt; das gilt auch für die auf diese Steuern entfallenden Nebenleistungen,

3. in einem Strafverfahren festgesetzte Geldstrafen, sonstige Rechtsfolgen vermögensrechtlicher Art, bei denen der Strafcharakter überwiegt, und Leistungen zur Erfüllung von Auflagen oder Weisungen, soweit die Auflagen oder Weisungen nicht lediglich der Wiedergutmachung des durch die Tat verursachten Schadens dienen, sowie damit zusammenhängende Aufwendungen,

4. die Hälfte der Vergütungen jeder Art, die an Mitglieder des Aufsichtsrats, Verwaltungsrats, *Grubenvorstands* oder andere mit der Überwachung der Geschäftsführung beauftragte Personen gewährt werden.

§ 11 Auflösung und Abwicklung (Liquidation). (1)[2]) ¹Wird ein unbeschränkt Steuerpflichtiger im Sinne des § 1 Abs. 1 Nr. 1 bis 3 nach der Auflösung abgewickelt, so ist der im Zeitraum der Abwicklung erzielte Gewinn der Besteuerung zugrunde zu legen. ²Der Besteuerungszeitraum soll drei Jahre nicht übersteigen.

(2) Zur Ermittlung des Gewinns im Sinne des Absatzes 1 ist das Abwicklungs-Endvermögen dem Abwicklungs-Anfangsvermögen gegenüberzustellen.

(3) Abwicklungs-Endvermögen ist das zur Verteilung kommende Vermögen, vermindert um die steuerfreien Vermögensmehrungen, die dem Steuerpflichtigen in dem Abwicklungszeitraum zugeflossen sind.

(4) ¹Abwicklungs-Anfangsvermögen ist das Betriebsvermögen, das am Schluss des der Auflösung vorangegangenen Wirtschaftsjahrs der Veranlagung zur Körperschaftsteuer zugrunde gelegt worden ist. ²Ist für den vorangegangenen Veranlagungszeitraum eine Veranlagung nicht durchgeführt worden, so

---

¹) § 10 Nr. 3 geänd. mWv VZ 2019 (§ 34 Abs. 6c), Nr. 4 geänd. (kursiver Satzteil gestrichen) mWv VZ 2020 durch G v. 12.12.2019 (BGBl. I S. 2451).
²) § 11 Abs. 1 Satz 1 geänd. mWv VZ 2006 durch G v. 7.12.2006 (BGBl. I S. 2782).

ist das Betriebsvermögen anzusetzen, das im Falle einer Veranlagung nach den steuerrechtlichen Vorschriften über die Gewinnermittlung auszuweisen gewesen wäre. ³Das Abwicklungs-Anfangsvermögen ist um den Gewinn eines vorangegangenen Wirtschaftsjahrs zu kürzen, der im Abwicklungszeitraum ausgeschüttet worden ist.

(5) War am Schluss des vorangegangenen Veranlagungszeitraums Betriebsvermögen nicht vorhanden, so gilt als Abwicklungs-Anfangsvermögen die Summe der später geleisteten Einlagen.

(6) Auf die Gewinnermittlung sind im Übrigen die sonst geltenden Vorschriften anzuwenden.

(7)[1] Unterbleibt eine Abwicklung, weil über das Vermögen des unbeschränkt Steuerpflichtigen im Sinne des § 1 Abs. 1 Nr. 1 bis 3 das Insolvenzverfahren eröffnet worden ist, sind die Absätze 1 bis 6 sinngemäß anzuwenden.

§ 12[2] Entstrickungs- und Wegzugsbesteuerung. (1) [3] ¹Wird bei der Körperschaft, Personenvereinigung oder Vermögensmasse das Besteuerungsrecht der Bundesrepublik Deutschland hinsichtlich des Gewinns aus der Veräußerung oder der Nutzung eines Wirtschaftsguts ausgeschlossen oder beschränkt, gilt dies als Veräußerung oder Überlassung des Wirtschaftsguts zum gemeinen Wert; § 4 Absatz 1 Satz 5, § 4g[4] und § 15 Abs. 1a des Einkommensteuergesetzes gelten entsprechend. ²Ein Ausschluss oder eine Beschränkung des Besteuerungsrechts hinsichtlich des Gewinns aus der Veräußerung eines Wirtschaftsguts liegt insbesondere vor, wenn ein bisher einer inländischen Betriebsstätte einer Körperschaft, Personenvereinigung oder Vermögensmasse zuzuordnendes Wirtschaftsgut einer ausländischen Betriebsstätte dieser Körperschaft, Personenvereinigung oder Vermögensmasse zuzuordnen ist. ³Entfällt die Beschränkung des Besteuerungsrechts der Bundesrepublik Deutschland hinsichtlich des Gewinns aus der Veräußerung eines Wirtschaftsguts und erfolgt in einem anderen Staat eine Besteuerung auf Grund des Ausschlusses oder der Beschränkung des Besteuerungsrechts dieses Staates hinsichtlich des Gewinns aus der Veräußerung des Wirtschaftsguts, gilt dies auf Antrag als Veräußerung und Anschaffung des Wirtschaftsguts zu dem Wert, den der andere Staat der Besteuerung zugrunde legt, höchstens zum gemeinen Wert.

(1a)[5] § 4 Absatz 1 Satz 3 zweiter Halbsatz, Satz 8 zweiter Halbsatz, Satz 9 und Satz 10 des Einkommensteuergesetzes gilt im Fall der Begründung des Besteuerungsrechts oder des Wegfalls einer Beschränkung des Besteuerungsrechts der Bundesrepublik Deutschland hinsichtlich des Gewinns aus der Veräußerung

---

[1] § 11 Abs. 7 geänd. mWv VZ 2006 durch G v. 7.12.2006 (BGBl. I S. 2782).
[2] § 12 neu gef. durch G v. 7.12.2006 (BGBl. I S. 2782); Überschr. neu gef. mWv 1.1.2020 durch G v. 25.6.2021 (BGBl. I S. 2035).
[3] § 12 Abs. 1 Satz 1 Verweis geänd., Satz 2 angef. durch G v. 8.12.2010 (BGBl. I S. 1768); Abs. 1 Satz 3 angef. durch G v. 25.6.2021 (BGBl. I S. 2035); zur Anwendung siehe § 34 Abs. 6d.
[4] § 12 Abs. 1 geänd. durch G v. 20.12.2007 (BGBl. I S. 3150).
[5] § 12 Abs. 1a eingef. durch G v. 25.6.2021 (BGBl. I S. 2035); zur Anwendung siehe § 34 Abs. 6d.

eines Wirtschaftsguts, das der außerbetrieblichen Sphäre einer Körperschaft, Personenvereinigung oder Vermögensmasse zuzuordnen ist, entsprechend.

(2)[1] [1] *Wird das Vermögen einer beschränkt steuerpflichtigen Körperschaft, Personenvereinigung oder Vermögensmasse als Ganzes auf eine andere Körperschaft desselben ausländischen Staates durch einen Vorgang übertragen, der einer Verschmelzung im Sinne des § 2 des Umwandlungsgesetzes vom 28. Oktober 1994 (BGBl. I S. 3210, 1995 I S. 428), das zuletzt durch Artikel 10 des Gesetzes vom 9. Dezember 2004 (BGBl. I S. 3214) geändert worden ist, in der jeweils geltenden Fassung vergleichbar ist, sind die übergehenden Wirtschaftsgüter abweichend von Absatz 1 mit dem Buchwert anzusetzen, soweit*

1. *sichergestellt ist, dass sie später bei der übernehmenden Körperschaft der Besteuerung mit Körperschaftsteuer unterliegen,*

2. *das Recht der Bundesrepublik Deutschland hinsichtlich der Besteuerung der übertragenen Wirtschaftsgüter bei der übernehmenden Körperschaft nicht beschränkt wird,*

3. *eine Gegenleistung nicht gewährt wird oder in Gesellschaftsrechten besteht und*

4. *wenn der übernehmende und der übertragende Rechtsträger nicht die Voraussetzungen des § 1 Abs. 2 Satz 1 und 2 des Umwandlungssteuergesetzes vom 7. Dezember 2006 (BGBl. I S. 2782, 2791)[2] in der jeweils geltenden Fassung erfüllen.*

[2] *Wird das Vermögen einer Körperschaft durch einen Vorgang im Sinne des Satzes 1 auf eine andere Körperschaft übertragen, gilt § 13 des Umwandlungssteuergesetzes für die Besteuerung der Anteilseigner der übertragenden Körperschaft entsprechend.*

(3)[3] [1] *Verlegt eine Körperschaft, Vermögensmasse oder Personenvereinigung ihre Geschäftsleitung oder ihren Sitz und scheidet sie dadurch aus der unbeschränkten Steuerpflicht in einem Mitgliedstaat der Europäischen Union oder einem anderen Staat aus, auf den das Abkommen über den Europäischen Wirtschaftsraum Anwendung findet, gilt sie als aufgelöst, und § 11 ist entsprechend anzuwenden.* [2] *Gleiches gilt, wenn die Körperschaft, Vermögensmasse oder Personenvereinigung auf Grund eines Abkommens zur Vermeidung der Doppelbesteuerung infolge der Verlegung ihres Sitzes oder ihrer Geschäftleitung als außerhalb des Hoheitsgebietes der in Satz 1 genannten Staaten ansässig anzusehen ist.* [3] *An die Stelle des zur Verteilung kommenden Vermögens tritt der gemeine Wert des vorhandenen Vermögens.* [4] *Dieser Absatz ist mit der Maßgabe anzuwenden, dass allein der Austritt des Vereinigten Königreichs Großbritannien und Nordirland aus der Europäischen Union nicht dazu führt, dass eine Körperschaft, Vermögensmasse oder Personenvereinigung dadurch als aus der unbeschränkten Steuerpflicht in einem Mitgliedstaat der Europäischen Union ausgeschieden gilt oder als außerhalb der Europäischen Union ansässig anzusehen ist.*

(4)[4] *Einer unbeschränkt steuerpflichtigen Körperschaft mit Sitz im Vereinigten Königreich Großbritannien und Nordirland ist nach dem Austritt des Vereinigten Kö-*

---

[1] § 12 Abs. 2 aufgeh. durch G v. 25.6.2021 (BGBl. I S. 2050); zur letztmaligen Anwendung siehe § 34 Abs. 6d Satz 3.

[2] Nr. **130.**

[3] § 12 Abs. 3 Satz 4 angef. mWv 29.3.2019 durch Brexit-StBG v. 25.3.2019 (BGBl. I S. 357) und Abs. 3 aufgeh. mWv 1.1.2022 durch G v. 25.6.2021 (BGBl. I S. 2050).

[4] § 12 Abs. 4 angef. mWv 29.3.2019 durch Brexit-StBG v. 25.3.2019 (BGBl. I S. 357) und aufgeh. durch G v. 25.6.2021 (BGBl. I S. 2056); zur letztmaligen Anwendung siehe § 34 Abs. 6d Satz 2.

*nigreichs Großbritannien und Nordirland aus der Europäischen Union das Betriebs-
vermögen ununterbrochen zuzurechnen, das ihr bereits vor dem Austritt zuzurechnen
war.*

§ 13 Beginn und Erlöschen einer Steuerbefreiung. (1) Wird eine steuerpflichtige Körperschaft, Personenvereinigung oder Vermögensmasse von der
Körperschaftsteuer befreit, so hat sie auf den Zeitpunkt, in dem die Steuerpflicht endet, eine Schlussbilanz aufzustellen.

(2) Wird eine von der Körperschaftsteuer befreite Körperschaft, Personenvereinigung oder Vermögensmasse steuerpflichtig und ermittelt sie ihren Gewinn durch Betriebsvermögensvergleich, so hat sie auf den Zeitpunkt, in dem
die Steuerpflicht beginnt, eine Anfangsbilanz aufzustellen.

(3)[1] In der Schlussbilanz im Sinne des Absatzes 1 und in der Anfangsbilanz im Sinne des Absatzes 2 sind die Wirtschaftsgüter vorbehaltlich des Absatzes 4 mit den Teilwerten anzusetzen.

(4)[2] [1]Beginnt die Steuerbefreiung auf Grund des § 5 Abs. 1 Nr. 9, sind die
Wirtschaftsgüter, die der Förderung steuerbegünstigter Zwecke im Sinne der
§§ 52 bis 54 der Abgabenordnung dienen, in der Schlussbilanz mit den
Buchwerten anzusetzen. [2]Erlischt die Steuerbefreiung, so ist in der Anfangsbilanz für die in Satz 1 bezeichneten Wirtschaftsgüter der Wert anzusetzen, der
sich bei ununterbrochener Steuerpflicht nach den Vorschriften über die steuerliche Gewinnermittlung ergeben würde.

(5) Beginnt oder erlischt die Steuerbefreiung nur teilweise, so gelten die
Absätze 1 bis 4 für den entsprechenden Teil des Betriebsvermögens.

(6) [1]Gehören Anteile an einer Kapitalgesellschaft nicht zu dem Betriebsvermögen der Körperschaft, Personenvereinigung oder Vermögensmasse, die
von der Körperschaftsteuer befreit wird, so ist § 17 des Einkommensteuergesetzes auch ohne Veräußerung anzuwenden, wenn die übrigen Voraussetzungen dieser Vorschrift in dem Zeitpunkt erfüllt sind, in dem die Steuerpflicht endet. [2]Als Veräußerungspreis gilt der gemeine Wert der Anteile. [3]Im
Falle des Beginns der Steuerpflicht gilt der gemeine Wert der Anteile als Anschaffungskosten der Anteile. [4]Die Sätze 1 und 2 gelten nicht in den Fällen
des Absatzes 4 Satz 1.

Zweites Kapitel. Sondervorschriften für die Organschaft

**§ 14 Aktiengesellschaft oder Kommanditgesellschaft auf Aktien als
Organgesellschaft.** (1)[3] [1]Verpflichtet sich eine Europäische Gesellschaft,
Aktiengesellschaft oder Kommanditgesellschaft auf Aktien mit Geschäftslei-
tung im Inland und Sitz in einem Mitgliedstaat der Europäischen Union oder

---

[1] § 13 Abs. 3 Sätze 2 bis 11 aufgeh. durch G v. 8.12.2010 (BGBl. I S. 1768).
[2] § 13 Abs. 4 Satz 1 Verweis geänd. mWv VZ 2020 durch G v. 12.12.2019 (BGBl. I
S. 2451).
[3] § 14 Abs. 1 geänd. mWv VZ 2006 durch G v. 7.12.2006 (BGBl. I S. 2782); Satzteil
vor Nr. 1 geänd. durch G v. 20.2.2013 (BGBl. I S. 285); Satzteil vor Nr. 1 geänd. durch G
v. 20.2.2013 (BGBl. I S. 285).

in einem Vertragsstaat des EWR-Abkommens (Organgesellschaft) durch einen Gewinnabführungsvertrag im Sinne des § 291 Abs. 1 des Aktiengesetzes, ihren ganzen Gewinn an ein einziges anderes gewerbliches Unternehmen abzuführen, ist das Einkommen der Organgesellschaft, soweit sich aus § 16 nichts anderes ergibt, dem Träger des Unternehmens (Organträger) zuzurechnen, wenn die folgenden Voraussetzungen erfüllt sind:

1.[1] [1]Der Organträger muss an der Organgesellschaft vom Beginn ihres Wirtschaftsjahrs an ununterbrochen in einem solchen Maße beteiligt sein, dass ihm die Mehrheit der Stimmrechte aus den Anteilen an der Organgesellschaft zusteht (finanzielle Eingliederung). [2]Mittelbare Beteiligungen sind zu berücksichtigen, wenn die Beteiligung an jeder vermittelnden Gesellschaft die Mehrheit der Stimmrechte gewährt. [*ab VZ 2022:* [3]Satz 2 gilt nicht, wenn bereits die unmittelbare Beteiligung die Mehrheit der Stimmrechte gewährt.]

2.[2] [1]Organträger muss eine natürliche Person oder eine nicht von der Körperschaftsteuer befreite Körperschaft, Personenvereinigung oder Vermögensmasse sein. [2]Organträger kann auch eine Personengesellschaft im Sinne des § 15 Absatz 1 Satz 1 Nummer 2 des Einkommensteuergesetzes sein, wenn sie eine Tätigkeit im Sinne des § 15 Absatz 1 Satz 1 Nummer 1 des Einkommensteuergesetzes ausübt. [3]Die Voraussetzung der Nummer 1 muss im Verhältnis zur Personengesellschaft selbst erfüllt sein. [4]Die Beteiligung im Sinne der Nummer 1 an der Organgesellschaft oder, bei mittelbarer Beteiligung an der Organgesellschaft, die Beteiligung im Sinne der Nummer 1 an der vermittelnden Gesellschaft, muss ununterbrochen während der gesamten Dauer der Organschaft einer inländischen Betriebsstätte im Sinne des § 12 der Abgabenordnung des Organträgers zuzuordnen sein. [5]Ist der Organträger mittelbar über eine oder mehrere Personengesellschaften an der Organgesellschaft beteiligt, gilt Satz 4 sinngemäß. [6]Das Einkommen der Organgesellschaft ist der inländischen Betriebsstätte des Organträgers zuzurechnen, der die Beteiligung im Sinne der Nummer 1 an der Organgesellschaft oder, bei mittelbarer Beteiligung an der Organgesellschaft, die Beteiligung im Sinne der Nummer 1 an der vermittelnden Gesellschaft zuzuordnen ist. [7]Eine inländische Betriebsstätte im Sinne der vorstehenden Sätze ist nur gegeben, wenn die dieser Betriebsstätte zuzurechnenden Einkünfte sowohl nach innerstaatlichem Steuerrecht als auch nach einem anzuwendenden Abkommen zur Vermeidung der Doppelbesteuerung der inländischen Besteuerung unterliegen.

3.[3] [1]Der Gewinnabführungsvertrag muss auf mindestens fünf Jahre abgeschlossen und während seiner gesamten Geltungsdauer durchgeführt werden. [2]Eine vorzeitige Beendigung des Vertrags durch Kündigung ist unschädlich, wenn ein wichtiger Grund die Kündigung rechtfertigt. [3]Die

---

[1] § 14 Abs. 1 Satz 1 Nr. 1 Satz 3 angef. mWv VZ 2022 durch G v. 16.12.2022 (BGBl. I S. 2294).
[2] § 14 Abs. 1 Satz 1 Nr. 2 neu gef. mWv VZ 2012 durch G v. 20.2.2013 (BGBl. I S. 285).
[3] § 14 Nr. 3 neu gef. mWv VZ 2003 durch G v. 16.5.2003 (BGBl. I S. 660); Sätze 4 und 5 angef. durch G v. 20.2.2013 (BGBl. I S. 285).

Kündigung oder Aufhebung des Gewinnabführungsvertrags auf einen Zeitpunkt während des Wirtschaftsjahrs der Organgesellschaft wirkt auf den Beginn dieses Wirtschaftsjahrs zurück. ⁴Der Gewinnabführungsvertrag gilt auch als durchgeführt, wenn der abgeführte Gewinn oder ausgeglichene Verlust auf einem Jahresabschluss beruht, der fehlerhafte Bilanzansätze enthält, sofern

a) der Jahresabschluss wirksam festgestellt ist,

b) die Fehlerhaftigkeit bei Erstellung des Jahresabschlusses unter Anwendung der Sorgfalt eines ordentlichen Kaufmanns nicht hätte erkannt werden müssen und

c) ein von der Finanzverwaltung beanstandeter Fehler spätestens in dem nächsten nach dem Zeitpunkt der Beanstandung des Fehlers aufzustellenden Jahresabschluss der Organgesellschaft und des Organträgers korrigiert und das Ergebnis entsprechend abgeführt oder ausgeglichen wird, soweit es sich um einen Fehler handelt, der in der Handelsbilanz zu korrigieren ist.

⁵Die Voraussetzung des Satzes 4 Buchstabe b gilt bei Vorliegen eines uneingeschränkten Bestätigungsvermerks nach § 322 Absatz 3 des Handelsgesetzbuchs zum Jahresabschluss, zu einem Konzernabschluss, in den der handelsrechtliche Jahresabschluss einbezogen worden ist, oder über die freiwillige Prüfung des Jahresabschlusses oder der Bescheinigung eines Steuerberaters oder Wirtschaftsprüfers über die Erstellung eines Jahresabschlusses mit umfassenden Beurteilungen als erfüllt.

4. Die Organgesellschaft darf Beträge aus dem Jahresüberschuss nur insoweit in die Gewinnrücklagen (§ 272 Abs. 3 des Handelsgesetzbuchs) mit Ausnahme der gesetzlichen Rücklagen einstellen, als dies bei vernünftiger kaufmännischer Beurteilung wirtschaftlich begründet ist.

5.¹⁾ Negative Einkünfte des Organträgers oder der Organgesellschaft bleiben bei der inländischen Besteuerung unberücksichtigt, soweit sie in einem ausländischen Staat im Rahmen der Besteuerung des Organträgers, der Organgesellschaft oder einer anderen Person berücksichtigt werden.

²Das Einkommen der Organgesellschaft ist dem Organträger erstmals für das Kalenderjahr zuzurechnen, in dem das Wirtschaftsjahr der Organgesellschaft endet, in dem der Gewinnabführungsvertrag wirksam wird.²⁾

(2)³⁾ ¹Der ganze Gewinn gilt auch dann als abgeführt im Sinne des Absatzes 1 Satz 1, wenn über den mindestens zugesicherten Betrag im Sinne des § 304 Absatz 2 Satz 1 des Aktiengesetzes hinausgehende Ausgleichszahlungen vereinbart und geleistet werden. ²Dies gilt nur, wenn die Ausgleichszahlungen insgesamt den dem Anteil am gezeichneten Kapital entsprechenden Gewinnanteil des Wirtschaftsjahres nicht überschreiten, der ohne Gewinnabführungsvertrag hätte geleistet werden können. ³Der über den Mindestbe-

---

¹⁾ § 14 Abs. 1 Satz 1 Nr. 5 neu gef. durch G v. 20.2.2013 (BGBl. I S. 285).
²⁾ § 14 Abs. 1 Satz 2 angef. durch G v. 16.5.2003 (BGBl. I S. 660).
³⁾ § 14 Abs. 2 eingef. durch G v. 11.12.2018 (BGBl. I S. 2338); zur Anwendung siehe § 34 Abs. 6e.

trag nach § 304 Absatz 2 Satz 1 des Aktiengesetzes hinausgehende Betrag muss nach vernünftiger kaufmännischer Beurteilung wirtschaftlich begründet sein.

(3)[1] [1]Mehrabführungen, die ihre Ursache in vororganschaftlicher Zeit haben, gelten als Gewinnausschüttungen der Organgesellschaft an den Organträger. [2]Minderabführungen, die ihre Ursache in vororganschaftlicher Zeit haben, sind als Einlage durch den Organträger in die Organgesellschaft zu behandeln. [3]Mehrabführungen nach Satz 1 und Minderabführungen nach Satz 2 gelten in dem Zeitpunkt als erfolgt, in dem das Wirtschaftsjahr der Organgesellschaft endet. [4]Der Teilwertansatz nach § 13 Abs. 3 Satz 1 ist der vororganschaftlichen Zeit zuzurechnen.

[alte Fassung:]

(4)[2] [1]Für Minder- und Mehrabführungen, die ihre Ursache in organschaftlicher Zeit haben, ist in der Steuerbilanz des Organträgers ein besonderer aktiver oder passiver Ausgleichsposten in Höhe des Betrags zu bilden, der dem Verhältnis der Beteiligung des Organträgers am Nennkapital der Organgesellschaft entspricht. [2]Im Zeitpunkt der Veräußerung der Organbeteiligung sind die besonderen Ausgleichsposten aufzulösen. [3]Dadurch erhöht oder verringert sich das Einkommen des Organträgers. [4]§ 3 Nr. 40, § 3c Abs. 2 des Einkommensteuergesetzes und § 8b dieses Gesetzes sind anzuwenden. [5]Der Veräußerung gleichgestellt sind insbesondere die Umwandlung der Organgesellschaft auf eine Personengesellschaft oder eine natürliche Person, die verdeckte Einlage der Beteiligung an der Organgesellschaft und die Auflösung der Organgesellschaft. [6]Minder- oder Mehrabführungen im Sinne des Satzes 1 liegen insbesondere vor, wenn der an den Organträger abgeführte Gewinn von dem Steuerbilanzgewinn der Organgesellschaft abweicht und

[neue Fassung:]

(4)[3] [1]Minderabführungen der Organgesellschaft, die ihre Ursache in organschaftlicher Zeit haben, sind als Einlage durch den Organträger in die Organgesellschaft zu behandeln. [2]Mehrabführungen der Organgesellschaft, die ihre Ursache in organschaftlicher Zeit haben, gelten als Einlagenrückgewähr der Organgesellschaft an den Organträger. [3]Die Einlage erhöht und die Einlagenrückgewähr mindert den Buchwert der Beteiligung an der Organgesellschaft; dabei darf dieser nicht negativ werden. [4]In den Fällen des Absatzes 1 Satz 1 Nummer 1 Satz 2 ist Satz 3 auf den Buchwert der Beteiligung an jeder vermittelnden Gesellschaft entsprechend anzuwenden. [5]Soweit die Einlagenrückgewähr die Summe aus Buchwert und Einlage übersteigt, liegt ein Ertrag vor, auf den die Regelungen des § 8b Absatz 2, 3, 6, 7 und 8 dieses Gesetzes sowie § 3 Nummer 40 Buchstabe a und § 3c Absatz 2 des Einkommensteuergesetzes anzuwenden sind. [6]Minder- oder Mehrabführungen im Sinne der Sätze 1 und 2 liegen insbesondere vor,

---

[1] § 14 Abs. 3 angef. durch G v. 9.12.2004 (BGBl. I S. 3310).
[2] § 14 Abs. 4 angef. durch G v. 20.12.2007 (BGBl. I S. 3150).
[3] § 14 Abs. 4 neu gef. durch G v. 25.6.2021 (BGBl. I S. 2050); zur Anwendung siehe § 34 Abs. 6e Sätze 5 ff.; Abs. 4 Sätze 3 bis 5 eingef., bish. Sätze 3 und 4 werden Sätze 6 und 7 durch G v. 16.12.2022 (BGBl. I S. 2294); zur Anwendung siehe § 34 Abs. 6e Sätze 5 ff.

[alte Fassung:]
diese Abweichung in organschaftlicher Zeit verursacht ist.

[neue Fassung:]
wenn der an den Organträger abgeführte Gewinn von dem Steuerbilanzgewinn der Organgesellschaft abweicht und diese Abweichung in organschaftlicher Zeit verursacht ist. [7]Minder- und Mehrabführungen nach den Sätzen 1 und 2 gelten in dem Zeitpunkt als erfolgt, in dem das Wirtschaftsjahr der Organgesellschaft endet.

(5)[1] [1]Das dem Organträger zuzurechnende Einkommen der Organgesellschaft und damit zusammenhängende andere Besteuerungsgrundlagen werden gegenüber dem Organträger und der Organgesellschaft gesondert und einheitlich festgestellt. [2]Die Feststellungen nach Satz 1 sind für die Besteuerung des Einkommens des Organträgers und der Organgesellschaft bindend. [3]Die Sätze 1 und 2 gelten entsprechend für von der Organgesellschaft geleistete Steuern, die auf die Steuer des Organträgers anzurechnen sind. [4]Zuständig für diese Feststellungen ist das Finanzamt, das für die Besteuerung nach dem Einkommen der Organgesellschaft zuständig ist. [5]Die Erklärung zu den gesonderten und einheitlichen Feststellungen nach den Sätzen 1 und 3 soll mit der Körperschaftsteuererklärung der Organgesellschaft verbunden werden.

§ 15 Ermittlung des Einkommens bei Organschaft. [1]Bei der Ermittlung des Einkommens bei Organschaft gilt abweichend von den allgemeinen Vorschriften Folgendes:

1.[2] [1]Ein Verlustabzug im Sinne des § 10d des Einkommensteuergesetzes ist bei der Organgesellschaft nicht zulässig. [2]Satz 1 steht einer Anwendung von § 3a des Einkommensteuergesetzes nicht entgegen. [3]Der für § 3c Absatz 4 Satz 4 des Einkommensteuergesetzes maßgebende Betrag ist der sich nach Anwendung von Nummer 1a ergebende verminderte Sanierungsertrag.

1a.[2] [1]Auf einen sich nach § 3a Absatz 3 Satz 4 des Einkommensteuergesetzes ergebenden verbleibenden Sanierungsertrag einer Organgesellschaft ist § 3a Absatz 3 Satz 2, 3 und 5 des Einkommensteuergesetzes beim Organträger anzuwenden. [2]Wird der Gewinn des Organträgers gesondert und einheitlich festgestellt, gilt § 3a Absatz 4 des Einkommensteuergesetzes entsprechend. [3]Die Sätze 1 und 2 gelten auch, wenn die Voraussetzungen des § 14 Absatz 1 im Sanierungsjahr nicht vorliegen und das Einkommen der Organgesellschaft in einem innerhalb der letzten fünf Jahre vor dem Sanierungsjahr liegenden Veranlagungszeitraum dem Organträger gemäß § 14 Absatz 1 Satz 1 zugerechnet worden ist.

---

[1] § 14 Abs. 5 angef. durch G v. 20.2.2013 (BGBl. I S. 285).
[2] § 15 Satz 1 Nr. 1 Sätze 2 und 3 angef., Nr. 1a eingef. mWv VZ 2017 durch G v. 27.6.2017 (BGBl. I S. 2074); zur Anwendung vor VZ 2017 siehe § 34 Abs. 3d.

[Fassung bis 12.12.2019:]

2.[1] 1 § 8b Abs. 1 bis 6 dieses Gesetzes sowie § 4 Abs. 6 des Umwandlungssteuergesetzes sind bei der Organgesellschaft nicht anzuwenden. 2 Sind in dem dem Organträger zugerechneten Einkommen Bezüge, Gewinne oder Gewinnminderungen im Sinne des § 8b Abs. 1 bis 3 dieses Gesetzes oder mit solchen Beträgen zusammenhängende Ausgaben im Sinne des § 3c Abs. 2 des Einkommensteuergesetzes oder ein Übernahmeverlust im Sinne des § 4 Abs. 6 des Umwandlungssteuergesetzes enthalten, sind § 8b dieses Gesetzes, § 4 Abs. 6 des Umwandlungssteuergesetzes sowie § 3 Nr. 40 und § 3c Abs. 2 des Einkommensteuergesetzes bei der Ermittlung des Einkommens des Organträgers anzuwenden.

[Fassung ab 13.12.2019:]

2.[2] 1 § 8b Absatz 1 bis 6 dieses Gesetzes sowie § 4 Absatz 6 und § 12 Absatz 2 Satz 1 des Umwandlungssteuergesetzes sind bei der Organgesellschaft nicht anzuwenden. 2 Sind in dem dem Organträger zugerechneten Einkommen Bezüge, Gewinne oder Gewinnminderungen im Sinne des § 8b Absatz 1 bis 3 dieses Gesetzes oder mit solchen Beträgen zusammenhängende Ausgaben im Sinne des § 3c Absatz 2 des Einkommensteuergesetzes, ein Übernahmeverlust im Sinne des § 4 Absatz 6 des Umwandlungssteuergesetzes oder ein Gewinn oder Verlust im Sinne des § 12 Absatz 2 Satz 1 des Umwandlungssteuergesetzes enthalten, sind § 8b dieses Gesetzes, § 4 Absatz 6 und § 12 Absatz 2 des Umwandlungssteuergesetzes sowie § 3 Nummer 40 und § 3c Absatz 2 des Einkommensteuergesetzes bei der Ermittlung des Einkommens des Organträgers anzuwenden; in den Fällen des § 12 Absatz 2 Satz 2 des Umwandlungssteuergesetzes sind neben § 8b dieses Gesetzes auch § 3 Nummer 40 und § 3c Absatz 2 des Einkommensteuergesetzes entsprechend anzuwenden.

3 Satz 2 gilt nicht, soweit bei der Organgesellschaft § 8b Abs. 7, 8 oder 10 anzuwenden ist. 4 Für die Anwendung der Beteiligungsgrenze im Sinne des § 8b Absatz 4 in der Fassung des Artikels 1 des Gesetzes vom 21. März 2013 (BGBl. I S. 561) werden Beteiligungen der Organgesellschaft und Beteiligungen des Organträgers getrennt betrachtet.

2a.[3] 1 § 20 Absatz 1 Satz 1 bis 3 und Absatz 2 bis 4, die §§ 21, 30 Absatz 2, die §§ 42 und 43 Absatz 3, § 44 sowie § 49 Absatz 1 des Investmentsteuer-

---

[1] § 15 Satz 1 Nr. 2 neu gef. mWv VZ 2006 durch G v. 7.12.2006 (BGBl. I S. 2782); Satz 3 angef. durch G v. 19.12.2008 (BGBl. I S. 2794); Satz 4 angef. durch G v. 21.3.2013 (BGBl. I S. 561).
[2] § 15 Satz 1 Nr. 2 Satz 1 und 2 neu gef. durch G v. 12.12.2019 (BGBl. I S. 2451); zur Anwendung siehe § 34 Abs. 6g.
[3] § 15 Satz 1 Nr. 2a eingef. mWv VZ 2018 durch G v. 11.12.2018 (BGBl. I S. 2338); zur Anwendung siehe § 34 Abs. 6f.

gesetzes sind bei der Organgesellschaft nicht anzuwenden. ²Sind im dem dem Organträger zugerechneten Einkommen Erträge im Sinne des § 16 oder § 34 des Investmentsteuergesetzes oder mit solchen Erträgen zusammenhängende Betriebsvermögensminderungen, Betriebsausgaben oder Veräußerungskosten im Sinne des § 21 oder § 44 des Investmentsteuergesetzes enthalten, sind die §§ 20, 21, 30 Absatz 2, die §§ 42, 43 Absatz 3, § 44 sowie § 49 Absatz 1 des Investmentsteuergesetzes bei der Ermittlung des Einkommens des Organträgers anzuwenden. ³Für Zwecke des Satzes 2 gilt der Organträger als Anleger im Sinne des § 2 Absatz 10 des Investmentsteuergesetzes. ⁴Die bloße Begründung oder Beendigung einer Organschaft nach § 14 Absatz 1 Satz 1 führt nicht zu einer Veräußerung nach § 22 Absatz 1 des Investmentsteuergesetzes. ⁵Die Sätze 1 bis 4 gelten nicht, soweit die Organgesellschaft die Voraussetzungen des § 20 Absatz 1 Satz 4 oder des § 30 Absatz 3 des Investmentsteuergesetzes erfüllt. ⁶Für die Anwendung der Beteiligungsgrenze im Sinne des § 30 Absatz 2 Nummer 2 des Investmentsteuergesetzes werden Beteiligungen der Organgesellschaft und Beteiligungen des Organträgers getrennt betrachtet.

3.[1] ¹§ 4h des Einkommensteuergesetzes ist bei der Organgesellschaft nicht anzuwenden. ²Organträger und Organgesellschaften gelten als ein Betrieb im Sinne des § 4h des Einkommensteuergesetzes. ³Sind in dem dem Organträger zugerechneten Einkommen der Organgesellschaften Zinsaufwendungen und Zinserträge im Sinne des § 4h Abs. 3 des Einkommensteuergesetzes enthalten, sind diese bei Anwendung des § 4h Abs. 1 des Einkommensteuergesetzes beim Organträger einzubeziehen.

4.[2] ¹§ 8 Abs. 3 Satz 2 und Abs. 7 ist bei der Organgesellschaft auf Dauerverlustgeschäfte im Sinne des § 8 Abs. 7 Satz 2 nicht anzuwenden. ²Sind in dem dem Organträger zugerechneten Einkommen Verluste aus Dauerverlustgeschäften im Sinne des § 8 Abs. 7 Satz 2 enthalten, ist § 8 Abs. 3 Satz 2 und Abs. 7 bei der Ermittlung des Einkommens des Organträgers anzuwenden.

5.[2] ¹§ 8 Abs. 9 ist bei der Organgesellschaft nicht anzuwenden. ²Sind in dem dem Organträger zugerechneten Einkommen Einkommen einer Kapitalgesellschaft enthalten, auf die § 8 Abs. 7 Satz 1 Nr. 2 anzuwenden ist, ist § 8 Abs. 9 bei der Ermittlung des Einkommens des Organträgers anzuwenden.

²Nummer 2 gilt entsprechend für Gewinnanteile aus der Beteiligung an einer ausländischen Gesellschaft, die nach den Vorschriften eines Abkommens zur Vermeidung der Doppelbesteuerung von der Besteuerung auszunehmen sind. ³Bei Anwendung des Satzes 2 finden § 16 Absatz 4 sowie § 43 Absatz 1 Satz 3 des Investmentsteuergesetzes beim Organträger Anwendung. ⁴Für Zwecke des Satzes 3 gilt der Organträger als Anleger im Sinne des § 2 Absatz 10 des Investmentsteuergesetzes.[3]

---

[1] § 15 Satz 1 Nr. 3 angef. durch G v. 14.8.2007 (BGBl. I S. 1912).
[2] § 15 Satz 1 Nrn. 4 und 5 angef. durch G v. 19.12.2008 (BGBl. I S. 2794).
[3] § 15 Satz 2 angef. mWv VZ 2003 durch G v. 16.5.2003 (BGBl. I S. 660); Sätze 3 und 4 angef. mWv VZ 2018 durch G v. 11.12.2018 (BGBl. I S. 2338); zur Anwendung siehe § 34 Abs. 6 f.

§ 16 Ausgleichszahlungen. [1] Die Organgesellschaft hat ihr Einkommen in Höhe von $^{20}/_{17}$[1] der geleisteten Ausgleichszahlungen selbst zu versteuern. [2] Ist die Verpflichtung zum Ausgleich vom Organträger erfüllt worden, so hat die Organgesellschaft $^{20}/_{17}$[1] der geleisteten Ausgleichszahlungen anstelle des Organträgers zu versteuern.

§ 17 Andere Kapitalgesellschaften als Organgesellschaft. (1)[2] [1] Die §§ 14 bis 16 gelten entsprechend, wenn eine andere als die in § 14 Absatz 1 Satz 1 bezeichnete Kapitalgesellschaft mit Geschäftsleitung im Inland und Sitz in einem Mitgliedstaat der Europäischen Union oder in einem Vertragsstaat des EWR-Abkommens sich wirksam verpflichtet, ihren ganzen Gewinn an ein anderes Unternehmen im Sinne des § 14 abzuführen. [2] Weitere Voraussetzung ist, dass

1. eine Gewinnabführung den in § 301 des Aktiengesetzes genannten Betrag nicht überschreitet und

2.[3] eine Verlustübernahme durch Verweis auf die Vorschriften des § 302 des Aktiengesetzes in seiner jeweils gültigen Fassung vereinbart wird.

(2)[4] Für die Anwendung des Absatzes 1 Satz 2 Nummer 2 gilt § 34 Absatz 10b in der Fassung des Artikels 12 des Gesetzes vom 18. Dezember 2013 (BGBl. I S. 4318)[5] entsprechend fort.

§ 18[6] *(aufgehoben)*

§ 19[7] **Steuerabzug bei dem Organträger.** (1) Sind bei der Organgesellschaft die Voraussetzungen für die Anwendung besonderer Tarifvorschriften

---

[1] Geänd. mWv VZ 2008 durch G v. 14.8.2007 (BGBl. I S. 1912).
[2] § 17 Abs. 1 geänd. durch G v. 20.2.2013 (BGBl. I S. 285).
[3] Zur Anwendung siehe Abs. 2.
[4] § 17 Abs. 2 angef. durch G v. 25.7.2014 (BGBl. I S. 1266).
[5] Wortlaut:
„(10b) [1] § 17 Satz 2 Nummer 2 in der Fassung des Artikels 2 des Gesetzes vom 20. Februar 2013 (BGBl. I S. 285) ist erstmals auf Gewinnabführungsverträge anzuwenden, die nach dem Tag des Inkrafttretens dieses Gesetzes abgeschlossen oder geändert werden. [2] Enthält ein Gewinnabführungsvertrag, der vor diesem Zeitpunkt wirksam abgeschlossen wurde, keinen Anforderungen des § 17 Satz 2 Nummer 2 in der Fassung der Bekanntmachung vom 15. Oktober 2002 (BGBl. I S. 4144), das zuletzt durch Artikel 4 des Gesetzes vom 7. Dezember 2011 (BGBl. I S. 2592) geändert worden ist, entsprechenden Verweis auf § 302 des Aktiengesetzes, steht dies der Anwendung der §§ 14 bis 16 für Veranlagungszeiträume, die vor dem 1. Januar 2015 enden, nicht entgegen, wenn eine Verlustübernahme entsprechend § 302 des Aktiengesetzes tatsächlich erfolgt und eine Verlustübernahme entsprechend § 17 Satz 2 Nummer 2 in der Fassung des Artikels 2 des Gesetzes vom 20. Februar 2013 (BGBl. I S. 285) bis zum Ablauf des 31. Dezember 2014 wirksam vereinbart wird. [3] Für die Anwendung des Satzes 2 ist die Vereinbarung einer Verlustübernahme entsprechend § 17 Satz 2 Nummer 2 in der Fassung des Artikels 2 des Gesetzes vom 20. Februar 2013 (BGBl. I S. 285) nicht erforderlich, wenn die steuerliche Organschaft vor dem 1. Januar 2015 beendet wurde. [4] Die Änderung im Sinne des Satzes 2 eines bestehenden Gewinnabführungsvertrags gilt für die Anwendung des § 14 Absatz 1 Satz 1 Nummer 3 nicht als Neuabschluss."
[6] § 18 aufgeh. mWv VZ 2012 durch G v. 20.2.2013 (BGBl. I S. 285).
[7] § 19 Abs. 1 bis 4 neu gef. durch G v. 25.7.2014 (BGBl. I S. 1266); zur Anwendung siehe § 34 Abs. 7.

erfüllt, die einen Abzug von der Körperschaftsteuer vorsehen, und unterliegt der Organträger der unbeschränkten Körperschaftsteuerpflicht, sind diese Tarifvorschriften beim Organträger so anzuwenden, als wären die Voraussetzungen für ihre Anwendung bei ihm selbst erfüllt.

(2) Unterliegt der Organträger der unbeschränkten Einkommensteuerpflicht, gilt Absatz 1 entsprechend, soweit für die Einkommensteuer gleichartige Tarifvorschriften wie für die Körperschaftsteuer bestehen.

(3) Unterliegt der Organträger nicht der unbeschränkten Körperschaftsteuer- oder Einkommensteuerpflicht, gelten die Absätze 1 und 2 entsprechend, soweit die besonderen Tarifvorschriften bei beschränkt Steuerpflichtigen anwendbar sind.

(4) ¹Ist der Organträger eine Personengesellschaft, gelten die Absätze 1 bis 3 für die Gesellschafter der Personengesellschaft entsprechend. ²Bei jedem Gesellschafter ist der Teilbetrag abzuziehen, der dem auf den Gesellschafter entfallenden Bruchteil des dem Organträger zuzurechnenden Einkommens der Organgesellschaft entspricht.

(5) Sind in dem Einkommen der Organgesellschaft Betriebseinnahmen enthalten, die einem Steuerabzug unterlegen haben, so ist die einbehaltene Steuer auf die Körperschaftsteuer oder die Einkommensteuer des Organträgers oder, wenn der Organträger eine Personengesellschaft ist, anteilig auf die Körperschaftsteuer oder die Einkommensteuer der Gesellschafter anzurechnen.

Drittes Kapitel. Sondervorschriften für Versicherungen und Pensionsfonds[1]

§ 20 Schwankungsrückstellungen, Schadenrückstellungen. (1)[2] ¹Für die Bildung der Rückstellungen zum Ausgleich des schwankenden Jahresbedarfs sind insbesondere folgende Voraussetzungen erforderlich:

1. Es muss nach den Erfahrungen in dem betreffenden Versicherungszweig mit erheblichen Schwankungen des Jahresbedarfs zu rechnen sein.

2. ¹Die Schwankungen des Jahresbedarfs dürfen nicht durch die Prämien ausgeglichen werden. ²Sie müssen aus den am Bilanzstichtag bestehenden Versicherungsverträgen herrühren und dürfen nicht durch Rückversicherungen gedeckt sein.

²Auf Schwankungsrückstellungen und ähnliche Rückstellungen im Sinne des § 341h des Handelsgesetzbuchs ist § 6 Absatz 1 Nummer 3a Buchstabe e des Einkommensteuergesetzes nicht anzuwenden.

(2)[3] ¹Bei Rückstellungen für noch nicht abgewickelte Versicherungsfälle (§ 341g des Handelsgesetzbuchs) sind die Erfahrungen im Sinne des § 6 Abs. 1

---

[1] Überschrift geänd. durch G v. 20.12.2016 (BGBl. I S. 3000).
[2] § 20 Abs. 1 Satz 2 angef. durch G v. 2.11.2015 (BGBl. I S. 1834); zur Anwendung siehe § 34 Abs. 7a Satz 1.
[3] § 20 Abs. 2 Satz 3 angef. mWv VZ 2010 durch G v. 8.12.2010 (BGBl. I S. 1768); Abs. 2 Satz 3 geänd. durch G v. 1.4.2015 (BGBl. I S. 434); zur Anwendung siehe § 34 Abs. 7a Satz 2.

Nr. 3a Buchstabe a des Einkommensteuergesetzes für jeden Versicherungs-zweig zu berücksichtigen, für den nach aufsichtsrechtlichen Vorschriften eine gesonderte Gewinn- und Verlustrechnung aufzustellen ist. [2] Die Summe der einzelbewerteten Schäden des Versicherungszweiges ist um den Betrag zu mindern (Minderungsbetrag), der wahrscheinlich insgesamt nicht zur Befriedigung der Ansprüche für die Schäden benötigt wird. [3] Für Zwecke der Sätze 1 und 2 haben die Niederlassungen der Versicherungsunternehmen im Sinne des § 341 Absatz 2 Satz 2 des Handelsgesetzbuchs die auf Grund des § 55a des Versicherungsaufsichtsgesetzes in der am 31. Dezember 2015 geltenden Fassung erlassene Verordnung über die Berichterstattung von Versicherungsunternehmen gegenüber der Bundesanstalt für Finanzdienstleistungsaufsicht entsprechend anzuwenden.

§ 21[1]) **Beitragsrückerstattungen.** (1) [1] Aufwendungen für Beitragsrücker-stattungen und Direktgutschriften, die für das selbst abgeschlossene Geschäft gewährt werden, sind abziehbar

1. in dem nach Art der Lebensversicherung betriebenen Geschäft bis zu einem Höchstbetrag, der sich auf Grundlage des nach handelsrechtlichen Vorschriften ermittelten Jahresergebnisses für das selbst abgeschlossene Geschäft ohne Berücksichtigung eines Gewinnabführungsvertrages ermittelt. [2] Diese Grundlage erhöht sich um die Beitragsrückerstattungen und Direktgut-schriften aufgewendeten Beträge, soweit die Beträge das Jahresergebnis ge-mindert haben. [3] Sie mindert sich um den Nettoertrag des Eigenkapitals am Beginn des Wirtschaftsjahrs. [4] Als Eigenkapital gilt das nach den Vorschrif-ten der auf Grund des § 39 des Versicherungsaufsichtsgesetzes erlassenen Verordnungen über die Berichterstattung von Versicherungsunterneh-men zu ermittelnde Eigenkapital zuzüglich 10 Prozent des ungebundenen Teils der Rückstellung für Beitragsrückerstattung. [5] Als Nettoertrag gilt 70 Prozent der Differenz zwischen Erträgen und Aufwendungen aus Kapi-talanlagen, die anteilig auf das Eigenkapital entfallen. [6] Dabei sind die Kapi-talanlagen auszusondern, bei denen das Anlagerisiko nicht vom Versiche-rungsunternehmen getragen wird. [7] Als Höchstbetrag mindestens abziehbar sind die Aufwendungen, die auf Grund gesetzlicher Vorschriften zu gewähren sind. [8] Die Sätze 1 bis 7 sind für Pensionsfonds entsprechend anzuwenden,

2. in den übrigen Versicherungsgeschäften auf Grund des versicherungstechni-schen Überschusses bis zur Höhe des Überschusses, der sich aus den Bei-tragseinnahmen nach Abzug aller anteiligen abziehbaren und nichtabziehba-ren Betriebsausgaben einschließlich der Versicherungsleistungen, Rückstel-lungen und Rechnungsabgrenzungsposten ergibt. [2] Der Berechnung des Überschusses sind die auf das Wirtschaftsjahr entfallenden Beitragseinnah-men und Betriebsausgaben des einzelnen Versicherungszweiges aus dem selbst abgeschlossenen Geschäft für eigene Rechnung zugrunde zu legen.

[2] Der nach Satz 1 Nummer 1 für den Abzug maßgebliche Betrag ist in dem Verhältnis abziehbar, wie die für die Beitragsrückerstattung maßgeblichen

---

[1]) § 21 neu gef. durch G v. 11.12.2018 (BGBl. I S. 2338); zur Anwendung (insbes. auf An-trag bereits für VZ 2018) siehe § 34 Abs. 8 Satz 2.

Überschüsse am Kapitalanlageergebnis im Geltungsbereich dieses Gesetzes dem Grunde nach steuerpflichtig und nicht steuerbefreit sind. ³Ist maßgeblicher Betrag der sich nach Satz 1 Nummer 1 Satz 7 ergebende Betrag, ist Satz 2 nur für Aufwendungen aus dem Kapitalanlageergebnis anzuwenden.

(2) § 6 Absatz 1 Nummer 3a des Einkommensteuergesetzes ist nicht anzuwenden.

§ 21a Deckungsrückstellungen. (1)[1] ¹§ 6 Abs. 1 Nr. 3a Buchstabe e des Einkommensteuergesetzes ist von Versicherungsunternehmen und Pensionsfonds mit der Maßgabe anzuwenden, dass Deckungsrückstellungen im Sinne des § 341f des Handelsgesetzbuchs von dem sich für die zugrunde liegenden Verträge aus der Bestimmung in Verbindung mit § 25 der Verordnung über die Rechnungslegung von Versicherungsunternehmen oder in Verbindung mit der auf Grund des § 240 Satz 1 Nummer 10 des Versicherungsaufsichtsgesetzes erlassenen Rechtsverordnung ergebenden Höchstzinssatz oder einem niedrigeren zulässigerweise verwendeten Zinssatz abgezinst werden können. ²Für die von Schaden- und Unfallversicherungsunternehmen gebildeten Renten-Deckungsrückstellungen kann der Höchstzinssatz, der sich auf Grund der nach § 217 Satz 1 Nummer 7 des Versicherungsaufsichtsgesetzes erlassenen Rechtsverordnung ergibt, oder ein niedrigerer zulässigerweise verwendeter Zinssatz zugrunde gelegt werden.

(2)[2] Soweit die in Absatz 1 genannten versicherungsrechtlichen Bestimmungen auf Versicherungsunternehmen mit Sitz in einem anderen Mitgliedstaat der Europäischen Union oder in einem anderen Vertragsstaat des EWR-Abkommens keine Anwendung finden, können diese entsprechend verfahren.

§ 21b[3] *(aufgehoben)*

Viertes Kapitel. Sondervorschriften für Genossenschaften

§ 22 Genossenschaftliche Rückvergütung. (1) ¹Rückvergütungen der Genossenschaften[4] an ihre Mitglieder sind nur insoweit als Betriebsausgaben abziehbar, als die dafür verwendeten Beträge im Mitgliedergeschäft erwirtschaftet worden sind. ²Zur Feststellung dieser Beträge ist der Überschuss

1. bei Absatz- und Produktionsgenossenschaften im Verhältnis des Wareneinkaufs bei Mitgliedern zum gesamten Wareneinkauf,
2. bei den übrigen Genossenschaften[4] im Verhältnis des Mitgliederumsatzes zum Gesamtumsatz

aufzuteilen. ³Der hiernach sich ergebende Gewinn aus dem Mitgliedergeschäft bildet die obere Grenze für den Abzug. ⁴Überschuss im Sinne des Sat-

---

[1] § 21a Abs. 1 Sätze 1 und 2 geänd. durch G v. 1.4.2015 (BGBl. I S. 434); zur Anwendung siehe § 34 Abs. 8a; ber. durch G v. 2.11.2015 (BGBl. I S. 1834).
[2] § 21a Abs. 2 geänd. durch G v. 26.6.2013 (BGBl. I S. 1809).
[3] § 21b aufgeh. mWv VZ 2016 durch G v. 20.12.2016 (BGBl. I S. 3000).
[4] Bezeichnung geänd. mWv VZ 2020 durch G v. 12.12.2019 (BGBl. I S. 2451).

zes 2 ist das um den Gewinn aus Nebengeschäften geminderte Einkommen vor Abzug der genossenschaftlichen Rückvergütungen und des Verlustabzugs.

(2) [1] Voraussetzung für den Abzug nach Absatz 1 ist, dass die genossenschaftliche Rückvergütung unter Bemessung nach der Höhe des Umsatzes zwischen den Mitgliedern und der Genossenschaft bezahlt ist und dass sie

1. auf einem durch die Satzung der Genossenschaft eingeräumten Anspruch des Mitglieds beruht oder

2. durch Beschluss der Verwaltungsorgane der Genossenschaft festgelegt und der Beschluss den Mitgliedern bekannt gegeben worden ist oder

3. in der Generalversammlung beschlossen worden ist, die den Gewinn verteilt.

[2] Nachzahlungen der Genossenschaft für Lieferungen oder Leistungen und Rückzahlungen von Unkostenbeiträgen sind wie genossenschaftliche Rückvergütungen zu behandeln.

Dritter Teil. Tarif;
Besteuerung bei ausländischen Einkunftsteilen

§ 23 Steuersatz. (1) Die Körperschaftsteuer beträgt 15 Prozent[1] des zu versteuernden Einkommens.

(2) Wird die Einkommensteuer auf Grund der Ermächtigung des § 51 Abs. 3 des Einkommensteuergesetzes herabgesetzt oder erhöht, so ermäßigt oder erhöht sich die Körperschaftsteuer entsprechend.

§ 24[2] Freibetrag für bestimmte Körperschaften. [1] Vom Einkommen der steuerpflichtigen Körperschaften, Personenvereinigungen oder Vermögensmassen ist ein Freibetrag von 5000 Euro, höchstens jedoch in Höhe des Einkommens, abzuziehen. [2] Satz 1 gilt nicht

1. für Körperschaften und Personenvereinigungen, deren Leistungen bei den Empfängern zu den Einnahmen im Sinne des § 20 Abs. 1 Nr. 1 oder 2 des Einkommensteuergesetzes gehören,

2. für Vereine im Sinne des § 25,

3. für Investmentfonds im Sinne des § 1 des Investmentsteuergesetzes und Spezial-Investmentfonds im Sinne des § 26 des Investmentsteuergesetzes, deren Leistungen bei den Empfängern zu den Einnahmen im Sinne des § 20 Absatz 1 Nummer 3 oder 3a des Einkommensteuergesetzes gehören.

§ 25[3] Freibetrag für Genossenschaften sowie Vereine, die Land- und Forstwirtschaft betreiben. (1) [1] Vom Einkommen der steuerpflichtigen Genossenschaften sowie der steuerpflichtigen Vereine, deren Tätigkeit sich auf

---

[1] § 23 geänd. mWv VZ 2008 durch G v. 14.8.2007 (BGBl. I S. 1912).

[2] § 24 Satz 1 geänd. mWv VZ 2009 durch G v. 17.3.2009 (BGBl. I S. 550); Satz 2 Nr. 3 angef. mWv VZ 2019 (§ 34 Abs. 8b) durch G v. 12.12.2019 (BGBl. I S. 2451).

[3] § 25 Überschr. geänd. durch G v. 12.12.2019 (BGBl. I S. 2451); Abs. 1 Satz 1 geänd. mWv VZ 2009 durch G v. 17.3.2009 (BGBl. I S. 550).

den Betrieb der Land- und Forstwirtschaft beschränkt, ist ein Freibetrag in Höhe von 15 000 Euro, höchstens jedoch in Höhe des Einkommens, im Veranlagungszeitraum der Gründung und in den folgenden neun Veranlagungszeiträumen abzuziehen. ²Voraussetzung ist, dass

1. die Mitglieder der Genossenschaft oder dem Verein Flächen zur Nutzung oder für die Bewirtschaftung der Flächen erforderliche Gebäude überlassen und

2. a) bei Genossenschaften das Verhältnis der Summe der Werte der Geschäftsanteile des einzelnen Mitglieds zu der Summe der Werte aller Geschäftsanteile,

   b) bei Vereinen das Verhältnis des Werts des Anteils an dem Vereinsvermögen, der im Fall der Auflösung des Vereins an das einzelne Mitglied fallen würde, zu dem Wert des Vereinsvermögens

nicht wesentlich von dem Verhältnis abweicht, in dem der Wert der von dem einzelnen Mitglied zur Nutzung überlassenen Flächen und Gebäude zu dem Wert der insgesamt zur Nutzung überlassenen Flächen und Gebäude steht.

(2)[1] Absatz 1 Satz 1 gilt auch für steuerpflichtige Genossenschaften sowie für steuerpflichtige Vereine, die eine gemeinschaftliche Tierhaltung im Sinne des *§ 51a des Bewertungsgesetzes* [**ab VZ 2025:** § 13b des Einkommensteuergesetzes] betreiben.

§ 26[2) **Steuerermäßigung bei ausländischen Einkünften.** (1) ¹Für die Anrechnung einer der deutschen Körperschaftsteuer entsprechenden ausländischen Steuer auf die deutsche Körperschaftsteuer und für die Berücksichtigung anderer Steuerermäßigungen bei ausländischen Einkünften gelten vorbehaltlich des Satzes 2 und des Absatzes 2 die folgenden Bestimmungen entsprechend:

1. bei unbeschränkt Steuerpflichtigen § 34c Absatz 1 bis 3 und 5 bis 7 und § 50d Absatz 10 des Einkommensteuergesetzes sowie

2. bei beschränkt Steuerpflichtigen § 50 Absatz 3 und § 50d Absatz 10 des Einkommensteuergesetzes.

²Dabei ist auf Bezüge im Sinne des § 8b Absatz 1 Satz 1, die auf Grund des § 8b Absatz 1 Satz 2 und 3 bei der Ermittlung des Einkommens nicht außer Ansatz bleiben, vorbehaltlich des Absatzes 2 § 34c Absatz 1 bis 3 und 6 Satz 6 des Einkommensteuergesetzes entsprechend anzuwenden.

(2) ¹Abweichend von § 34c Absatz 1 Satz 2 des Einkommensteuergesetzes ist die auf die ausländischen Einkünfte entfallende deutsche Körperschaftsteuer in der Weise zu ermitteln, dass die sich bei der Veranlagung des zu versteuernden Einkommens, einschließlich der ausländischen Einkünfte, ohne Anwen-

---

1) § 25 Abs. 2 neu gef. mWv VZ 2009 durch G v. 17.3.2009 (BGBl. I S. 550); geänd. mWv VZ 2025 (§ 34 Abs. 8c) durch G v. 12.12.2019 (BGBl. I S. 2451).
2) § 26 neu gef. durch G v. 25.7.2014 (BGBl. I S. 1266); Überschr. geänd., Abs. 1 Satz 1 geänd., Abs. 2 Satz 1 neu gef. durch G v. 22.12.2014 (BGBl. I S. 2417); zur Anwendung siehe § 34 Abs. 9.

dung der §§ 37 und 38 ergebende deutsche Körperschaftsteuer im Verhältnis dieser ausländischen Einkünfte zur Summe der Einkünfte aufgeteilt wird.[1] [2]Bei der entsprechenden Anwendung von § 34c Absatz 2 des Einkommensteuergesetzes ist die ausländische Steuer abzuziehen, soweit sie auf ausländische Einkünfte entfällt, die bei der Ermittlung der Einkünfte nicht außer Ansatz bleiben. [3]§ 34c Absatz 6 Satz 3 des Einkommensteuergesetzes ist auch auf Einkünfte entsprechend anzuwenden, die auf Grund einer Verordnung oder Richtlinie der Europäischen Union in einem anderen Mitgliedstaat der Europäischen Union nicht besteuert werden.

Vierter Teil. Nicht in das Nennkapital geleistete Einlagen und Entstehung und Veranlagung

§ 27[2] **Nicht in das Nennkapital geleistete Einlagen.** (1)[3] [1]Die unbeschränkt steuerpflichtige Kapitalgesellschaft hat die nicht in das Nennkapital geleisteten Einlagen am Schluss jedes Wirtschaftsjahrs auf einem besonderen Konto (steuerliches Einlagekonto) auszuweisen. [2]Das steuerliche Einlagekonto ist ausgehend von dem Bestand am Ende des vorangegangenen Wirtschaftsjahrs um die jeweiligen Zu- und Abgänge des Wirtschaftsjahrs fortzuschreiben. [3]Leistungen der Kapitalgesellschaft mit Ausnahme der Rückzahlung von Nennkapital im Sinne des § 28 Abs. 2 Satz 2 und 3 [*ab VZ 2022:* und der Mehrabführungen im Sinne des Absatzes 6] mindern das steuerliche Einlagekonto unabhängig von ihrer handelsrechtlichen Einordnung nur, soweit sie den auf den Schluss des vorangegangenen Wirtschaftsjahrs ermittelten ausschüttbaren Gewinn übersteigen (Einlagenrückgewähr). [4]Der Bestand des steuerlichen Einlagekontos kann durch Leistungen nicht negativ werden; Absatz 6 bleibt unberührt. [5]Als ausschüttbarer Gewinn gilt das um das gezeichnete Kapital geminderte in der Steuerbilanz ausgewiesene Eigenkapital abzüglich des Bestands des steuerlichen Einlagekontos.

(2) [1]Der unter Berücksichtigung der Zu- und Abgänge des Wirtschaftsjahrs ermittelte Bestand des steuerlichen Einlagekontos wird gesondert festgestellt. [2]Der Bescheid über die gesonderte Feststellung ist Grundlagenbescheid für den Bescheid über die gesonderte Feststellung zum folgenden Feststellungszeitpunkt. [3]Bei Eintritt in die unbeschränkte Steuerpflicht ist der zum Zeitpunkt des Eintritts in die Steuerpflicht vorhandene Bestand der nicht in das Nennkapital geleisteten Einlagen gesondert festzustellen; der gesondert festgestellte Bestand gilt als Bestand des steuerlichen Einlagekontos am Ende des vorangegangenen Wirtschaftsjahrs. [4]Kapitalgesellschaften haben auf den Schluss jedes Wirtschaftsjahrs Erklärungen zur gesonderten Feststellung von

---

[1] Zur Anwendung siehe § 34 Abs. 9 Satz 2.
[2] § 27 Abs. 1 bish. Satz 3 ersetzt durch Sätze 3 und 4, bish. Satz 6 aufgeh., Abs. 2 Satz 3 eingef., Abs. 5 und Abs. 7 neu gef., Abs. 8 angef. mWv VZ 2006 durch G v. 7.12.2006 (BGBl. I S. 2782, ber. BGBl. 2007 I S. 68).
[3] § 27 Abs. 1 Satz 3 Zitat ergänzt durch G v. 20.12.2007 (BGBl. I S. 3150); Abs. 1 Satz 6 aufgeh. durch G v. 25.7.2014 (BGBl. I S. 1266); zur Anwendung siehe § 34 Abs. 10; Satz 3 geänd. durch G v. 25.6.2021 (BGBl. I S. 2050); zur Anwendung siehe § 34 Abs. 6e Sätze 5 ff.

Besteuerungsgrundlagen abzugeben. [5]Die Erklärungen sind von den in § 34 der Abgabenordnung bezeichneten Personen eigenhändig zu unterschreiben.

(3) [1]Erbringt eine Kapitalgesellschaft für eigene Rechnung Leistungen, die nach Absatz 1 Satz 3 als Abgang auf dem steuerlichen Einlagekonto zu berücksichtigen sind, so ist sie verpflichtet, ihren Anteilseignern die folgenden Angaben nach amtlich vorgeschriebenem Muster zu bescheinigen:

1. den Namen und die Anschrift des Anteilseigners,

2. die Höhe der Leistungen, soweit das steuerliche Einlagekonto gemindert wurde,

3. den Zahlungstag.

[2]Die Bescheinigung braucht nicht unterschrieben zu werden, wenn sie in einem maschinellen Verfahren ausgedruckt worden ist und den Aussteller erkennen lässt.

(4) [1]Ist die in Absatz 1 bezeichnete Leistung einer Kapitalgesellschaft von der Vorlage eines Dividendenscheins abhängig und wird sie für Rechnung der Kapitalgesellschaft durch ein inländisches Kreditinstitut erbracht, so hat das Institut dem Anteilseigner eine Bescheinigung mit den in Absatz 3 Satz 1 bezeichneten Angaben nach amtlich vorgeschriebenem Muster zu erteilen. [2]Aus der Bescheinigung muss ferner hervorgehen, für welche Kapitalgesellschaft die Leistung erbracht wird. [3]Die Sätze 1 und 2 gelten entsprechend, wenn anstelle eines inländischen Kreditinstituts eine inländische Zweigniederlassung eines der in § 53b Absatz 1 oder 7 des Kreditwesengesetzes[1)] genannten Unternehmen die Leistung erbringt.

(5) [1]Ist für eine Leistung der Kapitalgesellschaft die Minderung des Einlagekontos zu niedrig bescheinigt worden, bleibt die der Bescheinigung zugrunde gelegte Verwendung unverändert. [2]Ist für eine Leistung bis zum Tag der Bekanntgabe der erstmaligen Feststellung im Sinne des Absatzes 2 zum Schluss des Wirtschaftsjahrs der Leistung eine Steuerbescheinigung im Sinne des Absatzes 3 nicht erteilt worden, gilt der Betrag der Einlagenrückgewähr als mit 0 Euro bescheinigt. [3]In den Fällen der Sätze 1 und 2 ist eine Berichtigung oder erstmalige Erteilung von Steuerbescheinigungen im Sinne des Absatzes 3 nicht zulässig. [4]In anderen Fällen ist die auf den überhöht ausgewiesenen Betrag der Einlagenrückgewähr entfallende Kapitalertragsteuer durch Haftungsbescheid geltend zu machen; § 44 Abs. 5 Satz 1 zweiter Halbsatz des Einkommensteuergesetzes gilt insoweit nicht. [5]Die Steuerbescheinigungen können berichtigt werden. [6]Die Feststellung im Sinne des Absatzes 2 für das Wirtschaftsjahr, in dem die entsprechende Leistung erfolgt ist, ist an die der Kapitalertragsteuerhaftung nach Satz 4 zugrunde gelegte Einlagenrückgewähr anzupassen.

(6)[2)] [1]Minderabführungen erhöhen und Mehrabführungen mindern das Einlagekonto einer Organgesellschaft, wenn sie ihre Ursache in organschaftli-

---

[1)] Verweis geänd. mWv VZ 2015 durch G v. 25.7.2014 (BGBl. I S. 1266).
[2)] § 27 Abs. 6 Sätze 2 bis 4 aufgeh. mWv VZ 2008 durch G v. 20.12.2007 (BGBl. I S. 3150); Satz 2 angef., bish. Wortlaut wird Satz 1 durch G v. 25.6.2021 (BGBl. I S. 2050); zur Anwendung siehe § 34 Abs. 6e Sätze 5 ff.

cher Zeit haben. [*ab VZ 2022:* ²Mehrabführungen im Sinne des Satzes 1 mindern das steuerliche Einlagekonto der Organgesellschaft vor anderen Leistungen.]

(7) Die vorstehenden Absätze gelten sinngemäß für andere unbeschränkt steuerpflichtige Körperschaften und Personenvereinigungen, die Leistungen im Sinne des § 20 Abs. 1 Nr. 1, 9 oder Nr. 10 des Einkommensteuergesetzes gewähren können.

(8)¹⁾ ¹Eine Einlagenrückgewähr können auch Körperschaften oder Personenvereinigungen erbringen, die *in einem anderen Mitgliedstaat der Europäischen Union der unbeschränkten Steuerpflicht* [*ab 1.1.2023:* nicht der unbeschränkten Steuerpflicht im Inland] unterliegen, wenn sie Leistungen im Sinne des § 20 Absatz 1 Nummer 1 oder 9 des Einkommensteuergesetzes gewähren können. ²Die Einlagenrückgewähr ist in entsprechender Anwendung der Absätze 1 bis 6 und der §§ 28 und 29 zu ermitteln. ³Der als *Leistung im Sinne des Satzes 1* [*ab 1.1.2023:* Einlagenrückgewähr] zu berücksichtigende Betrag wird auf Antrag der Körperschaft oder Personenvereinigung für *den jeweiligen Veranlagungszeitraum* [*ab 1.1.2023:* das jeweilige Wirtschaftsjahr] gesondert festgestellt. ⁴Der Antrag ist nach amtlich vorgeschriebenem Vordruck bis zum Ende *des Kalenderjahrs* [*ab 1.1.2023:* des zwölften Monats] zu stellen, *das auf das Kalenderjahr* [*ab 1.1.2023:* der auf das Ende des Wirtschaftsjahres] folgt, in dem die Leistung erfolgt ist. ⁵Zuständig für die gesonderte Feststellung ist die Finanzbehörde, die im Zeitpunkt der Abgabe des Antrags nach § 20 der Abgabenordnung für die Besteuerung nach dem Einkommen örtlich zuständig ist. ⁶Bei Körperschaften oder Personenvereinigungen, für die im Zeitpunkt der Antragstellung nach § 20 der Abgabenordnung keine Finanzbehörde zuständig ist, ist abweichend von Satz 5 das Bundeszentralamt für Steuern zuständig. ⁷Im Antrag sind die für die Berechnung der Einlagenrückgewähr erforderlichen Umstände darzulegen. ⁸In die Bescheinigung nach Absatz 3 ist das Aktenzeichen der nach Satz 5 oder 6 zuständigen Behörde aufzunehmen. ⁹Soweit *Leistungen nach Satz 1 nicht gesondert festgestellt worden sind* [*ab 1.1.2023:* für Leistungen nach Satz 1 oder Nennkapitalrückzahlungen eine Einlagenrückgewähr nicht gesondert festgestellt worden sind], gelten sie als Gewinnausschüttung, die beim Anteilseigner zu Einnahmen im Sinne des § 20 Absatz 1 Nummer 1 oder 9 des Einkommensteuergesetzes führen.

§ 28 Umwandlung von Rücklagen in Nennkapital und Herabsetzung des Nennkapitals. (1) ¹Wird das Nennkapital durch Umwandlung von Rücklagen erhöht, so gilt der positive Bestand des steuerlichen Einlagekontos als vor den sonstigen Rücklagen umgewandelt. ²Maßgeblich ist dabei der sich vor Anwendung des Satzes 1 ergebende Bestand des steuerlichen Einlagekontos zum Schluss des Wirtschaftsjahrs der Rücklagenumwandlung. ³Enthält das Nennkapital auch Beträge, die ihm durch Umwandlung von sonstigen Rücklagen mit Ausnahme von aus Einlagen der Anteilseigner stammenden Beträgen zugeführt worden sind, so sind diese Teile des Nennkapitals getrennt

---

¹⁾ § 27 Abs. 8 Sätze 1, 3, 4 und 9 geänd. durch G v. 16.12.2022 (BGBl. I S. 2294); zur Anwendung siehe § 34 Abs. 10.

auszuweisen und gesondert festzustellen (Sonderausweis). ⁴ § 27 Abs. 2 gilt entsprechend.

(2)¹⁾ ¹ Im Fall der Herabsetzung des Nennkapitals oder der Auflösung der Körperschaft wird zunächst der Sonderausweis zum Schluss des vorangegangenen Wirtschaftsjahrs gemindert; ein übersteigender Betrag ist dem steuerlichen Einlagekonto gutzuschreiben, soweit die Einlage in das Nennkapital geleistet ist. ² Die Rückzahlung des Nennkapitals gilt, soweit der Sonderausweis zu mindern ist, als Gewinnausschüttung, die beim Anteilseigner zu Bezügen im Sinne des § 20 Abs. 1 Nr. 2 des Einkommensteuergesetzes führt. ³ Ein den Sonderausweis übersteigender Betrag ist vom positiven Bestand des steuerlichen Einlagekontos abzuziehen. ⁴ Soweit der positive Bestand des steuerlichen Einlagekontos für den Abzug nach Satz 3 nicht ausreicht, gilt die Rückzahlung des Nennkapitals ebenfalls als Gewinnausschüttung, die beim Anteilseigner zu Bezügen im Sinne des § 20 Abs. 1 Nr. 2 des Einkommensteuergesetzes führt.

(3) Ein Sonderausweis zum Schluss des Wirtschaftsjahrs vermindert sich um den positiven Bestand des steuerlichen Einlagekontos zu diesem Stichtag; der Bestand des steuerlichen Einlagekontos vermindert sich entsprechend.

§ 29 Kapitalveränderungen bei Umwandlungen. (1)²⁾ In Umwandlungsfällen im Sinne des § 1 des Umwandlungsgesetzes gilt das Nennkapital der übertragenden Kapitalgesellschaft und bei Anwendung des Absatzes 2 Satz 3 und des Absatzes 3 Satz 3 zusätzlich das Nennkapital der übernehmenden Kapitalgesellschaft als in vollem Umfang nach § 28 Abs. 2 Satz 1 herabgesetzt.

(2) ¹ Geht das Vermögen einer Kapitalgesellschaft durch Verschmelzung nach § 2 des Umwandlungsgesetzes auf eine unbeschränkt steuerpflichtige Körperschaft über, so ist der Bestand des steuerlichen Einlagekontos dem steuerlichen Einlagekonto der übernehmenden Körperschaft hinzuzurechnen. ² Eine Hinzurechnung des Bestands des steuerlichen Einlagekontos nach Satz 1 unterbleibt im Verhältnis des Anteils des Übernehmers an der übertragenden Rechtsträger. ³ Der Bestand des Einlagekontos des Übernehmers mindert sich anteilig im Verhältnis des Anteils des übertragenden Rechtsträgers am Übernehmer.

(3) ¹ Geht Vermögen einer Kapitalgesellschaft durch Aufspaltung oder Abspaltung im Sinne des § 123 Abs. 1 und 2 des Umwandlungsgesetzes auf eine unbeschränkt steuerpflichtige Körperschaft über, so ist der Bestand des steuerlichen Einlagekontos der übertragenden Kapitalgesellschaft einer übernehmenden Körperschaft im Verhältnis der übergehenden Vermögensteile zu dem bei der übertragenden Kapitalgesellschaft vor dem Übergang bestehenden Vermögen zuzuordnen, wie es in der Regel in den Angaben zum Umtauschverhältnis der Anteile im Spaltungs- und Übernahmevertrag oder im Spaltungsplan (§ 126 Abs. 1 Nr. 3, § 136 des Umwandlungsgesetzes) zum Ausdruck kommt. ² Entspricht das Umtauschverhältnis der Anteile nicht dem

---

¹⁾ § 28 Abs. 2 neu gef. mWv VZ 2006 durch G v. 7.12.2006 (BGBl. I S. 2782).
²⁾ § 29 Abs. 1 ergänzt durch G v. 9.12.2004 (BGBl. I S. 3310).

Verhältnis der übergehenden Vermögensteile zu dem bei der übertragenden Kapitalgesellschaft vor der Spaltung bestehenden Vermögen, ist das Verhältnis der gemeinen Werte der übergehenden Vermögensteile zu dem vor der Spaltung vorhandenen Vermögen maßgebend. ³Für die Entwicklung des steuerlichen Einlagekontos des Übernehmers gilt Absatz 2 Satz 2 und 3 entsprechend. ⁴Soweit das Vermögen durch Abspaltung auf eine Personengesellschaft übergeht, mindert sich das steuerliche Einlagekonto der übertragenden Kapitalgesellschaft in dem Verhältnis der übergehenden Vermögensteile zu dem vor der Spaltung bestehenden Vermögen.

(4) Nach Anwendung der Absätze 2 und 3 ist für die Anpassung des Nennkapitals der umwandlungsbeteiligten Kapitalgesellschaften § 28 Abs. 1 und 3 anzuwenden.

(5)¹⁾ Die vorstehenden Absätze gelten sinngemäß für andere unbeschränkt steuerpflichtige Körperschaften und Personenvereinigungen, die Leistungen im Sinne des § 20 Abs. 1 Nr. 1, 9 und 10 des Einkommensteuergesetzes gewähren können.

(6)¹⁾ ¹War für die übertragende Körperschaft oder Personenvereinigung ein Einlagekonto bisher nicht festzustellen, tritt für die Anwendung der vorstehenden Absätze an die Stelle des Einlagekontos der Bestand der nicht in das Nennkapital geleisteten Einlagen zum Zeitpunkt des Vermögensübergangs. ²§ 27 Abs. 8 gilt entsprechend.

§ 30 Entstehung der Körperschaftsteuer. Die Körperschaftsteuer entsteht

1. für Steuerabzugsbeträge in dem Zeitpunkt, in dem die steuerpflichtigen Einkünfte zufließen,
2. für Vorauszahlungen mit Beginn des Kalendervierteljahrs, in dem die Vorauszahlungen zu entrichten sind, oder, wenn die Steuerpflicht erst im Laufe des Kalenderjahrs begründet wird, mit Begründung der Steuerpflicht,
3. für die veranlagte Steuer mit Ablauf des Veranlagungszeitraums, soweit nicht die Steuer nach Nummer 1 oder 2 schon früher entstanden ist.

§ 31 Steuererklärungspflicht, Veranlagung und Erhebung der Körperschaftsteuer. (1)²⁾ ¹Auf die Durchführung der Besteuerung einschließlich der Anrechnung, Entrichtung und Vergütung der Körperschaftsteuer sowie die Festsetzung und Erhebung von Steuern, die nach der veranlagten Körperschaftsteuer bemessen werden (Zuschlagsteuern), sind die Vorschriften des Einkommensteuergesetzes entsprechend anzuwenden, soweit dieses Gesetz nichts anderes bestimmt. ²Die sich im Zuge der Festsetzung ergebenden einzelnen Körperschaftsteuerbeträge sind jeweils zu Gunsten des Steuerpflichti-

---

¹⁾ § 29 Abs. 5 neu gef., Abs. 6 angef. mWv VZ 2006 durch G v. 7.12.2006 (BGBl. I S. 2782).
²⁾ § 31 Abs. 1 Satz 2 eingef. mWv VZ 2008 durch G v. 14.8.2007 (BGBl. I S. 1912) und aufgeh. mWv VZ 2015 durch G v. 25.7.2014 (BGBl. I S. 1266).

gen auf volle Euro-Beträge zu runden. ³ § 37b des Einkommensteuergesetzes findet entsprechende Anwendung.

(1a)¹⁾ ¹Die Körperschaftsteuererklärung und die Erklärung zur gesonderten Feststellung von Besteuerungsgrundlagen sind nach amtlich vorgeschriebenem Datensatz durch Datenfernübertragung zu übermitteln. ²Auf Antrag kann die Finanzbehörde zur Vermeidung unbilliger Härten auf eine elektronische Übermittlung verzichten; in diesem Fall sind die Erklärungen nach amtlich vorgeschriebenem Vordruck abzugeben und vom gesetzlichen Vertreter des Steuerpflichtigen eigenhändig zu unterschreiben.

(2) Bei einem vom Kalenderjahr abweichenden Wirtschaftsjahr gilt § 37 Abs. 1 des Einkommensteuergesetzes mit der Maßgabe, dass die Vorauszahlungen auf die Körperschaftsteuer bereits während des Wirtschaftsjahrs zu entrichten sind, das im Veranlagungszeitraum endet.

§ 32 Sondervorschriften für den Steuerabzug. (1) Die Körperschaftsteuer für Einkünfte, die dem Steuerabzug unterliegen, ist durch den Steuerabzug abgegolten,

1. wenn die Einkünfte nach § 5 Abs. 2 Nr. 1 von der Steuerbefreiung ausgenommen sind oder

2. wenn der Bezieher der Einkünfte beschränkt steuerpflichtig ist und die Einkünfte nicht in einem inländischen gewerblichen oder land- oder forstwirtschaftlichen Betrieb angefallen sind.

(2)²⁾ Die Körperschaftsteuer ist nicht abgegolten,

1. wenn bei dem Steuerpflichtigen während eines Kalenderjahrs sowohl unbeschränkte Steuerpflicht als auch beschränkte Steuerpflicht im Sinne des § 2 Nr. 1 bestanden hat; in diesen Fällen sind die während der beschränkten Steuerpflicht erzielten Einkünfte in eine Veranlagung zur unbeschränkten Körperschaftsteuerpflicht einzubeziehen;

2.³⁾ für Einkünfte, die dem Steuerabzug nach § 50a Abs. 1 Nr. 1, 2 oder Nr. 4 des Einkommensteuergesetzes unterliegen, wenn der Gläubiger der Vergütungen eine Veranlagung zur Körperschaftsteuer beantragt;

3. soweit der Steuerpflichtige wegen der Steuerabzugsbeträge in Anspruch genommen werden kann oder

4. soweit § 38 Abs. 2 anzuwenden ist.

(3)⁴⁾ ¹Von den inländischen Einkünften im Sinne des § 2 Nr. 2 zweiter Halbsatz ist ein Steuerabzug vorzunehmen; Entsprechendes gilt, wenn die inländischen Einkünfte im Sinne des § 2 Nr. 2 zweiter Halbsatz von einer nach § 5 Abs. 1 oder nach anderen Gesetzen als dem Körperschaftsteuergesetz steuerbefreiten Körperschaft, Personenvereinigung oder Vermögensmasse er-

---

¹⁾ § 31 Abs. 1a eingef. mWv VZ 2011 durch G v. 20.12.2008 (BGBl. I S. 2850).
²⁾ § 32 Abs. 2 neu gef. mWv VZ 2009 durch G v. 19.12.2008 (BGBl. I S. 2794).
³⁾ Vgl. hierzu Art. 1 § 1 Nr. 3 der VO zur Übertragung der Zuständigkeit für das Steuerabzugs- und Veranlagungsverfahren auf das Bundeszentralamt für Steuern und zur Regelung verschiedener Anwendungszeitpunkte vom 24.6.2013 (BGBl. I S. 1679).
⁴⁾ § 32 Abs. 3 angef. durch G v. 14.8.2007 (BGBl. I S. 1912).

zielt werden. ²Der Steuersatz beträgt 15 Prozent des Entgelts. ³Die für den Steuerabzug von Kapitalerträgen im Sinne des § 43 Abs. 1 Satz 1 Nummer 1 und 1a¹⁾ geltenden Vorschriften des Einkommensteuergesetzes mit Ausnahme des § 44 Abs. 2 und § 44a Abs. 8 des Einkommensteuergesetzes sind entsprechend anzuwenden. ⁴Der Steuerabzug ist bei Einnahmen oder Bezügen im Sinne des § 2 Nr. 2 zweiter Halbsatz Buchstabe c von der anderen Körperschaft im Sinne des § 8b Abs. 10 Satz 2 vorzunehmen. ⁵In Fällen des Satzes 4 hat die überlassende Körperschaft der anderen Körperschaft den zur Deckung der Kapitalertragsteuer notwendigen Betrag zur Verfügung zu stellen; § 44 Absatz 1 Satz 10 und 11²⁾ des Einkommensteuergesetzes gilt entsprechend.

(4)³⁾ ¹Absatz 2 Nr. 2 gilt nur für beschränkt steuerpflichtige Körperschaften, Personenvereinigungen oder Vermögensmassen im Sinne des § 2 Nr. 1, die nach den Rechtsvorschriften eines Mitgliedstaats der Europäischen Union oder nach den Rechtsvorschriften eines Staates, auf den das Abkommen über den Europäischen Wirtschaftsraum vom 3. Januar 1994 (ABl. EG Nr. L 1 S. 3), zuletzt geändert durch den Beschluss des Gemeinsamen EWR-Ausschusses Nr. 91/2007 vom 6. Juli 2007 (ABl. EU Nr. L 328 S. 40), in der jeweiligen Fassung Anwendung findet, gegründete Gesellschaften im Sinne des Artikels 54 des Vertrags über die Arbeitsweise der Europäischen Union oder des Artikels 34 des Abkommens über den Europäischen Wirtschaftsraum sind, deren Sitz und Ort der Geschäftsleitung sich innerhalb des Hoheitsgebiets eines dieser Staaten befindet. ²Europäische Gesellschaften sowie Europäische Genossenschaften gelten für die Anwendung des Satzes 1 als nach den Rechtsvorschriften des Staates gegründete Gesellschaften, in dessen Hoheitsgebiet sich der Sitz der Gesellschaften befindet.

(5)⁴⁾ ¹Ist die Körperschaftsteuer des Gläubigers für Kapitalerträge im Sinne des § 20 Absatz 1 Nummer 1 des Einkommensteuergesetzes nach Absatz 1 abgegolten, wird dem Gläubiger der Kapitalerträge auf Antrag die einbehaltene und abgeführte Kapitalertragsteuer nach Maßgabe des § 36 Absatz 2 Nummer 2 des Einkommensteuergesetzes erstattet, wenn

1. der Gläubiger der Kapitalerträge eine nach § 2 Nummer 1 beschränkt steuerpflichtige Gesellschaft ist, die

   a) zugleich eine Gesellschaft im Sinne des Artikels 54 des Vertrags über die Arbeitsweise der Europäischen Union oder des Artikels 34 des Abkommens über den Europäischen Wirtschaftsraum ist,

   b) ihren Sitz und Ort der Geschäftsleitung innerhalb des Hoheitsgebiets eines Mitgliedstaates der Europäischen Union oder eines Staates, auf den das Abkommen über den Europäischen Wirtschaftsraum Anwendung findet, hat,

---

¹⁾ Verweis geänd. durch G v. 22.6.2011 (BGBl. I S. 1126); zur Anwendung von § 43 Abs. 1 Satz 1 Nr. 1a siehe § 52a Abs. 16b EStG (Nr. **1**).
²⁾ Verweis geänd. mWv 1.1.2018 durch G v. 19.7.2016 (BGBl. I S. 1730).
³⁾ § 32 Abs. 4 angef. mWv VZ 2009 durch G v. 19.12.2008 (BGBl. I S. 2794); Satz 1 geänd. durch G v. 26.6.2013 (BGBl. I S. 1809).
⁴⁾ § 32 Abs. 5 angef. durch G v. 21. 3. 2013 (BGBl. I S. 561).

c) im Staat des Orts ihrer Geschäftsleitung ohne Wahlmöglichkeit einer mit § 1 vergleichbaren unbeschränkten Steuerpflicht unterliegt, ohne von dieser befreit zu sein, und

2. der Gläubiger unmittelbar am Grund- oder Stammkapital der Schuldnerin der Kapitalerträge beteiligt ist und die Mindestbeteiligungsvoraussetzung des § 43b Absatz 2 des Einkommensteuergesetzes nicht erfüllt.

²Satz 1 gilt nur, soweit

1. keine Erstattung der betreffenden Kapitalertragsteuer nach anderen Vorschriften vorgesehen ist,

2. die Kapitalerträge nach § 8b Absatz 1 bei der Einkommensermittlung außer Ansatz bleiben würden,

3. die Kapitalerträge aufgrund ausländischer Vorschriften keiner Person zugerechnet werden, die keinen Anspruch auf Erstattung nach Maßgabe dieses Absatzes hätte, wenn sie die Kapitalerträge unmittelbar erzielte,

4. ein Anspruch auf völlige oder teilweise Erstattung der Kapitalertragsteuer bei entsprechender Anwendung des § 50d Absatz 3 des Einkommensteuergesetzes nicht ausgeschlossen wäre und

5. die Kapitalertragsteuer nicht beim Gläubiger oder einem unmittelbar oder mittelbar am Gläubiger beteiligten Anteilseigner angerechnet oder als Betriebsausgabe oder als Werbungskosten abgezogen werden kann; die Möglichkeit eines Anrechnungsvortrags steht der Anrechnung gleich.

³Der Gläubiger der Kapitalerträge hat die Voraussetzungen für die Erstattung nachzuweisen. ⁴Er hat insbesondere durch eine Bescheinigung der Steuerbehörden seines Ansässigkeitsstaates nachzuweisen, dass er in diesem Staat als steuerlich ansässig betrachtet wird, dort unbeschränkt körperschaftsteuerpflichtig und nicht von der Körperschaftsteuer befreit sowie der tatsächliche Empfänger der Kapitalerträge ist. ⁵Aus der Bescheinigung der ausländischen Steuerverwaltung muss hervorgehen, dass die deutsche Kapitalertragsteuer nicht angerechnet, nicht abgezogen oder nicht vorgetragen werden kann und inwieweit eine Anrechnung, ein Abzug oder Vortrag auch tatsächlich nicht erfolgt ist. ⁶Die Erstattung der Kapitalertragsteuer erfolgt für alle in einem Kalenderjahr bezogenen Kapitalerträge im Sinne des Satzes 1 auf der Grundlage eines Freistellungsbescheids nach § 155 Absatz 1 Satz 3 der Abgabenordnung.[1]

§ 32a[2] Erlass, Aufhebung oder Änderung von Steuerbescheiden bei verdeckter Gewinnausschüttung oder verdeckter Einlage. (1) ¹Soweit gegenüber einer Körperschaft ein Steuerbescheid hinsichtlich der Berücksichtigung einer verdeckten Gewinnausschüttung erlassen, aufgehoben oder geändert wird, kann ein Steuerbescheid oder ein Feststellungsbescheid gegenüber dem Gesellschafter, dem die verdeckte Gewinnausschüttung zuzurechnen ist, oder einer diesem nahe stehenden Person erlassen, aufgehoben oder geändert werden. ²Die Festsetzungsfrist endet insoweit nicht vor Ablauf eines

---

[1] Nr. **800**.
[2] § 32a eingef. durch G v. 13.12.2006 (BGBl. I S. 2878).

Jahres nach Unanfechtbarkeit des Steuerbescheides der Körperschaft. [3]Die Sätze 1 und 2 gelten auch für verdeckte Gewinnausschüttungen an Empfänger von Bezügen im Sinne des § 20 Abs. 1 Nr. 9 und 10 Buchstabe a des Einkommensteuergesetzes.

(2) [1]Soweit gegenüber dem Gesellschafter ein Steuerbescheid oder ein Feststellungsbescheid hinsichtlich der Berücksichtigung einer verdeckten Einlage erlassen, aufgehoben oder geändert wird, kann ein Steuerbescheid gegenüber der Körperschaft, welcher der Vermögensvorteil zugewendet wurde, aufgehoben, erlassen oder geändert werden. [2]Absatz 1 Satz 2 gilt entsprechend.

Fünfter Teil. Ermächtigungs- und Schlussvorschriften

§ 33 Ermächtigungen. (1) Die Bundesregierung wird ermächtigt, zur Durchführung dieses Gesetzes mit Zustimmung des Bundesrates durch Rechtsverordnung

1. zur Wahrung der Gleichmäßigkeit bei der Besteuerung, zur Beseitigung von Unbilligkeiten in Härtefällen und zur Vereinfachung des Besteuerungsverfahrens den Umfang der Steuerbefreiungen nach § 5 Abs. 1 Nr. 3 und 4 näher zu bestimmen. [2]Dabei können

  a) zur Durchführung des § 5 Abs. 1 Nr. 3 Vorschriften erlassen werden, nach denen die Steuerbefreiung nur eintritt,

    aa) wenn die Leistungsempfänger nicht überwiegend aus dem Unternehmer oder seinen Angehörigen, bei Gesellschaften aus den Gesellschaftern und ihren Angehörigen bestehen,

    bb) wenn bei Kassen mit Rechtsanspruch der Leistungsempfänger die Rechtsansprüche und bei Kassen ohne Rechtsanspruch der Leistungsempfänger die laufenden Kassenleistungen und das Sterbegeld bestimmte Beträge nicht übersteigen, die dem Wesen der Kasse als soziale Einrichtung entsprechen,

    cc) wenn bei Auflösung der Kasse ihr Vermögen satzungsmäßig nur für soziale Zwecke verwendet werden darf,

    dd) wenn rechtsfähige Pensions-, Sterbe- und Krankenkassen der Versicherungsaufsicht unterliegen,

    ee) wenn bei rechtsfähigen Unterstützungskassen die Leistungsempfänger zu laufenden Beiträgen oder Zuschüssen nicht verpflichtet sind und die Leistungsempfänger oder die Arbeitnehmervertretungen des Betriebs oder der Dienststelle an der Verwaltung der Beträge, die der Kasse zufließen, beratend mitwirken können;

  b) zur Durchführung des § 5 Abs. 1 Nr. 4 Vorschriften erlassen werden

    aa) über die Höhe der für die Inanspruchnahme der Steuerbefreiung zulässigen Beitragseinnahmen,

    bb) nach denen bei Versicherungsvereinen auf Gegenseitigkeit, deren Geschäftsbetrieb sich auf die Sterbegeldversicherung beschränkt, die Steuerbefreiung unabhängig von der Höhe der Beitragseinnahmen auch eintritt, wenn die Höhe des Sterbegeldes insgesamt die Leistung der nach § 5 Abs. 1 Nr. 3 steuerbefreiten Sterbekassen nicht übersteigt und wenn der Verein auch im Übrigen eine soziale Einrichtung darstellt;

2. Vorschriften zu erlassen

a)[1] *über die Kleinbeträge, um die eine Rückstellung für Beitragsrückerstattung nach § 21 Abs. 2 nicht aufgelöst zu werden braucht, wenn die Auszahlung dieser Beträge an die Versicherten mit einem unverhältnismäßig hohen Verwaltungsaufwand verbunden wäre;*

b) über die Herabsetzung oder Erhöhung der Körperschaftsteuer nach § 23 Abs. 2;

c) nach denen bei Anschaffung oder Herstellung von abnutzbaren beweglichen und bei Herstellung von abnutzbaren unbeweglichen Wirtschaftsgütern des Anlagevermögens auf Antrag ein Abzug von der Körperschaftsteuer für den Veranlagungszeitraum der Anschaffung oder Herstellung bis zur Höhe von 7,5 Prozent der Anschaffungs- oder Herstellungskosten dieser Wirtschaftsgüter vorgenommen werden kann. [2] § 51 Abs. 1 Nr. 2 Buchstabe s des Einkommensteuergesetzes gilt entsprechend;

d) nach denen Versicherungsvereine auf Gegenseitigkeit von geringerer wirtschaftlicher Bedeutung, die eine Schwankungsrückstellung nach § 20 Abs. 1 nicht gebildet haben, zum Ausgleich des schwankenden Jahresbedarfs zu Lasten des steuerlichen Gewinns Beträge der nach § 193[2] des Versicherungsaufsichtsgesetzes zu bildenden Verlustrücklage zuführen können.

e)[3] *(aufgehoben)*

(2) Das Bundesministerium der Finanzen wird ermächtigt,

1. im Einvernehmen mit den obersten Finanzbehörden der Länder Muster der in den §§ 27 und 37 vorgeschriebenen Bescheinigungen zu bestimmen;

2. den Wortlaut dieses Gesetzes und der zu diesem Gesetz erlassenen Durchführungsverordnungen in der jeweils geltenden Fassung mit neuem Datum, unter neuer Überschrift und in neuer Paragrafenfolge bekannt zu machen und dabei Unstimmigkeiten des Wortlauts zu beseitigen.

§ 34[4] **Schlussvorschriften.** (1)[5] Diese Fassung des Gesetzes gilt, soweit in den folgenden Absätzen nichts anderes bestimmt ist, erstmals für den Veranlagungszeitraum 2022.

---

[1] § 33 Abs. 1 Nr. 2 Buchst. a aufgeh. mWv 1.1.2019 durch G v. 11.12.2018 (BGBl. I S. 2338).

[2] Verweis geänd. durch G v. 1.4.2015 (BGBl. I S. 434); zur Anwendung siehe § 34 Abs. 10a.

[3] § 33 Abs. 1 Nr. 2 Buchst. e aufgeh. durch G v. 25.6.2021 (BGBl. I S. 2056).

[4] § 34 neu gef. durch G v. 25.7.2014 (BGBl. I S. 1266).

[5] § 34 Abs. 1 geänd. durch G v. 2.11.2015 (BGBl. I S. 1834); geänd. durch G v. 27.6.2017 (BGBl. I S. 2074); geänd. durch G v. 12.12.2019 (BGBl. I S. 2451); geänd. durch G v. 25.6.2021 (BGBl. I S. 2050).

(1a)[1] § 1a in der Fassung des Artikels 1 des Gesetztes vom 25. Juni 2021 (BGBl. I S. 2050) ist erstmals für den Veranlagungszeitraum 2021 anzuwenden mit der Maßgabe, dass der Antrag erstmals für nach dem 31. Dezember 2021 beginnende Wirtschaftsjahre gestellt werden kann.

(2)[2] ¹Genossenschaften sowie Vereine können bis zum 31. Dezember 1991, in den Fällen des § 54 Absatz 4 in der Fassung des Artikels 9 des Gesetzes vom 18. Dezember 1989 (BGBl. I S. 2212) bis zum 31. Dezember 1992 oder, wenn es sich um Genossenschaften oder Vereine in dem in Artikel 3 des Einigungsvertrages genannten Gebiet handelt, bis zum 31. Dezember 1993 durch schriftliche Erklärung auf die Steuerbefreiung nach § 5 Absatz 1 Nummer 10 und 14 des Körperschaftsteuergesetzes in der Fassung des Artikels 4 des Gesetzes vom 14. Juli 2000 (BGBl. I S. 1034) verzichten, und zwar auch für den Veranlagungszeitraum 1990. ²Die Körperschaft ist mindestens für fünf aufeinanderfolgende Kalenderjahre an die Erklärung gebunden. ³Die Erklärung kann nur mit Wirkung vom Beginn eines Kalenderjahrs an widerrufen werden. ⁴Der Widerruf ist spätestens bis zur Unanfechtbarkeit der Steuerfestsetzung des Kalenderjahrs zu erklären, für das er gelten soll.

(2a)[3] § 5 Absatz 1 Nummer 1 in der Fassung des Artikels 6 des Gesetzes vom 12. Dezember 2019 (BGBl. I S. 2451) ist erstmals für den Veranlagungszeitraum 2019 anzuwenden.

(3)[4] ¹§ 5 Absatz 1 Nummer 2 ist für die Hamburgische Investitions- und Förderbank erstmals für den Veranlagungszeitraum 2013 anzuwenden. ²Die Steuerbefreiung nach § 5 Absatz 1 Nummer 2 in der bis zum 30. Juli 2014[5] geltenden Fassung ist für die Hamburgische Wohnungsbaukreditanstalt letztmals für den Veranlagungszeitraum 2013 anzuwenden. ³§ 5 Absatz 1 Nummer 2 ist für die Investitionsbank Sachsen-Anhalt erstmals für den Veranlagungszeitraum 2023 anzuwenden. ⁴Die Steuerbefreiung nach § 5 Absatz 1 Nummer 2 in der bis zum 20. Dezember 2022 geltenden Fassung ist für die Investitionsbank Sachsen-Anhalt – Anstalt der Norddeutschen Landesbank – Girozentrale – letztmalig für den Veranlagungszeitraum 2023 anzuwenden. ⁵§ 5 Absatz 1 Nummer 16 Satz 1 und 2 in der am 1. Januar 2016 geltenden Fassung ist erstmals für den Veranlagungszeitraum 2015 anzuwenden. ⁶§ 5 Absatz 1 Nummer 24 in der am 31. Dezember 2014 geltenden Fassung ist erstmals für den Veranlagungszeitraum 2014 anzuwenden.

(3a)[6] § 5 Absatz 1 Nummer 3 Buchstabe d, Nummer 4 und 16 Satz 3 in der am 1. Januar 2016 geltenden Fassung ist erstmals für den Veranlagungszeitraum 2016 anzuwenden.

---

[1] § 34 Abs. 1a eingef. durch G v. 25.6.2021 (BGBl. I S. 2050).
[2] § 34 Abs. 2 Satz 1 geänd. durch G v. 12.12.2019 (BGBl. I S. 2451).
[3] § 34 Abs. 2a eingef. durch G v. 12.12.2019 (BGBl. I S. 2451).
[4] § 34 Abs. 3 Satz 3 angef. durch G v. 22.12.2014 (BGBl. I S. 2417); Satz 3 eingef., bish. Satz 3 wird Satz 4 durch G v. 2.11.2015 (BGBl. I S. 1834); Sätze 3 und 4 eingef., bish. Sätze 3 und 4 werden Sätze 5 und 6 durch G v. 16.12.2022 (BGBl. I S. 2294).
[5] Datum des Tags der Verkündung des G v. 25.7.2014 (BGBl. I S. 1266).
[6] § 34 Abs. 3a eingef. durch G v. 1.4.2015 (BGBl. I S. 434).

(3b)[1]) § 5 Absatz 1 Nummer 10 in der Fassung des Artikels 2 des Gesetzes vom 4. August 2019 (BGBl. I S. 1122) ist erstmals für den Veranlagungszeitraum 2019 anzuwenden.

(3c)[2]) § 8 Absatz 1 in der Fassung des Artikels 3 des Gesetztes vom 25. Juni 2021 (BGBl. I S. 2056) ist auch für Veranlagungszeiträume vor 2021 anzuwenden.

(3d)[3]) § 8 Absatz 8 Satz 6, § 8 Absatz 9 Satz 9, § 8c Absatz 2, § 8d Absatz 1 Satz 9, § 15 Satz 1 Nummer 1 Satz 2 und 3 und § 15 Satz 1 Nummer 1a in der Fassung des Artikels 3 des Gesetzes vom 27. Juni 2017 (BGBl. I S. 2074) sind auch für Veranlagungszeiträume vor 2017 anzuwenden, wenn der Steuerpflichtige einen Antrag nach § 52 Absatz 4a Satz 3 des Einkommensteuergesetzes in der Fassung des Artikels 2 des Gesetzes vom 11. Dezember 2018 (BGBl. I S. 2338) stellt.

(4) § 8a Absatz 2 und 3 ist nicht anzuwenden, wenn die Rückgriffsmöglichkeit des Dritten allein auf der Gewährträgerhaftung einer Gebietskörperschaft oder einer anderen Einrichtung des öffentlichen Rechts gegenüber den Gläubigern eines Kreditinstituts für Verbindlichkeiten beruht, die bis zum 18. Juli 2001 vereinbart waren; Gleiches gilt für bis zum 18. Juli 2005 vereinbarte Verbindlichkeiten, wenn deren Laufzeit nicht über den 31. Dezember 2015 hinausgeht.

(5)[4]) ¹ § 8b Absatz 1 Satz 3 in der Fassung des Artikels 2 des Gesetzes vom 25. Juni 2021 (BGBl. I S. 2035) ist erstmals für Bezüge anzuwenden, die nach dem 31. Dezember 2019 zufließen. ² § 8b Absatz 3 Satz 6 in der Fassung des Artikels 1 des Gesetzes vom 25. Juni 2021 (BGBl. I S. 2050) ist erstmals für Gewinnminderungen im Sinne des § 8b Absatz 3 Satz 4 und 5 anzuwenden, die nach dem 31. Dezember 2021 eintreten.³ § 8b Absatz 4 in der am 12. Dezember 2006 geltenden Fassung ist für Anteile weiter anzuwenden, die einbringungsgeboren im Sinne des § 21 des Umwandlungssteuergesetzes in der am 12. Dezember 2006 geltenden Fassung sind, und für Anteile im Sinne des § 8b Absatz 4 Satz 1 Nummer 2, die auf einer Übertragung bis zum 12. Dezember 2006 beruhen. ⁴ § 8b Absatz 4 Satz 8 in der Fassung des Artikels 6 des Gesetzes vom 12. Dezember 2019 (BGBl. I S. 2451) ist erstmals für den Veranlagungszeitraum 2018 anzuwenden. ⁵ § 8b Absatz 7 Satz 1 in der am 1. Januar 2017 geltenden Fassung ist erstmals für den Veranlagungszeitraum 2017 anzuwenden; § 8b Absatz 7 Satz 2 in der am 1. Januar 2017 geltenden Fassung ist anzuwenden auf Anteile, die nach dem 31. Dezember 2016 dem Betriebsvermögen zugehen.

(6)[5]) ¹ § 8c Absatz 1 Satz 1 bis 3 in der Fassung des Artikels 6 des Gesetzes vom 11. Dezember 2018 (BGBl. I S. 2338) findet erstmals für den Veranla-

---

[1]) § 34 Abs. 3b eingef. durch G v. 4.8.2019 (BGBl. I S. 1122).

[2]) § 34 Abs. 3c eingef. durch G v. 25.6.2021 (BGBl. I S. 2056).

[3]) § 34 Abs. 3b eingef. durch G v. 11.12.2018 (BGBl. I S. 2338); wird Abs. 3c durch G v. 4.8.2019 (BGBl. I S. 1122); wird Abs. 3d durch G v. 25.6.2021 (BGBl. I S. 2056).

[4]) § 34 Abs. 5 Satz 2 angef., bish. Text wird Satz 1 durch G v. 20.12.2016 (BGBl. I S. 3000); Satz 2 eingef., bish. Satz 2 wird Satz 3 durch G v. 12.12.2019 (BGBl. I S. 2451); Satz 1 eingef., bish. Sätze 1 bis 3 werden Sätze 2 bis 4 durch G v. 25.6.2021 (BGBl. I S. 2035); Satz 2 eingef., Sätze 2 bis 4 werden Sätze 3 bis 5 durch G v. 25.6.2021 (BGBl. I S. 2050).

[5]) § 34 Abs. 6 neu gef. durch G v. 11.12.2018 (BGBl. I S. 2338); Satz 3 neu gef. durch G v. 12.12.2019 (BGBl. I S. 2451).

gungszeitraum 2008 und auf Anteilsübertragungen nach dem 31. Dezember 2007 Anwendung. [2] § 8c Absatz 1 Satz 4 bis 8 in der Fassung des Artikels 6 des Gesetzes vom 11. Dezember 2018 (BGBl. I S. 2338) ist erstmals auf schädliche Beteiligungserwerbe nach dem 31. Dezember 2009 anzuwenden. [3] § 8c Absatz 1a in der Fassung des Artikels 6 des Gesetzes vom 12. Dezember 2019 (BGBl. I S. 2451) ist erstmals für den Veranlagungszeitraum 2008 und auf Anteilsübertragungen nach dem 31. Dezember 2007 anzuwenden. [4] Erfüllt ein nach dem 31. Dezember 2007 erfolgter Beteiligungserwerb die Voraussetzungen des § 8c Absatz 1a, bleibt er bei der Anwendung des § 8c Absatz 1 Satz 1 unberücksichtigt.

(6a)[1] [1] § 8d ist erstmals auf schädliche Beteiligungserwerbe im Sinne des § 8c anzuwenden, die nach dem 31. Dezember 2015 erfolgen, wenn der Geschäftsbetrieb der Körperschaft vor dem 1. Januar 2016 weder eingestellt noch ruhend gestellt war. [2] § 8d Absatz 1 Satz 2 Nummer 1 ist auf Einstellungen oder Ruhendstellungen anzuwenden, die nach dem 31. Dezember 2015 erfolgen.

(6b)[2] § 9 Absatz 1 Satz 8 in der Fassung des Artikels 6 des Gesetzes vom 12. Dezember 2019 (BGBl. I S. 2451) ist erstmals auf Mitgliedsbeiträge anzuwenden, die nach dem 31. Dezember 2019 gezahlt werden.

(6c)[2] § 10 Nummer 3 in der Fassung des Artikels 6 des Gesetzes vom 12. Dezember 2019 (BGBl. I S. 2451) ist erstmals anzuwenden auf nach dem 31. Dezember 2018 festgesetzte Geldstrafen, sonstige Rechtsfolgen vermögensrechtlicher Art, bei denen der Strafcharakter überwiegt, und Leistungen zur Erfüllung von Auflagen oder Weisungen, soweit die Auflagen oder Weisungen nicht lediglich der Wiedergutmachung des durch die Tat verursachten Schadens dienen, sowie auf nach dem 31. Dezember 2018 entstandene damit zusammenhängende Aufwendungen.

(6d)[3] [1] § 12 Absatz 1 und 1a in der Fassung des Artikels 2 des Gesetzes vom 25. Juni 2021 (BGBl. I S. 2035) ist erstmals für nach dem 31. Dezember 2019 endende Wirtschaftsjahre anzuwenden. [2] § 12 Absatz 4 in der am 30. Juni 2021 geltenden Fassung ist letztmals für den Veranlagungszeitraum 2020 anzuwenden. [3] § 12 Absatz 2 in der am 31. Dezember 2021 geltenden Fassung ist letztmals auf Verschmelzungen anwendbar, deren steuerlicher Übertragungsstichtag vor dem 1. Januar 2022 liegt.

(6e)[4] [1] § 14 Absatz 2 in der Fassung des Artikels 6 des Gesetzes vom 11. Dezember 2018 (BGBl. I S. 2338) ist auch für Veranlagungszeiträume vor 2017 anzuwenden. [2] Ist im Einzelfall eine vor dem 1. August 2018 bestehende Organschaft unter Berücksichtigung von Ausgleichszahlungen nach anderen

---

[1] § 34 Abs. 6a eingef. durch G v. 20.12.2016 (BGBl. I S. 2998).
[2] § 34 Abs. 6b und 6c eingef. durch G v. 12.12.2019 (BGBl. I S. 2451).
[3] § 34 Abs. 6d eingef. durch G v. 25.6.2021 (BGBl. I S. 2035); Satz 2 angef., bish. Wortlaut wird Satz 1 durch G v. 25.6.2021 (BGBl. I S. 2050); Satz 3 angef. durch G v. 25.6.2021 (BGBl. I S. 2056).
[4] § 34 Abs. 6b eingef. durch G v. 11.12.2018 (BGBl. I S. 2338); wird Abs. 6d durch G v. 12.12.2019 (BGBl. I S. 2451); wird Abs. 6e durch G v. 25.6.2021 (BGBl. I S. 2035); Sätze 5 bis 16 angef. durch G v. 25.6.2021 (BGBl. I S. 2050); Satz 7 neu gef., Sätze 9 bis 16 werden ersetzt durch Sätze 9 bis 20 durch G v. 16.12.2022 (BGBl. I S. 2294).

Grundsätzen als denen des § 14 Absatz 2 in der Fassung des Artikels 6 des Gesetzes vom 11. Dezember 2018 (BGBl. I S. 2338) anerkannt worden, so sind diese Grundsätze insoweit letztmals für den Veranlagungszeitraum 2021 maßgebend. ³Wird ein Gewinnabführungsvertrag im Sinne des Satzes 2 vorzeitig nach dem 1. August 2018 durch Kündigung beendet, gilt die Kündigung als durch einen wichtigen Grund im Sinne des § 14 Absatz 1 Satz 1 Nummer 3 Satz 2 gerechtfertigt. ⁴Wird ein Gewinnabführungsvertrag im Sinne des Satzes 2 an die Anforderungen des § 14 Absatz 2 in der Fassung des Artikels 6 des Gesetzes vom 11. Dezember 2018 (BGBl. I S. 2338) angepasst, gilt diese Anpassung für die Anwendung des § 14 Absatz 1 Satz 1 Nummer 3 nicht als Neuabschluss. ⁵§ 14 Absatz 4 sowie § 27 Absatz 1 Satz 3 und Absatz 6 in der Fassung des Artikels 1 des Gesetzes vom 25. Juni 2021 (BGBl. I S. 2050) sind erstmals auf Minder- und Mehrabführungen anzuwenden, die nach dem 31. Dezember 2021 erfolgen. ⁶Hinsichtlich des Zeitpunkts der Minder- und Mehrabführungen ist dabei auf das Ende des Wirtschaftsjahres der Organgesellschaft abzustellen. ⁷Noch bestehende Ausgleichsposten für organschaftliche Minder- und Mehrabführungen, die nach Maßgabe des § 14 Absatz 4 in der am 31. Dezember 2021 geltenden Fassung in der Steuerbilanz gebildet wurden oder noch zu bilden sind, sind nach den zu berücksichtigenden organschaftlichen Minder- und Mehrabführungen im Sinne von § 14 Absatz 4 in der Fassung des Artikels 1 des Gesetzes vom 25. Juni 2021 (BGBl. I S. 2050) zum Schluss des Wirtschaftsjahres aufzulösen, das nach dem 31. Dezember 2021 endet. ⁸Aktive Ausgleichsposten erhöhen, passive Ausgleichsposten mindern dabei den Buchwert der Beteiligung des Organträgers an der Organgesellschaft in der Steuerbilanz. ⁹Noch bestehende Ausgleichsposten sind für Zwecke der Sätze 7 und 8 zunächst durch Anwendung eines Angleichungsfaktors zu erhöhen, wenn die Beteiligungshöhe des Organträgers zum 31. Dezember 2021 oder, falls die Organschaft zu diesem Zeitpunkt nicht mehr besteht, am Ende des letzten Wirtschaftsjahres der Organschaft, weniger als 100 Prozent am Nennkapital der Organgesellschaft betragen hat. ¹⁰Angleichungsfaktor ist der Kehrwert des durchschnittlichen Beteiligungsanteils des Organträgers bezogen auf das Nennkapital der Organgesellschaft an den Bilanzstichtagen der letzten fünf Wirtschaftsjahre. ¹¹Das Produkt aus Angleichungsfaktor und Ausgleichsposten tritt für Zwecke der Sätze 7 und 8 jeweils an die Stelle der noch bestehenden Ausgleichsposten. ¹²Besteht das Organschaftsverhältnis weniger als fünf Wirtschaftsjahre, ist Satz 11 mit der Maßgabe anzuwenden, dass der entsprechend kürzere Zeitraum zugrunde zu legen ist. ¹³Soweit ein passiver Ausgleichsposten die Summe aus dem aktiven Ausgleichsposten und dem Buchwert der Beteiligung des Organträgers an der Organgesellschaft in der Steuerbilanz übersteigt, liegt ein Ertrag aus der Beteiligung an der Organgesellschaft vor. ¹⁴§ 3 Nummer 40 Buchstabe a und § 3c Absatz 2 des Einkommensteuergesetzes sowie § 8b Absatz 2, 3, 6, 7 und 8 dieses Gesetzes sind auf diesen Beteiligungsertrag anzuwenden. ¹⁵Bis zur Höhe des Beteiligungsertrags nach Satz 13 kann eine den steuerlichen Gewinn mindernde Rücklage gebildet werden. ¹⁶Soweit diese Rücklage gebildet wird, sind § 3 Nummer 40 Buchstabe a und § 3c Absatz 2 des Einkommensteuergesetzes sowie § 8b Absatz 2, 3, 6, 7 und 8 dieses Gesetzes auf den Beteiligungsertrag nach Satz 13 nicht anzuwenden. ¹⁷Die Rücklage nach Satz 15 ist grundsätzlich im Wirtschaftsjahr der Bildung und in den neun folgenden Wirtschaftsjahren zu jeweils einem Zehntel gewinnerhöhend aufzulösen. [18]Die Rücklage ist in vollem Umfang gewinnerhöhend aufzulösen, wenn die Beteiligung des Organträgers an der Organgesellschaft oder der vermittelnden Gesellschaft veräußert wird; bei einer teilweisen Veräußerung ist die Rücklage anteilig aufzulösen. [19]Der Veräußerung gleichgestellt sind insbesondere die Umwandlung der Organgesellschaft auf eine Personengesellschaft oder eine natürliche Person, die verdeckte Einlage der Beteiligung an der Organgesellschaft und die Auflösung der Organgesellschaft. [20]§ 3 Nummer 40 Buchstabe a und § 3c Absatz 2 des Einkommensteuergesetzes sowie § 8b Absatz 2, 3, 6, 7 und 8 dieses Gesetzes sind bei der Auflösung der Rücklage anzuwenden.

(6f)[1] § 15 in der Fassung des Artikels 6 des Gesetzes vom 11. Dezember 2018 (BGBl. I S. 2338) ist erstmals für den Veranlagungszeitraum 2018 anzuwenden.

(6g)[2] § 15 Satz 1 Nummer 2 Satz 1 und 2 in der Fassung Artikels 6 des Gesetzes vom 12. Dezember 2019 (BGBl. I S. 2451) ist erstmals auf Umwandlungen anzuwenden, bei denen die Anmeldung zur Eintragung in das für die Wirksamkeit des jeweiligen Vorgangs maßgebende öffentliche Register nach dem 12. Dezember 2019 erfolgt ist.

(7) § 19 in der 31. Juli 2014[3] geltenden Fassung ist erstmals für den Veranlagungszeitraum 2012 anzuwenden.

(7a)[4] [1]§ 20 Absatz 1 in der am 1. Januar 2016 geltenden Fassung ist auch für Veranlagungszeiträume vor 2016 anzuwenden. [2]§ 20 Absatz 2 in der am 1. Januar 2016 geltenden Fassung ist erstmals für den Veranlagungszeitraum 2016 anzuwenden.

(8)[5] [1]§ 21 Absatz 2 Satz 2 Nummer 1 ist für die Veranlagungszeiträume 2016 bis 2018 in der folgenden Fassung anzuwenden: *(dort abgedruckt).* [2]§ 21 in der Fassung des Artikels 7 des Gesetzes vom 11. Dezember 2018 (BGBl. I S. 2338) ist anzuwenden:

1. erstmals für den Veranlagungszeitraum 2019;

2. auf bis zum 30. Juni 2019 zu stellenden, unwiderruflichen Antrag bereits für den Veranlagungszeitraum 2018. [2]Der Antrag nach Satz 1 kann nur gestellt werden, wenn im Veranlagungszeitraum 2018 sonst zu einer Auflösung der Rückstellung für Beitragsrückerstattung nach § 21 Absatz 2 Satz 2 in der zum 31. Dezember 2017 geltenden Fassung kommen würde.

---

[1] § 34 Abs. 6c eingef. durch G v. 11.12.2018 (BGBl. I S. 2338); wird Abs. 6e durch G v. 12.12.2019 (BGBl. I S. 2451); wird Abs. 6f durch G v. 25.6.2021 (BGBl. I S. 2035).
[2] § 34 Abs. 6f eingef. durch G v. 12.12.2019 (BGBl. I S. 2451); wird Abs. 6g durch G v. 25.6.2021 (BGBl. I S. 2035).
[3] Datum des Tags nach der Verkündung des G v. 25.7.2014 (BGBl. I S. 1266).
[4] § 34 Abs. 7a eingef. durch G v. 1.4.2015 (BGBl. I S. 434); Satz 1 eingef., bish. Wortlaut wird Satz 2 durch G v. 2.11.2015 (BGBl. I S. 1834).
[5] § 34 Abs. 8 geänd. durch G v. 2.11.2015 (BGBl. I S. 1834); geänd. durch G v. 20.12.2016 (BGBl. I S. 3000); Satz 2 angef., bish. Wortlaut wird Satz 1 durch G v. 11.12.2018 (BGBl. I S. 2338).

(8a)[1] § 21a Absatz 1 in der am 1. Januar 2016 geltenden Fassung ist erstmals für den Veranlagungszeitraum 2016 anzuwenden.

(8b)[2] § 24 in der Fassung des Artikels 6 des Gesetzes vom 12. Dezember 2019 (BGBl. I S. 2451) ist erstmals für den Veranlagungszeitraum 2019 anzuwenden.

(8c)[2] § 25 Absatz 2 in der Fassung des Artikels 7 des Gesetzes vom 12. Dezember 2019 (BGBl. I S. 2451) ist erstmals für den Veranlagungszeitraum 2025 anzuwenden.

(9)[3] ¹§ 26 in der am 31. Dezember 2014 geltenden Fassung ist erstmals auf Einkünfte und Einkunftsteile anzuwenden, die nach dem 31. Dezember 2013 zufließen. ²Auf vor dem 1. Januar 2014 zugeflossene Einkünfte und Einkunftsteile ist § 26 Absatz 2 Satz 1 in der am 31. Dezember 2014 geltenden Fassung in allen Fällen anzuwenden, in denen die Körperschaftsteuer noch nicht bestandskräftig festgesetzt ist.

(10)[4] § 27 Absatz 8 in der Fassung des Artikels 9 des Gesetzes vom 16. Dezember 2022 (BGBl. I S. 2294) ist erstmalig anzuwenden auf Leistungen und Nennkapitalrückzahlungen, die nach dem 31. Dezember 2022 erbracht werden.

(10a)[5] § 33 Absatz 1 Nummer 2 Buchstabe d in der am 1. Januar 2016 geltenden Fassung ist erstmals für den Veranlagungszeitraum 2016 anzuwenden.

(11) § 36 ist in allen Fällen, in denen die Endbestände im Sinne des § 36 Absatz 7 noch nicht bestandskräftig festgestellt sind, in der folgenden Fassung anzuwenden:

„**§ 36 Endbestände.** (1) Auf den Schluss des letzten Wirtschaftsjahrs, das in dem Veranlagungszeitraum endet, für den das Körperschaftsteuergesetz in der Fassung der Bekanntmachung vom 22. April 1999 (BGBl. I S. 817), das durch Artikel 4 des Gesetzes vom 14. Juli 2000 (BGBl. I S. 1034) geändert worden ist, letztmals anzuwenden ist, werden die Endbestände der Teilbeträge des verwendbaren Eigenkapitals ausgehend von den gemäß § 47 Absatz 1 Satz 1 Nummer 1 des Körperschaftsteuergesetzes in der Fassung der Bekanntmachung vom 22. April 1999 (BGBl. I S. 817), das zuletzt durch Artikel 4 des Gesetzes vom 14. Juli 2000 (BGBl. I S. 1034) geändert worden ist, festgestellten Teilbeträgen gemäß den nachfolgenden Absätzen ermittelt.

(2) ¹Die Teilbeträge sind um die Gewinnausschüttungen, die auf einem den gesellschaftsrechtlichen Vorschriften entsprechenden Gewinnverteilungsbeschluss für ein abgelaufenes Wirtschaftsjahr beruhen und die in dem in Absatz 1 genannten Wirtschaftsjahr folgenden Wirtschaftsjahr erfolgen, sowie um andere Ausschüttungen und sonstige Leistungen, die in dem in Absatz 1 genannten Wirtschaftsjahr erfolgen, zu verringern. ²Die Regelungen des Vierten Teils des Körperschaftsteuergesetzes in der Fassung der Bekanntmachung vom 22. April 1999 (BGBl. I S. 817), das zuletzt durch Artikel 4 des Gesetzes vom 14. Juli 2000 (BGBl. I S. 1034) geändert worden ist, sind anzuwenden. ³Der Teilbetrag im Sinne des § 54 Absatz 11 Satz 1 des Körperschaftsteuergesetzes in der Fassung der Bekanntmachung vom 22. April 1999 (BGBl. I S. 817), das zuletzt durch Artikel 4 des Gesetzes vom 14. Juli 2000 (BGBl. I S. 1034) geändert worden ist (Teilbe-

---

[1] § 34 Abs. 8a eingef. durch G v. 1.4.2015 (BGBl. I S. 434).
[2] § 34 Abs. 8b und 8c eingef. durch G v. 12.12.2019 (BGBl. I S. 2451).
[3] § 34 Abs. 9 neu gef. durch G v. 22.12.2014 (BGBl. I S. 2417).
[4] § 34 Abs. 10 neu gef. durch G v. 16.12.2022 (BGBl. I S. 2294).
[5] § 34 Abs. 10a eingef. durch G v. 1.4.2015 (BGBl. I S. 434).

trag, der einer Körperschaftsteuer in Höhe von 45 Prozent unterlegen hat), erhöht sich um die Einkommensteile, die nach § 34 Absatz 12 Satz 2 bis 5 in der am 14. Dezember 2010 geltenden Fassung einer Körperschaftsteuer von 45 Prozent unterlegen haben, und der Teilbetrag, der nach dem 31. Dezember 1998 einer Körperschaftsteuer in Höhe von 40 Prozent ungemildert unterlegen hat, erhöht sich um die Beträge, die nach § 34 Absatz 12 Satz 6 bis 8 in der am 14. Dezember 2010 geltenden Fassung einer Körperschaftsteuer von 40 Prozent unterlegen haben, jeweils nach Abzug der Körperschaftsteuer, der sie unterlegen haben.

(3) (weggefallen)

(4) Ist die Summe der unbelasteten Teilbeträge im Sinne des § 30 Absatz 2 Nummer 1 bis 3 in der Fassung des Artikels 4 des Gesetzes vom 14. Juli 2000 (BGBl. I S. 1034) nach Anwendung des Absatzes 2 negativ, sind diese Teilbeträge zunächst untereinander und danach mit den mit Körperschaftsteuer belasteten Teilbeträgen in der Reihenfolge zu verrechnen, in der ihre Belastung zunimmt.

(5) [1] Ist die Summe der unbelasteten Teilbeträge im Sinne des § 30 Absatz 2 Nummer 1 bis 3 in der Fassung des Artikels 4 des Gesetzes vom 14. Juli 2000 (BGBl. I S. 1034) nach Anwendung des Absatzes 2 nicht negativ, sind zunächst die Teilbeträge im Sinne des § 30 Absatz 2 Nummer 1 und 3 in der Fassung des Artikels 4 des Gesetzes vom 14. Juli 2000 (BGBl. I S. 1034) zusammenzufassen. [2] Ein sich aus der Zusammenfassung ergebender Negativbetrag ist vorrangig mit einem positiven Teilbetrag im Sinne des § 30 Absatz 2 Nummer 2 in der Fassung des Artikels 4 des Gesetzes vom 14. Juli 2000 (BGBl. I S. 1034) zu verrechnen. [3] Ein negativer Teilbetrag im Sinne des § 30 Absatz 2 Nummer 2 in der Fassung des Artikels 4 des Gesetzes vom 14. Juli 2000 (BGBl. I S. 1034) ist vorrangig mit dem positiven zusammengefassten Teilbetrag im Sinne des Satzes 1 zu verrechnen.

(6) [1] Ist einer der belasteten Teilbeträge negativ, sind diese Teilbeträge zunächst untereinander in der Reihenfolge zu verrechnen, in der ihre Belastung zunimmt. [2] Ein sich danach ergebender Negativbetrag mindert vorrangig den nach Anwendung des Absatzes 5 verbleibenden positiven Teilbetrag im Sinne des § 30 Absatz 2 Nummer 2 in der Fassung des Artikels 4 des Gesetzes vom 14. Juli 2000 (BGBl. I S. 1034); ein darüber hinausgehender Negativbetrag mindert den positiven zusammengefassten Teilbetrag nach Absatz 5 Satz 1.

(6a) [1] Ein sich nach Anwendung der Absätze 1 bis 6 ergebender positiver Teilbetrag, der einer Körperschaftsteuer von 45 Prozent unterlegen hat, mindert in Höhe von $5/22$ seines Bestands einen nach Anwendung der Absätze 1 bis 6 verbleibenden positiven Bestand des Teilbetrags im Sinne des § 30 Absatz 2 Nummer 2 in der Fassung des Artikels 4 des Gesetzes vom 14. Juli 2000 (BGBl. I S. 1034) bis zu dessen Verbrauch. [2] Ein sich nach Anwendung der Absätze 1 bis 6 ergebender positiver Teilbetrag, der einer Körperschaftsteuer von 45 Prozent unterlegen hat, erhöht in Höhe von $27/5$ des Minderungsbetrags nach Satz 1 den nach Anwendung der Absätze 1 bis 6 verbleibenden Bestand des Teilbetrags, der nach dem 31. Dezember 1998 einer Körperschaftsteuer von 40 Prozent ungemildert unterlegen hat. [3] Der nach Satz 1 abgezogene Betrag erhöht und der nach Satz 2 hinzugerechnete Betrag vermindert den nach Anwendung der Absätze 1 bis 6 verbleibenden Bestand des Teilbetrags, der einer Körperschaftsteuer von 45 Prozent unterlegen hat.

(7) Die Endbestände sind getrennt auszuweisen und werden gesondert festgestellt; dabei sind die verbleibenden unbelasteten Teilbeträge im Sinne des § 30 Absatz 2 Nummer 1 und 3 des Körperschaftsteuergesetzes in der Fassung der Bekanntmachung vom 22. April 1999 (BGBl. I S. 817), das zuletzt durch Artikel 4 des Gesetzes vom 14. Juli 2000 (BGBl. I S. 1034) geändert worden ist, in einer Summe auszuweisen."

(12) § 37 Absatz 1 ist in den Fällen des Absatzes 11 in der folgenden Fassung anzuwenden:

"(1) [1] Auf den Schluss des Wirtschaftsjahrs, das dem in § 36 Absatz 1 genannten Wirtschaftsjahr folgt, wird ein Körperschaftsteuerguthaben ermittelt. [2] Das Körperschaftsteuerguthaben beträgt $15/55$ des Endbestands des mit einer Körperschaftsteuer von

45 Prozent belasteten Teilbetrags zuzüglich $\frac{1}{6}$ des Endbestands des mit einer Körperschaftsteuer von 40 Prozent belasteten Teilbetrags."

(13) [1] § 38 Absatz 1 in der am 19. Dezember 2006 geltenden Fassung gilt nur für Genossenschaften, die zum Zeitpunkt der erstmaligen Anwendung dieses Gesetzes in der Fassung des Artikels 3 des Gesetzes vom 23. Oktober 2000 (BGBl. I S. 1433) bereits bestanden haben. [2] Die Regelung ist auch für Veranlagungszeiträume vor 2007 anzuwenden. [3] Ist in den Fällen des § 40 Absatz 5 und 6 in der am 13. Dezember 2006 geltenden Fassung die Körperschaftsteuerfestsetzung unter Anwendung des § 38 in der am 27. Dezember 2007 geltenden Fassung vor dem 28. Dezember 2007 erfolgt, sind die §§ 38 und 40 Absatz 5 und 6 weiter anzuwenden. [4] § 38 Absatz 4 bis 9 in der am 29. Dezember 2007 geltenden Fassung ist insoweit nicht anzuwenden.

(14) [1] Die §§ 38 und 40 in der am 27. Dezember 2007 geltenden Fassung sowie § 10 des Umwandlungssteuergesetzes vom 7. Dezember 2006 (BGBl. I S. 2782, 2791) sind auf Antrag weiter anzuwenden für

1. Körperschaften oder deren Rechtsnachfolger, an denen unmittelbar oder mittelbar zu mindestens 50 Prozent

   a) juristische Personen des öffentlichen Rechts aus Mitgliedstaaten der Europäischen Union oder aus Staaten, auf die das EWR-Abkommen Anwendung findet, oder

   b) Körperschaften, Personenvereinigungen oder Vermögensmassen im Sinne des § 5 Absatz 1 Nummer 9

   alleine oder gemeinsam beteiligt sind, und

2.[1] Genossenschaften,

die ihre Umsatzerlöse überwiegend durch Verwaltung und Nutzung eigenen zu Wohnzwecken dienenden Grundbesitzes, durch Betreuung von Wohnbau-

(Fortsetzung nächstes Blatt)

---

[1] § 34 Abs. 14 Satz 1 Nr. 2 geänd. durch G v. 12.12.2019 (BGBl. I S. 2451).

ten oder durch die Errichtung und Veräußerung von Eigenheimen, Klein-siedlungen oder Eigentumswohnungen erzielen, sowie für steuerbefreite Kör-perschaften. [2]Der Antrag ist unwiderruflich und kann von der Körperschaft bis zum 30. September 2008 bei dem für die Besteuerung zuständigen Finanz-amt gestellt werden. [3]Die Körperschaften oder deren Rechtsnachfolger müs-sen die Voraussetzungen nach Satz 1 ab dem 1. Januar 2007 bis zum Ende des Zeitraums im Sinne des § 38 Absatz 2 Satz 3 erfüllen. [4]Auf den Schluss des Wirtschaftsjahres, in dem die Voraussetzungen des Satzes 1 nach Antragstel-lung erstmals nicht mehr vorliegen, wird der Endbetrag nach § 38 Absatz 1 letztmals ermittelt und festgestellt. [5]Die Festsetzung und Erhebung des Kör-perschaftsteuererhöhungsbetrags richtet sich nach § 38 Absatz 4 bis 9 in der am 29. Dezember 2007 geltenden Fassung mit der Maßgabe, dass als Zah-lungszeitraum im Sinne des § 38 Absatz 6 Satz 1 die verbleibenden Wirt-schaftsjahre des Zeitraums im Sinne des § 38 Absatz 2 Satz 3 gelten. [6]Die Sätze 4 und 5 gelten entsprechend, soweit das Vermögen der Körperschaft oder ihres Rechtsnachfolgers durch Verschmelzung nach § 2 des Umwand-lungsgesetzes oder Auf- oder Abspaltung im Sinne des § 123 Absatz 1 und 2 des Umwandlungsgesetzes ganz oder teilweise auf eine andere Körperschaft übergeht und diese keinen Antrag nach Satz 2 gestellt hat. [7]§ 40 Absatz 6 in der am 27. Dezember 2007 geltenden Fassung ist nicht anzuwenden.

§ 35 **Sondervorschriften für Körperschaften, Personenvereinigungen oder Vermögensmassen in dem in Artikel 3 des Einigungsvertrages genannten Gebiet.** Soweit ein Verlust einer Körperschaft, Personenvereini-gung oder Vermögensmasse, die am 31. Dezember 1990 ihre Geschäftsleitung oder ihren Sitz in dem in Artikel 3 des Einigungsvertrages genannten Ge-biet und im Jahre 1990 keine Geschäftsleitung und keinen Sitz im bisheri-gen Geltungsbereich des Körperschaftsteuergesetzes hatte, aus dem Veran-lagungszeitraum 1990 auf das Einkommen eines Veranlagungszeitraums, für das das Körperschaftsteuergesetz in der Fassung des Artikels 3 des Gesetzes vom 23. Oktober 2000 (BGBl. I S. 1433) erstmals anzuwenden ist, oder eines nachfolgenden Veranlagungszeitraums vorgetragen wird, ist das steuerliche Einlagekonto zu erhöhen.

Sechster Teil. Sondervorschriften für den Übergang vom Anrechnungsverfahren zum Halbeinkünfteverfahren

§ 36[1)] **Endbestände.** (1) Auf den Schluss des letzten Wirtschaftsjahrs, das in dem Veranlagungszeitraum endet, für den das Körperschaftsteuergesetz in der Fassung der Bekanntmachung vom 22. April 1999 (BGBl. I S. 817), das durch Artikel 4 des Gesetzes vom 14. Juli 2000 (BGBl. I S. 1034) geändert worden ist, letztmals anzuwenden ist, werden die Endbestände der Teilbeträge des

---

[1)] **Für Fälle, in denen die Endbestände iSd. § 36 Abs. 7 noch nicht bestandskräf-tig festgesetzt sind, gilt die Fassung gem. § 34 Abs. 11, die hier redaktionell be-rücksichtigt wird.**

verwendbaren Eigenkapitals ausgehend von den gemäß § 47 Absatz 1 Satz 1 Nummer 1 des Körperschaftsteuergesetzes in der Fassung der Bekanntmachung vom 22. April 1999 (BGBl. I S. 817), das zuletzt durch Artikel 4 des Gesetzes vom 14. Juli 2000 (BGBl. I S. 1034) geändert worden ist, festgestellten Teilbeträgen gemäß den nachfolgenden Absätzen ermittelt.

(2) [1]Die Teilbeträge sind um die Gewinnausschüttungen, die auf einem den gesellschaftsrechtlichen Vorschriften entsprechenden Gewinnverteilungsbeschluss für ein abgelaufenes Wirtschaftsjahr beruhen und die in dem in Absatz 1 genannten Wirtschaftsjahr folgenden Wirtschaftsjahr erfolgen, sowie um andere Ausschüttungen und sonstige Leistungen, die in dem in Absatz 1 genannten Wirtschaftsjahr erfolgen, zu verringern. [2]Die Regelungen des Vierten Teils des Körperschaftsteuergesetzes[1] in der Fassung der Bekanntmachung vom 22. April 1999 (BGBl. I S. 817), das zuletzt durch Artikel 4 des Gesetzes vom 14. Juli 2000 (BGBl. I S. 1034) geändert worden ist, sind anzuwenden. [3]Der Teilbetrag im Sinne des § 54 Absatz 11 Satz 1 des Körperschaftsteuergesetzes[1] in der Fassung der Bekanntmachung vom 22. April 1999 (BGBl. I S. 817), das zuletzt durch Artikel 4 des Gesetzes vom 14. Juli 2000 (BGBl. I S. 1034) geändert worden ist [*Fassung gem. § 34 Abs. 11:* (Teilbetrag, der einer Körperschaftsteuer in Höhe von 45 Prozent unterlegen hat),][2] erhöht sich um die Einkommensteile, die nach § 34 Absatz 12 Satz 2 bis 5 in der am 14. Dezember 2010 geltenden Fassung einer Körperschaftsteuer von 45 Prozent unterlegen haben, und der Teilbetrag, der nach dem 31. Dezember 1998 einer Körperschaftsteuer in Höhe von 40 Prozent ungemildert unterlegen hat, erhöht sich um die Beträge, die nach § 34 Absatz 12 Satz 6 bis 8 in der am 14. Dezember 2010 geltenden Fassung einer Körperschaftsteuer von 40 Prozent unterlegen haben, jeweils nach Abzug der Körperschaftsteuer, der sie unterlegen haben.

(3)[3] · [4] *[1]Ein positiver belasteter Teilbetrag im Sinne des § 54 Abs. 11 Satz 1 des Körperschaftsteuergesetzes in der Fassung der Bekanntmachung vom 22. April 1999 (BGBl. I S. 817), das zuletzt durch Artikel 4 des Gesetzes vom 14. Juli 2000 (BGBl. I S. 1034) geändert worden ist, ist dem Teilbetrag, der nach dem 31. Dezember 1998 einer Körperschaftsteuer in Höhe von 40 Prozent ungemildert unterlegen hat, in Höhe von $^{27}/_{22}$ seines Bestands hinzuzurechnen. [2]In Höhe von $^{5}/_{22}$ dieses Bestands ist der Teilbetrag im Sinne des § 30 Abs. 2 Nr. 2 des Gesetzes in der Fassung der Bekanntmachung vom 22. April 1999 (BGBl. I S. 817), das zuletzt durch Artikel 4 des Gesetzes vom 14. Juli 2000 (BGBl. I S. 1034) geändert worden ist, zu verringern.*

(4)[3] *Ist die Summe der unbelasteten Teilbeträge im Sinne des § 30 Absatz 2 Nummer 1 bis 3 in der Fassung des Artikels 4 des Gesetzes vom 14. Juli 2000 (BGBl. I S. 1034) nach Anwendung des Absatzes 2 negativ, sind diese Teilbeträge*

---

[1]) Anrechnungsverfahren (§§ 27–47 KStG a. F.).

[2]) **Für Fälle, in denen die Endbestände iSd. § 36 Abs. 7 noch nicht bestandskräftig festgesetzt sind, gilt die Fassung gem. § 34 Abs. 11, die hier redaktionell berücksichtigt wird.**

[3]) Nach BVerfG v. 17.11.2009 1 BvR 2192/05, DStR 2010, 434 sind § 36 Abs. 3 und 4 KStG nicht mit Art. 3 Abs. 1 GG vereinbar.

[4]) § 36 Abs. 3 weggefallen gem. Fassung § 34 Abs. 11.

zunächst untereinander und danach mit den mit Körperschaftsteuer belasteten Teilbeträgen in der Reihenfolge zu verrechnen, in der ihre Belastung zunimmt.

(5) [1] Ist die Summe der unbelasteten Teilbeträge im Sinne des § 30 Absatz 2 Nummer 1 bis 3 in der Fassung des Artikels 4 des Gesetzes vom 14. Juli 2000 (BGBl. I S. 1034) nach Anwendung des Absatzes 2 nicht negativ, sind zunächst die Teilbeträge im Sinne des § 30 Absatz 2 Nummer 1 und 3 in der Fassung des Artikels 4 des Gesetzes vom 14. Juli 2000 (BGBl. I S. 1034) zusammenzufassen. [2] Ein sich aus der Zusammenfassung ergebender Negativbetrag ist vorrangig mit einem positiven Teilbetrag im Sinne des § 30 Absatz 2 Nummer 2 in der Fassung des Artikels 4 des Gesetzes vom 14. Juli 2000 (BGBl. I S. 1034) zu verrechnen. [3] Ein negativer Teilbetrag im Sinne des § 30 Absatz 2 Nummer 2 in der Fassung des Artikels 4 des Gesetzes vom 14. Juli 2000 (BGBl. I S. 1034) ist vorrangig mit dem positiven zusammengefassten Teilbetrag im Sinne des Satzes 1 zu verrechnen.

(6) [1] Ist einer der belasteten Teilbeträge negativ, sind diese Teilbeträge zunächst untereinander *zu verrechnen* [*Fassung gem. § 34 Abs. 11:* in der Reihenfolge zu verrechnen, in der ihre Belastung zunimmt][1]. [2] Ein sich danach ergebender Negativbetrag mindert vorrangig den nach Anwendung des Absatzes 5 verbleibenden positiven Teilbetrag im Sinne des § 30 Absatz 2 Nummer 2 in der Fassung des Artikels 4 des Gesetzes vom 14. Juli 2000 (BGBl. I S. 1034); ein darüber hinausgehender Negativbetrag mindert den positiven zusammengefassten Teilbetrag nach Absatz 5 Satz 1.

[*Fassung gem. § 34 Abs. 11:*

(6a) [1] Ein sich nach Anwendung der Absätze 1 bis 6 ergebender positiver Teilbetrag, der einer Körperschaftsteuer von 45 Prozent unterlegen hat, mindert in Höhe von $5/22$ seines Bestands einen nach Anwendung der Absätze 1 bis 6 verbleibenden positiven Bestand des Teilbetrags im Sinne des § 30 Absatz 2 Nummer 2 in der Fassung des Artikels 4 des Gesetzes vom 14. Juli 2000 (BGBl. I S. 1034) bis zu dessen Verbrauch. [2] Ein sich nach Anwendung der Absätze 1 bis 6 ergebender positiver Teilbetrag, der einer Körperschaftsteuer von 45 Prozent unterlegen hat, erhöht in Höhe von $27/5$ des Minderungsbetrags nach Satz 1 den nach Anwendung der Absätze 1 bis 6 verbleibenden Bestand des Teilbetrags, der nach dem 31. Dezember 1998 einer Körperschaftsteuer von 40 Prozent ungemildert unterlegen hat. [3] Der nach Satz 1 abgezogene Betrag erhöht und der nach Satz 2 hinzugerechnete Betrag vermindert den nach Anwendung der Absätze 1 bis 6 verbleibenden Bestand des Teilbetrags, der einer Körperschaftsteuer von 45 Prozent unterlegen hat.][1]

(7) Die Endbestände sind getrennt auszuweisen und werden gesondert festgestellt; dabei sind die verbleibenden unbelasteten Teilbeträge im Sinne des § 30 Absatz 2 Nummer 1 und 3 des Körperschaftsteuergesetzes in der Fassung der Bekanntmachung vom 22. April 1999 (BGBl. I S. 817), das zuletzt durch Artikel 4 des Gesetzes vom 14. Juli 2000 (BGBl. I S. 1034) geändert worden ist, in einer Summe auszuweisen.

---

[1] **Für Fälle, in denen die Endbestände iSd. § 36 Abs. 7 noch nicht bestandskräftig festgesetzt sind, gilt die Fassung gem. § 34 Abs. 11, die hier redaktionell berücksichtigt wird.**

§ 37 Körperschaftsteuerguthaben und Körperschaftsteuerminderung.

(1) ¹ Auf den Schluss des Wirtschaftsjahrs, das dem in § 36 Absatz 1 genannten Wirtschaftsjahr folgt, wird ein Körperschaftsteuerguthaben ermittelt. ² *Das Körperschaftsteuerguthaben beträgt ¹⁄₆ des Endbestands des mit einer Körperschaftsteuer von 40 Prozent belasteten Teilbetrags. [Satz 2 idF des § 34 Abs. 12:* ²Das Körperschaftsteuerguthaben beträgt ¹⁵⁄₅₅ des Endbestands des mit einer Körperschaftsteuer von 45 Prozent belasteten Teilbetrags zuzüglich ¹⁄₆ des Endbestands des mit einer Körperschaftsteuer von 40 Prozent belasteten Teilbetrags.]¹⁾

(2)²⁾ ¹ Das Körperschaftsteuerguthaben mindert sich vorbehaltlich des Absatzes 2a um jeweils ¹⁄₆ der Gewinnausschüttungen, die in den folgenden Wirtschaftsjahren erfolgen und die auf einem den gesellschaftsrechtlichen Vorschriften entsprechenden Gewinnverteilungsbeschluss beruhen. ²Satz 1 gilt für Mehrabführungen im Sinne des § 14 Abs. 3 entsprechend. ³Die Körperschaftsteuer des Veranlagungszeitraums, in dem das Wirtschaftsjahr endet, in dem die Gewinnausschüttung erfolgt, mindert sich bis zum Verbrauch des Körperschaftsteuerguthabens um diesen Betrag, letztmalig in dem Veranlagungszeitraum, in dem das 18. Wirtschaftsjahr endet, das auf das Wirtschaftsjahr folgt, auf dessen Schluss nach Absatz 1 das Körperschaftsteuerguthaben ermittelt wird. ⁴Das verbleibende Körperschaftsteuerguthaben ist auf den Schluss der jeweiligen Wirtschaftsjahre, letztmals auf den Schluss des 17. Wirtschaftsjahrs, das auf das Wirtschaftsjahr folgt, auf dessen Schluss nach Absatz 1 das Körperschaftsteuerguthaben ermittelt wird, fortzuschreiben und gesondert festzustellen. ⁵ § 27 Abs. 2 gilt entsprechend.

(2a)³⁾ Die Minderung ist begrenzt

1. für Gewinnausschüttungen, die nach dem 11. April 2003 und vor dem 1. Januar 2006 erfolgen, jeweils auf 0 Euro;

2. für Gewinnausschüttungen, die nach dem 31. Dezember 2005 erfolgen, auf den Betrag, der auf das Wirtschaftsjahr der Gewinnausschüttung entfällt, wenn das auf den Schluss des vorangegangenen Wirtschaftsjahrs festgestellte Körperschaftsteuerguthaben gleichmäßig auf die einschließlich des Wirtschaftsjahrs der Gewinnausschüttung verbleibenden Wirtschaftsjahre verteilt wird, für die nach Absatz 2 Satz 3⁴⁾ eine Körperschaftsteuerminderung in Betracht kommt.

(3) ¹ Erhält eine unbeschränkt steuerpflichtige Körperschaft oder Personenvereinigung, deren Leistungen bei den Empfängern zu den Einnahmen im Sinne des § 20 Abs. 1 Nr. 1 oder 2 des Einkommensteuergesetzes in der Fassung des Artikels 1 des Gesetzes vom 20. Dezember 2001 (BGBl. I S. 3858) gehören, Bezüge, die nach § 8b Abs. 1 bei der Einkommensermittlung außer

---

¹⁾ **Zur Fassung von § 37 Abs. 1 für Fälle, in denen die Endbestände iSd. § 36 Abs. 7 noch nicht bestandskräftig festgesetzt sind, siehe § 34 Abs. 12 iVm. Abs. 11 (hier abgedruckt).**
²⁾ § 37 Abs. 2 neu gef. durch G v. 16.5.2003 (BGBl. I S. 660); Satz 2 eingef. durch G v. 9.12.2004 (BGBl. I S. 3310).
³⁾ § 37 Abs. 2a eingef. durch G v. 16.5.2003 (BGBl. I S. 660).
⁴⁾ Verweis geänd. durch G v. 13.12.2006 (BGBl. I S. 2878).

Ansatz bleiben und die bei der leistenden Körperschaft zu einer Minderung der Körperschaftsteuer geführt haben, erhöht sich bei ihr die Körperschaftsteuer und das Körperschaftsteuerguthaben um den Betrag der Minderung der Körperschaftsteuer bei der leistenden Körperschaft. [2]Satz 1 gilt auch, wenn der Körperschaft oder Personenvereinigung die entsprechenden Bezüge einer Organgesellschaft zugerechnet werden, weil sie entweder Organträger ist oder an einer Personengesellschaft beteiligt ist, die Organträger ist. [3]Im Fall des § 4 des Umwandlungssteuergesetzes sind die Sätze 1 und 2 entsprechend anzuwenden. [4]Die leistende Körperschaft hat der Empfängerin die folgenden Angaben nach amtlich vorgeschriebenem Muster zu bescheinigen:

1. den Namen und die Anschrift des Anteilseigners,

2. die Höhe des in Anspruch genommenen Körperschaftsteuerminderungsbetrags,

3. den Zahlungstag.

[5]§ 27 Abs. 3 Satz 2, Abs. 4 und 5 gilt entsprechend. [6]Die Sätze 1 bis 4 gelten nicht für steuerbefreite Körperschaften und Personenvereinigungen im Sinne des § 5 Abs. 1 Nr. 9, soweit die Einnahmen in einem wirtschaftlichen Geschäftsbetrieb anfallen, für den die Steuerbefreiung ausgeschlossen ist.

(4)[1] [1]Das Körperschaftsteuerguthaben wird letztmalig auf den 31. Dezember 2006 ermittelt. [2]Geht das Vermögen einer unbeschränkt steuerpflichtigen Körperschaft durch einen der in § 1 Abs. 1 des Umwandlungssteuergesetzes vom 7. Dezember 2006 (BGBl. I S. 2782, 2791) in der jeweils geltenden Fassung genannten Vorgänge, bei denen die Anmeldung zur Eintragung in ein öffentliches Register nach dem 12. Dezember 2006 erfolgt, ganz oder teilweise auf einen anderen Rechtsträger über, wird das Körperschaftsteuerguthaben bei der übertragenden Körperschaft letztmalig auf den vor dem 31. Dezember 2006 liegenden steuerlichen Übertragungsstichtag ermittelt. [3]Wird das Vermögen einer Körperschaft oder Personenvereinigung im Rahmen einer Liquidation im Sinne des § 11 nach dem 12. Dezember 2006 und vor dem 1. Januar 2007[2] verteilt, wird das Körperschaftsteuerguthaben letztmalig auf den Stichtag ermittelt, auf den die Liquidationsschlussbilanz erstellt wird. [4]Die Absätze 1 bis 3 sind letztmals auf Gewinnausschüttungen und als ausgeschüttet geltende Beträge anzuwenden, die vor dem 1. Januar 2007 oder bis zu dem nach Satz 2 maßgebenden Zeitpunkt erfolgt sind. [5]In Fällen der Liquidation sind die Absätze 1 bis 3 auf Abschlagszahlungen anzuwenden, die bis zum Stichtag erfolgt sind, auf den das Körperschaftsteuerguthaben letztmalig ermittelt wird.

(5)[3] [1]Die Körperschaft hat innerhalb eines Auszahlungszeitraums von 2008 bis 2017 einen Anspruch auf Auszahlung des Körperschaftsteuerguthabens in zehn gleichen Jahresbeträgen. [2]Der Anspruch entsteht mit Ablauf des 31. Dezember 2006 oder des nach Absatz 4 Satz 2 oder Satz 3 maßgebenden Tages. [3]Der Anspruch wird für den gesamten Auszahlungszeitraum festge-

---

[1] § 37 Abs. 4 bis 7 angef. mWv VZ 2006 durch G v. 7.12.2006 (BGBl. I S. 2782); Satz 4 ersetzt durch Sätze 4 und 5 mWv VZ 2008 durch G v. 20.12.2007 (BGBl. I S. 3150).
[2] Datum geänd. durch G v. 20.12.2007 (BGBl. I S. 3150).
[3] § 37 Abs. 4 bis 7 angef. mWv VZ 2006 durch G v. 7.12.2006 (BGBl. I S. 2782).

setzt. [4]Der Anspruch ist jeweils am 30. September auszuzahlen. [5]Für das Jahr der Bekanntgabe des Bescheids und die vorangegangenen Jahre ist der Anspruch innerhalb eines Monats nach Bekanntgabe des Bescheids auszuzahlen, wenn die Bekanntgabe des Bescheids nach dem 31. August 2008 erfolgt. [6]Abweichend von Satz 1 ist der festgesetzte Anspruch in einem Betrag auszuzahlen, wenn das festgesetzte Körperschaftsteuerguthaben nicht mehr als 1000 Euro beträgt.[1] [7]Der Anspruch ist nicht verzinslich. [8]Die Festsetzungsfrist für die Festsetzung des Anspruchs läuft nicht vor Ablauf des Jahres ab, in dem der letzte Jahresbetrag fällig geworden ist oder ohne Anwendung des Satzes 6 fällig geworden wäre.[2] [9]§ 10d Abs. 4 Satz 4 und 5 des Einkommensteuergesetzes gilt sinngemäß. [10]Auf die Abtretung oder Verpfändung des Anspruchs ist § 46 Abs. 4 der Abgabenordnung nicht anzuwenden.

(6)[3] [1]Wird der Bescheid über die Festsetzung des Anspruchs nach Absatz 5 aufgehoben oder geändert, wird der Betrag, um den der Anspruch, der sich aus dem geänderten Bescheid ergibt, die Summe der Auszahlungen, die bis zur Bekanntgabe des neuen Bescheids geleistet worden sind, übersteigt, auf die verbleibenden Fälligkeitstermine des Auszahlungszeitraums verteilt. [2]Abweichend von Satz 1 ist der übersteigende Betrag in einer Summe auszuzahlen, wenn er nicht mehr als 1000 Euro beträgt und auf die vorangegangene Festsetzung Absatz 5 Satz 6 oder dieser Satz angewendet worden ist. [3]Ist die Summe der Auszahlungen, die bis zur Bekanntgabe des neuen Bescheids geleistet worden sind, größer als der Auszahlungsanspruch, der sich aus dem geänderten Bescheid ergibt, ist der Unterschiedsbetrag innerhalb eines Monats nach Bekanntgabe des Bescheids zu entrichten.

(7)[4] [1]Erträge und Gewinnminderungen der Körperschaft, die sich aus der Anwendung des Absatzes 5 ergeben, gehören nicht zu den Einkünften im Sinne des Einkommensteuergesetzes. [2]Die Auszahlung ist aus den Einnahmen an Körperschaftsteuer zu leisten.

§ 38 Körperschaftsteuererhöhung. (1)[5] [1]Ein positiver Endbetrag im Sinne des § 36 Abs. 7 aus dem Teilbetrag im Sinne des § 30 Abs. 2 Nr. 2 in der Fassung des Artikels 4 des Gesetzes vom 14. Juli 2000 (BGBl. I S. 1034) ist auch zum Schluss der folgenden Wirtschaftsjahre fortzuschreiben und gesondert festzustellen. [2]§ 27 Abs. 2 gilt entsprechend. [3]Der Betrag verringert sich jeweils, soweit er als für Leistungen verwendet gilt. [4]Er gilt als für Leistungen verwendet, soweit die Summe der Leistungen, die die Gesellschaft im Wirtschaftsjahr erbracht hat, den um den Bestand des Satzes 1 verminderten ausschüttbaren Gewinn (§ 27) übersteigt. [5]Maßgeblich sind die Bestände zum Schluss des vorangegangenen Wirtschaftsjahrs. [6]Die Rückzahlung von Ge-

---

[1] § 37 Abs. 5 Satz 6 eingef., bish. Sätze 6 bis 9 werden Sätze 7 bis 10, Satz 8 ergänzt mWv Kj 2008 durch G v. 20.12.2008 (BGBl. I S. 2850).

[2] § 37 Abs. 5 Satz 8 ergänzt durch G v. 20.12.2008 (BGBl. I S. 2850).

[3] § 37 Abs. 4 bis 7 angef. mWv VZ 2006 durch G v. 7.12.2006 (BGBl. I S. 2782), Abs. 6 Satz 2 eingef. mWv Kj. 2008 durch G v. 20.12.2008 (BGBl. I S. 2850).

[4] § 37 Abs. 4 bis 7 angef. mWv VZ 2006 durch G v. 7.12.2006 (BGBl. I S. 2782).

[5] § 38 Abs. 1 Sätze 6 und 7 angef. durch G v. 13.12.2006 (BGBl. I S. 2878); zur Geltung siehe § 34 Abs. 13; Satz 7 geänd. durch G v. 25.7.2014 (BGBl. I S. 1266).

schäftsguthaben an ausscheidende Mitglieder von Genossenschaften stellt, soweit es sich dabei nicht um Nennkapital im Sinne des § 28 Abs. 2 Satz 2 handelt, keine Leistung im Sinne der Sätze 3 und 4 dar. [7]Satz 6 gilt nicht, soweit der unbelastete Teilbetrag im Sinne des Satzes 1 nach § 40 Abs. 1 oder Abs. 2 infolge der Umwandlung einer Körperschaft, die nicht Genossenschaft im Sinne des § 34 Absatz 13 ist, übergegangen ist.

(2) [1]Die Körperschaftsteuer des Veranlagungszeitraums, in dem das Wirtschaftsjahr endet, in dem die Leistungen erfolgen, erhöht sich um $3/7$ des Betrags der Leistungen, für die ein Teilbetrag aus dem Endbetrag im Sinne des Absatzes 1 als verwendet gilt. [2]Die Körperschaftsteuererhöhung mindert den Endbetrag im Sinne des Absatzes 1 bis zu dessen Verbrauch. [3]Satz 1 ist letztmals für den Veranlagungszeitraum anzuwenden, in dem das 18. Wirtschaftsjahr[1)] endet, das auf das Wirtschaftsjahr folgt, auf dessen Schluss nach § 37 Abs. 1 Körperschaftsteuerguthaben ermittelt werden.

(3) [1]Die Körperschaftsteuer wird nicht erhöht, soweit eine von der Körperschaftsteuer befreite Körperschaft Leistungen an einen unbeschränkt steuerpflichtigen, von der Körperschaftsteuer befreiten Anteilseigner oder eine juristische Person des öffentlichen Rechts vornimmt. [2]Der Anteilseigner ist verpflichtet, der ausschüttenden Körperschaft seine Befreiung durch eine Bescheinigung des Finanzamts nachzuweisen, es sei denn, er ist eine juristische Person des öffentlichen Rechts. [3]Das gilt nicht, soweit die Leistung auf Anteile entfällt, die in einem wirtschaftlichen Geschäftsbetrieb gehalten werden, für den die Befreiung von der Körperschaftsteuer ausgeschlossen ist, oder in einem nicht von der Körperschaftsteuer befreiten Betrieb gewerblicher Art.

(4)[2)] [1]Der Endbetrag nach Absatz 1 wird letztmalig auf den 31. Dezember 2006 ermittelt und festgestellt. [2]Wird das Vermögen einer Körperschaft oder Personenvereinigung im Rahmen einer Liquidation im Sinne des § 11 nach dem 31. Dezember 2006 verteilt, wird der Endbetrag im Sinne des Satzes 1 letztmalig auf den Schluss des letzten vor dem 1. Januar 2007 endenden Besteuerungszeitraums festgestellt. [3]Bei über den 31. Dezember 2006 hinaus fortdauernden Liquidationen endet der Besteuerungszeitraum nach § 11 auf Antrag der Körperschaft oder Personenvereinigung mit Ablauf des 31. Dezember 2006. [4]Die Absätze 1 bis 3 sind letztmals auf Leistungen anzuwenden, die vor dem 1. Januar 2007 oder dem nach Satz 2 maßgebenden Zeitpunkt erfolgt sind.

(5)[2)] [1]Der Körperschaftsteuererhöhungsbetrag beträgt $3/100$ des nach Absatz 4 Satz 1 festgestellten Endbetrags. [2]Er ist begrenzt auf den Betrag, der sich nach den Absätzen 1 bis 3 als Körperschaftsteuererhöhung ergeben würde, wenn die Körperschaft oder Personenvereinigung ihr am 31. Dezember 2006 oder an dem nach Absatz 4 Satz 2 maßgebenden Zeitpunkt bestehendes Eigenkapital laut Steuerbilanz für eine Ausschüttung verwenden würde. [3]Ein Körperschaftsteuererhöhungsbetrag ist nur festzusetzen, wenn er 1000 Euro übersteigt.

[1)] Zeitraum verlängert durch G v. 16.5.2003 (BGBl. I S. 660).
[2)] § 38 Abs. 4, 5 angef. durch G v. 20.12.2007 (BGBl. I S. 3150); zur Anwendung von § 38 in der bish. Fassung siehe § 34 Abs. 13 und 14.

(6)[1] [1] Die Körperschaft oder deren Rechtsnachfolger hat den sich nach Absatz 5 ergebenden Körperschaftsteuererhöhungsbetrag innerhalb eines Zeitraums von 2008 bis 2017 in zehn gleichen Jahresbeträgen zu entrichten (Zahlungszeitraum). [2] Satz 1 gilt nicht für Körperschaften oder Personenvereinigungen, die sich am 31. Dezember 2006 bereits in Liquidation befanden. [3] Der Anspruch entsteht am 1. Januar 2007. [4] Der Körperschaftsteuererhöhungsbetrag wird für den gesamten Zahlungszeitraum festgesetzt. [5] Der Jahresbetrag ist jeweils am 30. September fällig. [6] Für das Jahr der Bekanntgabe des Bescheids und die vorangegangenen Jahre ist der Jahresbetrag innerhalb eines Monats nach Bekanntgabe des Bescheids fällig, wenn die Bekanntgabe des Bescheids nach dem 31. August 2008 erfolgt. [7] In den Fällen des Satzes 2 ist der gesamte Anspruch innerhalb eines Monats nach Bekanntgabe des Bescheids fällig. [8] Der Anspruch ist nicht verzinslich. [9] Die Festsetzungsfrist für die Festsetzung des Körperschaftsteuererhöhungsbetrags läuft nicht vor Ablauf des Jahres ab, in dem der letzte Jahresbetrag fällig geworden ist.

(7)[1] [1] Auf Antrag kann die Körperschaft oder deren Rechtsnachfolger abweichend von Absatz 6 Satz 1 den Körperschaftsteuererhöhungsbetrag in einer Summe entrichten. [2] Der Antrag kann letztmals zum 30. September 2015 gestellt werden. [3] Anstelle des jeweiligen Jahresbetrags ist zu dem Zahlungstermin, der auf den Zeitpunkt der Antragstellung folgt, der zu diesem Termin nach Absatz 6 Satz 4 fällige Jahresbetrag zuzüglich der noch nicht fälligen Jahresbeträge abgezinst mit einem Zinssatz von 5,5 Prozent zu entrichten. [4] Mit der Zahlung erlischt der gesamte Anspruch. [5] Die Sätze 3 und 4 sind in den Fällen des Absatzes 6 Satz 7,[2] des Absatzes 8 und des Absatzes 9 Satz 1 und 2 von Amts wegen anzuwenden.

(8)[1] Bei Liquidationen, die nach dem 31. Dezember 2006 beginnen, werden alle entstandenen und festgesetzten Körperschaftsteuererhöhungsbeträge an dem 30. September fällig, der auf den Zeitpunkt der Erstellung der Liquidationseröffnungsbilanz folgt.

(9)[1] [1] Geht das Vermögen einer unbeschränkt steuerpflichtigen Körperschaft oder Personenvereinigung durch einen der in § 1 Abs. 1 Nr. 1 des Umwandlungssteuergesetzes vom 7. Dezember 2006 (BGBl. I S. 2782, 2791) in der jeweils geltenden Fassung genannten Vorgänge ganz oder teilweise auf eine nicht unbeschränkt steuerpflichtige Körperschaft oder Personenvereinigung über oder verlegt eine unbeschränkt steuerpflichtige Körperschaft oder Personenvereinigung ihren Sitz oder Ort der Geschäftsleitung und endet dadurch ihre unbeschränkte Steuerpflicht, werden alle entstandenen und festgesetzten Körperschaftsteuererhöhungsbeträge an dem 30. September fällig, der auf den Zeitpunkt des Vermögensübergangs oder des Wegzugs folgt. [2] Ist eine Festsetzung nach Absatz 6 noch nicht erfolgt, ist der gesamte Anspruch innerhalb eines Monats nach Bekanntgabe des Bescheids fällig. [3] Satz 1 gilt nicht, wenn der übernehmende Rechtsträger in einem anderen Mitgliedstaat der Europäischen Union unbeschränkt steuerpflichtig ist oder die Körper-

---

[1] § 38 Abs. 6 bis 9 angef. durch G v. 20.12.2007 (BGBl. I S. 3150); zur Anwendung von § 38 in der bish. Fassung siehe § 34 Abs. 13 und 14.
[2] Verweis geänd. mWv VZ 2010 durch G v. 8.12.2010 (BGBl. I S. 1768).

schaft oder Personenvereinigung in den Fällen des Wegzugs in einem anderen Mitgliedstaat der Europäischen Union unbeschränkt steuerpflichtig wird.

(10)[1] § 37 Abs. 6 und 7 gilt entsprechend.

§ 39 Einlagen der Anteilseigner und Sonderausweis. (1) Ein sich nach 36 Abs. 7 ergebender positiver Endbetrag des Teilbetrags im Sinne des § 30 Abs. 2 Nr. 4 des Körperschaftsteuergesetzes in der Fassung der Bekanntmachung vom 22. April 1999 (BGBl. I S. 817), das zuletzt durch Artikel 4 des Gesetzes vom 14. Juli 2000 (BGBl. I S. 1034) geändert worden ist, wird als Anfangsbestand des steuerlichen Einlagekontos im Sinne des § 27 erfasst.

(2) Der nach § 47 Abs. 1 Satz 1 Nr. 2 in der Fassung des Artikels 4 des Gesetzes vom 14. Juli 2000 (BGBl. I S. 1034) zuletzt festgestellte Betrag wird als Anfangsbestand in die Feststellung nach § 28 Abs. 1 Satz 3[2] einbezogen.

§ 40[3] *(aufgehoben)*

---

[1] § 38 Abs. 10 angef. durch G v. 20.12.2007 (BGBl. I S. 3150); zur Anwendung von § 38 in der bish. Fassung siehe § 34 Abs. 13 und 14.

[2] Verweis geänd. durch G v. 9.12.2004 (BGBl. I S. 3310).

[3] § 40 aufgeh. mWv VZ 2008 durch G v. 20.12.2007 (BGBl. I S. 3150); zur weiteren Anwendung siehe § 34 Abs. 13 und 14.

110. Körperschaftsteuer–Durchführungs-
verordnung 1994 (KStDV 1994)[1) · 2)]

In der Fassung der Bekanntmachung vom 22. Februar 1996
(BGBl. I S. 365)

Geändert durch Steuer-Euroglättungsgesetz vom 19. 12. 2000 (BGBl. I S. 1790), Verordnung zur Änderung steuerlicher Verordnungen vom 17. 11. 2010 (BGBl. I S. 1544) und Gesetz zur Modernisierung der Finanzaufsicht über Versicherungen vom 1. 4. 2015 (BGBl. I S. 434)

BGBl. III/FNA 611-4-6

Zu § 5 Abs. 1 Nr. 3 des Gesetzes

§ 1 Allgemeines. Rechtsfähige Pensions-, Sterbe-, Kranken- und Unterstützungskassen sind nur dann eine soziale Einrichtung im Sinne des § 5 Abs. 1 Nr. 3 Buchstabe b des Gesetzes, wenn sie die folgenden Voraussetzungen erfüllen:

1. Die Leistungsempfänger dürfen sich in der Mehrzahl nicht aus dem Unternehmer oder dessen Angehörigen und bei Gesellschaften in der Mehrzahl nicht aus den Gesellschaftern oder deren Angehörigen zusammensetzen.

2. Bei Auflösung der Kasse darf ihr Vermögen vorbehaltlich der Regelung in § 6 des Gesetzes satzungsmäßig nur den Leistungsempfängern oder deren Angehörigen zugute kommen oder für ausschließlich gemeinnützige oder mildtätige Zwecke verwendet werden.

3. Außerdem müssen bei Kassen mit Rechtsanspruch der Leistungsempfänger die Voraussetzungen des § 2, bei Kassen ohne Rechtsanspruch der Leistungsempfänger die Voraussetzungen des § 3 erfüllt sein.

§ 2 Kassen mit Rechtsanspruch der Leistungsempfänger. (1) Bei rechtsfähigen Pensions- oder Sterbekassen, die den Leistungsempfängern einen Rechtsanspruch gewähren, dürfen die jeweils erreichten Rechtsansprüche der Leistungsempfänger vorbehaltlich des Absatzes 2 die folgenden Beträge nicht übersteigen:

als Pension	25 769 Euro[3)] jährlich,
als Witwengeld	17 179 Euro[3)] jährlich,
als Waisengeld	5 154 Euro[3)] jährlich für jede Halbwaise,
	10 308 Euro[3)] jährlich für jede Vollwaise,
als Sterbegeld	7 669 Euro[3)] als Gesamtleistung.

[1)] Neubekanntmachung der KStDV idF der Bek. v. 31. 7. 1984 (BGBl. I S. 1055) auf Grund des § 53 Abs. 2 Nr. 2 KStG idF der Bek. v. 11. 3. 1991 (BGBl. I S. 638) in der ab 18. 12. 1993 geltenden Fassung.

[2)] Vgl. die Körperschaftsteuer-Richtlinien **(Steuerrichtlinien Nr. 100).**

[3)] Beträge geänd. durch G v. 19. 12. 2000 (BGBl. I S. 1790).

(2) [1]Die jeweils erreichten Rechtsansprüche, mit Ausnahme des Anspruchs auf Sterbegeld, dürfen in nicht mehr als 12 vom Hundert aller Fälle auf höhere als die in Absatz 1 bezeichneten Beträge gerichtet sein. [2]Dies gilt in nicht mehr als 4 vom Hundert aller Fälle uneingeschränkt. [3]Im Übrigen dürfen die jeweils erreichten Rechtsansprüche die folgenden Beträge nicht übersteigen:

als Pension	38 654 Euro[1]) jährlich,
als Witwengeld	25 769 Euro[1]) jährlich,
als Waisengeld	7 731 Euro[1]) jährlich für jede Halbwaise,
	15 461 Euro[1]) jährlich für jede Vollwaise.

§ 3 Kassen ohne Rechtsanspruch der Leistungsempfänger. Rechtsfähige Unterstützungskassen[2]), die den Leistungsempfängern keinen Rechtsanspruch gewähren, müssen die folgenden Voraussetzungen erfüllen:

1. Die Leistungsempfänger dürfen zu laufenden Beiträgen oder zu sonstigen Zuschüssen nicht verpflichtet sein.
2. Den Leistungsempfängern oder den Arbeitnehmervertretungen des Betriebs oder der Dienststelle muß satzungsgemäß und tatsächlich das Recht zustehen, an der Verwaltung sämtlicher Beträge, die der Kasse zufließen, beratend mitzuwirken.
3. Die laufenden Leistungen und das Sterbegeld dürfen die in § 2 bezeichneten Beträge nicht übersteigen.

Zu § 5 Abs. 1 Nr. 4 des Gesetzes

§ 4 Kleinere Versicherungsvereine. Kleinere Versicherungsvereine auf Gegenseitigkeit im Sinne des *§ 53 des Gesetzes über die Beaufsichtigung der privaten Versicherungsunternehmungen in der im Bundesgesetzblatt Teil III, Gliederungsnummer 7631-1, veröffentlichten bereinigten Fassung, zuletzt geändert durch das Gesetz vom 18. Dezember 1975 (BGBl. I S. 3139),* **[ab VZ 2016:** § 210 des Versicherungsaufsichtsgesetzes][3]) sind von der Körperschaftsteuer befreit, wenn

1. ihre Beitragseinnahmen im Durchschnitt der letzten drei Wirtschaftsjahre einschließlich des im Veranlagungszeitraum endenden Wirtschaftsjahrs die folgenden Jahresbeträge nicht überstiegen haben:

   a) 797 615 Euro[1]) bei Versicherungsvereinen, die die Lebensversicherung oder die Krankenversicherung betreiben,

   b) 306 775 Euro[1]) bei allen übrigen Versicherungsvereinen oder

---

[1]) Beträge geänd. durch G v. 19. 12. 2000 (BGBl. I S. 1790).
[2]) Die nach dem PostpersonalrechtsG errichteten Unterstützungskassen sind ab ihrer Gründung von der Körperschaftsteuer befreit. § 4d EStG ist nicht anzuwenden. Vgl. § 15 Abs. 3 PostpersonalrechtsG v. 14. 9. 1994 (BGBl. I S. 2325, 2353), zuletzt geänd. durch G v. 5. 2. 2009 (BGBl. I S. 160).
[3]) Verweis geänd. mWv VZ 2016 durch G v. 1. 4. 2015 (BGBl. I S. 434).

2. sich ihr Geschäftsbetrieb auf die Sterbegeldversicherung beschränkt und sie im übrigen die Voraussetzungen des § 1 erfüllen.

Zu § 26 Abs. 3 des Gesetzes

§ 5[1] *(aufgehoben)*

Schlußvorschrift

§ 6[2] **Anwendungszeitraum.** Die Körperschaftsteuer-Durchführungsverordnung in der am 1. Januar 2016 geltenden Fassung ist erstmals für den Veranlagungszeitraum 2016 anzuwenden.

§ 7[3] Inkrafttreten

Anlage (zu § 5)[1] *(aufgehoben)*

---

[1] § 5 sowie die dazugehörige Anlage aufgeh. durch VO v. 17. 11. 2010 (BGBl. I S. 1544).
[2] § 6 neu gef. durch G v. 1. 4. 2015 (BGBl. I S. 434).
[3] Die VO in ihrer ursprünglichen Fassung trat am 24. 6. 1977 in Kraft. Das Inkrafttreten der späteren Änderungen ergibt sich aus den jeweiligen Änderungsbestimmungen.

111. Verordnung über die steuerliche Begünstigung von Wasserkraftwerken

Vom 26. Oktober 1944 (RGBl. I S. 278)

Geändert durch Gesetz vom 26. 7. 1957 (BGBl. I S. 807), Steueränderungsgesetz 1968 vom 20. 2. 1969 (BGBl. I S. 141), Steueränderungsgesetz 1977 vom 16. 8. 1977 (BGBl. I S. 1586), Steuerbereinigungsgesetz 1985 vom 14. 12. 1984 (BGBl. I S. 1493) und Gesetz über die weitere Bereinigung von Bundesrecht vom 8. 12. 2010 (BGBl. I S. 1864)

BGBl. III 610-6-2

Auf Grund des § 12 der Reichsabgabenordnung wird im Einvernehmen mit dem Reichsminister des Innern und dem Generalinspektor für Wasser und Energie verordnet:

§ 1 Steuerbegünstigte Unternehmen. Unternehmen, die elektrische Arbeit durch Wasserkräfte erzeugen, werden nach Maßgabe dieser Verordnung steuerlich begünstigt.

§ 2 Steuerbegünstigte Anlagen. (1) [1]Die steuerliche Begünstigung erstreckt sich nur auf die Anlagen zur Erzeugung elektrischer Arbeit durch Wasserkräfte (Wasserkraftwerke). [2]Zu den Wasserkraftwerken gehören auch die Anlagen zur Fortleitung der erzeugten elektrischen Arbeit bis zu den Abspannketten der Fernleitungen.

(2) Die steuerliche Begünstigung kann auf Antrag auch für die Anlagen zur Fortleitung des Stroms aus steuerbegünstigten Wasserkraftwerken gewährt werden.

§ 3[1] Voraussetzung der steuerlichen Begünstigung. Die steuerliche Begünstigung tritt nur ein, wenn der Baubeginn der Anlagen in die Zeit vom 1. Januar 1938 bis zum 31. Dezember 1990 fällt.

§ 4 Einkommensteuer und Körperschaftsteuer. (1) Die Einkommensteuer oder die Körperschaftsteuer, die auf den Gewinn aus den steuerbegünstigten Anlagen entfällt, ermäßigt sich ab dem Betriebsbeginn für die Dauer von zwanzig Jahren auf die Hälfte der gesetzlichen Beträge.

(2)[2] Die Bundesregierung wird ermächtigt, mit Zustimmung des Bundesrates durch Rechtsverordnung Vorschriften über die Ermittlung des steuerbegünstigten Gewinns für den Fall zu erlassen, daß ein Unternehmen steuerbegünstigte und nicht steuerbegünstigte Anlagen unterhält.

---

[1] § 3 neu gef. durch G v. 16. 8. 1977 (BGBl. I S. 1586) und geänd. durch G v. 14. 12. 1984 (BGBl. I S. 1493).
[2] § 4 Abs. 2 neu gef. durch G v. 26. 7. 1957 (BGBl. I S. 807).

§ 5 Vermögensteuer und *Aufbringungsumlage*. [1]Die Vermögensteuer *und die Aufbringungsumlage,* die auf die steuerbegünstigten Anlagen entfallen, sind während der Bauzeit nicht zu entrichten. [2]Sie ermäßigen sich ab dem Betriebsbeginn für die Dauer von zwanzig Jahren auf die Hälfte der gesetzlichen Beträge.

§ 6 Gewerbesteuer. (1) Die einheitlichen Gewerbesteuermeßbeträge, die auf die steuerbegünstigten Anlagen entfallen, ermäßigen sich ab dem Betriebsbeginn für die Dauer von zwanzig Jahren auf die Hälfte der gesetzlichen Beträge.

(2)[1] *(aufgehoben)*

§ 7[2] Absetzung für Abnutzung. (1) Die Summe der Absetzungen für Abnutzung auf die Wirtschaftsgüter, die zu den steuerbegünstigten Anlagen gehören, muß für die gesamte Dauer der Steuerbegünstigung bei den Wasserkraftwerken mindestens 25 vom Hundert, bei den Fortleitungsanlagen (§ 2 Abs. 2) mindestens 40 vom Hundert der Anschaffungs- oder Herstellungskosten betragen.

(2) [1]Die Bundesregierung wird ermächtigt, mit Zustimmung des Bundesrates durch Rechtsverordnung zu bestimmen, wie der Gesamtbetrag der Absetzung für Abnutzung auf die einzelnen Jahre zu verteilen ist. [2]Bleibt die Summe der Absetzungen für Abnutzung eines Jahres hinter dem danach maßgebenden Betrag zurück, so tritt die steuerliche Begünstigung für dieses Jahr nicht ein.

§ 8[3]. *(aufgehoben)*

§ 9. *(gegenstandslos)*

§ 10[4] Anwendungsvorschriften. (1) Die Bestimmungen dieser Verordnung sind erstmalig anzuwenden:

a) bei der Veranlagung zur Einkommensteuer und zur Körperschaftsteuer für das Kalenderjahr 1943;

b) bei der Veranlagung zur Vermögensteuer und zur Aufbringungsumlage für das Rechnungsjahr 1943;

c) bei der Festsetzung der einheitlichen Gewerbesteuermeßbeträge für das Kalenderjahr 1943.

(2), (3) [Übergangsvorschrift]

---

[1] § 6 Abs. 2 aufgeh. durch G v. 8. 12. 2010 (BGBl. I S. 1864).
[2] § 7 Abs. 2 Satz 1 neu gef. durch G v. 26. 7. 1957 (BGBl. I S. 807).
[3] § 8 aufgeh. durch G v. 14. 12. 1984 (BGBl. I S. 1493).
[4] § 10 Überschrift neu gef. und Abs. 3 angef. durch G v. 14. 12. 1984 (BGBl. I S. 1493).

112. Verordnung über die Steuerbegünstigung von Stiftungen, die an die Stelle von Familienfideikommissen getreten sind

Vom 13. Februar 1926 (RGBl. I S. 101)

BGBl. III 611-4-3

Auf Grund des § 108 Abs. 2 der Reichsabgabenordnung wird mit Zustimmung des Reichsrats folgendes bestimmt:

§ 1 [Voraussetzungen] Ist eine Vermögensmasse, die zu einem standesherrlichen Hausvermögen, einem Familienfideikommiß, einem Lehen oder einem Erbstammgut gehört hat, ganz oder zum Teil nach den für die Auflösung geltenden Vorschriften in eine Stiftung umgewandelt worden, so bleiben bei der Veranlagung einer solchen Stiftung zur Körperschaftsteuer die Einkünfte außer Ansatz, die an die nach der Stiftungssatzung bezugsberechtigten, unbeschränkt einkommensteuerpflichtigen Familienmitglieder verteilt werden.

§ 2 [Anwendungsbereich] Diese Verordnung gilt erstmalig für den ersten Steuerabschnitt, für den nach dem Körperschaftsteuergesetz vom 10. August 1925 (Reichsgesetzbl. I S. 208) eine Stiftung der in § 1 bezeichneten Art zur Körperschaftsteuer zu veranlagen ist.

120. Investmentsteuergesetz 2018
(InvStG 2018)

Vom 19. Juli 2016 (BGBl. I S. 1730; ber. BGBl. I S. 3000, 3014)

Geändert durch Gesetz zur Bekämpfung der Steuerumgehung und zur Änderung weiterer steuerlicher Vorschriften (Steuerumgehungsbekämpfungsgesetz – StUmgBG) vom 23.6.2017 (BGBl. I S. 1682), Gesetz zur Vermeidung von Umsatzsteuerausfällen beim Handel mit Waren im Internet und zur Änderung weiterer steuerlicher Vorschriften vom 11.12.2018 (BGBl. I S. 2338), Gesetz zur weiteren steuerlichen Förderung der Elektromobilität und zur Änderung weiterer steuerlicher Vorschriften vom 12.12.2019 (BGBl. I S. 2451), Jahressteuergesetz 2020 (JStG 2020) vom 21.12.2020 (BGBl. I S. 3096), Gesetz zur Modernisierung der Entlastung von Abzugsteuern und der Bescheinigung der Kapitalertragsteuer (Abzugsteuerentlastungsmodernisierungsgesetz – AbzStEntModG) vom 2.6.2021 (BGBl. I S. 1259), Fondsstandortgesetz vom 3.6.2021 (BGBl. I S. 1498), Gesetz zur Umsetzung der Anti-Steuervermeidungsrichtlinie (ATAD-Umsetzungsgesetz – ATADUmsG) vom 25.6.2021 (BGBl. I S. 2035), Gesetz zur Modernisierung des Körperschaftsteuerrechts vom 25.6.2021 (BGBl. I S. 2050) und Jahressteuergesetz 2022 (JStG 2022) vom 16.12.2022 (BGBl. I S. 2294)

BGBl. III/FNA 610-6-18

Inhaltsübersicht

Kapitel 1. Allgemeine Regelungen

§ 1 Anwendungsbereich. (1) Dieses Gesetz ist anzuwenden auf Investmentfonds und deren Anleger.

(2)[1] [1]Investmentfonds sind Investmentvermögen nach § 1 Absatz 1 des Kapitalanlagegesetzbuchs. [*ab 1.1.2021:* [2]Für Zwecke dieses Gesetzes besteht
keine Bindungswirkung an die aufsichtsrechtliche Entscheidung nach § 5 Absatz 3 des Kapitalanlagegesetzbuches.] [3]Als Investmentfonds im Sinne dieses
Gesetzes gelten auch

1. Organismen für gemeinsame Anlagen, bei denen die Zahl der möglichen
   Anleger auf einen Anleger begrenzt ist, wenn die übrigen Voraussetzungen
   des § 1 Absatz 1 des Kapitalanlagegesetzbuchs erfüllt sind,
2. Kapitalgesellschaften, denen nach dem Recht des Staates, in dem sie ihren
   Sitz oder ihre Geschäftsleitung haben, eine operative unternehmerische Tätigkeit untersagt ist und die keiner Ertragsbesteuerung unterliegen oder die
   von der Ertragsbesteuerung befreit sind, und
3. von AIF-Kapitalverwaltungsgesellschaften verwaltete Investmentvermögen
   nach § 2 Absatz 3 des Kapitalanlagegesetzbuchs.

(3)[2] [1]Keine Investmentfonds im Sinne dieses Gesetzes sind

1. Gesellschaften, Einrichtungen und Organisationen nach § 2 Absatz 1 und 2
   des Kapitalanlagegesetzbuchs,
2. Investmentvermögen in der Rechtsform einer Personengesellschaft oder
   einer vergleichbaren ausländischen Rechtsform, es sei denn, es handelt sich
   um Organismen für gemeinsame Anlagen in Wertpapieren nach § 1 Absatz 2 des Kapitalanlagegesetzbuchs oder um Altersvorsorgevermögenfonds
   nach § 53,
3. Unternehmensbeteiligungsgesellschaften nach § 1a Absatz 1 des Gesetzes
   über Unternehmensbeteiligungsgesellschaften,
4. Kapitalbeteiligungsgesellschaften, die im öffentlichen Interesse mit Eigenmitteln oder mit staatlicher Hilfe Beteiligungen erwerben, und
5. REIT-Aktiengesellschaften nach § 1 Absatz 1 des REIT-Gesetzes und andere REIT-Körperschaften, -Personenvereinigungen oder -Vermögensmas-
   sen nach § 19 Absatz 5 des REIT-Gesetzes.

[2]Sondervermögen und vergleichbare ausländische Rechtsformen gelten nicht
als Personengesellschaft im Sinne des Satzes 1 Nummer 2. [*ab 1.1.2022:*
[3]Investmentvermögen in der Rechtsform einer Personengesellschaft sind auch

---

[1] § 1 Abs. 2 Satz 2 eingef., bish. Satz 2 wird Satz 3 durch G v. 21.12.2020 (BGBl. I
S. 3096); zur Anwendung siehe § 57 Abs. 2 Nr. 1.
[2] § 1 Abs. 3 Satz 3 eingef. durch G v. 25.6.2021 (BGBl. I S. 2050); zur Anwendung siehe
§ 57 Abs. 6 Nr. 1.

dann keine Investmentfonds, wenn sie nach § 1a des Körperschaftsteuergesetzes zur Körperschaftsbesteuerung optiert haben.]

(4) Haftungs- und vermögensrechtlich voneinander getrennte Teile eines Investmentfonds gelten für die Zwecke dieses Gesetzes als eigenständige Investmentfonds.

§ 2 Begriffsbestimmungen. (1) Die Begriffsbestimmungen des Kapitalanlagegesetzbuchs gelten entsprechend, soweit sich keine abweichenden Begriffsbestimmungen aus diesem Gesetz ergeben.

(2) Ein inländischer Investmentfonds ist ein Investmentfonds, der dem inländischen Recht unterliegt.

(3) Ein ausländischer Investmentfonds ist ein Investmentfonds, der ausländischem Recht unterliegt.

(4) [1] Investmentanteil ist der Anteil an einem Investmentfonds, unabhängig von der rechtlichen Ausgestaltung des Anteils oder des Investmentfonds. [2] Spezial-Investmentanteil ist der Anteil an einem Spezial-Investmentfonds, unabhängig von der rechtlichen Ausgestaltung des Anteils oder des Spezial-Investmentfonds.

(5) [1] Ein Dach-Investmentfonds ist ein Investmentfonds, der Investmentanteile an einem anderen Investmentfonds (Ziel-Investmentfonds) hält. [2] Ein Dach-Spezial-Investmentfonds ist ein Spezial-Investmentfonds, der Spezial-Investmentanteile an einem anderen Spezial-Investmentfonds (Ziel-Spezial-Investmentfonds) hält.

[Fassung bis 10.8.2018:]

(6) Aktienfonds sind Investmentfonds, die gemäß den Anlagebedingungen fortlaufend mindestens 51 Prozent ihres Wertes in Kapitalbeteiligungen anlegen.

[Fassung ab 11.8.2018:][1)]

(6) [1] Aktienfonds sind Investmentfonds, die gemäß den Anlagebedingungen fortlaufend mehr als 50 Prozent ihres Aktivvermögens in Kapitalbeteiligungen anlegen (Aktienfonds-Kapitalbeteiligungsquote). [2] Ein Dach-Investmentfonds ist auch dann ein Aktienfonds, wenn der Dach-Investmentfonds nach seinen Anlagebedingungen verpflichtet ist, derart in Ziel-Investmentfonds zu investieren, dass fortlaufend die Aktienfonds-Kapitalbeteiligungsquote erreicht wird und die Anlagebedingungen vorsehen, dass der Dach-Investmentfonds für die Einhaltung der Aktienfonds-Kapitalbeteiligungsquote auf die bewertungstäglich von den Ziel-Investmentfonds veröffentlichten tatsäch-

---

[1)] § 2 Abs. 6 neu gef. durch G v. 11.12.2018 (BGBl. I S. 2338); zur Anwendung siehe § 56 Abs. 1 Satz 5 und Abs. 1a.

[Fassung bis 10.8.2018:]

[Fassung ab 11.8.2018:]

lichen Kapitalbeteiligungsquoten abstellt. ³Satz 2 ist nur auf Ziel-Investmentfonds anzuwenden, die mindestens einmal pro Woche eine Bewertung vornehmen. ⁴In dem Zeitpunkt, in dem der Investmentfonds wesentlich gegen die Anlagebedingungen verstößt und dabei die Aktienfonds-Kapitalbeteiligungsquote unterschreitet, endet die Eigenschaft als Aktienfonds.

(7) Mischfonds sind Investmentfonds, die gemäß den Anlagebedingungen fortlaufend mindestens 25 Prozent ihres Wertes in Kapitalbeteiligungen anlegen.

(7) ¹Mischfonds sind Investmentfonds, die gemäß den Anlagebedingungenfortlaufendmindestens 25 Prozent ihres Aktivvermögens in Kapitalbeteiligungen anlegen (Mischfonds-Kapitalbeteiligungsquote). ²Ein Dach-Investmentfonds ist auch dann ein Mischfonds, wenn der Dach-Investmentfonds nach seinen Anlagebedingungen verpflichtet ist, derart in Ziel-Investmentfonds zu investieren, dass fortlaufend die Mischfonds-Kapitalbeteiligungsquote erreicht wird und die Anlagebedingungen vorsehen, dass der Dach-Investmentfonds für deren Einhaltung auf die bewertungstäglich von den Ziel-Investmentfonds veröffentlichten tatsächlichen Kapitalbeteiligungsquoten abstellt. ³Satz 2 ist nur auf Ziel-Investmentfonds anzuwenden, die mindestens einmal pro Woche eine Bewertung vornehmen. ⁴Absatz 6 Satz 4 ist entsprechend anzuwenden.

(8) ¹Kapitalbeteiligungen sind

1. zum amtlichen Handel an einer Börse zugelassene oder auf einem organisierten Markt notierte Anteile an einer Kapitalgesellschaft,

2. Anteile an einer Kapitalgesellschaft, die keine Immobilien-Gesellschaft ist und die

   a) in einem Mitgliedstaat der Europäischen Union oder in einem anderen Vertragsstaat des Abkommens über den Europäischen Wirtschaftsraum ansässig ist und dort der Ertragsbesteuerung für Kapitalgesellschaften unterliegt und nicht von ihr befreit ist, oder

b) in einem Drittstaat ansässig ist und dort einer Ertragsbesteuerung für Kapitalgesellschaften in Höhe von mindestens 15 Prozent unterliegt und nicht von ihr befreit ist,

3. Investmentanteile an Aktienfonds in Höhe von 51 Prozent des Wertes des Investmentanteils oder

4. Investmentanteile an Mischfonds in Höhe von 25 Prozent des Wertes des Investmentanteils.

[Fassung bis 10.8.2018:]

²Mit Ausnahme der Fälle des Satzes 1 Nummer 3 oder 4 gelten Investmentanteile nicht als Kapitalbeteiligungen.

[Fassung ab 11.8.2018:]

²Sieht ein Aktienfonds in seinen Anlagebedingungen einen höheren Prozentsatz als 51 Prozent seines Aktivvermögens für die fortlaufende Mindestanlage in Kapitalbeteiligungen vor, gilt abweichend von Satz 1 Nummer 3 der Investmentanteil im Umfang dieses höheren Prozentsatzes als Kapitalbeteiligung. ³Sieht ein Mischfonds in seinen Anlagebedingungen einen höheren Prozentsatz als 25 Prozent seines Aktivvermögens für die fortlaufende Mindestanlage in Kapitalbeteiligungen vor, gilt abweichend von Satz 1 Nummer 4 der Investmentanteil im Umfang dieses höheren Prozentsatzes als Kapitalbeteiligung. ⁴Im Übrigen gelten Investmentanteile nicht als Kapitalbeteiligungen.

[ab 1.1.2020: ⁵Auch nicht als Kapitalbeteiligungen gelten

1. [1])Anteile an Personengesellschaften, auch wenn die Personengesellschaften Anteile an Kapitalgesellschaften halten *[ab 1.1.2022:* oder wenn die Personengesellschaften nach § 1a des Körperschaftsteuergesetzes zur Körperschaftsbesteuerung optiert haben]*,

2. Anteile an Kapitalgesellschaften, die nach Absatz 9 Satz 6 als Immobilien gelten,

3. Anteile an Kapitalgesellschaften, die von der Ertragsbesteuerung

---

[1]) § 2 Abs. 8 Satz 5 Nr. 1 geänd. mWv 1.1.2022 durch G v. 25.6.2021 (BGBl. I S. 2050).

befreit sind, soweit sie Ausschüttungen vornehmen, es sei denn, die Ausschüttungen unterliegen einer Besteuerung von mindestens 15 Prozent und der Investmentfonds ist nicht davon befreit und

4. Anteile an Kapitalgesellschaften,

a) deren Einnahmen unmittelbar oder mittelbar zu mehr als 10 Prozent aus Beteiligungen an Kapitalgesellschaften stammen, die nicht die Voraussetzungen des Satzes 1 Nummer 2 erfüllen oder

(Fortsetzung nächstes Blatt)

b) die unmittelbar oder mittelbar Beteiligungen an Kapitalgesellschaften halten, die nicht die Voraussetzungen des Satzes 1 Nummer 2 erfüllen, wenn der gemeine Wert derartiger Beteiligungen mehr als 10 Prozent des gemeinen Werts der Kapitalgesellschaften beträgt.]¹⁾

*[Fassung bis 11.8.2018:]*²⁾

(9) ¹Immobilienfonds sind Investmentfonds, die gemäß den Anlagebedingungen fortlaufend mehr als 50 Prozent ihres Aktivvermögens in Immobilien anlegen. ²Investmentanteile an Immobilienfonds gelten in Höhe von 51 Prozent des Wertes des Investmentanteils als Immobilien. ³Sieht ein Immobilienfonds in seinen Anlagebedingungen einen höheren Prozentsatz als 51 Prozent seines Aktivvermögens für die fortlaufende Mindestanlage in Immobilien vor, gilt der Investmentanteil im Umfang dieses höheren Prozentsatzes als Immobilie. ⁴Absatz 6 Satz 4 ist entsprechend anzuwenden.

*[Fassung ab 1.1.2020:]*³⁾

(9) ¹Immobilienfonds sind Investmentfonds, die gemäß den Anlagebedingungen fortlaufend mehr als 50 Prozent ihres Aktivvermögens in Immobilien und Immobilien-Gesellschaften anlegen (Immobilienfondsquote). ²Auslands-Immobilienfonds sind Investmentfonds, die gemäß den Anlagebedingungen fortlaufend mehr als 50 Prozent ihres Aktivvermögens in ausländische Immobilien und Auslands-Immobiliengesellschaften anlegen (Auslands-Immobilienfondsquote). ³Auslands-Immobiliengesellschaften sind Immobilien-Gesellschaften, die ausschließlich in ausländische Immobilien investieren. ⁴Investmentanteile an Immobilienfonds oder an Auslands-Immobilienfonds gelten in Höhe von 51 Prozent des Wertes des Investmentanteils als Immobilien. ⁵Sieht ein Immobilienfonds oder ein Auslands-Immobilienfonds in seinen Anlagebedingungen einen höheren Prozentsatz als 51 Prozent seines Aktivvermögens für die fortlaufende Mindestanlage in Immobilien vor, gilt der Investmentanteil im Umfang dieses höheren

---

¹⁾ § 2 Abs. 8 Satz 5 angef. durch G v. 12.12.2019 (BGBl. I S. 2451); zur Anwendung siehe § 57 Abs. 1 Satz 1 Nr. 1.
²⁾ § 2 Abs. 9 neu gef., Abs. 9a angef. durch G v. 11.12.2018 (BGBl. I S. 2338); zur Anwendung siehe § 56 Abs. 1 Satz 5 und Abs. 1a.
³⁾ § 2 Abs. 9 neu gef. mWv 1.1.2020 (§ 57 Abs. 1 Satz 1 Nr. 1) durch G v. 12.12.2019 (BGBl. I S. 2451).

[Fassung ab 1.1.2020:]
Prozentsatzes als Immobilie. ⁶Anteile an Körperschaften, Personenvereinigungen oder Vermögensmassen, bei denen nach gesetzlichen Bestimmungen oder nach deren Anlagebedingungen das Bruttovermögen zu mindestens 75 Prozent aus unbeweglichem Vermögen besteht, gelten in Höhe von 75 Prozent des Wertes der Anteile als Immobilien, wenn die Körperschaften, Personenvereinigungen oder Vermögensmassen einer Ertragsbesteuerung in Höhe von mindestens 15 Prozent unterliegen und nicht von ihr befreit sind oder wenn deren Ausschüttungen einer Besteuerung von mindestens 15 Prozent unterliegen und der Investmentfonds nicht davon befreit ist. ⁷Absatz 6 Satz 4 ist entsprechend anzuwenden.

[ab 11.8.2018:
(9a)¹⁾ ¹Die Höhe des Aktivvermögens bestimmt sich nach dem Wert der Vermögensgegenstände des Investmentfonds ohne Berücksichtigung von Verbindlichkeiten des Investmentfonds. ²Anstelle des Aktivvermögens darf in den Anlagebedingungen auf den Wert des Investmentfonds abgestellt werden. ³Bei der Ermittlung des Umfangs des in Kapitalbeteiligungen angelegten Vermögens sind in den Fällen des Satzes 2 die Kredite entsprechend dem Anteil der Kapitalbeteiligungen am Wert aller Vermögensgegenstände abzuziehen. ⁴Satz 3 gilt entsprechend für die Ermittlung des Umfangs des in Immobilien angelegten Vermögens.]*

(10) Anleger ist derjenige, dem der Investmentanteil oder Spezial-Investmentanteil nach § 39 der Abgabenordnung zuzurechnen ist.

(11) Ausschüttungen sind die dem Anleger gezahlten oder gutgeschriebenen Beträge einschließlich des Steuerabzugs auf den Kapitalertrag.

(12) Als Anlagebedingungen gelten auch die Satzung, der Gesellschaftsvertrag oder vergleichbare konstituierende Rechtsakte eines Investmentfonds.

(13)²⁾ Als Veräußerung von Investmentanteilen und Spezial-Investmentanteilen gilt auch deren Rückgabe, Abtretung, Entnahme oder verdeckte Einlage in eine Kapitalgesellschaft *[ab 1.1.2020:* sowie eine beendete Abwicklung oder Liquidation des Investmentfonds oder Spezial-Investmentfonds]*.

---

¹⁾ § 2 Abs. 9a angef. durch G v. 11.12.2018 (BGBl. I S. 2338); zur Anwendung siehe § 56 Abs. 1 Satz 5 und Abs. 1a.
²⁾ § 2 Abs. 13 geänd. durch G v. 12.12.2019 (BGBl. I S. 2451); zur Anwendung siehe § 57 Abs. 1 Satz 1 Nr. 1.

(14) Der Gewinnbegriff umfasst auch Verluste aus einem Rechtsgeschäft.

(15) Ein Amts- und Beitreibungshilfe leistender ausländischer Staat ist ein Mitgliedstaat der Europäischen Union oder ein Drittstaat, der

1. der Bundesrepublik Deutschland Amtshilfe gemäß der Amtshilferichtlinie im Sinne des § 2 Absatz 2 des EU-Amtshilfegesetzes oder gemäß vergleichbaren völkerrechtlichen Vereinbarungen leistet und

2. die Bundesrepublik Deutschland bei der Beitreibung von Forderungen gemäß der Beitreibungsrichtlinie im Sinne des § 2 Absatz 2 des EU-Beitreibungsgesetzes oder gemäß vergleichbaren völkerrechtlichen Vereinbarungen unterstützt.

[*ab 1.1.2022:*

(16)[1]) Anteile an Personengesellschaften, die nach § 1a des Körperschaftsteuergesetzes zur Körperschaftsbesteuerung optiert haben, gelten für die Zwecke der §§ 26, 28 und 48 nicht als Beteiligung an einer Kapitalgesellschaft, sondern es sind weiterhin die für Personengesellschaften geltenden Regelungen anzuwenden.]

§ 3 Gesetzlicher Vertreter. (1) [1]Die Rechte und Pflichten eines Investmentfonds nach diesem Gesetz sind von dem gesetzlichen Vertreter des Investmentfonds wahrzunehmen oder zu erfüllen. [2]Die Rechte und Pflichten gegenüber einem Investmentfonds nach diesem Gesetz sind gegenüber dem gesetzlichen Vertreter des Investmentfonds wahrzunehmen oder zu erfüllen.

(2) [1]Als gesetzlicher Vertreter von inländischen Investmentfonds gilt für die Zwecke dieses Gesetzes die Kapitalverwaltungsgesellschaft oder die inländische Betriebsstätte oder Zweigniederlassung einer ausländischen Verwaltungsgesellschaft. [2]Wird der inländische Investmentfonds von einer ausländischen Verwaltungsgesellschaft verwaltet, die über keine inländische Betriebsstätte oder Zweigniederlassung verfügt, so gilt die inländische Verwahrstelle als gesetzlicher Vertreter.

(3) Während der Abwicklung eines inländischen Investmentfonds ist die inländische Verwahrstelle oder der an ihrer Stelle bestellte Liquidator gesetzlicher Vertreter des Investmentfonds.

(4) Die Verwaltungsgesellschaft eines ausländischen Investmentfonds gilt als gesetzlicher Vertreter, sofern kein davon abweichender gesetzlicher Vertreter nachgewiesen wird.

§ 4 Zuständige Finanzbehörden, Verordnungsermächtigung. (1) Für die Besteuerung von Investmentfonds ist das Finanzamt örtlich zuständig, in dessen Bezirk sich die Geschäftsleitung des gesetzlichen Vertreters nach § 3 befindet.

(2) Befindet sich die Geschäftsleitung des gesetzlichen Vertreters außerhalb des Geltungsbereichs dieses Gesetzes, so ist für die Besteuerung des Investmentfonds zuständig

---

[1]) § 2 Abs. 16 angef. durch G v. 25.6.2021 (BGBl. I S. 2050); zur Anwendung siehe § 57 Abs. 6 Nr. 2.

1. das Finanzamt, in dessen Bezirk sich das Vermögen des Investmentfonds oder, wenn dies für mehrere Finanzämter zutrifft, das Finanzamt, in dessen Bezirk sich der wertvollste Teil des Vermögens befindet, sofern der Investmentfonds Einkünfte nach § 6 Absatz 2 erzielt, die keinem Steuerabzug unterliegen,

2. das Bundeszentralamt für Steuern in allen übrigen Fällen.

(3) Das Bundesministerium der Finanzen kann durch Rechtsverordnung mit Zustimmung des Bundesrates die Zuständigkeit nach Absatz 2 Nummer 2 und nach § 9 Absatz 1 Nummer 2 einer anderen Finanzbehörde oder mehreren anderen Finanzbehörden übertragen.

§ 5 Prüfung der steuerlichen Verhältnisse. (1) Die zuständige Finanzbehörde ist zur Überprüfung der steuerlichen Verhältnisse befugt.

(2) ¹Eine Prüfung nach Absatz 1 ist zulässig bei Investmentfonds zur Ermittlung

1. der steuerlichen Verhältnisse des Investmentfonds,

2. der Voraussetzungen für eine Besteuerung als Spezial-Investmentfonds und

3. der Besteuerungsgrundlagen der Anleger.

²Die §§ 194 bis 203 der Abgabenordnung sind entsprechend anzuwenden.

§ 5a Übertragung von Wirtschaftsgütern in einen Investmentfonds. ¹Werden ein oder mehrere Wirtschaftsgüter aus dem Betriebsvermögen eines Anlegers in das Vermögen eines Investmentfonds übertragen, so ist bei der Übertragung der Teilwert anzusetzen. ²Die Übertragung von einem oder mehreren Wirtschaftsgütern aus dem Privatvermögen eines Anlegers in das Vermögen eines Investmentfonds gilt als Veräußerung zum gemeinen Wert. ³Die Sätze 1 und 2 sind unabhängig davon anzuwenden, ob bei der Übertragung der Wirtschaftsgüter neue Investmentanteile ausgegeben werden.

Kapitel 2. Investmentfonds

Abschnitt 1. Besteuerung des Investmentfonds

§ 6 Körperschaftsteuerpflicht eines Investmentfonds. (1)[1] ¹Inländische Investmentfonds gelten als Zweckvermögen nach § 1 Absatz 1 Nummer 5 des Körperschaftsteuergesetzes [*ab 1.1.2020:* und sind unbeschränkt körperschaftsteuerpflichtig]. ²Ausländische Investmentfonds gelten als Vermögensmassen nach § 2 Nummer 1 des Körperschaftsteuergesetzes [*ab 1.1.2020:* und sind beschränkt körperschaftsteuerpflichtig].

---

[1] § 6 Abs. 1 Satz 1 und 2 geänd. durch G v. 12.12.2019 (BGBl. I S. 2451); zur Anwendung siehe § 57 Abs. 1 Satz 1 Nr. 2.

[Fassung bis 31.12.2019:]

(2) ¹Investmentfonds unterliegen mit ihren inländischen Beteiligungseinnahmen, inländischen Immobilienerträgen und sonstigen inländischen Einkünften der Körperschaftsteuer. ²Einkünfte nach Satz 1 sind zugleich inländische Einkünfte nach § 2 Nummer 1 des Körperschaftsteuergesetzes.

[Fassung ab 1.1.2020:]

(2)¹⁾ ¹Investmentfonds sind vorbehaltlich des Satzes 2 steuerbefreit. ²Nicht steuerbefreit sind inländische Beteiligungseinnahmen, inländische Immobilienerträge und sonstige inländische Einkünfte. ³Die nach Satz 2 steuerpflichtigen Einkünfte sind zugleich inländische Einkünfte nach § 2 Nummer 1 des Körperschaftsteuergesetzes.

(3) ¹Inländische Beteiligungseinnahmen sind

1. Einnahmen nach § 43 Absatz 1 Satz 1 Nummer 1 und 1a des Einkommensteuergesetzes und

2. Entgelte, Einnahmen und Bezüge nach § 2 Nummer 2 Buchstabe a bis c des Körperschaftsteuergesetzes.

²Die Regelungen zum Steuerabzug nach § 32 Absatz 3 des Körperschaftsteuergesetzes sind entsprechend anzuwenden.

(4) ¹Inländische Immobilienerträge sind

1. Einkünfte aus der Vermietung und Verpachtung von im Inland belegenen Grundstücken oder grundstücksgleichen Rechten und

2. Gewinne aus der Veräußerung von im Inland belegenen Grundstücken oder grundstücksgleichen Rechten.

²Zur Ermittlung des Gewinns nach Satz 1 Nummer 2 ist § 23 Absatz 3 Satz 1 bis 4 des Einkommensteuergesetzes entsprechend anzuwenden. ³Wertveränderungen, die vor dem 1. Januar 2018 eingetreten sind, sind steuerfrei, sofern der Zeitraum zwischen der Anschaffung und der Veräußerung mehr als zehn Jahre beträgt.

(5)²⁾ ¹Sonstige inländische Einkünfte sind

1. Einkünfte nach § 49 Absatz 1 des Einkommensteuergesetzes mit Ausnahme der Einkünfte nach § 49 Absatz 1 Nummer 2 Buchstabe e des Einkommensteuergesetzes, soweit sie nicht von den Absätzen 3 oder 4 erfasst werden, und

2. bei inländischen Investmentfonds in der Rechtsform einer Investmentaktiengesellschaft darüber hinaus

   a) Einkünfte, die die Investmentaktiengesellschaft oder eines ihrer Teilgesellschaftsvermögen aus der Verwaltung ihres Vermögens erzielt, und

   b) Einkünfte, die die Investmentaktiengesellschaft oder eines ihrer Teilgesellschaftsvermögen aus der Nutzung ihres Investmentbetriebsvermögens nach § 112 Absatz 2 Satz 1 des Kapitalanlagegesetzbuchs erzielt.

---

¹⁾ § 6 Abs. 2 neu gef. durch G v. 12.12.2019 (BGBl. I S. 2451); zur Anwendung siehe § 57 Abs. 1 Satz 1 Nr. 2.
²⁾ § 6 Abs. 5 Satz 2 angef. durch G v. 12.12.2019 (BGBl. I S. 2451); zur Anwendung siehe § 57 Abs. 1 Satz 1 Nr. 2.

[*ab 1.1.2020:* ²Von gewerblichen Einkünften nach § 49 Absatz 1 Nummer 2 des Einkommensteuergesetzes ist nur auszugehen, wenn der Investmentfonds seine Vermögensgegenstände aktiv unternehmerisch bewirtschaftet.]

(6) § 8b des Körperschaftsteuergesetzes ist nicht anzuwenden.

[*ab 1.1.2020:*

(6a)¹⁾ Die Anschaffung oder Veräußerung einer unmittelbaren oder mittelbaren Beteiligung an einer Personengesellschaft gilt als Anschaffung oder Veräußerung der anteiligen Wirtschaftsgüter.]

(7)²⁾ ¹Die Einkünfte sind als Überschuss der Einnahmen über die Werbungskosten, die in einem wirtschaftlichen Zusammenhang zu den Einnahmen stehen, zu ermitteln. ²§ 4 Absatz 5 bis 7 des Einkommensteuergesetzes gilt bei der Ermittlung der Einkünfte nach Satz 1 entsprechend. ³Bei Einkünften, die einem Steuerabzug unterliegen, sind der Ansatz der Werbungskosten sowie eine Verrechnung mit negativen Einkünften ausgeschlossen. [*ab 1.1.2020:* ⁴Weicht das Geschäftsjahr des Investmentfonds vom Kalenderjahr ab, gelten die Einkünfte des Investmentfonds als in dem Kalenderjahr bezogen, in dem sein Geschäftsjahr endet.]

(8) ¹Nicht ausgeglichene negative Einkünfte sind in den folgenden Veranlagungszeiträumen abzuziehen. ²§ 10d Absatz 4 des Einkommensteuergesetzes ist sinngemäß anzuwenden.

§ 7 Erhebung der Kapitalertragsteuer gegenüber Investmentfonds.

(1) ¹Bei Einkünften nach § 6 Absatz 2, die einem Steuerabzug unterliegen, beträgt die Kapitalertragsteuer 15 Prozent des Kapitalertrags. ²Es ist keine Erstattung von Kapitalertragsteuer nach § 44a Absatz 9 Satz 1 des Einkommensteuergesetzes vorzunehmen. ³Wird Solidaritätszuschlag erhoben, so mindert sich die Kapitalertragsteuer in der Höhe, dass die Summe aus der geminderten Kapitalertragsteuer und dem Solidaritätszuschlag 15 Prozent des Kapitalertrags beträgt. ⁴Im Übrigen ist gegenüber Investmentfonds keine Kapitalertragsteuer zu erheben.

(2) Soweit Einkünfte nach § 6 Absatz 2 einem Steuerabzug unterliegen, sind die Körperschaftsteuer und der Solidaritätszuschlag durch den Steuerabzug abgegolten.

(3) ¹Absatz 1 ist nur anzuwenden, wenn der nach § 44 des Einkommensteuergesetzes zum Abzug der Kapitalertragsteuer verpflichteten Person (Entrichtungspflichtiger) eine Bescheinigung vorliegt, in der die zuständige Finanzbehörde den Status als Investmentfonds bestätigt hat (Statusbescheinigung). ²Der Entrichtungspflichtige hat den Tag der Ausstellung der Statusbescheinigung und die darin verwendeten Identifikationsmerkmale aufzuzeichnen.

---

¹⁾ § 6 Abs. 6a eingef. durch G v. 12.12.2019 (BGBl. I S. 2451); zur Anwendung siehe § 57 Abs. 1 Satz 1 Nr. 2.
²⁾ § 6 Abs. 7 Satz 4 angef. durch G v. 12.12.2019 (BGBl. I S. 2451); zur Anwendung siehe § 57 Abs. 1 Satz 1 Nr. 2.

(4)¹⁾ ¹Die Erteilung der Statusbescheinigung erfolgt auf Antrag, der nach amtlich vorgeschriebenem Muster zu stellen ist. ²Die Gültigkeit der Statusbescheinigung darf höchstens drei Jahre betragen. [*ab 1.7.2021:* ³In der Statusbescheinigung ist anzugeben, ob der Investmentfonds unbeschränkt oder beschränkt körperschaftsteuerpflichtig ist.] ⁴Die Statusbescheinigung kann rückwirkend für einen Zeitraum von sechs Monaten vor der Antragstellung erteilt werden. ⁵Die zuständige Finanzbehörde kann die Statusbescheinigung jederzeit zurückfordern. ⁶Fordert die zuständige Finanzbehörde die Statusbescheinigung zurück oder erkennt der Investmentfonds, dass die Voraussetzungen für ihre Erteilung weggefallen sind, so ist die Statusbescheinigung unverzüglich zurückzugeben.

(5)²⁾ ¹Wenn *der* [*ab 1.7.2021:* ein unbeschränkt körperschaftsteuerpflichtiger] Investmentfonds innerhalb von 18 Monaten nach Zufluss eines Kapitalertrags eine Statusbescheinigung vorlegt, so hat der Entrichtungspflichtige dem Investmentfonds die Kapitalertragsteuer zu erstatten, die den nach Absatz 1 vorzunehmenden Steuerabzug übersteigt. ²Das Gleiche gilt,

(Fortsetzung nächstes Blatt)

---

¹⁾ § 7 Abs. 4 Satz 3 eingef., bish. Sätze 3 bis 5 werden Sätze 4 bis 6 durch G v. 2.6.2021 (BGBl. I S. 1259); zur Anwendung siehe § 57 Abs. 3 Satz 1 und 2.
²⁾ § 7 Abs. 5 Satz 1 geänd. durch G v. 2.6.2021 (BGBl. I S. 1259); zur Anwendung siehe § 57 Abs. 3 Satz 1 und 2.

soweit der Investmentfonds innerhalb von 18 Monaten nach Zufluss eines Kapitalertrags nachweist, dass die Voraussetzungen für eine Steuerbefreiung nach den §§ 8 bis 10 vorliegen. ³Eine zuvor erteilte Steuerbescheinigung ist unverzüglich im Original zurückzugeben. ⁴Die Erstattung darf erst nach Rückgabe einer bereits erteilten Steuerbescheinigung erfolgen.

§ 8 Steuerbefreiung aufgrund steuerbegünstigter Anleger. (1) Einkünfte nach § 6 Absatz 2 sind auf Antrag des Investmentfonds steuerbefreit, soweit

1. an dem Investmentfonds Anleger, die die Voraussetzungen des § 44a Absatz 7 Satz 1 des Einkommensteuergesetzes erfüllen, oder vergleichbare ausländische Anleger mit Sitz und Geschäftsleitung in einem Amts- und Beitreibungshilfe leistenden ausländischen Staat beteiligt sind, oder

2. die Anteile an dem Investmentfonds im Rahmen von Altersvorsorge- oder Basisrentenverträgen gehalten werden, die nach den §§ 5 oder 5a des Altersvorsorgeverträge-Zertifizierungsgesetzes zertifiziert wurden.

(2) Inländische Immobilienerträge sind auf Antrag des Investmentfonds steuerbefreit, soweit an dem Investmentfonds beteiligt sind:

1. inländische juristische Personen des öffentlichen Rechts, soweit die Investmentanteile nicht einem nicht von der Körperschaftsteuer befreiten Betrieb gewerblicher Art zuzurechnen sind, oder

2. von der Körperschaftsteuer befreite inländische Körperschaften, Personenvereinigungen oder Vermögensmassen, soweit sie nicht unter Nummer 1 fallen, oder vergleichbare ausländische Körperschaften, Personenvereinigungen oder Vermögensmassen mit Sitz und Geschäftsleitung in einem Amts- und Beitreibungshilfe leistenden ausländischen Staat.

(3) ¹Bei Einkünften, die einem Steuerabzug unterliegen, richtet sich der Umfang der Steuerbefreiung nach dem Anteil, den die steuerbegünstigten Anleger am Gesamtbestand der Investmentanteile eines Investmentfonds zum jeweiligen Zeitpunkt des Zuflusses der Einnahmen halten. ²Bei zu veranlagenden Einkünften richtet sich der Umfang der Steuerbefreiung nach dem Anteil des durchschnittlichen Investmentanteilbesitzes von steuerbegünstigten Anlegern am durchschnittlichen Gesamtbestand der Investmentanteile während des Geschäftsjahres des Investmentfonds.

[Fassung bis 31.12.2019:]

(4) Die Steuerbefreiung nach Absatz 1 Nummer 1 oder Absatz 2 setzt voraus, dass

1. der Anleger seit mindestens drei Monaten zivilrechtlicher und wirtschaftlicher Eigentümer der Investmentanteile ist, ohne dass eine Verpflichtung zur Übertragung der

[Fassung ab 1.1.2020:]

(4)[1] ¹Die Steuerbefreiung bei inländischen Beteiligungseinnahmen setzt voraus, dass der Investmentfonds die Voraussetzungen für eine Anrechenbarkeit von Kapitalertragsteuer nach § 36a des Einkommensteuergesetzes erfüllt. ²Die Steuerbefreiung nach Absatz 1 Num-

---

[1] § 8 Abs. 4 neu gef. durch G v. 12.12.2019 (BGBl. I S. 2451); zur Anwendung siehe § 57 Abs. 1 Satz 1 Nr. 3.

[Fassung bis 31.12.2019:]	*[Fassung ab 1.1.2020:]*

[Fassung bis 31.12.2019:]

Anteile auf eine andere Person besteht, und

2. der Investmentfonds die Voraussetzungen für eine Anrechenbarkeit von Kapitalertragsteuer nach § 36a des Einkommensteuergesetzes erfüllt.

[Fassung ab 1.1.2020:]

mer 1 oder Absatz 2 setzt zudem voraus, dass

1. der Anleger seit mindestens drei Monaten zivilrechtlicher und wirtschaftlicher Eigentümer der Investmentanteile ist und

2. keine Verpflichtung zur Übertragung der Anteile auf eine andere Person besteht.

§ 9 Nachweis der Steuerbefreiung. (1) Die Steuerbefreiung nach § 8 Absatz 1 Nummer 1 ist nachzuweisen durch

1. eine Bescheinigung nach § 44a Absatz 7 Satz 2 des Einkommensteuergesetzes oder

2. eine vom Bundeszentralamt für Steuern auszustellende Bescheinigung über die Vergleichbarkeit des ausländischen Anlegers mit Anlegern nach § 44a Absatz 7 Satz 1 des Einkommensteuergesetzes (Befreiungsbescheinigung) und

3. eine von der depotführenden Stelle des Anlegers nach Ablauf des Kalenderjahres nach amtlichem Muster erstellte Bescheinigung über den Umfang der durchgehend während des Kalenderjahres vom Anleger gehaltenen Investmentanteile sowie den Zeitpunkt und Umfang des Erwerbs oder der Veräußerung von Investmentanteilen während des Kalenderjahres (Investmentanteil-Bestandsnachweis).

(2) ¹Die Befreiungsbescheinigung ist nur auszustellen, wenn der ausländische Anleger die Vergleichbarkeit nachweist. ²Eine Vergleichbarkeit setzt voraus, dass der ausländische Anleger eine Körperschaft, Personenvereinigung oder Vermögensmasse ist, die nach der Satzung, dem Stiftungsgeschäft oder der sonstigen Verfassung und nach der tatsächlichen Geschäftsführung ausschließlich und unmittelbar gemeinnützigen, mildtätigen oder kirchlichen Zwecken dient (§§ 51 bis 68 der Abgabenordnung). ³§ 7 Absatz 4 ist auf die Befreiungsbescheinigung entsprechend anzuwenden.

(3) Die Steuerbefreiung nach § 8 Absatz 1 Nummer 2 setzt voraus, dass der Anbieter eines Altersvorsorge- oder Basisrentenvertrags dem Investmentfonds innerhalb eines Monats nach dessen Geschäftsjahresende mitteilt, zu welchen Zeitpunkten und in welchem Umfang Anteile erworben oder veräußert wurden.

§ 10 Investmentfonds oder Anteilklassen für steuerbegünstigte Anleger; Nachweis der Steuerbefreiung. (1) ¹Investmentfonds oder Anteilklassen sind steuerbefreit, wenn sich nach den Anlagebedingungen nur steuerbegünstigte Anleger nach § 8 Absatz 1 beteiligen dürfen. ²Inländische Beteiligungseinnahmen sind nur steuerbefreit, wenn der Investmentfonds die Voraussetzungen für eine Anrechenbarkeit der Kapitalertragsteuer nach § 36a des Einkommensteuergesetzes erfüllt.

(2) Inländische Immobilienerträge eines Investmentfonds oder einer Anteilklasse sind steuerbefreit, wenn sich nur steuerbegünstigte Anleger nach § 8 Absatz 1 oder 2 beteiligen dürfen.

(3) Die Steuerbefreiung nach den Absätzen 1 und 2 setzt voraus, dass die Anlagebedingungen nur eine Rückgabe von Investmentanteilen an den Investmentfonds zulassen und die Übertragung von Investmentanteilen ausgeschlossen ist.

(4) ¹Die Anleger haben ihre Steuerbefreiung gegenüber dem Investmentfonds nachzuweisen. ²Zum Nachweis der Steuerbefreiung hat

1. ein Anleger nach § 8 Absatz 1 Nummer 1 oder Absatz 2 eine gültige Bescheinigung nach § 9 Absatz 1 an den Investmentfonds zu übermitteln und

2. der Anbieter eines Altersvorsorge- oder Basisrentenvertrags gegenüber dem Investmentfonds mitzuteilen, dass er die Investmentanteile ausschließlich im Rahmen von Altersvorsorge- und Basisrentenverträgen erwirbt.

(5)¹⁾ Bei der Auszahlung von Kapitalerträgen an steuerbefreite Investmentfonds oder Anteilklassen [ab 1.1.2021: im Sinne des Absatzes 1 Satz 1] ist kein Steuerabzug vorzunehmen.

§ 11 Erstattung von Kapitalertragsteuer an Investmentfonds durch die Finanzbehörden. (1)²⁾ ¹Das Betriebsstättenfinanzamt des Entrichtungspflichtigen erstattet auf Antrag des Investmentfonds die einbehaltene Kapitalertragsteuer, wenn

[Fassung bis 31.12.2019:]

1. auf nicht nach § 6 Absatz 2 steuerpflichtige Kapitalerträge oder in über § 7 hinausgehender Höhe Kapitalertragsteuer und Solidaritätszuschlag einbehalten und abgeführt wurde und der Entrichtungspflichtige keine Erstattung vorgenommen hat oder

2. in den Fällen der §§ 8 und 10 nicht vom Steuerabzug Abstand genommen wurde.

²Die Erstattung nach Satz 1 Nummer 1 setzt voraus, dass eine Steuerbescheinigung und eine Erklärung des Entrichtungspflichtigen vorgelegt werden, aus der hervor geht, dass eine Erstattung weder vorgenommen wurde noch vorgenommen wird.

[Fassung ab 1.1.2020:]

1. auf nicht nach § 6 Absatz 2 steuerpflichtige Kapitalerträge Kapitalertragsteuer und Solidaritätszuschlag einbehalten und abgeführt wurde und der Entrichtungspflichtige keine Erstattung vorgenommen hat,

2. in über § 7 hinausgehender Höhe Kapitalertragsteuer und Solidaritätszuschlag einbehalten und abgeführt wurde und der Entrichtungspflichtige keine Erstattung vorgenommen hat oder

3. in den Fällen der §§ 8 und 10 nicht vom Steuerabzug Abstand genommen wurde

und eine Statusbescheinigung, eine Steuerbescheinigung und eine Er-

---

¹⁾ § 10 Abs. 5 geänd. durch G v. 21.12.2020 (BGBl. I S. 3096); zur Anwendung siehe § 57 Abs. 2 Nr. 2.
²⁾ § 11 Abs. 1 neu gef. durch G v. 12.12.2019 (BGBl. I S. 2451); zur Anwendung siehe § 57 Abs. 1 Satz 1 Nr. 4.

[Fassung bis 31.12.2019:]

[3]Die Erstattung nach Satz 1 Nummer 2 setzt voraus, dass die Statusbescheinigungen, die Bescheinigungen und die Mitteilungen nach den §§ 8 und 10 beigefügt werden.

[Fassung ab 1.1.2020:]

klärung des Entrichtungspflichtigen vorgelegt werden, aus der hervorgeht, dass eine Erstattung weder vorgenommen wurde noch vorgenommen wird. [2]Die Erstattung nach Satz 1 Nummer 3 setzt zusätzlich voraus, dass die Bescheinigungen und die Mitteilungen nach den §§ 8 bis 10 beigefügt werden.

[*ab 1.7.2021:* [3]Bei beschränkt körperschaftsteuerpflichtigen Investmentfonds tritt das Bundeszentralamt für Steuern an die Stelle des Betriebsstättenfinanzamtes des Entrichtungspflichtigen. [4]Eine Steuerbescheinigung gilt als vorgelegt, soweit bei beschränkt körperschaftsteuerpflichtigen Investmentfonds Angaben nach § 45a Absatz 2a des Einkommensteuergesetzes übermittelt wurden.])[1]

(2)[2] [1]Der Antrag auf Erstattung der Kapitalertragsteuer ist innerhalb von zwei Jahren nach Ablauf des Geschäftsjahres des Investmentfonds für das Geschäftsjahr nach amtlich vorgeschriebenem Muster zu stellen. [2]Beträgt der Zeitraum zwischen dem Zugang eines Antrags auf Erteilung einer Statusbescheinigung als Investmentfonds oder eines Antrags auf Erteilung einer Bescheinigung nach § 9 Absatz 1 und der Bestandskraft der Entscheidung über diesen Antrag mehr als sechs Monate, so verlängert sich die Antragsfrist entsprechend. [3]Im Übrigen kann die Antragsfrist nicht verlängert werden. [4]Eine Erstattung ist ausgeschlossen, wenn die Unterlagen nach Absatz 1 Satz 1 oder 2 nicht innerhalb der Antragsfrist eingereicht werden.

§ 12 Leistungspflicht gegenüber steuerbegünstigten Anlegern. (1) Der Investmentfonds hat den steuerbegünstigten Anlegern einen Betrag in Höhe der aufgrund der §§ 8 und 10 nicht erhobenen Steuer und der nach § 7 Absatz 5 oder nach § 11 Absatz 1 Satz 1 Nummer 2 erstatteten Steuer (Befreiungsbetrag) auszuzahlen.

(2) [1]Die Anbieter von Altersvorsorge- oder Basisrentenverträgen haben den Befreiungsbetrag zugunsten der Berechtigten aus den Altersvorsorge- oder Basisrentenverträgen wieder anzulegen. [2]Ein Anspruch auf Wiederanlage besteht nur, wenn zum Zeitpunkt des Zuflusses des Befreiungsbetrags an den Anbieter (Stichtag) ein Altersvorsorge- oder Basisrentenvertrag besteht. [3]Die Höhe des wieder anzulegenden Betrags richtet sich nach der Anzahl der Investmentanteile, die im Rahmen des Vertrags am Stichtag gehalten werden, im Verhältnis zum Gesamtzufluss.

---

[1] § 11 Abs. 1 Sätze 3 und 4 angef. durch G v. 2.6.2021 (BGBl. I S. 1259); zur Anwendung siehe § 57 Abs. 3 Satz 1.
[2] § 11 Abs. 2 Satz 4 red. geänd. durch G v. 2.6.2021 (BGBl. I S. 1259).

§ 13 Wegfall der Steuerbefreiung eines Anlegers. (1) [1]Fallen die Voraussetzungen für eine Steuerbefreiung eines Anlegers eines Investmentfonds oder einer Anteilklasse nach § 10 weg, so ist der Anleger verpflichtet, dies dem Investmentfonds innerhalb eines Monats nach dem Wegfall der Voraussetzungen mitzuteilen. [2]Das Gleiche gilt, wenn ein Anleger seine Investmentanteile an einem Investmentfonds oder einer Anteilklasse nach § 10 auf einen anderen Anleger überträgt.

(2) Die Steuerbefreiung eines Investmentfonds oder einer Anteilklasse nach § 10 entfällt in dem Umfang, in dem bei den Anlegern des Investmentfonds die Voraussetzungen für eine Steuerbefreiung wegfallen oder die Investmentanteile auf einen anderen Anleger übertragen werden.

(Fortsetzung nächstes Blatt)

(3) Der Anleger hat unverzüglich die in den Fällen des Absatzes 2 zu Unrecht gewährten Befreiungsbeträge an den Investmentfonds zurückzuzahlen.

(4) ¹Der Investmentfonds hat in den Fällen des Absatzes 2 die zurückgezahlten Befreiungsbeträge und die noch nicht ausgezahlten Befreiungsbeträge unverzüglich an die nach § 4 Absatz 1 oder Absatz 2 Nummer 1 zuständige Finanzbehörde zu zahlen. ²Fehlt eine nach § 4 Absatz 1 oder Absatz 2 Nummer 1 zuständige Finanzbehörde, so hat der Investmentfonds die zurückgezahlten Befreiungsbeträge und die noch nicht ausgezahlten Befreiungsbeträge unverzüglich an den Entrichtungspflichtigen zu zahlen.

§ 14 Haftung bei unberechtigter Steuerbefreiung oder –erstattung.

(1) ¹Der Anleger nach § 8 Absatz 1 oder 2, der zum Zeitpunkt des Zuflusses der Einnahmen bei dem Investmentfonds die Voraussetzungen für eine Steuerbefreiung nicht oder nicht mehr erfüllt, haftet für die Steuer, die einem Investmentfonds oder einer Anteilklasse zu Unrecht erstattet wurde oder bei dem Investmentfonds oder der Anteilklasse zu Unrecht nicht erhoben wurde. ²Die Haftung ist beschränkt auf die Höhe dem Anleger zugewendeten und nicht an den Investmentfonds zurückgezahlten Befreiungsbetrags.

(2) ¹Der Anleger nach § 8 Absatz 1 oder 2, der einen Investmentanteil an einem Investmentfonds oder an einer Anteilklasse nach § 10 auf einen Erwerber überträgt, der nicht die Voraussetzungen des § 8 Absatz 1 oder 2 erfüllt, haftet für die Steuer, die dem Investmentfonds oder der Anteilklasse zu Unrecht erstattet wurde oder bei dem Investmentfonds oder der Anteilklasse zu Unrecht nicht erhoben wurde. ²Die Haftung ist beschränkt auf die Höhe der erstatteten oder nicht erhobenen Steuer, die auf den Erwerber entfällt und von dem Erwerber nicht an den Investmentfonds zurückgezahlt wurde.

(3) ¹Der Anbieter eines Altersvorsorge- oder Basisrentenvertrags haftet für die Steuer, die einem Investmentfonds oder einer Anteilklasse zu Unrecht erstattet wurde oder bei einem Investmentfonds oder einer Anteilklasse zu Unrecht nicht erhoben wurde. ²Die Haftung ist beschränkt auf die Höhe der Kapitalertragsteuer, die aufgrund falscher, unterlassener oder verspäteter Mitteilungen des Anbieters zu Unrecht erstattet oder nicht erhoben wurde. ³Die Haftung ist ausgeschlossen, wenn der Anbieter eines Altersvorsorge- oder Basisrentenvertrags nachweist, dass er nicht vorsätzlich oder grob fahrlässig gehandelt hat.

(4) Die depotführende Stelle haftet für die Steuer, die aufgrund eines falschen Investmentanteil-Bestandsnachweises einem Investmentfonds zu Unrecht erstattet wurde oder bei einem Investmentfonds zu Unrecht nicht erhoben wurde.

(5) Der gesetzliche Vertreter des Investmentfonds haftet für die Steuer, die einem Investmentfonds oder einer Anteilklasse zu Unrecht erstattet wurde oder bei einem Investmentfonds oder einer Anteilklasse zu Unrecht nicht erhoben wurde, wenn der gesetzliche Vertreter

1. bei der Geltendmachung einer Steuerbefreiung wusste oder bei Anwendung einer angemessenen Sorgfalt hätte erkennen können, dass die Voraussetzungen für die Steuerbefreiung nicht vorlagen, oder

2. zu einem späteren Zeitpunkt erkennt, dass die Voraussetzungen für eine Steuerbefreiung nicht vorlagen, aber die zuständige Finanzbehörde daraufhin nicht unverzüglich unterrichtet.

(6) ¹Soweit die Haftung reicht, sind der Investmentfonds und die Haftungsschuldner nach den Absätzen 1 bis 5 Gesamtschuldner. ²Die zuständige Finanzbehörde kann die Steuerschuld oder Haftungsschuld nach pflichtgemäßem Ermessen gegenüber jedem Gesamtschuldner geltend machen. ³Vorrangig in Anspruch zu nehmen sind die Haftungsschuldner nach den Absätzen 1 bis 5. ⁴Sind Tatbestände der Absätze 1 bis 5 nebeneinander erfüllt, so ist vorrangig der Haftungsschuldner nach den Absätzen 1, 2 oder 3 in Anspruch zu nehmen, danach der Haftungsschuldner nach Absatz 4 und zuletzt der Haftungsschuldner nach Absatz 5. ⁵Die Inanspruchnahme des Investmentfonds ist ausgeschlossen, soweit der Investmentfonds nachweist, dass er dem Anleger oder dem Anbieter eines Altersvorsorge- oder Basisrentenvertrags den zu Unrecht gewährten Befreiungsbetrag zugewendet hat und dass eine Rückforderung gegenüber dem Anleger oder dem Anbieter eines Altersvorsorge- oder Basisrentenvertrags ausgeschlossen oder uneinbringlich ist.

§ 15¹⁾ Gewerbesteuer. (1) Investmentfonds gelten als sonstige juristische Personen des privaten Rechts nach § 2 Absatz 3 des Gewerbesteuergesetzes.

(2) ¹Ein Investmentfonds ist von der Gewerbesteuer befreit, wenn

1. sein objektiver Geschäftszweck auf die Anlage und Verwaltung seiner Mittel für gemeinschaftliche Rechnung der *Anteils- oder Aktieninhaber* [*ab 1.1. 2020:* Anleger] beschränkt ist und

2. er seine Vermögensgegenstände nicht in wesentlichem Umfang aktiv unternehmerisch bewirtschaftet.

²Satz 1 Nummer 2 ist nicht auf Beteiligungen an Immobilien-Gesellschaften nach § 1 Absatz 19 Nummer 22 des Kapitalanlagegesetzbuchs anzuwenden.

(3) Die Voraussetzungen des Absatzes 2 gelten als erfüllt, wenn die Einnahmen aus einer aktiven unternehmerischen Bewirtschaftung in einem Geschäftsjahr weniger als 5 Prozent der gesamten Einnahmen des Investmentfonds betragen.

(4) ¹Die *gewerbliche* [*ab 1.1.2020:* aktive unternehmerische] Tätigkeit eines gewerbesteuerpflichtigen Investmentfonds bildet einen wirtschaftlichen Geschäftsbetrieb. ²Der Gewinn des wirtschaftlichen Geschäftsbetriebs ist als Überschuss der Betriebseinnahmen über die Betriebsausgaben zu ermitteln. ³Der so ermittelte Gewinn ist der Gewinn nach § 7 Satz 1 des Gewerbesteuergesetzes zur Ermittlung des Gewerbeertrags.

---

¹⁾ § 15 Abs. 2 Satz 1 Nr. 1 und Abs. 4 Satz 1 geänd. durch G v. 12.12.2019 (BGBl. I S. 2451); zur Anwendung siehe § 57 Abs. 1 Satz 1 Nr. 5.

Abschnitt 2. Besteuerung des Anlegers eines Investmentfonds

§ 16 Investmenterträge. (1) Erträge aus Investmentfonds (Investmenterträge) sind

1. Ausschüttungen des Investmentfonds nach § 2 Absatz 11,

2. Vorabpauschalen nach § 18 und

3. Gewinne aus der Veräußerung von Investmentanteilen nach § 19.

(2) [1] Investmenterträge sind nicht anzusetzen, wenn die Investmentanteile im Rahmen von Altersvorsorge- oder Basisrentenverträgen gehalten werden, die nach § 5 oder § 5a des Altersvorsorgeverträge-Zertifizierungsgesetzes zertifiziert wurden. [2] Vorabpauschalen sind nicht anzusetzen, wenn die Investmentanteile gehalten werden

1. im Rahmen der betrieblichen Altersvorsorge nach dem Betriebsrentengesetz,

2. von Versicherungsunternehmen im Rahmen von Versicherungsverträgen nach § 20 Absatz 1 Nummer 6 Satz 1 und 4 des Einkommensteuergesetzes oder

3. von Kranken- und Pflegeversicherungsunternehmen zur Sicherung von Alterungsrückstellungen.

(3) Auf Investmenterträge aus Investmentfonds sind § 3 Nummer 40 des Einkommensteuergesetzes und § 8b des Körperschaftsteuergesetzes nicht anzuwenden.

(4) [1] Ist die Ausschüttung eines ausländischen Investmentfonds nach einem Abkommen zur Vermeidung der Doppelbesteuerung von der Bemessungsgrundlage der deutschen Steuer auszunehmen, so wird die Freistellung ungeachtet des Abkommens nur gewährt, wenn

1. der Investmentfonds in dem Staat, dem nach dem Abkommen das Besteuerungsrecht zusteht, der allgemeinen Ertragsbesteuerung unterliegt und

2. die Ausschüttung zu mehr als 50 Prozent auf nichtsteuerbefreiten Einkünften des Investmentfonds beruht.

[2] Satz 1 ist auch dann anzuwenden, wenn nach dem Abkommen die Besteuerung der Ausschüttung in diesem Staat 0 Prozent nicht übersteigen darf. [3] Von einer allgemeinen Ertragsbesteuerung ist auszugehen, wenn der Anleger nachweist, dass der Investmentfonds einer Ertragsbesteuerung in Höhe von mindestens 10 Prozent unterliegt und nicht von ihr befreit ist.

§ 17 Erträge bei Abwicklung eines Investmentfonds.

[Fassung bis 31.12.2019:]

(1) [1] Während der Abwicklung eines Investmentfonds gelten Ausschüttungen nur insoweit als Ertrag, wie in

[Fassung ab 1.1.2020:]

(1)[1] [1] Während der Abwicklung eines Investmentfonds gelten Ausschüttungen eines Kalenderjahres in-

---

[1] § 17 Abs. 1 Sätze 1 bis 3 neu gef. durch G v. 12.12.2019 (BGBl. I S. 2451); zur Anwendung siehe § 57 Abs. 1 Satz 1 Nr. 6.

[Fassung bis 31.12.2019:]

ihnen der Wertzuwachs eines Kalenderjahres enthalten ist. ²Zur Ermittlung dieses Wertzuwachses ist die Summe der Ausschüttungen für ein Kalenderjahr zu ermitteln und mit dem letzten in dem Kalenderjahr festgesetzten Rücknahmepreis zusammenzurechnen. ³Übersteigt die sich daraus ergebende Summe den ersten im Kalenderjahr festgesetzten Rücknahmepreis, so ist die Differenz der Wertzuwachs.

[Fassung ab 1.1.2020:]

soweit als steuerfreie Kapitalrückzahlung, wie der letzte in diesem Kalenderjahr festgesetzte Rücknahmepreis die fortgeführten Anschaffungskosten unterschreitet. ²Maßgeblich für die Zwecke des Satzes 1 sind bei bestandsgeschützten Alt-Anteilen die fiktiven Anschaffungskosten nach § 56 Absatz 2 Satz 2 und 3. ³Im Übrigen ist auf die tatsächlichen Anschaffungskosten abzustellen.

⁴Satz 1 ist höchstens für einen Zeitraum von fünf Kalenderjahren nach dem Kalenderjahr, in dem die Abwicklung beginnt, anzuwenden.

(2) ¹Als Beginn der Abwicklung eines inländischen Investmentfonds gilt der Zeitpunkt, zu dem das Recht der Kapitalverwaltungsgesellschaft zur Verwaltung des Investmentfonds erlischt. ²Als Beginn der Abwicklung eines ausländischen Investmentfonds gilt der Zeitpunkt, zu dem das Recht der Verwaltungsstelle zur Verwaltung des Investmentfonds erlischt, es sei denn, der gesetzliche Vertreter des ausländischen Investmentfonds weist einen davon abweichenden Beginn der Abwicklung nach.

(3) Die Anschaffungskosten eines Investmentanteils sind um die Ausschüttungen, die nach Absatz 1 nicht zu den Erträgen gehören, zu mindern.

§ 18[1] Vorabpauschale.

(1) ¹Die Vorabpauschale ist der Betrag, um den die Ausschüttungen eines Investmentfonds innerhalb eines Kalenderjahres den Basisertrag für dieses Kalenderjahr unterschreiten. ²Der Basisertrag wird ermittelt durch Multiplikation des Rücknahmepreises des Investmentanteils zu Beginn des Kalenderjahres mit 70 Prozent des Basiszinses nach Absatz 4. ³Der Basisertrag ist auf den Mehrbetrag begrenzt, der sich zwischen dem ersten und dem letzten im Kalenderjahr festgesetzten Rücknahmepreis zuzüglich der Ausschüttungen innerhalb des Kalenderjahres ergibt. ⁴Wird kein Rücknahmepreis festgesetzt, so tritt der Börsen- oder Marktpreis an die Stelle des Rücknahmepreises.

(2) Im Jahr des Erwerbs der Investmentanteile vermindert sich die Vorabpauschale um ein Zwölftel für jeden vollen Monat, der dem Monat des Erwerbs vorangeht.

(3) Die Vorabpauschale gilt am ersten Werktag des folgenden Kalenderjahres als zugeflossen.

(4) ¹Der Basiszins ist aus der langfristig erzielbaren Rendite öffentlicher Anleihen abzuleiten. ²Dabei ist auf den Zinssatz abzustellen, den die Deutsche Bundesbank anhand der Zinsstrukturdaten jeweils auf den ersten Börsentag

---

[1] § 18 Abs. 1 Satz 2 geänd., Abs. 4 angef. durch G v. 20.12.2016 (BGBl. I S. 3000).

des Jahres errechnet. [3] Das Bundesministerium der Finanzen veröffentlicht den maßgebenden Zinssatz im Bundessteuerblatt.

§ 19 Gewinne aus der Veräußerung von Investmentanteilen. (1) [1] Für die Ermittlung des Gewinns aus der Veräußerung von Investmentanteilen, die nicht zu einem Betriebsvermögen gehören, ist § 20 Absatz 4 des Einkommensteuergesetzes entsprechend anzuwenden. [2] § 20 Absatz 4a des Einkommensteuergesetzes ist nicht anzuwenden. [3] Der Gewinn ist um die während der Besitzzeit angesetzten Vorabpauschalen zu vermindern. [4] Die angesetzten Vorabpauschalen sind ungeachtet einer möglichen Teilfreistellung nach § 20 in voller Höhe zu berücksichtigen.

(2) [1] Fällt ein Investmentfonds nicht mehr in den Anwendungsbereich dieses Gesetzes, so gelten seine Anteile als veräußert. [2] Als Veräußerungserlös gilt der gemeine Wert der Investmentanteile zu dem Zeitpunkt, zu dem der Investmentfonds nicht mehr in den Anwendungsbereich fällt.

§ 20 Teilfreistellung. (1)[1)] [1] Steuerfrei sind bei Aktienfonds 30 Prozent der Erträge (Aktienteilfreistellung). [2] Bei natürlichen Personen, die ihre Investmentanteile im Betriebsvermögen halten, beträgt die Aktienteilfreistellung 60 Prozent. [3] Bei Anlegern, die dem Körperschaftsteuergesetz unterliegen, beträgt die Aktienteilfreistellung 80 Prozent. [4] Die Sätze 2 und 3 gelten nicht,

[Fassung bis 31.12.2019:]	*[Fassung ab 1.1.2020:]*
1. wenn der Anleger ein Lebens- oder Krankenversicherungsunternehmen ist und der Investmentanteil den Kapitalanlagen zuzurechnen ist oder	1. wenn der Anleger ein Lebens- oder Krankenversicherungsunternehmen ist und der Investmentanteil den Kapitalanlagen zuzurechnen ist oder
2. wenn der Anleger ein Institut oder Unternehmen nach § 3 Nummer 40 Satz 3 oder 4 des Einkommensteuergesetzes oder § 8b Absatz 7 des Körperschaftsteuergesetzes ist und der Investmentanteil dem Handelsbuch zuzurechnen ist oder mit dem Ziel der kurzfristigen Erzielung eines Eigenhandelserfolges erworben wurde.	2. wenn der Anleger ein Institut oder Unternehmen nach § 3 Nummer 40 Satz 3 des Einkommensteuergesetzes oder nach § 8b Absatz 7 des Körperschaftsteuergesetzes ist und der Investmentanteil dem Handelsbestand im Sinne des § 340e Absatz 3 des Handelsgesetzbuchs zuzuordnen oder zum Zeitpunkt des Zugangs zum Betriebsvermögen als Umlaufvermögen auszuweisen ist.
	[5] Satz 4 Nummer 1 gilt entsprechend, wenn der Anleger ein Pensionsfonds ist.

[1)] § 20 Abs. 1 Satz 4 geänd., Satz 5 angef. durch G v. 12.12.2019 (BGBl. I S. 2451); zur Anwendung siehe § 57 Abs. 1 Satz 1 Nr. 7.

(2) Bei Mischfonds ist die Hälfte der für Aktienfonds geltenden Aktienteilfreistellung anzusetzen.

[Fassung bis 31.12.2019:]

(3)[2] [1]Steuerfrei sind bei Immobilienfonds (Immobilienteilfreistellung)

1. 60 Prozent der Erträge, wenn gemäß den Anlagebedingungen fortlaufend *mindestens 51 Prozent des Wertes* [*ab 11.8.2018:* mehr als 50 Prozent des Aktivvermögens] des Investmentfonds in Immobilien und Immobilien-Gesellschaften angelegt werden, oder

2. 80 Prozent der Erträge, wenn gemäß den Anlagebedingungen fortlaufend *mindestens 51 Prozent des Wertes* [*ab 11.8.2018:* mehr als 50 Prozent des Aktivvermögens] des Investmentfonds in ausländischen Immobilien und Auslands-Immobiliengesellschaften angelegt werden. [2]Auslands-Immobiliengesellschaften sind Immobiliengesellschaften, die ausschließlich in ausländische Immobilien investieren.

[2]Die Anwendung der Immobilienteilfreistellung schließt die Anwendung der Aktienteilfreistellung aus.

[Fassung ab 1.1.2020:][1]

(3) [1]Bei Immobilienfonds sind 60 Prozent der Erträge steuerfrei (Immobilienteilfreistellung). [2]Bei Auslands-Immobilienfonds sind 80 Prozent der Erträge steuerfrei (Auslands-Immobilienteilfreistellung). [3]Die Anwendung der Immobilienteilfreistellung oder der Auslands-Immobilienteilfreistellung schließt die Anwendung der Aktienteilfreistellung aus.

(3a) [1]Die Absätze 1 bis 3 gelten auch für Investmentanteile, die mittelbar über Personengesellschaften gehalten werden. [*ab 1.1.2022:* [2]Satz 1 ist nicht auf Personengesellschaften anzuwenden, die nach § 1a des Körperschaftsteuergesetztes zur Körperschaftsbesteuerung optiert haben.][3]

(4)[4] Weist der Anleger nach, dass der Investmentfonds die *Anlagegrenzen* [*ab 1.1.2020:* Aktienfonds- oder Mischfonds-Kapitalbeteiligungsquote oder Immobilienfonds- oder Auslands-Immobilienfondsquote] während des Geschäftsjahres tatsächlich durchgehend überschritten hat, so ist die Teilfreistellung auf Antrag des Anlegers in der Veranlagung anzuwenden.

(5) Bei der Ermittlung des Gewerbeertrags nach § 7 des Gewerbesteuergesetzes sind die Freistellungen nach den Absätzen 1 bis 3 nur zur Hälfte zu berücksichtigen.

---

[1] § 20 Abs. 3 neu gef., Abs. 3a eingef. durch G v. 12.12.2019 (BGBl. I S. 2451); zur Anwendung siehe § 57 Abs. 1 Satz 1 Nr. 7.

[2] § 20 Abs. 3 Satz 1 Nr. 1 und 2 geänd. durch G v. 11.12.2018 (BGBl. I S. 2338); zur Anwendung siehe § 56 Abs. 1 Satz 5 und Abs. 1a.

[3] § 20 Abs. 3a Satz 2 angef., bish. Text wird Satz 1 durch G v. 25.6.2021 (BGBl. I S. 2050); zur Anwendung siehe § 57 Abs. 6 Nr. 3.

[4] § 20 Abs. 4 geänd. durch G v. 12.12.2019 (BGBl. I S. 2451); zur Anwendung siehe § 57 Abs. 1 Satz 1 Nr. 7.

§ 21 Anteilige Abzüge aufgrund einer Teilfreistellung. [1]Betriebsvermögensminderungen, Betriebsausgaben, Veräußerungskosten oder Werbungskosten, die mit den Erträgen aus Aktien-, Misch- oder Immobilienfonds in wirtschaftlichem Zusammenhang stehen, dürfen unabhängig davon, in welchem Veranlagungszeitraum die Betriebsvermögensmehrungen oder Einnahmen anfallen, bei der Ermittlung der Einkünfte in dem prozentualen Umfang nicht abgezogen werden, wie auf die Erträge eine Teilfreistellung anzuwenden ist. [2]Entsprechendes gilt, wenn bei der Ermittlung der Einkünfte der Wert des Betriebsvermögens oder des Anteils am Betriebsvermögen oder die Anschaffungs- oder Herstellungskosten oder der an deren Stelle tretende Wert mindernd zu berücksichtigen sind. [3]Für die Anwendung der Sätze 1 und 2 ist die Absicht zur Erzielung von Betriebsvermögensmehrungen oder von Erträgen aus Aktien-, Misch- oder Immobilienfonds ausreichend.

§ 22 Änderung des anwendbaren Teilfreistellungssatzes. (1) [1]Ändert sich der anwendbare Teilfreistellungssatz oder fallen die Voraussetzungen der Teilfreistellung weg, so gilt der Investmentanteil als veräußert und an dem Folgetag als angeschafft. [2]Der Investmentanteil gilt mit Ablauf des Veranlagungszeitraums als veräußert, wenn der Anleger in dem Veranlagungszeitraum den Nachweis nach § 20 Absatz 4 erbringt und in dem folgenden Veranlagungszeitraum keinen Nachweis oder einen Nachweis für einen anderen Teilfreistellungssatz erbringt.

(2)[1)] [1]Als Veräußerungserlös und Anschaffungskosten ist

1. in den Fällen des Absatzes 1 Satz 1 der Rücknahmepreis des Tages anzusetzen, an dem die Änderung eingetreten ist oder an dem die Voraussetzungen weggefallen sind, oder

2. in den Fällen des Absatzes 1 Satz 2 der letzte festgesetzte Rücknahmepreis des Veranlagungszeitraums anzusetzen, in dem das Vorliegen der Voraussetzungen für eine Teilfreistellung oder für einen anderen Teilfreistellungssatz nachgewiesen wurde.

[2]Wird kein Rücknahmepreis festgesetzt, so tritt der Börsen- oder Marktpreis an die Stelle des Rücknahmepreises. [*ab 1.1.2021:* [3]Ändert sich der anwendbare Teilfreistellungssatz durch die Einlage eines Investmentanteils in ein Betriebsvermögen, ist der nach den Sätzen 1 und 2 anzusetzende Wert als Einlagewert im Sinne von § 6 Absatz 1 Nummer 5 Satz 1 zweiter Halbsatz Buchstabe c des Einkommensteuergesetzes anzusetzen. [4]Der nach den Sätzen 1 bis 3 anzusetzende Wert gilt als Anschaffungskosten im Sinne von § 6 Absatz 1 Nummer 2 Satz 1 des Einkommensteuergesetzes. [5]Soweit der nach den Sätzen 1 bis 3 anzusetzende Wert höher ist als der fiktiven Veräußerung, sind Wertminderungen im Sinne von § 6 Absatz 1 Nummer 2 Satz 2 des Einkommensteuergesetzes erst zum Zeitpunkt der tatsächlichen Veräußerung des Investmentanteils zu berücksichtigen. [6]Wertaufholungen im Sinne des § 6 Absatz 1 Nummer 2 Satz 3 in Verbindung mit Nummer 1 Satz 4 des Einkommensteuergesetzes sind erst zum Zeitpunkt der tatsächlichen

---

[1)] § 22 Abs. 2 Sätze 3 bis 6 angef. durch G v. 21.12.2020 (BGBl. I S. 3096); zur Anwendung siehe § 57 Abs. 2 Nr. 3.

Veräußerung zu berücksichtigen, soweit auf die vorherigen Wertminderungen Satz 5 angewendet wurde und soweit der Wert vor der fiktiven Veräußerung überschritten wird.]

(3)[1] [1]Der Gewinn aus der fiktiven Veräußerung nach Absatz 1 gilt in dem Zeitpunkt als zugeflossen, in dem der Investmentanteil tatsächlich veräußert wird [*ab 1.1.2021:* oder nach § 19 Absatz 2 als veräußert gilt. [2]Der Gewinn aus der fiktiven Veräußerung nach Absatz 1 unterliegt dem gesonderten Steuertarif für Einkünfte aus Kapitalvermögen nach § 32d des Einkommensteuergesetzes, wenn im Zeitpunkt der fiktiven Veräußerung die Voraussetzungen für eine Besteuerung nach § 20 Absatz 1 Nummer 3 des Einkommensteuergesetzes vorlagen und keine abweichende Zuordnung zu anderen Einkunftsarten nach § 20 Absatz 8 Satz 1 des Einkommensteuergesetzes vorzunehmen war].

Abschnitt 3. Verschmelzung von Investmentfonds

§ 23 Verschmelzung von Investmentfonds. (1) [1]Werden inländische Investmentfonds nach den §§ 181 bis 191 des Kapitalanlagegesetzbuchs miteinander verschmolzen, so hat

1. der übertragende Investmentfonds die zu übertragenden Vermögensgegenstände und Verbindlichkeiten, die Teil des Nettoinventars sind, mit den Anschaffungskosten abzüglich der Absetzungen für Abnutzung oder Substanzverringerung (fortgeführte Anschaffungskosten) zu seinem Geschäftsjahresende (Übertragungsstichtag) anzusetzen und

2. der übernehmende Investmentfonds die übernommenen Vermögensgegenstände und Verbindlichkeiten mit den fortgeführten Anschaffungskosten zu Beginn des dem Übertragungsstichtag folgenden Tages anzusetzen.

[2]Ein nach § 189 Absatz 2 Satz 1 des Kapitalanlagegesetzbuchs bestimmter Übertragungsstichtag gilt als Geschäftsjahresende des übertragenden Investmentfonds.

(2) Der übernehmende Investmentfonds tritt in die steuerliche Rechtsstellung des übertragenden Investmentfonds ein.

(3) [1]Die Ausgabe der Anteile am übernehmenden Investmentfonds an die Anleger des übertragenden Investmentfonds gilt nicht als Tausch. [2]Die erworbenen Anteile an dem übernehmenden Investmentfonds treten an die Stelle der Anteile an dem übertragenden Investmentfonds. [3]Erhalten die Anleger des übertragenden Investmentfonds eine Barzahlung nach § 190 des Kapitalanlagegesetzbuchs, so gilt diese als Ertrag nach § 16 Absatz 1 Nummer 1.

(4) Die Absätze 1 bis 3 gelten auch für die Verschmelzung von ausländischen Investmentfonds miteinander, die demselben Recht eines Amts- und Beitreibungshilfe leistenden ausländischen Staates unterliegen.

---

[1] § 22 Abs. 3 Satz 2 angef., bish. Text wird Satz 1 und ergänzt durch G v. 21.12.2020 (BGBl. I S. 3096); zur Anwendung siehe § 57 Abs. 2 Nr. 3.

Abschnitt 4. Verhältnis zu den Besteuerungsregelungen für Spezial-Investmentfonds

§ 24 Kein Wechsel zu den Besteuerungsregelungen für Spezial-Investmentfonds. Wenn Investmentfonds oder ihre Anleger der Besteuerung nach Kapitel 2 unterlegen haben, so ist ein Wechsel zur Besteuerung nach Kapitel 3 ausgeschlossen.

Kapitel 3. Spezial-Investmentfonds

Abschnitt 1. Voraussetzungen und Besteuerung eines Spezial-Investmentfonds

§ 25 Getrennte Besteuerungsregelungen. Die Vorschriften des Kapitels 2 sind auf Spezial-Investmentfonds und deren Anleger nicht anzuwenden, es sei denn, in Kapitel 3 werden abweichende Bestimmungen getroffen.

§ 26 Anlagebestimmungen. Ein Spezial-Investmentfonds ist ein Investmentfonds, der *die Voraussetzungen für eine Gewerbesteuerbefreiung nach § 15 Absatz 2 und 3 erfüllt und in der Anlagepraxis nicht wesentlich gegen die nachfolgenden weiteren* [*ab 1.1.2023*: in der Anlagepraxis nicht wesentlich gegen die nachfolgenden][1] Voraussetzungen (Anlagebestimmungen) verstößt:

1. [1]Der Investmentfonds oder dessen Verwalter ist in seinem Sitzstaat einer Aufsicht über Vermögen zur gemeinschaftlichen Kapitalanlage unterstellt. [2]Diese Bestimmung gilt für Investmentfonds, die nach § 2 Absatz 3 des Kapitalanlagegesetzbuchs von AIF-Kapitalverwaltungsgesellschaften verwaltet werden, als erfüllt.

2. Die Anleger können mindestens einmal pro Jahr das Recht zur Rückgabe oder Kündigung ihrer Anteile, Aktien oder Beteiligung ausüben.

3. [1]Das Vermögen wird nach dem Grundsatz der Risikomischung angelegt. [2]Eine Risikomischung liegt regelmäßig vor, wenn das Vermögen in mehr als drei Vermögensgegenstände mit unterschiedlichen Anlagerisiken angelegt ist. [3]Der Grundsatz der Risikomischung gilt als gewahrt, wenn der Investmentfonds in nicht nur unerheblichem Umfang Anteile an einem oder mehreren anderen Investmentfonds hält und diese anderen Investmentfonds unmittelbar oder mittelbar nach dem Grundsatz der Risikomischung angelegt sind.

4.[2] Das Vermögen wird zu mindestens 90 Prozent des Wertes des Investmentfonds in die folgenden Vermögensgegenstände angelegt:

---

[1] § 26 Satzteil vor Nr. 1 geänd. durch G v. 16.12.2022 (BGBl. I S. 2294); zur Anwendung siehe § 57 Abs. 7 Nr. 1.
[2] § 26 Nr. 4 Buchst. j geänd. durch G v. 3.6.2021 (BGBl. I S. 1498); zur Anwendung siehe § 57 Abs. 4; Buchst. n angef. mWv 2.8.2021 durch G v. 3.6.2021 (BGBl. I S. 1498).

    a) Wertpapiere im Sinne des § 193 des Kapitalanlagegesetzbuchs und sonstige Anlageinstrumente im Sinne des § 198 des Kapitalanlagegesetzbuchs,

    b) Geldmarktinstrumente,

    c) Derivate,

    d) Bankguthaben,

    e) Grundstücke, grundstücksgleiche Rechte und vergleichbare Rechte nach dem Recht anderer Staaten,

    f) Beteiligungen an Immobilien-Gesellschaften nach § 1 Absatz 19 Nummer 22 des Kapitalanlagegesetzbuchs,

    g) Betriebsvorrichtungen und andere Bewirtschaftungsgegenstände nach § 231 Absatz 3 des Kapitalanlagegesetzbuchs,

    h) Investmentanteile an inländischen und ausländischen Organismen für gemeinsame Kapitalanlagen in Wertpapieren sowie an inländischen und ausländischen Investmentfonds, die die Voraussetzungen der Nummern 1 bis 7 erfüllen,

    i) Spezial-Investmentanteile,

    j) Beteiligungen an ÖPP-Projektgesellschaften nach § 1 Absatz 19 Nummer 28 des Kapitalanlagegesetzbuchs [*ab 2.8.2021:* und an Infrastruktur-Projektgesellschaften nach § 1 Absatz 19 Nummer 23a des Kapitalanlagegesetzbuchs], wenn der Verkehrswert dieser Beteiligung ermittelt werden kann,

    k) Edelmetalle,

    l) unverbriefte Darlehensforderungen,

    m) Beteiligungen an Kapitalgesellschaften, wenn der Verkehrswert dieser Beteiligungen ermittelt werden kann,

[*ab 2.8.2021:*

    n) Kryptowerte im Sinne von § 1 Absatz 11 Satz 4 des Kreditwesengesetzes, wenn deren Verkehrswert ermittelt werden kann und es sich nicht um Wertpapiere im Sinne des § 193 des Kapitalanlagegesetzbuchs handelt.]

5.[1) 1]Höchstens 20 Prozent des Wertes des Investmentfonds werden in Beteiligungen an Kapitalgesellschaften investiert, die weder zum Handel an einer Börse zugelassen noch in einem anderen organisierten Markt zugelassen oder in diesen einbezogen sind. [2]Investmentfonds, die nach ihren Anlagebedingungen *mehr als 50 Prozent ihres Aktivvermögens in Immobilien oder Immobilien-Gesellschaften anlegen, dürfen bis zu 100 Prozent ihres Wertes in Immobilien-Gesellschaften investieren* [*ab 2.8.2021:* das bei ihnen angelegte Geld in Immobilien, Immobilien-Gesellschaften oder in Infrastruktur-Projektgesellschaften anlegen, dürfen bis zu 100 Prozent ihres Wertes in

---

[1)] § 26 Nr. 5 Satz 2 geänd. durch G v. 11.12.2018 (BGBl. I S. 2338); zur Anwendung siehe § 56 Abs. 1 Satz 5 und Abs. 1a; Nr. 5 Satz 2 neu gef. mWv 2.8.2021 (§ 57 Abs. 4), Satz 4 angef. mWv 2.8.2021 durch G v. 3.6.2021 (BGBl. I S. 1498).

Beteiligungen an Kapitalgesellschaften investieren, die die Voraussetzungen von Immobilien-Gesellschaften oder Infrastruktur-Projektgesellschaften erfüllen]. ³Innerhalb der Grenzen des Satzes 1 dürfen auch Unternehmensbeteiligungen gehalten werden, die vor dem 28. November 2013 erworben wurden. [*ab 2.8.2021:* ⁴Höchstens 20 Prozent des Wertes des Investmentfonds werden in Kryptowerte im Sinne von Nummer 4 Buchstabe n investiert.]

6. ¹⁾ ¹Die Höhe der unmittelbaren Beteiligung oder der mittelbaren Beteiligung über eine Personengesellschaft an einer Kapitalgesellschaft liegt unter 10 Prozent des Kapitals der Kapitalgesellschaft. ²Dies gilt nicht für Beteiligungen eines Investmentfonds an

   a) Immobilien-Gesellschaften,

   b) ÖPP-Projektgesellschaften und

   c) Gesellschaften, deren Unternehmensgegenstand auf die Erzeugung erneuerbarer Energien nach § 5 Nummer 14 [*ab 1.1.2023:* § 3 Nummer 21] des Erneuerbare-Energien-Gesetzes gerichtet ist.

7.²⁾ ¹Ein Kredit darf nur kurzfristig und nur bis zu einer Höhe von 30 Prozent des Wertes des Investmentfonds aufgenommen werden. ²Investmentfonds, die nach den Anlagebedingungen das bei ihnen eingelegte Geld in Immobilien anlegen, dürfen kurzfristige Kredite bis zu einer Höhe von 30 Prozent des Wertes des Investmentfonds und im Übrigen Kredite bis zu einer Höhe von 50 [*ab 2.8.2021:* 60] Prozent des Verkehrswertes der unmittelbar oder mittelbar gehaltenen Immobilien aufnehmen.

[*ab 1.1.2023:*

7a.³⁾ ¹Die Einnahmen aus einer aktiven unternehmerischen Bewirtschaftung im Sinne des § 15 Absatz 2 Satz 1 Nummer 2 betragen in einem Geschäftsjahr weniger als 5 Prozent der gesamten Einnahmen des Investmentfonds. ²Erzielt der Investmentfonds Einnahmen aus der Erzeugung oder Lieferung von Strom, die im Zusammenhang mit der Vermietung und Verpachtung von Immobilien stehen und

   a) aus dem Betrieb von Anlagen zur Stromerzeugung aus erneuerbaren Energien im Sinne des § 3 Nummer 21 des Erneuerbare-Energien-Gesetzes oder

   b) aus dem Betrieb von Ladestationen für Elektrofahrzeuge oder Elektrofahrräder stammen,

   erhöht sich die Grenze des Satzes 1 auf 10 Prozent, wenn die Grenze des Satzes 1 nur durch diese Einnahmen überschritten wird.]

8. ¹An dem Investmentfonds dürfen sich unmittelbar und mittelbar über Personengesellschaften insgesamt nicht mehr als 100 Anleger beteiligen. ²Natürliche Personen dürfen nur beteiligt sein, wenn

---

¹⁾ § 26 Nr. 6 Satz 2 Buchst. c Verweis geänd. durch G v. 16.12.2022 (BGBl. I S. 2294); zur Anwendung siehe § 57 Abs. 7 Nr. 1.

²⁾ § 26 Nr. 7 geänd. durch G v. 3.6.2021 (BGBl. I S. 1498); zur Anwendung siehe § 57 Abs. 4.

³⁾ § 26 Nr. 7a eingef. durch G v. 16.12.2022 (BGBl. I S. 2294); zur Anwendung siehe § 57 Abs. 7 Nr. 1.

a) die natürlichen Personen ihre Spezial-Investmentanteile im Betriebsvermögen halten,

b) die Beteiligung natürlicher Personen aufgrund aufsichtsrechtlicher Regelungen erforderlich ist oder

c) die mittelbare Beteiligung von natürlichen Personen an einem Spezial-
Investmentfonds vor dem 9. Juni 2016 erworben wurde. ³Der Be-
standsschutz nach Satz 2 Buchstabe c ist bei Beteiligungen, die ab dem
24. Februar 2016 erworben wurden, bis zum 1. Januar 2020 und bei
Beteiligungen, die vor dem 24. Februar 2016 erworben wurden, bis
zum 1. Januar 2030 anzuwenden. ⁴Der Bestandsschutz nach Satz 2
Buchstabe c ist auch auf die Gesamtrechtsnachfolger von natürlichen
Personen anzuwenden.

9. Der Spezial-Investmentfonds hat ein Sonderkündigungsrecht, wenn die
zulässige Anlegerzahl überschritten wird oder Personen beteiligt sind, die
nicht die Voraussetzungen der Nummer 8 Satz 2 erfüllen.

10. ¹⁾ Die Anlagebestimmungen gehen [*ab 1.1.2023:* mit Ausnahme der Nummer 7a] aus den Anlagebedingungen hervor.

§ 27 Rechtsformen von inländischen Spezial-Investmentfonds. Inländische Spezial-Investmentfonds können gebildet werden

1. in Form eines Sondervermögens nach § 1 Absatz 10 des Kapitalanlagegesetzbuchs oder

2. in Form einer Investmentaktiengesellschaft mit veränderlichem Kapital nach
§ 108 des Kapitalanlagegesetzbuchs.

§ 28 Beteiligung von Personengesellschaften. (1) ¹Personengesellschaf-
ten, die unmittelbar oder mittelbar über andere Personengesellschaften Anleger eines Spezial-Investmentfonds sind, haben dem Spezial-Investmentfonds
innerhalb von drei Monaten nach einem Erwerb des Spezial-Investmentanteils
den Namen und die Anschrift ihrer Gesellschafter mitzuteilen. ²Die Personengesellschaft hat dem Spezial-Investmentfonds Änderungen in ihrer Zusammensetzung innerhalb von drei Monaten anzuzeigen.

(2) Der gesetzliche Vertreter des Spezial-Investmentfonds hat die unmittelbar und mittelbar über Personengesellschaften beteiligten Anleger spätestens
sechs Monate nach dem Erwerb eines Spezial-Investmentanteils in einem Anteilsregister einzutragen.

(3) Erlangt der Spezial-Investmentfonds Kenntnis von einer Überschreitung
der zulässigen Anlegerzahl oder von der Beteiligung natürlicher Personen, die
nicht die Voraussetzungen des § 26 Nummer 8 erfüllen, so hat er unverzüglich
sein Sonderkündigungsrecht auszuüben oder sonstige Maßnahmen zu ergreifen, um die zulässige Anlegerzahl und Anlegerzusammensetzung wiederherzustellen.

---

¹⁾ § 26 Nr. 10 geänd. durch G v. 16.12.2022 (BGBl. I S. 229); zur Anwendung siehe § 57
Abs. 7 Nr. 1.

§ 29¹⁾ Steuerpflicht des Spezial-Investmentfonds. (1) Die Vorschriften der §§ 6 *und* 7 [*ab 1.1.2023:* §§ 6, 7, 11 und 15] für die Besteuerung von Investmentfonds sind auf Spezial-Investmentfonds anzuwenden, soweit sich aus den nachfolgenden Regelungen keine Abweichungen ergeben.

(2) In der Statusbescheinigung nach § 7 Absatz 3 ist der Status als Spezial-Investmentfonds zu bestätigen.

(3) ¹Bei einer Überschreitung der zulässigen Beteiligungshöhe nach § 26 Nummer 6 sind auf den Spezial-Investmentfonds keine Besteuerungsregelungen anzuwenden, die eine über dieser Grenze liegende Beteiligungshöhe voraussetzen. ²Dies gilt auch, wenn in Abkommen zur Vermeidung der Doppelbesteuerung Abweichendes geregelt ist.

[Fassung bis 31.12.2022:]

(4) Spezial-Investmentfonds sind von der Gewerbesteuer befreit.

[Fassung ab 1.1.2023:]

(4) ¹Die Körperschaftsteuer des Spezial-Investmentfonds ermäßigt sich um die vom Spezial-Investmentfonds gezahlte Gewerbesteuer nach § 29 Absatz 1 in Verbindung mit § 15. ²Die vom Spezial-Investmentfonds gezahlte Gewerbesteuer ist nicht als Werbungskosten abziehbar.

§ 30 Inländische Beteiligungseinnahmen und sonstige inländische Einkünfte mit Steuerabzug. (1) ¹Die Körperschaftsteuerpflicht für die inländischen Beteiligungseinnahmen eines Spezial-Investmentfonds entfällt, wenn der Spezial-Investmentfonds gegenüber dem Entrichtungspflichtigen unwiderruflich erklärt, dass den Anlegern des Spezial-Investmentfonds Steuerbescheinigungen gemäß § 45a Absatz 2 des Einkommensteuergesetzes ausgestellt werden sollen (Transparenzoption). ²Die Anleger gelten in diesem Fall als Gläubiger der inländischen Beteiligungseinnahmen und als Schuldner der Kapitalertragsteuer.

(2) § 8b des Körperschaftsteuergesetzes ist vorbehaltlich des Absatzes 3 auf die dem Anleger zugerechneten Beteiligungseinnahmen anwendbar, soweit

1. es sich um Gewinnausschüttungen einer Gesellschaft im Sinne des § 26 Nummer 6 Satz 2 handelt und

2. die auf die Spezial-Investmentanteile des Anlegers rechnerisch entfallende Beteiligung am Kapital der Gesellschaft die Voraussetzungen für eine Freistellung nach § 8b des Körperschaftsteuergesetzes erfüllt.

(3)²⁾ ¹§ 3 Nummer 40 des Einkommensteuergesetzes und § 8b des Körperschaftsteuergesetzes sind auf die dem Anleger zugerechneten [*ab 1.1.2020:* inländischen] Beteiligungseinnahmen nicht anzuwenden, wenn der Anleger

---

¹⁾ § 29 Abs. 1 Verweis geänd., Abs. 4 neu gef. durch G v. 16.12.2022 (BGBl. I S. 2294); zur Anwendung siehe § 57 Abs. 7 Nr. 2.
²⁾ § 30 Abs. 3 neu gef. durch G v. 12.12.2019 (BGBl. I S. 2451); zur Anwendung siehe § 57 Abs. 1 Satz 1 Nr. 8.

1. ein Lebens- oder Krankenversicherungsunternehmen ist und der Spezial-Investmentanteil den Kapitalanlagen zuzurechnen ist oder

[Fassung bis 31.12.2019:]	*[Fassung ab 1.1.2020:]*
2. ein Institut oder Unternehmen nach § 3 Nummer 40 Satz 3 oder 4 des Einkommensteuergesetzes oder § 8b Absatz 7 des Körperschaftsteuergesetzes ist und der Spezial-Investmentfonds in wesentlichem Umfang Geschäfte tätigt, die	2. ein Institut oder Unternehmen nach § 3 Nummer 40 Satz 3 des Einkommensteuergesetzes oder § 8b Absatz 7 des Körperschaftsteuergesetzes ist und der Spezial-Investmentfonds in wesentlichem Umfang Anteile hält, die
a) dem Handelsbuch des Instituts oder Unternehmens zuzurechnen wären oder	a) dem Handelsbestand im Sinne des § 340e Absatz 3 des Handelsgesetzbuchs zuzuordnen wären oder
b) als mit dem Ziel der kurzfristigen Erzielung eines Eigenhandelserfolgs erworben anzusehen wären,	b) zum Zeitpunkt des Zugangs zum Betriebsvermögen als Umlaufvermögen auszuweisen wären,
wenn sie von dem Institut oder Unternehmen unmittelbar getätigt worden wären.	wenn sie von dem Institut oder Unternehmen unmittelbar erworben worden wären.

²Satz 1 Nummer 1 gilt entsprechend, wenn der Anleger ein Pensionsfonds ist.

(4) ¹Ist der Anleger des Spezial-Investmentfonds ein Dach-Spezial-Investmentfonds, so sind die Absätze 1 bis 3 entsprechend auf den Dach-Spezial-Investmentfonds und dessen Anleger anzuwenden. ²Dies gilt nicht, soweit der Dach-Spezial-Investmentfonds Spezial-Investmentanteile an einem anderen Dach-Spezial-Investmentfonds hält.

(5) Die Absätze 1 bis 4 gelten entsprechend für sonstige inländische Einkünfte eines Spezial-Investmentfonds, die bei Vereinnahmung durch den Spezial-Investmentfonds einem Steuerabzug unterliegen.

§ 31 Steuerabzug und Steueranrechnung bei Ausübung der Transparenzoption. (1)¹⁾ ¹Nimmt ein Spezial-Investmentfonds die Transparenzoption wahr, so sind die Regelungen des Einkommensteuergesetzes zum Steuerabzug vom Kapitalertrag so anzuwenden, als ob dem jeweiligen Anleger die inländischen Beteiligungseinnahmen oder die sonstigen inländischen Einkünfte unmittelbar selbst zugeflossen wären. ²In den Steuerbescheinigungen sind neben den nach § 45a des Einkommensteuergesetzes erforderlichen Angaben zusätzlich anzugeben:

1. Name und Anschrift des Spezial-Investmentfonds als Zahlungsempfänger,

2. *Zeitpunkt des Zuflusses des Kapitalertrags bei dem Spezial-Investmentfonds* [*ab 1.1.2020:* Zurechnungszeitpunkt des Kapitalertrags],

---

¹⁾ § 31 Abs. 1 Satz 2 Nrn. 2 und 4 neu gef., Satz 3 angef. durch G v. 12.12.2019 (BGBl. I S. 2451); zur Anwendung siehe § 57 Abs. 1 Satz 1 Nr. 9.

3. Name und Anschrift der am Spezial-Investmentfonds beteiligten Anleger als Gläubiger der Kapitalerträge,

4. Gesamtzahl der Anteile des Spezial-Investmentfonds *zum Zeitpunkt des Zuflusses und Anzahl der Anteile der einzelnen Anleger* [ab **1.1.2020:** und Anzahl der Anteile der einzelnen Anleger jeweils zum Zurechnungszeitpunkt] sowie

5. Anteile der einzelnen Anleger an der Kapitalertragsteuer.

[ab **1.1.2020:** ³Zurechnungszeitpunkt ist der Tag, an dem die jeweiligen Kapitalerträge dem Spezial-Investmentfonds zugerechnet werden; dies ist bei Kapitalerträgen nach § 43 Absatz 1 Satz 1 Nummer 1 und 1a des Einkommensteuergesetzes der Tag des Gewinnverteilungsbeschlusses.]

(2) Wird vom Steuerabzug Abstand genommen oder wird die Steuer erstattet, so hat der Spezial-Investmentfonds die Beträge an diejenigen Anleger auszuzahlen, bei denen die Voraussetzungen für eine Abstandnahme oder Erstattung vorliegen.

[Fassung bis 31.12.2019:]

(3) ¹Die auf inländische Beteiligungseinnahmen und sonstige inländische Einkünfte bei Ausübung der Transparenzoption erhobene Kapitalertragsteuer wird auf die Einkommen- oder Körperschaftsteuer des Anlegers angerechnet, wenn der Spezial-Investmentfonds die Voraussetzungen für eine Anrechenbarkeit nach § 36a Absatz 1 bis 3 des Einkommensteuergesetzes erfüllt. ²Wurde für einen Anleger kein Steuerabzug vorgenommen oder ein Steuerabzug erstattet und erfüllt der Spezial-Investmentfonds nicht die Voraussetzungen nach § 36a Absatz 1 bis 3 des Einkommensteuergesetzes, ist der Anleger verpflichtet, dies gegenüber seinem zuständigen Finanzamt anzuzeigen und eine Zahlung in Höhe des unterbliebenen Steuerabzugs auf Kapitalerträge im Sinne des § 36a Absatz 1 Satz 4 und des § 43 Absatz 1 Satz 1 Nummer 1a des Einkommensteuergesetzes zu leisten. ³§ 36a Absatz 5 und 7 des Einkommensteuergesetzes bleibt unberührt.

[Fassung ab 1.1.2020:][1]

(3) ¹Die auf Kapitalerträge im Sinne des § 43 Absatz 1 Satz 1 Nummer 1a oder des § 36a Absatz 1 Satz 4 des Einkommensteuergesetzes bei Ausübung der Transparenzoption erhobene Kapitalertragsteuer wird auf die Einkommen- oder Körperschaftsteuer des Anlegers angerechnet, wenn

1. der Spezial-Investmentfonds die Voraussetzungen für eine Anrechenbarkeit nach § 36a Absatz 1 bis 3 des Einkommensteuergesetzes erfüllt und

2. der Anleger innerhalb eines Zeitraums von 45 Tagen vor und 45 Tagen nach dem Zurechnungszeitpunkt mindestens 45 Tage ununterbrochen wirtschaftlicher Eigentümer der Spezial-Investmentanteile ist (Mindesthaltedauer), der Anleger während der Mindesthaltedauer unter Berücksichtigung von gegenläufigen Ansprüchen und von Ansprüchen nahestehender Personen ununterbrochen das

---

[1]) § 31 Abs. 3 neu gef. durch G v. 12.12.2019 (BGBl. I S. 2451); zur Anwendung siehe § 57 Abs. 1 Satz 1 Nr. 9.

[Fassung ab 1.1.2020:]

volle Risiko eines sinkenden Wertes der Spezial-Investmentanteile trägt und nicht verpflichtet ist, den ihm nach § 30 Absatz 1 unmittelbar zugerechneten Kapitalertrag ganz oder überwiegend, unmittelbar oder mittelbar anderen Personen zu vergüten.

²Fehlen die Voraussetzungen des Satzes 1, so sind drei Fünftel der Kapitalertragsteuer nicht anzurechnen. ³Die Sätze 1 und 2 sind nicht anzuwenden, wenn

1. die Kapitalerträge des Anlegers im Sinne des § 43 Absatz 1 Satz 1 Nummer 1a und des § 36a Absatz 1 Satz 4 des Einkommensteuergesetzes im Veranlagungszeitraum nicht mehr als 20 000 Euro betragen oder

2. der Spezial-Investmentfonds im Zurechnungszeitpunkt seit mindestens einem Jahr ununterbrochen wirtschaftlicher Eigentümer der Aktien oder Genussscheine ist und der Anleger im Zurechnungszeitpunkt seit mindestens einem Jahr ununterbrochen wirtschaftlicher Eigentümer der Spezial-Investmentanteile ist.

⁴Ein Spezial-Investmentfonds und der an ihm beteiligte Anleger gelten unabhängig von dem Beteiligungsumfang als einander nahestehende Personen im Sinne des Satzes 1 und des § 36a Absatz 3 des Einkommensteuergesetzes. ⁵Wurde für einen Anleger kein Steuerabzug vorgenommen oder ein Steuerabzug erstattet und liegen die Voraussetzungen des Satzes 1 nicht vor, ist der Anleger verpflichtet,

1. dies gegenüber seinem zuständigen Finanzamt anzuzeigen,

[Fassung ab 1.1.2020:]

2. Kapitalertragsteuer in Höhe von 15 Prozent der Kapitalerträge im Sinne des § 43 Absatz 1 Satz 1 Nummer 1a und des § 36a Absatz 1 Satz 4 des Einkommensteuergesetzes nach amtlich vorgeschriebenem Vordruck auf elektronischem Weg anzumelden und

3. die angemeldete Steuer zu entrichten.

⁶Die Anzeige, Anmeldung und Entrichtung hat bei Steuerpflichtigen, die ihren Gewinn durch Bestandsvergleich ermitteln, nach Ablauf des Wirtschaftsjahres, bei Investmentfonds nach Ablauf des Geschäftsjahres und bei anderen Steuerpflichtigen nach Ablauf des Kalenderjahres bis zum Zehnten des folgenden Monats zu erfolgen. ⁷§ 42 der Abgabenordnung bleibt unberührt.

§ 32 Haftung bei ausgeübter Transparenzoption. (1) ¹Der Entrichtungspflichtige haftet für die Steuer, die bei ausgeübter Transparenzoption zu Unrecht nicht erhoben oder erstattet wurde. ²Die Haftung ist ausgeschlossen, soweit der Entrichtungspflichtige nachweist, dass er die ihm auferlegten Pflichten weder vorsätzlich noch grob fahrlässig verletzt hat.

(2) Der Anleger haftet für die Steuer, die bei ausgeübter Transparenzoption zu Unrecht nicht erhoben oder erstattet wurde, wenn die Haftung nach Absatz 1 ausgeschlossen oder die Haftungsschuld uneinbringlich ist.

(3) ¹Der gesetzliche Vertreter des Spezial-Investmentfonds haftet für die Steuer, die bei ausgeübter Transparenzoption zu Unrecht nicht erhoben oder erstattet wurde, wenn die Haftung nach den Absätzen 1 und 2 ausgeschlossen oder die Haftungsschuld uneinbringlich ist. ²Die Haftung setzt voraus, dass der gesetzliche Vertreter zum Zeitpunkt der Abstandnahme vom Steuerabzug oder der Erstattung von Kapitalertragsteuer Kenntnis von den fehlenden Voraussetzungen für eine Abstandnahme oder Erstattung hatte und dies dem Entrichtungspflichtigen nicht mitgeteilt hat.

§ 33 Inländische Immobilienerträge und sonstige inländische Einkünfte ohne Steuerabzug. (1)¹⁾ ¹Die *Steuerpflicht [ab 1.1.2023:* Körperschaftsteuerpflicht] für die inländischen Immobilienerträge eines Spezial-

---

¹⁾ § 33 Abs. 1 bisb. Text wird Satz 1 und geänd., Satz 2 angef. durch G v. 16.12.2022 (BGBl. I S. 2294); zur Anwendung siehe § 57 Abs. 7 Nr. 3.

Investmentfonds entfällt, wenn der Spezial-Investmentfonds auf ausgeschüttete oder ausschüttungsgleiche inländische Immobilienerträge Kapitalertragsteuer gemäß § 50 erhebt, an die zuständige Finanzbehörde abführt und den Anlegern Steuerbescheinigungen gemäß § 45a Absatz 2 des Einkommensteuergesetzes ausstellt. [*ab 1.1.2023:* ²Die Gewerbesteuerpflicht eines Spezial-Investmentfonds nach § 29 Absatz 1 in Verbindung mit § 15 entfällt nicht.]

(2)¹⁾ ¹Die ausgeschütteten oder ausschüttungsgleichen inländischen Immobilienerträge gelten bei einem vereinnahmenden Investmentfonds oder Dach-Spezial-Investmentfonds als Einkünfte nach § 6 Absatz 4. ²Diese unterliegen einem Steuerabzug ohne Berücksichtigung des § 7 Absatz 1 Satz 3. ³Der Steuerabzug gegenüber einem Dach-Spezial-Investmentfonds entfällt, wenn der Dach-Spezial-Investmentfonds unwiderruflich gegenüber dem Ziel-Spezial-Investmentfonds erklärt, dass den Anlegern des Dach-Spezial-Investmentfonds Steuerbescheinigungen gemäß § 45a Absatz 2 des Einkommensteuergesetzes ausgestellt werden sollen (Immobilien-Transparenzoption). ⁴Bei ausgeübter Immobilien-Transparenzoption gelten

1. beschränkt steuerpflichtigen Anlegern unmittelbar Einkünfte im Sinne des § 49 Absatz 1 Nummer 2 Buchstabe f, Nummer 6 oder 8 des Einkommensteuergesetzes,

2. Anlegern, die unbeschränkt steuerpflichtige Investmentfonds oder Dach-Spezial-Investmentfonds sind, Einkünfte nach § 6 Absatz 4 und

3. sonstigen Anlegern Spezial-Investmenterträge

als zugeflossen.

⁵§ 31 Absatz 1 und 2 sowie § 32 sind entsprechend anzuwenden. ⁶Dach-Spezial-Investmentfonds, bei denen nach Satz 4 Nummer 1 oder 2 inländische Immobilienerträge zugerechnet werden, können insoweit keine Immobilien-Transparenzoption ausüben. ⁷Gegenüber dem Dach-Spezial-Investmentfonds ist in den Fällen des Satzes 4 Nummer 1 oder 2 ein Steuerabzug ohne Berücksichtigung des § 7 Absatz 1 Satz 3 vorzunehmen.

(3)¹⁾ ¹Die ausgeschütteten oder ausschüttungsgleichen inländischen Immobilienerträge gelten bei beschränkt steuerpflichtigen Anlegern als unmittelbar bezogene Einkünfte nach § 49 Absatz 1 Nummer 2 Buchstabe f, Nummer 6 oder Nummer 8 des Einkommensteuergesetzes. ²Satz 1 und Absatz 2 Satz 4 Nummer 1 gelten auch für die Anwendung der Regelungen in Abkommen zur Vermeidung der Doppelbesteuerung. ³Der Abzug der Kapitalertragsteuer durch den Spezial-Investmentfonds auf die in den ausgeschütteten oder ausschüttungsgleichen Erträgen enthaltenen inländischen Immobilienerträge hat bei beschränkt steuerpflichtigen Anlegern, abweichend von § 50 Absatz 2 Satz 1 des Einkommensteuergesetzes, keine abgeltende Wirkung.

(4)¹⁾ ¹Die Absätze 1 bis 3 gelten entsprechend für sonstige inländische Einkünfte, die bei Vereinnahmung keinem Steuerabzug unterliegen. ²Die sonstigen inländischen Einkünfte gelten bei beschränkt steuerpflichtigen Anlegern

---

¹⁾ § 33 Abs. 2 eingef., bish. Abs. 2 wird Abs. 3 und Sätze 1 und 2 neu gef., bish. Abs. 3 wird Abs. 4 und neu gef. durch G v. 23.6.2017 (BGBl. I S. 1682).

als unmittelbar bezogene Einkünfte nach dem Tatbestand des § 49 Absatz 1 des Einkommensteuergesetzes, der der Vereinnahmung durch den Spezial-Investmentfonds zugrunde lag.

Abschnitt 2. Besteuerung des Anlegers eines Spezial-Investmentfonds

§ 34 Spezial-Investmenterträge. (1) Erträge aus Spezial-Investmentfonds (Spezial-Investmenterträge) sind

1. ausgeschüttete Erträge nach § 35,

2. ausschüttungsgleiche Erträge nach § 36 Absatz 1 und

3. Gewinne aus der Veräußerung von Spezial-Investmentanteilen nach § 49.

(2) ¹Auf Spezial-Investmenterträge sind § 2 Absatz 5b, § 20 Absatz 6 und 9, die §§ 32d und 43 Absatz 5 Satz 1 des Einkommensteuergesetzes nicht anzuwenden. ²§ 3 Nummer 40 des Einkommensteuergesetzes und § 8b des Körperschaftsteuergesetzes sind vorbehaltlich des § 42 nicht anzuwenden.

(3) ¹Die Freistellung von ausgeschütteten und ausschüttungsgleichen Erträgen aufgrund eines Abkommens zur Vermeidung der Doppelbesteuerung richtet sich nach § 43 Absatz 1. ²Ungeachtet von Abkommen zur Vermeidung der Doppelbesteuerung wird die Freistellung von Ausschüttungen eines ausländischen Spezial-Investmentfonds nur unter den Voraussetzungen des § 16 Absatz 4 gewährt.

§ 35¹⁾ Ausgeschüttete Erträge und Ausschüttungsreihenfolge. (1) Ausgeschüttete Erträge sind die nach den §§ 37 bis 41 ermittelten Einkünfte, die von einem Spezial-Investmentfonds zur Ausschüttung verwendet werden.

[Fassung bis 31.12.2019:]

(2) ¹Zurechnungsbeträge und Absetzungsbeträge gelten vorrangig als ausgeschüttet. ²Substanzbeträge gelten erst nach Ausschüttung sämtlicher Erträge des laufenden und aller vorherigen Geschäftsjahre als verwendet.

(3) Zurechnungsbeträge sind die inländischen Beteiligungseinnahmen und sonstigen inländischen Einkünfte mit Steuerabzug, wenn die Transparenzoption nach § 30 wahrgenommen wurde.

(4) Absetzungsbeträge sind die ausgeschütteten Einnahmen aus der

[Fassung ab 1.1.2020:]

(2) ¹Zurechnungsbeträge, Immobilien-Zurechnungsbeträge und Absetzungsbeträge gelten vorrangig als ausgeschüttet. ²Substanzbeträge gelten erst nach Ausschüttung sämtlicher Erträge des laufenden und aller vorherigen Geschäftsjahre als verwendet.

(3) Zurechnungsbeträge sind die zugeflossenen inländischen Beteiligungseinnahmen und sonstigen inländischen Einkünfte mit Steuerabzug nach Abzug der Kapitalertragsteuer und der bundes- oder

---

¹⁾ § 35 Abs. 2 und 5 geänd., Abs. 3 neu gef., Abs. 3a und 7 ein- bzw. angef., Abs. 4 Satz 2 angef. durch G v. 12.12.2019 (BGBl. I S. 2451); zur Anwendung siehe § 57 Abs. 1 Satz 1 Nr. 10.

[Fassung bis 31.12.2019:]

Vermietung und Verpachtung von Grundstücken oder grundstücksgleichen Rechten, soweit auf diese Einnahmen Absetzungen für Abnutzungen oder Substanzverringerung entfallen.

(5) Substanzbeträge sind die verbleibenden Beträge einer Ausschüttung nach Abzug der ausgeschütteten Erträge, der ausgeschütteten ausschüttungsgleichen Erträge der Vorjahre, der Zurechnungsbeträge und der Absetzungsbeträge.

(6) Werden einem Anleger Erträge ausgeschüttet, die auf Zeiträume entfallen, in denen der Anleger nicht an dem Spezial-Investmentfonds beteiligt war, gelten insoweit Substanzbeträge als ausgeschüttet.

[Fassung ab 1.1.2020:]

landesgesetzlich geregelten Zuschlagsteuern zur Kapitalertragsteuer, wenn die Transparenzoption nach § 30 ausgeübt wurde.

(3a) Immobilien-Zurechnungsbeträge sind die inländischen Immobilienerträge und sonstigen inländischen Einkünfte ohne Steuerabzug, für die ein Dach-Spezial-Investmentfonds die Immobilien-Transparenzoption nach § 33 ausgeübt hat.

(4) ¹Absetzungsbeträge sind die ausgeschütteten Einnahmen aus der Vermietung und Verpachtung von Grundstücken oder grundstücksgleichen Rechten, soweit auf diese Einnahmen Absetzungen für Abnutzungen oder Substanzverringerung entfallen. ²Absetzungsbeträge können nur im Geschäftsjahr ihrer Entstehung oder innerhalb von vier Monaten nach Ablauf des Geschäftsjahres ihrer Entstehung und nur zusammen mit den Einnahmen im Sinne des Satzes 1 ausgeschüttet werden.

(5) Substanzbeträge sind die verbleibenden Beträge einer Ausschüttung nach Abzug der ausgeschütteten Erträge, der ausgeschütteten ausschüttungsgleichen Erträge der Vorjahre, der steuerfrei thesaurierbaren Kapitalerträge im Sinne des § 36 Absatz 2, der Zurechnungsbeträge, der Immobilien-Zurechnungsbeträge und der Absetzungsbeträge.

(6) Werden einem Anleger Erträge ausgeschüttet, die auf Zeiträume entfallen, in denen der Anleger nicht an dem Spezial-Investmentfonds beteiligt war, gelten insoweit Substanzbeträge als ausgeschüttet.

(7) § 36 Absatz 4 Satz 1 ist entsprechend anzuwenden.

§ 36 Ausschüttungsgleiche Erträge. (1) [1]Ausschüttungsgleiche Erträge sind die folgenden nach den §§ 37 bis 41 ermittelten positiven Einkünfte, die von einem Spezial-Investmentfonds nicht zur Ausschüttung verwendet werden:

1. Kapitalerträge nach § 20 des Einkommensteuergesetzes mit Ausnahme der steuerfrei thesaurierbaren Kapitalerträge,

2. Erträge aus der Vermietung und Verpachtung von Grundstücken und grundstücksgleichen Rechten sowie Gewinne aus der Veräußerung von Grundstücken und grundstücksgleichen Rechten und

3. sonstige Erträge.

[2]Keine ausschüttungsgleichen Erträge sind die inländischen Beteiligungseinnahmen und die sonstigen inländischen Einkünfte mit Steuerabzug, wenn die Transparenzoption nach § 30 wahrgenommen wurde.

(2) Steuerfrei thesaurierbare Kapitalerträge sind

1. Erträge aus Stillhalterprämien nach § 20 Absatz 1 Nummer 11 des Einkommensteuergesetzes,

2. Gewinne nach § 20 Absatz 2 Satz 1 Nummer 1, 3 und 7 des Einkommensteuergesetzes; ausgenommen sind Erträge aus Swap-Verträgen, soweit sich die Höhe der getauschten Zahlungsströme nach Kapitalerträgen nach § 20 Absatz 1 Nummer 1 oder Nummer 7 des Einkommensteuergesetzes bestimmt, und

3. Gewinne aus der Veräußerung von Investmentanteilen und Spezial-Investmentanteilen.

(3) Sonstige Erträge sind Einkünfte, die nicht unter die §§ 20, 21 und 23 Absatz 1 Satz 1 Nummer 1 des Einkommensteuergesetzes fallen.

(4)[1] [1]Die ausschüttungsgleichen Erträge sind nach § 37 mit der Maßgabe zu ermitteln, dass Einnahmen und Werbungskosten insoweit den Anlegern zugerechnet werden, wie diese zum Zeitpunkt des Zuflusses der Einnahmen oder des Abflusses der Werbungskosten Spezial-Investmentanteile an dem Spezial-Investmentfonds halten. *[2]Die ausschüttungsgleichen Erträge gelten mit dem Ablauf des Geschäftsjahres, in dem sie vereinnahmt worden sind, als zugeflossen, und zwar ungeachtet einer vorherigen Anteilsveräußerung.* **[ab 1.1.2020:** [2]Die ausschüttungsgleichen Erträge gelten mit Ablauf des Geschäftsjahres als zugeflossen, in dem sie vereinnahmt worden sind. [3]Bei einer Veräußerung von Spezial-Investmentanteilen vor Ablauf des Geschäftsjahres gelten die ausschüttungsgleichen Erträge im Zeitpunkt der Veräußerung als zugeflossen. [4]Bei Teilausschüttung der in den Absätzen 1 und 5 genannten Erträge innerhalb von vier Monaten nach Ablauf des Geschäftsjahres sind die ausschüttungsgleichen Erträge dem Anleger abweichend von Satz 2 im Zeitpunkt der Teilausschüttung zuzurechnen. [5]Reicht die Ausschüttung nicht aus, um die Kapitalertragsteuer gemäß § 50 einschließlich der bundes- oder landesgesetzlich geregelten Zuschlagsteuern zur Kapitalertragsteuer gegenüber sämtlichen, am Ende des Ge-

---

[1]) § 36 Abs. 4 Satz 2 ersetzt durch Sätze 2 bis 5 durch G v. 12.12.2019 (BGBl. I S. 2451); zur Anwendung siehe § 57 Abs. 1 Satz 1 Nr. 11.

schäftsjahres beteiligten Anlegern einzubehalten, gilt auch die Teilausschüttung den Anlegern mit dem Ablauf des Geschäftsjahres, in dem die Erträge vom Spezial-Investmentfonds erzielt worden sind, als zugeflossen und für den Steuerabzug als ausschüttungsgleicher Ertrag.]

(5) ¹Die steuerfrei thesaurierbaren Kapitalerträge gelten mit Ablauf des 15. Geschäftsjahres nach dem Geschäftsjahr der Vereinnahmung als ausschüttungsgleiche Erträge und zu diesem Zeitpunkt als zugeflossen, soweit sie die Verluste der Vorjahre übersteigen und nicht bis zum Ende des 15. Geschäftsjahres oder in den vorherigen Geschäftsjahren ausgeschüttet wurden. ²Absatz 4 ist auf die steuerfrei thesaurierbaren Kapitalerträge nicht anzuwenden.

(6) Wird nicht spätestens vier Monate nach Ablauf des Geschäftsjahres des Spezial-Investmentfonds eine Ausschüttung der Erträge des abgelaufenen Geschäftsjahres vorgenommen, so gelten diese Erträge als nicht zur Ausschüttung verwendet.

§ 37¹⁾ Ermittlung der Einkünfte. (1) ¹Der Spezial-Investmentfonds ermittelt die Einkünfte des Spezial-Investmentfonds entsprechend § 2 Absatz 2 Satz 1 Nummer 2 und § 23 Absatz 3 des Einkommensteuergesetzes und gliedert sie nach den steuerlichen Wirkungen beim Anleger. ²Dabei sind insbesondere die Einkünfte gesondert auszuweisen, bei denen beim Anleger die Regelungen nach den §§ 42 bis 47 zur Anwendung kommen.

[ab 1.1.2021:

(2) ¹Spezial-Investmenterträge, die einem Dach-Spezial-Investmentfonds zufließen oder die als zugeflossen gelten, sind nach der Art der Einkünfte des Ziel-Spezial-Investmentfonds und nach den steuerlichen Wirkungen bei den Anlegern des Dach-Spezial-Investmentfonds zu gliedern, sofern in Kapitel 3 keine abweichenden Bestimmungen getroffen werden. ²Bei der Gliederung nach Satz 1 sind die Spezial-Investmenterträge nach § 34 Absatz 1 Nummer 1 und 2 nicht als steuerfrei thesaurierbare Kapitalerträge im Sinne des § 36 Absatz 2 anzusetzen.

(3) ¹Absetzungsbeträge, die einem Dach-Spezial-Investmentfonds zufließen, können von diesem unter den Voraussetzungen des § 35 Absatz 4 Satz 2 als Absetzungsbeträge ausgeschüttet werden. ²Zurechnungsbeträge und Immobilien-Zurechnungsbeträge, die einem Dach-Spezial-Investmentfonds zufließen, stehen diesem nicht als solche Beträge zur Ausschüttung zur Verfügung.]

§ 38 Vereinnahmung und Verausgabung. (1) § 11 des Einkommensteuergesetzes ist nach Maßgabe der folgenden Absätze anzuwenden.

(2) Dividenden gelten bereits am Tag des Dividendenabschlags als zugeflossen.

(3) ¹Periodengerecht abzugrenzen sind

1. Zinsen und angewachsene Ansprüche einer sonstigen Kapitalforderung nach § 20 Absatz 1 Nummer 7 des Einkommensteuergesetzes, wenn die

---

¹⁾ § 37 Abs. 2 und 3 angef., bish. Text wird Abs. 1 durch G v. 21.12.2020 (BGBl. I S. 3096); zur Anwendung siehe § 57 Abs. 2 Nr. 4.

Kapitalforderung eine Emissionsrendite hat oder bei ihr das Stammrecht und der Zinsschein getrennt wurden,

2. angewachsene Ansprüche aus einem Emissions-Agio oder -Disagio und

3. Mieten.

²Die angewachsenen Ansprüche sind mit der Emissionsrendite anzusetzen, sofern diese leicht und eindeutig ermittelbar ist. ³Anderenfalls ist der Unterschiedsbetrag zwischen dem Marktwert zum Ende des Geschäftsjahres und dem Marktwert zu Beginn des Geschäftsjahres oder im Falle des Erwerbs innerhalb des Geschäftsjahres der Unterschiedsbetrag zwischen dem Marktwert zum Ende des Geschäftsjahres und den Anschaffungskosten als Zins (Marktrendite) anzusetzen. ⁴Die abgegrenzten Zinsen, angewachsenen Ansprüche und Mieten gelten als zugeflossen.

(4) Periodengerecht abgegrenzte Werbungskosten gelten als abgeflossen, soweit der tatsächliche Abfluss im folgenden Geschäftsjahr erfolgt.

(5) Gewinnanteile des Spezial-Investmentfonds an einer Personengesellschaft gehören zu den Erträgen des Geschäftsjahres, in dem das Wirtschaftsjahr der Personengesellschaft endet.

(6) ¹Wird ein Zinsschein oder eine Zinsforderung vom Stammrecht abgetrennt, gilt dies als Veräußerung der Schuldverschreibung und als Anschaffung der durch die Trennung entstandenen Wirtschaftsgüter. ²Die Trennung gilt als vollzogen, wenn dem Inhaber der Schuldverschreibung die Wertpapierkennnummern für die durch die Trennung entstandenen Wirtschaftsgüter zugehen. ³Als Veräußerungserlös der Schuldverschreibung gilt deren gemeiner Wert zum Zeitpunkt der Trennung. ⁴Für die Ermittlung der Anschaffungskosten der neuen Wirtschaftsgüter ist der Wert nach Satz 3 entsprechend dem gemeinen Wert der neuen Wirtschaftsgüter aufzuteilen. ⁵Die Erträge des Stammrechts sind in sinngemäßer Anwendung des Absatzes 3 periodengerecht abzugrenzen.

(7) ¹Wird eine sonstige Kapitalforderung im Sinne des § 20 Absatz 1 Nummer 7 des Einkommensteuergesetzes gegen Anteile an einer Körperschaft, Vermögensmasse oder Personenvereinigung getauscht, bemessen sich die Anschaffungskosten der Anteile nach dem gemeinen Wert der sonstigen Kapitalforderung. ²§ 20 Absatz 4a des Einkommensteuergesetzes findet keine Anwendung.

(8) Die abgegrenzten Zinsen, angewachsenen Ansprüche und Mieten sowie die Erträge nach Absatz 6 Satz 5 gehören zu den ausgeschütteten und ausschüttungsgleichen Erträgen.

§ 39 Werbungskosten, Abzug der Direktkosten. (1) ¹Werbungskosten des Spezial-Investmentfonds, die in einem unmittelbaren wirtschaftlichen Zusammenhang mit Einnahmen stehen, sind Direktkosten. ²Zu den Direktkosten gehören auch Absetzungen für Abnutzung oder Substanzverringerung bis zur Höhe der nach § 7 des Einkommensteuergesetzes zulässigen Beträge. ³Die übrigen Werbungskosten des Spezial-Investmentfonds sind Allgemeinkosten.

(2) ¹Direktkosten, die in einem unmittelbaren wirtschaftlichen Zusammenhang mit Einnahmen nach § 20 Absatz 1 Nummer 1 oder Absatz 2 Satz 1

Nummer 1 des Einkommensteuergesetzes stehen, sind ausschließlich den Einnahmen nach § 20 Absatz 2 Satz 1 Nummer 1 des Einkommensteuergesetzes zuzuordnen. ²Liegen keine Einnahmen nach § 20 Absatz 2 Satz 1 Nummer 1 des Einkommensteuergesetzes vor oder sind die Einnahmen niedriger als die Werbungskosten, so hat der Spezial-Investmentfonds Verlustvorträge zu bilden.

(3) Verluste aus Finanzderivaten sind als Direktkosten bei den Einnahmen nach § 20 Absatz 2 Satz 1 Nummer 1 des Einkommensteuergesetzes abzuziehen, wenn der Spezial-Investmentfonds im Rahmen einer konzeptionellen Gestaltung Verluste aus Finanzderivaten und in gleicher oder ähnlicher Höhe Einnahmen nach § 20 Absatz 2 Satz 1 Nummer 1 des Einkommensteuergesetzes herbeigeführt hat.

(4) Die nach der Zuordnung nach den Absätzen 2 und 3 verbleibenden Direktkosten sind von den jeweiligen Einnahmen abzuziehen.

§ 40 Abzug der Allgemeinkosten. (1) ¹Die Allgemeinkosten sind zwischen den nach § 43 Absatz 1 steuerbefreiten Einkünften und allen übrigen Einkünften des Spezial-Investmentfonds aufzuteilen. ²Der Anteil, der auf die nach § 43 Absatz 1 steuerbefreiten Einkünfte entfällt, bestimmt sich nach dem Verhältnis des durchschnittlichen Vermögens des vorangegangenen Geschäftsjahres, das Quelle dieser Einkünfte ist, zu dem durchschnittlichen Gesamtvermögen des vorangegangenen Geschäftsjahres. ³Zur Berechnung des durchschnittlichen Vermögens sind die monatlichen Endwerte des vorangegangenen Geschäftsjahres zugrunde zu legen.

(2) ¹Die Allgemeinkosten sind innerhalb der nach § 43 Absatz 1 steuerbefreiten Einkünfte und innerhalb aller übrigen Einkünfte zwischen den laufenden Einnahmen und den sonstigen Gewinnen aufzuteilen. ²Laufende Einnahmen sind die Einnahmen aus den in § 36 Absatz 1 Satz 1 genannten Ertragsarten mit Ausnahme der steuerfrei thesaurierbaren Kapitalertragsarten. ³Sonstige Gewinne sind die Einnahmen und Gewinne aus den steuerfrei thesaurierbaren Kapitalertragsarten.

(3) ¹Die Aufteilung nach Absatz 2 erfolgt nach dem Verhältnis der positiven Salden der laufenden Einnahmen des vorangegangenen Geschäftsjahres einerseits und der positiven Salden der sonstigen Gewinne des vorangegangenen Geschäftsjahres. ²Bei der Aufteilung bleiben Gewinn- und Verlustvorträge unberücksichtigt. ³Sind die Salden der laufenden Einnahmen oder der sonstigen Gewinne negativ, so erfolgt die Zuordnung der Allgemeinkosten jeweils hälftig zu den laufenden Einnahmen sowie zu den sonstigen Gewinnen.

(4) ¹Nach der Aufteilung der Allgemeinkosten nach Absatz 3 werden die Allgemeinkosten den entsprechend § 37 gegliederten Einnahmen und Gewinnen zugeordnet. ²Die Zuordnung erfolgt nach dem Verhältnis der entsprechenden positiven Einnahmen und Gewinne des vorangegangenen Geschäftsjahres. ³Wenn entsprechende Einnahmen oder Gewinne im vorangegangenen Geschäftsjahr nicht positiv waren, wird diesen Einnahmen oder Gewinnen vor der Zuordnung nach den Sätzen 1 und 2 jeweils der Anteil der Allgemeinkosten zugeordnet, der bei einer Aufteilung zu gleichen Teilen rechnerisch entsteht.

(5) ¹Allgemeinkosten, die in einem mittelbaren wirtschaftlichen Zusammenhang mit Einnahmen nach § 20 Absatz 1 Nummer 1 oder Absatz 2 Satz 1 Nummer 1 des Einkommensteuergesetzes stehen, sind ausschließlich den Einnahmen nach § 20 Absatz 2 Satz 1 Nummer 1 des Einkommensteuergesetzes zuzuordnen. ²Liegen keine Einnahmen nach § 20 Absatz 2 Satz 1 Nummer 1 des Einkommensteuergesetzes vor oder sind die Einnahmen niedriger als die Werbungskosten, so hat der Spezial-Investmentfonds Verlustvorträge zu bilden.

§ 41 Verlustverrechnung. (1) ¹Negative Erträge des Spezial-Investmentfonds sind mit positiven Erträgen gleicher Art bis zu deren Höhe auszugleichen. ²Die Gleichartigkeit ist gegeben, wenn die gleichen steuerlichen Wirkungen beim Anleger eintreten.

(2) ¹Nicht ausgeglichene negative Erträge sind in den folgenden Geschäftsjahren abzuziehen. ²§ 10d Absatz 4 des Einkommensteuergesetzes gilt entsprechend. ³Nicht ausgeglichene negative Erträge sind nicht abziehbar, soweit ein Anleger seine Spezial-Investmentanteile veräußert.

§ 42 Steuerbefreiung von Beteiligungseinkünften und inländischen Immobilienerträgen. (1)¹⁾ ¹Soweit die ausgeschütteten und ausschüttungsgleichen Erträge Kapitalerträge nach § 43 Absatz 1 Satz 1 Nummer 6 und 9 sowie Satz 2 des Einkommensteuergesetzes enthalten, ist § 3 Nummer 40 des Einkommensteuergesetzes anzuwenden. ²Satz 1 gilt nicht [*ab 1.1.2020:* für Gewinne aus der Veräußerung von Anteilen an Investmentfonds im Sinne des § 16 Absatz 1 Nummer 3 in Verbindung mit § 2 Absatz 13 und] in den Fällen des § 30 Absatz 3 [*ab 1.1.2021:* Satz 1] Nummer 1 und 2 [*ab 1.1.2021:* sowie Satz 2].

(2)²⁾ ¹Soweit die ausgeschütteten und ausschüttungsgleichen Erträge Kapitalerträge nach § 43 Absatz 1 Satz 1 Nummer 6 sowie Satz 2 des Einkommensteuergesetzes enthalten, ist § 8b des Körperschaftsteuergesetzes unter den Voraussetzungen des § 30 Absatz 2 anwendbar. ²Soweit die ausgeschütteten und ausschüttungsgleichen Erträge Kapitalerträge nach § 43 Absatz 1 Satz 1 Nummer 9 sowie Satz 2 des Einkommensteuergesetzes enthalten, ist § 8b des Körperschaftsteuergesetzes anwendbar. ³*Die Sätze 1 und 2 gelten nicht [ab 1.1.2020:* ³Satz 2 gilt nicht für Gewinne aus der Veräußerung von Anteilen an Investmentfonds im Sinne des § 16 Absatz 1 Nummer 3 in Verbindung mit § 2 Absatz 13 und] in den Fällen des § 30 Absatz 3 [*ab 1.1.2021:* Satz 1] Nummer 1 und 2 [*ab 1.1.2021:* sowie Satz 2].

(3) ¹Die Absätze 1 und 2 sind nicht anzuwenden, wenn es sich um Kapitalerträge nach § 43 Absatz 1 Satz 1 Nummer 6 und 9 sowie Satz 2 des Einkommensteuergesetzes aus einer steuerlich nicht vorbelasteten Körperschaft, Personenvereinigung oder Vermögensmasse handelt. ²Als steuerlich nicht vor-

---

¹⁾ § 42 Abs. 1 Satz 2 geänd. durch G v. 12.12.2019 (BGBl. I S. 2451); zur Anwendung siehe § 57 Abs. 1 Satz 1 Nr. 12; Satz 2 geänd. durch G v. 21.12.2020 (BGBl. I S. 3096); zur Anwendung siehe § 57 Abs. 2 Nr. 5.
²⁾ § 42 Abs. 2 Satz 3 geänd. durch G v. 12.12.2019 (BGBl. I S. 2451); zur Anwendung siehe § 57 Abs. 1 Satz 1 Nr. 12; Satz 3 geänd. durch G v. 21.12.2020 (BGBl. I S. 3096); zur Anwendung siehe § 57 Abs. 2 Nr. 5.

belastet gelten Körperschaften, Personenvereinigungen oder Vermögensmassen, die keiner Ertragsbesteuerung unterliegen, von der Ertragsbesteuerung persönlich befreit sind oder sachlich insoweit von der Ertragsbesteuerung befreit sind, wie sie Ausschüttungen vornehmen. ³Satz 1 ist nicht auf vorbelastete REIT-Dividenden nach § 19a des REIT-Gesetzes anzuwenden.

(4) ¹Sind in den ausgeschütteten oder ausschüttungsgleichen Erträgen inländische Beteiligungseinnahmen enthalten, die von dem Spezial-Investmentfonds versteuert wurden, so sind 60 Prozent dieser ausgeschütteten oder ausschüttungsgleichen Erträge steuerfrei. ²Abweichend von Satz 1 sind die in ausgeschütteten oder ausschüttungsgleichen Erträgen enthaltenen inländischen Beteiligungseinnahmen vollständig steuerbefreit, wenn

1. der Anleger dem Körperschaftsteuergesetz unterliegt und

2. dem Spezial-Investmentfonds kein Ermäßigungsanspruch aus einem Abkommen zur Vermeidung der Doppelbesteuerung aufgrund eines Quellensteuerhöchstsatzes von unter 15 Prozent zusteht.

(5)¹⁾ ¹Sind in den ausgeschütteten oder ausschüttungsgleichen Erträgen inländische Immobilienerträge oder sonstige inländische Einkünfte enthalten, die *von dem Spezial-Investmentfonds versteuert wurden* [*ab 1.1.2023:* auf Ebene des Spezial-Investmentfonds der Körperschaftsteuer unterlegen haben], so sind 20 Prozent dieser ausgeschütteten oder ausschüttungsgleichen Erträge steuerfrei. ²Absatz 4 Satz 2 ist entsprechend anzuwenden.

§ 43 Steuerbefreiung aufgrund von Abkommen zur Vermeidung der Doppelbesteuerung, der Hinzurechnungsbesteuerung und der Teilfreistellung. (1) ¹Die ausgeschütteten und ausschüttungsgleichen Erträge sind bei der Veranlagung des Anlegers insoweit von der Bemessungsgrundlage der deutschen Steuer auszunehmen, als sie aus einem ausländischen Staat stammende Einkünfte enthalten, für die die Bundesrepublik Deutschland aufgrund eines Abkommens zur Vermeidung der Doppelbesteuerung auf die Ausübung des Besteuerungsrechts verzichtet hat. ²Satz 1 ist nicht auf Erträge nach § 20 Absatz 1 Nummer 1 und 3 des Einkommensteuergesetzes anzuwenden. ³Satz 2 ist nicht auf Erträge nach § 20 Absatz 1 Nummer 1 des Einkommensteuergesetzes aus einer Gesellschaft im Sinne des § 26 Nummer 6 Satz 2 anzuwenden, soweit

1. der Anleger die persönlichen Voraussetzungen für eine Freistellung nach dem Abkommen zur Vermeidung der Doppelbesteuerung erfüllt und

2. die auf die Spezial-Investmentanteile des Anlegers rechnerisch entfallende Beteiligung am Kapital der Gesellschaft die Voraussetzungen für eine Freistellung nach dem Abkommen zur Vermeidung der Doppelbesteuerung erfüllt.

(2)²⁾ *§ 3 Nummer 41 Buchstabe a des Einkommensteuergesetzes ist entsprechend anzuwenden.*

---

¹⁾ § 42 Abs. 5 geänd. durch G v. 16.12.2022 (BGBl. I S. 2294); zur Anwendung siehe § 57 Abs. 7 Nr. 4.
²⁾ § 43 Abs. 2 aufgeh. durch G v. 25.6.2021 (BGBl. I S. 2035); zur letztmaligen Anwendung siehe § 57 Abs. 5.

(2) Der anzusetzende Zinsertrag mindert sich um die folgenden Abzugsbeträge:

1. Direktkosten,
2. die nach § 40 den Zinserträgen zuzurechnenden Allgemeinkosten,
3. Zinsaufwendungen und
4. negative Kapitalerträge nach § 20 Absatz 1 Nummer 7 oder Absatz 2 Satz 1 Nummer 7 des Einkommensteuergesetzes.

(3) Übersteigen die Abzugsbeträge den Zinsertrag, so ist die Differenz auf die folgenden Geschäftsjahre des Spezial-Investmentfonds zu übertragen; dies mindert den Zinsertrag der folgenden Geschäftsjahre.

§ 47 Anrechnung und Abzug von ausländischer Steuer. (1) [1]Enthalten die ausgeschütteten und ausschüttungsgleichen Erträge Einkünfte aus einem ausländischen Staat, die in diesem Staat zu einer Steuer herangezogen wurden, die anrechenbar ist

1. nach § 34c Absatz 1 des Einkommensteuergesetzes,
2. nach § 26 Absatz 1 des Körperschaftsteuergesetzes oder
3. nach einem Abkommen zur Vermeidung der Doppelbesteuerung auf die Einkommensteuer oder Körperschaftsteuer,

so ist bei unbeschränkt steuerpflichtigen Anlegern die festgesetzte und gezahlte und um einen entstandenen Ermäßigungsanspruch gekürzte ausländische Steuer auf den Teil der Einkommensteuer oder Körperschaftsteuer anzurechnen, der auf diese ausländischen, um die anteilige ausländische Steuer erhöhten Einkünfte entfällt. [2]Wird von auf ausländische Spezial-Investmentanteile ausgeschütteten oder ausschüttungsgleichen Erträgen in dem Staat, in dem der ausländische Spezial-Investmentfonds ansässig ist, eine Abzugsteuer erhoben, so gilt für deren Anrechnung Satz 1 entsprechend.

(2) Zur Ermittlung des Teils der Einkommensteuer oder Körperschaftsteuer, der auf die ausländischen, um die anteilige ausländische Steuer erhöhten Einkünfte nach Absatz 1 entfällt, ist

1. bei einkommensteuerpflichtigen Anlegern der durchschnittliche Steuersatz, der sich bei der Veranlagung des zu versteuernden Einkommens, einschließlich der ausländischen Einkünfte, nach den §§ 32a, 32b, 34, 34a und 34b des Einkommensteuergesetzes ergibt, auf die ausländischen Einkünfte anzuwenden,
2. bei körperschaftsteuerpflichtigen Anlegern die deutsche Körperschaftsteuer, die sich bei der Veranlagung des zu versteuernden Einkommens, einschließlich der ausländischen Einkünfte, ohne Anwendung der §§ 37 und 38 des Körperschaftsteuergesetzes ergibt, aufzuteilen; die Aufteilung erfolgt nach dem Verhältnis der ausländischen Einkünfte zur Summe der Einkünfte.

(3) Der Höchstbetrag der anrechenbaren ausländischen Steuern aus verschiedenen Staaten ist für die ausgeschütteten und ausschüttungsgleichen Erträge aus jedem einzelnen Spezial-Investmentfonds zusammengefasst zu berechnen.

(3) Auf ausgeschüttete oder ausschüttungsgleiche Erträge, die aus Ausschüttungen von Investmentfonds, Vorabpauschalen oder Gewinnen aus der Veräußerung von Investmentanteilen stammen, ist die Teilfreistellung nach § 20 entsprechend anzuwenden.

§ 44 Anteilige Abzüge aufgrund einer Steuerbefreiung. § 21 ist entsprechend auf Betriebsvermögensminderungen, Betriebsausgaben, Veräußerungskosten oder Werbungskosten anzuwenden, die mit Erträgen in wirtschaftlichem Zusammenhang stehen, die ganz oder teilweise von der Besteuerung freizustellen sind.

§ 45 Gewerbesteuer bei Spezial-Investmenterträgen. (1) [1]Bei der Ermittlung des Gewerbeertrags nach § 7 des Gewerbesteuergesetzes sind § 42 Absatz 4 sowie § 3 Nummer 40 des Einkommensteuergesetzes und § 8b des Körperschaftsteuergesetzes nicht anzuwenden auf Kapitalerträge nach § 43 Absatz 1 Satz 1 Nummer 1, 1a und 6 sowie Satz 2 des Einkommensteuergesetzes, die in den ausgeschütteten oder ausschüttungsgleichen Erträgen enthalten sind und auf inländische Beteiligungseinnahmen, die dem Anleger nach § 30 Absatz 1 Satz 2 zugerechnet werden. [2]Dies gilt nicht, wenn

1. der Schuldner der Kapitalerträge eine Gesellschaft nach § 26 Nummer 6 Satz 2 ist,

2. der Anleger dem Körperschaftsteuergesetz unterliegt und kein Institut oder Unternehmen nach § 3 Nummer 40 Satz 3 oder 4 des Einkommensteuergesetzes oder § 8b Absatz 7 oder 8 des Körperschaftsteuergesetzes ist und

3. die auf die Spezial-Investmentanteile des Anlegers rechnerisch entfallende Beteiligung am Kapital der Gesellschaft die Voraussetzungen für eine Kürzung nach § 9 Nummer 2a und 7 des Gewerbesteuergesetzes erfüllt.

(2) Die nach § 43 Absatz 3 zu gewährenden Teilfreistellungen sind bei der Ermittlung des Gewerbeertrags nach § 7 des Gewerbesteuergesetzes nur zur Hälfte zu berücksichtigen.

[*ab 1.1.2023:*

(3)[1] [1]Die tarifliche Einkommensteuer des Anlegers ermäßigt sich nicht um die vom Spezial-Investmentfonds gezahlte Gewerbesteuer nach § 29 Absatz 1 in Verbindung mit § 15. [2]Die vom Spezial-Investmentfonds gezahlte Gewerbesteuer ist beim Anleger nicht als Betriebsausgabe oder Werbungskosten abziehbar.]

§ 46 Zinsschranke. (1) [1]Beim Anleger sind für Zwecke des § 4h Absatz 1 des Einkommensteuergesetzes ausgeschüttete oder ausschüttungsgleiche Erträge, die aus Zinserträgen nach § 4h Absatz 3 Satz 3 des Einkommensteuergesetzes stammen, als Zinserträge zu berücksichtigen. [2]Dies gilt nicht für ausgeschüttete Erträge, die nach § 35 Absatz 6 als Substanzbeträge gelten.

---

[1] § 45 Abs. 3 angef. durch G v. 16.12.2022 (BGBl. I S. 2294); zur Anwendung siehe § 57 Abs. 7 Nr. 5.

(4) ¹§ 34c Absatz 1 Satz 3 und 4 sowie Absatz 2, 3 und 6 des Einkommensteuergesetzes ist entsprechend anzuwenden. ²Der Anrechnung der ausländischen Steuer nach § 34c Absatz 1 des Einkommensteuergesetzes steht bei ausländischen Spezial-Investmentanteilen § 34c Absatz 6 Satz 1 des Einkommensteuergesetzes nicht entgegen.

(5) Ausländische Steuern, die auf ausgeschüttete und ausschüttungsgleiche Erträge entfallen, die nach § 43 Absatz 1 steuerfrei sind, sind bei der Anrechnung oder dem Abzug nach Absatz 1 nicht zu berücksichtigen.

§ 48 Fonds-Aktiengewinn, Fonds-Abkommensgewinn, Fonds-Teilfreistellungsgewinn. (1) ¹Der Spezial-Investmentfonds hat bei jeder Bewertung seines Vermögens pro Spezial-Investmentanteil den Fonds-Aktiengewinn, den Fonds-Abkommensgewinn und den Fonds-Teilfreistellungsgewinn als absolute Werte in Euro zu ermitteln und dem Anleger diese Werte bekannt zu machen. ²Der Fonds-Aktiengewinn, der Fonds-Abkommensgewinn und der Fonds-Teilfreistellungsgewinn ändern sich nicht durch die Ausgabe und Rücknahme von Spezial-Investmentanteilen.

(2) ¹Die Steuerbefreiung nach § 42 Absatz 1 bis 3 ist nur anzuwenden, wenn der Spezial-Investmentfonds den Fonds-Aktiengewinn ermittelt und bekannt macht oder wenn der Anleger den Fonds-Aktiengewinn nachweist. ²Die Steuerbefreiung nach § 43 Absatz 1 ist nur anzuwenden, wenn der Spezial-Investmentfonds den Fonds-Abkommensgewinn ermittelt und bekannt macht oder wenn der Anleger den Fonds-Abkommensgewinn nachweist. ³Die Teilfreistellung nach § 43 Absatz 3 ist nur anzuwenden, wenn der Spezial-Investmentfonds die Fonds-Teilfreistellungsgewinne ermittelt und bekannt macht oder wenn der Anleger die Fonds-Teilfreistellungsgewinne nachweist.

(3) ¹Der Fonds-Aktiengewinn ist der Teil des Wertes eines Spezial-Investmentanteils, der auf folgende Erträge, die nicht ausgeschüttet wurden und nicht als ausgeschüttet gelten, sowie auf folgende Wertveränderungen entfällt:

1. Gewinne aus der Veräußerung von Anteilen an Körperschaften, Personenvereinigungen und Vermögensmassen, deren Leistungen beim Empfänger zu den Einnahmen nach § 20 Absatz 1 Nummer 1 des Einkommensteuergesetzes gehören,

2. Wertveränderungen von Anteilen an Körperschaften, Personenvereinigungen und Vermögensmassen, deren Leistungen beim Empfänger zu den Einnahmen im Sinne des § 20 Absatz 1 Nummer 1 des Einkommensteuergesetzes gehören,

3. Anleger-Aktiengewinne eines Dach-Spezial-Investmentfonds aus der Veräußerung eines Spezial-Investmentanteils an einem Ziel-Spezial-Investmentfonds und

4. Anleger-Aktiengewinne eines Dach-Spezial-Investmentfonds aus dem Besitz eines Spezial-Investmentanteils an einem Ziel-Spezial-Investmentfonds, die bei der Bewertung des Dach-Spezial-Investmentfonds ermittelt werden.

²Satz 1 gilt nur für Bestandteile, die nicht bereits von Absatz 5 erfasst werden.

(4) ¹Gewinne aus der Veräußerung sowie Wertveränderungen von Anteilen an Körperschaften, Personenvereinigungen und Vermögensmassen sind nicht

in den Fonds-Aktiengewinn einzubeziehen, wenn die Körperschaft, Personenvereinigung oder Vermögensmasse

1. keiner Ertragsbesteuerung unterliegt,

2. von der Ertragsbesteuerung persönlich befreit ist oder

3. sachlich insoweit von der Ertragsbesteuerung befreit ist, wie sie eine Ausschüttung vornimmt.

²Verluste aus Finanzderivaten mindern den Fonds-Aktiengewinn, wenn der Spezial-Investmentfonds im Rahmen einer konzeptionellen Gestaltung Verluste aus Finanzderivaten und in gleicher oder ähnlicher Höhe Wertveränderungen nach Absatz 3 Nummer 2 herbeigeführt hat.

(5) Der Fonds-Abkommensgewinn ist der Teil des Wertes eines Spezial-Investmentanteils, der auf folgende Erträge, die nicht ausgeschüttet wurden und nicht als ausgeschüttet gelten, sowie auf folgende Wertveränderungen entfällt:

1. Erträge, die aufgrund eines Abkommens zur Vermeidung der Doppelbesteuerung nach § 43 Absatz 1 von der Besteuerung freizustellen sind,

2. Wertveränderungen von Vermögensgegenständen, auf die bei einer Veräußerung § 43 Absatz 1 anwendbar wäre,

3. Anleger-Abkommensgewinne eines Dach-Spezial-Investmentfonds aus der Veräußerung eines Spezial-Investmentanteils an einem Ziel-Spezial-Investmentfonds und

4. Anleger-Abkommensgewinne eines Dach-Spezial-Investmentfonds aus dem Besitz eines Spezial-Investmentanteils an einem Ziel-Spezial-Investmentfonds, die bei der Bewertung des Dach-Spezial-Investmentfonds ermittelt werden.

(6) ¹Der Fonds-Teilfreistellungsgewinn ist jeweils getrennt für die in § 20 Absatz 1 genannten Arten von Anlegern zu ermitteln. ²Der Fonds-Teilfreistellungsgewinn ist der Teil des Wertes eines Spezial-Investmentanteils, der auf folgende Erträge, die nicht ausgeschüttet wurden und nicht als ausgeschüttet gelten, sowie auf folgende Wertveränderungen entfällt:

1. Erträge aus einem Investmentanteil, soweit diese nach § 20 von der Besteuerung freizustellen sind,

2. Wertveränderungen von Investmentanteilen, soweit auf diese bei einer Veräußerung § 20 anwendbar wäre,

3. Anleger-Teilfreistellungsgewinne eines Dach-Spezial-Investmentfonds aus der Veräußerung eines Spezial-Investmentanteils an einem Ziel-Spezial-Investmentfonds und

4. Anleger-Teilfreistellungsgewinne eines Dach-Spezial-Investmentfonds aus dem Besitz eines Spezial-Investmentanteils an einem Ziel-Spezial-Investmentfonds, die bei der Bewertung des Dach-Spezial-Investmentfonds ermittelt werden.

§ 49 **Veräußerung von Spezial-Investmentanteilen, Teilwertansatz.**
(1) ¹Wird der Spezial-Investmentanteil veräußert oder wird ein Gewinn aus dem Spezial-Investmentanteil in sonstiger Weise realisiert, so sind

1. auf den Anleger-Aktiengewinn § 3 Nummer 40 des Einkommensteuergesetzes, § 8b des Körperschaftsteuergesetzes und § 44 anzuwenden,

2. der Anleger-Abkommensgewinn von der Besteuerung freizustellen und
   § 44 anzuwenden und

3. der Anleger-Teilfreistellungsgewinn von der Besteuerung freizustellen und
   § 44 anzuwenden.

²Satz 1 ist bei bilanziellem Ansatz der Spezial-Investmentanteile mit einem
niedrigeren Teilwert nach § 6 Absatz 1 Nummer 2 Satz 2 des Einkommensteuergesetzes und bei einer Teilwertzuschreibung nach § 6 Absatz 1 Nummer 2 Satz 3 des Einkommensteuergesetzes auf die Anschaffungskosten der
Spezial-Investmentanteile entsprechend anzuwenden. [*ab 1.1.2021:* ³Für die
Anwendung des § 3 Nummer 40 des Einkommensteuergesetzes und des § 8b
des Körperschaftsteuergesetzes gilt § 30 Absatz 3 entsprechend.]¹⁾

(2) ¹Der Anleger-Aktiengewinn pro Spezial-Investmentanteil ist, vorbehaltlich einer Berichtigung nach Satz 4 oder 5, der Unterschiedsbetrag zwischen
dem Fonds-Aktiengewinn zu dem Zeitpunkt, zu dem der Spezial-Investmentanteil veräußert wird oder zu dem ein Gewinn aus dem Spezial-Investmentanteil in sonstiger Weise realisiert wird oder zu dem er zu bewerten ist, und
dem Fonds-Aktiengewinn bei der Anschaffung des Spezial-Investmentanteils.
²Satz 1 gilt entsprechend für die Ermittlung des Anleger-Abkommensgewinns
und des Anleger-Teilfreistellungsgewinns. ³Bei bilanziellem Ansatz der Spezial-Investmentanteile mit einem niedrigeren Teilwert nach § 6 Absatz 1 Nummer 2 Satz 2 des Einkommensteuergesetzes sind die nach Satz 1 oder 2 ermittelten Unterschiedsbeträge, vorbehaltlich einer Berichtigung nach Satz 4 oder
5, auf die Auswirkung auf den Bilanzansatz begrenzt. ⁴Die nach den Sätzen 1
bis 3 ermittelten Unterschiedsbeträge sind jeweils um den zum Schluss des
vorangegangenen Wirtschaftsjahres angesetzten Anleger-Aktiengewinn, Anleger-Abkommensgewinn oder Anleger-Teilfreistellungsgewinn zu berichtigen.
⁵Die Berichtigungen nach Satz 4 sind bei einer bilanziellen Teilwertzuschreibung nach § 6 Absatz 1 Nummer 2 Satz 3 des Einkommensteuergesetzes auf
die Anschaffungskosten der Spezial-Investmentanteile entsprechend anzuwenden. ⁶Der nach den Sätzen 1 bis 5 ermittelte Anleger-Aktiengewinn, Anleger-
Abkommensgewinn oder Anleger-Teilfreistellungsgewinn kann positiv oder
negativ sein.

(3)²⁾ ¹Für die Ermittlung des Gewinns aus der Veräußerung von Spezial-
Investmentanteilen, die nicht zu einem Betriebsvermögen gehören, gilt § 20
Absatz 4 des Einkommensteuergesetzes entsprechend. ²Der Gewinn aus der
Veräußerung von Spezial-Investmentanteilen ist

1. um die während der Besitzzeit bereits besteuerten ausschüttungsgleichen
   Erträge zu mindern sowie

2. um die auf diese Erträge gezahlten inländischen und ausländischen Steuern,
   vermindert um die erstattete inländische und ausländische Steuer des Geschäftsjahres oder früherer Geschäftsjahre, zu erhöhen.

---

¹⁾ § 49 Abs. 1 Satz 3 angef. durch G v. 21.12.2020 (BGBl. I S. 3096); zur Anwendung siehe
§ 57 Abs. 2 Nr. 6.
²⁾ § 49 Abs. 3 Satz 5 neu gef. mWv 18.12.2019 durch G v. 12.12.2019 (BGBl. I S. 2451).

³ Ausschüttungsgleiche Erträge, die in einem späteren Geschäftsjahr innerhalb der Besitzzeit ausgeschüttet wurden, sind dem Veräußerungserlös hinzuzurechnen. ⁴ Des Weiteren ist der Gewinn aus der Veräußerung um die während der Besitzzeit des Anlegers zugeflossenen Substanzbeträge und Absetzungsbeträge zu erhöhen. ⁵ *Inländische Beteiligungseinnahmen und sonstige inländische Einkünfte, die nach § 30 Absatz 1 dem Anleger unmittelbar zugerechnet und nicht ausgeschüttet wurden.* [**ab 18.12.2019:** ⁵ Zurechnungsbeträge und Immobilien-Zurechnungsbeträge, die nicht an den Anleger ausgeschüttet wurden,] mindern den Gewinn aus der Veräußerung.

(4) § 15b des Einkommensteuergesetzes ist auf Verluste aus der Veräußerung von Spezial-Investmentanteilen sowie auf Verluste durch Ansatz des niedrigeren Teilwertes bei Spezial-Investmentanteilen entsprechend anzuwenden.

§ 50 Kapitalertragsteuer. (1) ¹ Ein inländischer Spezial-Investmentfonds hat als Entrichtungspflichtiger 15 Prozent Kapitalertragsteuer einzubehalten und abzuführen. ² Dem Steuerabzug unterliegen

1. die ausgeschütteten und ausschüttungsgleichen Erträge, mit Ausnahme der nach § 43 Absatz 1 und 2 steuerfreien Erträge, und

2. der Gewinn aus der Veräußerung eines Spezial-Investmentanteils.

(2) ¹ Der Entrichtungspflichtige hat ausländische Steuern nach Maßgabe des § 47 zu berücksichtigen. ² Die Vorschriften des Einkommensteuergesetzes, die für den Steuerabzug von Kapitalerträgen nach § 43 Absatz 1 Satz 1 Nummer 7 und Satz 2 des Einkommensteuergesetzes gelten, sind entsprechend anzuwenden.

(3) Soweit die ausgeschütteten Erträge Kapitalerträge nach § 43 Absatz 1 Satz 1 Nummer 6 und 8 bis 12 des Einkommensteuergesetzes enthalten, gilt § 43 Absatz 2 Satz 3 bis 8 des Einkommensteuergesetzes entsprechend.

§ 51 Feststellung der Besteuerungsgrundlagen. (1) Die Besteuerungsgrundlagen nach den §§ 29 bis 49, die nicht ausgeglichenen negativen Erträge nach § 41 und die positiven Erträge, die nicht zu einer Ausschüttung verwendet wurden, sind gegenüber dem Spezial-Investmentfonds und dem Anleger gesondert und einheitlich festzustellen.

(2) ¹ Eine Erklärung zur gesonderten und einheitlichen Feststellung der Besteuerungsgrundlagen ist der zuständigen Finanzbehörde innerhalb von vier Monaten nach Ablauf des Geschäftsjahres eines Spezial-Investmentfonds nach amtlich vorgeschriebenem Vordruck abzugeben. ² Wird innerhalb von vier Monaten nach Ablauf des Geschäftsjahres ein Beschluss über eine Ausschüttung gefasst, so ist die Erklärung innerhalb von vier Monaten nach dem Tag des Beschlusses abzugeben.

(3) Die Erklärung zur gesonderten und einheitlichen Feststellung hat abzugeben:

1. bei einem inländischen Spezial-Investmentfonds die Kapitalverwaltungsgesellschaft, die inländische Betriebsstätte oder Zweigniederlassung der ausländischen Verwaltungsgesellschaft oder die *inländische* Verwahrstelle oder

2. bei einem ausländischen Spezial-Investmentfonds die inländische oder ausländische Verwaltungsgesellschaft oder der inländische Anleger.

(4) Der Erklärung zur gesonderten und einheitlichen Feststellung sind folgende Unterlagen beizufügen:

1. der Jahresbericht oder der Jahresabschluss und der Lagebericht jeweils für das abgelaufene Geschäftsjahr,

2. im Falle einer Ausschüttung ein verbindlicher Beschluss der Verwaltungsgesellschaft über die Verwendung der Erträge,

3. der Verkaufsprospekt, sofern ein Verkaufsprospekterstellt wurde,

4. das Anteilsregister,

5. die Überleitungsrechnung, aus der hervorgeht, wie die Besteuerungsgrundlagen aus der handels- oder investmentrechtlichen Rechnungslegung ermittelt wurden,

6. die Summen- und Saldenlisten, aus denen sich die Zusammensetzung der Einnahmen und Werbungskosten des Spezial-Investmentfonds ergibt, und

7. die Unterlagen zur Aufteilung der Einkünfte auf die einzelnen Anleger.

(5)[1] [1]Die Erklärung zur gesonderten und einheitlichen Feststellung steht einer gesonderten und einheitlichen Feststellung unter dem Vorbehalt der Nachprüfung gemäß § 164 der Abgabenordnung gleich. [*ab 11.8.2018:* [2]Eine berichtigte Feststellungserklärung gilt als Antrag auf Änderung.]

Abschnitt 3. Wegfall der Voraussetzungen eines Spezial-Investmentfonds

§ 52 Wegfall der Voraussetzungen eines Spezial-Investmentfonds.
(1) [1]Ein Spezial-Investmentfonds gilt als aufgelöst, wenn der Spezial-Investmentfonds seine Anlagebedingungen in der Weise ändert, dass die Voraussetzungen des § 26 nicht mehr erfüllt sind oder ein wesentlicher Verstoß gegen die Anlagebestimmungen des § 26 vorliegt. [2]Liegen zugleich die Voraussetzungen eines Investmentfonds weiterhin vor, so gilt mit der Auflösung ein Investmentfonds als neu aufgelegt. [3]Entfallen die Voraussetzungen des § 26 zu einem anderen Zeitpunkt als zum Ende des Geschäftsjahres, so gilt für steuerliche Zwecke ein Rumpfgeschäftsjahr als beendet.

(2) [1]Die Anteile an dem Spezial-Investmentfonds gelten zu dem Zeitpunkt als veräußert, zu dem die Voraussetzungen nach § 26 entfallen. [2]Als Veräußerungserlös ist der Rücknahmepreis am Ende des Geschäftsjahres oder Rumpfgeschäftsjahres anzusetzen. [3]Wird kein Rücknahmepreis festgesetzt, so tritt der Börsen- oder Marktpreis an die Stelle des Rücknahmepreises. [4]*Die festgesetzte Steuer gilt bis zur tatsächlichen Veräußerung des Anteils als zinslos gestundet.*[2]

---

[1] § 51 Abs. 5 Satz 2 angef., bish. Wortlaut wird Satz 1 durch G v. 11.12.2018 (BGBl. I S. 2338); zur Anwendung siehe § 56 Abs. 1 Satz 5.
[2] § 52 Abs. 2 Satz 4 aufgeh. durch G v. 12.12.2019 (BGBl. I S. 2451); zur Anwendung siehe § 57 Abs. 1 Satz 1 Nr. 13 iVm Satz 2.

(3) ¹Zu dem Zeitpunkt, zu dem die Voraussetzungen des § 26 entfallen, gelten unter den Voraussetzungen des Absatzes 1 zugleich die Investmentanteile an dem Investmentfonds als angeschafft. ²Als Anschaffungskosten der Investmentanteile ist der nach Absatz 2 Satz 2 oder 3 anwendbare Wert anzusetzen.

Kapitel 4. Altersvorsorgevermögenfonds

§ 53 Altersvorsorgevermögenfonds. (1) Ein Altersvorsorgevermögenfonds ist eine offene Investmentkommanditgesellschaft,

1. deren Gesellschaftszweck unmittelbar und ausschließlich auf die Abdeckung von betrieblichen Altersvorsorgeverpflichtungen ihrer Anleger gerichtet ist und

2. die die Voraussetzungen eines Spezial-Investmentfonds erfüllt.

(2) ¹Die Anleger haben der offenen Investmentkommanditgesellschaft schriftlich nach amtlichem Muster zu bestätigen, dass sie ihren Anteil unmittelbar und ausschließlich zur Abdeckung betrieblicher Altersvorsorgeverpflichtungen halten. ²Liegt diese Bestätigung bei im Ausland ansässigen Anlegern vor, so gilt die Voraussetzung des Absatzes 1 Nummer 1 als erfüllt. ³Im Übrigen gilt diese Voraussetzung als nicht erfüllt, wenn der Wert der Anteile, die ein Anleger erwirbt, den Wert seiner betrieblichen Altersvorsorgeverpflichtung übersteigt.

(3) ¹Die Vorschriften für Spezial-Investmentfonds und deren Anleger sind entsprechend auf Altersvorsorgevermögenfonds und deren Anleger anzuwenden. ²Bei einem Wegfall der Voraussetzungen des Absatzes 1 ist § 52 sinngemäß anzuwenden. ³Für die Bewertung eines Anteils an einem Altersvorsorgevermögenfonds gilt § 6 Absatz 1 Nummer 2 des Einkommensteuergesetzes entsprechend.

(4) ¹Die Beteiligung an einem Altersvorsorgevermögenfonds führt nicht zur Begründung oder anteiligen Zurechnung einer Betriebsstätte des Anteilseigners. ²Die Einkünfte des Altersvorsorgevermögenfonds gelten als nicht gewerblich. ³§ 9 Nummer 2 des Gewerbesteuergesetzes ist auf Anteile am Gewinn eines Altersvorsorgevermögenfonds nicht anzuwenden.

Kapitel 5. Verschmelzung von Spezial-Investmentfonds und von Altersvorsorgevermögenfonds

§ 54 Verschmelzung von Spezial-Investmentfonds und Altersvorsorgevermögenfonds. (1) ¹Bei einer Verschmelzung von inländischen Spezial-Investmentfonds miteinander gilt § 23 Absatz 1 bis 3 entsprechend. ²Satz 1 ist nicht anzuwenden, wenn ein Sondervermögen nach § 1 Absatz 10 des Kapitalanlagegesetzbuchs oder ein Teilinvestmentvermögen eines solchen Sondervermögens mit einer Investmentaktiengesellschaft mit veränderlichem Kapital nach § 108 des Kapitalanlagegesetzbuchs oder einem Teilgesellschaftsvermögen einer solchen Investmentaktiengesellschaft verschmolzen wird.

(2) ¹Bei einer Verschmelzung von ausländischen Spezial-Investmentfonds miteinander gilt § 23 Absatz 4 entsprechend. ²Satz 1 ist nicht anzuwenden, wenn ein ausländischer Spezial-Investmentfonds in einer Rechtsform, die mit einem Sondervermögen oder einem Teilinvestmentvermögen vergleichbar ist, mit einem ausländischen Spezial-Investmentfonds in einer Rechtsform, die mit einer Investmentaktiengesellschaft mit veränderlichem Kapital oder einem Teilgesellschaftsvermögen vergleichbar ist, verschmolzen wird.

(3) Bei einer Verschmelzung von inländischen Altersvorsorgevermögen-fonds miteinander gilt § 23 Absatz 1 bis 3 entsprechend.

(4) Bei einer Verschmelzung von ausländischen Altersvorsorgevermögen-fonds miteinander gilt § 23 Absatz 4 entsprechend.

Kapitel 6. Bußgeldvorschriften, Anwendungs- und Übergangsvorschriften

§ 55 Bußgeldvorschriften. (1) Ordnungswidrig handelt, wer vorsätzlich oder leichtfertig

1. entgegen § 7 Absatz 4 Satz 5, auch in Verbindung mit § 29 Absatz 1, eine Statusbescheinigung nicht oder nicht rechtzeitig zurückgibt,

2. entgegen § 28 Absatz 1 Satz 1 eine Mitteilung nicht, nicht richtig, nicht vollständig oder nicht rechtzeitig macht,

3. entgegen § 28 Absatz 1 Satz 2 eine Anzeige nicht, nicht richtig, nicht voll-ständig oder nicht rechtzeitig erstattet,

4. entgegen § 28 Absatz 2 einen Anleger nicht, nicht richtig, nicht vollständig oder nicht rechtzeitig einträgt oder

5. entgegen § 28 Absatz 3 eine dort genannte Maßnahme nicht oder nicht rechtzeitig ergreift.

(2) Die Ordnungswidrigkeit kann mit einer Geldbuße bis zu zehntausend Euro geahndet werden.

(3) Verwaltungsbehörde im Sinne des § 36 Absatz 1 Nummer 1 des Geset-zes über Ordnungswidrigkeiten ist die in § 4 genannte Finanzbehörde.

§ 56[1] Anwendungs- und Übergangsvorschriften zum Investmentsteu-erreformgesetz. (1)[2] ¹Die Vorschriften dieses Gesetzes in der am 1. Januar 2018 geltenden Fassung sind ab dem 1. Januar 2018 anzuwenden. ²Für die Zeit vor dem 1. Januar 2018 und für Unterschiedsbeträge nach § 5 Absatz 1 Satz 1 Nummer 5 und § 13 Absatz 4 des Investmentsteuergesetzes in der am 31. Dezember 2017 geltenden Fassung, die für vor dem 1. Januar 2018 en-dende Geschäftsjahre veröffentlicht werden, ist weiterhin das Investmentsteu-ergesetz in der am 31. Dezember 2017 geltenden Fassung anzuwenden. ³Bei Investmentfonds und Kapital-Investitionsgesellschaften nach dem Investment-

---

[1] § 56 Überschr. geänd. durch G v. 12.12.2019 (BGBl. I S. 2451).
[2] § 56 Abs. 1 Satz 4 neu gef. durch G v. 23.6.2017 (BGBl. I S. 1682); Satz 5 angef. durch G v. 11.12.2018 (BGBl. I S. 2338).

steuergesetz in der am 31. Dezember 2017 geltenden Fassung mit einem vom Kalenderjahr abweichenden Geschäftsjahr gilt für steuerliche Zwecke ein Rumpfgeschäftsjahr zum 31. Dezember 2017 als beendet. ⁴Für Rumpfgeschäftsjahre nach Satz 3 verlängert sich die Frist für die Veröffentlichung der Besteuerungsgrundlagen nach § 5 Absatz 1 Satz 1 Nummer 3 Satz 1 des Investmentsteuergesetzes in der am 31. Dezember 2017 geltenden Fassung bis zum 31. Dezember 2018. ⁵Abweichend von Satz 1 sind die Vorschriften dieses Gesetzes in der durch Artikel 15 des Gesetzes vom 11. Dezember 2018 (BGBl. I S. 2338) geänderten Fassung anzuwenden auf Investmenterträge, die nach dem 10. August 2018 zufließen oder als zugeflossen gelten sowie auf Bewertungen nach § 6 des Einkommensteuergesetzes, die nach diesem Zeitpunkt vorzunehmen sind.

(1a)¹⁾ ¹Für Investmentfonds, die vor dem 1. Januar 2019 aufgelegt wurden, gelten Anlagebedingungen, die die Voraussetzungen des § 2 Absatz 6 in der Fassung des Artikels 1 des Gesetzes vom 19. Juli 2016 (BGBl. I S. 1730) erfüllen, als Anlagebedingungen, die die Voraussetzungen des § 2 Absatz 6 in der Fassung des Artikels 15 des Gesetzes vom 11. Dezember 2018 (BGBl. I S. 2338) erfüllen. ²Satz 1 ist entsprechend anzuwenden auf Investmentfonds, die vor dem 1. Januar 2019 aufgelegt wurden und die Voraussetzungen des § 2 Absatz 7 oder 9 erfüllen.

(2)²⁾ ¹Anteile an Investmentfonds, an Kapital-Investitionsgesellschaften nach dem Investmentsteuergesetz in der am 31. Dezember 2017 geltenden Fassung oder an Organismen, die zum 1. Januar 2018 erstmals in den Anwendungsbereich dieses Gesetzes fallen (Alt-Anteile), gelten mit Ablauf des 31. Dezember 2017 als veräußert und mit Beginn des 1. Januar 2018 als angeschafft. ²Als Veräußerungserlös und Anschaffungskosten ist der letzte im Kalenderjahr 2017 festgesetzte Rücknahmepreis anzusetzen. ³Wird kein Rücknahmepreis festgesetzt, tritt der Börsen- oder Marktpreis an die Stelle des Rücknahmepreises. ⁴Der nach den Sätzen 2 und 3 ermittelte Wert der Alt-Anteile gilt als Anschaffungskosten im Sinne von § 6 Absatz 1 Nummer 2 Satz 1 des Einkommensteuergesetzes. ⁵Soweit der nach den Sätzen 2 und 3 ermittelte Wert der Alt-Anteile höher ist als der Buchwert der Alt-Anteile am 31. Dezember 2017, sind Wertminderungen im Sinne von § 6 Absatz 1 Nummer 2 Satz 2 des Einkommensteuergesetzes erst zum Zeitpunkt der tatsächlichen Veräußerung der Alt-Anteile zu berücksichtigen. ⁶Wertaufholungen im Sinne des § 6 Absatz 1 Nummer 2 Satz 3 in Verbindung mit Nummer 1 Satz 4 des Einkommensteuergesetzes sind erst zum Zeitpunkt der tatsächlichen Veräußerung der Alt-Anteile zu berücksichtigen, soweit auf die vorherigen Wertminderungen Satz 5 angewendet wurde und soweit der Buchwert der Alt-Anteile zum 31. Dezember 2017 überschritten wird. ⁷Der Buchwert der Alt-Anteile zum 31. Dezember 2017 ist ohne Berücksichtigung der fiktiven Veräußerung nach Satz 1 zu ermitteln.

(3)³⁾ ¹Der nach den am 31. Dezember 2017 geltenden Vorschriften ermittelte Gewinn aus der fiktiven Veräußerung nach Absatz 2 Satz 1 einschließlich

---

¹⁾ § 56 Abs. 1a eingef. durch G v. 11.12.2018 (BGBl. I S. 2338).
²⁾ § 56 Abs. 2 Sätze 4 bis 7 angef. durch G v. 11.12.2018 (BGBl. I S. 2338).
³⁾ § 56 Abs. 3 Satz 1 geänd., Satz 7 angef. durch G v. 23.6.2017 (BGBl. I S. 1682); siehe auch Abs. 5.

außerbilanzieller Hinzurechnungen und Abrechnungen ist zu dem Zeitpunkt zu berücksichtigen, zu dem der Alt-Anteil tatsächlich veräußert wird. ²Bei der tatsächlichen Veräußerung von Alt-Anteilen gelten die zuerst angeschafften Anteile als zuerst veräußert. ³Der Gewinn aus der fiktiven Veräußerung nach Absatz 2 Satz 1 unterliegt zum Zeitpunkt der tatsächlichen Veräußerung des Alt-Anteils dem Steuerabzug nach § 43 Absatz 1 Satz 1 Nummer 9 des Einkommensteuergesetzes. ⁴Kann der Gewinn aus der fiktiven Veräußerung nicht ermittelt werden, so sind 30 Prozent des Rücknahmepreises oder, wenn kein Rücknahmepreis festgesetzt ist, des Börsen- oder Marktpreises als Bemessungsgrundlage für den Steuerabzug anzusetzen (Ersatzbemessungsgrundlage). ⁵Bei Ansatz der Ersatzbemessungsgrundlage ist die Abgeltungswirkung nach § 43 Absatz 5 Satz 1 erster Halbsatz des Einkommensteuergesetzes ausgeschlossen und der Entrichtungspflichtige ist verpflichtet, eine Steuerbescheinigung nach § 45a Absatz 2 des Einkommensteuergesetzes auszustellen, in der er den Ansatz der Ersatzbemessungsgrundlage kenntlich zu machen hat. ⁶Die als zugeflossen geltenden, aber noch nicht dem Steuerabzug unterworfenen Erträge nach § 7 Absatz 1 Satz 1 Nummer 3 in der bis zum 31. Dezember 2017 geltenden Fassung und der Zwischengewinn nach § 7 Absatz 1 Satz 1 Nummer 4 in der bis zum 31. Dezember 2017 geltenden Fassung unterliegen zum Zeitpunkt der tatsächlichen Veräußerung des Alt-Anteils dem Steuerabzug nach § 43 Absatz 1 Satz 1 Nummer 5 des Einkommensteuergesetzes. ⁷Die vorstehenden Sätze sind nicht auf den Gewinn aus der fiktiven Veräußerung nach Absatz 2 Satz 1 anzuwenden, wenn der Gewinn einem Investmentfonds oder einem Spezial-Investmentfonds zuzurechnen ist.

(3a)¹⁾ Für die Zwecke der Absätze 2 und 3 steht eine fiktive Veräußerung nach § 19 Absatz 2 oder § 52 Absatz 2 einer tatsächlichen Veräußerung gleich.

(4) ¹Die inländische Stelle, die die Alt-Anteile verwahrt oder verwaltet, hat bis zum 31. Dezember 2020 Folgendes zu ermitteln und bis zur tatsächlichen Veräußerung vorzuhalten:

1. den Gewinn aus der fiktiven Veräußerung nach Absatz 2 Satz 1 und

2. die Erträge nach § 7 Absatz 1 Satz 1 Nummer 3 und 4 des Investmentsteuergesetzes in der bis zum 31. Dezember 2017 geltenden Fassung.

²Die inländische Stelle hat dem Steuerpflichtigen auf Antrag die Angaben nach Satz 1 Nummer 1 mitzuteilen. ³Überträgt der Anleger die Alt-Anteile auf ein anderes Depot, so hat die abgebende inländische Stelle der übernehmenden inländischen Stelle die Angaben nach Satz 1 mitzuteilen.

(5)²⁾ ¹Der Gewinn nach Absatz 3 Satz 1 ist gesondert festzustellen, wenn die Alt-Anteile zum Betriebsvermögen des Anlegers gehören. ²Für die Zwecke des Satzes 1 gilt eine Mitunternehmerschaft als Anleger. ³Bei einer Gesamthand, die keine Mitunternehmerschaft ist, gelten für die Zwecke des Satzes 1 deren Beteiligte als Anleger. ⁴Der Anleger hat eine Erklärung zur gesonderten Feststellung des Gewinns nach Absatz 3 Satz 1 frühestens nach dem 31. Dezember

---

¹⁾ § 56 Abs. 3a eingef. durch G v. 12.12.2019 (BGBl. I S. 2451); zur Anwendung siehe § 57 Abs. 1 Satz 1 Nr. 14.
²⁾ § 56 Abs. 5 neu gef. durch G v. 11.12.2018 (BGBl. I S. 2338).

2019 und spätestens bis zum 31. Dezember 2022 nach amtlich vorgeschriebenem Datensatz durch Datenfernübertragung zu übermitteln. [5] Der Anleger hat in der Feststellungserklärung den Gewinn nach Absatz 3 Satz 1 selbst zu ermitteln. [6] Die Feststellungserklärung steht einer gesonderten Feststellung unter dem Vorbehalt der Nachprüfung gleich; eine berichtigte Feststellungserklärung gilt als Antrag auf Änderung. [7] Die für Steueranmeldungen geltenden Vorschriften der Abgabenordnung gelten entsprechend. [8] Auf Antrag kann die Finanzbehörde zur Vermeidung unbilliger Härten auf eine elektronische Übermittlung verzichten; in diesem Fall ist die Erklärung zur gesonderten Feststellung nach amtlich vorgeschriebenem Vordruck abzugeben und vom Anleger eigenhändig zu unterschreiben. [9] Zuständig für die gesonderte Feststellung des Gewinns nach Absatz 3 Satz 1 ist das Finanzamt, das für die Besteuerung des Anlegers nach dem Einkommen zuständig ist. [10] In den Fällen des § 180 Absatz 1 Satz 1 Nummer 2 der Abgabenordnung ist für die gesonderte Feststellung des Gewinns nach Absatz 3 Satz 1 das Finanzamt zuständig, das für die gesonderte Feststellung nach § 18 der Abgabenordnung zuständig ist. [11] Für Alt-Anteile, die vor dem 1. Januar 2023 und vor der Abgabe der Feststellungserklärung veräußert wurden, ist keine Erklärung abzugeben und keine Feststellung vorzunehmen. [12] § 180 Absatz 3 Satz 1 Nummer 2 sowie Satz 2 und 3 der Abgabenordnung ist entsprechend anzuwenden.

(6)[1] [1] Bei Alt-Anteilen, die vor dem 1. Januar 2009 erworben wurden und seit der Anschaffung nicht im Betriebsvermögen gehalten wurden (bestandsgeschützte Alt-Anteile), sind

1. Wertveränderungen, die zwischen dem Anschaffungszeitpunkt und dem 31. Dezember 2017 eingetreten sind, steuerfrei und

2. Wertveränderungen, die ab dem 1. Januar 2018 eingetreten sind, steuerpflichtig, soweit der Gewinn aus der Veräußerung von bestandsgeschützten Alt-Anteilen 100 000 Euro übersteigt.

[2] Der am Schluss des Veranlagungszeitraums verbleibende Freibetrag nach Satz 1 Nummer 2 ist bis zu seinem vollständigen Verbrauch jährlich gesondert festzustellen. [3] Verbleibender Freibetrag ist im Jahr der erstmaligen Inanspruchnahme der Betrag von 100 000 Euro vermindert um den bei der Ermittlung der Einkünfte berücksichtigten Freibetrag nach Satz 1 Nummer 2; verbleibender Freibetrag ist in den Folgejahren der zum Schluss des vorangegangenen Veranlagungszeitraums festgestellte verbleibende Freibetrag vermindert um den bei der Ermittlung der Einkünfte berücksichtigten Freibetrag nach Satz 1 Nummer 2. [4] Zuständig für die gesonderte Feststellung des verbleibenden Freibetrags ist das Finanzamt, das für die Besteuerung des Anlegers nach dem Einkommen zuständig ist. [5] § 10d Absatz 4 Satz 4 bis 6 des Einkommensteuergesetzes ist entsprechend anzuwenden. [6] Anteile im Sinne des § 21 Absatz 2a und 2b des Investmentsteuergesetzes in der bis zum 31. Dezem-

---

[1] § 56 Abs. 6 Sätze 4 und 5 aufgeh., bish. Satz 6 wird Satz 4 durch G v. 11.12.2018 (BGBl. I S. 2338); Satz 4 Verweis geänd. mWv 1.1.2020 (§ 57 Abs. 1 Satz 1 Nr. 14) durch G v. 12.12.2019 (BGBl. I S. 2451); Satz 3 eingef., bish. Satz 3 wird Satz 4, Satz 5 eingef., bish. Satz 4 wird Satz 6 und geänd. durch G v. 21.12.2020 (BGBl. I S. 3096); zur Anwendung siehe § 57 Abs. 2 Nr. 7.

ber 2017 geltenden Fassung sind keine bestandsgeschützten Alt-Anteile im Sinne der Sätze 1 bis 5.

(7)[1] [1] Ordentliche Alterträge gelten mit Ablauf des Geschäftsjahres, in dem sie vereinnahmt wurden, als den Anlegern zugeflossene ausschüttungsgleiche Erträge, wenn sie nicht ausgeschüttet werden und den Anlegern vor dem 1. Januar 2018 zufließen. [2] Soweit ein Anleger einen Anteil an einem Spezial-Investmentfonds von dem Tag, an dem das Geschäftsjahr des Spezial-Investmentfonds nach dem 30. Juni 2017 geendet hat, bis zum 2. Januar 2018 ununterbrochen hält, gelten die darauf entfallenden ausschüttungsgleichen Erträge nach Satz 1, die in einem nach dem 30. Juni 2017 endenden Geschäftsjahr vereinnahmt wurden, als am 1. Januar 2018 zugeflossen. [3] Die ausschüttungsgleichen Erträge nach den Sätzen 1 und 2 unterliegen der Besteuerung nach dem Investmentsteuergesetz in der am 31. Dezember 2017 geltenden Fassung und nach dem Einkommensteuergesetz in der am 26. Juli 2016 geltenden Fassung. [4] Die ausschüttungsgleichen Erträge nach Satz 2 können als ausschüttungsgleiche Erträge der Vorjahre im Sinne des § 35 Absatz 5 ausgeschüttet werden. [5] Ordentliche Alterträge sind Erträge in § 1 Absatz 3 Satz 3 Nummer 1 und 2 sowie Satz 4 des Investmentsteuergesetzes in der am 31. Dezember 2017 geltenden Fassung bezeichneten Art, die der Investmentfonds oder der Spezial-Investmentfonds vor dem 1. Januar 2018 vereinnahmt.

(8)[1] [1] Außerordentliche Alterträge, ausschüttungsgleiche Erträge, die vor dem 1. Januar 2018 als zugeflossen gelten, Absetzungsbeträge, die auf Zeiträume vor dem 1. Januar 2018 entfallen, nicht ausgeglichene negative Erträge nach § 3 Absatz 4 Satz 2 des Investmentsteuergesetzes in der am 31. Dezember 2017 geltenden Fassung und sonstige für die Zeiträume vor dem 1. Januar 2018 ermittelte Werte sind für die Anwendung dieses Gesetzes in der am 1. Januar 2018 geltenden Fassung nicht zu berücksichtigen. [2] Außerordentliche Alterträge sind Erträge, deren Art nicht unter § 1 Absatz 3 Satz 3 Nummer 1 und 2 sowie Satz 4 des Investmentsteuergesetzes in der am 31. Dezember 2017 geltenden Fassung fällt und von dem Investmentfonds oder dem Spezial-Investmentfonds vor dem 1. Januar 2018 vereinnahmt wurden. [3] Bei der Ermittlung des Fonds-Aktiengewinns, des Fonds-Abkommensgewinns und des Fonds-Teilfreistellungsgewinns sind die vor dem 1. Januar 2018 vereinnahmten Gewinne, eingetretenen Wertveränderungen und die vereinnahmten Erträge nicht zu berücksichtigen.

(9)[2] [1] Substanzbeträge gelten als Spezial-Investmenterträge nach § 34 Absatz 1 Nummer 1, soweit bei dem Anleger ein positiver Gewinn nach Absatz 3 Satz 1 vorhanden ist. [2] Sie unterliegen nicht dem Steuerabzug nach § 50.

§ 57[3] Anwendungsvorschriften. (1) [1] Ab dem 1. Januar 2020 anzuwenden sind:

1. § 2 Absatz 8 Satz 5, Absatz 9 und 13,

---

[1] § 56 Abs. 7 und Abs. 8 angef. durch G v. 23.6.2017 (BGBl. I S. 1682).
[2] § 56 Abs. 9 angef. durch G v. 23.6.2017 (BGBl. I S. 1682).
[3] § 57 angef. durch G v. 12.12.2019 (BGBl. I S. 2451); Abs. 2 angef., bish. Wortlaut wird Abs. 1 durch G v. 21.12.2020 (BGBl. I S. 3096).

2. § 6 Absatz 1, 2, 4 Satz 1, Absatz 5 Satz 2, Absatz 6a und 7 Satz 4,

3. § 8 Absatz 4,

4. § 11 Absatz 1,

5. § 15 Absatz 2 Satz 1 und Absatz 4,

6. § 17 Absatz 1 Satz 1 bis 3,

7. § 20 Absatz 1, 3, 3a und 4,

8. § 30 Absatz 3,

9. § 31 Absatz 1 und 3,

10. § 35,

11. § 36 Absatz 4,

12. § 42 Absatz 1 und 2,

13. § 52 Absatz 2,

14. § 56 Absatz 3a und 6 Satz 4

in der Fassung des Artikels 17 des Gesetzes vom 12. Dezember 2019 (BGBl. I S. 2451). ²Bis einschließlich 31. Dezember 2019 gewährte Stundungen nach § 52 Absatz 2 Satz 4 in der am 17. Dezember 2019 geltenden Fassung bleiben unberührt.

(2) Ab dem 1. Januar 2021 anzuwenden sind:

1. § 1 Absatz 2 Satz 2,

2. § 10 Absatz 5,

3. § 22 Absatz 2 Satz 3 bis 6 und Absatz 3,

4. § 37 Absatz 2 und 3,

5. § 42 Absatz 1 Satz 2 und Absatz 2 Satz 3,

6. § 49 Absatz 1 Satz 3,

7. § 56 Absatz 6 Satz 3 bis 6

in der Fassung des Artikels 10 des Gesetzes vom 21. Dezember 2020 (BGBl. I S. 3096).

(3)[1] ¹§ 7 Absatz 4 Satz 3 und Absatz 5 Satz 1 sowie § 11 Absatz 1 Satz 3 und 4 in der Fassung des Artikels 3 des Gesetzes vom 2. Juni 2021 (BGBl. I S. 1259) sind ab dem 1. Juli 2021 anzuwenden. ²Bei Vorlage einer Statusbescheinigung, die nicht die Angaben nach § 7 Absatz 4 Satz 3 in der Fassung des Artikels 3 des Gesetzes vom 2. Juni 2021 (BGBl. I S. 1259) enthält, ist ab dem 1. Juli 2021 eine Erstattung nach § 7 Absatz 5 ausgeschlossen.

(4)[2] § 26 Nummer 4 Buchstabe j, Nummer 5 Satz 2 und Nummer 7 Satz 2 in der Fassung des Artikels 5 des Gesetzes vom 3. Juni 2021 (BGBl. I S. 1498) ist ab dem 2. August 2021 anzuwenden.

(5)[3] § 43 Absatz 2 in der am 30. Juni 2021 geltenden Fassung ist letztmals für den Veranlagungszeitraum 2021 anzuwenden.

---

[1] § 57 Abs. 3 angef. durch G v. 2.6.2021 (BGBl. I S. 1259).
[2] § 57 Abs. 4 angef. durch G v. 3.6.2021 (BGBl. I S. 1498).
[3] § 57 Abs. 5 angef. durch G v. 25.6.2021 (BGBl. I S. 2035).

(6)[1] Ab dem 1. Januar 2022 anzuwenden sind:

1. § 1 Absatz 3 Satz 2,

2. § 2 Absatz 16,

3. § 20 Absatz 3a Satz 2

in der Fassung des Artikels 4 des Gesetzes vom 25. Juni 2021 (BGBl. I S. 2050).

(7)[2] Ab dem 1. Januar 2023 anzuwenden sind:

1. § 26,

2. § 29 Absatz 1 und 4,

3. § 33 Absatz 1,

4. § 42 Absatz 5 Satz 1,

5. § 45 Absatz 3

in der Fassung des Artikels 14 des Gesetzes vom 16. Dezember 2022 (BGBl. I S. 2294).

---

[1] § 57 Abs. 6 angef. durch G v. 25.6.2021 (BGBl. I S. 2050).
[2] § 57 Abs. 7 angef. durch G v. 16.12.2022 (BGBl. I S. 2294).

125. Gesetz über deutsche Immobilien-Aktiengesellschaften mit börsennotierten Anteilen (REIT-Gesetz – REITG)[1]

Vom 28. Mai 2007 (BGBl. I S. 914)[2),3)]

Geändert durch Jahressteuergesetz 2009 vom 19.12.2008 (BGBl. I S. 2794), OGAW-IV-Umsetzungsgesetz (OGAW-IV-UmsG) vom 22.6.2011 (BGBl. I S. 1126), Gesetz zur Modernisierung des Besteuerungsverfahrens vom 18.7.2016 (BGBl. I S. 1679), CSR-Richt-linie-Umsetzungsgesetz vom 11.4.2017 (BGBl. I S. 802), Zweites Gesetz zur Novellierung von Finanzmarktvorschriften auf Grund europäischer Rechtsakte (Zweites Finanzmarkt-novellierungsgesetz – 2. FiMaNoG) vom 23.6.2017 (BGBl. I S. 1693) und Gesetz zur Modernisierung des Personengesellschaftsrechts (Personengesellschaftsrechtsmodernisierungsgesetz – MoPeG) vom 10.8.2021 (BGBl. I S. 3436).

BGBl. III/FNA 4121-5

Abschnitt 1. Allgemeine Vorschriften

§ 1 Wesen der REIT-Aktiengesellschaften. (1) REIT-Aktiengesellschaften sind Aktiengesellschaften, deren Unternehmensgegenstand sich darauf beschränkt,

1. Eigentum oder dingliche Nutzungsrechte an

   a) inländischem unbeweglichen Vermögen mit Ausnahme von Bestands-mietwohnimmobilien,

   b) ausländischem unbeweglichen Vermögen, soweit dies im Belegen-heitsstaat im Eigentum einer REIT-Körperschaft, -Personenvereini-gung oder -Vermögensmasse oder einer einem REIT vergleichbaren Körperschaft, Personenvereinigung oder Vermögensmasse stehen darf und

   c) anderen Vermögensgegenständen im Sinne des § 3 Abs. 7

   zu erwerben, zu halten, im Rahmen der Vermietung, der Verpachtung und des Leasings einschließlich notwendiger immobiliennaher Hilfstätigkeiten zu verwalten und zu veräußern,

2. Anteile an Immobilienpersonengesellschaften zu erwerben, zu halten, zu verwalten und zu veräußern,

3. Anteile an REIT-Dienstleistungsgesellschaften zu erwerben, zu halten, zu verwalten und zu veräußern,

4. Anteile an Auslandsobjektgesellschaften zu erwerben, zu halten, zu verwal-ten und zu veräußern sowie

5. Anteile an Kapitalgesellschaften zu erwerben, zu halten, zu verwalten und zu veräußern, die persönlich haftende Gesellschafter einer Gesellschaft im Sinne der Nummer 2 und an dieser vermögensmäßig nicht beteiligt sind

---

[1)] Das REITG ist als Art. 1 des G zur Schaffung deutscher Immobilien-Aktiengesellschaften mit börsennotierten Anteilen verkündet worden.
[2)] In Kraft ab 1.1.2007.
[3)] Zum Anwendungsbereich siehe § 23.

und deren Aktien zum Handel an einem organisierten Markt im Sinne von § 2 Absatz 11[1]) des Wertpapierhandelsgesetzes in einem Mitgliedstaat der Europäischen Union oder in einem anderen Vertragsstaat des Abkommens über den Europäischen Wirtschaftsraum zugelassen sind.

(2) Entgeltliche Nebentätigkeiten für Dritte darf die REIT-Aktiengesellschaft ausschließlich über eine REIT-Dienstleistungsgesellschaft erbringen.

(3) REIT-Aktiengesellschaften unterliegen den allgemeinen für Aktiengesellschaften geltenden Vorschriften, soweit dieses Gesetz nichts Abweichendes bestimmt.

(4) [1]Der Abschlussprüfer des Jahresabschlusses hat im Rahmen der Jahresabschlussprüfung festzustellen, ob die Berechnung der Streubesitzquote und des maximalen Anteilsbesitzes je Aktionär nach § 11 Abs. 1 und 4 durch die REIT-Aktiengesellschaft mit den Meldungen nach § 11 Abs. 5 zum Bilanzstichtag übereinstimmt. [2]Er hat auch Feststellungen zur Einhaltung des § 13 zu treffen, hinsichtlich des § 13 Abs. 1 beziehen sich diese auf die im Geschäftsjahr für das vorangegangene Geschäftjahr vorgenommene Ausschüttung. [3]Für Zwecke des § 19 Abs. 3 und des § 19a sind auch Feststellungen zur Zusammensetzung der Erträge hinsichtlich vorbelasteter und nicht vorbelasteter Erträge zu treffen.[2]) [4]Sofern kein Konzernabschluss aufgestellt wird, hat der Abschlussprüfer außerdem festzustellen, ob die §§ 12, 14 und 15 zum Bilanzstichtag eingehalten waren. [5]Das Ergebnis seiner Prüfungshandlungen hat der Abschlussprüfer in einem besonderen Vermerk zusammenzufassen. [6]Der Konzernabschlussprüfer hat im Rahmen der Konzernabschlussprüfung zu prüfen, ob die Anforderungen der §§ 12, 14 und 15 zum Bilanzstichtag eingehalten waren und darüber einen besonderen Vermerk anzufertigen. [7]Auf den besonderen Vermerk des Abschlussprüfers oder Konzernabschlussprüfers ist § 323 des Handelsgesetzbuchs entsprechend anzuwenden.

§ 2 Vor-REIT. [1]Ein Vor-REIT ist eine Aktiengesellschaft mit Sitz im Geltungsbereich dieses Gesetzes, die beim Bundeszentralamt für Steuern als Vor-REIT registriert ist. [2]Zum Ende des auf die Registrierung folgenden Geschäftsjahres hat der Vor-REIT gegenüber dem Bundeszentralamt für Steuern nachzuweisen, dass sein Unternehmensgegenstand im Sinne des § 1 Abs. 1 erster Halbsatz beschränkt ist. [3]Zum Ende des dem Jahr der Anmeldung folgenden und jedes darauf folgenden Geschäftsjahres hat der Vor-REIT auf Aufforderung des Bundeszentralamts für Steuern innerhalb einer in der Aufforderung bestimmten Frist durch Vorlage von geeigneten, von einem Wirtschaftsprüfer testierten Unterlagen nachzuweisen, dass er die Voraussetzungen des § 12 erfüllt. [4]Erfüllt der Vor-REIT zum Ende des dem Jahr der Anmeldung folgenden oder eines späteren Geschäftsjahres die Voraussetzungen des § 12 und des § 1 Abs. 1 erster Halbsatz nicht oder nicht mehr, entfällt der Status als Vor-REIT zum Ende dieses Geschäftsjahres.

---

[1]) Verweis geänd. mWv 3.1.2018 durch G v. 23.6.2017 (BGBl. I S. 1693).
[2]) § 1 Abs. 4 Satz 3 eingef. mWv Kj. 2008 durch G v. 19.12.2008 (BGBl. I S. 2794).

§ 3 Begriffsbestimmung. (1)¹⁾ Immobilienpersonengesellschaften sind [*ab 1.1.2024:* rechtsfähige] Personengesellschaften, deren Unternehmensgegenstand im Sinne des § 1 Abs. 1 Nr. 1 und 2 beschränkt ist und die nach dem Gesellschaftsvertrag nur Vermögensgegenstände im Sinne des Absatzes 7 mit Ausnahme von Beteiligungen an Auslandsobjektgesellschaften und REIT-Dienstleistungsgesellschaften erwerben dürfen.

(2) REIT-Dienstleistungsgesellschaften sind Kapitalgesellschaften, deren sämtliche Anteile von der REIT-Aktiengesellschaft gehalten werden und deren Unternehmensgegenstand darauf beschränkt ist, entgeltliche immobiliennahe Nebentätigkeiten im Auftrag der REIT-Aktiengesellschaft für Dritte zu erbringen.

(3) Auslandsobjektgesellschaften sind Kapitalgesellschaften, deren sämtliche Anteile von der REIT-Aktiengesellschaft gehalten werden und deren unbewegliches Vermögen

1. mindestens 90 Prozent ihres Gesamtvermögens ausmacht,

2. ausschließlich außerhalb des Geltungsbereiches dieses Gesetzes belegen ist und

3. nur solche Vermögensgegenstände umfasst, die im Belegenheitsstaat im Eigentum einer REIT-Körperschaft, -Personenvereinigung oder -Vermögensmasse oder einer einem REIT vergleichbaren Körperschaft, Personenvereinigung oder Vermögensmasse stehen dürfen.

(4) Hilfstätigkeiten sind Tätigkeiten, die der Haupttätigkeit, also dem eigenen Anlagebestand dienen.

(5) Nebentätigkeiten sind Tätigkeiten, die einem fremden Anlagebestand dienen.

(6) Immobiliennah sind solche Tätigkeiten, die der Verwaltung, Pflege und Fortentwicklung von Immobilienbeständen dienen (insbesondere technische und kaufmännische Bestandsverwaltung, Mietbestandsverwaltung, Vermittlungstätigkeit, Projektsteuerung und Projektentwicklung).

(7) Vermögensgegenstände im Sinne dieses Gesetzes sind unbewegliches Vermögen im Sinne des Absatzes 8, ferner zu dessen Bewirtschaftung erforderliche Gegenstände sowie Bankguthaben, Geldmarktinstrumente, Forderungen und Verbindlichkeiten, die aus der Nutzung oder Veräußerung des unbeweglichen Vermögens stammen oder zum Zwecke der Wertsicherung, Bewirtschaftung oder Bestandsveränderung dieser Vermögensgegenstände bereitgehalten, eingegangen oder begründet werden, sowie Beteiligungen an Immobilienpersonengesellschaften, Auslandsobjektgesellschaften, REIT-Dienstleistungsgesellschaften sowie Kapitalgesellschaften im Sinne des § 1 Abs. 1 Nr. 5.

(8) ¹Unbewegliches Vermögen sind Grundstücke und grundstücksgleiche Rechte sowie vergleichbare Rechte nach dem Recht anderer Staaten. ²Schiffe und Luftfahrzeuge gelten nicht als unbewegliches Vermögen.

(9) Bestandsmietwohnimmobilien sind Immobilien, die überwiegend Wohnzwecken dienen, sofern diese vor dem 1. Januar 2007 erbaut worden sind.

---

¹⁾ § 3 Abs. 1 geänd. mWv 1.1.2024 durch G v. 10.8.2021 (BGBl. I S. 3436).

§ 4 Mindestnennbetrag des Grundkapitals. Der Mindestnennbetrag des Grundkapitals einer REIT-Aktiengesellschaft ist 15 Millionen Euro.

§ 5 Form der Aktien. (1) ¹Sämtliche Aktien der REIT-Aktiengesellschaft müssen als stimmberechtigte Aktien gleicher Gattung begründet werden. ²Sie dürfen nur gegen volle Leistung des Ausgabebetrages ausgegeben werden.

(2) Ein Anspruch des Aktionärs auf Verbriefung seines Anteils besteht nicht.

§ 6 Firma. Die Firma einer REIT-Aktiengesellschaft muss, auch wenn sie nach § 22 des Handelsgesetzbuchs oder nach anderen gesetzlichen Vorschriften fortgeführt wird, die Bezeichnung „REIT-Aktiengesellschaft" oder „REIT-AG" enthalten.

§ 7 Bezeichnungsschutz. Eine Gesellschaft, die ihren Sitz im Geltungsbereich dieses Gesetzes hat, darf die Bezeichnung „REIT-Aktiengesellschaft" oder eine Bezeichnung, in der der Begriff „Real Estate Investment Trust" oder die Abkürzung „REIT" allein oder im Zusammenhang mit anderen Worten vorkommt, in der Firma oder als Zusatz zur Firma nur führen, wenn sie eine REIT-Aktiengesellschaft im Sinne dieses Gesetzes ist und die Voraussetzungen der §§ 8 bis 15 erfüllt.

Abschnitt 2. Qualifikation als REIT-Aktiengesellschaft

§ 8 Anmeldung als REIT-Aktiengesellschaft. Die Firma der REIT-Aktiengesellschaft (§ 6) ist bei dem zuständigen Gericht zur Eintragung in das Handelsregister anzumelden.

§ 9 Sitz. Die REIT-Aktiengesellschaft muss ihren Sitz und ihre Geschäftsleitung im Inland haben.

§ 10 Börsenzulassung. (1) Die Aktien der REIT-Aktiengesellschaft müssen zum Handel an einem organisierten Markt im Sinne des § 2 Absatz 11[1] des Wertpapierhandelsgesetzes in einem Mitgliedstaat der Europäischen Union oder in einem anderen Vertragsstaat des Abkommens über den Europäischen Wirtschaftsraum zugelassen sein.

(2)[2] ¹Der Antrag auf Zulassung gemäß Absatz 1 muss innerhalb von drei Jahren nach Anmeldung der Aktiengesellschaft als Vor-REIT beantragt werden. ²Die Frist des Satzes 1 kann auf Antrag von der Bundesanstalt für Finanzdienstleistungsaufsicht bis zu zwei Mal um jeweils ein Jahr verlängert werden, wenn Umstände außerhalb des Verantwortungsbereichs des Vor-REIT eine solche Verlängerung rechtfertigen.

(3) ¹Wird innerhalb der nach Absatz 2 maßgeblichen Frist kein Antrag gestellt oder wird ein innerhalb dieser Frist gestellter Antrag bestandskräftig

---

[1] Verweis geänd. mWv 3.1.2018 durch G v. 23.6.2017 (BGBl. I S. 1693).
[2] § 10 Abs. 2 Satz 2 geänd. durch G v. 22.6.2011 (BGBl. I S. 1126); zur Anwendung siehe § 23 Abs. 11 Satz 1.

abgelehnt, so verliert die Gesellschaft ihren Status als Vor-REIT. [2]Der Status lebt wieder auf, wenn die Zulassung erneut beantragt wird.

§ 11 Streuung der Aktien. (1) [1]Mindestens 15 Prozent der Aktien einer REIT-Aktiengesellschaft müssen sich im Streubesitz befinden. [2]Im Zeitpunkt der Börsenzulassung müssen sich jedoch mindestens 25 Prozent der Aktien im Streubesitz befinden. [3]Den Streubesitz bilden die Aktien derjenigen Aktionäre, denen jeweils weniger als 3 Prozent der Stimmrechte an der REIT-Aktiengesellschaft zustehen. [4]Die Berechnung richtet sich nach den §§ 34 und 36[1]) des Wertpapierhandelsgesetzes.

(2) [1]Die REIT-Aktiengesellschaft hat jährlich zum 31. Dezember gegenüber der Bundesanstalt für Finanzdienstleistungsaufsicht die Streubesitzquote ihrer Aktionäre mitzuteilen. [2]Die Bundesanstalt für Finanzdienstleistungsaufsicht teilt dem Bundeszentralamt für Steuern mit, wenn die Quote von 15 Prozent unterschritten wird.

(3) Die REIT-Aktiengesellschaft hat in ihrer Satzung für den Fall der Beendigung der Steuerbefreiung gemäß § 18 Abs. 3 eine Entschädigung aller Aktionäre vorzusehen, denen weniger als 3 Prozent der Stimmrechte zustehen.

(4) [1]Kein Anleger darf direkt 10 Prozent oder mehr der Aktien oder Aktien in einem Umfang halten, dass er über 10 Prozent oder mehr der Stimmrechte verfügt. [2]Für die Anwendung dieses Absatzes gelten Aktien, die für Rechnung eines Dritten gehalten werden, als direkt durch den Dritten gehalten.

(5)[2]) Die Mitteilungspflichten nach § 33 Absatz 1[1]) des Wertpapierhandelsgesetzes und die Pflichten nach § 40 Absatz 1 und 2[1]) des Wertpapierhandelsgesetzes gelten auch dann, wenn ein Meldepflichtiger durch Erwerb, Veräußerung oder auf sonstige Weise 80 Prozent oder 85 Prozent der Stimmrechte an einer REIT-Aktiengesellschaft erreicht, überschreitet oder unterschreitet.

§ 12 Vermögens- und Ertragsanforderungen. (1) [1]Ist die REIT-Aktiengesellschaft zur Aufstellung eines Konzernabschlusses gemäß § 315e[3]) des Handelsgesetzbuchs verpflichtet, ist für Zwecke dieser Vorschrift oder der §§ 14 und 15 auf den Konzernabschluss abzustellen, anderenfalls auf den Einzelabschluss gemäß § 325 Abs. 2a des Handelsgesetzbuchs. [2]Dabei ist für Zwecke dieser Vorschrift oder der §§ 14 und 15 für als Finanzinvestition gehaltenes unbewegliches Vermögen der beizulegende Zeitwert im Sinne des IAS 40 maßgebend. [3]Beteiligungen an Immobilienpersonengesellschaften gelten für Zwecke dieser Vorschrift und der §§ 14 und 15 als unbewegliches Vermögen und sind mit dem beizulegenden Zeitwert zu bewerten.

(2) Bezogen auf die Summe der Aktiva gemäß Einzel- bzw. Konzernabschluss nach Absatz 1 abzüglich der Ausschüttungsverpflichtung im Sinne des § 13 Abs. 1 und der Rücklagen im Sinne des § 13 Abs. 3

a) müssen zum Ende eines jeden Geschäftsjahres mindestens 75 Prozent der Aktiva zum unbeweglichen Vermögen gehören und

---

[1]) Verweis geänd. mWv 3.1.2018 durch G v. 23.6.2017 (BGBl. I S. 1693).
[2]) § 11 Abs. 5 neu gef. mWv Kj. 2008 durch G v. 19.12.2008 (BGBl. I S. 2794).
[3]) Verweis geänd. durch G v. 11.4.2017 (BGBl. I S. 802); zur Anwendung siehe § 23 Abs. 13.

b) dürfen die Aktiva, die zum Vermögen von in den Konzernabschluss der REIT-Aktiengesellschaft einzubeziehenden REIT-Dienstleistungsgesellschaften gehören, zum Ende eines jeden Geschäftsjahres höchstens 20 Prozent ausmachen.

(3) Bezogen auf die gesamten Umsatzerlöse zuzüglich der sonstigen Erträge aus unbeweglichem Vermögen eines Geschäftsjahres gemäß Einzel- bzw. Konzernabschluss nach Absatz 1

a) müssen mindestens 75 Prozent der Umsatzerlöse zuzüglich der sonstigen Erträge aus unbeweglichem Vermögen eines Geschäftsjahres aus Vermietung, Leasing, Verpachtung einschließlich immobiliennaher Tätigkeiten oder Veräußerung von unbeweglichem Vermögen stammen und

b) darf die Summe der Umsatzerlöse zuzüglich der sonstigen Erträge aus unbeweglichem Vermögen eines Geschäftsjahres von REIT-Dienstleistungsgesellschaften, die in den Konzernabschluss der REIT-Aktiengesellschaft einzubeziehen sind, höchstens 20 Prozent ausmachen.

(4) ¹Zu den sonstigen Erträgen aus unbeweglichem Vermögen im Sinne des Absatzes 3 zählen nicht regelmäßig wiederkehrende Erträge, erfolgswirksam erfasste Bewertungsgewinne und -verluste, realisierte Veräußerungsverluste sowie Erträge aus Vermietung, Leasing, Verpachtung und Veräußerung von unbeweglichem Vermögen, soweit sie nicht unter den Umsatzerlösen zu erfassen sind. ²Bewertungsgewinne und -verluste sind Gewinne und Verluste aus dem Ansatz des als Finanzinvestition gehaltenen unbeweglichen Vermögens im Einzel- bzw. Konzernabschluss nach Absatz 1 mit dem beizulegenden Zeitwert im Sinne des IAS 40. ³Erfolgt der Ansatz des als Finanzinvestition gehaltenen unbeweglichen Vermögens im Einzel- bzw. Konzernabschluss der REIT-Aktiengesellschaft gemäß IAS 40 mit den fortgeführten Anschaffungskosten, sind in einer Nebenrechnung Bewertungsgewinne und -verluste im Sinne des Satzes 2 zu ermitteln und den sonstigen Erträgen hinzuzusetzen.

§ 13 Ausschüttung an die Anleger. (1)¹⁾ ¹Die REIT-Aktiengesellschaft ist verpflichtet, bis zum Ende des folgenden Geschäftsjahres mindestens 90 Prozent ihres handelsrechtlichen Jahresüberschusses im Sinne des § 275 des Handelsgesetzbuchs, gemindert um die Dotierung der Rücklage nach Absatz 3 Satz 1 sowie einen Verlustvortrag des Vorjahres und erhöht um die Auflösung der Rücklage gemäß Absatz 3 Satz 2, an die Aktionäre als Dividende auszuschütten. ²§ 150 des Aktiengesetzes findet keine Anwendung.

(2) Bei der Ermittlung des Jahresüberschusses sind planmäßige Abschreibungen nur in gleich bleibenden Jahresraten zulässig.

(3) ¹Gewinne einer REIT-Aktiengesellschaft aus der Veräußerung unbeweglichen Vermögens können im handelsrechtlichen Jahresabschluss bis zur Hälfte in eine Rücklage eingestellt werden. ²Die Rücklage ist bis zum

---

¹⁾ § 13 Abs. 1 Satz 1 ergänzt durch G v. 19.12.2008 (BGBl. I S. 2794).

Ablauf des zweiten auf das Jahr der Einstellung folgenden Geschäftsjahres aufzulösen und erhöht den ausschüttungsfähigen Betrag nach Absatz 1, soweit die Rücklage nicht in die Anschaffungs- oder Herstellungskosten von im ersten oder zweiten auf das Jahr der Einstellung folgenden Geschäftsjahres angeschafften oder hergestellten unbeweglichen Vermögens abgezogen worden ist. [3] Gehörte das veräußerte unbewegliche Vermögen bereits zum Beginn der Steuerbefreiung zum Betriebsvermögen der REIT-Aktiengesellschaft, ist der Veräußerungsgewinn als Summe aus dem Veräußerungsgewinn I und dem Veräußerungsgewinn II zu ermitteln. [4] Veräußerungsgewinn I ist die Differenz zwischen dem Buchwert in der Handelsbilanz und dem im Rahmen von steuerlichen Gewinnermittlungen vor dem Beginn der Steuerbefreiung für den Grund und Boden oder das Gebäude angesetzten Wert. [5] Der restliche Veräußerungsgewinn bildet den Veräußerungsgewinn II. [6] Für die Rücklage nach Satz 1 darf nur der Veräußerungsgewinn II verwendet werden.

§ 14 Ausschluss des Immobilienhandels. (1) Die REIT-Aktiengesellschaft darf keinen Handel mit ihrem unbeweglichen Vermögen betreiben.

(2) [1] Ein Handel im Sinne von Absatz 1 findet nur statt, wenn die REIT-Aktiengesellschaft sowie ihre in einen Konzernabschluss einzubeziehenden Tochterunternehmen innerhalb der letzten fünf Geschäftsjahre Erlöse aus der Veräußerung von unbeweglichem Vermögen erzielt haben, die mehr als die Hälfte des Wertes des durchschnittlichen Bestandes an unbeweglichem Vermögen innerhalb desselben Zeitraums ausmachen. [2] Zur Ermittlung des durchschnittlichen Bestandes ist auf die Bestände abzustellen, die im Einzel- bzw. Konzernabschluss gemäß § 12 Abs. 1 der REIT-Aktiengesellschaft am Ende jener Geschäftsjahre, die in den Fünfjahreszeitraum einzubeziehen sind, ausgewiesen werden. [3] Besteht die REIT-Aktiengesellschaft noch nicht fünf Jahre, ist auf die Einzel- bzw. Konzernabschlüsse der bisherigen Geschäftsjahre abzustellen.

§ 15[1] Mindesteigenkapital. [1] Das am Ende eines Geschäftsjahres im Einzel- bzw. Konzernabschluss nach § 12 Abs. 1 ausgewiesene Eigenkapital der REIT-Aktiengesellschaft darf 45 Prozent des Betrages, mit dem das unbewegliche Vermögen im Einzel- bzw. Konzernabschluss nach § 12 Abs. 1 angesetzt ist, nicht unterschreiten. [2] Nicht dem Mutterunternehmen gehörende und als Fremdkapital ausgewiesene Anteile an in den Konzernabschluss nach § 315e[2] des Handelsgesetzbuchs einbezogenen Tochterunternehmen gelten für die Berechnung des Mindesteigenkapitals als Eigenkapital.

Abschnitt 3. Steuerliche Regelungen

§ 16 Steuerbefreiung der REIT-Aktiengesellschaft. (1) [1] Eine REIT-Aktiengesellschaft, die die Voraussetzungen der §§ 8 bis 15 erfüllt, unbe-

---

[1] § 15 Satz 2 angef. mWv Kj. 2008 durch G v. 19.12.2008 (BGBl. I S. 2794).
[2] Verweis geänd. durch G v. 11.4.2017 (BGBl. I S. 802); zur Anwendung siehe § 23 Abs. 13.

schränkt körperschaftsteuerpflichtig ist und nicht im Sinne eines Doppelbesteuerungsabkommens als in dem anderen Vertragsstaat ansässig gilt, ist von der Körperschaftsteuer befreit. [2]Eine REIT-Aktiengesellschaft, die die Voraussetzungen der §§ 8 bis 15 erfüllt, ist von der Gewerbesteuer befreit.

(2) [1]Sind einem Anteilseigner nach § 20 des Einkommensteuergesetzes direkt Gesellschaftsanteile in Höhe von 10 Prozent des Kapitals oder mehr zuzurechnen, entfällt entgegen Absatz 1 die Steuerbefreiung der REIT-Aktiengesellschaft nicht. [2]Der Anteilseigner verliert deswegen auch nicht seinen Anspruch auf Dividende oder sein Stimmrecht, er kann aber aus seiner Beteiligung im Übrigen nur die Rechte geltend machen, die ihm aus einer Beteiligung von weniger als 10 Prozent zustehen würden. [3]Dies gilt auch für die Anwendung der Doppelbesteuerungsabkommen. [4]Die Vorschriften des Wertpapierhandelsgesetzes bleiben unberührt.

(3) [1]Besteht das gesamte Vermögen der inländischen REIT-Aktiengesellschaft zum Ende eines Wirtschaftsjahres zu weniger als 75 Prozent aus unbeweglichem Vermögen gemäß der Berechnung nach § 12, setzt die zuständige Finanzbehörde eine Zahlung gegen die Aktiengesellschaft fest. [2]Die Zahlung beträgt mindestens 1 Prozent und höchstens 3 Prozent des Betrages, um den der Anteil des unbeweglichen Vermögens hinter dem Anteil von 75 Prozent zurückbleibt. [3]Bei der Festsetzung der Zahlung berücksichtigt die Finanzbehörde, ob und wie oft bereits in früheren Wirtschaftsjahren das unbewegliche Vermögen hinter der Vorgabe von 75 Prozent zurückgeblieben ist. [4]Eine Zahlung nach diesem Absatz kann auch neben einer Zahlung nach Absatz 4 oder 5 festgesetzt werden, wenn jeweils die Voraussetzungen für die Zahlung erfüllt sind.

(4) [1]Stammen in einem Wirtschaftsjahr weniger als 75 Prozent der Bruttoerträge der inländischen REIT-Aktiengesellschaft aus der Vermietung und Verpachtung oder der Veräußerung von unbeweglichem Vermögen gemäß der Berechnung nach § 12, setzt die zuständige Finanzbehörde eine Zahlung gegen die Aktiengesellschaft fest. [2]Die Zahlung beträgt mindestens 10 Prozent und höchstens 20 Prozent des Betrages, um den die Bruttoerträge aus der Vermietung und Verpachtung oder der Veräußerung von unbeweglichem Vermögen hinter der Vorgabe von 75 Prozent der Bruttoerträge zurückbleiben. [3]Absatz 3 Satz 3 und 4 ist entsprechend anzuwenden.

(5) [1]Schüttet eine inländische REIT-Aktiengesellschaft bis zum Ende des folgenden Wirtschaftsjahres weniger als 90 Prozent des Jahresüberschusses gemäß der Berechnung nach § 13 Abs. 1 an die Anteilseigner aus, setzt die zuständige Finanzbehörde eine Zahlung gegen die Kapitalgesellschaft fest. [2]Die Zahlung beträgt mindestens 20 Prozent und höchstens 30 Prozent des Betrages, um den die tatsächliche Ausschüttung hinter der Vorgabe von 90 Prozent des nach § 13 Abs. 1 berechneten Jahresüberschusses zurückbleibt. [3]Absatz 3 Satz 3 und 4 ist entsprechend anzuwenden.

(6) [1]Erbringt die REIT-Aktiengesellschaft oder eine ihr nachgeordnete Immobilienpersonengesellschaft entgeltliche Nebentätigkeiten für Dritte, setzt

die zuständige Finanzbehörde eine Zahlung gegen die Aktiengesellschaft fest. [2]Die Zahlung beträgt mindestens 20 Prozent und höchstens 30 Prozent der durch die entgeltliche Nebentätigkeit erzielten Einnahmen. [3]Absatz 3 Satz 3 und 4 ist entsprechend anzuwenden.

§ 17 Beginn der Steuerbefreiung. (1) Die Steuerbefreiung tritt zu Beginn des Wirtschaftsjahres ein, in dem die REIT-Aktiengesellschaft nach der Anmeldung gemäß § 8 unter einer Firma gemäß § 6 in das Handelsregister eingetragen wird.

(2) Bei Anwendung des § 13 Abs. 1 und 3 Satz 1 des Körperschaftsteuergesetzes gelten § 3 Nr. 70 Satz 1 Buchstabe b, Satz 2, 3 und § 3c Abs. 3 des Einkommensteuergesetzes entsprechend.

(3)[1] [1]Hält die steuerpflichtige Aktiengesellschaft Beteiligungen an Immobilienpersonengesellschaften, ist das unbewegliche Vermögen der Immobilienpersonengesellschaften, soweit es der Beteiligung der Aktiengesellschaft entspricht, mit dem Teilwert anzusetzen. [2]Maßgebend ist der Zeitpunkt der Schlussbilanz der Aktiengesellschaft im Sinne des § 13 Abs. 1 und 3 Satz 1 des Körperschaftsteuergesetzes. [3]Eine mittelbare Beteiligung über eine oder mehrere [*ab 1.1.2024:* rechtsfähige] Personengesellschaften steht der unmittelbaren Beteiligung gleich, § 15 Abs. 1 Satz 1 Nr. 2 Satz 2 des Einkommensteuergesetzes gilt sinngemäß.

(4) Nach einem Verlust der Steuerbefreiung im Sinne des § 18 kann die Steuerbefreiung nicht vor Ablauf von vier Jahren seit dem Verlust wieder aufleben oder beginnen.

§ 18 Ende der Steuerbefreiung. (1) Die Steuerbefreiung nach § 16 Abs. 1 endet zum Ende des Wirtschaftsjahres, das dem Verlust der Börsenzulassung nach § 10 vorausgeht.

(2) Betreibt die REIT-Aktiengesellschaft im Sinne des § 14 Handel mit unbeweglichem Vermögen, entfällt die Steuerbefreiung erstmals für das Wirtschaftsjahr, in dem die Grenze nach § 14 Abs. 2 überschritten wird.

(3) [1]Befinden sich während dreier aufeinander folgender Wirtschaftsjahre weniger als 15 Prozent der Aktien der REIT-Aktiengesellschaft im Streubesitz, so endet die Steuerbefreiung mit Ablauf des dritten Wirtschaftsjahres. [2]Wird während dreier aufeinander folgender Wirtschaftsjahre gegen die Vorschrift über die Höchstbeteiligung nach § 11 Abs. 4 verstoßen, so endet die Steuerbefreiung mit Ablauf des dritten Wirtschaftsjahres. [3]Solange die REIT-Aktiengesellschaft aus den Meldungen nach dem Wertpapierhandelsgesetz den Verstoß nicht entnehmen kann, ist Satz 1 und 2 nicht anzuwenden. [4]Nach Aufdeckung eines Verstoßes gegen die Vorschriften über den Streubesitz oder die Höchstbeteiligung muss die REIT-Aktiengesellschaft bis zum Ende des auf die Aufdeckung des Verstoßes folgenden Wirtschaftsjahres die Einhaltung der Vorschriften über den Streubesitz und die Höchstbeteiligung erreichen. [5]Gelingt ihr dies nicht, endet die Steuerbefreiung rückwirkend zum Ende des Wirtschaftsjahres, in dem der Verstoß aufgedeckt wurde.

---

[1] § 17 Abs. 3 Satz 3 geänd. mWv 1.1.2024 durch G v. 10.8.2021 (BGBl. I S. 3436).

(4) Sind die Voraussetzungen des § 15 in drei aufeinander folgenden Wirtschaftsjahren nicht erfüllt, so endet die Steuerbefreiung mit Ablauf des dritten Wirtschaftsjahres.

(5) ¹Sind bei einer REIT-Aktiengesellschaft für drei aufeinander folgende Wirtschaftsjahre die Voraussetzungen desselben Absatzes des § 16 Abs. 3 bis 6 erfüllt, endet die Steuerbefreiung mit Ablauf des dritten Wirtschaftsjahres. ²Sind bei einer REIT-Aktiengesellschaft die Voraussetzungen verschiedener, für fünf aufeinander folgende Wirtschaftsjahre aber jeweils mindestens einer der Absätze 3 bis 6 des § 16 erfüllt, endet die Steuerbefreiung mit Ablauf des fünften Wirtschaftsjahres. ³Die zuständige Finanzbehörde kann ausnahmsweise bestimmen, dass die Steuerbefreiung nicht entfällt; in diesem Falle setzt sie die höchstmöglichen Zahlungen nach § 16 Abs. 3 bis 6 fest.

(6) In den Fällen der Absätze 1 bis 4 sowie des Absatzes 5 Satz 1 und 2 ist § 13 Abs. 2 des Körperschaftsteuergesetzes mit der Maßgabe anzuwenden, dass in der Anfangsbilanz die Wirtschaftsgüter mit dem Wert anzusetzen sind, der sich ausgehend von der Anfangsbilanz der inländischen REIT-Aktiengesellschaft bei ununterbrochener Steuerpflicht nach den Vorschriften über die steuerliche Gewinnermittlung ergeben würde.

(7) In den Fällen der Absätze 1 bis 4 sowie des Absatzes 5 Satz 1 und 2 ist die Rücklage nach § 13 Abs. 3 aufzulösen und erhöht zusammen mit den nicht ausgeschütteten Teilen des nach § 13 Abs. 1 berechneten Jahresüberschusses der Geschäftsjahre, für die die Steuerbefreiung der inländischen REIT-Aktiengesellschaft galt, den Gewinn der steuerpflichtigen Aktiengesellschaft im Jahr der erstmaligen Steuerpflicht.

§ 19¹⁾ Besteuerung der Anteilsinhaber. (1) ¹Die Ausschüttungen der REIT-Aktiengesellschaft und anderer REIT-Körperschaften, -Personenvereinigungen oder -Vermögensmassen sowie sonstige Vorteile, die neben oder an Stelle der Ausschüttungen gewährt werden, gehören zu den Einkünften aus Kapitalvermögen im Sinne des § 20 Abs. 1 Nr. 1 des Einkommensteuergesetzes, wenn sie nicht Betriebseinnahmen des Anteilseigners sind. ²§ 20 Abs. 1 Nr. 2 des Einkommensteuergesetzes ist entsprechend, § 20 Abs. 2 Satz 1 Nr. 2 Buchstabe a des Einkommensteuergesetzes ist nicht anzuwenden.

(2)²⁾ Auf die Veräußerung von Aktien an REIT-Aktiengesellschaften und Anteilen an anderen REIT-Körperschaften, -Personenvereinigungen oder -Vermögensmassen, die nicht Bestandteil eines Betriebsvermögens sind, sind § 17 sowie § 20 Abs. 2 Satz 1 Nr. 1 des Einkommensteuergesetzes anzuwenden, anderenfalls ist der Gewinn nach § 4 oder § 5 des Einkommensteuergesetzes zu ermitteln.

(3)³⁾ Vorbehaltlich des § 19a sind § 3 Nr. 40 des Einkommensteuergesetzes und § 8b des Körperschaftsteuergesetzes nicht anzuwenden.

---

¹⁾ Zur Anwendung von § 19 siehe § 23 Abs. 2 bis 9.
²⁾ § 19 Abs. 2 geänd. durch G v. 19.12.2008 (BGBl. I S. 2497); zur erstmaligen Anwendung siehe § 23 Abs. 6.
³⁾ § 19 Abs. 3 geänd. durch G v. 19.12.2008 (BGBl. I S. 2794).

(4)[1] Betriebsvermögensminderungen oder Betriebsausgaben, die mit Aktien einer REIT-Aktiengesellschaft oder Anteilen an anderen REIT-Körperschaften, –Personenvereinigungen oder –Vermögensmassen in wirtschaftlichem Zusammenhang stehen, dürfen nur mit Betriebsvermögensmehrungen oder Betriebseinnahmen aus der Veräußerung von Aktien einer REIT-Aktiengesellschaft oder Anteilen an anderen REIT-Körperschaften, –Personenvereinigungen oder –Vermögensmassen ausgeglichen werden; § 10d des Einkommensteuergesetzes gilt entsprechend.

(5)[2] Andere REIT-Körperschaften, –Personenvereinigungen oder –Vermögensmassen im Sinne dieser Vorschrift sind alle Körperschaften, Personenvereinigungen oder Vermögensmassen, die nicht im Inland ansässig sind, deren Bruttovermögen zu mehr als zwei Dritteln aus unbeweglichem Vermögen besteht, deren Bruttoerträge zu mehr als zwei Dritteln aus der Vermietung und Verpachtung und der Veräußerung von unbeweglichem Vermögen stammen, die in ihrem Sitzstaat keiner Investmentaufsicht unterliegen, deren Anteile im Rahmen eines geregelten Marktes gehandelt werden und deren aus Immobilien stammenden Ausschüttungen an ihre Anleger nicht mit einer der deutschen Körperschaftsteuer vergleichbaren ausländischen Steuer in ihrem Sitzstaat vorbelastet sind.

(6)[3] Bezieht eine unbeschränkt steuerpflichtige Gesellschaft von einer anderen REIT-Körperschaft, –Personenvereinigung oder –Vermögensmasse Gewinne oder Dividenden, die auf Grund eines Doppelbesteuerungsabkommens von Deutschland als Ansässigkeitsstaat freizustellen sind, ist insoweit die Doppelbesteuerung unbeschadet des Abkommens nicht durch Freistellung, sondern durch Anrechnung der auf diese Einkünfte erhobenen ausländischen Steuer zu vermeiden.

§ 19a[4] Berücksichtigung von Vorbelastungen bei der Besteuerung der Anteilsinhaber. (1) [1]Abweichend von § 19 Abs. 3 sind § 3 Nr. 40 und § 3c Abs. 2 des Einkommensteuergesetzes sowie § 8b des Körperschaftsteuergesetzes anzuwenden, soweit die Dividenden einer REIT-Aktiengesellschaft oder einer anderen REIT-Körperschaft, –Personenvereinigung oder –Vermögensmasse aus vorbelasteten Teilen des Gewinns stammen. [2]Auf die Wertminderung einer Beteiligung an einer REIT-Aktiengesellschaft oder anderen Körperschaft, Personenvereinigung oder Vermögensmasse ist § 8b des Körperschaftsteuergesetzes oder § 3c Abs. 2 des Einkommensteuergesetzes anzuwenden, soweit sie auf Dividenden im Sinne von Satz 1 beruht.

(2) [1]Dividenden stammen im Sinne des Absatzes 1 aus vorbelasteten Teilen des Gewinns, wenn hierfür Einkünfte der REIT-Aktiengesellschaft oder der anderen REIT-Körperschaft, –Personenvereinigung oder –Vermögensmasse als verwendet gelten, die mit mindestens 15 Prozent deutscher Körperschaftsteuer

---

[1] § 19 Abs. 4 geänd. durch G v. 19.12.2008 (BGBl. I S. 2497); zur Anwendung siehe § 23 Abs. 7 und 8.
[2] § 19 Abs. 5 geänd. durch G v. 19.12.2008 (BGBl. I S. 2794).
[3] § 19 Abs. 6 angef. durch G v. 19.12.2008 (BGBl. I S. 2794); zur erstmaligen Anwendung siehe § 23 Abs. 9.
[4] § 19a eingef. durch G v. 19.12.2008 (BGBl. I S. 2794); zur Anwendung siehe § 23.

oder einer mit dieser vergleichbaren ausländischen Steuer für den jeweiligen Veranlagungszeitraum belastet sind. ²Die Steuerbelastung ist dabei für jede Beteiligung an einer Kapitalgesellschaft oder einer Immobilienpersonengesellschaft und für jede Immobilie im Sinne des § 1 Abs. 1 Nr. 1 Buchstabe a und b getrennt zu ermitteln. ³Abzustellen ist für jede Beteiligung an einer Immobilienpersonengesellschaft oder jede einzelne Immobilie im Sinne des § 1 Abs. 1 Nr. 1 Buchstabe a und b auf die jeweilige Steuerbelastung der Einkünfte in dem Wirtschaftsjahr, das dem Jahr der Ausschüttung der REIT-Aktiengesellschaft oder der anderen REIT-Körperschaft, –Personenvereinigung oder –Vermögensmasse vorangeht. ⁴Dividenden oder sonstige Bezüge aus einer Beteiligung an einer Kapitalgesellschaft gelten nur als vorbelastete Teile des Gewinns, wenn sie von der Kapitalgesellschaft in dem ersten Wirtschaftsjahr, das dem Wirtschaftsjahr nachfolgt, dessen Gewinn ausgeschüttet wird, an die REIT-Aktiengesellschaft oder die andere REIT-Körperschaft, –Personenvereinigung oder –Vermögensmasse ausgeschüttet werden. ⁵Die vorbelasteten Teile des Gewinns der REIT-Aktiengesellschaft oder anderen REIT-Körperschaft, –Personenvereinigung oder –Vermögensmasse gelten als vorrangig ausgeschüttet.

(3) ¹Der aus vorbelasteten Gewinnen stammende Teil der Dividende oder der sonstigen Bezüge ist in der Steuerbescheinigung nach § 45a des Einkommensteuergesetzes gesondert auszuweisen. ²Veranlasst die REIT-Aktiengesellschaft einen zu hohen Ausweis des aus vorbelasteten Gewinnen stammenden Teils der Dividende oder der sonstigen Bezüge, ist die Steuerbescheinigung nach § 45a des Einkommensteuergesetzes nicht zu ändern. ³Gegen die REIT-Aktiengesellschaft ist bei einem zu hohen Ausweis des aus vorbelasteten Gewinnen stammenden Teils der Dividende von der zuständigen Finanzbehörde entsprechend dem mutmaßlichen Steuerausfall auf der Ebene ihrer Aktionäre eine Zahlung von mindestens 20 Prozent und höchstens 30 Prozent des Betrags festzusetzen, um den die tatsächlich vorbelasteten Gewinne hinter dem Betrag zurückbleiben, von dem bei der Erteilung der Bescheinigung ausgegangen worden ist.

(4) Die Absätze 1 und 2 sind bei der Besteuerung von Dividenden und sonstigen Bezügen aus anderen REIT-Körperschaften, –Personenvereinigungen oder –Vermögensmassen nur anzuwenden, wenn der Anleger nachweist, dass für die Dividenden oder sonstigen Bezüge vorbelastete Gewinne der anderen REIT-Körperschaft, –Personenvereinigung oder –Vermögensmasse verwendet worden sind.

§ 20 Kapitalertragsteuerabzug. (1)¹⁾ ¹Von den Ausschüttungen, sonstigen Vorteilen und Bezügen nach Kapitalherabsetzung oder Auflösung einer inländischen REIT-Aktiengesellschaft oder einer anderen REIT-Körperschaft, –Personenvereinigung oder –Vermögensmasse und von den Gewinnen aus der Veräußerung von Aktien an REIT-Aktiengesellschaften oder Anteilen an

---

¹⁾ § 20 Abs. 1 neu gef. durch G v. 19.12.2008 (BGBl. I S. 2794); zur erstmaligen Anwendung siehe § 23 Abs. 10 Satz 1; Abs. 1 Satz 2 Zitat ergänzt durch G v. 22.6.2011 (BGBl. I S. 1126); zur Anwendung siehe § 23 Abs. 11 Satz 2.

anderen REIT-Körperschaften, -Personenvereinigungen oder -Vermögensmassen wird die Einkommensteuer oder Körperschaftsteuer durch Abzug vom Kapitalertrag erhoben. [2]Die für die Kapitalertragsteuer nach § 43 Absatz 1 Satz 1 Nummer 1, 1a, 6, 9 und Satz 2 des Einkommensteuergesetzes geltenden Vorschriften des Einkommensteuergesetzes sind entsprechend anzuwenden.

(2)[1] *(aufgehoben)*

(3) In der Steuerbescheinigung nach § 45a des Einkommensteuergesetzes ist anzugeben, dass es sich um Bezüge von einer REIT-Aktiengesellschaft handelt.

(4) [1]Für die Anrechnung der einbehaltenen und abgeführten Kapitalertragsteuer nach § 36 Abs. 2 des Einkommensteuergesetzes oder deren Erstattung nach § 50d des Einkommensteuergesetzes gelten die Vorschriften des Einkommensteuergesetzes entsprechend. [2]Werden 10 Prozent oder mehr der Aktien, der stimmberechtigten Aktien oder der Stimmrechte indirekt gehalten oder kontrolliert, so wird im Fall der Anwendung eines Doppelbesteuerungsabkommens ungeachtet darin enthaltener oder für seine Anwendung vereinbarter weitergehender Vergünstigungen die deutsche Quellensteuer auf die Ausschüttungen stets mit dem Satz erhoben, den das Doppelbesteuerungsabkommen für Fälle des indirekten Haltens oder der Kontrolle von weniger als 10 Prozent der Aktien, der stimmberechtigten Aktien oder der Stimmrechte vorsieht. [3]Satz 2 gilt ebenfalls, wenn weniger als 10 Prozent der Aktien, der stimmberechtigten Aktien oder der Stimmrechte indirekt gehalten oder kontrolliert werden und dem Anteilseigner zugleich direkt Aktien nach Maßgabe des § 16 Abs. 2 zuzurechnen sind und bei Zusammenrechnung 10 Prozent oder mehr der Aktien, der stimmberechtigten Aktien oder der Stimmrechte gehalten oder kontrolliert werden.

§ 21 Verfahrensvorschriften. (1) [1]Auf die Zahlungen nach den §§ 16 und 19 a[2] sind die für die Körperschaftsteuer geltenden Vorschriften der Abgabenordnung entsprechend anzuwenden. [2]In öffentlich-rechtlichen Streitigkeiten wegen einer Zahlung ist der Finanzrechtsweg gegeben. [3]Das Aufkommen aus der Zahlung steht je zur Hälfte dem Bund und dem Land zu, in dem die REIT-Aktiengesellschaft ihren Sitz hat.

(2)[3] [1]Die REIT-Aktiengesellschaft hat für den abgelaufenen Veranlagungszeitraum eine Steuererklärung abzugeben. [2]In dieser sind neben den Voraussetzungen für die Steuerbefreiung auch Angaben zum Einhalten der Vorgaben über die Zusammensetzung des Vermögens und der Erträge, der Erfüllung der Mindestausschüttungsverpflichtung und der Höhe des Eigenkapitals im Vergleich zum unbeweglichen Vermögen und zur Zusammensetzung der Erträge hinsichtlich vorbelasteter und nicht vorbelasteter Erträge zu machen. [3]§ 152 der Abgabenordnung ist mit der Maßgabe anzuwenden, dass ein Verspätungs-

---

[1] § 20 Abs. 2 aufgeh. durch G v. 19.12.2008 (BGBl. I S. 2794); zur letztmaligen Anwendung siehe § 23 Abs. 10 Satz 2.
[2] Verweis auf § 19a eingef. durch G v. 19.12.2008 (BGBl. I S. 2794).
[3] § 21 Abs. 2 Satz 2 ergänzt durch G v. 19.12.2008 (BGBl. I S. 2794); Sätze 4 und 5 geänd. durch G v. 18.7.2016 (BGBl. I S. 1679); zur Anwendung von Satz 4 vgl. § 23 Abs. 12.

zuschlag auch bei Vorliegen der Voraussetzungen für die Steuerbefreiung festgesetzt werden kann. [4] Bemessungsgrundlage im Sinne des § 152 Absatz 5 Satz 2 der Abgabenordnung ist der nach § 13 Absatz 1 ermittelte auszuschüttende Betrag. [5] Eine beglaubigte Abschrift des besonderen Vermerks nach § 1 Absatz 4 ist der Steuererklärung beizufügen.

(3) [1] Nach Aufforderung durch die Finanzbehörde hat die REIT-Aktiengesellschaft die Ermittlung der Angaben nach Absatz 2 darzulegen. [2] Art und Umfang bestimmt die Finanzbehörde. [3] Die Finanzbehörde kann verlangen, dass der jeweilige Abschlussprüfer die Richtigkeit einzelner Angaben bestätigt. [4] Unberührt bleibt das Recht der Finanzbehörde, weitere Sachaufklärung zu betreiben, insbesondere eine Außenprüfung anzuordnen oder Sachverständige hinzuzuziehen.

Abschnitt 4. Schlussvorschriften

§ 22 Übergangsregelung zu § 7. [1] Abweichend von § 7 darf eine Gesellschaft die Bezeichnung „REIT-Aktiengesellschaft" oder eine Bezeichnung, in der der Begriff „Real Estate Investment Trust" oder die Abkürzung „REIT" allein oder im Zusammenhang mit anderen Worten vorkommt, in der Firma oder als Zusatz zur Firma nur bis zum 31. Dezember 2007 führen, wenn am 23. März 2007 die zulässige Eintragung der Firma in das Handelsregister bewirkt war. [2] Nach dem 31. Dezember 2007 ist die Eintragung unzulässig im Sinne des § 142 Abs. 1 Satz 1 des Gesetzes über die Angelegenheiten der freiwilligen Gerichtsbarkeit und kann nach dieser Vorschrift gelöscht werden.

§ 23[1) Anwendungsvorschriften. (1) Diese Fassung des Gesetzes ist vorbehaltlich der nachfolgenden Absätze erstmals für das Kalenderjahr 2008 anzuwenden.

(2) [1] Die §§ 19 und 19a sind erstmals auf Bezüge anzuwenden, die dem Anteilseigner nach dem Beginn der Steuerbefreiung der REIT-Aktiengesellschaft zufließen. [2] Abweichend von Satz 1 sind auf Gewinnausschüttungen, die auf einem den gesellschaftsrechtlichen Vorschriften entsprechenden Gewinnverteilungsbeschluss für ein abgelaufenes Wirtschaftsjahr beruhen, im ersten Wirtschaftsjahr der steuerbefreiten REIT-Aktiengesellschaft die §§ 19 und 19a noch nicht anzuwenden.

(3) § 19 Abs. 1 bis 4 und § 19a sind erstmals auf Bezüge von oder auf Gewinne aus der Veräußerung eines Anteils an einer anderen REIT-Körperschaft, -Personenvereinigung oder -Vermögensmasse anzuwenden, die der Anteilseigner nach dem 31. Dezember 2007 erzielt.

(4) Bei Wegfall der Steuerbefreiung sind auf Gewinnausschüttungen, die auf einem den gesellschaftsrechtlichen Vorschriften entsprechenden Gewinnverteilungsbeschluss für ein abgelaufenes Wirtschaftsjahr beruhen, für das noch die Steuerbefreiung der REIT-Aktiengesellschaft galt, die §§ 19 und 19a anzuwenden.

[1)] § 23 neu gef. durch G v. 19.12.2008 (BGBl. I S. 2794).

(5) Die §§ 19 und 19a sind nicht mehr auf Bezüge anzuwenden, die dem Anleger nach dem Ende des Wirtschaftsjahres zufließen, in dem die ausländische Körperschaft, Personenvereinigung oder Vermögensmasse nicht mehr die Voraussetzungen des § 19 Abs. 5 erfüllt.

(6) § 19 Abs. 2 in der Fassung des Artikels 37 des Gesetzes vom 19. Dezember 2008 (BGBl. I S. 2794) ist erstmals anzuwenden auf die Veräußerung von Aktien an REIT-Aktiengesellschaften und Anteilen an anderen REIT-Körperschaften, -Personenvereinigungen oder -Vermögensmassen, die nach dem 31. Dezember 2008 erworben werden.

(7) Auf Veräußerungen oder die Bewertung von Anteilen an einer REIT-Aktiengesellschaft oder anderen REIT-Körperschaft, -Personenvereinigung oder -Vermögensmasse ist § 19 Abs. 4 anzuwenden, solange die REIT-Aktiengesellschaft steuerbefreit ist oder die andere REIT-Körperschaft, -Personenvereinigung oder -Vermögensmasse die Voraussetzungen des § 19 Abs. 5 erfüllt.

(8) § 19 Abs. 4 in der Fassung des Artikels 37 des Gesetzes vom 19. Dezember 2008 (BGBl. I S. 2794) ist erstmals anzuwenden auf Aktien an REIT-Aktiengesellschaften und Anteilen an anderen REIT-Körperschaften, -Personenvereinigungen oder -Vermögensmassen, die nach dem 31. Dezember 2008 veräußert werden.

(9) § 19 Abs. 6 ist erstmals auf nach dem 31. Dezember 2008 zufließende Dividenden anzuwenden.

(10) [1] § 20 Abs. 1 in der Fassung des Artikels 37 des Gesetzes vom 19. Dezember 2008 (BGBl. I S. 2794) ist erstmals auf Kapitalerträge anzuwenden, die dem Gläubiger nach dem 31. Dezember 2008 zufließen, und auf Veräußerungen von Aktien an REIT-Aktiengesellschaften oder Anteilen an anderen REIT-Körperschaften, -Personenvereinigungen oder -Vermögensmassen, die nach dem 31. Dezember 2008 erworben werden. [2] § 20 Abs. 2 in der am 1. Januar 2007 geltenden Fassung ist letztmals auf Veräußerungen von Aktien an REIT-Aktiengesellschaften oder Anteilen an anderen REIT-Körperschaften, -Personenvereinigungen oder -Vermögensmassen anzuwenden, die vor dem 1. Januar 2009 erworben werden.

(11)[1] [1] § 10 Absatz 2 Satz 2 in der Fassung des Artikels 11 des Gesetzes vom 22. Juni 2011 (BGBl. I S. 1126) ist erstmals ab dem 1. Januar 2011 anzuwenden. [2] § 20 Absatz 1 Satz 2 in der Fassung des Artikels 11 des Gesetzes vom 22. Juni 2011 (BGBl. I S. 1126) ist erstmals auf Kapitalerträge anzuwenden, die dem Gläubiger nach dem 31. Dezember 2011 zufließen.

(12)[2] § 21 Absatz 2 Satz 4 in der am 1. Januar 2017 geltenden Fassung ist erstmals ab dem 1. Januar 2017 anzuwenden.

(13)[3] [1] Die §§ 12 und 15 in der Fassung des CSR-Richtlinie-Umsetzungsgesetzes vom 11. April 2017 (BGBl. I S. 802) sind erstmals auf Jahres- und Konzernabschlüsse, Lage- und Konzernlageberichte für das nach dem 31. De-

---

[1] § 23 Abs. 11 angef. durch G v. 22.6.2011 (BGBl. I S. 1126).
[2] § 23 Abs. 12 angef. durch G v. 18.7.2016 (BGBl. I S. 1679).
[3] § 23 Abs. 13 angef. durch G v. 11.4.2017 (BGBl. I S. 802).

zember 2016 beginnende Geschäftsjahr anzuwenden. [2]Die §§ 12 und 15 in der bis zum 18. April 2017 geltenden Fassung sind letztmals anzuwenden auf Lage- und Konzernlageberichte für das vor dem 1. Januar 2017 beginnende Geschäftsjahr.

130. Umwandlungssteuergesetz[1)·2)·3)]

Vom 7. Dezember 2006 (BGBl. I S. 2782/2791)

Geändert durch Unternehmensteuerreformgesetz 2008 vom 14.8.2007 (BGBl. I S. 1912), Jahressteuergesetz 2008 vom 20.12.2007 (BGBl. I S. 3150), Jahressteuergesetz 2009 vom 19.12.2008 (BGBl. I S. 2794), Wachstumsbeschleunigungsgesetz vom 22.12.2009 (BGBl. I S. 3950), Gesetz zur Umsetzung des EuGH-Urteils vom 20. Oktober 2011 in der Rechtssache C-284/09 vom 21.3.2013 (BGBl. I S. 561), Amtshilferichtlinie-Umsetzungsgesetz (AmtshilfeRLUmsG) vom 26. Juni 2013 (BGBl. I S. 1809), Gesetz zur Anpassung des nationalen Steuerrechts an den Beitritt Kroatiens zur EU und zur Änderung weiterer steuerlicher Vorschriften vom 25.7.2014 (BGBl. I S. 1266), Steueränderungsgesetz 2015 vom 2.11.2015 (BGBl. I S. 1834), Gesetz über steuerliche und weitere Begleitregelungen zum Austritt des Vereinigten Königreichs Großbritannien und Nordirland aus der Europäischen Union (Brexit-Steuerbegleitgesetz – Brexit-StBG) vom 25.3.2019 (BGBl. I S. 357), Gesetz zur Umsetzung steuerlicher Hilfsmaßnahmen zur Bewältigung der Corona-Krise (Corona-Steuerhilfegesetz) vom 19.6.2020 (BGBl. I S. 1385), Gesetz zur Modernisierung der Entlastung von Abzugsteuern und der Bescheinigung der Kapitalertragsteuer (Abzugsteuerentlastungsmodernisierungsgesetz – AbzStEntModG) vom 2.6.2021 (BGBl. I S. 1259), Gesetz zur Modernisierung des Körperschaftsteuerrechts vom 25.6.2021 (BGBl. I S. 2050) und Jahressteuergesetz 2022 (JStG 2022) vom 16.12.2022 (BGBl. I S. 2294)

BGBl. III/FNA 610-6-16

Inhaltsübersicht

[1)] Das Umwandlungssteuergesetz wurde verkündet als Art. 6 des Gesetzes über steuerliche Begleitmaßnahmen zur Einführung der Europäischen Gesellschaft und zur Änderung weiterer steuerrechtlicher Vorschriften (SEStEG) vom 7.12.2006 (BGBl. I S. 2782).

[2)] Das UmwStG in dieser Fassung gilt für **nach dem 12.12.2006** erfolgte Umwandlungen und Einbringungen (§ 27 Abs. 1). Für **vom 1.1.1995 bis 12.12.2006** erfolgte Umwandlungen und Einbringungen siehe UmwStG idF der Bek. v. 15.10.2002 (BGBl. I S. 4133, ber. BGBl. I 2003 S. 738), zuletzt geänd. durch G v. 16.5.2003 (BGBl. I S. 660).

[3)] Das Umwandlungsgesetz abgedr. im **Schönfelder** Nr. 52a.

Erster Teil. Allgemeine Vorschriften

§ 1 Anwendungsbereich und Begriffsbestimmungen. (1) [1]Der Zweite bis Fünfte Teil gilt nur für

1. die Verschmelzung, Aufspaltung und Abspaltung im Sinne der §§ 2, 123 Abs. 1 und 2 des Umwandlungsgesetzes von Körperschaften oder vergleichbare ausländische Vorgänge sowie des Artikels 17 der Verordnung (EG) Nr. 2157/2001 und des Artikels 19 der Verordnung (EG) Nr. 1435/2003;

2. den Formwechsel einer Kapitalgesellschaft in eine Personengesellschaft im Sinne des § 190 Abs. 1 des Umwandlungsgesetzes oder vergleichbare ausländische Vorgänge;

3. die Umwandlung im Sinne des § 1 Abs. 2 des Umwandlungsgesetzes, soweit sie einer Umwandlung im Sinne des § 1 Abs. 1 des Umwandlungsgesetzes entspricht sowie

4.[1] die Vermögensübertragung im Sinne des § 174 des Umwandlungsgesetzes *vom 28. Oktober 1994 (BGBl. I S. 3210, 1995 I S. 428), das zuletzt durch Artikel 10 des Gesetzes vom 9. Dezember 2004 (BGBl. I S. 3214) geändert worden ist, in der jeweils geltenden Fassung.*

²Diese Teile gelten nicht für die Ausgliederung im Sinne des § 123 Abs. 3 des Umwandlungsgesetzes.

(2)[2] ¹Absatz 1 findet nur Anwendung, wenn

1. *beim Formwechsel der umwandelnde Rechtsträger oder bei den anderen Umwandlungen die übertragenden und die übernehmenden Rechtsträger nach den Rechtsvorschriften eines Mitgliedstaats der Europäischen Union oder eines Staates, auf den das Abkommen über den Europäischen Wirtschaftsraum Anwendung findet, gegründete Gesellschaften im Sinne des Artikels 54 des Vertrags über die Arbeitsweise der Europäischen Union oder des Artikels 34 des Abkommens über den Europäischen Wirtschaftsraum sind, deren Sitz und Ort der Geschäftsleitung sich innerhalb des Hoheitsgebiets eines dieser Staaten befinden oder*

2. *übertragender Rechtsträger eine Gesellschaft im Sinne der Nummer 1 und übernehmender Rechtsträger eine natürliche Person ist, deren Wohnsitz oder gewöhnlicher Aufenthalt sich innerhalb des Hoheitsgebiets eines der Staaten im Sinne der Nummer 1 befindet und die nicht auf Grund eines Abkommens zur Vermeidung der Doppelbesteuerung mit einem dritten Staat als außerhalb des Hoheitsgebiets dieser Staaten ansässig angesehen wird.*

²*Eine Europäische Gesellschaft im Sinne der Verordnung (EG) Nr. 2157/2001 und eine Europäische Genossenschaft im Sinne der Verordnung (EG) Nr. 1435/2003 gelten für die Anwendung des Satzes 1 als eine nach den Rechtsvorschriften des Staates gegründete Gesellschaft, in dessen Hoheitsgebiet sich der Sitz der Gesellschaft befindet. [ab 29.3.2019: ³Eine übertragende Gesellschaft, auf die § 122m des Umwandlungsgesetzes Anwendung findet, gilt als Gesellschaft mit Sitz und Ort der Geschäftsleitung innerhalb des Hoheitsgebiets eines Mitgliedstaats der Europäischen Union.]*

(3) Der Sechste bis Achte Teil gilt nur für

1. die Verschmelzung, Aufspaltung und Abspaltung im Sinne der §§ 2 und 123 Abs. 1 und 2 des Umwandlungsgesetzes von Personenhandelsgesellschaften und Partnerschaftsgesellschaften oder vergleichbare ausländische Vorgänge;

2. die Ausgliederung von Vermögensteilen im Sinne des § 123 Abs. 3 des Umwandlungsgesetzes oder vergleichbare ausländische Vorgänge;

3. den Formwechsel einer Personengesellschaft in eine Kapitalgesellschaft oder Genossenschaft im Sinne des § 190 Abs. 1 des Umwandlungsgesetzes oder vergleichbare ausländische Vorgänge;

---

[1] § 1 Abs. 1 Satz 1 Nr. 4 kursiver Satzteil aufgeh. mWv 1.1.2022 (§ 27 Abs. 18) durch G v. 25.6.2021 (BGBl. I S. 2050).
[2] § 1 Abs. 2 Satz 3 angef. mWv 29.3.2019 durch Brexit-StBG v. 25.3.2019 (BGBl. I S. 357); Abs. 2 aufgeh. mWv 1.1.2022 (§ 27 Abs. 18) durch G v. 25.6.2021 (BGBl. I S. 2050).

4. die Einbringung von Betriebsvermögen durch Einzelrechtsnachfolge in eine Kapitalgesellschaft, eine Genossenschaft oder Personengesellschaft sowie

5. den Austausch von Anteilen.

(4) ¹Absatz 3 gilt nur, wenn

1.¹⁾ der übernehmende Rechtsträger eine *Gesellschaft im Sinne von Absatz 2 Satz 1 Nr. 1 ist [ab 1.1.2022:* Europäische Gesellschaft im Sinne der Verordnung (EG) Nr. 2157/2001, eine Europäische Genossenschaft im Sinne der Verordnung (EG) Nr. 1435/2003 oder eine andere Gesellschaft im Sinne des Artikels 54 des Vertrags über die Arbeitsweise der Europäischen Union oder des Artikels 34 des Abkommens über den Europäischen Wirtschaftsraum ist, deren Sitz und Ort der Geschäftsleitung sich innerhalb des Hoheitsgebiets eines dieser Staaten befindet,] und

2. in den Fällen des Absatzes 3 Nr. 1 bis 4

a)²⁾ beim Formwechsel der umwandelnde Rechtsträger, bei der Einbringung durch Einzelrechtsnachfolge der einbringende Rechtsträger oder bei den anderen Umwandlungen der übertragende Rechtsträger

[Fassung bis 31.12.2021:]	*[Fassung ab 1.1.2022:]*
aa) eine Gesellschaft im Sinne von Absatz 2 Satz 1 Nr. 1 ist und, wenn es sich um eine Personengesellschaft handelt, soweit an dieser Körperschaften, Personenvereinigungen, Vermögensmassen oder natürliche Personen unmittelbar oder mittelbar über eine oder mehrere Personengesellschaften beteiligt sind, die die Voraussetzungen im Sinne von Absatz 2 Satz 1 Nr. 1 und 2 erfüllen, oder	aa) eine natürliche Person ist, deren Wohnsitz oder gewöhnlicher Aufenthalt sich innerhalb des Hoheitsgebiets eines der Staaten im Sinne der Nummer 1 befindet und die nicht auf Grund eines Abkommens zur Vermeidung der Doppelbesteuerung mit einem dritten Staat als außerhalb des Hoheitsgebiets dieser Staaten ansässig angesehen wird, oder
bb) eine natürliche Person im Sinne von Absatz 2 Satz 1 Nr. 2 ist	bb) eine Gesellschaft im Sinne der Nummer 1 ist und, wenn es sich um eine Personengesellschaft handelt, soweit an dieser Körperschaften, Personenvereinigungen, Vermögensmassen oder natürliche Personen unmittelbar oder mittelbar über eine oder mehrere Personengesellschaften beteiligt sind, die die Voraussetzungen im Sinne der Nummern 1 und 2 Buchstabe a Doppelbuchstabe aa erfüllen,

oder

---

¹⁾ § 1 Abs. 4 Satz 1 Nr. 1 neu gef. mWv 1.1.2022 (§ 27 Abs. 18) durch G v. 25.6.2021 (BGBl. I S. 2050).
²⁾ § 1 Abs. 4 Satz 1 Nr. 2 Buchst. a Doppelbuchst. aa und bb neu gef. mWv 1.1.2022 (§ 27 Abs. 18) durch G v. 25.6.2021 (BGBl. I S. 2050).

b) das Recht der Bundesrepublik Deutschland hinsichtlich der Besteuerung des Gewinns aus der Veräußerung der erhaltenen Anteile nicht ausgeschlossen oder beschränkt ist.

²Satz 1 ist in den Fällen der Einbringung eines Betriebs, Teilbetriebs oder Mitunternehmeranteils in eine Personengesellschaft nach § 24 nicht anzuwenden.

(5) Soweit dieses Gesetz nichts anderes bestimmt, ist

1.¹) Richtlinie 2009/133/EG
die Richtlinie 2009/133/EG des Rates vom 19. Oktober 2009 über das gemeinsame Steuersystem für Fusionen, Spaltungen, Abspaltungen, die Einbringung von Unternehmensteilen und den Austausch von Anteilen, die Gesellschaften verschiedener Mitgliedstaaten betreffen, sowie für die Verlegung des Sitzes einer Europäischen Gesellschaft oder einer Europäischen Genossenschaft von einem Mitgliedstaat in einen anderen Mitgliedstaat (ABl. L 310 vom 25.11.2009, S. 34), die zuletzt durch die Richtlinie 2013/13/EU (ABl. L 141 vom 28.5.2013, S. 30) geändert worden ist, in der zum Zeitpunkt des steuerlichen Übertragungsstichtags jeweils geltenden Fassung;

2. Verordnung (EG) Nr. 2157/2001
die Verordnung (EG) Nr. 2157/2001 des Rates vom 8. Oktober 2001 über das Statut der Europäischen Gesellschaft (SE) (ABl. EG Nr. L 294 S. 1), zuletzt geändert durch die Verordnung (EG) Nr. 885/2004 des Rates vom 26. April 2004 (ABl. EU Nr. L 168 S. 1), in der zum Zeitpunkt des steuerlichen Übertragungsstichtags jeweils geltenden Fassung;

3. Verordnung (EG) Nr. 1435/2003
die Verordnung (EG) Nr. 1435/2003 des Rates vom 22. Juli 2003 über das Statut der Europäischen Genossenschaften (SCE) (ABl. EU Nr. L 207 S. 1) in der zum Zeitpunkt des steuerlichen Übertragungsstichtags jeweils geltenden Fassung;

4. Buchwert
der Wert, der sich nach den steuerrechtlichen Vorschriften über die Gewinnermittlung in einer für den steuerlichen Übertragungsstichtag aufzustellenden Steuerbilanz ergibt oder ergäbe.

§ 2 Steuerliche Rückwirkung. (1) ¹Das Einkommen und das Vermögen der übertragenden Körperschaft sowie des übernehmenden Rechtsträgers sind so zu ermitteln, als ob das Vermögen der Körperschaft mit Ablauf des Stichtags der Bilanz, die dem Vermögensübergang zu Grunde liegt (steuerlicher Übertragungsstichtag), ganz oder teilweise auf den übernehmenden Rechtsträger übergegangen wäre. ²Das Gleiche gilt für die Ermittlung der Bemessungsgrundlagen für die Gewerbesteuer.

(2) Ist die Übernehmerin eine Personengesellschaft, gilt Absatz 1 Satz 1 für das Einkommen und das Vermögen der Gesellschafter.

(3) Die Absätze 1 und 2 sind nicht anzuwenden, soweit Einkünfte auf Grund abweichender Regelungen zur Rückbeziehung eines in § 1 Abs. 1

---

¹) § 1 Abs. 5 Nr. 1 neu gef. mWv 31.7.2014 durch G v. 25.7.2014 (BGBl. I S. 1266).

bezeichneten Vorgangs in einem anderen Staat der Besteuerung entzogen werden.

(4)[1] [1]Der Ausgleich oder die Verrechnung eines Übertragungsgewinns mit verrechenbaren Verlusten, verbleibenden Verlustvorträgen, nicht ausgeglichenen negativen Einkünften, einem Zinsvortrag nach § 4h Absatz 1 Satz 5 des Einkommensteuergesetzes und einem EBITDA-Vortrag nach § 4h Absatz 1 Satz 3 des Einkommensteuergesetzes (Verlustnutzung) des übertragenden Rechtsträgers ist nur zulässig, wenn dem übertragenden Rechtsträger die Verlustnutzung auch ohne Anwendung der Absätze 1 und 2 möglich gewesen wäre. [2]Satz 1 gilt für negative Einkünfte des übertragenden Rechtsträgers im Rückwirkungszeitraum entsprechend. [3]Der Ausgleich oder die Verrechnung von positiven Einkünften des übertragenden Rechtsträgers im Rückwirkungszeitraum mit verrechenbaren Verlusten, verbleibenden Verlustvorträgen, nicht ausgeglichenen negativen Einkünften und einem Zinsvortrag nach § 4h Absatz 1 Satz 5 des Einkommensteuergesetzes des übernehmenden Rechtsträgers ist nicht zulässig. [4]Ist übernehmender Rechtsträger eine Organgesellschaft, gilt Satz 3 auch für eine Verrechnung beim Organträger entsprechend. [5]Ist übernehmender Rechtsträger eine Personengesellschaft, gilt Satz 3 auch für einen Ausgleich oder eine Verrechnung bei den Gesellschaftern entsprechend. [6]Die Sätze 3 bis 5 gelten nicht, wenn übertragender Rechtsträger und übernehmender Rechtsträger vor Ablauf des steuerlichen Übertragungsstichtags verbundene Unternehmen im Sinne des § 271 Absatz 2 des Handelsgesetzbuches sind.[2]

(5)[3] [1]Unbeschadet anderer Vorschriften ist der Ausgleich oder die sonstige Verrechnung negativer Einkünfte des übernehmenden Rechtsträgers, von diesem infolge der Anwendung der Absätze 1 und 2 erzielt werden, auch insoweit nicht zulässig, als die negativen Einkünfte auf der Veräußerung oder der Bewertung von Finanzinstrumenten oder Anteilen an einer Körperschaft beruhen. [2]Als negative Einkünfte im Sinne des Satzes 1 gelten auch Aufwendungen außerhalb des Rückwirkungszeitraums, die darauf beruhen, dass Finanzinstrumente oder Anteile an einer Körperschaft, die dem übernehmenden Rechtsträger auf Grund der Anwendung der Absätze 1 und 2 zugerechnet werden, bis zu dem in Satz 4 bezeichneten Zeitpunkt veräußert werden oder nach den Sätzen 3 und 4 als veräußert gelten. [3]Als Veräußerung im Sinne der Sätze 1 und 2 gilt auch die Einlösung, Rückzahlung, Abtretung, Entnahme, verdeckte Einlage in eine Kapitalgesellschaft oder ein sonstiger ertragsteuerlich einer Veräußerung gleichgestellter Vorgang. [4]Mit Ablauf des mit der Umwandlung endenden Gewinnermittlungszeitraums nach § 4a des Einkommensteuergesetzes oder in anderen Fällen mit Ablauf des nach der Umwandlung endenden Kalenderjahrs noch nicht veräußerte oder nach Satz 3 als

---

[1] § 2 Abs. 4 angef. durch G v. 19.12.2008 (BGBl. I S. 2794); zur Anwendung siehe § 27 Abs. 9; Satz 1 geänd. durch G v. 22.12.2009 (BGBl. I S. 3950); zur Anwendung siehe § 27 Abs. 10.

[2] § 2 Abs. 4 Sätze 3 bis 6 angef. durch G v. 26.6.2013 (BGBl. I S. 1809); zur Anwendung siehe § 27 Abs. 12.

[3] § 2 Abs. 5 angef. durch G v. 2.6.2021 (BGBl. I S. 1259); zur Anwendung siehe § 27 Abs. 16.

veräußert geltende Wirtschaftsgüter im Sinne des Satzes 2 gelten zu diesem Zeitpunkt als zum gemeinen Wert veräußert und wieder angeschafft. [5]Satz 2 findet keine Anwendung, soweit die Finanzinstrumente oder Anteile an einer Körperschaft ohne die Anwendung der Absätze 1 und 2 beim übertragenden Rechtsträger in dessen steuerlicher Schlussbilanz mit einem anderen als dem gemeinen Wert hätten angesetzt werden können. [6]Die Sätze 1 bis 5 finden keine Anwendung, wenn der Steuerpflichtige nachweist, dass die Verrechnung negativer Einkünfte im Sinne der Sätze 1 und 2 kein Haupt- oder Nebenzweck der Umwandlung war. [7]Ist der übernehmende Rechtsträger an den Finanzinstrumenten oder Anteilen an einer Körperschaft unmittelbar oder mittelbar über eine oder mehrere Personengesellschaften beteiligt, gelten die Sätze 2 bis 6 sinngemäß für Aufwendungen und Einkünfteminderungen infolge der Veräußerung oder eines niedrigeren Wertansatzes der Finanzinstrumente oder Anteile beziehungsweise infolge der Veräußerung von Anteilen an den Personengesellschaften oder deren Auflösung.

Zweiter Teil. Vermögensübergang bei Verschmelzung auf eine Personengesellschaft oder auf eine natürliche Person und Formwechsel einer Kapitalgesellschaft in eine Personengesellschaft

§ 3 Wertansätze in der steuerlichen Schlussbilanz der übertragenden Körperschaft. (1) [1]Bei einer Verschmelzung auf eine Personengesellschaft oder natürliche Person sind die übergehenden Wirtschaftsgüter, einschließlich nicht entgeltlich erworbener und selbst geschaffener immaterieller Wirtschaftsgüter, in der steuerlichen Schlussbilanz der übertragenden Körperschaft mit dem gemeinen Wert anzusetzen. [2]Für die Bewertung von Pensionsrückstellungen gilt § 6a des Einkommensteuergesetzes.

(2) [1]Auf Antrag können die übergehenden Wirtschaftsgüter abweichend von Absatz 1 einheitlich mit dem Buchwert oder einem höheren Wert, höchstens jedoch mit dem Wert nach Absatz 1, angesetzt werden, soweit

1. sie Betriebsvermögen der übernehmenden Personengesellschaft oder natürlichen Person werden und sichergestellt ist, dass sie später der Besteuerung mit Einkommensteuer oder Körperschaftsteuer unterliegen, und

2. das Recht der Bundesrepublik Deutschland hinsichtlich der Besteuerung des Gewinns aus der Veräußerung der übertragenen Wirtschaftsgüter bei den Gesellschaftern der übernehmenden Personengesellschaft oder bei der natürlichen Person nicht ausgeschlossen oder beschränkt wird und

3. eine Gegenleistung nicht gewährt wird oder in Gesellschaftsrechten besteht.

[2]Der Antrag ist spätestens bis zur erstmaligen Abgabe der steuerlichen Schlussbilanz bei dem für die Besteuerung der übertragenden Körperschaft zuständigen Finanzamt zu stellen.

(3) [1]Haben die Mitgliedstaaten der Europäischen Union bei Verschmelzung einer unbeschränkt steuerpflichtigen Körperschaft Artikel 10 der Richtlinie

2009/133/EG anzuwenden, ist die Körperschaftsteuer auf den Übertragungs-gewinn gemäß § 26 des Körperschaftsteuergesetzes um den Betrag ausländi-scher Steuer zu ermäßigen, der nach den Rechtsvorschriften eines anderen Mitgliedstaats der Europäischen Union erhoben worden wäre, wenn die über-tragenen Wirtschaftsgüter zum gemeinen Wert veräußert worden wären. [2]Satz 1 gilt nur, soweit die übertragenen Wirtschaftsgüter einer Betriebsstätte der übertragenden Körperschaft in einem anderen Mitgliedstaat der Europäi-schen Union zuzurechnen sind und die Bundesrepublik Deutschland die Dop-pelbesteuerung bei der übertragenden Körperschaft nicht durch Freistellung vermeidet.

§ 4 Auswirkungen auf den Gewinn des übernehmenden Rechtsträ-gers. (1) [1]Der übernehmende Rechtsträger hat die auf ihn übergegangenen Wirtschaftsgüter mit dem in der steuerlichen Schlussbilanz der übertragenden Körperschaft enthaltenen Wert im Sinne des § 3 zu übernehmen. [2]Die Antei-le an der übertragenden Körperschaft sind bei dem übernehmenden Rechts-träger zum steuerlichen Übertragungsstichtag mit dem Buchwert, erhöht um Abschreibungen, die in früheren Jahren steuerwirksam vorgenommen worden sind, sowie um Abzüge nach § 6b des Einkommensteuergesetzes und ähnliche Abzüge, höchstens mit dem gemeinen Wert, anzusetzen. [3]Auf einen sich dar-aus ergebenden Gewinn finden § 8b Abs. 2 Satz 4 und 5 des Körper-schaftsteuergesetzes sowie § 3 Nr. 40 Satz 1 Buchstabe a Satz 2 und 3 des Ein-kommensteuergesetzes Anwendung.

(2)[1)] [1]Der übernehmende Rechtsträger tritt in die steuerliche Rechtsstel-lung der übertragenden Körperschaft ein, insbesondere bezüglich der Bewer-tung der übernommenen Wirtschaftsgüter, der Absetzungen für Abnutzung und der den steuerlichen Gewinn mindernden Rücklagen. [2]Verrechenbare Verluste, verbleibende Verlustvorträge, vom übertragenden Rechtsträger nicht ausgeglichene negative Einkünfte, ein Zinsvortrag nach § 4h Absatz 1 Satz 5 des Einkommensteuergesetzes und ein EBITDA-Vortrag nach § 4h Absatz 1 Satz 3 des Einkommensteuergesetzes gehen nicht über. [3]Ist die Dauer der Zugehörigkeit eines Wirtschaftsguts zum Betriebsvermögen für die Besteue-rung bedeutsam, so ist der Zeitraum seiner Zugehörigkeit zum Betriebsver-mögen der übertragenden Körperschaft dem übernehmenden Rechtsträger anzurechnen. [4]Ist die übertragende Körperschaft eine Unterstützungskasse, erhöht sich der laufende Gewinn des übernehmenden Rechtsträgers in dem Wirtschaftsjahr, in das der Umwandlungsstichtag fällt, um die von ihm, seinen Gesellschaftern oder seinen Rechtsvorgängern an die Unterstützungskasse geleisteten Zuwendungen nach § 4d des Einkommensteuergesetzes; § 15 Abs. 1 Satz 1 Nr. 2 Satz 2 des Einkommensteuergesetzes gilt sinngemäß. [5]In Höhe der nach Satz 4 hinzugerechneten Zuwendungen erhöht sich der Buchwert der Anteile an der Unterstützungskasse.

(3) Sind die übergegangenen Wirtschaftsgüter in der steuerlichen Schlussbi-lanz der übertragenden Körperschaft mit einem über dem Buchwert liegenden

---

[1)] § 4 Abs. 2 Satz 2 geänd. durch G v. 14.8.2007 (BGBl. I S. 1912); zur erstmaligen An-wendung siehe § 27 Abs. 5; geänd. durch G v. 22.12.2009 (BGBl. I S. 3950); zur Anwendung siehe § 27 Abs. 10.

Wert angesetzt, sind die Absetzungen für Abnutzung bei dem übernehmenden Rechtsträger in den Fällen des § 7 Abs. 4 Satz 1 und Abs. 5 des Einkommensteuergesetzes nach der bisherigen Bemessungsgrundlage, in allen anderen Fällen nach dem Buchwert, jeweils vermehrt um den Unterschiedsbetrag zwischen dem Buchwert der einzelnen Wirtschaftsgüter und dem Wert, mit dem die Körperschaft die Wirtschaftsgüter in der steuerlichen Schlussbilanz angesetzt hat, zu bemessen.

(4) ¹Infolge des Vermögensübergangs ergibt sich ein Übernahmegewinn oder Übernahmeverlust in Höhe des Unterschiedsbetrags zwischen dem Wert, mit dem die übergegangenen Wirtschaftsgüter zu übernehmen sind, abzüglich der Kosten für den Vermögensübergang und dem Wert der Anteile an der übertragenden Körperschaft (Absätze 1 und 2, § 5 Abs. 2 und 3). ²Für die Ermittlung des Übernahmegewinns oder Übernahmeverlusts sind abweichend von Satz 1 die übergegangenen Wirtschaftsgüter der übertragenden Körperschaft mit dem Wert nach § 3 Abs. 1 anzusetzen, soweit an ihnen kein Recht der Bundesrepublik Deutschland zur Besteuerung des Gewinns aus einer Veräußerung bestand. ³Bei der Ermittlung des Übernahmegewinns oder des Übernahmeverlusts bleibt der Wert der übergegangenen Wirtschaftsgüter außer Ansatz, soweit er auf Anteile an der übertragenden Körperschaft entfällt, die am steuerlichen Übertragungsstichtag nicht zum Betriebsvermögen des übernehmenden Rechtsträgers gehören.

(5)¹⁾ *¹Ein Übernahmegewinn erhöht sich und ein Übernahmeverlust verringert sich um einen Sperrbetrag im Sinne des § 50c des Einkommensteuergesetzes, soweit die Anteile an der übertragenden Körperschaft am steuerlichen Übertragungsstichtag zum Betriebsvermögen des übernehmenden Rechtsträgers gehören.* Ein Übernahmegewinn vermindert sich oder ein Übernahmeverlust erhöht sich um die Bezüge, die nach § 7 zu den Einkünften aus Kapitalvermögen im Sinne des § 20 Abs. 1 Nr. 1 des Einkommensteuergesetzes gehören.

(6) ¹Ein Übernahmeverlust bleibt außer Ansatz, soweit er auf eine Körperschaft, Personenvereinigung oder Vermögensmasse als Mitunternehmerin der Personengesellschaft entfällt. ²Satz 1 gilt nicht für Anteile an der übertragenden Gesellschaft, die die Voraussetzungen des § 8b Abs. 7 oder des Abs. 8 Satz 1 des Körperschaftsteuergesetzes erfüllen. ³In den Fällen des Satzes 2 ist der Übernahmeverlust bis zur Höhe der Bezüge im Sinne des § 7 zu berücksichtigen. ⁴In den übrigen Fällen ist er in Höhe von 60 Prozent, höchstens jedoch in Höhe von 60 Prozent²⁾ der Bezüge im Sinne des § 7 zu berücksichtigen; ein danach verbleibender Übernahmeverlust bleibt außer Ansatz. ⁵Satz 4 gilt nicht für Anteile an der übertragenden Gesellschaft, die die Voraussetzungen des § 3 Nr. 40 Satz 3 und 4 des Einkommensteuergesetzes erfüllen; in diesen Fällen gilt Satz 3 entsprechend.³⁾ ⁶Ein Übernahmeverlust bleibt abweichend von den Sätzen 2 bis 5³⁾ außer Ansatz, soweit bei Veräußerung

¹⁾ § 4 Abs. 5 Satz 1 aufgeh. (§ 50c EStG ist mWv 1.9.2009 weggefallen) durch G v. 2.6.2021 (BGBl. I S. 1259); zur weiteren Anwendung siehe § 27 Abs. 17.
²⁾ § 4 Abs. 6 Satz 4 geänd. durch G v. 19.12.2008 (BGBl. I S. 2794); zur Anwendung siehe § 27 Abs. 8.
³⁾ § 4 Abs. 6 Satz 5 eingef., bish. Satz 5 wird Satz 6 und geänd., Abs. 7 Satz 2 geänd. durch G v. 19.12.2008 (BGBl. I S. 2794); zur Anwendung siehe § 27 Abs. 8.

der Anteile an der übertragenden Körperschaft ein Veräußerungsverlust nach § 17 Abs. 2 Satz 6[1] des Einkommensteuergesetzes nicht zu berücksichtigen wäre oder soweit die Anteile an der übertragenden Körperschaft innerhalb der letzten fünf Jahre vor dem steuerlichen Übertragungsstichtag entgeltlich erworben wurden.

(7)[1] [1]Soweit der Übernahmegewinn auf eine Körperschaft, Personenvereinigung oder Vermögensmasse als Mitunternehmerin der Personengesellschaft entfällt, ist § 8b des Körperschaftsteuergesetzes anzuwenden. [2]In den übrigen Fällen ist § 3 Nr. 40 sowie § 3c des Einkommensteuergesetzes anzuwenden.

§ 5 Besteuerung der Anteilseigner der übertragenden Körperschaft.

(1) Hat der übernehmende Rechtsträger Anteile an der übertragenden Körperschaft nach dem steuerlichen Übertragungsstichtag angeschafft oder findet er einen Anteilseigner ab, so ist sein Gewinn so zu ermitteln, als hätte er die Anteile an diesem Stichtag angeschafft.

(2) Anteile an der übertragenden Körperschaft im Sinne des § 17 des Einkommensteuergesetzes, die an dem steuerlichen Übertragungsstichtag nicht zu einem Betriebsvermögen eines Gesellschafters der übernehmenden Personengesellschaft oder einer natürlichen Person gehören, gelten für die Ermittlung des Gewinns als an diesem Stichtag in das Betriebsvermögen des übernehmenden Rechtsträgers mit den Anschaffungskosten eingelegt.

(3) [1]Gehören an dem steuerlichen Übertragungsstichtag Anteile an der übertragenden Körperschaft zum Betriebsvermögen eines Anteilseigners, ist der Gewinn so zu ermitteln, als seien die Anteile an diesem Stichtag zum Buchwert, erhöht um Abschreibungen sowie um Abzüge nach § 6b des Einkommensteuergesetzes und ähnliche Abzüge, die in früheren Jahren steuerwirksam vorgenommen worden sind, höchstens mit dem gemeinen Wert, in das Betriebsvermögen des übernehmenden Rechtsträgers überführt worden. [2]§ 4 Abs. 1 Satz 3 gilt entsprechend.

§ 6 Gewinnerhöhung durch Vereinigung von Forderungen und Verbindlichkeiten.

(1) [1]Erhöht sich der Gewinn des übernehmenden Rechtsträgers dadurch, dass der Vermögensübergang zum Erlöschen von Forderungen und Verbindlichkeiten zwischen der übertragenden Körperschaft und dem übernehmenden Rechtsträger oder zur Auflösung von Rückstellungen führt, so darf der übernehmende Rechtsträger insoweit eine den steuerlichen Gewinn mindernde Rücklage bilden. [2]Die Rücklage ist in den auf ihre Bildung folgenden drei Wirtschaftsjahren mit mindestens je einem Drittel gewinnerhöhend aufzulösen.

(2) [1]Absatz 1 gilt entsprechend, wenn sich der Gewinn eines Gesellschafters des übernehmenden Rechtsträgers dadurch erhöht, dass eine Forderung oder Verbindlichkeit der übertragenden Körperschaft auf den übernehmenden Rechtsträger übergeht oder dass infolge des Vermögensübergangs eine Rückstellung aufzulösen ist. [2]Satz 1 gilt nur für Gesellschafter, die im Zeitpunkt der

---

[1] § 4 Abs. 6 Satz 5 eingef., bish. Satz 5 wird Satz 6 und geänd., Abs. 7 Satz 2 geänd. durch G v. 19.12.2008 (BGBl. I S. 2794); zur Anwendung siehe § 27 Abs. 8.

Eintragung des Umwandlungsbeschlusses in das öffentliche Register an dem übernehmenden Rechtsträger beteiligt sind.

(3) ¹Die Anwendung der Absätze 1 und 2 entfällt rückwirkend, wenn der übernehmende Rechtsträger den auf ihn übergegangenen Betrieb innerhalb von fünf Jahren nach dem steuerlichen Übertragungsstichtag in eine Kapitalgesellschaft einbringt oder ohne triftigen Grund veräußert oder aufgibt. ²Bereits erteilte Steuerbescheide, Steuermessbescheide, Freistellungsbescheide oder Feststellungsbescheide sind zu ändern, soweit sie auf der Anwendung der Absätze 1 und 2 beruhen.

§ 7 Besteuerung offener Rücklagen. ¹Dem Anteilseigner ist der Teil des in der Steuerbilanz ausgewiesenen Eigenkapitals abzüglich des Bestands des steuerlichen Einlagekontos im Sinne des § 27 des Körperschaftsteuergesetzes, der sich nach Anwendung des § 29 Abs. 1 des Körperschaftsteuergesetzes ergibt, in dem Verhältnis der Anteile zum Nennkapital der übertragenden Körperschaft als Einnahmen aus Kapitalvermögen im Sinne des § 20 Abs. 1 Nr. 1 des Einkommensteuergesetzes zuzurechnen. ²Dies gilt unabhängig davon, ob für den Anteilseigner ein Übernahmegewinn oder Übernahmeverlust nach § 4 oder § 5 ermittelt wird.

§ 8 Vermögensübergang auf einen Rechtsträger ohne Betriebsvermögen. (1) ¹Wird das übertragene Vermögen nicht Betriebsvermögen des übernehmenden Rechtsträgers, sind die infolge des Vermögensübergangs entstehenden Einkünfte bei diesem oder den Gesellschaftern des übernehmenden Rechtsträgers zu ermitteln. ²Die §§ 4, 5 und 7 gelten entsprechend.

(2) In den Fällen des Absatzes 1 sind § 17 Abs. 3 und § 22 Nr. 2 des Einkommensteuergesetzes nicht anzuwenden.

§ 9¹⁾ Formwechsel in eine Personengesellschaft. ¹Im Falle des Formwechsels einer Kapitalgesellschaft in eine Personengesellschaft sind die §§ 3 bis 8 und 10 entsprechend anzuwenden. ²Die Kapitalgesellschaft hat für steuerliche Zwecke auf den Zeitpunkt, in dem der Formwechsel wirksam wird, eine Übertragungsbilanz, die Personengesellschaft eine Eröffnungsbilanz aufzustellen. ³Die Bilanzen nach Satz 2 können auch für einen Stichtag aufgestellt werden, der höchstens acht Monate vor der Anmeldung des Formwechsels zur Eintragung in ein öffentliches Register liegt (Übertragungsstichtag); § 2 Absatz 3 bis 5²⁾ gilt entsprechend.

§ 10.³⁾ *(aufgehoben)*

---

¹⁾ Zur Anwendung siehe § 27 Abs. 15.
²⁾ Verweis geänd. durch G v. 22.12.2009 (BGBl. I S. 3950); zur Anwendung siehe § 27 Abs. 10; geänd. durch G v. 2.6.2021 (BGBl. I S. 1259); zur Anwendung siehe § 27 Abs. 16.
³⁾ § 10 aufgeh. durch G v. 20.12 2007 (BGBl. I S. 3150); zur Anwendung siehe § 27 Abs. 6.

Dritter Teil. Verschmelzung oder Vermögensübertragung (Vollübertragung) auf eine andere Körperschaft

§ 11 Wertansätze in der steuerlichen Schlussbilanz der übertragenden Körperschaft. (1) [1]Bei einer Verschmelzung oder Vermögensübertragung (Vollübertragung) auf eine andere Körperschaft sind die übergehenden Wirtschaftsgüter, einschließlich nicht entgeltlich erworbener oder selbst geschaffener immaterieller Wirtschaftsgüter, in der steuerlichen Schlussbilanz der übertragenden Körperschaft mit dem gemeinen Wert anzusetzen. [2]Für die Bewertung von Pensionsrückstellungen gilt § 6a des Einkommensteuergesetzes.

(2) [1]Auf Antrag können die übergehenden Wirtschaftsgüter abweichend von Absatz 1 einheitlich mit dem Buchwert oder einem höheren Wert, höchstens jedoch mit dem Wert nach Absatz 1, angesetzt werden, soweit

1. sichergestellt ist, dass sie später bei der übernehmenden Körperschaft der Besteuerung mit Körperschaftsteuer unterliegen und

2. das Recht der Bundesrepublik Deutschland hinsichtlich der Besteuerung des Gewinns aus der Veräußerung der übertragenen Wirtschaftsgüter bei der übernehmenden Körperschaft nicht ausgeschlossen oder beschränkt wird und

3. eine Gegenleistung nicht gewährt wird oder in Gesellschaftsrechten besteht.

[2]Anteile an der übernehmenden Körperschaft sind mindestens mit dem Buchwert, erhöht um Abschreibungen sowie um Abzüge nach § 6b des Einkommensteuergesetzes und ähnliche Abzüge, die in früheren Jahren steuerwirksam vorgenommen worden sind, höchstens mit dem gemeinen Wert,

(Fortsetzung nächste Seite)

anzusetzen. [3] Auf einen sich daraus ergebenden Gewinn findet § 8b Abs. 2 Satz 4 und 5 des Körperschaftsteuergesetzes Anwendung.

(3) § 3 Abs. 2 Satz 2 und Abs. 3 gilt entsprechend.

§ 12 Auswirkungen auf den Gewinn der übernehmenden Körperschaft. (1) [1] Die übernehmende Körperschaft hat die auf sie übergegangenen Wirtschaftsgüter mit dem in der steuerlichen Schlussbilanz der übertragenden Körperschaft enthaltenen Wert im Sinne des § 11 zu übernehmen. [2] § 4 Abs. 1 Satz 2 und 3 gilt entsprechend.

(2) [1] Bei der übernehmenden Körperschaft bleibt ein Gewinn oder ein Verlust in Höhe des Unterschieds zwischen dem Buchwert der Anteile an der übertragenden Körperschaft und dem Wert, mit dem die übergegangenen Wirtschaftsgüter zu übernehmen sind, abzüglich der Kosten für den Vermögensübergang, außer Ansatz. [2] § 8b des Körperschaftsteuergesetzes ist anzuwenden, soweit der Gewinn im Sinne des Satzes 1 abzüglich der anteilig darauf entfallenden Kosten für den Vermögensübergang, dem Anteil der übernehmenden Körperschaft an der übertragenden Körperschaft entspricht. [3] § 5 Abs. 1 gilt entsprechend.

(3) Die übernehmende Körperschaft tritt in die steuerliche Rechtsstellung der übertragenden Körperschaft ein; § 4 Abs. 2 und 3 gilt entsprechend.

(4) § 6 gilt sinngemäß für den Teil des Gewinns aus der Vereinigung von Forderungen und Verbindlichkeiten, der der Beteiligung der übernehmenden Körperschaft am Grund- oder Stammkapital der übertragenden Körperschaft entspricht.

(5) Im Falle des Vermögensübergangs in den nicht steuerpflichtigen oder steuerbefreiten Bereich der übernehmenden Körperschaft gilt das in der Steuerbilanz ausgewiesene Eigenkapital abzüglich des Bestands des steuerlichen Einlagekontos im Sinne des § 27 des Körperschaftsteuergesetzes, der sich nach Anwendung des § 29 Abs. 1 des Körperschaftsteuergesetzes ergibt, als Einnahme im Sinne des § 20 Abs. 1 Nr. 1 des Einkommensteuergesetzes.

§ 13 Besteuerung der Anteilseigner der übertragenden Körperschaft. (1) Die Anteile an der übertragenden Körperschaft gelten als zum gemeinen Wert veräußert und die an ihre Stelle tretenden Anteile an der übernehmenden Körperschaft gelten als mit diesem Wert angeschafft.

(2) [1] Abweichend von Absatz 1 sind auf Antrag die Anteile an der übernehmenden Körperschaft mit dem Buchwert der Anteile an der übertragenden Körperschaft anzusetzen, wenn

1. das Recht der Bundesrepublik Deutschland hinsichtlich der Besteuerung des Gewinns aus der Veräußerung der Anteile an der übernehmenden Körperschaft nicht ausgeschlossen oder beschränkt wird oder

2. die Mitgliedstaaten der Europäischen Union bei einer Verschmelzung Artikel 8 der Richtlinie 2009/133/EG anzuwenden haben; in diesem Fall ist der Gewinn aus einer späteren Veräußerung der erworbenen Anteile ungeachtet der Bestimmungen eines Abkommens zur Vermeidung der Doppelbesteuerung in der gleichen Art und Weise zu besteuern, wie die Veräße-

rung der Anteile an der übertragenden Körperschaft zu besteuern wäre. [2] § 15 Abs. 1a Satz 2 des Einkommensteuergesetzes ist entsprechend anzuwenden.

[2] Die Anteile an der übernehmenden Körperschaft treten steuerlich an die Stelle der Anteile an der übertragenden Körperschaft. [3] Gehören die Anteile an der übertragenden Körperschaft nicht zu einem Betriebsvermögen, treten an die Stelle des Buchwerts die Anschaffungskosten.

§ 14. (weggefallen)

Vierter Teil. Aufspaltung, Abspaltung und Vermögensübertragung (Teilübertragung)

§ 15 Aufspaltung, Abspaltung und Teilübertragung auf andere Körperschaften. (1) [1] Geht Vermögen einer Körperschaft durch Aufspaltung oder Abspaltung oder durch Teilübertragung auf andere Körperschaften über, gelten die §§ 11 bis 13 vorbehaltlich des Satzes 2 und des § 16 entsprechend. [2] § 11 Abs. 2 und § 13 Abs. 2 sind nur anzuwenden, wenn auf die Übernehmerinnen ein Teilbetrieb übertragen wird und im Falle der Abspaltung oder Teilübertragung bei der übertragenden Körperschaft ein Teilbetrieb verbleibt. [3] Als Teilbetrieb gilt auch ein Mitunternehmeranteil oder die Beteiligung an einer Kapitalgesellschaft, die das gesamte Nennkapital der Gesellschaft umfasst.

(2) [1] § 11 Abs. 2 ist auf Mitunternehmeranteile und Beteiligungen im Sinne des Absatzes 1 nicht anzuwenden, wenn sie innerhalb eines Zeitraums von drei Jahren vor dem steuerlichen Übertragungsstichtag durch Übertragung von Wirtschaftsgütern, die kein Teilbetrieb sind, erworben oder aufgestockt worden sind. [2] § 11 Abs. 2 ist ebenfalls nicht anzuwenden, wenn durch die Spaltung die Veräußerung an außenstehende Personen vollzogen wird. [3] Das Gleiche gilt, wenn durch die Spaltung die Voraussetzungen für eine Veräußerung geschaffen werden. [4] Davon ist auszugehen, wenn innerhalb von fünf Jahren nach dem steuerlichen Übertragungsstichtag Anteile an einer an der Spaltung beteiligten Körperschaft, die mehr als 20 Prozent der vor Wirksamwerden der Spaltung an der Körperschaft bestehenden Anteile ausmachen, veräußert werden. [5] Bei der Trennung von Gesellschafterstämmen setzt die Anwendung des § 11 Abs. 2 außerdem voraus, dass die Beteiligungen an der übertragenden Körperschaft mindestens fünf Jahre vor dem steuerlichen Übertragungsstichtag bestanden haben.

(3)[1] Bei einer Abspaltung mindern sich verrechenbare Verluste, verbleibende Verlustvorträge, nicht ausgeglichene negative Einkünfte, ein Zinsvortrag nach § 4h Absatz 1 Satz 5 des Einkommensteuergesetzes und ein EBITDA-Vortrag nach § 4h Absatz 1 Satz 3 des Einkommensteuergesetzes der übertragenden Körperschaft in dem Verhältnis, in dem bei Zugrundelegung des gemeinen Werts das Vermögen auf eine andere Körperschaft übergeht.

---

[1] § 15 Abs. 3 neu gef. durch G v. 22.12.2009 (BGBl. I S. 3950); zur Anwendung siehe § 27 Abs. 10.

§ 16 Aufspaltung oder Abspaltung auf eine Personengesellschaft.

[1] Soweit Vermögen einer Körperschaft durch Aufspaltung oder Abspaltung auf eine Personengesellschaft übergeht, gelten die §§ 3 bis 8, 10 und 15 entsprechend. [2] § 10 ist für den in § 40 Abs. 2 Satz 3 des Körperschaftsteuergesetzes bezeichneten Teil des Betrags im Sinne des § 38 des Körperschaftsteuergesetzes anzuwenden.

Fünfter Teil. Gewerbesteuer

§ 17. (weggefallen)

§ 18 Gewerbesteuer bei Vermögensübergang auf eine Personengesellschaft oder auf eine natürliche Person sowie bei Formwechsel in eine Personengesellschaft.

(1) [1] Die §§ 3 bis 9 und 16 gelten bei Vermögensübergang auf eine Personengesellschaft oder auf eine natürliche Person sowie bei Formwechsel in eine Personengesellschaft auch für die Ermittlung des Gewerbeertrags. [2] Der maßgebende Gewerbeertrag der übernehmenden Personengesellschaft oder natürlichen Person kann nicht um Fehlbeträge des laufenden Erhebungszeitraums und die vortragsfähigen Fehlbeträge der übertragenden Körperschaft im Sinne des § 10a des Gewerbesteuergesetzes gekürzt werden.

(2) [1] Ein Übernahmegewinn oder Übernahmeverlust ist nicht zu erfassen. [2] In Fällen des § 5 Abs. 2 ist ein Gewinn nach § 7 nicht zu erfassen.

(3)[1] [1] Wird der Betrieb der Personengesellschaft oder der natürlichen Person innerhalb von fünf Jahren nach der Umwandlung aufgegeben oder veräußert, unterliegt ein Aufgabe- oder Veräußerungsgewinn der Gewerbesteuer, auch soweit er auf das Betriebsvermögen entfällt, das bereits vor der Umwandlung im Betrieb der übernehmenden Personengesellschaft oder der natürlichen Person vorhanden war. [2] Satz 1 gilt entsprechend, soweit ein Teilbetrieb oder ein Anteil an der Personengesellschaft aufgegeben oder veräußert wird. [3] Der auf den Aufgabe- oder Veräußerungsgewinnen im Sinne der Sätze 1 und 2 beruhende Teil des Gewerbesteuer-Messbetrags ist bei der Ermäßigung der Einkommensteuer nach § 35 des Einkommensteuergesetzes nicht zu berücksichtigen.

§ 19 Gewerbesteuer bei Vermögensübergang auf eine andere Körperschaft.

(1) Geht das Vermögen der übertragenden Körperschaft auf eine andere Körperschaft über, gelten die §§ 11 bis 15 auch für die Ermittlung des Gewerbeertrags.

(2) Für die vortragsfähigen Fehlbeträge der übertragenden Körperschaft im Sinne des § 10a des Gewerbesteuergesetzes gelten § 12 Abs. 3 und § 15 Abs. 3 entsprechend.

---

[1] § 18 Abs. 3 Satz 1 ergänzt durch G v. 20.12.2007 (BGBl. I S. 3150); zur erstmaligen Anwendung siehe § 27 Abs. 7.

Sechster Teil. Einbringung von Unternehmensteilen in eine Kapitalgesellschaft oder Genossenschaft und Anteilstausch

§ 20 Einbringung von Unternehmensteilen in eine Kapitalgesellschaft oder Genossenschaft. (1) Wird ein Betrieb oder Teilbetrieb oder ein Mitunternehmeranteil in eine Kapitalgesellschaft oder eine Genossenschaft (übernehmende Gesellschaft) eingebracht und erhält der Einbringende dafür neue Anteile an der Gesellschaft (Sacheinlage), gelten für die Bewertung des eingebrachten Betriebsvermögens und der neuen Gesellschaftsanteile die nachfolgenden Absätze.

(2) [1]Die übernehmende Gesellschaft hat das eingebrachte Betriebsvermögen mit dem gemeinen Wert anzusetzen; für die Bewertung von Pensionsrückstellungen gilt § 6a des Einkommensteuergesetzes. [2]Abweichend von Satz 1 kann das übernommene Betriebsvermögen auf Antrag einheitlich mit dem Buchwert oder einem höheren Wert, höchstens jedoch mit dem Wert im Sinne des Satzes 1, angesetzt werden, soweit

1. sichergestellt ist, dass es später bei der übernehmenden Körperschaft der Besteuerung mit Körperschaftsteuer unterliegt,

2. die Passivposten des eingebrachten Betriebsvermögens die Aktivposten nicht übersteigen; dabei ist das Eigenkapital nicht zu berücksichtigen,

3. das Recht der Bundesrepublik Deutschland hinsichtlich der Besteuerung des Gewinns aus der Veräußerung des eingebrachten Betriebsvermögens bei der übernehmenden Gesellschaft nicht ausgeschlossen oder beschränkt wird und

4.[1]) der gemeine Wert von sonstigen Gegenleistungen, die neben den neuen Gesellschaftsanteilen gewährt werden, nicht mehr beträgt als

   a) 25 Prozent des Buchwerts des eingebrachten Betriebsvermögens oder

   b) 500 000 Euro, höchstens jedoch den Buchwert des eingebrachten Betriebsvermögens.

[3]Der Antrag ist spätestens bis zur erstmaligen Abgabe der steuerlichen Schlussbilanz bei dem für die Besteuerung der übernehmenden Gesellschaft zuständigen Finanzamt zu stellen. [4]Erhält der Einbringende neben den neuen Gesellschaftsanteilen auch sonstige Gegenleistungen, ist das eingebrachte Betriebsvermögen abweichend von Satz 2 mindestens mit dem gemeinen Wert der sonstigen Gegenleistungen anzusetzen, wenn dieser den sich nach Satz 2 ergebenden Wert übersteigt.[2])

(3) [1]Der Wert, mit dem die übernehmende Gesellschaft das eingebrachte Betriebsvermögen ansetzt, gilt für den Einbringenden als Veräußerungspreis und als Anschaffungskosten der Gesellschaftsanteile. [2]Ist das Recht der Bun-

---

[1]) § 20 Abs. 2 Satz 2 Nr. 4 angef. durch G v. 2.11.2015 (BGBl. I S. 1834); zur Anwendung siehe § 27 Abs. 14.
[2]) § 20 Abs. 2 Satz 4 neu gef. durch G v. 2.11.2015 (BGBl. I S. 1834); zur Anwendung siehe § 27 Abs. 14.

desrepublik Deutschland hinsichtlich der Besteuerung des Gewinns aus der Veräußerung des eingebrachten Betriebsvermögens im Zeitpunkt der Einbringung ausgeschlossen und wird dieses auch nicht durch die Einbringung begründet, gilt für den Einbringenden insoweit der gemeine Wert des Betriebsvermögens im Zeitpunkt der Einbringung als Anschaffungskosten der Anteile. ³ Soweit neben den Gesellschaftsanteilen auch andere Wirtschaftsgüter gewährt werden, ist deren gemeiner Wert bei der Bemessung der Anschaffungskosten der Gesellschaftsanteile von dem sich nach den Sätzen 1 und 2 ergebenden Wert abzuziehen. ⁴ Umfasst das eingebrachte Betriebsvermögen auch einbringungsgeborene Anteile im Sinne von § 21 Abs. 1 in der Fassung der Bekanntmachung vom 15. Oktober 2002 (BGBl. I S. 4133, 2003 I S. 738), geändert durch Artikel 3 des Gesetzes vom 16. Mai 2003 (BGBl. I S. 660), gelten die erhaltenen Anteile insoweit auch als einbringungsgeboren im Sinne von § 21 Abs. 1 in der Fassung der Bekanntmachung vom 15. Oktober 2002 (BGBl. I S. 4133, 2003 I S. 738), geändert durch Artikel 3 des Gesetzes vom 16. Mai 2003 (BGBl. I S. 660).

(4) ¹ Auf einen bei der Sacheinlage entstehenden Veräußerungsgewinn ist § 16 Abs. 4 des Einkommensteuergesetzes nur anzuwenden, wenn der Einbringende eine natürliche Person ist, es sich nicht um die Einbringung von Teilen eines Mitunternehmeranteils handelt und die übernehmende Gesellschaft das eingebrachte Betriebsvermögen mit dem gemeinen Wert ansetzt. ² In diesen Fällen ist § 34 Abs. 1 und 3 des Einkommensteuergesetzes nur anzuwenden, soweit der Veräußerungsgewinn nicht nach § 3 Nr. 40 Satz 1 in Verbindung mit § 3c Abs. 2 des Einkommensteuergesetzes teilweise steuerfrei ist.

(5) ¹ Das Einkommen und das Vermögen des Einbringenden und der übernehmenden Gesellschaft sind auf Antrag so zu ermitteln, als ob das eingebrachte Betriebsvermögen mit Ablauf des steuerlichen Übertragungsstichtags (Absatz 6) auf die Übernehmerin übergegangen wäre. ² Dies gilt hinsichtlich des Einkommens und des Gewerbeertrags nicht für Entnahmen und Einlagen, die nach dem steuerlichen Übertragungsstichtag erfolgen. ³ Die Anschaffungskosten der Anteile (Absatz 3) sind um den Buchwert der Entnahmen zu vermindern und um den sich nach § 6 Abs. 1 Nr. 5 des Einkommensteuergesetzes ergebenden Wert der Einlagen zu erhöhen.

(6)¹⁾ ¹ Als steuerlicher Übertragungsstichtag (Einbringungszeitpunkt) darf in den Fällen der Sacheinlage durch Verschmelzung im Sinne des § 2 des Umwandlungsgesetzes der Stichtag angesehen werden, für den die Schlussbilanz jedes der übertragenden Unternehmen im Sinne des § 17 Abs. 2 des Umwandlungsgesetzes aufgestellt ist; dieser Stichtag darf höchstens acht Monate vor der Anmeldung der Verschmelzung zur Eintragung in das Handelsregister liegen. ² Entsprechendes gilt, wenn Vermögen im Wege der Sacheinlage durch Aufspaltung, Abspaltung oder Ausgliederung nach § 123 des Umwandlungsgesetzes auf die übernehmende Gesellschaft übergeht. ³ In anderen Fällen der Sacheinlage darf die Einbringung auf einen Tag zurückbezogen werden, der

---

¹⁾ Zur Anwendung siehe § 27 Abs. 15.

höchstens acht Monate vor dem Tag des Abschlusses des Einbringungsvertrags liegt und höchstens acht Monate vor dem Zeitpunkt liegt, an dem das eingebrachte Betriebsvermögen auf die übernehmende Gesellschaft übergeht. ⁴§ 2 Absatz 3 bis 5[1]) gilt entsprechend.

(7) § 3 Abs. 3 ist entsprechend anzuwenden.

(8) Ist eine gebietsfremde einbringende oder erworbene Gesellschaft im Sinne von Artikel 3 der Richtlinie 2009/133/EG[2]) als steuerlich transparent anzusehen, ist auf Grund Artikel 11[2]) der Richtlinie 2009/133/EG die ausländische Steuer, die nach den Rechtsvorschriften des anderen Mitgliedstaats der Europäischen Union erhoben worden wäre, wenn die einer in einem anderen Mitgliedstaat belegenen Betriebsstätte zuzurechnenden eingebrachten Wirtschaftsgüter zum gemeinen Wert veräußert worden wären, auf die auf den Einbringungsgewinn entfallende Körperschaftsteuer oder Einkommensteuer unter entsprechender Anwendung von § 26 *Abs. 6*[2]) des Körperschaftsteuergesetzes und von den §§ 34c und 50 Absatz 3[2]) des Einkommensteuergesetzes anzurechnen.

(9)[3]) Ein Zinsvortrag nach § 4h Abs. 1 Satz 5 des Einkommensteuergesetzes und ein EBITDA-Vortrag nach § 4h Absatz 1 Satz 3 des Einkommensteuergesetzes des eingebrachten Betriebs gehen nicht auf die übernehmende Gesellschaft über.

§ 21[4]) **Bewertung der Anteile beim Anteilstausch.** (1)[5]) ¹Werden Anteile an einer Kapitalgesellschaft oder einer Genossenschaft (erworbene Gesellschaft) in eine Kapitalgesellschaft oder Genossenschaft (übernehmende Gesellschaft) gegen Gewährung neuer Anteile an der übernehmenden Gesellschaft eingebracht (Anteilstausch), hat die übernehmende Gesellschaft die eingebrachten Anteile mit dem gemeinen Wert anzusetzen. ²Abweichend von Satz 1 können die eingebrachten Anteile auf Antrag mit dem Buchwert oder einem höheren Wert, höchstens jedoch mit dem gemeinen Wert, angesetzt werden, wenn

1. die übernehmende Gesellschaft nach der Einbringung auf Grund ihrer Beteiligung einschließlich der eingebrachten Anteile nachweisbar unmittelbar die Mehrheit der Stimmrechte an der erworbenen Gesellschaft hat (qualifizierter Anteilstausch) und soweit

2. der gemeine Wert von sonstigen Gegenleistungen, die neben den neuen Anteilen gewährt werden, nicht mehr beträgt als

   a) 25 Prozent des Buchwerts der eingebrachten Anteile oder

---

[1]) § 20 Abs. 6 Satz 4 Hinweis auf § 2 Abs. 4 eingef. durch G v. 19.12.2008 (BGBl. I S. 2794); zur Anwendung siehe § 27 Abs. 9; geänd. durch G v. 2.6.2021 (BGBl. I S. 1259); zur Anwendung siehe § 27 Abs. 16.

[2]) Verweise geänd. durch G v. 25.7.2014 (BGBl. I S. 1266); zur Anwendung siehe § 27 Abs. 13.

[3]) § 20 Abs. 9 neu gef. durch G v. 22.12.2009 (BGBl. I S. 3950); zur Anwendung siehe § 27 Abs. 10.

[4]) Vgl. zur aF § 27 Abs. 3 Nr. 3.

[5]) § 21 Abs. 1 Sätze 2 und 3 neu gef., Satz 4 angef. durch G v. 2.11.2015 (BGBl. I S. 1834); zur Anwendung siehe § 27 Abs. 14.

    b) 500 000 Euro, höchstens jedoch den Buchwert der eingebrachten Antei-
le.

[3] § 20 Absatz 2 Satz 3 gilt entsprechend. [4] Erhält der Einbringende neben den neuen Gesellschaftsanteilen auch sonstige Gegenleistungen, sind die eingebrachten Anteile abweichend von Satz 2 mindestens mit dem gemeinen Wert der sonstigen Gegenleistungen anzusetzen, wenn dieser den sich nach Satz 2 ergebenden Wert übersteigt.

    (2) [1] Der Wert, mit dem die übernehmende Gesellschaft die eingebrachten Anteile ansetzt, gilt für den Einbringenden als Veräußerungspreis der eingebrachten Anteile und als Anschaffungskosten der erhaltenen Anteile. [2] Abweichend von Satz 1 gilt für den Einbringenden der gemeine Wert der eingebrachten Anteile als Veräußerungspreis und als Anschaffungskosten der erhaltenen Anteile, wenn für die eingebrachten Anteile nach der Einbringung das Recht der Bundesrepublik Deutschland hinsichtlich der Besteuerung des Gewinns aus der Veräußerung dieser Anteile ausgeschlossen oder beschränkt ist; dies gilt auch, wenn das Recht der Bundesrepublik Deutschland hinsichtlich der Besteuerung des Gewinns aus der Veräußerung der erhaltenen Anteile ausgeschlossen oder beschränkt ist. [3] Auf Antrag gilt in den Fällen des Satzes 2 unter den Voraussetzungen des Absatzes 1 Satz 2 der Buchwert oder ein höherer Wert, höchstens der gemeine Wert, als Veräußerungspreis der eingebrachten Anteile und als Anschaffungskosten der erhaltenen Anteile, wenn

1. das Recht der Bundesrepublik Deutschland hinsichtlich der Besteuerung des Gewinns aus der Veräußerung der erhaltenen Anteile nicht ausgeschlossen oder beschränkt ist oder

2. der Gewinn aus dem Anteilstausch auf Grund Artikel 8 der Richtlinie 2009/133/EG nicht besteuert werden darf; in diesem Fall ist der Gewinn aus einer späteren Veräußerung der erhaltenen Anteile ungeachtet der Bestimmungen eines Abkommens zur Vermeidung der Doppelbesteuerung in der gleichen Art und Weise zu besteuern, wie die Veräußerung der Anteile an der erworbenen Gesellschaft zu besteuern gewesen wäre; § 15 Abs. 1a Satz 2 des Einkommensteuergesetzes ist entsprechend anzuwenden.

[4] Der Antrag ist spätestens bis zur erstmaligen Abgabe der Steuererklärung bei dem für die Besteuerung des Einbringenden zuständigen Finanzamt zu stellen. [5] Haben die eingebrachten Anteile beim Einbringenden nicht zu einem Betriebsvermögen gehört, treten an die Stelle des Buchwerts die Anschaffungskosten. [6] § 20 Abs. 3 Satz 3 und 4 gilt entsprechend.

    (3) [1] Auf den beim Anteilstausch entstehenden Veräußerungsgewinn ist § 17 Abs. 3 des Einkommensteuergesetzes nur anzuwenden, wenn der Einbringende eine natürliche Person ist und die übernehmende Gesellschaft die eingebrachten Anteile nach Absatz 1 Satz 1 oder in den Fällen des Absatzes 2 Satz 2 der Einbringende mit dem gemeinen Wert ansetzt; dies gilt für die Anwendung von § 16 Abs. 4 des Einkommensteuergesetzes unter der Voraussetzung, dass eine im Betriebsvermögen gehaltene Beteiligung an einer Kapitalgesellschaft eingebracht wird, die das gesamte Nennkapital der Kapitalgesellschaft umfasst. [2] § 34 Abs. 1 des Einkommensteuergesetzes findet keine Anwendung.

§ 22[1] Besteuerung des Anteilseigners. (1) [1]Soweit in den Fällen einer Sacheinlage unter dem gemeinen Wert (§ 20 Abs. 2 Satz 2) der Einbringende die erhaltenen Anteile innerhalb eines Zeitraums von sieben Jahren nach dem Einbringungszeitpunkt veräußert, ist der Gewinn aus der Einbringung rückwirkend im Wirtschaftsjahr der Einbringung als Gewinn des Einbringenden im Sinne von § 16 des Einkommensteuergesetzes zu versteuern (Einbringungsgewinn I); § 16 Abs. 4 und § 34 des Einkommensteuergesetzes sind nicht anzuwenden. [2]Die Veräußerung der erhaltenen Anteile gilt insoweit als rückwirkendes Ereignis im Sinne von § 175 Abs. 1 Satz 1 Nr. 2 der Abgabenordnung. [3]Einbringungsgewinn I ist der Betrag, um den der gemeine Wert des eingebrachten Betriebsvermögens im Einbringungszeitpunkt nach Abzug der Kosten für den Vermögensübergang den Wert, mit dem die übernehmende Gesellschaft dieses eingebrachte Betriebsvermögen angesetzt hat, übersteigt, vermindert um jeweils ein Siebtel für jedes seit dem Einbringungszeitpunkt abgelaufene Zeitjahr. [4]Der Einbringungsgewinn I gilt als nachträgliche Anschaffungskosten der erhaltenen Anteile. [5]Umfasst das eingebrachte Betriebsvermögen auch Anteile an Kapitalgesellschaften oder Genossenschaften, ist insoweit § 22 Abs. 2 anzuwenden; ist in diesen Fällen das Recht der Bundesrepublik Deutschland hinsichtlich der Besteuerung des Gewinns aus der Veräußerung der erhaltenen Anteile ausgeschlossen oder beschränkt, sind daneben auch die Sätze 1 bis 4 anzuwenden. [6]Die Sätze 1 bis 5 gelten entsprechend, wenn

1. der Einbringende die erhaltenen Anteile unmittelbar oder mittelbar unentgeltlich auf eine Kapitalgesellschaft oder eine Genossenschaft überträgt,

2.[2] der Einbringende die erhaltenen Anteile entgeltlich überträgt, es sei denn, er weist nach, dass die Übertragung durch einen Vorgang im Sinne des § 20 Absatz 1 oder § 21 Absatz 1 oder auf Grund vergleichbarer ausländischer Vorgänge zu Buchwerten erfolgte und keine sonstigen Gegenleistungen erbracht wurden, die die Grenze des § 20 Absatz 2 Satz 2 Nummer 4 oder die Grenze des § 21 Absatz 1 Satz 2 Nummer 2 übersteigen,

3. die Kapitalgesellschaft, an der die Anteile bestehen, aufgelöst und abgewickelt wird oder das Kapital dieser Gesellschaft herabgesetzt und an die Anteilseigner zurückgezahlt wird oder Beträge aus dem steuerlichen Einlagekonto im Sinne des § 27 des Körperschaftsteuergesetzes ausgeschüttet oder zurückgezahlt werden,

4.[3] der Einbringende die erhaltenen Anteile durch einen Vorgang im Sinne des § 21 Absatz 1 oder einen Vorgang im Sinne des § 20 Absatz 1 oder auf Grund vergleichbarer ausländischer Vorgänge zum Buchwert in eine Kapitalgesellschaft oder eine Genossenschaft eingebracht hat und diese Anteile anschließend unmittelbar oder mittelbar veräußert oder durch einen Vorgang im Sinne der Nummern 1 oder 2 unmittelbar oder mittelbar übertragen werden, es sei denn, er weist nach, dass diese Anteile zu Buchwerten übertragen wurden

---

[1] Zur Anwendung siehe § 27 Abs. 4.
[2] § 22 Abs. 1 Satz 6 Nr. 2 geänd. durch G v. 2.11.2015 (BGBl. I S. 1834); zur Anwendung siehe § 27 Abs. 14.
[3] § 22 Abs. 1 Satz 6 Nr. 4 geänd. durch G v. 2.11.2015 (BGBl. I S. 1834); zur Anwendung siehe § 27 Abs. 14.

und keine sonstigen Gegenleistungen erbracht wurden, die die Grenze des § 20 Absatz 2 Satz 2 Nummer 4 oder die Grenze des § 21 Absatz 1 Satz 2 Nummer 2 übersteigen (Ketteneinbringung),

5.[1] der Einbringende die erhaltenen Anteile in eine Kapitalgesellschaft oder eine Genossenschaft durch einen Vorgang im Sinne des § 20 Absatz 1 oder einen Vorgang im Sinne des § 21 Absatz 1 oder auf Grund vergleichbarer ausländischer Vorgänge zu Buchwerten einbringt und die aus dieser Einbringung erhaltenen Anteile anschließend unmittelbar oder mittelbar veräußert oder durch einen Vorgang im Sinne der Nummern 1 oder 2 unmittelbar oder mittelbar übertragen werden, es sei denn, er weist nach, dass die Einbringung zu Buchwerten erfolgte und keine sonstigen Gegenleistungen erbracht wurden, die die Grenze des § 20 Absatz 2 Satz 2 Nummer 4 oder die Grenze des § 21 Absatz 1 Satz 2 Nummer 2 übersteigen, oder

6.[2] für den Einbringenden oder die übernehmende Gesellschaft im Sinne der Nummer 4 die Voraussetzungen im Sinne von § 1 Abs. 4 nicht mehr erfüllt sind.

[7] Satz 4 gilt in den Fällen des Satzes 6 Nr. 4 und 5 auch hinsichtlich der Anschaffungskosten der auf einer Weitereinbringung dieser Anteile (§ 20 Abs. 1 und § 21 Abs. 1 Satz 2) zum Buchwert beruhenden Anteile.

(2)[3] [1] Soweit im Rahmen einer Sacheinlage (§ 20 Abs. 1) oder eines Anteilstauschs (§ 21 Abs. 1) unter dem gemeinen Wert eingebrachte Anteile innerhalb eines Zeitraums von sieben Jahren nach dem Einbringungszeitpunkt durch die übernehmende Gesellschaft unmittelbar oder mittelbar veräußert werden und soweit beim Einbringenden der Gewinn aus der Veräußerung dieser Anteile im Einbringungszeitpunkt nicht nach § 8b Abs. 2 des Körperschaftsteuergesetzes steuerfrei gewesen wäre, ist der Gewinn aus der Einbringung im Wirtschaftsjahr der Einbringung rückwirkend als Gewinn des Einbringenden aus der Veräußerung von Anteilen zu versteuern (Einbringungsgewinn II); § 16 Abs. 4 und § 34 des Einkommensteuergesetzes sind nicht anzuwenden. [2] Absatz 1 Satz 2 gilt entsprechend. [3] Einbringungsgewinn II ist der Betrag, um den der gemeine Wert der eingebrachten Anteile im Einbringungszeitpunkt nach Abzug der Kosten für den Vermögensübergang den Wert, mit dem der Einbringende die erhaltenen Anteile angesetzt hat, übersteigt, vermindert um jeweils ein Siebtel für jedes seit dem Einbringungszeitpunkt abgelaufene Zeitjahr. [4] Der Einbringungsgewinn II gilt als nachträgliche Anschaffungskosten der erhaltenen Anteile. [5] Sätze 1 bis 4 sind nicht anzuwenden, soweit der Einbringende die erhaltenen Anteile veräußert hat; dies gilt auch in den Fällen von § 6 des Außensteuergesetzes vom 8. September 1972 (BGBl. I S. 1713), das zuletzt durch Artikel 7 des Gesetzes vom 7. Dezember 2006 (BGBl. I S. 2782) geändert worden ist, in der jeweils geltenden Fassung, wenn und soweit die Steuer nicht gestundet wird. [6] Sätze 1 bis 5 gelten ent-

---

[1] § 22 Abs. 1 Satz 6 Nr. 5 geänd. durch G v. 2.11.2015 (BGBl. I S. 1834); zur Anwendung siehe § 27 Abs. 14.
[2] Vgl. hierzu Abs. 8.
[3] § 22 Abs. 2 Satz 1 neu gef. durch G v. 19.12.2008 (BGBl. I S. 2794); vgl. hierzu auch Abs. 8.

sprechend, wenn die übernehmende Gesellschaft die eingebrachten Anteile ihrerseits durch einen Vorgang nach Absatz 1 Satz 6 Nr. 1 bis 5 weiter überträgt oder für diese die Voraussetzungen nach § 1 Abs. 4 nicht mehr erfüllt sind. [7] Absatz 1 Satz 7 ist entsprechend anzuwenden.

(3) [1] Der Einbringende hat in den dem Einbringungszeitpunkt folgenden sieben Jahren jährlich spätestens bis zum 31. Mai den Nachweis darüber zu erbringen, wem mit Ablauf des Tages, der dem maßgebenden Einbringungszeitpunkt entspricht,

1. in den Fällen des Absatzes 1 die erhaltenen Anteile und die auf diesen Anteilen beruhenden Anteile und

2. in den Fällen des Absatzes 2 die eingebrachten Anteile und die auf diesen Anteilen beruhenden Anteile

zuzurechnen sind. [2] Erbringt er den Nachweis nicht, gelten die Anteile im Sinne des Absatzes 1 oder des Absatzes 2 an dem Tag, der dem Einbringungszeitpunkt folgt oder der in den Folgejahren diesem Kalendertag entspricht, als veräußert.

(4) Ist der Veräußerer von Anteilen nach Absatz 1

1. eine juristische Person des öffentlichen Rechts, gilt in den Fällen des Absatzes 1 der Gewinn aus der Veräußerung der erhaltenen Anteile als in einem Betrieb gewerblicher Art dieser Körperschaft entstanden,

2. von der Körperschaftsteuer befreit, gilt in den Fällen des Absatzes 1 der Gewinn aus der Veräußerung der erhaltenen Anteile als in einem wirtschaftlichen Geschäftsbetrieb dieser Körperschaft entstanden.

(5) Das für den Einbringenden zuständige Finanzamt bescheinigt der übernehmenden Gesellschaft auf deren Antrag die Höhe des zu versteuernden Einbringungsgewinns, die darauf entfallende festgesetzte Steuer und den darauf entrichteten Betrag; nachträgliche Minderungen des versteuerten Einbringungsgewinns sowie die darauf entfallende festgesetzte Steuer und der darauf entrichtete Betrag sind dem für die übernehmende Gesellschaft zuständigen Finanzamt von Amts wegen mitzuteilen.

(6) In den Fällen der unentgeltlichen Rechtsnachfolge gilt der Rechtsnachfolger des Einbringenden als Einbringender im Sinne der Absätze 1 bis 5 und der Rechtsnachfolger der übernehmenden Gesellschaft als übernehmende Gesellschaft im Sinne des Absatzes 2.

(7) Werden in den Fällen einer Sacheinlage (§ 20 Abs. 1) oder eines Anteilstauschs (§ 21 Abs. 1) unter dem gemeinen Wert stille Reserven auf Grund einer Gesellschaftsgründung oder Kapitalerhöhung von den erhaltenen oder eingebrachten Anteilen oder von auf diesen Anteilen beruhenden Anteilen auf andere Anteile verlagert, gelten diese Anteile insoweit auch als erhaltene oder eingebrachte Anteile oder als auf diesen Anteilen beruhende Anteile im Sinne des Absatzes 1 oder 2 (Mitverstrickung von Anteilen).

[*ab 29.3.2019:* (8)[1)] [1] Absatz 1 Satz 6 Nummer 6 und Absatz 2 Satz 6 sind mit der Maßgabe anzuwenden, dass allein der Austritt des Vereinigten König-

---

1) § 22 Abs. 8 angef. mWv 29.3.2019 durch Brexit-StBG v. 25.3.2019 (BGBl. I S. 357).

reichs Großbritannien und Nordirland aus der Europäischen Union nicht dazu führt, dass die Voraussetzungen des § 1 Absatz 4 nicht mehr erfüllt sind. ²Satz 1 gilt nur für Einbringungen, bei denen in den Fällen der Gesamtrechtsnachfolge der Umwandlungsbeschluss vor dem Zeitpunkt, ab dem das Vereinigte Königreich Großbritannien und Nordirland nicht mehr Mitgliedstaat der Europäischen Union ist und auch nicht wie ein solcher zu behandeln ist, erfolgt oder, in den anderen Fällen, in denen die Einbringung nicht im Wege der Gesamtrechtsnachfolge erfolgt, der Einbringungsvertrag vor diesem Zeitpunkt geschlossen worden ist.]

§ 23[1] Auswirkungen bei der übernehmenden Gesellschaft.

(1) Setzt die übernehmende Gesellschaft das eingebrachte Betriebsvermögen mit einem unter dem gemeinen Wert liegenden Wert (§ 20 Abs. 2 Satz 2, § 21 Abs. 1 Satz 2[2]) an, gelten § 4 Abs. 2 Satz 3 und § 12 Abs. 3 erster Halbsatz entsprechend.

(2) ¹In den Fällen des § 22 Abs. 1 kann die übernehmende Gesellschaft auf Antrag den versteuerten Einbringungsgewinn im Wirtschaftsjahr der Veräußerung der Anteile oder eines gleichgestellten Ereignisses (§ 22 Abs. 1 Satz 1 und Satz 6 Nr. 1 bis 6) als Erhöhungsbetrag ansetzen, soweit der Einbringende die auf den Einbringungsgewinn entfallende Steuer entrichtet hat und dies durch Vorlage einer Bescheinigung des zuständigen Finanzamts im Sinne des § 22 Abs. 5 nachgewiesen wurde; der Ansatz des Erhöhungsbetrags bleibt ohne Auswirkung auf den Gewinn. ²Satz 1 ist nur anzuwenden, soweit das eingebrachte Betriebsvermögen in den Fällen des § 22 Abs. 1 noch zum Betriebsvermögen der übernehmenden Gesellschaft gehört, es sei denn, dieses wurde zum gemeinen Wert übertragen. ³Wurden die veräußerten Anteile auf Grund einer Einbringung von Anteilen nach § 20 Abs. 1 oder § 21 Abs. 1 (§ 22 Abs. 2) erworben, erhöhen sich die Anschaffungskosten der eingebrachten Anteile in Höhe des versteuerten Einbringungsgewinns, soweit der Einbringende die auf den Einbringungsgewinn entfallende Steuer entrichtet hat; Satz 1 und § 22 Abs. 1 Satz 7 gelten entsprechend.

(3) ¹Setzt die übernehmende Gesellschaft das eingebrachte Betriebsvermögen mit einem über dem Buchwert, aber unter dem gemeinen Wert liegenden Wert an, gilt § 12 Abs. 3 erster Halbsatz entsprechend mit der folgenden Maßgabe:

1. Die Absetzungen für Abnutzung oder Substanzverringerung nach § 7 Abs. 1, 4, 5 und 6 des Einkommensteuergesetzes sind vom Zeitpunkt der Einbringung an nach den Anschaffungs- oder Herstellungskosten des Einbringenden, vermehrt um den Unterschiedsbetrag zwischen dem Buchwert der einzelnen Wirtschaftsgüter und dem Wert, mit dem die Kapitalgesellschaft die Wirtschaftsgüter ansetzt, zu bemessen.

2. Bei den Absetzungen für Abnutzung nach § 7 Abs. 2 des Einkommensteuergesetzes tritt im Zeitpunkt der Einbringung an die Stelle des Buch-

---

[1] Zur Anwendung siehe § 27 Abs. 4.
[2] § 23 Abs. 1 Hinweis auf § 21 Abs. 1 Satz 2 eingef. durch G v. 19.12.2008 (BGBl. I S. 2794).

werts der einzelnen Wirtschaftsgüter der Wert, mit dem die Kapitalgesellschaft die Wirtschaftsgüter ansetzt.

² Bei einer Erhöhung der Anschaffungskosten oder Herstellungskosten auf Grund rückwirkender Besteuerung des Einbringungsgewinns (Absatz 2) gilt dies mit der Maßgabe, dass an die Stelle des Zeitpunkts der Einbringung der Beginn des Wirtschaftsjahrs tritt, in welches das die Besteuerung des Einbringungsgewinns auslösende Ereignis fällt.

(4) Setzt die übernehmende Gesellschaft das eingebrachte Betriebsvermögen mit dem gemeinen Wert an, gelten die eingebrachten Wirtschaftsgüter als im Zeitpunkt der Einbringung von der Kapitalgesellschaft angeschafft, wenn die Einbringung des Betriebsvermögens im Wege der Einzelrechtsnachfolge erfolgt; erfolgt die Einbringung des Betriebsvermögens im Wege der Gesamtrechtsnachfolge nach den Vorschriften des Umwandlungsgesetzes, gilt Absatz 3 entsprechend.

(5) Der maßgebende Gewerbeertrag der übernehmenden Gesellschaft kann nicht um die vortragsfähigen Fehlbeträge des Einbringenden im Sinne des § 10a des Gewerbesteuergesetzes gekürzt werden.

(6) § 6 Abs. 1 und 3 gilt entsprechend.

Siebter Teil. Einbringung eines Betriebs, Teilbetriebs oder Mitunternehmeranteils in eine Personengesellschaft

§ 24 Einbringung von Betriebsvermögen in eine Personengesellschaft. (1) Wird ein Betrieb oder Teilbetrieb oder ein Mitunternehmeranteil in eine Personengesellschaft eingebracht und wird der Einbringende Mitunternehmer der Gesellschaft, gelten für die Bewertung des eingebrachten Betriebsvermögens die Absätze 2 bis 4.

(2)[1] ¹ Die Personengesellschaft hat das eingebrachte Betriebsvermögen in ihrer Bilanz einschließlich der Ergänzungsbilanzen für ihre Gesellschafter mit dem gemeinen Wert anzusetzen; für die Bewertung von Pensionsrückstellungen gilt § 6a des Einkommensteuergesetzes. ² Abweichend von Satz 1 kann das übernommene Betriebsvermögen auf Antrag mit dem Buchwert oder einem höheren Wert, höchstens jedoch mit dem Wert im Sinne des Satzes 1, angesetzt werden, soweit

1. das Recht der Bundesrepublik Deutschland hinsichtlich der Besteuerung des eingebrachten Betriebsvermögens nicht ausgeschlossen oder beschränkt wird und

2. der gemeine Wert von sonstigen Gegenleistungen, die neben den neuen Gesellschaftsanteilen gewährt werden, nicht mehr beträgt als

   a) 25 Prozent des Buchwerts des eingebrachten Betriebsvermögens oder

   b) 500 000 Euro, höchstens jedoch den Buchwert des eingebrachten Betriebsvermögens.

---

[1] § 24 Abs. 2 Satz 2 neu gef., Satz 4 angef. durch G v. 2.11.2015 (BGBl. I S. 1834); zur Anwendung siehe § 27 Abs. 14.

³§ 20 Abs. 2 Satz 3 gilt entsprechend. ⁴Erhält der Einbringende neben den neuen Gesellschaftsanteilen auch sonstige Gegenleistungen, ist das eingebrachte Betriebsvermögen abweichend von Satz 2 mindestens mit dem gemeinen Wert der sonstigen Gegenleistungen anzusetzen, wenn dieser den sich nach Satz 2 ergebenden Wert übersteigt.

(3) ¹Der Wert, mit dem das eingebrachte Betriebsvermögen in der Bilanz der Personengesellschaft einschließlich der Ergänzungsbilanzen für ihre Gesellschafter angesetzt wird, gilt für den Einbringenden als Veräußerungspreis. ²§ 16 Abs. 4 des Einkommensteuergesetzes ist nur anzuwenden, wenn das eingebrachte Betriebsvermögen mit dem gemeinen Wert angesetzt wird und es sich nicht um die Einbringung von Teilen eines Mitunternehmeranteils handelt; in diesen Fällen ist § 34 Abs. 1 und 3 des Einkommensteuergesetzes anzuwenden, soweit der Veräußerungsgewinn nicht nach § 3 Nr. 40 Satz 1 Buchstabe b in Verbindung mit § 3c Abs. 2 des Einkommensteuergesetzes teilweise steuerbefreit ist. ³In den Fällen des Satzes 2 gilt § 16 Abs. 2 Satz 3 des Einkommensteuergesetzes entsprechend.

(4) § 23 Abs. 1, 3, 4 und 6 gilt entsprechend; in den Fällen der Einbringung in eine Personengesellschaft im Wege der Gesamtrechtsnachfolge gilt auch § 20 Abs. 5 und 6 entsprechend.

(5)¹⁾ Soweit im Rahmen einer Einbringung nach Absatz 1 unter dem gemeinen Wert eingebrachte Anteile an einer Körperschaft, Personenvereinigung oder Vermögensmasse innerhalb eines Zeitraums von sieben Jahren nach dem Einbringungszeitpunkt durch die übernehmende Personengesellschaft veräußert oder durch einen Vorgang nach § 22 Absatz 1 Satz 6 Nummer 1 bis 5 weiter übertragen werden und soweit beim Einbringenden der Gewinn aus der Veräußerung dieser Anteile im Einbringungszeitpunkt nicht nach § 8b Absatz 2 des Körperschaftsteuergesetzes steuerfrei gewesen wäre, ist § 22 Absatz 2, 3 und 5 bis 7 insoweit entsprechend anzuwenden, als der Gewinn aus der Veräußerung der eingebrachten Anteile auf einen Mitunternehmer entfällt, für den insoweit § 8b Absatz 2 des Körperschaftsteuergesetzes Anwendung findet.²⁾

(6)³⁾ § 20 Abs. 9 gilt entsprechend.

Achter Teil. Formwechsel einer Personengesellschaft in eine Kapitalgesellschaft oder Genossenschaft

§ 25 **Entsprechende Anwendung des Sechsten Teils.** ¹In den Fällen des Formwechsels einer Personengesellschaft in eine Kapitalgesellschaft oder Genossenschaft im Sinne des § 190 des Umwandlungsgesetzes vom 28. Oktober 1994 (BGBl. I S. 3210, 1995 I S. 428), das zuletzt durch Artikel 10 des Gesetzes vom 9. Dezember 2004 (BGBl. I S. 3214) geändert worden ist, in der je-

---

¹⁾ Zur Anwendung siehe § 27 Abs. 4.
²⁾ § 24 Abs. 5 geänd. mWv 29.3.2013 durch G v. 21.3.2013 (BGBl. I S. 561).
³⁾ § 24 Abs. 6 angef. durch G v. 14.8.2007 (BGBl. I S. 1912); zur erstmaligen Anwendung siehe § 27 Abs. 5.

weils geltenden Fassung oder auf Grund vergleichbarer ausländischer Vorgänge gelten §§ 20 bis 23 entsprechend. [2] § 9 Satz 2 und 3 ist entsprechend anzuwenden.

Neunter Teil. Verhinderung von Missbräuchen

§ 26. (weggefallen)

Zehnter Teil. Anwendungsvorschriften und Ermächtigung

§ 27 Anwendungsvorschriften. (1) [1] Diese Fassung des Gesetzes ist erstmals auf Umwandlungen und Einbringungen anzuwenden, bei denen die Anmeldung zur Eintragung in das für die Wirksamkeit des jeweiligen Vorgangs maßgebende öffentliche Register nach dem 12. Dezember 2006 erfolgt ist. [2] Für Einbringungen, deren Wirksamkeit keine Eintragung in ein öffentliches Register voraussetzt, ist diese Fassung des Gesetzes erstmals anzuwenden, wenn das wirtschaftliche Eigentum an den eingebrachten Wirtschaftsgütern nach dem 12. Dezember 2006 übergegangen ist.

(2) [1] Das Umwandlungssteuergesetz in der Fassung der Bekanntmachung vom 15. Oktober 2002 (BGBl. I S. 4133, 2003 I S. 738), geändert durch Artikel 3 des Gesetzes vom 16. Mai 2003 (BGBl. I S. 660), ist letztmals auf Umwandlungen und Einbringungen anzuwenden, bei denen die Anmeldung zur Eintragung in das für die Wirksamkeit des jeweiligen Vorgangs maßgebende öffentliche Register bis zum 12. Dezember 2006 erfolgt ist. [2] Für Einbringungen, deren Wirksamkeit keine Eintragung in ein öffentliches Register voraussetzt, ist diese Fassung letztmals anzuwenden, wenn das wirtschaftliche Eigentum an den eingebrachten Wirtschaftsgütern bis zum 12. Dezember 2006 übergegangen ist.

(3) Abweichend von Absatz 2 ist

1. § 5 Abs. 4 für einbringungsgeborene Anteile im Sinne von § 21 Abs. 1 mit der Maßgabe weiterhin anzuwenden, dass die Anteile zu dem Wert im Sinne von § 5 Abs. 2 oder Abs. 3 in der Fassung des Absatzes 1 als zum steuerlichen Übertragungsstichtag in das Betriebsvermögen des übernehmenden Rechtsträgers überführt gelten,

2. § 20 Abs. 6 in der am 21. Mai 2003 geltenden Fassung für die Fälle des Ausschlusses des Besteuerungsrechts (§ 20 Abs. 3) weiterhin anwendbar, wenn auf die Einbringung Absatz 2 anzuwenden war,

3.[1] § 21 in der am 21. Mai 2003 geltenden Fassung für einbringungsgeborene Anteile im Sinne von § 21 Absatz 1, die auf einem Einbringungsvorgang beruhen, auf den Absatz 2 anwendbar war, weiterhin anzuwenden. [2] Für § 21 Absatz 2 Satz 1 Nummer 2 in der am 21. Mai 2003 geltenden Fassung gilt dies mit der Maßgabe, dass

---

[1] § 27 Abs. 3 Nr. 3 neu gef. durch G v. 16.12.2022 (BGBl. I S. 2294).

a) eine Stundung der Steuer gemäß § 6 Absatz 5 des Außensteuergesetzes in der Fassung des Gesetzes vom 7. Dezember 2006 (BGBl. I S. 2782) erfolgt, wenn die Einkommensteuer noch nicht bestandskräftig festgesetzt ist und das die Besteuerung auslösende Ereignis vor dem 1. Januar 2022 eingetreten ist; § 6 Absatz 6 und 7 des Außensteuergesetzes in der am 30. Juni 2021 geltenden Fassung ist entsprechend anzuwenden;

b) eine Stundung oder ein Entfallen der Steuer gemäß § 6 Absatz 3 und 4 des Außensteuergesetzes in der ab dem 1. Juli 2021 geltenden Fassung auf Antrag des Steuerpflichtigen erfolgt, wenn das die Besteuerung auslösende Ereignis nach dem 31. Dezember 2021 eintritt; § 6 Absatz 5 des Außensteuergesetzes ist entsprechend anzuwenden.

(4) Abweichend von Absatz 1 sind §§ 22, 23 und 24 Abs. 5 nicht anzuwenden, soweit hinsichtlich des Gewinns aus der Veräußerung der Anteile oder einem gleichgestellten Ereignis im Sinne von § 22 Abs. 1 die Steuerfreistellung nach § 8b Abs. 4 des Körperschaftsteuergesetzes in der am 12. Dezember 2006 geltenden Fassung oder nach § 3 Nr. 40 Satz 3 und 4 des Einkommensteuergesetzes in der am 12. Dezember 2006 geltenden Fassung ausgeschlossen ist.

(5)[1] [1] § 4 Abs. 2 Satz 2, § 15 Abs. 3, § 20 Abs. 9 und § 24 Abs. 6 in der Fassung des Artikels 5 des Gesetzes vom 14. August 2007 (BGBl. I S. 1912) sind erstmals auf Umwandlungen und Einbringungen anzuwenden, bei denen die Anmeldung zur Eintragung in das für die Wirksamkeit des jeweiligen Vorgangs maßgebende öffentliche Register nach dem 31. Dezember 2007 erfolgt ist. [2] Für Einbringungen, deren Wirksamkeit keine Eintragung in ein öffentliches Register voraussetzt, ist diese Fassung des Gesetzes erstmals anzuwenden, wenn das wirtschaftliche Eigentum an den eingebrachten Wirtschaftsgütern nach dem 31. Dezember 2007 übergegangen ist.

(6)[2] [1] § 10 ist letztmals auf Umwandlungen anzuwenden, bei denen der steuerliche Übertragungsstichtag vor dem 1. Januar 2007 liegt. [2] § 10 ist abweichend von Satz 1 weiter anzuwenden in den Fällen, in denen ein Antrag nach § 34 Abs. 16 des Körperschaftsteuergesetzes in der Fassung des Artikels 3 des Gesetzes vom 20. Dezember 2007 (BGBl. I S. 3150) gestellt wurde.

(7)[2] § 18 Abs. 3 Satz 1 in der Fassung des Artikels 4 des Gesetzes vom 20. Dezember 2007 (BGBl. I S. 3150) ist erstmals auf Umwandlungen anzuwenden, bei denen die Anmeldung zur Eintragung in das für die Wirksamkeit der Umwandlung maßgebende öffentliche Register nach dem 31. Dezember 2007 erfolgt ist.

(8)[3] § 4 Abs. 6 Satz 4 bis 6 sowie § 4 Abs. 7 Satz 2 in der Fassung des Artikels 6 des Gesetzes vom 19. Dezember 2008 (BGBl. I S. 2794) sind erstmals auf Umwandlungen anzuwenden, bei denen § 3 Nr. 40 des Einkommensteuergesetzes in der durch Artikel 1 Nr. 3 des Gesetzes vom 14. August 2007 (BGBl. I S. 1912) geänderten Fassung für die Bezüge im Sinne des § 7 anzuwenden ist.

(9)[3] [1] § 2 Abs. 4 und § 20 Abs. 6 Satz 4 in der Fassung des Artikels 6 des Gesetzes vom 19. Dezember 2008 (BGBl. I S. 2794) sind erstmals auf Um-

---

[1] § 27 Abs. 5 angef. durch G v. 14.8.2007 (BGBl. I S. 1912).
[2] § 27 Abs. 6 und 7 angef. durch G v. 20.12.2007 (BGBl. I S. 3150).
[3] § 27 Abs. 8 und 9 angef. durch G v. 19.12.2008 (BGBl. I S. 2794).

wandlungen und Einbringungen anzuwenden, bei denen der schädliche Beteiligungserwerb oder ein anderes die Verlustnutzung ausschließendes Ereignis nach dem 28. November 2008 eintritt. [2]§ 2 Abs. 4 und § 20 Abs. 6 Satz 4 in der Fassung des Artikels 6 des Gesetzes vom 19. Dezember 2008 (BGBl. I S. 2794) gelten nicht, wenn sich der Veräußerer und der Erwerber am 28. November 2008 über den später vollzogenen schädlichen Beteiligungserwerb oder ein anderes die Verlustnutzung ausschließendes Ereignis einig sind, der übernehmende Rechtsträger dies anhand schriftlicher Unterlagen nachweist und die Anmeldung zur Eintragung in das für die Wirksamkeit des Vorgangs maßgebende öffentliche Register bzw. bei Einbringungen der Übergang des wirtschaftlichen Eigentums bis zum 31. Dezember 2009 erfolgt.

(10)[1]) § 2 Absatz 4 Satz 1, § 4 Absatz 2 Satz 2, § 9 Satz 3, § 15 Absatz 3 und § 20 Absatz 9 in der Fassung des Artikels 4 des Gesetzes vom 22. Dezember 2009 (BGBl. I S. 3950) sind erstmals auf Umwandlungen und Einbringungen anzuwenden, deren steuerlicher Übertragungsstichtag in einem Wirtschaftsjahr liegt, für das § 4h Absatz 1, 4 Satz 1 und Absatz 5 Satz 1 und 2 des Einkommensteuergesetzes in der Fassung des Artikels 1 des Gesetzes vom 22. Dezember 2009 (BGBl. I S. 3950) erstmals anzuwenden ist.

(11)[2]) Für Bezüge im Sinne des § 8b Absatz 1 des Körperschaftsteuergesetzes aufgrund einer Umwandlung ist § 8b Absatz 4 des Körperschaftsteuergesetzes in der Fassung des Artikels 1 des Gesetzes vom 21. März 2013 (BGBl. I S. 561) abweichend von § 34 Absatz 7a Satz 2 des Körperschaftsteuergesetzes bereits erstmals vor dem 1. März 2013 anzuwenden, wenn die Anmeldung zur Eintragung in das für die Wirksamkeit des jeweiligen Vorgangs maßgebende öffentliche Register nach dem 28. Februar 2013 erfolgt.

(12)[3]) [1]§ 2 Absatz 4 Satz 3 bis 6 in der Fassung des Artikels 9 des Gesetzes vom 26. Juni 2013 (BGBl. I S. 1809) ist erstmals auf Umwandlungen und Einbringungen anzuwenden, bei denen die Anmeldung zur Eintragung in das für die Wirksamkeit des jeweiligen Vorgangs maßgebende öffentliche Register nach dem 6. Juni 2013 erfolgt. [2]Für Einbringungen, deren Wirksamkeit keine Eintragung in ein öffentliches Register voraussetzt, ist § 2 in der Fassung des Artikels 9 des Gesetzes vom 26. Juni 2013 (BGBl. I S. 1809) erstmals anzuwenden, wenn das wirtschaftliche Eigentum an den eingebrachten Wirtschaftsgütern nach dem 6. Juni 2013[4]) übergegangen ist.

(13)[5]) § 20 Absatz 8 in der am 31. Juli 2014[6]) geltenden Fassung ist erstmals bei steuerlichen Übertragungsstichtagen nach dem 31. Dezember 2013 anzuwenden.

(14)[7]) § 20 Absatz 2, § 21 Absatz 1, § 22 Absatz 1 Satz 6 Nummer 2, 4 und 5 sowie § 24 Absatz 2 in der am 6. November 2015[8]) geltenden Fassung

---

[1]) § 27 Abs. 10 angef. durch G v. 22.12.2009 (BGBl. I S. 3950).
[2]) § 27 Abs. 11 angef. durch G v. 21.3.2013 (BGBl. I S. 561).
[3]) § 27 Abs. 12 angef. durch G v. 26.6.2013 (BGBl. I S. 1809); geänd. durch G v. 25.7.2014 (BGBl. I S. 1266).
[4]) Datum des Tages des Beschlusses des Deutschen Bundestages über die Beschlussempfehlung des Vermittlungsausschusses über das vorliegende Änderungsgesetz.
[5]) § 27 Abs. 13 eingef. durch G v. 25.7.2014 (BGBl. I S. 1266).
[6]) Datum des Tags nach der Verkündung des G v. 25.7.2014 (BGBl. I S. 1266).
[7]) § 27 Abs. 14 eingef. durch G v. 2.11.2015 (BGBl. I S. 1834).
[8]) Tag nach der Verkündung des G v. 2.11.2015 (BGBl. I S. 1834).

sind erstmals auf Einbringungen anzuwenden, wenn in den Fällen der Gesamtrechtsnachfolge der Umwandlungsbeschluss nach dem 31. Dezember 2014 erfolgt ist oder in den anderen Fällen der Einbringungsvertrag nach dem 31. Dezember 2014 geschlossen worden ist.

(15)[1] [1] § 9 Satz 3 sowie § 20 Absatz 6 Satz 1 und 3 sind mit der Maßgabe anzuwenden, dass an die Stelle des Zeitraums von acht Monaten ein Zeitraum von zwölf Monaten tritt, wenn die Anmeldung zur Eintragung oder der Abschluss des Einbringungsvertrags im Jahr 2020 erfolgt. [2] Erlässt das Bundesministerium der Justiz und für Verbraucherschutz eine Rechtsverordnung auf Grundlage des § 8 in Verbindung mit § 4 des Gesetzes über Maßnahmen im Gesellschafts-, Genossenschafts-, Vereins-, Stiftungs- und Wohnungseigentumsrecht zur Bekämpfung der Auswirkungen der COVID-19-Pandemie vom 27. März 2020 (BGBl. I S. 569, 570), wird das Bundesministerium der Finanzen ermächtigt, durch Rechtsverordnung mit Zustimmung des Bundesrates die Geltung des Satzes 1 für Anmeldungen zur Eintragung und Einbringungsvertragsabschlüsse zu verlängern, die bis zu dem Tag erfolgen, der in der Rechtsverordnung des Bundesministeriums der Justiz und für Verbraucherschutz festgelegt wurde.

(16)[2] [1] § 2 Absatz 5, § 9 Satz 3 zweiter Halbsatz und § 20 Absatz 6 Satz 4 in der Fassung des Artikels 4 des Gesetzes vom 2. Juni 2021 (BGBl. I S. 1259) sind erstmals auf Umwandlungen und Einbringungen anzuwenden, bei denen die Anmeldung zur Eintragung in das für die Wirksamkeit des Vorgangs maßgebende öffentliche Register beziehungsweise bei Einbringungen der Übergang des wirtschaftlichen Eigentums nach dem 20. November 2020 erfolgt. [2] Abweichend von Satz 1 sind § 2 Absatz 5, § 9 Satz 3 zweiter Halbsatz und § 20 Absatz 6 Satz 4 in der Fassung des Artikels 4 des Gesetzes vom 2. Juni 2021 (BGBl. I S. 1259) auch in anderen offenen Fällen anzuwenden, in denen die äußeren Umstände darauf schließen lassen, dass die Verrechnung übergehender stiller Lasten wesentlicher Zweck der Umwandlung oder Einbringung war und der Steuerpflichtige dies nicht widerlegen kann.

(17)[3] § 4 Absatz 5 Satz 1 in der am 8. Juni 2021 geltenden Fassung ist weiterhin anzuwenden, soweit die Anteile an der übertragenden Körperschaft am steuerlichen Übertragungsstichtag zum Betriebsvermögen des übernehmenden Rechtsträgers gehören und mit einem Sperrbetrag im Sinne des § 50c des Einkommensteuergesetzes in der Fassung des Gesetzes vom 24. März 1999 (BGBl. I S. 402) behaftet sind.

(18)[4] § 1 in der Fassung des Artikels 3 des Gesetzes vom 25. Juni 2021 (BGBl. I S. 2050) ist erstmals auf Umwandlungen und Einbringungen anzuwenden, deren steuerlicher Übertragungsstichtag nach dem 31. Dezember 2021 liegt.

---

[1] § 27 Abs. 15 angef. durch G v. 19.6.2020 (BGBl. I S. 1385).
[2] § 27 Abs. 16 angef. durch G. v. 2.6.2021 (BGBl. I S. 1259).
[3] § 27 Abs. 17 angef. durch G v. 2.6.2021 (BGBl. I S. 1259).
[4] § 27 Abs. 18 angef. durch G v. 25.6.2021 (BGBl. I S. 2050).

§ 28 Bekanntmachungserlaubnis. Das Bundesministerium der Finanzen wird ermächtigt, den Wortlaut dieses Gesetzes und der zu diesem Gesetz erlassenen Rechtsverordnungen in der jeweils geltenden Fassung satzweise nummeriert mit neuem Datum und in neuer Paragraphenfolge bekannt zu machen und dabei Unstimmigkeiten im Wortlaut zu beseitigen.

135. Richtlinie 2009/133/EG des Rates vom 19. Oktober 2009 über das gemeinsame Steuersystem für Fusionen, Spaltungen, Abspaltungen, die Einbringung von Unternehmensteilen und den Austausch von Anteilen, die Gesellschaften verschiedener Mitgliedstaaten betreffen, sowie für die Verlegung des Sitzes einer Europäischen Gesellschaft oder einer Europäischen Genossenschaft von einem Mitgliedstaat in einen anderen Mitgliedstaat

Vom 19. Oktober 2009 (ABl. EG Nr. L 310 S. 34)

Geändert durch RL 2013/13/EU vom 13. 5. 2013 (ABl. EU Nr. L 141 S. 30)

Kapitel I. Allgemeine Vorschriften

Art. 1[1) **[Anwendungsbereich]** Jeder Mitgliedstaat wendet diese Richtlinie auf folgende Vorgänge an:

a) Fusionen, Spaltungen, Abspaltungen, die Einbringung von Unternehmensteilen und den Austausch von Anteilen, wenn daran Gesellschaften aus zwei oder mehr Mitgliedstaaten beteiligt sind;

b) Verlegungen des Sitzes einer Europäischen Gesellschaft (Societas Europaea – SE) im Sinne der Verordnung (EG) Nr. 2157/2001 des Rates vom 8. Oktober 2001 über das Statut der Europäischen Gesellschaft (SE)[2) oder einer Europäischen Genossenschaft (SCE) im Sinne der Verordnung (EG) Nr. 1435/2003 des Rates vom 22. Juli 2003 über das Statut der Europäischen Genossenschaft (SCE)[3) von einem Mitgliedstaat in einen anderen.

Art. 2 [Definitionen] Im Sinne dieser Richtlinie ist

a) „Fusion" der Vorgang, durch den
   i) eine oder mehrere Gesellschaften zum Zeitpunkt ihrer Auflösung ohne Abwicklung ihr gesamtes Aktiv- und Passivvermögen auf eine bereits bestehende Gesellschaft gegen Gewährung von Anteilen am Gesellschaftskapital der anderen Gesellschaft an ihre eigenen Gesellschafter und gegebenenfalls einer baren Zuzahlung übertragen; letztere darf 10% des Nennwerts oder – bei Fehlen eines solchen – des rechnerischen Werts dieser Anteile nicht überschreiten;

[1) Art. 1 neugef. durch RL 2005/19/EG v. 17. 2. 2005 (ABl. EG Nr. L 58 S. 19).
[2) **Amtl. Anm.:** ABl. L 294 vom 10. 11. 2001, S. 1.
[3) **Amtl. Anm.:** ABl. L 207 vom 18. 8. 2003, S. 1.

ii) zwei oder mehrere Gesellschaften zum Zeitpunkt ihrer Auflösung ohne Abwicklung ihr gesamtes Aktiv- und Passivvermögen auf eine von ihnen gegründete Gesellschaft gegen Gewährung von Anteilen am Gesellschaftskapital der neuen Gesellschaft an ihre eigenen Gesellschafter und gegebenenfalls einer baren Zuzahlung übertragen; letztere darf 10% des Nennwerts oder − bei Fehlen eines solchen − des rechnerischen Werts dieser Anteile nicht überschreiten;

iii) eine Gesellschaft zum Zeitpunkt ihrer Auflösung ohne Abwicklung ihr gesamtes Aktiv- und Passivvermögen auf die Gesellschaft überträgt, die sämtliche Anteile an ihrem Gesellschaftskapital besitzt;

b) „Spaltung" der Vorgang, durch den eine Gesellschaft zum Zeitpunkt ihrer Auflösung ohne Abwicklung ihr gesamtes Aktiv- und Passivvermögen auf zwei oder mehr bereits bestehende oder neu gegründete Gesellschaften gegen Gewährung von Anteilen am Gesellschaftskapital der übernehmenden Gesellschaften an ihre eigenen Gesellschafter, und gegebenenfalls einer baren Zuzahlung, anteilig überträgt; letztere darf 10% des Nennwerts oder − bei Fehlen eines solchen − des rechnerischen Werts dieser Anteile nicht überschreiten;

c) „Abspaltung" der Vorgang, durch den eine Gesellschaft, ohne sich aufzulösen, einen oder mehrere Teilbetriebe auf eine oder mehr bereits bestehende oder neu gegründete Gesellschaften gegen Gewährung von Anteilen am Gesellschaftskapital der übernehmenden Gesellschaften an ihre eigenen Gesellschafter, und gegebenenfalls einer baren Zuzahlung, anteilig überträgt, wobei mindestens ein Teilbetrieb in der einbringenden Gesellschaft verbleiben muss; die Zuzahlung darf 10% des Nennwerts oder − bei Fehlen eines solchen − des rechnerischen Werts dieser Anteile nicht überschreiten;

d) „Einbringung von Unternehmensteilen" der Vorgang, durch den eine Gesellschaft, ohne aufgelöst zu werden, ihren Betrieb insgesamt oder einen oder mehrere Teilbetriebe in eine andere Gesellschaft gegen Gewährung von Anteilen am Gesellschaftskapital der übernehmenden Gesellschaft einbringt;

e) „Austausch von Anteilen" der Vorgang, durch den eine Gesellschaft am Gesellschaftskapital einer anderen Gesellschaft eine Beteiligung, die ihr die Mehrheit der Stimmrechte verleiht, oder − sofern sie die Mehrheit der Stimmrechte bereits hält − eine weitere Beteiligung dadurch erwirbt, dass die Gesellschafter der anderen Gesellschaft im Austausch für ihre Anteile Anteile am Gesellschaftskapital der erwerbenden Gesellschaft und gegebenenfalls eine bare Zuzahlung erhalten; letztere darf 10% des Nennwerts oder − bei Fehlen eines Nennwerts − des rechnerischen Werts der im Zuge des Austauschs ausgegebenen Anteile nicht überschreiten;

f) „einbringende Gesellschaft" die Gesellschaft, die ihr Aktiv- und Passivvermögen überträgt oder einen oder mehrere Teilbetriebe einbringt;

g) „übernehmende Gesellschaft" die Gesellschaft, die das Aktiv- und Passivvermögen oder einen oder mehrere Teilbetriebe von der einbringenden Gesellschaft übernimmt;

h) „erworbene Gesellschaft" die Gesellschaft, an der beim Austausch von Anteilen eine Beteiligung erworben wurde;

i) „erwerbende Gesellschaft" die Gesellschaft, die beim Austausch von Anteilen eine Beteiligung erwirbt;

j) „Teilbetrieb" die Gesamtheit der in einem Unternehmensteil einer Gesellschaft vorhandenen aktiven und passiven Wirtschaftsgüter, die in organisatorischer Hinsicht einen selbständigen Betrieb, d. h. eine aus eigenen Mitteln funktionsfähige Einheit, darstellen;

k) „Sitzverlegung" der Vorgang, durch den eine SE oder eine SCE ihren Sitz von einem Mitgliedstaat in einen anderen Mitgliedstaat verlegt, ohne dass dies zu ihrer Auflösung oder zur Gründung einer neuen juristischen Person führt.

Art. 3 [Begriff der Gesellschaft] Im Sinne dieser Richtlinie ist eine „Gesellschaft eines Mitgliedstaats" jede Gesellschaft,

a) die eine der im Anhang I Teil A aufgeführten Formen aufweist;

b) die nach dem Steuerrecht eines Mitgliedstaats als in diesem Mitgliedstaate ansässig und nicht aufgrund eines Doppelbesteuerungsabkommens mit einem Drittstaat als außerhalb der Gemeinschaft ansässig angesehen wird; und

c) die ferner ohne Wahlmöglichkeit einer der in Anhang I Teil B aufgeführten Steuern oder irgendeiner Steuer, die eine dieser Steuern ersetzt, unterliegt, ohne davon befreit zu sein.

Kapitel II. Regeln für Fusionen, Spaltungen, Abspaltungen, die Einbringung von Unternehmensteilen und den Austausch von Anteilen

Art. 4 [Stille Reserven] (1) Die Fusion, Spaltung oder Abspaltung darf keine Besteuerung des Veräußerungsgewinns auslösen, der sich aus dem Unterschied zwischen dem tatsächlichen Wert des übertragenen Aktiv- und Passivvermögens und dessen steuerlichem Wert ergibt.

(2) Für die Zwecke dieses Artikels gilt als

a) „steuerlicher Wert" der Wert, auf dessen Grundlage ein etwaiger Gewinn oder Verlust für die Zwecke der Besteuerung des Veräußerungsgewinns der einbringenden Gesellschaft ermittelt worden wäre, wenn das Aktiv- und Passivvermögen gleichzeitig mit der Fusion, Spaltung oder Abspaltung, aber unabhängig davon, veräußert worden wäre;

b) „übertragenes Aktiv- und Passivvermögen" das Aktiv- und Passivvermögen der einbringenden Gesellschaft, das nach der Fusion, Spaltung oder Abspaltung tatsächlich einer Betriebsstätte der übernehmenden Gesellschaft im Mitgliedstaat der einbringenden Gesellschaft zugerechnet wird und zur Erzielung des steuerlich zu berücksichtigenden Ergebnisses dieser Betriebsstätte beiträgt.

(3) Findet Absatz 1 Anwendung und betrachtet ein Mitgliedstaat eine gebietsfremde einbringende Gesellschaft aufgrund seiner Beurteilung ihrer juristischen Merkmale, die sich aus dem Recht, nach dem sie gegründet wurde, ergeben, als steuerlich transparent und besteuert daher die Gesellschafter nach ihrem Anteil an den ihnen zuzurechnenden Gewinnen der einbringenden Gesellschaft im Zeitpunkt der Zurechnung, so besteuert dieser Mitgliedstaat Veräußerungsgewinne, die sich aus der Differenz zwischen dem tatsächlichen Wert des eingebrachten Aktiv- und Passivvermögens und dessen steuerlichem Wert ergeben, nicht.

(4) Die Absätze 1 und 3 finden nur dann Anwendung, wenn die übernehmende Gesellschaft neue Abschreibungen und spätere Wertsteigerungen oder Wertminderungen des übertragenen Aktiv- und Passivvermögens so berechnet, wie die einbringende Gesellschaft sie ohne die Fusion, Spaltung oder Abspaltung berechnet hätte.

(5) Darf die übernehmende Gesellschaft nach dem Recht des Mitgliedstaats der einbringenden Gesellschaft neue Abschreibungen und spätere Wertsteigerungen oder Wertminderungen des übertragenen Aktiv- und Passivvermögens abweichend von Absatz 4 berechnen, so findet Absatz 1 keine Anwendung auf das Vermögen, für das die übernehmende Gesellschaft von diesem Recht Gebrauch macht.

Art. 5 [Rückstellungen, Rücklagen] Die Mitgliedstaaten treffen die notwendigen Regelungen, damit die von der einbringenden Gesellschaft unter völliger oder teilweiser Steuerbefreiung zulässigerweise gebildeten Rückstellungen oder Rücklagen – soweit sie nicht von Betriebsstätten im Ausland stammen – unter den gleichen Voraussetzungen von den im Mitgliedstaat der einbringenden Gesellschaft gelegenen Betriebsstätten der übernehmenden Gesellschaft ausgewiesen werden können, wobei die übernehmende Gesellschaft in die Rechte und Pflichten der einbringenden Gesellschaft eintritt.

Art. 6 [Übernahme von Verlusten] Wenden die Mitgliedstaaten für den Fall, dass die in Artikel 1 Buchstabe a genannten Vorgänge zwischen Gesellschaften des Mitgliedstaats der einbringenden Gesellschaft erfolgen, Vorschriften an, die die Übernahme der bei der einbringenden Gesellschaft steuerlich noch nicht berücksichtigten Verluste durch die übernehmende Gesellschaft gestatten, so dehnen sie diese Vorschriften auf die Übernahme der bei der einbringenden Gesellschaft steuerlich noch nicht berücksichtigten Verluste durch die in ihrem Hoheitsgebiet gelegenen Betriebsstätten der übernehmenden Gesellschaft aus.

Art. 7 [Kapitalbeteiligung] (1) Wenn die übernehmende Gesellschaft am Kapital der einbringenden Gesellschaft eine Beteiligung besitzt, so unterliegen die bei der übernehmenden Gesellschaft möglicherweise entstehenden Wertsteigerungen beim Untergang ihrer Beteiligung am Kapital der einbringenden Gesellschaft keiner Besteuerung.

(2) Die Mitgliedstaaten können von Absatz 1 abweichen, wenn der Anteil der übernehmenden Gesellschaft am Kapital der einbringenden Gesellschaft weniger als 15% beträgt.

Ab 1. Januar 2009 beträgt der Mindestanteil 10%.

Art. 8 [Zuteilung von Kapitalanteilen] (1) Die Zuteilung von Anteilen am Gesellschaftskapital der übernehmenden oder erwerbenden Gesellschaft an einen Gesellschafter der einbringenden oder erworbenen Gesellschaft gegen Anteile an deren Gesellschaftskapital aufgrund einer Fusion, einer Spaltung oder des Austauschs von Anteilen darf für sich allein keine Besteuerung des Veräußerungsgewinns dieses Gesellschafters auslösen.

(2) Die Zuteilung von Anteilen am Gesellschaftskapital der übernehmenden Gesellschaft an einen Gesellschafter der einbringenden Gesellschaft aufgrund einer Abspaltung darf für sich allein keine Besteuerung des Veräußerungsgewinns dieses Gesellschafters auslösen.

(3) Betrachtet ein Mitgliedstaat einen Gesellschafter aufgrund seiner Beurteilung von dessen juristischen Merkmalen, die sich aus dem Recht, nach dem dieser gegründet wurde, ergeben, als steuerlich transparent und besteuert daher die an diesem Gesellschafter beteiligten Personen nach ihrem Anteil an den ihnen zuzurechnenden Gewinnen des Gesellschafters im Zeitpunkt der Zurechnung, so besteuert dieser Mitgliedstaat den Veräußerungsgewinn dieser Personen aus der Zuteilung von Anteilen am Gesellschaftskapital der übernehmenden oder erwerbenden Gesellschaft an den Gesellschafter nicht.

(4) Die Absätze 1 und 3 finden nur dann Anwendung, wenn der Gesellschafter den erworbenen Anteilen keinen höheren steuerlichen Wert beimisst, als den in Tausch gegebenen Anteilen unmittelbar vor der Fusion, der Spaltung oder dem Austausch der Anteile beigemessen war.

(5) Die Absätze 2 und 3 finden nur dann Anwendung, wenn der Gesellschafter der Summe der erworbenen Anteile und seiner Anteile an der einbringenden Gesellschaft keinen höheren steuerlichen Wert beimisst, als den Anteilen an der einbringenden Gesellschaft unmittelbar vor der Abspaltung beigemessen war.

(6) Die Anwendung der Absätze 1, 2 und 3 hindert die Mitgliedstaaten nicht, den Gewinn aus einer späteren Veräußerung der erworbenen Anteile in gleicher Weise zu besteuern wie den Gewinn aus einer Veräußerung der vor dem Erwerb vorhandenen Anteile.

(7) Für die Zwecke dieses Artikels ist der „steuerliche Wert" der Wert, auf dessen Grundlage ein etwaiger Gewinn oder Verlust für die Zwecke der Besteuerung des Veräußerungsgewinns eines Gesellschafters ermittelt würde.

(8) Darf ein Gesellschafter nach dem Recht seines Wohnsitzstaats oder Sitzstaats eine von den Absätzen 4 und 5 abweichende steuerliche Behandlung wählen, so finden die Absätze 1, 2 und 3 keine Anwendung auf die Anteile, für die der Gesellschafter von diesem Recht Gebrauch macht.

(9) Die Absätze 1, 2 und 3 hindern die Mitgliedstaaten nicht, eine bare Zuzahlung aufgrund einer Fusion, einer Spaltung, einer Abspaltung oder eines Austausches von Anteilen an die Gesellschafter zu besteuern.

Art. 9 [Regeln für die Einbringung von Unternehmensteilen] Die Artikel 4, 5 und 6 gelten entsprechend für die Einbringung von Unternehmensteilen.

Kapitel III. Sonderfall der Einbringung einer Betriebsstätte

Art. 10 [Sonderfall der Einbringung einer Betriebsstätte] (1) Wenn sich unter den bei einer Fusion, Spaltung, Abspaltung oder Einbringung von Unternehmensteilen eingebrachten Wirtschaftsgütern eine in einem anderen Mitgliedstaat als dem der einbringenden Gesellschaft liegende Betriebsstätte befindet, so verzichtet der Mitgliedstaat der einbringenden Gesellschaft endgültig auf seine Rechte zur Besteuerung dieser Betriebsstätte.

Der Mitgliedstaat der einbringenden Gesellschaft kann bei der Ermittlung des steuerbaren Gewinns dieser Gesellschaft frühere Verluste dieser Betriebsstätte, die von dem in diesem Mitgliedstaat steuerbaren Gewinn der Gesellschaft abgezogen wurden und noch nicht ausgeglichen worden sind, hinzurechnen.

Der Mitgliedstaat, in dem sich die Betriebsstätte befindet, und der Mitgliedstaat der übernehmenden Gesellschaft wenden auf diese Einbringung die Bestimmungen dieser Richtlinie an, als ob der Mitgliedstaat der Betriebsstätte mit dem Mitgliedstaat der einbringenden Gesellschaft identisch wäre.

Dieser Absatz gilt auch für den Fall, dass die Betriebsstätte in dem Mitgliedstaat gelegen ist, in dem die übernehmende Gesellschaft ansässig ist.

(2) Abweichend von Absatz 1 ist der Mitgliedstaat der einbringenden Gesellschaft, sofern er ein System der Weltgewinnbesteuerung anwendet, berechtigt, die durch die Fusion, Spaltung, Abspaltung oder Einbringung von Unternehmensteilen entstehenden Veräußerungsgewinne der Betriebsstätte zu besteuern, vorausgesetzt, er rechnet die Steuer, die ohne die Bestimmungen dieser Richtlinie auf diese Veräußerungsgewinne im Staat der Betriebsstätte erhoben worden wäre, in gleicher Weise und mit dem gleichen Betrag an, wie wenn diese Steuer tatsächlich erhoben worden wäre.

Kapitel IV. Sonderfall steuerlich transparenter Gesellschaften

Art. 11 [Sonderfall steuerlich transparenter Gesellschaften] (1) Betrachtet ein Mitgliedstaat eine gebietsfremde einbringende oder erworbene Gesellschaft aufgrund seiner Beurteilung ihrer juristischen Merkmale, die sich aus dem Recht, nach dem sie gegründet wurde, ergeben, als steuerlich transparent, so ist er berechtigt, die Bestimmungen dieser Richtlinie bei der Besteuerung der Veräußerungsgewinne eines unmittelbaren oder mittelbaren Gesellschafters dieser Gesellschaft nicht anzuwenden.

(2) Macht ein Mitgliedstaat von seinem Recht gemäß Absatz 1 Gebrauch, so rechnet er die Steuer, die ohne die Bestimmungen dieser Richtlinie auf die

Veräußerungsgewinne der steuerlich transparenten Gesellschaft erhoben worden wäre, in gleicher Weise und mit dem gleichen Betrag an, wie wenn diese Steuer tatsächlich erhoben worden wäre.

(3) Betrachtet ein Mitgliedstaat eine gebietsfremde übernehmende oder erwerbende Gesellschaft aufgrund seiner Beurteilung ihrer juristischen Merkmale, die sich aus dem Recht, nach dem sie gegründet wurde, ergeben, als steuerlich transparent, so ist er berechtigt, Artikel 8 Absätze 1, 2 und 3 nicht anzuwenden.

(4) Betrachtet ein Mitgliedstaat eine gebietsfremde übernehmende Gesellschaft aufgrund seiner Beurteilung ihrer juristischen Merkmale, die sich aus dem Recht, nach dem sie gegründet wurde, ergeben, als steuerlich transparent, so kann er jedem unmittelbaren oder mittelbaren Gesellschafter die gleiche steuerliche Behandlung zuteil werden lassen, wie wenn die übernehmende Gesellschaft in seinem Gebiet ansässig wäre.

Kapitel V. Regeln für die Sitzverlegung einer SE oder einer SCE

Art. 12 [Sitzverlegung einer SE/SCE, Besteuerung des Veräußerungsgewinns] (1) Wenn

a) eine SE oder SCE ihren Sitz von einem Mitgliedstaat in einen anderen verlegt, oder

b) eine SE oder SCE, die in einem Mitgliedstaat ansässig ist, infolge der Verlegung ihres Sitzes von diesem Mitgliedstaat in einen anderen Mitgliedstaat ihren Steuersitz in diesem Mitgliedstaat aufgibt und in einem anderen Mitgliedstaat ansässig wird,

darf diese Verlegung des Sitzes oder die Aufgabe des Steuersitzes in dem Mitgliedstaat, aus dem der Sitz verlegt wurde, keine Besteuerung des nach Artikel 4 Absatz 1 berechneten Veräußerungsgewinns aus dem Aktiv- und Passivvermögen einer SE oder SCE auslösen, das in der Folge tatsächlich einer Betriebsstätte der SE bzw. der SCE in dem Mitgliedstaat, von dem der Sitz verlegt wurde, zugerechnet wird, und das zur Erzielung des steuerlich zu berücksichtigenden Ergebnisses beiträgt.

(2) Absatz 1 findet nur dann Anwendung, wenn die SE bzw. die SCE neue Abschreibungen und spätere Wertsteigerungen oder Wertminderungen des Aktiv- und Passivvermögens, das tatsächlich dieser Betriebsstätte zugerechnet bleibt, so berechnet, als habe keine Sitzverlegung stattgefunden, oder als habe die SE oder SCE ihren steuerlichen Sitz nicht aufgegeben.

(3) Darf die SE bzw. die SCE nach dem Recht des Mitgliedstaats, aus dem der Sitz verlegt wurde, neue Abschreibungen oder spätere Wertsteigerungen oder Wertminderungen des in jenem Mitgliedstaat verbleibenden Aktiv- und Passivvermögens abweichend von Absatz 2 berechnen, so findet Absatz 1 keine Anwendung auf das Vermögen, für das die Gesellschaft von diesem Recht Gebrauch macht.

Art. 13 [Sitzverlegung einer SE/SCE; Bildung von Rückstellungen, Rücklagen] (1) Wenn

a) eine SE oder SCE ihren Sitz von einem Mitgliedstaat in einen anderen verlegt oder

b) eine SE oder SCE, die in einem Mitgliedstaat ansässig ist, infolge der Verlegung ihres Sitzes von diesem Mitgliedstaat in einen anderen Mitgliedstaat ihren Steuersitz in diesem Mitgliedstaat aufgibt und in einem anderen Mitgliedstaat ansässig wird,

treffen die Mitgliedstaaten die erforderlichen Maßnahmen, um sicherzustellen, dass Rückstellungen und Rücklagen, die von der SE oder SCE vor der Verlegung des Sitzes ordnungsgemäß gebildet wurden und ganz oder teilweise steuerbefreit sind sowie nicht aus Betriebsstätten im Ausland stammen, von einer Betriebsstätte der SE oder SCE im Hoheitsgebiet des Mitgliedstaats, von dem der Sitz verlegt wurde, mit der gleichen Steuerbefreiung übernommen werden können.

(2) Insofern als eine Gesellschaft, die ihren Sitz innerhalb des Hoheitsgebietes eines Mitgliedstaats verlegt, das Recht hätte, steuerlich noch nicht berücksichtigte Verluste vor- oder rückzutragen, gestattet der betreffende Mitgliedstaat auch der in seinem Hoheitsgebiet gelegenen Betriebsstätte der SE oder SCE, die ihren Sitz verlegt, die Übernahme der steuerlich noch nicht berücksichtigten Verluste der SE bzw. der SCE, vorausgesetzt, die Vor- oder Rückübertragung der Verluste wäre für ein Unternehmen, das weiterhin seinen Sitz oder seinen steuerlichen Sitz in diesem Mitgliedstaat hat, zu vergleichbaren Bedingungen möglich gewesen.

Art. 14 [Sitzverlegung einer SE/SCE, Besteuerung des Veräußerungsgewinns] (1) Die Verlegung des Sitzes einer SE bzw. einer SCE darf für sich allein keine Besteuerung des Veräußerungsgewinns der Gesellschafter auslösen.

(2) Die Anwendung des Absatzes 1 hindert die Mitgliedstaaten nicht, den Gewinn aus einer späteren Veräußerung der Anteile am Gesellschaftskapital der ihren Sitz verlegenden SE bzw. SCE zu besteuern.

Kapitel VI. Schlussbestimmungen

Art. 15 [Versagungsgründe] (1) Ein Mitgliedstaat kann die Anwendung der Artikel 4 bis 14 ganz oder teilweise versagen oder rückgängig machen, wenn eine der in Artikel 1 genannten Vorgänge

a) als hauptsächlichen Beweggrund oder als einen der hauptsächlichen Beweggründe die Steuerhinterziehung oder -umgehung hat; vom Vorliegen eines solchen Beweggrundes kann ausgegangen werden, wenn der Vorgang nicht auf vernünftigen wirtschaftlichen Gründen – insbesondere der Umstrukturierung oder der Rationalisierung der beteiligten Gesellschaften – beruht;

b) dazu führt, dass eine an dem Vorgang beteiligte Gesellschaft oder eine an dem Vorgang nicht beteiligte Gesellschaft die Voraussetzungen für die bis zu dem Vorgang bestehende Vertretung der Arbeitnehmer in den Organen der Gesellschaft nicht mehr erfüllt.

(2) Absatz 1 Buchstabe b ist so lange und so weit anwendbar, wie auf die von dieser Richtlinie erfassten Gesellschaften keine Vorschriften des Gemeinschaftsrechts anwendbar sind, die gleichwertige Bestimmungen über die Vertretung der Arbeitnehmer in den Gesellschaftsorganen enthalten.

Art. 16 [Umsetzungsfrist] Die Mitgliedstaaten teilen der Kommission den Wortlaut der wichtigsten innerstaatlichen Vorschriften mit, die sie auf dem unter diese Richtlinie fallenden Gebiet erlassen.

Art. 17 [RL 90/434/EWG] Die Richtlinie 90/434/EWG, in der Fassung der in Anhang II Teil A aufgeführten Rechtsakte, wird unbeschadet der Verpflichtung der Mitgliedstaaten hinsichtlich der in Anhang II Teil B genannten Fristen für die Umsetzung in innerstaatliches Recht und für die Anwendung aufgehoben.

Bezugnahmen auf die aufgehobene Richtlinie gelten als Bezugnahmen auf die vorliegende Richtlinie und sind nach Maßgabe der Entsprechungstabelle in Anhang III zu lesen.

Art. 18 [Inkrafttreten] Diese Richtlinie tritt am zwangisten Tag nach ihrer Veröffentlichung im Amtsblatt der Europäischen Union in Kraft.

Art. 19 [Adressat] Diese Richtlinie ist an die Mitgliedstaaten gerichtet.

Anhang I

Teil A

Liste der Gesellschaften im Sinne von Artikel 3 Buchstabe a

a) Die gemäß der Verordnung (EG) Nr. 2157/2001 und der Richtlinie 2001/86/EG des Rates vom 8. Oktober 2001 zur Ergänzung des Statuts der Europäischen Gesellschaft hinsichtlich der Beteiligung der Arbeitnehmer[1] gegründeten Gesellschaften (SE) sowie die gemäß der Verordnung (EG) Nr. 1435/2003 und der Richtlinie 2003/72/EG des Rates vom 22. Juli 2003 zur Ergänzung des Statuts der Europäischen Genossenschaft hinsichtlich der Beteiligung der Arbeitnehmer[2] gegründeten Genossenschaften (SCE);

b) die Gesellschaften belgischen Rechts mit der Bezeichnung „société anonyme"/„naamloze vennootschap", „société en commandite par actions"/ „commanditaire vennootschap op aandelen", „société privée à responsabilité limitée"/„besloten vennootschap met beperkte aansprakelijkheid", „société coopérative à responsabilité limitée"/„coöperatieve vennootschap

---

[1] **Amtl. Anm.:** ABl. L 294 vom 10. 11. 2001, S. 22.
[2] **Amtl. Anm.:** ABl. L 207 vom 18. 8. 2003, S. 25.

met beperkte aansprakelijkheid", „société coopérative à responsabilité illimitée"/„coöperatieve vennootschap met onbeperkte aansprakelijkheid",
„société en nom collectif"/„vennootschap onder firma", „société en commandite simple"/„gewone commanditaire vennotschap", öffentliche Unternehmen, die eine der genannten Rechtsformen angenommen haben
und andere nach belgischem Recht gegründete Gesellschaften, die der
belgischen Körperschaftsteuer unterliegen;

c) Gesellschaften bulgarischen Rechts mit der Bezeichnung „събирателното дружество", „командитното дружество", „дружеството с
ограничена отговорност", „акционерното дружество", „командитното дружество с акции", „кооперации", „кооперативни
съюзи" und „държавни предприятия", die nach bulgarischem
Recht gegründet wurden und gewerbliche Tätigkeiten ausüben;

d) die Gesellschaften tschechischen Rechts mit der Bezeichnung „akciová
spole nost", „spole nost s ru ením omezeným";

e) die Gesellschaften dänischen Rechts mit der Bezeichnung „aktieselskab"
und „anpartsselskab"; weitere nach dem Körperschaftsteuergesetz steuerpflichtige Unternehmen, soweit ihr steuerbarer Gewinn nach den allgemeinen steuerrechtlichen Bestimmungen für „aktieselskaber" ermittelt
und besteuert wird;

f) die Gesellschaften deutschen Rechts mit der Bezeichnung „Aktiengesellschaft", „Kommanditgesellschaft auf Aktien", „Gesellschaft mit beschränkter Haftung", „Versicherungsverein auf Gegenseitigkeit", „Er-
werbs- und Wirtschaftsgenossenschaft", „Betriebe gewerblicher Art von
juristischen Personen des öffentlichen Rechts" und andere nach deutschem Recht gegründete Gesellschaften, die der deutschen Körperschaftsteuer unterliegen;

g) die Gesellschaften estnischen Rechts mit der Bezeichnung „täisühing",
„usaldusühing", „osaühing", „aktsiaselts" und „tulundusühistu";

h) nach irischem Recht gegründete oder eingetragene Gesellschaften, gemäß dem Industrial and Provident Societies Act eingetragene Körperschaften, gemäß den Building Societies ACTS gegründete „building societies" und „trustee savings banks" im Sinne des Trustee Savings Banks
Act von 1989;

i) die Gesellschaften griechischen Rechts mit der Bezeichnung „ανώνυμη
εταιρεία", „εταιρεία περιορισμένης ευδύνης (Ε. Π. Ε.)";

j) die Gesellschaften spanischen Rechts mit der Bezeichnung „sociedad anónima", „sociedad comanditaria por acciones" und „sociedad de responsabilidad limitada" sowie die öffentlich-rechtlichen Körperschaften, deren Tätigkeit unter das Privatrecht fällt;

k) die Gesellschaften französischen Rechts mit der Bezeichnung „société
anonyme", „société en commandite par actions" und „société à responsabilité limitée", „sociétés par actions simplifiées", „sociétés d'assurances
mutuelles", „caisses d'épargne et de prévoyance", „sociétés civiles", die
automatisch der Körperschaftsteuer unterliegen, „coopératives", „unions
de coopératives", die öffentlichen Industrie- und Handelsbetriebe und

-unternehmen und andere nach französischem Recht gegründete Gesellschaften, die der französischen Körperschaftsteuer unterliegen;

ka)[1] die Gesellschaften kroatischen Rechts mit der Bezeichnung „dioničko
društvo" oder „društvo s ograničenom odgovornošću" und andere nach
kroatischem Recht gegründete Gesellschaften, die der kroatischen Gewinnsteuer unterliegen;

l) die Gesellschaften italienischen Rechts mit der Bezeichnung „società per
azioni", „società in accomandita per azioni", „società a responsabilità limitata", „società cooperative", „società di mutua assicurazione" sowie öffentliche und private Körperschaften, deren Tätigkeit ganz oder überwiegend handelsgewerblicher Art ist;

m) die nach zyprischem Recht gegründeten Gesellschaften: „εταιρείες"
gemäß der Begriffsbestimmung in den Einkommensteuergesetzen;

n) die Gesellschaften lettischen Rechts mit der Bezeichnung „akciju sabiedrība", „sabiedrība ar ierobežotu atbildību";

o) die nach litauischem Recht gegründeten Gesellschaften;

p) die Gesellschaften luxemburgischen Rechts mit der Bezeichnung „société
anonyme", „société en commandite par actions", „société à responsabilité
limitée", „société coopérative", „société coopérative organisée comme
une société anonyme", „association d'assurances mutuelles", „association
d'épargne-pension", „entreprise de nature commerciale, industrielle ou
minière de l'État, des communes, des syndicats de communes, des établissements publics et des autres personnes morales de droit public" sowie andere nach luxemburgischem Recht gegründete Gesellschaften, die der
luxemburgischen Körperschaftsteuer unterliegen;

q) die Gesellschaften ungarischen Rechts mit der Bezeichnung „közkereseti
társaság", „betéti társaság", „közös vállalat", „korlátolt felelősségű társaság", „részvénytársaság", „egyesülés", „közhasznú társaság" und „szövetkezet";

r) die Gesellschaften maltesischen Rechts mit der Bezeichnung „Kumpaniji
ta' Responsabilita Limitata" und „Soċjetajiet en commandite li l-kapital
tagħhom maqsum f'azzjonijiet";

s) die Gesellschaften niederländischen Rechts mit der Bezeichnung „naamloze vennootschap", „besloten vennootschap met beperkte aansprakelijkheid", „open commanditaire vennootschap", „coöperatie", „onderlinge
waarborgmaatschappij", „fonds voor gemene rekening", „vereniging op
coöperatieve grondslag" und „vereniging welke op onderlinge grondslag
als verzekeraar of kredietinstelling optreedt" sowie andere nach niederländischem Recht gegründete Gesellschaften, die der niederländischen Körperschaftsteuer unterliegen;

t) die Gesellschaften österreichischen Rechts mit der Bezeichnung „Aktiengesellschaft", „Gesellschaft mit beschränkter Haftung" und „Erwerbs- und
Wirtschaftsgenossenschaft";

---

[1] Eingef. mWv 1.7.2013 durch RL 2013/13/EU v. 13.5.2013 (ABl. EU Nr. L 141 S. 30).

u) die Gesellschaften polnischen Rechts mit der Bezeichnung „spółka akcyjna" und „spółka z ograniczoną odpowiedzialnością";

v) die nach portugiesischem Recht gegründeten Handelsgesellschaften und zivilrechtlichen Handelsgesellschaften sowie andere nach portugiesischem Recht gegründete juristische Personen, die Industrie- oder Handelsunternehmen sind;

w) Gesellschaften rumänischen Rechts mit der Bezeichnung „societăţi pe acţiuni", „societăţi în comandită pe acţiuni" und „societăţi cu răspundere limitată";

x) die Gesellschaften slowenischen Rechts mit der Bezeichnung „delniška družba", „komanditna družba" und „družba z omejeno odgovornostjo";

y) die Gesellschaften slowakischen Rechts mit der Bezeichnung „akciová spoločnosť", „spoločnosť s ručením obmedzeným" und „komanditná spoločnosť";

z) die Gesellschaften finnischen Rechts mit der Bezeichnung „osakeyhtiö"/ „aktiebolag", „osuuskunta"/„andelslag", „säästöpankki"/„sparbank" und „vakuutusyhtiö"/„försäkringsbolag";

aa) die Gesellschaften schwedischen Rechts mit der Bezeichnung „aktiebolag", „bankaktiebolag", „försäkringsaktiebolag", „ekonomiska föreningar", „sparbanker" und „ömsesidiga försäkringsbolag";

ab) die nach dem Recht des Vereinigten Königreichs gegründeten Gesellschaften.

Teil B

Liste der Steuern im Sinne von Artikel 3 Buchstabe c

– vennootschapsbelasting/impôt des sociétés in Belgien,
– корпоративен данък in Bulgarien,
– daň z příjmů právnických osob in der Tschechischen Republik,
– selskabsskat in Dänemark,
– Körperschaftsteuer in Deutschland,
– tulumaks in Estland,
– corporation tax in Irland,
– φόρος εισοδήματος νομικών προσώπων κερδοκοπικού χαρακτήρα in Griechenland,
– impuesto sobre sociedades in Spanien,
– impôt sur les sociétés in Frankreich,
– porez na dobit in Kroatien,[1]
– imposta sul reddito delle società in Italien,
– φόρος εισοδήματος in Zypern,
– uzņēmumu ienākuma nodoklis in Lettland,

[1] Eingef. mWv 1.7.2013 durch RL 2013/13/EU v. 13.5.2013 (ABl. EU Nr. L 141 S. 30).

– pelno mokestis in Litauen,
– impôt sur le revenu des collectivités in Luxemburg,
– társasági adó in Ungarn,
– taxxa fuq l-income in Malta,
– vennootschapsbelasting in den Niederlanden,
– Körperschaftsteuer in Österreich,
– podatek dochodowy od osób prawnych in Polen,
– imposto sobre o rendimento das pessoas colectivas in Portugal,
– impozit pe profit in Rumänien,
– davek od dobička pravnih oseb in Slowenien,
– daň z príjmov právnických osôb in der Slowakei,

(Fortsetzung nächstes Blatt)

– yhteisöjen tulovero/inkomstskatten för samfund in Finnland,
– statlig inkomstskatt in Schweden,
– corporation tax im Vereinigten Königreich.

Anhang II

Teil A

Aufgehobene Richtlinie mit Liste ihrer nachfolgenden Änderungen
(gemäß Artikel 17)

Richtlinie 90/434/EWG des Rates
(ABl. L 225 vom 20. 8. 1990, S. 1).
Beitrittsakte von 1994 Anhang I Nr. XI. B. I. 2
(ABl. C 241 vom 29. 8. 1994, S. 196).
Beitrittsakte von 2003 Anhang II Nr. 9.7
(ABl. L 236 vom 23. 9. 2003, S. 559).
Richtlinie 2005/19/EG des Rates
(ABl. L 58 vom 4. 3. 2005, S. 19).
Richtlinie 2006/98/EG des Rates   nur Nummer 6 des Anhangs
(ABl. L 363 vom 20. 12. 2006, S. 129).

Teil B

Fristen für die Umsetzung in innerstaatliches Recht und für die Anwendung (gemäß Artikel 17)

Richtlinie	Umsetzungsfrist	Datum der Anwendung
90/434/EWG	1. Januar 1992	1. Januar 1993[1]
2005/19/EG	1. Januar 2006[2]	–
	1. Januar 2007[3]	
2006/98/EG	1. Januar 2007	–

[1] **Amtl. Anm.:** Betrifft ausschließlich die Portugiesische Republik.
[2] **Amtl. Anm.:** Bezüglich der in Artikel 2 Absatz 1 der Richtlinie genannten Bestimmungen.
[3] **Amtl. Anm.:** Bezüglich der in Artikel 2 Absatz 2 der Richtlinie genannten Bestimmungen.

Anhang III

Entsprechungstabelle

Richtlinie 90/434/EWG	Vorliegende Richtlinie
Artikel 1	*Artikel 1*
Artikel 2 Buchstabe a erster Gedankenstrich	Artikel 2 Buchstabe a Ziffer i
Artikel 2 Buchstabe a zweiter Gedankenstrich	Artikel 2 Buchstabe a Ziffer ii
Artikel 2 Buchstabe a dritter Gedankenstrich	Artikel 2 Buchstabe a Ziffer iii
Artikel 2 Buchstabe b	Artikel 2 Buchstabe b
Artikel 2 Buchstabe ba	Artikel 2 Buchstabe c
Artikel 2 Buchstabe c	Artikel 2 Buchstabe d
Artikel 2 Buchstabe d	Artikel 2 Buchstabe e
Artikel 2 Buchstabe e	Artikel 2 Buchstabe f
Artikel 2 Buchstabe f	Artikel 2 Buchstabe g
Artikel 2 Buchstabe g	Artikel 2 Buchstabe h
Artikel 2 Buchstabe h	Artikel 2 Buchstabe i
Artikel 2 Buchstabe i	Artikel 2 Buchstabe j
Artikel 2 Buchstabe j	Artikel 2 Buchstabe k
Artikel 3 Buchstabe a	Artikel 3 Buchstabe a
Artikel 3 Buchstabe b	Artikel 3 Buchstabe b
Artikel 3 Buchstabe c einleitender Satz zu Absätzen 1 und 2	Artikel 3 Buchstabe c
Artikel 3 Buchstabe c Absatz 1 erster bis siebenundzwanzigster Gedankenstrich	Anhang I Teil B
Artikel 4 Absatz 1 Unterabsatz 1	Artikel 4 Absatz 1
Artikel 4 Absatz 1 Unterabsatz 2	Artikel 4 Absatz 2
Artikel 4 Absatz 2	Artikel 4 Absatz 3
Artikel 4 Absatz 3	Artikel 4 Absatz 4
Artikel 4 Absatz 4	Artikel 4 Absatz 5
Artikel 5 und 6	Artikel 5 und 6
Artikel 7 Absatz 1	Artikel 7 Absatz 1
Artikel 7 Absatz 2 Unterabsatz 1	Artikel 7 Absatz 2 Unterabsatz 1
Artikel 7 Absatz 2 Unterabsatz 2 Satz 1	–

Richtlinie 90/434/EWG	Vorliegende Richtlinie
Artikel 7 Absatz 2 Unterabsatz 2 Satz 2	Artikel 7 Absatz 2 Unterabsatz 2
Artikel 8, 9 und 10	Artikel 8, 9 und 10
Artikel 10 a	*Artikel 11*
Artikel 10 b	*Artikel 12*
Artikel 10 c	*Artikel 13*
Artikel 10 d	*Artikel 14*
Artikel 11	*Artikel 15*
Artikel 12 Absatz 1	–
Artikel 12 Absatz 2	–
Artikel 12 Absatz 3	*Artikel 16*
–	*Artikel 17*
–	*Artikel 18*
Artikel 13	*Artikel 19*
Anhang	Anhang I Teil A
–	Anhang II
–	Anhang III

141. Gesetz über steuerrechtliche Maßnahmen bei Erhöhung des Nennkapitals aus Gesellschaftsmitteln[1] · [2]

In der Fassung der Bekanntmachung vom 10. Oktober 1967
(BGBl. I S. 977)[3]

Geändert durch Gesetze vom 23.12.1971 (BGBl. I S. 2134), vom 6.9.1976 (BGBl. I S. 2641), vom 14.12.1976 (BGBl. I S. 3341), vom 22.12.1981 (BGBl. I S. 1523), vom 22.12.1983 (BGBl. I S. 1592), vom 25.3.1998 (BGBl. I S. 590), vom 23.10.2000 (BGBl. I S. 1433), vom 20.12.2001 (BGBl. I S. 3858), Gesetz über steuerliche Begleitmaßnahmen zur Einführung der Europäischen Gesellschaft und zur Änderung weiterer steuerrechtlicher Vorschriften (SEStEG) vom 7.12.2006 (BGBl. I S. 2782) und Jahressteuergesetz 2022 (JStG 2022) vom 16.12.2022 (BGBl. I S. 2294)

BGBl. III/FNA 610-6-4

§ 1[4] Steuern vom Einkommen und Ertrag der Anteilseigner. Erhöht eine Kapitalgesellschaft im Sinne des § 1 Abs. 1 Nr. 1 des Körperschaftsteuergesetzes[5] ihr Nennkapital durch Umwandlung von Rücklagen in Nennkapital, so gehört der Wert der neuen Anteilsrechte bei den Anteilseignern nicht zu den Einkünften im Sinne des § 2 Abs. 1 des Einkommensteuergesetzes[6].

§ 2[7]. *(aufgehoben)*

§ 3[8] Anschaffungskosten nach Kapitalerhöhung. Als Anschaffungskosten der vor der Erhöhung des Nennkapitals erworbenen Anteilsrechte und der auf sie entfallenen neuen Anteilsrechte gelten die Beträge, die sich für die einzelnen Anteilsrechte ergeben, wenn die Anschaffungskosten der vor der Erhöhung des Nennkapitals erworbenen Anteilsrechte auf diese und auf die auf sie entfallenen neuen Anteilsrechte nach dem Verhältnis der Anteile am Nennkapital verteilt werden.

§ 4[9] Mitteilung der Erhöhung des Nennkapitals an das Finanzamt. Die Kapitalgesellschaft hat die Erhöhung des Nennkapitals innerhalb von zwei Wochen nach der Eintragung des Beschlusses über die Erhöhung des Nennkapitals in das Handelsregister dem Finanzamt mitzuteilen und eine Abschrift des Beschlusses über die Erhöhung des Nennkapitals einzureichen.

---

[1] Neubekanntmachung des G idF der Bek. v. 2.11.1961 (BGBl. I S. 1917) auf Grund Art. 2 des G v. 10.8.1967 (BGBl. I S. 889) in der ab 1.1.1966 geltenden Fassung.

[2] Überschrift geänd. durch G v. 22.12.1983 (BGBl. I S. 1592).

[3] **Zum Anwendungsbereich vgl. § 10.**

[4] § 1 neu gef. durch G v. 6.9.1976 (BGBl. I S. 2641).

[5] Nr. **100.**

[6] Nr. **1.**

[7] § 2 aufgeh. durch G v. 23.12.1971 (BGBl. I S. 2134).

[8] § 3 Überschr. neu gef. durch G v. 6.9.1976 (BGBl. I S. 2641); geänd. mWv 1.4.1998 durch G v. 25.3.1998 (BGBl. I S. 590).

[9] Bish. § 5 wird § 4 durch G v. 6.9.1976 (BGBl. I S. 2641).

§ 5[1] *(aufgehoben)*

§ 6[2] *(aufgehoben)*

§ 7[3] **Anteilsrechte an ausländischen Gesellschaften.** (1)[4] ¹§ 1 ist auf den Wert neuer Anteilsrechte an ausländischen Gesellschaften anzuwenden, wenn

1. die ausländische Gesellschaft einer Aktiengesellschaft, einer Kommanditgesellschaft auf Aktien oder einer Gesellschaft mit beschränkter Haftung vergleichbar ist,

2. die neuen Anteilsrechte auf Maßnahmen beruhen, die einer Kapitalerhöhung aus Gesellschaftsmitteln nach den Vorschriften der §§ 207 bis 220 des Aktiengesetzes[5] oder nach den Vorschriften *des Gesetzes über die Kapitalerhöhung aus Gesellschaftsmitteln und über die Gewinn- und Verlustrechung vom 23. Dezember 1959 (Bundesgesetzbl. I S. 789), zuletzt geändert durch das Einführungsgesetz zum Strafgesetzbuch vom 2. März 1974 (Bundesgesetzbl. I S. 469)*[6], entsprechen und

3. die neuen Anteilsrechte wirtschaftlich den Anteilsrechten entsprechen, die nach den in Nummer 2 bezeichneten Vorschriften ausgegeben werden.

²Der Erwerber der Anteilsrechte oder die ausländische Gesellschaft haben nachzuweisen, daß die Voraussetzungen der Nummern 1 bis 3 erfüllt sind. ³Zuständig für die Prüfung nach den Sätzen 1 und 2 ist die Finanzbehörde, die im Zeitpunkt der Antragstellung nach § 20 der Abgabenordnung für die Besteuerung der ausländischen Gesellschaft nach dem Einkommen örtlich zuständig ist. ⁴Ist im Zeitpunkt der Antragstellung nach § 20 der Abgabenordnung keine Finanzbehörde zuständig, ist das Bundeszentralamt für Steuern zuständig.

(2)[7] *¹Setzt die ausländische Gesellschaft in den Fällen des Absatzes 1 innerhalb von fünf Jahren nach Ausgabe der neuen Anteilsrechte ihr Kapital herab und zahlt sie die dadurch freiwerdenden Mittel ganz oder teilweise zurück, so gelten die zurückgezahlten Beträge bei den Anteilseignern insoweit als Einkünfte aus Kapitalvermögen im Sinne des § 20 Abs. 1 Ziff. 1 des Einkommensteuergesetzes*[8]*, als sie den Betrag der Erhöhung des Kapitals nicht übersteigen. ²Das gleiche gilt, wenn die ausländische Gesellschaft Maßnahmen trifft, die den in Satz 1 bezeichneten Maßnahmen vergleichbar sind. ³Die Sätze 1 und 2 sind in den Fällen des § 27 Abs. 8 des Körperschaft-*

---

¹⁾ § 5 aufgeh. durch G v. 23.10.2000 (BGBl. I S. 1433); zur letztmaligen Anwendung siehe § 8a Abs. 2.
²⁾ § 6 eingef. durch G v. 6.9.1976 (BGBl. I S. 2641) und aufgeh. durch G v. 23.10.2000 (BGBl. I S. 1433); zur letztmaligen Anwendung siehe § 8a Abs. 2.
³⁾ § 7 neu gef. durch G v. 6.9.1976 (BGBl. I S. 2641).
⁴⁾ § 7 Abs. 1 Satz 2 geänd., Sätze 3 und 4 angef. mWv 21.12.2022 durch G v. 16.12.2022 (BGBl. I S. 2294).
⁵⁾ **Schönfelder Nr. 51.**
⁶⁾ KapErhG aufgeh. durch G v. 28.10.1994 (BGBl. I S. 3267); nunmehr geregelt in §§ 57c bis 57o GmbHG **(Schönfelder Nr. 52).**
⁷⁾ § 7 Abs. 2 aufgeh. mWv 1.1.2023 (§ 8a Abs. 3) durch G v. 16.12.2022 (BGBl. I S. 2294).
⁸⁾ Nr. 1.

schaftsteuergesetzes in der Fassung des Artikels 3 des Gesetzes vom 7. Dezember 2006 (BGBl. I S. 2782) nicht anzuwenden.

§ 8[1]) *(aufgehoben)*

§ 8 a[2]) **Schlußvorschriften.** (1) [1]Dieses Gesetz ist erstmals auf Kapitalerhöhungen anzuwenden, die in einem nach dem 31. Dezember 1976 abgelaufenen Wirtschaftsjahr der Kapitalgesellschaft wirksam werden. [2]Ist eine Kapitalerhöhung in einem früheren Wirtschaftsjahr wirksam geworden, so treten in den Fällen der §§ 6 und 7 Abs. 2 des Gesetzes in der Fassung der Bekanntmachung vom 10. Oktober 1967 (Bundesgesetzbl. I S. 977) die in diesen Vorschriften bezeichneten Rechtsfolgen ein.

(2) Die §§ 5 und 6 sind letztmals auf die Rückzahlung von Nennkapital anzuwenden, wenn das Nennkapital in dem letzten Wirtschaftsjahr erhöht worden ist, in dem bei der Kapitalgesellschaft das Körperschaftsteuergesetz in der Fassung der Bekanntmachung vom 22. April 1999 (BGBl. I S. 817), das zuletzt durch Artikel 4 des Gesetzes vom 14. Juli 2000 (BGBl. I S. 1034) geändert worden ist, anzuwenden ist, soweit dafür eine Rücklage als verwendet gilt, die aus Gewinnen eines vor dem 1. Januar 1977 abgelaufenen Wirtschaftsjahrs gebildet worden ist.

(3) § 7 Absatz 2 ist letztmals auf die Rückzahlung von Nennkapital anzuwenden, wenn die Rückzahlung vor dem 1. Januar 2023 erfolgt ist.

§ 9 Anwendung im Land Berlin. *(gegenstandslos)*

§ 10[3]) **Anwendungszeitraum.** [1]Die vorstehende Fassung dieses Gesetzes ist erstmals ab 1. Januar 1984 anzuwenden. [2]Auf Aktien, die vor dem 1. Januar 1984 an Arbeitnehmer überlassen worden sind, ist § 8 Abs. 1 dieses Gesetzes in der vor dem 1. Januar 1984 jeweils geltenden Fassung weiter anzuwenden.

§ 11[2]) **Inkrafttreten.**[4]) Dieses Gesetz tritt am Tage nach seiner Verkündung[5]) in Kraft.

---

[1]) § 8 aufgeh. durch G v. 22.12.1983 (BGBl. I S. 1592); zur weiteren Anwendung von Abs. 1 siehe § 10 Satz 2.

[2]) § 8 a eingef. durch G v. 6.9.1976 (BGBl. I S. 2641), Abs. 2 angef. durch G v. 23.10.2000 (BGBl. I S. 1433) und neu gef. durch G v. 20.12.2001 (BGBl. I S. 3858); Abs. 3 angef. durch G v. 16.12.2022 (BGBl. I S. 2294).

[3]) § 10 eingef., bish. § 10 wird § 11 durch G v. 22.12.1981 (BGBl. I S. 1522), jetziger § 10 neu gef. durch G v. 22.12.1983 (BGBl. I S. 1592).

[4]) **Amtl. Anm.:** Diese Vorschrift betrifft das Inkrafttreten des G in der ursprünglichen Fassung v. 30.12.1959 (BGBl. I S. 834).

Das Inkrafttreten der späteren Änderungen ergibt sich aus den jeweiligen Änderungsgesetzen.

[5]) Verkündet am 31.12.1959.

200. Bewertungsgesetz (BewG)

In der Fassung der Bekanntmachung vom 1. Februar 1991 (BGBl. I S. 230)[1] · [2] · [3]

Geändert durch Steueränderungsgesetz 1991 vom 24.6.1991 (BGBl. I S. 1322), Steueränderungsgesetz 1992 vom 25.2.1992 (BGBl. I S. 297), Zinsabschlaggesetz vom 9.11.1992 (BGBl. I S. 1853), Gesetz zur Umsetzung des Föderalen Konsolidierungsprogramms vom 23.6.1993 (BGBl. I S. 944), Standortsicherungsgesetz vom 13.9.1993 (BGBl. I S. 1569), Mißbrauchsbekämpfungs- und Steuerbereinigungsgesetz vom 21.12.1993 (BGBl. I S. 2310), Pflege-Versicherungsgesetz vom 26.5.1994 (BGBl. I. S. 1014), Agrarsozialreformgesetz 1995 vom 29.7.1994 (BGBl. I S. 1890), Postneuordnungsgesetz vom 14.9.1994 (BGBl. I S. 2325), Entschädigungs- und Ausgleichsleistungsgesetz vom 27.9.1994 (BGBl. I S. 2624), Jahressteuergesetz 1996 vom 11.10.1995 (BGBl. I S. 1250), Gesetz zur Neuregelung der steuerrechtlichen Wohneigentumsförderung vom 15.12.1995 (BGBl. I S. 1783), Jahressteuergesetz 1997 vom 20.12.1996 (BGBl. I S. 2049), Gesetz zur Fortsetzung der Unternehmenssteuerreform vom 29.10.1997 (BGBl. I S. 2590), Gesetz zur Anpassung steuerlicher Vorschriften der Land- und Forstwirtschaft vom 29.6.1998 (BGBl. I S. 1692), Steuer-Euroglättungsgesetz vom 19.12.2000 (BGBl. I S. 1790), Gesetz zur Reform des Wohnungsbaurechts vom 13.9.2001 (BGBl. I S. 2376), Siebente Zuständigkeitsanpassungs-Verordnung vom 29.10.2001 (BGBl. I S. 2785), Gesetz zur Änderung des Bewertungsgesetzes vom 10.12.2001 (BGBl. I S. 3435), Steueränderungsgesetz 2001 vom 20.12.2001 (BGBl. I S. 3794), Neunte ZuständigkeitsanpassungsVO vom 31.10.2006 (BGBl. I S. 2407), Gesetz über steuerliche Begleitmaßnahmen zur Einführung der Europäischen Gesellschaft und zur Änderung weiterer steuerrechtlicher Vorschriften (SEStEG) vom 7.12.2006 (BGBl. I S. 2782), Jahressteuergesetz 2007 vom 13.12.2006 (BGBl. I S. 2878), Finanzmarktrichtlinie-Umsetzungsgesetz vom 16.7.2007 (BGBl. I S. 1330), Jahressteuergesetz 2008 vom 20.12.2007 (BGBl. I S. 3150), Erbschaftsteuererreformgesetz vom 24.12.2008 (BGBl. I S. 3018), Jahressteuergesetz 2010 (JStG 2010) vom 8.12.2010 (BGBl. I S. 1768), Steuervereinfachungsgesetz 2011 vom 1.11.2011 (BGBl. I S. 2131), Beitreibungsrichtlinie-Umsetzungsgesetz (BeitrRLUmsG) vom 7.12.2011 (BGBl. I S. 2592), LSV-Neuordnungsgesetz vom 12.4.2012 (BGBl. I S. 579), Amtshilferichtlinie-Umsetzungsgesetz (AmtshilfeRLUmsG) vom 26.6.2013 (BGBl. I S. 1809), Gesetz zur Anpassung des Investmentsteuergesetzes und anderer Gesetze an das AIFM-Umsetzungsgesetz (AIFM-Steuer-Anpassungsgesetz – AIFM-StAnpG) vom 18.12.2013 (BGBl. I S. 4318), Gesetz zur Anpassung steuerlicher Regelungen an die Rechtsprechung des Bundesverfassungsgerichts vom 18.7.2014 (BGBl. I S. 1042), Zehnte Zuständigkeitsanpassungsverordnung vom 31.8.2015 (BGBl. I S. 1474), Steueränderungsgesetz 2015 vom 2.11.2015 (BGBl. I S. 1834), Gesetz zur Anpassung des Erbschaftsteuer- und Schenkungsteuergesetzes an die Rechtsprechung des Bundesverfassungsgerichts vom 4.11.2016 (BGBl. I S. 2464), Gesetz zur Reform des Grundsteuer- und Bewertungsrechts (Grundsteuer-Reformgesetz – GrStRefG) vom 26.11.2019 (BGBl. I S. 1794)[4], Gesetz zur weiteren steuerlichen Förderung der Elektromobilität und zur Änderung weiterer steuerlicher Vorschriften vom 12.12.2019 (BGBl. I S. 2451), Jahressteuergesetz 2020 (JStG 2020) vom 21.12.2020 (BGBl. I S. 3096), Gesetz zur Stärkung des Fondsstandorts Deutschland und zur Umsetzung der Richtlinie (EU) 2019/1160 zur Änderung der Richtlinien 2009/65/EG und 2011/61/EU im Hinblick auf den grenzüberschreitenden Vertrieb von Organismen für gemeinsame Anlagen (Fondsstandortgesetz –

---

[1] Neubekanntmachung des BewG idF der Bek. v. 30.5.1985 (BGBl. I S. 845) auf Grund des § 123 Abs. 2 des BewG idF der Bek. v. 30.5.1985 in der ab 1.1.1991 geltenden Fassung.

[2] **Zum Anwendungsbereich vgl. § 265.**

[3] Zur Bewertung von Vermögen im Gebiet der ehem. DDR siehe §§ 125 ff.

[4] **[Anm. des Lektorats:] Die Reform des GrStG tritt zum 1.1.2022 bzw. 1.1.2025 in Kraft. Bitte achten Sie auf die Fußnotenhinweise.**

FoStoG) vom 3.6.2021 (BGBl. I S. 1498), Gesetz zur Modernisierung des Körperschaftsteuerrechts vom 25.6.2021 (BGBl. I S. 2050), Gesetz zur Abwehr von Steuervermeidung und unfairem Steuerwettbewerb und zur Änderung weiterer Gesetze vom 25.6.2021 (BGBl. I S. 2056), Verordnung zur Neufassung der Anlagen 27 bis 33 des Bewertungsgesetzes vom 29.6.2021 (BGBl. I S. 2290; ber. BGBl. I S. 4831), Gesetz zur erleichterten Umsetzung der Reform der Grund-steuer und Änderung weiterer steuerrechtlicher Vorschriften (Grundsteuerreform-Umsetzungsgesetz – GrStRefUG) vom 16.7.2021 (BGBl. I S. 2931) und Jahressteuergesetz 2022 (JStG 2022) vom 16.12.2022 (BGBl. I S.2294)

BGBl. III/FNA 610-7

Inhaltsübersicht

Erster Teil. Allgemeine Bewertungsvorschriften

Zweiter Teil. Besondere Bewertungsvorschriften

Erster Abschnitt: Einheitsbewertung

A. Allgemeines

Dritter Teil. Schlussbestimmungen

Anlagen

Erster Teil. Allgemeine Bewertungsvorschriften

§ 1 Geltungsbereich. (1) Die allgemeinen Bewertungsvorschriften (§§ 2 bis 16) gelten für alle öffentlich-rechtlichen Abgaben, die durch Bundesrecht geregelt sind, soweit sie durch Bundesfinanzbehörden oder durch Landesfinanzbehörden verwaltet werden.

(2) Die allgemeinen Bewertungsvorschriften gelten nicht, soweit im Zweiten Teil dieses Gesetzes oder in anderen Steuergesetzen besondere Bewertungsvorschriften enthalten sind.

§ 2 Wirtschaftliche Einheit. (1) ¹Jede wirtschaftliche Einheit ist für sich zu bewerten. ²Ihr Wert ist im ganzen festzustellen. ³Was als wirtschaftliche Einheit zu gelten hat, ist nach den Anschauungen des Verkehrs zu entscheiden. ⁴Die örtliche Gewohnheit, die tatsächliche Übung, die Zweckbestimmung und die wirtschaftliche Zusammengehörigkeit der einzelnen Wirtschaftsgüter sind zu berücksichtigen.

(2) Mehrere Wirtschaftsgüter kommen als wirtschaftliche Einheit nur insoweit in Betracht, als sie demselben Eigentümer gehören.

(3) Die Vorschriften der Absätze 1 und 2 gelten nicht, soweit eine Bewertung der einzelnen Wirtschaftsgüter vorgeschrieben ist.

§ 3 Wertermittlung bei mehreren Beteiligten. ¹Steht ein Wirtschaftsgut mehreren Personen zu, so ist sein Wert im ganzen zu ermitteln. ²Der Wert ist auf die Beteiligten nach dem Verhältnis ihrer Anteile zu verteilen, soweit nicht nach dem maßgebenden Steuergesetz die Gemeinschaft selbständig steuerpflichtig ist.

§ 3a.[1) *(aufgehoben)*

§ 4 Aufschiebend bedingter Erwerb. Wirtschaftsgüter, deren Erwerb vom Eintritt einer aufschiebenden Bedingung abhängt, werden erst berücksichtigt, wenn die Bedingung eingetreten ist.

§ 5 Auflösend bedingter Erwerb. (1) ¹Wirtschaftsgüter, die unter einer auflösenden Bedingung erworben sind, werden wie unbedingt erworbene be-

---

[1) § 3a aufgeh. durch G v. 20.12.1996 (BGBl. I S. 2049).

handelt. [2]Die Vorschriften über die Berechnung des Kapitalwerts der Nutzungen von unbestimmter Dauer (§ 13 Abs. 2 und 3, § 14, § 15 Abs. 3) bleiben unberührt.

(2) [1]Tritt die Bedingung ein, so ist die Festsetzung der nicht laufend veranlagten Steuern auf Antrag nach dem tatsächlichen Wert des Erwerbs zu berichtigen. [2]Der Antrag ist bis zum Ablauf des Jahres zu stellen, das auf den Eintritt der Bedingung folgt.

§ 6 Aufschiebend bedingte Lasten. (1) Lasten, deren Entstehung vom Eintritt einer aufschiebenden Bedingung abhängt, werden nicht berücksichtigt.

(2) Für den Fall des Eintritts der Bedingung gilt § 5 Abs. 2 entsprechend.

§ 7 Auflösend bedingte Lasten. (1) Lasten, deren Fortdauer auflösend bedingt ist, werden, soweit nicht ihr Kapitalwert nach § 13 Abs. 2 und 3, § 14, § 15 Abs. 3 zu berechnen ist, wie unbedingte abgezogen.

(2) Tritt die Bedingung ein, so ist die Festsetzung der nicht laufend veranlagten Steuern entsprechend zu berichtigen.

§ 8 Befristung auf einen unbestimmten Zeitpunkt. Die §§ 4 bis 7 gelten auch, wenn der Erwerb des Wirtschaftsguts oder die Entstehung oder der Wegfall der Last von einem Ereignis abhängt, bei dem nur der Zeitpunkt ungewiß ist.

§ 9 Bewertungsgrundsatz, gemeiner Wert. (1) Bei Bewertungen ist, soweit nichts anderes vorgeschrieben ist, der gemeine Wert zugrunde zu legen.

(2) [1]Der gemeine Wert wird durch den Preis bestimmt, der im gewöhnlichen Geschäftsverkehr nach der Beschaffenheit des Wirtschaftsgutes bei einer Veräußerung zu erzielen wäre. [2]Dabei sind alle Umstände, die den Preis beeinflussen, zu berücksichtigen. [3]Ungewöhnliche oder persönliche Verhältnisse sind nicht zu berücksichtigen.

(3) [1]Als persönliche Verhältnisse sind auch Verfügungsbeschränkungen anzusehen, die in der Person des Steuerpflichtigen oder eines Rechtsvorgängers begründet sind. [2]Das gilt insbesondere für Verfügungsbeschränkungen, die auf letztwilligen Anordnungen beruhen.

§ 10[1]) Begriff des Teilwerts. [1]Wirtschaftsgüter, die einem Unternehmen dienen, sind, soweit nichts anderes vorgeschrieben ist, mit dem Teilwert anzusetzen. [2]Teilwert ist der Betrag, den ein Erwerber des ganzen Unternehmens im Rahmen des Gesamtkaufpreises für das einzelne Wirtschaftsgut ansetzen würde. [3]Dabei ist davon auszugehen, daß der Erwerber das Unternehmen fortführt.

§ 11 Wertpapiere und Anteile. (1)[2]) [1]Wertpapiere und Schuldbuchforderungen, die am Stichtag an einer deutschen Börse zum Handel im regulierten

---

[1]) § 10 Satz 1 geänd. durch G v. 25.2.1992 (BGBl. I S. 297).
[2]) § 11 Abs. 1 geänd. mWv 1.11.2007 durch G v. 16.7.2007 (BGBl. I S. 1330).

Markt zugelassen sind, werden mit dem niedrigsten am Stichtag für sie im regulierten Markt notierten Kurs angesetzt. ²Liegt am Stichtag eine Notierung nicht vor, so ist der letzte innerhalb von 30 Tagen vor dem Stichtag im regulierten Markt notierte Kurs maßgebend. ³Entsprechend sind die Wertpapiere zu bewerten, die in den Freiverkehr einbezogen sind.

(2)[1] ¹Anteile an Kapitalgesellschaften, die nicht unter Absatz 1 fallen, sind mit dem gemeinen Wert anzusetzen. ²Lässt sich der gemeine Wert nicht aus Verkäufen unter fremden Dritten ableiten, die weniger als ein Jahr zurückliegen, so ist er unter Berücksichtigung der Ertragsaussichten der Kapitalgesellschaft oder einer anderen anerkannten, auch im gewöhnlichen Geschäftsverkehr für nichtsteuerliche Zwecke üblichen Methode zu ermitteln; dabei ist die Methode anzuwenden, die ein Erwerber der Bemessung des Kaufpreises zu Grunde legen würde. ³Die Summe der gemeinen Werte der zum Betriebsvermögen gehörenden Wirtschaftsgüter und sonstigen aktiven Ansätze abzüglich der zum Betriebsvermögen gehörenden Schulden und sonstigen Abzüge (Substanzwert) der Gesellschaft darf nicht unterschritten werden; die §§ 99 und 103 sind anzuwenden. ⁴Die §§ 199 bis 203 sind zu berücksichtigen.

(2a)[2] *(aufgehoben)*

(3) Ist der gemeine Wert einer Anzahl von Anteilen an einer Kapitalgesellschaft, die einer Person gehören, infolge besonderer Umstände (z.B. weil die Höhe der Beteiligung die Beherrschung der Kapitalgesellschaft ermöglicht) höher als der Wert, der sich auf Grund der Kurswerte (Absatz 1) oder der gemeinen Werte (Absatz 2) für die einzelnen Anteile insgesamt ergibt, so ist der gemeine Wert der Beteiligung maßgebend.

(4)[3] Anteile oder Aktien, die Rechte an einem Investmentvermögen im Sinne des Kapitalanlagegesetzbuchs verbriefen, sind mit dem Rücknahmepreis anzusetzen.

§ 12 Kapitalforderungen und Schulden. (1)[4] ¹Kapitalforderungen, die nicht in § 11 bezeichnet sind, und Schulden sind mit dem Nennwert anzusetzen, wenn nicht besondere Umstände einen höheren oder geringeren Wert begründen. ²Liegen die besonderen Umstände in einer hohen, niedrigen oder fehlenden Verzinsung, ist bei der Bewertung vom Mittelwert einer jährlich vorschüssigen und jährlich nachschüssigen Zahlungsweise auszugehen.

(2) Forderungen, die uneinbringlich sind, bleiben außer Ansatz.

(3) ¹Der Wert unverzinslicher Forderungen oder Schulden, deren Laufzeit mehr als ein Jahr beträgt und die zu einem bestimmten Zeitpunkt fällig sind, ist der Betrag, der vom Nennwert nach Abzug von Zwischenzinsen unter Berücksichtigung von Zinseszinsen verbleibt. ²Dabei ist von einem Zinssatz von 5,5 Prozent auszugehen.

---

[1] § 11 Abs. 2 neu gef. mWv 1.1.2009 durch G v. 24.12.2008 (BGBl. I S. 3018).
[2] § 11 Abs. 2a eingef. durch G v. 20.12.1996 (BGBl. I S. 2049) und aufgeh. mWv 1.1.1998 durch G v. 29.10.1997 (BGBl. I S. 2590).
[3] § 11 Abs. 4 neu gef. durch G v. 18.12.2013 (BGBl. I S. 4318); zur Anwendung siehe § 265 Abs. 5.
[4] § 12 Abs. 1 Satz 2 angef. mWv 1.1.1993 durch G v. 9.11.1992 (BGBl. I S. 1853).

(4)[1] [1]Noch nicht fällige Ansprüche aus Lebens-, Kapital- oder Rentenversicherungen werden mit dem Rückkaufswert bewertet. [2]Rückkaufswert ist der Betrag, den das Versicherungsunternehmen dem Versicherungsnehmer im Falle der vorzeitigen Aufhebung des Vertragsverhältnisses zu erstatten hat. [3]Die Berechnung des Werts, insbesondere die Berücksichtigung von ausgeschütteten und gutgeschriebenen Gewinnanteilen kann durch Rechtsverordnung geregelt werden.

§ 13[2] Kapitalwert von wiederkehrenden Nutzungen und Leistungen.

(1) [1]Der Kapitalwert von Nutzungen oder Leistungen, die auf bestimmte Zeit beschränkt sind, ist mit dem aus Anlage 9a zu entnehmenden Vielfachen des Jahreswerts anzusetzen. [2]Ist die Dauer des Rechts außerdem durch das Leben einer oder mehrerer Personen bedingt, darf der nach § 14 zu berechnende Kapitalwert nicht überschritten werden.

(2) Immerwährende Nutzungen oder Leistungen sind mit dem 18,6fachen des Jahreswerts, Nutzungen oder Leistungen von unbestimmter Dauer vorbehaltlich des § 14 mit dem 9,3fachen des Jahreswerts zu bewerten.

(3) [1]Ist der gemeine Wert der gesamten Nutzungen oder Leistungen nachweislich geringer oder höher, so ist der nachgewiesene gemeine Wert zugrunde zu legen. [2]Der Ansatz eines geringeren oder höheren Werts kann jedoch nicht darauf gestützt werden, daß mit einem anderen Zinssatz als 5,5 Prozent oder mit einer anderen als mittelschüssigen Zahlungsweise zu rechnen ist.

§ 14 Lebenslängliche Nutzungen und Leistungen. (1)[3] [1]Der Kapitalwert von lebenslänglichen Nutzungen und Leistungen ist mit dem Vielfachen des Jahreswerts nach Maßgabe der Sätze 2 bis 4 anzusetzen. [2]Die Vervielfältiger sind nach der Sterbetafel des Statistischen Bundesamtes zu ermitteln und ab dem 1. Januar des auf die Veröffentlichung der Sterbetafel durch das Statistische Bundesamt folgenden Kalenderjahres anzuwenden. [3]Der Kapitalwert ist unter Berücksichtigung von Zwischenzinsen und Zinseszinsen mit einem Zinssatz von 5,5 Prozent als Mittelwert zwischen dem Kapitalwert für jährlich vorschüssige und jährlich nachschüssige Zahlungsweise zu berechnen. [4]Das Bundesministerium der Finanzen stellt die Vervielfältiger für den Kapitalwert einer lebenslänglichen Nutzung oder Leistung im Jahresbetrag von einem Euro nach Lebensalter und Geschlecht der Berechtigten in einer Tabelle zusammen und veröffentlicht diese zusammen mit dem Datum der Veröffentlichung der Sterbetafel im Bundessteuerblatt.[4]

(2) [1]Hat eine nach Absatz 1 bewertete Nutzung oder Leistung bei einem Alter

---

[1] § 12 Abs. 4 neu gef. mWv 1.1.2009 durch G v. 24.12.2008 (BGBl. I S. 3018).

[2] § 13 Abs. 1 neu gef., Abs. 2 geänd. und Abs. 3 Satz 2 angef. mWv 1.1.1993 durch G v. 9.11.1992 (BGBl. I S. 1853).

[3] § 14 Abs. 1 neu gef. mWv 1.1.2009 durch G v. 24.12.2008 (BGBl. I S. 3018).

[4] **Ab dem 1.1.2021:** BMF v. 4.10.2021 – IV C 7 – S 3104/19/10001 :006, DOK 2021/0863034, www.bundesfinanzministerium.de > Service > Publikationen > BMF-Schreiben.

1. bis zu 30 Jahren	nicht mehr als 10 Jahre,
2. von mehr als 30 Jahren bis zu 50 Jahren	nicht mehr als 9 Jahre,
3. von mehr als 50 Jahren bis zu 60 Jahren	nicht mehr als 8 Jahre,
4. von mehr als 60 Jahren bis zu 65 Jahren	nicht mehr als 7 Jahre,
5. von mehr als 65 Jahren bis zu 70 Jahren	nicht mehr als 6 Jahre,
6. von mehr als 70 Jahren bis zu 75 Jahren	nicht mehr als 5 Jahre,
7. von mehr als 75 Jahren bis zu 80 Jahren	nicht mehr als 4 Jahre,
8. von mehr als 80 Jahren bis zu 85 Jahren	nicht mehr als 3 Jahre,
9. von mehr als 85 Jahren bis zu 90 Jahren	nicht mehr als 2 Jahre,
10. von mehr als 90 Jahren	nicht mehr als 1 Jahr

bestanden und beruht der Wegfall auf dem Tod des Berechtigten oder Verpflichteten, so ist die Festsetzung der nicht laufend veranlagten Steuern auf Antrag nach der wirklichen Dauer der Nutzung oder Leistung zu berichtigen. ²§ 5 Abs. 2 Satz 2 gilt entsprechend. ³Ist eine Last weggefallen, so bedarf die Berichtigung keines Antrags.

(3) Hängt die Dauer der Nutzung oder Leistung von der Lebenszeit mehrerer Personen ab und erlischt das Recht mit dem Tod des zuletzt Sterbenden, so ist das Lebensalter und das Geschlecht derjenigen Person maßgebend, für die sich der höchste Vervielfältiger ergibt; erlischt das Recht mit dem Tod des zuerst Sterbenden, so ist das Lebensalter und Geschlecht derjenigen Person maßgebend, für die sich der niedrigste Vervielfältiger ergibt.

(4)[1] ¹Ist der gemeine Wert der gesamten Nutzungen oder Leistungen nachweislich geringer oder höher als der Wert, der sich nach Absatz 1 ergibt, so ist der nachgewiesene gemeine Wert zugrunde zu legen. ²Der Ansatz eines geringeren oder höheren Werts kann jedoch nicht darauf gestützt werden, daß mit einer kürzeren oder längeren Lebensdauer, mit einem anderen Zinssatz als 5,5 Prozent oder mit einer anderen als mittelschüssigen Zahlungsweise zu rechnen ist.

§ 15 Jahreswert von Nutzungen und Leistungen. (1) Der einjährige Betrag der Nutzung einer Geldsumme ist, wenn kein anderer Wert feststeht, zu 5,5 Prozent anzunehmen.

(2) Nutzungen oder Leistungen, die nicht in Geld bestehen (Wohnung, Kost, Waren und sonstige Sachbezüge), sind mit den üblichen Mittelpreisen des Verbrauchsorts anzusetzen.

(3) Bei Nutzungen oder Leistungen, die in ihrem Betrag ungewiß sind oder schwanken, ist als Jahreswert der Betrag zugrunde zu legen, der in Zukunft im Durchschnitt der Jahre voraussichtlich erzielt werden wird.

§ 16[2] Begrenzung des Jahreswerts von Nutzungen. Bei der Ermittlung des Kapitalwerts der Nutzungen eines Wirtschaftsguts kann der Jahreswert dieser Nutzungen höchstens den Wert betragen, der sich ergibt, wenn der für

---

[1] § 14 Abs. 4 Satz 2 neu gef. mWv 1.1.1993 durch G v. 9.11.1992 (BGBl. I S. 1853).
[2] § 16 neu gef. mWv 1.1.1993 durch G v. 9.11.1992 (BGBl. I S. 1853).

das genutzte Wirtschaftsgut nach den Vorschriften des Bewertungsgesetzes anzusetzende Wert durch 18,6 geteilt wird.

Zweiter Teil. Besondere Bewertungsvorschriften

§ 17[1] **Geltungsbereich.** (1) Die besonderen Bewertungsvorschriften sind nach Maßgabe der jeweiligen Einzelsteuergesetze anzuwenden.

[Fassung bis 31.12.2024:]

(2)[3] Die §§ 18 bis 94, 122 und 125 bis 132 gelten für die Grundsteuer und die §§ 121a und 133 zusätzlich für die Gewerbesteuer.

(3) [1]Soweit sich nicht aus den §§ 19 bis 150 etwas anderes ergibt, finden neben diesen auch die Vorschriften des Ersten Teils des Gesetzes (§§ 1 bis 16) Anwendung. [2]§ 16 findet auf die Grunderwerbsteuer keine Anwendung.

[Fassung ab 1.1.2025:][2]

(2) [1]Soweit sich nicht aus den §§ 20 bis 266 etwas anderes ergibt, finden neben diesen auch die Vorschriften des Ersten Teils des Gesetzes (§§ 1 bis 16) Anwendung. [2]§ 16 findet auf die Grunderwerbsteuer keine Anwendung.

§ 18 Vermögensarten. Das Vermögen, das nach den Vorschriften des Zweiten Teils dieses Gesetzes zu bewerten ist, umfaßt die folgenden Vermögensarten:

1. Land– und forstwirtschaftliches Vermögen *(§§ 33 bis 67, § 31)*[4],

2. Grundvermögen *(§§ 68 bis 94, § 31)*[4],

3. Betriebsvermögen *(§§ 95 bis 109, § 31)*[4].

4.[5] *(aufgehoben)*

Erster Abschnitt: Einheitsbewertung

A. Allgemeines

§ 19[6] *Feststellung von Einheitswerten. (1) Einheitswerte werden für inländischen Grundbesitz, und zwar für Betriebe der Land- und Forstwirtschaft (§§ 33, 48a und 51a), für Grundstücke (§§ 68 und 70) und für Betriebsgrundstücke (§ 99) festgestellt (§ 180 Abs. 1 Nr. 1 der Abgabenordnung).*

---

[1] § 17 neu gef. durch G v. 20.12.1996 (BGBl. I S. 2049).
[2] § 17 Abs. 2 wird aufgeh., bish. Abs. 3 wird Abs. 2 und geänd. **mWv 1.1.2025** durch G v. 26.11.2019 (BGBl. I S. 1794).
[3] § 17 Abs. 2 geänd. mWv 1.1.1998 durch G v. 29.10.1997 (BGBl. I S. 2590).
[4] § 18 Nrn. 1 bis 3 kursive Verweisklammern werden aufgeh. **mWv 1.1.2025** durch G v. 26.11.2019 (BGBl. I S. 1794).
[5] § 18 Nr. 4 aufgeh. durch G v. 20.12.1996 (BGBl. I S. 2049).
[6] § 19 wird aufgeh. **mWv 1.1.2025** durch G v. 26.11.2019 (BGBl. I S. 1794).

(2)[1] *(aufgehoben)*

(3) In dem Feststellungsbescheid (§ 179 der Abgabenordnung) sind auch Feststellungen zu treffen

1.[2] *über die Art der wirtschaftlichen Einheit und bei Grundstücken auch über die Grundstücksart (§§ 72, 74 und 75) oder die Grundstückshauptgruppe (§ 32 der weiter anzuwendenden Durchführungsverordnung zum Reichsbewertungsgesetz vom 2. Februar 1935, RGBl. I S. 81, zuletzt geändert durch die Verordnung zur Änderung der Durchführungsverordnung zum Vermögensteuergesetz, der Durchführungsverordnung zum Reichsbewertungsgesetz und der Aufbringungsumlage-Verordnung vom 8. Dezember 1944, RGBl. I S. 338);*

2. über die Zurechnung der wirtschaftlichen Einheit und bei mehreren Beteiligten über die Höhe ihrer Anteile.

(4)[3] *Feststellungen nach den Absätzen 1 und 3 erfolgen nur, wenn und soweit sie für die Besteuerung von Bedeutung sind.*

[Fassung bis 31.12.2024:]

§ 20[5] **Ermittlung des Einheitswerts.** [1]Die Einheitswerte werden nach den Vorschriften dieses Abschnitts ermittelt. [2]Bei der Ermittlung der Einheitswerte ist § 163 der Abgabenordnung[6] nicht anzuwenden; dies gilt nicht für Übergangsregelungen, die die oberste Finanzbehörde eines Landes im Einvernehmen mit den obersten Finanzbehörden der übrigen Länder trifft.

[Fassung ab 1.1.2025:][4]

§ 20 Abweichende Feststellung von Besteuerungsgrundlagen aus Billigkeitsgründen. Bei der Bewertung ist § 163 der Abgabenordnung[6] nicht anzuwenden; dies gilt nicht für Übergangsregelungen, die die oberste Finanzbehörde eines Landes im Einvernehmen mit den obersten Finanzbehörden der übrigen Länder trifft.

§ 21[7] *Hauptfeststellung.* (1) Die Einheitswerte werden in Zeitabständen von je sechs Jahren allgemein festgestellt (Hauptfeststellung).

(2) [1]Der Hauptfeststellung werden die Verhältnisse zu Beginn des Kalenderjahrs (Hauptfeststellungszeitpunkt) zugrunde gelegt. [2]Die Vorschriften in § 35 Abs. 2 und den §§ 54 und 59 über die Zugrundelegung eines anderen Zeitpunkts bleiben unberührt.

§ 22[8] *Fortschreibungen.* (1) Der Einheitswert wird neu festgestellt (Wertfortschreibung), wenn der in Deutscher Mark ermittelte und auf volle hundert Deutsche Mark

---

[1] § 19 Abs. 2 aufgeh. mWv 1.1.2002 durch G v. 20.12.2001 (BGBl. I S. 3794).
[2] § 19 Abs. 3 Nr. 1 neu gef. mWv 1.1.2009 durch G v. 8.12.2010 (BGBl. S. 1768).
[3] § 19 Abs. 4 Verweis geänd. mWv 1.1.2002 durch G v. 20.12.2001 (BGBl. I S. 3794).
[4] § 20 neu gef. **mWv 1.1.2025** durch G v. 26.11.2019 (BGBl. I S. 1794).
[5] § 20 Satz 2 HS 2 angef. mWv 1.1.1993 durch G v. 25.2.1992 (BGBl. I S. 297).
[6] Nr. *800.*
[7] § 21 wird aufgeh. **mWv 1.1.2025** durch G v. 26.11.2019 (BGBl. I S. 1794).
[8] § 22 wird aufgeh. **mWv 1.1.2025** durch G v. 26.11.2019 (BGBl. I S. 1794).

abgerundete Wert, der sich für den Beginn eines Kalenderjahrs ergibt, von dem entsprechenden Wert des letzten Feststellungszeitpunkts nach oben um mehr als den zehnten Teil, mindestens aber um 5000 Deutsche Mark, oder um mehr als 100 000 Deutsche Mark, nach unten um mehr als den zehnten Teil, mindestens aber um 500 Deutsche Mark, oder um mehr als 5000 Deutsche Mark, abweicht.

(2) Über die Art oder Zurechnung des Gegenstandes (§ 19 Abs. 3 Nr. 1 und 2) wird eine neue Feststellung getroffen (Artfortschreibung oder Zurechnungsfortschreibung), wenn sie von der zuletzt getroffenen Feststellung abweicht und es für die Besteuerung von Bedeutung ist.

(3) ¹Eine Fortschreibung nach Absatz 1 oder Absatz 2 findet auch zur Beseitigung eines Fehlers der letzten Feststellung statt. ²§ 176 der Abgabenordnung ist hierbei entsprechend anzuwenden. ³Dies gilt jedoch nur für die Feststellungszeitpunkte, die vor der Verkündung der maßgeblichen Entscheidung eines obersten Gerichts des Bundes liegen.

(4)¹⁾ ¹Eine Fortschreibung ist vorzunehmen, wenn dem Finanzamt bekannt wird, daß die Voraussetzungen für sie vorliegen. ²Der Fortschreibung werden vorbehaltlich des § 27 die Verhältnisse im Fortschreibungszeitpunkt zugrunde gelegt. ³Fortschreibungszeitpunkt ist

1. bei einer Änderung der tatsächlichen Verhältnisse der Beginn des Kalenderjahrs, das auf die Änderung folgt;

2. in den Fällen des Absatzes 3 der Beginn des Kalenderjahrs, in dem der Fehler dem Finanzamt bekannt wird, bei einer Erhöhung des Einheitswerts jedoch frühestens der Beginn des Kalenderjahrs, in dem der Feststellungsbescheid erteilt wird.

⁴Die Vorschriften in § 35 Abs. 2 und den §§ 54 und 59 über die Zugrundelegung eines anderen Zeitpunkts bleiben unberührt.

§ 23²⁾ *Nachfeststellung. (1) Für wirtschaftliche Einheiten, für die ein Einheitswert festzustellen ist, wird der Einheitswert nachträglich festgestellt (Nachfeststellung), wenn nach dem Hauptfeststellungszeitpunkt (§ 21 Abs. 2)*

1. die wirtschaftliche Einheit neu entsteht;

2. eine bereits bestehende wirtschaftliche Einheit erstmals zu einer Steuer herangezogen werden soll.

3. (aufgehoben)

(2) ¹Der Nachfeststellung werden vorbehaltlich des § 27 die Verhältnisse im Nachfeststellungszeitpunkt zugrunde gelegt. ²Nachfeststellungszeitpunkt ist in den Fällen des Absatzes 1 Nr. 1 der Beginn des Kalenderjahrs, das auf die Entstehung der wirtschaftlichen Einheit folgt, und in den Fällen des Absatzes 1 Nr. 2 der Beginn des Kalenderjahrs, in dem der Einheitswert erstmals der Besteuerung zugrunde gelegt wird. ³Die Vorschriften in § 35 Abs. 2 und den §§ 54 und 59 über die Zugrundelegung eines anderen Zeitpunkts bleiben unberührt.

---

¹⁾ § 22 Abs. 4 Satz 3 Nr. 1 bish. Satz 2 aufgeh., Satz 4 neu gef. mWv 1.1.1998 durch G v. 29.10.1997 (BGBl. I S. 2590).

²⁾ § 23 wird aufgeh. **mWv 1.1.2025** durch G v. 26.11.2019 (BGBl. I S. 1794).

§ 24[1] *Aufhebung des Einheitswerts.* *(1) Der Einheitswert wird aufgehoben, wenn dem Finanzamt bekannt wird, daß*

1. *die wirtschaftliche Einheit wegfällt;*

2. *der Einheitswert der wirtschaftlichen Einheit infolge von Befreiungsgründen der Besteuerung nicht mehr zugrunde gelegt wird.*

3. *(aufgehoben)*

(2) Aufhebungszeitpunkt ist in den Fällen des Absatzes 1 Nr. 1 der Beginn des Kalenderjahrs, das auf den Wegfall der wirtschaftlichen Einheit folgt, und in den Fällen des Absatzes 1 Nr. 2 der Beginn des Kalenderjahrs, in dem der Einheitswert erstmals der Besteuerung nicht mehr zugrunde gelegt wird.

§ 24a[2] *Änderung von Feststellungsbescheiden.* ¹ *Bescheide über Fortschreibungen oder Nachfeststellungen von Einheitswerten des Grundbesitzes können schon vor dem maßgebenden Feststellungszeitpunkt erteilt werden.* ² *Sie sind zu ändern oder aufzuheben, wenn sich bis zu diesem Zeitpunkt Änderungen ergeben, die zu einer abweichenden Feststellung führen.*

§ 25[3] *Nachholung einer Feststellung.* *(1)* ¹ *Ist die Feststellungsfrist (§ 181 der Abgabenordnung) bereits abgelaufen, kann eine Fortschreibung (§ 22) oder Nachfeststellung (§ 23) unter Zugrundelegung der Verhältnisse vom Fortscheibungs- oder Nachfeststellungszeitpunkt mit Wirkung für einen späteren Feststellungszeitpunkt vorgenommen werden, für den diese Frist noch nicht abgelaufen ist.* ² *§ 181 Abs. 5 der Abgabenordnung bleibt unberührt.*

(2) Absatz 1 ist bei der Aufhebung des Einheitswerts (§ 24) entsprechend anzuwenden.

§ 26[4] *Umfang der wirtschaftlichen Einheit bei Ehegatten oder Lebenspartnern.* *Die Zurechnung mehrerer Wirtschaftsgüter zu einer wirtschaftlichen Einheit (§ 2) wird beim Grundbesitz im Sinne der §§ 33 bis 94, 99 und 125 bis 133 nicht dadurch ausgeschlossen, daß die Wirtschaftsgüter zum Teil dem einen, zum Teil dem anderen Ehegatten oder Lebenspartner gehören.*

§ 27[5] *Wertverhältnisse bei Fortschreibungen und Nachfeststellungen.* *Bei Fortschreibungen und bei Nachfeststellungen der Einheitswerte für Grundbesitz sind die Wertverhältnisse im Hauptfeststellungszeitpunkt zugrunde zu legen.*

§ 28[6] *Erklärungspflicht.* *(1) Erklärungen zur Feststellung des Einheitswerts sind auf jeden Hauptfeststellungszeitpunkt abzugeben.*

(2) ¹ *Die Erklärungen sind innerhalb der Frist abzugeben, die das Bundesministerium der Finanzen im Einvernehmen mit den obersten Finanzbehörden der Länder bestimmt.* ² *Die Frist ist im Bundesanzeiger bekanntzumachen.* ³ *Fordert die Finanzbehörde zur*

---

¹⁾ § 24 wird aufgeh. **mWv 1.1.2025** durch G v. 26.11.2019 (BGBl. I S. 1794).
²⁾ § 24a wird aufgeh. **mWv 1.1.2025** durch G v. 26.11.2019 (BGBl. I S. 1794).
³⁾ § 25 wird aufgeh. **mWv 1.1.2025** durch G v. 26.11.2019 (BGBl. I S. 1794).
⁴⁾ § 26 wird aufgeh. **mWv 1.1.2025** durch G v. 26.11.2019 (BGBl. I S. 1794); siehe § 266 Abs. 5.
⁵⁾ § 27 wird aufgeh. **mWv 1.1.2025** durch G v. 26.11.2019 (BGBl. I S. 1794).
⁶⁾ § 28 wird aufgeh. **mWv 1.1.2025** durch G v. 26.11.2019 (BGBl. I S. 1794).

Abgabe einer Erklärung auf einen Hauptfeststellungszeitpunkt oder auf einen anderen Feststellungszeitpunkt besonders auf (§ 149 Abs. 1 Satz 2 der Abgabenordnung), hat sie eine besondere Frist zu bestimmen, die mindestens einen Monat betragen soll.

(3) ¹ Erklärungspflichtig ist derjenige, dem Grundbesitz zuzurechnen ist. ² Er hat die Steuererklärung eigenhändig zu unterschreiben.

§ 29¹⁾ *Auskünfte, Erhebungen und Mitteilungen.* (1) ¹ Die Eigentümer von Grundbesitz haben der Finanzbehörde auf Anforderung alle Angaben zu machen, die sie für die Sammlung der Kauf-, Miet- und Pachtpreise braucht. ² Bei dieser Erklärung ist zu versichern, daß die Angaben nach bestem Wissen und Gewissen gemacht sind.*

(2) ¹ Die Finanzbehörden können zur Vorbereitung einer Hauptfeststellung und zur Durchführung von Feststellungen der Einheitswerte des Grundbesitzes örtliche Erhebungen über die Bewertungsgrundlagen anstellen. ² Das Grundrecht der Unverletzlichkeit der Wohnung (Artikel 13 des Grundgesetzes) wird insoweit eingeschränkt.

(3)²⁾ ¹ Die nach Bundes- oder Landesrecht zuständigen Behörden haben den Finanzbehörden die rechtlichen und tatsächlichen Umstände mitzuteilen, die ihnen im Rahmen ihrer Aufgabenerfüllung bekannt geworden sind und die für die Feststellung von Einheitswerten des Grundbesitzes, für die Feststellung von Grundbesitzwerten oder für die Grundsteuer von Bedeutung sein können; mitzuteilen sind auch diejenigen Umstände, die für die Erbschaftsteuer oder die Grunderwerbsteuer von Bedeutung sein können, sofern die Finanzbehörden dies anordnen. ² Den Behörden stehen die Stellen gleich, die für die Sicherung der Zweckbestimmung der Wohnungen zuständig sind, die auf der Grundlage des Zweiten Wohnungsbaugesetzes, des Wohnungsbaugesetzes für das Saarland oder auf der Grundlage des Wohnraumförderungsgesetzes gefördert worden sind.

(4)³⁾ ¹ Die Grundbuchämter teilen den für die Feststellung des Einheitswerts [ab 18.12.2019: und den für die Feststellung des Grundbesitzwerts] zuständigen Finanzbehörden für die in Absatz 3 bezeichneten Zwecke mit

1. die Eintragung eines neuen Eigentümers oder Erbbauberechtigten sowie bei einem anderen als rechtsgeschäftlichen Erwerb auch die Anschrift des neuen Eigentümers oder Erbbauberechtigten; dies gilt nicht für die Fälle des Erwerbs nach den Vorschriften des Zuordnungsrechts,

2. die Eintragung der Begründung von Wohnungseigentum oder Teileigentum,

3. die Eintragung der Begründung eines Erbbaurechts, Wohnungserbbaurechts oder Teilerbbaurechts.

² In den Fällen der Nummern 2 und 3 ist gleichzeitig der Tag des Eingangs des Eintragungsantrags beim Grundbuchamt mitzuteilen. ³ Bei einer Eintragung aufgrund Erbfolge ist das Jahr anzugeben, in dem der Erblasser verstorben ist. ⁴ Die Mitteilungen können [ab 18.12.2019: sollen] der Finanzbehörde über die für die Führung des Liegenschaftskatasters zuständige Behörde oder über eine sonstige Behörde, die das amtliche Verzeichnis der Grundstücke (§ 2 Abs. 2 der Grundbuchordnung) führt, zugeleitet werden.

---

¹⁾ § 29 wird aufgeh. **mWv 1.1.2025** durch G v. 26.11.2019 (BGBl. I S. 1794).
²⁾ § 29 Abs. 3 Satz 1 HS 2 angef. mWv 1.1.2002 durch G v. 20.12.2001 (BGBl. I S. 3794).
³⁾ § 29 Abs. 4 Satz 1 und Satz 4 geänd. mWv 18.12.2019 durch G v. 12.12.2019 (BGBl. I S. 2451).

(5) *¹Die mitteilungspflichtige Stelle hat die Betroffenen vom Inhalt der Mitteilung zu unterrichten. ²Eine Unterrichtung kann unterbleiben, soweit den Finanzbehörden Umstände aus dem Grundbuch, den Grundakten oder aus dem Liegenschaftskataster mitgeteilt werden.*

[ab 18.12.2019:
(6)¹⁾ ¹Die nach den Absätzen 3 oder 4 verpflichteten Behörden und Stellen über-mitteln die Mitteilungen den Finanzbehörden nach amtlich vorgeschriebenem Datensatz durch Datenfernübertragung. ²Die Grundbuchämter und die für die Führung des Lie-genschaftskatasters zuständigen Behörden übermitteln die bei ihnen geführten Daten laufend, mindestens alle drei Monate. ³Das Bundesministerium der Finanzen legt im Einvernehmen mit den obersten Finanzbehörden der Länder und den obersten Vermes-sungs- und Katasterbehörden der Länder die Einzelheiten und den Beginn der elektro-nischen Übermittlung in einem Schreiben fest. ⁴Dieses Schreiben ist im Bundesanzeiger und im Bundessteuerblatt zu veröffentlichen.]

§ 30²⁾ Abrundung. ¹Die in Deutscher Mark ermittelten Einheitswerte wer-den auf volle hundert Deutsche Mark nach unten abgerundet und danach in Euro umgerechnet. ²Der umgerechnete Betrag wird auf volle Euro abgerun-det.

§ 31 Bewertung von ausländischem Sachvermögen. (1) ¹Für die Be-wertung des ausländischen land- und forstwirtschaftlichen Vermögens, Grund-vermögens und Betriebsvermögens gelten die Vorschriften des Ersten Teils dieses Gesetzes, insbesondere § 9 (gemeiner Wert). ²Nach diesen Vorschriften sind auch die ausländischen Teile einer wirtschaftlichen Einheit zu bewerten, die sich sowohl auf das Inland als auch auf das Ausland erstreckt.

(2) ¹Bei der Bewertung von ausländischem Grundbesitz sind Bestandteile und Zubehör zu berücksichtigen. ²Zahlungsmittel, Geldforderungen, Wert-papiere und Geldschulden sind nicht einzubeziehen.

§ 32³⁾ *Bewertung von inländischem Sachvermögen.* ¹*Für die Bewertung des inlän-dischen land- und forstwirtschaftlichen Vermögens, Grundvermögens und Betriebsver-mögens gelten die Vorschriften der §§ 33 bis 109. ²Nach diesen Vorschriften sind auch die inländischen Teile einer wirtschaftlichen Einheit zu bewerten, die sich sowohl auf das Inland als auch auf das Ausland erstreckt.*

B. Land- und forstwirtschaftliches Vermögen

I. Allgemeines

§ 33⁴⁾ *Begriff des land- und forstwirtschaftlichen Vermögens.*
(1) ¹Zum land- und forstwirtschaftlichen Vermögen gehören alle Wirtschaftsgü-ter, die einem Betrieb der Land- und Forstwirtschaft dauernd zu dienen bestimmt sind.

---

¹⁾ § 29 Abs. 6 angef. mWv 18.12.2019 durch G v. 12.12.2019 (BGBl. I S. 2451).
²⁾ § 30 neu gef. mWv 1.1.2002 durch G v. 19.12.2000 (BGBl. I S. 1790).
³⁾ § 32 Satz 1 Zitat geänd. durch G v. 20.12.2001 (BGBl. I S. 3794); wird insgesamt auf-geh. **mWv 1.1.2025** durch G v. 26.11.2019 (BGBl. I S. 1794).
⁴⁾ § 33 wird aufgeh. **mWv 1.1.2025** durch G v. 26.11.2019 (BGBl. I S. 1794).

² Betrieb der Land- und Forstwirtschaft ist die wirtschaftliche Einheit des land- und forstwirtschaftlichen Vermögens.

(2) Zu den Wirtschaftsgütern, die einem Betrieb der Land- und Forstwirtschaft dauernd zu dienen bestimmt sind, gehören insbesondere der Grund und Boden, die Wohn- und Wirtschaftsgebäude, die stehenden Betriebsmittel und ein normaler Bestand an umlaufenden Betriebsmitteln; als normaler Bestand gilt ein solcher, der zur gesicherten Fortführung des Betriebes erforderlich ist.

(3) Zum land- und forstwirtschaftlichen Vermögen gehören nicht

1. Zahlungsmittel, Geldforderungen, Geschäftsguthaben und Wertpapiere,

2. Geldschulden,

3. über den normalen Bestand hinausgehende Bestände (Überbestände) an umlaufenden Betriebsmitteln,

4. Tierbestände oder Zweige des Tierbestands und die hiermit zusammenhängenden Wirtschaftsgüter (z. B. Gebäude und abgrenzbare Gebäudeteile mit den dazugehörenden Flächen, Betriebsmittel), wenn die Tiere weder nach § 51 oder § 51a zur landwirtschaftlichen Nutzung noch nach § 62 zur sonstigen land- und forstwirtschaftlichen Nutzung gehören. ² Die Zugehörigkeit der landwirtschaftlich genutzten Flächen zum land- und forstwirtschaftlichen Vermögen wird hierdurch nicht berührt.

§ 34[1] **Betrieb der Land- und Forstwirtschaft.** (1) Ein Betrieb der Land- und Forstwirtschaft umfaßt

1. den Wirtschaftsteil,

2. den Wohnteil.

(2) Der Wirtschaftsteil eines Betriebs der Land- und Forstwirtschaft umfaßt

1. die land- und forstwirtschaftlichen Nutzungen:

    a) die landwirtschaftliche Nutzung,

    b) die forstwirtschaftliche Nutzung,

    c) die weinbauliche Nutzung,

    d) die gärtnerische Nutzung,

    e) die sonstige land- und forstwirtschaftliche Nutzung;

2. die folgenden nicht zu einer Nutzung nach Nummer 1 gehörenden Wirtschaftsgüter:

    a) Abbauland (§ 43),

    b) Geringstland (§ 44),

    c) Unland (§ 45);

3. die Nebenbetriebe (§ 42).

(3) Der Wohnteil eines Betriebs der Land- und Forstwirtschaft umfaßt die Gebäude und Gebäudeteile, soweit sie dem Inhaber des Betriebs, den zu seinem Haushalt gehörenden Familienangehörigen und den Altenteilern zu Wohnzwecken dienen.

---

[1] § 34 wird aufgeh. **mWv 1.1.2025** durch G v. 26.11.2019 (BGBl. I S. 1794); vgl. auch § 266 Abs. 5.

(4) In den Betrieb sind auch dem Eigentümer des Grund und Bodens nicht gehörende Gebäude, die auf dem Grund und Boden des Betriebs stehen, und dem Eigentümer des Grund und Bodens nicht gehörende Betriebsmittel, die der Bewirtschaftung des Betriebs dienen, einzubeziehen.

(5) Ein Anteil des Eigentümers eines Betriebs der Land- und Forstwirtschaft an einem Wirtschaftsgut ist in den Betrieb einzubeziehen, wenn es mit dem Betrieb zusammen genutzt wird.

(6) In einem Betrieb der Land- und Forstwirtschaft, der von einer Gesellschaft oder Gemeinschaft des bürgerlichen Rechts betrieben wird, sind auch die Wirtschaftsgüter einzubeziehen, die einem oder mehreren Beteiligten gehören und dem Betrieb zu dienen bestimmt sind.

(6a) Einen Betrieb der Land- und Forstwirtschaft bildet auch die gemeinschaftliche Tierhaltung (§ 51a) einschließlich der hiermit zusammenhängenden Wirtschaftsgüter.

(7) ¹Einen Betrieb der Land- und Forstwirtschaft bilden auch Stückländereien. ²Stückländereien sind einzelne land- und forstwirtschaftlich genutzte Flächen, bei denen die Wirtschaftsgebäude oder die Betriebsmittel oder beide Arten von Wirtschaftsgütern nicht dem Eigentümer des Grund und Bodens gehören.

§ 35¹⁾ *Bewertungsstichtag.* (1) Für die Größe des Betriebs sowie für den Umfang und den Zustand der Gebäude und der stehenden Betriebsmittel sind die Verhältnisse im Feststellungszeitpunkt maßgebend.

(2) Für die umlaufenden Betriebsmittel ist der Stand am Ende des Wirtschaftsjahres maßgebend, das dem Feststellungszeitpunkt vorangegangen ist.

§ 36²⁾ *Bewertungsgrundsätze.* (1) Bei der Bewertung ist unbeschadet der Regelung, die in § 47 für den Wohnungswert getroffen ist, der Ertragswert zugrunde zu legen.

(2) ¹Bei der Ermittlung des Ertragswerts ist von der Ertragsfähigkeit auszugehen. ²Ertragsfähigkeit ist der bei ordnungsmäßiger und schuldenfreier Bewirtschaftung mit entlohnten fremden Arbeitskräften gemeinhin und nachhaltig erzielbare Reinertrag. ³Ertragswert ist das Achtzehnfache dieses Reinertrags.

(3) Bei der Beurteilung der Ertragsfähigkeit sind die Ertragsbedingungen zu berücksichtigen, soweit sie nicht unwesentlich sind.

§ 37³⁾ *Ermittlung des Ertragswerts.* (1) ¹Der Ertragswert der Nutzungen wird durch ein vergleichendes Verfahren (§§ 38 bis 41) ermittelt. ²Das vergleichende Verfahren kann auch auf Nutzungsteile angewendet werden.

(2) Kann ein vergleichendes Verfahren nicht durchgeführt werden, so ist der Ertragswert nach der Ertragsfähigkeit der Nutzung unmittelbar zu ermitteln (Einzelertragswertverfahren).

---

¹⁾ § 35 wird aufgeh. **mWv 1.1.2025** durch G v. 26.11.2019 (BGBl. I S. 1794).
²⁾ § 36 wird aufgeh. **mWv 1.1.2025** durch G v. 26.11.2019 (BGBl. I S. 1794).
³⁾ § 37 wird aufgeh. **mWv 1.1.2025** durch G v. 26.11.2019 (BGBl. I S. 1794).

§ 38[1]) *Vergleichszahl, Ertragsbedingungen.* *(1) Die Unterschiede der Ertragsfähigkeit der gleichen Nutzung in den verschiedenen Betrieben werden durch Vergleich der Ertragsbedingungen beurteilt und vorbehaltlich der §§ 55 und 62 durch Zahlen ausgedrückt, die dem Verhältnis der Reinerträge entsprechen (Vergleichszahlen).*

(2) Bei dem Vergleich der Ertragsbedingungen sind zugrunde zu legen

1. *die tatsächlichen Verhältnisse für:*

    a) die natürlichen Ertragsbedingungen, insbesondere Bodenbeschaffenheit, Geländegestaltung, klimatische Verhältnisse,

    b) die folgenden wirtschaftlichen Ertragsbedingungen:

        aa) innere Verkehrslage (Lage für die Bewirtschaftung der Betriebsfläche),

        bb) äußere Verkehrslage (insbesondere Lage für die Anfuhr der Betriebsmittel und die Abfuhr der Erzeugnisse),

        cc) Betriebsgröße;

2. *die in der Gegend als regelmäßig anzusehenden Verhältnisse für die in Nummer 1 Buchstabe b nicht bezeichneten wirtschaftlichen Ertragsbedingungen, insbesondere Preise und Löhne, Betriebsorganisation, Betriebsmittel.*

(3) Bei Stückländereien sind die wirtschaftlichen Ertragsbedingungen nach Absatz 2 Nr. 1 Buchstabe b mit den regelmäßigen Verhältnissen der Gegend anzusetzen.

§ 39[2]) *Bewertungsstützpunkte.* *(1)*[3]) *¹ Zur Sicherung der Gleichmäßigkeit der Bewertung werden in einzelnen Betrieben mit gegendüblichen Ertragsbedingungen die Vergleichszahlen von Nutzungen und Nutzungsteilen vorweg ermittelt (Hauptbewertungsstützpunkte). ² Die Vergleichszahlen der Hauptbewertungsstützpunkte werden vom Bewertungsbeirat (§§ 63 bis 66) vorgeschlagen und durch Rechtsverordnung festgesetzt. ³ Die Vergleichszahlen der Nutzungen und Nutzungsteile in den übrigen Betrieben werden durch Vergleich mit den Vergleichszahlen der Hauptbewertungsstützpunkte ermittelt. ⁴ § 55 bleibt unberührt.*

(2) ¹ Die Hauptbewertungsstützpunkte können durch Landes-Bewertungsstützpunkte und Orts-Bewertungsstützpunkte als Bewertungsbeispiele ergänzt werden. ² Die Vergleichszahlen der Landes-Bewertungsstützpunkte werden vom Gutachterausschuß (§ 67), die Vergleichszahlen der Orts-Bewertungsstützpunkte von den Landesfinanzbehörden ermittelt. ³ Die Vergleichszahlen der Landes-Bewertungsstützpunkte und Orts-Bewertungsstützpunkte können bekanntgegeben werden.

(3) ¹ Zugepachtete Flächen, die zusammen mit einem Bewertungsstützpunkt bewirtschaftet werden, können bei der Ermittlung der Vergleichszahlen mit berücksichtigt werden. ² Bei der Feststellung des Einheitswerts eines Betriebs, der als Bewertungsstützpunkt dient, sind zugepachtete Flächen nicht zu berücksichtigen (§ 2 Abs. 2).

§ 40[4]) *Ermittlung des Vergleichswerts.* *(1) ¹ Zum Hauptfeststellungszeitpunkt wird für die landwirtschaftliche, die weinbauliche und die gärtnerische Nutzung oder für*

---

    ¹) § 38 wird aufgeh. **mWv 1.1.2025** durch G v. 26.11.2019 (BGBl. I S. 1794).

    ²) § 39 wird aufgeh. **mWv 1.1.2025** durch G v. 26.11.2019 (BGBl. I S. 1794).

    ³) Siehe hierzu 1. VO zur Durchführung des § 39 Abs. 1 des BewG v. 30.8.1967 (BGBl. I S. 937, ber. S. 1184), 2. VO v. 24.11.1967 (BGBl. I S. 1191) und 3. VO v. 7.12.1967 (BGBl. I S. 1199).

    ⁴) § 40 wird aufgeh. **mWv 1.1.2025** durch G v. 26.11.2019 (BGBl. I S. 1794).

deren Teile der 100 Vergleichszahlen entsprechende Ertragswert vorbehaltlich Absatz 2 durch besonderes Gesetz festgestellt. ²Aus diesem Ertragswert wird der Ertragswert für die einzelne Nutzung oder den Nutzungsteil in den Betrieben mit Hilfe der Vergleichszahlen abgeleitet (Vergleichswert). ³Der auf einen Hektar bezogene Vergleichswert ist der Hektarwert.

(2) Für die Hauptfeststellung auf den Beginn des Kalenderjahres 1964 betragen die 100 Vergleichszahlen entsprechenden Ertragswerte bei

der landwirtschaftlichen Nutzung

ohne Hopfen und Spargel	37,26 DM[1]
Hopfen	254,00 DM[1]
Spargel	76,50 DM[1]

der weinbaulichen Nutzung   200,00 DM[1]

den gärtnerischen Nutzungsteilen

Gemüse-, Blumen- und Zierpflanzenbau	108,00 DM[1]
Obstbau	72,00 DM[1]
Baumschulen	221,40 DM[1].

(3) ¹Die Hoffläche und die Gebäudefläche des Betriebs sind in die einzelne Nutzung einzubeziehen, soweit sie ihr dienen. ²Hausgärten bis zur Größe von 10 Ar sind zur Hof- und Gebäudefläche zu rechnen. ³Wirtschaftswege, Hecken, Gräben, Grenzraine und dergleichen sind in die Nutzung einzubeziehen, zu der sie gehören; dies gilt auch für Wasserflächen, soweit sie nicht Unland sind oder zur sonstigen land- und forstwirtschaftlichen Nutzung (§ 62) gehören.

(4) Das Finanzamt hat bei Vorliegen eines rechtlichen Interesses dem Steuerpflichtigen Bewertungsgrundlagen und Bewertungsergebnisse der Nutzung oder des Nutzungsteils von Bewertungsstützpunkten, die bei der Ermittlung der Vergleichswerte seines Betriebs herangezogen worden sind, anzugeben.

(5) Zur Berücksichtigung der rückläufigen Reinerträge sind die nach Absätzen 1 und 2 ermittelten Vergleichswerte für Hopfen um 80 Prozent, für Spargel um 50 Prozent und für Obstbau um 60 Prozent zu vermindern; es ist jedoch jeweils mindestens ein Hektarwert von 1200 Deutsche Mark[1] anzusetzen.

§ 41[2] Abschläge und Zuschläge. (1) Ein Abschlag oder ein Zuschlag am Vergleichswert ist zu machen,

1. soweit die tatsächlichen Verhältnisse bei einer Nutzung oder einem Nutzungsteil von den bei der Bewertung unterstellten regelmäßigen Verhältnissen der Gegend (§ 38 Abs. 2 Nr. 2) um mehr als 20 Prozent abweichen und

2. wenn die Abweichung eine Änderung des Vergleichswerts der Nutzung oder des Nutzungsteils um mehr als den fünften Teil, mindestens aber um 1000 Deutsche Mark[1], oder um mehr als 10 000 Deutsche Mark[1] bewirkt.

(2) Der Abschlag oder der Zuschlag ist nach der durch die Abweichung bedingten Minderung oder Steigerung der Ertragsfähigkeit zu bemessen.

---

[1] Zur Anwendung siehe § 265 Abs. 2.
[2] § 41 wird aufgeh. **mWv 1.1.2025** durch G v. 26.11.2019 (BGBl. I S. 1794).

(2a)[1] *Der Zuschlag wegen Abweichung des tatsächlichen Tierbestands von den unterstellten regelmäßigen Verhältnissen der Gegend ist bei Fort-schreibungen (§ 22) oder Nachfeststellungen (§ 23) um 50 Prozent zu vermindern.*

(3) Bei Stückländereien sind weder Abschläge für fehlende Betriebsmittel beim Eigentümer des Grund und Bodens noch Zuschläge für Überbestand an diesen Wirtschaftsgütern bei deren Eigentümern zu machen.

§ 42[2] *Nebenbetriebe.* (1) Nebenbetriebe sind Betriebe, die dem Hauptbetrieb zu dienen bestimmt sind und nicht einen selbständigen gewerblichen Betrieb darstellen.

(2) Die Nebenbetriebe sind gesondert mit dem Einzelertragswert zu bewerten.

§ 43[3] *Abbauland.* (1) Zum Abbauland gehören die Betriebsflächen, die durch Abbau der Bodensubstanz überwiegend für den Betrieb nutzbar gemacht werden (Sand-, Kies-, Lehmgruben, Steinbrüche, Torfstiche und dergleichen).

(2) Das Abbauland ist gesondert mit dem Einzelertragswert zu bewerten.

§ 44[4] *Geringstland.* (1) Zum Geringstland gehören die Betriebsflächen geringster Ertragsfähigkeit, für die nach dem Bodenschätzungsgesetz keine Wertzahlen festzustellen sind.

(2) Geringstland ist mit einem Hektarwert von 50 Deutschen Mark[5] *zu bewerten.*

§ 45[6] *Unland.* (1) Zum Unland gehören die Betriebsflächen, die auch bei geordneter Wirtschaftsweise keinen Ertrag abwerfen können.

(2) Unland wird nicht bewertet.

§ 46[7] *Wirtschaftswert.* [1] *Aus den Vergleichswerten (§ 40 Abs. 1) und den Abschlägen und Zuschlägen (§ 41), aus den Einzelertragswerten sowie aus den Werten der nach den §§ 42 bis 44 gesondert zu bewertenden Wirtschaftsgüter wird der Wert für den Wirtschaftsteil (Wirtschaftswert) gebildet.* [2] *Für seine Ermittlung gelten außer den Bestimmungen in den §§ 35 bis 45 auch die besonderen Vorschriften in den §§ 50 bis 62.*

§ 47[8] *Wohnungswert.* [1] *Der Wert für den Wohnteil (Wohnungswert) wird nach den Vorschriften ermittelt, die beim Grundvermögen für die Bewertung der Mietwohngrundstücke im Ertragswertverfahren (§§ 71, 78 bis 82 und 91) gelten.* [2] *Bei der Schätzung der üblichen Miete (§ 79 Abs. 2) sind die Besonderheiten, die sich aus der Lage der Gebäude oder Gebäudeteile im Betrieb ergeben, zu berücksichtigen.* [3] *Der ermittelte Betrag ist um 15 Prozent zu vermindern.*

---

[1] § 41 Abs. 2a Satz 1 geänd., bish. Satz 2 aufgeh. durch G v. 20.12.2001 (BGBl. I S. 3794).
[2] § 42 wird aufgeh. **mWv 1.1.2025** durch G v. 26.11.2019 (BGBl. I S. 1794).
[3] § 43 wird aufgeh. **mWv 1.1.2025** durch G v. 26.11.2019 (BGBl. I S. 1794).
[4] § 44 wird aufgeh. **mWv 1.1.2025** durch G v. 26.11.2019 (BGBl. I S. 1794).
[5] Siehe hierzu § 265 Abs. 2.
[6] § 45 wird aufgeh. **mWv 1.1.2025** durch G v. 26.11.2019 (BGBl. I S. 1794).
[7] § 46 wird aufgeh. **mWv 1.1.2025** durch G v. 26.11.2019 (BGBl. I S. 1794).
[8] § 47 wird aufgeh. **mWv 1.1.2025** durch G v. 26.11.2019 (BGBl. I S. 1794).

nehmer (Mitunternehmer) anzusehen sind (§ 97 Abs. 1 Nr. 5), oder von Vereinen (§ 97 Abs. 2), wenn

1. alle Gesellschafter oder Mitglieder

   a) Inhaber eines Betriebs der Land- und Forstwirtschaft mit selbstbewirtschafteten regelmäßig landwirtschaftlich genutzten Flächen sind,

   b) nach dem Gesamtbild der Verhältnisse hauptberuflich Land- und Forstwirte sind,

   c)[1] Landwirte im Sinne des § 1 Abs. 2 des Gesetzes über die Alterssicherung der Landwirte sind und dies durch eine Bescheinigung der landwirtschaftlichen Alterskasse nachgewiesen wird und

   d) die sich nach § 51 Abs. 1a[2] für sie ergebende Möglichkeit zur landwirtschaftlichen Tiererzeugung oder Tierhaltung in Vieheinheiten ganz oder teilweise auf die Genossenschaft, die Gesellschaft oder den Verein übertragen haben;

2. die Anzahl der von der Genossenschaft, der Gesellschaft oder dem Verein im Wirtschaftsjahr erzeugten oder gehaltenen Vieheinheiten keine der nachfolgenden Grenzen nachhaltig überschreitet:

   a) die Summe der sich nach Nummer 1 Buchstabe d ergebenden Vieheinheiten und

   b) die Summe der Vieheinheiten, die sich nach § 51 Abs. 1a[2] auf der Grundlage der Summe der von den Gesellschaftern oder Mitgliedern regelmäßig landwirtschaftlich genutzten Flächen ergibt;

3. die Betriebe der Gesellschafter oder Mitglieder nicht mehr als 40 km von der Produktionsstätte der Genossenschaft, der Gesellschaft oder des Vereins entfernt liegen.

²Die Voraussetzungen der Nummer 1 Buchstabe d und der Nummer 2 sind durch besondere, laufend zu führende Verzeichnisse nachzuweisen.

(2) Der Anwendung des Absatzes 1 steht es nicht entgegen, wenn die dort bezeichneten Genossenschaften, Gesellschaften oder Vereine die Tiererzeugung oder Tierhaltung ohne regelmäßig landwirtschaftlich genutzte Flächen betreiben.

(3) Von den in Absatz 1 bezeichneten Genossenschaften, Gesellschaften oder Vereinen regelmäßig landwirtschaftlich genutzte Flächen sind bei der Ermittlung der nach Absatz 1 Nr. 2 maßgebenden Grenzen wie Flächen von Gesellschaftern oder Mitgliedern zu behandeln, die ihre Möglichkeit zur landwirtschaftlichen Tiererzeugung oder Tierhaltung im Sinne des Absatzes 1 Nr. 1 Buchstabe d auf die Genossenschaft, die Gesellschaft oder den Verein übertragen haben.

(4) Bei dem einzelnen Gesellschafter oder Mitglied der in Absatz 1 bezeichneten Genossenschaften, Gesellschaften oder Vereine ist § 51 Abs. 1a[2] mit der Maßgabe anzuwenden, daß die in seinem Betrieb erzeugten oder gehaltenen Vieheinheiten mit den Vieheinheiten zusammenzurechnen sind, die im Rahmen der nach Absatz 1 Nr. 1 Buchstabe d übertragenen Möglichkeiten erzeugt oder gehalten werden.

(5) Die Vorschriften des § 51 Abs. 2 bis 4 sind entsprechend anzuwenden.

---

[1] § 51a Abs. 1 Nr. 1 Buchst. c geänd. durch G v. 29.7.1994 (BGBl. I S. 1890); geänd. mWv 1.1.2013 durch G v. 12.4.2012 (BGBl. I S. 579).
[2] § 51a Abs. 1 Nr. 1 Buchst. d, Abs. 1 Nr. 2 Buchst. b und Abs. 4 Verweis geänd. durch G v. 29.6.1998 (BGBl. I S. 1692) und durch G v. 20.12.2001 (BGBl. I S. 3794).

§ 52[1]) *Sonderkulturen. Hopfen, Spargel und andere Sonderkulturen sind als landwirtschaftliche Nutzungsteile (§ 37 Abs. 1) zu bewerten.*

b) Forstwirtschaftliche Nutzung

§ 53[2]) *Umlaufende Betriebsmittel. Eingeschlagenes Holz gehört zum normalen Bestand an umlaufenden Betriebsmitteln, soweit es den jährlichen Nutzungssatz nicht übersteigt; bei Betrieben, die nicht jährlich einschlagen (aussetzende Betriebe), tritt an die Stelle des jährlichen Nutzungssatzes ein den Betriebsverhältnissen entsprechender mehrjähriger Nutzungssatz.*

§ 54[3]) *Bewertungsstichtag. Abweichend von § 35 Abs. 1 sind für den Umfang und den Zustand des Bestandes an nicht eingeschlagenem Holz die Verhältnisse am Ende des Wirtschaftsjahres zugrunde zu legen, das dem Feststellungszeitpunkt vorangegangen ist.*

§ 55[4]) *Ermittlung des Vergleichswerts.* (1) Das vergleichende Verfahren ist auf Hochwald als Nutzungsteil (§ 37 Abs. 1) anzuwenden.

(2) Die Ertragsfähigkeit des Hochwaldes wird vorweg für Nachhaltsbetriebe mit regelmäßigem Alters- oder Vorratsklassenverhältnis ermittelt und durch Normalwerte ausgedrückt.

(3)[5] [1]Normalwert ist der für eine Holzart unter Berücksichtigung des Holzertrags auf einen Hektar bezogene Ertragswert eines Nachhaltsbetriebs mit regelmäßigem Alters- oder Vorratsklassenverhältnis. [2]Die Normalwerte werden für Bewertungsgebiete vom Bewertungsbeirat vorgeschlagen und durch Rechtsverordnung festgesetzt. [3]Der Normalwert beträgt für die Hauptfeststellung auf den Beginn des Kalenderjahres 1964 höchstens 3200 Deutsche Mark[6]) (Fichte, Ertragsklasse I A, Bestockungsgrad 1,0).

(4)[5] [1]Die Anteile der einzelnen Alters- oder Vorratsklassen an den Normalwerten werden durch Prozentsätze ausgedrückt. [2]Für jede Alters- oder Vorratsklasse ergibt sich der Prozentsatz aus dem Verhältnis ihres Abtriebswerts zum Abtriebswert des Nachhaltsbetriebs mit regelmäßigem Alters- oder Vorratsklassenverhältnis. [3]Die Prozentsätze werden einheitlich für alle Bewertungsgebiete durch Rechtsverordnung festgesetzt. [4]Sie betragen für die Hauptfeststellung auf den Beginn des Kalenderjahres 1964 höchstens 260 Prozent der Normalwerte.

(5) [1]Ausgehend von den nach Absatz 3 festgesetzten Normalwerten wird für die forstwirtschaftliche Nutzung des einzelnen Betriebs der Ertragswert (Vergleichswert) abgeleitet. [2]Dabei werden die Prozentsätze auf die Alters- oder Vorratsklassen angewendet.

(6) Der Wert der einzelnen Alters- oder Vorratsklasse beträgt mindestens 50 Deutsche Mark[6]) je Hektar.

---

[1]) § 52 wird aufgeh. **mWv 1.1.2025** durch G v. 26.11.2019 (BGBl. I S. 1794).
[2]) § 53 wird aufgeh. **mWv 1.1.2025** durch G v. 26.11.2019 (BGBl. I S. 1794).
[3]) § 54 wird aufgeh. **mWv 1.1.2025** durch G v. 26.11.2019 (BGBl. I S. 1794).
[4]) § 55 wird aufgeh. **mWv 1.1.2025** durch G v. 26.11.2019 (BGBl. I S. 1794).
[5]) Siehe hierzu VO zur Durchführung des § 55 Abs. 3 und 4 des BewG v. 27.7.1967 (Nr. **203**).
[6]) Siehe hierzu § 265 Abs. 2.

(7) Mittelwald und Niederwald sind mit 50 Deutsche Mark[1] je Hektar anzusetzen.

(8)[2] Zur Förderung der Gleichmäßigkeit der Bewertung wird, ausgehend von den Normalwerten des Bewertungsgebiets nach Absatz 3, durch den Bewertungsbeirat (§§ 63 bis 66) für den forstwirtschaftlichen Nutzungsteil Hochwald in einzelnen Betrieben mit gegendüblichen Ertragsbedingungen (Hauptbewertungsstützpunkte) der Vergleichswert vorgeschlagen und durch Rechtsverordnung festgesetzt.

(9) Zur Berücksichtigung der rückläufigen Reinerträge sind die nach Absatz 5 ermittelten Ertragswerte (Vergleichswerte) um 40 Prozent zu vermindern; die Absätze 6 und 7 bleiben unberührt.

c) Weinbauliche Nutzung

§ 56[3] *Umlaufende Betriebsmittel.* *(1) [1] Bei ausbauenden Betrieben zählen die Vorräte an Weinen aus der letzten und der vorletzten Ernte vor dem Bewertungsstichtag zum normalen Bestand an umlaufenden Betriebsmitteln. [2] Für die Weinvorräte aus der vorletzten Ernte vor dem Bewertungsstichtag gilt dies jedoch nur, soweit sie nicht auf Flaschen gefüllt sind.*

(2) [1] Für Feststellungszeitpunkte ab dem 1. Januar 1996 zählen bei ausbauenden Betrieben die Vorräte an Weinen aus den Ernten der letzten fünf Jahre vor dem Bewertungsstichtag zum normalen Bestand an umlaufenden Betriebsmitteln. [2] Diese Zuordnung der Weinvorräte steht einer Änderung der tatsächlichen Verhältnisse gleich, die im Kalenderjahr 1995 eingetreten ist; § 27 ist insoweit nicht anzuwenden.

(3) Abschläge für Unterbestand an Weinvorräten sind nicht zu machen.

§ 57[4] *Bewertungsstützpunkte.* *Als Bewertungsstützpunkte dienen Weinbaulagen oder Teile von Weinbaulagen.*

§ 58[5] *Innere Verkehrslage.* *Bei der Berücksichtigung der inneren Verkehrslage sind abweichend von § 38 Abs. 2 Nr. 1 nicht die tatsächlichen Verhältnisse, sondern die in der Weinbaulage regelmäßigen Verhältnisse zugrunde zu legen; § 41 ist entsprechend anzuwenden.*

d) Gärtnerische Nutzung

§ 59[6] *Bewertungsstichtag.* *(1) Die durch Anbau von Baumschulgewächsen genutzte Betriebsfläche wird abweichend von § 35 Abs. 1 nach den Verhältnissen an dem 15. September bestimmt, der dem Feststellungszeitpunkt vorangegangen ist.*

(2) Die durch Anbau von Gemüse, Blumen und Zierpflanzen genutzte Betriebsfläche wird abweichend von § 35 Abs. 1 nach den Verhältnissen an dem 30. Juni bestimmt, der dem Feststellungszeitpunkt vorangegangen ist.

---

[1] Siehe hierzu § 265 Abs. 2.
[2] Siehe hierzu VO zur Durchführung des § 55 Abs. 8 des BewG v. 11.8.1967 (Nr. **204**).
[3] § 56 wird aufgeh. **mWv 1.1.2025** durch G v. 26.11.2019 (BGBl. I S. 1794).
[4] § 57 wird aufgeh. **mWv 1.1.2025** durch G v. 26.11.2019 (BGBl. I S. 1794).
[5] § 58 wird aufgeh. **mWv 1.1.2025** durch G v. 26.11.2019 (BGBl. I S. 1794).
[6] § 59 wird aufgeh. **mWv 1.1.2025** durch G v. 26.11.2019 (BGBl. I S. 1794).

§ 60[1] Ertragsbedingungen. *(1) Bei der Beurteilung der natürlichen Ertragsbedingungen (§ 38 Abs. 2 Nr. 1 Buchstabe a) ist von den Ergebnissen der Bodenschätzung nach dem Bodenschätzungsgesetz auszugehen.*

(2) Hinsichtlich der ertragsteigernden Anlagen, insbesondere der überdachten Anbauflächen, sind – abweichend von § 38 Abs. 2 Nr. 2 – die tatsächlichen Verhältnisse des Betriebs zugrunde zu legen.

§ 61[2] Anwendung des vergleichenden Verfahrens. *Das vergleichende Verfahren ist auf Gemüse-, Blumen- und Zierpflanzenbau, auf Obstbau und auf Baumschulen als Nutzungsteile (§ 37 Abs. 1 Satz 2) anzuwenden.*

e) Sonstige land- und forstwirtschaftliche Nutzung

§ 62[3] Arten und Bewertung der sonstigen land- und forstwirtschaftlichen Nutzung. *(1) Zur sonstigen land- und forstwirtschaftlichen Nutzung gehören insbesondere*

1. *die Binnenfischerei,*

2. *die Teichwirtschaft,*

3. *die Fischzucht für Binnenfischerei und Teichwirtschaft,*

4. *die Imkerei,*

5. *die Wanderschäferei,*

6. *die Saatzucht.*

(2) Für die Arten der sonstigen land- und forstwirtschaftlichen Nutzung werden im vergleichenden Verfahren abweichend von § 38 Abs. 1 keine Vergleichszahlen, sondern unmittelbare Vergleichswerte ermittelt.

III. Bewertungsbeirat, Gutachterausschuß

§ 63[4] Bewertungsbeirat. *(1) Beim Bundesministerium der Finanzen wird ein Bewertungsbeirat gebildet.*

(2)[5] ¹ Der Bewertungsbeirat gliedert sich in eine landwirtschaftliche Abteilung, eine forstwirtschaftliche Abteilung, eine Weinbauabteilung und eine Gartenbauabteilung. ² Die Gartenbauabteilung besteht aus den Unterabteilungen für Gemüse-, Blumen- und Zierpflanzenbau, für Obstbau und für Baumschulen.

(3)[6] (aufgehoben)

§ 64[7] Mitglieder. *(1) Dem Bewertungsbeirat gehören an*

1. *in jeder Abteilung und Unterabteilung:*

---

[1] § 60 wird aufgeh. **mWv 1.1.2025** durch G v. 26.11.2019 (BGBl. I S. 1794).
[2] § 61 wird aufgeh. **mWv 1.1.2025** durch G v. 26.11.2019 (BGBl. I S. 1794).
[3] § 62 wird aufgeh. **mWv 1.1.2025** durch G v. 26.11.2019 (BGBl. I S. 1794).
[4] § 63 wird aufgeh. **mWv 1.1.2025** durch G v. 26.11.2019 (BGBl. I S. 1794).
[5] § 63 Abs. 2 Satz 2 geänd. durch G v. 21.12.1993 (BGBl. I S. 2310).
[6] § 63 Abs. 3 aufgeh. mWv 1.1.2008 durch G v. 20.12.2007 (BGBl. I S. 3150).
[7] § 64 wird aufgeh. **mWv 1.1.2025** durch G v. 26.11.2019 (BGBl. I S. 1794).

a) ein Beamter des Bundesministeriums der Finanzen als Vorsitzender,

b) ein Beamter des Bundesministeriums für Ernährung und Landwirtschaft[1];

2. *in der landwirtschaftlichen Abteilung und in der forstwirtschaftlichen Abteilung je zehn Mitglieder;*

3. *in der Weinbauabteilung acht Mitglieder;*

4. *in der Gartenbauabteilung vier Mitglieder mit allgemeiner Sachkunde, zu denen für jede Unterabteilung drei weitere Mitglieder mit besonderer Fachkenntnis hinzutreten.*

(2) Nach Bedarf können weitere Mitglieder berufen werden.

(3)[2] [1]Die Mitglieder nach Absatz 1 Nr. 2 bis 4 und nach Absatz 2 werden auf Vorschlag der obersten Finanzbehörden der Länder durch das Bundesministerium der Finanzen im Einvernehmen mit dem Bundesministerium für Ernährung und Landwirtschaft[1] berufen. [2]Die Berufung kann mit Zustimmung der obersten Finanzbehörden der Länder zurückgenommen werden. [3]Scheidet eines der nach Absatz 1 Nr. 2 bis 4 berufenen Mitglieder aus, so ist ein neues Mitglied zu berufen. [4]Die Mitglieder müssen sachkundig sein.

(4) [1]Die nach Absatz 3 berufenen Mitglieder haben bei den Verhandlungen des Bewertungsbeirats ohne Rücksicht auf Sonderinteressen nach bestem Wissen und Gewissen zu verfahren. [2]Sie dürfen den Inhalt der Verhandlungen des Bewertungsbeirats sowie die Verhältnisse der Steuerpflichtigen, die ihnen im Zusammenhang mit ihrer Tätigkeit auf Grund dieses Gesetzes bekanntgeworden sind, nicht unbefugt offenbaren und Geheimnisse, insbesondere Betriebs- oder Geschäftsgeheimnisse, nicht unbefugt verwerten. [3]Sie werden bei Beginn ihrer Tätigkeit von dem Vorsitzenden des Bewertungsbeirats durch Handschlag verpflichtet, diese Obliegenheiten gewissenhaft zu erfüllen. [4]Über diese Verpflichtung ist eine Niederschrift aufzunehmen, die von dem Verpflichteten mit unterzeichnet wird. [5]Auf Zuwiderhandlungen sind die Vorschriften über das Steuergeheimnis und die Strafbarkeit seiner Verletzung entsprechend anzuwenden.

§ 65[3] *Aufgaben.* Der Bewertungsbeirat hat die Aufgabe, Vorschläge zu machen

1. *für die durch besonderes Gesetz festzusetzenden Ertragswerte (§ 40 Abs. 1),*

2. *für die durch Rechtsverordnung festzusetzenden Vergleichszahlen (§ 39 Abs. 1) und Vergleichswerte (§ 55 Abs. 8) der Hauptbewertungsstützpunkte,*

3. *für die durch Rechtsverordnung festzusetzenden Normalwerte der forstwirtschaftlichen Nutzung für Bewertungsgebiete (§ 55 Abs. 3).*

§ 66[4] *Geschäftsführung.* (1) [1]Der Vorsitzende führt die Geschäfte des Bewertungsbeirats und leitet die Verhandlungen. [2]Das Bundesministerium der Finanzen kann eine Geschäftsordnung für den Bewertungsbeirat erlassen.

(2) [1]Die einzelnen Abteilungen und Unterabteilungen des Bewertungsbeirats sind beschlußfähig, wenn mindestens zwei Drittel der Mitglieder anwesend sind. [2]Bei Ab-

---

[1] Bezeichnung geänd. durch VO v. 31.8.2015 (BGBl. I S. 1474).

[2] § 64 Abs. 3 Sätze 1 und 2 neu gef. mWv 1.1.1995 durch G v. 11.10.1995 (BGBl. I S. 1250).

[3] § 65 wird aufgeh. **mWv 1.1.2025** durch G v. 26.11.2019 (BGBl. I S. 1794).

[4] § 66 wird aufgeh. **mWv 1.1.2025** durch G v. 26.11.2019 (BGBl. I S. 1794).

stimmung entscheidet die Stimmenmehrheit, bei Stimmengleichheit die Stimme des Vorsitzenden.

(3) ¹ *Der Bewertungsbeirat hat seinen Sitz am Sitz des Bundesministeriums der Finanzen.* ² *Er hat bei Durchführung seiner Aufgaben die Ermittlungsbefugnisse, die den Finanzämtern nach der Abgabenordnung zustehen.*

(4) ¹ *Die Verhandlungen des Bewertungsbeirats sind nicht öffentlich.* ² *Der Bewertungsbeirat kann nach seinem Ermessen Sachverständige hören; § 64 Abs. 4 gilt entsprechend.*

§ 67¹⁾ *Gutachterausschuß.* *(1)* ¹ *Zur Förderung der Gleichmäßigkeit der Bewertung des land- und forstwirtschaftlichen Vermögens in den Ländern, insbesondere durch Bewertung von Landes-Bewertungsstützpunkten, wird bei jeder Oberfinanzdirektion ein Gutachterausschuß gebildet.* ² *Bei jedem Gutachterausschuß ist eine landwirtschaftliche Abteilung zu bilden.* ³ *Weitere Abteilungen können nach Bedarf entsprechend der Gliederung des Bewertungsbeirats (§ 63) gebildet werden.*

(2) Die landwirtschaftliche Abteilung des Gutachterausschusses übernimmt auch die Befugnisse des Landesschätzungsbeirats nach dem Bodenschätzungsgesetz.

(3) Dem Gutachterausschuß oder jeder seiner Abteilungen gehören an

1. *der Oberfinanzpräsident oder ein von ihm beauftragter Angehöriger seiner Behörde als Vorsitzender,*

2. *ein von der für die Land- und Forstwirtschaft zuständigen obersten Landesbehörde beauftragter Beamter,*

3. *fünf sachkundige Mitglieder, die durch die für die Finanzverwaltung zuständige oberste Landesbehörde im Einvernehmen mit der für die Land- und Forstwirtschaft zuständigen obersten Landesbehörde berufen werden.* ³ *Die Berufung kann zurückgenommen werden.* ³ *§ 64 Abs. 2 und 4 gilt entsprechend.* ⁴ *Die Landesregierungen werden ermächtigt, durch Rechtsverordnung die zuständigen Behörden abweichend von Satz 1 zu bestimmen.* ⁵ *Sie können diese Ermächtigung auf oberste Landesbehörden übertragen.*

(4) ¹ *Der Vorsitzende führt die Geschäfte des Gutachterausschusses und leitet die Verhandlungen.* ² *Die Verhandlungen sind nicht öffentlich.* ³ *Für die Beschlußfähigkeit und die Abstimmung gilt § 66 Abs. 2 entsprechend.*

C. Grundvermögen

I. Allgemeines

§ 68²⁾ *Begriff des Grundvermögens.* *(1) Zum Grundvermögen gehören*

1. *der Grund und Boden, die Gebäude, die sonstigen Bestandteile und das Zubehör,*

2. *das Erbbaurecht,*

3. *das Wohnungseigentum, Teileigentum, Wohnungserbbaurecht und Teilerbbaurecht nach dem Wohnungseigentumsgesetz,*

---

¹⁾ § 67 wird aufgeh. **mWv 1.1.2025** durch G v. 26.11.2019 (BGBl. I S. 1794).
²⁾ § 68 wird aufgeh. **mWv 1.1.2025** durch G v. 26.11.2019 (BGBl. I S. 1794).

soweit es sich nicht um land- und forstwirtschaftliches Vermögen (§ 33) oder um Betriebsgrundstücke (§ 99) handelt.

(2) ¹In das Grundvermögen sind nicht einzubeziehen

1. *Bodenschätze¹⁾,*

2. *die Maschinen und sonstigen Vorrichtungen aller Art, die zu einer Betriebsanlage gehören (Betriebsvorrichtungen), auch wenn sie wesentliche Bestandteile sind.* ²*Einzubeziehen sind jedoch die Verstärkungen von Decken und die nicht ausschließlich zu einer Betriebsanlage gehörenden Stützen und sonstige Bauteile wie Mauervorlagen und Verstrebungen.*

§ 69²⁾ *Abgrenzung des Grundvermögens vom land- und forstwirtschaftlichen Vermögen.* *(1) Land- und forstwirtschaftlich genutzte Flächen sind dem Grundvermögen zuzurechnen, wenn nach ihrer Lage, den im Feststellungszeitpunkt bestehenden Verwertungsmöglichkeiten oder den sonstigen Umständen anzunehmen ist, daß sie in absehbarer Zeit anderen als land- und forstwirtschaftlichen Zwecken, insbesondere als Bauland, Industrieland oder Land für Verkehrszwecke, dienen werden.*

(2) Bildet ein Betrieb der Land- und Forstwirtschaft die Existenzgrundlage des Betriebsinhabers, so sind dem Betriebsinhaber gehörende Flächen, die von einer Stelle aus ordnungsgemäß nachhaltig bewirtschaftet werden, dem Grundvermögen nur dann zuzurechnen, wenn mit großer Wahrscheinlichkeit anzunehmen ist, daß sie spätestens nach zwei Jahren anderen als land- und forstwirtschaftlichen Zwecken dienen werden.

(3) ¹Flächen sind stets dem Grundvermögen zuzurechnen, wenn sie in einem Bebauungsplan als Bauland festgesetzt sind, ihre sofortige Bebauung möglich ist und die Bebauung innerhalb des Plangebiets in benachbarten Bereichen begonnen hat oder schon durchgeführt ist. ²*Satz 1 gilt nicht für die Hofstelle und für andere Flächen in unmittelbarem räumlichem Zusammenhang mit der Hofstelle bis zu einer Größe von insgesamt einem Hektar.*

(4) Absatz 2 findet in den Fällen des § 55 Abs. 5 Satz 1 des Einkommensteuergesetzes keine Anwendung.

§ 70 Grundstück. (1) Jede wirtschaftliche Einheit des Grundvermögens bildet ein Grundstück im Sinne dieses Gesetzes.

(2) ¹Ein Anteil des Eigentümers eines Grundstücks an anderem Grundvermögen (z.B. an gemeinschaftlichen Hofflächen oder Garagen) ist in das Grundstück einzubeziehen, wenn alle Anteile an dem gemeinschaftlichen Grundvermögen Eigentümern von Grundstücken gehören, die ihren Anteil jeweils zusammen mit ihrem Grundstück nutzen. ²Das gilt nicht, wenn gemeinschaftliche Grundvermögen nach den Anschauungen des Verkehrs als selbständige wirtschaftliche Einheit anzusehen ist (§ 2 Abs. 1 Satz 3 und 4).

(3) Als Grundstück im Sinne dieses Gesetzes gilt auch ein Gebäude, das auf fremdem Grund und Boden errichtet oder in sonstigen Fällen einem anderen als dem Eigentümer des Grund und Bodens zuzurechnen ist, selbst wenn es wesentlicher Bestandteil des Grund und Bodens geworden ist.

---

¹⁾ § 68 Abs. 2 Nr. 1 geänd. mWv 1.1.1993 durch G v. 9.11.1992 (BGBl. I S. 1853).
²⁾ § 69 wird aufgeh. **mWv 1.1.2025** durch G v. 26.11.2019 (BGBl. I S. 1794).

§ 71[1] *Gebäude und Gebäudeteile für den Zivilschutz*[2]. *Gebäude, Teile von Gebäuden und Anlagen, die zum Schutz der Bevölkerung sowie lebens- und verteidigungswichtiger Sachgüter vor der Wirkung von Angriffswaffen geschaffen worden sind, bleiben bei der Ermittlung des Einheitswerts außer Betracht, wenn sie im Frieden nicht oder nur gelegentlich oder geringfügig für andere Zwecke benutzt werden.*

II. Unbebaute Grundstücke

§ 72[3] *Begriff.* (1) ¹*Unbebaute Grundstücke sind Grundstücke, auf denen sich keine benutzbaren Gebäude befinden.* ²*Die Benutzbarkeit beginnt im Zeitpunkt der Bezugsfertigkeit.* ³*Gebäude sind als bezugsfertig anzusehen, wenn den zukünftigen Bewohnern oder sonstigen Benutzern zugemutet werden kann, sie zu benutzen; die Abnahme durch die Bauaufsichtsbehörde ist nicht entscheidend.*

(2) Befinden sich auf einem Grundstück Gebäude, deren Zweckbestimmung und Wert gegenüber der Zweckbestimmung und dem Wert des Grund und Bodens von untergeordneter Bedeutung sind, so gilt das Grundstück als unbebaut.

(3) Als unbebautes Grundstück gilt auch ein Grundstück, auf dem infolge der Zerstörung oder des Verfalls der Gebäude auf die Dauer benutzbarer Raum nicht mehr vorhanden ist.

§ 73[4] *Baureife Grundstücke.* (1) *Innerhalb der unbebauten Grundstücke bilden die baureifen Grundstücke eine besondere Grundstücksart.*

(2) ¹Baureife Grundstücke sind unbebaute Grundstücke, wenn sie in einem Bebauungsplan als Bauland festgesetzt sind, ihre sofortige Bebauung möglich ist und die Bebauung innerhalb des Plangebiets in benachbarten Bereichen begonnen hat oder schon durchgeführt ist. ²*Zu den baureifen Grundstücken gehören nicht Grundstücke, die für den Gemeinbedarf vorgesehen sind.*

III. Bebaute Grundstücke

a) Begriff und Bewertung

§ 74[5] *Begriff.* ¹*Bebaute Grundstücke sind Grundstücke, auf denen sich benutzbare Gebäude befinden, mit Ausnahme der in § 72 Abs. 2 und 3 bezeichneten Grundstücke.* ²*Wird ein Gebäude in Bauabschnitten errichtet, so ist der fertiggestellte und bezugsfertige Teil als benutzbares Gebäude anzusehen.*

§ 75[6] *Grundstücksarten.* (1) *Bei der Bewertung bebauter Grundstücke sind die folgenden Grundstücksarten zu unterscheiden:*

1. *Mietwohngrundstücke,*
2. *Geschäftsgrundstücke,*

---

[1] § 71 wird aufgeh. **mWv 1.1.2025** durch G v. 26.11.2019 (BGBl. I S. 1794).
[2] § 71 Überschrift geänd. durch G v. 20.12.2001 (BGBl. I S. 3794).
[3] § 72 wird aufgeh. **mWv 1.1.2025** durch G v. 26.11.2019 (BGBl. I S. 1794).
[4] § 73 wird aufgeh. **mWv 1.1.2025** durch G v. 26.11.2019 (BGBl. I S. 1794).
[5] § 74 wird aufgeh. **mWv 1.1.2025** durch G v. 26.11.2019 (BGBl. I S. 1794).
[6] § 75 wird aufgeh. **mWv 1.1.2025** durch G v. 26.11.2019 (BGBl. I S. 1794).

3. *gemischtgenutzte Grundstücke,*

4. *Einfamilienhäuser,*

5. *Zweifamilienhäuser,*

6. *sonstige bebaute Grundstücke.*

(2) Mietwohngrundstücke sind Grundstücke, die zu mehr als achtzig Prozent, berechnet nach der Jahresrohmiete (§ 79), Wohnzwecken dienen mit Ausnahme der Einfamilienhäuser und Zweifamilienhäuser (Absätze 5 und 6).

(3) Geschäftsgrundstücke sind Grundstücke, die zu mehr als achtzig Prozent, berechnet nach der Jahresrohmiete (§ 79), eigenen oder fremden gewerblichen oder öffentlichen Zwecken dienen.

(4) Gemischtgenutzte Grundstücke sind Grundstücke, die teils Wohnzwecken, teils eigenen oder fremden gewerblichen oder öffentlichen Zwecken dienen und nicht Mietwohngrundstücke, Geschäftsgrundstücke, Einfamilienhäuser oder Zweifamilienhäuser sind.

(5) ¹Einfamilienhäuser sind Wohngrundstücke, die nur eine Wohnung enthalten. ²Wohnungen des Hauspersonals (Pförtner, Heizer, Gärtner, Kraftwagenführer, Wächter usw.) sind nicht mitzurechnen. ³Eine zweite Wohnung steht, abgesehen von Satz 2, dem Begriff „Einfamilienhaus" entgegen, auch wenn sie von untergeordneter Bedeutung ist. ⁴Ein Grundstück gilt auch dann als Einfamilienhaus, wenn es zu gewerblichen oder öffentlichen Zwecken mitbenutzt wird und dadurch die Eigenart als Einfamilienhaus nicht wesentlich beeinträchtigt wird.

(6) ¹Zweifamilienhäuser sind Wohngrundstücke, die nur zwei Wohnungen enthalten. ²Die Sätze 2 bis 4 von Absatz 5 sind entsprechend anzuwenden.

(7) Sonstige bebaute Grundstücke sind solche Grundstücke, die nicht unter die Absätze 2 bis 6 fallen.

§ 76¹⁾ *Bewertung. (1) Der Wert des Grundstücks ist vorbehaltlich des Absatzes 3 im Wege des Ertragswertverfahrens (§§ 78 bis 82) zu ermitteln für*

1. *Mietwohngrundstücke,*

2. *Geschäftsgrundstücke,*

3. *gemischtgenutzte Grundstücke,*

4. *Einfamilienhäuser,*

5. *Zweifamilienhäuser.*

(2) Für die sonstigen bebauten Grundstücke ist der Wert im Wege des Sachwertverfahrens (§§ 83 bis 90) zu ermitteln.

(3) Das Sachwertverfahren ist abweichend von Absatz 1 anzuwenden

1. *bei Einfamilienhäusern und Zweifamilienhäusern, die sich durch besondere Gestaltung oder Ausstattung wesentlich von den nach Absatz 1 zu bewertenden Einfamilienhäusern und Zweifamilienhäusern unterscheiden;*

2. *bei solchen Gruppen von Geschäftsgrundstücken und in solchen Einzelfällen bebauter Grundstücke der in § 75 Abs. 1 Nr. 1 bis 3 bezeichneten Grundstücksarten, für*

---

¹⁾ § 76 wird aufgeh. **mWv 1.1.2025** durch G v. 26.11.2019 (BGBl. I S. 1794).

die weder eine Jahresrohmiete ermittelt noch die übliche Miete nach § 79 Abs. 2 geschätzt werden kann;

3. *bei Grundstücken mit Behelfsbauten und bei Grundstücken mit Gebäuden in einer Bauart oder Bauausführung, für die ein Vervielfältiger (§ 80) in den Anlagen 3 bis 8 nicht bestimmt ist.*

§ 77[1) · 2)]   *Mindestwert.* [1] *Der für ein bebautes Grundstück anzusetzende Wert darf nicht geringer sein als der Wert, mit dem der Grund und Boden allein als unbebautes Grundstück zu bewerten wäre.* [2] *Müssen Gebäude oder Gebäudeteile wegen ihres baulichen Zustands abgebrochen werden, so sind die Abbruchkosten zu berücksichtigen.*

b) Verfahren

1. Ertragswertverfahren

§ 78[3)]   *Grundstückswert.* [1] *Der Grundstückswert umfaßt den Bodenwert, den Gebäudewert und den Wert der Außenanlagen.* [2] *Er ergibt sich durch Anwendung eines Vervielfältigers (§ 80) auf die Jahresrohmiete (§ 79) unter Berücksichtigung der §§ 81 und 82.*

§ 79[4)]   *Jahresrohmiete.* (1) [1] *Jahresrohmiete ist das Gesamtentgelt, das die Mieter (Pächter) für die Benutzung des Grundstücks auf Grund vertraglicher Vereinbarungen nach dem Stand im Feststellungszeitpunkt für ein Jahr zu entrichten haben.* [2] *Umlagen und alle sonstigen Leistungen des Mieters sind einzubeziehen.* [3] *Zur Jahresrohmiete gehören auch Betriebskosten (z. B. Gebühren der Gemeinde), die durch die Gemeinde von den Mietern unmittelbar erhoben werden.* [4] *Nicht einzubeziehen sind Untermietzuschläge, Kosten des Betriebs der zentralen Heizungs-, Warmwasserversorgungs- und Brennstoffversorgungsanlage sowie des Fahrstuhls, ferner alle Vergütungen für außergewöhnliche Nebenleistungen des Vermieters, die nicht die Raumnutzung betreffen (z. B. Bereitstellung von Wasserkraft, Dampfkraft, Preßluft, Kraftstrom und dergleichen), sowie Nebenleistungen des Vermieters, die nur einzelnen Mietern zugute kommen.*

(2) [1] *Statt des Betrags nach Absatz 1 gilt die übliche Miete als Jahresrohmiete für solche Grundstücke oder Grundstücksteile,*

1. *die eigengenutzt, ungenutzt, zu vorübergehendem Gebrauch oder unentgeltlich überlassen sind,*

2. *die der Eigentümer dem Mieter zu einer um mehr als zwanzig Prozent von der üblichen Miete abweichenden tatsächlichen Miete überlassen hat.*

[2] *Die übliche Miete ist in Anlehnung an die Jahresrohmiete zu schätzen, die für Räume gleicher oder ähnlicher Art, Lage und Ausstattung regelmäßig gezahlt wird.*

[1)] **Amtl. Anm.:** Nach Artikel 7 des Steueränderungsgesetzes 1969 vom 18. August 1969 (Bundesgesetzbl. I S. 1211) ist § 77 im Hauptfeststellungszeitraum 1964 in folgender Fassung anzuwenden:

    „Der für ein bebautes Grundstück anzusetzende Wert darf nicht geringer sein als 50 vom Hundert des Werts, mit dem der Grund und Boden allein als unbebautes Grundstück zu bewerten wäre."

[2)] § 77 wird aufgeh. **mWv 1.1.2025** durch G v. 26.11.2019 (BGBl. I S. 1794).
[3)] § 78 wird aufgeh. **mWv 1.1.2025** durch G v. 26.11.2019 (BGBl. I S. 1794).
[4)] § 79 wird aufgeh. **mWv 1.1.2025** durch G v. 26.11.2019 (BGBl. I S. 1794).

(3), (4)[1] (aufgehoben)

(5) Bei Fortschreibungen und Nachfeststellungen gelten für die Höhe der Miete die Wertverhältnisse im Hauptfeststellungszeitpunkt.

§ 80[2] *Vervielfältiger.* (1) [1]*Die Zahl, mit der die Jahresrohmiete zu vervielfachen ist (Vervielfältiger), ist aus den Anlagen 3 bis 8 zu entnehmen.* [2]*Der Vervielfältiger bestimmt sich nach der Grundstücksart, der Bauart und Bauausführung, dem Baujahr des Gebäudes sowie nach der Einwohnerzahl der Belegenheitsgemeinde im Hauptfeststellungszeitpunkt.* [3]*Erstreckt sich ein Grundstück über mehrere Gemeinden, so ist Belegenheitsgemeinde die Gemeinde, in der der wertvollste Teil des Grundstücks belegen ist.* [4]*Bei Umgemeindungen nach dem Hauptfeststellungszeitpunkt sind weiterhin die Einwohnerzahlen zugrunde zu legen, die für die betroffenen Gemeinden oder Gemeindeteile im Hauptfeststellungszeitpunkt maßgebend waren.*

(2) Die Landesregierungen werden ermächtigt, durch Rechtsverordnung zu bestimmen, daß Gemeinden oder Gemeindeteile in eine andere Gemeindegrößenklasse eingegliedert werden, als es ihrer Einwohnerzahl entspricht, wenn die Vervielfältiger wegen der besonderen wirtschaftlichen Verhältnisse in diesen Gemeinden oder Gemeindeteilen abweichend festgesetzt werden müssen (z. B. in Kurorten und Randgemeinden).

(3) Ist die Lebensdauer eines Gebäudes gegenüber der nach seiner Bauart und Bauausführung in Betracht kommenden Lebensdauer infolge baulicher Maßnahmen wesentlich verlängert oder infolge nicht behebbarer Baumängel und Bauschäden wesentlich verkürzt, so ist der Vervielfältiger nicht nach dem tatsächlichen Baujahr des Gebäudes, sondern nach dem um die entsprechende Zeit späteren oder früheren Baujahr zu ermitteln.

(4) [1]Befinden sich auf einem Grundstück Gebäude oder Gebäudeteile, die eine verschiedene Bauart oder Bauausführung aufweisen oder die in verschiedenen Jahren bezugsfertig geworden sind, so sind für die einzelnen Gebäude oder Gebäudeteile die nach der Bauart und Bauausführung sowie nach dem Baujahr maßgebenden Vervielfältiger anzuwenden. [2]*Können die Werte der einzelnen Gebäude oder Gebäudeteile nur schwer ermittelt werden, so kann für das ganze Grundstück ein Vervielfältiger nach einem durchschnittlichen Baujahr angewendet werden.*

§ 81[3] · [4] *Außergewöhnliche Grundsteuerbelastung.* [1]*Weicht im Hauptfeststellungszeitpunkt[5] die Grundsteuerbelastung in einer Gemeinde erheblich von der in den Vervielfältigern berücksichtigten Grundsteuerbelastung ab, so sind die Grundstückswerte in diesen Gemeinden bis zu 10 Prozent zu ermäßigen oder zu erhöhen.* [2]*Die Prozentsätze werden durch Rechtsverordnung bestimmt.*

§ 82[6] *Ermäßigung und Erhöhung.* (1) [1]*Liegen wertmindernde Umstände vor, die weder in der Höhe der Jahresrohmiete noch in der Höhe des Vervielfältigers berücksichtigt sind, so ist der sich nach den §§ 78 bis 81 ergebende Grundstückswert zu ermäßigen.* [2]*Als solche Umstände kommen z. B. in Betracht*

---

[1] § 79 Abs. 3 und 4 aufgeh. durch G v. 20.12.2001 (BGBl. I S. 3794).
[2] § 80 wird aufgeh. **mWv 1.1.2025** durch G v. 26.11.2019 (BGBl. I S. 1794).
[3] Zu § 81 vgl. die DVO v. 2.9.1966 (Nr. **201**).
[4] § 81 wird aufgeh. **mWv 1.1.2025** durch G v. 26.11.2019 (BGBl. I S. 1794).
[5] Siehe lt. BGBl.
[6] § 82 wird aufgeh. **mWv 1.1.2025** durch G v. 26.11.2019 (BGBl. I S. 1794).

1. ungewöhnlich starke Beeinträchtigungen durch Lärm, Rauch oder Gerüche,
2. behebbare Baumängel und Bauschäden und
3. die Notwendigkeit baldigen Abbruchs.

(2) ¹Liegen werterhöhende Umstände vor, die in der Höhe der Jahresrohmiete nicht berücksichtigt sind, so ist der sich nach den §§ 78 bis 81 ergebende Grundstückswert zu erhöhen. ²Als solche Umstände kommen nur in Betracht

1. die Größe der nicht bebauten Fläche, wenn sich auf dem Grundstück keine Hochhäuser befinden; ein Zuschlag unterbleibt, wenn die gesamte Fläche bei Einfamilienhäusern oder Zweifamilienhäusern nicht mehr als 1500 qm, bei den übrigen Grundstücksarten nicht mehr als das Fünffache der bebauten Fläche beträgt,
2. die nachhaltige Ausnutzung des Grundstücks für Reklamezwecke gegen Entgelt.

(3) ¹Die Ermäßigung nach Absatz 1 Nr. 1 und 2 oder die Erhöhung nach Absatz 2 darf insgesamt dreißig Prozent des Grundstückswerts (§§ 78 bis 81) nicht übersteigen. ²Treffen die Voraussetzungen für die Ermäßigung nach Absatz 1 Nr. 1 und 2 und für die Erhöhung nach Absatz 2 zusammen, so ist der Höchstsatz nur auf das Ergebnis des Ausgleichs anzuwenden.

2. Sachwertverfahren

§ 83¹⁾ Grundstückswert. ¹Bei der Ermittlung des Grundstückswertes ist vom Bodenwert (§ 84), vom Gebäudewert (§§ 85 bis 88) und vom Wert der Außenanlagen (§ 89) auszugehen (Ausgangswert). ²Der Ausgangswert ist an den gemeinen Wert anzugleichen (§ 90).

§ 84²⁾ Bodenwert. Der Grund und Boden ist mit dem Wert anzusetzen, der sich ergeben würde, wenn das Grundstück unbebaut wäre.

§ 85³⁾ Gebäudewert. ¹Bei der Ermittlung des Gebäudewertes ist zunächst ein Wert auf der Grundlage von durchschnittlichen Herstellungskosten nach den Baupreisverhältnissen des Jahres 1958 zu errechnen. ²Dieser Wert ist nach den Baupreisverhältnissen im Hauptfeststellungszeitpunkt umzurechnen (Gebäudenormalherstellungswert). ³Der Gebäudenormalherstellungswert ist wegen des Alters des Gebäudes im Hauptfeststellungszeitpunkt (§ 86) und wegen etwa vorhandener baulicher Mängel und Schäden (§ 87) zu mindern (Gebäudesachwert). ⁴Der Gebäudesachwert kann in besonderen Fällen ermäßigt oder erhöht werden (§ 88).

§ 86⁴⁾ Wertminderung wegen Alters. (1) ¹Die Wertminderung wegen Alters bestimmt sich nach dem Alter des Gebäudes im Hauptfeststellungszeitpunkt und der gewöhnlichen Lebensdauer von Gebäuden gleicher Art und Nutzung. ²Sie ist in einem Prozentsatz des Gebäudenormalherstellungswertes auszudrücken. ³Dabei ist von einer gleichbleibenden jährlichen Wertminderung auszugehen.

---

¹⁾ § 83 wird aufgeh. **mWv 1.1.2025** durch G v. 26.11.2019 (BGBl. I S. 1794).
²⁾ § 84 wird aufgeh. **mWv 1.1.2025** durch G v. 26.11.2019 (BGBl. I S. 1794).
³⁾ § 85 wird aufgeh. **mWv 1.1.2025** durch G v. 26.11.2019 (BGBl. I S. 1794).
⁴⁾ § 86 wird aufgeh. **mWv 1.1.2025** durch G v. 26.11.2019 (BGBl. I S. 1794).

(2) Als Alter des Gebäudes gilt die Zeit zwischen dem Beginn des Jahres, in dem das Gebäude bezugsfertig geworden ist, und dem Hauptfeststellungszeitpunkt.

(3) ¹Als Wertminderung darf insgesamt kein höherer Betrag abgesetzt werden, als sich bei einem Alter von siebzig Prozent der Lebensdauer ergibt. ²Dieser Betrag kann nur überschritten werden, wenn eine außergewöhnliche Wertminderung vorliegt.

(4) Ist die restliche Lebensdauer eines Gebäudes infolge baulicher Maßnahmen verlängert, so ist der nach dem tatsächlichen Alter errechnete Prozentsatz entsprechend zu mindern.

**§ 87[1) *Wertminderung wegen baulicher Mängel und Schäden.* ¹Für bauliche Mängel und Schäden, die weder bei der Ermittlung des Gebäudenormalherstellungswertes noch bei der Wertminderung wegen Alters berücksichtigt worden sind, ist ein Abschlag zu machen. ²Die Höhe des Abschlags richtet sich nach Bedeutung und Ausmaß der Mängel und Schäden.*

**§ 88[2) *Ermäßigung und Erhöhung.* (1) Der Gebäudesachwert kann ermäßigt oder erhöht werden, wenn Umstände tatsächlicher Art vorliegen, die bei seiner Ermittlung nicht berücksichtigt worden sind.*

(2) Eine Ermäßigung kann insbesondere in Betracht kommen, wenn Gebäude wegen der Lage des Grundstücks, wegen unorganischen Aufbaus oder wirtschaftlicher Überalterung in ihrem Wert gemindert sind.

(3) Ein besonderer Zuschlag ist zu machen, wenn ein Grundstück nachhaltig gegen Entgelt für Reklamezwecke genutzt wird.

**§ 89[3) *Wert der Außenanlagen.* ¹Der Wert der Außenanlagen (z. B. Umzäunungen, Wege- oder Platzbefestigungen) ist aus durchschnittlichen Herstellungskosten nach den Baupreisverhältnissen des Jahres 1958 zu errechnen und nach den Baupreisverhältnissen im Hauptfeststellungszeitpunkt umzurechnen. ²Dieser Wert ist wegen des Alters der Außenanlagen im Hauptfeststellungszeitpunkt und wegen etwaiger baulicher Mängel und Schäden zu mindern; die Vorschriften der §§ 86 bis 88 gelten sinngemäß.*

**§ 90[4) · 5) *Angleichung an den gemeinen Wert.* (1) Der Ausgangswert (§ 83) ist durch Anwendung einer Wertzahl an den gemeinen Wert anzugleichen.*

(2) ¹Die Wertzahlen werden durch Rechtsverordnung unter Berücksichtigung der wertbeeinflussenden Umstände, insbesondere der Zweckbestimmung und Verwendbarkeit der Grundstücke innerhalb bestimmter Wirtschaftszweige und der Gemeindegrößen, im Rahmen von 85 bis 50 Prozent des Ausgangswertes festgesetzt. ²Dabei können für einzelne Grundstücksarten oder Grundstücksgruppen oder Untergruppen in bestimmten Gebieten, Gemeinden oder Gemeindeteilen besondere Wertzahlen festgesetzt werden, wenn es die örtlichen Verhältnisse auf dem Grundstücksmarkt erfordern.

[1) § 87 wird aufgeh. **mWv 1.1.2025** durch G v. 26.11.2019 (BGBl. I S. 1794).
[2) § 88 wird aufgeh. **mWv 1.1.2025** durch G v. 26.11.2019 (BGBl. I S. 1794).
[3) § 89 wird aufgeh. **mWv 1.1.2025** durch G v. 26.11.2019 (BGBl. I S. 1794).
[4) Zu § 90 vgl. DVO v. 2.9.1966 (Nr. 202).
[5) § 90 wird aufgeh. **mWv 1.1.2025** durch G v. 26.11.2019 (BGBl. I S. 1794).

IV. Sondervorschriften

§ 91[1] *Grundstücke im Zustand der Bebauung. (1) Bei Grundstücken, die sich am Feststellungszeitpunkt im Zustand der Bebauung befinden, bleiben die nicht bezugsfertigen Gebäude oder Gebäudeteile (z. B. Anbauten oder Zubauten) bei der Ermittlung des Wertes außer Betracht.*

(2)[2] (aufgehoben)

§ 92[3] *Erbbaurecht. (1)* [1] *Ist ein Grundstück mit einem Erbbaurecht belastet, so ist sowohl für die wirtschaftliche Einheit des Erbbaurechts als auch für die wirtschaftliche Einheit des belasteten Grundstücks jeweils ein Einheitswert festzustellen.* [2] *Bei der Ermittlung der Einheitswerte ist von einem Gesamtwert auszugehen, der für den Grund und Boden einschließlich der Gebäude und Außenanlagen festzustellen wäre, wenn die Belastung nicht bestünde.* [3] *Wird der Gesamtwert nach den Vorschriften über die Bewertung der bebauten Grundstücke ermittelt, so gilt jede wirtschaftliche Einheit als bebautes Grundstück der Grundstücksart, von der bei der Ermittlung des Gesamtwerts ausgegangen wird.*

(2) Beträgt die Dauer des Erbbaurechts in dem für die Bewertung maßgebenden Zeitpunkt noch 50 Jahre oder mehr, so entfällt der Gesamtwert (Absatz 1) allein auf die wirtschaftliche Einheit des Erbbaurechts.

(3) [1] *Beträgt die Dauer des Erbbaurechts in dem für die Bewertung maßgebenden Zeitpunkt weniger als 50 Jahre, so ist der Gesamtwert (Absatz 1) entsprechend der restlichen Dauer des Erbbaurechts zu verteilen.* [2] *Dabei entfallen auf*

1. die wirtschaftliche Einheit des Erbbaurechts:
der Gebäudewert und ein Anteil am Bodenwert; dieser beträgt bei einer Dauer des Erbbaurechts

unter 50 bis zu 40 Jahren	*95 Prozent,*
unter 40 bis zu 35 Jahren	*90 Prozent,*
unter 35 bis zu 30 Jahren	*85 Prozent,*
unter 30 bis zu 25 Jahren	*80 Prozent,*
unter 25 bis zu 20 Jahren	*70 Prozent,*
unter 20 bis zu 15 Jahren	*60 Prozent,*
unter 15 bis zu 10 Jahren	*45 Prozent,*
unter 10 bis zu 5 Jahren	*25 Prozent,*
unter 5 Jahren	*0 Prozent;*

2. die wirtschaftliche Einheit des belasteten Grundstücks:
der Anteil am Bodenwert, der nach Abzug des in Nummer 1 genannten Anteils verbleibt.

[3] *Abweichend von den Nummern 1 und 2 ist in die wirtschaftliche Einheit des belasteten Grundstücks ein Anteil am Gebäudewert einzubeziehen, wenn besondere Vereinbarungen es rechtfertigen.* [4] *Das gilt insbesondere, wenn bei Erlöschen des Erbbaurechts*

---

[1] § 91 wird aufgeh. **mWv 1.1.2025** durch G v. 26.11.2019 (BGBl. I S. 1794).
[2] § 91 Abs. 2 aufgeh. durch G v. 20.12.1996 (BGBl. I S. 2049).
[3] § 92 wird aufgeh. **mWv 1.1.2025** durch G v. 26.11.2019 (BGBl. I S. 1794).

durch Zeitablauf der Eigentümer des belasteten Grundstücks keine dem Gebäudewert entsprechende Entschädigung zu leisten hat. ⁵ Geht das Eigentum an dem Gebäude bei Erlöschen des Erbbaurechts durch Zeitablauf entschädigungslos auf den Eigentümer des belasteten Grundstücks über, so ist der Gebäudewert entsprechend der in den Nummern 1 und 2 vorgesehenen Verteilung des Bodenwertes zu verteilen. ⁶ Beträgt die Entschädigung für das Gebäude beim Übergang nur einen Teil des Gebäudewertes, so ist der dem Eigentümer des belasteten Grundstücks entschädigungslos zufallende Anteil entsprechend zu verteilen. ⁷ Eine in der Höhe des Erbbauzinses zum Ausdruck kommende Entschädigung für den Gebäudewert bleibt außer Betracht. ⁸ Der Wert der Außenanlagen wird wie der Gebäudewert behandelt.

(4) Hat sich der Erbbauberechtigte durch Vertrag mit dem Eigentümer des belasteten Grundstücks zum Abbruch des Gebäudes bei Beendigung des Erbbaurechts verpflichtet, so ist dieser Umstand durch einen entsprechenden Abschlag zu berücksichtigen; der Abschlag unterbleibt, wenn vorauszusehen ist, daß das Gebäude trotz der Verpflichtung nicht abgebrochen werden wird.

(5)¹⁾ Das Recht auf den Erbbauzins ist nicht als Bestandteil des Grundstücks und die Verpflichtung zur Zahlung des Erbbauzinses nicht bei der Bewertung des Erbbaurechts zu berücksichtigen.

(6) ¹ Bei Wohnungserbbaurechten oder Teilerbbaurechten ist der Gesamtwert (Absatz 1) in gleicher Weise zu ermitteln, wie wenn es sich um Wohnungseigentum oder um Teileigentum handeln würde. ² Die Verteilung des Gesamtwertes erfolgt entsprechend Absatz 3.

(7) ¹ Wertfortschreibungen für die wirtschaftlichen Einheiten des Erbbaurechts und des belasteten Grundstücks sind abweichend von § 22 Abs. 1²⁾ nur vorzunehmen, wenn der Gesamtwert, der sich für den Beginn eines Kalenderjahres ergibt, vom Gesamtwert des letzten Feststellungszeitpunkts um das in § 22 Abs. 1²⁾ bezeichnete Ausmaß abweicht. ² § 30²⁾ ist entsprechend anzuwenden. ³ Bei einer Änderung der Verteilung des Gesamtwerts nach Absatz 3 sind die Einheitswerte für die wirtschaftlichen Einheiten des Erbbaurechts und des belasteten Grundstücks ohne Beachtung von Wertfortschreibungsgrenzen fortzuschreiben.

§ 93³⁾ *Wohnungseigentum und Teileigentum.* (1) ¹ Jedes Wohnungseigentum und Teileigentum bildet eine wirtschaftliche Einheit. ² Für die Bestimmung der Grundstücksart (§ 75) ist die Nutzung des auf das Wohnungseigentum und Teileigentum entfallenden Gebäudeteils maßgebend. ³ Die Vorschriften der §§ 76 bis 91 finden Anwendung, soweit sich nicht aus den Absätzen 2 und 3 etwas anderes ergibt.

(2) ¹ Das zu mehr als achtzig Prozent Wohnzwecken dienende Wohnungseigentum ist im Wege des Ertragswertverfahrens nach den Vorschriften zu bewerten, die für Mietwohngrundstücke maßgebend sind. ² Wohnungseigentum, das zu nicht mehr als achtzig Prozent, aber zu nicht weniger als zwanzig Prozent Wohnzwecken dient, ist im Wege des Ertragswertverfahrens nach den Vorschriften zu bewerten, die für gemischtgenutzte Grundstücke maßgebend sind.

---

¹⁾ § 92 Abs. 5 neu gef. durch G v. 20.12.2001 (BGBl. I S. 3794).
²⁾ § 92 Abs. 7 Sätze 1 und 2 Zitate geänd. durch G v. 20.12.2001 (BGBl. I S. 3794).
³⁾ § 93 wird aufgeh. **mWv 1.1.2025** durch G v. 26.11.2019 (BGBl. I S. 1794).

(3) ¹*Entsprechen die im Grundbuch eingetragenen Miteigentumsanteile an dem gemeinschaftlichen Eigentum nicht dem Verhältnis der Jahresrohmiete zueinander, so kann dies bei der Feststellung des Wertes entsprechend berücksichtigt werden.* ²*Sind einzelne Räume, die im gemeinschaftlichen Eigentum stehen, vermietet, so ist ihr Wert nach den im Grundbuch eingetragenen Anteilen zu verteilen und bei den einzelnen wirtschaftlichen Einheiten zu erfassen.*

§ 94¹⁾ **Gebäude auf fremdem Grund und Boden.** *(1)* ¹*Bei Gebäuden auf fremdem Grund und Boden ist der Bodenwert dem Eigentümer des Grund und Bodens und der Gebäudewert dem wirtschaftlichen Eigentümer des Gebäudes zuzurechnen.* ²*Außenanlagen (z. B. Umzäunungen, Wegebefestigungen), auf die sich das wirtschaftliche Eigentum am Gebäude erstreckt, sind unbeschadet der Vorschriften in § 68 Abs. 2 in die wirtschaftliche Einheit des Gebäudes einzubeziehen.* ³*Für die Grundstücksart des Gebäudes ist § 75 maßgebend; der Grund und Boden, auf dem das Gebäude errichtet ist, gilt als bebautes Grundstück derselben Grundstücksart.*

(2) Für den Grund und Boden ist der Wert nach den für unbebaute Grundstücke geltenden Grundsätzen zu ermitteln; beeinträchtigt die Nutzungsbehinderung, welche sich aus dem Vorhandensein des Gebäudes ergibt, den Wert, so ist dies zu berücksichtigen.

(3) ¹*Die Bewertung der Gebäude erfolgt nach § 76.* ²*Wird das Gebäude nach dem Ertragswertverfahren bewertet, so ist von dem sich nach den §§ 78 bis 80 ergebenden Wert der auf den Grund und Boden entfallende Anteil abzuziehen.* ³*Ist vereinbart, daß das Gebäude nach Ablauf der Miet- oder Pachtzeit abzubrechen ist, so ist dieser Umstand durch einen entsprechenden Abschlag zu berücksichtigen; der Abschlag unterbleibt, wenn vorauszusehen ist, daß das Gebäude trotz der Verpflichtung nicht abgebrochen werden wird.*

D. Betriebsvermögen

§ 95²⁾ **Begriff des Betriebsvermögens.** *(1)*³⁾ ¹Das Betriebsvermögen umfasst alle Teile eines Gewerbebetriebs im Sinne des § 15 Absatz 1 und 2 des Einkommensteuergesetzes, die bei der steuerlichen Gewinnermittlung zum Betriebsvermögen gehören. [*ab 1.7.2021:* ²Als Gewerbebetrieb im Sinne des Satzes 1 gilt auch der Betrieb von Gesellschaften im Sinne des § 1 Absatz 1 des Körperschaftsteuergesetzes mit Sitz im Ausland, deren Ort der Geschäftsleitung im Inland belegen ist, und die nach inländischem Gesellschaftsrecht nicht als juristische Person zu behandeln sind, wenn dem Grunde nach eine Tätigkeit im Sinne des § 15 Absatz 1 und Absatz 2 des Einkommensteuergesetzes vorliegt.]

---

¹⁾ § 94 wird aufgeh. **mWv 1.1.2025** durch G v. 26.11.2019 (BGBl. I S. 1794).
²⁾ § 95 neu gef. mWv 1.1.1993 durch G v. 25.2.1992 (BGBl. I S. 297), Abs. 3 neu gef. mWv 1.1.1993 durch G v. 9.11.1993 (BGBl. I S. 1853), Abs. 1 Satz 1 Halbsatz 2 geänd. mWv 1.1.1993 durch G v. 13.9.1993 (BGBl. I S. 1569), Abs. 1 Satz 1 zweiter Halbsatz geänd. und Abs. 3 aufgeh. durch G v. 20.12.2001 (BGBl. I S. 3794).
³⁾ § 95 Abs. 1 Satz 1 HS 2 und Satz 2 aufgeh. mWv 1.1.2009 durch G v. 24.12.2008 (BGBl. I S. 3018); Abs. 1 Satz 2 angef. mWv 1.7.2021 durch G v. 25.6.2021 (BGBl. I S. 2056).

(2) Als Gewerbebetrieb gilt unbeschadet des § 97 nicht die Land- und Forstwirtschaft, wenn sie den Hauptzweck des Unternehmens bildet.

(3) *(aufgehoben)*

§ 96¹⁾ Freie Berufe. Dem Gewerbebetrieb steht die Ausübung eines freien Berufs im Sinne des § 18 Abs. 1 Nr. 1 des Einkommensteuergesetzes gleich; dies gilt auch für die Tätigkeit als Einnehmer einer staatlichen Lotterie, soweit die Tätigkeit nicht schon im Rahmen eines Gewerbebetriebs ausgeübt wird.

§ 97²⁾ Betriebsvermögen von Körperschaften, Personenvereinigungen und Vermögensmassen. (1) ¹Einen Gewerbebetrieb bilden insbesondere alle Wirtschaftsgüter, die den folgenden Körperschaften, Personenvereinigungen und Vermögensmassen gehören, wenn diese ihre Geschäftsleitung oder ihren Sitz im Inland haben:

1.³⁾ Kapitalgesellschaften (Aktiengesellschaften, Kommanditgesellschaften auf Aktien, Gesellschaften mit beschränkter Haftung, Europäische Gesellschaften⁴⁾);

2. Erwerbs- und Wirtschaftsgenossenschaften;

3. Versicherungsvereinen auf Gegenseitigkeit;

4. Kreditanstalten des öffentlichen Rechts;

5.⁵⁾ Gesellschaften im Sinne des § 15 Absatz 1 Satz 1 Nummer 2 *und Absatz 3 oder § 18 Absatz 4 Satz 2 des Einkommensteuergesetzes* [*ab 1.7.2021:* , des § 15 Absatz 3, des § 18 Absatz 4 Satz 2 des Einkommensteuergesetzes und, wenn sie ihrer Tätigkeit nach einer Gesellschaft im Sinne des § 15 Absatz 1 Satz 1 Nummer 2, des § 15 Absatz 3 oder des § 18 Absatz 4 Satz 2 des Einkommensteuergesetzes entsprechen, Gesellschaften im Sinne des § 1a Absatz 1 des Körperschaftsteuergesetzes und Gesellschaften im Sinne des § 1 Absatz 1 des Körperschaftsteuergesetzes mit Sitz im Ausland, deren Ort der Geschäftsleitung im Inland belegen ist, und die nach inländischem Gesellschaftsrecht als Personengesellschaft zu behandeln sind.] ²Zum Gewerbebetrieb einer solchen Gesellschaft gehören auch die Wirtschaftsgüter, die im Eigentum eines Gesellschafters, mehrerer oder aller Gesellschafter stehen, und Schulden eines Gesellschafters, mehrerer oder aller Gesellschafter, soweit die Wirtschaftsgüter und Schulden bei der steuerlichen Gewinnermittlung zum Betriebsvermögen der Gesellschaft gehören (§ 95); diese Zurechnung geht anderen Zurechnungen vor.

²*§ 34 Abs. 6a und § 51a bleiben unberührt.*⁶⁾

---

¹⁾ § 96 neu gef. mWv 1.1.1993 durch G v. 25.2.1992 (BGBl. I S. 297).

²⁾ § 97 geänd. mWv 1.1.1993 durch G v. 25.2.1992 (BGBl. I S. 297).

³⁾ § 97 Abs. 1 Nr. 1 geänd. durch G v. 20.12.2001 (BGBl. I S. 3794).

⁴⁾ § 97 Abs. 1 Satz 1 Nr. 1 ergänzt mWv 1.1.2006 (§ 158 Abs. 3 a. F.) durch G v. 7.12.2006 (BGBl. I S. 2782).

⁵⁾ § 97 Abs. 1 Satz 1 Nr. 5 neu gef. mWv 1.1.2002 durch G v. 20.12.2001 (BGBl. I S. 3794); Satz 1 Verweise ber. durch G v. 12.12.2019 (BGBl. I S. 2451); Nr. 5 Satz 1 geänd. mWv 1.7.2021 durch G v. 25.6.2021 (BGBl. I S. 2050); geänd. mWv 1.7.2021 durch G v. 25.6.2021 (BGBl. I S. 2056).

⁶⁾ § 97 Abs. 1 Satz 2 wird aufgeh. **mWv 1.1.2025** durch G v. 26.11.2019 (BGBl. I S. 1794).

(1a)[1] Der gemeine Wert eines Anteils am Betriebsvermögen einer in § 97 Abs. 1 Satz 1 Nr. 5 genannten Personengesellschaft ist wie folgt zu ermitteln und aufzuteilen:

1. Der nach § 109 Abs. 2 ermittelte gemeine Wert des der Personengesellschaft gehörenden Betriebsvermögens (Gesamthandsvermögen) ist wie folgt aufzuteilen:

   a) die Kapitalkonten aus der Gesamthandsbilanz sind dem jeweiligen Gesellschafter vorweg zuzurechnen;

   b) der verbleibende Wert ist nach dem für die Gesellschaft maßgebenden Gewinnverteilungsschlüssel auf die Gesellschafter aufzuteilen; Vorabgewinnanteile sind nicht zu berücksichtigen.

2. ¹Für die Wirtschaftsgüter und Schulden des Sonderbetriebsvermögens eines Gesellschafters ist der gemeine Wert zu ermitteln. ²Er ist dem jeweiligen Gesellschafter zuzurechnen.

3. Der Wert des Anteils eines Gesellschafters ergibt sich als Summe aus dem Anteil am Gesamthandsvermögen nach Nummer 1 und dem Wert des Sonderbetriebsmögens nach Nummer 2.

(1b)[2] ¹Der gemeine Wert eines Anteils an einer in § 97 Abs. 1 Satz 1 Nr. 1 genannten Kapitalgesellschaft bestimmt sich nach dem Verhältnis des Anteils am Nennkapital (Grund- oder Stammkapital) der Gesellschaft zum gemeinen Wert des Betriebsvermögens der Kapitalgesellschaft im Bewertungsstichtag. ²Dies gilt auch, wenn das Nennkapital noch nicht vollständig eingezahlt ist. ³Richtet sich die Beteiligung am Vermögen und am Gewinn der Gesellschaft aufgrund einer ausdrücklichen Vereinbarung der Gesellschafter nach der jeweiligen Höhe des eingezahlten Nennkapitals, bezieht sich der gemeine Wert nur auf das tatsächlich eingezahlte Nennkapital. ⁴Abweichend von Satz 1 sind bei der Wertermittlung des Anteils vorbehaltlich des § 9 Absatz 2 und 3 Regelungen zu berücksichtigen, die sich auf den Wert des Anteils auswirken, wie insbesondere vom Verhältnis des Anteils am Nennkapital (Grund- oder Stammkapital) abweichende Gewinnverteilung.

(2) Einen Gewerbebetrieb bilden auch die Wirtschaftsgüter, die den sonstigen juristischen Personen des privaten Rechts, den nichtrechtsfähigen Vereinen, Anstalten, Stiftungen und anderen Zweckvermögen gehören, soweit sie einem wirtschaftlichen Geschäftsbetrieb (ausgenommen Land- und Forstwirtschaft) dienen.

(3)[3] *(aufgehoben)*

§ 98.[4] *(aufgehoben)*

---

[1] § 97 Abs. 1a neu gef., Abs. 1b eingef. mWv 1.1.2009 durch G v. 24.12.2008 (BGBl. I S. 3018).

[2] § 97 Abs. 1b Satz 4 angef. durch G v. 2.11.2015 (BGBl. I S. 1834); zur Anwendung siehe § 265 Abs. 8.

[3] § 97 Abs. 3 aufgeh. mWv 1.1.2009 durch G v. 24.12.2008 (BGBl. I S. 3018).

[4] § 98 aufgeh. mWv 1.1.2002 durch G v. 20.12.2001 (BGBl. I S. 3794).

§ 98a.[1] *(aufgehoben)*

§ 99[2] **Betriebsgrundstücke.** (1) Betriebsgrundstück im Sinne dieses Gesetzes ist der zu einem Gewerbebetrieb gehörige Grundbesitz, soweit er, losgelöst von seiner Zugehörigkeit zu dem Gewerbebetrieb,

1. zum Grundvermögen gehören würde oder

2. einen Betrieb der Land- und Forstwirtschaft bilden würde.

(2)[3] *(aufgehoben)*

(3) Betriebsgrundstücke im Sinne des Absatzes 1 Nr. 1 sind wie Grundvermögen, Betriebsgrundstücke im Sinne des Absatzes 1 Nr. 2 wie land- und forstwirtschaftliches Vermögen zu bewerten.

§§ 100 bis 102.[4]·[5] *(aufgehoben)*

§ 103[6] **Schulden und sonstige Abzüge.** (1) Schulden und sonstige Abzüge, die nach § 95 Abs. 1 zum Betriebsvermögen gehören, werden vorbehaltlich des Absatzes 3 berücksichtigt, soweit sie mit der Gesamtheit oder einzelnen Teilen des Betriebsvermögens im Sinne dieses Gesetzes in wirtschaftlichem Zusammenhang stehen.

(2) Weist ein Gesellschafter in der Steuerbilanz Gewinnansprüche gegen eine von ihm beherrschte Gesellschaft aus, ist bei dieser ein Schuldposten in entsprechender Höhe abzuziehen.

(3) Rücklagen sind nur insoweit abzugsfähig, als ihr Abzug bei der Bewertung des Betriebsvermögens für Zwecke der Erbschaftsteuer durch Gesetz ausdrücklich zugelassen ist.

§ 103a.[7] *(aufgehoben)*

§ 104.[8] *(aufgehoben)*

§§ 105 bis 107.[9] *(aufgehoben)*

§ 108. *(weggefallen)*

§ 109[10] **Bewertung.** (1) ¹Das Betriebsvermögen von Gewerbebetrieben im Sinne des § 95 und das Betriebsvermögen von freiberuflich Tätigen im Sinne

---

[1] § 98a aufgeh. mWv 1.1.2009 durch G v. 24.12.2008 (BGBl. I S. 3018).
[2] § 99 Abs. 1 und 2 geänd. mWv 1.1.1993 durch G v. 25.2.1992 (BGBl. I S. 297).
[3] § 99 Abs. 2 aufgeh. mWv 1.1.2009 durch G v. 24.12.2008 (BGBl. I S. 3018).
[4] § 100 aufgeh. mWv 1.1.1993 durch G v. 9.11.1992 (BGBl. I S. 1853).
[5] §§ 101 und 102 aufgeh. mWv 1.1.1998 durch G v. 29.10.1997 (BGBl. I S. 2590).
[6] § 103 neu gef. mWv 1.1.1993 durch G v. 25.2.1992 (BGBl. I S. 297), Abs. 1 neu gef. mWv 1.1.1993 durch G v. 13.9.1993 (BGBl. I S. 1569), Abs. 3 geänd. durch G v. 20.12.2001 (BGBl. I S. 3794).
[7] § 103a aufgeh. mWv 1.1.1993 durch G v. 25.2.1992 (BGBl. I S. 297).
[8] § 104 aufgeh. mWv 1.1.2009 durch G v. 24.12.2008 (BGBl. I S. 3018).
[9] § 105 aufgeh. mWv 1.1.1993 durch G v. 25.2.1992 (BGBl. I S. 297), §§ 106 und 107 aufgeh. mWv 1.1.1998 durch G v. 29.10.1997 (BGBl. I S. 2590).
[10] § 109 neu gef. mWv 1.1.2009 durch G v. 24.12.2008 (BGBl. I S. 3018).

des § 96 ist jeweils mit dem gemeinen Wert anzusetzen. ²Für die Ermittlung des gemeinen Werts gilt § 11 Abs. 2 entsprechend.

(2) ¹Der Wert eines Anteils am Betriebsvermögen einer in § 97 genannten Körperschaft, Personenvereinigung oder Vermögensmasse ist mit dem gemeinen Wert anzusetzen. ²Für die Ermittlung des gemeinen Werts gilt § 11 Abs. 2 entsprechend.

(3), (4) *(aufgehoben)*

§ 109a.¹⁾ *(aufgehoben)*

Zweiter Abschnitt:
Sondervorschriften und Ermächtigungen²⁾

§§ 110 bis 120.²⁾ · ³⁾ *(aufgehoben)*

§ 121⁴⁾ **Inlandsvermögen.** Zum Inlandsvermögen gehören:

1. das inländische land- und forstwirtschaftliche Vermögen;

2. das inländische Grundvermögen;

3. das inländische Betriebsvermögen. ²Als solches gilt das Vermögen, das einem im Inland betriebenen Gewerbe dient, wenn hierfür im Inland eine Betriebsstätte unterhalten wird oder ein ständiger Vertreter bestellt ist;

4. Anteile an einer Kapitalgesellschaft, wenn die Gesellschaft Sitz oder Geschäftsleitung im Inland hat und der Gesellschafter entweder allein oder zusammen mit anderen ihm nahestehenden Personen im Sinne des § 1 Abs. 2 des Außensteuergesetzes in der jeweils geltenden Fassung am Grund- oder Stammkapital der Gesellschaft mindestens zu einem Zehntel unmittelbar oder mittelbar beteiligt ist;

5. nicht unter Nummer 3 fallende Erfindungen, Gebrauchsmuster und Topographien, die in ein inländisches Buch oder Register eingetragen sind;

6. Wirtschaftsgüter, die nicht unter die Nummern 1, 2 und 5 fallen und einem inländischen Gewerbebetrieb überlassen, insbesondere an diesen vermietet oder verpachtet sind;

7. Hypotheken, Grundschulden, Rentenschulden und andere Forderungen oder Rechte, wenn sie durch inländischen Grundbesitz, durch inländische grundstücksgleiche Rechte oder durch Schiffe, die in ein inländisches Schiffsregister eingetragen sind, unmittelbar oder mittelbar gesichert sind. ²Ausgenommen sind Anleihen und Forderungen, über die Teilschuldverschreibungen ausgegeben sind;

---

¹⁾ § 109a aufgeh. mWv 1.1.1998 durch G v. 29.10.1997 (BGBl. I S. 2590).
²⁾ Abschnittsüberschrift neu gef., §§ 116–120 aufgeh. mWv 1.1.1997 durch G v. 20.12.1996 (BGBl. I S. 2049).
³⁾ §§ 110, 111 und 114 aufgeh. mWv 1.1.1997 durch G v. 20.12.1996 (BGBl. I S. 2049); §§ 112, 113, 113a und 115 aufgeh. mWv 1.1.1998 durch G v. 29.10.1997 (BGBl. I S. 2590).
⁴⁾ § 121 neu gef. mWv 1.1.1997 durch G v. 20.12.1996 (BGBl. I S. 2049), Nr. 4 geänd. durch G v. 20.12.2001 (BGBl. I S. 3794).

8. Forderungen aus der Beteiligung an einem Handelsgewerbe als stiller Gesellschafter und aus partiarischen Darlehen, wenn der Schuldner Wohnsitz oder gewöhnlichen Aufenthalt, Sitz oder Geschäftsleitung im Inland hat;

9. Nutzungsrechte an einem der in den Nummern 1 bis 8 genannten Vermögensgegenstände.

§ 121a[1]) *Sondervorschrift für die Anwendung der Einheitswerte 1964. Während der Geltungsdauer der auf den Wertverhältnissen am 1. Januar 1964 beruhenden Einheitswerte des Grundbesitzes sind Grundstücke (§ 70) und Betriebsgrundstücke im Sinne des § 99 Abs. 1 Nr. 1 für die Gewerbesteuer mit 140 Prozent des Einheitswerts anzusetzen.*

§ 121b.[2]) *(aufgehoben)*

§ 122[3]) *Besondere Vorschriften für Berlin (West).* ¹*§ 50 Abs. 1, § 60 Abs. 1 und § 67 gelten nicht für den Grundbesitz in Berlin (West).* ²*Bei der Beurteilung der natürlichen Ertragsbedingungen und des Bodenartenverhältnisses ist das Bodenschätzungsgesetz sinngemäß anzuwenden.*

§ 123[4]) **Ermächtigungen.** Die Bundesregierung wird ermächtigt, mit Zustimmung des Bundesrates die in § 12 Abs. 4, § 21 Abs. 1, § 39 Abs. 1, § 51 Abs. 4, § 55 Abs. 3, 4 und 8, den §§ 81 und 90 Abs. 2 vorgesehenen Rechtsverordnungen [**ab 1.1.2025:** Absatz 4 Satz 3 vorgesehene Rechtsverordnung] zu erlassen.

§ 124.[5]) *(aufgehoben)*

Dritter Abschnitt: Vorschriften für die Bewertung von Vermögen in dem in Artikel 3 des Einigungsvertrages genannten Gebiet

A. Land- und forstwirtschaftliches Vermögen[6])

§ 125[7]) *Land- und forstwirtschaftliches Vermögen.* (1) Einheitswerte, die für Betriebe der Land- und Forstwirtschaft nach den Wertverhältnissen vom 1. Januar 1935 festgestellt worden sind, werden ab dem 1. Januar 1991 nicht mehr angewendet.

(2) ¹Anstelle der Einheitswerte für Betriebe der Land- und Forstwirtschaft werden abweichend von § 19 Abs. 1 Ersatzwirtschaftswerte für das in Absatz 3 bezeichnete Vermögen ermittelt und ab 1. Januar 1991 der Besteuerung zugrunde gelegt. ²Der

---

) § 121a wird aufgeh. **mWv 1.1.2025** durch G v. 26.11.2019 (BGBl. I S. 1794).
) § 121b aufgeh. durch G v. 20.12.1996 (BGBl. I S. 2049).
) § 122 wird aufgeh. **mWv 1.1.2025** durch G v. 26.11.2019 (BGBl. I S. 1794).
) § 123 neu gef. durch G v. 20.12.1996 (BGBl. I S. 2049); geänd. durch G v. 20.12.2001 (BGBl. I S. 3794); geänd. **mWv 1.1.2025** durch G v. 26.11.2019 (BGBl. I S. 1794).
) § 124 aufgeh. durch G v. 20.12.1996 (BGBl. I S. 2049).
) Unterabschnittsüberschrift eingef. durch G v. 29.10.1997 (BGBl. I S. 2590).
) § 125 wird aufgeh. **mWv 1.1.2025** durch G v. 26.11.2019 (BGBl. I S. 1794).

Bildung des Ersatzwirtschaftswerts ist abweichend von § 2 und § 34 Abs. 1, 3 bis 6 und 7 eine Nutzungseinheit zugrunde zu legen, in die alle von derselben Person (Nutzer) regelmäßig selbstgenutzten Wirtschaftsgüter des land- und forstwirtschaftlichen Vermögens im Sinne des § 33 Abs. 2 einbezogen werden, auch wenn der Nutzer nicht Eigentümer ist. ³§ 26 ist sinngemäß anzuwenden. ⁴Grundbesitz im Sinne des § 3 Abs. 1 Satz 1 Nr. 6 und Satz 2 des Grundsteuergesetzes wird bei der Bildung des Ersatzwirtschaftswerts nicht berücksichtigt.

(3) ¹Zum land- und forstwirtschaftlichen Vermögen gehören abweichend von § 33 Abs. 2 nicht die Wohngebäude einschließlich des dazugehörigen Grund und Bodens. ²Wohngrundstücke sind dem Grundvermögen zuzurechnen und nach den dafür geltenden Vorschriften zu bewerten.

(4)¹⁾ ¹Der Ersatzwirtschaftswert wird unter sinngemäßer Anwendung der §§ 35, 36, 38, 40, 42 bis 45, 50 bis 54, 56, 59, 60 Abs. 2 und § 62 in einem vereinfachten Verfahren ermittelt. ²Bei dem Vergleich der Ertragsbedingungen sind abweichend von § 38 Abs. 2 Nr. 1 ausschließlich die in der Gegend als regelmäßig anzusehenden Verhältnisse zugrunde zu legen.

(5) Für die Ermittlung des Ersatzwirtschaftswerts sind die Wertverhältnisse maßgebend, die bei der Hauptfeststellung der Einheitswerte des land- und forstwirtschaftlichen Vermögens in der Bundesrepublik Deutschland auf den 1. Januar 1964 zugrunde gelegt worden sind.

(6) ¹Aus den Vergleichszahlen der Nutzungen und Nutzungsteile, ausgenommen die forstwirtschaftliche Nutzung und die sonstige land- und forstwirtschaftliche Nutzung, werden unter Anwendung der Ertragswerte des § 40 die Ersatzvergleichswerte als Bestandteile des Ersatzwirtschaftswerts ermittelt. ²Für die Nutzungen und Nutzungsteile gelten die folgenden Vergleichszahlen:

1. Landwirtschaftliche Nutzung
   a) Landwirtschaftliche Nutzung ohne Hopfen und Spargel
   Die landwirtschaftliche Vergleichszahl in 100 je Hektar errechnet sich auf der Grundlage der Ergebnisse der Bodenschätzung unter Berücksichtigung weiterer natürlicher und wirtschaftlicher Ertragsbedingungen.

   b) Hopfen
   Hopfenbau-Vergleichszahl je Ar.......................... 40

   c) Spargel
   Spargelbau-Vergleichszahl je Ar......................... 70

2. Weinbauliche Nutzung
   Weinbau-Vergleichszahlen je Ar:

   a) Traubenerzeugung (Nichtausbau) 22

   b) Faßweinausbau....................................... 25

   c) Flaschenweinausbau 30

3. Gärtnerische Nutzung
   Gartenbau-Vergleichszahlen je Ar:

   a) Nutzungsteil Gemüse-, Blumen- und Zierpflanzenbau:

---

¹⁾ § 125 Abs. 4 bish. Satz 3 aufgeh durch G v. 20.12.2001 (BGBl. I S. 3794).

  aa) Gemüsebau *50*

  bb) Blumen- und Zierpflanzenbau *100*

 b) Nutzungsteil Obstbau *50*

 c) Nutzungsteil Baumschulen *60*

 d) Für Nutzungsflächen unter Glas und Kunststoffplatten, ausgenommen Niederglas, erhöhen sich die vorstehenden Vergleichszahlen bei
  aa) Gemüsebau
   nicht heizbar ....   *um das 6fache,*
   heizbar ....   *um das 8fache,*
  bb) Blumen- und Zierpflanzenbau,
   Baumschulen
   nicht heizbar ....   *um das 4fache,*
   heizbar ....   *um das 8fache.*

(7) Für die folgenden Nutzungen werden unmittelbar Ersatzvergleichswerte angesetzt:

1. *Forstwirtschaftliche Nutzung*
Der Ersatzvergleichswert beträgt 125 Deutsche Mark[1] je Hektar.

2. *Sonstige land- und forstwirtschaftliche Nutzung*
Der Ersatzvergleichswert beträgt bei

 a) Binnenfischerei ....   *2 Deutsche Mark[1] je kg des nachhaltigen Jahresfangs,*

 b) Teichwirtschaft
  aa) Forellenteichwirtschaft ....   *20 000 Deutsche Mark[1] je Hektar,*
  bb) übrige Teichwirtschaft ....   *1000 Deutsche Mark[1] je Hektar,*

 c) Fischzucht für Binnenfischerei und Teichwirtschaft
  aa) für Forellenteichwirtschaft ....   *30 000 Deutsche Mark[1] je Hektar,*
  bb) für übrige Binnenfischerei und Teichwirtschaft ....   *1500 Deutsche Mark[1] je Hektar,*

 d) Imkerei ....   *10 Deutsche Mark[1] je Bienenkasten,*

 e) Wanderschäferei ....   *20 Deutsche Mark[1] je Mutterschaf,*

 f) Saatzucht ....   *15 Prozent der nachhaltigen Jahreseinnahmen,*

---

[1] Siehe hierzu § 265 Abs. 2.

g) *Weihnachtsbaumkultur* ....   *3000 Deutsche Mark[1]*
                                              je Hektar,

h) *Pilzanbau* ....   *25 Deutsche Mark[1]*
                                               je Quadratmeter,

i) *Besamungsstationen* ....   *20 Prozent der*
                                               nachhaltigen Jahres-
                                               einnahmen.

§ 126[1] **Geltung des Ersatzwirtschaftswerts.** *(1)* [1] *Der sich nach § 125 ergebende Ersatzwirtschaftswert gilt für die Grundsteuer; er wird im Steuermeßbetragsverfahren ermittelt.* [2] *Für eine Neuveranlagung des Grundsteuermeßbetrags wegen Änderung des Ersatzwirtschaftswerts gilt § 22 Abs. 1 sinngemäß.*

(2) [1] *Für andere Steuern ist bei demjenigen, dem Wirtschaftsgüter des land- und forstwirtschaftlichen Vermögens zuzurechnen sind, der Ersatzwirtschaftswert oder ein entsprechender Anteil an diesem Wert anzusetzen.* [2] *Die Eigentumsverhältnisse und der Anteil am Ersatzwirtschaftswert sind im Festsetzungsverfahren der jeweiligen Steuer zu ermitteln.*

§ 127[2] **Erklärung zum Ersatzwirtschaftswert.** *(1)* [1] *Der Nutzer des land- und forstwirtschaftlichen Vermögens (§ 125 Abs. 2 Satz 2) hat dem Finanzamt, in dessen Bezirk das genutzte Vermögen oder sein wertvollster Teil liegt, eine Erklärung zum Ersatzwirtschaftswert abzugeben.* [2] *Der Nutzer hat die Steuererklärung eigenhändig zu unterschreiben.*

(2) [1] *Die Erklärung ist erstmals für das Kalenderjahr 1991 nach den Verhältnissen zum 1. Januar 1991 abzugeben.* [2] *§ 28 Abs. 2 gilt entsprechend.*

§ 128[3] **Auskünfte, Erhebungen, Mitteilungen, Abrundung.** *§ 29 und § 30 gelten bei der Ermittlung des Ersatzwirtschaftswerts sinngemäß.*

B. Grundvermögen

§ 129[4] **Grundvermögen.** *(1) Für Grundstücke gelten die Einheitswerte, die nach den Wertverhältnissen am 1. Januar 1935 festgestellt sind oder noch festgestellt werden (Einheitswerte 1935).*

(2) Vorbehaltlich der §§ 129a bis 131 werden für die Ermittlung der Einheitswerte 1935 statt der §§ 27, 68 bis 94

1. *§§ 10, 11 Abs. 1 und 2 und Abs. 3 Satz 2, §§ 50 bis 53 des Bewertungsgesetzes der Deutschen Demokratischen Republik in der Fassung vom 18. September 1970 (Sonderdruck Nr. 674 des Gesetzblattes),*

2. *§ 3a Abs. 1, §§ 32 bis 46 der Durchführungsverordnung zum Reichsbewertungsgesetz vom 2. Februar 1935 (RGBl. I S. 81), zuletzt geändert durch die Verordnung zur Änderung der Durchführungsverordnung zum Vermögensteuergesetz, der Durch-*

---

[1] § 126 wird aufgeh. **mWv 1.1.2025** durch G v. 26.11.2019 (BGBl. I S. 1794).
[2] § 127 wird aufgeh. **mWv 1.1.2025** durch G v. 26.11.2019 (BGBl. I S. 1794).
[3] § 128 wird aufgeh. **mWv 1.1.2025** durch G v. 26.11.2019 (BGBl. I S. 1794).
[4] § 129 wird aufgeh. **mWv 1.1.2025** durch G v. 26.11.2019 (BGBl. I S. 1794).

führungsverordnung zum Reichsbewertungsgesetz und der Aufbringungsumlage-Verordnung vom 8. Dezember 1944 (RGBl. I S. 338), und

3. *die Rechtsverordnungen der Präsidenten der Landesfinanzämter über die Bewertung bebauter Grundstücke vom 17. Dezember 1934 (Reichsministerialblatt S. 785ff.), soweit Teile des in Artikel 3 des Einigungsvertrages genannten Gebietes in ihrem Geltungsbereich liegen,*

weiter angewandt.

§ 129a[1] *Abschläge bei Bewertung mit einem Vielfachen der Jahresrohmiete.*
(1) Ist eine Ermäßigung wegen des baulichen Zustandes des Gebäudes (§ 37 Abs. 1, 3 und 4 der weiter anzuwendenden Durchführungsverordnung zum Reichsbewertungsgesetz) zu gewähren, tritt der Höchstsatz 50 Prozent anstelle des Höchstsatzes von 30 Prozent.

(2) ¹Der Wert eines Grundstücks, der sich aus dem Vielfachen der Jahresrohmiete ergibt, ist ohne Begrenzung auf 30 Prozent (§ 37 Abs. 3 der weiter anzuwendenden Durchführungsverordnung zum Reichsbewertungsgesetz) zu ermäßigen, wenn die Notwendigkeit baldigen Abbruchs besteht. ²Gleiches gilt, wenn derjenige, der ein Gebäude auf fremdem Grund und Boden oder aufgrund eines Erbbaurechts errichtet hat, vertraglich zum vorzeitigen Abbruch verpflichtet ist.

§ 130[2] *Nachkriegsbauten.* *(1) Nachkriegsbauten sind Grundstücke mit Gebäuden, die nach dem 20. Juni 1948 bezugsfertig geworden sind.*

(2) ¹Soweit Nachkriegsbauten mit einem Vielfachen der Jahresrohmiete zu bewerten sind, ist für Wohnraum die ab Bezugsfertigkeit preisrechtlich zulässige Miete als Jahresrohmiete vom 1. Januar 1935 anzusetzen. ²Sind Nachkriegsbauten nach dem 30. Juni 1990 bezugsfertig geworden, ist die Miete anzusetzen, die bei unverändertem Fortbestand der Mietpreisgesetzgebung ab Bezugsfertigkeit preisrechtlich zulässig gewesen wäre. ³Enthält die preisrechtlich zulässige Miete Bestandteile, die nicht zur Jahresrohmiete im Sinne des § 34 der weiter anzuwendenden Durchführungsverordnung zum Reichsbewertungsgesetz gehören, sind sie auszuscheiden.

(3) Für Nachkriegsbauten der Mietwohngrundstücke, der gemischtgenutzten Grundstücke und der mit einem Vielfachen der Jahresrohmiete zu bewertenden Geschäftsgrundstücke gilt einheitlich der Vervielfältiger neun.

§ 131[3] *Wohnungseigentum und Teileigentum, Wohnungserbbaurecht und Teilerbbaurecht.* *(1) ¹Jedes Wohnungseigentum und Teileigentum bildet eine wirtschaftliche Einheit. ²Für die Bestimmung der Grundstückshauptgruppe ist die Nutzung des auf das Wohnungseigentum und Teileigentum entfallenden Gebäudeteils maßgebend. ³Die Vorschriften zur Ermittlung der Einheitswerte 1935 bei bebauten Grundstücken finden Anwendung, soweit sich nicht aus den Absätzen 2 und 3 etwas anderes ergibt.*

(2) ¹Das zu mehr als 80 Prozent Wohnzwecken dienende Wohnungseigentum ist mit dem Vielfachen der Jahresrohmiete nach den Vorschriften zu bewerten, die für Mietwohngrundstücke maßgebend sind. ²Wohnungseigentum, das zu nicht mehr als

---

[1] § 129a wird aufgeh. **mWv 1.1.2025** durch G v. 26.11.2019 (BGBl. I S. 1794).
[2] § 130 wird aufgeh. **mWv 1.1.2025** durch G v. 26.11.2019 (BGBl. I S. 1794).
[3] § 131 wird aufgeh. **mWv 1.1.2025** durch G v. 26.11.2019 (BGBl. I S. 1794).

80 Prozent, aber zu nicht weniger als 20 Prozent Wohnzwecken dient, ist mit dem Vielfachen der Jahresrohmiete nach den Vorschriften zu bewerten, die für gemischtgenutzte Grundstücke maßgebend sind.

(3) ¹ Entsprechen die im Grundbuch eingetragenen Miteigentumsanteile an dem gemeinschaftlichen Eigentum nicht dem Verhältnis der Jahresrohmiete zueinander, so kann dies bei der Feststellung des Wertes entsprechend berücksichtigt werden. ² Sind einzelne Räume, die im gemeinschaftlichen Eigentum stehen, vermietet, so ist ihr Wert nach den im Grundbuch eingetragenen Anteilen zu verteilen und bei den einzelnen wirtschaftlichen Einheiten zu erfassen.

(4) ¹ Bei Wohnungserbbaurechten oder Teilerbbaurechten gilt § 46 der weiter anzuwendenden Durchführungsverordnung zum Reichsbewertungsgesetz sinngemäß. ² Der Gesamtwert ist in gleicher Weise zu ermitteln, wie wenn es sich um Wohnungseigentum oder um Teileigentum handelte. ³ Er ist auf den Wohnungserbbauberechtigten und den Bodeneigentümer entsprechend zu verteilen.

§ 132¹⁾ *Fortschreibung und Nachfeststellung der Einheitswerte 1935.* (1) Fortschreibungen und Nachfeststellungen der Einheitswerte 1935 werden erstmals auf den 1. Januar 1991 vorgenommen, soweit sich aus den Absätzen 2 bis 4 nichts Abweichendes ergibt.

(2) ¹ Für Mietwohngrundstücke und Einfamilienhäuser im Sinne des § 32 der weiter anzuwendenden Durchführungsverordnung zum Reichsbewertungsgesetz unterbleibt eine Feststellung des Einheitswerts auf den 1. Januar 1991, wenn eine ab diesem Zeitpunkt wirksame Feststellung des Einheitswerts für die wirtschaftliche Einheit nicht vorliegt und der Einheitswert nur für die Festsetzung der Grundsteuer erforderlich wäre. ² Der Einheitswert für Mietwohngrundstücke und Einfamilienhäuser wird nachträglich auf einen späteren Feststellungszeitpunkt festgestellt, zu dem der Einheitswert erstmals für die Festsetzung anderer Steuern als der Grundsteuer erforderlich ist.

(3) Wird für Grundstücke im Sinne des Absatzes 2 ein Einheitswert festgestellt, gilt er für die Grundsteuer von dem Kalenderjahr an, das der Bekanntgabe des Feststellungsbescheids folgt.

(4) Änderungen der tatsächlichen Verhältnisse, die sich nur auf den Wert des Grundstücks auswirken, werden erst durch Fortschreibung auf den 1. Januar 1994 berücksichtigt, es sei denn, daß eine Feststellung des Einheitswerts zu einem früheren Zeitpunkt für die Festsetzung anderer Steuern als der Grundsteuer erforderlich ist.

§ 133²⁾ *Sondervorschrift für die Anwendung der Einheitswerte 1935.* ¹ Die Einheitswerte 1935 der Betriebsgrundstücke sind für die Gewerbesteuer wie folgt anzusetzen:

1. Mietwohngrundstücke mit 100 Prozent des Einheitswerts 1935,

2. Geschäftsgrundstücke mit 400 Prozent des Einheitswerts 1935,

3. gemischtgenutzte Grundstücke, Einfamilienhäuser und sonstige bebaute Grundstücke mit 250 Prozent des Einheitswerts 1935,

4. unbebaute Grundstücke mit 600 Prozent des Einheitswerts 1935.

---

¹⁾ § 132 wird aufgeh. **mWv 1.1.2025** durch G v. 26.11.2019 (BGBl. I S. 1794).
²⁾ § 133 wird aufgeh. **mWv 1.1.2025** durch G v. 26.11.2019 (BGBl. I S. 1794).

² *Bei Grundstücken im Zustand der Bebauung bestimmt sich die Grundstückshauptgruppe für den besonderen Einheitswert im Sinne des § 33a Abs. 3 der weiter anzuwendenden Durchführungsverordnung zum Reichsbewertungsgesetz nach dem tatsächlichen Zustand, der nach Fertigstellung des Gebäudes besteht.*

C. Betriebsvermögen[1]

§§ 134 bis 136.[2] · [3] · [4]   *(aufgehoben)*

§ 137[5] *Bilanzposten nach dem D-Markbilanzgesetz.* Nicht zum Betriebsvermögen gehören folgende Bilanzposten nach dem D-Markbilanzgesetz:

1. *das Sonderverlustkonto,*

2. *das Kapitalentwertungskonto und*

3. *das Beteiligungsentwertungskonto.*

Vierter Abschnitt: Vorschriften für die Bewertung von Grundbesitz für die Grunderwerbsteuer ab 1. Januar 1997[6]

A. Allgemeines

§ 138[7] *Feststellung von Grundbesitzwerten.* (1) ¹ *Grundbesitzwerte werden unter Berücksichtigung der tatsächlichen Verhältnisse und der Wertverhältnisse zum Besteuerungszeitpunkt festgestellt.* ² *§ 29 Abs. 2 und 3 gilt sinngemäß.*

(2) *Für die wirtschaftlichen Einheiten des land- und forstwirtschaftlichen Vermögens und für Betriebsgrundstücke im Sinne des § 99 Abs. 1 Nr. 2 sind die Grundbesitzwerte unter Anwendung der §§ 139 bis 144 zu ermitteln.*

(3) ¹ *Für die wirtschaftlichen Einheiten des Grundvermögens und für Betriebsgrundstücke im Sinne des § 99 Abs. 1 Nr. 1 sind die Grundbesitzwerte unter Anwendung der §§ 68, 69 und 99 Abs. 2 und der §§ 139 und 145 bis 150 zu ermitteln.* ² *§ 70 gilt mit der Maßgabe, dass der Anteil des Eigentümers eines Grundstücks an anderem Grundvermögen (beispielsweise an gemeinschaftlichen Hofflächen oder Garagen) abweichend von Absatz 2 Satz 1 dieser Vorschrift in das Grundstück einzubeziehen ist, wenn der Anteil zusammen mit dem Grundstück genutzt wird.* ³ *§ 20 Satz 2 ist entsprechend anzuwenden.*

(4) *Weist der Steuerpflichtige nach, dass der gemeine Wert der wirtschaftlichen Einheit im Besteuerungszeitpunkt niedriger ist als der nach den §§ 143, 145 bis 149 ermittelte Wert, ist der gemeine Wert als Grundbesitzwert festzustellen.*

---

[1] Unterabschnittsüberschrift eingef. durch G v. 29.10.1997 (BGBl. I S. 2590).

[2] § 134 aufgeh. durch G v. 24.6.1991 (BGBl. I S. 1322).

[3] § 135 aufgeh. mWv 1.1.1997 durch G v. 20.12.1996 (BGBl. I S. 2049).

[4] § 136 aufgeh. durch G v. 20.12.2001 (BGBl. I S. 3794).

[5] § 137 wird aufgeh. **mWv 1.1.2025** durch G v. 26.11.2019 (BGBl. I S. 1794).

[6] Vierter Abschnitt (§§ 138–150) eingef. durch G v. 20.12.1996 (BGBl. I S. 2049), kursive Worte weggefallen mWv 1.1.2009 durch G v. 24.12.2008 (BGBl. I S. 3018).

[7] § 138 neu gef. mWv 1.1.2007 durch G v. 13.12.2006 (BGBl. I S. 2878) und wird aufgeh. **mWv 1.1.2025** durch G v. 26.11.2019 (BGBl. I S. 1794).

b) Nutzungsteil Weihnachtsbaumkultur 133 Euro[1]) je Ar;

6. *Geringstland:*
   ²*Der Ertragswert für Geringstland beträgt 0,26 Euro[1]) je Ar.*

(3) ¹*Für die nach § 13a des Erbschaftsteuergesetzes begünstigten Betriebe der Land- und Forstwirtschaft kann beantragt werden, den Betriebswert abweichend von Absatz 2 Nr. 1 bis 6 insgesamt als Einzelertragswert zu ermitteln.* ²*Der Antrag ist bei Abgabe der Feststellungserklärung schriftlich zu stellen.* ³*Die dafür notwendigen Bewertungsgrundlagen sind vom Steuerpflichtigen nachzuweisen.*

(4)[2]) ¹*In den Fällen des § 34 Abs. 4 ist der Betriebswert nach § 19 Abs. 3 Nr. 2 zu verteilen.* ²*Bei der Verteilung wird für einen anderen Beteiligten als den Eigentümer des Grund und Bodens ein Anteil nicht festgestellt, wenn er weniger als 500 Euro beträgt.* ³*Die Verteilung unterbleibt, wenn die Anteile der anderen Beteiligten zusammen weniger als 500 Euro betragen.* ⁴*In den Fällen des § 34 Abs. 6 gelten die Sätze 1 bis 3 entsprechend.* ⁵*Soweit der Betriebswert des Eigentümers des Grund und Bodens unter Berücksichtigung von § 48a festgestellt ist, findet in den Fällen des § 34 Abs. 4 eine Verteilung nicht statt.*

§ 143[3]) · [4]) ***Wert der Betriebswohnungen und des Wohnteils.*** (1) *Der Wert der Betriebswohnungen (§ 141 Abs. 3) und der Wert des Wohnteils (§ 141 Abs. 4) sind nach den Vorschriften zu ermitteln, die beim Grundvermögen für die Bewertung von Wohngrundstücken gelten (§§ 146 bis 150).*

(2) *In den Fällen des § 146 Abs. 6 ist für die Betriebswohnungen und für den Wohnteil bei Vorliegen der Voraussetzungen des Absatzes 3 jeweils höchstens das Fünffache der bebauten Fläche zugrunde zu legen.*

(3) *Zur Berücksichtigung von Besonderheiten, die sich im Falle einer räumlichen Verbindung der Betriebswohnungen und des Wohnteils mit der Hofstelle ergeben, sind deren Werte (§§ 146 bis 149) jeweils um 15 Prozent zu ermäßigen.*

§ 144[3]) · [5]) ***Zusammensetzung des land- und forstwirtschaftlichen Grundbesitzwerts.*** *Der Betriebswert, der Wert der Betriebswohnungen und der Wert des Wohnteils bilden zusammen den land- und forstwirtschaftlichen Grundbesitzwert.*

C. Grundvermögen

I. Unbebaute Grundstücke[3])

§ 145[6]) ***Unbebaute Grundstücke.*** (1) ¹*Unbebaute Grundstücke sind Grundstücke, auf denen sich keine benutzbaren Gebäude befinden.* ²*Die Benutzbarkeit beginnt im Zeitpunkt der Bezugsfertigkeit.* ³*Gebäude sind als bezugsfertig anzusehen, wenn*

---

1) Beträge geänd. mWv 1.1.2002 durch G v. 20.12.2001 (BGBl. I S. 3794).
2) § 142 Abs. 4 angef. mWv 1.1.2002 durch G v. 20.12.2001 (BGBl. I S. 3794).
3) Vierter Abschnitt (§§ 138–150) eingef. durch G v. 20.12.1996 (BGBl. I S. 2049).
4) § 143 wird aufgeh. **mWv 1.1.2025** durch G v. 26.11.2019 (BGBl. I S. 1794).
5) § 144 wird aufgeh. **mWv 1.1.2025** durch G v. 26.11.2019 (BGBl. I S. 1794).
6) § 145 wird aufgeh. **mWv 1.1.2025** durch G v. 26.11.2019 (BGBl. I S. 1794).

den zukünftigen Bewohnern oder sonstigen Benutzern zugemutet werden kann, sie zu benutzen; die Abnahme durch die Bauaufsichtsbehörde ist nicht entscheidend.

(2)[1] [1] Befinden sich auf dem Grundstück Gebäude, die auf Dauer keiner oder nur einer unbedeutenden Nutzung zugeführt werden können, gilt das Grundstück als unbebaut; als unbedeutend gilt eine Nutzung, wenn die hierfür erzielte Jahresmiete (§ 146 Abs. 2) oder die übliche Miete (§ 146 Abs. 3) weniger als 1 Prozent des nach Absatz 3 anzusetzenden Werts beträgt. [2] Als unbebautes Grundstück gilt auch ein Grundstück, auf dem infolge der Zerstörung oder des Verfalls der Gebäude auf Dauer benutzbarer Raum nicht mehr vorhanden ist.

(3)[1] · [2] [1] Der Wert eines unbebauten Grundstücks bestimmt sich regelmäßig nach seiner Fläche und dem um 20 Prozent ermäßigten Bodenrichtwert (§ 196 des Baugesetzbuchs in der jeweils geltenden Fassung). [2] Die Bodenrichtwerte sind von den Gutachterausschüssen nach dem Baugesetzbuch zu ermitteln und den Finanzämtern mitzuteilen. [3] Bei der Wertermittlung ist stets der Bodenrichtwert anzusetzen, der vom Gutachterausschuss zuletzt zu ermitteln war. [4] Wird von den Gutachterausschüssen kein Bodenrichtwert ermittelt, ist der Bodenwert aus den Werten vergleichbarer Flächen abzuleiten und um 20 Prozent zu ermäßigen.

II. Bebaute Grundstücke

§ 146[3] · [4] **Bebaute Grundstücke.** (1) Grundstücke, auf die die in § 145 Abs. 1 genannten Merkmale nicht zutreffen, sind bebaute Grundstücke.

(2)[4] [1] Der Wert eines bebauten Grundstücks ist das 12,5fache der im Besteuerungszeitpunkt vereinbarten Jahresmiete, vermindert um die Wertminderung wegen des Alters des Gebäudes (Absatz 4). [2] Jahresmiete ist das Gesamtentgelt, das die Mieter (Pächter) für die Nutzung der bebauten Grundstücke aufgrund vertraglicher Vereinbarungen für den Zeitraum von zwölf Monaten zu zahlen haben. [3] Betriebskosten sind nicht einzubeziehen.

(3)[4] [1] An die Stelle der Jahresmiete tritt die übliche Miete für solche Grundstücke oder Grundstücksteile,

1. die eigengenutzt, ungenutzt, zu vorübergehendem Gebrauch oder unentgeltlich überlassen sind,
2. die der Eigentümer dem Mieter zu einer um mehr als 20 Prozent von der üblichen Miete abweichenden tatsächlichen Miete überlassen hat.

[2] Die übliche Miete ist die Miete, die für nach Art, Lage, Größe, Ausstattung und Alter vergleichbare, nicht preisgebundene Grundstücke von fremden Mietern bezahlt wird; Betriebskosten (Absatz 2 Satz 3) sind hierbei nicht einzubeziehen. [3] Ungewöhnliche oder persönliche Verhältnisse bleiben dabei außer Betracht.

---

[1] § 145 Abs. 1 Satz 1 geänd., Satz 4 aufgeh., Abs. 2 Satz 1 geänd., Abs. 3 neu gef. mWv 1.1.2007 durch G v. 13.12.2006 (BGBl. I S. 2878).
§ 145 wird aufgeh. **mWv 1.1.2025** durch G v. 26.11.2019 (BGBl. I S. 1794).
[2] § 145 Abs. 3 Satz 1 und Satz 4 geänd. durch G v. 7.12.2011 (BGBl. I S. 2592); zur Anwendung siehe § 265 Abs. 3.
[3] Vierter Abschnitt (§§ 138–150) eingef. durch G v. 20.12.1996 (BGBl. I S. 2049).
[4] § 146 Abs. 2 und Abs. 3 Satz 1 neu gef. mWv 1.1.2007 durch G v. 13.12.2006 (BGBl. I S. 2878).
§ 146 wird aufgeh. **mWv 1.1.2025** durch G v. 26.11.2019 (BGBl. I S. 1794).

(4) ¹*Die Wertminderung wegen Alters des Gebäudes beträgt für jedes Jahr, das seit Bezugsfertigkeit des Gebäudes bis zum Besteuerungszeitpunkt vollendet worden ist, 0,5 Prozent, höchstens jedoch 25 Prozent des Werts nach den Absätzen 2 und 3.* ²*Sind nach Bezugsfertigkeit des Gebäudes bauliche Maßnahmen durchgeführt worden, die die gewöhnliche Nutzungsdauer des Gebäudes um mindestens 25 Jahre verlängert haben, ist bei der Wertminderung wegen Alters von einer der Verlängerung der gewöhnlichen Nutzungsdauer entsprechenden Bezugsfertigkeit auszugehen.*

(5) Enthält ein bebautes Grundstück, das ausschließlich Wohnzwecken dient, nicht mehr als zwei Wohnungen, ist der nach den Absätzen 1 bis 4 ermittelte Wert um 20 Prozent zu erhöhen.

(6) Der für ein bebautes Grundstück nach den Absätzen 2 bis 5 anzusetzende Wert darf nicht geringer sein als der Wert, mit dem der Grund und Boden allein als unbebautes Grundstück nach § 145 Abs. 3 zu bewerten wäre.

(7)[1] *Die Vorschriften gelten entsprechend für Wohnungseigentum und Teileigentum.*

§ 147[2]·[3] *Sonderfälle. (1)* ¹*Läßt sich für bebaute Grundstücke die übliche Miete (§ 146 Abs. 3) nicht ermitteln, bestimmt sich der Wert abweichend von § 146 nach der Summe des Werts des Grund und Bodens und des Werts der Gebäude.* ²*Dies gilt insbesondere, wenn die Gebäude zur Durchführung bestimmter Fertigungsverfahren, zu Spezialnutzungen oder zur Aufnahme bestimmter technischer Einrichtungen errichtet worden sind und nicht oder nur mit erheblichem Aufwand für andere Zwecke nutzbar gemacht werden können.*

(2) ¹*Der Wert des Grund und Bodens ist gemäß § 145 mit der Maßgabe zu ermitteln, daß an Stelle des in § 145 Abs. 3 vorgesehenen Abschlags von 20 Prozent ein solcher von 30 Prozent tritt.* ²*Der Wert der Gebäude bestimmt sich nach den ertragsteuerlichen Bewertungsvorschriften; maßgebend ist der Wert im Besteuerungszeitpunkt.*

§ 148[2]·[4] *Erbbaurecht. (1) Ist das Grundstück mit einem Erbbaurecht belastet, ist bei der Ermittlung der Grundbesitzwerte für die wirtschaftliche Einheit des belasteten Grundstücks und für die wirtschaftliche Einheit des Erbbaurechts von dem Gesamtwert auszugehen, der sich für den Grund und Boden einschließlich der Gebäude vor Anwendung des § 139 ergäbe, wenn die Belastung nicht bestünde.*

(2) Der Wert des Grund und Bodens entfällt auf die wirtschaftliche Einheit des belasteten Grundstücks.

(3) ¹*Der Gebäudewert entfällt allein auf die wirtschaftliche Einheit des Erbbaurechts, wenn die Dauer dieses Rechts im Besteuerungszeitpunkt mindestens 40 Jahre beträgt oder der Eigentümer des belasteten Grundstücks bei Erlöschen des Erbbaurechts durch Zeitablauf eine dem Wert des Gebäudes entsprechende Entschädigung zu leisten hat.* ²*Beträgt die Dauer des Erbbaurechts im Besteuerungszeitpunkt weniger als 40 Jahre und ist eine Entschädigung ausgeschlossen, ist der Gebäudewert zu verteilen.* ³*Dabei*

---

[1] § 146 Abs. 7 aufgeh., bish. Abs. 8 wird Abs. 7 mWv 1.1.2007 durch G v. 13.12.2006 (BGBl. I S. 2878).
[2] Vierter Abschnitt (§§ 138–150) eingef. durch G v. 20.12.1996 (BGBl. I S. 2049).
[3] § 147 wird aufgeh. **mWv 1.1.2025** durch G v. 26.11.2019 (BGBl. I S. 1794).
[4] § 148 neu gef. mWv 1.1.2007 durch G v. 13.12.2006 (BGBl. I S. 2878) und wird aufgeh. **mWv 1.1.2025** durch G v. 26.11.2019 (BGBl. I S. 1794).

entfallen auf die wirtschaftliche Einheit des Erbbaurechts bei einer Dauer dieses Rechts von

unter 40 bis zu 35 Jahren	*90 Prozent*
unter 35 bis zu 30 Jahren	*85 Prozent*
unter 30 bis zu 25 Jahren	*80 Prozent*
unter 25 bis zu 20 Jahren	*70 Prozent*
unter 20 bis zu 15 Jahren	*60 Prozent*
unter 15 bis zu 10 Jahren	*50 Prozent*
unter 10 bis zu 8 Jahren	*40 Prozent*
unter 8 bis zu 7 Jahren	*35 Prozent*
unter 7 bis zu 6 Jahren	*30 Prozent*
unter 6 bis zu 5 Jahren	*25 Prozent*
unter 5 bis zu 4 Jahren	*20 Prozent*
unter 4 bis zu 3 Jahren	*15 Prozent*
unter 3 bis zu 2 Jahren	*10 Prozent*
unter 2 Jahren bis zu 1 Jahr	*5 Prozent*
unter 1 Jahr	*0 Prozent.*

⁴Auf die wirtschaftliche Einheit des belasteten Grundstücks entfällt der verbleibende Teil des Gebäudewerts. ⁵Beträgt die Entschädigung für das Gebäude beim Übergang nur einen Teil des gemeinen Werts, ist der dem Eigentümer des belasteten Grundstücks entschädigungslos zufallende Anteil entsprechend zu verteilen. ⁶Eine in der Höhe des Erbbauzinses zum Ausdruck kommende Entschädigung für den gemeinen Wert des Gebäudes bleibt außer Betracht.

(4) ¹Bei den nach § 146 zu bewertenden Grundstücken beträgt der Gebäudewert 80 Prozent des nach § 146 Abs. 2 bis 5 ermittelten Werts; der verbleibende Teil des Gesamtwerts entspricht dem Wert des Grund und Bodens. ²Bei bebauten Grundstücken im Sinne des § 147 Abs. 1 ist der Wert des Grund und Bodens nach § 147 Abs. 2 Satz 1 und der Gebäudewert nach § 147 Abs. 2 Satz 2 zu ermitteln.

(5) Für Wohnungserbbaurechte oder Teilerbbaurechte gelten die Absätze 1 bis 4 entsprechend.

(6) Das Recht auf den Erbbauzins wird weder als Bestandteil des Grundstücks noch als gesondertes Recht angesetzt; die Verpflichtung zur Zahlung des Erbbauzinses ist weder bei der Bewertung des Erbbaurechts noch als gesonderte Verpflichtung abzuziehen.

§ 148a[1)·2)] ***Gebäude auf fremdem Grund und Boden.*** *(1) ¹Bei Gebäuden auf fremdem Grund und Boden ist § 148 Abs. 1 entsprechend anzuwenden. ²Der Bodenwert ist dem Eigentümer des Grund und Bodens, der Gebäudewert dem Eigentümer des Gebäudes zuzurechnen.*

(2) § 148 Abs. 4 und 6 ist entsprechend anzuwenden.

§ 149[1)·3)] ***Grundstücke im Zustand der Bebauung.*** *(1) ¹Ein Grundstück im Zustand der Bebauung liegt vor, wenn mit den Bauarbeiten begonnen wurde und Ge-*

[1)] Vierter Abschnitt (§§ 138–150) eingef. durch G v. 20.12.1996 (BGBl. I S. 2049).
[2)] § 148a eingef. mWv 1.1.2007 durch G v. 13.12.2006 (BGBl. I S. 2878) und wird aufgeh. **mWv 1.1.2025** durch G v. 26.11.2019 (BGBl. I S. 1794).
[3)] § 149 neu gef. mWv 1.1.2007 durch G v. 13.12.2006 (BGBl. I S. 2878) und wird aufgeh. **mWv 1.1.2025** durch G v. 26.11.2019 (BGBl. I S. 1794).

bäude oder Gebäudeteile noch nicht bezugsfertig sind. ²Der Zustand der Bebauung beginnt mit den Abgrabungen oder der Einbringung von Baustoffen, die zur planmäßigen Errichtung des Gebäudes führen.

(2) ¹Der Wert ist entsprechend § 146 unter Zugrundelegung der üblichen Miete zu ermitteln, die nach Bezugsfertigkeit des Gebäudes zu erzielen wäre. ²Von diesem Wert sind 80 Prozent als Gebäudewert anzusetzen. ³Dem Grundstückswert ohne Berücksichtigung der nicht bezugsfertigen Gebäude oder Gebäudeteile, ermittelt bei unbebauten Grundstücken nach § 145 Abs. 3 und bei bereits bebauten Grundstücken nach § 146, sind die nicht bezugsfertigen Gebäude oder Gebäudeteile mit dem Betrag als Gebäudewert hinzuzurechnen, der dem Verhältnis der bis zum Besteuerungszeitpunkt entstandenen Herstellungskosten zu den gesamten Herstellungskosten entspricht. ⁴Dieser Wert darf den Wert des Grundstücks, der nach Bezugsfertigkeit des Gebäudes anzusetzen wäre, nicht übersteigen.

(3) Ist die übliche Miete nicht zu ermitteln, ist der Wert entsprechend § 147 zu ermitteln.

§ 150[1]) *Gebäude und Gebäudeteile für den Zivilschutz.* Gebäude, Teile von Gebäuden und Anlagen, die wegen der in § 1 des Zivilschutzgesetzes[2]) bezeichneten Zwecke geschaffen worden sind und im Frieden nicht oder nur gelegentlich oder geringfügig für andere Zwecke benutzt werden, bleiben bei der Ermittlung des Grundstückswerts außer Betracht.

Fünfter Abschnitt:[3]) Gesonderte Feststellungen

§ 151[3]) **Gesonderte Feststellungen.** (1)[4]) ¹Gesondert festzustellen (§ 179 der Abgabenordnung) sind

1. Grundbesitzwerte (§§ *138, 157* [*ab 1.1.2025:* § *157*]),
2. der Wert des Betriebsvermögens oder des Anteils am Betriebsvermögen (§§ 95, 96, 97),
3. der Wert von Anteilen an Kapitalgesellschaften im Sinne des § 11 Abs. 2,
4.[5]) der Anteil am Wert von anderen als in den Nummern 1 bis 3 genannten Vermögensgegenständen und von Schulden, die mehreren Personen zustehen,

wenn die Werte für die Erbschaftsteuer oder eine andere Feststellung im Sinne dieser Vorschrift von Bedeutung sind. ²Die Entscheidung über eine Bedeutung für die Besteuerung trifft das für die Festsetzung der Erbschaftsteuer oder die Feststellung nach Satz 1 Nr. 2 bis 4 zuständige Finanzamt.

---

[1]) § 150 wird aufgeh. **mWv 1.1.2025** durch G v. 26.11.2019 (BGBl. I S. 1794).
[2]) Vgl. **Sartorius I Nr. 680.**
[3]) Fünfter Abschnitt (§§ 151–156) eingef. mWv 1.1.2007 durch G v. 13.12.2006 (BGBl. I S. 2878).
[4]) § 151 Abs. 1 Satz 1 Nrn. 1 und 2 neu gef. mWv 1.1.2009 durch G v. 24.12.2008 (BGBl. I S. 3018); Nr. 1 Verweis auf § 138 wird aufgeh. **mWv 1.1.2025** durch G v. 26.11.2019 (BGBl. I S. 1794).
[5]) § 151 Abs. 1 Satz 1 Nr. 4 geänd. mWv 1.1.2009 durch G v. 8.12.2010 (BGBl. I S. 1768).

(2) In dem Feststellungsbescheid für Grundbesitzwerte sind auch Feststellungen zu treffen

1.[1] über die Art der wirtschaftlichen Einheit;

2. über die Zurechnung der wirtschaftlichen Einheit und bei mehreren Beteiligten über die Höhe des Anteils, der für die Besteuerung oder eine andere Feststellung von Bedeutung ist; beim Erwerb durch eine Erbengemeinschaft erfolgt die Zurechnung in Vertretung der Miterben[2] auf die Erbengemeinschaft. [2]Entsprechendes gilt für die Feststellungen nach Absatz 1 Satz 1 Nr. 2 bis 4.[2]

(3) [1]Gesondert festgestellte Werte im Sinne des Absatzes 1 Satz 1 Nummer 1 bis 4[3] sind einer innerhalb einer Jahresfrist folgenden Feststellung für dieselbe wirtschaftliche Einheit unverändert zu Grunde zu legen, wenn sich die für die erste Bewertung maßgeblichen Stichtagsverhältnisse nicht wesentlich geändert haben. [2]Der Erklärungspflichtige kann eine von diesem Wert abweichende Feststellung nach den Verhältnissen am Bewertungsstichtag[3] durch Abgabe einer Feststellungserklärung beantragen.

(4) Ausländisches Vermögen unterliegt nicht der gesonderten Feststellung.

(5) [1]Grundbesitzwerte (Absatz 1 Satz 1 Nr. 1) sind auch festzustellen, wenn sie für die Grunderwerbsteuer von Bedeutung sind. [2]Absatz 1 Satz 2 gilt entsprechend. [3]Absatz 2 ist nicht anzuwenden.

§ 152[4] Örtliche Zuständigkeit.

Für die gesonderten Feststellungen ist örtlich zuständig:

1. in den Fällen des § 151 Abs. 1 Satz 1 Nr. 1 das Finanzamt, in dessen Bezirk das Grundstück, das Betriebsgrundstück oder der Betrieb der Land- und Forstwirtschaft oder, wenn sich das Grundstück, das Betriebsgrundstück oder der Betrieb der Land- und Forstwirtschaft auf die Bezirke mehrerer Finanzämter erstreckt, der wertvollste Teil liegt;

2. in den Fällen des § 151 Abs. 1 Satz 1 Nr. 2 das Finanzamt, in dessen Bezirk sich die Geschäftsleitung des Gewerbebetriebs, bei Gewerbebetrieben ohne Geschäftsleitung im Inland das Finanzamt, in dessen Bezirk eine Betriebsstätte – bei mehreren Betriebsstätten die wirtschaftlich bedeutendste – unterhalten wird, und bei freiberuflicher Tätigkeit das Finanzamt, von dessen Bezirk aus die Berufstätigkeit vorwiegend ausgeübt wird;

3. in den Fällen des § 151 Abs. 1 Satz 1 Nr. 3 das Finanzamt, in dessen Bezirk sich die Geschäftsleitung der Kapitalgesellschaft befindet, bei Kapitalgesellschaften ohne Geschäftsleitung im Inland oder, wenn sich der Ort der Ge-

---

[1] § 151 Abs. 2 Nr. 1 geänd. mWv 1.1.2009 durch G v. 24.12.2008 (BGBl. I S. 3018).
[2] § 151 Abs. 2 Nr. 2 Satz 1 ergänzt und Satz 2 angef. mWv 1.1.2009 durch G v. 24.12.2008 (BGBl. I S. 3018).
[3] § 151 Abs. 3 Satz 1 und Satz 2 geänd. mWv 1.1.2009 durch G v. 24.12.2008 S. 3018); Satz 1 Verweis geänd. mWv 1.7.2011 durch G v. 1.11.2011 (BGBl. I S. 2131).
[4] Fünfter Abschnitt (§§ 151–156) eingef. mWv 1.1.2007 durch G v. 13.12.2006 (BGBl. I S. 2878).

schäftsleitung nicht feststellen lässt, das Finanzamt, in dessen Bezirk die Kapitalgesellschaft ihren Sitz hat;

4. in den Fällen des § 151 Abs. 1 Satz 1 Nr. 4 das Finanzamt, von dessen Bezirk die Verwaltung des Vermögens ausgeht, oder, wenn diese im Inland nicht feststellbar ist, das Finanzamt, in dessen Bezirk sich der wertvollste Teil des Vermögens befindet.

§ 153[1] **Erklärungspflicht, Verfahrensvorschriften für die gesonderte Feststellung, Feststellungsfrist.** (1) [1]Das Finanzamt kann von jedem, für dessen Besteuerung eine gesonderte Feststellung von Bedeutung ist, die Abgabe einer Feststellungserklärung verlangen. [2]Die Frist zur Abgabe der Feststellungserklärung muss mindestens einen Monat betragen.

(2)[2] [1]Ist der Gegenstand der Feststellung mehreren Personen zuzurechnen oder ist eine Personengesellschaft oder Kapitalgesellschaft dessen Eigentümer, kann das Finanzamt auch von der Gemeinschaft oder Gesellschaft die Abgabe einer Feststellungserklärung verlangen. [2]Dies gilt auch, wenn Gegenstand der Feststellung ein Anteil am Betriebsvermögen ist. [3]Das Finanzamt kann in Erbbaurechtsfällen die Abgabe einer Feststellungserklärung vom Erbbauberechtigten und vom Erbbauverpflichteten verlangen. [4]Absatz 4 *Satz 2 [neue Fassung: Satz 5]* ist nicht anzuwenden.[3]

(3) In den Fällen des § 151 Abs. 1 Satz 1 Nr. 3 kann das Finanzamt nur von der Kapitalgesellschaft die Abgabe einer Feststellungserklärung verlangen.

[bisherige Fassung:]

(4) [1]Der Erklärungspflichtige hat die Erklärung eigenhändig zu unterschreiben. [2]Hat ein Erklärungspflichtiger eine Erklärung zur gesonderten Feststellung abgegeben, sind andere Beteiligte insoweit von der Erklärungspflicht befreit.

[neue Fassung:]

(4)[4] [1]Der Erklärungspflichtige hat die Erklärung nach amtlich vorgeschriebenem Datensatz durch Datenfernübertragung zu übermitteln. [2]Auf Antrag kann das Finanzamt zur Vermeidung unbilliger Härten auf eine elektronische Übermittlung verzichten; in diesem Fall ist die Erklärung nach amtlich vorgeschriebenem Vordruck abzugeben und vom Erklärungspflichtigen eigenhändig zu unterschreiben. [3]Das Bundesministerium der Finanzen legt im Einvernehmen mit den obersten Finanzbehörden der Länder die Einzelheiten

---

[1] Fünfter Abschnitt (§§ 151–156) eingef. mWv 1.1.2007 durch G v. 13.12.2006 (BGBl. I S. 2878).

[2] § 153 Abs. 2 Satz 2 geänd. mWv 1.1.2009 durch G v. 24.12.2008 (BGBl. I S. 3018).

[3] § 153 Abs. 2 Sätze 3 und 4 angef. mWv 1.7.2011 durch G v. 1.11.2011 (BGBl. I S. 2131); Satz 4 Verweis geänd. mWv 21.12.2022 durch G v. 16.12.2022 (BGBl. I S. 2294); zur Anwendung siehe § 265 Abs. 13.

[4] § 153 Abs. 4 neu gef. mWv 21.12.2022 durch G v. 16.12.2022 (BGBl. I S. 2294); zur Anwendung siehe § 265 Abs. 13.

[neue Fassung:]

der elektronischen Übermittlung der Erklärungen für die Feststellungen nach § 151 Absatz 1 Satz 1 Nummer 1 bis 4 und jeweils deren Beginn in einem Schreiben fest. ⁴Dieses Schreiben ist im Bundessteuerblatt zu veröffentlichen. ⁵Hat ein Erklärungspflichtiger eine Erklärung zur gesonderten Feststellung abgegeben, sind andere Beteiligte insoweit von der Erklärungspflicht befreit.

(5) § 181 Abs. 1 und 5 der Abgabenordnung ist entsprechend anzuwenden.

§ 154¹⁾ Beteiligte am Feststellungsverfahren. (1)²⁾ ¹Am Feststellungsverfahren sind beteiligt

1. diejenigen, denen der Gegenstand der Feststellung zuzurechnen ist,

2. diejenigen, die das Finanzamt zur Abgabe einer Feststellungserklärung aufgefordert hat;

3.³⁾ diejenigen, die eine Steuer als Schuldner oder Gesamtschuldner schulden und für deren Festsetzung die Feststellung von Bedeutung ist.

²Gegenüber mehreren Beteiligten nach Satz 1 erfolgt eine gesonderte und einheitliche Feststellung (§ 179 Absatz 2 Satz 2 der Abgabenordnung).

(2) In den Fällen des § 151 Abs. 1 Satz 1 Nr. 3 ist der Feststellungsbescheid auch der Kapitalgesellschaft bekannt zu geben.

(3)⁴⁾ ¹Soweit der Gegenstand der Feststellung einer Erbengemeinschaft in Vertretung der Miterben zuzurechnen ist, ist § 183 der Abgabenordnung entsprechend anzuwenden. ²Bei der Bekanntgabe des Feststellungsbescheids ist darauf hinzuweisen, dass die Bekanntgabe mit Wirkung für und gegen alle Miterben erfolgt.

§ 155¹⁾·⁵⁾ Rechtsbehelfsbefugnis. ¹Zur Einlegung von Rechtsbehelfen gegen den Feststellungsbescheid sind die Beteiligten im Sinne des § 154 Abs. 1 sowie diejenigen befugt, für deren Besteuerung nach dem Grunderwerbsteuergesetz der Feststellungsbescheid von Bedeutung ist. ²Soweit der Gegenstand der Feststellung einer Erbengemeinschaft in Vertretung der Miterben zuzu-

---

¹⁾ Fünfter Abschnitt (§§ 151–156) eingef. mWv 1.1.2007 durch G v. 13.12.2006 (BGBl. I S. 2878).
²⁾ § 154 Abs. 1 Satz 2 angef. durch G v. 2.11.2015 (BGBl. I S. 1834); zur Anwendung siehe § 265 Abs. 9.
³⁾ § 154 Abs. 1 Satz 1 Nr. 3 neu gef. durch G v. 2.11.2015 (BGBl. I S. 1834); zur Anwendung siehe § 265 Abs. 9.
⁴⁾ § 154 Abs. 3 angef. mWv 1.1.2009 durch G v. 24.12.2008 (BGBl. I S. 3018).
⁵⁾ § 155 Satz 2 neu gef. mWv 1.1.2009 durch G v. 24.12.2008 (BGBl. I S. 3018).

rechnen ist, sind § 352 der Abgabenordnung und § 48 der Finanzgerichtsordnung entsprechend anzuwenden.

§ 156[1] Außenprüfung. Eine Außenprüfung zur Ermittlung der Besteuerungsgrundlagen ist bei jedem Beteiligten (§ 154 Abs. 1) zulässig.

Sechster Abschnitt:[2] Vorschriften für die Bewertung von Grundbesitz, von nicht notierten Anteilen an Kapitalgesellschaften und von Betriebsvermögen für die Erbschaftsteuer ab 1. Januar 2009

A. Allgemeines

§ 157[2] Feststellung von Grundbesitzwerten, von Anteilswerten und von Betriebsvermögenswerten. (1)[3] [1]Grundbesitzwerte werden unter Berücksichtigung der tatsächlichen Verhältnisse und der Wertverhältnisse zum Bewertungsstichtag [*ab 1.1.2025:* für inländischen Grundbesitz, und zwar für Betriebe der Land- und Forstwirtschaft, für Grundstücke und für Betriebsgrundstücke,] festgestellt. [2]*§ 29 Abs. 2 und 3 gilt* [*ab 1.1.2025:* [2]§ 229 gilt für die Grundbesitzbewertung] sinngemäß.

(2) Für die wirtschaftlichen Einheiten des land- und forstwirtschaftlichen Vermögens und für Betriebsgrundstücke im Sinne des § 99 Abs. 1 Nr. 2 sind die Grundbesitzwerte unter Anwendung der §§ 158 bis 175 zu ermitteln.

(3) [1]Für die wirtschaftlichen Einheiten des Grundvermögens und für Betriebsgrundstücke im Sinne des § 99 Abs. 1 Nr. 1 sind die Grundbesitzwerte unter Anwendung der §§ 159 und 176 bis 198 zu ermitteln. [2]§ 70 gilt mit der Maßgabe, dass der Anteil des Eigentümers eines Grundstücks an anderem Grundvermögen (zum Beispiel an gemeinschaftlichen Hofflächen oder Garagen) abweichend von Absatz 2 Satz 1 dieser Vorschrift in das Grundstück einzubeziehen ist, wenn der Anteil zusammen mit dem Grundstück genutzt wird. [3]§ 20 *Satz 2*[4] ist entsprechend anzuwenden.

(4) [1]Der Wert von Anteilen an Kapitalgesellschaften im Sinne des § 11 Abs. 2 Satz 2 (Anteilswert) wird unter Berücksichtigung der tatsächlichen Verhältnisse und der Wertverhältnisse zum Bewertungsstichtag festgestellt. [2]Der Anteilswert ist unter Anwendung des § 11 Abs. 2 zu ermitteln.

(5) [1]Der Wert von Betriebsvermögen oder des Anteils am Betriebsvermögen im Sinne der §§ 95, 96 und 97 (Betriebsvermögenswert) wird unter Berücksichtigung der tatsächlichen Verhältnisse und der Wertverhältnisse zum Bewertungsstichtag festgestellt. [2]Der Betriebsvermögenswert ist unter Anwendung des § 109 Abs. 1 und 2 in Verbindung mit § 11 Abs. 2 zu ermitteln.

---

[1] Fünfter Abschnitt (§§ 151–156) eingef. mWv 1.1.2007 durch G v. 13.12.2006 (BGBl. I S. 2878).

[2] Sechster Abschnitt (§§ 157–203) eingef. mWv 1.1.2009 durch G v. 24.12.2008 (BGBl. I S. 3018).

[3] § 157 Abs. 1 Satz 1 geänd., Satz 2 neu gef. **mWv 1.1.2025** durch G v. 26.11.2019 (BGBl. I S. 1794).

[4] Verweis wird gestrichen **mWv 1.1.2025** durch G v. 26.11.2019 (BGBl. I S. 1794).

B. Land- und forstwirtschaftliches Vermögen

I. Allgemeines

§ 158[1] Begriff des land- und forstwirtschaftlichen Vermögens.

(1) [1]Land- und Forstwirtschaft ist die planmäßige Nutzung der natürlichen Kräfte des Bodens zur Erzeugung von Pflanzen und Tieren sowie die Verwertung der dadurch selbst gewonnenen Erzeugnisse. [2]Zum land- und forstwirtschaftlichen Vermögen gehören alle Wirtschaftgüter, die einem Betrieb der Land- und Forstwirtschaft zu diesem Zweck auf Dauer zu dienen bestimmt sind.

(2) [1]Die wirtschaftliche Einheit des land- und forstwirtschaftlichen Vermögens ist der Betrieb der Land- und Forstwirtschaft. [2]Wird ein Betrieb der Land- und Forstwirtschaft in Form einer Personengesellschaft oder Gemeinschaft geführt, sind in die wirtschaftliche Einheit auch die Wirtschaftsgüter einzubeziehen, die einem oder mehreren Beteiligten gehören, wenn sie dem Betrieb der Land- und Forstwirtschaft auf Dauer zu dienen bestimmt sind.

(3) [1]Zu den Wirtschaftsgütern, die der wirtschaftlichen Einheit Betrieb der Land- und Forstwirtschaft zu dienen bestimmt sind, gehören insbesondere

1. der Grund und Boden,
2. die Wirtschaftsgebäude,
3. die stehenden Betriebsmittel,
4. der normale Bestand an umlaufenden Betriebsmitteln,
5. die immateriellen Wirtschaftsgüter,
6. die Wohngebäude und der dazu gehörende Grund und Boden.

[2]Als normaler Bestand an umlaufenden Betriebsmitteln gilt ein solcher, der zur gesicherten Fortführung des Betriebs erforderlich ist.

(4) Zum land- und forstwirtschaftlichen Vermögen gehören nicht

1. Grund und Boden sowie Gebäude und Gebäudeteile, die nicht land- und forstwirtschaftlichen Zwecken dienen,
2. Kleingartenland und Dauerkleingartenland,
3. Geschäftsguthaben, Wertpapiere und Beteiligungen,
4. über den normalen Bestand hinausgehende Bestände an umlaufenden Betriebsmitteln,
5. Tierbestände oder Zweige des Tierbestands und die hiermit zusammenhängenden Wirtschaftsgüter (zum Beispiel Gebäude und abgrenzbare Gebäudeteile mit den dazugehörenden Flächen, Betriebsmittel), wenn die Tiere weder zur landwirtschaftlichen Nutzung noch nach § 175 zu den übrigen land- und forstwirtschaftlichen Nutzungen gehören. [2]Die Zugehörigkeit der landwirtschaftlich genutzten Flächen zum land- und forstwirtschaftlichen Vermögen wird hierdurch nicht berührt,
6. Geldforderungen und Zahlungsmittel,
7. Pensionsverpflichtungen.

---

[1] Sechster Abschnitt (§§ 157–203) eingef. mWv 1.1.2009 durch G v. 24.12.2008 (BGBl. I S. 3018).

(5) Verbindlichkeiten gehören zum land- und forstwirtschaftlichen Vermögen, soweit sie nicht im unmittelbaren wirtschaftlichen Zusammenhang mit den in Absatz 4 genannten Wirtschaftsgütern stehen.

§ 159[1]) Abgrenzung land- und forstwirtschaftlich genutzter Flächen zum Grundvermögen. (1) Land- und forstwirtschaftlich genutzte Flächen sind dem Grundvermögen zuzurechnen, wenn nach ihrer Lage, den am Bewertungsstichtag bestehenden Verwertungsmöglichkeiten oder den sonstigen Umständen anzunehmen ist, dass sie in absehbarer Zeit anderen als land- und forstwirtschaftlichen Zwecken, insbesondere als Bauland, Industrieland oder Land für Verkehrszwecke, dienen werden.

(2) Bildet ein Betrieb der Land- und Forstwirtschaft die Existenzgrundlage des Betriebsinhabers, so sind dem Betriebsinhaber gehörende Flächen, die von einer Stelle aus ordnungsgemäß nachhaltig bewirtschaftet werden, dem Grundvermögen nur dann zuzurechnen, wenn mit großer Wahrscheinlichkeit anzunehmen ist, dass sie spätestens nach zwei Jahren anderen als land- und forstwirtschaftlichen Zwecken dienen werden.

(3) ¹Flächen sind stets dem Grundvermögen zuzurechnen, wenn sie in einem Bebauungsplan als Bauland festgesetzt sind, ihre sofortige Bebauung möglich ist und die Bebauung innerhalb des Plangebiets in benachbarten Bereichen begonnen hat oder schon durchgeführt ist. ²Satz 1 gilt nicht für die Hofstelle und für andere Flächen in unmittelbarem räumlichen Zusammenhang mit der Hofstelle bis zu einer Größe von insgesamt 1 Hektar.

§ 160[1]) Betrieb der Land- und Forstwirtschaft. (1) Ein Betrieb der Land- und Forstwirtschaft umfasst

1. den Wirtschaftsteil,

2. die Betriebswohnungen und

3. den Wohnteil.

(2) ¹Der Wirtschaftsteil eines Betriebs der Land- und Forstwirtschaft umfasst

1. die land- und forstwirtschaftlichen Nutzungen:

   a) die landwirtschaftliche Nutzung,

   b) die forstwirtschaftliche Nutzung,

   c) die weinbauliche Nutzung,

   d) die gärtnerische Nutzung,

   e) die übrigen land- und forstwirtschaftlichen Nutzungen,

2. die Nebenbetriebe,

3. die folgenden nicht zu einer Nutzung nach den Nummern 1 und 2 gehörenden Wirtschaftsgüter:

   a) Abbauland,

---

1) Sechster Abschnitt (§§ 157–203) eingef. mWv 1.1.2009 durch G v. 24.12.2008 (BGBl. I S. 3018).

b) Geringstland,

c) Unland.

²Der Anbau von Hopfen, Tabak und Spargel gehört nur zu den Sondernutzungen, wenn keine landwirtschaftliche Nutzung im Sinne des Satzes 1 Nr. 1 Buchstabe a vorliegt.

(3) Nebenbetriebe sind Betriebe, die dem Hauptbetrieb zu dienen bestimmt sind und nicht einen selbständigen gewerblichen Betrieb darstellen.

(4) Zum Abbauland gehören die Betriebsflächen, die durch Abbau der Bodensubstanz überwiegend für den Betrieb der Land- und Forstwirtschaft nutzbar gemacht werden (Sand-, Kies-, Lehmgruben, Steinbrüche, Torfstiche und dergleichen).

(5) Zum Geringstland gehören die Betriebsflächen geringster Ertragsfähigkeit, für die nach dem Bodenschätzungsgesetz vom 20. Dezember 2007 (BGBl. I S. 3150, 3176) keine Wertzahlen festzustellen sind.

(6) Zum Unland gehören die Betriebsflächen, die auch bei geordneter Wirtschaftsweise keinen Ertrag abwerfen können.

(7) ¹Einen Betrieb der Land- und Forstwirtschaft bilden auch Stückländereien, die als gesonderte wirtschaftliche Einheit zu bewerten sind. ²Stückländereien sind einzelne land- und forstwirtschaftlich genutzte Flächen, bei denen die Wirtschaftsgebäude oder die Betriebsmittel oder beide Arten von Wirtschaftsgütern nicht dem Eigentümer des Grund und Bodens gehören, sondern am Bewertungsstichtag für mindestens 15 Jahre einem anderen Betrieb der Land- und Forstwirtschaft zu dienen bestimmt sind.

(8) Betriebswohnungen sind Wohnungen, die einem Betrieb der Land- und Forstwirtschaft zu dienen bestimmt, aber nicht dem Wohnteil zuzurechnen sind.

(9) Der Wohnteil eines Betriebs der Land- und Forstwirtschaft umfasst die Gebäude und Gebäudeteile, die dem Inhaber des Betriebs, den zu seinem Haushalt gehörenden Familienangehörigen und den Altenteilern zu Wohnzwecken dienen.

§ 161¹⁾ **Bewertungsstichtag.** (1) Für die Größe des Betriebs, für den Umfang und den Zustand der Gebäude sowie für die stehenden Betriebsmittel sind die Verhältnisse am Bewertungsstichtag maßgebend.

(2) Für die umlaufenden Betriebsmittel ist der Stand am Ende des Wirtschaftsjahres maßgebend, das dem Bewertungsstichtag vorangegangen ist.

§ 162¹⁾ **Bewertung des Wirtschaftsteils.** (1) ¹Bei der Bewertung des Wirtschaftsteils ist der gemeine Wert zu Grunde zu legen. ²Dabei ist davon auszugehen, dass der Erwerber den Betrieb der Land- und Forstwirtschaft fortführt. ³Bei der Ermittlung des gemeinen Werts für den Wirtschaftsteil sind die land- und forstwirtschaftlichen Nutzungen, die Nebenbetriebe, das Abbau-, Geringst- und Unland jeweils gesondert mit ihrem Wirtschaftswert

---

¹⁾ Sechster Abschnitt (§§ 157–203) eingef. mWv 1.1.2009 durch G v. 24.12.2008 (BGBl. I S. 3018).

(§ 163) zu bewerten. [4]Dabei darf ein Mindestwert nicht unterschritten werden (§ 164).

(2) Der Wert des Wirtschaftsteils für einen Betrieb der Land- und Forstwirtschaft im Sinne des § 160 Abs. 7 wird nach § 164 ermittelt.

(3) [1]Wird ein Betrieb der Land- und Forstwirtschaft oder ein Anteil im Sinne des § 158 Abs. 2 Satz 2 innerhalb eines Zeitraums von 15 Jahren nach dem Bewertungsstichtag veräußert, erfolgt die Bewertung der wirtschaftlichen Einheit abweichend von den §§ 163 und 164 mit dem Liquidationswert nach § 166. [2]Dies gilt nicht, wenn der Veräußerungserlös innerhalb von sechs Monaten ausschließlich zum Erwerb eines anderen Betriebs der Land- und Forstwirtschaft oder eines Anteils im Sinne des § 158 Abs. 2 Satz 2 verwendet wird.

(4) [1]Sind wesentliche Wirtschaftsgüter (§ 158 Abs. 3 Satz 1 Nr. 1 bis 3 und 5) dem Betrieb der Land- und Forstwirtschaft innerhalb eines Zeitraumes von 15 Jahren nicht mehr auf Dauer zu dienen bestimmt, erfolgt die Bewertung der Wirtschaftsgüter abweichend von den §§ 163 und 164 mit dem jeweiligen Liquidationswert nach § 166. [2]Dies gilt nicht, wenn der Veräußerungserlös innerhalb von sechs Monaten ausschließlich im betrieblichen Interesse verwendet wird.

§ 163[1]) **Ermittlung der Wirtschaftswerte.** (1) [1]Bei der Ermittlung der jeweiligen Wirtschaftswerte ist von der nachhaltigen Ertragsfähigkeit land- und forstwirtschaftlicher Betriebe auszugehen. [2]Ertragsfähigkeit ist der bei ordnungsmäßiger Bewirtschaftung gemeinhin und nachhaltig erzielbare Reingewinn. [3]Dabei sind alle Umstände zu berücksichtigen, die bei einer Selbstbewirtschaftung den Wirtschaftserfolg beeinflussen.

(2) [1]Der Reingewinn umfasst das ordentliche Ergebnis abzüglich eines angemessenen Lohnansatzes für die Arbeitsleistung des Betriebsinhabers und der nicht entlohnten Arbeitskräfte. [2]Die im unmittelbaren wirtschaftlichen Zusammenhang mit einem Betrieb der Land- und Forstwirtschaft stehenden Verbindlichkeiten sind durch den Ansatz der Zinsaufwendungen abgegolten. [3]Zur Berücksichtigung der nachhaltigen Ertragsfähigkeit ist der Durchschnitt der letzten fünf abgelaufenen Wirtschaftsjahre vor dem Bewertungsstichtag zu Grunde zu legen.

(3) [1]Der Reingewinn für die landwirtschaftliche Nutzung bestimmt sich nach der Region, der maßgeblichen Nutzungsart (Betriebsform) und der Betriebsgröße nach der Europäischen Größeneinheit (EGE). [2]Zur Ermittlung der maßgeblichen Betriebsform ist das Klassifizierungssystem nach der Entscheidung 85/377/EWG der Kommission vom 7. Juni 1985 zur Errichtung eines gemeinschaftlichen Klassifizierungssystems der landwirtschaftlichen Betriebe (ABl. EG Nr. L 220 S. 1), zuletzt geändert durch Entscheidung der Kommission vom 16. Mai 2003 (ABl. EU Nr. L 127 S. 48), in der jeweils geltenden Fassung heranzuziehen. [3]Hierzu sind die Standarddeckungsbeiträge der selbst bewirtschafteten Flächen und der Tiereinheiten der landwirtschaftli-

---

[1]) Sechster Abschnitt (§§ 157–203) eingef. mWv 1.1.2009 durch G v. 24.12.2008 (BGBl. I S. 3018).

chen Nutzung zu ermitteln und daraus die Betriebsform zu bestimmen. [4]Die Summe der Standarddeckungsbeiträge ist durch 1 200 Euro zu dividieren, so dass sich die Betriebsgröße in EGE ergibt, die einer der folgenden Betriebsgrößenklassen zuzuordnen ist:

1. Kleinbetriebe von   0 bis unter 40 EGE,
2. Mittelbetriebe von   40 bis 100 EGE,
3. Großbetriebe über   100 EGE.

[5]Das Bundesministerium der Finanzen veröffentlicht die maßgeblichen Standarddeckungsbeiträge im Bundessteuerblatt. [6]Der entsprechende Reingewinn ergibt sich aus der Spalte 4 der Anlage 14 in Euro pro Hektar landwirtschaftlich genutzter Fläche (EUR/ha LF).

(4) [1]Der Reingewinn für die forstwirtschaftliche Nutzung bestimmt sich nach den Flächen der jeweiligen Nutzungsart (Baumartengruppe) und den Ertragsklassen. [2]Die jeweilige Nutzungsart umfasst:

1. Die Baumartengruppe Buche, zu der auch sonstiges Laubholz einschließlich der Roteiche gehört,
2. die Baumartengruppe Eiche, zu der auch alle übrigen Eichenarten gehören,
3. die Baumartengruppe Fichte, zu der auch alle übrigen Nadelholzarten mit Ausnahme der Kiefer und der Lärche gehören,
4. die Baumartengruppe Kiefer und Lärchen mit Ausnahme der Weymouthskiefer,
5. die übrige Fläche der forstwirtschaftlichen Nutzung.

[3]Die Ertragsklassen bestimmen sich für

1. die Baumartengruppe Buche nach der von Schober für mäßige Durchforstung veröffentlichten Ertragstafel,
2. die Baumartengruppe Eiche nach der von Jüttner für mäßige Durchforstung veröffentlichten Ertragstafel,
3. die Baumartengruppe Fichte nach der von Wiedemann für mäßige Durchforstung veröffentlichten Ertragstafel,
4. die Baumartengruppe Kiefer nach der von Wiedemann für mäßige Durchforstung veröffentlichten Ertragstafel.

[4]Der nach den Sätzen 2 und 3 maßgebliche Reingewinn ergibt sich aus der Spalte 4 der Anlage 15 in Euro pro Hektar (EUR/ha).

(5) [1]Der Reingewinn für die weinbauliche Nutzung bestimmt sich nach den Flächen der jeweiligen Nutzungsart (Verwertungsform). [2]Er ergibt sich aus der Spalte 3 der Anlage 16.

(6) [1]Der Reingewinn für die gärtnerische Nutzung bestimmt sich nach dem maßgeblichen Nutzungsteil, der Nutzungsart und den Flächen. [2]Er ergibt sich aus der Spalte 4 der Anlage 17.

(7) Der Reingewinn für die Sondernutzungen Hopfen, Spargel, Tabak ergibt sich aus der Spalte 3 der Anlage 18.

(8) [1]Der Reingewinn für die sonstigen land- und forstwirtschaftlichen Nutzungen, für Nebenbetriebe sowie für Abbauland ist im Einzelertragswertver-

fahren zu ermitteln, soweit für die jeweilige Region nicht auf einen durch statistische Erhebungen ermittelten pauschalierten Reingewinn zurückgegriffen werden kann. [2]Der Einzelertragswert ermittelt sich aus dem betriebsindividuellen Ergebnis und dem Kapitalisierungszinssatz nach Absatz 11.

(9) Der Reingewinn für das Geringstland wird pauschal mit 5,40 Euro pro Hektar festgelegt.

(10) Der Reingewinn für das Unland beträgt 0 Euro.

(11) [1]Der jeweilige Reingewinn ist zu kapitalisieren. [2]Der Kapitalisierungszinssatz beträgt 5,5 Prozent und der Kapitalisierungsfaktor beträgt 18,6.

(12) Der kapitalisierte Reingewinn für die landwirtschaftliche, die forstwirtschaftliche, die weinbauliche, die gärtnerische Nutzung oder für deren Nutzungsteile, die Sondernutzungen und das Geringstland ist mit der jeweiligen Eigentumsfläche des Betriebs zum Bewertungsstichtag zu vervielfältigen, der dieser Nutzung zuzurechnen ist.

(13) [1]Die Hofflächen und die Flächen der Wirtschaftsgebäude sind dabei anteilig in die einzelnen Nutzungen einzubeziehen. [2]Wirtschaftswege, Hecken, Gräben, Grenzraine und dergleichen sind in die Nutzung einzubeziehen, zu der sie gehören; dies gilt auch für Wasserflächen soweit sie nicht Unland sind oder zu den übrigen land- und forstwirtschaftlichen Nutzungen gehören.

(14) Das Bundesministerium der Finanzen wird ermächtigt, durch Rechtsverordnung mit Zustimmung des Bundesrates die Anlagen 14 bis 18 zu diesem Gesetz dadurch zu ändern, dass es die darin aufgeführten Reingewinne turnusmäßig an die Ergebnisse der Erhebungen nach § 2 des Landwirtschaftsgesetzes anpasst.

§ 164[1] **Mindestwert.** (1) Der Mindestwert des Wirtschaftsteils setzt sich aus dem Wert für den Grund und Boden sowie dem Wert der übrigen Wirtschaftsgüter zusammen und wird nach den Absätzen 2 bis 4 ermittelt.

(2) [1]Der für den Wert des Grund und Bodens im Sinne des § 158 Abs. 3 Satz 1 Nr. 1 zu ermittelnde Pachtpreis pro Hektar (ha) bestimmt sich nach der Nutzung, dem Nutzungsteil und der Nutzungsart des Grund und Bodens. [2]Bei der landwirtschaftlichen Nutzung ist dabei die Betriebsgröße in EGE nach § 163 Abs. 3 Satz 4 Nr. 1 bis 3 zu berücksichtigen. [3]Der danach maßgebliche Pachtpreis ergibt sich jeweils aus der Spalte 5 der Anlagen 14, 15 und 17 sowie aus der Spalte 4 der Anlagen 16 und 18 und ist mit den Eigentumsflächen zu vervielfältigen.

(3) Der Kapitalisierungszinssatz des regionalen Pachtpreises beträgt 5,5 Prozent und der Kapitalisierungsfaktor beträgt 18,6.

(4) [1]Der Wert für die übrigen Wirtschaftsgüter im Sinne des § 158 Abs. 3 Satz 1 Nr. 2 bis 5 (Besatzkapital) bestimmt sich nach der Nutzung, dem Nutzungsteil und der Nutzungsart des Grund und Bodens. [2]Bei der landwirtschaftlichen Nutzung ist dabei die Betriebsgröße in EGE nach § 163 Abs. 3

---

[1] Sechster Abschnitt (§§ 157–203) eingef. mWv 1.1.2009 durch G v. 24.12.2008 (BGBl. I S. 3018).

Satz 4 Nr. 1 bis 3 zu berücksichtigen. [3]Der danach maßgebliche Wert für das Besatzkapital ergibt sich jeweils aus der Spalte 6 der Anlagen 14, 15a und 17 sowie aus der Spalte 5 der Anlagen 16 und 18 und ist mit den selbst bewirtschafteten Flächen zu vervielfältigen.

(5) Der Kapitalisierungszinssatz für die übrigen Wirtschaftsgüter (§ 158 Abs. 3 Satz 1 Nr. 2 bis 5) beträgt 5,5 Prozent und der Kapitalisierungsfaktor beträgt 18,6.

(6) [1]Der kapitalisierte Wert für den Grund und Boden und der kapitalisierte Wert für die übrigen Wirtschaftsgüter sind um die damit in wirtschaftlichem Zusammenhang stehenden Verbindlichkeiten zu mindern. [2]Der Mindestwert, der sich hiernach ergibt, darf nicht weniger als 0 Euro betragen.

(7) Das Bundesministerium der Finanzen wird ermächtigt, durch Rechtsverordnung mit Zustimmung des Bundesrates die Anlagen 14 bis 18 zu diesem Gesetz dadurch zu ändern, dass es die darin aufgeführten Pachtpreise und Werte für das Besatzkapital turnusmäßig an die Ergebnisse der Erhebungen nach § 2 des Landwirtschaftsgesetzes anpasst.

§ 165[1] Bewertung des Wirtschaftsteils mit dem Fortführungswert.

(1) Der Wert des Wirtschaftsteils wird aus der Summe der nach § 163 zu ermittelnden Wirtschaftswerte gebildet.

(2) Der für einen Betrieb der Land- und Forstwirtschaft anzusetzende Wert des Wirtschaftsteils darf nicht geringer sein als der nach § 164 ermittelte Mindestwert.

(3) Weist der Steuerpflichtige nach, dass der gemeine Wert des Wirtschaftsteils niedriger ist als der nach den Absätzen 1 und 2 ermittelte Wert, ist dieser Wert anzusetzen; § 166 ist zu beachten.

§ 166[1] Bewertung des Wirtschaftsteils mit dem Liquidationswert.

(1) Im Falle des § 162 Abs. 3 oder Abs. 4 ist der Liquidationswert nach Absatz 2 zu ermitteln und tritt mit Wirkung für die Vergangenheit an die Stelle des bisherigen Wertansatzes.

(2)[2] [1]Bei der Ermittlung des jeweiligen Liquidationswerts nach Absatz 1

1. ist der Grund und Boden im Sinne des § 158 Abs. 3 Satz 1 Nr. 1 mit den zuletzt vor dem Bewertungsstichtag ermittelten Bodenrichtwerten zu bewerten. [2]§ 179 Satz 2 bis 4 gilt entsprechend. [3]Zur Berücksichtigung der Liquidationskosten ist der ermittelte Bodenwert um 10 Prozent zu mindern;

2. sind die übrigen Wirtschaftsgüter im Sinne des § 158 Abs. 3 Satz 1 Nr. 2 bis 5 mit ihrem gemeinen Wert zu bewerten. [2]Zur Berücksichtigung der Liquidationskosten sind die ermittelten Werte um 10 Prozent zu mindern.

---

[1] Sechster Abschnitt (§§ 157–203) eingef. mWv 1.1.2009 durch G v. 24.12.2008 (BGBl. I S. 3018).
[2] § 166 Abs. 2 Nr. 1 Satz 2 eingef., bish. Satz 2 wird Satz 3 durch G v. 7.12.2011 (BGBl. I S. 2592); zur Anwendung siehe § 265 Abs. 3.

§ 167[1]) Bewertung der Betriebswohnungen und des Wohnteils.

(1) Die Bewertung der Betriebswohnungen und des Wohnteils erfolgt nach den Vorschriften, die für die Bewertung von Wohngrundstücken im Grundvermögen (§§ 182 bis 196) gelten.

(2) Für die Abgrenzung der Betriebswohnungen und des Wohnteils vom Wirtschaftsteil ist höchstens das Fünffache der jeweils bebauten Fläche zu Grunde zu legen.

(3) Zur Berücksichtigung von Besonderheiten, die sich im Falle einer engen räumlichen Verbindung von Wohnraum mit dem Betrieb ergeben, ist der Wert des Wohnteils und der Wert der Betriebswohnungen nach den Absätzen 1 und 2 um 15 Prozent zu ermäßigen.

(4) [1]Weist der Steuerpflichtige nach, dass der gemeine Wert des Wohnteils oder der Betriebswohnungen niedriger ist als der sich nach den Absätzen 1 bis 3 ergebende Wert, ist der gemeine Wert anzusetzen. [2]Für den Nachweis des niedrigeren gemeinen Werts gelten grundsätzlich die auf Grund des § 199 Abs. 1 des Baugesetzbuchs erlassenen Vorschriften.

§ 168[1]) Grundbesitzwert des Betriebs der Land- und Forstwirtschaft.
(1) Der Grundbesitzwert eines Betriebs der Land- und Forstwirtschaft besteht aus

1. dem Wert des Wirtschaftsteils (§ 160 Abs. 2),
2. dem Wert der Betriebswohnungen (§ 160 Abs. 8) abzüglich der damit im unmittelbaren wirtschaftlichen Zusammenhang stehenden Verbindlichkeiten,
3. dem Wert des Wohnteils (§ 160 Abs. 9) abzüglich der damit im unmittelbaren wirtschaftlichen Zusammenhang stehenden Verbindlichkeiten.

(2) Der Grundbesitzwert für Stückländereien als Betrieb der Land- und Forstwirtschaft (§ 160 Abs. 7) besteht nur aus dem Wert des Wirtschaftsteils.

(3) Der Grundbesitzwert für einen Anteil an einem Betrieb der Land- und Forstwirtschaft im Sinne des § 158 Abs. 2 Satz 2 ist nach den Absätzen 4 bis 6 aufzuteilen.

(4) [1]Der Wert des Wirtschaftsteils ist nach den beim Mindestwert (§ 164) zu Grunde gelegten Verhältnissen aufzuteilen. [2]Dabei ist

1. der Wert des Grund und Bodens und der Wirtschaftsgebäude oder ein Anteil daran (§ 158 Abs. 3 Satz 1 Nr. 1 und 2) dem jeweiligen Eigentümer zuzurechnen. [2]Im Falle des Gesamthandseigentums ist der Wert des Grund und Bodens nach der Höhe der gesellschaftsrechtlichen Beteiligung aufzuteilen;
2. der Wert der übrigen Wirtschaftsgüter (§ 158 Abs. 3 Satz 1 Nr. 3 bis 5) nach dem Wertverhältnis der dem Betrieb zur Verfügung gestellten Wirtschaftsgüter aufzuteilen. [2]Im Falle des Gesamthandseigentums ist der Wert der übrigen Wirtschaftsgüter nach der Höhe der gesellschaftsrechtlichen Beteiligung aufzuteilen;

---

[1]) Sechster Abschnitt (§§ 157–203) eingef. mWv 1.1.2009 durch G v. 24.12.2008 (BGBl. I S. 3018).

3. der Wert der zu berücksichtigenden Verbindlichkeiten (§ 164 Abs. 4) dem jeweiligen Schuldner zuzurechnen. [2]Im Falle des Gesamthandseigentums ist der Wert der zu berücksichtigenden Verbindlichkeiten nach der Höhe der gesellschaftsrechtlichen Beteiligung aufzuteilen.

(5) [1]Der Wert für die Betriebswohnungen ist dem jeweiligen Eigentümer zuzurechnen. [2]Im Falle des Gesamthandseigentums ist der Wert nach der Höhe der gesellschaftsrechtlichen Beteiligung aufzuteilen.

(6) [1]Der Wert für den Wohnteil ist dem jeweiligen Eigentümer zuzurechnen. [2]Im Falle des Gesamthandseigentums ist der Wert nach der Höhe der gesellschaftsrechtlichen Beteiligung aufzuteilen.

II. Besonderer Teil

a) Landwirtschaftliche Nutzung

§ 169[1]**) Tierbestände.** (1) [1]Tierbestände gehören in vollem Umfang zur landwirtschaftlichen Nutzung, wenn im Wirtschaftsjahr

für die ersten 20 Hektar	nicht mehr als	10 Vieheinheiten
für die nächsten 10 Hektar	nicht mehr als	7 Vieheinheiten
für die nächsten 20 Hektar	nicht mehr als	6 Vieheinheiten
für die nächsten 50 Hektar	nicht mehr als	3 Vieheinheiten
und für die weitere Fläche	nicht mehr als	1,5 Vieheinheiten

je Hektar der vom Inhaber des Betriebs regelmäßig landwirtschaftlich genutzten Flächen erzeugt oder gehalten werden. [2]Die Tierbestände sind nach dem Futterbedarf in Vieheinheiten umzurechnen.

(2) [1]Übersteigt die Anzahl der Vieheinheiten nachhaltig die in Absatz 1 bezeichnete Grenze, so gehören nur die Zweige des Tierbestands zur landwirtschaftlichen Nutzung, deren Vieheinheiten zusammen diese Grenze nicht überschreiten. [2]Zunächst sind mehr flächenabhängige Zweige des Tierbestands und danach weniger flächenabhängige Zweige des Tierbestands zur landwirtschaftlichen Nutzung zu rechnen. [3]Innerhalb jeder dieser Gruppen sind zuerst Zweige des Tierbestands mit der geringeren Anzahl von Vieheinheiten und dann Zweige mit der größeren Anzahl von Vieheinheiten zur landwirtschaftlichen Nutzung zu rechnen. [4]Der Tierbestand des einzelnen Zweiges wird nicht aufgeteilt.

(3) [1]Als Zweig des Tierbestands gilt bei jeder Tierart für sich

1. das Zugvieh,

2. das Zuchtvieh,

3. das Mastvieh und

4. das übrige Nutzvieh.

[2]Das Zuchtvieh einer Tierart gilt nur dann als besonderer Zweig des Tierbestands, wenn die erzeugten Jungtiere überwiegend zum Verkauf bestimmt

---

[1]) Sechster Abschnitt (§§ 157–203) eingef. mWv 1.1.2009 durch G v. 24.12.2008 (BGBl. I S. 3018).

sind. [3]Ist das nicht der Fall, so ist das Zuchtvieh dem Zweig des Tierbestands zuzurechnen, dem es überwiegend dient.

(4) [1]Die Absätze 1 bis 3 gelten nicht für Pelztiere. [2]Pelztiere gehören nur dann zur landwirtschaftlichen Nutzung, wenn die erforderlichen Futtermittel überwiegend von den vom Inhaber des Betriebs landwirtschaftlich genutzter Flächen gewonnen werden.

(5) [1]Für die Umrechnung der Tierbestände in Vieheinheiten sowie für die Gruppen der mehr flächenabhängigen oder weniger flächenabhängigen Zweige des Tierbestands sind die in den Anlagen 19 und 20 aufgeführten Werte maßgebend. [2]Das Bundesministerium der Finanzen wird ermächtigt, durch Rechtsverordnung mit Zustimmung des Bundesrates die Anlagen 19 und 20 zu diesem Gesetz dadurch zu ändern, dass der darin aufgeführte Umrechnungsschlüssel und die Gruppen der Zweige eines Tierbestands an geänderte wirtschaftliche oder technische Entwicklungen angepasst werden können.

§ 170[1)] **Umlaufende Betriebsmittel.** Bei landwirtschaftlichen Betrieben zählen die umlaufenden Betriebsmittel nur soweit zum normalen Bestand als der Durchschnitt der letzten fünf Jahre nicht überschritten wird.

b) Forstwirtschaftliche Nutzung

§ 171[1)] **Umlaufende Betriebsmittel.** [1]Eingeschlagenes Holz gehört zum normalen Bestand an umlaufenden Betriebsmitteln, soweit es den jährlichen Nutzungssatz nicht übersteigt. [2]Bei Betrieben, die nicht jährlich einschlagen (aussetzende Betriebe), tritt an die Stelle des jährlichen Nutzungssatzes ein den Betriebsverhältnissen entsprechender mehrjähriger Nutzungssatz.

§ 172[1)] **Abweichender Bewertungsstichtag.** Bei der forstwirtschaftlichen Nutzung sind abweichend von § 161 Abs. 1 für den Umfang und den Zustand des Bestands an nicht eingeschlagenem Holz die Verhältnisse am Ende des Wirtschaftsjahres zu Grunde zu legen, das dem Bewertungsstichtag vorangegangen ist.

c) Weinbauliche Nutzung

§ 173[1)] **Umlaufende Betriebsmittel.** (1) Bei ausbauenden Betrieben zählen die Vorräte an Weinen aus den Ernten der letzten fünf Jahre vor dem Bewertungsstichtag zum normalen Bestand an umlaufenden Betriebsmitteln.

(2) Abschläge für Unterbestand an Weinvorräten sind nicht zu machen.

d) Gärtnerische Nutzung

§ 174[1)] **Abweichende Bewertungsverhältnisse.** (1) [1]Die durch Anbau von Baumschulgewächsen genutzte Betriebsfläche wird nach § 161 Abs. 1 bestimmt. [2]Dabei sind die zum 15. September feststellbaren Bewirtschaftungsverhältnisse zu Grunde zu legen, die dem Bewertungsstichtag vorangegangen sind.

[1)] Sechster Abschnitt (§§ 157–203) eingef. mWv 1.1.2009 durch G v. 24.12.2008 (BGBl. I S. 3018).

(2) ¹Die durch Anbau von Gemüse, Blumen und Zierpflanzen genutzte Betriebsfläche wird nach § 161 Abs. 1 bestimmt. ²Dabei sind die zum 30. Juni feststellbaren Bewirtschaftungsverhältnisse zu Grunde zu legen, die dem Bewertungsstichtag vorangegangen sind.

(3) Sind die Bewirtschaftungsverhältnisse nicht feststellbar, richtet sich die Einordnung der Flächen nach der vorgesehenen Nutzung.

e) Übrige land- und forstwirtschaftliche Nutzungen

§ 175¹⁾ Übrige land- und forstwirtschaftliche Nutzungen. (1) Zu den übrigen land- und forstwirtschaftlichen Nutzungen gehören

1. die Sondernutzungen Hopfen, Spargel, Tabak und andere Sonderkulturen,
2. die sonstigen land- und forstwirtschaftlichen Nutzungen.

(2) Zu den sonstigen land- und forstwirtschaftlichen Nutzungen gehören insbesondere

1. die Binnenfischerei,
2. die Teichwirtschaft,
3. die Fischzucht für Binnenfischerei und Teichwirtschaft,
4. die Imkerei,
5. die Wanderschäferei,
6. die Saatzucht,
7. der Pilzanbau,
8. die Produktion von Nützlingen,
9. die Weihnachtsbaumkulturen.

C. Grundvermögen

I. Allgemeines

§ 176¹⁾ Grundvermögen. (1) Zum Grundvermögen gehören

1. der Grund und Boden, die Gebäude, die sonstigen Bestandteile und das Zubehör,
2. das Erbbaurecht,
3. das Wohnungseigentum, Teileigentum, Wohnungserbbaurecht und Teilerbbaurecht nach dem Wohnungseigentumsgesetz,

soweit es sich nicht um land- und forstwirtschaftliches Vermögen (§§ 158 und 159) oder um Betriebsgrundstücke (§ 99) handelt.

(2) In das Grundvermögen sind nicht einzubeziehen

1. Bodenschätze,
2. die Maschinen und sonstigen Vorrichtungen aller Art, die zu einer Betriebsanlage gehören (Betriebsvorrichtungen), auch wenn sie wesentliche

---

¹⁾ Sechster Abschnitt (§§ 157–203) eingef. mWv 1.1.2009 durch G v. 24.12.2008 (BGBl. I S. 3018).

Bestandteile sind. ²Einzubeziehen sind jedoch die Verstärkungen von Decken und die nicht ausschließlich zu einer Betriebsanlage gehörenden Stützen und sonstigen Bauteile wie Mauervorlagen und Verstrebungen.

§ 177¹⁾ ⋅ ²⁾ **Bewertung.** (1) Den Bewertungen nach den §§ 179 und 182 bis 196 ist der gemeine Wert (§ 9) zugrunde zu legen.

[Bewertungsstichtag nach dem 22.7.2021:]

(2)²⁾ ¹Die für die Wertermittlung erforderlichen Daten des Gutachterausschusses im Sinne des § 193 Absatz 5 Satz 2 des Baugesetzbuchs sind bei den Bewertungen nach den §§ 182 bis 196 für längstens zwei Jahre ab dem Ende des Kalenderjahres maßgeblich, in dem der vom Gutachterausschuss zugrunde gelegte Auswertungszeitraum endet. ²Soweit sich die maßgeblichen Wertverhältnisse nicht wesentlich geändert haben, können die Daten auch über einen längeren Zeitraum als zwei Jahre hinaus angewendet werden.

[Bewertungsstichtag nach dem 31.12.2022:]

(2)³⁾ ¹Bei den Bewertungen nach den §§ 182 bis 196 sind die von den Gutachterausschüssen im Sinne der §§ 192 ff. des Baugesetzbuchs ermittelten sonstigen für die Wertermittlung erforderlichen Daten im Sinne des § 193 Absatz 5 Satz 2 des Baugesetzbuchs anzuwenden, wenn diese Daten im Sinne des Absatzes 3 als geeignet anzusehen sind. ²Hat der Gutachterausschuss diese Daten auf einen Stichtag bezogen, ist der letzte Stichtag vor dem Bewertungsstichtag maßgeblich, sofern dieser nicht mehr als ein Jahre vor dem Bewertungsstichtag liegt. ³Liegt der Bezugsstichtag mehr als drei Jahre zurück oder ist kein Bezugsstichtag bestimmt, sind die sonstigen für die Wertermittlung erforderlichen Daten anzuwenden, die von den Gutachterausschüssen für den letzten Auswertungszeitraum abgeleitet werden, der vor dem Kalenderjahr endet, in dem der Bewertungsstichtag liegt. ⁴Diese Daten sind für längstens drei Jahre ab dem Ende des Kalenderjahres maßgeblich, in dem der vom Gutachterausschuss zugrunde gelegte Auswertungszeitraum endet. ⁵Soweit sich die maßgeblichen Wertverhältnisse nicht wesentlich geändert haben, können die Daten auch über einen

---

¹⁾ Sechster Abschnitt (§§ 157–203) eingef. mWv 1.1.2009 durch G v. 24.12.2008 (BGBl. I S. 3018).
²⁾ § 177 bish. Wortlaut wird Abs. 1, Abs. 2 angef. durch G v. 16.7.2021 (BGBl. I S. 2931); zur Anwendung siehe § 265 Abs. 12.
³⁾ § 177 Abs. 2 neu gef., Abs. 3 und 4 angef. durch G v. 16.12.2022 (BGBl. I S. 2294); zur Anwendung siehe § 265 Abs. 14.

[Bewertungsstichtag nach dem 31.12.2022:]
längeren Zeitraum als drei Jahre hinaus angewendet werden.

(3) Die sonstigen für die Wertermittlung erforderlichen Daten nach Absatz 2 sind als geeignet anzusehen, wenn deren Ableitung weitgehend in demselben Modell erfolgt ist wie die Bewertung.

(4) ¹Soweit in den §§ 179 und 182 bis 196 nichts anderes bestimmt ist, werden Besonderheiten, insbesondere die den Wert beeinflussenden Belastungen privatrechtlicher und öffentlich-rechtlicher Art, nicht berücksichtigt. ²§ 198 bleibt hiervon unberührt.

II. Unbebaute Grundstücke

§ 178¹⁾ Begriff der unbebauten Grundstücke. (1) ¹Unbebaute Grundstücke sind Grundstücke, auf denen sich keine benutzbaren Gebäude befinden. ²Die Benutzbarkeit beginnt im Zeitpunkt der Bezugsfertigkeit. ³Gebäude sind als bezugsfertig anzusehen, wenn den zukünftigen Bewohnern oder sonstigen Benutzern zugemutet werden kann, sie zu benutzen; die Abnahme durch die Bauaufsichtsbehörde ist nicht entscheidend.

(2) ¹Befinden sich auf dem Grundstück Gebäude, die auf Dauer keiner Nutzung zugeführt werden können, gilt das Grundstück als unbebaut. ²Als unbebaut gilt auch ein Grundstück, auf dem infolge von Zerstörung oder Verfall der Gebäude auf Dauer kein benutzbarer Raum mehr vorhanden ist.

§ 179¹⁾ ²⁾ Bewertung der unbebauten Grundstücke. ¹Der Wert unbebauter Grundstücke bestimmt sich regelmäßig nach ihrer Fläche und den Bodenrichtwerten (§ 196 des Baugesetzbuchs). ²Die Bodenrichtwerte sind von den Gutachterausschüssen nach dem Baugesetzbuch zu ermitteln und den Finanzämtern mitzuteilen. ³Bei der Wertermittlung ist stets der Bodenrichtwert anzusetzen, der vom Gutachterausschuss zuletzt vor dem Bewertungsstichtag zu ermitteln war. ⁴Wird von den Gutachterausschüssen kein Bodenrichtwert ermittelt, ist der Bodenwert aus den Werten vergleichbarer Flächen abzuleiten.³⁾

---

¹⁾ Sechster Abschnitt (§§ 157–203) eingef. mWv 1.1.2009 durch G v. 24.12.2008 (BGBl. I S. 3018).
²⁾ § 179 Satz 3 geänd. durch G v. 16.7.2021 (BGBl. I S. 2931); zur Anwendung siehe § 265 Abs. 12.
³⁾ § 179 Satz 4 geänd. durch G v. 7.12.2011 (BGBl. I S. 2592); zur Anwendung siehe § 265 Abs. 3.

III. Bebaute Grundstücke

§ 180[1]) **Begriff der bebauten Grundstücke.** (1) [1]Bebaute Grundstücke sind Grundstücke, auf denen sich benutzbare Gebäude befinden. [2]Wird ein Gebäude in Bauabschnitten errichtet, ist der fertiggestellte Teil als benutzbares Gebäude anzusehen.

(2) Als Grundstück im Sinne des Absatzes 1 gilt auch ein Gebäude, das auf fremdem Grund und Boden errichtet oder in sonstigen Fällen einem anderen als dem Eigentümer des Grund und Bodens zuzurechnen ist, selbst wenn es wesentlicher Bestandteil des Grund und Bodens geworden ist.

§ 181[1]) **Grundstücksarten.** (1) Bei der Bewertung bebauter Grundstücke sind die folgenden Grundstücksarten zu unterscheiden:

1. Ein- und Zweifamilienhäuser,
2. Mietwohngrundstücke,
3. Wohnungs- und Teileigentum,
4. Geschäftsgrundstücke,
5. gemischt genutzte Grundstücke und
6. sonstige bebaute Grundstücke.

(2) [1]Ein- und Zweifamilienhäuser sind Wohngrundstücke, die bis zu zwei Wohnungen enthalten und kein Wohnungseigentum sind. [2]Ein Grundstück gilt auch dann als Ein- oder Zweifamilienhaus, wenn es zu weniger als 50 Prozent, berechnet nach der Wohn- oder Nutzfläche, zu anderen als Wohnzwecken mitbenutzt und dadurch die Eigenart als Ein- oder Zweifamilienhaus nicht wesentlich beeinträchtigt wird.

(3) Mietwohngrundstücke sind Grundstücke, die zu mehr als 80 Prozent, berechnet nach der Wohn- oder Nutzfläche, Wohnzwecken dienen, und nicht Ein- und Zweifamilienhäuser oder Wohnungseigentum sind.

(4) Wohnungseigentum ist das Sondereigentum an einer Wohnung in Verbindung mit dem Miteigentumsanteil an dem gemeinschaftlichen Eigentum, zu dem es gehört.

(5) Teileigentum ist das Sondereigentum an nicht zu Wohnzwecken dienenden Räumen eines Gebäudes in Verbindung mit dem Miteigentum an dem gemeinschaftlichen Eigentum, zu dem es gehört.

(6) Geschäftsgrundstücke sind Grundstücke, die zu mehr als 80 Prozent, berechnet nach der Wohn- und Nutzfläche, eigenen oder fremden betrieblichen oder öffentlichen Zwecken dienen und nicht Teileigentum sind.

(7) Gemischt genutzte Grundstücke sind Grundstücke, die teils Wohnzwecken, teils eigenen oder fremden betrieblichen oder öffentlichen Zwecken dienen und nicht Ein- und Zweifamilienhäuser, Mietwohngrundstücke, Wohnungseigentum, Teileigentum oder Geschäftsgrundstücke sind.

---

[1]) Sechster Abschnitt (§§ 157–203) eingef. mWv 1.1.2009 durch G v. 24.12.2008 (BGBl. I S. 3018).

(8) Sonstige bebaute Grundstücke sind solche Grundstücke, die nicht unter die Absätze 2 bis 7 fallen.

[Bewertungsstichtag bis einschl. 31.12.2022:]

(9) ¹Eine Wohnung ist die Zusammenfassung einer Mehrheit von Räumen, die in ihrer Gesamtheit so beschaffen sein müssen, dass die Führung eines selbständigen Haushalts möglich ist. ²Die Zusammenfassung einer Mehrheit von Räumen muss eine von anderen Wohnungen oder Räumen, insbesondere Wohnräumen, baulich getrennte, in sich abgeschlossene Wohneinheit bilden und einen selbständigen Zugang haben. ³Außerdem ist erforderlich, dass die für die Führung eines selbständigen Haushalts notwendigen Nebenräume (Küche, Bad oder Dusche, Toilette) vorhanden sind. ⁴Die Wohnfläche muss mindestens 23 Quadratmeter (m²) betragen.

[Bewertungsstichtag nach dem 31.12.2022:][1]

(9) ¹Eine Wohnung ist in der Regel die Zusammenfassung mehrerer Räume, die in ihrer Gesamtheit so beschaffen sein müssen, dass die Führung eines selbständigen Haushalts möglich ist. ²Die Zusammenfassung der Räume muss eine von anderen Wohnungen oder Räumen, insbesondere Wohnräumen, baulich getrennte, in sich abgeschlossene Wohneinheit bilden und einen selbständigen Zugang haben. ³Daneben ist es erforderlich, dass die für die Führung eines selbständigen Haushalts notwendigen Nebenräume (Küche, Bad oder Dusche, Toilette) vorhanden sind. ⁴Die Wohnfläche soll mindestens 20 Quadratmeter betragen.

§ 182[2] **Bewertung der bebauten Grundstücke.** (1) Der Wert der bebauten Grundstücke ist nach dem Vergleichswertverfahren (Absatz 2 und § 183), dem Ertragswertverfahren (Absatz 3 und §§ 184 bis 188) oder dem Sachwertverfahren (Absatz 4 und §§ 189 bis 191) zu ermitteln.

(2) Im Vergleichswertverfahren sind grundsätzlich zu bewerten

1. Wohnungseigentum,

2. Teileigentum,

3. Ein- und Zweifamilienhäuser.

(3) Im Ertragswertverfahren sind zu bewerten

1. Mietwohngrundstücke,

2. Geschäftsgrundstücke und gemischt genutzte Grundstücke, für die sich auf dem örtlichen Grundstücksmarkt eine übliche Miete ermitteln lässt.

(4) Im Sachwertverfahren sind zu bewerten

1. Grundstücke im Sinne des Absatzes 2, wenn kein Vergleichswert vorliegt,

2. Geschäftsgrundstücke und gemischt genutzte Grundstücke mit Ausnahme der in Absatz 3 Nr. 2 genannten Grundstücke,

3. sonstige bebaute Grundstücke.

---

[1] § 181 Abs. 9 neu gef. durch G v. 16.12.2022 (BGBl. I S. 2294); zur Anwendung siehe § 265 Abs. 14.
[2] Sechster Abschnitt (§§ 157–203) eingef. mWv 1.1.2009 durch G v. 24.12.2008 (BGBl. I S. 3018).

§ 183[1] **Bewertung im Vergleichswertverfahren.** (1) [1]Bei Anwendung des Vergleichswertverfahrens sind Kaufpreise von Grundstücken heranzuziehen, die hinsichtlich der ihren Wert beeinflussenden Merkmale mit dem zu bewertenden Grundstück hinreichend übereinstimmen (Vergleichsgrundstücke). [2]Grundlage sind vorrangig die von den Gutachterausschüssen im Sinne der §§ 192 ff. des Baugesetzbuchs mitgeteilten Vergleichspreise.

(2) [1]Anstelle von Preisen für Vergleichsgrundstücke können von den Gutachterausschüssen für geeignete Bezugseinheiten, insbesondere Flächeneinheiten des Gebäudes, ermittelte und mitgeteilte Vergleichsfaktoren herangezogen werden. [2]Bei Verwendung von Vergleichsfaktoren, die sich nur auf das Gebäude beziehen, ist der Bodenwert nach § 179 gesondert zu berücksichtigen.

[Bewertungsstichtag nach dem 22.7.2021:][2]

[3]Anzuwenden sind die Vergleichsfaktoren, die von den Gutachterausschüssen für den letzten Auswertungszeitraum abgeleitet werden, der vor dem Kalenderjahr endet, in dem der Bewertungsstichtag liegt.

[Bewertungsstichtag nach dem 31.12.2022:][3]

[3]Anzuwenden sind die von den Gutachterausschüssen ermittelten Vergleichsfaktoren nach Maßgabe des § 177 Absatz 2 und 3.

(3) Besonderheiten, insbesondere die den Wert beeinflussenden Belastungen privatrechtlicher und öffentlich-rechtlicher Art, werden im Vergleichswertverfahren nach den Absätzen 1 und 2 nicht berücksichtigt.

§ 184[1] **Bewertung im Ertragswertverfahren.** (1) Bei Anwendung des Ertragswertverfahrens ist der Wert der Gebäude (Gebäudeertragswert) getrennt von dem Bodenwert auf der Grundlage des Ertrags nach § 185 zu ermitteln.

(2) Der Bodenwert ist der Wert des unbebauten Grundstücks nach § 179.

(3)[4] [1]Der Bodenwert und der Gebäudeertragswert (§ 185) ergeben den Ertragswert des Grundstücks. [2]Es ist mindestens der Bodenwert anzusetzen. [3]*Sonstige bauliche Anlagen, insbesondere Außenanlagen, sind regelmäßig mit dem Ertragswert des Gebäudes abgegolten.*

[für Bewertungsstichtage nach dem 31.12.2022:[5]

(4) Der Wert der baulichen Außenanlagen und sonstigen Anlagen ist mit dem nach den Absätzen 1 bis 3 ermittelten Ertragswert abgegolten.]

---

[1] Sechster Abschnitt (§§ 157–203) eingef. mWv 1.1.2009 durch G v. 24.12.2008 (BGBl. I S. 3018).
[2] § 183 Abs. 2 Satz 3 angef. durch G v. 16.7.2021 (BGBl. I S. 2931); zur Anwendung siehe § 265 Abs. 12.
[3] § 183 Abs. 2 Satz 3 neu gef. durch G v. 16.12.2022 (BGBl. I S. 2294); zur Anwendung siehe § 265 Abs. 14.
[4] § 184 Abs. 3 Satz 3 aufgeh. durch G v. 16.12.2022 (BGBl. I S. 2294); zur Anwendung siehe § 265 Abs. 14.
[5] § 184 Abs. 4 angef. durch G v. 16.12.2022 (BGBl. I S. 2294); zur Anwendung siehe § 265 Abs. 14.

§ 185[1]) **Ermittlung des Gebäudeertragswerts.** (1) [1]Bei der Ermittlung des Gebäudeertragswerts ist von dem Reinertrag des Grundstücks auszugehen. [2]Dieser ergibt sich aus dem Rohertrag des Grundstücks (§ 186) abzüglich der Bewirtschaftungskosten (§ 187).

(2) [1]Der Reinertrag des Grundstücks ist um den Betrag zu vermindern, der sich durch eine angemessene Verzinsung des Bodenwerts ergibt; dies ergibt den Gebäudereinertrag. [2]Der Verzinsung des Bodenwerts ist der Liegenschaftszinssatz (§ 188) zugrunde zu legen. [3]Ist das Grundstück wesentlich größer, als es einer den Gebäuden angemessenen Nutzung entspricht, und ist eine zusätzliche Nutzung oder Verwertung einer Teilfläche zulässig und möglich, ist bei der Berechnung des Verzinsungsbetrags der Bodenwert dieser Teilfläche nicht zu berücksichtigen.

(3)[2]) [1]Der Gebäudereinertrag ist mit dem sich aus der Anlage 21 ergebenden Vervielfältiger zu kapitalisieren. [2]Maßgebend für den Vervielfältiger sind der Liegenschaftszinssatz und die Restnutzungsdauer des Gebäudes. [3]Die Restnutzungsdauer wird grundsätzlich aus dem Unterschiedsbetrag zwischen der wirtschaftlichen Gesamtnutzungsdauer, die sich aus der Anlage 22 ergibt, und dem Alter des Gebäudes am Bewertungsstichtag ermittelt.

[Bewertungsstichtag bis einschl. 31.12.2022:]

[4]Sind nach Bezugsfertigkeit des Gebäudes Veränderungen eingetreten, die die wirtschaftliche Gesamtnutzungsdauer des Gebäudes verlängert oder verkürzt haben, ist von einer der Verlängerung oder Verkürzung entsprechenden Restnutzungsdauer auszugehen. [5]Die Restnutzungsdauer eines noch nutzbaren Gebäudes beträgt regelmäßig mindestens 30 Prozent der wirtschaftlichen Gesamtnutzungsdauer.

[Bewertungsstichtag nach dem 31.12.2022:]

[4]Das Alter des Gebäudes ist durch Abzug des Jahres der Bezugsfertigkeit des Gebäudes vom Jahr des Bewertungsstichtags zu bestimmen. [5]Sind nach Bezugsfertigkeit des Gebäudes Veränderungen eingetreten, die die Restnutzungsdauer des Gebäudes wesentlich verlängert haben, ist von der entsprechend verlängerten Restnutzungsdauer auszugehen. [6]Die Restnutzungsdauer eines noch nutzbaren Gebäudes beträgt vorbehaltlich des Satzes 7 mindestens 30 Prozent der Gesamtnutzungsdauer. [7]Bei einer bestehenden Abbruchverpflichtung für das Gebäude ist die nach den Sätzen 3 bis 6 ermittelte Restnutzungsdauer auf den Unterschiedsbetrag zwischen der tatsächlichen Gesamtnutzungsdauer und dem Alter des Gebäudes am Bewertungsstichtag begrenzt.

---

[1]) Sechster Abschnitt (§§ 157–203) eingef. mWv 1.1.2009 durch G v. 24.12.2008 (BGBl. I S. 3018).
[2]) § 185 Abs. 3 Satz 4 eingef., bish. Sätze 4 und 5 werden Sätze 5 und 6 und neu gef., Satz 7 angef. durch G v. 16.12.2022 (BGBl. I S. 2294); zur Anwendung siehe § 265 Abs. 14.

§ 186¹⁾ Rohertrag des Grundstücks. (1) ¹Rohertrag ist das Entgelt, das für die Benutzung des bebauten Grundstücks nach den am Bewertungsstichtag geltenden vertraglichen Vereinbarungen für den Zeitraum von zwölf Monaten zu zahlen ist. ²Umlagen, die zur Deckung der Betriebskosten gezahlt werden, sind nicht anzusetzen.

(2) ¹Für Grundstücke oder Grundstücksteile,

1. die eigengenutzt, ungenutzt, zu vorübergehendem Gebrauch oder unentgeltlich überlassen sind,

2. die der Eigentümer dem Mieter zu einer um mehr als 20 Prozent von der üblichen Miete abweichenden tatsächlichen Miete überlassen hat,

ist die übliche Miete anzusetzen. ²Die übliche Miete ist in Anlehnung an die Miete zu schätzen, die für Räume gleicher oder ähnlicher Art, Lage und Ausstattung regelmäßig gezahlt wird. ³Betriebskosten sind nicht einzubeziehen.

§ 187¹⁾ Bewirtschaftungskosten. (1) Bewirtschaftungskosten sind die bei gewöhnlicher Bewirtschaftung nachhaltig entstehenden Verwaltungskosten, Betriebskosten, Instandhaltungskosten und das Mietausfallwagnis; durch Umlagen gedeckte Betriebskosten bleiben unberücksichtigt.

[Bewertungsstichtag bis einschl. 31.12.2022:]²⁾

(2) ¹Die Bewirtschaftungskosten sind nach Erfahrungssätzen anzusetzen. *[ab dem 23.7.2021:* ²Anzuwenden sind die Erfahrungssätze, die von den Gutachterausschüssen für den letzten Auswertungszeitraum abgeleitet werden, der vor dem Kalenderjahr endet, in dem der Bewertungsstichtag liegt. ³Soweit von den Gutachterausschüssen keine geeigneten Erfahrungssätze zur Verfügung stehen, ist von den pauschalierten Bewirtschaftungskosten nach Anlage 23⁴⁾ auszugehen.]*

[Bewertungsstichtag nach dem 31.12.2022:]³⁾

(2) Anzusetzen sind die nach Absatz 3 an den Bewertungsstichtag angepassten Bewirtschaftungskosten aus Anlage 23.⁴⁾

(3) ¹Die Verwaltungskosten und Instandhaltungskosten für Wohnnutzung in Anlage 23⁴⁾ sind jährlich an den vom Statistischen Bundesamt festgestellten Verbraucherpreisindex für Deutschland anzupassen. ²Die Anpassung erfolgt mit dem Prozentsatz, um den sich der Verbraucherpreisindex für den Monat Oktober 2001 gegenüber demjenigen für den Monat Oktober des Jahres, das dem Bewertungsstichtag vorausgeht, erhöht oder verringert hat. ³Die indizierten Bewirtschaftungskosten

---

¹⁾ Sechster Abschnitt (§§ 157–203) eingef. mWv 1.1.2009 durch G v. 24.12.2008 (BGBl. I S. 3018).
²⁾ § 187 Abs. 2 Satz 2 eingef., bish. Satz 2 wird Satz 3 und geänd. durch G v. 16.7.2021 (BGBl. I S. 2931); zur Anwendung siehe § 265 Abs. 12.
³⁾ § 187 Abs. 2 neu gef., Abs. 3 angef. durch G v. 16.12.2022 (BGBl. I S. 2294); zur Anwendung siehe § 265 Abs. 14.
⁴⁾ Im Anschluss abgedruckt.

[Bewertungsstichtag nach dem 31.12.2022:]

sind für alle Bewertungsstichtage des Kalenderjahres anzuwenden. ⁴Das Bundesministerium der Finanzen veröffentlicht den maßgebenden Verbraucherpreisindex im Bundessteuerblatt.

§ 188¹⁾ Liegenschaftszinssatz.

[Bewertungsstichtag bis einschl. 31.12.2022:]

(1) Der Liegenschaftszinssatz ist der Zinssatz, mit dem der Verkehrswert von Grundstücken im Durchschnitt marktüblich verzinst wird.

(2)³⁾ ¹Anzuwenden sind die Liegenschaftszinssätze, die von den Gutachterausschüssen für den letzten Auswertungszeitraum abgeleitet werden, der vor dem Kalenderjahr endet, in dem der Bewertungsstichtag liegt. ²Soweit von den Gutachterausschüssen keine geeigneten Liegenschaftszinssätze zur Verfügung stehen, gelten die folgenden Zinssätze:

1. 5 Prozent für Mietwohngrundstücke,

2. 5,5 Prozent für gemischt genutzte Grundstücke mit einem gewerblichen Anteil von bis zu 50 Prozent, berechnet nach der Wohn- und Nutzfläche,

3. 6 Prozent für gemischt genutzte Grundstücke mit einem gewerblichen Anteil von mehr als 50 Prozent, berechnet nach der Wohn- und Nutzfläche, und

[Bewertungsstichtag nach dem 31.12.2022:]²⁾

(1) Liegenschaftszinssätze sind Kapitalisierungszinssätze, mit denen Verkehrswerte von Grundstücken je nach Grundstücksart im Durchschnitt marktüblich verzinst werden.

(2) ¹Anzuwenden sind die von den Gutachterausschüssen im Sinne der §§ 192 ff. des Baugesetzbuchs ermittelten Liegenschaftszinssätze nach Maßgabe des § 177 Absatz 2 und 3. ²Soweit derartige Liegenschaftszinssätze nicht zur Verfügung stehen, gelten die folgenden Zinssätze:

1. 3,5 Prozent für Mietwohngrundstücke,

2. 4,5 Prozent für gemischt genutzte Grundstücke mit einem gewerblichen Anteil von bis zu 50 Prozent, berechnet nach der Wohn- und Nutzfläche,

3. 5,0 Prozent für gemischt genutzte Grundstücke mit einem gewerblichen Anteil von mehr als 50 Prozent, berechnet nach der Wohn- und Nutzfläche, und

---

¹⁾ Sechster Abschnitt (§§ 157–203) eingef. mWv 1.1.2009 durch G v. 24.12.2008 (BGBl. I S. 3018).

²⁾ § 188 Abs. 2 Satz 1 neu gef. durch G v. 16.7.2021 (BGBl. I S. 2931); zur Anwendung siehe § 265 Abs. 12.

³⁾ § 188 Abs. 1 und 2 neu gef. durch G v. 16.12.2022 (BGBl. I S. 2294); zur Anwendung siehe § 265 Abs. 14.

[Bewertungsstichtag bis einschl. 31.12.2022:]
4. 6,5 Prozent für Geschäftsgrundstücke.

[Bewertungsstichtag nach dem 31.12.2022:]
4. 6,0 Prozent für Geschäftsgrundstücke.

§ 189[1]) **Bewertung im Sachwertverfahren.** (1) ¹Bei Anwendung des Sachwertverfahrens ist der Wert der Gebäude (Gebäudesachwert) getrennt vom Bodenwert nach § 190 zu ermitteln. *²Sonstige bauliche Anlagen, insbesondere Außenanlagen, und der Wert der sonstigen Anlagen sind regelmäßig mit dem Gebäudewert und dem Bodenwert abgegolten.*[2])

(2) Der Bodenwert ist der Wert des unbebauten Grundstücks nach § 179.

(3) ¹Der Bodenwert und der Gebäudesachwert (§ 190) ergeben den vorläufigen Sachwert des Grundstücks. ²Dieser ist zur Anpassung an den gemeinen Wert mit einer Wertzahl nach § 191 zu multiplizieren.

[für Bewertungsstichtage nach dem 31.12.2022:[3])
(4) ¹Der Wert der baulichen Außenanlagen und sonstigen Anlagen ist grundsätzlich mit dem nach den Absätzen 1 bis 3 ermittelten Sachwert abgegolten. ²Dies gilt nicht bei besonders werthaltigen baulichen Außenanlagen und sonstigen Anlagen.]

§ 190[1]) **Ermittlung des Gebäudesachwerts.**

[Bewertungsstichtag nach dem 31.12.2015:][4])

(1) ¹Bei der Ermittlung des Gebäudesachwerts ist von den Regelherstellungskosten des Gebäudes auszugehen. ²Regelherstellungskosten sind die gewöhnlichen Herstellungskosten je Flächeneinheit. ³Durch Multiplikation der jeweiligen nach Absatz 2 an den Bewertungsstichtag angepassten Regelherstellungskosten mit der Brutto-Grundfläche des Gebäudes ergibt sich der Gebäuderegelherstellungswert. ⁴Die Regelherstel-

[Bewertungsstichtag nach dem 31.12.2022:][5])

(1) ¹Bei der Ermittlung des Gebäudesachwerts ist von den Regelherstellungskosten des Gebäudes auszugehen. ²Regelherstellungskosten sind die durchschnittlichen Herstellungskosten je Flächeneinheit. ³Die Regelherstellungskosten sind in der Anlage 24[6]) enthalten.

(2) Das Bundesministerium der Finanzen wird ermächtigt, durch Rechtsverordnung mit Zustimmung des Bundesrates die Anlage 24[6]) zu

---

[1]) Sechster Abschnitt (§§ 157–203) eingef. mWv 1.1.2009 durch G v. 24.12.2008 (BGBl. I S. 3018).
[2]) § 189 Abs. 1 Satz 2 aufgeh. mWv Bewertungsstichtagen nach dem 31.12.2022 (§ 265 Abs. 14) durch G v. 16.12.2022 (BGBl. I S. 2294).
[3]) § 189 Abs. 4 angef. durch G v. 16.12.2022 (BGBl. I S. 2294); zur Anwendung siehe § 265 Abs. 14.
[4]) § 190 neu gef. durch G v. 2.11.2015 (BGBl. I S. 1834); zur Anwendung siehe § 265 Abs. 10.
[5]) § 190 neu gef. durch G v. 16.12.2022 (BGBl. I S. 2294); zur Anwendung siehe § 265 Abs. 14.
[6]) Im Anschluss abgedruckt.

lungskosten sind in der Anlage 24 enthalten.

(2) ¹Die Anpassung der Regelherstellungskosten erfolgt anhand der vom Statistischen Bundesamt veröffentlichten Baupreisindizes. ²Dabei ist auf die Preisindizes für die Bauwirtschaft abzustellen, die das Statistische Bundesamt für den Neubau in konventioneller Bauart von Wohn- und Nichtwohngebäuden jeweils als Jahresdurchschnitt ermittelt. ³Diese Preisindizes sind für alle Bewertungsstichtage des folgenden Kalenderjahres anzuwenden. ⁴Das Bundesministerium der Finanzen veröffentlicht die maßgebenden Baupreisindizes im Bundessteuerblatt.

(3) Das Bundesministerium der Finanzen wird ermächtigt, durch Rechtsverordnung mit Zustimmung des Bundesrates die Anlage 24 zu diesem Gesetz dadurch zu ändern, dass es die darin aufgeführten Regelherstellungskosten nach Maßgabe marktüblicher gewöhnlicher Herstellungskosten aktualisiert, soweit dies zur Ermittlung des gemeinen Werts erforderlich ist.

(4) ¹Vom Gebäuderegelherstellungswert ist eine Alterswertminderung abzuziehen. ²Diese wird regelmäßig nach dem Verhältnis des Alters des Gebäudes am Bewertungsstichtag zur wirtschaftlichen Gesamtnutzungsdauer nach Anlage 22 bestimmt. ³Sind nach Bezugsfertigkeit des Gebäudes Veränderungen eingetreten, die die wirtschaftliche Gesamtnutzungsdauer des Gebäudes verlängert haben, so ist von einem entsprechenden späteren Baujahr auszugehen. ⁴Bei bestehender Abbruchverpflichtung für das Gebäude

diesem Gesetz dadurch zu ändern, dass es die darin aufgeführten Regelherstellungskosten nach Maßgabe marktüblicher durchschnittlicher Herstellungskosten aktualisiert, soweit dies zur Ermittlung des gemeinen Werts erforderlich ist.

(3) ¹Zur Ermittlung des Gebäudesachwerts sind die durchschnittlichen Herstellungskosten des Gebäudes mit dem Regionalfaktor nach Absatz 5 sowie dem Alterswertminderungsfaktor nach Absatz 6 zu multiplizieren. ²Die durchschnittlichen Herstellungskosten des Gebäudes ergeben sich durch Multiplikation der Regelherstellungskosten nach den Absätzen 1 und 2 mit der jeweiligen Brutto-Grundfläche des Gebäudes und dem Baupreisindex nach Absatz 4.

(4) ¹Die Anpassung der Regelherstellungskosten an den Bewertungsstichtag erfolgt anhand der vom Statistischen Bundesamt veröffentlichten Baupreisindizes. ²Dabei ist auf die Preisindizes für die Bauwirtschaft abzustellen, die das Statistische Bundesamt für den Neubau in konventioneller Bauart von Wohn- und Nichtwohngebäuden jeweils als Jahresdurchschnitt ermittelt. ³Diese Preisindizes sind für alle Bewertungsstichtage des folgenden Kalenderjahres anzuwenden. ⁴Das Bundesministerium der Finanzen veröffentlicht die maßgebenden Baupreisindizes im Bundessteuerblatt.

(5) ¹Durch Regionalfaktoren wird der Unterschied zwischen dem bundesdurchschnittlichen und dem regionalen Baukostenniveau berücksichtigt. ²Anzuwenden sind die Regionalfaktoren, die von den Gutachterausschüssen bei der Ableitung

[Bewertungsstichtag nach dem 31.12.2015:]

ist bei der Ermittlung der Alterswertminderung von der tatsächlichen Gesamtnutzungsdauer des Gebäudes auszugehen. ⁵Der nach Abzug der Alterswertminderung verbleibende Gebäudewert ist regelmäßig mit mindestens 30 Prozent des Gebäuderegelherstellungswerts anzusetzen.

[Bewertungsstichtag nach dem 31.12.2022:]

der Sachwertfaktoren nach § 191 Satz 1 zugrunde gelegt worden sind. ³Soweit von den Gutachterausschüssen keine geeigneten Regionalfaktoren zur Verfügung stehen, gilt der Regionalfaktor 1,0.

(6) ¹Der Alterswertminderungsfaktor entspricht dem Verhältnis der Restnutzungsdauer des Gebäudes am Bewertungsstichtag zur Gesamtnutzungsdauer nach Anlage 22.¹⁾ ²Die Restnutzungsdauer wird grundsätzlich aus dem Unterschiedsbetrag zwischen der Gesamtnutzungsdauer, die sich aus der Anlage 22¹⁾ ergibt, und dem Alter des Gebäudes am Bewertungsstichtag ermittelt. ³Das Alter des Gebäudes ist durch Abzug des Jahres der Bezugsfertigkeit des Gebäudes vom Jahr des Bewertungsstichtags zu bestimmen. ⁴Sind nach Bezugsfertigkeit des Gebäudes Veränderungen eingetreten, die die Restnutzungsdauer des Gebäudes wesentlich verlängert haben, ist von der entsprechend verlängerten Restnutzungsdauer auszugehen. ⁵Die Restnutzungsdauer eines noch nutzbaren Gebäudes beträgt vorbehaltlich des Satzes 6 mindestens 30 Prozent der Gesamtnutzungsdauer. ⁶Bei einer bestehenden Abbruchverpflichtung für das Gebäude ist die nach den Sätzen 2 bis 5 ermittelte Restnutzungsdauer auf den Unterschiedsbetrag zwischen der tatsächlichen Gesamtnutzungsdauer und dem Alter des Gebäudes am Bewertungsstichtag begrenzt.

---

¹⁾ Im Anschluss abgedruckt.

§ 191[1] Wertzahlen.

[Bewertungsstichtag bis einschl. 31.12.2022:][2]

(1) [1]Als Wertzahlen im Sinne des § 189 Abs. 3 sind die Sachwertfaktoren anzuwenden, die von den Gutachterausschüssen im Sinne der §§ 192ff. des Baugesetzbuchs für das Sachwertverfahren bei der Verkehrswertermittlung abgeleitet wurden. [2]Anzuwenden sind die Sachwertfaktoren, die von den Gutachterausschüssen für den letzten Auswertungszeitraum abgeleitet werden, der vor dem Kalenderjahr endet, in dem der Bewertungsstichtag liegt.

(2) Soweit von den Gutachterausschüssen keine geeigneten Sachwertfaktoren zur Verfügung stehen, sind die in der Anlage 25 bestimmten Wertzahlen zu verwenden.

[Bewertungsstichtag nach dem 31.12.2022:][3]

[1]Als Wertzahlen im Sinne des § 189 Absatz 3 sind die von den Gutachterausschüssen im Sinne der §§ 192ff. des Baugesetzbuchs ermittelten Sachwertfaktoren nach Maßgabe des § 177 Absatz 2 und 3 anzuwenden. [2]Soweit derartige Sachwertfaktoren nicht zur Verfügung stehen, sind die in Anlage 25 bestimmten Wertzahlen zu verwenden.

IV. Sonderfälle

§ 192[1] Bewertung in Erbbaurechtsfällen. [1]Ist das Grundstück mit einem Erbbaurecht belastet, sind die Werte für die wirtschaftliche Einheit Erbbaurecht (§ 193) und für die wirtschaftliche Einheit des belasteten Grundstücks (§ 194) gesondert zu ermitteln. [2]Mit der Bewertung des Erbbaurechts (§ 193) ist die Verpflichtung zur Zahlung des Erbbauzinses und mit der Bewertung des Erbbaurechtsgrundstücks (§ 194) ist das Recht auf den Erbbauzins abgegolten; die hiernach ermittelten Grundbesitzwerte dürfen nicht weniger als 0 Euro betragen.[4]

(Fortsetzung nächstes Blatt)

---

[1] Sechster Abschnitt (§§ 157–203) eingef. mWv 1.1.2009 durch G v. 24.12.2008 (BGBl. I S. 3018).

[2] § 191 Abs. 1 Satz 2 angef. durch G v. 16.7.2021 (BGBl. I S. 2931); zur Anwendung siehe § 265 Abs. 12.

[3] § 191 neu gef. durch G v. 16.12.2022 (BGBl. I S. 2294); zur Anwendung siehe § 265 Abs. 14.

[4] § 192 Satz 2 angef. durch G v. 7.12.2011 (BGBl. I S. 2592); zur Anwendung siehe § 265 Abs. 3.

§ 193[1] Bewertung des Erbbaurechts.

[Bewertungsstichtag bis einschl. 31.12.2022:]

(1) Der Wert des Erbbaurechts ist im Vergleichswertverfahren nach § 183 zu ermitteln, wenn für das zu bewertende Erbbaurecht Vergleichskaufpreise oder aus Kaufpreisen abgeleitete Vergleichsfaktoren vorliegen.

(2) In allen anderen Fällen setzt sich der Wert des Erbbaurechts zusammen aus einem Bodenwertanteil nach Absatz 3 und einem Gebäudewertanteil nach Absatz 5.

(3) [1]Der Bodenwertanteil ergibt sich aus der Differenz zwischen

1. dem angemessenen Verzinsungsbetrag des Bodenwerts des unbelasteten Grundstücks nach Absatz 4 und

2. dem vertraglich vereinbarten jährlichen Erbbauzins.

[2]Der so ermittelte Unterschiedsbetrag ist über die Restlaufzeit des Erbbaurechts mit dem sich aus Anlage 21 ergebenden Vervielfältiger zu kapitalisieren.

(4) [3] [1]Der angemessene Verzinsungsbetrag des Bodenwerts des unbelasteten Grundstücks ergibt sich durch Anwendung des Liegenschaftszinssatzes im Sinne des § 188 Absatz 2 Satz 1 auf den Bodenwert nach § 179. [2]Soweit von den Gutachterausschüssen keine geeigneten Liegenschaftszinssätze zur Verfügung stehen, gelten die folgenden Zinssätze:

[Bewertungsstichtag nach dem 31.12.2022:][2]

(1) [1]Der Wert des Erbbaurechts ist durch Multiplikation des Werts des unbelasteten Grundstücks mit einem Erbbaurechtskoeffizienten zu ermitteln. [2]Anzuwenden sind die von den Gutachterausschüssen im Sinne der §§ 192 ff. des Baugesetzbuchs ermittelten Erbbaurechtskoeffizienten nach Maßgabe des § 177 Absatz 2 und 3. [3]Der Wert des unbelasteten Grundstücks ist der Wert des Grundstücks, der nach den §§ 179, 182 bis 196 festzustellen wäre, wenn die Belastung mit dem Erbbaurecht nicht bestünde.

(2) [1]Der Wert des Erbbaurechts ist durch Multiplikation des nach den Absätzen 3 bis 5 ermittelten Werts mit einem Erbbaurechtsfaktor zu ermitteln, wenn für das zu bewertende Erbbaurecht kein Erbbaurechtskoeffizient nach Absatz 1 vorliegt. [2]Anzuwenden sind die von den Gutachterausschüssen im Sinne der §§ 192 ff. des Baugesetzbuchs ermittelten Erbbaurechtsfaktoren nach Maßgabe des § 177 Absatz 2 und 3. [3]Soweit derartige Erbbaurechtsfaktoren nicht zur Verfügung stehen, gilt der Erbbaurechtsfaktor 1,0.

(3) [1]Zur Ermittlung des Werts des Erbbaurechts wird zunächst die Summe aus

1. dem Wert des unbelasteten Grundstücks im Sinne des Absatzes 1 Satz 3 abzüglich des Bodenwerts des unbelasteten Grundstücks nach § 179 und

---

[1]) Sechster Abschnitt (§§ 157–203) eingef. mWv 1.1.2009 durch G v. 24.12.2008 (BGBl. I S. 3018).

[2]) § 193 neu gef. durch G v. 16.12.2022 (BGBl. I S. 2294); zur Anwendung siehe § 265 Abs. 14.

[3]) § 193 Abs. 4 Satz 1 geänd. durch G v. 16.7.2021 (BGBl. I S. 2931); zur Anwendung siehe § 265 Abs. 12.

[Bewertungsstichtag bis einschl. 31.12.2022:]

1. 3 Prozent für Ein- und Zweifamilienhäuser und Wohnungseigentum, das wie Ein- und Zweifamilienhäuser gestaltet ist,

2. 5 Prozent für Mietwohngrundstücke und Wohnungseigentum, das nicht unter Nummer 1 fällt,

3. 5,5 Prozent für gemischt genutzte Grundstücke mit einem gewerblichen Anteil von bis zu 50 Prozent, berechnet nach der Wohn- und Nutzfläche, sowie sonstige bebaute Grundstücke,

4. 6 Prozent für gemischt genutzte Grundstücke mit einem gewerblichen Anteil von mehr als 50 Prozent, berechnet nach der Wohn- und Nutzfläche, und

5. 6,5 Prozent für Geschäftsgrundstücke und Teileigentum.

(5) ^{1}Der Gebäudewertanteil ist bei der Bewertung des bebauten Grundstücks im Ertragswertverfahren der Gebäudeertragswert nach § 185, bei der Bewertung im Sachwertverfahren der Gebäudesachwert nach § 190. ^{2}Ist der bei Ablauf des Erbbaurechts verbleibende Gebäudewert nicht oder nur teilweise zu entschädigen, ist der Gebäudewertanteil des Erbbaurechts um den Gebäudewertanteil des Erbbaugrundstücks nach § 194 Abs. 4 zu mindern.

[Bewertungsstichtag nach dem 31.12.2022:]

2. der nach Absatz 4 über die Restlaufzeit des Erbbaurechts kapitalisierten Differenz aus dem angemessenen Verzinsungsbetrag des Bodenwerts des unbelasteten Grundstücks und dem vertraglich vereinbarten jährlichen Erbbauzins

gebildet. ^{2}Ein bei Ablauf des Erbbaurechts nicht zu entschädigender Wertanteil der Gebäude oder des Gebäudes nach Absatz 5 ist abzuziehen.

(4) ^{1}Der Unterschiedsbetrag aus dem angemessenen Verzinsungsbetrag des Bodenwerts des unbelasteten Grundstücks und dem vertraglich vereinbarten jährlichen Erbbauzins ist über die Restlaufzeit des Erbbaurechts mit dem sich aus Anlage 21^1$^)$ ergebenden Vervielfältiger zu kapitalisieren. ^{2}Für die Kapitalisierung sind die Zinssätze zu verwenden, die der Ermittlung des Erbbaurechtsfaktors im Sinne des Absatzes 2 Satz 2 zugrunde gelegt wurden. ^{3}Soweit derartige Zinssätze nicht zur Verfügung stehen, gelten folgende Zinssätze:

1. 2,5 Prozent für Ein- und Zweifamilienhäuser und Wohnungseigentum, das wie Ein- und Zweifamilienhäuser gestaltet ist,

2. 3,5 Prozent für Mietwohngrundstücke und Wohnungseigentum, das nicht unter Nummer 1 fällt,

3. 4,5 Prozent für gemischt genutzte Grundstücke mit einem gewerblichen Anteil von bis zu 50 Prozent, berechnet nach der Wohn- und Nutzfläche, sowie sonstige bebaute Grundstücke,

---

^{1}$^)$ Im Anschluss abgedruckt.

[Bewertungsstichtag nach dem 31.12.2022:][1]

4. 5,0 Prozent für gemischt genutzte Grundstücke mit einem gewerblichen Anteil von mehr als 50 Prozent, berechnet nach der Wohn- und Nutzfläche, und

5. 6,0 Prozent für Geschäftsgrundstücke und Teileigentum.

[4] Der angemessene Verzinsungsbetrag des Bodenwerts des unbelasteten Grundstücks ergibt sich durch Anwendung des Zinssatzes nach Satz 2 oder 3 auf den Bodenwert nach § 179. [5] Liegt ein immerwährendes Erbbaurecht vor, entspricht der Vervielfältiger dem Kehrwert des nach Satz 2 oder 3 anzuwendenden Zinssatzes.

(5) [1] Zur Ermittlung des bei Ablauf des Erbbaurechts nicht zu entschädigenden Wertanteils der Gebäude oder des Gebäudes im Sinne des Absatzes 3 Satz 2 ist auf den Zeitpunkt des Ablaufs des Erbbaurechts die Differenz aus dem Wert des Grundstücks nach den §§ 179, 182 bis 196 und dem Bodenwert nach § 179 zu ermitteln. [2] Hierbei ist die Restnutzungsdauer des Gebäudes bei Ablauf des Erbbaurechts zugrunde zu legen. [3] Der so ermittelte Unterschiedsbetrag ist über die Restlaufzeit des Erbbaurechts nach Maßgabe der Anlage 26[2] auf den Bewertungsstichtag abzuzinsen. [4] Für die Abzinsung sind die Zinssätze im Sinne des Absatzes 4 Satz 2 oder 3 anzuwenden. [5] Liegt ein immerwährendes Erbbaurecht vor, ist der Abzinsungsfaktor 0. [6] Der auf den Bewertungsstichtag abgezinste Unterschiedsbetrag ist mit dem nicht zu entschädigenden Wertanteil der jeweiligen Gebäude zu multiplizieren.

---

[1] § 193 neu gef. durch G v. 16.12.2022 (BGBl. I S. 2294); zur Anwendung siehe § 265 Abs. 14.
[2] Im Anschluss abgedruckt.

§ 194[1) Bewertung des Erbbaugrundstücks.

[Bewertungsstichtag bis einschl. 31.12.2022:]

(1) Der Wert des Erbbaugrundstücks ist im Vergleichswertverfahren nach § 183 zu ermitteln, wenn für das zu bewertende Grundstück Vergleichskaufpreise oder aus Kaufpreisen abgeleitete Vergleichsfaktoren vorliegen.

(2) [1]In allen anderen Fällen bildet der Bodenwertanteil nach Absatz 3 den Wert des Erbbaugrundstücks. [2]Dieser ist um einen Gebäudewertanteil nach Absatz 4 zu erhöhen, wenn der Wert des Gebäudes vom Eigentümer des Erbbaugrundstücks nicht oder nur teilweise zu entschädigen ist.

(3) [1]Der Bodenwertanteil ist die Summe des über die Restlaufzeit des Erbbaurechts abgezinsten Bodenwerts nach § 179 und der über diesen Zeitraum kapitalisierten Erbbauzinsen. [2]Der Abzinsungsfaktor für den Bodenwert wird in Abhängigkeit vom Zinssatz nach § 193 Abs. 4 und der Restlaufzeit des Erbbaurechts ermittelt; er ist Anlage 26 zu entnehmen. [3]Als Erbbauzinsen sind die am Bewertungsstichtag vereinbarten jährlichen Erbbauzinsen anzusetzen; sie sind mit dem sich aus Anlage 21 ergebenden Vervielfältiger zu kapitalisieren.

(4) Der Gebäudewertanteil des Erbbaugrundstücks entspricht dem Gebäudewert oder dem anteiligen Gebäudewert, der dem Eigentümer des Erbbaugrundstücks bei Beendigung des Erbbaurechts durch Zeitablauf entschädigungslos zufällt; er ist

[Bewertungsstichtag nach dem 31.12.2022:][2)

(1) [1]Der Wert des Erbbaugrundstücks ist durch Multiplikation des Bodenwerts des unbelasteten Grundstücks mit einem Erbbaugrundstückskoeffizienten zu ermitteln. [2]Anzuwenden sind die von den Gutachterausschüssen im Sinne der §§ 192 ff. des Baugesetzbuchs ermittelten Erbbaugrundstückskoeffizienten nach Maßgabe des § 177 Absatz 2 und 3. [3]Der Bodenwert des unbelasteten Grundstücks ist der Wert des Grundstücks, der nach § 179 festzustellen wäre, wenn die Belastung mit dem Erbbaurecht nicht bestünde.

(2) [1]Der Wert des Erbbaugrundstücks ist durch Multiplikation des Werts des Erbbaugrundstücks nach den Absätzen 3 bis 5 mit einem Erbbaugrundstücksfaktor zu ermitteln, wenn für das zu bewertende Erbbaugrundstück kein Erbbaugrundstückskoeffizient nach Absatz 1 vorliegt. [2]Anzuwenden sind die von den Gutachterausschüssen ermittelten Erbbaugrundstücksfaktoren nach Maßgabe des § 177 Absatz 2 und 3. [3]Soweit derartige Erbbaugrundstücksfaktoren nicht zur Verfügung stehen, gilt der Erbbaugrundstücksfaktor 1,0.

(3) [1]Zur Ermittlung des Werts des Erbbaugrundstücks wird zunächst die Summe aus

1. dem nach Absatz 4 über die Restlaufzeit des Erbbaurechts abgezinsten Bodenwert des unbelasteten Grundstücks im Sinne des Absatzes 1 Satz 3 und

---

[1) Sechster Abschnitt (§§ 157–203) eingef. mWv 1.1.2009 durch G v. 24.12.2008 (BGBl. I S. 3018).

[2) § 194 neu gef. durch G v. 16.12.2022 (BGBl. I S. 2294); zur Anwendung siehe § 265 Abs. 14.

[Bewertungsstichtag bis einschl. 31.12.2022:]

nach Maßgabe der Anlage 26 auf den Bewertungsstichtag abzuzinsen.

[Bewertungsstichtag nach dem 31.12.2022:][1]

2. dem nach Absatz 5 über die Restlaufzeit des Erbbaurechts kapitalisierten vertraglich vereinbarten jährlichen Erbbauzins

gebildet. [2]Ein bei Ablauf des Erbbaurechts nicht zu entschädigender Wertanteil der Gebäude oder des Gebäudes nach § 193 Absatz 5 ist hinzuzurechnen.

(4) [1]Der Bodenwert des unbelasteten Grundstücks im Sinne des Absatzes 1 Satz 3 ist über die Restlaufzeit des Erbbaurechts mit dem sich aus der Anlage 26 ergebenden Abzinsungsfaktor abzuzinsen. [2]Für die Abzinsung sind die Zinssätze zu verwenden, die der Ermittlung des Erbbaugrundstücksfaktors im Sinne des Absatzes 2 Satz 2 zugrunde gelegt wurden. [3]Soweit von den Gutachterausschüssen keine derartigen Zinssätze zur Verfügung stehen, gelten die Zinssätze nach § 193 Absatz 4 Satz 3. [4]Liegt ein immerwährendes Erbbaurecht vor, ist der Abzinsungsfaktor 0.

(5) [1]Der vertraglich vereinbarte jährliche Erbbauzins ist über die Restlaufzeit des Erbbaurechts mit dem sich aus Anlage 21 ergebenden Vervielfältiger zu kapitalisieren. [2]Für die Kapitalisierung sind die Zinssätze zu verwenden, die der Ermittlung des Erbbaugrundstücksfaktors im Sinne des Absatzes 2 Satz 2 zugrunde gelegt wurden. [3]Soweit von den Gutachterausschüssen keine derartigen Zinssätze zur Verfügung stehen, gelten die Zinssätze nach § 193 Absatz 4 Satz 3. [4]Liegt ein immerwährendes Erbbaurecht vor, entspricht der Vervielfältiger dem Kehrwert des nach Satz 2 oder 3 anzuwendenden Zinssatzes.

---

[1] § 194 neu gef. durch G v. 16.12.2022 (BGBl. I S. 2294); zur Anwendung siehe § 265 Abs. 14.

§ 195[1]) Gebäude auf fremdem Grund und Boden.

[Bewertungsstichtag bis einschl. 31.12.2022:]

(1) In Fällen von Gebäuden auf fremdem Grund und Boden sind die Werte für die wirtschaftliche Einheit des Gebäudes auf fremdem Grund und Boden (Absatz 2) und die wirtschaftliche Einheit des belasteten Grundstücks (Absatz 3) gesondert zu ermitteln.

(2) ¹Das Gebäude auf fremdem Grund und Boden wird bei einer Bewertung im Ertragswertverfahren mit dem Gebäudeertragswert nach § 185, bei einer Bewertung im Sachwertverfahren mit dem Gebäudesachwert nach § 190 bewertet. ²Ist der Nutzer verpflichtet, das Gebäude

[Bewertungsstichtag nach dem 31.12.2022:][1])

(1) ¹In Fällen von Gebäuden auf fremdem Grund und Boden sind die Werte für die wirtschaftliche Einheit des Gebäudes auf fremdem Grund und Boden (Absätze 2 bis 4) und die wirtschaftliche Einheit des belasteten Grundstücks (Absätze 5 bis 7) gesondert zu ermitteln. ²Die ermittelten Grundbesitzwerte dürfen nicht weniger als 0 Euro betragen.

(2) ¹Der Wert des Gebäudes auf fremdem Grund und Boden wird ermittelt durch Bildung der Summe aus

1. dem Wert des Grundstücks, der nach den §§ 179, 182 bis 196 fest-

(Fortsetzung nächstes Blatt)

---

¹) § 195 neu gef. durch G v. 16.12.2022 (BGBl. I S. 2294); zur Anwendung siehe § 265 Abs. 14.

[Bewertungsstichtag bis einschl. 31.12.2022:]

bei Ablauf des Nutzungsrechts zu beseitigen, ist bei der Ermittlung des Gebäudeertragswerts der Vervielfältiger nach Anlage 21 anzuwenden, der sich für die am Bewertungsstichtag verbleibende Nutzungsdauer ergibt. ³§ 185 Abs. 3 Satz 5 ist nicht anzuwenden. ⁴Ist in diesen Fällen der Gebäudesachwert zu ermitteln, bemisst sich die Alterswertminderung im Sinne des § 190 Absatz 4[1] Satz 1 bis 3 nach dem Alter des Gebäudes am Bewertungsstichtag und der tatsächlichen Gesamtnutzungsdauer. ⁵§ 190 Absatz 4 Satz 5[1] ist nicht anzuwenden.

(3) ¹Der Wert des belasteten Grundstücks ist der auf den Bewertungsstichtag abgezinste Bodenwert nach § 179 zuzüglich des über die Restlaufzeit des Nutzungsrechts kapitalisierten Entgelts. ²Der Abzinsungsfaktor für den Bodenwert wird in Abhängigkeit vom Zinssatz nach § 193 Abs. 4 und der Restlaufzeit des Nutzungsverhältnisses ermittelt; er ist Anlage 26 zu entnehmen. ³Das über die Restlaufzeit des Nutzungsrechts kapitalisierte Entgelt ergibt sich durch Anwendung des Vervielfältigers nach Anlage 21 auf das zum Bewertungsstichtag vereinbarte jährliche Entgelt.

[Bewertungsstichtag nach dem 31.12.2022:]

zustellen wäre, wenn die Belastung mit dem Nutzungsrecht nicht bestünde, abzüglich des Bodenwerts des unbelasteten Grundstücks nach § 179 und

2. der nach Absatz 3 über die Restlaufzeit des Nutzungsrechts kapitalisierten Differenz aus dem angemessenen Verzinsungsbetrag des Bodenwerts des unbelasteten Grundstücks und dem vertraglich vereinbarten jährlichen Nutzungsentgelt.

²Ein bei Ablauf des Nutzungsrechts nicht zu entschädigender Wertanteil der Gebäude oder des Gebäudes nach Absatz 4 ist abzuziehen.

(3) ¹Der Unterschiedsbetrag aus dem angemessenen Verzinsungsbetrag des Bodenwerts des unbelasteten Grundstücks und dem vertraglich vereinbarten jährlichen Nutzungsentgelt ist über die Restlaufzeit des Nutzungsrechts mit dem sich aus der Anlage 21[2] ergebenden Vervielfältiger zu kapitalisieren. ²Für die Kapitalisierung sind die von den Gutachterausschüssen ermittelten Liegenschaftszinssätze nach Maßgabe des § 177 Absatz 2 und 3 zugrunde zu legen. ³Soweit von den Gutachterausschüssen keine derartigen Liegenschaftszinssätze zur Verfügung stehen, gelten die Zinssätze nach § 193 Absatz 4 Satz 3 entsprechend. ⁴Der angemessene Verzinsungsbetrag des Bodenwerts des fiktiv unbelasteten Grundstücks ergibt sich durch Anwendung des Zinssatzes nach Satz 2 oder 3 auf den Bodenwert

---

[1] Verweis geänd. durch G v. 2.11.2015 (BGBl. I S. 1834); zur Anwendung siehe § 265 Abs. 10.

[2] Im Anschluss abgedruckt.

[Bewertungsstichtag nach dem 31.12.2022:]

nach § 179. [5]Liegt ein immerwährendes Nutzungsrecht vor, entspricht der Vervielfältiger dem Kehrwert des nach Satz 2 oder 3 anzuwendenden Zinssatzes.

(4) [1]Zur Ermittlung des bei Ablauf des Nutzungsrechts nicht zu entschädigenden Wertanteils der Gebäude oder des Gebäudes im Sinne des Absatzes 2 Satz 2 ist auf den Zeitpunkt des Ablaufs des Nutzungsrechts die Differenz aus dem Wert des unbelasteten Grundstücks nach den §§ 179, 182 bis 196 und dem Bodenwert nach § 179 zu ermitteln. [2]Hierbei ist die Restnutzungsdauer des Gebäudes bei Ablauf des Nutzungsrechts zugrunde zu legen. [3]Die so ermittelte Differenz ist über die Restlaufzeit des Nutzungsrechts nach Maßgabe der Anlage 26 auf den Bewertungsstichtag abzuzinsen. [4]Für die Abzinsung sind die Liegenschaftszinssätze im Sinne des Absatzes 3 Satz 2 oder 3 anzuwenden. [5]Liegt ein immerwährendes Nutzungsrecht vor, ist der Abzinsungsfaktor 0. [6]Die auf den Bewertungsstichtag abgezinste Differenz ist mit dem nicht zu entschädigenden Wertanteil der jeweiligen Gebäude zu multiplizieren. [7]Ist der Nutzer verpflichtet, das Gebäude bei Ablauf des Nutzungsrechts zu beseitigen, ergibt sich kein Wertanteil des Gebäudes.

(5) [1]Der Wert des mit dem Nutzungsrecht belasteten Grundstücks wird ermittelt durch Bildung der Summe aus

1. dem nach Absatz 6 über die Restlaufzeit des Nutzungsrechts abgezinsten Wert des Grundstücks, der

(Fortsetzung nächstes Blatt)

[Bewertungsstichtag nach dem 31.12.2022:]

nach § 179 festzustellen wäre, wenn die Belastung mit dem Nutzungsrecht nicht bestünde, und

2. dem nach Absatz 7 über die Restlaufzeit des Nutzungsrechts kapitalisierten vertraglich vereinbarten jährlichen Nutzungsentgelt.

²Ein bei Ablauf des Nutzungsrechts nicht zu entschädigender Wertanteil der Gebäude oder des Gebäudes im Sinne des Absatzes 4 ist hinzuzurechnen.

(6) ¹Der Wert des unbelasteten Grundstücks nach § 179 ist über die Restlaufzeit des Nutzungsrechts mit dem sich aus der Anlage 26 ergebenden Abzinsungsfaktor abzuzinsen. ²Für die Abzinsung sind die Zinssätze nach Absatz 3 Satz 2 oder 3 zugrunde zu legen. ³Liegt ein immerwährendes Nutzungsrecht vor, ist der Abzinsungsfaktor 0.

(7) ¹Das vertraglich vereinbarte jährliche Nutzungsentgelt ist über die Restlaufzeit des Nutzungsrechts mit dem sich aus der Anlage 21[1] ergebenden Vervielfältiger zu kapitalisieren. ²Für die Kapitalisierung sind die Zinssätze nach Absatz 3 Satz 2 oder 3 zugrunde zu legen. ³Liegt ein immerwährendes Nutzungsrecht vor, entspricht der Vervielfältiger dem Kehrwert des nach Absatz 3 Satz 2 oder 3 anzuwendenden Zinssatzes.

§ 196[2] **Grundstücke im Zustand der Bebauung.** (1) ¹Ein Grundstück im Zustand der Bebauung liegt vor, wenn mit den Bauarbeiten begonnen wurde und Gebäude und Gebäudeteile noch nicht bezugsfertig sind. ²Der Zustand der Bebauung beginnt mit den Abgrabungen oder der Einbringung von Baustoffen, die zur planmäßigen Errichtung des Gebäudes führen.

---

[1] Im Anschluss abgedruckt.
[2] Sechster Abschnitt (§§ 157–203) eingef. mWv 1.1.2009 durch G v. 24.12.2008 (BGBl. I S. 3018).

(2) Die Gebäude oder Gebäudeteile im Zustand der Bebauung sind mit den bereits am Bewertungsstichtag entstandenen Herstellungskosten dem Wert des bislang unbebauten oder bereits bebauten Grundstücks hinzuzurechnen.

§ 197[1] Gebäude und Gebäudeteile für den Zivilschutz. Gebäude, Teile von Gebäuden und Anlagen, die wegen der in § 1 des Zivilschutzgesetzes vom 25. März 1997 (BGBl. I S. 726), das zuletzt durch Artikel 2 des Gesetzes vom 27. April 2004 (BGBl. I S. 630) geändert worden ist, in der jeweils geltenden Fassung bezeichneten Zwecke geschaffen worden sind und im Frieden nicht oder nur gelegentlich oder geringfügig für andere Zwecke benutzt werden, bleiben bei der Ermittlung des Grundbesitzwerts außer Betracht.

V. Nachweis des niedrigeren gemeinen Werts

§ 198[1] · [2] Nachweis des niedrigeren gemeinen Werts. (1) [1]Weist der Steuerpflichtige nach, dass der gemeine Wert der wirtschaftlichen Einheit am Bewertungsstichtag niedriger ist als der nach den §§ 179, 182 bis 196 ermittelte Wert, so ist dieser Wert anzusetzen. [2]Für den Nachweis des niedrigeren gemeinen Werts gelten grundsätzlich die auf Grund des § 199 Abs. 1 des Baugesetzbuchs erlassenen Vorschriften.

(2) Als Nachweis des niedrigeren gemeinen Werts kann regelmäßig ein Gutachten des zuständigen Gutachterausschusses im Sinne der §§ 192 ff. des Baugesetzbuchs oder von Personen, die von einer staatlichen, staatlich anerkannten oder nach DIN EN ISO/IEC 17024 akkreditierten Stelle als Sachverständige oder Gutachter für die Wertermittlung von Grundstücken bestellt oder zertifiziert worden sind, dienen.

(3) Als Nachweis des niedrigeren gemeinen Werts kann ein im gewöhnlichen Geschäftsverkehr innerhalb eines Jahres vor oder nach dem Bewertungsstichtag zustande gekommener Kaufpreis über das zu bewertende Grundstück dienen, wenn die maßgeblichen Verhältnisse hierfür gegenüber den Verhältnissen am Bewertungsstichtag unverändert sind.

D. Nicht notierte Anteile an Kapitalgesellschaften und Betriebsvermögen

§ 199[1] Anwendung des vereinfachten Ertragswertverfahrens. (1) Ist der gemeine Wert von Anteilen an einer Kapitalgesellschaft nach § 11 Abs. 2 Satz 2 unter Berücksichtigung der Ertragsaussichten der Kapitalgesellschaft zu ermitteln, kann das vereinfachte Ertragswertverfahren (§ 200) angewendet werden, wenn dieses nicht zu offensichtlich unzutreffenden Ergebnissen führt.

(2) Ist der gemeine Wert des Betriebsvermögens oder eines Anteils am Betriebsvermögen nach § 109 Abs. 1 und 2 in Verbindung mit § 11 Abs. 2 Satz 2

---

[1] Sechster Abschnitt (§§ 157–203) eingef. mWv 1.1.2009 durch G v. 24.12.2008 (BGBl. I S. 3018).
[2] § 198 bish. Wortlaut wird Abs. 1, Abs. 2 und 3 angef. durch G v. 16.7.2021 (BGBl. I S. 2931); zur Awendung siehe § 265 Abs. 12.

unter Berücksichtigung der Ertragsaussichten des Gewerbebetriebs oder der Gesellschaft zu ermitteln, kann das vereinfachte Ertragswertverfahren (§ 200) angewendet werden, wenn dieses nicht zu offensichtlich unzutreffenden Ergebnissen führt.

§ 200[1]) Vereinfachtes Ertragswertverfahren.

(1) Zur Ermittlung des Ertragswerts ist vorbehaltlich der Absätze 2 bis 4 der zukünftig nachhaltig erzielbare Jahresertrag (§§ 201 und 202) mit dem Kapitalisierungsfaktor (§ 203) zu multiplizieren.

(2) Können Wirtschaftsgüter und mit diesen in wirtschaftlichem Zusammenhang stehende Schulden aus dem zu bewertenden Unternehmen im Sinne des § 199 Abs. 1 oder 2 herausgelöst werden, ohne die eigentliche Unternehmenstätigkeit zu beeinträchtigen (nicht betriebsnotwendiges Vermögen), so werden diese Wirtschaftsgüter und Schulden neben dem Ertragswert mit dem eigenständig zu ermittelnden gemeinen Wert oder Anteil am gemeinen Wert angesetzt.

(3) Hält ein zu bewertendes Unternehmen im Sinne des § 199 Abs. 1 oder 2 Beteiligungen an anderen Gesellschaften, die nicht unter Absatz 2 fallen, so werden diese Beteiligungen neben dem Ertragswert mit dem eigenständig zu ermittelnden gemeinen Wert angesetzt.

(4) Innerhalb von zwei Jahren vor dem Bewertungsstichtag eingelegte Wirtschaftsgüter, die nicht unter die Absätze 2 und 3 fallen, und mit diesen im wirtschaftlichen Zusammenhang stehende Schulden werden neben dem Ertragswert mit dem eigenständig zu ermittelnden gemeinen Wert angesetzt.

§ 201[1]) Ermittlung des Jahresertrags.

(1) [1]Die Grundlage für die Bewertung bildet der zukünftig nachhaltig zu erzielende Jahresertrag. [2]Für die Ermittlung dieses Jahresertrags bietet der in der Vergangenheit tatsächlich erzielte Durchschnittsertrag eine Beurteilungsgrundlage.

(2) [1]Der Durchschnittsertrag ist regelmäßig aus den Betriebsergebnissen (§ 202) der letzten drei vor dem Bewertungsstichtag abgelaufenen Wirtschaftsjahre herzuleiten. [2]Das gesamte Betriebsergebnis eines am Bewertungsstichtag noch nicht abgelaufenen Wirtschaftsjahres ist anstelle des drittletzten abgelaufenen Wirtschaftsjahres einzubeziehen, wenn es für die Herleitung des künftig zu erzielenden Jahresertrags von Bedeutung ist. [3]Die Summe der Betriebsergebnisse ist durch drei zu dividieren und ergibt den Durchschnittsertrag. [4]Das Ergebnis stellt den Jahresertrag dar.

(3) [1]Hat sich im Dreijahreszeitraum der Charakter des Unternehmens nach dem Gesamtbild der Verhältnisse nachhaltig verändert oder ist das Unternehmen neu entstanden, ist von einem entsprechend verkürzten Ermittlungszeitraum auszugehen. [2]Bei Unternehmen, die durch Umwandlung, durch Einbringung von Betrieben oder Teilbetrieben oder durch Umstrukturierungen entstanden sind, ist bei der Ermittlung des Durchschnittsertrags von den früheren Betriebsergebnissen des Gewerbebetriebs oder der Gesell-

---

[1]) Sechster Abschnitt (§§ 157–203) eingef. mWv 1.1.2009 durch G v. 24.12.2008 (BGBl. I S. 3018).

schaft auszugehen. ³Soweit sich die Änderung der Rechtsform auf den Jahresertrag auswirkt, sind die früheren Betriebsergebnisse entsprechend zu korrigieren.

§ 202¹⁾ Betriebsergebnis. (1) ¹Zur Ermittlung des Betriebsergebnisses ist
von dem Gewinn im Sinne des § 4 Abs. 1 Satz 1 des Einkommensteuergesetzes auszugehen (Ausgangswert); dabei bleiben bei einem Anteil am Betriebsvermögen Ergebnisse aus den Sonderbilanzen und Ergänzungsbilanzen
unberücksichtigt. ²Der Ausgangswert ist noch wie folgt zu korrigieren:

1. Hinzuzurechnen sind
   a) Investitionsabzugsbeträge, Sonderabschreibungen oder erhöhte Abset-
      zungen, Bewertungsabschläge, Zuführungen zu steuerfreien Rücklagen
      sowie Teilwertabschreibungen. ²Es sind nur die normalen Absetzungen
      für Abnutzung zu berücksichtigen. ³Diese sind nach den Anschaffungs-
      oder Herstellungskosten bei gleichmäßiger Verteilung über die gesamte
      betriebsgewöhnliche Nutzungsdauer zu bemessen. ⁴Die normalen Abset-
      zungen für Abnutzung sind auch dann anzusetzen, wenn für die Abset-
      zungen in der Steuerbilanz vom Restwert auszugehen ist, der nach Inan-
      spruchnahme der Sonderabschreibungen oder erhöhten Absetzungen
      verblieben ist;
   b) Absetzungen auf den Geschäfts- oder Firmenwert oder auf firmenwert-
      ähnliche Wirtschaftsgüter;
   c) einmalige Veräußerungsverluste sowie außerordentliche Aufwendungen;
   d) im Gewinn nicht enthaltene Investitionszulagen, soweit in Zukunft mit
      weiteren zulagebegünstigten Investitionen in gleichem Umfang gerech-
      net werden kann;
   e) der Ertragsteueraufwand (Körperschaftsteuer, Zuschlagsteuern und Ge-
      werbesteuer);
   f) Aufwendungen, die im Zusammenhang stehen mit Vermögen im Sinne
      des § 200 Abs. 2 und 4, und übernommene Verluste aus Beteiligungen
      im Sinne des § 200 Abs. 2 bis 4;
2. abzuziehen sind
   a) gewinnerhöhende Auflösungsbeträge steuerfreier Rücklagen sowie Ge-
      winne aus der Anwendung des § 6 Abs. 1 Nr. 1 Satz 4 und Nr. 2 Satz 3
      des Einkommensteuergesetzes;
   b) einmalige Veräußerungsgewinne sowie außerordentliche Erträge;
   c) im Gewinn enthaltene Investitionszulagen, soweit in Zukunft nicht mit
      weiteren zulagebegünstigten Investitionen in gleichem Umfang gerech-
      net werden kann;
   d) ein angemessener Unternehmerlohn, soweit in der bisherigen Ergebnis-
      rechnung kein solcher berücksichtigt worden ist. ²Die Höhe des Unter-
      nehmerlohns wird nach der Vergütung bestimmt, die eine nicht beteilig-

---

¹⁾ Sechster Abschnitt (§§ 157–203) eingef. mWv 1.1.2009 durch G v. 24.12.2008 (BGBl. I
S. 3018).

te Geschäftsführung erhalten würde. [3]Neben dem Unternehmerlohn kann auch fiktiver Lohnaufwand für bislang unentgeltlich tätige Familienangehörige des Eigentümers berücksichtigt werden;

e) Erträge aus der Erstattung von Ertragsteuern (Körperschaftsteuer, Zuschlagsteuern und Gewerbesteuer);

f) Erträge, die im Zusammenhang stehen mit Vermögen im Sinne des § 200 Abs. 2 bis 4;

3. hinzuzurechnen oder abzuziehen sind auch sonstige wirtschaftlich nicht begründete Vermögensminderungen oder –erhöhungen mit Einfluss auf den zukünftig nachhaltig zu erzielenden Jahresertrag und mit gesellschaftsrechtlichem Bezug, soweit sie nicht nach den Nummern 1 und 2 berücksichtigt wurden.

(2) [1]In den Fällen des § 4 Abs. 3 des Einkommensteuergesetzes ist vom Überschuss der Betriebseinnahmen über die Betriebsausgaben auszugehen. [2]Absatz 1 Satz 2 Nr. 1 bis 3 gilt entsprechend.

(3) Zur Abgeltung des Ertragsteueraufwands ist ein positives Betriebsergebnis nach Absatz 1 oder Absatz 2 um 30 Prozent zu mindern.

§ 203[1) · 2)] **Kapitalisierungsfaktor.** (1) Der in diesem Verfahren anzuwendende Kapitalisierungsfaktor beträgt 13,75.

(2) Das Bundesministerium der Finanzen wird ermächtigt, durch Rechtsverordnung mit Zustimmung des Bundesrates den Kapitalisierungsfaktor an die Entwicklung der Zinsstrukturdaten anzupassen.

§§ 204–217 *(unbesetzt)*

Siebenter Abschnitt:[3)]
Bewertung des Grundbesitzes für die Grundsteuer ab 1. Januar 2022

A. Allgemeines

§ 218[3)] **Vermögensarten.** [1]Für Vermögen, das nach diesem Abschnitt zu bewerten ist, erfolgt abweichend von § 18 eine Unterscheidung in folgende Vermögensarten:

1. Land- und forstwirtschaftliches Vermögen (§ 232),

2. Grundvermögen (§ 243).

[2]Betriebsgrundstücke im Sinne des § 99 Absatz 1 Nummer 2 werden dem land- und forstwirtschaftlichen Vermögen zugeordnet und sind wie land- und

---

[1)] Sechster Abschnitt (§§ 157–203) eingef. mWv 1.1.2009 durch G v. 24.12.2008 (BGBl. I S. 3018).
[2)] § 203 neu gef. durch G v. 4.11.2016 (BGBl. I S. 2464); zur Anwendung siehe § 265 Abs. 11.
[3)] Siebenter Abschnitt des Zweiten Teils (§§ 218 bis 263) angefügt durch G. v. 26.11.2019 (BGBl. I S. 1794); zur Anwendung siehe § 266.

forstwirtschaftliches Vermögen zu bewerten. ³Betriebsgrundstücke im Sinne des § 99 Absatz 1 Nummer 1 werden dem Grundvermögen zugeordnet und sind wie Grundvermögen zu bewerten.

§ 219¹⁾ Feststellung von Grundsteuerwerten. (1) Grundsteuerwerte werden für inländischen Grundbesitz, und zwar für Betriebe der Land- und Forstwirtschaft (§§ 232 bis 234, 240) und für Grundstücke (§§ 243 und 244) gesondert festgestellt (§ 180 Absatz 1 Satz 1 Nummer 1 der Abgabenordnung).

(2) In dem Feststellungsbescheid (§ 179 der Abgabenordnung) sind auch Feststellungen zu treffen über:

1. die Vermögensart und beim Grundvermögen auch über die Grundstücksart (§ 249) sowie

2. die Zurechnung der wirtschaftlichen Einheit und bei mehreren Beteiligten über die Höhe ihrer Anteile.

(3) Die Feststellungen nach den Absätzen 1 und 2 erfolgen nur, soweit sie für die Besteuerung von Bedeutung sind.

§ 220¹⁾ Ermittlung der Grundsteuerwerte. ¹Die Grundsteuerwerte werden nach den Vorschriften dieses Abschnitts ermittelt. ²Bei der Ermittlung der Grundsteuerwerte ist § 163 der Abgabenordnung nicht anzuwenden; hiervon unberührt bleiben Übergangsregelungen, die die oberste Finanzbehörde eines Landes im Einvernehmen mit den obersten Finanzbehörden der übrigen Länder trifft.

§ 221¹⁾ Hauptfeststellung. (1) Die Grundsteuerwerte werden in Zeitabständen von je sieben Jahren allgemein festgestellt (Hauptfeststellung).

(2) Der Hauptfeststellung werden die Verhältnisse zu Beginn des Kalenderjahres (Hauptfeststellungszeitpunkt) zugrunde gelegt.

§ 222¹⁾ Fortschreibungen. (1) Der Grundsteuerwert wird neu festgestellt (Wertfortschreibung), wenn der in Euro ermittelte und auf volle 100 Euro abgerundete Wert, der sich für den Beginn eines Kalenderjahres ergibt, von dem entsprechenden Wert des letzten Feststellungszeitpunkts nach oben oder unten um mehr als 15 000 Euro abweicht.

(2) Über die Art oder Zurechnung der wirtschaftlichen Einheit (§ 219 Absatz 2) wird eine neue Feststellung getroffen (Artfortschreibung oder Zurechnungsfortschreibung), wenn sie von der zuletzt getroffenen Feststellung abweicht und es für die Besteuerung von Bedeutung ist.

(3) ¹Eine Fortschreibung nach Absatz 1 oder 2 findet auch zur Beseitigung eines Fehlers der letzten Feststellung statt. ²§ 176 der Abgabenordnung über den Vertrauensschutz bei der Aufhebung und Änderung von Steuerbescheiden ist hierbei entsprechend anzuwenden. ³Satz 2 gilt nur für die Feststellungszeit-

---

¹⁾ Siebenter Abschnitt des Zweiten Teils (§§ 218 bis 263) angefügt durch G. v. 26.11.2019 (BGBl. I S. 1794); zur Anwendung siehe § 266.

punkte, die vor der Verkündung der maßgeblichen Entscheidung eines der in § 176 der Abgabenordnung genannten Gerichte liegen.

(4) ¹Eine Fortschreibung ist vorzunehmen, wenn dem Finanzamt bekannt wird, dass die Voraussetzungen für sie vorliegen. ²Der Fortschreibung werden vorbehaltlich des § 227 die Verhältnisse im Fortschreibungszeitpunkt zugrunde gelegt. ³Fortschreibungszeitpunkt ist:

1. bei einer Änderung der tatsächlichen Verhältnisse der Beginn des Kalenderjahres, das auf die Änderung folgt, und

2. in den Fällen des Absatzes 3 der Beginn des Kalenderjahres, in dem der Fehler dem Finanzamt bekannt wird, bei einer Erhöhung des Grundsteuerwerts jedoch frühestens der Beginn des Kalenderjahres, in dem der Feststellungsbescheid erteilt wird.

§ 223¹⁾ Nachfeststellung. (1) Für wirtschaftliche Einheiten, für die ein Grundsteuerwert festzustellen ist, wird der Grundsteuerwert nachträglich festgestellt (Nachfeststellung), wenn nach dem Hauptfeststellungszeitpunkt:

1. die wirtschaftliche Einheit neu entsteht oder

2. eine bereits bestehende wirtschaftliche Einheit erstmals zur Grundsteuer herangezogen werden soll.

(2) ¹Der Nachfeststellung werden vorbehaltlich des § 227 die Verhältnisse im Nachfeststellungszeitpunkt zugrunde gelegt. ²Nachfeststellungszeitpunkt ist:

1. in den Fällen des Absatzes 1 Nummer 1 der Beginn des Kalenderjahres, das auf die Entstehung der wirtschaftlichen Einheit folgt, und

2. in den Fällen des Absatzes 1 Nummer 2 der Beginn des Kalenderjahres, in dem der Grundsteuerwert erstmals der Besteuerung zugrunde gelegt wird.

§ 224¹⁾ Aufhebung des Grundsteuerwerts. (1) Der Grundsteuerwert wird aufgehoben, wenn dem Finanzamt bekannt wird, dass:

1. die wirtschaftliche Einheit wegfällt oder

2. der Grundsteuerwert der wirtschaftlichen Einheit infolge von Befreiungsgründen der Besteuerung nicht mehr zugrunde gelegt wird.

(2) Aufhebungszeitpunkt ist:

1. in den Fällen des Absatzes 1 Nummer 1 der Beginn des Kalenderjahres, das auf den Wegfall der wirtschaftlichen Einheit folgt, und

2. in den Fällen des Absatzes 1 Nummer 2 der Beginn des Kalenderjahres, in dem der Grundsteuerwert erstmals der Besteuerung nicht mehr zugrunde gelegt wird.

§ 225¹⁾ Änderung von Feststellungsbescheiden. ¹Bescheide über Fortschreibungen oder über Nachfeststellungen von Grundsteuerwerten können schon vor dem maßgeblichen Feststellungszeitpunkt erteilt werden. ²Sie sind

---

¹⁾ Siebenter Abschnitt des Zweiten Teils (§§ 218 bis 263) angefügt durch G. v. 26.11.2019 (BGBl. I S. 1794); zur Anwendung siehe § 266.

zu ändern oder aufzuheben, wenn sich bis zu diesem Zeitpunkt Änderungen
ergeben, die zu einer abweichenden Feststellung führen.

§ 226[1] Nachholung einer Feststellung. (1) [1] Ist die Feststellungsfrist (§ 181
der Abgabenordnung) abgelaufen, kann eine Fortschreibung (§ 222) oder
Nachfeststellung (§ 223) unter Zugrundelegung der Verhältnisse vom
Fortschreibungs- oder Nachfeststellungszeitpunkt mit Wirkung für einen späteren Feststellungszeitpunkt vorgenommen werden, für den diese Frist noch
nicht abgelaufen ist. [2] § 181 Absatz 5 der Abgabenordnung bleibt hiervon unberührt.

(2) Absatz 1 ist bei der Aufhebung des Grundsteuerwerts (§ 224) entsprechend anzuwenden.

**§ 227[1] Wertverhältnisse bei Fortschreibungen und Nachfeststellun-
gen.** Bei Fortschreibungen und bei Nachfeststellungen der Grundsteuerwerte sind die Wertverhältnisse im Hauptfeststellungszeitpunkt zugrunde zu legen.

§ 228[1] Erklärungs- und Anzeigepflicht. (1) [1] Die Steuerpflichtigen haben Erklärungen zur Feststellung der Grundsteuerwerte für den Hauptfeststellungszeitpunkt oder einen anderen Feststellungszeitpunkt abzugeben, wenn sie
hierzu durch die Finanzbehörde aufgefordert werden (§ 149 Absatz 1 Satz 2
der Abgabenordnung). [2] Fordert die Finanzbehörde zur Abgabe einer Erklärung auf, hat sie eine Frist zur Abgabe der Erklärung zu bestimmen, die mindestens einen Monat betragen soll. [3] Die Aufforderung zur Abgabe einer Erklärung kann vom Bundesministerium der Finanzen im Einvernehmen mit
den obersten Finanzbehörden der Länder durch öffentliche Bekanntmachung
erfolgen.

(2) [1] Eine Änderung der tatsächlichen Verhältnisse, die sich auf die Höhe des
Grundsteuerwerts, die Vermögensart oder die Grundstücksart auswirken oder
zu einer erstmaligen Feststellung führen kann, ist auf den Beginn des folgenden Kalenderjahres anzuzeigen. [2] Gleiches gilt, wenn das Eigentum oder das
wirtschaftliche Eigentum an einem auf fremdem Grund und Boden errichteten Gebäude übergegangen ist. [3] Die Frist für die Abgabe dieser Anzeige beträgt einen Monat und beginnt mit Ablauf des Kalenderjahres, in dem sich die
tatsächlichen Verhältnisse geändert haben oder das Eigentum oder das wirtschaftliche Eigentum an einem auf fremdem Grund und Boden errichteten
Gebäude übergegangen ist.

(3) Die Erklärung nach Absatz 1 und die Anzeige nach Absatz 2 sind abzugeben

1. von dem Steuerpflichtigen, dem die wirtschaftliche Einheit zuzurechnen
   ist,

2. bei einem Grundstück, das mit einem Erbbaurecht belastet ist, vom Erbbauberechtigten unter Mitwirkung des Erbbauverpflichteten oder

---

[1] Siebenter Abschnitt des Zweiten Teils (§§ 218 bis 263) angefügt durch G. v. 26.11.2019
(BGBl. I S. 1794); zur Anwendung siehe § 266.

3. bei einem Gebäude auf fremdem Grund und Boden vom Eigentümer des Grund und Bodens unter Mitwirkung des Eigentümers oder des wirtschaftlichen Eigentümers des Gebäudes.

(4) Die Erklärungen nach Absatz 1 und die Anzeigen nach Absatz 2 sind bei dem für die gesonderte Feststellung zuständigen Finanzamt abzugeben.

(5) Die Erklärungen nach Absatz 1 und die Anzeigen nach Absatz 2 sind Steuererklärungen im Sinne der Abgabenordnung, die eigenhändig zu unterschreiben sind.

(6) ¹Die Erklärungen nach Absatz 1 und die Anzeigen nach Absatz 2 sind nach amtlich vorgeschriebenem Datensatz durch Datenfernübertragung zu übermitteln. ²Auf Antrag kann die Finanzbehörde zur Vermeidung unbilliger Härten auf eine Übermittlung durch Datenfernübertragung verzichten. ³Für die Entscheidung über den Antrag gilt § 150 Absatz 8 der Abgabenordnung.

§ 229¹⁾ Auskünfte, Erhebungen und Mitteilungen. (1) ¹Die Eigentümer von Grundbesitz haben der Finanzbehörde auf Anforderung alle Angaben zu machen, die sie für die Sammlung der Kauf-, Miet- und Pachtpreise braucht. ²Dabei haben sie zu versichern, dass sie die Angaben nach bestem Wissen und Gewissen gemacht haben.

(2) ¹Die Finanzbehörden können zur Vorbereitung einer Hauptfeststellung und zur Durchführung von Feststellungen der Grundsteuerwerte örtliche Erhebungen über die Bewertungsgrundlagen anstellen. ²Das Grundrecht der Unverletzlichkeit der Wohnung (Artikel 13 des Grundgesetzes) wird insoweit eingeschränkt.

(3) Die nach Bundes- oder Landesrecht zuständigen Behörden haben den Finanzbehörden die rechtlichen und tatsächlichen Umstände mitzuteilen, die ihnen im Rahmen ihrer Aufgabenerfüllung bekannt geworden sind und die für die Feststellung von Grundsteuerwerten oder für die Grundsteuer von Bedeutung sein können.

(4) ¹Die Grundbuchämter haben den für die Feststellung des Grundsteuerwerts zuständigen Finanzbehörden mitzuteilen:

1. die Eintragung eines neuen Eigentümers oder Erbbauberechtigten sowie bei einem anderen als einem rechtsgeschäftlichen Erwerb zusätzlich die Anschrift des neuen Eigentümers oder Erbbauberechtigten; dies gilt nicht für die Fälle des Erwerbs nach den Vorschriften des Zuordnungsrechts,

2. die Eintragung der Begründung von Wohnungseigentum oder Teileigentum,

3. die Eintragung der Begründung eines Erbbaurechts, Wohnungserbbaurechts oder Teilerbbaurechts.

²In den Fällen des Satzes 1 Nummer 2 und 3 ist gleichzeitig der Tag des Eingangs des Eintragungsantrags beim Grundbuchamt mitzuteilen. ³Bei einer

---

¹⁾ Siebenter Abschnitt des Zweiten Teils (§§ 218 bis 263) angefügt durch G. v. 26.11.2019 (BGBl. I S. 1794); zur Anwendung siehe § 266.

Eintragung aufgrund Erbfolge ist das Jahr anzugeben, in dem der Erblasser verstorben ist. [4]Die Mitteilungen sollen der Finanzbehörde über die für die Führung des Liegenschaftskatasters zuständige Behörde oder über eine sonstige Behörde, die das amtliche Verzeichnis der Grundstücke (§ 2 Absatz 2 der Grundbuchordnung) führt, zugeleitet werden.

(5) [1]Die nach den Absätzen 3 oder 4 mitteilungspflichtige Stelle hat die betroffenen Personen vom Inhalt der Mitteilung zu unterrichten. [2]Eine Unterrichtung kann unterbleiben, soweit den Finanzbehörden Umstände aus dem Grundbuch, den Grundakten oder aus dem Liegenschaftskataster mitgeteilt werden.

(6) [1]Die nach den Absätzen 3 oder 4 mitteilungspflichtigen Stellen übermitteln die Mitteilungen den Finanzbehörden nach amtlich vorgeschriebenem Datensatz über die amtlich bestimmte Schnittstelle. [2]Die Grundbuchämter und die für die Führung des Liegenschaftskatasters zuständigen Behörden übermitteln die bei ihnen geführten Daten laufend, mindestens alle drei Monate. [3]Das Bundesministerium der Finanzen legt im Einvernehmen mit den obersten Finanzbehörden der Länder und den obersten Vermessungs- und Katasterbehörden der Länder die Einzelheiten der elektronischen Übermittlung und deren Beginn in einem Schreiben fest. [4]Dieses Schreiben ist im Bundesanzeiger und im Bundessteuerblatt zu veröffentlichen.

§ 230[1)] **Abrundung.** Die ermittelten Grundsteuerwerte werden auf volle 100 Euro nach unten abgerundet.

§ 231[1)] **Abgrenzung von in- und ausländischem Vermögen.** (1) [1]Für die Bewertung des inländischen nach diesem Abschnitt zu bewertenden Vermögens gelten die §§ 232 bis 262. [2]Nach diesen Vorschriften sind auch die inländischen Teile einer wirtschaftlichen Einheit zu bewerten, die sich sowohl auf das Inland als auch auf das Ausland erstrecken.

(2) Die ausländischen Teile einer wirtschaftlichen Einheit unterliegen nicht der gesonderten Feststellung nach § 219.

B. Land- und forstwirtschaftliches Vermögen

I. Allgemeines

§ 232[1)] **Begriff des land- und forstwirtschaftlichen Vermögens.** (1) [1]Land- und Forstwirtschaft ist die planmäßige Nutzung der natürlichen Kräfte des Bodens zur Erzeugung von Pflanzen und Tieren sowie die Verwertung der dadurch selbst gewonnenen Erzeugnisse. [2]Zum land- und forstwirtschaftlichen Vermögen gehören alle Wirtschaftsgüter, die einem Betrieb der Land- und Forstwirtschaft dauernd zu dienen bestimmt sind.

(2) [1]Die wirtschaftliche Einheit des land- und forstwirtschaftlichen Vermögens ist der Betrieb der Land- und Forstwirtschaft. [2]Wird der Betrieb der

---

[1)] Siebenter Abschnitt des Zweiten Teils (§§ 218 bis 263) angefügt durch G. v. 26.11.2019 (BGBl. I S. 1794); zur Anwendung siehe § 266.

Land- und Forstwirtschaft oder werden Teile davon einem anderen Berechtigten zur Erzeugung von Pflanzen und Tieren sowie zur Verwertung der dadurch selbst gewonnenen Erzeugnisse überlassen, so gilt dies als Fortsetzung der land- und forstwirtschaftlichen Tätigkeit des Überlassenden.

(3) ¹Zu den Wirtschaftsgütern, die dem Betrieb der Land- und Forstwirtschaft dauernd zu dienen bestimmt sind, gehören insbesondere:

1. der Grund und Boden,
2. die Wirtschaftsgebäude,
3. die stehenden Betriebsmittel,
4. der normale Bestand an umlaufenden Betriebsmitteln,
5. die immateriellen Wirtschaftsgüter.

²Als normaler Bestand an umlaufenden Betriebsmitteln gilt ein Bestand, der zur gesicherten Fortführung des Betriebs erforderlich ist.

(4) Nicht zum land- und forstwirtschaftlichen Vermögen gehören:

1. Grund und Boden sowie Gebäude und Gebäudeteile, die Wohnzwecken oder anderen nicht land- und forstwirtschaftlichen Zwecken dienen,
2. Tierbestände oder Zweige des Tierbestands und die hiermit zusammenhängenden Wirtschaftsgüter (zum Beispiel Gebäude und abgrenzbare Gebäudeteile mit den dazugehörenden Flächen, stehende und umlaufende Betriebsmittel), wenn die Tiere weder nach § 241 zur landwirtschaftlichen Nutzung noch nach § 242 Absatz 2 zu den sonstigen land- und forstwirtschaftlichen Nutzungen gehören; die Zugehörigkeit der landwirtschaftlich genutzten Flächen zum land- und forstwirtschaftlichen Vermögen wird hierdurch nicht berührt,
3. Zahlungsmittel, Geldforderungen, Geschäftsguthaben, Wertpapiere und Beteiligungen sowie
4. Geldschulden und Pensionsverpflichtungen.

§ 233¹⁾ Abgrenzung des land- und forstwirtschaftlichen Vermögens vom Grundvermögen in Sonderfällen. (1) Dienen im Umgriff einer Windenergieanlage Flächen einem Betrieb der Land- und Forstwirtschaft, sind abweichend von § 232 Absatz 4 Nummer 1 die Standortflächen der Windenergieanlage und der dazugehörenden Betriebsvorrichtungen (abgegrenzte Standortfläche der Windenergieanlage) dem land- und forstwirtschaftlichen Vermögen zuzurechnen.

(2) Land- und forstwirtschaftlich genutzte Flächen sind dem Grundvermögen zuzurechnen, wenn nach ihrer Lage, den am Feststellungszeitpunkt bestehenden Verwertungsmöglichkeiten oder den sonstigen Umständen anzunehmen ist, dass sie innerhalb eines Zeitraums von sieben Jahren anderen als land- und forstwirtschaftlichen Zwecken, insbesondere als Bau-, Gewerbe- oder Industrieland oder als Land für Verkehrszwecke, dienen werden.

---

¹⁾ Siebenter Abschnitt des Zweiten Teils (§§ 218 bis 263) angefügt durch G. v. 26.11.2019 (BGBl. I S. 1794); zur Anwendung siehe § 266.

(3) ¹Flächen sind stets dem Grundvermögen zuzurechnen, wenn sie in einem Bebauungsplan als Bauland festgesetzt sind, ihre sofortige Bebauung möglich ist und die Bebauung innerhalb des Plangebiets in benachbarten Bereichen begonnen hat oder schon durchgeführt ist. ²Satz 1 gilt nicht für die Hofstelle.

§ 234[1] **Betrieb der Land- und Forstwirtschaft.** (1) Ein Betrieb der Land- und Forstwirtschaft umfasst:

1. die land- und forstwirtschaftlichen Nutzungen:
   a) die landwirtschaftliche Nutzung,
   b) die forstwirtschaftliche Nutzung,
   c) die weinbauliche Nutzung,
   d) die gärtnerische Nutzung,
      aa) Nutzungsteil Gemüsebau,
      bb) Nutzungsteil Blumen- und Zierpflanzenbau,
      cc) Nutzungsteil Obstbau,
      dd) Nutzungsteil Baumschulen,
   e) die übrigen land- und forstwirtschaftlichen Nutzungen,
2. die Nutzungsarten:
   a) Abbauland,
   b) Geringstland,
   c) Unland,
   d) Hofstelle,
3. die Nebenbetriebe.

(2) Die land- und forstwirtschaftlichen Betriebsflächen sind einer Nutzung, innerhalb der gärtnerischen Nutzung einem Nutzungsteil, oder einer Nutzungsart zuzuordnen (gesetzliche Klassifizierung).

(3) Zum Abbauland gehören die Betriebsflächen, die durch Abbau der Bodensubstanz überwiegend für den Betrieb der Land- und Forstwirtschaft nutzbar gemacht werden, zum Beispiel Steinbrüche, Torfstiche, Sand-, Kies- und Lehmgruben.

(4) Zum Geringstland gehören die Betriebsflächen geringster Ertragsfähigkeit, für die nach dem Bodenschätzungsgesetz keine Wertzahlen festzustellen sind.

(5) Zum Unland gehören die Betriebsflächen, die auch bei geordneter Wirtschaftsweise keinen Ertrag abwerfen können.

(6) Zur Hofstelle gehören alle Hof- und Wirtschaftsgebäudeflächen einschließlich der Nebenflächen, wenn von dort land- und forstwirtschaftliche Flächen nachhaltig bewirtschaftet werden.

(7) Als Nebenbetrieb gilt ein Betrieb, der dem Hauptbetrieb zu dienen bestimmt ist und nicht einen selbständigen gewerblichen Betrieb darstellt.

---

[1] Siebenter Abschnitt des Zweiten Teils (§§ 218 bis 263) angefügt durch G. v. 26.11.2019 (BGBl. I S. 1794); zur Anwendung siehe § 266.

§ 235[1],[2] **Feststellungszeitpunkt.** (1) Für die Größe des Betriebs sowie für den Umfang und den Zustand der Gebäude sind die Verhältnisse im Feststellungszeitpunkt maßgebend.

(2) Für die stehenden und umlaufenden Betriebsmittel ist der Stand am Ende des Wirtschaftsjahres maßgebend, das dem Feststellungszeitpunkt vorangegangen ist.

§ 236[1] **Bewertungsgrundsätze.** (1) Der Bewertung eines Betriebs der Land- und Forstwirtschaft ist der Ertragswert zugrunde zu legen.

(2) [1]Bei der Ermittlung des Ertragswerts ist von der Ertragsfähigkeit auszugehen. [2]Ertragsfähigkeit ist der bei ordnungsmäßiger Bewirtschaftung gemeinhin und nachhaltig erzielbare Reinertrag eines pacht- und schuldenfreien Betriebs mit entlohnten fremden Arbeitskräften (Reinertrag). [3]Er ermittelt sich aus dem Betriebseinkommen abzüglich des Lohnaufwands für die entlohnten Arbeitskräfte und des angemessenen Anteils für die Arbeitsleistung des Betriebsleiters sowie der nicht entlohnten Arbeitskräfte. [4]Hierbei sind alle Umstände zu berücksichtigen, die bei einer Selbstbewirtschaftung des Betriebs den Wirtschaftserfolg beeinflussen.

(3) [1]Der Reinertrag wird aus den Erhebungen nach § 2 des Landwirtschaftsgesetzes oder aus Erhebungen der Finanzverwaltung für jede gesetzliche Klassifizierung gesondert ermittelt. [2]Bei der Ermittlung des jeweiligen Reinertrags ist zur Berücksichtigung der nachhaltigen Ertragsfähigkeit ein Durchschnitt aus den letzten zehn vorliegenden Wirtschaftsjahren zu bilden, die vor dem Hauptfeststellungszeitpunkt geendet haben.

(4) Der Ertragswert ist das 18,6fache der Summe der Reinerträge des Betriebs.

§ 237[1] **Bewertung des Betriebs der Land- und Forstwirtschaft.**
(1) [1]Bei der Ermittlung des Ertragswerts für einen Betrieb der Land- und Forstwirtschaft sind die land- und forstwirtschaftlichen Nutzungen, Nutzungsarten und die Nebenbetriebe (§ 234 Absatz 1) mit ihrem jeweiligen Reinertrag nach den Absätzen 2 bis 8 zu bewerten. [2]Mit dem Ansatz des jeweiligen Reinertrags sind auch dem Eigentümer des Grund und Bodens nicht gehörende stehende und umlaufende Betriebsmittel, die der Bewirtschaftung des Betriebs dienen, abgegolten.

(2)[3] [1]Der Reinertrag der landwirtschaftlichen Nutzung ermittelt sich aus der Summe der Flächenwerte. [2]Der jeweilige Flächenwert ist das Produkt aus der Größe der gesetzlich klassifizierten Eigentumsfläche des Betriebs und den Bewertungsfaktoren der Anlage 27. [3]Die Bewertungsfaktoren Grundbetrag und Ertragsmesszahl nach § 9 des Bodenschätzungsgesetzes sind für jede Eigentumsfläche gesondert zu ermitteln.

---

[1] Siebenter Abschnitt des Zweiten Teils (§§ 218 bis 263) angefügt durch G. v. 26.11.2019 (BGBl. I S. 1794); zur Anwendung siehe § 266.
[2] § 235 Überschr. neu gef. mWv 21.12.2022 durch G v. 16.12.2022 (BGBl. I S. 2294).
[3] Siehe Anlage 27.

(3)[1] [1]Der Reinertrag der forstwirtschaftlichen Nutzung ermittelt sich aus der Summe der Flächenwerte. [2]Der jeweilige Flächenwert ist das Produkt aus der Größe der gesetzlich klassifizierten Eigentumsfläche des Betriebs und dem jeweiligen gegendüblichen Bewertungsfaktor gemäß Anlage 28. [3]Die gegendüblichen Bewertungsfaktoren bestimmen sich nach den forstwirtschaftlichen Wuchsgebieten und deren Baumartenanteilen nach der zuletzt vor dem Hauptfeststellungszeitpunkt durchgeführten Bundeswaldinventur (§ 41a des Bundeswaldgesetzes). [4]Abweichend hiervon werden klassifizierte Eigentumsflächen mit katastermäßig nachgewiesenen Bewirtschaftungsbeschränkungen als Geringstland bewertet, wenn infolge der Bewirtschaftungsbeschränkungen eine nachhaltige forstwirtschaftliche Nutzung unterbleibt.

(4)[2] [1]Der Reinertrag der weinbaulichen Nutzung ermittelt sich aus der Summe der Flächenwerte. [2]Der jeweilige Flächenwert ist das Produkt aus der Größe der gesetzlich klassifizierten Eigentumsfläche des Betriebs und dem Bewertungsfaktor für die Verwertungsform Traubenerzeugung gemäß Anlage 29.

(5)[3] [1]Der Reinertrag der gärtnerischen Nutzung ist gegliedert nach den Nutzungsteilen zu ermitteln. [2]Der Reinertrag eines Nutzungsteils ermittelt sich aus der Summe der Flächenwerte. [3]Der jeweilige Flächenwert ist das Produkt aus der gesetzlich klassifizierten Eigentumsfläche des Betriebs und dem jeweiligen Bewertungsfaktor gemäß Anlage 30. [4]Abweichend hiervon wird der Nutzungsteil Gemüsebau wie eine landwirtschaftliche Nutzung bewertet, wenn im Wechsel landwirtschaftliche und gärtnerische Erzeugnisse gewonnen werden und keine Bewässerungsmöglichkeiten bestehen.

(6)[4] [1]Der Reinertrag für die übrigen land- und forstwirtschaftlichen Nutzungen ist für jede Nutzung nach § 242 gesondert zu ermitteln. [2]Der Reinertrag einer übrigen land- und forstwirtschaftlichen Nutzung ermittelt sich aus der Summe der Flächenwerte. [3]Der jeweilige Flächenwert ist das Produkt aus der Größe der gesetzlich klassifizierten Eigentumsfläche des Betriebs und dem jeweiligen Bewertungsfaktor einschließlich des Zuschlags gemäß Anlage 31. [4]Für die sonstigen land- und forstwirtschaftlichen Nutzungen, für die kein Bewertungsfaktor festgelegt wurde, ist der Reinertrag der jeweiligen Nutzung durch Multiplikation der Bruttogrundflächen der nachhaltig genutzten Wirtschaftsgebäude mit dem Zwölffachen des Werts gemäß Anlage 31 und für den dazu gehörenden Grund und Boden nach Absatz 8 zu ermitteln; dies gilt unabhängig von einer gesetzlichen Klassifizierung als Hofstelle.

(7)[4] [1]Der Reinertrag für die Nutzungsarten Abbauland, Geringstland und Unland ermittelt sich aus der Summe der Flächenwerte der jeweiligen Nutzungsart. [2]Der jeweilige Flächenwert ist das Produkt aus der Größe der gesetzlich klassifizierten Eigentumsfläche des Betriebs und dem jeweiligen Bewertungsfaktor gemäß Anlage 31.

---

[1] Siehe Anlage 28.
[2] Siehe Anlage 29.
[3] Siehe Anlage 30.
[4] Siehe Anlage 31.

(8)[1] [1] Der Reinertrag für die Hofflächen und die Nebenbetriebe ermittelt sich aus der Summe der Flächenwerte. [2] Der Flächenwert ist das Produkt aus der jeweils als Hofstelle gesetzlich klassifizierten Eigentumsfläche des Betriebs und dem dreifachen Bewertungsfaktor gemäß Anlage 32.

§ 238[2] **Zuschläge zum Reinertrag.** (1) Ein Zuschlag zum Reinertrag einer Nutzung oder Nutzungsart ist vorzunehmen,

1. bei der landwirtschaftlichen Nutzung gemäß Anlage 27, wenn der tatsächliche Tierbestand am maßgeblichen Bewertungsstichtag (§ 235) die in Anlage 27 genannte Grenze nachhaltig überschreitet,

2. bei der gärtnerischen Nutzung gemäß Anlage 30, wenn in einem Nutzungsteil Flächen unter Glas und Kunststoffen dem Betrieb zu dienen bestimmt sind. [2] Zu den Flächen unter Glas und Kunststoffen gehören insbesondere mit Gewächshäusern, begehbaren Folientunneln, Foliengewächshäusern und anderen Kulturräumen überbaute Bruttogrundflächen. [3] Unerheblich ist, ob die Flächen unter Glas und Kunststoffen neben der Erzeugung auch zur Lagerung oder zum Vertrieb der Erzeugnisse zu dienen bestimmt sind.

3. bei der Nutzungsart Hofstelle gemäß Anlage 32 für die weinbauliche Nutzung und für Nebenbetriebe. [2] Der Zuschlag ermittelt sich durch Multiplikation der Bruttogrundflächen der nachhaltig genutzten Wirtschaftsgebäude mit dem Zwölffachen des jeweiligen Bewertungsfaktors. [3] Unerheblich ist, ob die Wirtschaftsgebäude neben der Erzeugung auch zur Lagerung oder zum Vertrieb der Erzeugnisse zu dienen bestimmt sind.

(2)[3] [1] Der Reinertrag einer Nutzung oder Nutzungsart ist um einen Zuschlag zu erhöhen, wenn die Eigentumsflächen des Betriebs zugleich der Stromerzeugung aus Windenergie dienen. [2] Der Zuschlag ermittelt sich aus dem Produkt der abgegrenzten Standortfläche der Windenergieanlage und dem Bewertungsfaktor gemäß Anlage 33.

§ 239[2] **Grundsteuerwert des Betriebs der Land- und Forstwirtschaft.**
(1) Die Summe der Reinerträge des Betriebs einschließlich der Zuschläge (§§ 237, 238) ist zur Ermittlung des Ertragswerts mit dem Faktor 18,6 zu kapitalisieren und ergibt den Grundsteuerwert des Betriebs der Land- und Forstwirtschaft.

(2) [1] Die Summe der Reinerträge einschließlich der Zuschläge (§§ 237, 238) eines Betriebs der Land- und Forstwirtschaft ist für jede Gemeinde gesondert zu ermitteln, wenn sich die wirtschaftliche Einheit über mehrere Gemeinden erstreckt. [2] Der auf eine Gemeinde entfallende Anteil am Grundsteuerwert berechnet sich aus der jeweils für eine Gemeinde gesondert ermittelten Summe der Reinerträge im Verhältnis zur Gesamtsumme der Reinerträge des Betriebs der Land- und Forstwirtschaft.

---

[1] Siehe Anlage 32.
[2] Siebenter Abschnitt des Zweiten Teils (§§ 218 bis 263) angefügt durch G. v. 26.11.2019 (BGBl. I S. 1794); zur Anwendung siehe § 266.
[3] Siehe Anlage 33.

§ 240[1)] **Kleingartenland und Dauerkleingartenland.** (1) Als Betrieb der Land- und Forstwirtschaft gelten auch Kleingartenland und Dauerkleingartenland im Sinne des Bundeskleingartengesetzes.

(2) [1]Bei der Ermittlung des Ertragswerts für Kleingartenland und Dauerkleingartenland ist abweichend von § 237 der Reinertrag für den Nutzungsteil Gemüsebau anzusetzen. [2]Der Reinertrag ergibt sich aus der Summe der Produkte der jeweils gesetzlich klassifizierten Eigentumsfläche und dem Reinertrag für das Freiland gemäß Anlage 30.

(3) [1]Gartenlauben von mehr als 30 Quadratmetern Brutto-Grundfläche gelten als Wirtschaftsgebäude. [2]§ 237 Absatz 8 findet entsprechende Anwendung.

(4) Die Summe der Reinerträge nach den Absätzen 2 und 3 ist zur Ermittlung des Ertragswerts mit dem Faktor 18,6 zu kapitalisieren und ergibt den Grundsteuerwert des Betriebs der Land- und Forstwirtschaft.

II. Besondere Vorschriften

a) Landwirtschaftliche Nutzung

§ 241[1)] **Tierbestände.** (1) [1]Tierbestände gehören in vollem Umfang zur landwirtschaftlichen Nutzung, wenn im Wirtschaftsjahr

für die ersten 20 Hektar	nicht mehr als	10 Vieheinheiten,
für die nächsten 10 Hektar	nicht mehr als	7 Vieheinheiten,
für die nächsten 20 Hektar	nicht mehr als	6 Vieheinheiten,
für die nächsten 50 Hektar	nicht mehr als	3 Vieheinheiten,
und für die weitere Fläche	nicht mehr als	1,5 Vieheinheiten

je Hektar der vom Inhaber des Betriebs selbst bewirtschafteten Flächen der landwirtschaftlichen Nutzung erzeugt oder gehalten werden. [2]Zu den selbst bewirtschafteten Flächen gehören die Eigentumsflächen und die zur Nutzung überlassenen Flächen. [3]Die Tierbestände sind nach dem Futterbedarf in Vieheinheiten umzurechnen.

(2) [1]Übersteigt die Anzahl der Vieheinheiten nachhaltig die in Absatz 1 bezeichnete Grenze, so gehören nur die Zweige des Tierbestands zur landwirtschaftlichen Nutzung, deren Vieheinheiten zusammen diese Grenze nicht überschreiten. [2]Zunächst sind mehr flächenabhängige Zweige des Tierbestands und danach weniger flächenabhängige Zweige des Tierbestands zur landwirtschaftlichen Nutzung zu rechnen. [3]Innerhalb jeder dieser Gruppen sind zuerst Zweige des Tierbestands mit der geringeren Anzahl von Vieheinheiten und dann Zweige mit der größeren Anzahl von Vieheinheiten zur landwirtschaftlichen Nutzung zu rechnen. [4]Der Tierbestand des einzelnen Zweiges wird nicht aufgeteilt.

(3) [1]Als Zweig des Tierbestands gilt bei jeder Tierart für sich:

1. das Zugvieh,
2. das Zuchtvieh,

[1)] Siebenter Abschnitt des Zweiten Teils (§§ 218 bis 263) angefügt durch G. v. 26.11.2019 (BGBl. I S. 1794); zur Anwendung siehe § 266.

3. das Mastvieh,

4. das übrige Nutzvieh.

²Das Zuchtvieh einer Tierart gilt nur dann als besonderer Zweig des Tierbestands, wenn die erzeugten Jungtiere überwiegend zum Verkauf bestimmt sind. ³Ist das nicht der Fall, so ist das Zuchtvieh dem Zweig des Tierbestands zuzurechnen, dem es überwiegend dient.

(4) ¹Die Absätze 1 bis 3 gelten nicht für Pelztiere. ²Pelztiere gehören nur dann zur landwirtschaftlichen Nutzung, wenn die erforderlichen Futtermittel überwiegend von den vom Inhaber des Betriebs landwirtschaftlich genutzten Flächen gewonnen werden.

(5)¹⁾ Der Umrechnungsschlüssel für Tierbestände in Vieheinheiten sowie die Gruppen der mehr oder weniger flächenabhängigen Zweige des Tierbestands sind den Anlagen 34 und 35 zu entnehmen.

b) Übrige land- und forstwirtschaftliche Nutzungen

§ 242²⁾ **Übrige land- und forstwirtschaftliche Nutzungen.** (1) Zu den übrigen land- und forstwirtschaftlichen Nutzungen gehören:

1. Hopfen, Spargel und andere Sonderkulturen,

2. die sonstigen land- und forstwirtschaftlichen Nutzungen.

(2) Zu den sonstigen land- und forstwirtschaftlichen Nutzungen gehören insbesondere:

1. die Binnenfischerei,

2. die Teichwirtschaft,

3. die Fischzucht für Binnenfischerei und Teichwirtschaft,

4. die Imkerei,

5. die Wanderschäferei,

6. die Saatzucht,

7. der Pilzanbau,

8. die Produktion von Nützlingen,

9. die Weihnachtsbaumkulturen,

10. die Kurzumtriebsplantagen.

C. Grundvermögen

I. Allgemeines

§ 243²⁾ **Begriff des Grundvermögens.** (1) Zum Grundvermögen gehören, soweit es sich nicht um land- und forstwirtschaftliches Vermögen (§§ 232 bis 242) handelt:

1. der Grund und Boden, die Gebäude, die sonstigen Bestandteile und das Zubehör,

---

¹⁾ Siehe Anlage 34 und 35.
²⁾ Siebenter Abschnitt des Zweiten Teils (§§ 218 bis 263) angefügt durch G. v. 26.11.2019 (BGBl. I S. 1794); zur Anwendung siehe § 266.

2. das Erbbaurecht,
3. das Wohnungseigentum und das Teileigentum,
4. das Wohnungserbbaurecht und das Teilerbbaurecht nach § 30 Absatz 1 des Wohnungseigentumsgesetzes.

(2) In das Grundvermögen sind nicht einzubeziehen:
1. Bodenschätze,
2. die Maschinen und sonstigen Vorrichtungen aller Art, die zu einer Betriebsanlage gehören (Betriebsvorrichtungen), auch wenn sie wesentliche Bestandteile sind.

(3) Einzubeziehen sind jedoch die Verstärkungen von Decken und die nicht ausschließlich zu einer Betriebsanlage gehörenden Stützen und sonstigen Bauteile wie Mauervorlagen und Verstrebungen.

§ 244[1] Grundstück. (1) Jede wirtschaftliche Einheit des Grundvermögens bildet ein Grundstück im Sinne dieses Abschnitts.

(2) ¹Ein Anteil des Eigentümers eines Grundstücks an anderem Grundvermögen (zum Beispiel an gemeinschaftlichen Hofflächen oder Garagen) ist in die wirtschaftliche Einheit Grundstück einzubeziehen, wenn der Anteil zusammen mit dem Grundstück genutzt wird. ²Das gilt nicht, wenn das gemeinschaftliche Grundvermögen nach den Anschauungen des Verkehrs als selbständige wirtschaftliche Einheit anzusehen ist (§ 2 Absatz 1 Satz 3 und 4).

(3) Als Grundstück gelten auch:
1. das Erbbaurecht zusammen mit dem Erbbaurechtsgrundstück,
2. ein Gebäude auf fremdem Grund und Boden zusammen mit dem dazugehörenden Grund und Boden,
3. jedes Wohnungseigentum und Teileigentum nach dem Wohnungseigentumsgesetz sowie
4.[2] jedes Wohnungserbbaurecht und Teilerbbaurecht zusammen mit dem anteiligen belasteten Grund und Boden.

§ 245[1] Gebäude, Gebäudeteile und Anlagen für den Zivilschutz. Gebäude, Gebäudeteile und Anlagen, die wegen der in § 1 des Zivilschutz- und Katastrophenhilfegesetzes bezeichneten Zwecke geschaffen worden sind und im Frieden nicht oder nur gelegentlich oder geringfügig für andere Zwecke benutzt werden, bleiben bei der Ermittlung des Grundsteuerwerts außer Betracht.

II. Unbebaute Grundstücke

§ 246[1] Begriff der unbebauten Grundstücke. (1) ¹Unbebaute Grundstücke sind Grundstücke, auf denen sich keine benutzbaren Gebäude befinden.

---

[1] Siebenter Abschnitt des Zweiten Teils (§§ 218 bis 263) angefügt durch G. v. 26.11.2019 (BGBl. I S. 1794); zur Anwendung siehe § 266.
[2] § 244 Abs. 3 Nr. 4 neu gef. mWv 29.12.2020 durch G v. 21.12.2020 (BGBl. I S. 3096).

²Die Benutzbarkeit beginnt zum Zeitpunkt der Bezugsfertigkeit. ³Gebäude sind als bezugsfertig anzusehen, wenn den zukünftigen Bewohnern oder sonstigen vorgesehenen Benutzern die bestimmungsgemäße Gebäudenutzung zugemutet werden kann. ⁴Nicht entscheidend für den Zeitpunkt der Bezugsfertigkeit ist die Abnahme durch die Bauaufsichtsbehörde.

(2) ¹Befinden sich auf dem Grundstück Gebäude, die auf Dauer keiner Nutzung zugeführt werden können, so gilt das Grundstück als unbebaut. ²Als unbebaut gilt auch ein Grundstück, auf dem infolge von Zerstörung oder Verfall der Gebäude auf Dauer kein benutzbarer Raum mehr vorhanden ist.

§ 247¹⁾ **Bewertung der unbebauten Grundstücke.** (1)²⁾ ¹Der Grundsteuerwert unbebauter Grundstücke ermittelt sich regelmäßig durch Multiplikation ihrer Fläche mit dem jeweiligen Bodenrichtwert (§ 196 des Baugesetzbuchs). [*ab 1.7.2021:* ²Soweit in den §§ 243 bis 262 sowie in den Anlagen 36 bis 43 nichts anderes bestimmt ist, werden Abweichungen zwischen den Grundstücksmerkmalen des Bodenrichtwertgrundstücks und des zu bewertenden Grundstücks mit Ausnahme unterschiedlicher

1. Entwicklungszustände und

2. Arten der Nutzung bei überlagernden Bodenrichtwertzonen

nicht berücksichtigt.]

(2) Die Bodenrichtwerte sind von den Gutachterausschüssen im Sinne der §§ 192 ff. des Baugesetzbuchs auf den Hauptfeststellungzeitpunkt zu ermitteln, zu veröffentlichen und nach amtlich vorgeschriebenem Datensatz durch Datenfernübertragung an die zuständigen Finanzbehörden zu übermitteln.

(3) Wird von den Gutachterausschüssen im Sinne der §§ 192 ff. des Baugesetzbuchs kein Bodenrichtwert ermittelt, ist der Wert des unbebauten Grundstücks aus den Werten vergleichbarer Flächen abzuleiten.

III. Bebaute Grundstücke

§ 248¹⁾ **Begriff der bebauten Grundstücke.** ¹Bebaute Grundstücke sind Grundstücke, auf denen sich benutzbare Gebäude befinden. ²Wird ein Gebäude in Bauabschnitten errichtet, ist der bezugsfertige Teil als benutzbares Gebäude anzusehen.

§ 249¹⁾ **Grundstücksarten.** (1) Bei der Bewertung bebauter Grundstücke sind die folgenden Grundstücksarten zu unterscheiden:

1. Einfamilienhäuser,

2. Zweifamilienhäuser,

3. Mietwohngrundstücke,

4. Wohnungseigentum,

5. Teileigentum,

---

¹⁾ Siebenter Abschnitt des Zweiten Teils (§§ 218 bis 263) angefügt durch G. v. 26.11.2019 (BGBl. I S. 1794); zur Anwendung siehe § 266.
²⁾ § 247 Abs. 1 Satz 2 angef. mWv 1.7.2021 durch G v. 3.6.2021 (BGBl. I S. 1498).

6. Geschäftsgrundstücke,

7. gemischt genutzte Grundstücke und

8. sonstige bebaute Grundstücke.

(2) ¹Einfamilienhäuser sind Wohngrundstücke, die eine Wohnung enthalten und kein Wohnungseigentum sind. ²Ein Grundstück gilt auch dann als Einfamilienhaus, wenn es zu weniger als 50 Prozent der Wohn- und Nutzfläche zu anderen als Wohnzwecken mitbenutzt und dadurch die Eigenart als Einfamilienhaus nicht wesentlich beeinträchtigt wird.

(3) ¹Zweifamilienhäuser sind Wohngrundstücke, die zwei Wohnungen enthalten und kein Wohnungseigentum sind. ²Ein Grundstück gilt auch dann als Zweifamilienhaus, wenn es zu weniger als 50 Prozent der Wohn- und Nutzfläche zu anderen als Wohnzwecken mitbenutzt und dadurch die Eigenart als Zweifamilienhaus nicht wesentlich beeinträchtigt wird.

(4) Mietwohngrundstücke sind Grundstücke, die zu mehr als 80 Prozent der Wohn- und Nutzfläche Wohnzwecken dienen und nicht Ein- und Zweifamilienhäuser oder Wohnungseigentum sind.

(5) Wohnungseigentum ist das Sondereigentum an einer Wohnung in Verbindung mit dem Miteigentumsanteil an dem gemeinschaftlichen Eigentum, zu dem es gehört.

(6) Teileigentum ist das Sondereigentum an nicht zu Wohnzwecken dienenden Räumen eines Gebäudes in Verbindung mit dem Miteigentum an dem gemeinschaftlichen Eigentum, zu dem es gehört.

(7) Geschäftsgrundstücke sind Grundstücke, die zu mehr als 80 Prozent der Wohn- und Nutzfläche eigenen oder fremden betrieblichen oder öffentlichen Zwecken dienen und nicht Teileigentum sind.

(8) Gemischt genutzte Grundstücke sind Grundstücke, die teils Wohnzwecken, teils eigenen oder fremden betrieblichen oder öffentlichen Zwecken dienen und nicht Ein- und Zweifamilienhäuser, Mietwohngrundstücke, Wohnungseigentum, Teileigentum oder Geschäftsgrundstücke sind.

(9) Sonstige bebaute Grundstücke sind solche Grundstücke, die nicht unter die Absätze 2 bis 8 fallen.

(10) ¹Eine Wohnung ist in der Regel die Zusammenfassung mehrerer Räume, die in ihrer Gesamtheit so beschaffen sein müssen, dass die Führung eines selbständigen Haushalts möglich ist. ²Die Zusammenfassung der Räume muss eine von anderen Wohnungen oder Räumen, insbesondere Wohnräumen, baulich getrennte, in sich abgeschlossene Wohneinheit bilden und einen selbständigen Zugang haben. ³Daneben ist erforderlich, dass die für die Führung eines selbständigen Haushalts notwendigen Nebenräume (Küche, Bad oder Dusche, Toilette) vorhanden sind. ⁴Die Wohnfläche soll mindestens 20 Quadratmeter betragen.

§ 250¹⁾ Bewertung der bebauten Grundstücke. (1) Der Grundsteuerwert bebauter Grundstücke ist nach dem Ertragswertverfahren (Absatz 2) oder dem Sachwertverfahren (Absatz 3) zu ermitteln.

---

¹⁾ Siebenter Abschnitt des Zweiten Teils (§§ 218 bis 263) angefügt durch G. v. 26.11.2019 (BGBl. I S. 1794); zur Anwendung siehe § 266.

(2) Im Ertragswertverfahren nach den §§ 252 bis 257 sind zu bewerten:

1. Einfamilienhäuser,
2. Zweifamilienhäuser,
3. Mietwohngrundstücke,
4. Wohnungseigentum.

(3) Im Sachwertverfahren nach den §§ 258 bis 260 sind zu bewerten:

1. Geschäftsgrundstücke,
2. gemischt genutzte Grundstücke,
3. Teileigentum,
4. sonstige bebaute Grundstücke.

§ 251[1] **Mindestwert.** [1]Der für ein bebautes Grundstück anzusetzende Wert darf nicht geringer sein als 75 Prozent des Werts, mit dem der Grund und Boden allein als unbebautes Grundstück zu bewerten wäre (§ 247). [2]Bei der Bewertung von Ein- und Zweifamilienhäusern im Sinne des § 249 Absatz 2 und 3 ist bei der Ermittlung des Mindestwerts § 257 Absatz 1 Satz 2 anzuwenden.

§ 252[1] **Bewertung im Ertragswertverfahren.** [1]Im Ertragswertverfahren ermittelt sich der Grundsteuerwert aus der Summe des kapitalisierten Reinertrags nach § 253 (Barwert des Reinertrags) und des abgezinsten Bodenwerts nach § 257. [2]Mit dem Grundsteuerwert sind die Werte für den Grund und Boden, die Gebäude, die baulichen Anlagen, insbesondere Außenanlagen, und die sonstigen Anlagen abgegolten.

§ 253[1] **Ermittlung des kapitalisierten Reinertrags.** (1) [1]Zur Ermittlung des kapitalisierten Reinertrags ist vom Reinertrag des Grundstücks auszugehen. [2]Dieser ergibt sich aus dem Rohertrag des Grundstücks (§ 254) abzüglich der Bewirtschaftungskosten (§ 255).

(2)[2] [1]Der Reinertrag des Grundstücks ist mit dem sich aus Anlage 37 ergebenden Vervielfältiger zu kapitalisieren. [2]Maßgebend für den Vervielfältiger sind der Liegenschaftszinssatz nach § 256 und die Restnutzungsdauer des Gebäudes. [3]Die Restnutzungsdauer ist grundsätzlich der Unterschiedsbetrag zwischen der wirtschaftlichen Gesamtnutzungsdauer, die sich aus Anlage 38 ergibt, und dem Alter des Gebäudes *am Bewertungsstichtag* [*ab 1.7.2021:* im Hauptfeststellungszeitpunkt]. [4]Sind nach der Bezugsfertigkeit des Gebäudes Veränderungen eingetreten, die die wirtschaftliche Gesamtnutzungsdauer des Gebäudes wesentlich verlängert haben, ist von einer der Verlängerung entsprechenden Restnutzungsdauer auszugehen. [5]Die Restnutzungsdauer eines noch nutzbaren Gebäudes beträgt mindestens 30 Prozent der wirtschaftlichen Gesamtnutzungsdauer. [6]Bei einer bestehenden Abbruchverpflichtung für das

---

[1] Siebenter Abschnitt des Zweiten Teils (§§ 218 bis 263) angefügt durch G. v. 26.11.2019 (BGBl. I S. 1794); zur Anwendung siehe § 266.
[2] § 253 Abs. 2 Sätze 3 und 6 geänd. mWv 1.7.2021 durch G v. 3.6.2021 (BGBl. I S. 1498). Siehe Anlage 37 und 38.

Gebäude ist die Restnutzungsdauer abweichend von den Sätzen 3 bis 5 auf den Unterschiedsbetrag zwischen der tatsächlichen Gesamtnutzungsdauer und dem Alter des Gebäudes *am Bewertungsstichtag* [*ab 1.7.2021:* im Hauptfeststellungszeitpunkt] begrenzt.

§ 254[1) · 2)] **Rohertrag des Grundstücks.** Der jährliche Rohertrag des Grundstücks ergibt sich aus den in Anlage 39 nach Land, Gebäudeart, Wohnfläche und Baujahr des Gebäudes angegebenen monatlichen Nettokaltmieten je Quadratmeter Wohnfläche einschließlich der in Abhängigkeit der Mietniveaustufen festgelegten Zu- und Abschläge.

§ 255[1) · 3)] **Bewirtschaftungskosten.** [1]Als Bewirtschaftungskosten werden die bei ordnungsgemäßer Bewirtschaftung und zulässiger Nutzung marktüblich entstehenden jährlichen Verwaltungskosten, Betriebskosten, Instandhaltungskosten und das Mietausfallwagnis berücksichtigt, die nicht durch Umlagen oder sonstige Kostenübernahmen gedeckt sind. [2]Sie ergeben sich aus den pauschalierten Erfahrungssätzen nach Anlage 40.

§ 256[1)] **Liegenschaftszinssätze.** (1) [1]Liegenschaftszinssätze sind die Zinssätze, mit denen der Wert von Grundstücken abhängig von der Grundstücksart durchschnittlich und marktüblich verzinst wird. [2]Bei der Bewertung bebauter Grundstücke gelten die folgenden Zinssätze:

1. 2,5 Prozent für Ein- und Zweifamilienhäuser,
2. 3,0 Prozent für Wohnungseigentum,
3. 4,0 Prozent für Mietwohngrundstücke mit bis zu sechs Wohnungen,
4. 4,5 Prozent für Mietwohngrundstücke mit mehr als sechs Wohnungen.

(2) [1]Bei der Bewertung von Ein- und Zweifamilienhäusern im Sinne des § 249 Absatz 2 und 3 verringert sich der Zinssatz nach Absatz 1 Satz 2 Nummer 1 um jeweils 0,1 Prozentpunkte für jede vollen 100 Euro, die der Bodenrichtwert oder der Bodenwert nach § 247 Absatz 3 je Quadratmeter den Betrag von 500 Euro je Quadratmeter übersteigt. [2]Ab einem Bodenrichtwert oder Bodenwert nach § 247 Absatz 3 je Quadratmeter in Höhe von 1 500 Euro je Quadratmeter beträgt der Zinssatz für Ein- und Zweifamilienhäuser einheitlich 1,5 Prozent.

(3) [1]Bei der Bewertung von Wohnungseigentum im Sinne des § 249 Absatz 5 verringert sich der Zinssatz nach Absatz 1 Satz 2 Nummer 1 [*ab 1.1.2022:* 2][4)] um jeweils 0,1 Prozentpunkte für jede vollen 100 Euro, die der Bodenrichtwert oder der Bodenwert nach § 247 Absatz 3 je Quadratmeter den Betrag von 2000 Euro je Quadratmeter übersteigt. [2]Ab einem Bodenrichtwert oder Bodenwert nach § 247 Absatz 3 je Quadratmeter in Höhe von

---

[1)] Siebenter Abschnitt des Zweiten Teils (§§ 218 bis 263) angefügt durch G. v. 26.11.2019 (BGBl. I S. 1794); zur Anwendung siehe § 266.
[2)] Siehe Anlage 39.
[3)] Siehe Anlage 40.
[4)] Verweis geänd. mWv 1.1.2022 durch G v. 16.12.2022 (BGBl. I S. 2294).

3000 Euro je Quadratmeter beträgt der Zinssatz für Wohnungseigentum einheitlich 2 Prozent.

§ 257[1] Ermittlung des abgezinsten Bodenwerts. (1)[2] [1]Zur Ermittlung des abgezinsten Bodenwerts ist vom Bodenwert nach § 247 auszugehen. [2]Bei der Bewertung von Ein- und Zweifamilienhäusern im Sinne des § 249 Absatz 2 und 3 sind zur Berücksichtigung abweichender Grundstücksgrößen beim Bodenwert die Umrechnungskoeffizienten nach Anlage 36 anzuwenden.

(2)[3] [1]Der Bodenwert nach Absatz 1 ist mit Ausnahme des Werts von selbständig nutzbaren Teilflächen nach Absatz 3 mit dem sich aus Anlage 41 ergebenden Abzinsungsfaktor abzuzinsen. [2]Der jeweilige Abzinsungsfaktor bestimmt sich nach dem Liegenschaftszinssatz nach § 256 und der Restnutzungsdauer des Gebäudes nach § 253 Absatz 2 Satz 3 bis 6.

(3) Eine selbständig nutzbare Teilfläche ist ein Teil eines Grundstücks, der für die angemessene Nutzung der Gebäude nicht benötigt wird und selbständig genutzt oder verwertet werden kann.

§ 258[1] Bewertung im Sachwertverfahren. (1) Bei Anwendung des Sachwertverfahrens ist der Wert der Gebäude (Gebäudesachwert) getrennt vom Bodenwert zu ermitteln.

(2) Der Bodenwert ist der Wert des unbebauten Grundstücks nach § 247.

(3) [1]Die Summe aus Bodenwert (§ 247) und Gebäudesachwert (§ 259) ergibt den vorläufigen Sachwert des Grundstücks. [2]Dieser ist zur Ermittlung des Grundsteuerwerts im Sachwertverfahren mit der Wertzahl nach § 260 zu multiplizieren. [3]Mit dem Grundsteuerwert sind die Werte für den Grund und Boden, die Gebäude, die baulichen Anlagen, insbesondere Außenanlagen, und die sonstigen Anlagen abgegolten.

§ 259[1] Ermittlung des Gebäudesachwerts. (1)[4] Bei der Ermittlung des Gebäudesachwerts ist von den Normalherstellungskosten des Gebäudes in Anlage 42 auszugehen.

(2) Der Gebäudenormalherstellungswert ergibt sich durch Multiplikation der jeweiligen nach Absatz 3 an den Hauptfeststellungszeitpunkt angepassten Normalherstellungskosten mit der Brutto-Grundfläche des Gebäudes.

(3) [1]Die Anpassung der Normalherstellungskosten erfolgt anhand der vom Statistischen Bundesamt veröffentlichten Baupreisindizes. [2]Dabei ist auf die Preisindizes für die Bauwirtschaft abzustellen, die das Statistische Bundesamt für den Neubau in konventioneller Bauart von Wohn- und Nichtwohngebäuden jeweils für das Vierteljahr vor dem Hauptfeststellungszeitpunkt ermittelt hat. [3]Diese Preisindizes sind für alle Bewertungsstichtage des folgen-

---

[1] Siebenter Abschnitt des Zweiten Teils (§§ 218 bis 263) angefügt durch G. v. 26.11.2019 (BGBl. I S. 1794); zur Anwendung siehe § 266.
[2] Siehe Anlage 36.
[3] Siehe Anlage 41.
[4] Siehe Anlage 42.

den Hauptfeststellungszeitraums anzuwenden. [4]Das Bundesministerium der Finanzen veröffentlicht die maßgebenden Baupreisindizes im Bundessteuerblatt.

(4)[1] [1]Vom Gebäudenormalherstellungswert ist eine Alterswertminderung abzuziehen. [2]Die Alterswertminderung ergibt sich durch Multiplikation des Gebäudenormalherstellungswerts mit dem Verhältnis des Alters des Gebäudes *am Bewertungsstichtag* [*ab 1.7.2021:* im Hauptfeststellungszeitpunkt] zur wirtschaftlichen Gesamtnutzungsdauer nach Anlage 38. [3]Sind nach Bezugsfertigkeit des Gebäudes Veränderungen eingetreten, die die wirtschaftliche Gesamtnutzungsdauer des Gebäudes wesentlich verlängert haben, ist von einem der Verlängerung entsprechenden späteren Baujahr auszugehen. [4]Der nach Abzug der Alterswertminderung verbleibende Gebäudewert ist mit mindestens 30 Prozent des Gebäudenormalherstellungswerts anzusetzen. [5]Bei bestehender Abbruchverpflichtung für das Gebäude ist die Alterswertminderung abweichend von den Sätzen 2 bis 4 auf das Verhältnis des Alters des Gebäudes *am Bewertungsstichtag* [*ab 1.7.2021:* im Hauptfeststellungszeitpunkt] zur tatsächlichen Gesamtnutzungsdauer begrenzt.

§ 260[2) · 3)] **Wertzahlen.** Zur Ermittlung des Grundsteuerwerts ist der vorläufige Sachwert des Grundstücks im Sinne des § 258 Absatz 3 mit der sich aus Anlage 43 ergebenden Wertzahl zu multiplizieren.

IV. Sonderfälle

§ 261[2)] **Erbbaurecht.** [1]Bei Erbbaurechten ist für das Erbbaurecht und das Erbbaurechtsgrundstück ein Gesamtwert nach den §§ 243 bis 260 zu ermitteln, der festzustellen wäre, wenn die Belastung mit dem Erbbaurecht nicht bestünde. [2]Der ermittelte Wert ist dem Erbbauberechtigten zuzurechnen. [3]Für Wohnungserbbaurechte und Teilerbbaurechte gelten die Sätze 1 und 2 entsprechend.[4)]

§ 262[2)] **Gebäude auf fremdem Grund und Boden.** [1]Bei einem Gebäude auf fremdem Grund und Boden ist für den Grund und Boden sowie für das Gebäude auf fremdem Grund und Boden ein Gesamtwert nach den §§ 243 bis 260 zu ermitteln. [2]Der ermittelte Wert ist dem Eigentümer des Grund und Bodens zuzurechnen.

V. Ermächtigungen

§ 263[2)] **Ermächtigungen.** (1) [1]Das Bundesministerium der Finanzen wird ermächtigt, durch Rechtsverordnung mit Zustimmung des Bundesrates die folgenden Anlagen zu ändern:

[1)] § 259 Abs. 4 Sätze 2 und 5 geänd. mWv 1.7.2021 durch G v. 3.6.2021 (BGBl. I S. 1498). Siehe Anlage 38.
[2)] Siebenter Abschnitt des Zweiten Teils (§§ 218 bis 263) angefügt durch G. v. 26.11.2019 (BGBl. I S. 1794); zur Anwendung siehe § 266.
[3)] Siehe Anlage 43.
[4)] § 261 Satz 3 angef. mWv 29.12.2020 durch G v. 21.12.2020 (BGBl. I S. 3096).

1. die Anlagen 27 bis 33 durch Anpassung der darin aufgeführten Bewertungsfaktoren und Zuschläge zum Reinertrag an die Ergebnisse der Erhebungen nach § 2 des Landwirtschaftsgesetzes oder an die Erhebungen der Finanzverwaltung zum nächsten Feststellungszeitpunkt,

2. im Einvernehmen mit dem Bundesministerium für Ernährung und Landwirtschaft die Anlagen 34 und 35 durch Anpassung des darin aufgeführten Umrechnungsschlüssels und der Gruppen der Zweige eines Tierbestands an geänderte wirtschaftliche oder technische Entwicklungen und

3. die Anlagen 36 bis 43 durch Anpassung der darin aufgeführten Bewertungsfaktoren des Ertrags- und Sachwertverfahrens an geänderte wirtschaftliche oder technische Verhältnisse.

²In der jeweiligen Rechtsverordnung kann das Bundesministerium der Finanzen zur Sicherstellung der Gleichmäßigkeit der Besteuerung, insbesondere zur Sicherstellung einer relations- und realitätsgerechten Abbildung der Grundsteuerwerte, anordnen, dass ab dem nächsten Feststellungszeitpunkt Grundsteuerwerte unter Berücksichtigung der tatsächlichen Verhältnisse und der geänderten Wertverhältnisse durch Anwendung der jeweils angepassten Anlagen 27 bis 43 festgestellt werden.

(2)[1] Das Bundesministerium der Finanzen wird ermächtigt, durch Rechtsverordnung mit Zustimmung des Bundesrates die gemeindebezogene Einordnung in die jeweilige Mietniveaustufe zur Ermittlung der Zu- und Abschläge nach § 254 in Verbindung mit Anlage 39 Teil II auf der Grundlage der Einordnung nach § 12 des Wohngeldgesetzes in Verbindung mit § 1 Absatz 3 und der Anlage der Wohngeldverordnung für steuerliche Zwecke herzuleiten und den dafür maßgeblichen Gebietsstand festzulegen.

Dritter Teil.[2] Schlussbestimmungen

§ 264[3] **Bekanntmachung.** Das Bundesministerium der Finanzen wird ermächtigt, den Wortlaut dieses Gesetzes und der zu diesem Gesetz erlassenen Rechtsverordnungen in der jeweils geltenden Fassung satzweise nummeriert bekannt zu machen.

§ 265[4] **Anwendungsvorschriften.** (1)[5] Dieses Gesetz in der Fassung des Artikels 7 des Gesetzes vom 1. November 2011 (BGBl. I S. 2131) ist auf Bewertungsstichtage nach dem 30. Juni 2011 anzuwenden.

(2) Soweit die §§ 40, 41, 44, 55 und 125 Beträge in Deutscher Mark enthalten, gelten diese nach dem 31. Dezember 2001 als Berechnungsgrößen fort.

---

[1] § 263 Abs. 2 geänd. durch G v. 16.7.2021 (BGBl. I S. 2931).
[2] Dritter Teil eingef. durch G v. 20.12.1996 (BGBl. I S. 2049).
[3] Bish. §§ 157, 158 werden §§ 204, 205 und neu gef. durch G v. 24.12.2008 (BGBl. I S. 3018); werden §§ 264, 265 durch Gesetz vom 26.11.2019 (BGBl. I S. 1794).
[4] Bish. §§ 157, 158 werden §§ 204, 205 und neu gef. durch G v. 24.12.2008 (BGBl. I S. 3018); werden §§ 264, 265 durch Gesetz vom 26.11.2019 (BGBl. I S. 1794).
[5] § 265 Abs. 1 geänd. durch G v. 1.11.2011 (BGBl. I S. 2131).

(3)[1] § 145 Absatz 3 Satz 1 und 4, § 166 Absatz 2 Nummer 1, § 179 Satz 4 und § 192 Satz 2 in der Fassung des Artikels 10 des Gesetzes vom 7. Dezember 2011 (BGBl. I S. 2592) sind auf Bewertungsstichtage nach dem 13. Dezember 2011 anzuwenden.

(4)[1] Anlage 1, Anlage 19 und Teil II der Anlage 24 in der Fassung des Artikels 10 des Gesetzes vom 7. Dezember 2011 (BGBl. I S. 2592) sind auf Bewertungsstichtage nach dem 31. Dezember 2011 anzuwenden.

(5)[2] § 11 Absatz 4 in der Fassung des Artikels 3 des Gesetzes vom 18. Dezember 2013 (BGBl. I S. 4318) ist auf Bewertungsstichtage ab dem 22. Juli 2013[3] anzuwenden.

(6)[4] § 48a in der Fassung des Artikels 20 des Gesetzes vom 26. Juni 2013 (BGBl. I S. 1809) ist auf Bewertungsstichtage ab dem 1. Januar 2014 anzuwenden.

(7)[5] § 26 in der Fassung des Artikels 6 des Gesetzes vom 18. Juli 2014 (BGBl. I S. 1042) ist auf Bewertungsstichtage ab dem 1. August 2001 anzuwenden, soweit Feststellungsbescheide noch nicht bestandskräftig sind.

(8)[6] § 97 Absatz 1b Satz 4 in der am 6. November 2015 geltenden Fassung ist auf Bewertungsstichtage nach dem 31. Dezember 2015 anzuwenden.

(9)[6] § 154 Absatz 1 Satz 1 Nummer 3 und Satz 2 in der am 6. November 2015 geltenden Fassung ist auf Bewertungsstichtage nach dem 31. Dezember 2015 anzuwenden.

(10)[7] Die §§ 190, 195 Absatz 2 Satz 4 und 5 sowie die Anlagen 22, 24 und 25 in der am 6. November 2015 geltenden Fassung sind auf Bewertungsstichtage nach dem 31. Dezember 2015 anzuwenden.

(11)[8] § 203 in der Fassung des Artikels 2 des Gesetzes vom 4. November 2016 (BGBl. I S. 2464) ist auf Bewertungsstichtage nach dem 31. Dezember 2015 anzuwenden.

(12)[9] § 177 Absatz 1 und 2, § 179 Satz 3, § 183 Absatz 2 Satz 3, § 187 Absatz 2 Satz 2 und 3, § 188 Absatz 2 Satz 1, § 191 Absatz 1 Satz 2, § 193 Absatz 4 Satz 1 und § 198 Absatz 1 bis 3 in der Fassung des Artikels 1 des Gesetzes vom 16. Juli 2021 (BGBl. I S. 2931) sind auf Bewertungsstichtage nach dem 22. Juli 2021 anzuwenden.

(13)[10] Bis zu dem nach § 153 Absatz 4 Satz 3 jeweils festgelegten Beginn der elektronischen Übermittlung ist § 153 Absatz 2 und 4 in der bis zum 20. Dezember 2022 gültigen Fassung weiter anzuwenden.

---

[1] § 265 Abs. 3 und 4 angef. durch G v. 7.12.2011 (BGBl. I S. 2592).
[2] § 265 Abs. 5 eingef. durch G v. 18.12.2013 (BGBl. I S. 4318).
[3] Datum des Inkrafttretens des Kapitalanlagegesetzbuchs.
[4] § 265 Abs. 6 angef. durch G v. 26.6.2013 (BGBl. I S. 1809).
[5] § 265 Abs. 7 angef. durch G v. 18.7.2014 (BGBl. I S. 1042).
[6] § 265 Abs. 8 und 9 angef. durch G v. 2.11.2015 (BGBl. I S. 1834).
[7] § 265 Abs. 10 angef. durch G v. 2.11.2015 (BGBl. I S. 1834).
[8] § 265 Abs. 11 angef. durch G v. 4.11.2015 (BGBl. I S. 2464).
[9] § 265 Abs. 12 angef. durch G v. 16.7.2021 (BGBl. I S. 2931).
[10] § 265 Abs. 13 und 14 angef. durch G v. 16.12.2022 (BGBl. I S. 2294).

(14)[1] § 177 Absatz 2, 3 und 4, § 181 Absatz 9, § 183 Absatz 2 Satz 3, § 184 Absatz 3 und 4, § 185 Absatz 3 Satz 4 bis 7, § 187 Absatz 2 und 3, § 188 Absatz 1 und 2, § 189 Absatz 1 und 4, die §§ 190, 191, 193, 194 und 195 sowie die Anlagen 21, 22, 23, 24 und 25 in der Fassung des Artikels 19 des Gesetzes vom 16. Dezember 2022 (BGBl. I S. 2294) sind auf Bewertungsstichtage nach dem 31. Dezember 2022 anzuwenden.

§ 266[2] Erstmalige Anwendung des Siebenten Abschnitts des Zweiten Teils. (1) Die erste Hauptfeststellung für die Grundsteuerwerte nach § 221 wird auf den 1. Januar 2022 für die Hauptveranlagung auf den 1. Januar 2025 durchgeführt.

(2) [1]Für die Anwendung des § 219 Absatz 3 bei der Hauptfeststellung nach Absatz 1 ist zu unterstellen, dass anstelle von Einheitswerten Grundsteuerwerte für die Besteuerung nach dem Grundsteuergesetz in der am 1. Januar 2022 geltenden Fassung von Bedeutung sind. [2]Die Steuerbefreiungen des Grundsteuergesetzes in der am 1. Januar 2022 gültigen Fassung sind bei der Hauptfeststellung nach Absatz 1 zu beachten. [3]Bei Artfortschreibungen und Zurechnungsfortschreibungen nach § 222 Absatz 2 ist von der Hauptfeststellung auf den 1. Januar 2022 bis zum 1. Januar 2025 zu unterstellen, dass anstelle von Einheitswerten Grundsteuerwerte nach dem Grundsteuergesetz in der jeweils geltenden Fassung von Bedeutung sind.

(3) Werden der Finanzbehörde durch eine Erklärung im Sinne des § 228 auf den 1. Januar 2022 für die Bewertung eines Betriebs der Land- und Forstwirtschaft oder eines Grundstücks vor dem 1. Januar 2022 eingetretene Änderungen der tatsächlichen Verhältnisse erstmals bekannt, sind diese bei Fortschreibungen nach § 22 und Nachfeststellungen nach § 23 auf Feststellungszeitpunkte vor dem 1. Januar 2022 nicht zu berücksichtigen.

(4)[3] [1]Einheitswertbescheide, Grundsteuermessbescheide, Bescheide über die Zerlegung des Grundsteuermessbetrags und Grundsteuerbescheide, die vor dem 1. Januar 2025 erlassen wurden, werden kraft Gesetzes zum 31. Dezember 2024 mit Wirkung für die Zukunft aufgehoben, soweit sie auf den §§ 19 bis 23, 27, 76, 79 Absatz 5, § 93 Absatz 1 Satz 2 des Bewertungsgesetzes in Verbindung mit Artikel 2 Absatz 1 Satz 1 und 3 des Gesetzes zur Änderung des Bewertungsgesetzes in der Fassung des Artikels 2 des Gesetzes vom 22. Juli 1970 (BGBl. I S. 1118) beruhen. [2]Gleiches gilt für Einheitswertbescheide, Grundsteuermessbescheide, Bescheide über die Zerlegung des Grundsteuermessbetrags und Grundsteuerbescheide, die vor dem 1. Januar 2025 erlassen wurden, soweit sie auf den §§ 33, 34, 125, 129 des Bewertungsgesetzes in der Fassung vom 1. Februar 1991 (BGBl. I S. 230), das zuletzt durch Artikel 2 des Gesetzes vom 4. November 2016 (BGBl. I S. 2464) und § 42 des Grundsteuergesetzes vom 7. August 1973 (BGBl. I S. 965), das zuletzt durch Artikel 38 des Gesetzes vom 19. Dezember 2008 (BGBl. I S. 2794) geändert worden ist,

---

[1] § 265 Abs. 13 und 14 angef. durch G v. 16.12.2022 (BGBl. I S. 2294).
[2] § 266 eingef. durch G v. 26.11.2019 (BGBl. I S. 1794).
[3] § 266 Abs. 4 Satz 2 angef. mWv 1.7.2021 durch G v. 3.6.2021 (BGBl. I S. 1498); Satz 2 eingef., bish. Satz 2 wird Satz 3 durch G v. 16.7.2021 (BGBl. I S. 2931); Sätze 1 und 2 geänd. durch G v. 16.12.2022 (BGBl. I S. 2294).

beruhen. [3]Für die Bewertung des inländischen Grundbesitzes (§ 19 Absatz 1 in der Fassung vom 31. Dezember 2024) für Zwecke der Grundsteuer bis einschließlich zum Kalenderjahr 2024 ist das Bewertungsgesetz in der Fassung vom 1. Februar 1991 (BGBl. I S. 230), das zuletzt durch Artikel 2 des Gesetzes vom 4. November 2016 (BGBl. I S. 2464) geändert worden ist, weiter anzuwenden.

[*bis 31.12.2028:*

   (5)[1] Bestehende wirtschaftliche Einheiten, die für Zwecke der Einheitsbewertung unter Anwendung der §§ 26 oder 34 Absatz 4 bis 6 in der bis zum 31. Dezember 2024 gültigen Fassung gebildet wurden, können weiterhin für Zwecke der Feststellung von Grundsteuerwerten nach den Regelungen des Siebenten Abschnitts zugrunde gelegt werden.]

(Fortsetzung nächstes Blatt)

---

   [1] § 266 Abs. 5 eingef. mWv 1.7.2021 und aufgeh. mit Ablauf des 31.12.2028 durch G v. 16.7.2021 (BGBl. I S. 2931).

*Umrechnungsschlüssel für
Tierbestände in Vieheinheiten nach dem Futterbedarf[2])*

Tierart	1 Tier
Alpakas	*0,08 VE*
Damtiere	
Damtiere unter 1 Jahr	*0,04 VE*
Damtiere 1 Jahr und älter	*0,08 VE*
Geflügel	
Legehennen (einschließlich einer normalen Aufzucht zur Ergänzung des Bestandes)	*0,02 VE*
Legehennen aus zugekauften Junghennen	*0,0183 VE*
Zuchtputen, -enten, -gänse	*0,04 VE*
Kaninchen	
Zucht- und Angorakaninchen	*0,025 VE*
Lamas	*0,1 VE*
Pferde	
Pferde unter 3 Jahren und Kleinpferde	*0,7 VE*
Pferde 3 Jahre und älter	*1,1 VE*
Rindvieh	
Kälber und Jungvieh unter 1 Jahr (einschließlich Mastkälber, Starterkälber und Fresser)	*0,3 VE*
Jungvieh 1 bis 2 Jahre alt	*0,7 VE*
Färsen (älter als 2 Jahre)	*1 VE*
Masttiere (Mastdauer weniger als 1 Jahr)	*1 VE*
Kühe (einschließlich Mutter- und Ammenkühe mit den dazugehörigen Saugkälbern)	*1 VE*
Zuchtbullen, Zugochsen	*1,2 VE*
Schafe	
Schafe unter 1 Jahr einschließlich Mastlämmer	*0,05 VE*
Schafe 1 Jahr und älter	*0,1 VE*

---

[1]) Anlage 1 wird aufgeh. **mWv 1.1.2025** durch G v. 26.11.2019 (BGBl. I S. 1794).
[2]) Zur Anwendung siehe § 265 Abs. 4.

Tierart	1 Tier
Schweine	
Zuchtschweine (einschließlich Jungzuchtschweine über etwa 90 kg)	0,33 VE
Strauße	
Zuchttiere 14 Monate und älter	0,32 VE
Jungtiere/Masttiere unter 14 Monate	0,25 VE
Ziegen	0,08 VE
Geflügel	
Jungmasthühner	
(bis zu 6 Durchgänge je Jahr – schwere Tiere)	0,0017 VE
(mehr als 6 Durchgänge je Jahr – leichte Tiere)	0,0013 VE
Junghennen	0,0017 VE
Mastenten	0,0033 VE
Mastenten in der Aufzuchtphase	0,0011 VE
Mastenten in der Mastphase	0,0022 VE
Mastputen aus selbst erzeugten Jungputen	0,0067 VE
Mastputen aus zugekauften Jungputen	0,005 VE
Jungputen (bis etwa 8 Wochen)	0,0017 VE
Mastgänse	0,0067 VE
Kaninchen	
Mastkaninchen	0,0025 VE
Rindvieh	
Masttiere (Mastdauer 1 Jahr und mehr)	1 VE
Schweine	
Leichte Ferkel (bis etwa 12 kg)	0,01 VE
Ferkel (über etwa 12 bis etwa 20 kg)	0,02 VE
Schwere Ferkel und leichte Läufer (über etwa 20 bis etwa 30 kg)	0,04 VE
Läufer (über etwa 30 bis etwa 45 kg)	0,06 VE
Schwere Läufer (über etwa 45 bis etwa 60 kg)	0,08 VE
Mastschweine	0,16 VE
Jungzuchtschweine bis etwa 90 kg	0,12 VE

Anlage 2[1)]
(zu § 51)

Gruppen der Zweige des Tierbestands nach der Flächenabhängigkeit

1. *Mehr flächenabhängige Zweige des Tierbestands*

   Pferdehaltung,
   Pferdezucht,
   Schafzucht,
   Schafhaltung,
   Rindviehzucht,
   Milchviehhaltung,
   Rindviehmast.

2. *Weniger flächenabhängige Zweige des Tierbestands*

   Schweinezucht,
   Schweinemast,
   Hühnerzucht,
   Entenzucht,
   Gänsezucht,
   Putenzucht,
   Legehennenhaltung,
   Junghühnermast,
   Entenmast,
   Gänsemast,
   Putenmast.

[1)] Anlage 2 wird aufgeh. **mWv 1.1.2025** durch G v. 26.11.2019 (BGBl. I S. 1794).

Mietwohngrundstücke

Vervielfältiger

A. bei Massivbauten mit Mauerwerk aus Ziegelsteinen, Natursteinen, Kalksandsteinen, Schwemmsteinen oder ähnlichen Steinen sowie bei Stahl- und Stahlbetonskelettbauten außer bei solchen Bauten, die unter B fallen

	Gemeindegrößenklassen							
	bis 2000	über 2000 bis 5000	über 5000 bis 10 000	über 10 000 bis 50 000	über 50 000 bis 100 000	über 100 000 bis 200 000	über 200 000 bis 500 000	über 500 000 Einwohner
Altbauten								
vor 1895	7,2	6,9	5,8	5,8	5,7	5,5	5,4	5,3
1895 bis 1899	7,4	7,1	6,0	5,9	5,8	5,7	5,5	5,4
1900 bis 1904	7,8	7,5	6,2	6,2	6,0	5,9	5,7	5,6
1905 bis 1915	8,3	7,9	6,6	6,5	6,3	6,2	6,0	5,8
1916 bis 31.3.1924	8,7	8,4	6,9	6,7	6,5	6,4	6,2	6,1
Neubauten								
1.4.1924 bis 31.12.1934	9,8	9,5	8,3	8,2	8,0	7,8	7,7	7,5
1.1.1935 bis 20.6.1948	10,2	9,8	8,6	8,4	8,2	8,0	7,9	7,7
Nachkriegsbauten								
nach dem 20.6.1948	9,8	9,7	9,5	9,2	9,0	9,0	9,0	9,1

B. bei Holzfachwerkbauten mit Ziegelsteinausmauerung, Gebäuden aus großformatigen Bimsbetonplatten oder ähnlichen Platten sowie bei anderen eingeschossigen massiven Gebäuden in leichter Bauausführung

Altbauten								
vor 1908	6,6	6,3	5,3	5,4	5,3	5,2	5,1	5,0
1908 bis 1915	6,9	6,6	5,6	5,6	5,5	5,4	5,3	5,1
1916 bis 31.3.1924	7,7	7,4	6,1	6,1	6,0	5,8	5,7	5,5
Neubauten								
1.4.1924 bis 31.12.1934	9,0	8,7	7,7	7,6	7,5	7,3	7,2	7,0
1.1.1935 bis 20.6.1948	9,6	9,3	8,2	8,0	7,8	7,7	7,5	7,4
Nachkriegsbauten								
nach dem 20.6.1948	9,5	9,4	9,2	8,9	8,7	8,7	8,7	8,8

C. bei Holzfachwerkbauten mit Lehmausfachung und besonders haltbaren Holzbauten mit massiven Fundamenten

Altbauten								
vor dem 1.4.1924	5,7	5,5	4,7	4,9	4,8	4,7	4,6	4,5
Neubauten								
1.4.1924 bis 31.12.1934	7,3	7,0	6,4	6,4	6,3	6,2	6,1	6,0
1.1.1935 bis 20.6.1948	8,5	8,2	7,3	7,2	7,1	7,0	6,8	6,7
Nachkriegsbauten								
nach dem 20.6.1948	8,9	8,7	8,6	8,3	8,1	8,1	8,1	8,3

[1)] Anlage 3 wird aufgeh. **mWv 1.1.2025** durch G v. 26.11.2019 (BGBl. I S. 1794).

Anlage 4[1])

Gemischtgenutzte Grundstücke
mit einem gewerblichen Anteil an der Jahresrohmiete bis zu 50 v. H.
Vervielfältiger

A. *bei Massivbauten mit Mauerwerk aus Ziegelsteinen, Natursteinen, Kalksandsteinen, Schwemmsteinen oder ähnlichen Steinen sowie bei Stahl- und Stahlbetonskelettbauten außer bei solchen Bauten, die unter B fallen*

	Gemeindegrößenklassen							
	bis 2000	über 2000 bis 5000	über 5000 bis 10 000	über 10 000 bis 50 000	über 50 000 bis 100 000	über 100 000 bis 200 000	über 200 000 bis 500 000	über 500 000 Einwohner
Altbauten								
vor 1895	7,6	7,3	6,4	6,4	6,1	6,0	5,9	6,1
1895 bis 1899	7,8	7,6	6,6	6,5	6,3	6,2	6,0	6,3
1900 bis 1904	8,2	7,9	6,9	6,8	6,5	6,4	6,3	6,4
1905 bis 1915	8,7	8,4	7,2	7,1	6,8	6,7	6,5	6,7
1916 bis 31.3.1924	9,1	8,8	7,6	7,4	7,1	6,9	6,8	6,9
Neubauten								
1.4.1924 bis 31.12.1934	10,2	9,6	8,4	8,1	8,0	7,8	7,7	7,8
1.1.1935 bis 20.6.1948	10,5	9,8	8,6	8,3	8,2	8,0	7,9	7,9
Nachkriegsbauten								
nach dem 20.6.1948	9,9	9,6	9,2	9,1	9,0	9,0	9,0	9,0

B. *bei Holzfachwerkbauten mit Ziegelsteinausmauerung, Gebäuden aus großformatigen Bimsbetonplatten oder ähnlichen Platten sowie bei anderen eingeschossigen massiven Gebäuden in leichter Bauausführung*

Altbauten								
vor 1908	7,0	6,7	5,9	6,0	5,7	5,6	5,5	5,8
1908 bis 1915	7,3	7,0	6,2	6,2	5,9	5,8	5,7	6,0
1916 bis 31.3.1924	8,1	7,8	6,8	6,7	6,4	6,3	6,2	6,4
Neubauten								
1.4.1924 bis 31.12.1934	9,3	8,8	7,7	7,6	7,5	7,3	7,2	7,3
1.1.1935 bis 20.6.1948	9,9	9,3	8,2	8,0	7,8	7,7	7,5	7,6
Nachkriegsbauten								
nach dem 20.6.1948	9,6	9,3	9,0	8,9	8,7	8,7	8,7	8,8

C. *bei Holzfachwerkbauten mit Lehmausfachung und besonders haltbaren Holzbauten mit massiven Fundamenten*

Altbauten								
vor dem 1.4.1924	6,1	5,9	5,2	5,4	5,2	5,1	5,0	5,4
Neubauten								
1.4.1924 bis 31.12.1934	7,7	7,2	6,4	6,5	6,4	6,3	6,1	6,4
1.1.1935 bis 20.6.1948	8,8	8,3	7,3	7,3	7,1	7,0	6,9	7,1
Nachkriegsbauten								
nach dem 20.6.1948	9,0	8,7	8,4	8,4	8,2	8,2	8,2	8,4

[1]) Anlage 4 wird aufgeh. **mWv 1.1.2025** durch G v. 26.11.2019 (BGBl. I S. 1794).

Gemischtgenutzte Grundstücke
mit einem gewerblichen Anteil an der Jahresrohmiete von mehr als 50 v. H.
Vervielfältiger

A. bei Massivbauten mit Mauerwerk aus Ziegelsteinen, Natursteinen, Kalksandsteinen, Schwemmsteinen oder ähnlichen Steinen sowie bei Stahl- und Stahlbetonskelettbauten außer bei solchen Bauten, die unter B fallen

	Gemeindegrößenklassen							
	bis 2000	über 2000 bis 5000	über 5000 bis 10 000	über 10 000 bis 50 000	über 50 000 bis 100 000	über 100 000 bis 200 000	über 200 000 bis 500 000	über 500 000 Ein- wohner
Altbauten								
vor 1895	7,6	7,2	6,4	6,6	6,4	6,4	6,4	6,4
1895 bis 1899	7,8	7,4	6,6	6,8	6,5	6,5	6,5	6,5
1900 bis 1904	8,2	7,8	6,8	7,0	6,7	6,7	6,7	6,7
1905 bis 1915	8,6	8,2	7,1	7,2	7,0	7,0	7,0	7,0
1916 bis 31.3.1924	9,0	8,6	7,4	7,5	7,2	7,2	7,2	7,2
Neubauten								
1.4.1924 bis 31.12.1934	9,7	9,1	8,0	8,1	7,9	7,9	7,9	7,9
1.1.1935 bis 20.6.1948	10,0	9,4	8,2	8,3	8,1	8,1	8,1	8,1
Nachkriegsbauten								
nach dem 20.6.1948	9,6	9,3	8,9	8,9	8,7	8,8	8,8	8,8

B. bei Holzfachwerkbauten mit Ziegelsteinausmauerung, Gebäuden aus großformatigen Bimsbetonplatten oder ähnlichen Platten sowie bei anderen eingeschossigen massiven Gebäuden in leichter Bauausführung

Altbauten								
vor 1908	7,0	6,7	6,0	6,3	6,1	6,1	6,1	6,1
1908 bis 1915	7,3	7,0	6,2	6,5	6,2	6,2	6,2	6,2
1916 bis 31.3.1924	8,1	7,7	6,7	6,9	6,7	6,7	6,7	6,7
Neubauten								
1.4.1924 bis 31.12.1934	9,0	8,4	7,5	7,6	7,5	7,5	7,5	7,5
1.1.1935 bis 20.6.1948	9,5	8,9	7,8	7,9	7,8	7,8	7,8	7,8
Nachkriegsbauten								
nach dem 20.6.1948	9,3	9,0	8,6	8,7	8,5	8,6	8,6	8,6

C. bei Holzfachwerkbauten mit Lehmausfachung und besonders haltbaren Holzbauten mit massiven Fundamenten

Altbauten								
vor dem 1.4.1924	6,2	5,9	5,5	5,8	5,6	5,6	5,6	5,6
Neubauten								
1.4.1924 bis 31.12.1934	7,4	7,0	6,4	6,7	6,5	6,5	6,5	6,5
1.1.1935 bis 20.6.1948	8,5	8,0	7,2	7,3	7,2	7,2	7,2	7,2
Nachkriegsbauten								
nach dem 20.6.1948	8,8	8,5	8,1	8,2	8,1	8,2	8,2	8,2

[1] Anlage 5 wird aufgeh. **mWv 1.1.2025** durch G v. 26.11.2019 (BGBl. I S. 1794).

Geschäftsgrundstücke

Vervielfältiger

A. bei Massivbauten mit Mauerwerk aus Ziegelsteinen, Natursteinen, Kalksandsteinen, Schwemmsteinen oder ähnlichen Steinen sowie bei Stahl- und Stahlbetonskelettbauten außer bei solchen Bauten, die unter B fallen

	Gemeindegrößenklassen							
	bis 2000	über 2000 bis 5000	über 5000 bis 10 000	über 10 000 bis 50 000	über 50 000 bis 100 000	über 100 000 bis 200 000	über 200 000 bis 500 000	über 500 000 Einwohner
Altbauten								
vor 1895	7,8	7,5	6,7	6,9	6,8	6,8	6,8	6,8
1895 bis 1899	8,0	7,7	6,9	7,0	7,0	7,0	7,0	7,0
1900 bis 1904	8,3	7,9	7,1	7,2	7,1	7,1	7,1	7,1
1905 bis 1915	8,7	8,3	7,4	7,5	7,4	7,4	7,4	7,4
1916 bis 31.3.1924	9,0	8,6	7,7	7,8	7,6	7,6	7,6	7,6
Neubauten								
1.4.1924 bis 31.12.1934	9,4	9,0	8,0	8,0	8,0	8,0	8,0	8,0
1.1.1935 bis 20.6.1948	9,6	9,2	8,1	8,2	8,1	8,1	8,1	8,1
Nachkriegsbauten								
nach dem 20.6.1948	9,4	9,2	9,0	9,0	8,9	8,9	8,9	8,9

B. bei Holzfachwerkbauten mit Ziegelsteinausmauerung, Gebäuden aus großformatigen Bimsbetonplatten oder ähnlichen Platten sowie bei anderen eingeschossigen massiven Gebäuden in leichter Bauausführung

Altbauten								
vor 1908	7,3	7,0	6,3	6,5	6,5	6,5	6,5	6,5
1908 bis 1915	7,6	7,2	6,5	6,7	6,7	6,7	6,7	6,7
1916 bis 31.3.1924	8,2	7,8	7,0	7,2	7,1	7,1	7,1	7,1
Neubauten								
1.4.1924 bis 31.12.1934	8,8	8,4	7,5	7,6	7,6	7,6	7,6	7,6
1.1.1935 bis 20.6.1948	9,2	8,8	7,8	7,9	7,8	7,8	7,8	7,8
Nachkriegsbauten								
nach dem 20.6.1948	9,1	9,0	8,7	8,8	8,7	8,7	8,7	8,7

C. bei Holzfachwerkbauten mit Lehmausfachung und besonders haltbaren Holzbauten mit massiven Fundamenten

Altbauten								
vor dem 1.4.1924	6,6	6,3	5,7	6,0	6,1	6,1	6,1	6,1
Neubauten								
1.4.1924 bis 31.12.1934	7,5	7,2	6,5	6,7	6,8	6,8	6,8	6,8
1.1.1935 bis 20.6.1948	8,4	8,0	7,2	7,3	7,3	7,3	7,3	7,3
Nachkriegsbauten								
nach dem 20.6.1948	8,7	8,6	8,3	8,4	8,3	8,3	8,4	8,4

¹⁾ Anlage 6 wird aufgeh. **mWv 1.1.2025** durch G v. 26.11.2019 (BGBl. I S. 1794).

Einfamilienhäuser

Vervielfältiger

A. bei Massivbauten mit Mauerwerk aus Ziegelsteinen, Natursteinen, Kalksandsteinen, Schwemmsteinen oder ähnlichen Steinen sowie bei Stahl- und Stahlbetonskelettbauten außer bei solchen Bauten, die unter B fallen

	Gemeindegrößenklassen							
	bis 2000	über 2000 bis 5000	über 5000 bis 10 000	über 10 000 bis 50 000	über 50 000 bis 100 000	über 100 000 bis 200 000	über 200 000 bis 500 000	über 500 000 Einwohner
Altbauten								
vor 1895	9,5	9,0	7,7	7,4	7,8	7,8	7,8	7,8
1895 bis 1899	9,8	9,3	7,9	7,6	8,0	8,0	8,0	8,0
1900 bis 1904	10,3	9,8	8,3	7,9	8,2	8,2	8,2	8,2
1905 bis 1915	11,0	10,4	8,7	8,4	8,6	8,6	8,6	8,6
1916 bis 31.3.1924	11,6	11,0	9,1	8,8	8,9	8,9	8,9	8,9
Neubauten								
1.4.1924 bis 31.12.1934	13,1	12,4	10,8	10,2	10,2	10,2	10,2	10,2
1.1.1935 bis 20.6.1948	13,5	12,9	10,9	10,5	10,4	10,4	10,4	10,4
Nachkriegsbauten								
nach dem 20.6.1948	13,0	12,4	12,0	11,8	11,8	11,8	11,8	11,9

B. bei Holzfachwerkbauten mit Ziegelsteinausmauerung, Gebäuden aus großformatigen Bimsbetonplatten oder ähnlichen Platten sowie bei anderen eingeschossigen massiven Gebäuden in leichter Bauausführung

Altbauten								
vor 1908	8,7	8,3	7,1	6,8	7,3	7,3	7,3	7,3
1908 bis 1915	9,1	8,7	7,4	7,1	7,6	7,6	7,6	7,6
1916 bis 31.3.1924	10,2	9,6	8,1	7,8	8,1	8,1	8,1	8,1
Neubauten								
1.4.1924 bis 31.12.1934	11,9	11,3	9,7	9,4	9,4	9,4	9,4	9,4
1.1.1935 bis 20.6.1948	12,7	12,1	10,3	9,9	9,9	9,9	9,9	9,9
Nachkriegsbauten								
nach dem 20.6.1948	12,5	11,9	11,5	11,4	11,4	11,4	11,4	11,5

C. bei Holzfachwerkbauten mit Lehmausfachung und besonders haltbaren Holzbauten mit massiven Fundamenten

Altbauten								
vor dem 1.4.1924	7,7	7,3	6,3	6,1	6,7	6,7	6,7	6,7
Neubauten								
1.4.1924 bis 31.12.1934	9,6	9,1	8,0	7,7	8,0	8,0	8,0	8,0
1.1.1935 bis 20.6.1948	11,1	10,6	9,2	8,9	9,0	9,0	9,0	6,0
Nachkriegsbauten								
nach dem 20.6.1948	11,5	10,9	10,6	10,6	10,6	10,6	10,6	10,8

[1] Anlage 7 wird aufgeh. **mWv 1.1.2025** durch G v. 26.11.2019 (BGBl. I S. 1794).

Anlage 8[1]

Zweifamilienhäuser

Vervielfältiger

A. bei Massivbauten mit Mauerwerk aus Ziegelsteinen, Natursteinen, Kalksandsteinen, Schwemmsteinen oder ähnlichen Steinen sowie bei Stahl- und Stahlbetonskelettbauten außer bei solchen Bauten, die unter B fallen

	Gemeindegrößenklassen							
	bis 2000	über 2000 bis 5000	über 5000 bis 10 000	über 10 000 bis 50 000	über 50 000 bis 100 000	über 100 000 bis 200 000	über 200 000 bis 500 000	über 500 000 Einwohner
Altbauten								
vor 1895	8,6	8,1	6,9	6,7	7,0	6,8	6,8	6,8
1895 bis 1899	8,8	8,4	7,1	6,9	7,1	7,0	7,0	7,0
1900 bis 1904	9,3	8,8	7,4	7,1	7,4	7,2	7,2	7,2
1905 bis 1915	9,8	9,3	7,8	7,5	7,7	7,5	7,5	7,5
1916 bis 31.3.1924	10,3	9,7	8,2	7,8	8,0	7,8	7,8	7,8
Neubauten								
1.4.1924 bis 31.12.1934	11,6	11,0	9,5	9,1	9,0	9,0	9,0	9,0
1.1.1935 bis 20.6.1948	11,9	11,3	9,7	9,3	9,2	9,2	9,2	9,2
Nachkriegsbauten								
nach dem 20.6.1948	11,4	11,0	10,6	10,5	10,5	10,5	10,5	10,5

B. bei Holzfachwerkbauten mit Ziegelsteinausmauerung, Gebäuden aus großformatigen Bimsbetonplatten oder ähnlichen Platten sowie bei anderen eingeschossigen massiven Gebäuden in leichter Bauausführung

	bis 2000	über 2000 bis 5000	über 5000 bis 10 000	über 10 000 bis 50 000	über 50 000 bis 100 000	über 100 000 bis 200 000	über 200 000 bis 500 000	über 500 000 Einwohner
Altbauten								
vor 1908	7,9	7,5	6,4	6,2	6,6	6,5	6,5	6,5
1908 bis 1915	8,3	7,8	6,7	6,4	6,8	6,7	6,7	6,7
1916 bis 31.3.1924	9,1	8,6	7,3	7,0	7,3	7,1	7,1	7,1
Neubauten								
1.4.1924 bis 31.12.1934	10,6	10,1	8,7	8,4	8,5	8,5	8,5	8,5
1.1.1935 bis 20.6.1948	11,2	10,7	9,2	8,9	8,8	8,8	8,8	8,8
Nachkriegsbauten								
nach dem 20.6.1948	11,0	10,6	10,2	10,1	10,1	10,1	10,1	10,2

C. bei Holzfachwerkbauten mit Lehmausfachung und besonders haltbaren Holzbauten mit massiven Fundamenten

	bis 2000	über 2000 bis 5000	über 5000 bis 10 000	über 10 000 bis 50 000	über 50 000 bis 100 000	über 100 000 bis 200 000	über 200 000 bis 500 000	über 500 000 Einwohner
Altbauten								
vor dem 1.4.1924	7,0	6,7	5,8	5,6	6,1	6,0	6,0	6,0
Neubauten								
1.4.1924 bis 31.12.1934	8,7	8,3	7,3	7,0	7,3	7,3	7,3	7,3
1.1.1935 bis 20.6.1948	10,0	9,5	8,3	8,0	8,1	8,1	8,1	8,1
Nachkriegsbauten								
nach dem 20.6.1948	10,2	9,8	9,5	9,5	9,5	9,5	9,5	9,7

---

[1] Anlage 8 wird aufgeh. **mWv 1.1.2025** durch G v. 26.11.2019 (BGBl. I S. 1794).

Anlage 9[1]
(zu § 14)
(aufgehoben)

---

[1] Anlage 9 neu gef. mWv 1.1.1995 durch G v. 23.6.1993 (BGBl. I S. 944), **aufgeh. mWv 1.1.2009** (§ 205 Abs. 1) durch G v. 24.12.2008 (BGBl. I S. 3018) – siehe nunmehr § 14 BewG neue Fassung.

Anlage 9 a
(zu § 13)

Kapitalwert
einer wiederkehrenden, zeitlich beschränkten Nutzung oder Leistung
im Jahresbetrag von einem Euro[1]

Der Kapitalwert ist unter Berücksichtigung von Zwischenzinsen und Zinseszinsen mit 5,5 Prozent errechnet worden. Er ist der Mittelwert zwischen dem Kapitalwert für jährlich vorschüssige und jährlich nachschüssige Zahlungsweise.

Laufzeit in Jahren	Kapitalwert	Laufzeit in Jahren	Kapitalwert
1	0,974	46	17,090
2	1,897[2]	47	17,173
3	2,772	48	17,252
4	3,602	49	17,326
5	4,388	50	17,397
6	5,133	51	17,464
7	5,839	52	17,528
8	6,509	53	17,588
9	7,143	54	17,645
10	7,745	55	17,699
11	8,315	56	17,750
12	8,856	57	17,799
13	9,368	58	17,845
14	9,853	59	17,888
15	10,314	60	17,930
16	10,750	61	17,969
17	11,163	62	18,006
18	11,555	63	18,041
19	11,927	64	18,075
20	12,279	65	18,106
21	12,613	66	18,136
22	12,929	67	18,165
23	13,229	68	18,192
24	13,513	69	18,217
25	13,783	70	18,242
26	14,038	71	18,264
27	14,280	72	18,286
28	14,510	73	18,307
29	14,727	74	18,326
30	14,933	75	18,345
31	15,129	76	18,362
32	15,314	77	18,379
33	15,490	78	18,395
34	15,656	79	18,410
35	15,814	80	18,424
36	15,963	81	18,437
37	16,105	82	18,450
38	16,239	83	18,462
39	16,367	84	18,474
40	16,487	85	18,485
41	16,602	86	18,495
42	16,710	87	18,505
43	16,813	88	18,514
44	16,910	89	18,523
45	17,003	90	18,531

[1] Bezeichnung geänd. durch G v. 19.12.2000 (BGBl. I S. 1790).
[2] Geänd. mWv 1.1.1993 durch G v. 13.9.1993 (BGBl. I S. 1569).

Laufzeit in Jahren	Kapitalwert
91	18,539
92	18,546
93	18,553
94	18,560
95	18,566
96	18,572
97	18,578
98	18,583
99	18,589
100	18,593
101	18,596
mehr als 101	18,600

Anlagen 10 bis 13[1]
(zu § 104)
(aufgehoben)

---

[1] Anlagen 10–13 aufgeh. **mWv 1.1.2009** durch G v. 8.12.2010 (BGBl. I S. 1768).

Anlage 14
(zu § 163 Abs. 3,
§ 164 Abs. 2 und 4)[1]

Landwirtschaftliche Nutzung

1	2	3	4	5	6
Region Land/Reg.bezirk	Nutzungsart Betriebsform	Betriebsgröße	Reingewinn EUR/ha LF	Pachtpreis EUR/ha LF	Wert für das Besatzkapital EUR/ha LF
Schleswig-Holstein	Ackerbau	Kleinbetriebe 0 bis unter 40 EGE	- 428	240	129
		Mittelbetriebe 40 bis 100 EGE	- 19	286	90
		Großbetriebe über 100 EGE	124	338	78
	Milchvieh	Kleinbetriebe 0 bis unter 40 EGE	- 572	161	241
		Mittelbetriebe 40 bis 100 EGE	- 98	201	238
		Großbetriebe über 100 EGE	143	235	203
	Sonstiger Futterbau	Kleinbetriebe 0 bis unter 40 EGE	- 535	122	160
		Mittelbetriebe 40 bis 100 EGE	- 143	162	142
		Großbetriebe über 100 EGE	73	250	152
	Veredlung	Kleinbetriebe 0 bis unter 40 EGE	- 917	338	343
		Mittelbetriebe 40 bis 100 EGE	- 124	388	358
		Großbetriebe über 100 EGE	224	389	313
	Pflanzenbau-Verbund	Kleinbetriebe 0 bis unter 40 EGE	- 586	201	161
		Mittelbetriebe 40 bis 100 EGE	- 169	245	150
		Großbetriebe über 100 EGE	77	301	148
	Vieh-Verbund	Kleinbetriebe 0 bis unter 40 EGE	- 833	214	188
		Mittelbetriebe 40 bis 100 EGE	- 253	263	222
		Großbetriebe über 100 EGE	66	348	238
	Pflanzen- und Viehverbund	Kleinbetriebe 0 bis unter 40 EGE	- 648	202	169
		Mittelbetriebe 40 bis 100 EGE	- 136	243	172
		Großbetriebe über 100 EGE	68	302	153
Braunschweig	Ackerbau	Kleinbetriebe 0 bis unter 40 EGE	- 456	226	121
		Mittelbetriebe 40 bis 100 EGE	- 20	270	84
		Großbetriebe über 100 EGE	116	318	72
	Milchvieh	Kleinbetriebe 0 bis unter 40 EGE	- 564	164	244
		Mittelbetriebe 40 bis 100 EGE	- 96	203	241
		Großbetriebe über 100 EGE	144	238	205
	Sonstiger Futterbau	Kleinbetriebe 0 bis unter 40 EGE	- 532	122	161
		Mittelbetriebe 40 bis 100 EGE	- 143	162	143
		Großbetriebe über 100 EGE	73	250	152
	Veredlung	Kleinbetriebe 0 bis unter 40 EGE	-1 001	312	315
		Mittelbetriebe 40 bis 100 EGE	- 136	354	326
		Großbetriebe über 100 EGE	206	359	287
	Pflanzenbau-Verbund	Kleinbetriebe 0 bis unter 40 EGE	- 617	190	153
		Mittelbetriebe 40 bis 100 EGE	- 176	234	144
		Großbetriebe über 100 EGE	74	288	141
	Vieh-Verbund	Kleinbetriebe 0 bis unter 40 EGE	- 868	205	180
		Mittelbetriebe 40 bis 100 EGE	- 268	249	209
		Großbetriebe über 100 EGE	62	330	224
	Pflanzen- und Viehverbund	Kleinbetriebe 0 bis unter 40 EGE	- 687	190	160
		Mittelbetriebe 40 bis 100 EGE	- 146	227	160
		Großbetriebe über 100 EGE	64	281	142

---

[1] Anlage 14 angef. mWv 1.1.2009 durch G v. 24.12.2008 (BGBl. I S. 3018).

1	2	3	4	5	6
Region Land/Reg.bezirk	Nutzungsart Betriebsform	Betriebsgröße	Rein- gewinn EUR/ha LF	Pacht- preis EUR/ha LF	Wert für das Besatzkapital EUR/ha LF
Hannover	Ackerbau	Kleinbetriebe 0 bis unter 40 EGE	- 461	224	119
		Mittelbetriebe 40 bis 100 EGE	- 21	268	83
		Großbetriebe über 100 EGE	114	315	71
	Milchvieh	Kleinbetriebe 0 bis unter 40 EGE	- 565	163	244
		Mittelbetriebe 40 bis 100 EGE	- 97	203	240
		Großbetriebe über 100 EGE	144	237	205
	Sonstiger Futterbau	Kleinbetriebe 0 bis unter 40 EGE	- 534	122	160
		Mittelbetriebe 40 bis 100 EGE	- 143	161	142
		Großbetriebe über 100 EGE	73	249	152
	Veredlung	Kleinbetriebe 0 bis unter 40 EGE	-1 006	310	313
		Mittelbetriebe 40 bis 100 EGE	- 137	352	325
		Großbetriebe über 100 EGE	205	357	286
	Pflanzenbau- Verbund	Kleinbetriebe 0 bis unter 40 EGE	- 622	189	152
		Mittelbetriebe 40 bis 100 EGE	- 178	234	143
		Großbetriebe über 100 EGE	73	286	140
	Vieh-Verbund	Kleinbetriebe 0 bis unter 40 EGE	- 872	204	179
		Mittelbetriebe 40 bis 100 EGE	- 269	248	208
		Großbetriebe über 100 EGE	62	328	223
	Pflanzen- und Viehverbund	Kleinbetriebe 0 bis unter 40 EGE	- 691	189	159
		Mittelbetriebe 40 bis 100 EGE	- 147	226	159
		Großbetriebe über 100 EGE	63	279	141
Lüneburg	Ackerbau	Kleinbetriebe 0 bis unter 40 EGE	- 478	216	115
		Mittelbetriebe 40 bis 100 EGE	- 21	258	80
		Großbetriebe über 100 EGE	110	304	69
	Milchvieh	Kleinbetriebe 0 bis unter 40 EGE	- 578	160	238
		Mittelbetriebe 40 bis 100 EGE	- 99	198	234
		Großbetriebe über 100 EGE	140	231	199
	Sonstiger Futterbau	Kleinbetriebe 0 bis unter 40 EGE	- 536	121	160
		Mittelbetriebe 40 bis 100 EGE	- 145	160	141
		Großbetriebe über 100 EGE	72	245	150
	Veredlung	Kleinbetriebe 0 bis unter 40 EGE	-1 011	309	311
		Mittelbetriebe 40 bis 100 EGE	- 138	350	323
		Großbetriebe über 100 EGE	204	355	284
	Pflanzenbau- Verbund	Kleinbetriebe 0 bis unter 40 EGE	- 632	186	149
		Mittelbetriebe 40 bis 100 EGE	- 181	230	140
		Großbetriebe über 100 EGE	72	281	138
	Vieh-Verbund	Kleinbetriebe 0 bis unter 40 EGE	- 880	202	178
		Mittelbetriebe 40 bis 100 EGE	- 272	246	206
		Großbetriebe über 100 EGE	61	325	221
	Pflanzen- und Viehverbund	Kleinbetriebe 0 bis unter 40 EGE	- 699	187	157
		Mittelbetriebe 40 bis 100 EGE	- 149	222	156
		Großbetriebe über 100 EGE	62	275	139
Weser-Ems	Ackerbau	Kleinbetriebe 0 bis unter 40 EGE	- 476	217	116
		Mittelbetriebe 40 bis 100 EGE	- 21	261	81
		Großbetriebe über 100 EGE	113	315	71
	Milchvieh	Kleinbetriebe 0 bis unter 40 EGE	- 577	160	239
		Mittelbetriebe 40 bis 100 EGE	- 99	198	235
		Großbetriebe über 100 EGE	140	232	200
	Sonstiger Futterbau	Kleinbetriebe 0 bis unter 40 EGE	- 540	120	158
		Mittelbetriebe 40 bis 100 EGE	- 145	159	140
		Großbetriebe über 100 EGE	72	245	149

1	2	3	4	5	6
Region Land/Reg.bezirk	Nutzungsart Betriebsform	Betriebsgröße	Reingewinn EUR/ha LF	Pachtpreis EUR/ha LF	Wert für das Besatzkapital EUR/ha LF
	Veredlung	Kleinbetriebe 0 bis unter 40 EGE	- 966	323	326
		Mittelbetriebe 40 bis 100 EGE	- 131	367	339
		Großbetriebe über 100 EGE	213	372	298
	Pflanzenbau-Verbund	Kleinbetriebe 0 bis unter 40 EGE	- 622	190	152
		Mittelbetriebe 40 bis 100 EGE	- 178	233	143
		Großbetriebe über 100 EGE	74	288	142
	Vieh-Verbund	Kleinbetriebe 0 bis unter 40 EGE	- 862	207	181
		Mittelbetriebe 40 bis 100 EGE	- 264	253	213
		Großbetriebe über 100 EGE	63	335	228
	Pflanzen- und Viehverbund	Kleinbetriebe 0 bis unter 40 EGE	- 684	192	160
		Mittelbetriebe 40 bis 100 EGE	- 144	230	162
		Großbetriebe über 100 EGE	64	286	144
Düsseldorf	Ackerbau	Kleinbetriebe 0 bis unter 40 EGE	- 443	233	124
		Mittelbetriebe 40 bis 100 EGE	- 20	281	87
		Großbetriebe über 100 EGE	123	338	77
	Milchvieh	Kleinbetriebe 0 bis unter 40 EGE	- 548	169	251
		Mittelbetriebe 40 bis 100 EGE	- 94	209	247
		Großbetriebe über 100 EGE	147	244	210
	Sonstiger Futterbau	Kleinbetriebe 0 bis unter 40 EGE	- 492	132	174
		Mittelbetriebe 40 bis 100 EGE	- 131	176	155
		Großbetriebe über 100 EGE	79	268	165
	Veredlung	Kleinbetriebe 0 bis unter 40 EGE	- 964	323	327
		Mittelbetriebe 40 bis 100 EGE	- 131	368	340
		Großbetriebe über 100 EGE	214	373	299
	Pflanzenbau-Verbund	Kleinbetriebe 0 bis unter 40 EGE	- 593	198	159
		Mittelbetriebe 40 bis 100 EGE	- 171	242	148
		Großbetriebe über 100 EGE	77	301	149
	Vieh-Verbund	Kleinbetriebe 0 bis unter 40 EGE	- 824	215	190
		Mittelbetriebe 40 bis 100 EGE	- 256	261	219
		Großbetriebe über 100 EGE	65	345	235
	Pflanzen- und Viehverbund	Kleinbetriebe 0 bis unter 40 EGE	- 658	199	167
		Mittelbetriebe 40 bis 100 EGE	- 140	237	167
		Großbetriebe über 100 EGE	66	294	149
Köln	Ackerbau	Kleinbetriebe 0 bis unter 40 EGE	- 432	239	127
		Mittelbetriebe 40 bis 100 EGE	- 19	288	90
		Großbetriebe über 100 EGE	127	348	80
	Milchvieh	Kleinbetriebe 0 bis unter 40 EGE	- 566	163	243
		Mittelbetriebe 40 bis 100 EGE	- 97	202	239
		Großbetriebe über 100 EGE	142	235	203
	Sonstiger Futterbau	Kleinbetriebe 0 bis unter 40 EGE	- 493	132	174
		Mittelbetriebe 40 bis 100 EGE	- 132	174	154
		Großbetriebe über 100 EGE	78	264	163
	Veredlung	Kleinbetriebe 0 bis unter 40 EGE	- 962	324	327
		Mittelbetriebe 40 bis 100 EGE	- 131	369	340
		Großbetriebe über 100 EGE	215	374	300
	Pflanzenbau-Verbund	Kleinbetriebe 0 bis unter 40 EGE	- 586	200	161
		Mittelbetriebe 40 bis 100 EGE	- 169	244	150
		Großbetriebe über 100 EGE	79	305	151
	Vieh-Verbund	Kleinbetriebe 0 bis unter 40 EGE	- 829	214	189
		Mittelbetriebe 40 bis 100 EGE	- 257	259	218
		Großbetriebe über 100 EGE	65	343	234

1	2	3	4	5	6
Region Land/Reg.bezirk	Nutzungsart Betriebsform	Betriebsgröße	Reinge- winn EUR/ha LF	Pacht- preis EUR/ha LF	Wert für das Besatzkapital EUR/ha LF
	Pflanzen- und Viehverbund	Kleinbetriebe 0 bis unter 40 EGE	- 655	200	167
		Mittelbetriebe 40 bis 100 EGE	- 139	238	168
		Großbetriebe über 100 EGE	67	296	149
Münster	Ackerbau	Kleinbetriebe 0 bis unter 40 EGE	- 460	223	120
		Mittelbetriebe 40 bis 100 EGE	- 21	264	83
		Großbetriebe über 100 EGE	113	309	70
	Milchvieh	Kleinbetriebe 0 bis unter 40 EGE	- 554	167	249
		Mittelbetriebe 40 bis 100 EGE	- 95	206	244
		Großbetriebe über 100 EGE	145	240	207
	Sonstiger Futterbau	Kleinbetriebe 0 bis unter 40 EGE	- 493	132	174
		Mittelbetriebe 40 bis 100 EGE	- 132	174	154
		Großbetriebe über 100 EGE	79	265	163
	Veredlung	Kleinbetriebe 0 bis unter 40 EGE	-1 014	308	310
		Mittelbetriebe 40 bis 100 EGE	- 138	349	322
		Großbetriebe über 100 EGE	203	354	284
	Pflanzenbau- Verbund	Kleinbetriebe 0 bis unter 40 EGE	- 613	191	154
		Mittelbetriebe 40 bis 100 EGE	- 177	234	143
		Großbetriebe über 100 EGE	73	285	139
	Vieh-Verbund	Kleinbetriebe 0 bis unter 40 EGE	- 848	208	184
		Mittelbetriebe 40 bis 100 EGE	- 266	251	211
		Großbetriebe über 100 EGE	62	332	226
	Pflanzen- und Viehverbund	Kleinbetriebe 0 bis unter 40 EGE	- 680	192	161
		Mittelbetriebe 40 bis 100 EGE	- 147	225	159
		Großbetriebe über 100 EGE	63	278	141
Detmold	Ackerbau	Kleinbetriebe 0 bis unter 40 EGE	- 450	229	122
		Mittelbetriebe 40 bis 100 EGE	- 20	274	85
		Großbetriebe über 100 EGE	117	321	73
	Milchvieh	Kleinbetriebe 0 bis unter 40 EGE	- 552	167	250
		Mittelbetriebe 40 bis 100 EGE	- 95	207	245
		Großbetriebe über 100 EGE	146	241	208
	Sonstiger Futterbau	Kleinbetriebe 0 bis unter 40 EGE	- 493	132	174
		Mittelbetriebe 40 bis 100 EGE	- 132	174	154
		Großbetriebe über 100 EGE	79	265	164
	Veredlung	Kleinbetriebe 0 bis unter 40 EGE	-1 014	308	311
		Mittelbetriebe 40 bis 100 EGE	- 138	349	322
		Großbetriebe über 100 EGE	204	355	284
	Pflanzenbau- Verbund	Kleinbetriebe 0 bis unter 40 EGE	- 607	192	155
		Mittelbetriebe 40 bis 100 EGE	- 175	237	145
		Großbetriebe über 100 EGE	74	290	142
	Vieh-Verbund	Kleinbetriebe 0 bis unter 40 EGE	- 847	209	185
		Mittelbetriebe 40 bis 100 EGE	- 265	252	211
		Großbetriebe über 100 EGE	62	333	226
	Pflanzen- und Viehverbund	Kleinbetriebe 0 bis unter 40 EGE	- 677	193	162
		Mittelbetriebe 40 bis 100 EGE	- 146	227	160
		Großbetriebe über 100 EGE	64	281	143
Arnsberg	Ackerbau	Kleinbetriebe 0 bis unter 40 EGE	- 439	235	126
		Mittelbetriebe 40 bis 100 EGE	- 20	282	88
		Großbetriebe über 100 EGE	121	332	76
	Milchvieh	Kleinbetriebe 0 bis unter 40 EGE	- 564	164	244
		Mittelbetriebe 40 bis 100 EGE	- 97	202	240
		Großbetriebe über 100 EGE	143	235	204

1	2	3	4	5	6
Region Land/Reg.bezirk	Nutzungsart Betriebsform	Betriebsgröße	Reinge- winn EUR/ha LF	Pacht- preis EUR/ha LF	Wert für das Besatzkapital EUR/ha LF
	Sonstiger Futterbau	Kleinbetriebe 0 bis unter 40 EGE	- 493	132	174
		Mittelbetriebe 40 bis 100 EGE	- 132	174	154
		Großbetriebe über 100 EGE	78	263	163
	Veredlung	Kleinbetriebe 0 bis unter 40 EGE	-1 013	308	311
		Mittelbetriebe 40 bis 100 EGE	- 138	349	322
		Großbetriebe über 100 EGE	204	355	284
	Pflanzenbau- Verbund	Kleinbetriebe 0 bis unter 40 EGE	- 601	194	157
		Mittelbetriebe 40 bis 100 EGE	- 173	239	147
		Großbetriebe über 100 EGE	75	294	144
	Vieh-Verbund	Kleinbetriebe 0 bis unter 40 EGE	- 850	208	184
		Mittelbetriebe 40 bis 100 EGE	- 266	251	210
		Großbetriebe über 100 EGE	62	331	226
	Pflanzen- und Viehverbund	Kleinbetriebe 0 bis unter 40 EGE	- 674	194	163
		Mittelbetriebe 40 bis 100 EGE	- 145	228	161
		Großbetriebe über 100 EGE	64	283	143
Darmstadt	Ackerbau	Kleinbetriebe 0 bis unter 40 EGE	- 485	215	114
		Mittelbetriebe 40 bis 100 EGE	- 21	261	80
		Großbetriebe über 100 EGE	113	318	71
	Milchvieh	Kleinbetriebe 0 bis unter 40 EGE	- 607	152	227
		Mittelbetriebe 40 bis 100 EGE	- 105	187	222
		Großbetriebe über 100 EGE	132	218	188
	Sonstiger Futterbau	Kleinbetriebe 0 bis unter 40 EGE	- 537	121	159
		Mittelbetriebe 40 bis 100 EGE	- 146	158	139
		Großbetriebe über 100 EGE	71	242	148
	Veredlung	Kleinbetriebe 0 bis unter 40 EGE	- 926	336	340
		Mittelbetriebe 40 bis 100 EGE	- 125	385	355
		Großbetriebe über 100 EGE	223	387	310
	Pflanzenbau- Verbund	Kleinbetriebe 0 bis unter 40 EGE	- 617	193	153
		Mittelbetriebe 40 bis 100 EGE	- 177	236	144
		Großbetriebe über 100 EGE	75	292	144
	Vieh-Verbund	Kleinbetriebe 0 bis unter 40 EGE	- 850	210	184
		Mittelbetriebe 40 bis 100 EGE	- 257	258	218
		Großbetriebe über 100 EGE	64	342	233
	Pflanzen- und Viehverbund	Kleinbetriebe 0 bis unter 40 EGE	- 672	196	163
		Mittelbetriebe 40 bis 100 EGE	- 141	236	166
		Großbetriebe über 100 EGE	65	293	146
Gießen	Ackerbau	Kleinbetriebe 0 bis unter 40 EGE	- 492	212	112
		Mittelbetriebe 40 bis 100 EGE	- 22	256	78
		Großbetriebe über 100 EGE	106	301	66
	Milchvieh	Kleinbetriebe 0 bis unter 40 EGE	- 591	156	233
		Mittelbetriebe 40 bis 100 EGE	- 102	193	228
		Großbetriebe über 100 EGE	136	225	194
	Sonstiger Futterbau	Kleinbetriebe 0 bis unter 40 EGE	- 535	122	160
		Mittelbetriebe 40 bis 100 EGE	- 145	159	141
		Großbetriebe über 100 EGE	72	245	150
	Veredlung	Kleinbetriebe 0 bis unter 40 EGE	- 929	335	339
		Mittelbetriebe 40 bis 100 EGE	- 125	384	354
		Großbetriebe über 100 EGE	221	384	309
	Pflanzenbau- Verbund	Kleinbetriebe 0 bis unter 40 EGE	- 624	191	151
		Mittelbetriebe 40 bis 100 EGE	- 179	234	142
		Großbetriebe über 100 EGE	72	286	138

1	2	3	4	5	6
Region Land/Reg.bezirk	Nutzungsart Betriebsform	Betriebsgröße	Reinge- winn EUR/ha LF	Pacht- preis EUR/ha LF	Wert für das Besatzkapital EUR/ha LF
	Vieh-Verbund	Kleinbetriebe 0 bis unter 40 EGE	- 846	211	185
		Mittelbetriebe 40 bis 100 EGE	- 256	260	219
		Großbetriebe über 100 EGE	64	343	234
	Pflanzen- und Viehverbund	Kleinbetriebe 0 bis unter 40 EGE	- 673	196	163
		Mittelbetriebe 40 bis 100 EGE	- 142	235	165
		Großbetriebe über 100 EGE	65	290	145
Kassel	Ackerbau	Kleinbetriebe 0 bis unter 40 EGE	- 488	213	113
		Mittelbetriebe 40 bis 100 EGE	- 22	256	79
		Großbetriebe über 100 EGE	108	304	67
	Milchvieh	Kleinbetriebe 0 bis unter 40 EGE	- 584	158	236
		Mittelbetriebe 40 bis 100 EGE	- 100	195	231
		Großbetriebe über 100 EGE	138	228	197
	Sonstiger Futterbau	Kleinbetriebe 0 bis unter 40 EGE	- 534	122	160
		Mittelbetriebe 40 bis 100 EGE	- 144	160	141
		Großbetriebe über 100 EGE	72	247	151
	Veredlung	Kleinbetriebe 0 bis unter 40 EGE	- 928	335	339
		Mittelbetriebe 40 bis 100 EGE	- 125	385	355
		Großbetriebe über 100 EGE	222	385	309
	Pflanzenbau- Verbund	Kleinbetriebe 0 bis unter 40 EGE	- 621	192	152
		Mittelbetriebe 40 bis 100 EGE	- 178	235	142
		Großbetriebe über 100 EGE	73	287	139
	Vieh-Verbund	Kleinbetriebe 0 bis unter 40 EGE	- 843	212	185
		Mittelbetriebe 40 bis 100 EGE	- 255	260	219
		Großbetriebe über 100 EGE	65	344	235
	Pflanzen- und Viehverbund	Kleinbetriebe 0 bis unter 40 EGE	- 671	196	163
		Mittelbetriebe 40 bis 100 EGE	- 141	236	165
		Großbetriebe über 100 EGE	65	291	146
Rheinland-Pfalz	Ackerbau	Kleinbetriebe 0 bis unter 40 EGE	- 501	208	110
		Mittelbetriebe 40 bis 100 EGE	- 22	253	77
		Großbetriebe über 100 EGE	109	306	68
	Milchvieh	Kleinbetriebe 0 bis unter 40 EGE	- 588	157	234
		Mittelbetriebe 40 bis 100 EGE	- 101	194	229
		Großbetriebe über 100 EGE	136	226	195
	Sonstiger Futterbau	Kleinbetriebe 0 bis unter 40 EGE	- 535	122	160
		Mittelbetriebe 40 bis 100 EGE	- 145	159	141
		Großbetriebe über 100 EGE	72	244	149
	Veredlung	Kleinbetriebe 0 bis unter 40 EGE	-1 003	311	314
		Mittelbetriebe 40 bis 100 EGE	- 136	356	328
		Großbetriebe über 100 EGE	206	357	287
	Pflanzenbau- Verbund	Kleinbetriebe 0 bis unter 40 EGE	- 641	185	147
		Mittelbetriebe 40 bis 100 EGE	- 182	229	139
		Großbetriebe über 100 EGE	72	282	138
	Vieh-Verbund	Kleinbetriebe 0 bis unter 40 EGE	- 879	203	178
		Mittelbetriebe 40 bis 100 EGE	- 269	247	208
		Großbetriebe über 100 EGE	61	326	222
	Pflanzen- und Viehverbund	Kleinbetriebe 0 bis unter 40 EGE	- 703	187	156
		Mittelbetriebe 40 bis 100 EGE	- 148	224	157
		Großbetriebe über 100 EGE	62	277	139
Stuttgart	Ackerbau	Kleinbetriebe 0 bis unter 40 EGE	- 481	216	115
		Mittelbetriebe 40 bis 100 EGE	- 21	261	80
		Großbetriebe über 100 EGE	107	302	67

1	2	3	4	5	6
Region Land/Reg.bezirk	Nutzungsart Betriebsform	Betriebsgröße	Reinge- winn EUR/ha LF	Pacht- preis EUR/ha LF	Wert für das Besatzkapital EUR/ha LF
	Milchvieh	Kleinbetriebe 0 bis unter 40 EGE Mittelbetriebe 40 bis 100 EGE Großbetriebe über 100 EGE	- 567 - 98 141	163 201 233	243 238 202
	Sonstiger Futterbau	Kleinbetriebe 0 bis unter 40 EGE Mittelbetriebe 40 bis 100 EGE Großbetriebe über 100 EGE	- 501 - 135 77	130 171 259	171 151 160
	Veredlung	Kleinbetriebe 0 bis unter 40 EGE Mittelbetriebe 40 bis 100 EGE Großbetriebe über 100 EGE	-1 017 - 138 203	306 350 352	309 323 282
	Pflanzenbau- Verbund	Kleinbetriebe 0 bis unter 40 EGE Mittelbetriebe 40 bis 100 EGE Großbetriebe über 100 EGE	- 628 - 180 71	187 232 282	150 141 136
	Vieh-Verbund	Kleinbetriebe 0 bis unter 40 EGE Mittelbetriebe 40 bis 100 EGE Großbetriebe über 100 EGE	- 858 - 267 62	206 250 329	182 210 224
	Pflanzen- und Viehverbund	Kleinbetriebe 0 bis unter 40 EGE Mittelbetriebe 40 bis 100 EGE Großbetriebe über 100 EGE	- 690 - 148 62	190 224 276	159 158 139
Karlsruhe	Ackerbau	Kleinbetriebe 0 bis unter 40 EGE Mittelbetriebe 40 bis 100 EGE Großbetriebe über 100 EGE	- 500 - 22 103	208 250 290	110 77 64
	Milchvieh	Kleinbetriebe 0 bis unter 40 EGE Mittelbetriebe 40 bis 100 EGE Großbetriebe über 100 EGE	- 577 - 100 138	160 197 229	239 233 197
	Sonstiger Futterbau	Kleinbetriebe 0 bis unter 40 EGE Mittelbetriebe 40 bis 100 EGE Großbetriebe über 100 EGE	- 503 - 136 76	129 169 256	170 150 158
	Veredlung	Kleinbetriebe 0 bis unter 40 EGE Mittelbetriebe 40 bis 100 EGE Großbetriebe über 100 EGE	-1 020 - 138 202	306 349 351	309 322 282
	Pflanzenbau- Verbund	Kleinbetriebe 0 bis unter 40 EGE Mittelbetriebe 40 bis 100 EGE Großbetriebe über 100 EGE	- 638 - 183 69	185 228 276	148 138 133
	Vieh-Verbund	Kleinbetriebe 0 bis unter 40 EGE Mittelbetriebe 40 bis 100 EGE Großbetriebe über 100 EGE	- 864 - 268 61	205 248 326	181 209 222
	Pflanzen- und Viehverbund	Kleinbetriebe 0 bis unter 40 EGE Mittelbetriebe 40 bis 100 EGE Großbetriebe über 100 EGE	- 697 - 150 61	188 222 272	157 156 137
Freiburg	Ackerbau	Kleinbetriebe 0 bis unter 40 EGE Mittelbetriebe 40 bis 100 EGE Großbetriebe über 100 EGE	- 499 - 22 105	208 251 295	110 77 65
	Milchvieh	Kleinbetriebe 0 bis unter 40 EGE Mittelbetriebe 40 bis 100 EGE Großbetriebe über 100 EGE	- 586 - 101 136	157 193 224	235 229 193
	Sonstiger Futterbau	Kleinbetriebe 0 bis unter 40 EGE Mittelbetriebe 40 bis 100 EGE Großbetriebe über 100 EGE	- 503 - 136 76	129 168 255	170 149 157
	Veredlung	Kleinbetriebe 0 bis unter 40 EGE Mittelbetriebe 40 bis 100 EGE Großbetriebe über 100 EGE	-1 020 - 138 202	306 349 351	309 322 282

1	2	3	4	5	6
Region Land/Reg.bezirk	Nutzungsart Betriebsform	Betriebsgröße	Reinge-winn EUR/ha LF	Pacht-preis EUR/ha LF	Wert für das Besatzkapital EUR/ha LF
	Pflanzenbau-Verbund	Kleinbetriebe 0 bis unter 40 EGE Mittelbetriebe 40 bis 100 EGE Großbetriebe über 100 EGE	- 637 - 183 70	185 229 278	148 138 135
	Vieh-Verbund	Kleinbetriebe 0 bis unter 40 EGE Mittelbetriebe 40 bis 100 EGE Großbetriebe über 100 EGE	- 867 - 269 61	204 247 325	180 208 222
	Pflanzen- und Viehverbund	Kleinbetriebe 0 bis unter 40 EGE Mittelbetriebe 40 bis 100 EGE Großbetriebe über 100 EGE	- 698 - 150 61	188 222 273	157 155 137
Tübingen	Ackerbau	Kleinbetriebe 0 bis unter 40 EGE Mittelbetriebe 40 bis 100 EGE Großbetriebe über 100 EGE	- 484 - 22 106	215 258 298	114 79 66
	Milchvieh	Kleinbetriebe 0 bis unter 40 EGE Mittelbetriebe 40 bis 100 EGE Großbetriebe über 100 EGE	- 559 - 96 144	165 204 237	246 241 205
	Sonstiger Futterbau	Kleinbetriebe 0 bis unter 40 EGE Mittelbetriebe 40 bis 100 EGE Großbetriebe über 100 EGE	- 499 - 134 77	130 172 261	172 152 161
	Veredlung	Kleinbetriebe 0 bis unter 40 EGE Mittelbetriebe 40 bis 100 EGE Großbetriebe über 100 EGE	-1 018 - 138 202	306 350 352	309 323 282
	Pflanzenbau-Verbund	Kleinbetriebe 0 bis unter 40 EGE Mittelbetriebe 40 bis 100 EGE Großbetriebe über 100 EGE	- 630 - 181 70	187 232 280	150 140 135
	Vieh-Verbund	Kleinbetriebe 0 bis unter 40 EGE Mittelbetriebe 40 bis 100 EGE Großbetriebe über 100 EGE	- 855 - 266 62	207 251 330	183 211 225
	Pflanzen- und Viehverbund	Kleinbetriebe 0 bis unter 40 EGE Mittelbetriebe 40 bis 100 EGE Großbetriebe über 100 EGE	- 690 - 148 62	190 224 276	159 157 139
Oberbayern	Ackerbau	Kleinbetriebe 0 bis unter 40 EGE Mittelbetriebe 40 bis 100 EGE Großbetriebe über 100 EGE	- 476 - 21 109	220 268 312	116 81 68
	Milchvieh	Kleinbetriebe 0 bis unter 40 EGE Mittelbetriebe 40 bis 100 EGE Großbetriebe über 100 EGE	- 556 - 96 144	166 205 239	248 243 206
	Sonstiger Futterbau	Kleinbetriebe 0 bis unter 40 EGE Mittelbetriebe 40 bis 100 EGE Großbetriebe über 100 EGE	- 493 - 132 79	132 174 266	174 154 164
	Veredlung	Kleinbetriebe 0 bis unter 40 EGE Mittelbetriebe 40 bis 100 EGE Großbetriebe über 100 EGE	- 942 - 127 219	330 379 380	334 350 305
	Pflanzenbau-Verbund	Kleinbetriebe 0 bis unter 40 EGE Mittelbetriebe 40 bis 100 EGE Großbetriebe über 100 EGE	- 610 - 176 73	194 240 292	155 144 140
	Vieh-Verbund	Kleinbetriebe 0 bis unter 40 EGE Mittelbetriebe 40 bis 100 EGE Großbetriebe über 100 EGE	- 819 - 251 66	217 265 349	191 223 238

1	2	3	4	5	6
Region Land/Reg.bezirk	Nutzungsart Betriebsform	Betriebsgröße	Reinge- winn EUR/ha LF	Pacht- preis EUR/ha LF	Wert für das Besatzkapital EUR/ha LF
	Pflanzen- und Viehverbund	Kleinbetriebe 0 bis unter 40 EGE Mittelbetriebe 40 bis 100 EGE Großbetriebe über 100 EGE	- 660 - 140 66	200 238 293	166 167 147
Niederbayern	Ackerbau	Kleinbetriebe 0 bis unter 40 EGE Mittelbetriebe 40 bis 100 EGE Großbetriebe über 100 EGE	- 468 - 21 112	224 273 320	118 83 70
	Milchvieh	Kleinbetriebe 0 bis unter 40 EGE Mittelbetriebe 40 bis 100 EGE Großbetriebe über 100 EGE	- 564 - 97 142	163 202 235	244 239 203
	Sonstiger Futterbau	Kleinbetriebe 0 bis unter 40 EGE Mittelbetriebe 40 bis 100 EGE Großbetriebe über 100 EGE	- 493 - 132 78	132 174 265	174 154 163
	Veredlung	Kleinbetriebe 0 bis unter 40 EGE Mittelbetriebe 40 bis 100 EGE Großbetriebe über 100 EGE	- 941 - 127 219	330 380 380	334 350 305
	Pflanzenbau- Verbund	Kleinbetriebe 0 bis unter 40 EGE Mittelbetriebe 40 bis 100 EGE Großbetriebe über 100 EGE	- 606 - 174 74	195 241 295	156 146 142
	Vieh-Verbund	Kleinbetriebe 0 bis unter 40 EGE Mittelbetriebe 40 bis 100 EGE Großbetriebe über 100 EGE	- 821 - 252 65	216 264 348	191 223 237
	Pflanzen- und Viehverbund	Kleinbetriebe 0 bis unter 40 EGE Mittelbetriebe 40 bis 100 EGE Großbetriebe über 100 EGE	- 658 - 139 66	200 239 295	167 168 148
Oberpfalz	Ackerbau	Kleinbetriebe 0 bis unter 40 EGE Mittelbetriebe 40 bis 100 EGE Großbetriebe über 100 EGE	- 484 - 21 108	217 265 309	114 80 67
	Milchvieh	Kleinbetriebe 0 bis unter 40 EGE Mittelbetriebe 40 bis 100 EGE Großbetriebe über 100 EGE	- 563 - 97 142	164 202 235	245 239 203
	Sonstiger Futterbau	Kleinbetriebe 0 bis unter 40 EGE Mittelbetriebe 40 bis 100 EGE Großbetriebe über 100 EGE	- 495 - 133 78	131 173 264	173 153 163
	Veredlung	Kleinbetriebe 0 bis unter 40 EGE Mittelbetriebe 40 bis 100 EGE Großbetriebe über 100 EGE	- 944 - 127 218	330 379 379	334 349 304
	Pflanzenbau- Verbund	Kleinbetriebe 0 bis unter 40 EGE Mittelbetriebe 40 bis 100 EGE Großbetriebe über 100 EGE	- 615 - 177 73	193 238 291	153 143 140
	Vieh-Verbund	Kleinbetriebe 0 bis unter 40 EGE Mittelbetriebe 40 bis 100 EGE Großbetriebe über 100 EGE	- 823 - 252 65	216 264 347	190 222 237
	Pflanzen- und Viehverbund	Kleinbetriebe 0 bis unter 40 EGE Mittelbetriebe 40 bis 100 EGE Großbetriebe über 100 EGE	- 664 - 141 65	199 237 292	165 166 146
Oberfranken	Ackerbau	Kleinbetriebe 0 bis unter 40 EGE Mittelbetriebe 40 bis 100 EGE Großbetriebe über 100 EGE	- 519 - 23 100	201 242 286	106 74 63
	Milchvieh	Kleinbetriebe 0 bis unter 40 EGE Mittelbetriebe 40 bis 100 EGE Großbetriebe über 100 EGE	- 556 - 96 144	166 205 238	248 242 205

1	2	3	4	5	6
Region Land/Reg.bezirk	Nutzungsart Betriebsform	Betriebsgröße	Reinge- winn EUR/ha LF	Pacht- preis EUR/ha LF	Wert für das Besatzkapital EUR/ha LF
	Sonstiger Futterbau	Kleinbetriebe 0 bis unter 40 EGE	- 496	131	172
		Mittelbetriebe 40 bis 100 EGE	- 133	173	153
		Großbetriebe über 100 EGE	78	264	162
	Veredlung	Kleinbetriebe 0 bis unter 40 EGE	- 947	329	332
		Mittelbetriebe 40 bis 100 EGE	- 128	377	348
		Großbetriebe über 100 EGE	217	377	303
	Pflanzenbau- Verbund	Kleinbetriebe 0 bis unter 40 EGE	- 631	188	150
		Mittelbetriebe 40 bis 100 EGE	- 182	231	139
		Großbetriebe über 100 EGE	70	280	135
	Vieh-Verbund	Kleinbetriebe 0 bis unter 40 EGE	- 824	215	190
		Mittelbetriebe 40 bis 100 EGE	- 253	263	222
		Großbetriebe über 100 EGE	65	347	236
	Pflanzen- und Viehverbund	Kleinbetriebe 0 bis unter 40 EGE	- 674	196	163
		Mittelbetriebe 40 bis 100 EGE	- 143	233	163
		Großbetriebe über 100 EGE	64	286	144
Mittelfranken	Ackerbau	Kleinbetriebe 0 bis unter 40 EGE	- 507	207	109
		Mittelbetriebe 40 bis 100 EGE	- 23	251	76
		Großbetriebe über 100 EGE	101	292	63
	Milchvieh	Kleinbetriebe 0 bis unter 40 EGE	- 552	167	250
		Mittelbetriebe 40 bis 100 EGE	- 95	207	244
		Großbetriebe über 100 EGE	145	241	207
	Sonstiger Futterbau	Kleinbetriebe 0 bis unter 40 EGE	- 495	131	173
		Mittelbetriebe 40 bis 100 EGE	- 133	173	153
		Großbetriebe über 100 EGE	78	265	163
	Veredlung	Kleinbetriebe 0 bis unter 40 EGE	- 946	329	333
		Mittelbetriebe 40 bis 100 EGE	- 128	378	348
		Großbetriebe über 100 EGE	218	378	304
	Pflanzenbau- Verbund	Kleinbetriebe 0 bis unter 40 EGE	- 626	190	151
		Mittelbetriebe 40 bis 100 EGE	- 180	234	141
		Großbetriebe über 100 EGE	71	283	136
	Vieh-Verbund	Kleinbetriebe 0 bis unter 40 EGE	- 822	216	190
		Mittelbetriebe 40 bis 100 EGE	- 252	264	222
		Großbetriebe über 100 EGE	65	348	237
	Pflanzen- und Viehverbund	Kleinbetriebe 0 bis unter 40 EGE	- 671	197	163
		Mittelbetriebe 40 bis 100 EGE	- 142	235	164
		Großbetriebe über 100 EGE	65	288	145
Unterfranken	Ackerbau	Kleinbetriebe 0 bis unter 40 EGE	- 488	214	113
		Mittelbetriebe 40 bis 100 EGE	- 22	258	79
		Großbetriebe über 100 EGE	105	300	66
	Milchvieh	Kleinbetriebe 0 bis unter 40 EGE	- 549	168	251
		Mittelbetriebe 40 bis 100 EGE	- 94	208	246
		Großbetriebe über 100 EGE	146	242	209
	Sonstiger Futterbau	Kleinbetriebe 0 bis unter 40 EGE	- 494	132	173
		Mittelbetriebe 40 bis 100 EGE	- 132	174	154
		Großbetriebe über 100 EGE	79	267	164
	Veredlung	Kleinbetriebe 0 bis unter 40 EGE	- 943	330	334
		Mittelbetriebe 40 bis 100 EGE	- 127	379	349
		Großbetriebe über 100 EGE	218	379	304
	Pflanzenbau- Verbund	Kleinbetriebe 0 bis unter 40 EGE	- 616	192	153
		Mittelbetriebe 40 bis 100 EGE	- 178	236	143
		Großbetriebe über 100 EGE	72	287	138

1	2	3	4	5	6
Region Land/Reg.bezirk	Nutzungsart Betriebsform	Betriebsgröße	Reinge- winn EUR/ha LF	Pacht- preis EUR/ha LF	Wert für das Besatzkapital EUR/ha LF
	Vieh-Verbund	Kleinbetriebe 0 bis unter 40 EGE	- 818	217	191
		Mittelbetriebe 40 bis 100 EGE	- 251	265	223
		Großbetriebe über 100 EGE	66	349	238
	Pflanzen- und Viehvurbund	Kleinbetriebe 0 bis unter 40 EGE	- 664	198	165
		Mittelbetriebe 40 bis 100 EGE	- 141	237	166
		Großbetriebe über 100 EGE	65	291	146
Schwaben	Ackerbau	Kleinbetriebe 0 bis unter 40 EGE	- 466	224	118
		Mittelbetriebe 40 bis 100 EGE	- 21	273	83
		Großbetriebe über 100 EGE	113	320	71
	Milchvieh	Kleinbetriebe 0 bis unter 40 EGE	- 546	169	252
		Mittelbetriebe 40 bis 100 EGE	- 94	210	248
		Großbetriebe über 100 EGE	148	244	211
	Sonstiger Futterbau	Kleinbetriebe 0 bis unter 40 EGE	- 491	133	174
		Mittelbetriebe 40 bis 100 EGE	- 131	176	156
		Großbetriebe über 100 EGE	79	269	165
	Veredlung	Kleinbetriebe 0 bis unter 40 EGE	- 941	330	335
		Mittelbetriebe 40 bis 100 EGE	- 127	380	350
		Großbetriebe über 100 EGE	219	380	305
	Pflanzenbau- Verbund	Kleinbetriebe 0 bis unter 40 EGE	- 604	196	156
		Mittelbetriebe 40 bis 100 EGE	- 174	242	146
		Großbetriebe über 100 EGE	74	296	143
	Vieh-Verbund	Kleinbetriebe 0 bis unter 40 EGE	- 814	218	192
		Mittelbetriebe 40 bis 100 EGE	- 250	266	224
		Großbetriebe über 100 EGE	66	351	239
	Pflanzen- und Viehverbund	Kleinbetriebe 0 bis unter 40 EGE	- 656	201	167
		Mittelbetriebe 40 bis 100 EGE	- 139	240	168
		Großbetriebe über 100 EGE	67	296	149
Saarland	Ackerbau	Kleinbetriebe 0 bis unter 40 EGE	- 531	198	104
		Mittelbetriebe 40 bis 100 EGE	- 24	240	73
		Großbetriebe über 100 EGE	98	284	61
	Milchvieh	Kleinbetriebe 0 bis unter 40 EGE	- 589	157	234
		Mittelbetriebe 40 bis 100 EGE	- 101	193	229
		Großbetriebe über 100 EGE	136	225	194
	Sonstiger Futterbau	Kleinbetriebe 0 bis unter 40 EGE	- 538	121	159
		Mittelbetriebe 40 bis 100 EGE	- 146	158	139
		Großbetriebe über 100 EGE	71	243	149
	Veredlung	Kleinbetriebe 0 bis unter 40 EGE	- 953	327	330
		Mittelbetriebe 40 bis 100 EGE	- 129	375	345
		Großbetriebe über 100 EGE	216	375	301
	Pflanzenbau- Verbund	Kleinbetriebe 0 bis unter 40 EGE	- 648	185	146
		Mittelbetriebe 40 bis 100 EGE	- 185	228	137
		Großbetriebe über 100 EGE	69	277	133
	Vieh-Verbund	Kleinbetriebe 0 bis unter 40 EGE	- 860	208	182
		Mittelbetriebe 40 bis 100 EGE	- 261	255	215
		Großbetriebe über 100 EGE	63	337	229
	Pflanzen- und Viehverbund	Kleinbetriebe 0 bis unter 40 EGE	- 694	190	158
		Mittelbetriebe 40 bis 100 EGE	- 146	229	160
		Großbetriebe über 100 EGE	63	281	141
Brandenburg	Ackerbau	Kleinbetriebe 0 bis unter 40 EGE	- 566	88	97
		Mittelbetriebe 40 bis 100 EGE	- 25	97	68
		Großbetriebe über 100 EGE	92	126	57

1	2	3	4	5	6
Region Land/Reg.bezirk	Nutzungsart Betriebsform	Betriebsgröße	Reinge- winn EUR/ha LF	Pacht- preis EUR/ha LF	Wert für das Besatzkapital EUR/ha LF
	Milchvieh	Kleinbetriebe 0 bis unter 40 EGE Mittelbetriebe 40 bis 100 EGE Großbetriebe über 100 EGE	- 605 - 104 133	63 74 97	228 223 190
	Sonstiger Futterbau	Kleinbetriebe 0 bis unter 40 EGE Mittelbetriebe 40 bis 100 EGE Großbetriebe über 100 EGE	- 584 - 160 66	54 44 51	147 127 137
	Veredlung	Kleinbetriebe 0 bis unter 40 EGE Mittelbetriebe 40 bis 100 EGE Großbetriebe über 100 EGE	- 926 - 125 222	92 92 92	340 355 310
	Pflanzenbau- Verbund	Kleinbetriebe 0 bis unter 40 EGE Mittelbetriebe 40 bis 100 EGE Großbetriebe über 100 EGE	- 666 - 189 68	97 81 104	142 134 131
	Vieh-Verbund	Kleinbetriebe 0 bis unter 40 EGE Mittelbetriebe 40 bis 100 EGE Großbetriebe über 100 EGE	- 875 - 261 63	90 34 86	179 214 230
	Pflanzen- und Viehverbund	Kleinbetriebe 0 bis unter 40 EGE Mittelbetriebe 40 bis 100 EGE Großbetriebe über 100 EGE	- 704 - 147 63	59 70 102	156 159 140
Mecklenburg- Vorpommern	Ackerbau	Kleinbetriebe 0 bis unter 40 EGE Mittelbetriebe 40 bis 100 EGE Großbetriebe über 100 EGE	- 506 - 23 102	99 111 146	109 76 64
	Milchvieh	Kleinbetriebe 0 bis unter 40 EGE Mittelbetriebe 40 bis 100 EGE Großbetriebe über 100 EGE	- 601 - 103 135	64 75 98	229 225 192
	Sonstiger Futterbau	Kleinbetriebe 0 bis unter 40 EGE Mittelbetriebe 40 bis 100 EGE Großbetriebe über 100 EGE	- 569 - 155 68	54 45 53	150 132 141
	Veredlung	Kleinbetriebe 0 bis unter 40 EGE Mittelbetriebe 40 bis 100 EGE Großbetriebe über 100 EGE	- 919 - 124 223	91 91 91	342 358 312
	Pflanzenbau- Verbund	Kleinbetriebe 0 bis unter 40 EGE Mittelbetriebe 40 bis 100 EGE Großbetriebe über 100 EGE	- 635 - 182 71	100 84 111	148 140 136
	Vieh-Verbund	Kleinbetriebe 0 bis unter 40 EGE Mittelbetriebe 40 bis 100 EGE Großbetriebe über 100 EGE	- 862 - 258 64	91 34 87	181 217 232
	Pflanzen- und Viehverbund	Kleinbetriebe 0 bis unter 40 EGE Mittelbetriebe 40 bis 100 EGE Großbetriebe über 100 EGE	- 682 - 143 65	62 74 108	161 164 144
Chemnitz	Ackerbau	Kleinbetriebe 0 bis unter 40 EGE Mittelbetriebe 40 bis 100 EGE Großbetriebe über 100 EGE	- 475 - 21 113	105 118 157	116 81 71
	Milchvieh	Kleinbetriebe 0 bis unter 40 EGE Mittelbetriebe 40 bis 100 EGE Großbetriebe über 100 EGE	- 584 - 100 138	65 76 100	236 232 197
	Sonstiger Futterbau	Kleinbetriebe 0 bis unter 40 EGE Mittelbetriebe 40 bis 100 EGE Großbetriebe über 100 EGE	- 538 - 145 72	56 47 56	159 141 150
	Veredlung	Kleinbetriebe 0 bis unter 40 EGE Mittelbetriebe 40 bis 100 EGE Großbetriebe über 100 EGE	- 887 - 120 232	96 96 96	355 370 324

1	2	3	4	5	6
Region Land/Reg.bezirk	Nutzungsart Betriebsform	Betriebsgröße	Reinge- winn EUR/ha LF	Pacht- preis EUR/ha LF	Wert für das Besatzkapital EUR/ha LF
	Pflanzenbau- Verbund	Kleinbetriebe 0 bis unter 40 EGE	- 605	103	156
		Mittelbetriebe 40 bis 100 EGE	- 174	86	146
		Großbetriebe über 100 EGE	76	116	145
	Vieh-Verbund	Kleinbetriebe 0 bis unter 40 EGE	- 825	98	189
		Mittelbetriebe 40 bis 100 EGE	- 249	35	225
		Großbetriebe über 100 EGE	67	90	242
	Pflanzen- und Viehverbund	Kleinbetriebe 0 bis unter 40 EGE	- 654	66	168
		Mittelbetriebe 40 bis 100 EGE	- 136	78	171
		Großbetriebe über 100 EGE	68	112	152
Dresden	Ackerbau	Kleinbetriebe 0 bis unter 40 EGE	- 497	100	111
		Mittelbetriebe 40 bis 100 EGE	- 22	112	78
		Großbetriebe über 100 EGE	107	148	67
	Milchvieh	Kleinbetriebe 0 bis unter 40 EGE	- 583	65	236
		Mittelbetriebe 40 bis 100 EGE	- 100	77	232
		Großbetriebe über 100 EGE	139	101	198
	Sonstiger Futterbau	Kleinbetriebe 0 bis unter 40 EGE	- 543	56	158
		Mittelbetriebe 40 bis 100 EGE	- 146	47	139
		Großbetriebe über 100 EGE	71	55	149
	Veredlung	Kleinbetriebe 0 bis unter 40 EGE	- 890	95	354
		Mittelbetriebe 40 bis 100 EGE	- 121	95	369
		Großbetriebe über 100 EGE	231	95	323
	Pflanzenbau- Verbund	Kleinbetriebe 0 bis unter 40 EGE	- 618	101	153
		Mittelbetriebe 40 bis 100 EGE	- 177	85	143
		Großbetriebe über 100 EGE	74	113	142
	Vieh-Verbund	Kleinbetriebe 0 bis unter 40 EGE	- 830	96	188
		Mittelbetriebe 40 bis 100 EGE	- 250	35	225
		Großbetriebe über 100 EGE	66	89	241
	Pflanzen- und Viehverbund	Kleinbetriebe 0 bis unter 40 EGE	- 662	64	165
		Mittelbetriebe 40 bis 100 EGE	- 138	76	169
		Großbetriebe über 100 EGE	67	110	150
Leipzig	Ackerbau	Kleinbetriebe 0 bis unter 40 EGE	- 488	102	113
		Mittelbetriebe 40 bis 100 EGE	- 22	115	79
		Großbetriebe über 100 EGE	109	151	68
	Milchvieh	Kleinbetriebe 0 bis unter 40 EGE	- 566	68	243
		Mittelbetriebe 40 bis 100 EGE	- 97	80	240
		Großbetriebe über 100 EGE	144	104	205
	Sonstiger Futterbau	Kleinbetriebe 0 bis unter 40 EGE	- 540	56	158
		Mittelbetriebe 40 bis 100 EGE	- 145	47	140
		Großbetriebe über 100 EGE	73	56	151
	Veredlung	Kleinbetriebe 0 bis unter 40 EGE	- 889	95	354
		Mittelbetriebe 40 bis 100 EGE	- 120	95	369
		Großbetriebe über 100 EGE	232	95	323
	Pflanzenbau- Verbund	Kleinbetriebe 0 bis unter 40 EGE	- 613	102	154
		Mittelbetriebe 40 bis 100 EGE	- 176	86	144
		Großbetriebe über 100 EGE	74	114	143
	Vieh-Verbund	Kleinbetriebe 0 bis unter 40 EGE	- 823	97	190
		Mittelbetriebe 40 bis 100 EGE	- 248	36	226
		Großbetriebe über 100 EGE	67	91	243
	Pflanzen- und Viehverbund	Kleinbetriebe 0 bis unter 40 EGE	- 658	65	166
		Mittelbetriebe 40 bis 100 EGE	- 137	78	171
		Großbetriebe über 100 EGE	68	113	151

1	2	3	4	5	6
Region Land/Reg.bezirk	Nutzungsart Betriebsform	Betriebsgröße	Reinge- winn EUR/ha LF	Pacht- preis EUR/ha LF	Wert für das Besatzkapital EUR/ha LF
Dessau	Ackerbau	Kleinbetriebe 0 bis unter 40 EGE	- 506	99	109
		Mittelbetriebe 40 bis 100 EGE	- 23	111	76
		Großbetriebe über 100 EGE	104	146	65
	Milchvieh	Kleinbetriebe 0 bis unter 40 EGE	- 595	65	232
		Mittelbetriebe 40 bis 100 EGE	- 102	76	228
		Großbetriebe über 100 EGE	136	100	195
	Sonstiger Futterbau	Kleinbetriebe 0 bis unter 40 EGE	- 573	54	149
		Mittelbetriebe 40 bis 100 EGE	- 155	44	131
		Großbetriebe über 100 EGE	68	53	141
	Veredlung	Kleinbetriebe 0 bis unter 40 EGE	- 876	95	359
		Mittelbetriebe 40 bis 100 EGE	- 118	95	376
		Großbetriebe über 100 EGE	234	95	327
	Pflanzenbau- Verbund	Kleinbetriebe 0 bis unter 40 EGE	- 625	102	151
		Mittelbetriebe 40 bis 100 EGE	- 179	85	142
		Großbetriebe über 100 EGE	72	112	139
	Vieh-Verbund	Kleinbetriebe 0 bis unter 40 EGE	- 840	95	186
		Mittelbetriebe 40 bis 100 EGE	- 249	35	225
		Großbetriebe über 100 EGE	66	90	241
	Pflanzen- und Viehverbund	Kleinbetriebe 0 bis unter 40 EGE	- 665	63	165
		Mittelbetriebe 40 bis 100 EGE	- 138	75	170
		Großbetriebe über 100 EGE	67	109	150
Halle	Ackerbau	Kleinbetriebe 0 bis unter 40 EGE	- 477	105	115
		Mittelbetriebe 40 bis 100 EGE	- 21	118	81
		Großbetriebe über 100 EGE	112	156	70
	Milchvieh	Kleinbetriebe 0 bis unter 40 EGE	- 598	64	230
		Mittelbetriebe 40 bis 100 EGE	- 102	75	226
		Großbetriebe über 100 EGE	136	99	193
	Sonstiger Futterbau	Kleinbetriebe 0 bis unter 40 EGE	- 564	55	152
		Mittelbetriebe 40 bis 100 EGE	- 152	45	134
		Großbetriebe über 100 EGE	69	54	143
	Veredlung	Kleinbetriebe 0 bis unter 40 EGE	- 873	95	360
		Mittelbetriebe 40 bis 100 EGE	- 118	95	377
		Großbetriebe über 100 EGE	235	95	328
	Pflanzenbau- Verbund	Kleinbetriebe 0 bis unter 40 EGE	- 609	103	155
		Mittelbetriebe 40 bis 100 EGE	- 175	86	145
		Großbetriebe über 100 EGE	75	116	144
	Vieh-Verbund	Kleinbetriebe 0 bis unter 40 EGE	- 835	97	187
		Mittelbetriebe 40 bis 100 EGE	- 248	35	226
		Großbetriebe über 100 EGE	67	90	242
	Pflanzen- und Viehverbund	Kleinbetriebe 0 bis unter 40 EGE	- 654	64	167
		Mittelbetriebe 40 bis 100 EGE	- 135	77	172
		Großbetriebe über 100 EGE	68	111	152
Magdeburg	Ackerbau	Kleinbetriebe 0 bis unter 40 EGE	- 500	100	110
		Mittelbetriebe 40 bis 100 EGE	- 22	112	77
		Großbetriebe über 100 EGE	107	147	67
	Milchvieh	Kleinbetriebe 0 bis unter 40 EGE	- 611	62	225
		Mittelbetriebe 40 bis 100 EGE	- 105	73	221
		Großbetriebe über 100 EGE	132	96	189
	Sonstiger Futterbau	Kleinbetriebe 0 bis unter 40 EGE	- 572	54	150
		Mittelbetriebe 40 bis 100 EGE	- 155	45	131
		Großbetriebe über 100 EGE	67	52	140

1	2	3	4	5	6
Region Land/Reg.bezirk	Nutzungsart Betriebsform	Betriebsgröße	Reinge- winn EUR/ha LF	Pacht- preis EUR/ha LF	Wert für das Besatzkapital EUR/ha LF
	Veredlung	Kleinbetriebe 0 bis unter 40 EGE	- 876	95	359
		Mittelbetriebe 40 bis 100 EGE	- 118	95	376
		Großbetriebe über 100 EGE	235	95	327
	Pflanzenbau- Verbund	Kleinbetriebe 0 bis unter 40 EGE	- 622	102	152
		Mittelbetriebe 40 bis 100 EGE	- 178	85	142
		Großbetriebe über 100 EGE	73	112	141
	Vieh-Verbund	Kleinbetriebe 0 bis unter 40 EGE	- 844	96	185
		Mittelbetriebe 40 bis 100 EGE	- 250	34	224
		Großbetriebe über 100 EGE	66	89	240
	Pflanzen- und Viehverbund	Kleinbetriebe 0 bis unter 40 EGE	- 664	63	165
		Mittelbetriebe 40 bis 100 EGE	- 137	74	170
		Großbetriebe über 100 EGE	67	107	150
Thüringen	Ackerbau	Kleinbetriebe 0 bis unter 40 EGE	- 469	106	117
		Mittelbetriebe 40 bis 100 EGE	- 21	119	82
		Großbetriebe über 100 EGE	114	158	72
	Milchvieh	Kleinbetriebe 0 bis unter 40 EGE	- 587	65	235
		Mittelbetriebe 40 bis 100 EGE	- 101	76	230
		Großbetriebe über 100 EGE	138	100	197
	Sonstiger Futterbau	Kleinbetriebe 0 bis unter 40 EGE	- 537	56	159
		Mittelbetriebe 40 bis 100 EGE	- 144	47	141
		Großbetriebe über 100 EGE	72	56	151
	Veredlung	Kleinbetriebe 0 bis unter 40 EGE	- 839	99	375
		Mittelbetriebe 40 bis 100 EGE	- 113	99	393
		Großbetriebe über 100 EGE	245	99	342
	Pflanzenbau- Verbund	Kleinbetriebe 0 bis unter 40 EGE	- 591	105	160
		Mittelbetriebe 40 bis 100 EGE	- 171	88	148
		Großbetriebe über 100 EGE	77	117	148
	Vieh-Verbund	Kleinbetriebe 0 bis unter 40 EGE	- 801	101	195
		Mittelbetriebe 40 bis 100 EGE	- 239	36	235
		Großbetriebe über 100 EGE	69	93	252
	Pflanzen- und Viehverbund	Kleinbetriebe 0 bis unter 40 EGE	- 632	66	173
		Mittelbetriebe 40 bis 100 EGE	- 131	79	179
		Großbetriebe über 100 EGE	70	112	157
Stadtstaaten	Ackerbau	Kleinbetriebe 0 bis unter 40 EGE	- 487	213	113
		Mittelbetriebe 40 bis 100 EGE	- 22	256	79
		Großbetriebe über 100 EGE	110	307	69
	Milchvieh	Kleinbetriebe 0 bis unter 40 EGE	- 593	155	232
		Mittelbetriebe 40 bis 100 EGE	- 102	192	228
		Großbetriebe über 100 EGE	136	225	194
	Sonstiger Futterbau	Kleinbetriebe 0 bis unter 40 EGE	- 554	117	155
		Mittelbetriebe 40 bis 100 EGE	- 150	154	136
		Großbetriebe über 100 EGE	70	238	145
	Veredlung	Kleinbetriebe 0 bis unter 40 EGE	- 965	323	326
		Mittelbetriebe 40 bis 100 EGE	- 131	368	340
		Großbetriebe über 100 EGE	214	372	298
	Pflanzenbau- Verbund	Kleinbetriebe 0 bis unter 40 EGE	- 630	188	150
		Mittelbetriebe 40 bis 100 EGE	- 180	231	141
		Großbetriebe über 100 EGE	73	284	140
	Vieh-Verbund	Kleinbetriebe 0 bis unter 40 EGE	- 874	205	179
		Mittelbetriebe 40 bis 100 EGE	- 266	251	211
		Großbetriebe über 100 EGE	62	332	226

1	2	3	4	5	6
Region Land/Reg.bezirk	Nutzungsart Betriebsform	Betriebsgröße	Reinge- winn EUR/ha LF	Pacht- preis EUR/ha LF	Wert für das Besatzkapital EUR/ha LF
	Pflanzen- und Viehverbund	Kleinbetriebe 0 bis unter 40 EGE	- 691	190	159
		Mittelbetriebe 40 bis 100 EGE	- 145	228	161
		Großbetriebe über 100 EGE	64	283	142

Anlage 15
(zu § 163 Abs. 4 und
§ 164 Abs. 2)[1]

Forstwirtschaftliche Nutzung

1	2	3	4	5	6
Land	Nutzungsart Baumartengruppe	Ertragsklasse	Reinge- winn EUR/ha	Pachtpreis EUR/ha	Wert für das Besatzkapital EUR/ha
Deutschland		I. Ertragsklasse und besser	78		
	Baumartengruppe Buche	II. Ertragsklasse	51	5,40	Anlage 15 a
		III. Ertragsklasse und schlechter	25		
		I. Ertragsklasse und besser	90		
	Baumartengruppe Eiche	II. Ertragsklasse	58	5,40	Anlage 15 a
		III. Ertragsklasse und schlechter	17		
		I. Ertragsklasse und besser	105		
	Baumartengruppe Fichte	II. Ertragsklasse	75	5,40	Anlage 15 a
		III. Ertragsklasse und schlechter	49		
		I. Ertragsklasse und besser	26		
	Baumartengruppe Kiefer	II. Ertragsklasse	11	5,40	Anlage 15 a
		III. Ertragsklasse und schlechter	11		
	übrige Fläche der forstwirtschaftlichen Nutzung		11	5,40	

[1] Anlage 15 angef. mWv 1.1.2009 durch G v. 24.12.2008 (BGBl. I S. 3018); geänd. mWv 1.1.2009 durch G v. 8.12.2010 (BGBl. I S. 1768); geänd. mWv 21.12.2022 durch G v. 16.12.2022 (BGBl. I S. 2294).

Anlage 15a
(zu § 164 Abs. 4)[1]

Forstwirtschaftliche Nutzung

Werte für das Besatzkapital nach Altersklassen in €/ha

Alters-klasse		I.	II.	III.	IV.	V.	VI.	VII.	VIII.	IX.	X.
Jahre		1–20	21–40	41–60	61–80	81–100	101–120	121–140	141–160	161–180	> 180
Buche	I. und EKL besser	32,30	32,30	39,70	61,90	99,70	147,60	179,00	167,30	167,30	167,30
Buche	II. EKL.	19,30	19,30	22,20	34,60	54,80	83,30	104,20	99,60	99,60	99,60
Buche	III. und EKL. schlechter	6,70	6,70	7,00	12,20	21,30	33,70	45,10	44,60	44,60	44,60
Eiche	I. und EKL besser	38,30	38,50	45,90	60,90	80,20	102,50	129,30	155,40	177,70	200,40
Eiche	II. EKL.	22,80	22,80	25,60	33,80	45,50	58,90	76,30	93,80	107,30	120,90
Eiche	III. und EKL. schlechter	5,40	5,40	5,50	8,00	12,00	17,20	23,00	29,90	37,50	44,20
Fichte	I. und EKL besser	45,20	61,50	112,50	158,60	186,20	186,20	186,20	186,20	186,20	186,20
Fichte	II. EKL.	30,70	35,90	68,30	102,60	123,80	133,60	133,60	133,60	133,60	133,60
Fichte	III. und EKL. schlechter	18,40	18,90	34,90	59,20	77,70	88,40	88,40	88,40	88,40	88,40
Kiefer	I. und EKL besser	7,10	7,70	15,20	23,10	29,10	34,40	37,60	37,60	37,60	37,60
Kiefer	II. EKL.	0,00	0,10	2,40	6,10	9,00	11,30	12,70	12,70	12,70	12,70
Kiefer	III. und EKL. schlechter	0,00	0,00	1,10	5,20	8,80	11,20	12,70	12,70	12,70	12,70

[1] Anlage 15a angef. mWv 1.1.2009 durch G v. 24.12.2008 (BGBl. I S. 3018).

Anlage 16
(zu § 163 Abs. 5 und
§ 164 Abs. 2 und 4)[1]

Weinbauliche Nutzung

1	2	3	4	5
Land	Nutzungsart Verwertungsform	Reingewinn EUR/ha LF	Pachtpreis EUR/ha LF	Wert für das Besatzkapital EUR/ha LF
Deutschland	Flaschenweinerzeuger Fassweinerzeuger Traubenerzeuger	- 193 - 759 -1 252	970 589 859	1 522 588 509

Anlage 17
(zu § 163 Abs. 6 und
§ 164 Abs. 2 und 4)[1]

Gärtnerische Nutzung

1	2	3	4	5	6
Land	Nutzungsteil	Nutzungsart	Reingewinn EUR/ha LF	Pachtpreis EUR/ha LF	Wert für das Besatzkapital EUR/ha LF
Deutschland	Gemüsebau	Freilandflächen Flächen unter Glas und Kunststoffen	-1 365 6 098	657 2 414	484 2 750
	Blumen- und Zierpflanzenbau	Freilandflächen Flächen unter Glas und Kunststoffen	- 108 -6 640	1 044 5 516	1 393 6 895
	Baumschulen		894	223	2 359
	Obstbau		- 379	325	426

Anlage 18
(zu § 163 Abs. 7 und
§ 164 Abs. 2 und 4)[1]

Sondernutzungen

1	2	3	4	5
Land	Nutzungen	Reingewinn EUR/ha LF	Pachtpreis EUR/ha LF	Wert für das Besatzkapital Euro/ha LF
Deutschland	Hopfen Spargel Tabak	- 414 -1 365 - 820	492 657 492	348 612 129

[1] Anlage 16–18 angef. mWv 1.1.2009 durch G v. 24.12.2008 (BGBl. I S. 3018).

Umrechnungsschlüssel für
Tierbestände in Vieheinheiten nach dem Futterbedarf[1]

Tierart	1 Tier
Alpakas	0,08 VE
Damtiere	
Damtiere unter 1 Jahr	0,04 VE
Damtiere 1 Jahr und älter	0,08 VE
Geflügel	
Legehennen (einschließlich einer normalen Aufzucht zur Ergänzung des Bestandes)	0,02 VE
Legehennen aus zugekauften Junghennen	0,0183 VE
Zuchtputen, -enten, -gänse	0,04 VE
Kaninchen	
Zucht- und Angorakaninchen	0,025 VE
Lamas	0,1 VE
Pferde	
Pferde unter 3 Jahren und Kleinpferde	0,7 VE
Pferde 3 Jahre und älter	1,1 VE
Rindvieh	
Kälber und Jungvieh unter 1 Jahr (einschließlich Mastkälber, Starterkälber und Fresser)	0,3 VE
Jungvieh 1 bis 2 Jahre alt	0,7 VE
Färsen (älter als 2 Jahre)	1 VE
Masttiere (Mastdauer weniger als 1 Jahr)	1 VE
Kühe (einschließlich Mutter- und Ammenkühe mit den dazugehörigen Saugkälbern)	1 VE
Zuchtbullen, Zugochsen	1,2 VE
Schafe	
Schafe unter 1 Jahr einschließlich Mastlämmer	0,05 VE
Schafe 1 Jahr und älter	0,1 VE

---

[1] Zur Anwendung siehe § 205 Abs. 4.

Tierart	1 Tier
Schweine	
Zuchtschweine (einschließlich Jungzuchtschweine über etwa 90 kg)	0,33 VE
Strauße	
Zuchttiere 14 Monate und älter	0,32 VE
Jungtiere/Masttiere unter 14 Monate	0,25 VE
Ziegen	0,08 VE
Geflügel	
Jungmasthühner (bis zu 6 Durchgänge je Jahr – schwere Tiere) (mehr als 6 Durchgänge je Jahr – leichte Tiere)	0,0017 VE 0,0013 VE
Junghennen	0,0017 VE
Mastenten	0,0033 VE
Mastenten in der Aufzuchtphase	0,0011 VE
Mastenten in der Mastphase	0,0022 VE
Mastputen aus selbst erzeugten Jungputen	0,0067 VE
Mastputen aus zugekauften Jungputen	0,005 VE
Jungputen (bis etwa 8 Wochen)	0,0017 VE
Mastgänse	0,0067 VE
Kaninchen	
Mastkaninchen	0,0025 VE
Rindvieh	
Masttiere (Mastdauer 1 Jahr und mehr)	1 VE
Schweine	
Leichte Ferkel (bis etwa 12 kg)	0,01 VE
Ferkel (über etwa 12 bis etwa 20 kg)	0,02 VE
Schwere Ferkel und leichte Läufer (über etwa 20 bis etwa 30 kg)	0,04 VE
Läufer (über etwa 30 bis etwa 45 kg)	0,06 VE
Schwere Läufer (über etwa 45 bis etwa 60 kg)	0,08 VE
Mastschweine	0,16 VE
Jungzuchtschweine bis etwa 90 kg	0,12 VE

Anlage 20
(zu § 169 Abs. 5)[1]

Gruppen der Zweige des Tierbestands
nach der Flächenabhängigkeit

1. Mehr flächenabhängige Zweige des Tierbestands

   Pferdehaltung,
   Pferdezucht,
   Schafzucht,
   Schafhaltung,
   Rindviehzucht,
   Milchviehhaltung,
   Rindviehmast.

2. Weniger flächenabhängige Zweige des Tierbestands

   Schweinezucht,
   Schweinemast,
   Hühnerzucht,
   Entenzucht,
   Gänsezucht,
   Putenzucht,
   Legehennenhaltung,
   Junghühnermast,
   Entenmast,
   Gänsemast,
   Putenmast.

---

[1] Anlage 20 angef. mWv 1.1.2009 durch G v. 24.12.2008 (BGBl. I S. 3018).

Anlage 21
(zu § 185 Absatz 3 Satz 1, § 193 Absatz 4 Satz 1,
§ 194 Absatz 5 Satz 1 und § 195 Absatz 3 Satz 1
und Absatz 7 Satz 1)[1]

Vervielfältiger

Restnut-zungs-dauer; Rest-lauf-zeit des Erbbau-rechts bzw. des Nutzungs-rechts (in Jahren)	Zinssatz										
	3%	3,5%	4%	4,5%	5%	5,5%	6%	6,5%	7%	7,5%	8%
1	0,97	0,97	0,96	0,96	0,95	0,95	0,94	0,94	0,93	0,93	0,93
2	1,91	1,90	1,89	1,87	1,86	1,85	1,83	1,82	1,81	1,80	1,78
3	2,83	2,80	2,78	2,75	2,72	2,70	2,67	2,65	2,62	2,60	2,58
4	3,72	3,67	3,63	3,59	3,55	3,51	3,47	3,43	3,39	3,35	3,31
5	4,58	4,52	4,45	4,39	4,33	4,27	4,21	4,16	4,10	4,05	3,99
6	5,42	5,33	5,24	5,16	5,08	5,00	4,92	4,84	4,77	4,69	4,62
7	6,23	6,11	6,00	5,89	5,79	5,68	5,58	5,48	5,39	5,30	5,21
8	7,02	6,87	6,73	6,60	6,46	6,33	6,21	6,09	5,97	5,86	5,75
9	7,79	7,61	7,44	7,27	7,11	6,95	6,80	6,66	6,52	6,38	6,25
10	8,53	8,32	8,11	7,91	7,72	7,54	7,36	7,19	7,02	6,86	6,71
11	9,25	9,00	8,76	8,53	8,31	8,09	7,89	7,69	7,50	7,32	7,14
12	9,95	9,66	9,39	9,12	8,86	8,62	8,38	8,16	7,94	7,74	7,54
13	10,63	10,30	9,99	9,68	9,39	9,12	8,85	8,60	8,36	8,13	7,90
14	11,30	10,92	10,56	10,22	9,90	9,59	9,29	9,01	8,75	8,49	8,24
15	11,94	11,52	11,12	10,74	10,38	10,04	9,71	9,40	9,11	8,83	8,56
16	12,56	12,09	11,65	11,23	10,84	10,46	10,11	9,77	9,45	9,14	8,85
17	13,17	12,65	12,17	11,71	11,27	10,86	10,48	10,11	9,76	9,43	9,12
18	13,75	13,19	12,66	12,16	11,69	11,25	10,83	10,43	10,06	9,71	9,37
19	14,32	13,71	13,13	12,59	12,09	11,61	11,16	10,73	10,34	9,96	9,60
20	14,88	14,21	13,59	13,01	12,46	11,95	11,47	11,02	10,59	10,19	9,82
21	15,42	14,70	14,03	13,40	12,82	12,28	11,76	11,28	10,84	10,41	10,02
22	15,94	15,17	14,45	13,78	13,16	12,58	12,04	11,54	11,06	10,62	10,20
23	16,44	15,62	14,86	14,15	13,49	12,88	12,30	11,77	11,27	10,81	10,37

[1] Anlage 21 angef. mWv 1.1.2009 durch G v. 24.12.2008 (BGBl. I S. 3018); Überschr. ge-änd. durch G v. 16.12.2022 (BGBl. I S. 2294), zur Anwendung siehe § 265 Abs. 14.

Restnutzungsdauer; Restlaufzeit des Erbbaurechts bzw. des Nutzungsrechts (in Jahren)	Zinssatz										
	3%	3,5%	4%	4,5%	5%	5,5%	6%	6,5%	7%	7,5%	8%
24	16,94	16,06	15,25	14,50	13,80	13,15	12,55	11,99	11,47	10,98	10,53
25	17,41	16,48	15,62	14,83	14,09	13,41	12,78	12,20	11,65	11,15	10,67
26	17,88	16,89	15,98	15,15	14,38	13,66	13,00	12,39	11,83	11,30	10,81
27	18,33	17,29	16,33	15,45	14,64	13,90	13,21	12,57	11,99	11,44	10,94
28	18,76	17,67	16,66	15,74	14,90	14,12	13,41	12,75	12,14	11,57	11,05
29	19,19	18,04	16,98	16,02	15,14	14,33	13,59	12,91	12,28	11,70	11,16
30	19,60	18,39	17,29	16,29	15,37	14,53	13,76	13,06	12,41	11,81	11,26
31	20,00	18,74	17,59	16,54	15,59	14,72	13,93	13,20	12,53	11,92	11,35
32	20,39	19,07	17,87	16,79	15,80	14,90	14,08	13,33	12,65	12,02	11,43
33	20,77	19,39	18,15	17,02	16,00	15,08	14,23	13,46	12,75	12,11	11,51
34	21,13	19,70	18,41	17,25	16,19	15,24	14,37	13,58	12,85	12,19	11,59
35	21,49	20,00	18,66	17,46	16,37	15,39	14,50	13,69	12,95	12,27	11,65
36	21,83	20,29	18,91	17,67	16,55	15,54	14,62	13,79	13,04	12,35	11,72
37	22,17	20,57	19,14	17,86	16,71	15,67	14,74	13,89	13,12	12,42	11,78
38	22,49	20,84	19,37	18,05	16,87	15,80	14,85	13,98	13,19	12,48	11,83
39	22,81	21,10	19,58	18,23	17,02	15,93	14,95	14,06	13,26	12,54	11,88
40	23,11	21,36	19,79	18,40	17,16	16,05	15,05	14,15	13,33	12,59	11,92
41	23,41	21,60	19,99	18,57	17,29	16,16	15,14	14,22	13,39	12,65	11,97
42	23,70	21,83	20,19	18,72	17,42	16,26	15,22	14,29	13,45	12,69	12,01
43	23,98	22,06	20,37	18,87	17,55	16,36	15,31	14,36	13,51	12,74	12,04
44	24,25	22,28	20,55	19,02	17,66	16,46	15,38	14,42	13,56	12,78	12,08
45	24,52	22,50	20,72	19,16	17,77	16,55	15,46	14,48	13,61	12,82	12,11
46	24,78	22,70	20,88	19,29	17,88	16,63	15,52	14,54	13,65	12,85	12,14
47	25,02	22,90	21,04	19,41	17,98	16,71	15,59	14,59	13,69	12,89	12,16
48	25,27	23,09	21,20	19,54	18,08	16,79	15,65	14,64	13,73	12,92	12,19
49	25,50	23,28	21,34	19,65	18,17	16,86	15,71	14,68	13,77	12,95	12,21
50	25,73	23,46	21,48	19,76	18,26	16,93	15,76	14,72	13,80	12,97	12,23
51	25,95	23,63	21,62	19,87	18,34	17,00	15,81	14,76	13,83	13,00	12,25
52	26,17	23,80	21,75	19,97	18,42	17,06	15,86	14,80	13,86	13,02	12,27

Restnut-zungs-dauer; Rest-lauf-zeit des Erbbau-rechts bzw. des Nutzungs-rechts (in Jahren)	Zinssatz										
	3%	3,5%	4%	4,5%	5%	5,5%	6%	6,5%	7%	7,5%	8%
53	26,37	23,96	21,87	20,07	18,49	17,12	15,91	14,84	13,89	13,04	12,29
54	26,58	24,11	21,99	20,16	18,57	17,17	15,95	14,87	13,92	13,06	12,30
55	26,77	24,26	22,11	20,25	18,63	17,23	15,99	14,90	13,94	13,08	12,32
56	26,97	24,41	22,22	20,33	18,70	17,28	16,03	14,93	13,96	13,10	12,33
57	27,15	24,55	22,33	20,41	18,76	17,32	16,06	14,96	13,98	13,12	12,34
58	27,33	24,69	22,43	20,49	18,82	17,37	16,10	14,99	14,00	13,13	12,36
59	27,51	24,82	22,53	20,57	18,88	17,41	16,13	15,01	14,02	13,15	12,37
60	27,68	24,94	22,62	20,64	18,93	17,45	16,16	15,03	14,04	13,16	12,38
61	27,84	25,07	22,71	20,71	18,98	17,49	16,19	15,05	14,06	13,17	12,39
62	28,00	25,19	22,80	20,77	19,03	17,52	16,22	15,07	14,07	13,18	12,39
63	28,16	25,30	22,89	20,83	19,08	17,56	16,24	15,09	14,08	13,19	12,40
64	28,31	25,41	22,97	20,89	19,12	17,59	16,27	15,11	14,10	13,20	12,41
65	28,45	25,52	23,05	20,95	19,16	17,62	16,29	15,13	14,11	13,21	12,42
66	28,60	25,62	23,12	21,01	19,20	17,65	16,31	15,14	14,12	13,22	12,42
67	28,73	25,72	23,19	21,06	19,24	17,68	16,33	15,16	14,13	13,23	12,43
68	28,87	25,82	23,26	21,11	19,28	17,70	16,35	15,17	14,14	13,24	12,43
69	29,00	25,91	23,33	21,16	19,31	17,73	16,37	15,19	14,15	13,24	12,44
70	29,12	26,00	23,39	21,20	19,34	17,75	16,38	15,20	14,16	13,25	12,44
71	29,25	26,09	23,46	21,25	19,37	17,78	16,40	15,21	14,17	13,25	12,45
72	29,37	26,17	23,52	21,29	19,40	17,80	16,42	15,22	14,18	13,26	12,45
73	29,48	26,25	23,57	21,33	19,43	17,82	16,43	15,23	14,18	13,27	12,45
74	29,59	26,33	23,63	21,37	19,46	17,84	16,44	15,24	14,19	13,27	12,46
75	29,70	26,41	23,68	21,40	19,48	17,85	16,46	15,25	14,20	13,27	12,46
76	29,81	26,48	23,73	21,44	19,51	17,87	16,47	15,26	14,20	13,28	12,46
77	29,91	26,55	23,78	21,47	19,53	17,89	16,48	15,26	14,21	13,28	12,47
78	30,01	26,62	23,83	21,50	19,56	17,90	16,49	15,27	14,21	13,29	12,47
79	30,11	26,68	23,87	21,54	19,58	17,92	16,50	15,28	14,22	13,29	12,47
80	30,20	26,75	23,92	21,57	19,60	17,93	16,51	15,28	14,22	13,29	12,47
81	30,29	26,81	23,96	21,59	19,62	17,94	16,52	15,29	14,23	13,30	12,48

Restnut-zungs-dauer; Rest-lauf-zeit des Erbbau-rechts bzw. des Nutzungs-rechts (in Jahren)	Zinssatz										
	3%	3,5%	4%	4,5%	5%	5,5%	6%	6,5%	7%	7,5%	8%
82	30,38	26,87	24,00	21,62	19,63	17,96	16,53	15,30	14,23	13,30	12,48
83	30,47	26,93	24,04	21,65	19,65	17,97	16,53	15,30	14,23	13,30	12,48
84	30,55	26,98	24,07	21,67	19,67	17,98	16,54	15,31	14,24	13,30	12,48
85	30,63	27,04	24,11	21,70	19,68	17,99	16,55	15,31	14,24	13,30	12,48
86	30,71	27,09	24,14	21,72	19,70	18,00	16,56	15,32	14,24	13,31	12,48
87	30,79	27,14	24,18	21,74	19,71	18,01	16,56	15,32	14,25	13,31	12,48
88	30,86	27,19	24,21	21,76	19,73	18,02	16,57	15,32	14,25	13,31	12,49
89	30,93	27,23	24,24	21,78	19,74	18,03	16,57	15,33	14,25	13,31	12,49
90	31,00	27,28	24,27	21,80	19,75	18,03	16,58	15,33	14,25	13,31	12,49
91	31,07	27,32	24,30	21,82	19,76	18,04	16,58	15,33	14,26	13,31	12,49
92	31,14	27,37	24,32	21,83	19,78	18,05	16,59	15,34	14,26	13,32	12,49
93	31,20	27,41	24,35	21,85	19,79	18,06	16,59	15,34	14,26	13,32	12,49
94	31,26	27,45	24,37	21,87	19,80	18,06	16,60	15,34	14,26	13,32	12,49
95	31,32	27,48	24,40	21,88	19,81	18,07	16,60	15,35	14,26	13,32	12,49
96	31,38	27,52	24,42	21,90	19,82	18,08	16,60	15,35	14,26	13,32	12,49
97	31,44	27,56	24,44	21,91	19,82	18,08	16,61	15,35	14,27	13,32	12,49
98	31,49	27,59	24,46	21,92	19,83	18,09	16,61	15,35	14,27	13,32	12,49
99	31,55	27,62	24,49	21,94	19,84	18,09	16,61	15,35	14,27	13,32	12,49
100	31,60	27,66	24,50	21,95	19,85	18,10	16,62	15,36	14,27	13,32	12,49

In den Fällen anderer Zinssätze der Gutachterausschüsse ist der Vervielfältiger nach folgender Formel zu bilden:

$$V \text{ (Vervielfältiger)} = \frac{1}{q^n} \times \frac{q^n - 1}{q - 1}$$

q = Zinsfaktor = 1 + p : 100

p = Zinssatz

n = Restnutzungsdauer/Restlaufzeit

Anlage 22
(zu § 185 Absatz 3 Satz 3,
§ 190 Absatz 6 Satz 1 und 2)[1]

Gesamtnutzungsdauer

Ein- und Zweifamilienhäuser	80	Jahre
Mietwohngrundstücke, Mehrfamilienhäuser	80	Jahre
Wohnungseigentum	80	Jahre

Geschäftsgrundstücke, gemischt genutzte Grundstücke und sonstige bebaute Grundstücke:

Gemischt genutzte Grundstücke (Wohnhäuser mit Mischnutzung)	80	Jahre
Museen, Theater, Sakralbauten, Friedhofsgebäude	70	Jahre
Bürogebäude/Verwaltungsgebäude	60	Jahre
Banken und ähnliche Geschäftshäuser	60	Jahre
Einzelgaragen/Mehrfachgaragen	60	Jahre
Kindergärten (Kindertagesstätten), Allgemeinbildende und Berufsbildende Schulen, Hochschulen, Sonderschulen	50	Jahre
Wohnheime/Internate, Alten-/Pflegeheime	50	Jahre
Kauf-/Warenhäuser	50	Jahre
Krankenhäuser, Kliniken, Tageskliniken, Ärztehäuser	40	Jahre
Gemeindezentren, Saalbauten, Veranstaltungsgebäude, Vereinsheime	40	Jahre
Beherbergungsstätten, Hotels, Verpflegungseinrichtungen	40	Jahre
Sport-/Tennishallen, Freizeitbäder/Kur- und Heilbäder	40	Jahre
Tief-, Hoch- und Nutzfahrzeuggaragen als Einzelbauwerke, Carports	40	Jahre
Betriebs-/Werkstätten, Industrie-/Produktionsgebäude	40	Jahre
Lager-/Versandgebäude	40	Jahre
Verbrauchermärkte, Autohäuser	30	Jahre
Reithallen, ehemalige landwirtschaftliche Mehrzweckhallen, Scheunen, u. Ä.	30	Jahre

Teileigentum ist in Abhängigkeit von der baulichen Gestaltung den vorstehenden Gebäudearten zuzuordnen.

---

[1] Anlage 22 angef. mWv 1.1.2009 durch G v. 24.12.2008 (BGBl. I S. 3018) und neu gef. durch G v. 2 11. 2015 (BGBl. I S. 1834), zur Anwendung siehe § 205 Abs. 10; geänd. durch G v. 16.12.2022 (BGBl. I S. 2294), zur Anwendung siehe § 265 Abs. 14.

Bewirtschaftungskosten

I. Bewirtschaftungskosten für Wohnnutzung	
1. Verwaltungskosten (Basiswerte)	
jährlich je Wohnung	230 Euro
jährlich je Garage oder ähnlichen Einstellplatz	30 Euro
2. Instandhaltungsksoten (Basiswerte)	
jährlich je Quadratmeter Wohnfläche	9 Euro
jährlich je Garage oder ähnlichen Einstellplatz	68 Euro
3. Mietausfallwagnis	
jährliche Rohertrag	2 Prozent
II. Bewirtschaftungskosten für gewerbliche Nutzung	
1. Verwaltungskosten	
jährlicher Rohertrag	3 Prozent
2. Instandhaltungskosten	
jährlich je Quadratmeter Nutzfläche (alle Gebäudearten der Anlage 24, Teil II., mit Ausnahme der nachfolgend genannten Gebäudearten)	100 Prozent der Instandhaltungskosten je Quadratmeter Wohnfläche gemäß Nummer I.2
jährlich je Quadratmeter Nutzfläche (Gebäudeart 13 der Anlage 24, Teil II.)	50 Prozent der Instandhaltungskosten je Quadratmeter Wohnfläche gemäß Nummer I.2
jährlich je Quadratmeter Nutzfläche (Gebäudearten 15 bis 16 und 18 der Anlage 24, Teil II.)	30 Prozent der Instandhaltungskosten je Quadratmeter Wohnfläche gemäß Nummer I.2
3. Mietausfallwagnis	
jährlicher Rohertrag	4 Prozent

Die Anpassung der Basiswerte nach den Nummern I.1 und I.2 erfolgt jährlich mit dem Prozentsatz, um den sich der vom Statistischen Bundesamt festgestellte Verbraucherpreisindex für Deutschland für den Monat Oktobger 2001 gegenüber demjenigen für den Monat Oktober des Jahres, das dem Stichtag der Ermittlung des Liegenschaftszinsatzes vorausgeht, erhöht oder verringert hat. Die Werte für die Instandhaltungskosten pro Quadratmeter sind auf eine Nachkommastelle und bei den Instandhaltungskosten pro Garage oder ähnlichem Einstellplatz sowie bei Verwaltungskosten kaufmännisch auf volle Euro zu runden.

---

[1] Anlage 23 und 24 angef. mWv 1.1.2009 durch G v. 24.12.2008 (BGBl. I S. 3018); Anlage 23 neu gef. durch G v. 16.12.2022 (BGBl. I S. 2294), zur Anwendung siehe § 265 Abs. 14.

Anlage 24
(zu § 190 Absatz 1 Satz 3 und Absatz 2 und Anlage 23)[1] · [2]

Regelherstellungskosten

I. Begriff der Brutto–Grundfläche (BGF)

1. Die BGF ist die Summe der bezogen auf die jeweilige Gebäudeart marktüblich nutzbaren Grundflächen aller Grundrissebenen eines Bauwerks. In Anlehnung an die DIN 277-1:2005-02 sind bei den Grundflächen folgende Bereiche zu unterscheiden:
   Bereich a: überdeckt und allseitig in voller Höhe umschlossen,
   Bereich b: überdeckt, jedoch nicht allseitig in voller Höhe umschlossen,
   Bereich c: nicht überdeckt.
   Für die Anwendung der Regelherstellungskosten (RHK) sind im Rahmen der Ermittlung der BGF nur die Grundflächen der Bereiche a und b zugrunde zu legen. Balkone, auch wenn sie überdeckt sind, sind dem Bereich c zuzuordnen.
   Für die Ermittlung der BGF sind die äußeren Maße der Bauteile einschließlich Bekleidung, z.B. Putz und Außenschalen mehrschaliger Wandkonstruktionen, in Höhe der Bodenbelagsoberkanten anzusetzen.
2. Nicht zur BGF gehören z.B. Flächen von Spitzböden und Kriechkellern, Flächen, die ausschließlich der Wartung, Inspektion und Instandsetzung von Baukonstruktionen und technischen Anlagen dienen sowie Flächen unter konstruktiven Hohlräumen, z.B. über abgehängten Decken.

---

[1] Anlage 23 und 24 angef. mWv 1.1.2009 durch G v. 24.12.2008 (BGBl. I S. 3018); Anlage 23 neu gef. durch G v. 16.12.2022 (BGBl. I S. 2294), zur Anwendung siehe § 265 Abs. 14.
[2] Anlage 24 neu gef. durch G v. 2.11.2015 (BGBl. I S. 1834); zur Anwendung siehe § 265 Abs. 10; Überschr. geänd. durch G v. 16.12.2022 (BGBl. I S. 2294), zur Anwendung siehe § 265 Abs. 14.

II. Regelherstellungskosten (RHK)

Regelherstellungskosten

auf Grundlage der Normalherstellungskosten 2010 (NHK 2010) in Euro/m² BGF einschließlich Baunebenkosten und Umsatzsteuer für die jeweilige Gebäudeart (Kostenstand 2010)

1–3	Ein- und Zweifamilienhäuser					
Keller- und Erdgeschoss				Standardstufe		
		1	2	3	4	5
	Dachgeschoss ausgebaut					
1.01	freistehende Einfamilienhäuser	655	725	835	1005	1260
1.011	freistehende Zweifamilienhäuser[1]	688	761	877	1055	1323
2.01	Doppel- und Reihenendhäuser	615	685	785	945	1180
3.01	Reihenmittelhäuser	575	640	735	885	1105
	Dachgeschoss nicht ausgebaut					
1.02	freistehende Einfamilienhäuser	545	605	695	840	1050
1.021	freistehende Zweifamilienhäuser[1]	572	635	730	882	1103
2.02	Doppel- und Reihenendhäuser	515	570	655	790	985
3.02	Reihenmittelhäuser	480	535	615	740	925
	Flachdach oder flach geneigtes Dach					
1.03	freistehende Einfamilienhäuser	705	785	900	1085	1360
1.031	freistehende Zweifamilienhäuser[1]	740	824	945	1139	1428
2.03	Doppel- und Reihenendhäuser	665	735	845	1020	1275
3.03	Reihenmittelhäuser	620	690	795	955	1195

(Fortsetzung nächstes Blatt)

[1] [Amtl. Anm.:] ermittelt mit Korrekturfaktor 1,05 bezogen auf die Regelherstellungskosten für freistehende Einfamilienhäuser.

Keller-, Erd- und Obergeschoss	Standardstufe				
	1	2	3	4	5
Dachgeschoss ausgebaut					
1.11 freistehende Einfamilienhäuser	655	725	835	1005	1260
1.111 freistehende Zweifamilienhäuser¹⁾	688	761	877	1055	1323
2.11 Doppel- und Reihenendhäuser	615	685	785	945	1180
3.11 Reihenmittelhäuser	575	640	735	885	1105
Dachgeschoss nicht ausgebaut					
1.12 freistehende Einfamilienhäuser	570	635	730	880	1100
1.121 freistehende Zweifamilienhäuser¹⁾	599	667	767	924	1155
2.12 Doppel- und Reihenendhäuser	535	595	685	825	1035
3.12 Reihenmittelhäuser	505	560	640	775	965
Flachdach oder flach geneigtes Dach					
1.13 freistehende Einfamilienhäuser	665	740	850	1025	1285
1.131 freistehende Zweifamilienhäuser¹⁾	698	777	893	1076	1349
2.13 Doppel- und Reihenendhäuser	625	695	800	965	1205
3.13 Reihenmittelhäuser	585	650	750	905	1130

¹⁾ [Amtl. Anm.:] ermittelt mit Korrekturfaktor 1,05 bezogen auf die Regelherstellungskosten für freistehende Einfamilienhäuser.

Erdgeschoss, nicht unterkellert		Standardstufe				
		1	2	3	4	5
Dachgeschoss ausgebaut						
1.21	freistehende Einfamilienhäuser	790	875	1005	1215	1515
1.211	freistehende Zweifamilienhäuser[1]	830	919	1055	1276	1591
2.21	Doppel- und Reihenendhäuser	740	825	945	1140	1425
3.21	Reihenmittelhäuser	695	770	885	1065	1335
Dachgeschoss nicht ausgebaut						
1.22	freistehende Einfamilienhäuser	585	650	745	900	1125
1.221	freistehende Zweifamilienhäuser[1]	614	683	782	945	1181
2.22	Doppel- und Reihenendhäuser	550	610	700	845	1055
3.22	Reihenmittelhäuser	515	570	655	790	990
Flachdach oder flach geneigtes Dach						
1.23	freistehende Einfamilienhäuser	920	1025	1180	1420	1775
1.231	freistehende Zweifamilienhäuser[1]	966	1076	1239	1491	1864
2.23	Doppel- und Reihenendhäuser	865	965	1105	1335	1670
3.23	Reihenmittelhäuser	810	900	1035	1250	1560

[1] **[Amtl. Anm.:]** ermittelt mit Korrekturfaktor 1,05 bezogen auf die Regelherstellungskosten für freistehende Einfamilienhäuser.

Erd- und Obergeschoss, nicht unterkellert	Standardstufe				
	1	2	3	4	5
Dachgeschoss ausgebaut					
1.31　freistehende Einfamilienhäuser	720	800	920	1105	1385
1.311　freistehende Zweifamilienhäuser[1]	756	840	966	1160	1454
2.31　Doppel- und Reihenendhäuser	675	750	865	1040	1300
3.31　Reihenmittelhäuser	635	705	810	975	1215
Dachgeschoss nicht ausgebaut					
1.32　freistehende Einfamilienhäuser	620	690	790	955	1190
1.321　freistehende Zweifamilienhäuser[1]	651	725	830	1003	1250
2.32　Doppel- und Reihenendhäuser	580	645	745	895	1120
3.32　Reihenmittelhäuser	545	605	695	840	1050
Flachdach oder flach geneigtes Dach					
1.33　freistehende Einfamilienhäuser	785	870	1000	1205	1510
1.331　freistehende Zweifamilienhäuser[1]	824	914	1050	1265	1586
2.33　Doppel- und Reihenendhäuser	735	820	940	1135	1415
3.33　Reihenmittelhäuser	690	765	880	1060	1325

[1] [Amtl. Anm.:] ermittelt mit Korrekturfaktor 1,05 bezogen auf die Regelherstellungskosten für freistehende Einfamilienhäuser.

4 Wohnungseigentum und vergleichbares Teileigentum in Mehrfamilienhäusern (ohne Tiefgaragenplatz)/Mehrfamilienhäuser

Für Wohnungseigentum in Gebäuden, die wie Ein- und Zweifamilienhäuser im Sinne des § 181 Absatz 2 des Bewertungsgesetzes gestaltet sind, werden die Regelherstellungskosten der Ein- und Zweifamilienhäuser zugrunde gelegt.
Umrechnungsfaktor hinsichtlich der Brutto-Grundfläche (BGF) für Wohnungseigentum in Mehrfamilienhäusern
BGF = 1,55 × Wohnfläche

		Standardstufe			
	1	2	3	4	5
4.1 Mehrfamilienhäuser mit bis zu 6 WE	650	720	825	985	1190
4.2 Mehrfamilienhäuser mit 7 bis 20 WE	600	665	765	915	1105
4.3 Mehrfamilienhäuser mit mehr als 20 WE	590	655	755	900	1090

5–18 Gemischt genutzte Grundstücke, Geschäftsgrundstücke und sonstige bebaute Grundstücke

		Standardstufe			
	1	2	3	4	5
5.1 Gemischt genutzte Grundstücke (Wohnhäuser mit Mischnutzung)	605	675	860	1085	1375
5.2 Banken und ähnliche Geschäftshäuser mit Wohnanteil[1]	625	695	890	1375	1720
5.3 Banken und ähnliche Geschäftshäuser ohne Wohnanteil	655	730	930	1520	1900

		Standardstufe			
	1	2	3	4	5
6.1 Bürogebäude/Verwaltungsgebäude	735	815	1040	1685	1900

1) [Amtl. Anm.:] Anteil der Wohnfläche bis zu 20 Prozent.

		Standardstufe				
		1	2	3	4	5
7.1	Gemeindezentren/Vereinsheime	795	885	1130	1425	1905
7.2	Saalbauten/Veranstaltungsgebäude	955	1060	1355	1595	2085

		Standardstufe				
		1	2	3	4	5
8.1	Kindergärten	915	1020	1300	1495	1900
8.2	Allgemeinbildende Schulen, Berufsbildende Schulen, Hochschulen	1020	1135	1450	1670	2120
8.3	Sonderschulen	1115	1240	1585	1820	2315

		Standardstufe				
		1	2	3	4	5
9.1	Wohnheime/Internate	705	785	1000	1225	1425
9.2	Alten-/Pflegeheime	825	915	1170	1435	1665

		Standardstufe				
		1	2	3	4	5
10.1	Krankenhäuser/Kliniken	1210	1345	1720	2080	2765
10.2	Tageskliniken/Ärztehäuser	1115	1240	1585	1945	2255

		Standardstufe				
		1	2	3	4	5
11.1	Beherbergungsstätten/Hotels/Verpflegungseinrichtungen	975	1085	1385	1805	2595

		Standardstufe			
		1	2	3	4	5
12.1	Sporthallen (Einfeldhallen)	930	1035	1320	1670	1955
12.2	Sporthallen (Dreifeldhallen/Mehrzweckhallen)	1050	1165	1490	1775	2070
12.3	Tennishallen	710	790	1010	1190	1555
12.4	Freizeitbäder/Kur- und Heilbäder	1725	1920	2450	2985	3840

		Standardstufe			
		1	2	3	4	5
13.1	Verbrauchermärkte	510	565	720	870	1020
13.2	Kauf-/Warenhäuser	930	1035	1320	1585	1850
13.3	Autohäuser ohne Werkstatt	665	735	940	1240	1480

		Standardstufe			
		1	2	3	4	5
14.1	Einzelgaragen/Mehrfachgaragen[1]			245	485	780
14.2	Hochgaragen[2]			480	655	780
14.3	Tiefgaragen[2]			560	715	850
14.4	Nutzfahrzeuggaragen			530	680	810
14.5	Carports			190		

1) [Amtl. Anm.:] Standardstufe 1–3: Fertiggaragen; Standardstufe 4: Garagen in Massivbauweise; Standardstufe 5: individuelle Garagen in Massivbauweise mit besonderen Ausführungen wie Ziegeldach, Gründach, Bodenbeläge, Fliesen o. ä., Wasser, Abwasser und Heizung.
2) [Amtl. Anm.:] Umrechnungsfaktor hinsichtlich der Brutto-Grundfläche (BGF) für Tief- und Hochgaragen: BGF = tatsächliche Stellplatzfläche (Länge × Breite) × 1,55.

		Standardstufe			
	1	2	3	4	5
15.1	Betriebs-/Werkstätten, eingeschossig	685	760	970	1165	1430
15.2	Betriebs-/Werkstätten, mehrgeschossig ohne Hallenanteil	640	715	910	1090	1340
15.3	Betriebs-/Werkstätten, mehrgeschossig, hoher Hallenanteil	435	485	620	860	1070
15.4	Industrielle Produktionsgebäude, Massivbauweise	670	745	950	1155	1440
15.5	Industrielle Produktionsgebäude, überwiegend Skelettbauweise	495	550	700	965	1260

		Standardstufe			
	1	2	3	4	5
16.1	Lagergebäude ohne Mischnutzung, Kaltlager	245	275	350	490	640
16.2	Lagergebäude mit bis zu 25% Mischnutzung[1]	390	430	550	690	880
16.3	Lagergebäude mit mehr als 25% Mischnutzung[1]	625	695	890	1095	1340

		Standardstufe			
	1	2	3	4	5
17.1	Museen	1325	1475	1880	2295	2670
17.2	Theater	1460	1620	2070	2625	3680
17.3	Sakralbauten	1185	1315	1510	2060	2335
17.4	Friedhofsgebäude	1035	1150	1320	1490	1720

[1] **[Amtl. Anm.:]** Lagergebäude mit Mischnutzung sind Gebäude mit einem überwiegenden Anteil an Lagernutzung und einem geringeren Anteil an anderen Nutzungen wie Büro, Sozialräume, Ausstellungs- oder Verkaufsflächen etc.

		Standardstufe				
		1	2	3	4	5
18.1	Reithallen		235		260	310
18.2	ehemalige landwirtschaftliche Mehrzweckhallen, Scheunen, u. Ä.		245		270	350

19 Teileigentum
Teileigentum ist in Abhängigkeit von der baulichen Gestaltung den vorstehenden Gebäudearten zuzuordnen.

20 Auffangklausel
Regelherstellungskosten für nicht aufgeführte Gebäudearten sind aus den Regelherstellungskosten vergleichbarer Gebäudearten abzuleiten.

III. Beschreibung der Gebäudestandards

Die Beschreibung der Gebäudestandards ist beispielhaft und dient der Orientierung. Sie kann nicht alle in der Praxis auftretenden Standardmerkmale aufführen. Es müssen nicht alle aufgeführten Merkmale zutreffen. Die in der Tabelle angegebenen Jahreszahlen beziehen sich auf die im jeweiligen Zeitraum gültigen Wärmeschutzanforderungen; in Bezug auf das konkrete Bewertungsobjekt ist zu prüfen, ob von diesen Wärmeschutzanforderungen abgewichen wird. Die Beschreibung der Gebäudestandards basiert auf dem Bezugsjahr der Normalherstellungskosten (2010).

1–5.1	① 1.01–3.33	Ein- und Zweifamilienhäuser
	② 4.1–5.1	Wohnungseigentum und vergleichbares Teileigentum in Mehrfamilienhäusern (ohne Tiefgaragenplatz)/Mehrfamilienhäuser sowie gemischt genutzte Grundstücke (Wohnhäuser mit Mischnutzung)

	Standardstufe					Wägungsanteil
	1	2	3	4	5	
	nicht zeitgemäß		zeitgemäß			
	einfachst	einfach	Basis	gehoben	aufwendig	
Außenwände	Holzfachwerk, Ziegelmauerwerk; Fugenglattstrich, Putz, Verkleidung mit Faserzementplatten, Bitumenschindeln oder einfachen Kunststoffplatten; kein oder deutlich nicht zeitgemäßer Wärmeschutz (vor ca. 1980)	ein-/zweischaliges Mauerwerk, z. B. Gitterziegel oder Hohlblocksteine; verputzt und gestrichen oder Holzverkleidung; nicht zeitgemäßer Wärmeschutz (vor ca. 1995)	ein-/zweischaliges Mauerwerk, z. B. aus Leichtziegeln, Kalksandsteinen, Gasbetonsteinen; Edelputz; Wärmedämmverbundsystem oder Wärmedämmputz (nach ca. 1995)	Verblendmauerwerk, zweischalig, hinterlüftet, Vorhangfassade (z. B. Natursteinfurnier); Wärmedämmung (nach ca. 2005)	aufwendig gestaltete Fassaden mit konstruktiver Gliederung (Säulenstellungen, Erker etc.), Sichtbeton-Fertigteile, Natursteinfassade, Elemente aus Kupfer-/Eloxalblech, mehrgeschossige Glasfassaden; hochwertigste Dämmung (z. B. Passivhausstandard)	23

	Standardstufe					Wägungsanteil
	nicht zeitgemäß		Basis	zeitgemäß		
	1	2	3	4	5	
	einfachst	einfach		gehoben	aufwendig	
Dach	Dachpappe, Faserzementplatten/Wellplatten; keine bis geringe Dachdämmung	einfache Betondachsteine oder Tondachziegel, Bitumenschindeln; nicht zeitgemäße Dachdämmung (vor ca. 1995)	Faserzement-Schindeln, beschichtete Betondachsteine und Tondachziegel, Folienabdichtung; Dachdämmung (nach ca. 1995); Rinnen und Fallrohre aus Zinkblech;	glasierte Tondachziegel, Flachdachausbildung tlw. als Dachterrassen; Konstruktion in Brettschichtholz, schweres Massivflachdach; besondere Dachformen, z. B. Mansarden-, Walmdach; Aufsparrendämmung, überdurchschnittliche Dämmung (nach ca. 2005)	hochwertige Eindeckung, z. B. aus Schiefer oder Kupfer, Dachbegrünung, befahrbares Flachdach; hochwertigste Dämmung (z. B. Passivhausstandard); Rinnen und Fallrohre aus Kupfer ① aufwendig gegliederte Dachlandschaft, sichtbare Bogendachkonstruktionen	15
Fenster und Außentüren	Einfachverglasung; einfache Holztüren	Zweifachverglasung (vor ca. 1995); Haustür mit nicht zeitgemäßem Wärmeschutz (vor ca. 1995)	Zweifachverglasung (nach ca. 1995), Rollläden (manuell); Haustür mit zeitgemäßem Wärmeschutz (nach ca. 1995)	Dreifachverglasung, Sonnenschutzglas, aufwendigere Rahmen, Rollläden (elektr.); höherwertige Türanlage z. B. mit Seitenteil, besonderer Einbruchschutz	große, feststehende Fensterflächen, Spezialverglasung (Schall- und Sonnenschutz); Außentüren in hochwertigen Materialien	11

	Standardstufe					Wägungs-anteil
	nicht zeitgemäß		Basis	zeitgemäß		
	1	**2**	**3**	**4**	**5**	
	einfachst	einfach		gehoben	aufwendig	
Innenwände und -türen	Fachwerkwände, einfache Putze/Lehmputze, einfache Kalkanstriche; Füllungstüren, gestrichen, mit einfachen Beschlägen ohne Dichtungen	massive tragende Innenwände, nicht tragende Wände in Leichtbauweise (z. B. Holzständerwände mit Gipskarton), Gipsdielen; leichte Türen, Stahlzargen	nicht tragende Innenwände in massiver Ausführung bzw. mit Dämmmaterial gefüllte Ständerkonstruktionen; schwere Türen; ① Holzzargen	Sichtmauerwerk; Massivholztüren, Schiebetürelemente, Glastüren, strukurierte Türblätter ① Wandvertäfelungen (Holzpaneele)	gestaltete Wandabläufe (z. B. Pfeilervorlagen, abgesetzte oder geschwungene Wandpartien); Brandschutzverkleidung; raumhohe aufwendige Türelemente ① Vertäfelungen (Edelholz, Metall), Akkustikputz	11
Deckenkonstruktion und Treppen	Holzbalkendecken ohne Füllung, Spalierputz; Weichholztreppen in einfacher Art und Ausführung; kein Trittschallschutz	Holzbalkendecken mit Füllung, Kappendecken; Stahl- oder Hartholztreppen in einfacher Art und Ausführung ① Stahl- oder Hartholztreppen in einfacher Art und Ausführung	① Beton- und Holzbalkendecken mit Tritt- und Luftschallschutz (z. B. schwimmender Estrich); geradläufige Treppen aus Stahlbeton oder Stahl, Harfentreppe, Trittschallschutz ② Betondecken mit Tritt- und Luftschallschutz (z. B. schwimmender Estrich); einfacher Putz	① Decken mit größerer Spannweite, Deckenverkleidung (Holzpaneele/Kassetten); gewendelte Treppen aus Stahlbeton oder Stahl, Hartholztreppenanlage in besserer Art und Ausführung ② zusätzlich Deckenverkleidung	Deckenvertäfelungen (Edelholz, Metall) ① Decken mit großen Spannweiten, gegliedert; breite Stahlbeton-, Metall- oder Hartholztreppenanlage mit hochwertigem Geländer	11

	Standardstufe					Wägungs-anteil
	nicht zeitgemäß		zeitgemäß			
	1	2	3	4	5	
	einfachst	einfach	Basis	gehoben	aufwendig	
Fußböden	ohne Belag	Linoleum-, Teppich-, Laminat- und PVC-Böden einfacher Art und Ausführung	Linoleum-, Teppich-, Laminat- und PVC-Böden besserer Art und Ausführung, Fliesen, Kunststeinplatten	Natursteinplatten, Fertigparkett, hochwertige Fliesen, Terrazzobelag, hochwertige Massivholzböden auf gedämmter Unterkonstruktion	hochwertiges Parkett, hochwertige Natursteinplatten, hochwertige Edelholzböden auf gedämmter Unterkonstruktion	5
Sanitärein-richtungen	einfaches Bad mit Stand-WC; Installation auf Putz; Ölfarbenanstrich; einfache PVC-Bodenbeläge	1 Bad mit WC; Dusche oder Badewanne; einfache Wand- und Bodenfliesen, teilweise gefliest	Wand- und Bodenfliesen, raumhoch gefliest; Dusche und Badewanne; ① 1 Bad mit WC, Gäste-WC; ② 1 Bad mit WC je Wohneinheit	1–2 Bäder (② je Wohneinheit) mit zwei Waschbecken, tlw. Bidet/Urinal, Gäste-WC, bodengleiche Dusche; Wand- und Bodenfliesen; jeweils in gehobener Qualität	hochwertige Wand- und Bodenplatten (oberflächenstrukturiert, Einzel- und Flächendekors) ① mehrere großzügige, hochwertige Bäder, Gäste-WC; ② 2 und mehr Bäder je Wohneinheit	9
Heizung	Einzelöfen, Schwerkraftheizung	Fern- oder Zentralheizung, einfache Warmluftheizung, einzelne Gasaußenwandthermen, Nachtstromspeicher-, Fußbodenheizung (vor ca. 1995)	elektronisch gesteuerte Fern- oder Zentralheizung, Niedertemperatur- oder Brennwertkessel	Fußbodenheizung, Solarkollektoren für Warmwassererzeugung ① zusätzlicher Kaminanschluss	Solarkollektoren für Warmwassererzeugung und Heizung, Blockheizkraftwerk, Wärmepumpe, Hybrid-Systeme ① aufwendige zusätzliche Kaminanlage	9

	Standardstufe					Wägungs-anteil
	nicht zeitgemäß		Basis	zeitgemäß		
	1	2	3	4	5	
	einfachst	einfach		gehoben	aufwendig	
Sonstige technische Ausstattung	sehr wenige Steckdosen, Schalter und Sicherungen, kein Fehlerstromschutzschalter (FI-Schalter), Leitungen teilweise auf Putz	wenige Steckdosen, Schalter und Sicherungen	zeitgemäße Anzahl an Steckdosen und Lichtauslässen, Zählerschrank (ab ca. 1985) mit Unterverteilung und Kippsicherungen	zahlreiche Steckdosen und Lichtauslässe, hochwertige Abdeckungen, dezentrale Lüftung mit Wärmetauscher, mehrere LAN- und Fernsehanschlüsse ② Personenaufzugsanlagen	Video- und zentrale Alarmanlage, zentrale Lüftung mit Wärmetauscher, Klimaanlage, Bussystem ② aufwendige Personenaufzugsanlagen	6

5.2–17.4		
③ 5.2–6.1	Banken und ähnliche Geschäftshäuser, Bürogebäude/Verwaltungsgebäude	
④ 7.1–8.3	Gemeindezentren/Vereinsheime, Saalbauten/Veranstaltungsgebäude, Kindergärten, Schulen	
⑤ 9.1–11.1	Wohnheime, Alten-/Pflegeheime, Krankenhäuser, Tageskliniken, Beherbergungsstätten, Hotels, Verpflegungseinrichtungen	
⑥ 12.1–12.4	Sporthallen, Tennishallen, Freizeitbäder/Kur- und Heilbäder	
⑦ 13.1–13.3	Verbrauchermärkte, Kauf-/Warenhäuser, Autohäuser	
⑧ 15.1–16.3	Betriebs-/Werkstätten, Produktionsgebäude, Lagergebäude	
⑨ 17.1–17.4	Museen, Theater, Sakralbauten, Friedhofsgebäude	

	Standardstufe				
	1	2	3	4	5
	nicht zeitgemäß		zeitgemäß		
	einfachst	einfach	Basis	gehoben	aufwendig
Außenwände	Mauerwerk mit Putz oder mit Fugenglattstrich und Anstrich; einfache Wände, Holz-, Blech-, Faserzementbekleidung, Bitumenschindeln oder einfache Kunststoffplatten; kein oder deutlich nicht zeitgemäßer Wärmeschutz (vor ca. 1980)	ein-/zweischaliges Mauerwerk, z.B. Gitterziegel oder Hohlblocksteine; verputzt und gestrichen oder Holzverkleidung; einfache Metall-Sandwichelemente; nicht zeitgemäßer Wärmeschutz (vor ca. 1995)	Wärmedämmverbundsystem oder Wärmedämmputz (nach ca. 1995); ein-/zweischalige Konstruktion, z.B. Mauerwerk aus Leichtziegeln, Kalksandsteinen, Gasbetonsteinen; Edelputz; gedämmte Metall-Sandwichelemente	Verblendmauerwerk, zweischalig, hinterlüftet, Vorhangfassade (z.B. Naturschiefer); Wärmedämmung (nach ca. 2005)	Sichtbeton-Fertigteile, Natursteinfassade, Elemente aus Kupfer-/Eloxalblech, mehrgeschossige Glasfassaden; stark überdurchschnittliche Dämmung ③ ④ ⑤ ⑦ ⑨ aufwendig gestaltete Fassaden mit konstruktiver Gliederung (Säulenstellungen, Erker etc.) ⑨ Vorhangfassade aus Glas
Konstruktion⑧	Holzkonstruktion in nicht zeitgemäßer statischer Ausführung	Mauerwerk, Stahl- oder Stahlbetonkonstruktion in nicht zeitgemäßer statischer Ausführung	Stahl- und Betonfertigteile	überwiegend Betonfertigteile; große stützenfreie Spannweiten; hohe Deckenhöhen; hohe Belastbarkeit der Decken und Böden	größere stützenfreie Spannweiten; hohe Deckenhöhen; höhere Belastbarkeit der Decken und Böden

	Standardstufe				
	nicht zeitgemäß		zeitgemäß		
	1	**2**	**3**	**4**	**5**
	einfachst	einfach	Basis	gehoben	aufwendig
Dach	Dachpappe, Faserzementplatten/Wellplatten, Blecheindeckung; kein Unterdach; keine bis geringe Dachdämmung	einfache Betondachsteine oder Tondachziegel, Bitumenschindeln; nicht zeitgemäße Dachdämmung (vor ca. 1995)	Faserzement-Schindeln, beschichtete Betondachsteine und Tondachziegel, Folienabdichtung; Dachdämmung (nach ca. 1995); Rinnen und Fallrohre aus Zinkblech	besondere Dachformen; überdurchschnittliche Dämmung (nach ca. 2005) ④⑥⑦ glasierte Tondachziegel ⑧ schweres Massivflachdach ⑨ Biberschwänze	hochwertige Eindeckung z. B. aus Schiefer oder Kupfer; Dachbegrünung; aufwendig gegliederte Dachlandschaft ④⑨ befahrbares Flachdach ④ stark überdurchschnittliche Dämmung ⑤⑥⑧ hochwertigste Dämmung
Fenster- und Außentüren	Einfachverglasung; einfache Holztüren	Isolierverglasung, Zweifachverglasung (vor ca. 1995); Eingangstüren mit nicht zeitgemäßem Wärmeschutz (vor ca. 1995)	Zweifachverglasung (nach ca. 1995) ⑤ nur Wohnheime, Altenheime, Pflegeheime, Krankenhäuser und Tageskliniken: Automatik-Eingangstüren ⑨ kunstvoll gestaltetes farbiges Fensterglas, Ornamentglas	Dreifachverglasung, Sonnenschutzglas, aufwendigere Rahmen ③④⑥⑦⑧ höherwertige Türanlagen ⑤ nur Beherbergungsstätten und Verpflegungseinrichtungen: Automatik-Eingangstüren ⑨ besonders große kunstvoll gestaltete farbige Fensterflächen	große, feststehende Fensterflächen, Spezialverglasung (Schall- und Sonnenschutz) ③④⑦⑧ Außentüren in hochwertigen Materialien ⑦ Automatiktüren ⑥ Automatik-Eingangstüren ⑨ Bleiverglasung mit Schutzglas, farbige Maßfenster

	Standardstufe				
	nicht zeitgemäß		Basis	zeitgemäß	
	1	2	3	4	5
	einfachst	einfach		gehoben	aufwendig
Innenwände und -türen	Fachwerkwände, einfache Putze/Lehmputze, einfache Kalkanstriche; Füllungstüren, gestrichen, mit einfachen Beschlägen ohne Dichtungen	massive tragende Innenwände, nicht tragende Wände in Leichtbauweise (z. B. Holzständerwände mit Gipskarton), Gipsdielen; leichte Türen, Kunststoff-/Holztürblätter, Stahlzargen	④ ⑤ ⑥ ⑦ nicht tragende Innenwände in massiver Ausführung bzw. mit Dämmmaterial gefüllte Ständerkonstruktionen; ⑤ ⑥ ⑦ schwere Türen; ⑥ nicht tragende Innenwände in massiver Ausführung; schwere Türen; ④ schwere und große Türen; ⑦ nur Wohnheime, Altenheime, Pflegeheime, Krankenhäuser und Tageskliniken: Automatik-Flurzwischentüren; rollstuhlgerechte Bedienung; ⑧ Anstrich	③ ④ ⑤ ⑦ Sichtmauerwerk; ③ ④ Massivholztüren, Schiebetürelemente, Glastüren; ⑦ Innenwände für flexible Raumkonzepte (größere statische Spannweiten der Decken); ⑦ nur Beherbergungsstätten und Verpflegungseinrichtungen: Automatik-Flurzwischentüren; rollstuhlgerechte Bedienung; ⑥ rollstuhlgerechte Bedienung; ⑧ dw. gefliest, Sichtmauerwerk; Schiebetürelemente, Glastüren; ⑨ schmiedeeiserne Türen	③ ④ ⑤ ⑦ gestaltete Wandabläufe (z. B. Pfeilervorlagen, abgesetzte oder geschwungene Wandpartien); ④ Vertäfelungen (Edelholz, Metall), Akustikputz; ③ Wände aus großformatigen Glaselementen, Akustikputz, tlw. Automatiktüren, rollstuhlgerechte Bedienung; ④ raumhohe aufwendige Türelemente; tlw. Automatiktüren, rollstuhlgerechte Bedienung; ③ ⑥ ⑦ Akustikputz, raumhohe aufwendige Türelemente; ⑦ rollstuhlgerechte Bedienung, Automatiktüren; ⑧ überwiegend gefliest; Sichtmauerwerk; gestaltete Wandabläufe

	Standardstufe				
	nicht zeitgemäß		Basis	zeitgemäß	
	1	2	3	4	5
	einfachst	einfach	Basis	gehoben	aufwendig
Deckenkonstruktion und Treppen (nicht bei ⑧)1)	Weichholztreppen in einfacher Art und Ausführung; kein Trittschallschutz; ③ ④ ⑤ Holzbalkendecken ohne Füllung, Spalierputz	Stahl- oder Hartholztreppen in einfacher Art und Ausführung; ③ ④ ⑤ ⑦ Holzbalkendecken mit Füllung, Kappendecken	③ ④ ⑤ ⑦ Betondecken mit Tritt- und Luftschallschutz; einfacher Putz; ③ ④ abgehängte Decken; ⑤ ⑦ Deckenverkleidung; ⑥ Betondecke	③ höherwertige abgehängte Decken; ④ ⑤ ⑥ ⑦ Decken mit großen Spannweiten; ④ Deckenverkleidung	hochwertige breite Stahlbeton-/Metalltreppenanlage mit hochwertigem Geländer; ③ ⑦ Deckenvertäfelungen (Edelholz, Metall); ④ ⑤ ⑥ ⑦ Decken mit größeren Spannweiten
Fußböden	ohne Belag	Linoleum-, Teppich-, Laminat- und PVC-Böden einfacher Art und Ausführung; ⑥ Holzdielen	③ ④ ⑤ ⑦ Fliesen, Kunststeinplatten; ③ Linoleum- oder Teppich-Böden besserer Art und Ausführung; ⑤ ⑦ Linoleum- oder PVC-Böden besserer Art und Ausführung; ⑥ nur Sporthallen: Beton, Asphaltbeton, Estrich oder Gussasphalt auf Beton; Teppichbelag, PVC; nur Freizeitbäder/Heilbäder: Fliesenbelag ⑧ Beton ⑨ Betonwerkstein, Sandstein	③ ⑤ ⑦ Natursteinplatten, hochwertige Fliesen, Terrazzobelag, hochwertige Massivholzböden auf gedämmter Unterkonstruktion; ③ ⑦ Fertigparkett; ⑥ nur Sporthallen: hochwertigere flächenstatische Fußbodenkonstruktion, Spezialteppich mit Gummigranulatauflage; hochwertiger Schwingboden; ⑧ Estrich, Gussasphalt	③ ④ ⑤ ⑦ hochwertiges Parkett, hochwertige Natursteinplatten, hochwertige Edelholzböden auf gedämmter Unterkonstruktion; ⑥ nur Sporthallen: hochwertige flächenstatische Fußbodenkonstruktion, Spezialteppich mit Gummigranulatauflage; hochwertigster Schwingboden; nur Freizeitbäder/Heilbäder: hochwertiger Fliesenbelag und Natursteinboden; ⑧ beschichteter Beton oder Estrichboden;

1) Geänd. durch G v. 12.12.2019 (BGBl. I S. 2451).

	Standardstufe				
	nicht zeitgemäß		Basis	zeitgemäß	
	1	2	3	4	5
	einfachst	einfach	Basis	gehoben	aufwendig
Fußböden					Betonwerkstein, Verbundpflaster; ⑨ Marmor, Granit
Sanitäreinrichtungen	einfache Toilettenanlagen (Stand-WC); Installation auf Putz; Ölfarbenanstrich, einfache PVC-Bodenbeläge, WC und Bäderanlage geschossweise	Toilettenanlagen in einfacher Qualität; Installation unter Putz; WCs und Duschräume je Geschoss; einfache Wand- und Bodenfliesen, tw. gefliest	Sanitäreinrichtung in Standard-Ausführung ③ ④ ausreichende Anzahl von Toilettenräumen ⑤ mehrere WCs und Duschbäder je Geschoss; Waschbecken im Raum ⑥ wenige Toilettenräume und Duschräume bzw. Waschräume ⑦ ⑧ wenige Toilettenräume	Sanitäreinrichtung in besserer Qualität ③ ④ höhere Anzahl Toilettenräume ⑤ je Raum ein Duschbad mit WC nur Wohnheime, Altenheime, Pflegeheime, Krankenhäuser und Tageskliniken: behindertengerecht ⑥ ausreichende Anzahl von Toilettenräumen und Duschräumen ⑦ ⑧ ausreichende Anzahl von Toilettenräumen	Sanitäreinrichtung in gehobener Qualität ③ ④ großzügige Toilettenanlagen jeweils mit Sanitäreinrichtung in gehobener Qualität ⑤ je Raum ein Duschbad mit WC in guter Ausstattung; nur Wohnheime, Altenheime, Pflegeheime, Krankenhäuser und Tageskliniken: behindertengerecht ⑥ großzügige Toilettenanlagen und Duschräume mit Sanitäreinrichtung in gehobener Qualität ⑦ großzügige Toilettenanlagen mit Sanitäreinrichtung in gehobener Qualität ⑧ großzügige Toilettenanlagen

	Standardstufe				
	nicht zeitgemäß		zeitgemäß		
	1	**2**	**3**	**4**	**5**
	einfachst	einfach	Basis	gehoben	aufwendig
Heizung	Einzelöfen, Schwerkraftheizung, dezentrale Warmwasserversorgung; ⑦ Elektroheizung im Gestühl	Zentralheizung mit Radiatoren (Schwerkraftheizung); einfache Warmluftheizung, mehrere Ausblasöffnungen; Lufterhitzer mit Wärmetauscher mit zentraler Kesselanlage, Fußbodenheizung (vor ca. 1995); ⑨ einfache Warmluftheizung, eine Ausblasöffnung	elektronisch gesteuerte Fern- oder Zentralheizung, Niedertemperatur- oder Brennwertkessel	Solarkollektoren für Warmwassererzeugung; ⑥ ⑦ ⑧ Fußbodenheizung; ⑨ zusätzlicher Kaminanschluss	Solarkollektoren für Warmwassererzeugung und Heizung, Blockheizkraftwerk, Wärmepumpe, Hybrid-Systeme; ④ ⑥ ⑤ ⑦ Klimaanlage; ⑧ Kaminanlage
Sonstige technische Ausstattung	sehr wenige Steckdosen, Schalter und Sicherungen, kein Fehlerstromschutzschalter (FI-Schalter), Leitungen auf Putz, einfache Leuchten	wenige Steckdosen, Schalter und Sicherungen, Installation unter Putz	③ ④ ⑦ zeitgemäße Anzahl an Steckdosen und Lichtauslässen, Zählerschrank (ab ca. 1985) mit Unterverteilung und Kippsicherungen; Kabelkanäle; Blitzschutz; ⑤ ⑥ ⑧ zeitgemäße Anzahl an Steckdosen und Lichtauslässen; Blitzschutz; ⑥ ⑦ Personenaufzugsanlagen; ⑧ Teeküchen	zahlreiche Steckdosen und Lichtauslässe, hochwertige Abdeckungen; ③ ④ ⑤ ⑦ ⑧ dezentrale Lüftung mit Wärmetauscher; ⑥ Lüftung mit Wärmetauscher; ③ ⑤ mehrere LAN- und Fernsehanschlüsse; ③ ⑥ ⑦ hochwertige Beleuchtung; Doppelboden mit Bodentanks zur Verkabelung; ausreichende Anzahl von LAN-Anschlüssen	Video- und zentrale Alarmanlage, Klimaanlage, Bussystem; ③ ④ ⑤ ⑦ ⑧ zentrale Lüftung mit Wärmetauscher; ⑦ Doppelboden mit Bodentanks zur Verkabelung; ③ aufwendige Personenaufzugsanlagen; ⑤ ⑦ ⑧ aufwendige Aufzugsanlagen; ⑧ Küchen, Kantinen

Standardstufe				
nicht zeitgemäß		zeitgemäß		
1	2	3	4	5
einfachst	einfach	Basis	gehoben	aufwendig
			③ Messverfahren von Verbrauch, Regelung von Raumtemperatur und Raumfeuchte ③ ④ ⑦ Sonnenschutzsteuerung ③ ④ elektronische Zugangskontrolle; Personenaufzugsanlagen ④ ⑦ Messverfahren von Raumtemperatur, Raumfeuchte, Verbrauch, Einzelraumregelung ⑧ Kabelkanäle; kleinere Einbauküchen mit Kochgelegenheit, Aufenthaltsräume; Aufzugsanlagen	

14.2–14.4 **Hoch-, Tief- und Nutzfahrzeuggaragen**

14.2–14.4		Standardstufe		
		1–3	4	5
		Basis	gehoben	aufwendig
Außenwände		offene Konstruktion	Einschalige Konstruktion	aufwendig gestaltete Fassaden mit konstruktiver Gliederung (Säulenstellungen, Erker etc.)
Konstruktion		Stahl- und Betonfertigteile	überwiegend Betonfertigteile; große stützenfreie Spannweiten	größere stützenfreie Spannweiten
Dach		Flachdach, Folienabdichtung	Flachdachausbildung; Wärmedämmung	befahrbares Flachdach (Parkdeck)
Fenster und Außentüren		einfache Metallgitter	begrünte Metallgitter, Glasbausteine	Außentüren in hochwertigen Materialien
Fußböden		Beton	Estrich, Gussasphalt	beschichteter Beton oder Estrichboden
Sonstige technische Ausstattung		Strom- und Wasseranschluss; Löschwasseranlage; Treppenhaus; Brandmelder	Sprinkleranlage; Rufanlagen; Rauch- und Wärmeabzugsanlagen; mechanische Be- und Entlüftungsanlagen; Parksysteme für zwei PKWs übereinander; Personenaufzugsanlagen	Video- und zentrale Alarmanlage; Beschallung; Parksysteme für drei oder mehr PKWs übereinander; aufwendigere Aufzugsanlagen

18.1–18.2	⑱ 18.1 Reithallen
	⑱ 18.2 Ehemalige landwirtschaftliche Mehrzweckhallen, Scheunen u. Ä.

	Standardstufe		
	1–3	4	5
	Basis	gehoben	aufwendig
Außenwände	Holzfachwerkwand; Holzstützen; Vollholz, Brettschalung oder Profilblech auf Holz-Unterkonstruktion	Kalksandstein- oder Ziegel-Mauerwerk; Metallstützen, Profil; Holz-Blockbohlen zwischen Stützen, Wärmedämmverbundsystem, Putz	Betonwand, Fertigteile, mehrschichtig; Stahlbetonstützen, Fertigteil; Kalksandstein-Vormauerung oder Klinkerverblendung mit Dämmung
Dach	Holzkonstruktionen, Nagelbrettbinder; Bitumenwellplatten, Profilblech	Stahlrahmen mit Holzpfetten; Faserzementwellplatten; Hartschaumplatten	Brettschichtholzbinder; Betondachsteine oder Dachziegel; Dämmung mit Profilholz oder Paneelen
Fenster und Außentüren bzw. -tore	Lichtplatten aus Kunststoff; ⑩ Holz-Brettertüren; ⑪ Holztore	Kunststofffenster; ⑩ Windnetze aus Kunststoff, Jalousien mit Motorantrieb; ⑪ Metall-Sektionaltore	Türen und Tore mehrschichtig mit Wärmedämmung, Holzfenster, hoher Fensteranteil
Innenwände	keine	tragende bzw. nicht tragende Innenwände aus Holz; Anstrich	tragende bzw. nicht tragende Innenwände als Mauerwerk; Sperrholz, Gipskarton, Fliesen
Deckenkonstruktionen	keine	Holzkonstruktionen über Nebenräumen; Hartschaumplatten	Stahlbetonplatte über Nebenräumen; Dämmung mit Profilholz oder Paneelen
Fußböden	⑩ Tragschicht: Schotter; Trennschicht: Vlies; Tretschicht: Sand; ⑪ Beton-Verbundsteinpflaster	⑩ zusätzlich/alternativ: Tragschicht: Schotter; Trennschicht: Kunststoffgewebe; Tretschicht: Sand und Holzspäne; ⑪ zusätzlich/alternativ: Stahlbetonplatte	⑩ Estrich auf Dämmung, Fliesen oder Linoleum in Nebenräumen; zusätzlich/alternativ: Tragschicht: Schotter, Trennschicht: Kunststoffplatten, Tretschicht: Sand und Textilflocken, Betonplatte im Bereich der Nebenräume; ⑪ zusätzlich/alternativ: Oberfläche maschinell geglättet, Anstrich

	Standardstufe		
	1–3	4	5
	Basis	gehoben	aufwendig
baukonstruktive Einbauten ㉑	㉑ Reithallenbande aus Nadelholz zur Abgrenzung der Reitfläche	㉑ zusätzlich/alternativ: Vollholztafeln fest eingebaut	㉑ zusätzlich/alternativ: Vollholztafeln, Fertigteile zum Versetzen
Abwasser-, Wasser-, Gasanlagen	Regenwasserableitung	zusätzlich/alternativ: Abwasserleitungen, Sanitärobjekte (einfache Qualität)	zusätzlich/alternativ: Sanitärobjekte (gehobene Qualität), Gasanschluss
Wärmeversorgungsanlagen	keine	Raumheizflächen in Nebenräumen, Anschluss an Heizsystem	zusätzlich/alternativ: Heizkessel
lufttechnische Anlagen	keine	Firstentlüftung	Be- und Entlüftungsanlage
Starkstrom-Anlage	Leitungen, Schalter, Dosen, Langfeldleuchten	zusätzlich/alternativ: Sicherungen und Verteilerschrank	zusätzlich/alternativ: Metall-Dampfleuchten
nutzungsspezifische Anlagen	keine	㉑ Reitbodenbewässerung (einfache Ausführung) ㉑ Schüttwände aus Holz zwischen Stahlstützen, Trocknungsanlage für Getreide	㉑ Reitbodenbewässerung (komfortable Ausführung) ㉑ Schüttwände aus Beton-Fertigteilen

Anlage 25
(zu § 191 Satz 2)[1]

Wertzahlen für Ein- und Zweifamilienhäuser nach § 181 Absatz 1 Nummer 1 und Wohnungseigentum nach § 181 Absatz 1 Nummer 3

Vorläufiger Sachwert § 189 Absatz 3	Bodenrichtwert oder abgeleiteter Bodenwert in EUR/m² nach § 179 Satz 4			
	30 EUR/m²	60 EUR/m²	120 EUR/m²	180 EUR/m²
50 000 EUR	1,4	1,5	1,6	1,7
100 000 EUR	1,2	1,3	1,4	1,4
150 000 EUR	1,0	1,1	1,3	1,3
200 000 EUR	0,9	1,0	1,2	1,2
300 000 EUR	0,9	1,0	1,1	1,1
400 000 EUR	0,8	0,9	1,0	1,1
500 000 EUR	0,8	0,9	1,0	1,0

Vorläufiger Sachwert § 189 Absatz 3	Bodenrichtwert oder abgeleiteter Bodenwert in EUR/m² nach § 179 Satz 4			
	250 EUR/m²	350 EUR/m²	500 EUR/m²	1000 EUR/m²
50 000 EUR	1,7	1,7	1,8	1,8
100 000 EUR	1,5	1,5	1,6	1,7
150 000 EUR	1,3	1,4	1,5	1,6
200 000 EUR	1,3	1,4	1,5	1,6
300 000 EUR	1,2	1,3	1,4	1,5
400 000 EUR	1,2	1,3	1,4	1,5
500 000 EUR	1,1	1,2	1,3	1,4

Für vorläufige Sachwerte und Bodenrichtwerte oder abgeleitete Bodenwerte zwischen den angegebenen Intervallen sind die Wertzahlen durch lineare Interpolation zu bestimmen. Über den tabellarisch aufgeführten Bereich hinaus ist keine Extrapolation durchzuführen. Für Werte außerhalb des angegebenen Bereichs gilt der nächstgelegene vorläufige Sachwert oder Bodenrichtwert oder abgeleitete Bodenwert.

---

[1] Anlage 25 neu gef. durch G v. 16.12.2022 (BGBl. I S. 2294); zur Anwendung siehe § 265 Abs. 14.

Wertzahlen für Teileigentum, Geschäftsgrundstücke, gemischt genutzte Grundstücke und sonstige bebaute Grundstücke nach § 181 Absatz 1 Nummer 3 bis 6

Vorläufiger Sachwert § 189 Absatz 3	Bodenrichtwert oder abgeleiteter Bodenwert in EUR/m² nach § 179 Satz 4		
	50 EUR/m²	150 EUR/m²	400 EUR/m²
500 000 EUR	0,8	0,9	1,0
750 000 EUR	0,8	0,9	1,0
1 000 000 EUR	0,7	0,8	0,9
1 500 000 EUR	0,7	0,8	0,9
2 000 000 EUR	0,7	0,8	0,8
3 000 000 EUR	0,7	0,7	0,7

Für vorläufige Sachwerte und Bodenrichtwerte oder abgeleitete Bodenwerte zwischen den angegebenen Intervallen sind die Wertzahlen durch lineare Interpolation zu bestimmen. Über den tabellarisch aufgeführten Bereich hinaus ist keine Extrapolation durchzuführen. Für Werte außerhalb des angegebenen Bereichs gilt der nächstgelegene vorläufige Sachwert oder Bodenrichtwert oder abgeleitete Bodenwert.

Anlage 26
(zu § 194 Abs. 3 Satz 2 und Abs. 4 sowie § 195 Abs. 3 Satz 2)[1]

Abzinsungsfaktoren

Restlauf- zeit des Erbbau- rechts bzw. des Nutzungs- rechts (in Jahren)	Zinssatz										
	3%	3,5%	4%	4,5%	5%	5,5%	6%	6,5%	7%	7,5%	8%
1	0,9709	0,9662	0,9615	0,9569	0,9524	0,9479	0,9434	0,9390	0,9346	0,9302	0,9259
2	0,9426	0,9335	0,9246	0,9157	0,9070	0,8985	0,8900	0,8817	0,8734	0,8653	0,8573
3	0,9151	0,9019	0,8890	0,8763	0,8638	0,8516	0,8396	0,8278	0,8163	0,8050	0,7938
4	0,8885	0,8714	0,8548	0,8386	0,8227	0,8072	0,7921	0,7773	0,7629	0,7488	0,7350
5	0,8626	0,8420	0,8219	0,8025	0,7835	0,7651	0,7473	0,7299	0,7130	0,6966	0,6806
6	0,8375	0,8135	0,7903	0,7679	0,7462	0,7252	0,7050	0,6853	0,6663	0,6480	0,6302
7	0,8131	0,7860	0,7599	0,7348	0,7107	0,6874	0,6651	0,6435	0,6227	0,6028	0,5835
8	0,7894	0,7594	0,7307	0,7032	0,6768	0,6516	0,6274	0,6042	0,5820	0,5607	0,5403
9	0,7664	0,7337	0,7026	0,6729	0,6446	0,6176	0,5919	0,5674	0,5439	0,5216	0,5002
10	0,7441	0,7089	0,6756	0,6439	0,6139	0,5854	0,5584	0,5327	0,5083	0,4852	0,4632

[1] Anlage 26 angef. mWv 1.1.2009 durch G v. 24.12.2008 (BGBl. I S. 3018); geänd. durch G v. 8.12.2010 (BGBl. I S. 1768).

Restlaufzeit des Erbbaurechts bzw. des Nutzungsrechts (in Jahren)	Zinssatz										
	3%	3,5%	4%	4,5%	5%	5,5%	6%	6,5%	7%	7,5%	8%
11	0,7224	0,6849	0,6496	0,6162	0,5847	0,5549	0,5268	0,5002	0,4751	0,4513	0,4289
12	0,7014	0,6618	0,6246	0,5897	0,5568	0,5260	0,4970	0,4697	0,4440	0,4199	0,3971
13	0,6810	0,6394	0,6006	0,5643	0,5303	0,4986	0,4688	0,4410	0,4150	0,3906	0,3677
14	0,6611	0,6178	0,5775	0,5400	0,5051	0,4726	0,4423	0,4141	0,3878	0,3633	0,3405
15	0,6419	0,5969	0,5553	0,5167	0,4810	0,4479	0,4173	0,3888	0,3624	0,3380	0,3152
16	0,6232	0,5767	0,5339	0,4945	0,4581	0,4246	0,3936	0,3651	0,3387	0,3144	0,2919
17	0,6050	0,5572	0,5134	0,4732	0,4363	0,4024	0,3714	0,3428	0,3166	0,2925	0,2703
18	0,5874	0,5384	0,4936	0,4528	0,4155	0,3815	0,3503	0,3219	0,2959	0,2720	0,2502
19	0,5703	0,5202	0,4746	0,4333	0,3957	0,3616	0,3305	0,3022	0,2765	0,2531	0,2317
20	0,5537	0,5026	0,4564	0,4146	0,3769	0,3427	0,3118	0,2838	0,2584	0,2354	0,2145
21	0,5375	0,4856	0,4388	0,3968	0,3589	0,3249	0,2942	0,2665	0,2415	0,2190	0,1987
22	0,5219	0,4692	0,4220	0,3797	0,3418	0,3079	0,2775	0,2502	0,2257	0,2037	0,1839
23	0,5067	0,4533	0,4057	0,3634	0,3256	0,2919	0,2618	0,2349	0,2109	0,1895	0,1703
24	0,4919	0,4380	0,3901	0,3477	0,3101	0,2767	0,2470	0,2206	0,1971	0,1763	0,1577
25	0,4776	0,4231	0,3751	0,3327	0,2953	0,2622	0,2330	0,2071	0,1842	0,1640	0,1460
26	0,4637	0,4088	0,3607	0,3184	0,2812	0,2486	0,2198	0,1945	0,1722	0,1525	0,1352
27	0,4502	0,3950	0,3468	0,3047	0,2678	0,2356	0,2074	0,1826	0,1609	0,1419	0,1252
28	0,4371	0,3817	0,3335	0,2916	0,2551	0,2233	0,1956	0,1715	0,1504	0,1320	0,1159
29	0,4243	0,3687	0,3207	0,2790	0,2429	0,2117	0,1846	0,1610	0,1406	0,1228	0,1073
30	0,4120	0,3563	0,3083	0,2670	0,2314	0,2006	0,1741	0,1512	0,1314	0,1142	0,0994
31	0,4000	0,3442	0,2965	0,2555	0,2204	0,1902	0,1643	0,1420	0,1228	0,1063	0,0920
32	0,3883	0,3326	0,2851	0,2445	0,2099	0,1803	0,1550	0,1333	0,1147	0,0988	0,0852
33	0,3770	0,3213	0,2741	0,2340	0,1999	0,1709	0,1462	0,1252	0,1072	0,0919	0,0789
34	0,3660	0,3105	0,2636	0,2239	0,1904	0,1620	0,1379	0,1175	0,1002	0,0855	0,0730
35	0,3554	0,3000	0,2534	0,2143	0,1813	0,1535	0,1301	0,1103	0,0937	0,0796	0,0676
36	0,3450	0,2898	0,2437	0,2050	0,1727	0,1455	0,1227	0,1036	0,0875	0,0740	0,0626
37	0,3350	0,2800	0,2343	0,1962	0,1644	0,1379	0,1158	0,0973	0,0818	0,0688	0,0580
38	0,3252	0,2706	0,2253	0,1878	0,1566	0,1307	0,1092	0,0914	0,0765	0,0640	0,0537
39	0,3158	0,2614	0,2166	0,1797	0,1491	0,1239	0,1031	0,0858	0,0715	0,0596	0,0497
40	0,3066	0,2526	0,2083	0,1719	0,1420	0,1175	0,0972	0,0805	0,0668	0,0554	0,0460

Restlauf-zeit des Erbbau-rechts bzw. des Nutzungs-rechts (in Jahren)	Zinssatz										
	3%	3,5%	4%	4,5%	5%	5,5%	6%	6,5%	7%	7,5%	8%
41	0,2976	0,2440	0,2003	0,1645	0,1353	0,1113	0,0917	0,0756	0,0624	0,0516	0,0426
42	0,2890	0,2358	0,1926	0,1574	0,1288	0,1055	0,0865	0,0710	0,0583	0,0480	0,0395
43	0,2805	0,2278	0,1852	0,1507	0,1227	0,1000	0,0816	0,0667	0,0545	0,0446	0,0365
44	0,2724	0,2201	0,1780	0,1442	0,1169	0,0948	0,0770	0,0626	0,0509	0,0415	0,0338
45	0,2644	0,2127	0,1712	0,1380	0,1113	0,0899	0,0727	0,0588	0,0476	0,0386	0,0313
46	0,2567	0,2055	0,1646	0,1320	0,1060	0,0852	0,0685	0,0552	0,0445	0,0359	0,0290
47	0,2493	0,1985	0,1583	0,1263	0,1009	0,0807	0,0647	0,0518	0,0416	0,0334	0,0269
48	0,2420	0,1918	0,1522	0,1209	0,0961	0,0765	0,0610	0,0487	0,0389	0,0311	0,0249
49	0,2350	0,1853	0,1463	0,1157	0,0916	0,0725	0,0575	0,0457	0,0363	0,0289	0,0230
50	0,2281	0,1791	0,1407	0,1107	0,0872	0,0688	0,0543	0,0429	0,0339	0,0269	0,0213
51	0,2215	0,1730	0,1353	0,1059	0,0831	0,0652	0,0512	0,0403	0,0317	0,0250	0,0197
52	0,2150	0,1671	0,1301	0,1014	0,0791	0,0618	0,0483	0,0378	0,0297	0,0233	0,0183
53	0,2088	0,1615	0,1251	0,0970	0,0753	0,0586	0,0456	0,0355	0,0277	0,0216	0,0169
54	0,2027	0,1560	0,1203	0,0928	0,0717	0,0555	0,0430	0,0334	0,0259	0,0201	0,0157
55	0,1968	0,1508	0,1157	0,0888	0,0683	0,0526	0,0406	0,0313	0,0242	0,0187	0,0145
56	0,1910	0,1457	0,1112	0,0850	0,0651	0,0499	0,0383	0,0294	0,0226	0,0174	0,0134
57	0,1855	0,1407	0,1069	0,0814	0,0620	0,0473	0,0361	0,0276	0,0211	0,0162	0,0124
58	0,1801	0,1360	0,1028	0,0778	0,0590	0,0448	0,0341	0,0259	0,0198	0,0151	0,0115
59	0,1748	0,1314	0,0989	0,0745	0,0562	0,0425	0,0321	0,0243	0,0185	0,0140	0,0107
60	0,1697	0,1269	0,0951	0,0713	0,0535	0,0403	0,0303	0,0229	0,0173	0,0130	0,0099
61	0,1648	0,1226	0,0914	0,0682	0,0510	0,0382	0,0286	0,0215	0,0161	0,0121	0,0091
62	0,1600	0,1185	0,0879	0,0653	0,0486	0,0362	0,0270	0,0202	0,0151	0,0113	0,0085
63	0,1553	0,1145	0,0845	0,0625	0,0462	0,0343	0,0255	0,0189	0,0141	0,0105	0,0078
64	0,1508	0,1106	0,0813	0,0598	0,0440	0,0325	0,0240	0,0178	0,0132	0,0098	0,0073
65	0,1464	0,1069	0,0781	0,0572	0,0419	0,0308	0,0227	0,0167	0,0123	0,0091	0,0067
66	0,1421	0,1033	0,0751	0,0547	0,0399	0,0292	0,0214	0,0157	0,0115	0,0085	0,0062
67	0,1380	0,0998	0,0722	0,0524	0,0380	0,0277	0,0202	0,0147	0,0107	0,0079	0,0058
68	0,1340	0,0964	0,0695	0,0501	0,0362	0,0262	0,0190	0,0138	0,0100	0,0073	0,0053
69	0,1301	0,0931	0,0668	0,0480	0,0345	0,0249	0,0179	0,0130	0,0094	0,0068	0,0049

Restlaufzeit des Erbbaurechts bzw. des Nutzungsrechts (in Jahren)	Zinssatz										
	3%	3,5%	4%	4,5%	5%	5,5%	6%	6,5%	7%	7,5%	8%
70	0,1263	0,0900	0,0642	0,0459	0,0329	0,0236	0,0169	0,0122	0,0088	0,0063	0,0046
71	0,1226	0,0869	0,0617	0,0439	0,0313	0,0223	0,0160	0,0114	0,0082	0,0059	0,0042
72	0,1190	0,0840	0,0594	0,0420	0,0298	0,0212	0,0151	0,0107	0,0077	0,0055	0,0039
73	0,1156	0,0812	0,0571	0,0402	0,0284	0,0201	0,0142	0,0101	0,0072	0,0051	0,0036
74	0,1122	0,0784	0,0549	0,0385	0,0270	0,0190	0,0134	0,0095	0,0067	0,0047	0,0034
75	0,1089	0,0758	0,0528	0,0368	0,0258	0,0180	0,0126	0,0089	0,0063	0,0044	0,0031
76	0,1058	0,0732	0,0508	0,0353	0,0245	0,0171	0,0119	0,0083	0,0058	0,0041	0,0029
77	0,1027	0,0707	0,0488	0,0337	0,0234	0,0162	0,0113	0,0078	0,0055	0,0038	0,0027
78	0,0997	0,0683	0,0469	0,0323	0,0222	0,0154	0,0106	0,0074	0,0051	0,0035	0,0025
79	0,0968	0,0660	0,0451	0,0309	0,0212	0,0146	0,0100	0,0069	0,0048	0,0033	0,0023
80	0,0940	0,0638	0,0434	0,0296	0,0202	0,0138	0,0095	0,0065	0,0045	0,0031	0,0021
81	0,0912	0,0616	0,0417	0,0283	0,0192	0,0131	0,0089	0,0061	0,0042	0,0029	0,0020
82	0,0886	0,0596	0,0401	0,0271	0,0183	0,0124	0,0084	0,0057	0,0039	0,0027	0,0018
83	0,0860	0,0575	0,0386	0,0259	0,0174	0,0118	0,0079	0,0054	0,0036	0,0025	0,0017
84	0,0835	0,0556	0,0371	0,0248	0,0166	0,0111	0,0075	0,0050	0,0034	0,0023	0,0016
85	0,0811	0,0537	0,0357	0,0237	0,0158	0,0106	0,0071	0,0047	0,0032	0,0021	0,0014
86	0,0787	0,0519	0,0343	0,0227	0,0151	0,0100	0,0067	0,0044	0,0030	0,0020	0,0013
87	0,0764	0,0501	0,0330	0,0217	0,0143	0,0095	0,0063	0,0042	0,0028	0,0019	0,0012
88	0,0742	0,0484	0,0317	0,0208	0,0137	0,0090	0,0059	0,0039	0,0026	0,0017	0,0011
89	0,0720	0,0468	0,0305	0,0199	0,0130	0,0085	0,0056	0,0037	0,0024	0,0016	0,0011
90	0,0699	0,0452	0,0293	0,0190	0,0124	0,0081	0,0053	0,0035	0,0023	0,0015	0,0010
91	0,0679	0,0437	0,0282	0,0182	0,0118	0,0077	0,0050	0,0032	0,0021	0,0014	0,0009
92	0,0659	0,0422	0,0271	0,0174	0,0112	0,0073	0,0047	0,0030	0,0020	0,0013	0,0008
93	0,0640	0,0408	0,0261	0,0167	0,0107	0,0069	0,0044	0,0029	0,0019	0,0012	0,0008
94	0,0621	0,0394	0,0251	0,0160	0,0102	0,0065	0,0042	0,0027	0,0017	0,0011	0,0007
95	0,0603	0,0381	0,0241	0,0153	0,0097	0,0062	0,0039	0,0025	0,0016	0,0010	0,0007
96	0,0586	0,0368	0,0232	0,0146	0,0092	0,0059	0,0037	0,0024	0,0015	0,0010	0,0006
97	0,0569	0,0355	0,0223	0,0140	0,0088	0,0056	0,0035	0,0022	0,0014	0,0009	0,0006
98	0,0552	0,0343	0,0214	0,0134	0,0084	0,0053	0,0033	0,0021	0,0013	0,0008	0,0005

Restlauf-zeit des Erbbau-rechts bzw. des Nutzungs-rechts (in Jahren)	Zinssatz										
	3%	3,5%	4%	4,5%	5%	5,5%	6%	6,5%	7%	7,5%	8%
99	0,0536	0,0332	0,0206	0,0128	0,0080	0,0050	0,0031	0,0020	0,0012	0,0008	0,0005
100	0,0520	0,0321	0,0198	0,0123	0,0076	0,0047	0,0029	0,0018	0,0012	0,0007	0,0005

In den Fällen anderer Zinssätze der Gutachterausschüsse ist der Abzinsungsfaktor nach folgender Formel zu bilden:

$$q = \text{Zinsfaktor} = 1 + p : 100$$

$$\text{Abzinsungsfaktor} = \frac{1}{q^n}$$

$$p = \text{Zinssatz}$$

$$n = \text{Restlaufzeit}$$

Anlage 27[1)]
(zu § 237 Absatz 2)

Landwirtschaftliche Nutzung

Bewertungsfaktoren	Bezugseinheit	in EUR
Grundbetrag	pro Ar	2,52
Ertragsmesszahl	pro Ertragsmesszahl (Produkt aus Acker-/ Grünlandzahl und Ar)	0,041
Zuschläge für	**Bezugseinheit**	**in EUR**
Verstärkte Tierhaltung	je Vieheinheit über einem Besatz von 2,0 Vieheinheiten je Hektar selbst bewirtschafteter Fläche der landwirtschaftlichen Nutzung	79,00

[1)] Anlage 27 eingef. durch G v. 26.11.2019 (BGBl. I S. 1794); geänd. mWv 9.7.2021 durch VO v. 29.6.2021 (BGBl. I S. 2290); zur Anwendung siehe § 266.

Anlage 28[1)]
(zu § 237 Absatz 3)

Forstwirtschaftliche Nutzung

	Bewertungsfaktor für Wuchsgebiet	in EUR/ha
1	Schleswig-Holstein Nordwest	86,17
2	Jungmoränenlandschaft Schleswig-Holstein Ost/Nordwest-Mecklenburg	80,53
3	Schleswig-Holstein Südwest	90,24
4	Mecklenburg-Westvorpommersches Küstenland	64,57
5	Ostholsteinisch-Westmecklenburger Jungmoränenland	73,13
6	(Mittel-)Mecklenburger Jungmoränenland	62,38
7	Ostmecklenburg-Vorpommersches Jungmoränenland	78,03
8	Ostvorpommersches Küstenland	56,36
9	Nordostbrandenburger Jungmoränenland (Mittelbrandenburger Jungmoränenland)	53,83
10	Ostmecklenburg–Nordbrandenburger Jungmoränenland (Nordbrandenburger Jungmoränenland)	55,09
11	Ostniedersächsisch-Altmärkisches Altmoränenland (Westprignitz-Altmärkisches Altmoränenland)	46,03
12	Südost-Holsteinisch-Südwestmecklenburger Altmoränenland	57,31
13	Ostniedersächsisches Tiefland	66,34
14	Niedersächsischer Küstenraum	79,05
15	Mittelwestniedersächsisches Tiefland	67,41
16	Westfälische Bucht	70,03
17	Weserbergland	101,93
18	Nordwestdeutsche Berglandschwelle	73,10
19	Nordwestliches Harzvorland	65,70
20	Nordöstliche Harzvorländer	43,24
21	Sachsen-Anhaltinische Löss-Ebene	51,09
22	Mittleres nordostdeutsches Altmoränenland	38,39
23	Hoher Fläming	47,69
24	Mittelbrandenburger Talsand- und Moränenland	37,53
25	Düben-Niederlausitzer Altmoränenland	37,65
26	Lausitzer Löss-Hügelland	84,73
27	Zittauer Gebirge	163,92
28	Oberlausitzer Bergland	155,56
29	Elbsandsteingebirge	123,19
30	Westlausitzer Platte und Elbtalzone	68,56
31	Sächsisch-Thüringisches Löss-Hügelland	63,80
32	Leipziger Sandlöss–Ebene	50,58
33	Ostthüringisches Trias-Hügelland	72,24

[1)] Anlage 28 eingef. durch G v. 26.11.2019 (BGBl. I S. 1794); geänd. mWv 9.7.2021 durch VO v. 29.6.2021 (BGBl. I S. 2290); zur Anwendung siehe § 266.

Bewertungsfaktor für Wuchsgebiet		in EUR/ha
34	Thüringer Becken	64,12
35	Nordthüringisches Trias-Hügelland	60,06
36	Harz	142,70
37	Mitteldeutsches Trias-Berg- und Hügelland	98,77
38	Nordwesthessisches Bergland	88,55
39	Nördliches hessisches Schiefergebirge	99,86
40	Sauerland	145,62
41	Bergisches Land	113,51
42	Niederrheinisches Tiefland	68,33
43	Niederrheinische Bucht	68,27
44	Nordwesteifel	135,51
45	Osteifel	99,15
46	Mittelrheintal	62,52
47	Westerwald	112,73
48	Taunus	94,94
49	Wetterau und Gießener Becken	73,66
50	Vogelsberg und östlich angrenzende Sandsteingebiete	102,75
51	Rhön	97,18
52	Südthüringisches-Oberfränkisches Trias-Hügelland	106,95
53	Thüringer Gebirge	162,51
54	Vogtland	140,47
55	Erzgebirgsvorland	93,22
56	Erzgebirge	171,75
57	Frankenwald, Fichtelgebirge und Steinwald	183,51
58	Oberpfälzer Wald	147,30
59	Oberpfälzer Becken- und Hügelland	78,21
60	Frankenalb und Oberpfälzer Jura	106,82
61	Fränkischer Keuper und Albvorland	73,44
62	Fränkische Platte	67,76
63	Spessart	105,47
64	Odenwald	124,93
65	Oberrheinisches Tiefland und Rhein-Main-Ebene	64,13
66	Hunsrück	116,75
67	Moseltal	87,42
68	Gutland	97,81
69	Saarländisch-Pfälzisches Muschelkalkgebiet	78,64
70	Saar-Nahe-Bergland	75,52
71	Westricher Moorniederung	79,49
72	Pfälzerwald	78,67
73	Schwarzwald	181,38
74	Baar-Wutach	172,51
75	Neckarland	117,23

Bewertungsfaktor für Wuchsgebiet		in EUR/ha
76	Schwäbische Alb	123,63
77	Südwestdeutsches Alpenvorland	177,56
78	Tertiäres Hügelland	166,59
79	Bayerischer Wald	160,79
80	Schwäbisch–Bayerische Schotterplatten- und Altmoränenlandschaft	165,45
81	Schwäbisch–Bayerische Jungmoräne und Molassevorberge	157,93
82	Bayerische Alpen	135,61

Anlage 29[1])
(zu § 237 Absatz 4)

Weinbauliche Nutzung

Bewertungsfaktor für	Flächeneinheit	in EUR
Traubenerzeugung	pro Ar	11,70

---

[1]) Anlage 29 eingef. durch G v. 26.11.2019 (BGBl. I S. 1794); geänd. mWv 9.7.2021 durch VO v. 29.6.2021 (BGBl. I S. 2290); zur Anwendung siehe § 266.

Anlage 30[1]
(zu § 237 Absatz 5)

Gärtnerische Nutzung

Nutzungsteil Gemüsebau		
Bewertungsfaktor für	**Flächeneinheit**	**in EUR**
Flächen im Freiland und für Kleingarten- und Dauerkleingartenland	pro Ar	12,35
Zuschläge für	**Flächeneinheit**	**in EUR**
Flächen unter Glas und Kunststoffen	pro Ar	45,00
Nutzungsteil Blumen-/Zierpflanzenbau		
Bewertungsfaktor für	**Flächeneinheit**	**in EUR**
Flächen im Freiland	pro Ar	27,60
Zuschläge für	**Flächeneinheit**	**in EUR**
Flächen unter Glas und Kunststoffen	pro Ar	65,15
Nutzungsteil Obstbau		
Bewertungsfaktor für	**Flächeneinheit**	**in EUR**
Flächen im Freiland	pro Ar	9,53
Zuschläge für	**Flächeneinheit**	**in EUR**
Flächen unter Glas und Kunststoffen	pro Ar	45,00
Nutzungsteil Baumschulen		
Bewertungsfaktor für	**Flächeneinheit**	**in EUR**
Flächen im Freiland	pro Ar	22,29
Zuschläge für	**Flächeneinheit**	**in EUR**
Flächen unter Glas und Kunststoffen	pro Ar	65,15

[1] Anlage 30 eingef. durch G v. 26.11.2019 (BGBl. I S. 1794); geänd. mWv 9.7.2021 durch VO v. 29.6.2021 (BGBl. I S. 2290); zur Anwendung siehe § 266.

Anlage 31[1])
(zu § 237 Absatz 6 und 7)

Übrige land- und forstwirtschaftliche Nutzungen sowie Abbauland, Geringstland und Unland

Sondernutzungen		
Bewertungsfaktor für	**Flächeneinheit**	**in EUR**
Hopfen	pro Ar	13,75
Spargel	pro Ar	12,69
Sonstige land- und forstwirtschaftliche Nutzungen		
Bewertungsfaktor für	**Bezugseinheit**	**in EUR**
Wasserflächen	pro Ar	1,00
Zuschläge für stehende Gewässer		
Wasserflächen für Binnenfischerei, Teichwirtschaft und Fischzucht für Binnenfischerei und Teichwirtschaft	ab 1,00 kg bis 4,00 kg Fischertrag/Ar pro Ar	2,00
Wasserflächen für Binnenfischerei, Teichwirtschaft und Fischzucht für Binnenfischerei und Teichwirtschaft	über 4,00 kg Fischertrag/Ar pro Ar	2,50
Zuschläge für fließende Gewässer[2])		
Teichwirtschaft und Fischzucht für Binnenfischerei und Teichwirtschaft	bis 500 Liter/Sekunde Durchfluss pro Liter/Sekunde	12,50
Teichwirtschaft und Fischzucht für Binnenfischerei und Teichwirtschaft	über 500 Liter/Sekunde Durchfluss pro Liter/Sekunde	15,00
Saatzucht	pro Ar	Anlage 27
Weihnachtsbaumkulturen	pro Ar	19,40
Kurzumtriebsplantagen	pro Ar	Anlage 27
Sonstige land- und forstwirtschaftliche Nutzungen, für die kein Bewertungsfaktor festgelegt wurde		
Wirtschaftsgebäude	pro Quadratmeter Bruttogrundfläche und Monat	1,23
Nutzungsarten Abbauland, Geringstland und Unland		
Bewertungsfaktor für	**Flächeneinheit**	**in EUR**
Abbauland	pro Ar	1,00
Geringstland	pro Ar	0,38
Unland	pro Ar	0,00

---

[1]) Anlage 31 eingef. durch G v. 26.11.2019 (BGBl. I S. 1794); geänd. mWv 1.7.2021 durch G v. 3.6.2021 (BGBl. I S. 1498); geänd. durch VO v. 29.6.2021 (BGBl. I S. 2290).
[2]) Kursive Satzteile aufgeh. mWv 1.7.2021 durch G v. 3.6.2021 (BGBl. I S. 1498); in der Neufassung mWv 9.7.2021 durch VO v. 29.6.2021 (BGBl. I S. 2290) wieder enthalten; ber. BGBl. I 2021 S. 4831.

Anlage 32[1]
(zu § 237 Absatz 8)

Nutzungsart Hofstelle

Bewertungsfaktor für	Flächeneinheit	in EUR
Hofflächen	pro Ar	6,62
Zuschläge für	**Flächeneinheit**	**in EUR**
Wirtschaftsgebäude der weinbaulichen Nutzung bei Fass- und Flaschenweinerzeugung	pro Quadratmeter Bruttogrundfläche und Monat	1,23
Wirtschaftsgebäude der Nebenbetriebe	pro Quadratmeter Bruttogrundfläche und Monat	1,23

Anlage 33[2]
(zu § 238 Absatz 2)

Weitere den Ertragswert erhöhende Umstände

Bewertungsfaktor für	Flächeneinheit	in EUR
Abgegrenzte Standortfläche der Windenergieanlage	pro Ar	59,58

---

[1] Anlage 32 eingef. durch G v. 26.11.2019 (BGBl. I S. 1794); geänd. mWv 9.7.2021 durch VO v. 29.6.2021 (BGBl. I S. 2290); zur Anwendung siehe § 266.
[2] Anlage 33 eingef. durch G v. 26.11.2019 (BGBl. I S. 1794); geänd. mWv 9.7.2021 durch VO v. 29.6.2021 (BGBl. I S. 2290); zur Anwendung siehe § 266.

Umrechnungsschlüssel für Tierbestände in Vieheinheiten (VE) nach dem Futterbedarf

Tierart	1 Tier	
Nach dem Durchschnittsbestand in Stück:		
Alpakas	0,08	VE
Damtiere		
Damtiere unter 1 Jahr	0,04	VE
Damtiere 1 Jahr und älter	0,08	VE
Geflügel		
Legehennen (einschließlich einer normalen Aufzucht zur Ergänzung des Bestandes)	0,02	VE
Legehennen aus zugekauften Junghennen	0,0183	VE
Zuchtputen, -enten, -gänse	0,04	VE
Kaninchen		
Zucht- und Angorakaninchen	0,025	VE
Lamas	0,1	VE
Pferde		
Pferde unter 3 Jahren und Kleinpferde	0,7	VE
Pferde 3 Jahre und älter	1,1	VE
Rindvieh		
Kälber und Jungvieh unter 1 Jahr (einschließlich Mastkälber, Starterkälber und Fresser)	0,3	VE
Jungvieh 1 bis 2 Jahre alt	0,7	VE
Färsen (älter als 2 Jahre)	1	VE
Masttiere (Mastdauer weniger als 1 Jahr)	1	VE
Kühe (einschließlich Mutter- und Ammenkühe mit den dazugehörigen Saugkälbern)	1	VE
Zuchtbullen, Zugochsen	1,2	VE
Schafe		
Schafe unter 1 Jahr (einschließlich Mastlämmer)	0,05	VE
Schafe 1 Jahr und älter	0,1	VE
Schweine		
Zuchtschweine (einschließlich Jungzuchtschweine über etwa 90 kg)	0,33	VE
Strauße		
Zuchttiere 14 Monate und älter	0,32	VE
Jungtiere/Masttiere unter 14 Monate	0,25	VE
Ziegen	0,08	VE
Nach der Erzeugung in Stück:		
Geflügel		
Jungmasthühner (bis zu 6 Durchgänge je Jahr – schwere Tiere)	0,0017	VE

[1]) Anlage 34 eingef. durch G v. 26.11.2019 (BGBl. I S. 1794); zur Anwendung siehe § 266.

Tierart	1 Tier	
(mehr als 6 Durchgänge je Jahr – leichte Tiere)	0,0013	VE
Junghennen	0,0017	VE
Mastenten	0,0033	VE
Mastenten in der Aufzuchtphase	0,0011	VE
Mastenten in der Mastphase	0,0022	VE
Mastputen aus selbst erzeugten Jungputen	0,0067	VE
Mastputen aus zugekauften Jungputen	0,005	VE
Jungputen (bis etwa 8 Wochen)	0,0017	VE
Mastgänse	0,0067	VE
Kaninchen		
Mastkaninchen	0,0025	VE
Rindvieh		
Masttiere (Mastdauer 1 Jahr und mehr)	1	VE
Schweine		
Leichte Ferkel (bis etwa 12 kg)	0,01	VE
Ferkel (über etwa 12 bis etwa 20 kg)	0,02	VE
Schwere Ferkel und leichte Läufer (über etwa 20 bis etwa 30 kg)	0,04	VE
Läufer (über etwa 30 bis etwa 45 kg)	0,06	VE
Schwere Läufer (über etwa 45 bis etwa 60 kg)	0,08	VE
Mastschweine	0,16	VE
Jungzuchtschweine bis etwa 90 kg	0,12	VE

Anlage 35[1)]
(zu § 241 Absatz 5)

Gruppen der Zweige des Tierbestands nach der Flächenabhängigkeit

1. Mehr flächenabhängige Zweige des Tierbestands:
   Pferdehaltung,
   Pferdezucht,
   Schafzucht,
   Schafhaltung,
   Rindviehzucht,
   Milchviehhaltung,
   Rindviehmast.

2. Weniger flächenabhängige Zweige des Tierbestands:
   Schweinezucht,
   Schweinemast,
   Hühnerzucht,
   Entenzucht,
   Gänsezucht,
   Putenzucht,
   Legehennenhaltung,
   Junghühnermast,
   Entenmast,
   Gänsemast,
   Putenmast.

[1)] Anlage 35 eingef. durch G v. 26.11.2019 (BGBl. I S. 1794); zur Anwendung siehe § 266.

Anlage 36[1])
(zu den §§ 251 und 257 Absatz 1)

Umrechnungskoeffizienten zur Berücksichtigung abweichender Grundstücksgrößen beim Bodenwert von Ein- und Zweifamilienhäusern

Grundstücksgröße	Umrechnungskoeffizient
< 250m²	1,24
≥ 250m²	1,19
≥ 300m²	1,14
≥ 350m²	1,10
≥ 400m²	1,06
≥ 450m²	1,03
≥ 500m²	1,00
≥ 550m²	0,98
≥ 600m²	0,95
≥ 650m²	0,94
≥ 700m²	0,92
≥ 750m²	0,90
≥ 800m²	0,89
≥ 850m²	0,87
≥ 900m²	0,86
≥ 950m²	0,85
≥ 1 000m²	0,84
≥ 1 050m²	0,83
≥ 1 100m²	0,82
≥ 1 150m²	0,81
≥ 1 200m²	0,80
≥ 1 250m²	0,79
≥ 1 300m²	0,78
≥ 1 350m²	0,77
≥ 1 400m²	0,76
≥ 1 450m²	0,75
≥ 1 500m²	0,74
≥ 1 550m²	0,73
≥ 1 600m²	0,72
≥ 1 650m²	0,71
≥ 1 700m²	0,70
≥ 1 750m²	0,69
≥ 1 800m²	0,68
≥ 1 850m²	0,67
≥ 1 900m²	0,66
≥ 1 950m²	0,65
≥ 2 000m²	0,64

[1]) Anlage 36 eingef. durch G v. 26.11.2019 (BGBl. I S. 1794); zur Anwendung siehe § 266.

Anlage 37[1])
(zu § 253 Absatz 2)

Vervielfältiger

Rest-nutzungs-dauer (Jahre)	Zinssatz										
	1,5 %	1,6 %	1,7 %	1,8 %	1,9 %	2,0 %	2,1 %	2,2 %	2,3 %	2,4 %	2,5 %
1	0,99	0,98	0,98	0,98	0,98	0,98	0,98	0,98	0,98	0,98	0,98
2	1,96	1,95	1,95	1,95	1,94	1,94	1,94	1,94	1,93	1,93	1,93
3	2,91	2,91	2,90	2,90	2,89	2,88	2,88	2,87	2,87	2,86	2,86
4	3,85	3,84	3,84	3,83	3,82	3,81	3,80	3,79	3,78	3,77	3,76
5	4,78	4,77	4,75	4,74	4,73	4,71	4,70	4,69	4,67	4,66	4,65
6	5,70	5,68	5,66	5,64	5,62	5,60	5,58	5,56	5,55	5,53	5,51
7	6,60	6,57	6,55	6,52	6,50	6,47	6,45	6,42	6,40	6,37	6,35
8	7,49	7,45	7,42	7,39	7,36	7,33	7,29	7,26	7,23	7,20	7,17
9	8,36	8,32	8,28	8,24	8,20	8,16	8,12	8,08	8,05	8,01	7,97
10	9,22	9,17	9,13	9,08	9,03	8,98	8,94	8,89	8,84	8,80	8,75
11	10,07	10,01	9,96	9,90	9,84	9,79	9,73	9,68	9,62	9,57	9,51
12	10,91	10,84	10,77	10,71	10,64	10,58	10,51	10,45	10,38	10,32	10,26
13	11,73	11,65	11,58	11,50	11,42	11,35	11,27	11,20	11,13	11,05	10,98
14	12,54	12,45	12,37	12,28	12,19	12,11	12,02	11,94	11,85	11,77	11,69
15	13,34	13,24	13,14	13,04	12,95	12,85	12,75	12,66	12,57	12,47	12,38
16	14,13	14,02	13,91	13,80	13,69	13,58	13,47	13,37	13,26	13,16	13,06
17	14,91	14,78	14,66	14,53	14,41	14,29	14,17	14,06	13,94	13,83	13,71
18	15,67	15,53	15,40	15,26	15,12	14,99	14,86	14,73	14,60	14,48	14,35
19	16,43	16,27	16,12	15,97	15,82	15,68	15,53	15,39	15,25	15,12	14,98
20	17,17	17,00	16,83	16,67	16,51	16,35	16,19	16,04	15,89	15,74	15,59
21	17,90	17,72	17,54	17,36	17,18	17,01	16,84	16,67	16,51	16,35	16,18
22	18,62	18,42	18,23	18,03	17,84	17,66	17,47	17,29	17,11	16,94	16,77
23	19,33	19,12	18,91	18,70	18,49	18,29	18,09	17,90	17,71	17,52	17,33
24	20,03	19,80	19,57	19,35	19,13	18,91	18,70	18,49	18,29	18,08	17,88
25	20,72	20,47	20,23	19,99	19,75	19,52	19,30	19,07	18,85	18,64	18,42
26	21,40	21,13	20,87	20,62	20,37	20,12	19,88	19,64	19,41	19,18	18,95
27	22,07	21,79	21,51	21,24	20,97	20,71	20,45	20,20	19,95	19,70	19,46
28	22,73	22,43	22,13	21,84	21,56	21,28	21,01	20,74	20,48	20,22	19,96
29	23,38	23,06	22,75	22,44	22,14	21,84	21,56	21,27	20,99	20,72	20,45
30	24,02	23,68	23,35	23,02	22,71	22,40	22,09	21,79	21,50	21,21	20,93
31	24,65	24,29	23,94	23,60	23,27	22,94	22,62	22,30	21,99	21,69	21,40
32	25,27	24,89	24,52	24,17	23,81	23,47	23,13	22,80	22,48	22,16	21,85
33	25,88	25,48	25,10	24,72	24,35	23,99	23,63	23,29	22,95	22,62	22,29
34	26,48	26,07	25,66	25,27	24,88	24,50	24,13	23,77	23,41	23,06	22,72

[1]) Anlage 37 eingef. durch G v. 26.11.2019 (BGBl. I S. 1794); zur Anwendung siehe § 266.

Rest-nutzungs-dauer (Jahre)	Zinssatz										
	1,5 %	1,6 %	1,7 %	1,8 %	1,9 %	2,0 %	2,1 %	2,2 %	2,3 %	2,4 %	2,5 %
35	27,08	26,64	26,22	25,80	25,40	25,00	24,61	24,23	23,86	23,50	23,15
36	27,66	27,21	26,76	26,33	25,90	25,49	25,08	24,69	24,30	23,93	23,56
37	28,24	27,76	27,30	26,84	26,40	25,97	25,55	25,14	24,73	24,34	23,96
38	28,81	28,31	27,82	27,35	26,89	26,44	26,00	25,57	25,16	24,75	24,35
39	29,36	28,85	28,34	27,85	27,37	26,90	26,45	26,00	25,57	25,14	24,73
40	29,92	29,38	28,85	28,34	27,84	27,36	26,88	26,42	25,97	25,53	25,10
41	30,46	29,90	29,35	28,82	28,30	27,80	27,31	26,83	26,36	25,91	25,47
42	30,99	30,41	29,85	29,29	28,76	28,23	27,73	27,23	26,75	26,28	25,82
43	31,52	30,92	30,33	29,76	29,20	28,66	28,14	27,62	27,12	26,64	26,17
44	32,04	31,41	30,81	30,21	29,64	29,08	28,54	28,01	27,49	26,99	26,50
45	32,55	31,90	31,27	30,66	30,07	29,49	28,93	28,38	27,85	27,34	26,83
46	33,06	32,39	31,73	31,10	30,49	29,89	29,31	28,75	28,20	27,67	27,15
47	33,55	32,86	32,19	31,54	30,90	30,29	29,69	29,11	28,55	28,00	27,47
48	34,04	33,33	32,63	31,96	31,31	30,67	30,06	29,46	28,88	28,32	27,77
49	34,52	33,79	33,07	32,38	31,70	31,05	30,42	29,81	29,21	28,63	28,07
50	35,00	34,24	33,50	32,79	32,09	31,42	30,77	30,14	29,53	28,94	28,36
51	35,47	34,68	33,92	33,19	32,48	31,79	31,12	30,47	29,84	29,24	28,65
52	35,93	35,12	34,34	33,58	32,85	32,14	31,46	30,79	30,15	29,53	28,92
53	36,38	35,55	34,75	33,97	33,22	32,50	31,79	31,11	30,45	29,81	29,19
54	36,83	35,98	35,15	34,35	33,58	32,84	32,12	31,42	30,74	30,09	29,46
55	37,27	36,39	35,55	34,73	33,94	33,17	32,44	31,72	31,03	30,36	29,71
56	37,71	36,81	35,94	35,10	34,29	33,50	32,75	32,02	31,31	30,63	29,96
57	38,13	37,21	36,32	35,46	34,63	33,83	33,05	32,31	31,58	30,88	30,21
58	38,56	37,61	36,70	35,82	34,97	34,15	33,35	32,59	31,85	31,14	30,45
59	38,97	38,00	37,07	36,16	35,29	34,46	33,65	32,87	32,11	31,38	30,68
60	39,38	38,39	37,43	36,51	35,62	34,76	33,93	33,14	32,37	31,63	30,91
61	39,78	38,77	37,79	36,84	35,94	35,06	34,22	33,40	32,62	31,86	31,13
62	40,18	39,14	38,14	37,17	36,25	35,35	34,49	33,66	32,86	32,09	31,35
63	40,57	39,51	38,48	37,50	36,55	35,64	34,76	33,92	33,10	32,31	31,56
64	40,96	39,87	38,82	37,82	36,85	35,92	35,03	34,16	33,33	32,53	31,76
65	41,34	40,23	39,16	38,13	37,15	36,20	35,28	34,41	33,56	32,75	31,96
66	41,71	40,58	39,49	38,44	37,43	36,47	35,54	34,64	33,78	32,96	32,16
67	42,08	40,92	39,81	38,74	37,72	36,73	35,79	34,88	34,00	33,16	32,35
68	42,44	41,26	40,13	39,04	38,00	36,99	36,03	35,11	34,22	33,36	32,54
69	42,80	41,60	40,44	39,33	38,27	37,25	36,27	35,33	34,42	33,56	32,72
70	43,15	41,93	40,75	39,62	38,54	37,50	36,50	35,55	34,63	33,75	32,90
71	43,50	42,25	41,05	39,90	38,80	37,74	36,73	35,76	34,83	33,93	33,07
72	43,84	42,57	41,35	40,18	39,06	37,98	36,95	35,97	35,02	34,11	33,24
73	44,18	42,88	41,64	40,45	39,31	38,22	37,17	36,17	35,21	34,29	33,40
74	44,51	43,19	41,93	40,72	39,56	38,45	37,39	36,37	35,40	34,46	33,57

Rest-nutzungs-dauer (Jahre)	Zinssatz										
	1,5 %	1,6 %	1,7 %	1,8 %	1,9 %	2,0 %	2,1 %	2,2 %	2,3 %	2,4 %	2,5 %
75	44,84	43,50	42,21	40,98	39,80	38,68	37,60	36,57	35,58	34,63	33,72
76	45,16	43,79	42,49	41,24	40,04	38,90	37,81	36,76	35,76	34,80	33,88
77	45,48	44,09	42,76	41,49	40,28	39,12	38,01	36,95	35,93	34,96	34,03
78	45,79	44,38	43,03	41,74	40,51	39,33	38,21	37,13	36,10	35,11	34,17
79	46,10	44,66	43,29	41,98	40,73	39,54	38,40	37,31	36,27	35,27	34,31
80	46,41	44,95	43,55	42,22	40,96	39,74	38,59	37,48	36,43	35,42	34,45
81	46,71	45,22	43,81	42,46	41,17	39,95	38,77	37,66	36,59	35,56	34,59
82	47,00	45,49	44,06	42,69	41,39	40,14	38,96	37,82	36,74	35,71	34,72
83	47,29	45,76	44,31	42,92	41,60	40,34	39,13	37,99	36,89	35,85	34,85
84	47,58	46,03	44,55	43,14	41,80	40,53	39,31	38,15	37,04	35,98	34,97
85	47,86	46,29	44,79	43,36	42,00	40,71	39,48	38,31	37,19	36,12	35,10
86	48,14	46,54	45,02	43,58	42,20	40,89	39,65	38,46	37,33	36,25	35,22
87	48,41	46,79	45,25	43,79	42,40	41,07	39,81	38,61	37,47	36,37	35,33
88	48,68	47,04	45,48	44,00	42,59	41,25	39,97	38,76	37,60	36,50	35,45
89	48,95	47,28	45,70	44,20	42,77	41,42	40,13	38,90	37,73	36,62	35,56
90	49,21	47,52	45,92	44,40	42,96	41,59	40,28	39,04	37,86	36,74	35,67
91	49,47	47,76	46,14	44,60	43,14	41,75	40,43	39,18	37,99	36,85	35,77
92	49,72	47,99	46,35	44,79	43,32	41,91	40,58	39,32	38,11	36,97	35,87
93	49,97	48,22	46,56	44,98	43,49	42,07	40,73	39,45	38,23	37,08	35,98
94	50,22	48,44	46,76	45,17	43,66	42,23	40,87	39,58	38,35	37,18	36,07
95	50,46	48,67	46,96	45,35	43,83	42,38	41,01	39,70	38,47	37,29	36,17
96	50,70	48,88	47,16	45,53	43,99	42,53	41,14	39,83	38,58	37,39	36,26
97	50,94	49,10	47,36	45,71	44,15	42,68	41,28	39,95	38,69	37,49	36,35
98	51,17	49,31	47,55	45,89	44,31	42,82	41,41	40,07	38,80	37,59	36,44
99	51,40	49,52	47,74	46,06	44,47	42,96	41,53	40,18	38,90	37,68	36,53
100	51,62	49,72	47,92	46,22	44,62	43,10	41,66	40,30	39,00	37,78	36,61

Rest-nutzungs-dauer (Jahre)	Zinssatz							
	2,6 %	2,7 %	2,8 %	2,9 %	3,0 %	3,5 %	4 %	4,5 %
1	0,97	0,97	0,97	0,97	0,97	0,97	0,96	0,96
2	1,92	1,92	1,92	1,92	1,91	1,90	1,89	1,87
3	2,85	2,85	2,84	2,83	2,83	2,80	2,78	2,75
4	3,75	3,74	3,73	3,73	3,72	3,67	3,63	3,59
5	4,63	4,62	4,61	4,59	4,58	4,52	4,45	4,39
6	5,49	5,47	5,45	5,44	5,42	5,33	5,24	5,16
7	6,33	6,30	6,28	6,25	6,23	6,11	6,00	5,89
8	7,14	7,11	7,08	7,05	7,02	6,87	6,73	6,60
9	7,93	7,90	7,86	7,82	7,79	7,61	7,44	7,27

Rest-nutzungs-dauer (Jahre)	Zinssatz							
	2,6 %	2,7 %	2,8 %	2,9 %	3,0 %	3,5 %	4 %	4,5 %
10	8,71	8,66	8,62	8,57	8,53	8,32	8,11	7,91
11	9,46	9,41	9,36	9,30	9,25	9,00	8,76	8,53
12	10,20	10,13	10,07	10,01	9,95	9,66	9,39	9,12
13	10,91	10,84	10,77	10,70	10,63	10,30	9,99	9,68
14	11,61	11,53	11,45	11,37	11,30	10,92	10,56	10,22
15	12,29	12,20	12,11	12,02	11,94	11,52	11,12	10,74
16	12,95	12,85	12,76	12,66	12,56	12,09	11,65	11,23
17	13,60	13,49	13,38	13,27	13,17	12,65	12,17	11,71
18	14,23	14,11	13,99	13,87	13,75	13,19	12,66	12,16
19	14,84	14,71	14,58	14,45	14,32	13,71	13,13	12,59
20	15,44	15,30	15,16	15,02	14,88	14,21	13,59	13,01
21	16,03	15,87	15,72	15,56	15,42	14,70	14,03	13,40
22	16,59	16,43	16,26	16,10	15,94	15,17	14,45	13,78
23	17,15	16,97	16,79	16,62	16,44	15,62	14,86	14,15
24	17,69	17,50	17,31	17,12	16,94	16,06	15,25	14,50
25	18,22	18,01	17,81	17,61	17,41	16,48	15,62	14,83
26	18,73	18,51	18,30	18,08	17,88	16,89	15,98	15,15
27	19,23	19,00	18,77	18,55	18,33	17,29	16,33	15,45
28	19,72	19,47	19,23	19,00	18,76	17,67	16,66	15,74
29	20,19	19,93	19,68	19,43	19,19	18,04	16,98	16,02
30	20,65	20,38	20,12	19,86	19,60	18,39	17,29	16,29
31	21,11	20,82	20,54	20,27	20,00	18,74	17,59	16,54
32	21,55	21,25	20,96	20,67	20,39	19,07	17,87	16,79
33	21,97	21,66	21,36	21,06	20,77	19,39	18,15	17,02
34	22,39	22,07	21,75	21,44	21,13	19,70	18,41	17,25
35	22,80	22,46	22,13	21,80	21,49	20,00	18,66	17,46
36	23,20	22,84	22,50	22,16	21,83	20,29	18,91	17,67
37	23,58	23,22	22,86	22,51	22,17	20,57	19,14	17,86
38	23,96	23,58	23,21	22,85	22,49	20,84	19,37	18,05
39	24,33	23,93	23,55	23,17	22,81	21,10	19,58	18,23
40	24,69	24,28	23,88	23,49	23,11	21,36	19,79	18,40
41	25,03	24,61	24,20	23,80	23,41	21,60	19,99	18,57
42	25,37	24,94	24,52	24,10	23,70	21,83	20,19	18,72
43	25,71	25,26	24,82	24,40	23,98	22,06	20,37	18,87
44	26,03	25,57	25,12	24,68	24,25	22,28	20,55	19,02
45	26,34	25,87	25,41	24,96	24,52	22,50	20,72	19,16
46	26,65	26,16	25,69	25,23	24,78	22,70	20,88	19,29
47	26,95	26,45	25,96	25,49	25,02	22,90	21,04	19,41
48	27,24	26,73	26,23	25,74	25,27	23,09	21,20	19,54
49	27,53	27,00	26,48	25,99	25,50	23,28	21,34	19,65

Rest-nutzungs-dauer (Jahre)	Zinssatz							
	2,6 %	2,7 %	2,8 %	2,9 %	3,0 %	3,5 %	4 %	4,5 %
50	27,80	27,26	26,74	26,23	25,73	23,46	21,48	19,76
51	28,07	27,52	26,98	26,46	25,95	23,63	21,62	19,87
52	28,34	27,77	27,22	26,68	26,17	23,80	21,75	19,97
53	28,59	28,01	27,45	26,90	26,37	23,96	21,87	20,07
54	28,84	28,25	27,68	27,12	26,58	24,11	21,99	20,16
55	29,09	28,48	27,89	27,33	26,77	24,26	22,11	20,25
56	29,33	28,71	28,11	27,53	26,97	24,41	22,22	20,33
57	29,56	28,93	28,31	27,72	27,15	24,55	22,33	20,41
58	29,78	29,14	28,52	27,91	27,33	24,69	22,43	20,49
59	30,00	29,35	28,71	28,10	27,51	24,82	22,53	20,57
60	30,22	29,55	28,90	28,28	27,68	24,94	22,62	20,64
61	30,43	29,75	29,09	28,45	27,84	25,07	22,71	20,71
62	30,63	29,94	29,27	28,62	28,00	25,19	22,80	20,77
63	30,83	30,12	29,44	28,79	28,16	25,30	22,89	20,83
64	31,02	30,31	29,61	28,95	28,31	25,41	22,97	20,89
65	31,21	30,48	29,78	29,10	28,45	25,52	23,05	20,95
66	31,39	30,65	29,94	29,26	28,60	25,62	23,12	21,01
67	31,57	30,82	30,10	29,40	28,73	25,72	23,19	21,06
68	31,75	30,99	30,25	29,55	28,87	25,82	23,26	21,11
69	31,92	31,14	30,40	29,69	29,00	25,91	23,33	21,16
70	32,08	31,30	30,55	29,82	29,12	26,00	23,39	21,20
71	32,24	31,45	30,69	29,95	29,25	26,09	23,46	21,25
72	32,40	31,60	30,82	30,08	29,37	26,17	23,52	21,29
73	32,56	31,74	30,96	30,20	29,48	26,25	23,57	21,33
74	32,71	31,88	31,09	30,32	29,59	26,33	23,63	21,37
75	32,85	32,02	31,21	30,44	29,70	26,41	23,68	21,40
76	32,99	32,15	31,34	30,56	29,81	26,48	23,73	21,44
77	33,13	32,28	31,45	30,67	29,91	26,55	23,78	21,47
78	33,27	32,40	31,57	30,77	30,01	26,62	23,83	21,50
79	33,40	32,52	31,68	30,88	30,11	26,68	23,87	21,54
80	33,53	32,64	31,79	30,98	30,20	26,75	23,92	21,57
81	33,65	32,76	31,90	31,08	30,29	26,81	23,96	21,59
82	33,77	32,87	32,00	31,17	30,38	26,87	24,00	21,62
83	33,89	32,98	32,11	31,27	30,47	26,93	24,04	21,65
84	34,01	33,09	32,20	31,36	30,55	26,98	24,07	21,67
85	34,12	33,19	32,30	31,45	30,63	27,04	24,11	21,70
86	34,23	33,29	32,39	31,53	30,71	27,09	24,14	21,72
87	34,34	33,39	32,48	31,62	30,79	27,14	24,18	21,74
88	34,44	33,49	32,57	31,70	30,86	27,19	24,21	21,76
89	34,54	33,58	32,66	31,77	30,93	27,23	24,24	21,78

Rest-nutzungs-dauer (Jahre)	Zinssatz							
	2,6 %	2,7 %	2,8 %	2,9 %	3,0 %	3,5 %	4 %	4,5 %
90	34,64	33,67	32,74	31,85	31,00	27,28	24,27	21,80
91	34,74	33,76	32,82	31,93	31,07	27,32	24,30	21,82
92	34,84	33,84	32,90	32,00	31,14	27,37	24,32	21,83
93	34,93	33,93	32,98	32,07	31,20	27,41	24,35	21,85
94	35,02	34,01	33,05	32,14	31,26	27,45	24,37	21,87
95	35,10	34,09	33,12	32,20	31,32	27,48	24,40	21,88
96	35,19	34,17	33,19	32,27	31,38	27,52	24,42	21,90
97	35,27	34,24	33,26	32,33	31,44	27,56	24,44	21,91
98	35,35	34,32	33,33	32,39	31,49	27,59	24,46	21,92
99	35,43	34,39	33,39	32,45	31,55	27,62	24,49	21,94
100	35,51	34,46	33,46	32,51	31,60	27,66	24,50	21,95

Berechnungsvorschrift für die Vervielfältiger (Barwertfaktoren für die Kapitalisierung):

$$\text{Vervielfältiger} = \frac{q^{n}-1}{q^{n} \times (q-1)}$$

$$q = 1 + LZ \text{ wobei } LZ = \frac{p}{100}$$

LZ = Zinssatz (Liegenschaftszinssatz)
n = Restnutzungsdauer
p = Zinsfuß

Anlage 38[1]
(zu § 253 Absatz 2 und § 259 Absatz 4)

Wirtschaftliche Gesamtnutzungsdauer

Ein- und Zweifamilienhäuser	80 Jahre
Mietwohngrundstücke, Mehrfamilienhäuser	80 Jahre
Wohnungseigentum	80 Jahre
Geschäftsgrundstücke, gemischt genutzte Grundstücke und sonstige bebaute Grundstücke:	
Gemischt genutzte Grundstücke (Wohnhäuser mit Mischnutzung)	80 Jahre
Museen, Theater, Sakralbauten	70 Jahre
Bürogebäude, Verwaltungsgebäude	60 Jahre
Banken und ähnliche Geschäftshäuser	60 Jahre
Einzelgaragen und Mehrfachgaragen	60 Jahre
Kindergärten (Kindertagesstätten), allgemeinbildende Schulen und berufsbildende Schulen, Hochschulen, Sonderschulen	50 Jahre
Wohnheime, Internate, Alten- und Pflegeheime	50 Jahre
Kauf-/Warenhäuser	50 Jahre
Krankenhäuser, Kliniken, Tageskliniken, Ärztehäuser	40 Jahre
Gemeindezentren, Saalbauten, Veranstaltungsgebäude, Vereinsheime	40 Jahre
Beherbergungsstätten, Hotels, Verpflegungseinrichtungen	40 Jahre
Sport- und Tennishallen, Freizeitbäder, Kur- und Heilbäder	40 Jahre
Tief-, Hoch- und Nutzfahrzeuggaragen als Einzelbauwerke, Carports	40 Jahre
Betriebs- und Werkstätten, Industrie- und Produktionsgebäude	40 Jahre
Lager- und Versandgebäude	40 Jahre
Verbrauchermärkte, Autohäuser	30 Jahre
Reithallen, ehemalige landwirtschaftliche Mehrzweckhallen, Scheunen und Ähnliches	30 Jahre

Teileigentum ist in Abhängigkeit von der baulichen Gestaltung den vorstehenden Gebäudearten zuzuordnen.

Auffangklausel
Für nicht aufgeführte Gebäudearten ist die wirtschaftliche Gesamtnutzungsdauer aus der wirtschaftlichen Gesamtnutzungsdauer vergleichbarer Gebäudearten abzuleiten.

---

[1] Anlage 38 eingef. durch G v. 26.11.2019 (BGBl. I S. 1794); zur Anwendung siehe § 266.

Anlage 39¹⁾
(zu § 254)

Ermittlung des Rohertrags

I. Monatliche Nettokaltmieten in EUR/Quadratmeter Wohnfläche** (Wertverhältnisse/Stand: 1. Januar 2022)

Land	Gebäudeart*	Wohnfläche** (je Wohnung)	bis 1948	1949 bis 1978	1979 bis 1990	1991 bis 2000	ab 2001
Baden-Württemberg	Einfamilienhaus	unter 60 m²	7,13	6,88	7,01	8,73	9,40
		von 60 m² bis unter 100 m²	6,24	6,41	6,62	7,58	7,51
		100 m² und mehr	5,53	6,10	6,37	6,61	7,78
	Zweifamilienhaus	unter 60 m²	7,63	8,16	8,15	8,56	8,89
		von 60 m² bis unter 100 m²	5,60	6,06	6,11	6,55	7,60
		100 m² und mehr	5,10	5,38	5,45	6,20	7,31
	Mietwohngrundstück	unter 60 m²	8,60	9,17	9,11	10,10	12,44
		von 60 m² bis unter 100 m²	6,78	7,09	7,33	7,82	8,97
		100 m² und mehr	6,84	6,42	6,82	7,27	8,97
Bayern	Einfamilienhaus	unter 60 m²	7,86	7,54	7,76	9,28	10,64
		von 60 m² bis unter 100 m²	6,89	7,04	7,34	8,07	8,50
		100 m² und mehr	6,09	6,69	7,06	7,03	8,80
	Zweifamilienhaus	unter 60 m²	6,91	7,35	7,41	7,48	8,25
		von 60 m² bis unter 100 m²	5,06	5,45	5,57	5,72	7,07
		100 m² und mehr	4,61	4,85	4,96	5,42	6,79
	Mietwohngrundstück	unter 60 m²	9,82	10,41	10,44	11,12	14,56
		von 60 m² bis unter 100 m²	7,74	8,04	8,40	8,61	10,50
		100 m² und mehr	7,80	7,29	7,81	8,00	10,50

¹⁾ Anlage 39 neu gef. mWv 23.7.2021 durch G v. 16.7.2021 (BGBl. I S. 2931); geänd. mWv 21.12.2022 durch G v. 16.12.2022 (BGBl. I S. 2294).

*) **[Amtl. Anm.:]** Für Wohnungseigentum gelten die Nettokaltmieten für Mietwohngrundstücke. *[Red. Anm.: Fußnote derzeit ohne Bezug.]*

) **[Amtl. Anm.:] Flächen, die zu anderen Wohnzwecken genutzt werden, gelten als Wohnfläche. Für diese Flächen ist bei Mietwohngrundstücken die für Wohnungen mit einer Fläche unter 60 m² geltende monatliche Nettokaltmiete in Euro je Quadratmeter Nutzfläche (ohne Zubehörräume) anzusetzen. Bei Ein- und Zweifamilienhäusern sind diese Flächen zu der jeweiligen Wohnfläche zu addieren.

Nettokaltmiete – Festwert – für einen Garagenstellplatz (Einzelgarage/Tiefgarage)	35 EUR/Monat

Land	Gebäudeart*	Wohnfläche** (je Wohnung)	Baujahr des Gebäudes				
			bis 1948	1949 bis 1978	1979 bis 1990	1991 bis 2000	ab 2001
Berlin	Einfamilienhaus	unter 60 m²	9,04	7,79	7,28	10,70	14,45
		von 60 m² bis unter 100 m²	7,92	7,25	6,89	9,28	11,56
		100 m² und mehr	7,01	6,91	6,63	8,09	11,96
	Zweifamilienhaus	unter 60 m²	8,95	8,55	7,83	9,70	12,62
		von 60 m² bis unter 100 m²	6,56	6,33	5,87	7,43	10,79
		100 m² und mehr	5,97	5,64	5,23	7,02	10,37
	Mietwohngrundstück	unter 60 m²	8,47	8,07	7,34	9,60	14,83
		von 60 m² bis unter 100 m²	6,68	6,23	5,91	7,44	10,70
		100 m² und mehr	6,73	5,65	5,50	6,91	10,70
Brandenburg	Einfamilienhaus	unter 60 m²	8,34	7,20	7,28	10,66	12,20
		von 60 m² bis unter 100 m²	7,31	6,71	6,88	9,26	9,75
		100 m² und mehr	6,47	6,39	6,62	8,07	10,09
	Zweifamilienhaus	unter 60 m²	7,50	7,17	7,10	8,79	9,68
		von 60 m² bis unter 100 m²	5,50	5,31	5,32	6,72	8,28
		100 m² und mehr	5,00	4,73	4,75	6,36	7,96
	Mietwohngrundstück	unter 60 m²	7,45	7,11	7,00	9,13	11,94
		von 60 m² bis unter 100 m²	5,88	5,49	5,63	7,07	8,61
		100 m² und mehr	5,92	4,98	5,24	6,58	8,61
Bremen	Einfamilienhaus	unter 60 m²	7,03	6,49	6,73	7,62	9,00
		von 60 m² bis unter 100 m²	6,16	6,06	6,36	6,62	7,19
		100 m² und mehr	5,45	5,77	6,11	5,77	7,44
	Zweifamilienhaus	unter 60 m²	7,88	8,09	8,19	7,84	8,91
		von 60 m² bis unter 100 m²	5,78	6,00	6,15	6,00	7,62
		100 m² und mehr	5,26	5,33	5,48	5,67	7,33

*) **[Amtl. Anm.:]** Für Wohnungseigentum gelten die Nettokaltmieten für Mietwohngrundstücke. *[Red. Anm.: Fußnote derzeit ohne Bezug.]*

) **[Amtl. Anm.:] Flächen, die zu anderen Wohnzwecken genutzt werden, gelten als Wohnfläche. Für diese Flächen ist bei Mietwohngrundstücken die für Wohnungen mit einer Fläche unter 60 m² geltende monatliche Nettokaltmiete in Euro je Quadratmeter Nutzfläche (ohne Zubehörräume) anzusetzen. Bei Ein- und Zweifamilienhäusern sind diese Flächen zu der jeweiligen Wohnfläche zu addieren.

Nettokaltmiete – Festwert – für einen Garagenstellplatz (Einzelgarage/Tiefgarage)	35 EUR/Monat

Land	Gebäudeart*	Wohnfläche** (je Wohnung)	Baujahr des Gebäudes				
			bis 1948	1949 bis 1978	1979 bis 1990	1991 bis 2000	ab 2001
Bremen	Mietwohngrundstück	unter 60 m²	8,08	8,26	8,33	8,38	11,33
		von 60 m² bis unter 100 m²	6,38	6,38	6,71	6,49	8,17
		100 m² und mehr	6,42	5,79	6,24	6,04	8,17
Hamburg	Einfamilienhaus	unter 60 m²	8,69	7,01	7,52	9,56	10,26
		von 60 m² bis unter 100 m²	7,62	6,53	7,11	8,31	8,20
		100 m² und mehr	6,74	6,22	6,84	7,24	8,49
	Zweifamilienhaus	unter 60 m²	10,45	9,34	9,82	10,55	10,89
		von 60 m² bis unter 100 m²	7,67	6,92	7,37	8,07	9,31
		100 m² und mehr	6,97	6,16	6,57	7,64	8,96
	Mietwohngrundstück	unter 60 m²	9,18	8,19	8,57	9,70	11,89
		von 60 m² bis unter 100 m²	7,23	6,32	6,89	7,51	8,58
		100 m² und mehr	7,30	5,73	6,42	6,98	8,58
Hessen	Einfamilienhaus	unter 60 m²	7,96	6,97	6,91	7,83	10,02
		von 60 m² bis unter 100 m²	6,97	6,50	6,54	6,80	8,00
		100 m² und mehr	6,17	6,18	6,29	5,93	8,29
	Zweifamilienhaus	unter 60 m²	7,45	7,23	7,02	6,72	8,27
		von 60 m² bis unter 100 m²	5,46	5,36	5,26	5,15	7,08
		100 m² und mehr	4,97	4,77	4,70	4,87	6,81
	Mietwohngrundstück	unter 60 m²	9,44	9,13	8,81	8,90	13,01
		von 60 m² bis unter 100 m²	7,45	7,05	7,10	6,89	9,39
		100 m² und mehr	7,50	6,39	6,60	6,40	9,39

*) **[Amtl. Anm.:]** Für Wohnungseigentum gelten die Nettokaltmieten für Mietwohngrund-stücke. *[Red. Anm.: Fußnote derzeit ohne Bezug.]*

) **[Amtl. Anm.:] Flächen, die zu anderen Wohnzwecken genutzt werden, gelten als Wohnfläche. Für diese Flächen ist bei Mietwohngrundstücken die für Wohnungen mit einer Fläche unter 60 m² geltende monatliche Nettokaltmiete in Euro je Quadratmeter Nutzfläche (ohne Zubehörräume) anzusetzen. Bei Ein- und Zweifamilienhäusern sind diese Flächen zu der jeweiligen Wohnfläche zu addieren.

Nettokaltmiete – Festwert – für einen Garagenstellplatz (Einzelgarage/Tiefgarage)	35 EUR/Monat

Land	Gebäudeart*	Wohnfläche** (je Wohnung)	Baujahr des Gebäudes				
			bis 1948	1949 bis 1978	1979 bis 1990	1991 bis 2000	ab 2001
Mecklenburg-Vorpommern	Einfamilienhaus	unter 60 m²	7,02	5,75	5,50	8,12	8,77
		von 60 m² bis unter 100 m²	6,15	5,37	5,20	7,05	7,01
		100 m² und mehr	5,44	5,11	5,01	6,14	7,26
	Zweifamilienhaus	unter 60 m²	7,48	6,80	6,35	7,92	8,24
		von 60 m² bis unter 100 m²	5,48	5,05	4,77	6,07	7,05
		100 m² und mehr	4,99	4,49	4,25	5,74	6,78
	Mietwohngrundstück	unter 60 m²	8,20	7,44	6,92	9,09	11,22
		von 60 m² bis unter 100 m²	6,48	5,74	5,57	7,04	8,10
		100 m² und mehr	6,52	5,21	5,18	6,55	8,10
Niedersachsen	Einfamilienhaus	unter 60 m²	6,62	6,36	6,31	7,72	8,40
		von 60 m² bis unter 100 m²	5,80	5,93	5,97	6,70	6,71
		100 m² und mehr	5,13	5,64	5,74	5,84	6,95
	Zweifamilienhaus	unter 60 m²	6,78	7,21	7,00	7,23	7,58
		von 60 m² bis unter 100 m²	4,98	5,34	5,25	5,53	6,48
		100 m² und mehr	4,52	4,76	4,68	5,24	6,24
	Mietwohngrundstück	unter 60 m²	8,07	8,57	8,28	9,00	11,22
		von 60 m² bis unter 100 m²	6,36	6,62	6,67	6,98	8,10
		100 m² und mehr	6,42	6,01	6,20	6,48	8,10
Nordrhein-Westfalen	Einfamilienhaus	unter 60 m²	6,97	6,56	6,82	8,30	8,32
		von 60 m² bis unter 100 m²	6,10	6,11	6,44	7,20	6,65
		100 m² und mehr	5,40	5,82	6,19	6,28	6,88
	Zweifamilienhaus	unter 60 m²	7,07	7,38	7,50	7,70	7,44
		von 60 m² bis unter 100 m²	5,19	5,47	5,62	5,89	6,37
		100 m² und mehr	4,71	4,87	5,02	5,57	6,12

*) [**Amtl. Anm.:**] Für Wohnungseigentum gelten die Nettokaltmieten für Mietwohngrundstücke. *[Red. Anm.: Fußnote derzeit ohne Bezug.]*
) [Amtl. Anm.:**] Flächen, die zu anderen Wohnzwecken genutzt werden, gelten als Wohnfläche. Für diese Flächen ist bei Mietwohngrundstücken die für Wohnungen mit einer Fläche unter 60 m² geltende monatliche Nettokaltmiete in Euro je Quadratmeter Nutzfläche (ohne Zubehörräume) anzusetzen. Bei Ein- und Zweifamilienhäusern sind diese Flächen zu der jeweiligen Wohnfläche zu addieren.

Nettokaltmiete – Festwert – für einen Garagenstellplatz (Einzelgarage/Tiefgarage)	35 EUR/Monat

Land	Gebäudeart*	Wohnfläche** (je Wohnung)	bis 1948	1949 bis 1978	1979 bis 1990	1991 bis 2000	ab 2001
Nordrhein-Westfalen	Mietwohngrundstück	unter 60 m²	7,83	8,13	8,23	8,90	10,22
		von 60 m² bis unter 100 m²	6,17	6,29	6,62	6,90	7,38
		100 m² und mehr	6,22	5,69	6,15	6,41	7,38
Rheinland-Pfalz	Einfamilienhaus	unter 60 m²	7,12	6,81	6,88	8,13	9,32
		von 60 m² bis unter 100 m²	6,23	6,36	6,50	7,06	7,45
		100 m² und mehr	5,52	6,05	6,25	6,15	7,72
	Zweifamilienhaus	unter 60 m²	7,30	7,77	7,66	7,64	8,44
		von 60 m² bis unter 100 m²	5,35	5,76	5,75	5,85	7,22
		100 m² und mehr	4,87	5,13	5,13	5,53	6,94
	Mietwohngrundstück	unter 60 m²	8,33	8,82	8,67	9,11	11,95
		von 60 m² bis unter 100 m²	6,57	6,81	6,98	7,06	8,62
		100 m² und mehr	6,62	6,18	6,49	6,57	8,62
Saarland	Einfamilienhaus	unter 60 m²	6,07	6,18	6,13	8,39	9,03
		von 60 m² bis unter 100 m²	5,32	5,76	5,79	7,29	7,21
		100 m² und mehr	4,71	5,48	5,57	6,35	7,47
	Zweifamilienhaus	unter 60 m²	6,33	7,13	6,93	8,00	8,30
		von 60 m² bis unter 100 m²	4,63	5,28	5,19	6,13	7,09
		100 m² und mehr	4,22	4,71	4,63	5,80	6,82
	Mietwohngrundstück	unter 60 m²	7,74	8,70	8,41	10,24	12,62
		von 60 m² bis unter 100 m²	6,10	6,73	6,77	7,94	9,10
		100 m² und mehr	6,15	6,10	6,30	7,37	9,10

*) **[Amtl. Anm.:]** Für Wohnungseigentum gelten die Nettokaltmieten für Mietwohngrundstücke. *[Red. Anm.: Fußnote derzeit ohne Bezug.]*

) **[Amtl. Anm.:] Flächen, die zu anderen Wohnzwecken genutzt werden, gelten als Wohnfläche. Für diese Flächen ist bei Mietwohngrundstücken die für Wohnungen mit einer Fläche unter 60 m² geltende monatliche Nettokaltmiete in Euro je Quadratmeter Nutzfläche (ohne Zubehörräume) anzusetzen. Bei Ein- und Zweifamilienhäusern sind diese Flächen zu der jeweiligen Wohnfläche zu addieren.

Nettokaltmiete – Festwert – für einen Garagenstellplatz (Einzelgarage/Tiefgarage)	35 EUR/Monat

Land	Gebäudeart*	Wohnfläche** (je Wohnung)	Baujahr des Gebäudes				
			bis 1948	1949 bis 1978	1979 bis 1990	1991 bis 2000	ab 2001
Sachsen	Einfamilienhaus	unter 60 m²	6,70	6,21	5,71	8,23	8,97
		von 60 m² bis unter 100 m²	5,87	5,79	5,39	7,15	7,17
		100 m² und mehr	5,19	5,52	5,19	6,23	7,43
	Zweifamilienhaus	unter 60 m²	5,92	6,09	5,47	6,67	7,00
		von 60 m² bis unter 100 m²	4,34	4,51	4,11	5,11	5,99
		100 m² und mehr	3,94	4,01	3,67	4,83	5,75
Sachsen	Mietwohngrundstück	unter 60 m²	7,57	7,77	6,95	8,93	11,12
		von 60 m² bis unter 100 m²	5,98	6,01	5,60	6,92	8,02
		100 m² und mehr	6,02	5,44	5,20	6,42	8,02
Sachsen-Anhalt	Einfamilienhaus	unter 60 m²	6,23	5,78	5,53	7,43	7,79
		von 60 m² bis unter 100 m²	5,45	5,39	5,22	6,45	6,23
		100 m² und mehr	4,83	5,14	5,02	5,62	6,45
	Zweifamilienhaus	unter 60 m²	6,19	6,37	5,96	6,75	6,83
		von 60 m² bis unter 100 m²	4,54	4,72	4,47	5,17	5,85
		100 m² und mehr	4,13	4,20	3,98	4,89	5,62
	Mietwohngrundstück	unter 60 m²	7,22	7,41	6,90	8,24	9,90
		von 60 m² bis unter 100 m²	5,69	5,72	5,55	6,38	7,14
		100 m² und mehr	5,74	5,19	5,16	5,93	7,14
Schleswig-Holstein	Einfamilienhaus	unter 60 m²	7,16	6,92	6,87	8,47	9,24
		von 60 m² bis unter 100 m²	6,28	6,45	6,49	7,35	7,37
		100 m² und mehr	5,55	6,14	6,24	6,41	7,64
	Zweifamilienhaus	unter 60 m²	7,55	8,10	7,86	8,18	8,58
		von 60 m² bis unter 100 m²	5,54	6,01	5,90	6,27	7,34
		100 m² und mehr	5,03	5,34	5,26	5,92	7,06

*) **[Amtl. Anm.:]** Für Wohnungseigentum gelten die Nettokaltmieten für Mietwohngrundstücke. *[Red. Anm.: Fußnote derzeit ohne Bezug.]*
) **[Amtl. Anm.:] Flächen, die zu anderen Wohnzwecken genutzt werden, gelten als Wohnfläche. Für diese Flächen ist bei Mietwohngrundstücken die für Wohnungen mit einer Fläche unter 60 m² geltende monatliche Nettokaltmiete in Euro je Quadratmeter Nutzfläche (ohne Zubehörräume) anzusetzen. Bei Ein- und Zweifamilienhäusern sind diese Flächen zu der jeweiligen Wohnfläche zu addieren.

Nettokaltmiete – Festwert – für einen Garagenstellplatz (Einzelgarage/Tiefgarage)	35 EUR/Monat

Land	Gebäudeart*	Wohnfläche** (je Wohnung)	Baujahr des Gebäudes				
			bis 1948	1949 bis 1978	1979 bis 1990	1991 bis 2000	ab 2001
Schleswig-Holstein	Mietwohngrundstück	unter 60 m²	7,85	8,39	8,10	8,89	11,09
		von 60 m² bis unter 100 m²	6,19	6,47	6,52	6,89	7,99
		100 m² und mehr	6,24	5,87	6,06	6,40	7,99
Thüringen	Einfamilienhaus	unter 60 m²	7,36	6,58	6,41	8,31	9,59
		von 60 m² bis unter 100 m²	6,45	6,13	6,05	7,22	7,66
		100 m² und mehr	5,71	5,83	5,82	6,29	7,94
	Zweifamilienhaus	unter 60 m²	7,07	7,00	6,67	7,30	8,12
		von 60 m² bis unter 100 m²	5,19	5,19	5,00	5,59	6,95
		100 m² und mehr	4,71	4,62	4,45	5,29	6,68
	Mietwohngrundstück	unter 60 m²	7,70	7,61	7,22	8,33	11,00
		von 60 m² bis unter 100 m²	6,08	5,88	5,81	6,45	7,94
		100 m² und mehr	6,12	5,33	5,40	6,00	7,94

II. Mietniveaustufen

Zur Berücksichtigung von Mietniveauunterschieden zwischen Gemeinden eines Landes sind die Nettokaltmieten zu I. durch folgende Ab- oder Zuschläge anzupassen:

Mietniveaustufe 1	– 20,0 %
Mietniveaustufe 2	– 10,0 %
Mietniveaustufe 3	+/– 0 %
Mietniveaustufe 4	+ 10,0 %
Mietniveaustufe 5	+ 20,0 %
Mietniveaustufe 6	+ 30,0 %
Mietniveaustufe 7	+ 40,0 %

Die gemeindebezogene Einordnung in die Mietniveaustufen und der dafür maßgebliche Gebietsstand ergibt sich aus der Rechtsverordnung zur Durchführung des § 254 des Bewertungsgesetzes in der jeweils aktuellen Fassung; nicht aufgeführte Gemeinden sind der Mietniveaustufe 3 zuzuordnen.

---

*) **[Amtl. Anm.:]** Für Wohnungseigentum gelten die Nettokaltmieten für Mietwohngrundstücke. *[Red. Anm.: Fußnote derzeit ohne Bezug.]*

) **[Amtl. Anm.:] Flächen, die zu anderen Wohnzwecken genutzt werden, gelten als Wohnfläche. Für diese Flächen ist bei Mietwohngrundstücken die für Wohnungen mit einer Fläche unter 60 m² geltende monatliche Nettokaltmiete in Euro je Quadratmeter Nutzfläche (ohne Zubehörräume) anzusetzen. Bei Ein- und Zweifamilienhäusern sind diese Flächen zu der jeweiligen Wohnfläche zu addieren.

Nettokaltmiete – Festwert – für einen Garagenstellplatz (Einzelgarage/Tiefgarage)	35 EUR/Monat

Anlage 40[1]
(zu § 255)

Bewirtschaftungskosten

Pauschalierte Bewirtschaftungskosten für Verwaltung, Instandhaltung und Mietausfallwagnis in Prozent des Rohertrags des Grundstücks nach § 254

Restnutzungsdauer	Grundstücksart		
	1	2	3
	Ein- und Zwei- familienhäuser	Wohnungs- eigentum	Mietwohn- grundstück
≥ 60 Jahre	18	23	21
40 bis 59 Jahre	21	25	23
20 bis 39 Jahre	25	29	27
< 20 Jahre	27	31	29

---

[1] Anlage 40 eingef. durch G v. 26.11.2019 (BGBl. I S. 1794); zur Anwendung siehe § 266; geänd. durch G v. 21.12.2020 (BGBl. I S. 3096).

Anlage 41[1)]
(zu § 257 Absatz 2)

Abzinsungsfaktoren

Rest-nutzungs-dauer (Jahre)	Zinssatz										
	1,5 %	1,6 %	1,7 %	1,8 %	1,9 %	2,0 %	2,1 %	2,2 %	2,3 %	2,4 %	2,5 %
1	0,9852	0,9843	0,9833	0,9823	0,9814	0,9804	0,9794	0,9785	0,9775	0,9766	0,9756
2	0,9707	0,9688	0,9668	0,9649	0,9631	0,9612	0,9593	0,9574	0,9555	0,9537	0,9518
3	0,9563	0,9535	0,9507	0,9479	0,9451	0,9423	0,9396	0,9368	0,9341	0,9313	0,9286
4	0,9422	0,9385	0,9348	0,9311	0,9275	0,9238	0,9202	0,9166	0,9131	0,9095	0,9060
5	0,9283	0,9237	0,9192	0,9147	0,9102	0,9057	0,9013	0,8969	0,8925	0,8882	0,8839
6	0,9145	0,9092	0,9038	0,8985	0,8932	0,8880	0,8828	0,8776	0,8725	0,8674	0,8623
7	0,9010	0,8948	0,8887	0,8826	0,8766	0,8706	0,8646	0,8587	0,8528	0,8470	0,8413
8	0,8877	0,8807	0,8738	0,8670	0,8602	0,8535	0,8468	0,8402	0,8337	0,8272	0,8207
9	0,8746	0,8669	0,8592	0,8517	0,8442	0,8368	0,8294	0,8221	0,8149	0,8078	0,8007
10	0,8617	0,8532	0,8449	0,8366	0,8284	0,8203	0,8123	0,8044	0,7966	0,7889	0,7812
11	0,8489	0,8398	0,8307	0,8218	0,8130	0,8043	0,7956	0,7871	0,7787	0,7704	0,7621
12	0,8364	0,8266	0,8169	0,8073	0,7978	0,7885	0,7793	0,7702	0,7612	0,7523	0,7436
13	0,8240	0,8135	0,8032	0,7930	0,7830	0,7730	0,7632	0,7536	0,7441	0,7347	0,7254
14	0,8118	0,8007	0,7898	0,7790	0,7684	0,7579	0,7475	0,7374	0,7273	0,7175	0,7077
15	0,7999	0,7881	0,7766	0,7652	0,7540	0,7430	0,7322	0,7215	0,7110	0,7006	0,6905
16	0,7880	0,7757	0,7636	0,7517	0,7400	0,7284	0,7171	0,7060	0,6950	0,6842	0,6736
17	0,7764	0,7635	0,7508	0,7384	0,7262	0,7142	0,7024	0,6908	0,6794	0,6682	0,6572
18	0,7649	0,7515	0,7383	0,7253	0,7126	0,7002	0,6879	0,6759	0,6641	0,6525	0,6412
19	0,7536	0,7396	0,7259	0,7125	0,6993	0,6864	0,6738	0,6614	0,6492	0,6372	0,6255
20	0,7425	0,7280	0,7138	0,6999	0,6863	0,6730	0,6599	0,6471	0,6346	0,6223	0,6103
21	0,7315	0,7165	0,7019	0,6875	0,6735	0,6598	0,6463	0,6332	0,6203	0,6077	0,5954
22	0,7207	0,7052	0,6901	0,6754	0,6609	0,6468	0,6330	0,6196	0,6064	0,5935	0,5809
23	0,7100	0,6941	0,6786	0,6634	0,6486	0,6342	0,6200	0,6062	0,5927	0,5796	0,5667
24	0,6995	0,6832	0,6673	0,6517	0,6365	0,6217	0,6073	0,5932	0,5794	0,5660	0,5529
25	0,6892	0,6724	0,6561	0,6402	0,6247	0,6095	0,5948	0,5804	0,5664	0,5527	0,5394
26	0,6790	0,6619	0,6451	0,6289	0,6130	0,5976	0,5825	0,5679	0,5536	0,5398	0,5262
27	0,6690	0,6514	0,6344	0,6177	0,6016	0,5859	0,5706	0,5557	0,5412	0,5271	0,5134
28	0,6591	0,6412	0,6238	0,6068	0,5904	0,5744	0,5588	0,5437	0,5290	0,5148	0,5009
29	0,6494	0,6311	0,6133	0,5961	0,5794	0,5631	0,5473	0,5320	0,5171	0,5027	0,4887
30	0,6398	0,6211	0,6031	0,5856	0,5686	0,5521	0,5361	0,5206	0,5055	0,4909	0,4767
31	0,6303	0,6114	0,5930	0,5752	0,5580	0,5412	0,5251	0,5094	0,4941	0,4794	0,4651
32	0,6210	0,6017	0,5831	0,5650	0,5476	0,5306	0,5143	0,4984	0,4830	0,4682	0,4538
33	0,6118	0,5923	0,5733	0,5550	0,5373	0,5202	0,5037	0,4877	0,4722	0,4572	0,4427

[1)] Anlage 41 eingef. durch G v. 26.11.2019 (BGBl. I S. 1794); zur Anwendung siehe § 266.

Rest-nutzungs-dauer (Jahre)	Zinssatz										
	1,5 %	1,6 %	1,7 %	1,8 %	1,9 %	2,0 %	2,1 %	2,2 %	2,3 %	2,4 %	2,5 %
34	0,6028	0,5829	0,5638	0,5452	0,5273	0,5100	0,4933	0,4772	0,4616	0,4465	0,4319
35	0,5939	0,5737	0,5543	0,5356	0,5175	0,5000	0,4832	0,4669	0,4512	0,4360	0,4214
36	0,5851	0,5647	0,5451	0,5261	0,5078	0,4902	0,4732	0,4568	0,4410	0,4258	0,4111
37	0,5764	0,5558	0,5360	0,5168	0,4984	0,4806	0,4635	0,4470	0,4311	0,4158	0,4011
38	0,5679	0,5471	0,5270	0,5077	0,4891	0,4712	0,4540	0,4374	0,4214	0,4061	0,3913
39	0,5595	0,5385	0,5182	0,4987	0,4800	0,4619	0,4446	0,4280	0,4120	0,3966	0,3817
40	0,5513	0,5300	0,5095	0,4899	0,4710	0,4529	0,4355	0,4188	0,4027	0,3873	0,3724
41	0,5431	0,5216	0,5010	0,4812	0,4622	0,4440	0,4265	0,4097	0,3936	0,3782	0,3633
42	0,5351	0,5134	0,4926	0,4727	0,4536	0,4353	0,4178	0,4009	0,3848	0,3693	0,3545
43	0,5272	0,5053	0,4844	0,4644	0,4452	0,4268	0,4092	0,3923	0,3761	0,3607	0,3458
44	0,5194	0,4974	0,4763	0,4561	0,4369	0,4184	0,4007	0,3838	0,3677	0,3522	0,3374
45	0,5117	0,4895	0,4683	0,4481	0,4287	0,4102	0,3925	0,3756	0,3594	0,3440	0,3292
46	0,5042	0,4818	0,4605	0,4402	0,4207	0,4022	0,3844	0,3675	0,3513	0,3359	0,3211
47	0,4967	0,4742	0,4528	0,4324	0,4129	0,3943	0,3765	0,3596	0,3434	0,3280	0,3133
48	0,4894	0,4668	0,4452	0,4247	0,4052	0,3865	0,3688	0,3518	0,3357	0,3203	0,3057
49	0,4821	0,4594	0,4378	0,4172	0,3976	0,3790	0,3612	0,3443	0,3282	0,3128	0,2982
50	0,4750	0,4522	0,4305	0,4098	0,3902	0,3715	0,3538	0,3369	0,3208	0,3055	0,2909
51	0,4680	0,4451	0,4233	0,4026	0,3829	0,3642	0,3465	0,3296	0,3136	0,2983	0,2838
52	0,4611	0,4381	0,4162	0,3955	0,3758	0,3571	0,3394	0,3225	0,3065	0,2913	0,2769
53	0,4543	0,4312	0,4093	0,3885	0,3688	0,3501	0,3324	0,3156	0,2996	0,2845	0,2702
54	0,4475	0,4244	0,4024	0,3816	0,3619	0,3432	0,3255	0,3088	0,2929	0,2778	0,2636
55	0,4409	0,4177	0,3957	0,3749	0,3552	0,3365	0,3188	0,3021	0,2863	0,2713	0,2572
56	0,4344	0,4111	0,3891	0,3682	0,3485	0,3299	0,3123	0,2956	0,2799	0,2650	0,2509
57	0,4280	0,4046	0,3826	0,3617	0,3420	0,3234	0,3059	0,2893	0,2736	0,2588	0,2448
58	0,4217	0,3983	0,3762	0,3553	0,3357	0,3171	0,2996	0,2830	0,2674	0,2527	0,2388
59	0,4154	0,3920	0,3699	0,3490	0,3294	0,3109	0,2934	0,2769	0,2614	0,2468	0,2330
60	0,4093	0,3858	0,3637	0,3429	0,3233	0,3048	0,2874	0,2710	0,2555	0,2410	0,2273
61	0,4032	0,3797	0,3576	0,3368	0,3172	0,2988	0,2815	0,2652	0,2498	0,2353	0,2217
62	0,3973	0,3738	0,3516	0,3309	0,3113	0,2929	0,2757	0,2594	0,2442	0,2298	0,2163
63	0,3914	0,3679	0,3458	0,3250	0,3055	0,2872	0,2700	0,2539	0,2387	0,2244	0,2111
64	0,3856	0,3621	0,3400	0,3193	0,2998	0,2816	0,2645	0,2484	0,2333	0,2192	0,2059
65	0,3799	0,3564	0,3343	0,3136	0,2942	0,2761	0,2590	0,2430	0,2281	0,2140	0,2009
66	0,3743	0,3508	0,3287	0,3081	0,2887	0,2706	0,2537	0,2378	0,2230	0,2090	0,1960
67	0,3688	0,3452	0,3232	0,3026	0,2834	0,2653	0,2485	0,2327	0,2179	0,2041	0,1912
68	0,3633	0,3398	0,3178	0,2973	0,2781	0,2601	0,2434	0,2277	0,2130	0,1993	0,1865
69	0,3580	0,3345	0,3125	0,2920	0,2729	0,2550	0,2384	0,2228	0,2082	0,1947	0,1820
70	0,3527	0,3292	0,3073	0,2869	0,2678	0,2500	0,2335	0,2180	0,2036	0,1901	0,1776
71	0,3475	0,3240	0,3021	0,2818	0,2628	0,2451	0,2287	0,2133	0,1990	0,1857	0,1732
72	0,3423	0,3189	0,2971	0,2768	0,2579	0,2403	0,2239	0,2087	0,1945	0,1813	0,1690
73	0,3373	0,3139	0,2921	0,2719	0,2531	0,2356	0,2193	0,2042	0,1901	0,1771	0,1649

Rest-nutzungs-dauer (Jahre)	Zinssatz										
	1,5 %	1,6 %	1,7 %	1,8 %	1,9 %	2,0 %	2,1 %	2,2 %	2,3 %	2,4 %	2,5 %
74	0,3323	0,3089	0,2872	0,2671	0,2484	0,2310	0,2148	0,1998	0,1859	0,1729	0,1609
75	0,3274	0,3041	0,2824	0,2624	0,2437	0,2265	0,2104	0,1955	0,1817	0,1689	0,1569
76	0,3225	0,2993	0,2777	0,2577	0,2392	0,2220	0,2061	0,1913	0,1776	0,1649	0,1531
77	0,3178	0,2946	0,2731	0,2532	0,2347	0,2177	0,2018	0,1872	0,1736	0,1610	0,1494
78	0,3131	0,2899	0,2685	0,2487	0,2304	0,2134	0,1977	0,1832	0,1697	0,1573	0,1457
79	0,3084	0,2854	0,2640	0,2443	0,2261	0,2092	0,1936	0,1792	0,1659	0,1536	0,1422
80	0,3039	0,2809	0,2596	0,2400	0,2219	0,2051	0,1896	0,1754	0,1622	0,1500	0,1387
81	0,2994	0,2764	0,2553	0,2357	0,2177	0,2011	0,1857	0,1716	0,1585	0,1465	0,1353
82	0,2950	0,2721	0,2510	0,2316	0,2137	0,1971	0,1819	0,1679	0,1550	0,1430	0,1320
83	0,2906	0,2678	0,2468	0,2275	0,2097	0,1933	0,1782	0,1643	0,1515	0,1397	0,1288
84	0,2863	0,2636	0,2427	0,2235	0,2058	0,1895	0,1745	0,1607	0,1481	0,1364	0,1257
85	0,2821	0,2594	0,2386	0,2195	0,2019	0,1858	0,1709	0,1573	0,1447	0,1332	0,1226
86	0,2779	0,2554	0,2346	0,2156	0,1982	0,1821	0,1674	0,1539	0,1415	0,1301	0,1196
87	0,2738	0,2513	0,2307	0,2118	0,1945	0,1786	0,1640	0,1506	0,1383	0,1270	0,1167
88	0,2698	0,2474	0,2269	0,2081	0,1908	0,1751	0,1606	0,1473	0,1352	0,1241	0,1138
89	0,2658	0,2435	0,2231	0,2044	0,1873	0,1716	0,1573	0,1442	0,1322	0,1211	0,1111
90	0,2619	0,2396	0,2193	0,2008	0,1838	0,1683	0,1541	0,1411	0,1292	0,1183	0,1084
91	0,2580	0,2359	0,2157	0,1972	0,1804	0,1650	0,1509	0,1380	0,1263	0,1155	0,1057
92	0,2542	0,2322	0,2121	0,1937	0,1770	0,1617	0,1478	0,1351	0,1234	0,1128	0,1031
93	0,2504	0,2285	0,2085	0,1903	0,1737	0,1586	0,1447	0,1321	0,1207	0,1102	0,1006
94	0,2467	0,2249	0,2050	0,1869	0,1705	0,1554	0,1418	0,1293	0,1179	0,1076	0,0982
95	0,2431	0,2214	0,2016	0,1836	0,1673	0,1524	0,1389	0,1265	0,1153	0,1051	0,0958
96	0,2395	0,2179	0,1982	0,1804	0,1642	0,1494	0,1360	0,1238	0,1127	0,1026	0,0934
97	0,2359	0,2144	0,1949	0,1772	0,1611	0,1465	0,1332	0,1211	0,1102	0,1002	0,0912
98	0,2324	0,2111	0,1917	0,1741	0,1581	0,1436	0,1305	0,1185	0,1077	0,0979	0,0889
99	0,2290	0,2077	0,1885	0,1710	0,1552	0,1408	0,1278	0,1160	0,1053	0,0956	0,0868
100	0,2256	0,2045	0,1853	0,1680	0,1523	0,1380	0,1251	0,1135	0,1029	0,0933	0,0846

Rest-nutzungs-dauer (Jahre)	Zinssatz							
	2,6 %	2,7 %	2,8 %	2,9 %	3,0 %	3,5 %	4 %	4,5 %
1	0,9747	0,9737	0,9728	0,9718	0,9709	0,9662	0,9615	0,9569
2	0,9500	0,9481	0,9463	0,9444	0,9426	0,9335	0,9246	0,9157
3	0,9259	0,9232	0,9205	0,9178	0,9151	0,9019	0,8890	0,8763
4	0,9024	0,8989	0,8954	0,8919	0,8885	0,8714	0,8548	0,8386
5	0,8796	0,8753	0,8710	0,8668	0,8626	0,8420	0,8219	0,8025
6	0,8573	0,8523	0,8473	0,8424	0,8375	0,8135	0,7903	0,7679
7	0,8355	0,8299	0,8242	0,8186	0,8131	0,7860	0,7599	0,7348
8	0,8144	0,8080	0,8018	0,7956	0,7894	0,7594	0,7307	0,7032

Restnutzungsdauer (Jahre)	Zinssatz							
	2,6 %	2,7 %	2,8 %	2,9 %	3,0 %	3,5 %	4 %	4,5 %
9	0,7937	0,7868	0,7799	0,7731	0,7664	0,7337	0,7026	0,6729
10	0,7736	0,7661	0,7587	0,7514	0,7441	0,7089	0,6756	0,6439
11	0,7540	0,7460	0,7380	0,7302	0,7224	0,6849	0,6496	0,6162
12	0,7349	0,7264	0,7179	0,7096	0,7014	0,6618	0,6246	0,5897
13	0,7163	0,7073	0,6984	0,6896	0,6810	0,6394	0,6006	0,5643
14	0,6981	0,6887	0,6794	0,6702	0,6611	0,6178	0,5775	0,5400
15	0,6804	0,6706	0,6609	0,6513	0,6419	0,5969	0,5553	0,5167
16	0,6632	0,6529	0,6429	0,6329	0,6232	0,5767	0,5339	0,4945
17	0,6464	0,6358	0,6253	0,6151	0,6050	0,5572	0,5134	0,4732
18	0,6300	0,6191	0,6083	0,5978	0,5874	0,5384	0,4936	0,4528
19	0,6140	0,6028	0,5917	0,5809	0,5703	0,5202	0,4746	0,4333
20	0,5985	0,5869	0,5756	0,5645	0,5537	0,5026	0,4564	0,4146
21	0,5833	0,5715	0,5599	0,5486	0,5375	0,4856	0,4388	0,3968
22	0,5685	0,5565	0,5447	0,5332	0,5219	0,4692	0,4220	0,3797
23	0,5541	0,5419	0,5299	0,5181	0,5067	0,4533	0,4057	0,3634
24	0,5401	0,5276	0,5154	0,5035	0,4919	0,4380	0,3901	0,3477
25	0,5264	0,5137	0,5014	0,4893	0,4776	0,4231	0,3751	0,3327
26	0,5131	0,5002	0,4877	0,4756	0,4637	0,4088	0,3607	0,3184
27	0,5001	0,4871	0,4744	0,4622	0,4502	0,3950	0,3468	0,3047
28	0,4874	0,4743	0,4615	0,4491	0,4371	0,3817	0,3335	0,2916
29	0,4750	0,4618	0,4490	0,4365	0,4243	0,3687	0,3207	0,2790
30	0,4630	0,4497	0,4367	0,4242	0,4120	0,3563	0,3083	0,2670
31	0,4513	0,4378	0,4248	0,4122	0,4000	0,3442	0,2965	0,2555
32	0,4398	0,4263	0,4133	0,4006	0,3883	0,3326	0,2851	0,2445
33	0,4287	0,4151	0,4020	0,3893	0,3770	0,3213	0,2741	0,2340
34	0,4178	0,4042	0,3911	0,3783	0,3660	0,3105	0,2636	0,2239
35	0,4072	0,3936	0,3804	0,3677	0,3554	0,3000	0,2534	0,2143
36	0,3969	0,3832	0,3700	0,3573	0,3450	0,2898	0,2437	0,2050
37	0,3869	0,3732	0,3600	0,3472	0,3350	0,2800	0,2343	0,1962
38	0,3771	0,3633	0,3502	0,3375	0,3252	0,2706	0,2253	0,1878
39	0,3675	0,3538	0,3406	0,3279	0,3158	0,2614	0,2166	0,1797
40	0,3582	0,3445	0,3313	0,3187	0,3066	0,2526	0,2083	0,1719
41	0,3491	0,3354	0,3223	0,3097	0,2976	0,2440	0,2003	0,1645
42	0,3403	0,3266	0,3135	0,3010	0,2890	0,2358	0,1926	0,1574
43	0,3316	0,3180	0,3050	0,2925	0,2805	0,2278	0,1852	0,1507
44	0,3232	0,3097	0,2967	0,2843	0,2724	0,2201	0,1780	0,1442
45	0,3150	0,3015	0,2886	0,2763	0,2644	0,2127	0,1712	0,1380
46	0,3071	0,2936	0,2807	0,2685	0,2567	0,2055	0,1646	0,1320
47	0,2993	0,2859	0,2731	0,2609	0,2493	0,1985	0,1583	0,1263
48	0,2917	0,2784	0,2657	0,2535	0,2420	0,1918	0,1522	0,1209

Rest-nutzungs-dauer (Jahre)	Zinssatz							
	2,6 %	2,7 %	2,8 %	2,9 %	3,0 %	3,5 %	4 %	4,5 %
49	0,2843	0,2710	0,2584	0,2464	0,2350	0,1853	0,1463	0,1157
50	0,2771	0,2639	0,2514	0,2395	0,2281	0,1791	0,1407	0,1107
51	0,2701	0,2570	0,2445	0,2327	0,2215	0,1730	0,1353	0,1059
52	0,2632	0,2502	0,2379	0,2262	0,2150	0,1671	0,1301	0,1014
53	0,2566	0,2437	0,2314	0,2198	0,2088	0,1615	0,1251	0,0970
54	0,2501	0,2372	0,2251	0,2136	0,2027	0,1560	0,1203	0,0928
55	0,2437	0,2310	0,2190	0,2076	0,1968	0,1508	0,1157	0,0888
56	0,2375	0,2249	0,2130	0,2017	0,1910	0,1457	0,1112	0,0850
57	0,2315	0,2190	0,2072	0,1960	0,1855	0,1407	0,1069	0,0814
58	0,2257	0,2133	0,2016	0,1905	0,1801	0,1360	0,1028	0,0778
59	0,2199	0,2077	0,1961	0,1851	0,1748	0,1314	0,0989	0,0745
60	0,2144	0,2022	0,1907	0,1799	0,1697	0,1269	0,0951	0,0713
61	0,2089	0,1969	0,1855	0,1748	0,1648	0,1226	0,0914	0,0682
62	0,2036	0,1917	0,1805	0,1699	0,1600	0,1185	0,0879	0,0653
63	0,1985	0,1867	0,1756	0,1651	0,1553	0,1145	0,0845	0,0625
64	0,1935	0,1818	0,1708	0,1605	0,1508	0,1106	0,0813	0,0598
65	0,1885	0,1770	0,1661	0,1560	0,1464	0,1069	0,0781	0,0572
66	0,1838	0,1723	0,1616	0,1516	0,1421	0,1033	0,0751	0,0547
67	0,1791	0,1678	0,1572	0,1473	0,1380	0,0998	0,0722	0,0524
68	0,1746	0,1634	0,1529	0,1431	0,1340	0,0964	0,0695	0,0501
69	0,1702	0,1591	0,1488	0,1391	0,1301	0,0931	0,0668	0,0480
70	0,1658	0,1549	0,1447	0,1352	0,1263	0,0900	0,0642	0,0459
71	0,1616	0,1508	0,1408	0,1314	0,1226	0,0869	0,0617	0,0439
72	0,1575	0,1469	0,1369	0,1277	0,1190	0,0840	0,0594	0,0420
73	0,1535	0,1430	0,1332	0,1241	0,1156	0,0812	0,0571	0,0402
74	0,1497	0,1392	0,1296	0,1206	0,1122	0,0784	0,0549	0,0385
75	0,1459	0,1356	0,1260	0,1172	0,1089	0,0758	0,0528	0,0368
76	0,1422	0,1320	0,1226	0,1139	0,1058	0,0732	0,0508	0,0353
77	0,1386	0,1286	0,1193	0,1107	0,1027	0,0707	0,0488	0,0337
78	0,1351	0,1252	0,1160	0,1075	0,0997	0,0683	0,0469	0,0323
79	0,1316	0,1219	0,1129	0,1045	0,0968	0,0660	0,0451	0,0309
80	0,1283	0,1187	0,1098	0,1016	0,0940	0,0638	0,0434	0,0296
81	0,1250	0,1156	0,1068	0,0987	0,0912	0,0616	0,0417	0,0283
82	0,1219	0,1125	0,1039	0,0959	0,0886	0,0596	0,0401	0,0271
83	0,1188	0,1096	0,1011	0,0932	0,0860	0,0575	0,0386	0,0259
84	0,1158	0,1067	0,0983	0,0906	0,0835	0,0556	0,0371	0,0248
85	0,1128	0,1039	0,0956	0,0880	0,0811	0,0537	0,0357	0,0237
86	0,1100	0,1011	0,0930	0,0856	0,0787	0,0519	0,0343	0,0227
87	0,1072	0,0985	0,0905	0,0832	0,0764	0,0501	0,0330	0,0217
88	0,1045	0,0959	0,0880	0,0808	0,0742	0,0484	0,0317	0,0208

Rest-nutzungs-dauer (Jahre)	Zinssatz							
	2,6 %	2,7 %	2,8 %	2,9 %	3,0 %	3,5 %	4 %	4,5 %
89	0,1018	0,0934	0,0856	0,0785	0,0720	0,0468	0,0305	0,0199
90	0,0993	0,0909	0,0833	0,0763	0,0699	0,0452	0,0293	0,0190
91	0,0967	0,0885	0,0810	0,0742	0,0679	0,0437	0,0282	0,0182
92	0,0943	0,0862	0,0788	0,0721	0,0659	0,0422	0,0271	0,0174
93	0,0919	0,0839	0,0767	0,0700	0,0640	0,0408	0,0261	0,0167
94	0,0896	0,0817	0,0746	0,0681	0,0621	0,0394	0,0251	0,0160
95	0,0873	0,0796	0,0726	0,0662	0,0603	0,0381	0,0241	0,0153
96	0,0851	0,0775	0,0706	0,0643	0,0586	0,0368	0,0232	0,0146
97	0,0829	0,0755	0,0687	0,0625	0,0569	0,0355	0,0223	0,0140
98	0,0808	0,0735	0,0668	0,0607	0,0552	0,0343	0,0214	0,0134
99	0,0788	0,0715	0,0650	0,0590	0,0536	0,0332	0,0206	0,0128
100	0,0768	0,0697	0,0632	0,0573	0,0520	0,0321	0,0198	0,0123

Berechnungsvorschrift für die Abzinsungsfaktoren (Barwertfaktoren für die Abzinsung):

$$\text{Abzinsungsfaktor} = \frac{1}{q^n}$$

$$q = 1 + LZ \text{ wobei } LZ = \frac{p}{100}$$

LZ = Zinssatz (Liegenschaftszinssatz)
n = Restnutzungsdauer
p = Zinsfuß

Anlage 42[1])
(zu § 259 Absatz 1)

Normalherstellungskosten

I. Begriff der Brutto-Grundfläche (BGF)

1. Die BGF ist die Summe der bezogen auf die jeweilige Gebäudeart marktüblich nutzbaren Grundflächen aller Grundrissebenen eines Bauwerks. In Anlehnung an die DIN 277-1:2005-02 sind bei den Grundflächen folgende Bereiche zu unterscheiden:
   Bereich a: überdeckt und allseitig in voller Höhe umschlossen,
   Bereich b: überdeckt, jedoch nicht allseitig in voller Höhe umschlossen,
   Bereich c: nicht überdeckt.
   Für die Anwendung der Normalherstellungskosten (NHK) sind im Rahmen der Ermittlung der BGF nur die Grundflächen der Bereiche a und b zugrunde zu legen. Balkone, auch wenn sie überdeckt sind, sind dem Bereich c zuzuordnen.
   Für die Ermittlung der BGF sind die äußeren Maße der Bauteile einschließlich Bekleidung, z. B. Putz und Außenschalen mehrschaliger Wandkonstruktionen, in Höhe der Bodenbelagsoberkanten anzusetzen.
2. Nicht zur BGF gehören z. B. Flächen von Spitzböden und Kriechkellern, Flächen, die ausschließlich der Wartung, Inspektion und Instandsetzung von Baukonstruktionen und technischen Anlagen dienen, sowie Flächen unter konstruktiven Hohlräumen, z. B. über abgehängten Decken.

II. Normalherstellungskosten (NHK)

Normalherstellungskosten in Euro/m² BGF auf der Grundlage der Normalherstellungskosten 2010 (NHK 2010), einschließlich Baunebenkosten und Umsatzsteuer für die jeweilige Gebäudeart (Kostenstand 2010) sowie eines pauschalen Zuschlages für bauliche Anlagen, insbesondere Außenanlagen, und sonstige Anlagen (3 %)

	Gebäudeart	Baujahrgruppe		
		vor 1995	1995–2004	ab 2005
1	Gemischt genutzte Grundstücke (Wohnhäuser mit Mischnutzung)	695	886	1118
2	Banken und ähnliche Geschäftshäuser	736	937	1494
3	Bürogebäude, Verwaltungsgebäude	839	1071	1736
4	Gemeindezentren, Vereinsheime, Saalbauten, Veranstaltungsgebäude	1004	1282	1555
5	Kindergärten (Kindertagesstätten), allgemeinbildende Schulen, berufsbildende Schulen, Hochschulen, Sonderschulen	1164	1488	1710
6	Wohnheime, Internate, Alten-, Pflegeheime	876	1118	1370
7	Krankenhäuser, Kliniken, Tageskliniken, Ärztehäuser	1334	1705	2075
8	Beherbergungsstätten, Hotels, Verpflegungseinrichtungen	1118	1427	1859
9.1	Sporthallen	1133	1447	1777
9.2	Tennishallen	814	1040	1226

[1]) Anlage 42 eingef. durch G v. 26.11.2019 (BGBl. I S. 1794); zur Anwendung siehe § 266.

Gebäudeart		Baujahrgruppe		
		vor 1995	1995–2004	ab 2005
9.3	Freizeitbäder, Kur- und Heilbäder	1978	2524	3075
10.1	Verbrauchermärkte	582	742	896
10.2	Kauf- und Warenhäuser	1066	1360	1633
10.3	Autohäuser ohne Werkstatt	757	968	1277
11.1	Betriebs- und Werkstätten eingeschossig oder mehrgeschossig ohne Hallenanteil; industrielle Produktionsgebäude, Massivbauweise	762	973	1200
11.2	Betriebs- und Werkstätten, mehrgeschossig, hoher Hallenanteil; industrielle Produktionsgebäude, überwiegend Skelettbauweise	536	680	942
12.1	Lagergebäude ohne Mischnutzung, Kaltlager	283	361	505
12.2	Lagergebäude mit bis zu 25 Prozent Mischnutzung	443	567	711
12.3	Lagergebäude mit mehr als 25 Prozent Mischnutzung	716	917	1128
13	Museen, Theater, Sakralbauten	1514	1875	2395
14	Reithallen, ehemalige landwirtschaftliche Mehrzweckhallen, Scheunen und Ähnliches		263	
15	Stallbauten		422	
16	Hochgaragen, Tiefgaragen und Nutzfahrzeuggaragen		623	
17	Einzelgaragen, Mehrfachgaragen		500	
18	Carports und Ähnliches		196	
19	**Teileigentum**			
	Teileigentum ist in Abhängigkeit von der baulichen Gestaltung den vorstehenden Gebäudearten zuzuordnen.			
20	**Auffangklausel**			
	Normalherstellungskosten für nicht aufgeführte Gebäudearten sind aus den Normalherstellungskosten vergleichbarer Gebäudearten abzuleiten.			

Anlage 43[1)
(zu § 260)

Wertzahlen

für Teileigentum, Geschäftsgrundstücke, gemischt genutzte Grundstücke und sonstige bebaute Grundstücke nach § 249 Absatz 1 Nummer 5 bis 8

	Vorläufiger Sachwert	Bodenrichtwert oder in EUR/m² umgerechneter Bodenwert nach § 247 Absatz 3		
		bis 100 EUR/m²	bis 300 EUR/m²	über 300 EUR/m²
bis	500 000 EUR	0,80	0,90	1,00
	750 000 EUR	0,75	0,85	0,95
	1 000 000 EUR	0,70	0,80	0,90
	1 500 000 EUR	0,65	0,75	0,85
	2 000 000 EUR	0,60	0,70	0,80
	3 000 000 EUR	0,55	0,65	0,75
über	3 000 000 EUR	0,50	0,60	0,70

[1) Anlage 43 eingef. durch G v. 26.11.2019 (BGBl. I S. 1794), zur Anwendung siehe § 266; geänd. mWv 21.12.2022 durch G v. 16.12.2022 (BGBl. I S. 2294).

201. Verordnung zur Durchführung des § 81 des Bewertungsgesetzes

Vom 2. September 1966 (BGBl. I S. 550)

BGBl. III 610–7–5

Auf Grund des § 81 und des § 123 Abs. 1 des Bewertungsgesetzes in der Fassung vom 10. Dezember 1965 (Bundesgesetzbl. I S. 1861) verordnet die Bundesregierung mit Zustimmung des Bundesrates:

§ 1 [Außergewöhnliche Grundsteuerbelastung] In den Fällen, in denen die Einheitswerte der bebauten Grundstücke im Ertragswertverfahren zu ermitteln und die Wertverhältnisse vom 1. Januar 1964 zugrunde zu legen sind, sind außergewöhnliche Grundsteuerbelastungen im Sinne von § 81 des Gesetzes nach Maßgabe der §§ 2 bis 4 zu berücksichtigen.

§ 2 [Belastungszahl] (1) [1]Die Grundsteuerbelastung in jeder Gemeinde wird durch eine Belastungszahl ausgedrückt. [2]Die Belastungszahl ergibt sich durch die Anwendung eines Vervielfältigers auf die Zahl, die am Hauptfeststellungszeitpunkt die Höhe des Hebesatzes bei der Grundsteuer für Grundstücke bestimmt hat.

(2) [1]Der Vervielfältiger ergibt sich aus der nachstehenden Tabelle:

Gebiet der ehemaligen Landesfinanzämter

	Darmstadt		Düsseldorf		Hamburg			Hannover		
	a	b	a	b	a	b	c	a	b	c
I	–	55	67,5	63,5	–	–	56	–	59,5	–
II	–	63,5	76,5	72	–	–	60	–	68	–
III	76,5	72	90	85	72	–	64	72	68	–
IV	81	76,5	99	–	–	80,5	76	81	76,5	76
V	90	–			76,5	72	–	90	85	80
VI	99	–			90	–	80	108	–	92
VII	103,5	–								
VIII										

Gebiet der ehemaligen Landesfinanzämter

	Karlsruhe		Kassel		Köln		Magdeburg
	a	b	a	b	a	b	a
I	–	55	–	55	67,5	63,5	–
II	–	63,5	–	68	85,5	80,5	–
III	–	68	81	76,5	85,5¹⁾	80,5	–
IV	72	68	94,5	–	94,5²⁾	89	81
V	76,5	72	103,5	–	103,5	–	94,5
VI	81	76,5					103,5
VII	90	–					
VIII	99						

¹⁾ einschl. Idar–Oberstein.
²⁾ einschl. Birkenfeld.

Gebiet der ehemaligen Landesfinanzämter

	Münster		Nordmark			Saarland		Stuttgart	
	a	b	a	b	c	a	b	a	b
I	72	68	–	59,5	–	–	68	–	72
II	81	76,5	67,5	63,5	–	81	76,5	–	76,5
III	90	85	72	68	–	90	–	85,5	80,5
IV	99	–	81	–	80	99	–	94,5	89
V			85,5	–	–			103,5	–
VI			99	–	–				
VII			103,5	–	92				
VIII									

Gebiet der ehemaligen Landesfinanzämter

	Thüringen	Weser-Ems		München, Nürnberg, Würzburg		Berlin
	a	a	b	a	b	c
I	–	–	51	–	55	52
II	–	63	59,5	67,5	63,5	
III	94,5	72	68	–	68	
IV	103,5	76,5	72	76,5	72	
V		90	85	81	76,5	
VI		99	–	85,5	80,5	
VII				94,5	–	
VIII				103,5	–	

²Bei Anwendung der Tabelle ist von dem Gebiet des Landesfinanzamts und dem Bezirk auszugehen, zu denen die Gemeinde nach den Verordnungen der Präsidenten der Landesfinanzämter über die Bewertung bebauter Grundstücke vom 17. Dezember 1934 (Reichssteuerbl. 1934 I

2

S. 1641 ff.) oder der Verordnung des Präsidenten des Landesfinanzamts Würzburg über die Bewertung bebauter Grundstücke im Saarland vom 29. Februar 1936 (Reichssteuerbl. 1936 S. 193) gehört hat; die Bezirke sind mit römischen Ziffern bezeichnet. [3] Mit den Buchstaben a, b oder c ist die Gemeindegruppe bezeichnet, zu der die Gemeinde nach den §§ 29 und 30 der Grundsteuer-Durchführungsverordnung in der Fassung vom 29. Januar 1952 (Bundesgesetzbl. I S. 79), zuletzt geändert durch Art. I der Verordnung zur Änderung grundsteuerlicher Vorschriften vom 31. Juli 1961 (Bundesgesetzbl. I S. 1118) gehört. [4] Ist die Grundsteuer am Hauptfeststellungszeitpunkt abweichend von der nach den §§ 29 und 30 der Grundsteuer-Durchführungsverordnung anzuwendenden Gemeindegruppe erhoben worden, so ist die Gemeindegruppe maßgebend, die der Erhebung der Steuer zugrunde gelegt worden ist. [5] Waren Bezirke in den Verordnungen der Präsidenten der Landesfinanzämter durch Buchstabenzusätze oder Untergruppen unterteilt, so gelten die Zahlen der Tabelle für den ganzen Bezirk.

(3) [1] Gehört eine Gemeinde am Hauptfeststellungszeitpunkt zu verschiedenen Bezirken oder Gemeindegruppen oder war der Hebesatz innerhalb der Gemeinde unterschiedlich, so ist für die Gemeinde nur eine Belastungszahl anzusetzen; diese ergibt sich als Durchschnitt der zunächst besonders berechneten Belastungszahlen. [2] Bei der Bildung des Durchschnitts sind die Einwohnerzahlen am Hauptfeststellungszeitpunkt zu berücksichtigen.

§ 3 [Ermäßigungen] Bei den in einer Gemeinde belegenen bebauten Grundstücken, die im Ertragswertverfahren zu bewerten sind und nicht zu den in § 79 Abs. 3 und 4 des Gesetzes bezeichneten Grundstücken gehören, ist der Grundstückswert oder der Wert des entsprechenden Grundstücksteils

1. um 10 vom Hundert zu ermäßigen,
   wenn die Belastungszahl mehr als 29000 beträgt,

2. um 5 vom Hundert zu ermäßigen,
   wenn die Belastungszahl nicht mehr als 29000, aber mehr als 23000 beträgt,

3. um 5 vom Hundert zu erhöhen,
   wenn die Belastungszahl nicht mehr als 11000, aber mehr als 5000 beträgt,

4. um 10 vom Hundert zu erhöhen,
   wenn die Belastungszahl nicht mehr als 5000 beträgt.

§ 4 [Betriebe der Land- und Forstwirtschaft] [1] Die Belastungszahl (§ 2) bestimmt auch die Grundsteuerbelastung des Wohnteils der Betriebe der Land- und Forstwirtschaft (§ 34 des Gesetzes) in einer Gemeinde. [2] § 3 ist bei der Ermittlung des Wohnungswerts (§ 47 des Gesetzes) anzuwenden.

§ 5. *(gegenstandslos)*

201 DV zu § 81 BewG

§ 6 [Inkrafttreten] Diese Verordnung tritt am Tage nach ihrer Verkündung[1] in Kraft.

---

[1] Die VO wurde am 10. 9. 1966 verkündet.

202. Verordnung zur Durchführung des § 90 des Bewertungsgesetzes

Vom 2. September 1966 (BGBl. I S. 553)

Geändert durch VO vom 25. 2. 1970 (BGBl. I S. 216) und Steuer-Euroglättungsgesetz
vom 19. 12. 2000 (BGBl. I S. 1790)

BGBl. III/FNA 610-7-6

Auf Grund des § 90 Abs. 2 und des § 123 Abs. 1 des Bewertungsgesetzes in der Fassung vom 10. Dezember 1965 (Bundesgesetzbl. I S. 1861) verordnet die Bundesregierung mit Zustimmung des Bundesrates:

§ 1 [**Einheitswertermittlung im Sachwertverfahren**] In den Fällen, in denen die Einheitswerte der bebauten Grundstücke im Sachwertverfahren zu ermitteln und die Wertverhältnisse vom 1. Januar 1964 zugrunde zu legen sind, ist nach den §§ 2 bis 4 zu verfahren.

§ 2 [**Wertzahl**] (1) [1]Die Wertzahl zur Angleichung des Ausgangswerts (§ 83 des Gesetzes) an den gemeinen Wert wird in einem Hundertsatz ausgedrückt. [2]Sie ergibt sich aus der nachstehenden Übersicht:

Grundstücksart und Grundstücksgruppe	Wertzahl in v.H.
A. Geschäftsgrundstücke	
1. Fabriken und Werkstätten des Handwerks	
mit einem Ausgangswert bis zu 500 000 DM	
Altbauten	70
Neubauten	75
Nachkriegsbauten	80
mit einem Ausgangswert über 500 000 DM bis zu 1 000 000 DM	
Altbauten	70
Neubauten	75
Nachkriegsbauten	75
mit einem Ausgangswert über 1 000 000 DM	70
2. Lagerhäuser	80
3. Warenhäuser	
Altbauten	75
Neubauten	80
Nachkriegsbauten	85
4. Hotels und Kinderheime	
Betriebe, die mindestens 3 Monate im Jahr geschlossen sind	65
übrige Betriebe	70

Grundstücksart und Grundstücksgruppe	Wertzahl in v.H.
5. Grundstücke, die unmittelbar und nicht nur vorübergehend der Gewinnung, Lieferung und Verteilung von Wasser zur öffentlichen Versorgung dienen	60
6. Grundstücke, die unmittelbar dem öffentlichen Verkehr mit Luftfahrzeugen,[1] Schienenbahnen, Oberleitungsomnibussen und Kraftomnibussen dienen	50
7.[1] Grundstücke, die unmittelbar dem Betrieb, der Erhaltung und der Verwaltung eines öffentlichen Hafens dienen	50
8. Geld- und Kreditinstitute	
Altbauten	60
Neubauten	65
Nachkriegsbauten	75
9. Lichtspielhäuser und Theater	
in Gemeinden bis 10 000 Einwohner	60
in Gemeinden über 10 000 bis 100 000 Einwohner	65
in Gemeinden über 100 000 Einwohner	60
10. übrige Geschäftsgrundstücke	
Altbauten	70
Neubauten	75
Nachkriegsbauten	80
B. Mietwohngrundstücke und gemischtgenutzte Grundstücke	
Altbauten	70
Neubauten	75
Nachkriegsbauten	80
C. Einfamilienhäuser und Zweifamilienhäuser	
Altbauten	60
Neubauten	65
Nachkriegsbauten	75
D. Sonstige bebaute Grundstücke	
Altbauten	60
Neubauten	70
Nachkriegsbauten	75

(2) Als Hotels gelten auch Fremdenheime und andere Grundstücke, die dem Beherbergungsgewerbe dienen.

(3) Bei Lichtspielhäusern und Theatern ist die Einwohnerzahl der Belegenheitsgemeinde im Hauptfeststellungszeitpunkt maßgebend; § 80 Abs. 1 Sätze 3 und 4 des Gesetzes sind entsprechend anzuwenden.

---

[1] § 2 Abs. 1 Nr. 6 geänd. und Nr. 7 eingef. durch VO v. 25. 2. 1970 (BGBl. I S. 216).

(4) [1]Es sind anzuwenden die Wertzahlen für
1. Altbauten, wenn die Gebäude bis zum 31. März 1924 bezugsfertig geworden sind,
2. Neubauten, wenn die Gebäude in der Zeit vom 1. April 1924 bis zum 20. Juni 1948 bezugsfertig geworden sind,
3. Nachkriegsbauten, wenn die Gebäude nach dem 20. Juni 1948 bezugsfertig geworden sind.

[2]Bei Grundstücken mit Gebäuden oder Gebäudeteilen verschiedener Baujahrgruppen, für die die Wertminderung wegen Alters (§ 86 des Gesetzes) getrennt berechnet worden ist, ist für das ganze Grundstück eine durchschnittliche Wertzahl zu bilden. [3]Dabei ist von dem Verhältnis der auf die verschiedenen Baujahrgruppen entfallenden Gebäudewerte oder Teile des Gebäudewerts auszugehen. [4]Die errechnete Zahl ist auf die durch die Zahl 5 teilbare Zahl abzurunden, die ihr am nächsten kommt.

(5) [1]Gehören Teile eines Geschäftsgrundstücks zu verschiedenen Grundstücksgruppen, so ist für das ganze Grundstück eine durchschnittliche Wertzahl zu bilden. [2]Dabei ist von dem Verhältnis der auf die verschiedenen Grundstücksgruppen entfallenden Gebäudewerte oder Teile des Gebäudewerts auszugehen. [3]Die errechnete Zahl ist auf die durch die Zahl 5 teilbare Zahl abzurunden, die ihr am nächsten kommt. [4]Dies gilt nicht für Teile eines Fabrikgrundstücks.

§ 3 [Ermäßigungen für Fabrikgrundstücke] Für Fabrikgrundstücke, bei denen der gesamte Betrieb stilliegt, gilt folgendes:
1. Läßt sich das Grundstück nicht mehr für einen Fabrikbetrieb, aber noch für andere Zwecke verwenden, so ermäßigt sich die Wertzahl um 10.
2. Läßt sich das Grundstück noch für einen Fabrikbetrieb verwenden, steht aber nicht fest, daß der Betrieb spätestens nach Jahren wieder aufgenommen wird, so ermäßigt sich die Wertzahl um 5.
3. Steht fest, daß ein Fabrikbetrieb spätestens nach zwei Jahren wieder aufgenommen wird, so bestimmt sich die Wertzahl nach § 2.

§ 4 [Zonenrandgebiet] (1) [1]Für Geschäftsgrundstücke und für gemischtgenutzte Grundstücke im Zonenrandgebiet ermäßigt sich die Wertzahl, die sich nach den §§ 2 und 3 ergibt, um 10. [2]Als Zonenrandgebiet im Sinne dieser Verordnung sind anzusehen
1. im Land Schleswig-Holstein
die kreisfreien Städte Flensburg, Kiel, Neumünster und Lübeck,
die Landkreise Flensburg, Schleswig, Eckernförde, Rendsburg, Plön, Oldenburg, Eutin, Segeberg, Stormarn und Lauenburg;
2. im Land Niedersachsen
die kreisfreien Städte Lüneburg und Wolfsburg,
die Landkreise Lüneburg, Lüchow-Dannenberg, Uelzen und Gifhorn,

die kreisfreien Städte	Braunschweig, Salzgitter und Goslar,
die Landkreise	Helmstedt, Braunschweig, Wolfenbüttel, Goslar, Gandersheim und Restkreis Blankenburg,
die kreisfreie Stadt	Hildesheim und die frühere kreisfreie Stadt Göttingen,
die Landkreise	Peine, Hildesheim-Marienburg, Zellerfeld, Osterode, Einbeck, Northeim, Duderstadt, Göttingen und Münden;

3. im Land Hessen

die kreisfreien Städte	Kassel und Fulda,
die Landkreise	Hofgeismar, Kassel, Witzenhausen, Eschwege, Melsungen, Rotenburg, Hersfeld, Hünfeld, Lauterbach, Fulda und Schlüchtern;

4. im Land Bayern

die kreisfreien Städte	Bad Kissingen und Schweinfurt,
die Landkreise	Mellrichstadt, Bad Neustadt/Saale, Brückenau, Königshofen/Grabfeld, Bad Kissingen, Hofheim, Ebern, Schweinfurt und Haßfurt,
die kreisfreien Städte	Coburg, Neustadt b. Coburg, Hof, Selb, Kulmbach, Marktredwitz, Bayreuth und Bamberg,
die Landkreise	Coburg, Staffelstein, Bamberg, Lichtenfels, Kronach, Stadtsteinach, Kulmbach, Naila, Münchberg, Hof, Rehau, Wunsiedel und Bayreuth,
die kreisfreie Stadt	Weiden,
die Landkreise	Tirschenreuth, Kemnath, Neustadt a. d. Waldnaab, Vohenstrauß, Nabburg, Oberviechtach, Waldmünchen, Neunburg v. W., Cham und Roding
die kreisfreien Städte	Deggendorf und Passau,
die Landkreise	Kötzting, Viechtach, Regen, Bogen, Grafenau, Deggendorf, Wolfstein, Wegscheid und Passau.

(2) Durch die Ermäßigung nach Absatz 1 darf sich keine geringere Wertzahl als 50 vom Hundert ergeben.

§ 5.[1] Die in dieser Verordnung genannten Beträge in Deutscher Mark gelten nach dem 31. Dezember 2001 als Berechnungsgrößen fort.

§ 6 [Inkrafttreten] Diese Verordnung tritt am Tage nach ihrer Verkündung[2] in Kraft.

---

[1] § 5 neugef. durch G v. 19. 12. 2000 (BGBl. I S. 1790).
[2] Verkündet am 2. 9. 1966.

203. Verordnung zur Durchführung des § 55 Abs. 3 und 4 des Bewertungsgesetzes

Vom 27. Juli 1967 (BGBl. I S. 805, 1184)

Geändert durch Steuer-Euroglättungsgesetz vom 19. 12. 2000 (BGBl. I S. 1790)

BGBl. III/FNA 610-7-8

Auf Grund des § 55 Abs. 3 und 4 und des § 123 Abs. 1 des Bewertungsgesetzes in der Fassung vom 10. Dezember 1965 (Bundesgesetzbl. I S. 1861) verordnet die Bundesregierung mit Zustimmung des Bundesrates:

§ 1 [Normalwert] (1) [1]Für die Holzarten Fichte, Kiefer und Pappel werden für die in Absatz 3 bestimmten Bewertungsgebiete Normalwerte festgesetzt. [2]Der Holzart Kiefer ist die Lärche, der Holzart Fichte sind die Weymouthskiefer und alle übrigen Nadelholzarten gleichzusetzen. [3]Die Normalwerte sind vorbehaltlich des Absatzes 2 und des § 2 Abs. 2 und 3 aus der Anlage 1[1)] zu entnehmen.

(2) Für alle Holzarten und Ertragsklassen, die in der Anlage 1 nicht aufgeführt sind, werden die Normalwerte auf Null DM festgesetzt.

(3) Die Zusammensetzung der Bewertungsgebiete nach Finanzamtsbezirken und Gemeinden ergibt sich aus der Anlage 2[1)].

§ 2 [Abzugsbeträge] (1) Die in der Anlage 1 festgesetzten Normalwerte gelten bei der Bewertung forstwirtschaftlicher Nutzungen, deren Gesamtfläche 30 ha übersteigt.

(2) [1]Für die Bewertung forstwirtschaftlicher Nutzungen, deren Gesamtfläche größer ist als 2 ha, jedoch 30 ha nicht übersteigt, werden Normalwerte festgesetzt, die aus den in der Anlage 1[1)] festgesetzten Normalwerten durch Abzug der folgenden Beträge zu berechnen sind:

[1)] Hier nicht abgedruckt.

	Holzart		
	Fichte	Kiefer	Pappel
Ertragsklasse	abzuziehender Betrag in DM/ha		
I A	130	–	–
I A 25	125	–	–
I A 50	120	–	–
I A 75	115	–	–
I	110	70	130
I 25	105	66	123
I 50	100	62	117
I 75	95	58	111
II	90	55	105
II 25	85	51	98
II 50	80	47	92
II 75	75	43	86
III	70	40	80
III 25	65	–	–
III 50	60	–	–
III 75	55	–	–
IV	50	–	–

^{2}Die so berechneten Normalwerte werden auf Null DM festgesetzt, wenn sie geringer sind als 50,– DM.

(3) Für die Bewertung forstwirtschaftlicher Nutzungen, deren Gesamtfläche 2 ha nicht übersteigt, werden die Normalwerte auf Null DM festgesetzt.

§ 3 [Hundertsätze] Die Hundertsätze für die Anteile der einzelnen Alters- oder Vorratsklassen an den Normalwerten werden einheitlich für alle Bewertungsgebiete in der aus Anlage 3 zu ersehenden Höhe festgesetzt.

§ 4[1] Die in dieser Verordnung genannten Beträge in Deutscher Mark gelten nach dem 31. Dezember 2001 als Berechnungsgrößen fort.

§ 5 [Inkrafttreten] Diese Verordnung tritt am Tage nach ihrer Verkündung[2] in Kraft.

---

[1] § 4 neugef. durch G v. 19. 12. 2000 (BGBl. I S. 1790).
[2] Verkündet am 2. 8. 1967.

Anlage 3
(zu § 3)

Hundertsätze des Altersklassenwaldes

Fichte

Altersklasse Jahre	I und besser	I,25	I,50	Ertragsklasse I,75	II	II,25	II,50	II,75	III und schlechter
1–20	–	–	–	–	–	–	–	–	–
21–40	22	20	18	16	15	13	11	10	8
41–60	84	83	81	80	78	76	73	70	67
61–80	164	164	165	165	165	165	165	165	165
über 80	230	233	236	239	242	246	251	255	260

Kiefer

Altersklasse Jahre	I	I,25	I,50	Ertragsklasse I,75	II	II,25	II,50	II,75	III
1– 20	–	–	–	–	–	–	–	–	–
21– 40	20	17	15	13	10	7	4	2	–
41– 60	65	65	64	64	64	64	64	64	63
61– 80	118	118	118	118	118	118	118	118	118
81–100	175	175	176	176	177	177	178	178	179
über 100	222	225	227	229	231	234	236	238	240

Pappel

Altersklasse Jahre	I	I,25	I,50	Ertragsklasse I,75	II	II,25	II,50	II,75	III
1–10	–	–	–	–	–	–	–	–	–
11–20	26	25	24	23	21	18	15	12	9
21–30	94	92	90	87	84	81	78	75	71
31–40	167	167	167	168	168	168	168	168	169
über 40	213	216	219	222	227	233	239	245	251

Hundertsätze des Fichte-Tanne-Plenterwaldes

Vorratsklasse Vorrats- festmeter (Vfm)	I und besser	I,25	I,50	Ertragsklasse I,75	II	II,25	II,50	II,75	III und schlechter
bis 200	30	33	36	39	42	47	53	59	65
201–250	41	45	49	53	58	65	73	81	89
251–300	52	57	62	68	74	83	93	103	113
301–350	65	71	77	84	91	103	115	128	141
351–400	78	86	94	102	110	124	139	154	169
401–450	93	102	111	120	130	147	165	173	201
451–500	108	119	130	141	152	172	192	213	234
501–550	124	136	149	162	175	198	221	245	260
551–600	142	156	170	184	199	226	248		
601–650	161	176	192	208	224				
651–700	180	198	216						
über 700	200								

204. Verordnung zur Durchführung des § 55 Abs. 8 des Bewertungsgesetzes

Vom 11. August 1967 (BGBl. I S. 906)

Geändert durch Steuer-Euroglättungsgesetz vom 19. 12. 2000 (BGBl. I S. 1790)

BGBl. III/FNA 610-7-9

Auf Grund des § 55 Abs. 8 und des § 123 Abs. 1 des Bewertungsgesetzes in der Fassung vom 10. Dezember 1965 (Bundesgesetzbl. I S. 1861) verordnet die Bundesregierung mit Zustimmung des Bundesrates:

§ 1 [Vergleichswerte der Hauptbewertungsstützpunkte] (1) Die Vergleichswerte der Hauptbewertungsstützpunkte für den forstwirtschaftlichen Nutzungsteil Hochwald werden auf den 1. Januar 1964 in der nachstehenden Höhe festgesetzt:

	Hauptbewertungsstützpunkte		Vergleichswerte der Hauptbewertungsstützpunkte DM
Lfd. Nr.	Belegenheitsfinanzamt	Bewertungsgebiet Nr.	
1	Meschede	3101	68 811
2	Geldern	3202	16 875
3	Gummersbach	3301	123 922
4	Schopfheim	7202	1 820 751
5	Freudenstadt	7303	1 034 748
6	Öhringen	7304	897 024
7	Wunsiedel	8107	2 001 118
8	Krumbach	8204	1 547 012

(2) Die in der Tabelle bezeichneten Bewertungsgebiete ergeben sich aus der Anlage 2 der Verordnung zur Durchführung des § 55 Abs. 3 und 4 des Bewertungsgesetzes vom 27. Juli 1967 (Bundesgesetzbl. I S. 805).

§ 2[1)] Die in dieser Verordnung genannten Beträge in Deutscher Mark gelten nach dem 31. Dezember 2001 als Berechnungsgrößen fort.

§ 3 [Inkrafttreten] Diese Verordnung tritt am Tage nach ihrer Verkündung[2)] in Kraft.

[1)] § 2 neugef. durch G v. 19. 12. 2000 (BGBl. I S. 1790).
[2)] Verkündet am 18. 8. 1967.

210. Gesetz zur Schätzung des landwirtschaftlichen Kulturbodens (Bodenschätzungsgesetz – BodSchätzG)[1]

Vom 20. Dezember 2007 (BGBl. I S. 3150, 3176)

Zuletzt geändert durch Zehnte Zuständigkeitsanpassungsverordnung vom 31.8.2015 (BGBl. I S. 1474) und Gesetz zur Reform des Grundsteuer- und Bewertungsrechts (Grundsteuer-Reformgesetz – GrStRefG) vom 26.11.2019 (BGBl. I S. 1794)

BGBl. III/FNA 610-8-5

Abschnitt 1. Allgemeines

§ 1 Umfang und Zweck. (1) [1]Zweck der Bodenschätzung ist es, für die Besteuerung der landwirtschaftlich nutzbaren Flächen des Bundesgebiets einheitliche Bewertungsgrundlagen zu schaffen. [2]Die Bodenschätzung dient auch nichtsteuerlichen Zwecken, insbesondere der Agrarordnung, dem Bodenschutz und Bodeninformationssystemen.

(2) [1]Die Bodenschätzung im Sinne dieses Gesetzes umfasst:

1. die Untersuchung des Bodens nach seiner Beschaffenheit,

2. die Beschreibung des Bodens in Schätzungsbüchern sowie die räumliche Abgrenzung in Schätzungskarten und

3. die Feststellung der Ertragsfähigkeit auf Grund der natürlichen Ertragsbedingungen; das sind Bodenbeschaffenheit, Geländegestaltung, klimatische Verhältnisse und Wasserverhältnisse.

[2]Die Ergebnisse der Bodenschätzung sollen automatisiert verarbeitet werden.

§ 2 Begriffsbestimmungen. (1) Zu den landwirtschaftlich nutzbaren Flächen im Sinne des § 1 gehören die folgenden Nutzungsarten:

1. Ackerland,

2. Grünland.

(2) [1]Bei der Feststellung der Nutzungsarten ist von einer der natürlichen Ertragsfähigkeit entsprechenden gemeinüblichen Bewirtschaftung auszugehen; abweichende Bewirtschaftungsformen bleiben unberücksichtigt. [2]Bei einem regelmäßigen Wechsel verschiedener Nutzungsarten auf derselben Fläche (Wechselland) ist die vorherrschende Nutzungsart anzunehmen. [3]Die Bezeichnung der abweichenden Nutzungsart ist zusätzlich in den Schätzungsbüchern und -karten festzuhalten.

(3) Die Nutzungsarten werden durch die folgenden Merkmale bestimmt:

---

[1] Das BodenschätzungsG ist **mWv 1.1.2008** als Art. 20 des JStG 2008 verkündet worden. Gleichzeitig treten außer Kraft das Bodenschätzungsgesetz vom 16.10.1934, die Durchführungsbestimmungen und die Durchführungsverordnungen.

1. das Ackerland umfasst die Bodenflächen zum feldmäßigen Anbau von Getreide, Hülsen- und Ölfrüchten, Hackfrüchten, Futterpflanzen, Obst- und Sonderkulturen sowie Gartengewächsen. ²Zum Ackerland gehört auch das Acker-Grünland, das durch einen Wechsel in der Nutzung von Ackerland und Gründland gekennzeichnet ist. ³Hierbei überwiegt die Ackernutzung.

2. das Grünland umfasst die Dauergrasflächen, die in der Regel gemäht oder geweidet werden. ²Zum Grünland gehört auch der Grünland-Acker, der durch einen Wechsel in der Nutzung von Grünland und Ackerland gekennzeichnet ist. ³Hierbei überwiegt die Grünlandnutzung. ⁴Besonders zu bezeichnen sind:

   a) als Grünland-Wiese diejenigen Dauergrasflächen, die infolge ihrer feuchten Lage nur gemäht werden können (absolutes Dauergrünland),

   b) als Grünland-Streuwiese diejenigen stark vernässten Dauergrünlandflächen, die ausschließlich oder in der Hauptsache durch Entnahme von Streu genutzt werden können,

   c) als Grünland-Hutung diejenigen Flächen geringer Ertragsfähigkeit, die nicht bestellt werden können und im Allgemeinen nur eine Weidennutzung zulassen.

Abschnitt 2. Besondere Schätzungsvorschriften

§ 3 Schätzungsrahmen. ¹Grundlage für eine einheitliche Beurteilung der natürlichen Ertragsfähigkeit der Böden im Bundesgebiet ist

1. für Ackerland der Ackerschätzungsrahmen (Anlage 1)[1]) und

2. für Grünland der Grünlandschätzungsrahmen (Anlage 2)[1]).

²Die Schätzungsrahmen weisen Wertzahlen aus, die als Verhältniszahlen die Unterschiede im Reinertrag bei gemeinüblicher und ordnungsgemäßer Bewirtschaftung zum Ausdruck bringen.

§ 4 Wertzahlen. (1) Bei der Ermittlung der Wertzahlen sind alle die natürliche Ertragsfähigkeit beeinflussenden Umstände, insbesondere beim Ackerland Bodenart, Zustandsstufe und Entstehung und beim Grünland Bodenart, Bodenstufe, Klima- und Wasserverhältnisse zu berücksichtigen.

(2) ¹Für das Ackerland werden als Wertzahlen Bodenzahl und Ackerzahl festgelegt. ²Die Bodenzahl bringt die durch Bodenbeschaffenheit bedingten Unterschiede der natürlichen Ertragsfähigkeit zum Ausdruck. ³Die Ackerzahl berücksichtigt außerdem Ertragsunterschiede, die auf Klima, Geländegestaltung und andere natürliche Ertragsbedingungen zurückzuführen sind, durch prozentuale Zu- und Abrechnungen an der Bodenzahl.

(3) ¹Für das Grünland werden als Wertzahlen Grünlandgrundzahl und Gründlandzahl festgelegt. ²Die Grünlandgrundzahl bringt die durch Bo-

---

[1]) Hier nicht abgedruckt.

denbeschaffenheit, Klima- und Wasserverhältnisse bedingten Unterschiede der natürlichen Ertragsfähigkeit zum Ausdruck. [3]Die Grünlandzahl berücksichtigt außerdem die Ertragsunterschiede, die auf Geländegestaltung und andere natürliche Ertragsbedingungen zurückzuführen sind, durch prozentuale Abrechnungen an der Grünlandgrundzahl. [4]Bei der Schätzung von Gründland-Hutungen und Grünland-Streuwiesen werden nur die Grünlandzahlen festgelegt.

§ 5 Klassen-, Klassenabschnitts- und Sonderflächen der Bodenschätzung. [1]Flächen, die sich in Bodenbeschaffenheit, Geländegestaltung, klimatischen Verhältnissen und Wasserverhältnissen wesentlich unterscheiden, sind als Klassenflächen voneinander abzugrenzen. [2]Innerhalb der Klassenflächen können bei Abweichungen der Bodenbeschaffenheit oder der Wasserverhältnisse Klassenabschnittsflächen gebildet werden. [3]Wesentliche Abweichungen der übrigen natürlichen Ertragsbedingungen werden durch die Abgrenzung von Sonderflächen berücksichtigt.

§ 6 Musterstücke. (1) [1]Zur Sicherung der Gleichmäßigkeit der Bodenschätzung werden ausgewählte Bodenflächen als Musterstücke geschätzt. [2]Die Gesamtheit der Musterstücke soll einen Querschnitt über die im Bundesgebiet hauptsächlich vorhandenen Böden hinsichtlich ihrer natürlichen Ertragsfähigkeit darstellen.

(2) Die natürliche Ertragsfähigkeit der Musterstücke ist auf der Grundlage der Schätzungsrahmen (§ 3) einzustufen.

(3)[1] Das Bundesministerium der Finanzen wird ermächtigt, zur Sicherung der Gleichmäßigkeit der Besteuerung und des Steueraufkommens durch Rechtsverordnung, ohne Zustimmung des Bundesrates, die in Absatz 1 genannten Musterstücke im Bundesgesetzblatt bekannt zu machen.

§ 7 Vergleichsstücke. [1]In jeder Gemarkung sind für die wichtigsten und besonders typischen Böden Vergleichsstücke auszuwählen und zu beschreiben. [2]Die Schätzung der Vergleichsstücke ist in Anlehnung an die Bewertung der Musterstücke durchzuführen.

§ 8 Bodenprofile. [1]Die Bodenbeschaffenheit der Klassen- und Klassenabschnittsflächen ist anhand eines für die jeweilige Klasse und den jeweiligen Klassenabschnitt typischen Bodenprofils – bestimmendes Grabloch – zu beschreiben. [2]Ihre Ertragsfähigkeit ist in Anlehnung an Musterstücke und Vergleichsstücke zu schätzen.

§ 9 Ertragsmesszahl. (1) [1]Die Ertragsmesszahl drückt die natürliche Ertragsfähigkeit einer bodengeschätzten Fläche aus. [2]Sie ist das Produkt einer Fläche in Ar und der Acker- oder Grünlandzahl (Wertzahlen).

(2) Bestehen innerhalb einer Fläche mehrere Teilflächen mit verschiedenen Acker- oder Grünlandzahlen, so bildet die Summe der Produkte der einzelnen Teilflächen in Ar und der jeweiligen Wertzahl die Ertragsmesszahl der Gesamtfläche.

---

[1] VO vom 23. 2. 2012 (BGBl. I S. 311 ff.).

§ 10 Schätzungsbücher und -karten. (1) In den Schätzungsbüchern sind festzuhalten:

1. die Belegenheitsgemeinde oder -gemarkung,
2. das Datum der Schätzung,
3. die Bezeichnung der für die Schätzung maßgeblichen Nutzungsart,
4. die Bezeichnung der Klassen-, Klassenabschnitts- und Sonderflächen,
5. die Beschreibung der Bodenprofile (bestimmende und nicht bestimmende Grablöcher),
6. die Wertzahlen.

(2) In den Schätzungskarten sind festzuhalten:

1. die räumliche Abgrenzung der Klassen-, Klassenabschnitts- und Sonderflächen und deren Bezeichnung,
2. die Wertzahlen,
3. die Lage und Nummer der Bodenprofile einschließlich der Kennzeichnung der bestimmenden und nicht bestimmenden Grablöcher.

(3) Musterstücke und Vergleichstücke sind in Schätzungsbüchern und -karten darzustellen.

§ 11 Nachschätzung. (1) Wenn sich die natürlichen Ertragsbedingungen, die den Bodenschätzungsergebnissen einzelner Bodenflächen zugrunde liegen, durch natürliche Ereignisse oder durch künstliche Maßnahmen wesentlich und nachhaltig verändert haben oder sich die Nutzungsart (§ 2) nachhaltig geändert hat, ist eine Nachschätzung durchzuführen.

(2) ¹Im Rahmen der Nachschätzung sind Flächen auszuscheiden, die nicht mehr zur landwirtschaftlichen Nutzung gehören. ²Bisher nicht einer Bodenschätzung unterliegende Flächen, für die sich jetzt eine landwirtschaftliche Nutzung ergibt, sind zu erfassen.

Abschnitt 3. Verfahrensvorschriften

§ 12 Anwendung der Abgabenordnung. ¹Sofern dieses Gesetz keine andere Regelung trifft, finden der Dritte Abschnitt des Ersten Teils (§§ 16 bis 29), der Dritte Teil (§§ 78 bis 133) und der Siebente Teil (§§ 347 bis 368) der Abgabenordnung Anwendung. ²Die Vorschriften über die gesonderte Feststellung von Einheitswerten (§§ 180 bis 183 der Abgabenordnung) sind entsprechend anzuwenden.

§ 13 Offenlegung der Bodenschätzungsergebnisse. (1) Die Ergebnisse der Bodenschätzung sind den Eigentümern und Nutzungsberechtigten durch Offenlegung bekannt zu geben.

(2) ¹Die Offenlegungsfrist beträgt einen Monat. ²Ihr Beginn ist regelmäßig nach § 122 Abs. 3 und 4 der Abgabenordnung öffentlich bekannt zu geben.

(3) ¹Mit dem Ablauf der Offenlegungsfrist treten die Rechtswirkungen eines Feststellungsbescheids über die Ergebnisse der Bodenschätzung ein. ²Als Bekanntgabe gilt der letzte Tag der Offenlegungsfrist.

(4) Die Offenlegung hat regelmäßig zu den üblichen Dienstzeiten in den Räumen des Finanzamts stattzufinden.

§ 14 Übernahme in das Liegenschaftskataster. (1) Nach Bestandskraft sind die Bodenschätzungsergebnisse sowie die Lage und Bezeichnung der Bodenprofile (§ 8) unverzüglich in das Liegenschaftskataster zu übernehmen.

(2) Die mit der Führung des Liegenschaftskatasters beauftragten Behörden berechnen nach § 9 für jedes Flurstück anlassbezogen die Ertragsmesszahl.

(3) Die Musterstücke und Vergleichsstücke sind im Liegenschaftskataster besonders zu kennzeichnen.

§ 15 Betreten von Grundstücken. ¹Die Eigentümer und Nutzungsberechtigten der Grundstücke sind verpflichtet, den mit der Durchführung dieses Gesetzes Beauftragten jederzeit das Betreten der Grundstücke zu gestatten und die erforderlichen Maßnahmen, insbesondere Aufgrabungen, zu dulden. ²Für nicht vorsätzlich verursachte Schäden besteht kein Anspruch auf Schadensersatz. ³Die Durchführung von Bodenschätzungsarbeiten in einer Gemarkung ist in ortsüblicher Weise bekannt zu geben.

§ 16 Aufgaben anderer Behörden. Zur Durchführung der Bodenschätzung sind die nach Landesrecht zuständigen Behörden verpflichtet, die erforderlichen Grundlagen bereitzustellen.

Abschnitt 4. Schätzungsbeirat, Schätzungsausschüsse

§ 17 Schätzungsbeirat. (1) Zur Schätzung der Musterstücke und zur Vorbereitung der Bekanntgabe in einer Rechtsverordnung (§ 6 Abs. 3) wird beim Bundesministerium der Finanzen ein Schätzungsbeirat gebildet.

(2)[1] ¹Dem Schätzungsbeirat des Bundes gehören an
1. ein Vertreter/eine Vertreterin des Bundesministeriums der Finanzen als Vorsitzende/r,
2. ein Vertreter/eine Vertreterin des Bundesministeriums für Ernährung und Landwirtschaft[2],
3. zehn weitere Mitglieder mit besonderer Sachkenntnis auf dem Gebiet der Landwirtschaft und der Bodenkunde.

²Das Bundesministerium der Finanzen beruft im Benehmen mit dem Bundesministerium für Ernährung und Landwirtschaft[2] die Mitglieder nach Satz 1 Nr. 3 auf Vorschlag der obersten Finanzbehörden der Länder. ³Die Berufung kann mit Zustimmung der obersten Finanzbehörden der Länder zurückgenommen werden. ⁴Scheidet ein nach Satz 1 Nummer 3 berufenes Mitglied aus, so ist ein neues sachkundiges Mitglied zu berufen.

---

[1] § 17 Abs. 2 Satz 4 angef. mWv 3.12.2019 durch G v. 26.11.2019 (BGBl. I S. 1794).
[2] Bezeichnung geänd. durch VO v. 31.8.2015 (BGBl. I S. 1474).

(3)[1] ¹Die nach Absatz 2 Satz 1 Nummer 3 berufenen Mitglieder des Schätzungsbeirats werden als Amtsträger im Sinne des § 7 Nummer 3 der Abgabenordnung tätig. ²Sie dürfen den Inhalt der Verhandlungen des Schätzungsbeirats sowie die Verhältnisse der Steuerpflichtigen, die ihnen im Zusammenhang mit ihrer Tätigkeit auf Grund dieses Gesetzes bekanntgeworden sind, nicht unbefugt offenbaren und Geheimnisse, insbesondere Betriebs- oder Geschäftsgeheimnisse, nicht unbefugt verwerten. ³Auf Zuwiderhandlungen sind die Vorschriften über das Steuergeheimnis und die Strafbarkeit seiner Verletzung entsprechend anzuwenden. ⁴Die für die Bodenschätzung maßgebenden natürlichen Ertragsbedingungen unterliegen nicht der Geheimhaltungspflicht.

(4)[1] Der Schätzungsbeirat gibt sich eine Geschäftsordnung, in der Einzelheiten der Mitwirkung, der Geschäftsführung, der Beschlussfassung sowie Rechte und Pflichten der Mitglieder geregelt werden.

(5)[1] Das Bundesministerium der Finanzen wird ermächtigt, durch Rechtsverordnung ohne Zustimmung des Bundesrates die Geschäftsordnung für den Schätzungsbeirat und die Entschädigung der Mitglieder sowie die Sachausgaben des Schätzungsbeirats allgemeinverbindlich zu regeln.

§ 18 Schätzungsausschüsse. (1) ¹Zur Durchführung der Bodenschätzung und Ermittlung der Schätzungsergebnisse werden bei den Finanzämtern Schätzungsausschüsse gebildet. ²Für mehrere Finanzämter kann auch ein gemeinsamer Schätzungsausschuss eingerichtet werden.

(2) ¹Einem Schätzungsausschuss gehören an

1. ein Amtlicher Landwirtschaftlicher Sachverständiger oder eine Amtliche Landwirtschaftliche Sachverständige der Finanzverwaltung als Vorsitzender oder Vorsitzende und

2. von der Finanzverwaltung zu berufende Ehrenamtliche Bodenschätzer mit Kenntnissen auf den Gebieten der Landwirtschaft und der Bodenkunde.

²Der Schätzungsausschuss wird unterstützt durch einen Mitarbeiter oder eine Mitarbeiterin zur Durchführung der vermessungstechnischen Arbeiten.

(3) Der Schätzungsausschuss wirkt bei der Schätzung der Vergleichsstücke (§ 7) mit, die verantwortlich von der zuständigen Landesbehörde vor Durchführung der eigentlichen Schätzungsarbeiten ausgewählt und eingestuft werden.

Abschnitt 5. Schlussvorschriften

§ 19 Nutzung der Ergebnisse der Bodenschätzung durch andere Behörden. ¹Die Ergebnisse und Daten der Bodenschätzung können anderen Behörden zur Erfüllung ihrer Aufgaben übermittelt und von ihnen genutzt werden. ²Die Weitergabe an andere Nutzer erfolgt nach landesrechtlichen Bestimmungen.

---

[1] § 17 Abs. 3 eingef., bish. Abs. 3 wird Abs. 4, Abs. 5 angef. mWv 3.12.2019 durch G v. 26.11.2019 (BGBl. I S. 1794).

§ 20 Fortgeltung bisherigen Rechts. Die in der Anlage zu § 1 der Verordnung vom 20. April 2000 (BGBl. I S. 642) aufgeführten Musterstücke behalten bis zum Erlass einer Rechtsverordnung nach § 6 Abs. 3 und der Bekanntgabe neuer Musterstücke auf diesem Weg auch nach dem 1. Januar 2008 ihre Gültigkeit.

220. Vermögensteuergesetz (VStG)

In der Fassung der Bekanntmachung vom 14. November 1990
(BGBl. I S. 2467)[1] [2] [3]

Geändert durch Kultur- und Stiftungsförderungsgesetz vom 13. 12. 1990 (BGBl. I S. 2775), Steueränderungsgesetz 1991 vom 24. 6. 1991 (BGBl. I S. 1322), Steueränderungsgesetz 1992 vom 25. 2. 1992 (BGBl. I S. 297), Zinsabschlaggesetz vom 9. 11. 1992 (BGBl. I S. 1853), Gesetz zur Umsetzung des Föderalen Konsolidierungsprogramms vom 23. 6. 1993 (BGBl. I S. 944), Standortsicherungsgesetz vom 13. 9. 1993 (BGBl. I S. 1569), FÖJ – Förderungsgesetz vom 17. 12. 1993 (BGBl. I S. 2118), Mißbrauchsbekämpfungs- und Steuerbereinigungsgesetz vom 21. 12. 1993 (BGBl. I S. 2310), Eisenbahnneuordnungsgesetz vom 27. 12. 1993 (BGBl. I S. 2378), Postneuordnungsgesetz vom 14. 9. 1994 (BGBl. I S. 2325), Jahressteuergesetz 1996 vom 11. 10. 1995 (BGBl. I S. 1250), Jahressteuer-Ergänzungsgesetz 1996 vom 18. 12. 1995 (BGBl. I S. 1959), Drittes Finanzmarktförderungsgesetz vom 24. 3. 1998 (BGBl. I S. 529) und Siebente Zuständigkeitsanpassungs-Verordnung vom 29. 10. 2001 (BGBl. I S. 2785)

BGBl. III/FNA 611-6-3-2

Nichtamtliche Übersicht

---

[1] Neubekanntmachung des VStG idF der Bek. v. 14. 3. 1985 (BGBl. I S. 558) auf Grund des § 24 des VStG in der ab 1. 1. 1991 geltenden Fassung.
Zum Anwendungsbereich vgl. § 25.
[2] **Das VStG tritt im Beitrittsgebiet am 1. 1. 1991 in Kraft** (vgl. Anlage I Kap. IV Sachgebiet B Abschn. II Nr. 14 des Einigungsvertrags). Im besonderen siehe §§ 24b und 24c.
[3] **Aufgrund des Beschlusses des BVerfG vom 22. 6. 1995 (siehe Anm. zu § 10 Nr. 1) kann die Vermögensteuer wegen ihrer teilweisen Verfassungswidrigkeit ab 1997 nicht mehr erhoben werden.**

I. Steuerpflicht, Bemessungsgrundlage

§ 1 Unbeschränkte Steuerpflicht. (1) Unbeschränkt vermögensteuerpflichtig sind

1. natürliche Personen, die im Inland einen Wohnsitz oder ihren gewöhnlichen Aufenthalt haben;

2. die folgenden Körperschaften, Personenvereinigungen und Vermögensmassen, die im Inland ihre Geschäftsleitung oder ihren Sitz haben:

a) Kapitalgesellschaften (Aktiengesellschaften, Kommanditgesellschaften auf
Aktien, Gesellschaften mit beschränkter Haftung, bergrechtliche Gewerkschaften);

b) Erwerbs- und Wirtschaftsgenossenschaften;

c) Versicherungsvereine auf Gegenseitigkeit;

d)[1] sonstige juristische Personen des privaten Rechts;

e) nichtrechtsfähige Vereine, Stiftungen und andere Zweckvermögen des
privaten Rechts;

f) Kreditanstalten des öffentlichen Rechts;

g) Gewerbebetriebe im Sinne des Gewerbesteuergesetzes von juristischen
Personen des öffentlichen Rechts, soweit sie nicht bereits unter den Buch-
staben f fallen. [2] Als Gewerbebetrieb gelten auch die Verpachtung eines
Gewerbebetriebs sowie Anteile an einer offenen Handelsgesellschaft, einer
Kommanditgesellschaft oder einer ähnlichen Gesellschaft, bei der die Ge-
sellschafter als Unternehmer (Mitunternehmer) anzusehen sind.

(2) [1]Unbeschränkt vermögensteuerpflichtig sind auch deutsche Staatsangehörige, die

---

[1] § 1 Absatz 1 Nummer 2 Buchstabe d, § 3 Absatz 1 Nummer 10 Satz 1 Vermögensteuergesetz (VStG), jeweils in der für den Stichtag 1. Januar 1989 und die folgenden Stichtage
geltenden Fassung, waren insoweit mit dem Recht auf Chancengleichheit (Artikel 3 Absatz 1
in Verbindung mit Artikel 9 Absatz 1, Artikel 28 Absatz 1 Satz 2 des Grundgesetzes) unvereinbar und nichtig, als hiernach kommunale Wählervereinigungen und ihre Dachverbände –
anders als politische Parteien und deren Gebietsverbände – bis zum 31. Dezember 1996 vermögensteuerpflichtig waren (Beschluß des Bundesverfassungsgerichts v. 29. 9. 1998 – 2 BvL
64/93 –, BGBl. I S. 3682).

1. im Inland weder einen Wohnsitz noch ihren gewöhnlichen Aufenthalt haben und
2. zu einer inländischen juristischen Person des öffentlichen Rechts in einem Dienstverhältnis stehen und dafür Arbeitslohn aus einer inländischen öffentlichen Kasse beziehen,

sowie zu ihrem Haushalt gehörende Angehörige, die die deutsche Staatsangehörigkeit besitzen. ²Dies gilt nur für natürliche Personen, die in dem Staat, in dem sie ihren Wohnsitz oder ihren gewöhnlichen Aufenthalt haben, lediglich in einem der beschränkten Steuerpflicht ähnlichen Umfang zu Personensteuern herangezogen werden.

(3) Die unbeschränkte Vermögensteuerpflicht erstreckt sich auf das Gesamtvermögen.

(4) Zum Inland im Sinne dieses Gesetzes gehört auch der der Bundesrepublik Deutschland zustehende Anteil am Festlandsockel, soweit dort Naturschätze des Meeresgrundes und des Meeresuntergrundes erforscht oder ausgebeutet werden.

§ 2 Beschränkte Steuerpflicht. (1) Beschränkt steuerpflichtig sind
1. natürliche Personen, die im Inland weder einen Wohnsitz noch ihren gewöhnlichen Aufenthalt haben;
2. Körperschaften, Personenvereinigungen und Vermögensmassen, die im Inland weder ihre Geschäftsleitung noch ihren Sitz haben.

(2) Die beschränkte Steuerpflicht erstreckt sich nur auf Vermögen der in § 121 des Bewertungsgesetzes genannten Art, das auf das Inland entfällt.

(3) ¹Abweichend von Absatz 2 erstreckt sich die beschränkte Steuerpflicht eines Steuerpflichtigen mit Wohnsitz oder gewöhnlichem Aufenthalt, Sitz oder Ort der Geschäftsleitung in einem ausländischen Staat nicht auf das inländische Betriebsvermögen, das dem Betrieb von eigenen oder gecharterten Seeschiffen oder Luftfahrzeugen eines Unternehmens dient, dessen Geschäftsleitung sich in dem ausländischen Staat befindet. ²Voraussetzung für die Steuerbefreiung ist, daß dieser ausländische Staat Steuerpflichtigen mit Wohnsitz oder gewöhnlichem Aufenthalt, Sitz oder Ort der Geschäftsleitung im Inland eine entsprechende Steuerbefreiung für derartiges Vermögen gewährt und daß das Bundesministerium für Verkehr, Bau- und Wohnungswesen[1]) die Steuerbefreiung für verkehrspolitisch unbedenklich erklärt hat.

§ 3 Befreiungen. (1) Von der Vermögensteuer sind befreit
1.[2]) [*letztmals für Kj. 1994:* die Deutsche Bundespost] [*für Kj. 1995:* die Deutsche Post AG, die Deutsche Postbank AG, die Deutsche Telekom AG], das Bundeseisenbahnvermögen, die Monopolverwaltungen des Bundes, die staatlichen Lotterieunternehmen und der Erdölbevorratungsverband nach § 2 Abs. 1 des Erdölbevorratungsgesetzes in der Fassung der Bekanntmachung vom 8. Dezember 1987 (BGBl. I S. 2510);

---

[1]) Bezeichnung geänd. durch VO v. 29. 10. 2001 (BGBl. I S. 2785).
[2]) § 3 Abs. 1 Nr. 1 geänd. durch G v. 27. 12. 1993 (BGBl. I S. 2378) und v. 14. 9. 1994 (BGBl. I S. 2325); zur Anwendung siehe § 25 Abs. 7 und 8.

1 a.[1] *(aufgehoben)*;

2.[2] die Deutsche Bundesbank, die Kreditanstalt für Wiederaufbau, die Deutsche Ausgleichsbank, die Landwirtschaftliche Rentenbank, die Bayerische Landesanstalt für Aufbaufinanzierung, die Hessische Landesentwicklungs- und Treuhandgesellschaft mit beschränkter Haftung, die Niedersächsische Gesellschaft für öffentliche Finanzierungen mit beschränkter Haftung, die Finanzierungs-Aktiengesellschaft Rheinland-Pfalz, die Hanseatische Gesellschaft für öffentliche Finanzierungen mit beschränkter Haftung Bremen, die Landeskreditbank Baden-Württemberg-Förderungsanstalt, die Bayerische Landesbodenkreditanstalt, die Investitionsbank Berlin – Anstalt der Landesbank Berlin-Girozentrale –, die Hamburgische Wohnungsbaukreditanstalt, die Niedersächsische Landestreuhandstelle für den Wohnungs- und Städtebau, die Wohnungsbauförderungsanstalt Nordrhein-Westfalen – Anstalt der Westdeutschen Landesbank Girozentrale –, die Niedersächsische Landestreuhandstelle für Wirtschaftsförderung Norddeutsche Landesbank, die Landestreuhandstelle für Agrarförderung Norddeutsche Landesbank, die Saarländische Investitionskreditbank Aktiengesellschaft, die Investitionsbank Schleswig-Holstein – Zentralbereich der Landesbank Schleswig-Holstein Girozentrale –, die Investitionsbank des Landes Brandenburg, die Sächsische Aufbaubank, die Sächsische Aufbaubank GmbH, die Thüringer Aufbaubank, das Landesförderinstitut Sachsen-Anhalt – Geschäftsbereich der Norddeutschen Landesbank Girozentrale Mitteldeutsche Landesbank –, die Investitions- und Strukturbank Rheinland-Pfalz, das Landesförderinstitut Mecklenburg-Vorpommern – Geschäftsbereich der Norddeutschen Landesbank Girozentrale – und die Liquiditäts-Konsortialbank Gesellschaft mit beschränkter Haftung;

2 a. die Staatsbank Berlin, die Treuhandanstalt;

3. Unternehmen, die durch Staatsverträge verpflichtet sind, die Erträge ihres Vermögens zur Aufbringung der Mittel für die Errichtung von Bundeswasserstraßen zu verwenden, sowie Unternehmen, deren Erträge ganz oder teilweise einem solchen Unternehmen zufließen, solange und soweit das Vermögen der Unternehmen ausschließlich diesem Zweck dient; § 101 des Bewertungsgesetzes findet keine Anwendung;

4. Einrichtungen, die unmittelbar dem Unterrichts-, Erziehungs- und Bildungswesen, der körperlichen Ertüchtigung, der Kranken-, Gesundheits-, Wohlfahrts- und Jugendpflege dienen, ohne Rücksicht auf die Rechtsform, in der sie bestehen, wenn sie gehören

a) dem Bund, einem Land, einer Gemeinde, einem Gemeindeverband, einem Zweckverband oder Sozialversicherungsträgern,

---

[1] § 3 Abs. 1 Nr. 1 a aufgeh. mWv Kj. 1994 (§ 25 Abs. 7) durch G v. 27. 12. 1993 (BGBl. I S. 2378).

[2] § 3 Abs. 1 Nr. 2 neugef. durch G v. 13. 9. 1993 (BGBl. I S. 1569), geänd. durch G v. 21. 12. 1993 (BGBl. I S. 2310), v. 18. 12. 1995 (BGBl. I S. 1959) und v. 24. 3. 1998 (BGBl. I S. 529); zur Anwendung von Nr. 2 siehe § 25 Abs. 4 Satz 1 und Abs. 5 Sätze 1 und 2.

b) den Religionsgesellschaften, die Körperschaften des öffentlichen Rechts sind, sowie ihren Einrichtungen;

5. rechtsfähige Pensions-, Sterbe-, Kranken- und Unterstützungskassen im Sinne des § 5 Abs. 1 Nr. 3 des Körperschaftsteuergesetzes, soweit sie die für eine Befreiung von der Körperschaftsteuer erforderlichen Voraussetzungen erfüllen. ²In den Fällen des § 6 Abs. 1, 3 und 5 des Körperschaftsteuergesetzes besteht Steuerpflicht jeweils für das Kalenderjahr, das einem Kalenderjahr folgt, für das die Kasse körperschaftsteuerpflichtig ist. ³In diesen Fällen werden bei der Ermittlung des Betriebsvermögens oder des Gesamtvermögens noch nicht erbrachte Leistungen der Kasse nicht abgezogen. ⁴Von dem Gesamtvermögen ist der Teil anzusetzen, der dem Verhältnis entspricht, in dem der übersteigende Betrag im Sinne des § 6 Abs. 1 oder 5 des Körperschaftsteuergesetzes zu dem Vermögen im Sinne des § 5 Abs. 1 Nr. 3 Buchstabe d oder e des Körperschaftsteuergesetzes steht;

6. kleinere Versicherungsvereine auf Gegenseitigkeit im Sinne des § 53 des Versicherungsaufsichtsgesetzes, wenn sie die für eine Befreiung von der Körperschaftsteuer erforderlichen Voraussetzungen erfüllen;

6a. der Pensions-Sicherungs-Verein Versicherungsverein auf Gegenseitigkeit, wenn er die für eine Befreiung von der Körperschaftsteuer erforderlichen Voraussetzungen erfüllt;

7.[1] Erwerbs- und Wirtschaftsgenossenschaften sowie Vereine im Sinne des § 5 Abs. 1 Nr. 14 des Körperschaftsteuergesetzes, soweit sie von der Körperschaftsteuer befreit sind. ²In den Fällen des Verzichts nach § 54 Abs. 5 Satz 1 des Körperschaftsteuergesetzes besteht die Steuerpflicht jeweils für das Kalenderjahr, für das auf die Steuerbefreiung verzichtet wird. ³In den Fällen des Widerrufs nach § 54 Abs. 5 Satz 3 des Körperschaftsteuergesetzes tritt die Steuerbefreiung für das Kalenderjahr ein, für das er gelten soll;

7a. landwirtschaftliche Produktionsgenossenschaften und deren Rechtsnachfolger in der Rechtsform der Genossenschaft, wenn sie von der Gewerbesteuer befreit sind;

8.[2] Berufsverbände ohne öffentlich-rechtlichen Charakter sowie kommunale Spitzenverbände auf Bundes- oder Landesebene einschließlich ihrer Zusammenschlüsse, wenn der Zweck dieser Verbände nicht auf einen wirtschaftlichen Geschäftsbetrieb gerichtet ist. ²Die Steuerbefreiung ist ausgeschlossen,

a) soweit die Körperschaften oder Personenvereinigungen einen wirtschaftlichen Geschäftsbetrieb unterhalten oder

---

[1] § 3 Abs. 1 Nr. 7 neugef. mit erstmaliger Wirkung für die VSt des Kj. 1990 durch G v. 13. 12. 1990 (BGBl. I S. 2775).

[2] § 3 Abs. 1 Nr. 8 neugef. mit erstmaliger Wirkung für die VSt des Kj. 1991 durch G v. 25. 2. 1992 (BGBl. I S. 297), neugef. mit erstmaliger Wirkung für die VSt des Kj. 1995 durch G v. 11. 10. 1995 (BGBl. I S. 1250).

b) wenn die Berufsverbände Mittel von mehr als 10 vom Hundert der
Einnahmen für die unmittelbare oder mittelbare Unterstützung oder
Förderung politischer Parteien verwenden.

[3]Die Sätze 1 und 2 gelten auch für Zusammenschlüsse von juristischen
Personen des öffentlichen Rechts, die wie die Berufsverbände allgemeine ideelle und wirtschaftliche Interessen ihrer Mitglieder wahrnehmen;

9. Körperschaften oder Personenvereinigungen, deren Hauptzweck die
Verwaltung des Vermögens für einen nichtrechtsfähigen Berufsverband
der in Nummer 8 bezeichneten Art ist, sofern ihre Erträge im wesentlichen aus dieser Vermögensverwaltung herrühren und ausschließlich
dem Berufsverband zufließen;

10.[1]) politische Parteien im Sinne des § 2 des Parteiengesetzes und ihre
Gebietsverbände. [2]Wird ein wirtschaftlicher Geschäftsbetrieb unterhalten, so ist die Steuerbefreiung insoweit ausgeschlossen;

11.[2]) öffentlich-rechtliche Versicherungs- und Versorgungseinrichtungen
von Berufsgruppen, deren Angehörige auf Grund einer durch Gesetz
angeordneten oder auf Gesetz beruhenden Verpflichtung Mitglieder
dieser Einrichtungen sind, wenn die Satzung der Einrichtung die Zahlung keiner höheren jährlichen Beiträge zuläßt als das Zwölffache der
Beiträge, die sich bei einer Beitragsbemessungsgrundlage in Höhe der
doppelten monatlichen Beitragsbemessungsgrenze in der Rentenversicherung der Arbeiter und Angestellten ergeben würden. [2]Ermöglicht
die Satzung der Einrichtung nur Pflichtmitgliedschaften sowie freiwillige Mitgliedschaften, die unmittelbar an eine Pflichtmitgliedschaft anschließen, so steht dies der Steuerbefreiung nicht entgegen, wenn die
Satzung die Zahlung keiner höheren jährlichen Beiträge zuläßt als das
Fünfzehnfache der Beiträge, die sich bei einer Beitragsbemessungsgrundlage in Höhe der doppelten monatlichen Beitragsbemessungsgrenze in der Rentenversicherung der Arbeiter und Angestellten ergeben würden;

12. Körperschaften, Personenvereinigungen und Vermögensmassen, die
nach der Satzung, dem Stiftungsgeschäft oder der sonstigen Verfassung
und nach der tatsächlichen Geschäftsführung ausschließlich und unmittelbar gemeinnützigen, mildtätigen oder kirchlichen Zwecken dienen.
[2]Wird ein wirtschaftlicher Geschäftsbetrieb unterhalten, ist die Steuerfreiheit insoweit ausgeschlossen. [3]Satz 2 gilt nicht für die selbstbewirtschaftete forstwirtschaftliche Nutzung eines Betriebs der Land- und

---

[1]) § 1 Absatz 1 Nummer 2 Buchstabe d, § 3 Absatz 1 Nummer 10 Satz 1 Vermögensteuergesetz (VStG), jeweils in der für den Stichtag 1. Januar 1989 und die folgenden
Stichtage geltenden Fassung, waren insoweit mit dem Recht auf Chancengleichheit (Artikel 3 Absatz 1 in Verbindung mit Artikel 9 Absatz 1, Artikel 28 Absatz 1 Satz 2 des Grundgesetzes) unvereinbar und nichtig, als hiernach kommunale Wählervereinigungen und
ihre Dachverbände – anders als politische Parteien und deren Gebietsverbände – bis zum
31. Dezember 1996 vermögensteuerpflichtig waren (Beschluß des Bundesverfassungsgerichts v. 29. 9. 1998 – 2 BvL 64/93 – BGBl. I S. 3682).
[2]) Erstmals anzuwenden auf die VSt des Kj. 1992 (§ 25 Abs. 5 Satz 3).

Forstwirtschaft (§ 34 des Bewertungsgesetzes) und für Nebenbetriebe im Sinne des § 42 des Bewertungsgesetzes, die dieser Nutzung dienen;[1]

13. Erwerbs- und Wirtschaftsgenossenschaften sowie Vereine im Sinne des § 5 Abs. 1 Nr. 10 des Körperschaftsteuergesetzes, soweit sie von der Körperschaftsteuer befreit sind. [2] In den Fällen des Verzichts nach § 54 Abs. 5 Satz 1 des Körperschaftsteuergesetzes besteht die Steuerpflicht jeweils für das Kalenderjahr, für das auf die Steuerbefreiung verzichtet wird. [3] In den Fällen des Widerrufs nach § 54 Abs. 5 Satz 3 des Körperschaftsteuergesetzes tritt die Steuerbefreiung für das Kalenderjahr ein, für das er gelten soll;

14. (weggefallen)

15. die von den zuständigen Landesbehörden begründeten oder anerkannten gemeinnützigen Siedlungsunternehmen im Sinne des Reichssiedlungsgesetzes in der im Bundesgesetzblatt Teil III, Gliederungsnummer 2331-1, veröffentlichten bereinigten Fassung, zuletzt geändert durch

(Fortsetzung nächstes Blatt)

---

[1] Zur erstmaligen Anwendung von Satz 3 siehe § 25 Abs. 2.

Artikel 2 Nr. 24 des Gesetzes vom 8. Dezember 1986 (BGBl. I S. 2191), und im Sinne der Bodenreformgesetze der Länder, soweit die Unternehmen im ländlichen Raum Siedlungs-, Agrarstrukturverbesserungs- und Landentwicklungsmaßnahmen mit Ausnahme des Wohnungsbaus durchführen. [2]Die Steuerbefreiung ist ausgeschlossen, wenn die Einnahmen des Unternehmens aus den in Satz 1 nicht bezeichneten Tätigkeiten die Einnahmen aus den in Satz 1 bezeichneten Tätigkeiten übersteigen;

16.[1]) Bürgschaftsbanken (Kreditgarantiegemeinschaften) im Sinne des § 5 Abs.1 Nr. 17 des Körperschaftsteuergesetzes, wenn sie die für eine Befreiung von der Körperschaftsteuer erforderlichen Voraussetzungen erfüllen;

17. Körperschaften, Personenvereinigungen und Vermögensmassen, die als Sicherungseinrichtung eines Verbandes der Kreditinstitute nach ihrer Satzung oder sonstigen Verfassung ausschließlich den Zweck haben, bei Gefahr für die Erfüllung der Verpflichtungen eines Kreditinstituts Hilfe zu leisten. [2]Voraussetzung ist, daß das Vermögen und etwa erzielte Überschüsse nur zur Erreichung des satzungsmäßigen Zwecks verwendet werden. [3]Die Sätze 1 und 2 gelten entsprechend für Einrichtungen zur Sicherung von Spareinlagen bei Unternehmen, die am 31. Dezember 1989 als gemeinnützige Wohnungsunternehmen anerkannt waren;

18.[2]) die folgenden Kapitalbeteiligungsgesellschaften für die mittelständische Wirtschaft, soweit sich deren Geschäftsbetrieb darauf beschränkt, im öffentlichen Interesse mit Eigenmitteln oder mit staatlicher Hilfe Beteiligungen zu erwerben, wenn der von ihnen erzielte Gewinn ausschließlich und unmittelbar für die satzungsmäßigen Zwecke der Beteiligungsfinanzierung verwendet wird:
Mittelständische Beteiligungsgesellschaft Baden-Württemberg GmbH, Kapitalbeteiligungsgesellschaft für die mittelständische Wirtschaft Bayerns mbH, MBG Mittelständische Beteiligungsgesellschaft Hessen GmbH, Mittelständische Beteiligungsgesellschaft Niedersachsen (MBG) mbH, Kapitalbeteiligungsgesellschaft für die mittelständische Wirtschaft in Nordrhein-Westfalen mbH, Mittelständische Beteiligungs- und Wagnisfinanzierungsgesellschaft Rheinland-Pfalz mbH, Saarländische Kapitalbeteiligungsgesellschaft mbH, *Schleswig-Holsteinische Gesellschaft für Wagniskapital mbH,* [*ab Kj. 1996:* Gesellschaft für Wagniskapital Mittelständische Beteiligungsgesellschaft Schleswig-Holstein Gesellschaft mit beschränkter Haftung – MBG –],[3]) Technologie-Beteiligungs-Gesellschaft mbH der Deutschen Ausgleichsbank [*ab Kj. 1994:* bgb Beteiligungsgesellschaft Berlin mbH für kleine und mittlere Betriebe, Mittelständische Beteiligungsgesellschaft Berlin-Brandenburg mbH, Mittelständische Beteiligungsgesellschaft Mecklenburg-Vorpommern mbH, Mittelständische Beteiligungsgesellschaft Sachsen

---

[1]) § 3 Abs. 1 Nr. 16 eingef. mWv Kj. 1991 (§ 25 Abs. 4 Satz 2) durch G v. 25. 2. 1992 (BGBl. I S. 297).
[2]) § 3 Abs. 1 Nr. 18 eingef. mWv Kj. 1992 (§ 25 Abs. 5 Satz 5) durch G v. 25. 2. 1992 (BGBl. I S. 297).
[3]) § 3 Abs. 1 Nr. 18 kursiver Satzteil ersetzt durch Klammerzusatz mWv Kj. 1996 (§ 25 Abs. 9 Sätze 3 und 4) durch G v. 11. 10. 1995 (BGBl. I S. 1250).

mbH, Mittelständische Beteiligungsgesellschaft Sachsen-Anhalt mbH, Mittelständische Beteiligungsgesellschaft Thüringen (MBG) mbH][1];

19. Unternehmensbeteiligungsgesellschaften, die nach dem Gesetz über Unternehmensbeteiligungsgesellschaften vom 17. Dezember 1986 (BGBl. I S. 2488) in dem Kalenderjahr, das dem Veranlagungszeitpunkt vorangeht, anerkannt sind. [2]Der Widerruf der Anerkennung und der Verzicht auf die Anerkennung haben Wirkung für die Vergangenheit, wenn nicht Aktien der Unternehmensbeteiligungsgesellschaft öffentlich angeboten worden sind. [3]Bescheide über die Anerkennung, die Rücknahme oder den Widerruf der Anerkennung und über die Feststellung, ob Aktien der Unternehmensbeteiligungsgesellschaft öffentlich angeboten worden sind, sind Grundlagenbescheide im Sinne der Abgabenordnung;

20.[2] Wirtschaftsförderungsgesellschaften, wenn sie von der Körperschaftsteuer befreit sind;

21.[2] Gesamthafenbetriebe im Sinne des § 1 des Gesetzes über die Schaffung eines besonderen Arbeitgebers für Hafenarbeiter vom 3. August 1950 (BGBl. I S. 352), soweit sie von der Körperschaftsteuer befreit sind;

22.[3] Zusammenschlüsse im Sinne des § 5 Abs. 1 Nr. 20 des Körperschaftsteuergesetzes, soweit sie von der Körperschaftsteuer befreit sind;

23.[4] die Arbeitsgemeinschaften Medizinischer Dienst der Krankenversicherung im Sinne des § 278 des Fünften Buches Sozialgesetzbuch und der Medizinische Dienst der Spitzenverbände der Krankenkassen im Sinne des § 282 des Fünften Buches Sozialgesetzbuch, soweit sie von der Körperschaftsteuer befreit sind.

(2) Die Befreiungen nach Absatz 1 sind auf beschränkt Steuerpflichtige (§ 2) nicht anzuwenden.

§ 4 Bemessungsgrundlage. (1) Der Vermögensteuer unterliegt

1. bei unbeschränkt Steuerpflichtigen das Gesamtvermögen (§§ 114 bis 120 des Bewertungsgesetzes);

2. bei beschränkt Steuerpflichtigen das Inlandsvermögen (§ 121 des Bewertungsgesetzes).

(2) Der Wert des Gesamtvermögens oder des Inlandsvermögens wird auf volle tausend Deutsche Mark nach unten abgerundet.

§ 5 Stichtag für die Festsetzung der Vermögensteuer; Entstehung der Steuer. (1) Die Vermögensteuer wird nach den Verhältnissen zu Beginn des Kalenderjahrs (Veranlagungszeitpunkt, §§ 15 bis 17) festgesetzt.

(2) Die Steuer entsteht mit Beginn des Kalenderjahrs, für das die Steuer festzusetzen ist.

---

[1] § 3 Abs. 1 Nr. 18 Klammerzusatz angef. mWv Kj. 1994 (§ 25 Abs. 5 Satz 5) durch G v. 21. 12. 1993 (BGBl. I S. 2310).
[2] § 3 Abs. 1 Nrn. 20 und 21 angef. mWv Kj. 1993 (§ 25 Abs. 5 Satz 4) durch G v. 13. 9. 1993 (BGBl. I S. 1569).
[3] § 3 Abs. 1 Nr. 22 angef. mWv Kj. 1993 (§ 25 Abs. 5 Satz 4) durch G v. 21. 12. 1993 (BGBl. I S. 2310).
[4] § 3 Abs. 1 Nr. 23 angef. mWv Kj. 1991 (§ 25 Abs. 4 Satz 2) durch G v. 18. 12. 1995 (BGBl. I S. 1959).

II. Steuerberechnung

§ 6 Freibeträge für natürliche Personen. (1) Bei der Veranlagung einer unbeschränkt steuerpflichtigen natürlichen Person bleiben *70 000 Deutsche Mark [ab Kj. 1995:* 120 000 Deutsche Mark][1] und im Falle der Zusammenveranlagung von Ehegatten *140 000 Deutsche Mark [ab Kj. 1995:* 240 000 Deutsche Mark][1] vermögensteuerfrei.

(2) [1] Für jedes Kind, das mit einem Steuerpflichtigen oder mit Ehegatten zusammen veranlagt wird, sind weitere *70 000 Deutsche Mark [ab Kj. 1995:* 120 000 Deutsche Mark][2] vermögensteuerfrei. [2] Kinder im Sinne des Gesetzes sind eheliche Kinder, für ehelich erklärte Kinder, nichteheliche Kinder, Stiefkinder, Adoptivkinder und Pflegekinder.

(3)[3] [1] Weitere 50 000 Deutsche Mark sind steuerfrei, wenn der Steuerpflichtige das 60. Lebensjahr vollendet hat oder voraussichtlich für mindestens drei Jahre behindert im Sinne des Schwerbehindertengesetzes mit einem Grad der Behinderung von 100 ist. [2] Werden mehrere Steuerpflichtige zusammen veranlagt (§ 14 des Vermögensteuergesetzes), wird der Freibetrag mit der Zahl der zusammen veranlagten Steuerpflichtigen, bei denen die Voraussetzungen des Satzes 1 vorliegen, vervielfacht.

(4)[4] *(aufgehoben)*

§ 7 Freibetrag für Erwerbs- und Wirtschaftsgenossenschaften sowie Vereine, die Land- und Forstwirtschaft betreiben. (1) [1] Bei der Veranlagung der inländischen Erwerbs- und Wirtschaftsgenossenschaften sowie der inländischen Vereine, deren Tätigkeit sich auf den Betrieb der Land- und Forstwirtschaft beschränkt, bleiben 100 000 Deutsche Mark in den der Gründung folgenden zehn Kalenderjahren vermögensteuerfrei. [2] Voraussetzung ist, daß

1. die Mitglieder der Genossenschaft oder dem Verein Flächen zur Nutzung oder für die Bewirtschaftung der Flächen erforderliche Gebäude überlassen und

2. a) bei Genossenschaften das Verhältnis der Summe der Werte der Geschäftsanteile des einzelnen Mitglieds zu der Summe der Werte aller Geschäftsanteile,

   b) bei Vereinen das Verhältnis des Werts des Anteils an dem Vereinsvermögen, der im Falle der Auflösung des Vereins an das einzelne Mitglied fallen würde, zu dem Wert des Vereinsvermögens

   nicht wesentlich von dem Verhältnis abweicht, in dem der Wert der von dem einzelnen Mitglied zur Nutzung überlassenen Flächen und Gebäude zu dem Wert der insgesamt zur Nutzung überlassenen Flächen und Gebäude steht.

---

[1] § 6 Abs. 1 Freibeträge geänd. durch G v. 23. 6. 1993 (BGBl. I S. 944).
[2] § 6 Abs. 2 Freibetrag geänd. durch G v. 23. 6. 1993 (BGBl. I S. 944).
[3] § 6 Abs. 3 neugef. mWv Kj. 1993 durch G v. 9. 11. 1992 (BGBl. I S. 1853).
[4] § 6 Abs. 4 aufgeh. mit erstmaliger Wirkung für die VSt des Kj. 1993 durch G v. 9. 11. 1992 (BGBl. I S. 1853).

(2) Absatz 1 Satz 1 gilt auch für inländische Erwerbs- und Wirtschaftsgenossenschaften sowie für inländische Vereine, die eine gemeinschaftliche
Tierhaltung im Sinne des § 51 a des Bewertungsgesetzes betreiben.

**§ 8 Besteuerungsgrenze bei Körperschaften und bei beschränkt
Steuerpflichtigen.** (1) Von den unbeschränkt steuerpflichtigen Körperschaften, Personenvereinigungen und Vermögensmassen im Sinne des § 1
Abs. 1 Nr. 2 wird die Vermögensteuer nur erhoben, wenn das Gesamtvermögen (§ 4) mindestens 20 000 Deutsche Mark beträgt.

(2) Von den beschränkt Steuerpflichtigen wird die Vermögensteuer nur
erhoben, wenn das Inlandsvermögen (§ 4) mindestens 20 000 Deutsche
Mark beträgt.

§ 9 Steuerpflichtiges Vermögen. Steuerpflichtiges Vermögen ist
1. bei unbeschränkt Steuerpflichtigen
   a) bei natürlichen Personen
      der Vermögensbetrag, der nach Abzug der Freibeträge (§ 6) vom
      Gesamtvermögen (§ 4) verbleibt,
   b) bei Körperschaften, Personenvereinigungen und Vermögensmassen
      (§ 1 Abs. 1 Nr. 2) mit mindestens 20 000 Deutsche Mark Gesamt-
      vermögen das Gesamtvermögen (§ 4);
2. bei beschränkt Steuerpflichtigen mit mindestens 20 000 Deutsche Mark
   Inlandsvermögen das Inlandsvermögen (§ 4).

§ 10 Steuersatz. Die Vermögensteuer beträgt jährlich
1.[1] [2] für natürliche Personen *0,5 vom Hundert des steuerpflichtigen Vermögens
und* [*ab Kj. 1995:* 1 vom Hundert des steuerpflichtigen Vermögens. [2]Sie
beträgt 0,5 vom Hundert des steuerpflichtigen Vermögens, soweit in
dem steuerpflichtigen Vermögen land- und forstwirtschaftliches Vermögen, Betriebsvermögen und Wirtschaftsgüter im Sinne des § 110 Abs. 1
Nr. 3 des Bewertungsgesetzes enthalten sind; der Wert dieses Vermögens ist auf volle tausend Deutsche Mark nach oben aufzurunden;]

---

[1] § 10 Nr. 1 neugef. durch G v. 23. 6. 1993 (BGBl. I S. 944).
[2] Siehe Beschluß des BVerfG v. 22. 6. 1995 – 2 BvL 37/91 (BGBl. I S. 1191, BStBl. II
S. 655):
  § 10 Nummer 1 des Vermögensteuergesetzes vom 17. 4. 1974 (BGBl. I S. 949) in der
Fassung der Bekanntmachung vom 14. 11. 1990 (BGBl. I S. 2467), zuletzt geändert durch
Gesetz vom 14. 9. 1994 (BGBl. I S. 2325), ist jedenfalls seit dem Veranlagungszeitraum
1983 in allen seinen seitherigen Fassungen mit Art. 3 Abs. 1 des Grundgesetzes insofern
unvereinbar, als er das einheitswertgebundene Grundbesitz, dessen Bewertung der
Wertentwicklung seit 1964/74 nicht mehr angepaßt worden ist, und das zu Gegenwarts-
werten erfaßte Vermögen mit demselben Steuersatz belastet.
  Der Gesetzgeber ist verpflichtet, eine Neuregelung spätestens bis zum 31. Dezember 1996
zu treffen. Längstens bis zu diesem Zeitpunkt ist das bisherige Recht weiterhin anwendbar.
  Setzt die Neuregelung eine allgemeine Neubewertung von Besteuerungsgrundlagen
voraus, so kann der Gesetzgeber für deren Dauer – längstens für fünf Jahre seit der Verkündung des Gesetzes – Übergangsregelungen treffen, die die vermögensteuerliche Belastung an die verfassungsrechtlichen Maßstäbe dieser Entscheidung annähern; dabei darf er
eine teilweise Fortgeltung der bisherigen Vorschriften anordnen.

2. für die in § 1 Abs. 1 Nr. 2 und § 2 Abs. 1 Nr. 2 bezeichneten Körperschaften, Personenvereinigungen und Vermögensmassen 0,6 vom Hundert des steuerpflichtigen Vermögens.

§ 11 Anrechnung ausländischer Steuern. (1) [1]Bei unbeschränkt Steuerpflichtigen, die in einem ausländischen Staat mit ihrem in diesem Staat belegenen Vermögen (Auslandsvermögen) zu einer der inländischen Vermögensteuer entsprechenden Steuer (ausländische Steuer) herangezogen werden, ist, sofern nicht die Vorschriften eines Abkommens zur Vermeidung der Doppelbesteuerung anzuwenden sind, die festgesetzte und gezahlte und keinem Ermäßigungsanspruch unterliegende ausländische Steuer auf den Teil der Vermögensteuer anzurechnen, der auf dieses Auslandsvermögen entfällt. [2]Dieser Teil ist in der Weise zu ermitteln, daß die sich bei der Veranlagung des Gesamtvermögens (einschließlich des Auslandsvermögens) ergebende Vermögensteuer im Verhältnis des Auslandsvermögens zum Gesamtvermögen aufgeteilt wird. [3]Ist das Auslandsvermögen in verschiedenen ausländischen Staaten belegen, so ist dieser Teil für jeden einzelnen ausländischen Staat gesondert zu berechnen. [4]Die ausländische Steuer ist insoweit anzurechnen, als sie auf das Kalenderjahr entfällt, das mit dem jeweiligen Veranlagungszeitpunkt beginnt.

(2) Als Auslandsvermögen im Sinne des Absatzes 1 gelten alle Wirtschaftsgüter der in § 121 Abs. 2 des Bewertungsgesetzes genannten Art, die auf einen ausländischen Staat entfallen, unter Berücksichtigung der nach § 121 Abs. 3 des Bewertungsgesetzes abzugsfähigen Schulden und Lasten.

(3)[1]) *(aufgehoben)*

(4) [1]Der Steuerpflichtige hat den Nachweis über die Höhe des Auslandsvermögens und über die Festsetzung und Zahlung der ausländischen Steuern durch Vorlage entsprechender Urkunden zu führen. [2]Sind diese Urkunden in einer fremden Sprache abgefaßt, so kann eine beglaubigte Übersetzung in die deutsche Sprache verlangt werden.

(5) Sind nach einem Abkommen zur Vermeidung der Doppelbesteuerung in einem ausländischen Staat erhobene Steuern auf die Vermögensteuer anzurechnen, so sind die Absätze 1 bis 4 entsprechend anzuwenden.

(6) Die Absätze 1 bis 4 sind bei Vermögen, das in einem ausländischen Staat belegen ist und das zum inländischen land- und forstwirtschaftlichen Vermögen oder zum inländischen Betriebsvermögen eines beschränkt Steuerpflichtigen gehört, entsprechend anzuwenden, soweit darin nicht Vermögen enthalten ist, mit dem der beschränkt Steuerpflichtige dort in einem der unbeschränkten Steuerpflicht ähnlichen Umfang zu einer Steuer vom Vermögen herangezogen wird.

§ 12 Steuerermäßigung bei Auslandsvermögen. (1) [1]Anstelle einer Anrechnung ausländischer Steuern nach § 11 Abs. 1 bis 4 ist auf Antrag des Steuerpflichtigen die auf ausländisches Betriebsvermögen entfallende

---

[1]) § 11 Abs. 3 aufgeh. mWv Kj. 1995 (§ 25 Abs. 1) durch G v. 11. 10. 1995 (BGBl. I S. 1250).

Vermögensteuer (§ 11 Abs. 1 Satz 2 und 3) auf die Hälfte zu ermäßigen. ²Satz 1 gilt für

1. das Betriebsvermögen, das einer in einem ausländischen Staat belegenen Betriebsstätte dient, wenn in dem Wirtschaftsjahr, das dem Bewertungsstichtag (§ 106 des Bewertungsgesetzes) vorangeht, die Bruttoerträge dieser Betriebsstätte ausschließlich oder fast ausschließlich aus unter § 8 Abs. 1 Nr. 1 bis 6 des Außensteuergesetzes fallenden Tätigkeiten erzielt werden, und

2. die zum Betriebsvermögen eines inländischen Gewerbebetriebs gehörende Beteiligung an einer Personengesellschaft (§ 97 Abs. 1 Nr. 5 des Bewertungsgesetzes) oder Arbeitsgemeinschaft (§ 98 des Bewertungsgesetzes), soweit die Beteiligung auf Betriebsvermögen entfällt, das einer in einem ausländischen Staat belegenen Betriebsstätte im Sinne der Nummer 1 dient.

³Der Ermäßigungsantrag muß das gesamte Vermögen im Sinne des Satzes 2 Nr. 1 und 2 umfassen; er kann auf das in einem ausländischen Staat oder mehreren ausländischen Staaten belegene Vermögen begrenzt werden.

(2) ¹Wenn das in einem ausländischen Staat belegene Betriebsvermögen dem Betrieb von Handelsschiffen im internationalen Verkehr dient, setzt die Steuerermäßigung nach Absatz 1 voraus, daß das Bundesministerium für Verkehr, Bau- und Wohnungswesen[1] sie für verkehrspolitisch unbedenklich erklärt hat. ²Der Ermäßigungsantrag muß das gesamte in ausländischen Staaten belegene Betriebsvermögen umfassen. ³Schiffe, die in ein inländisches Schiffsregister eingetragen sind, gehören nicht zu dem in einem ausländischen Staat belegenen Betriebsvermögen. ⁴Die Vorschriften dieses Absatzes sind auch anzuwenden, wenn mit dem Staat, in dem das Betriebsvermögen belegen ist, ein Abkommen zur Vermeidung der Doppelbesteuerung besteht.

(3)[2] Die obersten Finanzbehörden der Länder oder die von ihnen beauftragten Finanzbehörden können im Einvernehmen mit dem Bundesministerium der Finanzen die auf Auslandsvermögen entfallende deutsche Vermögensteuer ganz oder zum Teil erlassen oder in einem Pauschbetrag festsetzen, wenn es aus volkswirtschaftlichen Gründen zweckmäßig oder die Anwendung von § 11 Abs. 1 besonders schwierig ist.

(4)[3] *(aufgehoben)*

§ 13[4] Pauschbesteuerung bei beschränkter Steuerpflicht. Die obersten Finanzbehörden der Länder oder die von ihnen beauftragten Finanzbehörden können im Einvernehmen mit dem Bundesministerium der Finanzen die Vermögensteuer bei beschränkt Steuerpflichtigen ganz oder zum Teil erlassen oder in einem Pauschbetrag festsetzen, wenn es aus volkswirtschaftlichen Gründen zweckmäßig oder die Ermittlung der Vermögensteuer besonders schwierig ist.

---

[1] Bezeichnung geänd. durch VO v. 29. 10. 2001 (BGBl. I S. 2785).
[2] § 12 Abs. 3 geänd. mWv Kj. 1993 durch G v. 25. 2. 1992 (BGBl. I S. 297).
[3] § 12 Abs. 4 aufgeh. mWv Kj. 1995 (§ 25 Abs. 1) durch G v. 11. 10. 1995 (BGBl. I S. 1250).
[4] § 13 neugef. mWv Kj. 1993 durch G v. 25. 2. 1992 (BGBl. I S. 297).

III. Veranlagung

§ 14 Zusammenveranlagung. (1) Bei unbeschränkter Steuerpflicht aller Beteiligten werden zusammen veranlagt

1. Ehegatten, wenn sie nicht dauernd getrennt leben,

2. Ehegatten und Kinder (§ 6 Abs. 2 Satz 2) oder Einzelpersonen und Kinder, wenn diese eine Haushaltsgemeinschaft bilden und die Kinder das 18. Lebensjahr noch nicht vollendet haben.

(2) Auf gemeinsamen Antrag werden bei unbeschränkter Steuerpflicht aller Beteiligten ferner Ehegatten oder Einzelpersonen zusammen veranlagt

1. mit unverheirateten oder von ihren Ehegatten dauernd getrennt lebenden Kindern, die das 18., aber noch nicht das 27. Lebensjahr vollendet haben, wenn die Antragsteller eine Haushaltsgemeinschaft bilden und die Kinder sich noch in der Berufsausbildung befinden oder ein freiwilliges soziales Jahr im Sinne des Gesetzes zur Förderung eines freiwilligen sozialen Jahres [*ab Kj. 1994:* oder ein freiwilliges ökologisches Jahr nach dem Gesetz zur Förderung eines freiwilligen ökologischen Jahres][1] ableisten. [2]Die Zusammenveranlagung wird nicht dadurch ausgeschlossen, daß die Berufsausbildung durch die Einberufung zum gesetzlichen Grundwehrdienst oder Zivildienst unterbrochen ist. [3]Haben die Kinder das 27. Lebensjahr vollendet, so ist die Zusammenveranlagung nur zulässig, wenn der Abschluß der Berufsausbildung durch Umstände verzögert worden ist, die keiner der Antragsteller zu vertreten hat. [4]Als ein solcher Umstand ist stets die Ableistung des gesetzlichen Grundwehrdienstes oder Zivildienstes anzusehen;

2.[2] mit Kindern, wenn diese wegen körperlicher, geistiger oder seelischer Behinderung dauernd außerstande sind, sich selbst zu unterhalten.

§ 15 Hauptveranlagung. (1)[3) 4)] [1]Die Vermögensteuer wird für drei Kalenderjahre allgemein festgesetzt (Hauptveranlagung). [2]Der Zeitraum, für

---

[1] § 14 Abs. 2 Nr. 1 Satz 1 Klammerzusatz eingef. mWv Kj. 1994 (§ 25 Abs. 6) durch G v. 17. 12. 1993 (BGBl. I S. 2118).

[2] § 14 Abs. 2 Nr. 2 neugef. mWv Kj. 1993 durch G v. 25. 2. 1992 (BGBl. I S. 297).

[3] Abweichend von § 15 Abs. 1 Satz 1 siehe § 2 G v. 24. 6. 1991 (BGBl. I S. 1322, 1336):
„§ 2 Verlängerung des Hauptveranlagungszeitraums für die Vermögensteuer. (1) Abweichend von § 15 Abs. 1 Satz 1 des Vermögensteuergesetzes findet die nächste Hauptveranlagung der Vermögensteuer auf den 1. Januar 1993 statt.
(2) [1]Ist ein Bescheid über die Vermögensteuer für das Kalenderjahr 1992 nicht erteilt worden, gilt die Steuer für dieses Kalenderjahr in Höhe der für das Kalenderjahr 1991 festgesetzten Jahresteuer als festgesetzt und ist ohne besondere Aufforderung nach dem IV. Abschnitt des Vermögensteuergesetzes zu entrichten. [2]§ 16 sowie §§ 18 und 19 des Vermögensteuergesetzes bleiben unberührt." [Abs. 2 angef. durch G v. 25. 2. 1992 (BGBl. I S. 297)].

[4] Abweichend von § 15 Abs. 1 Satz 1 siehe § 2 G v. 23. 6. 1993 (BGBl. I S. 944, 973):
„§ 2 Änderung des Hauptveranlagungszeitraums für die Vermögensteuer. Abweichend von § 15 Abs. 1 Satz 1 des Vermögensteuergesetzes findet die nächste Hauptveranlagung der Vermögensteuer auf den 1. Januar 1995 und die darauffolgende Hauptveranlagung der Vermögensteuer auf den 1. Januar 1999 statt."

den die Hauptveranlagung gilt, ist der Hauptveranlagungszeitraum; der Beginn dieses Zeitraums ist der Hauptveranlagungszeitpunkt.

(2) Die Bundesregierung wird ermächtigt, durch Rechtsverordnung mit Zustimmung des Bundesrates aus Gründen der Verwaltungsvereinfachung den Hauptveranlagungszeitraum um ein Jahr zu verkürzen oder zu verlängern.

(3) Ist die Festsetzungsfrist (§ 169 der Abgabenordnung) bereits abgelaufen, so kann die Hauptveranlagung unter Zugrundelegung der Verhältnisse des Hauptveranlagungszeitpunkts mit Wirkung für einen späteren Veranlagungszeitpunkt vorgenommen werden, für den diese Frist noch nicht abgelaufen ist.

§ 16 Neuveranlagung. (1) Die Vermögensteuer wird neu veranlagt, wenn dem Finanzamt bekannt wird,

[Fassung bis Kj. 1994]

1. daß der nach § 4 Abs. 2 abgerundete Wert des Gesamtvermögens oder des Inlandsvermögens, der sich für den Beginn eines Kalenderjahres ergibt, entweder um mehr als ein Fünftel oder um mehr als 150 000 Deutsche Mark von dem nach § 4 Abs. 2 abgerundeten Wert des letzten Veranlagungszeitpunkts abweicht. ² Weicht der Wert nach oben ab, so muß die Wertabweichung mindestens 50 000 Deutsche Mark betragen; weicht der Wert nach unten ab, so muß die Wertabweichung mindestens 10 000 Deutsche Mark betragen;

2. daß sich die Verhältnisse für die Gewährung von Freibeträgen oder für die Zusammenveranlagung ändern; eine neue Ermittlung des Gesamtvermögens wird nur vorgenommen, wenn die Wertgrenzen der Nummer 1 überschritten sind.

[Fassung ab Kj. 1995][1]

1. daß sich die Verhältnisse für die Zusammenveranlagung ändern;

2. daß sich vorbehaltlich der Nummer 1 die Verhältnisse für die Ermittlung der Vermögensteuer gegenüber den Verhältnissen geändert haben, die bei der zuletzt festgesetzten Vermögensteuer zugrunde gelegt worden sind, und die Vermögensteuer nach oben um mindestens 1000 Deutsche Mark oder nach unten um mindestens 250 Deutsche Mark von der zuletzt festgesetzten Vermögensteuer abweicht.

---

[1] § 16 Abs. 1 Nrn. 1 und 2 neugef. durch G v. 23. 6. 1993 (BGBl. I S. 944).

(2) ¹Durch eine Neuveranlagung nach Absatz 1 können auch Fehler der letzten Veranlagung beseitigt werden. ²§ 176 der Abgabenordnung ist hierbei entsprechend anzuwenden. ³Dies gilt jedoch nur für Veranlagungszeitpunkte, die vor der Verkündung der maßgeblichen Entscheidung eines obersten Gerichts des Bundes liegen.

(3) ¹Neuveranlagt wird

[Fassung bis Kj. 1994]	*[Fassung ab Kj. 1995]*¹⁾
1. in den Fällen des Absatzes 1 Nr. 1 mit Wirkung vom Beginn des Kalenderjahrs an, für den sich die Wertabweichung ergibt;	1. in den Fällen des Absatzes 1 Nr. 1 mit Wirkung vom Beginn des Kalenderjahrs an, das der Änderung der Verhältnisse für die Zusammenveranlagung folgt;
2. in den Fällen des Absatzes 1 Nr. 2 mit Wirkung vom Beginn des Kalenderjahrs an, der der Änderung der Verhältnisse für die Gewährung von Freibeträgen oder für die Zusammenveranlagung folgt;	2. in den Fällen des Absatzes 1 Nr. 2 mit Wirkung vom Beginn des Kalenderjahrs an, für den sich die Abweichung bei der Vermögensteuer ergibt;

3.²⁾ in den Fällen des Absatzes 2 mit Wirkung vom Beginn des Kalenderjahrs an, in dem der Fehler dem Finanzamt bekannt wird, bei einer Erhöhung der Vermögensteuer jedoch frühestens vom Beginn des Kalenderjahrs an, in dem der Steuerbescheid erteilt wird.

²Der Beginn des maßgebenden Kalenderjahrs ist der Neuveranlagungszeitpunkt. ³§ 15 Abs. 3 ist entsprechend anzuwenden.

§ 17 Nachveranlagung. (1) Die Vermögensteuer wird nachträglich festgesetzt (Nachveranlagung), wenn nach dem Hauptveranlagungszeitpunkt

1. die persönliche Steuerpflicht neu begründet wird oder

2. ein persönlicher Befreiungsgrund wegfällt oder

3. ein beschränkt Steuerpflichtiger unbeschränkt steuerpflichtig oder ein unbeschränkt Steuerpflichtiger beschränkt steuerpflichtig wird.

(2) ¹Nachveranlagt wird mit Wirkung vom Beginn des Kalenderjahrs an, der dem maßgebenden Ereignis folgt. ²Der Beginn dieses Kalenderjahrs ist der Nachveranlagungszeitpunkt. ³§ 15 Abs. 3 ist entsprechend anzuwenden.

§ 18 Aufhebung der Veranlagung. (1) Wird dem Finanzamt bekannt, daß

1. die Steuerpflicht erloschen oder ein persönlicher Befreiungsgrund eingetreten ist oder

2. die Veranlagung fehlerhaft ist,

so ist die Veranlagung aufzuheben.

---

¹⁾ § 16 Abs. 3 Nrn. 1 und 2 neugef. durch G v. 23. 6. 1993 (BGBl. I S. 944).
²⁾ § 16 Abs. 3 Nr. 3 geänd. durch G v. 9. 11. 1992 (BGBl. I S. 1853).

(2) ¹Die Veranlagung wird aufgehoben

1. in den Fällen des Absatzes 1 Nr. 1 mit Wirkung vom Beginn des Kalenderjahrs an, der auf den Eintritt des maßgebenden Ereignisses folgt;
2. in den Fällen des Absatzes 1 Nr. 2 mit Wirkung vom Beginn des Kalenderjahrs an, in dem der Fehler dem Finanzamt bekannt wird.

²Der Beginn des maßgebenden Kalenderjahrs ist der Aufhebungszeitpunkt.
³§ 15 Abs. 3 ist entsprechend anzuwenden.

§ 19 Pflicht zur Abgabe von Vermögensteuererklärungen.

(1) ¹Vermögensteuererklärungen sind auf jeden Hauptveranlagungszeitpunkt abzugeben. ²Für andere Veranlagungszeitpunkte hat eine Erklärung abzugeben, wer von der Finanzbehörde dazu aufgefordert wird (§ 149 der Abgabenordnung). ³Die Vermögensteuererklärung ist vom Vermögensteuerpflichtigen eigenhändig zu unterschreiben.

(2) Von den unbeschränkt Vermögensteuerpflichtigen haben eine Vermögensteuererklärung über ihr Gesamtvermögen abzugeben

1. natürliche Personen,
    a) die allein veranlagt werden, wenn ihr Gesamtvermögen *70 000 Deutsche Mark* [*ab Kj. 1995:* 120 000 Deutsche Mark][1] übersteigt,
    b) die mit anderen Personen zusammen veranlagt werden (§ 14), wenn das Gesamtvermögen der zusammen veranlagten Personen den Betrag übersteigt, der sich ergibt, wenn für jede der zusammen veranlagten Personen *70 000 Deutsche Mark* [*ab Kj. 1995:* 120 000 Deutsche Mark][1] angesetzt werden;
2. die in § 1 Abs. 1 Nr. 2 bezeichneten Körperschaften, Personenvereinigungen und Vermögensmassen, wenn ihr Gesamtvermögen mindestens 20 000 Deutsche Mark beträgt.

(3) Beschränkt Vermögensteuerpflichtige haben eine Vermögensteuererklärung über ihr Inlandsvermögen abzugeben, wenn dieses mindestens 20 000 Deutsche Mark beträgt.

(4) ¹Die Erklärungen sind innerhalb der Frist abzugeben, die das Bundesministerium der Finanzen im Einvernehmen mit den obersten Finanzbehörden der Länder bestimmt. ²Die Frist ist im Bundesanzeiger bekanntzumachen. ³Fordert die Finanzbehörde zur Abgabe einer Erklärung zur Hauptveranlagung oder zu einer anderen Veranlagung besonders auf (§ 149 Abs. 1 Satz 2 der Abgabenordnung), hat sie eine besondere Frist zu bestimmen, die mindestens einen Monat betragen soll.

IV. Steuerentrichtung

§ 20 Entrichtung der Jahressteuer. (1) ¹Die Steuer wird zu je einem Viertel der Jahressteuer am 10. Februar, 10. Mai, 10. August und 10. No-

---

[1] § 19 Abs. 2 Freibeträge geänd. durch G v. 23. 6. 1993 (BGBl. I S. 944).

vember fällig. [2] Eine Jahressteuer bis zu 500 Deutsche Mark ist in einem Betrag am 10. November zu entrichten.

(2) Von der Festsetzung der Vermögensteuer ist abzusehen, wenn die Jahressteuer den Betrag von 50 Deutsche Mark nicht übersteigt.

§ 21 Vorauszahlungen. (1) Der Steuerpflichtige hat, solange die Jahressteuer noch nicht bekanntgegeben worden ist, Vorauszahlungen auf die Jahressteuer zu entrichten.

(2) [1] Die Vorauszahlungen betragen ein Viertel der zuletzt festgesetzten Jahressteuer. [2] Sie sind am 10. Februar, 10. Mai, 10. August und 10. November zu entrichten. [3] Beträgt die Jahressteuer nicht mehr als 500 Deutsche Mark, so sind die Vorauszahlungen in einem Betrag am 10. November zu entrichten.

(3) Das Finanzamt kann die Vorauszahlungen der Steuer anpassen, die sich für das Kalenderjahr voraussichtlich ergeben wird.

§ 22 Abrechnung über die Vorauszahlungen. (1) [1] Ist die Summe der Vorauszahlungen, die bis zur Bekanntgabe des Steuerbescheids zu entrichten waren (§ 21), geringer als die Steuer, die sich nach dem bekanntgegebenen Steuerbescheid für die vorangegangenen Fälligkeitstage ergibt (§ 20), so ist der Unterschiedsbetrag innerhalb eines Monats nach Bekanntgabe des Steuerbescheids zu entrichten (Nachzahlung). [2] Die Verpflichtung, rückständige Vorauszahlungen schon früher zu entrichten, bleibt unberührt.

(2) Ist die Summe der Vorauszahlungen, die bis zur Bekanntgabe des Steuerbescheids entrichtet worden sind, höher als die Steuer, die sich nach dem bekanntgegebenen Steuerbescheid für die vorangegangenen Fälligkeitstage ergibt, so wird der Unterschiedsbetrag nach Bekanntgabe des Steuerbescheids durch Aufrechnung oder Zurückzahlung ausgeglichen.

(3) Die Absätze 1 und 2 gelten entsprechend, wenn der Steuerbescheid aufgehoben oder geändert wird.

§ 23 Nachentrichtung der Steuer. Hatte der Steuerpflichtige bis zur Bekanntgabe der Jahressteuer keine Vorauszahlungen nach § 21 zu entrichten, so hat er die Steuer, die sich nach dem bekanntgegebenen Steuerbescheid für die vorangegangenen Fälligkeitstage ergibt (§ 20), innerhalb eines Monats nach Bekanntgabe des Steuerbescheids zu entrichten.

V. Schlußvorschriften

§ 24 Neufassung. Das Bundesministerium der Finanzen wird ermächtigt, den Wortlaut dieses Gesetzes in der jeweils geltenden Fassung mit neuem Datum, unter neuer Überschrift und in neuer Paragraphenfolge bekanntzumachen und dabei offenbare Unrichtigkeiten und Unstimmigkeiten im Wortlaut zu beseitigen.

§ 24a.[1] *(aufgehoben)*

---

[1] § 24a aufgeh. durch G v. 24. 6. 1991 (BGBl. I S. 1322).

§ 24 b[1] Verzicht auf die Vermögensteuer der umgewandelten ehemaligen volkseigenen Kombinate, Betriebe und Einrichtungen für das zweite Halbjahr 1990. [1] Bei ehemaligen volkseigenen Kombinaten, Betrieben und Einrichtungen, die auf Grund des Treuhandgesetzes vom 17. Juni 1990 (GBl. I Nr. 33 S. 300)[2] in Aktiengesellschaften oder Gesellschaften mit beschränkter Haftung umgewandelt worden sind, wird die Vermögensteuer auf den 1. Juli 1990 nicht nachträglich festgesetzt. [2] § 1 Abs. 2 sowie § 2 Abs. 1 und Abs. 5 der Verordnung über die Zahlung von Steuern der in Kapitalgesellschaften umgewandelten ehemaligen volkseigenen Kombinate, Betriebe und Einrichtungen im 2. Halbjahr 1990 vom 27. Juni 1990 (GBl. I Nr. 41 S. 618)[2] sind nicht anzuwenden, soweit dort Regelungen zur Festsetzung und Erhebung der Vermögensteuer für das zweite Halbjahr 1990 getroffen worden sind.

§ 24 c[3] Zeitlich befristete Sondervorschrift für die Besteuerung nach dem Vermögen in dem in Artikel 3 des Einigungsvertrages genannten Gebiet. Für die Vermögensteuer der Kalenderjahre 1996 bis 1998[4] gilt in dem in Artikel 3 des Einigungsvertrages genannten Gebiet folgendes:

1. [1] Von der Vermögensteuer sind vorbehaltlich des Satzes 3 befreit

    a) natürliche Personen mit Wohnsitz oder gewöhnlichem Aufenthalt,

    b) Körperschaften, Personenvereinigungen und Vermögensmassen im Sinne des § 1 Abs. 1 Nr. 2 mit Geschäftsleitung

in dem in Artikel 3 des Einigungsvertrages genannten Gebiet. [2] § 19 Abs. 1 Satz 2 und § 20 Abs. 2 der Abgabenordnung gelten sinngemäß. [*Für Kj. 1996–1998:* [3] Nicht befreit sind die Wirtschaftsgüter eines Gewerbebetriebs, soweit hierfür in dem außerhalb des in Artikel 3 des Einigungsvertrages genannten Gebiet der Bundesrepublik Deutschland eine Betriebsstätte unterhalten wird oder ein ständiger Vertreter bestellt ist. [4] § 136 Nr. 3 Buchstabe a Satz 2 des Bewertungsgesetzes gilt entsprechend. [5] Für die Besteuerung nach dem Vermögen ist abweichend von den §§ 19 und 20 der Abgabenordnung das Finanzamt in dem außerhalb des in Artikel 3 des Einigungsvertrages genannten Gebiet der Bundesrepublik Deutschland zuständig, in dessen Bezirk sich das Betriebsvermögen, und, wenn dies für mehrere Finanzämter zutrifft, das Finanzamt, in dessen Bezirk sich der wertvollste Teil des Betriebsvermögens befindet.]

2. Von der Vermögensteuer sind auch befreit deutsche Staatsangehörige, die

---

[1] § 24 b eingef. mit erstmaliger Wirkung für das zweite Halbjahr 1990 (§ 25 Abs. 3) durch G v. 24. 6. 1991 (BGBl. I S. 1322). Siehe hierzu Art. 97 a § 3 EGAO (Nr. **800 a**).

[2] GBl. der DDR.

[3] § 24 c eingef. durch G v. 24. 6. 1991 (BGBl. I S. 1322), erster Halbsatz geänd. durch G v. 13. 9. 1993 (BGBl. I S. 1569), erster Halbsatz geänd. und Nr. 1 Sätze 3 bis 5 angef. durch G v. 11. 10. 1995 (BGBl. I S. 1250); zur erstmaligen Anwendung siehe § 25 Abs. 9 Satz 2.

[4] Für die VSt der Kj. 1991 bis 1995 gilt § 24 c mit Ausnahme von Nr. 1 Sätze 3 bis 5.

a) im Inland weder einen Wohnsitz noch ihren gewöhnlichen Aufenthalt haben und

b) zu einer juristischen Person des öffentlichen Rechts in dem in Artikel 3 des Einigungsvertrages genannten Gebiet in einem Dienstverhältnis stehen und dafür Arbeitslohn aus einer inländischen öffentlichen Kasse beziehen,

sowie zu ihrem Haushalt gehörende Angehörige, die die deutsche Staatsangehörigkeit besitzen.

3. Die Nummern 1 und 2 gelten nicht für Steuerpflichtige, die nach dem 31. Dezember 1990 in dem in Artikel 3 des Einigungsvertrages genannten Gebiet einen Wohnsitz begründet haben oder dort erstmals ihren gewöhnlichen Aufenthalt, ihre Geschäftsleitung oder in den Fällen der Nummer 1 Satz 2 ihren Sitz haben.

4. Die beschränkte Steuerpflicht erstreckt sich nur auf Vermögen der in § 121 des Bewertungsgesetzes genannten Art, das auf das Inland mit Ausnahme des in Artikel 3 des Einigungsvertrages genannten Gebietes entfällt.

§ 25[1] Anwendung des Gesetzes. (1) Die vorstehende Fassung des Gesetzes ist, soweit in den folgenden Absätzen nichts anderes bestimmt ist, erstmals auf die Vermögensteuer des Kalenderjahres 1995[2] anzuwenden.

(2) § 3 Abs. 1 Nr. 12 Satz 3 ist auch auf die Vermögensteuer der Kalenderjahre vor 1990 anzuwenden, soweit Bescheide noch nicht bestandskräftig sind oder unter dem Vorbehalt der Nachprüfung stehen.

(3) § 24b ist für das zweite Halbjahr 1990 anzuwenden.

(4)[3] [1]§ 3 Abs. 1 Nr. 2 ist für die Investitionsbank Schleswig-Holstein – Zentralbereich der Landesbank Schleswig-Holstein Girozentrale –, die Investitionsbank des Landes Brandenburg, die Sächsische Aufbaubank und die Thüringer Aufbaubank erstmals auf die Vermögensteuer des Kalenderjahrs 1991, für das Landesförderinstitut Sachsen-Anhalt – Geschäftsbereich der Norddeutschen Landesbank Girozentrale Mitteldeutsche Landesbank – erstmals auf die Vermögensteuer des Kalenderjahrs 1993, für die Investitions- und Strukturbank Rheinland-Pfalz erstmals auf die Vermögensteuer des Kalenderjahrs 1994 und für die Sächsische Aufbaubank GmbH erstmals auf die Vermögensteuer des Kalenderjahrs 1996 anzuwenden. [2]§ 3 Abs. 1 Nr. 16 und 23 ist erstmals auf die Vermögensteuer des Kalenderjahres 1991 anzuwenden.

(5)[3] [1]§ 3 Abs. 1 Nr. 2 ist für die Wohnungsbauförderungsanstalt Nordrhein-Westfalen – Anstalt der Westdeutschen Landesbank Girozentrale – erstmals auf die Vermögensteuer des Kalenderjahrs 1992 und für die Investitionsbank Berlin – Anstalt der Landesbank Berlin-Girozentrale – erstmals auf die Vermögensteuer des Kalenderjahrs 1993 anzuwenden. [2]§ 3 Abs. 1 Nr. 2 in der Fassung der Bekanntmachung vom 14. November 1990 (BGBl. I S. 2467) ist für die Wohnungsbauförderungsanstalt des Landes Nordrhein-Westfalen letztmals für die

---

[1] § 25 neugef. durch G v. 25. 2. 1992 (BGBl. I S. 297).
[2] Geänd. durch G v. 23. 6. 1993 (BGBl. I S. 944).
Die für die VSt des Kj. 1993 anzuwendende Fassung ist ebenfalls wiedergegeben.
[3] § 25 Abs. 4 und 5 neugef. durch G v. 13. 9. 1993 (BGBl. I S. 1569), Abs. 4 Satz 1 sowie Abs. 5 Satz 3 geänd., Satz 4 neugef. durch G v. 21. 12. 1993 (BGBl. I S. 2310), Abs. 4 Satz 2 geänd. durch G v. 11. 10. 1995 (BGBl. I S. 1250) und v. 18. 12. 1995 (BGBl. I S. 1959), Abs. 4 Satz 1 geänd. durch G v. 24. 3. 1998 (BGBl. I S. 529).

Vermögensteuer des Kalenderjahrs 1991 und für die Wohnungsbau-Kreditanstalt Berlin letztmals für die Vermögensteuer des Kalenderjahrs 1992 anzuwenden. [3] § 3 Abs. 1 Nr. 11 ist erstmals auf die Vermögensteuer des Kalenderjahres 1992 anzuwenden. [4] § 3 Abs. 1 Nr. 20 und 21 in der Fassung des Artikels 10 des Gesetzes vom 13. September 1993 (BGBl. I S. 1569) sowie § 3 Abs. 1 Nr. 22 in der Fassung des Artikels 17 des Gesetzes vom 21. Dezember 1993 (BGBl. I S. 2310) sind erstmals auf die Vermögensteuer des Kalenderjahrs 1993 anzuwenden. [5] § 3 Abs. 1 Nr. 18 ist in der Fassung des Artikels 15 des Gesetzes vom 25. Februar 1992 (BGBl. I S. 297) erstmals auf die Vermögensteuer des Kalenderjahrs 1992 und für die bgb Beteiligungsgesellschaft Berlin mbH für kleine und mittlere Betriebe, Mittelständische Beteiligungsgesellschaft Berlin-Brandenburg mbH, Mittelständische Beteiligungsgesellschaft Mecklenburg-Vorpommern mbH, Mittelständische Beteiligungsgesellschaft Sachsen mbH, Mittelständische Beteiligungsgesellschaft Sachsen-Anhalt mbH, Mittelständische Beteiligungsgesellschaft Thüringen (MBG) mbH erstmals auf die Vermögensteuer des Kalenderjahrs 1994 anzuwenden.

(6)[1] § 14 Abs. 2 Nr. 1 in der Fassung des Artikels 3 Abs. 5 Nr. 1 des Gesetzes vom 17. Dezember 1993 (BGBl. I S. 2118) ist erstmals auf die Vermögensteuer des Kalenderjahres 1994 anzuwenden.

(7)[2] [1] § 3 Abs. 1 Nr. 1 ist für das Bundeseisenbahnvermögen erstmals auf die Vermögensteuer des Kalenderjahrs 1994 anzuwenden. [2] § 3 Abs. 1 Nr. 1 a ist letztmals für die Vermögensteuer des Kalenderjahrs 1993 anzuwenden.

(8)[3] [1] § 3 Abs. 1 Nr. 1 ist für die Deutsche Post AG, die Deutsche Postbank AG und die Deutsche Telekom AG nur für die Vermögensteuer des Kalenderjahres 1995 anzuwenden. [2] § 3 Abs. 1 Nr. 1 in der Fassung des Artikels 6 Abs. 55 des Gesetzes vom 27. Dezember 1993 (BGBl. I S. 2378) ist für die Deutsche Bundespost letztmals für die Vermögensteuer des Jahres 1994 anzuwenden.

(9)[4] [1] § 24 c in der Fassung des Artikels 10 des Gesetzes vom 13. September 1993 (BGBl. I S. 1569) ist für die Vermögensteuer der Kalenderjahre 1991 bis 1995 anzuwenden. [2] § 24 c in der Fassung des Artikels 23 des Gesetzes vom 11. Oktober 1995 (BGBl. I S. 1250) ist erstmals auf die Vermögensteuer des Kalenderjahres 1996 anzuwenden. [3] § 3 Abs. 1 Nr. 18 in der Fassung des Artikels 23 des Gesetzes vom 11. Oktober 1995 (BGBl. I S. 1250) ist für die Gesellschaft für Wagniskapital Mittelständische Beteiligungsgesellschaft Schleswig-Holstein Gesellschaft mit beschränkter Haftung – MBG – erstmals auf die Vermögensteuer des Kalenderjahres 1996 anzuwenden. [4] § 3 Abs. 1 Nr. 18 in der Fassung des Artikels 17 des Gesetzes vom 21. Dezember 1993 (BGBl. I S. 2310) ist für die Schleswig-Holsteinische Gesellschaft für Wagniskapital mbH letztmals für die Vermögensteuer des Kalenderjahres 1995 anzuwenden.

§ 26.[5] *(aufgehoben)*

---

[1] § 25 Abs. 6 angef. durch G v. 17. 12. 1993 (BGBl. I S. 2118).
[2] § 25 Abs. 7 angef. durch G v. 27. 12. 1993 (BGBl. I S. 2378).
[3] § 25 Abs. 8 angef. durch G v. 14. 9. 1994 (BGBl. I S. 2325).
[4] § 25 Abs. 9 angef. durch G v. 11. 10. 1995 (BGBl. I S. 1250).
[5] § 26 aufgeh. durch G v. 25. 2. 1992 (BGBl. I S. 297).

250. Erbschaftsteuer- und Schenkungsteuergesetz (ErbStG)[1] · [2]

In der Fassung der Bekanntmachung vom 27. Februar 1997
(BGBl. I S. 378)

Geändert durch Steuerentlastungsgesetz 1999/2000/2002 vom 24.3.1999 (BGBl. I S. 402), Gesetz zur weiteren steuerlichen Förderung von Stiftungen vom 14.7.2000 (BGBl. I S. 1034), Steuer-Euroglättungsgesetz vom 19.12.2000 (BGBl. I S. 1790), Steueränderungsgesetz 2001 vom 20.12.2001 (BGBl. I S. 3794), Gesetz zur Modernisierung des Stiftungsrechts vom 15.7.2002 (BGBl. I S. 2634), Drittes Gesetz zur Änderungverwaltungsverfahrensrechtlicher Vorschriften vom 21.8.2002 (BGBl. I S. 3322), Haushaltsbegleitgesetz 2004 vom 29.12.2003 (BGBl. I S. 3076), Gesetz zur weiteren Stärkung des bürgerschaftlichen Engagements vom 10.10.2007 (BGBl. I S. 2332), Erbschaftsteuerreformgesetz vom 24.12.2008 (BGBl. I S. 3018)[3], Wachstumsbeschleunigungsgesetz vom 22.12.2009 (BGBl. I S. 3950), Jahressteuergesetz 2010 (JStG 2010) vom 8.12.2010 (BGBl. I S. 1768), Steuervereinfachungsgesetz 2011 vom 1.11.2011 (BGBl. I S. 2131), Betreibungsrichtlinie-Umsetzungsgesetz (BeitrRLUmsG) vom 7.12.2011 (BGBl. I S. 2592), Gesetz zu dem Abkommen vom 4.2.2010 zwischen der Bundesrepublik Deutschland und der Französischen Republik über den Güterstand der Wahl-

---

[1] Neubekanntmachung des Erbschaft- und Schenkungsteuergesetzes idF der Bek. v. 19.2.1991 (BGBl. I S. 468) auf Grund des § 36 Abs. 2 ErbStG idF der Bek. v. 19.2.1991 (BGBl. I S. 468) in der ab 28.12.1996 geltenden Fassung.

[2] **Zum Anwendungsbereich vgl. § 37.**
Zur Anwendung im Beitrittsgebiet ab 1.1.1991 siehe § 37a.

[3] Siehe **Übergangsregelung in Art. 3 des ErbStRG:**
„**Art. 3 Rückwirkende Anwendung des durch dieses Gesetz geänderten Erbschaftsteuer- und Bewertungsrechts.** (1) Ein Erwerber kann bis zur Unanfechtbarkeit der Steuerfestsetzung beantragen, dass die durch dieses Gesetz geänderten Vorschriften des Erbschaftsteuer- und Schenkungsteuergesetzes, mit Ausnahme des § 16 des Erbschaftsteuer- und Schenkungsteuergesetzes, und des Bewertungsgesetzes auf Erwerbe von Todes wegen anzuwenden sind, für die der Steuer nach dem 31. Dezember 2006 und vor dem 1. Januar 2009 entstanden ist. In diesem Fall ist § 16 des Erbschaftsteuer- und Schenkungsteuergesetzes in der Fassung der Bekanntmachung vom 27. Februar 1997 (BGBl. I S. 378), der zuletzt durch Artikel 19 Nr. 4 des Gesetzes vom 19. Dezember 2000 (BGBl. I S. 1790) geändert worden ist, anzuwenden.*)

(2) Ist die Steuer, die auf einen Erwerb von Todes wegen nach dem 31. Dezember 2006 und vor dem 1. Januar 2009 entstanden ist, vor dem 1. Januar 2009 festgesetzt worden, kann der Antrag innerhalb von sechs Monaten nach Inkrafttreten des Gesetzes gestellt werden; in diesem Fall kann die Steuerfestsetzung entsprechend geändert werden.

(3) Der Erwerber kann den Antrag nicht widerrufen, wenn die Steuerfestsetzung nachträglich deshalb geändert wird, weil er gegen die Verschonungsvoraussetzungen (§§ 13a, 19a des Erbschaftsteuer- und Schenkungsteuergesetzes in der Fassung des Artikels 1 des Gesetzes vom 24. Dezember 2008, BGBl. I S. 3018) verstoßen hat.*)"
Art. 3 tritt am 1.7.2009 außer Kraft (Art. 6 Abs. 3 ErbStRG).
*) **Vgl. zu Abs. 1 auch Wachstumsbeschleunigungsgesetz Art. 14:** „**Anwendung des Artikels 3 des Erbschaftsteuerreformgesetzes:** Hat ein Erwerber einen Antrag nach Artikel 3 Absatz 1 des Erbschaftsteuerreformgesetzes vom 24. Dezember 2008 (BGBl. I S. 3018) gestellt, ist Artikel 3 Absatz 1 und 3 des Erbschaftsteuerreformgesetzes mit der Maßgabe anzuwenden, dass an die Stelle der §§ 13a und 19a des Erbschaftsteuer- und Schenkungsteuergesetzes in der Fassung des Artikels 1 des Gesetzes vom 24. Dezember 2008 (BGBl. I S. 3018) die §§ 13a und 19a des Erbschaftsteuer- und Schenkungsteuergesetzes in der Fassung des Artikels 6 des Gesetzes vom 22. Dezember 2009 (BGBl. I S. 3950) treten."
Art. 14 tritt am 1.7.2010 außer Kraft (Art. 15 Abs. 5 Wachstumsbeschleunigungsgesetz).

Zugewinngemeinschaft vom 15.3.2012 (BGBl. II S. 178), Amtshilferichtlinie-Umsetzungsgesetz (AmtshilfeRLUmsG) vom 26. Juni 2013 (BGBl. I S. 1809), Gesetz zum Internationalen Erbrecht und zur Änderung von Vorschriften zum Erbschein sowie zur Änderung sonstiger Vorschriften vom 29.6.2015 (BGBl. I S. 1042), Steueränderungsgesetz 2015 vom 2.11.2015 (BGBl. I S. 1834), Gesetz zur Neuregelung des Kulturgutschutzrechts vom 31.7.2016 (BGBl. I S. 1914), Gesetz zur Anpassung des Erbschaftsteuer- und Schenkungsteuergesetzes an die Rechtsprechung des Bundesverfassungsgerichts vom 4.11.2016 (BGBl. I S. 2464), Gesetz zur Bekämpfung der Steuerumgehung und zur Änderung weiterer steuerlicher Vorschriften (Steuerumgehungsbekämpfungsgesetz – StUmgBG) vom 23.6.2017 (BGBl. I S. 1682), Gesetz zum Ausschluss verfassungsfeindlicher Parteien von der Parteienfinanzierung vom 18.7.2017 (BGBl. I S. 2730), Gesetz zur Vermeidung von Umsatzsteuerausfällen beim Handel mit Waren im Internet und zur Änderung weiterer steuerlicher Vorschriften vom 11.12.2018 (BGBl. I S. 2338), Gesetz über steuerliche und weitere Begleitregelungen zum Austritt des Vereinigten Königreichs Großbritannien und Nordirland aus der Europäischen Union (Brexit-Steuerbegleitgesetz – Brexit-StBG) vom 25.3.2019 (BGBl. I S. 357), Gesetz zur Reform des Grundsteuer- und Bewertungsrechts (Grundsteuer-Reformgesetz – GrStRefG) vom 26.11.2019 (BGBl. I S. 1794), Jahressteuergesetz 2020 (JStG 2020) vom 21.12.2020 (BGBl. I S. 3096), Gesetz zur Umsetzung der Richtlinie (EU) 2019/2034 über die Beaufsichtigung von Wertpapierinstituten vom 12.5.2021 (BGBl. I S. 990), Gesetz zur Modernisierung des Körperschaftsteuerrechts vom 25.6.2021 (BGBl. I S. 2050), Gesetz zur Abwehr von Steuervermeidung und unfairem Steuerwettbewerb und zur Änderung weiterer Gesetze vom 25.6.2021 (BGBl. I S. 2056), Gesetz zur erleichterten Umsetzung der Reform der Grundsteuer und Änderung weiterer steuerrechtlicher Vorschriften (Grundsteuerreform-Umsetzungsgesetz – GrStRefUG) vom 16.7.2021 (BGBl. I S. 2931) und Gesetz zur Vereinheitlichung des Stiftungsrechts und zur Änderung des Infektionsschutzgesetzes vom 16.7.2021 (BGBl. I S. 2947)

BGBl. III/FNA 611-8-2–2

Inhaltsübersicht

Abschnitt 1. Steuerpflicht

(Fortsetzung nächstes Blatt)

Abschnitt 1. Steuerpflicht

§ 1 Steuerpflichtige Vorgänge. (1) Der Erbschaftsteuer (Schenkungsteuer) unterliegen

1. der Erwerb von Todes wegen;

2. die Schenkungen unter Lebenden;

3. die Zweckzuwendungen;

4. das Vermögen einer Stiftung, sofern sie wesentlich im Interesse einer Familie oder bestimmter Familien errichtet ist, und eines Vereins, dessen Zweck wesentlich im Interesse einer Familie oder bestimmter Familien auf die Bindung von Vermögen gerichtet ist, in Zeitabständen von je 30 Jahren seit dem in § 9 Abs. 1 Nr. 4 bestimmten Zeitpunkt.

(2) Soweit nichts anderes bestimmt ist, gelten die Vorschriften dieses Gesetzes über die Erwerbe von Todes wegen auch für Schenkungen und Zweckzuwendungen, die Vorschriften über Schenkungen auch für Zweckzuwendungen unter Lebenden.

§ 2 Persönliche Steuerpflicht. (1) Die Steuerpflicht tritt ein

1.[1] in den Fällen des § 1 Abs. 1 Nr. 1 bis 3, wenn der Erblasser zur Zeit seines Todes, der Schenker zur Zeit der Ausführung der Schenkung oder der Erwerber zur Zeit der Entstehung der Steuer (§ 9) ein Inländer ist, für den gesamten Vermögensanfall (unbeschränkte Steuerpflicht). [2] Als Inländer gelten

    a) natürliche Personen, die im Inland einen Wohnsitz oder ihren gewöhnlichen Aufenthalt haben,

---

[1] § 2 Abs. 1 Nr. 1 Satzteil vor Satz 2 geänd. durch G v. 7.12.2011 (BGBl. I S. 2592); zur Anwendung siehe § 37 Abs. 7.

b) deutsche Staatsangehörige, die sich nicht länger als fünf Jahre[1] dauernd im Ausland aufgehalten haben, ohne im Inland einen Wohnsitz zu haben,

c) unabhängig von der Fünfjahresfrist nach Buchstabe b deutsche Staatsangehörige, die

   aa) im Inland weder einen Wohnsitz noch ihren gewöhnlichen Aufenthalt haben und

   bb) zu einer inländischen juristischen Person des öffentlichen Rechts in einem Dienstverhältnis stehen und dafür Arbeitslohn aus einer inländischen öffentlichen Kasse beziehen,

   sowie zu ihrem Haushalt gehörende Angehörige, die die deutsche Staatsangehörigkeit besitzen. [2]Dies gilt nur für Personen, deren Nachlaß oder Erwerb in dem Staat, in dem sie ihren Wohnsitz oder ihren gewöhnlichen Aufenthalt haben, lediglich in einem der Steuerpflicht nach Nummer 3 ähnlichen Umfang zu einer Nachlaß- oder Erbanfallsteuer herangezogen wird,

d) Körperschaften, Personenvereinigungen und Vermögensmassen, die ihre Geschäftsleitung oder ihren Sitz im Inland haben;

2. in den Fällen des § 1 Abs. 1 Nr. 4, wenn die Stiftung oder der Verein die Geschäftsleitung oder den Sitz im Inland hat;

3.[2] in allen anderen Fällen, *vorbehaltlich des Absatzes 3,* für den Vermögensanfall, der in Inlandsvermögen im Sinne des § 121 des Bewertungsgesetzes besteht (beschränkte Steuerpflicht). [2]Bei Inlandsvermögen im Sinne des § 121 Nr. 4 des Bewertungsgesetzes ist es ausreichend, wenn der Erblasser zur Zeit seines Todes oder der Schenker zur Zeit der Ausführung der Schenkung entsprechend der Vorschrift am Grund- oder Stammkapital der inländischen Kapitalgesellschaft beteiligt ist. [3]Wird nur ein Teil einer solchen Beteiligung durch Schenkung zugewendet, gelten die weiteren Erwerbe aus der Beteiligung, soweit die Voraussetzungen des § 14 erfüllt sind, auch dann als Erwerb von Inlandsvermögen, wenn im Zeitpunkt ihres Erwerbs die Beteiligung des Erblassers oder Schenkers weniger als ein Zehntel des Grund- oder Stammkapitals der Gesellschaft beträgt.

(2) Zum Inland im Sinne dieses Gesetzes gehört auch der der Bundesrepublik Deutschland zustehende Anteil am Festlandsockel, soweit dort Naturschätze des Meeresgrundes und des Meeresuntergrundes erforscht oder ausgebeutet werden.

(3)[3] *(aufgehoben)*

---

[1] Abweichend „zehn Jahre" bei Wegzug in die USA, vgl. Art. 3 des Zustimmungsgesetzes vom 15.9.2000 zum Ergänzungsprotokoll DBA – USA/Deutschland – ErbSt v. 14.9.1998 (BGBl. II S. 1170).

[2] § 2 Abs. 1 Nr. 3 Satzteil vor Satz 2 geänd. durch G v. 7.12.2011 (BGBl. I S. 2592), zur Anwendung siehe § 37 Abs. 7; kursiver Satzteil im Satzteil vor Satz 2 aufgeh. durch G v. 23.6.2017 (BGBl. I S. 1682), zur Anwendung siehe § 37 Abs. 14.

[3] § 2 Abs. 3 aufgeh. mWv 25.6.2017 durch G v. 23.6.2017 (BGBl. I S. 1682).

§ 3 Erwerb von Todes wegen. (1) Als Erwerb von Todes wegen gilt

1.[1]) der Erwerb durch Erbanfall (§ 1922 des Bürgerlichen Gesetzbuchs), durch Vermächtnis (§§ 2147 ff. des Bürgerlichen Gesetzbuchs) oder auf Grund eines geltend gemachten Pflichtteilsanspruchs (§§ 2303 ff. des Bürgerlichen Gesetzbuchs);

2.[2]) der Erwerb durch Schenkung auf den Todesfall (§ 2301 des Bürgerlichen Gesetzbuchs). [2] Als Schenkung auf den Todesfall gilt auch der auf dem Ausscheiden eines Gesellschafters beruhende Übergang des Anteils oder des Teils eines Anteils eines Gesellschafters einer Personengesellschaft oder Kapitalgesellschaft bei dessen Tod auf die anderen Gesellschafter oder die Gesellschaft, soweit der Wert, der sich für seinen Anteil zur Zeit seines Todes nach § 12 ergibt, Abfindungsansprüche Dritter übersteigt. [3] Wird auf Grund einer Regelung im Gesellschaftsvertrag einer Gesellschaft mit beschränkter Haftung der Geschäftsanteil eines Gesellschafters bei dessen Tod eingezogen und übersteigt der sich nach § 12 ergebende Wert seines Anteils zur Zeit seines Todes Abfindungsansprüche Dritter, gilt die insoweit bewirkte Werterhöhung der Geschäftsanteile der verbleibenden Gesellschafter als Schenkung auf den Todesfall;

3. die sonstigen Erwerbe, auf die die für Vermächtnisse geltenden Vorschriften des bürgerlichen Rechts Anwendung finden;

4. jeder Vermögensvorteil, der auf Grund eines vom Erblasser geschlossenen Vertrags bei dessen Tode von einem Dritten unmittelbar erworben wird.

(2) Als vom Erblasser zugewendet gilt auch

1.[3]) der Übergang von Vermögen auf eine vom Erblasser angeordnete Stiftung. [2] Dem steht gleich die vom Erblasser angeordnete Bildung oder Ausstattung einer Vermögensmasse ausländischen Rechts, deren Zweck auf die Bindung von Vermögen gerichtet ist;

2. was jemand infolge Vollziehung einer vom Erblasser angeordneten Auflage oder infolge Erfüllung einer vom Erblasser gesetzten Bedingung erwirbt, es sei denn, daß eine einheitliche Zweckzuwendung vorliegt;

3. was jemand dadurch erlangt, daß bei Genehmigung einer Zuwendung des Erblassers Leistungen an andere Personen angeordnet oder zur Erlangung der Genehmigung freiwillig übernommen werden;

4.[4]) was als Abfindung für einen Verzicht auf den entstandenen Pflichtteilsanspruch oder für die Ausschlagung einer Erbschaft, eines Erbersatzanspruchs oder eines Vermächtnisses oder für die Zurückweisung eines Rechts aus einem Vertrag des Erblassers zugunsten Dritter auf den Todesfall oder anstelle eines anderen in Absatz 1 genannten Erwerbs oder dafür gewährt wird, dass eine Rechtsstellung, insbesondere eine Erbenstellung, oder ein Recht oder ein An-

---

[1]) § 3 Abs. 1 Nr. 1 neu gef. durch G v. 24.12.2008 (BGBl. I S. 3018).
[2]) § 3 Abs. 1 Nr. 2 Satz 2 geänd., Satz 3 angef. mWv 5.3.1999 durch G v. 24.3.1999 (BGBl. I S. 402).
[3]) § 3 Abs. 2 Nr. 1 Satz 2 angef. mWv 5.3.1999 durch G v. 24.3.1999 (BGBl. I S. 402).
[4]) § 3 Abs. 2 Nr. 4 neu gef. mWv 1.1.2009 durch G v. 24.12.2008 (BGBl. I S. 3018); geänd. durch G v. 23.6.2017 (BGBl. I S. 1682), zur Anwendung siehe § 37 Abs. 14.

spruch, die zu einem Erwerb nach Absatz 1 führen würden, nicht mehr oder nur noch teilweise geltend gemacht werden;

5. [1] was als Abfindung für ein aufschiebend bedingtes, betagtes oder befristetes Vermächtnis, *für das die Ausschlagungsfrist abgelaufen ist* [*ab 29.12.2020:* das der Vermächtnisnehmer angenommen hat], vor dem Zeitpunkt des Eintritts der Bedingung oder des Ereignisses gewährt wird;

6. was als Entgelt für die Übertragung der Anwartschaft eines Nacherben gewährt wird;

7. [2] was der Vertragserbe oder der Schlusserbe eines gemeinschaftlichen Testaments oder der Vermächtnisnehmer wegen beeinträchtigender Schenkungen des Erblassers (§§ 2287, 2288 Abs. 2 des Bürgerlichen Gesetzbuchs) von dem Beschenkten nach den Vorschriften über die ungerechtfertigte Bereicherung erlangt.

§ 4 Fortgesetzte Gütergemeinschaft. (1) [3] Wird die Gütergemeinschaft beim Tod eines Ehegatten oder beim Tod eines Lebenspartners fortgesetzt (§§ 1483 ff. des Bürgerlichen Gesetzbuchs), wird dessen Anteil am Gesamtgut so behandelt, als wäre er ausschließlich den anteilsberechtigten Abkömmlingen angefallen.

(2) [1] Beim Tode eines anteilsberechtigten Abkömmlings gehört dessen Anteil am Gesamtgut zu seinem Nachlaß. [2] Als Erwerber des Anteils gelten diejenigen, denen der Anteil nach § 1490 Satz 2 und 3 des Bürgerlichen Gesetzbuchs zufällt.

§ 5 Zugewinngemeinschaft. (1) [4] [1] Wird der Güterstand der Zugewinngemeinschaft (§ 1363 des Bürgerlichen Gesetzbuchs, § 6 des Lebenspartnerschaftsgesetzes [4]) durch den Tod eines Ehegatten oder den Tod eines Lebenspartners [4] beendet und der Zugewinn nicht nach § 1371 Abs. 2 des Bürgerlichen Gesetzbuchs ausgeglichen, gilt beim überlebenden Ehegatten oder beim überlebenden Lebenspartner [4] der Betrag, den er nach Maßgabe des § 1371 Abs. 2 des Bürgerlichen Gesetzbuchs als Ausgleichsforderung geltend machen könnte, nicht als Erwerb im Sinne des § 3. [2] Bei der Berechnung dieses Betrags bleiben von den Vorschriften der §§ 1373 bis 1383 und 1390 des Bürgerlichen Gesetzbuchs abweichende güterrechtliche Vereinbarungen unberücksichtigt. [3] Die Vermutung des § 1377 Abs. 3 des Bürgerlichen Gesetzbuchs findet keine Anwendung. [4] Wird der Güterstand der Zugewinngemeinschaft durch Ehevertrag oder Lebenspartnerschaftsvertrag [4] vereinbart, gilt als Zeitpunkt des Eintritts des Güterstandes (§ 1374 Abs. 1 des Bürgerlichen Gesetzbuchs) der Tag des Vertragsabschlusses. [5] Soweit das Endvermögen [4] des Erblassers bei der Ermittlung des als Ausgleichsforderung steuerfreien Betrags mit einem höheren Wert als dem nach den steuerlichen Bewertungsgrundsätzen maßgebenden

---

[1] § 3 Abs. 2 Nr. 5 geänd. durch G v. 21.12.2020 (BGBl. I S. 3096); zur Anwendung siehe § 37 Abs. 18.
[2] § 3 Abs. 2 Nr. 7 neu gef. mWv 1.1.2009 durch G v. 24.12.2008 (BGBl. I S. 3018).
[3] § 4 Abs. 1 neu gef. mWv 1.1.2009 durch G v. 24.12.2008 (BGBl. I S. 3018).
[4] § 5 Abs. 1 Sätze 1, 4 und 5 geänd. bzw. ergänzt mWv 1.1.2009 durch G v. 24.12.2008 (BGBl. I S. 3018); Satz 6 angef. durch G v. 21.12.2020 (BGBl. I S. 3096); zur Anwendung siehe § 37 Abs. 18.

Wert angesetzt worden ist, gilt höchstens der dem Steuerwert des Endvermögens[1] entsprechende Betrag nicht als Erwerb im Sinne des § 3. [*ab 29.12. 2020:* [6] Sind bei der Ermittlung der Bereicherung des überlebenden Ehegatten oder des überlebenden Lebenspartners Steuerbefreiungen berücksichtigt worden, gilt die Ausgleichsforderung im Verhältnis des um den Wert des steuerbefreiten Vermögens geminderten Werts des Endvermögens zum ungeminderten Wert des Endvermögens des Erblassers nicht als Erwerb im Sinne des § 3.]

(2)[2] Wird der Güterstand der Zugewinngemeinschaft in anderer Weise als durch den Tod eines Ehegatten oder eines Lebenspartners[2] beendet oder wird der Zugewinn nach § 1371 Abs. 2 des Bürgerlichen Gesetzbuchs ausgeglichen, gehört die Ausgleichsforderung (§ 1378 des Bürgerlichen Gesetzbuchs) nicht zum Erwerb im Sinne der §§ 3 und 7.

(3)[2] Wird der Güterstand der Wahl-Zugewinngemeinschaft (§ 1519 des Bürgerlichen Gesetzbuchs) beendet und der Zugewinn ausgeglichen, so gehört die Ausgleichsforderung (Artikel 12 Absatz 1 des Abkommens vom 4. Februar 2010 zwischen der Bundesrepublik Deutschland und der Französischen Republik über den Güterstand der Wahl-Zugewinngemeinschaft) nicht zum Erwerb im Sinne der §§ 3 und 7.

§ 6 Vor- und Nacherbschaft. (1) Der Vorerbe gilt als Erbe.

(2) [1] Bei Eintritt der Nacherbfolge haben diejenigen, auf die das Vermögen übergeht, den Erwerb als vom Vorerben stammend zu versteuern. [2] Auf Antrag ist der Versteuerung das Verhältnis des Nacherben zum Erblasser zugrunde zu legen. [3] Geht in diesem Fall auch eigenes Vermögen des Vorerben auf den Nacherben über, sind beide Vermögensanfälle hinsichtlich der Steuerklasse getrennt zu behandeln. [4] Für das eigene Vermögen des Vorerben kann ein Freibetrag jedoch nur gewährt werden, soweit der Freibetrag für das der Nacherbfolge unterliegende Vermögen nicht verbraucht ist. [5] Die Steuer ist für jeden Erwerb jeweils nach dem Steuersatz zu erheben, der für den gesamten Erwerb gelten würde.

(3) [1] Tritt die Nacherbfolge nicht durch den Tod des Vorerben ein, gilt die Vorerbfolge als auflösend bedingter, die Nacherbfolge als aufschiebend bedingter Anfall. [2] In diesem Fall ist dem Nacherben die vom Vorerben entrichtete Steuer abzüglich desjenigen Steuerbetrags anzurechnen, welcher der tatsächlichen Bereicherung des Vorerben entspricht.

(4) Nachvermächtnisse und beim Tod des Beschwerten fällige Vermächtnisse oder Auflagen[3] stehen den Nacherbschaften gleich.

§ 7 Schenkungen unter Lebenden. (1) Als Schenkungen unter Lebenden gelten

1. jede freigebige Zuwendung unter Lebenden, soweit der Bedachte durch sie auf Kosten des Zuwendenden bereichert wird;

---

[1] § 5 Abs. 1 Sätze 1, 4 und 5 geänd. bzw. ergänzt mWv 1.1.2009 durch G v. 24.12.2008 (BGBl. I S. 3018); Satz 6 angef. durch G v. 21.12.2020 (BGBl. I S. 3096); zur Anwendung siehe § 37 Abs. 18.

[2] § 5 Abs. 2 geänd. bzw. ergänzt, Abs. 3 angef. durch G v. 15.3.2012 (BGBl. II S. 178); nach Art. 6 Abs. 1 des G tritt er jedoch erst dann in Kraft, wenn das Abkommen v. 4.2.2010 in Kraft tritt. Dies geschah mWv 1.5.2013.

[3] § 6 Abs. 4 ergänzt mWv 1.1.2009 durch G v. 24.12.2008 (BGBl. I S. 3018).

2. was infolge Vollziehung einer von dem Schenker angeordneten Auflage oder infolge Erfüllung einer einem Rechtsgeschäft unter Lebenden beigefügten Bedingung ohne entsprechende Gegenleistung erlangt wird, es sei denn, daß eine einheitliche Zweckzuwendung vorliegt;

3. was jemand dadurch erlangt, daß bei Genehmigung einer Schenkung Leistungen an andere Personen angeordnet oder zur Erlangung der Genehmigung freiwillig übernommen werden;

4.[1]) die Bereicherung, die ein Ehegatte oder ein Lebenspartner[2]) bei Vereinbarung der Gütergemeinschaft (§ 1415 des Bürgerlichen Gesetzbuchs) erfährt;

5. was als Abfindung für einen Erbverzicht (§§ 2346 und 2352 des Bürgerlichen Gesetzbuchs) gewährt wird;

6.[3]) *(aufgehoben)*

7. was ein Vorerbe dem Nacherben mit Rücksicht auf die angeordnete Nacherbschaft vor ihrem Eintritt herausgibt;

8.[4]) der Übergang von Vermögen auf Grund eines Stiftungsgeschäfts unter Lebenden. [2]Dem steht gleich die Bildung oder Ausstattung einer Vermögensmasse ausländischen Rechts, deren Zweck auf die Bindung von Vermögen gerichtet ist;

9.[5]) was bei *Aufhebung einer Stiftung* [*ab 1.7.2023:* Auflösung, Aufhebung, Zulegung oder Zusammenlegung von Stiftungen] oder bei Auflösung eines Vereins, dessen Zweck auf die Bindung von Vermögen gerichtet ist, erworben wird. [2]Dem steht gleich der Erwerb bei Auflösung einer Vermögensmasse ausländischen Rechts, deren Zweck auf die Bindung von Vermögen gerichtet ist, sowie der Erwerb durch Zwischenberechtigte während des Bestehens der Vermögensmasse. [3]Wie eine Auflösung wird auch der Formwechsel eines rechtsfähigen Vereins, dessen Zweck wesentlich im Interesse einer Familie oder bestimmter Familien auf die Bindung von Vermögen gerichtet ist, in eine Kapitalgesellschaft behandelt;

10. was als Abfindung für aufschiebend bedingt, betagt oder befristet erworbene Ansprüche, soweit es sich nicht um einen Fall des § 3 Abs. 2 Nr. 5 handelt, vor dem Zeitpunkt des Eintritts der Bedingung oder des Ereignisses gewährt wird.

(2) [1]Im Fall des Absatzes 1 Nr. 7 ist der Versteuerung auf Antrag das Verhältnis des Nacherben zum Erblasser zugrunde zu legen. [2]§ 6 Abs. 2 Satz 3 bis 5 gilt entsprechend.

(3) Gegenleistungen, die nicht in Geld veranschlagt werden können, werden bei der Feststellung, ob eine Bereicherung vorliegt, nicht berücksichtigt.

---

[1]) Wegen der Sonderregelung bei der Vereinbarung der Gütergemeinschaft vgl. Art. 5 G zur Reform des Erbschaftsteuer- und Schenkungsteuerrechts v. 17.4.1974 (BGBl. I S. 933).

[2]) § 7 Abs. 1 Nr. 4 ergänzt mWv 1.1.2009 durch G v. 24.12.2008 (BGBl. I S. 3018).

[3]) § 7 Abs. 1 Nr. 6 aufgeh. mWv 1.1.2009 durch G v. 24.12.2008 (BGBl. I S. 3018).

[4]) § 7 Abs. 1 Nr. 8 Satz 2 angef. mWv 5.3.1999 durch G v. 24.3.1999 (BGBl. I S. 402).

[5]) § 7 Abs. 1 Nr. 9 Satz 2 angef. mWv 5.3.1999 durch G v. 24.3.1999 (BGBl. I S. 402), Nr. 9 Satz 3 angef. mWv 1.1.2009 durch G v. 24.12.2008 (BGBl. I S. 3018); Abs. 1 Nr. 9 Satzteil vor Satz 2 geänd. mWv 1.7.2023 durch G v. 16.7.2021 (BGBl. I S. 2947).

(4) Die Steuerpflicht einer Schenkung wird nicht dadurch ausgeschlossen, daß sie zur Belohnung oder unter einer Auflage gemacht oder in die Form eines lästigen Vertrags gekleidet wird.

(5) ¹Ist Gegenstand der Schenkung eine Beteiligung an einer Personengesellschaft, in deren Gesellschaftsvertrag bestimmt ist, daß der neue Gesellschafter bei Auflösung der Gesellschaft oder im Fall eines vorherigen Ausscheidens nur den Buchwert seines Kapitalanteils erhält, werden diese Bestimmungen bei der Feststellung der Bereicherung nicht berücksichtigt. ²Soweit die Bereicherung den Buchwert des Kapitalanteils übersteigt, gilt sie als auflösend bedingt erworben.

(6) Wird eine Beteiligung an einer Personengesellschaft mit einer Gewinnbeteiligung ausgestattet, die insbesondere der Kapitaleinlage, der Arbeits- oder der sonstigen Leistung des Gesellschafters für die Gesellschaft nicht entspricht oder die einem fremden Dritten üblicherweise nicht eingeräumt würde, gilt das Übermaß an Gewinnbeteiligung als selbständige Schenkung, die mit dem Kapitalwert anzusetzen ist.

(7)¹⁾ ¹Als Schenkung gilt auch der auf dem Ausscheiden eines Gesellschafters beruhende Übergang des Anteils oder des Teils eines Anteils eines Gesellschafters einer Personengesellschaft oder Kapitalgesellschaft auf die anderen Gesellschafter oder die Gesellschaft, soweit der Wert, der sich für seinen Anteil zur Zeit seines Ausscheidens nach § 12 ergibt, den Abfindungsanspruch übersteigt. ²Wird auf Grund einer Regelung im Gesellschaftsvertrag einer Gesellschaft mit beschränkter Haftung der Geschäftsanteil eines Gesellschafters bei dessen Ausscheiden eingezogen und übersteigt der sich nach § 12 ergebende Wert seines Anteils zur Zeit seines Ausscheidens den Abfindungsanspruch, gilt die insoweit bewirkte Werterhöhung der Anteile der verbleibenden Gesellschafter als Schenkung des ausgeschiedenen Gesellschafters. ³Bei Übertragungen im Sinne des § 10 Abs. 10 gelten die Sätze 1 und 2 sinngemäß.

(8)²⁾ ¹Als Schenkung gilt auch die Werterhöhung von Anteilen an einer Kapitalgesellschaft, die eine an der Gesellschaft unmittelbar oder mittelbar beteiligte natürliche Person oder Stiftung (Bedachte) durch die Leistung einer anderen Person (Zuwendender) an die Gesellschaft erlangt. ²Freigebig sind auch Zuwendungen zwischen Kapitalgesellschaften, soweit sie in der Absicht getätigt werden, Gesellschafter zu bereichern und soweit an diesen Gesellschaften nicht unmittelbar oder mittelbar dieselben Gesellschafter zu gleichen Anteilen beteiligt sind. ³Die Sätze 1 und 2 gelten außer für Kapitalgesellschaften auch für Genossenschaften.

§ 8 Zweckzuwendungen. Zweckzuwendungen sind Zuwendungen von Todes wegen oder freigebige Zuwendungen unter Lebenden, die mit der Auflage verbunden sind, zugunsten eines bestimmten Zwecks verwendet zu werden, oder die von der Verwendung zugunsten eines bestimmten Zwecks abhängig sind, soweit hierdurch die Bereicherung des Erwerbers gemindert wird.

---

¹⁾ § 7 Abs. 7 Satz 1 geänd., Satz 2 angef. mWv 5.3.1999 durch G v. 24.3.1999 (BGBl. I S. 402), Satz 3 angef. mWv 1.1.2009 durch G v. 24.12.2008 (BGBl. I S. 3018).
²⁾ § 7 Abs. 8 angef. durch G v. 7.12.2011 (BGBl. I S. 2592); zur Anwendung siehe § 37 Abs. 7 Satz 1.

§ 9 Entstehung der Steuer. (1) Die Steuer entsteht

1. bei Erwerben von Todes wegen mit dem Tode des Erblassers, jedoch

   a) für den Erwerb des unter einer aufschiebenden Bedingung, unter einer Betagung oder Befristung Bedachten sowie für zu einem Erwerb gehörende aufschiebend bedingte, betagte oder befristete Ansprüche mit dem Zeitpunkt des Eintritts der Bedingung oder des Ereignisses,

   b)[1] für den Erwerb eines geltend gemachten Pflichtteilsanspruchs mit dem Zeitpunkt der Geltendmachung,

   c) im Fall des § 3 Abs. 2 Nr. 1 Satz 1 mit dem Zeitpunkt der Anerkennung der Stiftung als rechtsfähig und im Fall des § 3 Abs. 2 Nr. 1 Satz 2 mit dem Zeitpunkt der Bildung oder Ausstattung der Vermögensmasse[2],

   d) in den Fällen des § 3 Abs. 2 Nr. 2 mit dem Zeitpunkt der Vollziehung der Auflage oder der Erfüllung der Bedingung,

   e) in den Fällen des § 3 Abs. 2 Nr. 3 mit dem Zeitpunkt der Genehmigung,

   f)[3] in den Fällen des § 3 Absatz 2 Nummer 4 mit dem Zeitpunkt des Verzichts, der Ausschlagung, der Zurückweisung oder der Erklärung über das Nichtgeltendmachen,

   g) im Fall des § 3 Abs. 2 Nr. 5 mit dem Zeitpunkt der Vereinbarung über die Abfindung,

   h) für den Erwerb des Nacherben mit dem Zeitpunkt des Eintritts der Nacherbfolge,

   i) im Fall des § 3 Abs. 2 Nr. 6 mit dem Zeitpunkt der Übertragung der Anwartschaft,

   j) im Fall des § 3 Abs. 2 Nr. 7 mit dem Zeitpunkt der Geltendmachung des Anspruchs;

2. bei Schenkungen unter Lebenden mit dem Zeitpunkt der Ausführung der Zuwendung;

3. bei Zweckzuwendungen mit dem Zeitpunkt des Eintritts der Verpflichtung des Beschwerten;

4. in den Fällen des § 1 Abs. 1 Nr. 4 in Zeitabständen von je 30 Jahren seit dem Zeitpunkt des ersten Übergangs von Vermögen auf die Stiftung oder auf den Verein. ²Fällt bei Stiftungen oder Vereinen der Zeitpunkt des ersten Übergangs von Vermögen auf den 1. Januar 1954 oder auf einen früheren Zeitpunkt, entsteht die Steuer erstmals am 1. Januar 1984. ³Bei Stiftungen und Vereinen, bei denen die Steuer erstmals am 1. Januar 1984 entsteht, richtet sich der Zeitraum von 30 Jahren nach diesem Zeitpunkt.

(2) In den Fällen der Aussetzung der Versteuerung nach § 25 Abs. 1 Buchstabe a[4] gilt die Steuer für den Erwerb des belasteten Vermögens als mit dem Zeitpunkt des Erlöschens der Belastung entstanden.

---

[1] § 9 Abs. 1 Nr. 1 Buchst. b geänd. mWv 1.1.2009 durch G v. 24.12.2008 (BGBl. I S. 3018).

[2] § 9 Abs. 1 Nr. 1 Buchst. c ergänzt durch G v. 24.3.1999 (BGBl. I S. 402) und geänd. durch G v. 15.7.2002 (BGBl. I S. 2634).

[3] § 9 Abs. 1 Nr. 1 Buchst. f neu gef. durch G v. 23.6.2017 (BGBl. I S. 1682); zur Anwendung siehe § 37 Abs. 14.

[4] § 25 Abs. 1 Buchst. a idF des G v. 17.4.1974 (BGBl. I S. 933) gilt in Steuerfällen, die bis zum 30.8.1980 eingetreten waren (§ 37 Abs. 2).

Abschnitt 2. Wertermittlung

§ 10 Steuerpflichtiger Erwerb. (1)[1] [1]Als steuerpflichtiger Erwerb gilt die Bereicherung des Erwerbers, soweit sie nicht steuerfrei ist (§§ 5, 13, 13a, 13c, 13d,[2] 16, 17 und 18). [2]In den Fällen des § 3 gilt unbeschadet Absatz 10 als Bereicherung der Betrag, der sich ergibt, wenn von dem nach § 12 zu ermittelnden Wert des gesamten Vermögensanfalls, soweit er der Besteuerung nach diesem Gesetz unterliegt, die nach den Absätzen 3 bis 9 abzugsfähigen Nachlassverbindlichkeiten mit ihrem nach § 12 zu ermittelnden Wert abgezogen werden. [3]*Steuererstattungsansprüche des Erblassers sind zu berücksichtigen, wenn sie rechtlich entstanden sind (§ 37 Abs. 2 der Abgabenordnung).*[3][ab **29.12.2020:** [3]Die vom Erblasser herrührenden Steuererstattungsansprüche sind bei der Ermittlung der Bereicherung zu berücksichtigen, auch wenn sie rechtlich erst nach dem Tod des Erblassers entstanden sind.] [4]Der unmittelbare oder mittelbare Erwerb einer Beteiligung an einer Personengesellschaft oder einer anderen Gesamthandsgemeinschaft, die nicht unter § 97 Abs. 1 Satz 1 Nr. 5 des Bewertungsgesetzes fällt, gilt als Erwerb der anteiligen Wirtschaftsgüter; die dabei übergehenden Schulden und Lasten der Gesellschaft sind bei der Ermittlung der Bereicherung des Erwerbers wie eine Gegenleistung zu behandeln.[4] [5]Bei der Zweckzuwendung tritt an die Stelle des Vermögensanfalls die Verpflichtung des Beschwerten. [6]Der steuerpflichtige Erwerb wird auf volle 100 Euro[5] nach unten abgerundet. [7]In den Fällen des § 1 Abs. 1 Nr. 4 tritt an die Stelle des Vermögensanfalls das Vermögen der Stiftung oder des Vereins.

(2) Hat der Erblasser die Entrichtung der von dem Erwerber geschuldeten Steuer einem anderen auferlegt oder hat der Schenker die Entrichtung der vom Beschenkten geschuldeten Steuer selbst übernommen oder einem anderen auferlegt, gilt als Erwerb der Betrag, der sich bei einer Zusammenrechnung des Erwerbs nach Absatz 1 mit der aus ihm errechneten Steuer ergibt.

(3) Die infolge des Anfalls durch Vereinigung von Recht und Verbindlichkeit oder von Recht und Belastung erloschenen Rechtsverhältnisse gelten als nicht erloschen.

(4) Die Anwartschaft eines Nacherben gehört nicht zu seinem Nachlaß.

(5) Von dem Erwerb sind, soweit sich nicht aus den Absätzen 6 bis 9 etwas anderes ergibt, als Nachlaßverbindlichkeiten abzugsfähig

1.[6] die vom Erblasser herrührenden Schulden, soweit sie nicht mit einem zum Erwerb gehörenden Gewerbebetrieb, Anteil an einem Gewerbebetrieb, Betrieb der Land- und Forstwirtschaft oder Anteil an einem Betrieb der Land- und Forstwirtschaft in wirtschaftlichem Zusammenhang stehen und bereits bei der Bewertung der wirtschaftlichen Einheit berücksichtigt worden sind;

---

[1] § 10 Abs. 1 Sätze 1 und 2 ergänzt mWv 1.1.2009 durch G v. 24.12.2008 (BGBl. I S. 3018).
[2] § 10 Abs. 1 Satz 1 ergänzt mWv 1.7.2016 (§ 37 Abs. 12 Satz 1) durch G v. 4.11.2016 (BGBl. I S. 2464); Satz 3 neu gef. durch G v. 21.12.2020 (BGBl. I S. 3096); zur Anwendung siehe § 37 Abs. 18.
[3] § 10 Abs. 1 Satz 3 eingef. mWv 1.1.2009 durch G v. 24.12.2008 (BGBl. I S. 3018).
[4] § 10 Abs. 1 Satz 4 neu gef. mWv 1.1.2009 durch G v. 24.12.2008 (BGBl. I S. 3018).
[5] Betrag geänd. mWv 1.1.2002 durch G v. 19.12.2000 (BGBl. I S. 1790).
[6] § 10 Abs. 5 Nr. 1 neu gef. mWv 1.1.2009 durch G v. 24.12.2008 (BGBl. I S. 3018).

2. Verbindlichkeiten aus Vermächtnissen, Auflagen und geltend gemachten Pflichtteilen und Erbersatzansprüchen;

3. die Kosten der Bestattung des Erblassers, die Kosten für ein angemessenes Grabdenkmal, die Kosten für die übliche Grabpflege mit ihrem Kapitalwert für eine unbestimmte Dauer sowie die Kosten, die dem Erwerber unmittelbar im Zusammenhang mit der Abwicklung, Regelung oder Verteilung des Nachlasses oder mit der Erlangung des Erwerbs entstehen. ²Für diese Kosten wird insgesamt ein Betrag von 10 300 Euro¹⁾ ohne Nachweis abgezogen. ³Kosten für die Verwaltung des Nachlasses sind nicht abzugsfähig.

(6)²⁾ ¹Nicht abzugsfähig sind Schulden und Lasten, soweit sie in wirtschaftlichem Zusammenhang mit Vermögensgegenständen stehen, die nicht der Besteuerung nach diesem Gesetz unterliegen. ²Beschränkt sich die Besteuerung auf einzelne Vermögensgegenstände (§ 2 Abs. 1 Nr. 3, § 19 Abs. 2), sind nur die damit in wirtschaftlichem Zusammenhang stehenden Schulden und Lasten abzugsfähig. ³Schulden *und Lasten, die mit teilweise befreiten Vermögensgegenständen in wirtschaftlichem Zusammenhang stehen, sind nur mit dem Betrag abzugsfähig, der dem steuerpflichtigen Teil entspricht.* [*ab 29.12.2020:* und Lasten sind nicht abzugsfähig, soweit die Vermögensgegenstände, mit denen diese in wirtschaftlichem Zusammenhang stehen, steuerbefreit sind.] ⁴Schulden und Lasten, die mit nach den §§ 13a und 13c befreitem Vermögen in wirtschaftlichem Zusammenhang stehen, sind nur mit dem Betrag abzugsfähig, der dem Verhältnis des nach Anwendung der §§ 13a und 13c anzusetzenden Werts dieses Vermögens zu dem Wert vor Anwendung der §§ 13a und 13c entspricht.

[Fassung bis 28.12.2020:]

⁵Schulden und Lasten, die mit nach § 13d befreitem Vermögen in wirtschaftlichem Zusammenhang stehen, sind nur mit dem Betrag abzugsfähig, der dem Verhältnis des nach Anwendung des § 13d anzusetzenden Werts dieses Vermögens zu dem Wert vor Anwendung des § 13d entspricht. ⁶Haben sich Nutzungsrechte als Grundstücksbelastungen bei der Ermittlung des gemeinen Werts einer wirtschaftlichen Einheit des Grundbesitzes ausgewirkt, ist deren Abzug bei der Erbschaftsteuer ausgeschlossen.

[Fassung ab 29.12.2020:]

⁵Schulden und Lasten, die nicht in wirtschaftlichem Zusammenhang mit einzelnen Vermögensgegenständen des Erwerbs stehen, sind anteilig allen Vermögensgegenständen des Erwerbs zuzurechnen. ⁶Dies gilt nicht für Kosten im Sinne des Absatzes 5 Nummer 3. ⁷Der jeweilige Anteil bemisst sich nach dem Verhältnis des Werts des Vermögensgegenstands nach Abzug der mit diesem Vermögensgegenstand in wirtschaftlichem Zusammenhang stehenden Schulden und Lasten zum Gesamtwert der Vermögensgegenstände nach Abzug aller mit diesen Vermögensgegen-

---

¹⁾ Betrag geänd. mWv 1.1.2002 durch G v. 19.12.2000 (BGBl. I S. 1790).
²⁾ § 10 Abs. 6 Sätze 4 und 5 neu gef., Satz 6 angef. mWv 1.1.2009 durch G v. 24.12.2008 (BGBl. I S. 3018); Sätze 4 und 5 geänd. mWv 1.7.2016 (§ 37 Abs. 12 Satz 1) durch G v. 4.11.2016 (BGBl. I S. 2464); Satz 3 neu gef., Satz 5 ersetzt durch Sätze 5 bis 10, bish. Satz 6 wird Satz 11 durch G v. 21.12.2020 (BGBl. I S. 3096); zur Anwendung siehe § 37 Abs. 18.

[Fassung ab 29.12.2020:]

ständen in wirtschaftlichem Zusammenhang stehenden Schulden und Lasten. [8] In den Fällen einer Steuerbefreiung nach den §§ 13a und 13c ist bei Anwendung der Sätze 5 bis 7 nicht auf den einzelnen Vermögensgegenstand, sondern auf die Summe der begünstigten Vermögen im Sinne des § 13b Absatz 2 abzustellen. [9] Der auf den einzelnen Vermögensgegenstand entfallende Anteil an den Schulden und Lasten im Sinne des Satzes 5 ist nicht abzugsfähig, soweit dieser Vermögensgegenstand steuerbefreit ist. [10] Die auf das nach den §§ 13a und 13c befreite Vermögen entfallenden Schulden und Lasten im Sinne der Sätze 5 bis 8 sind nur mit dem Betrag abzugsfähig, der dem Verhältnis des nach Anwendung der §§ 13a und 13c anzusetzenden Werts dieses Vermögens zu dem Wert vor Anwendung der §§ 13a und 13c entspricht. [11] Haben sich Nutzungsrechte als Grundstücksbelastungen bei der Ermittlung des gemeinen Werts einer wirtschaftlichen Einheit des Grundbesitzes ausgewirkt, ist deren Abzug bei der Erbschaftsteuer ausgeschlossen.

(7) In den Fällen des § 1 Abs. 1 Nr. 4 sind Leistungen an die nach der Stiftungsurkunde oder nach der Vereinssatzung Berechtigten nicht abzugsfähig.

(8)[1] [1] Die von dem Erwerber zu entrichtende eigene Erbschaftsteuer ist nicht abzugsfähig. [*ab 29.12.2020:* [2] Satz 1 gilt in den Fällen des § 1 Absatz 1 Nummer 4 entsprechend.]

(9) Auflagen, die dem Beschwerten selbst zugute kommen, sind nicht abzugsfähig.

(10)[2] [1] Überträgt ein Erbe ein auf ihn von Todes wegen übergegangenes Mitgliedschaftsrecht an einer Personengesellschaft unverzüglich nach dessen Erwerb auf Grund einer im Zeitpunkt des Todes des Erblassers bestehenden Regelung im Gesellschaftsvertrag an die Mitgesellschafter und ist der Wert, der sich für seinen Anteil zur Zeit des Todes des Erblassers nach § 12 ergibt,

---

[1] § 10 Abs. 8 Satz 2 angef. durch G v. 21.12.2020 (BGBl. I S. 3096); zur Anwendung siehe § 37 Abs. 18.
[2] § 10 Abs. 10 angef. mWv 1.1.2009 durch G v. 24.12.2008 (BGBl. I S. 3018).

höher als der gesellschaftsvertraglich festgelegte Abfindungsanspruch, so gehört nur der Abfindungsanspruch zum Vermögensanfall im Sinne des Absatzes 1 Satz 2. ²Überträgt ein Erbe einen auf ihn von Todes wegen übergegangenen Geschäftsanteil an einer Gesellschaft mit beschränkter Haftung unverzüglich nach dessen Erwerb auf Grund einer im Zeitpunkt des Todes des Erblassers bestehenden Regelung im Gesellschaftsvertrag an die Mitgesellschafter oder wird der Geschäftsanteil auf Grund einer im Zeitpunkt des Todes des Erblassers bestehenden Regelung im Gesellschaftsvertrag von der Gesellschaft eingezogen und ist der Wert, der sich für seinen Anteil zur Zeit des Todes des Erblassers nach § 12 ergibt, höher als der gesellschaftsvertraglich festgelegte Abfindungsanspruch, so gehört nur der Abfindungsanspruch zum Vermögensanfall im Sinne des Absatzes 1 Satz 2.

§ 11 Bewertungsstichtag. Für die Wertermittlung ist, soweit in diesem Gesetz nichts anderes bestimmt ist, der Zeitpunkt der Entstehung der Steuer maßgebend.

§ 12[1] Bewertung. (1) Die Bewertung richtet sich, soweit nicht in den Absätzen 2 bis 7 etwas anderes bestimmt ist, nach den Vorschriften des Ersten Teils des Bewertungsgesetzes (Allgemeine Bewertungsvorschriften) in der Fassung der Bekanntmachung vom 1. Februar 1991 (BGBl. I S. 230), zuletzt geändert durch Artikel 2 des Gesetzes vom 24. Dezember 2008 (BGBl. I S. 3018), in der jeweils geltenden Fassung.

(2) Anteile an Kapitalgesellschaften, für die ein Wert nach § 151 Abs. 1 Satz 1 Nr. 3 des Bewertungsgesetzes festzustellen ist, sind mit dem auf den Bewertungsstichtag (§ 11) festgestellten Wert anzusetzen.

(3)[2] Grundbesitz (*§ 19 Abs. 1* [*ab 1.1.2025:* § 157 Absatz 1 Satz 1] des Bewertungsgesetzes) ist mit dem nach § 151 Abs. 1 Satz 1 Nr. 1 des Bewertungsgesetzes auf den Bewertungsstichtag (§ 11) festgestellten Wert anzusetzen.

(4) Bodenschätze, die nicht zum Betriebsvermögen gehören, werden angesetzt, wenn für sie Absetzungen für Substanzverringerung bei der Einkunftsermittlung vorzunehmen sind; sie werden mit ihren ertragsteuerlichen Werten angesetzt.

(5) Inländisches Betriebsvermögen, für das ein Wert nach § 151 Abs. 1 Satz 1 Nr. 2 des Bewertungsgesetzes festzustellen ist, ist mit dem auf den Bewertungsstichtag (§ 11) festgestellten Wert anzusetzen.

(6) Gehört zum Erwerb ein Anteil an Wirtschaftsgütern und Schulden, für die ein Wert nach § 151 Abs. 1 Satz 1 Nr. 4 des Bewertungsgesetzes festzustellen ist, ist der darauf entfallende Teilbetrag des auf den Bewertungsstichtag (§ 11) festgestellten Werts anzusetzen.

(7) Ausländischer Grundbesitz und ausländisches Betriebsvermögen werden nach § 31 des Bewertungsgesetzes bewertet.

---

[1] § 12 neu gef. mWv 1.1.2009 durch G v. 24.12.2008 (BGBl. I S. 3018).
[2] § 12 Abs. 3 geänd. mWv 1.1.2025 durch G v. 26.11.2019 (BGBl. I S. 1794).

§ 13 Steuerbefreiungen. (1) Steuerfrei bleiben

1.[1] a) Hausrat einschließlich Wäsche und Kleidungsstücke beim Erwerb durch Personen der Steuerklasse I, soweit der Wert insgesamt 41 000 Euro[2] nicht übersteigt,

   b) andere bewegliche körperliche Gegenstände, die nicht nach Nummer 2 befreit sind, beim Erwerb durch Personen der Steuerklasse I, soweit der Wert insgesamt 12 000 Euro[3] nicht übersteigt,

   c) Hausrat einschließlich Wäsche und Kleidungsstücke und andere bewegliche körperliche Gegenstände, die nicht nach Nummer 2 befreit sind, beim Erwerb durch Personen der Steuerklassen II und III, soweit der Wert insgesamt 12 000 Euro[3] nicht übersteigt.

²Die Befreiung gilt nicht für Gegenstände, die zum land- und forstwirtschaftlichen Vermögen, zum Grundvermögen oder zum Betriebsvermögen gehören, für Zahlungsmittel, Wertpapiere, Münzen, Edelmetalle, Edelsteine und Perlen;[4]

2. Grundbesitz oder Teile von Grundbesitz, Kunstgegenstände, Kunstsammlungen, wissenschaftliche Sammlungen, Bibliotheken und Archive

   a) mit 60 Prozent ihres Werts, jedoch Grundbesitz und Teile von Grundbesitz mit 85 Prozent ihres Werts,[5] wenn die Erhaltung dieser Gegenstände wegen ihrer Bedeutung für Kunst, Geschichte oder Wissenschaft im öffentlichen Interesse liegt, die jährlichen Kosten in der Regel die erzielten Einnahmen übersteigen und die Gegenstände in einem den Verhältnissen entsprechenden Umfang den Zwecken der Forschung oder der Volksbildung nutzbar gemacht sind oder werden,

   b)[6] in vollem Umfang, wenn die Voraussetzungen des Buchstabens a erfüllt sind und ferner

     aa) der Steuerpflichtige bereit ist, die Gegenstände den geltenden Bestimmungen der Denkmalspflege zu unterstellen,

     bb) die Gegenstände sich seit mindestens 20 Jahren im Besitz der Familie befinden oder in ein Verzeichnis national wertvollen Kulturgutes nach § 7 Absatz 1 des Kulturgutschutzgesetzes vom 31. Juli 2016 (BGBl. I S. 1914) in der jeweils geltenden Fassung eingetragen sind.

²Die Steuerbefreiung fällt mit Wirkung für die Vergangenheit weg, wenn die Gegenstände innerhalb von zehn Jahren nach dem Erwerb veräußert werden oder die Voraussetzungen für die Steuerbefreiung innerhalb dieses Zeitraums entfallen;

---

[1] § 13 Abs. 1 Nr. 1 Satz 1 Buchst. b Beträge geänd., Satz 2 eingef. mWv 1.1.2009 durch G v. 24.12.2008 (BGBl. I S. 3018).

[2] Betrag geänd. mWv 1.1.2002 durch G v. 19.12.2000 (BGBl. I S. 1790).

[3] § 13 Abs. 1 Nr. 1 Satz 1 Buchst. b und c Beträge geänd. mWv 1.1.2009 durch G v. 24.12.2008 (BGBl. I S. 3018).

[4] § 13 Abs. 1 Nr. 1 Satz 2 aufgeh., bish. Satz 3 wird Satz 2 durch G v. 8.12.2010 (BGBl. I S. 1768); zur Anwendung siehe § 37 Abs. 4.

[5] § 13 Abs. 1 Nr. 2 Buchst. a ergänzt mWv 1.1.2009 durch G v. 24.12.2008 (BGBl. I S. 3018).

[6] § 13 Abs. 1 Nr. 2 Buchst. b Doppelbuchst. bb geänd. durch G v. 24.12.2008 (BGBl. I S. 3018); geänd. durch G v. 31.7.2016 (BGBl. I S. 1914); zur Anwendung siehe § 37 Abs. 11.

3. Grundbesitz oder Teile von Grundbesitz, der für Zwecke der Volkswohlfahrt der Allgemeinheit ohne gesetzliche Verpflichtung zur Benutzung zugänglich gemacht ist und dessen Erhaltung im öffentlichen Interesse liegt, wenn die jährlichen Kosten in der Regel die erzielten Einnahmen übersteigen. ²Die Steuerbefreiung fällt mit Wirkung für die Vergangenheit weg, wenn der Grundbesitz oder Teile des Grundbesitzes innerhalb von zehn Jahren nach dem Erwerb veräußert werden oder die Voraussetzungen für die Steuerbefreiung innerhalb dieses Zeitraums entfallen;

4. ein Erwerb nach § 1969 des Bürgerlichen Gesetzbuchs;

4a.[1] Zuwendungen unter Lebenden, mit denen ein Ehegatte dem anderen Ehegatten Eigentum oder Miteigentum an einem im Inland oder in einem Mitgliedstaat der Europäischen Union oder einem Staat des Europäischen Wirtschaftsraums belegenen bebauten Grundstück im Sinne des § 181 Abs. 1 Nr. 1 bis 5 des Bewertungsgesetzes verschafft, soweit darin eine Wohnung zu eigenen Wohnzwecken genutzt wird (Familienheim), oder den anderen Ehegatten von eingegangenen Verpflichtungen im Zusammenhang mit der Anschaffung oder der Herstellung des Familienheims freistellt. ²Entsprechendes gilt, wenn ein Ehegatte nachträglichen Herstellungs- oder Erhaltungsaufwand für ein Familienheim trägt, das im gemeinsamen Eigentum der Ehegatten oder im Eigentum des anderen Ehegatten steht. ³Die Sätze 1 und 2 gelten für Zuwendungen zwischen Lebenspartnern entsprechend;

4b.[2] der Erwerb von Todes wegen des Eigentums oder Miteigentums an einem im Inland oder in einem Mitgliedstaat der Europäischen Union oder einem Staat des Europäischen Wirtschaftsraums belegenen bebauten Grundstück im Sinne des § 181 Abs. 1 Nr. 1 bis 5 des Bewertungsgesetzes durch den überlebenden Ehegatten oder den überlebenden Lebenspartner, soweit der Erblasser darin bis zum Erbfall eine Wohnung zu eigenen Wohnzwecken genutzt hat oder bei der er aus zwingenden Gründen an einer Selbstnutzung zu eigenen Wohnzwecken gehindert war und die beim Erwerber unverzüglich zur Selbstnutzung zu eigenen Wohnzwecken bestimmt ist (Familienheim). ²Ein Erwerber kann die Steuerbefreiung nicht in Anspruch nehmen, soweit er das begünstigte Vermögen auf Grund einer letztwilligen Verfügung des Erblassers oder einer rechtsgeschäftlichen Verfügung des Erblassers auf einen Dritten übertragen muss. ³Gleiches gilt, wenn ein Erbe im Rahmen der Teilung des Nachlasses begünstigtes Vermögen auf einen Miterben überträgt. ⁴Überträgt ein Erbe erworbenes begünstigtes Vermögen im Rahmen der Teilung des Nachlasses auf einen Dritten und gibt der Dritte dabei diesem Erwerber nicht begünstigtes Vermögen hin, das er vom Erblasser erworben hat, erhöht sich insoweit der Wert des begünstigten Vermögens des Dritten um den Wert des hingegebenen Vermögens, höchstens jedoch um den Wert des übertragenen Vermögens. ⁵Die Steuerbefreiung fällt mit Wirkung für die Vergangenheit weg, wenn der Erwerber das Familienheim innerhalb von zehn Jahren nach dem

---

[1] § 13 Abs. 1 Nr. 4a neu gef. mWv 1.1.2009 durch G v. 24.12.2008 (BGBl. I S. 3018).
[2] § 13 Abs. 1 Nr. 4b eingef. mWv 1.1.2009 durch G v. 24.12.2008 (BGBl. I S. 3018).

Erwerb nicht mehr zu Wohnzwecken selbst nutzt, es sei denn, er ist aus zwingenden Gründen an einer Selbstnutzung zu eigenen Wohnzwecken gehindert;

4c.[1)] der Erwerb von Todes wegen des Eigentums oder Miteigentums an einem im Inland oder in einem Mitgliedstaat der Europäischen Union oder einem Staat des Europäischen Wirtschaftsraums belegenen bebauten Grundstück im Sinne des §181 Abs. 1 Nr. 1 bis 5 des Bewertungsgesetzes durch Kinder im Sinne der Steuerklasse I Nr. 2 und der Kinder verstorbener Kinder im Sinne der Steuerklasse I Nr. 2, soweit der Erblasser darin bis zum Erbfall eine Wohnung zu eigenen Wohnzwecken genutzt hat oder bei der er aus zwingenden Gründen an einer Selbstnutzung zu eigenen Wohnzwecken gehindert war, die beim Erwerber unverzüglich zur Selbstnutzung zu eigenen Wohnzwecken bestimmt ist (Familienheim) und soweit die Wohnfläche der Wohnung 200 Quadratmeter nicht übersteigt. [2]Ein Erwerber kann die Steuerbefreiung nicht in Anspruch nehmen, soweit er das begünstigte Vermögen auf Grund einer letztwilligen Verfügung des Erblassers oder einer rechtgeschäftlichen Verfügung des Erblassers auf einen Dritten übertragen muss. [3]Gleiches gilt, wenn ein Erbe im Rahmen der Teilung des Nachlasses begünstigtes Vermögen auf einen Miterben überträgt. [4]Überträgt ein Erbe erworbenes begünstigtes Vermögen im Rahmen der Teilung des Nachlasses auf einen Dritten und gibt der Dritte dabei diesem Erwerber nicht begünstigtes Vermögen hin, das er vom Erblasser erworben hat, erhöht sich insoweit der Wert des begünstigten Vermögens des Dritten um den Wert des hingegebenen Vermögens, höchstens jedoch um den Wert des übertragenen Vermögens. [5]Die Steuerbefreiung fällt mit Wirkung für die Vergangenheit weg, wenn der Erwerber das Familienheim innerhalb von zehn Jahren nach dem Erwerb nicht mehr zu Wohnzwecken selbst nutzt, es sei denn, er ist aus zwingenden Gründen an einer Selbstnutzung zu eigenen Wohnzwecken gehindert;

5. die Befreiung von einer Schuld gegenüber dem Erblasser, sofern die Schuld durch Gewährung von Mitteln zum Zweck des angemessenen Unterhalts oder zur Ausbildung des Bedachten begründet worden ist oder der Erblasser die Befreiung mit Rücksicht auf die Notlage des Schuldners angeordnet hat und diese auch durch die Zuwendung nicht beseitigt wird. [2]Die Steuerbefreiung entfällt, soweit die Steuer aus der Hälfte einer neben der erlassenen Schuld dem Bedachten anfallenden Zuwendung gedeckt werden kann;

6. ein Erwerb, der Eltern, Adoptiveltern, Stiefeltern oder Großeltern des Erblassers anfällt, sofern der Erwerb zusammen mit dem übrigen Vermögen des Erwerbers 41 000 Euro[2)] nicht übersteigt und der Erwerber infolge körperlicher oder geistiger Gebrechen und unter Berücksichtigung seiner bisherigen Lebensstellung als erwerbsunfähig anzusehen ist oder durch die Führung eines gemeinsamen Hausstands mit erwerbsunfähigen oder in der Ausbildung befindlichen Abkömmlingen an der Ausübung einer Erwerbs-

---

[1)] §13 Abs. 1 Nr. 4c eingef. mWv 1.1.2009 durch G v. 24.12.2008 (BGBl. I S. 3018).
[2)] Betrag geänd. mWv 1.1.2002 durch G v. 19.12.2000 (BGBl. I S. 1790).

tätigkeit gehindert ist. ²Übersteigt der Wert des Erwerbs zusammen mit dem übrigen Vermögen des Erwerbers den Betrag von 41 000 Euro[1]), wird die Steuer nur insoweit erhoben, als sie aus der Hälfte des die Wertgrenze übersteigenden Betrags gedeckt werden kann;

7.[2]) Ansprüche nach den folgenden Gesetzen in der jeweils geltenden Fassung:

 a) Lastenausgleichsgesetz,

 b) Flüchtlingshilfegesetz in der Fassung der Bekanntmachung vom 15. Mai 1971 (BGBl. I S. 681), zuletzt geändert durch Artikel 6a des Gesetzes vom 21. Juli 2004 (BGBl. I S. 1742),

 c) Allgemeines Kriegsfolgengesetz in der im Bundesgesetzblatt Teil III, Gliederungsnummer 653-1, veröffentlichten bereinigten Fassung, zuletzt geändert durch Artikel 127 der Verordnung vom 31. Oktober 2006 (BGBl. I S. 2407),

 d) Gesetz zur Regelung der Verbindlichkeiten nationalsozialistischer Einrichtungen und der Rechtsverhältnisse an deren Vermögen vom 17. März 1965 (BGBl. I S. 79), zuletzt geändert durch Artikel 2 Abs. 17 des Gesetzes vom 12. August 2005 (BGBl. I S. 2354),

 e) Häftlingshilfegesetz, Strafrechtliches Rehabilitierungsgesetz sowie Bundesvertriebenengesetz,

 f) Vertriebenenzuwendungsgesetz vom 27. September 1994 (BGBl. I S. 2624, 2635), zuletzt geändert durch Artikel 4 Abs. 43 des Gesetzes vom 22. September 2005 (BGBl. I S. 2809),

 g) Verwaltungsrechtliches Rehabilitierungsgesetz in der Fassung der Bekanntmachung vom 1. Juli 1997 (BGBl. I S. 1620), zuletzt geändert durch Artikel 2 des Gesetzes vom 21. August 2007 (BGBl. I S. 2118), und

 h) Berufliches Rehabilitierungsgesetz in der Fassung der Bekanntmachung vom 1. Juli 1997 (BGBl. I S. 1625), zuletzt geändert durch Artikel 3 des Gesetzes vom 21. August 2007 (BGBl. I S. 2118);

8.[2]) Ansprüche auf Entschädigungsleistungen nach den folgenden Gesetzen in der jeweils geltenden Fassung:

 a) Bundesentschädigungsgesetz in der im Bundesgesetzblatt Teil III, Gliederungsnummer 251-1, veröffentlichten bereinigten Fassung, zuletzt geändert durch Artikel 7 Abs. 4 des Gesetzes vom 26. März 2007 (BGBl. I S. 358), sowie

 b) Gesetz über Entschädigungen für Opfer des Nationalsozialismus im Beitrittsgebiet vom 22. April 1992 (BGBl. I S. 906);

9. ein steuerpflichtiger Erwerb bis zu 20 000 Euro[3]), der Personen anfällt, die dem Erblasser unentgeltlich oder gegen unzureichendes Entgelt Pflege oder Unterhalt gewährt haben, soweit das Zugewendete als angemessenes Entgelt anzusehen ist;

---

[1]) Betrag geänd. mWv 1.1.2002 durch G v. 19.12.2000 (BGBl. I S. 1790).
[2]) § 13 Abs. 1 Nr. 7 und 8 neu gef. durch G v. 24.12.2008 (BGBl. I S. 3018).
[3]) § 13 Abs. 1 Nr. 9 Betrag geänd. mWv 1.1.2009 durch G v. 24.12.2008 (BGBl. I S. 3018).

9a.[1] Geldzuwendungen unter Lebenden, die eine Pflegeperson für Leistungen *zur Grundpflege oder hauswirtschaftlichen Versorgung* [*ab 29.12.2020:* für körperbezogene Pflegemaßnahmen und pflegerische Betreuungsmaßnahmen sowie Hilfen bei der Haushaltsführung] vom Pflegebedürftigen erhält, bis zur Höhe des nach § 37 des Elften Buches Sozialgesetzbuch gewährten Pflegegeldes oder eines entsprechenden Pflegegeldes aus privaten Versicherungsverträgen nach den Vorgaben des Elften Buches Sozialgesetzbuch (private Pflegepflichtversicherung) oder einer Pauschalbeihilfe nach den Beihilfevorschriften für häusliche Pflege;

10. Vermögensgegenstände, die Eltern oder Voreltern ihren Abkömmlingen durch Schenkung oder Übergabevertrag zugewandt hatten und die an diese Personen von Todes wegen zurückfallen;

11. der Verzicht auf die Geltendmachung des Pflichtteilsanspruchs oder des Erbersatzanspruchs;

12. Zuwendungen unter Lebenden zum Zwecke des angemessenen Unterhalts oder zur Ausbildung des Bedachten;

13. Zuwendungen an Pensions- und Unterstützungskassen im Sinne des § 5 Abs. 1 Nr. 3 des Körperschaftsteuergesetzes, wenn sie die für eine Befreiung von der Körperschaftsteuer erforderlichen Voraussetzungen erfüllen. [2]Ist eine Kasse nach § 6 des Körperschaftsteuergesetzes teilweise steuerpflichtig, ist auch die Zuwendung im gleichen Verhältnis steuerpflichtig. [3]Die Befreiung fällt mit Wirkung für die Vergangenheit weg, wenn die Voraussetzungen des § 5 Abs. 1 Nr. 3 des Körperschaftsteuergesetzes innerhalb von zehn Jahren nach der Zuwendung entfallen;

14. die üblichen Gelegenheitsgeschenke;

15. Anfälle an den Bund, ein Land oder eine inländische Gemeinde (Gemeindeverband) sowie solche Anfälle, die ausschließlich Zwecken des Bundes, eines Landes oder einer inländischen Gemeinde (Gemeindeverband) dienen;

16. Zuwendungen

 a) an inländische Religionsgesellschaften des öffentlichen Rechts oder an inländische jüdische Kultusgemeinden,

 b)[2]·[3] an inländische Körperschaften, Personenvereinigungen und Vermögensmassen, die nach der Satzung, dem Stiftungsgeschäft oder der sonstigen Verfassung und nach ihrer tatsächlichen Geschäftsführung ausschließlich und unmittelbar kirchlichen, gemeinnützigen oder mildtätigen Zwecken im Sinne der §§ 52 bis 54 der Abgabenordnung dienen. [2]Die Befreiung fällt mit Wirkung für die Vergangenheit weg, wenn die Voraussetzungen für die Anerkennung der Körperschaft, Per-

---

[1] § 13 Abs. 1 Nr. 9a geänd. durch G v. 21.12.2020 (BGBl. I S. 3096); zur Anwendung siehe § 37 Abs. 18.
[2] Nach § 3 Abs. 4 des Gesetzes vom 2.8.2000 (BGBl. I S. 1263) sind Zuwendungen an die Stiftung „Erinnerung, Verantwortung und Zukunft" von der Erbschaft- und Schenkungsteuer befreit.
[3] § 13 Abs. 1 Nr. 16 Buchst. b Satz 1 geänd. durch G v. 2.11.2015 (BGBl. I S. 1834); zur Anwendung siehe § 37 Abs. 10 Sätze 1 und 2.

sonenvereinigung oder Vermögensmasse als kirchliche, gemeinnützige oder mildtätige Institution innerhalb von zehn Jahren nach der Zuwendung entfallen und das Vermögen nicht begünstigten Zwecken zugeführt wird,

c)[1] an ausländische Religionsgesellschaften, Körperschaften, Personenvereinigungen und Vermögensmassen der in den Buchstaben a und b bezeichneten Art, die nach § 5 Absatz 1 Nummer 9 des Körperschaftsteuergesetzes in Verbindung mit § 5 Absatz 2 Nummer 2 zweiter Halbsatz des Körperschaftsteuergesetzes steuerbefreit wären, wenn sie inländische Einkünfte erzielen würden, und wenn durch die Staaten, in denen die Zuwendungsempfänger belegen sind, Amtshilfe und Unterstützung bei der Beitreibung geleistet werden. [2]Amtshilfe ist der Auskunftsaustausch im Sinne oder entsprechend der Amtshilferichtlinie gemäß § 2 Absatz 11 des EU-Amtshilfegesetzes in der für den jeweiligen Stichtag der Steuerentstehung geltenden Fassung oder eines entsprechenden Nachfolgerechtsaktes. [3]Beitreibung ist die gegenseitige Unterstützung bei der Beitreibung von Forderungen im Sinne oder entsprechend der Beitreibungsrichtlinie einschließlich der in diesem Zusammenhang anzuwendenden Durchführungsbestimmungen in den für den jeweiligen Stichtag der Steuerentstehung geltenden Fassungen oder eines entsprechenden Nachfolgerechtsaktes. [4]Werden die steuerbegünstigten Zwecke des Zuwendungsempfängers im Sinne des Satzes 1 nur im Ausland verwirklicht, ist für die Steuerbefreiung Voraussetzung, dass natürliche Personen, die ihren Wohnsitz oder ihren gewöhnlichen Aufenthalt im Geltungsbereich dieses Gesetzes haben, gefördert werden oder dass die Tätigkeit dieses Zuwendungsempfängers neben der Verwirklichung der steuerbegünstigten Zwecke auch zum Ansehen der Bundesrepublik Deutschland beitragen kann. [5]Buchstabe b Satz 2 gilt entsprechend;

17. Zuwendungen, die ausschließlich kirchlichen, gemeinnützigen oder mildtätigen Zwecken gewidmet sind, sofern die Verwendung zu dem bestimmten Zweck gesichert ist;

18.[2] Zuwendungen an

a) politische Parteien im Sinne des § 2 des Parteiengesetzes, sofern die jeweilige Partei nicht gemäß § 18 Absatz 7 des Parteiengesetzes von der staatlichen Teilfinanzierung ausgeschlossen ist,

b) Vereine ohne Parteicharakter, wenn

aa) der Zweck des Vereins ausschließlich darauf gerichtet ist, durch Teilnahme mit eigenen Wahlvorschlägen an Wahlen auf Bundes-, Landes- oder Kommunalebene bei der politischen Willensbildung mitzuwirken, und

bb) der Verein auf Bundes-, Landes- oder Kommunalebene bei der jeweils letzten Wahl wenigstens ein Mandat errungen oder der zustän-

---

[1] § 13 Abs. 1 Nr. 16 Buchst. c neu gef. durch G v. 2.11.2015 (BGBl. I S. 1834), zur Anwendung siehe § 37 Abs. 10 Sätze 1 und 2; Satz 2 ergänzt durch G v. 23.6.2017 (BGBl. I S. 1682), zur Anwendung siehe § 37 Abs. 14.
[2] § 13 Abs. 1 Nr. 18 Buchst. b angef. mWv 1.1.2009 durch G v. 24.12.2008 (BGBl. I S. 3018); Buchst. a geänd. durch G v. 18.7.2017 (BGBl. I S. 2730), zur Anwendung siehe § 37 Abs. 15.

digen Wahlbehörde oder dem zuständigen Wahlorgan angezeigt hat, dass er mit eigenen Wahlvorschlägen auf Bundes-, Landes- oder Kommunalebene an der jeweils nächsten Wahl teilnehmen will.

²Die Steuerbefreiung fällt mit Wirkung für die Vergangenheit weg, wenn der Verein an der jeweils nächsten Wahl nach der Zuwendung nicht teilnimmt, es sei denn, dass der Verein sich ernsthaft um eine Teilnahme bemüht hat;

19.¹⁾ Leistungen von Religionsgemeinschaften, juristischen Personen des öffentlichen Rechts, Körperschaften, Personenvereinigungen oder Vermögensmassen an Personen in Ansehung der Beeinträchtigung ihrer körperlichen oder seelischen Unversehrtheit, insbesondere aufgrund sexuellen Missbrauchs, durch Handlungen von Personen, die für die Religionsgemeinschaft, juristische Person des öffentlichen Rechts, Körperschaft, Personenvereinigung oder Vermögensmasse oder für eine ihr über-, neben- oder nachgeordnete Einrichtung tätig sind oder waren, wenn die Leistungen in einem geordneten Verfahren gewährt werden, das allen betroffenen Personen offensteht. ² § 30 Absatz 1 und 2 sind mit der Maßgabe anzuwenden, dass eine Anzeigepflicht ausschließlich für den Leistenden besteht. ³Die Anzeige ist mit einer Bestätigung des Leistenden über das Vorliegen der Voraussetzungen nach Satz 1 zu verbinden.

(2) ¹Angemessen im Sinne des Absatzes 1 Nr. 5 und 12 ist eine Zuwendung, die den Vermögensverhältnissen und der Lebensstellung des Bedachten entspricht. ²Eine dieses Maß übersteigende Zuwendung ist in vollem Umfang steuerpflichtig.

(3) ¹Jede Befreiungsvorschrift ist für sich anzuwenden. ²In den Fällen des Absatzes 1 Nr. 2 und 3 kann der Erwerber der Finanzbehörde bis zur Unanfechtbarkeit der Steuerfestsetzung erklären, daß er auf die Steuerbefreiung verzichtet.

§ 13a²⁾ **Steuerbefreiung für Betriebsvermögen, Betriebe der Land- und Forstwirtschaft und Anteile an Kapitalgesellschaften.** (1) ¹Begünstigtes Vermögen im Sinne des § 13b Absatz 2 bleibt vorbehaltlich der folgenden Absätze zu 85 Prozent steuerfrei (Verschonungsabschlag), wenn der Erwerb begünstigten Vermögens im Sinne des § 13b Absatz 2 zuzüglich der Erwerbe im Sinne des Satzes 2 insgesamt 26 Millionen Euro nicht übersteigt. ²Bei mehreren Erwerben begünstigten Vermögens im Sinne des § 13b Absatz 2 von derselben Person innerhalb von zehn Jahren werden bei der Anwendung des Satzes 2 die früheren Erwerbe nach ihrem früheren Wert dem letzten Erwerb hinzugerechnet. ³Wird die Grenze von 26 Millionen Euro durch mehrere innerhalb von zehn Jahren von derselben Person anfallende

---

¹⁾ § 13 Nr. 19 angef. durch G v. 16.7.2021 (BGBl. I S. 2931); zur Anwendung siehe § 37 Abs. 19.
²⁾ § 13a neu gef. durch G v. 4.11.2016 (BGBl. I S. 2464); zur Anwendung siehe grds. § 37 Abs. 12 Satz 1. Zur Anwendung von § 13a Abs. 1 Sätze 3 und 4 siehe § 37 Abs. 12 Satz 2.

Erwerbe überschritten, entfällt die Steuerbefreiung für die bis dahin nach Satz 1 oder Absatz 10 als steuerfrei behandelten früheren Erwerbe mit Wirkung für die Vergangenheit. [4]Die Festsetzungsfrist für die Steuer der früheren Erwerbe endet nicht vor dem Ablauf des vierten Jahres, nachdem das für die Erbschaftsteuer zuständige Finanzamt von dem letzten Erwerb Kenntnis erlangt.[1)]

(2) [1]Der nach Anwendung des Absatzes 1 verbleibende Teil des begünstigten Vermögens bleibt außer Ansatz, soweit der Wert dieses Vermögens insgesamt 150 000 Euro nicht übersteigt (Abzugsbetrag). [2]Der Abzugsbetrag von 150 000 Euro verringert sich, soweit der Wert dieses Vermögens insgesamt die Wertgrenze von 150 000 Euro übersteigt, um 50 Prozent des diese Wertgrenze übersteigenden Betrags. [3]Der Abzugsbetrag kann innerhalb von zehn Jahren für von derselben Person anfallende Erwerbe begünstigten Vermögens nur einmal berücksichtigt werden.

(3) [1]Voraussetzung für die Gewährung des Verschonungsabschlags nach Absatz 1 ist, dass die Summe der maßgebenden jährlichen Lohnsummen (Sätze 6 bis 13) des Betriebs, bei Beteiligungen an einer Personengesellschaft oder Anteilen an einer Kapitalgesellschaft des Betriebs der jeweiligen Gesellschaft innerhalb von fünf Jahren nach dem Erwerb (Lohnsummenfrist) insgesamt 400 Prozent der Ausgangslohnsumme nicht unterschreitet (Mindestlohnsumme). [2]Ausgangslohnsumme ist die durchschnittliche Lohnsumme der letzten fünf vor dem Zeitpunkt der Entstehung der Steuer (§ 9) endenden Wirtschaftsjahre. [3]Satz 1 ist nicht anzuwenden, wenn

1. die Ausgangslohnsumme 0 Euro beträgt oder

2. der Betrieb unter Einbeziehung der in den Sätzen 11 bis 13 genannten Beteiligungen und Gesellschaften sowie der nach Maßgabe dieser Bestimmung anteilig einzubeziehenden Beschäftigten nicht mehr als fünf Beschäftigte hat.

[4]An die Stelle der Mindestlohnsumme von 400 Prozent tritt bei

1. mehr als fünf, aber nicht mehr als zehn Beschäftigten eine Mindestlohnsumme von 250 Prozent,

2. mehr als zehn, aber nicht mehr als 15 Beschäftigten eine Mindestlohnsumme von 300 Prozent.

[5]Unterschreitet die Summe der maßgebenden jährlichen Lohnsummen die Mindestlohnsumme, vermindert sich der nach Absatz 1 zu gewährende Verschonungsabschlag mit Wirkung für die Vergangenheit in demselben prozentualen Umfang, wie die Mindestlohnsumme unterschritten wird. [6]Die Lohnsumme umfasst alle Vergütungen (Löhne und Gehälter und andere Bezüge und Vorteile), die im maßgebenden Wirtschaftsjahr an die auf den Lohn- und Gehaltslisten erfassten Beschäftigten gezahlt werden. [7]Außer Ansatz bleiben Vergütungen an solche Beschäftigte,

---

[1)] § 13a neu gef. durch G v. 4.11.2016 (BGBl. I S. 2464); zur Anwendung siehe grds. § 37 Abs. 12 Satz 1. Zur Anwendung von § 13a Abs. 1 Sätze 3 und 4 siehe § 37 Abs. 12 Satz 2.

1. die sich im Mutterschutz im Sinne des Mutterschutzgesetzes in der Fassung der Bekanntmachung vom 20. Juni 2002 (BGBl. I S. 2318), das zuletzt durch Artikel 6 des Gesetzes vom 23. Oktober 2012 (BGBl. I S. 2246) geändert worden ist, befinden oder

2. die sich in einem Ausbildungsverhältnis befinden oder

3. die Krankengeld im Sinne des § 44 des Fünften Buches Sozialgesetzbuch – Gesetzliche Krankenversicherung – (Artikel 1 des Gesetzes vom 20. Dezember 1988, BGBl. I S. 2477, 2482), das zuletzt durch Artikel 3 des Gesetzes vom 30. Mai 2016 (BGBl. I S. 1254) geändert worden ist, beziehen oder

4. die Elterngeld im Sinne des Bundeselterngeld- und Elternzeitgesetzes in der Fassung der Bekanntmachung vom 27. Januar 2015 (BGBl. I S. 33) beziehen oder

5. die nicht ausschließlich oder überwiegend in dem Betrieb tätig sind (Saisonarbeiter);

diese im Zeitpunkt der Entstehung der Steuer (§ 9) einem Betrieb zuzurechnenden Beschäftigten bleiben bei der Anzahl der Beschäftigten des Betriebs im Sinne der Sätze 3 und 4 unberücksichtigt. [8] Zu den Vergütungen zählen alle Geld- oder Sachleistungen für die von den Beschäftigten erbrachte Arbeit, unabhängig davon, wie diese Leistungen bezeichnet werden und ob es sich um

(Fortsetzung nächstes Blatt)

regelmäßige oder unregelmäßige Zahlungen handelt. [9]Zu den Löhnen und Gehältern gehören alle von den Beschäftigten zu entrichtenden Sozialbeiträge, Einkommensteuern und Zuschlagsteuern auch dann, wenn sie vom Arbeitgeber einbehalten und von ihm im Namen des Beschäftigten direkt an den Sozialversicherungsträger und die Steuerbehörde abgeführt werden. [10]Zu den Löhnen und Gehältern zählen alle von den Beschäftigten empfangenen Sondervergütungen, Prämien, Gratifikationen, Abfindungen, Zuschüsse zu Lebenshaltungskosten, Familienzulagen, Provisionen, Teilnehmergebühren und vergleichbare Vergütungen. [11]Gehören zum Betriebsvermögen des Betriebs, bei Beteiligungen an einer Personengesellschaft und Anteilen an einer Kapitalgesellschaft des Betriebs der jeweiligen Gesellschaft, unmittelbar oder mittelbar Beteiligungen an Personengesellschaften, die ihren Sitz oder ihre Geschäftsleitung im Inland, in einem Mitgliedstaat der Europäischen Union oder in einem Staat des Europäischen Wirtschaftsraums haben, sind die Lohnsummen und die Anzahl der Beschäftigten dieser Gesellschaften einzubeziehen zu dem Anteil, zu dem die unmittelbare oder mittelbare Beteiligung besteht. [12]Satz 11 gilt für Anteile an Kapitalgesellschaften entsprechend, wenn die unmittelbare oder mittelbare Beteiligung mehr als 25 Prozent beträgt. [13]Im Fall einer Betriebsaufspaltung sind die Lohnsummen und die Anzahl der Beschäftigten der Besitzgesellschaft und der Betriebsgesellschaft zusammenzuzählen.

(4) [1]Das für die Bewertung der wirtschaftlichen Einheit örtlich zuständige Finanzamt im Sinne des § 152 Nummer 1 bis 3 des Bewertungsgesetzes stellt die Ausgangslohnsumme, die Anzahl der Beschäftigten und die Summe der maßgebenden jährlichen Lohnsummen gesondert fest, wenn diese Angaben für die Erbschaftsteuer oder eine andere Feststellung im Sinne dieser Vorschrift von Bedeutung sind. [2]Bei Anteilen an Kapitalgesellschaften, die nach § 11 Absatz 1 des Bewertungsgesetzes zu bewerten sind, trifft die Feststellungen des Satzes 1 das örtlich zuständige Finanzamt entsprechend § 152 Nummer 3 des Bewertungsgesetzes. [3]Die Entscheidung über die Bedeutung trifft das Finanzamt, das für die Festsetzung der Erbschaftsteuer oder die Feststellung nach § 151 Absatz 1 Satz 1 Nummer 1 bis 3 des Bewertungsgesetzes zuständig ist. [4]§ 151 Absatz 3 und die §§ 152 bis 156 des Bewertungsgesetzes sind auf die Sätze 1 bis 3 entsprechend anzuwenden.

(5) [1]Ein Erwerber kann den Verschonungsabschlag (Absatz 1) und den Abzugsbetrag (Absatz 2) nicht in Anspruch nehmen, soweit er begünstigtes Vermögen im Sinne des § 13b Absatz 2 auf Grund einer letztwilligen Verfügung des Erblassers oder einer rechtsgeschäftlichen Verfügung des Erblassers oder Schenkers auf einen Dritten übertragen muss. [2]Gleiches gilt, wenn ein Erbe im Rahmen der Teilung des Nachlasses begünstigtes Vermögen im Sinne des § 13b Absatz 2 auf einen Miterben überträgt. [3]Überträgt ein Erbe erworbenes begünstigtes Vermögen im Sinne des § 13b Absatz 2 im Rahmen der Teilung des Nachlasses auf einen Dritten und gibt der Dritte dabei diesem Erwerber nicht begünstigtes Vermögen hin, das er vom Erblasser erworben hat, erhöht sich insoweit der Wert des begünstigten Vermögens des Dritten um den Wert des hingegebenen Vermögens, höchstens jedoch um den Wert des übertragenen Vermögens.

(6)[1] [1]Der Verschonungsabschlag (Absatz 1) und der Abzugsbetrag (Absatz 2) fallen nach Maßgabe des Satzes 2 mit Wirkung für die Vergangenheit weg, soweit der Erwerber innerhalb von fünf Jahren (Behaltensfrist)

1. einen Gewerbebetrieb oder einen Teilbetrieb, eine Beteiligung an einer Gesellschaft im Sinne des *§ 15 Absatz 1 Satz 1 Nummer 2 und Absatz 3 oder § 18 Absatz 4 Satz 2 des Einkommensteuergesetzes* [*ab 1.7.2021:* § 97 Absatz 1 Satz 1 Nummer 5 Satz 1 des Bewertungsgesetzes], einen Anteil eines persönlich haftenden Gesellschafters einer Kommanditgesellschaft auf Aktien oder einen Anteil daran veräußert; als Veräußerung gilt auch die Aufgabe des Gewerbebetriebs. [2]Gleiches gilt, wenn wesentliche Betriebsgrundlagen eines Gewerbebetriebs veräußert oder in das Privatvermögen überführt oder anderen betriebsfremden Zwecken zugeführt werden oder wenn Anteile an einer Kapitalgesellschaft veräußert werden, die der Veräußerer durch eine Sacheinlage (§ 20 Absatz 1 des Umwandlungssteuergesetzes vom 7. Dezember 2006 (BGBl. I S. 2782, 2791), zuletzt geändert durch Artikel 6 des Gesetzes vom 2. November 2015 (BGBl. I S. 1834), in der jeweils geltenden Fassung) aus dem Betriebsvermögen im Sinne des § 13b erworben hat oder wenn eine Beteiligung an einer Gesellschaft im Sinne des *§ 15 Absatz 1 Satz 1 Nummer 2 und Absatz 3 oder § 18 Absatz 4 Satz 2 des Einkommensteuergesetzes* [*ab 1.7.2021:* § 97 Absatz 1 Satz 1 Nummer 5 Satz 1 des Bewertungsgesetzes] oder ein Anteil daran veräußert wird, den der Veräußerer durch eine Einbringung des Betriebsvermögens im Sinne des § 13b in eine Personengesellschaft (§ 24 Absatz 1 des Umwandlungssteuergesetzes) erworben hat;

2. das land- und forstwirtschaftliche Vermögen im Sinne des § 168 Absatz 1 Nummer 1 des Bewertungsgesetzes und selbst bewirtschaftete Grundstücke im Sinne des § 159 des Bewertungsgesetzes veräußert. [2]Gleiches gilt, wenn das land- und forstwirtschaftliche Vermögen einem Betrieb der Land- und Forstwirtschaft nicht mehr dauernd zu dienen bestimmt ist oder wenn der bisherige Betrieb innerhalb der Behaltensfrist als Stückländerei zu qualifizieren wäre oder Grundstücke im Sinne des § 159 des Bewertungsgesetzes nicht mehr selbst bewirtschaftet werden;

3. als Inhaber eines Gewerbebetriebs, als Gesellschafter einer Gesellschaft im Sinne des *§ 15 Absatz 1 Satz 1 Nummer 2 und Absatz 3 oder § 18 Absatz 4 Satz 2 des Einkommensteuergesetzes* [*ab 1.7.2021:* § 97 Absatz 1 Satz 1 Nummer 5 Satz 1 des Bewertungsgesetzes] oder als persönlich haftender Gesellschafter einer Kommanditgesellschaft auf Aktien bis zum Ende des letzten in die Fünfjahresfrist fallenden Wirtschaftsjahres Entnahmen tätigt, die die Summe seiner Einlagen und der ihm zuzurechnenden Gewinne oder Gewinnanteile seit dem Erwerb um mehr als 150 000 Euro übersteigen; Verluste bleiben unberücksichtigt. [2]Gleiches gilt für Inhaber eines begünstigten Betriebs der Land- und Forstwirtschaft oder eines Teilbetriebs oder eines Anteils an einem Betrieb der Land- und Forstwirtschaft. [3]Bei Ausschüttungen an Gesellschafter einer Kapitalgesellschaft ist sinngemäß zu verfahren;

---

[1] § 13a Abs. 6 Satz 1 Nr. 1 Satz 1 und 2 sowie Nr. 3 Satz 1 geänd. mWv 1.7.2021 durch G v. 25.6.2021 (BGBl. I S. 2050).

4. Anteile an Kapitalgesellschaften im Sinne des § 13b Absatz 1 Nummer 3 ganz oder teilweise veräußert; eine verdeckte Einlage der Anteile in eine Kapitalgesellschaft steht der Veräußerung der Anteile gleich. ²Gleiches gilt, wenn die Kapitalgesellschaft innerhalb der Frist aufgelöst oder ihr Nennkapital herabgesetzt wird, wenn diese wesentliche Betriebsgrundlagen veräußert und das Vermögen an die Gesellschafter verteilt wird; Satz 1 Nummer 1 Satz 2 gilt entsprechend;

5. im Fall des § 13b Absatz 1 Nummer 3 Satz 2 die Verfügungsbeschränkung oder die Stimmrechtsbündelung aufgehoben wird.

²Der rückwirkende Wegfall des Verschonungsabschlags beschränkt sich in den Fällen des Satzes 1 Nummer 1, 2, 4 und 5 auf den Teil, der dem Verhältnis der im Zeitpunkt der schädlichen Verfügung verbleibenden Behaltensfrist einschließlich des Jahres, in dem die Verfügung erfolgt, zur gesamten Behaltensfrist entspricht. ³In den Fällen des Satzes 1 Nummer 1, 2 und 4 ist von einer rückwirkenden Besteuerung abzusehen, wenn der Veräußerungserlös innerhalb der jeweils nach § 13b Absatz 1 begünstigungsfähigen Vermögensart verbleibt. ⁴Hiervon ist auszugehen, wenn der Veräußerungserlös innerhalb von sechs Monaten in entsprechendes Vermögen investiert wird, das zum begünstigten Vermögen im Sinne des § 13b Absatz 2 gehört.

(7) ¹Der Erwerber ist verpflichtet, dem für die Erbschaftsteuer zuständigen Finanzamt innerhalb einer Frist von sechs Monaten nach Ablauf der Lohnsummenfrist das Unterschreiten der Mindestlohnsumme (Absatz 3 Satz 1) anzuzeigen. ²In den Fällen des Absatzes 6 ist der Erwerber verpflichtet, dem für die Erbschaftsteuer zuständigen Finanzamt den entsprechenden Sachverhalt innerhalb einer Frist von einem Monat, nachdem der jeweilige Tatbestand verwirklicht wurde, anzuzeigen. ³Die Festsetzungsfrist für die Steuer endet nicht vor dem Ablauf des vierten Jahres, nachdem das für die Erbschaftsteuer zuständige Finanzamt von dem Unterschreiten der Mindestlohnsumme (Absatz 3 Satz 1) oder dem Verstoß gegen die Behaltensregelungen (Absatz 6) Kenntnis erlangt. ⁴Die Anzeige ist eine Steuererklärung im Sinne der Abgabenordnung. ⁵Sie ist schriftlich abzugeben. ⁶Die Anzeige hat auch dann zu erfolgen, wenn der Vorgang zu keiner Besteuerung führt.

(8) Soweit nicht inländisches Vermögen zum begünstigten Vermögen im Sinne des § 13b Absatz 2 gehört, hat der Steuerpflichtige nachzuweisen, dass die Voraussetzungen für eine Steuerbefreiung im Zeitpunkt der Entstehung der Steuer (§ 9) und während der gesamten in den Absätzen 3 und 6 genannten Zeiträume bestehen.

(9) ¹Für begünstigtes Vermögen im Sinne des § 13b Absatz 2 wird vor Anwendung des Absatzes 1 ein Abschlag gewährt, wenn der Gesellschaftsvertrag oder die Satzung Bestimmungen enthält, die

1. die Entnahme oder Ausschüttung auf höchstens 37,5 Prozent des um die auf den Gewinnanteil oder die Ausschüttungen aus der Gesellschaft entfallenden Steuern vom Einkommen gekürzten Betrages des steuerrechtlichen Gewinns beschränken; Entnahmen zur Begleichung der auf den Gewinnanteil oder die Ausschüttungen aus der Gesellschaft entfallenden Steuern vom

Einkommen bleiben von der Beschränkung der Entnahme oder Ausschüttung unberücksichtigt und

2. die Verfügung über die Beteiligung an der Personengesellschaft oder den Anteil an der Kapitalgesellschaft auf Mitgesellschafter, auf Angehörige im Sinne des § 15 der Abgabenordnung oder auf eine Familienstiftung (§ 1 Absatz 1 Nummer 4) beschränken und

3. für den Fall des Ausscheidens aus der Gesellschaft eine Abfindung vorsehen, die unter dem gemeinen Wert der Beteiligung an der Personengesellschaft oder des Anteils an der Kapitalgesellschaft liegt,

und die Bestimmungen den tatsächlichen Verhältnissen entsprechen. ²Gelten die in Satz 1 genannten Bestimmungen nur für einen Teil des begünstigten Vermögens im Sinne des § 13b Absatz 2, ist der Abschlag nur für diesen Teil des begünstigten Vermögens zu gewähren. ³Die Höhe des Abschlags entspricht der im Gesellschaftsvertrag oder in der Satzung vorgesehenen prozentualen Minderung der Abfindung gegenüber dem gemeinen Wert (Satz 1 Nummer 3) und darf 30 Prozent nicht übersteigen. ⁴Die Voraussetzungen des Satzes 1 müssen zwei Jahre vor dem Zeitpunkt der Entstehung der Steuer (§ 9) vorliegen. ⁵Die Steuerbefreiung entfällt mit Wirkung für die Vergangenheit, wenn die Voraussetzungen des Satzes 1 nicht über einen Zeitraum von 20 Jahren nach dem Zeitpunkt der Entstehung der Steuer (§ 9) eingehalten werden; die §§ 13c und 28a bleiben unberührt. ⁶In den Fällen des Satzes 1

1. ist der Erwerber verpflichtet, dem für die Erbschaftsteuer zuständigen Finanzamt die Änderungen der genannten Bestimmungen oder der tatsächlichen Verhältnisse innerhalb einer Frist von einem Monat anzuzeigen,

2. endet die Festsetzungsfrist für die Steuer nicht vor dem Ablauf des vierten Jahres, nachdem das für die Erbschaftsteuer zuständige Finanzamt von der Änderung einer der in Satz 1 genannten Bestimmungen oder der tatsächlichen Verhältnisse Kenntnis erlangt.

[ab 29.12.2020:

(9a)[1] ¹Das für die Bewertung der wirtschaftlichen Einheit örtlich zuständige Finanzamt im Sinne des § 152 Nummer 2 und 3 des Bewertungsgesetzes stellt das Vorliegen der Voraussetzungen für den Abschlag nach Absatz 9 und dessen Höhe auf den Zeitpunkt der Entstehung der Steuer (§ 9) gesondert fest, wenn diese Angaben für die Erbschaftsteuer von Bedeutung sind. ²Die Entscheidung über die Bedeutung trifft das Finanzamt, das für die Festsetzung der Erbschaftsteuer zuständig ist. ³§ 151 Absatz 3 und die §§ 152 bis 156 des Bewertungsgesetzes sind auf die Sätze 1 und 2 entsprechend anzuwenden.]

(10) ¹Der Erwerber kann unwiderruflich erklären, dass die Steuerbefreiung nach den Absätzen 1 bis 9 in Verbindung mit § 13b nach folgender Maßgabe gewährt wird:

---

[1] § 13a Abs. 9a eingef. durch G v. 21.12.2020 (BGBl. I S. 3096); zur Anwendung siehe § 37 Abs. 18.

1. In Absatz 1 Satz 1 tritt an die Stelle des Verschonungsabschlags von 85 Prozent ein Verschonungsabschlag von 100 Prozent;

2. in Absatz 3 Satz 1 tritt an die Stelle der Lohnsummenfrist von fünf Jahren eine Lohnsummenfrist von sieben Jahren;

3. in Absatz 3 Satz 1 und 4 tritt an die Stelle der Mindestlohnsumme von 400 Prozent eine Mindestlohnsumme von 700 Prozent;

4. in Absatz 3 Satz 4 Nummer 1 tritt an die Stelle der Mindestlohnsumme von 250 Prozent eine Mindestlohnsumme von 500 Prozent;

5. in Absatz 3 Satz 4 Nummer 2 tritt an die Stelle der Mindestlohnsumme von 300 Prozent eine Mindestlohnsumme von 565 Prozent;

6. in Absatz 6 tritt an die Stelle der Behaltensfrist von fünf Jahren eine Behaltensfrist von sieben Jahren.

²Voraussetzung für die Gewährung der Steuerbefreiung nach Satz 1 ist, dass das begünstigungsfähige Vermögen nach § 13b Absatz 1 nicht zu mehr als 20 Prozent aus Verwaltungsvermögen nach § 13b Absatz 3 und 4 besteht. ³Der Anteil des Verwaltungsvermögens am gemeinen Wert des Betriebs bestimmt sich nach dem Verhältnis der Summe der gemeinen Werte der Einzelwirtschaftsgüter des Verwaltungsvermögens nach § 13b Absatz 3 und 4 zum gemeinen Wert des Betriebs.

(11) Die Absätze 1 bis 10 gelten in den Fällen des § 1 Absatz 1 Nummer 4 entsprechend.

§ 13b¹⁾ **Begünstigtes Vermögen.** (1)²⁾ Zum begünstigungsfähigen Vermögen gehören

1. der inländische Wirtschaftsteil des land- und forstwirtschaftlichen Vermögens (§ 168 Absatz 1 Nummer 1 des Bewertungsgesetzes) mit Ausnahme der Stückländereien (§ 160 Absatz 7 des Bewertungsgesetzes) und selbst bewirtschaftete Grundstücke im Sinne des § 159 des Bewertungsgesetzes sowie entsprechendes land- und forstwirtschaftliches Vermögen, das einer Betriebsstätte in einem Mitgliedstaat der Europäischen Union oder in einem Staat des Europäischen Wirtschaftsraums dient;

2. inländisches Betriebsvermögen (§§ 95 bis 97 Absatz 1 Satz 1 des Bewertungsgesetzes) beim Erwerb eines ganzen Gewerbebetriebs oder Teilbetriebs, einer Beteiligung an einer Gesellschaft im Sinne des *§ 15 Absatz 1 Satz 1 Nummer 2 und Absatz 3 oder § 18 Absatz 4 Satz 2 des Einkommensteuergesetzes* [*ab 1.7.2021:* § 97 Absatz 1 Satz 1 Nummer 5 Satz 1 des Bewertungsgesetzes], eines Anteils eines persönlich haftenden Gesellschafters einer Kommanditgesellschaft auf Aktien oder Anteils daran und entsprechendes Betriebsvermögen, das einer Betriebsstätte in einem Mitgliedstaat der Europäischen Union oder in einem Staat des Europäischen Wirtschaftsraums dient;

---

¹⁾ § 13b neu gef. durch G v. 4.11.2016 (BGBl. I S. 2464); zur Anwendung siehe § 37 Abs. 12 Satz 1.
²⁾ § 13b Abs. 1 Nr. 2 geänd. mWv 1.7.2021 durch G v. 25.6.2021 (BGBl. I S. 2050).

3. Anteile an einer Kapitalgesellschaft, wenn die Kapitalgesellschaft im Zeitpunkt der Entstehung der Steuer (§ 9) Sitz oder Geschäftsleitung im Inland oder in einem Mitgliedstaat der Europäischen Union oder in einem Staat des Europäischen Wirtschaftsraums hat und der Erblasser oder Schenker am Nennkapital dieser Gesellschaft unmittelbar zu mehr als 25 Prozent beteiligt war (Mindestbeteiligung). ²Ob der Erblasser oder Schenker die Mindestbeteiligung erfüllt, ist nach der Summe der dem Erblasser oder Schenker unmittelbar zuzurechnenden Anteile und der Anteile weiterer Gesellschafter zu bestimmen, wenn der Erblasser oder Schenker und die weiteren Gesellschafter untereinander verpflichtet sind, über die Anteile nur einheitlich zu verfügen oder ausschließlich auf andere derselben Verpflichtung unterliegende Anteilseigner zu übertragen und das Stimmrecht gegenüber nichtgebundenen Gesellschaftern einheitlich auszuüben.

(2) ¹Das begünstigungsfähige Vermögen ist begünstigt, soweit sein gemeiner Wert den um das unschädliche Verwaltungsvermögen im Sinne des Absatzes 7 gekürzten Nettowert des Verwaltungsvermögens im Sinne des Absatzes 6 übersteigt (begünstigtes Vermögen). ²Abweichend von Satz 1 ist der Wert des begünstigungsfähigen Vermögens vollständig nicht begünstigt, wenn das Verwaltungsvermögen nach Absatz 4 vor der Anwendung des Absatzes 3 Satz 1, soweit das Verwaltungsvermögen nicht ausschließlich und dauerhaft der Erfüllung von Schulden aus durch Treuhandverhältnisse abgesicherten Altersversorgungsverpflichtungen dient und dem Zugriff aller übrigen nicht aus diesen Altersversorgungsverpflichtungen unmittelbar berechtigten Gläubiger entzogen ist, sowie der Schuldenverrechnung und des Freibetrags nach Absatz 4 Nummer 5 sowie der Absätze 6 und 7 mindestens 90 Prozent des gemeinen Werts des begünstigungsfähigen Vermögens beträgt.

(3) ¹Teile des begünstigungsfähigen Vermögens, die ausschließlich und dauerhaft der Erfüllung von Schulden aus Altersversorgungsverpflichtungen dienen und dem Zugriff aller übrigen nicht aus den Altersversorgungsverpflichtungen unmittelbar berechtigten Gläubiger entzogen sind, gehören bis zur Höhe des gemeinen Werts der Schulden aus Altersversorgungsverpflichtungen nicht zum Verwaltungsvermögen im Sinne des Absatzes 4 Nummer 1 bis 5. ²Soweit Finanzmittel und Schulden bei Anwendung von Satz 1 berücksichtigt wurden, bleiben sie bei der Anwendung des Absatzes 4 Nummer 5 und des Absatzes 6 außer Betracht.

(4) Zum Verwaltungsvermögen gehören

1. Dritten zur Nutzung überlassene Grundstücke, Grundstücksteile, grundstücksgleiche Rechte und Bauten. ²Eine Nutzungsüberlassung an Dritte ist nicht anzunehmen, wenn

   a) der Erblasser oder Schenker sowohl im überlassenden Betrieb als auch im nutzenden Betrieb allein oder zusammen mit anderen Gesellschaftern einen einheitlichen geschäftlichen Betätigungswillen durchsetzen konnte oder als Gesellschafter einer Gesellschaft im Sinne des § 15 Absatz 1 Satz 1 Nummer 2 und Absatz 3 oder § 18 Absatz 4 des Einkommensteuergesetzes den Vermögensgegenstand der Gesellschaft zur Nutzung überlassen hatte, und diese Rechtsstellung auf den Erwerber übergegangen ist, soweit keine Nutzungsüberlassung an einen weiteren Dritten erfolgt;

b) die Nutzungsüberlassung im Rahmen der Verpachtung eines ganzen Betriebs erfolgt, welche beim Verpächter zu Einkünften nach § 2 Absatz 1 Satz 1 Nummer 2 und 3 des Einkommensteuergesetzes führt und

  aa) der Verpächter des Betriebs im Zusammenhang mit einer unbefristeten Verpachtung den Pächter durch eine letztwillige Verfügung oder eine rechtsgeschäftliche Verfügung als Erben eingesetzt hat oder

  bb) die Verpachtung an einen Dritten erfolgt, weil der Beschenkte im Zeitpunkt der Entstehung der Steuer (§ 9) den Betrieb noch nicht führen kann, und die Verpachtung auf höchstens zehn Jahre befristet ist; hat der Beschenkte das 18. Lebensjahr noch nicht vollendet, beginnt die Frist mit der Vollendung des 18. Lebensjahres.

²Dies gilt nicht für verpachtete Betriebe, soweit sie vor ihrer Verpachtung die Voraussetzungen als begünstigtes Vermögen nach Absatz 2 nicht erfüllt haben und für verpachtete Betriebe, deren Hauptzweck in der Überlassung von Grundstücken, Grundstücksteilen, grundstücksgleichen Rechten und Bauten an Dritte zur Nutzung besteht, die nicht unter Buchstabe d fallen;

c) sowohl der überlassende Betrieb als auch der nutzende Betrieb zu einem Konzern im Sinne des § 4h des Einkommensteuergesetzes gehören, soweit keine Nutzungsüberlassung an einen weiteren Dritten erfolgt;

d) die überlassenen Grundstücke, Grundstücksteile, grundstücksgleichen Rechte und Bauten zum Betriebsvermögen, zum gesamthänderisch gebundenen Betriebsvermögen einer Personengesellschaft oder zum Vermögen einer Kapitalgesellschaft gehören und der Hauptzweck des Betriebs in der Vermietung von Wohnungen im Sinne des § 181 Absatz 9 des Bewertungsgesetzes besteht, dessen Erfüllung einen wirtschaftlichen Geschäftsbetrieb (§ 14 der Abgabenordnung) erfordert;

e) die Grundstücke, Grundstücksteile, grundstücksgleichen Rechte und Bauten vorrangig überlassen werden, um im Rahmen von Lieferungsverträgen dem Absatz von eigenen Erzeugnissen und Produkten zu dienen;

f) die Grundstücke, Grundstücksteile, grundstücksgleichen Rechte und Bauten an Dritte zur land- und forstwirtschaftlichen Nutzung überlassen werden;

2.¹⁾ Anteile an Kapitalgesellschaften, wenn die unmittelbare Beteiligung am Nennkapital dieser Gesellschaften 25 Prozent oder weniger beträgt und sie nicht dem Hauptzweck des Gewerbebetriebs eines Kreditinstitutes oder eines Finanzdienstleistungsinstitutes im Sinne des § 1 Absatz 1 und 1a des Kreditwesengesetzes in der Fassung der Bekanntmachung vom 9. September 1998 (BGBl. I S. 2776), das zuletzt durch Artikel 14 des Gesetzes vom 10. Mai 2016 (BGBl. I S. 1142) geändert worden ist, [*ab 26.6.2021:* eines Wertpapierinstituts im Sinne des § 2 Absatz 1 des Wertpapierinstitutsgesetzes] oder eines Versicherungsunternehmens, das der Aufsicht nach § 1 Ab-

---

¹⁾ § 13b Abs. 4 Nr. 2 Satz 1 geänd. mWv 26.6.2021 durch G v. 12.5.2021 (BGBl. I S. 990).

satz 1 Nummer 1 des Versicherungsaufsichtsgesetzes in der Fassung der Bekanntmachung vom 1. April 2015 (BGBl. I S. 434), das zuletzt durch Artikel 13 des Gesetzes vom 10. Mai 2016 (BGBl. I S. 1142) geändert worden ist, unterliegt, zuzurechnen sind. ²Ob diese Grenze unterschritten wird, ist nach der Summe der dem Betrieb unmittelbar zuzurechnenden Anteile und der Anteile weiterer Gesellschafter zu bestimmen, wenn die Gesellschafter untereinander verpflichtet sind, über die Anteile nur einheitlich zu verfügen oder sie ausschließlich auf andere derselben Verpflichtung unterliegende Anteilseigner zu übertragen und das Stimmrecht gegenüber nichtgebundenen Gesellschaftern nur einheitlich auszuüben;

3. Kunstgegenstände, Kunstsammlungen, wissenschaftliche Sammlungen, Bibliotheken und Archive, Münzen, Edelmetalle und Edelsteine, Briefmarkensammlungen, Oldtimer, Yachten, Segelflugzeuge sowie sonstige typischerweise der privaten Lebensführung dienende Gegenstände, wenn der Handel mit diesen Gegenständen, deren Herstellung oder Verarbeitung oder die entgeltliche Nutzungsüberlassung an Dritte nicht der Hauptzweck des Betriebs ist;

4.¹⁾ Wertpapiere sowie vergleichbare Forderungen, wenn sie nicht dem Hauptzweck des Gewerbebetriebs eines Kreditinstitutes oder eines Finanzdienstleistungsinstitutes im Sinne des § 1 Absatz 1 und 1a des Kreditwesengesetzes in der Fassung der Bekanntmachung vom 9. September 1998 (BGBl. I S. 2776), das zuletzt durch Artikel 14 des Gesetzes vom 10. Mai 2016 (BGBl. I S. 1142) geändert worden ist, [*ab 26.6.2021:* eines Wertpapierinstituts im Sinne des § 2 Absatz 1 des Wertpapierinstitutsgesetzes] oder eines Versicherungsunternehmens, das der Aufsicht nach § 1 Absatz 1 Nummer 1 des Versicherungsaufsichtsgesetzes in der Fassung der Bekanntmachung vom 1. April 2015 (BGBl. I S. 434), das zuletzt durch Artikel 13 des Gesetzes vom 10. Mai 2016 (BGBl. I S. 1142) geändert worden ist, unterliegt, zuzurechnen sind;

5.²⁾ der gemeine Wert des nach Abzug des gemeinen Werts der Schulden verbleibenden Bestands an Zahlungsmitteln, Geschäftsguthaben, Geldforderungen und anderen Forderungen (Finanzmittel), soweit er 15 Prozent des anzusetzenden Werts des Betriebsvermögens des Betriebs oder der Gesellschaft übersteigt. ²Der gemeine Wert der Finanzmittel ist um den positiven Saldo der eingelegten und der entnommenen Finanzmittel zu verringern, welche dem Betrieb im Zeitpunkt der Entstehung der Steuer (§ 9) weniger als zwei Jahre zuzurechnen waren (junge Finanzmittel); junge Finanzmittel sind Verwaltungsvermögen. ³Satz 1 gilt nicht, wenn die genannten Wirtschaftsgüter dem Hauptzweck des Gewerbebetriebs eines Kreditinstitutes oder eines Finanzdienstleistungsinstitutes im Sinne des § 1 Absatz 1 und 1a des Kreditwesengesetzes in der Fassung der Bekanntmachung vom 9. September 1998 (BGBl. I S. 2776), das zuletzt durch Artikel 14 des Gesetzes vom

---

¹⁾ § 13b Abs. 4 Nr. 4 geänd. mWv 26.6.2021 durch G v. 12.5.2021 (BGBl. I S. 990).
²⁾ § 13b Abs. 4 Nr. 5 Satz 3 geänd. mWv 26.6.2021 durch G v. 12.5.2021 (BGBl. I S. 990); Satz 5 geänd. mWv 1.7.2021 durch G v. 25.6.2021 (BGBl. I S. 2050); Satz 5 geänd. mWv 1.7.2021 durch G v. 25.6.2021 (BGBl. I S. 2056).

10. Mai 2016 (BGBl. I S. 1142) geändert worden ist, [*ab 26.6.2021:* eines Wertpapierinstituts im Sinne des § 2 Absatz 1 des Wertpapierinstitutsgesetzes] oder eines Versicherungsunternehmens, das der Aufsicht nach § 1 Absatz 1 Nummer 1 des Versicherungsaufsichtsgesetzes in der Fassung der Bekanntmachung vom 1. April 2015 (BGBl. I S. 434), das zuletzt durch Artikel 13 des Gesetzes vom 10. Mai 2016 (BGBl. I S. 1142) geändert worden ist, unterliegt, zuzurechnen sind. [4] Voraussetzung für die Anwendung des Prozentsatzes von 15 Prozent des Satzes 1 ist, dass das nach Absatz 1 begünstigungsfähige Vermögen des Betriebs oder der nachgeordneten Gesellschaften nach seinem Hauptzweck einer Tätigkeit im Sinne des § 13 Absatz 1, des § 15 Absatz 1 Satz 1 Nummer 1, des § 18 Absatz 1 Nummer 1 und 2 des Einkommensteuergesetzes dient. [5] Die Voraussetzungen des Satzes 4 sind auch erfüllt, wenn die Tätigkeit durch Gesellschaften im Sinne des § 13 Absatz 7, des § 15 Absatz 1 Satz 1 Nummer 2 oder des § 18 Absatz 4 Satz 2 des Einkommensteuergesetzes ausgeübt wird [*ab 1.7.2021:* ; dies gilt auch, wenn sie ihrer Tätigkeit nach einer Gesellschaft im Sinne des § 15 Absatz 1 Satz 1 Nummer 2 oder des § 18 Absatz 4 Satz 2 des Einkommensteuergesetzes entsprechen, für Gesellschaften im Sinne des § 1a Absatz 1 des Körperschaftsteuergesetzes und für Gesellschaften im Sinne des § 1 Absatz 1 des Körperschaftsteuergesetzes mit Sitz im Ausland, deren Ort der Geschäftsleitung im Inland belegen ist, und die nach inländischem Gesellschaftsrecht als Personengesellschaft zu behandeln sind.]

(5) [1] Beim Erwerb von Todes wegen entfällt die Zurechnung von Vermögensgegenständen zum Verwaltungsvermögen im Sinne des Absatzes 4 Nummer 1 bis 5 rückwirkend zum Zeitpunkt der Entstehung der Steuer (§ 9), wenn der Erwerber innerhalb von zwei Jahren ab dem Zeitpunkt der Entstehung der Steuer (§ 9) diese Vermögensgegenstände in Vermögensgegenstände innerhalb des vom Erblasser erworbenen, begünstigungsfähigen Vermögens im Sinne des Absatzes 1 investiert hat, die unmittelbar einer Tätigkeit im Sinne von § 13 Absatz 1, § 15 Absatz 1 Satz 1 Nummer 1 oder § 18 Absatz 1 Nummer 1 und 2 des Einkommensteuergesetzes dienen und kein Verwaltungsvermögen sind. [2] Voraussetzung hierfür ist, dass die Investition auf Grund eines im Zeitpunkt der Entstehung der Steuer (§ 9) vorgefassten Plans des Erblassers erfolgt und keine anderweitige Ersatzbeschaffung von Verwaltungsvermögen vorgenommen wird oder wurde. [3] Beim Erwerb von Todes wegen entfällt die Zurechnung von Finanzmitteln zum Verwaltungsvermögen im Sinne des Absatzes 4 Nummer 5 Satz 1 rückwirkend zum Zeitpunkt der Entstehung der

(Fortsetzung nächstes Blatt)

Steuer (§ 9), soweit der Erwerber diese Finanzmittel innerhalb von zwei Jahren ab dem Zeitpunkt der Entstehung der Steuer (§ 9) verwendet, um bei auf Grund wiederkehrender saisonaler Schwankungen fehlenden Einnahmen die Vergütungen im Sinne des § 13a Absatz 3 Satz 6 bis 10 zu zahlen. [4]Satz 2 gilt entsprechend. [5]Der Erwerber hat das Vorliegen der Voraussetzungen der Sätze 1 bis 4 nachzuweisen.

(6) [1]Der Nettowert des Verwaltungsvermögens ergibt sich durch Kürzung des gemeinen Werts des Verwaltungsvermögens um den nach Anwendung der Absätze 3 und 4 verbleibenden anteiligen gemeinen Wert der Schulden. [2]Die anteiligen Schulden nach Satz 1 bestimmen sich nach dem Verhältnis des gemeinen Werts des Verwaltungsvermögens zum gemeinen Wert des Betriebsvermögens des Betriebs oder der Gesellschaft zuzüglich der nach Anwendung der Absätze 3 und 4 verbleibenden Schulden.

(7) [1]Der Nettowert des Verwaltungsvermögens wird vorbehaltlich des Satzes 2 wie begünstigtes Vermögen behandelt, soweit er 10 Prozent des um den Nettowert des Verwaltungsvermögens gekürzten gemeinen Werts des Betriebsvermögens nicht übersteigt (unschädliches Verwaltungsvermögen). [2]Verwaltungsvermögen, das dem Betrieb im Zeitpunkt der Entstehung der Steuer (§ 9) weniger als zwei Jahre zuzurechnen war (junges Verwaltungsvermögen), und junge Finanzmittel im Sinne des Absatzes 4 Nummer 5 Satz 2 sind kein unschädliches Verwaltungsvermögen.

(8) [1]Eine Saldierung mit Schulden nach Absatz 6 findet für junge Finanzmittel im Sinne des Absatzes 4 Nummer 5 Satz 2 und junges Verwaltungsvermögen im Sinne des Absatzes 7 Satz 2 nicht statt. [2]Eine Verrechnung von Schulden mit Verwaltungsvermögen ist bei wirtschaftlich nicht belastenden Schulden und darüber hinaus ausgeschlossen, soweit die Summe der Schulden den durchschnittlichen Schuldenstand der letzten drei Jahre vor dem Zeitpunkt der Entstehung der Steuer (§ 9) übersteigt; dies gilt nicht, soweit die Erhöhung des Schuldenstands durch die Betriebstätigkeit veranlasst ist. [3]Als Nettowert des Verwaltungsvermögens ist mindestens der gemeine Wert des jungen Verwaltungsvermögens und der jungen Finanzmittel anzusetzen.

(9) [1]Gehören zum begünstigungsfähigen Vermögen im Sinne des Absatzes 1 Nummer 2 und 3 unmittelbar oder mittelbar Beteiligungen an Personengesellschaften oder Beteiligungen an entsprechenden Gesellschaften mit Sitz oder Geschäftsleitung im Ausland oder unmittelbar oder mittelbar Anteile an Kapitalgesellschaften oder Anteile an entsprechenden Kapitalgesellschaften mit Sitz oder Geschäftsleitung im Ausland, sind bei der Anwendung der Absätze 2 bis 8 anstelle der Beteiligungen oder Anteile die gemeinen Werte der diesen Gesellschaften zuzurechnenden Vermögensgegenstände nach Maßgabe der Sätze 2 bis 5 mit dem Anteil einzubeziehen, zu dem die unmittelbare oder mittelbare Beteiligung besteht. [2]Die unmittelbar oder mittelbar gehaltenen Finanzmittel, die Vermögensgegenstände des Verwaltungsvermögens im Sinne des Absatzes 4 Nummer 1 bis 4 sowie die Schulden sind jeweils zusammenzufassen (Verbundvermögensaufstellung); junge Finanzmittel und junges Verwaltungsvermögen sind gesondert aufzuführen. [3]Soweit sich in der Verbundvermögensaufstellung Forderungen und Verbindlichkeiten zwischen den Gesellschaften untereinander oder im Verhältnis zu dem übertragenen Betrieb oder der übertragenen

Gesellschaft gegenüberstehen, sind diese nicht anzusetzen. [4]Absatz 4 Nummer 5 und die Absätze 6 bis 8 sind auf die Werte in der Verbund-vermögensaufstellung anzuwenden. [5]Die Sätze 1 bis 4 sind auf Anteile im Sinne von Absatz 4 Nummer 2 sowie auf wirtschaftlich nicht belastende Schulden nicht anzuwenden; diese Anteile sind als Verwaltungsvermögen anzusetzen.

(10)[1] [1]Das für die Bewertung der wirtschaftlichen Einheit örtlich zuständige Finanzamt im Sinne des § 152 Nummer 1 bis 3 des Bewertungsgesetzes stellt die Summen der gemeinen Werte der Finanzmittel im Sinne des Absatzes 4 Nummer 5 Satz 1, der jungen Finanzmittel im Sinne des Absatzes 4 Nummer 5 Satz 2, der Vermögensgegenstände des Verwaltungsvermögens im Sinne des Absatzes 4 Nummer 1 bis 4, der *Schulden und des jungen Verwaltungsvermögens im Sinne des Absatzes 7 Satz 2 [ab 29.12.2020:* Schulden, des jungen Verwaltungsvermögens im Sinne des Absatzes 7 Satz 2, des Betriebsvermögens, das einer weder in einem Mitgliedstaat der Europäischen Union noch in einem Staat des Europäischen Wirtschaftsraums belegenen Betriebsstätte dient, und das Vorliegen der Voraussetzungen des Absatzes 4 Nummer 5 Satz 4 und 5] gesondert fest, wenn und soweit diese Werte für die Erbschaftsteuer oder eine andere Feststellung im Sinne dieser Vorschrift von Bedeutung sind. [2]Dies gilt entsprechend, wenn nur ein Anteil am Betriebsvermögen im Sinne des Absatzes 1 Nummer 2 übertragen wird. [3]Die Entscheidung, ob die Werte von Bedeutung sind, trifft das für die Festsetzung der Erbschaftsteuer oder für die Feststellung nach § 151 Absatz 1 Satz 1 Nummer 1 bis 3 des Bewertungsgesetzes zuständige Finanzamt. [4]Bei Anteilen an Kapitalgesellschaften, die nach § 11 Absatz 1 des Bewertungsgesetzes zu bewerten sind, trifft die Feststellungen des Satzes 1 das örtlich zuständige Finanzamt entsprechend § 152 Nummer 3 des Bewertungsgesetzes. [5]§ 151 Absatz 3 und die §§ 152 bis 156 des Bewertungsgesetzes sind auf die Sätze 1 bis 4 entsprechend anzuwenden.

§ 13c[2] Verschonungsabschlag bei Großerwerben von begünstigtem Vermögen (1) [1]Überschreitet der Erwerb von begünstigtem Vermögen im Sinne des § 13b Absatz 2 die Grenze des § 13a Absatz 1 Satz 1 von 26 Millionen Euro, verringert sich auf Antrag des Erwerbers der Verschonungsabschlag nach § 13a Absatz 1 oder Absatz 10 um jeweils einen Prozentpunkt für jede vollen 750 000 Euro, die der Wert des begünstigten Vermögens im Sinne des § 13b Absatz 2 den Betrag von 26 Millionen Euro übersteigt. [2]Im Fall des § 13a Absatz 10 wird ab einem Erwerb von begünstigtem Vermögen im Sinne des § 13b Absatz 2 in Höhe von 90 Millionen Euro ein Verschonungsabschlag nicht mehr gewährt.

(2)[3] [1]§ 13a Absatz 3 bis 9 findet auf Absatz 1 entsprechende Anwendung. [2]Bei mehreren Erwerben begünstigten Vermögens im Sinne des § 13b Absatz 2 von derselben Person innerhalb von zehn Jahren werden für die Bestimmung des Verschonungsabschlags für den letzten Erwerb nach Absatz 1 die

---

[1] § 13b Abs. 10 Satz 1 geänd. durch G v. 21.12.2020 (BGBl. I S. 3096); zur Anwendung siehe § 37 Abs. 18.

[2] § 13c eingef. durch G v. 4.11.2016 (BGBl. I S. 2464); zur Anwendung siehe grds. § 37 Abs. 12 Satz 1.

[3] Zur Anwendung von § 13c Abs. 2 Satz 3 bis 5 siehe § 37 Abs. 12 Satz 3.

früheren Erwerbe nach ihrem früheren Wert dem letzten Erwerb hinzuge-rechnet. ³Der nach Satz 2 ermittelte Verschonungsabschlag für den letzten Erwerb findet auf die früheren Erwerbe Anwendung, wenn die Steuerbefrei-ung für den früheren Erwerb nach § 13a Absatz 1 Satz 3 wegfällt oder dies bei dem jeweiligen Erwerb zu einem geringeren Verschonungsabschlag führt, es sei denn, für den früheren Erwerb wurde ein Antrag nach § 28a Absatz 1 ge-stellt. ⁴Die bis dahin für frühere Erwerbe gewährte Steuerbefreiung entfällt insoweit mit Wirkung für die Vergangenheit. ⁵§ 13a Absatz 1 Satz 4 findet Anwendung. ⁶Der Antrag nach Absatz 1 ist unwiderruflich und schließt einen Antrag nach § 28a Absatz 1 für denselben Erwerb aus.

(3) Die Absätze 1 und 2 gelten in den Fällen des § 1 Absatz 1 Nummer 4 entsprechend.

§ 13d¹⁾ Steuerbefreiung für zu Wohnzwecken vermietete Grundstü-cke. (1) Grundstücke im Sinne des Absatzes 3 sind mit 90 Prozent ihres Werts anzusetzen.

(2) ¹Ein Erwerber kann den verminderten Wertansatz nicht in Anspruch nehmen, soweit er erworbene Grundstücke auf Grund einer letztwilligen Ver-fügung des Erblassers oder einer rechtsgeschäftlichen Verfügung des Erblassers oder Schenkers auf einen Dritten übertragen muss. ²Gleiches gilt, wenn ein Erbe im Rahmen der Teilung des Nachlasses Vermögen im Sinne des Absat-zes 3 auf einen Miterben überträgt. ³Überträgt ein Erbe erworbenes begüns-tigtes Vermögen im Rahmen der Teilung des Nachlasses auf einen Dritten und gibt der Dritte dabei diesem Erwerber nicht begünstigtes Vermögen hin, das er vom Erblasser erworben hat, erhöht sich insoweit der Wert des begünstigten Vermögens des Dritten um den Wert des hingegebenen Vermögens, höchstens jedoch um den Wert des übertragenen Vermögens.

(3)²⁾ Der verminderte Wertansatz gilt für bebaute Grundstücke oder Grund-stücksteile, die

1. zu Wohnzwecken vermietet werden,

2. im Inland, in einem Mitgliedstaat der Europäischen Union oder in einem Staat des Europäischen Wirtschaftsraums belegen sind,

3. nicht zum begünstigten Betriebsvermögen oder begünstigten Vermögen eines Betriebs der Land- und Forstwirtschaft im Sinne des § 13a gehören.

(4) Die Absätze 1 bis 3 gelten in den Fällen des § 1 Abs. 1 Nr. 4 entsprechend.

Abschnitt 3. Berechnung der Steuer

§ 14³⁾·⁴⁾ Berücksichtigung früherer Erwerbe. (1) ¹Mehrere innerhalb von zehn Jahren von derselben Person anfallende Vermögensvorteile werden in der Weise zusammengerechnet, daß dem letzten Erwerb die früheren Er-

---

¹⁾ § 13c eingef. mWv 1.1.2009 durch G v. 24.12.2008 (BGBl. I S. 3018); § 13c wird § 13d mWv. 1.7.2016 (§ 37 Abs. 12 Satz 1) durch G v. 4.11.2016 (BGBl. I S. 2464).
²⁾ Zur Stundung s. § 28 Abs. 3.
³⁾ Zur Anwendung im Beitrittsgebiet siehe § 37a Abs. 4.
⁴⁾ § 14 Abs. 1 Satz 4 und Abs. 2 eingef. mWv 1.1.2009 durch G v. 24.12.2008 (BGBl. I S. 3018).

werbe nach ihrem früheren Wert zugerechnet werden. [2] Von der Steuer für den Gesamtbetrag wird die Steuer abgezogen, die für die früheren Erwerbe nach den persönlichen Verhältnissen des Erwerbers und auf der Grundlage der geltenden Vorschriften zur Zeit des letzten Erwerbs zu erheben gewesen wäre. [3] Anstelle der Steuer nach Satz 2 ist die tatsächlich für die in die Zusammenrechnung einbezogenen früheren Erwerbe zu entrichtende Steuer abzuziehen, wenn diese höher ist. [4] Die Steuer, die sich für den letzten Erwerb ohne Zusammenrechnung mit früheren Erwerben ergibt, darf durch den Abzug der Steuer nach Satz 2 oder Satz 3 nicht unterschritten werden. [5] Erwerbe, für die sich nach den steuerlichen Bewertungsgrundsätzen kein positiver Wert ergeben hat, bleiben unberücksichtigt.

[Fassung bis 28.12.2020:]

(2) [1] Führt der Eintritt eines Ereignisses mit Wirkung für die Vergangenheit zu einer Veränderung des Werts eines früheren, in die Zusammenrechnung einzubeziehenden Erwerbs, endet die Festsetzungsfrist für die Änderung des Bescheids über die Steuerfestsetzung für den späteren Erwerb nach § 175 Abs. 1 Satz 1 Nr. 2 der Abgabenordnung[2]) nicht vor dem Ende der für eine Änderung des Bescheids für den früheren Erwerb maßgebenden Festsetzungsfrist. [2] Dasselbe gilt für den Eintritt eines Ereignisses mit Wirkung für die Vergangenheit, soweit es lediglich zu einer Änderung der anrechenbaren Steuer führt.

[Fassung ab 29.12.2020:]

(2)[1]) [1] Führt der Eintritt eines Ereignisses mit Wirkung für die Vergangenheit zu einer Veränderung des Werts eines früheren, in die Zusammenrechnung nach Absatz 1 einzubeziehenden Erwerbs, gilt dies auch für den späteren Erwerb als Ereignis mit Wirkung für die Vergangenheit nach § 175 Absatz 1 Satz 1 Nummer 2 der Abgabenordnung[2]) (rückwirkendes Ereignis). [2] Für den späteren Erwerb gelten auch der erstmalige Erlass, die Änderung und die Aufhebung eines Steuerbescheids für einen früheren, in die Zusammenrechnung einzubeziehenden Erwerb als rückwirkendes Ereignis. [3] Dasselbe gilt auch, soweit eine Änderung der Steuerfestsetzung für den früheren Erwerb lediglich zu einer geänderten anrechenbaren Steuer führt.

(3) Die durch jeden weiteren Erwerb veranlaßte Steuer darf nicht mehr betragen als 50 Prozent dieses Erwerbs.

§ 15 Steuerklassen. (1) Nach dem persönlichen Verhältnis des Erwerbers zum Erblasser oder Schenker werden die folgenden drei Steuerklassen unterschieden:

Steuerklasse I:

1.[3]) der Ehegatte und der Lebenspartner,

---

[1]) § 14 Abs. 2 neu gef. durch G v. 21.12.2020 (BGBl. I S. 3096); zur Anwendung siehe § 37 Abs. 18.
   [2]) Nr. **800**.
   [3]) § 15 Abs. 1 Nr. 1 geänd. durch G v. 8.12.2010 (BGBl. I S. 1768); zur Anwendung siehe § 37 Abs. 4 und Abs. 5 Nr. 1.

2. die Kinder und Stiefkinder,

3. die Abkömmlinge der in Nummer 2 genannten Kinder und Stiefkinder,

4. die Eltern und Voreltern bei Erwerben von Todes wegen;

Steuerklasse II:

1. die Eltern und Voreltern, soweit sie nicht zur Steuerklasse I gehören,

2. die Geschwister,

3. die Abkömmlinge ersten Grades von Geschwistern,

4. die Stiefeltern,

5. die Schwiegerkinder,

6. die Schwiegereltern,

7.[1) der geschiedene Ehegatte und der Lebenspartner einer aufgehobenen Lebenspartnerschaft;

Steuerklasse III:

alle übrigen Erwerber und die Zweckzuwendungen.

(1a) Die Steuerklassen I und II Nr. 1 bis 3 gelten auch dann, wenn die Verwandtschaft durch Annahme als Kind bürgerlich-rechtlich erloschen ist.

(2)[2) ¹In den Fällen des § 3 Abs. 2 Nr. 1 und des § 7 Abs. 1 Nr. 8 ist der Besteuerung das Verwandtschaftsverhältnis des nach der Stiftungsurkunde entferntest Berechtigten zu dem Erblasser oder Schenker zugrunde zu legen, sofern die Stiftung wesentlich im Interesse einer Familie oder bestimmter Familien im Inland errichtet ist. ²In den Fällen des § 7 Abs. 1 Nr. 9 Satz 1 gilt als Schenker der Stifter oder derjenige, der das Vermögen auf den Verein übertragen hat und in den Fällen des § 7 Abs. 1 Nr. 9 Satz 2 derjenige, der die Vermögensmasse im Sinne des § 3 Abs. 2 Nr. 1 Satz 2 oder § 7 Abs. 1 Nr. 8 Satz 2 gebildet oder ausgestattet hat. ³In den Fällen des § 1 Abs. 1 Nr. 4 wird der doppelte Freibetrag nach § 16 Abs. 1 Nr. 2 gewährt; die Steuer ist nach dem Prozentsatz der Steuerklasse I zu berechnen, der für die Hälfte des steuerpflichtigen Vermögens gelten würde.

(3)[3) ¹Im Falle des § 2269 des Bürgerlichen Gesetzbuchs und soweit der überlebende Ehegatte oder der überlebende Lebenspartner an die Verfügung gebunden ist, ist auf Antrag der Versteuerung das Verhältnis des Schlusserben oder Vermächtnisnehmers zum zuerst verstorbenen Ehegatten oder dem zuerst verstorbenen Lebenspartner zugrunde zu legen, soweit sein Vermögen beim Tod des überlebenden Ehegatten oder des überlebenden Lebenspartners noch vorhanden ist. ²§ 6 Abs. 2 Satz 3 bis 5 gilt entsprechend.

(4)[4) ¹Bei einer Schenkung durch eine Kapitalgesellschaft oder Genossenschaft ist der Besteuerung das persönliche Verhältnis des Erwerbers zu derjenigen unmittelbar oder mittelbar beteiligten natürlichen Person oder Stiftung

---

1) § 15 Abs. 1 Nr. 7 geänd. durch G v. 8.12.2010 (BGBl. I S. 1768); zur Anwendung siehe § 37 Abs. 4 und Abs. 5 Nr. 1.

2) § 15 Abs. 2 Satz 2 ergänzt mWv 5.3.1999 durch G v. 24.3.1999 (BGBl. I S. 402).

3) § 15 Abs. 3 geänd. mWv 1.1.2009 durch G v. 24.12.2008 (BGBl. I S. 3018).

4) § 15 Abs. 4 angef. durch G v 7.12.2011 (BGBl. I S. 2592); zur Anwendung siehe § 37 Abs. 7 Satz 1.

zugrunde zu legen, durch die sie veranlasst ist. ²In diesem Fall gilt die Schenkung bei der Zusammenrechnung früherer Erwerbe (§ 14) als Vermögensvorteil, der dem Bedachten von dieser Person anfällt.

§ 16 Freibeträge. (1)¹⁾ Steuerfrei bleibt in den Fällen der unbeschränkten Steuerpflicht (§ 2 Absatz 1 Nummer 1)²⁾ der Erwerb

1. des Ehegatten und des Lebenspartners³⁾ in Höhe von 500 000⁴⁾ Euro;

2. der Kinder im Sinne der Steuerklasse I Nr. 2 und der Kinder verstorbener Kinder im Sinne der Steuerklasse I Nr. 2 in Höhe von 400 000 Euro;

3. der Kinder der Kinder im Sinne der Steuerklasse I Nr. 2 in Höhe von 200 000 Euro;

4. der übrigen Personen der Steuerklasse I in Höhe von 100 000 Euro;

5. der Personen der Steuerklasse II in Höhe von 20 000 Euro;

6.⁵⁾ *(aufgehoben)*

7. der übrigen Personen der Steuerklasse III in Höhe von 20 000 Euro.

(2)⁶⁾ ¹In den Fällen der beschränkten Steuerpflicht (§ 2 Absatz 1 Nummer 3) wird der Freibetrag nach Absatz 1 um einen Teilbetrag gemindert. ²Dieser Teilbetrag entspricht dem Verhältnis der Summe der Werte des in demselben Zeitpunkt erworbenen, nicht der beschränkten Steuerpflicht unterliegenden Vermögens und derjenigen, nicht der beschränkten Steuerpflicht unterliegenden Vermögensvorteile, die innerhalb von zehn Jahren von derselben Person angefallen sind, zum Wert des Vermögens, das insgesamt innerhalb von zehn Jahren von derselben Person angefallen ist. ³Die früheren Erwerbe sind mit ihrem früheren Wert anzusetzen.

§ 17 Besonderer Versorgungsfreibetrag. (1)⁷⁾ ¹Neben dem Freibetrag nach § 16⁸⁾ wird dem überlebenden Ehegatten und dem überlebenden Lebenspartner ein besonderer Versorgungsfreibetrag von 256 000 Euro⁹⁾ · ¹⁰⁾ gewährt. ²Der Freibetrag wird bei Ehegatten oder bei Lebenspartnern, denen aus Anlass des Todes des Erblassers nicht der Erbschaftsteuer unterliegende Versorgungsbe-

---

¹⁾ § 16 Abs. 1 neu gef. mWv 1.1.2009 durch G v. 24.12.2008 (BGBl. I S. 3018).
²⁾ § 16 Abs. 1 Satzteil vor Nr. 1 geänd. durch G v 7.12.2011 (BGBl. I S. 2592), zur Anwendung siehe § 37 Abs. 7; Klammerzusatz geänd. durch G v. 23.6.2017 (BGBl. I S. 1682); zur Anwendung siehe § 37 Abs. 14.
³⁾ § 16 Abs. 1 Nr. 1 geänd. durch G v. 8.12.2010 (BGBl. I S. 1768); zur Anwendung siehe § 37 Abs. 4 und Abs. 5 Nrn. 2 und 3.
⁴⁾ Vgl. hierzu **§ 37 Abs. 5 Nr. 2 und 3**.
⁵⁾ § 16 Abs. 1 Nr. 6 aufgeh. durch G v. 8.12.2010 (BGBl. I S. 1768); zur Anwendung siehe § 37 Abs. 4.
⁶⁾ § 16 Abs. 2 neu gef. durch G v. 23.6.2017 (BGBl. I S. 1682); zur Anwendung siehe § 37 Abs. 14.
⁷⁾ § 17 Abs. 1 ergänzt mWv 1.1.2009 durch G v. 24.12.2008 (BGBl. I S. 3018); aber **kursiver Satzteil aufgeh.** durch G v. 8.12.2010 (BGBl. I S. 1768), zur Anwendung siehe § 37 Abs. 4 und Abs. 5 Nrn. 4 und 5.
⁸⁾ Verweis geänd. durch G v. 23.6.2017 (BGBl. I S. 1682); zur Anwendung siehe § 37 Abs. 13.
⁹⁾ Beträge geänd. mWv 1.1.2002 durch G v. 19.12.2000 (BGBl. I S. 1790).
¹⁰⁾ Vgl. für Erwerbe von Lebenspartnern § 37 Abs. 5 Nr. 5.

züge zustehen, um den nach § 14 des Bewertungsgesetzes zu ermittelnden Kapitalwert dieser Versorgungsbezüge gekürzt.

(2) [1]Neben dem Freibetrag nach § 16[1] wird Kindern im Sinne der Steuerklasse I Nr. 2 (§ 15 Abs. 1) für Erwerbe von Todes wegen ein besonderer Versorgungsfreibetrag in folgender Höhe gewährt:

1. bei einem Alter bis zu 5 Jahren in Höhe von 52 000 Euro[2];
2. bei einem Alter von mehr als 5 bis zu 10 Jahren in Höhe von 41 000 Euro[2];
3. bei einem Alter von mehr als 10 bis zu 15 Jahren in Höhe von 30 700 Euro[2];
4. bei einem Alter von mehr als 15 bis zu 20 Jahren in Höhe von 20 500 Euro[2];
5. bei einem Alter von mehr als 20 Jahren bis zur Vollendung des 27. Lebensjahres in Höhe von 10 300 Euro[2].

[2]Stehen dem Kind aus Anlaß des Todes des Erblassers nicht der Erbschaftsteuer unterliegende Versorgungsbezüge zu, wird der Freibetrag um den nach § 13 Abs. 1 des Bewertungsgesetzes zu ermittelnden Kapitalwert dieser Versorgungsbezüge gekürzt. [3]Bei der Berechnung des Kapitalwerts ist von der nach den Verhältnissen am Stichtag (§ 11) voraussichtlichen Dauer der Bezüge auszugehen.

(3)[3] [1]In den Fällen der beschränkten Steuerpflicht (§ 2 Absatz 1 Nummer 3) wird der besondere Versorgungsfreibetrag nach Absatz 1 oder 2 gewährt, wenn durch die Staaten, in denen der Erblasser ansässig war oder der Erwerber ansässig ist, Amtshilfe geleistet wird. [2]Amtshilfe ist der Auskunftsaustausch im Sinne oder entsprechend der Amtshilferichtlinie gemäß § 2 Absatz 11 des EU-Amtshilfegesetzes in der für den jeweiligen Stichtag der Steuerentstehung geltenden Fassung oder eines entsprechenden Nachfolgerechtsaktes.

§ 18 Mitgliederbeiträge. [1]Beiträge an Personenvereinigungen, die nicht lediglich die Förderung ihrer Mitglieder zum Zweck haben, sind steuerfrei, soweit die von einem Mitglied im Kalenderjahr der Vereinigung geleisteten Beiträge 300 Euro[4] nicht übersteigen. [2]§ 13 Abs. 1 Nr. 16 und 18 bleibt unberührt.

§ 19 Steuersätze. (1)[5] Die Erbschaftsteuer wird nach folgenden Prozentsätzen erhoben:

(Fortsetzung nächstes Blatt)

---

[1] Verweis geänd. durch G v. 23.6.2017 (BGBl. I S. 1682); zur Anwendung siehe § 37 Abs. 13.
[2] Beträge geänd. mWv 1.1.2002 durch G v. 19.12.2000 (BGBl. I S. 1790).
[3] § 17 Abs. 3 angef. durch G v. 23.6.2017 (BGBl. I S. 1682); zur Anwendung siehe § 37 Abs. 13.
[4] Bezeichnung bzw. Beträge geänd. mWv 1.1.2002 durch G v. 19.12.2000 (BGBl. I S. 1790).
[5] § 19 Abs. 1 neu gef. mWv 1.1.2010 durch G v. 22.12.2009 (BGBl. I S. 3950).

Wert des steuerpflichtigen Erwerbs (§ 10) bis einschließlich … Euro	Prozentsatz in der Steuerklasse		
	I	II	III
75 000	7	15	30
300 000	11	20	30
600 000	15	25	30
6 000 000	19	30	30
13 000 000	23	35	50
26 000 000	27	40	50
über 26 000 000	30	43	50.

(2) Ist im Fall des § 2 Absatz 1 Nummer 1 *und Absatz 3*[1] ein Teil des Vermögens der inländischen Besteuerung auf Grund eines Abkommens zur Vermeidung der Doppelbesteuerung entzogen, ist die Steuer nach dem Steuersatz zu erheben, der für den ganzen Erwerb gelten würde.

(3) Der Unterschied zwischen der Steuer, die sich bei Anwendung des Absatzes 1 ergibt, und der Steuer, die sich berechnen würde, wenn der Erwerb die letztvorhergehende Wertgrenze nicht überstiegen hätte, wird nur insoweit erhoben, als er

a) bei einem Steuersatz bis zu 30 Prozent aus der Hälfte,

b) bei einem Steuersatz über 30 Prozent aus drei Vierteln,

des die Wertgrenze übersteigenden Betrags gedeckt werden kann.

§ 19a[2] **Tarifbegrenzung beim Erwerb von Betriebsvermögen, von Betrieben der Land- und Forstwirtschaft und von Anteilen an Kapitalgesellschaften.** (1) Sind in dem steuerpflichtigen Erwerb einer natürlichen Person der Steuerklasse II oder III Betriebsvermögen, land- und forstwirtschaftliches Vermögen oder Anteile an Kapitalgesellschaften im Sinne des Absatzes 2 enthalten, ist von der tariflichen Erbschaftsteuer ein Entlastungsbetrag nach Absatz 4 abzuziehen.

(2)[3] [1] Der Entlastungsbetrag gilt für den nicht unter § 13a Absatz 1 oder § 13c fallenden Teil des Vermögens im Sinne des § 13b Absatz 2. [2] Ein Erwerber kann den Entlastungsbetrag nicht in Anspruch nehmen, soweit er Vermögen im Sinne des Satzes 1 auf Grund einer letztwilligen Verfügung des Erblassers oder einer rechtsgeschäftlichen Verfügung des Erblassers oder Schenkers auf einen Dritten übertragen muss. [3] Gleiches gilt, wenn ein Erbe im Rahmen der Teilung des Nachlasses Vermögen im Sinne des Satzes 1 auf einen Miterben überträgt.

---

[1] Verweis geänd. durch G v. 7.12.2011 (BGBl. I S. 2592), zur Anwendung siehe § 37 Abs. 7; kursiver Verweisteil aufgeh. mWv 25.6.2017 durch G v. 23.6.2017 (BGBl. I S. 1682).

[2] Zur Anwendung von § 19a siehe auch **S. 1 Fn. 3**.

[3] § 19a Abs. 2 neu gef. mWv 1.1.2009 durch G v. 24.12.2008 (BGBl. I S. 3018); Satz 1 geänd. mWv 1.7.2016 (§ 37 Abs. 12 Satz 1) durch G v. 4.11.2016 (BGBl. I S. 2464).

(3)[1] Der auf das Vermögen im Sinne des Absatzes 2 entfallende Anteil an der tariflichen Erbschaftsteuer bemisst sich nach dem Verhältnis des Werts dieses Vermögens nach Anwendung des § 13a oder § 13c[2] und nach Abzug der mit diesem Vermögen in wirtschaftlichem Zusammenhang stehenden abzugsfähigen Schulden und Lasten (§ 10 Absatz 5 und 6) zum Wert des gesamten Vermögensanfalls im Sinne des § 10 Absatz 1 Satz 1 und 2 nach Abzug der mit diesem Vermögen in wirtschaftlichem Zusammenhang stehenden abzugsfähigen Schulden und Lasten (§ 10 Absatz 5 und 6).

(4)[3] ¹Zur Ermittlung des Entlastungsbetrags ist für den steuerpflichtigen Erwerb zunächst die Steuer nach der tatsächlichen Steuerklasse des Erwerbers zu berechnen und nach Maßgabe des Absatzes 3 aufzuteilen. ²Für den steuerpflichtigen Erwerb ist dann die Steuer nach Steuerklasse I zu berechnen und nach Maßgabe des Absatzes 3 aufzuteilen. ³Der Entlastungsbetrag ergibt sich als Unterschiedsbetrag zwischen der auf Vermögen im Sinne des Absatzes 2 entfallenden Steuer nach den Sätzen 1 und 2.

(5)[4] ¹Der Entlastungsbetrag fällt mit Wirkung für die Vergangenheit weg, soweit der Erwerber innerhalb von fünf[5] Jahren gegen die Behaltensregelungen des § 13a verstößt. ²In den Fällen des § 13a Absatz 10 [*ab 15.12.2018:* und des § 28a Absatz 1] tritt an die Stelle der Frist nach Satz 1 eine Frist von sieben[5] Jahren. ³Die Festsetzungsfrist für die Steuer endet nicht vor dem Ablauf des vierten Jahres, nachdem die Finanzbehörde von dem Verstoß gegen die Behaltensregelungen Kenntnis erlangt. ⁴§ 13a Absatz 7 Satz 4 bis 6 gilt entsprechend.

IV. Steuerfestsetzung und Erhebung

§ 20 Steuerschuldner. (1) ¹Steuerschuldner ist der Erwerber, bei einer Schenkung auch der Schenker, bei einer Zweckzuwendung der mit der Ausführung der Zuwendung Beschwerte und in den Fällen des § 1 Abs. 1 Nr. 4 die Stiftung oder der Verein. ²In den Fällen des § 3 Abs. 2 Nr. 1 Satz 2 und § 7 Abs. 1 Nr. 8 Satz 2 ist die Vermögensmasse Erwerber und Steuerschuldner, in den Fällen des § 7 Abs. 1 Nr. 8 Satz 2 ist Steuerschuldner auch derjenige, der die Vermögensmasse gebildet oder ausgestattet hat.[6]

---

[1] § 19a Abs. 3 ergänzt mWv 1.1.2009 durch G v. 24.12.2008 (BGBl. I S. 3018); ergänzt mWv 1.1.2010 durch G v. 22.12.2009 (BGBl. I S. 3950). Siehe auch **Seite 1 Fn. 3**.
[2] Verweis ergänzt durch G v. 4.11.2016 (BGBl. I S. 2464); zur Anwendung siehe § 37 Abs. 12 Satz 1.
[3] § 19a Abs. 4 Satz 3 geänd. durch G v. 29.12.2003 (BGBl. I S. 3076); geänd. mWv 1.1.2009 durch G v. 24.12.2008 (BGBl. I S. 3018).
[4] § 19a Abs. 5 neu gef. mWv 1.1.2009 durch G v. 24.12.2008 (BGBl. I S. 3018); Abs. 5 Satz 2 und 4 geänd. mWv 1.7.2016 (§ 37 Abs. 12 Satz 1) durch G v. 4.11.2016 (BGBl. I S. 2464); Abs. 5 Satz 2 Verweise ergänzt mWv 15.12.2018 (§ 37 Abs. 16 Satz 1 iVm Satz 2) durch G v. 11.12.2018 (BGBl. I S. 2338).
[5] Frist geänd. durch G v. 22.12.2009 (BGBl. I S. 3950); zur Anwendung siehe § 37 Abs. 3 Satz 1. Siehe auch **Seite 1 Fn. 3**.
[6] § 20 Abs. 1 Satz 2 angef. mWv 5.3.1999 durch G v. 24.3.1999 (BGBl. I S. 402).

(2) Im Falle des § 4 sind die Abkömmlinge im Verhältnis der auf sie entfallenden Anteile, der überlebende Ehegatte oder der überlebende Lebenspartner[1] für den gesamten Steuerbetrag Steuerschuldner.

(3) Der Nachlaß haftet bis zur Auseinandersetzung (§ 2042 des Bürgerlichen Gesetzbuchs) für die Steuer der am Erbfall Beteiligten.

(4) Der Vorerbe hat die durch die Vorerbschaft veranlaßte Steuer aus den Mitteln der Vorerbschaft zu entrichten.

(5) Hat der Steuerschuldner den Erwerb oder Teile desselben vor Entrichtung der Erbschaftsteuer einem anderen unentgeltlich zugewendet, haftet der andere in Höhe des Werts der Zuwendung persönlich für die Steuer.

(6) [1] Versicherungsunternehmen, die vor Entrichtung oder Sicherstellung der Steuer die von ihnen zu zahlende Versicherungssumme oder Leibrente in ein Gebiet außerhalb des Geltungsbereichs dieses Gesetzes zahlen oder außerhalb des Geltungsbereichs dieses Gesetzes wohnhaften Berechtigten zur Verfügung stellen, haften in Höhe des ausgezahlten Betrags für die Steuer. [2] Das gleiche gilt für Personen, in deren Gewahrsam sich Vermögen des Erblassers befindet, soweit sie das Vermögen vorsätzlich oder fahrlässig vor Entrichtung oder Sicherstellung der Steuer in ein Gebiet außerhalb des Geltungsbereichs dieses Gesetzes bringen oder außerhalb des Geltungsbereichs dieses Gesetzes wohnhaften Berechtigten zur Verfügung stellen.

(7) Die Haftung nach Absatz 6 ist nicht geltend zu machen, wenn der in einem Steuerfall in ein Gebiet außerhalb des Geltungsbereichs dieses Gesetzes gezahlte oder außerhalb des Geltungsbereichs dieses Gesetzes wohnhaften Berechtigten zur Verfügung gestellte Betrag 600 Euro[2] nicht übersteigt.

§ 21 Anrechnung ausländischer Erbschaftsteuer. (1)[3] [1] Bei Erwerbern, die in einem ausländischen Staat mit ihrem Auslandsvermögen zu einer der deutschen Erbschaftsteuer entsprechenden Steuer – ausländische Steuer – herangezogen werden, ist in den Fällen des § 2 Absatz 1 Nummer 1, sofern nicht die Vorschriften eines Abkommens zur Vermeidung der Doppelbesteuerung anzuwenden sind, auf Antrag die festgesetzte, auf den Erwerber entfallende, gezahlte und keinem Ermäßigungsanspruch unterliegende ausländische Steuer insoweit auf die deutsche Erbschaftsteuer anzurechnen, als das Auslandsvermögen auch der deutschen Erbschaftsteuer unterliegt. [2] Besteht der Erwerb nur zum Teil aus Auslandsvermögen, ist der darauf entfallende Teilbetrag der deutschen Erbschaftsteuer in der Weise zu ermitteln, daß die für das steuerpflichtige Gesamtvermögen einschließlich des steuerpflichtigen Auslandsvermögens sich ergebende Erbschaftsteuer im Verhältnis des steuerpflichtigen Auslandsvermögens zum steuerpflichtigen Gesamtvermögen aufgeteilt wird. [3] Ist das Auslandsvermögen in verschiedenen ausländischen Staaten belegen, ist dieser Teil für jeden einzelnen ausländischen Staat gesondert zu berechnen. [4] Die ausländische Steuer ist nur anrechenbar, wenn die deutsche Erbschaftsteuer für

---

[1] § 20 Abs. 2 ergänzt mWv 1.1.2009 durch G v. 24.12.2008 (BGBl. I S. 3018).
[2] Betrag geänd. mWv 1.1.2002 durch G v. 19.12.2000 (BGBl. I S. 1790).
[3] § 21 Abs. 1 Satz 1 geänd. durch G v. 7.12.2011 (BGBl. I S. 2592); zur Anwendung siehe § 37 Abs. 7; geänd. mWv 25.6.2017 durch G v. 23.6.2017 (BGBl. I S. 1682).

das Auslandsvermögen innerhalb von fünf Jahren seit dem Zeitpunkt der Entstehung der ausländischen Erbschaftsteuer entstanden ist.

(2) Als Auslandsvermögen im Sinne des Absatzes 1 gelten,

1. wenn der Erblasser zur Zeit seines Todes Inländer war: alle Vermögensgegenstände der in § 121 des Bewertungsgesetzes genannten Art, die auf einen ausländischen Staat entfallen, sowie alle Nutzungsrechte an diesen Vermögensgegenständen;

2. wenn der Erblasser zur Zeit seines Todes kein Inländer war: alle Vermögensgegenstände mit Ausnahme des Inlandsvermögens im Sinne des § 121 des Bewertungsgesetzes sowie alle Nutzungsrechte an diesen Vermögensgegenständen.

(3) ¹Der Erwerber hat den Nachweis über die Höhe des Auslandsvermögens und über die Festsetzung und Zahlung der ausländischen Steuer durch Vorlage entsprechender Urkunden zu führen. ²Sind diese Urkunden in einer fremden Sprache abgefaßt, kann eine beglaubigte Übersetzung in die deutsche Sprache verlangt werden.

(4) Ist nach einem Abkommen zur Vermeidung der Doppelbesteuerung die in einem ausländischen Staat erhobene Steuer auf die Erbschaftsteuer anzurechnen, sind die Absätze 1 bis 3 entsprechend anzuwenden.

§ 22 Kleinbetragsgrenze.
Von der Festsetzung der Erbschaftsteuer ist abzusehen, wenn die Steuer, die für den einzelnen Steuerfall festzusetzen ist, den Betrag von 50 Euro[1] nicht übersteigt.

§ 23 Besteuerung von Renten, Nutzungen und Leistungen.
(1) ¹Steuern, die von dem Kapitalwert von Renten oder anderen wiederkehrenden Nutzungen oder Leistungen zu entrichten sind, können nach Wahl des Erwerbers statt vom Kapitalwert jährlich im voraus von dem Jahreswert entrichtet werden. ²Die Steuer wird in diesem Fall nach dem Steuersatz erhoben, der sich nach § 19 für den gesamten Erwerb einschließlich des Kapitalwerts der Renten oder anderen wiederkehrenden Nutzungen oder Leistungen ergibt.

(2) ¹Der Erwerber hat das Recht, die Jahressteuer zum jeweils nächsten Fälligkeitstermin mit ihrem Kapitalwert abzulösen. ²Für die Ermittlung des Kapitalwerts im Ablösungszeitpunkt sind die Vorschriften der §§ 13 und 14 des Bewertungsgesetzes anzuwenden. ³Der Antrag auf Ablösung der Jahressteuer ist spätestens bis zum Beginn des Monats zu stellen, der dem Monat vorausgeht, in dem die nächste Jahressteuer fällig wird.

§ 24 Verrentung der Steuerschuld in den Fällen des § 1 Abs. 1 Nr. 4.
¹In den Fällen des § 1 Abs. 1 Nr. 4 kann der Steuerpflichtige verlangen, daß die Steuer in 30 gleichen jährlichen Teilbeträgen (Jahresbeträgen) zu entrichten ist. ²Die Summe der Jahresbeträge umfaßt die Tilgung und die Verzinsung der Steuer; dabei ist von einem Zinssatz von 5,5 Prozent auszugehen.

---

[1] Betrag geänd. mWv 1.1.2002 durch G v. 19.12.2000 (BGBl. I S. 1790).

§ 25[1)·2)] **Besteuerung bei Nutzungs- und Rentenlast.** *(1)* [1]*Der Erwerb von Vermögen, dessen Nutzungen dem Schenker oder dem Ehegatten des Erblassers (Schenkers) zustehen oder das mit einer Rentenverpflichtung oder mit der Verpflichtung zu sonstigen wiederkehrenden Leistungen zugunsten dieser Personen belastet ist, wird ohne Berücksichtigung dieser Belastungen besteuert.* [2]*Die Steuer, die auf den Kapitalwert dieser Belastungen entfällt, ist jedoch bis zu deren Erlöschen zinslos zu stunden.* [3]*Die gestundete Steuer kann auf Antrag des Erwerbers jederzeit mit ihrem Barwert nach § 12 Abs. 3 des Bewertungsgesetzes abgelöst werden.*

(2) Veräußert der Erwerber das belastete Vermögen vor dem Erlöschen der Belastung ganz oder teilweise, endet insoweit die Stundung mit dem Zeitpunkt der Veräußerung.

§ 26 Ermäßigung der Steuer bei Aufhebung einer Familienstiftung oder Auflösung eines Vereins. In den Fällen des § 7 Abs. 1 Nr. 9 ist auf die nach § 15 Abs. 2 Satz 2 zu ermittelnde Steuer die nach § 15 Abs. 2 Satz 3 festgesetzte Steuer anteilsmäßig anzurechnen

a) mit 50 Prozent, wenn seit der Entstehung der anrechenbaren Steuer nicht mehr als zwei Jahre,

b) mit 25 Prozent, wenn seit der Entstehung der anrechenbaren Steuer mehr als zwei Jahre, aber nicht mehr als vier Jahre vergangen sind.

§ 27[2)] **Mehrfacher Erwerb desselben Vermögens.** (1) Fällt Personen der Steuerklasse I von Todes wegen Vermögen an, das in den letzten zehn Jahren vor dem Erwerb bereits von Personen dieser Steuerklasse erworben worden ist und für das nach diesem Gesetz eine Steuer zu erheben war, ermäßigt sich der auf dieses Vermögen entfallende Steuerbetrag vorbehaltlich des Absatzes 3 wie folgt:

um ... Prozent	wenn zwischen den beiden Zeitpunkten der Entstehung der Steuer liegen
50	nicht mehr als 1 Jahr
45	mehr als 1 Jahr, aber nicht mehr als 2 Jahre
40	mehr als 2 Jahre, aber nicht mehr als 3 Jahre
35	mehr als 3 Jahre, aber nicht mehr als 4 Jahre
30	mehr als 4 Jahre, aber nicht mehr als 5 Jahre
25	mehr als 5 Jahre, aber nicht mehr als 6 Jahre
20	mehr als 6 Jahre, aber nicht mehr als 8 Jahre
10	mehr als 8 Jahre, aber nicht mehr als 10 Jahre

(2) Zur Ermittlung des Steuerbetrags, der auf das begünstigte Vermögen entfällt, ist die Steuer für den Gesamterwerb in dem Verhältnis aufzuteilen, in dem der Wert des begünstigten Vermögens zu dem Wert des steuerpflichtigen Gesamterwerbs ohne Abzug des dem Erwerber zustehenden Freibetrags steht.

[1)] § 25 aufgeh. mWv 1.1.2009 durch G v. 24.12.2008 (BGBl. I S. 3018); zur weiteren Anwendung von § 25 Abs. 1 Satz 3 und Abs. 2 siehe § 37 Abs. 2 Satz 2.
[2)] Zur Anwendung im Beitrittsgebiet siehe § 37a Abs. 5.

(3) Die Ermäßigung nach Absatz 1 darf den Betrag nicht überschreiten, der sich bei Anwendung der in Absatz 1 genannten Prozentsätze auf die Steuer ergibt, die der Vorerwerber für den Erwerb desselben Vermögens entrichtet hat.

§ 28[1) **Stundung.** (1)[2) [1] Gehört zum Erwerb von Todes wegen begünstigtes Vermögen im Sinne des § 13b Absatz 2, ist dem Erwerber die darauf entfallende Erbschaftsteuer auf Antrag bis zu sieben Jahre zu stunden. [2] Der erste Jahresbetrag ist ein Jahr nach der Festsetzung der Steuer fällig und bis dahin zinslos zu stunden. [3] Für die weiteren zu entrichtenden Jahresbeträge sind die §§ 234 und 238 der Abgabenordnung ab dem zweiten Jahr nach der Festsetzung der Steuer anzuwenden. [4] § 222 der Abgabenordnung bleibt unberührt. [5] Die Stundung endet, sobald der Erwerber, ausgehend vom Zeitpunkt der Entstehung der Steuer (§ 9), den Tatbestand nach § 13a Absatz 3 nicht einhält oder einen der Tatbestände nach § 13a Absatz 6 erfüllt. [6] Wurde ein Antrag nach § 13a Absatz 10 oder nach § 28a Absatz 1 gestellt, ist bei der Anwendung des *Satzes 3* [*ab 15.12.2018: Satzes 5*][3) § 13a Absatz 10 entsprechend anzuwenden. [7] Satz 1 ist nicht auf die Erbschaftsteuer anzuwenden, die der Erwerber zu entrichten hat, weil er den Tatbestand nach § 13a Absatz 3 nicht eingehalten oder einen der Tatbestände nach § 13a Absatz 6 erfüllt hat. [8] Die Stundung endet, sobald der Erwerber den Betrieb oder den Anteil daran überträgt oder aufgibt.

(2) Absatz 1 findet in den Fällen des § 1 Abs. 1 Nr. 4 entsprechende Anwendung.

(3)[4) [1] Gehört zum Erwerb begünstigtes Vermögen im Sinne des § 13d Absatz 3, ist dem Erwerber die darauf entfallende Erbschaftsteuer auf Antrag bis zu zehn Jahren zu stunden, soweit er die Steuer nur durch Veräußerung dieses Vermögens aufbringen kann. [2] Satz 1 gilt entsprechend, wenn zum Erwerb ein Ein- oder Zweifamilienhaus oder Wohneigentum gehört, das der Erwerber nach dem Erwerb zu eigenen Wohnzwecken nutzt, längstens für die Dauer der Selbstnutzung. [3] Nach Aufgabe der Selbstnutzung ist die Stundung unter den Voraussetzungen des Satzes 1 weiter zu gewähren. [4] Die Stundung endet in den Fällen der Sätze 1 bis 3, soweit das erworbene Vermögen Gegenstand einer Schenkung im Sinne des § 7 ist. [5] *Absatz 1 Satz 2 und 3 gilt entsprechend.* [*ab 15.12.2018: * [5] Die §§ 234 und 238 der Abgabenordnung sind anzuwenden; bei Erwerben von Todes wegen erfolgt diese Stundung zinslos. [6] § 222 der Abgabenordnung bleibt unberührt.]

[1) Zur Anwendung im Beitrittsgebiet siehe § 37a Abs. 6.
[2) § 28 Abs. 1 neu gef. durch G v. 4.11.2016 (BGBl. I S. 2464); zur Anwendung siehe § 37 Abs. 12 Satz 1.
[3) Verweis geänd. mWv 15.12.2018 (§ 37 Abs. 16 Satz 1 iVm Satz 2) durch G v. 11.12.2018 (BGBl. I S. 2338).
[4) § 28 Abs. 3 angef. mWv 1.1.2009 durch G v. 24.12.2008 (BGBl. I S. 3018); Abs. 3 Satz 1 geänd. mWv 1.7.2016 (§ 37 Abs. 12 Satz 1) durch G v. 4.11.2016 (BGBl. I S. 2464); Abs. 3 Satz 5 neu gef., Satz 6 angef. mWv 15.12.2018 (§ 37 Abs. 16 Satz 1) durch G v. 11.12.2018 (BGBl. I S. 2338).

§ 28a[1] Verschonungsbedarfsprüfung. (1) [1]Überschreitet der Erwerb von begünstigtem Vermögen im Sinne des § 13b Absatz 2 die Grenze des § 13a Absatz 1 Satz 1 von 26 Millionen Euro, ist die auf das begünstigte Vermögen entfallende Steuer auf Antrag des Erwerbers zu erlassen, soweit er nachweist, dass er persönlich nicht in der Lage ist, die Steuer aus seinem verfügbaren Vermögen im Sinne des Absatzes 2 zu begleichen. [2]Ein Erwerber kann den Erlass nicht in Anspruch nehmen, soweit er begünstigtes Vermögen im Sinne des § 13b Absatz 2 auf Grund einer letztwilligen Verfügung des Erblassers oder einer rechtsgeschäftlichen Verfügung des Erblassers oder Schenkers an einen Dritten übertragen muss. [3]Satz 2 gilt entsprechend, wenn ein Erbe im Rahmen der Teilung des Nachlasses begünstigtes Vermögen auf einen Miterben überträgt. [4]Überträgt ein Erbe erworbenes begünstigtes Vermögen im Sinne des § 13b Absatz 2 im Rahmen der Teilung des Nachlasses auf einen Dritten und gibt der Dritte dabei diesem Erwerber nicht begünstigtes Vermögen hin, das er vom Erblasser erworben hat, erhöht sich insoweit der Wert des begünstigten Vermögens des Dritten um den Wert des hingegebenen Vermögens, höchstens jedoch um den Wert des übertragenen Vermögens.

(2) Zu dem verfügbaren Vermögen gehören 50 Prozent der Summe der gemeinen Werte des

1. mit der Erbschaft oder Schenkung zugleich übergegangenen Vermögens, das nicht zum begünstigten Vermögen im Sinne des § 13b Absatz 2 gehört, und

2. dem Erwerber im Zeitpunkt der Entstehung der Steuer (§ 9) gehörenden Vermögens, das nicht zum begünstigten Vermögen im Sinne des § 13b Absatz 2 gehören würde.

(3) [1]Die nach Anwendung des Absatzes 1 Satz 1 verbleibende Steuer kann ganz oder teilweise bis zu sechs Monate gestundet werden, wenn die Einziehung bei Fälligkeit eine erhebliche Härte für den Erwerber bedeuten würde und der Anspruch nicht gefährdet erscheint. [2]Eine erhebliche Härte liegt insbesondere vor, wenn der Erwerber einen Kredit aufnehmen oder verfügbares Vermögen im Sinne des Absatzes 2 veräußern muss, um die Steuer entrichten zu können. [3]Die §§ 234 und 238 der Abgabenordnung sind anzuwenden. [4]§ 222 der Abgabenordnung und § 28 bleiben unberührt.

(4)[2] [1]Der Erlass der Steuer nach Absatz 1 Satz 1 steht unter der auflösenden Bedingung, dass

1. die Summe der maßgebenden jährlichen Lohnsummen des Betriebs, bei Beteiligungen an einer Personengesellschaft oder Anteilen an einer Kapitalgesellschaft des Betriebs der jeweiligen Gesellschaft, innerhalb von sieben Jahren nach dem Erwerb (Lohnsummenfrist) insgesamt die Mindestlohnsumme nach § 13a Absatz 10 Nummer 3 bis 5 unterschreitet. [2]§ 13a Absatz 3 Satz 2 und 6 bis 13 gilt entsprechend. [3]Unterschreitet die Summe der

---

[1] § 28a eingef. durch G v. 4.11.2016 (BGBl. I S. 2464); zur Anwendung siehe § 37 Abs. 12 Satz 1.
[2] § 28a Abs. 4 Satz 1 Nr. 4–6 angef. durch G v. 11.12.2018 (BGBl. I S. 2338); zur Anwendung siehe § 37 Abs. 16 Satz 2.

maßgebenden jährlichen Lohnsummen die Mindestlohnsumme, vermindert sich der nach Absatz 1 Satz 1 zu gewährende Erlass der Steuer mit Wirkung für die Vergangenheit in demselben prozentualen Umfang, wie die Mindestlohnsumme unterschritten wird;

2. der Erwerber innerhalb von sieben Jahren (Behaltensfrist) gegen die Behaltensbedingungen entsprechend § 13a Absatz 6 Satz 1 verstößt. ^{2}§ 13a Absatz 6 Satz 2 bis 4 gilt entsprechend;

3. der Erwerber innerhalb von zehn Jahren nach dem Zeitpunkt der Entstehung der Steuer (§ 9) weiteres Vermögen durch Schenkung oder von Todes wegen erhält, das verfügbare Vermögen im Sinne des Absatzes 2 darstellt. ^{2}Der Erwerber kann erneut einen Antrag nach Absatz 1 stellen. ^{3}Das verfügbare Vermögen nach Absatz 2 ist um 50 Prozent des gemeinen Werts des weiteren erworbenen Vermögens zu erhöhen;

[ab 15.12.2018:

4. die den Erwerb oder Teile des Erwerbs oder das in Nummer 3 oder Absatz 2 Nummer 2 bezeichnete Vermögen oder Teile dieses Vermögens betreffenden Feststellungsbescheide im Sinne des § 151 Absatz 1 Satz 1 des Bewertungsgesetzes oder des § 13b Absatz 10 Satz 1 geändert werden oder erstmals ergehen und die festgestellten Werte von den dem Erlass zugrunde gelegten Werten abweichen. ^{2}Gleiches gilt im Fall der Aufhebung eines Feststellungsbescheids. ^{3}Der Erwerber kann erneut einen Antrag nach Absatz 1 stellen;

5. die dem Erlass zugrunde liegende Steuerfestsetzung geändert wird und dabei von den dem Erlass zugrunde gelegten Werten abgewichen wird. ^{2}Der Erwerber kann erneut einen Antrag nach Absatz 1 stellen;

6. der Erlass gemäß Absatz 1 Satz 2 oder 3 ganz oder teilweise nicht mehr in Anspruch genommen werden kann. ^{2}Der Erwerber kann erneut einen Antrag nach Absatz 1 stellen.]

^{2}Der Verwaltungsakt nach Absatz 1 Satz 1 steht unter dem Vorbehalt des Widerrufs (§ 120 Absatz 2 Nummer 3 der Abgabenordnung). ^{3}Der Verwaltungsakt über den Erlass nach Absatz 1 Satz 1 ist bei Eintritt der auflösenden Bedingung nach Satz 1 mit Wirkung für die Vergangenheit ganz oder teilweise zu widerrufen; § 131 Absatz 4 der Abgabenordnung gilt entsprechend.

(5) ^{1}Der Erwerber ist verpflichtet, dem für die Erbschaftsteuer zuständigen Finanzamt innerhalb einer Frist von sechs Monaten nach Ablauf der Lohnsummenfrist das Unterschreiten der Mindestlohnsumme (Absatz 4 Satz 1 Nummer 1) anzuzeigen. ^{2}In den Fällen des Absatzes 4 Satz 1 Nummer 2 und 3 ist der Erwerber verpflichtet, dem für die Erbschaftsteuer zuständigen Finanzamt den entsprechenden Sachverhalt innerhalb einer Frist von einem Monat, nachdem der jeweilige Tatbestand verwirklicht wurde, anzuzeigen. ^{3}Die Anzeige ist eine Steuererklärung im Sinne der Abgabenordnung. ^{4}Sie ist schriftlich abzugeben. ^{5}Die Anzeige hat auch dann zu erfolgen, wenn der Vorgang nur teilweise zum Widerruf des Verwaltungsaktes nach Absatz 4 führt.

(6)[1] [1] Die Zahlungsverjährungsfrist für die nach Anwendung des Absatzes 1 Satz 1 verbleibende Steuer endet nicht vor dem Ablauf des fünften Jahres, nachdem das für die Erbschaftsteuer zuständige Finanzamt von dem Unterschreiten der Mindestlohnsumme (Absatz 4 Satz 1 Nummer 1) oder dem Verwirklichen eines Tatbestands nach Absatz 4 Satz 1 *Nummer 2 und 3 [ab 15.12.2018:* Nummer 2, 3 und 6] Kenntnis erlangt. [*ab 15.12.2018:* [2] In den Fällen des Absatzes 4 Satz 1 Nummer 4 und 5 endet die Zahlungsverjährungsfrist nicht vor dem Ablauf des zweiten Jahres nach Bekanntgabe des Feststellungsbescheids oder des Steuerbescheids.]

(7) Die Absätze 1 bis 6 gelten in den Fällen des § 1 Absatz 1 Nummer 4 entsprechend.

(8) Die Absätze 1 bis 7 gelten nicht, wenn ein Antrag nach § 13c gestellt wurde.

§ 29 Erlöschen der Steuer in besonderen Fällen. (1) Die Steuer erlischt mit Wirkung für die Vergangenheit,

1. soweit ein Geschenk wegen eines Rückforderungsrechts herausgegeben werden mußte;

2. soweit die Herausgabe gemäß § 528 Abs. 1 Satz 2 des Bürgerlichen Gesetzbuchs abgewendet worden ist;

3.[2] soweit in den Fällen des § 5 Abs. 2 unentgeltliche Zuwendungen auf die Ausgleichsforderung angerechnet worden sind (§ 1380 Abs. 1 des Bürgerlichen Gesetzbuchs). [2] Entsprechendes gilt, wenn unentgeltliche Zuwendungen bei der Berechnung des nach § 5 Abs. 1 steuerfreien Betrags berücksichtigt werden;

4.[3] soweit Vermögensgegenstände, die von Todes wegen (§ 3) oder durch Schenkung unter Lebenden (§ 7) erworben worden sind, innerhalb von 24 Monaten nach dem Zeitpunkt der Entstehung der Steuer (§ 9) dem Bund, einem Land, einer inländischen Gemeinde (Gemeindeverband) oder einer inländischen Stiftung zugewendet werden, die nach der Satzung, dem Stiftungsgeschäft oder der sonstigen Verfassung und nach ihrer tatsächlichen Geschäftsführung ausschließlich und unmittelbar als gemeinnützig anzuerkennenden steuerbegünstigten Zwecken im Sinne der §§ 52 bis 54 der Abgabenordnung mit Ausnahme der Zwecke, die nach § 52 Abs. 2 Nr. 23[4] der Abgabenordnung gemeinnützig sind, dient. [2] Dies gilt nicht, wenn die Stiftung Leistungen im Sinne des § 58 Nummer 6 der Abgabenordnung an den Erwerber oder seine nächsten Angehörigen zu erbringen hat oder soweit für die Zuwendung die Vergünstigung nach § 10b des Einkommensteuergesetzes, § 9 Abs. 1 Nr. 2 des Körperschaftsteuergesetzes oder § 9 Nr. 5 des Gewerbesteuergesetzes in Anspruch genommen

---

[1] § 28a Abs. 6 Satz 2 angef., bish. Text wird Satz 1 und geänd. durch G v. 11.12.2018 (BGBl. I S. 2338); zur Anwendung siehe § 37 Abs. 16 Satz 2.

[2] § 29 Abs. 1 Nr. 3 Satz 2 angef. mWv 1.1.2009 durch G v. 24.12.2008 (BGBl. I S. 3018).

[3] § 29 Abs. 1 Nr. 4 Satz 1 geänd. mWv 1.1.2000 durch G v. 14.7.2000 (BGBl. I S. 1034); Satz 2 geänd. durch G v. 21.12.2020 (BGBl. I S. 3096); zur Anwendung siehe § 37 Abs. 18.

[4] Verweis geänd. durch G v. 10.10.2007 (BGBl. I S. 2332).

wird. [3] Für das Jahr der Zuwendung ist bei der Einkommensteuer oder Körperschaftsteuer und bei der Gewerbesteuer unwiderruflich zu erklären, in welcher Höhe die Zuwendung als Spende zu berücksichtigen ist. [4] Die Erklärung ist für die Festsetzung der Erbschaftsteuer oder Schenkungsteuer bindend.

(2) Der Erwerber ist für den Zeitraum, für den ihm die Nutzungen des zugewendeten Vermögens zugestanden haben, wie ein Nießbraucher zu behandeln.

§ 30 Anzeige des Erwerbs. (1)[1] Jeder der Erbschaftsteuer unterliegende Erwerb (§ 1) ist vom Erwerber, bei einer Zweckzuwendung vom Beschwerten binnen einer Frist von drei Monaten nach erlangter Kenntnis von dem Anfall oder von dem Eintritt der Verpflichtung dem für die Verwaltung der Erbschaftsteuer zuständigen Finanzamt schriftlich anzuzeigen.

(2) Erfolgt der steuerpflichtige Erwerb durch ein Rechtsgeschäft unter Lebenden, ist zur Anzeige auch derjenige verpflichtet, aus dessen Vermögen der Erwerb stammt.

(3)[2] [1] Einer Anzeige bedarf es nicht, wenn der Erwerb auf einer von einem deutschen Gericht, einem deutschen Notar oder einem deutschen Konsul eröffneten Verfügung von Todes wegen beruht und sich aus der Verfügung das Verhältnis des Erwerbers zum Erblasser unzweifelhaft ergibt; das gilt nicht, wenn zum Erwerb Grundbesitz, Betriebsvermögen, Anteile an Kapitalgesellschaften, die nicht der Anzeigepflicht nach § 33 unterliegen, oder Auslandsvermögen gehört. [2] Einer Anzeige bedarf es auch nicht, wenn eine Schenkung unter Lebenden oder eine Zweckzuwendung gerichtlich oder notariell beurkundet ist.

(4) Die Anzeige soll folgende Angaben enthalten:

1.[3] Vorname und Familienname, Identifikationsnummer (§ 139b der Abgabenordnung), Beruf, Wohnung des Erblassers oder Schenkers und des Erwerbers;

2. Todestag und Sterbeort des Erblassers oder Zeitpunkt der Ausführung der Schenkung;

3. Gegenstand und Wert des Erwerbs;

4. Rechtsgrund des Erwerbs wie gesetzliche Erbfolge, Vermächtnis, Ausstattung;

5. persönliches Verhältnis des Erwerbers zum Erblasser oder zum Schenker wie Verwandtschaft, Schwägerschaft, Dienstverhältnis;

6. frühere Zuwendungen des Erblassers oder Schenkers an den Erwerber nach Art, Wert und Zeitpunkt der einzelnen Zuwendung.

---

[1] § 30 Abs. 1 geänd. mWv 28.8.2002 durch G v. 21.8.2002 (BGBl. I S. 3322).
[2] § 30 Abs. 3 neu gef. mWv 1.1.2009 durch G v. 24.12.2008 (BGBl. I S. 3018).
[3] § 30 Abs. 4 Nr. 1 ergänzt durch G v. 2.11.2015 (BGBl. I S. 1834); zur Anwendung siehe § 37 Abs. 10 Satz 1.

[ab 29.12.2020:

(5)[1] [1]In den Fällen des § 1 Absatz 1 Nummer 4 ist von der Stiftung oder dem Verein binnen einer Frist von drei Monaten nach dem Zeitpunkt des ersten Übergangs von Vermögen auf die Stiftung oder auf den Verein der Vermögensübergang dem nach § 35 Absatz 4 zuständigen Finanzamt schriftlich anzuzeigen. [2]Die Anzeige soll folgende Angaben enthalten:

1. Name, Ort der Geschäftsleitung und des Sitzes der Stiftung oder des Vereins,

2. Name und Anschrift des gesetzlichen Vertreters der Stiftung oder des Vereins,

3. Zweck der Stiftung oder des Vereins,

4. Zeitpunkt des ersten Vermögensübergangs auf die Stiftung oder den Verein,

5. Wert und Zusammensetzung des Vermögens.]

§ 31 Steuererklärung. (1)[2] [1]Das Finanzamt kann von jedem an einem Erbfall, an einer Schenkung oder an einer Zweckzuwendung Beteiligten ohne Rücksicht darauf, ob er selbst steuerpflichtig ist, die Abgabe einer Erklärung innerhalb einer von ihm zu bestimmenden Frist verlangen. [2]Die Frist muß mindestens einen Monat betragen. *[ab 29.12.2020:* [3]In den Fällen des § 1 Absatz 1 Nummer 4 kann das Finanzamt von der Stiftung oder dem Verein sowie von jedem Familienmitglied im Sinne des § 1 Absatz 1 Nummer 4 und jedem Mitglied des Vereins die Abgabe einer Erklärung innerhalb einer von ihm zu bestimmenden Frist verlangen. [4]Satz 2 gilt entsprechend.]

(2) Die Erklärung hat ein Verzeichnis der zum Nachlaß gehörenden Gegenstände und die sonstigen für die Feststellung des Gegenstands und des Werts des Erwerbs erforderlichen Angaben zu enthalten.

(3) In den Fällen der fortgesetzten Gütergemeinschaft kann das Finanzamt die Steuererklärung allein von dem überlebenden Ehegatten oder dem überlebenden Lebenspartner[3] verlangen.

(4) [1]Sind mehrere Erben vorhanden, sind sie berechtigt, die Steuererklärung gemeinsam abzugeben. [2]In diesem Fall ist die Steuererklärung von allen Beteiligten zu unterschreiben. [3]Sind an dem Erbfall außer den Erben noch weitere Personen beteiligt, können diese im Einverständnis mit den Erben in die gemeinsame Steuererklärung einbezogen werden.

(5) [1]Ist ein Testamentsvollstrecker oder Nachlaßverwalter vorhanden, ist die Steuererklärung von diesem abzugeben. [2]Das Finanzamt kann verlangen, daß die Steuererklärung auch von einem oder mehreren Erben mitunterschrieben wird.

(6) Ist ein Nachlaßpfleger bestellt, ist dieser zur Abgabe der Steuererklärung verpflichtet.

---

[1] § 30 Abs. 5 angef. durch G v. 21.12.2020 (BGBl. I S. 3096); zur Anwendung siehe § 37 Abs. 18.

[2] § 31 Abs. 1 Sätze 3 und 4 angef. durch G v. 21.12.2020 (BGBl. I S. 3096); zur Anwendung siehe § 37 Abs. 18.

[3] § 31 Abs. 3 ergänzt mWv 1.1.2009 durch G v. 24.12.2008 (BGBl. I S. 3018).

(7) ¹Das Finanzamt kann verlangen, daß eine Steuererklärung auf einem Vordruck nach amtlich bestimmtem Muster abzugeben ist, in der der Steuerschuldner die Steuer selbst zu berechnen hat. ²Der Steuerschuldner hat die selbstberechnete Steuer innerhalb eines Monats nach Abgabe der Steuererklärung zu entrichten.

§ 32 Bekanntgabe des Steuerbescheids an Vertreter. (1) ¹In den Fällen des § 31 Abs. 5 ist der Steuerbescheid abweichend von § 122 Abs. 1 Satz 1 der Abgabenordnung dem Testamentsvollstrecker oder Nachlaßverwalter bekanntzugeben. ²Diese Personen haben für die Bezahlung der Erbschaftsteuer zu sorgen. ³Auf Verlangen des Finanzamts ist aus dem Nachlaß Sicherheit zu leisten.

(2) ¹In den Fällen des § 31 Abs. 6 ist der Steuerbescheid dem Nachlaßpfleger bekanntzugeben. ²Absatz 1 Satz 2 und 3 ist entsprechend anzuwenden.

§ 33 Anzeigepflicht der Vermögensverwahrer, Vermögensverwalter und Versicherungsunternehmen. (1)¹⁾ ¹Wer sich geschäftsmäßig mit der Verwahrung oder Verwaltung fremden Vermögens befaßt, hat diejenigen in seinem Gewahrsam befindlichen Vermögensgegenstände und diejenigen gegen ihn gerichteten Forderungen, die beim Tod eines Erblassers zu dessen Vermögen gehörten oder über die dem Erblasser zur Zeit seines Todes die Verfügungsmacht zustand, dem für die Verwaltung der Erbschaftsteuer zuständigen Finanzamt schriftlich anzuzeigen. ²Die Anzeige ist zu erstatten:

1. in der Regel: innerhalb eines Monats, seitdem der Todesfall dem Verwahrer oder Verwalter bekanntgeworden ist;
2. wenn der Erblasser zur Zeit seines Todes Angehöriger eines ausländischen Staats war und nach einer Vereinbarung mit diesem Staat der Nachlaß einem konsularischen Vertreter auszuhändigen ist: spätestens bei der Aushändigung des Nachlasses.

(2)²⁾ Wer auf den Namen lautende Aktien oder Schuldverschreibungen ausgegeben hat, hat dem Finanzamt schriftlich von dem Antrag, solche Wertpapiere eines Verstorbenen auf den Namen anderer umzuschreiben, vor der Umschreibung Anzeige zu erstatten.

(3)³⁾ Versicherungsunternehmen haben, bevor sie Versicherungssummen oder Leibrenten einem anderen als dem Versicherungsnehmer auszahlen oder zur Verfügung stellen, hiervon dem Finanzamt schriftlich Anzeige zu erstatten.

(4) Zuwiderhandlungen gegen diese Pflichten werden als Steuerordnungswidrigkeit mit Geldbuße geahndet.

§ 34 Anzeigepflicht der Gerichte, Behörden, Beamten und Notare. (1)³⁾ Die Gerichte, Behörden, Beamten und Notare haben dem für die Verwaltung der Erbschaftsteuer zuständigen Finanzamt schriftlich Anzeige zu

---

¹⁾ § 33 Abs. 1 Satz 1 geänd. mWv 28.8.2002 durch G v. 21.8.2002 (BGBl. I S. 3322).
²⁾ § 33 Abs. 2 geänd. mWv 28.8.2002 durch G v. 21.8.2002 (BGBl. I S. 3322).
³⁾ § 33 Abs. 3 sowie § 34 Abs. 1 geänd. mWv 28.8.2002 durch G v. 21.8.2002 (BGBl. I S. 3322).

erstatten über diejenigen Beurkundungen, Zeugnisse und Anordnungen, die für die Festsetzung einer Erbschaftsteuer von Bedeutung sein können.

(2)[1] Insbesondere haben anzuzeigen:

1. die Standesämter:
   die Sterbefälle;

2. die Gerichte und die Notare:
   die Erteilung von Erbscheinen, Europäischen Nachlasszeugnissen, Testamentsvollstreckerzeugnissen und Zeugnissen über die Fortsetzung der Gütergemeinschaft, die Beschlüsse über Todeserklärungen sowie die Anordnung von Nachlaßpflegschaften und Nachlaßverwaltungen;

3. die Gerichte, die Notare und die deutschen Konsuln:
   die eröffneten Verfügungen von Todes wegen, die abgewickelten Erbauseinandersetzungen, die beurkundeten Vereinbarungen der Gütergemeinschaft und die beurkundeten Schenkungen und Zweckzuwendungen.

§ 35 Örtliche Zuständigkeit. (1) [1]Örtlich zuständig für die Steuerfestsetzung ist in den Fällen, in denen der Erblasser zur Zeit seines Todes oder der Schenker zur Zeit der Ausführung der Zuwendung ein Inländer war, das Finanzamt, das sich bei sinngemäßer Anwendung des § 19 Absatz 1 und des § 20 der Abgabenordnung ergibt. [2]Im Fall der Steuerpflicht nach § 2 Absatz 1 Nummer 1 Buchstabe b richtet sich die Zuständigkeit nach dem letzten inländischen Wohnsitz oder gewöhnlichen Aufenthalt des Erblassers oder Schenkers.

(2) Die örtliche Zuständigkeit bestimmt sich nach den Verhältnissen des Erwerbers, bei Zweckzuwendungen nach den Verhältnissen des Beschwerten, zur Zeit des Erwerbs, wenn

1. bei einer Schenkung unter Lebenden der Erwerber, bei einer Zweckzuwendung unter Lebenden der Beschwerte, eine Körperschaft, Personenvereinigung oder Vermögensmasse ist oder

2. der Erblasser zur Zeit seines Todes oder der Schenker zur Zeit der Ausführung der Zuwendung kein Inländer war. [2]Sind an einem Erbfall mehrere inländische Erwerber mit Wohnsitz oder gewöhnlichem Aufenthalt in verschiedenen Finanzamtsbezirken beteiligt, ist das Finanzamt örtlich zuständig, das zuerst mit der Sache befaßt wird.

(3)[2] [1]Bei Schenkungen und Zweckzuwendungen unter Lebenden von einer Erbengemeinschaft ist das Finanzamt zuständig, das für die Bearbeitung des Erbfalls zuständig ist. [2]Satz 1 gilt auch, wenn eine Erbengemeinschaft aus zwei Erben besteht und der eine Miterbe bei der Auseinandersetzung eine Schenkung an den anderen Miterben ausführt.

---

[1] § 34 Abs. 2 Nr. 2 geänd. durch G v. 29.6.2015 (BGBl.I S. 1042); zur Anwendung siehe § 37 Abs. 9.
[2] § 35 Abs. 3 Satz 2 angef. mWv 1.1.2009 durch G v. 24.12.2008 (BGBl. I S. 3018).

[ab 29.12.2020:

(4)[1] In den Fällen der Steuerpflicht nach § 2 Absatz 1 Nummer 2 ist das Finanzamt zuständig, das sich bei sinngemäßer Anwendung des § 20 Absatz 1 und 2 der Abgabenordnung ergibt.]

(5)[2] In den Fällen des § 2 Absatz 1 Nummer 3 *und Absatz 3*[3] ist das Finanzamt örtlich zuständig, das sich bei sinngemäßer Anwendung des § 19 Absatz 2 der Abgabenordnung ergibt.

Abschnitt 5. Ermächtigungs- und Schlußvorschriften

§ 36 **Ermächtigungen.** (1) Die Bundesregierung wird ermächtigt, mit Zustimmung des Bundesrates

1. zur Durchführung dieses Gesetzes Rechtsverordnungen zu erlassen, soweit dies zur Wahrung der Gleichmäßigkeit bei der Besteuerung, zur Beseitigung von Unbilligkeiten in Härtefällen oder zur Vereinfachung des Besteuerungsverfahrens erforderlich ist, und zwar über

   a) die Abgrenzung der Steuerpflicht,

   b) die Feststellung und die Bewertung des Erwerbs von Todes wegen, der Schenkungen unter Lebenden und der Zweckzuwendungen, auch soweit es sich um den Inhalt von Schließfächern handelt,

   c) die Steuerfestsetzung, die Anwendung der Tarifvorschriften und die Steuerentrichtung,

   d) die Anzeige- und Erklärungspflicht der Steuerpflichtigen,

   e) die Anzeige-, Mitteilungs- und Übersendungspflichten der Gerichte, Behörden, Beamten und Notare, der Versicherungsunternehmen, der Vereine und Berufsverbände, die mit einem Versicherungsunternehmen die Zahlung einer Versicherungssumme für den Fall des Todes ihrer Mitglieder vereinbart haben, der geschäftsmäßigen Verwahrer und Verwalter fremden Vermögens, auch soweit es sich um in ihrem Gewahrsam befindliche Vermögensgegenstände des Erblassers handelt, sowie derjenigen, die auf den Namen lautende Aktien oder Schuldverschreibungen ausgegeben haben;

2. Vorschriften durch Rechtsverordnung zu erlassen über die sich aus der Aufhebung oder Änderung von Vorschriften dieses Gesetzes ergebenden Rechtsfolgen, soweit dies zur Wahrung der Gleichmäßigkeit der Besteuerung oder zur Beseitigung von Unbilligkeiten in Härtefällen erforderlich ist.

(2) Das Bundesministerium der Finanzen wird ermächtigt, den Wortlaut dieses Gesetzes und der zu diesem Gesetz erlassenen Durchführungsverordnung in der jeweils geltenden Fassung satzweise numeriert mit neuem Da-

---

[1] § 35 Abs. 4 eingef. durch G v. 21.12.2020 (BGBl. I S. 3096); zur Anwendung siehe § 37 Abs. 18.

[2] § 35 Abs. 4 geänd. durch G v. 7.12.2011 (BGBl. I S. 2592); zur Anwendung siehe § 37 Abs. 7; Abs. 4 wird Abs. 5 durch G v. 21.12.2020 (BGBl. I S. 3096); zur Anwendung siehe § 37 Abs. 18.

[3] Kursiver Verweisteil aufgeh. mWv 25.6.2017 durch G v. 23.6.2017 (BGBl. I S. 1682).

tum und neuer Paragraphenfolge bekanntzumachen und dabei Unstimmigkeiten des Wortlauts zu beseitigen.

§ 37[1]) **Anwendung des Gesetzes.** (1) Dieses Gesetz in der Fassung des Artikels 6 des Gesetzes vom 22. Dezember 2009 (BGBl. I S. 3950) findet auf Erwerbe Anwendung, für die die Steuer nach dem 31. Dezember 2009 entsteht.

(2) [1] In Erbfällen, die vor dem 31. August 1980 eingetreten sind, und für Schenkungen, die vor diesem Zeitpunkt ausgeführt worden sind, ist weiterhin § 25 in der Fassung des Gesetzes vom 17. April 1974[2]) (BGBl. I S. 933) anzuwenden, auch wenn die Steuer infolge Aussetzung der Versteuerung nach § 25 Abs. 1 Buchstabe a erst nach dem 30. August 1980 entstanden ist oder entsteht. [2] In Erbfällen, die vor dem 1. Januar 2009 eingetreten sind, und für Schenkungen, die vor diesem Zeitpunkt ausgeführt worden sind, ist weiterhin § 25 Abs. 1 Satz 3 und Abs. 2 in der Fassung der Bekanntmachung vom 27. Februar 1997 (BGBl. I S. 378) anzuwenden.

(3)[3]) [1] Die §§ 13a und 19a Absatz 5 in der Fassung des Artikels 6 des Gesetzes vom 22. Dezember 2009 (BGBl. I S. 3950) finden auf Erwerbe Anwendung, für die die Steuer nach dem 31. Dezember 2008 entsteht. [2] § 13a in der Fassung des Artikels 6 des Gesetzes vom 22. Dezember 2009 (BGBl. I S. 3950) ist nicht anzuwenden, wenn das begünstigte Vermögen vor dem 1. Januar 2011 von Todes wegen oder durch Schenkung unter Lebenden er-

---

[1]) § 37 Abs. 1 neu gef. durch G v. 22.12.2009 (BGBl. I S. 3950).

[2]) § 25 hat folgenden Wortlaut:

„§ 25 Aussetzung der Versteuerung. (1) Beim Erwerb von Vermögen, dessen Nutzungen einem anderen als dem Erwerber zustehen oder das mit einer Rentenverpflichtung oder mit der Verpflichtung zu einer sonstigen Leistung belastet ist, ist die Versteuerung nach der Wahl des Erwerbers

a) bis zum Erlöschen der Belastung, höchstens jedoch zu dem Vomhundertsatz auszusetzen, zu dem der Jahresertrag des Vermögens durch die Belastung gemindert ist oder

b) nach den Verhältnissen im Zeitpunkt des Erwerbs ohne Berücksichtigung dieser Belastungen durchzuführen. In diesem Fall ist die Steuer bis zum Erlöschen der Belastungen insoweit zinslos zu stunden, als sie auf den Kapitalwert der Belastungen entfällt.

(2) Geht im Fall des Absatzes 1 Buchstabe a das belastete Vermögen vor dem Erlöschen der Belastung durch Erbfolge auf einen anderen über, so wird die Steuer für diesen Übergang nicht erhoben; vielmehr tritt die gleiche Behandlung ein, wie wenn derjenige, dem das Vermögen zur Zeit des Erlöschens gehört, das Vermögen unmittelbar von dem ursprünglichen Erblasser oder Schenker erworben hätte.

(3) Überträgt der Erwerber im Fall des Absatzes 1 Buchstabe a das belastete Vermögen vor dem Erlöschen der Belastung unentgeltlich, so endet für ihn insoweit die Aussetzung der Versteuerung mit dem Zeitpunkt der Ausführung der Zuwendung. Die Steuer für seinen Erwerb bemißt sich nach dem Wert, der sich für das übertragene Vermögen nach Abzug der Belastung nach Absatz 1 in diesem Zeitpunkt ergibt. Bei der Ermittlung der Belastung nach Absatz 1 kann als Jahreswert der Nutzung höchstens der achtzehnte Teil des Wertes angesetzt werden, der sich nach den Vorschriften des Bewertungsgesetzes für das belastete Vermögen, vermindert um sonstige Belastungen, ergibt, als abzugsfähiger Jahresbetrag der Rente höchstens der Betrag, der dem Verhältnis des Jahreswertes der Rente zum Jahresertrag des belasteten Vermögens entspricht.

(4) Veräußert der Erwerber das belastete Vermögen vor dem Erlöschen der Belastung ganz oder teilweise, so endet insoweit die Aussetzung der Versteuerung oder die Stundung mit dem Zeitpunkt der Veräußerung."

[3]) § 37 Abs. 3 neu gef. durch G v. 22.12.2009 (BGBl. I S. 3950).

worben wird, bereits Gegenstand einer vor dem 1. Januar 2007 ausgeführten Schenkung desselben Schenkers an dieselbe Person war und wegen eines vertraglichen Rückforderungsrechts nach dem 11. November 2005 herausgegeben werden musste.

(4)[1] § 13 Absatz 1 Nummer 1, § 13b Absatz 2 Satz 6 und 7 und Absatz 3, § 15 Absatz 1, § 16 Absatz 1 und § 17 Absatz 1 Satz 1 in der Fassung des Artikels 14 des Gesetzes vom 8. Dezember 2010 (BGBl. I S. 1768) sind auf Erwerbe anzuwenden, für die die Steuer nach dem 13. Dezember 2010[2] entsteht.

(5)[3] Soweit Steuerbescheide für Erwerbe von Lebenspartnern noch nicht bestandskräftig sind, ist

1. § 15 Absatz 1 in der Fassung des Artikels 13 des Gesetzes vom 8. Dezember 2010 (BGBl. I S. 1768) auf Erwerbe, für die die Steuer nach dem 31. Juli 2001 entstanden ist, anzuwenden;
2. § 16 Absatz 1 Nummer 1 in der Fassung des Artikels 14 des Gesetzes vom 8. Dezember 2010 (BGBl. I S. 1768) auf Erwerbe, für die die Steuer nach dem 31. Dezember 2001 und vor dem 1. Januar 2009 entstanden ist, mit der Maßgabe anzuwenden, dass an die Stelle des Betrages von 500 000 Euro ein Betrag von 307 000 Euro tritt;
3. § 16 Absatz 1 Nummer 1 in der Fassung des Artikels 14 des Gesetzes vom 8. Dezember 2010 (BGBl. I S. 1768) auf Erwerbe, für die die Steuer nach dem 31. Juli 2001 und vor dem 1. Januar 2002 entstanden ist, mit der Maßgabe anzuwenden, dass an die Stelle des Betrages von 500 000 Euro ein Betrag von 600 000 Deutsche Mark tritt;
4. § 17 Absatz 1 in der Fassung des Artikels 14 des Gesetzes vom 8. Dezember 2010 (BGBl. I S. 1768) auf Erwerbe, für die die Steuer nach dem 31. Dezember 2001 und vor dem 1. Januar 2009 entstanden ist, anzuwenden;
5. § 17 Absatz 1 in der Fassung des Artikels 14 des Gesetzes vom 8. Dezember 2010 (BGBl. I S. 1768) auf Erwerbe, für die die Steuer nach dem 31. Juli 2001 und vor dem 1. Januar 2002 entstanden ist, mit der Maßgabe anzuwenden, dass an die Stelle des Betrages von 256 000 Euro ein Betrag von 500 000 Deutsche Mark tritt.

(6)[4] § 13a Absatz 1a und § 13b Absatz 2 und 2a in der Fassung des Artikels 8 des Gesetzes vom 1. November 2011 (BGBl. I S. 2131) sind auf Erwerbe anzuwenden, für die die Steuer nach dem 30. Juni 2011 entsteht.

(7)[5] [1]§ 2 Absatz 1 Nummer 1 und 3 und Absatz 3, § 7 Absatz 8, § 15 Absatz 4, § 16 Absatz 1 und 2, § 19 Absatz 2, § 21 Absatz 1 und § 35 Absatz 4 in der Fassung des Artikels 11 des Gesetzes vom 7. Dezember 2011 (BGBl. I S. 2592) finden auf Erwerbe Anwendung, für die die Steuer nach dem 13. Dezember 2011 entsteht. [2]§ 2 Absatz 1 Nummer 1 und 3 und Absatz 3,

---

[1] § 37 Abs. 4 eingef. durch G v. 8.12.2010 (BGBl. I S. 1768).
[2] Tag der Verkündung des G v. 8.12.2010 (BGBl. I S. 1768).
[3] § 37 Abs. 5 eingef. durch G v. 8.12.2010 (BGBl. I S. 1768).
[4] § 37 Abs. 6 angef. durch G v. 1.11.2011 (BGBl. I S. 2131).
[5] § 37 Abs. 7 angef. durch G v. 7.12.2011 (BGBl. I S. 2592).

§ 16 Absatz 1 und 2, § 19 Absatz 2, § 21 Absatz 1 und § 35 *Absatz 4*[1]) in der Fassung des Artikels 11 des Gesetzes vom 7. Dezember 2011 (BGBl. I S. 2592) finden auf Antrag auch auf Erwerbe Anwendung, für die die Steuer vor dem 14. Dezember 2011 entsteht, soweit Steuerbescheide noch nicht bestandskräftig sind.

(8)[2]) § 13a Absatz 1 Satz 4, Absatz 4 Satz 5 und § 13b Absatz 2 in der Fassung des Artikels 30 des Gesetzes vom 26. Juni 2013 (BGBl. I S. 1809) sind auf Erwerbe anzuwenden, für die die Steuer nach dem 6. Juni 2013[3]) entsteht.

(9)[4]) § 34 Absatz 2 Nummer 2 in der Fassung des Artikels 17 des Gesetzes vom 29. Juni 2015 (BGBl. I S. 1042) ist auf Erwerbe anzuwenden, für die die Steuer nach dem 16. August 2015 entsteht.

(10)[5]) [1] § 13 Absatz 1 Nummer 16 Buchstabe b und c und § 30 Absatz 4 Nummer 1 in der am 6. November 2015[6]) geltenden Fassung sind auf Erwerbe anzuwenden, für die die Steuer nach dem 5. November 2015[7]) entstanden ist. [2] § 13 Absatz 1 Nummer 16 Buchstabe b und c in der am 6. November 2015[6]) geltenden Fassung ist auch auf Erwerbe anzuwenden, für die die Steuer vor dem 6. November 2015[6]) entsteht, soweit Steuerbescheide noch nicht bestandskräftig sind.

(11)[8]) § 13 Absatz 1 Nummer 2 Buchstabe b Doppelbuchstabe bb in der am 6. August 2016 geltenden Fassung ist auf Erwerbe anzuwenden, für die die Steuer nach dem 5. August 2016 entstanden ist.

(12)[9]) [1] Die §§ 10, 13a bis 13d, 19a, 28 und 28a in der Fassung des Artikels 1 des Gesetzes vom 4. November 2016 (BGBl. I S. 2464) finden auf Erwerbe Anwendung, für die die Steuer nach dem 30. Juni 2016 entsteht. [2] § 13a Absatz 1 Satz 3 und 4 in der Fassung des Artikels 1 des Gesetzes vom 4. November 2016 (BGBl. I S. 2464) findet auf frühere Erwerbe Anwendung, für die die Steuer nach dem 30. Juni 2016 entsteht. [3] § 13c Absatz 2 Satz 3 bis 5 in der Fassung des Artikels 1 des Gesetzes vom 4. November 2016 (BGBl. I S. 2464) findet auf frühere Erwerbe Anwendung, für die die Steuer nach dem 30. Juni 2016 entsteht.

(13)[10]) [1] § 17 in der am 25. Juni 2017 geltenden Fassung ist auf Erwerbe anzuwenden, für die die Steuer nach dem 24. Juni 2017 entsteht. [2] § 17 in der am 25. Juni 2017 geltenden Fassung ist auch auf Erwerbe anzuwenden, für die die Steuer vor dem 25. Juni 2017 entstanden ist, soweit Steuerbescheide noch nicht bestandskräftig sind.

---

[1]) Jetzt Absatz 5.
[2]) § 37 Abs. 8 angef. durch G v. 26.6.2013 (BGBl. I S. 1809).
[3]) Tag des Beschlusses des Deutschen Bundestages über die Empfehlung des Vermittlungsausschusses zum AmtshilfeRLUmsG.
[4]) § 37 Abs. 9 angef. durch G v. 29.6.2015 (BGBl. I S. 1042).
[5]) § 37 Abs. 10 angef. durch G v. 2.11.2015 (BGBl. I S. 1834).
[6]) Tag *nach* Verkündung des G v. 2.11.2015 (BGBl. I S. 1834).
[7]) Tag *der* Verkündung des G v. 2.11.2015 (BGBl. I S. 1834).
[8]) § 37 Abs. 11 angef. durch G v. 31.7.2016 (BGBl. I S. 1914).
[9]) § 37 Abs. 12 angefügt durch Gesetz vom 4.11.2016 (BGBl. I S. 2464).
[10]) § 37 Abs. 13 angef. durch G v. 23.6.2017 (BGBl. I S. 1682).

(14)[1] § 2 Absatz 1 Nummer 3, § 3 Absatz 2 Nummer 4, § 9 Absatz 1 Nummer 1 Buchstabe f, § 13 Absatz 1 Nummer 16 Buchstabe c Satz 2 und § 16 Absatz 1 und 2 in der am 25. Juni 2017 geltenden Fassung sind auf Erwerbe anzuwenden, für die die Steuer nach dem 24. Juni 2017 entsteht.

(15)[2] § 13 Absatz 1 Nummer 18 Buchstabe a in der Fassung des Artikels 6 des Gesetzes vom 18. Juli 2017 (BGBl. I S. 2730) ist auf Erwerbe anzuwenden, für die die Steuer nach dem 29. Juli 2017 entsteht.

(16)[3] ¹Die §§ 19a und 28 in der Fassung des Artikels 18 des Gesetzes vom 11. Dezember 2018 (BGBl. I S. 2338) finden auf Erwerbe Anwendung, für die die Steuer nach dem 14. Dezember 2018[4] entsteht. ²§ 28a in der Fassung des Artikels 18 des Gesetzes vom 11. Dezember 2018 (BGBl. I S. 2338) findet auf Erwerbe Anwendung, für die ein Erlass erstmals nach dem 14. Dezember 2018[4] ausgesprochen wurde.

(17)[5] Auf Erwerbe, für die die Steuer vor dem Zeitpunkt entstanden ist, ab dem das Vereinigte Königreich Großbritannien und Nordirland nicht mehr Mitgliedstaat der Europäischen Union ist und auch nicht wie ein solcher zu behandeln ist, ist dieses Gesetz mit der Maßgabe anzuwenden, dass das Vereinigte Königreich Großbritannien und Nordirland weiterhin als Mitgliedstaat der Europäischen Union gilt.

(18)[6] § 3 Absatz 2 Nummer 5, § 5 Absatz 1 Satz 6, § 10 Absatz 1 Satz 3 sowie Absatz 6 und 8, § 13 Absatz 1 Nummer 9a, § 13a Absatz 9a, § 13b Absatz 10 Satz 1, § 14 Absatz 2, § 29 Absatz 1 Nummer 4 Satz 2, § 30 Absatz 5, § 31 Absatz 1 sowie § 35 Absatz 1, 4 und 5 in der am 29. Dezember 2020[7] geltenden Fassung sind auf Erwerbe anzuwenden, für die die Steuer nach dem 28. Dezember 2020[8] entsteht.

(19)[9] § 13 Absatz 1 Nummer 19 in der Fassung des Artikels 6 des Gesetzes vom 16. Juli 2021 (BGBl. I S. 2931) ist in allen Fällen anzuwenden, soweit die Steuerbescheide noch nicht bestandskräftig sind.

§ 37a Sondervorschriften aus Anlaß der Herstellung der Einheit Deutschlands. (1) (weggefallen)

(2) ¹Für den Zeitpunkt der Entstehung der Steuerschuld ist § 9 Abs. 1 Nr. 1 auch dann maßgebend, wenn der Erblasser in dem in Artikel 3 des Einigungsvertrages genannten Gebiet vor dem 1. Januar 1991 verstorben ist, es sei denn, daß die Steuer nach dem Erbschaftsteuergesetz der Deutschen Demokratischen Republik vor dem 1. Januar 1991 entstanden ist. ²§ 9 Abs. 2 gilt entsprechend, wenn die Versteuerung nach § 34 des Erbschaftsteuergesetzes (ErbStG)

---

[1] § 37 Abs. 14 angef. durch G v. 23.6.2017 (BGBl. I S. 1682).
[2] § 37 Abs. 15 angef. durch G v. 18.7.2017 (BGBl. I S. 2730).
[3] § 37 Abs. 16 angef. durch G v. 11.12.2018 (BGBl. I S. 2338).
[4] Tag der Verkündung des G v. 11.12.2018 (BGBl. I S. 2338).
[5] § 37 Abs. 17 angef. mWv 29.3.2019 durch Brexit-StBG v. 25.3.2019 (BGBl. I S. 357).
[6] § 37 Abs. 18 angef. durch G v. 21.12.2020 (BGBl. I S. 3096).
[7] Tag *nach* Verkündung des G v. 21.12.2020 (BGBl. I S. 3096).
[8] Tag *der* Verkündung des G v. 21.12.2020 (BGBl. I S. 3096).
[9] § 37 Abs. 19 angef. durch G v. 16.7.2021 (BGBl. I S. 2931).

der Deutschen Demokratischen Republik in der Fassung vom 18. September 1970 (Sonderdruck Nr. 678 des Gesetzblattes) ausgesetzt wurde.

(3) (weggefallen)

(4) Als frühere Erwerbe im Sinne des § 14 gelten auch solche, die vor dem 1. Januar 1991 dem Erbschaftsteuerrecht der Deutschen Demokratischen Republik unterlegen haben.

(5) Als frühere Erwerbe desselben Vermögens im Sinne des § 27 gelten auch solche, für die eine Steuer nach dem Erbschaftsteuerrecht der Deutschen Demokratischen Republik erhoben wurde, wenn der Erwerb durch Personen im Sinne des § 15 Abs. 1 Steuerklasse I erfolgte.

(6) § 28 ist auch anzuwenden, wenn eine Steuer nach dem Erbschaftsteuerrecht der Deutschen Demokratischen Republik erhoben wird.

(7) [1] Ist in dem in Artikel 3 des Einigungsvertrages genannten Gebiet eine Steuerfestsetzung nach § 33 des Erbschaftsteuergesetzes der Deutschen Demokratischen Republik in der Weise erfolgt, daß die Steuer jährlich im voraus von dem Jahreswert von Renten, Nutzungen oder Leistungen zu entrichten ist, kann nach Wahl des Erwerbers die Jahressteuer zum jeweils nächsten Fälligkeitstermin mit ihrem Kapitalwert abgelöst werden. [2] § 23 Abs. 2 ist entsprechend anzuwenden.

(8) Wurde in Erbfällen, die vor dem 1. Januar 1991 eingetreten sind, oder für Schenkungen, die vor diesem Zeitpunkt ausgeführt worden sind, die Versteuerung nach § 34 des Erbschaftsteuergesetzes der Deutschen Demokratischen Republik ausgesetzt, ist diese Vorschrift weiterhin anzuwenden, auch wenn die Steuer infolge der Aussetzung der Versteuerung erst nach dem 31. Dezember 1990 entsteht.

§§ 38 und 39. (weggefallen)

260. Erbschaftsteuer-Durchführungsverordnung (ErbStDV)

Vom 8. September 1998 (BGBl. I S. 2658)

Geändert durch Steuer-Euroglättungsgesetz vom 19.12.2000 (BGBl. I S. 1790), Gesetz zur Modernisierung des Stiftungsrechts vom 15.7.2002 (BGBl. I S. 2634), Drittes Gesetz zur Änderung verwaltungsverfahrensrechtlicher Vorschriften vom 21.8.2002 (BGBl. I S. 3322), Verordnung zur Änderung der Erbschaftsteuer-Durchführungsverordnung vom 2.11.2005 (BGBl. I S. 3126), Personenstandsrechtsreformgesetz vom 19.2.2007 (BGBl. I S. 122), Verordnung zur Änderung steuerlicher Verordnungen vom 17.11.2010 (BGBl. I S. 1544), Jahressteuergesetz 2010 (JStG 2010) vom 8.12.2010 (BGBl. I S. 1768), Gesetz zur Anpassung steuerlicher Regelungen an die Rechtsprechung des Bundesverfassungsgerichts vom 18.7.2014 (BGBl. I S. 1042), Verordnung zur Änderung steuerlicher Verordnungen und weiterer Vorschriften vom 22.12.2014 (BGBl. I S. 2392), Gesetz zum Internationalen Erbrecht und zur Änderung von Vorschriften zum Erbschein sowie zur Änderung sonstiger Vorschriften vom 29.6.2015 (BGBl. I S. 1042), Gesetz zur Reform des Grundsteuer- und Bewertungsrechts (Grundsteuer-Reformgesetz – GrStRefG) vom 26.11.2019 (BGBl. I S. 1794), Fünfte Verordnung zur Änderung steuerlicher Verordnungen vom 25.6.2020 (BGBl. I S. 1495) und Sechste Verordnung zur Änderung steuerlicher Verordnungen vom 19.12.2022 (BGBl. I S. 2432)

BGBl. III/FNA 611-8-2-2-1

Zu § 33 ErbStG

§ 1 Anzeigepflicht der Vermögensverwahrer und der Vermögensverwalter. (1) ¹Wer zur Anzeige über die Verwahrung oder Verwaltung von Vermögen eines Erblassers verpflichtet ist, hat die Anzeige nach § 33 Abs. 1 des Gesetzes mit einem Vordruck nach Muster 1 zu erstatten. ²Wird die Anzeige in einem maschinellen Verfahren erstellt, kann auf eine Unterschrift verzichtet werden. ³Die Anzeigepflicht bezieht sich auch auf die für das Jahr des Todes bis zum Todestag errechneten Zinsen für Guthaben, Forderungen und Wertpapiere (Stückzinsen). ⁴Die Anzeige ist bei dem für die Verwaltung der Erbschaftsteuer zuständigen Finanzamt (§ 35 des Gesetzes) einzureichen.

(2) Die Anzeigepflicht besteht auch dann, wenn an dem in Verwahrung oder Verwaltung befindlichen Wirtschaftsgut außer dem Erblasser auch noch andere Personen beteiligt sind.

(3) Befinden sich am Todestag des Erblassers bei dem Anzeigepflichtigen Wirtschaftsgüter in Gewahrsam, die vom Erblasser verschlossen oder unter Mitverschluß gehalten wurden (z. B. in Schließfächern), genügt die Mitteilung über das Bestehen eines derartigen Gewahrsams und, soweit er dem Anzeigepflichtigen bekannt ist, die Mitteilung des Versicherungswerts.

(4) Die Anzeige darf nur unterbleiben,

1. wenn es sich um Wirtschaftsgüter handelt, über die der Erblasser nur die Verfügungsmacht hatte, insbesondere als gesetzlicher Vertreter, Betreuer, Liquidator, Verwalter oder Testamentsvollstrecker, oder

2. wenn der Wert der anzuzeigenden Wirtschaftsgüter 5000 Euro¹⁾ nicht übersteigt.

---

¹⁾ Betrag geänd. mWv 1.1.2011 durch VO v. 17.11.2010 (BGBl. I S. 1544).

§ 2 Anzeigepflicht derjenigen, die auf den Namen lautende Aktien oder Schuldverschreibungen ausgegeben haben. [1]Wer auf den Namen lautende Aktien oder Schuldverschreibungen ausgegeben hat, hat unverzüglich nach dem Eingang eines Antrags auf Umschreibung der Aktien oder Schuldverschreibungen eines Verstorbenen dem für die Verwaltung der Erbschaftsteuer zuständigen Finanzamt (§ 35 des Gesetzes) unter Hinweis auf § 33 Abs. 2 des Gesetzes anzuzeigen:

1. die Wertpapier-Kennnummer, die Stückzahl und den Nennbetrag der Aktien oder Schuldverschreibungen,

2.[1]) die letzte Anschrift und die Identifikationsnummer des Erblassers, auf dessen Namen die Wertpapiere lauten,

3. den Todestag des Erblassers und – wenn dem Anzeigepflichtigen bekannt – das Standesamt, bei dem der Sterbefall beurkundet worden ist,

4.[1]) den Namen, die Identifikationsnummer, die Anschrift und, soweit dem Anzeigepflichtigen bekannt, das persönliche Verhältnis (Verwandtschaftsverhältnis, Ehegatte oder Lebenspartner) der Person, auf deren Namen die Wertpapiere umgeschrieben werden sollen.

[2]Die Anzeige darf nur unterbleiben, wenn der Wert der anzuzeigenden Wertpapiere 5000 Euro nicht übersteigt.[2])

§ 3 Anzeigepflicht der Versicherungsunternehmen. (1) [1]Zu den Versicherungsunternehmen, die Anzeigen nach § 33 Abs. 3 des Gesetzes zu erstatten haben, gehören auch die Sterbekassen von Berufsverbänden, Vereinen und anderen Anstalten, soweit sie die Lebens-(Sterbegeld-) oder Leibrenten-Versicherung betreiben. [2]Die Anzeigepflicht besteht auch für Vereine und Berufsverbände, die mit einem Versicherungsunternehmen die Zahlung einer Versicherungssumme (eines Sterbegeldes) für den Fall des Todes ihrer Mitglieder vereinbart haben, wenn der Versicherungsbetrag an die Hinterbliebenen der Mitglieder weitergeleitet wird. [3]Ortskrankenkassen gelten nicht als Versicherungsunternehmen im Sinne der genannten Vorschrift.

(2)[3]) [1]Dem für die Verwaltung der Erbschaftsteuer zuständigen Finanzamt (§ 35 des Gesetzes) sind mit einem Vordruck nach Muster 2 alle Versicherungssummen oder Leibrenten, die einem anderen als dem Versicherungsnehmer auszuzahlen oder zur Verfügung zu stellen sind, und, soweit dem Anzeigepflichtigen bekannt, das persönliche Verhältnis (Verwandtschaftsverhältnis, Ehegatte oder Lebenspartner) der Person, an die die Auszahlung oder Zurverfügungstellung erfolgt, anzuzeigen. [2]Zu den Versicherungssummen rechnen insbesondere auch Versicherungsbeträge aus Sterbegeld-, Aussteuer- und ähnlichen Versicherungen. [3]Bei einem Wechsel des Versicherungsnehmers vor Eintritt des Versicherungsfalls sind der Rückkaufswert der Versicherung sowie

---

[1]) § 2 Nr. 2 geänd. mWv 30.12.2014 (§ 12 Abs. 3) durch VO v. 22.12.2014 (BGBl. I S. 2392); Nr. 4 geänd. mWv 1.1.2011 durch VO v. 17.11.2010 (BGBl. I S. 1544); geänd. mWv 30.12.2014 (§ 12 Abs. 3) durch VO v. 22.12.2014 (BGBl. I S. 2392).

[2]) § 2 Satz 2 angef. mWv 1.1.2011 durch VO v. 17.11.2010 (BGBl. I S. 1544).

[3]) § 3 Abs. 2 Satz 1 geänd., Satz 3 geänd. mWv 1.1.2011 durch VO v. 17.11.2010 (BGBl. I S. 1544); geänd. mWv 30.12.2014 (§ 12 Abs. 3) durch VO v. 22.12.2014 (BGBl. I S. 2392).

der Name, die Identifikationsnummer, die Anschrift und das Geburtsdatum des neuen Versicherungsnehmers anzuzeigen.

(3) [1]Die Anzeige unterbleibt bei solchen Versicherungssummen, die auf Grund eines von einem Arbeitgeber für seine Arbeitnehmer abgeschlossenen Versicherungsvertrages bereits zu Lebzeiten des Versicherten (Arbeitnehmers) fällig und an diesen ausgezahlt werden. [2]Die Anzeige darf bei Kapitalversicherungen unterbleiben, wenn der auszuzahlende Betrag 5000 Euro[1) nicht übersteigt.

Zu § 34 ErbStG

§ 4 Anzeigepflicht der Standesämter. (1) [1]Die Standesämter haben für jeden Kalendermonat die Sterbefälle jeweils durch Übersendung der Sterbeurkunde[2) in zweifacher Ausfertigung binnen zehn Tagen nach Ablauf des Monats dem für die Verwaltung der Erbschaftsteuer zuständigen Finanzamt, in dessen Bezirk sich der Sitz des Standesamtes befindet, anzuzeigen. [2]Dabei ist die Ordnungsnummer (§ 5 Abs. 2) anzugeben, die das Finanzamt dem Standesamt zugeteilt hat. [3]Die in Satz 1 genannten Urkunden sind um Angaben zu den in Muster 3 genannten Fragen zu ergänzen, soweit diese Angaben bekannt sind.

(2) Sind in dem vorgeschriebenen Zeitraum Sterbefälle nicht beurkundet oder bekannt geworden, hat das Standesamt innerhalb von zehn Tagen nach Ablauf des Zeitraumes unter Angabe der Nummer der letzten Eintragung in das Sterberegister[2) eine Fehlanzeige mit einem Vordruck nach Muster 4 zu übersenden.

(3) Die Oberfinanzdirektion kann anordnen,

1. daß die Anzeigen von einzelnen Standesämtern für einen längeren oder kürzeren Zeitraum als einen Monat übermittelt werden können,
2. daß die Standesämter die Sterbefälle statt der Anzeigen nach Absatz 1 und 2 durch eine Totenliste (Absatz 4) nach Muster 3 anzeigen können,
3. daß auf die zweite Ausfertigung der Sterbeurkunde verzichtet werden kann.

(4) [1]Totenlisten nach Absatz 3 Nr. 2 sind vorbehaltlich des Absatzes 3 Nr. 1 für jeden Kalendermonat aufzustellen. [2]In die Totenlisten sind einzutragen:

1. die Sterbefälle nach der Reihenfolge der Eintragungen in das Sterberegister[2),
2. die dem Standesamt sonst bekanntgewordenen Sterbefälle von Personen, die im Ausland verstorben sind und bei ihrem Tod einen Wohnsitz oder ihren gewöhnlichen Aufenthalt oder Vermögen im Bezirk des Standesamtes gehabt haben.

[3]Das Standesamt hat die Totenliste binnen zehn Tagen nach dem Ablauf des Zeitraumes, für den sie aufgestellt ist, nach der in dem Muster 3 vorgeschriebenen Anleitung abzuschließen und dem für die Verwaltung der Erbschaftsteuer zuständigen Finanzamt, in dessen Bezirk sich der Sitz des Standesamtes befindet, einzusenden. [4]Dabei ist die Ordnungsnummer (§ 5 Abs. 2) anzugeben, die das Finanzamt dem Standesamt zugeteilt hat. [5]Sind in dem vorge-

---

[1) Betrag geänd. mWv 1.1.2011 durch VO v. 17.11.2010 (BGBl. I S. 1544).
[2) § 4 Abs. 1 Satz 1, Abs. 2, Abs. 4 Satz 2 Nr. 1 geänd. durch G v. 19.2.2007 (BGBl. I S. 122).

schriebenen Zeitraum Sterbefälle nicht beurkundet worden oder bekanntgeworden, hat das Standesamt innerhalb von zehn Tagen nach Ablauf des Zeitraumes diesem Finanzamt eine Fehlanzeige nach Muster 4 zu übersenden. [6] In der Fehlanzeige ist auch die Nummer der letzten Eintragung in das Sterberegister[1)] anzugeben.

§ 5 Verzeichnis der Standesämter. (1) [1] Die Landesregierungen oder die von ihnen bestimmten Stellen teilen den für ihr Gebiet zuständigen Oberfinanzdirektionen Änderungen des Bestandes oder der Zuständigkeit der Standesämter mit. [2] Von diesen Änderungen geben die Oberfinanzdirektionen den in Betracht kommenden Finanzämtern Kenntnis.

(2) Die Finanzämter geben jedem Standesamt ihres Bezirks eine Ordnungsnummer, die sie dem Standesamt mitteilen.

§ 6 Anzeigepflicht der Gerichte bei Todeserklärungen. (1) [1] Die Gerichte haben dem für die Verwaltung der Erbschaftsteuer zuständigen Finanzamt (§ 35 des Gesetzes) eine beglaubigte Abschrift der Beschlüsse über die Todeserklärung Verschollener oder über die Feststellung des Todes und der Todeszeit zu übersenden. [2] Wird ein solcher Beschluß angefochten oder eine Aufhebung beantragt, hat das Gericht dies dem Finanzamt anzuzeigen.

(2) Die Übersendung der in Absatz 1 genannten Abschriften kann bei Erbfällen von Kriegsgefangenen und ihnen gleichgestellten Personen sowie bei Erbfällen von Opfern der nationalsozialistischen Verfolgung unterbleiben, wenn der Zeitpunkt des Todes vor dem 1. Januar 1946 liegt.

§ 7[2)] Anzeigepflicht der Gerichte, Notare und sonstigen Urkundspersonen in Erbfällen. (1) [1] Die Gerichte haben dem für die Verwaltung der Erbschaftsteuer zuständigen Finanzamt (§ 35 des Gesetzes) beglaubigte Abschriften folgender Verfügungen und Schriftstücke mit einem Vordruck nach Muster 5 zu übersenden:

1. eröffnete Verfügungen von Todes wegen mit einer Mehrausfertigung der Niederschrift über die Eröffnungsverhandlung,
2. Erbscheine,
2a.[3)] Europäische Nachlasszeugnisse,
3. Testamentsvollstreckerzeugnisse,
4. Zeugnisse über die Fortsetzung von Gütergemeinschaften,
5. Beschlüsse über die Einleitung oder Aufhebung einer Nachlaßpflegschaft oder Nachlaßverwaltung,
6. beurkundete Vereinbarungen über die Abwicklung von Erbauseinandersetzungen.

[2] Eine elektronische Übermittlung der Anzeige ist ausgeschlossen. [3] Die Anzeige hat unverzüglich nach dem auslösenden Ereignis zu erfolgen. [4] Auf der Ur-

---

[1)] § 4 Abs. 4 Satz 6 geänd. durch G v. 19.2.2007 (BGBl. I S. 122).
[2)] § 7 Abs. 1 Satz 2 eingef. (mit erstmaliger Wirkung für Erwerbe, für die die Steuer nach dem 27.8.2002 entstanden ist) durch G v. 21.8.2002 (BGBl. I S. 3322).
[3)] § 7 Abs. 1 Satz 1 Nr. 2a eingef. durch G v. 29.6.2015 (BGBl. I S. 1042); zur Anwendung siehe § 12 Abs. 4.

schrift der Mitteilung oder Anzeige ist zu vermerken, wann und an welches Finanzamt die Abschrift übersandt worden ist.

(2)[1] Jede Mitteilung oder Übersendung soll die folgenden Angaben enthalten:

1. den Namen, die Identifikationsnummer, den Geburtstag, die letzte Anschrift, den Todestag und den Sterbeort des Erblassers,
2. das Standesamt, bei dem der Sterbefall beurkundet worden ist, und die Nummer des Sterberegisters.

(3) Soweit es den Gerichten bekannt ist, haben sie mitzuteilen:

1. den Beruf und den Familienstand des Erblassers,
2.[2] den Güterstand bei verheirateten oder in einer Lebenspartnerschaft lebenden Erblassern,
3.[3] die Anschriften und die Identifikationsnummern der Beteiligten sowie das persönliche Verhältnis (Verwandtschaftsverhältnis, Ehegatte oder Lebenspartner) zum Erblasser,
4. die Höhe und die Zusammensetzung des Nachlasses in Form eines Verzeichnisses,
5. später bekanntgewordene Veränderungen in der Person der Erben oder Vermächtnisnehmer, insbesondere durch Fortfall von vorgesehenen Erben oder Vermächtnisnehmern.

(4)[4] Die Übersendung der in Absatz 1 erwähnten Abschriften und die Erstattung der dort vorgesehenen Anzeigen dürfen unterbleiben,

1. wenn die Annahme berechtigt ist, dass außer Hausrat (einschließlich Wäsche und Kleidungsstücke) im Wert von höchstens 12 000 Euro nur noch anderes Vermögen im reinen Wert von höchstens 20 000 Euro vorhanden ist,
2. bei Erbfällen von Kriegsgefangenen und ihnen gleichgestellten Personen sowie bei Erbfällen von Opfern der nationalsozialistischen Verfolgung, wenn der Zeitpunkt des Todes vor dem 1. Januar 1946 liegt,
3. wenn der Erbschein lediglich zur Geltendmachung von Ansprüchen auf Grund des Lastenausgleichsgesetzes beantragt und dem Ausgleichsamt unmittelbar übersandt worden ist,
4. wenn seit dem Zeitpunkt des Todes des Erblassers mehr als zehn Jahre vergangen sind. ²Das gilt nicht für Anzeigen über die Abwicklung von Erbauseinandersetzungen.

(5)[5] Die vorstehenden Vorschriften gelten entsprechend für Notare und sonstige Urkundspersonen, soweit ihnen Geschäfte des Nachlaßgerichtes übertragen sind.

---

[1] § 7 Abs. 2 Nr. 2 geänd. durch G v. 19.2.2007 (BGBl. I S. 122); Nr. 1 geänd. mWv 30.12.2014 (§ 12 Abs. 3) durch VO v. 22.12.2014 (BGBl. I S. 2392).
[2] § 7 Abs. 3 Nr. 2 geänd. mWv 24.7.2014 (§ 12 Abs. 2) durch G v. 18.7.2014 (BGBl. I S. 1042).
[3] § 7 Abs. 3 Nr. 3 geänd. mWv 1.1.2011 durch VO v. 17.11.2010 (BGBl. I S. 1544); Nr. 3 geänd. mWv 30.12.2014 (§ 12 Abs. 3) durch VO v. 22.12.2014 (BGBl. I S. 2392).
[4] § 7 Abs. 4 Nr. 1 geänd. mWv 1.1.2011 durch VO v. 17.11.2010 (BGBl. I S. 1544).
[5] § 7 Abs. 5 geänd. mWv 23.12.2022 durch VO v. 19.12.2022 (BGBl. I S. 2432).

§ 8[1]) Anzeigepflicht der Gerichte, Notare und sonstigen Urkundspersonen bei Schenkungen und Zweckzuwendungen unter Lebenden. (1) [1]Die Gerichte haben dem für die Verwaltung der Erbschaftsteuer zuständigen Finanzamt (§ 35 des Gesetzes) eine beglaubigte Abschrift der Urkunde über eine Schenkung (§ 7 des Gesetzes) oder eine Zweckzuwendung unter Lebenden (§ 8 des Gesetzes) unter Angabe des der Kostenberechnung zugrunde gelegten Werts mit einem Vordruck nach Muster 6 zu übersenden. [2]Eine elektronische Übermittlung der Anzeige ist ausgeschlossen. [3]Enthält die Urkunde keine Angaben darüber, sind die Beteiligten über

1.[2]) das persönliche Verhältnis (Verwandtschaftsverhältnis, Ehegatte oder Lebenspartner) des Erwerbers zum Schenker und

2. den Wert der Zuwendung

zu befragen und die Angaben in der Anzeige mitzuteilen. [4]Die Anzeige hat unverzüglich nach der Beurkundung zu erfolgen. [5]Auf der Urschrift der Urkunde ist zu vermerken, wann und an welches Finanzamt die Abschrift übersandt worden ist. [6]Die Gerichte haben bei der Beurkundung von Schenkungen und Zweckzuwendungen unter Lebenden die Beteiligten auf die mögliche Steuerpflicht hinzuweisen.

(2) Die Verpflichtungen nach Absatz 1 erstrecken sich auch auf Urkunden über Rechtsgeschäfte, die zum Teil oder der Form nach entgeltlich sind, bei denen aber Anhaltspunkte dafür vorliegen, daß eine Schenkung oder Zweckzuwendung unter Lebenden vorliegt.

(3)[3]) Die Übersendung einer beglaubigten Abschrift von Schenkungs- und Übergabeverträgen und die Mitteilung der in Absatz 1 vorgesehenen Angaben darf unterbleiben, wenn Gegenstand der Schenkung nur Hausrat (einschließlich Wäsche und Kleidungsstücke) im Wert von höchstens 12 000 Euro und anderes Vermögen im reinen Wert von höchstens 20 000 Euro ist.

(4)[4]) Die vorstehenden Vorschriften gelten entsprechend für Notare und sonstige Urkundspersonen.

§ 9[5]) Anzeigepflicht der Auslandsstellen. [1]Die diplomatischen Vertreter und Konsuln des Bundes haben dem Bundeszentralamt für Steuern anzuzeigen:

1. die ihnen bekannt gewordenen Sterbefälle von Deutschen ihres Amtsbezirks,

---

[1]) § 8 Abs. 1 Satz 2 eingef. (mit erstmaliger Wirkung für Erwerbe, für die die Steuer nach dem 27.8.2002 entstanden ist) durch G v. 21.8.2002 (BGBl. I S. 3322).

[2]) § 8 Abs. 1 Satz 3 Nr. 1 Klammerzusatz geänd. mWv 1.1.2011 durch VO v. 17.11.2010 (BGBl. I S. 1544).

[3]) § 8 Abs. 3 geänd. mWv 1.1.2011 durch VO v. 17.11.2010 (BGBl. I S. 1544).

[4]) § 8 Abs. 4 geänd. mWv 23.12.2022 durch VO v. 19.12.2022 (BGBl. I S. 2432).

[5]) § 9 Satz 2 angef. (mit erstmaliger Wirkung für Erwerbe, für die die Steuer nach dem 27.8.2002 entstanden ist) durch G v. 21.8.2002 (BGBl. I S. 3322); Satz 1 geänd. mWv 1.1.2009 durch G v. 19.2.2007 (BGBl. I S. 122); Satz 1 geänd. mWv 14.12.2010 durch G v. 8.12.2010 (BGBl. I S. 1768).

2. die ihnen bekannt gewordenen Zuwendungen ausländischer Erblasser oder Schenker an Personen, die im Inland einen Wohnsitz oder ihren gewöhnlichen Aufenthalt haben.

² Eine elektronische Übermittlung der Anzeige ist ausgeschlossen.

§ 10[1] Anzeigepflicht der Genehmigungsbehörden.

¹Die Behörden, die Stiftungen anerkennen oder Zuwendungen von Todes wegen und unter Lebenden an juristische Personen und dergleichen genehmigen, haben dem für die Verwaltung der Erbschaftsteuer zuständigen Finanzamt (§ 35 des Gesetzes) über solche innerhalb eines Kalendervierteljahres erteilten Anerkennungen oder Genehmigungen unmittelbar nach Ablauf des Vierteljahres eine Nachweisung zu übersenden. ²Eine elektronische Übermittlung der Anzeige ist ausgeschlossen. ³Die Verpflichtung erstreckt sich auch auf Rechtsgeschäfte der in § 8 Abs. 2 bezeichneten Art. ⁴In der Nachweisung sind bei einem Anerkennungs- oder Genehmigungsfall anzugeben:

1. der Tag der Anerkennung oder Genehmigung,

2.[2] die Anschriften und die Identifikationsnummern des Erblassers (Schenkers) und des Erwerbers (bei einer Zweckzuwendung die Anschrift und die Identifikationsnummer des mit der Durchführung der Zweckzuwendung Beschwerten),

3. die Höhe des Erwerbs (der Zweckzuwendung),

4. bei Erwerben von Todes wegen der Todestag und der Sterbeort des Erblassers,

5. bei Anerkennung einer Stiftung als rechtsfähig der Name, der Sitz (der Ort der Geschäftsleitung), der Zweck der Stiftung und der Wert des ihr gewidmeten Vermögens,

6.[3] wenn bei der Anerkennung oder Genehmigung dem Erwerber Leistungen an andere Personen oder zu bestimmten Zwecken auferlegt oder wenn von dem Erwerber solche Leistungen zur Erlangung der Anerkennung oder Genehmigung freiwillig übernommen werden: Art und Wert der Leistungen, die begünstigten Personen oder Zwecke und das persönliche Verhältnis (Verwandtschaftsverhältnis, Ehegatte oder Lebenspartner) der begünstigten Personen zum Erblassers (Schenker).

⁵Als Nachweisung kann eine beglaubigte Abschrift der der Stiftung zugestellten Urkunde über die Anerkennung als rechtsfähig dienen, wenn aus ihr die genannten Angaben zu ersehen sind.

---

[1] § 10 Sätze 1, 4 und 5 geänd. bzw. ergänzt durch G v. 15.7.2002 (BGBl. I S. 2634); Satz 2 eingef. (mit erstmaliger Wirkung für Erwerbe, für die die Steuer nach dem 27.8.2002 entstanden ist) durch G v. 21.8.2002 (BGBl. I S. 3322).
[2] § 10 Satz 4 Nr. 2 geänd. mWv 30.12.2014 (§ 12 Abs. 3) durch VO v. 22.12.2014 (BGBl. I S. 2392).
[3] § 10 Satz 4 Nr. 6 Klammerzusatz geänd. mWv 1.1.2011 durch VO v. 17.11.2010 (BGBl. I S. 1544).

§ 11 Anzeigen im automatisierten Verfahren. Die oberste Finanzbehörde eines Landes kann anordnen, daß die Anzeigen den Finanzämtern ihres Zuständigkeitsbereichs in einem automatisierten Verfahren erstattet werden können, soweit die Übermittlung der jeweils aufgeführten Angaben gewährleistet und die Richtigkeit der Datenübermittlung sichergestellt ist.

Schlußvorschriften

§ 12[1) Anwendung der Verordnung. (1) Diese Verordnung in der Fassung des Artikels 5 der Verordnung vom 17. November 2010 (BGBl. I S. 1544) ist auf Erwerbe anzuwenden, für die die Steuer nach dem 31. Dezember 2010 entsteht.

(2) § 7 Absatz 3 Nummer 2 und die Muster 3 und Muster 5 in der Fassung des Artikels 16 des Gesetzes vom 18. Juli 2014 (BGBl. I S. 1042) sind auf Erwerbe anzuwenden, für die die Steuer nach dem 23. Juli 2014[2)] entsteht.

(3) § 2 Satz 1 Nummer 2 und 4, § 3 Absatz 2 Satz 3, § 7 Absatz 2 Nummer 1 und Absatz 3 Nummer 3, § 10 Satz 4 Nummer 2 sowie die Muster 1, 2, 5 und 6 in der am 30. Dezember 2014 geltenden Fassung sind auf Erwerbe anzuwenden, für die die Steuer nach dem 29. Dezember 2014 entsteht.

(4) § 7 Absatz 1 Satz 1 Nummer 2a und Muster 5 in der Fassung des Artikels 18 des Gesetzes vom 29. Juni 2015 (BGBl. I S. 1042) sind auf Erwerbe anzuwenden, für die die Steuer nach dem 16. August 2015 entsteht.

§ 13 Inkrafttreten, Außerkrafttreten. [1]Diese Verordnung tritt am 1. August 1998 in Kraft. [2]Gleichzeitig tritt die Erbschaftsteuer-Durchführungsordnung in der im Bundesgesetzblatt Teil III, Gliederungsnummer 611-8-1, veröffentlichten bereinigten Fassung, zuletzt geändert durch Artikel 3 des Gesetzes vom 20. Dezember 1996 (BGBl. I S. 2049), außer Kraft.

[1)] § 12 neu gef. durch G v. 18.7.2014 (BGBl. I S. 1042); Abs. 3 angef. durch VO v. 22.12.2014 (BGBl. I S. 2392); Abs. 4 angef. durch G v. 29.6.2015 (BGBl. I S. 1042).
[2)] Datum der Verkündung des G v. 18.7.2014 (BGBl. I S. 1042).

Muster 1
(§ 1 ErbStDV)

Firma

Erbschaftsteuer

An das
Finanzamt
– Erbschaftsteuerstelle –

Anzeige
über die Verwahrung oder Verwaltung fremden Vermögens (§ 33 Abs. 1 ErbStG und § 1 ErbStDV)

1. Erblasser Name, Vorname, Identifikationsnummer [1] ....

     Geburtstag   ....

     Anschrift   ....

     Todestag   ....   Sterbeort   ....

     Standesamt   ....   Sterberegister-Nr. [2]   ....

2. Guthaben und andere Forderungen, auch Gemeinschaftskonten

IBAN [1]	Nennbetrag am Todestag ohne Zinsen für das Jahr des Todes (volle EUR)	Aufgelaufene Zinsen bis zum Todestag (volle EUR)	Hat der Kontoinhaber mit dem Kreditinstitut vereinbart, daß die Guthaben oder eines derselben mit seinem Tod auf eine bestimmte Person übergehen? Wenn ja: Name und genaue Anschrift dieser Person
1	2	3	4

Von den Angaben in Spalte 1 entfallen auf unselbständige Zweigniederlassungen im Ausland:
IBAN: [1) 3)]

3. Wertpapiere, Anteile, Genußscheine und dergleichen, auch solche in Gemeinschaftsdepots

Bezeichnung der Wertpapiere usw. Wertpapierkenn-Nr.	Nennbetrag am Todestag (volle EUR)	Kurswert bzw. Rücknahmepreis am Todestag (volle EUR)	Stückzinsen bis zum Todestag (volle EUR)	Bemerkungen
1	2	3	4	5

Von den Angaben in Spalte 1 entfallen auf unselbständige Zweigniederlassungen im Ausland:
Bezeichnung der Wertpapiere usw., Wertpapierkenn-Nr.: [3)]

4. Der Verstorbene hatte **kein – ein Schließfach/ … Schließfächer**   Versicherungswert   ....   EUR

5. Bemerkungen (z.B. über Schulden des Erblassers beim Kreditinstitut):

....

....

Ort, Datum   Unterschrift

---

[1] Geänd. durch VO v. 22.12.2014 (BGBl. I S. 2392).
[2] Geänd. durch G v. 19.2.2007 (BGBl. I S. 122).
[3] Eingef. mWv 1.1.2011 durch VO v. 17.11.2010 (BGBl. I S. 1544).

Erbschaftsteuer-

Muster 2
(§ 3 ErbStDV)

Firma

Erbschaftsteuer

An das
Finanzamt
– Erbschaftsteuerstelle –

Anzeige
über die Auszahlung oder Zurverfügungstellung von Versicherungssummen oder Leibrenten an einen
anderen als den Versicherungsnehmer (§ 33 Abs. 3 ErbStG und § 3 ErbStDV)

1. **Versicherter**	**und Versicherungsnehmer** (wenn er ein anderer ist als der Versicherte)
a) Name und Vorname, Identifikationsnummer [1]	
b) Geburtsdatum	
c) Anschrift	
d) Todestag	
e) Sterbeort	
f) Standesamt und Sterberegister-Nr.[2]	

Zeitpunkt der Auszahlung beziehungsweise Zurverfügungstellung in Fällen, in denen der
Versicherungsnehmer nicht verstorben ist:[3]

2. **Versicherungsschein-Nr.**

3. **a)[4] Bei Kapitalversicherung**

   Auszuzahlender Versicherungsbetrag vor Abzug von einzubehaltender Kapitalertragsteuer, Solidaritätszuschlag,
   Kirchensteuer (einschließlich Dividenden und dergleichen abzüglich noch geschuldeter Prämien,
   vor der Fälligkeit der Versicherungssumme gewährter Darlehen, Vorschüsse und dergleichen) EUR

   b) Bei Rentenversicherung

   Jahresbetrag   EUR   Dauer der Rente

4. **Zahlungsempfänger ist**

   ☐ als Inhaber des Versicherungsscheins *
   ☐ als Bevollmächtigter, gesetzlicher Vertreter des * ....
   ☐ als Begünstigter *
   ☐ aus einem anderen Grund (Abtretung, Verpfändung, gesetzliches Erbrecht,
      Testament und dergleichen) und welchem? *

   * Zutreffendes ist anzukreuzen

5. Nach der **Auszahlungsbestimmung des Versicherungsnehmers**, die als Bestandteil des Versicherungsvertrags
   anzusehen ist, ist/sind bezugsberechtigt

6.[5] **Bei Wechsel des Versicherungsnehmers**

   Neuer Versicherungsnehmer ist

   Rückkaufswert   EUR

7. **Bemerkungen** (z.B. persönliches Verhältnis
   – Verwandtschaftsverhältnis, Ehegatte oder Lebenspartner[5] – der Beteiligten)

Ort, Datum   Unterschrift

---

[1] Angefügt durch VO v. 22.12.2014 (BGBl. I S. 2392).
[2] Geänd. durch G v. 19.2.2007 (BGBl. I S. 122).
[3] Eingef. mWv 1.1.2011 durch VO v. 17.11.2010 (BGBl. I S. 1544).
[4] Nr. 3 Buchst. a geänd. mWv 30.6.2020 durch VO v. 25.6.2020 (BGBl. I S. 1495).
[5] Nrn. 6 und 7 geänd. mWv 1.1.2011 durch VO v. 17.11.2010 (BGBl. I S. 1544).

Muster 3
(§ 4 ErbStDV)

....
Standesamt und Ordnungsnummer

Erbschaftsteuer

Totenliste

des Standesamtsbezirks ....

für den Zeitraum von .... bis .... einschließlich

Sitz des Standesamts ....

Anleitung für die Aufstellung und Einsendung der Totenliste

1. Die Totenliste ist für den Zeitraum eines Monats aufzustellen, sofern nicht die Oberfinanzdirektion die Aufstellung für einen kürzeren oder längeren Zeitraum angeordnet hat. Sie ist **beim Beginn des Zeitraums** anzulegen. Die einzelnen Sterbefälle sind darin **sofort nach ihrer Beurkundung** einzutragen.

2. In die Totenliste sind aufzunehmen

   a) alle beurkundeten Sterbefälle nach der Reihenfolge der Eintragungen im Sterberegister[1],

   b) die dem Standesbeamten glaubhaft bekanntgewordenen Sterbefälle im Ausland, und zwar von Deutschen und Ausländern, wenn sie beim Tod einen Wohnsitz oder ihren gewöhnlichen Aufenthalt oder Vermögen im Bezirk des Standesamtes hatten.

3. Ausfüllen der Spalten:

   a) Spalte 1 muß **alle Nummern des Sterberegisters[1]** in ununterbrochener Reihenfolge nachweisen. Die Auslassung einzelner Nummern ist in Spalte 7 zu erläutern. Auch der Sterbefall eines Unbekannten ist in der Totenliste anzugeben.

   b) In den Spalten 5 und 6 ist der Antwort stets der Buchstabe der Frage voranzusetzen, auf die sich die Antwort bezieht.

   c) Fragen, über die das Sterberegister[1] keine Auskunft gibt, sind zu beantworten, soweit sie der Standesbeamte aus eigenem Wissen oder nach Befragen des Anmeldenden beantworten kann.

   d) Bezugnahmen auf vorhergehende Angaben durch „desgl." oder durch Strichzeiten (") usw. sind zu vermeiden.

   e) Spalte 8 ist nicht auszufüllen.

4. Einlagebogen sind in den Titelbogen einzuheften.

5. Abschluß der Liste:

   a) Die Totenliste ist hinter der letzten Eintragung mit Orts- und Zeitangabe und der Unterschrift des Standesbeamten abzuschließen.

   b) Sind Sterbefälle der unter Nummer 2 Buchstabe b bezeichneten Art nicht bekanntgeworden, ist folgende Bescheinigung zu unterschreiben:

      Im Ausland eingetretene Sterbefälle von Deutschen und Ausländern, die beim Tod einen Wohnsitz oder ihren gewöhnlichen Aufenthalt oder Vermögen im Bezirk des Standesamtes hatten, sind mir nicht bekanntgeworden.

....
Ort, Datum   (Standesbeamter/Standesbeamtin)

   c) Binnen **zehn Tagen** nach Ablauf des Zeitraums, für den die Liste aufzustellen ist, ist sie dem Finanzamt einzureichen. Sind in dem Zeitraum Sterbefälle **nicht** anzugeben, ist dem Finanzamt binnen zehn Tagen nach Ablauf des Zeitraums eine Fehlanzeige nach besonderem Muster zu erstatten.

An das

Finanzamt ....

– Erbschaftsteuerstelle –

---

[1] Geänd. durch G v. 19. 2. 2007 (BGBl. I S. 122).

(Seite 2)

Nummer des Sterberegisters[1]	a) Familienname ggf. auch Geburtsname b) Vornamen c) Beruf d) Anschrift e) Bei minderjährigen Kindern Name, Beruf und Anschrift (soweit von d) abweichend) des Vaters und der Mutter	a) Todestag b) Geburtstag c) Geburtsort	a) Familienstand b)[2] bei Verheirateten oder bei Lebenspartnern Name, Beruf, Geburtstag, ggf. abweichende Anschrift des anderen Ehegatten oder Lebenspartners c)[2] bei Verwitweten oder bei hinterbliebenen Lebenspartnern Beruf des verstorbenen Ehegatten oder Lebenspartners
		des Verstorbenen	
1	2	3	4

(Seite 3)

Lebten von dem Verstorbenen am Todestag a) Kinder ? Wie viele ? b) Abkömmlinge von verstorbenen Kindern ? Wie viele ? c) Eltern oder Geschwister ? (Nur angeben, wenn a) und b) verneint wird) d) Sonstige Verwandte oder Verschwägerte ? (Nur angeben, wenn a) bis c) verneint wird) e) Wer kann Auskunft geben ? Zu a) bis e) bitte Name und Anschrift angeben	Worin besteht der Nachlaß und welchen Wert hat er ? (kurze Angabe) a) Land- und forstw. Vermögen (bitte Lage und Größe der bewirtschafteten Fläche angeben) b) Grundvermögen (bitte Lage angeben) c) Betriebsvermögen (bitte die Firma und Art des Betriebs, z.B. Einzelhandelsgeschäft, Großhandel, Handwerksbetrieb, Fabrik angeben) d) Übriges Vermögen	Bemerkungen	Nummer und Jahrgang der Steuerliste
5	6	7	8

[1] Geänd. durch G v. 19. 2. 2007 (BGBl. I S. 122).
[2] Geänd. durch G v. 18. 7. 2014 (BGBl. I S. 1042); zur Anwendung siehe § 12 Abs. 2.

Muster 4
(§ 4 ErbStDV)

....

Standesamt und Ordnungsnummer

Erbschaftsteuer

An das
Finanzamt ....
– Erbschaftsteuerstelle –

_____

Fehlanzeige

_____

Im Standesamtsbezirk ....

sind für die Zeit vom .... bis .... einschließlich

Sterbefälle nicht anzugeben.

Der letzte Sterbefall ist beurkundet im Sterberegister[1] unter Nr. ....

Im Ausland eingetretene Sterbefälle von Deutschen und von Ausländern, die beim Tod einen Wohnsitz oder ihren gewöhnlichen Aufenthalt oder Vermögen im Bezirk des Standesamtes hatten, sind mir nicht bekanntgeworden.

Bemerkungen ....
....
....

....
Ort, Datum   Unterschrift

_____

[1] Geänd. durch G v. 19. 2. 2007 (BGBl. I S. 122).

260 ErbStDV Muster 5

Erbschaftsteuer–

Muster 5
(§ 7 ErbStDV)

Amtsgericht/Notariat

Erbschaftsteuer

An das
Finanzamt
– Erbschaftsteuerstelle –

Die anliegende ... beglaubigte ... Abschrift.../Ablichtung ... wird/werden mit folgenden Bemerkungen übersandt:

Erblasser Name, Vorname,

Identifikationsnummer[1]

Geburtstag

letzte Anschrift

Beruf

Familienstand

Güterstand (bei Verheirateten
oder bei Lebenspartnern[2])

Todestag und Sterbeort

Standesamt und Sterberegister-Nr.[3]

Testament/Erbvertrag vom

Tag der Eröffnung

Die **Gebühr** für die	Errichtung	Verwahrung	Erteilung eines Erbscheins[1]
ist berechnet nach einem Wert von	EUR	EUR	EUR

Grund der Übersendung

Eröffnung einer ☐ Verfügung von Todes
                 wegen *

Erteilung eines ☐ Erbscheins * ☐ Europäischen   ☐ Testamentsvoll-   ☐ Zeugnisses über die Fortsetzung
                                Nachlaßzeugnisses*[4]   streckerzeugnisses *   von Gütergemeinschaften *

Beurkundung einer ☐ Erbauseinandersetzung

Beschluß über die ☐ Einleitung oder Aufhebung   ☐ Einleitung oder Aufhebung
                  einer Nachlaßpflegschaft *   einer Nachlaßverwaltung *

Die Namen und Anschriften der Beteiligten und das persönliche Verhältnis (Verwandtschaftsverhältnis, Ehegatte oder Lebenspartner[5]) zum Erblasser sowie Veränderungen in der Person der Erben, Vermächtnisnehmer, Testamentsvollstrecker usw. (durch Tod, Eintritt eines Ersatzerben, Ausschlagung, Amtsniederlegung des Testamentsvollstreckers und dergleichen) und Änderungen in den Verhältnissen dieser Personen (Namens-, Berufs-, Anschriftenänderungen und dergleichen)

☐ ergeben sich aus der beiliegenden Abschrift der Eröffnungsverhandlung. *

☐ sind auf einem gesonderten Blatt angegeben. *

☐ Zur Höhe und Zusammensetzung des Nachlasses ist dem Gericht/Notariat folgendes bekanntgeworden: *

☐ Ein Verzeichnis der Nachlaßgegenstände ist beigefügt. *

* Zutreffendes ist anzukreuzen

Ort, Datum   Unterschrift

---

[1] Geänd. durch VO v. 22. 12. 2014 (BGBl. I S. 2392).
[2] Geänd. durch G v. 18. 7. 2014 (BGBl. I S. 1042); zur Anwendung siehe § 12 Abs. 2.
[3] Geänd. durch G v. 19. 2. 2007 (BGBl. I S. 122).
[4] Eingef. durch G v. 29. 6. 2015 (BGBl. I S. 1042); zur Anwendung siehe § 12 Abs. 4.
[5] Klammerzusatz geänd. mWv 1. 1. 2011 durch VO v. 17. 11. 2010 (BGBl. I S. 1544).

Muster 6
(§ 8 ErbStDV)

Amtsgericht/Notariat

Schenkungsteuer

An das
Finanzamt
– Erbschaftsteuerstelle –

Die anliegende beglaubigte Abschrift/Ablichtung wird mit folgenden Bemerkungen übersandt:

1. Schenker Name, Vorname, Identifikationsnummer[1]

Geburtstag

Anschrift

2. Beschenkter Name, Vorname, Identifikationsnummer[1]

Geburtstag

Anschrift

3.[2] **Vertrag** vom   Urkundenverzeichnis-Nr.

4.[3] **Ergänzende Angaben** (§ 34 ErbStG, § 8 ErbStDV)

Persönliches Verhältnis (Verwandtschaftsverhältnis, Ehegatte oder
Lebenspartner) des Erwerbers zum Schenker (z.B.
Kind, Geschwisterkind, Bruder der Mutter, nicht verwandt)

Verkehrswert des übertragenen Vermögens	Bei Grundbesitz letzter *Einheitswert [ab 1.1.2025:* Grundsteuerwert]/Grundbesitzwert (Nichtzutreffendes ist zu streichen)	Wert, der der Kostenberechnung zugrunde liegt
EUR	EUR	EUR

5. Sonstige Angaben

Zur Verfahrensvereinfachung und Vermeidung von Rückfragen werden mit Einverständnis der Urkundsparteien
folgende Angaben gemacht, soweit sie nicht bereits aus dem Vertrag ersichtlich sind:

Valutastand der übernommenen Verbindlichkeiten am Tag der Schenkung	Jahreswert von Gegenleistungen wie z.B. Nießbrauch	Höhe der Notargebühren
EUR	EUR	EUR

Ort, Datum   Unterschrift

---

[1] Geänd. durch VO v. 22.12.2014 (BGBl. I S. 2392); zur Anwendung siehe § 12 Abs. 3.
[2] Nr. 3 geänd. mWv 23.12.2022 durch VO v. 19.12.2022 (BGBl. I S. 2432).
[3] Nr. 4 Klammerzusätze geänd. mWv 1.1.2011 durch VO v. 17.11.2010 (BGBl. I S. 1544);
Spalte 2 geänd. **mWv 1.1.2025** durch G v. 26.11.2019 (BGBl. I S. 1794).

420. Grundsteuergesetz (GrStG)[1] · [2]

Vom 7. August 1973 (BGBl. I S. 965)

Geändert durch Einführungsgesetz zur Abgabenordnung vom 14. 12. 1976 (BGBl. I S. 3341), Einigungsvertrag vom 31. 8. 1990 (BGBl. II S. 889, 986), Standortsicherungsgesetz vom 13. 9. 1993 (BGBl. I S. 1569), Eisenbahnneuordnungsgesetz vom 27. 12. 1993 (BGBl. I S. 2378), Postneuordnungsgesetz vom 14. 9. 1994 (BGBl. I S. 2325), Gesetz zur Fortsetzung der Unternehmenssteuerreform vom 29. 10. 1997 (BGBl. I S. 2590), Gesetz zur Änderung des Einführungsgesetzes zur Insolvenzordnung und anderer Gesetze vom 19. 12. 1998 (BGBl. I S. 3836), Steuerbereinigungsgesetz 1999 vom 22. 12. 1999 (BGBl. I S. 2601), Steuer-Euroglättungsgesetz vom 19. 12. 2000 (BGBl. I S. 1790), Gesetz zur Umbenennung des Bundesgrenzschutzes in Bundespolizei vom 21. 6. 2005 (BGBl. I S. 1818), Gesetz zur Beschleunigung der Umsetzung von Öffentlich Privaten Partnerschaften und zur Verbesserung gesetzlicher Rahmenbedingungen für Öffentlich Private Partnerschaften vom 1. 9. 2005 (BGBl. I S. 2676) und Jahressteuergesetz 2009 vom 19. 12. 2008 (BGBl. I S. 2794)

BGBl. III/FNA 611-7

Nichtamtliche Inhaltsübersicht

---

[1] Das Grundsteuergesetz wurde verkündet als Art. 1 des Gesetzes zur Reform des Grundsteuerrechts.

[2] **[Anmerkung des Lektorats:] Die Änderungen des GrStG, die ab 2025 in Kraft treten, sind unter Nr. 420a abgebildet.**

Der Bundestag hat mit Zustimmung des Bundesrates das folgende Gesetz beschlossen:

Abschnitt I. Steuerpflicht

§ 1 Heberecht. (1) Die Gemeinde bestimmt, ob von dem in ihrem Gebiet liegenden Grundbesitz Grundsteuer zu erheben ist.

(2) Bestehen in einem Land keine Gemeinden, so stehen das Recht des Absatzes 1 und die in diesem Gesetz bestimmten weiteren Rechte dem Land zu.

(3) Für den in gemeindefreien Gebieten liegenden Grundbesitz bestimmt die Landesregierung durch Rechtsverordnung, wer die nach diesem Gesetz den Gemeinden zustehenden Befugnisse ausübt.

§ 2 Steuergegenstand. Steuergegenstand ist der Grundbesitz im Sinne des Bewertungsgesetzes:

1. die Betriebe der Land- und Forstwirtschaft (§§ 33, 48a und 51a des Bewertungsgesetzes[1]). [2]Diesen stehen die in § 99 Abs. 1 Nr. 2 des Bewertungsgesetzes bezeichneten Betriebsgrundstücke gleich;

---

[1] Nr. **200**.

2. die Grundstücke (§§ 68, 70 des Bewertungsgesetzes[1]). [2]Diesen stehen die in § 99 Abs. 1 Nr. 1 des Bewertungsgesetzes bezeichneten Betriebsgrundstücke gleich.

§ 3[2] Steuerbefreiung für Grundbesitz bestimmter Rechtsträger.

(1) [1]Von der Grundsteuer sind befreit

1. Grundbesitz, der von einer inländischen juristischen Person des öffentlichen Rechts für einen öffentlichen Dienst oder Gebrauch benutzt wird. [2]Ausgenommen ist der Grundbesitz, der von Berufsvertretungen und Berufsverbänden sowie von Kassenärztlichen Vereinigungen und Kassenärztlichen Bundesvereinigungen benutzt wird;

1 a.[3] *(aufgehoben)*

2. Grundbesitz, der vom Bundeseisenbahnvermögen[4] für Verwaltungszwecke benutzt wird;

3. Grundbesitz, der von

   a) einer inländischen juristischen Person des öffentlichen Rechts,

   b) einer inländischen Körperschaft, Personenvereinigung oder Vermögensmasse, die nach der Satzung, dem Stiftungsgeschäft oder der sonstigen Verfassung und nach ihrer tatsächlichen Geschäftsführung ausschließlich und unmittelbar gemeinnützigen oder mildtätigen Zwecken dient,

   für gemeinnützige oder mildtätige Zwecke benutzt wird;

4. Grundbesitz, der von einer Religionsgesellschaft, die Körperschaft des öffentlichen Rechts ist, einem ihrer Orden, einer ihrer religiösen Genossenschaften oder einem ihrer Verbände für Zwecke der religiösen Unterweisung, der Wissenschaft, des Unterrichts, der Erziehung oder für Zwecke der eigenen Verwaltung benutzt wird. [2]Den Religionsgesellschaften stehen die jüdischen Kultusgemeinden gleich, die nicht Körperschaften des öffentlichen Rechts sind;

5. Dienstwohnungen der Geistlichen und Kirchendiener der Religionsgesellschaften, die Körperschaften des öffentlichen Rechts sind, und der jüdischen Kultusgemeinden. [2]§ 5 ist insoweit nicht anzuwenden;

6. Grundbesitz der Religionsgesellschaften, die Körperschaften des öffentlichen Rechts sind, und der jüdischen Kultusgemeinden, der am 1. Januar 1987 und im Veranlagungszeitpunkt zu einem nach Kirchenrecht gesonderten Vermögen, insbesondere einem Stellenfonds gehört, dessen Erträge ausschließlich für die Besoldung und Versorgung der Geistlichen und Kirchendiener sowie ihrer Hinterbliebenen bestimmt sind. [2]Ist in

---

[1] Nr. **200**.

[2] § 3 Abs. 1 Satz 1 Nr. 5 neugef., Nr. 6 angef. und Satz 2 geänd. durch G v. 13. 9. 1993 (BGBl. I S. 1569), Abs. 1 Satz 3 angef. mWv 8. 9. 2005 durch G v. 1. 9. 2005 (BGBl. I S. 2676).

[3] § 3 Abs. 1 Nr. 1a eingef. mWv Kj. 1995 durch G v. 14. 9. 1994 (BGBl. I S. 2325) und aufgeh. mWv Kj. 2000 durch G v. 22. 12. 1999 (BGBl. I S. 2601).

[4] § 3 Abs. 1 Nr. 2 geänd. mWv Kj. 1994 durch G v. 27. 12. 1993 (BGBl. I S. 2378).

dem in Artikel 3 des Einigungsvertrages genannten Gebiet die Zugehörigkeit des Grundbesitzes zu einem gesonderten Vermögen im Sinne des Satzes 1 am 1. Januar 1987 nicht gegeben, reicht es insoweit aus, daß der Grundbesitz zu einem Zeitpunkt vor dem 1. Januar 1987 zu einem gesonderten Vermögen im Sinne des Satzes 1 gehörte. ³Die §§ 5 und 6 sind insoweit nicht anzuwenden.

²Der Grundbesitz muß ausschließlich demjenigen, der ihn für die begünstigten Zwecke benutzt, oder einem anderen nach den Nummern 1 bis 6 begünstigten Rechtsträger zuzurechnen sein. ³Satz 2 gilt nicht, wenn der Grundbesitz von einem nicht begünstigten Rechtsträger im Rahmen einer Öffentlich Privaten Partnerschaft einer juristischen Person des öffentlichen Rechts für einen öffentlichen Dienst oder Gebrauch überlassen wird und die Übertragung auf den Nutzer am Ende des Vertragszeitraums vereinbart ist.

(2) ¹Öffentlicher Dienst oder Gebrauch im Sinne dieses Gesetzes ist die hoheitliche Tätigkeit oder der bestimmungsgemäße Gebrauch durch die Allgemeinheit. ²Ein Entgelt für den Gebrauch durch die Allgemeinheit darf nicht in der Absicht, Gewinn zu erzielen, gefordert werden.

(3) Öffentlicher Dienst oder Gebrauch im Sinne dieses Gesetzes ist nicht anzunehmen bei Betrieben gewerblicher Art von juristischen Personen[1] des öffentlichen Rechts im Sinne des Körperschaftsteuergesetzes[2].

§ 4 Sonstige Steuerbefreiungen. Soweit sich nicht bereits eine Befreiung nach § 3 ergibt, sind von der Grundsteuer befreit

1. Grundbesitz, der dem Gottesdienst einer Religionsgesellschaft, die Körperschaft des öffentlichen Rechts ist, oder einer jüdischen Kultusgemeinde gewidmet ist;

2. Bestattungsplätze;

3. a) die dem öffentlichen Verkehr dienenden Straßen, Wege, Plätze, Wasserstraßen, Häfen und Schienenwege sowie die Grundflächen mit den diesem Verkehr unmittelbar dienenden Bauwerken und Einrichtungen, zum Beispiel Brücken, Schleuseneinrichtungen, Signalstationen, Stellwerke, Blockstellen;

   b)[3] auf Verkehrsflughäfen und Verkehrslandeplätzen alle Flächen, die unmittelbar zur Gewährleistung eines ordnungsgemäßen Flugbetriebes notwendig sind und von Hochbauten und sonstigen Luftfahrthindernissen freigehalten werden müssen, die Grundflächen mit den Bauwerken und Einrichtungen, die unmittelbar diesem Betrieb dienen, sowie die Grundflächen ortsfester Flugsicherungsanlagen einschließlich der Flächen, die für einen einwandfreien Betrieb dieser Anlagen erforderlich sind;

---

[1] Bezeichnung geänd. durch G v. 22. 12. 1999 (BGBl. I S. 2601).
[2] Nr. **100**.
[3] § 4 Nr. 3 Buchst. b geänd. durch G v. 22. 12. 1999 (BGBl. I S. 2601).

c) die fließenden Gewässer und die ihren Abfluß regelnden Sammelbecken, soweit sie nicht unter Buchstabe a fallen;

4. die Grundflächen mit den im Interesse der Ordnung und Verbesserung der Wasser- und Bodenverhältnisse unterhaltenen Einrichtungen der öffentlich-rechtlichen Wasser- und Bodenverbände und die im öffentlichen Interesse staatlich unter Schau gestellten Privatdeiche;

5. Grundbesitz, der für Zwecke der Wissenschaft, des Unterrichts oder der Erziehung benutzt wird, wenn durch die Landesregierung oder die von ihr beauftragte Stelle anerkannt ist, daß der Benutzungszweck im Rahmen der öffentlichen Aufgaben liegt. ²Der Grundbesitz muß ausschließlich demjenigen, der ihn benutzt, oder einer juristischen Person des öffentlichen Rechts zuzurechnen sein;

6.[1] Grundbesitz, der für die Zwecke eines Krankenhauses benutzt wird, wenn das Krankenhaus in dem Kalenderjahr, das dem Veranlagungszeitpunkt (§ 13 Abs. 1) vorangeht, die Voraussetzungen des § 67 Abs. 1 oder 2 der Abgabenordnung[2] erfüllt hat. ²Der Grundbesitz muß ausschließlich demjenigen, der ihn benutzt, oder einer juristischen Person des öffentlichen Rechts zuzurechnen sein.

§ 5 Zu Wohnzwecken benutzter Grundbesitz. (1) Dient Grundbesitz, der für steuerbegünstigte Zwecke (§§ 3 und 4) benutzt wird, zugleich Wohnzwecken, gilt die Befreiung nur für

1. Gemeinschaftsunterkünfte der Bundeswehr, der ausländischen Streitkräfte, der internationalen militärischen Hauptquartiere, der Bundespolizei[3], der Polizei und des sonstigen Schutzdienstes des Bundes und der Gebietskörperschaften sowie ihrer Zusammenschlüsse;

2. Wohnräume in Schülerheimen, Ausbildungs- und Erziehungsheimen sowie Prediger- und Priesterseminaren, wenn die Unterbringung in ihnen für die Zwecke des Unterrichts, der Ausbildung oder der Erziehung erforderlich ist. ²Wird das Heim oder Seminar nicht von einem der nach § 3 Abs. 1 Nr. 1, 3 oder 4 begünstigten Rechtsträger unterhalten, so bedarf es einer Anerkennung der Landesregierung oder der von ihr beauftragten Stelle, daß die Unterhaltung des Heims oder Seminars im Rahmen der öffentlichen Aufgaben liegt;

3. Wohnräume, wenn der steuerbegünstigte Zweck im Sinne des § 3 Abs. 1 Nr. 1, 3 oder 4 nur durch ihre Überlassung erreicht werden kann;

4. Räume, in denen sich Personen für die Erfüllung der steuerbegünstigten Zwecke ständig bereithalten müssen (Bereitschaftsräume), wenn sie nicht zugleich die Wohnung des Inhabers darstellen.

(2) Wohnungen sind stets steuerpflichtig, auch wenn die Voraussetzungen des Absatzes 1 vorliegen.

---

[1] § 4 Nr. 6 neugef. mWv 1. 1. 1977 durch G v. 14. 12. 1976 (BGBl. I S. 3341).
[2] Nr. **800**.
[3] Umbenennung mWv 1. 7. 2005 durch G v. 21. 6. 2005 (BGBl. I S. 1818).

§ 6 Land- und forstwirtschaftlich genutzter Grundbesitz. Wird Grundbesitz, der für steuerbegünstigte Zwecke (§§ 3 und 4) benutzt wird, zugleich land- und forstwirtschaftlich genutzt, so gilt die Befreiung nur für

1. Grundbesitz, der Lehr- oder Versuchszwecken dient;

2. Grundbesitz, der von der Bundeswehr, den ausländischen Streitkräften, den internationalen militärischen Hauptquartieren oder den in § 5 Abs. 1 Nr. 1 bezeichneten Schutzdiensten als Übungsplatz oder Flugplatz benutzt wird;

3. Grundbesitz, der unter § 4 Nr. 1 bis 4 fällt.

§ 7 Unmittelbare Benutzung für einen steuerbegünstigten Zweck. [1]Die Befreiung nach den §§ 3 und 4 tritt nur ein, wenn der Steuergegenstand für den steuerbegünstigten Zweck unmittelbar benutzt wird. [2]Unmittelbare Benutzung liegt vor, sobald der Steuergegenstand für den steuerbegünstigten Zweck hergerichtet wird.

§ 8 Teilweise Benutzung für einen steuerbegünstigten Zweck. (1) Wird ein räumlich abgegrenzter Teil des Steuergegenstandes für steuerbegünstigte Zwecke (§§ 3 und 4) benutzt, so ist nur dieser Teil des Steuergegenstandes steuerfrei.

(2) Dient der Steuergegenstand oder ein Teil des Steuergegenstandes (Absatz 1) sowohl steuerbegünstigten Zwecken (§§ 3 und 4) als auch anderen Zwecken, ohne daß eine räumliche Abgrenzung für die verschiedenen Zwecke möglich ist, so ist der Steuergegenstand oder der Teil des Steuergegenstandes nur befreit, wenn die steuerbegünstigten Zwecke überwiegen.

§ 9 Stichtag für die Festsetzung der Grundsteuer; Entstehung der Steuer. (1) Die Grundsteuer wird nach den Verhältnissen zu Beginn des Kalenderjahres festgesetzt.

(2) Die Steuer entsteht mit dem Beginn des Kalenderjahres, für das die Steuer festzusetzen ist.

§ 10 Steuerschuldner. (1) Schuldner der Grundsteuer ist derjenige, dem der Steuergegenstand bei der Feststellung des Einheitswerts zugerechnet ist.

(2) Derjenige, dem ein Erbbaurecht, ein Wohnungserbbaurecht oder ein Teilerbbaurecht zugerechnet ist, ist auch Schuldner der Grundsteuer für die wirtschaftliche Einheit des belasteten Grundstücks.

(3) Ist der Steuergegenstand mehreren Personen zugerechnet, so sind sie Gesamtschuldner.

§ 11 Persönliche Haftung. (1) Neben dem Steuerschuldner haften der Nießbraucher des Steuergegenstandes und derjenige, dem ein dem Nießbrauch ähnliches Recht zusteht.

(2)[1] [1] Wird ein Steuergegenstand ganz oder zu einem Teil einer anderen Person übereignet, so haftet der Erwerber neben dem früheren Eigentümer für die auf den Steuergegenstand oder Teil des Steuergegenstandes entfallende Grundsteuer, die für die Zeit seit dem Beginn des letzten vor der Übereignung liegenden Kalenderjahres zu entrichten ist. [2] Das gilt nicht für Erwerbe aus einer Insolvenzmasse und für Erwerbe im Vollstreckungsverfahren.

§ 12 Dingliche Haftung. Die Grundsteuer ruht auf dem Steuergegenstand als öffentliche Last.

Abschnitt II. Bemessung der Grundsteuer

§ 13 Steuermeßzahl und Steuermeßbetrag. (1) [1] Bei der Berechnung der Grundsteuer ist von einem Steuermeßbetrag auszugehen. [2] Dieser ist durch Anwendung eines Tausendsatzes (Steuermeßzahl) auf den Einheits-

(Fortsetzung nächstes Blatt)

---

[1] § 11 Abs. 2 Satz 2 geänd. mWv 1. 1. 1999 durch G v. 19. 12. 1998 (BGBl. I S. 3836).

wert oder seinen steuerpflichtigen Teil zu ermitteln, der nach dem Bewertungsgesetz im Veranlagungszeitpunkt (§ 16 Abs. 1, § 17 Abs. 3, § 18 Abs. 3) für den Steuergegenstand maßgebend ist.

(2)[1] *(aufgehoben)*

(3) In den Fällen des § 10 Abs. 2 ist der Berechnung des Steuermeßbetrags die Summe der beiden Einheitswerte zugrunde zu legen, die nach § 92 des Bewertungsgesetzes festgestellt werden.

§ 14 Steuermeßzahl für Betriebe der Land- und Forstwirtschaft.
Für Betriebe der Land- und Forstwirtschaft beträgt die Steuermeßzahl 6 vom Tausend.

§ 15 Steuermeßzahl für Grundstücke. (1) Die Steuermeßzahl beträgt 3,5 vom Tausend.

(2) Abweichend von Absatz 1 beträgt die Steuermeßzahl

1. für Einfamilienhäuser im Sinne des § 75 Abs. 5 des Bewertungsgesetzes[2] mit Ausnahme des Wohnungseigentums und des Wohnungserbbaurechts einschließlich des damit belasteten Grundstücks 2,6 vom Tausend für die ersten *75 000 Deutsche Mark* [*ab 1. 1. 2002:* 38 346,89 Euro][3] des Einheitswerts oder seines steuerpflichtigen Teils und 3,5 vom Tausend für den Rest des Einheitswerts oder seines steuerpflichtigen Teils;

2. für Zweifamilienhäuser im Sinne des § 75 Abs. 6 des Bewertungsgesetzes[2] 3,1 vom Tausend.

§ 16[4] Hauptveranlagung. (1) [1]Die Steuermeßbeträge werden auf den Hauptfeststellungszeitpunkt (§ 21 Abs. 2 des Bewertungsgesetzes[2]) allgemein festgesetzt (Hauptveranlagung). [2]Dieser Zeitpunkt ist der Hauptveranlagungszeitpunkt.

(2) [1]Der bei der Hauptveranlagung festgesetzte Steuermeßbetrag gilt vorbehaltlich der §§ 17 und 20 von dem Kalenderjahr an, das zwei Jahre nach dem Hauptveranlagungszeitpunkt beginnt. [2]Dieser Steuermeßbetrag bleibt unbeschadet der §§ 17 und 20 bis zu dem Zeitpunkt maßgebend, von dem an die Steuermeßbeträge der nächsten Hauptveranlagung wirksam werden. [3]Der sich nach den Sätzen 1 und 2 ergebende Zeitraum ist der Hauptveranlagungszeitraum.

(3) Ist die Festsetzungsfrist (§ 169 der Abgabenordnung[5]) bereits abgelaufen, so kann die Hauptveranlagung unter Zugrundelegung der Verhältnisse vom Hauptveranlagungszeitpunkt mit Wirkung für einen späteren Veranlagungszeitpunkt vorgenommen werden, für den diese Frist noch nicht abgelaufen ist.

---

[1] § 13 Abs. 2 aufgeh. mWv Kj. 1994 durch G v. 27. 12. 1993 (BGBl. I S. 2378).
[2] Nr. **200**.
[3] Betrag geänd. durch G v. 19. 12. 2000 (BGBl. I S. 1790).
[4] § 16 Abs. 3 neugef. mWv 1. 1. 1977 durch G v. 14. 12. 1976 (BGBl. I S. 3341).
[5] Nr. **800**.

§ 17¹⁾ Neuveranlagung. (1) Wird eine Wertfortschreibung (§ 22 Abs. 1 des Bewertungsgesetzes²⁾) oder eine Artfortschreibung oder Zurechnungsfortschreibung (§ 22 Abs. 2 des Bewertungsgesetzes²⁾) durchgeführt, so wird der Steuermeßbetrag auf den Fortschreibungszeitpunkt neu festgesetzt (Neuveranlagung).

(2) Der Steuermeßbetrag wird auch dann neu festgesetzt, wenn dem Finanzamt bekannt wird, daß

1. Gründe, die im Feststellungsverfahren über den Einheitswert nicht zu berücksichtigen sind, zu einem anderen als dem für den letzten Veranlagungszeitpunkt festgesetzten Steuermeßbetrag führen oder

2. die letzte Veranlagung fehlerhaft ist; § 176 der Abgabenordnung³⁾ ist hierbei entsprechend anzuwenden; das gilt jedoch nur für Veranlagungszeitpunkte, die vor der Verkündung der maßgeblichen Entscheidung eines obersten Gerichts des Bundes liegen.

(3) ¹Der Neuveranlagung werden die Verhältnisse im Neuveranlagungszeitpunkt zugrunde gelegt. ²Neuveranlagungszeitpunkt ist

1. in den Fällen des Absatzes 1 der Beginn des Kalenderjahres, auf den die Fortschreibung durchgeführt wird;

2. in den Fällen des Absatzes 2 Nr. 1 der Beginn des Kalenderjahres, auf den sich erstmals ein abweichender Steuermeßbetrag ergibt. ²§ 16 Abs. 3 ist entsprechend anzuwenden;

3. in den Fällen des Absatzes 2 Nr. 2 der Beginn des Kalenderjahres, in dem der Fehler dem Finanzamt bekannt wird, bei einer Erhöhung des Steuermeßbetrags jedoch frühestens der Beginn des Kalenderjahres, in dem der Steuermeßbescheid erteilt wird.

(4) Treten die Voraussetzungen für eine Neuveranlagung während des Zeitraums zwischen dem Hauptveranlagungszeitpunkt und dem Zeitpunkt des Wirksamwerdens der Steuermeßbeträge (§ 16 Abs. 2) ein, so wird die Neuveranlagung auf den Zeitpunkt des Wirksamwerdens der Steuermeßbeträge vorgenommen.

§ 18 Nachveranlagung. (1) Wird eine Nachfeststellung (§ 23 Abs. 1 des Bewertungsgesetzes) durchgeführt, so wird der Steuermeßbetrag auf den Nachfeststellungszeitpunkt nachträglich festgesetzt (Nachveranlagung).

(2) Der Steuermeßbetrag wird auch dann nachträglich festgesetzt, wenn der Grund für die Befreiung des Steuergegenstandes von der Grundsteuer wegfällt, der für die Berechnung der Grundsteuer maßgebende Einheitswert (§ 13 Abs. 1) aber bereits festgestellt ist.

---

¹⁾ § 17 Abs. 2 Nr. 2 neugef. und bish. Satz 2 aufgeh. mWv 1. 1. 1977 durch G v. 14. 12. 1976 (BGBl. I S. 3341).
²⁾ Nr. **200**.
³⁾ Nr. **800**.

(3) ¹Der Nachveranlagung werden die Verhältnisse im Nachveranlagungszeitpunkt zugrunde gelegt. ²Nachveranlagungszeitpunkt ist

1. in den Fällen des Absatzes 1 der Beginn des Kalenderjahres, auf den der Einheitswert nachträglich festgestellt wird;

2. in den Fällen des Absatzes 2 der Beginn des Kalenderjahres, der auf den Wegfall des Befreiungsgrundes folgt. ²§ 16 Abs. 3 ist entsprechend anzuwenden.

(4) Treten die Voraussetzungen für eine Nachveranlagung während des Zeitraums zwischen dem Hauptveranlagungszeitpunkt und dem Zeitpunkt des Wirksamwerdens der Steuermeßbeträge (§ 16 Abs. 2) ein, so wird die Nachveranlagung auf den Zeitpunkt des Wirksamwerdens der Steuermeßbeträge vorgenommen.

§ 19 Anzeigepflicht. ¹Jede Änderung in der Nutzung oder in den Eigentumsverhältnissen eines ganz oder teilweise von der Grundsteuer befreiten Steuergegenstandes hat derjenige anzuzeigen, der nach § 10 als Steuerschuldner in Betracht kommt. ²Die Anzeige ist innerhalb von drei Monaten nach Eintritt der Änderung bei dem Finanzamt zu erstatten, das für die Festsetzung des Steuermeßbetrags zuständig ist.

§ 20¹⁾ Aufhebung des Steuermeßbetrags. (1) Der Steuermeßbetrag wird aufgehoben,

1. wenn der Einheitswert aufgehoben wird oder

2. wenn dem Finanzamt bekannt wird, daß

   a) für den ganzen Steuergegenstand ein Befreiungsgrund eingetreten ist oder

   b) der Steuermeßbetrag fehlerhaft festgesetzt worden ist.

(2) Der Steuermeßbetrag wird aufgehoben

1. in den Fällen des Absatzes 1 Nr. 1 mit Wirkung vom Aufhebungszeitpunkt (§ 24 Abs. 2 des Bewertungsgesetzes)²⁾ an;

2. in den Fällen des Absatzes 1 Nr. 2 Buchstabe a mit Wirkung vom Beginn des Kalenderjahres an, der auf den Eintritt des Befreiungsgrundes folgt. ²§ 16 Abs. 3 ist entsprechend anzuwenden;

3. in den Fällen des Absatzes 1 Nr. 2 Buchstabe b mit Wirkung vom Beginn des Kalenderjahres an, in dem der Fehler dem Finanzamt bekannt wird.

(3) Treten die Voraussetzungen für eine Aufhebung während des Zeitraums zwischen dem Hauptveranlagungszeitpunkt und dem Zeitpunkt des Wirksamwerdens der Steuermeßbeträge (§ 16 Abs. 2) ein, so wird die Aufhebung auf den Zeitpunkt des Wirksamwerdens der Steuermeßbeträge vorgenommen.

---

¹⁾ § 20 Abs. 1 Nr. 2 geänd. mWv 1. 1. 1977 durch G v. 14. 12. 1976 (BGBl. I S. 3341).
²⁾ Nr. **200**.

§ 21 Änderung von Steuermeßbescheiden. [1]Bescheide über die Neuveranlagung oder die Nachveranlagung von Steuermeßbeträgen können schon vor dem maßgebenden Veranlagungszeitpunkt erteilt werden. [2]Sie sind zu ändern oder aufzuheben, wenn sich bis zu diesem Zeitpunkt Änderungen ergeben, die zu einer abweichenden Festsetzung führen.

§ 22 Zerlegung des Steuermeßbetrags. (1) [1]Erstreckt sich der Steuergegenstand über mehrere Gemeinden, so ist der Steuermeßbetrag vorbehaltlich des § 24 in die auf die einzelnen Gemeinden entfallenden Anteile zu zerlegen (Zerlegungsanteile). [2]Für den Zerlegungsmaßstab gilt folgendes:

1. [1]Bei Betrieben der Land- und Forstwirtschaft ist der auf den Wohnungswert entfallende Teil des Steuermeßbetrags der Gemeinde zuzuweisen, in der sich der Wohnteil oder dessen wertvollster Teil befindet. [2]Der auf den Wirtschaftswert entfallende Teil des Steuermeßbetrags ist in dem Verhältnis zu zerlegen, in dem die auf die einzelnen Gemeinden entfallenden Flächengrößen zueinander stehen.

2. [1]Bei Grundstücken ist der Steuermeßbetrag in dem Verhältnis zu zerlegen, in dem die auf die einzelnen Gemeinden entfallenden Flächengrößen zueinander stehen. [2]Führt die Zerlegung nach Flächengrößen zu einem offenbar unbilligen Ergebnis, so hat das Finanzamt auf Antrag einer Gemeinde die Zerlegung nach dem Maßstab vorzunehmen, der nach bisherigem Recht zugrunde gelegt wurde. [3]Dies gilt nur so lange, als keine wesentliche Änderung der tatsächlichen Verhältnisse eintritt; im Falle einer wesentlichen Änderung ist nach einem Maßstab zu zerlegen, der den tatsächlichen Verhältnissen besser Rechnung trägt.

[3]Einigen sich die Gemeinden mit dem Steuerschuldner über die Zerlegungsanteile, so sind diese maßgebend.

(2) Entfällt auf eine Gemeinde ein Zerlegungsanteil von weniger als *fünfzig Deutsche Mark* [*ab 1. 1. 2002:* fünfundzwanzig Euro][1)] , so ist dieser Anteil der Gemeinde zuzuweisen, der nach Absatz 1 der größte Zerlegungsanteil zusteht.

§ 23 Zerlegungsstichtag. (1) Der Zerlegung des Steuermeßbetrags werden die Verhältnisse in dem Feststellungszeitpunkt zugrunde gelegt, auf den der für die Festsetzung des Steuermeßbetrags maßgebende Einheitswert festgestellt worden ist.

(2) Ändern sich die Grundlagen für die Zerlegung, ohne daß der Einheitswert fortgeschrieben oder nachträglich festgestellt wird, so sind die Zerlegungsanteile nach dem Stand vom 1. Januar des folgenden Jahres neu zu ermitteln, wenn wenigstens bei einer Gemeinde der neue Anteil um mehr als ein Zehntel, mindestens aber um *zwanzig Deutsche Mark* [*ab 1. 1. 2002:* zehn Euro][1)] von ihrem bisherigen Anteil abweicht.

§ 24 Ersatz der Zerlegung durch Steuerausgleich. [1]Die Landesregierung kann durch Rechtsverordnung bestimmen, daß bei Betrieben der

---

1) Beträge geänd. durch G v. 19. 12. 2000 (BGBl. I S. 1790).

Land- und Forstwirtschaft, die sich über mehrere Gemeinden erstrecken, aus Vereinfachungsgründen an Stelle der Zerlegung ein Steuerausgleich stattfindet. [2]Beim Steuerausgleich wird der gesamte Steuermeßbetrag der Gemeinde zugeteilt, in der der wertvollste Teil des Steuergegenstandes liegt (Sitzgemeinde); an dem Steueraufkommen der Sitzgemeinde werden die übrigen Gemeinden beteiligt. [3]Die Beteiligung soll annähernd zu dem Ergebnis führen, das bei einer Zerlegung einträte.

Abschnitt III. Festsetzung und Entrichtung der Grundsteuer

§ 25 Festsetzung des Hebesatzes. (1) Die Gemeinde bestimmt, mit welchem Hundertsatz des Steuermeßbetrags oder des Zerlegungsanteils die Grundsteuer zu erheben ist (Hebesatz).

(2) Der Hebesatz ist für ein oder mehrere Kalenderjahre, höchstens jedoch für den Hauptveranlagungszeitraum der Steuermeßbeträge festzusetzen.

(3) [1]Der Beschluß über die Festsetzung oder Änderung des Hebesatzes ist bis zum 30. Juni eines Kalenderjahres mit Wirkung vom Beginn dieses Kalenderjahres zu fassen. [2]Nach diesem Zeitpunkt kann der Beschluß über die Festsetzung des Hebesatzes gefaßt werden, wenn der Hebesatz die Höhe der letzten Festsetzung nicht überschreitet.

(4) [1]Der Hebesatz muß jeweils einheitlich sein

1. für die in einer Gemeinde liegenden Betriebe der Land- und Forstwirtschaft;
2. für die in einer Gemeinde liegenden Grundstücke.

[2]Wird das Gebiet von Gemeinden geändert, so kann die Landesregierung oder die von ihr bestimmte Stelle für die von der Änderung betroffenen Gebietsteile auf eine bestimmte Zeit verschiedene Hebesätze zulassen.

§ 26[1] Koppelungsvorschriften und Höchsthebesätze. In welchem Verhältnis die Hebesätze für die Grundsteuer der Betriebe der Land- und Forstwirtschaft, für die Grundsteuer der Grundstücke und für die Gewerbesteuer zueinander stehen müssen, welche Höchstsätze nicht überschritten werden dürfen und inwieweit mit Genehmigung der Gemeindeaufsichtsbehörde Ausnahmen zugelassen werden können, bleibt einer landesrechtlichen Regelung vorbehalten.

§ 27 Festsetzung der Grundsteuer. (1) [1]Die Grundsteuer wird für das Kalenderjahr festgesetzt. [2]Ist der Hebesatz für mehr als ein Kalenderjahr festgesetzt, kann auch die jährlich zu erhebende Grundsteuer für die einzelnen Kalenderjahre dieses Zeitraums festgesetzt werden.

(2) Wird der Hebesatz geändert (§ 25 Abs. 3), so ist die Festsetzung nach Absatz 1 zu ändern.

---

[1] § 26 geänd. durch G v. 29. 10. 1997 (BGBl. I S. 2590).

(3) ¹Für diejenigen Steuerschuldner, die für das Kalenderjahr die gleiche Grundsteuer wie im Vorjahr zu entrichten haben, kann die Grundsteuer durch öffentliche Bekanntmachung festgesetzt werden. ²Für die Steuerschuldner treten mit dem Tage der öffentlichen Bekanntmachung die gleichen Rechtswirkungen ein, wie wenn ihnen an diesem Tage ein schriftlicher Steuerbescheid zugegangen wäre.

§ 28 Fälligkeit. (1) Die Grundsteuer wird zu je einem Viertel ihres Jahresbetrags am 15. Februar, 15. Mai, 15. August und 15. November fällig.

(2) Die Gemeinden können bestimmen, daß Kleinbeträge wie folgt fällig werden:

1. am 15. August mit ihrem Jahresbetrag, wenn dieser *dreißig Deutsche Mark* [*ab 1. 1. 2002:* fünfzehn Euro][1] nicht übersteigt;
2. am 15. Februar und 15. August zu je einer Hälfte ihres Jahresbetrags, wenn dieser *sechzig Deutsche Mark* [*ab 1. 1. 2002:* dreißig Euro][1] nicht übersteigt.

(3) ¹Auf Antrag des Steuerschuldners kann die Grundsteuer abweichend vom Absatz 1 oder Absatz 2 Nr. 2 am 1. Juli in einem Jahresbetrag entrichtet werden. ²Der Antrag muß spätestens bis zum 30. September des vorangehenden Kalenderjahres gestellt werden. ³Die beantragte Zahlungsweise bleibt so lange maßgebend, bis ihre Änderung beantragt wird; die Änderung muß spätestens bis zum 30. September des vorangehenden Jahres beantragt werden.

§ 29 Vorauszahlungen. Der Steuerschuldner hat bis zur Bekanntgabe eines neuen Steuerbescheids zu den bisherigen Fälligkeitstagen Vorauszahlungen unter Zugrundelegung der zuletzt festgesetzten Jahressteuer zu entrichten.

§ 30 Abrechnung über die Vorauszahlungen. (1) ¹Ist die Summe der Vorauszahlungen, die bis zur Bekanntgabe des neuen Steuerbescheids zu entrichten waren (§ 29), kleiner als die Steuer, die sich nach dem bekanntgegebenen Steuerbescheid für die vorausgegangenen Fälligkeitstage ergibt (§ 28), so ist der Unterschiedsbetrag innerhalb eines Monats nach Bekanntgabe des Steuerbescheids zu entrichten. ²Die Verpflichtung, rückständige Vorauszahlungen schon früher zu entrichten, bleibt unberührt.

(2) Ist die Summe der Vorauszahlungen, die bis zur Bekanntgabe des neuen Steuerbescheids entrichtet worden sind, größer als die Steuer, die sich nach dem bekanntgegebenen Steuerbescheid für die vorangegangenen Fälligkeitstage ergibt, so wird der Unterschiedsbetrag nach Bekanntgabe des Steuerbescheids durch Aufrechnung oder Zurückzahlung ausgeglichen.

(3) Die Absätze 1 und 2 gelten entsprechend, wenn der Steuerbescheid aufgehoben oder geändert wird.

---

[1] Beträge geänd. durch G v. 19. 12. 2000 (BGBl. I S. 1790).

§ 31 Nachentrichtung der Steuer. Hatte der Steuerschuldner bis zur Bekanntgabe der Jahressteuer keine Vorauszahlungen nach § 29 zu entrichten, so hat er die Steuer, die sich nach dem bekanntgegebenen Steuerbescheid für die vorangegangenen Fälligkeitstage ergibt (§ 28), innerhalb eines Monats nach Bekanntgabe des Steuerbescheids zu entrichten.

Abschnitt IV. Erlaß der Grundsteuer

§ 32 Erlaß für Kulturgut und Grünanlagen. (1) Die Grundsteuer ist zu erlassen

1. für Grundbesitz oder Teile von Grundbesitz, dessen Erhaltung wegen seiner Bedeutung für Kunst, Geschichte, Wissenschaft oder Naturschutz im öffentlichen Interesse liegt, wenn die erzielten Einnahmen und die sonstigen Vorteile (Rohertrag) in der Regel unter den jährlichen Kosten liegen. [2]Bei Park- und Gartenanlagen von geschichtlichem Wert ist der Erlaß von der weiteren Voraussetzung abhängig, daß sie in dem billigerweise zu fordernden Umfang der Öffentlichkeit zugänglich gemacht sind;

2. für öffentliche Grünanlagen, Spiel- und Sportplätze, wenn die jährlichen Kosten in der Regel den Rohertrag übersteigen.

(2) [1]Ist der Rohertrag für Grundbesitz, in dessen Gebäuden Gegenstände von wissenschaftlicher, künstlerischer oder geschichtlicher Bedeutung, insbesondere Sammlungen oder Bibliotheken, dem Zweck der Forschung oder Volksbildung nutzbar gemacht sind, durch die Benutzung zu den genannten Zwecken nachhaltig gemindert, so ist von der Grundsteuer der Hundertsatz zu erlassen, um den der Rohertrag gemindert ist. [2]Das gilt nur, wenn die wissenschaftliche, künstlerische oder geschichtliche Bedeutung der untergebrachten Gegenstände durch die Landesregierung oder die von ihr beauftragte Stelle anerkannt ist.

§ 33 Erlaß wegen wesentlicher Ertragsminderung. (1)[1] [1]Ist bei Betrieben der Land- und Forstwirtschaft und bei bebauten Grundstücken der normale Rohertrag des Steuergegenstandes um mehr als 50 Prozent gemindert und hat der Steuerschuldner die Minderung des Rohertrags nicht zu vertreten, so wird die Grundsteuer in Höhe von 25 Prozent erlassen. [2]Beträgt die Minderung des normalen Rohertrags 100 Prozent, ist die Grundsteuer in Höhe von 50 Prozent zu erlassen. [3]Bei Betrieben der Land- und Forstwirtschaft und bei eigengewerblich genutzten bebauten Grundstücken wird der Erlass nur gewährt, wenn die Einziehung der Grundsteuer nach den wirtschaftlichen Verhältnissen des Betriebs unbillig wäre. [3]Normaler Rohertrag ist

---

[1] § 33 Abs. 1 neugef. mit erstmaliger Wirkung für die GrSt des Jahres 2008 durch G v. 19. 12. 2008 (BGBl. I S. 2794).

1. bei Betrieben der Land- und Forstwirtschaft der Rohertrag, der nach den Verhältnissen zu Beginn des Erlasszeitraums bei ordnungsmäßiger Bewirtschaftung gemeinhin und nachhaltig erzielbar wäre;

2. bei bebauten Grundstücken die nach den Verhältnissen zu Beginn des Erlasszeitraums geschätzte übliche Jahresrohmiete.

(2) Bei eigengewerblich genutzten bebauten Grundstücken gilt als Minderung des normalen Rohertrags die Minderung der Ausnutzung des Grundstücks.

(3) Umfaßt der Wirtschaftsteil eines Betriebs der Land- und Forstwirtschaft nur die forstwirtschaftliche Nutzung, so ist die Ertragsminderung danach zu bestimmen, in welchem Ausmaß eingetretene Schäden den Ertragswert der forstwirtschaftlichen Nutzung bei einer Wertfortschreibung mindern würden.

(4) [1] Wird nur ein Teil des Grundstücks eigengewerblich genutzt, so ist die Ertragsminderung für diesen Teil nach Absatz 2, für den übrigen Teil nach Absatz 1 zu bestimmen. [2] Umfaßt der Wirtschaftsteil eines Betriebs der Land- und Forstwirtschaft nur zu einem Teil die forstwirtschaftliche Nutzung, so ist die Ertragsminderung für diesen Teil nach Absatz 3, für den übrigen Teil nach Absatz 1 zu bestimmen. [3] In den Fällen der Sätze 1 und 2 ist für den ganzen Steuergegenstand ein einheitlicher Hundertsatz der Ertragsminderung nach dem Anteil der einzelnen Teile am Einheitswert des Grundstücks oder am Wert des Wirtschaftsteils des Betriebs der Land- und Forstwirtschaft zu ermitteln.

(5) Eine Ertragsminderung ist kein Erlaßgrund, wenn sie für den Erlaßzeitraum durch Fortschreibung des Einheitswerts berücksichtigt werden kann oder bei rechtzeitiger Stellung des Antrags auf Fortschreibung hätte berücksichtigt werden können.

§ 34 Verfahren. (1) [1] Der Erlaß wird jeweils nach Ablauf eines Kalenderjahres für die Grundsteuer ausgesprochen, die für das Kalenderjahr festgesetzt worden ist (Erlaßzeitraum). [2] Maßgebend für die Entscheidung über den Erlaß sind die Verhältnisse des Erlaßzeitraums.

(2) [1] Der Erlaß wird nur auf Antrag gewährt. [2] Der Antrag ist bis zu dem auf den Erlaßzeitraum folgenden 31. März zu stellen.

(3) [1] In den Fällen des § 32 bedarf es keiner jährlichen Wiederholung des Antrags. [2] Der Steuerschuldner ist verpflichtet, eine Änderung der maßgeblichen Verhältnisse der Gemeinde binnen drei Monaten nach Eintritt der Änderung anzuzeigen.

Abschnitt V. Übergangs- und Schlußvorschriften

§ 35.[1] *(aufgehoben)*

§ 36 Steuervergünstigung für abgefundene Kriegsbeschädigte.

(1)[2] [1]Der Veranlagung der Steuermeßbeträge für Grundbesitz solcher Kriegsbeschädigten, die zum Erwerb oder zur wirtschaftlichen Stärkung ihres Grundbesitzes eine Kapitalabfindung auf Grund des Bundesversorgungsgesetzes in der Fassung der Bekanntmachung vom 22. Januar 1982 (BGBl. I S. 21), zuletzt geändert durch die Verordnung vom 15. Juni 1999 (BGBl. I S. 1328), erhalten haben, ist der um die Kapitalabfindung verminderte Einheitswert zugrunde zu legen. [2]Die Vergünstigung wird nur so lange gewährt, als die Versorgungsgebührnisse wegen der Kapitalabfindung in der gesetzlichen Höhe gekürzt werden.

(2) Die Steuervergünstigung nach Absatz 1 ist auch für ein Grundstück eines gemeinnützigen Wohnungs- oder Siedlungsunternehmens zu gewähren, wenn die folgenden Voraussetzungen sämtlich erfüllt sind:

1. Der Kriegsbeschädigte muß für die Zuweisung des Grundstücks die Kapitalabfindung an das Wohnungs- oder Siedlungsunternehmen bezahlt haben.

2. Er muß entweder mit dem Unternehmen einen Mietvertrag mit Kaufanwartschaft in der Weise abgeschlossen haben, daß er zur Miete wohnt, bis das Eigentum an dem Grundstück von ihm erworben ist, oder seine Rechte als Mieter müssen durch den Mietvertrag derart geregelt sein, daß das Mietverhältnis dem Eigentumserwerb fast gleichkommt.

3. Es muß sichergestellt sein, daß die Steuervergünstigung in vollem Umfang dem Kriegsbeschädigten zugute kommt.

(3) [1]Lagen die Voraussetzungen des Absatzes 1 oder des Absatzes 2 bei einem verstorbenen Kriegsbeschädigten zur Zeit seines Todes vor und hat seine Witwe das Grundstück ganz oder teilweise geerbt, so ist auch der Witwe die Steuervergünstigung zu gewähren, wenn sie in dem Grundstück wohnt. [2]Verheiratet sich die Witwe wieder, so fällt die Steuervergünstigung weg.

§ 37[3] **Sondervorschriften für die Hauptveranlagung 1974.** (1) Auf den 1. Januar 1974 findet eine Hauptveranlagung der Grundsteuermeßbeträge statt (Hauptveranlagung 1974).

(2) [1]Die Hauptveranlagung 1974 gilt mit Wirkung von dem am 1. Januar 1974 beginnenden Kalenderjahr an. [2]Der Beginn dieses Kalenderjahres ist der Hauptveranlagungszeitpunkt.

(3) Bei der Hauptveranlagung 1974 gilt Artikel 1 des Bewertungsänderungsgesetzes 1971 vom 27. Juli 1971 (Bundesgesetzbl. I S. 1157).

(4) *(aufgehoben)*

---

[1] § 35 aufgeh. durch G v. 22. 12. 1999 (BGBl. I S. 2601).
[2] § 36 Abs. 1 Satz 1 geänd. durch G v. 22. 12. 1999 (BGBl. I S. 2601).
[3] § 37 Abs. 1 Satz 2 und Abs. 4 aufgeh. durch G v. 22. 12. 1999 (BGBl. I S. 2601).

§ 38[1] Anwendung des Gesetzes. Diese Fassung des Gesetzes gilt erstmals für die Grundsteuer des Kalenderjahres 2008.

§ 39.[1] *(aufgehoben)*

Abschnitt VI.[2] Grundsteuer für Steuergegenstände in dem in Artikel 3 des Einigungsvertrages genannten Gebiet ab dem Kalenderjahr 1991

§ 40[2] Land- und forstwirtschaftliches Vermögen. [1]Anstelle der Betriebe der Land- und Forstwirtschaft im Sinne des § 2 tritt das zu einer Nutzungseinheit zusammengefaßte Vermögen im Sinne des § 125 Abs. 3 des Bewertungsgesetzes[3]). [2]Schuldner der Grundsteuer ist abweichend von § 10 der Nutzer des land- und forstwirtschaftlichen Vermögens (§ 125 Abs. 2 des Bewertungsgesetzes[3]). [3]Mehrere Nutzer des Vermögens sind Gesamtschuldner.

§ 41[2] Bemessung der Grundsteuer für Grundstücke nach dem Einheitswert. [1]Ist ein im Veranlagungszeitpunkt für die Grundsteuer maßgebender Einheitswert 1935 festgestellt oder festzustellen (§ 132 des Bewertungsgesetzes[3]), gelten bei der Festsetzung des Steuermeßbetrags abweichend von § 15 die Steuermeßzahlen der weiter anwendbaren §§ 29 bis 33 der Grundsteuerdurchführungsverordnung vom 1. Juli 1937 (RGBl. I S. 733)[4]. [2]Die ermäßigten Steuermeßzahlen für Einfamilienhäuser gelten

---

[1] § 38 neugef. und § 39 aufgeh. durch G v. 22. 12. 1999 (BGBl. I S. 2601), § 38 neugef. durch G v. 19. 12. 2008 (BGBl. I S. 2794).
[2] Abschnitt VI (§§ 40–46) angef. durch Vertrag v. 31. 8. 1990 (BGBl. II S. 889, 986).
[3] Nr. **200**.
[4] §§ 29–33 GrStDVO lauten wie folgt:

b) Bebaute Grundstücke
§ 29 Abstufung der Steuermeßzahlen. Für bebaute Grundstücke gelten die folgenden Steuermeßzahlen:

	Gemeindegruppen		
	a	b	c
Grundstücksgruppen bzw. Wertgruppen	bis 25 000 Einwohner	über 25 000 bis 1 000 000 Einwohner	über 1 000 000 Einwohner
	vom Tausend		
I. Altbauten (bei Einfamilienhäusern nur für den Teil des Einheitswerts, der 15 338,76 Euro übersteigt)	10	10	10

(Fortsetzung der Fußnote nächstes Blatt)

nicht für das Wohnungseigentum und das Wohnungserbbaurecht einschließlich des damit belasteten Grundstücks.

(Fortsetzung der Fußnote)

II. Einfamilienhäuser der Altbauten für die ersten angefangenen oder vollen 15 338,76 Euro des Einheitswerts	10	8	6
III. Neubauten (bei Einfamilienhäusern nur für den Teil des Einheitswerts, der 15 338,76 Euro übersteigt)	8	7	6
IV. Einfamilienhäuser der Neubauten für die ersten angefangenen oder vollen 15 338,76 Euro des Einheitswerts	8	6	5

Der Reichsminister der Finanzen wird ermächtigt, mit Zustimmung des Reichsministers des Innern und des Reichsarbeitsministers für Gemeinden von mehr als 500 000, jedoch nicht mehr als 1 000 000 Einwohnern auf Antrag des Bürgermeisters für die Gruppen II, III und IV andere Meßzahlen als die für die Gemeindegruppe b bestimmten festzusetzen. Diese Meßzahlen müssen spätestens innerhalb eines Zeitraums von vier Jahren in Stufen auf die für die Gemeindegruppe b bestimmten Meßzahlen zurückgeführt werden.

§ 30 Einwohnerzahl. (1) Für die Frage, welcher der im § 29 bezeichneten Gemeindegruppen eine Gemeinde zuzurechnen ist, ist das Ergebnis der allgemeinen Volkszählung vom 16. Juni 1933 maßgebend.

(2) Bei Umgemeindungen, die zwischen dem 16. Juni 1933 und dem 1. Januar 1935 rechtswirksam geworden sind, ist auf Grund des Ergebnisses der allgemeinen Volkszählung 1933 zu ermitteln, wieviel Einwohner auf die Gemeinde in ihrem Gebietsumfang vom 1. Januar 1935 entfallen; im Zweifelsfall entscheidet hierüber die Gemeindeaufsichtsbehörde.

(3) Bei Umgemeindungen, die nach dem 1. Januar 1935 rechtswirksam geworden sind, rechnen die betroffenen Gemeinden oder Gemeindeteile weiterhin zu der Gemeindegruppe, der sie ohne die Umgemeindung nach den Absätzen 1 und 2 zuzurechnen sind.

(4) Absätze 1 bis 3 gelten für das Saarland mit der Abweichung, daß das Ergebnis der Volkszählung vom 25. Juni 1935 maßgebend ist und an die Stelle des 1. Januar 1935 jeweils der 1. Januar 1936 zu setzen ist.

§ 31 Altbauten, Neubauten. (1) Zu den Altbauten (§ 29 I und II) gehören die Grundstücke, deren Gebäude bis zum 31. März 1924 bezugsfertig geworden sind.

(2) Zu den Neubauten (§ 29 III und IV) gehören die Grundstücke, deren Gebäude nach dem 31. März 1924 bezugsfertig geworden sind.

(3) Ob auf ein Grundstück, auf dem sich sowohl Altbauten als auch Neubauten befinden, die Steuermeßzahl für Altbauten oder die Meßzahl für Neubauten anzuwenden ist, ist danach zu entscheiden, welcher Teil wertmäßig überwiegt.

(4) Für die Frage, ob ein Gebäude bis zum oder nach dem 31. März 1924 bezugsfertig geworden ist, ist die Entscheidung zu übernehmen, die zuletzt für die bisherige Grundsteuer maßgebend gewesen ist.

§ 32 Einfamilienhäuser. Ob auf ein Grundstück, auf dem sich sowohl ein Einfamilienhaus als auch ein Gebäude einer anderen Grundstücksgruppe befinden, die Steuermeßzahlen für Einfamilienhäuser oder die Meßzahl für die andere Grundstücksgruppe anzuwenden sind, ist danach zu entscheiden, welcher Teil wertmäßig überwiegt.

c) Unbebaute Grundstücke

§ 33 [Unbebaute Grundstücke] Für unbebaute Grundstücke beträgt die Steuermeßzahl einheitlich 10 vom Tausend.

§ 42[1] **Bemessung der Grundsteuer für Mietwohngrundstücke und Einfamilienhäuser nach der Ersatzbemessungsgrundlage.** (1) Bei Mietwohngrundstücken und Einfamilienhäusern, für die ein im Veranlagungszeitpunkt für die Grundsteuer maßgebender Einheitswert 1935 nicht festgestellt oder festzustellen ist (§ 132 des Bewertungsgesetzes)[2], bemißt sich der Jahresbetrag der Grundsteuer nach der Wohnfläche und bei anderweitiger Nutzung nach der Nutzfläche (Ersatzbemessungsgrundlage).

(2) [1] Bei einem Hebesatz von 300 vom Hundert für Grundstücke beträgt der Jahresbetrag der Grundsteuer für das Grundstück

a) für Wohnungen, die mit Bad, Innen-WC und Sammelheizung ausgestattet sind,

1 Euro[3] je m² Wohnfläche,

b) für andere Wohnungen

75 Cent[3] je m² Wohnfläche,

c) je Abstellplatz für Personenkraftwagen in einer Garage

5 Euro[3].

[2] Für Räume, die anderen als Wohnzwecken dienen, ist der Jahresbetrag je m² Nutzfläche anzusetzen, der für die auf dem Grundstück befindlichen Wohnungen maßgebend ist.

(3) [1] Wird der Hebesatz abweichend von Absatz 2 festgesetzt, erhöhen oder vermindern sich die Jahresbeträge des Absatzes 2 in dem Verhältnis, in dem der festgesetzte Hebesatz für Grundstücke zu dem Hebesatz von 300 vom Hundert steht. [2] Der sich danach ergebende Jahresbetrag je m² Wohn- oder Nutzfläche wird auf volle Cent[3] nach unten abgerundet.

(4) [1] Steuerschuldner ist derjenige, dem das Gebäude bei einer Feststellung des Einheitswerts gemäß § 10 zuzurechnen wäre. [2] Das gilt auch dann, wenn der Grund und Boden einem anderen gehört.

§ 43[1] **Steuerfreiheit für neugeschaffene Wohnungen.** (1) [1] Für Grundstücke mit neugeschaffenen Wohnungen, die nach dem 31. Dezember 1980 und vor dem 1. Januar 1992 bezugsfertig geworden sind oder bezugsfertig werden, gilt folgendes:

1. Grundstücke mit Wohnungen, die vor dem 1. Januar 1990 bezugsfertig geworden sind, bleiben für den noch nicht abgelaufenen Teil eines zehnjährigen Befreiungszeitraums steuerfrei, der mit dem 1. Januar des Kalenderjahres beginnt, das auf das Jahr der Bezugsfertigkeit des Gebäudes folgt;

2. Grundstücke mit Wohnungen, die im Kalenderjahr 1990 bezugsfertig geworden sind, sind bis zum 31. Dezember 2000 steuerfrei;

3. Grundstücke mit Wohnungen, die im Kalenderjahr 1991 bezugsfertig werden, sind bis zum 31. Dezember 2001 steuerfrei.

---

[1] Abschnitt VI (§§ 40–46) angef. durch Vertrag v. 31. 8. 1990 (BGBl. II S. 889, 986).
[2] Nr. **200**.
[3] Beträge bzw. Bezeichnung geänd. durch G v. 19. 12. 2000 (BGBl. I S. 1790).

²Dies gilt auch, wenn vor dem 1. Januar 1991 keine Steuerfreiheit gewährt wurde.

(2) Befinden sich auf einem Grundstück nur zum Teil steuerfreie Wohnungen im Sinne des Absatzes 1, gilt folgendes:

1. ¹Wird die Grundsteuer nach dem Einheitswert bemessen (§ 41), bemißt sich der Steuermeßbetrag für den sich aus Absatz 1 ergebenden Befreiungszeitraum nur nach dem Teil des jeweils maßgebenden Einheitswerts, der auf die steuerpflichtigen Wohnungen und Räume einschließlich zugehörigen Grund und Bodens entfällt. ²Der steuerpflichtige Teil des Einheitswerts wird im Steuermeßbetragsverfahren ermittelt.

2. Ist die Ersatzbemessungsgrundlage Wohn- oder Nutzfläche maßgebend (§ 42), bleibt während der Dauer des sich aus Absatz 1 ergebenden Befreiungszeitraums die Wohnfläche der befreiten Wohnungen bei Anwendung des § 42 außer Ansatz.

(3) ¹Einer Wohnung stehen An-, Aus- oder Umbauten gleich, die der Vergrößerung oder Verbesserung von Wohnungen dienen. ²Voraussetzung ist, daß die Baumaßnahmen zu einer Wertfortschreibung geführt haben oder führen.

§ 44¹⁾ Steueranmeldung. (1) Soweit die Grundsteuer nach der Wohn- oder Nutzfläche zu bemessen ist, hat der Steuerschuldner eine Steuererklärung nach amtlich vorgeschriebenem Vordruck abzugeben, in der er die Grundsteuer nach § 42 selbst berechnet (Steueranmeldung).

(2) ¹Der Steuerschuldner hat der Berechnung der Grundsteuer den Hebesatz zugrunde zu legen, den die Gemeinde bis zum Beginn des Kalenderjahres bekannt gemacht hat, für das die Grundsteuer erhoben wird. ²Andernfalls hat er die Grundsteuer nach dem Hebesatz des Vorjahres zu berechnen; für das Kalenderjahr 1991 gilt insoweit ein Hebesatz von 300 vom Hundert.

(3) ¹Die Steueranmeldung ist für jedes Kalenderjahr nach den Verhältnissen zu seinem Beginn bis zu dem Fälligkeitstag abzugeben, zu dem Grundsteuer für das Kalenderjahr nach § 28 erstmals fällig ist. ²Für die Entrichtung der Grundsteuer gilt § 28 entsprechend.

§ 45¹⁾ Fälligkeit von Kleinbeträgen. Hat der Rat der Stadt oder Gemeinde vor dem 1. Januar 1991 für kleinere Beträge eine Zahlungsweise zugelassen, die von § 28 Abs. 2 und 3 abweicht, bleibt die Regelung bestehen, bis sie aufgehoben wird.

§ 46¹⁾ Zuständigkeit der Gemeinden. Die Festsetzung und Erhebung der Grundsteuer obliegt bis zu einer anderen landesrechtlichen Regelung den Gemeinden.

---

¹⁾ Abschnitt VI (§§ 40–46) angef. durch Vertrag v. 31. 8. 1990 (BGBl. II S. 889, 986).

420a. Grundsteuergesetz 2025 (GrStG 2025)[1]

Vom 7. August 1973 (BGBl. I S. 965)

Geändert durch Einführungsgesetz zur Abgabenordnung vom 14.12.1976 (BGBl. I S. 3341), Einigungsvertrag vom 31.8.1990 (BGBl. II S. 889, 986), Standortsicherungsgesetz vom 13.9.1993 (BGBl. I S. 1569), Eisenbahnneuordnungsgesetz vom 27.12.1993 (BGBl. I S. 2378), Postneuordnungsgesetz vom 14.9.1994 (BGBl. I S. 2325), Gesetz zur Fortsetzung der Unternehmenssteuerreform vom 29.10.1997 (BGBl. I S. 2590), Gesetz zur Änderung des Einführungsgesetzes zur Insolvenzordnung und anderer Gesetze vom 19.12.1998 (BGBl. I S. 3836), Steuerbereinigungsgesetz 1999 vom 22.12.1999 (BGBl. I S. 2601), Steuer-Euroglättungsgesetz vom 19.12.2000 (BGBl. I S. 1790), Gesetz zur Umbenennung des Bundesgrenzschutzes in Bundespolizei vom 21.6.2005 (BGBl. I S. 1818), Gesetz zur Beschleunigung der Umsetzung von Öffentlich Privaten Partnerschaften und zur Verbesserung gesetzlicher Rahmenbedingungen für Öffentlich Private Partnerschaften vom 1.9.2005 (BGBl. I S. 2676), Jahressteuergesetz 2009 vom 19.12.2008 (BGBl. I S. 2794), Gesetz zur Reform des Grundsteuer- und Bewertungsrechts (Grundsteuer-Reformgesetz – GrStRefG) vom 26.11.2019 (BGBl. I S. 1794), Gesetz zur Änderung des Grundsteuergesetzes zur Mobilisierung von baureifen Grundstücken für die Bebauung vom 30.11.2019 (BGBl. I S. 1875), Jahressteuergesetz 2020 (JStG 2020) vom 21.12.2020 (BGBl. I S. 3096), Gesetz zur erleichterten Umsetzung der Reform der Grundsteuer und Änderung weiterer steuerrechtlicher Vorschriften (Grundsteuerreform-Umsetzungsgesetz – GrStRefUG) vom 16.7.2021 (BGBl. I S. 2931) und Jahressteuergesetz 2022 (JStG 2022) vom 16.12.2022 (BGBl. I S. 2294)

BGBl. III/FNA 611-7

Inhaltsübersicht

---

[1] Das Grundsteuergesetz wurde verkündet als Art. 1 des Gesetzes zur Reform des Grundsteuerrechts. **Die hier abgedruckte Fassung berücksichtigt die Grundsteuer-Reform zum 1.1.2025 (siehe § 37). Die bis zum 31.12.2024 gültige Fassung ist abgedruckt unter Nr. 420.**

Der Bundestag hat mit Zustimmung des Bundesrates das folgende Gesetz beschlossen:

Abschnitt I. Steuerpflicht

§ 1 Heberecht. (1) Die Gemeinde bestimmt, ob von dem in ihrem Gebiet liegenden Grundbesitz Grundsteuer zu erheben ist.

(2) Bestehen in einem Land keine Gemeinden, so stehen das Recht des Absatzes 1 und die in diesem Gesetz bestimmten weiteren Rechte dem Land zu.

(3) Für den in gemeindefreien Gebieten liegenden Grundbesitz bestimmt die Landesregierung durch Rechtsverordnung, wer die nach diesem Gesetz den Gemeinden zustehenden Befugnisse ausübt.

§ 2[1] Steuergegenstand. Steuergegenstand ist der inländische Grundbesitz im Sinne des Bewertungsgesetzes:

1. die Betriebe der Land- und Forstwirtschaft (§§ 232 bis 234, 240 des Bewertungsgesetzes); diesen stehen die in § 218 Satz 2 des Bewertungsgesetzes[2] bezeichneten Betriebsgrundstücke gleich;

---

[1] § 2 geänd. **mWv 1.1.2025** (§ 37 Abs. 1) durch G v. 26.11.2019 (BGBl. I S. 1794); § 2 Nr. 1 geänd. durch G v. 21.12.2020 (BGBl. I S. 3096).
   [2] Nr. **200**.

2. die Grundstücke (§§ 243, 244 des Bewertungsgesetzes[1])); diesen stehen die in § 218 Satz 3 des Bewertungsgesetzes bezeichneten Betriebsgrundstücke gleich.

§ 3[2]) Steuerbefreiung für Grundbesitz bestimmter Rechtsträger.

(1) [1] Von der Grundsteuer sind befreit

1. Grundbesitz, der von einer inländischen juristischen Person des öffentlichen Rechts für einen öffentlichen Dienst oder Gebrauch benutzt wird. [2] Ausgenommen ist der Grundbesitz, der von Berufsvertretungen und Berufsverbänden sowie von Kassenärztlichen Vereinigungen und Kassenärztlichen Bundesvereinigungen benutzt wird;

1 a.[3]) *(aufgehoben)*

2. Grundbesitz, der vom Bundeseisenbahnvermögen[4]) für Verwaltungszwecke benutzt wird;

3. Grundbesitz, der von

   a) einer inländischen juristischen Person des öffentlichen Rechts,

   b) einer inländischen Körperschaft, Personenvereinigung oder Vermögensmasse, die nach der Satzung, dem Stiftungsgeschäft oder der sonstigen Verfassung und nach ihrer tatsächlichen Geschäftsführung ausschließlich und unmittelbar gemeinnützigen oder mildtätigen Zwecken dient,

   für gemeinnützige oder mildtätige Zwecke benutzt wird;

4. Grundbesitz, der von einer Religionsgesellschaft, die Körperschaft des öffentlichen Rechts ist, einem ihrer Orden, einer ihrer religiösen Genossenschaften oder einem ihrer Verbände für Zwecke der religiösen Unterweisung, der Wissenschaft, des Unterrichts, der Erziehung oder für Zwecke der eigenen Verwaltung benutzt wird. [2] Den Religionsgesellschaften stehen die jüdischen Kultusgemeinden gleich, die nicht Körperschaften des öffentlichen Rechts sind;

5. Dienstwohnungen der Geistlichen und Kirchendiener der Religionsgesellschaften, die Körperschaften des öffentlichen Rechts sind, und der jüdischen Kultusgemeinden. [2] § 5 ist insoweit nicht anzuwenden;

6. Grundbesitz der Religionsgesellschaften, die Körperschaften des öffentlichen Rechts sind, und der jüdischen Kultusgemeinden, der am 1. Januar 1987 und im Veranlagungszeitpunkt zu einem nach Kirchenrecht einem gesonderten Vermögen, insbesondere einem Stellenfonds gehört, dessen Erträge ausschließlich für die Besoldung und Versorgung der Geistlichen und Kirchendiener sowie ihrer Hinterbliebenen bestimmt sind. [2] Ist in dem in Artikel 3 des Einigungsvertrages genannten Gebiet die Zugehörigkeit des Grundbesit-

---

[1]) Nr. **200**.
[2]) § 3 Abs. 1 Satz 1 Nr. 5 neu gef., Nr. 6 angef. und Satz 2 geänd. durch G v. 13.9.1993 (BGBl. I S. 1569), Abs. 1 Satz 3 angef. mWv 8.9.2005 durch G v. 1.9.2005 (BGBl. I S. 2676).
[3]) § 3 Abs. 1 Nr. 1a eingef. mWv Kj. 1995 durch G v. 14.9.1994 (BGBl. I S. 2325) und aufgeh. mWv Kj. 2000 durch G v. 22.12.1999 (BGBl. I S. 2601).
[4]) § 3 Abs. 1 Nr. 2 geänd. mWv Kj. 1994 durch G v. 27.12.1993 (BGBl. I S. 2378).

zes zu einem gesonderten Vermögen im Sinne des Satzes 1 am 1. Januar 1987 nicht gegeben, reicht es insoweit aus, daß der Grundbesitz zu einem Zeitpunkt vor dem 1. Januar 1987 zu einem gesonderten Vermögen im Sinne des Satzes 1 gehörte. ³Die §§ 5 und 6 sind insoweit nicht anzuwenden.

²Der Grundbesitz muß ausschließlich demjenigen, der ihn für die begünstigten Zwecke benutzt, oder einem anderen nach den Nummern 1 bis 6 begünstigten Rechtsträger zuzurechnen sein. ³Satz 2 gilt nicht, wenn der Grundbesitz von einem nicht begünstigten Rechtsträger im Rahmen einer Öffentlich Privaten Partnerschaft einer juristischen Person des öffentlichen Rechts für einen öffentlichen Dienst oder Gebrauch überlassen wird und die Übertragung auf den Nutzer am Ende des Vertragszeitraums vereinbart ist.

(2) ¹Öffentlicher Dienst oder Gebrauch im Sinne dieses Gesetzes ist die hoheitliche Tätigkeit oder der bestimmungsgemäße Gebrauch durch die Allgemeinheit. ²Ein Entgelt für den Gebrauch durch die Allgemeinheit darf nicht in der Absicht, Gewinn zu erzielen, gefordert werden.

(3) Öffentlicher Dienst oder Gebrauch im Sinne dieses Gesetzes ist nicht anzunehmen bei Betrieben gewerblicher Art von juristischen Personen[1] des öffentlichen Rechts im Sinne des Körperschaftsteuergesetzes[2].

§ 4 Sonstige Steuerbefreiungen. Soweit sich nicht bereits eine Befreiung nach § 3 ergibt, sind von der Grundsteuer befreit

1. Grundbesitz, der dem Gottesdienst einer Religionsgesellschaft, die Körperschaft des öffentlichen Rechts ist, oder einer jüdischen Kultusgemeinde gewidmet ist;

2. Bestattungsplätze;

3. a) die dem öffentlichen Verkehr dienenden Straßen, Wege, Plätze, Wasserstraßen, Häfen und Schienenwege sowie die Grundflächen mit den diesem Verkehr unmittelbar dienenden Bauwerken und Einrichtungen, zum Beispiel Brücken, Schleuseneinrichtungen, Signalstationen, Stellwerke, Blockstellen;

b)[3] auf Verkehrsflughäfen und Verkehrslandeplätzen alle Flächen, die unmittelbar zur Gewährleistung eines ordnungsgemäßen Flugbetriebes notwendig sind und von Hochbauten und sonstigen Luftfahrthindernissen freigehalten werden müssen, die Grundflächen mit den Bauwerken und Einrichtungen, die unmittelbar diesem Betrieb dienen, sowie die Grundflächen ortsfester Flugsicherungsanlagen einschließlich der Flächen, die für einen einwandfreien Betrieb dieser Anlagen erforderlich sind;

c) die fließenden Gewässer und die ihren Abfluß regelnden Sammelbecken, soweit sie nicht unter Buchstabe a fallen;

4. die Grundflächen mit den im Interesse der Ordnung und Verbesserung der Wasser- und Bodenverhältnisse unterhaltenen Einrichtungen der öffentlich-

---

[1] Bezeichnung geänd. durch G v. 22.12.1999 (BGBl. I S. 2601).
[2] Nr. **100.**
[3] § 4 Nr. 3 Buchst. b geänd. durch G v. 22.12.1999 (BGBl. I S. 2601).

rechtlichen Wasser- und Bodenverbände und die im öffentlichen Interesse staatlich unter Schau gestellten Privatdeiche;

5. Grundbesitz, der für Zwecke der Wissenschaft, des Unterrichts oder der Erziehung benutzt wird, wenn durch die Landesregierung oder die von ihr beauftragte Stelle anerkannt ist, daß der Benutzungszweck im Rahmen der öffentlichen Aufgaben liegt. ²Der Grundbesitz muß ausschließlich demjenigen, der ihn benutzt, oder einer juristischen Person des öffentlichen Rechts zuzurechnen sein;

6.¹⁾ Grundbesitz, der für die Zwecke eines Krankenhauses benutzt wird, wenn das Krankenhaus in dem Kalenderjahr, das dem Veranlagungszeitpunkt (§ 16 Absatz 1, § 17 Absatz 3, § 18 Absatz 3) vorangeht, die Voraussetzungen des § 67 Abs. 1 oder 2 der Abgabenordnung²⁾ erfüllt hat. ²Der Grundbesitz muß ausschließlich demjenigen, der ihn benutzt, oder einer juristischen Person des öffentlichen Rechts zuzurechnen sein.

§ 5 Zu Wohnzwecken benutzter Grundbesitz. (1) Dient Grundbesitz, der für steuerbegünstigte Zwecke (§§ 3 und 4) benutzt wird, zugleich Wohnzwecken, gilt die Befreiung nur für

1. Gemeinschaftsunterkünfte der Bundeswehr, der ausländischen Streitkräfte, der internationalen militärischen Hauptquartiere, der Bundespolizei³⁾, der Polizei und des sonstigen Schutzdienstes des Bundes und der Gebietskörperschaften sowie ihrer Zusammenschlüsse;

2. Wohnräume in Schülerheimen, Ausbildungs- und Erziehungsheimen sowie Prediger- und Priesterseminaren, wenn die Unterbringung in ihnen für die Zwecke des Unterrichts, der Ausbildung oder der Erziehung erforderlich ist. ²Wird das Heim oder Seminar nicht von einem der nach § 3 Abs. 1 Nr. 1, 3 oder 4 begünstigten Rechtsträger unterhalten, so bedarf es einer Anerkennung der Landesregierung oder der von ihr beauftragten Stelle, daß die Unterhaltung des Heims oder Seminars im Rahmen der öffentlichen Aufgaben liegt;

3. Wohnräume, wenn der steuerbegünstigte Zweck im Sinne des § 3 Abs. 1 Nr. 1, 3 oder 4 nur durch ihre Überlassung erreicht werden kann;

4. Räume, in denen sich Personen für die Erfüllung der steuerbegünstigten Zwecke ständig bereithalten müssen (Bereitschaftsräume), wenn sie nicht zugleich die Wohnung des Inhabers darstellen.

(2) Wohnungen sind stets steuerpflichtig, auch wenn die Voraussetzungen des Absatzes 1 vorliegen.

§ 6 Land- und forstwirtschaftlich genutzter Grundbesitz. Wird Grundbesitz, der für steuerbegünstigte Zwecke (§§ 3 und 4) benutzt wird, zugleich land- und forstwirtschaftlich genutzt, so gilt die Befreiung nur für

---

¹⁾ § 4 Nr. 6 neu gef. mWv 1.1.1977 durch G v. 14.12.1976 (BGBl. I S. 3341); Satz 1 geänd. durch G v. 16.12.2022 (BGBl. I S. 2294).
²⁾ Nr. **800**.
³⁾ Umbenennung mWv 1.7.2005 durch G v. 21.6.2005 (BGBl. I S. 1818).

1. Grundbesitz, der Lehr- oder Versuchszwecken dient;
2. Grundbesitz, der von der Bundeswehr, den ausländischen Streitkräften, den internationalen militärischen Hauptquartieren oder den in § 5 Abs. 1 Nr. 1 bezeichneten Schutzdiensten als Übungsplatz oder Flugplatz benutzt wird;
3. Grundbesitz, der unter § 4 Nr. 1 bis 4 fällt.

§ 7 Unmittelbare Benutzung für einen steuerbegünstigten Zweck. ¹Die Befreiung nach den §§ 3 und 4 tritt nur ein, wenn der Steuergegenstand für den steuerbegünstigten Zweck unmittelbar benutzt wird. ²Unmittelbare Benutzung liegt vor, sobald der Steuergegenstand für den steuerbegünstigten Zweck hergerichtet wird.

§ 8 Teilweise Benutzung für einen steuerbegünstigten Zweck. (1) Wird ein räumlich abgegrenzter Teil des Steuergegenstandes für steuerbegünstigte Zwecke (§§ 3 und 4) benutzt, so ist nur dieser Teil des Steuergegenstandes steuerfrei.

(2) Dient der Steuergegenstand oder ein Teil des Steuergegenstandes (Absatz 1) sowohl steuerbegünstigten Zwecken (§§ 3 und 4) als auch anderen Zwecken, ohne daß eine räumliche Abgrenzung für die verschiedenen Zwecke möglich ist, so ist der Steuergegenstand oder der Teil des Steuergegenstandes nur befreit, wenn die steuerbegünstigten Zwecke überwiegen.

§ 9 Stichtag für die Festsetzung der Grundsteuer; Entstehung der Steuer. (1) Die Grundsteuer wird nach den Verhältnissen zu Beginn des Kalenderjahres festgesetzt.

(2) Die Steuer entsteht mit dem Beginn des Kalenderjahres, für das die Steuer festzusetzen ist.

§ 10 Steuerschuldner. (1)¹⁾ Schuldner der Grundsteuer ist derjenige, dem der Steuergegenstand bei der Feststellung des Grundsteuerwerts zugerechnet ist.

(2) Ist der Steuergegenstand mehreren Personen zugerechnet, so sind sie Gesamtschuldner.

§ 11 Persönliche Haftung. (1) Neben dem Steuerschuldner haften der Nießbraucher des Steuergegenstandes und derjenige, dem ein dem Nießbrauch ähnliches Recht zusteht.

(2)²⁾ ¹Wird ein Steuergegenstand ganz oder zu einem Teil einer anderen Person übereignet, so haftet der Erwerber neben dem früheren Eigentümer für die auf den Steuergegenstand oder Teil des Steuergegenstandes entfallende Grundsteuer, die für die Zeit seit dem Beginn des letzten vor der Übereignung liegenden Kalenderjahres zu entrichten ist. ²Das gilt nicht für Erwerbe aus einer Insolvenzmasse und für Erwerbe im Vollstreckungsverfahren.

---

¹⁾ § 10 Abs. 1 geänd., Abs. 2 aufgeh., bish. Abs. 3 wird Abs. 2 **mWv 1.1.2025** (§ 37 Abs. 1) durch G v. 26.11.2019 (BGBl. I S. 1794).
²⁾ § 11 Abs. 2 Satz 2 geänd. mWv 1.1.1999 durch G v. 19.12.1998 (BGBl. I S. 3836).

§ 12 Dingliche Haftung. Die Grundsteuer ruht auf dem Steuergegenstand als öffentliche Last.

Abschnitt II. Bemessung der Grundsteuer

§ 13[1] Steuermesszahl und Steuermessbetrag. [1]Bei der Berechnung der Grundsteuer ist von einem Steuermessbetrag auszugehen. [2]Dieser ist durch Anwendung eines Promillesatzes (Steuermesszahl) auf den Grundsteuerwert oder seinen steuerpflichtigen Teil zu ermitteln, der nach dem Bewertungsgesetz im Veranlagungszeitpunkt (§ 16 Absatz 1, § 17 Absatz 3, § 18 Absatz 3) für den Steuergegenstand maßgebend ist.

§ 14[2] Steuermesszahl für Betriebe der Land- und Forstwirtschaft. Für Betriebe der Land- und Forstwirtschaft beträgt die Steuermeßzahl 0,55 Promille.

§ 15[3] Steuermesszahl für Grundstücke. (1) Die Steuermesszahl beträgt

1. für unbebaute Grundstücke im Sinne des § 246 des Bewertungsgesetzes[4] 0,34 Promille,

2. für bebaute Grundstücke

   a) im Sinne des § 249 Absatz 1 Nummer 1 bis 4 des Bewertungsgesetzes[4] 0,31 Promille,

   b) im Sinne des § 249 Absatz 1 Nummer 5 bis 8 des Bewertungsgesetzes[4] 0,34 Promille.

(2)[5] [1]Die Steuermesszahl nach Absatz 1 Nummer 2 Buchstabe a wird um 25 Prozent ermäßigt, wenn

1. für das Grundstück nach § 13 Absatz 3 des Wohnraumförderungsgesetzes vom 13. September 2001 (BGBl. I S. 2376), das zuletzt durch Artikel 3 des Gesetzes vom 2. Oktober 2015 (BGBl. I S. 1610) geändert worden ist, eine Förderzusage erteilt wurde und

2. die sich aus der Förderzusage im Sinne des § 13 Absatz 2 des Wohnraumförderungsgesetzes ergebenden Bindungen im Hauptveranlagungszeitraum.

[2]Liegen die Voraussetzungen des Satzes 1 für einen Teil der Gebäude oder für Teile eines Gebäudes vor, so ist die Ermäßigung der Steuermesszahl entsprechend anteilig zu gewähren.

(3) Absatz 2 gilt entsprechend für Grundstücke, für die nach dem Ersten Wohnungsbaugesetz vom 24. April 1950 (BGBl. I S. 83) in der bis zum

---

[1] § 13 neu gef. **mWv 1.1.2025** (§ 37 Abs. 1) durch G v. 26.11.2019 (BGBl. I S. 1794).
[2] § 14 geänd. **mWv 1.1.2025** (§ 37 Abs. 1) durch G v. 26.11.2019 (BGBl. I S. 1794).
[3] § 15 neu gef. **mWv 1.1.2025** (§ 37 Abs. 1) durch G v. 26.11.2019 (BGBl. I S. 1794); Abs. 1 Nr. 2 Buchst. a geänd., Abs. 2 Satz 1 Nr. 1 geänd., Nr. 2 neu gef. und Abs. 2 Satz 2 angef., Abs. 3 neu gef. durch G v. 16.7.2021 (BGBl. I S. 2931).
[4] Nr. **200**.
[5] § 15 Abs. 2 Satz 1 Nr. 2 geänd. durch G v. 16.12.2022 (BGBl. I S. 2294).

31. Dezember 1987 geltenden Fassung, nach dem Zweiten Wohnungsbaugesetz vom 27. Juni 1956 (BGBl. I S. 523) in der bis zum 31. Dezember 2001 geltenden Fassung oder nach den Wohnraumförderungsgesetz der Länder eine Förderzusage erteilt wurde.

(4)[1] Liegen für ein Grundstück weder die Voraussetzungen des Absatzes 2 noch des Absatzes 3 vor, wird die Steuermesszahl nach Absatz 1 Nummer 2 Buchstabe a um 25 Prozent ermäßigt, wenn das jeweilige Grundstück

1. einer Wohnungsbaugesellschaft zugerechnet wird, deren Anteile mehrheitlich von einer oder mehreren Gebietskörperschaften gehalten werden und zwischen der Wohnungsbaugesellschaft und der Gebietskörperschaft oder den Gebietskörperschaften ein Gewinnabführungsvertrag besteht,

2. einer Wohnungsbaugesellschaft zugerechnet wird, die als gemeinnützig im Sinne des § 52 der Abgabenordnung anerkannt ist, oder

3. einer Genossenschaft oder einem Verein zugerechnet wird, für deren oder dessen Tätigkeit eine Steuerbefreiung nach § 5 Absatz 1 Nummer 10 des Körperschaftsteuergesetzes[2] besteht und soweit der Grundbesitz der begünstigten Tätigkeit zuzuordnen ist.

(5) [1]Die Steuermesszahl nach Absatz 1 Nummer 2 wird für bebaute Grundstücke um 10 Prozent ermäßigt, wenn sich auf dem Grundstück Gebäude befinden, die Baudenkmäler im Sinne des jeweiligen Landesdenkmalschutzgesetzes sind. [2]Stehen auf einem Grundstück nur ein Teil der Gebäude oder nur Teile eines Gebäudes im Sinne des jeweiligen Landesdenkmalschutzgesetzes unter Denkmalschutz, so ist die Ermäßigung der Steuermesszahl entsprechend anteilig zu gewähren.

(6)[3] [1]Der Abschlag auf die Steuermesszahl nach den Absätzen 2 bis 5 wird auf Antrag zunächst für jeden Erhebungszeitraum innerhalb des Hauptveranlagungszeitraums gewährt, wenn nachgewiesen wird, dass die jeweiligen Voraussetzungen zum Hauptveranlagungszeitpunkt vorliegen. [2]Treten die Voraussetzungen der Absätze 2 bis 5 erst im Laufe des Hauptveranlagungszeitraums ein und liegen sie zu Beginn des Erhebungszeitraums vor, wird der Steuermessbetrag auf Antrag nach § 17 Absatz 2 Nummer 1 neu veranlagt. [3]Entfallen die Voraussetzungen der Absätze 2 bis 5, ist dies nach § 19 Absatz 2 anzuzeigen und ist der Steuermessbetrag nach § 17 Absatz 2 Nummer 1 neu zu veranlagen oder nach § 21 zu ändern. [4]Der Antrag auf eine Ermäßigung der Steuermesszahl nach den Absätzen 2 bis 5 kann durch eine entsprechende Angabe in einer Erklärung nach § 228 Absatz 1 des Bewertungsgesetzes erfolgen.

§ 16 Hauptveranlagung. (1)[4] [1]Die Steuermeßbeträge werden auf den Hauptfeststellungszeitpunkt (§ 221 Absatz 2 des Bewertungsgesetzes[5]) allge-

---

[1] § 15 Abs. 4 Sätze 2 und 3 aufgeh., Satz 1 Nr. 3 neu gef. durch G v. 16.12.2022 (BGBl. I S. 2294).

[2] Nr. **100**.

[3] § 15 Abs. 6 angef. durch G v. 16.12.2022 (BGBl. I S. 2294).

[4] § 16 Abs. 1 Satz 1 geänd. **mWv 1.1.2025** (§ 37 Abs. 1) durch G v. 26.11.2019 (BGBl. I S. 1794); siehe auch **§ 36 Abs. 3**.

[5] Nr. **200**.

mein festgesetzt (Hauptveranlagung). [2]Dieser Zeitpunkt ist der Hauptveranlagungszeitpunkt.

(2) [1]Der bei der Hauptveranlagung festgesetzte Steuermeßbetrag gilt vorbehaltlich der §§ 17 und 20 von dem Kalenderjahr an, das zwei Jahre nach dem Hauptveranlagungszeitpunkt beginnt. [2]Dieser Steuermeßbetrag bleibt unbeschadet der §§ 17 und 20 bis zu dem Zeitpunkt maßgebend, von dem an die Steuermeßbeträge der nächsten Hauptveranlagung wirksam werden. [3]Der sich nach den Sätzen 1 und 2 ergebende Zeitraum ist der Hauptveranlagungszeitraum.

(3) Ist die Festsetzungsfrist (§ 169 der Abgabenordnung[1)]) bereits abgelaufen, so kann die Hauptveranlagung unter Zugrundelegung der Verhältnisse vom Hauptveranlagungszeitpunkt mit Wirkung für einen späteren Veranlagungszeitpunkt vorgenommen werden, für den diese Frist noch nicht abgelaufen ist.

§ 17[2)] Neuveranlagung. (1) Wird eine Wertfortschreibung (§ 222 Absatz 1 des Bewertungsgesetzes[3)]) oder eine Artfortschreibung oder Zurechnungsfortschreibung (§ 222 Absatz 2 des Bewertungsgesetzes[3)]) durchgeführt, so wird der Steuermeßbetrag auf den Fortschreibungszeitpunkt neu festgesetzt (Neuveranlagung).

(2) Der Steuermeßbetrag wird auch dann neu festgesetzt, wenn dem Finanzamt bekannt wird, daß

1. Gründe, die im Feststellungsverfahren über den Grundsteuerwert[4)] nicht zu berücksichtigen sind, zu einem anderen als dem für den letzten Veranlagungszeitpunkt festgesetzten Steuermeßbetrag führen oder

2. die letzte Veranlagung fehlerhaft ist; § 176 der Abgabenordnung[1)] ist hierbei entsprechend anzuwenden; das gilt jedoch nur für Veranlagungszeitpunkte, die vor der Verkündung der maßgeblichen Entscheidung eines obersten Gerichts des Bundes liegen.

(3) [1]Der Neuveranlagung werden die Verhältnisse im Neuveranlagungszeitpunkt zugrunde gelegt. [2]Neuveranlagungszeitpunkt ist

1. in den Fällen des Absatzes 1 der Beginn des Kalenderjahres, auf den die Fortschreibung durchgeführt wird;

2. in den Fällen des Absatzes 2 Nr. 1 der Beginn des Kalenderjahres, auf den sich erstmals ein abweichender Steuermeßbetrag ergibt. [2]§ 16 Abs. 3 ist entsprechend anzuwenden;

3. in den Fällen des Absatzes 2 Nr. 2 der Beginn des Kalenderjahres, in dem der Fehler dem Finanzamt bekannt wird, bei einer Erhöhung des Steuermeßbetrags jedoch frühestens der Beginn des Kalenderjahres, in dem der Steuermeßbescheid erteilt wird.

[1)] Nr. **800**.
[2)] § 17 Abs. 1 geänd. **mWv 1.1.2025** (§ 37 Abs. 1) durch G v. 26.11.2019 (BGBl. I S. 1794).
[3)] Nr. **200**.
[4)] Korrigiert durch G v. 21.12.2020 (BGBl. I S. 3096).

(4) Treten die Voraussetzungen für eine Neuveranlagung während des Zeitraums zwischen dem Hauptveranlagungszeitpunkt und dem Zeitpunkt des Wirksamwerdens der Steuermeßbeträge (§ 16 Abs. 2) ein, so wird die Neuveranlagung auf den Zeitpunkt des Wirksamwerdens der Steuermeßbeträge vorgenommen.

§ 18 Nachveranlagung. (1)[1]) Wird eine Nachfeststellung (§ 223 Absatz 1 des Bewertungsgesetzes[2])) durchgeführt, so wird der Steuermeßbetrag auf den Nachfeststellungszeitpunkt nachträglich festgesetzt (Nachveranlagung).

(2) Der Steuermeßbetrag wird auch dann nachträglich festgesetzt, wenn der Grund für die Befreiung des Steuergegenstandes von der Grundsteuer wegfällt, der für die Berechnung der Grundsteuer maßgebende Grundsteuerwert[3]) (§ 13 Abs. 1) aber bereits festgestellt ist.

(3) [1]Der Nachveranlagung werden die Verhältnisse im Nachveranlagungszeitpunkt zugrunde gelegt. [2]Nachveranlagungszeitpunkt ist

1. in den Fällen des Absatzes 1 der Beginn des Kalenderjahres, auf den der Grundsteuerwert[3]) nachträglich festgestellt wird;

2. in den Fällen des Absatzes 2 der Beginn des Kalenderjahres, der auf den Wegfall des Befreiungsgrundes folgt. [2]§ 16 Abs. 3 ist entsprechend anzuwenden.

(4) Treten die Voraussetzungen für eine Nachveranlagung während des Zeitraums zwischen dem Hauptveranlagungszeitpunkt und dem Zeitpunkt des Wirksamwerdens der Steuermeßbeträge (§ 16 Abs. 2) ein, so wird die Nachveranlagung auf den Zeitpunkt des Wirksamwerdens der Steuermeßbeträge vorgenommen.

§ 19[4]) Anzeigepflicht. (1) [1]Jede Änderung in der Nutzung oder in den Eigentumsverhältnissen eines ganz oder teilweise von der Grundsteuer befreiten Steuergegenstandes, die zu einer Änderung oder zum Wegfall der Steuerbefreiung führen kann, hat derjenige anzuzeigen, der nach § 10 als Steuerschuldner in Betracht kommt. [2]Die Anzeige ist innerhalb von drei Monaten nach Eintritt der Änderung bei dem Finanzamt zu erstatten, das für die Festsetzung des Steuermeßbetrags zuständig ist.

(2) [1]Den Wegfall der Voraussetzungen für die ermäßigte Steuermesszahl nach § 15 Absatz 2 bis 5 hat derjenige anzuzeigen, der nach § 10 als Steuerschuldner in Betracht kommt. [2]Die Anzeige ist innerhalb von drei Monaten nach dem Wegfall der Voraussetzungen bei dem Finanzamt zu erstatten, das für die Festsetzung des Steuermessbetrags zuständig ist.

---

[1]) § 18 Abs. 1 geänd. **mWv 1.1.2025** (§ 37 Abs. 1) durch G v. 26.11.2019 (BGBl. I S. 1794).
[2]) Nr. **200**.
[3]) Korrigiert durch G v. 21.12.2020 (BGBl. I S. 3096).
[4]) § 19 Abs. 2 angef., bish. Wortlaut wird Abs. 1 **mWv 1.1.2025** (§ 37 Abs. 1) durch G v. 26.11.2019 (BGBl. I S. 1794); Abs. 2 Satz 1 Verweis geänd. durch G v. 16.7.2021 (BGBl. I S. 2931); Abs. 1 Satz 2 geänd., Abs. 3 angef. durch G v. 16.12.2022 (BGBl. I S. 2294).

(3) Die Anzeigen nach den Absätzen 1 und 2 sind Steuererklärungen im Sinne der Abgabenordnung, die eigenhändig zu unterschreiben sind.

§ 20[1] Aufhebung des Steuermessbetrags. (1) Der Steuermeßbetrag wird aufgehoben,

1. wenn der Grundsteuerwert aufgehoben wird oder

2. wenn dem Finanzamt bekannt wird, daß

  a) für den ganzen Steuergegenstand ein Befreiungsgrund eingetreten ist oder

  b) der Steuermeßbetrag fehlerhaft festgesetzt worden ist.

(2) Der Steuermeßbetrag wird aufgehoben

1. in den Fällen des Absatzes 1 Nr. 1 mit Wirkung vom Aufhebungszeitpunkt (§ 224 Absatz 2 des Bewertungsgesetzes)[2] an;

2. in den Fällen des Absatzes 1 Nr. 2 Buchstabe a mit Wirkung vom Beginn des Kalenderjahres an, der auf den Eintritt des Befreiungsgrundes folgt. [2] § 16 Abs. 3 ist entsprechend anzuwenden;

3. in den Fällen des Absatzes 1 Nr. 2 Buchstabe b mit Wirkung vom Beginn des Kalenderjahres an, in dem der Fehler dem Finanzamt bekannt wird.

(3) Treten die Voraussetzungen für eine Aufhebung während des Zeitraums zwischen dem Hauptveranlagungszeitpunkt und dem Zeitpunkt des Wirksamwerdens der Steuermeßbeträge (§ 16 Abs. 2) ein, so wird die Aufhebung auf den Zeitpunkt des Wirksamwerdens der Steuermeßbeträge vorgenommen.

§ 21 Änderung von Steuermessbescheiden. [1]Bescheide über die Neuveranlagung oder die Nachveranlagung von Steuermessbeträgen können schon

(Fortsetzung nächstes Blatt)

---

[1] § 20 Abs. 1 Nr. 2 geänd. mWv 1.1.1977 durch G v. 14.12.1976 (BGBl. I S. 3341); Abs. 1 Nr. 1, Abs. 2 Nr. 1 geänd. **mWv 1.1.2025** (§ 37 Abs. 1) durch G v. 26.11.2019 (BGBl. I S. 1794).
[2] Nr. **200**.

vor dem maßgebenden Veranlagungszeitpunkt erteilt werden. [2]Sie sind zu ändern oder aufzuheben, wenn sich bis zu diesem Zeitpunkt Änderungen ergeben, die zu einer abweichenden Festsetzung führen.

§ 22[1] **Zerlegung des Steuermessbetrags.** (1) Erstreckt sich der Steuergegenstand über mehrere Gemeinden, so ist der Steuermessbetrag vorbehaltlich des § 24 anteilig in die auf die einzelnen Gemeinden entfallenden Anteile zu zerlegen (Zerlegungsanteile).

(2) Zerlegungsmaßstab ist bei Betrieben der Land- und Forstwirtschaft der nach § 239 Absatz 2 des Bewertungsgesetzes ermittelte Gemeindeanteil am Grundsteuerwert des Betriebs der Land- und Forstwirtschaft.

(3) [1]Zerlegungsmaßstab ist bei Grundstücken das Verhältnis, in dem die auf die einzelnen Gemeinden entfallenden Flächengrößen zueinander stehen. [2]Führt die Zerlegung nach Flächengrößen zu einem offenbar unbilligen Ergebnis, sind die Zerlegungsanteile maßgebend, auf die sich die Gemeinden mit dem Steuerschuldner einigen.

(4) Entfällt auf eine Gemeinde ein Zerlegungsanteil von weniger als 25 Euro, so ist dieser Anteil der Gemeinde zuzuweisen, der nach Absatz 2 oder 3 der größte Zerlegungsanteil zusteht.

§ 23[2] **Zerlegungsstichtag.** (1) Der Zerlegung des Steuermeßbetrags werden die Verhältnisse in dem Feststellungszeitpunkt zugrunde gelegt, auf den der für die Festsetzung des Steuermeßbetrags maßgebende Grundsteuerwert festgestellt worden ist.

(2) Ändern sich die Grundlagen für die Zerlegung, ohne daß der Grundsteuerwert fortgeschrieben oder nachträglich festgestellt wird, so sind die Zerlegungsanteile nach dem Stand vom 1. Januar des folgenden Jahres neu zu ermitteln, wenn wenigstens bei einer Gemeinde der neue Anteil um mehr als ein Zehntel, mindestens aber um zehn Euro von ihrem bisherigen Anteil abweicht.

§ 24 Ersatz der Zerlegung durch Steuerausgleich. [1]Die Landesregierung kann durch Rechtsverordnung bestimmen, daß bei Betrieben der Land- und Forstwirtschaft, die sich über mehrere Gemeinden erstrecken, aus Vereinfachungsgründen an Stelle der Zerlegung ein Steuerausgleich stattfindet. [2]Beim Steuerausgleich wird der gesamte Steuermeßbetrag der Gemeinde zugeteilt, in der der wertvollste Teil des Steuergegenstandes liegt (Sitzgemeinde); an dem Steueraufkommen der Sitzgemeinde werden die übrigen Gemeinden beteiligt. [3]Die Beteiligung soll annähernd zu dem Ergebnis führen, das bei einer Zerlegung einträte.

---

[1] § 22 neu gef. **mWv 1.1.2025** (§ 37 Abs. 1) durch G v. 26.11.2019 (BGBl. I S. 1794).
[2] § 23 Abs. 1 und 2 geänd. **mWv 1.1.2025** (§ 37 Abs. 1) durch G v. 26.11.2019 (BGBl. I S. 1794).

Abschnitt III. Festsetzung und Entrichtung
der Grundsteuer

§ 25 Festsetzung des Hebesatzes. (1) Die Gemeinde bestimmt, mit welchem Hundertsatz des Steuermeßbetrags oder des Zerlegungsanteils die Grundsteuer zu erheben ist (Hebesatz).

(2) Der Hebesatz ist für ein oder mehrere Kalenderjahre, höchstens jedoch für den Hauptveranlagungszeitraum der Steuermeßbeträge festzusetzen.

(3) [1]Der Beschluß über die Festsetzung oder Änderung des Hebesatzes ist bis zum 30. Juni eines Kalenderjahres mit Wirkung vom Beginn dieses Kalenderjahres zu fassen. [2]Nach diesem Zeitpunkt kann der Beschluß über die Festsetzung des Hebesatzes gefaßt werden, wenn der Hebesatz die Höhe der letzten Festsetzung nicht überschreitet.

(4)[1] [1]Der Hebesatz muss vorbehaltlich des Absatzes 5 jeweils einheitlich sein
1. für die in einer Gemeinde liegenden Betriebe der Land- und Forstwirtschaft und
2. für die in einer Gemeinde liegenden Grundstücke.
[2]Werden Gemeindegebiete geändert, so kann die Landesregierung oder die von ihr bestimmte Stelle für die von der Änderung betroffenen Gebietsteile für eine bestimmte Zeit verschiedene Hebesätze zulassen.

(5)[1] [1]Die Gemeinde kann aus städtebaulichen Gründen baureife Grundstücke als besondere Grundstücksgruppe innerhalb der unbebauten Grundstücke im Sinne des § 246 des Bewertungsgesetzes bestimmen und abweichend von Absatz 4 Satz 1 Nummer 2 für die Grundstücksgruppe der baureifen Grundstücke einen gesonderten Hebesatz festsetzen. [2]Baureife Grundstücke sind unbebaute Grundstücke im Sinne des § 246 des Bewertungsgesetzes, die nach Lage, Form und Größe und ihrem sonstigen tatsächlichen Zustand sowie nach öffentlich-rechtlichen Vorschriften sofort bebaut werden könnten. [3]Eine erforderliche, aber noch nicht erteilte Baugenehmigung sowie zivilrechtliche Gründe, die einer sofortigen Bebauung entgegenstehen, sind unbeachtlich. [4]Als städtebauliche Gründe kommen insbesondere die Deckung eines erhöhten Bedarfs an Wohn- und Arbeitsstätten sowie Gemeinbedarfs- und Folgeeinrichtungen, die Nachverdichtung bestehender Siedlungsstrukturen oder die Stärkung der Innenentwicklung in Betracht. [5]Die Gemeinde hat den gesonderten Hebesatz auf einen bestimmten Gemeindeteil zu beschränken, wenn nur für diesen Gemeindeteil die städtebaulichen Gründe vorliegen. [6]Der Gemeindeteil muss mindestens 10 Prozent des gesamten Gemeindegebiets umfassen und in dem Gemeindeteil müssen mehrere baureife Grundstücke belegen sein. [7]Die genaue Bezeichnung der baureifen Grundstücke, deren Lage sowie das Gemeindegebiet, auf das sich der gesonderte Hebesatz bezieht, sind jeweils nach den Verhältnissen zu Beginn eines Kalenderjahres von der Gemeinde zu bestimmen, in einer Karte nachzuweisen und im Wege einer Allgemeinverfügung öffentlich bekannt zu geben. [8]In der Allgemeinverfügung sind die städ-

---

[1] § 25 Abs. 4 neu gef., Abs. 5 angef. **mWv 1.1.2025** durch G v. 30.11.2019 (BGBl. I S. 1875); zur Anwendung siehe § 37 Abs. 3.

tebaulichen Erwägungen nachvollziehbar darzulegen und die Wahl des Gemeindegebiets, auf das sich der gesonderte Hebesatz beziehen soll, zu begründen. [9]Hat eine Gemeinde die Grundstücksgruppe baureifer Grundstücke bestimmt und für die Grundstücksgruppe der baureifen Grundstücke einen gesonderten Hebesatz festgesetzt, muss dieser Hebesatz für alle in der Gemeinde oder dem Gemeindeteil liegenden baureifen Grundstücke einheitlich und höher als der einheitliche Hebesatz für die übrigen in der Gemeinde liegenden Grundstücke sein.

§ 26[1]**) Koppelungsvorschriften und Höchsthebesätze.** In welchem Verhältnis die Hebesätze für die Grundsteuer der Betriebe der Land- und Forstwirtschaft, für die Grundsteuer der Grundstücke und für die Gewerbesteuer zueinander stehen müssen, welche Höchstsätze nicht überschritten werden dürfen und inwieweit mit Genehmigung der Gemeindeaufsichtsbehörde Ausnahmen zugelassen werden können, bleibt einer landesrechtlichen Regelung vorbehalten.

§ 27 Festsetzung der Grundsteuer. (1) [1]Die Grundsteuer wird für das Kalenderjahr festgesetzt. [2]Ist der Hebesatz für mehr als ein Kalenderjahr festgesetzt, kann auch die jährlich zu erhebende Grundsteuer für die einzelnen Kalenderjahre dieses Zeitraums festgesetzt werden.

(2) Wird der Hebesatz geändert (§ 25 Abs. 3), so ist die Festsetzung nach Absatz 1 zu ändern.

(3) [1]Für diejenigen Steuerschuldner, die für das Kalenderjahr die gleiche Grundsteuer wie im Vorjahr zu entrichten haben, kann die Grundsteuer durch öffentliche Bekanntmachung festgesetzt werden. [2]Für die Steuerschuldner treten mit dem Tage der öffentlichen Bekanntmachung die gleichen Rechtswirkungen ein, wie wenn ihnen an diesem Tage ein schriftlicher Steuerbescheid zugegangen wäre.

§ 28 Fälligkeit. (1) Die Grundsteuer wird zu je einem Viertel ihres Jahresbetrags am 15. Februar, 15. Mai, 15. August und 15. November fällig.

(2) Die Gemeinden können bestimmen, daß Kleinbeträge wie folgt fällig werden:

1. am 15. August mit ihrem Jahresbetrag, wenn dieser fünfzehn Euro[2]) nicht übersteigt;

2. am 15. Februar und 15. August zu je einer Hälfte ihres Jahresbetrags, wenn dieser dreißig Euro[2]) nicht übersteigt.

(3) [1]Auf Antrag des Steuerschuldners kann die Grundsteuer abweichend vom Absatz 1 oder Absatz 2 Nr. 2 am 1. Juli in einem Jahresbetrag entrichtet werden. [2]Der Antrag muß spätestens bis zum 30. September des vorangehenden Kalenderjahres gestellt werden. [3]Die beantragte Zahlungsweise bleibt so lange maßgebend, bis ihre Änderung beantragt wird; die Änderung

---

[1]) § 26 geänd. durch G v. 29.10.1997 (BGBl. I S. 2590).
[2]) Beträge geänd. durch G v. 19.12.2000 (BGBl. I S. 1790).

muß spätestens bis zum 30. September des vorangehenden Jahres beantragt werden.

§ 29 Vorauszahlungen. Der Steuerschuldner hat bis zur Bekanntgabe eines neuen Steuerbescheids zu den bisherigen Fälligkeitstagen Vorauszahlungen unter Zugrundelegung der zuletzt festgesetzten Jahressteuer zu entrichten.

§ 30 Abrechnung über die Vorauszahlungen. (1) [1]Ist die Summe der Vorauszahlungen, die bis zur Bekanntgabe des neuen Steuerbescheids zu entrichten waren (§ 29), kleiner als die Steuer, die sich nach dem bekanntgegebenen Steuerbescheid für die vorausgegangenen Fälligkeitstage ergibt (§ 28), so ist der Unterschiedsbetrag innerhalb eines Monats nach Bekanntgabe des Steuerbescheids zu entrichten. [2]Die Verpflichtung, rückständige Vorauszahlungen schon früher zu entrichten, bleibt unberührt.

(2) Ist die Summe der Vorauszahlungen, die bis zur Bekanntgabe des neuen Steuerbescheids entrichtet worden sind, größer als die Steuer, die sich nach dem bekanntgegebenen Steuerbescheid für die vorangegangenen Fälligkeitstage ergibt, so wird der Unterschiedsbetrag nach Bekanntgabe des Steuerbescheids durch Aufrechnung oder Zurückzahlung ausgeglichen.

(3) Die Absätze 1 und 2 gelten entsprechend, wenn der Steuerbescheid aufgehoben oder geändert wird.

§ 31 Nachentrichtung der Steuer. Hatte der Steuerschuldner bis zur Bekanntgabe der Jahressteuer keine Vorauszahlungen nach § 29 zu entrichten, so hat er die Steuer, die sich nach dem bekanntgegebenen Steuerbescheid für die vorangegangenen Fälligkeitstage ergibt (§ 28), innerhalb eines Monats nach Bekanntgabe des Steuerbescheids zu entrichten.

Abschnitt IV. Erlaß der Grundsteuer

§ 32 Erlaß für Kulturgut und Grünanlagen. (1) Die Grundsteuer ist zu erlassen

1. für Grundbesitz oder Teile von Grundbesitz, dessen Erhaltung wegen seiner Bedeutung für Kunst, Geschichte, Wissenschaft oder Naturschutz im öffentlichen Interesse liegt, wenn die erzielten Einnahmen und die sonstigen Vorteile (Rohertrag) in der Regel unter den jährlichen Kosten liegen. [2]Bei Park- und Gartenanlagen von geschichtlichem Wert ist der Erlaß von der weiteren Voraussetzung abhängig, daß sie in dem billigerweise zu fordernden Umfang der Öffentlichkeit zugänglich gemacht sind;

2. für öffentliche Grünanlagen, Spiel- und Sportplätze, wenn die jährlichen Kosten in der Regel den Rohertrag übersteigen.

(2) [1]Ist der Rohertrag für Grundbesitz, in dessen Gebäuden Gegenstände von wissenschaftlicher, künstlerischer oder geschichtlicher Bedeutung, insbesondere Sammlungen oder Bibliotheken, dem Zweck der Forschung oder Volksbildung nutzbar gemacht sind, durch die Benutzung zu den genannten

Zwecken nachhaltig gemindert, so ist von der Grundsteuer der Hundertsatz zu erlassen, um den der Rohertrag gemindert ist. [2] Das gilt nur, wenn die wissenschaftliche, künstlerische oder geschichtliche Bedeutung der untergebrachten Gegenstände durch die Landesregierung oder die von ihr beauftragte Stelle anerkannt ist.

§ 33[1]**) Erlass wegen wesentlicher Reinertragsminderung bei Betrieben der Land- und Forstwirtschaft.** (1) [1] Die Grundsteuer wird in Höhe von 25 Prozent erlassen, wenn bei Betrieben der Land- und Forstwirtschaft der tatsächliche Reinertrag des Steuergegenstandes um mehr als 50 Prozent gemindert ist und der Steuerschuldner die Minderung des tatsächlichen Reinertrags nicht zu vertreten hat. [2] Beträgt die vom Steuerschuldner nicht zu vertretende Minderung des tatsächlichen Reinertrags 100 Prozent, ist die Grundsteuer abweichend von Satz 1 in Höhe von 50 Prozent zu erlassen. [3] Der tatsächliche Reinertrag eines Betriebs der Land- und Forstwirtschaft ermittelt sich nach den Grundsätzen des § 236 Absatz 2 Satz 1 und 2 des Bewertungsgesetzes[2]) für ein Wirtschaftsjahr. [4] Er gilt als in dem Erlasszeitraum bezogen, in dem das für den Betrieb der Land- und Forstwirtschaft maßgebliche Wirtschaftsjahr endet.

(2) [1] Der Erlass nach Absatz 1 wird nur gewährt, wenn die Einziehung der Grundsteuer nach den wirtschaftlichen Verhältnissen des Betriebs unbillig wäre. [2] Ein Erlass nach Absatz 1 ist insbesondere ausgeschlossen, wenn für den Betrieb der Land und Forstwirtschaft nach § 4 Absatz 1, § 4 Absatz 3 oder § 13a des Einkommensteuergesetzes für dasjenige Wirtschaftsjahr ein Gewinn ermittelt wurde, das im Erlasszeitraum bei der Ermittlung des tatsächlichen Reinertrags nach Absatz 1 zugrunde zu legen ist.

(3) Eine Ertragsminderung ist kein Erlassgrund, wenn sie für den Erlasszeitraum durch Fortschreibung des Grundsteuerwerts berücksichtigt werden kann oder bei rechtzeitiger Stellung des Antrags auf Fortschreibung hätte berücksichtigt werden können.

§ 34[3]**) Erlass wegen wesentlicher Ertragsminderung bei bebauten Grundstücken.** (1) [1] Die Grundsteuer wird in Höhe von 25 Prozent erlassen, wenn bei bebauten Grundstücken der normale Rohertrag des Steuergegenstandes um mehr als 50 Prozent gemindert ist und der Steuerschuldner die Minderung des normalen Rohertrags nicht zu vertreten hat. [2] Beträgt die vom Steuerschuldner nicht zu vertretende Minderung des normalen Rohertrags 100 Prozent, ist die Grundsteuer abweichend von Satz 1 in Höhe von 50 Prozent zu erlassen. [3] Normaler Rohertrag ist bei bebauten Grundstücken die nach den Verhältnissen zu Beginn des Erlasszeitraums geschätzte übliche Jahresmiete. [4] Die übliche Jahresmiete ist in Anlehnung an die Miete zu ermitteln, die für Räume gleicher oder ähnlicher Art, Lage und Ausstattung regelmäßig gezahlt wird. [5] Betriebskosten sind nicht einzubeziehen.

---

[1]) § 33 neu gef. **mWv 1.1.2025** (§ 37 Abs. 1) durch G v. 26.11.2019 (BGBl. I S. 1794); Abs. 1 Satz 3 geänd. durch G v. 16.12.2022 (BGBl. I S. 2294).
[2]) Nr. **200**.
[3]) § 34 eingef. **mWv 1.1.2025** (§ 37 Abs. 1) durch G v. 26.11.2019 (BGBl. I S. 1794).

(2) ¹Bei eigengewerblich genutzten bebauten Grundstücken gilt als Minderung des normalen Rohertrags die Minderung der Ausnutzung des Grundstücks. ²In diesen Fällen wird der Erlass nach Absatz 1 nur gewährt, wenn die Einziehung der Grundsteuer nach den wirtschaftlichen Verhältnissen des Betriebs unbillig wäre.

(3) ¹Wird nur ein Teil des Grundstücks eigengewerblich genutzt, so ist die Ertragsminderung für diesen Teil nach Absatz 2, für den übrigen Teil nach Absatz 1 zu bestimmen. ²In diesen Fällen ist für den ganzen Steuergegenstand ein einheitlicher Prozentsatz der Ertragsminderung nach dem Anteil der einzelnen Teile am Grundsteuerwert des Grundstücks zu ermitteln.

(4) Eine Ertragsminderung ist kein Erlassgrund, wenn sie für den Erlasszeitraum durch Fortschreibung des Grundsteuerwerts berücksichtigt werden kann oder bei rechtzeitiger Stellung des Antrags auf Fortschreibung hätte berücksichtigt werden können.

§ 35¹⁾ Verfahren. (1) ¹Der Erlaß wird jeweils nach Ablauf eines Kalenderjahres für die Grundsteuer ausgesprochen, die für das Kalenderjahr festgesetzt worden ist (Erlaßzeitraum). ²Maßgebend für die Entscheidung über den Erlaß sind die Verhältnisse des Erlaßzeitraums.

(2) ¹Der Erlaß wird nur auf Antrag gewährt. ²Der Antrag ist bis zu dem auf den Erlaßzeitraum folgenden 31. März zu stellen.

(3) ¹In den Fällen des § 32 bedarf es keiner jährlichen Wiederholung des Antrags. ²Der Steuerschuldner ist verpflichtet, eine Änderung der maßgeblichen Verhältnisse der Gemeinde binnen drei Monaten nach Eintritt der Änderung anzuzeigen.

Abschnitt V. Übergangs- und Schlussvorschriften

§ 36²⁾ Sondervorschriften für die Hauptveranlagung 2025. (1) Auf den 1. Januar 2025 findet eine Hauptveranlagung der Grundsteuermeßbeträge statt (Hauptveranlagung 2025).

(2) ¹Die in der Hauptveranlagung 2025 festgesetzten Steuermeßbeträge gelten abweichend von § 16 Absatz 2 vorbehaltlich der §§ 17 bis 20 mit Wirkung von dem am 1. Januar 2025 beginnenden Kalenderjahr an. ²Der Beginn dieses Kalenderjahres ist der Hauptveranlagungszeitpunkt.

(3) ¹Bescheide über die Hauptveranlagung können schon vor dem Hauptveranlagungszeitpunkt erteilt werden. ²§ 21 Satz 2 ist entsprechend anzuwenden.

§ 37³⁾ Anwendung des Gesetzes. (1) Diese Fassung des Gesetzes gilt erstmals für die Grundsteuer des Kalenderjahres 2025.

---

¹⁾ § 34 wird § 35 **mWv 1.1.2025** (§ 37 Abs. 1) durch G v. 26.11.2019 (BGBl. I S. 1794).
²⁾ § 36 neu gef. durch G v. 26.11.2019 (BGBl. I S. 1794); Abs. 3 angef. durch G v. 21.12.2020 (BGBl. I S. 3096).
³⁾ § 38 wird § 37, bish. Wortlaut wird Abs. 1 und geänd., Abs. 2 angef. durch G v. 26.11.2019 (BGBl. I S. 1794).

(2) Für die Grundsteuer bis einschließlich zum Kalenderjahr 2024 findet das Grundsteuergesetz in der Fassung vom 7. August 1973 (BGBl. I S. 965), das zuletzt durch Artikel 38 des Gesetzes vom 19. Dezember 2008 (BGBl. I S. 2794) geändert worden ist, weiter Anwendung.[1]

(3)[2] § 25 Absatz 4 und 5 in der am 1. Januar 2025 geltenden Fassung ist erstmals bei der Hauptveranlagung auf den 1. Januar 2025 anzuwenden.

§ 38[3] **Bekanntmachung.** Das Bundesministerium der Finanzen wird ermächtigt, den Wortlaut dieses Gesetzes in der jeweils geltenden Fassung bekannt zu machen.

---

[1] Abgedruckt unter Nr. **420**.
[2] § 37 Abs. 3 angef. durch G v. 30.11.2019 (BGBl. I S. 1875).
[3] § 38 eingef. durch G v. 26.11.2019 (BGBl. I S. 1794).

443. Verordnung über wohnungswirtschaftliche Berechnungen (Zweite Berechnungsverordnung – II. BV)

In der Fassung der Bekanntmachung vom 12. Oktober 1990
(BGBl. I S. 2178)[1]

Zuletzt geändert durch Zweites Gesetz über die Bereinigung von Bundesrecht im Zuständigkeitsbereich des BMJ vom 23. 11. 2007 (BGBl. I S. 2614)

BGBl. III/FNA 2330-2-2

– Auszug –

Teil II. Wirtschaftlichkeitsberechnung

§ 27 Betriebskosten. (1) [1]Betriebskosten sind die Kosten, die dem Eigentümer (Erbbauberechtigten) durch das Eigentum am Grundstück (Erbbaurecht) oder durch den bestimmungsmäßigen Gebrauch des Gebäudes oder der Wirtschaftseinheit, der Nebengebäude, Anlagen, Einrichtungen und des Grundstücks laufend entstehen. [2]Der Ermittlung der Betriebskosten ist die Betriebskostenverordnung vom 25. November 2003[2] (BGBl. I S. 2346, 2347)[3] zugrunde zu legen.

(2) [1]Sach- und Arbeitsleistungen des Eigentümers (Erbbauberechtigten), durch die Betriebskosten erspart werden, dürfen mit dem Betrage angesetzt werden, der für eine gleichwertige Leistung eines Dritten, insbesondere eines Unternehmers, angesetzt werden könnte. [2]Die Umsatzsteuer des Dritten darf nicht angesetzt werden.

(3) Im öffentlich geförderten sozialen Wohnungsbau und im steuerbegünstigten oder freifinanzierten Wohnungsbau, der mit Wohnungsfürsorgemitteln gefördert worden ist, dürfen die Betriebskosten nicht in der Wirtschaftlichkeitsberechnung angesetzt werden.

(4) (weggefallen)

---

[1] Neubekanntmachung der II. BV idF der Bek. v. 5. 4. 1984 (BGBl. I S. 553) auf Grund Art. 3 der Dritten VO zur Änd. wohnungsrechtlicher Vorschriften v. 20. 8. 1990 (BGBl. I S. 1813) in der ab 29. 8. 1990 geltenden Fassung.

[2] Nr. **445**.

[3] § 27 Abs. 1 Satz 2 geänd. mWv 1. 1. 2004 durch VO v. 25. 11. 2003 (BGBl. I S. 2346).

Teil IV. Wohnflächenberechnung

§ 42 Wohnfläche

[alte Fassung]

(1) Die Wohnfläche einer Wohnung ist die Summe der anrechenbaren Grundflächen der Räume, die ausschließlich zu der Wohnung gehören.

(2) [1]Die Wohnfläche eines einzelnen Wohnraumes besteht aus dessen anrechenbarer Grundfläche; hinzuzurechnen ist die anrechenbare Grundfläche der Räume, die ausschließlich zu diesem einzelnen Wohnraum gehören. [2]Die Wohnfläche eines untervermieteten Teils einer Wohnung ist entsprechend zu berechnen.

(3) Die Wohnfläche eines Wohnheimes ist die Summe der anrechenbaren Grundflächen der Räume, die zur alleinigen und gemeinschaftlichen Benutzung durch die Bewohner bestimmt sind.

(4) Zur Wohnfläche gehört nicht die Grundfläche von

1. Zubehörräumen; als solche kommen in Betracht: Keller, Waschküchen, Abstellräume außerhalb der Wohnung, Dachböden, Trockenräume, Schuppen (Holzlegen), Garagen und ähnliche Räume;

2. Wirtschaftsräumen; als solche kommen in Betracht: Futterküchen, Vorratsräume, Backstuben, Räucherkammern, Ställe, Scheunen, Abstellräume und ähnliche Räume;

[neue Fassung][1]

[1]Ist die Wohnfläche bis zum 31. Dezember 2003 nach dieser Verordnung berechnet worden, bleibt es bei dieser Berechnung. [2]Soweit in den in Satz 1 genannten Fällen nach dem 31. Dezember 2003 bauliche Änderungen an dem Wohnraum vorgenommen werden, die eine Neuberechnung der Wohnfläche erforderlich machen, sind die Vorschriften der Wohnflächenverordnung vom 25. November 2003 (BGBl. I S. 2346)[2] anzuwenden.

---

[1] § 42 neugef. durch VO v. 25. 11. 2003 (BGBl. I S. 2346).
[2] Nr. **444**.

[alte Fassung]
3. Räumen, die den nach ihrer Nutzung zu stellenden Anforderungen des Bauordnungsrechtes nicht genügen;
4. Geschäftsräumen.

§ 43[1] **Berechnung der Grundfläche.** *(1)* ¹*Die Grundfläche eines Raumes ist nach Wahl des Bauherrn aus den Fertigmaßen oder den Rohbaumaßen zu ermitteln.* ²*Die Wahl bleibt für alle späteren Berechnungen maßgebend.*

(2) Fertigmaße sind die lichten Maße zwischen den Wänden ohne Berücksichtigung von Wandgliederungen, Wandbekleidungen, Scheuerleisten, Öfen, Heizkörpern, Herden und dergleichen.

(3) Werden die Rohbaumaße zugrunde gelegt, so sind die errechneten Grundflächen um 3 vom Hundert zu kürzen.

(4) Von den errechneten Grundflächen sind abzuziehen die Grundflächen von

1. Schornsteinen und anderen Mauervorlagen, freistehenden Pfeilern und Säulen, wenn sie in der ganzen Raumhöhe durchgehen und ihre Grundfläche mehr als 0,1 Quadratmeter beträgt,

2. Treppen mit über drei Steigungen und deren Treppenabsätze.

(5) ¹*Zu den errechneten Grundflächen sind hinzuzurechnen die Grundflächen von*

1. Fenster- und offenen Wandnischen, die bis zum Fußboden herunterreichen und mehr als 0,13 Meter tief sind,

2. Erkern und Wandschränken, die eine Grundfläche von mindestens 0,5 Quadratmeter haben,

3. Raumteilen unter Treppen, soweit die lichte Höhe mindestens 2 Meter ist.
²*Nicht hinzuzurechnen sind die Grundflächen der Türnischen.*

(6) ¹*Wird die Grundfläche auf Grund der Bauzeichnung nach den Rohbaumaßen ermittelt, so bleibt die hiernach berechnete Wohnfläche maßgebend, außer wenn von der Bauzeichnung abweichend gebaut ist.* ²*Ist von der Bauzeichnung abweichend gebaut worden, so ist die Grundfläche auf Grund der berichtigten Bauzeichnung zu ermitteln.*

§ 44[1] **Anrechenbare Grundfläche.** *(1) Zur Ermittlung der Wohnfläche sind anzurechnen*

1. voll
die Grundflächen von Räumen und Raumteilen mit einer lichten Höhe von mindestens 2 Metern;

2. zur Hälfte
die Grundflächen von Räumen und Raumteilen mit einer lichten Höhe von

---

¹⁾ §§ 43 und 44 aufgeh. mWv 1. 1. 2004 durch VO v. 25. 11. 2003 (BGBl. I S. 2346).

mindestens 1 Meter und weniger als 2 Metern und von Wintergärten, Schwimmbädern und ähnlichen, nach allen Seiten geschlossenen Räumen;

3. *nicht*
   die Grundflächen von Räumen oder Raumteilen mit einer lichten Höhe von weniger als 1 Meter.

(2) Gehören ausschließlich zu dem Wohnraum Balkone, Loggien, Dachgärten oder gedeckte Freisitze, so können deren Grundflächen zur Ermittlung der Wohnfläche bis zur Hälfte angerechnet werden.

(3) Zur Ermittlung der Wohnfläche können abgezogen werden

1. *bei einem Wohngebäude mit einer Wohnung bis zu 10 vom Hundert der ermittelten Grundfläche der Wohnung,*

2. *bei einem Wohngebäude mit zwei nicht abgeschlossenen Wohnungen bis zu 10 vom Hundert der ermittelten Grundfläche beider Wohnungen,*

3. *bei einem Wohngebäude mit einer abgeschlossenen und einer nicht abgeschlossenen Wohnung bis zu 10 vom Hundert der ermittelten Grundfläche der nicht abgeschlossenen Wohnung.*

(4) ¹ Die Bestimmung über die Anrechnung oder den Abzug nach Absatz 2 oder 3 kann nur für das Gebäude oder die Wirtschaftseinheit einheitlich getroffen werden. ² Die Bestimmung bleibt für alle späteren Berechnungen maßgebend.

Anlage 3 (zu § 27 Abs. 1)[1] *(aufgehoben)*

---

[1] Anlage 3 aufgeh. mWv 1. 1. 2004 durch VO v. 25. 11. 2003 (BGBl. I S. 2346); siehe nunmehr § 2 BetrKV (Nr. **445**).

444. Verordnung zur Berechnung der Wohnfläche (Wohnflächenverordnung – WoFlV)

Vom 25. November 2003 (BGBl. I S. 2346)[1]

BGBl. III/FNA 2330–32–1

§ 1 Anwendungsbereich, Berechnung der Wohnfläche. (1) Wird nach dem Wohnraumförderungsgesetz die Wohnfläche berechnet, sind die Vorschriften dieser Verordnung anzuwenden.

(2) Zur Berechnung der Wohnfläche sind die nach § 2 zur Wohnfläche gehörenden Grundflächen nach § 3 zu ermitteln und nach § 4 auf die Wohnfläche anzurechnen.

§ 2 Zur Wohnfläche gehörende Grundflächen. (1) [1]Die Wohnfläche einer Wohnung umfasst die Grundflächen der Räume, die ausschließlich zu dieser Wohnung gehören. [2]Die Wohnfläche eines Wohnheims umfasst die Grundflächen der Räume, die zur alleinigen und gemeinschaftlichen Nutzung durch die Bewohner bestimmt sind.

(2) Zur Wohnfläche gehören auch die Grundflächen von

1. Wintergärten, Schwimmbädern und ähnlichen nach allen Seiten geschlossenen Räumen sowie

2. Balkonen, Loggien, Dachgärten und Terrassen,

wenn sie ausschließlich zu der Wohnung oder dem Wohnheim gehören.

(3) Zur Wohnfläche gehören nicht die Grundflächen folgender Räume:

1. Zubehörräume, insbesondere:

    a) Kellerräume,

    b) Abstellräume und Kellerersatzräume außerhalb der Wohnung,

    c) Waschküchen,

    d) Bodenräume,

    e) Trockenräume,

    f) Heizungsräume und

    g) Garagen,

2. Räume, die nicht den an ihre Nutzung zu stellenden Anforderungen des Bauordnungsrechts der Länder genügen, sowie

3. Geschäftsräume.

§ 3 Ermittlung der Grundfläche. (1) [1]Die Grundfläche ist nach den lichten Maßen zwischen den Bauteilen zu ermitteln; dabei ist von der Vorderkante der Bekleidung der Bauteile auszugehen. [2]Bei fehlen-

---

[1] In Kraft ab 1. 1. 2004. Siehe Überleitungsvorschrift in § 5.

den begrenzenden Bauteilen ist der bauliche Abschluss zu Grunde zu legen.

(2) Bei der Ermittlung der Grundfläche sind namentlich einzubeziehen die Grundflächen von

1. Tür- und Fensterbekleidungen sowie Tür- und Fensterumrahmungen,

2. Fuß-, Sockel- und Schrammleisten,

3. fest eingebauten Gegenständen, wie z. B. Öfen, Heiz- und Klimageräten, Herden, Bade- oder Duschwannen,

4. freiliegenden Installationen,

5. Einbaumöbeln und

6. nicht ortsgebundenen,versetzbaren Raumteilern.

(3) Bei der Ermittlung der Grundflächen bleiben außer Betracht die Grundflächen von

1. Schornsteinen, Vormauerungen, Bekleidungen, freistehenden Pfeilern und Säulen, wenn sie eine Höhe von mehr als 1,50 Meter aufweisen und ihre Grundfläche mehr als 0,1 Quadratmeter beträgt,

2. Treppen mit über drei Steigungen und deren Treppenabsätze,

3. Türnischen und

4. Fenster- und offenen Wandnischen, die nicht bis zum Fußboden herunterreichen oder bis zum Fußboden herunterreichen und 0,13 Meter oder weniger tief sind.

(4) [1]Die Grundfläche ist durch Ausmessung im fertig gestellten Wohnraum oder auf Grund einer Bauzeichnung zu ermitteln. [2]Wird die Grundfläche auf Grund einer Bauzeichnung ermittelt, muss diese

1. für ein Genehmigungs-, Anzeige-, Genehmigungsfreistellungs- oder ähnliches Verfahren nach dem Bauordnungsrecht der Länder gefertigt oder, wenn ein bauordnungsrechtliches Verfahren nicht erforderlich ist, für ein solches geeignet sein und

2. die Ermittlung der lichten Maße zwischen den Bauteilen im Sinne des Absatzes 1 ermöglichen.

[3]Ist die Grundfläche nach einer Bauzeichnung ermittelt worden und ist abweichend von dieser Bauzeichnung gebaut worden, ist die Grundfläche durch Ausmessung im fertig gestellten Wohnraum oder auf Grund einer berichtigten Bauzeichnung neu zu ermitteln.

§ 4 Anrechnung der Grundflächen. Die Grundflächen

1. von Räumen und Raumteilen mit einer lichten Höhe von mindestens zwei Metern sind vollständig,

2. von Räumen und Raumteilen mit einer lichten Höhe von mindestens einem Meter und weniger als zwei Metern sind zur Hälfte,

3. von unbeheizbaren Wintergärten, Schwimmbädern und ähnlichen nach allen Seiten geschlossenen Räumen sind zur Hälfte,

4. von Balkonen, Loggien, Dachgärten und Terrassen sind in der Regel zu
   einem Viertel, höchstens jedoch zur Hälfte

anzurechnen.

§ 5 Überleitungsvorschrift. [1] Ist die Wohnfläche bis zum 31. Dezember 2003 nach der Zweiten Berechnungsverordnung in der Fassung der Bekanntmachung vom 12. Oktober 1990 (BGBl. I S. 2178),[1] zuletzt geändert durch Artikel 3 der Verordnung vom 25. November 2003 (BGBl. I S. 2346), in der jeweils geltenden Fassung berechnet worden, bleibt es bei dieser Berechnung. [2] Soweit in den in Satz 1 genannten Fällen nach dem 31. Dezember 2003 bauliche Änderungen an dem Wohnraum vorgenommen werden, die eine Neuberechnung der Wohnfläche erforderlich machen, sind die Vorschriften dieser Verordnung anzuwenden.

---

[1] Nr. **443**.

445. Verordnung über die Aufstellung von Betriebskosten (Betriebskostenverordnung – BetrKV)

Vom 25. November 2003 (BGBl. I S. 2346)[1]

BGBl. III/FNA 2330-32-2

Geändert durch Gesetz zur Änderung telekommunikationsrechtlicher Regelungen vom 3.5.2012 (BGBl. I S. 958) und Telekommunikationsmodernisierungsgesetz vom 23.6.2021 (BGBl. I S. 1858)

§ 1 Betriebskosten. (1) [1]Betriebskosten sind die Kosten, die dem Eigentümer oder Erbbauberechtigten durch das Eigentum oder Erbbaurecht am Grundstück oder durch den bestimmungsmäßigen Gebrauch des Gebäudes, der Nebengebäude, Anlagen, Einrichtungen und des Grundstücks laufend entstehen. [2]Sach- und Arbeitsleistungen des Eigentümers oder Erbbauberechtigten dürfen mit dem Betrag angesetzt werden, der für eine gleichwertige Leistung eines Dritten, insbesondere eines Unternehmers, angesetzt werden könnte; die Umsatzsteuer des Dritten darf nicht angesetzt werden.

(2) Zu den Betriebskosten gehören nicht:

1. die Kosten der zur Verwaltung des Gebäudes erforderlichen Arbeitskräfte und Einrichtungen, die Kosten der Aufsicht, der Wert der vom Vermieter persönlich geleisteten Verwaltungsarbeit, die Kosten für die gesetzlichen oder freiwilligen Prüfungen des Jahresabschlusses und die Kosten für die Geschäftsführung (Verwaltungskosten),

2. die Kosten, die während der Nutzungsdauer zur Erhaltung des bestimmungsmäßigen Gebrauchs aufgewendet werden müssen, um die durch Abnutzung, Alterung und Witterungseinwirkung entstehenden baulichen oder sonstigen Mängel ordnungsgemäß zu beseitigen (Instandhaltungs- und Instandsetzungskosten).

§ 2[2] Aufstellung der Betriebskosten. [1]Betriebskosten im Sinne von § 1 sind:

1. die laufenden öffentlichen Lasten des Grundstücks,
   hierzu gehört namentlich die Grundsteuer;

2. die Kosten der Wasserversorgung,
   hierzu gehören die Kosten des Wasserverbrauchs, die Grundgebühren, die Kosten der Anmietung oder anderer Arten der Gebrauchsüberlassung von Wasserzählern sowie die Kosten ihrer Verwendung einschließlich der Kosten der Eichung sowie der Kosten der Berechnung und Aufteilung, die Kosten der Wartung von Wassermengenreglern, die Kosten des Betriebs einer hauseigenen Wasserversorgungsanlage und einer Wasseraufbereitungsanlage einschließlich der Aufbereitungsstoffe;

---

[1] In Kraft ab 1.1.2004.
[2] § 2 Satz 2 angef. mWv 1.12.2021 durch G v. 23.6.2021 (BGBl. I S. 1858).

3. die Kosten der Entwässerung,
hierzu gehören die Gebühren für die Haus- und Grundstücksentwässerung, die Kosten des Betriebs einer entsprechenden nicht öffentlichen Anlage und die Kosten des Betriebs einer Entwässerungspumpe;

4. die Kosten

a) des Betriebs der zentralen Heizungsanlage einschließlich der Abgasanlage,
hierzu gehören die Kosten der verbrauchten Brennstoffe und ihrer Lieferung, die Kosten des Betriebsstroms, die Kosten der Bedienung, Überwachung und Pflege der Anlage, der regelmäßigen Prüfung ihrer Betriebsbereitschaft und Betriebssicherheit einschließlich der Einstellung durch eine Fachkraft, der Reinigung der Anlage und des Betriebsraums, die Kosten der Messungen nach dem Bundes-Immissionsschutzgesetz, die Kosten der Anmietung oder anderer Arten der Gebrauchsüberlassung einer Ausstattung zur Verbrauchserfassung sowie die Kosten der Verwendung einer Ausstattung zur Verbrauchserfassung einschließlich der Kosten der Eichung sowie der Kosten der Berechnung und Aufteilung

oder

b) des Betriebs der zentralen Brennstoffversorgungsanlage,
hierzu gehören die Kosten der verbrauchten Brennstoffe und ihrer Lieferung, die Kosten des Betriebsstroms und die Kosten der Überwachung sowie die Kosten der Reinigung der Anlage und des Betriebsraums

oder

c) der eigenständig gewerblichen Lieferung von Wärme, auch aus Anlagen im Sinne des Buchstabens a,
hierzu gehören das Entgelt für die Wärmelieferung und die Kosten des Betriebs der zugehörigen Hausanlagen entsprechend Buchstabe a

oder

d) der Reinigung und Wartung von Etagenheizungen und Gaseinzelfeuerstätten,
hierzu gehören die Kosten der Beseitigung von Wasserablagerungen und Verbrennungsrückständen in der Anlage, die Kosten der regelmäßigen Prüfung der Betriebsbereitschaft und Betriebssicherheit und der damit zusammenhängenden Einstellung durch eine Fachkraft sowie die Kosten der Messungen nach dem Bundes-Immissionsschutzgesetz;

5. die Kosten

a) des Betriebs der zentralen Warmwasserversorgungsanlage,
hierzu gehören die Kosten der Wasserversorgung entsprechend Nummer 2, soweit sie nicht dort bereits berücksichtigt sind, und die Kosten der Wassererwärmung entsprechend Nummer 4 Buchstabe a

oder

b) der eigenständig gewerblichen Lieferung von Warmwasser, auch aus Anlagen im Sinne des Buchstabens a, hierzu gehören das Entgelt für die Lieferung des Warmwassers und die Kosten des Betriebs der zugehörigen Hausanlagen entsprechend Nummer 4 Buchstabe a

oder

c) der Reinigung und Wartung von Warmwassergeräten,
hierzu gehören die Kosten der Beseitigung von Wasserablagerungen und Verbrennungsrückständen im Innern der Geräte sowie die Kosten der regelmäßigen Prüfung der Betriebsbereitschaft und Betriebssicherheit und der damit zusammenhängenden Einstellung durch eine Fachkraft;

6. die Kosten verbundener Heizungs- und Warmwasserversorgungsanlagen

a) bei zentralen Heizungsanlagen entsprechend Nummer 4 Buchstabe a und entsprechend Nummer 2, soweit sie nicht dort bereits berücksichtigt sind,

oder

b) bei der eigenständig gewerblichen Lieferung von Wärme entsprechend Nummer 4 Buchstabe c und entsprechend Nummer 2, soweit sie nicht dort bereits berücksichtigt sind,

oder

c) bei verbundenen Etagenheizungen und Warmwasserversorgungsanlagen entsprechend Nummer 4 Buchstabe d und entsprechend Nummer 2, soweit sie nicht dort bereits berücksichtigt sind;

7. die Kosten des Betriebs des Personen- oder Lastenaufzugs,
hierzu gehören die Kosten des Betriebsstroms, die Kosten der Beaufsichtigung, der Bedienung, Überwachung und Pflege der Anlage, der regelmäßigen Prüfung ihrer Betriebsbereitschaft und Betriebssicherheit einschließlich der Einstellung durch eine Fachkraft sowie die Kosten der Reinigung der Anlage;

8. die Kosten der Straßenreinigung und Müllbeseitigung,
zu den Kosten der Straßenreinigung gehören die für die öffentliche Straßenreinigung zu entrichtenden Gebühren und die Kosten entsprechender nicht öffentlicher Maßnahmen; zu den Kosten der Müllbeseitigung gehören namentlich die für die Müllabfuhr zu entrichtenden Gebühren, die Kosten entsprechender nicht öffentlicher Maßnahmen, die Kosten des Betriebs von Müllkompressoren, Müllschluckern, Müllabsauganlagen sowie des Betriebs von Müllmengenerfassungsanlagen einschließlich der Kosten der Berechnung und Aufteilung;

9. die Kosten der Gebäudereinigung und Ungezieferbekämpfung,
zu den Kosten der Gebäudereinigung gehören die Kosten für die Säuberung der von den Bewohnern gemeinsam genutzten Gebäudeteile, wie Zugänge, Flure, Treppen, Keller, Bodenräume, Waschküchen, Fahrkorb des Aufzugs;

10. die Kosten der Gartenpflege,
hierzu gehören die Kosten der Pflege gärtnerisch angelegter Flächen einschließlich der Erneuerung von Pflanzen und Gehölzen, der Pflege von

Spielplätzen einschließlich der Erneuerung von Sand und der Pflege von Plätzen, Zugängen und Zufahrten, die dem nicht öffentlichen Verkehr dienen;

11. die Kosten der Beleuchtung,
hierzu gehören die Kosten des Stroms für die Außenbeleuchtung und die Beleuchtung der von den Bewohnern gemeinsam genutzten Gebäudeteile, wie Zugänge, Flure, Treppen, Keller, Bodenräume, Waschküchen;

12. die Kosten der Schornsteinreinigung,
hierzu gehören die Kehrgebühren nach der maßgebenden Gebührenordnung, soweit sie nicht bereits als Kosten nach Nummer 4 Buchstabe a berücksichtigt sind;

13. die Kosten der Sach- und Haftpflichtversicherung,
hierzu gehören namentlich die Kosten der Versicherung des Gebäudes gegen Feuer-, Sturm-, Wasser- sowie sonstige Elementarschäden, der Glasversicherung, der Haftpflichtversicherung für das Gebäude, den Öltank und den Aufzug;

14. die Kosten für den Hauswart,
hierzu gehören die Vergütung, die Sozialbeiträge und alle geldwerten Leistungen, die der Eigentümer oder Erbbauberechtigte dem Hauswart für seine Arbeit gewährt, soweit diese nicht die Instandhaltung, Instandsetzung, Erneuerung, Schönheitsreparaturen oder die Hausverwaltung betrifft; soweit Arbeiten vom Hauswart ausgeführt werden, dürfen Kosten für Arbeitsleistungen nach den Nummern 2 bis 10 und 16 nicht angesetzt werden;

[Fassung bis 30.11.2021:]

15. die Kosten

  a) des Betriebs der Gemeinschafts-Antennenanlage,

  hierzu gehören die Kosten des Betriebsstroms und die Kosten der regelmäßigen Prüfung ihrer Betriebsbereitschaft einschließlich der Einstellung durch eine Fachkraft oder das Nutzungsentgelt für eine nicht zu dem Gebäude gehörende Antennenanlage sowie die Gebühren, die nach dem Urheberrechtsgesetz für die Kabelweitersendung entstehen,

  oder

[Fassung ab 1.12.2021:]

15.[1) die Kosten

  a) des Betriebs der Gemeinschafts-Antennenanlage,

  hierzu gehören die Kosten des Betriebsstroms und die Kosten der regelmäßigen Prüfung ihrer Betriebsbereitschaft einschließlich ihrer Einstellung durch eine Fachkraft,

  bis zum 30. Juni 2024 außerdem das Nutzungsentgelt für eine nicht zu dem Gebäude gehörende Antennenanlage sowie die Gebühren, die nach dem Urheberrechtsgesetz für die Kabelweitersendung entstehen,

  oder

[1) § 2 Satz 1 Nr. 15 neu gef. mWv 1.12.2021 durch G v. 23.6.2021 (BGBl. I S. 1858); zur Anwendung siehe § 2 Satz 2.

[Fassung bis 30.11.2021:]

b)[1] des Betriebs der mit einem Breitbandnetz verbundenen privaten Verteilanlage;
hierzu gehören die Kosten entsprechend Buchstabe a, ferner die laufenden monatlichen Grundgebühren für Breitbandanschlüsse;

[Fassung ab 1.12.2021:]

b) des Betriebs der mit einem Breitbandnetz verbundenen privaten Verteilanlage,
hierzu gehören die Kosten des Betriebsstroms,
bis zum 30. Juni 2024 außerdem die weiteren Kosten entsprechend Buchstabe a, sowie die laufenden monatlichen Grundgebühren für Breitbandanschlüsse,
oder

c) des Betriebs einer gebäudeinternen Verteilanlage, die vollständig mittels Glasfaser mit einem öffentlichen Netz mit sehr hoher Kapazität im Sinne des § 3 Nummer 33 des Telekommunikationsgesetzes verbunden ist, wenn der Mieter seinen Anbieter von öffentlich zugänglichen Telekommunikationsdiensten über seinen Anschluss frei wählen kann,
hierzu gehören die Kosten des Betriebsstroms sowie ein Bereitstellungsentgelt gemäß § 72 Absatz 1 des Telekommunikationsgesetzes;

16. die Kosten des Betriebs der Einrichtungen für die Wäschepflege,
hierzu gehören die Kosten des Betriebsstroms, die Kosten der Überwachung, Pflege und Reinigung der Einrichtungen, der regelmäßigen Prüfung ihrer Betriebsbereitschaft und Betriebssicherheit sowie die Kosten der Wasserversorgung entsprechend Nummer 2, soweit sie nicht dort bereits berücksichtigt sind;

17. sonstige Betriebskosten,
hierzu gehören Betriebskosten im Sinne des § 1, die von den Nummern 1 bis 16 nicht erfasst sind.

[2] Für Anlagen, die ab dem 1. Dezember 2021 errichtet worden sind, ist Satz 1 Nummer 15 Buchstabe a und b nicht anzuwenden.

---

[1] § 2 Nr. 15 Buchst. b geänd. durch G v. 3.5.2012 (BGBl. I S. 958).

450. Gewerbesteuergesetz (GewStG)

In der Fassung der Bekanntmachung vom 15. Oktober 2002
(BGBl. I S. 4167)[1] · [2]

Geändert durch Steuervergünstigungsabbaugesetz vom 16.5.2003 (BGBl. I S. 660), Kleinunternehmerförderungsgesetz vom 31.7.2003 (BGBl. I S. 1550), Förderbankenneustrukturierungsgesetz vom 15.8.2003 (BGBl. I S. 1657), Steueränderungsgesetz 2003 vom 15.12.2003 (BGBl. I S. 2645), Gesetz zur Umsetzung der Protokollerklärung der Bundesregierung zur Vermittlungsempfehlung zum Steuervergünstigungsabbaugesetz vom 22.12.2003 (BGBl. I S. 2840), Gesetz zur Änderung des Gewerbesteuergesetzes und anderer Gesetze vom 23.12. 2003 (BGBl. I S. 2922), Gesetz zur Einordnung des Sozialhilferechts in das Sozialgesetzbuch vom 27.12.2003 (BGBl. I S. 3022), Haushaltsbegleitgesetz 2004 vom 29.12.2003 (BGBl. I S. 3076), Gesetz zur Organisationsreform in der gesetzlichen Rentenversicherung vom 9.12. 2004 (BGBl. I S. 3242), EURichtlinien-Umsetzungsgesetz vom 9.12.2004 (BGBl. I S. 3310), Gesetz zum 3. Zusatzprotokoll vom 4.7.2004 zum Abkommen vom 16.6.1959 zwischen der Bundesrepublik Deutschland und dem Königreich der Niederlande vom 15.12.2004 (BGBl. II S. 1653), Gesetz über steuerliche Begleitmaßnahmen zur Einführung der Europäischen Gesellschaft und zur Änderung weiterer steuerrechtlicher Vorschriften (SEStEG) vom 7.12.2006 (BGBl. I S. 2782), Jahressteuergesetz 2007 vom 13.12.2006 (BGBl. I S. 2878), Unternehmensteuerreformgesetz 2008 vom 14.8.2007 (BGBl. I S. 1912), Gesetz zur weiteren Stärkung des bürgerschaftlichen Engagements vom 10.10.2007 (BGBl. I S. 2332), Jahressteuergesetz 2008 vom 20.12.2007 (BGBl. I S. 3150), Gesetz zur Modernisierung der Rahmenbedingungen für Kapitalbeteiligungen vom 12.8.2008 (BGBl. I S. 1672), Jahressteuergesetz 2009 vom 19.12. 2008 (BGBl. I S. 2794), Steuerbürokratieabbaugesetz vom 20.12.2008 (BGBl. I S. 2850), Drittes Mittelstandsentlastungsgesetz vom 17.3.2009 (BGBl. I S. 550), Wachstumsbeschleunigungsgesetz vom 22.12.2009 (BGBl. I S. 3950), Gesetz zur Umsetzung steuerlicher EU-Vorgaben sowie zur Änderung steuerlicher Vorschriften vom 8.4.2010 (BGBl. I S. 386), Jahressteuergesetz 2010 (JStG 2010) vom 8.12.2010 (BGBl. I S. 1768), Beitreibungsrichtlinie-Umsetzungsgesetz (BeitrRLUmsG) vom 7.12.2011 (BGBl. I S. 2592), Gesetz zur Änderung und Vereinfachung der Unternehmensbesteuerung und des steuerlichen Reisekostenrechts vom 20.2.2013 (BGBl. I S. 285), Ehrenamtstärkungsgesetz vom 21.3.2013 (BGBl. I S. 556), Amtshilferichtlinie-Umsetzungsgesetz (AmtshilfeRL-UmsG) vom 26.6.2013 (BGBl. I S. 1809), Gesetz zur Anpassung des nationalen Steuerrechts an den Beitritt Kroatiens zur EU und zur Änderung weiterer steuerlicher Vorschriften vom 25.7.2014 (BGBl. I S. 1266), Gesetz zur Anpassung der Abgabenordnung an den Zollkodex der Union und zur Änderung weiterer steuerlicher Vorschriften vom 22.12.2014 (BGBl. I S. 2417), Gesetz zur Modernisierung der Finanzaufsicht über Versicherungen vom 1.4.2015 (BGBl. I S. 434), Steueränderungsgesetz 2015 vom 2.11.2015 (BGBl. I S. 1834), Gesetz zur Weiterentwicklung der steuerlichen Verlustverrechnung bei Körperschaften vom 20.12.2016 (BGBl. I S. 2998), Gesetz zur Umsetzung der Änderungen der EU-Amtshilferichtlinie und von weiteren Maßnahmen gegen Gewinnkürzungen und -verlagerungen vom 20.12.2016 (BGBl. I S. 3000), Drittes Gesetz zur Stärkung der pflegerischen Versorgung und zur Änderung weiterer Vorschriften (Drittes Pflegestärkungsgesetz – PSG III) vom 23.12.2016 (BGBl. I S. 3192), Gesetz gegen schädliche Steuerpraktiken im Zusammenhang mit Rechteüberlassungen vom 27.6.2017 (BGBl. I S. 2074), Gesetz zur Vermeidung von Umsatzsteuerausfällen beim Handel mit Waren im Internet und zur Änderung weiterer steuerlicher Vorschriften vom 11.12.2018 (BGBl. I S. 2338), Gesetz zur Reform des

---

[1] Neubekanntmachung des Gewerbesteuergesetzes idF der Bek. v. 19.5.1999 (BGBl. I S. 1990, 1491) auf Grund § 35c Abs. 2 GewStG eingef. durch G v. 22.12.1999 (BGBl. I S. 2601), in der ab 27.7.2002 geltenden Fassung.

[2] Vgl. hierzu die GewStDV (Nr. 460) und die Gewerbesteuer-Richtlinien (**Steuerrichtlinien Nr. 450**).
Zum Erhebungszeitraum vgl. § 36.

Grundsteuer- und Bewertungsrechts (Grundsteuer-Reformgesetz – GrStRefG) vom 26.11.
2019 (BGBl. I S. 1794), Gesetz zur weiteren steuerlichen Förderung der Elektromobilität und
zur Änderung weiterer steuerlicher Vorschriften vom 12.12.2019 (BGBl. I S. 2451), Zweites
Gesetz zur Umsetzung steuerlicher Hilfsmaßnahmen zur Bewältigung der Corona-Krise
(Zweites Corona-Steuerhilfegesetz) vom 29.6.2020 (BGBl. I S. 1512), Gesetz zur Förderung
der Elektromobilität und zur Modernisierung des Wohnungseigentumsgesetzes und zur Änderung von kosten- und grundbuchrechtlichen Vorschriften (Wohnungseigentumsmodernisierungsgesetz – WEMoG) vom 16.10.2020 (BGBl. I S. 2187), Jahressteuergesetz 2020 (JStG
2020) vom 21.12.2020 (BGBl. I S. 3096), Gesetz zur Umsetzung der Richtlinie (EU) 2019/
2034 über die Beaufsichtigung von Wertpapierinstituten vom 12.5.2021 (BGBl. I S. 990),
Fondsstandortgesetz (FoStG) vom 3.6.2021 (BGBl. I S. 1498), Gesetz zur Umsetzung der
Anti-Steuervermeidungsrichtlinie (ATAD-Umsetzungsgesetz – ATADUmsG) vom 25.6.2021
(BGBl. I S. 2035), Gesetz zur Modernisierung des Körperschaftsteuerrechts vom 25.6.2021
(BGBl. I S. 2050), Viertes Gesetz zur Umsetzung steuerlicher Hilfsmaßnahmen zur Bewälti-
gung der Corona–Krise (Viertes Corona-Steuerhilfegesetz) vom 19.6.2022 (BGBl. I S. 911)
und Jahressteuergesetz 2022 (JStG 2022) vom 16.12.2022 (BGBl. I S. 2294)

BGBl. III/FNA 611–5

Inhaltsübersicht

Abschnitt I. Allgemeines

§ 1[1]) **Steuerberechtigte.** Die Gemeinden erheben eine Gewerbesteuer als Gemeindesteuer.

§ 2 Steuergegenstand. (1) [1]Der Gewerbesteuer unterliegt jeder stehende Gewerbebetrieb, soweit er im Inland betrieben wird. [2]Unter Gewerbebetrieb ist ein gewerbliches Unternehmen im Sinne des Einkommensteuergesetzes zu verstehen. [3]Im Inland betrieben wird ein Gewerbebetrieb, soweit für ihn im Inland oder auf einem in einem inländischen Schiffsregister eingetragenen Kauffahrteischiff eine Betriebsstätte unterhalten wird.

(2)[2]) [1]Als Gewerbebetrieb gilt stets und in vollem Umfang die Tätigkeit der Kapitalgesellschaften (insbesondere Europäische Gesellschaften, Aktiengesellschaften, Kommanditgesellschaften auf Aktien, Gesellschaften mit beschränkter Haftung), Genossenschaften einschließlich Europäischer Genossenschaften sowie der Versicherungs- und Pensionsfondsvereine auf Gegenseitigkeit. [2]Ist eine Kapitalgesellschaft Organgesellschaft im Sinne der § 14 oder § 17[3]) des Körperschaftsteuergesetzes, so gilt sie als Betriebsstätte des Organträgers.

(3) Als Gewerbebetrieb gilt auch die Tätigkeit der sonstigen juristischen Personen des privaten Rechts und der nichtrechtsfähigen Vereine, soweit sie einen wirtschaftlichen Geschäftsbetrieb (ausgenommen Land- und Forstwirtschaft) unterhalten.

---

[1]) § 1 neu gef. durch G v. 23.12.2003 (BGBl. I S. 2922).
[2]) § 2 Abs. 2 Satz 1 neu gef. mWv EZ 2006 durch G v. 7.12.2006 (BGBl. I S. 2782) und geänd. mWv EZ 2006 durch G v. 13.12.2006 (BGBl. I S. 2878); Satz 3 aufgeh. mWv EZ 2003 durch G v. 16.5.2003 (BGBl. I S. 660).
[3]) Zitat geänd. mWv EZ 2014 durch G v. 20.2.2013 (BGBl. I S. 285).

(4) Vorübergehende Unterbrechungen im Betrieb eines Gewerbes, die durch die Art des Betriebs veranlasst sind, heben die Steuerpflicht für die Zeit bis zur Wiederaufnahme des Betriebs nicht auf.

(5) ¹Geht ein Gewerbebetrieb im Ganzen auf einen anderen Unternehmer über, so gilt der Gewerbebetrieb als durch den bisherigen Unternehmer eingestellt. ²Der Gewerbebetrieb gilt als durch den anderen Unternehmer neu gegründet, wenn er nicht mit einem bereits bestehenden Gewerbebetrieb vereinigt wird.

(6) Inländische Betriebsstätten von Unternehmen, deren Geschäftsleitung sich in einem ausländischen Staat befindet, mit dem kein Abkommen zur Vermeidung der Doppelbesteuerung besteht, unterliegen nicht der Gewerbesteuer, wenn und soweit

1. die Einkünfte aus diesen Betriebsstätten im Rahmen der beschränkten Einkommensteuerpflicht steuerfrei sind und

2. der ausländische Staat Unternehmen, deren Geschäftsleitung sich im Inland befindet, eine entsprechende Befreiung von den der Gewerbesteuer ähnlichen oder ihr entsprechenden Steuern gewährt, oder in dem ausländischen Staat keine der Gewerbesteuer ähnlichen oder ihr entsprechenden Steuern bestehen.

(7)¹⁾ Zum Inland im Sinne dieses Gesetzes gehört auch der der Bundesrepublik Deutschland zustehende Anteil

1. an der ausschließlichen Wirtschaftszone, soweit dort

   a) die lebenden und nicht lebenden natürlichen Ressourcen der Gewässer über dem Meeresboden, des Meeresbodens und seines Untergrunds erforscht, ausgebeutet, erhalten oder bewirtschaftet werden,

   b) andere Tätigkeiten zur wirtschaftlichen Erforschung oder Ausbeutung der ausschließlichen Wirtschaftszone ausgeübt werden, wie beispielsweise die Energieerzeugung aus Wasser, Strömung und Wind oder

   c) künstliche Inseln errichtet oder genutzt werden und Anlagen und Bauwerke für die in den Buchstaben a und b genannten Zwecke errichtet oder genutzt werden, und

2. am Festlandsockel, soweit dort

   a) dessen natürliche Ressourcen erforscht oder ausgebeutet werden; natürliche Ressourcen in diesem Sinne sind die mineralischen und sonstigen nicht lebenden Ressourcen des Meeresbodens und seines Untergrunds sowie die zu den sesshaften Arten gehörenden Lebewesen, die im nutzbaren Stadium entweder unbeweglich auf oder unter dem Meeresboden verbleiben oder sich nur in ständigem körperlichen Kontakt mit dem Meeresboden oder seinem Untergrund fortbewegen können; oder

   b) künstliche Inseln errichtet oder genutzt werden und Anlagen und Bauwerke für die in Buchstabe a genannten Zwecke errichtet oder genutzt werden, und

---

¹⁾ § 2 Abs. 7 neu gef. mWv EZ 2016 durch G v. 2.11.2015 (BGBl. I S. 1834).

3. der nicht zur Bundesrepublik Deutschland gehörende Teil eines grenzüberschreitenden Gewerbegebiets, das nach den Vorschriften eines Abkommens
zur Vermeidung der Doppelbesteuerung als solches bestimmt ist.

[ab 1.1.2022:

(8)[1] Für die Anwendung dieses Gesetzes sind eine optierende Gesellschaft
im Sinne des § 1a des Körperschaftsteuergesetzes als Kapitalgesellschaft und
ihre Gesellschafter wie die nicht persönlich haftenden Gesellschafter einer
Kapitalgesellschaft zu behandeln.]

§ 2a Arbeitsgemeinschaften. [1] Als Gewerbebetrieb gilt nicht die Tätigkeit
der Arbeitsgemeinschaften, deren alleiniger Zweck in der Erfüllung eines einzigen Werkvertrags oder Werklieferungsvertrags besteht. [2] Die Betriebsstätten
der Arbeitsgemeinschaften gelten insoweit anteilig als Betriebsstätten der Beteiligten.

(Fortsetzung nächstes Blatt)

---

[1] § 2 Abs. 8 angef. mWv 1.1.2022 durch G v. 25.6.2021 (BGBl. I S. 2050).

§ 3 Befreiungen. Von der Gewerbesteuer sind befreit

1.[1)] das Bundeseisenbahnvermögen, die staatlichen Lotterieunternehmen, die zugelassenen öffentlichen Spielbanken mit ihren der Spielbankabgabe unterliegenden Tätigkeiten und der Erdölbevorratungsverband nach § 2 Absatz 1 des Erdölbevorratungsgesetzes vom 16. Januar 2012 (BGBl. I S. 74) in der jeweils geltenden Fassung;

2.[2)] die Deutsche Bundesbank, die Kreditanstalt für Wiederaufbau, die Landwirtschaftliche Rentenbank, die Bayerische Landesanstalt für Aufbaufinanzierung, die Niedersächsische Gesellschaft für öffentliche Finanzierungen mit beschränkter Haftung, die Bremer Aufbau-Bank GmbH, die Landeskreditbank Baden-Württemberg – Förderbank, die Bayerische Landesbodenkreditanstalt, die Investitionsbank Berlin, die Hamburgische Investitions- und Förderbank, die NRW.Bank, die Investitions- und Förderbank Niedersachsen, die Saarländische Investitionskreditbank Aktiengesellschaft, die Investitionsbank Schleswig-Holstein, die Investitionsbank des Landes Brandenburg, die Sächsische Aufbaubank – Förderbank –, die Thüringer Aufbaubank, die Investitionsbank Sachsen-Anhalt – *Anstalt der Norddeutschen Landesbank – Girozentrale –*[3)]*,* die Investitions- und Strukturbank Rheinland-Pfalz, das Landesförderinstitut Mecklenburg-Vorpommern – Geschäftsbereich der Norddeutschen Landesbank Girozentrale –, die Wirtschafts- und Infrastrukturbank Hessen – rechtlich unselbständige Anstalt in der Landesbank Hessen-Thüringen Girozentrale und die Liquiditäts-Konsortialbank Gesellschaft mit beschränkter Haftung;

3. die Bundesanstalt für vereinigungsbedingte Sonderaufgaben;

4. (weggefallen)

5. Hauberg-, Wald-, Forst- und Laubgenossenschaften und ähnliche Realgemeinden. [2]Unterhalten sie einen Gewerbebetrieb, der über den Rahmen eines Nebenbetriebs hinausgeht, so sind sie insoweit steuerpflichtig;

6. Körperschaften, Personenvereinigungen und Vermögensmassen, die nach der Satzung, dem Stiftungsgeschäft oder der sonstigen Verfassung und nach der tatsächlichen Geschäftsführung ausschließlich und unmittelbar gemeinnützigen, mildtätigen oder kirchlichen Zwecken dienen (§§ 51 bis 68 der Abgabenordnung). [2]Wird ein wirtschaftlicher Geschäftsbetrieb – ausgenommen Land- und Forstwirtschaft – unterhalten, ist die Steuerfreiheit insoweit ausgeschlossen;

7. Hochsee- und Küstenfischerei, wenn sie mit weniger als sieben im Jahresdurchschnitt beschäftigten Arbeitnehmern oder mit Schiffen betrieben wird, die eine eigene Triebkraft von weniger als 100 Pferdekräften haben;

[1)] § 3 Nr. 1 geänd. durch G v. 12.12.2019 (BGBl. I S. 2451); zur Anwendung siehe § 36 Abs. 2 Satz 1.
[2)] § 3 Nr. 2 geänd. durch G v. 15.8.2000 (BGBl. I S. 1657), G v. 15.12.2003 (BGBl. I S. 2645), G v. 9.12.2004 (BGBl. I S. 3310), G v. 13.12.2006 (BGBl. I S. 2878), G v. 19.12.2008 (BGBl. I S. 2794) geänd. durch G v. 25.7.2014 (BGBl. I S. 1266); zur Anwendung siehe § 36 Abs. 2.
[3)] Kursiver Satzteil aufgeh. durch G v. 16.12.2022 (BGBl. I S. 2294); zur Anwendung siehe § 36 Abs. 2 Sätze 2 und 3.

8.[1] Genossenschaften sowie Vereine im Sinne des § 5 Abs. 1 Nr. 14 des Körperschaftsteuergesetzes[2], soweit sie von der Körperschaftsteuer befreit sind;

9. rechtsfähige Pensions-, Sterbe-, Kranken- und Unterstützungskassen[3] im Sinne des § 5 Abs. 1 Nr. 3 des Körperschaftsteuergesetzes, soweit sie die für eine Befreiung von der Körperschaftsteuer erforderlichen Voraussetzungen erfüllen;

10. Körperschaften oder Personenvereinigungen, deren Hauptzweck die Verwaltung des Vermögens für einen nichtrechtsfähigen Berufsverband im Sinne des § 5 Abs. 1 Nr. 5 des Körperschaftsteuergesetzes ist, wenn ihre Erträge im Wesentlichen aus dieser Vermögensverwaltung herrühren und ausschließlich dem Berufsverband zufließen;

11. öffentlich-rechtliche Versicherungs- und Versorgungseinrichtungen von Berufsgruppen, deren Angehörige auf Grund einer durch Gesetz angeordneten oder auf Gesetz beruhenden Verpflichtung Mitglieder dieser Einrichtungen sind, wenn die Satzung der Einrichtung die Zahlung keiner höheren jährlichen Beiträge zulässt als das Zwölffache der Beiträge, die sich bei einer Beitragsbemessungsgrundlage in Höhe der doppelten monatlichen Beitragsbemessungsgrenze in der allgemeinen Rentenversicherung[4] ergeben würden. [2]Sind nach der Satzung der Einrichtung nur Pflichtmitgliedschaften sowie freiwillige Mitgliedschaften, die unmittelbar an eine Pflichtmitgliedschaft anschließen, möglich, so steht dies der Steuerbefreiung nicht entgegen, wenn die Satzung die Zahlung keiner höheren jährlichen Beiträge zulässt als das Fünfzehnfache der Beiträge, die sich bei einer Beitragsbemessungsgrundlage in Höhe der doppelten monatlichen Beitragsbemessungsgrenze in der allgemeinen Rentenversicherung[3] ergeben würden;

12.[5] Gesellschaften, bei denen die Gesellschafter als Unternehmer (Mitunternehmer) anzusehen sind, sowie Genossenschaften, soweit die Gesellschaften und die Genossenschaften eine gemeinschaftliche Tierhaltung im Sinne des *§ 51a des Bewertungsgesetzes* [*ab EZ 2025:* § 13b *des Einkommensteuergesetzes*][5] betreiben;

13.[6] private Schulen und andere allgemeinbildende oder berufsbildende Einrichtungen, soweit unmittelbar dem Schul- und Bildungszweck dienende Leistungen erbracht werden, wenn sie

---

[1] § 3 Nr. 8 geänd. mWv EZ 2020 durch G v. 12.12.2019 (BGBl. I S. 2451).

[2] Nr. **100**.

[3] Die nach dem PostpersonalrechtsG errichteten Unterstützungskassen sind ab ihrer Gründung von der Gewerbesteuer befreit. § 4d EStG ist nicht anzuwenden. Vgl. § 15 Abs. 2 PostpersonalrechtsG v. 14.9.1994 (BGBl. I S. 2325, 2353) idF des G v. 9.11.2004 (BGBl. I S. 2774).

[4] Bezeichnung geänd. mWv EZ 2005 durch G v. 9.12.2004 (BGBl. I S. 3242).

[5] § 3 Nr. 12 geänd. mWv EZ 2020 durch Art. 8 des G v. 12.12.2019 (BGBl. I S. 2451); geänd. durch Art. 9 mWv 1.1.2025 (§ 36 Abs. 2 Satz 4 idF ab 1.1.2025) durch G v. 12.12.2019 (BGBl. I S. 2451).

[6] § 3 Nr. 13 neu gef. durch G v. 12.12.2019 (BGBl. I S. 2451); zur Anwendung ab EZ 2015 siehe § 36 Abs. 2 Satz 2 (ab 1.1.2025: Satz 5).

a) als Ersatzschulen gemäß Artikel 7 Absatz 4 des Grundgesetzes staatlich genehmigt oder nach Landesrecht erlaubt sind oder

b) auf einen Beruf oder eine vor einer juristischen Person des öffentlichen Rechts abzulegende Prüfung ordnungsgemäß vorbereiten;

14.[1] Genossenschaften sowie Vereine, deren Tätigkeit sich auf den Betrieb der Land- und Forstwirtschaft beschränkt, wenn die Mitglieder der Genossenschaft oder dem Verein Flächen zur Nutzung oder für die Bewirtschaftung der Flächen erforderliche Gebäude überlassen und

a) bei Genossenschaften das Verhältnis der Summe der Werte der Geschäftsanteile des einzelnen Mitglieds zu der Summe der Werte aller Geschäftsanteile,

b) bei Vereinen das Verhältnis des Werts des Anteils an dem Vereinsvermögen, der im Fall der Auflösung des Vereins an das einzelne Mitglied fallen würde, zu dem Wert des Vereinsvermögens

nicht wesentlich von dem Verhältnis abweicht, in dem der Wert der von dem einzelnen Mitglied zur Nutzung überlassenen Flächen und Gebäude zu dem Wert der insgesamt zur Nutzung überlassenen Flächen und Gebäude steht;

15.[2] Genossenschaften sowie Vereine im Sinne des § 5 Abs. 1 Nr. 10 des Körperschaftsteuergesetzes, soweit sie von der Körperschaftsteuer befreit sind;

16. (weggefallen)

17.[3] die von den zuständigen Landesbehörden begründeten oder anerkannten gemeinnützigen Siedlungsunternehmen im Sinne des Reichssiedlungsgesetzes in der jeweils aktuellen Fassung oder entsprechender Landesgesetze, soweit diese Landesgesetze nicht wesentlich von den Bestimmungen des Reichssiedlungsgesetzes abweichen, und im Sinne der Bodenreformgesetze der Länder, soweit die Unternehmen im ländlichen Raum Siedlungs-, Agrarstrukturverbesserungs- und Landentwicklungsmaßnahmen mit Ausnahme des Wohnungsbaus durchführen. ²Die Steuerbefreiung ist ausgeschlossen, wenn die Einnahmen des Unternehmens aus den in Satz 1 nicht bezeichneten Tätigkeiten die Einnahmen aus den in Satz 1 bezeichneten Tätigkeiten übersteigen;

18. (weggefallen)

19. der Pensions-Sicherungs-Verein Versicherungsverein auf Gegenseitigkeit, wenn er die für eine Befreiung von der Körperschaftsteuer erforderlichen Voraussetzungen erfüllt;

20.[4] Krankenhäuser, Altenheime, Altenwohnheime, Pflegeheime, Einrichtungen zur vorübergehenden Aufnahme pflegebedürftiger Personen und Einrichtungen zur ambulanten Pflege kranker und pflegebedürftiger Personen sowie Einrichtungen zur ambulanten oder stationären Rehabilitation, wenn

---

[1] § 3 Nr. 14 geänd. mWv EZ 2020 durch G v. 12.12.2019 (BGBl. I S. 2451).
[2] § 3 Nr. 15 geänd. mWv EZ 2020 durch G v. 12.12.2019 (BGBl. I S. 2451).
[3] § 3 Nr. 17 geänd. mWv EZ 2008 durch G v. 19.12.2008 (BGBl. I S. 2794).
[4] § 3 Nr. 20 Satzteil vor Buchst. a ergänzt, Buchst. e angef. mWv EZ 2015 durch G v. 25.7.2014 (BGBl. I S. 1266).

a) diese Einrichtungen von juristischen Personen des öffentlichen Rechts betrieben werden oder

b) bei Krankenhäusern im Erhebungszeitraum die in § 67 Abs. 1 oder 2 der Abgabenordnung bezeichneten Voraussetzungen erfüllt worden sind oder

c) bei Altenheimen, Altenwohnheimen und Pflegeheimen im Erhebungszeitraum mindestens 40 Prozent der Leistungen den in § 61a[1]) des Zwölften Buches Sozialgesetzbuch[2]) oder den in § 53 Nr. 2 der Abgabenordnung[3]) genannten Personen zugute gekommen sind oder

d) bei Einrichtungen zur vorübergehenden Aufnahme pflegebedürftiger Personen und bei Einrichtungen zur ambulanten Pflege kranker und pflegebedürftiger Personen im Erhebungszeitraum die Pflegekosten in mindestens 40 Prozent der Fälle von den gesetzlichen Trägern der Sozialversicherung oder Sozialhilfe ganz oder zum überwiegenden Teil getragen worden sind oder

e) bei Einrichtungen zur ambulanten oder stationären Rehabilitation die Behandlungskosten in mindestens 40 Prozent der Fälle von den gesetzlichen Trägern der Sozialversicherung oder Sozialhilfe ganz oder zum überwiegenden Teil getragen worden sind. [2]Satz 1 ist nur anzuwenden, soweit die Einrichtung Leistungen im Rahmen der verordneten ambulanten oder stationären Rehabilitation im Sinne des Sozialrechts einschließlich der Beihilfevorschriften des Bundes und der Länder erbringt;

21. Entschädigungs- und Sicherungseinrichtungen im Sinne des § 5 Abs. 1 Nr. 16 des Körperschaftsteuergesetzes, soweit sie von der Körperschaftsteuer befreit sind;

22. Bürgschaftsbanken (Kreditgarantiegemeinschaften), wenn sie von der Körperschaftsteuer befreit sind;

23. Unternehmensbeteiligungsgesellschaften, die nach dem Gesetz über Unternehmensbeteiligungsgesellschaften anerkannt sind. [2]Für Unternehmensbeteiligungsgesellschaften im Sinne des § 25 Abs. 1 des Gesetzes über Unternehmensbeteiligungsgesellschaften haben der Widerruf der Anerkennung und der Verzicht auf die Anerkennung Wirkung für die Vergangenheit, wenn nicht Aktien der Unternehmensbeteiligungsgesellschaft öffentlich angeboten worden sind; Entsprechendes gilt, wenn eine solche Gesellschaft nach § 25 Abs. 3 des Gesetzes über Unternehmensbeteiligungsgesellschaften die Anerkennung als Unternehmensbeteiligungsgesellschaft verliert. [3]Für offene Unternehmensbeteiligungsgesellschaften im Sinne des § 1a Abs. 2 Satz 1[4]) des Gesetzes über Unternehmensbeteiligungsgesellschaften haben der Widerruf der Anerkennung und der Verzicht auf die Anerkennung innerhalb der in § 7 Abs. 1 Satz 1 des Gesetzes über Unternehmensbeteiligungsgesellschaften genannten Frist Wirkung für die Ver-

---

[1]) Verweis geänd. durch G v. 11.12.2018 (BGBl. I S. 2338).
[2]) Verweis geänd. durch G v. 27.12.2003 (BGBl. I S. 3022).
[3]) Nr. **800**.
[4]) § 3 Nr. 23 Satz 3 Verweis geänd. durch G v. 12.8.2008 (BGBl. I S. 1672).

gangenheit. ⁴Bescheide über die Anerkennung, die Rücknahme oder den Widerruf der Anerkennung und über die Feststellung, ob Aktien der Unternehmensbeteiligungsgesellschaft im Sinne des § 25 Abs. 1 des Gesetzes über Unternehmensbeteiligungsgesellschaften öffentlich angeboten worden sind, sind Grundlagenbescheide im Sinne der Abgabenordnung; die Bekanntmachung der Aberkennung der Eigenschaft als Unternehmensbeteiligungsgesellschaft nach § 25 Abs. 3 des Gesetzes über Unternehmensbeteiligungsgesellschaften steht einem Grundlagenbescheid gleich;

24. die folgenden Kapitalbeteiligungsgesellschaften für die mittelständische Wirtschaft, soweit sich deren Geschäftsbetrieb darauf beschränkt, im öffentlichen Interesse mit Eigenmitteln oder mit staatlicher Hilfe Beteiligungen zu erwerben, wenn der von ihnen erzielte Gewinn ausschließlich und unmittelbar für die satzungsmäßigen Zwecke der Beteiligungsfinanzierung verwendet wird: Mittelständische Beteiligungsgesellschaft Baden-Württemberg GmbH, Mittelständische Beteiligungsgesellschaft Bremen mbH,[1] BTG Beteiligungsgesellschaft Hamburg mbH,[2] MBG Mittelständische Beteiligungsgesellschaft Hessen GmbH, Mittelständische Beteiligungsgesellschaft Niedersachsen (MBG) mbH, Kapitalbeteiligungsgesellschaft für die mittelständische Wirtschaft in Nordrhein-Westfalen mbH, MBG Mittelständische Beteiligungsgesellschaft Rheinland-Pfalz mbH, Wagnisfinanzierungsgesellschaft für Technologieförderung in Rheinland-Pfalz mbH (WFT), Saarländische Kapitalbeteiligungsgesellschaft mbH, Gesellschaft für Wagniskapital Mittelständische Beteiligungsgesellschaft Schleswig-Holstein Gesellschaft mit beschränkter Haftung – MBG, Technologie-Beteiligungs-Gesellschaft mbH der Deutschen Ausgleichsbank, bgb Beteiligungsgesellschaft Berlin mbH für kleine und mittlere Betriebe, Mittelständische Beteiligungsgesellschaft Berlin-Brandenburg mbH, Mittelständische Beteiligungsgesellschaft Mecklenburg-Vorpommern mbH, Mittelständische Beteiligungsgesellschaft Sachsen mbH, Mittelständische Beteiligungsgesellschaft Sachsen-Anhalt mbH, Wagnisbeteiligungsgesellschaft Sachsen-Anhalt mbH, IBG Beteiligungsgesellschaft Sachsen-Anhalt mbH[3], Mittelständische Beteiligungsgesellschaft Thüringen (MBG) mbH;

25. Wirtschaftsförderungsgesellschaften, wenn sie von der Körperschaftsteuer befreit sind;

26. Gesamthafenbetriebe im Sinne des § 1 des Gesetzes über die Schaffung eines besonderen Arbeitgebers für Hafenarbeiter vom 3. August 1950 (BGBl. S. 352), soweit sie von der Körperschaftsteuer befreit sind;

27. Zusammenschlüsse im Sinne des § 5 Abs. 1 Nr. 20 des Körperschaftsteuergesetzes, soweit sie von der Körperschaftsteuer befreit sind;

28. die Arbeitsgemeinschaften Medizinischer Dienst der Krankenversicherung im Sinne des § 278 des Fünften Buches Sozialgesetzbuch und der Medizinische Dienst der Spitzenverbände der Krankenkassen im Sinne des § 282

---

[1] Eingef. mWv EZ 2019 durch G v. 12.12.2019 (BGBl. I S. 2451); zur Anwendung siehe § 36 Abs. 2 Satz 5 (ab 1.1.2025: Satz 6).
[2] Geänd. mWv EZ 2019 durch G v. 11.12.2018 (BGBl. I S. 2338).
[3] Eingef. mWv EZ 2000 durch G v. 15.12.2003 (BGBl. I S. 2645).

des Fünften Buches Sozialgesetzbuch, soweit sie von der Körperschaftsteuer befreit sind;

29. gemeinsame Einrichtungen im Sinne des § 5 Abs. 1 Nr. 22 des Körperschaftsteuergesetzes, soweit sie von der Körperschaftsteuer befreit sind;

30.[1)] die Auftragsforschung im Sinne des § 5 Abs. 1 Nr. 23 des Körperschaftsteuergesetzes, soweit sie von der Körperschaftsteuer befreit ist;

31.[2)] die Global Legal Entity Identifier Stiftung, soweit sie von der Körperschaftsteuer befreit ist;

32.[3)] stehende Gewerbebetriebe von Anlagenbetreibern im Sinne des § 3 Nummer 2 des Erneuerbare-Energien-Gesetzes, wenn sich deren Tätigkeit ausschließlich auf die Erzeugung und Vermarktung von Strom aus einer auf, an oder in einem Gebäude angebrachten Solaranlage bis zu einer installierten Leistung von *10 [ab EZ 2022:* 30][4)] Kilowatt beschränkt.

§ 4 Hebeberechtigte Gemeinde. (1) [1]Die stehenden Gewerbebetriebe unterliegen der Gewerbesteuer in der Gemeinde, in der eine Betriebsstätte zur Ausübung des stehenden Gewerbes unterhalten wird. [2]Befinden sich Betriebsstätten desselben Gewerbebetriebs in mehreren Gemeinden oder erstreckt sich eine Betriebsstätte über mehrere Gemeinden, so wird die Gewerbesteuer in jeder Gemeinde nach dem Teil des Steuermessbetrags erhoben, der auf sie entfällt.

(2)[5)] [1]Für Betriebsstätten in gemeindefreien Gebieten bestimmt die Landesregierung durch Rechtsverordnung, wer die nach diesem Gesetz den Gemeinden zustehenden Befugnisse ausübt. [2]Der in § 2 Absatz 7 Nummer 1 und 2 bezeichnete Anteil am Festlandsockel und an der ausschließlichen Wirtschaftszone ist gemeindefreies Gebiet. [3]In Fällen von Satz 2 bestimmt sich die zuständige Landesregierung im Sinne des Satzes 1 unter entsprechender Anwendung des § 22a der Abgabenordnung.

(3)[6)] [1]Für Betriebsstätten im nicht zur Bundesrepublik Deutschland gehörenden Teil eines grenzüberschreitenden Gewerbegebiets im Sinne des § 2 Absatz 7 Nummer 3 ist die Gemeinde hebeberechtigt, in der der zur Bundesrepublik Deutschland gehörende Teil des grenzüberschreitenden Gewerbegebiets liegt. [2]Liegt der zur Bundesrepublik Deutschland gehörende Teil in mehreren Gemeinden, gilt Absatz 2 entsprechend.

§ 5 Steuerschuldner. (1)[7)] [1]Steuerschuldner ist der Unternehmer. [2]Als Unternehmer gilt der, für dessen Rechnung das Gewerbe betrieben wird. [3]Ist die

---

[1)] § 3 Nr. 30 angef. durch G v. 15.12.2003 (BGBl. I S. 2645).

[2)] § 3 Nr. 31 angef. durch G v. 22.12.2014 (BGBl. I S. 2417).

[3)] § 3 Nr. 32 angef. mWv EZ 2019 durch G v. 12.12.2019 (BGBl. I S. 2451); zur Anwendung siehe § 36 Abs. 2 Satz 6 idF ab 1.1.2020 (Satz 7 idF ab 1.1.2025).

[4)] § 3 Nr. 32 geänd. durch G v. 16.12.2022 (BGBl. I S. 2294); zur Anwendung siehe § 36 Abs. 2 Satz 7 (ab 1.1.2025: Satz 8).

[5)] § 4 Abs. 2 Sätze 2 und 3 angef. mWv EZ 2015 durch G v. 25.7.2014 (BGBl. I S. 1266); Satz 2 geänd. durch G v. 20.12.2016 (BGBl. I S. 3000).

[6)] § 4 Abs. 3 angef. mWv EZ 2004 durch G v. 15.12.2004 (BGBl. II S. 1653); Verweis geänd. mWv EZ 2016 durch G v. 2.11.2015 (BGBl. I S. 1834).

[7)] § 5 Abs. 1 Satz 4 geänd. durch G v. 8.12.2010 (BGBl. I S. 1768).

Tätigkeit einer Personengesellschaft Gewerbebetrieb, so ist Steuerschuldner die Gesellschaft. ⁴ Wird das Gewerbe in der Rechtsform einer Europäischen wirtschaftlichen Interessenvereinigung mit Sitz im Geltungsbereich der Verordnung (EWG) Nr. 2137/85 des Rates vom 25. Juli 1985 über die Schaffung einer Europäischen wirtschaftlichen Interessenvereinigung (EWIV) (ABl. L 199 vom 31.7.1985, S. 1) betrieben, sind abweichend von Satz 3 die Mitglieder Gesamtschuldner.

(2) ¹ Geht ein Gewerbebetrieb im Ganzen auf einen anderen Unternehmer über (§ 2 Abs. 5), so ist der bisherige Unternehmer bis zum Zeitpunkt des Übergangs Steuerschuldner. ² Der andere Unternehmer ist von diesem Zeitpunkt an Steuerschuldner.

§ 6 Besteuerungsgrundlage. Besteuerungsgrundlage für die Gewerbesteuer ist der Gewerbeertrag.

Abschnitt II. Bemessung der Gewerbesteuer

§ 7¹⁾ Gewerbeertrag. ¹ Gewerbeertrag ist der nach den Vorschriften des Einkommensteuergesetzes oder des Körperschaftsteuergesetzes zu ermittelnde Gewinn aus dem Gewerbebetrieb, der bei der Ermittlung des Einkommens für den dem Erhebungszeitraum (§ 14) entsprechenden Veranlagungszeitraum zu berücksichtigen ist, vermehrt und vermindert um die in den §§ 8 und 9 bezeichneten Beträge. ² Zum Gewerbeertrag gehört auch der Gewinn aus der Veräußerung oder Aufgabe

1. des Betriebs oder eines Teilbetriebs einer Mitunternehmerschaft,
2. des Anteils eines Gesellschafters, der als Unternehmer (Mitunternehmer) des Betriebs einer Mitunternehmerschaft anzusehen ist,
3. des Anteils eines persönlich haftenden Gesellschafters einer Kommanditgesellschaft auf Aktien,

soweit er nicht auf eine natürliche Person als unmittelbar beteiligter Mitunternehmer entfällt. 3 Der nach § 5a des Einkommensteuergesetzes ermittelte Gewinn einschließlich der Hinzurechnungen nach § 5a Absatz 4 und 4a des Einkommensteuergesetzes und das nach § 8 Absatz 1 Satz *3 [für EZ 2008: 2]*²⁾ des Körperschaftsteuergesetzes ermittelte Einkommen gelten als Gewerbeertrag nach Satz 1. 4 § 3 Nr. 40 und § 3c Abs. 2 des Einkommensteuergesetzes sind bei der Ermittlung des Gewerbeertrags einer Mitunternehmerschaft anzuwenden, soweit an der Mitunternehmerschaft natürliche Personen unmittelbar oder mittelbar über eine oder mehrere Personengesellschaften beteiligt sind; im Übrigen ist § 8b des Körperschaftsteuergesetzes anzuwenden. 5 Bei der Ermittlung des Gewerbeertrags einer Kapitalgesellschaft, auf die § 8 Abs. 7 Satz 1 Nr. 2 des

---

¹⁾ § 7 Satz 4 angef. mWv EZ 2004 durch G v. 9.12.2004 (BGBl. I S. 3310); Satz 5 angef. mWv EZ 2009 durch G v. 19.12.2008 (BGBl. I S. 2794); Satz 6 angef. mWv EZ 2009 durch G v. 19.12.2008 (BGBl. I S. 2794); Sätze 7 bis 9 angef. (vgl. hierzu BFH v. 11.3.2015, BStBl. II S. 1049) durch G v. 20.12.2016 (BGBl. I S. 3000).
²⁾ § 7 Satz 3 geänd. durch G v. 12.12.2019 (BGBl. I S. 2451); zur Anwendung siehe § 36 Abs. 3 Satz 1 (bzw. zur Fassung für EZ 2008: Satz 2).

Körperschaftsteuergesetzes anzuwenden ist, ist § 8 Abs. 9 Satz 1 bis 3 des Körperschaftssteuergesetzes entsprechend anzuwenden; ein sich danach bei der jeweiligen Sparte im Sinne des § 8 Abs. 9 Satz 1 des Körperschaftsteuergesetzes ergebender negativer Gewerbeertrag darf nicht mit einem positiven Gewerbeertrag aus einer anderen Sparte im Sinne des § 8 Abs. 9 Satz 1 des Körperschaftsteuergesetzes ausgeglichen werden. ⁶ § 50d Abs. 10 des Einkommensteuergesetzes ist bei der Ermittlung des Gewerbeertrags entsprechend anzuwenden. ⁷ Hinzurechnungsbeträge im Sinne des § 10 Absatz 1 des Außensteuergesetzes sind Einkünfte, die in einer inländischen Betriebsstätte anfallen.¹⁾ ⁸ Einkünfte im Sinne des § 20 Absatz 2 Satz 1 des Außensteuergesetzes gelten als in einer inländischen Betriebsstätte erzielt; das gilt auch, wenn sie nicht von einem Abkommen zur Vermeidung der Doppelbesteuerung erfasst werden oder das Abkommen zur Vermeidung der Doppelbesteuerung selbst die Steueranrechnung anordnet. ⁹ Satz 8 ist nicht anzuwenden, soweit auf die Einkünfte, würden sie in einer Zwischengesellschaft im Sinne des § 8 des Außensteuergesetzes erzielt, § 8 Absatz 2 [*ab EZ 2022:* bis 4]²⁾ des Außensteuergesetzes zur Anwendung käme.

§ 7a³⁾ Sonderregelung bei der Ermittlung des Gewerbeertrags einer Organgesellschaft. (1) ¹ Bei der Ermittlung des Gewerbeertrags einer Organgesellschaft ist § 9 Nummer 2a, 7 und 8 nicht anzuwenden. ² In den Fällen des Satzes 1 ist § 8 Nummer 1 bei Aufwendungen, die im unmittelbaren Zusammenhang mit Gewinnen aus Anteilen im Sinne des § 9 Nummer 2a, 7 oder 8 stehen, nicht anzuwenden.

(2) ¹ Sind im Gewinn einer Organgesellschaft

1. Gewinne aus Anteilen im Sinne des § 9 Nummer 2a, 7 oder 8 oder

2. in den Fällen der Nummer 1 auch Aufwendungen, die im unmittelbaren Zusammenhang mit diesen Gewinnen aus Anteilen stehen,

enthalten, sind § 15 Satz 1 Nummer 2 Satz 2 bis 4 des Körperschaftsteuergesetzes und § 8 Nummer 1 und 5 sowie § 9 Nummer 2a, 7 und 8 bei der Ermittlung des Gewerbeertrags der Organgesellschaft entsprechend anzuwenden. ² Der bei der Ermittlung des Gewerbeertrags der Organgesellschaft berücksichtigte Betrag der Hinzurechnungen nach § 8 Nummer 1 ist dabei unter Berücksichtigung der Korrekturbeträge nach Absatz 1 und 2 Satz 1 zu berechnen.

(3) Die Absätze 1 und 2 gelten in den Fällen des § 15 Satz 2 des Körperschaftsteuergesetzes entsprechend.

§ 7b⁴⁾ Sonderregelung bei der Ermittlung des Gewerbeertrags bei unternehmensbezogener Sanierung. (1) Die §§ 3a und 3c Absatz 4 des Einkommensteuergesetzes sind vorbehaltlich der nachfolgenden Absätze bei der Ermittlung des Gewerbeertrags entsprechend anzuwenden.

---

¹⁾ Zur Anwendung von § 7 Satz 7 siehe § 36 Abs. 3 Satz 3.
²⁾ § 7 Satz 9 Verweis geänd. durch G v. 25.6.2021 (BGBl. I S. 2035); zur Anwendung siehe § 36 Abs. 3 Satz 4.
³⁾ § 7a eingef. mWv 1.1.2017 (§ 36 Abs. 2b) durch G v. 20.12.2016 (BGBl. I S. 3000).
⁴⁾ § 7b eingef. durch G v. 27.6.2017 (BGBl. I S. 2074); zur Anwendung siehe § 36 Abs. 2c (insbes. Satz 3).

(2)[1] [1]Der nach Anwendung des § 3a Absatz 3 Satz 2 Nummer 1 des Einkommensteuergesetzes verbleibende geminderte Sanierungsertrag im Sinne des § 3a Absatz 3 Satz 1 des Einkommensteuergesetzes mindert nacheinander

1. den negativen Gewerbeertrag des Sanierungsjahrs des zu sanierenden Unternehmens,

2. Fehlbeträge im Sinne des § 10a Satz 3 und

3. im Sanierungsjahr ungeachtet des § 10a Satz 2 die nach § 10a Satz 6 zum Ende des vorangegangenen Erhebungszeitraums gesondert festgestellten Fehlbeträge; die in § 10a Satz 1 und 2 genannten Beträge werden der Minderung entsprechend aufgebraucht.

[2]Ein nach Satz 1 verbleibender Sanierungsertrag mindert die Beträge nach Satz 1 Nummer 1 bis 3 eines anderen Unternehmens, wenn dieses die erlassenen Schulden innerhalb eines Zeitraums von fünf Jahren vor dem Schuldenerlass auf das zu sanierende Unternehmen übertragen hat und soweit die entsprechenden Beträge zum Ablauf des Wirtschaftsjahrs der Übertragung bereits entstanden waren. [3]Der verbleibende Sanierungsertrag nach Satz 2 ist zunächst um den Minderungsbetrag nach § 3a Absatz 3 Satz 2 Nummer 13 des Einkommensteuergesetzes zu kürzen. [4]Bei der Minderung nach Satz 1 ist § 10a Satz 4 und 5 entsprechend anzuwenden [*ab EZ 2023:* ; dies gilt für Zwecke der Minderung nach Satz 1 Nummer 3 mit der Maßgabe, dass der sich für die Mitunternehmerschaft insgesamt ergebende Sanierungsertrag im Verhältnis der den Mitunternehmern zum Ende des vorangegangenen Erhebungszeitraums zugerechneten Fehlbeträge den Mitunternehmern zuzurechnen ist.] [5]In Fällen des § 10a Satz 9 ist § 8 Absatz 9 Satz 9 des Körperschaftsteuergesetzes entsprechend anzuwenden. [6]An den Feststellungen der vortragsfähigen Fehlbeträge nehmen nur die nach Anwendung der Sätze 1 und 2 verbleibenden Beträge teil.

(3) [1]In den Fällen des § 2 Absatz 2 Satz 2 ist § 15 Satz 1 Nummer 1a des Körperschaftsteuergesetzes entsprechend anzuwenden. [2]Absatz 2 Satz 3 gilt entsprechend.

§ 8 Hinzurechnungen. Dem Gewinn aus Gewerbebetrieb (§ 7) werden folgende Beträge wieder hinzugerechnet, soweit sie bei der Ermittlung des Gewinns abgesetzt worden sind:

1.[2] Ein Viertel der Summe aus

a) Entgelten für Schulden. [2]Als Entgelt gelten auch der Aufwand aus nicht dem gewöhnlichen Geschäftsverkehr entsprechenden gewährten Skonti oder wirtschaftlich vergleichbaren Vorteilen im Zusammenhang mit der Erfüllung von Forderungen aus Lieferungen und Leistungen vor Fälligkeit sowie die Diskontbeträge bei der Veräußerung von Wechsel- und anderen Geldforderungen. [3]Soweit Gegenstand der Veräußerung eine Forderung aus einem schwebenden Vertragsverhältnis ist, gilt die Differenz zwischen dem Wert der Forderung aus dem schwebenden Vertragsverhältnis, wie ihn die Vertragsparteien im Zeitpunkt des Vertragsschlusses der Veräußerung zugrunde gelegt haben, und dem vereinbarten Veräußerungserlös als bei der Ermittlung des Gewinns abgesetzt,

---

[1] § 7b Abs. 2 Satz 4 HS 2 angef. durch G v. 16.12.2022 (BGBl. I S. 2294); zur Anwendung siehe § 36 Abs. 3a.
[2] § 8 Nr. 1 neu gef. mWv EZ 2008 durch G v. 14.8.2007 (BGBl. I S. 1912).

b) Renten und dauernden Lasten. [2]Pensionszahlungen auf Grund einer unmittelbar vom Arbeitgeber erteilten Versorgungszusage gelten nicht als dauernde Last im Sinne des Satzes 1,

c) Gewinnanteilen des stillen Gesellschafters,

d)[1) einem Fünftel der Miet- und Pachtzinsen (einschließlich Leasingraten) für die Benutzung von beweglichen Wirtschaftsgütern des Anlagevermögens, die im Eigentum eines anderen stehen. [*EZ 2020–EZ 2030:* [2]Eine Hinzurechnung nach Satz 1 ist nur zur Hälfte vorzunehmen bei

  aa) Fahrzeugen mit Antrieb ausschließlich durch Elektromotoren, die ganz oder überwiegend aus mechanischen oder elektrochemischen Energiespeichern oder aus emissionsfrei betriebenen Energiewandlern gespeist werden (Elektrofahrzeuge),

  bb) extern aufladbaren Hybridelektrofahrzeugen, für die sich aus der Übereinstimmungsbescheinigung nach Anhang IX der Richtlinie 2007/46/EG oder aus der Übereinstimmungsbescheinigung nach Artikel 38 der Verordnung (EU) Nr. 168/2013 ergibt, dass das Fahrzeug eine Kohlendioxidemission von höchstens 50 Gramm je gefahrenen Kilometer hat oder die Reichweite des Fahrzeugs unter ausschließlicher Nutzung der elektrischen Antriebsmaschine mindestens 80 Kilometer[2) beträgt, und

  cc) Fahrrädern, die keine Kraftfahrzeuge sind,]

e) der Hälfte[3) der Miet- und Pachtzinsen (einschließlich Leasingraten) für die Benutzung der unbeweglichen Wirtschaftsgüter des Anlagevermögens, die im Eigentum eines anderen stehen, und

f) einem Viertel der Aufwendungen für die zeitlich befristete Überlassung von Rechten (insbesondere Konzessionen und Lizenzen, mit Ausnahme von Lizenzen, die ausschließlich dazu berechtigen, daraus abgeleitete Rechte Dritten zu überlassen). [2]Eine Hinzurechnung nach Satz 1 ist nicht vorzunehmen auf Aufwendungen, die nach § 25 des Künstlersozialversicherungsgesetzes Bemessungsgrundlage für die Künstlersozialabgabe sind,

soweit die Summe den Betrag von 200 000 Euro[4) übersteigt;

2., 3.[5) *(aufgehoben)*

4. die Gewinnanteile, die an persönlich haftende Gesellschafter einer Kommanditgesellschaft auf Aktien auf ihre nicht auf das Grundkapital gemachten Einlagen oder als Vergütung (Tantieme) für die Geschäftsführung verteilt worden sind;

5. die nach § 3 Nr. 40 des Einkommensteuergesetzes oder § 8b Abs. 1 des Körperschaftsteuergesetzes[6) außer Ansatz bleibenden Gewinnanteile (Di-

---

[1) § 8 Nr. 1 Buchst. d Satz 2 angef. durch G v. 12.12.2019 (BGBl. I S. 2451); zur Anwendung siehe § 36 Abs. 4.
[2) Siehe hierzu § 36 Abs. 4 Satz 2.
[3) § 8 Nr. 1 Buchst. e geänd. mWv EZ 2010 durch G v. 22.12.2009 (BGBl. I S. 3950).
[4) Betrag geänd. mWv 1.7.2020 durch G v. 29.6.2020 (BGBl. I S. 1512).
[5) § 8 Nrn. 2, 3 aufgeh. mWv EZ 2008 durch G v. 14.8.2007 (BGBl. I S. 1912).
[6) Nr. **100**.

videnden) und die diesen gleichgestellten Bezüge und erhaltenen Leistungen aus Anteilen an einer Körperschaft, Personenvereinigung oder Vermögensmasse im Sinne des Körperschaftsteuergesetzes, soweit sie nicht die Voraussetzungen des § 9 Nr. 2a oder 7 erfüllen, nach Abzug der mit diesen Einnahmen, Bezügen und erhaltenen Leistungen in wirtschaftlichem Zusammenhang stehenden Betriebsausgaben, soweit sie nach § 3c Abs. 2[1]) des Einkommensteuergesetzes und § 8b Abs. 5 und 10[2]) des Körperschaftsteuergesetzes unberücksichtigt bleiben. ²*Dies gilt nicht für Gewinnausschüttungen, die unter § 3 Nr. 41 Buchstabe a des Einkommensteuergesetzes fallen;*[3])

6. (weggefallen)

7.[4]) *(aufgehoben)*

8.[5]) die Anteile am Verlust einer in- oder ausländischen offenen Handelsgesellschaft, einer Kommanditgesellschaft oder einer anderen Gesellschaft, bei der die Gesellschafter als Unternehmer (Mitunternehmer) des Gewerbebetriebs anzusehen sind. [*ab EZ 2020:* ²Satz 1 ist bei Lebens- und Krankenversicherungsunternehmen nicht anzuwenden; für Pensionsfonds gilt Entsprechendes];

9. die Ausgaben im Sinne des § 9 Abs. 1 Nr. 2 des Körperschaftsteuergesetzes[6]);

10. Gewinnminderungen, die

a) durch Ansatz des niedrigeren Teilwerts des Anteils an einer Körperschaft oder

b) durch Veräußerung oder Entnahme des Anteils an einer Körperschaft oder bei Auflösung oder Herabsetzung des Kapitals der Körperschaft

entstanden sind, soweit der Ansatz des niedrigeren Teilwerts oder die sonstige Gewinnminderung auf Gewinnausschüttungen der Körperschaft, um die der Gewerbeertrag nach § 9 Nr. 2a, 7 oder 8 zu kürzen ist, oder organschaftliche Gewinnabführungen der Körperschaft zurückzuführen ist;

11. (weggefallen)

12. ausländische Steuern, die nach § 34c des Einkommensteuergesetzes[4]) oder nach einer Bestimmung, die § 34c des Einkommensteuergesetzes für entsprechend anwendbar erklärt, bei der Ermittlung der Einkünfte abgezogen werden, soweit sie auf Gewinne oder Gewinnanteile entfallen, die bei der Ermittlung des Gewerbeertrags außer Ansatz gelassen oder nach § 9 gekürzt werden.

§ **8a.**[7]) *(aufgehoben)*

---

[1]) Verweis geänd. mWv EZ 2004 durch G v. 22.12.2003 (BGBl. I S. 2840).
[2]) Verweis ergänzt durch G v. 14.8.2007 (BGBl. I S. 1912).
[3]) § 8 Nr. 5 Satz 2 aufgeh. mWv EZ 2022 (§ 36 Abs. 4a) durch G v. 25.6.2022 (BGBl. I S. 2035).
[4]) § 8 Nr. 7 aufgeh. mWv EZ 2008 durch G v. 14.8.2007 (BGBl. I S. 1912).
[5]) § 8 Nr. 8 Satz 2 angef. mWv EZ 2020 durch G v. 21.12.2020 (BGBl. I S. 3096).
[6]) Nr. **100**.
[7]) § 8a eingef. mWv EZ 2003 durch G v. 16.5.2003 (BGBl. I S. 660) und aufgeh. mWv EZ 2004 durch G v. 23.12.2003 (BGBl. I S. 2922).

§ 9[1) Kürzungen. Die Summe des Gewinns und der Hinzurechnungen wird gekürzt um

1.[2) *1,2 Prozent des Einheitswerts* [*ab 1.1.2025:* 0,11 Prozent des Grundsteuerwerts] des zum Betriebsvermögen des Unternehmers gehörenden und nicht von der Grundsteuer befreiten Grundbesitzes; maßgebend ist der Einheitswert, der auf den letzten Feststellungszeitpunkt (Hauptfeststellungs-, Fortschreibungs- oder Nachfeststellungszeitpunkt) vor dem Ende des Erhebungszeitraums (§ 14) lautet. [2]An Stelle der Kürzung nach Satz 1 tritt auf Antrag bei Unternehmen, die ausschließlich eigenen Grundbesitz oder neben eigenem Grundbesitz eigenes Kapitalvermögen verwalten und nutzen oder daneben Wohnungsbauten betreuen oder Einfamilienhäuser, Zweifamilienhäuser oder Eigentumswohnungen im Sinne des Wohnungseigentumsgesetzes in der jeweils geltenden Fassung, errichten und veräußern, die Kürzung um den Teil des Gewerbeertrags, der auf die Verwaltung und Nutzung des eigenen Grundbesitzes entfällt.

[Fassung bis EZ 2020:]

[3]Satz 2 gilt entsprechend, wenn in Verbindung mit der Errichtung und Veräußerung von Eigentumswohnungen Teileigentum im Sinne des Wohnungseigentumsgesetzes errichtet und veräußert wird und das Gebäude zu mehr als 66 2/3 Prozent Wohnzwecken dient.

[Fassung ab EZ 2021:]

[3]Satz 2 gilt entsprechend, wenn

a) in Verbindung mit der Errichtung und Veräußerung von Eigentumswohnungen Teileigentum im Sinne des Wohnungseigentumsgesetzes errichtet und veräußert wird und das Gebäude zu mehr als 66 2/3 Prozent Wohnzwecken dient,

b) in Verbindung mit der Verwaltung und Nutzung des eigenen Grundbesitzes Einnahmen aus der Lieferung von Strom
aa) im Zusammenhang mit dem Betrieb von Anlagen zur Stromerzeugung aus erneuerbaren Energien im Sinne des § 3 Nummer 21 des Erneuerbare-Energien-Gesetzes oder
bb) aus dem Betrieb von Ladestationen für Elektrofahrzeuge oder Elektrofahrräder,

---

[1) § 9 Nr. 1 bish. Satz 5 ersetzt durch Sätze 5 und 6 mWv EZ 2004 durch G v. 9.12.2004 (BGBl. I S. 3310).
[2) § 9 Nr. 1 Satz 1 geänd. mWv EZ 2008 durch G v. 14.8.2007 (BGBl. I S. 1912); geänd. mWv 1.1.2025 durch G v. 26.11.2019 (BGBl. I S. 1794); Satz 2 geänd. mWv 1.12.2020 durch G v. 16.10.2020 (BGBl. I S. 2187); Satz 3 neu gef., Satz 4 geänd. mWv EZ 2021 durch G v. 3.6.2021 (BGBl. I S. 1498).

[Fassung ab EZ 2021:]

erzielt werden und diese Einnahmen im Wirtschaftsjahr nicht höher als 10 Prozent der Einnahmen aus der Gebrauchsüberlassung des Grundbesitzes sind; die Einnahmen im Sinne von Doppelbuchstabe aa dürfen nicht aus der Lieferung an Letztverbraucher stammen, es sei denn, diese sind Mieter des Anlagenbetreibers, oder

c) Einnahmen aus unmittelbaren Vertragsbeziehungen mit den Mietern des Grundbesitzes aus anderen als den in den Buchstaben a und b bezeichneten Tätigkeiten erzielt werden und diese Einnahmen im Wirtschaftsjahr nicht höher als 5 Prozent der Einnahmen aus der Gebrauchsüberlassung des Grundbesitzes sind.

⁴Betreut ein Unternehmen auch Wohnungsbauten oder veräußert es auch Einfamilienhäuser, Zweifamilienhäuser oder Eigentumswohnungen *[ab EZ 2021:* oder übt es auch Tätigkeiten im Sinne von Satz 3 Buchstabe b und c aus]*, so ist Voraussetzung für die Anwendung des Satzes 2, dass der Gewinn aus der Verwaltung und Nutzung des eigenen Grundbesitzes gesondert ermittelt wird. ⁵Die Sätze 2 und 3 gelten nicht,

1. wenn der Grundbesitz ganz oder zum Teil dem Gewerbebetrieb eines Gesellschafters oder Genossen dient,

1a.¹⁾ soweit der Gewerbeertrag Vergütungen im Sinne des § 15 Absatz 1 Satz 1 Nummer 2 Satz 1 des Einkommensteuergesetzes enthält, die der Gesellschafter von der Gesellschaft für seine Tätigkeit im Dienst der Gesellschaft oder für die Hingabe von Darlehen oder für die Überlassung von Wirtschaftsgütern, mit Ausnahme der Überlassung von Grundbesitz, bezogen hat. ²Satz 1 ist auch auf Vergütungen anzuwenden, die vor dem 19. Juni 2008 erstmals vereinbart worden sind, wenn die Vereinbarung nach diesem Zeitpunkt wesentlich geändert wird, oder

2. soweit der Gewerbeertrag Gewinne aus der Aufdeckung stiller Reserven aus dem Grundbesitz enthält, der innerhalb von drei Jahren vor der Aufdeckung der stillen Reserven zu einem unter dem Teilwert liegenden Wert in das Betriebsvermögen des aufdeckenden Gewerbebetriebs überführt oder übertragen worden ist, und soweit diese Gewinne auf bis zur Überführung oder Übertragung entstandenen stillen Reserven entfallen.

---

¹⁾ § 9 Nr. 1 Satz 5 Nr. 1a eingef. durch G v. 19.12.2008 (BGBl. I S. 2794); Satz 2 angef. mWv EZ 2015 durch G v. 25.7.2014 (BGBl. I S. 1266).

⁶Eine Kürzung nach den Sätzen 2 und 3 ist ausgeschlossen für den Teil des Gewerbeertrags, der auf Veräußerungs- oder Aufgabegewinne im Sinne des § 7 Satz 2 Nr. 2 und 3 entfällt;

2.¹⁾ die Anteile am Gewinn einer in- oder ausländischen offenen Handelsgesellschaft, einer Kommanditgesellschaft oder einer anderen Gesellschaft, bei der die Gesellschafter als Unternehmer (Mitunternehmer) des Gewerbebetriebs anzusehen sind, wenn die Gewinnanteile bei der Ermittlung des Gewinns angesetzt worden sind.

[Fassung bis EZ 2020:]

²Satz 1 ist bei Lebens- und Krankenversicherungsunternehmen nicht anzuwenden; für Pensionsfonds und für Einkünfte im Sinne des § 7 Satz 8 gilt Entsprechendes;

[Fassung ab EZ 2021:]

²Satz 1 ist nicht anzuwenden, soweit im Gewinnanteil Einkünfte im Sinne des § 7 Satz 7 und 8 enthalten sind. ³Bei Lebens- und Krankenversicherungsunternehmen und Pensionsfonds ist Satz 1 auch auf den übrigen Gewinnanteil nicht anzuwenden. ⁴Satz 2 ist nicht anzuwenden, soweit diese Einkünfte bereits bei einer den Anteil am Gewinn vermittelnden inländischen offenen Handelsgesellschaft, Kommanditgesellschaft oder anderen Gesellschaft, bei der die Gesellschafter als Unternehmer (Mitunternehmer) des Gewerbebetriebs anzusehen sind, Bestandteil des Gewerbeertrags waren. ⁵Bei Lebens- und Krankenversicherungsunternehmen und Pensionsfonds ist Satz 4 auf Einkünfte im Sinne des § 7 Satz 8 nicht anzuwenden;

2a.²⁾ die Gewinne aus Anteilen an einer nicht steuerbefreiten inländischen Kapitalgesellschaft im Sinne des § 2 Abs. 2, einer Kredit- oder Versicherungsanstalt des öffentlichen Rechts, einer *Genossenschaften*³⁾ oder einer Unternehmensbeteiligungsgesellschaft im Sinne des § 3 Nr. 23, wenn die Beteiligung zu Beginn des Erhebungszeitraums mindestens 15 Prozent des

---

¹⁾ § 9 Nr. 2 Satz 1 geänd. mWv EZ 2003 durch G v. 16.5.2003 (BGBl. I S. 660), Satz 1 HS 2 aufgeh. mWv EZ 2004 durch G v. 23.12.2003 (BGBl. I S. 2922), Satz 2 angef. mWv EZ 2004 durch G v. 22.12.2003 (BGBl. I S. 2840); Satz 2 geänd. durch G v. 20.12.2016 (BGBl. I S. 3000), zur Anwendung von § 7 Satz 8 siehe § 36 Abs. 2a; Satz 2 ersetzt durch Sätze 2 bis 5 mWv EZ 2021 durch G v. 25.6.2021 (BGBl. I S. 2035).

²⁾ § 9 Nr. 2a Satz 3 (jetziger Satz 5) angef. mWv EZ 2004 durch G v. 22.12.2003 (BGBl. I S. 2840); Sätze 3 und 4 eingef. mWv EZ 2006 durch G v. 13.12.2006 (BGBl. I S. 2878); Satz 1 geänd. mWv EZ 2008 durch G v. 19.12.2008 (BGBl. I S. 2794); Satz 1 geänd. mWv EZ 2008 durch G v. 14.8.2007 (BGBl. I S. 1912); Satz 1 und 2 geänd. mWv EZ 2020 durch G v. 12.12.2019 (BGBl. I S. 2451).

³⁾ Wohl: Genossenschaft.

Grund- oder Stammkapitals beträgt und die Gewinnanteile bei Ermittlung des Gewinns (§ 7) angesetzt worden sind. ²Ist ein Grund- oder Stammkapital nicht vorhanden, so ist die Beteiligung an dem Vermögen, bei Genossenschaften die Beteiligung an der Summe der Geschäftsguthaben, maßgebend. ³Im unmittelbaren Zusammenhang mit Gewinnanteilen stehende Aufwendungen mindern den Kürzungsbetrag, soweit entsprechende Beteiligungserträge zu berücksichtigen sind; insoweit findet § 8 Nr. 1 keine Anwendung. ⁴Nach § 8b Abs. 5 des Körperschaftsteuergesetzes nicht abziehbare Betriebsausgaben sind keine Gewinne aus Anteilen im Sinne des Satzes 1. ⁵Satz 1 ist bei Lebens- und Krankenversicherungsunternehmen auf Gewinne aus Anteilen, die den Kapitalanlagen zuzurechnen sind, nicht anzuwenden; für Pensionsfonds gilt Entsprechendes;

2b. die nach § 8 Nr. 4 dem Gewerbeertrag einer Kommanditgesellschaft auf Aktien hinzugerechneten Gewinnanteile, wenn sie bei der Ermittlung des Gewinns (§ 7) angesetzt worden sind;

3.¹⁾ den Teil des Gewerbeertrags eines inländischen Unternehmens, der auf eine nicht im Inland belegene Betriebsstätte dieses Unternehmens entfällt; dies gilt nicht für Einkünfte im Sinne des § 7 Satz [*ab EZ 2021:* 7 und] 8. ²Bei Unternehmen, die ausschließlich den Betrieb von eigenen oder gecharterten Handelsschiffen im internationalen Verkehr zum Gegenstand haben, gelten 80 Prozent des Gewerbeertrags als auf eine nicht im Inland belegene Betriebsstätte entfallend. ³Ist Gegenstand eines Betriebs nicht ausschließlich der Betrieb von Handelsschiffen im internationalen Verkehr, so gelten 80 Prozent des Teils des Gewerbeertrags, der auf den Betrieb von Handelsschiffen im internationalen Verkehr entfällt, als auf eine nicht im Inland belegene Betriebsstätte entfallend; in diesem Fall ist Voraussetzung, dass dieser Teil gesondert ermittelt wird. ⁴Handelsschiffe werden im internationalen Verkehr betrieben, wenn eigene oder gecharterte Handelsschiffe im Wirtschaftsjahr überwiegend zur Beförderung von Personen und Gütern im Verkehr mit oder zwischen ausländischen Häfen, innerhalb eines ausländischen Hafens oder zwischen einem ausländischen Hafen und der freien See eingesetzt werden. ⁵Für die Anwendung der Sätze 2 bis 4 gilt § 5a Abs. 2 Satz 2 des Einkommensteuergesetzes entsprechend;

4.²⁾ *(aufgehoben)*

5.³⁾ die aus den Mitteln des Gewerbebetriebs geleisteten Zuwendungen (Spenden und Mitgliedsbeiträge) zur Förderung steuerbegünstigter Zwecke im Sinne der §§ 52 bis 54 der Abgabenordnung⁴⁾ bis zur Höhe von insgesamt 20 Prozent des um die Hinzurechnungen nach § 8 Nummer 9 erhöhten Gewinns aus Gewerbebetrieb (§ 7) oder 4 Promille der Summe

---

¹⁾ § 9 Nr. 3 Satz 1 geänd., 2. HS angef. durch G v. 20.12.2016 (BGBl. I S. 3000); zur Anwendung siehe § 36 Abs. 5 Satz 1; Satz 1 geänd. mWv EZ 2021 durch G v. 25.6.2021 (BGBl. I S. 2035).
²⁾ § 9 Nr. 4 aufgeh. durch G v. 14.8.2007 (BGBl. I S. 1912); Nr. 4 ist letztmals für EZ 2007 anzuwenden.
³⁾ § 9 Nr. 5 neu gef. durch G v. 8.4.2010 (BGBl. I S. 386).
⁴⁾ Nr. **800**.

der gesamten Umsätze und der im Wirtschaftsjahr aufgewendeten Löhne und Gehälter. ²Voraussetzung für die Kürzung ist, dass diese Zuwendungen

a) an eine juristische Person des öffentlichen Rechts oder an eine öffentliche Dienststelle, die in einem Mitgliedstaat der Europäischen Union oder in einem Staat belegen ist, auf den das Abkommen über den Europäischen Wirtschaftsraum (EWR-Abkommen) Anwendung findet, oder

b) an eine nach § 5 Absatz 1 Nummer 9 des Körperschaftsteuergesetzes¹⁾ steuerbefreite Körperschaft, Personenvereinigung oder Vermögensmasse oder

c) an eine Körperschaft, Personenvereinigung oder Vermögensmasse, die in einem Mitgliedstaat der Europäischen Union oder in einem Staat belegen ist, auf den das Abkommen über den Europäischen Wirtschaftsraum (EWR-Abkommen) Anwendung findet, und die nach § 5 Absatz 1 Nummer 9 des Körperschaftsteuergesetzes¹⁾ in Verbindung mit § 5 Absatz 2 Nummer 2 zweiter Halbsatz des Körperschaftsteuergesetzes¹⁾ steuerbefreit wäre, wenn sie inländische Einkünfte erzielen würde,

geleistet werden (Zuwendungsempfänger). ³Für nicht im Inland ansässige Zuwendungsempfänger nach Satz 2 ist weitere Voraussetzung, dass durch diese Staaten Amtshilfe und Unterstützung bei der Beitreibung geleistet werden. ⁴Amtshilfe ist der Auskunftsaustausch im Sinne oder entsprechend der Amtshilferichtlinie gemäß § 2 Absatz 2 des EU-Amtshilfegesetzes.²⁾ ⁵Beitreibung ist die gegenseitige Unterstützung bei der Beitreibung von

(Fortsetzung nächste Seite)

---

¹⁾ Nr. **100**.
²⁾ § 9 Nr. 5 Satz 13 geänd. mWv EZ 2013 durch G v. 21.3.2013 (BGBl. I S. 556); Satz 4 geänd. mWv EZ 2013 durch G v. 26.6.2013 (BGBl. I S. 1809).

Forderungen im Sinne oder entsprechend der Beitreibungsrichtlinie[1] einschließlich der in diesem Zusammenhang anzuwendenden Durchführungsbestimmungen in den für den jeweiligen Veranlagungszeitraum geltenden Fassungen oder eines entsprechenden Nachfolgerechtsaktes. [6] Werden die steuerbegünstigten Zwecke des Zuwendungsempfängers im Sinne von Satz 2 Buchstabe a nur im Ausland verwirklicht, ist für eine Kürzung nach Satz 1 Voraussetzung, dass natürliche Personen, die ihren Wohnsitz oder ihren gewöhnlichen Aufenthalt im Geltungsbereich dieses Gesetzes haben, gefördert werden oder dass die Tätigkeit dieses Zuwendungsempfängers neben der Verwirklichung der steuerbegünstigten Zwecke auch zum Ansehen der Bundesrepublik Deutschland beitragen kann.[2] [7] In die Kürzung nach Satz 1 sind auch Mitgliedsbeiträge an Körperschaften einzubeziehen, die Kunst und Kultur gemäß § 52 Absatz 2 Nummer 5 der Abgabenordnung fördern, soweit es sich nicht um Mitgliedsbeiträge nach Satz 12 Buchstabe b[3] handelt, auch wenn den Mitgliedern Vergünstigungen gewährt werden. [8] Überschreiten die geleisteten Zuwendungen die Höchstsätze nach Satz 1, kann die Kürzung im Rahmen der Höchstsätze nach Satz 1 in den folgenden Erhebungszeiträumen vorgenommen werden. [9] Einzelunternehmen und Personengesellschaften können auf Antrag neben der Kürzung nach Satz 1 eine Kürzung um die im Erhebungszeitraum in das zu erhaltende Vermögen (Vermögensstock) einer Stiftung, die die Voraussetzungen der Sätze 2 bis 6 erfüllt, geleisteten Spenden in diesem und in den folgenden neun Erhebungszeiträumen bis zu einem Betrag von 1 Million Euro vornehmen.[4] [10] Nicht abzugsfähig nach Satz 9 sind Spenden in das verbrauchbare Vermögen einer Stiftung.[5] [11] Der besondere Kürzungsbetrag nach Satz 9 kann der Höhe nach innerhalb des Zehnjahreszeitraums nur einmal in Anspruch genommen werden. [12] Eine Kürzung nach den Sätzen 1 bis 10 ist ausgeschlossen, soweit auf die geleisteten Zuwendungen § 8 Absatz 3 des Körperschaftsteuergesetzes[6] anzuwenden ist oder soweit Mitgliedsbeiträge an Körperschaften geleistet werden,

a) die den Sport (§ 52 Absatz 2 Satz 1 Nummer 21 der Abgabenordnung),

b) die kulturelle Betätigungen, die in erster Linie der Freizeitgestaltung dienen,

c) die Heimatpflege und Heimatkunde (§ 52 Absatz 2 Satz 1 Nummer 22 der Abgabenordnung),

d) die Zwecke im Sinne des § 52 Absatz 2 Satz 1 Nummer 23 der Abgabenordnung[7]

---

[1] Bezeichnung geänd. mWv EZ 2012 durch G v. 7.12.2011 (BGBl. I S. 2592).
[2] Zur Anwendung von § 9 Nr. 5 Satz 6 ab EZ 2010 siehe § 36 Abs. 8b Satz 6 a. F.
[3] Verweis geänd. durch G v. 12.12.2019 (BGBl. I S. 2451); red. ber. durch G v. 21.12.2020 (BGBl. I S. 3096).
[4] § 9 Nr. 5 Satz 9 geänd. mWv EZ 2013 durch G v. 21.3.2013 (BGBl. I S. 556).
[5] § 9 Nr. 5 Satz 10 eingef., bish. Sätze 11 bis 17 werden Sätze 12 bis 18 mWv EZ 2013 durch G v. 21.3.2013 (BGBl. I S. 556).
[6] Nr. **100**.
[7] Nr. **800**.

[*ab 1.1.2020:*

fördern oder

e)[1] deren Zweck nach § 52 Absatz 2 Satz 2 der Abgabenordnung für gemeinnützig erklärt worden ist, weil deren Zweck die Allgemeinheit auf materiellem, geistigem oder sittlichem Gebiet entsprechend einem Zweck nach den Buchstaben a bis d fördert.]

[13] § 10b Absatz 3 und 4 Satz 1 sowie § 10d Absatz 4 des Einkommensteuergesetzes[2] und § 9 Absatz 2 Satz 2 bis 5 und Absatz 3 Satz 1 des Körperschaftsteuergesetzes[3], sowie die einkommensteuerrechtlichen Vorschriften zur Abziehbarkeit von Zuwendungen gelten entsprechend. [14] Wer vorsätzlich oder grob fahrlässig eine unrichtige Bestätigung über Spenden und Mitgliedsbeiträge ausstellt oder veranlasst, dass entsprechende Zuwendungen nicht zu den in der Bestätigung angegebenen steuerbegünstigten Zwecken verwendet werden (Veranlasserhaftung), haftet für die entgangene Gewerbesteuer. [15] In den Fällen der Veranlasserhaftung ist vorrangig der Zuwendungsempfänger in Anspruch zu nehmen; die natürlichen Personen, die in diesen Fällen für den Zuwendungsempfänger handeln, sind nur in Anspruch zu nehmen, wenn die entgangene Steuer nicht nach § 47 der Abgabenordnung[4] erloschen ist und Vollstreckungsmaßnahmen gegen den Zuwendungsempfänger nicht erfolgreich sind; § 10b Absatz 4 Satz 5 des Einkommensteuergesetzes[2] gilt entsprechend. [16] Der Haftungsbetrag ist mit 15 Prozent der Zuwendungen anzusetzen und fließt der für den Spendenempfänger zuständigen Gemeinde zu, die durch sinngemäße Anwendung des § 20 der Abgabenordnung bestimmt wird. [17] Der Haftungsbetrag wird durch Haftungsbescheid des Finanzamts festgesetzt; die Befugnis der Gemeinde zur Erhebung der entgangenen Gewerbesteuer bleibt unberührt. [18] § 184 Abs. 3 der Abgabenordnung[4] gilt sinngemäß.

6. (weggefallen)

7.[5] die Gewinne aus Anteilen an einer Kapitalgesellschaft mit Geschäftsleitung und Sitz außerhalb des Geltungsbereichs dieses Gesetzes, wenn die Beteiligung zu Beginn des Erhebungszeitraums mindestens 15 Prozent des Nennkapitals beträgt und die Gewinnanteile bei der Ermittlung des Gewinns (§ 7) angesetzt worden sind. [2] § 9 Nummer 2a Satz 3 bis 5 gilt entsprechend;

8.[6]·[7] die Gewinne aus Anteilen an einer ausländischen Gesellschaft, die nach einem Abkommen zur Vermeidung der Doppelbesteuerung unter

---

[1] § 9 Nr. 5 Satz 12 Buchst. e angef. durch G v. 12.12.2019 (BGBl. I S. 2451); zur Anwendung siehe § 36 Abs. 5 Satz 2.

[2] Nr. **1**.

[3] Nr. **100**.

[4] Nr. **800**.

[5] § 9 Nr. 7 neu gef. entspr. den europarechtl. Vorgaben der Kapitalverkehrsfreiheit mWv EZ 2020 durch G v. 12.12.2019 (BGBl. I S. 2451).

[6] § 9 Nr. 8 Satz 2 (jetzt Satz 4) angef. mWv EZ 2004 durch G v. 22.12.2003 (BGBl. I S. 2840).

[7] § 9 Nr. 8 Sätze 2 und 3 eingef. durch G v. 13.12.2006 (BGBl. I S. 2878); Satz 1 geänd. mWv EZ 2008 durch G v. 14.8.2007 (BGBl. I S. 1912).

der Voraussetzung einer Mindestbeteiligung von der Gewerbesteuer befreit sind, wenn die Beteiligung mindestens 15 Prozent beträgt und die Gewinnanteile bei der Ermittlung des Gewinns (§ 7) angesetzt worden sind; ist in einem Abkommen zur Vermeidung der Doppelbesteuerung eine niedrigere Mindestbeteiligungsgrenze vereinbart, ist diese maßgebend. ² § 9 Nr. 2a Satz 3 gilt entsprechend. ³ § 9 Nr. 2a Satz 4 gilt entsprechend. ⁴ Satz 1 ist bei Lebens- und Krankenversicherungsunternehmen auf Gewinne aus Anteilen, die den Kapitalanlagen zuzurechnen sind, nicht anzuwenden; für Pensionsfonds gilt Entsprechendes.

9. (weggefallen)

10.¹⁾ *(aufgehoben)*

§ 10 Maßgebender Gewerbeertrag. (1) Maßgebend ist der Gewerbeertrag, der in dem Erhebungszeitraum bezogen worden ist, für den der Steuermessbetrag (§ 14) festgesetzt wird.

(2) Weicht bei Unternehmen, die Bücher nach den Vorschriften des Handelsgesetzbuchs zu führen verpflichtet sind, das Wirtschaftsjahr, für das sie regelmäßig Abschlüsse machen, vom Kalenderjahr ab, so gilt der Gewerbeertrag als in dem Erhebungszeitraum bezogen, in dem das Wirtschaftsjahr endet.

§ 10a²⁾ Gewerbeverlust. ¹ Der maßgebende Gewerbeertrag wird bis zu einem Betrag in Höhe von 1 Million Euro um die Fehlbeträge gekürzt, die sich bei der Ermittlung des maßgebenden Gewerbeertrags für die vorangegangenen Erhebungszeiträume nach den Vorschriften der §§ 7 bis 10 ergeben haben, soweit die Fehlbeträge nicht bei der Ermittlung des Gewerbeertrags für die vorangegangenen Erhebungszeiträume berücksichtigt worden sind. ² Der 1 Million Euro übersteigende maßgebende Gewerbeertrag ist bis zu 60 Prozent um nach Satz 1 nicht berücksichtigte Fehlbeträge der vorangegangenen Erhebungszeiträume zu kürzen. ³ Im Fall des § 2 Abs. 2 Satz 2 kann die Organgesellschaft den maßgebenden Gewerbeertrag nicht um Fehlbeträge kürzen, die sich vor dem rechtswirksamen Abschluss des Gewinnabführungsvertrags ergeben haben. ⁴ Bei einer Mitunternehmerschaft ist der sich für die Mitunternehmerschaft insgesamt ergebende Fehlbetrag den Mitunternehmern entsprechend dem sich aus dem Gesellschaftsvertrag ergebenden allgemeinen Gewinnverteilungsschlüssel zuzurechnen; Vorabgewinnanteile sind nicht zu berücksichtigen. ⁵ Für den Abzug der den Mitunternehmern zugerechneten Fehlbeträge nach Maßgabe der Sätze 1 und 2 ist der sich für die Mitunternehmerschaft insgesamt ergebende maßgebende Gewerbeertrag sowie der Höchstbetrag nach Satz 1 den Mitunternehmern entsprechend dem sich aus dem Gesellschaftsvertrag für das Abzugsjahr ergebenden allgemeinen Gewinnverteilungsschlüssel zuzurechnen; Vorabgewinnanteile sind

---

¹⁾ § 9 Nr. 10 aufgeh. mWv EZ 2004 durch G v. 23.12.2003 (BGBl. I S. 2922).
²⁾ § 10a Satz 1 ersetzt durch Sätze 1 bis 3 mWv EZ 2004 durch G v. 23.12.2003 (BGBl. I S. 2922); Sätze 4 und 5 eingef. durch G v. 13.12.2006 (BGBl. I S. 2878); Satz 7 eingef. durch G v. 20.12.2007 (BGBl. I S. 3150).

nicht zu berücksichtigen. [6]Die Höhe der vortragsfähigen Fehlbeträge ist gesondert festzustellen. [7]Vortragsfähige Fehlbeträge sind die nach der Kürzung des maßgebenden Gewerbeertrags nach Satz 1 und 2 zum Schluss des Erhebungszeitraums verbleibenden Fehlbeträge. [8]Im Fall des § 2 Abs. 5 kann der andere Unternehmer den maßgebenden Gewerbeertrag nicht um die Fehlbeträge kürzen, die sich bei der Ermittlung des maßgebenden Gewerbeertrags des übergegangenen Unternehmens ergeben haben. [9]§ 8 Abs. 8 und 9 Satz 5 bis 8[1]) des Körperschaftsteuergesetzes ist entsprechend anzuwenden.[2]) [10]Auf die Fehlbeträge ist § 8c des Körperschaftsteuergesetzes entsprechend anzuwenden; dies gilt auch für den Fehlbetrag einer Mitunternehmerschaft, soweit dieser

1. einer Körperschaft unmittelbar oder
2. einer Mitunternehmerschaft, soweit an dieser eine Körperschaft unmittelbar oder mittelbar über eine oder mehrere Personengesellschaften beteiligt ist,

zuzurechnen ist. [11]Auf die Fehlbeträge ist § 8d des Körperschaftsteuergesetzes entsprechend anzuwenden, wenn ein fortführungsgebundener Verlustvortrag nach § 8d des Körperschaftsteuergesetzes gesondert festgestellt worden ist. [12]Unterbleibt eine Feststellung nach § 8d Absatz 1 Satz 8 des Körperschaftsteuergesetzes, weil keine nicht genutzten Verluste nach § 8c Absatz 1 Satz 1 des Körperschaftsteuergesetzes vorliegen, ist auf Antrag auf die Fehlbeträge § 8d des Körperschaftsteuergesetzes entsprechend anzuwenden; für die Form und die Frist dieses Antrags gilt § 8d Absatz 1 Satz 5 des Körperschaftsteuergesetzes entsprechend.[3])

(Fortsetzung nächste Seite)

---

[1]) Verweis geänd. durch G v. 8.12.2010 (BGBl. I S. 1768).
[2]) § 10a Satz 9 eingef. mWv EZ 2009 durch G v. 19.12.2008 (BGBl. I S. 2794).
[3]) § 10a Satz 10 neu gef. durch G v. 19.12.2008 (BGBl. I S. 2794); Satz 10 geänd., Sätze 11 und 12 angef. durch G v. 21.12.2020 (BGBl. I S. 3096); zur Anwendung siehe § 36 Abs. 5a.

§ 11 Steuermesszahl und Steuermessbetrag. (1)[1] ¹Bei der Berechnung der Gewerbesteuer ist von einem Steuermessbetrag auszugehen. ²Dieser ist durch Anwendung eines Prozentsatzes (Steuermesszahl) auf den Gewerbeertrag zu ermitteln. ³Der Gewerbeertrag ist auf volle 100 Euro nach unten abzurunden und

1. bei natürlichen Personen sowie bei Personengesellschaften um einen Freibetrag in Höhe von 24 500 Euro,

2. bei Unternehmen im Sinne des § 2 Abs. 3 und des § 3 Nr. 5, 6, 8, 9, 15, 17, 21, 26, 27, 28 und 29 sowie bei Unternehmen von juristischen Personen des öffentlichen Rechts um einen Freibetrag in Höhe von 5000 Euro[2],

höchstens jedoch in Höhe des abgerundeten Gewerbeertrags, zu kürzen.

(2)[3] Die Steuermesszahl für den Gewerbeertrag beträgt 3,5 Prozent.

(3)[4] ¹Die Steuermesszahl ermäßigt sich auf 56 Prozent bei Hausgewerbetreibenden und ihnen nach § 1 Abs. 2 Buchstabe b und d des Heimarbeitsgesetzes[5] in der im Bundesgesetzblatt Teil III, Gliederungsnummer 804-1, veröffentlichten bereinigten Fassung, zuletzt geändert durch Artikel 4 des Gesetzes vom 13. Juli 1988 (BGBl. I S. 1034), gleichgestellten Personen. ²Das Gleiche gilt für die nach § 1 Abs. 2 Buchstabe c des Heimarbeitsgesetzes gleichgestellten Personen, deren Entgelte (§ 10 Abs. 1 des Umsatzsteuergesetzes[6]) aus der Tätigkeit unmittelbar für den Absatzmarkt im Erhebungszeitraum 25 000 Euro nicht übersteigen.

Abschnitt III

§§ 12 und 13. (weggefallen)

Abschnitt IV. Steuermessbetrag

§ 14 Festsetzung des Steuermessbetrags. ¹Der Steuermessbetrag wird für den Erhebungszeitraum nach dessen Ablauf festgesetzt. ²Erhebungszeitraum ist das Kalenderjahr. ³Besteht die Gewerbesteuerpflicht nicht während eines ganzen Kalenderjahrs, so tritt an die Stelle des Kalenderjahrs der Zeitraum der Steuerpflicht (abgekürzter Erhebungszeitraum).

§ 14a[7] Steuererklärungspflicht. ¹Der Steuerschuldner (§ 5) hat für steuerpflichtige Gewerbebetriebe eine Erklärung zur Festsetzung des Steuermess-

---

[1] § 11 Abs. 1 Satz 2 geänd. durch G v. 9.12.2004 (BGBl. I S. 3310).
[2] § 11 Abs. 1 Satz 3 Nr. 2 Betrag geänd. mWv EZ 2009 durch G v. 17.3.2009 (BGBl. I S. 550).
[3] § 11 Abs. 2 neu gef. mWv EZ 2008 durch G v. 14.8.2007 (BGBl. I S. 1912).
[4] § 11 Abs. 3 Satz 1 geänd. durch G v. 29.12.2003 (BGBl. I S. 3076); geänd. mWv EZ 2010 durch G v. 8.12.2010 (BGBl. I S. 1768).
[5] **Nipperdey I Nr. 450.**
[6] Nr. 500.
[7] § 14a neu gef. mWv EZ 2011 durch G v. 20.12.2008 (BGBl. I S. 2850).

betrags und in den Fällen des § 28 außerdem eine Zerlegungserklärung nach amtlich vorgeschriebenem Datensatz durch Datenfernübertragung zu übermitteln. ²Auf Antrag kann die Finanzbehörde zur Vermeidung unbilliger Härten auf eine elektronische Übermittlung verzichten; in diesem Fall ist die Erklärung nach amtlich vorgeschriebenem Vordruck abzugeben und vom Steuerschuldner oder von den in § 34 der Abgabenordnung[1]) bezeichneten Personen eigenhändig zu unterschreiben.

§ 14b Verspätungszuschlag. ¹Ein nach § 152 der Abgabenordnung[1]) zu entrichtender Verspätungszuschlag fließt der Gemeinde zu. ²Sind mehrere Gemeinden an der Gewerbesteuer beteiligt, so fließt der Verspätungszuschlag der Gemeinde zu, in der sich die Geschäftsleitung am Ende des Erhebungszeitraums befindet. ³Befindet sich die Geschäftsleitung im Ausland, so fließt der Verspätungszuschlag der Gemeinde zu, in der sich die wirtschaftlich bedeutendste Betriebsstätte befindet. ⁴Auf den Verspätungszuschlag ist der Hebesatz der Gemeinde nicht anzuwenden.

§ 15 Pauschfestsetzung. Wird die Einkommensteuer oder die Körperschaftsteuer in einem Pauschbetrag festgesetzt, so kann die für die Festsetzung zuständige Behörde im Einvernehmen mit der Landesregierung oder der von ihr bestimmten Behörde auch den Steuermessbetrag in einem Pauschbetrag festsetzen.

Abschnitt V. Entstehung, Festsetzung und Erhebung der Steuer

§ 16 Hebesatz. (1) Die Steuer wird auf Grund des Steuermessbetrags (§ 14) mit einem Prozentsatz (Hebesatz) festgesetzt und erhoben, der von der hebeberechtigten Gemeinde (§§ 4, 35a) zu bestimmen ist.

(2) Der Hebesatz kann für ein Kalenderjahr oder mehrere Kalenderjahre festgesetzt werden.

(3) ¹Der Beschluss über die Festsetzung oder Änderung des Hebesatzes ist bis zum 30. Juni eines Kalenderjahrs mit Wirkung vom Beginn dieses Kalenderjahrs zu fassen. ²Nach diesem Zeitpunkt kann der Beschluss über die Festsetzung des Hebesatzes gefasst werden, wenn der Hebesatz die Höhe der letzten Festsetzung nicht überschreitet.

(4)[2]) ¹Der Hebesatz muss für alle in der Gemeinde vorhandenen Unternehmen der gleiche sein. ²Er beträgt 200 Prozent, wenn die Gemeinde nicht einen höheren Hebesatz bestimmt hat. ³Wird das Gebiet von Gemeinden geändert, so kann die Landesregierung oder die von ihr bestimmte Stelle für die von der Änderung betroffenen Gebietsteile auf eine bestimmte Zeit verschiedene Hebesätze zulassen. ⁴In den Fällen des Satzes 3 sind die §§ 28 bis 34

---

¹) Nr. **800**.
²) § 16 Abs. 4 Satz 2 eingef. mWv EZ 2004 durch G v. 23.12.2003 (BGBl. I S. 2922), Satz 4 angef. mWv EZ 2009 durch G v. 19.12.2008 (BGBl. I S. 2794).

mit der Maßgabe anzuwenden, dass an die Stelle mehrerer Gemeinden die Gebietsteile der Gemeinde mit verschiedenen Hebesätzen treten.

(5) In welchem Verhältnis die Hebesätze für die Grundsteuer der Betriebe der Land- und Forstwirtschaft, für die Grundsteuer der Grundstücke und für die Gewerbesteuer zueinander stehen müssen, welche Höchstsätze nicht überschritten werden dürfen und inwieweit mit Genehmigung der Gemeindeaufsichtsbehörde Ausnahmen zugelassen werden können, bleibt einer landesrechtlichen Regelung vorbehalten.

§ 17. (weggefallen)

§ 18 Entstehung der Steuer. Die Gewerbesteuer entsteht, soweit es sich nicht um Vorauszahlungen (§ 21) handelt, mit Ablauf des Erhebungszeitraums, für den die Festsetzung vorgenommen wird.

§ 19 Vorauszahlungen. (1) ¹Der Steuerschuldner hat am 15. Februar, 15. Mai, 15. August und 15. November Vorauszahlungen zu entrichten. ²Gewerbetreibende, deren Wirtschaftsjahr vom Kalenderjahr abweicht, haben die Vorauszahlungen während des Wirtschaftsjahrs zu entrichten, das im Erhebungszeitraum endet. ³Satz 2 gilt nur, wenn der Gewerbebetrieb nach dem 31. Dezember 1985 gegründet worden oder infolge Wegfalls eines Befreiungsgrundes in die Steuerpflicht eingetreten ist oder das Wirtschaftsjahr nach diesem Zeitpunkt auf einen vom Kalenderjahr abweichenden Zeitraum umgestellt worden ist.

(2) Jede Vorauszahlung beträgt grundsätzlich ein Viertel der Steuer, die sich bei der letzten Veranlagung ergeben hat.

(3)¹⁾·²⁾ ¹Die Gemeinde kann die Vorauszahlungen der Steuer anpassen, die sich für den Erhebungszeitraum (§ 14) voraussichtlich ergeben wird. ²Die Anpassung kann bis zum Ende des 15. auf den Erhebungszeitraum folgenden Kalendermonats vorgenommen werden; bei einer nachträglichen Erhöhung der Vorauszahlungen ist der Erhöhungsbetrag innerhalb eines Monats nach Bekanntgabe des Vorauszahlungsbescheids zu entrichten. ³Das Finanzamt kann bis zum Ende des 15. auf den Erhebungszeitraum folgenden Kalendermonats für Zwecke der Gewerbesteuer-Vorauszahlungen den Steuermessbetrag festsetzen, der sich voraussichtlich ergeben wird. ⁴An diese Festsetzung ist die Gemeinde bei der Anpassung der Vorauszahlungen nach den Sätzen 1 und 2 gebunden.

(4) Wird im Laufe des Erhebungszeitraums ein Gewerbebetrieb neu gegründet oder tritt ein bereits bestehender Gewerbebetrieb infolge Wegfalls des Befreiungsgrundes in die Steuerpflicht ein, so gilt für die erstmalige Festsetzung der Vorauszahlungen Absatz 3 entsprechend.

(5) ¹Die einzelne Vorauszahlung ist auf den nächsten vollen Betrag in Euro nach unten abzurunden. ²Sie wird nur festgesetzt, wenn sie mindestens 50 Euro beträgt.

---

¹⁾ § 19 Abs. 3 Satz 5 angef. mWv EZ 2008 durch G v. 14.8.2007 (BGBl. I S. 1912) und aufgeh. mWv EZ 2015 durch G v. 25.7.2014 (BGBl. I S. 1266).
²⁾ Zur Anwendung von § 19 Abs. 3 Sätze 2 und 3 siehe § 36 Abs. 5b.

§ 20 Abrechnung über die Vorauszahlungen. (1) Die für einen Erhebungszeitraum (§ 14) entrichteten Vorauszahlungen werden auf die Steuerschuld für diesen Erhebungszeitraum angerechnet.

(2) Ist die Steuerschuld größer als die Summe der anzurechnenden Vorauszahlungen, so ist der Unterschiedsbetrag, soweit er den im Erhebungszeitraum und nach § 19 Abs. 3 Satz 2 nach Ablauf des Erhebungszeitraums fällig geworden, aber nicht entrichteten Vorauszahlungen entspricht, sofort, im Übrigen innerhalb eines Monats nach Bekanntgabe des Steuerbescheids zu entrichten (Abschlusszahlung).

(3) Ist die Steuerschuld kleiner als die Summe der anzurechnenden Vorauszahlungen, so wird der Unterschiedsbetrag nach Bekanntgabe des Steuerbescheids durch Aufrechnung oder Zurückzahlung ausgeglichen.

§ 21 Entstehung der Vorauszahlungen. Die Vorauszahlungen auf die Gewerbesteuer entstehen mit Beginn des Kalendervierteljahrs, in dem die Vorauszahlungen zu entrichten sind, oder, wenn die Steuerpflicht erst im Laufe des Kalendervierteljahrs begründet wird, mit Begründung der Steuerpflicht.

§§ 22 bis 27. (weggefallen)

Abschnitt VI. Zerlegung

§ 28 Allgemeines. (1) [1]Sind im Erhebungszeitraum Betriebsstätten zur Ausübung des Gewerbes in mehreren Gemeinden unterhalten worden, so ist der Steuermessbetrag in die auf die einzelnen Gemeinden entfallenden Anteile (Zerlegungsanteile) zu zerlegen. [2]Das gilt auch in den Fällen, in denen eine Betriebsstätte sich über mehrere Gemeinden erstreckt hat oder eine Betriebsstätte innerhalb eines Erhebungszeitraums von einer Gemeinde in eine andere Gemeinde verlegt worden ist.

(2) [1]Bei der Zerlegung sind die Gemeinden nicht zu berücksichtigen, in denen

1. Verkehrsunternehmen lediglich Gleisanlagen unterhalten,

2. sich nur Anlagen befinden, die der Weiterleitung fester, flüssiger oder gasförmiger Stoffe sowie elektrischer Energie dienen, ohne dass diese dort abgegeben werden,

3. Bergbauunternehmen keine oberirdischen Anlagen haben, in welchen eine gewerbliche Tätigkeit entfaltet wird,

4.[1] *(aufgehoben)*

[2]Dies gilt nicht, wenn dadurch auf keine Gemeinde ein Zerlegungsanteil oder der Steuermessbetrag entfallen würde.

---

[1] § 28 Abs. 2 Nr. 4 angef. mWv EZ 2003 durch G v. 16.5.2003 (BGBl. I S. 660) und aufgeh. mWv EZ 2004 durch G v. 23.12.2003 (BGBl. I S. 2922).

§ 29 Zerlegungsmaßstab

(1)[1] Zerlegungsmaßstab ist

1. vorbehaltlich der Nummer 2 das Verhältnis, in dem die Summe der Arbeitslöhne, die an die bei allen Betriebsstätten (§ 28) beschäftigten Arbeitnehmer gezahlt worden sind, zu den Arbeitslöhnen steht, die an die bei den Betriebsstätten der einzelnen Gemeinden beschäftigten Arbeitnehmer gezahlt worden sind;

2.[2] bei Betrieben, die ausschließlich Anlagen zur Erzeugung von Strom und anderen Energieträgern sowie Wärme aus Windenergie und solarer Strahlungsenergie betreiben,

   a) vorbehaltlich des Buchstabens b zu *drei Zehnteln [ab EZ 2021:* einem Zehntel] das in Nummer 1 bezeichnete Verhältnis und zu *sieben [ab EZ 2021:* neun] Zehnteln das Verhältnis, in dem die Summe der *steuerlich maßgebenden Ansätze des Sachanlagevermögens mit Ausnahme der Betriebs- und Geschäftsausstattung, der geleisteten Anzahlungen und der Anlagen im Bau in allen Betriebsstätten (§ 28) zu dem Ansatz [ab EZ 2021:* installierten Leistung im Sinne von § 3 Nummer 31 des Erneuerbare-Energien-Gesetzes in allen Betriebsstätten (§ 28) zur installierten Leistung] in den einzelnen Betriebsstätten steht,

   b) für die Erhebungszeiträume 2014 [*n.F.:* 2021] bis 2023 bei Betrieben, die ausschließlich Anlagen zur Erzeugung von Strom und anderen Energieträgern sowie Wärme aus solarer Strahlungsenergie betreiben,

      aa) für den auf Neuanlagen im Sinne von Satz 3 entfallenden Anteil am Steuermessbetrag zu *drei Zehnteln [ab EZ 2021:* einem Zehntel] das in Nummer 1 bezeichnete Verhältnis und zu *sieben [ab EZ 2021:* neun] Zehnteln das Verhältnis, in dem die Summe der *steuerlich maßgebenden Ansätze des Sachanlagevermögens mit Ausnahme der Betriebs- und Geschäftsausstattung, der geleisteten Anzahlungen und der Anlagen im Bau (maßgebendes Sachanlagevermögen) in allen Betriebsstätten (§ 28) zu dem Ansatz [ab EZ 2021:* installierten Leistung im Sinne von § 3 Nummer 31 des Erneuerbare-Energien-Gesetzes in allen Betriebsstätten (§ 28) zur installierten Leistung] in den einzelnen Betriebsstätten steht, und

      bb) für den auf die übrigen Anlagen im Sinne von Satz 4 entfallenden Anteil am Steuermessbetrag das in Nummer 1 bezeichnete Verhältnis.

   [2]Der auf Neuanlagen und auf übrige Anlagen jeweils entfallende Anteil am Steuermessbetrag wird ermittelt aus dem Verhältnis, in dem

      aa) die Summe *des maßgebenden Sachanlagevermögens [ab EZ 2021:* der installierten Leistung im Sinne von § 3 Nummer 31 des Erneuerbare-Energien-Gesetzes] für Neuanlagen und

      bb) die Summe *des übrigen maßgebenden Sachanlagevermögens [ab EZ 2021:* der installierten Leistung im Sinne von § 3 Nummer 31 des Erneuerbare-Energien-Gesetzes] für die übrigen Anlagen

---

[1] § 29 Abs. 1 neu gef. mWv EZ 2009 durch G v. 19.12.2008 (BGBl. I S. 2794).
[2] § 29 Abs. 1 Nr. 2 neu gef. mWv EZ 2021 durch G v. 3.6.2021 (BGBl. I S. 1498).

zum gesamten maßgebenden Sachanlagevermögen [*ab EZ 2021:* zur gesamten installierten Leistung im Sinne von § 3 Nummer 31 des Erneuerbare-Energien-Gesetzes] des Betriebs steht. [3]Neuanlagen sind Anlagen, die nach dem 30. Juni 2013 zur Erzeugung von Strom und anderen Energieträgern sowie Wärme aus solarer Strahlungsenergie genehmigt wurden. [4]Die übrigen Anlagen *umfassen das übrige maßgebende Sachanlagevermögen des Betriebs.* [*ab EZ 2021:* sind Anlagen, die nicht unter Satz 3 fallen.]

(2) Bei der Zerlegung nach Absatz 1 sind die Arbeitslöhne anzusetzen, die in den Betriebsstätten der beteiligten Gemeinden (§ 28) während des Erhebungszeitraums (§ 14) erzielt oder gezahlt worden sind.

(3) Bei Ermittlung der Verhältniszahlen sind die Arbeitslöhne auf volle 1000 Euro abzurunden.

§ 30 Zerlegung bei mehrgemeindlichen Betriebsstätten. Erstreckt sich die Betriebsstätte auf mehrere Gemeinden, so ist der Steuermeßbetrag oder Zerlegungsanteil auf die Gemeinden zu zerlegen, auf die sich die Betriebsstätte erstreckt, und zwar nach der Lage der örtlichen Verhältnisse unter Berücksichtigung der durch das Vorhandensein der Betriebsstätte erwachsenden Gemeindelasten.

§ 31 Begriff der Arbeitslöhne für die Zerlegung. (1) [1]Arbeitslöhne sind vorbehaltlich der Absätze 2 bis 5 die Vergütungen im Sinne des § 19 Abs. 1 Nr. 1 des Einkommensteuergesetzes[1]), soweit sie nicht durch andere Rechtsvorschriften von der Einkommensteuer befreit sind. [2]Zuschläge für Mehrarbeit und für Sonntags-, Feiertags- und Nachtarbeit gehören unbeschadet der einkommensteuerlichen Behandlung zu den Arbeitslöhnen.

(2) Zu den Arbeitslöhnen gehören nicht Vergütungen, die an Personen gezahlt worden sind, die zu ihrer Berufsausbildung beschäftigt werden.

(3) In den Fällen des § 3 Nr. 5, 6, 8, 9, 12, 13, 15, 17, 21, 26, 27, 28 und 29 bleiben die Vergütungen an solche Arbeitnehmer außer Ansatz, die nicht ausschließlich oder überwiegend in dem steuerpflichtigen Betrieb oder Teil des Betriebs tätig sind.

(4) [1]Nach dem Gewinn berechnete einmalige Vergütungen (z. B. Tantiemen, Gratifikationen) sind nicht anzusetzen. [2]Das Gleiche gilt für sonstige Vergütungen, soweit sie bei dem einzelnen Arbeitnehmer 50 000 Euro übersteigen.

(5) Bei Unternehmen, die nicht von einer juristischen Person betrieben werden, sind für die im Betrieb tätigen Unternehmer (Mitunternehmer) insgesamt 25 000 Euro jährlich anzusetzen.

§ 32. (weggefallen)

§ 33 Zerlegung in besonderen Fällen. (1) [1]Führt die Zerlegung nach den §§ 28 bis 31 zu einem offenbar unbilligen Ergebnis, so ist nach einem

---

[1]) Nr. **1.**

Maßstab zu zerlegen, der die tatsächlichen Verhältnisse besser berücksichtigt. ²In dem Zerlegungsbescheid hat das Finanzamt darauf hinzuweisen, dass bei der Zerlegung Satz 1 angewendet worden ist.

(2) Einigen sich die Gemeinden mit dem Steuerschuldner über die Zerlegung, so ist der Steuermessbetrag nach Maßgabe der Einigung zu zerlegen.

§ 34 Kleinbeträge. (1) ¹Übersteigt der Steuermessbetrag nicht den Betrag von 10 Euro, so ist er in voller Höhe der Gemeinde zuzuweisen, in der sich die Geschäftsleitung befindet. ²Befindet sich die Geschäftsleitung im Ausland, so ist der Steuermessbetrag der Gemeinde zuzuweisen, in der sich die wirtschaftlich bedeutendste der zu berücksichtigenden Betriebsstätten befindet.

(2) ¹Übersteigt der Steuermessbetrag zwar den Betrag von 10 Euro, würde aber nach den Zerlegungsvorschriften einer Gemeinde ein Zerlegungsanteil von nicht mehr als 10 Euro zuzuweisen sein, so ist dieser Anteil der Gemeinde zuzuweisen, in der sich die Geschäftsleitung befindet. ²Absatz 1 Satz 2 ist entsprechend anzuwenden.

(3) ¹Wird der Zerlegungsbescheid geändert oder berichtigt, würde sich dabei aber der Zerlegungsanteil einer Gemeinde um nicht mehr als 10 Euro erhöhen oder ermäßigen, so ist der Betrag der Erhöhung oder Ermäßigung bei dem Zerlegungsanteil der Gemeinde zu berücksichtigen, in der sich die Geschäftsleitung befindet. ²Absatz 1 Satz 2 ist entsprechend anzuwenden.

§ 35. (weggefallen)

Abschnitt VII. Gewerbesteuer der Reisegewerbebetriebe

§ 35a Gewerbesteuer der Reisegewerbebetriebe. (1) Der Gewerbesteuer unterliegen auch die Reisegewerbebetriebe, soweit sie im Inland betrieben werden.

(2)¹⁾ ¹Reisegewerbebetrieb im Sinne dieses Gesetzes ist ein Gewerbebetrieb, dessen Inhaber nach den Vorschriften der Gewerbeordnung und den dazugehörigen Ausführungsbestimmungen einer Reisegewerbekarte bedarf. ²Wird im Rahmen eines einheitlichen Gewerbebetriebs sowohl ein stehendes Gewerbe als auch ein Reisegewerbe betrieben, so ist der Betrieb in vollem Umfang als stehendes Gewerbe zu behandeln.

(3) Hebeberechtigt ist die Gemeinde, in der sich der Mittelpunkt der gewerblichen Tätigkeit befindet.

(4) Ist im Laufe des Erhebungszeitraums der Mittelpunkt der gewerblichen Tätigkeit von einer Gemeinde in eine andere Gemeinde verlegt worden, so hat das Finanzamt den Steuermessbetrag nach den zeitlichen Anteilen (Kalendermonaten) auf die beteiligten Gemeinden zu zerlegen.

---

¹⁾ § 35a Abs. 2 Satz 1 geänd. mWv EZ 2010 durch G v. 8.12.2010 (BGBl. I S. 1768).

Abschnitt VIII. Änderung des Gewerbesteuermessbescheids von Amts wegen

§ 35b Änderung des Gewerbesteuermessbescheids von Amts wegen. (1) [1] Der Gewerbesteuermessbescheid oder Verlustfeststellungsbescheid ist von Amts wegen aufzuheben oder zu ändern, wenn der Einkommensteuerbescheid, der Körperschaftsteuerbescheid oder ein Feststellungsbescheid aufgehoben oder geändert wird und die Aufhebung oder Änderung den Gewinn aus Gewerbebetrieb berührt. [2] Die Änderung des Gewinns aus Gewerbebetrieb ist insoweit zu berücksichtigen, als sie die Höhe des Gewerbeertrags oder des vortragsfähigen Gewerbeverlustes beeinflusst. [3] § 171 Abs. 10 der Abgabenordnung[1] gilt sinngemäß.

(2)[2] [1] Zuständig für die Feststellung des vortragsfähigen Gewerbeverlustes ist das für den Erlass des Gewerbesteuermessbescheids zuständige Finanzamt. [2] Bei der Feststellung des vortragsfähigen Gewerbeverlustes sind die Besteuerungsgrundlagen so zu berücksichtigen, wie sie der Festsetzung des Steuermessbetrags für den Erhebungszeitraum, auf dessen Schluss der vortragsfähige Gewerbeverlust festgestellt wird, zu Grunde gelegt worden sind; § 171 Absatz 10, § 175 Absatz 1 Satz 1 Nummer 1 und § 351 Absatz 2 der Abgabenordnung sowie § 42 der Finanzgerichtsordnung gelten entsprechend. [3] Die Besteuerungsgrundlagen dürfen bei der Feststellung nur insoweit abweichend von Satz 2 berücksichtigt werden, wie die Aufhebung, Änderung oder Berichtigung des Gewerbesteuermessbescheids ausschließlich mangels Auswirkung auf die Höhe des festzusetzenden Steuermessbetrags unterbleibt.[3] [4] Die Feststellungsfrist endet nicht, bevor die Festsetzungsfrist für den Erhebungszeitraum abgelaufen ist, auf dessen Schluss der vortragsfähige Gewerbeverlust gesondert festzustellen ist; § 181 Abs. 5 der Abgabenordnung ist nur anzuwenden, wenn die zuständige Finanzbehörde die Feststellung des vortragsfähigen Gewerbeverlustes pflichtwidrig unterlassen hat.[4]

Abschnitt IX. Durchführung

§ 35c Ermächtigung. (1) Die Bundesregierung wird ermächtigt, mit Zustimmung des Bundesrates

1. zur Durchführung des Gewerbesteuergesetzes Rechtsverordnungen zu erlassen

   a) über die Abgrenzung der Steuerpflicht,

---

[1] Nr. **800**.

[2] § 35b Abs. 2 Satz 1 geänd. mWv EZ 2004 durch G v. 23.12.2003 (BGBl. I S. 2922); geänd. G v. 20.12.2007 (BGBl. I S. 3150).

[3] § 35b Abs. 2 Sätze 2 und 3 neu gef. durch G v. 8.12.2010 (BGBl. I S. 1768).

[4] § 35b Abs. 2 Satz 4 angef. durch G v. 13.12.2006 (BGBl. I S. 2878).

   b) über die Ermittlung des Gewerbeertrags,

   c) über die Festsetzung der Steuermessbeträge, soweit dies zur Wahrung der Gleichmäßigkeit der Besteuerung und zur Vermeidung von Unbilligkeiten in Härtefällen erforderlich ist,

   d) über die Zerlegung des Steuermessbetrags,

   e) über die Abgabe von Steuererklärungen unter Berücksichtigung von Freibeträgen und Freigrenzen;

2. Vorschriften durch Rechtsverordnung zu erlassen

   a) über die sich aus der Aufhebung oder Änderung von Vorschriften dieses Gesetzes ergebenden Rechtsfolgen, soweit dies zur Wahrung der Gleichmäßigkeit bei der Besteuerung oder zur Beseitigung von Unbilligkeiten in Härtefällen erforderlich ist,

   b) (weggefallen)

   c) über die Steuerbefreiung der Einnehmer einer staatlichen Lotterie,

   d)[1] über die Steuerbefreiung bei bestimmten kleineren Versicherungsvereinen auf Gegenseitigkeit im Sinne des § 210 des Versicherungsaufsichtsgesetzes, wenn sie von der Körperschaftsteuer befreit sind,

   e)[2] über die Beschränkung der Hinzurechnung von Entgelten für Schulden und ihnen gleichgestellte Beträge (§ 8 Nr. 1 Buchstabe a) bei Kreditinstituten nach dem Verhältnis des Eigenkapitals zu Teilen der Aktivposten und bei Gewerbebetrieben, die nachweislich ausschließlich unmittelbar oder mittelbar Kredite oder Kreditrisiken, die einem Kreditinstitut oder einem in § 3 Nr. 2 genannten Gewerbebetrieb aus Bankgeschäften entstanden sind, erwerben und Schuldtitel zur Refinanzierung des Kaufpreises für den Erwerb solcher Kredite oder zur Refinanzierung von für die Risikoübernahmen zu stellenden Sicherheiten ausgeben,

   f)[3] über die Beschränkung der Hinzurechnung von Entgelten für Schulden und ihnen gleichgestellte Beträge (§ 8 Nummer 1 Buchstabe a) bei

   aa) Finanzdienstleistungsinstituten, soweit sie Finanzdienstleistungen im Sinne des § 1 Absatz 1a Satz 2 des Kreditwesengesetzes tätigen,

   bb) Zahlungsinstituten, soweit sie Zahlungsdienste im Sinne des § 1 Absatz 1 Satz 2 Nummer 3 Buchstabe b und Nummer 6 des Zahlungsdiensteaufsichtsgesetzes erbringen,

   cc) Wertpapierinstituten, soweit sie Wertpapierdienstleistungen, Wertpapiernebendienstleistungen und Nebengeschäfte im Sinne des § 2 Absatz 2 bis 4 des Wertpapierinstitutsgesetzes erbringen.

---

   [1] § 35c Abs. 1 Nr. 2 Buchst. d geänd. durch G v. 1.4.2015 (BGBl. I S. 434); zur Anwendung siehe § 36 Abs. 3.
   [2] § 35c Abs. 1 Nr. 2 Buchst. e ergänzt durch G v. 31.7.2003 (BGBl. I S. 1550); geänd. mWv EZ 2008 durch G v. 14.8.2007 (BGBl. I S. 1912).
   [3] § 35c Abs. 1 Nr. 2 Buchst. f Satz 1 neu gef. mWv VZ 2009 durch G v. 26.6.2013 (BGBl. I S. 1809), Satz 2 angef. mWv EZ 2011 durch G v. 8.4.2010 (BGBl. I S. 386) und geänd. mWv EZ 2011 durch G v. 26.6.2013 (BGBl. I S. 1809); Satz 1 Doppelbuchst. bb geänd. mWv EZ 2018 (§ 36 Abs. 6) durch G v. 12.12.2019 (BGBl. I S. 2451); Satz 1 Doppelbuchst. cc angef., Satz 2 geänd. mWv 26.6.2021 durch G v. 12.5.2021 (BGBl. I S. 990).

² Voraussetzung für die Umsetzung von Satz 1 ist, dass die Umsätze des Finanzdienstleistungsinstituts zu mindestens 50 Prozent auf Finanzdienstleistungen [*ab 26.6.2021:* , die Umsätze der Wertpapierinstitute zu mindestens 50 Prozent auf Wertpapierdienstleistungen, Wertpapiernebendienstleistungen und Nebengeschäfte] und die Umsätze des Zahlungsinstituts zu mindestens 50 Prozent auf Zahlungsdienste entfallen,

g) über die Festsetzung abweichender Vorauszahlungstermine.

(2) Das Bundesministerium der Finanzen wird ermächtigt, den Wortlaut dieses Gesetzes und der zu diesem Gesetz erlassenen Rechtsverordnungen in der jeweils geltenden Fassung satzweise nummeriert mit neuem Datum und in neuer Paragrafenfolge bekannt zu machen und dabei Unstimmigkeiten im Wortlaut zu beseitigen.

Abschnitt X. Schlussvorschriften

§ 36¹⁾ **Zeitlicher Anwendungsbereich.** (1) Die vorstehende Fassung dieses Gesetzes ist, soweit in den folgenden Absätzen nichts anderes bestimmt ist, erstmals für den Erhebungszeitraum 2021 anzuwenden.

[Fassung bis 31.12.2024:]

(2)²⁾ ¹ § 3 Nummer 1 in der Fassung des Artikels 8 des Gesetzes vom vom 12. Dezember 2019 (BGBl. I S. 2451) ist erstmals für den Erhebungszeitraum 2019 anzuwenden. ² § 3 Nummer 2 ist für die Investitionsbank Sachsen-Anhalt erstmals für den Erhebungszeitraum 2023 anzuwenden. ³ Die Steuerbefreiung nach § 3 Nummer 2 in der bis zum 20. Dezember 2022 geltenden Fassung ist für die Investitionsbank Sachsen-Anhalt – Anstalt der Norddeutschen Landesbank – Girozentrale – letztmalig für den Erhebungszeitraum 2023 anzuwenden. ⁴ § 3 Nummer 13 in der Fassung des Artikels 8 des Gesetzes vom 12. Dezember 2019 (BGBl. I S. 2451) ist erstmals für den Erhebungszeitraum 2015 anzuwen-

[Fassung ab 1.1.2025:]

(2)³⁾ ¹ § 3 Nummer 1 in der Fassung des Artikels 8 des Gesetzes vom 12. Dezember 2019 (BGBl. I S. 2451) ist erstmals für den Erhebungszeitraum 2019 anzuwenden. ² § 3 Nummer 2 ist für die Investitionsbank Sachsen-Anhalt erstmals für den Erhebungszeitraum 2023 anzuwenden. ³ Die Steuerbefreiung nach § 3 Nummer 2 in der bis zum 20. Dezember 2022 geltenden Fassung ist für die Investitionsbank Sachsen-Anhalt – Anstalt der Norddeutschen Landesbank – Girozentrale – letztmalig für den Erhebungszeitraum 2023 anzuwenden. ⁴ § 3 Nummer 12 in der Fassung des Artikels 9 des Gesetzes vom 12. Dezember 2019 (BGBl. I S. 2451) ist erstmals für den Erhebungszeitraum 2025 anzuwen-

---

¹⁾ § 36 neu gef. durch G v. 12.12.2019 (BGBl. I S. 2451); Abs. 1 geänd. durch G v. 3.6.2021 (BGBl. I S. 1498).
²⁾ § 36 Abs. 2 Sätze 2 und 3 eingef., bish. Sätze 2 bis 4 werden Sätze 4 bis 6, Satz 7 angef. durch G v. 16.12.2022 (BGBl. I S. 2294).
³⁾ § 36 Abs. 2 Satz 2 eingef. mWv 1.1.2025 durch G v. 12.12.2019 (BGBl. I S. 2451); Sätze 2 und 3 eingef., bish. Sätze 2 bis 5 werden Sätze 4 bis 7, Satz 8 angef. durch G v. 16.12.2022 (BGBl. I S. 2294).

[Fassung bis 31.12.2024:]

den. [5] § 3 Nummer 24 in der Fassung des Artikels 8 des Gesetzes vom 12. Dezember 2019 (BGBl. I S. 2451) ist erstmals für den Erhebungszeitraum 2019 anzuwenden. [6] § 3 Nummer 32 in der Fassung des Artikels 8 des Gesetzes vom 12. Dezember 2019 (BGBl. I S. 2451) ist erstmals für den Erhebungszeitraum 2019 anzuwenden. [7] § 3 Nummer 32 in der Fassung des Artikels 10 des Gesetzes vom 16. Dezember 2022 (BGBl. I S. 2294) ist erstmals für den Erhebungszeitraum 2022 anzuwenden.

[Fassung ab 1.1.2025:]

den. [5] § 3 Nummer 13 in der Fassung des Artikels 8 des Gesetzes vom 12. Dezember 2019 (BGBl. I S. 2451) ist erstmals für den Erhebungszeitraum 2015 anzuwenden. [6] § 3 Nummer 24 in der Fassung des Artikels 8 des Gesetzes vom 12. Dezember 2019 (BGBl. I S. 2451) ist erstmals für den Erhebungszeitraum 2019 anzuwenden. [7] § 3 Nummer 32 in der Fassung des Artikels 8 des Gesetzes vom 12. Dezember 2019 (BGBl. I S. 2451) ist erstmals für den Erhebungszeitraum 2019 anzuwenden. [8] § 3 Nummer 32 in der Fassung des Artikels 10 des Gesetzes vom 16. Dezember 2022 (BGBl. I S. 2294) ist erstmals für den Erhebungszeitraum 2022 anzuwenden.

(3)[1)] [1] § 7 Satz 3 in der durch Artikel 8 des Gesetzes vom 12. Dezember 2019 (BGBl. I S. 2451) geänderten Fassung ist erstmals für den Erhebungszeitraum 2009 anzuwenden. [2] Für den Erhebungszeitraum 2008 ist § 7 Satz 3 in folgender Fassung anzuwenden:

„[3] Der nach § 5a des Einkommensteuergesetzes ermittelte Gewinn einschließlich der Hinzurechnungen nach § 5a Absatz 4 und 4a des Einkommensteuergesetzes und das nach § 8 Absatz 1 Satz 2 des Körperschaftsteuergesetzes ermittelte Einkommen gelten als Gewerbeertrag nach Satz 1."

[3] § 7 Satz 7 in der Fassung des Artikels 16 des Gesetzes vom 20. Dezember 2016 (BGBl. I S. 3000) ist erstmals für den Erhebungszeitraum 2017 anzuwenden. [4] § 7 Satz 9 in der Fassung des Artikels 3 des Gesetzes vom 25. Juni 2021 (BGBl. I S. 2035) ist erstmals für den Erhebungszeitraum 2022 anzuwenden.

(3a)[2)] § 7b Absatz 2 Satz 4 in der Fassung des Artikels 10 des Gesetzes vom 16. Dezember 2022 (BGBl. I S. 2294) ist erstmals für den Erhebungszeitraum 2023 anzuwenden.

(4) [1] § 8 Nummer 1 Buchstabe d Satz 2 ist nur auf Entgelte anzuwenden, die auf Verträgen beruhen, die nach dem 31. Dezember 2019 abgeschlossen worden sind. [2] Dabei ist bei Verträgen, die vor dem 1. Januar 2025 abgeschlossen werden, statt einer Reichweite von 80 Kilometern eine Reichweite von 60 Kilometern ausreichend. [3] § 8 Nummer 1 Buchstabe d Satz 2 ist letztmals für den Erhebungszeitraum 2030 anzuwenden.

[1)] § 36 Abs. 3 Satz 3 angef. durch G v. 21.12.2020 (BGBl. I S. 3096); Satz 4 angef. durch G v. 25.6.2021 (BGBl. I S. 2035).
[2)] § 36 Abs. 3a eingef. durch G v. 16.12.2022 (BGBl. I S. 2294).

(4a)[1] § 8 Nummer 5 in der Fassung des Artikels 3 des Gesetzes vom 25. Juni 2021 (BGBl. I S. 2035) ist erstmals für den Erhebungszeitraum 2022 anzuwenden.

(5)[2] ¹ § 9 Nummer 3 Satz 1 erster Halbsatz in der Fassung des Artikels 16 des Gesetzes vom 20. Dezember 2016 (BGBl. I S. 3000) ist erstmals für den Erhebungszeitraum 2017 anzuwenden. ² § 9 Nummer 5 Satz 12 in der Fassung des Artikels 8 des Gesetzes vom 12. Dezember 2019 (BGBl. I S. 2451) ist erstmals für Zuwendungen anzuwenden, die nach dem 31. Dezember 2019 geleistet werden.

(5a)[3] § 10a in der Fassung des Artikels 9 des Gesetzes vom 21. Dezember 2020 (BGBl. I S. 3096) ist auch für Erhebungszeiträume vor 2020 anzuwenden.

(5b)[4] § 19 Absatz 3 Satz 2 und 3 ist auf Antrag des Steuerpflichtigen mit der Maßgabe anzuwenden, dass für die Erhebungszeiträume 2019 bis 2021 der 21. Kalendermonat, für den Erhebungszeitraum 2022 der 20. Kalendermonat, für den Erhebungszeitraum 2023 der 18. Kalendermonat und für den Erhebungszeitraum 2024 der 17. Kalendermonat an die Stelle des 15. Kalendermonats tritt.

(6) § 35c Absatz 1 Nummer 2 Buchstabe f Satz 1 Doppelbuchstabe bb in der Fassung des Artikels 8 des Gesetzes vom 12. Dezember 2019 (BGBl. I S. 2451) ist erstmals für den Erhebungszeitraum 2018 anzuwenden.

§ 37. (weggefallen)

(Fortsetzung nächstes Blatt)

---

[1] § 36 Abs. 4a eingef. durch G v. 25.6.2021 (BGBl. I S. 2035).
[2] § 36 Abs. 5 Satz 1 eingef., bish. Wortlaut wird Satz 2 durch G v. 21.12.2020 (BGBl. I S. 3096).
[3] § 36 Abs. 5a eingef. durch G v. 21.12.2020 (BGBl. I S. 3096).
[4] § 36 Abs. 5b eingef. durch G v. 25.6.2021 (BGBl. I S. 2035); neu gef. durch G v. 19.6.2022 (BGBl. I S. 911).

460. Gewerbesteuer-Durchführungsverordnung (GewStDV)[1]

In der Fassung der Bekanntmachung vom 15. Oktober 2002 (BGBl. I S. 4180)[2] · [3]

Geändert durch Steuervergünstigungsabbaugesetz vom 16.5.2003 (BGBl. I S. 660), Kleinunternehmerförderungsgesetz vom 31.7.2003 (BGBl. I S. 1550), Gesetz über steuerliche Begleitmaßnahmen zur Einführung der Europäischen Gesellschaft und zur Änderung weiterer steuerrechtlicher Vorschriften (SEStEG) vom 7.12.2006 (BGBl. I S. 2782), Jahressteuergesetz 2007 vom 13.12.2006 (BGBl. I S. 2878), Unternehmensteuerreformgesetz 2008 vom 14.8.2007 (BGBl. I S. 1912), Jahressteuergesetz 2008 vom 20.12.2007 (BGBl. I S. 3150), Jahressteuergesetz 2009 vom 19.12.2008 (BGBl. I S. 2794), Drittes Mittelstandsentlastungsgesetz vom 17.3.2009 (BGBl. I S. 550), Bürgerentlastungsgesetz Krankenversicherung vom 16.7.2009 (BGBl. I S. 1959), Gesetz zur Umsetzung steuerlicher EU-Vorgaben sowie zur Änderung steuerlicher Vorschriften vom 8.4.2010 (BGBl. I S. 386), Verordnung zur Änderung steuerlicher Verordnungen vom 17.11.2010 (BGBl. I S. 1544), Amtshilferichtlinie-Umsetzungsgesetz (AmtshilfeRLUmsG) vom 26.6.2013 (BGBl. I S. 1809), Gesetz zur Modernisierung der Finanzaufsicht über Versicherungen vom 1.4.2015 (BGBl. I S. 434), Gesetz zur Reform des Grundsteuer- und Bewertungsrechts (Grundsteuer-Reformgesetz – GrStRefG) vom 26.11.2019 (BGBl. I S. 1794), Gesetz zur weiteren steuerlichen Förderung der Elektromobilität und zur Änderung weiterer steuerlicher Vorschriften vom 12.12.2019 (BGBl. I S. 2451), Fünfte Verordnung zur Änderung seuerlicher Verordnungen vom 25.6.2020 (BGBl. I S. 1495) und Gesetz zur Umsetzung der Richtlinie (EU) 2019/2034 über die Beaufsichtigung von Wertpapierinstituten vom 12.5.2021 (BGBl. I S. 990)

BGBl. III/FNA 611-5-1

Zu § 2 des Gesetzes

§ 1 Stehender Gewerbebetrieb. Stehender Gewerbebetrieb ist jeder Gewerbebetrieb, der kein Reisegewerbebetrieb im Sinne des § 35a Abs. 2 des Gesetzes ist.

§ 2 Betriebe der öffentlichen Hand. (1)[4] [1]Unternehmen von juristischen Personen des öffentlichen Rechts sind gewerbesteuerpflichtig, wenn sie als stehende Gewerbebetriebe anzusehen sind; für den Umfang des Unternehmens ist § 4 Abs. 6 Satz 1 des Körperschaftsteuergesetzes entsprechend anzuwenden. [2]Das gilt auch für Unternehmen, die der Versorgung der Bevölkerung mit Wasser, Gas, Elektrizität oder Wärme, dem öffentlichen Verkehr oder dem Hafenbetrieb dienen.

(2) [1]Unternehmen von juristischen Personen des öffentlichen Rechts, die überwiegend der Ausübung der öffentlichen Gewalt dienen (Hoheitsbetriebe), gehören unbeschadet der Vorschrift des Absatzes 1 Satz 2 nicht zu den Gewerbebetrieben. [2]Für die Annahme eines Hoheitsbetriebs reichen Zwangs- oder Monopolrechte nicht aus.

---

[1] Neubekanntmachung der Gewerbesteuer-Durchführungsverordnung idF der Bek. v. 21.3.1991 (BGBl. I S. 831) auf Grund des § 35c GewStG idF der Bek. v. 15.10.2002 (BGBl. I S. 4167) in der ab 27.7.2002 geltenden Fassung.

[2] Vgl. auch die Gewerbesteuer-Richtlinien **(Steuerrichtlinien Nr. 450).**

[3] **Zum Erhebungszeitraum vgl. § 36.**

[4] § 2 Abs. 1 Satz 1 HS 2 angef. durch G v. 19.12.2008 (BGBl. I S. 2794).

§ 3. (weggefallen)

§ 4 Aufgabe, Auflösung und Insolvenz. (1) Ein Gewerbebetrieb, der aufgegeben oder aufgelöst wird, bleibt Steuergegenstand bis zur Beendigung der Aufgabe oder Abwicklung.

(2) Die Gewerbesteuerpflicht wird durch die Eröffnung des Insolvenzverfahrens über das Vermögen des Unternehmers nicht berührt.

§ 5 Betriebsstätten auf Schiffen. Ein Gewerbebetrieb wird gewerbesteuerlich insoweit nicht im Inland betrieben, als für ihn eine Betriebsstätte auf einem Kauffahrteischiff unterhalten wird, das im sogenannten regelmäßigen Liniendienst ausschließlich zwischen ausländischen Häfen verkehrt, auch wenn es in einem inländischen Schiffsregister eingetragen ist.

§ 6 Binnen- und Küstenschifffahrtsbetriebe. Bei Binnen- und Küstenschifffahrtsbetrieben, die feste örtliche Anlagen oder Einrichtungen zur Ausübung des Gewerbes nicht unterhalten, gilt eine Betriebsstätte in dem Ort als vorhanden, der als Heimathafen (Heimatort) im Schiffsregister eingetragen ist.

§ 7. (weggefallen)

§ 8 Zusammenfassung mehrerer wirtschaftlicher Geschäftsbetriebe. Werden von einer sonstigen juristischen Person des privaten Rechts oder einem nichtrechtsfähigen Verein (§ 2 Abs. 3 des Gesetzes) mehrere wirtschaftliche Geschäftsbetriebe unterhalten, so gelten sie als ein einheitlicher Gewerbebetrieb.

§ 9. (weggefallen)

Zu § 3 des Gesetzes

§§ 10 bis **12.** (weggefallen)

§ 12a Kleinere Versicherungsvereine. Kleinere Versicherungsvereine auf Gegenseitigkeit im Sinne des § 210[1] des Versicherungsaufsichtsgesetzes sind von der Gewerbesteuer befreit, wenn sie nach § 5 Abs. 1 Nr. 4 des Körperschaftsteuergesetzes von der Körperschaftsteuer befreit sind.

§ 13 Einnehmer einer staatlichen Lotterie. Die Tätigkeit der Einnehmer einer staatlichen Lotterie unterliegt auch dann nicht der Gewerbesteuer, wenn sie im Rahmen eines Gewerbebetriebs ausgeübt wird.

Zu § 4 des Gesetzes

§ 14. (weggefallen)

---

[1] § 12a Verweis geänd. durch G v. 1.4.2015 (BGBl. I S. 434).

§ 15 Hebeberechtigte Gemeinde bei Gewerbebetrieben auf Schiffen und bei Binnen- und Küstenschifffahrtsbetrieben. Hebeberechtigte Gemeinde für die Betriebsstätten auf Kauffahrteischiffen, die in einem inländischen Schiffsregister eingetragen sind und nicht im sogenannten regelmäßigen Liniendienst ausschließlich zwischen ausländischen Häfen verkehren, und für die in § 6 bezeichneten Binnen- und Küstenschifffahrtsbetriebe ist die Gemeinde, in der der inländische Heimathafen (Heimatort) des Schiffes liegt.

Zu den §§ 7, 8 und 9 des Gesetzes

§ 16 Gewerbeertrag bei Abwicklung und Insolvenz. (1) Der Gewerbeertrag, der bei einem in der Abwicklung befindlichen Gewerbebetrieb im Sinne des § 2 Abs. 2 des Gesetzes im Zeitraum der Abwicklung entstanden ist, ist auf die Jahre des Abwicklungszeitraums zu verteilen.

(2) Das gilt entsprechend für Gewerbebetriebe, wenn über das Vermögen des Unternehmens ein Insolvenzverfahren eröffnet worden ist.

§§ 17 und 18. (weggefallen)

Zu § 8 des Gesetzes

§ 19[1] Schulden bestimmter Unternehmen. (1) [1] Bei Kreditinstituten im Sinne des § 1 Absatz 1 in Verbindung mit § 2 Absatz 1 des Kreditwesengesetzes[2] sind nur Entgelte für Schulden und den Entgelten gleichgestellte Beträge anzusetzen, die dem Betrag der Schulden entsprechen, um den der Ansatz der zum Anlagevermögen gehörenden Grundstücke, Gebäude, Betriebs- und Geschäftsausstattung, Schiffe, Anteile an Kreditinstituten und sonstigen Unternehmen sowie der Forderungen aus Vermögenseinlagen als stiller Gesellschafter und aus Genussrechten das Eigenkapital überschreitet; hierunter fallen nicht Gegenstände, über die Leasingverträge abgeschlossen worden sind. [2] Dem Anlagevermögen nach Satz 1 sind Forderungen gegen ein Unternehmen hinzuzurechnen, mit dem eine organschaftliche Verbindung nach § 2 Abs. 2 Satz 2 des Gesetzes besteht und das nicht zu den Kreditinstituten oder Unternehmen gehört, auf die Satz 1 und die Absätze 2 bis 4[3] anzuwenden sind.

(2) [1] Voraussetzung für die Anwendung des Absatzes 1 ist, dass im Durchschnitt aller Monatsausweise des Wirtschaftsjahrs des Kreditinstituts nach § 25 des Kreditwesengesetzes[4] oder entsprechender Statistiken die Aktivposten aus Bankgeschäften und dem Erwerb von Geldforderungen die Aktivposten aus anderen Geschäften überwiegen. [2] In den Vergleich sind Aktivposten aus Anlagen nach Absatz 1 nicht einzubeziehen.

(3) Die vorstehenden Bestimmungen gelten entsprechend

1. für Pfandleiher im Sinne der Pfandleiherverordnung in der Fassung der Bekanntmachung vom 1. Juni 1976 (BGBl. I S. 1334) in der jeweils geltenden Fassung;

---

[1] § 19 neu gef. mWv EZ 2008 durch G v. 19.12.2008 (BGBl. I S. 2794).
[2] Verweis geänd. mWv EZ 2008 durch VO v. 17.11.2010 (BGBl. I S. 1544); geänd. mWv EZ 2021 durch VO vom 25.6.2020 (BGBl. I S. 1495); abgedruckt in **Wirtschaftsgesetze Nr. 145.**
[3] Verweis geänd. mWv EZ 2008 durch VO v. 17.11.2010 (BGBl. I S. 1544).
[4] Verweis geänd. durch VO v. 17.11.2010 (BGBl. I S. 1544).

2. für Gewerbebetriebe, die nachweislich ausschließlich unmittelbar oder mittelbar Kredite oder Kreditrisiken aus Bankgeschäften im Sinne des § 1 Abs. 1 Satz 2 Nr. 2, 3 und 8 des Kreditwesengesetzes in der Fassung des Artikels 27 des Gesetzes vom 19. Dezember 2008 (BGBl. I S. 2794) von Kreditinstituten im Sinne des § 1 des Kreditwesengesetzes oder von in § 3 Nr. 2 des Gesetzes genannten Gewerbebetrieben erwerben und Schuldtitel zur Refinanzierung des Kaufpreises für den Erwerb solcher Kredite oder zur Refinanzierung von für die Risikoübernahmen zu stellenden Sicherheiten ausgeben; die Refinanzierung durch Aufnahme von Darlehen von Gewerbebetrieben im Sinne der Nummer 3 an der Stelle der Ausgabe von Schuldtiteln ist unschädlich, und

3. für Gewerbebetriebe, die nachweislich ausschließlich Schuldtitel bezogen auf die in Nummer 2 bezeichneten Kredite oder Kreditrisiken ausgeben und an Gewerbebetriebe im Sinne der Nummer 2 Darlehen gewähren.

4.[1] *(aufgehoben)*

(4)[2] [1]Bei Finanzdienstleistungsinstituten im Sinne des § 1 Absatz 1a des Kreditwesengesetzes, die mit Ausnahme der Unternehmen im Sinne des § 2 Absatz 6 Nummer 17 des Kreditwesengesetzes nicht der Ausnahmeregelung des § 2 Absatz 6 des Kreditwesengesetzes unterliegen, bei Wertpapierinstituten im Sinne des § 2 Absatz 1 des Wertpapierinstitutsgesetzes sowie bei Zahlungsinstituten im Sinne des § 1 Absatz 1 Satz 1 Nummer 1 des Zahlungsdiensteaufsichtsgesetzes unterbleibt eine Hinzurechnung von Entgelten für Schulden und ihnen gleichgestellten Beträgen nach § 8 Nummer 1 Buchstabe a des Gesetzes, soweit die Entgelte und ihnen gleichgestellten Beträge unmittelbar auf Finanzdienstleistungen im Sinne des § 1 Absatz 1a Satz 2 des Kreditwesengesetzes, Wertpapierdienstleistungen im Sinne des § 2 Absatz 2 des Wertpapierinstitutsgesetzes oder Zahlungsdienste im Sinne des § 1 Absatz 1 Satz 2 Nummer 3 Buchstabe b und Nummer 6 des Zahlungsdiensteaufsichtsgesetzes entfallen. [2]Satz 1 ist nur anzuwenden, wenn die Umsätze des Finanzdienstleistungsinstituts zu mindestens 50 Prozent auf Finanzdienstleistungen, des Wertpapierinstituts zu mindestens 50 Prozent auf Wertpapierdienstleistungen, Wertpapiernebendienstleistungen und Nebengeschäfte im Sinne des § 2 Absatz 2 bis 4 des Wertpapierinstitutsgesetzes und die Umsätze des Zahlungsinstituts zu mindestens 50 Prozent auf Zahlungsdienste entfallen.

Zu § 9 des Gesetzes

§ 20 Grundbesitz. (1) [1]Die Frage, ob und inwieweit im Sinne des § 9 Nr. 1 des Gesetzes Grundbesitz zum Betriebsvermögen des Unternehmers gehört, ist nach den Vorschriften des Einkommensteuergesetzes oder des Körperschaftsteuergesetzes zu entscheiden. [2]Maßgebend ist dabei der Stand zu Beginn des Kalenderjahrs.

---

[1] § 19 Abs. 3 Nr. 4 aufgeh. mWv EZ 2008 durch G v. 8.4.2010 (BGBl. I S. 386).
[2] § 19 Abs. 4 angef. durch G v. 8.4.2010 (BGBl. I S. 386) und geänd. durch G v. 26.6.2013 (BGBl. I S. 1809); Abs. 4 Satz 1 neu gef. mWv EZ 2009 durch G v. 26.6.2013 (BGBl. I S. 1809); Satz 1 geänd. mWv EZ 2018 (§ 36 Abs. 3) durch G v. 12.12.2019 (BGBl. I S. 2451); Sätze 1 und 2 geänd. mWv 26.6.2021 durch G v. 12.5.2021 (BGBl. I S. 990).

(2)[1] Gehört der Grundbesitz nur zum Teil zum Betriebsvermögen im Sinne des Absatzes 1, so ist der Kürzung nach § 9 Nr. 1 des Gesetzes nur der entsprechende Teil des *Einheitswerts* [*ab 1.1.2025:* Grundsteuerwerts] zugrunde zu legen.

§ 21. (weggefallen)

Zu § 11 des Gesetzes

§ 22 Hausgewerbetreibende und ihnen gleichgestellte Personen.

[1]Betreibt ein Hausgewerbetreibender oder eine ihm gleichgestellte Person noch eine andere gewerbliche Tätigkeit und sind beide Tätigkeiten als eine Einheit anzusehen, so ist § 11 Abs. 3 des Gesetzes nur anzuwenden, wenn die andere Tätigkeit nicht überwiegt. [2]Die Vergünstigung gilt in diesem Fall für den gesamten Gewerbeertrag.

§§ 23 und 24. (weggefallen)

Zu § 14a des Gesetzes

§ 25 Gewerbesteuererklärung. (1) Eine Gewerbesteuererklärung ist abzugeben

1. für alle gewerbesteuerpflichtigen Unternehmen, deren Gewerbeertrag im Erhebungszeitraum den Betrag von 24 500 Euro überstiegen hat;
2. für Kapitalgesellschaften (Aktiengesellschaften, Kommanditgesellschaften auf Aktien, Gesellschaften mit beschränkter Haftung), wenn sie nicht von der Gewerbesteuer befreit sind;
3.[2] für Genossenschaften einschließlich Europäischer Genossenschaften und für Versicherungsvereine auf Gegenseitigkeit, wenn sie nicht von der Gewerbesteuer befreit sind. [2]Für sonstige juristische Personen des privaten Rechts und für nichtrechtsfähige Vereine ist eine Gewerbesteuererklärung nur abzugeben, soweit diese Unternehmen einen wirtschaftlichen Geschäftsbetrieb – ausgenommen Land- und Forstwirtschaft – unterhalten, dessen Gewerbeertrag im Erhebungszeitraum den Betrag von 5000 Euro[3] überstiegen hat;
4. für Unternehmen von juristischen Personen des öffentlichen Rechts, wenn sie als stehende Gewerbebetriebe anzusehen sind und ihr Gewerbeertrag im Erhebungszeitraum den Betrag von 5000 Euro[3] überstiegen hat;
5. für Unternehmen im Sinne des § 3 Nr. 5, 6, 8, 9, 15, 17, 21, 26, 27, 28 und 29 des Gesetzes nur, wenn sie neben der von der Gewerbesteuer befreiten Tätigkeit auch eine der Gewerbesteuer unterliegende Tätigkeit ausgeübt

---

[1] § 20 Abs. 2 geänd. mWv 1.1.2025 durch G v. 26.11.2019 (BGBl. I S. 1794).
[2] § 25 Abs. 1 Nr. 3 Satz 1 geänd. mWv EZ 2006 durch G v. 7.12.2006 (BGBl. I S. 2782).
[3] § 25 Abs. 1 Nrn. 3 bis 5 Beträge geänd. mWv EZ 2009 durch G v. 17.3.2009 (BGBl. I S. 550).

haben und ihr steuerpflichtiger Gewerbeertrag im Erhebungszeitraum den Betrag von 5000 Euro[1] überstiegen hat;

6. für Unternehmen, für die zum Schluss des vorangegangenen Erhebungszeitraums vortragsfähige Fehlbeträge gesondert festgestellt worden sind;

7. für alle gewerbesteuerpflichtigen Unternehmen, für die vom Finanzamt eine Gewerbesteuererklärung besonders verlangt wird.

(2)[2] [1] Die Steuererklärung ist spätestens an dem von den obersten Finanzbehörden der Länder bestimmten Zeitpunkt abzugeben. [2] *Für die Erklärung sind die amtlichen Vordrucke zu verwenden.* [2] Das Recht des Finanzamts, schon vor diesem Zeitpunkt Angaben zu verlangen, die für die Besteuerung von Bedeutung sind, bleibt unberührt.

§§ 26 bis 28. (weggefallen)

Zu § 19 des Gesetzes

§ 29 Anpassung und erstmalige Festsetzung der Vorauszahlungen.

(1) [1] Setzt das Finanzamt nach § 19 Abs. 3 Satz 3 des Gesetzes einen Steuermessbetrag für Zwecke der Gewerbesteuer-Vorauszahlungen fest, so braucht ein Zerlegungsbescheid nicht erteilt zu werden. [2] Die hebeberechtigten Gemeinden können an dem Steuermessbetrag in demselben Verhältnis beteiligt werden, nach dem die Zerlegungsanteile in dem unmittelbar vorangegangenen Zerlegungsbescheid festgesetzt sind. [3] Das Finanzamt hat in diesem Fall gleichzeitig mit der Festsetzung des Steuermessbetrags den hebeberechtigten Gemeinden mitzuteilen

1. den Prozentsatz, um den sich der Steuermessbetrag gegenüber dem in der Mitteilung über die Zerlegung (§ 188 Abs. 1 der Abgabenordnung) angegebenen Steuermessbetrag erhöht oder ermäßigt, oder den Zerlegungsanteil,

2. den Erhebungszeitraum, für den die Änderung erstmals gilt.

(2)[3] [1] In den Fällen des § 19 Abs. 4 des Gesetzes hat das Finanzamt erforderlichenfalls den Steuermessbetrag für Zwecke der Gewerbesteuer-Vorauszahlungen zu zerlegen. [2] Das Gleiche gilt in den Fällen des § 19 Abs. 3 des Gesetzes, wenn an den Vorauszahlungen nicht dieselben Gemeinden beteiligt sind, die nach dem unmittelbar vorangegangenen Zerlegungsbescheid beteiligt waren. [3] Bei der Zerlegung sind die mutmaßlichen Arbeitslöhne des Erhebungszeitraums anzusetzen, für den die Festsetzung der Vorauszahlungen erstmals gilt.

§ 30 Verlegung von Betriebsstätten. [1] Wird eine Betriebsstätte in eine andere Gemeinde verlegt, so sind die Vorauszahlungen in dieser Gemeinde von dem auf die Verlegung folgenden Fälligkeitstag ab zu entrichten. [2] Das gilt

---

[1] § 25 Abs. 1 Nrn. 3 bis 5 Beträge geänd. mWv EZ 2009 durch G v. 17.3.2009 (BGBl. I S. 550).

[2] § 25 Abs. 2 Satz 2 aufgeh., bish. Satz 3 wird Satz 2 mWv EZ 2021 durch VO vom 25.6.2020 (BGBl. I S. 1495).

[3] § 29 Abs. 2 Satz 3 geänd. durch G v. 13.12.2006 (BGBl. I S. 2878).

nicht, wenn in der Gemeinde, aus der die Betriebsstätte verlegt wird, mindestens eine Betriebsstätte des Unternehmens bestehen bleibt.

§§ 31 bis 33. (weggefallen)

Zu § 34 des Gesetzes

§ 34 Kleinbeträge bei Verlegung der Geschäftsleitung. Hat das Unternehmen die Geschäftsleitung im Laufe des Erhebungszeitraums in eine andere Gemeinde verlegt, so ist der Kleinbetrag der Gemeinde zuzuweisen, in der sich die Geschäftsleitung am Ende des Erhebungszeitraums befindet.

Zu § 35a des Gesetzes

§ 35 Reisegewerbebetriebe. (1) [1]Der Mittelpunkt der gewerblichen Tätigkeit befindet sich in der Gemeinde, von der aus die gewerbliche Tätigkeit vorwiegend ausgeübt wird. [2]Das ist in der Regel die Gemeinde, in der sich der Wohnsitz des Reisegewerbetreibenden befindet. [3]In Ausnahmefällen ist Mittelpunkt eine auswärtige Gemeinde, wenn die gewerbliche Tätigkeit von dieser Gemeinde (z. B. von einem Büro oder Warenlager) aus vorwiegend ausgeübt wird. [4]Ist der Mittelpunkt der gewerblichen Tätigkeit nicht feststellbar, so ist die Gemeinde hebeberechtigt, in der der Unternehmer polizeilich gemeldet oder meldepflichtig ist.

(2) Eine Zerlegung des Steuermessbetrags auf die Gemeinden, in denen das Gewerbe ausgeübt worden ist, unterbleibt.

(3) [1]Der Steuermessbetrag ist im Fall des § 35a Abs. 4 des Gesetzes nach dem Anteil der Kalendermonate auf die hebeberechtigten Gemeinden zu zerlegen. [2]Kalendermonate, in denen die Steuerpflicht nur während eines Teils bestanden hat, sind voll zu rechnen. [3]Der Anteil für den Kalendermonat, in dem der Mittelpunkt der gewerblichen Tätigkeit verlegt worden ist, ist der Gemeinde zuzuteilen, in der sich der Mittelpunkt in diesem Kalendermonat die längste Zeit befunden hat.

Schlussvorschriften

§ 36[1] Zeitlicher Anwendungsbereich. Die vorstehende Fassung dieser Verordnung ist erstmals für den Erhebungszeitraum 2021 anzuwenden.

---

   [1] § 36 neu gef. durch VO v. 25.6.2020 (BGBl. I S. 1495).

500. Umsatzsteuergesetz (UStG)

In der Fassung der Bekanntmachung vom 21. Februar 2005
(BGBl. I S. 386)[1]

Geändert durch Gesetz zur Neuorganisation der Bundesfinanzverwaltung und zur Schaffung eines Refinanzierungsregisters vom 22.9.2005 (BGBl. I S. 2809), Gesetz zur steuerlichen Förderung von Wachstum und Beschäftigung vom 26.4.2006 (BGBl. I S. 1091), Gesetz zur Eindämmung missbräuchlicher Steuergestaltungen vom 28.4.2006 (BGBl. I S. 1095), Haushaltsbegleitgesetz 2006 vom 29.6.2006 (BGBl. I S. 1402), Erstes Gesetz zum Abbau bürokratischer Hemmnisse insbesondere in der mittelständischen Wirtschaft vom 22.8.2006 (BGBl. I S. 1970), Jahressteuergesetz 2007 vom 13.12.2006 (BGBl. I S. 2878), Zweites Gesetz zum Abbau bürokratischer Hemmnisse insbesondere in der mittelständischen Wirtschaft vom 7.9.2007 (BGBl. I S. 2246), Gesetz zur weiteren Stärkung des bürgerschaftlichen Engagements vom 10.10.2007 (BGBl. I S. 2332), Jahressteuergesetz 2008 vom 20.12.2007 (BGBl. I S. 3150), Jahressteuergesetz 2009 vom 19.12.2008 (BGBl. I S. 2794), Steuerbürokratieabbaugesetz vom 20.12.2008 (BGBl. I S. 2850), Bürgerentlastungsgesetz Krankenversicherung vom 16.7.2009 (BGBl. I S. 1959), Wachstumsbeschleunigungsgesetz vom 22.12.2009 (BGBl. I S. 3950), Gesetz zur Umsetzung steuerlicher EU-Vorgaben sowie zur Änderung steuerlicher Vorschriften vom 8.4.2010 (BGBl. I S. 386), Gesetz zur Weiterentwicklung der Organisation der Grundsicherung für Arbeitsuchende vom 3.8.2010 (BGBl. I S. 1112), Jahressteuergesetz 2010 (JStG 2010) vom 8.12.2010 (BGBl. I S. 1768), Gesetz zur Ermittlung von Regelbedarfen und zur Änderung des Zweiten und Zwölften Buches Sozialgesetzbuch vom 24.3.2011 (BGBl. I S. 453), Gesetz zur bestätigenden Regelung verschiedener steuerlicher und verkehrsrechtlicher Vorschriften des Haushaltsbegleitgesetzes 2004 vom 5.4.2011 (BGBl. I S. 554), Sechstes Gesetz zur Änderung von Verbrauchsteuergesetzen vom 16.6.2011 (BGBl. I S. 1090), Gesetz zur Anpassung der Rechtsgrundlagen für die Fortentwicklung des Emissionshandels vom 21.7.2011 (BGBl. I S. 1475), Steuervereinfachungsgesetz 2011 vom 1.11.2011 (BGBl. I S. 2131), Drittes Gesetz zur Änderung des Umsatzsteuergesetzes vom 6.12.2011 (BGBl. I S. 2562), Beitreibungsrichtlinie-Umsetzungsgesetz (BeitrRLUmsG) vom 7.12.2011 (BGBl. I S. 2592), Gesetz zur Änderung des Gemeindefinanzreformgesetzes und von steuerlichen Vorschriften vom 8.5.2012 (BGBl. I S. 1030), Amtshilferichtlinie-Umsetzungsgesetz (AmtshilfeRLUmsG) vom 26.6.2013 (BGBl. I S. 1809), Gesetz zur Anpassung des Investmentsteuergesetzes und anderer Gesetze an das AIFM-Umsetzungsgesetz (AIFM-Steuer-Anpassungsgesetz – AIFM-StAnpG) vom 18.12.2013 (BGBl. I S. 4318), Gesetz zur Anpassung des nationalen Steuerrechts an den Beitritt Kroatiens zur EU und zur Änderung weiterer steuerlicher Vorschriften vom 25.7.2014 (BGBl. I S. 1266), Gesetz zur Anpassung der Abgabenordnung an den Zollkodex der Union und zur Änderung weiterer steuerlicher Vorschriften vom 22.12.2014 (BGBl. I S. 2417), Steueränderungsgesetz 2015 vom 2.11.2015 (BGBl. I S. 1834), Gesetz zur Modernisierung des Besteuerungsverfahrens vom 18.7.2016 (BGBl. I S. 1679), Gesetz zur Reform der Investmentbesteuerung (Investmentsteuerreformgesetz – InvStRefG) vom 19.7.2016 (BGBl. I S. 1730), Drittes Gesetz zur Stärkung der pflegerischen Versorgung und zur Änderung weiterer Vorschriften (Drittes Pflegestärkungsgesetz – PSG III) vom 23.12.2016 (BGBl. I S. 3191), Gesetz zur Stärkung der Teilhabe und Selbstbestimmung von Menschen mit Behinderungen (Bundesteilhabegesetz – BTHG) vom 23.12.2016 (BGBl. I S. 3234), Branntweinmonopolverwaltung-Auflösungsgesetz (BfBAG) vom 10.3.2017 (BGBl. I S. 420), Gesetz zur Umsetzung der Vierten EU-Geldwäscherichtlinie, zur Ausführung der EU-Geldtransferverordnung und zur Neuorganisation der Zentralstelle für Finanztransaktionsuntersuchungen vom 23.6.2017 (BGBl. I S. 1822), Zweites Gesetz zur Entlastung insbesondere der mittelständischen Wirtschaft von Bürokratie (Zweites Bürokratieentlastungsgesetz) vom 30.6.2017 (BGBl. I S. 2143), Gesetz zum Ausschluss verfassungsfeindlicher Parteien von der Parteienfinanzierung vom 18.7.2017 (BGBl. I S. 2730), Gesetz zur Durchführung der

---

[1] Neubekanntmachung des UStG idF der Bek. v. 9.6.1999 (BGBl. I S. 1270) auf Grund des § 26 Abs. 6 UStG in der ab 1.1.2005 geltenden Fassung.

Verordnung (EU) Nr. 910/2014 des Europäischen Parlaments und des Rates vom 23. Juli 2014 über elektronische Identifizierung und Vertrauensdienste für elektronische Transaktionen im Binnenmarkt, zur Aufhebung der Richtlinie 1999/93/EG (eIDAS-Durchführungsgesetz) vom 18.7.2017 (BGBl. I S. 2745), Gesetz zur Vermeidung von Umsatzsteuerausfällen beim Handel mit Waren im Internet und zur Änderung weiterer steuerlicher Vorschriften vom 11.12.2018 (BGBl. I S. 2338), Zweites Gesetz zur Anpassung des Datenschutzrechts an die Verordnung (EU) 2016/679 und zur Umsetzung der Richtlinie (EU) 2016/680 (Zweites Datenschutz-Anpassungs- und Umsetzungsgesetz EU – 2. DSAnpUG-EU) vom 20.11.2019 (BGBl. I S. 1626), Drittes Gesetz zur Entlastung insbesondere der mittelständischen Wirtschaft von Bürokratie (Drittes Bürokratieentlastungsgesetz) vom 22.11.2019 (BGBl. I S. 1746), Gesetz zur Reform des Grundsteuer- und Bewertungsrechts (Grundsteuer-Reformgesetz – GrStRefG) vom 26.11.2019 (BGBl. I S. 1794), Gesetz zur weiteren steuerlichen Förderung der Elektromobilität und zur Änderung weiterer steuerlicher Vorschriften vom 12.12.2019 (BGBl. I S. 2451), Gesetz zur Regelung des Sozialen Entschädigungsrechts vom 12.12.2019 (BGBl. I S. 2652; geänd. durch G v. 21.12.2020, BGBl. I S. 3096 und durch G v. 20.8.2021, BGBl. I S. 3932), Gesetz zur Einführung einer Pflicht zur Mitteilung grenzüberschreitender Steuergestaltungen vom 21.12.2019 (BGBl. I S. 2875), Gesetz zur Umsetzung des Klimaschutzprogramms 2030 im Steuerrecht vom 21.12.2019 (BGBl. I S. 2886), Gesetz zur Umsetzung steuerlicher Hilfsmaßnahmen zur Bewältigung der Corona-Krise (Corona-Steuerhilfegesetz) vom 19.6.2020 (BGBl. I S. 1385), Zweites Gesetz zur Umsetzung steuerlicher Hilfsmaßnahmen zur Bewältigung der Corona-Krise (Zweites Corona-Steuerhilfegesetz) vom 29.6.2020 (BGBl. I S. 1512), Jahressteuergesetz 2020 (JStG 2020) vom 21.12.2020 (BGBl. I S. 3096; geänd. durch G v. 20.8.2021, BGBl. I S. 3932), Drittes Gesetz zur Umsetzung steuerlicher Hilfsmaßnahmen zur Bewältigung der Corona-Krise (Drittes Corona-Steuerhilfegesetz) vom 10.3.2021 (BGBl. I S. 330), Gesetz zur Reform des Vormundschafts- und Betreuungsrechts vom 4.5.2021 (BGBl. I S. 882), Gesetz zur Modernisierung der Entlastung von Abzugsteuern und der Bescheinigung der Kapitalertragsteuer (Abzugsteuerentlastungsmodernisierungsgesetz – AbzStEntModG) vom 2.6.2021 (BGBl. I S. 1259), Gesetz zur digitalen Modernisierung von Versorgung und Pflege (Digitale-Versorgung-und-Pflege-Modernisierungs-Gesetz – DVPMG) vom 3.6.2021 (BGBl. I S. 1309), Fondsstandortgesetz (FoStoG) vom 3.6.2021 (BGBl. I S. 1498), Gesetz über die Entschädigung der Soldatinnen und Soldaten und zur Neuordnung des Soldatenversorgungsrechts vom 20.8.2021 (BGBl. I S. 3932), Gesetz zur Umsetzung unionsrechtlicher Vorgaben im Umsatzsteuerrecht vom 21.12.2021 (BGBl. I S. 5250), Gesetz zur temporären Senkung des Umsatzsteuersatzes auf Gaslieferungen über das Erdgasnetz vom 19.10.2022 (BGBl. I S. 1743), Achtes Gesetz zur Änderung von Verbrauchsteuergesetzen vom 24.10.2022 (BGBl. I S. 1838) und Jahressteuergesetz 2022 (JStG 2022) vom 16.12.2022 (BGBl. I S. 2294)

BGBl. III/FNA 611-10-14

Inhaltsübersicht

I. Steuergegenstand und Geltungsbereich   §§

Anlage 3 (zu § 13b Absatz 2 Nummer 7)
Liste der Gegenstände im Sinne des § 13b Absatz 2 Nummer 7
Anlage 4 (zu § 13b Absatz 2 Nummer 11)
Liste der Gegenstände, für deren Lieferung der Leistungsempfänger die
Steuer schuldet

Erster Abschnitt. Steuergegenstand und Geltungsbereich

§ 1 Steuerbare Umsätze. (1) Der Umsatzsteuer unterliegen die folgenden Umsätze:

1. die Lieferungen und sonstige Leistungen, die ein Unternehmer im Inland gegen Entgelt im Rahmen seines Unternehmens ausführt. ²Die Steuerbarkeit entfällt nicht, wenn der Umsatz auf Grund gesetzlicher oder behördlicher Anordnung ausgeführt wird oder nach gesetzlicher Vorschrift als ausgeführt gilt;

2. und 3. (weggefallen)

4. die Einfuhr von Gegenständen im Inland oder in den österreichischen Gebieten Jungholz und Mittelberg (Einfuhrumsatzsteuer);

5. der innergemeinschaftliche Erwerb im Inland gegen Entgelt.

(1a) ¹Die Umsätze im Rahmen einer Geschäftsveräußerung an einen anderen Unternehmer für dessen Unternehmen unterliegen nicht der Umsatzsteuer. ²Eine Geschäftsveräußerung liegt vor, wenn ein Unternehmen oder ein in der Gliederung eines Unternehmens gesondert geführter Betrieb im Ganzen entgeltlich oder unentgeltlich übereignet oder in eine Gesellschaft eingebracht wird. ³Der erwerbende Unternehmer tritt an die Stelle des Veräußerers.

(2)**1)** ¹Inland im Sinne dieses Gesetzes ist das Gebiet der Bundesrepublik Deutschland mit Ausnahme des Gebiets von Büsingen, der Insel Helgoland, der Freizonen im Sinne des Artikels 243 des Zollkodex der Union (Freihäfen), der Gewässer und Watten zwischen der Hoheitsgrenze und der jeweiligen Strandlinie sowie der deutschen Schiffe und der deutschen Luftfahrzeuge in Gebieten, die zu keinem Zollgebiet gehören. ²Ausland im Sinne dieses Gesetzes ist das Gebiet, das danach nicht Inland ist. ³Wird ein Umsatz im Inland ausgeführt, so kommt es für die Besteuerung nicht darauf an, ob der Unternehmer deutscher Staatsangehöriger ist, seinen Wohnsitz oder Sitz im Inland hat, im Inland eine Betriebsstätte unterhält, die Rechnung erteilt oder die Zahlung empfängt. ⁴Zollkodex der Union bezeichnet die Verordnung (EU) Nr. 952/2013 des Europäischen Parlaments und des Rates vom 9. Oktober 2013 zur Festlegung des Zollkodex der Union (ABl. L 269 vom 10.10.2013, S. 1; L 287 vom 20.10.2013, S. 90) in der jeweils geltenden Fassung.

(2a) ¹Das Gemeinschaftsgebiet im Sinne dieses Gesetzes umfasst das Inland im Sinne des Absatzes 2 Satz 1 und die Gebiete der übrigen Mitgliedstaaten der Europäischen Union**2)**, die nach dem Gemeinschaftsrecht als Inland dieser

---

¹⁾ § 1 Abs. 2 Satz 1 geänd., Satz 4 angef. mWv 1.1.2021 durch G v. 21.12.2020 (BGBl. I S. 3096).
²⁾ Geänd. durch G v. 26.6.2013 (BGBl. I S. 1809).

Mitgliedstaaten gelten (übriges Gemeinschaftsgebiet). ²Das Fürstentum Monaco gilt als Gebiet der Französischen Republik; die Insel Man gilt als Gebiet des Vereinigten Königreichs Großbritannien und Nordirland. ³Drittlandsgebiet im Sinne dieses Gesetzes ist das Gebiet, das nicht Gemeinschaftsgebiet ist.

(3) ¹Folgende Umsätze, die in den Freihäfen und in den Gewässern und Watten zwischen der Hoheitsgrenze und der jeweiligen Strandlinie bewirkt werden, sind wie Umsätze im Inland zu behandeln:

1.[1] die Lieferungen und die innergemeinschaftlichen Erwerbe von Gegenständen, die zum Gebrauch oder Verbrauch in den bezeichneten Gebieten oder zur Ausrüstung oder Versorgung eines Beförderungsmittels bestimmt sind, wenn die Gegenstände

   a) nicht für das Unternehmen des Abnehmers erworben werden, oder

   b) vom Abnehmer ausschließlich oder zum Teil für eine nach § 4 Nummer 8 bis 27 und 29[2] steuerfreie Tätigkeit verwendet werden;

2.[1] die sonstigen Leistungen, die

   a) nicht für das Unternehmen des Leistungsempfängers ausgeführt werden, oder

   b) vom Leistungsempfänger ausschließlich oder zum Teil für eine nach § 4 Nummer 8 bis 27 und 29[2] steuerfreie Tätigkeit verwendet werden;

3. die Lieferungen im Sinne des § 3 Abs. 1b und die sonstigen Leistungen im Sinne des § 3 Abs. 9a;

4. die Lieferungen von Gegenständen, die sich im Zeitpunkt der Lieferung

   a) in einem zollamtlich bewilligten Freihafen-Veredelungsverkehr oder in einer zollamtlich besonders zugelassenen Freihafenlagerung oder

   b) einfuhrumsatzsteuerrechtlich im freien Verkehr befinden;

5. die sonstigen Leistungen, die im Rahmen eines Veredelungsverkehrs oder einer Lagerung im Sinne der Nummer 4 Buchstabe a ausgeführt werden;

6.[1] *(aufgehoben)*

7. der innergemeinschaftliche Erwerb eines neuen Fahrzeugs durch die in § 1a Abs. 3 und § 1b Abs. 1 genannten Erwerber.

²Lieferungen und sonstige Leistungen an juristische Personen des öffentlichen Rechts sowie deren innergemeinschaftlicher Erwerb in den bezeichneten Gebieten sind als Umsätze im Sinne der Nummern 1 und 2[3] anzusehen, soweit der Unternehmer nicht anhand von Aufzeichnungen und Belegen das Gegenteil glaubhaft macht.

§ 1a Innergemeinschaftlicher Erwerb. (1) Ein innergemeinschaftlicher Erwerb gegen Entgelt liegt vor, wenn die folgenden Voraussetzungen erfüllt sind:

---

   [1] § 1 Abs. 3 Satz 1 Nrn. 1 und 2 neu gef., Nr. 6 aufgeh. mWv 19.12.2006 durch G v. 13.12.2006 (BGBl. I S. 2878); Abs. 3 Satz 1 Nr. 1 Buchst. b Verweis geänd. mWv 1.1.2020 durch G v. 12.12.2019 (BGBl. I S. 2451).
   [2] Verweis geänd. mWv 1.1.2020 durch G v. 12.12.2019 (BGBl. I S. 2451).
   [3] Verweis geänd. durch G v. 20.12.2007 (BGBl. I S. 3150).

1. Ein Gegenstand gelangt bei einer Lieferung an den Abnehmer (Erwerber) aus dem Gebiet eines Mitgliedstaates in das Gebiet eines anderen Mitgliedstaates oder aus dem übrigen Gemeinschaftsgebiet in die in § 1 Abs. 3 bezeichneten Gebiete, auch wenn der Lieferer den Gegenstand in das Gemeinschaftsgebiet eingeführt hat,

2. der Erwerber ist

a) ein Unternehmer, der den Gegenstand für sein Unternehmen erwirbt, oder

b) eine juristische Person, die nicht Unternehmer ist oder die den Gegenstand nicht für ihr Unternehmen erwirbt,

und

3. die Lieferung an den Erwerber

a) wird durch einen Unternehmer gegen Entgelt im Rahmen seines Unternehmens ausgeführt und

b) ist nach dem Recht des Mitgliedstaates, der für die Besteuerung des Lieferers zuständig ist, nicht auf Grund der Sonderregelung für Kleinunternehmer steuerfrei.

(2) ^{1}Als innergemeinschaftlicher Erwerb gegen Entgelt gilt das Verbringen eines Gegenstands des Unternehmens aus dem übrigen Gemeinschaftsgebiet in das Inland durch einen Unternehmer zu seiner Verfügung, ausgenommen zu einer nur vorübergehenden Verwendung, auch wenn der Unternehmer den Gegenstand in das Gemeinschaftsgebiet eingeführt hat. ^{2}Der Unternehmer gilt als Erwerber.

(2a)[1] Ein innergemeinschaftlicher Erwerb im Sinne des Absatzes 2 liegt nicht vor in den Fällen des § 6b.

(3) Ein innergemeinschaftlicher Erwerb im Sinne der Absätze 1 und 2 liegt nicht vor, wenn die folgenden Voraussetzungen erfüllt sind:

1. Der Erwerber ist

a) ein Unternehmer, der nur steuerfreie Umsätze ausführt, die zum Ausschluss vom Vorsteuerabzug führen,

b) ein Unternehmer, für dessen Umsätze Umsatzsteuer nach § 19 Abs. 1 nicht erhoben wird,

c) ein Unternehmer, der den Gegenstand zur Ausführung von Umsätzen verwendet, für die die Steuer nach den Durchschnittssätzen des § 24 festgesetzt ist, oder

d) eine juristische Person, die nicht Unternehmer ist oder die den Gegenstand nicht für ihr Unternehmen erwirbt,

und

2. der Gesamtbetrag der Entgelte für Erwerbe im Sinne des Absatzes 1 Nr. 1 und des Absatzes 2 hat den Betrag von 12 500 Euro im vorangegangenen Kalenderjahr nicht überstiegen und wird diesen Betrag im laufenden Kalenderjahr voraussichtlich nicht übersteigen (Erwerbsschwelle).

---

[1] § 1a Abs. 2a eingef. mWv 1.1.2020 durch G v. 12.12.2019 (BGBl. I S. 2451).

(4)[1] [1]Der Erwerber kann auf die Anwendung des Absatzes 3 verzichten. [2]Als Verzicht gilt die Verwendung einer dem Erwerber erteilten Umsatzsteuer-Identifikationsnummer gegenüber dem Lieferer. [3]Der Verzicht bindet den Erwerber mindestens für zwei Kalenderjahre.

(5) [1]Absatz 3 gilt nicht für den Erwerb neuer Fahrzeuge und verbrauchsteuerpflichtiger Waren. [2]Verbrauchsteuerpflichtige Waren im Sinne dieses Gesetzes sind Mineralöle, Alkohol und alkoholische Getränke sowie Tabakwaren.

§ 1b Innergemeinschaftlicher Erwerb neuer Fahrzeuge. (1) Der Erwerb eines neuen Fahrzeugs durch einen Erwerber, der nicht zu den in § 1a Abs. 1 Nr. 2 genannten Personen gehört, ist unter den Voraussetzungen des § 1a Abs. 1 Nr. 1 innergemeinschaftlicher Erwerb.

(2) [1]Fahrzeuge im Sinne dieses Gesetzes sind

1. motorbetriebene Landfahrzeuge mit einem Hubraum von mehr als 48 Kubikzentimetern oder einer Leistung von mehr als 7,2 Kilowatt;
2. Wasserfahrzeuge mit einer Länge von mehr als 7,5 Metern;
3. Luftfahrzeuge, deren Starthöchstmasse mehr als 1550 Kilogramm beträgt.

[2]Satz 1 gilt nicht für die in § 4 Nr. 12 Satz 2 und Nr. 17 Buchstabe b bezeichneten Fahrzeuge.

(3) Ein Fahrzeug gilt als neu, wenn das

1. Landfahrzeug nicht mehr als 6000 Kilometer zurückgelegt hat oder wenn seine erste Inbetriebnahme im Zeitpunkt des Erwerbs nicht mehr als sechs Monate zurückliegt;
2. Wasserfahrzeug nicht mehr als 100 Betriebsstunden auf dem Wasser zurückgelegt hat oder wenn seine erste Inbetriebnahme im Zeitpunkt des Erwerbs nicht mehr als drei Monate zurückliegt;
3. Luftfahrzeug nicht länger als 40 Betriebsstunden genutzt worden ist oder wenn seine erste Inbetriebnahme im Zeitpunkt des Erwerbs nicht mehr als drei Monate zurückliegt.

§ 1c Innergemeinschaftlicher Erwerb durch diplomatische Missionen, zwischenstaatliche Einrichtungen und Streitkräfte der Vertragsparteien des Nordatlantikvertrags. (1) [1]Ein innergemeinschaftlicher Erwerb im Sinne des § 1a liegt nicht vor, wenn ein Gegenstand bei einer Lieferung aus dem Gebiet eines anderen Mitgliedstaates in das Inland gelangt und die Erwerber folgende Einrichtungen sind, soweit sie nicht Unternehmer sind oder den Gegenstand nicht für ihr Unternehmen erwerben:

1. im Inland ansässige ständige diplomatische Missionen und berufskonsularische Vertretungen,
2. im Inland ansässige zwischenstaatliche Einrichtungen,

---

[1] § 1a Abs. 4 Satz 2 ersetzt durch Sätze 2 und 3 mWv 1.1.2011 durch G v. 8.12.2010 (BGBl. I S. 1768).

3. im Inland stationierte Streitkräfte anderer Vertragsparteien des Nordatlantikvertrags oder

[*ab 1.7.2022:*

4.[1] im Inland stationierte Streitkräfte anderer Mitgliedstaaten, die an einer Verteidigungsanstrengung teilnehmen, die zur Durchführung einer Tätigkeit der Union im Rahmen der Gemeinsamen Sicherheits- und Verteidigungspolitik unternommen wird.] [2]Diese Einrichtungen gelten nicht als Erwerber im Sinne des § 1a Abs. 1 Nr. 2. [3]§ 1b bleibt unberührt.

(2) Als innergemeinschaftlicher Erwerb gegen Entgelt im Sinne des § 1a Abs. 2 gilt das Verbringen eines Gegenstands durch die deutschen Streitkräfte aus dem übrigen Gemeinschaftsgebiet in das Inland für den Gebrauch oder Verbrauch dieser Streitkräfte oder ihres zivilen Begleitpersonals, wenn die Lieferung des Gegenstands an die deutschen Streitkräfte im übrigen Gemeinschaftsgebiet oder die Einfuhr durch diese Streitkräfte nicht der Besteuerung unterlegen hat.

§ 2 Unternehmer, Unternehmen. (1)[2] [1]Unternehmer ist, wer eine gewerbliche oder berufliche Tätigkeit selbstständig ausübt [*ab 1.1.2023:* , unabhängig davon, ob er nach anderen Vorschriften rechtsfähig ist]. [2]Das Unternehmen umfasst die gesamte gewerbliche oder berufliche Tätigkeit des Unternehmers. [3]Gewerblich oder beruflich ist jede nachhaltige Tätigkeit zur Erzielung von Einnahmen, auch wenn die Absicht, Gewinn zu erzielen, fehlt oder eine Personenvereinigung nur gegenüber ihren Mitgliedern tätig wird.

(2) Die gewerbliche oder berufliche Tätigkeit wird nicht selbständig ausgeübt,

1. soweit natürliche Personen, einzeln oder zusammengeschlossen, einem Unternehmen so eingegliedert sind, dass sie den Weisungen des Unternehmers zu folgen verpflichtet sind,

2. wenn eine juristische Person nach dem Gesamtbild der tatsächlichen Verhältnisse finanziell, wirtschaftlich und organisatorisch in das Unternehmen des Organträgers eingegliedert ist (Organschaft). [2]Die Wirkungen der Organschaft sind auf Innenleistungen zwischen den im Inland gelegenen Unternehmensteilen beschränkt. [3]Diese Unternehmensteile sind als ein Unternehmen zu behandeln. [4]Hat der Organträger seine Geschäftsleitung im Ausland, gilt der wirtschaftlich bedeutendste Unternehmensteil im Inland als der Unternehmer.

(3)[3] [1]*Die juristischen Personen des öffentlichen Rechts sind nur im Rahmen ihrer Betriebe gewerblicher Art (§ 1 Abs. 1 Nr. 6, § 4 des Körperschaftsteuergesetzes) und ihrer land- oder forstwirtschaftlichen Betriebe gewerblich oder beruflich tätig.* [2]*Auch*

---

[1] § 1c Abs. 1 Satz 1 Nr. 4 angef. mWv 1.7.2022 durch G v. 21.12.2020 (BGBl. I S. 3096).
[2] § 2 Abs. 1 Satz 1 2.Hs. angef. mWv 1.1.2023 durch G v. 16.12.2022 (BGBl. I S. 2294).
[3] § 2 Abs. 3 aufgeh. mWv 1.1.2016 durch G v. 2.11.2015 (BGBl. I S. 1834); siehe jetzt § 2b; zur weiteren Anwendung von § 2 Abs. 3 siehe § 27 Abs. 22 Sätze 1 und 3 bis 6 und Abs. 22a.

wenn die Voraussetzungen des Satzes 1 nicht gegeben sind, gelten als gewerbliche oder berufliche Tätigkeit im Sinne dieses Gesetzes

1. *(weggefallen)*
2. *die Tätigkeit der Notare im Landesdienst und der Ratschreiber im Land Baden-Württemberg, soweit Leistungen ausgeführt werden, für die nach der Bundesnotarordnung die Notare zuständig sind;*
3. *die Abgabe von Brillen und Brillenteilen einschließlich der Reparaturarbeiten durch Selbstabgabestellen der gesetzlichen Träger der Sozialversicherung;*
4. *die Leistungen der Vermessungs- und Katasterbehörden bei der Wahrnehmung von Aufgaben der Landesvermessung und des Liegenschaftskatasters mit Ausnahme der Amtshilfe;*
5. *die Tätigkeit der Bundesanstalt für Landwirtschaft und Ernährung, soweit Aufgaben der Marktordnung, der Vorratshaltung und der Nahrungsmittelhilfe wahrgenommen werden.*

§ 2a Fahrzeuglieferer. ¹Wer im Inland ein neues Fahrzeug liefert, das bei der Lieferung in das übrige Gemeinschaftsgebiet gelangt, wird, wenn er nicht Unternehmer im Sinne des § 2 ist, für diese Lieferung wie ein Unternehmer behandelt. ²Dasselbe gilt, wenn der Lieferer eines neuen Fahrzeugs Unternehmer im Sinne des § 2 ist und die Lieferung nicht im Rahmen des Unternehmens ausführt.

§ 2b¹⁾ Juristische Personen des öffentlichen Rechts. (1) ¹Vorbehaltlich des Absatzes 4 gelten juristische Personen des öffentlichen Rechts nicht als Unternehmer im Sinne des § 2, soweit sie Tätigkeiten ausüben, die ihnen im Rahmen der öffentlichen Gewalt obliegen, auch wenn sie im Zusammenhang mit diesen Tätigkeiten Zölle, Gebühren, Beiträge oder sonstige Abgaben erheben. ²Satz 1 gilt nicht, sofern eine Behandlung als Nichtunternehmer zu größeren Wettbewerbsverzerrungen führen würde.

(2) Größere Wettbewerbsverzerrungen liegen insbesondere nicht vor, wenn

1. der von einer juristischen Person des öffentlichen Rechts im Kalenderjahr aus gleichartigen Tätigkeiten erzielte Umsatz voraussichtlich 17 500 Euro jeweils nicht übersteigen wird oder
2. vergleichbare, auf privatrechtlicher Grundlage erbrachte Leistungen ohne Recht auf Verzicht (§ 9) einer Steuerbefreiung unterliegen.

(3) Sofern eine Leistung an eine andere juristische Person des öffentlichen Rechts ausgeführt wird, liegen größere Wettbewerbsverzerrungen insbesondere nicht vor, wenn

1. die Leistungen aufgrund gesetzlicher Bestimmungen nur von juristischen Personen des öffentlichen Rechts erbracht werden dürfen oder
2. die Zusammenarbeit durch gemeinsame spezifische öffentliche Interessen bestimmt wird. ²Dies ist regelmäßig der Fall, wenn

---

¹⁾ § 2b eingef. durch G v. 2.11.2015 (BGBl. I S. 1834); zur Anwendung ab 1.1.2017 siehe § 27 Abs. 22 Satz 2 (bis dahin § 2 Abs. 3 iVm § 27 Abs. 22 Sätze 1 und 3 bis 6); siehe zur temporären Billigung BMF v. 2.2.2023 III C 2-S 7358/19/10001:007 = DOK 2023/0112261.

a) die Leistungen auf langfristigen öffentlich-rechtlichen Vereinbarungen beruhen,

b) die Leistungen dem Erhalt der öffentlichen Infrastruktur und der Wahrnehmung einer allen Beteiligten obliegenden öffentlichen Aufgabe dienen,

c) die Leistungen ausschließlich gegen Kostenerstattung erbracht werden und

d) der Leistende gleichartige Leistungen im Wesentlichen an andere juristische Personen des öffentlichen Rechts erbringt.

(4) Auch wenn die Voraussetzungen des Absatzes 1 Satz 1 gegeben sind, gelten juristische Personen des öffentlichen Rechts bei Vorliegen der übrigen Voraussetzungen des § 2 Absatz 1 mit der Ausübung folgender Tätigkeiten stets als Unternehmer:

1.[1) *(aufgehoben)*

2.[1) *(aufgehoben)*

3. die Leistungen der Vermessungs- und Katasterbehörden bei der Wahrnehmung von Aufgaben der Landesvermessung und des Liegenschaftskatasters mit Ausnahme der Amtshilfe;

4. die Tätigkeit der Bundesanstalt für Landwirtschaft und Ernährung, soweit Aufgaben der Marktordnung, der Vorratshaltung und der Nahrungsmittelhilfe wahrgenommen werden;

5. Tätigkeiten, die in Anhang I der Richtlinie 2006/112/EG des Rates vom 28. November 2006 über das gemeinsame Mehrwertsteuersystem (ABl. L 347 vom 11.12.2006, S. 1) in der jeweils gültigen Fassung genannt sind, sofern der Umfang dieser Tätigkeiten nicht unbedeutend ist.

§ 3 Lieferung, sonstige Leistung. (1) Lieferungen eines Unternehmers sind Leistungen, durch die er oder in seinem Auftrag ein Dritter den Abnehmer oder in dessen Auftrag einen Dritten befähigt, im eigenen Namen über einen Gegenstand zu verfügen (Verschaffung der Verfügungsmacht).

(1a)[2) [1]Als Lieferung gegen Entgelt gilt das Verbringen eines Gegenstands des Unternehmens aus dem Inland in das übrige Gemeinschaftsgebiet durch einen Unternehmer zu seiner Verfügung, ausgenommen zu einer nur vorübergehenden Verwendung, auch wenn der Unternehmer den Gegenstand in das Inland eingeführt hat. [2]Der Unternehmer gilt als Lieferer. [3]Die Sätze 1 und 2 gelten nicht in den Fällen des § 6b.

(1b) [1]Einer Lieferung gegen Entgelt werden gleichgestellt

1. die Entnahme eines Gegenstands durch einen Unternehmer aus seinem Unternehmen für Zwecke, die außerhalb des Unternehmens liegen;

2. die unentgeltliche Zuwendung eines Gegenstands durch einen Unternehmer an sein Personal für dessen privaten Bedarf, sofern keine Aufmerksamkeiten vorliegen;

[1) § 2b Abs. 4 Nrn. 1 und 2 aufgeh. mWv 18.12.2019 durch G v. 12.12.2019 (BGBl. I S. 2451).

[2) § 3 Abs. 1a Satz 3 angef. mWv 1.1.2020 durch G v. 12.12.2019 (BGBl. I S. 2451).

3. jede andere unentgeltliche Zuwendung eines Gegenstands, ausgenommen Geschenke von geringem Wert und Warenmuster für Zwecke des Unternehmens.

²Voraussetzung ist, dass der Gegenstand oder seine Bestandteile zum vollen oder teilweisen Vorsteuerabzug berechtigt haben.

(2) (weggefallen)

(3) ¹Beim Kommissionsgeschäft (§ 383 des Handelsgesetzbuchs) liegt zwischen dem Kommittenten und dem Kommissionär eine Lieferung vor. ²Bei der Verkaufskommission gilt der Kommissionär, bei der Einkaufskommission der Kommittent als Abnehmer.

[ab 1.7.2021:

(3a)¹⁾ ¹Ein Unternehmer, der mittels seiner elektronischen Schnittstelle die Lieferung eines Gegenstands, dessen Beförderung oder Versendung im Gemeinschaftsgebiet beginnt und endet, durch einen nicht im Gemeinschaftsgebiet ansässigen Unternehmer an einen Empfänger nach § 3a Absatz 5 Satz 1 unterstützt, wird behandelt, als ob er diesen Gegenstand für sein Unternehmen selbst erhalten und geliefert hätte. ²Dies gilt auch in den Fällen, in denen der Unternehmer mittels seiner elektronischen Schnittstelle den Fernverkauf von aus dem Drittlandsgebiet eingeführten Gegenständen in Sendungen mit einem Sachwert von höchstens 150 Euro unterstützt. ³Eine elektronische Schnittstelle im Sinne der Sätze 1 und 2 ist ein elektronischer Marktplatz, eine elektronische Plattform, ein elektronisches Portal oder Ähnliches. ⁴Ein Fernverkauf im Sinne des Satzes 2 ist die Lieferung eines Gegenstands, der durch den Lieferer oder für dessen Rechnung aus dem Drittlandsgebiet an einen Erwerber in einem Mitgliedstaat befördert oder versendet wird, einschließlich jener Lieferung, an deren Beförderung oder Versendung der Lieferer indirekt beteiligt ist. ⁵Erwerber im Sinne des Satzes 4 ist ein in § 3a Absatz 5 Satz 1 bezeichneter Empfänger oder eine in § 1a Absatz 3 Nummer 1 genannte Person, die weder die maßgebende Erwerbsschwelle überschreitet noch auf ihre Anwendung verzichtet; im Fall der Beendigung der Beförderung oder Versendung im Gebiet eines anderen Mitgliedstaates ist die von diesem Mitgliedstaat festgesetzte Erwerbsschwelle maßgebend. ⁶Satz 2 gilt nicht für die Lieferung neuer Fahrzeuge und eines Gegenstandes, der mit oder ohne probeweise Inbetriebnahme durch den Lieferer oder für dessen Rechnung montiert oder installiert geliefert wird.]

(4) ¹Hat der Unternehmer die Bearbeitung oder Verarbeitung eines Gegenstands übernommen und verwendet er hierbei Stoffe, die er selbst beschafft, so ist die Leistung als Lieferung anzusehen (Werklieferung), wenn es sich bei den Stoffen nicht nur um Zutaten oder sonstige Nebensachen handelt. ²Das gilt auch dann, wenn die Gegenstände mit dem Grund und Boden fest verbunden werden.

(5) ¹Hat ein Abnehmer dem Lieferer die Nebenerzeugnisse oder Abfälle, die bei der Bearbeitung oder Verarbeitung des ihm übergebenen Gegenstands

---

¹⁾ § 3 Abs. 3a eingef. durch G v. 21.12.2020 (BGBl. I S. 3096); zur Anwendung siehe § 27 Abs. 34 Satz 1.

entstehen, zurückzugeben, so beschränkt sich die Lieferung auf den Gehalt des Gegenstands an den Bestandteilen, die dem Abnehmer verbleiben. [2]Das gilt auch dann, wenn der Abnehmer an Stelle der bei der Bearbeitung oder Verarbeitung entstehenden Nebenerzeugnisse oder Abfälle Gegenstände gleicher Art zurückgibt, wie sie in seinem Unternehmen regelmäßig anfallen.

(5a) Der Ort der Lieferung richtet sich vorbehaltlich der §§ 3c, 3e, *3f*[1] und 3g nach den Absätzen 6 bis 8.

(6) [1]Wird der Gegenstand der Lieferung durch den Lieferer, den Abnehmer oder einen vom Lieferer oder vom Abnehmer beauftragten Dritten befördert oder versendet, gilt die Lieferung dort als ausgeführt, wo die Beförderung oder Versendung an den Abnehmer oder in dessen Auftrag an einen Dritten beginnt. [2]Befördern ist jede Fortbewegung eines Gegenstands. [3]Versenden liegt vor, wenn jemand die Beförderung durch einen selbständigen Beauftragten ausführen oder besorgen lässt. [4]Die Versendung beginnt mit der Übergabe des Gegenstands an den Beauftragten.[2]

(6a)[3] [1]Schließen mehrere Unternehmer über denselben Gegenstand Liefergeschäfte ab und gelangt dieser Gegenstand bei der Beförderung oder Versendung unmittelbar vom ersten Unternehmer an den letzten Abnehmer (Reihengeschäft), so ist die Beförderung oder Versendung des Gegenstands nur einer der Lieferungen zuzuordnen. [2]Wird der Gegenstand der Lieferung dabei durch den ersten Unternehmer in der Reihe befördert oder versendet, ist die Beförderung oder Versendung seiner Lieferung zuzuordnen. [3]Wird der Gegenstand der Lieferung durch den letzten Abnehmer befördert oder versendet, ist die Beförderung oder Versendung der Lieferung an ihn zuzuordnen. [4]Wird der Gegenstand der Lieferung durch einen Abnehmer befördert oder versendet, der zugleich Lieferer ist (Zwischenhändler), ist die Beförderung oder Versendung der Lieferung an ihn zuzuordnen, es sei denn, er weist nach, dass er den Gegenstand als Lieferer befördert oder versendet hat. [5]Gelangt der Gegenstand der Lieferung aus dem Gebiet eines Mitgliedstaates in das Gebiet eines anderen Mitgliedstaates und verwendet der Zwischenhändler gegenüber dem leistenden Unternehmer bis zum Beginn der Beförderung oder Versendung eine Umsatzsteuer-Identifikationsnummer, die ihm vom Mitgliedstaat des Beginns der Beförderung oder Versendung erteilt wurde, ist die Beförderung oder Versendung seiner Lieferung zuzuordnen. [6]Gelangt der Gegenstand der Lieferung in das Drittlandsgebiet, ist von einem ausreichenden Nachweis nach Satz 4 auszugehen, wenn der Zwischenhändler gegenüber dem leistenden Unternehmer bis zum Beginn der Beförderung oder Versendung eine Umsatzsteuer-Identifikationsnummer oder Steuernummer verwendet, die ihm vom Mitgliedstaat des Beginns der Beförderung oder Versendung erteilt wurde. [7]Gelangt der Gegenstand der Lieferung vom Drittlandsgebiet in das Gemeinschaftsgebiet, ist von einem ausreichenden Nachweis nach Satz 4 auszugehen, wenn der Gegenstand der Lieferung im Namen des Zwischenhändlers

---

[1] Verweis auf § 3f aufgeh. mWv 18.12.2019 durch G v. 12.12.2019 (BGBl. I S. 2451).
[2] § 3 Abs. 6 Sätze 5 und 6 aufgeh. mWv 1.1.2020 durch G v. 12.12.2019 (BGBl. I S. 2451).
[3] § 3 Abs. 6a eingef. mWv 1.1.2020 durch G v. 12.12.2019 (BGBl. I S. 2451).

oder im Rahmen der indirekten Stellvertretung (Artikel 18 der Verordnung (EU) Nr. 952/2013 des Europäischen Parlaments und des Rates vom 9. Oktober 2013 zur Festlegung des Zollkodex der Union, ABl. L 269 vom 10.10.2013, S. 1) für seine Rechnung zum zoll- und steuerrechtlich freien Verkehr angemeldet wird.

[*ab 1.7.2021:*

(6b)[1] Wird ein Unternehmer gemäß Absatz 3a behandelt, als ob er einen Gegenstand selbst erhalten und geliefert hätte, wird die Beförderung oder Versendung des Gegenstands der Lieferung durch diesen Unternehmer zugeschrieben.]

(7) [1]Wird der Gegenstand der Lieferung nicht befördert oder versendet, wird die Lieferung dort ausgeführt, wo sich der Gegenstand zur Zeit der Verschaffung der Verfügungsmacht befindet. [2]In den Fällen *des Absatzes 6a*[2] [*ab 1.7.2021:* der Absätze 6a und 6b][3] gilt Folgendes:

1. Lieferungen, die der Beförderungs- oder Versendungslieferung vorangehen, gelten dort als ausgeführt, wo die Beförderung oder Versendung des Gegenstands beginnt.

2. Lieferungen, die der Beförderungs- oder Versendungslieferung folgen, gelten dort als ausgeführt, wo die Beförderung oder Versendung des Gegenstands endet.

(8) Gelangt der Gegenstand der Lieferung bei der Beförderung oder Versendung aus dem Drittlandsgebiet in das Inland, gilt der Ort der Lieferung dieses Gegenstands als im Inland gelegen, wenn der Lieferer oder sein Beauftragter Schuldner der Einfuhrumsatzsteuer ist.

(8a) (weggefallen)

(9)[4] [1]Sonstige Leistungen sind Leistungen, die keine Lieferungen sind. [2]Sie können auch in einem Unterlassen oder im Dulden einer Handlung oder eines Zustands bestehen.

(9a)[5] Einer sonstigen Leistung gegen Entgelt werden gleichgestellt

1.[6] die Verwendung eines dem Unternehmen zugeordneten Gegenstands, der zum vollen oder teilweisen Vorsteuerabzug berechtigt hat, durch einen Unternehmer für Zwecke, die außerhalb des Unternehmens liegen, oder für den privaten Bedarf seines Personals, sofern keine Aufmerksamkeiten vorliegen; dies gilt nicht, wenn der Vorsteuerabzug nach § 15 Absatz 1b ausgeschlossen oder wenn eine Vorsteuerberichtigung nach § 15a Absatz 6a durchzuführen ist;

---

[1] § 3 Abs. 6b eingef. durch G v. 21.12.2020 (BGBl. I S. 3096); zur Anwendung siehe § 27 Abs. 34 Satz 1.
[2] Verweis geänd. mWv 1.1.2020 durch G v. 12.12.2019 (BGBl. I S. 2451).
[3] Verweis geänd. durch G v. 21.12.2020 (BGBl. I S. 3096); zur Anwendung siehe § 27 Abs. 34 Satz 1.
[4] § 3 Abs. 9 Sätze 4 und 5 aufgeh. durch G v. 20.12.2007 (BGBl. I S. 3150); Satz 3 aufgeh. mWv 1.1.2019 durch G v. 11.12.2018 (BGBl. I S. 2338).
[5] § 3 Abs. 9a Satz 2 aufgeh. mWv 1.1.2004 – zur Übergangsregelung für Altfahrzeuge siehe § 27 Abs. 5.
[6] § 3 Abs. 9a Nr. 1 Klammerzusatz angef. durch G v. 8.12.2010 (BGBl. I S. 1768); zur Anwendung siehe § 27 Abs. 16.

2. die unentgeltliche Erbringung einer anderen sonstigen Leistung durch den Unternehmer für Zwecke, die außerhalb des Unternehmens liegen, oder für den privaten Bedarf seines Personals, sofern keine Aufmerksamkeiten vorliegen.

(10) Überlässt ein Unternehmer einem Auftraggeber, der ihm einen Stoff zur Herstellung eines Gegenstands übergeben hat, an Stelle des herzustellenden Gegenstands einen gleichartigen Gegenstand, wie er ihn in seinem Unternehmen aus solchem Stoff herzustellen pflegt, so gilt die Leistung des Unternehmers als Werkleistung, wenn das Entgelt für die Leistung nach Art eines Werklohns unabhängig vom Unterschied zwischen dem Marktpreis des empfangenen Stoffs und dem des überlassenen Gegenstands berechnet wird.

(11) Wird ein Unternehmer in die Erbringung einer sonstigen Leistung eingeschaltet und handelt er dabei im eigenen Namen, jedoch für fremde Rechnung, gilt diese Leistung als an ihn und von ihm erbracht.

(11a)[1] [1] Wird ein Unternehmer in die Erbringung einer sonstigen Leistung, die über ein Telekommunikationsnetz, eine Schnittstelle oder ein Portal erbracht wird, eingeschaltet, gilt er im Sinne von Absatz 11 als im eigenen Namen und für fremde Rechnung handelnd. [2] Dies gilt nicht, wenn der Anbieter dieser sonstigen Leistung von dem Unternehmer als Leistungserbringer ausdrücklich benannt wird und dies in den vertraglichen Vereinbarungen zwischen den Parteien zum Ausdruck kommt. [3] Diese Bedingung ist erfüllt, wenn

1. in den von jedem an der Erbringung beteiligten Unternehmer ausgestellten oder verfügbar gemachten Rechnungen die sonstige Leistung im Sinne des Satzes 2 und der Erbringer dieser Leistung angegeben sind;

2. in den dem Leistungsempfänger ausgestellten oder verfügbar gemachten Rechnungen die sonstige Leistung im Sinne des Satzes 2 und der Erbringer dieser Leistung angegeben sind.

[4] Die Sätze 2 und 3 finden keine Anwendung, wenn der Unternehmer hinsichtlich der Erbringung der sonstigen Leistung im Sinne des Satzes 2

1. die Abrechnung gegenüber dem Leistungsempfänger autorisiert,

2. die Erbringung der sonstigen Leistung genehmigt oder

3. die allgemeinen Bedingungen der Leistungserbringung festlegt.

[5] Die Sätze 1 bis 4 gelten nicht, wenn der Unternehmer lediglich Zahlungen in Bezug auf die erbrachte sonstige Leistung im Sinne des Satzes 2 abwickelt und nicht an der Erbringung dieser sonstigen Leistung beteiligt ist.

(12) [1] Ein Tausch liegt vor, wenn das Entgelt für eine Lieferung in einer Lieferung besteht. [2] Ein tauschähnlicher Umsatz liegt vor, wenn das Entgelt für eine sonstige Leistung in einer Lieferung oder sonstigen Leistung besteht.

(13) [1] Ein Gutschein (Einzweck- oder Mehrzweck-Gutschein) ist ein Instrument, bei dem

1. die Verpflichtung besteht, es als vollständige oder teilweise Gegenleistung für eine Lieferung oder sonstige Leistung anzunehmen und

---

[1] §3 Abs. 11a eingef. mWv 1.1.2015 durch G v. 25.7.2014 (BGBl. I S. 1266).

2. der Liefergegenstand oder die sonstige Leistung oder die Identität des leistenden Unternehmers entweder auf dem Instrument selbst oder in damit zusammenhängenden Unterlagen, einschließlich der Bedingungen für die Nutzung dieses Instruments, angegeben sind.

²Instrumente, die lediglich zu einem Preisnachlass berechtigen, sind keine Gutscheine im Sinne des Satzes 1.

(14)¹⁾ ¹Ein Gutschein im Sinne des Absatzes 13, bei dem der Ort der Lieferung oder der sonstigen Leistung, auf die sich der Gutschein bezieht, und die für diese Umsätze geschuldete Steuer zum Zeitpunkt der Ausstellung des Gutscheins feststehen, ist ein Einzweck-Gutschein. ²Überträgt ein Unternehmer einen Einzweck-Gutschein im eigenen Namen, gilt die Übertragung des Gutscheins als die Lieferung des Gegenstands oder die Erbringung der sonstigen Leistung, auf die sich der Gutschein bezieht. ³Überträgt ein Unternehmer einen Einzweck-Gutschein im Namen eines anderen Unternehmers, gilt diese Übertragung als Lieferung des Gegenstands oder Erbringung der sonstigen Leistung, auf die sich der Gutschein bezieht, durch den Unternehmer, in dessen Namen die Übertragung des Gutscheins erfolgt. ⁴Wird die im Einzweck-Gutschein bezeichnete Leistung von einem anderen Unternehmer erbracht als dem, der den Gutschein im eigenen Namen ausgestellt hat, wird der leistende Unternehmer so behandelt, als habe er die im Gutschein bezeichnete Leistung an den Aussteller erbracht. ⁵Die tatsächliche Lieferung oder die tatsächliche Erbringung der sonstigen Leistung, für die ein Einzweck-Gutschein als Gegenleistung angenommen wird, gilt in den Fällen der Sätze 2 bis 4 nicht als unabhängiger Umsatz.

(15)²⁾ ¹Ein Gutschein im Sinne des Absatzes 13, bei dem es sich nicht um einen Einzweck-Gutschein handelt, ist ein Mehrzweck-Gutschein. ²Die tatsächliche Lieferung oder die tatsächliche Erbringung der sonstigen Leistung, für die der leistende Unternehmer einen Mehrzweck-Gutschein als vollständige oder teilweise Gegenleistung annimmt, unterliegt der Umsatzsteuer nach § 1 Absatz 1, wohingegen jede vorangegangene Übertragung dieses Mehrzweck-Gutscheins nicht der Umsatzsteuer unterliegt.

§ 3a³⁾ Ort der sonstigen Leistung. (1) ¹Eine sonstige Leistung wird vorbehaltlich der Absätze 2 bis 8⁴⁾ und der §§ 3b und 3e⁵⁾ an dem Ort ausgeführt, von dem aus der Unternehmer sein Unternehmen betreibt. ²Wird die sonstige Leistung von einer Betriebsstätte ausgeführt, gilt die Betriebsstätte als der Ort der sonstigen Leistung.

(2) ¹Eine sonstige Leistung, die an einen Unternehmer für dessen Unternehmen ausgeführt wird, wird vorbehaltlich der Absätze 3 bis 8⁴⁾ und der

---

¹⁾ § 3 Abs. 13 und 14 angef. durch G v. 11.12.2018 (BGBl. I S. 2338); zur Anwendung siehe § 27 Abs. 23.
²⁾ § 3 Abs. 15 angef. durch G v. 11.12.2018 (BGBl. I S. 2338); zur Anwendung siehe § 27 Abs. 23.
³⁾ § 3a neu gef. mWv 1.1.2010 durch G v. 19.12.2008 (BGBl. I S. 2794).
⁴⁾ Verweis geänd. mWv 1.1.2011 durch G v. 8.12.2010 (BGBl. I S. 1768).
⁵⁾ Verweis geänd. mWv 18.12.2019 durch G v. 12.12.2019 (BGBl. I S. 2451).

§§ 3b und 3e[1] an dem Ort ausgeführt, von dem aus der Empfänger sein Unternehmen betreibt. [2] Wird die sonstige Leistung an die Betriebsstätte eines Unternehmers ausgeführt, ist stattdessen der Ort der Betriebsstätte maßgebend. [3] Die Sätze 1 und 2 gelten entsprechend bei einer sonstigen Leistung an eine ausschließlich[2] nicht unternehmerisch tätige juristische Person, der eine Umsatzsteuer-Identifikationsnummer erteilt worden ist, und bei einer sonstigen Leistung an eine juristische Person, die sowohl unternehmerisch als auch nicht unternehmerisch tätig ist; dies gilt nicht für sonstige Leistungen, die ausschließlich für den privaten Bedarf des Personals oder eines Gesellschafters bestimmt sind.

(3) Abweichend von den Absätzen 1 und 2 gilt:

1. [1] Eine sonstige Leistung im Zusammenhang mit einem Grundstück wird dort ausgeführt, wo das Grundstück liegt. [2] Als sonstige Leistungen im Zusammenhang mit einem Grundstück sind insbesondere anzusehen:

   a) sonstige Leistungen der in § 4 Nr. 12 bezeichneten Art,

   b) sonstige Leistungen im Zusammenhang mit der Veräußerung oder dem Erwerb von Grundstücken,

   c) sonstige Leistungen, die der Erschließung von Grundstücken oder der Vorbereitung, Koordinierung oder Ausführung von Bauleistungen dienen.

2.[3] [1] Die kurzfristige Vermietung eines Beförderungsmittels wird an dem Ort ausgeführt, an dem dieses Beförderungsmittel dem Empfänger tatsächlich zur Verfügung gestellt wird. [2] Als kurzfristig im Sinne des Satzes 1 gilt eine Vermietung über einen ununterbrochenen Zeitraum

   a) von nicht mehr als 90 Tagen bei Wasserfahrzeugen,

   b) von nicht mehr als 30 Tagen bei anderen Beförderungsmitteln.

   [3] Die Vermietung eines Beförderungsmittels, die nicht als kurzfristig im Sinne des Satzes 2 anzusehen ist, an einen Empfänger, der weder ein Unternehmer ist, für dessen Unternehmen die Leistung bezogen wird, noch eine nicht unternehmerisch tätige juristische Person, der eine Umsatzsteuer-Identifikationsnummer erteilt worden ist, wird an dem Ort erbracht, an dem der Empfänger seinen Wohnsitz oder Sitz hat. [4] Handelt es sich bei dem Beförderungsmittel um ein Sportboot, wird abweichend von Satz 3 die Vermietungsleistung an dem Ort ausgeführt, an dem das Sportboot dem Empfänger tatsächlich zur Verfügung gestellt wird, wenn sich auch der Sitz, die Geschäftsleitung oder eine Betriebsstätte des Unternehmers, von wo aus diese Leistung tatsächlich erbracht wird, an diesem Ort befindet.

3. Die folgenden sonstigen Leistungen werden dort ausgeführt, wo sie vom Unternehmer tatsächlich erbracht werden:

---

[1] Verweis geänd. mWv 18.12.2019 durch G v. 12.12.2019 (BGBl. I S. 2451).
[2] § 3a Abs. 2 geänd. mWv 30.6.2013 durch G v. 26.6.2013 (BGBl. I S. 1809).
[3] § 3a Abs. 3 Nr. 2 Sätze 3 und 4 angef. mWv 30.6.2013 durch G v. 26.6.2013 (BGBl. I S. 1809).

a)[1] kulturelle, künstlerische, wissenschaftliche, unterrichtende, sportliche, unterhaltende oder ähnliche Leistungen, wie Leistungen im Zusammenhang mit Messen und Ausstellungen, einschließlich der Leistungen der jeweiligen Veranstalter sowie die damit zusammenhängenden Tätigkeiten, die für die Ausübung der Leistungen unerlässlich sind, an einen Empfänger, der weder ein Unternehmer ist, für dessen Unternehmen die Leistung bezogen wird, noch eine nicht unternehmerisch tätige juristische Person, der eine Umsatzsteuer-Identifikationsnummer erteilt worden ist,

b) die Abgabe von Speisen und Getränken zum Verzehr an Ort und Stelle (Restaurationsleistung), wenn diese Abgabe nicht an Bord eines Schiffs, in einem Luftfahrzeug oder in einer Eisenbahn während einer Beförderung innerhalb des Gemeinschaftsgebiets erfolgt,

c) Arbeiten an beweglichen körperlichen Gegenständen und die Begutachtung dieser Gegenstände für einen Empfänger, der weder ein Unternehmer ist, für dessen Unternehmen die Leistung ausgeführt wird, noch eine nicht unternehmerisch tätige juristische Person, der eine Umsatzsteuer-Identifikationsnummer erteilt worden ist.

4. Eine Vermittlungsleistung an einen Empfänger, der weder ein Unternehmer ist, für dessen Unternehmen die Leistung bezogen wird, noch eine nicht unternehmerisch tätige juristische Person, der eine Umsatzsteuer-Identifikationsnummer erteilt worden ist, wird an dem Ort erbracht, an dem der vermittelte Umsatz als ausgeführt gilt.

5.[2] Die Einräumung der Eintrittsberechtigung zu kulturellen, künstlerischen, wissenschaftlichen, unterrichtenden, sportlichen, unterhaltenden oder ähnlichen Veranstaltungen, wie Messen und Ausstellungen, sowie die damit zusammenhängenden sonstigen Leistungen an einen Unternehmer für dessen Unternehmen oder an eine nicht unternehmerisch tätige juristische Person, der eine Umsatzsteuer-Identifikationsnummer erteilt worden ist, wird an dem Ort erbracht, an dem die Veranstaltung tatsächlich durchgeführt wird.

(4) [1]Ist der Empfänger einer der in Satz 2 bezeichneten sonstigen Leistungen weder ein Unternehmer, für dessen Unternehmen die Leistung bezogen wird, noch eine nicht unternehmerisch tätige juristische Person, der eine Umsatzsteuer-Identifikationsnummer erteilt worden ist, und hat er seinen Wohnsitz oder Sitz im Drittlandsgebiet, wird die sonstige Leistung an seinem Wohnsitz oder Sitz ausgeführt. [2]Sonstige Leistungen im Sinne des Satzes 1 sind:

1. die Einräumung, Übertragung und Wahrnehmung von Patenten, Urheberrechten, Markenrechten und ähnlichen Rechten;

2. die sonstigen Leistungen, die der Werbung oder der Öffentlichkeitsarbeit dienen, einschließlich der Leistungen der Werbungsmittler und der Werbeagenturen;

---

[1] § 3a Abs. 3 Nr. 3 Buchst. a letzter HS angef. mWv 1.1.2011 durch G v. 8.12.2010 (BGBl. I S. 1768).
[2] § 3a Abs. 3 Nr. 5 angef. mWv 1.1.2011 durch G v. 8.12.2010 (BGBl. I S. 1768).

3. die sonstigen Leistungen aus der Tätigkeit als Rechtsanwalt, Patentanwalt, Steuerberater, Steuerbevollmächtigter, Wirtschaftsprüfer, vereidigter Buchprüfer, Sachverständiger, Ingenieur, Aufsichtsratsmitglied, Dolmetscher und Übersetzer sowie ähnliche Leistungen anderer Unternehmer, insbesondere die rechtliche, wirtschaftliche und technische Beratung;

4. die Datenverarbeitung;

5. die Überlassung von Informationen einschließlich gewerblicher Verfahren und Erfahrungen;

6. a)[1] Bank- und Finanzumsätze, insbesondere der in § 4 Nummer 8 Buchstabe a bis h bezeichneten Art und die Verwaltung von Krediten und Kreditsicherheiten, sowie Versicherungsumsätze der in § 4 Nummer 10 bezeichneten Art,

   b) die sonstigen Leistungen im Geschäft mit Gold, Silber und Platin. [2]Das gilt nicht für Münzen und Medaillen aus diesen Edelmetallen;

7. die Gestellung von Personal;

8. der Verzicht auf Ausübung eines der in Nummer 1 bezeichneten Rechte;

9. der Verzicht, ganz oder teilweise eine gewerbliche oder berufliche Tätigkeit auszuüben;

10. die Vermietung beweglicher körperlicher Gegenstände, ausgenommen Beförderungsmittel;

11.–13.[2] *(aufgehoben)*

14.[3] die Gewährung des Zugangs zum Erdgasnetz, zum Elektrizitätsnetz oder zu Wärme- oder Kältenetzen und die Fernleitung, die Übertragung oder Verteilung über diese Netze sowie die Erbringung anderer damit unmittelbar zusammenhängender sonstiger Leistungen.

(5)[4] [1]Ist der Empfänger einer der in Satz 2 bezeichneten sonstigen Leistungen

1. kein Unternehmer, für dessen Unternehmen die Leistung bezogen wird,

2. keine ausschließlich nicht unternehmerisch tätige juristische Person, der eine Umsatzsteuer-Identifikationsnummer erteilt worden ist,

3. keine juristische Person, die sowohl unternehmerisch als auch nicht unternehmerisch tätig ist, bei der die Leistung nicht ausschließlich für den privaten Bedarf des Personals oder eines Gesellschafters bestimmt ist,

wird die sonstige Leistung an dem Ort ausgeführt, an der der Leistungsempfänger seinen Wohnsitz, seinen gewöhnlichen Aufenthaltsort oder seinen Sitz hat. [2]Sonstige Leistungen im Sinne des Satzes 1 sind:

---

[1] § 3a Abs. 4 Satz 2 Nr. 6 Buchst. a neu gef. mWv 31.12.2014 durch G v. 22.12.2014 (BGBl. I S. 2417).
[2] § 3a Abs. 4 Satz 2 Nrn. 11 bis 13 aufgeh. mWv 1.1.2015 durch G v. 25.7.2014 (BGBl. I S. 1266).
[3] § 3a Abs. 4 Satz 2 Nr. 14 geänd. mWv 1.1.2011 durch G v. 8.12.2010 (BGBl. I S. 1768).
[4] § 3a Abs. 5 neu gef. mWv 1.1.2015 durch G v. 25.7.2014 (BGBl. I S. 1266); Sätze 3 bis 5 angef. mWv 1.1.2019 (§ 27 Abs. 24 Satz 1) durch G v. 11.12.2018 (BGBl. I S. 2338).

1. die sonstigen Leistungen auf dem Gebiet der Telekommunikation;

2. die Rundfunk- und Fernsehdienstleistungen;

3. die auf elektronischem Weg erbrachten sonstigen Leistungen.

³Satz 1 ist nicht anzuwenden, wenn der leistende Unternehmer seinen Sitz, seine Geschäftsleitung, eine Betriebsstätte oder in Ermangelung eines Sitzes, einer Geschäftsleitung oder einer Betriebsstätte seinen Wohnsitz oder gewöhnlichen Aufenthalt in nur einem Mitgliedstaat hat und der Gesamtbetrag der Entgelte der in Satz 2 bezeichneten sonstigen Leistungen an in Satz 1 bezeichnete Empfänger mit Wohnsitz, gewöhnlichem Aufenthalt oder Sitz in anderen Mitgliedstaaten [*ab 1.7.2021:* sowie der innergemeinschaftlichen Fernverkäufe nach § 3c Absatz 1 Satz 2 und 3]¹⁾ insgesamt 10 000 Euro im vorangegangenen Kalenderjahr nicht überschritten hat und im laufenden Kalenderjahr nicht überschreitet. ⁴Der leistende Unternehmer kann dem Finanzamt erklären, dass er auf die Anwendung des Satzes 3 verzichtet. ⁵Die Erklärung bindet den Unternehmer mindestens für zwei Kalenderjahre.

(6) ¹Erbringt ein Unternehmer, der sein Unternehmen von einem im Drittlandsgebiet liegenden Ort aus betreibt,

1. eine in Absatz 3 Nr. 2 bezeichnete Leistung oder die langfristige Vermietung eines Beförderungsmittels,

2.²⁾ eine in Absatz 4 Satz 2 Nummer 1 bis 10 bezeichnete sonstige Leistung an eine im Inland ansässige juristische Person des öffentlichen Rechts oder

3.³⁾ eine in Absatz 5 Satz 2 Nummer 1 und 2 bezeichnete Leistung,

ist diese Leistung abweichend von Absatz 1, Absatz 3 Nummer 2, Absatz 4 Satz 1 oder Absatz 5⁴⁾ als im Inland ausgeführt zu behandeln, wenn sie dort genutzt oder ausgewertet wird. ²Wird die Leistung von einer Betriebsstätte eines Unternehmers ausgeführt, gilt Satz 1 entsprechend, wenn die Betriebsstätte im Drittlandsgebiet liegt.

(7) ¹Vermietet ein Unternehmer, der sein Unternehmen vom Inland aus betreibt, kurzfristig ein Schienenfahrzeug, einen Kraftomnibus oder ein ausschließlich zur Beförderung von Gegenständen bestimmtes Straßenfahrzeug, ist diese Leistung abweichend von Absatz 3 Nr. 2 als im Drittlandsgebiet ausgeführt zu behandeln, wenn die Leistung an einen im Drittlandsgebiet ansässigen Unternehmer erbracht wird, das Fahrzeug für dessen Unternehmen bestimmt ist und im Drittlandsgebiet genutzt wird. ²Wird die Vermietung des Fahrzeugs von einer Betriebsstätte eines Unternehmers ausgeführt, gilt Satz 1 entsprechend, wenn die Betriebsstätte im Inland liegt.

---

¹⁾ § 3a Abs. 5 Satz 3 geänd. durch G v. 21.12.2020 (BGBl. I 3096); zur Anwendung siehe § 27 Abs. 34 Satz 1.
²⁾ § 3a Abs. 6 Satz 1 Nr. 2 Klammerzusatz eingef., Satzteile aufgeh. mWv 1.1.2011 durch G v. 8.12.2010 (BGBl. I S. 1768).
³⁾ § 3a Abs. 6 Satz 1 Nr. 3 Verweis geänd. mWv 1.1.2015 durch G v. 25.7.2014 (BGBl. I S. 1266); berichtigt durch G v. 22.12.2014 (BGBl. I S. 2417).
⁴⁾ Verweis geänd. mWv 1.1.2015 durch G v. 25.7.2014 (BGBl. I S. 1266).

(8)[1] [1]Erbringt ein Unternehmer eine Güterbeförderungsleistung, ein Beladen, Entladen, Umschlagen oder ähnliche mit der Beförderung eines Gegenstandes im Zusammenhang stehende Leistungen im Sinne des § 3b Absatz 2, eine Arbeit an beweglichen körperlichen Gegenständen oder eine Begutachtung dieser Gegenstände, eine Reisevorleistung im Sinne des § 25 Absatz 1 Satz 5 oder eine Veranstaltungsleistung im Zusammenhang mit Messen und Ausstellungen, ist diese Leistung abweichend von Absatz 2 als im Drittlandsgebiet ausgeführt zu behandeln, wenn die Leistung dort genutzt oder ausgewertet wird. [2]Satz 1 gilt nicht, wenn die dort genannten Leistungen in einem der in § 1 Absatz 3 genannten Gebiete tatsächlich ausgeführt werden.

§ 3b[2] **Ort der Beförderungsleistungen und der damit zusammenhängenden sonstigen Leistungen.** (1) [1]Eine Beförderung einer Person wird dort ausgeführt, wo die Beförderung bewirkt wird. [2]Erstreckt sich eine solche Beförderung nicht nur auf das Inland, fällt nur der Teil der Leistung unter dieses Gesetz, der auf das Inland entfällt. [3]Die Sätze 1 und 2 gelten entsprechend für die Beförderung von Gegenständen, die keine innergemeinschaftliche Beförderung eines Gegenstands im Sinne des Absatzes 3 ist, wenn der Empfänger weder ein Unternehmer, für dessen Unternehmen die Leistung bezogen wird, noch eine nicht unternehmerisch tätige juristische Person ist, der eine Umsatzsteuer-Identifikationsnummer erteilt worden ist. [4]Die Bundesregierung kann mit Zustimmung des Bundesrates durch Rechtsverordnung zur Vereinfachung des Besteuerungsverfahrens bestimmen, dass bei Beförderungen, die sich sowohl auf das Inland als auch auf das Ausland erstrecken (grenzüberschreitende Beförderungen),

1. kurze inländische Beförderungsstrecken als ausländische und kurze ausländische Beförderungsstrecken als inländische angesehen werden;

2. Beförderungen über kurze Beförderungsstrecken in den in § 1 Abs. 3 bezeichneten Gebieten nicht wie Umsätze im Inland behandelt werden.

(2) Das Beladen, Entladen, Umschlagen und ähnliche mit der Beförderung eines Gegenstands im Zusammenhang stehende Leistungen an einen Empfänger, der weder ein Unternehmer ist, für dessen Unternehmen die Leistung bezogen wird, noch eine nicht unternehmerisch tätige juristische Person ist, der eine Umsatzsteuer-Identifikationsnummer erteilt worden ist, werden dort ausgeführt, wo sie vom Unternehmer tatsächlich erbracht werden.

(3) Die Beförderung eines Gegenstands, die in dem Gebiet eines Mitgliedstaates beginnt und in dem Gebiet eines anderen Mitgliedstaates endet (innergemeinschaftliche Beförderung eines Gegenstands), an einen Empfänger, der weder ein Unternehmer ist, für dessen Unternehmen die Leistung bezogen wird, noch eine nicht unternehmerisch tätige juristische Person, der eine Umsatzsteuer-Identifikationsnummer erteilt worden ist, wird an dem Ort ausgeführt, an dem die Beförderung des Gegenstands beginnt.

---

[1] § 3a Abs. 8 angef. mWv 1.1.2011 durch G v. 8.12.2010 (BGBl. I S. 1768); Abs. 8 Satz 1 geänd. mWv 1.7.2011 durch G v. 7.12.2011 (BGBl. I S. 2592); Satz 2 aufgeh., bish. Satz 3 wird Satz 2 und neu gef. mWv 1.1.2015 durch G v. 25.7.2014 (BGBl. I S. 1266).
[2] § 3b neu gef. mWv 1.1.2010 durch G v. 19.12.2008 (BGBl. I S. 2794).

[Fassung bis 30.6.2021:]

§ 3c Ort der Lieferung in besonderen Fällen. (1) ¹Wird bei einer Lieferung der Gegenstand durch den Lieferer oder einen von ihm beauftragten Dritten aus dem Gebiet eines Mitgliedstaates in das Gebiet eines anderen Mitgliedstaates oder aus dem übrigen Gemeinschaftsgebiet in die in § 1 Abs. 3 bezeichneten Gebiete befördert oder versendet, so gilt die Lieferung nach Maßgabe der Absätze 2 bis 5 dort als ausgeführt, wo die Beförderung oder Versendung endet. ²Das gilt auch, wenn der Lieferer den Gegenstand in das Gemeinschaftsgebiet eingeführt hat.

(2) Absatz 1 ist anzuwenden, wenn der Abnehmer

1. nicht zu den in § 1a Abs. 1 Nr. 2 genannten Personen gehört oder

2. a) ein Unternehmer ist, der nur steuerfreie Umsätze ausführt, die zum Ausschluss vom Vorsteuerabzug führen, oder

b) ein Kleinunternehmer ist, der nach dem Recht des für die Besteuerung zuständigen Mitgliedstaates von der Steuer befreit ist oder auf andere Weise von der Besteuerung ausgenommen ist, oder

c) ein Unternehmer ist, der nach dem Recht des für die Besteuerung zuständigen Mitgliedstaates die Pauschalregelung für landwirtschaftliche Erzeuger anwendet, oder

d) eine juristische Person ist, die nicht Unternehmer ist oder dieden Gegenstand nicht für ihr Unternehmen erwirbt,

[Fassung ab 1.7.2021:]

§ 3c¹⁾ Ort der Lieferung beim Fernverkauf. (1) ¹Als Ort der Lieferung eines innergemeinschaftlichen Fernverkaufs gilt der Ort, an dem sich der Gegenstand bei Beendigung der Beförderung oder Versendung an den Erwerber befindet. ²Ein innergemeinschaftlicher Fernverkauf ist die Lieferung eines Gegenstands, der durch den Lieferer oder für dessen Rechnung aus dem Gebiet eines Mitgliedstaates in das Gebiet eines anderen Mitgliedstaates oder aus dem übrigen Gemeinschaftsgebiet in die in § 1 Absatz 3 bezeichneten Gebiete an den Erwerber befördert oder versandt wird, einschließlich jener Lieferung, an deren Beförderung oder Versendung der Lieferer indirekt beteiligt ist. ³Erwerber im Sinne des Satzes 2 ist ein in § 3a Absatz 5 Satz 1 bezeichneter Empfänger oder eine in § 1a Absatz 3 Nummer 1 genannte Person, die weder die maßgebende Erwerbsschwelle überschreitet noch auf ihre Anwendung verzichtet; im Fall der Beendigung der Beförderung oder Versendung im Gebiet eines anderen Mitgliedstaates ist die von diesem Mitgliedstaat festgesetzte Erwerbsschwelle maßgebend.

(2) ¹Als Ort der Lieferung eines Fernverkaufs eines Gegenstands, der aus dem Drittlandsgebiet in einen anderen Mitgliedstaat als den, in dem die Beförderung oder Versendung des Gegenstands an den Erwerber endet, eingeführt wird, gilt der Ort, an dem sich der Gegenstand bei Beendigung der Beförderung oder Versendung an den Erwerber befindet. ²§ 3 Absatz 3a Satz 4 und 5 gilt entsprechend.

---

¹⁾ § 3c neu gef. durch G v. 21.12.2020 (BGBl. I S. 3096); zur Anwendung siehe § 27 Abs. 34 Satz 1.

[Fassung bis 30.6.2021:]

und als einer der in den Buchstaben a bis d genannten Abnehmer weder die maßgebende Erwerbsschwelle überschreitet noch auf ihre Anwendung verzichtet. [2]Im Fall der Beendigung der Beförderung oder Versendung im Gebiet eines anderen Mitgliedstaates ist die von diesem Mitgliedstaat festgesetzte Erwerbsschwelle maßgebend.

(3) [1]Absatz 1 ist nicht anzuwenden, wenn bei dem Lieferer der Gesamtbetrag der Entgelte, der den Lieferungen in einen Mitgliedstaat zuzurechnen ist, die maßgebliche Lieferschwelle im laufenden Kalenderjahr nicht überschreitet und im vorangegangenen Kalenderjahr nicht überschritten hat. [2]Maßgebende Lieferschwelle ist

1. im Fall der Beendigung der Beförderung oder Versendung im Inland oder in den in § 1 Abs. 3 bezeichneten Gebieten der Betrag von 100 000 Euro;

2. im Fall der Beendigung der Beförderung oder Versendung im Gebiet eines anderen Mitgliedstaates der von diesem Mitgliedstaat festgesetzte Betrag.

(4) [1]Wird die maßgebende Lieferschwelle nicht überschritten, gilt die Lieferung auch dann am Ort der Beendigung der Beförderung oder Versendung als ausgeführt, wenn der Lieferer auf die Anwendung des Absatzes 3 verzichtet. [2]Der Verzicht ist gegenüber der zuständigen Behörde zu erklären. [3]Er bindet den Lieferer mindestens für zwei Kalenderjahre.

[Fassung ab 1.7.2021:]

(3) [1]Der Ort der Lieferung beim Fernverkauf eines Gegenstands, der aus dem Drittlandsgebiet in den Mitgliedstaat, in dem die Beförderung oder Versendung der Gegenstände an den Erwerber endet, eingeführt wird, gilt als in diesem Mitgliedstaat gelegen, sofern die Steuer auf diesen Gegenstand gemäß dem besonderen Besteuerungsverfahren nach § 18k zu erklären ist. [2]§ 3 Absatz 3a Satz 4 und 5 gilt entsprechend. [3]Bei einem Fernverkauf nach § 3 Absatz 3a Satz 2 gilt Satz 1 für die Lieferung, der die Beförderung oder Versendung des Gegenstandes gemäß § 3 Absatz 6b zugeschrieben wird, entsprechend, auch wenn die Steuer auf diesen Gegenstand nicht gemäß dem besonderen Besteuerungsverfahren nach § 18k zu erklären ist und ein Unternehmer oder dessen Beauftragter Schuldner der Einfuhrumsatzsteuer für die Einfuhr des Gegenstands ist.

(4) [1]Absatz 1 ist nicht anzuwenden, wenn der leistende Unternehmer seinen Sitz, seine Geschäftsleitung, eine Betriebsstätte oder in Ermangelung eines Sitzes, einer Geschäftsleitung oder einer Betriebsstätte seinen Wohnsitz oder gewöhnlichen Aufenthalt in nur einem Mitgliedstaat hat und der Gesamtbetrag der Entgelte der in § 3a Absatz 5 Satz 2 bezeichneten sonstigen Leistungen an in § 3a Absatz 5 Satz 1 bezeichnete Empfänger mit Wohnsitz, gewöhnlichem Aufenthalt oder Sitz in anderen Mitgliedstaaten sowie der innergemeinschaftlichen Fernverkäufe nach Absatz 1 Satz 2 und 3 insgesamt 10 000 Euro im vorangegangenen Kalenderjahr nicht überschritten hat und im laufenden Kalenderjahr nicht überschreitet. [2]Der

[Fassung bis 30.6.2021:]

(5) ¹Die Absätze 1 bis 4 gelten nicht für die Lieferung neuer Fahrzeuge. ²Absatz 2 Nr. 2 und Absatz 3 gelten nicht für die Lieferung verbrauchsteuerpflichtiger Waren.

[Fassung ab 1.7.2021:]

leistende Unternehmer kann dem Finanzamt erklären, dass er auf die Anwendung des Satzes 1 verzichtet. ³Die Erklärung bindet den Unternehmer mindestens für zwei Kalenderjahre.

(5) ¹Die Absätze 1 bis 3 gelten nicht für

1. die Lieferung neuer Fahrzeuge,
2. die Lieferung eines Gegenstands, der mit oder ohne probeweise Inbetriebnahme durch den Lieferer oder für dessen Rechnung montiert oder installiert geliefert wird, und für
3. die Lieferung eines Gegenstands, auf die die Differenzbesteuerung nach § 25a Absatz 1 oder 2 angewendet wird.

²Bei verbrauchsteuerpflichtigen Waren gelten die Absätze 1 bis 3 nicht für Lieferungen an eine in § 1a Absatz 3 Nummer 1 genannte Person.

§ 3d Ort des innergemeinschaftlichen Erwerbs. ¹Der innergemeinschaftliche Erwerb wird in dem Gebiet des Mitgliedstaates bewirkt, in dem sich der Gegenstand am Ende der Beförderung oder Versendung befindet. ²Verwendet der Erwerber gegenüber dem Lieferer eine ihm von einem anderen Mitgliedstaat erteilte Umsatzsteuer-Identifikationsnummer, gilt der Erwerb so lange in dem Gebiet dieses Mitgliedstaates als bewirkt, bis der Erwerber nachweist, dass der Erwerb durch den in Satz 1 bezeichneten Mitgliedstaat besteuert worden ist oder nach § 25b Abs. 3 als besteuert gilt, sofern der erste Abnehmer seiner Erklärungspflicht nach § 18a Absatz 7 Satz 1 Nummer 4[1] nachgekommen ist.

§ 3e[2] Ort der Lieferungen und Restaurationsleistungen während einer Beförderung an Bord eines Schiffs, in einem Luftfahrzeug oder in einer Eisenbahn. (1) Wird ein Gegenstand an Bord eines Schiffs, in einem Luftfahrzeug oder in einer Eisenbahn während einer Beförderung innerhalb des Gemeinschaftsgebiets geliefert oder dort eine sonstige Leistung ausgeführt, die in der Abgabe von Speisen und Getränken zum Verzehr an Ort und

---

[1] Verweis geänd. mWv 1.7.2010 durch G v. 8.4.2010 (BGBl. I S. 386).
[2] § 3e neu gef. mWv 1.1.2010 durch G v. 19.12.2008 (BGBl. I S. 2794).

Stelle (Restaurationsleistung) besteht, gilt der Abgangsort des jeweiligen Beförderungsmittels im Gemeinschaftsgebiet als Ort der Lieferung oder der sonstigen Leistung.

(2) ¹Als Beförderung innerhalb des Gemeinschaftsgebiets im Sinne des Absatzes 1 gilt die Beförderung oder der Teil der Beförderung zwischen dem Abgangsort und dem Ankunftsort des Beförderungsmittels im Gemeinschaftsgebiet ohne Zwischenaufenthalt außerhalb des Gemeinschaftsgebiets. ²Abgangsort im Sinne des Satzes 1 ist der erste Ort innerhalb des Gemeinschaftsgebiets, an dem Reisende in das Beförderungsmittel einsteigen können. ³Ankunftsort im Sinne des Satzes 1 ist der letzte Ort innerhalb des Gemeinschaftsgebiets, an dem Reisende das Beförderungsmittel verlassen können. ⁴Hin- und Rückfahrt gelten als gesonderte Beförderungen.

§ 3f¹⁾ *(aufgehoben)*

§ 3g²⁾ Ort der Lieferung von Gas, Elektrizität, Wärme oder Kälte.

(1) ¹Bei einer Lieferung von Gas über das Erdgasnetz, von Elektrizität oder von Wärme oder Kälte über Wärme- oder Kältenetze an einen Unternehmer, dessen Haupttätigkeit in Bezug auf den Erwerb dieser Gegenstände in deren Lieferung besteht und dessen eigener Verbrauch dieser Gegenstände von untergeordneter Bedeutung ist, gilt als Ort dieser Lieferung der Ort, an dem der Abnehmer sein Unternehmen betreibt. ²Wird die Lieferung an die Betriebsstätte eines Unternehmers im Sinne des Satzes 1 ausgeführt, so ist stattdessen der Ort der Betriebsstätte maßgebend.

(2) ¹Bei einer Lieferung von Gas über das Erdgasnetz, von Elektrizität oder von Wärme oder Kälte über Wärme- oder Kältenetze an andere als die in Absatz 1 bezeichneten Abnehmer gilt als Ort der Lieferung der Ort, an dem der Abnehmer die Gegenstände tatsächlich nutzt oder verbraucht. ²Soweit die Gegenstände von diesem Abnehmer nicht tatsächlich genutzt oder verbraucht werden, gelten sie als an dem Ort genutzt oder verbraucht, an dem der Abnehmer seinen Sitz, eine Betriebsstätte, an die die Gegenstände geliefert werden, oder seinen Wohnsitz hat.

(3) Auf Gegenstände, deren Lieferungsort sich nach Absatz 1 oder Absatz 2 bestimmt, sind die Vorschriften des § 1a Abs. 2 und § 3 Abs. 1a nicht anzuwenden.

Zweiter Abschnitt. Steuerbefreiungen und Steuervergütungen

§ 4 Steuerbefreiungen bei Lieferungen und sonstigen Leistungen.
Von den unter § 1 Abs. 1 Nr. 1 fallenden Umsätzen sind steuerfrei:

1. a) die Ausfuhrlieferungen (§ 6) und die Lohnveredelungen an Gegenständen der Ausfuhr (§ 7),

---

¹⁾ § 3f aufgeh. mWv 18.12.2019 durch G v. 12.12.2019 (BGBl. I S. 2451).
²⁾ § 3g Überschr. geänd., Abs. 1 Satz 1, Abs. 2 Satz 1 und Satz 2 geänd. mWv 1.1.2011 durch G v. 8.12.2010 (BGBl. I S. 1768).

b)[1] die innergemeinschaftlichen Lieferungen (§ 6a); dies gilt nicht, wenn der Unternehmer seiner Pflicht zur Abgabe der Zusammenfassenden Meldung (§ 18a) nicht nachgekommen ist oder soweit er diese im Hinblick auf die jeweilige Lieferung unrichtig oder unvollständig abgegeben hat; [2]*§ 18a Absatz 10 bleibt unberührt;*

2. die Umsätze für die Seeschifffahrt und für die Luftfahrt (§ 8);

3. die folgenden sonstigen Leistungen:

    a) die grenzüberschreitenden Beförderungen von Gegenständen, die Beförderungen im internationalen Eisenbahnfrachtverkehr und andere sonstige Leistungen, wenn sich die Leistungen

    aa) unmittelbar auf Gegenstände der Ausfuhr beziehen oder auf eingeführte Gegenstände beziehen, die im externen Versandverfahren in das Drittlandsgebiet befördert werden, oder

    bb) auf Gegenstände der Einfuhr in das Gebiet eines Mitgliedstaates der Europäischen Union[2] beziehen und die Kosten für die Leistungen in der Bemessungsgrundlage für diese Einfuhr enthalten sind. [2]Nicht befreit sind die Beförderungen der in § 1 Abs. 3 Nr. 4 Buchstabe a bezeichneten Gegenstände aus einem Freihafen in das Inland,

    b) die Beförderungen von Gegenständen nach und von den Inseln, die die autonomen Regionen Azoren und Madeira bilden,

    c) sonstige Leistungen, die sich unmittelbar auf eingeführte Gegenstände beziehen, für die zollamtlich eine vorübergehende Verwendung in den in § 1 Abs. 1 Nr. 4 bezeichneten Gebieten bewilligt worden ist, wenn der Leistungsempfänger ein ausländischer Auftraggeber (§ 7 Abs. 2) ist. [2]Dies gilt nicht für sonstige Leistungen, die sich auf Beförderungsmittel, Paletten und Container beziehen.

    [2]Die Vorschrift gilt nicht für die in den Nummern 8, 10 und 11 bezeichneten Umsätze und für die Bearbeitung oder Verarbeitung eines Gegenstands einschließlich der Werkleistung im Sinne des § 3 Abs. 10. [3]Die Voraussetzungen der Steuerbefreiung müssen vom Unternehmer nachgewiesen sein. [4]Das Bundesministerium der Finanzen kann mit Zustimmung des Bundesrates durch Rechtsverordnung bestimmen, wie der Unternehmer den Nachweis zu führen hat;

4. die Lieferungen von Gold an Zentralbanken;

4a. die folgenden Umsätze:

    a) die Lieferungen der in der Anlage 1 bezeichneten Gegenstände an einen Unternehmer für sein Unternehmen, wenn der Gegenstand der Lieferung im Zusammenhang mit der Lieferung in ein Umsatzsteuerlager eingelagert wird oder sich in einem Umsatzsteuerlager befindet. [2]Mit der Auslagerung eines Gegenstands aus einem Umsatzsteuerlager entfällt die Steuerbefreiung für die der Auslagerung vorangegangene Lieferung, den der Auslagerung vorangegangenen innergemeinschaftlichen Erwerb

---

[1] § 4 Nr. 1 Buchst. b HS 2 und Satz 2 angef. mWv 1.1.2020 durch G v. 12.12.2019 (BGBl. I S. 2451); Satz 2 aufgeh. mWv 1.1.2023 durch G v. 16.12.2022 (BGBl. I S. 2294).
[2] Geänd. durch G v. 26.6.2013 (BGBl. I S. 1809).

oder die der Auslagerung vorangegangene Einfuhr; dies gilt nicht, wenn der Gegenstand im Zusammenhang mit der Auslagerung in ein anderes Umsatzsteuerlager im Inland eingelagert wird. ³Eine Auslagerung ist die endgültige Herausnahme eines Gegenstands aus einem Umsatzsteuerlager. ⁴Der endgültigen Herausnahme steht gleich der sonstige Wegfall der Voraussetzungen für die Steuerbefreiung sowie die Erbringung einer nicht nach Buchstabe b begünstigten Leistung an den eingelagerten Gegenständen,

b) die Leistungen, die mit der Lagerung, der Erhaltung, der Verbesserung der Aufmachung und Handelsgüte oder der Vorbereitung des Vertriebs oder Weiterverkaufs der eingelagerten Gegenstände unmittelbar zusammenhängen. ²Dies gilt nicht, wenn durch die Leistungen die Gegenstände so aufbereitet werden, dass sie zur Lieferung auf der Einzelhandelsstufe geeignet sind.

²Die Steuerbefreiung gilt nicht für Leistungen an Unternehmer, die diese zur Ausführung von Umsätzen verwenden, für die die Steuer nach den Durchschnittssätzen des § 24 festgesetzt ist. ³Die Voraussetzungen der Steuerbefreiung müssen vom Unternehmer eindeutig und leicht nachprüfbar nachgewiesen sein. ⁴Umsatzsteuerlager kann jedes Grundstück oder Grundstücksteil im Inland sein, das zur Lagerung der in Anlage 1 genannten Gegenstände dienen soll und von einem Lagerhalter betrieben wird. ⁵Es kann mehrere Lagerorte umfassen. ⁶Das Umsatzsteuerlager bedarf der Bewilligung des für den Lagerhalter zuständigen Finanzamts. ⁷Der Antrag ist schriftlich zu stellen. ⁸Die Bewilligung ist zu erteilen, wenn ein wirtschaftliches Bedürfnis für den Betrieb des Umsatzsteuerlagers besteht und der Lagerhalter die Gewähr für dessen ordnungsgemäße Verwaltung bietet;

4b. die einer Einfuhr vorangehende Lieferung von Gegenständen, wenn der Abnehmer oder dessen Beauftragter den Gegenstand der Lieferung einführt. ²Dies gilt entsprechend für Lieferungen, die den in Satz 1 genannten Lieferungen vorausgegangen sind. ³Die Voraussetzungen der Steuerbefreiung müssen vom Unternehmer eindeutig und leicht nachprüfbar nachgewiesen sein;

[ab 1.7.2021:

4c.¹⁾ die Lieferung von Gegenständen an einen Unternehmer für sein Unternehmen, die dieser nach § 3 Absatz 3a Satz 1 im Gemeinschaftsgebiet weiterliefert;]

5. die Vermittlung

a) der unter die Nummer 1 Buchstabe a, Nummern 2 bis 4b und Nummern 6 und 7 fallenden Umsätze,

b) der grenzüberschreitenden Beförderungen von Personen mit Luftfahrzeugen oder Seeschiffen,

c) der Umsätze, die ausschließlich im Drittlandsgebiet bewirkt werden,

---

¹⁾ § 4 Nr. 4c eingef. durch G v. 21.12.2020 (BGBl. I S. 3096); zur Anwendung siehe § 27 Abs. 34 Satz 1.

d) der Lieferungen, die nach § 3 Abs. 8 als im Inland ausgeführt zu behandeln sind.

[2] Nicht befreit ist die Vermittlung von Umsätzen durch Reisebüros für Reisende. [3] Die Voraussetzungen der Steuerbefreiung müssen vom Unternehmer nachgewiesen sein. [4] Das Bundesministerium der Finanzen kann mit Zustimmung des Bundesrates durch Rechtsverordnung bestimmen, wie der Unternehmer den Nachweis zu führen hat;

6. a) die Lieferungen und sonstigen Leistungen der Eisenbahnen des Bundes auf Gemeinschaftsbahnhöfen, Betriebswechselbahnhöfen, Grenzbetriebsstrecken und Durchgangsstrecken an Eisenbahnverwaltungen mit Sitz im Ausland,

b) (weggefallen)

c) die Lieferungen von eingeführten Gegenständen an im Drittlandsgebiet, ausgenommen Gebiete nach § 1 Abs. 3, ansässige Abnehmer, soweit für die Gegenstände zollamtlich eine vorübergehende Verwendung in den in § 1 Abs. 1 Nr. 4 bezeichneten Gebieten bewilligt worden ist und diese Bewilligung auch nach der Lieferung gilt. [2] Nicht befreit sind die Lieferungen von Beförderungsmitteln, Paletten und Containern,

d) Personenbeförderungen im Passagier- und Fährverkehr mit Wasserfahrzeugen für die Seeschifffahrt, wenn die Personenbeförderungen zwischen inländischen Seehäfen und der Insel Helgoland durchgeführt werden,

e)[1] die Abgabe von Speisen und Getränken zum Verzehr an Ort und Stelle im Verkehr mit Wasserfahrzeugen für die Seeschifffahrt zwischen einem inländischen und ausländischen Seehafen und zwischen zwei ausländischen Seehäfen. [2] Inländische Seehäfen im Sinne des Satzes 1 sind auch die Freihäfen und Häfen auf der Insel Helgoland;

7. die Lieferungen, ausgenommen Lieferungen neuer Fahrzeuge im Sinne des § 1b Abs. 2 und 3, und die sonstigen Leistungen

a) an andere Vertragsparteien des Nordatlantikvertrags, die nicht unter die in § 26 Abs. 5 bezeichneten Steuerbefreiungen fallen, wenn die Umsätze für den Gebrauch oder Verbrauch durch die Streitkräfte dieser Vertragsparteien, ihr ziviles Begleitpersonal oder für die Versorgung ihrer Kasinos oder Kantinen bestimmt sind und die Streitkräfte der gemeinsamen Verteidigungsanstrengung dienen,

b) an die in dem Gebiet eines anderen Mitgliedstaates stationierten Streitkräfte der Vertragsparteien des Nordatlantikvertrags, soweit sie nicht an die Streitkräfte dieses Mitgliedstaates ausgeführt werden,

c) an die in dem Gebiet eines anderen Mitgliedstaates ansässigen ständigen diplomatischen Missionen und berufskonsularischen Vertretungen sowie deren Mitglieder,

d) an die in dem Gebiet eines anderen Mitgliedstaates ansässigen zwischenstaatlichen Einrichtungen sowie deren Mitglieder,

---

[1] § 4 Nr. 6 Buchst. e geänd. durch G v. 20.12.2007 (BGBl. I S. 3150).

[*ab 1.7.2022:*[1]]

   e) an Streitkräfte eines anderen Mitgliedstaates, wenn die Umsätze für den Gebrauch oder Verbrauch durch die Streitkräfte, ihres zivilen Begleitpersonals oder für die Versorgung ihrer Kasinos oder Kantinen bestimmt sind und die Streitkräfte an einer Verteidigungsanstrengung teilnehmen, die zur Durchführung einer Tätigkeit der Union im Rahmen der Gemeinsamen Sicherheits- und Verteidigungspolitik unternommen wird und

   f) an die in dem Gebiet eines anderen Mitgliedstaates stationierten Streitkräfte eines Mitgliedstaates, wenn die Umsätze nicht an die Streitkräfte des anderen Mitgliedstaates ausgeführt werden, die Umsätze für den Gebrauch oder Verbrauch durch die Streitkräfte, ihres zivilen Begleitpersonals oder für die Versorgung ihrer Kasinos oder Kantinen bestimmt sind und die Streitkräfte an einer Verteidigungsanstrengung teilnehmen, die zur Durchführung einer Tätigkeit der Union im Rahmen der Gemeinsamen Sicherheits- und Verteidigungspolitik unternommen wird.]

[2]Der Gegenstand der Lieferung muss in den Fällen des Satzes 1 Buchstabe b bis d [*ab 1.7.2022:* und f][2] in das Gebiet des anderen Mitgliedstaates befördert oder versendet werden. [3]Für die Steuerbefreiungen nach Satz 1 Buchstabe b bis d [*ab 1.7.2022:* und f][2] sind die in dem anderen Mitgliedstaat geltenden Voraussetzungen maßgebend. [4]Die Voraussetzungen der Steuerbefreiungen müssen vom Unternehmer nachgewiesen sein. [5]Bei den Steuerbefreiungen nach Satz 1 Buchstabe b bis d [*ab 1.7.2022:* und f][2] hat der Unternehmer die in dem anderen Mitgliedstaat geltenden Voraussetzungen dadurch nachzuweisen, dass ihm der Abnehmer eine von der zuständigen Behörde des anderen Mitgliedstaates oder, wenn er hierzu ermächtigt ist, eine selbst ausgestellte Bescheinigung nach amtlich vorgeschriebenem Muster aushändigt. [6]Das Bundesministerium der Finanzen kann mit Zustimmung des Bundesrates durch Rechtsverordnung bestimmen, wie der Unternehmer die übrigen Voraussetzungen nachzuweisen hat;

8. a) die Gewährung und die Vermittlung von Krediten,

   b) die Umsätze und die Vermittlung der Umsätze von gesetzlichen Zahlungsmitteln. [2]Das gilt nicht, wenn die Zahlungsmittel wegen ihres Metallgehalts oder ihres Sammlerwerts umgesetzt werden,

   c) die Umsätze im Geschäft mit Forderungen, Schecks und anderen Handelspapieren sowie die Vermittlung dieser Umsätze, ausgenommen die Einziehung von Forderungen,

   d) die Umsätze und die Vermittlung der Umsätze im Einlagengeschäft, im Kontokorrentverkehr, im Zahlungs- und Überweisungsverkehr und das Inkasso von Handelspapieren,

---

   [1] § 4 Nr. 7 Buchst. e und f angef. mWv 1.7.2022 durch G v. 21.12.2020 (BGBl. I S. 3096).

   [2] Verweise geänd. durch G v. 19.12.2008 (BGBl. I S. 2794); geänd. mWv 1.7.2022 durch G v. 21.12.2020 (BGBl. I S. 3096).

e) die Umsätze im Geschäft mit Wertpapieren und die Vermittlung dieser Umsätze, ausgenommen die Verwahrung und die Verwaltung von Wertpapieren,

f) die Umsätze und die Vermittlung der Umsätze von Anteilen an Gesellschaften und anderen Vereinigungen,

g) die Übernahme von Verbindlichkeiten, von Bürgschaften und anderen Sicherheiten sowie die Vermittlung dieser Umsätze,

h)[1] die Verwaltung von Organismen für gemeinsame Anlagen in Wertpapieren im Sinne des § 1 Absatz 2 des Kapitalanlagegesetzbuchs, die Verwaltung von mit diesen vergleichbaren alternativen Investmentfonds im Sinne des § 1 Absatz 3 des Kapitalanlagegesetzbuchs [*ab 1.7.2021:* , die Verwaltung von Wagniskapitalfonds] und die Verwaltung von Versorgungseinrichtungen im Sinne des Versicherungsaufsichtsgesetzes,

i) die Umsätze der im Inland gültigen amtlichen Wertzeichen zum aufgedruckten Wert;

j) (weggefallen)

k) (weggefallen)

9. a) die Umsätze, die unter das Grunderwerbsteuergesetz fallen,

b)[2] die Umsätze, die unter das Rennwett- und Lotteriegesetz fallen. ²Nicht befreit sind die unter das Rennwett- und Lotteriegesetz fallenden Umsätze, die von der Rennwett- und Lotteriesteuer befreit sind oder von denen diese Steuer allgemein nicht erhoben wird;

10. a) die Leistungen auf Grund eines Versicherungsverhältnisses im Sinne des Versicherungsteuergesetzes. ²Das gilt auch, wenn die Zahlung des Versicherungsentgelts nicht der Versicherungsteuer unterliegt,

b) die Leistungen, die darin bestehen, dass anderen Personen Versicherungsschutz verschafft wird;

11. die Umsätze aus der Tätigkeit als Bausparkassenvertreter, Versicherungsvertreter und Versicherungsmakler;

11a. die folgenden vom 1. Januar 1993 bis zum 31. Dezember 1995 ausgeführten Umsätze der Deutschen Bundespost TELEKOM und der Deutsche Telekom AG:

a) die Überlassung von Anschlüssen des Telefonnetzes und des diensteintegrierenden digitalen Fernmeldenetzes sowie die Bereitstellung der von diesen Anschlüssen ausgehenden Verbindungen innerhalb dieser Netze und zu Mobilfunkendeinrichtungen,

b) die Überlassung von Übertragungswegen im Netzmonopol des Bundes,

c) die Ausstrahlung und Übertragung von Rundfunksignalen einschließlich der Überlassung der dazu erforderlichen Sendeanlagen und sonstigen Einrichtungen sowie das Empfangen und Verteilen von Rund-

---

[1] § 4 Nr. 8 Buchst. h neu gef. mWv 1.1.2018 durch G v. 18.7.2016 (BGBl. I S. 1730); geänd. mWv 1.7.2021 durch G v. 3.6.2021 (BGBl. I S. 1498).
[2] § 4 Nr. 9 Buchst. b Satz 1 geänd. mWv 6.5.2006 durch G v. 28.4.2006 (BGBl. I S. 1095).

funksignalen in Breitbandverteilnetzen einschließlich der Überlassung von Kabelanschlüssen;

11b. [1] Universaldienstleistungen nach Artikel 3 Absatz 4 der Richtlinie 97/67/EG des Europäischen Parlaments und des Rates vom 15. Dezember 1997 über gemeinsame Vorschriften für die Entwicklung des Binnenmarktes der Postdienste der Gemeinschaft und die Verbesserung der Dienstequalität (ABl. L 15 vom 21.1.1998, S. 14, L 23 vom 30.1.1998, S. 39), die zuletzt durch die Richtlinie 2008/6/EG (ABl. L 52 vom 27.2.2008, S. 3) geändert worden ist, in der jeweils geltenden Fassung. [2]Die Steuerbefreiung setzt voraus, dass der Unternehmer sich entsprechend einer Bescheinigung des Bundeszentralamtes für Steuern gegenüber dieser Behörde verpflichtet hat, flächendeckend im gesamten Gebiet der Bundesrepublik Deutschland die Gesamtheit der Universaldienstleistungen oder einen Teilbereich dieser Leistungen nach Satz 1 anzubieten. [3]Die Steuerbefreiung gilt nicht für Leistungen, die der Unternehmer erbringt

a) auf Grund individuell ausgehandelter Vereinbarungen oder

b) auf Grund allgemeiner Geschäftsbedingungen zu abweichenden Qualitätsbedingungen oder zu günstigeren Preisen als den nach den allgemein für jedermann zugänglichen Tarifen oder als den nach § 19 des Postgesetzes vom 22. Dezember 1997 (BGBl. I S. 3294), das zuletzt durch Artikel 272 der Verordnung vom 31. Oktober 2006 (BGBl. I S. 2407) geändert worden ist, in der jeweils geltenden Fassung, genehmigten Entgelten;

12. a)[2] die Vermietung und die Verpachtung von Grundstücken, von Berechtigungen, für die die Vorschriften des bürgerlichen Rechts über Grundstücke gelten, und von staatlichen Hoheitsrechten, die Nutzungen von Grund und Boden betreffen,

b) die Überlassung von Grundstücken und Grundstücksteilen zur Nutzung auf Grund eines auf Übertragung des Eigentums gerichteten Vertrags oder Vorvertrags,

c) die Bestellung, die Übertragung und die Überlassung der Ausübung von dinglichen Nutzungsrechten an Grundstücken.

[2]Nicht befreit sind die Vermietung von Wohn- und Schlafräumen, die ein Unternehmer zur kurzfristigen Beherbergung von Fremden bereithält, die Vermietung von Plätzen für das Abstellen von Fahrzeugen, die kurzfristige Vermietung auf Campingplätzen und die Vermietung und die Verpachtung von Maschinen und sonstigen Vorrichtungen aller Art, die zu einer Betriebsanlage gehören (Betriebsvorrichtungen), auch wenn sie wesentliche Bestandteile eines Grundstücks sind;

13. die Leistungen, die die Gemeinschaften der Wohnungseigentümer im Sinne des Wohnungseigentumsgesetzes in der im Bundesgesetzblatt Teil III, Gliederungsnummer 403-1, veröffentlichten bereinigten Fassung, in der jeweils geltenden Fassung an die Wohnungseigentümer und Teileigentü-

---

[1] § 4 Nr. 11b neu gef. mWv 1.7.2010 durch G v. 8.4.2010 (BGBl. I S. 386).
[2] Zur Übergangsregelung für die Nutzung von Sportanlagen siehe § 27 Abs. 6.

mer erbringen, soweit die Leistungen in der Überlassung des gemeinschaftlichen Eigentums zum Gebrauch, seiner Instandhaltung, Instandsetzung und sonstigen Verwaltung sowie der Lieferung von Wärme und ähnlichen Gegenständen bestehen;

14.[1] a) Heilbehandlungen im Bereich der Humanmedizin, die im Rahmen
der Ausübung der Tätigkeit als Arzt, Zahnarzt, Heilpraktiker, Physio-
therapeut, Hebamme oder einer ähnlichen heilberuflichen Tätigkeit
durchgeführt werden. ²Satz 1 gilt nicht für die Lieferung oder Wiederherstellung von Zahnprothesen (aus Unterpositionen 9021 21 und
9021 29 00 des Zolltarifs) und kieferorthopädischen Apparate (aus
Unterposition 9021 10 des Zolltarifs), soweit sie der Unternehmer
in seinem Unternehmen hergestellt oder wiederhergestellt hat;

b) Krankenhausbehandlungen und ärztliche Heilbehandlungen einschließlich der Diagnostik, Befunderhebung, Vorsorge, Rehabilitation, Geburtshilfe und Hospizleistungen sowie damit eng verbundene Umsätze,
die von Einrichtungen des öffentlichen Rechts erbracht werden. ²Die
in Satz 1 bezeichneten Leistungen sind auch steuerfrei, wenn sie von

aa)[2] zugelassenen Krankenhäusern nach § 108 des Fünften Buches Sozialgesetzbuch oder anderen Krankenhäusern, die ihre Leistungen
in sozialer Hinsicht unter vergleichbaren Bedingungen wie die
Krankenhäuser erbringen, die in öffentlich-rechtlicher Trägerschaft
stehen oder nach § 108 des Fünften Buches Sozialgesetzbuch zugelassen sind; in sozialer Hinsicht vergleichbare Bedingungen liegen
vor, wenn das Leistungsangebot des Krankenhauses den von Krankenhäusern in öffentlich-rechtlicher Trägerschaft oder nach § 108
des Fünften Buches Sozialgesetzbuch zugelassenen Krankenhäusern
erbrachten Leistungen entspricht und die Kosten voraussichtlich
in mindestens 40 Prozent der jährlichen Belegungs- oder Berechnungstage auf Patienten entfallen, bei denen für die Krankenhausleistungen kein höheres Entgelt als für allgemeine Krankenhausleistungen nach dem Krankenhausentgeltgesetz oder der
Bundespflegesatzverordnung berechnet wurde oder voraussichtlich
mindestens 40 Prozent der Leistungen den in § 4 Nummer 15
Buchstabe b genannten Personen zugutekommen, dabei ist grundsätzlich auf die Verhältnisse im vorangegangenen Kalenderjahr abzustellen,

bb) Zentren für ärztliche Heilbehandlung und Diagnostik oder Befunderhebung, die an der vertragsärztlichen Versorgung nach § 95 des
Fünften Buches Sozialgesetzbuch teilnehmen oder für die Regelungen nach § 115 des Fünften Buches Sozialgesetzbuch gelten,

cc) Einrichtungen, die von den Trägern der gesetzlichen Unfallversicherung nach § 34 des Siebten Buches Sozialgesetzbuch an der
Versorgung beteiligt worden sind,

---

[1] § 4 Nr. 14 neu gef. mWv 1.1.2009 durch G v. 19.12.2008 (BGBl. I S. 2794); zur Übergangsregelung für Sprachheilpädagogen vgl. § 27 Abs. 1a.
[2] § 4 Nr. 14 Buchst. b Satz 2 Doppelbuchst. aa neu gef. mWv 1.1.2020 durch G v. 12.12.2019
(BGBl. I S. 2451).

dd) Einrichtungen, mit denen Versorgungsverträge nach den §§ 111 und 111a des Fünften Buches Sozialgesetzbuch bestehen,

ee) Rehabilitationseinrichtungen, mit denen Verträge nach § 38[1] des Neunten Buches Sozialgesetzbuch bestehen,

ff) Einrichtungen zur Geburtshilfe, für die Verträge nach § 134a des Fünften Buches Sozialgesetzbuch gelten,

gg) Hospizen, mit denen Verträge nach § 39a Abs. 1 des Fünften Buches Sozialgesetzbuch bestehen, oder

hh)[2] Einrichtungen, mit denen Verträge nach § 127 in Verbindung mit § 126 Absatz 3 des Fünften Buches Sozialgesetzbuch über die Erbringung nichtärztlicher Dialyseleistungen bestehen,

erbracht werden und es sich ihrer Art nach um Leistungen handelt, auf die sich die Zulassung, der Vertrag oder die Regelung nach dem Sozialgesetzbuch jeweils bezieht, oder

ii) von Einrichtungen nach § 138 Abs. 1 Satz 1 des Strafvollzugsgesetzes erbracht werden;

c)[3] Leistungen nach den Buchstaben a und b, die im Rahmen der hausarztzentrierten Versorgung nach § 73b des Fünften Buches Sozialgesetzbuch oder der besonderen Versorgung nach § 140a des Fünften Buches Sozialgesetzbuch von Einrichtungen erbracht werden, mit denen entsprechende Verträge bestehen, sowie Leistungen zur Sicherstellung der ambulanten Versorgung in stationären Pflegeeinrichtungen die durch Einrichtungen erbracht werden, mit denen Verträge nach § 119b des Fünften Buches Sozialgesetzbuch bestehen;

d)[4] *(aufgehoben)*

e)[5] die zur Verhütung von nosokomialen Infektionen und zur Vermeidung der Weiterverbreitung von Krankheitserregern, insbesondere solcher mit Resistenzen, erbrachten Leistungen eines Arztes oder einer Hygienefachkraft, an in den Buchstaben a und b genannte Einrichtungen, die diesen dazu dienen, ihre Heilbehandlungsleistungen ordnungsgemäß unter Beachtung der nach dem Infektionsschutzgesetz und den Rechtsverordnungen der Länder nach § 23 Absatz 8 des Infektionsschutzgesetzes bestehenden Verpflichtungen zu erbringen;

f)[6] die eng mit der Förderung des öffentlichen Gesundheitswesens verbundenen Leistungen, die erbracht werden von

aa) juristischen Personen des öffentlichen Rechts,

---

[1] Verweis geänd. mWv 1.1.2018 durch G v. 23.12.2016 (BGBl. I S. 3234).

[2] § 4 Nr. 14 Buchst. b Doppelbuchst. hh angef., bish. Doppelbuchst. hh wird Doppelbuchst. ii mWv 1.1.2015 durch G v. 22.12.2014 (BGBl. I S. 2417).

[3] § 4 Nr. 14 Buchst. c neu gef. mWv 1.1.2020 durch G v. 12.12.2019 (BGBl. I S. 2451).

[4] § 4 Nr. 14 Buchst. d aufgeh. mWv 1.1.2020 durch G v. 12.12.2019 (BGBl. I S. 2451).

[5] § 4 Nr. 14 Buchst. e angef. mWv 1.7.2013 durch G v. 26.6.2013 (BGBl. I S. 1809); Verweis geänd. mWv 1.1.2020 durch G v. 12.12.2019 (BGBl. I S. 2451).

[6] § 4 Nr. 14 Buchst. f angef. mWv 1.1.2021 durch G v. 21.12.2020 (BGBl. I S. 3096).

      bb) Sanitäts- und Rettungsdiensten, die die landesrechtlichen Voraussetzungen erfüllen, oder

      cc) Einrichtungen, die nach § 75 des Fünften Buches Sozialgesetzbuch die Durchführung des ärztlichen Notdienstes sicherstellen;

15.[1]) die Umsätze der gesetzlichen Träger der Sozialversicherung, der gesetzlichen Träger der Grundsicherung für Arbeitsuchende nach dem Zweiten Buch Sozialgesetzbuch sowie der gemeinsamen Einrichtungen[2]) nach § 44b Abs. 1 des Zweiten Buches Sozialgesetzbuch, der örtlichen und überörtlichen Träger der Sozialhilfe sowie der *Verwaltungsbehörden und sonstigen Stellen der Kriegsopferversorgung einschließlich der Träger der Kriegsopferfürsorge* [*ab 1.1.2024:* nach Bundes- oder Landesrecht zur Durchführung des Vierzehnten Buches Sozialgesetzbuch {*ab 1.1.2025:* oder des Soldatenentschädigungsgesetzes} zuständigen Verwaltungsbehörden]

    a) untereinander,

[Fassung bis 31.12.2023:]	*[Fassung ab 1.1.2024:]*
b) an die Versicherten, die Bezieher von Leistungen nach dem Zweiten Buch Sozialgesetzbuch, die Empfänger von Sozialhilfe oder die Versorgungsberechtigten;	b) an die Versicherten, die Bezieher von Leistungen nach dem Zweiten Buch Sozialgesetzbuch, die Empfänger von Sozialhilfe *oder die Berechtigten der Sozialen Entschädigung* [*ab 1.1.2025:* , die Berechtigten der Sozialen Entschädigung oder die Berechtigten der Soldatenentschädigung];

15a.[3]) die auf Gesetz beruhenden Leistungen der Medizinischen Dienste *der Krankenversicherung* (§ 278 SGB V) und des Medizinischen Dienstes *der Spitzenverbände der Krankenkassen (§ 282 SGB V)* [*neue Fassung:* Bund (§ 281 SGB V)] untereinander und für die gesetzlichen Träger der Sozialversicherung und deren Verbände und für die Träger der Grundsicherung für Arbeitsuchende nach dem Zweiten Buch Sozialgesetzbuch sowie die gemeinsamen Einrichtungen nach § 44b des Zweiten Buches Sozialgesetzbuch;

15b.[4]) Eingliederungsleistungen nach dem Zweiten Buch Sozialgesetzbuch, Leistungen der aktiven Arbeitsförderung nach dem Dritten Buch Sozialgesetzbuch und vergleichbare Leistungen, die von Einrichtungen des öffentlichen Rechts oder anderen Einrichtungen mit sozialem Charakter

---

   [1]) § 4 Nr. 15 Buchst. b Satz 2 aufgeh. mWv 18.12.2019 durch G v. 12.12.2019 (BGBl. I S. 2451); Nr. 15 geänd. mWv 1.1.2024 durch G v. 12.12.2019 (BGBl. I S. 2652); zur weiteren Anwendung siehe § 27 Abs. 26 aF (idF ab 1.1.2024 d. G v. 12.12.2019, BGBl. I S. 2652); einl. Satzteil und Buchst. b geänd. mWv 1.1.2025 durch G v. 20.8.2021 (BGBl. I S. 3932).

   [2]) Bezeichnung geänd. mWv 1.1.2011 durch G v. 3.8.2010 (BGBl. I S. 1112).

   [3]) § 4 Nr. 15a geänd. mWv 1.1.2011 durch G v. 24.3.2011 (BGBl. I S. 453); geänd. (kursiver Satzteil aufgeh., Klammerzusatz ersetzt kursiven Satzteil) durch G v. 12.12.2019 (BGBl. I S. 2451); zur Anwendung siehe § 27 Abs. 27.

   [4]) § 4 Nr. 15b eingef. mWv 1.1.2015 durch G v. 25.7.2015 (BGBl. I S. 1266).

erbracht werden. ²Andere Einrichtungen mit sozialem Charakter im Sinne dieser Vorschrift sind Einrichtungen,

a) die nach § 178 des Dritten Buches Sozialgesetzbuch zugelassen sind,

b) die für ihre Leistungen nach Satz 1 Verträge mit den gesetzlichen Trägern der Grundsicherung für Arbeitsuchende nach dem Zweiten Buch Sozialgesetzbuch geschlossen haben oder

c) die für Leistungen, die denen nach Satz 1 vergleichbar sind, Verträge mit juristischen Personen des öffentlichen Rechts, die diese Leistungen mit dem Ziel der Eingliederung in den Arbeitsmarkt durchführen, geschlossen haben;

15c.[1] Leistungen zur Teilhabe am Arbeitsleben nach § 49 des Neunten Buches Sozialgesetzbuch, die von Einrichtungen des öffentlichen Rechts oder anderen Einrichtungen mit sozialem Charakter erbracht werden. ²Andere Einrichtungen mit sozialem Charakter im Sinne dieser Vorschrift sind Rehabilitationsdienste und -einrichtungen nach den §§ 36 und 51 des Neunten Buches Sozialgesetzbuch, mit denen Verträge nach § 38 des Neunten Buches Sozialgesetzbuch abgeschlossen worden sind;

16.[2] die eng mit der Betreuung oder Pflege körperlich, kognitiv oder psychisch hilfsbedürftiger Personen verbundenen Leistungen, die erbracht werden von

a) juristischen Personen des öffentlichen Rechts,

b) Einrichtungen, mit denen ein Vertrag nach § 132 des Fünften Buches Sozialgesetzbuch besteht,

c) Einrichtungen, mit denen ein Vertrag nach § 132a des Fünften Buches Sozialgesetzbuch, § 72 oder § 77 des Elften Buches Sozialgesetzbuch besteht oder die Leistungen zur häuslichen Pflege oder zur Heimpflege erbringen und die hierzu nach § 26 Abs. 5 in Verbindung mit § 44 des Siebten Buches Sozialgesetzbuch bestimmt sind,

d) Einrichtungen, die Leistungen der häuslichen Krankenpflege oder Haushaltshilfe erbringen und die hierzu nach § 26 Abs. 5 in Verbindung mit den §§ 32 und 42 des Siebten Buches Sozialgesetzbuch bestimmt sind,

e) Einrichtungen, mit denen eine Vereinbarung nach § 194[3] des Neunten Buches Sozialgesetzbuch besteht,

f) Einrichtungen, die nach § 225[3] des Neunten Buches Sozialgesetzbuch anerkannt sind,

g)[4] Einrichtungen, soweit sie Leistungen erbringen, die landesrechtlich als Angebote zur Unterstützung im Alltag nach § 45a des Elften Buches Sozialgesetzbuch anerkannt sind,

---

[1] § 4 Nr. 15c eingef. mWv 1.1.2017 und geänd. mWv 1.1.2018 durch G v. 23.12.2016 (BGBl. I S. 3234).
[2] § 4 Nr. 16 neu gef. mWv 1.1.2009 durch G v. 19.12.2008 (BGBl. I S. 2794); Sätze 1 und 2 geänd. mWv 1.1.2021 durch G v. 21.12.2020 (BGBl. I S. 3096).
[3] Verweis geänd. mWv 1.1.2018 durch G v. 23.12.2016 (BGBl. I S. 3234).
[4] § 4 Nr. 16 Satz 1 Buchst. g geänd. mWv 1.1.2016 durch G v. 2.11.2015 (BGBl. I S. 1834); geänd mWv 1.1.2017 durch G v. 23.12.2016 (BGBl. I S. 3191).

h)[1] Einrichtungen, mit denen eine Vereinbarung nach § 123 des Neunten Buches Sozialgesetzbuch oder nach § 76 des Zwölften Buches Sozialgesetzbuch besteht,

i)[2] Einrichtungen, mit denen ein Vertrag nach § 8 Absatz 3 des Gesetzes zur Errichtung der Sozialversicherung für Landwirtschaft, Forsten und Gartenbau über die Gewährung von häuslicher Krankenpflege oder Haushaltshilfe nach den §§ 10 und 11 des Zweiten Gesetzes über die Krankenversicherung der Landwirte, § 10 des Gesetzes über die Alterssicherung der Landwirte oder nach § 54 Absatz 2 des Siebten Buches Sozialgesetzbuch besteht,

j) Einrichtungen, die aufgrund einer Landesrahmenempfehlung nach § 2 der Frühforderungsverordnung als fachlich geeignete interdisziplinäre Frühförderstellen anerkannt sind,

k)[3] Einrichtungen, die als Betreuer nach *§ 1896 [ab 1.1.2023: § 1814]* Absatz 1 des Bürgerlichen Gesetzbuchs bestellt worden sind, sofern es sich nicht um Leistungen handelt, die nach *§ 1908i Absatz 1 in Verbindung mit § 1835 [ab 1.1.2023: § 1877] Absatz 3* des Bürgerlichen Gesetzbuchs vergütet werden,

l)[4] Einrichtungen, mit denen eine Vereinbarung zur Pflegeberatung nach § 7a des Elften Buches Sozialgesetzbuch besteht, oder

m)[5] Einrichtungen, bei denen die Betreuungs- oder Pflegekosten oder die Kosten für eng mit der Betreuung oder Pflege verbundene Leistungen in mindestens 25 Prozent der Fälle von den gesetzlichen Trägern der Sozialversicherung, den Trägern der Sozialhilfe, den Trägern der Eingliederungshilfe nach § 94 des Neunten Buches Sozialgesetzbuch *[ab 1.1.2025: , dem Träger der Soldatenentschädigung]* oder *der für die Durchführung der Kriegsopferversorgung zuständigen Versorgungsverwaltung einschließlich der Träger der Kriegsopferfürsorge [ab 1.1.2024:* den für die Durchführung des Vierzehnten Buches Sozialgesetzbuch zuständigen Stellen] ganz oder zum überwiegenden Teil vergütet werden. ²Leistungen im Sinne des Satzes 1, die von Einrichtungen nach den Buchstaben b bis m erbracht werden, sind befreit, soweit es sich ihrer Art nach um Leistungen handelt, auf die sich die Anerkennung, der Vertrag oder die Vereinbarung nach Sozialrecht oder die Vergütung jeweils bezieht;

---

[1] § 4 Nr. 16 Satz 1 Buchst. h geänd. mWv 1.1.2018 durch G v. 23.12.2016 (BGBl. I S. 3234).

[2] § 4 Nr. 16 Satz 1 Buchst. i neu gef. mWv 30.6.2013 durch G v. 26.6.2013 (BGBl. I S. 1809).

[3] § 4 Nr. 16 Satz 1 Buchst. k eingef., bish. Buchst. k wird Buchst. l; geänd. mWv 1.7.2013 durch G v. 26.6.2013 (BGBl. I S. 1809); geänd. mWv 1.1.2023 durch G v. 4.5.2021 (BGBl. I S. 882).

[4] § 4 Nr. 16 Satz 1 Buchst. l eingef. mWv 1.1.2021 durch G v. 21.12.2020 (BGBl. I S. 3096).

[5] § 4 Nr. 16 Satz 1 Buchst. l wird Buchst. m und neu gef. mWv 1.1.2021 durch G v. 21.12.2020 (BGBl. I S. 3096); geänd. mWv 1.1.2024 durch G v. 12.12.2019 (BGBl. I S. 2652); zur weiteren Anwendung der alten Fassung siehe § 27 Abs. 26; Buchst. m geänd. mWv 1.1.2024 bzw. 1.1.2025 durch G v. 20.8.2021 (BGBl. I S. 3932).

17. a) die Lieferungen von menschlichen Organen, menschlichem Blut und Frauenmilch,

  b) die Beförderungen von kranken und verletzten Personen mit Fahrzeugen, die hierfür besonders eingerichtet sind;

18.[1] eng mit der Sozialfürsorge und der sozialen Sicherheit verbundene Leistungen, wenn diese Leistungen von Einrichtungen des öffentlichen Rechts oder anderen Einrichtungen, die keine systematische Gewinnerzielung anstreben, erbracht werden. [2] Etwaige Gewinne, die trotzdem anfallen, dürfen nicht verteilt, sondern müssen zur Erhaltung oder Verbesserung der durch die Einrichtung erbrachten Leistungen verwendet werden. [3] Für in anderen Nummern des § 4 bezeichnete Leistungen kommt die Steuerbefreiung nur unter den dort genannten Voraussetzungen in Betracht;

18a.[2] die Leistungen zwischen den selbständigen Gliederungen einer politischen Partei, soweit diese Leistungen im Rahmen der satzungsgemäßen Aufgaben gegen Kostenerstattung ausgeführt werden, und sofern die jeweilige Partei nicht gemäß § 18 Absatz 7 des Parteiengesetzes von der staatlichen Teilfinanzierung ausgeschlossen ist;

19. a)[3] die Umsätze der Blinden, die nicht mehr als zwei Arbeitnehmer beschäftigen. [2] Nicht als Arbeitnehmer gelten der Ehegatte, der eingetragene Lebenspartner, die minderjährigen Abkömmlinge, die Eltern des Blinden und die Lehrlinge. [3] Die Blindheit ist nach den für die Besteuerung des Einkommens maßgebenden Vorschriften nachzuweisen. [4] Die Steuerfreiheit gilt nicht für die Lieferungen von Energieerzeugnissen im Sinne des § 1 Abs. 2 und 3 des Energiesteuergesetzes und von Alkoholerzeugnissen im Sinne des Alkoholsteuergesetzes, wenn der Blinde für diese Erzeugnisse Energiesteuer oder Alkoholsteuer zu entrichten hat, und für Lieferungen im Sinne der Nummer 4a Satz 1 Buchstabe a Satz 2,

  b)[4] die folgenden Umsätze der nicht unter Buchstabe a fallenden Inhaber von anerkannten Blindenwerkstätten und der anerkannten Zusammenschlüsse von Blindenwerkstätten im Sinne des § 226 des Neunten Buches Sozialgesetzbuch:

    aa) die Lieferungen von Blindenwaren und Zusatzwaren,

    bb) die sonstigen Leistungen, soweit bei ihrer Ausführung ausschließlich Blinde mitgewirkt haben;

---

[1] § 4 Nr. 18 neu gef. mWv 1.1.2020 durch G v. 12.12.2019 (BGBl. I S. 2451).

[2] § 4 Nr. 18a 2. HS angef. mWv 29.7.2017 durch G v. 18.7.2017 (BGBl. I S. 2730).

[3] § 4 Nr. 19 Buchst. a Satz 4 neu gef. durch G v. 13.12.2006 (BGBl. I S. 2878); Satz 2 geänd. mWv 30.6.2013 durch G v. 26.6.2013 (BGBl. I S. 1809); Satz 4 geänd. mWv 1.1.2018 durch G v. 10.3.2017 (BGBl. I S. 420); Satz 4 geänd. mWv 18.12.2019 durch G v. 12.12.2019 (BGBl. I S. 2451).

[4] § 4 Nr. 19 Buchst. b geänd., Verweis auf Blindenwarenvertriebsgesetz weggefallen mWv 14.9.2007 durch G v. 7.9.2007 (BGBl. I S. 2246); geänd. mWv 1.1.2018 durch G v. 23.12.2016 (BGBl. I S. 3234).

20. a)[1) die Umsätze folgender Einrichtungen *des Bundes, der Länder, der Gemeinden oder der Gemeindeverbände* [*ab 1.1.2023:* juristischer Personen des öffentlichen Rechts]: Theater, Orchester, Kammermusikensembles, Chöre, Museen, botanische Gärten, zoologische Gärten, Tierparks, Archive, Büchereien sowie Denkmäler der Bau- und Gartenbaukunst. [2]Das Gleiche gilt für die Umsätze gleichartiger Einrichtungen anderer Unternehmer, wenn die zuständige Landesbehörde bescheinigt, dass sie die gleichen kulturellen Aufgaben wie die in Satz 1 bezeichneten Einrichtungen erfüllen. [3]Steuerfrei sind auch die Umsätze von Bühnenregisseuren und Bühnenchoreographen an Einrichtungen im Sinne der Sätze 1 und 2, wenn die zuständige Landesbehörde bescheinigt, dass deren künstlerische Leistungen diesen Einrichtungen unmittelbar dienen. [4]Museen im Sinne dieser Vorschrift sind wissenschaftliche Sammlungen und Kunstsammlungen,

b) die Veranstaltung von Theatervorführungen und Konzerten durch andere Unternehmer, wenn die Darbietungen von den unter Buchstabe a bezeichneten Theatern, Orchestern, Kammermusikensembles oder Chören erbracht werden;

21. a) die unmittelbar dem Schul- und Bildungszweck dienenden Leistungen privater Schulen und anderer allgemeinbildender oder berufsbildender Einrichtungen,
aa) wenn sie als Ersatzschulen gemäß Artikel 7 Abs. 4 des Grundgesetzes staatlich genehmigt oder nach Landesrecht erlaubt sind oder
bb) wenn die zuständige Landesbehörde bescheinigt, dass sie auf einen Beruf oder eine vor einer juristischen Person des öffentlichen Rechts abzulegende Prüfung ordnungsgemäß vorbereiten,
b) die unmittelbar dem Schul- und Bildungszweck dienenden Unterrichtsleistungen selbständiger Lehrer
aa) an Hochschulen im Sinne der §§ 1 und 70 des Hochschulrahmengesetzes und öffentlichen allgemeinbildenden oder berufsbildenden Schulen oder
bb) an privaten Schulen und anderen allgemeinbildenden oder berufsbildenden Einrichtungen, soweit diese die Voraussetzungen des Buchstabens a erfüllen;

21a.[2)] (weggefallen)

22. a) die Vorträge, Kurse und anderen Veranstaltungen wissenschaftlicher oder belehrender Art, die von juristischen Personen des öffentlichen Rechts, von Verwaltungs- und Wirtschaftsakademien, von Volkshochschulen oder von Einrichtungen, die gemeinnützigen Zwecken oder dem Zweck eines Berufsverbandes dienen, durchgeführt werden, wenn

---

[1)] § 4 Nr. 20 Buchst. a Satz 3 eingef., Sätze 3 und 4 (eingef. mWv 1.1.2011 durch G v. 8.12.2010, BGBl. I S. 1768) werden Sätze 4 und 5 mWv 1.7.2013 durch G v. 26.6.2013 (BGBl. I S. 1809); Satz 4 aufgeh., bish. Satz 5 wird Satz 4 mWv 1.1.2015 durch G v. 22.12.2014 (BGBl. I S. 2417); Satz 1 Buchst. a geänd. mWv 1.1.2023 durch G v. 16.12.2022 (BGBl. I S. 2294).
[2)] Zur Übergangsregelung von § 4 Nr. 21a siehe § 27 Abs. 10.

die Einnahmen überwiegend zur Deckung der Kosten verwendet werden,

b) andere kulturelle und sportliche Veranstaltungen, die von den in Buchstabe a genannten Unternehmern durchgeführt werden, soweit das Entgelt in Teilnehmergebühren besteht;

23.[1)] a) die Erziehung von Kindern und Jugendlichen und damit eng verbundene Lieferungen und sonstige Leistungen, die durch Einrichtungen des öffentlichen Rechts, die mit solchen Aufgaben betraut sind, oder durch andere Einrichtungen erbracht werden, deren Zielsetzung mit der einer Einrichtung des öffentlichen Rechts vergleichbar ist und die keine systematische Gewinnerzielung anstreben; etwaige Gewinne, die trotzdem anfallen, dürfen nicht verteilt, sondern müssen zur Erhaltung oder Verbesserung der durch die Einrichtung erbrachten Leistungen verwendet werden,

b) eng mit der Betreuung von Kindern und Jugendlichen verbundene Lieferungen und sonstige Leistungen, die durch Einrichtungen des öffentlichen Rechts oder durch andere als Einrichtungen mit sozialem Charakter anerkannte Einrichtungen erbracht werden. [2]Andere Einrichtungen mit sozialem Charakter im Sinne dieser Vorschrift sind Einrichtungen, soweit sie

aa) auf Grund gesetzlicher Regelungen im Bereich der sozialen Sicherheit tätig werden oder

bb) Leistungen erbringen, die im vorangegangenen Kalenderjahr ganz oder zum überwiegenden Teil durch Einrichtungen des öffentlichen Rechts vergütet wurden,

c)[2)] Verpflegungsdienstleistungen und Beherbergungsleistungen gegenüber Kindern in Kindertageseinrichtungen, Studierenden und Schülern an Hochschulen im Sinne der Hochschulgesetze der Länder, an einer staatlichen oder staatlich anerkannten Berufsakademie, an öffentlichen Schulen und an Ersatzschulen, die gemäß Artikel 7 Absatz 4 des Grundgesetzes genehmigt oder nach Landesrecht erlaubt sind, sowie an staatlich anerkannten Ergänzungsschulen und an Berufsschulheimen durch Einrichtungen des öffentlichen Rechts oder durch andere Einrichtungen, die keine systematische Gewinnerzielung anstreben; etwaige Gewinne, die trotzdem anfallen, dürfen nicht verteilt, sondern müssen zur Erhaltung oder Verbesserung der durch die Einrichtung erbrachten Leistungen verwendet werden.
[2]Steuerfrei sind auch die Beherbergung, Beköstigung und die üblichen Naturalleistungen, die die Unternehmer den Personen, die bei der Erbringung der Leistungen nach Satz 1 Buchstabe a und b beteiligt sind, als Vergütung für die geleisteten Dienste gewähren. [3]Kinder und Jugendliche im Sinne von Satz 1 Buchstabe a und b sind alle Personen, die noch nicht 27 Jahre alt sind. [4]Für die in den Nummern 15b, 15c, 21, 24 und 25 be-

---

[1)] § 4 Nr. 23 neu gef. mWv 1.1.2020 durch G v. 12.12.2019 (BGBl. I S. 2451).
[2)] § 4 Nr. 23 Buchst. c neu gef. mWv 1.1.2021 durch G v. 21.12.2020 (BGBl. I S. 3096).

zeichneten Leistungen kommt die Steuerbefreiung nur unter den dort genannten Voraussetzungen in Betracht;

24. die Leistungen des Deutschen Jugendherbergswerkes, Hauptverband für Jugendwandern und Jugendherbergen e. V., einschließlich der diesem Verband angeschlossenen Untergliederungen, Einrichtungen und Jugendherbergen, soweit die Leistungen den Satzungszwecken unmittelbar dienen oder Personen, die bei diesen Leistungen tätig sind, Beherbergung, Beköstigung und die üblichen Naturalleistungen als Vergütung für die geleisteten Dienste gewährt werden. ²Das Gleiche gilt für die Leistungen anderer Vereinigungen, die gleiche Aufgaben unter denselben Voraussetzungen erfüllen;

25.¹⁾ Leistungen der Jugendhilfe nach § 2 Absatz 2 des Achten Buches, die Inobhutnahme nach § 42 des Achten Buches Sozialgesetzbuch und Leistungen der Adoptionsvermittlung nach dem Adoptionsvermittlungsgesetz, wenn diese Leistungen von Trägern der öffentlichen Jugendhilfe oder anderen Einrichtungen mit sozialem Charakter erbracht werden. ²Andere Einrichtungen mit sozialem Charakter im Sinne dieser Vorschrift sind

a) von der zuständigen Jugendbehörde anerkannte Träger der freien Jugendhilfe, die Kirchen und Religionsgemeinschaften des öffentlichen Rechts,

b) Einrichtungen, soweit sie

aa) für ihre Leistungen eine im Achten Buch Sozialgesetzbuch geforderte Erlaubnis besitzen oder nach § 44 oder § 45 Abs. 1 Nr. 1 und 2 des Achten Buches Sozialgesetzbuch einer Erlaubnis nicht bedürfen,

bb) Leistungen erbringen, die im vorangegangenen Kalenderjahr ganz oder zum überwiegenden Teil durch Träger der öffentlichen Jugendhilfe oder Einrichtungen nach Buchstabe a vergütet wurden,

cc)²⁾ Leistungen der Kindertagespflege erbringen, für die sie nach § 23 Absatz 3 des Achten Buches Sozialgesetzbuch geeignet sind, oder

dd) Leistungen der Adoptionsvermittlung erbringen, für die sie nach § 4 Absatz 1 des Adoptionsvermittlungsgesetzes anerkannt oder nach § 4 Absatz 2 des Adoptionsvermittlungsgesetzes zugelassen sind.

³Steuerfrei sind auch

a) die Durchführung von kulturellen und sportlichen Veranstaltungen, wenn die Darbietungen von den von der Jugendhilfe begünstigten Personen selbst erbracht oder die Einnahmen überwiegend zur Deckung der Kosten verwendet werden und diese Leistungen in engem Zusammenhang mit den in Satz 1 bezeichneten Leistungen stehen,

---

¹⁾ § 4 Nr. 25 neu gef. durch G v. 20.12.2007 (BGBl. I S. 3150); Satz 1 geänd., Satz 2 Buchst. a geänd. und Buchst. b Doppelbuchst. dd angef. mWv 1.1.2020 durch G v. 12.12.2019 (BGBl. I S. 2451).
²⁾ § 4 Nr. 25 Satz 2 Buchst. b Doppelbuchst. cc geänd. mWv 31.7.2014 durch G v. 25.7.2014 (BGBl. I S. 1266).

b) die Beherbergung, Beköstigung und die üblichen Naturalleistungen, die diese Einrichtungen den Empfängern der Jugendhilfeleistungen und Mitarbeitern in der Jugendhilfe sowie den bei den Leistungen nach Satz 1 tätigen Personen als Vergütung für die geleisteten Dienste gewähren,

c)[1] Leistungen, die von Einrichtungen erbracht werden, die als Vormünder nach § 1773 des Bürgerlichen Gesetzbuchs oder als Ergänzungspfleger nach § 1909 [*ab 1.1.2023:* § 1809] des Bürgerlichen Gesetzbuchs bestellt worden sind, sofern es sich nicht um Leistungen handelt, die nach § 1835 [*ab 1.1.2023:* § 1877] Absatz 3 des Bürgerlichen Gesetzbuchs vergütet werden,

d)[2] Einrichtungen, die als Verfahrensbeistand nach den §§ 158, 174 oder 191 des Gesetzes über das Verfahren in Familiensachen und in den Angelegenheiten der freiwilligen Gerichtsbarkeit bestellt worden sind, wenn die Preise, die diese Einrichtungen verlangen, von den zuständigen Behörden genehmigt sind oder die genehmigten Preise nicht übersteigen; bei Umsätzen, für die eine Preisgenehmigung nicht vorgesehen ist, müssen die verlangten Preise unter den Preisen liegen, die der Mehrwertsteuer unterliegende gewerbliche Unternehmen für entsprechende Umsätze fordern;

26. die ehrenamtliche Tätigkeit,

a) wenn sie für juristische Personen des öffentlichen Rechts ausgeübt wird oder

b) wenn das Entgelt für diese Tätigkeit nur in Auslagenersatz und einer angemessenen Entschädigung für Zeitversäumnis besteht;

27. a)[3] die Gestellung von Personal durch religiöse und weltanschauliche Einrichtungen für die in Nummer 14 Buchstabe b, in den Nummern 16, 18, 21, 22 Buchstabe a sowie in den Nummern 23 und 25 genannten Tätigkeiten und für Zwecke geistlichen Beistands,

b) die Gestellung von land- und forstwirtschaftlichen Arbeitskräften durch juristische Personen des privaten oder des öffentlichen Rechts für land- und forstwirtschaftliche Betriebe (§ 24 Abs. 2) mit höchstens drei Vollarbeitskräften zur Überbrückung des Ausfalls des Betriebsinhabers oder dessen voll mitarbeitenden Familienangehörigen wegen Krankheit, Unfalls, Schwangerschaft, eingeschränkter Erwerbsfähigkeit oder Todes sowie die Gestellung von Betriebshelfern an die gesetzlichen Träger der Sozialversicherung;

28.[4] die Lieferungen von Gegenständen, für die der Vorsteuerabzug nach § 15 Abs. 1a ausgeschlossen ist oder wenn der Unternehmer die gelieferten

---

[1] § 4 Nr. 25 Satz 3 Buchst. c angef. mWv 30.6.2013 durch G v. 26.6.2013 (BGBl. I S. 1809); geänd. mWv 1.1.2023 durch G v. 4.5.2021 (BGBl. I S. 882).
[2] § 4 Nr. 25 Satz 3 Buchst. d angef. mWv 1.1.2021 durch G v. 21.12.2020 (BGBl. I S. 3096).
[3] § 4 Nr. 27 Buchst. a neu gef. mWv 1.1.2015 durch G v. 25.7.2014 (BGBl. I S. 1266); geänd. mWv 18.12.2019 durch G v. 12.12.2019 (BGBl. I S. 2451).
[4] § 4 Nr. 28 Verweis geänd. durch G v. 20.12.2007 (BGBl. I S. 3150); Verweis ergänzt mWv 1.1.2020 durch G v. 12.12.2019 (BGBl. I S. 2451).

Gegenstände ausschließlich für eine nach den Nummern 8 bis 27 und 29 steuerfreie Tätigkeit verwendet hat;

29.[1]) sonstige Leistungen von selbständigen, im Inland ansässigen Zusammenschlüssen von Personen, deren Mitglieder eine dem Gemeinwohl dienende nichtunternehmerische Tätigkeit oder eine dem Gemeinwohl dienende Tätigkeit ausüben, die nach den Nummern 11b, 14 bis 18, 20 bis 25 oder 27 von der Steuer befreit ist, gegenüber ihren im Inland ansässigen Mitgliedern, soweit diese Leistungen für unmittelbare Zwecke der Ausübung dieser Tätigkeiten verwendet werden und der Zusammenschluss von seinen Mitgliedern lediglich die genaue Erstattung des jeweiligen Anteils an den gemeinsamen Kosten fordert, vorausgesetzt, dass diese Befreiung nicht zu einer Wettbewerbsverzerrung führt.

§ 4a Steuervergütung für Leistungsbezüge zur Verwendung zu humanitären, karitativen oder erzieherischen Zwecken im Drittlandsgebiet.[2]) (1) [1]Körperschaften, die ausschließlich und unmittelbar gemeinnützige, mildtätige oder kirchliche Zwecke verfolgen (§§ 51 bis 68 der Abgabenordnung), und juristischen Personen des öffentlichen Rechts wird auf Antrag eine Steuervergütung zum Ausgleich der Steuer gewährt, die auf der an sie bewirkten Lieferung eines Gegenstands, seiner Einfuhr oder seinem innergemeinschaftlichen Erwerb lastet, wenn die folgenden Voraussetzungen erfüllt sind:

1. Die Lieferung, die Einfuhr oder der innergemeinschaftliche Erwerb des Gegenstands muss steuerpflichtig gewesen sein.

2. Die auf die Lieferung des Gegenstands entfallende Steuer muss in einer nach § 14 ausgestellten Rechnung gesondert ausgewiesen und mit dem Kaufpreis bezahlt worden sein.

3. Die für die Einfuhr oder den innergemeinschaftlichen Erwerb des Gegenstands geschuldete Steuer muss entrichtet worden sein.

4. Der Gegenstand muss in das Drittlandsgebiet gelangt sein.

5. Der Gegenstand muss im Drittlandsgebiet zu humanitären, karitativen oder erzieherischen Zwecken verwendet werden.

6.[3]) Der Erwerb oder die Einfuhr des Gegenstands und seine Ausfuhr dürfen von einer Körperschaft, die steuerbegünstigte Zwecke verfolgt, nicht im Rahmen eines wirtschaftlichen Geschäftsbetriebs und von einer juristischen Person des öffentlichen Rechts nicht im Rahmen ihres Unternehmens vorgenommen worden sein.

7. Die vorstehenden Voraussetzungen müssen nachgewiesen sein.

[2]Der Antrag *ist nach amtlich vorgeschriebenem Vordruck zu stellen, in dem der Antragsteller die zu gewährende Vergütung selbst zu berechnen hat* [**ab 1.1.2023:** *, in dem der Antragsteller die zu gewährende Vergütung selbst zu berechnen hat,*

---

[1]) § 4 Nr. 29 angef. mWv 1.1.2020 durch G v. 12.12.2019 (BGBl. I S. 2451).
[2]) Überschr. neu gef. mWv 1.1.2022 durch G v. 21.12.2021 (BGBl. I S. 5250).
[3]) § 4a Abs. 1 Satz 1 Nr. 6 geänd. mWv 1.1.2016 durch G v. 2.11.2015 (BGBl. I S. 1834).

ist nach amtlich vorgeschriebenem Vordruck oder amtlich vorgeschriebenem Datensatz durch Datenfernübertragung zu stellen].[1]

(2) Das Bundesministerium der Finanzen kann mit Zustimmung des Bundesrates durch Rechtsverordnung näher bestimmen,

1. wie die Voraussetzungen für den Vergütungsanspruch nach Absatz 1 Satz 1 nachzuweisen sind und

2. in welcher Frist die Vergütung zu beantragen ist.

§ 4b Steuerbefreiung beim innergemeinschaftlichen Erwerb von Gegenständen. Steuerfrei ist der innergemeinschaftliche Erwerb

1. der in § 4 Nr. 8 Buchstabe e und Nr. 17 Buchstabe a sowie der in § 8 Abs. 1 Nr. 1 und 2 bezeichneten Gegenstände;

2. der in § 4 Nr. 4 bis 4b und Nr. 8 Buchstabe b und i sowie der in § 8 Abs. 2 Nr. 1 und 2 bezeichneten Gegenstände unter den in diesen Vorschriften bezeichneten Voraussetzungen;

3. der Gegenstände, deren Einfuhr (§ 1 Abs. 1 Nr. 4) nach den für die Einfuhrumsatzsteuer geltenden Vorschriften steuerfrei wäre;

4. der Gegenstände, die zur Ausführung von Umsätzen verwendet werden, für die der Ausschluss vom Vorsteuerabzug nach § 15 Abs. 3 nicht eintritt.

§ 4c[2] Steuervergütung für Leistungsbezüge europäischer Einrichtungen. (1) Europäischen Einrichtungen wird

1. die von dem Unternehmer für eine Leistung gesetzlich geschuldete und von der Einrichtung gezahlte Steuer sowie

2. die von der Einrichtung nach § 13b Absatz 5 geschuldete und von ihr entrichtete Steuer

auf Antrag vergütet, sofern die Leistung nicht von der Steuer befreit werden kann.

(2) Europäische Einrichtungen im Sinne des Absatzes 1 sind

1. die Europäische Union, die Europäische Atomgemeinschaft, die Europäische Zentralbank und die Europäische Investitionsbank sowie die von der Europäischen Union geschaffenen Einrichtungen, auf die das dem Vertrag über die Europäische Union und dem Vertrag über die Arbeitsweise der Europäischen Union beigefügte Protokoll (Nr. 7) über die Vorrechte und Befreiungen der Europäischen Union (ABl. C 202 vom 7.6.2016, S. 266) anwendbar ist, und

2. die Europäische Kommission sowie nach dem Unionsrecht geschaffene Agenturen und Einrichtungen.

(3) Die Vergütung an eine in Absatz 2 Nummer 1 bezeichnete Einrichtung erfolgt in den Grenzen und zu den Bedingungen, die in dem dem Vertrag

---

[1] § 4a Abs. 1 Satz 2 neu gef. mWv 1.1.2023 durch G v. 16.12.2022 (BGBl. I S. 2294).
[2] § 4c eingef. durch G v. 21.12.2021 (BGBl. I S. 5250); zur Anwendung siehe § 27 Abs. 35 Satz 1.

über die Europäische Union und dem Vertrag über die Arbeitsweise der Europäischen Union beigefügten Protokoll (Nr. 7) über die Vorrechte und Befreiungen der Europäischen Union und den Übereinkünften zu seiner Umsetzung oder in den Abkommen über den Sitz der Einrichtung festgelegt sind.

(4) ¹Die Vergütung an eine in Absatz 2 Nummer 2 bezeichnete Einrichtung setzt voraus, dass die Leistung

1. in Wahrnehmung der der Einrichtung durch das Unionsrecht übertragenen Aufgaben bezogen wurde, um auf die COVID-19-Pandemie zu reagieren, und

2. nicht zur Ausführung einer eigenen entgeltlichen Leistung verwendet wird. ²Soweit die Voraussetzungen nach Antragstellung wegfallen, ist die Einrichtung verpflichtet, dies dem Bundeszentralamt für Steuern innerhalb eines Monats anzuzeigen.

§ 5 Steuerbefreiungen bei der Einfuhr. (1) Steuerfrei ist die Einfuhr

1. der in § 4 Nr. 8 Buchstabe e und Nr. 17 Buchstabe a sowie der in § 8 Abs. 1 Nr. 1, 2 und 3 bezeichneten Gegenstände;

2. der in § 4 Nr. 4 und Nr. 8 Buchstabe b und i sowie der in § 8 Abs. 2 Nr. 1, 2 und 3 bezeichneten Gegenstände unter den in diesen Vorschriften bezeichneten Voraussetzungen;

3. ¹⁾ der Gegenstände, die von einem Schuldner der Einfuhrumsatzsteuer im Anschluss an die Einfuhr unmittelbar zur Ausführung von innergemeinschaftlichen Lieferungen (§ 4 Nummer 1 Buchstabe b, § 6a) verwendet werden; der Schuldner der Einfuhrumsatzsteuer hat zum Zeitpunkt der Einfuhr

   a) seine im Geltungsbereich dieses Gesetzes erteilte Umsatzsteuer-Identifikationsnummer oder die im Geltungsbereich dieses Gesetzes erteilte Umsatzsteuer-Identifikationsnummer seines Fiskalvertreters und

   b) die im anderen Mitgliedstaat erteilte Umsatzsteuer-Identifikationsnummer des Abnehmers mitzuteilen sowie

   c) nachzuweisen, dass die Gegenstände zur Beförderung oder Versendung in das übrige Gemeinschaftsgebiet bestimmt sind;

4. der in der Anlage 1 bezeichneten Gegenstände, die im Anschluss an die Einfuhr zur Ausführung von steuerfreien Umsätzen nach § 4 Nr. 4a Satz 1 Buchstabe a Satz 1 verwendet werden sollen; der Schuldner der Einfuhrumsatzsteuer hat die Voraussetzungen der Steuerbefreiung nachzuweisen;

5. der in der Anlage 1 bezeichneten Gegenstände, wenn die Einfuhr im Zusammenhang mit einer Lieferung steht, die zu einer Auslagerung im Sinne des § 4 Nr. 4a Satz 1 Buchstabe a Satz 2 führt und der Lieferer oder sein Beauftragter Schuldner der Einfuhrumsatzsteuer ist; der Schuldner der Einfuhrumsatzsteuer hat die Voraussetzungen der Steuerbefreiung nachzuweisen;

---

¹⁾ § 5 Abs. 1 Nr. 3 neu gef. mWv 1.1.2011 durch G v. 8.12.2010 (BGBl. I S. 1768).

6.[1]) von Erdgas über das Erdgasnetz oder von Erdgas, das von einem Gastanker aus in das Erdgasnetz oder ein vorgelagertes Gasleitungsnetz eingespeist wird, von Elektrizität oder von Wärme oder Kälte über Wärme- oder Kältenetze;

[*ab 1.7.2021:*

7.[2]) von aus dem Drittlandsgebiet eingeführten Gegenständen in Sendungen mit einem Sachwert von höchstens 150 Euro, für die die Steuer im Rahmen des besonderen Besteuerungsverfahrens nach § 18k zu erklären ist und für die in der Anmeldung zur Überlassung in den freien Verkehr die nach Artikel 369q der Richtlinie 2006/112/EG des Rates vom 28. November 2006 über das gemeinsame Mehrwertsteuersystem (ABl. L 347 vom 11.12.2006, S. 1) in der jeweils geltenden Fassung von einem Mitgliedstaat der Europäischen Union erteilte individuelle Identifikationsnummer des Lieferers oder die dem in seinem Auftrag handelnden Vertreter für diesen Lieferer erteilte individuelle Identifikationsnummer angegeben wird;]

8.[3]) von Gegenständen durch die Europäische Union, die Europäische Atomgemeinschaft, die Europäische Zentralbank und die Europäische Investitionsbank sowie die von der Europäischen Union geschaffenen Einrichtungen, auf die das dem Vertrag über die Europäische Union und dem Vertrag über die Arbeitsweise der Europäischen Union beigefügte Protokoll (Nr. 7) über die Vorrechte und Befreiungen der Europäischen Union (ABl. C 202 vom 7.6.2016, S. 266) anwendbar ist, und zwar in den Grenzen und zu den Bedingungen, die in diesem Protokoll und den Übereinkünften zu seiner Umsetzung oder in den Abkommen über den Sitz festgelegt sind;

9. von Gegenständen durch die Europäische Kommission sowie nach dem Unionsrecht geschaffene Agenturen und Einrichtungen, sofern die Gegenstände in Wahrnehmung der ihnen durch das Unionsrecht übertragenen Aufgaben eingeführt werden, um auf die COVID-19-Pandemie zu reagieren. [2]Dies gilt nicht für Gegenstände, die von der Europäischen Kommission oder der nach dem Unionsrecht geschaffenen Agentur oder Einrichtung zur Ausführung von eigenen entgeltlichen Lieferungen verwendet werden. [3]Soweit die Voraussetzungen für die Steuerbefreiung nach der Einfuhr wegfallen, ist die Europäische Kommission oder die nach dem Unionsrecht geschaffene Agentur oder Einrichtung verpflichtet, dies dem für die Besteuerung dieser Einfuhr zuständigen Hauptzollamt innerhalb eines Monats anzuzeigen. [4]In diesem Fall wird die Einfuhrumsatzsteuer nach den im Zeitpunkt des Wegfalls geltenden Bestimmungen festgesetzt;

---

[1]) § 5 Abs. 1 Nr. 6 geänd. mWv 1.1.2011 durch G v. 8.12.2010 (BGBl. I S. 1768).
  [2]) § 5 Abs. 1 Nr. 7 angef. durch G v. 21.12.2020 (BGBl. I S. 3096); zur Anwendung siehe § 27 Abs. 34 Satz 1.
  [3]) § 5 Abs. 1 Nrn. 8 und 9 eingef., Nr. 8 wird Nr. 10 durch G v. 21.12.2021 (BGBl. I S. 5250); zur Anwendung siehe § 27 Abs. 35 Satz 2.

[ab 1.7.2022:

10.[1] von Gegenständen durch die Streitkräfte anderer Mitgliedstaaten für den eigenen Gebrauch oder Verbrauch oder für die ihres zivilen Begleitpersonals oder für die Versorgung ihrer Kasinos oder Kantinen, wenn diese Streitkräfte an einer Verteidigungsanstrengung teilnehmen, die zur Durchführung einer Tätigkeit der Union im Rahmen der Gemeinsamen Sicherheits- und Verteidigungspolitik unternommen wird.]

(2) Das Bundesministerium der Finanzen kann durch Rechtsverordnung, die nicht der Zustimmung des Bundesrates bedarf, zur Erleichterung des Warenverkehrs über die Grenze und zur Vereinfachung der Verwaltung Steuerfreiheit oder Steuerermäßigung anordnen

1. für Gegenstände, die nicht oder nicht mehr am Güterumsatz und an der Preisbildung teilnehmen;

2. für Gegenstände in kleinen Mengen oder von geringem Wert;

3. für Gegenstände, die nur vorübergehend ausgeführt worden waren, ohne ihre Zugehörigkeit oder enge Beziehung zur inländischen Wirtschaft verloren zu haben;

4. für Gegenstände, die nach zollamtlich bewilligter Veredelung in Freihäfen eingeführt werden;

5. für Gegenstände, die nur vorübergehend eingeführt und danach unter zollamtlicher Überwachung wieder ausgeführt werden;

6. für Gegenstände, die für die nach zwischenstaatlichem Brauch keine Einfuhrumsatzsteuer erhoben wird;

7. für Gegenstände, die an Bord von Verkehrsmitteln als Mundvorrat, als Brenn-, Treib- oder Schmierstoffe, als technische Öle oder als Betriebsmittel eingeführt werden;

8. für Gegenstände, die weder zum Handel noch zur gewerblichen Verwendung bestimmt und insgesamt nicht mehr wert sind, als in Rechtsakten des Rates der Europäischen Union oder der Europäischen Kommission[2] über die Verzollung zum Pauschalsatz festgelegt ist, soweit dadurch schutzwürdige Interessen der inländischen Wirtschaft nicht verletzt werden und keine unangemessenen Steuervorteile entstehen. [2]Es hat dabei Rechtsakte des Rates der Europäischen Union oder der Europäischen Kommission[2] zu berücksichtigen.

(3) Das Bundesministerium der Finanzen kann durch Rechtsverordnung, die nicht der Zustimmung des Bundesrates bedarf, anordnen, dass unter den sinngemäß anzuwendenden Voraussetzungen von Rechtsakten des Rates der Europäischen Union oder der Europäischen Kommission[2] über die Erstattung oder den Erlass von Einfuhrabgaben die Einfuhrumsatzsteuer ganz oder teilweise erstattet oder erlassen wird.

---

[1] § 5 Abs. 1 Nr. 10 (urspr. als Nr. 8) angef. mWv 1.7.2022 durch G v. 21.12.2020 (BGBl. I S. 3096).
[2] Bezeichnungen geänd. durch G v. 26.6.2013 (BGBl. I S. 1809).

§ 6 Ausfuhrlieferung. (1) ¹Eine Ausfuhrlieferung (§ 4 Nr. 1 Buchstabe a) liegt vor, wenn bei einer Lieferung

1. der Unternehmer den Gegenstand der Lieferung in das Drittlandsgebiet, ausgenommen Gebiete nach § 1 Abs. 3, befördert oder versendet hat oder

2. der Abnehmer den Gegenstand der Lieferung in das Drittlandsgebiet, ausgenommen Gebiete nach § 1 Abs. 3, befördert oder versendet hat und ein ausländischer Abnehmer ist oder

3. der Unternehmer oder der Abnehmer den Gegenstand der Lieferung in die in § 1 Abs. 3 bezeichneten Gebiete befördert oder versendet hat und der Abnehmer

   a)¹⁾ ein Unternehmer ist, der den Gegenstand für sein Unternehmen erworben hat und dieser nicht ausschließlich oder nicht zum Teil für eine nach § 4 Nummer 8 bis 27 und 29 steuerfreie Tätigkeit verwendet werden soll, oder

   b) ein ausländischer Abnehmer, aber kein Unternehmer ist und der Gegenstand in das übrige Drittlandsgebiet gelangt.

²Der Gegenstand der Lieferung kann durch Beauftragte vor der Ausfuhr bearbeitet oder verarbeitet worden sein.

(2) ¹Ausländischer Abnehmer im Sinne des Absatzes 1 Satz 1 Nr. 2 und 3 ist

1. ein Abnehmer, der seinen Wohnort oder Sitz im Ausland, ausgenommen die in § 1 Abs. 3 bezeichneten Gebiete, hat, oder

2. eine Zweigniederlassung eines im Inland oder in den in § 1 Abs. 3 bezeichneten Gebieten ansässigen Unternehmers, die ihren Sitz im Ausland, ausgenommen die bezeichneten Gebiete, hat, wenn sie das Umsatzgeschäft im eigenen Namen abgeschlossen hat.

²Eine Zweigniederlassung im Inland oder in den in § 1 Abs. 3 bezeichneten Gebieten ist kein ausländischer Abnehmer.

(3) Ist in den Fällen des Absatzes 1 Satz 1 Nr. 2 und 3 der Gegenstand der Lieferung zur Ausrüstung oder Versorgung eines Beförderungsmittels bestimmt, so liegt eine Ausfuhrlieferung nur vor, wenn

1. der Abnehmer ein ausländischer Unternehmer ist und

2. das Beförderungsmittel den Zwecken des Unternehmens des Abnehmers dient.

(3a)²⁾ ¹Wird in den Fällen des Absatzes 1 Satz 1 Nr. 2 und 3 der Gegenstand der Lieferung nicht für unternehmerische Zwecke erworben und durch den Abnehmer im persönlichen Reisegepäck ausgeführt, liegt eine Ausfuhrlieferung nur vor, wenn

---

¹⁾ § 6 Abs. 1 Satz 1 Nr. 3 Buchst. a ergänzt mWv 25.12.2008 durch G v. 19.12.2008 (BGBl. I S. 2794); Verweis geänd. mWv 1.1.2020 durch G v. 12.12.2019 (BGBl. I S. 2451).
²⁾ § 6 Abs. 3a Satz 1 Nr. 3 und Satz 2 angef. mWv 1.1.2020 durch G v. 12.12.2019 (BGBl. I S. 2451).

1. der Abnehmer seinen Wohnort oder Sitz im Drittlandsgebiet, ausgenommen Gebiete nach § 1 Abs. 3, hat,

2. der Gegenstand der Lieferung vor Ablauf des dritten Kalendermonats, der auf den Monat der Lieferung folgt, ausgeführt wird und

3. der Gesamtwert der Lieferung einschließlich Umsatzsteuer 50 Euro übersteigt.

²Nummer 3 tritt zum Ende des Jahres außer Kraft, in dem die Ausfuhr- und Abnehmernachweise in Deutschland erstmals elektronisch erteilt werden.

(4) ¹Die Voraussetzungen der Absätze 1, 3 und 3a sowie die Bearbeitung oder Verarbeitung im Sinne des Absatzes 1 Satz 2 müssen vom Unternehmer nachgewiesen sein. ²Das Bundesministerium der Finanzen kann mit Zustimmung des Bundesrates durch Rechtsverordnung bestimmen, wie der Unternehmer die Nachweise zu führen hat.

(5) Die Absätze 1 bis 4 gelten nicht für die Lieferungen im Sinne des § 3 Abs. 1b.

§ 6a Innergemeinschaftliche Lieferung. (1)¹) ¹Eine innergemeinschaftliche Lieferung (§ 4 Nummer 1 Buchstabe b) liegt vor, wenn bei einer Lieferung die folgenden Voraussetzungen erfüllt sind:

1. Der Unternehmer oder der Abnehmer hat den Gegenstand der Lieferung in das übrige Gemeinschaftsgebiet befördert oder versendet,

2. der Abnehmer ist

   a) ein in einem anderen Mitgliedstaat für Zwecke der Umsatzsteuer erfasster Unternehmer, der den Gegenstand der Lieferung für sein Unternehmen erworben hat,

   b) eine in einem anderen Mitgliedstaat für Zwecke der Umsatzsteuer erfasste juristische Person, die nicht Unternehmer ist oder die den Gegenstand der Lieferung nicht für ihr Unternehmen erworben hat, oder

   c) bei der Lieferung eines neuen Fahrzeugs auch jeder andere Erwerber,

3. der Erwerb des Gegenstands der Lieferung unterliegt beim Abnehmer in einem anderen Mitgliedstaat den Vorschriften der Umsatzbesteuerung

   und

4. der Abnehmer im Sinne der Nummer 2 Buchstabe a oder b hat gegenüber dem Unternehmer eine ihm von einem anderen Mitgliedstaat erteilte gültige Umsatzsteuer-Identifikationsnummer verwendet.

²Der Gegenstand der Lieferung kann durch Beauftragte vor der Beförderung oder Versendung in das übrige Gemeinschaftsgebiet bearbeitet oder verarbeitet worden sein.

(2) Als innergemeinschaftliche Lieferung gilt auch das einer Lieferung gleichgestellte Verbringen eines Gegenstands (§ 3 Abs. 1a).

---

¹⁾ § 6a Abs. 1 Satz 1 Nr. 2 neu gef., Nr. 4 angef. mWv 1.1.2020 durch G v. 12.12.2019 (BGBl. I S. 2451).

(3) [1]Die Voraussetzungen der Absätze 1 und 2 müssen vom Unternehmer nachgewiesen sein. [2]Das Bundesministerium der Finanzen kann mit Zustimmung des Bundesrates durch Rechtsverordnung bestimmen, wie der Unternehmer den Nachweis zu führen hat.

(4) [1]Hat der Unternehmer eine Lieferung als steuerfrei behandelt, obwohl die Voraussetzungen nach Absatz 1 nicht vorliegen, so ist die Lieferung gleichwohl als steuerfrei anzusehen, wenn die Inanspruchnahme der Steuerbefreiung auf unrichtigen Angaben des Abnehmers beruht und der Unternehmer die Unrichtigkeit dieser Angaben auch bei Beachtung der Sorgfalt eines ordentlichen Kaufmanns nicht erkennen konnte. [2]In diesem Fall schuldet der Abnehmer die entgangene Steuer.

§ 6b[1) Konsignationslagerregelung. (1) Für die Beförderung oder Versendung eines Gegenstandes aus dem Gebiet eines Mitgliedstaates in das Gebiet eines anderen Mitgliedstaates für Zwecke einer Lieferung des Gegenstandes nach dem Ende dieser Beförderung oder Versendung an einen Erwerber gilt eine Besteuerung nach Maßgabe der nachfolgenden Vorschriften, wenn folgende Voraussetzungen erfüllt sind:

1. Der Unternehmer oder ein vom Unternehmer beauftragter Dritter befördert oder versendet einen Gegenstand des Unternehmens aus dem Gebiet eines Mitgliedstaates (Abgangsmitgliedstaat) in das Gebiet eines anderen Mitgliedstaates (Bestimmungsmitgliedstaat) zu dem Zweck, dass nach dem Ende dieser Beförderung oder Versendung die Lieferung (§ 3 Absatz 1) gemäß einer bestehenden Vereinbarung an einen Erwerber bewirkt werden soll, dessen vollständiger Name und dessen vollständige Anschrift dem Unternehmer zum Zeitpunkt des Beginns der Beförderung oder Versendung des Gegenstands bekannt ist und der Gegenstand im Bestimmungsland verbleibt.

2. Der Unternehmer hat in dem Bestimmungsmitgliedstaat weder seinen Sitz noch seine Geschäftsleitung oder eine Betriebsstätte oder in Ermangelung eines Sitzes, einer Geschäftsleitung oder einer Betriebsstätte seinen Wohnsitz oder gewöhnlichen Aufenthalt.

3. Der Erwerber im Sinne der Nummer 1, an den die Lieferung bewirkt werden soll, hat gegenüber dem Unternehmer bis zum Beginn der Beförderung oder Versendung die ihm vom Bestimmungsmitgliedstaat erteilte Umsatzsteuer-Identifikationsnummer verwendet.

4. Der Unternehmer zeichnet die Beförderung oder Versendung des Gegenstandes im Sinne der Nummer 1 nach Maßgabe des § 22 Absatz 4f gesondert auf und kommt seiner Pflicht nach § 18a Absatz 1 in Verbindung mit Absatz 6 Nummer 3 und Absatz 7 Nummer 2a rechtzeitig, richtig und vollständig nach.

(2) Wenn die Voraussetzungen nach Absatz 1 erfüllt sind, gilt zum Zeitpunkt der Lieferung des Gegenstandes an den Erwerber, sofern diese Lieferung innerhalb der Frist nach Absatz 3 bewirkt wird, Folgendes:

[1) § 6b eingef. mWv 1.1.2020 durch G v. 12.12.2019 (BGBl. I S. 2451).

1. Die Lieferung an den Erwerber wird einer im Abgangsmitgliedstaat steuerbaren und steuerfreien innergemeinschaftlichen Lieferung (§ 6a) gleichgestellt.

2. Die Lieferung an den Erwerber wird einem im Bestimmungsmitgliedstaat steuerbaren innergemeinschaftlichen Erwerb (§ 1a Absatz 1) gleichgestellt.

(3) Wird die Lieferung an den Erwerber nicht innerhalb von zwölf Monaten nach dem Ende der Beförderung oder Versendung des Gegenstandes im Sinne des Absatzes 1 Nummer 1 bewirkt und ist keine der Voraussetzungen des Absatzes 6 erfüllt, so gilt am Tag nach Ablauf des Zeitraums von zwölf Monaten die Beförderung oder Versendung des Gegenstandes als das einer innergemeinschaftlichen Lieferung gleichgestellte Verbringen (§ 6a Absatz 2[1]) in Verbindung mit § 3 Absatz 1a).

(4) Absatz 3 ist nicht anzuwenden, wenn folgende Voraussetzungen vorliegen:

1. Die nach Absatz 1 Nummer 1 beabsichtigte Lieferung wird nicht bewirkt und der Gegenstand gelangt innerhalb von zwölf Monaten nach dem Ende der Beförderung oder Versendung aus dem Bestimmungsmitgliedstaat in den Abgangsmitgliedstaat zurück.

2. Der Unternehmer zeichnet das Zurückgelangen des Gegenstandes nach Maßgabe des § 22 Absatz 4f gesondert auf.

(5) Tritt innerhalb von zwölf Monaten nach dem Ende der Beförderung oder Versendung des Gegenstandes im Sinne des Absatzes 1 Nummer 1 und vor dem Zeitpunkt der Lieferung ein anderer Unternehmer an die Stelle des Erwerbers im Sinne des Absatzes 1 Nummer 1, gilt in dem Zeitpunkt, in dem der andere Unternehmer an die Stelle des Erwerbers tritt, Absatz 4 sinngemäß, wenn folgende Voraussetzungen vorliegen:

1. Der andere Unternehmer hat gegenüber dem Unternehmer die ihm vom Bestimmungsmitgliedstaat erteilte Umsatzsteuer-Identifikationsnummer verwendet.

2. Der vollständige Name und die vollständige Anschrift des anderen Unternehmers sind dem Unternehmer bekannt.

3. Der Unternehmer zeichnet den Erwerberwechsel nach Maßgabe des § 22 Absatz 4f gesondert auf.

(6) [1]Fällt eine der Voraussetzungen nach den Absätzen 1 und 5 innerhalb von zwölf Monaten nach dem Ende der Beförderung oder Versendung des Gegenstandes im Sinne des Absatzes 1 Nummer 1 und vor dem Zeitpunkt der Lieferung weg, so gilt am Tag des Wegfalls der Voraussetzung die Beförderung oder Versendung des Gegenstandes als das einer innergemeinschaftlichen Lieferung gleichgestellte Verbringen (§ 6a Absatz 2[1]) in Verbindung mit § 3 Absatz 1a). [2]Wird die Lieferung an einen anderen Erwerber als einen Erwerber nach Absatz 1 Nummer 1 oder Absatz 5 bewirkt, gelten die Voraussetzungen nach den Absätzen 1 und 5 an dem Tag vor der Lieferung als nicht mehr er-

---

[1] Verweis red. ber. mWv 29.12.2020 durch G v. 21.12.2020 (BGBl. I S. 3096).

füllt. [3]Satz 2 gilt sinngemäß, wenn der Gegenstand vor der Lieferung oder bei der Lieferung in einen anderen Mitgliedstaat als den Abgangsmitgliedstaat oder in das Drittlandsgebiet befördert oder versendet wird. [4]Im Fall der Zerstörung, des Verlustes oder des Diebstahls des Gegenstandes nach dem Ende der Beförderung oder Versendung des Gegenstandes im Sinne des Absatzes 1 Nummer 1 und vor dem Zeitpunkt der Lieferung gelten die Voraussetzungen nach den Absätzen 1 und 5 an dem Tag, an dem die Zerstörung, der Verlust oder der Diebstahl festgestellt wird, als nicht mehr erfüllt.

§ 7 Lohnveredelung an Gegenständen der Ausfuhr. (1) [1]Eine Lohnveredelung an einem Gegenstand der Ausfuhr (§ 4 Nr. 1 Buchstabe a) liegt vor, wenn bei einer Bearbeitung oder Verarbeitung eines Gegenstands der Auftraggeber den Gegenstand zum Zweck der Bearbeitung oder Verarbeitung in das Gemeinschaftsgebiet eingeführt oder zu diesem Zweck in diesem Gebiet erworben hat und

1. der Unternehmer den bearbeiteten oder verarbeiteten Gegenstand in das Drittlandsgebiet, ausgenommen Gebiete nach § 1 Abs. 3, befördert oder versendet hat oder

2. der Auftraggeber den bearbeiteten oder verarbeiteten Gegenstand in das Drittlandsgebiet befördert oder versendet hat und ein ausländischer Auftraggeber ist oder

3. der Unternehmer den bearbeiteten oder verarbeiteten Gegenstand in die in § 1 Abs. 3 bezeichneten Gebiete befördert oder versendet hat und der Auftraggeber

   a) ein ausländischer Auftraggeber ist oder

   b) ein Unternehmer ist, der im Inland oder in den bezeichneten Gebieten ansässig ist und den bearbeiteten oder verarbeiteten Gegenstand für Zwecke seines Unternehmens verwendet.

[2]Der bearbeitete oder verarbeitete Gegenstand kann durch weitere Beauftragte vor der Ausfuhr bearbeitet oder verarbeitet worden sein.

(2) Ausländischer Auftraggeber im Sinne des Absatzes 1 Satz 1 Nr. 2 und 3 ist ein Auftraggeber, der die für den ausländischen Abnehmer geforderten Voraussetzungen (§ 6 Abs. 2) erfüllt.

(3) Bei Werkleistungen im Sinne des § 3 Abs. 10 gilt Absatz 1 entsprechend.

(4) [1]Die Voraussetzungen des Absatzes 1 sowie die Bearbeitung oder Verarbeitung im Sinne des Absatzes 1 Satz 2 müssen vom Unternehmer nachgewiesen sein. [2]Das Bundesministerium der Finanzen kann mit Zustimmung des Bundesrates durch Rechtsverordnung bestimmen, wie der Unternehmer die Nachweise zu führen hat.

(5) Die Absätze 1 bis 4 gelten nicht für die sonstigen Leistungen im Sinne des § 3 Abs. 9a Nr. 2.

§ 8 Umsätze für die Seeschifffahrt und für die Luftfahrt. (1) Umsätze für die Seeschifffahrt (§ 4 Nr. 2) sind:

1. die Lieferungen, Umbauten, Instandsetzungen, Wartungen, Vercharterungen und Vermietungen von Wasserfahrzeugen für die Seeschifffahrt, die dem Erwerb durch die Seeschiffahrt oder der Rettung Schiffbrüchiger zu dienen bestimmt sind (aus Positionen 8901 und 8902 00, aus Unterposition 8903 92 10, aus Position 8904 00 und aus Unterposition 8906 90 10 des Zolltarifs)[1];

2. die Lieferungen, Instandsetzungen, Wartungen und Vermietungen von Gegenständen, die zur Ausrüstung der in Nummer 1 bezeichneten Wasserfahrzeuge bestimmt sind;

3. die Lieferungen von Gegenständen, die zur Versorgung der in Nummer 1 bezeichneten Wasserfahrzeuge bestimmt sind. [2]Nicht befreit sind die Lieferungen von Bordproviant zur Versorgung von Wasserfahrzeugen der Küstenfischerei;

4. die Lieferungen von Gegenständen, die zur Versorgung von Kriegsschiffen (Unterposition 8906 10 00 des Zolltarifs)[1] auf Fahrten bestimmt sind, bei denen ein Hafen oder ein Ankerplatz im Ausland und außerhalb des Küstengebiets im Sinne des Zollrechts angelaufen werden soll;

5. andere als die in den Nummern 1 und 2 bezeichneten sonstigen Leistungen, die für den unmittelbaren Bedarf der in Nummer 1 bezeichneten Wasserfahrzeuge, einschließlich ihrer Ausrüstungsgegenstände und ihrer Ladungen, bestimmt sind.

(2) Umsätze für die Luftfahrt (§ 4 Nr. 2) sind:

1.[2] die Lieferungen, Umbauten, Instandsetzungen, Wartungen, Vercharterungen und Vermietungen von Luftfahrzeugen, die zur Verwendung durch Unternehmer bestimmt sind, die im entgeltlichen Luftverkehr überwiegend grenzüberschreitende Beförderungen oder Beförderungen auf ausschließlich im Ausland gelegenen Strecken und nur in unbedeutendem Umfang nach § 4 Nummer 17 Buchstabe b steuerfreie, auf das Inland beschränkte Beförderungen durchführen;

2. die Lieferungen, Instandsetzungen, Wartungen und Vermietungen von Gegenständen, die zur Ausrüstung der in Nummer 1 bezeichneten Luftfahrzeuge bestimmt sind;

3. die Lieferungen von Gegenständen, die zur Versorgung der in Nummer 1 bezeichneten Luftfahrzeuge bestimmt sind;

4. andere als die in den Nummern 1 und 2 bezeichneten sonstigen Leistungen, die für den unmittelbaren Bedarf der in Nummer 1 bezeichneten Luftfahrzeuge, einschließlich ihrer Ausrüstungsgegenstände und ihrer Ladungen, bestimmt sind.

(3) [1]Die in den Absätzen 1 und 2 bezeichneten Voraussetzungen müssen vom Unternehmer nachgewiesen sein. [2]Das Bundesministerium der Finanzen kann mit Zustimmung des Bundesrates durch Rechtsverordnung bestimmen, wie der Unternehmer den Nachweis zu führen hat.

---

[1] Klammerzusatz geänd. durch G v. 13.12.2006 (BGBl. I S. 2878).
[2] § 8 Abs. 2 Nr. 1 geänd. mWv 1.7.2013 durch G v. 26.6.2013 (BGBl. I S. 1809).

§ 9 Verzicht auf Steuerbefreiungen. (1) Der Unternehmer kann einen Umsatz, der nach § 4 Nr. 8 Buchstabe a bis g, Nr. 9 Buchstabe a, Nr. 12, 13 oder 19 steuerfrei ist, als steuerpflichtig behandeln, wenn der Umsatz an einen anderen Unternehmer für dessen Unternehmen ausgeführt wird.

(2)[1] [1]Der Verzicht auf Steuerbefreiung nach Absatz 1 ist bei der Bestellung und Übertragung von Erbbaurechten (§ 4 Nr. 9 Buchstabe a), bei der Vermietung oder Verpachtung von Grundstücken (§ 4 Nr. 12 Satz 1 Buchstabe a) und bei den in § 4 Nr. 12 Satz 1 Buchstabe b und c bezeichneten Umsätzen nur zulässig, soweit der Leistungsempfänger das Grundstück ausschließlich für Umsätze verwendet oder zu verwenden beabsichtigt, die den Vorsteuerabzug nicht ausschließen. [2]Der Unternehmer hat die Voraussetzungen nachzuweisen.

(3)[2] [1]Der Verzicht auf Steuerbefreiung nach Absatz 1 ist bei Lieferungen von Grundstücken (§ 4 Nr. 9 Buchstabe a) im Zwangsversteigerungsverfahren durch den Vollstreckungsschuldner an den Ersteher bis zur Aufforderung zur Abgabe von Geboten im Versteigerungstermin zulässig. [2]Bei anderen Umsätzen im Sinne von § 4 Nummer 9 Buchstabe a kann der Verzicht auf Steuerbefreiung nach Absatz 1 nur in dem gemäß § 311b Absatz 1 des Bürgerlichen Gesetzbuchs notariell zu beurkundenden Vertrag erklärt werden.

Dritter Abschnitt. Bemessungsgrundlagen

§ 10 Bemessungsgrundlage für Lieferungen, sonstige Leistungen und innergemeinschaftliche Erwerbe. (1)[3] [1]Der Umsatz wird bei Lieferungen und sonstigen Leistungen (§ 1 Abs. 1 Nr. 1 Satz 1) und bei dem innergemeinschaftlichen Erwerb (§ 1 Abs. 1 Nr. 5) nach dem Entgelt bemessen. [2]Entgelt ist alles, was den Wert der Gegenleistung bildet, die der leistende Unternehmer vom Leistungsempfänger oder von einem anderen als dem Leistungsempfänger für die Leistung erhält oder erhalten soll, einschließlich der unmittelbar mit dem Preis dieser Umsätze zusammenhängenden Subventionen, jedoch abzüglich der für diese Leistung gesetzlich geschuldeten Umsatzsteuer. [3]Bei dem innergemeinschaftlichen Erwerb sind Verbrauchsteuern, die vom Erwerber geschuldet oder entrichtet werden, in die Bemessungsgrundlage einzubeziehen. [4]Bei Lieferungen und dem innergemeinschaftlichen Erwerb im Sinne des § 4 Nr. 4a Satz 1 Buchstabe a Satz 2 sind die Kosten für die Leistungen im Sinne des § 4 Nr. 4a Satz 1 Buchstabe b und die vom Auslagerer geschuldeten oder entrichteten Verbrauchsteuern in die Bemessungsgrundlage einzubeziehen. [5]Die Beträge, die der Unternehmer im Namen und für Rechnung eines anderen vereinnahmt und verausgabt (durchlaufende Posten), gehören nicht zum Entgelt. [6]Liegen bei der Entgegennahme eines Mehrzweckgutscheins (§ 3 Absatz 15) keine Angaben über die Höhe der für den

---

[1] Zur besonderen Anwendung von § 9 Abs. 2 siehe § 27 Abs. 2.
[2] § 9 Abs. 3 Satz 2 bestätigt durch G v. 5.4.2011 (BGBl. I S. 554).
[3] § 10 Abs. 1 Satz 2 neu gef., Satz 3 aufgeh., bish. Sätze 4 bis 6 werden Sätze 3 bis 5 mWv 1.1.2019 durch G v. 11.12.2018 (BGBl. I S. 2338).

Gutschein erhaltenen Gegenleistung nach Satz 2 vor, so wird das Entgelt nach dem Gutscheinwert selbst oder nach dem in den damit zusammenhängenden Unterlagen angegebenen Geldwert bemessen, abzüglich der Umsatzsteuer, die danach auf die gelieferten Gegenstände oder die erbrachten Dienstleistungen entfällt.[1]

(2) [1] Werden Rechte übertragen, die mit dem Besitz eines Pfandscheins verbunden sind, so gilt als vereinbartes Entgelt der Preis des Pfandscheins zuzüglich der Pfandsumme. [2] Beim Tausch (§ 3 Abs. 12 Satz 1), bei tauschähnlichen Umsätzen (§ 3 Abs. 12 Satz 2) und bei Hingabe an Zahlungs statt gilt der Wert jedes Umsatzes als Entgelt für den anderen Umsatz. [3] Die Umsatzsteuer gehört nicht zum Entgelt.

(3) (weggefallen)

(4) [1] Der Umsatz wird bemessen

1. bei dem Verbringen eines Gegenstands im Sinne des § 1a Abs. 2 und des § 3 Abs. 1a sowie bei Lieferungen im Sinne des § 3 Abs. 1b nach dem Einkaufspreis zuzüglich der Nebenkosten für den Gegenstand oder für einen gleichartigen Gegenstand oder mangels eines Einkaufspreises nach den Selbstkosten, jeweils zum Zeitpunkt des Umsatzes;

2. bei sonstigen Leistungen im Sinne des § 3 Abs. 9a Nr. 1 nach den bei der Ausführung dieser Umsätze entstandenen Ausgaben, soweit sie zum vollen oder teilweisen Vorsteuerabzug berechtigt haben. [2] Zu diesen Ausgaben gehören auch die Anschaffungs- oder Herstellungskosten eines Wirtschaftsguts, soweit das Wirtschaftsgut dem Unternehmen zugeordnet ist und für die Erbringung der sonstigen Leistung verwendet wird. [3] Betragen die Anschaffungs- oder Herstellungskosten mindestens 500 Euro, sind sie gleichmäßig auf einen Zeitraum zu verteilen, der dem für das Wirtschaftsgut maßgeblichen Berichtigungszeitraum nach § 15a entspricht;

3. bei sonstigen Leistungen im Sinne des § 3 Abs. 9a Nr. 2 nach den bei der Ausführung dieser Umsätze entstandenen Ausgaben. [2] Satz 1 Nr. 2 Sätze 2 und 3 gilt entsprechend.

[2] Die Umsatzsteuer gehört nicht zur Bemessungsgrundlage.

(5)[2] [1] Absatz 4 gilt entsprechend für

1. Lieferungen und sonstige Leistungen, die Körperschaften und Personenvereinigungen im Sinne des § 1 Abs. 1 Nr. 1 bis 5 des Körperschaftsteuergesetzes[3], nichtrechtsfähige Personenvereinigungen sowie Gemeinschaften im Rahmen ihres Unternehmens an ihre Anteilseigner, Gesellschafter, Mitglieder, Teilhaber oder diesen nahe stehende Personen sowie Einzelunternehmer an ihnen nahe stehende Personen ausführen;

2. Lieferungen und sonstige Leistungen, die ein Unternehmer an sein Personal oder dessen Angehörige auf Grund des Dienstverhältnisses ausführt,

---

[1] § 10 Abs. 1 Satz 6 angef. durch G v. 11.12.2018 (BGBl. I S. 2338); zur Anwendung siehe § 27 Abs. 23.
[2] § 10 Abs. 5 Satz 1 HS 2 angef., Satz 2 angef. mWv 31.7.2014 durch G v. 25.7.2014 (BGBl. I S. 1266).
[3] Nr. **100.**

wenn die Bemessungsgrundlage nach Absatz 4 das Entgelt nach Absatz 1 übersteigt; der Umsatz ist jedoch höchstens nach dem marktüblichen Entgelt zu bemessen. [2]Übersteigt das Entgelt nach Absatz 1 das marktübliche Entgelt, gilt Absatz 1.

(6) [1]Bei Beförderungen von Personen im Gelegenheitsverkehr mit Kraftomnibussen, die nicht im Inland zugelassen sind, tritt in den Fällen der Beförderungseinzelbesteuerung (§ 16 Abs. 5) an die Stelle des vereinbarten Entgelts ein Durchschnittsbeförderungsentgelt. [2]Das Durchschnittsbeförderungsentgelt ist nach der Zahl der beförderten Personen und der Zahl der Kilometer der Beförderungsstrecke im Inland (Personenkilometer) zu berechnen. [3]Das Bundesministerium der Finanzen kann mit Zustimmung des Bundesrates durch Rechtsverordnung das Durchschnittsbeförderungsentgelt je Personenkilometer festsetzen. [4]Das Durchschnittsbeförderungsentgelt muss zu einer Steuer führen, die nicht wesentlich von dem Betrag abweicht, der sich nach diesem Gesetz ohne Anwendung des Durchschnittsbeförderungsentgelts ergeben würde.

§ 11 Bemessungsgrundlage für die Einfuhr. (1) Der Umsatz wird bei der Einfuhr (§ 1 Abs. 1 Nr. 4) nach dem Wert des eingeführten Gegenstands nach den jeweiligen Vorschriften über den Zollwert bemessen.

(2) [1]Ist ein Gegenstand ausgeführt, in einem Drittlandsgebiet für Rechnung des Ausführers veredelt und von diesem oder für ihn wieder eingeführt worden, so wird abweichend von Absatz 1 der Umsatz bei der Einfuhr nach dem für die Veredelung zu zahlenden Entgelt oder, falls ein solches Entgelt nicht gezahlt wird, nach der durch die Veredelung eingetretenen Wertsteigerung bemessen. [2]Das gilt auch, wenn die Veredelung in einer Ausbesserung besteht und an Stelle eines ausgebesserten Gegenstands ein Gegenstand eingeführt wird, der ihm nach Menge und Beschaffenheit nachweislich entspricht. [3]Ist der eingeführte Gegenstand vor der Einfuhr geliefert worden und hat diese Lieferung nicht der Umsatzsteuer unterlegen, so gilt Absatz 1.

(3) Dem Betrag nach Absatz 1 oder 2 sind hinzuzurechnen, soweit sie darin nicht enthalten sind:

1. die im Ausland für den eingeführten Gegenstand geschuldeten Beträge an Einfuhrabgaben, Steuern und sonstigen Abgaben;

2.[1]) die auf Grund der Einfuhr im Zeitpunkt des Entstehens der Einfuhrumsatzsteuer auf den Gegenstand entfallenden Beträge an Einfuhrabgaben und an Verbrauchsteuern außer der Einfuhrumsatzsteuer, soweit die Steuern unbedingt entstanden sind;

3. die auf den Gegenstand entfallenden Kosten für die Vermittlung der Lieferung und die Kosten der Beförderung sowie für andere sonstige Leistungen bis zum ersten Bestimmungsort im Gemeinschaftsgebiet;

4. die in Nummer 3 bezeichneten Kosten bis zu einem weiteren Bestimmungsort im Gemeinschaftsgebiet, sofern dieser im Zeitpunkt des Entstehens der Einfuhrumsatzsteuer bereits feststeht.

---

[1]) § 11 Abs. 3 Nr. 2 geänd. mWv 1.1.2021 durch G v. 21.12.2020 durch (BGBl. I S. 3096).

(4) Zur Bemessungsgrundlage gehören nicht Preisermäßigungen und Vergütungen, die sich auf den eingeführten Gegenstand beziehen und die im Zeitpunkt des Entstehens der Einfuhrumsatzsteuer feststehen.

(5) Für die Umrechnung von Werten in fremder Währung gelten die entsprechenden Vorschriften über den Zollwert der Waren, die in Rechtsakten des Rates der Europäischen Union oder der Europäischen Kommission[1] festgelegt sind.

Vierter Abschnitt. Steuer und Vorsteuer

§ 12 Steuersätze. (1)[2] Die Steuer beträgt für jeden steuerpflichtigen Umsatz 19 Prozent[3] der Bemessungsgrundlage (§§ 10, 11, 25 Abs. 3 und § 25a Abs. 3 und 4).

(2)[4] Die Steuer ermäßigt sich auf 7 Prozent für die folgenden Umsätze:

1.[5] die Lieferungen, die Einfuhr und der innergemeinschaftliche Erwerb der in Anlage 2 bezeichneten Gegenstände mit Ausnahme der in der Nummer 49 Buchstabe f, den Nummern 53 und 54 bezeichneten Gegenstände;

2.[5] die Vermietung der in Anlage 2 bezeichneten Gegenstände mit Ausnahme der in der Nummer 49 Buchstabe f, den Nummern 53 und 54 bezeichneten Gegenstände;

3. die Aufzucht und das Halten von Vieh, die Anzucht von Pflanzen und die Teilnahme an Leistungsprüfungen für Tiere;

4. die Leistungen, die unmittelbar der Vatertierhaltung, der Förderung der Tierzucht, der künstlichen Tierbesamung oder der Leistungs- und Qualitätsprüfung in der Tierzucht und in der Milchwirtschaft dienen;

5. (weggefallen)

6.[6] die Leistungen aus der Tätigkeit als Zahntechniker sowie die in § 4 Nr. 14 Buchstabe a Satz 2 bezeichneten Leistungen der Zahnärzte;

7. a) die Eintrittsberechtigung für Theater, Konzerte und Museen sowie die den Theatervorführungen und Konzerten vergleichbaren Darbietungen ausübender Künstler,

   b) die Überlassung von Filmen zur Auswertung und Vorführung sowie die Filmvorführungen, soweit die Filme nach § 6 Abs. 3 Nr. 1 bis 5 des Gesetzes zum Schutze der Jugend in der Öffentlichkeit oder nach § 14 Abs. 2 Nr. 1 bis 5 des Jugendschutzgesetzes vom 23. Juli 2002 (BGBl. I S. 2730, 2003 I S. 476) in der jeweils geltenden Fassung gekennzeichnet sind oder vor dem 1. Januar 1970 erstaufgeführt wurden,

---

[1] Bezeichnungen geänd. durch G v. 26.6.2013 (BGBl. I S. 1809).
[2] Zur geänderten befristeten Anwendung siehe § 28 Abs. 1.
[3] Steuersatz geänd. mWv 1.1.2007 durch G v. 29.6.2006 (BGBl. I S. 1402).
[4] Zur geänderten befristeten Anwendung siehe § 28 Abs. 2; zur Anwendung auf **Gas und Wärme** siehe § 28 Abs. 5 und 6.
[5] § 12 Abs. 2 Nrn. 1 und 2 geänd. mWv 1.1.2014 durch G v. 26.6.2013 (BGBl. I S. 1809).
[6] § 12 Abs. 2 Nr. 6 geänd. mWv 1.1.2009 durch G v. 19.12.2008 (BGBl. I S. 2794).

c) die Einräumung, Übertragung und Wahrnehmung von Rechten, die sich aus dem Urheberrechtsgesetz ergeben,

d) die Zirkusvorführungen, die Leistungen aus der Tätigkeit als Schausteller sowie die unmittelbar mit dem Betrieb der zoologischen Gärten verbundenen Umsätze;

8. a)[1] die Leistungen der Körperschaften, die ausschließlich und unmittelbar gemeinnützige, mildtätige oder kirchliche Zwecke verfolgen (§§ 51 bis 68 der Abgabenordnung). [2]Das gilt nicht für Leistungen, die im Rahmen eines wirtschaftlichen Geschäftsbetriebs ausgeführt werden. [3]Für Leistungen, die im Rahmen eines Zweckbetriebs ausgeführt werden, gilt Satz 1 nur, wenn der Zweckbetrieb nicht in erster Linie der Erzielung zusätzlicher Einnahmen durch die Ausführung von Umsätzen dient, die in unmittelbarem Wettbewerb mit dem allgemeinen Steuersatz unterliegenden Leistungen anderer Unternehmer ausgeführt werden, oder wenn die Körperschaft mit diesen Leistungen ihrer in den §§ 66 bis 68 der Abgabenordnung bezeichneten Zweckbetriebe ihre steuerbegünstigten satzungsgemäßen Zwecke selbst verwirklicht,

b) die Leistungen der nichtrechtsfähigen Personenvereinigungen und Gemeinschaften der in Buchstabe a Satz 1 bezeichneten Körperschaften, wenn diese Leistungen, falls die Körperschaften sie anteilig selbst ausführten, insgesamt nach Buchstabe a ermäßigt besteuert würden;

9. die unmittelbar mit dem Betrieb der Schwimmbäder verbundenen Umsätze sowie die Verabreichung von Heilbädern. [2]Das Gleiche gilt für die Bereitstellung von Kureinrichtungen, soweit als Entgelt eine Kurtaxe zu entrichten ist;

10.[2] die Beförderungen von Personen

a) im Schienenbahnverkehr,

b) im Verkehr mit Oberleitungsomnibussen, im genehmigten Linienverkehr mit Kraftfahrzeugen, im Verkehr mit Taxen, mit Drahtseilbahnen und sonstigen mechanischen Aufstiegshilfen aller Art und im genehmigten Linienverkehr mit Schiffen sowie die Beförderungen im Fährverkehr

aa) innerhalb einer Gemeinde oder

bb) wenn die Beförderungsstrecke nicht mehr als 50 Kilometer beträgt;

11.[3] die Vermietung von Wohn- und Schlafräumen, die ein Unternehmer zur kurzfristigen Beherbergung von Fremden bereithält, sowie die kurzfristige Vermietung von Campingflächen. [2]Satz 1 gilt nicht für Leistungen, die nicht unmittelbar der Vermietung dienen, auch wenn diese Leistungen mit dem Entgelt für die Vermietung abgegolten sind;

---

[1] § 12 Abs. 2 Nr. 8 Buchst. a Satz 3 angef. mWv 19.12.2006 durch G v. 13.12.2006 (BGBl. I S. 2878).
[2] § 12 Abs. 2 Nr. 10 neu gef. mWv 1.1.2020 durch G v. 21.12.2019 (BGBl. I S. 2886).
[3] § 12 Abs. 2 Nr. 11 angef. mWv 1.1.2010 durch G v. 22.12 2009 (BGBl. I S. 3950).

12.[1] die Einfuhr der in Nummer 49 Buchstabe f, den Nummern 53 und 54 der Anlage 2 bezeichneten Gegenstände;

13.[1] die Lieferungen und der innergemeinschaftliche Erwerb der in Nummer 53 der Anlage 2 bezeichneten Gegenstände, wenn die Lieferungen

    a) vom Urheber der Gegenstände oder dessen Rechtsnachfolger bewirkt werden oder

    b) von einem Unternehmer bewirkt werden, der kein Wiederverkäufer (§ 25a Absatz 1 Nummer 1 Satz 2) ist, und die Gegenstände

        aa) vom Unternehmer in das Gemeinschaftsgebiet eingeführt wurden,

        bb) von ihrem Urheber oder dessen Rechtsnachfolger an den Unternehmer geliefert wurden oder

        cc) den Unternehmer zum vollen Vorsteuerabzug berechtigt haben;

14.[2] die Überlassung der in Nummer 49 Buchstabe a bis e und Nummer 50 der Anlage 2 bezeichneten Erzeugnisse in elektronischer Form, unabhängig davon, ob das Erzeugnis auch auf einem physischen Träger angeboten wird, mit Ausnahme der Veröffentlichungen, die vollständig oder im Wesentlichen aus Videoinhalten oder hörbarer Musik bestehen. [2]Ebenfalls ausgenommen sind Erzeugnisse, für die Beschränkungen als jugendgefährdende Trägermedien oder Hinweispflichten nach § 15 Absatz 1 bis 3 und 6 des Jugendschutzgesetzes in der jeweils geltenden Fassung bestehen, sowie Veröffentlichungen, die vollständig oder im Wesentlichen Werbezwecken, einschließlich Reisewerbung, dienen. [3]Begünstigt ist auch die Bereitstellung eines Zugangs zu Datenbanken, die eine Vielzahl von elektronischen Büchern, Zeitungen oder Zeitschriften oder Teile von diesen enthalten;

15.[3] die nach dem 30. Juni 2020 und vor dem 1. Januar 2024 erbrachten Restaurant- und Verpflegungsdienstleistungen, mit Ausnahme der Abgabe von Getränken.

[ab 1.1.2023:

(3)[4] Die Steuer ermäßigt sich auf 0 Prozent für die folgenden Umsätze:

1. die Lieferungen von Solarmodulen an den Betreiber einer Photovoltaikanlage, einschließlich der für den Betrieb einer Photovoltaikanlage wesentlichen Komponenten und der Speicher, die dazu dienen, den mit Solarmodulen erzeugten Strom zu speichern, wenn die Photovoltaikanlage auf oder in der Nähe von Privatwohnungen, Wohnungen sowie öffentlichen und anderen Gebäuden, die für dem Gemeinwohl dienende Tätigkeiten genutzt werden, installiert wird. [2]Die Voraussetzungen des Satzes 1 gelten als erfüllt, wenn die installierte Bruttoleistung der Photovoltaikanlage laut Marktstammdatenregister nicht mehr als 30 Kilowatt (peak) beträgt oder betragen wird;

---

[1] § 12 Abs. 2 Nrn. 12 und 13 angef. mWv 1.1.2014 durch G v. 26.6.2013 (BGBl. I S. 1809).

[2] § 12 Abs. 2 Nr. 14 angef. mWv 18.12.2019 durch G v. 12.12.2019 (BGBl. I S. 2451).

[3] § 12 Abs. 2 Nr. 15 angef. durch G v. 19.6.2020 (BGBl. I S. 1385); geänd. durch G v. 10.3.2021 (BGBl. I S. 330); geänd. durch G v. 24.10.2022 (BGBl. I S. 1838).

[4] § 12 Abs. 3 angef. mWv 1.1.2023 durch G v. 16.12.2023 (BGBl. I S. 2294).

2. den innergemeinschaftlichen Erwerb der in Nummer 1 bezeichneten Gegenstände, die die Voraussetzungen der Nummer 1 erfüllen;

3. die Einfuhr der in Nummer 1 bezeichneten Gegenstände, die die Voraussetzungen der Nummer 1 erfüllen;

4. die Installation von Photovoltaikanlagen sowie der Speicher, die dazu dienen, den mit Solarmodulen erzeugten Strom zu speichern, wenn die Lieferung der installierten Komponenten die Voraussetzungen der Nummer 1 erfüllt.]

§ 13 Entstehung der Steuer. (1) Die Steuer entsteht

1. für Lieferungen und sonstige Leistungen

a) bei der Berechnung der Steuer nach vereinbarten Entgelten (§ 16 Abs. 1 Satz 1) mit Ablauf des Voranmeldungszeitraums, in dem die Leistungen ausgeführt sind. ²Das gilt auch für Teilleistungen. ³Sie liegen vor, wenn für bestimmte Teile einer wirtschaftlich teilbaren Leistung das Entgelt gesondert vereinbart wird. ⁴Wird das Entgelt oder ein Teil des Entgelts vereinnahmt, bevor die Leistung oder die Teilleistung ausgeführt worden ist, so entsteht insoweit die Steuer mit Ablauf des Voranmeldungszeitraums, in dem das Entgelt oder das Teilentgelt vereinnahmt worden ist,

b) bei der Berechnung der Steuer nach vereinnahmten Entgelten (§ 20) mit Ablauf des Voranmeldungszeitraums, in dem die Entgelte vereinnahmt worden sind,

c) in den Fällen der Beförderungseinzelbesteuerung nach § 16 Abs. 5 in dem Zeitpunkt, in dem der Kraftomnibus in das Inland gelangt,

d)¹⁾ in den Fällen des § 18 Abs. 4c mit Ablauf des Besteuerungszeitraums nach § 16 Abs. 1a Satz 1, in dem die Leistungen ausgeführt worden sind,

e)²⁾ in den Fällen des § 18 Absatz 4e mit Ablauf des Besteuerungszeitraums nach § 16 Absatz 1b Satz 1, in dem die Leistungen ausgeführt worden sind,

[ab 1.7.2021:³⁾

f) in den Fällen des § 18i mit Ablauf des Besteuerungszeitraums nach § 16 Absatz 1c Satz 1, in dem die Leistungen ausgeführt worden sind,

g) in den Fällen des § 18j vorbehaltlich des Buchstabens i mit Ablauf des Besteuerungszeitraums nach § 16 Absatz 1d Satz 1, in dem die Leistungen ausgeführt worden sind,

h) in den Fällen des § 18k mit Ablauf des Besteuerungszeitraums nach § 16 Absatz 1e Satz 1, in dem die Lieferungen ausgeführt worden sind; die

---

¹⁾ Zur letztmaligen Anwendung siehe § 27 Abs. 34 Satz 2.
²⁾ § 13 Abs. 1 Nr. 1 Buchst. e angef. mWv 1.1.2015 durch G v. 25.7.2014 (BGBl. I S. 1266); zur letztmaligen Anwendung siehe § 27 Abs. 34 Satz 2.
³⁾ § 13 Abs. 1 Nr. 1 Buchst. f bis i eingef. durch G v. 21.12.2020 (BGBl. I S. 3096); zur Anwendung siehe § 27 Abs. 34 Satz 1.

Gegenstände gelten als zu dem Zeitpunkt geliefert, zu dem die Zahlung angenommen wurde,

i) in den Fällen des § 3 Absatz 3a zu dem Zeitpunkt, zu dem die Zahlung angenommen wurde;]

2. für Leistungen im Sinne des § 3 Abs. 1b und 9a mit Ablauf des Voranmeldungszeitraums, in dem diese Leistungen ausgeführt worden sind;

3. [1] in den Fällen des § 14c im Zeitpunkt der Ausgabe der Rechnung;

4. [1] *(aufgehoben)*

5. im Fall des § 17 Abs. 1 Satz 6 mit Ablauf des Voranmeldungszeitraums, in dem die Änderung der Bemessungsgrundlage eingetreten ist;

6. für den innergemeinschaftlichen Erwerb im Sinne des § 1a mit Ausstellung der Rechnung, spätestens jedoch mit Ablauf des dem Erwerb folgenden Kalendermonats;

7. für den innergemeinschaftlichen Erwerb von neuen Fahrzeugen im Sinne des § 1b am Tag des Erwerbs;

8. im Fall des § 6a Abs. 4 Satz 2 in dem Zeitpunkt, in dem die Lieferung ausgeführt wird;

9. im Fall des § 4 Nr. 4a Satz 1 Buchstabe a Satz 2 mit Ablauf des Voranmeldungszeitraums, in dem der Gegenstand aus einem Umsatzsteuerlager ausgelagert wird.

(2) Für die Einfuhrumsatzsteuer gilt § 21 Abs. 2.

(3) (weggefallen)

§ 13a Steuerschuldner. (1) Steuerschuldner ist in den Fällen

1. des § 1 Abs. 1 Nr. 1 und des § 14c Abs. 1 der Unternehmer;

2. des § 1 Abs. 1 Nr. 5 der Erwerber;

3. des § 6a Abs. 4 der Abnehmer;

4. des § 14c Abs. 2 der Aussteller der Rechnung;

5. des § 25b Abs. 2 der letzte Abnehmer;

6. des § 4 Nr. 4a Satz 1 Buchstabe a Satz 2 der Unternehmer, dem die Auslagerung zuzurechnen ist (Auslagerer); daneben auch der Lagerhalter als Gesamtschuldner, wenn er entgegen § 22 Abs. 4c Satz 2 die inländische Umsatzsteuer-Identifikationsnummer des Auslagerers oder dessen Fiskalvertreters nicht oder nicht zutreffend aufzeichnet;

[ab 1.7.2021:

7. [2] des § 18k neben dem Unternehmer der im Gemeinschaftsgebiet ansässige Vertreter, sofern ein solcher vom Unternehmer vertraglich bestellt und dies der Finanzbehörde nach § 18k Absatz 1 Satz 2 angezeigt wurde. ²Der Vertreter ist gleichzeitig Empfangsbevollmächtigter für den Unternehmer und

---

[1] § 13 Abs. 1 Nr. 3 neu gef., Nr. 4 aufgeh. mWv 6.11.2015 durch G v. 2.11.2015 (BGBl. I S. 1834).
[2] § 13a Abs. 1 Nr. 7 angef. mWv 1.7.2021 durch G v. 21.12.2020 (BGBl. I S. 3096).

dadurch ermächtigt, alle Verwaltungsakte und Mitteilungen der Finanzbehörde in Empfang zu nehmen, die mit dem Besteuerungsverfahren nach § 18k und einem außergerichtlichen Rechtsbehelfsverfahren nach dem Siebenten Teil der Abgabenordnung zusammenhängen. ³Bei der Bekanntgabe an den Vertreter ist darauf hinzuweisen, dass sie auch mit Wirkung für und gegen den Unternehmer erfolgt. ⁴Die Empfangsbevollmächtigung des Vertreters kann nur nach Beendigung des Vertragsverhältnisses und mit Wirkung für die Zukunft widerrufen werden. ⁵Der Widerruf wird gegenüber der Finanzbehörde erst wirksam, wenn er ihr zugegangen ist.]

(2) Für die Einfuhrumsatzsteuer gilt § 21 Abs. 2.

§ 13b¹⁾ Leistungsempfänger als Steuerschuldner. (1) Für nach § 3a Absatz 2 im Inland steuerpflichtige sonstige Leistungen eines im übrigen Gemeinschaftsgebiet ansässigen Unternehmers entsteht die Steuer mit Ablauf des Voranmeldungszeitraums, in dem die Leistungen ausgeführt worden sind.

(2) Für folgende steuerpflichtige Umsätze entsteht die Steuer mit Ausstellung der Rechnung, spätestens jedoch mit Ablauf des der Ausführung der Leistung folgenden Kalendermonats:

1. Werklieferungen und nicht unter Absatz 1 fallende sonstige Leistungen eines im Ausland ansässigen Unternehmers;

2. Lieferungen sicherungsübereigneter Gegenstände durch den Sicherungsgeber an den Sicherungsnehmer außerhalb des Insolvenzverfahrens;

3. Umsätze, die unter das Grunderwerbsteuergesetz fallen;

4.²⁾ Bauleistungen, einschließlich Werklieferungen und sonstigen Leistungen im Zusammenhang mit Grundstücken, die der Herstellung, Instandsetzung, Instandhaltung, Änderung oder Beseitigung von Bauwerken dienen, mit Ausnahme von Planungs- und Überwachungsleistungen. ²Als Grundstücke gelten insbesondere auch Sachen, Ausstattungsgegenstände und Maschinen, die auf Dauer in einem Gebäude oder Bauwerk installiert sind und die nicht bewegt werden können, ohne das Gebäude oder Bauwerk zu zerstören oder zu verändern. ³Nummer 1 bleibt unberührt;

5.³⁾ Lieferungen

a) der in § 3g Absatz 1 Satz 1 genannten Gegenstände eines im Ausland ansässigen Unternehmers unter den Bedingungen des § 3g und

b) von Gas über das Erdgasnetz und von Elektrizität, die nicht unter Buchstabe a fallen;

---

¹⁾ § 13b neu gef. mWv 1.7.2010 durch G v. 8.4.2010 (BGBl. I S. 386); siehe auch **§ 27 Abs. 19.**
²⁾ § 13b Abs. 2 Nr. 4 neu gef. mWv 6.11.2015 durch G v. 2.11.2015 (BGBl. I S. 1834).
³⁾ § 13b Abs. 2 Nr. 5 wird neu gef. durch G v. 26.6.2013 (BGBl. I S. 1809); zur Anwendung siehe Art. 31 Abs. 5 des G v. 26.6.2013 iVm der Bekanntmachung vom 26.7.2013 (BGBl. II S. 1120).

[Fassung ab 1.1.2020:]

6.[1] Übertragung von Berechtigungen nach § 3 Nummer 3 des Treibhausgas-Emissionshandelsgesetzes, Emissionsreduktionseinheiten nach § 2 Nummer 20 des Projekt-Mechanismen-Gesetzes, zertifizierten Emissionsreduktionen nach § 2 Nummer 21 des Projekt-Mechanismen-Gesetzes sowie Gas- und Elektrizitätszertifikaten;

[Fassung ab 1.1.2023:]

6.[2] Übertragung von Berechtigungen nach § 3 Nummer 3 des Treibhausgas-Emissionshandelsgesetzes, Emissionsreduktionseinheiten nach § 2 Nummer 20 des Projekt-Mechanismen-Gesetzes, zertifizierten Emissionsreduktionen nach § 2 Nummer 21 des Projekt-Mechanismen-Gesetzes, Emissionszertifikaten nach § 3 Nummer 2 des Brennstoffemissionshandelsgesetzes sowie von Gas- und Elektrizitätszertifikaten;

7.[3] Lieferungen der in der Anlage 3[4] bezeichneten Gegenstände;

8.[3] Reinigen von Gebäuden und Gebäudeteilen. ²Nummer 1 bleibt unberührt;

9.[5] Lieferungen von Gold mit einem Feingehalt von mindestens 325 Tausendstel, in Rohform oder als Halbzeug (aus Position 7108 des Zolltarifs) und von Goldplattierungen mit einem Goldfeingehalt von mindestens 325 Tausendstel (aus Position 7109);

10.[6] Lieferungen von Mobilfunkgeräten, Tablet-Computern und Spielekonsolen sowie von integrierten Schaltkreisen vor Einbau in einen zur Lieferung auf der Einzelhandelsstufe geeigneten Gegenstand, wenn die Summe der für sie in Rechnung zu stellenden Entgelte im Rahmen eines wirtschaftlichen Vorgangs mindestens 5000 Euro beträgt; nachträgliche Minderungen des Entgelts bleiben dabei unberücksichtigt;

11.[7] Lieferungen der in der Anlage 4[8] bezeichneten Gegenstände, wenn die Summe der für sie in Rechnung zu stellenden Entgelte im Rahmen eines wirtschaftlichen Vorgangs mindestens 5000 Euro beträgt; nachträgliche Minderungen des Entgelts bleiben dabei unberücksichtigt;[9]

12.[10] sonstige Leistungen auf dem Gebiet der Telekommunikation. ²Nummer 1 bleibt unberührt.

---

[1] § 13b Abs. 2 Nr. 6 neu gef. mWv 1.1.2020 durch G v. 12.12.2019 (BGBl. I S. 2451).

[2] § 13b Abs. 2 Nr. 6 neu gef. mWv 1.1.2023 durch G v. 24.10.2022 (BGBl. I S. 1838).

[3] § 13b Abs. 2 Nr. 7 und 8 angef. mWv 1.1.2011 durch G v. 8.12.2010 (BGBl. I S. 1768).

[4] Abgedruckt im Anschluss des Gesetzes.

[5] § 13b Abs. 2 Nr. 9 angef. mWv 1.1.2011 durch G v. 8.12.2010 (BGBl. I S. 1768).

[6] § 13b Abs. 2 Nr. 10 angef. mWv 1.7.2011 durch G v. 16.6.2011 (BGBl. I S. 1090); geänd. mWv 1.10.2014 durch G v. 25.7.2014 (BGBl. I S. 1266).

[7] § 13b Abs. 2 Nr. 11 angef. mWv 1.10.2014 durch G v. 25.7.2014 (BGBl. I S. 1266).

[8] Abgedruckt im Anschluss des Gesetzes.

[9] § 13b Abs. 2 Nr. 11 erweitert mWv 1.1.2015 durch G v. 22.12.2014 (BGBl. I S. 2417).

[10] § 13b Abs. 2 Nr. 12 angef. mWv 1.1.2021 durch G v. 21.12.2020 (BGBl. I S. 3096).

(3) Abweichend *von den Absatz*[1] 1 und 2 Nummer 1 entsteht die Steuer für sonstige Leistungen, die dauerhaft über einen Zeitraum von mehr als einem Jahr erbracht werden, spätestens mit Ablauf eines jeden Kalenderjahres, in dem sie tatsächlich erbracht werden.

(4) [1]Bei der Anwendung der Absätze 1 bis 3 gilt §13 Absatz 1 Nummer 1 Buchstabe a Satz 2 und 3 entsprechend. [2]Wird in den in den Absätzen 1 bis 3 sowie in den in Satz 1 genannten Fällen das Entgelt oder ein Teil des Entgelts vereinnahmt, bevor die Leistung oder die Teilleistung ausgeführt worden ist, entsteht insoweit die Steuer mit Ablauf des Voranmeldungszeitraums, in dem das Entgelt oder das Teilentgelt vereinnahmt worden ist.

(5)[2] [1]In den in den Absätzen 1 und 2 Nummer 1 bis 3 genannten Fällen schuldet der Leistungsempfänger die Steuer, wenn er ein Unternehmer oder eine juristische Person ist; in den in Absatz 2 Nummer 5 Buchstabe a, Nummer 6, 7, 9 bis 11 genannten Fällen schuldet der Leistungsempfänger die Steuer, wenn er ein Unternehmer ist. [2]In den in Absatz 2 Nummer 4 Satz 1 genannten Fällen schuldet der Leistungsempfänger die Steuer unabhängig davon, ob er sie für eine von ihm erbrachte Leistung im Sinne des Absatzes 2 Nummer 4 Satz 1 verwendet, wenn er ein Unternehmer ist, der nachhaltig entsprechende Leistungen erbringt; davon ist auszugehen, wenn ihm das zuständige Finanzamt eine im Zeitpunkt der Ausführung des Umsatzes gültige für längstens drei Jahre befristete Bescheinigung, die nur mit Wirkung für die Zukunft widerrufen oder zurückgenommen werden kann, darüber erteilt hat, dass er ein Unternehmer ist, der entsprechende Leistungen erbringt. [3]Bei den in Absatz 2 Nummer 5 Buchstabe b genannten Lieferungen von Erdgas schuldet der Leistungsempfänger die Steuer, wenn er ein Wiederverkäufer von Erdgas im Sinne des §3g ist. [4]Bei den in Absatz 2 Nummer 5 Buchstabe b genannten Lieferungen von Elektrizität schuldet der Leistungsempfänger in den Fällen die Steuer, in denen der liefernde Unternehmer und der Leistungsempfänger Wiederverkäufer von Elektrizität im Sinne des §3g sind. [5]In den in Absatz 2 Nummer 8 Satz 1 genannten Fällen schuldet der Leistungsempfänger die Steuer unabhängig davon, ob er sie für eine von ihm erbrachte Leistung im Sinne des Absatzes 2 Nummer 8 Satz 1 verwendet, wenn er ein Unternehmer ist, der nachhaltig entsprechende Leistungen erbringt; davon ist auszugehen, wenn ihm das zuständige Finanzamt eine im Zeitpunkt der Ausführung des Umsatzes gültige auf längstens drei Jahre befristete Bescheinigung, die nur mit Wirkung für die Zukunft widerrufen oder zurückgenommen werden kann, darüber erteilt hat, dass er ein Unternehmer ist, der entsprechende Leistungen erbringt. [6]Bei den in Absatz 2 Nummer 12 Satz 1 genannten Leistungen schuldet der Leistungsempfänger die Steuer, wenn er ein Unternehmer ist,

---

[1] Red. Fehler des Gesetzgebers; muss wohl lauten „von den Absätzen" oder „von Absatz".
[2] §13b Abs. 5 neu gef. durch G v. 26.6.2013 (BGBl. I S. 1809); zur Anwendung siehe Art. 31 Abs. 5 des G v. 26.6.2013 iVm der Bekanntmachung vom 26.7.2013 (BGBl. II S. 1120); Satz 1 geänd., Satz 2 neu gef., Satz 5 neu gef., Satz 7 eingef., bish. Satz 7 wird Satz 8, Satz 9 angef. mWv 1.10.2014 durch G v. 25.7.2014 (BGBl. I S. 1266); Satz 3 geänd. mWv 31.12.2014 durch G v. 22.12.2014 (BGBl. I S. 2417); Satz 6 geänd., Satz 10 angef. mWv 6.11.2015 durch G v. 2.11.2015 (BGBl. I S. 1834); Satz 6 eingef., bish. Sätze 6 bis 10 werden Sätze 7 bis 11 und geänd. mWv 1.1.2021 durch G v. 21.12.2020 (BGBl. I S. 3096).

dessen Haupttätigkeit in Bezug auf den Erwerb dieser Leistungen in deren Erbringung besteht und dessen eigener Verbrauch dieser Leistungen von untergeordneter Bedeutung ist; davon ist auszugehen, wenn ihm das zuständige Finanzamt eine im Zeitpunkt der Ausführung des Umsatzes gültige auf längstens drei Jahre befristete Bescheinigung, die nur mit Wirkung für die Zukunft widerrufen oder zurückgenommen werden kann, darüber erteilt hat, dass er ein Unternehmer ist, der entsprechende Leistungen erbringt. ⁷Die Sätze 1 bis 6 gelten vorbehaltlich des Satzes *10*¹⁾ auch, wenn die Leistung für den nichtunternehmerischen Bereich bezogen wird. ⁸Sind Leistungsempfänger und leistender Unternehmer in Zweifelsfällen übereinstimmend von Vorliegen der Voraussetzungen des Absatzes 2 Nummer 4, 5 Buchstabe b, Nummer 7 bis 12 ausgegangen, obwohl dies nach der Art der Umsätze unter Anlegung objektiver Kriterien nicht zutreffend war, gilt der Leistungsempfänger dennoch als Steuerschuldner, sofern dadurch keine Steuerausfälle entstehen. ⁹Die Sätze 1 bis 7 gelten nicht, wenn bei dem Unternehmer, der die Umsätze ausführt, die Steuer nach § 19 Absatz 1 nicht erhoben wird. ¹⁰Die Sätze 1 bis 9 gelten nicht, wenn ein in Absatz 2 Nummer 2, 7 oder 9 bis 11 genannter Gegenstand von dem Unternehmer, der die Lieferung bewirkt, unter den Voraussetzungen des § 25a geliefert wird. ¹¹In den in Absatz 2 Nummer 4, 5 Buchstabe b und Nummer 7 bis 12 genannten Fällen schulden juristische Personen des öffentlichen Rechts die Steuer nicht, wenn sie die Leistung für den nichtunternehmerischen Bereich beziehen.

(6) Die Absätze 1 bis 5 finden keine Anwendung, wenn die Leistung des im Ausland ansässigen Unternehmers besteht

1. in einer Personenbeförderung, die der Beförderungseinzelbesteuerung (§ 16 Absatz 5) unterlegen hat,

2.²⁾ in einer Personenbeförderung, die mit einem Fahrzeug im Sinne des § 1b Absatz 2 Satz 1 Nummer 1 durchgeführt worden ist,

3. in einer grenzüberschreitenden Personenbeförderung im Luftverkehr,

4. in der Einräumung der Eintrittsberechtigung für Messen, Ausstellungen und Kongresse im Inland,

5. in einer sonstigen Leistung einer Durchführungsgesellschaft an im Ausland ansässige Unternehmer, soweit diese Leistung im Zusammenhang mit der Veranstaltung von Messen und Ausstellungen im Inland steht, oder

6.³⁾ in der Abgabe von Speisen und Getränken zum Verzehr an Ort und Stelle (Restaurationsleistung), wenn diese Abgabe an Bord eines Schiffs, in einem Luftfahrzeug oder in einer Eisenbahn erfolgt.

(7)⁴⁾ ¹Ein im Ausland ansässiger Unternehmer im Sinne des Absatzes 2 Nummer 1 und 5 ist ein Unternehmer, der im Inland, auf der Insel Helgoland und in einem der in § 1 Absatz 3 bezeichneten Gebiete weder einen Wohn-

---

¹⁾ Richtig wohl nunmehr: „Satzes 11".
²⁾ § 13b Abs. 6 Nr. 2 geänd. mWv 30.6.2013 durch G v. 26.6.2013 (BGBl. I S. 1809).
³⁾ § 13b Abs. 6 Nr. 6 angef. mWv 14.12.2010 durch G v. 8.12.2010 (BGBl. I S. 1768).
⁴⁾ § 13b Abs. 7 Sätze 1 und 2 ersetzt durch Sätze 1 bis 3, bish. Sätze 3 und 4 werden Sätze 4 und 5 mWv 30.6.2013 durch G v. 26.6.2013 (BGBl. I S. 1809).

sitz, seinen gewöhnlichen Aufenthalt, seinen Sitz, seine Geschäftsleitung noch eine Betriebsstätte hat; dies gilt auch, wenn der Unternehmer ausschließlich einen Wohnsitz oder einen gewöhnlichen Aufenthaltsort im Inland, aber seinen Sitz, den Ort der Geschäftsleitung oder eine Betriebsstätte im Ausland hat. ²Ein im übrigen Gemeinschaftsgebiet ansässiger Unternehmer ist ein Unternehmer, der in den Gebieten der übrigen Mitgliedstaaten der Europäischen Union, die nach dem Gemeinschaftsrecht als Inland dieser Mitgliedstaaten gelten, einen Wohnsitz, seinen gewöhnlichen Aufenthalt, seinen Sitz, seine Geschäftsleitung oder eine Betriebsstätte hat; dies gilt auch, wenn der Unternehmer ausschließlich einen Wohnsitz oder einen gewöhnlichen Aufenthaltsort in den Gebieten der übrigen Mitgliedstaaten der Europäischen Union, die nach dem Gemeinschaftsrecht als Inland dieser Mitgliedstaaten gelten, aber seinen Sitz, den Ort der Geschäftsleitung oder eine Betriebsstätte im Drittlandsgebiet hat. ³Hat der Unternehmer im Inland eine Betriebsstätte und führt er einen Umsatz nach Absatz 1 oder Absatz 2 Nummer 1 oder Nummer 5 aus, gilt er hinsichtlich dieses Umsatzes als im Ausland oder im übrigen Gemeinschaftsgebiet ansässig, wenn die Betriebsstätte an diesem Umsatz nicht beteiligt ist. ⁴Maßgebend ist der Zeitpunkt, in dem die Leistung ausgeführt wird. ⁵Ist es zweifelhaft, ob der Unternehmer diese Voraussetzungen erfüllt, schuldet der Leistungsempfänger die Steuer nur dann nicht, wenn ihm der Unternehmer durch eine Bescheinigung des nach den abgabenrechtlichen Vorschriften für die Besteuerung seiner Umsätze zuständigen Finanzamts nachweist, dass er kein Unternehmer im Sinne der Sätze 1 und 2 ist.[1]

(8) Bei der Berechnung der Steuer sind die §§ 19 und 24 nicht anzuwenden.

(9) Das Bundesministerium der Finanzen kann mit Zustimmung des Bundesrates durch Rechtsverordnung bestimmen, unter welchen Voraussetzungen zur Vereinfachung des Besteuerungsverfahrens in den Fällen, in denen ein anderer als der Leistungsempfänger ein Entgelt gewährt (§ 10 Absatz 1 Satz 3), der andere an Stelle des Leistungsempfängers Steuerschuldner nach Absatz 5 ist.

(10)[2] ¹Das Bundesministerium der Finanzen kann mit Zustimmung des Bundesrates durch Rechtsverordnung den Anwendungsbereich der Steuerschuldnerschaft des Leistungsempfängers nach den Absätzen 2 und 5 auf weitere Umsätze erweitern, wenn im Zusammenhang mit diesen Umsätzen in vielen Fällen der Verdacht auf Steuerhinterziehung in einem besonders schweren Fall aufgetreten ist, die voraussichtlich zu erheblichen und unwiederbringlichen Steuermindereinnahmen führen. ²Voraussetzungen für eine solche Erweiterung sind, dass

1. die Erweiterung frühestens zu dem Zeitpunkt in Kraft treten darf, zu dem die Europäische Kommission entsprechend Artikel 199b Absatz 3 der Richtlinie 2006/112/EG des Rates vom 28. November 2006 über das gemeinsame Mehrwertsteuersystem (ABl. L 347 vom 11.12.2006, S. 1) in der Fassung von Artikel 1 Nummer 1 der Richtlinie 2013/42/EU (ABl. L 201

---

[1] § 13b Abs. 7 Satz 5 Verweis geänd. durch G v. 25.7.2014 (BGBl. I S. 1266).
[2] § 13b Abs. 10 angef. mWv 1.1.2015 durch G v. 22.12.2014 (BGBl. I S. 2417).

vom 26.7.2013, S. 1) mitgeteilt hat, dass sie keine Einwände gegen die Erweiterung erhebt;

2. die Bundesregierung einen Antrag auf eine Ermächtigung durch den Rat entsprechend Artikel 395 der Richtlinie 2006/112/EG in der Fassung von Artikel 1 Nummer 2 der Richtlinie 2013/42/EG (ABl. L 201 vom 26.7. 2013, S. 1) gestellt hat, durch die die Bundesrepublik Deutschland ermächtigt werden soll, in Abweichung von Artikel 193 der Richtlinie 2006/112/ EG, die zuletzt durch die Richtlinie 2013/61/EU (ABl. L 353 vom 28.12. 2013, S. 5) geändert worden ist, die Steuerschuldnerschaft des Leistungsempfängers für die von der Erweiterung nach Nummer 1 erfassten Umsätze zur Vermeidung von Steuerhinterziehungen einführen zu dürfen;

3. die Verordnung nach neun Monaten außer Kraft tritt, wenn die Ermächtigung nach Nummer 2 nicht erteilt worden ist; wurde die Ermächtigung nach Nummer 2 erteilt, tritt die Verordnung außer Kraft, sobald die gesetzliche Regelung, mit der die Ermächtigung in nationales Recht umgesetzt wird, in Kraft tritt.

§ 13c[1] Haftung bei Abtretung, Verpfändung oder Pfändung von Forderungen. (1)[2] [1]Soweit der leistende Unternehmer den Anspruch auf die Gegenleistung für einen steuerpflichtigen Umsatz im Sinne des § 1 Abs. 1 Nr. 1 an einen anderen Unternehmer abgetreten und die festgesetzte Steuer, bei deren Berechnung dieser Umsatz berücksichtigt worden ist, bei Fälligkeit nicht oder nicht vollständig entrichtet hat, haftet der Abtretungsempfänger nach Maßgabe des Absatzes 2 für die in der Forderung enthaltene Umsatzsteuer, soweit sie im vereinnahmten Betrag enthalten ist. [2]Ist die Vollziehung der Steuerfestsetzung in Bezug auf die in der abgetretenen Forderung enthaltene Umsatzsteuer gegenüber dem leistenden Unternehmer ausgesetzt, gilt die Steuer insoweit als nicht fällig. [3]Soweit der Abtretungsempfänger die Forderung an einen Dritten abgetreten hat, gilt sie in voller Höhe als vereinnahmt. [4]Die Forderung gilt durch den Abtretungsempfänger nicht als vereinnahmt, soweit der leistende Unternehmer für die Abtretung der Forderung eine Gegenleistung in Geld vereinnahmt. [5]Voraussetzung ist, dass dieser Geldbetrag tatsächlich in den Verfügungsbereich des leistenden Unternehmers gelangt; davon ist nicht auszugehen, soweit dieser Geldbetrag auf ein Konto gezahlt wird, auf das der Abtretungsempfänger die Möglichkeit des Zugriffs hat.

(2) [1]Der Abtretungsempfänger ist ab dem Zeitpunkt in Anspruch zu nehmen, in dem die festgesetzte Steuer fällig wird, frühestens ab dem Zeitpunkt der Vereinnahmung der abgetretenen Forderung. [2]Bei der Inanspruchnahme nach Satz 1 besteht abweichend von § 191 der Abgabenordnung kein Ermessen. [3]Die Haftung ist der Höhe nach begrenzt auf die im Zeitpunkt der Fälligkeit nicht entrichtete Steuer. [4]Soweit der Abtretungsempfänger auf die nach Absatz 1 Satz 1 festgesetzte Steuer Zahlungen im Sinne des § 48 der Abgabenordnung geleistet hat, haftet er nicht.

---

[1] Zur Anwendung siehe § 27 Abs. 7.
[2] § 13c Abs. 1 Sätze 4 und 5 angef. mWv 1.1.2017 durch G v. 30.6.2017 (BGBl. I S. 2143).

(3) [1]Die Absätze 1 und 2 gelten bei der Verpfändung oder der Pfändung von Forderungen entsprechend. [2]An die Stelle des Abtretungsempfängers tritt im Fall der Verpfändung der Pfandgläubiger und im Fall der Pfändung der Vollstreckungsgläubiger.

§ 13d.[1]) *(aufgehoben)*

§ 14 Ausstellung von Rechnungen. (1)[2]) [1]Rechnung ist jedes Dokument, mit dem über eine Lieferung oder sonstige Leistung abgerechnet wird, gleichgültig, wie dieses Dokument im Geschäftsverkehr bezeichnet wird. [2]Die Echtheit der Herkunft der Rechnung, die Unversehrtheit ihres Inhalts und ihre Lesbarkeit müssen gewährleistet werden. [3]Echtheit der Herkunft bedeutet die Sicherheit der Identität des Rechnungsausstellers. [4]Unversehrtheit des Inhalts bedeutet, dass die nach diesem Gesetz erforderlichen Angaben nicht geändert wurden. [5]Jeder Unternehmer legt fest, in welcher Weise die Echtheit der Herkunft, die Unversehrtheit des Inhalts und die Lesbarkeit der Rechnung gewährleistet werden. [6]Dies kann durch jegliche innerbetriebliche Kontrollverfahren erreicht werden, die einen verlässlichen Prüfpfad zwischen Rechnung und Leistung schaffen können. [7]Rechnungen sind auf Papier oder vorbehaltlich der Zustimmung des Empfängers elektronisch zu übermitteln. [8]Eine elektronische Rechnung ist eine Rechnung, die in einem elektronischen Format ausgestellt und empfangen wird.

(2) [1]Führt der Unternehmer eine Lieferung oder eine sonstige Leistung nach § 1 Abs. 1 Nr. 1 aus, gilt Folgendes:

1. führt der Unternehmer eine steuerpflichtige Werklieferung (§ 3 Abs. 4 Satz 1) oder sonstige Leistung im Zusammenhang mit einem Grundstück aus, ist er verpflichtet, innerhalb von sechs Monaten nach Ausführung der Leistung eine Rechnung auszustellen;

2.[3]) führt der Unternehmer eine andere als die in Nummer 1 genannte Leistung aus, ist er berechtigt, eine Rechnung auszustellen. [2]Soweit er einen Umsatz an einen anderen Unternehmer für dessen Unternehmen oder an eine juristische Person, die nicht Unternehmer ist, ausführt, ist er verpflichtet, innerhalb von sechs Monaten nach Ausführung der Leistung eine Rechnung auszustellen. [3]Eine Verpflichtung zur Ausstellung einer Rechnung besteht nicht, wenn der Umsatz nach § 4 Nummer 8 bis 29 steuerfrei ist. [4]§ 14a bleibt unberührt.

[2]Unbeschadet der Verpflichtungen nach Satz 1 Nr. 1 und 2 Satz 2 kann eine Rechnung von einem in Satz 1 Nr. 2 bezeichneten Leistungsempfänger für eine Lieferung oder sonstige Leistung des Unternehmers ausgestellt werden,

---

[1]) § 13d aufgeh. mWv 1.1.2008 durch G v. 20.12.2007 (BGBl. I S. 3150).
[2]) § 14 Abs. 1 neu gef. durch G v. 1.11.2011 (BGBl. I S. 2131); zur Anwendung siehe § 27 Abs. 18.
[3]) § 14 Abs. 2 Satz 1 Nr. 2 neu gef. mWv 1.1.2009 (§ 27 Abs. 15) durch G v. 20.12.2008 (BGBl. I S. 2850); Satz 3 Verweis geänd. mWv 1.1.2020 durch G v. 12.12.2019 (BGBl. I S. 2451).

sofern dies vorher vereinbart wurde (Gutschrift). ³Die Gutschrift verliert die Wirkung einer Rechnung, sobald der Empfänger der Gutschrift dem ihm übermittelten Dokument widerspricht. ⁴Eine Rechnung kann im Namen und für Rechnung des Unternehmers oder eines in Satz 1 Nr. 2 bezeichneten Leistungsempfängers von einem Dritten ausgestellt werden.

(3)¹⁾ Unbeschadet anderer nach Absatz 1 zulässiger Verfahren gelten bei einer elektronischen Rechnung die Echtheit der Herkunft und die Unversehrtheit des Inhalts als gewährleistet durch

1. eine qualifizierte elektronische Signatur oder

2. elektronischen Datenaustausch (EDI) nach Artikel 2 der Empfehlung 94/820/EG der Kommission vom 19. Oktober 1994 über die rechtlichen Aspekte des elektronischen Datenaustausches (ABl. L 338 vom 28.12.1994, S. 98), wenn in der Vereinbarung über diesen Datenaustausch der Einsatz von Verfahren vorgesehen ist, die die Echtheit der Herkunft und die Unversehrtheit der Daten gewährleisten.

(4) ¹Eine Rechnung muss folgende Angaben enthalten:

1. den vollständigen Namen und die vollständige Anschrift des leistenden Unternehmers und des Leistungsempfängers,

2. die dem leistenden Unternehmer vom Finanzamt erteilte Steuernummer oder die ihm vom Bundeszentralamt für Steuern²⁾ erteilte Umsatzsteuer-Identifikationsnummer,

3. das Ausstellungsdatum,

4. eine fortlaufende Nummer mit einer oder mehreren Zahlenreihen, die zur Identifizierung der Rechnung vom Rechnungsaussteller einmalig vergeben wird (Rechnungsnummer),

5. die Menge und die Art (handelsübliche Bezeichnung) der gelieferten Gegenstände oder den Umfang und die Art der sonstigen Leistung,

6.³⁾ den Zeitpunkt der Lieferung oder sonstigen Leistung; in den Fällen des Absatzes 5 Satz 1 den Zeitpunkt der Vereinnahmung des Entgelts oder eines Teils des Entgelts, sofern der Zeitpunkt der Vereinnahmung feststeht und nicht mit dem Ausstellungsdatum der Rechnung übereinstimmt,

7. das nach Steuersätzen und einzelnen Steuerbefreiungen aufgeschlüsselte Entgelt für die Lieferung oder sonstige Leistung (§ 10) sowie jede im Voraus vereinbarte Minderung des Entgelts, sofern sie nicht bereits im Entgelt berücksichtigt ist,

8. den anzuwendenden Steuersatz sowie den auf das Entgelt entfallenden Steuerbetrag oder im Fall einer Steuerbefreiung einen Hinweis darauf, dass für die Lieferung oder sonstige Leistung eine Steuerbefreiung gilt,

9. in den Fällen des § 14b Abs. 1 Satz 5 einen Hinweis auf die Aufbewahrungspflicht des Leistungsempfängers und

---

¹⁾ § 14 Abs. 3 neu gef. durch G v. 1.11.2011 (BGBl. I S. 2131); zur Anwendung siehe § 27 Abs. 18; Nr. 1 geänd. mWv 29.7.2017 durch G v. 18.7.2017 (BGBl. I S. 2745).
²⁾ Bezeichnung geänd. durch G v. 22.9.2005 (BGBl. I S. 2809).
³⁾ § 14 Abs. 4 Satz 1 Nr. 6 neu gef. durch G v. 13.12.2006 (BGBl. I S. 2878).

10.[1] in den Fällen der Ausstellung der Rechnung durch den Leistungsempfänger oder durch einen von ihm beauftragten Dritten gemäß Absatz 2 Satz 2 die Angabe „Gutschrift".

[2] In den Fällen des § 10 Abs. 5 sind die Nummern 7 und 8 mit der Maßgabe anzuwenden, dass die Bemessungsgrundlage für die Leistung (§ 10 Abs. 4) und der darauf entfallende Steuerbetrag anzugeben sind. [3] Unternehmer, die § 24 Abs. 1 bis 3 anwenden, sind jedoch auch in diesen Fällen nur zur Angabe des Entgelts und des darauf entfallenden Steuerbetrags berechtigt. [4] Die Berichtigung einer Rechnung um fehlende oder unzutreffende Angaben ist kein rückwirkendes Ereignis im Sinne von § 175 Absatz 1 Satz 1 Nummer 2 und § 233a Absatz 2a der Abgabenordnung.[2]

(5) [1] Vereinnahmt der Unternehmer das Entgelt oder einen Teil des Entgelts für eine noch nicht ausgeführte Lieferung oder sonstige Leistung, gelten die Absätze 1 bis 4 sinngemäß. [2] Wird eine Endrechnung erteilt, sind in ihr die vor Ausführung der Lieferung oder sonstigen Leistung vereinnahmten Teilentgelte und die auf sie entfallenden Steuerbeträge abzusetzen, wenn über die Teilentgelte Rechnungen im Sinne der Absätze 1 bis 4 ausgestellt worden sind.

(6) Das Bundesministerium der Finanzen kann mit Zustimmung des Bundesrates zur Vereinfachung des Besteuerungsverfahrens durch Rechtsverordnung bestimmen, in welchen Fällen und unter welchen Voraussetzungen

1. Dokumente als Rechnungen anerkannt werden können,

2. die nach Absatz 4 erforderlichen Angaben in mehreren Dokumenten enthalten sein können,

3. Rechnungen bestimmte Angaben nach Absatz 4 nicht enthalten müssen,

4. eine Verpflichtung des Unternehmers zur Ausstellung von Rechnungen mit gesondertem Steuerausweis (Absatz 4) entfällt oder

5. Rechnungen berichtigt werden können.

(7)[3] [1] Führt der Unternehmer einen Umsatz im Inland aus, für den der Leistungsempfänger die Steuer nach § 13b schuldet, und hat der Unternehmer im Inland weder seinen Sitz noch seine Geschäftsleitung, eine Betriebsstätte, von der aus der Umsatz ausgeführt wird oder die an der Erbringung dieses Umsatzes beteiligt ist, oder in Ermangelung eines Sitzes seinen Wohnsitz oder gewöhnlichen Aufenthalt im Inland, so gelten abweichend von den Absätzen 1 bis 6 für die Rechnungserteilung die Vorschriften des Mitgliedstaats, in dem der Unternehmer seinen Sitz, seine Geschäftsleitung, eine Betriebsstätte, von der aus der Umsatz ausgeführt wird, oder in Ermangelung eines Sitzes seinen Wohnsitz oder gewöhnlichen Aufenthalt hat. [2] Satz 1 gilt nicht, wenn eine Gutschrift gemäß Absatz 2 Satz 2 vereinbart worden ist. [3] Nimmt der Unternehmer in einem anderen Mitgliedstaat an einem der besonderen Besteuerungsverfahren entsprechend Titel XII Kapitel 6 der Richtlinie 2006/

---

[1] § 14 Abs. 4 Satz 1 Nr. 10 angef. mWv 30.6.2013 durch G v. 26.6.2013 (BGBl. I S. 1809).

[2] § 14 Abs. 4 Satz 4 angef. mWv 29.12.2020 durch G v. 21.12.2020 (BGBl. I S. 3096).

[3] § 14 Abs. 7 angef. mWv 30.6.2013 durch G v. 26.6.2013 (BGBl. I S. 1809); Abs. 7 Satz 3 angef. durch G v. 11.12.2018 (BGBl. I S. 2338); zur Anwendung siehe § 27 Abs. 24 Satz 1.

112/EG des Rates vom 28. November 2006 über das gemeinsame Mehrwertsteuersystem (ABl. L 347 vom 11.12.2006, S. 1) in der jeweils gültigen Fassung teil, so gelten für die in den besonderen Besteuerungsverfahren zu erklärenden Umsätze abweichend von den Absätzen 1 bis 6 für die Rechnungserteilung die Vorschriften des Mitgliedstaates, in dem der Unternehmer seine Teilnahme anzeigt.

§ 14a Zusätzliche Pflichten bei der Ausstellung von Rechnungen in besonderen Fällen. (1)[1] [1]Hat der Unternehmer seinen Sitz, seine Geschäftsleitung, eine Betriebsstätte, von der aus der Umsatz ausgeführt wird, oder in Ermangelung eines Sitzes seinen Wohnsitz oder gewöhnlichen Aufenthalt im Inland und führt er einen Umsatz in einem anderen Mitgliedstaat aus, an dem eine Betriebsstätte in diesem Mitgliedstaat nicht beteiligt ist, so ist er zur Ausstellung einer Rechnung mit der Angabe „Steuerschuldnerschaft des Leistungsempfängers" verpflichtet, wenn die Steuer in dem anderen Mitgliedstaat von dem Leistungsempfänger geschuldet wird und keine Gutschrift gemäß § 14 Absatz 2 Satz 2 vereinbart worden ist. [2]Führt der Unternehmer eine sonstige Leistung im Sinne des § 3a Absatz 2 in einem anderen Mitgliedstaat aus, so ist die Rechnung bis zum fünfzehnten Tag des Monats, der auf den Monat folgt, in dem der Umsatz ausgeführt worden ist, auszustellen. [3]In dieser Rechnung sind die Umsatzsteuer-Identifikationsnummer des Unternehmers und die des Leistungsempfängers anzugeben. [4]Wird eine Abrechnung durch Gutschrift gemäß § 14 Absatz 2 Satz 2 über eine sonstige Leistung im Sinne des § 3a Absatz 2 vereinbart, die im Inland ausgeführt wird und für die der Leistungsempfänger die Steuer nach § 13b Absatz 1 und 5 schuldet, sind die Sätze 2 und 3 und Absatz 5 entsprechend anzuwenden.

(2)[2] [1]Führt der Unternehmer eine Lieferung im Sinne des § 3c [*ab 1.7. 2021:* Absatz 1] im Inland aus, ist er zur Ausstellung einer Rechnung verpflichtet. [*ab 1.7.2021:* [2]Satz 1 gilt nicht, wenn der Unternehmer an dem besonderen Besteuerungsverfahren nach § 18j teilnimmt.]

(3)[3] [1]Führt der Unternehmer eine innergemeinschaftliche Lieferung aus, ist er zur Ausstellung einer Rechnung bis zum fünfzehnten Tag des Monats, der auf den Monat folgt, in dem der Umsatz ausgeführt worden ist, verpflichtet. [2]In der Rechnung sind auch die Umsatzsteuer-Identifikationsnummer des Unternehmers und die des Leistungsempfängers anzugeben. [3]Satz 1 gilt auch für Fahrzeuglieferer (§ 2a). [4]Satz 2 gilt nicht in den Fällen der §§ 1b und 2a.

(4) [1]Eine Rechnung über die innergemeinschaftliche Lieferung eines neuen Fahrzeugs muss auch die in § 1b Abs. 2 und 3 bezeichneten Merkmale enthalten. [2]Das gilt auch in den Fällen des § 2a.

---

[1] § 14a Abs. 1 neu gef. mWv 30.6.2013 durch G v. 26.6.2013 (BGBl. I S. 1809); Satz 4 geänd. mWv 31.7.2014 durch G v. 25.7.2014 (BGBl. I S. 1266).
[2] § 14a Abs. 2 neu gef. durch G v. 21.12.2020 (BGBl. I S. 3096); zur Anwendung siehe § 27 Abs. 34 Satz 1.
[3] § 14a Abs. 3 Sätze 1 und 2 geänd. mWv 30.6.2013 durch G v. 26.6.2013 (BGBl. I S. 1809).

(5)[1] [1]Führt der Unternehmer eine Leistung im Sinne des § 13b Absatz 2 aus, für die der Leistungsempfänger nach § 13b Absatz 5[2] die Steuer schuldet, ist er zur Ausstellung einer Rechnung mit der Angabe „Steuerschuldnerschaft des Leistungsempfängers" verpflichtet; Absatz 1 bleibt unberührt. [2]Die Vorschrift über den gesonderten Steuerausweis in einer Rechnung nach § 14 Absatz 4 Satz 1 Nummer 8 wird nicht angewendet.

(6)[3] [1]In den Fällen der Besteuerung von Reiseleistungen nach § 25 hat die Rechnung die Angabe „Sonderregelung für Reisebüros" und in den Fällen der Differenzbesteuerung nach § 25a die Angabe „Gebrauchtgegenstände/Sonderregelung", „Kunstgegenstände/Sonderregelung" oder „Sammlungsstücke und Antiquitäten/Sonderregelung" zu enthalten. [2]In den Fällen des § 25 Abs. 3 und des § 25a Abs. 3 und 4 findet die Vorschrift über den gesonderten Steuerausweis in einer Rechnung (§ 14 Abs. 4 Satz 1 Nr. 8) keine Anwendung.

(7) [1]Wird in einer Rechnung über eine Lieferung im Sinne des § 25b Abs. 2 abgerechnet, ist auch auf das Vorliegen eines innergemeinschaftlichen Dreiecksgeschäfts und die Steuerschuldnerschaft des letzten Abnehmers hinzuweisen. [2]Dabei sind die Umsatzsteuer-Identifikationsnummer des Unternehmers und die des Leistungsempfängers anzugeben. [3]Die Vorschrift über den gesonderten Steuerausweis in einer Rechnung (§ 14 Abs. 4 Satz 1 Nr. 8) findet keine Anwendung.

§ 14b Aufbewahrung von Rechnungen. (1) [1]Der Unternehmer hat ein Doppel der Rechnung, die er selbst oder ein Dritter in seinem Namen und für seine Rechnung ausgestellt hat, sowie alle Rechnungen, die er erhalten oder die ein Leistungsempfänger oder in dessen Namen und für dessen Rechnung ein Dritter ausgestellt hat, zehn Jahre aufzubewahren. [2]Die Rechnungen müssen für den gesamten Zeitraum die Anforderungen des § 14 Absatz 1 Satz 2 erfüllen.[4] [3]Die Aufbewahrungsfrist beginnt mit dem Schluss des Kalenderjahres, in dem die Rechnung ausgestellt worden ist; § 147 Abs. 3 der Abgabenordnung bleibt unberührt. [4]Die Sätze 1 bis 3 gelten auch

1. für Fahrzeuglieferer (§ 2a);
2. in den Fällen, in denen der letzte Abnehmer die Steuer nach § 13a Abs. 1 Nr. 5 schuldet, für den letzten Abnehmer;
3. in den Fällen, in denen der Leistungsempfänger die Steuer nach § 13b Absatz 5[2] schuldet, für den Leistungsempfänger.

[5]In den Fällen des § 14 Abs. 2 Satz 1 Nr. 1 hat der Leistungsempfänger die Rechnung, einen Zahlungsbeleg oder eine andere beweiskräftige Unterlage zwei Jahre gemäß den Sätzen 2 und 3 aufzubewahren, soweit er

1. nicht Unternehmer ist oder

---

[1] § 14a Abs. 5 Satz 1 neu gef., Satz 2 aufgeh., bish. Satz 3 wird Satz 2 und geänd. mWv 30.6.2013 durch G v. 26.6.2013 (BGBl. I S. 1809).
[2] Verweis geänd. mWv 1.7.2010 durch G v. 8.4.2010 (BGBl. I S. 386).
[3] § 14a Abs. 6 Satz 1 neu gef. mWv 30.6.2013 durch G v. 26.6.2013 (BGBl. I S. 1809).
[4] § 14b Abs. 1 Satz 2 geänd. durch G v. 1.11.2011 (BGBl. I S. 2131); zur Anwendung von § 14 Abs. 1 Satz 2 siehe § 27 Abs. 18.

2. Unternehmer ist, aber die Leistung für seinen nichtunternehmerischen Bereich verwendet.

(2) [1]Der im Inland oder in einem der in § 1 Abs. 3 bezeichneten Gebiete ansässige Unternehmer hat alle Rechnungen im Inland oder in einem der in § 1 Abs. 3 bezeichneten Gebiete aufzubewahren. [2]Handelt es sich um eine elektronische Aufbewahrung, die eine vollständige Fernabfrage (Online-Zugriff) der betreffenden Daten und deren Herunterladen und Verwendung gewährleistet, darf der Unternehmer die Rechnungen auch im übrigen Gemeinschaftsgebiet, in einem der in § 1 Abs. 3 bezeichneten Gebiete, im Gebiet von Büsingen oder auf der Insel Helgoland aufbewahren. [3]Der Unternehmer hat dem Finanzamt den Aufbewahrungsort mitzuteilen, wenn er die Rechnungen nicht im Inland oder in einem der in § 1 Abs. 3 bezeichneten Gebiete aufbewahrt. [4]Der nicht im Inland oder in einem der in § 1 Abs. 3 bezeichneten Gebiete ansässige Unternehmer hat den Aufbewahrungsort der nach Absatz 1 aufzubewahrenden Rechnungen im Gemeinschaftsgebiet, in den in § 1 Abs. 3 bezeichneten Gebieten, im Gebiet von Büsingen oder auf der Insel Helgoland zu bestimmen. [5]In diesem Fall ist er verpflichtet, dem Finanzamt auf dessen Verlangen alle aufzubewahrenden Rechnungen und Daten oder die an deren Stelle tretenden Bild- und Datenträger unverzüglich zur Verfügung zu stellen. [6]Kommt er dieser Verpflichtung nicht oder nicht rechtzeitig nach, kann das Finanzamt verlangen, dass er die Rechnungen im Inland oder in einem der in § 1 Abs. 3 bezeichneten Gebiete aufbewahrt.

(3) Ein im Inland oder in einem der in § 1 Abs. 3 bezeichneten Gebiete ansässiger Unternehmer ist ein Unternehmer, der in einem dieser Gebiete einen Wohnsitz, seinen Sitz, seine Geschäftsleitung oder eine Zweigniederlassung hat.

(4) [1]Bewahrt ein Unternehmer die Rechnungen im übrigen Gemeinschaftsgebiet elektronisch auf, können die zuständigen Finanzbehörden die Rechnungen für Zwecke der Umsatzsteuerkontrolle über Online-Zugriff einsehen, herunterladen und verwenden. [2]Es muss sichergestellt sein, dass die zuständigen Finanzbehörden die Rechnungen unverzüglich über Online-Zugriff einsehen, herunterladen und verwenden können.

(5)[1]) Will der Unternehmer die Rechnungen außerhalb des Gemeinschaftsgebiets elektronisch aufbewahren, gilt § 146 Absatz 2b der Abgabenordnung.

§ 14c Unrichtiger oder unberechtigter Steuerausweis. (1) [1]Hat der Unternehmer in einer Rechnung für eine Lieferung oder sonstige Leistung einen höheren Steuerbetrag, als er nach diesem Gesetz für den Umsatz schuldet, gesondert ausgewiesen (unrichtiger Steuerausweis), schuldet er auch den Mehrbetrag. [2]Berichtigt er den Steuerbetrag gegenüber dem Leistungsempfänger, ist § 17 Abs. 1 entsprechend anzuwenden. [3]In den Fällen des § 1 Abs. 1a und in den Fällen der Rückgängigmachung des Verzichts auf die Steuerbefreiung nach § 9 gilt Absatz 2 Satz 3 bis 5 entsprechend.

---

[1]) § 14b Abs. 5 angef. mWv 25.12.2008 durch G v. 19.12.2008 (BGBl. I S. 2794); Verweis geänd. mWv 29.12.2020 durch G v. 21.12.2020 (BGBl. I S. 3096).

(2) ¹Wer in einer Rechnung einen Steuerbetrag gesondert ausweist, obwohl er zum gesonderten Ausweis der Steuer nicht berechtigt ist (unberechtigter Steuerausweis), schuldet den ausgewiesenen Betrag. ²Das Gleiche gilt, wenn jemand wie ein leistender Unternehmer abrechnet und einen Steuerbetrag gesondert ausweist, obwohl er nicht Unternehmer ist oder eine Lieferung oder sonstige Leistung nicht ausführt. ³Der nach den Sätzen 1 und 2 geschuldete Steuerbetrag kann berichtigt werden, soweit die Gefährdung des Steueraufkommens beseitigt worden ist. ⁴Die Gefährdung des Steueraufkommens ist beseitigt, wenn ein Vorsteuerabzug beim Empfänger der Rechnung nicht durchgeführt oder die geltend gemachte Vorsteuer an die Finanzbehörde zurückgezahlt worden ist. ⁵Die Berichtigung des geschuldeten Steuerbetrags ist beim Finanzamt gesondert schriftlich zu beantragen und nach dessen Zustimmung in entsprechender Anwendung des § 17 Abs. 1 für den Besteuerungszeitraum vorzunehmen, in dem die Voraussetzungen des Satzes 4 eingetreten sind.

§ 15 Vorsteuerabzug. (1) ¹Der Unternehmer kann die folgenden Vorsteuerbeträge abziehen:

1. die gesetzlich geschuldete Steuer für Lieferungen und sonstige Leistungen, die von einem anderen Unternehmer für sein Unternehmen ausgeführt worden sind. ²Die Ausübung des Vorsteuerabzugs setzt voraus, dass der Unternehmer eine nach den §§ 14, 14a ausgestellte Rechnung besitzt. ³Soweit der gesondert ausgewiesene Steuerbetrag auf eine Zahlung vor Ausführung dieser Umsätze entfällt, ist er bereits abziehbar, wenn die Rechnung vorliegt und die Zahlung geleistet worden ist;

2.¹⁾ die entstandene Einfuhrumsatzsteuer für Gegenstände, die für sein Unternehmen nach § 1 Absatz 1 Nummer 4 eingeführt worden sind;

3.¹⁾ die Steuer für den innergemeinschaftlichen Erwerb von Gegenständen für sein Unternehmen, wenn der innergemeinschaftliche Erwerb nach § 3d Satz 1 im Inland bewirkt wird;

4. die Steuer für Leistungen im Sinne des § 13b Absatz 1 und 2,²⁾ die für sein Unternehmen ausgeführt worden sind. ²Soweit die Steuer auf eine Zahlung vor Ausführung dieser Leistungen entfällt, ist sie abziehbar, wenn die Zahlung geleistet worden ist;

5. die nach § 13a Abs. 1 Nr. 6 geschuldete Steuer für Umsätze, die für sein Unternehmen ausgeführt worden sind.

²Nicht als für das Unternehmen ausgeführt gilt die Lieferung, die Einfuhr oder der innergemeinschaftliche Erwerb eines Gegenstands, den der Unternehmer zu weniger als 10 Prozent für sein Unternehmen nutzt.

(1a)³⁾ ¹Nicht abziehbar sind Vorsteuerbeträge, die auf Aufwendungen, für die das Abzugsverbot des § 4 Abs. 5 Satz 1 Nr. 1 bis 4, 7 oder des § 12 Nr. 1

---

¹⁾ § 15 Abs. 1 Satz 1 Nrn. 2 und 3 geänd. mWv 30.6.2013 durch G v. 26.6.2013 (BGBl. I S. 1809).
²⁾ Verweis geänd. mWv 1.7.2010 durch G v. 8.4.2010 (BGBl. I S. 386).
³⁾ § 15 Abs. 1a neu gef. mWv 19.12.2006 durch G v. 13.12.2006 (BGBl. I S. 2878).

des Einkommensteuergesetzes gilt, entfallen. ²Dies gilt nicht für Bewirtungs-
aufwendungen, soweit § 4 Abs. 5 Satz 1 Nr. 2 des Einkommensteuergesetzes
einen Abzug angemessener und nachgewiesener Aufwendungen ausschließt.

(1b)¹⁾ ¹Verwendet der Unternehmer ein Grundstück sowohl für Zwecke
seines Unternehmens als auch für Zwecke, die außerhalb des Unternehmens
liegen, oder für den privaten Bedarf seines Personals, ist die Steuer für die
Lieferungen, die Einfuhr und den innergemeinschaftlichen Erwerb sowie für
die sonstigen Leistungen im Zusammenhang mit diesem Grundstück vom
Vorsteuerabzug ausgeschlossen, soweit sie nicht auf die Verwendung des
Grundstücks für Zwecke des Unternehmens entfällt. ²Bei Berechtigungen, für
die die Vorschriften des bürgerlichen Rechts über Grundstücke gelten, und
bei Gebäuden auf fremdem Grund und Boden ist Satz 1 entsprechend anzuwenden.

(2) ¹Vom Vorsteuerabzug ausgeschlossen ist die Steuer für die Lieferungen,
die Einfuhr und den innergemeinschaftlichen Erwerb von Gegenständen sowie für die sonstigen Leistungen, die der Unternehmer zur Ausführung folgender Umsätze verwendet:

1. steuerfreie Umsätze;

2. Umsätze im Ausland, die steuerfrei wären, wenn sie im Inland ausgeführt
   würden.

3.²⁾ *(aufgehoben)*

²Gegenstände oder sonstige Leistungen, die der Unternehmer zur Ausführung
einer Einfuhr oder eines innergemeinschaftlichen Erwerbs verwendet, sind
den Umsätzen zuzurechnen, für die der eingeführte oder innergemeinschaftlich erworbene Gegenstand verwendet wird.

(3) Der Ausschluss vom Vorsteuerabzug nach Absatz 2 tritt nicht ein, wenn
die Umsätze

1. in den Fällen des Absatzes 2 Satz 1 Nr. 1

   a) nach § 4 Nr. 1 bis 7, § 25 Abs. 2 oder nach den in § 26 Abs. 5 bezeich-
      neten Vorschriften steuerfrei sind oder

   b)³⁾ nach § 4 Nummer 8 Buchstabe a bis g, Nummer 10 oder Nummer 11
      steuerfrei sind und sich unmittelbar auf Gegenstände beziehen, die in
      das Drittlandsgebiet ausgeführt werden;

2. in den Fällen des Absatzes 2 Satz 1 Nr. 2⁴⁾

   a) nach § 4 Nr. 1 bis 7, § 25 Abs. 2 oder nach den in § 26 Abs. 5 be-
      zeichneten Vorschriften steuerfrei wären oder

   b)⁵⁾ nach § 4 Nummer 8 Buchstabe a bis g, Nummer 10 oder Nummer 11
      steuerfrei wären und der Leistungsempfänger im Drittlandsgebiet an-

---

¹⁾ § 15 Abs. 1b eingef. durch G v. 8.12.2010 (BGBl. I S. 1768); zur Anwendung siehe § 27
Abs. 16.
²⁾ § 15 Abs. 2 Nr. 3 aufgeh. mWv 19.12.2006 durch G v. 13.12.2006 (BGBl. I S. 2878).
³⁾ § 15 Abs. 3 Nr. 1 Buchst. b geänd. mWv 30.6.2013 durch G v. 26.6.2013 (BGBl. I S. 1809).
⁴⁾ Verweis geänd. mWv 19.12.2006 durch G v. 13.12.2006 (BGBl. I S. 2878).
⁵⁾ § 15 Abs. 3 Nr. 2 Buchst. b geänd. mWv 30.6.2013 durch G v. 26.6.2013 (BGBl. I
S. 1809).

sässig ist oder diese Umsätze sich unmittelbar auf Gegenstände beziehen, die in das Drittlandsgebiet ausgeführt werden.

(4) [1] Verwendet der Unternehmer einen für sein Unternehmen gelieferten, eingeführten oder innergemeinschaftlich erworbenen Gegenstand oder eine von ihm in Anspruch genommene sonstige Leistung nur zum Teil zur Ausführung von Umsätzen, die den Vorsteuerabzug ausschließen, so ist der Teil der jeweiligen Vorsteuerbeträge nicht abziehbar, der den zum Ausschluss vom Vorsteuerabzug führenden Umsätzen wirtschaftlich zuzurechnen ist. [2] Der Unternehmer kann die nicht abziehbaren Teilbeträge im Wege einer sachgerechten Schätzung ermitteln. [3] Eine Ermittlung des nicht abziehbaren Teils der Vorsteuerbeträge nach dem Verhältnis der Umsätze, die den Vorsteuerabzug ausschließen, zu den Umsätzen, die zum Vorsteuerabzug berechtigten, ist nur zulässig, wenn keine andere wirtschaftliche Zurechnung möglich ist. [4] In den Fällen des Absatzes 1b gelten die Sätze 1 bis 3 entsprechend.[1]

(4a) Für Fahrzeuglieferer (§ 2a) gelten folgende Einschränkungen des Vorsteuerabzugs:

1. Abziehbar ist nur die auf die Lieferung, die Einfuhr oder den innergemeinschaftlichen Erwerb des neuen Fahrzeugs entfallende Steuer.

2. Die Steuer kann nur bis zu dem Betrag abgezogen werden, der für die Lieferung des neuen Fahrzeugs geschuldet würde, wenn die Lieferung nicht steuerfrei wäre.

3. Die Steuer kann erst in dem Zeitpunkt abgezogen werden, in dem der Fahrzeuglieferer die innergemeinschaftliche Lieferung des neuen Fahrzeugs ausführt.

(4b)[2] Für Unternehmer, die nicht im Gemeinschaftsgebiet ansässig sind und die nur Steuer nach § 13b Absatz 5, nur Steuer nach § 13b Absatz 5 und § 13a Absatz 1 Nummer 1 in Verbindung mit § 14c Absatz 1 oder nur Steuer nach § 13b Absatz 5 und § 13a Absatz 1 Nummer 4 schulden, gelten die Einschränkungen des § 18 Absatz 9 Satz 5 und 6 entsprechend.

(5) Das Bundesministerium der Finanzen kann mit Zustimmung des Bundesrates durch Rechtsverordnung nähere Bestimmungen darüber treffen,

1. in welchen Fällen und unter welchen Voraussetzungen zur Vereinfachung des Besteuerungsverfahrens für den Vorsteuerabzug auf eine Rechnung im Sinne des § 14 oder auf einzelne Angaben in der Rechnung verzichtet werden kann,

2. unter welchen Voraussetzungen, für welchen Besteuerungszeitraum und in welchem Umfang zur Vereinfachung oder zur Vermeidung von Härten in den Fällen, in denen ein anderer als der Leistungsempfänger ein Entgelt gewährt (§ 10 Abs. 1 Satz 3), der andere den Vorsteuerabzug in Anspruch nehmen kann, und

---

[1] § 15 Abs. 4 Satz 4 angef. durch G v. 8.12.2010 (BGBl. I S. 1768); zur Anwendung von § 15 Abs. 1b siehe § 27 Abs. 16.
[2] § 15 Abs. 4b geänd. mWv 1.1.2010 durch G v. 19.12.2008 (BGBl. I S. 2794); geänd. mWv 1.7.2010 durch G v. 8.4.2010 (BGBl. I S. 386); neu gef. mWv 1.1.2020 (§ 27 Abs. 28) durch G v. 12.12.2019 (BGBl. I S. 2451).

3. wann in Fällen von geringer steuerlicher Bedeutung zur Vereinfachung oder zur Vermeidung von Härten bei der Aufteilung der Vorsteuerbeträge (Absatz 4) Umsätze, die den Vorsteuerabzug ausschließen, unberücksichtigt bleiben können oder von der Zurechnung von Vorsteuerbeträgen zu diesen Umsätzen abgesehen werden kann.

§ 15a[1] Berichtigung des Vorsteuerabzugs. (1) [1]Ändern sich bei einem Wirtschaftsgut, das nicht nur einmalig zur Ausführung von Umsätzen verwendet wird, innerhalb von fünf Jahren ab dem Zeitpunkt der erstmaligen Verwendung die für den ursprünglichen Vorsteuerabzug maßgebenden Verhältnisse, ist für jedes Kalenderjahr der Änderung ein Ausgleich durch eine Berichtigung des Abzugs der auf die Anschaffungs- oder Herstellungskosten entfallenden Vorsteuerbeträge vorzunehmen. [2]Bei Grundstücken einschließlich ihrer wesentlichen Bestandteile, bei Berichtigungen, für die die Vorschriften des bürgerlichen Rechts über Grundstücke gelten, und bei Gebäuden auf fremdem Grund und Boden tritt an die Stelle des Zeitraums von fünf Jahren ein Zeitraum von zehn Jahren.

(2) [1]Ändern sich bei einem Wirtschaftsgut, das nur einmalig zur Ausführung eines Umsatzes verwendet wird, die für den ursprünglichen Vorsteuerabzug maßgebenden Verhältnisse, ist eine Berichtigung des Vorsteuerabzugs vorzunehmen. [2]Die Berichtigung ist für den Besteuerungszeitraum vorzunehmen, in dem das Wirtschaftsgut verwendet wird.

(3) [1]Geht in ein Wirtschaftsgut nachträglich ein anderer Gegenstand ein und verliert dieser Gegenstand dabei seine körperliche und wirtschaftliche Eigenart endgültig oder wird an einem Wirtschaftsgut eine sonstige Leistung ausgeführt, gelten im Fall der Änderung der für den ursprünglichen Vorsteuerabzug maßgebenden Verhältnisse die Absätze 1 und 2 entsprechend. [2]Soweit im Rahmen einer Maßnahme in ein Wirtschaftsgut mehrere Gegenstände eingehen oder an einem Wirtschaftsgut mehrere sonstige Leistungen ausgeführt werden, sind diese zu einem Berichtigungsobjekt zusammenzufassen.[2] [3]Eine Änderung der Verhältnisse liegt dabei auch vor, wenn das Wirtschaftsgut für Zwecke, die außerhalb des Unternehmens liegen, aus dem Unternehmen entnommen wird, ohne dass dabei nach § 3 Abs. 1b eine unentgeltliche Wertabgabe zu besteuern ist.

(4) [1]Die Absätze 1 und 2 sind auf sonstige Leistungen, die nicht unter Absatz 3 Satz 1 fallen, entsprechend anzuwenden. [2]Die Berichtigung ist auf solche sonstigen Leistungen zu beschränken, für die in der Steuerbilanz ein Aktivierungsgebot bestünde. [3]Dies gilt jedoch nicht, soweit es sich um sonstige Leistungen handelt, für die der Leistungsempfänger bereits für einen Zeitraum vor Ausführung der sonstigen Leistung den Vorsteuerabzug vornehmen konnte. [4]Unerheblich ist, ob der Unternehmer nach den §§ 140, 141 der Abgabenordnung tatsächlich zur Buchführung verpflichtet ist.[3]

---

[1] Zur erstmaligen Anwendung siehe § 27 Abs. 11.

[2] § 15a Abs. 3 Satz 2 eingef. durch G v. 22.8.2006 (BGBl. I S. 1970); zur erstmaligen Anwendung siehe § 27 Abs. 12.

[3] § 15a Abs. 4 Sätze 2 bis 4 angef. durch G v. 22.8.2006 (BGBl. I S. 1970); zur erstmaligen Anwendung siehe § 27 Abs. 12.

(5) ¹Bei der Berichtigung nach Absatz 1 ist für jedes Kalenderjahr der Änderung in den Fällen des Satzes 1 von einem Fünftel und in den Fällen des Satzes 2 von einem Zehntel der auf das Wirtschaftsgut entfallenden Vorsteuerbeträge auszugehen. ²Eine kürzere Verwendungsdauer ist entsprechend zu berücksichtigen. ³Die Verwendungsdauer wird nicht dadurch verkürzt, dass das Wirtschaftsgut in ein anderes einbezogen wird.

(6) Die Absätze 1 bis 5 sind auf Vorsteuerbeträge, die auf nachträgliche Anschaffungs- oder Herstellungskosten entfallen, sinngemäß anzuwenden.

(6a)¹⁾ Eine Änderung der Verhältnisse liegt auch bei einer Änderung der Verwendung im Sinne des § 15 Absatz 1b vor.

(7)²⁾ Eine Änderung der Verhältnisse im Sinne der Absätze 1 bis 3 ist auch beim Übergang von der allgemeinen Besteuerung zur Nichterhebung der Steuer nach § 19 Abs. 1 und umgekehrt und beim Übergang von der allgemeinen Besteuerung zur Durchschnittssatzbesteuerung nach den §§ 23, 23a oder 24 [*ab 1.1.2023:* §§ 23a oder 24] und umgekehrt gegeben.

(8) ¹Eine Änderung der Verhältnisse liegt auch vor, wenn das noch verwendungsfähige Wirtschaftsgut, das nicht nur einmalig zur Ausführung eines Umsatzes verwendet wird, vor Ablauf des nach den Absätzen 1 und 5 maßgeblichen Berichtigungszeitraums veräußert oder nach § 3 Abs. 1b geliefert wird und dieser Umsatz anders zu beurteilen ist als die für den ursprünglichen Vorsteuerabzug maßgebliche Verwendung. ²Dies gilt auch für Wirtschaftsgüter, für die der Vorsteuerabzug nach § 15 Absatz 1b teilweise ausgeschlossen war.³⁾

(9) Die Berichtigung nach Absatz 8 ist so vorzunehmen, als wäre das Wirtschaftsgut in der Zeit von der Veräußerung oder Lieferung im Sinne des § 3 Abs. 1b bis zum Ablauf des maßgeblichen Berichtigungszeitraums unter entsprechend geänderten Verhältnissen weiterhin für das Unternehmen verwendet worden.

(10) ¹Bei einer Geschäftsveräußerung (§ 1 Abs. 1a) wird der nach den Absätzen 1 und 5 maßgebliche Berichtigungszeitraum nicht unterbrochen. ²Der Veräußerer ist verpflichtet, dem Erwerber die für die Durchführung der Berichtigung erforderlichen Angaben zu machen.

(11) Das Bundesministerium der Finanzen kann mit Zustimmung des Bundesrates durch Rechtsverordnung nähere Bestimmungen darüber treffen,

1. wie der Ausgleich nach den Absätzen 1 bis 9 durchzuführen ist und in welchen Fällen er zur Vereinfachung des Besteuerungsverfahrens, zur Vermeidung von Härten oder nicht gerechtfertigten Steuervorteilen zu unterbleiben hat;

---

¹⁾ § 15a Abs. 6a eingef. durch G v. 8.12.2010 (BGBl. I S. 1768); zur Anwendung siehe § 27 Abs. 16.

²⁾ § 15a Abs. 7 geänd. mWv 1.1.2023 durch G v. 16.12.2022 (BGBl. I S. 2294).

³⁾ § 15a Abs. 8 Satz 2 angef. durch G v. 8.12.2010 (BGBl. I S. 1678); zur Anwendung siehe § 27 Abs. 16.

2. dass zur Vermeidung von Härten oder eines nicht gerechtfertigten Steuervorteils bei einer unentgeltlichen Veräußerung oder Überlassung eines Wirtschaftsguts

    a) eine Berichtigung des Vorsteuerabzugs in entsprechender Anwendung der Absätze 1 bis 9 auch dann durchzuführen ist, wenn eine Änderung der Verhältnisse nicht vorliegt,

    b) der Teil des Vorsteuerbetrags, der bei einer gleichmäßigen Verteilung auf den in Absatz 9 bezeichneten Restzeitraum entfällt, vom Unternehmer geschuldet wird,

    c) der Unternehmer den nach den Absätzen 1 bis 9 oder Buchstabe b geschuldeten Betrag dem Leistungsempfänger wie eine Steuer in Rechnung stellen und dieser den Betrag als Vorsteuer abziehen kann.

Fünfter Abschnitt. Besteuerung

§ 16 Steuerberechnung, Besteuerungszeitraum und Einzelbesteuerung. (1) ¹Die Steuer ist, soweit nicht § 20 gilt, nach vereinbarten Entgelten zu berechnen. ²Besteuerungszeitraum ist das Kalenderjahr. ³Bei der Berechnung der Steuer ist von der Summe der Umsätze nach § 1 Abs. 1 Nr. 1 und 5 auszugehen, soweit für sie die Steuer in dem Besteuerungszeitraum entstanden und die Steuerschuldnerschaft gegeben ist. ⁴Der Steuer sind die nach § 6a Abs. 4 Satz 2, nach § 14c sowie nach § 17 Abs. 1 Satz 6 geschuldeten Steuerbeträge hinzuzurechnen.

(1a)¹⁾ ¹Macht ein nicht im Gemeinschaftsgebiet ansässiger Unternehmer von § 18 Abs. 4c Gebrauch, ist Besteuerungszeitraum das Kalendervierteljahr. ²Bei der Berechnung der Steuer ist von der Summe der Umsätze nach § 3a Abs. 5²⁾ auszugehen, die im Gemeinschaftsgebiet steuerbar sind, soweit für sie in dem Besteuerungszeitraum die Steuer entstanden und die Steuerschuldnerschaft gegeben ist. ³Absatz 2 ist nicht anzuwenden.

(1b)³⁾ ¹Macht ein im übrigen Gemeinschaftsgebiet ansässiger Unternehmer (§ 13b Absatz 7 Satz 2) von § 18 Absatz 4e Gebrauch, ist Besteuerungszeitraum das Kalendervierteljahr. ²Bei der Berechnung der Steuer ist von der Summe der Umsätze nach § 3a Absatz 5 auszugehen, die im Inland steuerbar sind, soweit für sie in dem Besteuerungszeitraum die Steuer entstanden und die Steuerschuldnerschaft gegeben ist. ³Absatz 2 ist nicht anzuwenden.

[ab 1.7.2021:

(1c)⁴⁾ ¹Macht ein nicht im Gemeinschaftsgebiet ansässiger Unternehmer von § 18i Gebrauch, ist Besteuerungszeitraum das Kalendervierteljahr. ²Sofern

---

¹⁾ Zur letztmaligen Anwendung von § 16 Abs. 1a siehe § 27 Abs. 34 Satz 2.
²⁾ § 16 Abs. 1a Satz 2 Verweis geänd. mWv 1.1.2010 durch G v. 19.12.2008 (BGBl. I S. 2794).
³⁾ § 16 Abs. 1b eingef. mWv 1.1.2015 durch G v. 25.7.2014 (BGBl. I S. 1266); zur letztmaligen Anwendung siehe § 27 Abs. 34 Satz 2.
⁴⁾ § 16 Abs. 1c eingef. durch G v. 21.12.2020 (BGBl. I S. 3096); zur Anwendung siehe § 27 Abs. 34 Satz 1.

die Teilnahme an dem Verfahren nach § 18i im Inland angezeigt wurde, ist bei der Berechnung der Steuer von der Summe der sonstigen Leistungen an Empfänger nach § 3a Absatz 5 Satz 1 auszugehen, die im Gemeinschaftsgebiet steuerbar sind, soweit für sie in dem Besteuerungszeitraum die Steuer entstanden und die Steuerschuldnerschaft gegeben ist. ³Sofern die Teilnahme an dem Verfahren nach § 18i in einem anderen Mitgliedstaat der Europäischen Union angezeigt wurde, ist bei der Berechnung der Steuer von der Summe der sonstigen Leistungen an Empfänger nach § 3a Absatz 5 Satz 1 auszugehen, die im Inland steuerbar sind, soweit für sie in dem Besteuerungszeitraum die Steuer entstanden und die Steuerschuldnerschaft gegeben ist. ⁴Absatz 2 ist nicht anzuwenden.

(1d)¹⁾ ¹Macht ein Unternehmer von § 18j Gebrauch, ist Besteuerungszeitraum das Kalendervierteljahr. ²Sofern die Teilnahme an dem Verfahren nach § 18j im Inland angezeigt wurde, ist bei der Berechnung der Steuer von der Summe der Lieferungen nach § 3 Absatz 3a Satz 1 innerhalb eines Mitgliedstaates und der innergemeinschaftlichen Fernverkäufe nach § 3c Absatz 1 Satz 2 und 3, die im Gemeinschaftsgebiet steuerbar sind, sowie der sonstigen Leistungen an Empfänger nach § 3a Absatz 5 Satz 1, die in einem anderen Mitgliedstaat der Europäischen Union steuerbar sind, auszugehen, soweit für sie in dem Besteuerungszeitraum die Steuer entstanden und die Steuerschuldnerschaft gegeben ist. ³Sofern die Teilnahme an dem Verfahren nach § 18j in einem anderen Mitgliedstaat der Europäischen Union angezeigt wurde, ist bei der Berechnung der Steuer von der Summe der Lieferungen nach § 3 Absatz 3a Satz 1 innerhalb eines Mitgliedstaates, der innergemeinschaftlichen Fernverkäufe nach § 3c Absatz 1 Satz 2 und 3 und der sonstigen Leistungen an Empfänger nach § 3a Absatz 5 Satz 1 auszugehen, die im Inland steuerbar sind, soweit für sie in dem Besteuerungszeitraum die Steuer entstanden und die Steuerschuldnerschaft gegeben ist. ⁴Absatz 2 ist nicht anzuwenden.

(1e)²⁾ ¹Macht ein Unternehmer oder ein in seinem Auftrag handelnder Vertreter von § 18k Gebrauch, ist Besteuerungszeitraum der Kalendermonat. ²Sofern die Teilnahme an dem Verfahren nach § 18k im Inland angezeigt wurde, ist bei der Berechnung der Steuer von der Summe der Fernverkäufe nach § 3 Absatz 3a Satz 2 und § 3c Absatz 2 und 3, die im Gemeinschaftsgebiet steuerbar sind, auszugehen, soweit für sie in dem Besteuerungszeitraum die Steuer entstanden und die Steuerschuldnerschaft gegeben ist. ³Sofern die Teilnahme an dem Verfahren nach § 18k in einem anderen Mitgliedstaat der Europäischen Union angezeigt wurde, ist bei der Berechnung der Steuer von der Summe der Fernverkäufe nach § 3 Absatz 3a Satz 2 und § 3c Absatz 2 und 3 auszugehen, die im Inland steuerbar sind, soweit für sie in dem Besteuerungszeitraum die Steuer entstanden und die Steuerschuldnerschaft gegeben ist. ⁴Absatz 2 ist nicht anzuwenden.]

---

¹⁾ § 16 Abs. 1d eingef. durch G v. 21.12.2020 (BGBl. I S. 3096); zur Anwendung ab 1.7.2021 siehe § 27 Abs. 34 Satz 1.
²⁾ § 16 Abs. 1e eingef. durch G v. 21.12.2020 (BGBl. I S. 3096); zur Anwendung ab 1.7.2021 siehe § 27 Abs. 34 Satz 1.

(2)[1] [1]Von der nach Absatz 1 berechneten Steuer sind vorbehaltlich des § 18 Absatz 9 Satz 3 die in den Besteuerungszeitraum fallenden, nach § 15 abziehbaren Vorsteuerbeträge abzusetzen. [2]§ 15a ist zu berücksichtigen.

(3) Hat der Unternehmer seine gewerbliche oder berufliche Tätigkeit nur in einem Teil des Kalenderjahres ausgeübt, so tritt dieser Teil an die Stelle des Kalenderjahres.

(4) Abweichend von den Absätzen 1, 2 und 3 kann das Finanzamt einen kürzeren Besteuerungszeitraum bestimmen, wenn der Eingang der Steuer gefährdet erscheint oder der Unternehmer damit einverstanden ist.

(5) [1]Bei Beförderungen von Personen im Gelegenheitsverkehr mit Kraftomnibussen, die nicht im Inland zugelassen sind, wird die Steuer, abweichend von Absatz 1, für jeden einzelnen steuerpflichtigen Umsatz durch die zuständige Zolldienststelle berechnet (Beförderungseinzelbesteuerung), wenn eine Grenze zum Drittlandsgebiet überschritten wird. [2]Zuständige Zolldienststelle ist die Eingangszollstelle oder Ausgangszollstelle, bei der der Kraftomnibus in das Inland gelangt oder das Inland verlässt. [3]Die zuständige Zolldienststelle handelt bei der Beförderungseinzelbesteuerung für das Finanzamt, in dessen Bezirk sie liegt (zuständiges Finanzamt). [4]Absatz 2 und § 19 Abs. 1 sind bei der Beförderungseinzelbesteuerung nicht anzuwenden.

(5a) Beim innergemeinschaftlichen Erwerb neuer Fahrzeuge durch andere Erwerber als die in § 1a Abs. 1 Nr. 2 genannten Personen ist die Steuer abweichend von Absatz 1 für jeden einzelnen steuerpflichtigen Erwerb zu berechnen (Fahrzeugeinzelbesteuerung).

(5b) [1]Auf Antrag des Unternehmers ist nach Ablauf des Besteuerungszeitraums an Stelle der Beförderungseinzelbesteuerung (Absatz 5) die Steuer nach den Absätzen 1 und 2 zu berechnen. [2]Die Absätze 3 und 4 gelten entsprechend.

(6)[2] [1]Werte in fremder Währung sind zur Berechnung der Steuer und der abziehbaren Vorsteuerbeträge auf Euro nach den Durchschnittskursen umzurechnen, die das Bundesministerium der Finanzen für den Monat öffentlich bekannt gibt, in dem die Leistung ausgeführt oder das Entgelt oder ein Teil des Entgelts vor Ausführung der Leistung (§ 13 Abs. 1 Nr. 1 Buchstabe a Satz 4) vereinnahmt wird. [2]Ist der leistende Unternehmer die Berechnung der Steuer nach vereinnahmten Entgelten gestattet (§ 20), so sind die Entgelte nach den Durchschnittskursen des Monats umzurechnen, in dem sie vereinnahmt werden. [3]Das Finanzamt kann die Umrechnung nach dem Tageskurs, der durch Bankmitteilung oder Kurszettel nachzuweisen ist, gestatten.

---

[1] § 16 Abs. 2 Sätze 3 und 4 aufgeh. mWv 30.6.2013 durch G v. 26.6.2013 (BGBl. I S. 1809); Satz 1 ergänzt mWv 1.1.2020 (§ 27 Abs. 28) durch G v. 12.12.2019 (BGBl. I S. 2451).
[2] § 16 Abs. 6 Satz 4 HS 2 angef., Satz 5 geänd. mWv 1.1.2015 durch G v. 25.7.2014 (BGBl. I S. 1266).

[Fassung bis 30.6.2021:]

⁴Macht ein nicht im Gemeinschaftsgebiet ansässiger Unternehmer von § 18 Absatz 4c Gebrauch, hat er zur Berechnung der Steuer Werte in fremder Währung nach den Kursen umzurechnen, die für den letzten Tag des Besteuerungszeitraums nach Absatz 1a Satz 1 von der Europäischen Zentralbank festgestellt worden sind; macht ein im übrigen Gemeinschaftsgebiet (§ 13b Absatz 7 Satz 2) ansässiger Unternehmer von § 18 Absatz 4e Gebrauch, hat er zur Berechnung der Steuer Werte in fremder Währung nach den Kursen umzurechnen, die für den letzten Tag des Besteuerungszeitraums nach Absatz 1b Satz 1 von der Europäischen Zentralbank feststellt worden sind. ⁵Sind für die in Satz 4 genannten Tage keine Umrechnungskurse festgestellt worden, hat der Unternehmer die Steuer nach den für den nächsten Tag nach Ablauf des Besteuerungszeitraums nach Absatz 1a Satz 1 oder Absatz 1b Satz 1 von der Europäischen Zentralbank festgestellten Umrechnungskursen umzurechnen.

*[Fassung ab 1.7.2021:]*¹⁾

⁴Macht ein Unternehmer von § 18 Absatz 4c oder 4e oder den §§ 18i, 18j oder 18k Gebrauch, hat er zur Berechnung der Steuer Werte in fremder Währung nach den Kursen umzurechnen, die für den letzten Tag des Besteuerungszeitraums nach Absatz 1a Satz 1, Absatz 1b Satz 1, Absatz 1c Satz 1, Absatz 1d Satz 1 oder Absatz 1e Satz 1 von der Europäischen Zentralbank festgestellt worden sind. ⁵Sind für die in Satz 4 genannten Tage keine Umrechnungskurse festgestellt worden, hat der Unternehmer die Steuer nach den für den nächsten Tag nach Ablauf des Besteuerungszeitraums nach Absatz 1a Satz 1, Absatz 1b Satz 1, Absatz 1c Satz 1, Absatz 1d Satz 1 oder Absatz 1e Satz 1 von der Europäischen Zentralbank festgestellten Umrechnungskursen umzurechnen.

(7) Für die Einfuhrumsatzsteuer gelten § 11 Abs. 5 und § 21 Abs. 2.

§ 17 Änderung der Bemessungsgrundlage. (1)²⁾ ¹Hat sich die Bemessungsgrundlage für einen steuerpflichtigen Umsatz im Sinne des § 1 Abs. 1 Nr. 1 geändert, hat der Unternehmer, der diesen Umsatz ausgeführt hat, den dafür geschuldeten Steuerbetrag zu berichtigen. ²Ebenfalls ist der Vorsteuerabzug bei dem Unternehmer, an den dieser Umsatz ausgeführt wurde, zu berichtigen. ³Dies gilt nicht, soweit er durch die Änderung der Bemessungsgrundlage wirtschaftlich nicht begünstigt wird. ⁴Wird in diesen Fällen ein anderer Unternehmer durch die Änderung der Bemessungsgrundlage wirtschaftlich begünstigt, hat dieser Unternehmer seinen Vorsteuerabzug zu berichtigen. ⁵Die Sätze 1 bis 4 gelten in den Fällen des § 1 Abs. 1 Nr. 5 und des

---

¹⁾ § 16 Abs. 6 Sätze 4 und 5 neu gef. mWv 1.7.2021 durch G v. 21.12.2020 (BGBl. I S. 3096).
²⁾ § 17 Abs. 1 Satz 6 eingef., bish. Sätze 6 bis 8 werden Sätze 7 bis 9 mWv 29.12.2020 durch G v. 21.12.2020 (BGBl. I S. 3096).

§ 13b sinngemäß. ⁶Bei Preisnachlässen und Preiserstattungen eines Unternehmers in einer Leistungskette an einen in dieser Leistungskette nicht unmittelbar nachfolgenden Abnehmer liegt eine Minderung der Bemessungsgrundlage nach Satz 1 nur vor, wenn der Leistungsbezug dieses Abnehmers im Rahmen der Leistungskette im Inland steuerpflichtig ist. ⁷Die Berichtigung des Vorsteuerabzugs kann unterbleiben, soweit ein dritter Unternehmer den auf die Minderung des Entgelts entfallenden Steuerbetrag an das Finanzamt entrichtet; in diesem Fall ist der dritte Unternehmer Schuldner der Steuer. ⁸Die Berichtigungen nach den Sätzen 1 und 2 sind für den Besteuerungszeitraum vorzunehmen, in dem die Änderung der Bemessungsgrundlage eingetreten ist. ⁹Die Berichtigung nach Satz 4 ist für den Besteuerungszeitraum vorzunehmen, in dem der andere Unternehmer wirtschaftlich begünstigt wird.

(2) Absatz 1 gilt sinngemäß, wenn

1. das vereinbarte Entgelt für eine steuerpflichtige Lieferung, sonstige Leistung oder einen steuerpflichtigen innergemeinschaftlichen Erwerb uneinbringlich geworden ist. ²Wird das Entgelt nachträglich vereinnahmt, sind Steuerbetrag und Vorsteuerabzug erneut zu berichtigen;

2. für eine vereinbarte Lieferung oder sonstige Leistung ein Entgelt entrichtet, die Lieferung oder sonstige Leistung jedoch nicht ausgeführt worden ist;

3. eine steuerpflichtige Lieferung, sonstige Leistung oder ein steuerpflichtiger innergemeinschaftlicher Erwerb rückgängig gemacht worden ist;

4. der Erwerber den Nachweis im Sinne des § 3d Satz 2 führt;

5. Aufwendungen im Sinne des § 15 Abs. 1a¹⁾ getätigt werden.

(3)²⁾ ¹Ist Einfuhrumsatzsteuer, die als Vorsteuer abgezogen worden ist, herabgesetzt, erlassen oder erstattet worden, so hat der Unternehmer den Vorsteuerabzug entsprechend zu berichtigen. ²Absatz 1 Satz 8 gilt sinngemäß.

(4) Werden die Entgelte für unterschiedlich besteuerte Lieferungen oder sonstige Leistungen eines bestimmten Zeitabschnitts gemeinsam geändert (z.B. Jahresboni, Jahresrückvergütungen), so hat der Unternehmer dem Leistungsempfänger einen Beleg zu erteilen, aus dem zu ersehen ist, wie sich die Änderung der Entgelte auf die unterschiedlich besteuerten Umsätze verteilt.

§ 18 Besteuerungsverfahren. (1)³⁾ ¹Der Unternehmer hat [*ab 1.7.2021:* vorbehaltlich des § 18i Absatz 3, des § 18j Absatz 4 und des § 18k Absatz 4] bis zum zehnten Tag nach Ablauf jedes Voranmeldungszeitraums eine Voranmeldung nach amtlich vorgeschriebenem Datensatz durch Datenfernübertragung zu übermitteln, in der er die Steuer für den Voranmeldungszeitraum (Vorauszahlung) selbst zu berechnen hat. ²Auf Antrag kann das Finanzamt zur

---

¹⁾ § 17 Abs. 2 Nr. 5 Verweis geänd. durch G v. 19.12.2008 (BGBl. I S. 2794).
²⁾ § 17 Abs. 3 Satz 2 Verweis red. ber. durch G v. 16.12.2022 (BGBl. I S. 2294).
³⁾ § 18 Abs. 1 neu gef. mWv 1.1.2009 durch G v. 20.12.2008 (BGBl. I S. 2850); geänd. mWv 1.1.2017 durch G v. 18.7.2016 (BGBl. I S. 1679); Sätze 1 und 4 geänd. duch G v. 21.12.2020 (BGBl. I S. 3096), zur Anwendung siehe § 27 Abs. 34 Satz 1.

Vermeidung von unbilligen Härten auf eine elektronische Übermittlung verzichten; in diesem Fall hat der Unternehmer eine Voranmeldung nach amtlich vorgeschriebenem Vordruck abzugeben. ³§16 Abs. 1 und 2 und §17 sind entsprechend anzuwenden. ⁴Die Vorauszahlung ist am zehnten Tag nach Ablauf des Voranmeldungszeitraums fällig [*ab 1.7.2021:* und bis dahin vom Unternehmer zu entrichten].

(2)¹⁾ ¹Voranmeldungszeitraum ist das Kalendervierteljahr. ²Beträgt die Steuer für das vorangegangene Kalenderjahr mehr als 7500 Euro²⁾, ist der Kalendermonat Voranmeldungszeitraum. ³Beträgt die Steuer für das vorangegangene Kalenderjahr nicht mehr als 1000 Euro²⁾, kann das Finanzamt den Unternehmer von der Verpflichtung zur Abgabe der Voranmeldungen und Entrichtung der Vorauszahlungen befreien. ⁴Nimmt der Unternehmer seine berufliche oder gewerbliche Tätigkeit auf, ist im laufenden und folgenden Kalenderjahr Voranmeldungszeitraum der Kalendermonat. ⁵Daneben ist im laufenden und folgendem Kalenderjahr in folgenden Fällen Voranmeldungszeitraum der Kalendermonat:

1. bei im Handelsregister eingetragenen, noch nicht gewerblich oder beruflich tätig gewesenen juristischen Personen oder Personengesellschaften, die objektiv belegbar die Absicht haben, eine gewerbliche oder berufliche Tätigkeit selbständig auszuüben (Vorratsgesellschaften), und zwar ab dem Zeitpunkt des Beginns der tatsächlichen Ausübung dieser Tätigkeit, und

2. bei der Übernahme von juristischen Personen oder Personengesellschaften, die bereits gewerblich oder beruflich tätig gewesen sind und zum Zeitpunkt der Übernahme ruhen oder nur geringfügig gewerblich oder beruflich tätig sind (Firmenmantel), und zwar ab dem Zeitpunkt der Übernahme.

⁶Für die Besteuerungszeiträume 2021 bis 2026 ist abweichend von Satz 4 in den Fällen, in denen der Unternehmer seine gewerbliche oder berufliche Tätigkeit nur in einem Teil des vorangegangenen Kalenderjahres ausgeübt hat, die tatsächliche Steuer in eine Jahressteuer umzurechnen und in den Fällen, in denen der Unternehmer seine gewerbliche oder berufliche Tätigkeit im laufenden Kalenderjahr aufnimmt, die voraussichtliche Steuer des laufenden Kalenderjahres maßgebend.

(2a)³⁾ ¹Der Unternehmer kann an Stelle des Kalendervierteljahres den Kalendermonat als Voranmeldungszeitraum wählen, wenn sich für das vorangegangene Kalenderjahr ein Überschuss zu seinen Gunsten von mehr als 7500 Euro ergibt. ²In diesem Fall hat der Unternehmer bis zum 10. Februar des laufenden Kalenderjahres eine Voranmeldung für den ersten Kalendermonat abzugeben. ³Die Ausübung des Wahlrechts bindet den Unternehmer für dieses Kalenderjahr. ⁴Absatz 2 Satz 6 gilt entsprechend.

---

¹⁾ §18 Abs. 2 Satz 5 angef. durch G v. 22.12.2014 (BGBl. I S. 2417); zur Anwendung siehe §27 Abs. 21; Satz 5 geänd., Satz 6 angef. mWv 1.1.2021 durch G v. 22.11.2019 (BGBl. I S. 1746).
²⁾ §18 Abs. 2 Sätze 2 und 3 Beträge geänd. mWv 1.1.2009 durch G v. 20.12.2008 (BGBl. I S. 2850).
³⁾ §18 Abs. 2a Satz 1 Beträge geänd. mWv 1.1.2009 durch G v. 20.12.2008 (BGBl. I S. 2850); Satz 4 angef. mWv 1.1.2021 durch G v. 22.11.2019 (BGBl. I S. 1746).

(3)[1] [1]Der Unternehmer hat [*ab 1.7.2021:* vorbehaltlich des § 18i Absatz 3, des § 18j Absatz 4 und des § 18k Absatz 4] für das Kalenderjahr oder für den kürzeren Besteuerungszeitraum eine Steuererklärung nach amtlich vorgeschriebenem Datensatz durch Datenfernübertragung zu übermitteln, in der er die zu entrichtende Steuer oder den Überschuss, der sich zu seinen Gunsten ergibt, nach § 16 Absatz 1 bis 4 und § 17 selbst zu berechnen hat (Steueranmeldung). [2]In den Fällen des § 16 Absatz 3 und 4 ist die Steueranmeldung binnen einem Monat nach Ablauf des kürzeren Besteuerungszeitraums zu übermitteln. [3]Auf Antrag kann das Finanzamt zur Vermeidung von unbilligen Härten auf eine elektronische Übermittlung verzichten; in diesem Fall hat der Unternehmer eine Steueranmeldung nach amtlich vorgeschriebenem Vordruck abzugeben und eigenhändig zu unterschreiben.

(4)[2] [1]Berechnet der Unternehmer die zu entrichtende Steuer oder den Überschuss in der Steueranmeldung für das Kalenderjahr abweichend von der Summe der Vorauszahlungen, so ist der Unterschiedsbetrag zugunsten des Finanzamts einen Monat nach dem Eingang der Steueranmeldung fällig [*ab 1.7.2021:* und bis dahin vom Unternehmer zu entrichten]. [2]Setzt das Finanzamt die zu entrichtende Steuer oder den Überschuss abweichend von der Steueranmeldung für *das Kalenderjahr fest, so ist der Unterschiedsbetrag zugunsten des Finanzamts einen Monat nach der Bekanntgabe des Steuerbescheids fällig* [*ab 1.7.2021:* den Voranmeldungszeitraum oder für das Kalenderjahr oder auf Grund unterbliebener Abgabe der Steueranmeldung fest, so ist der Unterschiedsbetrag zugunsten des Finanzamts einen Monat nach der Bekanntgabe des Steuerbescheids fällig und bis dahin vom Unternehmer zu entrichten.] [3]Die Fälligkeit rückständiger Vorauszahlungen (Absatz 1) bleibt von den Sätzen 1 und 2 unberührt.

(4a) [1]Voranmeldungen (Absätze 1 und 2) und eine Steuererklärung (Absätze 3 und 4) haben auch die Unternehmer und juristischen Personen abzugeben, die ausschließlich Steuer für Umsätze nach § 1 Abs. 1 Nr. 5, § 13b Absatz 5[3] oder § 25b Abs. 2 zu entrichten haben, sowie Fahrzeuglieferer (§ 2a). [2]Voranmeldungen sind nur für die Voranmeldungszeiträume abzugeben, in denen die Steuer für diese Umsätze zu erklären ist. [3]Die Anwendung des Absatzes 2a ist ausgeschlossen.

(4b) Für Personen, die keine Unternehmer sind und Steuerbeträge nach § 6a Abs. 4 Satz 2 oder nach § 14c Abs. 2 schulden, gilt Absatz 4a entsprechend.

---

[1] § 18 Abs. 3 neu gef. durch G v. 8.12.2010 (BGBl. I S. 1768); zur Anwendung siehe § 27 Abs. 17; Satz 1 geänd. mWv 1.1.2017 durch G v. 18.7.2016 (BGBl. I S. 1679); Satz 1 geänd. durch G v. 21.12.2020 (BGBl. I S. 3096), zur Anwendung siehe § 27 Abs. 34 Satz 1.
[2] § 18 Abs. 4 Sätze 1 und 2 geänd. mWv 1.7.2021 durch G v. 21.12.2020 (BGBl. I S. 3096).
[3] Verweis geänd. mWv 1.7.2010 durch G v. 8.4.2010 (BGBl. I S. 386).

[Fassung bis 30.6.2021:]

(4c)[1] [1] Ein nicht im Gemeinschaftsgebiet ansässiger Unternehmer, der als Steuerschuldner Umsätze nach § 3a Absatz 5 im Gemeinschaftsgebiet erbringt, kann abweichend von den Absätzen 1 bis 4 für jeden Besteuerungszeitraum (§ 16 Absatz 1a Satz 1) eine Steuererklärung nach amtlich vorgeschriebenem Datensatz durch Datenfernübertragung bis zum 20. Tag nach Ablauf jedes Besteuerungszeitraums dem Bundeszentralamt für Steuern übermitteln, in der er die Steuer für die vorgenannten Umsätze selbst zu berechnen hat. [2] Die Steuer ist am 20. Tag nach Ablauf des Besteuerungszeitraums fällig.

[Fassung ab 1.7.2021:]

(4c)[2] [1] Ein nicht im Gemeinschaftsgebiet ansässiger Unternehmer, der vor dem 1. Juli 2021 als Steuerschuldner Umsätze nach § 3a Absatz 5 im Gemeinschaftsgebiet erbringt, kann abweichend von den Absätzen 1 bis 4 für jeden Besteuerungszeitraum (§ 16 Absatz 1a Satz 1) eine Steuererklärung nach amtlich vorgeschriebenem Datensatz durch Datenfernübertragung bis zum 20. Tag nach Ablauf jedes Besteuerungszeitraums dem Bundeszentralamt für Steuern übermitteln, in der er die Steuer für die vorgenannten Umsätze selbst zu berechnen hat (Steueranmeldung). [2] Die Steuer ist am 20. Tag nach Ablauf des Besteuerungszeitraums fällig und bis dahin vom Unternehmer zu entrichten.

[3] Die Ausübung des Wahlrechts hat der Unternehmer auf dem amtlich vorgeschriebenen, elektronisch zu übermittelnden Dokument dem Bundeszentralamt für Steuern[3] anzuzeigen, bevor er Umsätze nach § 3a Abs. 5 im Gemeinschaftsgebiet erbringt. [4] Das Wahlrecht kann nur mit Wirkung vom Beginn eines Besteuerungszeitraums an widerrufen werden. [5] Der Widerruf ist vor Beginn des Besteuerungszeitraums, für den er gelten soll, gegenüber dem Bundeszentralamt für Steuern[3] auf elektronischem Weg zu erklären. [6] Kommt der Unternehmer seinen Verpflichtungen nach den Sätzen 1 bis 3 oder § 22 Abs. 1 wiederholt nicht oder nicht rechtzeitig nach, schließt ihn das Bundeszentralamt für Steuern[3] von dem Besteuerungsverfahren nach Satz 1 aus. [7] Der Ausschluss gilt ab dem Besteuerungszeitraum, der nach dem Zeitpunkt der Bekanntgabe des Ausschlusses gegenüber dem Unternehmer beginnt.

---

[1] § 18 Abs. 4c Sätze 1 und 3 geänd. mWv 1.1.2010 durch G v. 19.12.2008 (BGBl. I S. 2794); Satz 1 neu gef. (kursive Satzteile aufgeh., 2. HS geänd.) durch G v. 11.12.2018 (BGBl. I S. 2338); zur Anwendung siehe § 27 Abs. 24 Satz 2; zur letztmaligen Anwendung siehe § 27 Abs. 34 Satz 2.

[2] § 18 Abs. 4c Sätze 1 und 2 neu gef. mWv 1.7.2021 durch G v. 21.12.2020 (BGBl. I S. 3096).

[3] Bezeichnung geänd. durch G v. 22.9.2005 (BGBl. I S. 2809).

[Fassung bis 30.6.2021:]

(4d)[1] Für nicht im Gemeinschaftsgebiet ansässige Unternehmer, die im Inland im Besteuerungszeitraum (§ 16 Absatz 1 Satz 2) als Steuerschuldner Umsätze nach § 3a Absatz 5 erbringen und diese Umsätze in einem anderen Mitgliedstaat erklären sowie die darauf entfallende Steuer entrichten, gelten insoweit die Absätze 1 bis 4 nicht.

[Fassung ab 1.7.2021:]

(4d)[2] Für nicht im Gemeinschaftsgebiet ansässige Unternehmer, die vor dem 1. Juli 2021 im Inland im Besteuerungszeitraum (§ 16 Absatz 1 Satz 2) als Steuerschuldner Umsätze nach § 3a Absatz 5 erbringen und diese Umsätze in einem anderen Mitgliedstaat erklären sowie die darauf entfallende Steuer entrichten, gelten insoweit die Absätze 1 bis 4 nicht.

(4e)[3] [1] Ein im übrigen Gemeinschaftsgebiet ansässiger Unternehmer (§ 13b Absatz 7 Satz 2), der [*ab 1.7.2021:* vor dem 1. Juli 2021][4] als Steuerschuldner Umsätze nach § 3a Absatz 5 im Inland erbringt, kann abweichend von den Absätzen 1 bis 4 für jeden Besteuerungszeitraum (§ 16 Absatz 1b Satz 1) eine Steuererklärung nach amtlich vorgeschriebenem Datensatz durch Datenfernübertragung bis zum 20. Tag nach Ablauf jedes Besteuerungszeitraums übermitteln, in der er die Steuer für die vorgenannten Umsätze selbst zu berechnen hat; dies gilt nur, wenn der Unternehmer im Inland, auf der Insel Helgoland und in einem der in § 1 Absatz 3 bezeichneten Gebiete weder seinen Sitz, seine Geschäftsleitung noch eine Betriebsstätte hat. [2] Die Steuererklärung ist der zuständigen Steuerbehörde des Mitgliedstaates der Europäischen Union zu übermitteln, in dem der Unternehmer ansässig ist; diese Steuererklärung ist ab dem Zeitpunkt eine Steueranmeldung im Sinne des § 150 Absatz 1 Satz 3 und des § 168 der Abgabenordnung, zu dem die in ihr enthaltenen Daten von der zuständigen Steuerbehörde des Mitgliedstaates der Europäischen Union, an die der Unternehmer die Steuererklärung übermittelt hat, dem Bundeszentralamt für Steuern übermittelt und dort in bearbeitbarer Weise aufgezeichnet wurden. [3] Satz 2 gilt für die Berichtigung einer Steuererklärung entsprechend. [4] Die Steuer ist am 20. Tag nach Ablauf des Besteuerungszeitraums fällig [*ab 1.7.2021:* und bis dahin vom Unternehmer zu entrichten].[5] [5] Die Ausübung des Wahlrechts nach Satz 1 hat der Unternehmer in dem amtlich vorgeschriebenen, elektronisch zu übermittelnden Dokument der Steuerbehörde des Mitgliedstaates der Europäischen Union, in dem der Unternehmer ansässig ist, vor Beginn des Besteuerungszeitraums anzuzeigen, ab dessen Beginn er von dem Wahlrecht Gebrauch macht. [6] Das Wahlrecht kann nur mit Wirkung vom Beginn eines Besteuerungszeitraums an widerrufen werden. [7] Der Widerruf ist vor Beginn des Besteuerungszeitraums, für den er gelten

---

[1] § 18 Abs. 4d neu gef. durch G v. 11.12.2018 (BGBl. I S. 2338); zur erstmaligen Anwendung siehe § 27 Abs. 24 Satz 2; zur letztmaligen Anwendung siehe § 27 Abs. 34 Satz 2.

[2] § 18 Abs. 4d neu gef. mWv 1.7.2021 durch G v. 21.12.2020 (BGBl. I S. 3096).

[3] § 18 Abs. 4e eingef. mWv 1.1.2015 durch G v. 25.7.2014 (BGBl. I S. 1266); zur letztmaligen Anwendung siehe § 27 Abs. 34 Satz 2.

[4] § 18 Abs. 4e Satz 1 geänd. mWv 1.7.2021 durch G v. 21.12.2020 (BGBl. I S. 3096).

[5] § 18 Abs. 4c Satz 4 geänd. mWv 1.7.2021 durch G v. 21.12.2020 (BGBl. I S. 3096).

soll, gegenüber der Steuerbehörde des Mitgliedstaates der Europäischen Union, in dem der Unternehmer ansässig ist, auf elektronischem Weg zu erklären. [8]Kommt der Unternehmer seinen Verpflichtungen nach den Sätzen 1 bis 5 oder § 22 Absatz 1 wiederholt nicht oder nicht rechtzeitig nach, schließt ihn die zuständige Steuerbehörde des Mitgliedstaates der Europäischen Union, in dem der Unternehmer ansässig ist, von dem Besteuerungsverfahren nach Satz 1 aus. [9]Der Ausschluss gilt ab dem Besteuerungszeitraum, der nach dem Zeitpunkt der Bekanntgabe des Ausschlusses gegenüber dem Unternehmer beginnt. [10]Die Steuererklärung nach Satz 1 gilt als fristgemäß übermittelt, wenn sie bis zum 20. Tag nach Ablauf des Besteuerungszeitraums (§ 16 Absatz 1b Satz 1) der zuständigen Steuerbehörde des Mitgliedstaates der Europäischen Union übermittelt worden ist, in dem der Unternehmer ansässig ist, und dort in bearbeitbarer Weise aufgezeichnet wurde. [11]Die Entrichtung der Steuer erfolgt entsprechend Satz 4 fristgemäß, wenn die Zahlung bis zum 20. Tag nach Ablauf des Besteuerungszeitraums (§ 16 Absatz 1b Satz 1) bei der zuständigen Steuerbehörde des Mitgliedstaates der Europäischen Union, in dem der Unternehmer ansässig ist, eingegangen ist. [12]§ 240 der Abgabenordnung ist mit der Maßgabe anzuwenden, dass eine Säumnis frühestens mit Ablauf des 10. Tages nach Ablauf des auf den Besteuerungszeitraum (§ 16 Absatz 1b Satz 1) folgenden übernächsten Monats eintritt.

(4f)[1] [1]Soweit Organisationseinheiten der Gebietskörperschaften Bund und Länder durch ihr Handeln eine Erklärungspflicht begründen, obliegen der jeweiligen Organisationseinheit für die Umsatzbesteuerung alle steuerlichen Rechte und Pflichten. [2]In den in § 30 Absatz 2 Nummer 1 Buchstabe a und b der Abgabenordnung genannten Verfahren tritt die Organisationseinheit insoweit an die Stelle der Gebietskörperschaft. [3]§ 2 Absatz 1 Satz 2 bleibt unberührt. [4]Die Organisationseinheiten können jeweils für ihren Geschäftsbereich durch Organisationsentscheidungen weitere untergeordnete Organisationseinheiten mit Wirkung für die Zukunft bilden. [5]Einer Organisationseinheit übergeordnete Organisationseinheiten können durch Organisationsentscheidungen mit Wirkung für die Zukunft die in Satz 1 genannten Rechte und Pflichten der untergeordneten Organisationseinheit wahrnehmen oder mehrere Organisationseinheiten zu einer Organisationseinheit zusammenschließen. [6]Die in § 1a Absatz 3 Nummer 2, § 2b Absatz 2 Nummer 1, § 3a Absatz 5 Satz 3, [*ab 1.7.2021:* § 3c Absatz 4 Satz 1,] § 18 Absatz 2 Satz 2, § 18a Absatz 1 Satz 2, § 19 Absatz 1 *und § 20 Absatz 1 Satz 1 Nummer 1* [*ab 21.12.2022:* , § 20 Satz 1 Nummer 1 und § 24 Absatz 1 Satz 1] genannten Betragsgrenzen gelten für Organisationseinheiten stets als überschritten. [7]Wahlrechte, deren Rechtsfolgen das gesamte Unternehmen der Gebietskörperschaft erfassen, können nur einheitlich ausgeübt werden. [8]Die Gebietskörperschaft kann gegenüber dem für sie zuständigen Finanzamt mit Wirkung für die Zukunft erklären, dass die Sätze 1 bis 5 nicht zur Anwendung kommen sollen; ein Widerruf ist nur mit Wirkung für die Zukunft möglich.

---

[1] § 18 Abs. 4f eingef. durch G v. 21.12.2020 (BGBl. I S. 3096); zur Anwendung siehe § 27 Abs. 22 Satz 7 iVm Satz 3; Satz 6 Verweis eingef. mWv 1.7.2021 durch G v. 21.12.2020 (BGBl. I S. 3096); Satz 6 Verweis ergänzt mWv 21.12.2022 durch G v. 16.12.2022 (BGBl. I S. 2294).

(4g)[1] ¹Die oberste Landesfinanzbehörde oder die von ihr beauftragte Landesfinanzbehörde kann anordnen, dass eine andere als die nach § 21 Absatz 1 der Abgabenordnung örtlich zuständige Finanzbehörde die Besteuerung einer Organisationseinheit des jeweiligen Landes übernimmt. ²Die oberste Landesfinanzbehörde oder die von ihr beauftragte Landesfinanzbehörde kann mit der obersten Finanzbehörde eines anderen Landes oder einer von dieser beauftragten Landesfinanzbehörde vereinbaren, dass eine andere als die nach § 21 Absatz 1 der Abgabenordnung zuständige Finanzbehörde die Besteuerung einer Organisationseinheit des Landes der zuständigen Finanzbehörde übernimmt. ³Die Senatsverwaltung für Finanzen von Berlin oder eine von ihr beauftragte Landesfinanzbehörde kann mit der obersten Finanzbehörde eines anderen Landes oder mit einer von dieser beauftragten Landesfinanzbehörde vereinbaren, dass eine andere als die nach § 21 Absatz 1 der Abgabenordnung zuständige Finanzbehörde die Besteuerung für eine Organisationseinheit der Gebietskörperschaft Bund übernimmt.]

(5) In den Fällen der Beförderungseinzelbesteuerung (§ 16 Abs. 5) ist abweichend von den Absätzen 1 bis 4 wie folgt zu verfahren:

1. Der Beförderer hat für jede einzelne Fahrt eine Steuererklärung nach amtlich vorgeschriebenem Vordruck in zwei Stücken bei der zuständigen Zolldienststelle abzugeben.

2. ¹Die zuständige Zolldienststelle setzt für das zuständige Finanzamt die Steuer auf beiden Stücken der Steuererklärung fest und gibt ein Stück dem Beförderer zurück, der die Steuer gleichzeitig zu entrichten hat. ²Der Beförderer hat dieses Stück mit der Steuerquittung während der Fahrt mit sich zu führen.

3. ¹Der Beförderer hat bei der zuständigen Zolldienststelle, bei der er die Grenze zum Drittlandsgebiet überschreitet, eine weitere Steuererklärung in zwei Stücken abzugeben, wenn sich die Zahl der Personenkilometer (§ 10 Abs. 6 Satz 2), von der bei der Steuerfestsetzung nach Nummer 2 ausgegangen worden ist, geändert hat. ²Die Zolldienststelle setzt die Steuer neu fest. ³Gleichzeitig ist ein Unterschiedsbetrag zugunsten des Finanzamts zu entrichten oder ein Unterschiedsbetrag zugunsten des Beförderers zu erstatten. ⁴Die Sätze 2 und 3 sind nicht anzuwenden, wenn der Unterschiedsbetrag weniger als 2,50 Euro beträgt. ⁵Die Zolldienststelle kann in diesen Fällen auf eine schriftliche Steuererklärung verzichten.

[Fassung bis 31.12.2022:]

(5a)[2] ¹In den Fällen der Fahrzeugeinzelbesteuerung (§ 16 Abs. 5a) hat der Erwerber, abweichend von den Absätzen 1 bis 4, spätestens bis zum 10. Tag nach Ablauf des Tages,

[Fassung ab 1.1.2023:]

(5a)[3] ¹In den Fällen der Fahrzeugeinzelbesteuerung (§ 16 Absatz 5a) hat der Erwerber, abweichend von den Absätzen 1 bis 4, spätestens bis zum 10. Tag nach Ablauf des

---

[1] § 18 Abs. 4g eingef. durch G v. 21.12.2020 (BGBl. I S. 3096); zur Anwendung siehe § 27 Abs. 22 Satz 7 iVm Satz 3.

[2] § 18 Abs. 5a Satz 4 geänd. mWv 1.7.2021 durch G v. 21.12.2020 (BGBl. I S. 3096).

[3] § 18 Abs. 5a Sätze 1 bis 3 neu gef. mWv 1.1.2023 (§ 27 Abs. 36) durch G v. 16.12.2022 (BGBl. I S. 2294).

[Fassung bis 31.12.2022:]

an dem die Steuer entstanden ist, eine Steuererklärung nach amtlich vorgeschriebenem Vordruck abzugeben, in der er die zu entrichtende Steuer selbst zu berechnen hat (Steueranmeldung). ²Die Steueranmeldung muss vom Erwerber eigenhändig unterschrieben sein. ³Gibt der Erwerber die Steueranmeldung nicht ab oder hat er die Steuer nicht richtig berechnet, so kann das Finanzamt die Steuer festsetzen. ⁴Die Steuer ist am zehnten Tag nach Ablauf des Tages fällig, an dem sie entstanden ist, [*ab 1.7.2021:* und ist bis dahin vom Erwerber zu entrichten.]

[Fassung ab 1.1.2023:]

Tages, an dem die Steuer entstanden ist, eine Steuererklärung, in der er die zu entrichtende Steuer selbst zu berechnen hat, nach amtlich vorgeschriebenem Datensatz durch Datenfernübertragung zu übermitteln oder nach amtlich vorgeschriebenem Vordruck abzugeben (Steueranmeldung). ²Bei Verwendung des Vordrucks muss dieser vom Erwerber eigenhändig unterschrieben sein. ³Gibt der Erwerber die Steueranmeldung nicht ab oder hat er die Steuer nicht richtig berechnet, so kann die Finanzbehörde die Steuer festsetzen. ⁴Die Steuer ist am zehnten Tag nach Ablauf des Tages fällig, an dem sie entstanden ist, und ist bis dahin vom Erwerber zu entrichten.

(5b) ¹In den Fällen des § 16 Abs. 5b ist das Besteuerungsverfahren nach den Absätzen 3 und 4 durchzuführen. ²Die bei der Beförderungseinzelbesteuerung (§ 16 Abs. 5) entrichtete Steuer ist auf die nach Absatz 3 Satz 1 zu entrichtende Steuer anzurechnen.

(6) ¹Zur Vermeidung von Härten kann das Bundesministerium der Finanzen mit Zustimmung des Bundesrates durch Rechtsverordnung die Fristen für die Voranmeldungen und Vorauszahlungen um einen Monat verlängern und das Verfahren näher bestimmen. ²Dabei kann angeordnet werden, dass der Unternehmer eine Sondervorauszahlung auf die Steuer für das Kalenderjahr zu entrichten hat.

(7) ¹Zur Vereinfachung des Besteuerungsverfahrens kann das Bundesministerium der Finanzen mit Zustimmung des Bundesrates durch Rechtsverordnung bestimmen, dass und unter welchen Voraussetzungen auf die Erhebung der Steuer für Lieferungen von Gold, Silber und Platin sowie sonstige Leistungen im Geschäft mit diesen Edelmetallen zwischen Unternehmern, die an einer Wertpapierbörse im Inland mit dem Recht zur Teilnahme am Handel zugelassen sind, verzichtet werden kann. ²Das gilt nicht für Münzen und Medaillen aus diesen Edelmetallen.

(8) (weggefallen)

(9)¹⁾ ¹Zur Vereinfachung des Besteuerungsverfahrens kann das Bundesministerium der Finanzen mit Zustimmung des Bundesrates durch Rechtsver-

---

¹⁾ § 18 Abs. 9 neu gef. durch G v. 19.12.2008 (BGBl. I S. 2794); zur erstmaligen Anwendung siehe § 27 Abs. 14; neuer Satz 3 eingef., bish. Sätze 3 bis 6 werden Sätze 4 bis 7 und neuer Satz 7 neu gef. mWv 1.1.2020 (§ 27 Abs. 28) durch G v. 12.12.2019 (BGBl. I S. 2451); Satz 3 eingef., bish. Sätze 3 bis 8 werden Sätze 4 bis 9 und neue Sätze 8 und 9 red. angepasst mWv 21.12.2022 durch G v. 16.12.2022 (BGBl. I S. 2294).

ordnung die Vergütung der Vorsteuerbeträge (§ 15) an im Ausland ansässige Unternehmer, abweichend von § 16 und von den Absätzen 1 bis 4, in einem besonderen Verfahren regeln. ²Dabei kann auch angeordnet werden,

1. dass die Vergütung nur erfolgt, wenn sie eine bestimmte Mindesthöhe erreicht,

2. innerhalb welcher Frist der Vergütungsantrag zu stellen ist,

3. in welchen Fällen der Unternehmer den Antrag eigenhändig zu unterschreiben hat,

4. wie und in welchem Umfang Vorsteuerbeträge durch Vorlage von Rechnungen und Einfuhrbelegen nachzuweisen sind,

5. dass der Bescheid über die Vergütung der Vorsteuerbeträge elektronisch erteilt wird,

6. wie und in welchem Umfang der zu vergütende Betrag zu verzinsen ist.

[*ab 21.12.2022:* ³Von der Vergütung ausgeschlossen sind in Rechnung gestellte Steuerbeträge für Ausfuhrlieferungen, bei denen die Gegenstände vom Abnehmer oder von einem von ihm beauftragten Dritten befördert oder versendet wurden, die nach § 4 Nummer 1 Buchstabe a in Verbindung mit § 6 steuerfrei sind, oder für innergemeinschaftliche Lieferungen, die nach § 4 Nummer 1 Buchstabe b in Verbindung mit § 6a steuerfrei sind oder in Bezug auf § 6a Absatz 1 Satz 1 Nummer 4 steuerfrei sein können.] ⁴Sind die durch die Rechtsverordnung nach den Sätzen 1 und 2 geregelten Voraussetzungen des besonderen Verfahrens erfüllt und schuldet der im Ausland ansässige Unternehmer ausschließlich Steuer nach § 13a Absatz 1 Nummer 1 in Verbindung mit § 14c Absatz 1 oder § 13a Absatz 1 Nummer 4, kann die Vergütung der Vorsteuerbeträge nur in dem besonderen Verfahren durchgeführt werden. ⁵Einem Unternehmer, der im Gemeinschaftsgebiet ansässig ist und Umsätze ausführt, die zum Teil den Vorsteuerabzug ausschließen, wird die Vorsteuer höchstens in der Höhe vergütet, in der er in dem Mitgliedstaat, in dem er ansässig ist, bei Anwendung eines Pro-rata-Satzes zum Vorsteuerabzug berechtigt wäre. ⁶Einem Unternehmer, der nicht im Gemeinschaftsgebiet ansässig ist, wird die Vorsteuer nur vergütet, wenn in dem Land, in dem der Unternehmer seinen Sitz hat, keine Umsatzsteuer oder ähnliche Steuer erhoben oder im Fall der Erhebung im Inland ansässigen Unternehmern vergütet wird. ⁷Von der Vergütung ausgeschlossen sind bei Unternehmern, die nicht im Gemeinschaftsgebiet ansässig sind, die Vorsteuerbeträge, die auf den Bezug von Kraftstoffen entfallen. ⁸Die Sätze 6 und 7 gelten nicht für Unternehmer, die nicht im Gemeinschaftsgebiet ansässig sind, soweit sie in Besteuerungszeitraum (§ 16 Absatz 1 Satz 2) vor dem 1. Juli 2021¹⁾ als Steuerschuldner Umsätze nach § 3a Absatz 5 im Gemeinschaftsgebiet erbracht und für diese Umsätze von § 18 Absatz 4c Gebrauch gemacht haben oder diese Umsätze in einem anderen Mitgliedstaat erklärt sowie die darauf entfallende Steuer entrichtet haben; Voraussetzung ist, dass die Vorsteuerbeträge im Zusammenhang mit

---

¹⁾ § 18 Abs. 9 Satz 8 geänd. durch G v. 21.12.2020 (BGBl. I S. 3096); zur Anwendung siehe § 27 Abs. 34 Satz 1.

Umsätzen nach § 3a Absatz 5 stehen. [*ab 1.7.2021:* [9]Die Sätze 6 und 7 gelten auch nicht für Unternehmer, die nicht im Gemeinschaftsgebiet ansässig sind, soweit sie im Besteuerungszeitraum (§ 16 Absatz 1 Satz 2) nach dem 30. Juni 2021 als Steuerschuldner Lieferungen nach § 3 Absatz 3a Satz 1 innerhalb eines Mitgliedstaates, Fernverkäufe nach § 3 Absatz 3a Satz 2, innergemeinschaftliche Fernverkäufe nach § 3c Absatz 1 Satz 2 und 3, Fernverkäufe nach § 3c Absatz 2 oder 3 oder sonstige Leistungen an Empfänger nach § 3a Absatz 5 Satz 1 im Gemeinschaftsgebiet erbracht und für diese Umsätze von den §§ 18i, 18j oder 18k Gebrauch gemacht haben; Voraussetzung ist, dass die Vorsteuerbeträge mit Lieferungen nach § 3 Absatz 3a Satz 1 innerhalb eines Mitgliedstaates, Fernverkäufen nach § 3 Absatz 3a Satz 2, innergemeinschaftlichen Fernverkäufen nach § 3c Absatz 1 Satz 2 und 3, Fernverkäufen nach § 3c Absatz 2 oder 3 oder sonstigen Leistungen an Empfänger nach § 3a Absatz 5 Satz 1 im Zusammenhang stehen.][1]

(10) Zur Sicherung des Steueranspruchs in Fällen des innergemeinschaftlichen Erwerbs neuer motorbetriebener Landfahrzeuge und neuer Luftfahrzeuge (§ 1b Abs. 2 und 3) gilt Folgendes:

1. Die für die Zulassung oder die Registrierung von Fahrzeugen zuständigen Behörden sind verpflichtet, den für die Besteuerung des innergemeinschaftlichen Erwerbs neuer Fahrzeuge zuständigen Finanzbehörden ohne Ersuchen Folgendes mitzuteilen:

a)[2] bei neuen motorbetriebenen Landfahrzeugen die erstmalige Ausgabe von Zulassungsbescheinigungen Teil II oder die erstmalige Zuteilung eines amtlichen Kennzeichens bei zulassungsfreien Fahrzeugen. [2]Gleichzeitig sind die in Nummer 2 Buchstabe a bezeichneten Daten und das zugeteilte amtliche Kennzeichen oder, wenn dieses noch nicht zugeteilt worden ist, die Nummer der Zulassungsbescheinigung Teil II zu übermitteln,

b) bei neuen Luftfahrzeugen die erstmalige Registrierung dieser Luftfahrzeuge. [2]Gleichzeitig sind die in Nummer 3 Buchstabe a bezeichneten Daten und das zugeteilte amtliche Kennzeichen zu übermitteln. [3]Als Registrierung im Sinne dieser Vorschrift gilt nicht die Eintragung eines Luftfahrzeugs in das Register für Pfandrechte an Luftfahrzeugen.

2.[3] In den Fällen des innergemeinschaftlichen Erwerbs neuer motorbetriebener Landfahrzeuge (§ 1b Absatz 2 Satz 1 Nummer 1 und Absatz 3 Nummer 1) gilt Folgendes:

a) [1]Bei der erstmaligen Ausgabe einer Zulassungsbescheinigung Teil II im Inland oder bei der erstmaligen Zuteilung eines amtlichen Kennzeichens für zulassungsfreie Fahrzeuge im Inland hat der Antragsteller die folgenden Angaben zur Übermittlung an die Finanzbehörden zu machen:

---

[1] § 18 Abs. 9 Satz 9 angef. durch G v. 21.12.2020 (BGBl. I S. 3096); zur Anwendung siehe § 27 Abs. 34 Satz 1.
[2] § 18 Abs. 10 Nr. 1 Buchst. a neu gef. mWv 14.12.2010 durch G v. 8.12.2010 (BGBl. I S. 1768).
[3] § 18 Abs. 10 Nr. 2 Satzteil vor Buchst. a sowie Buchst. a selbst geänd. mWv 14.12.2010 durch G v. 8.12.2010 (BGBl. I S. 1768).

    aa) den Namen und die Anschrift des Antragstellers sowie das für ihn zuständige Finanzamt (§ 21 der Abgabenordnung)[1],

    bb) den Namen und die Anschrift des Lieferers,

    cc) den Tag der Lieferung,

    dd) den Tag der ersten Inbetriebnahme,

    ee) den Kilometerstand am Tag der Lieferung,

    ff) die Fahrzeugart, den Fahrzeughersteller, den Fahrzeugtyp und die Fahrzeug-Identifizierungsnummer,

    gg) den Verwendungszweck.

[2]Der Antragsteller ist zu den Angaben nach den Doppelbuchstaben[2] aa und bb auch dann verpflichtet, wenn er nicht zu den in § 1a Absatz 1 Nummer 2 und § 1b Absatz 1 genannten Personen gehört oder wenn Zweifel daran bestehen, dass die Eigenschaften als neues Fahrzeug im Sinne des § 1b Absatz 3 Nummer 1 vorliegen. [3]Die Zulassungsbehörde darf die Zulassungsbescheinigung Teil II oder bei zulassungsfreien Fahrzeugen, die nach § 4 Absatz 2 und 3 der Fahrzeug-Zulassungsverordnung ein amtliches Kennzeichen führen, die Zulassungsbescheinigung Teil I erst aushändigen, wenn der Antragsteller die vorstehenden Angaben gemacht hat.

b)[3] [1]Ist die Steuer für den innergemeinschaftlichen Erwerb nicht entrichtet worden, hat die Zulassungsbehörde auf Antrag des Finanzamts die Zulassungsbescheinigung Teil I für ungültig zu erklären und das amtliche Kennzeichen zu entstempeln. [2]Die Zulassungsbehörde trifft die hierzu erforderlichen Anordnungen durch schriftlichen Verwaltungsakt (Abmeldungsbescheid). [3]Das Finanzamt kann die Abmeldung von Amts wegen auch selbst durchführen, wenn die Zulassungsbehörde das Verfahren noch nicht eingeleitet hat. [4]Satz 2 gilt entsprechend. [5]Das Finanzamt teilt die durchgeführte Abmeldung unverzüglich der Zulassungsbehörde mit und händigt dem Fahrzeughalter die vorgeschriebene Bescheinigung über die Abmeldung aus. [6]Die Durchführung der Abmeldung von Amts wegen richtet sich nach dem Verwaltungsverfahrensgesetz. [7]Für Streitigkeiten über Abmeldungen von Amts wegen ist der Verwaltungsrechtsweg gegeben.

3. In den Fällen des innergemeinschaftlichen Erwerbs neuer Luftfahrzeuge (§ 1b Abs. 2 Satz 1 Nr. 3 und Abs. 3 Nr. 3) gilt Folgendes:

a) [1]Bei der erstmaligen Registrierung in der Luftfahrzeugrolle hat der Antragsteller die folgenden Angaben zur Übermittlung an die Finanzbehörden zu machen:

    aa) den Namen und die Anschrift des Antragstellers sowie das für ihn zuständige Finanzamt (§ 21 der Abgabenordnung),

    bb) den Namen und die Anschrift des Lieferers,

    cc) den Tag der Lieferung,

---

[1] Nr. **800.**

[2] Verweis geänd. mWv 25.12.2008 durch G v. 19.12.2008 (BGBl. I S. 2794); geänd. mWv 14.12.2010 durch G v. 8.12.2010 (BGBl. I S. 1768).

[3] § 18 Abs. 10 Nr. 2 Buchst. b neu gef. mWv 14.12.2010 durch G v. 8.12.2010 (BGBl. I S. 1768).

dd) das Entgelt (Kaufpreis),
ee) den Tag der ersten Inbetriebnahme,
ff) die Starthöchstmasse,
gg) die Zahl der bisherigen Betriebsstunden am Tag der Lieferung,
hh) den Flugzeughersteller und den Flugzeugtyp,
ii) den Verwendungszweck.

[2]Der Antragsteller ist zu den Angaben nach Satz 1 Doppelbuchstabe aa und bb[1]) auch dann verpflichtet, wenn er nicht zu den in § 1a Abs. 1 Nr. 2 und § 1b Abs. 1 genannten Personen gehört oder wenn Zweifel daran bestehen, ob die Eigenschaften als neues Fahrzeug im Sinne des § 1b Abs. 3 Nr. 3 vorliegen. [3]Das Luftfahrt-Bundesamt darf die Eintragung in der Luftfahrzeugrolle erst vornehmen, wenn der Antragsteller die vorstehenden Angaben gemacht hat.

b) [1]Ist die Steuer für den innergemeinschaftlichen Erwerb nicht entrichtet worden, so hat das Luftfahrt-Bundesamt auf Antrag des Finanzamts die Betriebserlaubnis zu widerrufen. [2]Es trifft die hierzu erforderlichen Anordnungen durch schriftlichen Verwaltungsakt (Abmeldungsbescheid). [3]Die Durchführung der Abmeldung von Amts wegen richtet sich nach dem Verwaltungsverfahrensgesetz. [4]Für Streitigkeiten über Abmeldungen von Amts wegen ist der Verwaltungsrechtsweg gegeben.

(11) [1]Die für die Steueraufsicht zuständigen Zolldienststellen wirken an der umsatzsteuerlichen Erfassung von Personenbeförderungen mit nicht im Inland zugelassenen Kraftomnibussen mit. [2]Sie sind berechtigt, im Rahmen von zeitlich und örtlich begrenzten Kontrollen die nach ihrer äußeren Erscheinung nicht im Inland zugelassenen Kraftomnibusse anzuhalten und die tatsächlichen und rechtlichen Verhältnisse festzustellen, die für die Umsatzsteuer maßgebend sind, und die festgestellten Daten den zuständigen Finanzbehörden zu übermitteln.

(12)[2]) [1]Im Ausland ansässige Unternehmer (§ 13b Absatz 7), die grenzüberschreitende Personenbeförderungen mit nicht im Inland zugelassenen Kraftomnibussen durchführen, haben dies vor der erstmaligen Ausführung derartiger auf das Inland entfallender Umsätze (§ 3b Abs. 1 Satz 2) bei dem für die Umsatzbesteuerung zuständigen Finanzamt anzuzeigen, soweit diese Umsätze nicht der Beförderungseinzelbesteuerung (§ 16 Abs. 5) unterliegen. [2]Das Finanzamt erteilt hierüber eine Bescheinigung. [3]Die Bescheinigung ist während jeder Fahrt mitzuführen und auf Verlangen den für die Steueraufsicht zuständigen Zolldienststellen vorzulegen. [4]Bei Nichtvorlage der Bescheinigung können diese Zolldienststellen eine Sicherheitsleistung nach den abgabenrechtlichen Vorschriften in Höhe der für die einzelne Beförderungsleistung voraussichtlich zu entrichtenden Steuer verlangen. [5]Die entrichtete Sicherheitsleistung ist auf die nach Absatz 3 Satz 1 zu entrichtende Steuer anzurechnen.

---

[1]) § 18 Abs. 10 Nr. 3 Buchst. a Satz 2 geänd. mWv 25.12.2008 durch G v. 19.12.2008 (BGBl. I S. 2794).
[2]) § 18 Abs. 12 Satz 1 geänd. mWv 1.7.2010 durch G v. 8.4.2010 (BGBl. I S. 386); geänd. mWv 31.7.2014 durch G v. 25.7.2014 (BGBl. I S. 1266).

§ 18a[1]) Zusammenfassende Meldung. (1)[2]) [1]Der Unternehmer im Sinne des § 2 hat bis zum 25. Tag nach Ablauf jedes Kalendermonats (Meldezeitraum), in dem er innergemeinschaftliche Warenlieferungen oder Lieferungen im Sinne des § 25b Absatz 2 ausgeführt hat, dem Bundeszentralamt für Steuern eine Meldung (Zusammenfassende Meldung) nach amtlich vorgeschriebenem Datensatz durch Datenfernübertragung zu übermitteln, in der er die Angaben nach Absatz 7 Satz 1 Nummer 1, 2, 2a und 4 zu machen hat. [2]Soweit die Summe der Bemessungsgrundlagen für innergemeinschaftliche Warenlieferungen und für Lieferungen im Sinne des § 25b Absatz 2 weder für das laufende Kalendervierteljahr noch für eines der vier vorangegangenen Kalendervierteljahre jeweils mehr als 50 000 Euro beträgt, kann die Zusammenfassende Meldung bis zum 25. Tag nach Ablauf des Kalendervierteljahres übermittelt werden. [3]Übersteigt die Summe der Bemessungsgrundlage für innergemeinschaftliche Warenlieferungen und für Lieferungen im Sinne des § 25b Absatz 2 im Laufe eines Kalendervierteljahres 50 000 Euro, hat der Unternehmer bis zum 25. Tag nach Ablauf des Kalendermonats, in dem dieser Betrag überschritten wird, eine Zusammenfassende Meldung für diesen Kalendermonat und die bereits abgelaufenen Kalendermonate dieses Kalendervierteljahres zu übermitteln. [4]Nimmt der Unternehmer die in Satz 2 enthaltene Regelung nicht in Anspruch, hat er dies gegenüber dem Bundeszentralamt für Steuern anzuzeigen. [5]Vom 1. Juli 2010 bis zum 31. Dezember 2011 gelten die Sätze 2 und 3 mit der Maßgabe, dass an die Stelle des Betrages von 50 000 Euro der Betrag von 100 000 Euro tritt.

(2)[2]) [1]Der Unternehmer im Sinne des § 2 hat bis zum 25. Tag nach Ablauf jedes Kalendervierteljahres (Meldezeitraum), in dem er im übrigen Gemeinschaftsgebiet steuerpflichtige sonstige Leistungen im Sinne des § 3a Absatz 2, für die der in einem anderen Mitgliedstaat ansässige Leistungsempfänger die Steuer dort schuldet, ausgeführt hat, dem Bundeszentralamt für Steuern eine Zusammenfassende Meldung nach amtlich vorgeschriebenem Datensatz durch Datenfernübertragung zu übermitteln, in der er die Angaben nach Absatz 7 Satz 1 Nummer 3 zu machen hat. [2]Soweit der Unternehmer bereits nach Absatz 1 zur monatlichen Übermittlung einer Zusammenfassenden Meldung verpflichtet ist, hat er die Angaben im Sinne von Satz 1 in der Zusammenfassenden Meldung für den letzten Monat des Kalendervierteljahres zu machen.

(3) [1]Soweit der Unternehmer im Sinne des § 2 die Zusammenfassende Meldung entsprechend Absatz 1 bis zum 25. Tag nach Ablauf jedes Kalendermonats übermittelt, kann er die nach Absatz 2 vorgesehenen Angaben in die Meldung für den jeweiligen Meldezeitraum aufnehmen. [2]Nimmt der Unternehmer die in Satz 1 enthaltene Regelung in Anspruch, hat er dies gegenüber dem Bundeszentralamt für Steuern anzuzeigen.

(4) Die Absätze 1 bis 3 gelten nicht für Unternehmer, die § 19 Absatz 1 anwenden.

---

[1]) § 18a neu gef. mWv 1.7.2010 durch G v. 8.4.2010 (BGBl. I S. 386).
[2]) § 18a Abs. 1 Satz 1 und Abs. 2 Satz 1 geänd. mWv 1.1.2017 durch G v. 18.7.2016 (BGBl. I S. 1679); Abs. 1 Satz 1 Verweis geänd. mWv 1.1.2020 durch G v. 12.12.2019 (BGBl. I S. 2451).

(5)[1] [1] Auf Antrag kann das Finanzamt zur Vermeidung unbilliger Härten auf eine elektronische Übermittlung verzichten; in diesem Fall hat der Unternehmer eine Meldung nach amtlich vorgeschriebenem Vordruck abzugeben. [2] § 150 Absatz 8 der Abgabenordnung gilt entsprechend. [3] Soweit das Finanzamt nach § 18 Absatz 1 Satz 2 auf eine elektronische Übermittlung der Voranmeldung verzichtet hat, gilt dies auch für die Zusammenfassende Meldung. [4] Für die Anwendung dieser Vorschrift gelten auch nichtselbständige juristische Personen im Sinne des § 2 Absatz 2 Nummer 2 als Unternehmer. [5] § 18 Absatz 4f[2] ist entsprechend anzuwenden. [6] Die Landesfinanzbehörden übermitteln dem Bundeszentralamt für Steuern die erforderlichen Angaben zur Bestimmung der Unternehmer, die nach den Absätzen 1 und 2 zur Abgabe der Zusammenfassenden Meldung verpflichtet sind. [7] Diese Angaben dürfen nur zur Sicherstellung der Abgabe der Zusammenfassenden Meldung verarbeitet werden. [8] Das Bundeszentralamt für Steuern übermittelt den Landesfinanzbehörden die Angaben aus den Zusammenfassenden Meldungen, soweit diese für steuerliche Kontrollen benötigt werden.

(6)[3] Eine innergemeinschaftliche Warenlieferung im Sinne dieser Vorschrift ist

1. eine innergemeinschaftliche Lieferung im Sinne des § 6a Absatz 1 mit Ausnahme der Lieferungen neuer Fahrzeuge an Abnehmer ohne Umsatzsteuer-Identifikationsnummer;

2. eine innergemeinschaftliche Lieferung im Sinne des § 6a Absatz 2;

3. eine Beförderung oder Versendung im Sinne des § 6b Absatz 1 oder 4 oder ein Erwerberwechsel nach § 6b Absatz 5.

(7) [1] Die Zusammenfassende Meldung muss folgende Angaben enthalten:

1. für innergemeinschaftliche Warenlieferungen im Sinne des Absatzes 6 Nummer 1:

a) die Umsatzsteuer-Identifikationsnummer jedes Erwerbers, die ihm in einem anderen Mitgliedstaat erteilt worden ist und unter der die innergemeinschaftlichen Warenlieferungen an ihn ausgeführt worden sind, und

b) für jeden Erwerber die Summe der Bemessungsgrundlagen der an ihn ausgeführten innergemeinschaftlichen Warenlieferungen;

2. für innergemeinschaftliche Warenlieferungen im Sinne des Absatzes 6 Nummer 2;

a) die Umsatzsteuer-Identifikationsnummer des Unternehmers in den Mitgliedstaaten, in die er Gegenstände verbracht hat, und

b) die darauf entfallende Summe der Bemessungsgrundlagen;

---

[1] § 18a Abs. 5 Satz 6 geänd. mWv 26.11.2019 durch G v. 20.11.2019 (BGBl. I S. 1626); Satz 5 eingef. durch G v. 21.12.2020 (BGBl. I S. 3096).
[2] Zur Anwendung von § 4f vgl. § 27 Abs. 22 Sätze 7 und 3.
[3] § 18a Abs. 6 Nr. 3 angef. mWv 1.1.2020 durch G v. 12.12.2019 (BGBl. I S. 2451); geänd. mWv 29.12.2020 durch G v. 21.12.2020 (BGBl. I S. 3096).

2a.[1] für Beförderungen oder Versendungen oder einen Erwerberwechsel im Sinne des Absatzes 6 Nummer 3:

  a) in den Fällen des § 6b Absatz 1 die Umsatzsteuer-Identifikationsnummer des Erwerbers im Sinne des § 6b Absatz 1 Nummer 1 und 3,

  b) in den Fällen des § 6b Absatz 4 die Umsatzsteuer-Identifikationsnummer des ursprünglich vorgesehenen Erwerbers im Sinne des § 6b Absatz 1 Nummer 1 und 3 oder

  c) in den Fällen des § 6b Absatz 5 die Umsatzsteuer-Identifikationsnummer des ursprünglich vorgesehenen Erwerbers im Sinne des § 6b Absatz 1 Nummer 1 und 3 sowie die des neuen Erwerbers;

3. für im übrigen Gemeinschaftsgebiet ausgeführte steuerpflichtige sonstige Leistungen im Sinne des § 3a Absatz 2, für die der in einem anderen Mitgliedstaat ansässige Leistungsempfänger die Steuer dort schuldet:

  a) die Umsatzsteuer-Identifikationsnummer jedes Leistungsempfängers, die ihm in einem anderen Mitgliedstaat erteilt worden ist und unter der die steuerpflichtigen sonstigen Leistungen an ihn erbracht wurden,

  b) für jeden Leistungsempfänger die Summe der Bemessungsgrundlagen der an ihn erbrachten steuerpflichtigen sonstigen Leistungen und

  c) einen Hinweis auf das Vorliegen einer im übrigen Gemeinschaftsgebiet ausgeführten steuerpflichtigen sonstigen Leistung im Sinne des § 3a Absatz 2, für die der in einem anderen Mitgliedstaat ansässige Leistungsempfänger die Steuer dort schuldet;

4. für Lieferungen im Sinne des § 25b Absatz 2:

  a) die Umsatzsteuer-Identifikationsnummer eines jeden letzten Abnehmers, die diesem in dem Mitgliedstaat erteilt worden ist, in dem die Versendung oder Beförderung beendet worden ist,

  b) für jeden letzten Abnehmer die Summe der Bemessungsgrundlagen der an ihn ausgeführten Lieferungen und

  c) einen Hinweis auf das Vorliegen eines innergemeinschaftlichen Dreiecksgeschäfts.

[2]§ 16 Absatz 6 und § 17 sind sinngemäß anzuwenden.

(8) [1]Die Angaben nach Absatz 7 Satz 1 Nummer 1 und 2 sind für den Meldezeitraum zu machen, in dem die Rechnung für die innergemeinschaftliche Warenlieferung ausgestellt wird, spätestens jedoch für den Meldezeitraum, in dem der auf die Ausführung der innergemeinschaftlichen Warenlieferung folgende Monat endet. [2]Die Angaben nach Absatz 7 Satz 1 Nummer 3 und 4 sind für den Meldezeitraum zu machen, in dem die im übrigen Gemeinschaftsgebiet steuerpflichtige sonstige Leistung im Sinne des § 3a Absatz 2, für die der in einem anderen Mitgliedstaat ansässige Leistungsempfänger die Steuer dort schuldet, und die Lieferungen nach § 25b Absatz 2 ausgeführt worden sind.

---

[1] § 18a Abs. 7 Nr. 2a neu gef. mWv 29.12.2020 durch G v. 21.12.2020 (BGBl. I S. 3096).

(9) [1] Hat das Finanzamt den Unternehmer von der Verpflichtung zur Abgabe der Voranmeldungen und Entrichtung der Vorauszahlungen befreit (§ 18 Absatz 2 Satz 3), kann er die Zusammenfassende Meldung abweichend von den Absätzen 1 und 2 bis zum 25. Tag nach Ablauf jedes Kalenderjahres abgeben, in dem er innergemeinschaftliche Warenlieferungen ausgeführt hat oder im übrigen Gemeinschaftsgebiet steuerpflichtige sonstige Leistungen im Sinne des § 3a Absatz 2 ausgeführt hat, für die der in einem anderen Mitgliedstaat ansässige Leistungsempfänger die Steuer dort schuldet, wenn

1. die Summe seiner Lieferungen und sonstigen Leistungen im vorangegangenen Kalenderjahr 200 000 Euro nicht überstiegen hat und im laufenden Kalenderjahr voraussichtlich nicht übersteigen wird,

2. die Summe seiner innergemeinschaftlichen Warenlieferungen oder im übrigen Gemeinschaftsgebiet ausgeführten steuerpflichtigen Leistungen im Sinne des § 3a Absatz 2, für die der in einem anderen Mitgliedstaat ansässige Leistungsempfänger die Steuer dort schuldet, im vorangegangenen Kalenderjahr 15 000 Euro nicht überstiegen hat und im laufenden Kalenderjahr voraussichtlich nicht übersteigen wird und

3. es sich bei den in Nummer 2 bezeichneten Warenlieferungen nicht um Lieferungen neuer Fahrzeuge an Abnehmer mit Umsatzsteuer-Identifikationsnummer handelt.

[2] Absatz 8 gilt entsprechend.

(10) Erkennt der Unternehmer nachträglich, dass eine von ihm abgegebene Zusammenfassende Meldung unrichtig oder unvollständig ist, so ist er verpflichtet, die ursprüngliche Zusammenfassende Meldung innerhalb eines Monats zu berichtigen.

(11)[1] Auf die Zusammenfassende Meldung sind mit Ausnahme von § 152 der Abgabenordnung ergänzend die für Steuererklärungen geltenden Vorschriften der Abgabenordnung anzuwenden.

(12)[2] [1] Zur Erleichterung und Vereinfachung der Abgabe und Verarbeitung der Zusammenfassenden Meldung kann das Bundesministerium der Finanzen durch Rechtsverordnung[3] mit Zustimmung des Bundesrates bestimmen, dass die Zusammenfassende Meldung auf maschinell verwertbaren Datenträgern oder durch Datenfernübertragung übermittelt werden kann. [2] Dabei können insbesondere geregelt werden:

1. die Voraussetzungen für die Anwendung des Verfahrens;

2. das Nähere über Form, Inhalt, Verarbeitung und Sicherung der zu übermittelnden Daten;

3. die Art und Weise der Übermittlung der Daten;

4. die Zuständigkeit für die Entgegennahme der zu übermittelnden Daten;

---

[1] § 18a Abs. 11 neu gef. mWv 1.1.2017 durch G v. 18.7.2016 (BGBl. I S. 1679).
[2] § 18a Abs. 12 Satz 2 Nr. 5 geänd. mWv. 26.11.2019 durch G v. 20.11.2019 (BGBl. I S. 1626).
[3] Steuerdaten-Übermittlungsverordnung vom 28.1.2003 (BGBl. I S. 139); diese jedoch aufgeh. mWv 1.1.2017 durch G v. 18.7.2016 (BGBl. I S. 1679).

5. die Mitwirkungspflichten Dritter bei der Verarbeitung der Daten;

6. der Umfang und die Form der für dieses Verfahren erforderlichen besonderen Erklärungspflichten des Unternehmers.

³Zur Regelung der Datenübermittlung kann in der Rechtsverordnung auf Veröffentlichungen sachverständiger Stellen verwiesen werden; hierbei sind das Datum der Veröffentlichung, die Bezugsquelle und eine Stelle zu bezeichnen, bei der die Veröffentlichung archivmäßig gesichert niedergelegt ist.

§ 18b[1] Gesonderte Erklärung innergemeinschaftlicher Lieferungen und bestimmter sonstiger Leistungen im Besteuerungsverfahren. ¹Der Unternehmer im Sinne des § 2 hat für jeden Voranmeldungs- und Besteuerungszeitraum in den amtlich vorgeschriebenen Vordrucken (§ 18 Abs. 1 bis 4) die Bemessungsgrundlagen folgender Umsätze gesondert zu erklären:

1. seiner innergemeinschaftlichen Lieferungen,

2. seiner im übrigen Gemeinschaftsgebiet ausgeführten steuerpflichtigen sonstigen Leistungen im Sinne des § 3a Absatz 2,[2] für die der in einem anderen Mitgliedstaat ansässige Leistungsempfänger die Steuer dort schuldet, und

3. seiner Lieferungen im Sinne des § 25b Abs. 2.

²Die Angaben für einen in Satz 1 Nummer 1 genannten Umsatz sind in dem Voranmeldungzeitraum zu machen, in dem die Rechnung für diesen[3] Umsatz ausgestellt wird, spätestens jedoch in dem Voranmeldungszeitraum, in dem auf die Ausführung dieses Umsatzes folgende Monat endet. ³Die Angaben für Umsätze im Sinne des Satzes 1 Nummer 2 und 3[3] sind in dem Voranmeldungszeitraum zu machen, in dem diese Umsätze[3] ausgeführt worden sind. ⁴§ 16 Abs. 6 und § 17 sind sinngemäß anzuwenden. ⁵Erkennt der Unternehmer nachträglich vor Ablauf der Festsetzungsfrist, dass in einer von ihm abgegebenen Voranmeldung (§ 18 Abs. 1) die Angaben zu Umsätzen im Sinne des Satzes 1 unrichtig oder unvollständig sind, ist er verpflichtet, die ursprüngliche Voranmeldung unverzüglich zu berichtigen. ⁶Die Sätze 2 bis 5 gelten für die Steuererklärung (§ 18 Abs. 3 und 4) entsprechend.

§ 18c Meldepflicht bei der Lieferung neuer Fahrzeuge. ¹Zur Sicherung des Steueraufkommens durch einen Austausch von Auskünften mit anderen Mitgliedstaaten kann das Bundesministerium der Finanzen mit Zustimmung des Bundesrates durch Rechtsverordnung[4] bestimmen, dass Unternehmer (§ 2) und Fahrzeuglieferer (§ 2a) der Finanzbehörde ihre innergemeinschaftlichen Lieferungen neuer Fahrzeuge an Abnehmer ohne Umsatzsteuer-Identifikationsnummer melden müssen. ²Dabei können insbesondere geregelt werden:

1. die Art und Weise der Meldung;

---

[1] § 18b neu gef. mWv 1.1.2010 durch G v. 19.12.2008 (BGBl. I S. 2794).
[2] § 18b Satz 1 Nr. 2 Verweis eingef. mWv 1.7.2010 durch G v. 8.4.2010 (BGBl. I S. 386).
[3] § 18b Sätze 2 und 3 geänd. mWv 1.7.2010 durch G v. 8.4.2010 (BGBl. I S. 386).
[4] Ab 1.7.2010 siehe Fahrzeuglieferungs-MeldepflichtVO v. 18.3.2009 (Nr. **512**).

2. der Inhalt der Meldung;

3. die Zuständigkeit der Finanzbehörden;

4. der Abgabezeitpunkt der Meldung.

5. (weggefallen)

§ 18d[1]) **Vorlage von Urkunden.** ¹Die Finanzbehörden sind zur Erfüllung der Auskunftsverpflichtung nach der Verordnung (EU) Nr. 904/2010 des Rates vom 7. Oktober 2010 über die Zusammenarbeit der Verwaltungsbehörden und die Betrugsbekämpfung auf dem Gebiet der Mehrwertsteuer (ABl. L 268 vom 12.10.2010, S. 1)[2]) berechtigt, von Unternehmern die Vorlage der jeweils erforderlichen Bücher, Aufzeichnungen, Geschäftspapiere und anderen Urkunden zur Einsicht und Prüfung zu verlangen. ²§ 97 Absatz 2 der Abgabenordnung gilt entsprechend. ³Der Unternehmer hat auf Verlangen der Finanzbehörde die in Satz 1 bezeichneten Unterlagen vorzulegen.

§ 18e Bestätigungsverfahren. Das Bundeszentralamt für Steuern[3]) bestätigt auf Anfrage

1. dem Unternehmer im Sinne des § 2 die Gültigkeit einer Umsatzsteuer-Identifikationsnummer sowie den Namen und die Anschrift der Person, der die Umsatzsteuer-Identifikationsnummer von einem anderen Mitgliedstaat erteilt wurde;

2. dem Lagerhalter im Sinne des § 4 Nr. 4a die Gültigkeit der inländischen Umsatzsteuer-Identifikationsnummer sowie den Namen und die Anschrift des Auslagerers oder dessen Fiskalvertreters;

[*ab 1.7.2021:*
3.[4]) dem Betreiber im Sinne des § 25e Absatz 1 die Gültigkeit einer inländischen Umsatzsteuer-Identifikationsnummer sowie den Namen und die Anschrift des liefernden Unternehmers im Sinne des § 25e Absatz 2 Satz 1.]

§ 18f Sicherheitsleistung. ¹Bei Steueranmeldungen im Sinne von § 18 Abs. 1 und 3 kann die Zustimmung nach § 168 Satz 2 der Abgabenordnung im Einvernehmen mit dem Unternehmer von einer Sicherheitsleistung abhängig gemacht werden. ²Satz 1 gilt entsprechend für die Festsetzung nach § 167 Abs. 1 Satz 1 der Abgabenordnung, wenn sie zu einer Erstattung führt.

§ 18g[5]) **Abgabe des Antrags auf Vergütung von Vorsteuerbeträgen in einem anderen Mitgliedstaat.** ¹Ein im Inland ansässiger Unternehmer, der Anträge auf Vergütung von Vorsteuerbeträgen entsprechend der Richtlinie

---

[1]) § 18d geänd. mWv 30.6.2013 durch G v. 26.6.2013 (BGBl. I S. 1809).

[2]) **Zölle und Verbrauchsteuern Nr. 530.**

[3]) Bezeichnung geänd. durch G v. 22.9.2005 (BGBl. I S. 2809).

[4]) § 18e Nr. 3 angef. mWv 1.7.2021 durch G v. 21.12.2020 (BGBl. I S. 3096).

[5]) § 18g eingef. durch G v. 19.12.2008 (BGBl. I S. 2794); zur erstmaligen Anwendung siehe § 27 Abs. 14; Satz 1 geänd. mWv 1.1.2017 durch G v. 18.7.2016 (BGBl. I S. 1649); Satz 3 angef. durch G v. 21.12.2020 (BGBl. I S. 3096); Sätze 4 und 5 angef. mWv 1.1.2023 (§ 27 Abs. 37) durch G v. 16.12.2022 (BGBl. I S. 2294).

2008/9/EG[1]) des Rates vom 12. Februar 2008 zur Regelung der Erstattung der Mehrwertsteuer gemäß der Richtlinie 2006/112/EG an nicht im Mitgliedstaat der Erstattung, sondern in einem anderen Mitgliedstaat ansässige Steuerpflichtige (ABl. EU Nr. L 44 S. 23) in einem anderen Mitgliedstaat stellen kann, hat diesen Antrag nach amtlich vorgeschriebenem Datensatz durch Datenfernübertragung dem Bundeszentralamt für Steuern zu übermitteln. [2] In diesem hat er die Steuer für den Vergütungszeitraum selbst zu berechnen. [3] § 18 Absatz 4f[2]) ist entsprechend anzuwenden. [*ab 1.1.2023:* [4] Leitet das Bundeszentralamt für Steuern den Antrag nicht an den Mitgliedstaat der Erstattung weiter, ist der Bescheid über die Ablehnung dem Antragsteller durch Bereitstellung zum Datenabruf nach § 122a in Verbindung mit § 87a Absatz 8 der Abgabenordnung bekannt zu geben. [5] Hat der Empfänger des Bescheids der Bekanntgabe durch Bereitstellung zum Datenabruf nach Satz 4 nicht zugestimmt, ist der Bescheid schriftlich zu erteilen.]

§ 18h[3]) Verfahren der Abgabe der Umsatzsteuererklärung für einen anderen Mitgliedstaat. (1)[4]) [1] Ein im Inland ansässiger Unternehmer, der [*ab 1.7.2021:* vor dem 1. Juli 2021] in einem anderen Mitgliedstaat der Europäischen Union Umsätze nach § 3a Absatz 5 erbringt, für die er dort die Steuer schuldet und Umsatzsteuererklärungen abzugeben hat, hat gegenüber dem Bundeszentralamt für Steuern nach amtlich vorgeschriebenem Datensatz durch Datenfernübertragung anzuzeigen, wenn er an dem besonderen Besteuerungsverfahren entsprechend Titel XII Kapitel 6 Abschnitt 3 der Richtlinie 2006/112/EG des Rates in der Fassung von Artikel 5 Nummer 15 der Richtlinie 2008/8/EG des Rates vom 12. Februar 2008 zur Änderung der Richtlinie 2006/112/EG bezüglich des Ortes der Dienstleistung (ABl. L 44 vom 20.2.2008, S. 23[5]) teilnimmt. [2] Eine Teilnahme im Sinne des Satzes 1 ist dem Unternehmer nur einheitlich für alle Mitgliedstaaten der Europäischen Union möglich, in denen er weder einen Sitz noch eine Betriebsstätte hat. [3] Die Anzeige nach Satz 1 hat vor Beginn des Besteuerungszeitraums zu erfolgen, ab dessen Beginn der Unternehmer von dem besonderen Besteuerungsverfahren Gebrauch macht. [4] Die Anwendung des besonderen Besteuerungsverfahrens kann nur mit Wirkung vom Beginn eines Besteuerungszeitraums an widerrufen werden. [5] Der Widerruf ist vor Beginn des Besteuerungszeitraums, für den er gelten soll, gegenüber dem Bundeszentralamt für Steuern nach amtlich vorgeschriebenem Datensatz auf elektronischem Weg zu erklären.

(2) Erfüllt der Unternehmer die Voraussetzungen für die Teilnahme an dem besonderen Besteuerungsverfahren nach Absatz 1 nicht, stellt das Bundeszentralamt für Steuern dies durch Verwaltungsakt gegenüber dem Unternehmer fest.

---

[1]) Nr. **550b.**

[2]) Zur Anwendung von § 4f vgl. § 27 Abs. 22 Sätze 7 und 3.

[3]) § 18h eingef. mWv 1.10.2014 durch G v. 25.7.2014 (BGBl. I S. 1266); zur Anwendung von Abs. 3 und 4 siehe jedoch § 27 Abs. 20. Zur letztmaligen Anwendung siehe § 27 Abs. 34 Satz 2.

[4]) § 18h Abs. 1 Satz 1 geänd. mWv 1.1.2017 durch G v. 18.7.2016 (BGBl. I S. 1679); geänd. mWv 1.7.2021 durch G v. 21.12.2020 (BGBl. I S. 3096).

[5]) Richtig wohl S. 11.

(3)[1)·2)] [1]Ein Unternehmer, der das in Absatz 1 genannte besondere Besteuerungsverfahren anwendet, hat seine hierfür abzugebenden Umsatzsteuererklärungen bis zum 20. Tag nach Ablauf jedes Besteuerungszeitraums nach amtlich vorgeschriebenem Datensatz durch Datenfernübertragung dem Bundeszentralamt für Steuern zu übermitteln. [2]In dieser Erklärung hat er die Steuer für den Besteuerungszeitraum selbst zu berechnen. [3]Die berechnete Steuer ist an das Bundeszentralamt für Steuern zu entrichten.

(4)[2)] [1]Kommt der Unternehmer seinen Verpflichtungen nach Absatz 3 oder den von ihm in einem anderen Mitgliedstaat der Europäischen Union zu erfüllenden Aufzeichnungspflichten entsprechend Artikel 369k der Richtlinie 2006/112/EG des Rates in der Fassung des Artikels 5 Nummer 15 der Richtlinie 2008/8/EG des Rates vom 12. Februar 2008 zur Änderung der Richtlinie 2006/112/EG bezüglich des Ortes der Dienstleistung (ABl. L 44 vom 20.2.2008, S. 11) wiederholt nicht oder nicht rechtzeitig nach, schließt ihn das Bundeszentralamt für Steuern von dem besonderen Besteuerungsverfahren nach Absatz 1 durch Verwaltungsakt aus. [2]Der Ausschluss gilt ab dem Besteuerungszeitraum, der nach dem Zeitpunkt der Bekanntgabe des Ausschlusses gegenüber dem Unternehmer beginnt.

(5) Ein Unternehmer ist im Inland im Sinne des Absatzes 1 Satz 1 ansässig, wenn er im Inland seinen Sitz oder seine Geschäftsleitung hat oder, für den Fall, dass er im Drittlandsgebiet ansässig ist, im Inland eine Betriebsstätte hat.

(6) Auf das Verfahren sind, soweit es vom Bundeszentralamt für Steuern durchgeführt wird, die §§ 30, 80 und 87a und der Zweite Abschnitt des Dritten Teils und der Siebente Teil der Abgabenordnung sowie die Finanzgerichtsordnung anzuwenden.

(7)[3)] § 18 Absatz 4f ist entsprechend anzuwenden.

[ab 1.4.2021:]

§ 18i[4)] Besonderes Besteuerungsverfahren für von nicht im Gemeinschaftsgebiet ansässigen Unternehmern erbrachte sonstige Leistungen. (1) [1]Ein nicht im Gemeinschaftsgebiet ansässiger Unternehmer, der nach dem 30. Juni 2021 als Steuerschuldner sonstige Leistungen an Empfänger nach § 3a Absatz 5 Satz 1 im Gemeinschaftsgebiet erbringt, für die er dort die Steuer schuldet und Umsatzsteuererklärungen abzugeben hat, hat anzuzeigen, wenn er an dem besonderen Besteuerungsverfahren entsprechend Titel XII Kapitel 6 Abschnitt 2 der Richtlinie 2006/112/EG des Rates in der Fassung von Artikel 2 Nummer 14 bis 20 der Richtlinie (EU) 2017/2455 des Rates vom 5. Dezember 2017 zur Änderung der Richtlinie 2006/112/EG und der Richtlinie 2009/132/EG in Bezug auf bestimmte mehrwertsteuerliche Pflichten für die Erbringung von Dienstleistungen und für Fernverkäufe von Ge-

---

[1)] § 18h Abs. 3 Satz 1 geänd. mWv 1.1.2017 durch G v. 18.7.2016 (BGBl. I S. 1679).
[2)] Zur Anwendung siehe § 27 Abs. 20.
[3)] § 18h Abs. 7 angef. durch G v. 21.12.2020 (BGBl. I S. 3096); zur Anwendung von § 4f vgl. § 27 Abs. 22 Satz 7 iVm Satz 3.
[4)] § 18i eingef. mWv 1.4.2021 durch G v. 21.12.2020 (BGBl. I S. 3096); zur Anwendung siehe auch § 27 Abs. 33.

genständen (ABl. L 348 vom 29.12.2017, S. 7) teilnimmt. ²Die Anzeige ist der zuständigen Finanzbehörde eines Mitgliedstaates der Europäischen Union nach amtlich vorgeschriebenem Datensatz durch Datenfernübertragung zu übermitteln; zuständige Finanzbehörde im Inland ist insoweit das Bundeszentralamt für Steuern. ³Die Anzeige hat vor Beginn des Besteuerungszeitraums (§ 16 Absatz 1c Satz 1) zu erfolgen, ab dessen Beginn der Unternehmer von dem besonderen Besteuerungsverfahren Gebrauch macht. ⁴Eine Teilnahme an dem besonderen Besteuerungsverfahren ist dem Unternehmer nur einheitlich für alle Mitgliedstaaten der Europäischen Union und alle sonstigen Leistungen an Empfänger nach § 3a Absatz 5 Satz 1 im Gemeinschaftsgebiet möglich. ⁵Die Anwendung des besonderen Besteuerungsverfahrens kann nur mit Wirkung vom Beginn eines Besteuerungszeitraums an widerrufen werden. ⁶Der Widerruf ist vor Beginn des Besteuerungszeitraums, für den er gelten soll, gegenüber der Finanzbehörde nach Satz 2 nach amtlich vorgeschriebenem Datensatz durch Datenfernübertragung zu erklären.

(2) Erfolgt die Anzeige nach Absatz 1 Satz 1 im Inland und erfüllt der Unternehmer die Voraussetzungen für die Teilnahme an dem besonderen Besteuerungsverfahren nicht, stellt das Bundeszentralamt für Steuern dies gegenüber dem Unternehmer fest und lehnt dessen Teilnahme an dem besonderen Besteuerungsverfahren ab.

[ab 1.7.2021:
(3)¹⁾ ¹Ein Unternehmer, der das in Absatz 1 genannte besondere Besteuerungsverfahren anwendet, hat der Finanzbehörde, bei der er die Teilnahme an dem besonderen Besteuerungsverfahren angezeigt hat, eine Steuererklärung innerhalb eines Monats nach Ablauf jedes Besteuerungszeitraums (§ 16 Absatz 1c Satz 1) nach amtlich vorgeschriebenem Datensatz durch Datenfernübertragung zu übermitteln. ²In der Steuererklärung hat er die Steuer für den Besteuerungszeitraum selbst zu berechnen. ³Die berechnete Steuer ist am letzten Tag des auf den Besteuerungszeitraum folgenden Monats fällig und bis dahin vom Unternehmer an die Finanzbehörde zu entrichten, bei der der Unternehmer die Teilnahme an dem besonderen Besteuerungsverfahren angezeigt hat. ⁴Soweit der Unternehmer im Inland Leistungen nach Absatz 1 Satz 1 erbringt, ist § 18 Absatz 1 bis 4 nicht anzuwenden. ⁵Berichtigungen einer Steuererklärung, die innerhalb von drei Jahren nach dem letzten Tag des Zeitraums nach Satz 1 vorgenommen werden, sind mit einer späteren Steuererklärung unter Angabe des zu berichtigenden Besteuerungszeitraums anzuzeigen.]

(4) ¹Die Steuererklärung nach Absatz 3 Satz 1 und 2, die der Unternehmer der zuständigen Finanzbehörde eines anderen Mitgliedstaates der Europäischen Union übermittelt hat, ist ab dem Zeitpunkt eine Steueranmeldung im Sinne des § 150 Absatz 1 Satz 3 und des § 168 der Abgabenordnung, zu dem die in ihr enthaltenen Daten von der zuständigen Finanzbehörde des anderen Mitgliedstaates der Europäischen Union dem Bundeszentralamt für Steuern übermittelt und dort in bearbeitbarer Weise aufgezeichnet wurden. ²Dies gilt für die Berichtigung einer Steuererklärung entsprechend. ³Die Steuererklärung

---

¹⁾ Zur Anwendung von § 18i Abs. 3 siehe § 27 Abs. 33 Satz 1.

nach Satz 1 gilt als fristgemäß übermittelt, wenn sie bis zum letzten Tag der Frist nach Absatz 3 Satz 1 der zuständigen Finanzbehörde des anderen Mitgliedstaates der Europäischen Union übermittelt worden ist und dort in bearbeitbarer Weise aufgezeichnet wurde. 4Die Entrichtung der Steuer erfolgt im Falle der Steuererklärung nach Satz 1 fristgemäß, wenn die Zahlung bis zum letzten Tag der Frist nach Absatz 3 Satz 3 bei der zuständigen Finanzbehörde des anderen Mitgliedstaates der Europäischen Union eingegangen ist. 5§ 240 der Abgabenordnung ist in diesen Fällen mit der Maßgabe anzuwenden, dass eine Säumnis frühestens mit Ablauf des zehnten Tages nach Ablauf des zweiten auf den Besteuerungszeitraum folgenden Monats eintritt.

(5) 1Kommt der Unternehmer seinen Verpflichtungen nach Absatz 3 oder § 22 Absatz 1 oder den von ihm in einem anderen Mitgliedstaat der Europäischen Union zu erfüllenden Aufzeichnungspflichten entsprechend Artikel 369 der Richtlinie 2006/112/EG wiederholt nicht oder nicht rechtzeitig nach, schließt ihn die Finanzbehörde, bei der der Unternehmer die Teilnahme an dem Verfahren nach Absatz 1 Satz 2 angezeigt hat, von dem besonderen Besteuerungsverfahren nach Absatz 1 aus. 2Der Ausschluss gilt ab dem Besteuerungszeitraum, der nach dem Zeitpunkt der Bekanntgabe des Ausschlusses gegenüber dem Unternehmer beginnt; ist der Ausschluss jedoch auf eine Änderung des Ortes des Sitzes oder der Betriebsstätte zurückzuführen, ist der Ausschluss ab dem Tag dieser Änderung wirksam. 3Der Ausschluss wegen eines wiederholten Verstoßes gegen die in Satz 1 genannten Verpflichtungen hat auch den Ausschluss von dem besonderen Besteuerungsverfahren nach den §§ 18j und 18k zur Folge.

[*ab 1.7.2021:*

(6)1) Auf das besondere Besteuerungsverfahren sind, soweit die Anzeige nach Absatz 1 Satz 1 gegenüber dem Bundeszentralamt für Steuern erfolgt und dieses die Steuererklärungen den zuständigen Finanzbehörden der anderen Mitgliedstaaten der Europäischen Union übermittelt, die §§ 2a, 29b bis 30, 32a bis 32j, 80, 87a, 87b und der Zweite Abschnitt des Dritten Teils und der Siebente Teil der Abgabenordnung sowie die Finanzgerichtsordnung anzuwenden.]

[*ab 1.4.2021:*]

§ 18j2) **Besonderes Besteuerungsverfahren für den innergemeinschaftlichen Fernverkauf, für Lieferungen innerhalb eines Mitgliedstaates über eine elektronische Schnittstelle und für von im Gemeinschaftsgebiet, nicht aber im Mitgliedstaat des Verbrauchs ansässigen Unternehmern erbrachte sonstige Leistungen.** (1) 1Ein Unternehmer, der

1. nach dem 30. Juni 2021 Lieferungen nach § 3 Absatz 3a Satz 1 innerhalb eines Mitgliedstaates oder innergemeinschaftliche Fernverkäufe nach § 3c Absatz 1 Satz 2 und 3 im Gemeinschaftsgebiet erbringt oder

---

1) Zur Anwendung von § 18i Abs. 6 siehe § 27 Abs. 33 Satz 1.
2) § 18j eingef. mWv 1.4.2021 durch G v. 21.12.2020 (BGBl. I S. 3096); zur Anwendung siehe § 27 Abs. 33.

2. im Gemeinschaftsgebiet ansässig ist und nach dem 30. Juni 2021 in einem anderen Mitgliedstaat der Europäischen Union sonstige Leistungen an Empfänger nach § 3a Absatz 5 Satz 1 ausführt,

für die er dort die Steuer schuldet und Umsatzsteuererklärungen abzugeben hat, hat anzuzeigen, wenn er an dem besonderen Besteuerungsverfahren entsprechend Titel XII Kapitel 6 Abschnitt 3 der Richtlinie 2006/112/EG des Rates in der Fassung von Artikel 1 Nummer 8 bis 13 der Richtlinie (EU) 2019/1995 des Rates vom 21. November 2019 zur Änderung der Richtlinie 2006/112/EG des Rates vom 28. November 2006 in Bezug auf Vorschriften für den Fernverkäufe von Gegenständen und bestimmte inländische Lieferungen von Gegenständen (ABl. L 310 vom 2.12.2019, S. 1) teilnimmt. ²Die Anzeige ist der zuständigen Finanzbehörde des nach Artikel 369a Nummer 2 der Richtlinie 2006/112/EG des Rates in der Fassung von Artikel 1 Nummer 9 der Richtlinie (EU) 2019/1995 zuständigen Mitgliedstaates der Europäischen Union nach amtlich vorgeschriebenem Datensatz durch Datenfernübertragung zu übermitteln; zuständige Finanzbehörde im Inland ist insoweit das Bundeszentralamt für Steuern. ³Die Anzeige hat vor Beginn des Besteuerungszeitraums (§ 16 Absatz 1d Satz 1) zu erfolgen, ab dessen Beginn der Unternehmer von dem besonderen Besteuerungsverfahren Gebrauch macht. ⁴Eine Teilnahme an dem besonderen Besteuerungsverfahren ist dem Unternehmer nur einheitlich für alle Mitgliedstaaten der Europäischen Union und alle Umsätze nach Satz 1 möglich; dies gilt hinsichtlich sonstiger Leistungen an Empfänger nach § 3a Absatz 5 Satz 1 nur für die Mitgliedstaaten der Europäischen Union, in denen der Unternehmer weder einen Sitz noch eine Betriebsstätte hat. ⁵Die Anwendung des besonderen Besteuerungsverfahrens kann nur mit Wirkung vom Beginn eines Besteuerungszeitraums an widerrufen werden. ⁶Der Widerruf ist vor Beginn des Besteuerungszeitraums, für den er gelten soll, gegenüber der Finanzbehörde nach Satz 2 nach amtlich vorgeschriebenem Datensatz durch Datenfernübertragung zu erklären.

(2) ¹Im übrigen Gemeinschaftsgebiet ansässige Unternehmer (§ 13b Absatz 7 Satz 2) können die Teilnahme an dem besonderen Besteuerungsverfahren nur in dem Mitgliedstaat der Europäischen Union, in dem sie ansässig sind, anzeigen; hinsichtlich sonstiger Leistungen an Empfänger nach § 3a Absatz 5 Satz 1 im Inland ist eine Teilnahme jedoch nur zulässig, soweit der Unternehmer im Inland, auf der Insel Helgoland und in einem der in § 1 Absatz 3 bezeichneten Gebiete weder seinen Sitz, seine Geschäftsleitung noch eine Betriebsstätte hat. ²Im Inland ansässige Unternehmer können die Teilnahme an dem besonderen Besteuerungsverfahren nur im Inland anzeigen; dies gilt nicht in Fällen des Satzes 4. ³Ein Unternehmer ist im Inland ansässig, wenn er im Inland seinen Sitz oder seine Geschäftsleitung hat oder, für den Fall, dass er im Drittlandsgebiet ansässig ist, im Inland eine Betriebsstätte hat. ⁴Hat ein im Drittlandsgebiet ansässiger Unternehmer neben der Betriebsstätte im Inland noch mindestens eine weitere Betriebsstätte im übrigen Gemeinschaftsgebiet, kann er sich für die Anzeige der Teilnahme an dem besonderen Besteuerungsverfahren im Inland entscheiden. ⁵Hat ein im Drittlandsgebiet ansässiger Unternehmer keine Betriebsstätte im Gemeinschaftsgebiet, hat er die Teilnahme an dem besonderen Besteuerungsverfahren im Inland anzuzei-

gen, wenn die Beförderung oder Versendung der Gegenstände im Inland beginnt. [6] Beginnt die Beförderung oder Versendung der Gegenstände teilweise im Inland und teilweise im übrigen Gemeinschaftsgebiet, kann sich der im Drittlandsgebiet ansässige Unternehmer, der keine Betriebsstätte im Gemeinschaftsgebiet hat, für die Anzeige der Teilnahme an dem besonderen Besteuerungsverfahren im Inland entscheiden. [7] Der im Drittlandsgebiet ansässige Unternehmer ist an seine Entscheidung nach Satz 4 oder 6 für das betreffende Kalenderjahr und die beiden darauffolgenden Kalenderjahre gebunden.

(3) Erfolgt die Anzeige nach Absatz 1 Satz 1 im Inland und erfüllt der Unternehmer die Voraussetzungen für die Teilnahme an dem besonderen Besteuerungsverfahren nicht, stellt das Bundeszentralamt für Steuern dies gegenüber dem Unternehmer fest und lehnt dessen Teilnahme an dem besonderen Besteuerungsverfahren ab.

[*ab 1.7.2021:*
(4)[1)] [1] Ein Unternehmer, der das in Absatz 1 genannte besondere Besteuerungsverfahren anwendet, hat der Finanzbehörde nach Absatz 1 Satz 2 in Verbindung mit Absatz 2 eine Steuererklärung innerhalb eines Monats nach Ablauf jedes Besteuerungszeitraums (§ 16 Absatz 1d Satz 1) nach amtlich vorgeschriebenem Datensatz durch Datenfernübertragung zu übermitteln. [2] In der Steuererklärung hat er die Steuer für den Besteuerungszeitraum selbst zu berechnen. [3] Die berechnete Steuer ist am letzten Tag des auf den Besteuerungszeitraum folgenden Monats fällig und bis dahin vom Unternehmer an die Finanzbehörde nach Absatz 1 Satz 2 zu entrichten. [4] Soweit der Unternehmer im Inland Leistungen nach Absatz 1 Satz 1 erbringt, ist § 18 Absatz 1 bis 4 nicht anzuwenden. [5] Berichtigungen einer Steuererklärung, die innerhalb von drei Jahren nach dem letzten Tag des Zeitraums nach Satz 1 vorgenommen werden, sind mit einer späteren Steuererklärung unter Angabe des zu berichtigenden Besteuerungszeitraums anzuzeigen.]

(5) [1] Die Steuererklärung nach Absatz 4 Satz 1 und 2, die der Unternehmer der zuständigen Finanzbehörde eines anderen Mitgliedstaates der Europäischen Union übermittelt hat, ist ab dem Zeitpunkt eine Steueranmeldung im Sinne des § 150 Absatz 1 Satz 3 und des § 168 der Abgabenordnung, zu dem die in ihr enthaltenen Daten von der zuständigen Finanzbehörde des anderen Mitgliedstaates der Europäischen Union dem Bundeszentralamt für Steuern übermittelt und dort in bearbeitbarer Weise aufgezeichnet wurden. [2] Dies gilt für die Berichtigung einer Steuererklärung entsprechend. [3] Die Steuererklärung nach Satz 1 gilt als fristgemäß übermittelt, wenn sie bis zum letzten Tag der Frist nach Absatz 4 Satz 1 der zuständigen Finanzbehörde des anderen Mitgliedstaates der Europäischen Union übermittelt worden ist und dort in bearbeitbarer Weise aufgezeichnet wurde. [4] Die Entrichtung der Steuer erfolgt im Falle der Steuererklärung nach Satz 1 fristgemäß, wenn die Zahlung bis zum letzten Tag der Frist nach Absatz 4 Satz 3 bei der zuständigen Finanzbehörde des anderen Mitgliedstaates der Europäischen Union eingegangen ist. [5] § 240 der Abgabenordnung ist in diesen Fällen mit der Maßgabe anzuwen-

---

[1)] Zur Anwendung von § 18j Abs. 4 siehe § 27 Abs. 33 Satz 1.

den, dass eine Säumnis frühestens mit Ablauf des zehnten Tages nach Ablauf des zweiten auf den Besteuerungszeitraum folgenden Monats eintritt.

(6) [1] Kommt der Unternehmer seinen Verpflichtungen nach Absatz 4 oder § 22 Absatz 1 oder den von ihm in einem anderen Mitgliedstaat der Europäischen Union zu erfüllenden Aufzeichnungspflichten entsprechend Artikel 369k der Richtlinie 2006/112/EG wiederholt nicht oder nicht rechtzeitig nach, schließt ihn die Finanzbehörde nach Absatz 1 Satz 2 von dem besonderen Besteuerungsverfahren nach Absatz 1 aus. [2] Der Ausschluss gilt ab dem Besteuerungszeitraum, der nach dem Zeitpunkt der Bekanntgabe des Ausschlusses gegenüber dem Unternehmer beginnt; ist der Ausschluss jedoch auf eine Änderung des Ortes des Sitzes oder der Betriebsstätte oder des Ortes zurückzuführen, von dem aus die Beförderung oder Versendung von Gegenständen ausgeht, ist der Ausschluss ab dem Tag dieser Änderung wirksam. [3] Der Ausschluss wegen eines wiederholten Verstoßes gegen die in Satz 1 genannten Verpflichtungen hat auch den Ausschluss von den besonderen Besteuerungsverfahren nach den §§ 18i und 18k zur Folge.

[ab 1.7.2021:

(7)[1] Auf das besondere Besteuerungsverfahren sind, soweit die Anzeige nach Absatz 1 Satz 1 gegenüber dem Bundeszentralamt für Steuern erfolgt und dieses die Steuererklärungen der zuständigen Finanzbehörde eines anderen Mitgliedstaates der Europäischen Union übermittelt, die §§ 2a, 29b bis 30, 32a bis 32j, 80, 87a, 87b und der Zweite Abschnitt des Dritten Teils und der Siebente Teil der Abgabenordnung sowie die Finanzgerichtsordnung anzuwenden.]

(8) § 18 Absatz 4f[2] ist entsprechend anzuwenden.

§ 18k[3]) **Besonderes Besteuerungsverfahren für Fernverkäufe von aus dem Drittlandsgebiet eingeführten Gegenständen in Sendungen mit einem Sachwert von höchstens 150 Euro.** (1) [1] Ein Unternehmer, der nach dem 30. Juni 2021 als Steuerschuldner Fernverkäufe nach § 3 Absatz 3a Satz 2 oder § 3c Absatz 2 oder 3 in Sendungen mit einem Sachwert von höchstens 150 Euro im Gemeinschaftsgebiet erbringt, für die er dort die Steuer schuldet und Umsatzsteuererklärungen abzugeben hat, oder ein in seinem Auftrag handelnder im Gemeinschaftsgebiet ansässiger Vertreter hat anzuzeigen, wenn er an dem besonderen Besteuerungsverfahren entsprechend Titel XII Kapitel 6 Abschnitt 4 der Richtlinie 2006/112/EG des Rates in der Fassung von Artikel 2 Nummer 30 der Richtlinie (EU) 2017/2455 des Rates vom 5. Dezember 2017 zur Änderung der Richtlinie 2006/112/EG und der Richtlinie 2009/132/EG in Bezug auf bestimmte mehrwertsteuerliche Pflichten für die Erbringung von Dienstleistungen und für Fernverkäufe von Gegenständen (ABl. L 348 vom 29.12.2017, S. 7) teilnimmt. [2] Die Anzeige ist der zuständigen Finanzbehörde des unter den Voraussetzungen des Artikels 369l Unterabsatz 2 Nummer 3 der Richtlinie 2006/112/EG zuständigen

---

[1] Zur Anwendung von § 18j Abs. 7 siehe § 27 Abs. 33 Satz 1.
[2] Zur Anwendung von § 18 Abs. 4f siehe § 27 Abs. 22 Satz 7 iVm Satz 3.
[3] § 18k eingef. durch G v. 21.12.2020 (BGBl. I S. 3096); zur Anwendung siehe § 27 Abs. 33.

Mitgliedstaates der Europäischen Union vor Beginn des Besteuerungszeitraums (§ 16 Absatz 1e Satz 1) nach amtlich vorgeschriebenem Datensatz durch Datenfernübertragung zu übermitteln; zuständige Finanzbehörde im Inland ist insoweit das Bundeszentralamt für Steuern. ³Eine Teilnahme an dem besonderen Besteuerungsverfahren ist für nicht im Gemeinschaftsgebiet ansässige Unternehmer nur zulässig, wenn das Drittland, in dem sie ansässig sind, in der Durchführungsverordnung entsprechend Artikel 369m Absatz 3 der Richtlinie 2006/112/EG aufgeführt ist, oder wenn sie einen im Gemeinschaftsgebiet ansässigen Vertreter vertraglich bestellt und dies der Finanzbehörde nach Satz 2 angezeigt haben. ⁴Satz 1 gilt nicht für Sendungen, die verbrauchsteuerpflichtige Waren enthalten. ⁵Eine Teilnahme an dem besonderen Besteuerungsverfahren ist nur einheitlich für alle Mitgliedstaaten der Europäischen Union und für alle Fernverkäufe im Sinne des Satzes 1 möglich; sie gilt ab dem Tag, an dem dem Unternehmer oder dem im Auftrag handelnden Vertreter die nach Artikel 369q Absatz 1 oder 3 der Richtlinie 2006/112/EG erteilte individuelle Identifikationsnummer des Unternehmers bekannt gegeben wurde. ⁶Die Anwendung des besonderen Besteuerungsverfahrens kann nur mit Wirkung vom Beginn eines Besteuerungszeitraums an widerrufen werden. ⁷Der Widerruf ist vor Beginn des Besteuerungszeitraums, für den er gelten soll, gegenüber der Finanzbehörde nach Satz 2 nach amtlich vorgeschriebenem Datensatz durch Datenfernübertragung zu erklären.

(2) ¹Im übrigen Gemeinschaftsgebiet ansässige Unternehmer (§ 13b Absatz 7 Satz 2) oder im Auftrag handelnde Vertreter können die Teilnahme an dem besonderen Besteuerungsverfahren nur in dem Mitgliedstaat der Europäischen Union, in dem sie ansässig sind, anzeigen. ²Im Inland ansässige Unternehmer oder im Auftrag handelnde Vertreter können die Teilnahme an dem besonderen Besteuerungsverfahren nur im Inland anzeigen; dies gilt nicht in Fällen des Satzes 4. ³Ein Unternehmer oder ein im Auftrag handelnder Vertreter ist im Inland ansässig, wenn er im Inland seinen Sitz oder seine Geschäftsleitung hat oder, für den Fall, dass er im Drittlandsgebiet ansässig ist, im Inland eine Betriebsstätte hat. ⁴Hat der im Drittlandsgebiet ansässige Unternehmer oder im Auftrag handelnde Vertreter neben der Betriebsstätte im Inland noch mindestens eine weitere Betriebsstätte im übrigen Gemeinschaftsgebiet, kann er sich für die Anzeige der Teilnahme an dem besonderen Besteuerungsverfahren im Inland entscheiden. ⁵Der Unternehmer oder im Auftrag handelnde Vertreter ist an seine Entscheidung nach Satz 4 für das betreffende Kalenderjahr und die beiden darauffolgenden Kalenderjahre gebunden.

(3) Erfolgt die Anzeige nach Absatz 1 Satz 1 im Inland und erfüllt der Unternehmer die Voraussetzungen für die Teilnahme an dem besonderen Besteuerungsverfahren nicht, stellt das Bundeszentralamt für Steuern dies gegenüber dem Unternehmer fest und lehnt dessen Teilnahme an dem besonderen Besteuerungsverfahren ab.

[ab 1.7.2021:
(4)¹⁾ ¹Ein Unternehmer oder im Auftrag handelnder Vertreter, der das in Absatz 1 genannte besondere Besteuerungsverfahren anwendet, hat der Fi-

---

¹⁾ Zur Anwendung von § 18k Abs. 4 siehe § 27 Abs. 33 Satz 1.

nanzbehörde nach Absatz 1 Satz 2 in Verbindung mit Absatz 2 eine Steuererklärung innerhalb eines Monats nach Ablauf jedes Besteuerungszeitraums
(§ 16 Absatz 1e Satz 1) nach amtlich vorgeschriebenem Datensatz durch Datenfernübertragung zu übermitteln. [2] In der Steuererklärung hat er die Steuer
für den Besteuerungszeitraum selbst zu berechnen. [3] Die berechnete Steuer ist
am letzten Tag des auf den Besteuerungszeitraum folgenden Monats fällig und
bis dahin vom Unternehmer oder vom im Auftrag handelnden Vertreter an
die Finanzbehörde nach Absatz 1 Satz 2 zu entrichten. [4] Soweit der Unternehmer im Inland Lieferungen nach Absatz 1 Satz 1 erbringt, ist § 18 Absatz 1
bis 4 nicht anzuwenden. [5] Berichtigungen einer Steuererklärung, die innerhalb
von drei Jahren nach dem letzten Tag des Zeitraums nach Satz 1 vorgenommen werden, sind mit einer späteren Steuererklärung unter Angabe des zu
berichtigenden Besteuerungszeitraums anzuzeigen.]

(5) [1] Die Steuererklärung nach Absatz 4 Satz 1 und 2, die der Unternehmer
der zuständigen Finanzbehörde eines anderen Mitgliedstaates der Europäischen Union übermittelt hat, ist ab dem Zeitpunkt eine Steueranmeldung im
Sinne des § 150 Absatz 1 Satz 3 und des § 168 der Abgabenordnung, zu dem
die in ihr enthaltenen Daten von der zuständigen Finanzbehörde des anderen
Mitgliedstaates der Europäischen Union dem Bundeszentralamt für Steuern
übermittelt und dort in bearbeitbarer Weise aufgezeichnet wurden. [2] Dies gilt
für die Berichtigung einer Steuererklärung entsprechend. [3] Die Steuererklärung nach Satz 1 gilt als fristgemäß übermittelt, wenn sie bis zum letzten Tag
der Frist nach Absatz 4 Satz 1 der zuständigen Finanzbehörde des anderen
Mitgliedstaates der Europäischen Union übermittelt worden ist und dort in
bearbeitbarer Weise aufgezeichnet wurde. [4] Die Entrichtung der Steuer erfolgt
im Falle der Steuererklärung nach Satz 1 fristgemäß, wenn die Zahlung bis
zum letzten Tag der Frist nach Absatz 4 Satz 3 bei der zuständigen Finanzbehörde des anderen Mitgliedstaates der Europäischen Union eingegangen ist.
[5] § 240 der Abgabenordnung ist in diesen Fällen mit der Maßgabe anzuwenden, dass eine Säumnis frühestens mit Ablauf des zehnten Tages nach Ablauf
des zweiten auf den Besteuerungszeitraum folgenden Monats eintritt.

(6) [1] Kommt der Unternehmer oder der im Auftrag handelnde Vertreter seinen Verpflichtungen nach Absatz 4 oder § 22 Absatz 1 oder den von ihm in
einem anderen Mitgliedstaat der Europäischen Union zu erfüllenden Aufzeichnungspflichten entsprechend Artikel 369x der Richtlinie 2006/112/EG
wiederholt nicht oder nicht rechtzeitig nach, schließt ihn die Finanzbehörde
nach Absatz 1 Satz 2 von dem besonderen Besteuerungsverfahren nach Absatz 1 aus. [2] Ein Ausschluss des im Auftrag handelnden Vertreters bewirkt auch
den Ausschluss des von ihm vertretenen Unternehmers. [3] Der Ausschluss wegen eines wiederholten Verstoßes gegen die in Satz 1 genannten Verpflichtungen gilt ab dem Tag, der auf den Zeitpunkt der Bekanntgabe des Ausschlusses
gegenüber dem Unternehmer oder dem im Auftrag handelnden Vertreter
folgt; ist der Ausschluss jedoch auf eine Änderung des Ortes des Sitzes oder
der Betriebsstätte zurückzuführen, ist der Ausschluss ab dem Tag dieser Änderung wirksam; erfolgt der Ausschluss aus anderen Gründen gilt er ab dem
Besteuerungszeitraum, der nach dem Zeitpunkt der Bekanntgabe des Ausschlusses gegenüber dem Unternehmer oder dem im Auftrag handelnden Ver-

treter beginnt. ⁴Der Ausschluss wegen eines wiederholten Verstoßes gegen die in Satz 1 genannten Verpflichtungen hat auch den Ausschluss von den besonderen Besteuerungsverfahren nach den §§ 18i und 18j zur Folge; es sei denn, der Ausschluss des Unternehmers war bedingt durch einen wiederholten Verstoß gegen die in Satz 1 genannten Verpflichtungen durch den im Auftrag handelnden Vertreter.

[*ab 1.7.2021:*

(7)¹⁾ Auf das besondere Besteuerungsverfahren sind, soweit die Anzeige nach Absatz 1 Satz 1 gegenüber dem Bundeszentralamt für Steuern erfolgt und dieses die Steuererklärungen der zuständigen Finanzbehörde eines anderen Mitgliedstaates der Europäischen Union übermittelt, die §§ 2a, 29b bis 30, 32a bis 32j, 80, 87a, 87b und der Zweite Abschnitt des Dritten Teils und der Siebente Teil der Abgabenordnung sowie die Finanzgerichtsordnung anzuwenden.]

(8) § 18 Absatz 4f²⁾ ist entsprechend anzuwenden.

§ 19 Besteuerung der Kleinunternehmer. (1) ¹Die für Umsätze im Sinne des § 1 Abs. 1 Nr. 1 geschuldete Umsatzsteuer wird von Unternehmern, die im Inland oder in den in § 1 Abs. 3 bezeichneten Gebieten ansässig sind, nicht erhoben, wenn der in Satz 2 bezeichnete Umsatz zuzüglich der darauf entfallenden Steuer im vorangegangenen Kalenderjahr 22 000 Euro³⁾ nicht überstiegen hat und im laufenden Kalenderjahr 50 000 Euro voraussichtlich nicht übersteigen wird. ²Umsatz im Sinne des Satzes 1 ist der nach vereinnahmten Entgelten bemessene Gesamtumsatz, gekürzt um die darin enthaltenen Umsätze von Wirtschaftsgütern des Anlagevermögens. ³Satz 1 gilt nicht für die nach § 13a Abs. 1 Nr. 6, § 13b Absatz 5⁴⁾, § 14c Abs. 2 und § 25b Abs. 2 geschuldete Steuer. ⁴In den Fällen des Satzes 1 finden die Vorschriften über die Steuerbefreiung innergemeinschaftlicher Lieferungen (§ 4 Nr. 1 Buchstabe b, § 6a), über den Verzicht auf Steuerbefreiungen (§ 9), über den gesonderten Ausweis der Steuer in einer Rechnung (§ 14 Abs. 4), über die Angabe der Umsatzsteuer-Identifikationsnummern in einer Rechnung (§ 14a Abs. 1, 3 und 7) und über den Vorsteuerabzug (§ 15) keine Anwendung.

(2) ¹Der Unternehmer kann dem Finanzamt bis zur Unanfechtbarkeit der Steuerfestsetzung (§ 18 Abs. 3 und 4) erklären, dass er auf die Anwendung des Absatzes 1 verzichtet. ²Nach Eintritt der Unanfechtbarkeit der Steuerfestsetzung bindet die Erklärung den Unternehmer mindestens für fünf Kalenderjahre. ³Sie kann nur mit Wirkung vom Beginn eines Kalenderjahres an widerrufen werden. ⁴Der Widerruf ist spätestens bis zur Unanfechtbarkeit der Steuerfestsetzung des Kalenderjahres, für das er gelten soll, zu erklären.

(3) ¹Gesamtumsatz ist die Summe der vom Unternehmer ausgeführten steuerbaren Umsätze im Sinne des § 1 Abs. 1 Nr. 1 abzüglich folgender Umsätze:

---

¹⁾ Zur Anwendung von § 18k Abs. 7 siehe § 27 Abs. 33 Satz 1.
²⁾ Zur Anwendung von § 18 Abs. 4f siehe § 27 Abs. 22 Satz 7 iVm Satz 3.
³⁾ Betrag geänd. mWv 1.1.2020 durch G v. 22.11.2019 (BGBl. I S. 1746).
⁴⁾ Verweis geänd. mWv 1.7.2010 durch G v. 8.4.2010 (BGBl. I S. 386).

1.[1]) der Umsätze, die nach § 4 Nr. 8 Buchstabe i, Nr. 9 Buchstabe b und Nummer 11 bis 29 steuerfrei sind;

2. der Umsätze, die nach § 4 Nr. 8 Buchstabe a bis h, Nr. 9 Buchstabe a und Nr. 10 steuerfrei sind, wenn sie Hilfsumsätze sind.

[2]Soweit der Unternehmer die Steuer nach vereinnahmten Entgelten berechnet (§ 13 Abs. 1 Nr. 1 Buchstabe a Satz 4 oder § 20), ist auch der Gesamtumsatz nach diesen Entgelten zu berechnen. [3]Hat der Unternehmer seine gewerbliche oder berufliche Tätigkeit nur in einem Teil des Kalenderjahres ausgeübt, so ist der tatsächliche Gesamtumsatz in einen Jahresgesamtumsatz umzurechnen. [4]Angefangene Kalendermonate sind bei der Umrechnung als volle Kalendermonate zu behandeln, es sei denn, dass die Umrechnung nach Tagen zu einem niedrigeren Jahresgesamtumsatz führt.

(4) [1]Absatz 1 gilt nicht für die innergemeinschaftlichen Lieferungen neuer Fahrzeuge. [2]§ 15 Abs. 4a ist entsprechend anzuwenden.

§ 20[2]) Berechnung der Steuer nach vereinnahmten Entgelten. [1]Das Finanzamt kann auf Antrag gestatten, dass ein Unternehmer,

1. dessen Gesamtumsatz (§ 19 Abs. 3) im vorangegangenen Kalenderjahr nicht mehr als 600 000[3]) Euro betragen hat, oder

2. der von der Verpflichtung, Bücher zu führen und auf Grund jährlicher Bestandsaufnahmen regelmäßig Abschlüsse zu machen, nach § 148 der Abgabenordnung[4]) befreit ist, oder

3. soweit er Umsätze aus einer Tätigkeit als Angehöriger eines freien Berufs im Sinne des § 18 Abs. 1 Nr. 1 des Einkommensteuergesetzes[5]) ausführt oder

[*ab 1.1.2023:*
4. der eine juristische Person des öffentlichen Rechts ist, soweit er nicht freiwillig Bücher führt und auf Grund jährlicher Bestandsaufnahmen regelmäßig Abschlüsse macht oder hierzu gesetzlich verpflichtet ist,]

die Steuer nicht nach den vereinbarten Entgelten (§ 16 Abs. 1 Satz 1), sondern nach den vereinnahmten Entgelten berechnet. [2]Erstreckt sich die Befreiung nach Satz 1 Nr. 2 nur auf einzelne Betriebe des Unternehmers und liegt die Voraussetzung nach Satz 1 Nr. 1 nicht vor, so ist die Erlaubnis zur Berechnung der Steuer nach den vereinnahmten Entgelten auf diese Betriebe zu beschränken. [3]Wechselt der Unternehmer die Art der Steuerberechnung, so dürfen Umsätze nicht doppelt erfasst werden oder unversteuert bleiben.

§ 21 Besondere Vorschriften für die Einfuhrumsatzsteuer. (1) Die Einfuhrumsatzsteuer ist eine Verbrauchsteuer im Sinne der Abgabenordnung.

---

[1]) § 19 Abs. 3 Satz 1 Nr. 1 Verweis geänd. mWv 1.1.2020 durch G v. 12.12.2019 (BGBl. I S. 2451).
[2]) § 20 Abs. 2 aufgeh., verbleibender Text geänd. mWv 1.1.2012 durch G v. 6.12.2011 (BGBl. I S. 2562); Nr. 4 angef. mWv 1.1.2023 durch G v. 16.12.2022 (BGBl. I S. 2294).
[3]) Betrag geänd. mWv 1.1.2020 durch G v. 21.12.2019 (BGBl. I S. 2875).
[4]) Nr. **800.**
[5]) Nr. **1.**

(2) [1] Für die Einfuhrumsatzsteuer gelten die Vorschriften für Zölle sinngemäß; ausgenommen sind die Vorschriften über den passiven Veredelungsverkehr.

(2a) [1] Abfertigungsplätze im Ausland, auf denen dazu befugte deutsche Zollbedienstete Amtshandlungen nach Absatz 2 vornehmen, gehören insoweit zum Inland. [2] Das Gleiche gilt für ihre Verbindungswege mit dem Inland, soweit auf ihnen einzuführende Gegenstände befördert werden.

(3) Die Zahlung der Einfuhrumsatzsteuer kann ohne Sicherheitsleistung aufgeschoben werden, wenn die zu entrichtende Steuer nach § 15 Abs. 1 Satz 1 Nr. 2 in voller Höhe als Vorsteuer abgezogen werden kann.

(3a) [2] Einfuhrumsatzsteuer, für die ein Zahlungsaufschub gemäß Artikel 110 Buchstabe b oder c der Verordnung (EU) Nr. 952/2013 des Europäischen Parlaments und des Rates vom 9. Oktober 2013 zur Festlegung des Zollkodex der Union (Unionszollkodex) bewilligt ist, ist abweichend von den zollrechtlichen Vorschriften am 26. des zweiten auf den betreffenden Monat folgenden Kalendermonats fällig.

(4) [1] Entsteht für den eingeführten Gegenstand nach dem Zeitpunkt des Entstehens der Einfuhrumsatzsteuer eine Zollschuld oder eine Verbrauchsteuer oder wird für den eingeführten Gegenstand nach diesem Zeitpunkt eine Verbrauchsteuer unbedingt, so entsteht gleichzeitig eine weitere Einfuhrumsatzsteuer. [2] Das gilt auch, wenn der Gegenstand nach dem in Satz 1 bezeichneten Zeitpunkt bearbeitet oder verarbeitet worden ist. [3] Bemessungsgrundlage ist die entstandene Zollschuld oder die entstandene oder unbedingt gewordene Verbrauchsteuer. [4] Steuerschuldner ist, wer den Zoll oder die Verbrauchsteuer zu entrichten hat. [5] Die Sätze 1 bis 4 gelten nicht, wenn derjenige, der den Zoll oder die Verbrauchsteuer zu entrichten hat, hinsichtlich des eingeführten Gegenstands nach § 15 Abs. 1 Satz 1 Nr. 2 zum Vorsteuerabzug berechtigt ist.

(5) Die Absätze 2 bis 4 gelten entsprechend für Gegenstände, die nicht Waren im Sinne des Zollrechts sind und für die keine Zollvorschriften bestehen.

[ab 1.7.2021:

§ 21a [3] **Sonderregelungen bei der Einfuhr von Sendungen mit einem Sachwert von höchstens 150 Euro.** (1) [1] Bei der Einfuhr von Gegenständen in Sendungen mit einem Sachwert von höchstens 150 Euro aus dem Drittlandsgebiet, für die eine Steuerbefreiung nach § 5 Absatz 1 Nummer 7 nicht in Anspruch genommen wird, kann die Person, die die Gegenstände im Inland für Rechnung der Person, für die die Gegenstände bestimmt sind (Sendungsempfänger), bei einer Zollstelle gestellt (gestellende Person), auf Antrag die Sonderregelung nach den Absätzen 2 bis 6 in Anspruch nehmen, sofern

1. die Voraussetzungen für die Bewilligung eines Zahlungsaufschubs gemäß Artikel 110 Buchstabe b des Zollkodex der Union erfüllt sind,

---

[1] § 21 Abs. 2 geänd. mWv 1.1.2021 durch G v. 21.12.2020 (BGBl. I S. 3096).
[2] § 21 Abs. 3a eingef. durch G v. 29.6.2020 (BGBl. I S. 1512); zur Anwendung siehe § 27 Abs. 31.
[3] § 21a eingef. durch G v. 21.12.2020 (BGBl. I S. 3096); zur Anwendung siehe § 27 Abs. 34 Satz 1.

2. die Beförderung oder Versendung im Inland endet und

3. die Sendung keine verbrauchsteuerpflichtigen Waren enthält.

[2]Der Antrag ist zusammen mit der Anmeldung zur Überlassung in den freien Verkehr zu stellen.

(2) [1]Die gestellende Person hat die Waren nach Maßgabe des Artikels 63d Unterabsatz 2 der Verordnung (EU) Nr. 282/2011 zur Festlegung von Durchführungsvorschriften zur Richtlinie 2006/112/EG über das gemeinsame Mehrwertsteuersystem (ABl. L 77 vom 23.3.2011, S. 1) in der jeweils geltenden Fassung für Rechnung des Sendungsempfängers, zur Überlassung in den zollrechtlich freien Verkehr anzumelden. [2]Für die Anmeldung ist entweder eine Standard-Zollanmeldung zu verwenden oder, soweit zulässig, eine Zollanmeldung für Sendungen von geringem Wert gemäß Artikel 143a der Delegierten Verordnung (EU) 2015/2446 der Kommission vom 28. Juli 2015 zur Ergänzung der Verordnung (EU) Nr. 952/2013 des Europäischen Parlaments und des Rates mit Einzelheiten zur Präzisierung von Bestimmungen des Zollkodex der Union (ABl. L 343 vom 29.12.2015, S. 1) in der jeweils geltenden Fassung.

(3) [1]Die entstandene Einfuhrumsatzsteuer wird in entsprechender Anwendung von Artikel 110 Buchstabe b des Zollkodex der Union aufgeschoben und dem Aufschubkonto der gestellenden Person belastet. [2]Eine Sicherheitsleistung ist nicht erforderlich, wenn die gestellende Person Zugelassener Wirtschaftsbeteiligter für zollrechtliche Vereinfachungen gemäß Artikel 38 Absatz 2 Buchstabe a des Zollkodex der Union ist oder die Voraussetzungen erfüllt für die Reduzierung einer Gesamtsicherheit gemäß Artikel 95 Absatz 2 des Zollkodex der Union in Verbindung mit Artikel 84 Absatz 1 der Delegierten Verordnung (EU) 2015/2446 der Kommission vom 28. Juli 2015 zur Ergänzung der Verordnung (EU) Nr. 952/2013 des Europäischen Parlaments und des Rates mit Einzelheiten zur Präzisierung von Bestimmungen des Zollkodex der Union.

(4) [1]Bei der Auslieferung hat der Sendungsempfänger die Einfuhrumsatzsteuer an die gestellende Person zu entrichten. [2]Die gestellende Person, sofern sie nicht bereits Steuerschuldner ist, haftet für die Einfuhrumsatzsteuer, die auf Sendungen lastet, die ausgeliefert werden, ohne dass die Einfuhrumsatzsteuer vom Sendungsempfänger erhoben wurde. [3]Dies gilt entsprechend für die Einfuhrumsatzsteuer auf Sendungen, deren Verbleib die gestellende Person nicht nachweisen kann (abhandengekommene Sendungen).

(5) [1]Bis zum zehnten Tag des auf die Einfuhr folgenden Monats teilt die gestellende Person der zuständigen Zollstelle nach amtlich vorgeschriebenem Datensatz auf elektronischem Weg und unter Angabe der Registriernummern der jeweiligen Zollanmeldungen mit,

1. welche Sendungen im abgelaufenen Kalendermonat an die jeweiligen Sendungsempfänger ausgeliefert wurden (ausgelieferte Sendungen),

2. die je Sendung vereinnahmten Beträge an Einfuhrumsatzsteuer,

3. den Gesamtbetrag der vereinnahmten Einfuhrumsatzsteuer,

4. welche Sendungen, die im abgelaufenen Kalendermonat und gegebenenfalls davor eingeführt wurden, bis zum Ende des abgelaufenen Kalendermonats nicht ausgeliefert werden konnten und sich noch in der Verfügungsgewalt der gestellenden Person befinden (noch nicht zugestellte Sendungen),

5. welche Sendungen, bei denen es nicht möglich war, sie dem Sendungsempfänger zu übergeben, im abgelaufenen Kalendermonat wiederausgeführt oder unter zollamtlicher Überwachung zerstört oder anderweitig verwertet wurden (nicht zustellbare Sendungen), sowie

6. welche Sendungen abhandengekommen sind und die darauf lastende Einfuhrumsatzsteuer.

²Auf Verlangen der zuständigen Zollbehörden hat die gestellende Person den Verbleib der Sendungen nachzuweisen. ³Die Mitteilung nach Satz 1 hat die Wirkung einer Steueranmeldung nach § 168 der Abgabenordnung, wobei die gestellende Person hinsichtlich des Gesamtbetrages nach Satz 1 Nummer 3 als Steuerschuldner gilt. ⁴Dieser ist zu dem für den Zahlungsaufschub gemäß Artikel 110 Buchstabe b des Zollkodex der Union geltenden Termin fällig und durch die gestellende Person an die Zollverwaltung zu entrichten.

(6) ¹Einfuhrumsatzsteuer für noch nicht zugestellte Sendungen bleibt dem Aufschubkonto belastet und wird in dem folgenden Aufschubzeitraum vorgetragen. ²Einfuhrumsatzsteuer für nicht zustellbare Sendungen gilt als nicht entstanden und wird aus dem Aufschubkonto ausgebucht, wenn ausgeschlossen ist, dass die Waren im Inland in den Wirtschaftskreislauf eingehen. ³Einfuhrumsatzsteuer, die auf abhandengekommene Sendungen lastet, wird ebenfalls aus dem Aufschubkonto ausgebucht und vom zuständigen Hauptzollamt per Haftungsbescheid gegenüber der gestellenden Person geltend gemacht. ⁴Für Einfuhrumsatzsteuer, die auf ausgelieferten Sendungen lastet, ohne dass Einfuhrumsatzsteuer vom Sendungsempfänger der Sendung erhoben wurde, gilt Satz 3 entsprechend.]

§ 22 Aufzeichnungspflichten.

[Fassung bis 30.6.2021:]

(1)¹⁾ ¹Der Unternehmer ist verpflichtet, zur Feststellung der Steuer und der Grundlagen ihrer Berechnung Aufzeichnungen zu machen. ²Diese Verpflichtung gilt in den Fällen des § 13a Abs. 1 Nr. 2 und 5, des § 13b Absatz 5³⁾ und des § 14c Abs. 2 auch für Personen, die nicht Unternehmer sind. ³Ist ein land- und

[Fassung ab 1.7.2021:]

(1)²⁾ ¹Der Unternehmer ist verpflichtet, zur Feststellung der Steuer und der Grundlagen ihrer Berechnung Aufzeichnungen zu machen. ²Diese Verpflichtung gilt in den Fällen des § 13a Absatz 1 Nummer 2 und 5, des § 13b Absatz 5 und des § 14c Absatz 2 auch für Personen, die nicht Unternehmer sind, in den

---

¹⁾ § 22 Abs. 1 Satz 4 HS 2 angef. mWv 1.1.2015 durch G v. 25.7.2014 (BGBl. I S. 1266).
²⁾ § 22 Abs. 1 neu gef. durch G v. 21.12.2020 (BGBl. I S. 3096); zur Anwendung siehe § 27 Abs. 34 Satz 1.
³⁾ Verweis geänd. mWv 1.7.2010 durch G v. 8.4.2010 (BGBl. I S. 386).

[Fassung bis 30.6.2021:]

forstwirtschaftlicher Betrieb nach § 24 Abs. 3 als gesondert geführter Betrieb zu behandeln, so hat der Unternehmer Aufzeichnungspflichten für diesen Betrieb gesondert zu erfüllen. ⁴In den Fällen des § 18 Abs. 4c und 4d sind die erforderlichen Aufzeichnungen auf Anfrage des Bundeszentralamtes für Steuern[1] auf elektronischem Weg zur Verfügung zu stellen; in den Fällen des § 18 Absatz 4e sind die erforderlichen Aufzeichnungen auf Anfrage der für das Besteuerungsverfahren zuständigen Finanzbehörde auf elektronischem Weg zur Verfügung zu stellen.

[Fassung ab 1.7.2021:]

Fällen des § 18k auch für den im Auftrag handelnden Vertreter und in den Fällen des § 21a für die gestellte Person. ³Ist ein land- und forstwirtschaftlicher Betrieb nach § 24 Absatz 3 als gesondert geführter Betrieb zu behandeln, hat der Unternehmer Aufzeichnungspflichte für diesen Betrieb gesondert zu erfüllen. ⁴In den Fällen des § 18 Absatz 4c und 4d sind die erforderlichen Aufzeichnungen vom Ende des Jahres an, in dem der Umsatz bewirkt wurde, zehn Jahre lang aufzubewahren und auf Anfrage des Bundeszentralamtes für Steuern auf elektronischem Weg zur Verfügung zu stellen; in den Fällen des § 18 Absatz 4e sind die erforderlichen Aufzeichnungen vom Ende des Jahres an, in dem der Umsatz bewirkt wurde, zehn Jahre lang aufzubewahren und auf Anfrage der für das Besteuerungsverfahren zuständigen Finanzbehörde auf elektronischem Weg zur Verfügung zu stellen; in den Fällen der §§ 18i, 18j, 18k und 21a sind die erforderlichen Aufzeichnungen vom Ende des Jahres an, in dem der Umsatz oder Geschäftsvorgang bewirkt wurde, zehn Jahre lang aufzubewahren und auf Anfrage der im Inland oder im übrigen Gemeinschaftsgebiet für das besondere Besteuerungsverfahren und für die Sonderregelung zuständigen Finanzbehörde auf elektronischem Weg zur Verfügung zu stellen.

(2) Aus den Aufzeichnungen müssen zu ersehen sein:

1. die vereinbarten Entgelte für die vom Unternehmer ausgeführten Lieferungen und sonstigen Leistungen. ²Dabei ist ersichtlich zu machen, wie sich die Entgelte auf die steuerpflichtigen Umsätze, getrennt nach Steuersätzen, und auf die steuerfreien Umsätze verteilen. ³Dies gilt entsprechend für die Bemessungsgrundlagen nach § 10 Abs. 4, wenn Lieferungen im Sinne des § 3 Abs. 1b, sonstige Leistungen im Sinne des § 3 Abs. 9a sowie

---

[1] Bezeichnung geänd. durch G v. 22.9.2005 (BGBl. I S. 2809).

des § 10 Abs. 5 ausgeführt werden. ⁴Aus den Aufzeichnungen muss außerdem hervorgehen, welche Umsätze der Unternehmer nach § 9 als steuerpflichtig behandelt. ⁵Bei der Berechnung der Steuer nach vereinnahmten Entgelten (§ 20) treten an die Stelle der vereinbarten Entgelte die vereinnahmten Entgelte. ⁶Im Fall des § 17 Abs. 1 Satz 6 hat der Unternehmer, der die auf die Minderung des Entgelts entfallende Steuer an das Finanzamt entrichtet, den Betrag der Entgeltsminderung gesondert aufzuzeichnen;

2. die vereinnahmten Entgelte und Teilentgelte für noch nicht ausgeführte Lieferungen und sonstige Leistungen. ²Dabei ist ersichtlich zu machen, wie sich die Entgelte und Teilentgelte auf die steuerpflichtigen Umsätze, getrennt nach Steuersätzen, und auf die steuerfreien Umsätze verteilen. ³Nummer 1 Satz 4 gilt entsprechend;

3. die Bemessungsgrundlage für Lieferungen im Sinne des § 3 Abs. 1b und für sonstige Leistungen im Sinne des § 3 Abs. 9a Nr. 1. ²Nummer 1 Satz 2 gilt entsprechend;

4. die wegen unrichtigen Steuerausweises nach § 14c Abs. 1 und wegen unberechtigten Steuerausweises nach § 14c Abs. 2 geschuldeten Steuerbeträge;

5. die Entgelte für steuerpflichtige Lieferungen und sonstige Leistungen, die an den Unternehmer für sein Unternehmen ausgeführt worden sind, und die vor Ausführung dieser Umsätze gezahlten Entgelte und Teilentgelte, soweit für diese Umsätze nach § 13 Abs. 1 Nr. 1 Buchstabe a Satz 4 die Steuer entsteht, sowie die auf die Entgelte und Teilentgelte entfallenden Steuerbeträge;

6.¹⁾ die Bemessungsgrundlagen für die Einfuhr von Gegenständen (§ 11), die für das Unternehmen des Unternehmers eingeführt worden sind, sowie die dafür entstandene Einfuhrumsatzsteuer;

7. die Bemessungsgrundlagen für den innergemeinschaftlichen Erwerb von Gegenständen sowie die hierauf entfallenden Steuerbeträge;

8. in den Fällen des § 13b Absatz 1 bis 5²⁾ beim Leistungsempfänger die Angaben entsprechend den Nummern 1 und 2. ²Der Leistende hat die Angaben nach den Nummern 1 und 2 gesondert aufzuzeichnen;

9. die Bemessungsgrundlage für Umsätze im Sinne des § 4 Nr. 4a Satz 1 Buchstabe a Satz 2 sowie die hierauf entfallenden Steuerbeträge;

[ab 1.7.2021:
10.³⁾ in den Fällen des § 21a Namen und Anschriften der Versender und der Sendungsempfänger, die Bemessungsgrundlagen für die Einfuhr von Gegenständen (§ 11), die hierzu von den Versendern, Sendungsempfängern und Dritten erhaltenen Informationen, sowie die Sendungen, die im abgelaufenen Kalendermonat an die jeweiligen Sendungsempfänger ausgelie-

---

¹⁾ § 22 Abs. 2 Nr. 6 geänd. mWv 31.7.2014 durch G v. 25.7.2014 (BGBl. I S. 1266).
²⁾ Verweis geänd. mWv 1.7.2010 durch G v. 8.4.2010 (BGBl. I S. 386).
³⁾ § 22 Abs. 2 Nr. 10 angef. durch G. 21.12.2020 (BGBl. I S. 3096); zur Anwendung siehe § 27 Abs. 34 Satz 1.

fert wurden, die je Sendung vereinnahmten Beträge an Einfuhrumsatzsteuer, die Sendungen, die noch nicht ausgeliefert werden konnten und sich noch in der Verfügungsgewalt der gestellenden Person befinden, sowie die Sendungen, die wiederausgeführt oder unter zollamtlicher Überwachung zerstört oder anderweitig verwertet wurden.]

(3) ¹Die Aufzeichnungspflichten nach Absatz 2 Nr. 5 und 6 entfallen, wenn der Vorsteuerabzug ausgeschlossen ist (§ 15 Abs. 2 und 3). ²Ist der Unternehmer nur teilweise zum Vorsteuerabzug berechtigt, so müssen aus den Aufzeichnungen die Vorsteuerbeträge eindeutig und leicht nachprüfbar zu ersehen sein, die den zum Vorsteuerabzug berechtigenden Umsätzen ganz oder teilweise zuzurechnen sind. ³Außerdem hat der Unternehmer in diesen Fällen die Bemessungsgrundlagen für die Umsätze, die nach § 15 Abs. 2 und 3 den Vorsteuerabzug ausschließen, getrennt von den Bemessungsgrundlagen der übrigen Umsätze, ausgenommen die Einfuhren und die innergemeinschaftlichen Erwerbe, aufzuzeichnen. ⁴Die Verpflichtung zur Trennung der Bemessungsgrundlagen nach Absatz 2 Nr. 1 Satz 2, Nr. 2 Satz 2 und Nr. 3 Satz 2 bleibt unberührt.

(4) In den Fällen des § 15a hat der Unternehmer die Berechnungsgrundlagen für den Ausgleich aufzuzeichnen, der von ihm in den in Betracht kommenden Kalenderjahren vorzunehmen ist.

(4a) Gegenstände, die der Unternehmer zu seiner Verfügung vom Inland in das übrige Gemeinschaftsgebiet verbringt, müssen aufgezeichnet werden, wenn

1. an den Gegenständen im übrigen Gemeinschaftsgebiet Arbeiten ausgeführt werden,

2. es sich um eine vorübergehende Verwendung handelt, mit den Gegenständen im übrigen Gemeinschaftsgebiet sonstige Leistungen ausgeführt werden und der Unternehmer in dem betreffenden Mitgliedstaat keine Zweigniederlassung hat oder

3. es sich um eine vorübergehende Verwendung im übrigen Gemeinschaftsgebiet handelt und in entsprechenden Fällen die Einfuhr der Gegenstände aus dem Drittlandsgebiet vollständig steuerfrei wäre.

(4b) Gegenstände, die der Unternehmer von einem im übrigen Gemeinschaftsgebiet ansässigen Unternehmer mit Umsatzsteuer-Identifikationsnummer zur Ausführung einer sonstigen Leistung im Sinne des § 3a Abs. 3¹⁾ Nr. 3 Buchstabe c erhält, müssen aufgezeichnet werden.

(4c) ¹Der Lagerhalter, der ein Umsatzsteuerlager im Sinne des § 4 Nr. 4a betreibt, hat Bestandsaufzeichnungen über die eingelagerten Gegenstände und Aufzeichnungen über Leistungen im Sinne des § 4 Nr. 4a Satz 1 Buchstabe b Satz 1 zu führen. ²Bei der Auslagerung eines Gegenstands aus dem Umsatzsteuerlager muss der Lagerhalter Name, Anschrift und die inländische Umsatzsteuer-Identifikationsnummer des Auslagerers oder dessen Fiskalvertreters aufzeichnen.

(4d) ¹Im Fall der Abtretung eines Anspruchs auf die Gegenleistung für einen steuerpflichtigen Umsatz an einen anderen Unternehmer (§ 13c) hat

---

¹⁾ Verweis geänd. mWv 1.1.2010 durch G v. 19.12.2008 (BGBl. I S. 2794).

1. der leistende Unternehmer den Namen und die Anschrift des Abtretungsempfängers sowie die Höhe des abgetretenen Anspruchs auf die Gegenleistung aufzuzeichnen;
2. der Abtretungsempfänger den Namen und die Anschrift des leistenden Unternehmers, die Höhe des abgetretenen Anspruchs auf die Gegenleistung sowie die Höhe der auf den abgetretenen Anspruch vereinnahmten Beträge aufzuzeichnen. ²Sofern der Abtretungsempfänger die Forderung oder einen Teil der Forderung an einen Dritten abtritt, hat er zusätzlich den Namen und die Anschrift des Dritten aufzuzeichnen.

²Satz 1 gilt entsprechend bei der Verpfändung oder der Pfändung von Forderungen. ³An die Stelle des Abtretungsempfängers tritt im Fall der Verpfändung der Pfandgläubiger und im Fall der Pfändung der Vollstreckungsgläubiger.

(4e) ¹Wer in den Fällen des § 13c¹⁾ Zahlungen nach § 48 der Abgabenordnung leistet, hat Aufzeichnungen über die entrichteten Beträge zu führen. ²Dabei sind auch Name, Anschrift und die Steuernummer des Schuldners der Umsatzsteuer aufzuzeichnen.

(4f)²⁾ ¹Der Unternehmer, der nach Maßgabe des § 6b einen Gegenstand aus dem Gebiet eines Mitgliedstaates in das Gebiet eines anderen Mitgliedstaates befördert oder versendet, hat über diese Beförderung oder Versendung gesondert Aufzeichnungen zu führen. ²Diese Aufzeichnungen müssen folgende Angaben enthalten:

1. den vollständigen Namen und die vollständige Anschrift des Erwerbers im Sinne des § 6b Absatz 1 Nummer 1 oder des § 6b Absatz 5;
2. den Abgangsmitgliedstaat;
3. den Bestimmungsmitgliedstaat;
4. den Tag des Beginns der Beförderung oder Versendung im Abgangsmitgliedstaat;
5. die von dem Erwerber im Sinne des § 6b Absatz 1 oder des § 6b Absatz 5 verwendete Umsatzsteuer-Identifikationsnummer;
6. den vollständigen Namen und die vollständige Anschrift des Lagers, in das der Gegenstand im Rahmen der Beförderung oder Versendung in den Bestimmungsmitgliedstaat gelangt;
7. den Tag des Endes der Beförderung oder Versendung im Bestimmungsmitgliedstaat;
8. die Umsatzsteuer-Identifikationsnummer eines Dritten als Lagerhalter;
9. die Bemessungsgrundlage nach § 10 Absatz 4 Satz 1 Nummer 1, die handelsübliche Bezeichnung und Menge der im Rahmen der Beförderung oder Versendung in das Lager gelangten Gegenstände;
10. den Tag der Lieferung im Sinne des § 6b Absatz 2;
11. das Entgelt für die Lieferung nach Nummer 10 sowie die handelsübliche Bezeichnung und Menge der gelieferten Gegenstände;

---

¹⁾ Hinweis auf § 13d aufgeh. durch G v. 20.12.2007 (BGBl. I S. 3150).
²⁾ § 22 Abs. 4f eingef. mWv 1.1.2020 durch G v. 12.12.2019 (BGBl. I S. 2451).

12. die von dem Erwerber für die Lieferung nach Nummer 10 verwendete Umsatzsteuer-Identifikationsnummer;

13. das Entgelt sowie die handelsübliche Bezeichnung und Menge der Gegenstände im Fall einer innergemeinschaftlichen Lieferung gleichgestellten Verbringens im Sinne des § 6b Absatz 3;

14. die Bemessungsgrundlage der nach § 6b Absatz 4 Nummer 1 in den Abgangsmitgliedstaat zurückgelangten Gegenstände und den Tag des Beginns dieser Beförderung oder Versendung.

(4g)[1] [1]Der Unternehmer, an den der Gegenstand nach Maßgabe des § 6b geliefert werden soll, hat über diese Lieferung gesondert Aufzeichnungen zu führen. [2]Diese Aufzeichnungen müssen folgende Angaben enthalten:

1. die von dem Unternehmer im Sinne des § 6b Absatz 1 Nummer 1 verwendete Umsatzsteuer-Identifikationsnummer;

2. die handelsübliche Bezeichnung und Menge der für den Unternehmer als Erwerber im Sinne des § 6b Absatz 1 oder des § 6b Absatz 5 bestimmten Gegenstände;

3. den Tag des Endes der Beförderung oder Versendung der für den Unternehmer als Erwerber im Sinne des § 6b Absatz 1 oder des § 6b Absatz 5 bestimmten Gegenstände im Bestimmungsmitgliedstaat;

4. das Entgelt für die Lieferung an den Unternehmer sowie die handelsübliche Bezeichnung und Menge der gelieferten Gegenstände;

5. den Tag des innergemeinschaftlichen Erwerbs im Sinne des § 6b Absatz 2 Nummer 2;

6. die handelsübliche Bezeichnung und Menge der auf Veranlassung des Unternehmers im Sinne des § 6b Absatz 1 Nummer 1 aus dem Lager entnommenen Gegenstände;

7. die handelsübliche Bezeichnung der im Sinne des § 6b Absatz 6 Satz 4 zerstörten oder fehlenden Gegenstände und den Tag der Zerstörung, des Verlusts oder des Diebstahls der zuvor in das Lager gelangten Gegenstände oder den Tag, an dem die Zerstörung oder das Fehlen der Gegenstände festgestellt wurde.

[3]Wenn der Inhaber des Lagers, in das der Gegenstand im Sinne des § 6b Absatz 1 Nummer 1 befördert oder versendet wird, nicht mit dem Erwerber im Sinne des § 6b Absatz 1 Nummer 1 oder des § 6b Absatz 5 identisch ist, ist der Unternehmer von den Aufzeichnungen nach Satz 1 Nummer 3, 6 und 7 entbunden.

(5) Ein Unternehmer, der ohne Begründung einer gewerblichen Niederlassung oder außerhalb einer solchen von Haus zu Haus oder auf öffentlichen Straßen oder an anderen öffentlichen Orten Umsätze ausführt oder Gegenstände erwirbt, hat ein Steuerheft nach amtlich vorgeschriebenem Vordruck zu führen.

(6) Das Bundesministerium der Finanzen kann mit Zustimmung des Bundesrates durch Rechtsverordnung

---

[1] § 22 Abs. 4g eingef. mWv 1.1.2020 durch G v. 12.12.2019 (BGBl. I S. 2451).

1. nähere Bestimmungen darüber treffen, wie die Aufzeichnungspflichten zu erfüllen sind und in welchen Fällen Erleichterungen bei der Erfüllung dieser Pflichten gewährt werden können, sowie
2. Unternehmer im Sinne des Absatzes 5 von der Führung des Steuerhefts befreien, sofern sich die Grundlagen der Besteuerung aus anderen Unterlagen ergeben, und diese Befreiung an Auflagen knüpfen.

§ 22a Fiskalvertretung. (1) Ein Unternehmer, der weder im Inland noch in einem der in § 1 Abs. 3 genannten Gebiete seinen Wohnsitz, seinen Sitz, seine Geschäftsleitung oder eine Zweigniederlassung hat und im Inland ausschließlich steuerfreie Umsätze ausführt und keine Vorsteuerbeträge abziehen kann, kann sich im Inland durch einen Fiskalvertreter vertreten lassen.

(2) Zur Fiskalvertretung sind die in § 3 Nr. 1 bis 3 und § 4 Nr. 9 Buchstabe c des Steuerberatungsgesetzes[1] genannten Personen befugt.

(3) Der Fiskalvertreter bedarf der Vollmacht des im Ausland ansässigen Unternehmers.

§ 22b Rechte und Pflichten des Fiskalvertreters. (1) [1]Der Fiskalvertreter hat die Pflichten des im Ausland ansässigen Unternehmers nach diesem Gesetz als eigene zu erfüllen. [2]Er hat die gleichen Rechte wie der Vertretene.

(2)[2] [1]Der Fiskalvertreter hat unter der ihm nach § 22d Absatz 1 erteilten Steuernummer vierteljährlich Voranmeldungen (§ 18 Absatz 1) sowie eine Steuererklärung (§ 18 Absatz 3 und 4) abzugeben, in der er die Besteuerungsgrundlagen für jeden von ihm vertretenen Unternehmer zusammenfasst. [2]Der Steuererklärung hat der Fiskalvertreter als Anlage eine Aufstellung beizufügen, die die von ihm vertretenen Unternehmer mit deren jeweiligen Besteuerungsgrundlagen enthält.

(2a) Der Fiskalvertreter hat unter der ihm nach § 22d Absatz 1 erteilten Umsatzsteuer-Identifikationsnummer nach § 27a eine Zusammenfassende Meldung nach Maßgabe des § 18a abzugeben.

(3) [1]Der Fiskalvertreter hat die Aufzeichnungen im Sinne des § 22 für jeden von ihm vertretenen Unternehmer gesondert zu führen. [2]Die Aufzeichnungen müssen Namen und Anschrift der von ihm vertretenen Unternehmer enthalten.

§ 22c Ausstellung von Rechnungen im Fall der Fiskalvertretung. Die Rechnung hat folgende Angaben zu enthalten:
1. den Hinweis auf die Fiskalvertretung;
2. den Namen und die Anschrift des Fiskalvertreters;
3. die dem Fiskalvertreter nach § 22d Abs. 1 erteilte Umsatzsteuer-Identifikationsnummer.

---

[1] Nr. **840.**
[2] § 22b Abs. 2 ersetzt durch Abs. 2 und 2a durch G v. 12.12.2019 (BGBl. I S. 2451); zur Anwendung siehe § 27 Abs. 29.

§ 22d Steuernummer und zuständiges Finanzamt. (1) Der Fiskalvertreter erhält für seine Tätigkeit eine gesonderte Steuernummer und eine gesonderte Umsatzsteuer-Identifikationsnummer nach § 27a, unter der er für alle von ihm vertretenen im Ausland ansässigen Unternehmen auftritt.

(2) Der Fiskalvertreter wird bei dem Finanzamt geführt, das für seine Umsatzbesteuerung zuständig ist.

§ 22e Untersagung der Fiskalvertretung. (1) Die zuständige Finanzbehörde kann die Fiskalvertretung der in § 22a Abs. 2 mit Ausnahme der in § 3 des Steuerberatungsgesetzes genannten Person untersagen, wenn der Fiskalvertreter wiederholt gegen die ihm auferlegten Pflichten nach § 22b verstößt oder ordnungswidrig im Sinne des § 26a handelt.

(2) Für den vorläufigen Rechtsschutz gegen die Untersagung gelten § 361 Abs. 4 der Abgabenordnung und § 69 Abs. 5 der Finanzgerichtsordnung.

[Fassung bis 30.6.2021:]

§ 22f[1] Besondere Pflichten für Betreiber eines elektronischen Marktplatzes. (1) [1]Der Betreiber eines elektronischen Marktplatzes im Sinne des § 25e Absatz 5 und 6 hat für Lieferungen eines Unternehmers, die auf dem von ihm bereitgestellten Marktplatz rechtlich begründet worden sind und bei denen die Beförderung oder Versendung im Inland beginnt oder endet, Folgendes aufzuzeichnen:

1. den vollständigen Namen und die vollständige Anschrift des liefernden Unternehmers,

2. die dem liefernden Unternehmer von dem nach § 21 der Abgabenordnung zuständigen Finanzamt erteilte Steuernummer und soweit vorhanden die ihm vom Bundeszentralamt für Steuern erteilte Umsatzsteuer-Identifikationsnummer,

3. das Beginn- und Enddatum der Gültigkeit der Bescheinigung nach Satz 2,

[Fassung ab 1.7.2021:]

§ 22f[2] Besondere Pflichten für Betreiber einer elektronischen Schnittstelle. (1) [1]In den Fällen des § 25e Absatz 1 hat der Betreiber für Lieferungen eines Unternehmers, bei denen die Beförderung oder Versendung im Inland beginnt oder endet, Folgendes aufzuzeichnen:

1. den vollständigen Namen und die vollständige Anschrift des liefernden Unternehmers,

2. die elektronische Adresse oder Website des liefernden Unternehmers,

3. die dem liefernden Unternehmer vom Bundeszentralamt für Steuern nach § 27a erteilte Umsatzsteuer-Identifikationsnummer,

4. soweit bekannt, die dem liefernden Unternehmer von dem nach § 21 der Abgabenordnung zuständigen Finanzamt erteilte Steuernummer,

5. soweit bekannt, die Bankverbindung oder Nummer des virtuellen Kontos des Lieferers,

---

[1] § 22f eingef. durch G v. 11.12.2018 (BGBl. I S. 2338); zur Anwendung siehe Abs. 4 sowie § 27 Abs. 25; Abs. 1 Satz 7 red. ber. durch G v. 12.12.2019 (BGBl. I S. 2451).
[2] § 22f neu gef. durch G v. 21.12.2020 (BGBl. I S. 3069); zur Anwendung siehe § 27 Abs. 34 Satz 1.

[Fassung bis 30.6.2021:]

4. den Ort des Beginns der Beförderung oder Versendung sowie den Bestimmungsort und

5. den Zeitpunkt und die Höhe des Umsatzes.

² Der Nachweis über die Angaben nach Satz 1 Nummer 1 bis 3 ist vom Betreiber durch eine im Zeitpunkt der Lieferung des Unternehmers gültige, auf längstens drei Jahre befristete Bescheinigung über die steuerliche Erfassung des für den liefernden Unternehmer zuständigen Finanzamts zu führen. ³ Die Bescheinigung wird auf Antrag des liefernden Unternehmers vom zuständigen Finanzamt erteilt. ⁴ Unternehmer ohne Wohnsitz oder gewöhnlichen Aufenthalt, Sitz oder Geschäftsleitung im Inland, einem anderen Mitgliedstaat der Europäischen Union oder in einem Staat, auf den das Abkommen über den Europäischen Wirtschaftsraum anwendbar ist, haben spätestens mit der Antragstellung nach Satz 3 einen Empfangsbevollmächtigten im Inland (§ 123 der Abgabenordnung) zu benennen. ⁵ § 123 Satz 4 der Abgabenordnung gilt nicht. ⁶ Die für den liefernden Unternehmer örtlich zuständige Finanzbehörde speichert die Daten nach Satz 1 Nummer 1 bis 3 und stellt diese zum Datenabruf bereit. ⁷ Der Antragsteller ist über die Verarbeitung der in Satz 1 Nummer 1 bis 3 genannten Daten durch die Finanzbehörde nach Satz 6 zu informieren.

(2) ¹ Erfolgt die Registrierung auf dem elektronischen Marktplatz des Betreibers nicht als Unternehmer, gilt Absatz 1 Satz 1 Nummer 1, 4

[Fassung ab 1.7.2021:]

6. den Ort des Beginns der Beförderung oder Versendung sowie den Bestimmungsort,

7. den Zeitpunkt und die Höhe des Umsatzes,

8. eine Beschreibung der Gegenstände und

9. soweit bekannt, die Bestellnummer oder die eindeutige Transaktionsnummer.

² Unternehmer ohne Wohnsitz oder gewöhnlichen Aufenthalt, Sitz oder Geschäftsleitung im Inland, in einem anderen Mitgliedstaat der Europäischen Union oder in einem Staat, auf den das Abkommen über den Europäischen Wirtschaftsraum anwendbar ist, haben mit der Antragstellung auf steuerliche Erfassung einen Empfangsbevollmächtigten im Inland zu benennen. ³ § 123 Satz 2 und 3 der Abgabenordnung bleibt unberührt.

(2) ¹ Erfolgt die Registrierung auf der elektronischen Schnittstelle nicht als Unternehmer, gilt Absatz 1 Satz 1 Nummer 1 und 6 bis 9 entsprechend. ² Zusätzlich ist das Geburtsdatum aufzuzeichnen.

(3)¹⁾ ¹ Wer mittels einer elektronischen Schnittstelle die Erbringung einer sonstigen Leistung an einen Empfänger nach § 3a Absatz 5 Satz 1 unterstützt, hat Aufzeichnungen nach Artikel 54c der Durchführungsverordnung (EU) Nr. 282/2011 des Rates vom 15. März 2011 (ABl. L 77 vom 23.3.2011, S. 1) zu führen. ² Das Gleiche gilt in den Fällen des § 3 Absatz 3a.

(4) ¹ Die nach den Absätzen 1 bis 3 vorzuhaltenden Aufzeichnungen sind

---

¹⁾ Zur Anwendung siehe § 27 Abs. 25 Satz 2.

[Fassung bis 30.6.2021:]

und 5 entsprechend. [2] Zusätzlich ist das Geburtsdatum aufzuzeichnen.

(3) [1] Der Betreiber hat die Unterlagen nach den Absätzen 1 und 2 auf Anforderung des Finanzamts elektronisch zu übermitteln. [2] Stellt die Finanzbehörde ein Sammelauskunftsersuchen (§ 93 Absatz 1a Satz 1 der Abgabenordnung), findet § 93 Absatz 1a Satz 2 der Abgabenordnung keine Anwendung.

(4) Das Bundesministerium der Finanzen wird ermächtigt, durch Rechtsverordnung mit Zustimmung des Bundesrates Vorschriften zur Ausgestaltung des Datenabrufverfahren nach Absatz 1 Satz 6, zur Verarbeitung und Weiterverarbeitung der in diesem Verfahren erhobenen Daten sowie zum Datenübermittlungsverfahren nach Absatz 3 zu erlassen.

[Fassung ab 1.7.2021:]

vom Ende des Jahres an, in dem der Umsatz bewirkt wurde, zehn Jahre lang aufzubewahren und auf Anforderung des Finanzamtes elektronisch zu übermitteln. [2] Stellt die Finanzbehörde ein Sammelauskunftsersuchen (§ 93 Absatz 1a Satz 1 der Abgabenordnung), findet § 93 Absatz 1a Satz 2 der Abgabenordnung keine Anwendung.

(5) [1)] Das Bundesministerium der Finanzen wird ermächtigt, durch Rechtsverordnung mit Zustimmung des Bundesrates Vorschriften zum Datenübermittlungsverfahren nach Absatz 4 Satz 1 zu erlassen.

[ab 1.1.2024:

§ 22g [2)] **Besondere Pflichten für Zahlungsdienstleister, Verordnungsermächtigung.** (1) [1] Zahlungsdienstleister haben bei grenzüberschreitenden Zahlungen Folgendes aufzuzeichnen:

1. zum Zahlungsempfänger von den ihnen vorliegenden Informationen

    a) Name oder die Bezeichnung des Unternehmens des Zahlungsempfängers,

    b) jede Umsatzsteuer-Identifikationsnummer,

    c) jede sonstige Steuernummer,

    d) Adresse des Zahlungsempfängers und

    e) IBAN des Zahlungskontos des Zahlungsempfängers oder, falls die IBAN nicht vorhanden ist, jedes andere Kennzeichen, das den Zahlungsempfänger eindeutig identifiziert und seinen Ort angibt,

2. die BIC oder jedes andere Geschäftskennzeichen, das eindeutig den Zahlungsdienstleister, der im Namen des Zahlungsempfängers handelt, identifiziert und seinen Ort angibt, wenn der Zahlungsempfänger Geldmittel erhält, jedoch bei diesem kein Zahlungskonto innehat, sowie

---

[1)] Zur Anwendung vgl. § 27 Abs. 25 Satz 1.
[2)] § 22g eingef. mWv 1.1.2024 durch G v. 16.12.2022 (BGBl. I S. 2294); vgl. auch Bußgeldvorschriften § 26a Abs. 2 Nrn. 8 bis 10.

3. genaue Angaben zu allen im jeweiligen Kalendervierteljahr erbrachten grenzüberschreitenden Zahlungen und in diesem Zusammenhang stehenden, erkannten Zahlungserstattungen:

 a) Datum und Uhrzeit der Zahlung oder der Zahlungserstattung,

 b) Betrag und Währung der Zahlung oder der Zahlungserstattung,

 c) den Mitgliedstaat der Europäischen Union, aus dem die Zahlung stammt, oder den Mitgliedstaat der Europäischen Union, in dem die Zahlungserstattung erfolgt, sowie die Informationen, die für die Ermittlung des Ursprungs der Zahlung oder für die Ermittlung der Bestimmung der Erstattung genutzt worden sind,

 d) jede Bezugnahme, die die Zahlung oder Zahlungserstattung eindeutig ausweist, und

 e) gegebenenfalls die Angabe, dass die Zahlung in den Räumlichkeiten des leistenden Unternehmers eingeleitet wird.

[2] Zur Führung der Aufzeichnungen im Sinne des Satzes 1 sind Zahlungsdienstleister verpflichtet, wenn sie je Kalendervierteljahr im Rahmen ihrer jeweiligen Zahlungsdienste mehr als 25 grenzüberschreitende Zahlungen an denselben Zahlungsempfänger tätigen. [3] Bei der Berechnung sind alle Kennzeichen des Zahlungsempfängers im Sinne des Satzes 1 Nummer 1 Buchstabe e und Geschäftskennzeichen des Zahlungsdienstleisters im Sinne des Satzes 1 Nummer 2 einzubeziehen. [4] Die Anzahl der grenzüberschreitenden Zahlungen wird unter Zugrundelegung der Zahlungsdienste berechnet, die der Zahlungsdienstleister je Mitgliedstaat der Europäischen Union und je Kennzeichen eines Zahlungsempfängers erbringt. [5] Wenn der Zahlungsdienstleister über die Information verfügt, dass der Zahlungsempfänger mehrere Kennzeichen hat, erfolgt die Berechnung je Zahlungsempfänger.

(2) [1] Grenzüberschreitende Zahlungen im Sinne des Absatzes 1 Satz 1 sind Zahlungen, die von einem Zahler, der sich in einem Mitgliedstaat der Europäischen Union mit Ausnahme der in Artikel 6 der Richtlinie 2006/112/EG in der jeweils gültigen Fassung genannten Gebiete befindet, erbracht werden an einen Zahlungsempfänger, der sich in einem anderen Mitgliedstaat der Europäischen Union oder im Drittlandsgebiet befindet. [2] Zur Bestimmung des Ortes des Zahlers und des Zahlungsempfängers ist die Kennung der IBAN des Zahlungskontos des Zahlers und des Zahlungsempfängers oder ein anderes Kennzeichen, das eindeutig den Zahler oder den Zahlungsempfänger identifiziert und seinen Ort angibt, heranzuziehen. [3] Sofern eine Zuordnung nach Satz 2 mangels vorliegender entsprechender Kennzeichen ausscheidet, ist der Ort des Zahlungsdienstleisters maßgeblich, der im Namen des Zahlers oder des Zahlungsempfängers handelt, anhand der BIC oder eines anderen Geschäftskennzeichens, das eindeutig den Zahlungsdienstleister identifiziert und seinen Ort angibt.

(3) [1] Die Anforderung nach Absatz 1 Satz 1 gilt nicht für Zahlungsdienste, die von den Zahlungsdienstleistern des Zahlers in Bezug auf jegliche Zahlung erbracht werden, bei der mindestens einer der Zahlungsdienstleister des Zahlungsempfängers gemäß seiner BIC oder einem anderen Geschäftskennzeichen, die oder das den Zahlungsdienstleister und dessen Ort eindeutig identi-

fiziert, in einem Mitgliedstaat der Europäischen Union ansässig ist. ²Die Zahlungsdienstleister des Zahlers müssen diese Zahlungsdienste jedoch in die Berechnung nach Absatz 1 Satz 2 aufnehmen.

(4) ¹Der Zahlungsdienstleister hat die Aufzeichnungen im Sinne des Absatzes 1 Satz 1 jeweils für das Kalendervierteljahr sowie die eigene BIC oder sonstige Geschäftskennzeichen zur eindeutigen Identifizierung des Zahlungsdienstleisters bis zum Ende des auf den Ablauf des Kalendervierteljahres folgenden Kalendermonats (Meldezeitraum) vollständig und richtig dem Bundeszentralamt für Steuern zu übermitteln. ²Die Übermittlung hat nach dem amtlich vorgeschriebenen Datensatz und Datenformat über die amtlich bestimmte Schnittstelle zu erfolgen.

(5) Erkennt der Zahlungsdienstleister nachträglich, dass die übermittelten Zahlungsinformationen unrichtig oder unvollständig sind, so ist er verpflichtet, die fehlerhaften Angaben innerhalb eines Monats nach Erkenntnis zu berichtigen oder zu vervollständigen.

(6) Der Zahlungsdienstleister hat die Aufzeichnungen im Sinne des Absatzes 1 Satz 1 in elektronischer Form für einen Zeitraum von drei Kalenderjahren nach Ablauf des Kalenderjahres, in dem die Zahlung ausgeführt wurde, aufzubewahren.

(7) Im Sinne dieses Gesetzes bezeichnet der Begriff

1. „Zahlungsdienstleister" die in § 1 Absatz 1 Satz 1 Nummer 1 bis 3 des Zahlungsdiensteaufsichtsgesetzes aufgeführten Zahlungsdienstleister oder natürliche oder juristische Personen, für die eine Ausnahme gemäß Artikel 32 der Richtlinie (EU) 2015/2366 des Europäischen Parlaments und des Rates vom 25. November 2015 über Zahlungsdienste im Binnenmarkt, zur Änderung der Richtlinien 2002/65/EG, 2009/110/EG und 2013/36/EU und der Verordnung (EU) Nr. 1093/2010 sowie zur Aufhebung der Richtlinie 2007/64/EG (ABl. L 337 vom 23.12.2015, S. 35; L 169 vom 28.6.2016, S. 18; L 102 vom 23.4.2018, S. 97; L 126 vom 23.5.2018, S. 10) gilt, die im Inland ihren Sitz, ihre Hauptverwaltung oder eine Zweigniederlassung im Sinne des § 1 Absatz 5 des Zahlungsdiensteaufsichtsgesetzes haben und von dort Zahlungsdienste erbringen oder Zahlungsdienstleister, die im Sinne von Artikel 243b Absatz 4 Buchstabe b der Richtlinie (EU) 2020/284 des Rates vom 18. Februar 2020 zur Änderung der Richtlinie 2006/112/EG im Hinblick auf die Einführung bestimmter Anforderungen für Zahlungsdienstleister (ABl. L 62 vom 2.3.2020, S. 7) in Verbindung mit § 1 Absatz 4 Satz 2 des Zahlungsdiensteaufsichtsgesetzes im Inland im Wege des grenzüberschreitenden Dienstleistungsverkehrs Zahlungsdienste erbringen oder durch einen Agenten im Sinne des § 1 Absatz 9 des Zahlungsdiensteaufsichtsgesetzes ausführen lassen, ohne im Inland ansässig zu sein;

2. „Zahlungsdienst" eine der in § 1 Absatz 1 Satz 2 Nummer 3 bis 6 des Zahlungsdiensteaufsichtsgesetzes genannten gewerblichen Tätigkeiten;

3. „Zahlung" vorbehaltlich der in § 2 Absatz 1 des Zahlungsdiensteaufsichtsgesetzes vorgesehenen Ausnahmen einen Zahlungsvorgang gemäß der De-

finition in § 675f Absatz 4 Satz 1 des Bürgerlichen Gesetzbuches oder ein Finanztransfergeschäft gemäß § 1 Absatz 1 Satz 2 Nummer 6 des Zahlungsdiensteaufsichtsgesetzes;

4. „Zahler" eine Person gemäß der Definition in § 1 Absatz 15 des Zahlungsdiensteaufsichtsgesetzes;

5. „Zahlungsempfänger" eine Person gemäß der Definition in § 1 Absatz 16 des Zahlungsdiensteaufsichtsgesetzes;

6. „Zahlungskonto" ein Konto gemäß der Definition in § 1 Absatz 17 des Zahlungsdiensteaufsichtsgesetzes;

7. „IBAN" eine internationale Nummer gemäß der Definition in Artikel 2 Nummer 15 der Verordnung (EU) Nr. 260/2012 des Europäischen Parlaments und des Rates vom 14. März 2012 zur Festlegung der technischen Vorschriften und der Geschäftsanforderungen für Überweisungen und Lastschriften in Euro und zur Änderung der Verordnung (EG) Nr. 924/2009 (ABl. L 94 vom 30.3.2012, S. 22), geändert durch die Verordnung (EU) Nr. 248/2014 (ABl. L 84 vom 20.3.2014, S. 1);

8. „BIC" eine internationale Bankleitzahl gemäß der Definition in Artikel 2 Nummer 16 der Verordnung (EU) Nr. 260/2012.

(8) [1]Das Bundeszentralamt für Steuern nimmt die nach Absatz 4 übermittelten Zahlungsinformationen entgegen und führt eine ausschließlich automatisierte Prüfung der ihm übermittelten Daten daraufhin durch, ob diese Daten vollständig und schlüssig sind und ob der amtlich vorgeschriebene Datensatz verwendet worden ist. [2]Das Bundeszentralamt für Steuern speichert diese Daten in einem elektronischen System nur für Zwecke dieser Prüfung bis zur Übermittlung an das zentrale elektronische Zahlungsinformationssystem. [3]Das Bundeszentralamt für Steuern speichert und analysiert die Informationen, die ihm gemäß Artikel 24d in Verbindung mit Artikel 24c der Verordnung (EU) 2020/283 des Rates vom 18. Februar 2020 zur Änderung der Verordnung (EU) Nr. 904/2010 im Hinblick auf die Stärkung der Zusammenarbeit der Verwaltungsbehörden bei der Betrugsbekämpfung (ABl. L 62 vom 2.3.2020, S. 1) zugänglich sind, und stellt diese Daten den zuständigen Landesfinanzbehörden zur Verfügung. [4]Das Bundeszentralamt für Steuern ist für die Prüfung der Einhaltung der Pflichten, die sich für Zahlungsdienstleister aus dieser Vorschrift ergeben, zuständig.

(9) Die Verarbeitung personenbezogener Daten auf Grund der übermittelten Zahlungsinformationen der Zahlungsdienstleister durch Finanzbehörden ist ein Verwaltungsverfahren in Steuersachen im Sinne der Abgabenordnung.

(10) Das Bundesministerium der Finanzen wird ermächtigt, durch Rechtsverordnung mit Zustimmung des Bundesrates Vorschriften zur Verarbeitung und Weiterverarbeitung der nach Absatz 8 Satz 3 erhobenen Daten zu erlassen.]

Sechster Abschnitt. Sonderregelungen

§ 23[1] *Allgemeine Durchschnittssätze.* (1) Das Bundesministerium der Finanzen kann mit Zustimmung des Bundesrates zur Vereinfachung des Besteuerungsverfahrens für Gruppen von Unternehmern, bei denen hinsichtlich der Besteuerungsgrundlagen annähernd gleiche Verhältnisse vorliegen und die nicht verpflichtet sind, Bücher zu führen und auf Grund jährlicher Bestandsaufnahmen regelmäßig Abschlüsse zu machen, durch Rechtsverordnung Durchschnittssätze festsetzen für

1. die nach § 15 abziehbaren Vorsteuerbeträge oder die Grundlagen ihrer Berechnung oder

2. die zu entrichtende Steuer oder die Grundlagen ihrer Berechnung.

(2) Die Durchschnittssätze müssen zu einer Steuer führen, die nicht wesentlich von dem Betrag abweicht, der sich nach diesem Gesetz ohne Anwendung der Durchschnittssätze ergeben würde.

(3) ¹Der Unternehmer, bei dem die Voraussetzungen für eine Besteuerung nach Durchschnittssätzen im Sinne des Absatzes 1 gegeben sind, kann beim Finanzamt bis zur Unanfechtbarkeit der Steuerfestsetzung (§ 18 Abs. 3 und 4) beantragen, nach den festgesetzten Durchschnittssätzen besteuert zu werden. ²Der Antrag kann nur mit Wirkung vom Beginn eines Kalenderjahres an widerrufen werden. ³Der Widerruf ist spätestens bis zur Unanfechtbarkeit der Steuerfestsetzung des Kalenderjahres, für das er gelten soll, zu erklären. ⁴Eine erneute Besteuerung nach Durchschnittssätzen ist frühestens nach Ablauf von fünf Kalenderjahren zulässig.

§ 23a Durchschnittssatz für Körperschaften, Personenvereinigungen und Vermögensmassen im Sinne des § 5 Abs. 1 Nr. 9 des Körperschaftsteuergesetzes. (1) ¹Zur Berechnung der abziehbaren Vorsteuerbeträge (§ 15) wird für Körperschaften, Personenvereinigungen und Vermögensmassen im Sinne des § 5 Abs. 1 Nr. 9 des Körperschaftsteuergesetzes[2], die nicht verpflichtet sind, Bücher zu führen und auf Grund jährlicher Bestandsaufnahmen regelmäßig Abschlüsse zu machen, ein Durchschnittssatz von 7 Prozent des steuerpflichtigen Umsatzes, mit Ausnahme der Einfuhr und des innergemeinschaftlichen Erwerbs, festgesetzt. ²Ein weiterer Vorsteuerabzug ist ausgeschlossen.

(2) Der Unternehmer, dessen steuerpflichtiger Umsatz, mit Ausnahme der Einfuhr und des innergemeinschaftlichen Erwerbs, im vorangegangenen Kalenderjahr *35 000* [*ab 1.1.2023:* 45 000] Euro[3] überstiegen hat, kann den Durchschnittssatz nicht in Anspruch nehmen.

(3) ¹Der Unternehmer, bei dem die Voraussetzungen für die Anwendung des Durchschnittssatzes gegeben sind, kann dem Finanzamt spätestens bis zum 10. Tag nach Ablauf des ersten Voranmeldungszeitraums eines Kalenderjahres erklären, dass er den Durchschnittssatz in Anspruch nehmen will. ²Die Er-

---

[1] § 23 aufgeh. mWv 1.1.2023 durch G v. 16.12.2022 (BGBl. I S. 2294).
[2] Nr. **100**.
[3] § 23a Abs. 2 Betrag geänd. mWv 1.1.2008 durch G v. 10.10.2007 (BGBl. I S. 2332); geänd. mWv 1.1.2023 durch G v. 16.12.2022 (BGBl. I S. 2294).

klärung bindet den Unternehmer mindestens für fünf Kalenderjahre. [3] Sie kann nur mit Wirkung vom Beginn eines Kalenderjahres an widerrufen werden. [4] Der Widerruf ist spätestens bis zum 10. Tag nach Ablauf des ersten Voranmeldungszeitraums dieses Kalenderjahres zu erklären. [5] Eine erneute Anwendung des Durchschnittssatzes ist frühestens nach Ablauf von fünf Kalenderjahren zulässig.

§ 24 Durchschnittssätze für land- und forstwirtschaftliche Betriebe.

[Fassung bis 31.12.2021:]

(1) [1] Für die im Rahmen eines land- und forstwirtschaftlichen Betriebs ausgeführten Umsätze wird die Steuer vorbehaltlich der Sätze 2 bis 4 wie folgt festgesetzt:

1. für die Lieferungen von forstwirtschaftlichen Erzeugnissen, ausgenommen Sägewerkserzeugnisse, auf 5,5 Prozent[2],

2. [3] für die Lieferungen der in der Anlage 2 nicht aufgeführten Sägewerkserzeugnisse und Getränke sowie von alkoholischen Flüssigkeiten, ausgenommen die Lieferungen in das Ausland und die im Ausland bewirkten Umsätze, und für sonstige Leistungen, soweit in der Anlage 2 nicht aufgeführte Getränke abgegeben werden, auf 19 Prozent[2],

3. für die übrigen Umsätze im Sinne des § 1 Absatz 1 Nummer 1 auf 10,7 Prozent[2]

der Bemessungsgrundlage.

[Fassung ab 1.1.2022:]

(1)[1] [1] Hat der Gesamtumsatz des Unternehmers (§ 19 Absatz 3) im vorangegangenen Kalenderjahr nicht mehr als 600 000 Euro betragen, wird die Steuer für die im Rahmen eines land- und forstwirtschaftlichen Betriebs ausgeführten Umsätze vorbehaltlich der Sätze 2 bis 4 wie folgt festgesetzt:

1. für die Lieferungen von forstwirtschaftlichen Erzeugnissen, ausgenommen Sägewerkserzeugnisse, auf 5,5 Prozent,

2. für die Lieferungen der in der Anlage 2 nicht aufgeführten Sägewerkserzeugnisse und Getränke sowie von alkoholischen Flüssigkeiten, ausgenommen die Lieferungen in das Ausland und die im Ausland bewirkten Umsätze, und für sonstige Leistungen, soweit in der Anlage 2 nicht aufgeführte Getränke abgegeben werden, auf 19 Prozent,

3. für die übrigen Umsätze im Sinne des § 1 Absatz 1 Nummer 1 auf *10,7* [*ab* **1.1.2022:** 9,5; *ab* **1.1.2023:** 9,0] Prozent[4]

der Bemessungsgrundlage.

---

[1] § 24 Abs. 1 Satz 1 neu gef. durch G v. 21.12.2020 (BGBl. I S. 3096); zur Anwendung siehe § 27 Abs. 32.

[2] Beträge geänd. mWv 1.1.2007 durch G v. 29.6.2006 (BGBl. I S. 1402).

[3] § 24 Abs. 1 Satz 1 Nr. 2 geänd. durch G v. 20.12.2007 (BGBl. I S. 3150). Zur geänderten befristeten Anwendung siehe § 28 Abs. 3.

[4] § 24 Abs. 1 Satz 1 Nr. 3 und Satz 3 geänd. mWv 1.1.2022 durch G v. 21.12.2021 (BGBl. I S. 5250); geänd. mWv 1.1.2023 durch G v. 24.10.2022 (BGBl. I S. 1838).

²Die Befreiungen nach § 4 mit Ausnahme der Nummern 1 bis 7 bleiben unberührt; § 9 findet keine Anwendung. ³Die Vorsteuerbeträge werden, soweit sie den in Satz 1 Nr. 1 bezeichneten Umsätzen zuzurechnen sind, auf 5,5 Prozent, in den übrigen Fällen des Satzes 1 auf *10,7 [ab 1.1.2022:* 9,5; *ab 1.1.2023:* 9,0] Prozent[1] der Bemessungsgrundlage für diese Umsätze festgesetzt. ⁴Ein weiterer Vorsteuerabzug entfällt. ⁵§ 14 ist mit der Maßgabe anzuwenden, dass der für den Umsatz maßgebliche Durchschnittssatz in der Rechnung zusätzlich anzugeben ist.

(2) ¹Als land- und forstwirtschaftlicher Betrieb gelten

1. die Landwirtschaft, die Forstwirtschaft, der Wein-, Garten-, Obst- und Gemüsebau, die Baumschulen, alle Betriebe, die Pflanzen und Pflanzenteile mit Hilfe der Naturkräfte gewinnen, die Binnenfischerei, die Teichwirtschaft, die Fischzucht für die Binnenfischerei und Teichwirtschaft, die Imkerei, die Wanderschäferei sowie die Saatzucht;

2. Tierzucht- und Tierhaltungsbetriebe, soweit ihre Tierbestände nach *den §§ 51 und 51a [ab 1.1.2025:* § 241][2] des Bewertungsgesetzes[3] zur landwirtschaftlichen Nutzung gehören [*ab 1.1.2025:* oder diese die Voraussetzungen des § 13 Absatz 1 Nummer 1 Satz 2 des Einkommensteuergesetzes in Verbindung mit § 13b des Einkommensteuergesetzes erfüllen.][4]

²Zum land- und forstwirtschaftlichen Betrieb gehören auch die Nebenbetriebe, die dem land- und forstwirtschaftlichen Betrieb zu dienen bestimmt sind.[5]

(3) Führt der Unternehmer neben den in Absatz 1 bezeichneten Umsätzen auch andere Umsätze aus, so ist der land- und forstwirtschaftliche Betrieb als ein in der Gliederung des Unternehmens gesondert geführter Betrieb zu behandeln.

(4) ¹Der Unternehmer kann spätestens bis zum 10. Tag eines Kalenderjahres gegenüber dem Finanzamt erklären, dass seine Umsätze vom Beginn des vorangegangenen Kalenderjahres an nicht nach den Absätzen 1 bis 3, sondern nach den allgemeinen Vorschriften dieses Gesetzes besteuert werden sollen. ²Die Erklärung bindet den Unternehmer mindestens für fünf Kalenderjahre; im Fall der Geschäftsveräußerung ist der Erwerber an diese Frist gebunden. ³Sie kann mit Wirkung vom Beginn eines Kalenderjahres an widerrufen werden. ⁴Der Widerruf ist spätestens bis zum 10. Tag nach Beginn dieses Kalenderjahres zu erklären. ⁵Die Frist nach Satz 4 kann verlängert werden. ⁶Ist die Frist bereits abgelaufen, so kann sie rückwirkend verlängert werden, wenn es unbillig wäre, die durch den Fristablauf eingetretenen Rechtsfolgen bestehen zu lassen.

---

[1] § 24 Abs. 1 Satz 1 Nr. 3 und Satz 3 geänd. mWv 1.1.2022 durch G v. 21.12.2021 (BGBl. I S. 5250); geänd. mWv 1.1.2023 durch G v. 24.10.2022 (BGBl. I S. 1838).
[2] Verweis geänd. mWv 1.1.2025 durch G v. 26.11.2019 (BGBl. I S. 1794).
[3] Nr. **200.**
[4] Klammerzusatz angef. mWv 1.1.2025 durch G v. 12.12.2019 (BGBl. I S. 2451).
[5] § 24 Abs. 2 Satz 3 aufgeh. mWv 29.12.2020 durch G v. 21.12.2020 (BGBl. I S. 3096).

[ab 1.1.2022:[1])

(5) [1]Das Bundesministerium der Finanzen überprüft jährlich die Höhe des Durchschnittssatzes im Sinne des Absatzes 1 Satz 1 Nummer 3 und Satz 3 und berichtet dem Deutschen Bundestag über das Ergebnis der Überprüfung. [2]Der Durchschnittssatz wird ermittelt aus dem Verhältnis der Summe der Vorsteuern zu der Summe der Umsätze aller Unternehmer, die ihre Umsätze nach Absatz 1 Satz 1 Nummer 2 und 3 versteuern, in einem Zeitraum von drei Jahren. [3]Der ermittelte Durchschnittssatz wird auf eine Nachkommastelle kaufmännisch gerundet. [4]Soweit nach der Überprüfung eine Anpassung des Durchschnittssatzes in Absatz 1 Satz 1 Nummer 3 und Satz 3 erforderlich ist, legt die Bundesregierung kurzfristig einen entsprechenden Gesetzentwurf vor.]

§ 25 Besteuerung von Reiseleistungen. (1)[2] [1]Die nachfolgenden Vorschriften gelten für Reiseleistungen eines Unternehmers, soweit der Unternehmer dabei gegenüber dem Leistungsempfänger im eigenen Namen auftritt und Reisevorleistungen in Anspruch nimmt. [2]Die Leistung des Unternehmers ist als sonstige Leistung anzusehen. [3]Erbringt der Unternehmer an einen Leistungsempfänger im Rahmen einer Reise mehrere Leistungen dieser Art, so gelten sie als eine einheitliche sonstige Leistung. [4]Der Ort der sonstigen Leistung bestimmt sich nach § 3a Abs. 1. [5]Reisevorleistungen sind Lieferungen und sonstige Leistungen Dritter, die den Reisenden unmittelbar zugutekommen.

(2) [1]Die sonstige Leistung ist steuerfrei, soweit die ihr zuzurechnenden Reisevorleistungen im Drittlandsgebiet bewirkt werden. [2]Die Voraussetzung der Steuerbefreiung muss vom Unternehmer nachgewiesen sein. [3]Das Bundesministerium der Finanzen kann mit Zustimmung des Bundesrates durch Rechtsverordnung bestimmen, wie der Unternehmer den Nachweis zu führen hat.

(3) [1]Die sonstige Leistung bemisst sich nach dem Unterschied zwischen dem Betrag, den der Leistungsempfänger aufwendet, um die Leistung zu erhalten, und dem Betrag, den der Unternehmer für die Reisevorleistungen aufwendet. [2]Die Umsatzsteuer gehört nicht zur Bemessungsgrundlage. [3]*Der Unternehmer kann die Bemessungsgrundlage statt für jede einzelne Leistung entweder für Gruppen von Leistungen oder für die gesamten innerhalb des Besteuerungszeitraums erbrachten Leistungen ermitteln.*[3]

(4) [1]Abweichend von § 15 Abs. 1 ist der Unternehmer nicht berechtigt, die ihm für die Reisevorleistungen gesondert in Rechnung gestellten sowie die nach § 13b geschuldeten Steuerbeträge als Vorsteuer abzuziehen. [2]Im Übrigen bleibt § 15 unberührt.

(5) Für die sonstigen Leistungen gilt § 22 mit der Maßgabe, dass aus den Aufzeichnungen des Unternehmers zu ersehen sein müssen:

1. der Betrag, den der Leistungsempfänger für die Leistung aufwendet,

---

[1]) § 24 Abs. 5 angef. mWv 1.1.2022 durch G v. 21.12.2021 (BGBl. I S. 5250).
[2]) § 25 Abs. 1 Satz 1 geänd. mWv 18.12.2019 durch G v. 12.12.2019 (BGBl. I S. 2451).
[3]) § 25 Abs. 3 Satz 3 aufgeh. mWv 1.1.2022 (§ 27 Abs. 26 idF des G v. 12.12.2019, BGBl. I S. 2451) durch G v. 12.12.2019 (BGBl. I S. 2451).

2. die Beträge, die der Unternehmer für die Reisevorleistungen aufwendet,

3. die Bemessungsgrundlage nach Absatz 3 und

4. wie sich die in den Nummern 1 und 2 bezeichneten Beträge und die Bemessungsgrundlage nach Absatz 3 auf steuerpflichtige und steuerfreie Leistungen verteilen.

§ 25a Differenzbesteuerung. (1) Für die Lieferungen im Sinne des § 1 Abs. 1 Nr. 1 von beweglichen körperlichen Gegenständen gilt eine Besteuerung nach Maßgabe der nachfolgenden Vorschriften (Differenzbesteuerung), wenn folgende Voraussetzungen erfüllt sind:

1. ¹Der Unternehmer ist ein Wiederverkäufer. ²Als Wiederverkäufer gilt, wer gewerbsmäßig mit beweglichen körperlichen Gegenständen handelt oder solche Gegenstände im eigenen Namen öffentlich versteigert.

2. ¹Die Gegenstände wurden an den Wiederverkäufer im Gemeinschaftsgebiet geliefert. ²Für diese Lieferung wurde

   a) Umsatzsteuer nicht geschuldet oder nach § 19 Abs. 1 nicht erhoben oder

   b) die Differenzbesteuerung vorgenommen.

3. Die Gegenstände sind keine Edelsteine (aus Positionen 7102 und 7103 des Zolltarifs) oder Edelmetalle (aus Positionen 7106, 7108, 7110 und 7112 des Zolltarifs).

(2) ¹Der Wiederverkäufer kann spätestens bei Abgabe der ersten Voranmeldung eines Kalenderjahres gegenüber dem Finanzamt erklären, dass er die Differenzbesteuerung von Beginn dieses Kalenderjahres an auch auf folgende Gegenstände anwendet:

1. Kunstgegenstände (Nummer 53 der Anlage 2)¹⁾, Sammlungsstücke (Nummer 49 Buchstabe f und Nummer 54 der Anlage 2) oder Antiquitäten (Position 9706 00 00 des Zolltarifs)²⁾, die er selbst eingeführt hat, oder

2. Kunstgegenstände, wenn die Lieferung an ihn steuerpflichtig war und nicht von einem Wiederverkäufer ausgeführt wurde.

²Die Erklärung bindet den Wiederverkäufer für mindestens zwei Kalenderjahre.

(3)³⁾ ¹Der Umsatz wird nach dem Betrag bemessen, um den der Verkaufspreis den Einkaufspreis für den Gegenstand übersteigt; bei Lieferungen im Sinne des § 3 Abs. 1b und in den Fällen des § 10 Abs. 5 tritt an die Stelle des Verkaufspreises der Wert nach § 10 Abs. 4 Satz 1 Nr. 1. ²Lässt sich der Einkaufspreis eines Kunstgegenstandes (Nummer 53 der Anlage 2) nicht ermitteln oder ist der Einkaufspreis unbedeutend, wird der Betrag, nach dem sich der Umsatz bemisst, mit 30 Prozent des Verkaufspreises angesetzt. ³Die Umsatzsteuer gehört nicht zur Bemessungsgrundlage. ⁴Im Fall des Absatzes 2 Satz 1 Nr. 1 gilt als Einkaufspreis der Wert im Sinne des § 11 Abs. 1 zuzüglich der

---

¹⁾ Abgedruckt im Anschluss an dieses Gesetz.
²⁾ Klammerzusatz geänd. durch G v. 13.12.2006 (BGBl. I S. 2878).
³⁾ § 25a Abs. 3 Satz 2 eingef., bish. Sätze 2 bis 4 werden Sätze 3 bis 5 mWv 1.1.2014 durch G v. 26.6.2013 (BGBl. I S. 1809).

Einfuhrumsatzsteuer. ⁵Im Fall des Absatzes 2 Satz 1 Nr. 2 schließt der Einkaufspreis die Umsatzsteuer des Lieferers ein.

(4) ¹Der Wiederverkäufer kann die gesamten innerhalb eines Besteuerungszeitraums ausgeführten Umsätze nach dem Gesamtbetrag bemessen, um den die Summe der Verkaufspreise und der Werte nach § 10 Abs. 4 Satz 1 Nr. 1 die Summe der Einkaufspreise dieses Zeitraums übersteigt (Gesamtdifferenz). ²Die Besteuerung nach der Gesamtdifferenz ist nur bei solchen Gegenständen zulässig, deren Einkaufspreis 500 Euro nicht übersteigt. ³Im Übrigen gilt Absatz 3 entsprechend.

(5)¹⁾ ¹Die Steuer ist mit dem allgemeinen Steuersatz nach § 12 Abs. 1 zu berechnen. ²Die Steuerbefreiungen, ausgenommen die Steuerbefreiung für innergemeinschaftliche Lieferungen (§ 4 Nr. 1 Buchstabe b, § 6a), bleiben unberührt. ³Abweichend von § 15 Abs. 1 ist der Wiederverkäufer in den Fällen des Absatzes 2 nicht berechtigt, die entstandene Einfuhrumsatzsteuer, die gesondert ausgewiesene Steuer oder die nach § 13b Absatz 5 geschuldete Steuer für die an ihn ausgeführte Lieferung als Vorsteuer abzuziehen.

(6) ¹§ 22 gilt mit der Maßgabe, dass aus den Aufzeichnungen des Wiederverkäufers zu ersehen sein müssen

1. die Verkaufspreise oder die Werte nach § 10 Abs. 4 Satz 1 Nr. 1,

2. die Einkaufspreise und

3. die Bemessungsgrundlagen nach den Absätzen 3 und 4.

²Wendet der Wiederverkäufer neben der Differenzbesteuerung die Besteuerung nach den allgemeinen Vorschriften an, hat er getrennte Aufzeichnungen zu führen.

(7) Es gelten folgende Besonderheiten:

1. Die Differenzbesteuerung findet keine Anwendung

    a) auf die Lieferungen eines Gegenstands, den der Wiederverkäufer innergemeinschaftlich erworben hat, wenn auf die Lieferung des Gegenstands an den Wiederverkäufer die Steuerbefreiung für innergemeinschaftliche Lieferungen im übrigen Gemeinschaftsgebiet angewendet worden ist,

    b) auf die innergemeinschaftliche Lieferung eines neuen Fahrzeugs im Sinne des § 1b Abs. 2 und 3.

2. Der innergemeinschaftliche Erwerb unterliegt nicht der Umsatzsteuer, wenn auf die Lieferung der Gegenstände an den Erwerber im Sinne des § 1a Abs. 1 die Differenzbesteuerung im übrigen Gemeinschaftsgebiet angewendet worden ist.

3. Die Anwendung des § 3c und die Steuerbefreiung für innergemeinschaftliche Lieferungen (§ 4 Nr. 1 Buchstabe b, § 6a) sind bei der Differenzbesteuerung ausgeschlossen.

(8) ¹Der Wiederverkäufer kann bei jeder Lieferung auf die Differenzbesteuerung verzichten, soweit er Absatz 4 nicht anwendet. ²Bezieht sich der Verzicht auf die in Absatz 2 bezeichneten Gegenstände, ist der Vorsteuerabzug

---

¹⁾ § 25a Abs. 5 Satz 3 geänd. mWv 1.7.2010 durch G v. 8.4.2010 (BGBl. I S. 386); Satz 3 geänd. mWv 31.7.2014 durch G v. 25.7.2014 (BGBl. I S. 1266).

frühestens in dem Voranmeldungszeitraum möglich, in dem die Steuer für die Lieferung entsteht.

§ 25b Innergemeinschaftliche Dreiecksgeschäfte. (1) ¹Ein innergemeinschaftliches Dreiecksgeschäft liegt vor, wenn

1. drei Unternehmer über denselben Gegenstand Umsatzgeschäfte abschließen und dieser Gegenstand unmittelbar vom ersten Lieferer an den letzten Abnehmer gelangt,

2. die Unternehmer in jeweils verschiedenen Mitgliedstaaten für Zwecke der Umsatzsteuer erfasst sind,

3. der Gegenstand der Lieferungen aus dem Gebiet eines Mitgliedstaates in das Gebiet eines anderen Mitgliedstaates gelangt und

4. der Gegenstand der Lieferungen durch den ersten Lieferer oder den ersten Abnehmer befördert oder versendet wird.

²Satz 1 gilt entsprechend, wenn der letzte Abnehmer eine juristische Person ist, die nicht Unternehmer ist oder den Gegenstand nicht für ihr Unternehmen erwirbt und die in dem Mitgliedstaat für Zwecke der Umsatzsteuer erfasst ist, in dem sich der Gegenstand am Ende der Beförderung oder Versendung befindet.

(2) Im Fall des Absatzes 1 wird die Steuer für die Lieferung an den letzten Abnehmer von diesem geschuldet, wenn folgende Voraussetzungen erfüllt sind:

1. Der Lieferung ist ein innergemeinschaftlicher Erwerb vorausgegangen,

2. der erste Abnehmer ist in dem Mitgliedstaat, in dem die Beförderung oder Versendung endet, nicht ansässig. ²Er verwendet gegenüber dem ersten Lieferer und dem letzten Abnehmer dieselbe Umsatzsteuer-Identifikationsnummer, die ihm von einem anderen Mitgliedstaat erteilt worden ist als dem, in dem die Beförderung oder Versendung beginnt oder endet,

3. der erste Abnehmer erteilt dem letzten Abnehmer eine Rechnung im Sinne des § 14a Abs. 7, in der die Steuer nicht gesondert ausgewiesen ist, und

4. der letzte Abnehmer verwendet eine Umsatzsteuer-Identifikationsnummer des Mitgliedstaates, in dem die Beförderung oder Versendung endet.

(3) Im Fall des Absatzes 2 gilt der innergemeinschaftliche Erwerb des ersten Abnehmers als besteuert.

(4) Für die Berechnung der nach Absatz 2 geschuldeten Steuer gilt die Gegenleistung als Entgelt.

(5) Der letzte Abnehmer ist unter den übrigen Voraussetzungen des § 15 berechtigt, die nach Absatz 2 geschuldete Steuer als Vorsteuer abzuziehen.

(6) ¹§ 22 gilt mit der Maßgabe, dass aus den Aufzeichnungen zu ersehen sein müssen

1. beim ersten Abnehmer, der eine inländische Umsatzsteuer-Identifikationsnummer verwendet, das vereinbarte Entgelt für die Lieferung im Sinne des Absatzes 2 sowie der Name und die Anschrift des letzten Abnehmers;

2. beim letzten Abnehmer, der eine inländische Umsatzsteuer-Identifikationsnummer verwendet:
   a) die Bemessungsgrundlage der an ihn ausgeführten Lieferung im Sinne des Absatzes 2 sowie die hierauf entfallenden Steuerbeträge,
   b) der Name und die Anschrift des ersten Abnehmers.

[2]Beim ersten Abnehmer, der eine Umsatzsteuer-Identifikationsnummer eines anderen Mitgliedstaates verwendet, entfallen die Aufzeichnungspflichten nach § 22, wenn die Beförderung oder Versendung im Inland endet.

§ 25c Besteuerung von Umsätzen mit Anlagegold. (1) [1]Die Lieferung, die Einfuhr und der innergemeinschaftliche Erwerb von Anlagegold, einschließlich Anlagegold in Form von Zertifikaten über sammel- oder einzelverwahrtes Gold und über Goldkonten gehandeltes Gold, insbesondere auch Golddarlehen und Goldswaps, durch die ein Eigentumsrecht an Anlagegold oder ein schuldrechtlicher Anspruch auf Anlagegold begründet wird, sowie Terminkontrakte und im Freiverkehr getätigte Terminabschlüsse mit Anlagegold, die zur Übertragung eines Eigentumsrechts an Anlagegold oder eines schuldrechtlichen Anspruchs auf Anlagegold führen, sind steuerfrei. [2]Satz 1 gilt entsprechend für die Vermittlung der Lieferung von Anlagegold.

(2) Anlagegold im Sinne dieses Gesetzes sind:
1. Gold in Barren- oder Plättchenform mit einem von den Goldmärkten akzeptierten Gewicht und einem Feingehalt von mindestens 995 Tausendstel;
2. Goldmünzen, die einen Feingehalt von mindestens 900 Tausendstel aufweisen, nach dem Jahr 1800 geprägt wurden, in ihrem Ursprungsland gesetzliches Zahlungsmittel sind oder waren und üblicherweise zu einem Preis verkauft werden, der den Offenmarktwert ihres Goldgehalts um nicht mehr als 80 Prozent übersteigt.

(3) [1]Der Unternehmer, der Anlagegold herstellt oder Gold in Anlagegold umwandelt, kann eine Lieferung, die nach Absatz 1 Satz 1 steuerfrei ist, als steuerpflichtig behandeln, wenn sie an einen anderen Unternehmer für dessen Unternehmen ausgeführt wird. [2]Der Unternehmer, der üblicherweise Gold zu gewerblichen Zwecken liefert, kann eine Lieferung von Anlagegold im Sinne des Absatzes 2 Nr. 1, die nach Absatz 1 Satz 1 steuerfrei ist, als steuerpflichtig behandeln, wenn sie an einen anderen Unternehmer für dessen Unternehmen ausgeführt wird. [3]Ist eine Lieferung nach den Sätzen 1 oder 2 als steuerpflichtig behandelt worden, kann der Unternehmer, der diesen Umsatz vermittelt hat, die Vermittlungsleistung ebenfalls als steuerpflichtig behandeln.

(4) Bei einem Unternehmer, der steuerfreie Umsätze nach Absatz 1 ausführt, ist die Steuer für folgende an ihn ausgeführte Umsätze abweichend von § 15 Abs. 2 nicht vom Vorsteuerabzug ausgeschlossen:
1. die Lieferungen von Anlagegold durch einen anderen Unternehmer, der diese Lieferungen nach Absatz 3 Satz 1 oder 2 als steuerpflichtig behandelt;
2. die Lieferungen, die Einfuhr und der innergemeinschaftliche Erwerb von Gold, das anschließend von ihm oder für ihn in Anlagegold umgewandelt wird;

3. die sonstigen Leistungen, die in der Veränderung der Form, des Gewichts oder des Feingehalts von Gold, einschließlich Anlagegold, bestehen.

(5) Bei einem Unternehmer, der Anlagegold herstellt oder Gold in Anlagegold umwandelt und anschließend nach Absatz 1 Satz 1 steuerfrei liefert, ist die Steuer für an ihn ausgeführte Umsätze, die in unmittelbarem Zusammenhang mit der Herstellung oder Umwandlung des Goldes stehen, abweichend von § 15 Abs. 2 nicht vom Vorsteuerabzug ausgeschlossen.

(6)[1] Bei Umsätzen mit Anlagegold gelten zusätzlich zu den Aufzeichnungspflichten nach § 22 die Identifizierungs-, Aufzeichnungs- und Aufbewahrungspflichten des Geldwäschegesetzes entsprechend.

§ 25d[2] *(aufgehoben)*

[Fassung bis 30.6.2021:]

§ 25e[3] Haftung beim Handel auf einem elektronischen Marktplatz. (1) Der Betreiber eines elektronischen Marktplatzes (Betreiber) haftet für die nicht entrichtete Steuer aus der Lieferung eines Unternehmers, die auf dem von ihm bereitgestellten Marktplatz rechtlich begründet worden ist.

(2) [1]Der Betreiber haftet nicht nach Absatz 1, wenn er eine Bescheinigung nach § 22f Absatz 1 Satz 2 oder eine elektronische Bestätigung nach § 22f Absatz 1 Satz 6 vorlegt. [2]Dies gilt nicht, wenn er Kenntnis davon hatte oder nach der Sorgfalt eines ordentlichen Kaufmanns hätte haben müssen, dass der liefernde Unternehmer seinen steuerlichen Verpflichtungen nicht oder nicht im vollen Umfang nachkommt.

(3) [1]Der Betreiber haftet des Weiteren nicht nach Absatz 1, wenn die Registrierung auf dem elektroni-

[Fassung ab 1.7.2021:]

§ 25e[4] Haftung beim Handel über eine elektronische Schnittstelle. (1) Wer mittels einer elektronischen Schnittstelle die Lieferung eines Gegenstandes unterstützt (Betreiber), haftet für die nicht entrichtete Steuer aus dieser Lieferung; dies gilt nicht in den Fällen des § 3 Absatz 3a.

(2) [1]Der Betreiber haftet nicht nach Absatz 1, wenn der liefernde Unternehmer im Sinne von § 22f Absatz 1 Satz 1 Nummer 3 im Zeitpunkt der Lieferung über eine gültige, ihm vom Bundeszentralamt für Steuern nach § 27a erteilte Umsatzsteuer-Identifikationsnummer verfügt. [2]Dies gilt nicht, wenn er Kenntnis davon hatte oder nach der Sorgfalt eines ordentlichen Kaufmanns hätte haben müssen, dass der liefernde Unternehmer seinen steuerlichen Verpflichtungen nicht oder nicht im vollen Umfang nachkommt.

---

[1] § 25c Abs. 6 geänd. mWv 26.6.2017 durch G v. 23.6.2017 (BGBl. I S. 1822).
[2] § 25d aufgeh. mWv 1.1.2020 durch G v. 12.12.2019 (BGBl. I S. 2451).
[3] § 25e eingef. durch G v. 11.12.2018 (BGBl. I S. 2338); Abs. 5 bis 8 gelten mWv 1.1.2019; zur Anwendung von Abs. 1 bis 4 siehe § 27 Abs. 25 Satz 3.
[4] § 25e Überschr. geänd., Abs. 1 neu gef., Abs. 2 Satz 1 neu gef., Abs. 3 Satz 1 geänd., Abs. 4 Satz 3 geänd., Abs. 5 und 6 neu gef. durch G v. 21.12.2020 (BGBl. I S. 3096); zur Anwendung siehe § 27 Abs. 34 Satz 1.

[Fassung bis 30.6.2021:]

schen Marktplatz des Betreibers nicht als Unternehmer erfolgt ist und der Betreiber die Anforderungen nach § 22f Absatz 2 erfüllt. ²Dies gilt nicht, wenn nach Art, Menge oder Höhe der erzielten Umsätze davon auszugehen ist, dass der Betreiber Kenntnis davon hatte oder nach der Sorgfalt eines ordentlichen Kaufmanns hätte haben müssen, dass die Umsätze im Rahmen eines Unternehmens erbracht werden.

(4) ¹Kommt der liefernde Unternehmer seinen steuerlichen Pflichten nicht oder nicht in wesentlichem Umfang nach, ist das für den liefernden Unternehmer zuständige Finanzamt berechtigt, dies dem Betreiber mitzuteilen, wenn andere Maßnahmen keinen unmittelbaren Erfolg versprechen. ²Nach Zugang der Mitteilung haftet der Betreiber in den Fällen des Absatzes 2 für die Steuer auf Umsätze im Sinne des Absatzes 1, soweit das dem Umsatz zugrunde liegende Rechtsgeschäft nach dem Zugang der Mitteilung abgeschlossen worden ist. ³Eine Inanspruchnahme des Betreibers nach Satz 2 erfolgt nicht, wenn der Betreiber innerhalb einer vom Finanzamt im Rahmen der Mitteilung nach Satz 1 gesetzten Frist nachweist, dass der liefernde Unternehmer über seinen elektronischen Marktplatz keine Waren mehr anbieten kann. ⁴Die Sätze 1 bis 3 sind in den Fällen des Absatzes 3 entsprechend anzuwenden.

(5) Ein elektronischer Marktplatz im Sinne dieser Vorschrift ist eine Website oder jedes andere Instrument, mit dessen Hilfe Informationen über das Internet zur Verfügung gestellt werden, die es einem Dritten, der nicht Betreiber des Marktplatzes

[Fassung ab 1.7.2021:]

(3) ¹Der Betreiber haftet des Weiteren nicht nach Absatz 1, wenn die Registrierung auf der elektronischen Schnittstelle des Betreibers nicht als Unternehmer erfolgt ist und der Betreiber die Anforderungen nach § 22f Absatz 2 erfüllt. ²Dies gilt nicht, wenn nach Art, Menge oder Höhe der erzielten Umsätze davon auszugehen ist, dass der Betreiber Kenntnis davon hatte oder nach der Sorgfalt eines ordentlichen Kaufmanns hätte haben müssen, dass die Umsätze im Rahmen eines Unternehmens erbracht werden.

(4) ¹Kommt der liefernde Unternehmer seinen steuerlichen Pflichten nicht oder nicht in wesentlichem Umfang nach, ist das für den liefernden Unternehmer zuständige Finanzamt berechtigt, dies dem Betreiber mitzuteilen, wenn andere Maßnahmen keinen unmittelbaren Erfolg versprechen. ²Nach Zugang der Mitteilung haftet der Betreiber in den Fällen des Absatzes 2 für die Steuer auf Umsätze im Sinne des Absatzes 1, soweit das dem Umsatz zugrunde liegende Rechtsgeschäft nach dem Zugang der Mitteilung abgeschlossen worden ist. ³Eine Inanspruchnahme des Betreibers nach Satz 2 erfolgt nicht, wenn der Betreiber innerhalb einer vom Finanzamt im Rahmen der Mitteilung nach Satz 1 gesetzten Frist nachweist, dass der liefernde Unternehmer über seine elektronische Schnittstelle keine Waren mehr anbieten kann. ⁴Die Sätze 1 bis 3 sind in den Fällen des Absatzes 3 entsprechend anzuwenden.

(5) Eine elektronische Schnittstelle im Sinne dieser Vorschrift ist ein elektronischer Marktplatz, eine elektronische Plattform, ein elektronisches Portal oder Ähnliches.

[Fassung bis 30.6.2021:]

ist, ermöglicht, Umsätze auszuführen.

(6) Betreiber im Sinne dieser Vorschrift ist, wer einen elektronischen Marktplatz unterhält und es Dritten ermöglicht, auf diesem Marktplatz Umsätze auszuführen.

(7) Örtlich zuständig für den Erlass des Haftungsbescheides ist das Finanzamt, das für die Besteuerung des liefernden Unternehmers zuständig ist.

(8) Hat der liefernde Unternehmer keinen Wohnsitz oder gewöhnlichen Aufenthalt, Sitz oder Geschäftsleitung im Inland, einen anderen Mitgliedstaat der Europäischen Union oder in einem Staat, auf den das Abkommen über den europäischen Wirtschaftsraum anzuwenden ist, ist § 219 der Abgabenordnung nicht anzuwenden.

[Fassung ab 1.7.2021:]

(6) [1]Unterstützen im Sinne dieser Vorschrift bezeichnet die Nutzung einer elektronischen Schnittstelle, um es einem Leistungsempfänger und einem liefernden Unternehmer, der über eine elektronische Schnittstelle Gegenstände zum Verkauf anbietet, zu ermöglichen, in Kontakt zu treten, woraus eine Lieferung von Gegenständen an diesen Leistungsempfänger resultiert. [2]Der Betreiber einer elektronischen Schnittstelle unterstützt die Lieferung von Gegenständen jedoch dann nicht im Sinne dieser Vorschrift, wenn er weder unmittelbar noch mittelbar

1. irgendeine der Bedingungen für die Lieferung der Gegenstände festlegt,

2. an der Autorisierung der Abrechnung mit dem Leistungsempfänger bezüglich der getätigten Zahlungen beteiligt ist und

3. an der Bestellung oder Lieferung der Gegenstände beteiligt ist.

[3]Ein Unterstützen im Sinne dieser Vorschrift liegt auch dann nicht vor, wenn der Betreiber der elektronischen Schnittstelle lediglich eine der folgenden Leistungen anbietet:

1. die Verarbeitung von Zahlungen im Zusammenhang mit der Lieferung von Gegenständen,

2. die Auflistung von Gegenständen oder die Werbung für diese, oder

3. die Weiterleitung oder Vermittlung von Leistungsempfängern an andere elektronische Schnittstellen, über die Gegenstände zum Verkauf angeboten werden, ohne dass eine weitere Einbindung in die Lieferung besteht.

(7) Örtlich zuständig für den Erlass des Haftungsbescheides ist das Fi-

[Fassung ab 1.7.2021:]

nanzamt, das für die Besteuerung des liefernden Unternehmers zuständig ist.

(8) Hat der liefernde Unternehmer keinen Wohnsitz oder gewöhnlichen Aufenthalt, Sitz oder Geschäftsleitung im Inland, einen anderen Mitgliedstaat der Europäischen Union oder in einem Staat, auf den das Abkommen über den europäischen Wirtschaftsraum anzuwenden ist, ist § 219 der Abgabenordnung nicht anzuwenden.

§ 25f[1]) **Versagung des Vorsteuerabzugs und der Steuerbefreiung bei Beteiligung an einer Steuerhinterziehung.** (1) Sofern der Unternehmer wusste oder hätte wissen müssen, dass er sich mit der von ihm erbrachten Leistung oder seinem Leistungsbezug an einem Umsatz beteiligt, bei dem der Leistende oder ein anderer Beteiligter auf einer vorhergehenden oder nachfolgenden Umsatzstufe in eine begangene Hinterziehung von Umsatzsteuer oder Erlangung eines nicht gerechtfertigten Vorsteuerabzugs im Sinne des § 370 der Abgabenordnung oder in eine Schädigung des Umsatzsteueraufkommens im Sinne der *§§ 26b, 26c [ab 1.7.2021:* §§ 26a, 26c]*[2]) einbezogen war, ist Folgendes zu versagen:

1. die Steuerbefreiung nach § 4 Nummer 1 Buchstabe b in Verbindung mit § 6a,

2. der Vorsteuerabzug nach § 15 Absatz 1 Satz 1 Nummer 1,

3. der Vorsteuerabzug nach § 15 Absatz 1 Satz 1 Nummer 3 sowie

4. der Vorsteuerabzug nach § 15 Absatz 1 Satz 1 Nummer 4.

(2) § 25b Absatz 3 und 5 ist in den Fällen des Absatzes 1 nicht anzuwenden.

Siebenter Abschnitt. Durchführung, Bußgeld-, Straf-, Verfahrens-, Übergangs- und Schlussvorschriften

§ 26[3]) **Durchführung, Erstattung in Sonderfällen.** (1) [1]Die Bundesregierung kann mit Zustimmung des Bundesrates durch Rechtsverordnung zur Wahrung der Gleichmäßigkeit bei der Besteuerung, zur Beseitigung von Un-

---

[1]) § 25f eingef. durch G v. 12.12.2019 (BGBl. I S. 2451); zur Anwendung siehe § 27 Abs. 30.

[2]) Verweis geänd. mWv 1.7.2021 durch G v. 21.12.2020 (BGBl. I S. 3096).

[3]) § 26 Überschrift geänd. durch G v. 26.6.2013 (BGBl. I S. 1809); Abs. 1 Satz 1 geänd. (kursiver Verweis in Klammern aufgeh.) mWv 1.1.2023 durch G v. 16.12.2022 (BGBl. I S. 2294).

billigkeiten in Härtefällen oder zur Vereinfachung des Besteuerungsverfahrens den Umfang der in diesem Gesetz enthaltenen Steuerbefreiungen, Steuerermäßigungen und des Vorsteuerabzugs näher bestimmen sowie die zeitlichen Bindungen nach § 19 Abs. 2, *§ 23 Abs. 3* und § 24 Abs. 4 verkürzen. [2]Bei der näheren Bestimmung des Umfangs der Steuerermäßigung nach § 12 Abs. 2 Nr. 1 kann von der zolltariflichen Abgrenzung abgewichen werden.

(2) Das Bundesministerium der Finanzen kann mit Zustimmung des Bundesrates durch Rechtsverordnung den Wortlaut derjenigen Vorschriften des Gesetzes und der auf Grund dieses Gesetzes erlassenen Rechtsverordnungen, in denen auf den Zolltarif hingewiesen wird, dem Wortlaut des Zolltarifs in der jeweils geltenden Fassung anpassen.

(3) [1]Das Bundesministerium der Finanzen kann unbeschadet der Vorschriften der §§ 163 und 227 der Abgabenordnung[1]) anordnen, dass die Steuer für grenzüberschreitende Beförderungen von Personen im Luftverkehr niedriger festgesetzt oder ganz oder zum Teil erlassen wird, soweit der Unternehmer keine Rechnungen mit gesondertem Ausweis der Steuer (§ 14 Abs. 4) erteilt hat. [2]Bei Beförderungen durch ausländische Unternehmer kann die Anordnung davon abhängig gemacht werden, dass in dem Land, in dem der ausländische Unternehmer seinen Sitz hat, für grenzüberschreitende Beförderungen im Luftverkehr, die von Unternehmern mit Sitz in der Bundesrepublik Deutschland durchgeführt werden, eine Umsatzsteuer oder ähnliche Steuer nicht erhoben wird.

(4)[2]) [1]Die Umsatzsteuer wird einem Konsortium, das auf der Grundlage der Verordnung (EG) Nr. 723/2009 des Rates vom 25. Juni 2009 über den gemeinschaftlichen Rechtsrahmen für ein Konsortium für eine europäische Forschungsinfrastruktur (ABl. L 206 vom 8.8.2009, S. 1) durch einen Beschluss der Kommission gegründet wurde, vom Bundeszentralamt für Steuern vergütet, wenn

1. das Konsortium seinen satzungsgemäßen Sitz im Inland hat,
2. es sich um die gesetzlich geschuldete Umsatzsteuer handelt, die in Rechnung gestellt und gesondert ausgewiesen wurde,
3. es sich um Umsatzsteuer für Lieferungen und sonstige Leistungen handelt, die das Konsortium für seine satzungsgemäße und nichtunternehmerische Tätigkeit in Anspruch genommen hat,
4. der Steuerbetrag je Rechnung insgesamt 25 Euro übersteigt und
5. die Steuer gezahlt wurde.

[2]Satz 1 gilt entsprechend für die von einem Konsortium nach § 13b Absatz 5 geschuldete und von ihm entrichtete Umsatzsteuer, wenn diese je Rechnung insgesamt 25 Euro übersteigt. [3]Die Sätze 1 und 2 sind auf ein Konsortium mit satzungsgemäßem Sitz in einem anderen Mitgliedstaat sinngemäß anzuwenden, wenn die Voraussetzungen für die Vergütung durch die in § 4 Nummer 7 Satz 5 genannte Bescheinigung nachgewiesen wird. [4]Mindert sich die Bemessungsgrundlage nachträglich, hat das Konsortium das Bundeszentralamt für

---

[1]) Nr. **800.**
[2]) § 26 Abs. 4 neu gef. mWv 30.6.2013 durch G v. 26.6.2013 (BGBl. I S. 1809).

Steuern davon zu unterrichten und den zu viel vergüteten Steuerbetrag zurückzuzahlen. [5] Wird ein Gegenstand, den ein Konsortium für seine satzungsgemäße Tätigkeit erworben hat und für dessen Erwerb eine Vergütung der Umsatzsteuer gewährt worden ist, entgeltlich oder unentgeltlich abgegeben, vermietet oder übertragen, ist der Teil der vergüteten Umsatzsteuer, der dem Veräußerungspreis oder bei unentgeltlicher Abgabe oder Übertragung dem Zeitwert des Gegenstands entspricht, an das Bundeszentralamt für Steuern zu entrichten. [6] Der zu entrichtende Steuerbetrag kann aus Vereinfachungsgründen durch Anwendung des im Zeitpunkt der Abgabe oder Übertragung des Gegenstands geltenden Steuersatzes ermittelt werden.

(5) Das Bundesministerium der Finanzen kann mit Zustimmung des Bundesrates durch Rechtsverordnung näher bestimmen, wie der Nachweis bei den folgenden Steuerbefreiungen zu führen ist:

1. Artikel III Nr. 1 des Abkommens zwischen der Bundesrepublik Deutschland und den Vereinigten Staaten von Amerika über die von der Bundesrepublik zu gewährenden Abgabenvergünstigungen für die von den Vereinigten Staaten im Interesse der gemeinsamen Verteidigung geleisteten Ausgaben (BGBl. 1955 II S. 823);

2. Artikel 67 Abs. 3 des Zusatzabkommens zu dem Abkommen zwischen den Parteien des Nordatlantikvertrags über die Rechtsstellung ihrer Truppen hinsichtlich der in der Bundesrepublik Deutschland stationierten ausländischen Truppen (BGBl. 1961 II S. 1183, 1218);

3. Artikel 14 Abs. 2 Buchstabe b und d des Abkommens zwischen der Bundesrepublik Deutschland und dem Obersten Hauptquartier der Alliierten Mächte, Europa, über die besonderen Bedingungen für die Einrichtung und den Betrieb internationaler militärischer Hauptquartiere in der Bundesrepublik Deutschland (BGBl. 1969 II S. 1997, 2009).

(6) Das Bundesministerium der Finanzen kann dieses Gesetz und die auf Grund dieses Gesetzes erlassenen Rechtsverordnungen in der jeweils geltenden Fassung mit neuem Datum und unter neuer Überschrift im Bundesgesetzblatt bekannt machen.

§ 26a Bußgeldvorschriften. (1)[1] Ordnungswidrig handelt, wer entgegen § 18 Absatz 1 Satz 4, Absatz 4 Satz 1 oder 2, Absatz 4c Satz 2, Absatz 4e Satz 4 oder Absatz 5a Satz 4, § 18i Absatz 3 Satz 3, § 18j Absatz 4 Satz 3 oder § 18k Absatz 4 Satz 3 eine Vorauszahlung, einen Unterschiedsbetrag oder eine festgesetzte Steuer nicht, nicht vollständig oder nicht rechtzeitig entrichtet.

(2)[2] Ordnungswidrig handelt, wer vorsätzlich oder leichtfertig

1. entgegen § 14 Abs. 2 Satz 1 Nr. 1 oder 2 Satz 2 eine Rechnung nicht oder nicht rechtzeitig ausstellt,

---

[1] § 26a Abs. 1 eingef., bish. Abs. 1 bis 3 werden Abs. 2 bis 4, neuer Abs. 3 neu gef., neuer Abs. 4 geänd. mWv 1.7.2021 durch G v. 21.12.2020 (BGBl. I S. 3096); Abs. 4 geänd. mWv 1.1.2024 durch G v. 16.12.2022 (BGBl. I S. 2294).
[2] § 26a Abs. 2 Nrn, 8 bis 10 angef. mWv 1.1.2024 durch G v. 16.12.2022 (BGBl. I S. 2294).

2. entgegen § 14b Abs. 1 Satz 1, auch in Verbindung mit Satz 4, ein dort bezeichnetes Doppel oder eine dort bezeichnete Rechnung nicht oder nicht mindestens zehn Jahre aufbewahrt,

3. entgegen § 14b Abs. 1 Satz 5 eine dort bezeichnete Rechnung, einen Zahlungsbeleg oder eine andere beweiskräftige Unterlage nicht oder nicht mindestens zwei Jahre aufbewahrt,

4. entgegen § 18 Abs. 12 Satz 3 die dort bezeichnete Bescheinigung nicht oder nicht rechtzeitig vorlegt,

5. entgegen § 18a Absatz 1 bis 3 in Verbindung mit Absatz 7 Satz 1, Absatz 8 oder Absatz 9 eine Zusammenfassende Meldung nicht, nicht richtig, nicht vollständig oder nicht rechtzeitig abgibt oder entgegen § 18a Absatz 10 eine Zusammenfassende Meldung nicht oder nicht rechtzeitig berichtigt,

6. einer Rechtsverordnung nach § 18c zuwiderhandelt, soweit sie für einen bestimmten Tatbestand auf die Bußgeldvorschrift verweist,

7. entgegen § 18d Satz 3 die dort bezeichneten Unterlagen nicht, nicht vollständig oder nicht rechtzeitig vorlegt,

[ab 1.1.2024:

8. entgegen § 22g Absatz 4 Satz 1 eine Information nicht, nicht richtig, nicht vollständig oder nicht rechtzeitig übermittelt,

9. entgegen § 22g Absatz 5 eine Angabe nicht oder nicht rechtzeitig berichtigt und nicht oder nicht rechtzeitig vervollständigt oder

10. entgegen § 22g Absatz 6 eine Aufzeichnung nicht oder nicht mindestens drei Kalenderjahre aufbewahrt.]

(3) Die Ordnungswidrigkeit kann in den Fällen des Absatzes 1 mit einer Geldbuße bis zu dreißigtausend Euro, in den Fällen des Absatzes 2 Nummer 3 mit einer Geldbuße bis zu tausend Euro, in den übrigen Fällen des Absatzes 2 mit einer Geldbuße bis zu fünftausend Euro geahndet werden.

(4) Verwaltungsbehörde im Sinne des § 36 Absatz 1 Nummer 1 des Gesetzes über Ordnungswidrigkeiten ist in den Fällen des Absatzes 2 Nummer *5 und 6 [ab 1.1.2024:* 5, 6 und 8 bis 10] das Bundeszentralamt für Steuern.

§ 26b[1]) *Schädigung des Umsatzsteueraufkommens. (1) Ordnungswidrig handelt, wer die in einer Rechnung im Sinne von § 14 ausgewiesene Umsatzsteuer zu einem in § 18 Absatz 1 Satz 4*[2]) *oder Abs. 4 Satz 1 oder 2 genannten Fälligkeitszeitpunkt nicht oder nicht vollständig entrichtet.*

(2) Die Ordnungswidrigkeit kann mit einer Geldbuße bis zu fünfzigtausend Euro geahndet werden.

§ 26c[3]) *Gewerbsmäßige oder bandenmäßige Schädigung des Umsatzsteueraufkommens [ab 1.7.2021:* **Strafvorschriften**]. Mit Freiheitsstrafe bis zu fünf Jahren oder mit Geldstrafe wird bestraft, wer in den Fällen des *§ 26b [ab 1.7.*

---

[1]) § 26b aufgeh. mWv 1.7.2021 durch G v. 21.12.2020 (BGBl. I S. 3096).
[2]) Verweis geänd. durch G v. 26.6.2013 (BGBl. I S. 1809).
[3]) § 26c Überschr. und Wortlaut geänd. mWv 1.7.2021 durch G v. 21.12.2020 (BGBl. I S. 3096).

2021: § 26a Absatz 1] gewerbsmäßig oder als Mitglied einer Bande, die sich zur fortgesetzten Begehung solcher Handlungen verbunden hat, handelt.

§ 27 Allgemeine Übergangsvorschriften.

(1) ¹Änderungen dieses Gesetzes sind, soweit nichts anderes bestimmt ist, auf Umsätze im Sinne des § 1 Abs. 1 Nr. 1 und 5 anzuwenden, die ab dem Inkrafttreten der maßgeblichen Änderungsvorschrift ausgeführt werden. ²Das gilt für Lieferungen und sonstige Leistungen auch insoweit, als die Steuer dafür nach § 13 Abs. 1 Nr. 1 Buchstabe a Satz 4, Buchstabe b oder § 13b Absatz 4 Satz 2¹⁾ vor dem Inkrafttreten der Änderungsvorschrift entstanden ist. ³Die Berechnung dieser Steuer ist für den Voranmeldungszeitraum zu berichtigen, in dem die Lieferung oder sonstige Leistung ausgeführt wird.

(1a) ¹§ 4 Nr. 14 ist auf Antrag auf vor dem 1. Januar 2000 erbrachte Umsätze aus der Tätigkeit als Sprachheilpädagoge entsprechend anzuwenden, soweit der Sprachheilpädagoge gemäß § 124 Abs. 2 des Fünften Buches Sozialgesetzbuch von den zuständigen Stellen der gesetzlichen Krankenkassen umfassend oder für bestimmte Teilgebiete der Sprachtherapie zur Abgabe von sprachtherapeutischen Heilmitteln zugelassen ist und die Voraussetzungen des § 4 Nr. 14 spätestens zum 1. Januar 2000 erfüllt. ²Bestandskräftige Steuerfestsetzungen können insoweit aufgehoben oder geändert werden.

(2) § 9 Abs. 2 ist nicht anzuwenden, wenn das auf dem Grundstück errichtete Gebäude

1. Wohnzwecken dient oder zu dienen bestimmt ist und vor dem 1. April 1985 fertig gestellt worden ist,

2. anderen nichtunternehmerischen Zwecken dient oder zu dienen bestimmt ist und vor dem 1. Januar 1986 fertig gestellt worden ist,

3. anderen als in den Nummern 1 und 2 bezeichneten Zwecken dient oder zu dienen bestimmt ist und vor dem 1. Januar 1998 fertig gestellt worden ist,

und wenn mit der Errichtung des Gebäudes in den Fällen der Nummern 1 und 2 vor dem 1. Juni 1984 und in den Fällen der Nummer 3 vor dem 11. November 1993 begonnen worden ist.

(3) § 14 Abs. 1a in der bis zum 31. Dezember 2003 geltenden Fassung ist auf Rechnungen anzuwenden, die nach dem 30. Juni 2002 ausgestellt werden, sofern die zugrunde liegenden Umsätze bis zum 31. Dezember 2003 ausgeführt wurden.

(4) ¹Die §§ 13b, 14 Abs. 1, § 14a Abs. 4 und 5 Satz 3 Nr. 3, § 15 Abs. 1 Satz 1 Nr. 4 und Abs. 4b, § 17 Abs. 1 Satz 1, § 18 Abs. 4a Satz 1, § 19 Abs. 1 Satz 3, § 22 Abs. 1 Satz 2 und Abs. 2 Nr. 8, § 25a Abs. 5 Satz 3 in der jeweils bis zum 31. Dezember 2003 geltenden Fassung sind auch auf Umsätze anzuwenden, die vor dem 1. Januar 2002 ausgeführt worden sind, soweit das Entgelt für diese Umsätze erst nach dem 31. Dezember 2001 gezahlt worden ist. ²Soweit auf das Entgelt oder Teile des Entgelts für nach dem 31. Dezem-

---

¹⁾ Verweis eingef. mWv 1.7.2006 durch G v. 29.6.2006 (BGBl. I S. 1402); geänd. mWv 1.7.2010 durch G v. 8.4.2010 (BGBl. I S. 386).

ber 2001 ausgeführte Umsätze vor dem 1. Januar 2002 das Abzugsverfahren nach § 18 Abs. 8 in der bis zum 31. Dezember 2001 geltenden Fassung angewandt worden ist, mindert sich die vom Leistungsempfänger nach § 13b geschuldete Steuer um die bisher im Abzugsverfahren vom leistenden Unternehmer geschuldete Steuer.

(5) ¹§ 3 Abs. 9a Satz 2, § 15 Abs. 1b, § 15a Abs. 3 Nr. 2 und § 15a Abs. 4 Satz 2 in der jeweils bis 31. Dezember 2003 geltenden Fassung sind auf Fahrzeuge anzuwenden, die nach dem 31. März 1999 und vor dem 1. Januar 2004 angeschafft oder hergestellt, eingeführt, innergemeinschaftlich erworben oder gemietet worden sind und für die der Vorsteuerabzug nach § 15 Abs. 1b vorgenommen worden ist. ²Dies gilt nicht für nach dem 1. Januar 2004 anfallende Vorsteuerbeträge, die auf die Miete oder den Betrieb dieser Fahrzeuge entfallen.

(6) Umsätze aus der Nutzungsüberlassung von Sportanlagen können bis zum 31. Dezember 2004 in eine steuerfreie Grundstücksüberlassung und in eine steuerpflichtige Überlassung von Betriebsvorrichtungen aufgeteilt werden.

(7)¹⁾ § 13c ist anzuwenden auf Forderungen, die nach dem 7. November 2003 abgetreten, verpfändet oder gepfändet worden sind.

(8) § 15a Abs. 1 Satz 1 und Abs. 4 Satz 1 in der Fassung des Gesetzes vom 20. Dezember 2001 (BGBl. I S. 3794) ist auch für Zeiträume vor dem 1. Januar 2002 anzuwenden, wenn der Unternehmer den Vorsteuerabzug im Zeitpunkt des Leistungsbezugs auf Grund der von ihm erklärten Verwendungsabsicht in Anspruch genommen hat und die Nutzung ab dem Zeitpunkt der erstmaligen Verwendung mit den für den Vorsteuerabzug maßgebenden Verhältnissen nicht übereinstimmt.

(9) § 18 Abs. 1 Satz 1 ist erstmals auf Voranmeldungszeiträume anzuwenden, die nach dem 31. Dezember 2004 enden.

(10) § 4 Nr. 21a in der bis 31. Dezember 2003 geltenden Fassung ist auf Antrag auf vor dem 1. Januar 2005 erbrachte Umsätze der staatlichen Hochschulen aus Forschungstätigkeit anzuwenden, wenn die Leistungen auf einem Vertrag beruhen, der vor dem 3. September 2003 abgeschlossen worden ist.

(11) § 15a in der Fassung des Artikels 5 des Gesetzes vom 9. Dezember 2004 (BGBl. I S. 3310) ist auf Vorsteuerbeträge anzuwenden, deren zugrunde liegende Umsätze im Sinne des § 1 Abs. 1 nach dem 31. Dezember 2004 ausgeführt werden.

(12)²⁾ Auf Vorsteuerbeträge, deren zugrunde liegende Umsätze im Sinne des § 1 Abs. 1 nach dem 31. Dezember 2006 ausgeführt werden, ist § 15a Abs. 3 und 4 in der am 1. Januar 2007 geltenden Fassung anzuwenden.

(13)³⁾ § 18a Abs. 1 Satz 1, 4 und 5 in der Fassung des Artikels 7 des Gesetzes vom 13. Dezember 2006 (BGBl. I S. 2878) ist erstmals auf Meldezeiträume anzuwenden, die nach dem 31. Dezember 2006 enden.

---

¹⁾ § 27 Abs. 7 Satz 2 aufgeh. mWv 1.1.2008 durch G v. 20.12.2007 (BGBl. I S. 3150).
²⁾ § 27 Abs. 12 angef. durch G v. 22.8.2006 (BGBl. I S. 1970).
³⁾ § 27 Abs. 13 angef. durch G v. 13.12.2006 (BGBl. I S. 2878).

(14)¹⁾ § 18 Abs. 9 in der Fassung des Artikels 7 des Gesetzes vom 19. Dezember 2008 (BGBl. I S. 2794) und § 18g sind auf Anträge auf Vergütung von Vorsteuerbeträgen anzuwenden, die nach dem 31. Dezember 2009 gestellt werden.

(15)²⁾ § 14 Abs. 2 Satz 1 Nr. 2 und § 14 Abs. 3 Nr. 2 in der jeweils ab 1. Januar 2009 geltenden Fassung sind auf alle Rechnungen über Umsätze anzuwenden, die nach dem 31. Dezember 2008 ausgeführt werden.

(16)³⁾ ¹§ 3 Absatz 9a Nummer 1, § 15 Absatz 1b, § 15a Absatz 6a und 8 Satz 2 in der Fassung des Artikels 4 des Gesetzes vom 8. Dezember 2010 (BGBl. I S. 1768) sind nicht anzuwenden auf Wirtschaftsgüter im Sinne des § 15 Absatz 1b, die auf Grund eines vor dem 1. Januar 2011 rechtswirksam abgeschlossenen obligatorischen Vertrags oder gleichstehenden Rechtsakts angeschafft worden sind oder mit deren Herstellung vor dem 1. Januar 2011 begonnen worden ist. ²Als Beginn der Herstellung gilt bei Gebäuden, für die eine Baugenehmigung erforderlich ist, der Zeitpunkt, in dem der Bauantrag gestellt wird; bei baugenehmigungsfreien Gebäuden, für die Bauunterlagen einzureichen sind, der Zeitpunkt, in dem die Bauunterlagen eingereicht werden.

(17)³⁾ § 18 Absatz 3 in der Fassung des Artikels 4 des Gesetzes vom 8. Dezember 2010 (BGBl. I S. 1768) ist erstmals auf Besteuerungszeiträume anzuwenden, die nach dem 31. Dezember 2010 enden.

(18)³⁾ § 14 Absatz 1 und 3 ist in der ab 1. Juli 2011 geltenden Fassung auf alle Rechnungen über Umsätze anzuwenden, die nach dem 30. Juni 2011 ausgeführt werden.

(19)⁴⁾ ¹Sind Unternehmer und Leistungsempfänger davon ausgegangen, dass der Leistungsempfänger die Steuer nach § 13b auf eine vor dem 15. Februar 2014 erbrachte steuerpflichtige Leistung schuldet, und stellt sich diese Annahme als unrichtig heraus, ist die gegen den leistenden Unternehmer wirkende Steuerfestsetzung zu ändern, soweit der Leistungsempfänger die Erstattung der Steuer fordert, die er in der Annahme entrichtet hatte, Steuerschuldner zu sein. ²§ 176 der Abgabenordnung steht der Änderung nach Satz 1 nicht entgegen. ³Das für den leistenden Unternehmer zuständige Finanzamt kann auf Antrag zulassen, dass der leistende Unternehmer dem Finanzamt den ihm gegen den Leistungsempfänger zustehenden Anspruch auf Zahlung der gesetzlich entstandenen Umsatzsteuer abtritt, wenn die Annahme der Steuerschuld des Leistungsempfängers im Vertrauen auf eine Verwaltungsanweisung beruhte und der leistende Unternehmer bei der Durchsetzung des abgetretenen Anspruchs mitwirkt. ⁴Die Abtretung wirkt an Zahlungs statt, wenn

1. der leistende Unternehmer dem Leistungsempfänger eine erstmalige oder geänderte Rechnung mit offen ausgewiesener Umsatzsteuer ausstellt,

---

¹⁾ § 27 Abs. 14 angef. durch G v. 19.12.2008 (BGBl. I S. 2794).
²⁾ § 27 Abs. 15 angef. durch G v. 20.12.2008 (BGBl. I S. 2850).
³⁾ § 27 Abs. 16 und 17 angef. durch G v. 8.12.2010 (BGBl. I S. 1768); Abs. 18 angef. durch G v. 1.11.2011 (BGBl. I S. 2131).
⁴⁾ § 27 Abs. 19 angef. durch G v. 25.7.2014 (BGBl. I S. 1266).

2. die Abtretung an das Finanzamt wirksam bleibt,

3. dem Leistungsempfänger diese Abtretung unverzüglich mit dem Hinweis angezeigt wird, dass eine Zahlung an den leistenden Unternehmer keine schuldbefreiende Wirkung mehr hat, und

4. der leistende Unternehmer seiner Mitwirkungspflicht nachkommt.

(20)[1] § 18h Absatz 3 und 4 in der Fassung des Artikels 8 des Gesetzes vom 25. Juli 2014 (BGBl. I S. 1266) ist erstmals auf Besteuerungszeiträume anzuwenden, die nach dem 31. Dezember 2014 enden.

(21)[2] § 18 Absatz 2 in der am 1. Januar 2015 geltenden Fassung ist erstmals auf Voranmeldungszeiträume anzuwenden, die nach dem 31. Dezember 2014 enden.

(22)[3] [1]§ 2 Absatz 3 in der am 31. Dezember 2015 geltenden Fassung ist auf Umsätze, die nach dem 31. Dezember 2015 und vor dem 1. Januar 2017 ausgeführt werden, weiterhin anzuwenden. [2]§ 2b in der am 1. Januar 2016 geltenden Fassung ist auf Umsätze anzuwenden, die nach dem 31. Dezember 2016 ausgeführt werden. [3]Die juristische Person des öffentlichen Rechts kann dem Finanzamt gegenüber einmalig erklären, dass sie § 2 Absatz 3 in der am 31. Dezember 2015 geltenden Fassung für sämtliche nach dem 31. Dezember 2016 und vor dem 1. Januar 2021 ausgeführte Leistungen weiterhin anwendet.[4] [4]Eine Beschränkung der Erklärung auf einzelne Tätigkeitsbereiche oder Leistungen ist nicht zulässig. [5]Die Erklärung ist bis zum 31. Dezember 2016 abzugeben. [6]Sie kann nur mit Wirkung vom Beginn eines auf die Abgabe folgenden Kalenderjahres an widerrufen werden. [7]§ 18 Absatz 4f und 4g ist erstmals auf Besteuerungszeiträume anzuwenden, die nicht der Erklärung nach Satz 3 unterliegen.

(22a)[5] [1]Hat eine juristische Person des öffentlichen Rechts gegenüber dem Finanzamt gemäß Absatz 22 Satz 3 erklärt, dass sie § 2 Absatz 3 in der am 31. Dezember 2015 geltenden Fassung für sämtliche nach dem 31. Dezember 2016 und vor dem 1. Januar 2021 ausgeführte Leistungen weiterhin anwendet und die Erklärung für vor dem 1. Januar 2023 endende Zeiträume nicht widerrufen, gilt die Erklärung auch für sämtliche Leistungen, die nach dem 31. Dezember 2020 und vor dem 1. Januar 2025 ausgeführt werden. [2]Die Erklärung nach Satz 1 kann auch für Zeiträume nach dem 31. Dezember 2020 nur mit Wirkung vom Beginn eines auf die Abgabe folgenden Kalenderjahres an widerrufen werden. [3]Es ist nicht zulässig, den Widerruf auf einzelne Tätigkeitsbereiche oder Leistungen zu beschränken.

(23)[6] § 3 Absatz 13 bis 15 sowie § 10 Absatz 1 Satz 6 in der Fassung des Artikels 9 des Gesetzes vom 11. Dezember 2018 (BGBl. I S. 2338) sind erst-

[1] § 27 Abs. 20 angef. durch G v. 25.7.2014 (BGBl. I S. 1266).
[2] § 27 Abs. 21 angef. durch G v. 22.12.2014 (BGBl. I S. 2417).
[3] § 27 Abs. 22 angef. durch G v. 2.11.2015 (BGBl. I S. 1834); Satz 7 angef. durch G v. 21.12.2020 (BGBl. I S. 3096).
[4] Siehe hierzu Abs. 22a.
[5] § 27 Abs. 22a eingef. durch G v. 19.6.2020 (BGBl. I S. 1385); Satz 1 geänd. durch G v. 16.12.2022 (BGBl. I S. 2294).
[6] § 27 Abs. 23 angef. durch G v. 11.12.2018 (BGBl. I S. 2338).

mals auf Gutscheine anzuwenden, die nach dem 31. Dezember 2018 ausgestellt werden.

(24)[1] [1] § 3a Absatz 5 Satz 3 bis 5 und § 14 Absatz 7 Satz 3 in der Fassung des Artikels 9 des Gesetzes vom 11. Dezember 2018 (BGBl. I S. 2338) sind auf Umsätze anzuwenden, die nach dem 31. Dezember 2018 ausgeführt werden. [2] § 18 Absatz 4c Satz 1 und Absatz 4d in der Fassung des Artikels 9 des Gesetzes vom 11. Dezember 2018 (BGBl. I S. 2338) ist auf Besteuerungszeiträume anzuwenden, die nach dem 31. Dezember 2018 enden.

(25)[2] [1] Das Bundesministerium der Finanzen teilt den Beginn, ab dem Daten nach § 22f Absatz 3 auf Anforderung zu übermitteln sind, durch ein im Bundessteuerblatt zu veröffentlichendes Schreiben mit. [2] Gleiches gilt für die Festlegung des Kalenderjahres, ab dem Daten nach § 22f Absatz 3 auf Anforderung zu übermitteln sind. [3] § 25e Absatz 1 bis Absatz 4 in der Fassung des Artikels 9 des Gesetzes vom 11. Dezember 2018 (BGBl. I S. 2338) ist für die in § 22f Absatz 1 Satz 4 in der am 1. Januar 2019 geltenden Fassung genannten Unternehmer ab 1. März 2019 und für andere als die in § 22f Absatz 1 Satz 4 in der am 1. Januar 2019 geltenden Fassung genannten Unternehmer ab 1. Oktober 2019 anzuwenden.

(25a)[3] Für Personen, die Leistungen nach dem Soldatenversorgungsgesetz in der Fassung der Bekanntmachung vom 16. September 2009 (BGBl. I S. 3054), das zuletzt durch Artikel 19 des Gesetzes vom 4. August 2019 (BGBl. I S. 1147) geändert worden ist, in Verbindung mit dem Bundesversorgungsgesetz in der Fassung der Bekanntmachung vom 22. Januar 1982 (BGBl. I S. 21), das zuletzt durch Artikel 1 der Verordnung vom 13. Juni 2019 (BGBl. I S. 793) geändert worden ist, erhalten, gelten die Vorschriften des § 4 Nummer 15 Buchstabe b Satz 1 und Nummer 16 Buchstabe l[4] in der am 31. Dezember 2023 geltenden Fassung weiter.

(26)[5] § 25 Absatz 3 in der Fassung des Artikels 11 des Gesetzes vom 12. Dezember 2019 (BGBl. I S. 2451) ist erstmals auf Umsätze anzuwenden, die nach dem 31. Dezember 2021 bewirkt werden.

(27)[5] · [6] § 4 Nummer 15a in der bis zum 31. Dezember 2019 geltenden Fassung gilt bis zu den Zeitpunkten nach § 412 Absatz 1 Satz 4 des Fünften Buches Sozialgesetzbuch sowie § 412 Absatz 5 Satz 9 in Verbindung mit § 412 Absatz 1 Satz 4 des Fünften Buches Sozialgesetzbuch fort.

(28)[5] § 15 Absatz 4b, § 16 Absatz 2 Satz 1 und § 18 Absatz 9 in der Fassung des Artikels 12 des Gesetzes vom 12. Dezember 2019 (BGBl. I S. 2451) sind erstmals auf Voranmeldungs-, Besteuerungs- und Vergütungszeiträume anzuwenden, die nach dem 31. Dezember 2019 enden.

---

[1] § 27 Abs. 24 angef. durch G v. 11.12.2018 (BGBl. I S. 2338).
[2] § 27 Abs. 25 angef. durch G v. 11.12.2018 (BGBl. I S. 2338); Satz 1 neu gef.; Satz 3 aufgeh. und bish. Satz 4 wird Satz 3 durch G v. 21.12.2020 (BGBl. I S. 3096).
[3] § 27 Abs. 25a als Abs. 26 eingef. **mWv 1.1.2024** durch G v. 12.12.2019 (BGBl. I S. 2652); Absatzzählung geänd. durch Art. 38 G v. 21.12.2020 (BGBl. I S. 3096); Abs. 25a aufgeh. mWv 1.1.2025 durch G v. 20.8.2021 (BGBl. I S. 3932). **Sollte wohl bereits ab 1.1.2024 wieder aufgeh. werden bzw. nie in Kraft treten.**
[4] Richtig wohl: „Buchstabe m".
[5] § 27 Abs. 26 bis 30 angef. durch G v. 12.12.2019 (BGBl. I S. 2451).
[6] § 27 Abs. 27 geänd. durch G v. 3.6.2021 (BGBl. I S. 1309).

(29)¹⁾ § 22b Absatz 2 und 2a in der Fassung des Artikels 12 des Gesetzes vom 12. Dezember 2019 (BGBl. I S. 2451) ist erstmals auf Voranmeldungs-, Besteuerungs- und Meldezeiträume anzuwenden, die nach dem 31. Dezember 2019 enden.

(30)¹⁾ § 25f in der Fassung des Artikels 12 des Gesetzes vom 12. Dezember 2019 (BGBl. I S. 2451) ist erstmals auf Voranmeldungs- und Besteuerungszeiträume anzuwenden, die nach dem 31. Dezember 2019 enden.

(31)²⁾ Der Termin, ab dem § 21 Absatz 3a in der Fassung des Artikels 3 des Gesetzes vom 29. Juni 2020 (BGBl. I S. 1512) erstmals anzuwenden ist, wird mit einem Schreiben des Bundesministeriums der Finanzen bekanntgegeben.

(32)³⁾ § 24 Absatz 1 in der Fassung des Artikels 11 des Gesetzes vom 21. Dezember 2020 (BGBl. I S. 3096) ist erstmals auf Umsätze anzuwenden, die nach dem 31. Dezember 2021 bewirkt werden.

(33)⁴⁾ ¹§ 18i Absatz 3 und 6, § 18j Absatz 4 und 7, § 18k Absatz 4 und 7 in der Fassung des Artikels 13 des Gesetzes vom 21. Dezember 2020 (BGBl. I S. 3096) sind erstmals auf Umsätze anzuwenden, die nach dem 30. Juni 2021 ausgeführt werden. ²Die in den §§ 18i, 18j und 18k enthaltenen Verweise auf die §§ 3, 3a, 3c, 16, 18i, 18j, 18k und 22 beziehen sich auf die jeweilige Fassung der Artikel 13 und 14 des vorgenannten Gesetzes.

(34)⁵⁾ ¹Die §§ 3 und 3a Absatz 5, die §§ 3c, 4, 5, 11, 13 Absatz 1 Nummer 1 Buchstabe f bis i, § 14a Absatz 2, § 16 Absatz 1c bis 1e, § 18 Absatz 1, 3 und 9, die §§ 21a, 22, 22f und 25e in der Fassung des Artikels 14 des Gesetzes vom 21. Dezember 2020 (BGBl. I S. 3096) sind erstmals auf Umsätze und Einfuhren anzuwenden, die nach dem 30. Juni 2021 ausgeführt werden. ²§ 13 Absatz 1 Nummer 1 Buchstabe d und e, § 16 Absatz 1a und 1b, § 18 Absatz 4c bis 4e und § 18h sind letztmalig auf Umsätze anzuwenden, die vor dem 1. Juli 2021 ausgeführt werden.

(35)⁶⁾ ¹§ 4c in der Fassung des Artikels 1 des Gesetzes vom 21. Dezember 2021 (BGBl. I S. 5250) ist auf Leistungen anzuwenden, die nach dem 31. Dezember 2020 bezogen werden. ²§ 5 Absatz 1 Nummer 8 und 9 in der Fassung des Artikels 1 des Gesetzes vom 21. Dezember 2021 (BGBl. I S. 5250) ist auf Einfuhren nach dem 31. Dezember 2020 anzuwenden.

(36)⁷⁾ § 18 Absatz 5a in der Fassung des Artikels 16 des Gesetzes vom 16. Dezember 2022 (BGBl. I S. 2294) ist erstmals auf die Besteuerungszeiträume anzuwenden, die nach dem 31. Dezember 2022 enden.

---

¹⁾ § 27 Abs. 26 bis 30 angef. durch G v. 12.12.2019 (BGBl. I S. 2451).
²⁾ § 27 Abs. 31 angef. durch G v. 29.6.2020 (BGBl. I S. 1512); zum Aufschubzeitraum vgl. BMF v. 6.10.2020, BStBl. I S. 984.
³⁾ § 27 Abs. 32 angef. durch G v. 21.12.2020 (BGBl. I S. 3096); geänd. durch G v. 2.6.2021 (BGBl. I S. 1259).
⁴⁾ § 27 Abs. 33 angef. durch G v. 21.12.2020 (BGBl. I S. 3096).
⁵⁾ § 27 Abs. 34 eingef. durch G v. 21.12.2020 (BGBl. I S. 3096).
⁶⁾ § 27 Abs. 35 eingef. durch G v. 21.12.2021 (BGBl. I S. 5250).
⁷⁾ § 27 Abs. 36 angef. durch G v. 16.12.2022 (BGBl. I S. 2294).

(37)[1] § 18g in der Fassung des Artikels 16 des Gesetzes vom 16. Dezember 2022 (BGBl. I S. 2294) ist erstmals auf die Übermittlung von Daten nach dem 31. Dezember 2022 anzuwenden.

§ 27a Umsatzsteuer-Identifikationsnummer.

(1)[2] [1]Das Bundeszentralamt für Steuern[3] erteilt Unternehmern im Sinne des § 2 auf Antrag eine Umsatzsteuer-Identifikationsnummer. [2]Das Bundeszentralamt für Steuern[3] erteilt auch juristischen Personen, die nicht Unternehmer sind oder die Gegenstände nicht für ihr Unternehmen erwerben, eine Umsatzsteuer-Identifikationsnummer, wenn sie diese für innergemeinschaftliche Erwerbe benötigen. [3]Im Fall der Organschaft wird auf Antrag für jede juristische Person eine eigene Umsatzsteuer-Identifikationsnummer erteilt. [4]Der Antrag auf Erteilung einer Umsatzsteuer-Identifikationsnummer nach den Sätzen 1 bis 3 ist schriftlich zu stellen. [5]In dem Antrag sind Name, Anschrift und Steuernummer, unter der der Antragsteller umsatzsteuerlich geführt wird, anzugeben.

(1a)[4] [1]Das nach § 21 der Abgabenordnung für die Umsatzbesteuerung des Unternehmers zuständige Finanzamt kann die nach Absatz 1 Satz 1 bis 3 erteilte Umsatzsteuer-Identifikationsnummer begrenzen, wenn ernsthafte Anzeichen vorliegen oder nachgewiesen ist, dass die Umsatzsteuer-Identifikationsnummer zur Gefährdung des Umsatzsteueraufkommens verwendet wird. [2]Dies gilt auch, soweit das Umsatzsteueraufkommen anderer Mitgliedstaaten gefährdet wird.

(2)[5] [1]Die Landesfinanzbehörden übermitteln dem Bundeszentralamt für Steuern[3] die für die Erteilung der Umsatzsteuer-Identifikationsnummer nach Absatz 1 erforderlichen Angaben über die bei ihnen umsatzsteuerlich geführten natürlichen und juristischen Personen und Personenvereinigungen. [2]Diese Angaben dürfen nur für die Erteilung einer Umsatzsteuer-Identifikationsnummer, für Zwecke der Verordnung (EU) Nr. 904/2010 des Rates vom 7. Oktober 2010 über die Zusammenarbeit der Verwaltungsbehörden und die Betrugsbekämpfung auf dem Gebiet der Mehrwertsteuer (ABl. L 268 vom 12.10.2010, S. 1), für die Umsatzsteuerkontrolle, für Zwecke der Amtshilfe zwischen den zuständigen Behörden anderer Staaten in Umsatzsteuersachen sowie für Übermittlungen an das Statistische Bundesamt nach § 2a des Statistikregistergesetzes und an das Bundeskartellamt zur Überprüfung und Vervollständigung der Daten nach § 3 Absatz 1 Nummer 4 des Wettbewerbsregistergesetzes verarbeitet werden. [3]Außerdem übermitteln die Landesfinanzbehörden dem Bundeszentralamt für Steuern die nach Absatz 1a erforderlichen Daten. [4]Bundeszentralamt für Steuern[3] übermittelt den Lan-

---

[1] § 27 Abs. 37 angef. durch G v. 16.12.2022 (BGBl. I S. 2294).
[2] § 27a Abs. 1 Sätze 2 und 3 ersetzt durch Satz 2, bish. Sätze 4 bis 6 werden Sätze 3 bis 5, neuer Satz 4 Verweis geänd. mWv 1.1.2010 durch G v. 8.4.2010 (BGBl. I S. 386).
[3] Bezeichnung geänd. durch G v. 22.9.2005 (BGBl. I S. 2809).
[4] § 27a Abs. 1a eingef. mWv 1.1.2021 durch G v. 21.12.2020 (BGBl. I S. 3096).
[5] § 27a Abs. 2 Satz 2 geänd. mWv 26.11.2019 durch G v. 20.11.2019 (BGBl. I S. 1626); Satz 3 eingef., bish. Satz 3 wird Satz 4 mWv 1.1.2021 durch G v. 21.12.2020 (BGBl. I S. 3096); Satz 2 neu gef. mWv 9.6.2021 durch G v. 2.6.2021 (BGBl. I S. 1259).

desfinanzbehörden die erteilten Umsatzsteuer-Identifikationsnummern und die Daten, die sie für die Umsatzsteuerkontrolle benötigen.

§ 27b Umsatzsteuer-Nachschau. (1) ¹Zur Sicherstellung einer gleichmäßigen Festsetzung und Erhebung der Umsatzsteuer können die damit betrauten Amtsträger der Finanzbehörde ohne vorherige Ankündigung und außerhalb einer Außenprüfung Grundstücke und Räume von Personen, die eine gewerbliche oder berufliche Tätigkeit selbständig ausüben, während der Geschäfts- und Arbeitszeiten betreten, um Sachverhalte festzustellen, die für die Besteuerung erheblich sein können (Umsatzsteuer-Nachschau). ²Wohnräume dürfen gegen den Willen des Inhabers nur zur Verhütung dringender Gefahren für die öffentliche Sicherheit und Ordnung betreten werden.

(2)¹⁾ ¹Soweit dies zur Feststellung einer steuerlichen Erheblichkeit zweckdienlich ist, haben die von der Umsatzsteuer-Nachschau betroffenen Personen den damit betrauten Amtsträgern auf Verlangen Aufzeichnungen, Bücher, Geschäftspapiere und andere Urkunden über die der Umsatzsteuer-Nachschau unterliegenden Sachverhalte vorzulegen und Auskünfte zu erteilen. ²Wurden die in Satz 1 genannten Unterlagen mit Hilfe eines Datenverarbeitungssystems erstellt, können die mit der Umsatzsteuer-Nachschau betrauten Amtsträger auf Verlangen die gespeicherten Daten über die der Umsatzsteuer-Nachschau unterliegenden Sachverhalte einsehen und soweit erforderlich hierfür das Datenverarbeitungssystem nutzen. ³Dies gilt auch für elektronische Rechnungen nach § 14 Absatz 1 Satz 8.

(3) ¹Wenn die bei der Umsatzsteuer-Nachschau getroffenen Feststellungen hierzu Anlass geben, kann ohne vorherige Prüfungsanordnung (§ 196 der Abgabenordnung) zu einer Außenprüfung nach § 193 der Abgabenordnung übergegangen werden. ²Auf den Übergang zur Außenprüfung wird schriftlich hingewiesen.

(4) Werden anlässlich der Umsatzsteuer-Nachschau Verhältnisse festgestellt, die für die Festsetzung und Erhebung anderer Steuern als der Umsatzsteuer erheblich sein können, so ist die Auswertung der Feststellungen insoweit zulässig, als ihre Kenntnis für die Besteuerung der in Absatz 1 genannten Personen oder anderer Personen von Bedeutung sein kann.

§ 28²⁾ Zeitlich begrenzte Fassungen einzelner Gesetzesvorschriften.
(1) § 12 Absatz 1 ist vom 1. Juli 2020 bis 31. Dezember 2020 mit der Maßgabe anzuwenden, dass die Steuer für jeden steuerpflichtigen Umsatz 16 Prozent der Bemessungsgrundlage (§§ 10, 11, 25 Absatz 3 und § 25a Absatz 3 und 4) beträgt.

(2) § 12 Absatz 2 ist vom 1. Juli 2020 bis 31. Dezember 2020 mit der Maßgabe anzuwenden, dass sich die Steuer für die in den Nummern 1 bis 15 genannten Umsätze auf 5 Prozent ermäßigt.

---

¹⁾ § 27b Abs. 2 Sätze 2 und 3 angef. mWv 1.7.2011 durch G v. 1.11.2011 (BGBl. I S. 2131).
²⁾ § 28 Abs. 1 bis 3 eingef. durch G v. 29.6.2020 (BGBl. I S. 1512).

(3) § 24 Absatz 1 Satz 1 Nummer 2 ist vom 1. Juli 2020 bis 31. Dezember 2020 mit der Maßgabe anzuwenden, dass die Steuer für die Lieferungen der in der Anlage 2 nicht aufgeführten Sägewerkserzeugnisse und Getränke sowie von alkoholischen Flüssigkeiten, ausgenommen die Lieferungen in das Ausland und die im Ausland bewirkten Umsätze, und für sonstige Leistungen, soweit in der Anlage 2 nicht aufgeführte Getränke abgegeben werden, 16 Prozent beträgt.

(4) § 12 Abs. 2 Nr. 10 gilt bis zum 31. Dezember 2011[1] in folgender Fassung:

10. a) die Beförderungen von Personen mit Schiffen,

    b) die Beförderungen von Personen im Schienenbahnverkehr, im Verkehr mit Oberleitungsomnibussen, im genehmigten Linienverkehr mit Kraftfahrzeugen, im Verkehr mit Taxen, mit Drahtseilbahnen und sonstigen mechanischen Aufstiegshilfen aller Art und die Beförderungen im Fährverkehr

      aa) innerhalb einer Gemeinde oder

      bb) wenn die Beförderungsstrecke nicht mehr als 50 Kilometer beträgt.

(5)[2] § 12 Absatz 2 ist vom 1. Oktober 2022 bis 31. März 2024 mit der Maßgabe anzuwenden, dass der dort genannte Steuersatz auch für die Lieferung von Gas über das Erdgasnetz gilt.

(6)[2] § 12 Absatz 2 ist vom 1. Oktober 2022 bis 31. März 2024 mit der Maßgabe anzuwenden, dass der dort genannte Steuersatz auch für die Lieferung von Wärme über ein Wärmenetz gilt.

§ 29 Umstellung langfristiger Verträge. (1) [1]Beruht die Leistung auf einem Vertrag, der nicht später als vier Kalendermonate vor dem Inkrafttreten dieses Gesetzes[3] abgeschlossen worden ist, so kann, falls nach diesem Gesetz ein anderer Steuersatz anzuwenden ist, der Umsatz steuerpflichtig, steuerfrei oder nicht steuerbar wird, der eine Vertragsteil von dem anderen einen angemessenen Ausgleich der umsatzsteuerlichen Mehr- oder Minderbelastung verlangen. [2]Satz 1 gilt nicht, soweit die Parteien etwas anderes vereinbart haben. [3]Ist die Höhe der Mehr- oder Minderbelastung streitig, so ist § 287 Abs. 1 der Zivilprozessordnung[4] entsprechend anzuwenden.

(2) Absatz 1 gilt sinngemäß bei einer Änderung dieses Gesetzes.

---

[1] Frist verlängert durch G v. 20.12.2007 (BGBl. I S. 3150).
[2] § 28 Abs. 5 und 6 angef. durch G v. 19.10.2022 (BGBl. I S. 1743).
[3] D. h. „4 Monate vor einer Gesetzesänderung".
[4] **Schönfelder Nr. 100.**

Anlage 1 (zu § 4 Nr. 4a)[1]

Liste der Gegenstände, die der
Umsatzsteuerlagerregelung unterliegen können

Lfd. Nr.	Warenbezeichnung	Zolltarif (Kapitel, Position, Unterposition)
1	Kartoffeln, frisch oder gekühlt	Position 0701
2	Oliven, vorläufig haltbar gemacht (z. B. durch Schwefeldioxid oder in Wasser, dem Salz, Schwefeldioxid oder andere vorläufig konservierend wirkende Stoffe zugesetzt sind), zum unmittelbaren Genuss nicht geeignet	Unterposition 0711 20
3	Schalenfrüchte, frisch oder getrocknet, auch ohne Schalen oder enthäutet	Positionen 0801 und 0802
4	Kaffee, nicht geröstet, nicht entkoffeiniert, entkoffeiniert	Unterpositionen 0901 11 00 und 0901 12 00
		(Fortsetzung nächste Seite)

[1] Anlage 1 neu gef. mWv 19.12.2006 durch G v. 13.12.2006 (BGBl. I S. 2878).

Lfd. Nr.	Warenbezeichnung	Zolltarif (Kapitel, Position, Unterposition)
5	Tee, auch aromatisiert	Position 0902
6	Getreide	Positionen 1001 bis 1005, 1007 00 und 1008
7	Rohreis (Paddy-Reis)	Unterposition 1006 10
8	Ölsamen und ölhaltige Früchte	Positionen 1201 00 bis 1207
9	Pflanzliche Fette und Öle und deren Fraktionen, roh, auch raffiniert, jedoch nicht chemisch modifiziert	Positionen 1507 bis 1515
10	Rohzucker	Unterpositionen 1701 11 und 1701 12
11	Kakaobohnen und Kakaobohnenbruch, roh oder geröstet	Position 1801 00 00
12	Mineralöle (einschließlich Propan und Butan sowie Rohöle aus Erdöl)	Positionen 2709 00, 2710, Unterpositionen 2711 12 und 2711 13
13	Erzeugnisse der chemischen Industrie	Kapitel 28 und 29
14	Kautschuk, in Primärformen oder in Platten, Blättern oder Streifen	Positionen 4001 und 4002
15	Chemische Halbstoffe aus Holz, ausgenommen solche zum Auflösen; Halbstoffe aus Holz, durch Kombination aus mechanischem und chemischem Aufbereitungsverfahren hergestellt	Positionen 4703 bis 4705 00 00
16	Wolle, weder gekrempelt noch gekämmt	Position 5101
17	Silber, in Rohform oder Pulver	aus Position 7106
18	Gold, in Rohform oder als Pulver, zu nicht monetären Zwecken	Unterpositionen 7108 11 00 und 7108 12 00
19	Platin, in Rohform oder als Pulver	aus Position 7110
20	Eisen- und Stahlerzeugnisse	Positionen 7207 bis 7212, 7216, 7219, 7220, 7225 und 7226
21	Nicht raffiniertes Kupfer und Kupferanoden zum elektrolytischen Raffinieren; raffiniertes Kupfer und Kupferlegierungen, in Rohform; Kupfervorlegierungen; Draht aus Kupfer	Positionen 7402 00 00, 7403, 7405 00 00 und 7408
22	Nickel in Rohform	Position 7502
23	Aluminium in Rohform	Position 7601
24	Blei in Rohform	Position 7801
25	Zink in Rohform	Position 7901
26	Zinn in Rohform	Position 8001
27	Andere unedle Metalle, ausgenommen Waren daraus und Abfälle und Schrott	aus Positionen 8101 bis 8112

Die Gegenstände dürfen nicht für die Lieferung auf der Einzelhandelsstufe aufgemacht sein.

Anlage 2 (zu § 12 Absatz 2 Nummer 1, 2, 12, 13 und 14)[1]

Liste der dem ermäßigten Steuersatz unterliegenden
Gegenstände

Lfd. Nr.	Warenbezeichnung	Zolltarif (Kapitel, Position, Unterposition)
1	Lebende Tiere, und zwar	
	a) Pferde einschließlich reinrassiger Zuchttiere, ausgenommen Wildpferde,	aus Position 0101[2]
	b) Maultiere und Maulesel,	aus Position 0101
	c) Hausrinder einschließlich reinrassiger Zuchttiere,	aus Position 0102
	d) Hausschweine einschließlich reinrassiger Zuchttiere,	aus Position 0103
	e) Hausschafe einschließlich reinrassiger Zuchttiere,	aus Position 0104
	f) Hausziegen einschließlich reinrassiger Zuchttiere,	aus Position 0104
	g) Hausgeflügel (Hühner, Enten, Gänse, Truthühner und Perlhühner),	Position 0105
	h) Hauskaninchen,	aus Position 0106
	i) Haustauben,	aus Position 0106
	j) Bienen,	aus Position 0106
	k) ausgebildete Blindenführhunde	aus Position 0106
2	Fleisch und genießbare Schlachtnebenerzeugnisse	Kapitel 2
3	Fische und Krebstiere, Weichtiere und andere wirbellose Wassertiere, ausgenommen Zierfische, Langusten, Hummer, Austern und Schnecken	aus Kapitel 3
4	Milch und Milcherzeugnisse; Vogeleier und Eigelb, ausgenommen ungenießbare Eier ohne Schale und ungenießbares Eigelb; natürlicher Honig	aus Kapitel 4
5	Andere Waren tierischen Ursprungs, und zwar	
	a) Mägen von Hausrindern und Hausgeflügel,	aus Position 0504 00 00
	b) (weggefallen)	
	c) rohe Knochen	aus Position 0506
6	Bulben, Zwiebeln, Knollen, Wurzelknollen und Wurzelstöcke, ruhend, im Wachstum oder in Blüte; Zichorienpflanzen und -wurzeln	Position 0601
7	Andere lebende Pflanzen einschließlich ihrer Wurzeln, Stecklinge und Pfropfreiser; Pilzmyzel	Position 0602
8	Blumen und Blüten sowie deren Knospen, geschnitten, zu Binde- oder Zierzwecken, frisch	aus Position 0603
9	Blattwerk, Blätter, Zweige und andere Pflanzenteile, ohne Blüten und Blütenknospen, sowie Gräser, Moose und Flechten, zu Binde- oder Zierzwecken, frisch	aus Position 0604
10	Gemüse, Pflanzen, Wurzeln und Knollen, die zu Ernährungszwecken verwendet werden, und zwar	
	a) Kartoffeln, frisch oder gekühlt,	Position 0701
	b) Tomaten, frisch oder gekühlt,	Position 0702 00 00
	c) Speisezwiebeln, Schalotten, Knoblauch, Porree/Lauch und andere Gemüse der Allium-Arten, frisch oder gekühlt,	Position 0703

[1] Anlage 2 neu gef. mWv 19.12.2006 durch G v. 13.12.2006 (BGBl. I S. 2878); Klammerzusatz geänd. mWv 18.12.2019 durch G v. 12.12.2019 (BGBl. I S. 2451).
[2] Nr. 1 Buchst. a der Anl. 2 aufgeh. mWv 1.7.2012 durch G v. 8.5.2012 (BGBl. I S. 1030).

Lfd. Nr.	Warenbezeichnung	Zolltarif (Kapitel, Position, Unterposition)
	d) Kohl, Blumenkohl/Karfiol, Kohlrabi, Wirsingkohl und ähnliche genießbare Kohlarten der Gattung Brassica, frisch oder gekühlt,	Position 0704
	e) Salate (Lactuca sativa) und Chicorée (Cichorium-Arten), frisch oder gekühlt,	Position 0705
	f) Karotten und Speisemöhren, Speiserüben, Rote Rüben, Schwarzwurzeln, Knollensellerie, Rettiche und ähnliche genießbare Wurzeln, frisch oder gekühlt,	Position 0706
	g) Gurken und Cornichons, frisch oder gekühlt,	Position 0707 00
	h) Hülsenfrüchte, auch ausgelöst, frisch oder gekühlt,	Position 0708
	i) anderes Gemüse, frisch oder gekühlt,	Position 0709
	j) Gemüse, auch in Wasser oder Dampf gekocht, gefroren,	Position 0710
	k) Gemüse, vorläufig haltbar gemacht (z. B. durch Schwefeldioxid oder in Wasser, dem Salz, Schwefeldioxid oder andere vorläufig konservierend wirkende Stoffe zugesetzt sind), zum unmittelbaren Genuss nicht geeignet,	Position 0711
	l) Gemüse, getrocknet, auch in Stücke oder Scheiben geschnitten, als Pulver oder sonst zerkleinert, jedoch nicht weiter zubereitet,	Position 0712
	m) getrocknete, ausgelöste Hülsenfrüchte, auch geschält oder zerkleinert,	Position 0713
	n) Topinambur	aus Position 0714
11	Genießbare Früchte und Nüsse	Positionen 0801 bis 0813
12	Kaffee, Tee, Mate und Gewürze	Kapitel 9
13	Getreide	Kapitel 10
14	Müllereierzeugnisse, und zwar	Positionen
	a) Mehl von Getreide,	1101 00 und 1102
	b) Grobgrieß, Feingrieß und Pellets von Getreide,	Position 1103
	c) Getreidekörner, anders bearbeitet; Getreidekeime, ganz, gequetscht, als Flocken oder gemahlen	Position 1104
15	Mehl, Grieß, Pulver, Flocken, Granulat und Pellets von Kartoffeln	Position 1105
16	Mehl, Grieß und Pulver von getrockneten Hülsenfrüchten sowie Mehl, Grieß und Pulver von genießbaren Früchten	aus Position 1106
17	Stärke	aus Position 1108
18	Ölsamen und ölhaltige Früchte sowie Mehl hiervon	Positionen 1201 00 bis 1208
19	Samen, Früchte und Sporen, zur Aussaat	Position 1209
20	(weggefallen)	
21	Rosmarin, Beifuß und Basilikum in Aufmachungen für den Küchengebrauch sowie Dost, Minzen, Salbei, Kamilleblüten und Haustee	aus Position 1211
22	Johannisbrot und Zuckerrüben, frisch oder getrocknet, auch gemahlen; Steine und Kerne von Früchten sowie andere pflanzliche Waren (einschließlich nichtgerösteter Zichorienwurzeln der Varietät Cichorium intybus sativum) der hauptsächlich zur menschlichen Ernährung verwendeten Art, anderweit weder genannt noch inbegriffen; ausgenommen Algen, Tange und Zuckerrohr	aus Position 1212

Lfd. Nr.	Warenbezeichnung	Zolltarif (Kapitel, Position, Unterposition)
23	Stroh und Spreu von Getreide sowie verschiedene zur Fütterung verwendete Pflanzen	Positionen 1213 00 00 und 1214
24	Pektinstoffe, Pektinate und Pektate	Unterposition 1302 20
25	(weggefallen)	
26	Genießbare tierische und pflanzliche Fette und Öle, auch verarbeitet, und zwar	
	a) Schweineschmalz, anderes Schweinefett und Geflügelfett,	aus Position 1501 00
	b) Fett von Rindern, Schafen oder Ziegen, ausgeschmolzen oder mit Lösungsmitteln ausgezogen,	aus Position 1502 00
	c) Oleomargarin,	aus Position 1503 00
	d) fette pflanzliche Öle und pflanzliche Fette sowie deren Fraktionen, auch raffiniert,	aus Positionen 1507 bis 1515
	e) tierische und pflanzliche Fette und Öle sowie deren Fraktionen, ganz oder teilweise hydriert, umgeestert, wiederverestert oder elaidiniert, auch raffiniert, jedoch nicht weiterverarbeitet, ausgenommen hydriertes Rizinusöl (sog. Opalwachs),	aus Position 1516
	f) Margarine; genießbare Mischungen und Zubereitungen von tierischen oder pflanzlichen Fetten und Ölen sowie von Fraktionen verschiedener Fette und Öle, ausgenommen Form- und Trennöle	aus Position 1517
27	(weggefallen)	
28	Zubereitungen von Fleisch, Fischen oder von Krebstieren, Weichtieren und anderen wirbellosen Wassertieren, ausgenommen Kaviar sowie zubereitete oder haltbar gemachte Langusten, Hummer, Austern und Schnecken	aus Kapitel 16
29	Zucker und Zuckerwaren	Kapitel 17
30	Kakaopulver ohne Zusatz von Zucker oder anderen Süßmitteln sowie Schokolade und andere kakaohaltige Lebensmittelzubereitungen	Positionen 1805 00 00 und 1806
31	Zubereitungen aus Getreide, Mehl, Stärke oder Milch; Backwaren	Kapitel 19
32	Zubereitungen von Gemüse, Früchten, Nüssen oder anderen Pflanzenteilen, ausgenommen Frucht- und Gemüsesäfte	Positionen 2001 bis 2008
33	Verschiedene Lebensmittelzubereitungen	Kapitel 21
34	Wasser, ausgenommen	
	– Trinkwasser, einschließlich Quellwasser und Tafelwasser, das in zur Abgabe an den Verbraucher bestimmten Fertigpackungen in den Verkehr gebracht wird,	
	– Heilwasser und	aus Unterposition
	– Wasserdampf	2201 90 00
35	Milchmischgetränke mit einem Anteil an Milch oder Milcherzeugnissen (z. B. Molke) von mindestens 75 Prozent des Fertigerzeugnisses	aus Position 2202
36	Speiseessig	Position 2209 00
37	Rückstände und Abfälle der Lebensmittelindustrie; zubereitetes Futter	Kapitel 23
38	(weggefallen)	
39	Speisesalz, nicht in wässriger Lösung	aus Position 2501 00

Lfd. Nr.	Warenbezeichnung	Zolltarif (Kapitel, Position, Unterposition)
40	a) Handelsübliches Ammoniumcarbonat und andere Ammoniumcarbonate,	Unterposition 2836 99 17[1]
	b) Natriumhydrogencarbonat (Natriumbicarbonat)	Unterposition 2836 30 00
41	D-Glucitol (Sorbit), auch mit Zusatz von Saccharin oder dessen Salzen	Unterpositionen 2905 44 und 2106 90
42	Essigsäure	Unterposition 2915 21 00
43	Natriumsalz und Kaliumsalz des Saccharins	aus Unterposition 2925 11 00
44	(weggefallen)	
45	Tierische oder pflanzliche Düngemittel mit Ausnahme von Guano, auch untereinander gemischt, jedoch nicht chemisch behandelt; durch Mischen von tierischen oder pflanzlichen Erzeugnissen gewonnene Düngemittel	aus Position 3101 00 00
46	Mischungen von Riechstoffen und Mischungen (einschließlich alkoholischer Lösungen) auf der Grundlage eines oder mehrerer dieser Stoffe, in Aufmachungen für den Küchengebrauch	aus Unterposition 3302 10
47	Gelatine	aus Position 3503 00
48	Holz, und zwar	
	a) Brennholz in Form von Rundlingen, Scheiten, Zweigen, Reisigbündeln oder ähnlichen Formen,	Unterposition 4401 10 00
	b) Sägespäne, Holzabfälle und Holzausschuss, auch zu Pellets, Briketts, Scheiten oder ähnlichen Formen zusammengepresst	Unterposition 4401 30
49	Bücher, Zeitungen und andere Erzeugnisse des grafischen Gewerbes mit Ausnahme der Erzeugnisse, für die Beschränkungen als jugendgefährdende Trägermedien bzw. Hinweispflichten nach § 15 Abs. 1 bis 3 und 6 des Jugendschutzgesetzes in der jeweils geltenden Fassung bestehen, sowie der Veröffentlichungen, die überwiegend Werbezwecken (einschließlich Reisewerbung) dienen, und zwar	
	a) Bücher, Broschüren und ähnliche Drucke, auch in Teilheften, losen Bogen oder Blättern, zum Broschieren, Kartonieren oder Binden bestimmt, sowie Zeitungen und andere periodische Druckschriften kartoniert, gebunden oder in Sammlungen mit mehr als einer Nummer in gemeinsamem Umschlag (ausgenommen solche, die überwiegend Werbung enthalten),	aus Positionen 4901, 9705 00 00 und 9706 00 00
	b) Zeitungen und andere periodische Druckschriften, auch mit Bildern oder Werbung enthaltend (ausgenommen Anzeigenblätter, Annoncen-Zeitungen und dergleichen, die überwiegend Werbung enthalten),	aus Position 4902
	c) Bilderalben, Bilderbücher und Zeichen- oder Malbücher, für Kinder,	aus Position 4903 00 00

---

[1] Geänd. durch G v. 20.12.2007 (BGBl. I S. 3150).

Lfd. Nr.	Warenbezeichnung	Zolltarif (Kapitel, Position, Unterposition)
	d) Noten, handgeschrieben oder gedruckt, auch mit Bildern, auch gebunden,	aus Position 4904 00 00
	e) kartografische Erzeugnisse aller Art, einschließlich Wandkarten, topographischer Pläne und Globen, gedruckt,	aus Position 4905
	f) Briefmarken und dergleichen (z. B. Ersttagsbriefe, Ganzsachen) als Sammlungsstücke	aus Positionen 4907 00 und 9704 00 00
50¹⁾	Platten, Bänder, nicht flüchtige Halbleiterspeichervorrichtungen, „intelligente Karten (smart cards)" und andere Tonträger oder ähnliche Aufzeichnungsträger, die ausschließlich die Tonaufzeichnung der Lesung eines Buches enthalten, mit Ausnahme der Erzeugnisse, für die Beschränkungen als jugendgefährdende Trägermedien bzw. Hinweispflichten nach § 15 Absatz 1 bis 3 und 6 des Jugendschutzgesetzes in der jeweils geltenden Fassung bestehen	aus Position 8523
51	Rollstühle und andere Fahrzeuge für Behinderte, auch mit Motor oder anderer Vorrichtung zur mechanischen Fortbewegung	Position 8713
52	Körperersatzstücke, orthopädische Apparate und andere orthopädische Vorrichtungen sowie Vorrichtungen zum Beheben von Funktionsschäden oder Gebrechen, für Menschen, und zwar	
	a) künstliche Gelenke, ausgenommen Teile und Zubehör,	aus Unterposition 9021 31 00
	b) orthopädische Apparate und andere orthopädische Vorrichtungen einschließlich Krücken sowie	
	medizinisch-chirurgischer Gürtel und Bandagen, ausgenommen Teile und Zubehör,	aus Unterposition 9021 10
	c) Prothesen, ausgenommen Teile und Zubehör,	aus Unterpositionen 9021 21, 9021 29 00 und 9021 39
	d) Schwerhörigengeräte, Herzschrittmacher und andere Vorrichtungen zum Beheben von Funktionsschäden oder Gebrechen, zum Tragen in der Hand oder am Körper oder zum Einpflanzen in den Organismus, ausgenommen Teile und Zubehör	Unterpositionen 9021 40 00 und 9021 50 00, aus Unterposition 9021 90
53	Kunstgegenstände, und zwar	
	a) Gemälde und Zeichnungen, vollständig mit der Hand geschaffen, sowie Collagen und ähnliche dekorative Bildwerke,	Position 9701
	b) Originalstiche, -schnitte und -steindrucke,	Position 9702 00 00
	c) Originalerzeugnisse der Bildhauerkunst, aus Stoffen aller Art	Position 9703 00 00
54	Sammlungsstücke,	
	a) zoologische, botanische, mineralogische oder anatomische, und Sammlungen dieser Art,	aus Position 9705 00 00
	b) von geschichtlichem, archäologischem, paläontologischem oder völkerkundlichem Wert,	aus Position 9705 00 00
	c) von münzkundlichem Wert, und zwar	

---

¹⁾ Nr. 50 eingef. mWv 1.1.2015 durch G v. 25.7.2014 (BGBl. I S. 1266).

Lfd. Nr.	Warenbezeichnung	Zolltarif (Kapitel, Position, Unterposition)
	aa) kursungültige Banknoten einschließlich Briefmarkengeld und Papiernotgeld,	aus Position 9705 00 00
	bb) Münzen aus unedlen Metallen,	aus Position 9705 00 00
	cc) Münzen und Medaillen aus Edelmetallen, wenn die Bemessungsgrundlage für die Umsätze dieser Gegenstände mehr als 250 Prozent des unter Zugrundelegung des Feingewichts berechneten Metallwerts ohne Umsatzsteuer beträgt	aus Positionen 7118, 9705 00 00 und 9706 00 00.
55[1)	Erzeugnisse für Zwecke der Monatshygiene, und zwar	
	a) hygienische Binden (Einlagen) und Tampons aus Stoffen aller Art,	aus Position 9619
	b) Hygienegegenstände aus Kunststoffen (Menstruationstassen, Menstruationsschwämmchen),	aus Unterposition 3924 90
	c) Waren zu hygienischen Zwecken aus Weichkautschuk (Menstruationstassen),	aus Unterposition 4014 90
	d) natürliche Schwämme tierischen Ursprungs (Menstruationsschwämmchen),	aus Unterposition 0511 99 39
	e) Periodenhosen (Slips und andere Unterhosen mit einer eingearbeiteten saugfähigen Einlage, zur mehrfachen Verwendung),	aus Position 9619

Anlage 3 (zu § 13b Absatz 2 Nummer 7)[2)

Liste der Gegenstände im Sinne des § 13b Absatz 2 Nummer 7

Lfd. Nr.	Warenbezeichnung	Zolltarif (Kapitel, Position, Unterposition)
1	Granulierte Schlacke (Schlackensand) aus der Eisen- und Stahlherstellung	Unterposition 2618 00 00
2	Schlacken (ausgenommen granulierte Schlacke), Zunder und andere Abfälle der Eisen- und Stahlherstellung	Unterposition 2619 00
3	Schlacken, Aschen und Rückstände (ausgenommen solche der Eisen- und Stahlherstellung), die Metalle, Arsen oder deren Verbindungen enthalten	Position 2620
4	Abfälle, Schnitzel und Bruch von Kunststoffen	Position 3915
5	Abfälle, Bruch und Schnitzel von Weichkautschuk, auch zu Pulver oder Granulat zerkleinert	Unterposition 4004 00 00
6	Bruchglas und andere Abfälle und Scherben von Glas	Unterposition 7001 00 10
7	Abfälle und Schrott von Edelmetallen oder Edelmetallplattierungen; andere Abfälle und Schrott, Edelmetalle oder Edelmetallverbindungen enthaltend, von der hauptsächlich zur Wiedergewinnung von Edelmetallen verwendeten Art	Position 7112
8	Abfälle und Schrott, aus Eisen oder Stahl; Abfallblöcke aus Eisen oder Stahl	Position 7204
9	Abfälle und Schrott, aus Kupfer	Position 7404
10	Abfälle und Schrott, aus Nickel	Position 7503

[1) Nr. 55 eingef. mWv 1.1.2020 durch G v. 12.12.2019 (BGBl. I S. 2451).
[2) Anlage 3 eingef. mWv 1.1.2011 durch G v. 8.12.2010 (BGBl. I S. 1768).

Lfd. Nr.	Warenbezeichnung	Zolltarif (Kapitel, Position, Unterposition)
11	Abfälle und Schrott, aus Aluminium	Position 7602
12	Abfälle und Schrott, aus Blei	Position 7802
13	Abfälle und Schrott, aus Zink	Position 7902
14	Abfälle und Schrott, aus Zinn	Position 8002
15	Abfälle und Schrott, aus anderen unedlen Metallen	aus Positionen 8101 bis 8113
16	Abfälle und Schrott, von elektrischen Primärelementen, Primärbatterien und Akkumulatoren; ausgebrauchte elektrische Primärelemente, Primärbatterien und Akkumulatoren	Unterposition 8548 10

Anlage 4 (zu § 13b Absatz 2 Nummer 11)[1]

Liste der Gegenstände, für deren Lieferung der Leistungsempfänger die Steuer schuldet

Lfd. Nr.	Warenbezeichnung	Zolltarif (Kapitel, Position, Unterposition)
1	Silber, in Rohform oder als Halbzeug oder Pulver; Silberplattierungen auf unedlen Metallen, in Rohform oder als Halbzeug	Positionen 7106 und 7107
2	Platin, in Rohform oder als Halbzeug oder Pulver; Platinplattierungen auf unedlen Metallen, auf Silber oder auf Gold, in Rohform oder als Halbzeug	Position 7110 und Unterposition 7111 00 00
3	Roheisen oder Spiegeleisen, in Masseln, Blöcken oder anderen Rohformen; Körner und Pulver aus Roheisen, Spiegeleisen, Eisen oder Stahl; Rohblöcke und andere Rohformen aus Eisen oder Stahl; Halbzeug aus Eisen oder Stahl	Positionen 7201, 7205 bis 7207, 7218 und 7224
4	Nicht raffiniertes Kupfer und Kupferanoden zum elektrolytischen Raffinieren; raffiniertes Kupfer und Kupferlegierungen, in Rohform; Kupfervorlegierungen; Pulver und Flitter aus Kupfer	Positionen 7402, 7403, 7405 und 7406
5	Nickelmatte, Nickeloxidsinter und andere Zwischenerzeugnisse der Nickelmetallurgie; Nickel in Rohform; Pulver und Flitter, aus Nickel	Positionen 7501, 7502 und 7504
6	Aluminium in Rohform; Pulver und Flitter, aus Aluminium	Positionen 7601 und 7603
7	Blei in Rohform; Pulver und Flitter, aus Blei	Position 7801; aus Position 7804
8	Zink in Rohform; Staub, Pulver und Flitter, aus Zink	Positionen 7901 und 7903
9	Zinn in Rohform	Position 8001
10	Andere unedle Metalle in Rohform oder als Pulver	aus Positionen 8101 bis 8112
11	Cermets in Rohform	Unterposition 81 113 00 20

[1] Anlage 4 eingef. mWv 1.10.2014 durch G v. 25.7.2014 (BGBl. I S. 1266); neu gef. mWv 1.1.2015 durch G v. 22.12.2014 (BGBl. I S. 2417); Nr. 3 geänd. durch G v. 2.11.2015 (BGBl. I S. 1834).

510. Umsatzsteuer-Durchführungsverordnung (UStDV)

In der Fassung der Bekanntmachung vom 21. Februar 2005

(BGBl. I S. 434)[1]

Geändert durch Gesetz zur Neuorganisation der Bundesfinanzverwaltung und zur Schaffung eines Refinanzierungsregisters vom 22.9.2005 (BGBl. I S. 2809), Erstes Gesetz zum Abbau bürokratischer Hemmnisse insbesondere in der mittelständischen Wirtschaft vom 22.8.2006 (BGBl. I S. 1970), Jahressteuergesetz 2007 vom 13.12.2006 (BGBl. I S. 2878), Jahressteuergesetz 2008 vom 20.12.2007 (BGBl. I S. 3150), Jahressteuergesetz 2009 vom 19.12.2008 (BGBl. I S. 2794), Steuerbürokratieabbaugesetz vom 20.12.2008 (BGBl. I S. 2850), Drittes Mittelstandsentlastungsgesetz vom 17.3.2009 (BGBl. I S. 550), Gesetz zur Umsetzung steuerlicher EU-Vorgaben sowie zur Änderung steuerlicher Vorschriften vom 8.4.2010 (BGBl. I S. 386), Verordnung zur Änderung steuerlicher Verordnungen vom 17.11.2010 (BGBl. I S. 1544), Zweite Verordnung zur Änderung steuerlicher Verordnungen vom 2.12.2011 (BGBl. I S. 2416), Verordnung zum Erlass und zur Änderung steuerlicher Verordnungen vom 11.12.2012 (BGBl. I S. 2637), Elfte Verordnung zur Änderung der Umsatzsteuer-Durchführungsverordnung vom 25.3.2013 (BGBl. I S. 602), Gesetz zur Anpassung des nationalen Steuerrechts an den Beitritt Kroatiens zur EU und zur Änderung weiterer steuerlicher Vorschriften vom 25.7.2014 (BGBl. I S. 1266), Verordnung zur Änderung steuerlicher Verordnungen und weiterer Vorschriften vom 22.12.2014 (BGBl. I S. 2392), Gesetz zur Modernisierung des Besteuerungsverfahrens vom 18.7.2016 (BGBl. I S. 1679), Dritte Verordnung zur Änderung steuerlicher Verordnungen vom 18.7.2016 (BGBl. I S. 1722), Zweites Gesetz zur Entlastung insbesondere der mittelständischen Wirtschaft von Bürokratie (Zweites Bürokratieentlastungsgesetz) vom 30.6.2017 (BGBl. I S. 2143), Vierte Verordnung zur Änderung Steuerlicher Verordnungen vom 12.7.2017 (BGBl. I S. 2360), Gesetz zur weiteren steuerlichen Förderung der Elektromobilität und zur Änderung weiterer steuerlicher Vorschriften vom 12.12.2019 (BGBl. I S. 2451), Gesetz zur Umsetzung des Klimaschutzprogramms 2030 im Steuerrecht vom 21.12.2019 (BGBl. I S. 2886), Fünfte Verordnung zur Änderung steuerlicher Verordnungen vom 25.6.2020 (BGBl. I S. 1495), Jahressteuergesetz 2020 (JStG 2020) vom 21.12.2020 (BGBl. I S. 3096), Jahressteuergesetz 2022 (JStG 2022) vom 16.12.2022 (BGBl. I S. 2294) und Sechste Verordnung zur Änderung steuerlicher Verordnungen vom 19.12.2022 (BGBl. I S. 2432)

BGBl. III/FNA 611-10-14-1

Inhaltsübersicht

---

[1] Neubekanntmachung der UStDV idF der Bek. v. 9.6.1999 (BGBl. I S. 1308) auf Grund des § 26 Abs. 6 UStG in der ab 1.1.2005 geltenden Fassung.

Zu § 3a des Gesetzes

§ 1[1]) *(aufgehoben)*

Zu § 3b des Gesetzes

§ 2 Verbindungsstrecken im Inland. [1]Bei grenzüberschreitenden Beförderungen ist die Verbindungsstrecke zwischen zwei Orten im Ausland, die
über das Inland führt, als ausländische Beförderungsstrecke anzusehen, wenn
diese Verbindungsstrecke den nächsten oder verkehrstechnisch günstigsten
Weg darstellt und der inländische Streckenanteil nicht länger als 30 Kilometer
ist. [2]Dies gilt nicht für Personenbeförderungen im Linienverkehr mit Kraftfahrzeugen. [3]§ 7 bleibt unberührt.

§ 3 Verbindungsstrecken im Ausland. [1]Bei grenzüberschreitenden Beförderungen ist die Verbindungsstrecke zwischen zwei Orten im Inland, die über
das Ausland führt, als inländische Beförderungsstrecke anzusehen, wenn der
ausländische Streckenanteil nicht länger als zehn Kilometer ist. [2]Dies gilt nicht
für Personenbeförderungen im Linienverkehr mit Kraftfahrzeugen. [3]§ 7 bleibt
unberührt.

§ 4 Anschlussstrecken im Schienenbahnverkehr. Bei grenzüberschreitenden Personenbeförderungen mit Schienenbahnen sind anzusehen:

(Fortsetzung nächstes Blatt)

---

[1]) § 1 aufgeh. **mWv 1.1.2010** durch G v. 19.12.2008 (BGBl. I S. 2794) − siehe nunmehr
§ 3a Abs. 6 und 7 UStG (Nr. **500**).

1. als inländische Beförderungsstrecken die Anschlussstrecken im Ausland, die von Eisenbahnverwaltungen mit Sitz im Inland betrieben werden, sowie Schienenbahnstrecken in den in § 1 Abs. 3 des Gesetzes bezeichneten Gebieten;
2. als ausländische Beförderungsstrecken die inländischen Anschlussstrecken, die von Eisenbahnverwaltungen mit Sitz im Ausland betrieben werden.

§ 5[1] *Kurze Straßenstrecken im Inland.* ¹Bei grenzüberschreitenden Personenbeförderungen im Gelegenheitsverkehr mit Kraftfahrzeugen sind inländische Streckenanteile, die in einer Fahrtrichtung nicht länger als zehn Kilometer sind, als ausländische Beförderungsstrecken anzusehen. ²§ 6 bleibt unberührt.*

§ 6 Straßenstrecken in den in § 1 Abs. 3 des Gesetzes bezeichneten Gebieten. Bei grenzüberschreitenden Personenbeförderungen mit Kraftfahrzeugen von und zu den in § 1 Abs. 3 des Gesetzes bezeichneten Gebieten sowie zwischen diesen Gebieten sind die Streckenanteile in diesen Gebieten als inländische Beförderungsstrecken anzusehen.

§ 7 Kurze Strecken im grenzüberschreitenden Verkehr mit Wasserfahrzeugen. (1) Bei grenzüberschreitenden Beförderungen im Passagier- und Fährverkehr mit Wasserfahrzeugen, die sich ausschließlich auf das Inland und die in § 1 Abs. 3 des Gesetzes bezeichneten Gebiete erstrecken, sind die Streckenanteile in den in § 1 Abs. 3 des Gesetzes bezeichneten Gebieten als inländische Beförderungsstrecken anzusehen.

(2) ¹Bei grenzüberschreitenden Beförderungen im Passagier- und Fährverkehr mit Wasserfahrzeugen, die in inländischen Häfen beginnen und enden, sind

1. ausländische Streckenanteile als inländische Beförderungsstrecken anzusehen, wenn die ausländischen Streckenanteile nicht länger als zehn Kilometer sind, und
2. inländische Streckenanteile als ausländische Beförderungsstrecken anzusehen, wenn
    a) die ausländischen Streckenanteile länger als zehn Kilometer und
    b) die inländischen Streckenanteile nicht länger als 20 Kilometer sind.

²Streckenanteile in den in § 1 Abs. 3 des Gesetzes bezeichneten Gebieten sind in diesen Fällen als inländische Beförderungsstrecken anzusehen.

(3) Bei grenzüberschreitenden Beförderungen im Passagier- und Fährverkehr mit Wasserfahrzeugen für die Seeschifffahrt, die zwischen ausländischen Seehäfen oder zwischen einem inländischen Seehafen und einem ausländischen Seehafen durchgeführt werden, sind inländische Streckenanteile als ausländische Beförderungsstrecken anzusehen und Beförderungen in den in § 1 Abs. 3 des Gesetzes bezeichneten Gebieten nicht wie Umsätze im Inland zu behandeln.

(4) Inländische Häfen im Sinne dieser Vorschrift sind auch Freihäfen und die Insel Helgoland.

---

[1] § 5 aufgeh. mWv 1.7.2021 durch G v. 21.12.2020 (BGBl. I S. 3096).

(5) Bei grenzüberschreitenden Beförderungen im Fährverkehr über den Rhein, die Donau, die Elbe, die Neiße und die Oder sind die inländischen Streckenanteile als ausländische Beförderungsstrecken anzusehen.

Zu § 4 Nr. 1 Buchstabe a und den §§ 6 und 7 des Gesetzes

Ausfuhrnachweis und buchmäßiger Nachweis bei Ausfuhrlieferungen und Lohnveredelungen an Gegenständen der Ausfuhr

§ 8 Grundsätze für den Ausfuhrnachweis bei Ausfuhrlieferungen.

(1) [1]Bei Ausfuhrlieferungen (§ 6 des Gesetzes) muss der Unternehmer im Geltungsbereich des Gesetzes[1]) durch Belege nachweisen, dass er oder der Abnehmer den Gegenstand der Lieferung in das Drittlandsgebiet befördert oder versendet hat (Ausfuhrnachweis). [2]Die Voraussetzung muss sich aus den Belegen eindeutig und leicht nachprüfbar ergeben.

(2) Ist der Gegenstand der Lieferung durch Beauftragte vor der Ausfuhr bearbeitet oder verarbeitet worden (§ 6 Abs. 1 Satz 2 des Gesetzes), so muss sich auch dies aus den Belegen nach Absatz 1 eindeutig und leicht nachprüfbar ergeben.

§ 9[2]) Ausfuhrnachweis bei Ausfuhrlieferungen in Beförderungsfällen.

(1)[3] [1]Hat der Unternehmer oder der Abnehmer den Gegenstand der Lieferung in das Drittlandsgebiet befördert, hat der Unternehmer den Ausfuhrnachweis durch folgenden Beleg zu führen:

1. bei Ausfuhranmeldung im elektronischen Ausfuhrverfahren nach Artikel 326 der Durchführungsverordnung zum Zollkodex der Union mit der durch die zuständige Ausfuhrzollstelle auf elektronischem Weg übermittelten Bestätigung, dass der Gegenstand ausgeführt wurde (Ausgangsvermerk);

2.[4] bei allen anderen Ausfuhranmeldungen durch einen Beleg in Papierform oder einen elektronisch zur Verfügung gestellten Beleg, der folgende Angaben zu enthalten hat:

    a) den Namen und die Anschrift des liefernden Unternehmers,

    b) die Menge des ausgeführten Gegenstands und die handelsübliche Bezeichnung,

    c) den Ort und den Tag der Ausfuhr sowie

---

[1]) Geänd. durch VO v. 22.12.2014 (BGBl. I S. 2392).

[2]) § 9 neu gef. mWv 1.1.2012 durch VO v. 2.12.2011 (BGBl. I S. 2416).

[3]) § 9 Abs. 1 Satz 1 Nr. 1 geänd. mWv 20.7.2017 durch VO v. 12.7.2017 (BGBl. I S. 2360).

[4]) § 9 Abs. 1 Satz 1 Nr. 2 Satzteil vor Buchst. a geänd. mWv 30.6.2020 durch VO v. 25.6.2020 (BGBl. I S. 1495).

d) eine Ausfuhrbestätigung der Grenzzollstelle eines Mitgliedstaates, die den Ausgang des Gegenstands aus dem Gemeinschaftsgebiet überwacht.

[2]Hat der Unternehmer statt des Ausgangsvermerks eine von der Ausfuhrzollstelle auf elektronischem Weg übermittelte alternative Bestätigung, dass der Gegenstand ausgeführt wurde (Alternativ-Ausgangsvermerk), gilt diese als Ausfuhrnachweis.

(Fortsetzung nächstes Blatt)

(2)[1] [1]Bei der Ausfuhr von Fahrzeugen im Sinne des § 1b Absatz 2 Satz 1 Nummer 1 des Gesetzes, die zum bestimmungsmäßigen Gebrauch im Straßenverkehr einer Zulassung bedürfen, muss

1. der Beleg nach Absatz 1 auch die Fahrzeug-Identifikationsnummer im Sinne des § 6 Absatz 5 Nummer 5 der Fahrzeug-Zulassungsverordnung enthalten und

2. der Unternehmer zusätzlich über eine Bescheinigung über die Zulassung, die Verzollung oder die Einfuhrbesteuerung im Drittland verfügen.

[2]Satz 1 Nummer 2 gilt nicht in den Fällen, in denen das Fahrzeug mit einem Ausfuhrkennzeichen ausgeführt wird, wenn aus dem Beleg nach Satz 1 Nummer 1 die Nummer des Ausfuhrkennzeichens ersichtlich ist, oder in denen das Fahrzeug nicht im Sinne der Fahrzeug-Zulassungsverordnung vom 3. Februar 2011 (BGBl. I S. 139), die durch Artikel 3 der Verordnung vom 10. Mai 2012 (BGBl. I S. 1086) geändert worden ist, in der jeweils geltenden Fassung auf öffentlichen Straßen in Betrieb gesetzt worden ist und nicht auf eigener Achse in das Drittlandsgebiet ausgeführt wird.

(3)[2] [1]An die Stelle der Ausfuhrbestätigung nach Absatz 1 Satz 1 Nummer 2 Buchstabe d tritt bei einer Ausfuhr im gemeinsamen Versandverfahren oder im Unionsversandverfahren oder bei einer Ausfuhr mit Carnets TIR, wenn diese Verfahren nicht bei einer Grenzzollstelle beginnen, eine Ausfuhrbestätigung der Abgangsstelle. [2]Diese Ausfuhrbestätigung wird nach Eingang des Beendigungsnachweises für das Versandverfahren erteilt, sofern sich aus ihr die Ausfuhr ergibt.

(4)[3] Im Sinne dieser Verordnung gilt als Durchführungsverordnung zum Zollkodex der Union die Durchführungsverordnung (EU) 2015/2447 der Kommission vom 24. November 2015 mit Einzelheiten zur Umsetzung von Bestimmungen der Verordnung (EU) Nr. 952/2013 des Europäischen Parlaments und des Rates zur Festlegung des Zollkodex der Union (ABl. L 343 vom 29.12.2015, S. 558) in der jeweils geltenden Fassung.

§ 10[4] Ausfuhrnachweis bei Ausfuhrlieferungen in Versendungsfällen. (1)[5] [1]Hat der Unternehmer oder der Abnehmer den Gegenstand der Lieferung in das Drittlandsgebiet versendet, hat der Unternehmer den Ausfuhrnachweis durch folgenden Beleg zu führen:

1. bei Ausfuhranmeldung im elektronischen Ausfuhrverfahren nach Artikel 326 der Durchführungsverordnung zum Zollkodex der Union mit dem Ausgangsvermerk;

2. bei allen anderen Ausfuhranmeldungen:

    a) mit einem Versendungsbeleg, insbesondere durch handelsrechtlichen Frachtbrief, der vom Auftraggeber des Frachtführers unterzeichnet ist, mit einem Konnossement, mit einem Einlieferungsschein für im Postverkehr beförderte Sendungen oder deren Doppelstücke, oder

---

[1] § 9 Abs. 2 Satz 1 geänd., Satz 2 neu gef. mWv 20.12.2012 durch VO v. 11.12.2012 (BGBl. I S. 2637).
[2] § 9 Abs. 3 Satz 1 geänd. mWv 20.7.2017 durch VO v. 12.7.2017 (BGBl. I S. 2360).
[3] § 9 Abs. 4 neu gef. mWv 20.7.2017 durch VO v. 12.7.2017 (BGBl. I S. 2360).
[4] § 10 neu gef. mWv 1.1.2012 durch VO v. 2.12.2011 (BGBl. I S. 2416).
[5] § 10 Abs. 1 Satz 1 Nr. 1 geänd. mWv 20.7.2017 durch VO v. 12.7.2017 (BGBl. I S. 2360).

b)[1] mit einem anderen handelsüblichen Beleg als den Belegen nach Buchstabe a, insbesondere mit einer Bescheinigung des beauftragten Spediteurs; dieser Beleg hat folgende Angaben zu enthalten:

   aa) den Namen und die Anschrift des mit der Beförderung beauftragten Unternehmers sowie das Ausstellungsdatum,

   bb) den Namen und die Anschrift des liefernden Unternehmers und des Auftraggebers der Versendung,

   cc) die Menge und die Art (handelsübliche Bezeichnung) des ausgeführten Gegenstands,

   dd) den Ort und den Tag der Ausfuhr oder den Ort und den Tag der Versendung des ausgeführten Gegenstands in das Drittlandsgebiet,

   ee) den Empfänger des ausgeführten Gegenstands und den Bestimmungsort im Drittlandsgebiet,

   ff) eine Versicherung des mit der Beförderung beauftragten Unternehmers darüber, dass die Angaben im Beleg auf der Grundlage von Geschäftsunterlagen gemacht wurden, die im Gemeinschaftsgebiet nachprüfbar sind, sowie

   gg) die Unterschrift des mit der Beförderung beauftragten Unternehmers.

²Hat der Unternehmer statt des Ausgangsvermerks einen Alternativ-Ausgangsvermerk, gilt dieser als Ausfuhrnachweis.

(2)[2] ¹Bei der Ausfuhr von Fahrzeugen im Sinne des § 1b Absatz 2 Satz 1 Nummer 1 des Gesetzes, die zum bestimmungsmäßigen Gebrauch im Straßenverkehr einer Zulassung bedürfen, muss

1. der Beleg nach Absatz 1 auch die Fahrzeug-Identifikationsnummer enthalten und

2. der Unternehmer zusätzlich über eine Bescheinigung über die Zulassung, die Verzollung oder die Einfuhrbesteuerung im Drittland verfügen.

²Satz 1 Nummer 2 gilt nicht in den Fällen, in denen das Fahrzeug mit einem Ausfuhrkennzeichen ausgeführt wird, wenn aus dem Beleg nach Satz 1 Nummer 1 die Nummer des Ausfuhrkennzeichens ersichtlich ist, oder in denen das Fahrzeug nicht im Sinne der Fahrzeug-Zulassungsverordnung auf öffentlichen Straßen in Betrieb gesetzt worden ist und nicht auf eigener Achse in das Drittlandsgebiet ausgeführt wird.

(3)[3] ¹Ist eine Ausfuhr elektronisch angemeldet worden und ist es dem Unternehmer nicht möglich oder nicht zumutbar, den Ausfuhrnachweis nach Absatz 1 Satz 1 Nummer 1 zu führen, kann dieser die Ausfuhr mit den in Absatz 1 Satz 1 Nummer 2 genannten Belegen nachweisen. ²In den Fällen nach Satz 1 muss der Beleg zusätzlich zu den Angaben nach Absatz 1 Satz 1 Nummer 2 die Versendungsbezugsnummer der Ausfuhranmeldung nach Artikel 226 der Durchführungsverordnung zum Zollkodex der Union (Master Reference Number – MRN) enthalten.

---

[1] § 10 Abs. 1 Satz 1 Nr. 2 Buchst. b, DBuchst. aa, ff und gg geänd. durch VO v. 18.7.2016 (BGBl. I S. 1722).
[2] § 10 Abs. 2 Satz 1 geänd., Satz 2 neu gef. mWv 20.12.2012 durch VO v. 11.12.2012 (BGBl. I S. 2637).
[3] § 10 Abs. 3 Satz 2 geänd. mWv 20.7.2017 durch VO v. 12.7.2017 (BGBl. I S. 2360).

(4) Ist es dem Unternehmer nicht möglich oder nicht zumutbar, den Ausfuhrnachweis nach Absatz 1 Satz 1 Nummer 2 zu führen, kann er die Ausfuhr wie in Beförderungsfällen nach § 9 Absatz 1 Satz 1 Nummer 2 nachweisen.

§ 11[1] Ausfuhrnachweis bei Ausfuhrlieferungen in Bearbeitungs- und Verarbeitungsfällen. (1) Hat ein Beauftragter den Gegenstand der Lieferung vor der Ausfuhr bearbeitet oder verarbeitet, hat der liefernde Unternehmer den Ausfuhrnachweis durch einen Beleg nach § 9 oder § 10 zu führen, der zusätzlich folgende Angaben zu enthalten hat:

1. den Namen und die Anschrift des Beauftragten,
2. die Menge und die handelsübliche Bezeichnung des Gegenstands, der an den Beauftragten übergeben oder versendet wurde,
3. den Ort und den Tag der Entgegennahme des Gegenstands durch den Beauftragten sowie
4. die Bezeichnung des Auftrags sowie die Bezeichnung der Bearbeitung oder Verarbeitung, die vom Beauftragten vorgenommen wurde.

(2) Haben mehrere Beauftragte den Gegenstand der Lieferung bearbeitet oder verarbeitet, hat der liefernde Unternehmer die in Absatz 1 genannten Angaben für jeden Beauftragten, der die Bearbeitung oder Verarbeitung vornimmt, zu machen.

§ 12 Ausfuhrnachweis bei Lohnveredelungen an Gegenständen der Ausfuhr. Bei Lohnveredelungen an Gegenständen der Ausfuhr (§ 7 des Gesetzes) sind die Vorschriften über die Führung des Ausfuhrnachweises bei Ausfuhrlieferungen (§§ 8 bis 11) entsprechend anzuwenden.

§ 13[2] Buchmäßiger Nachweis bei Ausfuhrlieferungen und Lohnveredelungen an Gegenständen der Ausfuhr. (1) [1]Bei Ausfuhrlieferungen und Lohnveredelungen an Gegenständen der Ausfuhr (§§ 6 und 7 des Gesetzes) hat der Unternehmer im Geltungsbereich des Gesetzes die Voraussetzungen der Steuerbefreiung buchmäßig nachzuweisen. [2]Die Voraussetzungen müssen eindeutig und leicht nachprüfbar aus der Buchführung zu ersehen sein.

(2)[3] Der Unternehmer hat regelmäßig Folgendes aufzuzeichnen:

1. die Menge des Gegenstands der Lieferung oder die Art und den Umfang der Lohnveredelung sowie die handelsübliche Bezeichnung einschließlich der Fahrzeug-Identifikationsnummer bei Fahrzeugen im Sinne des § 1b Absatz 2 des Gesetzes,
2. den Namen und die Anschrift des Abnehmers oder Auftraggebers,
3. den Tag der Lieferung oder der Lohnveredelung,

---

[1] § 11 neu gef. mWv 1.1.2012 durch VO v. 2.12.2011 (BGBl. I S. 2416).
[2] § 13 neu gef. mWv 1.1.2012 durch VO v. 2.12.2011 (BGBl. I S. 2416).
[3] § 13 Abs. 2 Nr. 7 geänd. mWv 20.7.2017 durch VO v. 12.7.2017 (BGBl. I S. 2360).

4. das vereinbarte Entgelt oder bei der Besteuerung nach vereinnahmten Entgelten das vereinnahmte Entgelt und den Tag der Vereinnahmung,

5. die Art und den Umfang einer Bearbeitung oder Verarbeitung vor der Ausfuhr (§ 6 Absatz 1 Satz 2, § 7 Absatz 1 Satz 2 des Gesetzes),

6. den Tag der Ausfuhr sowie

7. in den Fällen des § 9 Absatz 1 Satz 1 Nummer 1, des § 10 Absatz 1 Satz 1 Nummer 1 und des § 10 Absatz 3 die Master Reference Number – MRN.

(3) In den Fällen des § 6 Absatz 1 Satz 1 Nummer 1 des Gesetzes, in denen der Abnehmer kein ausländischer Abnehmer ist, hat der Unternehmer zusätzlich zu den Angaben nach Absatz 2 aufzuzeichnen:

1. die Beförderung oder Versendung durch ihn selbst sowie

2. den Bestimmungsort.

(4) In den Fällen des § 6 Absatz 1 Satz 1 Nummer 3 des Gesetzes hat der Unternehmer zusätzlich zu den Angaben nach Absatz 2 aufzuzeichnen:

1. die Beförderung oder Versendung,

2. den Bestimmungsort sowie

3. in den Fällen, in denen der Abnehmer ein Unternehmer ist, auch den Gewerbezweig oder Beruf des Abnehmers und den Erwerbszweck.

(5) In den Fällen des § 6 Absatz 1 Satz 1 Nummer 2 und 3 des Gesetzes, in denen der Abnehmer ein Unternehmer ist und er oder sein Beauftragter den Gegenstand der Lieferung im persönlichen Reisegepäck ausführt, hat der Unternehmer zusätzlich zu den Angaben nach Absatz 2 auch den Gewerbezweig oder Beruf des Abnehmers und den Erwerbszweck aufzuzeichnen.

(6) In den Fällen des § 6 Absatz 3 des Gesetzes hat der Unternehmer zusätzlich zu den Angaben nach Absatz 2 Folgendes aufzuzeichnen:

1. den Gewerbezweig oder Beruf des Abnehmers sowie

2. den Verwendungszweck des Beförderungsmittels.

(7) [1] In den Fällen des § 7 Absatz 1 Satz 1 Nummer 1 des Gesetzes, in denen der Auftraggeber kein ausländischer Auftraggeber ist, ist Absatz 3 entsprechend anzuwenden. [2] In den Fällen des § 7 Absatz 1 Satz 1 Nummer 3 Buchstabe b des Gesetzes ist Absatz 4 entsprechend anzuwenden.

§§ 14 bis 16. (weggefallen)

§ 17[1) Abnehmernachweis bei Ausfuhrlieferungen im nichtkommerziellen Reiseverkehr. In den Fällen des § 6 Absatz 3a des Gesetzes hat der Beleg nach § 9 zusätzlich folgende Angaben zu enthalten:

1. den Namen und die Anschrift des Abnehmers sowie

2. eine Bestätigung der Grenzzollstelle eines Mitgliedstaates, die den Ausgang des Gegenstands der Lieferung aus dem Gemeinschaftsgebiet überwacht, dass die nach Nummer 1 gemachten Angaben mit den Eintragungen in dem vorgelegten Pass oder sonstigen Grenzübertrittspapier desjenigen übereinstimmen, der den Gegenstand in das Drittlandsgebiet verbringt.

[1) § 17 neu gef. mWv 1.1.2012 durch VO v. 2.12.2011 (BGBl. I S. 2416).

Zu § 4 Nr. 1 Buchstabe b und
§ 6a des Gesetzes

§ 17a[1]) Gelangensvermutung bei innergemeinschaftlichen Lieferungen in Beförderungs- und Versendungsfällen. (1) Für die Zwecke der Anwendung der Steuerbefreiung für innergemeinschaftliche Lieferungen (§ 4 Nummer 1 Buchstabe b des Gesetzes) wird vermutet, dass der Gegenstand der Lieferung in das übrige Gemeinschaftsgebiet befördert oder versendet wurde, wenn eine der folgenden Voraussetzungen erfüllt ist:

1. Der liefernde Unternehmer gibt an, dass der Gegenstand der Lieferung von ihm oder von einem von ihm beauftragten Dritten in das übrige Gemeinschaftsgebiet befördert oder versendet wurde und ist im Besitz folgender einander nicht widersprechenden[2]) Belege, welche jeweils von unterschiedlichen Parteien ausgestellt wurden, die voneinander, vom liefernden Unternehmer und vom Abnehmer unabhängig sind:

   a) mindestens zwei Belege nach Absatz 2 Nummer 1 oder

   b) einem Beleg nach Absatz 2 Nummer 1 und einem Beleg nach Absatz 2 Nummer 2, mit dem die Beförderung oder die Versendung in das übrige Gemeinschaftsgebiet bestätigt wird.

2. Der liefernde Unternehmer ist im Besitz folgender Belege:

   a) einer Gelangensbestätigung (§ 17b Absatz 2 Satz 1 Nummer 2), die der Abnehmer dem liefernden Unternehmer spätestens am zehnten Tag des auf die Lieferung folgenden Monats vorlegt und

   b) folgender einander nicht widersprechenden Belege, welche jeweils von unterschiedlichen Parteien ausgestellt wurden, die voneinander, vom liefernden Unternehmer und vom Abnehmer unabhängig sind:

   aa) mindestens zwei Belege nach Absatz 2 Nummer 1 oder

   bb) einem Beleg nach Absatz 2 Nummer 1 und einem Beleg nach Absatz 2 Nummer 2, mit dem die Beförderung oder der Versendung in das übrige Gemeinschaftsgebiet bestätigt wird.

(2) Belege im Sinne des Absatzes 1 Nummer 1 und 2 sind:

1. [3]) Beförderungsbelege (§ 17b Absatz 3 Satz 1 Nummer 3 bis 5) oder Versendungsbelege (§ 17b Absatz 3 Satz 1 Nummer 1 und 2);

2. folgende sonstige Belege:

   a) eine Versicherungspolice für die Beförderung oder die Versendung des Gegenstands der Lieferung in das übrige Gemeinschaftsgebiet oder Bankunterlagen, die die Bezahlung der Beförderung oder der Versendung des Gegenstands der Lieferung in das übrige Gemeinschaftsgebiet belegen;

---

[1]) § 17a eingef. mWv 1.1.2020 durch G v. 12.12.2019 (BGBl. I S. 2451); Abs. 1 Nr. 1 Buchst. b und Nr. 2 Buchst. b Doppelbuchst. bb geänd., Abs. 2 Nr. 2 Buchst. a neu gef. mWv 30.6.2020 durch VO v. 25.6.2020 (BGBl. I S. 1495).
[2]) So lt. BGBl.
[3]) § 17a Abs. 2 Nr. 1 geänd. mWv 23.12.2022 durch VO v. 19.12.2022 (BGBl. I S. 2432).

b) ein von einer öffentlicher[1] Stelle (z. B. Notar) ausgestelltes offizielles Dokument, das die Ankunft des Gegenstands der Lieferung im übrigen Gemeinschaftsgebiet bestätigt;

c) eine Bestätigung eines Lagerinhabers im übrigen Gemeinschaftsgebiet, dass die Lagerung des Gegenstands der Lieferung dort erfolgt.

(3) Das Finanzamt kann eine nach Absatz 1 bestehende Vermutung widerlegen.

§ 17b[1] Gelangensnachweis bei innergemeinschaftlichen Lieferungen in Beförderungs- und Versendungsfällen. (1) [1]Besteht keine Vermutung nach § 17a Absatz 1, hat der Unternehmer bei innergemeinschaftlichen Lieferungen (§ 6a Absatz 1 des Gesetzes) im Geltungsbereich des Gesetzes durch Belege nachzuweisen, dass er oder der Abnehmer den Gegenstand der Lieferung in das übrige Gemeinschaftsgebiet befördert oder versendet hat. [2]Die Voraussetzung muss sich aus den Belegen eindeutig und leicht nachprüfbar ergeben.

(2) Als eindeutig und leicht nachprüfbar nach Absatz 1 gilt insbesondere ein Nachweis, der wie folgt geführt wird:

1. durch das Doppel der Rechnung (§§ 14 und 14a des Gesetzes) und

2. durch eine Bestätigung des Abnehmers, dass der Gegenstand der Lieferung in das übrige Gemeinschaftsgebiet gelangt ist (Gelangensbestätigung), die folgende Angaben zu enthalten hat:

a) den Namen und die Anschrift des Abnehmers,

b) die Menge des Gegenstands der Lieferung und die handelsübliche Bezeichnung einschließlich der Fahrzeug-Identifikationsnummer bei Fahrzeugen im Sinne von § 1b Absatz 2 des Gesetzes,

c) im Fall der Beförderung oder Versendung durch den Unternehmer oder im Fall der Versendung durch den Abnehmer den Ort und den Monat des Erhalts des Gegenstands im übrigen Gemeinschaftsgebiet und im Fall der Beförderung des Gegenstands durch den Abnehmer den Ort und den Monat des Endes der Beförderung des Gegenstands im übrigen Gemeinschaftsgebiet,

d) das Ausstellungsdatum der Bestätigung sowie

e) die Unterschrift des Abnehmers oder eines von ihm zur Abnahme Beauftragten. [2]Bei einer elektronischen Übermittlung der Gelangensbestätigung ist eine Unterschrift nicht erforderlich, sofern erkennbar ist, dass die elektronische Übermittlung im Verfügungsbereich des Abnehmers oder des Beauftragten begonnen hat.

[2]Die Gelangensbestätigung kann als Sammelbestätigung ausgestellt werden. [3]In der Sammelbestätigung können Umsätze aus bis zu einem Quartal zusammengefasst werden. [4]Die Gelangensbestätigung kann in jeder die erforderlichen Angaben enthaltenden Form erbracht werden; sie kann auch aus

---

[1] § 17a neu gef. durch VO v. 25.3.2013 (BGBl. I S. 602); zur Anwendung siehe § 74a Abs. 3; wird § 17b und Überschr. geänd., Satz 1 neu gef. mWv 1.1.2020 durch G v. 12.12.2019 (BGBl. I S. 2451).

mehreren Dokumenten bestehen, aus denen sich die geforderten Angaben insgesamt ergeben.

(3) ¹In folgenden Fällen kann der Unternehmer den Nachweis auch durch folgende andere Belege als die in Absatz 2 Nummer 2 genannte Gelangensbestätigung führen:

1. bei der Versendung des Gegenstands der Lieferung durch den Unternehmer oder Abnehmer:

   a) durch einen Versendungsbeleg, insbesondere durch

      aa) einen handelsrechtlichen Frachtbrief, der vom Auftraggeber des Frachtführers unterzeichnet ist und die Unterschrift des Empfängers als Bestätigung des Erhalts des Gegenstands der Lieferung enthält,

      bb) ein Konnossement oder

      cc) Doppelstücke des Frachtbriefs oder Konnossements,

   b) durch einen anderen handelsüblichen Beleg als den Belegen nach Buchstabe a, insbesondere mit einer Bescheinigung des beauftragten Spediteurs, der folgende Angaben zu enthalten hat:

      aa) den Namen und die Anschrift des mit der Beförderung beauftragten Unternehmers sowie das Ausstellungsdatum,

      bb) den Namen und die Anschrift des liefernden Unternehmers sowie des Auftraggebers der Versendung,

      cc) die Menge des Gegenstands der Lieferung und dessen handelsübliche Bezeichnung,

      dd) den Empfänger des Gegenstands der Lieferung und den Bestimmungsort im übrigen Gemeinschaftsgebiet,

      ee) den Monat, in dem die Beförderung des Gegenstands der Lieferung im übrigen Gemeinschaftsgebiet geendet hat,

      ff) eine Versicherung des mit der Beförderung beauftragten Unternehmers, dass die Angaben in dem Beleg auf Grund von Geschäftsunterlagen gemacht wurden, die im Gemeinschaftsgebiet nachprüfbar sind, sowie

      gg) die Unterschrift des mit der Beförderung beauftragten Unternehmers.

      ²Bei einer elektronischen Übermittlung des Belegs an den liefernden Unternehmer ist eine Unterschrift des mit der Beförderung beauftragten Unternehmers nicht erforderlich, sofern erkennbar ist, dass die elektronische Übermittlung im Verfügungsbereich des mit der Beförderung beauftragten Unternehmers begonnen hat,

   c) durch eine schriftliche oder elektronische Auftragserteilung und ein von dem mit der Beförderung Beauftragten erstelltes Protokoll, das den Transport lückenlos bis zur Ablieferung beim Empfänger nachweist, oder

   d) in den Fällen von Postsendungen, in denen eine Belegnachweisführung nach Buchstabe c nicht möglich ist: durch eine Empfangsbescheinigung eines Postdienstleisters über die Entgegennahme der an den Abnehmer adressierten Postsendung und den Nachweis über die Bezahlung der Lieferung;

2. bei der Versendung des Gegenstands der Lieferung durch den Abnehmer durch einen Nachweis über die Entrichtung der Gegenleistung für die Lie-

ferung des Gegenstands von einem Bankkonto des Abnehmers sowie durch eine Bescheinigung des beauftragten Spediteurs, die folgende Angaben zu enthalten hat:

a) den Namen und die Anschrift des mit der Beförderung beauftragten Unternehmers sowie das Ausstellungsdatum,

b) den Namen und die Anschrift des liefernden Unternehmers sowie des Auftraggebers der Versendung,

c) die Menge des Gegenstands der Lieferung und die handelsübliche Bezeichnung,

d) den Empfänger des Gegenstands der Lieferung und den Bestimmungsort im übrigen Gemeinschaftsgebiet,

e) eine Versicherung des mit der Beförderung beauftragten Unternehmers, den Gegenstand der Lieferung an den Bestimmungsort im übrigen Gemeinschaftsgebiet zu befördern, sowie

f) die Unterschrift des mit der Beförderung beauftragten Unternehmers,

3.[1] bei der Beförderung im Unionsversandverfahren in das übrige Gemeinschaftsgebiet durch eine Bestätigung der Abgangsstelle über die innergemeinschaftliche Lieferung, die nach Eingang des Beendigungsnachweises für das Versandverfahren erteilt wird, sofern sich daraus die Lieferung in das übrige Gemeinschaftsgebiet ergibt;

4. bei der Lieferung verbrauchsteuerpflichtiger Waren:

a) bei der Beförderung verbrauchsteuerpflichtiger Waren unter Steueraussetzung und Verwendung des IT-Verfahrens EMCS (Excise Movement and Control System – EDV-gestütztes Beförderungs- und Kontrollsystem für verbrauchsteuerpflichtige Waren) durch die von der zuständigen Behörde des anderen Mitgliedstaats validierte EMCS-Eingangsmeldung,

b) bei der Beförderung verbrauchsteuerpflichtiger Waren des steuerrechtlich freien Verkehrs durch die dritte Ausfertigung des vereinfachten Begleitdokuments, das dem zuständigen Hauptzollamt für Zwecke der Verbrauchsteuerentlastung vorzulegen ist;

5. bei der Lieferung von Fahrzeugen, die durch den Abnehmer befördert werden und für die eine Zulassung für den Straßenverkehr erforderlich ist, durch einen Nachweis über die Zulassung des Fahrzeugs auf den Erwerber im Bestimmungsmitgliedstaat der Lieferung.

²Der Beleg nach Satz 1 muss bei der Lieferung eines Fahrzeugs im Sinne des § 1b Absatz 2 des Gesetzes zusätzlich dessen Fahrzeug-Identifikationsnummer enthalten. ³In den Fällen von Satz 1 Nummer 1 gilt Absatz 2 Nummer 2 Satz 2 bis 4[2] entsprechend. ⁴Bestehen in den Fällen des Satzes 1 Nummer 2 begründete Zweifel, dass der Liefergegenstand tatsächlich in das übrige Gemeinschaftsgebiet gelangt ist, hat der Unternehmer den Nachweis nach Absatz 1 oder mit den übrigen Belegen nach den Absätzen 2 oder 3 zu führen.

---

[1]) § 17a Abs. 3 Satz 1 Nr. 3 geänd. mWv 20.7.2017 durch VO v. 12.7.2017 (BGBl. I S. 2360).
[2]) Verweis ergänzt durch VO v. 22.12.2014 (BGBl. I S. 2392).

§ 17c[1] Nachweis bei innergemeinschaftlichen Lieferungen in Bearbeitungs- oder Verarbeitungsfällen. [1]Ist der Gegenstand der Lieferung vor der Beförderung oder Versendung in das übrige Gemeinschaftsgebiet durch einen Beauftragten bearbeitet oder verarbeitet worden (§ 6a Absatz 1 Satz 2 des Gesetzes), hat der Unternehmer dies durch Belege eindeutig und leicht nachprüfbar nachzuweisen. [2]Der Nachweis ist durch Belege nach § 17b zu führen, die zusätzlich die in § 11 Absatz 1 Nummer 1 bis 4 bezeichneten Angaben enthalten. [3]Ist der Gegenstand durch mehrere Beauftragte bearbeitet oder verarbeitet worden, ist § 11 Absatz 2 entsprechend anzuwenden.

§ 17d[2] Buchmäßiger Nachweis bei innergemeinschaftlichen Lieferungen. (1) [1]Bei innergemeinschaftlichen Lieferungen (§ 6a Absatz 1 und 2 des Gesetzes) hat der Unternehmer im Geltungsbereich des Gesetzes die Voraussetzungen der Steuerbefreiung einschließlich der ausländischen Umsatzsteuer-Identifikationsnummer des Abnehmers buchmäßig nachzuweisen. [2]Die Voraussetzungen müssen eindeutig und leicht nachprüfbar aus der Buchführung zu ersehen sein.

(2) Der Unternehmer hat Folgendes aufzuzeichnen:

1. den Namen und die Anschrift des Abnehmers,

2. den Namen und die Anschrift des Beauftragten des Abnehmers bei einer Lieferung, die im Einzelhandel oder in einer für den Einzelhandel gebräuchlichen Art und Weise erfolgt,

3. den Gewerbezweig oder Beruf des Abnehmers,

4. die Menge des Gegenstands der Lieferung und dessen handelsübliche Bezeichnung einschließlich der Fahrzeug-Identifikationsnummer bei Fahrzeugen im Sinne des § 1b Absatz 2 des Gesetzes,

5. den Tag der Lieferung,

6. das vereinbarte Entgelt oder bei der Besteuerung nach vereinnahmten Entgelten das vereinnahmte Entgelt und den Tag der Vereinnahmung,

7. die Art und den Umfang einer Bearbeitung oder Verarbeitung vor der Beförderung oder der Versendung in das übrige Gemeinschaftsgebiet (§ 6a Absatz 1 Satz 2 des Gesetzes),

8. die Beförderung oder Versendung in das übrige Gemeinschaftsgebiet sowie

9. den Bestimmungsort im übrigen Gemeinschaftsgebiet.

(3) In den einer Lieferung gleichgestellten Verbringungsfällen (§ 6a Absatz 2 des Gesetzes) hat der Unternehmer Folgendes aufzuzeichnen:

1. die Menge des verbrachten Gegenstands und seine handelsübliche Bezeichnung einschließlich der Fahrzeug-Identifikationsnummer bei Fahrzeugen im Sinne des § 1b Absatz 2 des Gesetzes,

---

[1] § 17b neu gef. mWv 1.1.2012 durch VO v. 2.12.2011 (BGBl. I S. 2416); wird § 17c und Satz 2 geänd. mWv 1.1.2020 durch G v. 12.12.2019 (BGBl. I S. 2451).
[2] § 17c neu gef. mWv 1.1.2012 durch VO v. 2.12.2011 (BGBl. I S. 2416); wird § 17d mWv 1.1.2020 durch G v. 12.12.2019 (BGBl. I S. 2451).

2. die Anschrift und die Umsatzsteuer-Identifikationsnummer des im anderen Mitgliedstaat belegenen Unternehmensteils,

3. den Tag des Verbringens sowie

4. die Bemessungsgrundlage nach § 10 Absatz 4 Satz 1 Nummer 1 des Gesetzes.

(4) Werden neue Fahrzeuge an Abnehmer ohne Umsatzsteuer-Identifikationsnummer in das übrige Gemeinschaftsgebiet geliefert, hat der Unternehmer Folgendes aufzuzeichnen:

1. den Namen und die Anschrift des Erwerbers,

2. die handelsübliche Bezeichnung des gelieferten Fahrzeugs einschließlich der Fahrzeug-Identifikationsnummer,

3. den Tag der Lieferung,

4. das vereinbarte Entgelt oder bei der Besteuerung nach vereinnahmten Entgelten das vereinnahmte Entgelt und den Tag der Vereinnahmung,

5. die in § 1b Absatz 2 und 3 des Gesetzes genannten Merkmale,

6. die Beförderung oder Versendung in das übrige Gemeinschaftsgebiet sowie

7. den Bestimmungsort im übrigen Gemeinschaftsgebiet.

Zu § 4 Nr. 2 und § 8 des Gesetzes

§ 18 **Buchmäßiger Nachweis bei Umsätzen für die Seeschifffahrt und für die Luftfahrt.** [1]Bei Umsätzen für die Seeschifffahrt und für die Luftfahrt (§ 8 des Gesetzes) ist § 13 Abs. 1 und 2 Nr. 1 bis 4 entsprechend anzuwenden. [2]Zusätzlich soll der Unternehmer aufzeichnen, für welchen Zweck der Gegenstand der Lieferung oder die sonstige Leistung bestimmt ist.

Zu § 4 Nr. 3 des Gesetzes

§ 19. (weggefallen)

§ 20 **Belegmäßiger Nachweis bei steuerfreien Leistungen, die sich auf Gegenstände der Ausfuhr oder Einfuhr beziehen.** (1) [1]Bei einer Leistung, die sich unmittelbar auf einen Gegenstand der Ausfuhr bezieht oder auf einen eingeführten Gegenstand bezieht, der im externen Versandverfahren in das Drittlandsgebiet befördert wird (§ 4 Nr. 3 Satz 1 Buchstabe a Doppelbuchstabe aa des Gesetzes), muss der Unternehmer durch Belege die Ausfuhr oder Wiederausfuhr des Gegenstands nachweisen. [2]Die Voraussetzung muss sich aus den Belegen eindeutig und leicht nachprüfbar ergeben. [3]Die Vorschriften über den Ausfuhrnachweis in den §§ 9 bis 11 sind entsprechend anzuwenden.

(2) Bei einer Leistung, die sich auf einen Gegenstand der Einfuhr in das Gebiet eines Mitgliedstaates der Europäischen Union[1)] bezieht (§ 4 Nr. 3

[1)] Begriff geänd. durch VO v. 11.12.2012 (BGBl. I S. 2637).

Satz 1 Buchstabe a Doppelbuchstabe bb des Gesetzes), muss der Unternehmer durch Belege nachweisen, dass die Kosten für diese Leistung in der Bemessungsgrundlage für die Einfuhr enthalten sind.

(3) Der Unternehmer muss die Nachweise im Geltungsbereich des Gesetzes[1] führen.

§ 21 Buchmäßiger Nachweis bei steuerfreien Leistungen, die sich auf Gegenstände der Ausfuhr oder Einfuhr beziehen. [1]Bei einer Leistung, die sich auf einen Gegenstand der Ausfuhr, auf einen Gegenstand der Einfuhr in das Gebiet eines Mitgliedstaates der Europäischen Union[2] oder auf einen eingeführten Gegenstand bezieht, der im externen Versandverfahren in das Drittlandsgebiet befördert wird (§ 4 Nr. 3 Satz 1 Buchstabe a des Gesetzes), ist § 13 Abs. 1 und Abs. 2 Nr. 1 bis 4 entsprechend anzuwenden. [2]Zusätzlich soll der Unternehmer aufzeichnen:

1. bei einer Leistung, die sich auf einen Gegenstand der Ausfuhr bezieht oder auf einen eingeführten Gegenstand bezieht, der im externen Versandverfahren in das Drittlandsgebiet befördert wird, dass der Gegenstand ausgeführt oder wiederausgeführt worden ist;

2. bei einer Leistung, die sich auf einen Gegenstand der Einfuhr in das Gebiet eines Mitgliedstaates der Europäischen Union[2] bezieht, dass die Kosten für die Leistung in der Bemessungsgrundlage für die Einfuhr enthalten sind.

Zu § 4 Nr. 5 des Gesetzes

§ 22 Buchmäßiger Nachweis bei steuerfreien Vermittlungen. (1) Bei Vermittlungen im Sinne des § 4 Nr. 5 des Gesetzes ist § 13 Abs. 1 entsprechend anzuwenden.

(2) Der Unternehmer soll regelmäßig Folgendes aufzeichnen:

1. die Vermittlung und den vermittelten Umsatz;

2. den Tag der Vermittlung;

3. den Namen und die Anschrift des Unternehmers, der den vermittelten Umsatz ausgeführt hat;

4. das für die Vermittlung vereinbarte Entgelt oder bei der Besteuerung nach vereinnahmten Entgelten das für die Vermittlung vereinnahmte Entgelt und den Tag der Vereinnahmung.

Zu § 4 Nr. 18 des Gesetzes

§ 23[3] *(aufgehoben)*

---

[1] Geänd. durch VO v. 22.12.2014 (BGBl. I S. 2392).
[2] Begriff geänd. durch VO v. 11.12.2012 (BGBl. I S. 2637).
[3] § 23 aufgeh. mWv 1.1.2020 durch G v. 12.12.2019 (BGBl. I S. 2451).

Zu § 4a des Gesetzes

§ 24 Antragsfrist für die Steuervergütung und Nachweis der Voraussetzungen. (1)[1] [1]Die Steuervergütung ist bei dem zuständigen Finanzamt bis zum Ablauf des Kalenderjahres nach amtlich vorgeschriebenem Vordruck oder amtlich vorgeschriebenem Datensatz durch Datenfernübertragung zu beantragen, das auf das Kalenderjahr folgt, in dem der Gegenstand in das Drittlandsgebiet gelangt. [2]Ein Antrag kann mehrere Ansprüche auf die Steuervergütung umfassen.

(2) Der Nachweis, dass der Gegenstand in das Drittlandsgebiet gelangt ist, muss in der gleichen Weise wie bei Ausfuhrlieferungen geführt werden (§§ 8 bis 11).

(3) [1]Die Voraussetzungen für die Steuervergütung sind im Geltungsbereich des Gesetzes[2] buchmäßig nachzuweisen. [2]Regelmäßig sollen aufgezeichnet werden:

1. die handelsübliche Bezeichnung und die Menge des ausgeführten Gegenstands;
2. der Name und die Anschrift des Lieferers;
3. der Name und die Anschrift des Empfängers;
4. der Verwendungszweck im Drittlandsgebiet;
5. der Tag der Ausfuhr des Gegenstands;
6. die mit dem Kaufpreis für die Lieferung des Gegenstands bezahlte Steuer oder die für die Einfuhr oder den innergemeinschaftlichen Erwerb des Gegenstands entrichtete Steuer.

Zu § 10 Abs. 6 des Gesetzes

§ 25 Durchschnittsbeförderungsentgelt. Das Durchschnittsbeförderungsentgelt wird auf 4,43 Cent je Personenkilometer festgesetzt.

Zu § 12 Abs. 2 Nr. 1 des Gesetzes

§§ 26 bis 29. (weggefallen)

Zu § 12 Abs. 2 Nr. 7 Buchstabe d des Gesetzes

§ 30 Schausteller. Als Leistungen aus der Tätigkeit als Schausteller gelten Schaustellungen, Musikaufführungen, unterhaltende Vorstellungen oder sonstige Lustbarkeiten auf Jahrmärkten, Volksfesten, Schützenfesten oder ähnlichen Veranstaltungen.

---

[1] § 24 Abs. 1 Satz 1 geänd. mWv 1.1.2023 durch G v. 16.12.2022 (BGBl. I S. 2294).
[2] Geänd. durch VO v. 22.12.2014 (BGBl. I S. 2392).

Zu § 13b des Gesetzes

§ 30a Steuerschuldnerschaft bei unfreien Versendungen. [1] Lässt ein Absender einen Gegenstand durch einen im Ausland ansässigen Frachtführer oder Verfrachter unfrei zum Empfänger der Frachtsendung befördern oder eine solche Beförderung durch einen im Ausland ansässigen Spediteur unfrei besorgen, ist der Empfänger der Frachtsendung an Stelle des Leistungsempfängers Steuerschuldner nach § 13b Absatz 5[1] des Gesetzes, wenn

1. er ein Unternehmer oder eine juristische Person des öffentlichen Rechts ist,

2. er die Entrichtung des Entgelts für die Beförderung oder für ihre Besorgung übernommen hat und

3. aus der Rechnung über die Beförderung oder ihre Besorgung auch die in Nummer 2 bezeichnete Voraussetzung zu ersehen ist.

[2] Dies gilt auch, wenn die Leistung für den nichtunternehmerischen Bereich bezogen wird.

Zu § 14 des Gesetzes

§ 31 Angaben in der Rechnung. (1) [1] Eine Rechnung kann aus mehreren Dokumenten bestehen, aus denen sich die nach § 14 Abs. 4 des Gesetzes geforderten Angaben insgesamt ergeben. [2] In einem dieser Dokumente sind das Entgelt und der darauf entfallende Steuerbetrag jeweils zusammengefasst anzugeben und alle anderen Dokumente zu bezeichnen, aus denen sich die übrigen Angaben nach § 14 Abs. 4 des Gesetzes ergeben. [3] Die Angaben müssen leicht und eindeutig nachprüfbar sein.

(2) Den Anforderungen des § 14 Abs. 4 Satz 1 Nr. 1 des Gesetzes ist genügt, wenn sich auf Grund der in die Rechnung aufgenommenen Bezeichnungen der Name und die Anschrift sowohl des leistenden Unternehmers als auch des Leistungsempfängers eindeutig feststellen lassen.

(3) [1] Für die in § 14 Abs. 4 Satz 1 Nr. 1 und 5 des Gesetzes vorgeschriebenen Angaben können Abkürzungen, Buchstaben, Zahlen oder Symbole verwendet werden, wenn ihre Bedeutung in der Rechnung oder in anderen Unterlagen eindeutig festgelegt ist. [2] Die erforderlichen anderen Unterlagen müssen sowohl beim Aussteller als auch beim Empfänger der Rechnung vorhanden sein.

(4) Als Zeitpunkt der Lieferung oder sonstigen Leistung (§ 14 Abs. 4 Satz 1 Nr. 6 des Gesetzes) kann der Kalendermonat angegeben werden, in dem die Leistung ausgeführt wird.

(5) [1] Eine Rechnung kann berichtigt werden, wenn

a) sie nicht alle Angaben nach § 14 Abs. 4 oder § 14a des Gesetzes enthält oder

b) Angaben in der Rechnung unzutreffend sind.

---

[1] Verweis geänd. durch G v. 8.4.2010 (BGBl. I S. 386).

²Es müssen nur die fehlenden oder unzutreffenden Angaben durch ein Dokument, das spezifisch und eindeutig auf die Rechnung bezogen ist, übermittelt werden. ³Es gelten die gleichen Anforderungen an Form und Inhalt wie in § 14 des Gesetzes.

§ 32 Rechnungen über Umsätze, die verschiedenen Steuersätzen unterliegen. Wird in einer Rechnung über Lieferungen oder sonstige Leistungen, die verschiedenen Steuersätzen unterliegen, der Steuerbetrag durch Maschinen automatisch ermittelt und durch diese in der Rechnung angegeben, ist der Ausweis des Steuerbetrags in einer Summe zulässig, wenn für die einzelnen Posten der Rechnung der Steuersatz angegeben wird.

§ 33 Rechnungen über Kleinbeträge. ¹Eine Rechnung, deren Gesamtbetrag 250 Euro[1] nicht übersteigt, muss mindestens folgende Angaben enthalten:

1. den vollständigen Namen und die vollständige Anschrift des leistenden Unternehmers,
2. das Ausstellungsdatum,
3. die Menge und die Art der gelieferten Gegenstände oder den Umfang und die Art der sonstigen Leistung und
4. das Entgelt und den darauf entfallenden Steuerbetrag für die Lieferung oder sonstige Leistung in einer Summe sowie den anzuwendenden Steuersatz oder im Fall einer Steuerbefreiung einen Hinweis darauf, dass für die Lieferung oder sonstige Leistung eine Steuerbefreiung gilt.

²Die §§ 31 und 32 sind entsprechend anzuwenden. ³Die Sätze 1 und 2 gelten nicht für Rechnungen über Leistungen im Sinne der §§ 3c, 6a und 13b des Gesetzes.

§ 34 Fahrausweise als Rechnungen. (1)[2] Fahrausweise, die für die Beförderung von Personen ausgegeben werden, gelten als Rechnungen im Sinne des § 14 des Gesetzes, wenn sie mindestens die folgenden Angaben enthalten:

1. den vollständigen Namen und die vollständige Anschrift des Unternehmers, der die Beförderungsleistung ausführt. ²§ 31 Abs. 2 ist entsprechend anzuwenden,
2. das Ausstellungsdatum,
3. das Entgelt und den darauf entfallenden Steuerbetrag in einer Summe,
4. den anzuwendenden Steuersatz, wenn die Beförderungsleistung nicht dem ermäßigten Steuersatz nach § 12 Abs. 2 Nr. 10 des Gesetzes unterliegt, und
5. im Fall der Anwendung des § 26 Abs. 3 des Gesetzes einen Hinweis auf die grenzüberschreitende Beförderung von Personen im Luftverkehr.

---

[1] § 33 Satz 1 Betrag geänd. durch G v. 22.8.2006 (BGBl. I S. 1970); geänd. durch G v. 30.6.2017 (BGBl. I S. 2143).
[2] § 34 Abs. 1 Satz 2 aufgeh. mWv 1.1.2020 durch G v. 21.12.2019 (BGBl. I S. 2886).

(2) ¹Fahrausweise für eine grenzüberschreitende Beförderung im Personenverkehr und im internationalen Eisenbahn-Personenverkehr gelten nur dann als Rechnung im Sinne des § 14 des Gesetzes, wenn eine Bescheinigung des Beförderungsunternehmers oder seines Beauftragten darüber vorliegt, welcher Anteil des Beförderungspreises auf die Strecke im Inland entfällt. ²In der Bescheinigung ist der Steuersatz anzugeben, der auf den auf das Inland entfallenden Teil der Beförderungsleistung anzuwenden ist.

(3) Die Absätze 1 und 2 gelten für Belege im Reisegepäckverkehr entsprechend.

Zu § 15 des Gesetzes

§ 35 Vorsteuerabzug bei Rechnungen über Kleinbeträge und bei Fahrausweisen. (1) Bei Rechnungen im Sinne des § 33 kann der Unternehmer den Vorsteuerabzug in Anspruch nehmen, wenn er den Rechnungsbetrag in Entgelt und Steuerbetrag aufteilt.

(2)[1] ¹Absatz 1 ist für Rechnungen im Sinne des § 34 entsprechend anzuwenden. ²Bei der Aufteilung in Entgelt und Steuerbetrag ist der Steuersatz nach § 12 Absatz 1 des Gesetzes anzuwenden, wenn in der Rechnung dieser Steuersatz angegeben ist. ³Bei den übrigen Rechnungen ist der Steuersatz nach § 12 Abs. 2 des Gesetzes anzuwenden. ⁴Bei Fahrausweisen im Luftverkehr kann der Vorsteuerabzug nur in Anspruch genommen werden, wenn der Steuersatz nach § 12 Abs. 1 des Gesetzes im Fahrausweis angegeben ist.

§§ 36 bis 39a. (weggefallen)

§ 40 Vorsteuerabzug bei unfreien Versendungen. (1) ¹Lässt ein Absender einen Gegenstand durch einen Frachtführer oder Verfrachter unfrei zu einem Dritten befördern oder eine solche Beförderung durch einen Spediteur unfrei besorgen, so ist für den Vorsteuerabzug der Empfänger der Frachtsendung als Auftraggeber dieser Leistungen anzusehen. ²Der Absender darf die Steuer für diese Leistungen nicht als Vorsteuer abziehen. ³Der Empfänger der Frachtsendung kann diese Steuer unter folgenden Voraussetzungen abziehen:

1. Er muss im Übrigen hinsichtlich der Beförderung oder ihrer Besorgung zum Abzug der Steuer berechtigt sein (§ 15 Abs. 1 Satz 1 Nr. 1 des Gesetzes).

2. Er muss die Entrichtung des Entgelts zuzüglich der Steuer für die Beförderung oder für ihre Besorgung übernommen haben.

3. ¹Die in Nummer 2 bezeichnete Voraussetzung muss aus der Rechnung über die Beförderung oder ihre Besorgung zu ersehen sein. ²Die Rechnung ist vom Empfänger der Frachtsendung aufzubewahren.

(2) Die Vorschriften des § 22 des Gesetzes sowie des § 35 Abs. 1 und § 63 dieser Verordnung gelten für den Empfänger der Frachtsendung entsprechend.

---

[1] § 35 Abs. 2 Satz 2 neu gef. mWv 1.1.2020 durch G v. 21.12.2019 (BGBl. I S. 2886).

§§ 41 bis 42. (weggefallen)

§ 43 Erleichterungen bei der Aufteilung der Vorsteuern. Die den folgenden steuerfreien Umsätzen zuzurechnenden Vorsteuerbeträge sind nur dann vom Vorsteuerabzug ausgeschlossen, wenn sie diesen Umsätzen ausschließlich zuzurechnen sind:

1. Umsätze von Geldforderungen, denen zum Vorsteuerabzug berechtigende Umsätze des Unternehmers zugrunde liegen;

2. Umsätze von Wechseln, die der Unternehmer von einem Leistungsempfänger erhalten hat, weil er den Leistenden als Bürge oder Garantiegeber befriedigt. ²Das gilt nicht, wenn die Vorsteuern, die dem Umsatz dieses Leistenden zuzurechnen sind, vom Vorsteuerabzug ausgeschlossen sind;

3.[1] sonstige Leistungen, die im Austausch von gesetzlichen Zahlungsmitteln bestehen, Lieferungen von im Inland gültigen amtlichen Wertzeichen sowie Einlagen bei Kreditinstituten, wenn diese Umsätze als Hilfsumsätze anzusehen sind.

Zu § 15 a des Gesetzes

§ 44 Vereinfachungen bei der Berichtigung des Vorsteuerabzugs.
(1) Eine Berichtigung des Vorsteuerabzugs nach § 15 a des Gesetzes entfällt, wenn die auf die Anschaffungs- oder Herstellungskosten eines Wirtschaftsguts entfallende Vorsteuer 1000 Euro nicht übersteigt.

(2) ¹Haben sich bei einem Wirtschaftsgut in einem Kalenderjahr die für den ursprünglichen Vorsteuerabzug maßgebenden Verhältnisse um weniger als 10 Prozentpunkte geändert, entfällt bei diesem Wirtschaftsgut für dieses Kalenderjahr die Berichtigung des Vorsteuerabzugs. ²Das gilt nicht, wenn der Betrag, um den der Vorsteuerabzug für dieses Kalenderjahr zu berichtigen ist, 1000 Euro übersteigt.

(3)[2] ¹Übersteigt der Betrag, um den der Vorsteuerabzug bei einem Wirtschaftsgut für das Kalenderjahr zu berichtigen ist, nicht 6 000 Euro, so ist die Berichtigung des Vorsteuerabzugs nach § 15a des Gesetzes abweichend von § 18 Abs. 1 und 2 des Gesetzes erst im Rahmen der Steuerfestsetzung für den Besteuerungszeitraum durchzuführen, in dem sich die für den ursprünglichen Vorsteuerabzug maßgebenden Verhältnisse geändert haben. ²Wird das Wirtschaftsgut während des maßgeblichen Berichtigungszeitraums veräußert oder nach § 3 Abs. 1b des Gesetzes geliefert, so ist die Berichtigung des Vorsteuerabzugs für das Kalenderjahr der Lieferung und die folgenden Kalenderjahre des Berichtigungszeitraums abweichend von Satz 1 bereits bei der Berechnung der Steuer für den Voranmeldungszeitraum (§ 18 Abs. 1 und 2 des Gesetzes) durchzuführen, in dem die Lieferung stattgefunden hat.

---

[1] § 43 Nr. 3 neu gef. mWv 1.1.2012 durch VO v. 2.12.2011 (BGBl. I S. 2416).
[2] § 44 Abs. 3 aufgeh., bish. Abs. 4 wird Abs. 3 und Satz 2 aufgeh., neuer Satz 2 geänd., bish. Abs. 5 wird Abs. 4 und geänd. mWv 1.1.2012 durch VO v. 2.12.2011 (BGBl. I S. 2416); zur Anwendung siehe § 74a Abs. 2.

(4)[1] Die Absätze 1 bis 3 sind bei einer Berichtigung der auf nachträgliche Anschaffungs- oder Herstellungskosten und auf die in § 15a Abs. 3 und 4 des Gesetzes bezeichneten Leistungen entfallenden Vorsteuerbeträge entsprechend anzuwenden.

§ 45 Maßgebliches Ende des Berichtigungszeitraums. [1]Endet der Zeitraum, für den eine Berichtigung des Vorsteuerabzugs nach § 15a des Gesetzes durchzuführen ist, vor dem 16. eines Kalendermonats, so bleibt dieser Kalendermonat für die Berichtigung unberücksichtigt. [2]Endet er nach dem 15. eines Kalendermonats, so ist dieser Kalendermonat voll zu berücksichtigen.

Zu den §§ 16 und 18 des Gesetzes

Dauerfristverlängerung

§ 46[2] Fristverlängerung. [1]Das Finanzamt hat dem Unternehmer auf Antrag die Fristen für die Übermittlung der Voranmeldungen und für die Entrichtung der Vorauszahlungen (§ 18 Abs. 1, 2 und 2a des Gesetzes) um einen Monat zu verlängern. [2]Das Finanzamt hat den Antrag abzulehnen oder eine bereits gewährte Fristverlängerung zu widerrufen, wenn der Steueranspruch gefährdet erscheint.

§ 47 Sondervorauszahlung. (1)[3] [1]Die Fristverlängerung ist bei einem Unternehmer, der die Voranmeldungen monatlich zu übermitteln hat, unter der Auflage zu gewähren, dass dieser eine Sondervorauszahlung auf die Steuer eines jeden Kalenderjahres entrichtet. [2]Die Sondervorauszahlung beträgt ein Elftel der Summe der Vorauszahlungen für das vorangegangene Kalenderjahr.

(2) [1]Hat der Unternehmer seine gewerbliche oder berufliche Tätigkeit nur in einem Teil des vorangegangenen Kalenderjahres ausgeübt, so ist die Summe der Vorauszahlungen dieses Zeitraums in eine Jahressumme umzurechnen. [2]Angefangene Kalendermonate sind hierbei als volle Kalendermonate zu behandeln.

(3) Hat der Unternehmer seine gewerbliche oder berufliche Tätigkeit im laufenden Kalenderjahr begonnen, so ist die Sondervorauszahlung auf der Grundlage der zu erwartenden Vorauszahlungen dieses Kalenderjahres zu berechnen.

§ 48[4] Verfahren. (1)[5] [1]Der Unternehmer hat die Fristverlängerung für die Übermittlung der Voranmeldungen bis zu dem Zeitpunkt zu beantragen, an dem die Voranmeldung, für die die Fristverlängerung erstmals gelten soll, nach § 18 Abs. 1, 2 und 2a des Gesetzes zu übermitteln ist. [2]Der Antrag ist nach

---

[1] § 44 Abs. 3 aufgeh., bish. Abs. 4 wird Abs. 3 und Satz 2 aufgeh., neuer Satz 2 geänd., bish. Abs. 5 wird Abs. 4 und geänd. mWv 1.1.2012 durch VO v. 2.12.2011 (BGBl. I S. 2416); zur Anwendung siehe § 74a Abs. 2.
[2] § 46 Satz 1 geänd. mWv 30.12.2014 durch VO v. 22.12.2014 (BGBl. I S. 2392).
[3] § 47 Abs. 1 Satz 1 geänd. mWv 30.12.2014 durch VO v. 22.12.2014 (BGBl. I S. 2392).
[4] § 48 Abs. 1 Satz 2 ersetzt durch Sätze 2 und 3, bish. Sätze 3 und 4 werden Sätze 4 und 5, Abs. 2 Satz 2 Verweis geänd. mWv 1.1.2011 durch G v. 20.12.2008 (BGBl. I S. 2850); Abs. 1 Sätze 1 und 4, Abs. 2 Satz 2 geänd. mWv 30.12.2014 durch VO v. 22.12.2014 (BGBl. I S. 2392).
[5] § 48 Abs. 1 Satz 2 geänd. mWv 1.1.2017 durch G v. 18.7.2016 (BGBl. I S. 1679).

amtlich vorgeschriebenem Datensatz durch Datenfernübertragung zu übermitteln. ³Auf Antrag kann das Finanzamt zur Vermeidung von unbilligen Härten auf eine elektronische Übermittlung verzichten; in diesem Fall hat der Unternehmer einen Antrag nach amtlich vorgeschriebenem Vordruck zu stellen. ⁴In dem Antrag hat der Unternehmer, der die Voranmeldungen monatlich zu übermitteln hat, die Sondervorauszahlung (§ 47) selbst zu berechnen und anzumelden. ⁵Gleichzeitig hat er die angemeldete Sondervorauszahlung zu entrichten.

(2) ¹Während der Geltungsdauer der Fristverlängerung hat der Unternehmer, der die Voranmeldungen monatlich zu übermitteln hat, die Sondervorauszahlung für das jeweilige Kalenderjahr bis zum gesetzlichen Zeitpunkt der Übermittlung der ersten Voranmeldung zu berechnen, anzumelden und zu entrichten. ²Absatz 1 Satz 2 und 3 gilt entsprechend.

(3) Das Finanzamt kann die Sondervorauszahlung festsetzen, wenn sie vom Unternehmer nicht oder nicht richtig berechnet wurde oder wenn die Anmeldung zu einem offensichtlich unzutreffenden Ergebnis führt.

(4)¹⁾ ¹Die festgesetzte Sondervorauszahlung ist bei der Festsetzung der Vorauszahlung für den letzten Voranmeldungszeitraum des Besteuerungszeitraums zu berücksichtigen, für den die Fristverlängerung gilt. ²Ein danach verbleibender Erstattungsanspruch ist mit Ansprüchen aus dem Steuerschuldverhältnis aufzurechnen (§ 226 der Abgabenordnung), im Übrigen zu erstatten.

Verzicht auf die Steuererhebung

§ 49 Verzicht auf die Steuererhebung im Börsenhandel mit Edelmetallen. Auf die Erhebung der Steuer für die Lieferungen von Gold, Silber und Platin sowie für die sonstigen Leistungen im Geschäft mit diesen Edelmetallen wird verzichtet, wenn

1. die Umsätze zwischen Unternehmern ausgeführt werden, die an einer Wertpapierbörse im Inland mit dem Recht zur Teilnahme am Handel zugelassen sind,

2. die bezeichneten Edelmetalle zum Handel an einer Wertpapierbörse im Inland zugelassen sind und

3. keine Rechnungen mit gesondertem Ausweis der Steuer erteilt werden.

§§ 50 bis 58. (weggefallen)

**Vergütung der Vorsteuerbeträge in einem
besonderen Verfahren**

§ 59²⁾ Vergütungsberechtigte Unternehmer. ¹Die Vergütung der abzieh–baren Vorsteuerbeträge (§ 15 des Gesetzes) an im Ausland ansässige Unter-

---

¹⁾ § 48 Abs. 4 neu gef. durch VO v. 18.7.2016 (BGBl. I S. 1722).
²⁾ § 59 Satz 1 geänd., Satz 2 angef. durch G v. 19.12.2008 (BGBl. I S. 2794); zur erstmaligen Anwendung siehe § 74a; § 59 Satz 2 neu gef., Satz 3 angef. mWv 20.12.2012 durch VO

(Fortsetzung der Fußnote nächstes Blatt)

nehmer ist abweichend von § 16 und § 18 Abs. 1 bis 4 des Gesetzes nach den §§ 60 bis 61a durchzuführen, wenn der Unternehmer im Vergütungszeitraum

1. im Inland keine Umsätze im Sinne des § 1 Abs. 1 Nr. 1 und 5 des Gesetzes oder nur steuerfreie Umsätze im Sinne des § 4 Nr. 3 des Gesetzes ausgeführt hat,

2. nur Umsätze ausgeführt hat, für die der Leistungsempfänger die Steuer schuldet (§ 13b des Gesetzes) oder die der Beförderungseinzelbesteuerung (§ 16 Abs. 5 und § 18 Abs. 5 des Gesetzes) unterlegen haben,

3. im Inland nur innergemeinschaftliche Erwerbe und daran anschließende Lieferungen im Sinne des § 25b Abs. 2 des Gesetzes ausgeführt hat,

4. [1] im Inland als Steuerschuldner vor dem 1. Juli 2021 nur Umsätze im Sinne des § 3a Absatz 5 des Gesetzes erbracht und von dem Wahlrecht nach § 18 Absatz 4c des Gesetzes Gebrauch gemacht hat oder diese Umsätze in einem anderen Mitgliedstaat erklärt sowie die darauf entfallende Steuer entrichtet hat oder nach dem 30. Juni 2021 nur sonstige Leistungen an Empfänger nach § 3a Absatz 5 Satz 1 des Gesetzes erbracht und von dem Wahlrecht nach § 18i des Gesetzes Gebrauch gemacht hat,

5. im Inland als Steuerschuldner vor dem 1. Juli 2021 nur Umsätze im Sinne des § 3a Absatz 5 des Gesetzes erbracht und von dem Wahlrecht nach § 18 Absatz 4e des Gesetzes Gebrauch gemacht hat oder nach dem 30. Juni 2021 nur Lieferungen nach § 3 Absatz 3a Satz 1 des Gesetzes innerhalb eines Mitgliedstaates, innergemeinschaftliche Fernverkäufe nach § 3c Absatz 1 Satz 2 und 3 des Gesetzes sowie sonstige Leistungen an Empfänger nach § 3a Absatz 5 Satz 1 des Gesetzes erbracht und von dem Wahlrecht nach § 18j des Gesetzes Gebrauch gemacht hat oder

6. im Inland als Steuerschuldner nur Fernverkäufe nach § 3 Absatz 3a Satz 2 und § 3c Absatz 2 und 3 des Gesetzes erbracht und von dem Wahlrecht nach § 18k des Gesetzes Gebrauch gemacht hat.

[2]Ein im Ausland ansässiger Unternehmer im Sinne des Satzes 1 ist ein Unternehmer, der im Inland, auf der Insel Helgoland und in einem der in § 1 Absatz 3 des Gesetzes bezeichneten Gebiete weder einen Wohnsitz, seinen gewöhnlichen Aufenthalt, seinen Sitz, seine Geschäftsleitung noch eine Betriebsstätte hat, von der aus im Inland steuerbare Umsätze ausgeführt werden; ein im Ausland ansässiger Unternehmer ist auch ein Unternehmer, der ausschließlich einen Wohnsitz oder seinen gewöhnlichen Aufenthalt im Inland, aber im Ausland seinen Sitz, seine Geschäftsleitung oder eine Betriebsstätte hat, von der aus Umsätze ausgeführt werden. [3]Maßgebend für die Ansässigkeit ist der jeweilige Vergütungszeitraum im Sinne des § 60, für den der Unternehmer eine Vergütung beantragt.

(Fortsetzung der Fußnote)

v. 11.12.2012 (BGBl. I S. 2637); Satz 2 neu gef. mWv 30.12.2014 durch VO v. 22.12.2014 (BGBl. I S. 2392); Satz 2 neu gef. mWv 1.1.2020 durch G v. 12.12.2019 (BGBl. I S. 2451).
[1] § 59 Satz 1 Nrn. 4 und 5 ersetzt durch Nrn. 4 bis 6 **mWv 1.7.2021** durch G v. 21.12.2020 (BGBl. I S. 3096).

§ 60[1) Vergütungszeitraum. [1]Vergütungszeitraum ist nach Wahl des Unternehmers ein Zeitraum von mindestens drei Monaten bis zu höchstens einem Kalenderjahr. [2]Der Vergütungszeitraum kann weniger als drei Monate umfassen, wenn es sich um den restlichen Zeitraum des Kalenderjahres handelt. [3]In den Vergütungsantrag für den Zeitraum nach den Sätzen 1 und 2 können auch abziehbare Vorsteuerbeträge aufgenommen werden, die in vor vorangegangene Vergütungszeiträume des betreffenden Jahres fallen. [4]Hat der Unternehmer einen Vergütungsantrag für das Kalenderjahr oder für den letzten Zeitraum des Kalenderjahres gestellt, kann er für das betreffende Jahr einmalig einen weiteren Vergütungsantrag stellen, in welchem ausschließlich abziehbare Vorsteuerbeträge aufgenommen werden dürfen, die in den Vergütungsanträgen für die Zeiträume nach den Sätzen 1 und 2 nicht enthalten sind; § 61 Absatz 3 Satz 3 und § 61a Absatz 3 Satz 3 gelten entsprechend.

§ 61[2) Vergütungsverfahren für im übrigen Gemeinschaftsgebiet ansässige Unternehmer. (1)[3) [1]Der im übrigen Gemeinschaftsgebiet ansässige Unternehmer hat den Vergütungsantrag nach amtlich vorgeschriebenem Datensatz durch Datenfernübertragung über das in dem Mitgliedstaat, in dem der Unternehmer ansässig ist, eingerichtete elektronische Portal dem Bundeszentralamt für Steuern zu übermitteln. [2]Der Vergütungsantrag gilt nur dann als vorgelegt, wenn der Unternehmer

1. alle Angaben gemacht hat, die in den Artikeln 8 und 9 Absatz 1 der Richtlinie 2008/9/EG des Rates vom 12. Februar 2008 zur Regelung der Erstattung der Mehrwertsteuer gemäß der Richtlinie 2006/112/EG an nicht im Mitgliedstaat der Erstattung, sondern in einem anderen Mitgliedstaat ansässige Steuerpflichtige (ABl. L 44 vom 20.2.2008, S. 23), die durch die Richtlinie 2010/66/EU (ABl. L 275 vom 20.10.2010, S. 1) geändert worden ist, in der jeweils geltenden Fassung gefordert werden, sowie

2. eine Beschreibung seiner Geschäftstätigkeit anhand harmonisierter Codes vorgenommen hat, die gemäß Artikel 34a Absatz 3 Unterabsatz 2 der Verordnung (EG) Nr. 1798/2003 des Rates vom 7. Oktober 2003 über die Zusammenarbeit der Verwaltungsbehörden auf dem Gebiet der Mehrwertsteuer und zur Aufhebung der Verordnung (EWG) Nr. 218/92 (ABl. L 264 vom 15.10.2003, S. 1), die zuletzt durch die Verordnung (EU) Nr. 904/2010 (ABl. L 268 vom 12.10.2010, S. 1) geändert worden ist, in der jeweils geltenden Fassung bestimmt werden.

(2)[4) [1]Die Vergütung ist binnen neun Monaten nach Ablauf des Kalenderjahres, in dem der Vergütungsanspruch entstanden ist, zu beantragen. [2]Der

---

[1) § 60 Satz 3 eingef., bish. Satz 3 wird Satz 4, neuer Satz 4 geänd. mWv 30.12.2014 durch VO v. 22.12.2014 (BGBl. I S. 2392); Satz 3 und 4 neu gef. mWv 20.7.2017 durch VO v. 12.7.2017 (BGBl. I S. 2360).
[2) § 61 neu gef. durch G v. 19.12.2008 (BGBl. I S. 2794); zur erstmaligen Anwendung siehe § 74a; Abs. 2 Satz 3, Abs. 5 Satz 3 geänd., Satz 9 angef. mWv 30.12.2014 durch VO v. 22.12.2014 (BGBl. I S. 2392); Abs. 1 Satz 2 angef., Abs. 2 Satz 3 neu gef., Abs. 4 neu gef., Abs. 5 Satz 4 neu gef. mWv 20.7.2017 durch VO v. 12.7.2017 (BGBl. I S. 2360).
[3) § 61 Abs. 1 geänd. mWv 1.1.2017 durch G v. 18.7.2016 (BGBl. I S. 1679).
[4) § 61 Abs. 2 Satz 3 geänd. mWv 23.12.2022 durch VO v. 19.12.2022 (BGBl. I S. 2432).

Unternehmer hat die Vergütung selbst zu berechnen. [3]Dem Vergütungsantrag sind die Rechnungen und Einfuhrbelege auf elektronischem Weg vollständig beizufügen, wenn das Entgelt für den Umsatz oder die Einfuhr mindestens 1000 Euro, bei Rechnungen über den Bezug von Kraftstoffen mindestens 250 Euro beträgt. [4]Bei begründeten Zweifeln an dem Recht auf Vorsteuerabzug in der beantragten Höhe kann das Bundeszentralamt für Steuern verlangen, dass die Vorsteuerbeträge durch Vorlage von Rechnungen und Einfuhrbelegen im Original nachgewiesen werden.

(3) [1]Die beantragte Vergütung muss mindestens 400 Euro betragen. [2]Das gilt nicht, wenn der Vergütungszeitraum das Kalenderjahr oder der letzte Zeitraum des Kalenderjahres ist. [3]Für diese Vergütungszeiträume muss die beantragte Vergütung mindestens 50 Euro betragen.

(4) [1]Der Bescheid über die Vergütung von Vorsteuerbeträgen ist durch Bereitstellung zum Datenabruf nach § 122a in Verbindung mit § 87a Absatz 8 der Abgabenordnung bekannt zu geben. [2]Hat der Empfänger des Bescheids der Bekanntgabe durch Bereitstellung zum Datenabruf nach Satz 1 nicht zugestimmt, ist der Bescheid schriftlich zu erteilen.

(5)[1)] [1]Der nach § 18 Abs. 9 des Gesetzes zu vergütende Betrag ist zu verzinsen. [2]Der Zinslauf beginnt mit Ablauf von vier Monaten und zehn Arbeitstagen nach Eingang des Vergütungsantrags beim Bundeszentralamt für Steuern. [3]Übermittelt der Antragsteller Rechnungen oder Einfuhrbelege abweichend von Absatz 2 Satz 3 nicht zusammen mit dem Vergütungsantrag, sondern erst zu einem späteren Zeitpunkt, beginnt der Zinslauf erst mit Ablauf von vier Monaten und zehn Arbeitstagen nach Eingang der auf elektronischem Weg übermittelten Rechnungen oder Einfuhrbelege beim Bundeszentralamt für Steuern. [4]Hat das Bundeszentralamt für Steuern zusätzliche oder weitere zusätzliche Informationen angefordert, beginnt der Zinslauf erst mit Ablauf von zehn Arbeitstagen nach Ablauf der Fristen in Artikel 21 der Richtlinie 2008/9/EG. [5]Der Zinslauf endet mit erfolgter Zahlung des zu vergütenden Betrages; die Zahlung gilt als erfolgt mit dem Tag der Fälligkeit, es sei denn, der Unternehmer weist nach, dass er den zu vergütenden Betrag später erhalten hat. [6]Wird die Festsetzung oder Anmeldung der Steuervergütung geändert, ist eine bisherige Zinsfestsetzung zu ändern; § 233a Abs. 5 der Abgabenordnung[2)] gilt entsprechend. [7]Für die Höhe und Berechnung der Zinsen gilt § 238 der Abgabenordnung. [8]Auf die Festsetzung der Zinsen ist § 239 der Abgabenordnung entsprechend anzuwenden. [9]Bei der Festsetzung von Prozesszinsen nach § 236 der Abgabenordnung sind Zinsen anzurechnen, die für denselben Zeitraum nach den Sätzen 1 bis 5 festgesetzt wurden.

(6) Ein Anspruch auf Verzinsung nach Absatz 5 besteht nicht, wenn der Unternehmer einer Mitwirkungspflicht nicht innerhalb einer Frist von einem Monat nach Zugang einer entsprechenden Aufforderung des Bundeszentralamtes für Steuern nachkommt.

[1)] § 61 Abs. 5 Sätze 2 bis 4 neu gef. mWv 1.1.2020 durch G v. 12.12.2019 (BGBl. I S. 2451); Satz 3 geänd. mWv 23.12.2022 durch VO v. 19.12.2022 (BGBl. I S. 2432).
[2)] Nr. **800.**

§ 61a[1] Vergütungsverfahren für nicht im Gemeinschaftsgebiet ansässige Unternehmer. (1)[2] ¹Der nicht im Gemeinschaftsgebiet ansässige Unternehmer hat den Vergütungsantrag nach amtlich vorgeschriebenem Datensatz durch Datenfernübertragung an das Bundeszentralamt für Steuern zu übermitteln. ²Auf Antrag kann das Bundeszentralamt für Steuern zur Vermeidung von unbilligen Härten auf eine elektronische Übermittlung verzichten. ³In diesem Fall hat der nicht im Gemeinschaftsgebiet ansässige Unternehmer die Vergütung nach amtlich vorgeschriebenem Vordruck beim Bundeszentralamt für Steuern zu beantragen und den Vergütungsantrag eigenhändig zu unterschreiben.

(Fortsetzung nächstes Blatt)

---

[1] § 61a eingef. mWv 1.1.2010 durch G v. 19.12.2008 (BGBl. I S. 2794); zur erstmaligen Anwendung siehe § 74a.
[2] § 61a Abs. 1 Satz 1 geänd. mWv 1.1.2017 durch G v. 18.7.2016 (BGBl. I S. 1679).

(2) ¹Die Vergütung ist binnen sechs Monaten nach Ablauf des Kalenderjahres, in dem der Vergütungsanspruch entstanden ist, zu beantragen. ²Der Unternehmer hat die Vergütung selbst zu berechnen. ³Die Vorsteuerbeträge sind durch Vorlage von Rechnungen und Einfuhrbelegen im Original nachzuweisen.

(3) ¹Die beantragte Vergütung muss mindestens 1000 Euro betragen. ²Das gilt nicht, wenn der Vergütungszeitraum das Kalenderjahr oder der letzte Zeitraum des Kalenderjahres ist. ³Für diese Vergütungszeiträume muss die beantragte Vergütung mindestens 500 Euro betragen.

(4) Der Unternehmer muss der zuständigen Finanzbehörde durch behördliche Bescheinigung des Staates, in dem er ansässig ist, nachweisen, dass er als Unternehmer unter einer Steuernummer eingetragen ist.

Sondervorschriften für die Besteuerung bestimmter Unternehmer

§ 62 Berücksichtigung von Vorsteuerbeträgen, Belegnachweis.

(1) Ist bei den in § 59 genannten Unternehmern die Besteuerung nach § 16 und § 18 Abs. 1 bis 4 des Gesetzes durchzuführen, so sind hierbei die Vorsteuerbeträge nicht zu berücksichtigen, die nach § 59 vergütet worden sind.

(2) Die abziehbaren Vorsteuerbeträge sind in den Fällen des Absatzes 1 durch Vorlage der Rechnungen und Einfuhrbelege im Original nachzuweisen.

Zu § 22 des Gesetzes

§ 63 Aufzeichnungspflichten.

(1) Die Aufzeichnungen müssen so beschaffen sein, dass es einem sachverständigen Dritten innerhalb einer angemessenen Zeit möglich ist, einen Überblick über die Umsätze des Unternehmers und die abziehbaren Vorsteuern zu erhalten und die Grundlagen für die Steuerberechnung festzustellen.

(2) ¹Entgelte, Teilentgelte, Bemessungsgrundlagen nach § 10 Abs. 4 und 5 des Gesetzes, nach § 14 c des Gesetzes geschuldete Steuerbeträge sowie Vorsteuerbeträge sind am Schluss jedes Voranmeldungszeitraums zusammenzurechnen. ²Im Fall des § 17 Abs. 1 Satz 6 des Gesetzes sind die Beträge der Entgeltsminderungen am Schluss jedes Voranmeldungszeitraums zusammenzurechnen.

(3) ¹Der Unternehmer kann die Aufzeichnungspflichten nach § 22 Abs. 2 Nr. 1 Satz 1, 3, 5 und 6, Nr. 2 Satz 1 und Nr. 3 Satz 1 des Gesetzes in folgender Weise erfüllen:

1. Das Entgelt oder Teilentgelt und der Steuerbetrag werden in einer Summe statt des Entgelts oder des Teilentgelts aufgezeichnet.

2. Die Bemessungsgrundlage nach § 10 Abs. 4 und 5 des Gesetzes und der darauf entfallende Steuerbetrag werden in einer Summe statt der Bemessungsgrundlage aufgezeichnet.

3. Bei der Anwendung des § 17 Abs. 1 Satz 6 des Gesetzes werden die Entgeltsminderung und die darauf entfallende Minderung des Steuerbetrags in einer Summe statt der Entgeltsminderung aufgezeichnet.

²§ 22 Abs. 2 Nr. 1 Satz 2, Nr. 2 Satz 2 und Nr. 3 Satz 2 des Gesetzes gilt entsprechend. ³Am Schluss jedes Voranmeldungszeitraums hat der Unternehmer die Summe der Entgelte und Teilentgelte, der Bemessungsgrundlagen nach § 10 Abs. 4 und 5 des Gesetzes sowie der Entgeltsminderungen im Fall des § 17 Abs. 1 Satz 6 des Gesetzes zu errechnen und aufzuzeichnen.

(4) ¹Dem Unternehmer, dem wegen der Art und des Umfangs des Geschäfts eine Trennung der Entgelte und Teilentgelte nach Steuersätzen (§ 22 Abs. 2 Nr. 1 Satz 2 und Nr. 2 Satz 2 des Gesetzes) in den Aufzeichnungen nicht zuzumuten ist, kann das Finanzamt auf Antrag gestatten, dass er die Entgelte und Teilentgelte nachträglich auf der Grundlage der Wareneingänge oder, falls diese hierfür nicht verwendet werden können, nach anderen Merkmalen trennt. ²Entsprechendes gilt für die Trennung nach Steuersätzen bei den Bemessungsgrundlagen nach § 10 Abs. 4 und 5 des Gesetzes (§ 22 Abs. 2 Nr. 1 Satz 3 und Nr. 3 Satz 2 des Gesetzes). ³Das Finanzamt darf nur ein Verfahren zulassen, dessen steuerliches Ergebnis nicht wesentlich von dem Ergebnis einer nach Steuersätzen getrennten Aufzeichnung der Entgelte, Teilentgelte und sonstigen Bemessungsgrundlagen abweicht. ⁴Die Anwendung des Verfahrens kann auf einen in der Gliederung des Unternehmens gesondert geführten Betrieb beschränkt werden.

(5) ¹Der Unternehmer kann die Aufzeichnungpflicht nach § 22 Abs. 2 Nr. 5 des Gesetzes in der Weise erfüllen, dass er die Entgelte oder Teilentgelte und die auf sie entfallenden Steuerbeträge (Vorsteuern) jeweils in einer Summe, getrennt nach den in den Eingangsrechnungen angewandten Steuersätzen, aufzeichnet. ²Am Schluss jedes Voranmeldungszeitraums hat der Unternehmer die Summe der Entgelte und Teilentgelte und die Summe der Vorsteuerbeträge zu errechnen und aufzuzeichnen.

§ 64¹⁾ Aufzeichnung im Fall der Einfuhr. Der Aufzeichnungpflicht nach § 22 Absatz 2 Nummer 6 des Gesetzes ist genügt, wenn die entstandene Einfuhrumsatzsteuer mit einem Hinweis auf einen entsprechenden zollamtlichen Beleg aufgezeichnet wird.

§ 65 Aufzeichnungspflichten der Kleinunternehmer. ¹Unternehmer, auf deren Umsätze § 19 Abs. 1 Satz 1 des Gesetzes anzuwenden ist, haben an Stelle der nach § 22 Abs. 2 bis 4 des Gesetzes vorgeschriebenen Angaben Folgendes aufzuzeichnen:

1. die Werte der erhaltenen Gegenleistungen für die von ihnen ausgeführten Lieferungen und sonstigen Leistungen;

2. die sonstigen Leistungen im Sinne des § 3 Abs. 9a Nr. 2 des Gesetzes. ²Für ihre Bemessung gilt Nummer 1 entsprechend.

²Die Aufzeichnungspflichten nach § 22 Abs. 2 Nr. 4, 7, 8 und 9 des Gesetzes bleiben unberührt.

---

¹⁾ § 64 neu gef. mWv 31. 7. 2014 durch G v. 25. 7. 2014 (BGBl. I S. 1266).

§ 66 Aufzeichnungspflichten bei der Anwendung allgemeiner Durchschnittssätze. Der Unternehmer ist von den Aufzeichnungspflichten nach § 22 Abs. 2 Nr. 5 und 6 des Gesetzes befreit, soweit er die abziehbaren Vorsteuerbeträge nach einem Durchschnittssatz (§§ 69 und 70) berechnet.

§ 66a Aufzeichnungspflichten bei der Anwendung des Durchschnittssatzes für Körperschaften, Personenvereinigungen und Vermögensmassen im Sinne des § 5 Abs. 1 Nr. 9 des Körperschaftsteuergesetzes. Der Unternehmer ist von den Aufzeichnungspflichten nach § 22 Abs. 2 Nr. 5 und 6 des Gesetzes befreit, soweit er die abziehbaren Vorsteuerbeträge nach dem in § 23a des Gesetzes festgesetzten Durchschnittssatz berechnet.

§ 67 Aufzeichnungspflichten bei der Anwendung der Durchschnittssätze für land- und forstwirtschaftliche Betriebe. [1]Unternehmer, auf deren Umsätze § 24 des Gesetzes anzuwenden ist, sind für den land- und forstwirtschaftlichen Betrieb von den Aufzeichnungspflichten nach § 22 des Gesetzes befreit. [2]Ausgenommen hiervon sind die Bemessungsgrundlagen für die Umsätze im Sinne des § 24 Abs. 1 Satz 1 Nr. 2 des Gesetzes. [3]Die Aufzeichnungspflichten nach § 22 Abs. 2 Nr. 4, 7 und 8 des Gesetzes bleiben unberührt.

§ 68 Befreiung von der Führung des Steuerhefts. (1) Unternehmer im Sinne des § 22 Abs. 5 des Gesetzes sind von der Verpflichtung, ein Steuerheft zu führen, befreit,

1. wenn sie im Inland eine gewerbliche Niederlassung besitzen und ordnungsmäßige Aufzeichnungen nach § 22 des Gesetzes in Verbindung mit den §§ 63 bis 66 dieser Verordnung führen;

2. soweit ihre Umsätze nach den Durchschnittssätzen für land- und forstwirtschaftliche Betriebe (§ 24 Abs. 1 Satz 1 Nr. 1 und 3 des Gesetzes) besteuert werden;

3. soweit sie mit Zeitungen und Zeitschriften handeln;

4.[1]) soweit sie auf Grund gesetzlicher Vorschriften verpflichtet sind, Bücher zu führen, oder ohne eine solche Verpflichtung Bücher führen.

(2) In den Fällen des Absatzes 1 Nr. 1 stellt das Finanzamt dem Unternehmer eine Bescheinigung über die Befreiung von der Führung des Steuerhefts aus.

Zu § 23 des Gesetzes

§ 69[2]) *Festsetzung allgemeiner Durchschnittssätze.* *(1)* [1]*Zur Berechnung der abziehbaren Vorsteuerbeträge nach allgemeinen Durchschnittssätzen (§ 23 des Gesetzes) werden die in der Anlage bezeichneten Prozentsätze des Umsatzes als Durchschnittssätze festgesetzt.* [2]*Die Durchschnittssätze gelten jeweils für die bei ihnen angegebenen Berufs- und Gewerbezweige.*

---

[1]) § 68 Abs. 1 Nr. 4 angef. durch 3. MittelstandsentlastungsG.
[2]) § 69 aufgeh. mWv 1.1.2023 durch G v. 16.12.2022 (BGBl. I S. 2294).

(2) Umsatz im Sinne des Absatzes 1 ist der Umsatz, den der Unternehmer im Rahmen der in der Anlage bezeichneten Berufs- und Gewerbezweige im Inland ausführt, mit Ausnahme der Einfuhr, des innergemeinschaftlichen Erwerbs und der in § 4 Nr. 8, 9 Buchstabe a, Nr. 10 und 21 des Gesetzes bezeichneten Umsätze.

(3) Der Unternehmer, dessen Umsatz (Absatz 2) im vorangegangenen Kalenderjahr 61356 Euro überstiegen hat, kann die Durchschnittssätze nicht in Anspruch nehmen.

§ 70[1] *Umfang der Durchschnittssätze. (1) ¹Die in Abschnitt A der Anlage bezeichneten Durchschnittssätze gelten für sämtliche Vorsteuerbeträge, die mit der Tätigkeit der Unternehmer in den in der Anlage bezeichneten Berufs- und Gewerbezweigen zusammenhängen. ²Ein weiterer Vorsteuerabzug ist insoweit ausgeschlossen.*

(2) ¹Neben den Vorsteuerbeträgen, die nach den in Abschnitt B der Anlage bezeichneten Durchschnittssätzen berechnet werden, können unter den Voraussetzungen des § 15 des Gesetzes abgezogen werden:

1. die Vorsteuerbeträge für Gegenstände, die der Unternehmer zur Weiterveräußerung erworben oder eingeführt hat, einschließlich der Vorsteuerbeträge für Rohstoffe, Halberzeugnisse, Hilfsstoffe und Zutaten;

2. die Vorsteuerbeträge

   a) für Lieferungen von Gebäuden, Grundstücken und Grundstücksteilen,

   b) für Ausbauten, Einbauten, Umbauten und Instandsetzungen bei den in Buchstabe a bezeichneten Gegenständen,

   c) für Leistungen im Sinne des § 4 Nr. 12 des Gesetzes.

²Das gilt nicht für Vorsteuerbeträge, die mit Maschinen und sonstigen Vorrichtungen aller Art in Zusammenhang stehen, die zu einer Betriebsanlage gehören, auch wenn sie wesentliche Bestandteile eines Grundstücks sind.

Zu § 24 Abs. 4 des Gesetzes

§ 71 Verkürzung der zeitlichen Bindungen für land- und forstwirtschaftliche Betriebe. ¹Der Unternehmer, der eine Erklärung nach § 24 Abs. 4 Satz 1 des Gesetzes abgegeben hat, kann von der Besteuerung des § 19 Abs. 1 des Gesetzes zur Besteuerung nach § 24 Abs. 1 bis 3 des Gesetzes mit Wirkung vom Beginn eines jeden folgenden Kalenderjahres an übergehen. ²Auf den Widerruf der Erklärung ist § 24 Abs. 4 Satz 4 des Gesetzes anzuwenden.

Zu § 25 Abs. 2 des Gesetzes

§ 72 Buchmäßiger Nachweis bei steuerfreien Reiseleistungen. (1) Bei Leistungen, die nach § 25 Abs. 2 des Gesetzes ganz oder zum Teil steuerfrei sind, ist § 13 Abs. 1 entsprechend anzuwenden.

---

[1] § 70 aufgeh. mWv 1.1.2023 durch G v. 16.12.2022 (BGBl. I S. 2294).

(2) Der Unternehmer soll regelmäßig Folgendes aufzeichnen:

1. die Leistung, die ganz oder zum Teil steuerfrei ist;

2. den Tag der Leistung;

3. die der Leistung zuzurechnenden einzelnen Reisevorleistungen im Sinne des § 25 Abs. 2 des Gesetzes und die dafür von dem Unternehmer aufgewendeten Beträge;

4. den vom Leistungsempfänger für die Leistung aufgewendeten Betrag;

5. die Bemessungsgrundlage für die steuerfreie Leistung oder für den steuerfreien Teil der Leistung.

(3)¹⁾ *Absatz 2 gilt entsprechend für die Fälle, in denen der Unternehmer die Bemessungsgrundlage nach § 25 Abs. 3 Satz 3 des Gesetzes ermittelt.*

Zu § 26 Abs. 5 des Gesetzes

§ 73 Nachweis der Voraussetzungen der in bestimmten Abkommen enthaltenen Steuerbefreiungen. (1) Der Unternehmer hat die Voraussetzungen der in § 26 Abs. 5 des Gesetzes bezeichneten Steuerbefreiungen wie folgt nachzuweisen:

1. bei Lieferungen und sonstigen Leistungen, die von einer amtlichen Beschaffungsstelle in Auftrag gegeben worden sind, durch eine Bescheinigung der amtlichen Beschaffungsstelle nach amtlich vorgeschriebenem Vordruck (Abwicklungsschein);

2. bei Lieferungen und sonstigen Leistungen, die von einer deutschen Behörde für eine amtliche Beschaffungsstelle in Auftrag gegeben worden sind, durch eine Bescheinigung der deutschen Behörde.

(2) ¹Zusätzlich zu Absatz 1 muss der Unternehmer die Voraussetzungen der Steuerbefreiungen im Geltungsbereich des Gesetzes²⁾ buchmäßig nachweisen. ²Die Voraussetzungen müssen eindeutig und leicht nachprüfbar aus den Aufzeichnungen zu ersehen sein. ³In den Aufzeichnungen muss auf die in Absatz 1 bezeichneten Belege hingewiesen sein.

(3) Das Finanzamt kann auf die in Absatz 1 Nr. 1 bezeichnete Bescheinigung verzichten, wenn die vorgeschriebenen Angaben aus anderen Belegen und aus den Aufzeichnungen des Unternehmers eindeutig und leicht nachprüfbar zu ersehen sind.

(4) Bei Beschaffungen oder Baumaßnahmen, die von deutschen Behörden durchgeführt und von den Entsendestaaten oder den Hauptquartieren nur zu einem Teil finanziert werden, gelten Absatz 1 Nr. 2 und Absatz 2 hinsichtlich der anteiligen Steuerbefreiung entsprechend.

---

¹⁾ § 72 Abs. 3 aufgeh. mWv 18.12.2019 durch G v. 12.12.2019 (BGBl. I S. 2451); zur weiteren Anwendung vgl. § 74a Abs. 5.
²⁾ Geänd. durch VO v. 22.12.2014 (BGBl. I S. 2392).

Übergangs- und Schlussvorschriften

§ 74. (Änderungen der §§ 34, 67 und 68)

§ 74 a[1] Übergangsvorschriften. (1) Die §§ 59 bis 61 in der Fassung des Artikels 8 des Gesetzes vom 19. Dezember 2008 (BGBl. I S. 2794) und § 61a sind auf Anträge auf Vergütung von Vorsteuerbeträgen anzuwenden, die nach dem 31. Dezember 2009 gestellt werden.

(2) Für Wirtschaftsgüter, die vor dem 1. Januar 2012 angeschafft oder hergestellt worden sind, ist § 44 Absatz 3 und 4 in der am 31. Dezember 2011 geltenden Fassung weiterhin anzuwenden.

(3)[2] Für bis zum 30. September 2013 ausgeführte innergemeinschaftliche Lieferungen kann der Unternehmer den Nachweis der Steuerbefreiung gemäß den §§ 17a bis 17c in der am 31. Dezember 2011 geltenden Fassung führen.

(4)[3] § 61a Absatz 1 und 2 in der am 30. Dezember 2014 geltenden Fassung ist auf Anträge auf Vergütung von Vorsteuerbeträgen anzuwenden, die nach dem 30. Juni 2016 gestellt werden.

(5)[4] § 72 in der am 17. Dezember 2019 geltenden Fassung ist weiterhin auf Umsätze anzuwenden, die vor dem 1. Januar 2022 bewirkt werden.

§ 75 Berlin-Klausel. (weggefallen)

§ 76. (Inkrafttreten)[5]

---

[1] § 74a eingef. durch G v. 19.12.2008 (BGBl. I S. 2794) und neu gef. durch VO v. 2.12.2011 (BGBl. I S. 2416).
[2] § 74a Abs. 3 eingef. durch VO v. 25.3.2013 (BGBl. I S. 602).
[3] § 74a Abs. 4 angef. durch VO v. 22.12.2014 (BGBl. I S. 2392).
[4] § 74a Abs. 5 angef. durch G v. 12.12.2019 (BGBl. I S. 2451).
[5] § 76 betrifft das Inkrafttreten der VO in der ursprünglichen Fassung v. 21.12.1979. Das Inkrafttreten der späteren Änderungen ergibt sich aus den jeweiligen Änderungsgesetzen bzw. -verordnungen.

Anlage[1)] (zu den §§ 69 und 70)

Abschnitt A
Durchschnittssätze für die Berechnung sämtlicher Vorsteuerbeträge (§ 70 Abs. 1)

I. Handwerk

1. Bäckerei: *5,4 % des Umsatzes*

Handwerksbetriebe, die Frischbrot, Pumpernickel, Knäckebrot, Brötchen, sonstige Frischbackwaren, Semmelbrösel, Paniermehl und Feingebäck, darunter Kuchen, Torten, Tortenböden, herstellen und die Erzeugnisse überwiegend an Endverbraucher absetzen. Die Caféumsätze dürfen 10 Prozent des Umsatzes nicht übersteigen.

2. Bau- und Möbeltischlerei: *9,0 % des Umsatzes*

Handwerksbetriebe, die Bauelemente und Bauten aus Holz, Parkett, Holzmöbel und sonstige Tischlereierzeugnisse herstellen und reparieren, ohne dass bestimmte Erzeugnisse klar überwiegen.

3. Beschlag-, Kunst- und Reparaturschmiede: *7,5 % des Umsatzes*

Handwerksbetriebe, die Beschlag- und Kunstschmiedearbeiten einschließlich der Reparaturarbeiten ausführen.

4. Buchbinderei: *5,2 % des Umsatzes*

Handwerksbetriebe, die Buchbindearbeiten aller Art ausführen.

5. Druckerei: *6,4 % des Umsatzes*

Handwerksbetriebe, die folgende Arbeiten ausführen:
1. Hoch-, Flach-, Licht-, Sieb- und Tiefdruck;
2. Herstellung von Weichpackungen, Bild-, Abreiß- und Monatskalendern, Spielen und Spielkarten, nicht aber von kompletten Gesellschafts- und Unterhaltungsspielen;
3. Zeichnerische Herstellung von Landkarten, Bauskizzen, Kleidermodellen u. ä. für Druckzwecke.

6. Elektroinstallation: *9,1 % des Umsatzes*

Handwerksbetriebe, die die Installation von elektrischen Leitungen sowie damit verbundener Geräte einschließlich der Reparatur- und Unterhaltungsarbeiten ausführen.

7. Fliesen- und Plattenlegerei, sonstige Fußbodenlegerei und –kleberei: *8,6 % des Umsatzes*

Handwerksbetriebe, die Fliesen, Platten, Mosaik und Fußböden aus Steinholz, Kunststoffen, Terazzo und ähnlichen Stoffen verlegen, Estricharbeiten ausführen sowie Fußböden mit Linoleum und ähnlichen Stoffen bekleben, einschließlich der Reparatur- und Instandhaltungsarbeiten.

8. Friseure: *4,5 % des Umsatzes*

Damenfriseure, Herrenfriseure sowie Damen- und Herrenfriseure.

9. Gewerbliche Gärtnerei: *5,8 % des Umsatzes*

Ausführung gärtnerischer Arbeiten im Auftrage anderer, wie Veredeln, Landschaftsgestaltung, Pflege von Gärten und Friedhöfen, Binden von Kränzen und Blumen, wobei diese Tätigkeiten nicht überwiegend auf der Nutzung von Bodenflächen beruhen.

10. Glasergewerbe: *9,2 % des Umsatzes*

Handwerksbetriebe, die Glaserarbeiten ausführen, darunter Bau-, Auto-, Bilder- und Möbelarbeiten.

11. Hoch- und Ingenieurhochbau: *6,3 % des Umsatzes*

Handwerksbetriebe, die Hoch- und Ingenieurhochbauten, aber nicht Brücken- und Spezialbauten, ausführen, einschließlich der Reparatur- und Unterhaltungsarbeiten.

[1)] Anlage aufgeh. mWv 1.1.2023 durch G v. 16.12.2022 (BGBl. I S. 2294).

12. Klempnerei, Gas- und Wasserinstallation: *8,4 % des Umsatzes*

Handwerksbetriebe, die Bauklempnerarbeiten und die Installation von Gas- und Flüssigkeitsleitungen sowie damit verbundener Geräte einschließlich der Reparatur- und Unterhaltungsarbeiten ausführen.

13. Maler- und Lackierergewerbe, Tapezierer: *3,7 % des Umsatzes*

Handwerksbetriebe, die folgende Arbeiten ausführen:
1. Maler- und Lackiererarbeit, einschließlich Schiffsmalerei und Entrostungsarbeiten. Nicht dazu gehört das Lackieren von Straßenfahrzeugen;
2. Aufkleben von Tapeten, Kunststofffolien und Ähnlichem.

14. Polsterei- und Dekorateurgewerbe: *9,5 % des Umsatzes*

Handwerksbetriebe, die Polsterer- und Dekorateurarbeiten einschließlich Reparaturarbeiten ausführen. Darunter fallen auch die Herstellung von Möbelpolstern und Matratzen mit fremdbezogenen Vollpolstereinlagen, Federkernen oder Schaumstoff- bzw. Schaumgummikörpern, die Polsterung fremdbezogener Möbelgestelle sowie das Anbringen von Dekorationen, ohne Schaufensterdekorationen.

15. Putzmacherei: *12,2 % des Umsatzes*

Handwerksbetriebe, die Hüte aus Filz, Stoff und Stroh für Damen, Mädchen und Kinder herstellen und umarbeiten. Nicht dazu gehört die Herstellung und Umarbeitung von Huthalbfabrikaten aus Filz.

16. Reparatur von Kraftfahrzeugen: *9,1 % des Umsatzes*

Handwerksbetriebe, die Kraftfahrzeuge, ausgenommen Ackerschlepper, reparieren.

17. Schlosserei und Schweißerei: *7,9 % des Umsatzes*

Handwerksbetriebe, die Schlosser- und Schweißarbeiten einschließlich der Reparaturarbeiten ausführen.

18. Schneiderei: *6,0 % des Umsatzes*

Handwerksbetriebe, die folgende Arbeiten ausführen:
1. Maßfertigung von Herren- und Knabenoberbekleidung, von Uniformen und Damen-, Mädchen- und Kinderoberbekleidung, aber nicht Maßkonfektion;
2. Reparatur- und Hilfsarbeiten an Erzeugnissen des Bekleidungsgewerbes.

19. Schuhmacherei: *6,5 % des Umsatzes*

Handwerksbetriebe, die Maßschuhe, darunter orthopädisches Schuhwerk, herstellen und Schuhe reparieren.

20. Steinbildhauerei und Steinmetzerei: *8,4 % des Umsatzes*

Handwerksbetriebe, die Steinbildhauer- und Steinmetzerzeugnisse herstellen, darunter Grabsteine, Denkmäler und Skulpturen einschließlich der Reparaturarbeiten.

21. Stukkateurgewerbe: *4,4 % des Umsatzes*

Handwerksbetriebe, die Stukkateur-, Gipserei- und Putzarbeiten, darunter Herstellung von Rabitzwänden, ausführen.

22. Winder und Scherer: *2,0 % des Umsatzes*

In Heimarbeit Beschäftigte, die in eigener Arbeitsstätte mit nicht mehr als zwei Hilfskräften im Auftrag von Gewerbetreibenden Garne in Lohnarbeit umspulen.

23. Zimmerei: *8,1 % des Umsatzes*

Handwerksbetriebe, die Bauholz zurichten, Dachstühle und Treppen aus Holz herstellen sowie Holzbauten errichten und entsprechende Reparatur- und Unterhaltungsarbeiten ausführen.

II. Einzelhandel

1. Blumen und Pflanzen: *5,7 % des Umsatzes*

Einzelhandelsbetriebe, die überwiegend Blumen, Pflanzen, Blattwerk, Wurzelstücke und Zweige vertreiben.

2. Brennstoffe: *12,5 % des Umsatzes*

Einzelhandelsbetriebe, die überwiegend Brennstoffe vertreiben.

3. Drogerien: *10,9 % des Umsatzes*

Einzelhandelsbetriebe, die überweigend vertreiben:
Heilkräuter, pharmazeutische Spezialitäten und Chemikalien, hygienische Artikel, Desinfektions-
mittel, Körperpflegemittel, kosmetische Artikel, diätetische Nahrungsmittel, Säuglings- und Kran-
kenpflegebedarf, Reformwaren, Schädlingsbekämpfungsmittel, Fotogeräte und Fotozubehör.

4. Elektrotechnische Erzeugnisse, Leuchten, Rundfunk-, Fernseh- und Phonogeräte: *11,7 %*
des Umsatzes

Einzelhandelsbetriebe, die überwiegend vertreiben:
Elektrotechnische Erzeugnisse, darunter elektrotechnisches Material, Glühbirnen und elektrische
Haushalts- und Verbrauchergeräte, Leuchten, Rundfunk-, Fernseh-, Phono-, Tonaufnahme- und
-wiedergabegeräte, deren Teile und Zubehör, Schallplatten und Tonbänder.

5. Fahrräder und Mopeds: *12,2 % des Umsatzes*

Einzelhandelsbetriebe, die überwiegend Fahrräder, deren Teile und Zubehör, Mopeds und Fahrrad-
anhänger vertreiben.

6. Fische und Fischerzeugnisse: *6,6 % des Umsatzes*

Einzelhandelsbetriebe, die überwiegend Fische, Fischerzeugnisse, Krebse, Muscheln und ähnliche
Waren vertreiben.

7. Kartoffeln, Gemüse, Obst und Südfrüchte: *6,4 % des Umsatzes*

Einzelhandelsbetriebe, die überwiegend Speisekartoffeln, Gemüse, Obst, Früchte (auch Konserven)
sowie Obst- und Gemüsesäfte vertreiben.

8. Lacke, Farben und sonstiger Anstrichbedarf: *11,2 % des Umsatzes*

Einzelhandelsbetriebe, die überwiegend Lacke, Farben, sonstigen Anstrichbedarf, darunter Maler-
werkzeuge, Tapeten, Linoleum, sonstigen Fußbodenbelag, aber nicht Teppiche, vertreiben.

9. Milch, Milcherzeugnisse, Fettwaren und Eier: *6,4 % des Umsatzes*

Einzelhandelsbetriebe, die überwiegend Milch, Milcherzeugnisse, Fettwaren und Eier vertreiben.

10. Nahrungs- und Genussmittel: *8,3 % des Umsatzes*

Einzelhandelsbetriebe, die überwiegend Nahrungs- und Genussmittel aller Art vertreiben, ohne dass
bestimmte Warenarten klar überwiegen.

11. Oberbekleidung: *12,3 % des Umsatzes*

Einzelhandelsbetriebe, die überwiegend vertreiben:
Oberbekleidung für Herren, Knaben, Damen, Mädchen und Kinder, auch in sportlichem Zuschnitt,
darunter Berufs- und Lederbekleidung, aber nicht gewirkte und gestrickte Oberbekleidung, Sportbe-
kleidung, Blusen, Hausjacken, Morgenröcke und Schürzen.

12. Reformwaren: *8,5 % des Umsatzes*

Einzelhandelsbetriebe, die überwiegend vertreiben:
Reformwaren, darunter Reformnahrungsmittel, diätetische Lebensmittel, Kurmittel, Heilkräuter,
pharmazeutische Extrakte und Spezialitäten.

13. Schuhe und Schuhwaren: *11,8 % des Umsatzes*

Einzelhandelsbetriebe, die überwiegend Schuhe aus verschiedenen Werkstoffen sowie Schuhwaren
vertreiben.

14. Süßwaren: *6,6 % des Umsatzes*

Einzelhandelsbetriebe, die überwiegend Süßwaren vertreiben.

15. Textilwaren verschiedener Art: *12,3 % des Umsatzes*

Einzelhandelsbetriebe, die überwiegend Textilwaren vertreiben, ohne dass bestimmte Warenarten klar
überwiegen.

16. *Tiere und zoologischer Bedarf:* *8,8 % des Umsatzes*

Einzelhandelsbetriebe, die überwiegend lebende Haus- und Nutztiere, zoologischen Bedarf, Bedarf für Hunde- und Katzenhaltung und dergleichen vertreiben.

17. *Unterhaltungszeitschriften und Zeitungen:* *6,3 % des Umsatzes*

Einzelhandelsbetriebe, die überwiegend Unterhaltungszeitschriften, Zeitungen und Romanhefte vertreiben.

18. *Wild und Geflügel:* *6,4 % des Umsatzes*

Einzelhandelsbetriebe, die überwiegend Wild, Geflügel und Wildgeflügel vertreiben.

III. Sonstige Gewerbebetriebe

1. *Eisdielen:* *5,8 % des Umsatzes*

Betriebe, die überwiegend erworbenes oder selbst hergestelltes Speiseeis zum Verzehr auf dem Grundstück des Verkäufers abgeben.

2. *Fremdenheime und Pensionen:* *6,7 % des Umsatzes*

Unterkunftsstätten, in denen jedermann beherbergt und häufig auch verpflegt wird.

3. *Gast- und Speisewirtschaften:* *8,7 % des Umsatzes*

Gast- und Speisewirtschaften mit Ausschank alkoholischer Getränke (ohne Bahnhofswirtschaften).

4. *Gebäude- und Fensterreinigung:* *1,6 % des Umsatzes*

Betriebe für die Reinigung von Gebäuden, Räumen und Inventar, einschließlich Teppichreinigung, Fensterputzen, Schädlingsbekämpfung und Schiffsreinigung. Nicht dazu gehören die Betriebe für Hausfassadenreinigung.

5. *Personenbeförderung mit Personenkraftwagen:* *6,0 % des Umsatzes*

Betriebe zur Beförderung von Personen mit Taxis oder Mietwagen.

6. *Wäschereien:* *6,5 % des Umsatzes*

Hierzu gehören auch Mietwaschküchen, Wäschedienst, aber nicht Wäscheverleih.

IV. Freie Berufe

1. a) *Bildhauer:* *7,0 % des Umsatzes*
   b) *Grafiker* *(nicht Gebrauchsgrafiker): 5,2 % des Umsatzes*
   c) *Kunstmaler:* *5,2 % des Umsatzes*

2. *Selbständige Mitarbeiter bei Bühne, Film, Funk, Fernsehen und Schallplattenproduzenten:* *3,6 % des Umsatzes*

Natürliche Personen, die auf den Gebieten der Bühne, des Films, des Hörfunks, des Fernsehens, der Schallplatten-, Bild- und Tonträgerproduktion selbständig Leistungen in Form von eigenen Darbietungen oder Beiträge zu Leistungen Dritter erbringen.

3. *Hochschullehrer:* *2,9 % des Umsatzes*

Umsätze aus freiberuflicher Tätigkeit zur unselbständig ausgeübten wissenschaftlichen Tätigkeit.

4. *Journalisten:* *4,8 % des Umsatzes*

Freiberuflich tätige Unternehmer, die in Wort und Bild überwiegend aktuelle politische, kulturelle und wirtschaftliche Ereignisse darstellen.

5. *Schriftsteller:* *2,6 % des Umsatzes*

Freiberuflich tätige Unternehmer, die geschriebene Werke mit überwiegend wissenschaftlichem, unterhaltendem oder künstlerischem Inhalt schaffen.

512. Fahrzeuglieferungs–Meldepflichtverordnung (FzgLiefgMeldV)

Vom 18. März 2009 (BGBl. I S. 630)

Geändert durch Gesetz zur Modernisierung des Besteuerungsverfahrens vom 18. 7. 2016 (BGBl. I S. 1679)

BGBl. III/FNA 611-10-14-6

Auf Grund des § 18 c Satz 1 und 2 Nr. 1 bis 4 des Umsatzsteuergesetzes in der Fassung der Bekanntmachung vom 21. Februar 2005 (BGBl. I S. 386) verordnet das Bundesministerium der Finanzen:

§ 1 Gegenstand, Form und Frist der Meldung. (1) [1]Die in § 3 genannten Verpflichteten haben die innergemeinschaftliche Lieferung (§ 6 a Abs. 1 und 2 des Umsatzsteuergesetzes) eines neuen Fahrzeuges im Sinne des § 1 b Abs. 2 und 3 des Umsatzsteuergesetzes bis zum zehnten Tag nach Ablauf des Kalendervierteljahres, in dem die Lieferung ausgeführt worden ist (Meldezeitraum), dem Bundeszentralamt für Steuern nach § 2 zu melden, sofern der Abnehmer der Lieferung keine Umsatzsteuer-Identifikationsnummer eines anderen Mitgliedstaates der Europäischen Union verwendet. [2]Die Meldung erfolgt nach amtlich vorgeschriebenem Datensatz für jedes gelieferte Fahrzeug jeweils gesondert. [3]Sind einem Unternehmer die Fristen für die Abgabe der Voranmeldungen um einen Monat verlängert worden (§§ 46 bis 48 der Umsatzsteuer-Durchführungsverordnung) gilt diese Fristverlängerung auch für die Anzeigepflichten im Rahmen dieser Verordnung.

(2) Für die Form der Mitteilung gilt:

1. Unternehmer im Sinne des § 2 des Umsatzsteuergesetzes haben die Meldungen nach Absatz 1 nach amtlich vorgeschriebenem Datensatz durch Datenfernübertragung *nach Maßgabe der Steuerdaten-Übermittlungsverordnung*[1] zu übermitteln; auf Antrag kann das Finanzamt zur Vermeidung unbilliger Härten auf eine elektronische Übermittlung verzichten;

2. Fahrzeuglieferer nach § 2a des Umsatzsteuergesetzes können die Meldung nach Absatz 1 auf elektronischem Weg *nach Maßgabe der Steuerdaten-Übermittlungsverordnung*[1] übermitteln oder in Papierform abgeben.

§ 2 Inhalt der Meldung. Die abzugebende Meldung muss folgende Angaben enthalten:

  1. den Namen und die Anschrift des Lieferers,

---

[1] § 1 Abs. 2 Nr. 1 und 2 geänd. (kursive Satzteile aufgeh.) mWv 1. 1. 2017 durch G v. 18. 7. 2016 (BGBl. I S. 1679). Steuerdaten-Übermittlungsverordnung aufgeh. mWv 1. 1. 2017 durch G v. 18. 7. 2016 (BGBl. I S. 1679).

2. die Steuernummer und bei Unternehmern im Sinne des § 2 des Umsatz-steuergesetzes zusätzlich die Umsatzsteuer-Identifikationsnummer des Lie-ferers,

3. den Namen und die Anschrift des Erwerbers,

4. das Datum der Rechnung,

5. den Bestimmungsmitgliedstaat,

6. das Entgelt (Kaufpreis),

7. die Art des Fahrzeugs (Land-, Wasser- oder Luftfahrzeug),

8. den Fahrzeughersteller,

9. den Fahrzeugtyp (Typschlüsselnummer),

10. das Datum der ersten Inbetriebnahme, wenn dieses vor dem Rechnungs-datum liegt,

11. den Kilometerstand (bei motorbetriebenen Landfahrzeugen), die Zahl der bisherigen Betriebsstunden auf dem Wasser (bei Wasserfahrzeugen) oder die Zahl der bisherigen Flugstunden (bei Luftfahrzeugen), wenn diese am Tag der Lieferung über Null liegen,

12. die Kraftfahrzeug-Identifizierungs-Nummer (bei motorbetriebenen Land-fahrzeugen), die Schiffs-Identifikations-Nummer (bei Wasserfahrzeugen) oder die Werknummer (bei Luftfahrzeugen).

§ 3 Meldepflichtiger. Zur Meldung verpflichtet ist der Unternehmer (§ 2 des Umsatzsteuergesetzes) oder Fahrzeuglieferer (§ 2a des Umsatzsteuergeset-zes), der die Lieferung des Fahrzeugs ausführt.

§ 4 Ordnungswidrigkeit. Ordnungswidrig im Sinne des § 26a Abs. 1 Nr. 6 des Umsatzsteuergesetzes handelt, wer vorsätzlich oder leichtfertig ent-gegen § 1 Abs. 1 Satz 1 eine Meldung nicht, nicht richtig, nicht vollständig oder nicht rechtzeitig macht.

§ 5 Inkrafttreten. Diese Verordnung tritt am 1. Juli 2010 in Kraft.

518. Einfuhrumsatzsteuer-Befreiungsverordnung

Vom 11. August 1992 (BGBl. I S. 1526)

Geändert durch VOen vom 9.2.1994 (BGBl. I S. 302, ber. S. 523), vom 22.12.2003 (BGBl. I 2004 S. 21), vom 24.11.2008 (BGBl. I S. 2232), G v. 3.12.2015 (BGBl. I S. 2178) und Jahressteuergesetz 2020 (JStG 2020) vom 21.12.2020 (BGBl. I S. 3096)

BGBl. III/FNA 611-10-14-4

Auf Grund des Artikels 3 des Vierzehnten Gesetzes zur Änderung des Zollgesetzes vom 3. August 1973 (BGBl. I S. 933), der durch Artikel 2 Abs. 2 des Gesetzes vom 12. September 1980 (BGBl. I S. 1695) neu gefaßt worden ist, verordnet der Bundesminister der Finanzen:

§ 1[1] **Allgemeines.** (1) Einfuhrumsatzsteuerfrei ist, vorbehaltlich der §§ *1a* [*ab 1.7.2021:* 2] bis 10, die Einfuhr von Gegenständen, die nach Kapitel I und III der Verordnung (EWG) Nr. 918/83 des Rates vom 28. März 1983 über das gemeinschaftliche System der Zollbefreiungen (ABl. EG Nr. L 105 S. 1, Nr. L 274 S. 40, 1984 Nr. L 308 S. 64, 1985 Nr. L 256 S. 47, 1986 Nr. L 271 S. 31), die zuletzt durch die Verordnung (EG) Nr. 274/2008 vom 17. März 2008 (ABl. EU Nr. L 85 S. 1) geändert worden ist, zollfrei eingeführt werden können, in entsprechender Anwendung dieser Vorschriften sowie der Durchführungsvorschriften dazu; ausgenommen sind die Artikel *29* [*ab 1.7.2021:* 27] bis 31, 45, 52 bis 59b, 63a und 63b der Verordnung (EWG) Nr. 918/83.

(1a) [1]Im Sinne dieser Verordnung gilt als Zollkodex die Verordnung (EWG) Nr. 2913/92[2] des Rates vom 12. Oktober 1992 zur Festlegung des Zollkodex der Gemeinschaften (ABl. EG Nr. L 302 S. 1, 1993 Nr. L 79 S. 84, 1996 Nr. L 97 S. 387), zuletzt geändert durch die Verordnung (EG) Nr. 2700/2000 des Europäischen Parlaments und des Rates vom 16. November 2000 (ABl. EG Nr. L 311 S. 17), in der jeweils geltenden Fassung. [2]Im Sinne dieser Verordnung gilt als Durchführungsverordnung zum Zollkodex die Verordnung (EWG) Nr. 2454/93[3] der Kommission vom 2. Juli 1993 mit Durchführungsvorschriften zu der Verordnung (EWG) Nr. 2913/92 des Rates vom 12. Oktober 1992 zur Festlegung des Zollkodex der Gemeinschaften (ABl. EG Nr. L 253 S. 1, 1994 Nr. L 268 S. 32, 1996 Nr. L 180 S. 34, 1997 Nr. L 156 S. 59, 1999 Nr. L 111 S. 88), zuletzt geändert durch die Verordnung (EG) Nr. 1335/2003 der Kommission vom 25. Juli 2003 (ABl. EU Nr. L 187 S. 16), in der jeweils geltenden Fassung.

---

[1] § 1 Abs. 2 und Abs. 3 neu gef.; Abs. 2a eingef. mWv 1.1.1994 durch VO v. 9.2.1994 (BGBl. I S. 302); Abs. 1a eingef. und Abs. 2 Nr. 1 neu gef. mWv 10.1.2004 durch VO v. 22.12.2003 (BGBl. 2004 I S. 21); Abs. 1 neu gef. mWv 1.12.2008 durch VO v. 24.11.2008 (BGBl. I S. 2232); Abs. 1 geänd. mWv 1.7.2021 durch G v. 21.12.2020 (BGBl. I S. 3096).
[2] **Zölle und Verbrauchsteuern Nr. 10.**
[3] **Zölle und Verbrauchsteuern Nr. 11.**

(2) Einfuhrumsatzsteuerfrei ist, vorbehaltlich des § 11, die vorübergehende Einfuhr von Gegenständen, die

1. nach den Artikeln 137 bis 144 des Zollkodex frei von Einfuhrabgaben im Sinne des Artikels 4 Nr. 10 des Zollkodex[1]) eingeführt werden können oder die

2. gelegentlich und ohne gewerbliche Absicht eingeführt werden, sofern der Verwender hinsichtlich dieser Gegenstände nicht oder nicht in vollem Umfang nach § 15 Abs. 1 Nr. 2 des Gesetzes zum Vorsteuerabzug berechtigt ist,

in sinngemäßer Anwendung der genannten Vorschriften sowie der Durchführungsvorschriften dazu; ausgenommen sind die Vorschriften über die vorübergehende Verwendung bei teilweiser Befreiung von Einfuhrabgaben im Sinne des Artikels 4 Nr. 10 Zollkodex.

(2a) ¹Einfuhrumsatzsteuerfrei ist, vorbehaltlich des § 12, die Einfuhr der Gegenstände, die nach den Artikeln 185 bis 187 Zollkodex als Rückwaren frei von Einfuhrabgaben im Sinne des Artikels 4 Nr. 10 Zollkodex eingeführt werden können, in sinngemäßer Anwendung dieser Vorschriften sowie der Durchführungsvorschriften dazu. ²Die Steuerfreiheit gilt auch für die Gegenstände, die in Artikel 185 Abs. 2 Buchstabe b Zollkodex aufgeführt sind.

(3) Einfuhrumsatzsteuerfrei ist ferner die Einfuhr der Gegenstände, die nach den §§ 12, 14 bis 22 der Zollverordnung vom 23. Dezember 1993 (BGBl. I S. 2449) in der jeweils geltenden Fassung frei von Einfuhrabgaben im Sinne des Artikels 4 Nr. 10 Zollkodex eingeführt werden können, in sinngemäßer Anwendung dieser Vorschriften.

§ 1a[2]) Sendungen von geringem Wert. *Die Einfuhrumsatzsteuerfreiheit für Sendungen von Waren mit geringem Wert im Sinne des Artikels 27 der Verordnung (EWG) Nr. 918/83 ist auf Waren beschränkt, deren Gesamtwert 22 Euro je Sendung nicht übersteigt.*

§ 2 Investitionsgüter und andere Ausrüstungsgegenstände. Die Einfuhrumsatzsteuerfreiheit für Investitionsgüter und andere Ausrüstungsgegenstände (Artikel 32 bis 38 der in § 1 Abs. 1 genannten Verordnung) ist ausgeschlossen für Gegenstände, die

1. ganz oder teilweise zur Ausführung von Umsätzen verwendet werden, die nach § 15 Abs. 2 und 3 des Gesetzes den Vorsteuerabzug ausschließen,

2. von einer juristischen Person des öffentlichen Rechts für ihren nichtunternehmerischen Bereich eingeführt werden oder

3. von einem Unternehmer eingeführt werden, der die Vorsteuerbeträge nach Durchschnittssätzen (§§ 23 und 24 des Gesetzes) ermittelt.

---

¹) **Zölle und Verbrauchsteuern Nr. 10.**
²) § 1a eingef. mWv 1.12.2008 durch VO v. 24.11.2008 (BGBl. I S. 2232) und aufgeh. mWv 1.7.2021 durch G v. 21.12.2020 (BGBl. I S. 3096).

§ 3[1] **Landwirtschaftliche Erzeugnisse.** Die Einfuhrumsatzsteuerfreiheit für bestimmte landwirtschaftliche Erzeugnisse (Artikel 39 bis 42 der in § 1 Abs. 1 genannten Verordnung) gilt auch für reinrassige Pferde, die nicht älter als sechs Monate und im Drittlandsgebiet von einem Tier geboren sind, das im Inland oder in den österreichischen Gebieten Jungholz und Mittelberg befruchtet und danach vorübergehend ausgeführt worden war.

(Fortsetzung nächstes Blatt)

---

[1] § 3 geänd. mWv 1.1.1994 durch VO v. 9.2.1994 (BGBl. I S. 302).

§ 4 Gegenstände erzieherischen, wissenschaftlichen oder kulturellen Charakters. [1]Die Einfuhrumsatzsteuerfreiheit für Gegenstände erzieherischen, wissenschaftlichen oder kulturellen Charakters im Sinne der Artikel 50 und 51 der in § 1 Abs. 1 genannten Verordnung ist auf die von den Buchstaben B der Anhänge I und II der Verordnung erfaßten Einfuhren beschränkt. [2]Die Steuerfreiheit für Sammlungsstücke und Kunstgegenstände (Artikel 51 der Verordnung) hängt davon ab, daß die Gegenstände

1. unentgeltlich eingeführt werden oder
2. nicht von einem Unternehmer geliefert werden; als Lieferer gilt nicht, wer für die begünstigte Einrichtung tätig wird.

§ 5 Tiere für Laborzwecke. Die Einfuhrumsatzsteuerfreiheit für Tiere für Laborzwecke (Artikel 60 Abs. 1 Buchstabe a und Abs. 2 der in § 1 Abs. 1 genannten Verordnung) hängt davon ab, daß die Tiere unentgeltlich eingeführt werden.

§ 6 Gegenstände für Organisationen der Wohlfahrtspflege. (1) Die Einfuhrumsatzsteuerfreiheit für lebenswichtige Gegenstände (Artikel 65 Abs. 1 Buchstabe a der in § 1 Abs. 1 genannten Verordnung) hängt davon ab, daß die Gegenstände unentgeltlich eingeführt werden.

(2) [1]Die Einfuhrumsatzsteuerfreiheit für Gegenstände für Behinderte (Artikel 70 bis 78 der in § 1 Abs. 1 genannten Verordnung) hängt davon ab, daß die Gegenstände unentgeltlich eingeführt werden. [2]Sie hängt nicht davon ab, daß gleichwertige Gegenstände gegenwärtig in der Gemeinschaft nicht hergestellt werden. [3]Die Steuerfreiheit ist ausgeschlossen für Gegenstände, die von Behinderten selbst eingeführt werden.

§ 7 Werbedrucke. (1) Die Einfuhrumsatzsteuerfreiheit für Werbedrucke (Artikel 92 Buchstabe b der in § 1 Abs. 1 genannten Verordnung) gilt für Werbedrucke, in denen Dienstleistungen angeboten werden, allgemein, sofern diese Angebote von einer in einem anderen Mitgliedstaat der Europäischen Gemeinschaften ansässigen Person ausgehen.

(2) Bei Werbedrucken, die zur kostenlosen Verteilung eingeführt werden, hängt die Steuerfreiheit abweichend von Artikel 93 Buchstabe b und c der in § 1 Abs. 1 genannten Verordnung nur davon ab, daß die in den Drucken enthaltenen Angebote von einer in einem anderen Mitgliedstaat der Europäischen Gemeinschaften ansässigen Person ausgehen.

§ 8 Werbemittel für den Fremdenverkehr. Die Einfuhrumsatzsteuerfreiheit für Werbematerial für den Fremdenverkehr (Artikel 108 Buchstabe a und b der in § 1 Abs. 1 genannten Verordnung) gilt auch dann, wenn darin Werbung für in einem Mitgliedstaat der Europäischen Gemeinschaften ansässige Unternehmen enthalten ist, sofern der Gesamtanteil der Werbung 25 vom Hundert nicht übersteigt.

§ 9 Amtliche Veröffentlichungen, Wahlmaterialien. Einfuhrumsatzsteuerfrei ist die Einfuhr der amtlichen Veröffentlichungen, mit denen das Ausfuhrland und die dort niedergelassenen Organisationen, öffentlichen Körperschaften und öffentlich-rechtlichen Einrichtungen Maßnahmen öffentlicher Gewalt bekanntmachen, sowie die Einfuhr der Drucksachen, die die in den Mitgliedstaaten der Europäischen Gemeinschaften als solche offiziell anerkannten ausländischen politischen Organisationen anläßlich der Wahlen zum Europäischen Parlament oder anläßlich nationaler Wahlen, die vom Herkunftsland aus organisiert werden, verteilen.

§ 10 Behältnisse und Verpackungen. (1) Die Einfuhrumsatzsteuerfreiheit von Verpackungsmitteln (Artikel 110 der in § 1 Abs. 1 genannten Verordnung) hängt davon ab, daß ihr Wert in die Bemessungsgrundlage für die Einfuhr (§ 11 des Gesetzes) einbezogen wird.

(2) Die Steuerfreiheit nach Absatz 1 gilt auch für die Einfuhr von Behältnissen und befüllten Verpackungen, wenn sie für die mit ihnen gestellten oder in ihnen verpackten Waren üblich sind oder unabhängig von ihrer Verwendung als Behältnis oder Verpackung keinen dauernden selbständigen Gebrauchswert haben.

§ 11[1] Vorübergehende Verwendung. (1) Artikel 572 Abs. 1 der Durchführungsverordnung zum Zollkodex gilt mit der Maßgabe, dass die hergestellten Gegenstände aus dem Zollgebiet der Gemeinschaft auszuführen sind.

(2) In den Fällen des § 1 Abs. 2 Nr. 2 beträgt die Verwendungsfrist längstens sechs Monate; sie darf nicht verlängert werden.

(3) Werden die in Artikel 576 der Durchführungsverordnung zum Zollkodex bezeichneten Gegenstände verkauft, so ist bei der Ermittlung der Bemessungsgrundlage von dem Kaufpreis auszugehen, den der erste Käufer im Inland oder in den österreichischen Gebieten Jungholz und Mittelberg gezahlt oder zu zahlen hat.

(4) Auf die Leistung einer Sicherheit für die Einfuhrumsatzsteuer kann verzichtet werden.

§ 12[2] Rückwaren. [1]Die Einfuhrumsatzsteuerfreiheit von Rückwaren (Artikel 185 bis 187 Zollkodex) ist ausgeschlossen, wenn der eingeführte Gegenstand

1. vor der Einfuhr geliefert worden ist,

2. im Rahmen einer steuerfreien Lieferung (§ 4 Nr. 1 des Gesetzes) ausgeführt worden ist oder

3. im Rahmen des § 4a des Gesetzes von der Umsatzsteuer entlastet worden ist.

---

[1] § 11 Abs. 3 neugef., Abs. 2 geänd. mWv 1. 1. 1994 durch VO v. 9. 2. 1994 (BGBl. I S. 302), Abs. 1 neugef. und Abs. 3 geänd. mWv 10. 1. 2004 durch VO v. 22. 12. 2003 (BGBl. 2004 I S. 21).

[2] § 12 bish. Abs. 1 aufgeh., bish. Abs. 2 wird Abs. 1 und geänd. mWv 1. 1. 1994 durch VO v. 9. 2. 1994 (BGBl. I S. 302).

²Satz 1 Nr. 2 gilt nicht, wenn derjenige, der die Lieferung bewirkt hat, den Gegenstand zurückerhält und hinsichtlich dieses Gegenstandes in vollem Umfang nach § 15 Abs. 1 Nr. 2 des Gesetzes zum Vorsteuerabzug berechtigt ist.

§ 12 a[1] Freihafenlagerung. (1) ¹Einfuhrumsatzsteuerfrei ist die Einfuhr von Gegenständen, die als Gemeinschaftswaren ausgeführt und in einem Freihafen vorübergehend gelagert worden sind. ²Die Steuerfreiheit hängt davon ab, daß die nachfolgenden Vorschriften eingehalten sind.

(2) ¹Die Lagerung bedarf einer besonderen Zulassung; sie wird grundsätzlich nur zugelassen, wenn im Freihafen vorhandene Anlagen sonst nicht wirtschaftlich ausgenutzt werden können und der Freihafen durch die Lagerung seinem Zweck nicht entfremdet wird. ²Für die Zulassung ist das von der Generalzolldirektion[2] dafür bestimmte Hauptzollamt zuständig. ³Der Antrag auf Zulassung ist vom Lagerhalter schriftlich zu stellen. ⁴Die Zulassung wird schriftlich erteilt.

(3) ¹Die Gegenstände sind vor der Ausfuhr zu gestellen und mit dem Antrag anzumelden, die Ausfuhr in den Freihafen zollamtlich zu überwachen. ²Unter bestimmten Voraussetzungen und Bedingungen kann zugelassen werden, daß die Gegenstände ohne Gestellung ausgeführt werden.

(4) ¹Für die Wiedereinfuhr der Gegenstände wird eine Frist gesetzt; dabei werden die zugelassene Lagerdauer und die erforderlichen Beförderungszeiten berücksichtigt. ²Die Zollstelle erteilt dem Antragsteller einen Zwischenschein und überwacht die Ausfuhr.

(5) ¹Die Gegenstände dürfen im Freihafen nur wie zugelassen gelagert werden. ²Die Lagerdauer darf ohne Zustimmung des Hauptzollamts nach Absatz 2 Satz 2 nicht überschritten werden. ³Die Frist für die Wiedereinfuhr der Gegenstände darf nur aus zwingendem Anlaß überschritten werden; der Anlaß ist nachzuweisen.

(6) Für die Überführung der Gegenstände in den freien Verkehr nach der Wiedereinfuhr ist der Zwischenschein als Steueranmeldung zu verwenden.

§ 12 b[1] Freihafen-Veredelung. (1) ¹Einfuhrumsatzsteuerfrei ist die Einfuhr von Gegenständen, die in einem Freihafen veredelt worden sind, sofern die bei der Veredelung verwendeten Gegenstände als Gemeinschaftswaren ausgeführt worden sind. ²Anstelle der ausgeführten Gegenstände können auch Gegenstände veredelt werden, die den ausgeführten Gegenständen nach Menge und Beschaffenheit entsprechen. ³Die Steuerfreiheit hängt davon ab, daß die nachfolgenden Vorschriften eingehalten sind.

(2) ¹Die Freihafen-Veredelung bedarf einer Bewilligung; sie wird nur erteilt, wenn der Freihafen dadurch seinem Zweck nicht entfremdet wird. ²Für die Bewilligung ist die von der Generalzolldirektion[2] dafür bestimmte Zoll-

---

[1] §§ 12a und 12b eingef. mWv 1. 1. 1994 durch VO v. 9. 2. 1994 (BGBl. I S. 302).
[2] Geänd. mWv 1. 1. 2016 durch G v. 3. 12. 2015 (BGBl. I S. 2178).

stelle zuständig. ³Der Antrag auf Bewilligung ist vom Inhaber des Freihafenbetriebs schriftlich zu stellen. ⁴Die Bewilligung wird schriftlich erteilt; sie kann jederzeit widerrufen werden. ⁵In der Bewilligung wird bestimmt, welche Zollstelle die Veredelung überwacht (überwachende Zollstelle), welcher Zollstelle die unveredelten Gegenstände zu gestellen sind und bei welcher Zollstelle der Antrag auf Überführung der veredelt eingeführten Gegenstände in den freien Verkehr zu stellen ist.

(3) ¹Die unveredelten Gegenstände sind vor der Ausfuhr zu gestellen und mit dem Antrag anzumelden, sie für die Freihafen-Veredelung zur Ausfuhr abzufertigen. ²Wenn die zollamtliche Überwachung anders als durch die Gestellung gesichert erscheint, kann die überwachende Zollstelle unter bestimmten Voraussetzungen und Bedingungen zulassen, daß die unveredelten Gegenstände durch Anschreibung in die Freihafen-Veredelung übergeführt werden; die Zulassung kann jederzeit widerrufen werden.

(4) ¹Die Zollstelle sichert die Nämlichkeit der unveredelten Gegenstände, sofern die Veredelung von Gegenständen, die den ausgeführten Gegenständen nach Menge und Beschaffenheit entsprechen, nicht zugelassen ist. ²Sie erteilt dem Veredeler einen Veredelungsschein, in dem die zur Feststellung der Nämlichkeit getroffenen Maßnahmen und die Frist für die Einfuhr der veredelten Gegenstände vermerkt werden.

(5) Der Antrag auf Überführung der veredelten Gegenstände in den freien Verkehr ist vom Veredeler bei der in der Bewilligung bestimmten Zollstelle zu stellen.

§ 13 Fänge deutscher Fischer. (1) Einfuhrumsatzsteuerfrei ist die Einfuhr von Fängen von Fischern, die in der Bundesrepublik Deutschland wohnen und von deutschen Schiffen aus auf See fischen, sowie die aus diesen Fängen auf deutschen Schiffen hergestellten Erzeugnisse.

(2) ¹Die Steuerfreiheit hängt davon ab, daß die Gegenstände auf einem deutschen Schiff und für ein Unternehmen der Seefischerei eingeführt werden. ²Sie ist ausgeschlossen, wenn die Gegenstände vor der Einfuhr geliefert worden sind.

§ 14¹⁾ Erstattung oder Erlaß. (1) Die Einfuhrumsatzsteuer wird erstattet oder erlassen in den Artikeln 235 bis 242 Zollkodex bezeichneten Fällen in sinngemäßer Anwendung dieser Vorschriften und der Durchführungsvorschriften dazu.

(2) ¹Die Erstattung oder der Erlaß hängt davon ab, daß der Antragsteller hinsichtlich der Gegenstände nicht oder nicht in vollem Umfang nach § 15 Abs. 1 Nr. 2 des Gesetzes zum Vorsteuerabzug berechtigt ist. ²Satz 1 gilt nicht für die Fälle des Artikels 236 Zollkodex.

---

¹⁾ § 14 Abs. 1 und Abs. 2 Satz 2 neu gef. mWv 1. 1. 1994 durch VO v. 9. 2. 1994 (BGBl. I S. 302).

§ 15[1] **Absehen von der Festsetzung der Steuer.** Die Einfuhrumsatzsteuer wird nicht festgesetzt für Gegenstände, die nur der Einfuhrumsatzsteuer unterliegen, wenn sie weniger als 10 Euro beträgt und nach § 15 Abs. 1 Nr. 2 des Gesetzes als Vorsteuer abgezogen werden könnte.

§ 16 **Inkrafttreten, abgelöste Vorschrift.** [1]Diese Verordnung tritt am 1. Januar 1993 in Kraft. [2]Gleichzeitig tritt die Einfuhrumsatzsteuer-Befreiungsverordnung vom 5. Juni 1984 (BGBl. I S. 747, 750), zuletzt geändert durch Artikel 1 der Verordnung vom 20. Juni 1990 (BGBl. I S. 1119), außer Kraft.

---

[1] § 15 neugef. mWv 10. 1. 2004 durch VO v. 22. 12. 2003 (BGBl. 2004 I S. 21).

518a. Verordnung über die Erstattung von Umsatzsteuer an ausländische ständige diplomatische Missionen und berufskonsularische Vertretungen sowie an ihre ausländischen Mitglieder (Umsatzsteuererstattungsverordnung – UStErstV)[1]

In der Fassung der Bekanntmachung vom 3. Oktober 1988
(BGBl. I S. 1780)[2]

Geändert durch Steuer-Euroglättungsgesetz vom 19.12.2000 (BGBl. I S. 1790), Steueränderungsgesetz 2001 vom 20.12.2001 (BGBl. I S. 3794), Steueränderungsgesetz 2003 vom 15.12.2003 (BGBl. I S. 2645), Gesetz zur Neuorganisation der Bundesfinanzverwaltung und zur Schaffung eines Refinanzierungsregisters vom 22.9.2005 (BGBl. I S. 2809), Gesetz zur Umsetzung steuerlicher EU-Vorgaben sowie zur Änderung steuerlicher Vorschriften vom 8.4.2010 (BGBl. I S. 386) und Sechste Verordnung zur Änderung steuerlicher Verordnungen vom 19.12.2022 (BGBl. I S. 2432)

BGBl. III/FNA 611-10-10

§ 1 [Erstattung] (1)[3] Hat eine im Geltungsbereich dieser Verordnung errichtete ausländische ständige diplomatische Mission oder ausländische ständige berufskonsularische Vertretung für ihren amtlichen Gebrauch Gegenstände erworben oder sonstige Leistungen in Anspruch genommen, wird ihr auf Antrag aus dem Aufkommen der Umsatzsteuer

1. die von dem Unternehmer nach § 14 des Umsatzsteuergesetzes in Rechnung gestellte und von ihr bezahlte Umsatzsteuer erstattet, wenn der Rechnungsbetrag einschließlich der Steuer 100 Euro übersteigt;

2. die von ihr nach § 13b Absatz 5[4] des Umsatzsteuergesetzes geschuldete und von ihr entrichtete Umsatzsteuer erstattet, wenn der Rechnungsbetrag zuzüglich der Steuer 100 Euro übersteigt.

(2) Die Vergünstigung nach Absatz 1 ist auf der Grundlage besonderer Vereinbarung mit dem Entsendestaat nach Maßgabe der Gegenseitigkeit zu gewähren.

§ 2 [Begünstigte, Begrenzung] (1) § 1 gilt zugunsten eines Mitglieds der Mission oder der berufskonsularischen Vertretung, das weder Angehöriger der Bundesrepublik Deutschland noch in ihr ständig ansässig ist, auch wenn die Gegenstände oder die sonstigen Leistungen für seinen persönlichen Gebrauch bestimmt sind.

---

[1] Kurzbezeichnung ergänzt durch G v. 19.12.2000 (BGBl. I S. 1790).

[2] Neubekanntmachung der UStErstV v. 3.4.1970 (BGBl. I S. 316) auf Grund Art. 3 VO v. 23.9.1988 (BGBl. I S. 1777) in der ab 1.1.1989 geltenden Fassung.

[3] § 1 Abs. 1 neu gef. mWv 1.1.2004 durch G v. 15.12.2003 (BGBl. I S. 2645).

[4] Verweis geänd. durch G v. 8.4.2010 (BGBl. I S. 386).

(2) ¹Die Erstattungen dürfen für das Kalenderjahr den Gesamtbetrag von 1200 Euro¹⁾ nicht übersteigen. ²Der Erwerb eines Kraftfahrzeuges ist hierbei nicht zu berücksichtigen.

§ 3 [Ausnahmen, Ersatzbeschaffungen] (1)²⁾ Die §§ 1 und 2 gelten nicht für den Erwerb von Lebensmitteln und Tabakerzeugnissen sowie die Abgabe von Speisen und Getränken zum Verzehr an Ort und Stelle.

(2) Wird ein Gegenstand während seiner gewöhnlichen Nutzungsdauer nicht oder nur zeitweise zu Zwecken im Sinne der §§ 1 und 2 genutzt, ist die Erstattung zu versagen oder der Erstattungsbetrag angemessen zu kürzen.

§ 4³⁾ [Antrag] (1) ¹Der Antrag auf Erstattung ist unter Beifügung der in Betracht kommenden Rechnungen und Zahlungsnachweise nach einem vom Bundesministerium der Finanzen zu bestimmenden Muster beim Bundeszentralamt für Steuern in Papierform oder elektronisch einzureichen. ²In ihm hat der Missionschef oder der Leiter der berufskonsularischen Vertretung zu versichern, dass die Gegenstände oder die sonstigen Leistungen für den nach § 1 oder § 2 vorgesehenen Gebrauch bestimmt sind. ³Das Bundeszentralamt für Steuern prüft die Angaben des Antragstellers und entscheidet über den Antrag.

(2) ¹Der Antrag ist bis zum Ablauf des Kalenderjahres zu stellen, das auf das Kalenderjahr folgt, in dem der Umsatz an den Antragsteller bewirkt worden ist. ²Der Antrag muß alle Erstattungsansprüche eines Abrechnungszeitraums, der mindestens ein Kalendervierteljahr beträgt, umfassen.

(3) Dem Antragsteller ist ein schriftlicher Bescheid zu erteilen, wenn dem Antrag nicht entsprochen wird.

(4) ¹Mindert sich der Steuerbetrag, so hat der Antragsteller das Bundeszentralamt für Steuern unverzüglich zu unterrichten. ²Der zuviel erhaltene Erstattungsbetrag ist innerhalb eines Monats nach Bekanntwerden der Minderung zurückzuzahlen. ³Er kann mit den Erstattungsansprüchen auf Grund eines in diesem Zeitraum abgegebenen Antrags verrechnet werden.

§ 5 [Anwendungszeitpunkt] Diese Verordnung ist auf Steuerbeträge anzuwenden, denen Lieferungen und sonstige Leistungen zugrunde liegen, die nach dem 31. Dezember 1988 bewirkt worden sind.

§ 6. *(gegenstandslos)*

§ 7. (Inkrafttreten)⁴⁾

---

¹⁾ Betrag geänd. mWv 1.1.2002 durch G v. 19.12.2000 (BGBl. I S. 1790).
²⁾ § 3 neu gef. mWv 1.1.2002 durch G v. 20.12.2001 (BGBl. I S. 3794).
³⁾ § 4 Abs. 1 neu gef., Abs. 4 Satz 1 geänd. mWv 1.1.2023 durch VO v. 19.12.2022 (BGBl. I S. 2432).
⁴⁾ Die VO in ihrer ursprünglichen Fassung ist am 1.1.1970 in Kraft getreten. Das Inkrafttreten der späteren Änderungen ergibt sich aus den jeweiligen Änderungsgesetzen.

519. Verordnung über die örtliche Zuständigkeit für die Umsatzsteuer im Ausland ansässiger Unternehmer (Umsatzsteuerzuständigkeitsverordnung – UStZustV)[1]

Vom 20. Dezember 2001 (BGBl. I S. 3794/3814)

Geändert durch Steuervergünstigungsabbaugesetz vom 16.5.2003 (BGBl. I S. 660), Gesetz zur Neuorganisation der Bundesverwaltung und zur Schaffung eines Refinanzierungsregisters vom 22.9.2005 (BGBl. I S. 2809), Jahressteuergesetz 2007 vom 13.12.2006 (BGBl. I S. 2878), Gesetz zur Bereinigung von Bundesrecht im Zuständigkeitsbereich des BMF vom 8.5.2008 (BGBl. I S. 810, ber. I S. 1715), Jahressteuergesetz 2010 vom 8.12.2010 (BGBl. I S. 1768), Gesetz zur Anpassung des nationalen Steuerrechts an den Beitritt Kroatiens zur EU und zur Änderung weiterer steuerlicher Vorschriften vom 25.7.2014 (BGBl. I S. 1266), Verordnung zur Änderung steuerlicher Verordnungen und weiterer Vorschriften vom 22.12.2014 (BGBl. I S. 2392), Dritte Verordnung zur Änderung steuerlicher Verordnungen vom 18.7.2016 (BGBl. I S. 1722), Vierte Verordnung zur Änderung Steuerlicher Verordnungen vom 12.7.2017 (BGBl. I S. 2360), Jahressteuergesetz 2020 (JStG 2020) vom 21.12.2020 (BGBl. I S. 3096) und Sechste Verordnung zur Änderung steuerlicher Verordnungen vom 19.12.2022 (BGBl. I S. 2432)

BGBl. III/FNA 610-1-13

§ 1[2] [Zuständige Finanzämter] (1) ¹Für die Umsatzsteuer der Unternehmer im Sinne des § 21 Abs. 1 Satz 2 der Abgabenordnung sind folgende Finanzämter örtlich zuständig:

1. das Finanzamt Trier für im Königreich Belgien ansässige Unternehmer,
2. das Finanzamt Neuwied für in der Republik Bulgarien ansässige Unternehmer,
3. das Finanzamt Flensburg für im Königreich Dänemark ansässige Unternehmer,
4. das Finanzamt Rostock für in der Republik Estland ansässige Unternehmer,
5. das Finanzamt Bremen für in der Republik Finnland ansässige Unternehmer,
6. das Finanzamt Offenburg für in der Französischen Republik und im Fürstentum Monaco ansässige Unternehmer,

---

[1] Die VO ist als Art. 21 des Steueränderungsgesetzes 2001 vom 20.12.2001 (BGBl. I S. 3794) verkündet worden.
[2] § 1 Abs. 1 Nrn. 4, 6, 8, 9, 11, 16, 21, 24, 27 und Abs. 2 geänd. mWv 19.12.2006 durch G v. 13.12.2006 (BGBl. I S. 2878); Nrn. 10, 19, 23, 31 und 33 geänd. mWv 14.12.2010 durch G v. 8.12.2010 (BGBl. I S. 1768); Nrn. 5, 12 und 18 geänd. mWv 31.7.2014 durch G v. 25.7.2014 (BGBl. I S. 1266); Nrn. 6 und 7 geänd. mWv 20.7.2017 durch VO v. 12.7.2017 (BGBl. I S. 2360); Nrn. 11, 16, 21 und 27 geänd., Abs. 2b eingef. mWv 23.12.2022 durch VO v. 19.12.2022 (BGBl. I S. 2432).

7. das Finanzamt Hannover-Nord für im Vereinigten Königreich Großbritannien und Nordirland sowie auf der Insel Man ansässige Unternehmer,

8. das Finanzamt Berlin Neukölln für in der Griechischen Republik ansässige Unternehmer,

9. das Finanzamt Hamburg-Nord für in der Republik Irland ansässige Unternehmer,

10. das Finanzamt München für in der Italienischen Republik ansässige Unternehmer,

11. das Finanzamt Kassel für in der Republik Kroatien ansässige Unternehmer,

12. das Finanzamt Bremen für in der Republik Lettland ansässige Unternehmer,

13. das Finanzamt Konstanz für im Fürstentum Liechtenstein ansässige Unternehmer,

14. das Finanzamt Mühlhausen für in der Republik Litauen ansässige Unternehmer,

15. das Finanzamt Saarbrücken Am Stadtgraben für im Großherzogtum Luxemburg ansässige Unternehmer,

16. das Finanzamt Berlin Neukölln für in der Republik Nordmazedonien ansässige Unternehmer,

17. das Finanzamt Kleve für im Königreich der Niederlande ansässige Unternehmer,

18. das Finanzamt Bremen für im Königreich Norwegen ansässige Unternehmer,

19. das Finanzamt München für in der Republik Österreich ansässige Unternehmer,

20.[1] für in der Republik Polen ansässige Unternehmer

   a) das Finanzamt Hameln, wenn der Nachname oder der Firmenname des Unternehmers mit den Buchstaben A bis G beginnt;

   b) das Finanzamt Oranienburg, wenn der Nachname oder der Firmenname des Unternehmers mit den Anfangsbuchstaben H bis Ł beginnt;

   c) das Finanzamt Cottbus, wenn der Nachname oder der Firmenname des Unternehmers mit den Anfangsbuchstaben M bis R beginnt;

   d) das Finanzamt Nördlingen, wenn der Nachname oder der Firmenname des Unternehmers mit den Anfangsbuchstaben S bis Ż beginnt;

   e)[2] ungeachtet der Regelungen in den Buchstaben a bis d das Finanzamt Cottbus für alle Unternehmer, auf die das Verfahren nach § 18 Absatz 4e, § 18j oder § 18k des Umsatzsteuergesetzes anzuwenden ist,

---

[1] § 1 Abs. 1 Nr. 20 neu gef. durch VO v. 18.7.2016 (BGBl. I S. 1722); zum Inkrafttreten vgl. Art. 11 Abs. 4 der VO iVm Bekanntmachung vom 4.5.2018 (BGBl. I S. 557): Die Zuständigkeit gilt ab 1.6.2018.
[2] § 1 Abs. 1 Nr. 20 Buchst. e geänd. mWv 1.7.2021 durch G v. 21.12.2020 (BGBl. I S. 3096).

21. das Finanzamt Kassel für in der Portugiesischen Republik ansässige Unternehmer,

22. das Finanzamt Chemnitz-Süd für in Rumänien ansässige Unternehmer,

23. das Finanzamt Magdeburg für in der Russischen Föderation ansässige Unternehmer,

24. das Finanzamt Hamburg-Nord für im Königreich Schweden ansässige Unternehmer,

25. das Finanzamt Konstanz für in der Schweizerischen Eidgenossenschaft ansässige Unternehmer,

26. das Finanzamt Chemnitz-Süd für in der Slowakischen Republik ansässige Unternehmer,

27. das Finanzamt Kassel für im Königreich Spanien ansässige Unternehmer,

28. das Finanzamt Oranienburg für in der Republik Slowenien ansässige Unternehmer,

29. das Finanzamt Chemnitz-Süd für in der Tschechischen Republik ansässige Unternehmer,

30. das Finanzamt Dortmund-Unna für in der Republik Türkei ansässige Unternehmer,

31. das Finanzamt Magdeburg für in der Ukraine ansässige Unternehmer,

32. das Zentralfinanzamt Nürnberg für in der Republik Ungarn ansässige Unternehmer,

33. das Finanzamt Magdeburg für in der Republik Weißrussland ansässige Unternehmer,

34. das Finanzamt Bonn-Innenstadt für in den Vereinigten Staaten von Amerika ansässige Unternehmer.

²Die örtliche Zuständigkeit nach § 61 Absatz 1 Satz 1 und § 61a Absatz 1 der Umsatzsteuer-Durchführungsverordnung für die Vergütung der abziehbaren Vorsteuerbeträge an im Ausland ansässige Unternehmer bleibt unberührt.[1]

(2) Für die Umsatzsteuer der Unternehmer im Sinne des § 21 Abs. 1 Satz 2 der Abgabenordnung, die nicht von Absatz 1 erfasst werden, ist das Finanzamt Berlin Neukölln zuständig.

(2a)[2] Abweichend von den Absätzen 1 und 2 ist für die Unternehmer, die von § 18 Abs. 4c des Umsatzsteuergesetzes Gebrauch machen, das Bundeszentralamt für Steuern[3] zuständig.

(2b) Für die Unternehmer mit Sitz außerhalb des Gemeinschaftsgebiets (§ 1 Absatz 2a des Umsatzsteuergesetzes), die im Gemeinschaftsgebiet weder ihre Geschäftsleitung noch eine umsatzsteuerliche Betriebsstätte haben und die in einem anderen Mitgliedstaat der Europäischen Union die Teilnahme an dem Verfahren im Sinne des § 18j des Umsatzsteuergesetzes angezeigt haben, sind die Absätze 1 und 2 für Zwecke der Durchführung des Verfahrens im Sinne

---

[1] § 1 Abs. 1 Satz 2 angef. mWv 1.7.2021 durch G v. 21.12.2020 (BGBl. I S. 3096).
[2] § 1 Abs. 2a eingef. mWv 1.7.2003 durch G v. 16.5.2003 (BGBl. I S. 660).
[3] Bezeichnung geänd. durch G v. 22.9.2005 (BGBl. I S. 2809).

des § 18j des Umsatzsteuergesetzes mit der Maßgabe anzuwenden, dass der Unternehmer in dem Mitgliedstaat als ansässig zu behandeln ist, in dem die Teilnahme angezeigt wurde.

(3)[1] Die örtliche Zuständigkeit nach § 61 Absatz 1 Satz 1 und § 61a Absatz 1 der Umsatzsteuer-Durchführungsverordnung für die Vergütung der abziehbaren Vorsteuerbeträge an im Ausland ansässige Unternehmer bleibt unberührt.

§ 2 [Inkrafttreten] [1] Diese Verordnung tritt am Tage nach ihrer Verkündung[2] in Kraft. [2] Gleichzeitig tritt die Umsatzsteuerzuständigkeitsverordnung vom 21. Februar 1995 (BGBl. I S. 225), zuletzt geändert durch Artikel 3 des Gesetzes vom 30. August 2001 (BGBl. I S. 2267), außer Kraft.

---

[1] § 1 Abs. 3 geänd. mWv 1.7.2021 durch G v. 21.12.2020 (BGBl. I S. 3096).
[2] Verkündet am 22.12.2001.

550. Richtlinie 2006/112/EG des Rates vom 28. November 2006 über das gemeinsame Mehrwertsteuersystem

(ABl. L 347 S. 1, ber. ABl. 2007 L 335 S. 60 und ABl. 2017 L 336 S. 60)

Celex-Nr. 3 2006 L 0112

geänd. durch Art. 1 ÄndRL 2006/138/EG v. 19.12.2006 (ABl. L 384 S. 92), Art. 1 ÄndRL 2007/75/EG v. 20.12.2007 (ABl. L 346 S. 13), Art. 1, 2, 3, 4 und 5 ÄndRL 2008/8/EG v. 12.2.2008 (ABl. L 44 S. 11), Art. 1 ÄndRL 2008/117/EG v. 16.12.2008 (ABl. 2009 L 14 S. 7), Art. 1 ÄndRL 2009/47/EG v. 5.5.2009 (ABl. L 116 S. 18), Art. 1 ÄndRL 2009/69/EG v. 25.6.2009 (ABl. L 175 S. 12), Art. 1 ÄndRL 2009/162/EU v. 22.12.2009 (ABl. 2010 L 10 S. 14), Art. 1 ÄndRL 2010/23/EU v. 16.3.2010 (ABl. L 72 S. 1), Art. 1 ÄndRL 2010/45/EU v. 13.7.2010 (ABl. L 189 S. 1, ber. ABl. L 299 S. 46), Art. 1 ÄndRL 2010/88/EU v. 7.12.2010 (ABl. L 326 S. 1), Anh. III 6.1 und Anh. V 8.2 ÄndEU-BeitrAkt2013 v. 9.12.2011 (ABl. 2012 L 112 S. 21), Art. 1 ÄndRL 2013/42/EU v. 22.7.2013 (ABl. L 201 S. 1), Art. 1 ÄndRL 2013/43/EU v. 22.7.2013 (ABl. L 201 S. 4), Art. 1 ÄndRL 2013/61/EU v. 17.12.2013 (ABl. L 353 S. 5), Art. 1 ÄndRL (EU) 2016/856 v. 25.5.2016 (ABl. L 142 S. 12), Art. 1 ÄndRL (EU) 2016/1065 v. 27.6.2016 (ABl. L 177 S. 9), Art. 1 und 2 ÄndRL (EU) 2017/2455 v. 5.12.2017 (ABl. L 348 S. 7, ber. ABl. 2018 L 190 S. 21, L 225 S. 1 und ABl. 2019 L 245 S. 9, geänd. durch ABl. 2020 L 244 S. 3), Art. 1 ÄndRL (EU) 2018/912 v. 22.6.2018 (ABl. L 162 S. 1), Art. 1 ÄndRL (EU) 2018/1695 v. 6.11.2018 (ABl. L 282 S. 5, ber. 2018 L 329 S. 53), Art. 1 ÄndRL (EU) 2018/1713 v. 6.11.2018 (ABl. L 286 S. 20), Art. 1 ÄndRL (EU) 2018/1910 v. 4.12.2018 (ABl. L 311 S. 3), Art. 1 ÄndRL (EU) 2018/2057 v. 20.12.2018 (ABl. L 329 S. 3), Art. 1 ÄndRL (EU) 2019/475 v. 18.2.2019 (ABl. L 83 S. 42), Art. 1 RL (EU) 2019/1995 v. 21.11.2019 (ABl. L 310 S. 1, geänd. durch ABl. 2020 L 244 S. 3), Art. 1 RL (EU) 2019/2235 v. 16.12.2019 (ABl. L 336 S. 10), Art. 1 RL (EU) 2020/284 v. 18.2.2020 (ABl. L 62 S. 7), Art. 1 RL (EU) 2020/285 v. 18.2.2020 (ABl. L 62 S. 13), Art. 1 RL (EU) 2020/1756 v. 20.11.2020 (ABl. L 396 S. 1), Art. 1 RL (EU) 2020/2020 v. 7.12.2020 (ABl. L 419 S. 1), Art. 1 RL (EU) 2021/1159 v. 13.7.2021 (ABl. L 250 S. 1), Art. 1, 2 RL (EU) 2022/542 v. 5.4.2022 (ABl. L 107 S. 1), Art. 1 RL (EU) 2022/890 v. 3.6.2022 (ABl. L 155 S. 1)[1])

DER RAT DER EUROPÄISCHEN UNION –

gestützt auf den Vertrag zur Gründung der Europäischen Gemeinschaft, insbesondere auf Artikel 93,

auf Vorschlag der Kommission,

nach Stellungnahme des Europäischen Parlaments,

nach Stellungnahme des Europäischen Wirtschafts- und Sozialausschusses,

in Erwägung nachstehender Gründe:

(1) Die Richtlinie 77/388/EWG des Rates vom 17. Mai 1977 zur Harmonisierung der Rechtsvorschriften der Mitgliedstaaten über die Umsatzsteuern – Gemeinsames Mehrwertsteuersystem: einheitliche steuerpflichtige Bemessungsgrundlage[2]) wurde mehrfach erheblich geändert. Anlässlich neuerlicher Änderungen empfiehlt sich aus Gründen der Klarheit und Wirtschaftlichkeit eine Neufassung.

---

[1]) **Die redaktionellen Hinweise zur „Anwendung" beziehen sich auf die jeweiligen Umsetzungs- und Anwendungsfristen für die Mitgliedstaaten, die in den Änderungsrichtlinien jeweils festgelegt sind.**

[2]) **Amtl. Anm.:** ABl. L 145 vom 13.6.1977, S. 1. Zuletzt geändert durch die Richtlinie 2006/98/EG (ABl. L 363 vom 20.12.2006 S. 129).

(2) Bei dieser Neufassung sollten die noch geltenden Bestimmungen der Richtlinie 67/227/EWG des Rates vom 11. April 1967 zur Harmonisierung der Rechtsvorschriften der Mitgliedstaaten über die Umsatzsteuer[1] übernommen werden. Die genannte Richtlinie sollte daher aufgehoben werden.

(3) Im Einklang mit dem Grundsatz besserer Rechtsetzung sollten zur Gewährleistung der Klarheit und Wirtschaftlichkeit der Bestimmungen die Struktur und der Wortlaut der Richtlinie neu gefasst werden; dies sollte jedoch grundsätzlich nicht zu inhaltlichen Änderungen des geltenden Rechts führen. Einige inhaltliche Änderungen ergeben sich jedoch notwendigerweise im Rahmen der Neufassung und sollten dennoch vorgenommen werden. Soweit sich solche Änderungen ergeben, sind sie in den Bestimmungen über die Umsetzung und das Inkrafttreten der Richtlinie erschöpfend aufgeführt.

(4) Voraussetzung für die Verwirklichung des Ziels, einen Binnenmarkt zu schaffen ist, dass in den Mitgliedstaaten Rechtsvorschriften über die Umsatzsteuern angewandt werden, durch die die Wettbewerbsbedingungen nicht verfälscht und der freie Waren- und Dienstleistungsverkehr nicht behindert werden. Es ist daher erforderlich, eine Harmonisierung der Rechtsvorschriften über die Umsatzsteuern im Wege eines Mehrwertsteuersystems vorzunehmen, um soweit wie möglich die Faktoren auszuschalten, die geeignet sind, die Wettbewerbsbedingungen sowohl auf nationaler Ebene als auch auf Gemeinschaftsebene zu verfälschen.

(5) Die größte Einfachheit und Neutralität eines Mehrwertsteuersystems wird erreicht, wenn die Steuer so allgemein wie möglich erhoben wird und wenn ihr Anwendungsbereich alle Produktions- und Vertriebsstufen sowie den Bereich der Dienstleistungen umfasst. Es liegt folglich im Interesse des Binnenmarktes und der Mitgliedstaaten, ein gemeinsames System anzunehmen, das auch auf den Einzelhandel Anwendung findet.

(6) Es ist notwendig, schrittweise vorzugehen, da die Harmonisierung der Umsatzsteuern in den Mitgliedstaaten zu Änderungen der Steuerstruktur führt und merkliche Folgen auf budgetärem, wirtschaftlichem und sozialem Gebiet hat.

(7) Das gemeinsame Mehrwertsteuersystem sollte, selbst wenn die Sätze und Befreiungen nicht völlig harmonisiert werden, eine Wettbewerbsneutralität in dem Sinne bewirken, dass gleichartige Gegenstände und Dienstleistungen innerhalb des Gebiets der einzelnen Mitgliedstaaten ungeachtet der Länge des Produktions- und Vertriebswegs steuerlich gleich belastet werden.

(8) In Durchführung des Beschlusses 2000/597/EG, Euratom des Rates vom 29. September 2000 über das System der Eigenmittel der Europäischen Gemeinschaften[2] wird der Haushalt der Europäischen Gemeinschaften, unbeschadet der sonstigen Einnahmen, vollständig aus eigenen Mitteln der Gemeinschaften finanziert. Diese Mittel umfassen unter anderem Einnahmen aus der Mehrwertsteuer, die sich aus der Anwendung eines gemeinsamen Satzes auf eine Bemessungsgrundlage ergeben, die einheitlich nach Gemeinschaftsvorschriften bestimmt wird.

(9) Es ist unerlässlich, einen Übergangszeitraum vorzusehen, der eine schrittweise Anpassung der nationalen Rechtsvorschriften in den betreffenden Bereichen ermöglicht.

(10) Während dieser Übergangszeit sollten in den Bestimmungsmitgliedstaaten die innergemeinschaftlichen Umsätze anderer Steuerpflichtiger als derjenigen, die steuerbefreit sind, zu den Sätzen und Bedingungen dieser Mitgliedstaaten besteuert werden.

(11) Ferner sollten in dieser Übergangszeit in den Bestimmungsmitgliedstaaten der innergemeinschaftliche Erwerb, der von steuerbefreiten Steuerpflichtigen oder von nichtsteuerpflichtigen juristischen Personen in Höhe eines bestimmten Betrags getätigt wird, sowie bestimmte innergemeinschaftliche Versandgeschäfte und Lieferungen neuer Fahrzeuge, die an Privatpersonen oder an steuerbefreite oder nichtsteuerpflichtige Einrichtungen bewirkt werden, zu den Sätzen und Bedingungen dieser Mitgliedstaaten insofern besteuert werden, als die Behandlung dieser Umsätze ohne besondere Bestimmungen zu erheblichen Wettbewerbsverzerrungen zwischen den Mitgliedstaaten führen könnten.

(12) Aufgrund ihrer geografischen, wirtschaftlichen und sozialen Lage sollten bestimmte Gebiete vom Anwendungsbereich dieser Richtlinie ausgenommen werden.

---

[1] **Amtl. Anm.:** ABl. 71 vom 14.4.1967, S. 1301/67. Zuletzt geändert durch die Richtlinie 77/388/EWG.
[2] **Amtl. Anm.:** ABl. L 253 vom 7.10.2000, S. 42.

(13) Der Begriff des Steuerpflichtigen sollte in einer Weise definiert werden, dass die Mitgliedstaaten zur Gewährleistung größtmöglicher Steuerneutralität auch Personen einbeziehen können, die gelegentlich Umsätze bewirken.

(14) Der Begriff des steuerbaren Umsatzes kann insbesondere hinsichtlich der diesem Umsatz gleichgestellten Umsätze zu Schwierigkeiten führen. Diese Begriffe sollten deshalb genauer definiert werden.

(15) Um den innergemeinschaftlichen Handelsverkehr im Bereich der Bearbeitung beweglicher körperlicher Gegenstände zu erleichtern, sollten die Einzelheiten der Besteuerung

(Fortsetzung nächstes Blatt)

dieser Umsätze festgelegt werden, wenn diese für einen Dienstleistungsempfänger erbracht wurden, der eine Mehrwertsteuer-Identifikationsnummer in einem anderen Mitgliedstaat als dem hat, in dem der Umsatz tatsächlich bewirkt wurde.

(16) Der innergemeinschaftlichen Güterbeförderung sollte eine innerhalb des Gebiets eines Mitgliedstaats erbrachte, unmittelbar mit einer Beförderung zwischen Mitgliedstaaten zusammenhängende Beförderung gleichgestellt werden, um nicht nur die Grundsätze und Einzelheiten der Besteuerung für diese Beförderungsleistungen im Inland, sondern auch die Regeln für Nebentätigkeiten zu diesen Beförderungen und Dienstleistungen von Vermittlern, die sich bei der Erbringung dieser einzelnen Dienstleistungen einschalten, zu vereinfachen.

(17) Die Bestimmung des Ortes des steuerbaren Umsatzes kann insbesondere in Bezug auf Lieferungen von Gegenständen mit Montage und Dienstleistungen zu Kompetenzkonflikten zwischen den Mitgliedstaaten führen. Wenn auch als Ort der Dienstleistung grundsätzlich der Ort gelten sollte, an dem der Dienstleistende den Sitz seiner wirtschaftlichen Tätigkeit hat, ist es doch angebracht, dass insbesondere für bestimmte zwischen Steuerpflichtigen erbrachte Dienstleistungen, deren Kosten in den Preis der Gegenstände eingehen, als Ort der Dienstleistung der Mitgliedstaat des Dienstleistungsempfängers gilt.

(18) Der Ort der Besteuerung bestimmter Umsätze, die an Bord eines Schiffes, eines Flugzeugs oder in einer Eisenbahn während einer Personenbeförderung innerhalb der Gemeinschaft bewirkt werden, sollte genauer definiert werden.

(19) Elektrizität und Gas werden für die Zwecke der Mehrwertsteuer als Gegenstände behandelt. Es ist jedoch äußerst schwierig, den Ort der Lieferung zu bestimmen. Zur Vermeidung von Doppel- oder Nichtbesteuerung und zur Erzielung eines echten Gas- und Elektrizitätsbinnenmarkts ohne Behinderung durch die Mehrwertsteuer sollte daher als Ort der Lieferung von Gas – über das Erdgasverteilungsnetz – und von Elektrizität auf der Stufe des Endverbrauchs der Ort gelten, an dem der Erwerber den Sitz seiner wirtschaftlichen Tätigkeit hat. Die Lieferung von Elektrizität und Gas auf der Stufe des Endverbrauchs, vom Unternehmer und Verteiler an den Endverbraucher, sollte an dem Ort besteuert werden, an dem der Erwerber die Gegenstände tatsächlich nutzt und verbraucht.

(20) Die Anwendung der allgemeinen Regel, nach der Dienstleistungen in dem Mitgliedstaat besteuert werden, in dem der Dienstleistungserbringer ansässig ist, kann bei der Vermietung eines beweglichen körperlichen Gegenstandes zu erheblichen Wettbewerbsverzerrungen führen, wenn Vermieter und Mieter in verschiedenen Mitgliedstaaten ansässig sind und die Steuersätze in diesen Mitgliedstaaten unterschiedlich hoch sind. Daher sollte festgelegt werden, dass der Ort der Dienstleistung der Ort ist, an dem der Dienstleistungsempfänger den Sitz seiner wirtschaftlichen Tätigkeit oder eine feste Niederlassung hat, für die die Dienstleistung erbracht worden ist, oder in Ermangelung eines solchen Sitzes oder einer solchen Niederlassung sein Wohnsitz oder sein gewöhnlicher Aufenthaltsort.

(21) Bei der Vermietung von Beförderungsmitteln sollte diese allgemeine Regel jedoch aus Kontrollgründen strikt angewandt werden und somit als Ort der Dienstleistung der Ort anzusehen sein, an dem der Dienstleistungserbringer ansässig ist.

(22) Sämtliche Telekommunikationsdienstleistungen, die in der Gemeinschaft in Anspruch genommen werden, sollten besteuert werden, um Wettbewerbsverzerrungen in diesem Bereich vorzubeugen. Um dieses Ziel zu erreichen, sollten Telekommunikationsdienstleistungen, die an in der Gemeinschaft ansässige Steuerpflichtige oder an in Drittländern ansässige Dienstleistungsempfänger erbracht werden, grundsätzlich an dem Ort besteuert werden, an dem der Dienstleistungsempfänger ansässig ist. Damit Telekommunikationsdienstleistungen, die von in Drittgebieten oder Drittländern ansässigen Steuerpflichtigen an in der Gemeinschaft ansässige Nichtsteuerpflichtige erbracht und in der Gemeinschaft tatsächlich genutzt oder ausgewertet werden, einheitlich besteuert werden, sollten die Mitgliedstaaten jedoch festlegen, dass sich der Ort der Dienstleistungen in der Gemeinschaft befindet.

(23) Ebenfalls um Wettbewerbsverzerrungen vorzubeugen sollten Rundfunk- und Fernsehdienstleistungen sowie elektronisch erbrachte Dienstleistungen, die aus Drittgebieten oder Drittländern an in der Gemeinschaft ansässige Personen oder aus der Gemeinschaft an in Drittgebieten oder Drittländern ansässige Dienstleistungsempfänger erbracht werden, an dem Ort besteuert werden, an dem der Dienstleistungsempfänger ansässig ist.

(24) Die Begriffe „Steuertatbestand" und „Steueranspruch" sollten harmonisiert werden, damit die Anwendung und die späteren Änderungen des gemeinsamen Mehrwertsteuersystems in allen Mitgliedstaaten zum gleichen Zeitpunkt wirksam werden.

(25) Die Steuerbemessungsgrundlage sollte harmonisiert werden, damit die Anwendung der Mehrwertsteuer auf die steuerbaren Umsätze in allen Mitgliedstaaten zu vergleichbaren Ergebnissen führt.

(26) Um zu gewährleisten, dass die Einschaltung verbundener Personen zur Erzielung von Steuervorteilen nicht zu Steuerausfällen führt, sollten die Mitgliedstaaten die Möglichkeit haben, unter bestimmten, genau festgelegten Umständen hinsichtlich des Wertes von Lieferungen von Gegenständen, Dienstleistungen und innergemeinschaftlichen Erwerben von Gegenständen tätig zu werden.

(27) Zur Vermeidung von Steuerhinterziehung oder -umgehung sollten die Mitgliedstaaten die Möglichkeit haben, in die Steuerbemessungsgrundlage eines Umsatzes, der die Verarbeitung von Anlagegold umfasst, das von einem Leistungsempfänger zur Verfügung gestellt wird, auch den Wert dieses Anlagegolds einzubeziehen, wenn es durch die Verarbeitung seinen Status als Anlagegold verliert. Bei Anwendung dieser Regelungen sollte den Mitgliedstaaten ein gewisser Ermessensspielraum eingeräumt werden.

(28) Die Abschaffung der Steuerkontrollen an den Grenzen erfordert, dass zur Vermeidung von Wettbewerbsverzerrungen neben einer einheitlichen Mehrwertsteuer-Bemessungsgrundlage auch die Steuersätze hinsichtlich ihrer Anzahl und ihrer Höhe zwischen den Mitgliedstaaten hinreichend aneinander angenähert werden.

(29) Der in den Mitgliedstaaten derzeit geltende Normalsatz der Mehrwertsteuer gewährleistet in Verbindung mit dem Mechanismus der Übergangsregelung, dass diese Regelung in akzeptabler Weise funktioniert. Um zu verhindern, dass Unterschiede zwischen den von den Mitgliedstaaten angewandten Mehrwertsteuer-Normalsätzen zu strukturellen Ungleichgewichten innerhalb der Gemeinschaft und zu Wettbewerbsverzerrungen in bestimmten Wirtschaftszweigen führen, sollte ein zu überprüfender Mindestnormalsatz von 15 % festgesetzt werden.

(30) Um die Neutralität der Mehrwertsteuer zu erhalten, sollten die von den Mitgliedstaaten angewandten Steuersätze den normalen Abzug der Steuerbelastung der vorausgehenden Umsatzstufe ermöglichen.

(31) Während der Übergangszeit sollten bestimmte Ausnahmen hinsichtlich der Anzahl und der Höhe der Sätze möglich sein.

(32) Zur besseren Bewertung der Auswirkung der ermäßigten Sätze muss die Kommission einen Bericht vorlegen, in dem sie die Auswirkung der auf lokal erbrachte Dienstleistungen angewandten ermäßigten Sätze bewertet, insbesondere in Bezug auf die Schaffung von Arbeitsplätzen, das Wirtschaftswachstum und das reibungslose Funktionieren des Binnenmarkts.

(33) Zur Bekämpfung der Arbeitslosigkeit sollte den Mitgliedstaaten, die dies wünschen, die Möglichkeit eingeräumt werden, zu erproben, wie sich eine Ermäßigung der Mehrwertsteuer auf arbeitsintensive Dienstleistungen auf die Schaffung von Arbeitsplätzen auswirkt. Diese Ermäßigung könnte für die Unternehmen zudem den Anreiz mindern, sich in der Schattenwirtschaft zu betätigen.

(34) Eine derartige Ermäßigung des Steuersatzes könnte allerdings das reibungslose Funktionieren des Binnenmarktes und die Steuerneutralität gefährden. Daher sollte ein Verfahren zur Erteilung von Ermächtigungen für einen festen Zeitraum vorgesehen werden, der ausreichend lang ist, um die Auswirkungen der auf lokal erbrachte Dienstleistungen angewandten ermäßigten Steuersätze einschätzen zu können, und der Anwendungsbereich einer solchen Maßnahme genau definiert werden, um zu gewährleisten, dass sie überprüfbar und begrenzt ist.

(35) Im Hinblick auf eine gleichmäßige Erhebung der Eigenmittel in allen Mitgliedstaaten sollte ein gemeinsames Verzeichnis der Steuerbefreiungen aufgestellt werden.

(36) Zum Vorteil der Steuerschuldner sowie der zuständigen Verwaltungen sollten die Verfahren für die Anwendung der Mehrwertsteuer auf bestimmte innergemeinschaftliche Lieferungen und Erwerbe verbrauchsteuerpflichtiger Waren an die Verfahren und Erklärungspflichten für den Fall der Beförderung derartiger Waren in einen anderen Mitgliedstaat angeglichen werden, die in der Richtlinie 92/12/EWG des Rates vom 25. Februar 1992 über das allgemeine System, den Besitz, die Beförderung und die Kontrolle verbrauchsteuerpflichtiger Waren[1]) geregelt sind.

---

[1]) **Amtl. Anm.:** ABl. L 76 vom 23.3.1992, S. 1. Zuletzt geändert durch die Richtlinie 2004/106/EG (ABl. L 359 vom 4.2.2004, S. 30).

(37) Die Lieferung von Gas – über das Erdgasverteilungsnetz – und von Elektrizität, wird am Ort des Erwerbers besteuert. Um eine Doppelbesteuerung zu vermeiden, sollte die Einfuhr derartiger Waren daher von der Mehrwertsteuer befreit werden.

(38) Für steuerbare Umsätze, einschließlich Reihengeschäften, im Zusammenhang mit dem innergemeinschaftlichen Handelsverkehr, die während der Übergangszeit im inneren Anwendungsbereich der Steuer von Steuerpflichtigen bewirkt werden, die nicht im Gebiet des Mitgliedstaats des innergemeinschaftlichen Erwerbs der Gegenstände ansässig sind, ist es erforderlich, Vereinfachungsmaßnahmen vorzusehen, die eine gleichartige Behandlung in allen Mitgliedstaaten gewährleisten. Hierzu sollten die Vorschriften über die steuerliche Behandlung dieser Umsätze und zur Bestimmung des Steuerschuldners für diese Umsätze harmonisiert werden. Von der Anwendung dieser Regelungen sollten jedoch grundsätzlich Gegenstände ausgenommen werden, die zur Lieferung auf der Einzelhandelsstufe bestimmt sind.

(39) Der Vorsteuerabzug sollte insoweit harmonisiert werden, als er die tatsächliche Höhe der Besteuerung beeinflusst, und die Pro-rata-Sätze des Vorsteuerabzugs sollten in allen Mitgliedstaaten auf gleiche Weise berechnet werden.

(40) Die Regelung, die eine Berichtigung des Vorsteuerabzugs für Investitionsgüter entsprechend ihrer tatsächlichen Nutzungsdauer vorsieht, sollte auch auf Dienstleistungen, die die Merkmale von Investitionsgütern aufweisen, Anwendung finden.

(41) Es sollte festgelegt werden, wer Steuerschuldner ist, insbesondere bei bestimmten Dienstleistungen, bei denen der Dienstleistungserbringer nicht in dem Mitgliedstaat ansässig ist, in dem die Steuer geschuldet wird.

(42) Die Mitgliedstaaten sollten in die Lage versetzt werden, in bestimmten Fällen den Erwerber von Gegenständen oder den Dienstleistungsempfänger als Steuerschuldner zu bestimmen. Dies würde es den Mitgliedstaaten erlauben, die Vorschriften zu vereinfachen und die Steuerhinterziehung und -umgehung in bestimmten Sektoren oder bei bestimmten Arten von Umsätzen zu bekämpfen.

(43) Die Mitgliedstaaten sollten den Einfuhrsteuerschuldner nach freiem Ermessen bestimmen können.

(44) Die Mitgliedstaaten sollten auch Regelungen treffen können, nach denen eine andere Person als der Steuerschuldner gesamtschuldnerisch für die Entrichtung der Steuer haftet.

(45) Die Pflichten der Steuerpflichtigen sollten soweit wie möglich harmonisiert werden, um die erforderliche Gleichmäßigkeit bei der Steuererhebung in allen Mitgliedstaaten sicherzustellen.

(46) Die Verwendung elektronischer Rechnungstellung sollte den Steuerverwaltungen ermöglichen, ihre Kontrollen durchzuführen. Um ein reibungsloses Funktionieren des Binnenmarkts zu gewährleisten, sollte daher ein harmonisiertes Verzeichnis der Angaben erstellt werden, die jede Rechnung enthalten muss; ferner sollten eine Reihe gemeinsamer Modalitäten für die elektronische Rechnungstellung, die elektronische Aufbewahrung der Rechnungen, die Erstellung von Gutschriften und die Verlagerung der Rechnungstellung auf Dritte festgelegt werden.

(47) Vorbehaltlich von ihnen festzulegenden Bedingungen sollten die Mitgliedstaaten die elektronische Einreichung von bestimmten Meldungen und Erklärungen zulassen und die elektronische Übermittlung vorschreiben können.

(48) Das notwendige Streben nach einer Erleichterung der Verwaltungs- und Statistikformalitäten für die Unternehmen, insbesondere für kleine und mittlere Unternehmen, sollte mit der Durchführung wirksamer Kontrollmaßnahmen und mit der sowohl aus wirtschaftlichen als steuerlichen Gründen unerlässlichen Wahrung der Qualität der gemeinschaftlichen Statistikinstrumente in Einklang gebracht werden.

(49) In Bezug auf Kleinunternehmen sollte den Mitgliedstaaten gestattet werden, ihre Sonderregelungen gemäß gemeinsamen Bestimmungen im Hinblick auf eine weiter gehende Harmonisierung beizubehalten.

(50) In Bezug auf die Landwirte sollten die Mitgliedstaaten die Möglichkeit haben, eine Sonderregelung anzuwenden, die zugunsten der Landwirte, die nicht unter die normale Regelung fallen, einen Pauschalausgleich für die Vorsteuerbelastung enthält. Diese Regelung sollte in ihren wesentlichen Grundsätzen festgelegt werden, und für die Erfordernisse der Erhebung der Eigenmittel sollte ein gemeinsames Verfahren für die Bestimmung des von diesen Landwirten erzielten Mehrwerts definiert werden.

(51) Es sollte eine gemeinschaftliche Regelung für die Besteuerung auf dem Gebiet der Gebrauchtgegenstände, Kunstgegenstände, Antiquitäten und Sammlungsstücke erlassen wer-

den, um Doppelbesteuerungen und Wettbewerbsverzerrungen zwischen Steuerpflichtigen zu vermeiden.

(52) Die Anwendung der normalen Steuerregelung auf Gold ist ein großes Hindernis für seine Verwendung als Finanzanlage, weshalb die Anwendung einer besonderen Steuerregelung, auch im Hinblick auf die Verbesserung der internationalen Wettbewerbsfähigkeit des gemeinschaftlichen Goldmarktes, gerechtfertigt ist.

(53) Lieferungen von Gold zu Anlagezwecken entsprechen ihrer Art nach anderen Finanzanlagen, die von der Steuer befreit sind. Die Steuerbefreiung erscheint daher als die geeignetste steuerliche Behandlung der Umsätze von Anlagegold.

(54) Die Definition von Anlagegold sollte Goldmünzen einbeziehen, deren Wert in erster Linie auf dem Preis des in ihnen enthaltenen Goldes beruht. Aus Gründen der Transparenz und der Rechtssicherheit für die mit derartigen Münzen handelnden Wirtschaftsbeteiligten sollte alljährlich ein Verzeichnis der Münzen erstellt werden, auf die die Regelung für Anlagegold anzuwenden ist. Ein solches Verzeichnis schließt die Steuerbefreiung von Münzen, die in dem Verzeichnis nicht enthalten sind, aber die Kriterien dieser Richtlinie erfüllen, nicht aus.

(55) Um Steuerhinterziehungen zu verhindern, gleichzeitig aber die mit der Lieferung von Gold ab einem bestimmten Feingehalt verbundenen Finanzierungskosten zu verringern, ist es gerechtfertigt, den Mitgliedstaaten zu gestatten, den Erwerber als Steuerschuldner zu bestimmen.

(56) Um Wirtschaftsbeteiligten, die elektronisch erbrachte Dienstleistungen anbieten und weder in der Gemeinschaft ansässig sind noch für die Zwecke der Mehrwertsteuer dort erfasst sein müssen, die Erfüllung ihrer steuerlichen Pflichten zu erleichtern, sollte eine Sonderregelung festgelegt werden. In Anwendung dieser Regelung kann ein Wirtschaftsbeteiligter, der an Nichtsteuerpflichtige in der Gemeinschaft derartige elektronische Dienstleistungen erbringt, sich für eine Registrierung in einem einzigen Mitgliedstaat entscheiden, falls er nicht in anderer Weise in der Gemeinschaft für die Zwecke der Mehrwertsteuer erfasst ist.

(57) Die Bestimmungen über Rundfunk- und Fernsehdienstleistungen sowie bestimmte elektronisch erbrachte Dienstleistungen sollten befristet werden und nach kurzer Zeit anhand der gesammelten Erfahrungen überprüft werden.

(58) Die koordinierte Anwendung dieser Richtlinie sollte gefördert werden und hierzu ist es unerlässlich, einen Beratenden Ausschuss für die Mehrwertsteuer einzusetzen, der es ermöglicht, eine enge Zusammenarbeit zwischen den Mitgliedstaaten und der Kommission in diesem Bereich herbeizuführen.

(59) Es ist in bestimmten Grenzen und unter bestimmten Bedingungen angebracht, dass die Mitgliedstaaten von dieser Richtlinie abweichende Sondermaßnahmen ergreifen oder weiter anwenden können, um die Steuererhebung zu vereinfachen oder bestimmte Formen der Steuerhinterziehung oder -umgehung zu verhüten.

(60) Um zu verhindern, dass ein Mitgliedstaat im Ungewissen darüber bleibt, wie die Kommission mit seinem Antrag auf Ermächtigung zu einer Ausnahmeregelung zu verfahren beabsichtigt, sollte eine Frist vorgesehen werden, innerhalb derer die Kommission dem Rat entweder einen Vorschlag zur Ermächtigung oder eine Mitteilung über ihre Einwände vorlegen muss.

(61) Eine einheitliche Anwendung des Mehrwertsteuersystems ist von grundlegender Bedeutung. Zur Erreichung dieses Ziels sollten Durchführungsmaßnahmen erlassen werden.

(62) Insbesondere sollten diese Maßnahmen das Problem der Doppelbesteuerung grenzüberschreitender Umsätze behandeln, das durch eine unterschiedliche Anwendung der Regeln für den Ort der steuerbaren Umsätze durch die Mitgliedstaaten auftreten kann.

(63) Trotz des begrenzten Anwendungsbereichs der Durchführungsmaßnahmen haben solche Maßnahmen Auswirkungen auf den Haushalt, die für einen oder mehrere Mitgliedstaaten bedeutend sein könnten. Durch die Auswirkungen dieser Maßnahmen auf den Haushalt der Mitgliedstaaten ist es gerechtfertigt, dass sich der Rat die Durchführungsbefugnisse vorbehält.

(64) Angesichts ihres begrenzten Anwendungsbereichs sollte vorgesehen werden, dass diese Durchführungsmaßnahmen vom Rat auf Vorschlag der Kommission einstimmig angenommen werden.

(65) Da die Ziele dieser Richtlinie aus den dargelegten Gründen auf Ebene der Mitgliedstaaten nicht ausreichend verwirklicht werden können und daher besser auf Gemeinschaftsebene zu verwirklichen sind, kann die Gemeinschaft im Einklang mit dem in Artikel 5 des Vertrags niedergelegten Subsidiaritätsprinzip tätig werden. Entsprechend dem in demselben

Artikel genannten Grundsatz der Verhältnismäßigkeit geht diese Richtlinie nicht über das zum Erreichen dieser Ziele erforderliche Maß hinaus.

(66) Die Pflicht zur Umsetzung dieser Richtlinie in nationales Recht sollte nur jene Bestimmungen erfassen, die im Vergleich zu den bisherigen Richtlinien inhaltlich geändert wurden. Die Pflicht zur Umsetzung der inhaltlich unveränderten Bestimmungen ergibt sich aus den bisherigen Richtlinien.

(67) Diese Richtlinie sollte die Verpflichtung der Mitgliedstaaten hinsichtlich der Fristen für die Umsetzung in nationales Recht der in Anhang XI Teil B aufgeführten Richtlinie unberührt lassen –

HAT FOLGENDE RICHTLINIE ERLASSEN:

Inhaltsübersicht

Art.

Titel I. Zielsetzung und Anwendungsbereich

Art. 1 [Gemeinsames Mehrwertsteuersystem] (1) Diese Richtlinie legt das gemeinsame Mehrwertsteuersystem fest.

(2) [1] Das gemeinsame Mehrwertsteuersystem beruht auf dem Grundsatz, dass auf Gegenstände und Dienstleistungen, ungeachtet der Zahl der Umsätze, die auf den vor der Besteuerungsstufe liegenden Produktions- und Vertriebsstufen bewirkt wurden, eine allgemeine, zum Preis der Gegenstände und Dienstleistungen genau proportionale Verbrauchsteuer anzuwenden ist.

[2] Bei allen Umsätzen wird die Mehrwertsteuer, die nach dem auf den Gegenstand oder die Dienstleistung anwendbaren Steuersatz auf den Preis des Gegenstands oder der Dienstleistung errechnet wird, abzüglich des Mehr-

wertsteuerbetrags geschuldet, der die verschiedenen Kostenelemente unmittelbar belastet hat.

[3] Das gemeinsame Mehrwertsteuersystem wird bis zur Einzelhandelsstufe, diese eingeschlossen, angewandt.

Art. 2 [Steueranwendungsbereich] (1) Der Mehrwertsteuer unterliegen folgende Umsätze:

a) Lieferungen von Gegenständen, die ein Steuerpflichtiger als solcher im Gebiet eines Mitgliedstaats gegen Entgelt tätigt;

b) der innergemeinschaftliche Erwerb von Gegenständen im Gebiet eines Mitgliedstaats gegen Entgelt

   i)[1] durch einen Steuerpflichtigen, der als solcher handelt, oder durch eine nichtsteuerpflichtige juristische Person, wenn der Verkäufer ein Steuerpflichtiger ist, der als solcher handelt, für den die Mehrwertsteuerbefreiung für Kleinunternehmen gemäß Artikel 284 nicht gilt und der nicht unter Artikel 33 oder 36 fällt;

   ii) wenn der betreffende Gegenstand ein neues Fahrzeug ist, durch einen Steuerpflichtigen oder eine nichtsteuerpflichtige juristische Person, deren übrige Erwerbe gemäß Artikel 3 Absatz 1 nicht der Mehrwertsteuer unterliegen, oder durch jede andere nichtsteuerpflichtige Person;

   iii) wenn die betreffenden Gegenstände verbrauchsteuerpflichtige Waren sind, bei denen die Verbrauchsteuer nach der Richtlinie 92/12/EWG im Gebiet des Mitgliedstaats entsteht, durch einen Steuerpflichtigen oder eine nichtsteuerpflichtige juristische Person, deren übrige Erwerbe gemäß Artikel 3 Absatz 1 nicht der Mehrwertsteuer unterliegen;

c) Dienstleistungen, die ein Steuerpflichtiger als solcher im Gebiet eines Mitgliedstaats gegen Entgelt erbringt;

d) die Einfuhr von Gegenständen.

   (2)

a) Für Zwecke des Absatzes 1 Buchstabe b Ziffer ii gelten als „Fahrzeug" folgende Fahrzeuge zur Personen- oder Güterbeförderung:

   i) motorbetriebene Landfahrzeuge mit einem Hubraum von mehr als 48 Kubikzentimetern oder einer Leistung von mehr als 7,2 Kilowatt;

(Fortsetzung nächste Seite)

---

[1] Art. 2 Abs. 1 Buchst. b Ziffer i neu gef. mWv 22.3.2020 durch RL v. 18.2.2020 (Abl. L 62 S. 13); zur **Anwendung ab 1.1.2025** siehe Art. 3 Abs. 1 u. Abs. 2 RL 2020/285/EU.

ii) Wasserfahrzeuge mit einer Länge von mehr als 7,5 Metern, ausgenommen Wasserfahrzeuge, die auf hoher See im entgeltlichen Passagierverkehr, zur Ausübung einer Handelstätigkeit, für gewerbliche Zwecke oder zur Fischerei eingesetzt werden, Bergungs- und Rettungsschiffe auf See sowie Küstenfischereifahrzeuge;

iii) Luftfahrzeuge mit einem Gesamtgewicht beim Aufstieg von mehr als 1 550 Kilogramm, ausgenommen Luftfahrzeuge, die von Luftfahrtgesellschaften eingesetzt werden, die hauptsächlich im entgeltlichen internationalen Verkehr tätig sind.

b) Diese Fahrzeuge gelten in folgenden Fällen als „neu":

i) motorbetriebene Landfahrzeuge: wenn die Lieferung innerhalb von sechs Monaten nach der ersten Inbetriebnahme erfolgt oder wenn das Fahrzeug höchstens 6 000 Kilometer zurückgelegt hat;

ii) Wasserfahrzeuge: wenn die Lieferung innerhalb von drei Monaten nach der ersten Inbetriebnahme erfolgt oder wenn das Fahrzeug höchstens 100 Stunden zu Wasser zurückgelegt hat;

iii) Luftfahrzeuge: wenn die Lieferung innerhalb von drei Monaten nach der ersten Inbetriebnahme erfolgt oder wenn das Fahrzeug höchstens 40 Stunden in der Luft zurückgelegt hat.

c) Die Mitgliedstaaten legen fest, unter welchen Voraussetzungen die in Buchstabe b genannten Angaben als gegeben gelten.

(3) Als „verbrauchsteuerpflichtige Waren" gelten Energieerzeugnisse, Alkohol und alkoholische Getränke sowie Tabakwaren, jeweils im Sinne der geltenden Gemeinschaftsvorschriften, nicht jedoch Gas, das über ein Erdgasnetz im Gebiet der Gemeinschaft oder jedes an ein solches Netz angeschlossene Netz geliefert wird.

Art. 3 [Nichtbesteuerung innergemeinschaftlicher Erwerbe durch bestimmte Personen] (1) Abweichend von Artikel 2 Absatz 1 Buchstabe b Ziffer i unterliegen folgende Umsätze nicht der Mehrwertsteuer:

a) der innergemeinschaftliche Erwerb von Gegenständen durch einen Steuerpflichtigen oder durch eine nichtsteuerpflichtige juristische Person, wenn die Lieferung im Gebiet des Mitgliedstaats nach den Artikeln 148 und 151 steuerfrei wäre;

b) der innergemeinschaftliche Erwerb von Gegenständen, ausgenommen der Erwerb von Gegenständen im Sinne des Buchstabens a und des Artikels 4, von neuen Fahrzeugen und von verbrauchsteuerpflichtigen Waren, durch einen Steuerpflichtigen für Zwecke seines landwirtschaftlichen, forstwirtschaftlichen oder fischereiwirtschaftlichen Betriebs, der der gemeinsamen Pauschalregelung für Landwirte unterliegt, oder durch einen Steuerpflichtigen, der nur Lieferungen von Gegenständen bewirkt oder Dienstleistungen erbringt, für die kein Recht auf Vorsteuerabzug besteht, oder durch eine nichtsteuerpflichtige juristische Person.

(2) [1] Absatz 1 Buchstabe b gilt nur, wenn folgende Voraussetzungen erfüllt sind:

a) im laufenden Kalenderjahr überschreitet der Gesamtbetrag der innergemeinschaftlichen Erwerbe von Gegenständen nicht den von den Mitgliedstaaten festzulegenden Schwellenwert, der nicht unter 10 000 EUR oder dem Gegenwert in Landeswährung liegen darf;

b) im vorangegangenen Kalenderjahr hat der Gesamtbetrag der innergemeinschaftlichen Erwerbe von Gegenständen den in Buchstabe a geregelten Schwellenwert nicht überschritten.

[2] Maßgeblich als Schwellenwert ist der Gesamtbetrag der in Absatz 1 Buchstabe b genannten innergemeinschaftlichen Erwerbe von Gegenständen ohne die Mehrwertsteuer, der im Mitgliedstaat des Beginns der Versendung oder Beförderung geschuldet oder entrichtet wurde.

(3) [1] Die Mitgliedstaaten räumen den Steuerpflichtigen und den nichtsteuerpflichtigen juristischen Personen, auf die Absatz 1 Buchstabe b gegebenenfalls Anwendung findet, das Recht ein, die in Artikel 2 Absatz 1 Buchstabe b Ziffer i vorgesehene allgemeine Regelung anzuwenden.

[2] Die Mitgliedstaaten legen die Modalitäten fest, unter denen die in Unterabsatz 1 genannte Regelung in Anspruch genommen werden kann; die Inanspruchnahme erstreckt sich über einen Zeitraum von mindestens zwei Kalenderjahren.

Art. 4 [Nichtbesteuerung innergemeinschaftlicher Erwerbe bestimmter Gebrauchtgegenstände] Neben den in Artikel 3 genannten Umsätzen unterliegen folgende Umsätze nicht der Mehrwertsteuer:

a) der innergemeinschaftliche Erwerb von Gebrauchtgegenständen, Kunstgegenständen, Sammlungsstücken und Antiquitäten im Sinne des Artikels 311 Absatz 1 Nummern 1 bis 4, wenn der Verkäufer ein steuerpflichtiger Wiederverkäufer ist, der als solcher handelt, und der erworbene Gegenstand im Mitgliedstaat des Beginns der Versendung oder Beförderung gemäß der Regelung über die Differenzbesteuerung nach Artikel 312 bis 325 besteuert worden ist;

b) der innergemeinschaftliche Erwerb von Gebrauchtfahrzeugen im Sinne des Artikels 327 Absatz 3, wenn der Verkäufer ein steuerpflichtiger Wiederverkäufer ist, der als solcher handelt, und das betreffende Gebrauchtfahrzeug im Mitgliedstaat des Beginns der Versendung oder Beförderung gemäß der Übergangsregelung für Gebrauchtfahrzeuge besteuert worden ist;

c) der innergemeinschaftliche Erwerb von Gebrauchtgegenständen, Kunstgegenständen, Sammlungsstücken oder Antiquitäten im Sinne des Artikels 311 Absatz 1 Nummern 1 bis 4, wenn der Verkäufer ein Veranstalter von öffentlichen Versteigerungen ist, der als solcher handelt, und der erworbene Gegenstand im Mitgliedstaat des Beginns der Versendung oder Beförderung gemäß der Regelung für öffentliche Versteigerungen besteuert worden ist.

Titel II. Räumlicher Anwendungsbereich

Art. 5 [Definition von Gebieten] Im Sinne dieser Richtlinie bezeichnet der Ausdruck:

(1) „Gemeinschaft" und „Gebiet der Gemeinschaft" das Gebiet aller Mitgliedstaaten im Sinne der Nummer 2;

(2) „Mitgliedstaat" und „Gebiet eines Mitgliedstaats" das Gebiet jedes Mitgliedstaats der Gemeinschaft, auf den der Vertrag zur Gründung der Europäischen Gemeinschaft gemäß dessen Artikel 299 Anwendung findet, mit Ausnahme der in Artikel 6 dieser Richtlinie genannten Gebiete;

(3) „Drittgebiete" die in Artikel 6 genannten Gebiete;

(4) „Drittland" jeder Staat oder jedes Gebiet, auf den/das der Vertrag keine Anwendung findet.

Art. 6[1) [Ausschluss bestimmter Gebiete vom räumlichen Anwendungsbereich] (1) Diese Richtlinie gilt nicht für folgende Gebiete, die Teil des Zollgebiets der Gemeinschaft sind:

a) Berg Athos;

b) Kanarische Inseln;

c) französische Gebiete, die in Artikel 349 und Artikel 355 Absatz 1 des Vertrags über die Arbeitsweise der Europäischen Union[2) genannt sind;

d) Åland-Inseln;

e) Kanalinseln;

f) Campione d Italia;

g) der zum italienischen Gebiet gehörende Teil des Luganer Sees.

(2) Diese Richtlinie gilt nicht für folgende Gebiete, die nicht Teil des Zollgebiets der Gemeinschaft sind:

a) Insel Helgoland;

b) Gebiet von Büsingen;

c) Ceuta;

d) Melilla;

e) Livigno.

Art. 7 [Territoriale Sonderregelung für Monaco, Insel Man und Akrotiri und Dhekelia] (1) Angesichts der Abkommen und Verträge, die sie mit Frankreich, mit dem Vereinigten Königreich und mit Zypern geschlossen haben, gelten das Fürstentum Monaco, die Insel Man und die Hoheitszonen des Vereinigten Königreichs Akrotiri und Dhekelia für die Zwecke der Anwendung dieser Richtlinie nicht als Drittland.

(2) Die Mitgliedstaaten treffen die erforderlichen Vorkehrungen, damit Umsätze, deren Ursprungs- oder Bestimmungsort im Fürstentum Monaco liegt, wie Umsätze behandelt werden, deren Ursprungs- oder Bestimmungsort in Frankreich liegt, und Umsätze, deren Ursprungs- oder Bestimmungsort auf

---

[1) Art. 6 Abs. 1 Buchst. c neu gef. mWv 1.1.2014 durch RL v. 17.12.2013 (ABl. L 353 S. 5); Abs. 1 Buchst. f und g angef., Abs. 2 Buchst. f und g aufgeh. mWv 14.4.2019 durch RL v. 18.2.2019 (ABl. L 83 S. 42).
[2) Nr. **3**.

der Insel Man liegt, wie Umsätze behandelt werden, deren Ursprungs- oder Bestimmungsort im Vereinigten Königreich liegt, und Umsätze, deren Ursprungs- oder Bestimmungsort in den Hoheitszonen des Vereinigten Königreichs Akrotiri und Dhekelia liegt, wie Umsätze behandelt werden, deren Ursprungs- oder Bestimmungsort in Zypern liegt.

Art. 8 [Auftrag an EU-Kommission zur Überprüfung des Status der Gebiete nach den Artikeln 6 und 7] Ist die Kommission der Ansicht, dass die Bestimmungen der Artikel 6 und 7 insbesondere in Bezug auf die Wettbewerbsneutralität oder die Eigenmittel nicht mehr gerechtfertigt sind, unterbreitet sie dem Rat geeignete Vorschläge.

Titel III. Steuerpflichtiger

Art. 9 [Wirtschaftliche Tätigkeit; gelegentliche Lieferung eines neuen Fahrzeugs] (1) *[1]* Als „Steuerpflichtiger" gilt, wer eine wirtschaftliche Tätigkeit unabhängig von ihrem Ort, Zweck und Ergebnis selbstständig ausübt. *[2]* ¹Als „wirtschaftliche Tätigkeit" gelten alle Tätigkeiten eines Erzeugers, Händlers oder Dienstleistenden einschließlich der Tätigkeiten der Urproduzenten, der Landwirte sowie der freien Berufe und der diesen gleichgestellten Berufe. ²Als wirtschaftliche Tätigkeit gilt insbesondere die Nutzung von körperlichen oder nicht körperlichen Gegenständen zur nachhaltigen Erzielung von Einnahmen.

(2) Neben den in Absatz 1 genannten Personen gilt als Steuerpflichtiger jede Person, die gelegentlich ein neues Fahrzeug liefert, das durch den Verkäufer oder durch den Erwerber oder für ihre Rechnung an den Erwerber nach einem Ort außerhalb des Gebiets eines Mitgliedstaats, aber im Gebiet der Gemeinschaft versandt oder befördert wird.

Art. 10 [Lohn- und Gehaltsempfänger] Die selbstständige Ausübung der wirtschaftlichen Tätigkeit im Sinne des Artikels 9 Absatz 1 schließt Lohn- und Gehaltsempfänger und sonstige Personen von der Besteuerung aus, soweit sie an ihren Arbeitgeber durch einen Arbeitsvertrag oder ein sonstiges Rechtsverhältnis gebunden sind, das hinsichtlich der Arbeitsbedingungen und des Arbeitsentgelts sowie der Verantwortlichkeit des Arbeitgebers ein Verhältnis der Unterordnung schafft.

Art. 11 [Kannbestimmung: Organschaft] *[1]* Nach Konsultation des Beratenden Ausschusses für die Mehrwertsteuer (nachstehend „Mehrwertsteuerausschuss" genannt) kann jeder Mitgliedstaat in seinem Gebiet ansässige Personen, die zwar rechtlich unabhängig, aber durch gegenseitige finanzielle, wirtschaftliche und organisatorische Beziehungen eng miteinander verbunden sind, zusammen als einen Steuerpflichtigen behandeln.

[2] Ein Mitgliedstaat, der die in Absatz 1 vorgesehene Möglichkeit in Anspruch nimmt, kann die erforderlichen Maßnahmen treffen, um Steuerhinter-

ziehungen oder -umgehungen durch die Anwendung dieser Bestimmung vorzubeugen.

Art. 12 [Kannbestimmung: Gelegentliche Grundstückslieferungen]
(1) Die Mitgliedstaaten können Personen als Steuerpflichtige betrachten, die gelegentlich eine der in Artikel 9 Absatz 1 Unterabsatz 2 genannten Tätigkeiten ausüben und insbesondere einen der folgenden Umsätze bewirken:

a) Lieferung von Gebäuden oder Gebäudeteilen und dem dazugehörigen Grund und Boden, wenn sie vor dem Erstbezug erfolgt;

b) Lieferung von Baugrundstücken.

(2) *[1]* Als „Gebäude" im Sinne des Absatzes 1 Buchstabe a gilt jedes mit dem Boden fest verbundene Bauwerk.

[2] Die Mitgliedstaaten können die Einzelheiten der Anwendung des in Absatz 1 Buchstabe a genannten Kriteriums des Erstbezugs auf Umbauten von Gebäuden und den Begriff „dazugehöriger Grund und Boden" festlegen.

[3] Die Mitgliedstaaten können andere Kriterien als das des Erstbezugs bestimmen, wie etwa den Zeitraum zwischen der Fertigstellung des Gebäudes und dem Zeitpunkt seiner ersten Lieferung, oder den Zeitraum zwischen dem Erstbezug und der späteren Lieferung, sofern diese Zeiträume fünf bzw. zwei Jahre nicht überschreiten.

(3) Als „Baugrundstück" im Sinne des Absatzes 1 Buchstabe b gelten erschlossene oder unerschlossene Grundstücke entsprechend den Begriffsbestimmungen der Mitgliedstaaten.

Art. 13[1] [Einrichtungen des öffentlichen Rechts] (1) *[1]* Staaten, Länder, Gemeinden und sonstige Einrichtungen des öffentlichen Rechts gelten nicht als Steuerpflichtige, soweit sie die Tätigkeiten ausüben oder Umsätze bewirken, die ihnen im Rahmen der öffentlichen Gewalt obliegen, auch wenn sie im Zusammenhang mit diesen Tätigkeiten oder Umsätzen Zölle, Gebühren, Beiträge oder sonstige Abgaben erheben.

[2] Falls sie solche Tätigkeiten ausüben oder Umsätze bewirken, gelten sie für diese Tätigkeiten oder Umsätze jedoch als Steuerpflichtige, sofern eine Behandlung als Nichtsteuerpflichtige zu größeren Wettbewerbsverzerrungen führen würde.

[3] Die Einrichtungen des öffentlichen Rechts gelten in Bezug auf die in Anhang I genannten Tätigkeiten in jedem Fall als Steuerpflichtige, sofern der Umfang dieser Tätigkeiten nicht unbedeutend ist.

(2) Die Mitgliedstaaten können die Tätigkeiten von Einrichtungen des öffentlichen Rechts, die nach den Artikeln 132, 135, 136 und 371, den Artikeln 374 bis 377, dem Artikel 378 Absatz 2, dem Artikel 379 Absatz 2 oder den Artikeln 380 bis 390c von der Mehrwertsteuer befreit sind, als Tätigkeiten behandeln, die ihnen im Rahmen der öffentlichen Gewalt obliegen.

---

[1] Art. 13 Abs. 2 neu gef. mWv 15.1.2010 durch RL v. 22.12.2009 (ABl. 2010 L 10 S. 14); Abs. 2 neu gef. mWv 1.7.2013 durch Akte v. 9.12.2011 (ABl. 2012 L 112 S. 21).

Titel IV. Steuerbarer Umsatz

Kapitel 1. Lieferung von Gegenständen

Art. 14[1) [Definition der Lieferung von Gegenständen sowie innergemeinschaftliche Fernverkäufe und Fernverkäufe aus Drittgebieten]
(1) Als „Lieferung von Gegenständen" gilt die Übertragung der Befähigung, wie ein Eigentümer über einen körperlichen Gegenstand zu verfügen.

(2) Neben dem in Absatz 1 genannten Umsatz gelten folgende Umsätze als Lieferung von Gegenständen:

a) die Übertragung des Eigentums an einem Gegenstand gegen Zahlung einer Entschädigung auf Grund einer behördlichen Anordnung oder kraft Gesetzes;

b) die Übergabe eines Gegenstands aufgrund eines Vertrags, der die Vermietung eines Gegenstands während eines bestimmten Zeitraums oder den Ratenverkauf eines Gegenstands vorsieht, der die Klausel enthält, dass das Eigentum unter normalen Umständen spätestens mit Zahlung der letzten fälligen Rate erworben wird;

c) die Übertragung eines Gegenstands auf Grund eines Vertrags über eine Einkaufs- oder Verkaufskommission.

(3) Die Mitgliedstaaten können die Erbringung bestimmter Bauleistungen als Lieferung von Gegenständen betrachten.

(4) Für die Zwecke dieser Richtlinie gelten folgende Begriffsbestimmungen:

1. „innergemeinschaftliche Fernverkäufe von Gegenständen": Lieferungen von Gegenständen, die durch den Lieferer oder für dessen Rechnung von einem anderen Mitgliedstaat als dem der Beendigung der Versendung oder Beförderung an den Erwerber aus versandt oder befördert werden, einschließlich jene, an deren Beförderung oder Versendung der Lieferer indirekt beteiligt ist, sofern folgende Bedingungen erfüllt sind:

a) die Lieferung der Gegenstände erfolgt an einen Steuerpflichtigen oder eine nichtsteuerpflichtige juristische Person, deren innergemeinschaftliche Erwerbe von Gegenständen gemäß Artikel 3 Absatz 1 nicht der Mehrwertsteuer unterliegen, oder an eine andere nichtsteuerpflichtige Person;

b) die gelieferten Gegenstände sind weder neue Fahrzeuge noch Gegenstände, die mit oder ohne probeweise Inbetriebnahme durch den Lieferer oder für dessen Rechnung montiert oder installiert geliefert werden;

2. „Fernverkäufe von aus Drittgebieten oder Drittländern eingeführten Gegenständen": Lieferungen von Gegenständen, die durch den Lieferer oder für dessen Rechnung von einem Drittgebiet oder Drittland aus an einen

---

[1) Art. 14 Abs. 4 angef. mWv 1.7.2021 durch RL v. 5.12.2017 (ABl. L 348 S. 7, geänd. durch ABl. 2020 L 244 S. 3).

Erwerber in einem Mitgliedstaat versandt oder befördert werden, einschließlich jene, an deren Beförderung oder Versendung der Lieferer indirekt beteiligt ist, sofern folgende Bedingungen erfüllt sind:

a) die Lieferung der Gegenstände erfolgt an einen Steuerpflichtigen oder eine nichtsteuerpflichtige juristische Person, deren innergemeinschaftliche Erwerbe von Gegenständen gemäß Artikel 3 Absatz 1 nicht der Mehrwertsteuer unterliegen, oder an eine andere nichtsteuerpflichtige Person;

b) die gelieferten Gegenstände sind weder neue Fahrzeuge noch Gegenstände, die mit oder ohne probeweise Inbetriebnahme durch den Lieferer oder für dessen Rechnung montiert oder installiert geliefert werden.

Art. 14a[1] **[Fernverkäufe aus Drittgebieten und innergemeinschaftliche Lieferungen über elektronische Schnittstellen]** (1) Steuerpflichtige, die Fernverkäufe von aus Drittgebieten oder Drittländern eingeführten Gegenständen in Sendungen mit einem Sachwert von höchstens 150 EUR durch die Nutzung einer elektronischen Schnittstelle, beispielsweise eines Marktplatzes, einer Plattform, eines Portals oder Ähnlichem, unterstützen, werden behandelt, als ob sie diese Gegenstände selbst erhalten und geliefert hätten.

(2) Steuerpflichtige, die die Lieferung von Gegenständen innerhalb der Gemeinschaft durch einen nicht in der Gemeinschaft ansässigen Steuerpflichtigen an eine nicht steuerpflichtige Person durch die Nutzung einer elektronischen Schnittstelle, beispielsweise eines Marktplatzes, einer Plattform, eines Portals oder Ähnlichem, unterstützen, werden behandelt, als ob sie diese Gegenstände selbst erhalten und geliefert hätten.

Art. 15[2] **[Behandlung wie körperlicher Gegenstand]** (1) Einem körperlichen Gegenstand gleichgestellt sind Elektrizität, Gas, Wärme oder Kälte und ähnliche Sachen.

(2) Die Mitgliedstaaten können als körperlichen Gegenstand betrachten:

a) bestimmte Rechte an Grundstücken;

b) dingliche Rechte, die ihrem Inhaber ein Nutzungsrecht an Grundstücken geben;

c) Anteilrechte und Aktien, deren Besitz rechtlich oder tatsächlich das Eigentums- oder Nutzungsrecht an einem Grundstück oder Grundstücksteil begründet.

Art. 16 [Entnahme eines Gegenstands] [1] Einer Lieferung von Gegenständen gegen Entgelt gleichgestellt ist die Entnahme eines Gegenstands durch einen Steuerpflichtigen aus seinem Unternehmen für seinen privaten Bedarf oder für den Bedarf seines Personals oder als unentgeltliche Zuwendung oder

---

[1] Art. 14a eingef. mWv 1.7.2021 durch RL v. 5.12.2017 (ABl. L 348 S. 7, ber. ABl. 2018 L 190 S. 21, geänd. durch ABl. 2020 L 244 S. 3).
[2] Art. 15 Abs. 1 neu gef. mWv 15.1.2010 durch RL v. 22.12.2009 (ABl. 2010 L 10 S. 14).

allgemein für unternehmensfremde Zwecke, wenn dieser Gegenstand oder seine Bestandteile zum vollen oder teilweisen Vorsteuerabzug berechtigt haben.

[2] Jedoch werden einer Lieferung von Gegenständen gegen Entgelt nicht gleichgestellt Entnahmen für Geschenke von geringem Wert und für Warenmuster für die Zwecke des Unternehmens.

Art. 17¹⁾ [Verbringung eines Gegenstands in einen anderen Mitgliedsstaat; Behandlung wie Lieferung] (1) *[1]* Einer Lieferung von Gegenständen gegen Entgelt gleichgestellt ist die von einem Steuerpflichtigen vorgenommene Verbringung eines Gegenstands seines Unternehmens in einen anderen Mitgliedstaat.

[2] Als „Verbringung in einen anderen Mitgliedstaat" gelten die Versendung oder Beförderung eines im Gebiet eines Mitgliedstaats befindlichen beweglichen körperlichen Gegenstands durch den Steuerpflichtigen oder für seine Rechnung für die Zwecke seines Unternehmens nach Orten außerhalb dieses Gebiets, aber innerhalb der Gemeinschaft.

(2) Nicht als Verbringung in einen anderen Mitgliedstaat gelten die Versendung oder Beförderung eines Gegenstands für die Zwecke eines der folgenden Umsätze:

a) Lieferung dieses Gegenstands durch den Steuerpflichtigen im Gebiet des Mitgliedstaats der Beendigung der Versendung oder Beförderung unter den Bedingungen des Artikels 33;

b) Lieferung dieses Gegenstands durch den Steuerpflichtigen zum Zwecke seiner Installation oder Montage durch den Lieferer oder für dessen Rechnung im Gebiet des Mitgliedstaats der Beendigung der Versendung oder Beförderung unter den Bedingungen des Artikels 36;

c) Lieferung dieses Gegenstands durch den Steuerpflichtigen an Bord eines Schiffes, eines Flugzeugs oder in einer Eisenbahn während einer Personenbeförderung unter den Bedingungen des Artikels 37;

d) Lieferung von Gas über ein Erdgasnetz im Gebiet der Gemeinschaft oder ein an ein solches Netz angeschlossenes Netz, Lieferung von Elektrizität oder Lieferung von Wärme oder Kälte über Wärme- oder Kältenetze unter den Bedingungen der Artikel 38 und 39;

e) Lieferung dieses Gegenstands durch den Steuerpflichtigen im Gebiet des Mitgliedstaats unter den Bedingungen der Artikel 138, 146, 147, 148, 151 und 152;

f) Erbringung einer Dienstleistung an den Steuerpflichtigen, die in der Begutachtung von oder Arbeiten an diesem Gegenstand besteht, die im Gebiet des Mitgliedstaats der Beendigung der Versendung oder Beförderung des Gegenstands tatsächlich ausgeführt werden, sofern der Gegenstand nach der Begutachtung oder Bearbeitung wieder an den Steuerpflichtigen in dem

---

¹⁾ Art. 17 Abs. 2 Buchst. d neu gef. mWv 15.1.2010 durch RL v. 22.12.2009 (ABl. 2010 L 10 S. 14); Abs. 2 Buchst. f neu gef. mWv 11.8.2010 durch RL v. 13.7.2010 (ABl. L 189 S. 1).

Mitgliedstaat zurückgesandt wird, von dem aus er ursprünglich versandt oder befördert worden war;

g) vorübergehende Verwendung dieses Gegenstands im Gebiet des Mitgliedstaats der Beendigung der Versendung oder Beförderung zum Zwecke der Erbringung von Dienstleistungen durch den im Mitgliedstaat des Beginns der Versendung oder Beförderung ansässigen Steuerpflichtigen;

h) vorübergehende Verwendung dieses Gegenstands während eines Zeitraums von höchstens 24 Monaten im Gebiet eines anderen Mitgliedstaats, in dem für die Einfuhr des gleichen Gegenstands aus einem Drittland im Hinblick auf eine vorübergehende Verwendung die Regelung über die vollständige Befreiung von Einfuhrabgaben bei der vorübergehenden Einfuhr gelten würde.

(3) ¹Liegt eine der Voraussetzungen für die Inanspruchnahme des Absatzes 2 nicht mehr vor, gilt der Gegenstand als in einen anderen Mitgliedstaat verbracht. ²In diesem Fall gilt die Verbringung als zu dem Zeitpunkt erfolgt, zu dem die betreffende Voraussetzung nicht mehr vorliegt.

Art. 17a¹⁾ [Konsignationslagerregelung] (1) Die Verbringung von Gegenständen seines Unternehmens durch einen Steuerpflichtigen in einen anderen Mitgliedstaat im Rahmen einer Konsignationslagerregelung gilt nicht als einer Lieferung von Gegenständen gegen Entgelt gleichgestellt.

(2) Für den Zweck dieses Artikels wird davon ausgegangen, dass eine Konsignationslagerregelung vorliegt, wenn folgende Voraussetzungen erfüllt sind:

a) Gegenstände werden von einem Steuerpflichtigen oder auf seine Rechnung von einem Dritten in einen anderen Mitgliedstaat im Hinblick darauf versandt oder befördert, zu einem späteren Zeitpunkt und nach der Ankunft an einen anderen Steuerpflichtigen geliefert zu werden, der gemäß einer bestehenden Vereinbarung zwischen den beiden Steuerpflichtigen zur Übernahme des Eigentums an diesen Gegenständen berechtigt ist;

b) der Steuerpflichtige, der die Gegenstände versendet oder befördert, hat in dem Mitgliedstaat, in den die Gegenstände versandt oder befördert werden, weder den Sitz seiner wirtschaftlichen Tätigkeit noch eine feste Niederlassung;

c) der Steuerpflichtige, an den die Gegenstände geliefert werden sollen, hat eine Mehrwertsteuer-Identifikationsnummer in dem Mitgliedstaat, in den die Gegenstände versandt oder befördert werden, und sowohl seine Identität als auch die ihm von diesem Mitgliedstaat zugewiesene Mehrwertsteuer-Identifikationsnummer sind dem unter Buchstabe b genannten Steuerpflichtigen zum Zeitpunkt des Beginns der Versendung oder Beförderung bekannt;

d) der Steuerpflichtige, der die Gegenstände versendet oder befördert, trägt die Verbringung der Gegenstände in das in Artikel 243 Absatz 3 vorgesehene Register ein und nimmt die Identität des Steuerpflichtigen, der die Gegenstände erwirbt, sowie die Mehrwertsteuer-Identifikationsnummer, die ihm von dem Mitgliedstaat, in den die Gegenstände versandt oder befördert

---

¹⁾ Art. 17a eingef. mWv 27.12.2018 durch RL v. 4.12.2018 (ABl. L 311 S. 3).

werden, zugewiesen wurde, gemäß Artikel 262 Absatz 2 in die zusammenfassende Meldung auf.

(3) Wenn die Voraussetzungen gemäß Absatz 2 erfüllt sind, gelten zum Zeitpunkt der Übertragung der Befähigung, wie ein Eigentümer über die Gegenstände zu verfügen, an den Steuerpflichtigen gemäß Absatz 2 Buchstabe c folgende Bestimmungen, sofern die Übertragung innerhalb der in Absatz 4 genannten Frist erfolgt:

a) eine Lieferung von Gegenständen gemäß Artikel 138 Absatz 1 gilt als von dem Steuerpflichtigen vorgenommen, der die Gegenstände entweder selbst oder auf seine Rechnung durch einen Dritten in dem Mitgliedstaat versandt oder befördert hat, von dem aus die Gegenstände versandt oder befördert wurden;

b) ein innergemeinschaftlicher Erwerb von Gegenständen gilt als von dem Steuerpflichtigen vorgenommen, an den diese Gegenstände in dem Mitgliedstaat geliefert werden, in den die Gegenstände versandt oder befördert wurden.

(4) Wurden die Gegenstände innerhalb von 12 Monaten nach ihrer Ankunft in dem Mitgliedstaat, in den sie versandt oder befördert wurden, nicht an den Steuerpflichtigen geliefert, für den sie nach Absatz 2 Buchstabe c und Absatz 6 bestimmt waren, und ist keiner der in Absatz 7 genannten Umstände eingetreten, so gilt eine Verbringung im Sinne des Artikels 17 als am Tag nach Ablauf des Zeitraums von 12 Monaten erfolgt.

(5) Keine Verbringung im Sinne des Artikels 17 gilt als erfolgt, wenn die folgenden Voraussetzungen erfüllt sind:

a) die Befähigung, wie ein Eigentümer über die Gegenstände zu verfügen, wurde nicht übertragen und die Gegenstände werden innerhalb der in Absatz 4 genannten Frist in den Mitgliedstaat zurückgesandt, von dem aus sie versandt oder befördert wurden, und

b) der Steuerpflichtige, der die Gegenstände versandt oder befördert hat, trägt deren Rückversand in das in Artikel 243 Absatz 3 vorgesehene Register ein.

(6) Wird der Steuerpflichtige nach Absatz 2 Buchstabe c innerhalb des in Absatz 4 genannten Zeitraums durch einen anderen Steuerpflichtigen ersetzt, so gilt zum Zeitpunkt der Ersetzung keine Verbringung im Sinne von Artikel 17 als erfolgt, sofern

a) alle anderen maßgeblichen Voraussetzungen gemäß Absatz 2 erfüllt sind und

b) der Steuerpflichtige nach Absatz 2 Buchstabe b die Ersetzung in das in Artikel 243 Absatz 3 vorgesehene Register einträgt.

(7) [1] Ist eine der Voraussetzungen gemäß den Absätzen 2 und 6 innerhalb der in Absatz 4 genannten Frist nicht mehr erfüllt, so gilt eine Verbringung von Gegenständen gemäß Artikel 17 als zu dem Zeitpunkt erfolgt, zu dem die betreffende Voraussetzung nicht mehr erfüllt ist.

[2] Werden die Gegenstände an eine andere Person als den Steuerpflichtigen nach Absatz 2 Buchstabe c oder Absatz 6 geliefert, so gelten die Voraussetzungen gemäß den Absätzen 2 und 6 unmittelbar vor einer solchen Lieferung als nicht mehr erfüllt.

[3] Werden die Gegenstände in ein anderes Land als den Mitgliedstaat, aus dem sie ursprünglich verbracht wurden, versandt oder befördert, so gelten die Voraussetzungen gemäß den Absätzen 2 und 6 unmittelbar vor dem Beginn einer solchen Versendung oder Beförderung als nicht mehr erfüllt.

[4] Im Falle von Zerstörung, Verlust oder Diebstahl gelten die Voraussetzungen gemäß den Absätzen 2 und 6 an dem Tag, an dem die Gegenstände tatsächlich abhandenkamen oder zerstört wurden, oder – falls ein solcher Tag nicht bestimmt werden kann – an dem Tag, an dem die Zerstörung oder das Fehlen der Gegenstände festgestellt wurde, als nicht mehr erfüllt.

Art. 18 [Kannbestimmung: Behandlung unternehmensinterner Verwendungen wie Lieferungen] Die Mitgliedstaaten können der Lieferung von Gegenständen gegen Entgelt folgende Vorgänge gleichstellen:

a) die Verwendung – durch einen Steuerpflichtigen – eines im Rahmen seines Unternehmens hergestellten, gewonnenen, be- oder verarbeiteten, gekauften oder eingeführten Gegenstands zu seinem Unternehmen, falls ihn der Erwerb eines solchen Gegenstands von einem anderen Steuerpflichtigen nicht zum vollen Vorsteuerabzug berechtigen würde;

b) die Verwendung eines Gegenstands durch einen Steuerpflichtigen zu einem nicht besteuerten Tätigkeitsbereich, wenn dieser Gegenstand bei seiner Anschaffung oder seiner Zuordnung gemäß Buchstabe a zum vollen oder teilweisen Vorsteuerabzug berechtigt hat;

c) mit Ausnahme der in Artikel 19 genannten Fälle der Besitz von Gegenständen durch einen Steuerpflichtigen oder seine Rechtsnachfolger bei Aufgabe seiner der Steuer unterliegenden wirtschaftlichen Tätigkeit, wenn diese Gegenstände bei ihrer Anschaffung oder bei ihrer Verwendung nach Buchstabe a zum vollen oder teilweisen Vorsteuerabzug berechtigt haben.

Art. 19 [Kannbestimmung: Geschäftsveräußerungen im Ganzen – Lieferungen] *[1]* Die Mitgliedstaaten können die Übertragung eines Gesamt- oder Teilvermögens, die entgeltlich oder unentgeltlich oder durch Einbringung in eine Gesellschaft erfolgt, behandeln, als ob keine Lieferung von Gegenständen vorliegt, und den Begünstigten der Übertragung als Rechtsnachfolger des Übertragenden ansehen.

[2] ¹Die Mitgliedstaaten können die erforderlichen Maßnahmen treffen, um Wettbewerbsverzerrungen für den Fall zu vermeiden, dass der Begünstigte nicht voll steuerpflichtig ist. ²Sie können ferner die erforderlichen Maßnahmen treffen, um Steuerhinterziehungen oder -umgehungen durch die Anwendung dieses Artikels vorzubeugen.

Kapitel 2. Innergemeinschaftlicher Erwerb von Gegenständen

Art. 20 [Definition des innergemeinschaftlichen Erwerbs von Gegenständen] *[1]* Als „innergemeinschaftlicher Erwerb von Gegenständen" gilt die Erlangung der Befähigung, wie ein Eigentümer über einen beweglichen körperlichen Gegenstand zu verfügen, der durch den Verkäufer oder durch den Erwerber oder für ihre Rechnung nach einem anderen Mitgliedstaat als dem, in dem sich der Gegenstand zum Zeitpunkt des Beginns der Versendung oder Beförderung befand, an den Erwerber versandt oder befördert wird.

[2] ¹ Werden von einer nichtsteuerpflichtigen juristischen Person erworbene Gegenstände von einem Drittgebiet oder einem Drittland aus versandt oder befördert und von dieser nichtsteuerpflichtigen juristischen Person in einen anderen Mitgliedstaat als den der Beendigung der Versendung oder Beförderung eingeführt, gelten die Gegenstände als vom Einfuhrmitgliedstaat aus versandt oder befördert. ² Dieser Mitgliedstaat gewährt dem Importeur, der gemäß Artikel 201 als Steuerschuldner bestimmt oder anerkannt wurde, die Erstattung der Mehrwertsteuer für die Einfuhr, sofern der Importeur nachweist, dass der Erwerb dieser Gegenstände im Mitgliedstaat der Beendigung der Versendung oder Beförderung der Gegenstände besteuert worden ist.

Art. 21 [Unternehmensinterne Verwendung eines Gegenstands – Behandlung wie innergemeinschaftlicher Erwerb] Einem innergemeinschaftlichen Erwerb von Gegenständen gegen Entgelt gleichgestellt ist die Verwendung eines Gegenstands durch den Steuerpflichtigen in seinem Unternehmen, der von einem Steuerpflichtigen oder für seine Rechnung aus einem anderen Mitgliedstaat, in dem der Gegenstand von dem Steuerpflichtigen im Rahmen seines in diesem Mitgliedstaat gelegenen Unternehmens hergestellt, gewonnen, be- oder verarbeitet, gekauft, im Sinne des Artikels 2 Absatz 1 Buchstabe b erworben oder eingeführt worden ist, versandt oder befördert wurde.

Art. 22[1]) **[Verwendung von Gegenständen durch NATO-Streitkräfte – Behandlung wie innergemeinschaftlicher Erwerb]** (1) Einem innergemeinschaftlichen Erwerb von Gegenständen gegen Entgelt gleichgestellt ist die Verwendung von Gegenständen, die nicht gemäß den allgemeinen Besteuerungsbedingungen des Binnenmarkts eines Mitgliedstaats gekauft wurden, durch die Streitkräfte eines Mitgliedstaats, die an einer Verteidigungsanstrengung teilnehmen, die zur Durchführung einer Tätigkeit der Union im Rahmen der Gemeinsamen Sicherheits- und Verteidigungspolitik unternommen wird, zum Gebrauch oder Verbrauch dieser Streitkräfte oder ihres zivilen Begleitpersonals, sofern für die Einfuhr dieser Gegenstände nicht die Steuerbefreiung nach Artikel 143 Absatz 1 Buchstabe ga in Anspruch genommen werden kann.

(2) Einem innergemeinschaftlichen Erwerb von Gegenständen gegen Entgelt gleichgestellt ist die Verwendung von Gegenständen, die nicht gemäß den allgemeinen Besteuerungsbedingungen des Binnenmarkts eines Mitgliedstaats gekauft wurden, durch die Streitkräfte von Staaten, die Vertragsparteien des Nordatlantikvertrags sind, zum Gebrauch oder Verbrauch durch diese Streitkräfte oder ihr ziviles Begleitpersonal, sofern für die Einfuhr dieser Gegen-

---

[1]) Art. 22 neu gef. mWv 24.7.2009 durch RL v. 25.6.2009 (ABl. L 175 S. 12); Abs. 1 eingef., bish. Wortlaut wird Abs. 2 mWv 19.1.2020 durch RL v. 16.12.2019 (ABl. L 336 S. 10); zur **Anwendung ab 1.7.2022** siehe Art. 3 Abs. 1 UAbs. 2 RL 2019/2235/EU.

stände nicht die Steuerbefreiung nach Artikel 143 Absatz 1 Buchstabe h in Anspruch genommen werden kann.

Art. 23 [Einstufung von Umsätzen als innergemeinschaftlicher Erwerb, die im Erwerbsstaat als Lieferungen eingestuft würden] Die Mitgliedstaaten treffen Maßnahmen, die sicherstellen, dass Umsätze als „innergemeinschaftlicher Erwerb von Gegenständen" eingestuft werden, die als „Lieferung von Gegenständen" eingestuft würden, wenn sie in ihrem Gebiet von einem Steuerpflichtigen, der als solcher handelt, getätigt worden wären.

Kapitel 3. Dienstleistungen

Art. 24 [Definition einer Dienstleistung und Telekommunikationsdienstleistung] (1) Als „Dienstleistung" gilt jeder Umsatz, der keine Lieferung von Gegenständen ist.

(2) Als „Telekommunikationsdienstleistung" gelten Dienstleistungen zum Zweck der Übertragung, Ausstrahlung oder des Empfangs von Signalen, Schrift, Bild und Ton oder Informationen jeglicher Art über Draht, Funk, optische oder andere elektromagnetische Medien, einschließlich der damit im Zusammenhang stehenden Abtretung oder Einräumung von Nutzungsrechten an Einrichtungen zur Übertragung, Ausstrahlung oder zum Empfang, einschließlich der Bereitstellung des Zugangs zu globalen Informationsnetzen.

Art. 25 [Abtretung, Duldung, Befolgen einer Anordnung als Dienstleistung] Eine Dienstleistung kann unter anderem in einem der folgenden Umsätze bestehen:

a) Abtretung eines nicht körperlichen Gegenstands, gleichgültig, ob in einer Urkunde verbrieft oder nicht;

b) Verpflichtung, eine Handlung zu unterlassen oder eine Handlung oder einen Zustand zu dulden;

c) Erbringung einer Dienstleistung auf Grund einer behördlichen Anordnung oder kraft Gesetzes.

Art. 26 [Verwendung eines Gegenstands und unentgeltliche Dienstleistung für unternehmensfremde Zwecke] (1) Einer Dienstleistung gegen Entgelt gleichgestellt sind folgende Umsätze:

a) Verwendung eines dem Unternehmen zugeordneten Gegenstands für den privaten Bedarf des Steuerpflichtigen, für den Bedarf seines Personals oder allgemein für unternehmensfremde Zwecke, wenn dieser Gegenstand zum vollen oder teilweisen Vorsteuerabzug berechtigt hat;

b) unentgeltliche Erbringung von Dienstleistungen durch den Steuerpflichtigen für seinen privaten Bedarf, für den Bedarf seines Personals oder allgemein für unternehmensfremde Zwecke.

(2) Die Mitgliedstaaten können Abweichungen von Absatz 1 vorsehen, sofern solche Abweichungen nicht zu Wettbewerbsverzerrungen führen.

Art. 27 [Kannbestimmung: Behandlung einer Innendienstleistung wie eine Dienstleistung] Um Wettbewerbsverzerrungen vorzubeugen, können die Mitgliedstaaten nach Konsultation des Mehrwertsteuerausschusses auch die Erbringung einer Dienstleistung durch einen Steuerpflichtigen für das eigene Unternehmen einer Dienstleistung gegen Entgelt gleichstellen, falls ihn die Erbringung einer derartigen Dienstleistung durch einen anderen Steuerpflichtigen nicht zum vollen Vorsteuerabzug berechtigen würde.

Art. 28 [Dienstleistungskommission] Steuerpflichtige, die bei der Erbringung von Dienstleistungen im eigenen Namen, aber für Rechnung Dritter tätig werden, werden behandelt, als ob sie diese Dienstleistungen selbst erhalten und erbracht hätten.

Art. 29 [Kannbestimmung: Geschäftsveräußerungen im Ganzen – Dienstleistungen] Artikel 19 gilt unter den gleichen Voraussetzungen für Dienstleistungen.

Kapitel 4. Einfuhr von Gegenständen

Art. 30 [Definition der Einfuhr eines Gegenstands] [1] Als „Einfuhr eines Gegenstands" gilt die Verbringung eines Gegenstands, der sich nicht im freien Verkehr im Sinne des Artikels 24 des Vertrags befindet, in die Gemeinschaft.

[2] Neben dem in Absatz 1 genannten Umsatz gilt als Einfuhr eines Gegenstands auch die Verbringung eines im freien Verkehr befindlichen Gegenstands mit Herkunft aus einem Drittgebiet, das Teil des Zollgebiets der Gemeinschaft ist, in die Gemeinschaft.

Kapitel 5.[1] Gemeinsame Bestimmungen zu den Kapiteln 1 und 3

Art. 30a[1] · [2] [Begriffsbestimmungen „Gutschein"] Für die Zwecke dieser Richtlinie gelten folgende Begriffsbestimmungen:

1. „Gutschein" ist ein Instrument, bei dem die Verpflichtung besteht, es als Gegenleistung oder Teil einer solchen für eine Lieferung von Gegenständen oder eine Erbringung von Dienstleistungen anzunehmen und bei dem die zu liefernden Gegenstände oder zu erbringenden Dienstleistungen oder die Identität der möglichen Lieferer oder Dienstleistungserbringer entweder auf dem Instrument selbst oder in damit zusammenhängenden Unterlagen, einschließlich der Bedingungen für die Nutzung dieses Instruments, angegeben sind;

2. „Einzweck-Gutschein" ist ein Gutschein, bei dem der Ort der Lieferung der Gegenstände oder der Erbringung der Dienstleistungen, auf die sich der Gutschein bezieht, und die für diese Gegenstände oder Dienstleistungen geschuldete Mehrwertsteuer zum Zeitpunkt der Ausstellung des Gutscheins feststehen;

---

[1] Kapitel 5 (Art. 30a, 30b) angef. mWv 2.7.2016 durch RL v. 27.6.2016 (ABl. L 177 S. 9).
[2] Zur Anwendung siehe Art. 410a und 410b.

3. „Mehrzweck-Gutschein" ist ein Gutschein, bei dem es sich nicht um einen Einzweck-Gutschein handelt.

Art. 30b[1) · 2)] **[Übertragung und Lieferung]** (1) [1] [1]Jede Übertragung eines Einzweck-Gutscheins durch einen Steuerpflichtigen, der im eigenen Namen handelt, gilt als eine Lieferung der Gegenstände oder Erbringung der Dienstleistungen, auf die sich der Gutschein bezieht. [2]Die tatsächliche Übergabe der Gegenstände oder die tatsächliche Erbringung der Dienstleistungen, für die ein Einzweck-Gutschein als Gegenleistung oder Teil einer solchen von dem Lieferer oder Dienstleistungserbringer angenommen wird, gilt nicht als unabhängiger Umsatz.

[2] Erfolgt eine Übertragung eines Einzweck-Gutscheins durch einen Steuerpflichtigen, der im Namen eines anderen Steuerpflichtigen handelt, gilt diese Übertragung als eine Lieferung der Gegenstände oder Erbringung der Dienstleistungen, auf die sich der Gutschein bezieht, durch den anderen Steuerpflichtigen, in dessen Namen der Steuerpflichtige handelt.

[3] Handelt es sich bei dem Lieferer von Gegenständen oder dem Erbringer von Dienstleistungen nicht um den Steuerpflichtigen, der, im eigenen Namen handelnd, den Einzweck-Gutschein ausgestellt hat, so wird dieser Lieferer von Gegenständen bzw. Erbringer von Dienstleistungen dennoch so behandelt, als habe er diesem Steuerpflichtigen die Gegenstände oder Dienstleistungen in Bezug auf diesen Gutschein geliefert oder erbracht.

(2) [1] Die tatsächliche Übergabe der Gegenstände oder die tatsächliche Erbringung der Dienstleistungen, für die der Lieferer der Gegenstände oder Erbringer der Dienstleistungen einen Mehrzweck-Gutschein als Gegenleistung oder Teil einer solchen annimmt, unterliegt der Mehrwertsteuer gemäß Artikel 2, wohingegen jede vorangegangene Übertragung dieses Mehrzweck-Gutscheins nicht der Mehrwertsteuer unterliegt.

[2] Wird ein Mehrzweck-Gutschein von einem anderen Steuerpflichtigen als dem Steuerpflichtigen, der den gemäß Unterabsatz 1 der Mehrwertsteuer unterliegenden Umsatz erbringt, übertragen, so unterliegen alle bestimmbaren Dienstleistungen wie etwa Vertriebs- oder Absatzförderungsleistungen der Mehrwertsteuer.

Titel V. Ort des steuerbaren Umsatzes

Kapitel 1. Ort der Lieferung von Gegenständen

Abschnitt 1. Lieferung von Gegenständen ohne Beförderung

Art. 31 [Ort der Lieferung ohne Beförderung] Wird der Gegenstand nicht versandt oder befördert, gilt als Ort der Lieferung der Ort, an dem sich der Gegenstand zum Zeitpunkt der Lieferung befindet.

---

1) Kapitel 5 (Art. 30a, 30b) angef. mWv 2.7.2016 durch RL v. 27.6.2016 (ABl. L 177 S. 9).
2) Zur Anwendung siehe Art. 410a und 410b.

Abschnitt 2. Lieferung von Gegenständen mit Beförderung

Art. 32 [Ort der Lieferung mit Beförderung] *[1]* Wird der Gegenstand vom Lieferer, vom Erwerber oder von einer dritten Person versandt oder befördert, gilt als Ort der Lieferung der Ort, an dem sich der Gegenstand zum Zeitpunkt des Beginns der Versendung oder Beförderung an den Erwerber befindet.

[2] Liegt der Ort, von dem aus die Gegenstände versandt oder befördert werden, in einem Drittgebiet oder in einem Drittland, gelten der Ort der Lieferung, die durch den Importeur bewirkt wird, der gemäß Artikel 201 als Steuerschuldner bestimmt oder anerkannt wurde, sowie der Ort etwaiger anschließender Lieferungen jedoch als in dem Mitgliedstaat gelegen, in den die Gegenstände eingeführt werden.

Art. 33¹⁾ [Ort des innergemeinschaftlichen Fernverkaufs sowie des Fernverkaufs aus Drittgebieten] Abweichend von Artikel 32 gilt Folgendes:

a) Als Ort der Lieferung eines innergemeinschaftlichen Fernverkaufs von Gegenständen gilt der Ort, an dem sich die Gegenstände bei Beendigung der Versendung oder Beförderung an den Erwerber befinden.

b) Als Ort der Lieferung eines Fernverkaufs von Gegenständen, die aus Drittgebieten oder Drittländern in einen anderen Mitgliedstaat als den, in dem die Versendung oder Beförderung der Gegenstände an den Erwerber endet, eingeführt werden, gilt der Ort, an dem sich die Gegenstände bei Beendigung der Versendung oder Beförderung an den Erwerber befinden.

c) Der Ort der Lieferung eines Fernverkaufs von Gegenständen, die aus Drittgebieten oder Drittländern in den Mitgliedstaat, in dem die Versendung oder Beförderung der Gegenstände an den Erwerber endet, eingeführt werden, gilt als in diesem Mitgliedstaat gelegen, sofern die Mehrwertsteuer auf diese Gegenstände gemäß der Sonderregelung nach Titel XII Kapitel 6 Abschnitt 4 zu erklären ist.

Art. 34.²⁾ *(aufgehoben)*

Art. 35³⁾ [Nichtanwendung der Fernverkaufsortbestimmungen bei Gegenständen der Differenzbesteuerung] Artikel 33 gilt nicht für die Lieferung von Gebrauchtgegenständen, Kunstgegenständen, Sammlungsstücken und Antiquitäten im Sinne des Artikels 311 Absatz 1 Nummern 1 bis 4 sowie für die Lieferung von Gebrauchtfahrzeugen im Sinne des Artikels 327

---

¹⁾ Art. 33 neu gef. mWv 1.7.2021 durch RL v. 5.12.2017 (ABl. L 348 S. 7, geänd. durch ABl. 2020 L 244 S. 3).
²⁾ Art. 34 aufgeh. mWv 1.7.2021 durch RL v. 5.12.2017 (ABl. L 348 S. 7, geänd. durch ABl. 2020 L 244 S. 3).
³⁾ Art. 35 neu gef. mWv 1.7.2021 durch RL v. 5.12.2017 (ABl. L 348 S. 7, geänd. durch ABl. 2020 L 244 S. 3).

Absatz 3, die der Mehrwertsteuer gemäß den Sonderregelungen für diese Bereiche unterliegen.

Art. 36 [Ort einer Montagelieferung] *[1]* Wird der vom Lieferer, vom Erwerber oder von einer dritten Person versandte oder beförderte Gegenstand mit oder ohne probeweise Inbetriebnahme durch den Lieferer oder für dessen Rechnung installiert oder montiert, gilt als Ort der Lieferung der Ort, an dem die Installation oder Montage vorgenommen wird.

[2] Wird der Gegenstand in einem anderen Mitgliedstaat als dem des Lieferers installiert oder montiert, trifft der Mitgliedstaat, in dessen Gebiet die Installation oder Montage vorgenommen wird, die zur Vermeidung einer Doppelbesteuerung in diesem Mitgliedstaat erforderlichen Maßnahmen.

Art. 36a[1]) [Zwischenhändler] (1) Werden dieselben Gegenstände nacheinander geliefert und werden diese Gegenstände aus einem Mitgliedstaat in einen anderen Mitgliedstaat unmittelbar vom ersten Lieferer bis zum letzten Erwerber in der Reihe versandt oder befördert, so wird die Versendung oder Beförderung nur der Lieferung an den Zwischenhändler zugeschrieben.

(2) Abweichend von Absatz 1 wird die Versendung oder Beförderung nur der Lieferung von Gegenständen durch den Zwischenhändler zugeschrieben, wenn der Zwischenhändler seinem Lieferer die Mehrwertsteuer-Identifikationsnummer mitgeteilt hat, die ihm vom Mitgliedstaat, aus dem die Gegenstände versandt oder befördert werden, erteilt wurde.

(3) Für die Zwecke dieses Artikels bezeichnet der Ausdruck „Zwischenhändler" einen Lieferer innerhalb der Reihe (mit Ausnahme des ersten Lieferers in der Reihe), der die Gegenstände selbst oder auf seine Rechnung durch einen Dritten versendet oder befördert.

(4) Dieser Artikel gilt nicht für Fälle nach Artikel 14a.

Art. 36b[2]) [Versendung oder Beförderung im Fall des Art. 14a] Wird ein Steuerpflichtiger gemäß Artikel 14a behandelt, als ob er Gegenstände erhalten und geliefert hätte, wird die Versendung oder Beförderung der Gegenstände der Lieferung durch diesen Steuerpflichtigen zugeschrieben.

Abschnitt 3. Lieferung von Gegenständen an Bord eines Schiffes, eines Flugzeugs oder in einer Eisenbahn

Art. 37 [Ort einer Lieferung an Bord eines Personenbeförderungsmittels] (1) Erfolgt die Lieferung von Gegenständen an Bord eines Schiffes, eines Flugzeugs oder in einer Eisenbahn während des innerhalb der Gemeinschaft stattfindenden Teils einer Personenbeförderung, gilt als Ort dieser Lieferung der Abgangsort der Personenbeförderung.

---

[1]) Art. 36a eingef. mWv 27.12.2018 durch RL v. 4.12.2018 (ABl. L 311 S. 3).
[2]) Art. 36b eingef. mWv 22.12.2019 durch RL v. 21.11.2019 (ABl. L 310 S. 1, geänd. durch ABl. 2020 L 244 S. 3); zur Anwendung ab 1.7.2021 siehe Art. 2 Beschl. v. 20.7.2020 (ABl. 2020 L 244 S. 3).

(2) [1] Für die Zwecke des Absatzes 1 gilt als „innerhalb der Gemeinschaft stattfindender Teil einer Personenbeförderung" der Teil einer Beförderung zwischen dem Abgangsort und dem Ankunftsort einer Personenbeförderung, der ohne Zwischenaufenthalt außerhalb der Gemeinschaft erfolgt.

[2] „Abgangsort einer Personenbeförderung" ist der erste Ort innerhalb der Gemeinschaft, an dem Reisende in das Beförderungsmittel einsteigen können, gegebenenfalls nach einem Zwischenaufenthalt außerhalb der Gemeinschaft.

[3] „Ankunftsort einer Personenbeförderung" ist der letzte Ort innerhalb der Gemeinschaft, an dem in der Gemeinschaft zugestiegene Reisende das Beförderungsmittel verlassen können, gegebenenfalls vor einem Zwischenaufenthalt außerhalb der Gemeinschaft.

[4] Im Fall einer Hin- und Rückfahrt gilt die Rückfahrt als gesonderte Beförderung.

(3) [1] Die Kommission unterbreitet dem Rat möglichst rasch einen Bericht, gegebenenfalls zusammen mit geeigneten Vorschlägen, über den Ort der Besteuerung der Lieferung von Gegenständen, die zum Verbrauch an Bord bestimmt sind, und der Dienstleistungen, einschließlich Bewirtung, die an Reisende an Bord eines Schiffes, eines Flugzeugs oder in einer Eisenbahn erbracht werden.

[2] Bis zur Annahme der in Unterabsatz 1 genannten Vorschläge können die Mitgliedstaaten die Lieferung von Gegenständen, die zum Verbrauch an Bord bestimmt sind und deren Besteuerungsort gemäß Absatz 1 festgelegt wird, mit Recht auf Vorsteuerabzug von der Steuer befreien oder weiterhin befreien.

Abschnitt 4.[1] Lieferung von Gas über ein Erdgasnetz, von Elektrizität und von Wärme oder Kälte über Wärme- und Kältenetze

Art. 38[1] [Ort der Lieferung von Gas und Elektrizität an Wiederverkäufer] (1) Bei Lieferung von Gas über ein Erdgasnetz im Gebiet der Gemeinschaft oder jedes an ein solches Netz angeschlossene Netz, von Elektrizität oder von Wärme oder Kälte über Wärme- oder Kältenetze an einen steuerpflichtigen Wiederverkäufer gilt als Ort der Lieferung der Ort, an dem dieser steuerpflichtige Wiederverkäufer den Sitz seiner wirtschaftlichen Tätigkeit oder eine feste Niederlassung hat, für die die Gegenstände geliefert werden, oder in Ermangelung eines solchen Sitzes oder einer solchen festen Niederlassung sein Wohnsitz oder sein gewöhnlicher Aufenthaltsort.

(2) Für die Zwecke des Absatzes 1 ist ein „steuerpflichtiger Wiederverkäufer" ein Steuerpflichtiger, dessen Haupttätigkeit in Bezug auf den Kauf von Gas, Elektrizität, Wärme oder Kälte im Wiederverkauf dieser Erzeugnisse besteht und dessen eigener Verbrauch dieser Erzeugnisse zu vernachlässigen ist.

---

[1] Abschnitt 4 (Art. 38, 39) neu gef. mWv 15.1.2010 durch RL v. 22.12.2009 (ABl. 2010 L 10 S. 14).

Art. 39[1)] **[Ort der Lieferung von Gas und Elektrizität an andere Ab-nehmer]** *[1]* Für den Fall, dass die Lieferung von Gas über ein Erdgasnetz im Gebiet der Gemeinschaft oder jedes an ein solches Netz angeschlossene Netz, die Lieferung von Elektrizität oder die Lieferung von Wärme oder Kälte über Wärme- oder Kältenetze nicht unter Artikel 38 fällt, gilt als Ort der Lieferung der Ort, an dem der Erwerber die Gegenstände tatsächlich nutzt und ver-braucht.

[2] ¹Falls die Gesamtheit oder ein Teil des Gases, der Elektrizität oder der Wärme oder Kälte von diesem Erwerber nicht tatsächlich verbraucht wird, wird davon ausgegangen, dass diese nicht verbrauchten Gegenstände an dem Ort genutzt und verbraucht worden sind, an dem er den Sitz seiner wirtschaftlichen Tätigkeit oder eine feste Niederlassung hat, für die die Gegenstände geliefert werden. ²In Ermangelung eines solchen Sitzes oder solchen festen Niederlas-sung wird davon ausgegangen, dass er die Gegenstände an seinem Wohnsitz oder seinem gewöhnlichen Aufenthaltsort genutzt und verbraucht hat.

Kapitel 2. Ort des innergemeinschaftlichen Erwerbs von Gegenständen

Art. 40 [Ort des innergemeinschaftlichen Erwerbs – Grundsatz] Als Ort eines innergemeinschaftlichen Erwerbs von Gegenständen gilt der Ort, an dem sich die Gegenstände zum Zeitpunkt der Beendigung der Versendung oder Beförderung an den Erwerber befinden.

Art. 41 [Ort des innergemeinschaftlichen Erwerbs – Folge aus Ver-wendung der Mehrwertsteuer-Identifikationsnummer] *[1]* Unbeschadet des Artikels 40 gilt der Ort eines innergemeinschaftlichen Erwerbs von Ge-genständen im Sinne des Artikels 2 Absatz 1 Buchstabe b Ziffer i als im Gebiet des Mitgliedstaats gelegen, der dem Erwerber die von ihm für diesen Erwerb verwendete Mehrwertsteuer-Identifikationsnummer erteilt hat, sofern der Erwerber nicht nachweist, dass dieser Erwerb im Einklang mit Artikel 40 be-steuert worden ist.

[2] Wird der Erwerb gemäß Artikel 40 im Mitgliedstaat der Beendigung der Versendung oder Beförderung der Gegenstände besteuert, nachdem er gemäß Absatz 1 besteuert wurde, wird die Steuerbemessungsgrundlage in dem Mit-gliedstaat, der dem Erwerber die von ihm für diesen Erwerb verwendete Mehrwertsteuer-Identifikationsnummer erteilt hat, entsprechend gemindert.

Art. 42 [Ort des innergemeinschaftlichen Erwerbs – Erwerb für Zwe-cke einer anschließenden innergemeinschaftlichen Lieferung] Artikel 41 Absatz 1 ist nicht anzuwenden und der innergemeinschaftliche Erwerb von Gegenständen gilt als gemäß Artikel 40 besteuert, wenn folgende Bedingun-gen erfüllt sind:

[1)] Abschnitt 4 (Art. 38, 39) neu gef. mWv 15.1.2010 durch RL v. 22.12.2009 (ABl. 2010 L 10 S. 14).

a) der Erwerber weist nach, dass er diesen Erwerb für die Zwecke einer anschließenden Lieferung getätigt hat, die im Gebiet des gemäß Artikel 40 bestimmten Mitgliedstaats bewirkt wurde und für die der Empfänger der Lieferung gemäß Artikel 197 als Steuerschuldner bestimmt worden ist;

b) der Erwerber ist der Pflicht zur Abgabe der zusammenfassenden Meldung gemäß Artikel 265 nachgekommen.

Kapitel 3.[1] Ort der Dienstleistung

Abschnitt 1. Begriffsbestimmungen

Art. 43[1] [Ort der Dienstleistung – Fiktion Steuerpflichtiger als Leistungsempfänger] Für die Zwecke der Anwendung der Regeln für die Bestimmung des Ortes der Dienstleistung gilt

1. ein Steuerpflichtiger, der auch Tätigkeiten ausführt oder Umsätze bewirkt, die nicht als steuerbare Lieferungen von Gegenständen oder Dienstleistungen im Sinne des Artikels 2 Absatz 1 angesehen werden, in Bezug auf alle an ihn erbrachten Dienstleistungen als Steuerpflichtiger;

2. eine nicht steuerpflichtige juristische Person mit Mehrwertsteuer-Identifikationsnummer als Steuerpflichtiger.

Abschnitt 2. Allgemeine Bestimmungen

Art. 44[1] [Ort der Dienstleistung – Grundregel B2B-Umsätze] [1]Als Ort einer Dienstleistung an einen Steuerpflichtigen, der als solcher handelt, gilt der Ort, an dem dieser Steuerpflichtige den Sitz seiner wirtschaftlichen Tätigkeit hat. [2]Werden diese Dienstleistungen jedoch an eine feste Niederlassung des Steuerpflichtigen, die an einem anderen Ort als dem des Sitzes seiner wirtschaftlichen Tätigkeit gelegen ist, erbracht, so gilt als Ort dieser Dienstleistungen der Sitz der festen Niederlassung. [3]In Ermangelung eines solchen Sitzes oder einer solchen festen Niederlassung gilt als Ort der Dienstleistung der Wohnsitz oder der gewöhnliche Aufenthaltsort des steuerpflichtigen Dienstleistungsempfängers.

Art. 45[1] [Ort der Dienstleistung – Grundregel B2C-Umsätze] [1]Als Ort einer Dienstleistung an einen Nichtsteuerpflichtigen gilt der Ort, an dem der Dienstleistungserbringer den Sitz seiner wirtschaftlichen Tätigkeit hat. [2]Werden diese Dienstleistungen jedoch von der festen Niederlassung des Dienstleistungserbringers, die an einem anderen Ort als dem des Sitzes seiner wirtschaftlichen Tätigkeit gelegen ist, aus erbracht, so gilt als Ort dieser Dienstleistungen der Sitz der festen Niederlassung. [3]In Ermangelung eines solchen Sitzes oder einer solchen festen Niederlassung gilt als Ort der Dienstleistung der Wohnsitz oder der gewöhnliche Aufenthaltsort des Dienstleistungserbringers.

---

[1] Kapitel 3 (Art. 43–59b) neu gef. mWv 1.1.2010 durch RL v. 12.2.2008 (ABl. L 44 S. 11).

Abschnitt 3. Besondere Bestimmungen

Unterabschnitt 1. Von Vermittlern erbrachte Dienstleistungen an Nichtsteuerpflichtige

Art. 46[1) **[Ort der Dienstleistung – Vermittlungsleistungen B2C]** Als Ort einer Dienstleistung an einen Nichtsteuerpflichtigen, die von einem Vermittler im Namen und für Rechnung eines Dritten erbracht wird, gilt der Ort, an dem der vermittelte Umsatz gemäß den Bestimmungen dieser Richtlinie erbracht wird.

Unterabschnitt 2. Dienstleistungen im Zusammenhang mit Grundstücken

Art. 47[1) **[Ort der Dienstleistung – grundstücksbezogene Leistungen]** Als Ort einer Dienstleistung im Zusammenhang mit einem Grundstück, einschließlich der Dienstleistungen von Sachverständigen und Grundstücksmaklern, der Beherbergung in der Hotelbranche oder in Branchen mit ähnlicher Funktion, wie zum Beispiel in Ferienlagern oder auf einem als Campingplatz hergerichteten Gelände, der Einräumung von Rechten zur Nutzung von Grundstücken sowie von Dienstleistungen zur Vorbereitung und Koordinierung von Bauleistungen, wie z. B. die Leistungen von Architekten und Bauaufsichtsunternehmen, gilt der Ort, an dem das Grundstück gelegen ist.

Unterabschnitt 3. Beförderungsleistungen

Art. 48[1) **[Ort der Dienstleistung – Personenbeförderungen]** Als Ort einer Personenbeförderungsleistung gilt der Ort, an dem die Beförderung nach Maßgabe der zurückgelegten Beförderungsstrecke jeweils stattfindet.

Art. 49[1) **[Ort der Dienstleistung – Güterbeförderungen B2C, nicht innergemeinschaftlich]** Als Ort einer Güterbeförderungsleistung an Nichtsteuerpflichtige, die keine innergemeinschaftliche Güterbeförderung darstellt, gilt der Ort, an dem die Beförderung nach Maßgabe der zurückgelegten Beförderungsstrecke jeweils stattfindet.

Art. 50[1) **[Ort der Dienstleistung – Güterbeförderungen B2C, innergemeinschaftlich]** Als Ort einer innergemeinschaftlichen Güterbeförderungsleistung an Nichtsteuerpflichtige gilt der Abgangsort der Beförderung.

Art. 51[1) **[Ort der Dienstleistung – Begriff der innergemeinschaftlichen Güterbeförderung]** [1] Als „innergemeinschaftliche Güterbeförderung" gilt die Beförderung von Gegenständen, bei der Abgangs- und Ankunftsort in zwei verschiedenen Mitgliedstaaten liegen.

[2] „Abgangsort" ist der Ort, an dem die Güterbeförderung tatsächlich beginnt, ungeachtet der Strecken, die bis zu dem Ort zurückzulegen sind, an dem sich die Gegenstände befinden, und „Ankunftsort" ist der Ort, an dem die Güterbeförderung tatsächlich endet.

[1) Kapitel 3 (Art. 43–59b) neu gef. mWv 1.1.2010 durch RL v. 12.2.2008 (ABl. L 44 S. 11).

Art. 52[1)] **[Kannbestimmung: Nichtberücksichtigung von Strecken über Drittlandsgewässer bei innergemeinschaftlichen Güterbeförderungen B2C]** Die Mitgliedstaaten haben die Möglichkeit, keine Mehrwertsteuer auf den Teil der innergemeinschaftlichen Güterbeförderung an Nichtsteuerpflichtige zu erheben, der den Beförderungsstrecken über Gewässer entspricht, die nicht zum Gebiet der Gemeinschaft gehören.

Unterabschnitt 4. Dienstleistungen auf dem Gebiet der Kultur, der Künste, des Sports, der Wissenschaft, des Unterrichts, der Unterhaltung und ähnliche Veranstaltungen, Nebentätigkeiten zur Beförderung, Begutachtung von beweglichen Gegenständen und Arbeiten an solchen Gegenständen

Art. 53[2)] **[Ort der Dienstleistung – Tätigkeiten der Kultur, des Sports usw.]** (1) Als Ort einer Dienstleistung an einen Steuerpflichtigen betreffend die Eintrittsberechtigung sowie die damit zusammenhängenden Dienstleistungen für Veranstaltungen auf dem Gebiet der Kultur, der Künste, des Sports, der Wissenschaft, des Unterrichts, der Unterhaltung oder für ähnliche Veranstaltungen wie Messen und Ausstellungen gilt der Ort, an dem diese Veranstaltungen tatsächlich stattfinden.

(2)[3)] Dieser Artikel findet im Fall der virtuellen Teilnahme keine Anwendung auf die Eintrittsberechtigung für die in Absatz 1 genannten Veranstaltungen.

Art. 54[4)] **[Ort der Dienstleistung – Nebentätigkeiten zur Beförderung und Arbeiten an beweglichen körperlichen Gegenständen, B2C]** (1) [1] Als Ort einer Dienstleistung sowie der damit zusammenhängenden Dienstleistungen an einen Nichtsteuerpflichtigen betreffend Tätigkeiten auf dem Gebiet der Kultur, der Künste, des Sports, der Wissenschaft, des Unterrichts, der Unterhaltung oder ähnliche Veranstaltungen wie Messen und Ausstellungen, einschließlich der Erbringung von Dienstleistungen der Veranstalter solcher Tätigkeiten, gilt der Ort, an dem diese Tätigkeiten tatsächlich ausgeübt werden.

[2] Betreffen die Dienstleistungen und die damit zusammenhängenden Dienstleistungen Tätigkeiten, die per Streaming übertragen oder auf andere Weise virtuell verfügbar gemacht werden, so gilt als Ort der Dienstleistung jedoch der Ort, an dem der Nichtsteuerpflichtige ansässig ist oder seinen Wohnsitz oder seinen gewöhnlichen Aufenthaltsort hat.

[1)] Kapitel 3 (Art. 43–59b) neu gef. mWv 1.1.2010 durch RL v. 12.2.2008 (ABl. L 44 S. 11).

[2)] Art. 53 neu gef. mWv 1.1.2011 durch RL v. 12.2.2008 (ABl. L 44 S. 11); Abs. 2 angef., bish. Text wird Abs. 1 mWv 6.4.2022 durch RL v. 5.4.2022 (ABl. L 107 S. 1).

[3)] Zur Anwendung siehe Art. 3 Abs. 1 RL 2022/542 v. 5.4.2022 (ABl. L 107 S. 1).

[4)] Art. 54 neu gef. mWv 1.1.2011 durch RL v. 12.2.2008 (ABl. L 44 S. 11); Abs. 1 UAbs. 2 angef., bish. Abs. 1 wird UAbs. 1 mWv 6.4.2022 durch RL v. 5.4.2022 (ABl. L 107 S. 1); zur Anwendung siehe Art. 3 Abs. 1 RL 2022/542 v. 5.4.2022 (ABl. L 107 S. 1).

(2) Als Ort der folgenden Dienstleistungen an Nichtsteuerpflichtige gilt der Ort, an dem sie tatsächlich erbracht werden:

a) Nebentätigkeiten zur Beförderung wie Beladen, Entladen, Umschlag und ähnliche Tätigkeiten;

b) Begutachtung von beweglichen körperlichen Gegenständen und Arbeiten an solchen Gegenständen.

Unterabschnitt 5. Restaurant- und Verpflegungsdienstleistungen

Art. 55[1] **[Ort der Dienstleistung – Restaurant- und Verpflegungsumsätze nicht an Bord eines Beförderungsmittels]** Als Ort von Restaurant- und Verpflegungsdienstleistungen, die nicht an Bord eines Schiffes oder eines Flugzeugs oder in der Eisenbahn während des innerhalb der Gemeinschaft stattfindenden Teils einer Personenbeförderung tatsächlich erbracht werden, gilt der Ort, an dem die Dienstleistungen tatsächlich erbracht werden.

Unterabschnitt 6. Vermietung von Beförderungsmitteln

Art. 56[2] **[Ort der Dienstleistung – kurzfristige Vermietung eines Beförderungsmittels]** (1) Als Ort der Vermietung eines Beförderungsmittels über einen kürzeren Zeitraum gilt der Ort, an dem das Beförderungsmittel dem Dienstleistungsempfänger tatsächlich zur Verfügung gestellt wird.

(2) [1] Als Ort der Vermietung eines Beförderungsmittels an Nichtsteuerpflichtige, ausgenommen die Vermietung über einen kürzeren Zeitraum, gilt der Ort, an dem der Dienstleistungsempfänger ansässig ist oder seinen Wohnsitz oder seinen gewöhnlichen Aufenthaltsort hat.

[2] Jedoch gilt als Ort der Vermietung eines Sportboots an einen Nichtsteuerpflichtigen, ausgenommen die Vermietung über einen kürzeren Zeitraum, der Ort, an dem das Sportboot dem Dienstleistungsempfänger tatsächlich zur Verfügung gestellt wird, sofern der Dienstleistungserbringer diese Dienstleistung tatsächlich vom Sitz seiner wirtschaftlichen Tätigkeit oder von einer festen Niederlassung an diesem Ort aus erbringt.

(3) Als „kürzerer Zeitraum" im Sinne der Absätze 1 und 2 gilt der Besitz oder die Verwendung des Beförderungsmittels während eines ununterbrochenen Zeitraums von nicht mehr als 30 Tagen und bei Wasserfahrzeugen von nicht mehr als 90 Tagen.

Unterabschnitt 7. Für den Verbrauch bestimmte Restaurant- und Verpflegungsdienstleistungen an Bord eines Schiffes, eines Flugzeugs oder in der Eisenbahn

Art. 57[1] **[Ort der Dienstleistung – Restaurant- und Verpflegungsumsätze an Bord eines Beförderungsmittels]** (1) Der Ort von Restaurant- und Verpflegungsdienstleistungen, die an Bord eines Schiffes oder eines Flugzeugs oder in der Eisenbahn während des innerhalb der Gemeinschaft

---

[1] Kapitel 3 (Art. 43–59b) neu gef. mWv 1.1.2010 durch RL v. 12.2.2008 (ABl. L 44 S. 11).
[2] Art. 56 neu gef. mWv 1.1.2010, Abs. 2 neu gef. und Abs. 3 angef. mWv 1.1.2013 durch RL v. 12.2.2008 (ABl. L 44 S. 11).

stattfindenden Teils einer Personenbeförderung tatsächlich erbracht werden, ist der Abgangsort der Personenbeförderung.

(2) [1] Für die Zwecke des Absatzes 1 gilt als „innerhalb der Gemeinschaft stattfindender Teil einer Personenbeförderung" der Teil einer Beförderung zwischen dem Abgangsort und dem Ankunftsort einer Personenbeförderung, der ohne Zwischenaufenthalt außerhalb der Gemeinschaft erfolgt.

[2] „Abgangsort einer Personenbeförderung" ist der erste Ort innerhalb der Gemeinschaft, an dem Reisende in das Beförderungsmittel einsteigen können, gegebenenfalls nach einem Zwischenaufenthalt außerhalb der Gemeinschaft.

[3] „Ankunftsort einer Personenbeförderung" ist der letzte Ort innerhalb der Gemeinschaft, an dem in der Gemeinschaft zugestiegene Reisende das Beförderungsmittel verlassen können, gegebenenfalls vor einem Zwischenaufenthalt außerhalb der Gemeinschaft.

[4] Im Falle einer Hin- und Rückfahrt gilt die Rückfahrt als gesonderte Beförderung.

Unterabschnitt 8.[1]) **Telekommunikationsdienstleistungen, Rundfunk- und Fernsehdienstleistungen und elektronisch erbrachte Dienstleistungen an Nichtsteuerpflichtige**

Art. 58[2]) **[Ort der Dienstleistung – elektronische Dienstleistungen, Telekommunikationsdienstleistungen sowie Rundfunk- und Fernsehdienstleistungen]**

(1) [1] Als Ort der folgenden Dienstleistungen an Nichtsteuerpflichtige gilt der Ort, an dem dieser Nichtsteuerpflichtige ansässig ist, seinen Wohnsitz oder seinen gewöhnlichen Aufenthaltsort hat:

a) Telekommunikationsdienstleistungen;

b) Rundfunk- und Fernsehdienstleistungen;

c) elektronisch erbrachte Dienstleistungen, insbesondere die in Anhang II genannten Dienstleistungen.

[2] Kommunizieren Dienstleistungserbringer und Dienstleistungsempfänger über E-Mail miteinander, bedeutet dies allein noch nicht, dass die erbrachte Dienstleistung eine elektronisch erbrachte Dienstleistung wäre.

(2)–(6) (*aufgehoben*)

Unterabschnitt 9. Dienstleistungen an Nichtsteuerpflichtige außerhalb der Gemeinschaft

Art. 59[3]) **[Ort der Dienstleistung – Katalogleistungen B2C]** Als Ort der folgenden Dienstleistungen an einen Nichtsteuerpflichtigen, der außerhalb

---

[1]) Kapitel 3 (Art. 43–59b) neu gef. mWv 1.1.2010 durch RL v. 12.2.2008 (ABl. L 44 S. 11).
[2]) Art. 58 neu gef. mWv 1.1.2019, Abs. 2–6 aufgeh. mWv 1.7.2021 durch RL v. 5.12.2017 (ABl. L 348 S. 7, geänd. durch ABl. 2020 L 244 S. 3).
[3]) Art. 59 neu gef. mWv 1.1.2010 durch RL v. 12.2.2008 (ABl. L 44 S. 11); UAbs. 1 Buchst. i, j, k und UAbs. 2 aufgeh. mWv 1.1.2015 durch RL v. 12.2.2008 (ABl. L 44 S. 11); Buchst. h neu gef. mWv 15.1.2010 durch RL v. 22.12.2009 (ABl. 2010 L 10 S. 14).

der Gemeinschaft ansässig ist oder seinen Wohnsitz oder seinen gewöhnlichen Aufenthaltsort außerhalb der Gemeinschaft hat, gilt der Ort, an dem dieser Nichtsteuerpflichtige ansässig ist oder seinen Wohnsitz oder seinen gewöhnlichen Aufenthaltsort hat:

a) Abtretung und Einräumung von Urheberrechten, Patentrechten, Lizenzrechten, Fabrik- und Warenzeichen sowie ähnlichen Rechten;

b) Dienstleistungen auf dem Gebiet der Werbung;

c) Dienstleistungen von Beratern, Ingenieuren, Studienbüros, Anwälten, Buchprüfern und sonstige ähnliche Dienstleistungen sowie die Datenverarbeitung und die Überlassung von Informationen;

d) Verpflichtungen, eine berufliche Tätigkeit ganz oder teilweise nicht auszuüben oder ein in diesem Artikel genanntes Recht nicht wahrzunehmen;

e) Bank-, Finanz- und Versicherungsumsätze, einschließlich Rückversicherungsumsätze, ausgenommen die Vermietung von Schließfächern;

f) Gestellung von Personal;

g) Vermietung beweglicher körperlicher Gegenstände, ausgenommen jegliche Beförderungsmittel;

h) Gewährung des Zugangs zu einem Erdgasnetz im Gebiet der Gemeinschaft oder zu einem an ein solches Netz angeschlossenes Netz, zum Elektrizitätsnetz oder zu Wärme- oder Kältenetzen sowie Fernleitung, Übertragung oder Verteilung über diese Netze und Erbringung anderer unmittelbar damit verbundener Dienstleistungen.

Unterabschnitt 10. Vermeidung der Doppelbesteuerung und der Nichtbesteuerung

Art. 59a[1] **[Kannbestimmung: Verlagerung des Dienstleistungsorts an den Ort der tatsächlichen Nutzung oder Auswertung]** Um Doppelbesteuerung, Nichtbesteuerung und Wettbewerbsverzerrungen zu vermeiden, können die Mitgliedstaaten bei Dienstleistungen, deren Erbringungsort sich gemäß den Artikeln 44 und 45, Artikel 54 Absatz 1 Unterabsatz 2 und den Artikeln 56, 58 und 59 bestimmt,

a) den Ort einer oder aller dieser Dienstleistungen, der in ihrem Gebiet liegt, so behandeln, als läge er außerhalb der Gemeinschaft, wenn die tatsächliche Nutzung oder Auswertung außerhalb der Gemeinschaft erfolgt;

b) den Ort einer oder aller dieser Dienstleistungen, der außerhalb der Gemeinschaft liegt, so behandeln, als läge er in ihrem Gebiet, wenn in ihrem Gebiet die tatsächliche Nutzung oder Auswertung erfolgt.

Art. 59b.[2] *(aufgehoben)*

---

[1] Art. 59a neu gef. mWv 1.1.2015 durch RL v. 12.2.2008 (ABl. L 44 S. 11); einl. Satzteil geänd. mWv 6.4.2022 durch RL v. 5.4.2022 (ABl. L 107 S. 1).
[2] Art. 59b aufgeh. mWv 1.1.2015 durch RL v. 12.2.2008 (ABl. L 44 S. 11).

Kapitel 3a.[1]) Schwellenwert für Steuerpflichtige, die Lieferungen von Gegenständen gemäß Artikel 33 Buchstabe a tätigen und Dienstleistungen gemäß Artikel 58 erbringen

Art. 59c[1]) **[Schwellenwert für Lieferungen und Leistungen nach Artikel 33 und 58]** (1) Artikel 33 Buchstabe a und Artikel 58 gelten nicht in den Fällen, in denen die folgenden Voraussetzungen erfüllt sind:

a) Der Lieferer oder Dienstleistungserbringer ist in nur einem Mitgliedstaat ansässig oder hat, in Ermangelung eines Sitzes der wirtschaftlichen Tätigkeit oder einer festen Niederlassung, seinen Wohnsitz oder seinen gewöhnlichen Aufenthaltsort in nur einem Mitgliedstaat;

b) die Dienstleistungen werden an nichtsteuerpflichtige Personen erbracht, die in einem anderen als dem unter Buchstabe a genannten Mitgliedstaat ansässig sind, dort ihren Wohnsitz oder gewöhnlichen Aufenthaltsort haben, oder die Gegenstände werden in einen anderen als den unter Buchstabe a genannten Mitgliedstaat geliefert und

c) der Gesamtbetrag – ohne Mehrwertsteuer – der Lieferungen oder Dienstleistungen nach Buchstabe b überschreitet im laufenden Kalenderjahr nicht 10 000 EUR bzw. den Gegenwert in Landeswährung und hat dies auch im vorangegangenen Kalenderjahr nicht getan.

(2) Wird in einem Kalenderjahr der Schwellenwert gemäß Absatz 1 Buchstabe c überschritten, so gelten ab diesem Zeitpunkt Artikel 33 Buchstabe a und Artikel 58.

(3) Der Mitgliedstaat, in dessen Gebiet sich die Gegenstände bei Beginn der Versendung oder Beförderung befinden oder in dem die Steuerpflichtigen, die Telekommunikationsdienstleistungen, Rundfunk- und Fernsehdienstleistungen und elektronische Dienstleistungen erbringen, ansässig sind, gewährt den Steuerpflichtigen, auf deren Lieferungen oder Dienstleistungen Absatz 1 gegebenenfalls Anwendung findet, das Recht, sich dafür zu entscheiden, dass der Ort dieser Lieferungen oder Dienstleistungen gemäß Artikel 33 Buchstabe a bzw. Artikel 58 bestimmt wird; diese Entscheidung erstreckt sich in jedem Fall auf zwei Kalenderjahre.

(4) Die Mitgliedstaaten treffen zweckdienliche Maßnahmen, um die Einhaltung der in den Absätzen 1, 2 und 3 genannten Bedingungen durch den Steuerpflichtigen zu überprüfen.

(5) Der Gegenwert in Landeswährung des in Absatz 1 Buchstabe c genannten Betrags wird unter Anwendung des von der Europäischen Zentralbank am Tag der Annahme der Richtlinie (EU) 2017/2455 veröffentlichten Wechselkurses berechnet.

Kapitel 4. Ort der Einfuhr von Gegenständen

Art. 60 **[Ort der Einfuhr – Grundsatz]** Die Einfuhr von Gegenständen erfolgt in dem Mitgliedstaat, in dessen Gebiet sich der Gegenstand zu dem Zeitpunkt befindet, in dem er in die Gemeinschaft verbracht wird.

---

[1]) Kapitel 3a (Art. 59c) eingef. mWv 1.7.2021 durch RL v. 5.12.2017 (ABl. L 348 S. 7, geänd. durch ABl. 2020 L 244 S. 3).

Art. **61** [Ort der Einfuhr – Gegenstand nicht im freien Verkehr]

[1] Abweichend von Artikel 60 erfolgt bei einem Gegenstand, der sich nicht im freien Verkehr befindet und der vom Zeitpunkt seiner Verbringung in die Gemeinschaft einem Verfahren oder einer sonstigen Regelung im Sinne des Artikels 156, der Regelung der vorübergehenden Verwendung bei vollständiger Befreiung von Einfuhrabgaben oder dem externen Versandverfahren unterliegt, die Einfuhr in dem Mitgliedstaat, in dessen Gebiet der Gegenstand nicht mehr diesem Verfahren oder der sonstigen Regelung unterliegt.

[2] Unterliegt ein Gegenstand, der sich im freien Verkehr befindet, vom Zeitpunkt seiner Verbringung in die Gemeinschaft einem Verfahren oder einer sonstigen Regelung im Sinne der Artikel 276 und 277, erfolgt die Einfuhr in dem Mitgliedstaat, in dessen Gebiet der Gegenstand nicht mehr diesem Verfahren oder der sonstigen Regelung unterliegt.

Titel VI. Steuertatbestand und Steueranspruch

Kapitel 1. Allgemeine Bestimmungen

Art. **62** [Definition von Steuertatbestand und Steueranspruch] Für die Zwecke dieser Richtlinie gilt

(1) als „Steuertatbestand" der Tatbestand, durch den die gesetzlichen Voraussetzungen für den Steueranspruch verwirklicht werden;

(2) als „Steueranspruch" der Anspruch auf Zahlung der Steuer, den der Fiskus kraft Gesetzes gegenüber dem Steuerschuldner von einem bestimmten Zeitpunkt an geltend machen kann, selbst wenn Zahlungsaufschub gewährt werden kann.

Kapitel 2. Lieferung von Gegenständen und Dienstleistungen

Art. **63** [Zeitpunkt des Eintritts des Steuertatbestands und Steueranspruchs bei Leistungen] Steuertatbestand und Steueranspruch treten zu dem Zeitpunkt ein, zu dem die Lieferung von Gegenständen bewirkt oder die Dienstleistung erbracht wird.

Art. **64**[1] [Dauerleistungen – Vollendung mit Ablauf der jeweiligen Abrechnungsperiode] (1) Geben Lieferungen von Gegenständen, die nicht die Vermietung eines Gegenstands oder den Ratenverkauf eines Gegenstands im Sinne des Artikels 14 Absatz 2 Buchstabe b betreffen, und Dienstleistungen zu aufeinander folgenden Abrechnungen oder Zahlungen Anlass, gelten sie jeweils als mit Ablauf des Zeitraums bewirkt, auf den sich diese Abrechnungen oder Zahlungen beziehen.

(2) [1] Kontinuierlich über einen Zeitraum von mehr als einem Kalendermonat durchgeführte Lieferungen von Gegenständen, die der Steuerpflichtige

---

[1] Art. 64 Abs. 2 neu gef. mWv 21.1.2009 durch RL v. 16.12.2008 (ABl. 2009 L 14 S. 7); Abs. 2 neu gef. mWv 11.8.2010 durch RL v. 13.7.2010 (ABl. L 189 S. 1).

für Zwecke seines Unternehmens in einen anderen Mitgliedstaat als den des Beginns der Versendung oder Beförderung versendet oder befördert und deren Lieferung oder Verbringung in einen anderen Mitgliedstaat nach Artikel 138 von der Steuer befreit ist, gelten als mit Ablauf eines jeden Kalendermonats bewirkt, solange die Lieferung nicht eingestellt wird.

[2] Dienstleistungen, für die nach Artikel 196 der Leistungsempfänger die Steuer schuldet, die kontinuierlich über einen längeren Zeitraum als ein Jahr erbracht werden und die in diesem Zeitraum nicht zu Abrechnungen oder Zahlungen Anlass geben, gelten als mit Ablauf eines jeden Kalenderjahres bewirkt, solange die Dienstleistung nicht eingestellt wird.

[3] In bestimmten, nicht von den Unterabsätzen 1 und 2 erfassten Fällen können die Mitgliedstaaten vorsehen, dass kontinuierliche Lieferungen von Gegenständen und Dienstleistungen, die sich über einen bestimmten Zeitraum erstrecken, mindestens jährlich als bewirkt gelten.

Art. 65 **[Entstehung des Steueranspruchs bei Anzahlungen]** Werden Anzahlungen geleistet, bevor die Lieferung von Gegenständen bewirkt oder die Dienstleistung erbracht ist, entsteht der Steueranspruch zum Zeitpunkt der Vereinnahmung entsprechend dem vereinnahmten Betrag.

Art. 66[1] **[Kannbestimmung: Entstehung des Steueranspruchs nach Rechnungsausstellung oder Vereinnahmung des Entgelts]** [1] Abweichend von den Artikeln 63, 64 und 65 können die Mitgliedstaaten vorsehen, dass der Steueranspruch für bestimmte Umsätze oder Gruppen von Steuerpflichtigen zu einem der folgenden Zeitpunkte entsteht:

a) spätestens bei der Ausstellung der Rechnung;

b) spätestens bei der Vereinnahmung des Preises;

c) im Falle der Nichtausstellung oder verspäteten Ausstellung der Rechnung binnen einer bestimmten Frist spätestens nach Ablauf der von den Mitgliedstaaten gemäß Artikel 222 Absatz 2 gesetzten Frist für die Ausstellung der Rechnung oder, falls von den Mitgliedstaaten eine solche Frist nicht gesetzt wurde, binnen einer bestimmten Frist nach dem Eintreten des Steuertatbestands.

[2] Die Ausnahme nach Absatz 1 gilt jedoch nicht für Dienstleistungen, für die der Dienstleistungsempfänger nach Artikel 196 die Mehrwertsteuer schuldet, und für Lieferungen oder Verbringungen von Gegenständen gemäß Artikel 67.

Art. 66a[2] **[Maßgeblicher Zeitpunkt]** Abweichend von den Artikeln 63, 64 und 65 treten der Steuertatbestand und der Steueranspruch in Bezug auf

---

[1] Art. 66 Abs. 2 angef. mWv 21.1.2009 durch RL v. 16.12.2008 (ABl. 2009 L 14 S. 7); Abs. 1 Buchst. c und UAbs. 2 neu gef. mWv 11.8.2010 durch RL v. 13.7.2010 (ABl. L 189 S. 1).

[2] Art. 66a neu gef. mWv 22.12.2019 durch RL v. 21.11.2019 (ABl. L 310 S. 1, geänd. durch ABl. 2020 L 244 S. 3); zur Anwendung ab 1.7.2021 siehe Art. 2 Beschl. v. 20.7.2020 (ABl. 2020 L 244 S. 3).

die Lieferung von Gegenständen durch einen Steuerpflichtigen, der nach Artikel 14a behandelt wird, als ob er diese Gegenstände erhalten und geliefert hätte, sowie in Bezug auf die Lieferung von Gegenständen an diesen Steuerpflichtigen zu dem Zeitpunkt ein, zu dem die Zahlung angenommen wurde.

Art. 67¹⁾ [Zeitpunkt des Eintritts des Steueranspruchs bei steuerfreien innergemeinschaftlichen Lieferungen] *[1]* Werden Gegenstände, die in einen anderen Mitgliedstaat als den des Beginns der Versendung oder Beförderung versandt oder befördert wurden, mehrwertsteuerfrei geliefert oder werden Gegenstände von einem Steuerpflichtigen für Zwecke seines Unternehmens mehrwertsteuerfrei in einen anderen Mitgliedstaat verbracht, so gilt, dass der Steueranspruch unter den Voraussetzungen des Artikels 138 bei der Ausstellung der Rechnung oder bei Ablauf der Frist nach Artikel 222 Absatz 1, wenn bis zu diesem Zeitpunkt keine Rechnung ausgestellt worden ist, eintritt.

[2] Artikel 64 Absatz 1, Artikel 64 Absatz 2 Unterabsatz 3 und Artikel 65 und finden keine Anwendung auf die in Absatz 1 genannten Lieferungen und Verbringungen.

Kapitel 3. Innergemeinschaftlicher Erwerb von Gegenständen

Art. 68 [Zeitpunkt des Steuertatbestands beim innergemeinschaftlichen Erwerb] *[1]* Der Steuertatbestand tritt zu dem Zeitpunkt ein, zu dem der innergemeinschaftliche Erwerb von Gegenständen bewirkt wird.

[2] Der innergemeinschaftliche Erwerb von Gegenständen gilt als zu dem Zeitpunkt bewirkt, zu dem die Lieferung gleichartiger Gegenstände innerhalb des Mitgliedstaats als bewirkt gilt.

Art. 69²⁾ [Zeitpunkt des Steueranspruchs beim innergemeinschaftlichen Erwerb] Beim innergemeinschaftlichen Erwerb von Gegenständen tritt der Steueranspruch bei der Ausstellung der Rechnung, oder bei Ablauf der Frist nach Artikel 222 Absatz 1, wenn bis zu diesem Zeitpunkt keine Rechnung ausgestellt worden ist, ein.

Kapitel 4. Einfuhr von Gegenständen

Art. 70 [Zeitpunkt des Steuertatbestands und Steueranspruchs bei Einfuhren – Grundsatz] Steuertatbestand und Steueranspruch treten zu dem Zeitpunkt ein, zu dem die Einfuhr des Gegenstands erfolgt.

Art. 71 [Zeitpunkt des Steuertatbestands und Steueranspruchs bei Einfuhren unter bestimmten Zollverfahren] (1) *[1]* Unterliegen Gegenstände vom Zeitpunkt ihrer Verbringung in die Gemeinschaft einem Verfah-

---

¹⁾ Art. 67 neu gef. mWv 11.8.2010 durch RL v. 13.7.2010 (ABl. L 189 S. 1).
²⁾ Art. 69 neu gef. mWv 11.8.2010 durch RL v. 13.7.2010 (ABl. L 189 S. 1).

ren oder einer sonstigen Regelung im Sinne der Artikel 156, 276 und 277, der Regelung der vorübergehenden Verwendung bei vollständiger Befreiung von Einfuhrabgaben oder dem externen Versandverfahren, treten Steuertatbestand und Steueranspruch erst zu dem Zeitpunkt ein, zu dem die Gegenstände diesem Verfahren oder dieser sonstigen Regelung nicht mehr unterliegen.

[2] Unterliegen die eingeführten Gegenstände Zöllen, landwirtschaftlichen Abschöpfungen oder im Rahmen einer gemeinsamen Politik eingeführten Abgaben gleicher Wirkung, treten Steuertatbestand und Steueranspruch zu dem Zeitpunkt ein, zu dem Tatbestand und Anspruch für diese Abgaben entstehen.

(2) In den Fällen, in denen die eingeführten Gegenstände keiner der Abgaben im Sinne des Absatzes 1 Unterabsatz 2 unterliegen, wenden die Mitgliedstaaten in Bezug auf Steuertatbestand und Steueranspruch die für Zölle geltenden Vorschriften an.

Titel VII. Steuerbemessungsgrundlage

Kapitel 1. Begriffsbestimmung

Art. 72 [Steuerbemessungsgrundlage – Definition des Normalwerts]
[1] Für die Zwecke dieser Richtlinie gilt als „Normalwert" der gesamte Betrag, den ein Empfänger einer Lieferung oder ein Dienstleistungsempfänger auf derselben Absatzstufe, auf der die Lieferung der Gegenstände oder die Dienstleistung erfolgt, an einen selbständigen Lieferer oder Dienstleistungserbringer in dem Mitgliedstaat, in dem der Umsatz steuerpflichtig ist, zahlen müsste, um die betreffenden Gegenstände oder Dienstleistungen zu diesem Zeitpunkt unter den Bedingungen des freien Wettbewerbs zu erhalten.

[2] Kann keine vergleichbare Lieferung von Gegenständen oder Erbringung von Dienstleistungen ermittelt werden, ist der Normalwert wie folgt zu bestimmen:

(1) bei Gegenständen, ein Betrag nicht unter dem Einkaufspreis der Gegenstände oder gleichartiger Gegenstände oder mangels eines Einkaufspreises nicht unter dem Selbstkostenpreis, und zwar jeweils zu den Preisen, die zum Zeitpunkt der Bewirkung dieser Umsätze festgestellt werden;

(2) bei Dienstleistungen, ein Betrag nicht unter dem Betrag der Ausgaben des Steuerpflichtigen für die Erbringung der Dienstleistung.

Kapitel 2. Lieferung von Gegenständen und Dienstleistungen

Art. 73 [Steuerbemessungsgrundlage bei Lieferungen und Dienstleistungen – Grundsatz] Bei der Lieferung von Gegenständen und Dienstleistungen, die nicht unter die Artikel 74 bis 77 fallen, umfasst die Steuerbemessungsgrundlage alles, was den Wert der Gegenleistung bildet, die der Lieferer oder Dienstleistungserbringer für diese Umsätze vom Erwerber oder

Dienstleistungsempfänger oder einem Dritten erhält oder erhalten soll, einschließlich der unmittelbar mit dem Preis dieser Umsätze zusammenhängenden Subventionen.

Art. 73a[1]·[2] **[Steuerbemessungsgrundlage bei Mehrzweck-Gutscheinen]** Bei der Lieferung von Gegenständen oder bei der Erbringung von Dienstleistungen, die in Bezug auf einen Mehrzweck-Gutschein erfolgt, entspricht die Steuerbemessungsgrundlage unbeschadet des Artikels 73 der für den Gutschein gezahlten Gegenleistung oder, in Ermangelung von Informationen über diese Gegenleistung, dem auf dem Mehrzweck-Gutschein selbst oder in den damit zusammenhängenden Unterlagen angegebenen Geldwert, abzüglich des Betrags der auf die gelieferten Gegenstände oder die erbrachten Dienstleistungen erhobenen Mehrwertsteuer.

Art. 74 [Steuerbemessungsgrundlage bei der Entnahme von Gegenständen] Bei den in den Artikeln 16 und 18 genannten Umsätzen in Form der Entnahme oder der Zuordnung eines Gegenstands des Unternehmens durch einen Steuerpflichtigen oder beim Besitz von Gegenständen durch einen Steuerpflichtigen oder seine Rechtsnachfolger im Fall der Aufgabe seiner steuerbaren wirtschaftlichen Tätigkeit ist die Steuerbemessungsgrundlage der Einkaufspreis für diese oder gleichartige Gegenstände oder mangels eines Einkaufspreises der Selbstkostenpreis, und zwar jeweils zu den Preisen, die zum Zeitpunkt der Bewirkung dieser Umsätze festgestellt werden.

Art. 75 [Steuerbemessungsgrundlage bei der unternehmensfremden Verwendung eines Gegenstands] Bei Dienstleistungen in Form der Verwendung eines dem Unternehmen zugeordneten Gegenstands für den privaten Bedarf und unentgeltlich erbrachten Dienstleistungen im Sinne des Artikels 26 ist die Steuerbemessungsgrundlage der Betrag der Ausgaben des Steuerpflichtigen für die Erbringung der Dienstleistung.

Art. 76 [Steuerbemessungsgrundlage beim innergemeinschaftlichen Verbringen von Gegenständen] Bei der Lieferung von Gegenständen in Form der Verbringung in einen anderen Mitgliedstaat ist die Steuerbemessungsgrundlage der Einkaufspreis der Gegenstände oder gleichartiger Gegenstände oder mangels eines Einkaufspreises der Selbstkostenpreis, und zwar jeweils zu den Preisen, die zum Zeitpunkt der Bewirkung dieser Umsätze festgestellt werden.

Art. 77 [Steuerbemessungsgrundlage bei Innendienstleistungen] Bei der Erbringung einer Dienstleistung durch einen Steuerpflichtigen für das eigene Unternehmen im Sinne des Artikels 27 ist die Steuerbemessungsgrundlage der Normalwert des betreffenden Umsatzes.

---

[1] Art. 73a eingef. mWv 2.7.2016 durch RL v. 27.6.2016 (ABl. L 177 S. 9).
[2] Zur Anwendung siehe Art. 410a und 410b.

Art. 78 [Einbeziehung von Abgaben und Nebenkosten in die Steuerbemessungsgrundlage] *[1]* In die Steuerbemessungsgrundlage sind folgende Elemente einzubeziehen:

a) Steuern, Zölle, Abschöpfungen und Abgaben mit Ausnahme der Mehrwertsteuer selbst;

b) Nebenkosten wie Provisions-, Verpackungs-, Beförderungs- und Versicherungskosten, die der Lieferer oder Dienstleistungserbringer vom Erwerber oder Dienstleistungsempfänger fordert.

[2] Die Mitgliedstaaten können als Nebenkosten im Sinne des Absatzes 1 Buchstabe b Kosten ansehen, die Gegenstand einer gesonderten Vereinbarung sind.

Art. 79 [Minderung der Steuerbemessungsgrundlage durch Preisnachlässe] *[1]* In die Steuerbemessungsgrundlage sind folgende Elemente nicht einzubeziehen:

a) Preisnachlässe durch Skonto für Vorauszahlungen;

b) Rabatte und Rückvergütungen auf den Preis, die dem Erwerber oder Dienstleistungsempfänger eingeräumt werden und die er zu dem Zeitpunkt erhält, zu dem der Umsatz bewirkt wird;

c) Beträge, die ein Steuerpflichtiger vom Erwerber oder vom Dienstleistungsempfänger als Erstattung der in ihrem Namen und für ihre Rechnung verauslagten Beträge erhält und die in seiner Buchführung als durchlaufende Posten behandelt sind.

[2] Der Steuerpflichtige muss den tatsächlichen Betrag der in Absatz 1 Buchstabe c genannten Auslagen nachweisen und darf die Mehrwertsteuer, die auf diese Auslagen gegebenenfalls erhoben worden ist, nicht als Vorsteuer abziehen.

Art. 80[1] [Kannbestimmung: Mindeststeuerbemessungsgrundlage bei Umsätzen mit eng verbundenen Personen] (1) *[1]* Zur Vorbeugung gegen Steuerhinterziehung oder –umgehung können die Mitgliedstaaten in jedem der folgenden Fälle Maßnahmen treffen, um sicherzustellen, dass die Steuerbemessungsgrundlage für die Lieferungen von Gegenständen oder für Dienstleistungen, an Empfänger, zu denen familiäre oder andere enge persönliche Bindungen, Bindungen aufgrund von Leitungsfunktionen oder Mitgliedschaften, sowie eigentumsrechtliche, finanzielle oder rechtliche Bindungen, gemäß der Definition des Mitgliedstaats, bestehen, der Normalwert ist:

a) sofern die Gegenleistung niedriger als der Normalwert ist und der Erwerber oder Dienstleistungsempfänger nicht zum vollen Vorsteuerabzug gemäß den Artikeln 167 bis 171 sowie 173 bis 177 berechtigt ist;

---

[1] Art. 80 Abs. 1 UAbs. 1 Buchst. b geänd. mWv 15.1.2010 durch RL v. 22.12.2009 (ABl. 2010 L 10 S. 14); Abs. 1 UAbs. 1 Buchst. b neu gef. mWv 1.7.2013 durch Akte v. 9.12.2011 (ABl. 2012 L 112 S. 21).

b) sofern die Gegenleistung niedriger als der Normalwert ist, der Lieferer oder Dienstleistungserbringer nicht zum vollen Vorsteuerabzug gemäß den Artikeln 167 bis 171 sowie 173 bis 177 berechtigt ist und der Umsatz einer Befreiung gemäß den Artikeln 132, 135, 136, 371, 375, 376, 377, des Artikels 378 Absatz 2, des Artikels 379 Absatz 2 sowie der Artikel 380 bis 390c unterliegt;

c) sofern die Gegenleistung höher als der Normalwert ist und der Lieferer oder Dienstleistungserbringer nicht zum vollen Vorsteuerabzug gemäß den Artikeln 167 bis 171 sowie 173 bis 177 berechtigt ist.

[2] Für die Zwecke des Unterabsatzes 1 kann als rechtliche Bindung auch die Beziehung zwischen Arbeitgeber und Arbeitnehmer, der Familie des Arbeitnehmers oder anderen diesem nahe stehenden Personen, gelten.

(2) Machen die Mitgliedstaaten von der in Absatz 1 vorgesehenen Möglichkeit Gebrauch, können sie festlegen, für welche Kategorien von Lieferern und Dienstleistungserbringern sowie von Erwerbern oder Dienstleistungsempfängern sie von diesen Maßnahmen Gebrauch machen.

(3) Die Mitgliedstaaten unterrichten den Mehrwertsteuerausschuss von nationalen Maßnahmen, die sie im Sinne des Absatzes 1 erlassen, sofern diese nicht Maßnahmen sind, die vom Rat vor dem 13. August 2006 gemäß Artikel 27 Absätze 1 bis 4 der Richtlinie 77/388/EWG genehmigt wurden und gemäß Absatz 1 des vorliegenden Artikels weitergeführt werden.

Art. 81[1) **[Kannbestimmung: Steuerbemessungsgrundlage bei Lieferungen von Kunstgegenständen ohne Anwendung eines ermäßigten Steuersatzes]** (1) Die Mitgliedstaaten, die am 1. Januar 1993 nicht von der Möglichkeit der Anwendung eines ermäßigten Steuersatzes gemäß Artikel 98 Gebrauch gemacht haben, können vorsehen, dass die Steuerbemessungsgrundlage bei der Inanspruchnahme der Möglichkeit nach Artikel 89 für die Lieferung von Kunstgegenständen im Sinne von Anhang III Nummer 26 gleich einem Bruchteil des gemäß den Artikeln 73, 74, 76, 78 und 79 ermittelten Betrags ist.

(2) Der Bruchteil im Sinne des Absatzes 1 wird so festgelegt, dass sich die dergestalt geschuldete Mehrwertsteuer auf mindestens 5% des gemäß den Artikeln 73, 74, 76, 78 und 79 ermittelten Betrags beläuft.

Art. 82 [Kannbestimmung: Einbeziehung des Werts von Anlagegold in die Steuerbemessungsgrundlage der Leistungen unter Verarbeitung von Anlagegold] [1]Die Mitgliedstaaten können vorsehen, dass der Wert von steuerfreiem Anlagegold im Sinne des Artikels 346 in die Steuerbemessungsgrundlage bei der Lieferung von Gegenständen und bei Dienstleistungen einzubeziehen ist, wenn es vom Erwerber oder Dienstleistungsempfänger zur Verfügung gestellt und für die Verarbeitung verwendet wird und infolgedessen bei der Lieferung der Gegenstände oder der Erbringung der Dienstleistungen

---

[1] Art. 81 Abs. 1 neu gef. mWv 6.4.2022 durch RL v. 5.4.2022 (ABl. L 107 S. 1).

seinen Status als von der Mehrwertsteuer befreites Anlagegold verliert. [2]Der zugrunde zu legende Wert ist der Normalwert des Anlagegoldes zum Zeitpunkt der Lieferung der Gegenstände oder der Erbringung der Dienstleistungen.

Kapitel 3. Innergemeinschaftlicher Erwerb von Gegenständen

Art. 83 [Steuerbemessungsgrundlage beim innergemeinschaftlichen Erwerb] [1]Beim innergemeinschaftlichen Erwerb von Gegenständen setzt sich die Steuerbemessungsgrundlage aus denselben Elementen zusammen wie denen, die zur Bestimmung der Steuerbemessungsgrundlage für die Lieferung derselben Gegenstände innerhalb des Gebiets des Mitgliedstaats gemäß Kapitel 2 dienen. [2]Bei Umsätzen, die dem innergemeinschaftlichen Erwerb von Gegenständen im Sinne der Artikel 21 und 22 gleichgestellt sind, ist die Steuerbemessungsgrundlage der Einkaufspreis der Gegenstände oder gleichartiger Gegenstände oder mangels eines Einkaufspreises der Selbstkostenpreis, und zwar jeweils zu den Preisen, die zum Zeitpunkt der Bewirkung dieser Umsätze festgestellt werden.

Art. 84 [Einbeziehung von Verbrauchsteuern in die Steuerbemessungsgrundlage beim innergemeinschaftlichen Erwerb] (1) Die Mitgliedstaaten treffen die erforderlichen Maßnahmen, um sicherzustellen, dass die Verbrauchsteuern, die von der Person geschuldet oder entrichtet werden, die den innergemeinschaftlichen Erwerb eines verbrauchsteuerpflichtigen Erzeugnisses tätigt, gemäß Artikel 78 Absatz 1 Buchstabe a in die Steuerbemessungsgrundlage einbezogen werden.

(2) Erhält der Erwerber nach dem Zeitpunkt der Bewirkung des innergemeinschaftlichen Erwerbs von Gegenständen Verbrauchsteuern zurück, die in dem Mitgliedstaat, von dem aus der Gegenstände versandt oder befördert worden sind, entrichtet wurden, wird die Steuerbemessungsgrundlage im Mitgliedstaat des innergemeinschaftlichen Erwerbs entsprechend gemindert.

Kapitel 4. Einfuhr von Gegenständen

Art. 85 [Steuerbemessungsgrundlage bei der Einfuhr – Grundsatz] Bei der Einfuhr von Gegenständen ist die Steuerbemessungsgrundlage der Betrag, der durch die geltenden Gemeinschaftsvorschriften als Zollwert bestimmt ist.

Art. 86 [Einbeziehung von Abgaben und Nebenkosten in die Steuerbemessungsgrundlage bei der Einfuhr] (1) In die Steuerbemessungsgrundlage sind – soweit nicht bereits darin enthalten – folgende Elemente einzubeziehen:

a) die außerhalb des Einfuhrmitgliedstaats geschuldeten Steuern, Zölle, Abschöpfungen und sonstigen Abgaben, sowie diejenigen, die aufgrund der Einfuhr geschuldet werden, mit Ausnahme der zu erhebenden Mehrwertsteuer;

b) die Nebenkosten – wie Provisions-, Verpackungs-, Beförderungs- und Versicherungskosten –, die bis zum ersten Bestimmungsort der Gegenstände im Gebiet des Einfuhrmitgliedstaats entstehen sowie diejenigen, die sich aus der Beförderung nach einem anderen Bestimmungsort in der Gemeinschaft ergeben, der zum Zeitpunkt, zu dem der Steuertatbestand eintritt, bekannt ist.

(2) [1] Für Zwecke des Absatzes 1 Buchstabe b gilt als „erster Bestimmungsort" der Ort, der auf dem Frachtbrief oder einem anderen Begleitpapier, unter dem die Gegenstände in den Einfuhrmitgliedstaat verbracht werden, angegeben ist. [2] Fehlt eine solche Angabe, gilt als erster Bestimmungsort der Ort, an dem die erste Umladung im Einfuhrmitgliedstaat erfolgt.

Art. 87 [Minderung bei der Steuerbemessungsgrundlage bei Einfuhren durch Preisnachlässe] In die Steuerbemessungsgrundlage sind folgende Elemente nicht einzubeziehen:

a) Preisnachlässe durch Skonto für Vorauszahlungen;

b) Rabatte und Rückvergütungen auf den Preis, die dem Erwerber eingeräumt werden und die er zu dem Zeitpunkt erhält, zu dem die Einfuhr erfolgt.

Art. 88 [Sicherung der Steuerbemessungsgrundlage bei Wiedereinfuhren nach Be- oder Verarbeitungen] Für vorübergehend aus der Gemeinschaft ausgeführte Gegenstände, die wieder eingeführt werden, nachdem sie außerhalb der Gemeinschaft in Stand gesetzt, umgestaltet oder be- oder verarbeitet worden sind, treffen die Mitgliedstaaten Maßnahmen, die sicherstellen, dass die mehrwertsteuerliche Behandlung des fertigen Gegenstands die gleiche ist, wie wenn die genannten Arbeiten in ihrem jeweiligen Gebiet durchgeführt worden wären.

Art. 89 [Kannbestimmung: Steuerbemessungsgrundlage bei Einfuhren von Kunstgegenständen ohne Anwendung eines ermäßigten Steuersatzes] [1] Die Mitgliedstaaten, die am 1. Januar 1993 nicht von der Möglichkeit der Anwendung eines ermäßigten Steuersatzes gemäß Artikel 98 Gebrauch gemacht haben, können vorsehen, dass die Steuerbemessungsgrundlage bei der Einfuhr von Kunstgegenständen, Sammlungsstücken oder Antiquitäten im Sinne des Artikels 311 Absatz 1 Nummern 2, 3 und 4 einem Bruchteil des gemäß den Artikeln 85, 86 und 87 ermittelten Betrags entspricht.

[2] Der Bruchteil im Sinne des Absatzes 1 wird so festgelegt, dass sich die dergestalt für die Einfuhr geschuldete Mehrwertsteuer auf mindestens 5 % des gemäß den Artikeln 85, 86 und 87 ermittelten Betrags beläuft.

Kapitel 5. Verschiedene Bestimmungen

Art. 90 [Berichtigung der Steuerbemessungsgrundlage bei Uneinbringlichkeit des Entgelts u. Ä.] (1) Im Falle der Annullierung, der Rückgängigmachung, der Auflösung, der vollständigen oder teilweisen Nichtbezahlung oder des Preisnachlasses nach der Bewirkung des Umsatzes wird die Steuerbemessungsgrundlage unter den von den Mitgliedstaaten festgelegten Bedingungen entsprechend vermindert.

(2) Die Mitgliedstaaten können im Falle der vollständigen oder teilweisen Nichtbezahlung von Absatz 1 abweichen.

Art. 91[1) **[Anwendung von Umrechnungskursen bei der Ermittlung der Steuerbemessungsgrundlage]** (1) Sind die zur Ermittlung der Steuerbemessungsgrundlage bei der Einfuhr dienenden Elemente in einer anderen Währung als der des Mitgliedstaats ausgedrückt, in dem die Steuerbemessungsgrundlage ermittelt wird, wird der Umrechnungskurs gemäß den Gemeinschaftsvorschriften zur Berechnung des Zollwerts festgesetzt.

(2) [1] Sind die zur Ermittlung der Steuerbemessungsgrundlage eines anderen Umsatzes als der Einfuhr von Gegenständen dienenden Elemente in einer anderen Währung als der des Mitgliedstaats ausgedrückt, in dem die Steuerbemessungsgrundlage ermittelt wird, gilt als Umrechnungskurs der letzte Verkaufskurs, der zu dem Zeitpunkt, zu dem der Steueranspruch entsteht, an dem oder den repräsentativsten Devisenmärkten des betreffenden Mitgliedstaats verzeichnet wurde, oder ein Kurs, der mit Bezug auf diesen oder diese Devisenmärkte entsprechend den von diesem Mitgliedstaat festgelegten Einzelheiten festgesetzt wurde.

[2] ¹Die Mitgliedstaaten akzeptieren stattdessen auch die Anwendung des letzten Umrechnungskurses, der von der Europäischen Zentralbank zu dem Zeitpunkt, zu dem der Steueranspruch eintritt, veröffentlicht wird. ²Die Umrechnung zwischen nicht auf Euro lautenden Währungen erfolgt anhand des Euro-Umrechnungskurses jeder der Währungen. ³Die Mitgliedstaaten können vorschreiben, dass der Steuerpflichtige ihnen mitteilen muss, wenn er von dieser Möglichkeit Gebrauch macht.

[3] Bei bestimmten Umsätzen im Sinne des Unterabsatzes 1 oder bei bestimmten Gruppen von Steuerpflichtigen können Mitgliedstaaten jedoch den Umrechnungskurs anwenden, der gemäß den Gemeinschaftsvorschriften zur Berechnung des Zollwerts festgesetzt worden ist.

Art. 92 [Kannbestimmung: vereinfachende Verfahren für die Behandlung von Pfandgeldern bei der Ermittlung der Steuerbemessungsgrundlage] In Bezug auf die Kosten von zurückzugebenden Warenumschließungen können die Mitgliedstaaten wie folgt verfahren:

a) sie können sie bei der Ermittlung der Steuerbemessungsgrundlage unberücksichtigt lassen, müssen gleichzeitig aber die erforderlichen Vorkehrungen treffen, damit die Steuerbemessungsgrundlage berichtigt wird, wenn diese Umschließungen nicht zurückgegeben werden;

b) sie können sie bei der Ermittlung der Steuerbemessungsgrundlage berücksichtigen, müssen aber gleichzeitig die erforderlichen Vorkehrungen treffen,

---

[1) Art. 91 Abs. 2 UAbs. 2 neu gef., UAbs. 3 angef. mWv 11.8.2010 durch RL v. 13.7.2010 (ABl. L 189 S. 1).

damit die Steuerbemessungsgrundlage berichtigt wird, wenn diese Umschließungen tatsächlich zurückgegeben werden.

Titel VIII. Steuersätze

Kapitel 1. Anwendung der Steuersätze

**Art. 93 [Maßgeblichkeit des Steuersatzes bei Eintritt des Steuertat-
bestands]** *[1]* Auf die steuerpflichtigen Umsätze ist der Steuersatz anzuwenden, der zu dem Zeitpunkt gilt, zu dem der Steuertatbestand eintritt.

[2] In folgenden Fällen ist jedoch der Steuersatz anzuwenden, der zu dem
Zeitpunkt gilt, zu dem der Steueranspruch entsteht:

a) die in den Artikeln 65 und 66 genannten Fälle;

b) innergemeinschaftlicher Erwerb von Gegenständen;

c) Einfuhr der in Artikel 71 Absatz 1 Unterabsatz 2 und Absatz 2 genannten
  Gegenstände.

**Art. 94 [Gleichbehandlung innergemeinschaftlicher Erwerbe und
Einfuhren mit Inlandslieferungen bei Anwendung des Steuersatzes]**
(1) Beim innergemeinschaftlichen Erwerb von Gegenständen ist der gleiche
Steuersatz anzuwenden wie der, der für die Lieferung gleicher Gegenstände
innerhalb des Gebiets des Mitgliedstaats gelten würde.

(2)[1] Bei der Einfuhr von Gegenständen ist der gleiche Steuersatz anzuwenden wie der, der für die Lieferung gleicher Gegenstände innerhalb des Gebiets
des Mitgliedstaats gelten würde.

(3)[1] Abweichend von Absatz 2 können Mitgliedstaaten, die einen Normal-
satz auf die Lieferung der in Anhang IX Teile A, B und C aufgeführten
Kunstgegenstände, Sammlungsstücke und Antiquitäten anwenden, auf die
Einfuhr dieser Gegenstände in das Gebiet des Mitgliedstaats einen ermäßigten
Steuersatz gemäß Artikel 98 Absatz 1 Unterabsatz 1 anwenden.

**Art. 95 [Kannbestimmung: Berichtigung des Steueranspruchs in
den Fällen der Anzahlung und der Istversteuerung bei Änderung
des Steuersatzes]** *[1]* Ändert sich der Steuersatz, können die Mitgliedstaaten in den in Artikel 65 und 66 geregelten Fällen eine Berichtigung vornehmen, um dem Steuersatz Rechnung zu tragen, der zum Zeitpunkt der
Lieferung der Gegenstände oder der Erbringung der Dienstleistungen anzuwenden ist.

[2] Die Mitgliedstaaten können außerdem alle geeigneten Übergangsmaßnahmen treffen.

---

[1] Art. 94 Abs. 2 neu gef., Abs. 3 angef. mWv 6.4.2022 durch RL v. 5.4.2022 (ABl. L 107
S. 1); zur **Anwendung ab 1.1.2025** vgl. Art. 3 Abs. 1 RL 2022/542 v. 5.4.2022.

Kapitel 2. Struktur und Höhe der Steuersätze

Abschnitt 1. Normalsatz

Art. 96 [Anwendung des Mehrwertsteuer-Normalsatzes] Die Mitgliedstaaten wenden einen Mehrwertsteuer-Normalsatz an, den jeder Mitgliedstaat als Prozentsatz der Bemessungsgrundlage festsetzt und der für die Lieferungen von Gegenständen und für Dienstleistungen gleich ist.

Art. 97[1) [Höhe des Mehrwertsteuer-Normalsatzes] Der Normalsatz muss mindestens 15 % betragen.

Abschnitt 2. Ermäßigte Steuersätze

Art. 98[2) [Kannbestimmung: Anwendung von zwei ermäßigten Steuersätzen] (1) [1] Die Mitgliedstaaten können höchstens zwei ermäßigte Steuersätze anwenden.

[2] Die ermäßigten Steuersätze werden als Prozentsatz der Bemessungsgrundlage festgesetzt, der mindestens 5 % betragen muss und nur auf die in Anhang III aufgeführten Lieferungen von Gegenständen und Dienstleistungen angewandt werden darf.

[3] Die Mitgliedstaaten können die ermäßigten Steuersätze auf unter höchstens 24 Nummern des Anhangs III fallende Lieferungen von Gegenständen und Dienstleistungen anwenden.

(2) [1] Die Mitgliedstaaten können zusätzlich zu den zwei ermäßigten Steuersätzen gemäß Absatz 1 dieses Artikels auf unter höchstens sieben Nummern des Anhangs III fallende Lieferungen von Gegenständen und Dienstleistungen einen ermäßigten Steuersatz anwenden, der unter dem Mindestsatz von 5 % liegt, oder eine Steuerbefreiung mit Recht auf Vorsteuerabzug gewähren.

[2] Der ermäßigte Steuersatz, der unter dem Mindestsatz von 5 % liegt, und die Steuerbefreiung mit Recht auf Vorsteuerabzug dürfen nur auf unter die folgenden Nummern des Anhangs III fallenden Lieferungen von Gegenständen und Dienstleistungen angewandt werden:

a) den Nummern 1 bis 6 und 10c;

b) jeder weiteren Nummer des Anhangs III, die unter die in Artikel 105a Absatz 1 vorgesehenen Möglichkeiten fällt.

[3] Für die Zwecke von Unterabsatz 2 Buchstabe b des vorliegenden Absatzes müssen die in Artikel 105a Absatz 1 Unterabsatz 2 genannten Umsätze in Bezug auf Wohnungen als unter Anhang III Nummer 10 fallend angesehen werden.

[4] ¹Mitgliedstaaten, die am 1. Januar 2021 auf unter mehr als sieben Nummern des Anhangs III fallende Lieferungen von Gegenständen und Dienstleis-

---

¹) Art. 97 neu gef. mWv 17.7.2018 durch RL v. 22.6.2018 (ABl. L 162 S. 1).
²) Art. 98 neu gef. mWv 6.4.2022 durch RL v. 5.4.2022 (ABl. L 107 S. 1).

tungen ermäßigte Steuersätze angewandt haben, die unter dem Mindestsatz von 5% lagen, oder eine Steuerbefreiung mit Recht auf Vorsteuerabzug gewährt haben, beschränken die Anwendung dieser ermäßigten Steuersätze oder die Gewährung solcher Steuerbefreiungen dahin gehend, dass Unterabsatz 1 des vorliegenden Absatzes bis zum 1. Januar 2032 oder bis zur Einführung der in Artikel 402 genannten endgültigen Regelung, je nachdem, welcher Zeitpunkt der frühere ist, nachgekommen wird. ²Es steht den Mitgliedstaaten frei, zu bestimmen, bei welchen Lieferungen von Gegenständen und Dienstleistungen sie die genannten ermäßigten Steuersätze weiterhin anwenden oder die genannten Steuerbefreiungen weiterhin gewähren.

(3) Die in den Absätzen 1 und 2 dieses Artikels genannten ermäßigten Steuersätze und Steuerbefreiungen sind nicht anwendbar auf elektronisch erbrachte Dienstleistungen mit Ausnahme der in Anhang III Nummern 6, 7, 8 und 13 aufgeführten Dienstleistungen.

(4) Zur Anwendung der in dieser Richtlinie vorgesehenen ermäßigten Steuersätze und Steuerbefreiungen können die Mitgliedstaaten die Kategorien anhand der Kombinierten Nomenklatur bzw. der statistischen Güterklassifikation in Verbindung mit den Wirtschaftszweigen genau abgrenzen.

Art. 98a¹⁾ [Ermäßigte Steuersätze – Kunstgegenstände, Sammlungsstücke und Antiquitäten] Die in Artikel 98 Absätze 1 und 2 genannten ermäßigten Steuersätze und Steuerbefreiungen sind nicht auf Lieferungen von Kunstgegenständen, Sammlungsstücken und Antiquitäten anwendbar, auf die die in Titel XII Kapitel 4 vorgesehenen Sonderregelungen angewandt werden.

Art. 99.²⁾ *(aufgehoben)*

Art. 100³⁾ [Regelmäßige Berichte über den Anwendungsbereich des Anhangs III] Die Kommission legt dem Rat bis zum 31. Dezember 2028 und danach alle fünf Jahre einen Bericht über den Anwendungsbereich des Anhangs III vor, dem erforderlichenfalls geeignete Vorschläge beigefügt sind.

Art. 101.⁴⁾ *(aufgehoben)*

Abschnitt 2a. Außergewöhnliche Situationen⁵⁾

Art. 101a⁶⁾ [Außergewöhnliche Situationen] (1) Wurde einem Mitgliedstaat von der Kommission eine Ermächtigung gemäß Artikel 53 Absatz 1

---

¹⁾ Art. 98a eingef. mWv 6.4.2022 durch RL v. 5.4.2022 (ABl. L 107 S. 1); zur **Anwendung ab 1.1.2025** vgl. Art. 3 Abs. 1 RL 2022/542 v. 5.4.2022.
²⁾ Art. 99 aufgeh. mWv 6.4.2022 durch RL v. 5.4.2022 (ABl. L 107 S. 1).
³⁾ Art. 100 neu gef. mWv 6.4.2022 durch RL v. 5.4.2022 (ABl. L 107 S. 1).
⁴⁾ Art. 101 aufgeh. mWv 6.4.2022 durch RL v. 5.4.2022 (ABl. L 107 S. 1).
⁵⁾ Abschnitt 2a eingef. mWv 6.4.2022 durch RL v. 5.4.2022 (ABl. L 107 S. 1).
⁶⁾ Art. 101a eingef. mWv 6.4.2022 durch RL v. 5.4.2022 (ABl. L 107 S. 1).

der Richtlinie 2009/132/EG des Rates[1] für die Anwendung einer Steuerbefreiung auf Gegenstände, die zugunsten von Katastrophenopfern eingeführt werden, erteilt, so kann dieser Mitgliedstaat unter denselben Bedingungen eine Steuerbefreiung mit Recht auf Vorsteuerabzug in Bezug auf den innergemeinschaftlichen Erwerb und die Lieferung der genannten Gegenstände sowie die mit diesen Gegenständen zusammenhängenden Dienstleistungen, einschließlich Vermietungsdienstleistungen, anwenden.

(2) Ein Mitgliedstaat, der die in Absatz 1 genannte Maßnahme anwenden möchte, setzt den Mehrwertsteuerausschuss davon in Kenntnis.

(3) Werden Gegenstände oder Dienstleistungen, die von den Organisationen erworben werden, denen die in Absatz 1 festgelegte Steuerbefreiung gewährt wird, für andere als die in Titel VIII Kapitel 4 der Richtlinie 2009/132/EG vorgesehenen Zwecke verwendet, so unterliegt die Verwendung dieser Gegenstände und Dienstleistungen unter den zu dem Zeitpunkt, zu dem die Bedingungen für die Steuerbefreiung nicht mehr erfüllt waren, geltenden Bedingungen der Mehrwertsteuer.

Abschnitt 3. Besondere Bestimmungen

Art. 102, 103.[2] *(aufgehoben)*

Art. 104[3] **[Kannbestimmung: zweiter Mehrwertsteuer-Normalsatz in Ländern und Gemeinden]** (1) Österreich kann in den Gemeinden Jungholz und Mittelberg (Kleines Walsertal) einen zweiten Normalsteuersatz anwenden, der niedriger als der entsprechende, im restlichen Österreich angewandte Steuersatz ist, jedoch nicht unter 15% liegen darf.

(2) Griechenland kann in den Verwaltungsbezirken Lesbos, Chios, Samos, Dodekanes, Kykladen und auf den Inseln Thassos, Nördliche Sporaden, Samothrake und Skyros Steuersätze anwenden, die bis zu 30% unter den entsprechenden, auf dem griechischen Festland geltenden Steuersätzen liegen.

(3) Portugal kann auf die in den autonomen Regionen Azoren und Madeira bewirkten Umsätze und auf die direkten Einfuhren in diese Regionen Steuersätze anwenden, die unter den entsprechenden, im Mutterland angewandten Steuersätzen liegen.

(4) Portugal kann auf die Mautgebühren an Brücken im Raum Lissabon einen der zwei ermäßigten Steuersätze gemäß Artikel 98 Absatz 1 anwenden.

Art. 104a, 105.[4] *(gestrichen)*

---

[1] **[Amtl. Anm.:]** Richtlinie 2009/132/EG des Rates vom 19. Oktober 2009 zur Festlegung des Anwendungsbereichs von Artikel 143 Buchstaben b und c der Richtlinie 2006/112/EG hinsichtlich der Mehrwertsteuerbefreiung bestimmter endgültiger Einfuhren von Gegenständen (ABl. L 292 vom 10.11.2009, S. 5).
[2] Art. 102 und 103 aufgeh. mWv 6.4.2022 durch RL v. 5.4.2022 (ABl. L 107 S. 1); zur **Anwendung ab 1.1.2025** vgl. Art. 3 Abs. 1 RL v. 5.4.2022.
[3] Art. 104 neu gef. mWv 6.4.2022 durch RL v. 5.4.2022 (ABl. L 107 S. 1).
[4] Art. 104a und 105 aufgehoben mWv 6.4.2022 durch RL v. 5.4.2022 (ABl. L 107 S. 1).

Art. 105a[1]) [Ermäßigter Steuersatz – Fortgeltung von Steuersätzen unter Mindestsatz] (1) *[1]* Mitgliedstaaten, die im Einklang mit dem Unionsrecht am 1. Januar 2021 ermäßigte Steuersätze, die unter dem in Artikel 98 Absatz 1 festgelegten Mindestsatz lagen, oder Steuerbefreiungen mit Recht auf Vorsteuerabzug auf die in den Nummern des Anhangs III außer den Nummern 1 bis 6 und 10c aufgeführten Lieferungen von Gegenständen oder Dienstleistungen angewandt haben, können diese ermäßigten Steuersätze oder Steuerbefreiungen gemäß Artikel 98 Absatz 2 weiterhin anwenden; dies gilt unbeschadet des Absatzes 4 des vorliegenden Artikels.

[2] Mitgliedstaaten, die im Einklang mit dem Unionsrecht am 1. Januar 2021 ermäßigte Steuersätze, die unter dem in Artikel 98 Absatz 1 festgelegten Mindestsatz lagen, auf Umsätze in Bezug auf Wohnungen in einem nicht sozialpolitischen Kontext angewandt haben, können diese ermäßigten Steuersätze gemäß Artikel 98 Absatz 2 weiterhin anwenden.

[3] Die Mitgliedstaaten teilen dem Mehrwertsteuerausschuss den Wortlaut der wichtigsten nationalen Rechtsvorschriften und die Bedingungen für die Anwendung der ermäßigten Steuersätze und Steuerbefreiungen im Zusammenhang mit Artikel 98 Absatz 2 Unterabsatz 2 Buchstabe b spätestens am 7. Juli 2022 mit.

[4] Unbeschadet des Absatzes 4 des vorliegenden Artikels können ermäßigte Steuersätze, die unter dem in Artikel 98 Absatz 1 festgelegten Mindestsatz liegen, oder Steuerbefreiungen mit Recht auf Vorsteuerabzug von anderen Mitgliedstaaten gemäß Artikel 98 Absatz 2 Unterabsatz 1 auf dieselben in den Unterabsätzen 1 und 2 des vorliegenden Absatzes genannten Lieferungen von Gegenständen oder Dienstleistungen und unter denselben Bedingungen, wie sie am 1. Januar 2021 in den in den Unterabsätzen 1 und 2 des vorliegenden Absatzes genannten Mitgliedstaaten galten, angewandt werden.

(2) Mitgliedstaaten, die im Einklang mit dem Unionsrecht am 1. Januar 2021 ermäßigte Steuersätze, die unter 12% lagen, einschließlich ermäßigter Steuersätze, die unter dem in Artikel 98 Absatz 1 festgelegten Mindestsatz lagen, oder Steuerbefreiungen mit Recht auf Vorsteuerabzug auf andere Lieferungen von Gegenständen oder Dienstleistungen als die in Anhang III aufgeführten angewandt haben, können gemäß Artikel 98 Absätze 1 und 2 diese ermäßigten Steuersätze und Steuerbefreiungen bis zum 1. Januar 2032 oder bis zur Einführung der in Artikel 402 genannten endgültigen Regelung, je nachdem, welcher Zeitpunkt der frühere ist, weiterhin anwenden; dies gilt unbeschadet des Absatzes 4 des vorliegenden Artikels.

(3) *[1]* Mitgliedstaaten, die im Einklang mit dem Unionsrecht am 1. Januar 2021 ermäßigte Steuersätze, die nicht unter 12% lagen, auf andere Lieferungen von Gegenständen und Dienstleistungen als die in Anhang III aufgeführten angewandt haben, können diese ermäßigten Steuersätze gemäß Artikel 98 Absatz 1 Unterabsatz 1 weiterhin anwenden; dies gilt unbeschadet des Absatzes 4 des vorliegenden Artikels.

---

[1]) Art. 105a eingef. mWv 6.4.2022 durch RL v. 5.4.2022 (ABl. L 107 S. 1).

[2] Die Mitgliedstaaten teilen dem Mehrwertsteuerausschuss den Wortlaut der wichtigsten nationalen Rechtsvorschriften und die Bedingungen für die Anwendung der in Unterabsatz 1 dieses Absatzes genannten ermäßigten Steuersätze spätestens am 7. Juli 2022 mit.

[3] Unbeschadet des Absatzes 4 des vorliegenden Artikels können ermäßigte Steuersätze, die nicht unter 12% liegen, von anderen Mitgliedstaaten gemäß Artikel 98 Absatz 1 Unterabsatz 1 auf dieselben in Unterabsatz 1 dieses Absatzes genannten Lieferungen von Gegenständen oder Dienstleistungen unter denselben Bedingungen, wie sie am 1. Januar 2021 in den in Unterabsatz 1 des vorliegenden Absatzes genannten Mitgliedstaaten galten, angewandt werden.

(4) ¹Abweichend von den Absätzen 1 bis 3 dürfen die ermäßigten Steuersätze oder Steuerbefreiungen mit Recht auf Vorsteuerabzug auf fossile Brennstoffe, andere Gegenstände mit ähnlichen Auswirkungen auf die Treibhausgasemissionen, wie beispielsweise Torf und Brennholz, spätestens am 1. Januar 2030 nicht mehr angewandt werden. ²Die ermäßigten Steuersätze oder Steuerbefreiungen mit Recht auf Vorsteuerabzug auf chemische Schädlingsbekämpfungsmittel und chemische Düngemittel dürfen spätestens am 1. Januar 2032 nicht mehr angewandt werden.

(5) ¹Mitgliedstaaten, die gemäß Absatz 1 Unterabsatz 4 des vorliegenden Artikels und Absatz 3 Unterabsatz 3 des vorliegenden Artikels sowie Artikel 105b die ermäßigten Steuersätze, die nicht unter 12% liegen, die ermäßigten Steuersätze, die unter dem in Artikel 98 Absatz 1 genannten Mindestsatz liegen, oder die Steuerbefreiungen mit Recht auf Vorsteuerabzug anwenden möchten, erlassen spätestens am 7. Oktober 2023 die genauen Vorschriften für die Inanspruchnahme der genannten Möglichkeiten. ²Sie teilen dem Mehrwertsteuerausschuss den Wortlaut der wichtigsten nationalen Rechtsvorschriften, die sie erlassen haben, mit.

(6) Bis zum 1. Juli 2025 legt die Kommission dem Rat auf der Grundlage der von den Mitgliedstaaten bereitgestellten Informationen einen Bericht mit einem vollständigen Verzeichnis der Gegenstände und Dienstleistungen, die in den Absätzen 1 und 3 des vorliegenden Artikels und in Artikel 105b genannt sind und auf die die ermäßigten Steuersätze, einschließlich derjenigen, die unter dem in Artikel 98 Absatz 1 genannten Mindestsatz liegen, oder die Steuerbefreiungen mit Recht auf Vorsteuerabzug in den Mitgliedstaaten angewandt werden, vor.

Art. 105b[1]) **[Ermäßigter Steuersatz – Fortgeltung von Steuersätzen unter Mindestsatz auf Umsätze in Bezug auf Wohnungen]** [1] ¹Mitgliedstaaten, die im Einklang mit dem Unionsrecht am 1. Januar 2021 ermäßigte Steuersätze, die nicht unter dem Mindestsatz von 5% lagen, auf Umsätze in Bezug auf Wohnungen in einem nicht sozialpolitischen Kontext angewandt haben, können diese ermäßigten Steuersätze gemäß Artikel 98 Absatz 1 Unterabsatz 1 weiterhin anwenden. ²In diesem Fall dürfen die auf solche Umsät-

---

[1]) Art. 105b eingef. mWv 6.4.2022 durch RL v. 5.4.2022 (ABl. L 107 S. 1).

ze anzuwendenden ermäßigten Steuersätze ab dem 1. Januar 2042 nicht unter 12 % liegen.

[2] Die Mitgliedstaaten teilen dem Mehrwertsteuerausschuss den Wortlaut der wichtigsten nationalen Rechtsvorschriften und die Bedingungen für die Anwendung der in Absatz 1 genannten ermäßigten Steuersätze spätestens am 7. Juli 2022 mit.

[3] Ein ermäßigter Steuersatz, der nicht unter 12 % liegt, kann von anderen Mitgliedstaaten gemäß Artikel 98 Absatz 1 Unterabsatz 1 auf die in Absatz 1 des vorliegenden Artikels genannten Umsätze unter denselben Bedingungen, wie sie am 1. Januar 2021 in den in Absatz 1 des vorliegenden Artikels genannten Mitgliedstaaten galten, angewandt werden.

[4] Für die Zwecke des Artikels 98 Absatz 1 Unterabsatz 3 werden die in diesem Artikel genannten Umsätze als unter Anhang III Nummer 10 fallend angesehen.

Kapitel 4. *(aufgehoben)*¹⁾

Kapitel 5. Befristete Bestimmungen

Art. 123.²⁾ *(aufgehoben)*

Art. 124.³⁾ *(aufgehoben)*

Art. 125.⁴⁾ *(aufgehoben)*

Art. 126.⁵⁾ *(aufgehoben)*

Art. 127.⁶⁾ *(aufgehoben)*

Art. 128, 129.⁷⁾ *(aufgehoben)*

(Fortsetzung nächstes Blatt)

---

¹⁾ Titel VIII Kapitel 4 (Art. 109–122) aufgehoben mWv 6.4.2022 durch RL v. 5.4.2022 (ABl. L 107 S. 1).
²⁾ Art. 123 aufgeh. mWv 6.4.2022 durch RL v. 5.4.2022 (ABl. L 107 S. 1).
³⁾ Art. 124 aufgeh. mWv 1.1.2008 durch RL v. 20.12.2007 (ABl. L 346 S. 13).
⁴⁾ Art. 125 aufgeh. mWv 6.4.2022 durch RL v. 5.4.2022 (ABl. L 107 S. 1).
⁵⁾ Art. 126 aufgeh. mWv 1.1.2008 durch RL v. 20.12.2007 (ABl. L 346 S. 13).
⁶⁾ Art. 127 aufgeh. mWv 1.1.2011 durch RL v. 5.5.2009 (ABl. L 116 S. 18).
⁷⁾ Art. 128 und 129 aufgeh. mWv 6.4.2022 durch RL v. 5.4.2022 (ABl. L 107 S. 1).

Art. 129a[1]) [Kannbestimmung: Übergangsregelung Nullsatz und ermäßigter Steuersatz – COVID-19-Impfstoffe und -In-vitro-Diagnostika] (1) [1] Die Mitgliedstaaten können eine der folgenden Maßnahmen ergreifen:

a) einen ermäßigten Satz auf die Lieferung von COVID-19-In-vitro-Diagnostika und auf die Erbringung von eng mit diesen Diagnostika zusammenhängenden Dienstleistungen anwenden;

b) eine Steuerbefreiung mit Recht auf Vorsteuerabzug auf die Lieferung von COVID-19-In-vitro-Diagnostika und auf die Erbringung von eng mit diesen Diagnostika zusammenhängenden Dienstleistungen gewähren.

[2] Lediglich COVID-19-In-vitro-Diagnostika, die den in der Richtlinie 98/79/EG des Europäischen Parlaments und des Rates[2]) und der Verordnung (EU) 2017/746 des Europäischen Parlaments und des Rates[3]) festgelegten geltenden Anforderungen sowie sonstigen anwendbaren Rechtsvorschriften der Union entsprechen, kommen für die in Unterabsatz 1 genannten Maßnahmen infrage.

(2) [1] Die Mitgliedstaaten können eine Steuerbefreiung mit Recht auf Vorsteuerabzug auf die Lieferung von COVID-19-Impfstoffen und auf die Erbringung von eng mit diesen Impfstoffen zusammenhängenden Dienstleistungen gewähren.

[2] Lediglich COVID-19-Impfstoffe, die von der Kommission oder von Mitgliedstaaten zugelassen wurden, kommen für die in Unterabsatz 1 genannte Steuerbefreiung infrage.

(3) Dieser Artikel gilt bis zum 31. Dezember 2022.

Art. 130[4]) *(aufgehoben)*

Titel IX. Steuerbefreiungen

Kapitel 1. Allgemeine Bestimmungen

Art. 131 [Steuerbefreiungen unter Bedingungen zur Verhinderung von Steuerbetrug] Die Steuerbefreiungen der Kapitel 2 bis 9 werden unbeschadet sonstiger Gemeinschaftsvorschriften und unter den Bedingungen angewandt, die die Mitgliedstaaten zur Gewährleistung einer korrekten und einfachen Anwendung dieser Befreiungen und zur Verhinderung von Steuerhinterziehung, Steuerumgehung oder Missbrauch festlegen.

---

[1]) Art. 129a eingef. mWv 12.12.2020 durch RL v. 7.12.2020 (ABl. L 419 S. 1).
[2]) **Amtl. Anm.:** Richtlinie 98/79/EG des Europäischen Parlaments und des Rates vom 27. Oktober 1998 über In-vitro-Diagnostika (ABl. L 331 vom 7.12.1998, S. 1).
[3]) **Amtl. Anm.:** Verordnung (EU) 2017/746 des Europäischen Parlaments und des Rates vom 5. April 2017 über In-vitro-Diagnostika und zur Aufhebung der Richtlinie 98/79/EG und des Beschlusses 2010/227/EU der Kommission (ABl. L 117 vom 5.5.2017, S. 176).
[4]) Art. 130 aufgeh. mWv 1.1.2008 durch RL v. 20.12.2007 (ABl. L 346 S. 13).

Kapitel 2. Steuerbefreiungen für bestimmte, dem Gemeinwohl dienende Tätigkeiten

Art. 132 [Steuerbefreiungen dem Gemeinwohl dienender Umsätze]
(1) Die Mitgliedstaaten befreien folgende Umsätze von der Steuer:

a) von öffentlichen Posteinrichtungen erbrachte Dienstleistungen und dazu-
gehörende Lieferungen von Gegenständen mit Ausnahme von Personen-
beförderungs- und Telekommunikationsdienstleistungen;

b) Krankenhausbehandlungen und ärztliche Heilbehandlungen sowie damit
eng verbundene Umsätze, die von Einrichtungen des öffentlichen Rechts
oder unter Bedingungen, welche mit den Bedingungen für diese Einrichtungen in sozialer Hinsicht vergleichbar sind, von Krankenanstalten,
Zentren für ärztliche Heilbehandlung und Diagnostik und anderen ordnungsgemäß anerkannten Einrichtungen gleicher Art durchgeführt beziehungsweise bewirkt werden;

c) Heilbehandlungen im Bereich der Humanmedizin, die im Rahmen der
Ausübung der von dem betreffenden Mitgliedstaat definierten ärztlichen
und arztähnlichen Berufe durchgeführt werden;

d) Lieferung von menschlichen Organen, menschlichem Blut und Frauenmilch;

e) Dienstleistungen, die Zahntechniker im Rahmen ihrer Berufsausübung
erbringen, sowie Lieferungen von Zahnersatz durch Zahnärzte und Zahntechniker;

f) Dienstleistungen, die selbstständige Zusammenschlüsse von Personen, die
eine Tätigkeit ausüben, die von der Steuer befreit ist oder für die sie nicht
Steuerpflichtige sind, an ihre Mitglieder für unmittelbare Zwecke der Ausübung dieser Tätigkeit erbringen, soweit diese Zusammenschlüsse von ihren Mitgliedern lediglich die genaue Erstattung des jeweiligen Anteils an
den gemeinsamen Kosten fordern, vorausgesetzt, dass diese Befreiung nicht
zu einer Wettbewerbsverzerrung führt;

g) eng mit der Sozialfürsorge und der sozialen Sicherheit verbundene Dienstleistungen und Lieferungen von Gegenständen, einschließlich derjenigen,
die durch Altenheime, Einrichtungen des öffentlichen Rechts oder andere
von dem betreffenden Mitgliedstaat als Einrichtungen mit sozialem Charakter anerkannte Einrichtungen bewirkt werden;

h) eng mit der Kinder- und Jugendbetreuung verbundene Dienstleistungen
und Lieferungen von Gegenständen durch Einrichtungen des öffentlichen
Rechts oder andere von dem betreffenden Mitgliedstaat als Einrichtungen
mit sozialem Charakter anerkannte Einrichtungen;

i) Erziehung von Kindern und Jugendlichen, Schul- und Hochschulunterricht, Aus- und Fortbildung sowie berufliche Umschulung und damit eng
verbundene Dienstleistungen und Lieferungen von Gegenständen durch
Einrichtungen des öffentlichen Rechts, die mit solchen Aufgaben betraut
sind, oder andere Einrichtungen mit von dem betreffenden Mitgliedstaat
anerkannter vergleichbarer Zielsetzung;

 j) von Privatlehrern erteilter Schul- und Hochschulunterricht;

 k) Gestellung von Personal durch religiöse und weltanschauliche Einrichtungen für die unter den Buchstaben b, g, h und i genannten Tätigkeiten und für Zwecke geistlichen Beistands;

 l) Dienstleistungen und eng damit verbundene Lieferungen von Gegenständen, die Einrichtungen ohne Gewinnstreben, welche politische, gewerkschaftliche, religiöse, patriotische, weltanschauliche, philanthropische oder staatsbürgerliche Ziele verfolgen, an ihre Mitglieder in deren gemeinsamen Interesse gegen einen satzungsgemäß festgelegten Beitrag erbringen, vorausgesetzt, dass diese Befreiung nicht zu einer Wettbewerbsverzerrung führt;

 m) bestimmte, in engem Zusammenhang mit Sport und Körperertüchtigung stehende Dienstleistungen, die Einrichtungen ohne Gewinnstreben an Personen erbringen, die Sport oder Körperertüchtigung ausüben;

 n) bestimmte kulturelle Dienstleistungen und eng damit verbundene Lieferungen von Gegenständen, die von Einrichtungen des öffentlichen Rechts oder anderen von dem betreffenden Mitgliedstaat anerkannten kulturellen Einrichtungen erbracht werden;

 o) Dienstleistungen und Lieferungen von Gegenständen bei Veranstaltungen durch Einrichtungen, deren Umsätze nach den Buchstaben b, g, h, i, l, m und n befreit sind, wenn die Veranstaltungen dazu bestimmt sind, den Einrichtungen eine finanzielle Unterstützung zu bringen und ausschließlich zu ihrem Nutzen durchgeführt werden, vorausgesetzt, dass diese Befreiung nicht zu einer Wettbewerbsverzerrung führt;

 p) von ordnungsgemäß anerkannten Einrichtungen durchgeführte Beförderung von kranken und verletzten Personen in dafür besonders eingerichteten Fahrzeugen;

 q) Tätigkeiten öffentlicher Rundfunk- und Fernsehanstalten, ausgenommen Tätigkeiten mit gewerblichem Charakter.

 (2) Für die Zwecke des Absatzes 1 Buchstabe o können die Mitgliedstaaten alle erforderlichen Beschränkungen, insbesondere hinsichtlich der Anzahl der Veranstaltungen und der Höhe der für eine Steuerbefreiung in Frage kommenden Einnahmen, vorsehen.

Art. 133 [Kannbestimmung: Bedingungen für Steuerbefreiungen dem Gemeinwohl dienender Umsätze] [1] Die Mitgliedstaaten können die Gewährung der Befreiungen nach Artikel 132 Absatz 1 Buchstaben b, g, h, i, l, m und n für Einrichtungen, die keine Einrichtungen des öffentlichen Rechts sind, im Einzelfall von der Erfüllung einer oder mehrerer der folgenden Bedingungen abhängig machen:

 a) Die betreffenden Einrichtungen dürfen keine systematische Gewinnerzielung anstreben; etwaige Gewinne, die trotzdem anfallen, dürfen nicht verteilt, sondern müssen zur Erhaltung oder Verbesserung der erbrachten Leistungen verwendet werden.

 b) Leitung und Verwaltung dieser Einrichtungen müssen im Wesentlichen ehrenamtlich durch Personen erfolgen, die weder selbst noch über zwischengeschaltete Personen ein unmittelbares oder mittelbares Interesse am wirtschaftlichen Ergebnis der betreffenden Tätigkeiten haben.

c) Die Preise, die diese Einrichtungen verlangen, müssen von den zuständigen Behörden genehmigt sein oder die genehmigten Preise nicht übersteigen; bei Umsätzen, für die eine Preisgenehmigung nicht vorgesehen ist, müssen die verlangten Preise unter den Preisen liegen, die der Mehrwertsteuer unterliegende gewerbliche Unternehmen für entsprechende Umsätze fordern.

d) Die Befreiungen dürfen nicht zu einer Wettbewerbsverzerrung zum Nachteil von der Mehrwertsteuer unterliegenden gewerblichen Unternehmen führen.

[2] Die Mitgliedstaaten, die am 1. Januar 1989 gemäß Anhang E der Richtlinie 77/388/EWG die Mehrwertsteuer auf die in Artikel 132 Absatz 1 Buchstaben m und n genannten Umsätze erhoben, können die unter Absatz 1 Buchstabe d des vorliegenden Artikels genannten Bedingungen auch anwenden, wenn für diese Lieferung von Gegenständen oder Dienstleistungen durch Einrichtungen des öffentlichen Rechts eine Befreiung gewährt wird.

Art. 134 [Gründe des Ausschlusses von Steuerbefreiungen dem Gemeinwohl dienender Umsätze] In folgenden Fällen sind Lieferungen von Gegenständen und Dienstleistungen von der Steuerbefreiung des Artikels 132 Absatz 1 Buchstaben b, g, h, i, l, m und n ausgeschlossen:

a) sie sind für die Umsätze, für die die Steuerbefreiung gewährt wird, nicht unerlässlich;

b) sie sind im Wesentlichen dazu bestimmt, der Einrichtung zusätzliche Einnahmen durch Umsätze zu verschaffen, die in unmittelbarem Wettbewerb mit Umsätzen von der Mehrwertsteuer unterliegenden gewerblichen Unternehmen bewirkt werden.

Kapitel 3. Steuerbefreiungen für andere Tätigkeiten

Art. 135 [Steuerbefreiungen für Finanz-, Glücksspiel- und Grundstücksumsätze] (1) Die Mitgliedstaaten befreien folgende Umsätze von der Steuer:

a) Versicherungs- und Rückversicherungsumsätze einschließlich der dazugehörigen Dienstleistungen, die von Versicherungsmaklern und -vertretern erbracht werden;

b) die Gewährung und Vermittlung von Krediten und die Verwaltung von Krediten durch die Kreditgeber;

c) die Vermittlung und Übernahme von Verbindlichkeiten, Bürgschaften und anderen Sicherheiten und Garantien sowie die Verwaltung von Kreditsicherheiten durch die Kreditgeber;

d) Umsätze – einschließlich der Vermittlung – im Einlagengeschäft und Kontokorrentverkehr, im Zahlungs- und Überweisungsverkehr, im Geschäft mit Forderungen, Schecks und anderen Handelspapieren, mit Ausnahme der Einziehung von Forderungen;

e) Umsätze − einschließlich der Vermittlung −, die sich auf Devisen, Banknoten und Münzen beziehen, die gesetzliches Zahlungsmittel sind, mit Ausnahme von Sammlerstücken, d. h. Münzen aus Gold, Silber oder anderem Metall sowie Banknoten, die normalerweise nicht als gesetzliches Zahlungsmittel verwendet werden oder die von numismatischem Interesse sind;

f) Umsätze − einschließlich der Vermittlung, jedoch nicht der Verwahrung und der Verwaltung −, die sich auf Aktien, Anteile an Gesellschaften und Vereinigungen, Schuldverschreibungen oder sonstige Wertpapiere beziehen, mit Ausnahme von Warenpapieren und der in Artikel 15 Absatz 2 genannten Rechte und Wertpapiere;

g) die Verwaltung von durch die Mitgliedstaaten als solche definierten Sondervermögen;

h) Lieferung von in ihrem jeweiligen Gebiet gültigen Postwertzeichen, von Steuerzeichen und von sonstigen ähnlichen Wertzeichen zum aufgedruckten Wert;

i) Wetten, Lotterien und sonstige Glücksspiele mit Geldeinsatz unter den Bedingungen und Beschränkungen, die von jedem Mitgliedstaat festgelegt werden;

j) Lieferung von anderen Gebäuden oder Gebäudeteilen und dem dazugehörigen Grund und Boden als den in Artikel 12 Absatz 1 Buchstabe a genannten;

k) Lieferung unbebauter Grundstücke mit Ausnahme von Baugrundstücken im Sinne des Artikels 12 Absatz 1 Buchstabe b;

l) Vermietung und Verpachtung von Grundstücken.

(2) [1] Die folgenden Umsätze sind von der Befreiung nach Absatz 1 Buchstabe l ausgeschlossen:

a) Gewährung von Unterkunft nach den gesetzlichen Bestimmungen der Mitgliedstaaten im Rahmen des Hotelgewerbes oder in Sektoren mit ähnlicher Zielsetzung, einschließlich der Vermietung in Ferienlagern oder auf Grundstücken, die als Campingplätze erschlossen sind;

b) Vermietung von Plätzen für das Abstellen von Fahrzeugen;

c) Vermietung von auf Dauer eingebauten Vorrichtungen und Maschinen;

d) Vermietung von Schließfächern.

[2] Die Mitgliedstaaten können weitere Ausnahmen von der Befreiung nach Absatz 1 Buchstabe l vorsehen.

Art. 136[1]) [Steuerbefreiung für Lieferungen vom Vorsteuerabzug ausgeschlossener Gegenstände] Die Mitgliedstaaten befreien folgende Umsätze von der Steuer:

a) die Lieferungen von Gegenständen, die ausschließlich für eine auf Grund der Artikel 132, 135, 371, 375, 376, 377, des Artikels 378 Absatz 2, des Ar-

---

[1]) Art. 136 Buchst. a geänd. mWv 15.1.2010 durch RL v. 22.12.2009 (ABl. 2010 L 10 S. 14); Buchst. a neu gef. mWv 1.7.2013 durch Akte v. 9.12.2011 (ABl. 2012 L 112 S. 21).

tikels 379 Absatz 2 sowie der Artikel 380 bis 390c von der Steuer befreite Tätigkeit bestimmt waren, wenn für diese Gegenstände kein Recht auf Vorsteuerabzug bestanden hat;

b) die Lieferungen von Gegenständen, deren Anschaffung oder Zuordnung gemäß Artikel 176 vom Vorsteuerabzug ausgeschlossen war.

Art. 136a¹⁾ [Steuerbefreiung durch die Mitgliedstaaten] Wird ein Steuerpflichtiger gemäß Artikel 14a Absatz 2 behandelt, als ob er Gegenstände erhalten und geliefert hätte, befreien die Mitgliedstaaten die Lieferung dieser Gegenstände an diesen Steuerpflichtigen von der Steuer.

Art. 137 [Kannbestimmung: Einräumung des Optionsrechts zur Steuerpflicht] (1) Die Mitgliedstaaten können ihren Steuerpflichtigen das Recht einräumen, sich bei folgenden Umsätzen für eine Besteuerung zu entscheiden:

a) die in Artikel 135 Absatz 1 Buchstaben b bis g genannten Finanzumsätze;

b) Lieferung von anderen Gebäuden oder Gebäudeteilen und dem dazugehörigen Grund und Boden als den in Artikel 12 Absatz 1 Buchstabe a genannten;

c) Lieferung unbebauter Grundstücke mit Ausnahme von Baugrundstücken im Sinne des Artikels 12 Absatz 1 Buchstabe b;

d) Vermietung und Verpachtung von Grundstücken.

(2) ⁽¹⁾ Die Mitgliedstaaten legen die Einzelheiten für die Inanspruchnahme des Wahlrechts nach Absatz 1 fest.

⁽²⁾ Die Mitgliedstaaten können den Umfang dieses Wahlrechts einschränken.

Kapitel 4. Steuerbefreiungen bei innergemeinschaftlichen Umsätzen

Abschnitt 1. Steuerbefreiungen bei der Lieferung von Gegenständen

Art. 138²⁾ [Steuerbefreiung innergemeinschaftlicher Lieferungen (einschließlich neuer Fahrzeuge und verbrauchsteuerpflichtiger Waren)] (1) Die Mitgliedstaaten befreien die Lieferung von Gegenständen, die durch den Verkäufer, den Erwerber oder auf deren Rechnung an einen Ort außerhalb ihres jeweiligen Gebiets, aber innerhalb der Gemeinschaft versandt oder befördert werden, von der Steuer, wenn die folgenden Voraussetzungen erfüllt sind:

---

¹⁾ Art. 136a eingef. mWv 22.12.2019 durch RL v. 21.11.2019 (ABl. L 310 S. 1, geänd. durch ABl. 2020 L 244 S. 3); zur Anwendung ab 1.7.2021 siehe Art. 2 Beschl. v. 20.7.2020 (ABl. 2020 L 244 S. 3).
²⁾ Art. 138 Abs. 1 neu gef., Abs. 1a eingef. mWv 27.12.2018 durch RL v. 4.12.2018 (ABl. L 311 S. 3).

a) die Gegenstände werden an einen anderen Steuerpflichtigen oder an eine nichtsteuerpflichtige juristische Person geliefert, die als solche in einem anderen Mitgliedstaat als dem Mitgliedstaat handeln, in dem die Versendung oder Beförderung beginnt;

b) der Steuerpflichtige oder die nichtsteuerpflichtige juristische Person, für den bzw. die die Lieferung erfolgt, ist für Mehrwertsteuerzwecke in einem anderen Mitgliedstaat als dem Mitgliedstaat registriert, in dem die Versendung oder Beförderung der Gegenstände beginnt, und hat dem Lieferer diese Mehrwertsteuer-Identifikationsnummer mitgeteilt.

(1a) Die Befreiung gemäß Absatz 1 gilt nicht, wenn der Lieferer der Verpflichtung zur Abgabe einer zusammenfassenden Meldung nach den Artikeln 262 und 263 nicht nachgekommen ist oder die zusammenfassende Meldung nicht die gemäß Artikel 264 erforderlichen korrekten Angaben zur Lieferung enthält, es sei denn, der Lieferer kann sein Versäumnis zur Zufriedenheit der zuständigen Behörden ordnungsgemäß begründen.

(2) Außer den in Absatz 1 genannten Lieferungen befreien die Mitgliedstaaten auch folgende Umsätze von der Steuer:

a) die Lieferungen neuer Fahrzeuge, die durch den Verkäufer, den Erwerber oder für ihre Rechnung an den Erwerber nach Orten außerhalb ihres jeweiligen Gebiets, aber innerhalb der Gemeinschaft versandt oder befördert werden, wenn die Lieferungen an Steuerpflichtige oder nichtsteuerpflichtige juristische Personen, deren innergemeinschaftliche Erwerbe von Gegenständen gemäß Artikel 3 Absatz 1 nicht der Mehrwertsteuer unterliegen, oder an eine andere nichtsteuerpflichtige Person bewirkt werden;

b) die Lieferungen verbrauchsteuerpflichtiger Waren, die durch den Verkäufer, den Erwerber oder für ihre Rechnung an den Erwerber nach Orten außerhalb ihres jeweiligen Gebiets, aber innerhalb der Gemeinschaft versandt oder befördert werden, wenn die Lieferungen an Steuerpflichtige oder nichtsteuerpflichtige juristische Personen bewirkt werden, deren innergemeinschaftliche Erwerbe von Gegenständen, die keine verbrauchsteuerpflichtige Waren sind, gemäß Artikel 3 Absatz 1 nicht der Mehrwertsteuer unterliegen, und wenn die Versendung oder Beförderung dieser Waren gemäß Artikel 7 Absätze 4 und 5 oder Artikel 16 der Richtlinie 92/12/EWG durchgeführt wird;

c) die Lieferungen von Gegenständen in Form der Verbringung in einen anderen Mitgliedstaat, die gemäß Absatz 1 und den Buchstaben a und b des vorliegenden Absatzes von der Mehrwertsteuer befreit wäre, wenn sie an einen anderen Steuerpflichtigen bewirkt würde.

Art. 139[1]) **[Ausnahme von der Steuerbefreiung innergemeinschaftlicher Lieferungen (einschließlich neuer Fahrzeuge und verbrauchsteuerpflichtiger Waren)]** (1) [1] Die Steuerbefreiung nach Artikel 138 Absatz 1

---

[1]) Art. 139 Abs. 1 UAbs. 1 und Abs. 2 neu gef. mWv 22.3.2020 durch RL v. 18.2.2020 (ABl. L 62 S. 13), zur **Anwendung ab 1.1.2025** siehe Art. 3 Abs. 1 UAbs. 2 RL 2020/285/EU.

gilt nicht für die Lieferungen von Gegenständen durch Steuerpflichtige, die in dem Mitgliedstaat, in dem die Lieferung bewirkt wird, unter die Steuerbefreiung für Kleinunternehmen nach Maßgabe des Artikels 284 fallen.

[2] Ferner gilt die Steuerbefreiung nicht für die Lieferungen von Gegenständen an Steuerpflichtige oder nichtsteuerpflichtige juristische Personen, deren innergemeinschaftliche Erwerbe von Gegenständen gemäß Artikel 3 Absatz 1 nicht der Mehrwertsteuer unterliegen.

(2) Die Steuerbefreiung nach Artikel 138 Absatz 2 Buchstabe b gilt nicht für die Lieferungen verbrauchsteuerpflichtiger Waren durch Steuerpflichtige, die in dem Mitgliedstaat, in dem die Lieferung bewirkt wird, unter die Steuerbefreiung für Kleinunternehmen nach Maßgabe des Artikels 284 fallen.

(3) [1] Die Steuerbefreiung nach Artikel 138 Absatz 1 und Absatz 2 Buchstaben b und c gilt nicht für die Lieferungen von Gegenständen, die nach der Sonderregelung über die Differenzbesteuerung der Artikel 312 bis 325 oder der Regelung für öffentliche Versteigerungen der Mehrwertsteuer unterliegen.

[2] Die Steuerbefreiung nach Artikel 138 Absatz 1 und Absatz 2 Buchstabe c gilt nicht für die Lieferungen von Gebrauchtfahrzeugen im Sinne des Artikels 327 Absatz 3, die nach der Übergangsregelung für Gebrauchtfahrzeuge der Mehrwertsteuer unterliegen.

Abschnitt 2. Steuerbefreiungen beim innergemeinschaftlichen Erwerb von Gegenständen

Art. 140¹⁾ [Steuerbefreiung des innergemeinschaftlichen Erwerbs]
Die Mitgliedstaaten befreien folgende Umsätze von der Steuer:

a) den innergemeinschaftlichen Erwerb von Gegenständen, deren Lieferung durch Steuerpflichtige in ihrem jeweiligen Gebiet in jedem Fall mehrwertsteuerfrei ist;

b) den innergemeinschaftlichen Erwerb von Gegenständen, deren Einfuhr gemäß Artikel 143 Absatz 1 Buchstaben a, b und c sowie Buchstaben e bis l in jedem Fall mehrwertsteuerfrei ist;

c) den innergemeinschaftlichen Erwerb von Gegenständen, für die der Erwerber gemäß den Artikeln 170 und 171 in jedem Fall das Recht auf volle Erstattung der Mehrwertsteuer hat, die gemäß Artikel 2 Absatz 1 Buchstabe b geschuldet würde.

Art. 141 [Nichtbesteuerung des innergemeinschaftlichen Erwerbs im Fall eines innergemeinschaftlichen Dreiecksgeschäfts] Jeder Mitgliedstaat trifft besondere Maßnahmen, damit ein innergemeinschaftlicher Erwerb von Gegenständen, der nach Artikel 40 als in seinem Gebiet bewirkt

---

¹⁾ Art. 140 Buchst. b geänd. durch RL v. 25.6.2009 (ABl. L 175 S. 12).

gilt, nicht mit der Mehrwertsteuer belastet wird, wenn folgende Voraussetzungen erfüllt sind:

a) der Erwerb von Gegenständen wird von einem Steuerpflichtigen bewirkt, der nicht in diesem Mitgliedstaat niedergelassen ist, aber in einem anderen Mitgliedstaat für Mehrwertsteuerzwecke erfasst ist;

b) der Erwerb von Gegenständen erfolgt für die Zwecke einer anschließenden Lieferung dieser Gegenstände durch den unter Buchstabe a genannten Steuerpflichtigen in diesem Mitgliedstaat;

c) die auf diese Weise von dem Steuerpflichtigen im Sinne von Buchstabe a erworbenen Gegenstände werden von einem anderen Mitgliedstaat aus als dem, in dem der Steuerpflichtige für Mehrwertsteuerzwecke erfasst ist, unmittelbar an die Person versandt oder befördert, an die er die anschließende Lieferung bewirkt;

d) Empfänger der anschließenden Lieferung ist ein anderer Steuerpflichtiger oder eine nichtsteuerpflichtige juristische Person, der bzw. die in dem betreffenden Mitgliedstaat für Mehrwertsteuerzwecke erfasst ist;

e) der Empfänger der Lieferung im Sinne des Buchstaben d ist gemäß Artikel 197 als Schuldner der Steuer für die Lieferung bestimmt worden, die von dem Steuerpflichtigen bewirkt wird, der nicht in dem Mitgliedstaat ansässig ist, in dem die Steuer geschuldet wird.

Abschnitt 3. Steuerbefreiungen für bestimmte Beförderungsleistungen

Art. 142 [Steuerbefreiung innergemeinschaftlicher Güterbeförderungen nach und von den Azoren und Madeira] Die Mitgliedstaaten befreien die innergemeinschaftliche Güterbeförderung nach oder von den Inseln, die die autonomen Regionen Azoren und Madeira bilden, sowie die Güterbeförderung zwischen diesen Inseln von der Steuer.

Kapitel 5. Steuerbefreiungen bei der Einfuhr

Art. 143[1) [Steuerbefreiung bestimmter Einfuhren] (1) Die Mitgliedstaaten befreien folgende Umsätze von der Steuer:

a) die endgültige Einfuhr von Gegenständen, deren Lieferung durch Steuerpflichtige in ihrem jeweiligen Gebiet in jedem Fall mehrwertsteuerfrei ist;

[1) Art. 143 Abs. 2 eingef., bish. Wortlaut wird Abs. 1 durch RL v. 25.6.2009 (ABl. L 175 S. 12); Abs. 1 Buchst. fa eingef., Buchst. g und l neu gef. durch RL v. 22.12.2009 (ABl. 2010 L 10 S. 14); Abs. 1 Buchst. ca eingef. mWv 1.7.2021 durch RL v. 5.12.2017 (ABl. L 348 S. 7, geänd. durch ABl. 2020 L 244 S. 3); Abs. 1 Buchst. ga eingef. mWv 19.1.2020 durch RL v. 16.12.2019 (ABl. L 336 S. 10); zur **Anwendung ab 1.7.2022** siehe Art. 3 Abs. 1 UAbs. 2 RL 2019/2235/EU; Abs. 1 Buchst. fb und Abs. 3 eingef. mWv 1.1.2021 durch RL v. 13.7.2021 (ABl. L 250 S. 1); zur Anwendung ab 1.1.2021 siehe Art. 2 Abs. 2 der RL 2021/1159/EU.

b) die endgültige Einfuhr von Gegenständen, die in den Richtlinien 69/169/ EWG[1] 83/181/EWG[2] und 2006/79/EG[3] des Rates geregelt ist;

c) die endgültige Einfuhr von Gegenständen aus Drittgebieten, die Teil des Zollgebiets der Gemeinschaft sind, im freien Verkehr, die unter die Steuerbefreiung nach Buchstabe b fallen würde, wenn die Gegenstände gemäß Artikel 30 Absatz 1 eingeführt worden wären;

ca) die Einfuhr von Gegenständen, für die die Mehrwertsteuer im Rahmen der Sonderregelung gemäß Titel XII Kapitel 6 Abschnitt 4 zu erklären ist und für die spätestens bei der Einreichung der Einfuhranmeldung die gemäß Artikel 369q zugeteilte individuelle Mehrwertsteuer-Identifikationsnummer des Lieferers oder des in seinem Auftrag handelnden Vermittlers für die Anwendung der Sonderregelung der zuständigen Zollstelle im Mitgliedstaat der Einfuhr vorgelegt wurde;

d) die Einfuhr von Gegenständen, die von einem Drittgebiet oder einem Drittland aus in einen anderen Mitgliedstaat als den Mitgliedstaat der Beendigung der Versendung oder Beförderung versandt oder befördert werden, sofern die Lieferung dieser Gegenstände durch den gemäß Artikel 201 als Steuerschuldner bestimmten oder anerkannten Importeur bewirkt wird und gemäß Artikel 138 befreit ist;

e) die Wiedereinfuhr von unter eine Zollbefreiung fallenden Gegenständen durch denjenigen, der sie ausgeführt hat, und zwar in dem Zustand, in dem sie ausgeführt wurden;

f) die Einfuhr von Gegenständen im Rahmen der diplomatischen und konsularischen Beziehungen, für die eine Zollbefreiung gilt;

fa) die Einfuhr von Gegenständen durch die Europäische Gemeinschaft, die Europäische Atomgemeinschaft, die Europäische Zentralbank oder die Europäische Investitionsbank oder die von den Europäischen Gemeinschaften geschaffenen Einrichtungen, auf die das Protokoll vom 8. April 1965 über die Vorrechte und Befreiungen der Europäischen Gemeinschaften anwendbar ist, und zwar in den Grenzen und zu den Bedingungen, die in diesem Protokoll und den Übereinkünften zu seiner Umsetzung oder in den Abkommen über ihren Sitz festgelegt sind, sofern dies nicht zu Wettbewerbsverzerrungen führt;

---

[1] **Amtl. Anm.:** Richtlinie 69/169/EWG des Rates vom 28. Mai 1969 zur Harmonisierung der Rechts- und Verwaltungsvorschriften über die Befreiung von den Umsatzsteuern und Sonderverbrauchsteuern bei der Einfuhr im grenzüberschreitenden Reiseverkehr (ABl. L 133 vom 4.6.1969, S. 6). Zuletzt geändert durch die Richtlinie 2005/93/EG (ABl. L 346 vom 29.12.2005, S. 16).
[2] **Amtl. Anm.:** Richtlinie 83/181/EWG des Rates vom 28. März 1983 zur Festlegung des Anwendungsbereichs von Artikel 14 Absatz 1 Buchstabe d der Richtlinie 77/388/EWG hinsichtlich der Mehrwertsteuerbefreiung bestimmter endgültiger Einfuhren von Gegenständen (ABl. L 105 vom 23.4.1983, S. 38). Zuletzt geändert durch die Beitrittsakte von 1994.
[3] **Amtl. Anm.:** Richtlinie 2006/79/EG des Rates vom 5. Oktober 2006 über die Steuerbefreiungen bei der Einfuhr von Waren in Kleinsendungen nichtkommerzieller Art mit Herkunft aus Drittländern (kodifizierte Fassung) (ABl. L 286 vom 17.10.2006, S. 15).

fb) die Einfuhr von Gegenständen durch die Kommission oder durch eine nach dem Unionsrecht geschaffene Agentur oder Einrichtung, sofern die Kommission oder eine solche Agentur oder Einrichtung diese Gegenstände in Wahrnehmung der ihr durch das Unionsrecht übertragenen Aufgaben einführt, um auf die COVID-19-Pandemie zu reagieren, es sei denn, die eingeführten Gegenstände werden entweder unmittelbar oder zu einem späteren Zeitpunkt von der Kommission oder einer solchen Agentur oder Einrichtung für die Zwecke der entgeltlichen Weiterlieferungen verwendet;

g) die Einfuhr von Gegenständen durch internationale Einrichtungen, die nicht unter Buchstabe fa genannt sind und die von den Behörden des Aufnahmemitgliedstaats als internationale Einrichtungen anerkannt sind, sowie durch Angehörige dieser Einrichtungen, und zwar in den Grenzen und zu den Bedingungen, die in den internationalen Übereinkommen über die Gründung dieser Einrichtungen oder in den Abkommen über ihren Sitz festgelegt sind;

ga) die Einfuhr von Gegenständen in Mitgliedstaaten durch die Streitkräfte anderer Mitgliedstaaten für den eigenen Gebrauch oder Verbrauch oder für den ihres zivilen Begleitpersonals oder für die Versorgung ihrer Kasinos oder Kantinen, wenn diese Streitkräfte an einer Verteidigungsanstrengung teilnehmen, die zur Durchführung einer Tätigkeit der Union im Rahmen der Gemeinsamen Sicherheits- und Verteidigungspolitik unternommen wird;

h) die Einfuhr von Gegenständen in den Mitgliedstaaten, die Vertragsparteien des Nordatlantikvertrags sind, durch die Streitkräfte anderer Parteien dieses Vertrags für den Gebrauch oder Verbrauch durch diese Streitkräfte oder ihr ziviles Begleitpersonal oder für die Versorgung ihrer Kasinos oder Kantinen, wenn diese Streitkräfte der gemeinsamen Verteidigungsanstrengung dienen;

i) die Einfuhr von Gegenständen, die von den gemäß dem Vertrag zur Gründung der Republik Zypern vom 16. August 1960 auf der Insel Zypern stationierten Streitkräften des Vereinigten Königreichs durchgeführt wird, wenn sie für den Gebrauch oder Verbrauch durch diese Streitkräfte oder ihr ziviles Begleitpersonal oder für die Versorgung ihrer Kasinos oder Kantinen bestimmt ist;

j) die durch Unternehmen der Seefischerei in Häfen durchgeführte Einfuhr von Fischereierzeugnissen, die noch nicht Gegenstand einer Lieferung gewesen sind, in unbearbeitetem Zustand oder nach Haltbarmachung für Zwecke der Vermarktung;

k) die Einfuhr von Gold durch Zentralbanken;

l) die Einfuhr von Gas über ein Erdgasnetz oder jedes an ein solches Netz angeschlossene Netz oder von Gas, das von einem Gastanker aus in ein Erdgasnetz oder ein vorgelagertes Gasleitungsnetz eingespeist wird, von Elektrizität oder von Wärme oder Kälte über Wärme- oder Kältenetze.

(2) [11] Die Steuerbefreiung gemäß Absatz 1 Buchstabe d ist in den Fällen, in denen auf die Einfuhr von Gegenständen eine Lieferung von Gegenständen folgt, die gemäß Artikel 138 Absatz 1 und Absatz 2 Buchstabe c von der Steuer befreit ist, nur anzuwenden, wenn der Importeur zum Zeitpunkt der Ein-

fuhr den zuständigen Behörden des Einfuhrmitgliedstaats mindestens die folgenden Angaben hat zukommen lassen:

a) seine im Einfuhrmitgliedstaat erteilte MwSt.-Identifikationsnummer oder die im Einfuhrmitgliedstaat erteilte MwSt.-Identifikationsnummer seines Steuervertreters, der die Steuer schuldet;

b) die in einem anderen Mitgliedstaat erteilte MwSt.-Identifikationsnummer des Erwerbers, an den die Gegenstände gemäß Artikel 138 Absatz 1 geliefert werden, oder seine eigene MwSt.-Identifikationsnummer, die in dem Mitgliedstaat erteilt wurde, in dem die Versendung oder Beförderung der Gegenstände endet, wenn die Gegenstände gemäß Artikel 138 Absatz 2 Buchstabe c verbracht werden;

c) den Nachweis, aus dem hervorgeht, dass die eingeführten Gegenstände dazu bestimmt sind, aus dem Einfuhrmitgliedstaat in einen anderen Mitgliedstaat befördert oder versandt zu werden.

[2] Allerdings können die Mitgliedstaaten festlegen, dass der Nachweis nach Buchstabe c den zuständigen Behörden lediglich auf Ersuchen vorzulegen ist.

(3) Sind die Voraussetzungen für die Steuerbefreiung gemäß Absatz 1 Buchstabe fb nicht mehr erfüllt, so unterrichtet die Kommission oder die betreffende Agentur oder Einrichtung den Mitgliedstaat, in dem die Steuerbefreiung angewandt wurde, entsprechend und die Einfuhr dieser Gegenstände unterliegt der Mehrwertsteuer nach den zu diesem Zeitpunkt geltenden Bedingungen.

Art. 144 [Steuerbefreiung in der Steuerbemessungsgrundlage für Einfuhren bereits enthaltener Dienstleistungen] Die Mitgliedstaaten befreien Dienstleistungen, die sich auf die Einfuhr von Gegenständen beziehen und deren Wert gemäß Artikel 86 Absatz 1 Buchstabe b in der Steuerbemessungsgrundlage enthalten ist.

Art. 145 [Stand-Still-Klausel zum Anwendungsbereich der Steuerbefreiung bestimmter Einfuhren – Auftrag an EU-Kommission zur Überprüfung] (1) Falls erforderlich, unterbreitet die Kommission dem Rat so rasch wie möglich Vorschläge zur genauen Festlegung des Anwendungsbereichs der Befreiungen der Artikel 143 und 144 und der praktischen Einzelheiten ihrer Anwendung.

(2) [1] Bis zum Inkrafttreten der in Absatz 1 genannten Bestimmungen können die Mitgliedstaaten die geltenden nationalen Vorschriften beibehalten.

[2] Die Mitgliedstaaten können ihre nationalen Vorschriften anpassen, um Wettbewerbsverzerrungen zu verringern und insbesondere die Nicht- oder Doppelbesteuerung innerhalb der Gemeinschaft zu vermeiden.

[3] Die Mitgliedstaaten können die Verwaltungsverfahren anwenden, die ihnen zur Durchführung der Steuerbefreiung am geeignetsten erscheinen.

(3) Die Mitgliedstaaten teilen der Kommission die bereits geltenden nationalen Vorschriften mit, sofern diese noch nicht mitgeteilt wurden, und die Vorschriften, die sie im Sinne des Absatzes 2 erlassen; die Kommission unterrichtet hiervon die übrigen Mitgliedstaaten.

Kapitel 6. Steuerbefreiungen bei der Ausfuhr

Art. 146 [Steuerbefreiung von Ausfuhrumsätzen] (1) Die Mitgliedstaaten befreien folgende Umsätze von der Steuer:

a) die Lieferungen von Gegenständen, die durch den Verkäufer oder für dessen Rechnung nach Orten außerhalb der Gemeinschaft versandt oder befördert werden;

b) die Lieferungen von Gegenständen, die durch den nicht in ihrem jeweiligen Gebiet ansässigen Erwerber oder für dessen Rechnung nach Orten außerhalb der Gemeinschaft versandt oder befördert werden, mit Ausnahme der vom Erwerber selbst beförderten Gegenstände zur Ausrüstung oder Versorgung von Sportbooten und Sportflugzeugen sowie von sonstigen Beförderungsmitteln, die privaten Zwecken dienen;

c) die Lieferungen von Gegenständen an zugelassene Körperschaften, die diese im Rahmen ihrer Tätigkeit auf humanitärem, karitativem oder erzieherischem Gebiet nach Orten außerhalb der Gemeinschaft ausführen;

d) Dienstleistungen in Form von Arbeiten an beweglichen körperlichen Gegenständen, die zwecks Durchführung dieser Arbeiten in der Gemeinschaft erworben oder eingeführt worden sind und die vom Dienstleistungserbringer oder dem nicht in ihrem jeweiligen Gebiet ansässigen Dienstleistungsempfänger oder für deren Rechnung nach Orten außerhalb der Gemeinschaft versandt oder befördert werden;

e) Dienstleistungen, einschließlich Beförderungsleistungen und Nebentätigkeiten zur Beförderung, ausgenommen die gemäß den Artikeln 132 und 135 von der Steuer befreiten Dienstleistungen, wenn sie in unmittelbarem Zusammenhang mit der Ausfuhr oder der Einfuhr von Gegenständen stehen, für die Artikel 61 oder Artikel 157 Absatz 1 Buchstabe a gilt.

(2) Die Steuerbefreiung des Absatzes 1 Buchstabe c kann im Wege einer Mehrwertsteuererstattung erfolgen.

Art. 147 [Voraussetzungen der Steuerbefreiung von Ausfuhrlieferungen im nichtkommerziellen Reiseverkehr] (1) [1] Betrifft die in Artikel 146 Absatz 1 Buchstabe b genannte Lieferung Gegenstände zur Mitführung im persönlichen Gepäck von Reisenden, gilt die Steuerbefreiung nur, wenn die folgenden Voraussetzungen erfüllt sind:

a) der Reisende ist nicht in der Gemeinschaft ansässig;

b) die Gegenstände werden vor Ablauf des dritten auf die Lieferung folgenden Kalendermonats nach Orten außerhalb der Gemeinschaft befördert;

c) der Gesamtwert der Lieferung einschließlich Mehrwertsteuer übersteigt 175 EUR oder den Gegenwert in Landeswährung; der Gegenwert in Landeswährung wird alljährlich anhand des am ersten Arbeitstag im Oktober geltenden Umrechnungskurses mit Wirkung zum 1. Januar des folgenden Jahres festgelegt.

[2] Die Mitgliedstaaten können jedoch eine Lieferung, deren Gesamtwert unter dem in Unterabsatz 1 Buchstabe c vorgesehenen Betrag liegt, von der Steuer befreien.

(2) [1] ¹Für die Zwecke des Absatzes 1 gilt ein Reisender als „nicht in der Gemeinschaft ansässig", wenn sein Wohnsitz oder sein gewöhnlicher Aufenthaltsort nicht in der Gemeinschaft liegt. ²Dabei gilt als „Wohnsitz oder gewöhnlicher Aufenthaltsort" der Ort, der im Reisepass, im Personalausweis oder in einem sonstigen Dokument eingetragen ist, das in dem Mitgliedstaat, in dessen Gebiet die Lieferung bewirkt wird, als Identitätsnachweis anerkannt ist.

[2] Der Nachweis der Ausfuhr wird durch Rechnungen oder entsprechende Belege erbracht, die mit dem Sichtvermerk der Ausgangszollstelle der Gemeinschaft versehen sein müssen.

[3] ¹Jeder Mitgliedstaat übermittelt der Kommission ein Muster des Stempelabdrucks, den er für die Erteilung des Sichtvermerks im Sinne des Unterabsatzes 2 verwendet. ²Die Kommission leitet diese Information an die Steuerbehörden der übrigen Mitgliedstaaten weiter.

Kapitel 7. Steuerbefreiungen bei grenzüberschreitenden Beförderungen

Art. 148 [Steuerbefreiung von Vorumsätzen in der Seeschifffahrt und in der Luftfahrt] Die Mitgliedstaaten befreien folgende Umsätze von der Steuer:

a) die Lieferungen von Gegenständen zur Versorgung von Schiffen, die auf hoher See im entgeltlichen Passagierverkehr, zur Ausübung einer Handelstätigkeit, für gewerbliche Zwecke oder zur Fischerei sowie als Bergungs- oder Rettungsschiffe auf See oder zur Küstenfischerei eingesetzt sind, wobei im letztgenannten Fall die Lieferungen von Bordverpflegung ausgenommen sind;

b) die Lieferungen von Gegenständen zur Versorgung von Kriegsschiffen im Sinne des Codes der Kombinierten Nomenklatur (KN) 8906 10 00, die ihr Gebiet verlassen, um einen Hafen oder Ankerplatz außerhalb des Mitgliedstaats anzulaufen;

c) Lieferung, Umbau, Reparatur, Wartung, Vercharterung und Vermietung der unter Buchstabe a genannten Schiffe, sowie Lieferung, Vermietung, Reparatur und Wartung von Gegenständen, die in diese Schiffe eingebaut sind – einschließlich der Ausrüstung für die Fischerei –, oder die ihrem Betrieb dienen;

d) Dienstleistungen, die nicht unter Buchstabe c fallen und die unmittelbar für den Bedarf der unter Buchstabe a genannten Schiffe und ihrer Ladung erbracht werden;

e) die Lieferungen von Gegenständen zur Versorgung von Luftfahrzeugen, die von Luftfahrtgesellschaften verwendet werden, die hauptsächlich im entgeltlichen internationalen Verkehr tätig sind;

f) Lieferung, Umbau, Reparatur, Wartung, Vercharterung und Vermietung der unter Buchstabe e genannten Luftfahrzeuge, sowie Lieferung, Vermietung, Reparatur und Wartung von Gegenständen, die in diese Luftfahrzeuge eingebaut sind oder ihrem Betrieb dienen;

g) Dienstleistungen, die nicht unter Buchstabe f fallen und die unmittelbar für den Bedarf der unter Buchstabe e genannten Luftfahrzeuge und ihrer Ladung erbracht werden.

Art. 149 [Kannbestimmung: Portugal – See- und Luftverkehrsbeförderungen zwischen den Azoren und Madeira] Portugal kann Beförderungen im See- und Luftverkehr zwischen den Inseln, die die autonomen Regionen Azoren und Madeira bilden, sowie zwischen diesen Regionen und dem Mutterland grenzüberschreitenden Beförderungen gleichstellen.

Art. 150 [Auftrag an EU-Kommission zur Überprüfung des Anwendungsbereichs der Steuerbefreiung von Vorumsätzen in der Seeschifffahrt und in der Luftfahrt] (1) Falls erforderlich unterbreitet die Kommission dem Rat so rasch wie möglich Vorschläge zur genauen Festlegung des Anwendungsbereichs der Befreiungen des Artikels 148 und der praktischen Einzelheiten ihrer Anwendung.

(2) Bis zum Inkrafttreten der in Absatz 1 genannten Bestimmungen können die Mitgliedstaaten den Anwendungsbereich der Befreiungen nach Artikel 148 Buchstaben a und b beschränken.

**Kapitel 8. Steuerbefreiungen bei bestimmten,
Ausfuhren gleichgestellten Umsätzen**

Art. 151[1] [Steuerbefreiungen von Umsätzen an diplomatische Vertretungen, internationale Einrichtungen und NATO-Streitkräfte] (1) *[1]* Die Mitgliedstaaten befreien folgende Umsätze von der Steuer:

a) Lieferungen von Gegenständen und Dienstleistungen, die im Rahmen der diplomatischen und konsularischen Beziehungen bewirkt werden;

aa) Lieferungen von Gegenständen und Dienstleistungen, die für die Europäische Gemeinschaft, die Europäische Atomgemeinschaft, die Europäische Zentralbank oder die Europäische Investitionsbank oder die von den Europäischen Gemeinschaften geschaffenen Einrichtungen, auf die das Protokoll vom 8. April 1965 über die Vorrechte und Befreiungen der Europäischen Gemeinschaften anwendbar ist, bestimmt sind, und zwar in den Grenzen und zu den Bedingungen, die in diesem Protokoll und den Übereinkünften zu seiner Umsetzung oder in den Abkommen über ihren Sitz festgelegt sind, sofern dies nicht zu Wettbewerbsverzerrungen führt;

ab) Lieferungen von Gegenständen und Dienstleistungen an die Kommission oder an eine nach dem Unionsrecht geschaffene Agentur oder Einrichtung, sofern die Kommission oder eine solche Agentur oder Einrichtung

---

[1] Art. 151 Abs. 1 UAbs. 1 Buchst. aa eingef., Buchst. b neu gef. mWv 15.1.2010 durch RL v. 22.12.2009 (ABl. 2010 L 10 S. 14); Abs. 1 UAbs. 1 Buchst. ba und bb eingef. mWv 19.1.2020 durch RL v. 16.12.2019 (ABl. L 336 S. 10); zur **Anwendung ab 1.7.2022** siehe Art. 3 Abs. 1 UAbs. 2 RL 2019/2235/EU; Abs. 1 UAbs. 1 Buchst. ab eingef., Abs. 1 UAbs. 2 neu gef., Abs. 3 angef. mWv 1.1.2021 durch RL v. 13.7.2021 (ABl. L 250 S. 1); zur Anwendung ab 1.1.2021 siehe Art. 2 Abs. 2 der RL 2021/1159/EU.

diese Gegenstände oder Dienstleistungen in Wahrnehmung der ihr durch das Unionsrecht übertragenen Aufgaben erwirbt, um auf die COVID-19-Pandemie zu reagieren, es sei denn, die erworbenen Gegenstände und Dienstleistungen werden entweder unmittelbar oder zu einem späteren Zeitpunkt von der Kommission oder einer solchen Agentur oder Einrichtung für die Zwecke der entgeltlichen Weiterlieferungen verwendet;

b) Lieferungen von Gegenständen und Dienstleistungen, die für nicht unter Buchstabe aa genannte internationale Einrichtungen, die vom Aufnahmemitgliedstaat als internationale Einrichtungen anerkannt sind, sowie für die Angehörigen dieser Einrichtungen bestimmt sind, und zwar in den Grenzen und zu den Bedingungen, die in den internationalen Übereinkommen über die Gründung dieser Einrichtungen oder in den Abkommen über ihren Sitz festgelegt sind;

ba) Lieferungen von Gegenständen und Dienstleistungen in einem Mitgliedstaat, die entweder für den Gebrauch oder Verbrauch durch die Streitkräfte anderer Mitgliedstaaten oder ihr ziviles Begleitpersonal oder für die Versorgung ihrer Kasinos oder Kantinen bestimmt sind, wenn diese Streitkräfte an einer Verteidigungsanstrengung teilnehmen, die zur Durchführung einer Tätigkeit der Union im Rahmen der Gemeinsamen Sicherheits- und Verteidigungspolitik unternommen wird;

bb) Lieferungen von Gegenständen und Dienstleistungen in einen anderen Mitgliedstaat, die für den Gebrauch oder Verbrauch durch die Streitkräfte eines anderen Mitgliedstaats als die des Bestimmungsmitgliedstaats selbst oder ihr ziviles Begleitpersonal oder für die Versorgung ihrer Kasinos oder Kantinen bestimmt sind, wenn diese Streitkräfte an einer Verteidigungsanstrengung teilnehmen, die zur Durchführung einer Tätigkeit der Union im Rahmen der Gemeinsamen Sicherheits- und Verteidigungspolitik unternommen wird;

c) Lieferungen von Gegenständen und Dienstleistungen, die in den Mitgliedstaaten, die Vertragsparteien des Nordatlantikvertrags sind, an die Streitkräfte anderer Vertragsparteien bewirkt werden, wenn diese Umsätze für den Gebrauch oder Verbrauch durch diese Streitkräfte oder ihr ziviles Begleitpersonal oder für die Versorgung ihrer Kasinos oder Kantinen bestimmt sind und wenn diese Streitkräfte der gemeinsamen Verteidigungsanstrengung dienen;

d) Lieferungen von Gegenständen und Dienstleistungen, deren Bestimmungsort in einem anderen Mitgliedstaat liegt und die für die Streitkräfte anderer Vertragsparteien des Nordatlantikvertrags als die des Bestimmungsmitgliedstaats selbst bestimmt sind, wenn diese Umsätze für den Gebrauch oder Verbrauch durch diese Streitkräfte oder ihr ziviles Begleitpersonal oder für die Versorgung ihrer Kasinos oder Kantinen bestimmt sind und wenn diese Streitkräfte der gemeinsamen Verteidigungsanstrengung dienen;

e) Lieferungen von Gegenständen und Dienstleistungen, die für die gemäß dem Vertrag zur Gründung der Republik Zypern vom 16. August 1960 auf der Insel Zypern stationierten Streitkräfte des Vereinigten Königreichs bestimmt sind, wenn diese Umsätze für den Gebrauch oder Verbrauch durch die Streitkräfte oder ihr ziviles Begleitpersonal oder für die Versorgung ihrer Kasinos oder Kantinen bestimmt sind.

[2] Bis eine einheitliche Steuerregelung erlassen ist, gelten die in Unterabsatz 1 geregelten Befreiungen mit Ausnahme der unter Buchstabe ab genannten Befreiungen unter den vom Aufnahmemitgliedstaat festgelegten Beschränkungen.

(2) Bei Gegenständen, die nicht aus dem Mitgliedstaat versandt oder befördert werden, in dem die Lieferung dieser Gegenstände bewirkt wird, und bei Dienstleistungen kann die Steuerbefreiung im Wege der Mehrwertsteuererstattung erfolgen.

(3) Sind die Voraussetzungen für die Steuerbefreiung gemäß Absatz 1 Unterabsatz 1 Buchstabe ab nicht mehr erfüllt, so unterrichtet die Kommission oder die betreffende Agentur oder Einrichtung, die die steuerbefreite Lieferung oder Dienstleistung erhalten hat, den Mitgliedstaat, in dem die Steuerbefreiung angewandt wurde, entsprechend und die Lieferung dieser Gegenstände oder Dienstleistungen unterliegt der Mehrwertsteuer nach den zu diesem Zeitpunkt geltenden Bedingungen.

Art. 152 [Steuerbefreiung der Lieferungen von Gold an Zentralbanken] Die Mitgliedstaaten befreien die Lieferungen von Gold an Zentralbanken von der Steuer.

Kapitel 9. Steuerbefreiungen für Dienstleistungen von Vermittlern

Art. 153 [Steuerbefreiung von Vermittlungsleistungen im Zusammenhang mit grenzüberschreitenden Umsätzen] *[1]* Die Mitgliedstaaten befreien Dienstleistungen von Vermittlern, die im Namen und für Rechnung

(Fortsetzung nächstes Blatt)

Dritter handeln, von der Steuer, wenn sie in den Kapiteln 6, 7 und 8 genannte Umsätze oder Umsätze außerhalb der Gemeinschaft betreffen.

[2] Die Befreiung nach Absatz 1 gilt nicht für Reisebüros, wenn diese im Namen und für Rechnung des Reisenden Leistungen bewirken, die in anderen Mitgliedstaaten erbracht werden.

Kapitel 10. Steuerbefreiungen beim grenzüberschreitenden Warenverkehr

Abschnitt 1. Zolllager, andere Lager als Zolllager sowie gleichartige Regelungen

Art. 154 [Definition „andere Lager als Zolllager"] Für die Zwecke dieses Abschnitts gelten als „andere Lager als Zolllager" bei verbrauchsteuerpflichtigen Waren die Orte, die Artikel 4 Buchstabe b der Richtlinie 92/12/EWG als Steuerlager definiert, und nicht verbrauchsteuerpflichtigen Waren die Orte, die die Mitgliedstaaten als solche definieren.

Art. 155 [Kannbestimmung: Steuerbefreiung für Umsätze, die Zollverfahren unterliegen – Grundsatz] Unbeschadet der übrigen gemeinschaftlichen Steuervorschriften können die Mitgliedstaaten nach Konsultation des Mehrwertsteuerausschusses besondere Maßnahmen treffen, um einige oder sämtliche in diesem Abschnitt genannten Umsätze von der Steuer zu befreien, sofern diese nicht für eine endgültige Verwendung oder einen Endverbrauch bestimmt sind und sofern der beim Verlassen der in diesem Abschnitt genannten Verfahren oder sonstigen Regelungen geschuldete Mehrwertsteuerbetrag demjenigen entspricht, der bei der Besteuerung jedes einzelnen dieser Umsätze in ihrem Gebiet geschuldet worden wäre.

Art. 156 [Kannbestimmung: Steuerbefreiung bestimmter Lieferungen von Gegenständen, die bestimmten Zollverfahren unterliegen]
(1) Die Mitgliedstaaten können folgende Umsätze von der Steuer befreien:
a) die Lieferungen von Gegenständen, die zollamtlich erfasst und gegebenenfalls in einem Übergangslager vorübergehend verwahrt bleiben sollen;
b) die Lieferungen von Gegenständen, die in einer Freizone oder einem Freilager gelagert werden sollen;
c) die Lieferungen von Gegenständen, die einer Zolllagerregelung oder einer Regelung für den aktiven Veredelungsverkehr unterliegen sollen;
d) die Lieferungen von Gegenständen, die in die Hoheitsgewässer verbracht werden sollen, um im Rahmen des Baus, der Reparatur, der Wartung, des Umbaus oder der Ausrüstung von Bohrinseln oder Förderplattformen in diese eingebaut oder für die Verbindung dieser Bohrinseln oder Förderplattformen mit dem Festland verwendet zu werden;
e) die Lieferungen von Gegenständen, die in die Hoheitsgewässer verbracht werden sollen, um zur Versorgung von Bohrinseln oder Förderplattformen verwendet zu werden.

(2) Die in Absatz 1 genannten Orte sind diejenigen, die in den geltenden Zollvorschriften der Gemeinschaft als solche definiert sind.

Art. 157 [Kannbestimmung: Steuerbefreiung von Einfuhren und Lieferungen unter Regelungen für andere als Zolllager] (1) Die Mitgliedstaaten können folgende Umsätze von der Steuer befreien:

a) die Einfuhr von Gegenständen, die einer Regelung für andere Lager als Zolllager unterliegen sollen;

b) die Lieferungen von Gegenständen, die in ihrem Gebiet einer Regelung für andere Lager als Zolllager unterliegen sollen.

(2) Die Mitgliedstaaten dürfen bei nicht verbrauchsteuerpflichtigen Waren keine andere Lagerregelung als eine Zolllagerregelung vorsehen, wenn diese Waren zur Lieferung auf der Einzelhandelsstufe bestimmt sind.

Art. 158 [Kannbestimmung: Einbeziehung von Tax-free-Verkaufsstellen in eine Regelung für andere als Zolllager] (1) Abweichend von Artikel 157 Absatz 2 können die Mitgliedstaaten eine Regelung für andere Lager als Zolllager in folgenden Fällen vorsehen:

a) sofern die Gegenstände für Tax-free-Verkaufsstellen für Zwecke ihrer gemäß Artikel 146 Absatz 1 Buchstabe b befreiten Lieferungen zur Mitführung im persönlichen Gepäck von Reisenden bestimmt sind, die sich per Flugzeug oder Schiff in ein Drittgebiet oder ein Drittland begeben;

b) sofern die Gegenstände für Steuerpflichtige für Zwecke ihrer Lieferungen an Reisende an Bord eines Flugzeugs oder eines Schiffs während eines Flugs oder einer Seereise bestimmt sind, deren Zielort außerhalb der Gemeinschaft gelegen ist;

c) sofern die Gegenstände für Steuerpflichtige für Zwecke ihrer gemäß Artikel 151 von der Mehrwertsteuer befreiten Lieferungen bestimmt sind.

(2) Mitgliedstaaten, die von der in Absatz 1 Buchstabe a vorgesehenen Möglichkeit der Steuerbefreiung Gebrauch machen, treffen die erforderlichen Maßnahmen, um eine korrekte und einfache Anwendung dieser Befreiung zu gewährleisten und Steuerhinterziehung, Steuerumgehung oder Missbrauch zu verhindern.

(3) Für die Zwecke des Absatzes 1 Buchstabe a gilt als „Tax-free-Verkaufsstelle" jede Verkaufsstelle innerhalb eines Flug- oder Seehafens, die die von den zuständigen Behörden festgelegten Voraussetzungen erfüllt.

Art. 159 [Kannbestimmung: Steuerbefreiung von Dienstleistungen im Zusammenhang mit steuerbefreiten Lieferungen unter Zollverfahren] Die Mitgliedstaaten können Dienstleistungen von der Steuer befreien, die mit der Lieferung von Gegenständen im Sinne des Artikels 156, des Artikels 157 Absatz 1 Buchstabe b und des Artikels 158 zusammenhängen.

Art. 160 [Kannbestimmung: Steuerbefreiung von Umsätzen in Zoll- und Mehrwertsteuerlagern] (1) Die Mitgliedstaaten können folgende Umsätze von der Steuer befreien:

a) die Lieferungen von Gegenständen und das Erbringen von Dienstleistungen an den in Artikel 156 Absatz 1 genannten Orten, wenn diese Umsätze in ihrem Gebiet unter Wahrung einer der in demselben Absatz genannten Verfahren bewirkt werden;

b) die Lieferungen von Gegenständen und das Erbringen von Dienstleistungen an den in Artikel 157 Absatz 1 Buchstabe b und Artikel 158 genannten Orten, wenn diese Umsätze in ihrem Gebiet unter Wahrung eines der in Artikel 157 Absatz 1 Buchstabe b beziehungsweise Artikel 158 Absatz 1 genannten Verfahren bewirkt werden.

(2) Mitgliedstaaten, die von der Möglichkeit nach Absatz 1 Buchstabe a für in Zolllagern bewirkte Umsätze Gebrauch machen, treffen die erforderlichen Maßnahmen, um Regelungen für andere Lager als Zolllager festzulegen, die die Anwendung von Absatz 1 Buchstabe b auf diese Umsätze ermöglichen, wenn sie in Anhang V genannte Gegenstände betreffen und unter dieser Regelung für andere Lager als Zolllager bewirkt werden.

Art. 161 [**Kannbestimmung: Steuerbefreiung von Umsätzen mit Drittlandswaren, die bestimmten Zollverfahren unterliegen**] Die Mitgliedstaaten können folgende Lieferungen von Gegenständen und damit zusammenhängende Dienstleistungen von der Steuer befreien:

a) die Lieferungen von Gegenständen nach Artikel 30 Absatz 1 unter Wahrung des Verfahrens der vorübergehenden Verwendung bei vollständiger Befreiung von den Einfuhrabgaben oder des externen Versandverfahrens;

b) die Lieferungen von Gegenständen nach Artikel 30 Absatz 2 unter Wahrung des internen Versandverfahrens nach Artikel 276.

Art. 162 [**Gleichstellung des innergemeinschaftlichen Erwerbs in den Fällen der Steuerbefreiung unter bestimmten Zollverfahren**] Mitgliedstaaten, die von der Möglichkeit nach diesem Abschnitt Gebrauch machen, stellen sicher, dass für den innergemeinschaftlichen Erwerb von Gegenständen, der unter eines der Verfahren oder eine der Regelungen im Sinne des Artikels 156, des Artikels 157 Absatz 1 Buchstabe b und des Artikels 158 fällt, dieselben Vorschriften angewandt werden wie auf die Lieferungen von Gegenständen, die unter gleichen Bedingungen in ihrem Gebiet bewirkt wird.

Art. 163 [**Vermeidung einer Doppelbesteuerung durch Einfuhrmitgliedstaat in den Fällen der Besteuerung aufgrund des Verlassens eines Zollverfahrens**] Ist das Verlassen der Verfahren oder der sonstigen Regelungen im Sinne dieses Abschnitts mit einer Einfuhr im Sinne des Artikels 61 verbunden, trifft der Einfuhrmitgliedstaat die erforderlichen Maßnahmen, um eine Doppelbesteuerung zu vermeiden.

Abschnitt 2. Steuerbefreiung von Umsätzen im Hinblick auf eine Ausfuhr und im Rahmen des Handels zwischen den Mitgliedstaaten

Art. 164 [**Kannbestimmnung: Steuerbefreiung von Vorumsätzen für Ausfuhren**] (1) Die Mitgliedstaaten können nach Konsultation des Mehrwertsteuerausschusses folgende von einem Steuerpflichtigen getätigte oder für einen Steuerpflichtigen bestimmte Umsätze bis zu dem Betrag von der Steuer befreien, der dem Wert der von diesem Steuerpflichtigen getätigten Ausfuhren in den vorangegangenen zwölf Monaten entspricht:

a) innergemeinschaftlicher Erwerb von Gegenständen durch einen Steuerpflichtigen sowie Einfuhr und Lieferung von Gegenständen an einen Steuerpflichtigen, der diese unverarbeitet oder verarbeitet nach Orten außerhalb der Gemeinschaft auszuführen beabsichtigt;

b) Dienstleistungen im Zusammenhang mit der Ausfuhrtätigkeit dieses Steuerpflichtigen.

(2) Mitgliedstaaten, die von der Möglichkeit der Steuerbefreiung nach Absatz 1 Gebrauch machen, befreien nach Konsultation des Mehrwertsteuerausschusses auch die Umsätze im Zusammenhang mit Lieferungen des Steuerpflichtigen unter den Voraussetzungen des Artikels 138 bis zu dem Betrag, der dem Wert seiner derartigen Lieferungen in den vorangegangenen zwölf Monaten entspricht, von der Steuer.

Art. 165 [Kannbestimmung: gemeinsamer Höchstbetrag für Steuerbefreiung von Vorumsätzen für Ausfuhren] Die Mitgliedstaaten können für die Steuerbefreiungen gemäß Artikel 164 einen gemeinsamen Höchstbetrag festsetzen.

Abschnitt 3. Gemeinsame Bestimmungen für die Abschnitte 1 und 2

Art. 166 [Auftrag an EU-Kommission – Überprüfung der Anwendungsmodalitäten für die Steuerbefreiungen beim grenzüberschreitenden Warenverkehr] Falls erforderlich unterbreitet die Kommission dem Rat so rasch wie möglich Vorschläge über gemeinsame Modalitäten für die Anwendung der Mehrwertsteuer auf die in den Abschnitten 1 und 2 genannten Umsätze.

Titel X. Vorsteuerabzug

Kapitel 1. Entstehung und Umfang des Rechts auf Vorsteuerabzug

Art. 167 [Entstehung des Rechts auf Vorsteuerabzug] Das Recht auf Vorsteuerabzug entsteht, wenn der Anspruch auf die abziehbare Steuer entsteht.

Art. 167a[1] [Fakultative Regelung] *[1]* Die Mitgliedstaaten können im Rahmen einer fakultativen Regelung vorsehen, dass das Recht auf Vorsteuerabzug eines Steuerpflichtigen, bei dem ausschließlich ein Steueranspruch gemäß Artikel 66 Buchstabe b eintritt, erst dann ausgeübt werden darf, wenn der

---

[1] Art. 167a eingef. durch RL v. 13.7.2010 (ABl. L 189 S. 1); UAbs. 2 neu gef., UAbs. 3 aufgeh. mWv 22.3.2020 durch RL v. 18.2.2020 (ABl. L 62 S. 13); zur **Anwendung durch die Mitgliedstaaten ab 1.1.2025** siehe Art. 3 Abs. 1 UAbs. 2 RL 2020/285/EU.

entsprechende Lieferer oder Dienstleistungserbringer die Mehrwertsteuer auf die dem Steuerpflichtigen gelieferten Gegenstände oder erbrachten Dienstleistungen erhalten hat.

[2] ¹Mitgliedstaaten, die die in Absatz 1 genannte fakultative Regelung anwenden, legen für Steuerpflichtige, die innerhalb ihres Gebiets von dieser Regelung Gebrauch machen, einen Schwellenwert fest, der sich auf den gemäß Artikel 288 berechneten Jahresumsatz des Steuerpflichtigen stützt. ²Dieser Schwellenwert darf 2 000 000 EUR oder den Gegenwert in Landeswährung nicht übersteigen.

Art. 168¹⁾ [Umfang des Rechts auf Vorsteuerabzug – steuerpflichtige Ausgangsumsätze] Soweit die Gegenstände und Dienstleistungen für die Zwecke seiner besteuerten Umsätze verwendet werden, ist der Steuerpflichtige berechtigt, in dem Mitgliedstaat, in dem er diese Umsätze bewirkt, vom Betrag der von ihm geschuldeten Steuer folgende Beträge abzuziehen:

a) die in diesem Mitgliedstaat geschuldete oder entrichtete Mehrwertsteuer für Gegenstände und Dienstleistungen, die ihm von einem anderen Steuerpflichtigen geliefert bzw. erbracht wurden oder werden;

b) die Mehrwertsteuer, die für Umsätze geschuldet wird, die der Lieferung von Gegenständen beziehungsweise dem Erbringen von Dienstleistungen gemäß Artikel 18 Buchstabe a sowie Artikel 27 gleichgestellt sind;

c) die Mehrwertsteuer, die für den innergemeinschaftlichen Erwerb von Gegenständen gemäß Artikel 2 Absatz 1 Buchstabe b Ziffer i geschuldet wird;

d) die Mehrwertsteuer, die für dem innergemeinschaftlichen Erwerb gleichgestellte Umsätze gemäß den Artikeln 21 und 22 geschuldet wird;

e) die Mehrwertsteuer, die für die Einfuhr von Gegenständen in diesem Mitgliedstaat geschuldet wird oder entrichtet worden ist.

Art. 168a²⁾ ·³⁾ [Umfang des Rechts auf Vorsteuerabzug bei Grundstücken und sonstigen Unternehmensgegenständen] (1) *[1]* Soweit ein dem Unternehmen zugeordnetes Grundstück vom Steuerpflichtigen sowohl für unternehmerische Zwecke als auch für seinen privaten Bedarf oder den

---

¹⁾ Zeitlich befristete abweichende Ermächtigung der Bundesrepublik Deutschland auf **Ausschluss vom Recht auf Vorsteuerabzug** von Gegenständen und Dienstleistungen, die zu mehr als 90% für private Zwecke des Steuerpflichtigen oder seines Personals oder allgemein für unternehmensfremde Zwecke genutzt werden, durch Entscheidung des Rates 2009/791/EG vom 20.10.2009, zuletzt geänd. durch Durchführungsbeschluss (EU) 2018/2060 des Rates v. 20.12.2018 (ABl. L 329 S. 20).

²⁾ Art. 168a eingef. durch RL v. 22.12.2009 (ABl. 2010 L 10 S. 14).

³⁾ Zeitlich befristete abweichende Ermächtigung der Bundesrepublik Deutschland auf **Ausschluss vom Recht auf Vorsteuerabzug** von Gegenständen und Dienstleistungen, die zu mehr als 90% für private Zwecke des Steuerpflichtigen oder seines Personals oder allgemein für unternehmensfremde Zwecke genutzt werden, durch Entscheidung des Rates 2009/791/EG vom 20.10.2009, zuletzt geänd. durch Durchführungsbeschluss (EU) 2018/2060 des Rates v. 20.12.2018 (ABl. L 329 S. 20).

seines Personals oder allgemein für unternehmensfremde Zwecke verwendet wird, darf bei Ausgaben im Zusammenhang mit diesem Grundstück höchstens der Teil der Mehrwertsteuer nach den Grundsätzen der Artikel 167, 168, 169 und 173 abgezogen werden, der auf die Verwendung des Grundstücks für unternehmerische Zwecke des Steuerpflichtigen entfällt.

[2] Ändert sich der Verwendungsanteil eines Grundstücks nach Unterabsatz 1, so werden diese Änderungen abweichend von Artikel 26 nach den in dem betreffenden Mitgliedstaat geltenden Vorschriften zur Anwendung der in den Artikeln 184 bis 192 festgelegten Grundsätze berücksichtigt.

(2) Die Mitgliedstaaten können Absatz 1 auch auf die Mehrwertsteuer auf Ausgaben im Zusammenhang mit von ihnen definierten sonstigen Gegenständen anwenden, die dem Unternehmen zugeordnet sind.

Art. 169¹⁾ [Umfang des Rechts auf Vorsteuerabzug – im Ausland bewirkte und steuerfreie Ausgangsumsätze] Über den Vorsteuerabzug nach Artikel 168 hinaus hat der Steuerpflichtige das Recht, die in jenem Artikel genannte Mehrwertsteuer abzuziehen, soweit die Gegenstände und Dienstleistungen für die Zwecke folgender Umsätze verwendet werden:

a) für andere als die nach Artikel 284 von der Steuer befreiten Umsätze, die sich aus den in Artikel 9 Absatz 1 Unterabsatz 2 genannten Tätigkeiten ergeben, die außerhalb des Mitgliedstaats, in dem diese Steuer geschuldet oder entrichtet wird, bewirkt werden und für die das Recht auf Vorsteuerabzug bestünde, wenn sie in diesem Mitgliedstaat bewirkt worden wären;

b) für seine Umsätze, die gemäß den Artikeln 136a, 138, 142, oder 144, den Artikeln 146 bis 149, den Artikeln 151, 152, 153, oder 156, dem Artikel 157 Absatz 1 Buchstabe b, den Artikeln 158 bis 161 oder Artikel 164 befreit sind;

c) für seine gemäß Artikel 135 Absatz 1 Buchstaben a bis f befreiten Umsätze, wenn der Dienstleistungsempfänger außerhalb der Gemeinschaft ansässig ist oder wenn diese Umsätze unmittelbar mit Gegenständen zusammenhängen, die zur Ausfuhr aus der Gemeinschaft bestimmt sind.

Art. 170²⁾ [Umfang des Anspruchs von Unternehmen in anderen EU-Staaten und Drittstaaten auf Vorsteuererstattung] Jeder Steuerpflichtige, der im Sinne des Artikels 1 der Richtlinie 86/560/EWG³⁾ · ⁴⁾, des

---

¹⁾ Art. 169 Buchst. b neu gef. mWv 22.12.2019 durch RL v. 21.11.2019 (ABl. L 310 S. 1, geänd. durch ABl. 2020 L 244 S. 3); zur Anwendung ab 1.7.2021 siehe Art. 2 Abs. 1 UAbs. 2 RL 2019/1995/EU; Buchst. a neu gef. mWv 22.3.2020 durch RL v. 18.2.2020 (ABl. L 62 S. 13); zur **Anwendung ab 1.1.2025** siehe Art. 3 Abs. 1 UAbs. 2 RL 2020/285/EU.
²⁾ Art. 170 einl. Satzteil neu gef. durch RL v. 12.2.2008 (ABl. L 44 S. 11).
³⁾ Nr. **553**.
⁴⁾ **Amtl. Anm.:** Dreizehnte Richtlinie 86/560/EWG des Rates vom 17. November 1986 zur Harmonisierung der Rechtsvorschriften der Mitgliedstaaten über die Umsatzsteuern – Verfahren der Erstattung der Mehrwertsteuer an nicht im Gebiet der Gemeinschaft ansässige Steuerpflichtige (ABl. L 326 vom 21.11.1986, S. 40).

80   *August 2022   EL 210*

Artikels 2 Nummer 1 und des Artikels 3 der Richtlinie 2008/9/EG[1)·2)] und des Artikels 171 der vorliegenden Richtlinie nicht in dem Mitgliedstaat ansässig ist, in dem er die Gegenstände und Dienstleistungen erwirbt oder mit der Mehrwertsteuer belastete Gegenstände einführt, hat Anspruch auf Erstattung dieser Mehrwertsteuer, soweit die Gegenstände und Dienstleistungen für die Zwecke folgender Umsätze verwendet werden:

a) die in Artikel 169 genannten Umsätze;

b) die Umsätze, bei denen die Steuer nach den Artikeln 194 bis 197 und 199 lediglich vom Empfänger geschuldet wird.

Art. 171[3)] [Anwendung der gesonderten Richtlinien beim Verfahren der Vorsteuererstattung] (1) Die Erstattung der Mehrwertsteuer an Steuerpflichtige, die nicht in dem Mitgliedstaat, in dem sie die Gegenstände und Dienstleistungen erwerben oder mit der Mehrwertsteuer belastete Gegenstände einführen, sondern in einem anderen Mitgliedstaat ansässig sind, erfolgt nach dem in der Richtlinie 2008/9/EG[1)] vorgesehenen Verfahren.

(2) [1] Die Erstattung der Mehrwertsteuer an nicht im Gebiet der Gemeinschaft ansässige Steuerpflichtige erfolgt nach dem in der Richtlinie 86/560/EWG[4)] vorgesehenen Verfahren.

[2] Steuerpflichtige im Sinne des Artikels 1 der Richtlinie 86/560/EWG, die in dem Mitgliedstaat, in dem sie die Gegenstände und Dienstleistungen erwerben oder mit der Mehrwertsteuer belastete Gegenstände einführen, ausschließlich Lieferungen von Gegenständen und Dienstleistungen bewirken, für die gemäß den Artikeln 194 bis 197 und 199 der Empfänger der Umsätze als Steuerschuldner bestimmt worden ist, gelten bei Anwendung der genannten Richtlinie ebenfalls als nicht in der Gemeinschaft ansässige Steuerpflichtige.

(3) Die Richtlinie 86/560/EWG gilt nicht für:

a) nach den Rechtsvorschriften des Mitgliedstaats der Erstattung fälschlich in Rechnung gestellte Mehrwertsteuerbeträge;

b) in Rechnung gestellte Mehrwertsteuerbeträge für Lieferungen von Gegenständen, die gemäß Artikel 138 oder Artikel 146 Absatz 1 Buchstabe b von der Steuer befreit sind oder befreit werden können.

Art. 171a[5)] [Kannbestimmung: Vorsteuerabzug aus einer Reverse-Charge-Steuerschuld anstelle der Anwendung des Erstattungsverfahrens] [1] [1]Die Mitgliedstaaten können anstatt der Gewährung einer Erstattung der Mehrwertsteuer gemäß den Richtlinien 86/560/EWG[4)] oder 2008/

[1)] Nr. **550b.**

[2)] **Amtl. Anm.:** Richtlinie 2008/9/EG des Rates vom 12. Februar 2008 zur Regelung der Erstattung der Mehrwertsteuer gemäß der Richtlinie 2006/112/EG an nicht im Mitgliedstaat der Erstattung, sondern in einem anderen Mitgliedstaat ansässige Steuerpflichtige (ABl. L 44 vom 20.2.2008, S. 23).

[3)] Art. 171 Abs. 1 und 3 neu gef. durch RL v. 12.2.2008 (ABl. L 44 S. 11).

[4)] Nr. **553.**

[5)] Art. 171a eingef. durch RL v. 12.2.2008 (ABl. L 44 S. 11).

9/EG[1]) für Lieferungen von Gegenständen oder Dienstleistungen an einen Steuerpflichtigen, für die dieser Steuerpflichtige die Steuer gemäß den Artikeln 194 bis 197 oder Artikel 199 schuldet, den Abzug dieser Steuer nach dem Verfahren gemäß Artikel 168 erlauben. [2]Bestehende Beschränkungen nach Artikel 2 Absatz 2 und Artikel 4 Absatz 2 der Richtlinie 86/560/EWG können beibehalten werden.

[2] Zu diesem Zweck können die Mitgliedstaaten den Steuerpflichtigen, der die Steuer zu entrichten hat, von dem Erstattungsverfahren gemäß den Richtlinien 86/560/EWG oder 2008/9/EG ausschließen.

Art. *172* [Vorsteuerabzugsrecht des Lieferers eines neuen Fahrzeugs]

(1) [1] Jede Person, die als Steuerpflichtiger gilt, weil sie gelegentlich die Lieferung eines neuen Fahrzeugs unter den Voraussetzungen des Artikels 138 Absatz 1 und Absatz 2 Buchstabe a bewirkt, hat in dem Mitgliedstaat, in dem die Lieferung bewirkt wird, das Recht auf Abzug der im Einkaufspreis enthaltenen oder bei der Einfuhr oder dem innergemeinschaftlichen Erwerb dieses Fahrzeugs entrichteten Mehrwertsteuer im Umfang oder bis zur Höhe des Betrags, den sie als Steuer schulden würde, wenn die Lieferung nicht befreit wäre.

[2] Das Recht auf Vorsteuerabzug entsteht zum Zeitpunkt der Lieferung des neuen Fahrzeugs und kann nur zu diesem Zeitpunkt ausgeübt werden.

(2) Die Mitgliedstaaten legen die Einzelheiten der Anwendung des Absatzes 1 fest.

(Fortsetzung nächste Seite)

---

[1]) Nr. **550b**.

Kapitel 2. Pro-rata-Satz des Vorsteuerabzugs

Art. 173 [Anwendungsbereich des Pro-rata-Satzes des Vorsteuerabzugs] (1) *[1]* Soweit Gegenstände und Dienstleistungen von einem Steuerpflichtigen sowohl für Umsätze verwendet werden, für die ein Recht auf Vorsteuerabzug gemäß den Artikeln 168, 169 und 170 besteht, als auch für Umsätze, für die kein Recht auf Vorsteuerabzug besteht, darf nur der Teil der Mehrwertsteuer abgezogen werden, der auf den Betrag der erstgenannten Umsätze entfällt.

[2] Der Pro-rata-Satz des Vorsteuerabzugs wird gemäß den Artikeln 174 und 175 für die Gesamtheit der von dem Steuerpflichtigen bewirkten Umsätze festgelegt.

(2) Die Mitgliedstaaten können folgende Maßnahmen ergreifen:

a) dem Steuerpflichtigen gestatten, für jeden Bereich seiner Tätigkeit einen besonderen Pro-rata-Satz anzuwenden, wenn für jeden dieser Bereiche getrennte Aufzeichnungen geführt werden;

b) den Steuerpflichtigen verpflichten, für jeden Bereich seiner Tätigkeit einen besonderen Pro-rata-Satz anzuwenden und für jeden dieser Bereiche getrennte Aufzeichnungen zu führen;

c) dem Steuerpflichtigen gestatten oder ihn verpflichten, den Vorsteuerabzug je nach der Zuordnung der Gesamtheit oder eines Teils der Gegenstände oder Dienstleistungen vorzunehmen;

d) dem Steuerpflichtigen gestatten oder ihn verpflichten, den Vorsteuerabzug gemäß Absatz 1 Unterabsatz 1 bei allen Gegenständen und Dienstleistungen vorzunehmen, die für die dort genannten Umsätze verwendet wurden;

e) vorsehen, dass der Betrag der Mehrwertsteuer, der vom Steuerpflichtigen nicht abgezogen werden kann, nicht berücksichtigt wird, wenn er geringfügig ist.

Art. 174 [Mathematische Definition des Pro-rata-Satzes des Vorsteuerabzugs] (1) *[1]* Der Pro-rata-Satz des Vorsteuerabzugs ergibt sich aus einem Bruch, der sich wie folgt zusammensetzt:

a) im Zähler steht der je Jahr ermittelte Gesamtbetrag – ohne Mehrwertsteuer – der Umsätze, die zum Vorsteuerabzug gemäß den Artikeln 168 und 169 berechtigen;

b) im Nenner steht der je Jahr ermittelte Gesamtbetrag – ohne Mehrwertsteuer – der im Zähler stehenden Umsätze und der Umsätze, die nicht zum Vorsteuerabzug berechtigen.

[2] Die Mitgliedstaaten können in den Nenner auch den Betrag der Subventionen einbeziehen, die nicht unmittelbar mit dem Preis der Lieferungen von Gegenständen oder der Dienstleistungen im Sinne des Artikels 73 zusammenhängen.

(2) Abweichend von Absatz 1 bleiben bei der Berechnung des Pro-rata-Satzes des Vorsteuerabzugs folgende Beträge außer Ansatz:

a) der Betrag, der auf die Lieferungen von Investitionsgütern entfällt, die vom Steuerpflichtigen in seinem Unternehmen verwendet werden;

b) der Betrag, der auf Hilfsumsätze mit Grundstücks- und Finanzgeschäften entfällt;

c) der Betrag, der auf Umsätze im Sinne des Artikels 135 Absatz 1 Buchstaben b bis g entfällt, sofern es sich dabei um Hilfsumsätze handelt.

(3) Machen die Mitgliedstaaten von der Möglichkeit nach Artikel 191 Gebrauch, keine Berichtigung in Bezug auf Investitionsgüter zu verlangen, können sie den Erlös aus dem Verkauf dieser Investitionsgüter bei der Berechnung des Pro-rata-Satzes des Vorsteuerabzugs berücksichtigen.

Art. 175 [Bemessung des Pro-rata-Satzes des Vorsteuerabzugs auf einer Jahresbasis] (1) Der Pro-rata-Satz des Vorsteuerabzugs wird auf Jahresbasis in Prozent festgesetzt und auf einen vollen Prozentsatz aufgerundet.

(2) *[1]* ¹Der für ein Jahr vorläufig geltende Pro-rata-Satz bemisst sich nach dem auf der Grundlage der Umsätze des vorangegangenen Jahres ermittelten Pro-rata-Satz. ²Ist eine solche Bezugnahme nicht möglich oder nicht stichhaltig, wird der Pro-rata-Satz vom Steuerpflichtigen unter Überwachung durch die Finanzverwaltung nach den voraussichtlichen Verhältnissen vorläufig geschätzt.

[2] Die Mitgliedstaaten können jedoch die Regelung beibehalten, die sie am 1. Januar 1979 beziehungsweise im Falle der nach diesem Datum der Gemeinschaft beigetretenen Mitgliedstaaten am Tag ihres Beitritts angewandt haben.

(3) Die Festsetzung des endgültigen Pro-rata-Satzes, die für jedes Jahr im Laufe des folgenden Jahres vorgenommen wird, führt zur Berichtigung der nach dem vorläufigen Pro-rata-Satz vorgenommenen Vorsteuerabzüge.

Kapitel 3. Einschränkungen des Rechts auf Vorsteuerabzug

Art. 176 [Ausschlüsse vom Vorsteuerabzug – Harmonisierungsauftrag – Stand-Still-Klausel] *[1]* ¹Der Rat legt auf Vorschlag der Kommission einstimmig fest, welche Ausgaben kein Recht auf Vorsteuerabzug eröffnen. ²In jedem Fall werden diejenigen Ausgaben vom Recht auf Vorsteuerabzug ausgeschlossen, die keinen streng geschäftlichen Charakter haben, wie Luxusausgaben, Ausgaben für Vergnügungen und Repräsentationsaufwendungen.

[2] Bis zum Inkrafttreten der Bestimmungen im Sinne des Absatzes 1 können die Mitgliedstaaten alle Ausschlüsse beibehalten, die am 1. Januar 1979 beziehungsweise im Falle der nach diesem Datum der Gemeinschaft beigetretenen Mitgliedstaaten am Tag ihres Beitritts in ihren nationalen Rechtsvorschriften vorgesehen waren.

Art. 177 [Ausschlüsse vom Vorsteuerabzug – konjunkturelle Gründe] *[1]* Nach Konsultation des Mehrwertsteuerausschusses kann jeder Mitgliedstaat aus Konjunkturgründen alle oder bestimmte Investitionsgüter oder andere Gegenstände teilweise oder ganz vom Vorsteuerabzug ausschließen.

[2] Anstatt den Vorsteuerabzug abzulehnen, können die Mitgliedstaaten zur Wahrung gleicher Wettbewerbsbedingungen Gegenstände, welche der Steuerpflichtige selbst hergestellt oder innerhalb der Gemeinschaft erworben oder auch eingeführt hat, in der Weise besteuern, dass dabei der Betrag der Mehrwertsteuer nicht überschritten wird, der beim Erwerb vergleichbarer Gegenstände zu entrichten wäre.

Kapitel 4. Einzelheiten der Ausübung des Rechts auf Vorsteuerabzug

Art. 178[1]) [Voraussetzungen zur Ausübung des Rechts auf Vorsteuerabzug] Um das Recht auf Vorsteuerabzug ausüben zu können, muss der Steuerpflichtige folgende Bedingungen erfüllen:

a) für den Vorsteuerabzug nach Artikel 168 Buchstabe a in Bezug auf die Lieferung von Gegenständen oder das Erbringen von Dienstleistungen muss er eine gemäß Titel XI Kapitel 3 Abschnitte 3 bis 6 ausgestellte Rechnung besitzen;

b) für den Vorsteuerabzug nach Artikel 168 Buchstabe b in Bezug auf die Lieferungen von Gegenständen und das Erbringen von Dienstleistungen gleichgestellte Umsätze muss er die von dem jeweiligen Mitgliedstaat vorgeschriebenen Formalitäten erfüllen;

c) für den Vorsteuerabzug nach Artikel 168 Buchstabe c in Bezug auf den innergemeinschaftlichen Erwerb von Gegenständen muss er in der Mehrwertsteuererklärung nach Artikel 250 alle Angaben gemacht haben, die erforderlich sind, um die Höhe der Steuer festzustellen, die für die von ihm erworbenen Gegenstände geschuldet wird, und eine gemäß Titel XI Kapitel 3 Abschnitte 3 bis 5 ausgestellte Rechnung besitzen;

d) für den Vorsteuerabzug nach Artikel 168 Buchstabe d in Bezug auf den innergemeinschaftlichen Erwerb von Gegenständen gleichgestellte Umsätze muss er die von dem jeweiligen Mitgliedstaat vorgeschriebenen Formalitäten erfüllen;

e) für den Vorsteuerabzug nach Artikel 168 Buchstabe e in Bezug auf die Einfuhr von Gegenständen muss er ein die Einfuhr bescheinigendes Dokument besitzen, das ihn als Empfänger der Lieferung oder Importeur ausweist und den Betrag der geschuldeten Mehrwertsteuer ausweist oder deren Berechnung ermöglicht;

f) hat er die Steuer in seiner Eigenschaft als Dienstleistungsempfänger oder Erwerber gemäß den Artikeln 194 bis 197 sowie 199 zu entrichten, muss er die von dem jeweiligen Mitgliedstaat vorgeschriebenen Formalitäten erfüllen.

Art. 179 [Globale Vornahme des Vorsteuerabzugs – Absetzung des Vorsteuerbetrags vom geschuldeten Steuerbetrag] *[1]* Der Vorsteuerabzug wird vom Steuerpflichtigen global vorgenommen, indem er von dem

---

[1]) Art. 178 Buchst. a und c neu gef. mWv 11.8.2010 durch RL v. 13.7.2010 (ABl. L 189 S. 1).

Steuerbetrag, den er für einen Steuerzeitraum schuldet, den Betrag der Mehrwertsteuer absetzt, für die während des gleichen Steuerzeitraums das Abzugsrecht entstanden ist und gemäß Artikel 178 ausgeübt wird.

[2] Die Mitgliedstaaten können jedoch den Steuerpflichtigen, die nur die in Artikel 12 genannten gelegentlichen Umsätze bewirken, vorschreiben, dass sie das Recht auf Vorsteuerabzug erst zum Zeitpunkt der Lieferung ausüben.

Art. 180 [Kannbestimmung: andere als globale Ausübung des Vorsteuerabzugs] Die Mitgliedstaaten können einem Steuerpflichtigen gestatten, einen Vorsteuerabzug vorzunehmen, der nicht gemäß den Artikeln 178 und 179 vorgenommen wurde.

Art. 181[1] [Kannbestimmung: Vorsteuerabzug aus innergemeinschaftlichem Erwerb ohne Besitz einer Rechnung] Die Mitgliedstaaten können einen Steuerpflichtigen, der keine gemäß Titel XI Kapitel 3 Abschnitte 3 bis 5 ausgestellte Rechnung besitzt, ermächtigen, in Bezug auf seine innergemeinschaftlichen Erwerbe von Gegenständen einen Vorsteuerabzug gemäß Artikel 168 Buchstabe c vorzunehmen.

Art. 182 [Regelungsspielraum der Mitgliedstaaten für Bedingungen der Sondermöglichkeiten des Vorsteuerabzugs] Die Mitgliedstaaten legen die Bedingungen und Einzelheiten für die Anwendung der Artikel 180 und 181 fest.

Art. 183 [Kannbestimmung: Behandlung von Vorsteuerüberschüssen] [1] Übersteigt der Betrag der abgezogenen Vorsteuer den Betrag der für einen Steuerzeitraum geschuldeten Mehrwertsteuer, können die Mitgliedstaaten den Überschuss entweder auf den folgenden Zeitraum vortragen lassen oder nach von ihnen festgelegten Einzelheiten erstatten.

[2] Die Mitgliedstaaten können jedoch festlegen, dass geringfügige Überschüsse weder vorgetragen noch erstattet werden.

Kapitel 5. Berichtigung des Vorsteuerabzugs

Art. 184 [Berichtigung des Vorsteuerabzugs – Grundsatz] Der ursprüngliche Vorsteuerabzug wird berichtigt, wenn der Vorsteuerabzug höher oder niedriger ist als der, zu dessen Vornahme der Steuerpflichtige berechtigt war.

Art. 185 [Berichtigung des Vorsteuerabzugs – geänderte Faktoren nach Abgabe der Steuererklärung] (1) Die Berichtigung erfolgt insbesondere dann, wenn sich die Faktoren, die bei der Bestimmung des Vorsteuerabzugsbetrags berücksichtigt werden, nach Abgabe der Mehrwertsteuererklärung geändert haben, zum Beispiel bei rückgängig gemachten Käufen oder erlangten Rabatten.

---

[1] Art. 181 neu gef. mWv 11.8.2010 durch RL v. 13.7.2010 (ABl. L 189 S. 1).

(2) [1] Abweichend von Absatz 1 unterbleibt die Berichtigung bei Umsätzen, bei denen keine oder eine nicht vollständige Zahlung geleistet wurde, in ordnungsgemäß nachgewiesenen oder belegten Fällen von Zerstörung, Verlust oder Diebstahl sowie bei Entnahmen für Geschenke von geringem Wert und Warenmuster im Sinne des Artikels 16.

[2] Bei Umsätzen, bei denen keine oder eine nicht vollständige Zahlung erfolgt, und bei Diebstahl können die Mitgliedstaaten jedoch eine Berichtigung verlangen.

Art. 186 **[Regelungsspielraum der Mitgliedstaaten für Einzelheiten der Vorsteuerberichtigung]** Die Mitgliedstaaten legen die Einzelheiten für die Anwendung der Artikel 184 und 185 fest.

Art. 187 **[Berichtigung des Vorsteuerabzugs bei Investitionsgütern – Grundsatz]** (1) [1] Bei Investitionsgütern erfolgt die Berichtigung während eines Zeitraums von fünf Jahren einschließlich des Jahres, in dem diese Güter erworben oder hergestellt wurden.

[2] Die Mitgliedstaaten können jedoch für die Berichtigung einen Zeitraum von fünf vollen Jahren festlegen, der mit der erstmaligen Verwendung dieser Güter beginnt.

[3] Bei Grundstücken, die als Investitionsgut erworben wurden, kann der Zeitraum für die Berichtigung bis auf 20 Jahre verlängert werden.

(2) [1] Die jährliche Berichtigung betrifft nur ein Fünftel beziehungsweise im Falle der Verlängerung des Berichtigungszeitraums den entsprechenden Bruchteil der Mehrwertsteuer, mit der diese Investitionsgüter belastet waren.

[2] Die in Unterabsatz 1 genannte Berichtigung erfolgt entsprechend den Änderungen des Rechts auf Vorsteuerabzug, die in den folgenden Jahren gegenüber dem Recht für das Jahr eingetreten sind, in dem die Güter erworben, hergestellt oder gegebenenfalls erstmalig verwendet wurden.

Art. 188 **[Berichtigung des Vorsteuerabzugs bei Investitionsgütern – Lieferung innerhalb des Berichtigungszeitraums]** (1) [1] Bei der Lieferung eines Investitionsgutes innerhalb des Berichtigungszeitraums ist dieses so zu behandeln, als ob es bis zum Ablauf des Berichtigungszeitraums weiterhin für eine wirtschaftliche Tätigkeit des Steuerpflichtigen verwendet worden wäre.

[2] Diese wirtschaftliche Tätigkeit gilt als in vollem Umfang steuerpflichtig, wenn die Lieferung des Investitionsgutes steuerpflichtig ist. [3] Die wirtschaftliche Tätigkeit gilt als in vollem Umfang steuerfrei, wenn die Lieferung des Investitionsgutes steuerfrei ist.

(2) ¹Die in Absatz 1 genannte Berichtigung wird für den gesamten noch verbleibenden Berichtigungszeitraum auf einmal vorgenommen. ²Ist die Lieferung des Investitionsgutes steuerfrei, können die Mitgliedstaaten jedoch von der Berichtigung absehen, wenn es sich bei dem Erwerber um einen Steuerpflichtigen handelt, der die betreffenden Investitionsgüter ausschließlich für Umsätze verwendet, bei denen die Mehrwertsteuer abgezogen werden kann.

Art. 189 [Kannbestimmung – Regelungsspielraum der Mitgliedstaaten zur Vorsteuerberichtigung] Für die Zwecke der Artikel 187 und 188 können die Mitgliedstaaten folgende Maßnahmen treffen:

a) den Begriff „Investitionsgüter" definieren;

b) den Betrag der Mehrwertsteuer festlegen, der bei der Berichtigung zu berücksichtigen ist;

c) alle zweckdienlichen Vorkehrungen treffen, um zu gewährleisten, dass keine ungerechtfertigten Vorteile aus der Berichtigung entstehen;

d) verwaltungsmäßige Vereinfachungen ermöglichen.

Art. 190 [Kannbestimmung – Behandlung von Dienstleistungen wie Investitionsgüter für Zwecke der Vorsteuerberichtigung] Für die Zwecke der Artikel 187, 188, 189 und 191 können die Mitgliedstaaten Dienstleistungen, die Merkmale aufweisen, die den üblicherweise Investitionsgütern zugeschriebenen vergleichbar sind, wie Investitionsgüter behandeln.

Art. 191 [Kannbestimmung – Verzicht auf Vorsteuerberichtigung bei Investitionsgütern] Sollten die praktischen Auswirkungen der Anwendung der Artikel 187 und 188 in einem Mitgliedstaat unwesentlich sein, kann dieser nach Konsultation des Mehrwertsteuerausschusses unter Berücksichtigung der gesamten mehrwertsteuerlichen Auswirkungen in dem betreffenden Mitgliedstaat und der Notwendigkeit verwaltungsmäßiger Vereinfachung auf die Anwendung dieser Artikel verzichten, vorausgesetzt, dass dies nicht zu Wettbewerbsverzerrungen führt.

Art. 192 [Kannbestimmung – Regelungsspielraum der Mitgliedstaaten in Bezug auf Vorsteuerberichtigung bei Wechsel der Besteuerungsform] Geht der Steuerpflichtige von der normalen Mehrwertsteuerregelung auf eine Sonderregelung über oder umgekehrt, können die Mitgliedstaaten die erforderlichen Vorkehrungen treffen, um zu vermeiden, dass dem Steuerpflichtigen ungerechtfertigte Vorteile oder Nachteile entstehen.

Titel XI. Pflichten der steuerpflichtigen und bestimmter nichtsteuerpflichtiger Personen

Kapitel 1. Zahlungspflicht

Abschnitt 1. Steuerschuldner gegenüber dem Fiskus

Art. 192a[1] [Steuerschuldnerschaft – Nichtansässigkeit im Fall einer festen Niederlassung] Für die Zwecke der Anwendung dieses Abschnitts gilt ein Steuerpflichtiger, der im Gebiet des Mitgliedstaats, in dem die Steuer geschuldet wird, über eine feste Niederlassung verfügt, als nicht in diesem Mitgliedstaat ansässig, wenn die folgenden Voraussetzungen erfüllt sind:

---

[1] Art. 192a eingef. mWv 1.1.2010 durch RL v. 12.2.2008 (ABl. L 44 S. 11).

a) er liefert steuerpflichtig Gegenstände oder erbringt steuerpflichtig eine Dienstleistung im Gebiet dieses Mitgliedstaats;

b) eine Niederlassung des Lieferers oder Dienstleistungserbringers im Gebiet dieses Mitgliedstaats ist nicht an der Lieferung oder Dienstleistung beteiligt.

Art. 193[1]) [Steuerschuldnerschaft – Grundsatz] Die Mehrwertsteuer schuldet der Steuerpflichtige, der Gegenstände steuerpflichtig liefert oder eine Dienstleistung steuerpflichtig erbringt, außer in den Fällen, in denen die Steuer gemäß den Artikeln 194 bis 199b sowie 202 von einer anderen Person geschuldet wird.

Art. 194 [Kannbestimmung: Steuerschuldnerschaft des Leistungsempfängers bei Leistung eines im Ausland ansässigen Unternehmers] (1) Wird die steuerpflichtige Lieferung von Gegenständen bzw. die steuerpflichtige Dienstleistung von einem Steuerpflichtigen bewirkt, der nicht in dem Mitgliedstaat ansässig ist, in dem die Mehrwertsteuer geschuldet wird, können die Mitgliedstaaten vorsehen, dass die Person, für die die Lieferung bzw. Dienstleistung bestimmt ist, die Steuer schuldet.

(2) Die Mitgliedstaaten legen die Bedingungen für die Anwendung des Absatzes 1 fest.

Art. 195 [Steuerschuldnerschaft des Leistungsempfängers bei Lieferungen von Gas und Elektrizität durch einen im Ausland ansässigen Unternehmer] Die Mehrwertsteuer schulden die Personen, die in dem Mitgliedstaat, in dem die Steuer geschuldet wird, für Mehrwertsteuerzwecke erfasst sind und an die die Gegenstände unter den Bedingungen der Artikel 38 und 39 geliefert werden, wenn die betreffende Lieferung von einem nicht in diesem Mitgliedstaat ansässigen Steuerpflichtigen bewirkt wird.

Art. 196[2]) [Steuerschuldnerschaft des Leistungsempfängers bei „Katalog"- und anderen Dienstleistungen] Die Mehrwertsteuer schuldet der Steuerpflichtige oder die nicht steuerpflichtige juristische Person mit einer Mehrwertsteuer-Identifikationsnummer, für den/die eine Dienstleistung nach Artikel 44 erbracht wird, wenn die Dienstleistung von einem nicht in diesem Mitgliedstaat ansässigen Steuerpflichtigen erbracht wird.

Art. 197[3]) [Steuerschuldnerschaft des letzten Abnehmers in einem innergemeinschaftlichen Dreiecksgeschäft] (1) Die Mehrwertsteuer schuldet der Empfänger einer Lieferung von Gegenständen, wenn folgende Voraussetzungen erfüllt sind:

---

[1]) Art. 193 neu gef. mWv 2.12.2018 durch RL v. 6.11.2018 (ABl. L Nr. 282 S. 5, ber. ABl. L 329 S. 53).

[2]) Art. 196 neu gef. mWv 1.1.2010 durch RL v. 12.2.2008 (ABl. L 44 S. 11).

[3]) Art. 197 Abs. 1 Buchst. c neu gef. mWv 11.8.2010 durch RL v. 13.7.2010 (ABl. L 189 S. 1).

a) der steuerpflichtige Umsatz ist eine Lieferung von Gegenständen im Sinne von Artikel 141;

b) der Empfänger dieser Lieferung von Gegenständen ist ein anderer Steuerpflichtiger oder eine nichtsteuerpflichtige juristische Person, der bzw. die in dem Mitgliedstaat für Mehrwertsteuerzwecke erfasst ist, in dem die Lieferung bewirkt wird;

c) die von dem nicht im Mitgliedstaat des Empfängers der Lieferung ansässigen Steuerpflichtigen ausgestellte Rechnung entspricht Kapitel 3 Abschnitte 3 bis 5.

(2) Wurde gemäß Artikel 204 ein Steuervertreter bestellt, der die Steuer schuldet, können die Mitgliedstaaten eine Ausnahme von Absatz 1 des vorliegenden Artikels vorsehen.

Art. 198 [Steuerschuldnerschaft des Leistungsempfängers bei zwischenunternehmerischen Umsätzen mit Anlagegold] (1) *[1]* Werden bestimmte Umsätze in Bezug auf Anlagegold zwischen einem auf einem geregelten Goldmarkt tätigen Steuerpflichtigen und einem anderen nicht auf diesem Markt tätigen Steuerpflichtigen gemäß Artikel 352 besteuert, legen die Mitgliedstaaten fest, dass die Steuer vom Erwerber geschuldet wird.

[2] Ist der nicht auf dem geregelten Goldmarkt tätige Erwerber ein Steuerpflichtiger, der nur für die in Artikel 352 genannten Umsätze in dem Mitgliedstaat, in dem die Steuer geschuldet wird, für Mehrwertsteuerzwecke erfasst sein muss, erfüllt der Verkäufer die steuerlichen Pflichten des Erwerbers in dessen Namen gemäß den Vorschriften jenes Mitgliedstaats.

(2) Wird eine Lieferung von Goldmaterial oder Halbfertigerzeugnissen mit einem Feingehalt von mindestens 325 Tausendsteln oder eine Lieferung von Anlagegold im Sinne des Artikels 344 Absatz 1 durch einen Steuerpflichtigen bewirkt, der eine der in den Artikeln 348, 349 und 350 vorgesehenen Wahlmöglichkeiten in Anspruch genommen hat, können die Mitgliedstaaten festlegen, dass die Steuer vom Erwerber geschuldet wird.

(3) Die Mitgliedstaaten legen die Verfahren und Voraussetzungen für die Anwendung der Absätze 1 und 2 fest.

Art. 199 [Kannbestimmung: Steuerschuldnerschaft des Leistungsempfängers bei Bauleistungen und bestimmten anderen Umsätzen]
(1) Die Mitgliedstaaten können vorsehen, dass der steuerpflichtige Empfänger die Mehrwertsteuer schuldet, an den folgende Umsätze bewirkt werden:

a) Bauleistungen, einschließlich Reparatur-, Reinigungs-, Wartungs-, Umbau- und Abbruchleistungen im Zusammenhang mit Grundstücken sowie die auf Grund des Artikels 14 Absatz 3 als Lieferung von Gegenständen betrachtete Erbringung bestimmter Bauleistungen;

b) Gestellung von Personal für die unter Buchstabe a fallenden Tätigkeiten;

c) Lieferung von in Artikel 135 Absatz 1 Buchstaben j und k genannten Grundstücken, wenn der Lieferer gemäß Artikel 137 für die Besteuerung optiert hat;

d) Lieferung von Gebrauchtmaterial, auch solchem, das in seinem unveränderten Zustand nicht zur Wiederverwendung geeignet ist, Schrott, von gewerblichen und nichtgewerblichen Abfallstoffen, recyclingfähigen Abfallstoffen und teilweise verarbeiteten Abfallstoffen, und gewissen in Anhang VI aufgeführten Gegenständen und Dienstleistungen;

e) Lieferung sicherungsübereigneter Gegenstände durch einen steuerpflichtigen Sicherungsgeber an einen ebenfalls steuerpflichtigen Sicherungsnehmer;

f) Lieferung von Gegenständen im Anschluss an die Übertragung des Eigentumsvorbehalts auf einen Zessionar und die Ausübung des übertragenen Rechts durch den Zessionar;

g) Lieferung von Grundstücken, die vom Schuldner im Rahmen eines Zwangsversteigerungsverfahrens verkauft werden.

(2) Bei der Anwendung der in Absatz 1 geregelten Möglichkeit können die Mitgliedstaaten die Lieferungen von Gegenständen und Dienstleistungen und die Kategorien von Lieferern und Dienstleistungserbringern sowie von Erwerbern oder Dienstleistungsempfängern bestimmen, für die sie von diesen Maßnahmen Gebrauch machen.

(3) Für die Zwecke des Absatzes 1 können die Mitgliedstaaten folgende Maßnahmen ergreifen:

a) vorsehen, dass ein Steuerpflichtiger, der auch Tätigkeiten ausführt oder Umsätze bewirkt, die nicht als steuerbare Lieferungen von Gegenständen oder als nicht steuerbare Dienstleistungen im Sinne des Artikels 2 angesehen werden, in Bezug auf Lieferungen von Gegenständen oder Dienstleistungen, die er gemäß Absatz 1 des vorliegenden Artikels erhält, als Steuerpflichtiger gilt;

b) vorsehen, dass eine nicht steuerpflichtige Einrichtung des öffentlichen Rechts in Bezug auf gemäß Absatz 1 Buchstaben e, f und g erhaltene Lieferungen von Gegenständen, als Steuerpflichtiger gilt.

(4) Die Mitgliedstaaten unterrichten den Mehrwertsteuerausschuss von nationalen Maßnahmen, die sie im Sinne des Absatzes 1 erlassen, sofern diese nicht vom Rat vor dem 13. August 2006 gemäß Artikel 27 Absätze 1 bis 4 der Richtlinie 77/388/EWG genehmigt wurden und gemäß Absatz 1 des vorliegenden Artikels weitergeführt werden.

Art. 199a[1]) [Steuerschuldnerschaft bei Treibhausgasemissionszertifikaten] (1) Die Mitgliedstaaten können bis zum 31. Dezember 2026 vorsehen, dass die Mehrwertsteuer von dem steuerpflichtigen Empfänger der folgenden Leistungen geschuldet wird:

---

[1]) Art. 199a Abs. 1 einl. Satzteil neu gef., Buchst. c–j angef., Abs. 1a und 1b eingef., Abs. 2 neu gef., Abs. 3 UAbs. 1 Satz 1, UAbs. 2 Buchst. a und Abs. 4 neu gef. und Abs. 5 angef. mWv 15.8.2013 durch RL v. 22.7.2013 (ABl. L 201 S. 4); Abs. 1 einl. Satzteil neu gef. mWv 2.12.2018 durch RL v. 6.11.2018 (ABl. L 282 S. 5); Abs. 1 einl. Satzteil geänd., Abs. 3, 4 und 5 gestrichen mWv 11.6.2022 durch RL v. 3.6.2022 (ABl. L 155 S. 1).

a) Übertragung von Treibhausgasemissionszertifikaten entsprechend der Definition in Artikel 3 der Richtlinie 2003/87/EG des Europäischen Parlaments und des Rates vom 13. Oktober 2003 über ein System für den Handel mit Treibhausgasemissionszertifikaten in der Gemeinschaft[1]), die gemäß Artikel 12 der genannten Richtlinie übertragen werden können,

b) Übertragung von anderen Einheiten, die von den Wirtschaftsbeteiligten genutzt werden können, um den Auflagen der Richtlinie nachzukommen,

c) Lieferungen von Mobilfunkgeräten, d. h. Geräten, die zum Gebrauch mittels eines zugelassenen Netzes und auf bestimmten Frequenzen hergestellt oder hergerichtet wurden, unabhängig von etwaigen weiteren Nutzungsmöglichkeiten,

d) Lieferungen von integrierten Schaltkreisen wie Mikroprozessoren und Zentraleinheiten vor Einbau in Endprodukte,

e) Lieferungen von Gas und Elektrizität an einen steuerpflichtigen Wiederverkäufer im Sinne des Artikels 38 Absatz 2,

f) Übertragung von Gas- und Elektrizitätszertifikaten,

g) Erbringung von Telekommunikationsdienstleistungen im Sinne des Artikels 24 Absatz 2,

h) Lieferungen von Spielkonsolen, Tablet-Computern und Laptops,

i) Lieferungen von Getreide und Handelsgewächsen einschließlich Ölsaaten und Zuckerrüben, die auf der betreffenden Stufe normalerweise nicht für den Endverbrauch bestimmt sind,

j) Lieferungen von Rohmetallen und Metallhalberzeugnissen einschließlich Edelmetalle, sofern sie nicht anderweitig unter Artikel 199 Absatz 1 Buchstabe d, die auf Gebrauchtgegenstände, Kunstgegenstände, Sammlungsstücke und Antiquitäten anwendbaren Sonderregelungen gemäß Artikel 311 bis 343 oder die Sonderregelung für Anlagegold gemäß Artikel 344 bis 356 fallen.

(1a) Die Mitgliedstaaten können die Bedingungen für die Anwendung des in Absatz 1 vorgesehenen Verfahrens festlegen.

(1b) Bei der Anwendung des in Absatz 1 vorgesehenen Verfahrens auf die Lieferung der Gegenstände und die Erbringung der Dienstleistungen, die in den Buchstaben c bis j jenes Absatzes aufgeführt sind, werden für alle Steuerpflichtigen, welche die Gegenstände liefern oder die Dienstleistungen erbringen, auf die das in Absatz 1 vorgesehene Verfahren angewendet wird, angemessene und wirksame Mitteilungspflichten eingeführt.

(2) Die Mitgliedstaaten teilen dem Mehrwertsteuerausschuss die Anwendung des in Absatz 1 vorgesehenen Verfahrens bei seiner Einführung mit und übermitteln dem Mehrwertsteuerausschuss die folgenden Angaben:

a) Geltungsbereich der Maßnahme zur Anwendung des Verfahrens zusammen mit der Art und den Merkmalen des Betrugs sowie eine detaillierte Beschreibung der begleitenden Maßnahmen, einschließlich der Mitteilungspflichten für Steuerpflichtige und Kontrollmaßnahmen,

---

[1]) **Amtl. Anm.:** ABl. L 275 vom 25.10.2003, S. 32.

b) Maßnahmen zur Information der betreffenden Steuerpflichtigen über den Beginn der Anwendung des Verfahrens,

c) Evaluierungskriterien für einen Vergleich zwischen betrügerischen Tätigkeiten im Zusammenhang mit den in Absatz 1 genannten Gegenständen und Dienstleistungen vor und nach der Anwendung des Verfahrens, betrügerischen Tätigkeiten im Zusammenhang mit anderen Gegenständen und Dienstleistungen vor und nach Anwendung des Verfahrens und einem Anstieg bei anderen Arten betrügerischer Tätigkeiten vor und nach der Anwendung des Verfahrens,

d) Zeitpunkt des Geltungsbeginns und Geltungszeitraum der Maßnahme zur Anwendung des Verfahrens.

(3)–(5) *(aufgehoben)*

Art. 199b[1]) [Schnellreaktionsmechanismus zur Bekämpfung von Betrugsfällen] (1) [1] Ein Mitgliedstaat kann in Fällen äußerster Dringlichkeit gemäß den Absätzen 2 und 3 als Sondermaßnahme des Schnellreaktionsmechanismus zur Bekämpfung unvermittelt auftretender und schwerwiegender Betrugsfälle, die voraussichtlich zu erheblichen und unwiederbringlichen finanziellen Verlusten führen, in Abweichung von Artikel 193 den Empfänger von bestimmten Gegenständen oder Dienstleistungen als Schuldner der Mehrwertsteuer bestimmen.

[2] Die Sondermaßnahme des Schnellreaktionsmechanismus unterliegt geeigneten Kontrollmaßnahmen des Mitgliedstaats betreffend Steuerpflichtige, die die Lieferungen bewirken oder Dienstleistungen erbringen, auf die die Maßnahme anwendbar ist, und gilt für einen Zeitraum von höchstens neun Monaten.

(2) [1] ¹Ein Mitgliedstaat, der eine in Absatz 1 bezeichnete Sondermaßnahme des Schnellreaktionsmechanismus einführen möchte, teilt dies der Kommission unter Verwendung des gemäß Absatz 4 festgelegten Standardformblatts mit; er übermittelt diese Mitteilung gleichzeitig an die anderen Mitgliedstaaten. ²Er übermittelt der Kommission Angaben zur betroffenen Branche, zur Art und zu den Merkmalen des Betrugs, zum Vorliegen von Gründen für die äußerste Dringlichkeit, zum unvermittelten, schwerwiegenden Charakter des Betrugs und zu den Folgen in Form von erheblichen, unwiederbringlichen finanziellen Verlusten. ³Ist die Kommission der Auffassung, dass nicht alle erforderlichen Angaben vorliegen, so kontaktiert sie den betreffenden Mitgliedstaat innerhalb von zwei Wochen nach Eingang der Mitteilung und teilt ihm mit, welche zusätzlichen Angaben sie benötigt. ⁴Alle zusätzlichen Angaben, die der betreffende Mitgliedstaat der Kommission übermittelt, werden gleichzeitig an die anderen Mitgliedstaaten übermittelt. ⁵Sind die zusätzlichen Angaben unzureichend, so unterrichtet die Kommission den betreffenden Mitgliedstaat innerhalb einer Woche darüber.

[2] Der Mitgliedstaat, der eine in Absatz 1 dieses Artikels vorgesehene Sondermaßnahme des Schnellreaktionsmechanismus einführen möchte, stellt

---

¹) Art. 199b neu gef. mWv 2.12.2018 durch RL v. 6.11.2018 (ABl. L 282 S. 5); Abs. 6 geänd. mWv 11.6.2022 durch RL v. 3.6.2022 (ABl. L 155 S. 1).

gleichzeitig nach dem in Artikel 395 Absätze 2 und 3 festgelegten Verfahren einen Antrag an die Kommission.

[3] In Fällen äußerster Dringlichkeit gemäß Absatz 1 dieses Artikels ist das in Artikel 395 Absätze 2 und 3 festgelegte Verfahren innerhalb von sechs Monaten nach Eingang des Antrags bei der Kommission abzuschließen.

(3) ¹Sobald die Kommission über alle Angaben verfügt, die ihres Erachtens für die Beurteilung der Mitteilung nach Absatz 2 Unterabsatz 1 erforderlich sind, unterrichtet sie die Mitgliedstaaten hiervon. ²Erhebt sie Einwände gegen die Sondermaßnahme des Schnellreaktionsmechanismus, so erstellt sie innerhalb eines Monats nach der Mitteilung eine ablehnende Stellungnahme und setzt den betreffenden Mitgliedstaat und den Mehrwertsteuerausschuss davon in Kenntnis. ³Erhebt die Kommission keine Einwände, so bestätigt sie dies dem betreffenden Mitgliedstaat und – innerhalb des gleichen Zeitraums – dem Mehrwertsteuerausschuss in schriftlicher Form. ⁴Der Mitgliedstaat kann die Sondermaßnahme des Schnellreaktionsmechanismus ab dem Zeitpunkt des Eingangs dieser Bestätigung erlassen. ⁵Die Kommission berücksichtigt bei der Beurteilung der Mitteilung die Ansichten anderer Mitgliedstaaten, die ihr in schriftlicher Form übermittelt wurden.

(4) ¹Die Kommission erlässt einen Durchführungsrechtsakt zur Erstellung eines Standardformblatts für die Einreichung der Mitteilung einer Sondermaßnahme des Schnellreaktionsmechanismus nach Absatz 2 sowie für die Übermittlung von Angaben gemäß Absatz 2 Unterabsatz 1. ²Dieser Durchführungsrechtsakt wird nach dem Prüfverfahren gemäß Absatz 5 erlassen.

(5) Wird auf diesen Absatz Bezug genommen, so gilt Artikel 5 der Verordnung (EU) Nr. 182/2011 des Europäischen Parlaments und des Rates¹⁾, und für diesen Zweck ist der durch Artikel 58 der Verordnung (EU) Nr. 904/2010 des Rates²⁾ eingesetzte Ausschuss zuständig.

(6) Die in Absatz 1 vorgesehene Sondermaßnahme des Schnellreaktionsmechanismus gilt bis zum 31. Dezember 2026.

[16.1.2019–30.6.2022:

Art. 199c³⁾ [Bedingungen und Voraussetzungen für die generelle Umkehrung der Steuerschuldnerschaft] (1) *[1]* Abweichend von Artikel 193 kann ein Mitgliedstaat bis zum 30. Juni 2022 eine generelle Umkehrung der Steuerschuldnerschaft auf nicht grenzübergreifende Lieferungen einführen, wonach die Mehrwertsteuer von dem Steuerpflichtigen geschuldet

---

¹⁾ **Amtl. Anm.:** Verordnung (EU) Nr. 182/2011 des Europäischen Parlaments und des Rates vom 16. Februar 2011 zur Festlegung der allgemeinen Regeln und Grundsätze, nach denen die Mitgliedstaaten die Wahrnehmung der Durchführungsbefugnisse durch die Kommission kontrollieren (ABl. L 55 vom 28.2.2011, S. 13).
²⁾ **Amtl. Anm.:** Verordnung (EU) Nr. 904/2010 des Rates vom 7. Oktober 2010 über die Zusammenarbeit der Verwaltungsbehörden und die Betrugsbekämpfung auf dem Gebiet der Mehrwertsteuer (ABl. L 268 vom 12.10.2010, S. 1).
³⁾ Art. 199c eingef. mWv 16.1.2019 durch RL v. 20.12.2018 (ABl. L 329 S. 3); zur **Geltung bis 30.6.2022** siehe Art. 2 UAbs. 2 RL 2018/2057/EU.

wird, an den Gegenstände oder Dienstleistungen geliefert werden, die alle einen Schwellenwert von 17 500 EUR je Umsatz übersteigen.

[2] Ein Mitgliedstaat, der die generelle Umkehrung der Steuerschuldnerschaft einführen möchte, muss alle folgenden Bedingungen erfüllen:

a) Seine Mehrwertsteuerlücke im Jahr 2014, die gemäß der Methode und den Zahlen des von der Kommission veröffentlichten Abschlussberichts aus dem Jahr 2016 zur Mehrwertsteuerlücke vom 23. August 2016 berechnet und als Prozentsatz des Gesamtbetrags der geschuldeten Mehrwertsteuer ausgedrückt wird, liegt mindestens fünf Prozentpunkte über dem Medianwert der gemeinschaftlichen Mehrwertsteuerlücke;

b) der Anteil des Karussellbetrugs an seiner gesamten Mehrwertsteuerlücke beläuft sich, gestützt auf die Folgenabschätzung, die dem Gesetzgebungsvorschlag für diesen Artikel beigefügt war, auf mehr als 25 %;

c) er hat festgestellt, dass andere Gegenmaßnahmen nicht ausreichen, um den Karussellbetrug auf seinem Hoheitsgebiet zu bekämpfen, insbesondere unter Angabe der angewandten Gegenmaßnahmen und der besonderen Gründe für ihre mangelnde Wirksamkeit sowie der Gründe, warum die Verwaltungszusammenarbeit auf dem Gebiet der Mehrwertsteuer sich als unzureichend erwiesen hat;

d) er hat festgestellt, dass die geschätzten Gewinne aus der Steuerehrlichkeit und der Steuererhebung, die infolge der Einführung der generellen Umkehrung der Steuerschuldnerschaft erwartet werden, die geschätzte zusätzliche Gesamtbelastung für Unternehmen und Steuerbehörden um mindestens 25 % überwiegen; und

e) er hat festgestellt, dass die Einführung der generellen Umkehrung der Steuerschuldnerschaft nicht zu höheren Kosten für die Unternehmen und Steuerbehörden führt als die Anwendung anderer Gegenmaßnahmen.

[3] Der Mitgliedstaat fügt dem Antrag nach Absatz 3 die Berechnung der Mehrwertsteuerlücke gemäß der Methode und den Zahlen des in Unterabsatz 2 Buchstabe a dieses Absatzes genannten, von der Kommission veröffentlichten Berichts zur Mehrwertsteuerlücke bei.

(2) Mitgliedstaaten, die die generelle Umkehrung der Steuerschuldnerschaft anwenden, richten geeignete und effiziente elektronische Berichtspflichten für alle Steuerpflichtigen und insbesondere für Steuerpflichtige ein, die von der Umkehrung der Steuerschuldnerschaft betroffene Gegenstände oder Dienstleistungen liefern oder erhalten, damit das reibungslose Funktionieren und die effiziente Überwachung der Anwendung der generellen Umkehrung der Steuerschuldnerschaft gewährleistet sind.

(3) [1] Mitgliedstaaten, die die generelle Umkehrung der Steuerschuldnerschaft anwenden möchten, richten einen Antrag mit folgenden Angaben an die Kommission:

a) ausführliche Begründung der Erfüllung der Bedingungen gemäß Absatz 1;

b) Beginn und Dauer der Anwendung der generellen Umkehrung der Steuerschuldnerschaft;

c) Maßnahmen zur Unterrichtung der Steuerpflichtigen über die Einführung der Anwendung der generellen Umkehrung der Steuerschuldnerschaft; und

d) ausführliche Beschreibung der Begleitmaßnahmen nach Absatz 2.

[2] ¹Die Kommission kann innerhalb eines Monats nach Eingang des Antrags weitere Informationen – einschließlich zugrunde liegender Methoden, Annahmen, Studien und weiterer Belegunterlagen – anfordern, wenn sie der Meinung ist, dass ihr nicht alle notwendigen Informationen vorliegen. ²Der antragstellende Mitgliedstaat legt die erforderlichen Informationen innerhalb eines Monats nach Eingang der Anforderung vor.

(4) ¹Ist die Kommission der Auffassung, dass der Antrag den Anforderungen gemäß Absatz 3 entspricht, so unterbreitet sie spätestens drei Monate nach Eingang aller notwendigen Informationen dem Rat einen Vorschlag. ²Der Rat kann auf einen solchen Vorschlag der Kommission hin einstimmig den antragstellenden Mitgliedstaat ermächtigen, die generelle Umkehrung der Steuerschuldnerschaft anzuwenden. ³Ist die Kommission der Auffassung, dass der Antrag den Anforderungen gemäß Absatz 3 nicht entspricht, so teilt sie innerhalb der gleichen Frist dem antragstellenden Mitgliedstaat und dem Rat ihre Gründe mit.

(5) *[1]* ¹Wird eine beträchtliche negative Auswirkung auf den Binnenmarkt gemäß Unterabsatz 2 dieses Absatzes festgestellt, schlägt die Kommission spätestens drei Monate nach Eingang aller notwendigen Informationen vor, alle Durchführungsbeschlüsse nach Absatz 4 aufzuheben, und zwar frühestens sechs Monate nach dem Inkrafttreten des ersten Durchführungsbeschlusses zur Ermächtigung eines Mitgliedstaats, die generelle Umkehrung der Steuerschuldnerschaft anzuwenden. ²Diese Aufhebung gilt als vom Rat angenom-

(Fortsetzung nächste Seite)

men, es sei denn, der Rat beschließt einstimmig, den Kommissionsvorschlag abzulehnen, und zwar innerhalb von 30 Tagen, nachdem die Kommission ihn angenommen hat.

[2] Eine beträchtliche negative Auswirkung gilt als nachgewiesen, wenn folgende Bedingungen erfüllt sind:

a) Mindestens ein Mitgliedstaat, der keine generelle Umkehrung der Steuerschuldnerschaft anwendet, informiert die Kommission über eine Zunahme des Mehrwertsteuerbetrugs in seinem Hoheitsgebiet aufgrund der Anwendung der generellen Umkehrung der Steuerschuldnerschaft; und

b) die Kommission stellt u. a. anhand der von den in Buchstabe a dieses Unterabsatzes genannten Mitgliedstaaten gelieferten Informationen fest, dass die Zunahme des Mehrwertsteuerbetrugs in deren Hoheitsgebiet mit der Anwendung der Umkehrung der Steuerschuldnerschaft in einem oder mehreren Mitgliedstaaten zusammenhängt.

(6) [1] Mitgliedstaaten, die die generelle Umkehrung der Steuerschuldnerschaft anwenden, legen allen Mitgliedstaaten in elektronischer Form folgende Informationen vor:

a) die Namen der Personen, gegen die in den 12 Monaten vor dem Datum des Beginns der Anwendung der generellen Umkehrung der Steuerschuldnerschaft ein Straf- oder Verwaltungsverfahren wegen Mehrwertsteuerbetrugs eingeleitet worden ist; und

b) die Namen der Personen – im Falle von juristischen Personen einschließlich der Namen ihrer Geschäftsführer –, deren Mehrwertsteuerregistrierung in diesem Mitgliedstaat nach der Einführung der generellen Umkehrung der Steuerschuldnerschaft beendet wurde; und

c) die Namen der Personen – im Falle von juristischen Personen einschließlich der Namen ihrer Geschäftsführer –, die nach der Einführung der generellen Umkehrung der Steuerschuldnerschaft für zwei aufeinanderfolgende Besteuerungszeiträume keine Mehrwertsteuererklärung abgegeben haben.

[2] ¹Die Informationen gemäß Unterabsatz 1 Buchstaben a und b sind spätestens drei Monate nach Einführung der generellen Umkehrung der Steuerschuldnerschaft vorzulegen und danach alle drei Monate zu aktualisieren. ²Die Informationen gemäß Unterabsatz 1 Buchstabe c sind spätestens neun Monate nach Einführung der generellen Umkehrung der Steuerschuldnerschaft vorzulegen und danach alle drei Monate zu aktualisieren.

[3] ¹Mitgliedstaaten, die die generelle Umkehrung der Steuerschuldnerschaft anwenden, legen der Kommission spätestens ein Jahr nach Beginn der Anwendung einen Zwischenbericht vor. ²Dieser Bericht muss eine detaillierte Bewertung der Wirksamkeit der generellen Umkehrung der Steuerschuldnerschaft enthalten. ³Drei Monate nach dem Ende der Anwendung der generellen Umkehrung der Steuerschuldnerschaft legen die Mitgliedstaaten, die die generelle Umkehrung der Steuerschuldnerschaft angewandt haben, einen Abschlussbericht über die allgemeinen Auswirkungen vor.

(7) [1] ¹Die Mitgliedstaaten, die die generelle Umkehrung der Steuerschuldnerschaft nicht anwenden, legen der Kommission einen Zwischenbe-

richt über die Auswirkungen der Anwendung der generellen Umkehrung der Steuerschuldnerschaft in anderen Mitgliedstaaten auf ihr Hoheitsgebiet vor. [2] Dieser Bericht wird der Kommission innerhalb von drei Monaten vorgelegt, nachdem die generelle Umkehrung der Steuerschuldnerschaft in einem Mitgliedstaat mindestens ein Jahr lang angewandt wurde.

[2] Wenn mindestens ein Mitgliedstaat die generelle Umkehrung der Steuerschuldnerschaft anwendet, legen die Mitgliedstaaten, die die generelle Umkehrung der Steuerschuldnerschaft nicht anwenden, der Kommission bis zum 30. September 2022 einen Abschlussbericht über die Auswirkungen der Anwendung der generellen Umkehrung der Steuerschuldnerschaft in anderen Mitgliedstaaten auf ihr Hoheitsgebiet vor.

(8) In den Berichten nach Absatz 6 prüfen die Mitgliedstaaten die Auswirkungen der Anwendung der generellen Umkehrung der Steuerschuldnerschaft auf der Grundlage folgender Bewertungskriterien:

a) Entwicklung der Mehrwertsteuerlücke;

b) Entwicklung des Mehrwertsteuerbetrugs, insbesondere des Karussellbetrugs und des Betrugs auf Einzelhandelsebene;

c) Entwicklung des Verwaltungsaufwands für die Steuerpflichtigen;

d) Entwicklung der Verwaltungskosten für die Steuerbehörden.

(9) In den Berichten nach Absatz 7 prüfen die Mitgliedstaaten die Auswirkungen der Anwendung der generellen Umkehrung der Steuerschuldnerschaft auf der Grundlage folgender Bewertungskriterien:

a) Entwicklung des Mehrwertsteuerbetrugs, insbesondere des Karussellbetrugs und des Betrugs auf Einzelhandelsebene;

b) Verlagerung von Betrugsfällen aus Mitgliedstaaten, die die generelle Umkehrung der Steuerschuldnerschaft anwenden bzw. angewandt haben.]

Art. 200 [Steuerschuldnerschaft beim innergemeinschaftlichen Erwerb] Die Mehrwertsteuer wird von der Person geschuldet, die einen steuerpflichtigen innergemeinschaftlichen Erwerb von Gegenständen bewirkt.

Art. 201 [Steuerschuldnerschaft bei der Einfuhr] Bei der Einfuhr wird die Mehrwertsteuer von der Person oder den Personen geschuldet, die der Mitgliedstaat der Einfuhr als Steuerschuldner bestimmt oder anerkennt.

Art. 202 [Steuerschuldnerschaft beim Verlassen von Zollverfahren und von Lagerregelungen] Die Mehrwertsteuer wird von der Person geschuldet, die veranlasst, dass die Gegenstände nicht mehr einem Verfahren oder einer sonstigen Regelung im Sinne der Artikel 156, 157, 158, 160 und 161 unterliegen.

Art. 203 [Steuerschuldnerschaft für den Steuerausweis in der Rechnung] Die Mehrwertsteuer wird von jeder Person geschuldet, die diese Steuer in einer Rechnung ausweist.

Art. 204[1] [Kannbestimmung: Bestellung eines Steuervertreters]

(1) [1] Ist der Steuerschuldner gemäß den Artikeln 193 bis 197 sowie 199 und 200 ein Steuerpflichtiger, der nicht in dem Mitgliedstaat ansässig ist, in dem die Mehrwertsteuer geschuldet wird, können die Mitgliedstaaten ihm gestatten, einen Steuervertreter zu bestellen, der die Steuer schuldet.

[2] Wird der steuerpflichtige Umsatz von einem Steuerpflichtigen bewirkt, der nicht in dem Mitgliedstaat ansässig ist, in dem die Mehrwertsteuer geschuldet wird, und besteht mit dem Staat, in dem dieser Steuerpflichtige seinen Sitz oder eine feste Niederlassung hat, keine Rechtsvereinbarung über Amtshilfe, deren Anwendungsbereich mit dem der Richtlinie 76/308/EWG[2] sowie der Verordnung (EG) Nr. 1798/2003[3] vergleichbar ist, können die Mitgliedstaaten Vorkehrungen treffen, nach denen ein von dem nicht in ihrem Gebiet ansässigen Steuerpflichtigen bestellter Steuervertreter die Steuer schuldet.

[3] Die Mitgliedstaaten dürfen die Option nach Unterabsatz 2 jedoch nicht auf *nicht in der Gemeinschaft ansässige Steuerpflichtige im Sinne des Artikels 358a Nummer 1 anwenden, die sich für die Anwendung der Sonderregelung für Telekommunikationsdienstleistungen, Rundfunk- und Fernsehdienstleistungen oder elektronisch [ab* **1.7.2021:** *Steuerpflichtige im Sinne des Artikels 358a Nummer 1 anwenden, die sich für die Anwendung der Sonderregelung für von nicht in der Gemeinschaft ansässigen Steuerpflichtigen]* erbrachte Dienstleistungen entschieden haben.

(2) Die Wahlmöglichkeit nach Absatz 1 Unterabsatz 1 unterliegt den von den einzelnen Mitgliedstaaten festgelegten Voraussetzungen und Modalitäten.

Art. 205 [Kannbestimmung: Gesamtschuldnerische Steuerschuldnerschaft]
In den in den Artikeln 193 bis 200 sowie 202, 203 und 204 genannten Fällen können die Mitgliedstaaten bestimmen, dass eine andere Person als der Steuerschuldner die Steuer gesamtschuldnerisch zu entrichten hat.

Abschnitt 2. Einzelheiten der Entrichtung

Art. 206 [Entrichtung der Mehrwertsteuer – Grundsatz]
[1] Jeder Steuerpflichtige, der die Steuer schuldet, hat bei der Abgabe der Mehrwertsteuererklärung nach Artikel 250 den sich nach Abzug der Vorsteuer ergebenden Mehrwertsteuerbetrag zu entrichten. [2] Die Mitgliedstaaten können jedoch

---

[1] Art. 204 Abs. 1 UAbs. 3 neu gef. mWv 1.1.2015 durch RL v. 12.2.2008 (ABl. L 44 S. 11); Abs. 1 UAbs. 3 neu gef. mWv 22.12.2019 durch RL v. 21.11.2019 (ABl. L 310 S. 1, geänd. durch ABl. 2020 L 244 S. 3); zur **Anwendung durch die Mitgliedstaaten ab 1.7.2021** siehe Art. 2 Beschl. v. 20.7.2020 (ABl. 2020 L 244 S. 3).

[2] **Amtl. Anm.:** Richtlinie 76/308/EWG des Rates vom 15. März 1976 über die gegenseitige Unterstützung bei der Beitreibung von Forderungen in Bezug auf bestimmte Abgaben, Zölle, Steuern und sonstige Maßnahmen (ABl. L 73 vom 19.3.1976, S. 18). Zuletzt geändert durch die Beitrittsakte von 2003.

[3] **Amtl. Anm.:** Verordnung (EG) Nr. 1798/2003 des Rates vom 7. Oktober 2003 über die Zusammenarbeit der Verwaltungsbehörden auf dem Gebiet der Mehrwertsteuer (ABl. L 264 vom 15.10.2003, S. 1). Geändert durch die Verordnung (EG) Nr. 885/2004 (ABl. L 168 vom 1.5.2004, S. 1).

einen anderen Termin für die Zahlung dieses Betrags festsetzen oder Vorauszahlungen erheben.

**Art. 207 [Entrichtung der Mehrwertsteuer – Fälle der Verlagerung
der Steuerschuldnerschaft]** [1] Die Mitgliedstaaten treffen die erforderlichen Maßnahmen, damit die Personen, die gemäß den Artikeln 194 bis 197
sowie 199 und 204 anstelle eines nicht in ihrem jeweiligen Gebiet ansässigen
Steuerpflichtigen als Steuerschuldner gelten, ihren Zahlungspflichten nach
diesem Abschnitt nachkommen.

[2] Die Mitgliedstaaten treffen darüber hinaus die erforderlichen Maßnahmen, damit die Personen, die gemäß Artikel 205 die Steuer gesamtschuldnerisch zu entrichten haben, diesen Zahlungspflichten nachkommen.

**Art. 208 [Entrichtung der Mehrwertsteuer – Erwerber von Anlage-
gold]** Wenn die Mitgliedstaaten den Erwerber von Anlagegold gemäß Artikel 198 Absatz 1 als Steuerschuldner bestimmen oder von der in Artikel 198
Absatz 2 vorgesehenen Möglichkeit Gebrauch machen, den Erwerber von
Goldmaterial oder Halbfertigerzeugnissen oder von Anlagegold im Sinne des
Artikels 344 Absatz 1 als Steuerschuldner zu bestimmen, treffen sie die erforderlichen Maßnahmen, um sicherzustellen, dass diese Person ihren Zahlungspflichten nach diesem Abschnitt nachkommt.

**Art. 209 [Entrichtung der Mehrwertsteuer – nichtsteuerpflichtige
Personen für innergemeinschaftliche Erwerbe]** Die Mitgliedstaaten treffen die erforderlichen Maßnahmen, um sicherzustellen, dass die nichtsteuerpflichtigen juristischen Personen, die die Steuer für den in Artikel 2 Absatz 1
Buchstabe b Ziffer i genannten innergemeinschaftlichen Erwerb von Gegenständen schulden, ihren Zahlungspflichten nach diesem Abschnitt nachkommen.

**Art. 210 [Entrichtung der Mehrwertsteuer – innergemeinschaftli-
cher Erwerb neuer Fahrzeuge und verbrauchsteuerpflichtiger Waren]**
Die Mitgliedstaaten legen die Einzelheiten der Entrichtung der Mehrwertsteuer für den innergemeinschaftlichen Erwerb neuer Fahrzeuge im Sinne
des Artikels 2 Absatz 1 Buchstabe b Ziffer ii sowie für den innergemeinschaftlichen Erwerb verbrauchsteuerpflichtiger Waren im Sinne des Artikels 2 Absatz 1 Buchstabe b Ziffer iii fest.

Art. 211 [Entrichtung der Mehrwertsteuer – Einfuhren] [1] Die Mitgliedstaaten legen die Einzelheiten der Entrichtung der Mehrwertsteuer für
die Einfuhr von Gegenständen fest.

[2] Insbesondere können die Mitgliedstaaten vorsehen, dass die für die Einfuhr von Gegenständen durch Steuerpflichtige oder Steuerschuldner oder
bestimmte Gruppen derselben geschuldete Mehrwertsteuer nicht zum Zeitpunkt der Einfuhr zu entrichten ist, sofern sie als solche in der gemäß Artikel 250 erstellten Mehrwertsteuererklärung angegeben wird.

Art. 212 [Entrichtung der Mehrwertsteuer – Erlass geringfügiger Steuerbeträge] Die Mitgliedstaaten können die Steuerpflichtigen von der Entrichtung der geschuldeten Mehrwertsteuer befreien, wenn der Steuerbetrag geringfügig ist.

Kapitel 2. Identifikation

Art. 213 [Pflicht zur Anzeige der Unternehmereigenschaft]

(1) [1] Jeder Steuerpflichtige hat die Aufnahme, den Wechsel und die Beendigung seiner Tätigkeit als Steuerpflichtiger anzuzeigen.

[2] Die Mitgliedstaaten legen fest, unter welchen Bedingungen der Steuerpflichtige die Anzeigen elektronisch abgeben darf, und können die elektronische Abgabe der Anzeigen auch vorschreiben.

(2) Unbeschadet des Absatzes 1 Unterabsatz 1 müssen Steuerpflichtige und nichtsteuerpflichtige juristische Personen, die gemäß Artikel 3 Absatz 1 nicht der Mehrwertsteuer unterliegende innergemeinschaftliche Erwerbe von Gegenständen bewirken, dies anzeigen, wenn die in Artikel 3 genannten Voraussetzungen für die Nichtanwendung der Mehrwertsteuer nicht mehr erfüllt sind.

Art. 214[1] [Zuteilung einer Mehrwertsteuer-Identifikationsnummer]

(1) Die Mitgliedstaaten treffen die erforderlichen Maßnahmen, damit folgende Personen jeweils eine individuelle Mehrwertsteuer-Identifikationsnummer erhalten:

a) jeder Steuerpflichtige, der in ihrem jeweiligen Gebiet Lieferungen von Gegenständen bewirkt oder Dienstleistungen erbringt, für die ein Recht auf Vorsteuerabzug besteht und bei denen es sich nicht um Lieferungen von Gegenständen oder um Dienstleistungen handelt, für die die Mehrwertsteuer gemäß den Artikeln 194 bis 197 sowie 199 ausschließlich vom Dienstleistungsempfänger beziehungsweise der Person, für die die Gegenstände oder Dienstleistungen bestimmt sind, geschuldet wird; hiervon ausgenommen sind die in Artikel 9 Absatz 2 genannten Steuerpflichtigen;

b) jeder Steuerpflichtige und jede nichtsteuerpflichtige juristische Person, der bzw. die gemäß Artikel 2 Absatz 1 Buchstabe b der Mehrwertsteuer unterliegende innergemeinschaftliche Erwerbe von Gegenständen bewirkt oder von der Möglichkeit des Artikels 3 Absatz 3, seine bzw. ihre innergemeinschaftlichen Erwerbe der Mehrwertsteuer zu unterwerfen, Gebrauch gemacht hat;

c) jeder Steuerpflichtige, der in ihrem jeweiligen Gebiet innergemeinschaftliche Erwerbe von Gegenständen für die Zwecke seiner Umsätze bewirkt, die sich aus in Artikel 9 Absatz 1 Unterabsatz 2 genannten Tätigkeiten ergeben, die er außerhalb dieses Gebiets ausübt;

---

[1] Art. 214 Abs. 1 Buchst. d und e angef. mWv 1.1.2010 durch RL v. 12.2.2008 (ABl. L 44 S. 11).

d) jeder Steuerpflichtige, der in seinem jeweiligen Gebiet Dienstleistungen empfängt, für die er die Mehrwertsteuer gemäß Artikel 196 schuldet;

e) jeder Steuerpflichtige, der in seinem jeweiligen Gebiet ansässig ist und Dienstleistungen im Gebiet eines anderen Mitgliedstaats erbringt, für die gemäß Artikel 196 ausschließlich der Empfänger die Mehrwertsteuer schuldet.

(2) Die Mitgliedstaaten haben die Möglichkeit, bestimmten Steuerpflichtigen, die nur gelegentlich Umsätze etwa im Sinne von Artikel 12 bewirken, keine Mehrwertsteuer-Identifikationsnummer zu erteilen.

Art. 215[1] [Präfix der Mehrwertsteuer-Identifikationsnummer]

[1] Der individuellen Mehrwertsteuer-Identifikationsnummer wird zur Kennzeichnung des Mitgliedstaats, der sie erteilt hat, ein Präfix nach dem ISO-Code 3166 Alpha 2 vorangestellt.

[2] Griechenland wird jedoch ermächtigt, das Präfix „EL" zu verwenden.

[3] Für Nordirland wird das Präfix „XI" verwendet.

Art. 216 [Identifikationssystem zur EU-weiten Unterscheidbarkeit der Unternehmer] Die Mitgliedstaaten treffen die erforderlichen Maßnahmen, damit ihr Identifikationssystem die Unterscheidung der in Artikel 214 genannten Steuerpflichtigen ermöglicht und somit die korrekte Anwendung der Übergangsregelung für die Besteuerung innergemeinschaftlicher Umsätze des Artikels 402 gewährleistet.

Kapitel 3. Erteilung von Rechnungen

Abschnitt 1. Begriffsbestimmung

Art. 217[2] [Definition der elektronischen Übermittlung einer Rechnung]

Im Sinne dieser Richtlinie bezeichnet der Ausdruck „elektronische Rechnung" eine Rechnung, welche die nach dieser Richtlinie erforderlichen Angaben enthält und in einem elektronischen Format ausgestellt und empfangen wird.

Abschnitt 2. Definition der Rechnung

Art. 218 [Definition der Rechnung] Für die Zwecke dieser Richtlinie erkennen die Mitgliedstaaten als Rechnung alle auf Papier oder elektronisch vorliegenden Dokumente oder Mitteilungen an, die den Anforderungen dieses Kapitels genügen.

Art. 219 [Einer Rechnung gleichgestelltes Änderungsdokument]

Einer Rechnung gleichgestellt ist jedes Dokument und jede Mitteilung, das/die die ursprüngliche Rechnung ändert und spezifisch und eindeutig auf diese bezogen ist.

---

1) Art. 215 UAbs. 3 angef. mWv 26.11.2020 durch RL v. 20.11.2020 (ABl. L 396 S. 1).
2) Art. 217 neu gef. mWv 11.8.2010 durch RL v. 13.7.2010 (ABl. L 189 S. 1).

Abschnitt 3. Ausstellung der Rechnung

Art. 219a[1]) [Maßgebliche Vorschriften] (1) Die Rechnungsstellung unterliegt den Vorschriften des Mitgliedstaats, in dem die Lieferung von Gegenständen oder die Dienstleistung im Einklang mit Titel V als ausgeführt gilt.

(2) Abweichend von Absatz 1 unterliegt die Rechnungsstellung folgenden Vorschriften:

a) den Vorschriften des Mitgliedstaats, in dem der Lieferer oder Dienstleistungserbringer den Sitz seiner wirtschaftlichen Tätigkeit oder eine feste Niederlassung hat, von dem bzw. der aus die Lieferung oder Dienstleistung ausgeführt wird, oder – in Ermangelung eines solchen Sitzes oder einer solchen festen Niederlassung – des Mitgliedstaats, in dem er seinen Wohnsitz oder seinen gewöhnlichen Aufenthaltsort hat, wenn

   i) der Lieferer oder Dienstleistungserbringer nicht in dem Mitgliedstaat ansässig ist, in dem die Lieferung oder die Dienstleistung im Einklang mit Titel V als ausgeführt gilt, oder seine Niederlassung in dem betreffenden Mitgliedstaat im Sinne des Artikels 192a Buchstabe b nicht an der Lieferung oder Dienstleistung beteiligt ist, und wenn die Mehrwertsteuer vom Erwerber oder vom Dienstleistungsempfänger geschuldet wird, es sei denn, der Erwerber oder Dienstleistungsempfänger stellt die Rechnung aus (Gutschriften);

   ii) die Lieferung oder die Dienstleistung im Einklang mit Titel V als nicht innerhalb der Gemeinschaft ausgeführt gilt;

b) den Vorschriften des Mitgliedstaats, in dem der Lieferer oder Dienstleistungserbringer eine der Sonderregelungen gemäß Titel XII Kapitel 6 in Anspruch nimmt.

(3) Die Absätze 1 und 2 gelten unbeschadet der Artikel 244 bis 248.

Art. 220[2]) [Anwendungsfälle der Pflicht zu Ausstellung einer Rechnung] (1) Jeder Steuerpflichtige stellt in folgenden Fällen eine Rechnung entweder selbst aus oder stellt sicher, dass eine Rechnung vom Erwerber oder Dienstleistungsempfänger oder in seinem Namen und für seine Rechnung von einem Dritten ausgestellt wird:

1. Er liefert Gegenstände oder erbringt Dienstleistungen an einen anderen Steuerpflichtigen oder an eine nichtsteuerpflichtige juristische Person;

2. er liefert in Artikel 33 Buchstabe a genannte Gegenstände, es sei denn, der Steuerpflichtige nimmt die Sonderregelung gemäß Titel XII Kapitel 6 Abschnitt 3 in Anspruch;

3. er liefert Gegenstände unter den Voraussetzungen des Artikels 138;

4. er erhält Vorauszahlungen, bevor eine Lieferung von Gegenständen im Sinne der Nummern 1 und 2 erfolgt ist;

---

[1]) Art. 219a neu gef. mWv 1.1.2019 durch RL v. 5.12.2017 (ABl. L 348 S. 7).
[2]) Art. 220 neu gef. durch RL v. 13.7.2010 (ABl. L 189 S. 1); Abs. 1 Nr. 2 neu gef. mWv 1.7.2021 durch RL v. 5.12.2017 (ABl. L 348 S. 7, ber. ABl. 2019 L 245 S. 9, geänd. durch ABl. 2020 L 244 S. 3).

5. er erhält Vorauszahlungen von einem anderen Steuerpflichtigen oder einer nichtsteuerpflichtigen juristischen Person, bevor eine Dienstleistung abgeschlossen ist.

(2) Abweichend von Absatz 1 und unbeschadet des Artikels 221 Absatz 2 ist die Ausstellung einer Rechnung bei nach Artikel 135 Absatz 1 Buchstaben a bis g steuerbefreiten Dienstleistungen nicht erforderlich.

Art. 220a[1] **[Vereinfachte Rechnung]** (1) Die Mitgliedstaaten gestatten den Steuerpflichtigen in den folgenden Fällen die Ausstellung einer vereinfachten Rechnung:

a) Der Rechnungsbetrag beträgt höchstens 100 EUR oder den Gegenwert in Landeswährung;

b) bei der ausgestellten Rechnung handelt es sich um ein Dokument oder eine Mitteilung, das/die gemäß Artikel 219 einer Rechnung gleichgestellt ist;

c) der Steuerpflichtige nimmt die Steuerbefreiung für Kleinunternehmen nach Artikel 284 in Anspruch.

(2) Die Mitgliedstaaten erlauben es Steuerpflichtigen nicht, eine vereinfachte Rechnung auszustellen, wenn Rechnungen gemäß Artikel 220 Absatz 1 Nummern 2 und 3 ausgestellt werden müssen oder wenn die steuerpflichtige Lieferung von Gegenständen oder die steuerpflichtige Dienstleistung von einem Steuerpflichtigen durchgeführt wird, der nicht in dem Mitgliedstaat ansässig ist, in dem die Mehrwertsteuer geschuldet wird, oder dessen Niederlassung in dem betreffenden Mitgliedstaat im Sinne des Artikels 192a nicht an der Lieferung oder Dienstleistung beteiligt ist und wenn die Steuer vom Erwerber oder Dienstleistungsempfänger geschuldet wird.

Art. 221[2] **[Kannbestimmung: Pflicht zur Ausstellung einer Rechnung in anderen Fällen, Befreiung von der Ausstellungspflicht]** (1) Die Mitgliedstaaten können Steuerpflichtigen vorschreiben, für andere als die in Artikel 220 Absatz 1 genannten Lieferungen von Gegenständen oder Dienstleistungen eine Rechnung gemäß den Vorgaben der Artikel 226 oder 226b auszustellen.

(2) Die Mitgliedstaaten können Steuerpflichtigen, die in ihrem Gebiet ansässig sind oder dort eine feste Niederlassung haben, von der die Lieferung erfolgt oder die Dienstleistung erbracht wird, vorschreiben, für die nach Artikel 135 Absatz 1 Buchstaben a bis g steuerbefreiten Dienstleistungen, die die betreffenden Steuerpflichtigen in ihrem Gebiet oder außerhalb der Gemeinschaft erbringen, eine Rechnung gemäß den Vorgaben der Artikel 226 oder 226b auszustellen.

---

[1] Art. 220a eingef. durch RL v. 13.7.2010 (ABl. L 189 S. 1); Abs. 1 Buchst. c angef. mWv 22.3.2020 durch RL v. 18.2.2020 (ABl. L 62 S. 13); zur **Anwendung ab 1.1.2025** siehe Art. 3 Abs. 1 UAbs. 2 RL 2020/285/EU.

[2] Art. 221 neu gef. durch RL v. 13.7.2010 (ABl. L 189 S. 1); Abs. 3 neu gef. mWv 1.7.2013 durch Akte v. 9.12.2011 (ABl. 2012 L 112 S. 21); Abs. 3 geänd. mWv 6.4.2022 durch RL v. 5.4.2022 (ABl. L 107 S. 1).

(3) Die Mitgliedstaaten können Steuerpflichtige von der Pflicht nach Artikel 220 Absatz 1 oder Artikel 220a befreien, eine Rechnung für Lieferungen von Gegenständen oder Dienstleistungen auszustellen, die sie in ihrem Gebiet bewirken und die mit oder ohne Recht auf Vorsteuerabzug gemäß Artikel 98 Absatz 2, Artikel 105a und 132, Artikel 135 Absatz 1 Buchstaben h bis l, den Artikeln 136, 371, 375, 376 und 377, Artikel 378 Absatz 2, Artikel 379 Absatz 2 sowie den Artikeln 380 bis 390c befreit sind.

Art. 222[1] [Kannbestimmung: Fristen für die Ausstellung einer Rechnung] [1] Für Gegenstände, die unter den Voraussetzungen des Artikels 138 geliefert werden, oder für Dienstleistungen, für die nach Artikel 196 der Leistungsempfänger die Steuer schuldet, wird spätestens am fünfzehnten Tag des Monats, der auf den Monat folgt, in dem der Steuertatbestand eingetreten ist, eine Rechnung ausgestellt.

[2] Für andere Lieferungen von Gegenständen oder Dienstleistungen können die Mitgliedstaaten den Steuerpflichtigen Fristen für die Ausstellung der Rechnung setzen.

Art. 223[2] [Zusammenfassende Rechnung] [1] Die Mitgliedstaaten können den Steuerpflichtigen gestatten, für mehrere getrennte Lieferungen von Gegenständen oder Dienstleistungen zusammenfassende Rechnungen auszustellen, sofern der Steueranspruch für die auf einer zusammenfassenden Rechnung aufgeführten Lieferungen von Gegenständen oder Dienstleistungen innerhalb desselben Kalendermonats eintritt.

[2] Unbeschadet des Artikels 222 können die Mitgliedstaaten gestatten, dass Lieferungen von Gegenständen oder Dienstleistungen, für die der Steueranspruch innerhalb einer über einen Kalendermonat hinausgehenden Frist eintritt, in zusammenfassenden Rechnungen erscheinen.

Art. 224[3] [Gutschrift als Rechnung] [1]Rechnungen dürfen von einem Erwerber oder Dienstleistungsempfänger für Lieferungen von Gegenständen oder für Dienstleistungen, die von einem Steuerpflichtigen bewirkt werden, ausgestellt werden, sofern zwischen den beiden Parteien eine vorherige Vereinbarung getroffen wurde und sofern jede Rechnung Gegenstand eines Verfahrens zur Akzeptierung durch den Steuerpflichtigen ist, der die Gegenstände liefert oder die Dienstleistungen erbringt. [2]Die Mitgliedstaaten können verlangen, dass solche Rechnungen im Namen und für Rechnung des Steuerpflichtigen ausgestellt werden.

Art. 225[4] [Kannbestimmung: besondere Anforderungen an die Rechnung bei Rechnungsausstellern aus Staaten ohne Amtshilfeabkommen] Die Mitgliedstaaten können für Steuerpflichtige besondere Anforderungen festlegen, wenn der Dritte oder der Erwerber oder Dienstleistungs-

---

[1] Art. 222 neu gef. durch RL v. 13.7.2010 (ABl. L 189 S. 1).
[2] Art. 223 neu gef. durch RL v. 13.7.2010 (ABl. L 189 S. 1).
[3] Art. 224 neu gef. durch RL v. 13.7.2010 (ABl. L 189 S. 1).
[4] Art. 225 neu gef. durch RL v. 13.7.2010 (ABl. L 189 S. 1).

empfänger, der die Rechnung ausstellt, seinen Sitz in einem Land hat, mit dem keine Rechtsvereinbarung über Amtshilfe besteht, deren Anwendungsbereich mit dem der Richtlinie 2010/24/EU[1]) und der Verordnung (EG) Nr. 1798/2003[2]) vergleichbar ist.

Abschnitt 4. Rechnungsangaben

Art. 226[3]) **[Rechnungsangaben – obligatorisch]** Unbeschadet der in dieser Richtlinie festgelegten Sonderbestimmungen müssen gemäß den Artikeln 220 und 221 ausgestellte Rechnungen für Mehrwertsteuerzwecke nur die folgenden Angaben enthalten:

1. das Ausstellungsdatum;

2. eine fortlaufende Nummer mit einer oder mehreren Zahlenreihen, die zur Identifizierung der Rechnung einmalig vergeben wird;

3. die Mehrwertsteuer-Identifikationsnummer im Sinne des Artikels 214, unter der der Steuerpflichtige die Gegenstände geliefert oder die Dienstleistung erbracht hat;

4. die Mehrwertsteuer-Identifikationsnummer im Sinne des Artikels 214, unter der der Erwerber oder Dienstleistungsempfänger eine Lieferung von Gegenständen oder eine Dienstleistung, für die er Steuerschuldner ist, oder eine Lieferung von Gegenständen nach Artikel 138 erhalten hat;

5. den vollständigen Namen und die vollständige Anschrift des Steuerpflichtigen und des Erwerbers oder Dienstleistungsempfängers;

6. Menge und Art der gelieferten Gegenstände beziehungsweise Umfang und Art der erbrachten Dienstleistungen;

7. das Datum, an dem die Gegenstände geliefert werden oder die Dienstleistung erbracht bzw. abgeschlossen wird, oder das Datum, an dem die Vorauszahlung im Sinne des Artikels 220 Nummern 4 und 5 geleistet wird, sofern dieses Datum feststeht und nicht mit dem Ausstellungsdatum der Rechnung identisch ist;

7a. die Angabe „Besteuerung nach vereinnahmten Entgelten" (Kassenbuchführung), sofern der Steueranspruch gemäß Artikel 66 Buchstabe b zum Zeitpunkt des Eingangs der Zahlung entsteht und das Recht auf Vorsteuerabzug entsteht, wenn der Anspruch auf die abziehbare Steuer entsteht;

8. die Steuerbemessungsgrundlage für die einzelnen Steuersätze beziehungsweise die Befreiung, den Preis je Einheit ohne Mehrwertsteuer sowie jede

---

[1]) **Amtl. Anm.:** Richtlinie 2010/24/EU des Rates vom 16. März 2010 über die Amtshilfe bei der Beitreibung von Forderungen in Bezug auf bestimmte Steuern, Abgaben und sonstige Maßnahmen (ABl. L 84 vom 31.3.2010, S. 1).

[2]) **Amtl. Anm.:** Verordnung (EG) Nr. 1798/2003 des Rates vom 7. Oktober 2003 über die Zusammenarbeit der Verwaltungsbehörden auf dem Gebiet der Mehrwertsteuer (ABl. L 264 vom 15.10.2003, S. 1).

[3]) Art. 226 Nr. 7a, 10a und 11a eingef., Nr. 11, 13 und 14 neu gef. durch RL v. 13.7.2010 (ABl. L 189 S. 1).

Preisminderung oder Rückerstattung, sofern sie nicht im Preis je Einheit enthalten sind;

9. den anzuwendenden Mehrwertsteuersatz;

10. den zu entrichtenden Mehrwertsteuerbetrag, außer bei Anwendung einer Sonderregelung, bei der nach dieser Richtlinie eine solche Angabe ausgeschlossen wird;

10a. bei Ausstellung der Rechnung durch den Erwerber oder Dienstleistungsempfänger und nicht durch den Lieferer oder Dienstleistungserbringer: die Angabe „Gutschrift";

11. Verweis auf die einschlägige Bestimmung dieser Richtlinie oder die entsprechende nationale Bestimmung oder Hinweis darauf, dass für die Lieferung von Gegenständen beziehungsweise die Dienstleistung eine Steuerbefreiung gilt;

11a. bei Steuerschuldnerschaft des Erwerbers oder Dienstleistungsempfängers: die Angabe „Steuerschuldnerschaft des Leistungsempfängers";

12. bei Lieferung neuer Fahrzeuge unter den Voraussetzungen des Artikels 138 Absatz 1 und Absatz 2 Buchstabe a: die in Artikel 2 Absatz 2 Buchstabe b genannten Angaben;

13. im Falle der Anwendung der Sonderregelung für Reisebüros: die Angabe „Sonderregelung für Reisebüros";

14. im Falle der Anwendung einer der auf Gebrauchtgegenstände, Kunstgegenstände, Sammlungsstücke und Antiquitäten anwendbaren Sonderregelungen: die entsprechende Angabe „Gebrauchtgegenstände/Sonderregelung", „Kunstgegenstände/Sonderregelung" bzw. „Sammlungsstücke und Antiquitäten/Sonderregelung";

15. wenn der Steuerschuldner ein Steuervertreter im Sinne des Artikels 204 ist: Mehrwertsteuer-Identifikationsnummer im Sinne des Artikels 214, vollständiger Name und Anschrift des Steuervertreters.

Art. 226a[1]) [Kannbestimmung: Verzicht auf Rechnungsangaben bei Nichtansässigkeit] Wird die Rechnung von einem Steuerpflichtigen ausgestellt, der nicht im Mitgliedstaat, in dem die Steuer geschuldet wird, ansässig ist oder dessen Niederlassung in dem betreffenden Mitgliedstaat im Sinne des Artikels 192a nicht an der Lieferung oder Dienstleistung beteiligt ist und der Gegenstände an einen Erwerber liefert oder eine Dienstleistung an einen Empfänger erbringt, der die Steuer schuldet, kann der Steuerpflichtige auf die Angaben nach Artikel 226 Nummern 8, 9 und 10 verzichten und stattdessen durch Bezeichnung von Menge und Art der gelieferten Gegenstände bzw. Umfang und Art der erbrachten Dienstleistungen die Steuerbemessungsgrundlage der Gegenstände oder Dienstleistungen angeben.

Art. 226b[2]) [Angaben bei vereinfachten Rechnungen] [1] Im Zusammenhang mit vereinfachten Rechnungen gemäß Artikel 220a und Artikel 221

---

[1]) Art. 226a eingef. durch RL v. 13.7.2010 (ABl. L 189 S. 1).
[2]) Art. 226b eingef. durch RL v. 13.7.2010 (ABl. L 189 S. 1).

Absätze 1 und 2 verlangen die Mitgliedstaaten mindestens die folgenden Angaben:

a) das Ausstellungsdatum;

b) die Identität des Steuerpflichtigen, der die Gegenstände liefert oder die Dienstleistungen erbringt;

c) die Art der gelieferten Gegenstände oder der erbrachten Dienstleistungen;

d) den zu entrichtenden Mehrwertsteuerbetrag oder die Angaben zu dessen Berechnung;

e) sofern es sich bei der ausgestellten Rechnung um ein Dokument oder eine Mitteilung handelt, das/die gemäß Artikel 219 einer Rechnung gleichgestellt ist, eine spezifische und eindeutige Bezugnahme auf diese ursprüngliche Rechnung und die konkret geänderten Einzelheiten.

²Sie dürfen keine anderen als die in den Artikeln 226, 227 und 230 vorgesehenen Rechnungsangaben verlangen.

Art. 227 [Kannbestimmung: Angabe der Mehrwertsteuer-Identifikationsnummer des Leistungsempfängers in anderen Fällen als der Verlagerung der Steuerschuldnerschaft] Die Mitgliedstaaten können von Steuerpflichtigen, die in ihrem Gebiet ansässig sind und dort Lieferungen von Gegenständen bewirken oder Dienstleistungen erbringen, verlangen, in anderen als den in Artikel 226 Nummer 4 genannten Fällen die Mehrwertsteuer-Identifikationsnummer des Erwerbers oder Dienstleistungsempfängers im Sinne des Artikels 214 anzugeben.

Art. 228[1] *(aufgehoben)*

Art. 229 [Keine Pflicht zur Unterzeichnung von Rechnungen] Die Mitgliedstaaten verlangen nicht, dass die Rechnungen unterzeichnet sind.

Art. 230[2] **[Währungsangaben auf der Rechnung]** Die auf der Rechnung ausgewiesenen Beträge können in jeder Währung angegeben sein, sofern die zu zahlende oder zu berichtigende Mehrwertsteuer nach Anwendung der Umrechnungsmethode nach Artikel 91 in der Währung des Mitgliedstaats angegeben ist.

Art. 231[3] *(aufgehoben)*

Abschnitt 5.[4] **Rechnungen auf Papier und elektronische Rechnungen**

Art. 232[5] **[Zustimmungserfordernis des Rechnungsempfängers]** Der Rechnungsempfänger muss der Verwendung der elektronischen Rechnung zustimmen.

---

[1] Art. 228 aufgeh. durch RL v. 13.7.2010 (ABl. L 189 S. 1).
[2] Art. 230 neu gef. durch RL v. 13.7.2010 (ABl. L 189 S. 1).
[3] Art. 231 aufgeh. durch RL v. 13.7.2010 (ABl. L 189 S. 1).
[4] Abschnitt 5 Überschrift neu gef. durch RL v. 13.7.2010 (ABl. L 189 S. 1).
[5] Art. 232 neu gef. durch RL v. 13.7.2010 (ABl. L 189 S. 1).

Art. 233[1]) **[Echtheit der Herkunft einer Rechnung]** (1) [1] Die Echtheit der Herkunft einer Rechnung, die Unversehrtheit ihres Inhalts und ihre Lesbarkeit müssen unabhängig davon, ob sie auf Papier oder elektronisch vorliegt, vom Zeitpunkt der Ausstellung bis zum Ende der Dauer der Aufbewahrung der Rechnung gewährleistet werden.

[2] ¹ Jeder Steuerpflichtige legt fest, in welcher Weise die Echtheit der Herkunft, die Unversehrtheit des Inhalts und die Lesbarkeit der Rechnung gewährleistet werden können. ² Dies kann durch jegliche innerbetriebliche Steuerungsverfahren erreicht werden, die einen verlässlichen Prüfpfad zwischen einer Rechnung und einer Lieferung oder Dienstleistung schaffen können.

[3] „Echtheit der Herkunft" bedeutet die Sicherheit der Identität des Lieferers oder des Dienstleistungserbringers oder des Ausstellers der Rechnung.

[4] „Unversehrtheit des Inhalts" bedeutet, dass der nach der vorliegenden Richtlinie erforderliche Inhalt nicht geändert wurde.

(2) Neben der in Absatz 1 beschriebenen Art von innerbetrieblichen Steuerungsverfahren lassen sich die folgenden Beispiele von Technologien anführen, welche die Echtheit der Herkunft und die Unversehrtheit des Inhalts einer elektronischen Rechnung gewährleisten:

a) durch eine fortgeschrittene elektronische Signatur im Sinne des Artikels 2 Nummer 2 der Richtlinie 1999/93/EG des Europäischen Parlaments und des Rates vom 13. Dezember 1999 über gemeinschaftliche Rahmenbedingungen für elektronische Signaturen[2]), die auf einem qualifizierten Zertifikat beruht und von einer sicheren Signaturerstellungseinheit im Sinne des Artikels 2 Nummern 6 und 10 der Richtlinie 1999/93/EG erstellt worden ist;

b) durch elektronischen Datenaustausch (EDI) nach Artikel 2 des Anhangs 1 der Empfehlung 94/820/EG der Kommission vom 19. Oktober 1994 über die rechtlichen Aspekte des elektronischen Datenaustausches[3]), sofern in der Vereinbarung über diesen Datenaustausch der Einsatz von Verfahren vorgesehen ist, die die Echtheit der Herkunft und die Unversehrtheit der Daten gewährleisten.

Art. 234[4]) *(aufgehoben)*

Art. 235[5]) **[Kannbestimmung: Spezifische Anforderungen für elektronische Rechnungen]** Die Mitgliedstaaten können spezifische Anforderungen für elektronische Rechnungen festlegen, die für Lieferungen von Gegenständen oder für Dienstleistungen in ihrem Gebiet in einem Land ausgestellt werden, mit dem keine Rechtsvereinbarung über Amtshilfe besteht, deren Anwendungsbereich mit dem der Richtlinie 2010/24/EU und der Verordnung (EG) Nr. 1798/2003 vergleichbar ist.

---

[1]) Art. 233 neu gef. durch RL v. 13.7.2010 (ABl. L 189 S. 1).
[2]) **Amtl. Anm.:** ABl. L 13 vom 19.1.2000, S. 12.
[3]) **Amtl. Anm.:** ABl. L 338 vom 28.12.1994, S. 98.
[4]) Art. 234 aufgeh. durch RL v. 13.7.2010 (ABl. L 189 S. 1).
[5]) Art. 235 neu gef. durch RL v. 13.7.2010 (ABl. L 189 S. 1).

Art. 236[1]) **[Gebündelte elektronische Übermittlung mehrerer Rechnungen]** Werden mehrere elektronische Rechnungen gebündelt ein und demselben Rechnungsempfänger übermittelt oder für diesen bereitgehalten, ist es zulässig, Angaben, die allen Rechnungen gemeinsam sind, nur ein einziges Mal aufzuführen, sofern für jede Rechnung die kompletten Angaben zugänglich sind.

Art. 237[2]) **[Evaluierungsbericht der EU-Kommission]** Spätestens am 31. Dezember 2016 unterbreitet die Kommission dem Europäischen Parlament und dem Rat einen auf einer unabhängigen Wirtschaftsstudie beruhenden allgemeinen Evaluierungsbericht über die Auswirkungen der ab dem 1. Januar 2013 anwendbaren Rechnungsstellungsvorschriften und insbesondere darüber, inwieweit sie tatsächlich zu einer Abnahme des Verwaltungsaufwands für die Unternehmen geführt haben, erforderlichenfalls zusammen mit einem entsprechenden Vorschlag zur Änderung der jeweiligen Vorschriften.

Abschnitt 6. Vereinfachungsmaßnahmen

Art. 238[3]) **[Kannbestimmung: Angaben auf Kleinbetrags- und branchenspezifischen Rechnungen]** (1) Nach Konsultation des Mehrwertsteuerausschusses können die Mitgliedstaaten unter den von ihnen festzulegenden Bedingungen vorsehen, dass Rechnungen für Lieferungen von Gegenständen oder für Dienstleistungen in folgenden Fällen nur die in Artikel 226b genannten Angaben enthalten:

a) wenn der Rechnungsbetrag höher als 100 EUR aber nicht höher als 400 EUR ist, oder den Gegenwert in Landeswährung;

b) wenn die Einhaltung aller in den Artikeln 226 oder 230 genannten Verpflichtungen aufgrund der Handels- oder Verwaltungspraktiken in dem betreffenden Wirtschaftsbereich oder aufgrund der technischen Bedingungen der Erstellung dieser Rechnungen besonders schwierig ist.

(2) *(aufgehoben)*

(3) Die Vereinfachung nach Absatz 1 darf nicht angewandt werden, wenn Rechnungen gemäß Artikel 220 Absatz 1 Nummern 2 und 3 ausgestellt werden müssen, oder wenn die steuerpflichtige Lieferung von Gegenständen oder die steuerpflichtige Dienstleistung von einem Steuerpflichtigen durchgeführt wird, der nicht in dem Mitgliedstaat ansässig ist, in dem die Mehrwertsteuer geschuldet wird, oder dessen Niederlassung in dem betreffenden Mitgliedstaat im Sinne des Artikels 192a nicht an der Lieferung oder Dienstleistung beteiligt ist und wenn die Steuer vom Erwerber bzw. Dienstleistungsempfänger geschuldet wird.

---

[1]) Art. 236 neu gef. durch RL v. 13.7.2010 (ABl. L 189 S. 1).
[2]) Art. 237 neu gef. durch RL v. 13.7.2010 (ABl. L 189 S. 1).
[3]) Art. 238 Abs. 1 und 3 neu gef., Abs. 2 aufgeh. durch RL v. 13.7.2010 (ABl. L 189 S. 1).

Art. 239 [Angabe einer Steuerregisternummer auf der Rechnung anstelle der Mehrwertsteuer-Identifikationsnummer in den Fällen der Nichtvergabe einer Mehrwertsteuer-Identifikationsnummer] Machen die Mitgliedstaaten von der Möglichkeit nach Artikel 272 Absatz 1 Unterabsatz 1 Buchstabe b Gebrauch, Steuerpflichtigen, die keine der in den Artikeln 20, 21, 22, 33, 36, 138 und 141 genannten Umsätze bewirken, keine Mehrwertsteuer-Identifikationsnummer zu erteilen, ist – sofern keine Mehrwertsteuer-Identifikationsnummer erteilt wurde – auf der Rechnung die Mehrwertsteuer-Identifikationsnummer des Lieferers oder Dienstleistungserbringers und des Erwerbers oder Dienstleistungsempfängers, durch eine andere, von den betreffenden Mitgliedstaaten näher bestimmte Nummer, die so genannte Steuerregisternummer, zu ersetzen.

Art. 240 [Kannbestimmung: Pflicht zur Angabe der Mehrwertsteuer-Identifikationsnummer des Leistenden bei bestimmten Umsätzen für bestimmte Unternehmer mit Erklärungs- und Aufzeichnungserleichterungen] Mitgliedstaaten, die von der Möglichkeit nach Artikel 272 Absatz 1 Unterabsatz 1 Buchstabe b Gebrauch machen, können, wenn dem Steuerpflichtigen eine Mehrwertsteuer-Identifikationsnummer erteilt wurde, außerdem vorsehen, dass die Rechnung folgende Angaben enthält:

1. bei den in den Artikeln 44, 47, 50, 53, 54 und 55 genannten Dienstleistungen sowie bei den in den Artikeln 138 und 141 genannten Lieferungen von Gegenständen: die Mehrwertsteuer-Identifikationsnummer sowie die Steuerregisternummer des Lieferers bzw. Dienstleistungserbringers;
2. bei anderen Lieferungen von Gegenständen und Dienstleistungen: lediglich die Steuerregisternummer des Lieferers bzw. Dienstleistungserbringers oder lediglich die Mehrwertsteuer-Identifikationsnummer.

Kapitel 4. Aufzeichnungen

Abschnitt 1. Begriffsbestimmung

Art. 241 [Definition der elektronischen Aufbewahrung einer Rechnung] Für die Zwecke dieses Kapitels gilt als „elektronische Aufbewahrung einer Rechnung" die Aufbewahrung von Daten mittels elektronischer Einrichtungen zur Verarbeitung (einschließlich der digitalen Kompression) und Aufbewahrung unter Verwendung von Draht, Funk, optischen oder anderen elektromagnetischen Medien.

Abschnitt 2. Allgemeine Pflichten

Art. 242 [Aufzeichnungspflichten – Grundsatz] Jeder Steuerpflichtige hat Aufzeichnungen zu führen, die so ausführlich sind, dass sie die Anwendung der Mehrwertsteuer und ihre Kontrolle durch die Steuerverwaltung ermöglichen.

Art. 242a[1]) [Aufzeichnungspflichten von Betreibern elektronischer Plattformen] (1) [1]Unterstützt ein Steuerpflichtiger die Lieferung von Gegenständen oder Dienstleistungen innerhalb der Gemeinschaft an eine nicht steuerpflichtige Person im Einklang mit Titel V durch die Nutzung einer elektronischen Schnittstelle, beispielsweise eines Marktplatzes, einer Plattform, eines Portals oder Ähnlichem, so muss dieser Steuerpflichtige Aufzeichnungen über diese Lieferungen und Dienstleistungen führen. [2]Diese Aufzeichnungen müssen so ausführlich sein, dass die Steuerbehörden des Mitgliedstaats, in dem diese Lieferungen und Dienstleistungen steuerbar sind, feststellen können, ob die Mehrwertsteuer korrekt berücksichtigt worden ist.

(2) [1] Die Aufzeichnungen nach Absatz 1 sind den betreffenden Mitgliedstaaten auf Verlangen elektronisch zur Verfügung zu stellen.

[2] Diese Aufzeichnungen sind vom Ende des Jahres an, in dem der Umsatz bewirkt wurde, zehn Jahre lang aufzubewahren.

Art. 243[2]) [Pflicht zur Registrierung der Gegenstände, die innergemeinschaftlich für Zwecke der Be- oder Verarbeitung oder einer vorübergehenden Verwendung verbracht wurden] (1) Jeder Steuerpflichtige muss ein Register der Gegenstände führen, die er für die Zwecke seiner in Artikel 17 Absatz 2 Buchstaben f, g und h genannten Umsätze in Form der Begutachtung dieser Gegenstände oder von Arbeiten an diesen Gegenständen oder ihrer vorübergehenden Verwendung nach Orten außerhalb des Mitgliedstaats des Beginns der Versendung oder Beförderung, aber innerhalb der Gemeinschaft versandt oder befördert hat oder die für seine Rechnung dorthin versandt oder befördert wurden.

(2) Jeder Steuerpflichtige hat Aufzeichnungen zu führen, die so ausführlich sind, dass sie die Identifizierung der Gegenstände ermöglichen, die ihm aus einem anderen Mitgliedstaat von einem Steuerpflichtigen mit Mehrwertsteuer-Identifikationsnummer in diesem anderen Mitgliedstaat oder für dessen Rechnung im Zusammenhang mit einer Dienstleistung in Form der Begutachtung dieser Gegenstände oder von Arbeiten an diesen Gegenständen gesandt worden sind.

(3) [1] Jeder Steuerpflichtige, der Gegenstände im Rahmen der in Artikel 17a genannten Konsignationslagerregelung verbringt, führt ein Register, das es den Steuerbehörden ermöglicht, die korrekte Anwendung des genannten Artikels zu überprüfen.

[2] Jeder Steuerpflichtige, an den Gegenstände im Rahmen der in Artikel 17a genannten Konsignationslagerregelung geliefert werden, führt ein Register dieser Gegenstände.

---

[1]) Art. 242a eingef. mWv 1.7.2021 durch RL v. 5.12.2017 (ABl. L 348 S. 7, ber. ABl. 2018 L 190 S. 21, geänd. durch ABl. 2020 L 244 S. 3).
[2]) Art. 243 neu gef. durch RL v. 13.7.2010 (ABl. L 189 S. 1); Abs. 3 angef. durch RL v. 4.12.2018 (ABl. L 311 S. 3).

Abschnitt 2a.[1] Allgemeine Pflichten von Zahlungsdienstleistern

Art. 243a[1] [Begriffsbestimmungen] Im Sinne dieses Abschnitts bezeichnet der Ausdruck

1. „Zahlungsdienstleister" eine der in Artikel 1 Absatz 1 Buchstaben a bis d der Richtlinie (EU) 2015/2366 des Europäischen Parlaments und des Rates[2] aufgeführten Kategorien von Zahlungsdienstleistern oder eine natürliche oder juristische Person, für die eine Ausnahme gemäß Artikel 32 der genannten Richtlinie gilt;

2. „Zahlungsdienst" eine der in Anhang I Nummern 3 bis 6 der Richtlinie (EU) 2015/2366 genannten gewerblichen Tätigkeiten;

3. „Zahlung" vorbehaltlich der in Artikel 3 der Richtlinie (EU) 2015/2366 vorgesehenen Ausnahmen einen „Zahlungsvorgang" gemäß der Definition in Artikel 4 Nummer 5 der genannten Richtlinie oder einen „Finanztransfer" gemäß Artikel 4 Nummer 22 der genannten Richtlinie;

4. „Zahler" einen „Zahler" gemäß der Definition in Artikel 4 Nummer 8 der Richtlinie (EU) 2015/2366;

5. „Zahlungsempfänger" einen „Zahlungsempfänger" gemäß der Definition in Artikel 4 Nummer 9 der Richtlinie (EU) 2015/2366;

6. „Herkunftsmitgliedstaat" den „Herkunftsmitgliedstaat" gemäß der Definition in Artikel 4 Nummer 1 der Richtlinie (EU) 2015/2366;

7. „Aufnahmemitgliedstaat" den „Aufnahmemitgliedstaat" gemäß der Definition in Artikel 4 Nummer 2 der Richtlinie (EU) 2015/2366;

8. „Zahlungskonto" ein „Zahlungskonto" gemäß der Definition in Artikel 4 Nummer 12 der Richtlinie (EU) 2015/2366;

9. „IBAN" eine „IBAN" gemäß der Definition in Artikel 2 Nummer 15 der Verordnung (EU) Nr. 260/2012 des Europäischen Parlaments und des Rates[3];

10. „BIC" eine „BIC" gemäß der Definition in Artikel 2 Nummer 16 der Verordnung (EU) Nr. 260/2012.

Art. 243b[1] [Anforderungen an die Zahlungsdienstleister] (1) *[1]* Die Mitgliedstaaten verlangen von den Zahlungsdienstleistern, dass sie hinreichend detaillierte Aufzeichnungen über Zahlungsempfänger und Zahlungen in Bezug auf die von ihnen in jedem Kalenderquartal erbrachten Zahlungsdienste

---

[1] Abschnitt 2a (Art. 243a–243d) eingef. mWv 22.3.2020 durch RL v. 18.2.2020 (ABl. L 62 S. 7); zur **Anwendung ab 1.1.2024** siehe Art. 2 Abs. 1 UAbs. 2 RL 2020/284/EU.
    [2] **Amtl. Anm.:** Richtlinie (EU) 2015/2366 des Europäischen Parlaments und des Rates vom 25. November 2015 über Zahlungsdienste im Binnenmarkt, zur Änderung der Richtlinien 2002/65/EG, 2009/110/EG, 2013/36/EU und der Verordnung (EU) Nr. 1093/2010 sowie zur Aufhebung der Richtlinie 2007/64/EG (ABl. L 337 vom 23.12.2015, S. 35).
    [3] **Amtl. Anm.:** Verordnung (EU) Nr. 260/2012 des Europäischen Parlaments und des Rates vom 14. März 2012 zur Festlegung der technischen Vorschriften und der Geschäftsanforderungen für Überweisungen und Lastschriften in Euro und zur Änderung der Verordnung (EG) Nr. 924/2009 (ABl. L 94 vom 30.3.2012, S. 22).

führen, um die zuständigen Behörden der Mitgliedstaaten in die Lage zu versetzen, Lieferungen von Gegenständen und Dienstleistungen zu kontrollieren, die gemäß den Bestimmungen des Titels V als in einem Mitgliedstaat erfolgt bzw. erbracht gelten, damit das Ziel der Bekämpfung von Mehrwertsteuerbetrug erreicht wird.

[2] ¹Die in Unterabsatz 1 genannte Anforderung gilt nur für Zahlungsdienste, die in Bezug auf grenzüberschreitende Zahlungen erbracht werden. ²Eine Zahlung gilt als grenzüberschreitende Zahlung, wenn sich der Zahler in einem Mitgliedstaat und der Zahlungsempfänger in einem anderen Mitgliedstaat, einem Drittgebiet oder einem Drittland befindet.

(2) [1] Die Anforderung an die Zahlungsdienstleister nach Absatz 1 gilt, wenn ein Zahlungsdienstleister während eines Kalenderquartals im Rahmen seiner Zahlungsdienste mehr als 25 grenzüberschreitende Zahlungen an denselben Zahlungsempfänger tätigt.

[2] ¹Die Anzahl der in Unterabsatz 1 dieses Absatzes genannten grenzüberschreitenden Zahlungen wird unter Zugrundelegung der Zahlungsdienste berechnet, die der Zahlungsdienstleister pro Mitgliedstaat und pro Kennzeichen gemäß Artikel 243c Absatz 2 erbringt. ²Wenn der Zahlungsdienstleister über die Information verfügt, dass der Zahlungsempfänger mehrere Kennzeichen hat, erfolgt die Berechnung pro Zahlungsempfänger.

(3) ¹Die Anforderung nach Absatz 1 gilt nicht für Zahlungsdienste, die von den Zahlungsdienstleistern des Zahlers in Bezug auf jegliche Zahlung erbracht werden, bei der mindestens einer der Zahlungsdienstleister des Zahlungsempfängers gemäß seiner BIC oder eines anderen Geschäftskennzeichens, die bzw. das den Zahlungsdienstleister und dessen Ort eindeutig identifiziert, in einem Mitgliedstaat ansässig ist. ²Die Zahlungsdienstleister des Zahlers müssen diese Zahlungsdienste jedoch in die Berechnung nach Absatz 2 aufnehmen.

(4) Findet die Anforderung an die Zahlungsdienstleister gemäß Absatz 1 Anwendung, so gilt für die Aufzeichnungen Folgendes:

a) Sie werden vom Zahlungsdienstleister in elektronischer Form für einen Zeitraum von drei Kalenderjahren ab Ende des Kalenderjahres, in dem die Zahlung ausgeführt wurde, aufbewahrt;

b) sie werden gemäß Artikel 24b der Verordnung (EU) Nr. 904/2010 dem Herkunftsmitgliedstaat des Zahlungsdienstleisters oder den Aufnahmemitgliedstaaten, wenn der Zahlungsdienstleister Zahlungsdienste in anderen Mitgliedstaaten als dem Herkunftsmitgliedstaat erbringt, zur Verfügung gestellt.

Art. 243c¹⁾ [Ort des Zahlers] (1) Für die Anwendung von Artikel 243b Absatz 1 Unterabsatz 2 und unbeschadet der Bestimmungen des Titels V gilt der Ort des Zahlers als in dem Mitgliedstaat belegen:

---

¹⁾ Abschnitt 2a (Art. 243a–243d) eingef. mWv 22.3.2020 durch RL v. 18.2.2020 (ABl. L 62 S. 7); zur **Anwendung ab 1.1.2024** siehe Art. 2 Abs. 1 UAbs. 2 RL 2020/284/EU.

a) dem die IBAN des Zahlungskontos des Zahlers oder jedes andere Kennzeichen, das eindeutig den Zahler identifiziert und seinen Ort angibt, zugeordnet werden kann, oder, falls keine solchen Kennzeichen vorliegen,

b) dem die BIC oder ein anderes Geschäftskennzeichen, das eindeutig den Zahlungsdienstleister, der im Namen des Zahlers handelt, identifiziert und seinen Ort angibt, zugeordnet werden kann.

(2) Für die Anwendung von Artikel 243b Absatz 1 Unterabsatz 2 gilt der Ort des Zahlungsempfängers als in dem Mitgliedstaat, Drittgebiet oder Drittland belegen:

a) dem die IBAN des Zahlungskontos des Zahlungsempfängers oder jedes andere Kennzeichen, das eindeutig den Zahlungsempfänger identifiziert und seinen Ort angibt, zugeordnet werden kann, oder, falls keine solchen Kennzeichen vorliegen,

b) dem die BIC oder ein anderes Geschäftskennzeichen, das eindeutig den Zahlungsdienstleister, der im Namen des Zahlungsempfängers handelt, identifiziert und seinen Ort angibt, zugeordnet werden kann.

Art. 243d[1] [**Aufzeichnungspflicht des Zahlungsdienstleisters**] (1) Die gemäß Artikel 243b zu speichernden Aufzeichnungen der Zahlungsdienstleister umfassen folgende Informationen:

a) die BIC oder ein anderes Geschäftskennzeichen, das den Zahlungsdienstleister eindeutig identifiziert;

b) den Namen oder die Bezeichnung des Unternehmens des Zahlungsempfängers gemäß den Aufzeichnungen des Zahlungsdienstleisters;

c) falls vorhanden, jegliche MwSt.-Identifikationsnummer oder sonstige nationale Steuernummer des Zahlungsempfängers;

d) IBAN oder, falls diese nicht vorhanden ist, jedes andere Kennzeichen, das eindeutig den Zahlungsempfänger identifiziert und seinen Ort angibt;

e) die BIC oder ein anderes Geschäftskennzeichen, das eindeutig den Zahlungsdienstleister, der im Namen des Zahlungsempfängers handelt, identifiziert und seinen Ort angibt, wenn der Zahlungsempfänger Geldmittel erhält, jedoch kein Zahlungskonto hat;

f) falls verfügbar, die Adresse des Zahlungsempfängers gemäß den Aufzeichnungen des Zahlungsdienstleisters;

g) genaue Angaben zu allen grenzüberschreitenden Zahlungen gemäß Artikel 243b Absatz 1;

h) genaue Angaben zu allen als mit grenzüberschreitenden Zahlungen nach Buchstabe g zusammenhängend ermittelten Zahlungserstattungen.

(2) Die in Absatz 1 Buchstaben g und h genannten Informationen umfassen folgende Angaben:

a) Datum und Uhrzeit der Zahlung oder der Zahlungserstattung;

---

[1] Abschnitt 2a (Art. 243a–243d) eingef. mWv 22.3.2020 durch RL v. 18.2.2020 (ABl. L 62 S. 7); zur **Anwendung ab 1.1.2024** siehe Art. 2 Abs. 1 UAbs. 2 RL 2020/284/EU.

b) Betrag und Währung der Zahlung oder der Zahlungserstattung;

c) den Ursprungsmitgliedstaat der vom Zahlungsempfänger oder in seinem Namen erhaltenen Zahlung, den Bestimmungsmitgliedstaat, in dem die Erstattung erfolgt, falls zutreffend, sowie die Informationen, die zur Ermittlung des Ursprungs oder des Bestimmungsortes der Zahlung oder der Zahlungserstattung gemäß Artikel 243c notwendig sind;

d) jede Bezugnahme, die die Zahlung eindeutig ausweist;

e) gegebenenfalls die Angabe, dass die Zahlung in den Räumlichkeiten des Händlers eingeleitet wird.

Abschnitt 3. Pflichten in Bezug auf die Aufbewahrung aller Rechnungen

Art. 244 [Pflicht zur Aufbewahrung von Rechnungskopien] Jeder Steuerpflichtige sorgt für die Aufbewahrung von Kopien aller Rechnungen, die er selbst, der Erwerber oder Dienstleistungsempfänger oder ein Dritter in seinem Namen und für seine Rechnung ausgestellt hat, sowie aller Rechnungen, die er erhalten hat.

Art. 245 [Aufbewahrungsort der Rechnungen; Kannbestimmung: Angabe eines ausländischen Aufbewahrungsorts und Gewährleistung eines Online-Zugriffs] (1) Für die Zwecke dieser Richtlinie kann der Steuerpflichtige den Aufbewahrungsort aller Rechnungen bestimmen, sofern er den zuständigen Behörden auf deren Verlangen alle gemäß Artikel 244 aufzubewahrenden Rechnungen oder Daten unverzüglich zur Verfügung stellt.

(2) [1] Die Mitgliedstaaten können von den in ihrem Gebiet ansässigen Steuerpflichtigen verlangen, ihnen den Aufbewahrungsort mitzuteilen, wenn sich dieser außerhalb ihres Gebiets befindet.

[2] Die Mitgliedstaaten können ferner von den in ihrem Gebiet ansässigen Steuerpflichtigen verlangen, alle von ihnen selbst oder vom Erwerber oder Dienstleistungsempfänger oder von einem Dritten in ihrem Namen und für ihre Rechnung ausgestellten Rechnungen sowie alle Rechnungen, die sie erhalten haben, im Inland aufzubewahren, soweit es sich nicht um eine elektronische Aufbewahrung handelt, die einen vollständigen Online-Zugriff auf die betreffenden Daten gewährleistet.

Art. 246.[1] *(aufgehoben)*

Art. 247[2] **[Rechnungsaufbewahrungsfrist; Kannbestimmung: Pflicht zur Aufbewahrung von Rechnungen in Originalform; Verbot der Aufbewahrung in einem Staat ohne Amtshilfeabkommen]** (1) Jeder Mitgliedstaat legt fest, über welchen Zeitraum Steuerpflichtige Rechnungen für Lieferungen von Gegenständen oder für Dienstleistungen in seinem Gebiet

---

[1] Art. 246 aufgeh. durch RL v. 13.7.2010 (ABl. L 189 S. 1).
[2] Art. 247 Abs. 2 und 3 neu gef. durch RL v. 13.7.2010 (ABl. L 189 S. 1).

aufbewahren müssen und Rechnungen, die in seinem Gebiet ansässige Steuerpflichtige erhalten haben, aufbewahrt werden müssen.

(2) [1] Um die Einhaltung der in Artikel 233 genannten Anforderungen sicherzustellen, kann der in Absatz 1 genannte Mitgliedstaat vorschreiben, dass die Rechnungen in der Originalform, in der sie übermittelt oder zur Verfügung gestellt wurden, d. h. auf Papier oder elektronisch, aufzubewahren sind. [2] Er kann zudem verlangen, dass bei der elektronischen Aufbewahrung von Rechnungen die Daten, mit denen die Echtheit der Herkunft der Rechnungen und die Unversehrtheit ihres Inhalts nach Artikel 233 nachgewiesen werden, ebenfalls elektronisch aufzubewahren sind.

(3) Der in Absatz 1 genannte Mitgliedstaat kann spezifische Anforderungen festlegen, wonach die Aufbewahrung der Rechnungen in einem Land verboten oder eingeschränkt wird, mit dem keine Rechtsvereinbarung über Amtshilfe, deren Anwendungsbereich mit dem der Richtlinie 2010/24/EU sowie der Verordnung (EG) Nr. 1798/2003 vergleichbar ist, oder keine Rechtsvereinbarung über das in Artikel 249 genannte Recht auf elektronischen Zugriff auf diese Rechnungen, deren Herunterladen und Verwendung besteht.

Art. 248 [Kannbestimmung: Pflicht zur Aufbewahrung von Rechnungen an Nichtunternehmer] Die Mitgliedstaaten können vorschreiben, dass an nichtsteuerpflichtige Personen ausgestellte Rechnungen aufzubewahren sind und dafür entsprechende Bedingungen festlegen.

Art. 248a[1] [Recht auf Übersetzung von Rechnungen in die Amtssprache eines Mitgliedstaates] [1] Die Mitgliedstaaten können zu Kontrollzwecken und bei Rechnungen, die sich auf Lieferungen von Gegenständen oder Dienstleistungen in ihrem Gebiet beziehen oder die in ihrem Gebiet ansässige Steuerpflichtige erhalten haben, von bestimmten Steuerpflichtigen oder in bestimmten Fällen Übersetzungen in ihre Amtssprachen verlangen. [2] Die Mitgliedstaaten dürfen allerdings nicht eine allgemeine Verpflichtung zur Übersetzung von Rechnungen auferlegen.

Abschnitt 4. Recht auf Zugriff auf in einem anderen Mitgliedstaat elektronisch aufbewahrte Rechnungen

Art. 249[2] [Recht des Ansässigkeitsstaats auf Zugriff auf in einem anderen Mitgliedstaat elektronisch aufbewahrte Rechnungen] Bewahrt ein Steuerpflichtiger von ihm ausgestellte oder empfangene Rechnungen elektronisch in einer Weise auf, die einen Online-Zugriff auf die betreffenden Daten gewährleistet, haben die zuständigen Behörden des Mitgliedstaats, in dem er ansässig ist, und, falls die Steuer in einem anderen Mitgliedstaat geschuldet wird, die zuständigen Behörden dieses Mitgliedstaats, zu Kontrollzwecken das Recht auf Zugriff auf diese Rechnungen sowie auf deren Herunterladen und Verwendung.

---

[1] Art. 248a eingef. durch RL v. 13.7.2010 (ABl. L 189 S. 1).
[2] Art. 249 neu gef. durch RL v. 13.7.2010 (ABl. L 189 S. 1).

Kapitel 5. Erklärungspflichten

Art. 250 [Pflicht zur Abgabe einer Mehrwertsteuererklärung mit betimten obligatorischen Angaben] (1) Jeder Steuerpflichtige hat eine Mehrwertsteuererklärung abzugeben, die alle für die Festsetzung des geschuldeten Steuerbetrags und der vorzunehmenden Vorsteuerabzüge erforderlichen Angaben enthält, gegebenenfalls einschließlich des Gesamtbetrags der für diese Steuer und Abzüge maßgeblichen Umsätze sowie des Betrags der steuerfreien Umsätze, soweit dies für die Feststellung der Steuerbemessungsgrundlage erforderlich ist.

(2) Die Mitgliedstaaten legen fest, unter welchen Bedingungen der Steuerpflichtige die in Absatz 1 genannte Erklärung elektronisch abgeben darf, und können die elektronische Abgabe auch vorschreiben.

Art. 251 [Weitere obligatorische Angaben in einer Mehrwertsteuererklärung] Neben den in Artikel 250 geannten Angaben muss die Mehrwertsteuererklärung, die einen bestimmten Steuerzeitraum umfasst, folgende Angaben enthalten:

a) Gesamtbetrag ohne Mehrwertsteuer der in Artikel 138 genannten Lieferungen von Gegenständen, für die während dieses Steuerzeitraums der Steueranspruch eingetreten ist;

b) Gesamtbetrag ohne Mehrwertsteuer der in den Artikeln 33 und 36 genannten Lieferungen von Gegenständen, im Gebiet eines anderen Mitgliedstaats, für die der Steueranspruch während dieses Steuerzeitraums eingetreten ist, wenn der Ort des Beginns der Versendung oder Beförderung der Gegenstände in dem Mitgliedstaat liegt, in dem die Erklärung abzugeben ist;

c) Gesamtbetrag ohne Mehrwertsteuer der innergemeinschaftlichen Erwerbe von Gegenständen sowie der diesen gemäß Artikel 21 und 22 gleichgestellten Umsätze, die in dem Mitgliedstaat bewirkt wurden, in dem die Erklärung abzugeben ist, und für die der Steueranspruch während dieses Steuerzeitraums eingetreten ist;

d) Gesamtbetrag ohne Mehrwertsteuer der in den Artikeln 33 und 36 genannten Lieferungen von Gegenständen, in dem Mitgliedstaat, in dem die Erklärung abzugeben ist, und für die der Steueranspruch während dieses Steuerzeitraums eingetreten ist, wenn der Ort des Beginns der Versendung oder Beförderung der Gegenstände im Gebiet eines anderen Mitgliedstaats liegt;

e) Gesamtbetrag ohne Mehrwertsteuer der Lieferungen von Gegenständen, in dem Mitgliedstaat, in dem die Erklärung abzugeben ist, für die der Steuerpflichtige gemäß Artikel 197 als Steuerschuldner bestimmt wurde und für die der Steueranspruch während dieses Steuerzeitraums eingetreten ist.

Art. 252 [Abgabefrist der Mehrwertsteuererklärung] (1) [1]Die Mehrwertsteuererklärung ist innerhalb eines von den einzelnen Mitgliedstaaten festzulegenden Zeitraums abzugeben. [2]Dieser Zeitraum darf zwei Monate nach Ende jedes einzelnen Steuerzeitraums nicht überschreiten.

(2) [1] Der Steuerzeitraum kann von den Mitgliedstaaten auf einen, zwei oder drei Monate festgelegt werden.

[2] Die Mitgliedstaaten können jedoch andere Zeiträume festlegen, sofern diese ein Jahr nicht überschreiten.

Art. 253 [Kannbestimmung: Schweden – Dreimonatsfrist für Abgabe der Mehrwertsteuererklärung] Schweden kann für kleine und mittlere Unternehmen ein vereinfachtes Verfahren anwenden, das es Steuerpflichtigen, die ausschließlich im Inland steuerbare Umsätze bewirken, gestattet, die Mehrwertsteuererklärung drei Monate nach Ablauf des Steuerjahrs für Zwecke der direkten Steuern abzugeben.

Art. 254 [Angaben über Lieferungen neuer Fahrzeuge an Nichtunternehmer oder durch gelegentliche Fahrzeuglieferer] In Bezug auf Lieferungen von neuen Fahrzeugen unter den Bedingungen des Artikels 138 Absatz 2 Buchstabe a durch einen Steuerpflichtigen mit Mehrwertsteuer-Identifikationsnummer an einen Erwerber ohne Mehrwertsteuer-Identifikationsnummer oder durch einen Steuerpflichtigen im Sinne des Artikels 9 Absatz 2 treffen die Mitgliedstaaten die erforderlichen Maßnahmen, damit der Verkäufer alle Informationen meldet, die für die Anwendung der Mehrwertsteuer und ihre Kontrolle durch die Verwaltung erforderlich sind.

Art. 255 [Mehrwertsteuererklärungspflichten der Erwerber von Anlagegold als Steuerschuldner] Wenn die Mitgliedstaaten den Erwerber von Anlagegold gemäß Artikel 198 Absatz 1 als Steuerschuldner bestimmen oder von der in Artikel 198 Absatz 2 vorgesehenen Möglichkeit Gebrauch machen, den Erwerber von Goldmaterial oder Halbfertigerzeugnissen oder von Anlagegold im Sinne des Artikels 344 Absatz 1 als Steuerschuldner zu bestimmen, treffen sie die erforderlichen Maßnahmen, um sicherzustellen, dass diese Person ihren Erklärungspflichten nach diesem Kapitel nachkommt.

Art. 256 [Mehrwertsteuererklärungspflichten von Leistungsempfängern als Steuerschuldner] Die Mitgliedstaaten treffen die erforderlichen Maßnahmen, damit die Personen, die gemäß den Artikeln 194 bis 197 und Artikel 204 anstelle des nicht in ihrem Gebiet ansässigen Steuerpflichtigen als Steuerschuldner angesehen werden, ihren Erklärungspflichten nach diesem Kapitel nachkommen.

Art. 257 [Mehrwertsteuererklärungspflichten von nichtsteuerpflichtigen juristischen Personen für innergemeinschaftliche Erwerbe] Die Mitgliedstaaten treffen die erforderlichen Maßnahmen, damit die nichtsteuerpflichtigen juristischen Personen, die die für den in Artikel 2 Absatz 1 Nummer 2 Buchstabe b Ziffer i genannten innergemeinschaftlichen Erwerb von Gegenständen zu entrichtende Steuer schulden, ihren Erklärungspflichten nach diesem Kapitel nachkommen.

Art. 258 [Mehrwertsteuererklärungspflichten in Bezug auf den innergemeinschaftlichen Erwerb neuer Fahrzeuge und verbrauchsteuerpflichtiger Waren] Die Mitgliedstaaten legen die Einzelheiten der Erklärungspflichten in Bezug auf den innergemeinschaftlichen Erwerb von neuen

Fahrzeugen im Sinne des Artikels 2 Absatz 1 Buchstabe b Ziffer ii und von verbrauchsteuerpflichtigen Waren im Sinne des Artikels 2 Absatz 1 Buchstabe b Ziffer iii fest.

Art. 259 [Kannbestimmung: Informationspflichten beim innergemeinschaftlichen Erwerb neuer Fahrzeuge] Die Mitgliedstaaten können verlangen, dass Personen, die innergemeinschaftliche Erwerbe neuer Fahrzeuge nach Artikel 2 Absatz 1 Buchstabe b Ziffer ii tätigen, bei der Abgabe der Mehrwertsteuererklärung alle Informationen melden, die für die Anwendung der Mehrwertsteuer und ihre Kontrolle durch die Verwaltung erforderlich sind.

Art. 260 [Mehrwertsteuererklärungspflichten in Bezug auf die Einfuhr] Die Mitgliedstaaten legen die Einzelheiten der Erklärungspflichten in Bezug auf die Einfuhr von Gegenständen fest.

Art. 261 [Kannbestimmung: Abgabe einer Jahressteuererklärung]
(1) [1] Die Mitgliedstaaten können von dem Steuerpflichtigen verlangen, dass er eine Erklärung über sämtliche Umsätze des vorangegangenen Jahres mit allen in den Artikeln 250 und 251 genannten Angaben abgibt. [2] Diese Erklärung muss alle Angaben enthalten, die für etwaige Berichtigungen von Bedeutung sind.

(2) Die Mitgliedstaaten legen fest, unter welchen Bedingungen der Steuerpflichtige die in Absatz 1 genannte Erklärung elektronisch abgeben darf, und können die elektronische Abgabe auch vorschreiben.

Kapitel 6. Zusammenfassende Meldung

Art. 262[1) [Pflicht zur Abgabe der zusammenfassenden Meldung – Grundsatz] (1) Jeder Steuerpflichtige mit Mehrwertsteuer-Identifikationsnummer muss eine zusammenfassende Meldung abgeben, in der Folgendes aufgeführt ist:

a) die Erwerber mit Mehrwertsteuer-Identifikationsnummer, denen er Gegenstände unter den Bedingungen des Artikels 138 Absatz 1 und des Artikels 138 Absatz 2 Buchstabe c geliefert hat;

b) die Personen mit Mehrwertsteuer-Identifikationsnummer, denen er Gegenstände geliefert hat, die ihm im Rahmen eines innergemeinschaftlichen Erwerbs von Gegenständen im Sinne des Artikels 42 geliefert wurden;

c) die Steuerpflichtigen sowie die nicht steuerpflichtigen juristischen Personen mit Mehrwertsteuer-Identifikationsnummer, für die er Dienstleistungen erbracht hat, die keine Dienstleistungen sind, die in dem Mitgliedstaat, in dem der Umsatz steuerbar ist, von der Mehrwertsteuer befreit sind, und für die der Dienstleistungsempfänger gemäß Artikel 196 der Steuerschuldner ist.

(2) Neben den in Absatz 1 genannten Angaben meldet jeder Steuerpflichtige die Mehrwertsteuer-Identifikationsnummern der Steuerpflichtigen, für die die Gegenstände, die im Rahmen einer Konsignationslagerregelung gemäß den in Artikel 17a festgelegten Voraussetzungen versandt oder befördert werden, bestimmt sind sowie jede Änderung der gemeldeten Angaben.

[1) Art. 262 neu gef. durch RL v. 4.12.2018 (ABl. L 311 S. 3).

Art. 263[1] **[Erklärungszeitraum der zusammenfassenden Meldung]**
(1) Eine zusammenfassende Meldung ist für jeden Kalendermonat innerhalb einer Frist von höchstens einem Monat und nach den Modalitäten abzugeben, die von den Mitgliedstaaten festzulegen sind.

(1a) [1] Die Mitgliedstaaten können jedoch unter von ihnen festzulegenden Bedingungen und innerhalb von ihnen festzulegender Grenzen den Steuerpflichtigen gestatten, die zusammenfassende Meldung für jedes Kalenderquartal innerhalb eines Zeitraums von höchstens einem Monat ab dem Quartalsende abzugeben, wenn der Gesamtbetrag der Lieferungen von Gegenständen gemäß Artikel 264 Absatz 1 Buchstabe d und Artikel 265 Absatz 1 Buchstabe c für das Quartal ohne Mehrwertsteuer weder für das jeweilige Quartal noch für eines der vier vorangegangenen Quartale den Betrag von 50 000 EUR oder den Gegenwert in Landeswährung übersteigt.

[2] ¹Die in Unterabsatz 1 vorgesehene Möglichkeit besteht ab Ende desjenigen Monats nicht mehr, in dem der Gesamtbetrag der Lieferungen von Gegenständen gemäß Artikel 264 Absatz 1 Buchstabe d und Artikel 265 Absatz 1 Buchstabe c für das laufende Quartal ohne Mehrwertsteuer den Betrag von 50 000 EUR oder den Gegenwert in Landeswährung übersteigt. ²In diesem Fall ist eine zusammenfassende Meldung für den oder die seit Beginn des Quartals vergangenen Monate innerhalb eines Zeitraums von höchstens einem Monat abzugeben.

(1b) Bis zum 31. Dezember 2011 können die Mitgliedstaaten den in Absatz 1a vorgesehenen Betrag auf 100 000 EUR oder den Gegenwert in Landeswährung festlegen.

(1c) [1] Die Mitgliedstaaten können unter von ihnen festzulegenden Bedingungen und innerhalb von ihnen festzulegender Grenzen den Steuerpflichtigen in Bezug auf die Dienstleistungen gemäß Artikel 264 Absatz 1 Buchstabe d gestatten, die zusammenfassende Meldung für jedes Kalenderquartal innerhalb eines Zeitraums von höchstens einem Monat ab dem Quartalsende abzugeben.

[2] Die Mitgliedstaaten können insbesondere verlangen, dass die Steuerpflichtigen, die Lieferungen von Gegenständen und Dienstleistungen gemäß Artikel 264 Absatz 1 Buchstabe d bewirken, die zusammenfassende Meldung innerhalb des Zeitraums abgeben, der sich aus der Anwendung der Absätze 1 bis 1b ergibt.

(2) Die Mitgliedstaaten legen fest, unter welchen Bedingungen der Steuerpflichtige die in Absatz 1 genannte zusammenfassende Meldung im Wege der elektronischen Datenübertragung abgeben darf, und können die Abgabe im Wege der elektronischen Dateiübertragung auch vorschreiben.

Art. 264[2] **[Obligatorische Angaben in der zusammenfassenden Meldung]** (1) Die zusammenfassende Meldung muss folgende Angaben enthalten:

---

[1] Art. 263 neu gef. durch RL v. 16.12.2008 (ABl. 2009 L 14 S. 7).
[2] Art. 264 Abs. 2 neu gef. durch RL v. 16.12.2008 (ABl. 2009 L 14 S. 7); Abs. 1 Buchst. a, b und d neu gef. durch RL v. 12.2.2008 (ABl. L 44 S. 11).

a) die Mehrwertsteuer-Identifikationsnummer des Steuerpflichtigen in dem Mitgliedstaat, in dem die zusammenfassende Meldung abzugeben ist, und unter der er Gegenstände im Sinne des Artikels 138 Absatz 1 geliefert hat oder steuerpflichtige Dienstleistungen im Sinne des Artikels 44 erbracht hat;

b) die Mehrwertsteuer-Identifikationsnummer eines jeden Erwerbers von Gegenständen oder eines jeden Empfängers von Dienstleistungen in einem anderen Mitgliedstaat als dem, in dem die zusammenfassende Meldung abzugeben ist, und unter der ihm die Gegenstände geliefert oder für ihn die Dienstleistungen erbracht wurden;

c) die Mehrwertsteuer-Identifikationsnummer des Steuerpflichtigen in dem Mitgliedstaat, in dem die zusammenfassende Meldung abzugeben ist, und unter der er eine Verbringung in einen anderen Mitgliedstaat nach Artikel 138 Absatz 2 Buchstabe c bewirkt hat, sowie seine Mehrwertsteuer-Identifikationsnummer im Mitgliedstaat der Beendigung der Versendung oder Beförderung;

d) für jeden einzelnen Erwerber von Gegenständen oder Empfänger von Dienstleistungen den Gesamtbetrag der Lieferungen von Gegenständen und den Gesamtbetrag der Dienstleistungen durch den Steuerpflichtigen;

e) bei der Lieferung von Gegenständen in Form der Verbringung in einen anderen Mitgliedstaat nach Artikel 138 Absatz 2 Buchstabe c den gemäß Artikel 76 ermittelten Gesamtbetrag der Lieferungen;

f) den Betrag der gemäß Artikel 90 durchgeführten Berichtigungen.

(2) [1] Der in Absatz 1 Buchstabe d genannte Betrag ist für den gemäß Artikel 263 Absätze 1 bis 1c festgelegten Abgabezeitraum zu melden, in dem der Steueranspruch eingetreten ist.

[2] Der in Absatz 1 Buchstabe f genannte Betrag ist für den gemäß Artikel 263 Absätze 1 bis 1c festgelegten Abgabezeitraum zu melden, in dem die Berichtigung dem Erwerber mitgeteilt wird.

Art. 265[1] [Obligatorische Einzelangaben in der zusammenfassenden Meldung in den Fällen des innergemeinschaftlichen Erwerbs für Zwecke einer anschließenden innergemeinschaftlichen Lieferung]

(1) Im Falle des innergemeinschaftlichen Erwerbs von Gegenständen im Sinne des Artikels 42 hat der Steuerpflichtige mit Mehrwertsteuer-Identifikationsnummer in dem Mitgliedstaat, der ihm die Mehrwertsteuer-Identifikationsnummer erteilt hat, unter der er diesen Erwerb getätigt hat, in der zusammenfassenden Meldung folgende Einzelangaben zu machen:

a) seine Mehrwertsteuer-Identifikationsnummer in diesem Mitgliedstaat, unter der er die Gegenstände erworben und anschließend geliefert hat;

b) die Mehrwertsteuer-Identifikationsnummer des Empfängers der anschließenden Lieferungen des Steuerpflichtigen im Mitgliedstaat der Beendigung der Versendung oder Beförderung;

---

[1] Art. 265 Abs. 2 neu gef. durch RL v. 16.12.2008 (ABl. 2009 L 14 S. 7).

c) für jeden einzelnen dieser Empfänger der Lieferung den Gesamtbetrag ohne Mehrwertsteuer derartiger Lieferungen des Steuerpflichtigen im Mitgliedstaat der Beendigung der Versendung oder Beförderung.

(2) Der in Absatz 1 Buchstabe c genannte Betrag ist für den gemäß Artikel 263 Absätze 1 bis 1b festgelegten Abgabezeitraum zu melden, in dem der Steueranspruch eingetreten ist.

Art. 266 [Kannbestimmung: Verlangen nach weiteren Angaben in der zusammenfassenden Meldung] Abweichend von den Artikeln 264 und 265 können die Mitgliedstaaten verlangen, dass die zusammenfassende Meldung weitere Angaben enthält.

Art. 267 [Pflicht zur Abgabe von zusammenfassenden Meldungen bei Leistungsempfängern als Steuerschuldner und beim Steuervertretern] Die Mitgliedstaaten treffen die erforderlichen Maßnahmen, damit die Personen, die gemäß den Artikeln 194 und 204 anstelle eines nicht in ihrem Gebiet ansässigen Steuerpflichtigen als Steuerschuldner angesehen werden, ihrer Pflicht zur Abgabe von zusammenfassenden Meldungen nach diesem Kapitel nachkommen.

Art. 268 [Kannbestimmung: gesonderte Abgabe von Erklärungen über innergemeinschaftliche Erwerbe] Die Mitgliedstaaten können von Steuerpflichtigen, die in ihrem Gebiet innergemeinschaftliche Erwerbe von Gegenständen sowie diesen gleichgestellte Umsätze im Sinne der Artikel 21 und 22 bewirken, die Abgabe von Erklärungen mit ausführlichen Angaben über diese Erwerbe verlangen; für Zeiträume von weniger als einem Monat dürfen solche Erklärungen jedoch nicht verlangt werden.

Art. 269 [Möglichkeit der Sonderermächtigung von Mitgliedstaaten durch den Rat für Vereinfachungen in Bezug auf zusammenfassende Meldungen – Grundsatz] [1]Der Rat kann die einzelnen Mitgliedstaaten auf Vorschlag der Kommission einstimmig ermächtigen, die in den Artikeln 270 und 271 vorgesehenen besonderen Maßnahmen zu treffen, um die Pflicht zur Abgabe einer zusammenfassenden Meldung nach diesem Kapitel zu vereinfachen. [2]Diese Maßnahmen dürfen die Kontrolle der innergemeinschaftlichen Umsätze nicht beeinträchtigen.

Art. 270[1] [Kannbestimmung: Gestattung jährlicher zusammenfassender Meldungen nach Sonderermächtigung durch den Rat] Aufgrund der Ermächtigung nach Artikel 269 können die Mitgliedstaaten einem Steuerpflichtigen gestatten, eine jährliche zusammenfassende Meldung mit den Mehrwertsteuer-Identifikationsnummern derjenigen Erwerber in anderen Mitgliedstaaten abzugeben, denen er Gegenstände unter den Bedingungen des Artikels 138 Absatz 1 und Absatz 2 Buchstabe c geliefert hat, wenn der Steuerpflichtige die folgenden drei Voraussetzungen erfüllt:

---

[1] Art. 270 Buchst. a neu gef. mWv 22.3.2020 durch RL v. 18.2.2020 (ABl. L 62 S. 13); zur **Anwendung ab 1.1.2025** siehe Art. 3 Abs. 1 UAbs. 2 RL 2020/285/EU.

a) der jährliche Gesamtbetrag ohne Mehrwertsteuer seiner Lieferungen von Gegenständen und Dienstleistungen übersteigt den Jahresumsatz, der bei Steuerpflichtigen, die unter die Steuerbefreiung für Kleinunternehmen nach Artikel 284 fallen, als Referenzbetrag dient, um nicht mehr als 35 000 EUR oder den Gegenwert in Landeswährung;

b) der jährliche Gesamtbetrag ohne Mehrwertsteuer seiner Lieferungen von Gegenständen unter den Bedingungen des Artikels 138 übersteigt nicht den Betrag von 15 000 EUR oder den Gegenwert in Landeswährung;

c) bei den von ihm unter den Voraussetzungen des Artikels 138 gelieferten Gegenständen handelt es sich nicht um neue Fahrzeuge.

Art. 271 [**Kannbestimmung: Möglichkeit gleich langer Erklärungszeiträume für Mehrwertsteuererklärung und zusammenfassende Meldung nach Sonderermächtigung durch den Rat**] Aufgrund der Ermächtigung nach Artikel 269 können diejenigen Mitgliedstaaten, die die Dauer des Steuerzeitraums, für den der Steuerpflichtige die in Artikel 250 genannte Mehrwertsteuererklärung abzugeben hat, auf mehr als drei Monate festlegen, einem Steuerpflichtigen gestatten, die zusammenfassende Meldung für denselben Zeitraum vorzulegen, wenn der Steuerpflichtige die folgenden drei Voraussetzungen erfüllt:

a) der jährliche Gesamtbetrag ohne Mehrwertsteuer seiner Lieferungen von Gegenständen und seiner Dienstleistungen beläuft sich auf höchstens 200 000 EUR oder den Gegenwert in Landeswährung;

b) der jährliche Gesamtbetrag ohne Mehrwertsteuer seiner Lieferungen von Gegenständen unter den Bedingungen des Artikels 138 übersteigt nicht den Betrag von 15 000 EUR oder den Gegenwert in Landeswährung;

c) bei den von ihm unter den Bedingungen des Artikels 138 gelieferten Gegenständen handelt es sich nicht um neue Fahrzeuge.

Kapitel 7. Verschiedenes

Art. 272[1]) [**Kannbestimmung: Möglichkeit der Befreiung bestimmter Unternehmer von allen oder von bestimmten Erklärungs- und Aufzeichnungspflichten**] (1) [1] Die Mitgliedstaaten können folgende Steuerpflichtige von bestimmten oder allen Pflichten nach den Kapiteln 2 bis 6 befreien:

a) Steuerpflichtige, deren innergemeinschaftliche Erwerbe von Gegenständen gemäß Artikel 3 Absatz 1 nicht der Mehrwertsteuer unterliegen;

b) Steuerpflichtige, die keine der in den Artikeln 20, 21, 22, 33, 36, 136a, 138 und 141 genannten Umsätze bewirken;

---

[1]) Art. 272 Abs. 1 UAbs. 2 neu gef. durch RL v. 13.7.2010 (ABl. L 189 S. 1); Abs. 1 UAbs. 1 Buchst. b neu gef. mWv 22.12.2019 durch RL v. 21.11.2019 (ABl. L 310 S. 1, geänd. durch ABl. 2020 L 244 S. 3); zur Anwendung durch die Mitgliedstaaten ab 1.7.2021 siehe Art. 2 Beschl. v. 20.7.2020 (ABl. 2020 L 244 S. 3); Abs. 1 UAbs. 1 Buchst. d aufgeh. mWv 22.3.2020 durch RL v. 18.2.2020 (ABl. L 62 S. 13); zur **Anwendung bis 31.12.2024** siehe Art. 3 Abs. 1 UAbs. 2 RL 2020/285/EU.

c) Steuerpflichtige, die nur Gegenstände liefern oder Dienstleistungen erbringen, die gemäß den Artikeln 132, 135 und 136, den Artikeln 146 bis 149 sowie den Artikeln 151, 152 und 153 von der Steuer befreit sind;

d) *(aufgehoben)*

e) Steuerpflichtige, die die gemeinsame Pauschalregelung für Landwirte in Anspruch nehmen.

[2] Die Mitgliedstaaten dürfen die in Unterabsatz 1 Buchstabe b genannten Steuerpflichtigen nicht von den in Kapitel 3 Abschnitte 3 bis 6 und Kapitel 4 Abschnitt 3 vorgesehenen Pflichten in Bezug auf die Rechnungsstellung entbinden.

(2) Machen die Mitgliedstaaten von der Möglichkeit nach Absatz 1 Unterabsatz 1 Buchstabe e Gebrauch, treffen sie die Maßnahmen, die für eine korrekte Anwendung der Übergangsregelung für die Besteuerung innergemeinschaftlicher Umsätze erforderlich sind.

(3) Die Mitgliedstaaten können auch andere als die in Absatz 1 genannten Steuerpflichtigen von bestimmten in Artikel 242 genannten Aufzeichnungspflichten entbinden.

Art. 273 [Kannbestimmung: Möglichkeit der Regelung weiterer Erklärungs- und Aufzeichnungspflichten] [1] Die Mitgliedstaaten können vorbehaltlich der Gleichbehandlung der von Steuerpflichtigen bewirkten Inlandsumsätze und innergemeinschaftlichen Umsätze weitere Pflichten vorsehen, die sie für erforderlich erachten, um eine genaue Erhebung der Steuer sicherzustellen und um Steuerhinterziehung zu vermeiden, sofern diese Pflichten im Handelsverkehr zwischen den Mitgliedstaaten nicht zu Formalitäten beim Grenzübertritt führen.

[2] Die Möglichkeit nach Absatz 1 darf nicht dazu genutzt werden, zusätzlich zu den in Kapitel 3 genannten Pflichten weitere Pflichten in Bezug auf die Rechnungsstellung festzulegen.

Kapitel 8. Pflichten bei bestimmten Einfuhr- und Ausfuhrumsätzen

Abschnitt 1. Einfuhrumsätze

Art. 274 [Anwendbarkeit von Zollvorschriften in Bezug auf die Einfuhr von Waren im zollrechtlich freien Verkehr – Grundsatz] Bei der Einfuhr von Gegenständen im freien Verkehr, die aus einem Drittgebiet in die Gemeinschaft verbracht werden, das Teil des Zollgebiets der Gemeinschaft ist, sind die Artikel 275, 276 und 277 anzuwenden.

Art. 275 [Anwendbarkeit von Zollvorschriften in Bezug auf Formalitäten bei der Einfuhr von Waren im zollrechtlich freien Verkehr] Für die Formalitäten bei der Einfuhr der in Artikel 274 genannten Gegenstände sind die für die Einfuhr von Gegenständen in das Zollgebiet der Gemeinschaft geltenden gemeinschaftlichen Zollvorschriften maßgebend.

Art. 276 [Anwendbarkeit des internen Versandverfahrens bei Divergenz zwischen Mitgliedstaat der Einfuhr und Mitgliedstaat des Endes der Beförderung] Liegt der Ort der Beendigung der Versendung oder Beförderung der in Artikel 274 genannten Gegenstände nicht in dem Mitgliedstaat, in dem sie in die Gemeinschaft gelangen, fallen sie in der Gemeinschaft unter das interne gemeinschaftliche Versandverfahren gemäß den gemeinschaftlichen Zollvorschriften, sofern sie bereits zum Zeitpunkt ihrer Verbringung in die Gemeinschaft zu diesem Verfahren angemeldet wurden.

Art. 277 [Gleichbehandlung zum Einfuhrzeitpunkt im freien Verkehr befindlicher Waren in Bezug auf die Anwendung von Zollverfahren] Ist bei den in Artikel 274 genannten Gegenständen zum Zeitpunkt ihrer Verbringung in die Gemeinschaft eine Situation gegeben, der zufolge sie bei einer Einfuhr im Sinne des Artikels 30 Absatz 1 unter eines der in Artikel 156 genannten Verfahren oder einer der dort genannten sonstigen Regelungen oder unter eine Zollregelung der vorübergehenden Verwendung unter vollständiger Befreiung von Einfuhrabgaben fallen könnten, treffen die Mitgliedstaaten die erforderlichen Maßnahmen, damit diese Gegenstände unter den gleichen Bedingungen in der Gemeinschaft verbleiben können, wie sie für die Anwendung dieser Verfahren oder sonstigen Regelungen vorgesehen sind.

Abschnitt 2. Ausfuhrumsätze

Art. 278 [Anwendbarkeit von Zollvorschriften in Bezug auf die Ausfuhr von Waren im zollrechtlich freien Verkehr – Grundsatz] Bei der Ausfuhr von Gegenständen im freien Verkehr, die aus einem Mitgliedstaat in ein Drittgebiet versandt oder befördert werden, das Teil des Zollgebiets der Gemeinschaft ist, sind die Artikel 279 und 280 anzuwenden.

Art. 279 [Anwendbarkeit von Zollvorschriften in Bezug auf Formalitäten bei der Ausfuhr von Waren im zollrechtlich freien Verkehr]
Für die Formalitäten bei der Ausfuhr der in Artikel 278 genannten Gegenstände aus dem Gebiet der Gemeinschaft sind die für die Ausfuhr von Gegenständen aus dem Zollgebiet der Gemeinschaft geltenden gemeinschaftlichen Zollvorschriften maßgebend.

Art. 280 [Gleichbehandlung der vorübergehenden Ausfuhr von Waren im freien Verkehr bei der Wiedereinfuhr wie Drittlandswaren]
In Bezug auf Gegenstände, die vorübergehend aus der Gemeinschaft ausgeführt werden, um wieder eingeführt zu werden, treffen die Mitgliedstaaten die erforderlichen Maßnahmen, damit für diese Gegenstände bei ihrer Wiedereinfuhr in die Gemeinschaft die gleichen Bestimmungen gelten, wie wenn sie vorübergehend aus dem Zollgebiet der Gemeinschaft ausgeführt worden wären.

Titel XII. Sonderregelungen

Kapitel 1. Sonderregelung für Kleinunternehmen

Abschnitt − 1.[1] Begriffsbestimmungen

Art. 280a[1] **[Jahresumsatz]** Für die Zwecke dieses Kapitels bezeichnet der Ausdruck

1. „Jahresumsatz im Mitgliedstaat" den jährlichen Gesamtbetrag der Lieferungen von Gegenständen und Dienstleistungen ohne Mehrwertsteuer eines Steuerpflichtigen in diesem Mitgliedstaat in einem Kalenderjahr;

2. „Jahresumsatz in der Union" den jährlichen Gesamtbetrag der Lieferungen von Gegenständen und Dienstleistungen ohne Mehrwertsteuer eines Steuerpflichtigen im Gebiet der Gemeinschaft in einem Kalenderjahr.

Abschnitt 1. Vereinfachte Modalitäten für die Besteuerung und die Steuererhebung

Art. 281 [Kannbestimmung: Möglichkeit der vereinfachten Besteuerung von Kleinunternehmen] Mitgliedstaaten, in denen die normale Besteuerung von Kleinunternehmen wegen deren Tätigkeit oder Struktur auf Schwierigkeiten stoßen würde, können unter den von ihnen festgelegten Beschränkungen und Voraussetzungen nach Konsultation des Mehrwertsteuerausschusses vereinfachte Modalitäten für die Besteuerung und Steuererhebung, insbesondere Pauschalregelungen, anwenden, die jedoch nicht zu einer Steuerermäßigung führen dürfen.

Abschnitt 2.[2] Steuerbefreiungen

Art. 282[3] **[Steuerbefreiungen für Lieferung; Leistung von Kleinunternehmen]** Die Steuerbefreiungen und -ermäßigungen nach diesem Abschnitt gelten für Lieferungen von Gegenständen und für Dienstleistungen, die von Kleinunternehmen bewirkt werden.

Art. 283[4] **[Vom Anwendungsbereich der Steuerbefreiungen für Kleinunternehmen ausgenommene Umsätze]** (1) Dieser Abschnitt gilt nicht für folgende Umsätze:

a) die in Artikel 12 genannten gelegentlichen Umsätze;

---

[1] Abschnitt 1 (Art. 280a) eingef. mWv 22.3.2020 durch RL v. 18.2.2020 (ABl. L 62 S. 13); zur **Anwendung ab 1.1.2025** siehe Art. 3 Abs. 1 UAbs. 2 RL 2020/285/EU.
[2] Abschnitt 2 Überschrift neu gef. mWv 22.3.2020 durch RL v. 18.2.2020 (ABl. L 62 S. 13); zur **Anwendung ab 1.1.2025** siehe Art. 3 Abs. 1 UAbs. 2 RL 2020/285/EU.
[3] Art. 282 neu gef. mWv 22.3.2020 durch RL v. 18.2.2020 (ABl. L 62 S. 13); zur **Anwendung ab 1.1.2025** siehe Art. 3 Abs. 1 UAbs. 2 RL 2020/285/EU.
[4] Art. 283 Abs. 1 Buchst. c aufgeh. mWv 22.3.2020 durch RL v. 18.2.2020 (ABl. L 62 S. 13); zur **Anwendung bis 31.12.2024** siehe Art. 3 Abs. 1 UAbs. 2 RL 2020/285/EU.

b) die Lieferungen neuer Fahrzeuge unter den Voraussetzungen des Artikels 138 Absatz 1 und Absatz 2 Buchstabe a.

c) *(aufgehoben)*

(2) Die Mitgliedstaaten können von der Anwendung dieses Abschnitts auch andere als die in Absatz 1 genannten Umsätze ausschließen.

[Anwendung bis 31.12.2024:]

Art. 284 [Kannbestimmung: Möglichkeit der Beibehaltung von Steuerbefreiungen oder degressiven Steuerermäßigungen für Kleinunternehmen nach der 2. EG-Richtlinie]

(1) Mitgliedstaaten, die von der Möglichkeit nach Artikel 14 der Richtlinie 67/228/EWG des Rates vom 11. April 1967 zur Harmonisierung der Rechtsvorschriften der Mitgliedstaaten über die Umsatzsteuern – Struktur und Anwendungsmodalitäten des gemeinsamen Mehrwertsteuersystems[2] Gebrauch gemacht und Steuerbefreiungen oder degressive Steuerermäßigungen eingeführt haben, dürfen diese sowie die diesbezüglichen Durchführungsbestimmungen beibehalten, wenn sie mit dem Mehrwertsteuersystem in Einklang stehen.

[Anwendung ab 1.1.2025:[1]]

Art. 284 [Kannbestimmung: Schwellenwert; Steuerbefreiung; Benachrichtigungspflicht]

(1) *[1]* [1]Die Mitgliedstaaten können die Lieferung von Gegenständen und die Dienstleistungen in ihrem Hoheitsgebiet, die von in diesem Hoheitsgebiet ansässigen Steuerpflichtigen bewirkt werden, deren diesen Lieferungen von Gegenständen und/oder Dienstleistungen zuzurechnender Jahresumsatz in diesem Mitgliedstaat den für die Anwendung dieser Steuerbefreiung von diesen Mitgliedstaaten festgelegten Schwellenwert nicht übersteigt, von der Steuer befreien. [2]Dieser Schwellenwert darf 85 000 EUR oder den Gegenwert in Landeswährung nicht übersteigen.

[2] [1]Die Mitgliedstaaten können anhand objektiver Kriterien unterschiedliche Schwellenwerte für verschiedene Wirtschaftsbereiche festlegen. [2]Keiner dieser Schwellenwerte darf jedoch 85 000 EUR oder den Gegenwert in Landeswährung übersteigen.

---

[1] Art. 284 neu gef. mWv 22.3.2020 durch RL v. 18.2.2020 (ABl. L 62 S. 13); zur **Anwendung ab 1.1.2025** siehe Art. 3 Abs. 1 UAbs. 2 RL 2020/285/EU.
[2] **Amtl. Anm.:** ABl. 71 vom 14.4.1967, S. 1303/67. Aufgehoben durch die Richtlinie 77/388/EWG.

[Anwendung bis 31.12.2024:]

[Anwendung ab 1.1.2025:¹⁾]

[3] Die Mitgliedstaaten stellen sicher, dass ein Steuerpflichtiger, der für die Inanspruchnahme mehrerer sektorspezifischer Schwellenwerte infrage kommt, nur einen dieser Schwellenwerte in Anspruch nehmen kann.

[4] Bei den von einem Mitgliedstaat festgelegten Schwellenwerten wird nicht zwischen in dem Mitgliedstaat ansässigen und nicht in dem Mitgliedstaat ansässigen Steuerpflichtigen unterschieden.

(2) [1] Mitgliedstaaten, in denen am 17. Mai 1977 für Steuerpflichtige mit einem Jahresumsatz unter dem Gegenwert von 5 000 Europäischen Rechnungseinheiten in Landeswährung zu dem an dem genannten Datum geltenden Umrechnungskurs eine Steuerbefreiung galt, können diesen Betrag bis auf 5 000 EUR anheben.

[2] Mitgliedstaaten, die eine degressive Steuerermäßigung angewandt haben, dürfen die obere Grenze für diese Ermäßigung nicht heraufsetzen und diese Ermäßigung nicht günstiger gestalten.

(2) Mitgliedstaaten, die eine Steuerbefreiung gemäß Absatz 1 eingeführt haben, gewähren diese Steuerbefreiung auch für die Lieferungen von Gegenständen und Dienstleistungen, die in ihrem eigenen Hoheitsgebiet durch in einem anderen Mitgliedstaat ansässige Steuerpflichtige bewirkt werden, sofern die folgenden Bedingungen erfüllt sind:

a) der Jahresumsatz dieses Steuerpflichtigen in der Union übersteigt 100 000 EUR nicht;

b) der Betrag der Lieferungen von Gegenständen und Dienstleistungen in dem Mitgliedstaat, in dem der Steuerpflichtige nicht ansässig ist, übersteigt nicht den Schwellenwert, der in diesem Mitgliedstaat für die Gewährung der Steuerbefreiung für in diesem Mitgliedstaat ansässige Steuerpflichtige gilt.

(3) [1] Ungeachtet des Artikels 292b muss ein Steuerpflichtiger, um die Steuerbefreiung in dem Mitgliedstaat, in dem dieser Steuerpflichtige nicht ansässig ist, in Anspruch nehmen zu können,

---

¹⁾ Art. 284 neu gef. mWv 22.3.2020 durch RL v. 18.2.2020 (ABl. L 62 S. 13); zur **Anwendung durch die Mitgliedstaaten ab 1.1.2025** siehe Art. 3 Abs. 1 UAbs. 2 RL 2020/285/EU.

[Anwendung ab 1.1.2025:[1]]

a) den Mitgliedstaat der Ansässigkeit vorab benachrichtigen, und

b) darf nur in dem Mitgliedstaat, in dem er ansässig ist, in Bezug auf die Anwendung der Steuerbefreiung identifiziert werden.

[2] Die Mitgliedstaaten können dazu die individuelle Mehrwertsteuer-Identifikationsnummer, die dem Steuerpflichtigen für die Erfüllung seiner Pflichten aufgrund des internen Systems bereits zugeteilt wurde, verwenden oder auf die Struktur einer Mehrwertsteuer-Nummer oder einer anderen Nummer für die Zwecke der Identifizierung gemäß Unterabsatz 1 Buchstabe b zurückgreifen.

[3] Die individuelle Identifikationsnummer gemäß Unterabsatz 1 Buchstabe b muss das Suffix „EX" umfassen, oder dieses Suffix „EX" ist an diese Nummer anzufügen.

(4) [1] Der Steuerpflichtige unterrichtet den Mitgliedstaat der Ansässigkeit in Form einer aktualisierten Fassung der vorherigen Benachrichtigung im Voraus über etwaige Änderungen an den gemäß Absatz 3 Unterabsatz 1 zuvor übermittelten Informationen, darunter auch über die Absicht, die Steuerbefreiung in einem oder mehreren in der vorherigen Benachrichtigung nicht angegebenen Mitgliedstaaten in Anspruch zu nehmen, und die Entscheidung, die Steuerbefreiung in einem Mitgliedstaat oder in Mitgliedstaaten, in dem bzw. denen er nicht ansässig ist, nicht mehr anzuwenden.

[2] Die Beendigung der Anwendung wird am ersten Tag des nächsten Kalenderquartals nach Eingang

---

[1] Art. 284 neu gef. mWv 22.3.2020 durch RL v. 18.2.2020 (ABl. L 62 S. 13); zur **Anwendung durch die Mitgliedstaaten ab 1.1.2025** siehe Art. 3 Abs. 1 UAbs. 2 RL 2020/285/EU.

[Anwendung ab 1.1.2025:¹⁾]
der Informationen des Steuerpflichtigen oder, wenn diese Informationen im letzten Monat eines Kalenderquartals eingehen, am ersten Tag des zweiten Monats des nächsten Kalenderquartals wirksam.

(5) *[1]* Die Steuerbefreiung gilt in dem Mitgliedstaat, in dem der Steuerpflichtige nicht ansässig ist und in dem er die Steuerbefreiung in Anspruch zu nehmen beabsichtigt gemäß

a) einer vorherigen Benachrichtigung ab dem Tag, an dem der Mitgliedstaat der Ansässigkeit dem Steuerpflichtigen die individuelle Identifikationsnummer mitgeteilt hat, oder

b) einer aktualisierten Fassung der vorherigen Benachrichtigung ab dem Tag, an dem der Mitgliedstaat der Ansässigkeit dem Steuerpflichtigen – infolge dessen Aktualisierung – die Nummer bestätigt.

[2] Außer in besonderen Fällen, in denen die Mitgliedstaaten zur Verhinderung von Steuerhinterziehung oder Steuervermeidung gegebenenfalls mehr Zeit für die erforderlichen Kontrollen benötigen, liegt der in Unterabsatz 1 genannte Zeitpunkt nicht mehr als 35 Werktage nach dem Eingang der vorherigen Benachrichtigung oder deren Aktualisierung gemäß Absatz 3 Unterabsatz 1 und Absatz 4 Unterabsatz 1.

(6) Der Gegenwert in Landeswährung des in diesem Artikel genannten Betrags wird unter Anwendung des von der Europäischen Zentralbank am 18. Januar 2018 veröffentlichten Wechselkurses berechnet.

---

¹⁾ Art. 284 neu gef. mWv 22.3.2020 durch RL v. 18.2.2020 (ABl. L 62 S. 13); zur **Anwendung durch die Mitgliedstaaten ab 1.1.2025** siehe Art. 3 Abs. 1 UAbs. 2 RL 2020/285/EU.

[Anwendung ab 1.1.2025:

Art. 284a[1]) [Inhalt der Benachrichtigung] (1) *[1]* Die vorherige Benachrichtigung gemäß Artikel 284 Absatz 3 Unterabsatz 1 Buchstabe a umfasst mindestens die folgenden Angaben:

a) Name, Tätigkeit, Rechtsform und Anschrift des Steuerpflichtigen,

b) Mitgliedstaat oder Mitgliedstaaten, in dem bzw. in denen der Steuerpflichtige die Steuerbefreiung in Anspruch zu nehmen beabsichtigt,

c) Gesamtbetrag der Lieferungen von Gegenständen und/oder Dienstleistungen, die in dem Mitgliedstaat, in dem der Steuerpflichtige ansässig ist, und in jedem der anderen Mitgliedstaaten im vorangegangenen Kalenderjahr bewirkt wurden,

d) Gesamtbetrag der Lieferungen von Gegenständen und/oder Dienstleistungen, die in dem Mitgliedstaat, in dem der Steuerpflichtige ansässig ist, und in jedem der anderen Mitgliedstaaten im laufenden Kalenderjahr vor der Benachrichtigung bewirkt wurden.

[2] Bei Mitgliedstaaten, die die Möglichkeit nach Artikel 288a Absatz 1 Unterabsatz 1 anwenden, sind die Informationen gemäß Unterabsatz 1 Buchstabe c des vorliegenden Absatzes für jedes vorangegangene Kalenderjahr des Zeitraums gemäß Artikel 288a Absatz 1 Unterabsatz 1 anzugeben.

(2) *[1]* Wenn der Steuerpflichtige den Mitgliedstaat der Ansässigkeit gemäß Artikel 284 Absatz 4 darüber unterrichtet, dass er die Steuerbefreiung in einem oder mehreren in der vorherigen Benachrichtigung nicht angegebenen Mitgliedstaaten in Anspruch zu nehmen beabsichtigt, ist er zur Angabe von Informationen gemäß Absatz 1 des vorliegenden Artikels nicht verpflichtet, soweit diese Informationen bereits in den gemäß Artikel 284b gemeldeten Angaben enthalten sind.

[2] Die Aktualisierung einer vorherigen Benachrichtigung gemäß Unterabsatz 1 umfasst die individuelle Identifikationsnummer gemäß Artikel 284 Absatz 3 Buchstabe b.

Art. 284b[2]) [Verfahren der Steuerbefreiung] (1) Ein Steuerpflichtiger, der die Steuerbefreiung nach Artikel 284 Absatz 1 in einem Mitgliedstaat, in dem er nicht ansässig ist, nach dem Verfahren gemäß Artikel 284 Absätze 3 und 4 in Anspruch nimmt, meldet dem Mitgliedstaat der Ansässigkeit für jedes Kalenderquartal unter Angabe der individuellen Identifikationsnummer gemäß Artikel 284 Absatz 3 Buchstabe b die folgenden Informationen:

a) den Gesamtbetrag der in dem Kalenderquartal in dem Mitgliedstaat der Ansässigkeit bewirkten Lieferungen von Gegenständen und/oder Dienstleistungen oder „0", wenn keine Lieferungen von Gegenständen und/oder Dienstleistungen bewirkt wurden,

---

[1]) Art. 284a eingef. mWv 22.3.2020 durch RL v. 18.2.2020 (ABl. L 62 S. 13); zur **Anwendung durch die Mitgliedstaaten ab 1.1.2025** siehe Art. 3 Abs. 1 UAbs. 2 RL 2020/285/EU.
[2]) Art. 284b eingef. mWv 22.3.2020 durch RL v. 18.2.2020 (ABl. L 62 S. 13); zur **Anwendung durch die Mitgliedstaaten ab 1.1.2025** siehe Art. 3 Abs. 1 UAbs. 2 RL 2020/285/EU.

b) den Gesamtbetrag der in dem Kalenderquartal in den einzelnen Mitglied-staaten, die nicht Mitgliedstaat der Ansässigkeit sind, bewirkten Lieferungen von Gegenständen und/oder Dienstleistungen oder „0", wenn keine Lieferungen von Gegenständen und/oder Dienstleistungen erfolgt sind;

(2) Der Steuerpflichtige übermittelt die Informationen nach Absatz 1 binnen eines Monats ab dem Ende des Kalenderquartals.

(3) ¹Wird der Schwellenwert für den Jahresumsatz in der Union nach Artikel 284 Absatz 2 Buchstabe a überschritten, so unterrichtet der Steuerpflichtige den Mitgliedstaat der Ansässigkeit binnen 15 Werktagen. ²Zugleich ist der Steuerpflichtige verpflichtet, den Betrag der Lieferungen von Gegenständen und/oder Dienstleistungen gemäß Absatz 1 zu melden, die seit Beginn des laufenden Kalenderquartals bis zu dem Zeitpunkt, zu dem der Schwellenwert für den Jahresumsatz in der Union überschritten wurde, bewirkt wurden.

Art. 284c¹⁾ [Währung] (1) *[1]* Für die Zwecke von Artikel 284a Absatz 1 Buchstaben c und d sowie Artikel 284b Absatz 1 gilt Folgendes:

a) Die Beträge umfassen die in Artikel 288 angeführten Beträge,

b) die Beträge lauten auf Euro,

c) wendet der Mitgliedstaat, der die Steuerbefreiung gewährt, verschiedene Schwellenwerte nach Artikel 284 Absatz 1 Unterabsatz 2 an, so ist der Steuerpflichtige gegenüber diesem Mitgliedstaat verpflichtet, den Gesamtbetrag der Lieferungen von Gegenständen und/oder Dienstleistungen für jeden anwendbaren Schwellenwert gesondert zu melden.

[2] ¹Für die Zwecke von Unterabsatz 1 Buchstabe b können Mitgliedstaaten, die den Euro nicht eingeführt haben, vorschreiben, dass die Beträge in ihrer Landeswährung anzugeben sind. ²Sind die Lieferungen von Gegenständen und/oder Dienstleistungen in anderen Währungen erfolgt, so verwendet der Steuerpflichtige den am ersten Tag des Kalenderjahres geltenden Wechselkurs. ³Die Umrechnung erfolgt auf der Grundlage des Wechselkurses, der von der Europäischen Zentralbank für den betreffenden Tag oder, falls an diesem Tag keine Veröffentlichung erfolgt, für den nächsten Tag, an dem eine Veröffentlichung erfolgt, veröffentlicht wird.

(2) Der Mitgliedstaat der Ansässigkeit kann vorschreiben, dass die in Artikel 284 Absätze 3 und 4 und die in Artikel 284b Absätze 1 und 3 genannten Informationen gemäß den von diesem Mitgliedstaat festgelegten Bedingungen elektronisch zu übermitteln sind.

Art. 284d²⁾ [Nichtansässige Steuerpflichtige] (1) Ein Steuerpflichtiger, der die Steuerbefreiung in einem Mitgliedstaat in Anspruch nimmt, in dem er nicht ansässig ist, ist in Bezug auf die Lieferungen von Gegenständen und/oder Dienstleistungen, die unter die Steuerbefreiung in diesem Mitgliedstaat fallen, nicht verpflichtet,

---

¹⁾ Art. 284c eingef. mWv 22.3.2020 durch RL v. 18.2.2020 (ABl. L 62 S. 13); zur **Anwendung durch die Mitgliedstaaten ab 1.1.2025** siehe Art. 3 Abs. 1 UAbs. 2 RL 2020/285/EU.
²⁾ Art. 284d eingef. mWv 22.3.2020 durch RL v. 18.2.2020 (ABl. L 62 S. 13); zur **Anwendung durch die Mitgliedstaaten ab 1.1.2025** siehe Art. 3 Abs. 1 UAbs. 2 RL 2020/285/EU.

a) sich gemäß den Artikeln 213 und 214 für Mehrwertsteuerzwecke erfassen zu lassen,

b) eine Mehrwertsteuererklärung gemäß Artikel 250 abzugeben.

(2) Ein Steuerpflichtiger, der die Steuerbefreiung im Mitgliedstaat der Ansässigkeit und in einem Mitgliedstaat, in dem er nicht ansässig ist, in Anspruch nimmt, ist in Bezug auf die Lieferungen von Gegenständen und/oder Dienstleistungen, die unter die Steuerbefreiung im Mitgliedstaat der Ansässigkeit fallen, nicht verpflichtet, eine Mehrwertsteuererklärung gemäß Artikel 250 abzugeben.

(3) Werden die Bestimmungen des Artikels 284b von einem Steuerpflichtigen nicht eingehalten, so können die Mitgliedstaaten diesen Steuerpflichtigen abweichend von den Absätzen 1 und 2 dieses Artikels dazu verpflichten, seinen mehrwertsteuerlichen Pflichten wie sie beispielsweise in Absatz 1 dieses Artikels genannt werden, nachzukommen.

Art. 284e[1] [Identifikationsnummer deaktivieren oder anpassen] Der Mitgliedstaat der Ansässigkeit muss unverzüglich entweder die Identifikationsnummer gemäß Artikel 284 Absatz 3 Buchstabe b deaktivieren oder, wenn der Steuerpflichtige die Steuerbefreiung weiterhin in einem oder mehreren anderen Mitgliedstaaten in Anspruch nimmt, die Informationen anpassen, die er gemäß Artikel 284 Absätze 3 und 4 bezüglich des oder der betreffenden Mitgliedstaaten erhalten hat, wenn

a) der Gesamtbetrag der von den Steuerpflichtigen gemeldeten Lieferungen von Gegenständen und/oder Dienstleistungen den in Artikel 284 Absatz 2 Buchstabe a genannten Betrag überschreitet,

b) der Mitgliedstaat, der die Steuerbefreiung gewährt, mitgeteilt hat, dass der Steuerpflichtige keinen Anspruch auf eine Steuerbefreiung hat oder die Steuerbefreiung in diesem Mitgliedstaat nicht mehr gilt,

c) der Steuerpflichtige mitgeteilt hat, dass er sich dafür entschieden hat, die Steuerbefreiung nicht länger in Anspruch zu nehmen, oder

d) der Steuerpflichtige mitgeteilt hat oder aus anderen Gründen davon ausgegangen werden kann, dass er seine Tätigkeiten eingestellt hat.]

Art. 285[2] *[Kannbestimmung: Möglichkeit der Steuerbefreiung von Kleinunternehmen ohne Anwendung der 2. EG-Richtlinie (Jahresumsatz 5000 EUR)]*

[1] Mitgliedstaaten, die von der Möglichkeit nach Artikel 14 der Richtlinie 67/228/EWG keinen Gebrauch gemacht haben, können Steuerpflichtigen mit einem Jahresumsatz von höchstens 5 000 EUR oder dem Gegenwert dieses Betrags in Landeswährung eine Steuerbefreiung gewähren.

[2] Die in Absatz 1 genannten Mitgliedstaaten können den Steuerpflichtigen, deren Jahresumsatz die von ihnen für die Steuerbefreiung festgelegte Höchstgrenze überschreitet, eine degressive Steuerermäßigung gewähren.

---

[1] Art. 284e eingef. mWv 22.3.2020 durch RL v. 18.2.2020 (ABl. L 62 S. 13); zur **Anwendung durch die Mitgliedstaaten ab 1.1.2025** siehe Art. 3 Abs. 1 UAbs. 2 RL 2020/285/EU.
[2] Art. 285 aufgeh. mWv 22.3.2020 durch RL v. 18.2.2020 (ABl. L 62 S. 13); zur **Anwendung durch die Mitgliedstaaten bis 31.12.2024** siehe Art. 3 Abs. 1 UAbs. 2 RL 2020/285/EU.

Art. 286¹⁾ *[Kannbestimmung: Möglichkeit der Erhöhung der Kleinunternehmergrenze nach Entwicklung Preisindex] Mitgliedstaaten, in denen am 17. Mai 1977 für Steuerpflichtige mit einem Jahresumsatz von mindestens dem Gegenwert von 5 000 Europäischen Rechnungseinheiten in Landeswährung zu dem an dem genannten Datum geltenden Umrechnungskurs eine Steuerbefreiung galt, können diesen Betrag zur Wahrung des realen Wertes anheben.*

Art. 287²⁾ *[Kannbestimmung: Möglichkeit der Festlegung der Kleinunternehmergrenze in Mitgliedstaaten mit Beitritt nach 1.1.1978] Mitgliedstaaten, die nach dem 1. Januar 1978 beigetreten sind, können Steuerpflichtigen eine Steuerbefreiung gewähren, wenn ihr Jahresumsatz den in Landeswährung ausgedrückten Gegenwert der folgenden Beträge nicht übersteigt, wobei der Umrechnungskurs am Tag des Beitritts zugrunde zu legen ist:*

1. *Griechenland: 10 000 Europäische Rechnungseinheiten;*

2. *Spanien: 10 000 ECU;*

3. *Portugal: 10 000 ECU;*

4. *Österreich: 35 000 ECU;*

5. *Finnland: 10 000 ECU;*

6. *Schweden: 10 000 ECU;*

7. *Tschechische Republik: 35 000 EUR;*

8. *Estland: 16 000 EUR;*

9. *Zypern: 15 600 EUR;*

10. *Lettland: 17 200 EUR;*

11. *Litauen: 29 000 EUR;*

12. *Ungarn: 35 000 EUR;*

13. *Malta: 37 000 EUR, wenn die wirtschaftliche Tätigkeit hauptsächlich in der Lieferung von Waren besteht, 24 300 EUR, wenn die wirtschaftliche Tätigkeit hauptsächlich in der Erbringung von Dienstleistungen mit geringer Wertschöpfung (hoher Input) besteht und 14 600 EUR in anderen Fällen, nämlich bei Dienstleistungen mit hoher Wertschöpfung (niedriger Input);*

14. *Polen: 10 000 EUR;*

15. *Slowenien: 25 000 EUR;*

16. *Slowakei: 35 000 EUR;*

17. *Bulgarien: 25 600 EUR;*

18. *Rumänien: 35 000 EUR;*

19. *Kroatien: EUR 35 000.*

---

¹⁾ Art. 286 aufgeh. mWv 22.3.2020 durch RL v. 18.2.2020 (ABl. L 62 S. 13); zur **Anwendung bis 31.12.2024** siehe Art. 3 Abs. 1 UAbs. 2 RL 2020/285/EU.
²⁾ Art. 287 Nr. 17 und Nr. 18 angef. mWv 15.1.2010 durch RL v. 22.12.2009 (ABl. 2010 L 10 S. 14); Nr. 19 angef. mWv 1.7.2013 durch Akte v. 9.12.2011 (ABl. 2012 L 112 S. 21); Art. 287 aufgeh. mWv 22.3.2020 durch RL v. 18.2.2020 (ABl. L 62 S. 13); zur **Anwendung bis 31.12.2024** siehe Art. 3 Abs. 1 UAbs. 2 RL 2020/285/EU.

[Anwendung bis 31.12.2024:]

Art. 288 [Bestandteile des Gesamtumsatzes bei der Kleinunternehmergrenze]

[1] Der Umsatz, der bei der Anwendung der Regelung dieses Abschnitts zugrunde zu legen ist, setzt sich aus folgenden Beträgen ohne Mehrwertsteuer zusammen:

1. Betrag der Lieferungen von Gegenständen und Dienstleistungen, soweit diese besteuert werden;
2. ²) Betrag der gemäß Artikel 98 Absatz 2 oder Artikel 105a mit Recht auf Vorsteuerabzug von der Steuer befreiten Umsätze;
3. Betrag der gemäß den Artikeln 146 bis 149 sowie den Artikeln 151, 152 und 153 von der Steuer befreiten Umsätze;
4. Betrag der Umsätze mit Immobilien, der in Artikel 135 Absatz 1 Buchstaben b bis g genannten Finanzgeschäfte sowie der Versicherungsdienstleistungen, sofern diese Umsätze nicht den Charakter von Nebenumsätzen haben.

[2] Veräußerungen von körperlichen oder nicht körperlichen Investitionsgütern des Unternehmens bleiben bei der Ermittlung dieses Umsatzes jedoch außer Ansatz.

[Anwendung ab 1.1.2025:¹)]

Art. 288 [Bestandteile des Gesamtumsatzes für die Anwendung der Steuerbefreiung]

(1) Der Jahresumsatz, der bei der Anwendung der Steuerbefreiung nach Artikel 284 zugrunde zu legen ist, setzt sich aus folgenden Beträgen ohne Mehrwertsteuer zusammen:

a) Betrag der Lieferungen von Gegenständen und Dienstleistungen, wenn sie von einem nicht von der Steuer befreiten Steuerpflichtigen geliefert bzw. erbracht würden;
b) Betrag der gemäß Artikel 98 Absatz 2 oder Artikel 105a mit Recht auf Vorsteuerabzug von der Steuer befreiten Umsätze;
c) Betrag der gemäß den Artikeln 146 bis 149 sowie den Artikeln 151, 152 und 153 von der Steuer befreiten Umsätze;
d) Betrag der gemäß Artikel 138 von der Steuer befreiten Umsätze, in deren Fall die Steuerbefreiung nach dem genannten Artikel gilt;
e) Betrag der Umsätze mit Immobilien, der in Artikel 135 Absatz 1 Buchstaben b bis g genannten Finanzgeschäfte sowie der Versicherungs- und Rückversicherungsdienstleistungen, sofern diese Umsätze nicht den Charakter von Nebenumsätzen haben.

(2) Veräußerungen von körperlichen oder nicht körperlichen Investitionsgütern eines Steuerpflichtigen bleiben bei der Ermittlung des Umsatzes nach Absatz 1 außer Ansatz.

---

¹) Art. 288 neu gef. mWv 22.3.2020 durch RL v. 18.2.2020 (ABl. L 62 S. 13); geänd. mWv 6.4.2022 durch RL v. 5.4.2022 (ABl. L 107 S. 1); zur **Anwendung ab 1.1.2025** siehe Art. 3 Abs. 1 RL 2020/285 v. 18.2.2020 und Art. 3 Abs. 1 RL 2022/542 v. 5.4.2022.

²) Art. 288 Abs. 1 Nr. 2 geänd. mWv 6.4.2022 durch RL v. 5.4.2022 (ABl. L 107 S. 1).

Art. 288a[1]) [Überschreitung des Schwellenwertes während des Kalenderjahres] (1) [1] [1]Unabhängig davon, ob er in dem Mitgliedstaat, der die Steuerbefreiung nach Artikel 284 Absatz 1 gewährt, ansässig ist, kann ein Steuerpflichtiger diese Steuerbefreiung während eines Kalenderjahres nicht in Anspruch nehmen, wenn der gemäß dem genannten Absatz festgelegte Schwellenwert im vorangegangenen Kalenderjahr überschritten wurde. [2]Der Mitgliedstaat, der die Steuerbefreiung gewährt, kann diesen Zeitraum auf zwei Kalenderjahre ausdehnen.

[2] Bei Überschreitung des Schwellenwerts nach Artikel 284 Absatz 1 während eines Kalenderjahres um

a) höchstens 10 % kann der Steuerpflichtige die Steuerbefreiung nach Artikel 284 Absatz 1 während dieses Kalenderjahres weiter in Anspruch nehmen;

b) mehr als 10 % ist die Steuerbefreiung nach Artikel 284 Absatz 1 ab diesem Zeitpunkt nicht mehr anzuwenden.

[3] [1]Abweichend von Unterabsatz 2 Buchstaben a und b können die Mitgliedstaaten eine Obergrenze von 25 % festlegen oder dem Steuerpflichtigen für das Kalenderjahr, in dem der Schwellenwert überschritten wurde, die Steuerbefreiung gemäß Artikel 284 Absatz 1 weiterhin ohne Obergrenze gewähren. [2]Die Anwendung dieser Obergrenze oder Möglichkeit darf jedoch nicht dazu führen, dass Steuerpflichtige mit einem Umsatz von mehr als 100 000 EUR in dem Mitgliedstaat, der die Steuerbefreiung gewährt, von der Steuer befreit werden.

[4] Abweichend von den Unterabsätzen 2 und 3 können die Mitgliedstaaten festlegen, dass die Steuerbefreiung nach Artikel 284 Absatz 1 ab dem Zeitpunkt, ab dem der gemäß diesem Absatz festgelegte Schwellenwert überschritten wird, keine Anwendung mehr findet.

(2) [1] Ein Steuerpflichtiger, der nicht in dem Mitgliedstaat ansässig ist, der die Steuerbefreiung nach Artikel 284 Absatz 1 gewährt, kann diese Steuerbefreiung nicht in Anspruch nehmen, wenn der Schwellenwert für den Jahresumsatz in der Union nach Artikel 284 Absatz 2 Buchstabe a im vorangegangenen Kalenderjahr überschritten wurde.

[2] Wird der Schwellenwert für den Jahresumsatz in der Union gemäß Artikel 284 Absatz 2 Buchstabe a in einem Kalenderjahr überschritten, so findet die Steuerbefreiung nach Artikel 284 Absatz 1, die einem in einem anderen Mitgliedstaat ansässigen Steuerpflichtigen gewährt wurde, ab diesem Zeitpunkt keine Anwendung mehr.

(3) Der Gegenwert in Landeswährung des in Absatz 1 genannten Betrags wird unter Anwendung des von der Europäischen Zentralbank am 18. Januar 2018 veröffentlichten Wechselkurses berechnet.

---

[1]) Art. 288a eingef. mWv 22.3.2020 durch RL v. 18.2.2020 (ABl. L 62 S. 13); zur **Anwendung ab 1.1.2025** siehe Art. 3 Abs. 1 UAbs. 2 RL 2020/285/EU.

Art. 289 [Ausschluss vom Recht auf Vorsteuerabzug und Verbot des Steuerausweises in der Rechnung bei Kleinunternehmen] Steuerpflichtige, die eine Steuerbefreiung in Anspruch nehmen, haben kein Recht auf Vorsteuerabzug gemäß den Artikeln 167 bis 171 und 173 bis 177 und dürfen die Mehrwertsteuer in ihren Rechnungen nicht ausweisen.

Art. 290[1) [Möglichkeit für Kleinunternehmen zum Wechsel zur Regelbesteuerung] [1]Steuerpflichtige, die für die Steuerbefreiung in Betracht kommen, können sich entweder für die normale Mehrwertsteuerregelung oder für die Anwendung der in Artikel 281 genannten vereinfachten Modalitäten entscheiden. [2]Die Mitgliedstaaten können die Einzelheiten und Bedingungen für die Anwendung dieser Möglichkeit festlegen.

Art. 291[2) [Gleichsetzung degressive Steuerermäßigung bei Kleinunternehmen mit Regelbesteuerung] *Steuerpflichtige, für die die degressive Steuerermäßigung gilt, werden vorbehaltlich der Anwendung des Artikels 281 als der normalen Mehrwertsteuerregelung unterliegende Steuerpflichtige betrachtet.*

Art. 292[3) [Befristung der Sonderregelung für Kleinunternehmen] *Dieser Abschnitt gilt bis zu einem Zeitpunkt, der vom Rat gemäß Artikel 93 des Vertrags festgelegt wird und der nicht nach dem Zeitpunkt des Inkrafttretens der endgültigen Regelung im Sinne von Artikel 402 liegen darf.*

Abschnitt 2a.[4) Vereinfachung der Pflichten für von der Steuer befreite Kleinunternehmen

Art. 292a[4) [Begriffsbestimmungen] Für die Zwecke dieses Abschnitts bezeichnet „von der Steuer befreites Kleinunternehmen" jeden Steuerpflichtigen, der die Steuerbefreiung gemäß Artikel 284 Absätze 1 und 2 in dem Mitgliedstaat, in dem die Mehrwertsteuer geschuldet wird, in Anspruch nimmt.

Art. 292b[4) [Befreiung vom Identifizierungsverfahren] [1] Unbeschadet des Artikels 284 Absatz 3 können Mitgliedstaaten in ihrem Hoheitsgebiet ansässige von der Steuer befreite Kleinunternehmen, die die Steuerbefreiung nur in ihrem Hoheitsgebiet in Anspruch nehmen, von der Pflicht, gemäß Artikel 213 die Aufnahme ihrer Tätigkeit anzuzeigen und gemäß Artikel 214 eine individuelle Mehrwertsteuer-Identifikationsnummer zu erhalten,

---

[1) Art. 290 Satz 2 neu gef. mWv 22.3.2020 durch RL v. 18.2.2020 (ABl. L 62 S. 13); zur **Anwendung ab 1.1.2025** siehe Art. 3 Abs. 1 UAbs. 2 RL 2020/285/EU.
[2) Art. 291 aufgeh. mWv 22.3.2020 durch RL v. 18.2.2020 (ABl. L 62 S. 13); zur **Anwendung bis 31.12.2024** siehe Art. 3 Abs. 1 UAbs. 2 RL 2020/285/EU.
[3) Art. 292 aufgeh. mWv 22.3.2020 durch RL v. 18.2.2020 (ABl. L 62 S. 13); zur **Anwendung bis 31.12.2024** siehe Art. 3 Abs. 1 UAbs. 2 RL 2020/285/EU.
[4) Abschnitt 2a (Art. 292a–292d) eingef. mWv 22.3.2020 durch RL v. 18.2.2020 (ABl. L 62 S. 13); zur **Anwendung ab 1.1.2025** siehe Art. 3 Abs. 1 UAbs. 2 RL 2020/285/EU.

befreien, es sei denn, diese Unternehmen üben Tätigkeiten aus, die unter Artikel 214 Buchstabe b, d oder e fallen.

[2] ¹Wird die Möglichkeit gemäß Absatz 1 nicht wahrgenommen, so richten die Mitgliedstaaten ein Verfahren für die Identifikation solcher von der Steuer befreiter Kleinunternehmen anhand einer individuellen Nummer ein. ²Das Identifizierungsverfahren nimmt im Höchstfall 15 Werktage in Anspruch; hiervon ausgenommen sind besondere Fälle, in denen die Mitgliedstaaten zur Verhinderung von Steuerhinterziehung oder Steuervermeidung gegebenenfalls mehr Zeit für die erforderlichen Kontrollen benötigen.

Art. 292c¹⁾ [Befreiung von der Mehrwertsteuererklärung; vereinfachte Mehrwertsteuererklärung] *[1]* Die Mitgliedstaaten können in ihrem Hoheitsgebiet ansässige von der Steuer befreite Kleinunternehmen, die die Steuerbefreiung nur in ihrem Hoheitsgebiet in Anspruch nehmen, von der Pflicht nach Artikel 250 befreien, eine Mehrwertsteuererklärung abzugeben.

[2] ¹Wird die Möglichkeit gemäß Absatz 1 nicht wahrgenommen, so gestatten die Mitgliedstaaten den von der Steuer befreiten Kleinunternehmen, eine vereinfachte Mehrwertsteuererklärung für ein Kalenderjahr abzugeben. ²Von der Steuer befreite Kleinunternehmen können sich jedoch auch für die Anwendung des gemäß Artikel 252 festgelegten Steuerzeitraums entscheiden.

Art. 292d¹⁾ [Weitere Pflichtbefreiungen] Die Mitgliedstaaten können von der Steuer befreite Kleinunternehmen von bestimmten oder allen Pflichten nach den Artikeln 217 bis 271 befreien.

Abschnitt 3.²⁾ Bericht und Überprüfung

Art. 293²⁾ *[Regelmäßige Berichtspflicht der EU-Kommission zur Anwendung der Sonderregelung für Kleinunternehmen]* ¹*Die Kommission legt dem Rat auf der Grundlage der von den Mitgliedstaaten erlangten Informationen alle vier Jahre nach der Annahme dieser Richtlinie einen Bericht über die Anwendung der Bestimmungen dieses Kapitels vor.* ²*Falls erforderlich fügt sie diesem Bericht unter Berücksichtigung der Notwendigkeit einer allmählichen Konvergenz der nationalen Regelungen Vorschläge bei, die Folgendes zum Gegenstand haben:*

1. die Verbesserung der Sonderregelung für Kleinunternehmen;

2. die Angleichung der nationalen Regelungen über die Steuerbefreiungen und degressiven Steuerermäßigungen;

3. die Anpassung der in Abschnitt 2 genannten Schwellenwerte.

Art. 294²⁾ *[Spätere Entscheidung des Rates über Notwendigkeit einer Kleinunternehmerregelung in einem endgültigen Mehrwertsteuersystem]* *Der Rat entscheidet gemäß Artikel 93 des Vertrags darüber, ob im Rahmen der endgültigen Rege-*

---

¹⁾ Abschnitt 2a (Art. 292a–292d) eingef. mWv 22.3.2020 durch RL v. 18.2.2020 (ABl. L 62 S. 13); zur **Anwendung ab 1.1.2025** siehe Art. 3 Abs. 1 UAbs. 2 RL 2020/285/EU.
²⁾ Abschnitt 3 (Art. 293, 294) aufgeh. mWv 22.3.2020 durch RL v. 18.2.2020 (ABl. L 62 S. 13); zur **Anwendung bis 31.12.2024** siehe Art. 3 Abs. 1 UAbs. 2 RL 2020/285/EU.

lung eine Sonderregelung für Kleinunternehmen erforderlich ist, und befindet gegebenenfalls über die gemeinsamen Beschränkungen und Bedingungen für die Anwendung der genannten Sonderregelung.

Kapitel 2. Gemeinsame Pauschalregelung für landwirtschaftliche Erzeuger

Art. 295 [Sonderregelung für pauschalierende Land- und Forstwirte – Begriffsbestimmungen] (1) Für die Zwecke dieses Kapitels gelten folgende Begriffsbestimmungen:

1. „landwirtschaftlicher Erzeuger" ist ein Steuerpflichtiger, der seine Tätigkeit im Rahmen eines land-, forst- oder fischwirtschaftlichen Betriebs ausübt;

2. „land-, forst- oder fischwirtschaftlicher Betrieb" ist ein Betrieb, der in den einzelnen Mitgliedstaaten im Rahmen der in Anhang VII genannten Erzeugertätigkeiten als solcher gilt;

3. „Pauschallandwirt" ist ein landwirtschaftlicher Erzeuger, der unter die Pauschalregelung dieses Kapitels fällt;

4. „landwirtschaftliche Erzeugnisse" sind die Gegenstände, die im Rahmen der in Anhang VII aufgeführten Tätigkeiten von den land-, forst- oder fischwirtschaftlichen Betrieben der einzelnen Mitgliedstaaten erzeugt werden;

5. „landwirtschaftliche Dienstleistungen" sind Dienstleistungen, die von einem landwirtschaftlichen Erzeuger mit Hilfe seiner Arbeitskräfte oder der normalen Ausrüstung seines land-, forst- oder fischwirtschaftlichen Betriebs erbracht werden und die normalerweise zur landwirtschaftlichen Erzeugung beitragen, und zwar insbesondere die in Anhang VIII aufgeführten Dienstleistungen;

6. „Mehrwertsteuer-Vorbelastung" ist die Mehrwertsteuer-Gesamtbelastung der Gegenstände und Dienstleistungen, die von der Gesamtheit der der Pauschalregelung unterliegenden land-, forst- und fischwirtschaftlichen Betriebe jedes Mitgliedstaats bezogen worden sind, soweit diese Steuer bei einem der normalen Mehrwertsteuerregelung unterliegenden landwirtschaftlichen Erzeuger gemäß den Artikeln 167, 168 und 169 und 173 bis 177 abzugsfähig wäre;

7. „Pauschalausgleich-Prozentsätze" sind die Prozentsätze, die die Mitgliedstaaten gemäß den Artikeln 297, 298 und 299 festsetzen und in den in Artikel 300 genannten Fällen anwenden, damit die Pauschallandwirte den pauschalen Ausgleich der Mehrwertsteuer-Vorbelastung erlangen;

8. „Pauschalausgleich" ist der Betrag, der sich aus der Anwendung des Pauschalausgleich-Prozentsatzes auf den Umsatz des Pauschallandwirts in den in Artikel 300 genannten Fällen ergibt.

(2) Den in Anhang VII aufgeführten Tätigkeiten der landwirtschaftlichen Erzeugung gleichgestellt sind die Verarbeitungstätigkeiten, die ein Landwirt bei im Wesentlichen aus seiner landwirtschaftlichen Produktion stammenden Erzeugnissen mit Mitteln ausübt, die normalerweise in land-, forst- oder fischwirtschaftlichen Betrieben verwendet werden.

Art. 296 [Kannbestimmung: Anwendbarkeit einer Pauschalregelung für Land- und Forstwirte] (1) Die Mitgliedstaaten können auf landwirtschaftliche Erzeuger, bei denen die Anwendung der normalen Mehrwertsteuerregelung oder gegebenenfalls der Sonderregelung des Kapitels 1 auf Schwierigkeiten stoßen würde, als Ausgleich für die Belastung durch die Mehrwertsteuer, die auf die von den Pauschallandwirten bezogenen Gegenstände und Dienstleistungen gezahlt wird, eine Pauschalregelung nach diesem Kapitel anwenden.

(2) Jeder Mitgliedstaat kann bestimmte Gruppen landwirtschaftlicher Erzeuger sowie diejenigen landwirtschaftlichen Erzeuger, bei denen die Anwendung der normalen Mehrwertsteuerregelung oder gegebenenfalls der vereinfachten Bestimmungen des Artikels 281 keine verwaltungstechnischen Schwierigkeiten mit sich bringt, von der Pauschalregelung ausnehmen.

(3) Jeder Pauschallandwirt hat nach den von den einzelnen Mitgliedstaaten festgelegten Einzelheiten und Voraussetzungen das Recht, sich für die Anwendung der normalen Mehrwertsteuerregelung oder gegebenenfalls der vereinfachten Bestimmungen des Artikels 281 zu entscheiden.

Art. 297 [Möglichkeit der Festlegung von Pauschalausgleich-Prozentsätzen] [1] 1Die Mitgliedstaaten legen bei Bedarf Pauschalausgleich-Prozentsätze fest. 2Sie können die Höhe der Pauschalausgleich-Prozentsätze für die Forstwirtschaft, die einzelnen Teilbereiche der Landwirtschaft und die Fischwirtschaft unterschiedlich festlegen.

[2] Die Mitgliedstaaten teilen der Kommission die gemäß Absatz 1 festgelegten Pauschalausgleich-Prozentsätze mit, bevor diese angewandt werden.

Art. 298 [Ausrichtung der Pauschalausgleich-Prozentsätze nach Daten vergangener Jahre] [1] Die Pauschalausgleich-Prozentsätze werden anhand der allein für die Pauschallandwirte geltenden makroökonomischen Daten der letzten drei Jahre bestimmt.

[2] 1Die Prozentsätze können auf einen halben Punkt ab- oder aufgerundet werden. 2Die Mitgliedstaaten können diese Prozentsätze auch bis auf Null herabsetzen.

Art. 299 [Verbot der Überkompensation der Mehrwertsteuer-Vorbelastung durch Pauschalausgleich-Prozentsätze] Die Pauschalausgleich-Prozentsätze dürfen nicht dazu führen, dass die Pauschallandwirte insgesamt Erstattungen erhalten, die über die Mehrwertsteuer-Vorbelastung hinausgehen.

Art. 300 [Anwendung der Pauschalausgleich-Prozentsätze auf das Leistungsentgelt für bestimmte Umsätze] Die Pauschalausgleich-Prozentsätze werden auf den Preis ohne Mehrwertsteuer der folgenden Gegenstände und Dienstleistungen angewandt:

1. landwirtschaftliche Erzeugnisse, die die Pauschallandwirte an andere Steuerpflichtige als jene geliefert haben, die in dem Mitgliedstaat, in dem diese Erzeugnisse geliefert werden, diese Pauschalregelung in Anspruch nehmen;

2. landwirtschaftliche Erzeugnisse, die die Pauschallandwirte unter den Voraussetzungen des Artikels 138 an nichtsteuerpflichtige juristische Personen geliefert haben, deren innergemeinschaftliche Erwerbe gemäß Artikel 2 Absatz 1 Buchstabe b im Mitgliedstaat der Beendigung der Versendung oder Beförderung dieser landwirtschaftlichen Erzeugnisse der Mehrwertsteuer unterliegen;

3. landwirtschaftliche Dienstleistungen, die die Pauschallandwirte an andere Steuerpflichtige als jene erbracht haben, die in dem Mitgliedstaat, in dem diese Dienstleistungen erbracht werden, diese Pauschalregelung in Anspruch nehmen.

Art. 301 [Zahlung des Pauschalausgleichs durch Leistungsempfänger oder öffentliche Hand] (1) Für die in Artikel 300 genannten Lieferungen landwirtschaftlicher Erzeugnisse und Dienstleistungen sehen die Mitgliedstaaten vor, dass die Zahlung des Pauschalausgleichs entweder durch den Erwerber bzw. den Dienstleistungsempfänger oder durch die öffentliche Hand erfolgt.

(2) Bei anderen als den in Artikel 300 genannten Lieferungen landwirtschaftlicher Erzeugnisse und landwirtschaftlichen Dienstleistungen wird davon ausgegangen, dass die Zahlung des Pauschalausgleichs durch den Erwerber bzw. den Dienstleistungsempfänger erfolgt.

Art. 302 [Ausschluss des Rechts auf Vorsteuerabzug bei einem pauschalierenden Land- und Forstwirt] Nimmt ein Pauschallandwirt einen Pauschalausgleich in Anspruch, hat er in Bezug auf die dieser Pauschalregelung unterliegenden Tätigkeiten kein Recht auf Vorsteuerabzug.

Art. 303 [Möglichkeit des Vorsteuerabzugs auf Seiten des Leistungsempfängers aufgrund der Zahlung eines Pauschalausgleichs] (1) Zahlt der steuerpflichtige Erwerber oder Dienstleistungsempfänger einen Pauschalausgleich gemäß Artikel 301 Absatz 1, ist er berechtigt, nach Maßgabe der Artikel 167, 168, 169 und 173 bis 177 und der von den Mitgliedstaaten festgelegten Einzelheiten von der Mehrwertsteuer, die er in dem Mitgliedstaat, in dem er seine besteuerten Umsätze bewirkt, schuldet, den Betrag dieses Pauschalausgleichs abzuziehen.

(2) Die Mitgliedstaaten erstatten dem Erwerber oder Dienstleistungsempfänger den Betrag des Pauschalausgleichs, den er im Rahmen eines der folgenden Umsätze gezahlt hat:

a) Lieferung landwirtschaftlicher Erzeugnisse unter den Voraussetzungen des Artikels 138, soweit der Erwerber ein Steuerpflichtiger oder eine nichtsteuerpflichtige juristische Person ist, der/die als solcher/solche in einem anderen Mitgliedstaat handelt, in dessen Gebiet seine/ihre innergemeinschaftlichen Erwerbe von Gegenständen gemäß Artikel 2 Absatz 1 Buchstabe b der Mehrwertsteuer unterliegen;

b) Lieferung von landwirtschaftlichen Erzeugnissen unter den Bedingungen der Artikel 146, 147, 148 und 156, Artikel 157 Absatz 1 Buchstabe b sowie der Artikel 158, 160 und 161 an einen außerhalb der Gemeinschaft ansässigen steuerpflichtigen Erwerber, soweit der Erwerber diese landwirtschaftlichen Erzeugnisse für die Zwecke seiner in Artikel 169 Buchstaben a und b genannten Umsätze oder seiner Dienstleistungen verwendet, die als im Gebiet des Mitgliedstaats erbracht gelten, in dem der Dienstleistungsempfänger ansässig ist, und für die gemäß Artikel 196 nur der Dienstleistungsempfänger die Steuer schuldet;

c) landwirtschaftliche Dienstleistungen, die an einen innerhalb der Gemeinschaft, jedoch in einem anderen Mitgliedstaat ansässigen oder an einen außerhalb der Gemeinschaft ansässigen steuerpflichtigen Dienstleistungsempfänger erbracht werden, soweit der Dienstleistungsempfänger diese Dienstleistungen für die Zwecke seiner in Artikel 169 Buchstaben a und b genannten Umsätze oder seiner Dienstleistungen verwendet, die als im Gebiet des Mitgliedstaats erbracht gelten, in dem der Dienstleistungsempfänger ansässig ist, und für die gemäß Artikel 196 nur der Dienstleistungsempfänger die Steuer schuldet.

(3) [1] Die Mitgliedstaaten legen die Einzelheiten für die Durchführung der in Absatz 2 vorgesehenen Erstattungen fest. [2] Dabei können sie sich insbesondere auf die Richtlinien 79/1072/EWG und 86/560/EWG[1] stützen.

Art. 304 [Kontrolle der Zahlung des Pauschalausgleichs an pauschalierende Land- und Forstwirte] Die Mitgliedstaaten treffen alle zweckdienlichen Maßnahmen für eine wirksame Kontrolle der Zahlung des Pauschalausgleichs an die Pauschallandwirte.

Art. 305 [Gleichbehandlung aller innergemeinschaftlichen Lieferungen land- und forstwirtschaftlicher Erzeugnisse in Bezug auf die Versandhandelsregelung] Wenden die Mitgliedstaaten diese Pauschalregelung an, treffen sie alle zweckdienlichen Maßnahmen, um sicherzustellen, dass Lieferung landwirtschaftlicher Erzeugnisse zwischen den Mitgliedstaaten unter den Voraussetzungen des Artikels 33 immer in derselben Weise besteuert wird, unabhängig davon, ob die Erzeugnisse von einem Pauschallandwirt oder von einem anderen Steuerpflichtigen geliefert werden.

Kapitel 3. Sonderregelung für Reisebüros

Art. 306 [Anwendung der Sonderregelung für Reisebüros – Grundsatz] (1) [1] Die Mitgliedstaaten wenden auf Umsätze von Reisebüros die Mehrwertsteuer-Sonderregelung dieses Kapitels an, soweit die Reisebüros gegenüber dem Reisenden in eigenem Namen auftreten und zur Durchführung der Reise Lieferungen von Gegenständen und Dienstleistungen anderer Steuerpflichtiger in Anspruch nehmen.

[2] Diese Sonderregelung gilt nicht für Reisebüros, die lediglich als Vermittler handeln und auf die zur Berechnung der Steuerbemessungsgrundlage Artikel 79 Absatz 1 Buchstabe c anzuwenden ist.

(2) Für die Zwecke dieses Kapitels gelten Reiseveranstalter als Reisebüro.

---

[1] Nr. **553**.

Art. 307 [Einheitliche Reiseleistung] [1] Die zur Durchführung der Reise vom Reisebüro unter den Voraussetzungen des Artikels 306 bewirkten Umsätze gelten als eine einheitliche Dienstleistung des Reisebüros an den Reisenden.

[2] Die einheitliche Dienstleistung wird in dem Mitgliedstaat besteuert, in dem das Reisebüro den Sitz seiner wirtschaftlichen Tätigkeit oder eine feste Niederlassung hat, von wo aus es die Dienstleistung erbracht hat.

Art. 308 [Steuerbemessungsgrundlage der einheitlichen Reiseleistung] Für die von dem Reisebüro erbrachte einheitliche Dienstleistung gilt als Steuerbemessungsgrundlage und als Preis ohne Mehrwertsteuer im Sinne des Artikels 226 Nummer 8 die Marge des Reisebüros, das heißt die Differenz zwischen dem vom Reisenden zu zahlenden Gesamtbetrag ohne Mehrwertsteuer und den tatsächlichen Kosten, die dem Reisebüro für die Lieferungen von Gegenständen und die Dienstleistungen anderer Steuerpflichtiger entstehen, soweit diese Umsätze dem Reisenden unmittelbar zugute kommen.

Art. 309 [Reisevorleistungen in Drittlandsgebiet – Steuerfreiheit der einheitlichen Reiseleistung] [1] Werden die Umsätze, für die das Reisebüro andere Steuerpflichtige in Anspruch nimmt, von diesen außerhalb der Gemeinschaft bewirkt, wird die Dienstleistung des Reisebüros einer gemäß Artikel 153 von der Steuer befreiten Vermittlungstätigkeit gleichgestellt.

[2] Werden die in Absatz 1 genannten Umsätze sowohl innerhalb als auch außerhalb der Gemeinschaft bewirkt, ist nur der Teil der Dienstleistung des Reisebüros als steuerfrei anzusehen, der auf die Umsätze außerhalb der Gemeinschaft entfällt.

Art. 310 [Ausschluss des Rechts auf Vorsteuerabzug bei einheitlicher Reiseleistung] Die Mehrwertsteuerbeträge, die dem Reisebüro von anderen Steuerpflichtigen für die in Artikel 307 genannten Umsätze in Rechnung gestellt werden, welche dem Reisenden unmittelbar zugute kommen, sind in keinem Mitgliedstaat abziehbar oder erstattungsfähig.

Kapitel 4. Sonderregelungen für Gebrauchtgegenstände, Kunstgegenstände, Sammlungsstücke und Antiquitäten

Abschnitt 1. Begriffsbestimmungen

Art. 311 [Sonderregelung für Gebrauchtwaren – Begriffsbestimmungen] (1) Für die Zwecke dieses Kapitels gelten unbeschadet sonstiger Bestimmungen des Gemeinschaftsrechts folgende Begriffsbestimmungen:

1. „Gebrauchtgegenstände" sind bewegliche körperliche Gegenstände, die keine Kunstgegenstände, Sammlungsstücke oder Antiquitäten und keine Edelmetalle oder Edelsteine im Sinne der Definition der Mitgliedstaaten sind und die in ihrem derzeitigen Zustand oder nach Instandsetzung erneut verwendbar sind;

2. „Kunstgegenstände" sind die in Anhang IX Teil A genannten Gegenstände;

3. „Sammlungsstücke" sind die in Anhang IX Teil B genannten Gegenstände;

4. „Antiquitäten" sind die in Anhang IX Teil C genannten Gegenstände;

5. „steuerpflichtiger Wiederverkäufer" ist jeder Steuerpflichtige, der im Rahmen seiner wirtschaftlichen Tätigkeit zum Zwecke des Wiederverkaufs Gebrauchtgegenstände, Kunstgegenstände, Sammlungsstücke oder Antiquitäten kauft, seinem Unternehmen zuordnet oder einführt, gleich, ob er auf eigene Rechnung oder aufgrund eines Einkaufs- oder Verkaufskommissionsvertrags für fremde Rechnung handelt;

6. „Veranstalter einer öffentlichen Versteigerung" ist jeder Steuerpflichtige, der im Rahmen seiner wirtschaftlichen Tätigkeit Gegenstände zur öffentlichen Versteigerung anbietet, um sie an den Meistbietenden zu verkaufen;

7. „Kommittent eines Veranstalters öffentlicher Versteigerungen" ist jede Person, die einem Veranstalter öffentlicher Versteigerungen einen Gegenstand aufgrund eines Verkaufskommissionsvertrags übergibt.

(2) Die Mitgliedstaaten können vorsehen, dass die in Anhang IX Teil A Nummern 5, 6 und 7 genannten Gegenstände nicht als Kunstgegenstände gelten.

(3) Der in Absatz 1 Nummer 7 genannte Verkaufskommissionsvertrag muss vorsehen, dass der Veranstalter der öffentlichen Versteigerung den Gegenstand in eigenem Namen, aber für Rechnung seines Kommittenten zur öffentlichen Versteigerung anbietet und an den Meistbietenden übergibt, der in der öffentlichen Versteigerung den Zuschlag erhalten hat.

Abschnitt 2. Sonderregelung für steuerpflichtige Wiederverkäufer

Unterabschnitt 1. Differenzbesteuerung

Art. 312 [Differenzbesteuerung – Definition Verkaufspreis und Einkaufspreis] Für die Zwecke dieses Unterabschnitts gelten folgende Begriffsbestimmungen:

1. „Verkaufspreis" ist die gesamte Gegenleistung, die der steuerpflichtige Wiederverkäufer vom Erwerber oder von einem Dritten erhält oder zu erhalten hat, einschließlich der unmittelbar mit dem Umsatz zusammenhängenden Zuschüsse, Steuern, Zölle, Abschöpfungen und Abgaben sowie der Nebenkosten wie Provisions-, Verpackungs-, Beförderungs- und Versicherungskosten, die der steuerpflichtige Wiederverkäufer dem Erwerber in Rechnung stellt, mit Ausnahme der in Artikel 79 genannten Beträge;

2. „Einkaufspreis" ist die gesamte Gegenleistung gemäß der Begriffsbestimmung unter Nummer 1, die der Lieferer von dem steuerpflichtigen Wiederverkäufer erhält oder zu erhalten hat.

Art. 313 [Anwendung der Differenzbesteuerung auf Lieferungen von Gebrauchtwaren – Grundsatz] (1) Die Mitgliedstaaten wenden auf die Lieferungen von Gebrauchtgegenständen, Kunstgegenständen, Sammlungsstücken und Antiquitäten durch steuerpflichtige Wiederverkäufer eine Sonderregelung zur Besteuerung der von dem steuerpflichtigen Wiederverkäufer erzielten Differenz (Handelsspanne) gemäß diesem Unterabschnitt an.

(2) Bis zur Einführung der endgültigen Regelung nach Artikel 402 gilt Absatz 1 des vorliegenden Artikels nicht für die Lieferung neuer Fahrzeuge unter den Voraussetzungen des Artikels 138 Absatz 1 und Absatz 2 Buchstabe a.

Art. 314[1] **[Anwendung der Differenzbesteuerung – Abnahme der Gebrauchtwaren von bestimmten Personen]** Die Differenzbesteuerung gilt für die Lieferungen von Gebrauchtgegenständen, Kunstgegenständen, Sammlungsstücken und Antiquitäten durch einen steuerpflichtigen Wiederverkäufer, wenn ihm diese Gegenstände innerhalb der Gemeinschaft von einer der folgenden Personen geliefert werden:

a) von einem Nichtsteuerpflichtigen;

b) von einem anderen Steuerpflichtigen, sofern die Lieferungen des Gegenstands durch diesen anderen Steuerpflichtigen gemäß Artikel 136 von der Steuer befreit ist;

c) von einem anderen Steuerpflichtigen, sofern für die Lieferung des Gegenstands durch diesen anderen Steuerpflichtigen die Steuerbefreiung für Kleinunternehmen gemäß Artikel 284 gilt und es sich dabei um ein Investitionsgut handelt;

d) von einem anderen steuerpflichtigen Wiederverkäufer, sofern die Lieferung des Gegenstands durch diesen anderen steuerpflichtigen Wiederverkäufer gemäß dieser Sonderregelung mehrwertsteuerpflichtig ist.

Art. 315 **[Steuerbemessungsgrundlage der Differenzbesteuerung]** [1] Die Steuerbemessungsgrundlage bei der Lieferung von Gegenständen nach Artikel 314 ist die von dem steuerpflichtigen Wiederverkäufer erzielte Differenz (Handelsspanne), abzüglich des Betrags der auf diese Spanne erhobenen Mehrwertsteuer.

[2] Die Differenz (Handelsspanne) des steuerpflichtigen Wiederverkäufers entspricht dem Unterschied zwischen dem von ihm geforderten Verkaufspreis und dem Einkaufspreis des Gegenstands.

Art. 316[2] **[Optionsrecht zur Anwendung der Differenzbesteuerung bei bestimmten Kunstgegenständen]** (1) Sofern auf die betreffenden Kunstgegenstände, Sammlungsstücke und Antiquitäten, die an einen steuerpflichtigen Wiederverkäufer geliefert oder von ihm eingeführt wurden, kein ermäßigter Steuersatz angewandt wurde, räumen die Mitgliedstaaten den steuerpflichtigen Wiederverkäufern das Recht ein, die Differenzbesteuerung bei der Lieferung folgender Gegenstände anzuwenden:

a) Kunstgegenstände, Sammlungsstücke und Antiquitäten, die der Wiederverkäufer selbst eingeführt hat;

b) Kunstgegenstände, die vom Urheber oder von dessen Rechtsnachfolgern an den Wiederverkäufer geliefert wurden;

---

[1] Art. 314 Buchst. c geänd. mWv 22.3.2020 durch RL v. 18.2.2020 (ABl. L 62 S. 13); zur **Anwendung ab 1.1.2025** siehe Art. 3 Abs. 1 UAbs. 2 RL 2020/285/EU.
[2] Art. 316 Abs. 1 neu gef. mWv 6.4.2022 durch RL v. 5.4.2022 (ABl. L 107 S. 1); zur **Anwendung ab 1.1.2025** vgl. Art. 3 Abs. 1 RL 2022/542 v. 5.4.2022.

c) Kunstgegenstände, die von einem Steuerpflichtigen, der kein steuerpflichtiger Wiederverkäufer ist, an den Wiederverkäufer geliefert wurden.

(2) Die Mitgliedstaaten legen die Einzelheiten der Ausübung der Option des Absatzes 1 fest, die in jedem Fall für einen Zeitraum von mindestens zwei Kalenderjahren gelten muss.

Art. 317 [Steuerbemessungsgrundlage in Fällen der Option zur Differenzbesteuerung] *[1]* Macht ein steuerpflichtiger Wiederverkäufer von der Option des Artikels 316 Gebrauch, wird die Steuerbemessungsgrundlage gemäß Artikel 315 ermittelt.

[2] Bei der Lieferung von Kunstgegenständen, Sammlungsstücken oder Antiquitäten, die der steuerpflichtige Wiederverkäufer selbst eingeführt hat, ist der für die Berechnung der Differenz zugrunde zu legende Einkaufspreis gleich der gemäß den Artikeln 85 bis 89 ermittelten Steuerbemessungsgrundlage bei der Einfuhr zuzüglich der für die Einfuhr geschuldeten oder entrichteten Mehrwertsteuer.

Art. 318 [Kannbestimmung: Möglichkeit einer Gesamtdifferenzbesteuerung] (1) *[1]* Die Mitgliedstaaten können zur Vereinfachung der Steuererhebung und nach Konsultation des Mehrwertsteuerausschusses für bestimmte Umsätze oder für bestimmte Gruppen von steuerpflichtigen Wiederverkäufern vorsehen, dass die Steuerbemessungsgrundlage bei der Lieferung von Gegenständen, die der Differenzbesteuerung unterliegen, für jeden Steuerzeitraum festgesetzt wird, für den der steuerpflichtige Wiederverkäufer die in Artikel 250 genannte Mehrwertsteuererklärung abzugeben hat.

[2] Wird Unterabsatz 1 angewandt, ist die Steuerbemessungsgrundlage für Lieferungen von Gegenständen, die ein und demselben Mehrwertsteuersatz unterliegen, die von dem steuerpflichtigen Wiederverkäufer erzielte Gesamtdifferenz abzüglich des Betrags der auf diese Spanne erhobenen Mehrwertsteuer.

(2) Die Gesamtdifferenz entspricht dem Unterschied zwischen den beiden folgenden Beträgen:

a) Gesamtbetrag der der Differenzbesteuerung unterliegenden Lieferungen von Gegenständen des steuerpflichtigen Wiederverkäufers während des Steuerzeitraums, der von der Erklärung umfasst wird, d. h. Gesamtsumme der Verkaufspreise;

b) Gesamtbetrag der Käufe von Gegenständen im Sinne des Artikels 314, die der steuerpflichtige Wiederverkäufer während des Steuerzeitraums, der von der Erklärung umfasst wird, getätigt hat, d. h. Gesamtsumme der Einkaufspreise.

(3) Die Mitgliedstaaten treffen die erforderlichen Maßnahmen, damit sich für die in Absatz 1 genannten Steuerpflichtigen weder ungerechtfertigte Vorteile noch ungerechtfertigte Nachteile ergeben.

Art. 319 [Wechsel von der Differenzbesteuerung zur Regelbesteuerung] Der steuerpflichtige Wiederverkäufer kann auf jede der Differenzbesteuerung unterliegende Lieferung die normale Mehrwertsteuerregelung anwenden.

Art. 320 [**Recht auf Vorsteuerabzug bei Regelbesteuerung anstelle von Differenzbesteuerung**] (1) [1] Wendet der steuerpflichtige Wiederverkäufer die normale Mehrwertsteuerregelung an, ist er berechtigt, bei der Lieferung eines von ihm selbst eingeführten Kunstgegenstands, Sammlungsstücks oder einer Antiquität die für die Einfuhr dieses Gegenstands geschuldete oder entrichtete Mehrwertsteuer als Vorsteuer abzuziehen.

[2] Wendet der steuerpflichtige Wiederverkäufer die normale Mehrwertsteuerregelung an, ist er berechtigt, bei der Lieferung eines Kunstgegenstands, der ihm von seinem Urheber oder dessen Rechtsnachfolgern oder von einem Steuerpflichtigen, der kein steuerpflichtiger Wiederverkäufer ist, geliefert wurde, die von ihm dafür geschuldete oder entrichtete Mehrwertsteuer als Vorsteuer abzuziehen.

(2) Das Recht auf Vorsteuerabzug entsteht zu dem Zeitpunkt, zu dem der Steueranspruch für die Lieferung entsteht, für die der steuerpflichtige Wiederverkäufer die Anwendung der normalen Mehrwertsteuerregelung gewählt hat.

Art. 321 [**Steuerbefreiung von Differenzbesteuerungslieferungen in Ausfuhr- und ähnlichen Fällen**] Werden der Differenzbesteuerung unterliegende Gebrauchtgegenstände, Kunstgegenstände, Sammlungsstücke oder Antiquitäten unter den Voraussetzungen der Artikel 146, 147, 148 und 151 geliefert, sind sie von der Steuer befreit.

Art. 322 [**Ausschluss vom Vorsteuerabzugsrecht in den Fällen der Differenzbesteuerung für Vorbezüge von anderen als Wiederverkäufern**] Sofern die Gegenstände für Lieferungen verwendet werden, die der Differenzbesteuerung unterliegen, darf der steuerpflichtige Wiederverkäufer von seiner Steuerschuld folgende Beträge nicht abziehen:

a) die geschuldete oder entrichtete Mehrwertsteuer auf von ihm selbst eingeführte Kunstgegenstände, Sammlungsstücke oder Antiquitäten;

b) die geschuldete oder entrichtete Mehrwertsteuer auf Kunstgegenstände, die ihm vom Urheber oder von dessen Rechtsnachfolgern geliefert werden;

c) die geschuldete oder entrichtete Mehrwertsteuer auf Kunstgegenstände, die ihm von einem Steuerpflichtigen geliefert werden, der kein steuerpflichtiger Wiederverkäufer ist.

Art. 323 [**Ausschluss vom Vorsteuerabzugsrecht in den Fällen der Differenzbesteuerung für Vorbezüge von Wiederverkäufern**] Ein Steuerpflichtiger darf die für Gegenstände, die ihm von einem steuerpflichtigen Wiederverkäufer geliefert werden, geschuldete oder entrichtete Mehrwertsteuer nicht als Vorsteuer abziehen, wenn die Lieferung dieser Gegenstände durch den steuerpflichtigen Wiederverkäufer der Differenzbesteuerung unterliegt.

Art. 324 [**Pflicht zu getrennten Aufzeichnungen bei gleichzeitiger Regel- und Differenzbesteuerung**] Wendet der steuerpflichtige Wiederverkäufer sowohl die normale Mehrwertsteuerregelung als auch die Differenzbesteuerung an, muss er die unter die jeweilige Regelung fallenden Umsätze nach den von den Mitgliedstaaten festgelegten Modalitäten in seinen Aufzeichnungen gesondert ausweisen.

Art. 325 [Verbot des gesonderten Steuerausweises in der Rechnung in den Fällen der Differenzbesteuerung] Der steuerpflichtige Wiederverkäufer darf die Mehrwertsteuer auf die Lieferungen von Gegenständen, auf die er die Differenzbesteuerung anwendet, in der von ihm ausgestellten Rechnung nicht gesondert ausweisen.

Unterabschnitt 2. Übergangsregelung für Gebrauchtfahrzeuge

Art. 326 [Andere Sonderregelung als Differenzbesteuerung für Gebrauchtfahrzeuge – Stand–Still–Klausel] [1] Die Mitgliedstaaten, die am 31. Dezember 1992 auf die Lieferungen von Gebrauchtfahrzeugen durch steuerpflichtige Wiederverkäufer eine andere Sonderregelung als die Differenzbesteuerung angewandt haben, können diese Regelung für die Dauer des in Artikel 402 genannten Zeitraums beibehalten, sofern diese Regelung die in diesem Unterabschnitt festgelegten Voraussetzungen erfüllt oder dergestalt angepasst wird, dass sie diese erfüllt.

[2] Dänemark ist berechtigt, die in Absatz 1 vorgesehene Regelung einzuführen.

Art. 327 [Differenzbesteuerung für Gebrauchtfahrzeuge als Übergangsregelung – Grundsatz] (1) Diese Übergangsregelung gilt für die Lieferungen von Gebrauchtfahrzeugen durch steuerpflichtige Wiederverkäufer, die der Differenzbesteuerung unterliegt.

(2) Die Übergangsregelung gilt nicht für die Lieferungen neuer Fahrzeuge unter den Voraussetzungen des Artikels 138 Absatz 1 und Absatz 2 Buchstabe a.

(3) Für die Zwecke des Absatzes 1 gelten als „Gebrauchtfahrzeuge“ die in Artikel 2 Absatz 2 Buchstabe a genannten Land-, Wasser- und Luftfahrzeuge, wenn sie Gebrauchtgegenstände sind und nicht die Voraussetzungen erfüllen, um als neue Fahrzeuge angesehen zu werden.

Art. 328 [Bemessung des geschuldeten Steuerbetrags in den Fällen der Differenzbesteuerung für Gebrauchtfahrzeuge] Die für jede Lieferung im Sinne des Artikels 327 geschuldete Mehrwertsteuer ist gleich dem Betrag der Steuer, die geschuldet würde, wenn die betreffende Lieferung der normalen Mehrwertsteuerregelung unterläge, abzüglich des Betrags der Mehrwertsteuer, die als in dem Einkaufspreis enthalten gilt, den der steuerpflichtige Wiederverkäufer für das Fahrzeug entrichtet hat.

Art. 329 [Bemessung des im Einkaufspreis enthaltenen Steuerbetrags in den Fällen der Differenzbesteuerung für Gebrauchtfahrzeuge] Die Mehrwertsteuer, die als in dem Einkaufspreis enthalten gilt, den der steuerpflichtige Wiederverkäufer für das Fahrzeug entrichtet hat, wird nach folgendem Verfahren berechnet:

a) Als Einkaufspreis ist der Einkaufspreis im Sinne des Artikels 312 Nummer 2 zugrunde zu legen.

b) In diesem vom steuerpflichtigen Wiederverkäufer entrichteten Einkaufspreis gilt die Mehrwertsteuer als enthalten, die geschuldet worden wäre, wenn der Lieferer des steuerpflichtigen Wiederverkäufers auf seine Lieferung die normale Mehrwertsteuerregelung angewandt hätte.

c) Es ist der Steuersatz gemäß Artikel 93 anzuwenden, der in dem Mitgliedstaat angewandt wird, in dessen Gebiet der Ort der Lieferung an den steuerpflichtigen Wiederverkäufer im Sinne der Artikel 31 und 32 als gelegen gilt.

Art. 330 [Untergrenze des geschuldeten Steuerbetrags in den Fällen der Differenzbesteuerung für Gebrauchtfahrzeuge] [1] Die für jede Lieferung von Fahrzeugen im Sinne des Artikels 327 Absatz 1 geschuldete und gemäß Artikel 328 festgesetzte Mehrwertsteuer darf nicht unter dem Steuerbetrag liegen, der geschuldet würde, wenn auf die betreffende Lieferung die Differenzbesteuerung angewandt worden wäre.

[2] Die Mitgliedstaaten können für den Fall, dass die Lieferung der Differenzbesteuerung unterlegen hätte, vorsehen, dass die Gewinnspanne nicht unter 10% des Verkaufspreises im Sinne des Artikels 312 Nummer 1 angesetzt werden darf.

Art. 331 [Ausschluss vom Vorsteuerabzugsrecht in den Fällen der Differenzbesteuerung für Gebrauchtfahrzeuge bei Vorbezug von einem Wiederverkäufer] Ein Steuerpflichtiger darf von seiner Steuerschuld die für die Lieferung eines Gebrauchtfahrzeugs durch einen steuerpflichtigen Wiederverkäufer geschuldete oder entrichtete Mehrwertsteuer nicht als Vorsteuer abziehen, wenn die Lieferung dieses Gegenstands durch den steuerpflichtigen Wiederverkäufer gemäß dieser Übergangsregelung besteuert wurde.

Art. 332 [Verbot des gesonderten Steuerausweises in der Rechnung in den Fällen der Differenzbesteuerung für Gebrauchtfahrzeuge] Der steuerpflichtige Wiederverkäufer darf auf der von ihm ausgestellten Rechnung die Mehrwertsteuer auf die Lieferungen, auf die er diese Übergangsregelung anwendet, nicht gesondert ausweisen.

Abschnitt 3. Sonderregelung für öffentliche Versteigerungen

Art. 333 [Differenzbesteuerung für öffentliche Versteigerungen – Grundsatz] (1) Die Mitgliedstaaten können gemäß diesem Abschnitt eine Sonderregelung für die Besteuerung der Differenz anwenden, die ein Veranstalter öffentlicher Versteigerungen bei der Lieferung von Gebrauchtgegenständen, Kunstgegenständen, Sammlungsstücken und Antiquitäten erzielt, die er in eigenem Namen aufgrund eines Kommissionsvertrags zum Verkauf dieser Gegenstände im Wege einer öffentlichen Versteigerung für Rechnung von in Artikel 334 genannten Personen bewirkt.

(2) Die Regelung des Absatzes 1 gilt nicht für die Lieferungen neuer Fahrzeuge unter den Voraussetzungen des Artikels 138 Absatz 1 und Absatz 2 Buchstabe a.

Art. 334[1) [Subjektiver Anwendungsbereich der Differenzbesteuerung für öffentliche Versteigerungen (Veranstalter im eigenen Namen und für Rechnung bestimmter Personen)] Diese Sonderregelung gilt für Lieferungen eines Veranstalters öffentlicher Versteigerungen, der in eigenem Namen für Rechnung einer der folgenden Personen handelt:

a) eines Nichtsteuerpflichtigen;

b) eines anderen Steuerpflichtigen, sofern die Lieferung des Gegenstands durch diesen anderen Steuerpflichtigen aufgrund eines Verkaufskommissionsvertrags gemäß Artikel 136 von der Steuer befreit ist;

c) eines anderen Steuerpflichtigen, sofern für die Lieferung des Gegenstands durch diesen anderen Steuerpflichtigen aufgrund eines Verkaufskommissionsvertrags die Steuerbefreiung für Kleinunternehmen des Artikels 284 gilt und es sich bei dem Gegenstand um ein Investitionsgut handelt;

d) eines steuerpflichtigen Wiederverkäufers, sofern die Lieferung des Gegenstands durch diesen steuerpflichtigen Wiederverkäufer aufgrund eines Verkaufskommissionsvertrags gemäß der Differenzbesteuerung der Mehrwertsteuer unterliegt.

Art. 335 [Fiktion des Zeitpunkts der Lieferung an einen Veranstalter öffentlicher Versteigerungen] Die Lieferung eines Gegenstands an einen steuerpflichtigen Veranstalter öffentlicher Versteigerungen gilt als zum Zeitpunkt des Verkaufs dieses Gegenstands im Wege der öffentlichen Versteigerung erfolgt.

Art. 336 [Steuerbemessungsgrundlage der Lieferungen bei der Differenzbesteuerung für öffentliche Versteigerungen] Die Steuerbemessungsgrundlage für die einzelnen Lieferungen von Gegenständen im Sinne dieses Abschnitts ist der dem Erwerber vom Veranstalter der öffentlichen Versteigerung gemäß Artikel 339 in Rechnung gestellte Gesamtbetrag abzüglich folgender Beträge:

a) vom Veranstalter der öffentlichen Versteigerung an seinen Kommittenten gezahlter oder zu zahlender Nettobetrag gemäß Artikel 337;

b) Betrag der vom Veranstalter der öffentlichen Versteigerung für seine Lieferung geschuldeten Mehrwertsteuer.

Art. 337 [Vom Veranstalter der öffentlichen Versteigerung an Kommittenten zu zahlender Nettobetrag] Der vom Veranstalter der öffentlichen Versteigerung an seinen Kommittenten gezahlte oder zu zahlende Nettobetrag ist gleich der Differenz zwischen dem Preis, zu dem in der Versteigerung

[1) Art. 334 Buchst. c neu gef. mWv 22.3.2020 durch RL v. 18.2.2020 (ABl. L 62 S. 13); zur **Anwendung ab 1.1.2025** siehe Art. 3 Abs. 1 UAbs. 2 RL 2020/285/EU.

der Zuschlag für den Gegenstand erteilt wurde, und dem Betrag der Provision, die der Veranstalter der öffentlichen Versteigerung von seinem Kommittenten gemäß dem Verkaufskommissionsvertrag erhält oder zu erhalten hat.

Art. 338 [**Pflicht des Veranstalters öffentlicher Versteigerungen zur Verbuchung bestimmter Beträge als durchlaufende Posten**] [1] Veranstalter öffentlicher Versteigerungen, die Gegenstände gemäß den Artikeln 333 und 334 liefern, müssen folgende Beträge in ihren Aufzeichnungen als durchlaufende Posten verbuchen:

a) die vom Erwerber des Gegenstands erhaltenen oder zu erhaltenden Beträge;

b) die dem Verkäufer des Gegenstands erstatteten oder zu erstattenden Beträge.

[2] Die in Absatz 1 genannten Beträge müssen ordnungsgemäß nachgewiesen sein.

Art. 339 [**Pflicht des Veranstalters öffentlicher Versteigerungen zur Ausstellung einer Rechnung mit Ausweis bestimmter Beträge**] [1] Der Veranstalter der öffentlichen Versteigerung muss dem Erwerber eine Rechnung ausstellen, in der folgende Beträge gesondert auszuweisen sind:

a) Zuschlagspreis des Gegenstands;

b) Steuern, Zölle, Abschöpfungen und Abgaben;

c) Nebenkosten wie Provisions-, Verpackungs-, Beförderungs- und Versicherungskosten, die der Veranstalter dem Erwerber des Gegenstands in Rechnung stellt.

[2] In der von dem Veranstalter der öffentlichen Versteigerung ausgestellten Rechnung darf jedoch die Mehrwertsteuer nicht gesondert ausgewiesen werden.

Art. 340 [**Pflicht des Veranstalters öffentlicher Versteigerungen zur Aushändigung einer Ausführungsanzeige**] (1) [1] Der Veranstalter der öffentlichen Versteigerung, dem der Gegenstand aufgrund eines Kommissionsvertrags zum Verkauf im Wege der öffentlichen Versteigerung übergeben wurde, muss seinem Kommittenten eine Ausführungsanzeige aushändigen.

[2] In der Ausführungsanzeige des Veranstalters der öffentlichen Versteigerung muss der Umsatzbetrag, d.h. der Preis, zu dem der Zuschlag für den Gegenstand erteilt wurde, abzüglich des Betrags des vom Kommittenten erhaltenen oder zu erhaltenden Provision gesondert ausgewiesen werden.

(2) Die gemäß Absatz 1 ausgestellte Ausführungsanzeige tritt an die Stelle der Rechnung, die der Kommittent, sofern er steuerpflichtig ist, dem Veranstalter der öffentlichen Versteigerung gemäß Artikel 220 ausstellen muss.

Art. 341 [**Pflicht zur Anwendung der von einem Mitgliedstaat praktizierten Differenzbesteuerung bei öffentlichen Versteigerungen auf Lieferungen von Gebrauchtfahrzeugen**] Die Mitgliedstaaten, die die Sonderregelung dieses Abschnitts anwenden, wenden sie auch auf die Lieferungen von Gebrauchtfahrzeugen im Sinne des Artikels 327 Absatz 3 durch den Veranstalter einer öffentlichen Versteigerung an, der in eigenem Namen aufgrund eines Kommissionsvertrags zum Verkauf dieser Gegenstände im Wege einer öffentlichen Versteigerung für Rechnung eines steuerpflichtigen Wiederverkäufers handelt, sofern diese Lieferung gemäß der Übergangsregelung für Gebrauchtfahrzeuge der Mehrwertsteuer unterläge, wenn sie durch diesen steuerpflichtigen Wiederverkäufer erfolgen würde.

Abschnitt 4. Verhütung von Wettbewerbsverzerrungen und Steuerbetrug

Art. 342 [Kannbestimmung: Möglichkeiten der Mitgliedstaaten zur Verhinderung von Vor- und Nachteilen beim Vorsteuerabzug in den Fällen der Differenzbesteuerung] Die Mitgliedstaaten können hinsichtlich des Rechts auf Vorsteuerabzug Maßnahmen treffen, um zu verhindern, dass steuerpflichtigen Wiederverkäufern, die unter eine der Regelungen des Abschnitts 2 fallen, ungerechtfertigte Vor- oder Nachteile entstehen.

Art. 343 [Möglichkeit der Sonderermächtigung eines Mitgliedstaates durch den Rat zur Bekämpfung von Steuerbetrug] [1] Der Rat kann auf Vorschlag der Kommission einstimmig jeden Mitgliedstaat zu besonderen Maßnahmen zur Bekämpfung des Steuerbetrugs ermächtigen, nach denen die gemäß der Differenzbesteuerung geschuldete Mehrwertsteuer nicht unter dem Betrag der Steuer liegen darf, die bei Zugrundelegung einer Differenz (Handelsspanne) in Höhe eines bestimmten Prozentsatzes des Verkaufspreises geschuldet würde.

[2] Der Prozentsatz des Verkaufspreises wird unter Zugrundelegung der in dem betreffenden Sektor üblichen Handelsspannen festgelegt.

Kapitel 5. Sonderregelung für Anlagegold

Abschnitt 1. Allgemeine Bestimmungen

Art. 344 [Sonderregelung für Anlagegold – Definition Anlagegold]
(1) Für die Zwecke dieser Richtlinie und unbeschadet anderer Gemeinschaftsvorschriften gilt als „Anlagegold":

1. Gold in Barren- oder Plättchenform mit einem von den Goldmärkten akzeptierten Gewicht und einem Feingehalt von mindestens 995 Tausendsteln, unabhängig davon, ob es durch Wertpapiere verbrieft ist oder nicht;

2. Goldmünzen mit einem Feingehalt von mindestens 900 Tausendsteln, die nach dem Jahr 1800 geprägt wurden, die in ihrem Ursprungsland gesetzliches Zahlungsmittel sind oder waren und die üblicherweise zu einem Preis verkauft werden, der den Offenmarktwert ihres Goldgehalts um nicht mehr als 80 % übersteigt.

(2) Die Mitgliedstaaten können kleine Goldbarren oder -plättchen mit einem Gewicht von höchstens 1g von dieser Sonderregelung ausnehmen.

(3) Für die Zwecke dieser Richtlinie gilt der Verkauf von in Absatz 1 Nummer 2 genannten Münzen als nicht aus numismatischem Interesse erfolgt.

Art. 345 [Jährliche Mitteilung an EU-Kommission über Goldmünzen zur Aufnahme in Jahresliste] [1]Ab 1999 teilt jeder Mitgliedstaat der Kommission vor dem 1. Juli eines jeden Jahres mit, welche die in Artikel 344 Absatz 1 Nummer 2 genannten Kriterien erfüllenden Münzen in dem betreffenden Mitgliedstaat gehandelt werden. [2]Die Kommission veröffentlicht vor dem 1. Dezember eines jeden Jahres ein erschöpfendes Verzeichnis dieser Münzen in der Reihe C des Amtsblatts der Europäischen Union. [3]Die in diesem Verzeichnis aufgeführten Münzen gelten als Münzen, die die genannten Kriterien während des gesamten Jahres erfüllen, für das das Verzeichnis gilt.

Abschnitt 2. Steuerbefreiung

Art. 346 [Steuerbefreiung der Umsätze mit Anlagegold] Die Mitgliedstaaten befreien von der Mehrwertsteuer die Lieferung, den innergemeinschaftlichen Erwerb und die Einfuhr von Anlagegold, einschließlich Anlagegold in Form von Zertifikaten über sammel- oder einzelverwahrtes Gold und über Goldkonten gehandeltes Gold, insbesondere auch Golddarlehen und Goldswaps, durch die ein Eigentumsrecht an Anlagegold oder ein schuldrechtlicher Anspruch auf Anlagegold begründet wird, sowie Terminkontrakte und im Freiverkehr getätigte Terminabschlüsse mit Anlagegold, die zur Übertragung eines Eigentumsrechts an Anlagegold oder eines schuldrechtlichen Anspruchs auf Anlagegold führen.

Art. 347 [Steuerbefreiung der Vermittlung der Lieferungen von Anlagegold] Die Mitgliedstaaten befreien Dienstleistungen von im Namen und für Rechnung Dritter handelnden Vermittlern von der Steuer, wenn diese die Lieferung von Anlagegold an ihre Auftraggeber vermitteln.

Abschnitt 3. Besteuerungswahlrecht

Art. 348 [Optionsrecht der Hersteller von Anlagegold zur Besteuerung der Lieferungen an andere Unternehmer] Die Mitgliedstaaten räumen Steuerpflichtigen, die Anlagegold herstellen oder Gold in Anlagegold umwandeln, das Recht ein, sich für die Besteuerung der Lieferung von Anlagegold an einen anderen Steuerpflichtigen, die ansonsten gemäß Artikel 346 von der Steuer befreit wäre, zu entscheiden.

Art. 349 [Kannbestimmung: Optionsrecht zur Besteuerung der Lieferungen von Goldbarren für gewebliche Zwecke an andere Unternehmer] (1) Die Mitgliedstaaten können Steuerpflichtigen, die im Rahmen ihrer wirtschaftlichen Tätigkeit üblicherweise Gold für gewerbliche Zwecke liefern, das Recht einräumen, sich für die Besteuerung der Lieferung von Goldbarren oder -plättchen im Sinne des Artikels 344 Absatz 1 Nummer 1 an einen anderen Steuerpflichtigen, die ansonsten gemäß Artikel 346 von der Steuer befreit wäre, zu entscheiden.

(2) Die Mitgliedstaaten können den Umfang des Wahlrechts nach Absatz 1 einschränken.

Art. 350 [Optionsrecht zur Besteuerung bei der Vermittlung von Anlagegoldlieferungen] Hat der Lieferer das Recht, sich für die Besteuerung gemäß den Artikeln 348 und 349 zu entscheiden, in Anspruch genommen, räumen die Mitgliedstaaten dem Vermittler in Bezug auf die in Artikel 347 genannten Vermittlungsleistungen das Recht ein, sich für eine Besteuerung zu entscheiden.

Art. 351 [Spielraum der Mitgliedstaaten zur Regelung von Einzelheiten bezüglich des Optionsrechts zur Besteuerung bei Umsätzen mit Anlagegold] Die Mitgliedstaaten regeln die Einzelheiten der Ausübung des Wahlrechts im Sinne dieses Abschnitts und unterrichten die Kommission entsprechend.

Abschnitt 4. Umsätze auf einem geregelten Goldmarkt

Art. 352 [Kannbestimmung: Möglichkeit zur Besteuerung von Anlagegoldumsätzen auf einem geregelten Goldmarkt] [1]Jeder Mitgliedstaat kann mit Konsultation des Mehrwertsteuerausschusses bestimmte Umsätze mit Anlagegold in diesem Mitgliedstaat zwischen Steuerpflichtigen, die auf einem von dem betreffenden Mitgliedstaat geregelten Goldmarkt tätig sind, oder zwischen einem solchen Steuerpflichtigen und einem anderen Steuerpflichtigen, der nicht auf diesem Markt tätig ist, der Mehrwertsteuer unterwerfen. [2]Der Mitgliedstaat darf jedoch Lieferungen unter den Voraussetzungen des Artikels 138 und Ausfuhren von Anlagegold nicht der Mehrwertsteuer unterwerfen.

Art. 353 [Möglichkeit zur Steueraussetzung für Umsätze auf einem geregelten Goldmarkt] Ein Mitgliedstaat, der gemäß Artikel 352 die Umsätze zwischen auf einem geregelten Goldmarkt tätigen Steuerpflichtigen besteuert, gestattet zur Vereinfachung die Aussetzung der Steuer und entbindet die Steuerpflichtigen von den Aufzeichnungspflichten zu Mehrwertsteuerzwecken.

Abschnitt 5. Besondere Rechte und Pflichten von Händlern mit Anlagegold

Art. 354 [Recht auf Vorsteuerabzug bei steuerfreier Weiterlieferung von Anlagegold] Ist seine anschließende Lieferung von Anlagegold gemäß diesem Kapitel von der Steuer befreit, hat der Steuerpflichtige das Recht, folgende Beträge abzuziehen:

a) die Mehrwertsteuer, die für Anlagegold geschuldet wird oder entrichtet wurde, das ihm von einer Person, die von dem Wahlrecht nach den Artikeln 348 und 349 Gebrauch gemacht hat, oder gemäß Abschnitt 4 geliefert wurde;

b) die Mehrwertsteuer, die für an ihn geliefertes oder durch ihn innergemeinschaftlich erworbenes oder eingeführtes Gold geschuldet wird oder entrichtet wurde, das kein Anlagegold ist und anschließend von ihm oder in seinem Namen in Anlagegold umgewandelt wird;

c) die Mehrwertsteuer, die für an ihn erbrachte Dienstleistungen geschuldet wird oder entrichtet wurde, die in der Veränderung der Form, des Gewichts oder des Feingehalts von Gold, einschließlich Anlagegold, bestehen.

Art. 355 [Recht auf Vorsteuerabzug bei Unternehmern, die Anlagegold herstellen] Steuerpflichtige, die Anlagegold herstellen oder Gold in Anlagegold umwandeln, dürfen die für die Lieferung, den innergemeinschaftlichen Erwerb oder die Einfuhr von Gegenständen oder für direkt im Zusammenhang mit der Herstellung oder Umwandlung dieses Goldes stehende Dienstleistungen von ihnen geschuldete oder entrichtete Steuer als Vorsteuer abziehen, so als ob die anschließende, gemäß Artikel 346 steuerfreie Lieferung des Goldes steuerpflichtig wäre.

Art. 356 [Aufzeichnungspflichten der Anlagegoldhändler] (1) [1] Die Mitgliedstaaten stellen sicher, dass Anlagegoldhändler zumindest größere Umsätze mit Anlagegold aufzeichnen und die Unterlagen aufbewahren, um die Feststellung der Identität der an diesen Umsätzen beteiligten Kunden zu ermöglichen.

[2] Die Händler haben die in Unterabsatz 1 genannten Unterlagen mindestens fünf Jahre lang aufzubewahren.

(2) Die Mitgliedstaaten können gleichwertige Auflagen nach Maßgabe anderer Vorschriften zur Umsetzung des Gemeinschaftsrechts, beispielsweise der Richtlinie 2005/60/EG des Europäischen Parlaments und des Rates vom 26. Oktober 2005 zur Verhinderung der Nutzung des Finanzsystems zum Zwecke der Geldwäsche und der Terrorismusfinanzierung[1]) gelten lassen, um den Anforderungen des Absatzes 1 nachzukommen.

(3) Die Mitgliedstaaten können strengere Vorschriften, insbesondere über das Führen besonderer Nachweise oder über besondere Aufzeichnungspflichten, festlegen.

Kapitel 6.[2]) Sonderregelungen für Steuerpflichtige, die Dienstleistungen an Nichtsteuerpflichtige erbringen oder Fernverkäufe von Gegenständen oder bestimmte inländische Lieferungen von Gegenständen tätigen

Abschnitt 1. Allgemeine Bestimmungen

Art. 357.[3]) *(aufgehoben)*

---

[1]) **Amtl. Anm.:** ABl. L 309 vom 25.11.2005, S. 15.
[2]) Titel XII Kapitel 6 Überschrift neu gef. **mWv 1.7.2021** durch RL v. 5.12.2017 (ABl. L 348 S. 7, geänd. durch ABl. 2020 L 244 S. 3); neu gef. mWv 22.12.2019 durch RL v. 21.11.2019 (ABl. L 310 S. 1, geänd. durch ABl. 2020 L 244 S. 3); zur **Anwendung ab 1.7.2021** siehe Art. 2 Beschl. v. 20.7.2020 (ABl. 2020 L 244 S. 3).
[3]) Art. 357 aufgeh. mWv 1.1.2015 durch RL v. 12.2.2008 (ABl. L 44 S. 11).

Art. 358[1]) **[Sonderregelung für Dienstleistungen an Nichtsteuerpflichtige und Fernverkäufe von Gegenständen – Begriffsbestimmungen]** Für die Zwecke dieses Kapitels und unbeschadet anderer Gemeinschaftsvorschriften gelten folgende Begriffsbestimmungen:

1.–3. *(aufgehoben)*

4. „Mehrwertsteuererklärung": die Erklärung, in der die für die Ermittlung des in den einzelnen Mitgliedstaaten geschuldeten Mehrwertsteuerbetrags erforderlichen Angaben enthalten sind.

Abschnitt 2.[2]) Sonderregelung für von nicht in der Gemeinschaft ansässigen Steuerpflichtigen erbrachte Dienstleistungen

Art. 358a[3]) **[Sonderregelung für Dienstleistungen an Nichtsteuerpflichtige durch Drittlandsunternehmer – Begriffsbestimmungen]** Für Zwecke dieses Abschnitts und unbeschadet anderer Gemeinschaftsvorschriften gelten folgende Begriffsbestimmungen:

1. „nicht in der Gemeinschaft ansässiger Steuerpflichtiger": ein Steuerpflichtiger, der im Gebiet der Gemeinschaft weder den Sitz seiner wirtschaftlichen Tätigkeit noch eine feste Niederlassung hat;

2. „Mitgliedstaat der Identifizierung": der Mitgliedstaat, in dem der nicht in der Gemeinschaft ansässige Steuerpflichtige die Aufnahme seiner Tätigkeit als Steuerpflichtiger im Gebiet der Gemeinschaft gemäß diesem Abschnitt anzeigt;

3. „Mitgliedstaat des Verbrauchs": der Mitgliedstaat, in dem gemäß Titel V Kapitel 3 sie[4]) Dienstleistung als erbracht gilt.

Art. 359[5]) **[Sonderregelung für Dienstleistungen von Drittlandsunternehmern an Nichtsteuerpflichtige – Anwendungsbereich]** [1]Die Mitgliedstaaten gestatten nicht in der Gemeinschaft ansässige Steuerpflichtigen, die Dienstleistungen an Nichtsteuerpflichtige erbringen, die in einem Mitgliedstaat ansässig sind oder dort ihren Wohnsitz oder ihren gewöhnlichen Aufenthaltsort haben, diese Sonderregelung in Anspruch zu nehmen. [2]Diese Regelung gilt für alle derartigen Dienstleistungen, die in der Gemeinschaft erbracht werden.

---

[1]) Art. 358 neu gef. mWv 1.1.2015 durch RL v. 12.2.2008 (ABl. L 44 S. 11); Nr. 1–3 aufgeh. durch RL v. 5.12.2017 (ABl. L 348 S. 7, geänd. durch ABl. 2020 L 244 S. 3), Anwendung bis 30.6.2021.

[2]) Abschnitt 2 Überschrift neu gef. mWv 1.1.2015 durch RL v. 12.2.2008 (ABl. L 44 S. 11); neu gef. mWv 1.7.2021 durch RL v. 5.12.2017 (ABl. L 348 S. 7, geänd. durch ABl. 2020 L 244 S. 3).

[3]) Art. 358a eingef. mWv 1.1.2015 durch RL v. 12.2.2008 (ABl. L 44 S. 11); Nr. 1 neu gef. mWv 1.1.2019, Nr. 3 angef. mWv 1.7.2021 durch RL v. 5.12.2017 (ABl. L 348 S. 7, geänd. durch ABl. 2020 L 244 S. 3).

[4]) Richtig wohl: „die".

[5]) Art. 359 neu gef. mWv 1.7.2021 durch RL v. 5.12.2017 (ABl. L 348 S. 7, geänd. durch ABl. 2020 L 244 S. 3).

Art. 360[1] **[Meldepflichten des Drittlandsunternehmers bezüglich Dienstleistungen an Nichtsteuerpflichtige – Grundsatz]** ¹Der nicht in der Gemeinschaft ansässige Steuerpflichtige hat dem Mitgliedstaat der Identifizierung die Aufnahme und die Beendigung seiner Tätigkeit als Steuerpflichtiger sowie diesbezügliche Änderungen, durch die er die Voraussetzungen für die Inanspruchnahme dieser Sonderregelung nicht mehr erfüllt, zu melden. ²Diese Meldung erfolgt elektronisch.

Art. 361[2] **[Meldepflichten des Drittlandsunternehmers bezüglich Dienstleistungen an Nichtsteuerpflichtige – Aufnahme der Tätigkeit]** (1) Der nicht in der Gemeinschaft ansässige Steuerpflichtige macht dem Mitgliedstaat der Identifizierung bei der Aufnahme seiner steuerpflichtigen Tätigkeit folgende Angaben zu seiner Identität:

a) Name;

b) Postanschrift;

c) elektronische Anschriften einschließlich Websites;

d) nationale Steuernummer, falls vorhanden;

e) Erklärung, dass er im Gebiet der Gemeinschaft weder den Sitz seiner wirtschaftlichen Tätigkeit noch eine feste Niederlassung hat.

(2) Der nicht in der Gemeinschaft ansässige Steuerpflichtige teilt dem Mitgliedstaat der Identifizierung jegliche Änderung der übermittelten Angaben mit.

Art. 362[3] **[Erteilung einer Identifikationsnummer an Drittlandsunternehmer bezüglich Dienstleistungen an Nichtsteuerpflichtige]** ¹Der Mitgliedstaat der Identifizierung erteilt dem nicht in der Gemeinschaft ansässigen Steuerpflichtigen eine Mehrwertsteuer-Identifikationsnummer für die Anwendung dieser Sonderregelung, die er dem Betreffenden elektronisch mitteilt. ²Auf der Grundlage der für diese Erteilung der Identifikationsnummer verwendeten Angaben können die Mitgliedstaaten des Verbrauchs ihre eigenen Identifikationssysteme verwenden.

Art. 363[4] **[Streichung des Drittlandsunternehmers mit Dienstleistungen an Nichtsteuerpflichtige aus Identifikationsregister]** Der Mitgliedstaat der Identifizierung streicht den nicht in der Gemeinschaft ansässigen Steuerpflichtigen aus dem Register, wenn

---

[1] Art. 360 neu gef. mWv 1.1.2015 durch RL v. 12.2.2008 (ABl. L 44 S. 11).
[2] Art. 361 neu gef. mWv 1.1.2015 durch RL v. 12.2.2008 (ABl. L 44 S. 11); Abs. 1 Buchst. e neu gef. mWv 1.1.2019 durch RL v. 5.12.2017 (ABl. L 348 S. 7).
[3] Art. 362 neu gef. mWv 1.7.2021 durch RL v. 5.12.2017 (ABl. L 348 S. 7, geänd. durch ABl. 2020 L 244 S. 3).
[4] Art. 363 neu gef. mWv 1.1.2015 durch RL v. 12.2.2008 (ABl. L 44 S. 11); Buchst. a neu gef. mWv 1.7.2021 durch RL v. 5.12.2017 (ABl. L 348 S. 7, geänd. durch ABl. 2020 L 244 S. 3).

a) dieser diesem Mitgliedstaat mitteilt, dass er keine Dienstleistungen mehr erbringt, die unter diese Sonderregelung fallen;

b) aus anderen Gründen davon ausgegangen werden kann, dass seine steuerpflichtigen Tätigkeiten beendet sind;

c) er die Voraussetzungen für die Inanspruchnahme dieser Sonderregelung nicht mehr erfüllt;

d) er wiederholt gegen die Vorschriften dieser Sonderregelung verstößt.

Art. 364[1]) [Abgabe einer elektronischen Mehrwertsteuererklärung durch Drittlandsunternehmer mit Dienstleistungen an Nichtsteuerpflichtige] [1]Der nicht in der Gemeinschaft ansässige Steuerpflichtige, der diese Sonderregelung in Anspruch nimmt, hat im Mitgliedstaat der Identifizierung für jedes Kalenderquartal eine Mehrwertsteuererklärung elektronisch abzugeben, unabhängig davon, ob Dienstleistungen, die unter diese Sonderregelung fallen, erbracht wurden oder nicht. [2]Die Mehrwertsteuererklärung ist bis zum Ende des Monats nach Ablauf des Steuerzeitraums, der von der Erklärung umfasst wird, abzugeben.

Art. 365[2]) [Angaben in der Mehrwertsteuererklärung durch Drittlandsunternehmer mit Dienstleistungen an Nichtsteuerpflichtige] [1] [1]In der Mehrwertsteuererklärung anzugeben sind die individuelle Mehrwertsteuer-Identifikationsnummer für die Anwendung dieser Sonderregelung und in Bezug auf jeden Mitgliedstaat des Verbrauchs, in dem Mehrwertsteuer geschuldet wird, der Gesamtbetrag ohne Mehrwertsteuer der während des Steuerzeitraums erbrachten Dienstleistungen, die unter diese Sonderregelung fallen, sowie der Gesamtbetrag der entsprechenden Steuer aufgegliedert nach Steuersätzen. [2]Ferner sind die anzuwendenden Mehrwertsteuersätze und die Gesamtsteuerschuld anzugeben.

[2] [1]Sind nach Abgabe der Mehrwertsteuererklärung Änderungen an dieser Erklärung erforderlich, so werden diese Änderungen in eine spätere Erklärung innerhalb von drei Jahren nach dem Tag, an dem die ursprüngliche Erklärung gemäß Artikel 364 abgegeben werden musste, aufgenommen. [2]Aus dieser späteren Mehrwertsteuererklärung müssen der betreffende Mitgliedstaat des Verbrauchs, der Steuerzeitraum und der Mehrwertsteuerbetrag, für den Änderungen erforderlich sind, hervorgehen.

Art. 366[3]) [Währungsangaben in der Mehrwertsteuererklärung durch Drittlandsunternehmer mit Dienstleistungen an Private] (1) [1] Die Beträge in der Mehrwertsteuererklärung sind in Euro anzugeben.

---

[1]) Art. 364 neu gef. mWv 1.7.2021 durch RL v. 5.12.2017 (ABl. L 348 S. 7, geänd. durch ABl. 2020 L 244 S. 3).

[2]) Art. 365 neu gef. mWv 1.7.2021 durch RL v. 5.12.2017 (ABl. L 348 S. 7, geänd. durch ABl. 2020 L 244 S. 3).

[3]) Art. 366 Abs. 1 neu gef. mWv 1.1.2015 durch RL v. 12.2.2008 (ABl. L 44 S. 11).

[2] ¹Diejenigen Mitgliedstaaten, die den Euro nicht eingeführt haben, können vorschreiben, dass die Beträge in der Mehrwertsteuererklärung in ihrer Landeswährung anzugeben sind. ²Wurden für die Dienstleistungen Beträge in anderen Währungen berechnet, hat der nicht in der Gemeinschaft ansässige Steuerpflichtige für die Zwecke der Mehrwertsteuererklärung den Umrechnungskurs vom letzten Tag des Steuerzeitraums anzuwenden

(2) Die Umrechnung erfolgt auf der Grundlage der Umrechnungskurse, die von der Europäischen Zentralbank für den betreffenden Tag oder, falls an diesem Tag keine Veröffentlichung erfolgt, für den nächsten Tag, an dem eine Veröffentlichung erfolgt, veröffentlicht werden.

Art. 367¹⁾ [Modalitäten der Entrichtung der Mehrwertsteuer durch Drittlandsunternehmer mit Dienstleistungen an Private] *[1]* Der nicht in der Gemeinschaft ansässige Steuerpflichtige entrichtet die Mehrwertsteuer unter Hinweis auf die zugrunde liegende Mehrwertsteuererklärung bei der Abgabe der Mehrwertsteuererklärung, spätestens jedoch nach Ablauf der Frist, innerhalb der die Erklärung abzugeben ist.

[2] ¹Der Betrag wird auf ein auf Euro lautendes Bankkonto überwiesen, das vom Mitgliedstaat der Identifizierung angegeben wird. ²Diejenigen Mitgliedstaaten, die den Euro nicht eingeführt haben, können vorschreiben, dass der Betrag auf ein auf ihre Landeswährung lautendes Bankkonto überwiesen wird.

Art. 368²⁾ [Ausschluss vom Vorsteuerabzugsrecht/Erstattung der Mehrwertsteuer nach der 13. EG-Richtlinie an Drittlandsunternehmer mit Dienstleistungen an Nichtsteuerpflichtige] *[1]* ¹Der nicht in der Gemeinschaft ansässige Steuerpflichtige, der diese Sonderregelung in Anspruch nimmt, darf keinen Vorsteuerabzug gemäß Artikel 168 der vorliegenden Richtlinie vornehmen. ²Unbeschadet des Artikels 1 Nummer 1 der Richtlinie 86/560/EWG wird diesem Steuerpflichtigen eine Mehrwertsteuererstattung gemäß der genannten Richtlinie gewährt. ³Artikel 2 Absätze 2 und 3 sowie Artikel 4 Absatz 2 der Richtlinie 86/560/EWG gelten nicht für Erstattungen im Zusammenhang mit Dienstleistungen, die unter diese Sonderregelung fallen.

[2] Ist der Steuerpflichtige, der diese Sonderregelung in Anspruch nimmt, zur Registrierung in einem Mitgliedstaat in Bezug auf nicht dieser Sonderregelung unterliegende Tätigkeiten verpflichtet, so zieht er die in diesem Mitgliedstaat angefallene Vorsteuer in Bezug auf seine dieser Sonderregelung unterliegenden steuerbaren Tätigkeiten in der nach Artikel 250 der vorliegenden Richtlinie abzugebenden Mehrwertsteuererklärung ab.

Art. 369³⁾ [Aufzeichnungspflichten des Drittlandsunternehmers mit Dienstleistungen an Nichtsteuerpflichtige] (1) ¹Der nicht in der Ge-

---

¹⁾ Art. 367 neu gef. mWv 1.1.2015 durch RL v. 12.2.2008 (ABl. L 44 S. 11).
²⁾ Art. 368 neu gef. mWv 1.7.2021 durch RL v. 5.12.2017 (ABl. L 348 S. 7, geänd. durch ABl. 2020 L 244 S. 3).
³⁾ Art. 369 Abs. 1 neu gef. mWv 1.1.2015 durch RL v. 12.2.2008 (ABl. L 44 S. 11).

meinschaft ansässige Steuerpflichtige führt über seine dieser Sonderregelung unterliegenden Umsätze Aufzeichnungen. ²Diese müssen so ausführlich sein, dass die Steuerbehörden des Mitgliedstaats des Verbrauchs feststellen können, ob die Mehrwertsteuererklärung korrekt ist.

(2) *[1]* Die Aufzeichnungen nach Absatz 1 sind dem Mitgliedstaat des Verbrauchs und dem Mitgliedstaat der Identifizierung auf Verlangen elektronisch zur Verfügung zu stellen.

[2] Die Aufzeichnungen sind vom 31. Dezember des Jahres an, in dem der Umsatz bewirkt wurde, zehn Jahre lang aufzubewahren.

Abschnitt 3.¹⁾ Sonderregelung für innergemeinschaftliche Fernverkäufe von Gegenständen, für Lieferungen von Gegenständen innerhalb eines Mitgliedstaats über eine entsprechende elektronische Schnittstelle und für von in der Gemeinschaft, nicht aber im Mitgliedstaat des Verbrauchs ansässigen Steuerpflichtigen erbrachte Dienstleistungen

Art. 369a²⁾ [Sonderregelung für innergemeinschaftliche Fernverkäufe und Dienstleistungen – Begriffsbestimmungen] Für Zwecke dieses Abschnitts und unbeschadet anderer Gemeinschaftsvorschriften gelten folgende Begriffsbestimmungen:

1. „nicht im Mitgliedstaat des Verbrauchs ansässiger Steuerpflichtiger": ein Steuerpflichtiger, der den Sitz seiner wirtschaftlichen Tätigkeit oder eine feste Niederlassung in der Gemeinschaft hat, aber weder den Sitz seiner wirtschaftlichen Tätigkeit noch eine feste Niederlassung im Gebiet des Mitgliedstaats des Verbrauchs hat;

2. „Mitgliedstaat der Identifizierung": der Mitgliedstaat, in dem der Steuerpflichtige den Sitz seiner wirtschaftlichen Tätigkeit hat oder, falls er den Sitz seiner wirtschaftlichen Tätigkeit nicht in der Gemeinschaft hat, in dem er eine feste Niederlassung hat.

Hat der Steuerpflichtige den Sitz seiner wirtschaftlichen Tätigkeit nicht in der Gemeinschaft, dort jedoch mehr als eine feste Niederlassung, ist Mitgliedstaat der Identifizierung der Mitgliedstaat mit einer festen Niederlassung, in dem dieser Steuerpflichtige die Inanspruchnahme dieser Sonderregelung anzeigt. Der Steuerpflichtige ist an diese Entscheidung für das betreffende Kalenderjahr und die beiden darauf folgenden Kalenderjahre gebunden.

---

¹⁾ Abschnitt 3 (Art. 369a–369k) eingef. mWv 1.1.2015 durch RL v. 12.2.2008 (ABl. L 44 S. 11); Überschrift neu gef. mWv 1.7.2021 durch RL v. 5.12.2017 (ABl. L 348 S. 7, geänd. durch ABl. 2020 L 244 S. 3); neu gef. mWv 22.12.2019 durch RL v. 21.11.2019 (ABl. L 310 S. 1, geänd. durch ABl. 2020 L 244 S. 3); zur Anwendung ab 1.7.2021 siehe Art. 2 Beschl. v. 20.7.2020 (ABl. 2020 L 244 S. 3).
²⁾ Art. 369a neu gef. mWv 22.12.2019 durch RL v. 21.11.2019 (ABl. L 310 S. 1, geänd. durch ABl. 2020 L 244 S. 3); zur Anwendung ab 1.7.2021 siehe Art. 2 Beschl. v. 20.7.2020 (ABl. 2020 L 244 S. 3).

Hat der Steuerpflichtige den Sitz seiner wirtschaftlichen Tätigkeit nicht in der Gemeinschaft und hat er dort keine feste Niederlassung, so ist der Mitgliedstaat der Identifizierung der Mitgliedstaat des Beginns der Versendung oder Beförderung der Gegenstände. Gibt es mehr als einen Mitgliedstaat des Beginns der Versendung oder Beförderung der Gegenstände, so gibt der Steuerpflichtige an, welcher dieser Mitgliedstaaten der Mitgliedstaat der Identifizierung sein soll. Der Steuerpflichtige ist an diese Entscheidung für das betreffende Kalenderjahr und die beiden darauf folgenden Kalenderjahre gebunden;

3. „Mitgliedstaat des Verbrauchs":

a) bei der Erbringung von Dienstleistungen der Mitgliedstaat, in dem gemäß Titel V Kapitel 3 der Ort der Erbringung der Dienstleistungen als gelegen gilt;

b) im Falle innergemeinschaftlicher Fernverkäufe von Gegenständen der Mitgliedstaat, in dem die Versendung oder Beförderung der Gegenstände an den Erwerber endet;

c) bei Lieferungen von Gegenständen durch einen Steuerpflichtigen, der diese Lieferungen gemäß Artikel 14a Absatz 2 unterstützt, bei denen die Versendung oder Beförderung der gelieferten Gegenstände im selben Mitgliedstaat beginnt und endet, dieser Mitgliedstaat.

Art. 369b[1] [Sonderregelung für innergemeinschaftliche Fernverkäufe und Dienstleistungen – Grundsatz] [1] Die Mitgliedstaaten gestatten folgenden Steuerpflichtigen, diese Sonderregelung in Anspruch zu nehmen:

a) Steuerpflichtigen, die innergemeinschaftliche Fernverkäufe tätigen;

b) Steuerpflichtigen, die die Lieferung von Gegenständen gemäß Artikel 14a Absatz 2 unterstützen, wenn die Versendung oder Beförderung der gelieferten Gegenstände im selben Mitgliedstaat beginnt und endet;

c) nicht im Mitgliedstaat des Verbrauchs ansässigen Steuerpflichtigen, die Dienstleistungen an Nichtsteuerpflichtige erbringen.

[2] Diese Sonderregelung gilt für alle Gegenstände oder Dienstleistungen, die von den betreffenden Steuerpflichtigen in der Gemeinschaft geliefert bzw. erbracht werden.

Art. 369c[2] [Sonderregelung für innergemeinschaftliche Fernverkäufe und Dienstleistungen – Meldepflichten] [1]Der Steuerpflichtige hat dem Mitgliedstaat der Identifizierung die Aufnahme und die Beendigung seiner dieser Sonderregelung unterliegenden Tätigkeit als Steuerpflichtiger sowie diesbezügliche Änderungen, durch die er die Voraussetzungen für die Inan-

---

[1] Art. 369b neu gef. mWv 22.12.2019 durch RL v. 21.11.2019 (ABl. L 310 S. 1, geänd. durch ABl. 2020 L 244 S. 3); zur Anwendung ab 1.7.2021 siehe Art. 2 Beschl. v. 20.7.2020 (ABl. 2020 L 244 S. 3).
[2] Art. 369c neu gef. mWv 1.7.2021 durch RL v. 5.12.2017 (ABl. L 348 S. 7, geänd. durch ABl. 2020 L 244 S. 3).

spruchnahme dieser Sonderregelung nicht mehr erfüllt, zu melden. [2]Diese Meldung erfolgt elektronisch.

Art. 369d [Sonderregelung für Fernverkäufe und Dienstleistungen – Erfassung des Steuerpflichtigen; individuelle Mehrwertsteuer-Identifikationsnummer] [1] [1]Ein Steuerpflichtiger, der die Sonderregelung in Anspruch nimmt, wird in Bezug auf dieser Regelung unterliegende steuerbare Umsätze nur in dem Mitgliedstaat der Identifizierung erfasst. [2]Hierzu verwendet der Mitgliedstaat die individuelle Mehrwertsteuer-Identifikationsnummer, die dem Steuerpflichtigen für die Erfüllung seiner Pflichten aufgrund des internen Systems bereits zugeteilt wurde.

[2] Auf der Grundlage der für diese Erteilung der Identifikationsnummer verwendeten Angaben können die Mitgliedstaaten des Verbrauchs ihre eigenen Identifikationssysteme beibehalten.

Art. 369e[1] [Sonderregelung für Fernverkäufe und Dienstleistungen – Ausschluss von der Regelung] Der Mitgliedstaat der Identifizierung schließt den nicht im Mitgliedstaat des Verbrauchs ansässigen Steuerpflichtigen von dieser Sonderregelung in folgenden Fällen aus:

a) wenn dieser mitteilt, dass er keine Lieferungen von Gegenständen mehr tätigt und keine Dienstleistungen mehr erbringt, die unter diese Sonderregelung fallen;

b) wenn aus anderen Gründen davon ausgegangen werden kann, dass seine dieser Sonderregelung unterliegenden steuerpflichtigen Tätigkeiten beendet sind;

c) wenn er die Voraussetzungen für die Inanspruchnahme dieser Sonderregelung nicht mehr erfüllt;

d) wenn er wiederholt gegen die Vorschriften dieser Sonderregelung verstößt.

Art. 369f[2] [Sonderregelung für innergemeinschaftliche Fernverkäufe von Gegenständen oder Dienstleistungen – Abgabe der Mehrwertsteuererklärung] [1]Der Steuerpflichtige, der diese Sonderregelung in Anspruch nimmt, hat im Mitgliedstaat der Identifizierung für jedes Kalenderquartal eine Mehrwertsteuererklärung elektronisch abzugeben, unabhängig davon, ob unter diese Sonderregelung fallende Gegenstände geliefert oder Dienstleistungen erbracht wurden oder nicht. [2]Die Erklärung ist bis zum Ende des Monats nach Ablauf des Steuerzeitraums, der von der Erklärung umfasst wird, abzugeben.

---

[1] Art. 369e eingef. mWv 1.1.2015 durch RL v. 12.2.2008 (ABl. L 44 S. 11); einl. Satzteil und Buchst. a neu gef. mWv 1.7.2021 durch RL v. 5.12.2017 (ABl. L 348 S. 7, geänd. durch ABl. 2020 L 244 S. 3); Buchst. a neu gef. mWv 22.12.2019 durch RL v. 21.11.2019 (ABl. L 310 S. 1, geänd. durch ABl. 2020 L 244 S. 3); zur Anwendung ab 1.7.2021 siehe Art. 2 Beschl. v. 20.7.2020 (ABl. 2020 L 244 S. 3).
[2] Art. 369f neu gef. mWv 22.12.2019 durch RL v. 21.11.2019 (ABl. L 310 S. 1, geänd. durch ABl. 2020 L 244 S. 3); zur Anwendung ab 1.7.2021 siehe Art. 2 Beschl. v. 20.7.2020 (ABl. 2020 L 244 S. 3).

Art. 369g¹⁾ [Sonderregelung für innergemeinschaftliche Fernverkäufe von Gegenständen oder Dienstleistungen – Inhalt der Mehrwertsteuererklärung] (1) ¹In der Mehrwertsteuererklärung anzugeben sind die Mehrwertsteuer-Identifikationsnummer nach Artikel 369d und in Bezug auf jeden Mitgliedstaat des Verbrauchs, in dem die Mehrwertsteuer geschuldet wird, der Gesamtbetrag ohne Mehrwertsteuer, die anzuwendenden Mehrwertsteuersätze, der Gesamtbetrag der entsprechenden Mehrwertsteuer aufgegliedert nach Steuersätzen und die Gesamtsteuerschuld in Bezug auf die folgenden, unter diese Sonderregelung fallenden Lieferungen während des Steuerzeitraums:

a) innergemeinschaftliche Fernverkäufe von Gegenständen;

b) Lieferungen von Gegenständen gemäß Artikel 14a Absatz 2, wenn die Versendung oder Beförderung dieser Gegenstände im selben Mitgliedstaat beginnt und endet;

c) Erbringung von Dienstleistungen.

²Gemäß Absatz 4 enthält die Mehrwertsteuererklärung auch Änderungen in Bezug auf frühere Steuerzeiträume.

(2) [1] Werden Gegenstände aus anderen Mitgliedstaaten als dem Mitgliedstaat der Identifizierung versandt oder befördert, so sind in der Mehrwertsteuererklärung auch der Gesamtbetrag ohne Mehrwertsteuer, die anzuwendenden Mehrwertsteuersätze, der Gesamtbetrag der entsprechenden Mehrwertsteuer aufgegliedert nach Steuersätzen und die gesamte Mehrwertsteuerschuld in Bezug auf die folgenden, unter diese Sonderregelung fallenden Lieferungen für jeden Mitgliedstaat, aus dem die Gegenstände versandt oder befördert werden, anzugeben:

a) innergemeinschaftliche Fernverkäufe von Gegenständen mit Ausnahme von Fernverkäufen durch Steuerpflichtige gemäß Artikel 14a Absatz 2;

b) innergemeinschaftliche Fernverkäufe von Gegenständen und Lieferungen von Gegenständen durch Steuerpflichtige gemäß Artikel 14a Absatz 2, wenn die Versendung oder Beförderung dieser Gegenstände im selben Mitgliedstaat beginnt und endet.

[2] Bei den in Buchstabe a genannten Lieferungen umfasst die Mehrwertsteuererklärung außerdem die individuelle Mehrwertsteuer-Identifikationsnummer oder die von jedem Mitgliedstaat, aus dem die Gegenstände versandt oder befördert werden, zugewiesene Steuerregisternummer.

[3] Bei den in Buchstabe b genannten Lieferungen umfasst die Mehrwertsteuererklärung außerdem die individuelle Mehrwertsteuer-Identifikationsnummer oder die von jedem Mitgliedstaat, aus dem die Gegenstände versandt oder befördert werden, zugewiesene Steuerregisternummer, falls vorhanden.

[4] Die Mehrwertsteuererklärung enthält die in diesem Absatz genannten Angaben, aufgegliedert nach Mitgliedstaaten des Verbrauchs.

(3) Hat der Steuerpflichtige, der die unter diese Sonderregelung fallenden Dienstleistungen erbringt, außer der Niederlassung im Mitgliedstaat der Identi-

---

¹⁾ Art. 369g neu gef. mWv 1.7.2021 durch RL v. 5.12.2017 (ABl. L 348 S. 7, geänd. durch ABl. 2020 L 244 S. 3); Abs. 1–3 neu gef. mWv 22.12.2019 durch RL v. 21.11.2019 (ABl. L 310 S. 1, geänd. durch ABl. 2020 L 244 S. 3); zur Anwendung ab 1.7.2021 siehe Art. 2 Beschl. v. 20.7.2020 (ABl. 2020 L 244 S. 3).

fizierung eine oder mehrere feste Niederlassungen, von denen aus die Dienst-leistungen erbracht werden, so sind in der Mehrwertsteuererklärung für jeden Mitgliedstaat, in dem er eine Niederlassung hat, auch der Gesamtbetrag ohne Mehrwertsteuer, die anzuwendenden Mehrwertsteuersätze, der Gesamtbetrag der entsprechenden Mehrwertsteuer aufgegliedert nach Steuersätzen und die gesamte Mehrwertsteuerschuld in Bezug auf diese Dienstleistungen zusammen mit der jeweiligen Mehrwertsteuer-Identifikationsnummer oder der Steuer-registernummer dieser Niederlassung, aufgeschlüsselt nach Mitgliedstaaten des Verbrauchs, anzugeben.

(4) ¹Sind nach Abgabe der Mehrwertsteuererklärung Änderungen an dieser Erklärung erforderlich, so werden diese Änderungen in eine spätere Erklärung innerhalb von drei Jahren nach dem Tag, an dem die ursprüngliche Erklärung gemäß Artikel 369f abgegeben werden musste, aufgenommen. ²Aus dieser spä-teren Mehrwertsteuererklärung müssen der betreffende Mitgliedstaat des Ver-brauchs, der Steuerzeitraum und der Mehrwertsteuerbetrag, für den Änderun-gen erforderlich sind, hervorgehen.

Art. 369h¹⁾ [Sonderregelung für innergemeinschaftliche Fernverkäu-fe und Dienstleistungen – Angabe von Beträgen in der Mehrwert-steuererklärung] (1) *[1]* Die Beträge in der Mehrwertsteuererklärung sind in Euro anzugeben.

[2] ¹Diejenigen Mitgliedstaaten, die den Euro nicht eingeführt haben, können vorschreiben, dass die Beträge in der Mehrwertsteuererklärung in ihrer Landes-währung anzugeben sind. ²Wurden für die Lieferungen oder Dienstleistungen Beträge in anderen Währungen berechnet, so hat der diese Sonderregelung in Anspruch nehmende Steuerpflichtige für die Zwecke der Mehrwertsteuererklä-rung den Umrechnungskurs vom letzten Tag des Steuerzeitraums anzuwenden.

(2) Die Umrechnung erfolgt auf der Grundlage der Umrechnungskurse, die von der Europäischen Zentralbank für den betreffenden Tag oder, falls an die-sem Tag keine Veröffentlichung erfolgt, für den nächsten Tag, an dem eine Veröffentlichung erfolgt, veröffentlicht werden.

Art. 369i²⁾ [Sonderregelung für innergemeinschaftliche Fernverkäu-fe und Dienstleistungen – Entrichtung der Mehrwertsteuer] *[1]* Der diese Sonderregelung in Anspruch nehmende Steuerpflichtige entrichtet die Mehrwertsteuer unter Hinweis auf die zugrunde liegende Mehrwertsteuerer-klärung spätestens nach Ablauf der Frist, innerhalb der die Erklärung abzuge-ben ist.

[2] ¹Der Betrag wird auf ein auf Euro lautendes Bankkonto überwiesen, das vom Mitgliedstaat der Identifizierung angegeben wird. ²Diejenigen Mitglied-

---

¹⁾ Art. 369h eingef. mWv 1.1.2015 durch RL v. 12.2.2008 (ABl. L 44 S. 11); Abs. 1 UAbs. 2 Satz 2 neu gef. mWv 1.7.2021 durch RL v. 5.12.2017 (ABl. L 348 S. 7, geänd. durch ABl. 2020 L 244 S. 3).
²⁾ Art. 369i eingef. mWv 1.1.2015 durch RL v. 12.2.2008 (ABl. L 44 S. 11); Abs. 1 neu gef. mWv 1.7.2021 durch RL v. 5.12.2017 (ABl. L 348 S. 7, geänd. durch ABl. 2020 L 244 S. 3).

staaten, die den Euro nicht eingeführt haben, können vorschreiben, dass der Betrag auf ein auf ihre Landeswährung lautendes Bankkonto überwiesen wird.

Art. 369j[1) [Sonderregelung für innergemeinschaftliche Fernverkäufe und Dienstleistungen – Vorsteuerabzug] [1] [1]Der diese Sonderregelung in Anspruch nehmende Steuerpflichtige nimmt in Bezug auf seine dieser Sonderregelung unterliegenden steuerbaren Tätigkeiten keinen Vorsteuerabzug für im Mitgliedstaat des Verbrauchs angefallene Mehrwertsteuer gemäß Artikel 168 dieser Richtlinie vor. [2]Unbeschadet des Artikels 2 Nummer 1, des Artikels 3 und des Artikels 8 Absatz 1 Buchstabe e der Richtlinie 2008/9/EG[2)] wird diesem Steuerpflichtigen insoweit eine Mehrwertsteuererstattung gemäß der genannten Richtlinie gewährt.

[2] Ist der diese Sonderregelung in Anspruch nehmende Steuerpflichtige bei nicht dieser Sonderregelung unterliegenden Tätigkeiten zur Registrierung in einem Mitgliedstaat verpflichtet, so zieht er die in diesem Mitgliedstaat angefallene Vorsteuer in Bezug auf seine dieser Sonderregelung unterliegenden steuerbaren - Tätigkeiten in der nach Artikel 250 der vorliegenden Richtlinie abzugebenden Mehrwertsteuererklärung ab.

Art. 369k[3) [Sonderregelung für innergemeinschaftliche Fernverkäufe und Dienstleistungen – Aufzeichnungspflichten] (1) [1]Der diese Sonderregelung in Anspruch nehmende Steuerpflichtige führt über seine dieser Sonderregelung unterliegenden Umsätze Aufzeichnungen. [2]Diese müssen so ausführlich sein, dass die Steuerbehörden des Mitgliedstaats des Verbrauchs feststellen können, ob die Mehrwertsteuererklärung korrekt ist.

(2) [1] Die Aufzeichnungen nach Absatz 1 sind dem Mitgliedstaat des Verbrauchs und dem Mitgliedstaat der Identifizierung auf Verlangen elektronisch zur Verfügung zu stellen.

[2] Die Aufzeichnungen sind vom 31. Dezember des Jahres an, in dem der Umsatz bewirkt wurde, zehn Jahre lang aufzubewahren.

Abschnitt 4.[4)] Sonderregelung für Fernverkäufe von aus Drittgebieten oder Drittländern eingeführten Gegenständen

Art. 369l[4) [Sonderregelung für Fernverkäufe von aus Drittländern eingeführten Gegenständen – Begriffsbestimmungen] [1] Für die Zwecke dieses Abschnitts fallen unter Fernverkäufe von aus Drittgebieten oder Drittländern eingeführten Gegenständen nur Gegenstände – mit Ausnahme

---

[1)] Art. 369j neu gef. mWv 1.7.2021 durch RL v. 5.12.2017 (ABl. L 348 S. 7, geänd. durch ABl. 2020 L 244 S. 3).
[2)] Nr. **550b**.
[3)] Art. 369k eingef. mWv 1.1.2015 durch RL v. 12.2.2008 (ABl. L 44 S. 11); Abs. 1 neu gef. mWv 1.7.2021 durch RL v. 5.12.2017 (ABl. L 348 S. 7, geänd. durch ABl. 2020 L 244 S. 3).
[4)] Abschnitt 4 (Art. 369l–369x) eingef. mWv 1.7.2021 durch RL v. 5.12.2017 (ABl. L 348 S. 7, geänd. durch ABl. 2020 L 244 S. 3).

verbrauchsteuerpflichtiger Waren – in Sendungen mit einem Sachwert von höchstens 150 EUR.

[2] Für die Zwecke dieses Abschnitts und unbeschadet anderer Gemeinschaftsvorschriften gelten folgende Begriffsbestimmungen:

(1) „nicht in der Gemeinschaft ansässiger Steuerpflichtiger": ein Steuerpflichtiger, der im Gebiet der Gemeinschaft weder den Sitz seiner wirtschaftlichen Tätigkeit noch eine feste Niederlassung hat;

(2) „Vermittler": eine in der Gemeinschaft ansässige Person, die von dem Steuerpflichtigen, der Fernverkäufe von aus Drittgebieten oder Drittländern eingeführten Gegenständen tätigt, als Steuerschuldner der Mehrwertsteuer und zur Erfüllung der Verpflichtungen gemäß dieser Sonderregelung im Namen und für Rechnung des Steuerpflichtigen benannt wird;

(3) „Mitgliedstaat der Identifizierung":

    a) sofern der Steuerpflichtige nicht in der Gemeinschaft ansässig ist, der von ihm zur Registrierung gewählte Mitgliedstaat;

    b) sofern der Steuerpflichtige den Sitz seiner wirtschaftlichen Tätigkeit außerhalb der Gemeinschaft hat, jedoch in der Gemeinschaft über eine oder mehrere feste Niederlassungen verfügt, der Mitgliedstaat mit einer festen Niederlassung, in dem dieser Steuerpflichtige die Inanspruchnahme dieser Sonderregelung anzeigt;

    c) sofern der Steuerpflichtige den Sitz seiner wirtschaftlichen Tätigkeit in einem Mitgliedstaat hat, dieser Mitgliedstaat;

    d) sofern der Vermittler den Sitz seiner wirtschaftlichen Tätigkeit in einem Mitgliedstaat hat, dieser Mitgliedstaat;

    e) sofern der Vermittler den Sitz seiner wirtschaftlichen Tätigkeit außerhalb der Gemeinschaft hat, jedoch in der Gemeinschaft über eine oder mehrere feste Niederlassungen verfügt, der Mitgliedstaat mit einer festen Niederlassung, in dem der Vermittler die Inanspruchnahme dieser Sonderregelung anzeigt.

Für die Zwecke der Buchstaben b und e gilt Folgendes: Hat der Steuerpflichtige oder der Vermittler mehr als eine feste Niederlassung in der Gemeinschaft, so ist er an die Entscheidung, den Mitgliedstaat der Niederlassung für das betreffende Kalenderjahr und die beiden darauf folgenden Kalenderjahre anzugeben, gebunden;

(4) „Mitgliedstaat des Verbrauchs": der Mitgliedstaat, in dem die Versendung oder die Beförderung der Gegenstände an den Erwerber endet.

Art. 369m[1]) [Sonderregelung für Fernverkäufe von aus Drittländern eingeführten Gegenständen – Gestattung der Anwendung] (1) [1]Die Mitgliedstaaten gestatten folgenden Steuerpflichtigen, die Fernverkäufe von aus Drittgebieten oder Drittländern eingeführten Gegenständen tätigen, diese Sonderregelung in Anspruch zu nehmen:

---

  [1]) Abschnitt 4 (Art. 369l–369x) eingef. mWv 1.7.2021 durch RL v. 5.12.2017 (ABl. L 348 S. 7, geänd. durch ABl. 2020 L 244 S. 3).

a) in der Gemeinschaft ansässigen Steuerpflichtigen, die Fernverkäufe von aus Drittgebieten oder Drittländern eingeführten Gegenständen tätigen;

b) Steuerpflichtigen, die Fernverkäufe von aus Drittgebieten oder Drittländern eingeführten Gegenständen tätigen und durch einen in der Gemeinschaft ansässigen Vermittler vertreten werden, unabhängig davon, ob die Steuerpflichtigen in der Gemeinschaft ansässig sind oder nicht;

c) Steuerpflichtigen mit Sitz in einem Drittland, mit dem die Union ein Abkommen über gegenseitige Amtshilfe geschlossen hat, dessen Anwendungs-

(Fortsetzung nächste Seite)

bereich der Richtlinie 2010/24/EU des Rates[1] und der Verordnung (EU) Nr. 904/2010 ähnelt, und die Fernverkäufe von aus diesem Drittland eingeführten Gegenständen tätigen.

[2]Diese Steuerpflichtigen wenden diese Sonderregelung auf alle ihre Fernverkäufe von aus Drittgebieten oder Drittländern eingeführten Gegenständen an.

(2) Für die Zwecke des Absatzes 1 Buchstabe b können Steuerpflichtige nicht mehr als einen Vermittler gleichzeitig benennen.

(3) [1]Die Kommission erlässt einen Durchführungsrechtsakt, um die Liste der Drittländer gemäß Absatz 1 Buchstabe c des vorliegenden Artikels festzulegen. [2]Dieser Durchführungsrechtsakt wird nach dem Prüfverfahren gemäß Artikel 5 der Verordnung (EU) Nr. 182/2011 verabschiedet, und der zuständige Ausschuss ist der durch Artikel 58 der Verordnung (EU) Nr. 904/2010 eingesetzte Ausschuss.

Art. 369n[2] [Sonderregelung für Fernverkäufe von aus Drittländern eingeführten Gegenständen – Zeitpunkt des Steuertatbestands und der Lieferung] [1]Bei Fernverkäufen von aus Drittgebieten oder Drittländern eingeführten Gegenständen, für die die Mehrwertsteuer gemäß dieser Sonderregelung erklärt wird, tritt der Steuertatbestand zum Zeitpunkt der Lieferung ein, und der Steueranspruch kann zum Zeitpunkt der Lieferung geltend gemacht werden. [2]Die Gegenstände gelten als zu dem Zeitpunkt geliefert, zu dem die Zahlung angenommen wurde.

Art. 369o[2] [Sonderregelung für Fernverkäufe von aus Drittländern eingeführten Gegenständen – Wegfall der Sonderregelung] [1]Der diese Sonderregelung in Anspruch nehmende Steuerpflichtige oder ein in seinem Auftrag handelnder Vermittler hat dem Mitgliedstaat der Identifizierung die Aufnahme und die Beendigung seiner Tätigkeit im Rahmen dieser Sonderregelung sowie diesbezügliche Änderungen, durch die er die Voraussetzungen für die Inanspruchnahme dieser Sonderregelung nicht mehr erfüllt, zu melden. [2]Diese Mitteilung erfolgt auf elektronischem Weg.

Art. 369p[2] [Sonderregelung für Fernverkäufe von aus Drittländern eingeführten Gegenständen – Vermittler] (1) Der ohne Vermittler tätige Steuerpflichtige macht dem Mitgliedstaat der Identifizierung vor der Inanspruchnahme dieser Sonderregelung folgende Angaben zu seiner Identität:

a) Name;

b) Postanschrift;

c) E-Mail-Adresse und Websites;

d) Mehrwertsteuer-Identifikationsnummer oder nationale Steuernummer.

---

[1] **Amtl. Anm.:** Richtlinie 2010/24/EU des Rates vom 16. März 2010 über die Amtshilfe bei der Beitreibung von Forderungen in Bezug auf bestimmte Steuern, Abgaben und sonstige Maßnahmen (ABl. L 84 vom 31.3.2010, S. 1).
[2] Abschnitt 4 (Art. 369l–369x) eingef. **mWv 1.7.2021** durch RL v. 5.12.2017 (ABl. L 348 S. 7, geänd. durch ABl. 2020 L 244 S. 3).

(2) Der Vermittler macht dem Mitgliedstaat der Identifizierung vor der Inanspruchnahme dieser Sonderregelung im Auftrag eines Steuerpflichtigen folgende Angaben zu seiner Identität:

a) Name;

b) Postanschrift;

c) E-Mail-Adresse;

d) Mehrwertsteuer-Identifikationsnummer.

(3) Der Vermittler macht dem Mitgliedstaat der Identifizierung in Bezug auf jeden Steuerpflichtigen, den er vertritt, vor der Inanspruchnahme dieser Sonderregelung durch den jeweiligen Steuerpflichtigen folgende Angaben zu dessen Identität:

a) Name;

b) Postanschrift;

c) E-Mail-Adresse und Websites;

d) Mehrwertsteuer-Identifikationsnummer oder nationale Steuernummer;

e) seine individuelle Identifikationsnummer, die gemäß Artikel 369q Absatz 2 erteilt wurde.

(4) Ein diese Sonderregelung in Anspruch nehmender Steuerpflichtiger oder gegebenenfalls sein Vermittler teilt dem Mitgliedstaat der Identifizierung jegliche Änderung der übermittelten Angaben mit.

Art. 369q[1] **[Sonderregelung für Fernverkäufe von aus Drittländern eingeführten Gegenständen – individuelle Mehrwertsteuer-Identifikationsnummer]** (1) Der Mitgliedstaat der Identifizierung erteilt dem Steuerpflichtigen, der diese Sonderregelung in Anspruch nimmt, eine individuelle Mehrwertsteuer-Identifikationsnummer für die Anwendung dieser Sonderregelung, die er dem Betreffenden elektronisch mitteilt.

(2) Der Mitgliedstaat der Identifizierung erteilt einem Vermittler eine individuelle Identifikationsnummer, die er dem Betreffenden elektronisch mitteilt.

(3) Der Mitgliedstaat der Identifizierung erteilt dem Vermittler für jeden Steuerpflichtigen, für den dieser Vermittler benannt ist, eine individuelle Mehrwertsteuer-Identifikationsnummer für die Anwendung dieser Sonderregelung.

(4) Die gemäß den Absätzen 1, 2 und 3 zugeteilte Mehrwertsteuer-Identifikationsnummer darf nur für die Zwecke dieser Sonderregelung verwendet werden.

Art. 369r[1] **[Sonderregelung für Fernverkäufe von aus Drittländern eingeführten Gegenständen – Streichung aus dem Register]** (1) Der Mitgliedstaat der Identifizierung streicht den Steuerpflichtigen, der keinen Vermittler in Anspruch nimmt, in folgenden Fällen aus dem Register:

---

[1] Abschnitt 4 (Art. 369l–369x) eingef. **mWv 1.7.2021** durch RL v. 5.12.2017 (ABl. L 348 S. 7, geänd. durch ABl. 2020 L 244 S. 3).

a) Er teilt dem Mitgliedstaat der Identifizierung mit, dass er keine Fernverkäufe von aus Drittgebieten oder Drittländern eingeführten Gegenständen mehr tätigt;

b) es kann aus anderen Gründen davon ausgegangen werden, dass er keine steuerbaren Fernverkäufe von aus Drittgebieten oder Drittländern eingeführten Gegenständen mehr tätigt;

c) er erfüllt die Voraussetzungen für die Inanspruchnahme dieser Sonderregelung nicht mehr;

d) er verstößt wiederholt gegen die Vorschriften dieser Sonderregelung.

(2) Der Mitgliedstaat der Identifizierung streicht den Vermittler in folgenden Fällen aus dem Register:

a) Er war während eines Zeitraums von zwei aufeinanderfolgenden Kalenderquartalen nicht als Vermittler im Auftrag eines diese Sonderregelung in Anspruch nehmenden Steuerpflichtigen tätig;

b) er erfüllt die übrigen Voraussetzungen für ein Tätigwerden als Vermittler nicht mehr;

c) er verstößt wiederholt gegen die Vorschriften dieser Sonderregelung.

(3) Der Mitgliedstaat der Identifizierung streicht den Steuerpflichtigen, der von einem Vermittler vertreten wird, in folgenden Fällen aus dem Register:

a) Der Vermittler teilt dem Mitgliedstaat der Identifizierung mit, dass der Steuerpflichtige, den er vertritt, keine Fernverkäufe von aus Drittgebieten oder Drittländern eingeführten Gegenständen mehr tätigt;

b) es kann aus anderen Gründen davon ausgegangen werden, dass dieser Steuerpflichtige keine steuerbaren Fernverkäufe von aus Drittgebieten oder Drittländern eingeführten Gegenständen mehr tätigt;

c) dieser Steuerpflichtige erfüllt die Voraussetzungen für die Inanspruchnahme dieser Sonderregelung nicht mehr;

d) dieser Steuerpflichtige verstößt wiederholt gegen die Vorschriften dieser Sonderregelung;

e) der Vermittler teilt dem Mitgliedstaat der Identifizierung mit, dass er diesen Steuerpflichtigen nicht mehr vertritt.

Art. **369s**[1]) [Sonderregelung für Fernverkäufe von aus Drittländern eingeführten Gegenständen – Abgabe der Mehrwertsteuererklärung]

[1] ¹Der diese Sonderregelung in Anspruch nehmende Steuerpflichtige oder sein Vermittler hat im Mitgliedstaat der Identifizierung für jeden Monat eine Mehrwertsteuererklärung elektronisch abzugeben, unabhängig davon, ob Fernverkäufe von aus Drittgebieten oder Drittländern eingeführten Gegenständen getätigt wurden oder nicht. ²Die Erklärung ist bis zum Ende des Monats nach Ablauf des Steuerzeitraums, der von der Erklärung umfasst wird, abzugeben.

---

¹) Abschnitt 4 (Art. 369l–369x) eingef. **mWv 1.7.2021** durch RL v. 5.12.2017 (ABl. L 348 S. 7, geänd. durch ABl. 2020 L 244 S. 3).

[2] Ist eine Mehrwertsteuererklärung gemäß Absatz 1 abzugeben, so werden von den Mitgliedstaaten für die Zwecke der Mehrwertsteuer keine zusätzlichen Verpflichtungen oder sonstigen Formalitäten bei der Einfuhr auferlegt.

Art. 369t[1]) [Sonderregelung für Fernverkäufe von aus Drittländern eingeführten Gegenständen – Inhalt und Änderung der Mehrwertsteuererklärung] (1) [1] In der Mehrwertsteuererklärung anzugeben sind die Mehrwertsteuer-Identifikationsnummer gemäß Artikel 369q und in Bezug auf jeden Mitgliedstaat des Verbrauchs, in dem Mehrwertsteuer geschuldet wird, der Gesamtbetrag ohne Mehrwertsteuer der Fernverkäufe von aus Drittgebieten oder Drittländern eingeführten Gegenständen, für die während des Steuerzeitraums der Steueranspruch entstanden ist, sowie der Gesamtbetrag der entsprechenden Steuer aufgegliedert nach Steuersätzen. [2] Ferner sind die anzuwendenden Mehrwertsteuersätze und die Gesamtsteuerschuld anzugeben.

(2) [1] Sind nach Abgabe der Mehrwertsteuererklärung Änderungen an dieser Erklärung erforderlich, so werden diese Änderungen in eine spätere Erklärung innerhalb von drei Jahren nach dem Tag, an dem die ursprüngliche Erklärung gemäß Artikel 369s abgegeben werden musste, aufgenommen. [2] Aus dieser späteren Mehrwertsteuererklärung müssen der betreffende Mitgliedstaat des Verbrauchs, der Steuerzeitraum und der Mehrwertsteuerbetrag, für den Änderungen erforderlich sind, hervorgehen.

Art. 369u[1]) [Sonderregelung für Fernverkäufe von aus Drittländern eingeführten Gegenständen – Angabe von Beträgen in der Mehrwertsteuererklärung] (1) [1] Die Beträge in der Mehrwertsteuererklärung sind in Euro anzugeben.

[2] [1] Diejenigen Mitgliedstaaten, deren Währung nicht der Euro ist, können vorschreiben, dass die Beträge in der Mehrwertsteuererklärung in ihrer Landeswährung anzugeben sind. [2] Wurden für die Lieferungen Beträge in anderen Währungen berechnet, hat der diese Sonderregelung in Anspruch nehmende Steuerpflichtige oder sein Vermittler für die Zwecke der Mehrwertsteuererklärung den Umrechnungskurs vom letzten Tag des Steuerzeitraums anzuwenden.

(2) Die Umrechnung erfolgt auf der Grundlage der Umrechnungskurse, die von der Europäischen Zentralbank für den betreffenden Tag oder, falls an diesem Tag keine Veröffentlichung erfolgt, für den nächsten Tag, an dem eine Veröffentlichung erfolgt, veröffentlicht werden.

Art. 369v[1]) [Sonderregelung für Fernverkäufe von aus Drittländern eingeführten Gegenständen – Entrichtung der Mehrwertsteuer]
[1] Der diese Sonderregelung in Anspruch nehmende Steuerpflichtige oder sein Vermittler entrichtet die Mehrwertsteuer unter Hinweis auf die zugrunde

---

[1]) Abschnitt 4 (Art. 369l–369x) eingef. **mWv 1.7.2021** durch RL v. 5.12.2017 (ABl. L 348 S. 7, geänd. durch ABl. 2020 L 244 S. 3).

liegende Mehrwertsteuererklärung spätestens nach Ablauf der Frist, innerhalb der die Erklärung abzugeben ist.

[2] ¹Der Betrag wird auf ein auf Euro lautendes Bankkonto überwiesen, das vom Mitgliedstaat der Identifizierung angegeben wird. ²Diejenigen Mitgliedstaaten, die den Euro nicht eingeführt haben, können vorschreiben, dass der Betrag auf ein auf ihre Landeswährung lautendes Bankkonto überwiesen wird.

Art. 369w¹⁾ [Sonderregelung für Fernverkäufe von aus Drittländern eingeführten Gegenständen – Vorsteuerabzug] *[1]* ¹Der diese Sonderregelung in Anspruch nehmende Steuerpflichtige nimmt in Bezug auf seine dieser Sonderregelung unterliegenden steuerbaren Tätigkeiten keinen Vorsteuerabzug für im Mitgliedstaat des Verbrauchs angefallene Mehrwertsteuer gemäß Artikel 168 dieser Richtlinie vor. ²Unbeschadet des Artikels 1 Nummer 1 der Richtlinie 86/560/EWG²⁾ und des Artikels 2 Nummer 1 sowie des Artikels 3 der Richtlinie 2008/9/EG³⁾ wird diesem Steuerpflichtigen eine Mehrwertsteuererstattung gemäß den genannten Richtlinien gewährt. ³Artikel 2 Absätze 2 und 3 sowie Artikel 4 Absatz 2 der Richtlinie 86/560/EWG gelten nicht für Erstattungen im Zusammenhang mit Gegenständen, die unter die vorliegende Sonderregelung fallen.

[2] Ist der diese Sonderregelung in Anspruch nehmende Steuerpflichtige zur Registrierung in einem Mitgliedstaat in Bezug auf nicht der Sonderregelung unterliegende Tätigkeiten verpflichtet, so zieht er die in diesem Mitgliedstaat angefallene Vorsteuer in Bezug auf seine dieser Sonderregelung unterliegenden steuerbaren Tätigkeiten im Rahmen der nach Artikel 250 der vorliegenden Richtlinie abzugebenden Mehrwertsteuererklärung ab.

Art. 369x¹⁾ [Sonderregelung für Fernverkäufe von aus Drittländern eingeführten Gegenständen – Aufzeichnungspflichten] (1) ¹Der diese Sonderregelung in Anspruch nehmende Steuerpflichtige führt über seine dieser Sonderregelung unterliegenden Umsätze Aufzeichnungen. ²Ein Vermittler führt für jeden der von ihm vertretenen Steuerpflichtigen Aufzeichnungen. ³Diese müssen so ausführlich sein, dass die Steuerbehörden des Mitgliedstaats des Verbrauchs feststellen können, ob die Mehrwertsteuererklärung korrekt ist.

(2) *[1]* Die Aufzeichnungen nach Absatz 1 sind dem Mitgliedstaat des Verbrauchs und dem Mitgliedstaat der Identifizierung auf Verlangen elektronisch zur Verfügung zu stellen.

[2] Die Aufzeichnungen sind vom 31. Dezember des Jahres an, in dem der Umsatz bewirkt wurde, zehn Jahre lang aufzubewahren.

---

¹⁾ Abschnitt 4 (Art. 369l–369x) eingef. **mWv 1.7.2021** durch RL v. 5.12.2017 (ABl. L 348 S. 7, geänd. durch ABl. 2020 L 244 S. 3).
²⁾ Nr. **553**.
³⁾ Nr. **550b**.

Kapitel 7.[1] Sonderregelungen für die Erklärung und Entrichtung der Mehrwertsteuer bei der Einfuhr

Art. 369y[1] [Sonderregelung für die Erklärung und Entrichtung der Mehrwertsteuer bei der Einfuhr – Anwendung bei Sachwert bis 150 EUR] Wird für die Einfuhr von Gegenständen – mit Ausnahme verbrauchsteuerpflichtiger Waren – in Sendungen mit einem Sachwert von höchstens 150 EUR die Sonderregelung gemäß Kapitel 6 Abschnitt 4 nicht in Anspruch genommen, so gestattet der Mitgliedstaat der Einfuhr der Person, die die Gegenstände im Namen der Person, für die die Gegenstände bestimmt sind, im Gebiet der Gemeinschaft dem Zoll vorführt, Sonderregelungen für die Erklärung und Entrichtung der Mehrwertsteuer bei der Einfuhr von Gegenständen in Anspruch zu nehmen, deren Versendung oder Beförderung in diesem Mitgliedstaat endet.

Art. 369z[2] [Sonderregelung für die Erklärung und Entrichtung der Mehrwertsteuer bei der Einfuhr – Steuerschuldnerschaft] (1) Für die Zwecke dieser Sonderregelung gilt Folgendes:

a) Die Mehrwertsteuer wird von der Person geschuldet, für die die Gegenstände bestimmt sind;

b) die Person, die die Gegenstände im Gebiet der Gemeinschaft dem Zoll gestellt, erhebt die Mehrwertsteuer bei der Person, für die die Gegenstände bestimmt sind, und tätigt die Zahlung dieser Mehrwertsteuer.

(2) Die Mitgliedstaaten sorgen dafür, dass die Person, die die Gegenstände im Gebiet der Gemeinschaft dem Zoll gestellt, geeignete Maßnahmen ergreift, um sicherzustellen, dass die Person, für die die Gegenstände bestimmt sind, den richtigen Steuerbetrag entrichtet.

Art. 369za[2] [Sonderregelung für die Erklärung und Entrichtung der Mehrwertsteuer bei der Einfuhr – Anwendung des Mehrwertsteuer-Normalsatzes] Abweichend von Artikel 94 Absatz 2 können die Mitgliedstaaten vorsehen, dass der im Mitgliedstaat der Einfuhr geltende Mehrwertsteuer-Normalsatz bei Inanspruchnahme dieser Sonderregelung anwendbar ist.

Art. 369zb[2] [Sonderregelungen für die Erklärung und Entrichtung der Mehrwertsteuer bei der Einfuhr – Abgabe der Erklärung, Aufzeichnungspflicht] (1) [1]Die Mitgliedstaaten gestatten, dass die im Rahmen dieser Sonderregelung erhobene Mehrwertsteuer in einer monatlichen Erklärung auf elektronischem Weg angemeldet wird. [2]Aus der Erklärung muss der Gesamtbetrag der während des betreffenden Monats erhobenen Mehrwertsteuer hervorgehen.

---

[1] Kapitel 7 (Art. 369y–369zb) eingef. **mWv 1.7.2021** durch RL v. 5.12.2017 (ABl. L 348 S. 7, geänd. durch ABl. 2020 L 244 S. 3).
[2] Kapitel 7 (Art. 369y–369zb) eingef. **mWv 1.7.2021** durch RL v. 5.12.2017 (ABl. L 348 S. 7, ber. ABl. 2018 L 190 S. 21, geänd. durch ABl. 2020 L 244 S. 3).

(2) Die Mitgliedstaaten schreiben vor, dass die in Absatz 1 genannte Mehrwertsteuer monatlich bis zu dem für die Entrichtung der Einfuhrabgaben geltenden Fälligkeitstermin zu entrichten ist.

(3) ¹Die diese Sonderregelung in Anspruch nehmenden Personen führen während eines durch den Mitgliedstaat der Einfuhr zu bestimmenden Zeitraums Aufzeichnungen über die Geschäftsvorgänge im Rahmen dieser Sonderregelung. ²Diese Aufzeichnungen müssen so ausführlich sein, dass die Steuer- oder die Zollbehörden des Mitgliedstaats des Verbrauchs feststellen können, ob die erklärte Mehrwertsteuer korrekt ist, und auf Ersuchen des Mitgliedstaats der Einfuhr elektronisch verfügbar gemacht werden.

Kapitel 8.¹⁾ Gegenwerte

Art. 369zc¹⁾ [Festsetzung und Umrechnung des Gegenwertes]

(1) ¹Der Gegenwert des Euro in Landeswährung, der für die in Artikel 369l und Artikel 369y genannten Beträge zu berücksichtigen ist, wird einmal jährlich festgesetzt. ²Es gelten die Sätze des ersten Arbeitstages des Monats Oktober mit Wirkung zum 1. Januar des folgenden Jahres.

(2) Es steht den Mitgliedstaaten frei, den Betrag in Landeswährung, der sich aus der Umrechnung der Euro-Beträge ergibt, zu runden.

(3) Es steht den Mitgliedstaaten frei, den Betrag, der zum Zeitpunkt der jährlichen Anpassung nach Absatz 1 gilt, unverändert beizubehalten, wenn die Umrechnung des in Euro ausgedrückten Betrags vor der in Absatz 2 vorgesehenen Rundung eine Änderung des in Landeswährung ausgedrückten Betrags um weniger als 5% oder eine Verringerung dieses Betrags zur Folge hätte.

Titel XIII. Ausnahmen

Kapitel 1. Bis zur Annahme einer endgültigen Regelung geltende Ausnahmen

Abschnitt 1. Ausnahmen für Staaten, die am 1. Januar 1978 Mitglied der Gemeinschaft waren

Art. 370 [Kannbestimmung: Beibehaltung der Besteuerung der Umsätze nach Anhang X Teil A] Mitgliedstaaten, die am 1. Januar 1978 die in Anhang X Teil A genannten Umsätze besteuert haben, dürfen diese weiterhin besteuern.

Art. 371 [Kannbestimmung: Beibehaltung der Befreiung der Umsätze nach Anhang X Teil B] Mitgliedstaaten, die am 1. Januar 1978 die in

---

¹⁾ Kapitel 8 (Art. 369zc) angef. mWv 1.7.2021 durch RL v. 5.12.2017 (ABl. L 348 S. 7, geänd. durch ABl. 2020 L 244 S. 3).

Anhang X Teil B genannten Umsätze von der Steuer befreit haben, dürfen diese zu den in dem jeweiligen Mitgliedstaat zu dem genannten Zeitpunkt geltenden Bedingungen weiterhin befreien.

Art. 372 [Kannbestimmung: Beibehaltung von Abweichungen vom sofortigen Vorsteuerabzug] Mitgliedstaaten, die am 1. Januar 1978 Bestimmungen angewandt haben, die vom Grundsatz des sofortigen Vorsteuerabzugs des Artikels 179 Absatz 1 abweichen, dürfen diese weiterhin anwenden.

Art. 373 [Kannbestimmung: Beibehaltung von Abweichungen von der Dienstleistungskommission und der Nichtentgeltsfunktion durchlaufender Posten] Mitgliedstaaten, die am 1. Januar 1978 Bestimmungen angewandt haben, die von Artikel 28 und Artikel 79 Absatz 1 Buchstabe c abweichen, dürfen diese weiterhin anwenden.

Art. 374 [Kannbestimmung: Beibehaltung der Steuerbefreiung für Reiseleistungen] [1]Abweichend von den Artikeln 169 und 309 dürfen die Mitgliedstaaten, die am 1. Januar 1978 die in Artikel 309 genannten Dienstleistungen von Reisebüros ohne Recht auf Vorsteuerabzug von der Steuer befreit haben, diese weiterhin befreien. [2]Diese Ausnahme gilt auch für Reisebüros, die im Namen und für Rechnung des Reisenden tätig sind.

Abschnitt 2. Ausnahmen für Staaten, die der Gemeinschaft nach dem 1. Januar 1978 beigetreten sind

Art. 375 [Kannbestimmung: Beibehaltung von Steuerbefreiungen – Griechenland] Griechenland darf die in Anhang X Teil B Nummern 2, 8, 9, 11 und 12 genannten Umsätze weiterhin zu den Bedingungen von der Steuer befreien, die in diesem Mitgliedstaat am 1. Januar 1987 galten.

Art. 376 [Kannbestimmung: Beibehaltung von Steuerbefreiungen – Spanien] Spanien darf die in Anhang X Teil B Nummer 2 genannten Dienstleistungen von Autoren und die in Anhang X Teil B Nummern 11 und 12 genannten Umsätze weiterhin zu den Bedingungen von der Steuer befreien, die in diesem Mitgliedstaat am 1. Januar 1993 galten.

Art. 377 [Kannbestimmung: Beibehaltung von Steuerbefreiungen – Portugal] Portugal darf die in Anhang X Teil B Nummern 2, 4, 7, 9, 10 und 13 genannten Umsätze weiterhin zu den Bedingungen von der Steuer befreien, die in diesem Mitgliedstaat am 1. Januar 1989 galten.

Art. 378 [Kannbestimmung: Beibehaltung von Besteuerungen und Befreiungen – Österreich] (1) Österreich darf die in Anhang X Teil A Nummer 2 genannten Umsätze weiterhin besteuern.

(2) Solange die betreffenden Umsätze in einem Staat von der Steuer befreit werden, der am 31. Dezember 1994 Mitglied der Gemeinschaft war, darf Ös-

terreich die folgenden Umsätze weiterhin zu den in diesem Mitgliedstaat zum Zeitpunkt seines Beitritts geltenden Bedingungen von der Steuer befreien:

a) die in Anhang X Teil B Nummern 5 und 9 genannten Umsätze;

b) mit Recht auf Vorsteuerabzug, sämtliche Teile der grenzüberschreitenden Personenbeförderung im Luft-, See- und Binnenwasserstraßenverkehr mit Ausnahme der Personenbeförderung auf dem Bodensee.

Art. 379 [Kannbestimmung: Beibehaltung von Besteuerungen und Befreiungen – Finnland] (1) Finnland darf die in Anhang X Teil A Nummer 2 genannten Umsätze weiterhin besteuern, solange diese Umsätze in einem Staat besteuert werden, der am 31. Dezember 1994 Mitglied der Gemeinschaft war.

(2) Finnland darf die in Anhang X Teil B Nummer 2 genannten Dienstleistungen von Autoren, Künstlern und Interpreten von Kunstwerken sowie die in Anhang X Teil B Nummern 5, 9 und 10 genannten Umsätze zu den in diesem Mitgliedstaat zum Zeitpunkt seines Beitritts geltenden Bedingungen weiterhin von der Steuer befreien, solange diese Umsätze in einem Mitgliedstaat befreit sind, der am 31. Dezember 1994 Mitglied der Gemeinschaft war.

Art. 380 [Kannbestimmung: Beibehaltung von Steuerbefreiungen – Schweden] Schweden darf die in Anhang X Teil B Nummer 2 genannten Dienstleistungen von Autoren, Künstlern und Interpreten von Kunstwerken sowie die in Anhang X Teil B Nummern 1, 9 und 10 genannten Umsätze zu den in diesem Mitgliedstaat zum Zeitpunkt seines Beitritts geltenden Bedingungen weiterhin von der Steuer befreien, solange diese Umsätze in einem Mitgliedstaat befreit sind, der am 31. Dezember 1994 Mitglied der Gemeinschaft war.

Art. 381 [Kannbestimmung: Beibehaltung von Steuerbefreiungen – Tschechien] Die Tschechische Republik darf die in Anhang X Teil B Nummer 10 genannte grenzüberschreitende Personenbeförderung zu den in diesem Mitgliedstaat zum Zeitpunkt seines Beitritts geltenden Bedingungen weiterhin von der Steuer befreien, solange diese Umsätze in einem Mitgliedstaat befreit sind, der am 30. April 2004 Mitglied der Gemeinschaft war.

Art. 382 [Kannbestimmung: Beibehaltung von Steuerbefreiungen – Estland] Estland darf die in Anhang X Teil B Nummer 10 genannte grenzüberschreitende Personenbeförderung zu den in diesem Mitgliedstaat zum Zeitpunkt seines Beitritts geltenden Bedingungen weiterhin von der Steuer befreien, solange diese Umsätze in einem Mitgliedstaat befreit sind, der am 30. April 2004 Mitglied der Gemeinschaft war.

Art. 383 [Kannbestimmung: Beibehaltung von Steuerbefreiungen – Zypern] Zypern darf weiterhin die folgenden Umsätze zu den in diesem Mitgliedstaat zum Zeitpunkt seines Beitritts geltenden Bedingungen von der Steuer befreien:

a) bis zum 31. Dezember 2007 die in Anhang X Teil B Nummer 9 genannte Lieferung von Baugrundstücken;

b) die in Anhang X Teil B Nummer 10 genannte grenzüberschreitende Personenbeförderung, solange diese Umsätze in einem Mitgliedstaat befreit sind, der am 30. April 2004 Mitglied der Gemeinschaft war.

Art. 384 [Kannbestimmung: Beibehaltung von Steuerbefreiungen – Lettland] Solange die betreffenden Umsätze in einem Mitgliedstaat von der Steuer befreit sind, der am 30. April 2004 Mitglied der Gemeinschaft war, darf Lettland zu den in diesem Mitgliedstaat zum Zeitpunkt seines Beitritts geltenden Bedingungen folgende Umsätze weiterhin von der Steuer befreien:

a) die in Anhang X Teil B Nummer 2 genannten Dienstleistungen von Autoren, Künstlern und Interpreten von Kunstwerken;

b) die in Anhang X Teil B Nummer 10 genannte grenzüberschreitende Personenbeförderung.

Art. 385 [Kannbestimmung: Beibehaltung von Steuerbefreiungen – Litauen] Litauen darf die in Anhang X Teil B Nummer 10 genannte grenzüberschreitende Personenbeförderung zu den in diesem Mitgliedstaat zum Zeitpunkt seines Beitritts geltenden Bedingungen weiterhin von der Steuer befreien, solange diese Umsätze in einem Mitgliedstaat befreit sind, der am 30. April 2004 Mitglied der Gemeinschaft war.

Art. 386 [Kannbestimmung: Beibehaltung von Steuerbefreiungen – Ungarn] Ungarn darf die in Anhang X Teil B Nummer 10 genannte grenzüberschreitende Personenbeförderung zu den in diesem Mitgliedstaat zum Zeitpunkt seines Beitritts geltenden Bedingungen weiterhin von der Steuer befreien, solange diese Umsätze in einem Mitgliedstaat befreit sind, der am 30. April 2004 Mitglied der Gemeinschaft war.

Art. 387[1]) [Kannbestimmung: Beibehaltung von Steuerbefreiungen – Malta] Solange die betreffenden Umsätze in einem Mitgliedstaat von der Steuer befreit sind, der am 30. April 2004 Mitglied der Gemeinschaft war, darf Malta zu den in diesem Mitgliedstaat zum Zeitpunkt seines Beitritts geltenden Bedingungen folgende Umsätze weiterhin von der Steuer befreien:

a) ohne Recht auf Vorsteuerabzug, die in Anhang X Teil B Nummer 8 genannte Lieferung von Wasser durch Einrichtungen des öffentlichen Rechts;

b) ohne Recht auf Vorsteuerabzug, die in Anhang X Teil B Nummer 9 genannte Lieferung von Gebäuden und Baugrundstücken;

c) *(aufgehoben)*

Art. 388 [Kannbestimmung: Beibehaltung von Steuerbefreiungen – Polen] Polen darf die in Anhang X Teil B Nummer 10 genannte grenzüberschreitende Personenbeförderung zu den in diesem Mitgliedstaat zum Zeit-

---

[1]) Art. 387 Buchst. c aufgeh. mWv 6.4.2022 durch RL v. 5.4.2022 (ABl. L 107 S. 1).

punkt seines Beitritts geltenden Bedingungen weiterhin von der Steuer befreien, solange diese Umsätze in einem Mitgliedstaat befreit sind, der am 30. April 2004 Mitglied der Gemeinschaft war.

Art. 389 [Kannbestimmung: Beibehaltung von Steuerbefreiungen – Slowenien] Slowenien darf die in Anhang X Teil B Nummer 10 genannte grenzüberschreitende Personenbeförderung zu den in diesem Mitgliedstaat zum Zeitpunkt seines Beitritts geltenden Bedingungen weiterhin von der Steuer befreien, solange diese Umsätze in einem Mitgliedstaat befreit sind, der am 30. April 2004 Mitglied der Gemeinschaft war.

Art. 390 [Kannbestimmung: Beibehaltung von Steuerbefreiungen – Slowakei] Die Slowakei darf die in Anhang X Teil B Nummer 10 genannte grenzüberschreitende Personenbeförderung zu den in diesem Mitgliedstaat zum Zeitpunkt seines Beitritts geltenden Bedingungen weiterhin von der Steuer befreien, solange diese Umsätze in einem Mitgliedstaat befreit sind, der am 30. April 2004 Mitglied der Gemeinschaft war.

Art. 390a[1] [Kannbestimmung: Beibehaltung von Steuerbefreiungen – Bulgarien] Bulgarien darf die in Anhang X Teil B Nummer 10 genannte grenzüberschreitende Personenbeförderung zu den in diesem Mitgliedstaat zum Zeitpunkt seines Beitritts geltenden Bedingungen weiterhin von der Steuer befreien, solange diese Umsätze in einem Mitgliedstaat befreit sind, der am 31. Dezember 2006 Mitglied der Gemeinschaft war.

Art. 390b[2] [Kannbestimmung: Beibehaltung von Steuerbefreiungen – Rumänien] Rumänien darf die in Anhang X Teil B Nummer 10 genannte grenzüberschreitende Personenbeförderung zu den in diesem Mitgliedstaat zum Zeitpunkt seines Beitritts geltenden Bedingungen weiterhin von der Steuer befreien, solange diese Umsätze in einem Mitgliedstaat befreit sind, der am 31. Dezember 2006 Mitglied der Gemeinschaft war.

Art. 390c[3] [Kannbestimmung: Beibehaltung von Steuerbefreiungen – Kroatien] Kroatien darf weiterhin die folgenden Umsätze zu den in diesem Mitgliedstaat zum Zeitpunkt seines Beitritts geltenden Bedingungen von der Steuer befreien:

a) die Lieferung von Baugrundstücken, mit darauf errichteten Gebäuden oder ohne solche Gebäude, nach Artikel 135 Absatz 1 Buchstabe j und Anhang X Teil B Nummer 9, nicht verlängerbar, bis zum 31. Dezember 2014;

b) die in Anhang X Teil B Nummer 10 genannte grenzüberschreitende Personenbeförderung, solange diese Umsätze in einem Mitgliedstaat befreit sind, der vor dem Beitritt Kroatiens Mitglied der Union war.

---

[1] Art. 390a eingef. mWv 15.1.2010 durch RL v. 22.12.2009 (ABl. 2010 L 10 S. 14).
[2] Art. 390b eingef. mWv 15.1.2010 durch RL v. 22.12.2009 (ABl. 2010 L 10 S. 14).
[3] Art. 390c eingef. mWv 1.7.2013 durch Akte v. 9.12.2011 (ABl. 2012 L 112 S. 21).

Abschnitt 3. Gemeinsame Bestimmungen zu den Abschnitten 1 und 2

Art. 391[1] **[Kannbestimmung: Möglichkeit der Einräumung eines Optionsrechts zur Besteuerung in Mitgliedstaaten mit Beibehaltung von Befreiungen]** Die Mitgliedstaaten, die die in den Artikeln 371, 375, 376 und 377, in Artikel 378 Absatz 2, Artikel 379 Absatz 2 und den Artikeln 380 bis 390c genannten Umsätze von der Steuer befreien, können den Steuerpflichtigen die Möglichkeit einräumen, sich für die Besteuerung der betreffenden Umsätze zu entscheiden.

Art. 392 [Kannbestimmung: Möglichkeit der Differenzbesteuerung bei Gebäude- und Baugrundstückslieferungen] Die Mitgliedstaaten können vorsehen, dass bei der Lieferung von Gebäuden und Baugrundstücken, die ein Steuerpflichtiger, der beim Erwerb kein Recht auf Vorsteuerabzug hatte, zum Zwecke des Wiederverkaufs erworben hat, die Steuerbemessungsgrundlage in der Differenz zwischen dem Verkaufspreis und dem Ankaufspreis besteht.

Art. 393 [Spätere Überprüfung einer etwaigen Abschaffung/Einschränkung der Übergangsregelungen (Beibehaltung von Besteuerungen und Befreiungen) durch den Rat] (1) Im Hinblick auf einen einfacheren Übergang zur endgültigen Regelung nach Artikel 402 überprüft der Rat auf der Grundlage eines Berichts der Kommission die Lage in Bezug auf die Ausnahmen der Abschnitte 1 und 2 und beschließt gemäß Artikel 93 des Vertrags über die etwaige Abschaffung einiger oder aller dieser Ausnahmen.

(2) Im Rahmen der endgültigen Regelung wird die Personenbeförderung für die innerhalb der Gemeinschaft zurückgelegte Strecke im Mitgliedstaat des Beginns der Beförderung nach den vom Rat gemäß Artikel 93 des Vertrags zu beschließenden Einzelheiten besteuert.

Kapitel 2. Im Wege einer Ermächtigung genehmigte Ausnahmen

Abschnitt 1. Maßnahmen zur Vereinfachung und zur Verhinderung der Steuerhinterziehung und -umgehung

Art. 394 [Kannbestimmung: Beibehaltung von am 1.1.1977 angewandten Sondermaßnahmen zur Steuervereinfachung oder Betrugsbekämpfung] Die Mitgliedstaaten, die am 1. Januar 1977 Sondermaßnahmen zur Vereinfachung der Steuererhebung oder zur Verhütung der Steuerhinterziehung oder -umgehung angewandt haben, können diese beibehalten, sofern sie es der Kommission vor dem 1. Januar 1978 mitgeteilt haben und unter der Bedingung, dass die Vereinfachungsmaßnahmen mit Artikel 395 Absatz 1 Unterabsatz 2 in Einklang stehen.

---

[1] Art. 391 neu gef. mWv 1.7.2013 durch Akte v. 9.12.2011 (ABl. 2012 L 112 S. 21).

Art. 395[1]) [Möglichkeit der Ermächtigung einzelner Mitgliedstaaten durch den Rat zur Einführung von Sondermaßnahmen zur Steuervereinfachung oder Betrugsbekämpfung] (1) *[1]* Der Rat kann auf Vorschlag der Kommission einstimmig jeden Mitgliedstaat ermächtigen, von dieser Richtlinie abweichende Sondermaßnahmen einzuführen, um die Steuererhebung zu vereinfachen oder Steuerhinterziehungen oder -umgehungen zu verhindern.

[2] Die Maßnahmen zur Vereinfachung der Steuererhebung dürfen den Gesamtbetrag der von dem Mitgliedstaat auf der Stufe des Endverbrauchs erhobenen Steuer nur in unerheblichem Maße beeinflussen.

(2) *[1]* ¹Ein Mitgliedstaat, der die in Absatz 1 bezeichneten Maßnahmen einführen möchte, sendet der Kommission einen Antrag und übermittelt ihr alle erforderlichen Angaben. ²Ist die Kommission der Auffassung, dass ihr nicht alle erforderlichen Angaben vorliegen, teilt sie dem betreffenden Mitgliedstaat innerhalb von zwei Monaten nach Eingang des Antrags mit, welche zusätzlichen Angaben sie benötigt.

[2] Sobald die Kommission über alle Angaben verfügt, die ihres Erachtens für die Beurteilung des Antrags zweckdienlich sind, unterrichtet sie den antragstellenden Mitgliedstaat hiervon innerhalb eines Monats und übermittelt den Antrag in der Originalsprache an die anderen Mitgliedstaaten.

(3) Innerhalb von drei Monaten nach der Unterrichtung gemäß Absatz 2 Unterabsatz 2 unterbreitet die Kommission dem Rat einen geeigneten Vorschlag oder legt ihm gegebenenfalls ihre Einwände in einer Mitteilung dar.

(4) In jedem Fall ist das in den Absätzen 2 und 3 geregelte Verfahren innerhalb von acht Monaten nach Eingang des Antrags bei der Kommission abzuschließen.

Abschnitt 2. Internationale Übereinkommen

Art. 396 [Möglichkeit der Ermächtigung einzelner Mitgliedstaaten durch den Rat zur Vereinbarung von Sonderregelungen in internationalen Abkommen] (1) Der Rat kann auf Vorschlag der Kommission einstimmig einen Mitgliedstaat ermächtigen, mit einem Drittland oder einer internationalen Organisation ein Übereinkommen zu schließen, das Abweichungen von dieser Richtlinie enthalten kann.

(2) *[1]* ¹Ein Mitgliedstaat, der ein Übereinkommen gemäß Absatz 1 schließen will, sendet der Kommission einen Antrag und übermittelt ihr alle erforderlichen Angaben. ²Ist die Kommission der Auffassung, dass ihr nicht alle erforderlichen Angaben vorliegen, teilt sie dem betreffenden Mitgliedstaat innerhalb von zwei Monaten nach Eingang des Antrags mit, welche zusätzlichen Angaben sie benötigt.

[2] Sobald die Kommission über alle Angaben verfügt, die ihres Erachtens für die Beurteilung erforderlich sind, unterrichtet sie den antragstellenden

---

[1]) Art. 395 Abs. 5 angef. mWv 15.8.2013 durch RL v. 22.7.2013 (ABl. L 201 S. 1); Abs. 5 aufgeh. mWv 2.12.2018 durch RL v. 6.11.2018 (ABl. L 282 S. 5).

Mitgliedstaat hiervon innerhalb eines Monats und übermittelt den Antrag in der Originalsprache an die anderen Mitgliedstaaten.

(3) Innerhalb von drei Monaten nach der Unterrichtung gemäß Absatz 2 Unterabsatz 2 unterbreitet die Kommission dem Rat einen geeigneten Vorschlag oder legt ihm gegebenenfalls ihre Einwände in einer Mitteilung dar.

(4) In jedem Fall ist das in den Absätzen 2 und 3 geregelte Verfahren innerhalb von acht Monaten nach Eingang des Antrags bei der Kommission abzuschließen.

Titel XIV. Verschiedenes

Kapitel 1. Durchführungsmaßnahmen

Art. 397 [Ermächtigungsgrundlage für Durchführungsmaßnahmen] Der Rat beschließt auf Vorschlag der Kommission einstimmig die zur Durchführung dieser Richtlinie erforderlichen Maßnahmen.

Kapitel 2. Mehrwertsteuerausschuss

Art. 398 [Mehrwertsteuerausschuss] (1) Es wird ein Beratender Ausschuss für die Mehrwertsteuer (nachstehend „Mehrwertsteuerausschuss" genannt) eingesetzt.

(2) [1] Der Mehrwertsteuerausschuss setzt sich aus Vertretern der Mitgliedstaaten und der Kommission zusammen.

[2] Den Vorsitz im Ausschuss führt ein Vertreter der Kommission.

[3] Die Sekretariatsgeschäfte des Ausschusses werden von den Dienststellen der Kommission wahrgenommen.

(3) Der Mehrwertsteuerausschuss gibt sich eine Geschäftsordnung.

(4) Neben den Punkten, für die nach dieser Richtlinie eine Konsultation erforderlich ist, prüft der Mehrwertsteuerausschuss die Fragen im Zusammenhang mit der Anwendung der gemeinschaftsrechtlichen Vorschriften im Bereich der Mehrwertsteuer, die ihm der Vorsitzende von sich aus oder auf Antrag des Vertreters eines Mitgliedstaats vorlegt.

Kapitel 3. Umrechnungskurs

Art. 399 [Umrechnungskurs der Euroangaben der MwStSystRL zum 1.1.1999] [1] Unbeschadet anderer Bestimmungen wird der Gegenwert der in dieser Richtlinie in Euro ausgedrückten Beträge in Landeswährung anhand des am 1. Januar 1999 geltenden Umrechnungskurses des Euro bestimmt. [2] Die nach diesem Datum beigetretenen Mitgliedstaaten, die den Euro als einheitliche Währung nicht eingeführt haben, wenden den zum Zeitpunkt ihres Beitritts geltenden Umrechnungskurs an.

Art. 400 [Kannbestimmung: Rundung der Beträge aus der Umrechnung der Euroangaben der MwStSystRL] Bei der Umrechnung der

Beträge gemäß Artikel 399 in Landeswährung können die Mitgliedstaaten die Beträge, die sich aus dieser Umrechnung ergeben, um höchstens 10% auf- oder abrunden.

Kapitel 4. Andere Steuern, Abgaben und Gebühren

Art. 401 [Verbot der Beibehaltung oder Einführung anderer Abgaben mit Mehrwertsteuercharakter] Unbeschadet anderer gemeinschaftsrechtlicher Vorschriften hindert diese Richtlinie einen Mitgliedstaat nicht daran, Abgaben auf Versicherungsverträge, Spiele und Wetten, Verbrauchsteuern, Grunderwerbsteuern sowie ganz allgemein alle Steuern, Abgaben und Gebühren, die nicht den Charakter von Umsatzsteuern haben, beizubehalten oder einzuführen, sofern die Erhebung dieser Steuern, Abgaben und Gebühren im Verkehr zwischen den Mitgliedstaaten nicht mit Formalitäten beim Grenzübertritt verbunden ist.

Titel XV. Schlussbestimmungen

Kapitel 1. Übergangsregelung für die Besteuerung des Handelsverkehrs zwischen den Mitgliedstaaten

Art. 402 [Besteuerung des innergemeinschaftlichen Handelsverkehrs als Übergangsregelung] (1) Die in dieser Richtlinie vorgesehene Regelung für die Besteuerung des Handelsverkehrs zwischen den Mitgliedstaaten ist eine Übergangsregelung, die von einer endgültigen Regelung abgelöst wird, die auf dem Grundsatz beruht, dass die Lieferungen von Gegenständen und die Erbringung von Dienstleistungen im Ursprungsmitgliedstaat zu besteuern sind.

(2) Der Rat erlässt, wenn er nach Prüfung des Berichts nach Artikel 404 zu der Feststellung gelangt ist, dass die Voraussetzungen für den Übergang zur endgültigen Regelung erfüllt sind, gemäß Artikel 93 des Vertrags die für das Inkrafttreten und die Anwendung der endgültigen Regelung erforderlichen Maßnahmen.

Art. 403, 404[1]) *(aufgehoben)*

Kapitel 2. Übergangsbestimmungen im Rahmen der Beitritte zur Europäischen Union

Art. 405 [Übergangsbestimmung in Bezug auf Beitritte zur EU – Begriffsbestimmungen] Für die Zwecke dieses Kapitels gelten folgende Begriffsbestimmungen:

1. „Gemeinschaft" ist das Gebiet der Gemeinschaft im Sinne des Artikels 5 Nummer 1, vor dem Beitritt neuer Mitgliedstaaten;

---

[1]) Art. 403 und 404 aufgeh mWv 27.12.2018 durch RL v. 4.12.2018 (ABl. L 311 S. 3).

2. „neue Mitgliedstaaten" ist das Gebiet der Mitgliedstaaten, die der Europäischen Union nach dem 1. Januar 1995 beigetreten sind, wie es für jeden dieser Mitgliedstaaten nach Artikel 5 Nummer 2 definiert ist;

3. „erweiterte Gemeinschaft" ist das Gebiet der Gemeinschaft im Sinne des Artikels 5 Nummer 1, nach dem Beitritt neuer Mitgliedstaaten.

Art. 406 [Übergangsbestimmung in Bezug auf Beitritte zur EU – Verfahren der vorübergehenden Verwendung] Die Vorschriften, die zu dem Zeitpunkt galten, an dem der Gegenstand in ein Verfahren der vorübergehenden Verwendung mit vollständiger Befreiung von den Einfuhrabgaben, in ein Verfahren oder eine sonstige Regelung nach Artikel 156 oder in ähnliche Verfahren oder Regelungen des neuen Mitgliedstaates überführt wurde, finden weiterhin Anwendung bis der Gegenstand nach dem Beitrittsdatum diese Verfahren oder sonstige Regelungen verlasst, sofern die folgenden Voraussetzungen erfüllt sind:

a) der Gegenstand wurde vor dem Beitrittsdatum in die Gemeinschaft oder in einen der neuen Mitgliedstaaten verbracht;

b) der Gegenstand war seit der Verbringung in die Gemeinschaft oder in einen der neuen Mitgliedstaaten dem Verfahren oder der sonstigen Regelung unterstellt;

c) der Gegenstand hat das Verfahren oder die sonstige Regelung nicht vor dem Beitrittsdatum verlassen.

Art. 407 [Übergangsbestimmung in Bezug auf Beitritte zur EU – Zollrechtliches Versandverfahren] Die Vorschriften, die zum Zeitpunkt der Unterstellung des Gegenstands unter ein zollrechtliches Versandverfahren galten, finden nach dem Beitrittsdatum bis zum Verlassen dieses Verfahrens weiterhin Anwendung, sofern alle folgenden Voraussetzungen erfüllt sind:

a) der Gegenstand wurde vor dem Beitrittsdatum unter ein zollrechtliches Versandverfahren gestellt;

b) der Gegenstand hat dieses Verfahren nicht vor dem Beitrittsdatum verlassen.

Art. 408 [Übergangsbestimmung in Bezug auf Beitritte zur EU – Gleichstellung bestimmter Vorgänge mit einer Einfuhr] (1) Die nachstehenden Vorgänge werden der Einfuhr eines Gegenstands gleichgestellt, sofern nachgewiesen wird, dass sich der Gegenstand in einem der neuen Mitgliedstaaten oder in der Gemeinschaft im freien Verkehr befand:

a) das Verlassen, einschließlich des unrechtmäßigen Verlassens, eines Verfahrens der vorübergehenden Verwendung, unter das der betreffende Gegenstand vor dem Beitrittsdatum gemäß Artikel 406 gestellt worden ist;

b) das Verlassen, einschließlich des unrechtmäßigen Verlassens entweder eines Verfahrens oder sonstiger Regelung des Artikels 156 oder ähnlicher Verfahren oder Regelungen, unter den der betreffende Gegenstand vor dem Beitrittsdatum gemäß Artikel 406 gestellt worden ist;

c) die Beendigung eines der in Artikel 407 genannten Verfahren, das vor dem Beitrittsdatum im Gebiet eines der neuen Mitgliedstaaten für die Zwecke einer vor dem Beitrittsdatum im Gebiet dieses Mitgliedstaates gegen Entgelt bewirkten Lieferung von Gegenständen durch einen Steuerpflichtigen als solchen begonnen wurde;

d) jede Unregelmäßigkeit oder jeder Verstoß anlässlich oder im Verlauf eines zollrechtlichen Versandverfahrens, das gemäß Buchstabe c begonnen wurde.

(2) Neben dem in Absatz 1 genannten Vorgang wird die im Gebiet eines Mitgliedstaates durch einen Steuerpflichtigen oder Nichtsteuerpflichtigen nach dem Beitrittsdatum erfolgende Verwendung von Gegenständen, die ihm vor dem Beitrittsdatum im Gebiet der Gemeinschaft oder eines der neuen Mitgliedstaaten geliefert wurden, einer Einfuhr eines Gegenstands gleichgestellt, sofern folgende Voraussetzungen gegeben sind:

a) die Lieferung dieser Gegenstände war entweder nach Artikel 146 Absatz 1 Buchstaben a und b oder nach einer entsprechenden Bestimmung in den neuen Mitgliedstaaten von der Steuer befreit oder befreiungsfähig;

b) die Gegenstände wurden nicht vor dem Beitrittsdatum in einen der neuen Mitgliedstaaten oder in die Gemeinschaft verbracht.

Art. 409 [Übergangsbestimmung in Bezug auf Beitritte zur EU – Fiktion des Einfuhrmitgliedstaats bei Gleichstellung bestimmter Vorgänge mit einer Einfuhr]** Für die in Artikel 408 Absatz 1 genannten Vorgänge gilt die Einfuhr im Sinne des Artikels 61 als in dem Mitgliedstaat erfolgt, in dem die Gegenstände das Verfahren oder die Regelung verlassen, unter die sie vor dem Beitrittsdatum gestellt worden sind.

Art. 410 [Übergangsbestimmung in Bezug auf Beitritte zur EU – Einfuhr unter bestimmten Voraussetzungen kein Steuertatbestand]**

(1) Abweichend von Artikel 71 stellt die Einfuhr eines Gegenstands im Sinne des Artikels 408 keinen Steuertatbestand dar, sofern eine der folgenden Bedingungen erfüllt ist:

a) der eingeführte Gegenstand wird nach außerhalb der erweiterten Gemeinschaft versandt oder befördert;

b) der im Sinne des Artikels 408 Absatz 1 Buchstabe a eingeführte Gegenstand – mit Ausnahme von Fahrzeugen – wird in den Mitgliedstaat, aus dem er ausgeführt wurde und an denjenigen, der ihn ausgeführt hat, zurückversandt oder -befördert;

c) der im Sinne des Artikels 408 Absatz 1 Buchstabe a eingeführte Gegenstand ist ein Fahrzeug, welches unter den für den Binnenmarkt eines der neuen Mitgliedstaaten oder eines der Mitgliedstaaten der Gemeinschaft geltenden allgemeinen Steuerbedingungen vor dem Beitrittsdatum erworben oder eingeführt wurde oder für welches bei der Ausfuhr keine Mehrwertsteuerbefreiung oder -vergütung gewährt worden ist.

(2) Die in Absatz 1 Buchstabe c genannte Bedingung gilt in folgenden Fällen als erfüllt:

a) wenn der Zeitraum zwischen der ersten Inbetriebnahme des Fahrzeugs und dem Beitritt zur Europäischen Union mehr als 8 Jahre beträgt;

b) wenn der Betrag der bei der Einfuhr fälligen Steuer geringfügig ist.

Kapitel 2a.[1] Übergangsmaßnahmen für die Anwendung neuer Rechtsvorschriften

Art. 410a[1] **[Anwendung der Vorschriften über Gutscheine]** Die Artikel 30a, 30b und 73a gelten nur für nach dem 31. Dezember 2018 ausgestellte Gutscheine.

Art. 410b[1] **[Bewertungsbericht zu Behandlung von Gutscheinen]**
Die Kommission legt dem Europäischen Parlament und dem Rat bis spätestens 31. Dezember 2022 auf der Grundlage der von den Mitgliedstaaten erlangten Informationen einen Bewertungsbericht über die Anwendung der Bestimmungen dieser Richtlinie hinsichtlich der mehrwertsteuerlichen Behandlung von Gutscheinen vor, unter besonderer Berücksichtigung der Definition des Begriffs Gutschein, der Mehrwertsteuervorschriften in Bezug auf die Besteuerung von Gutscheinen in der Vertriebskette und nicht eingelöste Gutscheine; dem Bewertungsbericht ist erforderlichenfalls ein angemessener Vorschlag zur Änderung der jeweiligen Bestimmungen beigefügt.

Kapitel 3. Umsetzung und Inkrafttreten

Art. 411 **[Aufhebung der 1. und 6. EG-Richtlinie]**
(1) Die Richtlinie 67/227/EWG und die Richtlinie 77/388/EWG werden unbeschadet der Verpflichtung der Mitgliedstaaten hinsichtlich der in Anhang XI Teil B genannten Fristen für die Umsetzung in innerstaatliches Recht und der Anwendungsfristen aufgehoben.

(2) Verweisungen auf die aufgehobenen Richtlinien gelten als Verweisungen auf die vorliegende Richtlinie und sind nach Maßgabe der Entsprechungstabelle in Anhang XII zu lesen.

Art. 412 **[Pflicht zur Umsetzung einiger Vorschriften der MwStSystRL in nationales Recht zum 1.1.2008]** (1) [11] [1]Die Mitgliedstaaten erlassen die Rechts- und Verwaltungsvorschriften, die erforderlich sind, um Artikel 2 Absatz 3, Artikel 44, Artikel 59 Absatz 1, Artikel 399 und Anhang III Nummer 18 dieser Richtlinie mit Wirkung zum 1. Januar 2008 nachzukommen. [2]Sie teilen der Kommission unverzüglich den Wortlaut dieser Rechtsvorschriften mit und fügen eine Entsprechungstabelle dieser Rechtsvorschriften und der vorliegenden Richtlinie bei.

[2] [1]Wenn die Mitgliedstaaten diese Vorschriften erlassen, nehmen sie in den Vorschriften selbst oder durch einen Hinweis bei der amtlichen Veröffent-

---

[1] Kapitel 2a (Art. 410a, 410b) eingef. mWv 2.7.2016 durch RL v. 27.6.2016 (ABl. L 177 S. 9).

lichung auf diese Richtlinie Bezug. [2]Die Mitgliedstaaten regeln die Einzelheiten der Bezugnahme.

(2) Die Mitgliedstaaten teilen der Kommission den Wortlaut der wesentlichen innerstaatlichen Rechtsvorschriften mit, die sie auf dem unter diese Richtlinie fallenden Gebiet erlassen.

Art. 413 **[Inkrafttreten]** Diese Richtlinie tritt am 1. Januar 2007 in Kraft.

Art. 414 **[Adressat der MwStSystRL]** Diese Richtlinie ist an die Mitgliedstaaten gerichtet.

(Fortsetzung nächstes Blatt)

Anhang I

Verzeichnis der Tätigkeiten im Sinne des Artikels 13 Absatz 1 Unterabsatz 3

 1. Telekommunikationswesen;
 2. Lieferung von Wasser, Gas, Elektrizität und thermischer Energie;
 3. Güterbeförderung;
 4. Hafen- und Flughafendienstleistungen;
 5. Personenbeförderung;
 6. Lieferung von neuen Gegenständen zum Zwecke ihres Verkaufs;
 7. Umsätze der landwirtschaftlichen Interventionsstellen aus landwirtschaftlichen Erzeugnissen, die in Anwendung der Verordnungen über eine gemeinsame Marktorganisation für diese Erzeugnisse bewirkt werden;
 8. Veranstaltung von Messen und Ausstellungen mit gewerblichem Charakter;
 9. Lagerhaltung;
10. Tätigkeiten gewerblicher Werbebüros;
11. Tätigkeiten der Reisebüros;
12. Umsätze von betriebseigenen Kantinen, Verkaufsstellen und Genossenschaften und ähnlichen Einrichtungen;
13. Tätigkeiten der Rundfunk- und Fernsehanstalten sofern sie nicht nach Artikel 132 Absatz 1 Buchstabe q steuerbefreit sind.

Anhang II

Exemplarisches Verzeichnis elektronisch erbrachter Dienstleistungen im Sinne von Artikel 58 Absatz 1 Buchstabe c[1]

1. Bereitstellung von Websites, Webhosting, Fernwartung von Programmen und Ausrüstungen;
2. Bereitstellung von Software und deren Aktualisierung;
3. Bereitstellung von Bildern, Texten und Informationen sowie Bereitstellung von Datenbanken;
4. Bereitstellung von Musik, Filmen und Spielen, einschließlich Glücksspielen und Lotterien sowie von Sendungen und Veranstaltungen aus den Bereichen Politik, Kultur, Kunst, Sport, Wissenschaft und Unterhaltung;
5. Erbringung von Fernunterrichtsleistungen.

Anhang III[2]

Verzeichnis der Lieferungen von Gegenständen und Dienstleistungen, auf die ermäßigte Steuersätze und die Steuerbefreiung mit Recht auf Vorsteuerabzug gemäß Artikel 98 angewandt werden können

1. Nahrungs- und Futtermittel (einschließlich Getränke, alkoholische Getränke jedoch ausgenommen), lebende Tiere, Saatgut, Pflanzen und üblicherweise für die Zubereitung von

---

[1] Überschrift geänd. mWv 1.1.2010 bzw. mWv 1.1.2015 durch RL 2008/8/EG v. 12.2.2008 (ABl. EU Nr. L 44 S. 11).
[2] Anh. III geänd. mWv 1.6.2009 durch RL v. 5.5.2009 (ABl. L 116 S. 18); geänd. mWv 4.12.2018 durch RL v. 6.11.2018 (ABl. L 286 S. 20); geänd. mWv 6.4.2022 durch RL v. 5.4.2022 (ABl. L 107 S. 1); zur **Anwendung ab 1.1.2025** siehe Art. 3 Abs. 1 UAbs. 2 RL 2022/542.

Nahrungs- und Futtermitteln verwendete Zutaten sowie üblicherweise als Zusatz oder als Ersatz für Nahrungs- und Futtermittel verwendete Erzeugnisse;

2. Lieferung von Wasser;
3. Arzneimittel, die für ärztliche und tierärztliche Zwecke verwendet werden, einschließlich Erzeugnissen für Zwecke der Empfängnisverhütung und der Monatshygiene, sowie absorbierender Hygieneprodukte;
4. medizinische Geräte, Vorrichtungen, Produkte, Artikel, Hilfsmittel und Schutzausrüstung, einschließlich Atemschutzmasken, die üblicherweise für die Verwendung in der Gesundheitsversorgung oder für den Gebrauch von Behinderten bestimmt sind, Gegenstände, die wesentlich sind, um eine Behinderung auszugleichen oder zu bewältigen, sowie die Anpassung, Instandsetzung, Vermietung und das Leasing solcher Gegenstände;
5. Beförderung von Personen und Beförderung der von ihnen mitgeführten Gegenstände, wie beispielsweise Gepäck, Fahrräder einschließlich Elektrofahrräder, Kraftfahrzeuge oder andere Fahrzeuge, oder Dienstleistungen im Zusammenhang mit der Beförderung von Personen;
6. Lieferung von Büchern, Zeitungen und Zeitschriften auf physischen Trägern, auf elektronischem Weg oder beidem, einschließlich des Verleihs durch Büchereien (einschließlich Broschüren, Prospekte und ähnlicher Drucksachen, Bilder-, Zeichen- oder Malbücher für Kinder, Notenhefte oder Manuskripte, Landkarten und hydrografischer oder sonstiger Karten), mit Ausnahme von Veröffentlichungen, die vollständig oder im Wesentlichen Werbezwecken dienen, und mit Ausnahme von Veröffentlichungen, die vollständig oder im Wesentlichen aus Videoinhalten oder hörbarer Musik bestehen; Herstellung von Veröffentlichungen von gemeinnützigen Organisationen und Dienstleistungen im Zusammenhang mit dieser Herstellung;
7. Eintrittsberechtigung für Veranstaltungen, Theater, Zirkus, Jahrmärkte, Vergnügungsparks, Konzerte, Museen, Tierparks, Kinos und Ausstellungen sowie ähnliche kulturelle Ereignisse und Einrichtungen, oder Zugang zum Live-Streaming dieser Ereignisse oder Besuche oder beides;
8. Empfang von Rundfunk- und Fernsehprogrammen und Webcasting dieser Programme durch einen Mediendiensteanbieter; Internetzugangsdienste, die im Rahmen einer Digitalisierungspolitik bereitgestellt werden, die von den Mitgliedstaaten festgelegt wurde;
9. Dienstleistungen von Schriftstellern, Komponisten und ausübenden Künstlern sowie diesen geschuldete urheberrechtliche Vergütungen;
10. Lieferung und Bau von Wohnungen im Rahmen des sozialen Wohnungsbaus, wie von den Mitgliedstaaten festgelegt; Renovierung und Umbau, einschließlich Abriss und Neubau, sowie Reparatur von Wohnungen und Privatwohnungen; Vermietung von Grundstücken für Wohnzwecke;
10a. Bau und Renovierung von öffentlichen und anderen Gebäuden, die für dem Gemeinwohl dienende Tätigkeiten genutzt werden;
10b. Reinigung von Fenstern und Reinigung in privaten Haushalten;
10c. Lieferung und Installation von Solarpaneelen auf und in der Nähe von Privatwohnungen, Wohnungen sowie öffentlichen und anderen Gebäuden, die für dem Gemeinwohl dienende Tätigkeiten genutzt werden;
11. Lieferung von Gegenständen und Dienstleistungen, die in der Regel für den Einsatz in der landwirtschaftlichen Erzeugung bestimmt sind, mit Ausnahme von Investitionsgütern wie Maschinen oder Gebäuden; und bis zum 1. Januar 2032 Lieferung von chemischen Schädlingsbekämpfungsmitteln und chemischen Düngemitteln;
11a. Lebende Equiden und Dienstleistungen im Zusammenhang mit lebenden Equiden;
12. Beherbergung in Hotels und ähnlichen Einrichtungen, einschließlich der Beherbergung in Ferienunterkünften, und Vermietung von Campingplätzen und Plätzen für das Abstellen von Wohnwagen;
12a. Restaurant- und Verpflegungsdienstleistungen, mit der Möglichkeit, die Abgabe von (alkoholischen und/oder alkoholfreien) Getränken auszuklammern;
13. Eintrittsberechtigung für Sportveranstaltungen oder Zugang zum Live-Streaming dieser Veranstaltungen oder beides; Überlassung von Sportanlagen und Angebot von Sport- oder Bewegungskursen auch im Wege von Live-Streaming;
14. *(aufgehoben)*

15. Lieferung von Gegenständen und Erbringung von Dienstleistungen durch gemeinnützige Organisationen. die sich für wohltätige Zwecke und im Bereich der sozialen Sicherheit wie von den Mitgliedstaaten definiert einsetzen und die von den Mitgliedstaaten als Einrichtungen mit sozialem Charakter anerkannt werden, soweit sie nicht gemäß den Artikeln 132, 135 und 136 von der Steuer befreit sind;

16. Dienstleistungen von Bestattungsinstituten und Krematorien, einschließlich der Lieferung von damit im Zusammenhang stehenden Gegenständen;

17. medizinische Versorgungsleistungen und zahnärztliche Leistungen sowie Thermalbehandlungen, soweit sie nicht gemäß Artikel 132 Absatz 1 Buchstaben b bis e von der Steuer befreit sind;

18. Dienstleistungen im Zusammenhang mit Abwasser, Straßenreinigung, der Abfuhr von Hausmüll und der Abfallbehandlung oder dem Recycling von Müll mit Ausnahme der Dienstleistungen, die von Einrichtungen im Sinne des Artikels 13 erbracht werden;

19. Reparaturdienstleistungen betreffend Haushaltsgeräte, Schuhe und Lederwaren, Kleidung und Haushaltswäsche (einschließlich Ausbesserung und Änderung);

20. häusliche Pflegedienstleistungen (z. B. Haushaltshilfe und Betreuung von Kindern, älteren, kranken oder behinderten Personen);

21. Friseurdienstleistungen;

22. Lieferung von Elektrizität, Fernwärme und Fernkälte sowie Biogas, das aus in Anhang IX Teil A der Richtlinie (EU) 2018/2001 des Europäischen Parlaments und des Rates[1]) aufgeführten Rohstoffen hergestellt wird; Lieferung und Installation von hocheffizienten emissionsarmen Heizanlagen, die die Emissionsrichtwerte gemäß Anhang V der Verordnung (EU) 2015/1189 der Kommission[2]) bzw. Anhang V der Verordnung (EU) 2015/1185 der Kommission[3]) einhalten und denen ein EU-Energieetikett zuerkannt wurde, um zu zeigen, dass das Kriterium nach Artikel 7 Absatz 2 der Verordnung (EU) 2017/1369 des Europäischen Parlaments und des Rates[4]) erfüllt wird; und bis zum 1. Januar 2030 von Erdgas und Brennholz;

23. Lebende Pflanzen und sonstige Erzeugnisse des Pflanzenanbaus, einschließlich Knollen, Baumwolle, Wurzeln und ähnlichen Erzeugnissen, Schnittblumen und Pflanzenteilen zu Binde- oder Zierzwecken;

24. Kinderbekleidung und -schuhe; Lieferung von Kindersitzen für Kraftfahrzeuge;

25. Lieferung von Fahrrädern, einschließlich Elektrofahrrädern; Vermietungs- und Reparaturdienstleistungen für solche Fahrräder;

26. Lieferung von in Anhang IX Teile A, B und C aufgeführten Kunstgegenständen, Sammlungsstücken und Antiquitäten;

27. Rechtsdienstleistungen für auf Vertragsbasis Beschäftigte und Arbeitslose in Arbeitsgerichtsverfahren, und Rechtsdienstleistungen im Rahmen der Regelung für Verfahrenshilfe, wie von den Mitgliedstaaten festgelegt;

28. Geräte und sonstige Ausrüstung, die üblicherweise für den Einsatz bei Rettungs- oder Erste-Hilfe-Diensten bestimmt sind, wenn sie öffentlichen Einrichtungen oder gemeinnützigen Organisationen, die im Bereich des Zivil- oder Gemeinschaftsschutzes tätig sind, geliefert werden;

---

[1]) **[Amtl. Anm.:]** Richtlinie (EU) 2018/2001 des Europäischen Parlaments und des Rates vom 11. Dezember 2018 zur Förderung der Nutzung von Energie aus erneuerbaren Quellen (Neufassung) (ABl. L 328 vom 21.12.2018, S. 82).

[2]) **[Amtl. Anm.:]** Verordnung (EU) 2015/1189 der Kommission vom 28. April 2015 zur Durchführung der Richtlinie 2009/125/EG des Europäischen Parlaments und des Rates im Hinblick auf die Festlegung von Anforderungen an die umweltgerechte Gestaltung von Festbrennstoffkesseln (ABl. L 193 vom 21.7.2015, S. 100).

[3]) **[Amtl. Anm.:]** Verordnung (EU) 2015/1185 der Kommission vom 24. April 2015 zur Durchführung der Richtlinie 2009/125/EG des Europäischen Parlaments und des Rates im Hinblick auf die Festlegung von Anforderungen an die umweltgerechte Gestaltung von Festbrennstoff-Einzelraumheizgeräten (ABl. L 193 vom 21.7.2015, S. 1).

[4]) **[Amtl. Anm.:]** Verordnung (EU) 2017/1369 des Europäischen Parlaments und des Rates vom 4. Juli 2017 zur Festlegung eines Rahmens für die Energieverbrauchskennzeichnung und zur Aufhebung der Richtlinie 2010/30/EU (ABl. L 198 vom 28.7.2017, S. 1).

29. Dienstleistungen in Verbindung mit dem Betrieb von Feuerschiffen, Leuchttürmen oder anderen Navigationshilfen und Lebensrettungsdiensten einschließlich der Organisation und Unterhaltung des Rettungsboot-Dienstes.

(Fortsetzung nächste Seite)

Anhang IV[1] *(aufgehoben)*

Anhang V

Kategorien von Gegenständen, die nach Artikel 160 Absatz 2 Regelungen für andere Lager als Zolllager unterliegen

	KN-Code	Beschreibung der Gegenstände
1)	0701	Kartoffeln
2)	0711 20	Oliven
3)	0801	Kokosnüsse, Paranüsse und Kaschu-Nüsse
4)	0802	Andere Schalenfrüchte
5)	0901 11 00	Kaffee, nicht geröstet
	0901 12 00	
6)	0902	Tee
7)	1001 bis 1005	Getreide
	1007 bis 1008	
8)	1006	Rohreis
9)	1201 bis 1207	Samen und ölhaltige Früchte (einschließlich Sojabohnen)
10)	1507 bis 1515	Pflanzliche Fette und Öle und deren Fraktionen, roh, raffiniert, jedoch nicht chemisch modifiziert
11)	1701 11	Rohzucker
	1701 12	
12)	1801	Kakao, Kakaobohnen und Kakaobohnenbruch; roh oder geröstet
13)	2709	Mineralöle (einschließlich Propan und Butan sowie Rohöle aus Erdöl)
	2710	
	2711 12	
	2711 13	
14)	Kapitel 28 und 29	Chemische Produkte, lose
15)	4001	Kautschuk, in Primärformen oder in Platten, Blättern oder Streifen
	4002	
16)	5101	Wolle
17)	7106	Silber
18)	7110 11 00	Platin (Palladium, Rhodium)
	7110 21 00	
	7110 31 00	
19)	7402	Kupfer
	7403	
	7405	
	7408	
20)	7502	Nickel
21)	7601	Aluminium
22)	7801	Blei
23)	7901	Zink
24)	8001	Zinn
25)	ex 8112 92	Indium
	ex 8112 99	

---

[1] Anh. IV aufgeh. mWv 1.6.2009 durch RL 2009/47/EG v. 5.5.2009 (ABl. EU Nr. L 116 S. 18).

Anhang VI

Verzeichnis der in Artikel 199 Absatz 1 Buchstabe d genannten Lieferungen von Gegenständen und Dienstleistungen

1. Lieferung von Alteisen und Nichteisenabfällen, Schrott und Gebrauchtmaterial einschließlich Halberzeugnissen aus Verarbeitung, Herstellung oder Schmelzen von Eisen oder Nichteisenmetallen oder deren Legierungen;
2. Lieferung von Halberzeugnissen aus Eisen- und Nichteisenmetallen sowie Erbringung bestimmter damit verbundener Verarbeitungsleistungen;
3. Lieferung von Rückständen und anderen recyclingfähigen Materialien aus Eisen- und Nichteisenmetallen, Legierungen, Schlacke, Asche, Walzschlacke und metall- oder metalllegierungshaltigen gewerblichen Rückständen sowie Erbringung von Dienstleistungen in Form des Sortierens, Zerschneidens, Zerteilens und Pressens dieser Erzeugnisse;
4. Lieferung von Alteisen und Altmetallen, sowie von Abfällen, Schnitzeln und Bruch sowie gebrauchtem und recyclingfähigem Material in Form von Scherben, Glas, Papier, Pappe und Karton, Lumpen, Knochen, Häuten, Kunstleder, Pergament, rohen Häuten und Fellen, Sehnen und Bändern, Schnur, Tauwerk, Leinen, Tauen, Seilen, Kautschuk und Plastik und Erbringung bestimmter Verarbeitungsleistungen in Zusammenhang damit;
5. Lieferung der in diesem Anhang genannten Stoffe, nachdem sie gereinigt, poliert, sortiert, geschnitten, fragmentiert, zusammengepresst oder zu Blöcken gegossen wurden;
6. Lieferung von Schrott und Abfällen aus der Verarbeitung von Rohstoffen.

Anhang VII

Verzeichnis der Tätigkeiten der landwirtschaftlichen Erzeugung im Sinne des Artikels 295 Absatz 1 Nummer 4

1. Anbau:
   a) Ackerbau im Allgemeinen, einschließlich Weinbau;
   b) Obstbau (einschließlich Olivenanbau) und Gemüse-, Blumen- und Zierpflanzengartenbau, auch unter Glas;
   c) Anbau von Pilzen und Gewürzen, Erzeugung von Saat- und Pflanzgut;
   d) Betrieb von Baumschulen.
2. Tierzucht und Tierhaltung in Verbindung mit der Bodenbewirtschaftung:
   a) Viehzucht und -haltung;
   b) Geflügelzucht und -haltung;
   c) Kaninchenzucht und -haltung;
   d) Imkerei;
   e) Seidenraupenzucht;
   f) Schneckenzucht.
3. Forstwirtschaft.
4. Fischwirtschaft:
   a) Süßwasserfischerei;
   b) Fischzucht;
   c) Muschelzucht, Austernzucht und Zucht anderer Weich- und Krebstiere;
   d) Froschzucht.

Anhang VIII

Exemplarisches Verzeichnis der landwirtschaftlichen Dienstleistungen im Sinne des Artikels 295 Absatz 1 Nummer 5

1. Anbau-, Ernte-, Dresch-, Press-, Lese- und Einsammelarbeiten, einschließlich Säen und Pflanzen;
2. Verpackung und Zubereitung, wie beispielsweise Trocknung, Reinigung, Zerkleinerung, Desinfektion und Einsilierung landwirtschaftlicher Erzeugnisse;
3. Lagerung landwirtschaftlicher Erzeugnisse;
4. Hüten, Zucht und Mästen von Vieh;
5. Vermietung normalerweise in land-, forst- und fischwirtschaftlichen Betrieben verwendeter Mittel zu landwirtschaftlichen Zwecken;
6. technische Hilfe;
7. Vernichtung schädlicher Pflanzen und Tiere, Behandlung von Pflanzen und Böden durch Besprühen;
8. Betrieb von Be- und Entwässerungsanlagen;
9. Beschneiden und Fällen von Bäumen und andere forstwirtschaftliche Dienstleistungen.

Anhang IX

Kunstgegenstände, Sammlungsstücke und Antiquitäten im Sinne des Artikels 311 Absatz 1 Nummer 2, 3, und 4

Teil A. Kunstgegenstände

1. Gemälde (z. B. Ölgemälde, Aquarelle, Pastelle) und Zeichnungen sowie Collagen und ähnliche dekorative Bildwerke, vollständig vom Künstler mit der Hand geschaffen, ausgenommen Baupläne und -zeichnungen, technische Zeichnungen und andere Pläne und Zeichnungen zu Gewerbe-, Handels-, topografischen oder ähnlichen Zwecken, handbemalte oder handverzierte gewerbliche Erzeugnisse, bemalte Gewebe für Theaterdekorationen, Atelierhintergründe oder dergleichen (KN-Code 9701);
2. Originalstiche, -schnitte und -steindrucke, die unmittelbar in begrenzter Zahl von einer oder mehreren vom Künstler vollständig handgearbeiteten Platten nach einem beliebigen, jedoch nicht mechanischen oder fotomechanischen Verfahren auf ein beliebiges Material in schwarz-weiß oder farbig abgezogen wurden (KN-Code 9702 00 00);
3. Originalerzeugnisse der Bildhauerkunst, aus Stoffen aller Art, sofern vollständig vom Künstler geschaffen; unter Aufsicht des Künstlers oder seiner Rechtsnachfolger hergestellte Bildgüsse bis zu einer Höchstzahl von acht Exemplaren (KN-Code 9703 00 00). In bestimmten, von den Mitgliedstaaten festgelegten Ausnahmefällen darf bei vor dem 1. Januar 1989 hergestellten Bildgüssen die Höchstzahl von acht Exemplaren überschritten werden;
4. handgearbeitete Tapisserien (KN-Code 5805 00 00) und Textilwaren für Wandbekleidung (KN-Code 6304 00 00) nach Originalentwürfen von Künstlern, höchstens jedoch acht Kopien je Werk;
5. Originalwerke aus Keramik, vollständig vom Künstler geschaffen und von ihm signiert;
6. Werke der Emaillekunst, vollständig von Hand geschaffen, bis zu einer Höchstzahl von acht nummerierten und mit der Signatur des Künstlers oder des Kunstateliers versehenen Exemplaren; ausgenommen sind Erzeugnisse des Schmuckhandwerks, der Juwelier- und der Goldschmiedekunst;
7. vom Künstler aufgenommene Photographien, die von ihm oder unter seiner Überwachung abgezogen wurden und signiert sowie nummeriert sind; die Gesamtzahl der Abzüge darf, alle Formate und Trägermaterialien zusammengenommen, 30 nicht überschreiten.

Teil B. Sammlungsstücke

1. Briefmarken, Stempelmarken, Steuerzeichen, Ersttagsbriefe, Ganzsachen und dergleichen, entwertet oder nicht entwertet, jedoch weder gültig noch zum Umlauf vorgesehen (KN-Code 9704 00 00);
2. zoologische, botanische, mineralogische oder anatomische Sammlungsstücke und Sammlungen; Sammlungsstücke von geschichtlichem, archäologischem, paläontologischem, völkerkundlichem oder münzkundlichem Wert (KN-Code 9705 00 00).

Teil C. Antiquitäten

Andere Gegenstände als Kunstgegenstände und Sammlungsstücke, die mehr als hundert Jahre alt sind (KN-Code 9706 00 00).

Anhang X

Verzeichnis der Umsätze, für die die Ausnahmen gemäß den Artikeln 370 und 371 sowie 375 bis 390c[1]) gelten

Teil A. Umsätze, die die Mitgliedstaaten weiterhin besteuern dürfen

1. Dienstleistungen, die von Zahntechnikern im Rahmen ihrer beruflichen Tätigkeit erbracht werden, sowie Lieferungen von Zahnersatz durch Zahnärzte und Zahntechniker;
2. Tätigkeiten der öffentlichen Rundfunk- und Fernsehanstalten, die keinen gewerblichen Charakter aufweisen;
3. Lieferungen von anderen Gebäuden oder Gebäudeteilen und dem dazugehörigen Grund und Boden als den in Artikel 12 Absatz 1 Buchstabe a genannten, wenn sie von Steuerpflichtigen getätigt werden, die für das betreffende Gebäude ein Recht auf Vorsteuerabzug hatten;
4. Dienstleistungen der Reisebüros im Sinne des Artikels 306 sowie der Reisebüros, die im Namen und für Rechnung des Reisenden für Reisen außerhalb der Gemeinschaft tätig werden.

Teil B. Umsätze, die die Mitgliedstaaten weiterhin von der Steuer befreien dürfen

1. Einnahme von Eintrittsgeldern bei Sportveranstaltungen;
2. Dienstleistungen von Autoren, Künstlern und Interpreten von Kunstwerken sowie Dienstleistungen von Rechtsanwälten und Angehörigen anderer freier Berufe, mit Ausnahme der ärztlichen oder arztähnlichen Heilberufe sowie mit Ausnahme folgender Dienstleistungen:
   a) Abtretung von Patenten, Warenzeichen und gleichartigen Rechten sowie Gewährung von Lizenzen betreffend diese Rechte;
   b) Arbeiten an beweglichen körperlichen Gegenständen, die für Steuerpflichtige durchgeführt werden und die nicht in der Ablieferung eines aufgrund eines Werkvertrags hergestellten beweglichen Gegenstands bestehen;
   c) Dienstleistungen zur Vorbereitung oder zur Koordinierung der Durchführung von Bauleistungen wie zum Beispiel Leistungen von Architekten und Bauaufsichtsbüros;
   d) Dienstleistungen auf dem Gebiet der Wirtschaftswerbung;
   e) Beförderung und Lagerung von Gegenständen sowie Nebendienstleistungen;
   f) Vermietung von beweglichen körperlichen Gegenständen an Steuerpflichtige;
   g) Überlassung von Arbeitskräften an Steuerpflichtige;
   h) Dienstleistungen von Beratern, Ingenieuren und Planungsbüros auf technischem, wirtschaftlichem und wissenschaftlichem Gebiet sowie ähnliche Leistungen;
   i) Ausführung einer Verpflichtung, eine unternehmerische Tätigkeit oder ein Recht im Sinne der Buchstaben a bis h und j ganz oder teilweise nicht auszuüben;

---

[1]) Geänd. mWv 15.1.2010 durch RL 2009/162/EU v. 22.12.2009 (ABl. EU 2010 Nr. L 10 S. 14); Überschrift neu gef. mWv 1.7.2013 durch Beitrittsakte v. 9.12.2011 (ABl. EU 2012 Nr. L 112, S. 21).

j) Dienstleistungen von Spediteuren, Maklern, Handelsagenten und anderen selbständigen Vermittlern, soweit sie die Lieferungen oder die Einfuhren von Gegenständen oder Dienstleistungen gemäß den Buchstaben a bis i betreffen;

3. Telekommunikationsdienstleistungen und dazu gehörende Lieferungen von Gegenständen, die von öffentlichen Posteinrichtungen erbracht bzw. getätigt werden;

4. Dienstleistungen der Bestattungsinstitute und Krematorien sowie dazu gehörende Lieferungen von Gegenständen;

5. Umsätze, die von Blinden oder Blindenwerkstätten bewirkt werden, wenn ihre Befreiung von der Steuer keine erheblichen Wettbewerbsverzerrungen verursacht;

6. Lieferung von Gegenständen und Dienstleistungen an Einrichtungen, die mit der Anlage, Ausstattung und Instandhaltung von Friedhöfen, Grabstätten und Denkmälern für Kriegsopfer beauftragt sind;

7. Umsätze von nicht unter Artikel 132 Absatz 1 Buchstabe b fallenden Krankenhäusern;

8. Lieferung von Wasser durch Einrichtungen des öffentlichen Rechts;

9. Lieferung von Gebäuden oder Gebäudeteilen und dem dazugehörigen Grund und Boden vor dem Erstbezug sowie Lieferung von Baugrundstücken im Sinne des Artikels 12;

10. Beförderung von Personen und von Begleitgütern der Reisenden, wie Gepäck und Kraftfahrzeuge, sowie Dienstleistungen im Zusammenhang mit der Personenbeförderung, soweit die Beförderung dieser Personen von der Steuer befreit ist;

11. Lieferung, Umbau, Reparatur, Wartung, Vercharterung und Vermietung von Luftfahrzeugen, die von staatlichen Einrichtungen verwendet werden, einschließlich der Gegenstände, die in diese Luftfahrzeuge eingebaut sind oder ihrem Betrieb dienen;

12. Lieferung, Umbau, Reparatur, Wartung, Vercharterung und Vermietung von Kriegsschiffen;

13. Dienstleistungen der Reisebüros im Sinne des Artikels 306 sowie der Reisebüros, die im Namen und für Rechnung des Reisenden für Reisen innerhalb der Gemeinschaft tätig werden.

Anhang XI

Teil A. Aufgehobene Richtlinien mit ihren nachfolgenden Änderungen

1. Richtlinie 67/227/EWG (ABl. 71 vom 14.4.1967, S. 1301)
   Richtlinie 77/388/EWG
2. Richtlinie 77/388/EWG (ABl. L 145 vom 13.6.1977, S. 1)
   Richtlinie 78/583/EWG (ABl. L 194 vom 19.7.1978, S. 16)
   Richtlinie 80/368/EWG (ABl. L 90 vom 3.4.1980, S. 41)
   Richtlinie 84/386/EWG (ABl. L 208 vom 3.8.1984, S. 58)
   Richtlinie 89/465/EWG (ABl. L 226 vom 3.8.1989, S. 21)
   Richtlinie 91/680/EWG (ABl. L 376 vom 31.12.1991, S. 1) – nicht Artikel 2
   Richtlinie 92/77/EWG (ABl. L 316 vom 31.10.1992, S. 1)
   Richtlinie 92/111/EWG (ABl. L 384 vom 30.12.1992, S. 47)
   Richtlinie 94/4/EG (ABl. L 60 vom 3.3.1994, S. 14) – nur Artikel 2
   Richtlinie 94/5/EG (ABl. L 60 vom 3.3.1994, S. 16)
   Richtlinie 94/76/EG (ABl. L 365 vom 31.12.1994, S. 53)
   Richtlinie 95/7/EG (ABl. L 102 vom 5.5.1995, S. 18)
   Richtlinie 96/42/EG (ABl. L 170 vom 9.7.1996, S. 34)
   Richtlinie 96/95/EG (ABl. L 338 vom 28.12.1996, S. 89)
   Richtlinie 98/80/EG (ABl. L 281 vom 17.10.1998, S. 31)
   Richtlinie 1999/49/EG (ABl. L 139 vom 2.6.1999, S. 27)
   Richtlinie 1999/59/EG (ABl. L 162 vom 26.6.1999, S. 63)
   Richtlinie 1999/85/EG (ABl. L 277 vom 28.10.1999, S. 34)
   Richtlinie 2000/17/EG (ABl. L 84 vom 5.4.2000, S. 24)
   Richtlinie 2000/65/EG (ABl. L 269 vom 21.10.2000, S. 44)
   Richtlinie 2001/4/EG (ABl. L 22 vom 24.1.2001, S. 17)
   Richtlinie 2001/115/EG (ABl. L 15 vom 17.1.2002, S. 24)
   Richtlinie 2002/38/EG (ABl. L 128 vom 15.5.2002, S. 41)
   Richtlinie 2002/93/EG (ABl. L 331 vom 7.12.2002, S. 27)

Richtlinie 2003/92/EG (ABl. L 260 vom 11.10.2003, S. 8)
Richtlinie 2004/7/EG (ABl. L 27 vom 30.1.2004, S. 44)
Richtlinie 2004/15/EG (ABl. L 52 vom 21.2.2004, S. 61)
Richtlinie 2004/66/EG (ABl. L 168 vom 1.5.2004, S. 35) – nur Anhang Nummer V
Richtlinie 2005/92/EG (ABl. L 345 vom 28.12.2005, S. 19)
Richtlinie 2006/18/EG (ABl. L 51 vom 22.2.2006, S. 12)
Richtlinie 2006/58/EG (ABl. L 174 vom 28.6.2006, S. 5)
Richtlinie 2006/69/EG (ABl. L 221, vom 12.8.2006, S. 9) – nur Artikel 1
Richtlinie 2006/98/EG (ABl. L 363 vom 20.12.2006, S. 129) – nur Nummer 2 des Anhangs;

Teil B. Fristen für die Umsetzung in nationales Recht (Artikel 411)

Richtlinie	Umsetzungsfrist
Richtlinie 67/227/EWG	1. Januar 1970
Richtlinie 77/388/EWG	1. Januar 1978
Richtlinie 78/583/EWG	1. Januar 1979
Richtlinie 80/368/EWG	1. Januar 1979
Richtlinie 84/386/EWG	1. Juli 1985
Richtlinie 89/465/EWG	1. Januar 1990
	1. Januar 1991
	1. Januar 1992
	1. Januar 1993
	1. Januar 1994 für Portugal
Richtlinie 91/680/EWG	1. Januar 1993
Richtlinie 92/77/EWG	31. Dezember 1992
Richtlinie 92/111/EWG	1. Januar 1993
	1. Januar 1994
	1. Oktober 1993 für Deutschland
Richtlinie 94/4/EG	1. April 1994
Richtlinie 94/5/EG	1. Januar 1995
Richtlinie 94/76/EG	1. Januar 1995
Richtlinie 95/7/EG	1. Januar 1996
	1. Januar 1997 für Deutschland und Luxemburg
Richtlinie 96/42/EG	1. Januar 1995
Richtlinie 96/95/EG	1. Januar 1997
Richtlinie 98/80/EG	1. Januar 2000
Richtlinie 1999/49/EG	1. Januar 1999
Richtlinie 1999/59/EG	1. Januar 2000
Richtlinie 1999/85/EG	–
Richtlinie 2000/17/EG	–
Richtlinie 2000/65/EG	31. Dezember 2001
Richtlinie 2001/4/EG	1. Januar 2001
Richtlinie 2001/115/EG	1. Januar 2004
Richtlinie 2002/38/EG	1. Juli 2003
Richtlinie 2002/93/EG	–
Richtlinie 2003/92/EG	1. Januar 2005
Richtlinie 2004/7/EG	30. Januar 2004
Richtlinie 2004/15/EG	–
Richtlinie 2004/66/EG	1. Mai 2004
Richtlinie 2005/92/EG	1. Januar 2006
Richtlinie 2006/18/EG	–
Richtlinie 2006/58/EG	1. Juli 2006
Richtlinie 2006/69/EG	1. Januar 2008
Richtlinie 2006/98/EG	1. Januar 2007

Anhang XII
Entsprechungstabelle

Richtlinie 67/227/EWG	Vorliegende Richtlinie
Art. 1 Abs. 1	Art. 1 Abs. 1
Art. 1 Abs. 2 und 3	–
Art. 2 Abs. 1, 2 und 3	Art. 1 Abs. 2 UAbs. 1, 2 und 3
Art. 3, 4 und 6	–
Richtlinie 77/388/EWG	
Art. 1	–
Art. 2 Nr. 1	Art. 2 Abs. 1 Buchst. a und c
Art. 2 Nr. 2	Art. 2 Abs. 1 Buchst. d
Art. 3 Abs. 1 erster Gedankenstrich	Art. 5 Nr. 2
Art. 3 Abs. 1 zweiter Gedankenstrich	Art. 5 Nr. 1
Art. 3 Abs. 1 dritter Gedankenstrich	Art. 5 Nrn. 3 und 4
Art. 3 Abs. 2	–
Art. 3 Abs. 3 UAbs. 1 erster Gedankenstrich	Art. 6 Abs. 2 Buchst. a und b
Art. 3 Abs. 3 UAbs. 1 zweiter Gedankenstrich	Art. 6 Abs. 2 Buchst. c und d
Art. 3 Abs. 3 UAbs. 1 dritter Gedankenstrich	Art. 6 Abs. 2 Buchst. e, f und g
Art. 3 Abs. 3 UAbs. 2 erster Gedankenstrich	Art. 6 Abs. 1 Buchst. b
Art. 3 Abs. 3 UAbs. 2 zweiter Gedankenstrich	Art. 6 Abs. 1 Buchst. c
Art. 3 Abs. 3 UAbs. 2 dritter Gedankenstrich	Art. 6 Abs. 1 Buchst. a
Art. 3 Abs. 4 UAbs. 1 erster und zweiter Gedankenstrich	Art. 7 Abs. 1
Art. 3 Abs. 4 UAbs. 2 erster, zweiter und dritter Gedankenstrich	Art. 7 Abs. 2
Art. 3 Abs. 5	Art. 8
Art. 4 Abs. 1 und 2	Art. 9 Abs. 1 UAbs. 1 und 2
Art. 4 Abs. 3 Buchst. a UAbs. 1 Satz 1	Art. 12 Abs. 1 Buchst. a
Art. 4 Abs. 3 Buchst. a UAbs. 1 Satz 2	Art. 12 Abs. 2 UAbs. 2
Art. 4 Abs. 3 Buchst. a UAbs. 2	Art. 12 Abs. 2 UAbs. 3
Art. 4 Abs. 3 Buchst. a UAbs. 3	Art. 12 Abs. 2 UAbs. 1
Art. 4 Abs. 3 Buchst. b UAbs. 1	Art. 12 Abs. 1 Buchst. b
Art. 4 Abs. 3 Buchst. b UAbs. 2	Art. 12 Abs. 3
Art. 4 Abs. 4 UAbs. 1	Art. 10
Art. 4 Abs. 4 UAbs. 2 und 3	Art. 11 Abs. 1 und 2
Art. 4 Abs. 5 UAbs. 1, 2 und 3	Art. 13 Abs. 1 UAbs. 1, 2 und 3
Art. 4 Abs. 5 UAbs. 4	Art. 13 Abs. 2
Art. 5 Abs. 1	Art. 14 Abs. 1
Art. 5 Abs. 2	Art. 15 Abs. 1
Art. 5 Abs. 3 Buchst. a, b und c	Art. 15 Abs. 2 Buchst. a, b und c
Art. 5 Abs. 4 Buchst. a, b und c	Art. 14 Abs. 2 Buchst. a, b und c
Art. 5 Abs. 5	Art. 14 Abs. 3
Art. 5 Abs. 6 Sätze 1 und 2	Art. 16 Abs. 1 und 2
Art. 5 Abs. 7 Buchst. a, b und c	Art. 18 Buchst. a, b und c
Art. 5 Abs. 8 Satz 1	Art. 19 Abs. 1
Art. 5 Abs. 8 Sätze 2 und 3	Art. 19 Abs. 2

Richtlinie 77/388/EWG	Vorliegende Richtlinie
Art. 6 Abs. 1 UAbs. 1	Art. 24 Abs. 1
Art. 6 Abs. 1 UAbs. 2 erster, zweiter und dritter Gedankenstrich	Art. 25 Buchst. a, b und c
Art. 6 Abs. 2 UAbs. 1 Buchst. a und b	Art. 26 Abs. 1 Buchst. a und b
Art. 6 Abs. 2 UAbs. 2	Art. 26 Abs. 2
Art. 6 Abs. 3	Art. 27
Art. 6 Abs. 4	Art. 28
Art. 6 Abs. 5	Art. 29
Art. 7 Abs. 1 Buchst. a und b	Art. 30 Abs. 1 und 2
Art. 7 Abs. 2	Art. 60
Art. 7 Abs. 3 UAbs. 1 und 2	Art. 61 Abs. 1 und 2
Art. 8 Abs. 1 Buchst. a Satz 1	Art. 32 Abs. 1
Art. 8 Abs. 1 Buchst. a Sätze 2 und 3	Art. 36 Abs. 1 und 2
Art. 8 Abs. 1 Buchst. b	Art. 31
Art. 8 Abs. 1 Buchst. c UAbs. 1	Art. 37 Abs. 1
Art. 8 Abs. 1 Buchst. c UAbs. 2 erster Gedankenstrich	Art. 37 Abs. 2 UAbs. 1
Art. 8 Abs. 1 Buchst. c UAbs. 2 zweiter und dritter Gedankenstrich	Art. 37 Abs. 2 UAbs. 2 und 3
Art. 8 Abs. 1 Buchst. c UAbs. 3	Art. 37 Abs. 2 UAbs. 4
Art. 8 Abs. 1 Buchst. c UAbs. 4	Art. 37 Abs. 3 UAbs. 1
Art. 8 Abs. 1 Buchst. c UAbs. 5	–
Art. 8 Abs. 1 Buchst. c UAbs. 6	Art. 37 Abs. 3 UAbs. 2
Art. 8 Abs. 1 Buchst. d UAbs. 1 und 2	Art. 38 Abs. 1 und 2
Art. 8 Abs. 1 Buchst. e Satz 1	Art. 39 Abs. 1
Art. 8 Abs. 1 Buchst. e Sätze 2 und 3	Art. 39 Abs. 2
Art. 8 Abs. 2	Art. 32 Abs. 2
Art. 9 Abs. 1	Art. 43
Art. 9 Abs. 2 einleitender Satzteil	–
Art. 9 Abs. 2 Buchst. a	Art. 45
Art. 9 Abs. 2 Buchst. b	Art. 46
Art. 9 Abs. 2 Buchst. c erster und zweiter Gedankenstrich	Art. 52 Buchst. a und b
Art. 9 Abs. 2 Buchst. c dritter und vierter Gedankenstrich	Art. 52 Buchst. c
Art. 9 Abs. 2 Buchst. e erster bis sechster Gedankenstrich	Art. 56 Abs. 1 Buchst. a bis f
Art. 9 Abs. 2 Buchst. e siebter Gedankenstrich	Art. 56 Abs. 1 Buchst. l
Art. 9 Abs. 2 Buchst. e achter Gedankenstrich	Art. 56 Abs. 1 Buchst. g
Art. 9 Abs. 2 Buchst. e neunter Gedankenstrich	Art. 56 Abs. 1 Buchst. h
Art. 9 Abs. 2 Buchst. e zehnter Gedankenstrich Satz 1	Art. 56 Abs. 1 Buchst. i
Art. 9 Abs. 2 Buchst. e zehnter Gedankenstrich Satz 2	Art. 24 Abs. 2
Art. 9 Abs. 2 Buchst. e zehnter Gedankenstrich Satz 3	Art. 56 Abs. 1 Buchst. i
Art. 9 Abs. 2 Buchst. e elfter und zwölfter Gedankenstrich	Art. 56 Abs. 1 Buchst. j und k
Art. 9 Abs. 2 Buchst. f	Art. 57 Abs. 1
Art. 9 Abs. 3	Art. 58 Abs. 1 und 2
Art. 9 Abs. 3 Buchst. a und b	Art. 58 Abs. 1 Buchst. a und b
Art. 9 Abs. 4	Art. 59 Abs. 1 und 2
Art. 10 Abs. 1 Buchst. a und b	Art. 62 Nrn. 1 und 2
Art. 10 Abs. 2 UAbs. 1 Satz 1	Art. 63

Richtlinie 77/388/EWG	Vorliegende Richtlinie
Art. 10 Abs. 2 UAbs. 1 Sätze 2 und 3	Art. 64 Abs. 1 und 2
Art. 10 Abs. 2 UAbs. 2	Art. 65
Art. 10 Abs. 2 UAbs. 3 erster, zweiter und dritter Gedankenstrich	Art. 66 Buchst. a, b und c
Art. 10 Abs. 3 UAbs. 1 Satz 1	Art. 70
Art. 10 Abs. 3 UAbs. 1 Satz 2	Art. 71 Abs. 1 UAbs. 1
Art. 10 Abs. 3 UAbs. 2	Art. 71 Abs. 1 UAbs. 2
Art. 10 Abs. 3 UAbs. 3	Art. 71 Abs. 2
Art. 11 Teil A Abs. 1 Buchst. a	Art. 73
Art. 11 Teil A Abs. 1 Buchst. b	Art. 74
Art. 11 Teil A Abs. 1 Buchst. c	Art. 75
Art. 11 Teil A Abs. 1 Buchst. d	Art. 77
Art. 11 Teil A Abs. 2 Buchst. a	Art. 78 Abs. 1 Buchst. a
Art. 11 Teil A Abs. 2 Buchst. b Satz 1	Art. 78 Abs. 1 Buchst. b
Art. 11 Teil A Abs. 2 Buchst. b Satz 2	Art. 78 Abs. 2
Art. 11 Teil A Abs. 3 Buchst. a und b	Art. 79 Abs. 1 Buchst. a und b Art. 87 Buchst. a und b
Art. 11 Teil A Abs. 3 Buchst. c Satz 1	Art. 79 Abs. 1 Buchst. c
Art. 11 Teil A Abs. 3 Buchst. c Satz 2	Art. 79 Abs. 2
Art. 11 Teil A Abs. 4 UAbs. 1 und 2	Art. 81 Abs. 1 und 2
Art. 11 Teil A Abs. 5	Art. 82
Art. 11 Teil A Abs. 6 UAbs. 1 Sätze 1 und 2	Art. 80 Abs. 1 UAbs. 1
Art. 11 Teil A Abs. 6 UAbs. 1 Satz 3	Art. 80 Abs. 1 UAbs. 2
Art. 11 Teil A Abs. 6 UAbs. 2	Art. 80 Abs. 1 UAbs. 1
Art. 11 Teil A Abs. 6 UAbs. 3	Art. 80 Abs. 2
Art. 11 Teil A Abs. 6 UAbs. 4	Art. 80 Abs. 3
Art. 11 Teil A Abs. 7 UAbs. 1 und 2	Art. 72 Abs. 1 und 2
Art. 11 Teil B Abs. 1	Art. 85
Art. 11 Teil B Abs. 3 Buchst. a	Art. 86 Abs. 1 Buchst. a
Art. 11 Teil B Abs. 3 Buchst. b UAbs. 1	Art. 86 Abs. 1 Buchst. b
Art. 11 Teil B Abs. 3 Buchst. b UAbs. 2	Art. 86 Abs. 2
Art. 11 Teil B Abs. 3 Buchst. b UAbs. 3	Art. 86 Abs. 1 Buchst. b
Art. 11 Teil B Abs. 4	Art. 87
Art. 11 Teil B Abs. 5	Art. 88
Art. 11 Teil B Abs. 6 UAbs. 1 und 2	Art. 89 Abs. 1 und 2
Art. 11 Teil C Abs. 1 UAbs. 1 und 2	Art. 90 Abs. 1 und 2
Art. 11 Teil C Abs. 2 UAbs. 1	Art. 91 Abs. 1
Art. 11 Teil C Abs. 2 UAbs. 2 Sätze 1 und 2	Art. 91 Abs. 2 UAbs. 1 und 2
Art. 11 Teil C Abs. 3 erster und zweiter Gedankenstrich	Art. 92 Buchst. a und b
Art. 12 Abs. 1	Art. 93 Abs. 1
Art. 12 Abs. 1 Buchst. a	Art. 93 Abs. 2 Buchst. a
Art. 12 Abs. 1 Buchst. b	Art. 93 Abs. 2 Buchst. c
Art. 12 Abs. 2 erster und zweiter Gedankenstrich	Art. 95 Abs. 1 und 2
Art. 12 Abs. 3 Buchst. a UAbs. 1 Satz 1	Art. 96
Art. 12 Abs. 3 Buchst. a UAbs. 1 Satz 2	Art. 97 Abs. 1
Art. 12 Abs. 3 Buchst. a UAbs. 2	Art. 97 Abs. 2
Art. 12 Abs. 3 Buchst. a UAbs. 3 Satz 1	Art. 98 Abs. 1
Art. 12 Abs. 3 Buchst. a UAbs. 3 Satz 2	Art. 98 Abs. 2 UAbs. 1 Art. 99 Abs. 1

Richtlinie 77/388/EWG	Vorliegende Richtlinie
Art. 12 Abs. 3 Buchst. a UAbs. 4	Art. 98 Abs. 2 UAbs. 2
Art. 12 Abs. 3 Buchst. b Satz 1	Art. 102 Abs. 1
Art. 12 Abs. 3 Buchst. b Sätze 2, 3 und 4	Art. 102 Abs. 2
Art. 12 Abs. 3 Buchst. c UAbs. 1	Art. 103 Abs. 1
Art. 12 Abs. 3 Buchst. c UAbs. 2 erster und zweiter Gedankenstrich	Art. 103 Abs. 2 Buchst. a und b
Art. 12 Abs. 4 UAbs. 1	Art. 99 Abs. 2
Art. 12 Abs. 4 UAbs. 2 Sätze 1 und 2	Art. 100 Abs. 1 und 2
Art. 12 Abs. 4 UAbs. 3	Art. 101
Art. 12 Abs. 5	Art. 94 Abs. 2
Art. 12 Abs. 6	Art. 105
Art. 13 Teil A Abs. 1 einleitender Satzteil	Art. 131
Art. 13 Teil A Abs. 1 Buchst. a bis n	Art. 132 Abs. 1 Buchst. a bis n
Art. 13 Teil A Abs. 1 Buchst. o Satz 1	Art. 132 Abs. 1 Buchst. o
Art. 13 Teil A Abs. 1 Buchst. o Satz 2	Art. 132 Abs. 2
Art. 13 Teil A Abs. 1 Buchst. p und q	Art. 132 Abs. 1 Buchst. p und q
Art. 13 Teil A Abs. 2 Buchst. a erster bis vierter Gedankenstrich	Art. 133 Abs. 1 Buchst. a bis d
Art. 13 Teil A Abs. 2 Buchst. b erster und zweiter Gedankenstrich	Art. 134 Buchst. a und b
Art. 13 Teil B einleitender Satzteil	Art. 131
Art. 13 Teil B Buchst. a	Art. 135 Abs. 1 Buchst. a
Art. 13 Teil B Buchst. b UAbs. 1	Art. 135 Abs. 1 Buchst. l
Art. 13 Teil B Buchst. b UAbs. 1 Nrn. 1 bis 4	Art. 135 Abs. 2 UAbs. 1 Buchst. a bis d
Art. 13 Teil B Buchst. b UAbs. 2	Art. 135 Abs. 2 UAbs. 2
Art. 13 Teil B Buchst. c	Art. 136 Buchst. a und b
Art. 13 Teil B Buchst. d	–
Art. 13 Teil B Buchst. d Nrn. 1 bis 5	Art. 135 Abs. 1 Buchst. b bis f
Art. 13 Teil B Buchst. d Nr. 5 erster und zweiter Gedankenstrich	Art. 135 Abs. 1 Buchst. f
Art. 13 Teil B Buchst. d Nr. 6	Art. 135 Abs. 1 Buchst. g
Art. 13 Teil B Buchst. e bis h	Art. 135 Abs. 1 Buchst. h bis k
Art. 13 Teil C Abs. 1 Buchst. a	Art. 137 Abs. 1 Buchst. d
Art. 13 Teil C Abs. 1 Buchst. b	Art. 137 Abs. 1 Buchst. a, b und c
Art. 13 Teil C Abs. 2	Art. 137 Abs. 2 UAbs. 1 und 2
Art. 14 Abs. 1 einleitender Satzteil	Art. 131
Art. 14 Abs. 1 Buchst. a	Art. 143 Buchst. a
Art. 14 Abs. 1 Buchst. d UAbs. 1 und 2	Art. 143 Buchst. b und c
Art. 14 Abs. 1 Buchst. e	Art. 143 Buchst. e
Art. 14 Abs. 1 Buchst. g erster bis vierter Gedankenstrich	Art. 143 Buchst. f bis i
Art. 14 Abs. 1 Buchst. h	Art. 143 Buchst. j
Art. 14 Abs. 1 Buchst. i	Art. 144
Art. 14 Abs. 1 Buchst. j	Art. 143 Buchst. k
Art. 14 Abs. 1 Buchst. k	Art. 143 Buchst. l
Art. 14 Abs. 2 UAbs. 1	Art. 145 Abs. 1
Art. 14 Abs. 2 UAbs. 2 erster, zweiter und dritter Gedankenstrich	Art. 145 Abs. 2 UAbs. 1, 2 und 3
Art. 14 Abs. 2 UAbs. 3	Art. 145 Abs. 3

Richtlinie 77/388/EWG	Vorliegende Richtlinie
Art. 15 einleitender Satzteil	Art. 131
Art. 15 Nr. 1	Art. 146 Abs. 1 Buchst. a
Art. 15 Nr. 2 UAbs. 1	Art. 146 Abs. 1 Buchst. b
Art. 15 Nr. 2 UAbs. 2 erster und zweiter Gedankenstrich	Art. 147 Abs. 1 UAbs. 1 Buchst. a und b
Art. 15 Nr. 2 UAbs. 2 dritter Gedankenstrich erster Satzteil	Art. 147 Abs. 1 UAbs. 1 Buchst. c
Art. 15 Nr. 2 UAbs. 2 dritter Gedankenstrich zweiter Satzteil	Art. 147 Abs. 1 UAbs. 2
Art. 15 Nr. 2 UAbs. 3 erster und zweiter Gedankenstrich	Art. 147 Abs. 2 UAbs. 1 und 2
Art. 15 Nr. 2 UAbs. 4	Art. 147 Abs. 2 UAbs. 3
Art. 15 Nr. 3	Art. 146 Abs. 1 Buchst. d
Art. 15 Nr. 4 UAbs. 1 Buchst. a und b	Art. 148 Buchst. a
Art. 15 Nr. 4 UAbs. 1 Buchst. c	Art. 148 Buchst. b
Art. 15 Nr. 4 UAbs. 2 Sätze 1 und 2	Art. 150 Abs. 1 und 2
Art. 15 Nr. 5	Art. 148 Buchst. c
Art. 15 Nr. 6	Art. 148 Buchst. f
Art. 15 Nr. 7	Art. 148 Buchst. e
Art. 15 Nr. 8	Art. 148 Buchst. d
Art. 15 Nr. 9	Art. 148 Buchst. g
Art. 15 Nr. 10 UAbs. 1 erster bis vierter Gedankenstrich	Art. 151 Abs. 1 UAbs. 1 Buchst. a bis d
Art. 15 Nr. 10 UAbs. 2	Art. 151 Abs. 1 UAbs. 2
Art. 15 Nr. 10 UAbs. 3	Art. 151 Abs. 2
Art. 15 Nr. 11	Art. 152
Art. 15 Nr. 12 Satz 1	Art. 146 Abs. 1 Buchst. c
Art. 15 Nr. 12 Satz 2	Art. 146 Abs. 2
Art. 15 Nr. 13	Art. 146 Abs. 1 Buchst. e
Art. 15 Nr. 14 UAbs. 1 und 2	Art. 153 Abs. 1 und 2
Art. 15 Nr. 15	Art. 149
Art. 16 Abs. 1	–
Art. 16 Abs. 2	Art. 164 Abs. 1
Art. 16 Abs. 3	Art. 166
Art. 17 Abs. 1	Art. 167
Art. 17 Abs. 2, 3 und 4	–
Art. 17 Abs. 5 UAbs. 1 und 2	Art. 173 Abs. 1 UAbs. 1 und 2
Art. 17 Abs. 5 UAbs. 3 Buchst. a bis e	Art. 173 Abs. 2 Buchst. a bis e
Art. 17 Abs. 6	Art. 176
Art. 17 Abs. 7 Sätze 1 und 2	Art. 177 Abs. 1 und 2
Art. 18 Abs. 1	–
Art. 18 Abs. 2 UAbs. 1 und 2	Art. 179 Abs. 1 und 2
Art. 18 Abs. 3	Art. 180
Art. 18 Abs. 4 UAbs. 1 und 2	Art. 183 Abs. 1 und 2
Art. 19 Abs. 1 UAbs. 1 erster Gedankenstrich	Art. 174 Abs. 1 UAbs. 1 Buchst. a
Art. 19 Abs. 1 UAbs. 1 zweiter Gedankenstrich Satz 1	Art. 174 Abs. 1 UAbs. 1 Buchst. b
Art. 19 Abs. 1 UAbs. 1 zweiter Gedankenstrich Satz 2	Art. 174 Abs. 1 UAbs. 2
Art. 19 Abs. 1 UAbs. 2	Art. 175 Abs. 1
Art. 19 Abs. 2 Satz 1	Art. 174 Abs. 2 Buchst. a
Art. 19 Abs. 2 Satz 2	Art. 174 Abs. 2 Buchst. b und c
Art. 19 Abs. 2 Satz 3	Art. 174 Abs. 3
Art. 19 Abs. 3 UAbs. 1 Sätze 1 und 2	Art. 175 Abs. 2 UAbs. 1

Richtlinie 77/388/EWG	Vorliegende Richtlinie
Art. 19 Abs. 3 UAbs. 1 Satz 3	Art. 175 Abs. 2 UAbs. 2
Art. 19 Abs. 3 UAbs. 2	Art. 175 Abs. 3
Art. 20 Abs. 1 einleitender Satzteil	Art. 186
Art. 20 Abs. 1 Buchst. a	Art. 184
Art. 20 Abs. 1 Buchst. b Satz 1 erster Satzteil	Art. 185 Abs. 1
Art. 20 Abs. 1 Buchst. b Satz 1 zweiter Satzteil	Art. 185 Abs. 2 UAbs. 1
Art. 20 Abs. 1 Buchst. b Satz 2	Art. 185 Abs. 2 UAbs. 2
Art. 20 Abs. 2 UAbs. 1 Satz 1	Art. 187 Abs. 1 UAbs. 1
Art. 20 Abs. 2 UAbs. 1 Sätze 2 und 3	Art. 187 Abs. 2 UAbs. 1 und 2
Art. 20 Abs. 2 UAbs. 2 und 3	Art. 187 Abs. 1 UAbs. 2 und 3
Art. 20 Abs. 3 UAbs. 1 Satz 1	Art. 188 Abs. 1 UAbs. 1
Art. 20 Abs. 3 UAbs. 1 Satz 2	Art. 188 Abs. 1 UAbs. 2 und 3
Art. 20 Abs. 3 UAbs. 1 Satz 3	Art. 188 Abs. 2
Art. 20 Abs. 3 UAbs. 2	Art. 188 Abs. 2
Art. 20 Abs. 4 UAbs. 1 erster bis vierter Gedankenstrich	Art. 189 Buchst. a bis d
Art. 20 Abs. 4 UAbs. 2	Art. 190
Art. 20 Abs. 5	Art. 191
Art. 20 Abs. 6	Art. 192
Art. 21	–
Art. 22	–
Art. 22a	Art. 249
Art. 23 Abs. 1	Art. 211 Abs. 1 Art. 260
Art. 23 Abs. 2	Art. 211 Abs. 2
Art. 24 Abs. 1	Art. 281
Art. 24 Abs. 2 einleitender Satzteil	Art. 292
Art. 24 Abs. 2 Buchst. a UAbs. 1	Art. 284 Abs. 1
Art. 24 Abs. 2 Buchst. a UAbs. 2 und 3	Art. 284 Abs. 2 UAbs. 1 und 2
Art. 24 Abs. 2 Buchst. b Sätze 1 und 2	Art. 285 Abs. 1 und 2
Art. 24 Abs. 2 Buchst. c	Art. 286
Art. 24 Abs. 3 UAbs. 1	Art. 282
Art. 24 Abs. 3 UAbs. 2 Satz 1	Art. 283 Abs. 2
Art. 24 Abs. 3 UAbs. 2 Satz 2	Art. 283 Abs. 1 Buchst. a
Art. 24 Abs. 4 UAbs. 1	Art. 288 Abs. 1 Nrn. 1 bis 4
Art. 24 Abs. 4 UAbs. 2	Art. 288 Abs. 2
Art. 24 Abs. 5	Art. 289
Art. 24 Abs. 6	Art. 290
Art. 24 Abs. 7	Art. 291
Art. 24 Abs. 8 Buchst. a, b und c	Art. 293 Nrn. 1, 2 und 3
Art. 24 Abs. 9	Art. 294
Art. 24a Abs. 1 erster bis zehnter Gedankenstrich	Art. 287 Nrn. 7 bis 16
Art. 24a Abs. 2	–
Art. 25 Abs. 1	Art. 296 Abs. 1
Art. 25 Abs. 2 erster bis achter Gedankenstrich	Art. 295 Abs. 1 Nrn. 1 bis 8
Art. 25 Abs. 3 UAbs. 1 Satz 1	Art. 297 Abs. 1 Satz 1 und Abs. 2
Art. 25 Abs. 3 UAbs. 1 Satz 2	Art. 298 Abs. 1
Art. 25 Abs. 3 UAbs. 1 Satz 3	Art. 299
Art. 25 Abs. 3 UAbs. 1 Sätze 4 und 5	Art. 298 Abs. 2
Art. 25 Abs. 3 UAbs. 2	Art. 297 Abs. 1 Satz 2

Richtlinie 77/388/EWG	Vorliegende Richtlinie
Art. 25 Abs. 4 UAbs. 1	Art. 272 Abs. 1 UAbs. 1 Buchst. e
Art. 25 Abs. 5 und 6	–
Art. 25 Abs. 7	Art. 304
Art. 25 Abs. 8	Art. 301 Abs. 2
Art. 25 Abs. 9	Art. 296 Abs. 2
Art. 25 Abs. 10	Art. 296 Abs. 3
Art. 25 Abs. 11 und 12	–
Art. 26 Abs. 1 Sätze 1 und 2	Art. 306 Abs. 1 UAbs. 1 und 2
Art. 26 Abs. 1 Satz 3	Art. 306 Abs. 2
Art. 26 Abs. 2 Sätze 1 und 2	Art. 307 Abs. 1 und 2
Art. 26 Abs. 2 Satz 3	Art. 308
Art. 26 Abs. 3 Sätze 1 und 2	Art. 309 Abs. 1 und 2
Art. 26 Abs. 4	Art. 310
Art. 26a Teil A Buchst. a UAbs. 1	Art. 311 Abs. 1 Nr. 2
Art. 26a Teil A Buchst. a UAbs. 2	Art. 311 Abs. 2
Art. 26a Teil A Buchst. b und c	Art. 311 Abs. 1 Nrn. 3 und 4
Art. 26a Teil A Buchst. d	Art. 311 Abs. 1 Nr. 1
Art. 26a Teil A Buchst. e und f	Art. 311 Abs. 1 Nrn. 5 und 6
Art. 26a Teil A Buchst. g einleitender Satzteil	Art. 311 Abs. 1 Nr. 7
Art. 26a Teil A Buchst. g erster und zweiter Gedankenstrich	Art. 311 Abs. 3
Art. 26a Teil B Abs. 1	Art. 313 Abs. 1
Art. 26a Teil B Abs. 2	Art. 314
Art. 26a Teil B Abs. 2 erster bis vierter Gedankenstrich	Art. 314 Buchst. a bis d
Art. 26a Teil B Abs. 3 UAbs. 1 Sätze 1 und 2	Art. 315 Abs. 1 und 2
Art. 26a Teil B Abs. 3 UAbs. 2	Art. 312
Art. 26a Teil B Abs. 3 UAbs. 2 erster und zweiter Gedankenstrich	Art. 312 Nrn. 1 und 2
Art. 26a Teil B Abs. 4 UAbs. 1	Art. 316 Abs. 1
Art. 26a Teil B Abs. 4 UAbs. 1 Buchst. a, b und c	Art. 316 Abs. 1 Buchst. a, b und c
Art. 26a Teil B Abs. 4 UAbs. 2	Art. 316 Abs. 2
Art. 26a Teil B Abs. 4 UAbs. 3 Sätze 1 und 2	Art. 317 Abs. 1 und 2
Art. 26a Teil B Abs. 5	Art. 321
Art. 26a Teil B Abs. 6	Art. 323
Art. 26a Teil B Abs. 7	Art. 322
Art. 26a Teil B Abs. 7 Buchst. a, b und c	Art. 322 Buchst. a, b und c
Art. 26a Teil B Abs. 8	Art. 324
Art. 26a Teil B Abs. 9	Art. 325
Art. 26a Teil B Abs. 10 UAbs. 1 und 2	Art. 318 Abs. 1 UAbs. 1 und 2
Art. 26a Teil B Abs. 10 UAbs. 3 erster und zweiter Gedankenstrich	Art. 318 Abs. 2 Buchst. a und b
Art. 26a Teil B Abs. 10 UAbs. 4	Art. 318 Abs. 3
Art. 26a Teil B Abs. 11 UAbs. 1	Art. 319
Art. 26a Teil B Abs. 11 UAbs. 2 Buchst. a	Art. 320 Abs. 1 UAbs. 1
Art. 26a Teil B Abs. 11 UAbs. 2 Buchst. b und c	Art. 320 Abs. 1 UAbs. 2
Art. 26a Teil B Abs. 11 UAbs. 3	Art. 320 Abs. 2
Art. 26aTeil C Abs. 1 einleitender Satzteil	Art. 333 Abs. 1 Art. 334
Art. 26a Teil C Abs. 1 erster bis vierter Gedankenstrich	Art. 334 Buchst. a bis d
Art. 26a Teil C Abs. 2 erster und zweiter Gedankenstrich	Art. 336 Buchst. a und b
Art. 26a Teil C Abs. 3	Art. 337

Richtlinie 77/388/EWG	Vorliegende Richtlinie
Art. 26a Teil C Abs. 4 UAbs. 1 erster, zweiter und dritter Gedankenstrich	Art. 339 Abs. 1 Buchst. a, b und c
Art. 26a Teil C Abs. 4 Uabs. 2	Art. 339 Abs. 2
Art. 26a Teil C Abs. 5 Uabs. 1 und 2	Art. 340 Abs. 1 UAbs. 1 und 2
Art. 26a Teil C Abs. 5 Uabs. 3	Art. 340 Abs. 2
Art. 26a Teil C Abs. 6 UAbs. 1 erster und zweiter Gedankenstrich	Art. 338 Abs. 1 Buchst. a und b
Art. 26a Teil C Abs. 6 UAbs. 2	Art. 338 Abs. 2
Art. 26a Teil C Abs. 7	Art. 335
Art. 26a Teil D einleitender Satzteil	–
Art. 26a Teil D Buchst. a	Art. 313 Abs. 2 Art. 333 Abs. 2
Art. 26a Teil D Buchst. b	Art. 4 Buchst. a und c
Art. 26a Teil D Buchst. c	Art. 35 Art. 139 Abs. 3 Abs. 1
Art. 26b Teil A Abs. 1 Ziffer i Satz 1	Art. 344 Abs. 1 Nr. 1
Art. 26b Teil A Abs. 1 Ziffer i Satz 2	Art. 344 Abs. 2
Art. 26b Teil A Abs. 1 Ziffer ii erster bis vierter Gedankenstrich	Art. 344 Abs. 1 Nr. 2
Art. 26b Teil A Abs. 2	Art. 344 Abs. 3
Art. 26b Teil A Abs. 3	Art. 345
Art. 26b Teil B Abs. 1	Art. 346
Art. 26b Teil B Abs. 2	Art. 347
Art. 26b Teil C Abs. 1	Art. 348
Art. 26b Teil C Abs. 2 Sätze 1und 2	Art. 349 Abs. 1 und 2
Art. 26b Teil C Abs. 3	Art. 350
Art. 26b Teil C Abs. 4	Art. 351
Art. 26b Teil D Abs. 1 Buchst. a, b und c	Art. 354 Buchst. a, b und c
Art. 26b Teil D Abs. 2	Art. 355
Art. 26b Teil E Abs. 1 und 2	Art. 356 Abs. 1 UAbs. 1 und 2
Art. 26b Teil E Abs. 3 und 4	Art. 356 Abs. 2 und 3
Art. 26b Teil F Satz 1	Art. 198 Abs. 2 und 3
Art. 26b Teil F Satz 2	Art. 208 und 255
Art. 26b Teil G Abs. 1 UAbs. 1	Art. 352
Art. 26b Teil G Abs. 1 UAbs. 2	–
Art. 26b Teil G Abs. 2 Buchst. a	Art. 353
Art. 26b Teil G Abs. 2 Buchst. b Sätze 1 und 2	Art. 198 Abs. 1 und 3
Art. 26c Teil A Buchst. a bis e	Art. 358 Nrn. 1 bis 5
Art. 26c Teil B Abs. 1	Art. 359
Art. 26c Teil B Abs. 2 UAbs. 1	Art. 360
Art. 26c Teil B Abs. 2 UAbs. 2 erster Teil Satz 1	Art. 361 Abs. 1
Art. 26c Teil B Abs. 2 UAbs. 2 zweiter Teil Satz 1	Art. 361 Abs. 1 Buchst. a bis e
Art. 26c Teil B Abs. 2 UAbs. 2 Satz 2	Art. 361 Abs. 2
Art. 26c Teil B Abs. 3 UAbs. 1 und 2	Art. 362
Art. 26c Teil B Abs. 4 Buchst. a bis d	Art. 363 Buchst. a bis d
Art. 26c Teil B Abs. 5 UAbs. 1	Art. 364
Art. 26c Teil B Abs. 5 UAbs. 2	Art. 365
Art. 26c Teil B Abs. 6 Satz 1	Art. 366 Abs. 1 UAbs. 1
Art. 26c Teil B Abs. 6 Sätze 2 und 3	Art. 366 Abs. 1 UAbs. 2

Richtlinie 77/388/EWG	Vorliegende Richtlinie
Art. 26c Teil B Abs. 6 Satz 4	Art. 366 Abs. 2
Art. 26c Teil B Abs. 7 Satz 1	Art. 367 Abs. 1
Art. 26c Teil B Abs. 7 Sätze 2 und 3	Art. 367 Abs. 2
Art. 26c Teil B Abs. 8	Art. 368
Art. 26c Teil B Abs. 9 Satz 1	Art. 369 Abs. 1
Art. 26c Teil B Abs. 9 Sätze 2 und 3	Art. 369 Abs. 2 UAbs. 1 und 2
Art. 26c Teil B Abs. 10	Art. 204 Abs. 1 UAbs. 3
Art. 27 Abs. 1 Sätze 1 und 2	Art. 395 Abs. 1 UAbs. 1 und 2
Art. 27 Abs. 2 Sätze 1 und 2	Art. 395 Abs. 2 UAbs. 1
Art. 27 Abs. 2 Satz 3	Art. 395 Abs. 2 UAbs. 2
Art. 27 Abs. 3 und 4	Art. 395 Abs. 3 und 4
Art. 27 Abs. 5	Art. 394
Art. 28 Abs. 1 und 1a	–
Art. 28 Abs. 2 einleitender Satzteil	Art. 109
Art. 28 Abs. 2 Buchst. a UAbs. 1	Art. 110 Abs. 1 und 2
Art. 28 Abs. 2 Buchst. a UAbs. 2	–
Art. 28 Abs. 2 Buchst. a UAbs. 3 Satz 1	Art. 112 Abs. 1
Art. 28 Abs. 2 Buchst. a UAbs. 3 Sätze 2 und 3	Art. 112 Abs. 2
Art. 28 Abs. 2 Buchst. b	Art. 113
Art. 28 Abs. 2 Buchst. c Sätze 1 und 2	Art. 114 Abs. 1 UAbs. 1 und 2
Art. 28 Abs. 2 Buchst. c Satz 3	Art. 114 Abs. 2
Art. 28 Abs. 2 Buchst. d	Art. 115
Art. 28 Abs. 2 Buchst. e UAbs. 1 und 2	Art. 118 Abs. 1 und 2
Art. 28 Abs. 2 Buchst. f	Art. 120
Art. 28 Abs. 2 Buchst. g	–
Art. 28 Abs. 2 Buchst. h UAbs. 1 und 2	Art. 121 Abs. 1 und 2
Art. 28 Abs. 2 Buchst. i	Art. 122
Art. 28 Abs. 2 Buchst. j	Art. 117 Abs. 2
Art. 28 Abs. 2 Buchst. k	Art. 116
Art. 28 Abs. 3 Buchst. a	Art. 370
Art. 28 Abs. 3 Buchst. b	Art. 371
Art. 28 Abs. 3 Buchst. c	Art. 391
Art. 28 Abs. 3 Buchst. d	Art. 372
Art. 28 Abs. 3 Buchst. e	Art. 373
Art. 28 Abs. 3 Buchst. f	Art. 392
Art. 28 Abs. 3 Buchst. g	Art. 374
Art. 28 Abs. 3a	Art. 376
Art. 28 Abs. 4 und 5	Art. 393 Abs. 1 und 2
Art. 28 Abs. 6 UAbs. 1 Satz 1	Art. 106 Abs. 1 und 2
Art. 28 Abs. 6 UAbs. 1 Satz 2	Art. 106 Abs. 3
Art. 28 Abs. 6 UAbs. 2 Buchst. a, b und c	Art. 107 Abs. 1 Buchst. a, b und c
Art. 28 Abs. 6 UAbs. 2 Buchst. d	Art. 107 Abs. 2
Art. 28 Abs. 6 UAbs. 3	Art. 107 Abs. 2
Art. 28 Abs. 6 UAbs. 4 Buchst. a, b und c	Art. 108 Buchst. a, b und c
Art. 28 Abs. 6 UAbs. 5 und 6	–
Art. 28a Abs. 1 einleitender Satzteil	Art. 2 Abs. 1
Art. 28a Abs. 1 Buchst. a UAbs. 1	Art. 2 Abs. 1 Buchst. b Ziffer i
Art. 28a Abs. 1 Buchst. a UAbs. 2	Art. 3 Abs. 1

Richtlinie 77/388/EWG	Vorliegende Richtlinie
Art. 28a Abs. 1 Buchst. a UAbs. 3	Art. 3 Abs. 3
Art. 28a Abs. 1 Buchst. b	Art. 2 Abs. 1 Buchst. b Ziffer ii
Art. 28a Abs. 1 Buchst. c	Art. 2 Abs. 1 Buchst. b Ziffer iii
Art. 28a Abs. 1a Buchst. a	Art. 3 Abs. 1 Buchst. a
Art. 28a Abs. 1a Buchst. b UAbs. 1 erster Gedankenstrich	Art. 3 Abs. 1 Buchst. b
Art. 28a Abs. 1a Buchst. b UAbs. 1 zweiter und dritter Gedankenstrich	Art. 3 Abs. 2 UAbs. 1 Buchst. a und b
Art. 28a Abs. 1a Buchst. b UAbs. 2	Art. 3 Abs. 2 UAbs. 2
Art. 28a Abs. 2 einleitender Satzteil	–
Art. 28a Abs. 2 Buchst. a	Art. 2 Abs. 2 Buchst. a Ziffern i, ii und iii
Art. 28a Abs. 2 Buchst. b UAbs. 1	Art. 2 Abs. 2 Buchst. b
Art. 28a Abs. 2 Buchst. b UAbs. 1 erster und zweiter Gedankenstrich	Art. 2 Abs. 2 Buchst. b Ziffern i, ii und iii
Art. 28a Abs. 2 Buchst. b UAbs. 2	Art. 2 Abs. 2 Buchst. c
Art. 28a Abs. 3 UAbs. 1 und 2	Art. 20 Abs. 1 und 2
Art. 28a Abs. 4 UAbs. 1	Art. 9 Abs. 2
Art. 28a Abs. 4 UAbs. 2 erster Gedankenstrich	Art. 172 Abs. 1 UAbs. 2
Art. 28a Abs. 4 UAbs. 2 zweiter Gedankenstrich	Art. 172 Abs. 1 UAbs. 1
Art. 28a Abs. 4 UAbs. 3	Art. 172 Abs. 2
Art. 28a Abs. 5 Buchst. b UAbs. 1	Art. 17 Abs. 1 UAbs. 1
Art. 28a Abs. 5 Buchst. b UAbs. 2	Art. 17 Abs. 1 UAbs. 2 und Abs. 2 einleitender Satzteil
Art. 28a Abs. 5 Buchst. b UAbs. 2 erster Gedanken-strich	Art. 17 Abs. 2 Buchst. a und b
Art. 28a Abs. 5 Buchst. b UAbs. 2 zweiter Gedanken-strich	Art. 17 Abs. 2 Buchst. c
Art. 28a Abs. 5 Buchst. b UAbs. 2 dritter Gedanken-strich	Art. 17 Abs. 2 Buchst. e
Art. 28a Abs. 5 Buchst. b UAbs. 2 fünfter, sechster und siebter Gedankenstrich	Art. 17 Abs. 2 Buchst. f, g und h
Art. 28a Abs. 5 Buchst. b UAbs. 2 achter Gedanken-strich	Art. 17 Abs. 2 Buchst. d
Art. 28a Abs. 5 Buchst. b UAbs. 3	Art. 17 Abs. 3
Art. 28a Abs. 6 UAbs. 1	Art. 21
Art. 28a Abs. 6 UAbs. 2	Art. 22
Art. 28a Abs. 7	Art. 23
Art. 28b Teil A Abs. 1	Art. 40
Art. 28b Teil A Abs. 2 UAbs. 1 und 2	Art. 41 Abs. 1 und 2
Art. 28b Teil A Abs. 2 UAbs. 3 erster und zweiter Gedankenstrich	Art. 42 Buchst. a und b
Art. 28b Teil B Abs. 1 UAbs. 1 erster und zweiter Gedankenstrich	Art. 33 Abs. 1 Buchst. a und b
Art. 28b Teil B Abs. 1 UAbs. 2	Art. 33 Abs. 2
Art. 28b Teil B Abs. 2 UAbs. 1	Art. 34 Abs. 1 Buchst. a
Art. 28b Teil B Abs. 2 UAbs. 1 erster und zweiter Gedankenstrich	Art. 34 Abs. 1 Buchst. b und c
Art. 28b Teil B Abs. 2 UAbs. 2 Sätze 1 und 2	Art. 34 Abs. 2 UAbs. 1 und 2
Art. 28b Teil B Abs. 2 UAbs. 3 Satz 1	Art. 34 Abs. 3
Art. 28b Teil B Abs. 2 UAbs. 3 Sätze 2 und 3	–
Art. 28b Teil B Abs. 3 UAbs. 1 und 2	Art. 34 Abs. 4 UAbs. 1 und 2

Richtlinie 77/388/EWG	Vorliegende Richtlinie
Art. 28b Teil C Abs. 1 erster Gedankenstrich UAbs. 1	Art. 48 Abs. 1
Art. 28b Teil C Abs. 1 erster Gedankenstrich UAbs. 2	Art. 49
Art. 28b Teil C Abs. 1 zweiter und dritter Gedankenstrich	Art. 48 Abs. 2 und 3
Art. 28b Teil C Abs. 2 und 3	Art. 47 Abs. 1 und 2
Art. 28b Teil C Abs. 4	Art. 51
Art. 28b Teil D	Art. 53
Art. 28b Teil E Abs. 1 UAbs. 1 und 2	Art. 50 Abs. 1 und 2
Art. 28b Teil E Abs. 2 UAbs. 1 und 2	Art. 54 Abs. 1 und 2
Art. 28b Teil E Abs. 3 UAbs. 1 und 2	Art. 44 Abs. 1 und 2
Art. 28b Teil F Abs. 1 und 2	Art. 55 Abs. 1 und 2
Art. 28c Teil A einleitender Satzteil	Art. 131
Art. 28c Teil A Buchst. a UAbs. 1	Art. 138 Abs. 1
Art. 28c Teil A Buchst. a UAbs. 2	Art. 139 Abs. 1 UAbs. 1 und 2
Art. 28c Teil A Buchst. b	Art. 138 Abs. 2 Buchst. a
Art. 28c Teil A Buchst. c UAbs. 1	Art. 138 Abs. 2 Buchst. b
Art. 28c Teil A Buchst. c UAbs. 2	Art. 139 Abs. 2
Art. 28c Teil A Buchst. d	Art. 138 Abs. 2 Buchst. c
Art. 28c Teil B einleitender Satzteil	Art. 131
Art. 28c Teil B Buchst. a, b und c	Art. 140 Buchst. a, b und c
Art. 28c Teil C	Art. 142
Art. 28c Teil D Abs. 1	Art. 143 Buchst. d
Art. 28c Teil D Abs. 2	Art. 131
Art. 28c Teil E Nr. 1 erster Gedankenstrich ersetzend Art. 16 Abs. 1	
– Abs. 1 UAbs. 1	Art. 155
– Abs. 1 UAbs. 1 Teil A	Art. 157 Abs. 1 Buchst. a
– Abs. 1 UAbs. 1 Teil B UAbs. 1 Buchst. a, b und c	Art. 156 Abs. 1 Buchst. a, b und c
– Abs. 1 UAbs. 1 Teil B UAbs. 1 Buchst. d erster und zweiter Gedankenstrich	Art. 156 Abs. 1 Buchst. d und e
– Abs. 1 UAbs. 1 Teil B UAbs. 1 Buchst. e UAbs. 1	Art. 157 Abs. 1 Buchst. b
– Abs. 1 UAbs. 1 Teil B UAbs. 1 Buchst. e UAbs. 2 erster Gedankenstrich	Art. 154
– Abs. 1 UAbs. 1 Teil B UAbs. 1 Buchst. e UAbs. 2 zweiter Gedankenstrich Satz 1	Art. 154
– Abs. 1 UAbs. 1 Teil B UAbs. 1 Buchst. e UAbs. 2 zweiter Gedankenstrich Satz 2	Art. 157 Abs. 2
– Abs. 1 UAbs. 1 Teil B UAbs. 1 Buchst. e UAbs. 3 erster Gedankenstrich	–
– Abs. 1 UAbs. 1 Teil B UAbs. 1 Buchst. e UAbs. 3 zweiter, dritter und vierter Gedankenstrich	Art. 158 Abs. 1 Buchst. a, b und c
– Abs. 1 UAbs. 1 Teil B UAbs. 2	Art. 156 Abs. 2
– Abs. 1, UAbs. 1 Teil C	Art. 159
– Abs. 1 UAbs. 1 Teil D UAbs. 1 Buchst. a und b	Art. 160 Abs. 1 Buchst. a und b
– Abs. 1 UAbs. 1 Teil D UAbs. 2	Art. 160 Abs. 2
– Abs. 1 UAbs. 1 Teil E erster und zweiter Gedankenstrich	Art. 161 Buchst. a und b
– Abs. 1 UAbs. 2	Art. 202
– Abs. 1 UAbs. 3	Art. 163
Art. 28c Teil E Nr. 1 zweiter Gedankenstrich zur Einfügung von Abs. 1a in Art. 16	

Richtlinie 77/388/EWG	Vorliegende Richtlinie
– Abs. 1a	Art. 162
Art. 28c Teil E Nr. 2 erster Gedankenstrich zur Ergänzung von Art. 16 Abs. 2	
– Abs. 2 UAbs. 1	Art. 164 Abs. 1
Art. 28c Teil E Nr. 2 zweiter Gedankenstrich, zur Einfügung der UAbs. 2 und 3 in Art. 16 Abs. 2	
– Abs. 2 UAbs. 2	Art. 164 Abs. 2
– Abs. 2 UAbs. 3	Art. 165
Art. 28c Teil E Nr. 3 erster bis fünfter Gedankenstrich	Art. 141 Buchst. a bis e
Art. 28d Abs. 1 Sätze 1 und 2	Art. 68 Abs. 1 und 2
Art. 28d Abs. 2 und 3	Art. 69 Abs. 1 und 2
Art. 28d Abs. 4 UAbs. 1und 2	Art. 67 Abs. 1 und 2
Art. 28e Abs. 1 UAbs. 1	Art. 83
Art. 28e Abs. 1 UAbs. 2 Sätze 1 und 2	Art. 84 Abs. 1 und 2
Art. 28e Abs. 2	Art. 76
Art. 28e Abs. 3	Art. 93 Abs. 2 Buchst. b
Art. 28e Abs. 4	Art. 94 Abs. 1
Art. 28 f Nr. 1 ersetzend Art. 17 Abs. 2, 3 und 4	
– Abs. 2 Buchst. a	Art. 168 Buchst. a
– Abs. 2 Buchst. b	Art. 168 Buchst. e
– Abs. 2 Buchst. c	Art. 168 Buchst. b und d
– Abs. 2 Buchst. d	Art. 168 Buchst. c
– Abs. 3 Buchst. a, b und c	Art. 169 Buchst. a, b und c Art. 170 Buchst. a und b
– Abs. 4 UAbs. 1 erster Gedankenstrich	Art. 171 Abs. 1 UAbs. 1
– Abs. 4 UAbs. 1 zweiter Gedankenstrich	Art. 171 Abs. 2 UAbs. 1
– Abs. 4 UAbs. 2 Buchst. a	Art. 171 Abs. 1 UAbs. 2
– Abs. 4 UAbs. 2 Buchst. b	Art. 171 Abs. 2 UAbs. 2
– Abs. 4 UAbs. 2 Buchst. c	Art. 171 Abs. 3
Art. 28 f Nr. 2 ersetzend Art. 18 Abs. 1	
– Abs. 1 Buchst. a	Art. 178 Buchst. a
– Abs. 1 Buchst. b	Art. 178 Buchst. e
– Abs. 1 Buchst. c	Art. 178 Buchst. b und d
– Abs. 1 Buchst. d	Art. 178 Buchst. f
– Abs. 1 Buchst. e	Art. 178 Buchst. c
Art. 28 f Nr. 3 zur Einfügung von Abs. 3a in Art. 18	
– Abs. 3a erster Teil des Satzes	Art. 181
– Abs. 3a zweiter Teil des Satzes	Art. 182
Art. 28g ersetzend Art. 21	
– Abs. 1 Buchst. a UAbs. 1	Art. 193
– Abs. 1 Buchst. a UAbs. 2	Art. 194 Abs. 1 und 2
– Abs. 1 Buchst. b	Art. 196
– Abs. 1 Buchst. c UAbs. 1 erster, zweiter und dritter Gedankenstrich	Art. 197 Abs. 1 Buchst. a, b und c
– Abs. 1 Buchst. c UAbs. 2	Art. 197 Abs. 2
– Abs. 1 Buchst. d	Art. 203
– Abs. 1 Buchst. e	Art. 200
– Abs. 1 Buchst. f	Art. 195
– Abs. 2	–

Richtlinie 77/388/EWG	Vorliegende Richtlinie
– Abs. 2 Buchst. a Satz 1	Art. 204 Abs. 1 UAbs. 1
– Abs. 2 Buchst. a Satz 2	Art. 204 Abs. 2
– Abs. 2 Buchst. b	Art. 204 Abs. 1 UAbs. 2
– Abs. 2 Buchst. c UAbs. 1	Art. 199 Abs. 1 Buchst. a bis g
– Abs. 2 Buchst. c UAbs. 2, 3 und 4	Art. 199 Abs. 2, 3 und 4
– Abs. 3	Art. 205
– Abs. 4	Art. 201
Art. 28h ersetzend Art. 22	
– Abs. 1 Buchst. a Sätze 1 und 2	Art. 213 Abs. 1 UAbs. 1 und 2
– Abs. 1 Buchst. b	Art. 213 Abs. 2
– Abs. 1 Buchst. c erster Gedankenstrich Satz 1	Art. 214 Abs. 1 Buchst. a
– Abs. 1 Buchst. c erster Gedankenstrich Satz 2	Art. 214 Abs. 2
– Abs. 1 Buchst. c zweiter und dritter Gedankenstrich	Art. 214 Abs. 1 Buchst. b und c
– Abs. 1 Buchst. d Sätze 1und 2	Art. 215 Abs. 1 und 2
– Abs. 1 Buchst. e	Art. 216
– Abs. 2 Buchst. a	Art. 242
– Abs. 2 Buchst. b UAbs. 1 und 2	Art. 243 Abs. 1 und 2
– Abs. 3 Buchst. a UAbs. 1 Satz 1	Art. 220 Nr. 1
– Abs. 3 Buchst. a UAbs. 1 Satz 2	Art. 220 Nrn. 2 und 3
– Abs. 3 Buchst. a UAbs. 2	Art. 220 Nrn. 4 und 5
– Abs. 3 Buchst. a UAbs. 3 Sätze 1 und 2	Art. 221 Abs. 1 UAbs. 1 und 2
– Abs. 3 Buchst. a UAbs. 4	Art. 221 Abs. 2
– Abs. 3 Buchst. a UAbs. 5 Satz 1	Art. 219
– Abs. 3 Buchst. a UAbs. 5 Satz 2	Art. 228
– Abs. 3 Buchst. a UAbs. 6	Art. 222
– Abs. 3 Buchst. a UAbs. 7	Art. 223
– Abs. 3 Buchst. a UAbs. 8 Sätze 1 und 2	Art. 224 Abs. 1 und 2
– Abs. 3 Buchst. a UAbs. 9 Sätze 1 und 2	Art. 224 Abs. 3 UAbs. 1
– Abs. 3 Buchst. a UAbs. 9 Satz 3	Art. 224 Abs. 3 UAbs. 2
– Abs. 3 Buchst. a UAbs. 10	Art. 225
– Abs. 3 Buchst. b UAbs. 1 erster bis zwölfter Gedankenstrich	Art. 226 Nrn. 1 bis 12
– Abs. 3 Buchst. b UAbs. 1 dreizehnter Gedankenstrich	Art. 226 Nrn. 13 und 14
– Abs. 3 Buchst. b UAbs. 1 vierzehnter Gedankenstrich	Art. 226 Nr. 15
– Abs. 3 Buchst. b UAbs. 2	Art. 227
– Abs. 3 Buchst. b UAbs. 3	Art. 229
– Abs. 3 Buchst. b UAbs. 4	Art. 230
– Abs. 3 Buchst. b UAbs. 5	Art. 231
– Abs. 3 Buchst. c UAbs. 1	Art. 232
– Abs. 3 Buchst. c UAbs. 2 einleitender Satzteil	Art. 233 Abs. 1 UAbs. 1
– Abs. 3 Buchst. c UAbs. 2 erster Gedankenstrich Satz 1	Art. 233 Abs. 1 UAbs. 1 Buchst. a
– Abs. 3 Buchst. c UAbs. 2 erster Gedankenstrich Satz 2	Art. 233 Abs. 2
– Abs. 3 Buchst. c UAbs. 2 zweiter Gedankenstrich Satz 1	Art. 233 Abs. 1 UAbs. 1 Buchst. b
– Abs. 3 Buchst. c UAbs. 2 zweiter Gedankenstrich Satz 2	Art. 233 Abs. 3
– Abs. 3 Buchst. c UAbs. 3 Satz 1	Art. 233 Abs. 1 UAbs. 2
– Abs. 3 Buchst. c UAbs. 3 Satz 2	Art. 237
– Abs. 3 Buchst. c UAbs. 4 Sätze 1 und 2	Art. 234
– Abs. 3 Buchst. c UAbs. 5	Art. 235

Richtlinie 77/388/EWG	Vorliegende Richtlinie
– Abs. 3 Buchst. c UAbs. 6	Art. 236
– Abs. 3 Buchst. d UAbs. 1	Art. 244
– Abs. 3 Buchst. d UAbs. 2 Satz 1	Art. 245 Abs. 1
– Abs. 3 Buchst. d UAbs. 2 Sätze 2 und 3	Art. 245 Abs. 2 UAbs. 1 und 2
– Abs. 3 Buchst. d UAbs. 3 Sätze 1 und 2	Art. 246 Abs. 1 und 2
– Abs. 3 Buchst. d UAbs. 4, 5 und 6	Art. 247 Abs. 1, 2 und 3
– Abs. 3 Buchst. d UAbs. 7	Art. 248
– Abs. 3 Buchst. e UAbs. 1	Art. 217 und 241
– Abs. 3 Buchst. e UAbs. 2	Art. 218
– Abs. 4 Buchst. a Sätze 1 und 2	Art. 252 Abs. 1
– Abs. 4 Buchst. a Sätze 3 und 4	Art. 252 Abs. 2 UAbs. 1 und 2
– Abs. 4 Buchst. a Satz 5	Art. 250 Abs. 2
– Abs. 4 Buchst. b	Art. 250 Abs. 1
– Abs. 4 Buchst. c erster Gedankenstrich UAbs. 1 und 2	Art. 251 Buchst. a und b
– Abs. 4 Buchst. c zweiter Gedankenstrich UAbs. 1	Art. 251 Buchst. c
– Abs. 4 Buchst. c zweiter Gedankenstrich UAbs. 2	Art. 251 Buchst. d und e
– Abs. 5	Art. 206
– Abs. 6 Buchst. a Sätze 1 und 2	Art. 261 Abs. 1
– Abs. 6 Buchst. a Satz 3	Art. 261 Abs. 2
– Abs. 6 Buchst. b UAbs. 1	Art. 262
– Abs. 6 Buchst. b UAbs. 2 Satz 1	Art. 263 Abs. 1 UAbs. 1
– Abs. 6 Buchst. b UAbs. 2 Satz 2	Art. 263 Abs. 2
– Abs. 6 Buchst. b UAbs. 3 erster und zweiter Gedankenstrich	Art. 264 Abs. 1 Buchst. a und b
– Abs. 6 Buchst. b UAbs. 3 dritter Gedankenstrich Satz 1	Art. 264 Abs. 1 Buchst. d
– Abs. 6 Buchst. b UAbs. 3 dritter Gedankenstrich Satz 2	Art. 264 Abs. 2 UAbs. 1
– Abs. 6 Buchst. b UAbs. 4 erster Gedankenstrich	Art. 264 Abs. 1 Buchst. c und e
– Abs. 6 Buchst. b UAbs. 4 zweiter Gedankenstrich Satz 1	Art. 264 Abs. 1 Buchst. f
– Abs. 6 Buchst. b UAbs. 4 zweiter Gedankenstrich Satz 2	Art. 264 Abs. 2 UAbs. 2
– Abs. 6 Buchst. b UAbs. 5 erster und zweiter Gedankenstrich	Art. 265 Abs. 1 Buchst. a und b
– Abs. 6 Buchst. b UAbs. 5 dritter Gedankenstrich Satz 1	Art. 265 Abs. 1 Buchst. c
– Abs. 6 Buchst. b UAbs. 5 dritter Gedankenstrich Satz 2	Art. 265 Abs. 2
– Abs. 6 Buchst. c erster Gedankenstrich	Art. 263 Abs. 1 UAbs. 2
– Abs. 6 Buchst. c zweiter Gedankenstrich	Art. 266
– Abs. 6 Buchst. d	Art. 254
– Abs. 6 Buchst. e UAbs. 1	Art. 268
– Abs. 6 Buchst. e UAbs. 2	Art. 259
– Abs. 7 erster Teil des Satzes	Art. 207 Abs. 1 Art. 256 Art. 267
– Abs. 7 zweiter Teil des Satzes	Art. 207 Abs. 2
– Abs. 8 UAbs. 1 und 2	Art. 273 Abs. 1 und 2
– Abs. 9 Buchst. a UAbs. 1 erster Gedankenstrich	Art. 272 Abs. 1 UAbs. 1 Buchst. c

Richtlinie 77/388/EWG	Vorliegende Richtlinie
– Abs. 9 Buchst. a UAbs. 1 zweiter Gedankenstrich	Art. 272 Abs. 1 UAbs. 1 Buchst. a und d
– Abs. 9 Buchst. a UAbs. 1 dritter Gedankenstrich	Art. 272 Abs. 1 UAbs. 1 Buchst. b
– Abs. 9 Buchst. a UAbs. 2	Art. 272 Abs. 1 UAbs. 2
– Abs. 9 Buchst. b	Art. 272 Abs. 3
– Abs. 9 Buchst. c	Art. 212
– Abs. 9 Buchst. d UAbs. 1 erster und zweiter Gedankenstrich	Art. 238 Abs. 1 Buchst. a und b
– Abs. 9 Buchst. d UAbs. 2 erster bis vierter Gedankenstrich	Art. 238 Abs. 2 Buchst. a bis d
– Abs. 9 Buchst. d UAbs. 3	Art. 238 Abs. 3
– Abs. 9 Buchst. e UAbs. 1	Art. 239
– Abs. 9 Buchst. e UAbs. 2 erster und zweiter Gedankenstrich	Art. 240 Nrn. 1 und 2
– Abs. 10	Art. 209 und 257
– Abs. 11	Art. 210 und 258
– Abs. 12 einleitender Satzteil	Art. 269
– Abs. 12 Buchst. a erster, zweiter und dritter Gedankenstrich	Art. 270 Buchst. a, b und c
–. Abs. 12 Buchst. b erster, zweiter und dritter Gedankenstrich	Art. 271 Buchst. a, b und c
Art. 28i zur Einfügung von UAbs. 3 in Art. 24 Abs. 3	
– Abs. 3 UAbs. 3	Art. 283 Abs. 1 Buchst. b und c
Art. 28j Nr. 1 zur Einfügung von UAbs. 2 in Art. 25 Abs. 4	
– Abs. 4 UAbs. 2	Art. 272 Abs. 2
Art. 28j Nr. 2 ersetzend Art. 25 Abs. 5 und 6	
– Abs. 5 UAbs. 1 Buchst. a, b und c	Art. 300 Nrn. 1, 2 und 3
– Abs. 5 UAbs. 2	Art. 302
– Abs. 6 Buchst. a UAbs. 1 Satz 1	Art. 301 Abs. 1
– Abs. 6 Buchst. a UAbs. 1 Satz 2	Art. 303 Abs. 1
– Abs. 6 Buchst. a UAbs. 2 erster, zweiter und dritter Gedankenstrich	Art. 303 Abs. 2 Buchst. a, b und c
– Abs. 6 Buchst. a UAbs. 3	Art. 303 Abs. 3
– Abs. 6 Buchst. b	Art. 301 Abs. 1
Art. 28j Nr. 3 zur Einfügung von UAbs. 2 in Art. 25 Abs. 9	
– Abs. 9 UAbs. 2	Art. 305
Art. 28k Nr. 1 UAbs. 1	–
Art. 28k Nr. 1 UAbs. 2 Buchst. a	Art. 158 Abs. 3
Art. 28k Nr. 1 UAbs. 2 Buchst. b und c	–
Art. 28k Nrn. 2, 3 und 4	–
Art. 28k Nr. 5	Art. 158 Abs. 2
Art. 28l Abs. 1	–
Art. 28l Abs. 2 und 3	Art. 402 Abs. 1 und 2
Art. 28l Abs. 4	–
Art. 28m	Art. 399 Abs. 1
Art. 28n	–
Art. 28o Abs. 1 einleitender Satzteil	Art. 326 Abs. 1
Art. 28o Abs. 1 Buchst. a Satz 1	Art. 327 Abs. 1 und 3
Art. 28o Abs. 1 Buchst. a Satz 2	Art. 327 Abs. 2
Art. 28o Abs. 1 Buchst. b	Art. 328

Richtlinie 77/388/EWG	Vorliegende Richtlinie
Art. 28o Abs. 1 Buchst. c erster, zweiter und dritter Gedankenstrich	Art. 329 Buchst. a, b und c
Art. 28o Abs. 1 Buchst. d UAbs. 1 und 2	Art. 330 Abs. 1 und 2
Art. 28o Abs. 1 Buchst. e	Art. 332
Art. 28o Abs. 1 Buchst. f	Art. 331
Art. 28o Abs. 1 Buchst. g	Art. 4 Buchst. b
Art. 28o Abs. 1 Buchst. h	Art. 35 Art. 139 Abs. 3 UAbs. 2
Art. 28o Abs. 2	Art. 326 Abs. 2
Art. 28o Abs. 3	Art. 341
Art. 28o Abs. 4	–
Art. 28p Abs. 1 erster, zweiter und dritter Gedankenstrich	Art. 405 Nrn. 1, 2 und 3
Art. 28p Abs. 2	Art. 406
Art. 28p Abs. 3 UAbs. 1 erster und zweiter Gedankenstrich	Art. 407 Buchst. a und b
Art. 28p Abs. 3 UAbs. 2	–
Art. 28p Abs. 4 Buchst. a bis d	Art. 408 Abs. 1 Buchst. a bis d
Art. 28p Abs. 5 erster und zweiter Gedankenstrich	Art. 408 Abs. 2 Buchst. a und b
Art. 28p Abs. 6	Art. 409
Art. 28p Abs. 7 UAbs. 1 Buchst. a, b und c	Art. 410 Abs. 1 Buchst. a, b und c
Art. 28p Abs. 7 UAbs. 2 erster Gedankenstrich	–
Art. 28p Abs. 7 UAbs. 2 zweiter und dritter Gedankenstrich	Art. 410 Abs. 2 Buchst. a und b
Art. 29 Abs. 1 bis 4	Art. 398 Abs. 1 bis 4
Art. 29a	Art. 397
Art. 30 Abs. 1	Art. 396 Abs. 1
Art. 30 Abs. 2 Sätze 1 und 2	Art. 396 Abs. 2 UAbs. 1
Art. 30 Abs. 2 Satz 3	Art. 396 Abs. 2 UAbs. 2
Art. 30 Abs. 3 und 4	Art. 396 Abs. 3 und 4
Art. 31 Abs. 1	–
Art. 31 Abs. 2	Art. 400
Art. 33 Abs. 1	Art. 401
Art. 33 Abs. 2	Art. 2 Abs. 3
Art. 33a Abs. 1 einleitender Satzteil	Art. 274
Art. 33a Abs. 1 Buchst. a	Art. 275
Art. 33a Abs. 1 Buchst. b	Art. 276
Art. 33a Abs. 1 Buchst. c	Art. 277
Art. 33a Abs. 2 einleitender Satzteil	Art. 278
Art. 33a Abs. 2 Buchst. a	Art. 279
Art. 33a Abs. 2 Buchst. b	Art. 280
Art. 34	Art. 404
Art. 35	Art. 403
Art. 36 und 37	–
Art. 38	Art. 414
Anhang A Ziffer I Nrn. 1 und 2	Anhang VII Nr. 1 Buchst. a und b
Anhang A Ziffer I Nr. 3	Anhang VII Nr. 1 Buchst. c und d
Anhang A Ziffer II Nrn. 1 bis 6	Anhang VII Nr. 2 Buchst. a bis f
Anhang A Ziffern III und IV	Anhang VII Nrn. 3 und 4
Anhang A Ziffer IV Nrn. 1 bis 4	Anhang VII Nr. 4 Buchst. a bis d
Anhang A Ziffer V	Art. 295 Abs. 2
Anhang B einleitender Satzteil	Art. 295 Abs. 1 Nr. 5

Richtlinie 77/388/EWG	Vorliegende Richtlinie
Anhang B erster bis neunter Gedankenstrich	Anhang VIII Nrn. 1 bis 9
Anhang C	–
Anhang D Nrn. 1 bis 13	Anhang I Nrn. 1 bis 13
Anhang E Nr. 2	Anhang X Teil A Nr. 1
Anhang E Nr. 7	Anhang X Teil A Nr. 2
Anhang E Nr. 11	Anhang X Teil A Nr. 3
Anhang E Nr. 15	Anhang X Teil A Nr. 4
Anhang F Nr. 1	Anhang X Teil B Nr. 1
Anhang F Nr. 2	Anhang X Teil B Nr. 2 Buchst. a bis j
Anhang F Nrn. 5 bis 8	Anhang X Teil B Nrn. 3 bis 6
Anhang F Nr. 10	Anhang X Teil B Nr. 7
Anhang F Nr. 12	Anhang X Teil B Nr. 8
Anhang F Nr. 16	Anhang X Teil B Nr. 9
Anhang F Nr. 17 UAbs. 1 und 2	Anhang X Teil B Nr. 10
Anhang F Nr. 23	Anhang X Teil B Nr. 11
Anhang F Nr. 25	Anhang X Teil B Nr. 12
Anhang F Nr. 27	Anhang X Teil B Nr. 13
Anhang G Abs. 1 und 2	Art. 391
Anhang H Abs. 1	Art. 98 Abs. 3
Anhang H Abs. 2 einleitender Satzteil	–
Anhang H Abs. 2 Nrn. 1 bis 6	Anhang III Nrn. 1 bis 6
Anhang H Abs. 2 Nr. 7 UAbs. 1 und 2	Anhang III Nrn. 7 und 8
Anhang H Abs. 2 Nrn. 8 bis 17	Anhang III Nrn. 9 bis 18
Anhang I einleitender Satzteil	–
Anhang I Buchst. a erster bis siebter Gedankenstrich	Anhang IX Teil A Nrn. 1 bis 7
Anhang I Buchst. b erster und zweiter Gedankenstrich	Anhang IX Teil B Nrn. 1 und 2
Anhang I Buchst. c	Anhang IX Teil C
Anhang J einleitender Satzteil	Anhang V einleitender Satzteil
Anhang J	Anhang V Nrn. 1 bis 25
Anhang K Nr. 1 erster, zweiter und dritter Gedankenstrich	Anhang IV Nr. 1 Buchst. a, b und c
Anhang K Nrn. 2 bis 5	Anhang IV Nrn. 2 bis 5
Anhang L Abs. 1 Nrn. 1 bis 5	Anhang II Nrn. 1 bis 5
Anhang L Abs. 2	Art. 56 Abs. 2
Anhang M Buchst. a bis f	Anhang VI Nrn. 1 bis 6
Andere Rechtsakte	
Art. 1 Nr. 1 UAbs. 2 der Richtlinie 89/465/EWG	Art. 133 Abs. 2
Art. 2 der Richtlinie 94/5/EG	Art. 342
Art. 3 Sätze 1 und 2 der Richtlinie 94/5/EG	Art. 343 Abs. 1 und 2
Art. 4 der Richtlinie 2002/38/EG	Art. 56 Abs. 3 Art. 57 Abs. 2 Art. 357
Art. 5 der Richtlinie 2002/38/EG	–
Anhang VIII Teil II Nr. 2 Buchst. a der Akte über den Beitritt Griechenlands	Art. 287 Nr. 1
Anhang VIII Teil II Nr. 2 Buchst. b der Akte über den Beitritt Griechenlands	Art. 375
Anhang XXXII Teil IV Nr. 3 Buchst. a erster und zweiter Gedankenstrich der Akte über den Beitritt Spaniens und Portugals	Art. 287 Nrn. 2 und 3

Andere Rechtsakte	Vorliegende Richtlinie
Anhang XXXII Teil IV Nr. 3 Buchst. b UAbs. 1 der Akte über den Beitritt Spaniens und Portugals	Art. 377
Anhang XV Teil IX Nr. 2 Buchst. b UAbs. 1 der Akte über den Beitritt Österreichs, Finnlands und Schwedens	Art. 104
Anhang XV Teil IX Nr. 2 Buchst. c UAbs. 1 der Akte über den Beitritt Österreichs, Finnlands und Schwedens	Art. 287 Nr. 4
Anhang XV Teil IX Nr. 2 Buchst. f UAbs. 1 der Akte über den Beitritt Österreichs, Finnlands und Schwedens	Art. 117 Abs. 1
Anhang XV Teil IX Nr. 2 Buchst. g UAbs. 1 der Akte über den Beitritt Österreichs, Finnlands und Schwedens	Art. 119
Anhang XV Teil IX Nr. 2 Buchst. h UAbs. 1 erster und zweiter Gedankenstrich der Akte über den Beitritt Österreichs, Finnlands und Schwedens	Art. 378 Abs. 1
Anhang XV Teil IX Nr. 2 Buchst. i UAbs. 1 erster Gedankenstrich der Akte über den Beitritt Österreichs, Finnlands und Schwedens	–
Anhang XV Teil IX Nr. 2 Buchst. i UAbs. 1 zweiter und dritter Gedankenstrich der Akte über den Beitritt Österreichs, Finnlands und Schwedens	Art. 378 Abs. 2 Buchst. a und b
Anhang XV Teil IX Nr. 2 Buchst. j der Akte über den Beitritt Österreichs, Finnlands und Schwedens	Art. 287 Nr. 5
Anhang XV Teil IX Nr. 2 Buchst. l UAbs. 1 der Akte über den Beitritt Österreichs, Finnlands und Schwedens	Art. 111 Buchst. a
Anhang XV Teil IX Nr. 2 Buchst. m UAbs. 1 der Akte über den Beitritt Österreichs, Finnlands und Schwedens	Art. 379 Abs. 1
Anhang XV Teil IX Nr. 2 Buchst. n UAbs. 1 erster und zweiter Gedankenstrich der Akte über den Beitritt Österreichs, Finnlands und Schwedens	Art. 379 Abs. 2
Anhang XV Teil IX Nr. 2 Buchst. x erster Gedankenstrich der Akte über den Beitritt Österreichs, Finnlands und Schwedens	Art. 253
Anhang XV Teil IX Nr. 2 Buchst. x zweiter Gedankenstrich der Akte über den Beitritt Österreichs, Finnlands und Schwedens	Art. 287 Nr. 6
Anhang XV Teil IX Nr. 2 Buchst. z UAbs. 1 der Akte über den Beitritt Österreichs, Finnlands und Schwedens	Art. 111 Buchst. b
Anhang XV Teil IX Nr. 2 Buchst. aa UAbs. 1 erster und zweiter Gedankenstrich der Akte über den Beitritt Österreichs, Finnlands und Schwedens	Art. 380
Protokoll Nr. 2 zu der Akte über den Beitritt Österreichs, Finnlands und Schwedens betreffend die Åland-Inseln	Art. 6 Abs. 1 Buchst. d
Anhang V Abs. 5 Nr. 1 Buchst. a der Beitrittsakte von 2003 der Tschechischen Republik, Estlands, Zyperns, Lettlands, Litauens, Ungarns, Maltas, Polens, Sloweniens und der Slowakei	Art. 123
Anhang V Abs. 5 Nr. 1 Buchst. b der Beitrittsakte von 2003	Art. 381
Anhang VI Abs. 7 Nr. 1 Buchst. a der Beitrittsakte von 2003	Art. 124
Anhang VI Abs. 7 Nr. 1 Buchst. b der Beitrittsakte von 2003	Art. 382
Anhang VII Abs. 7 Nr. 1 UAbs. 1 und 2 der Beitrittsakte von 2003	Art. 125 Abs. 1 und 2
Anhang VII Abs. 7 Nr. 1 UAbs. 3 der Beitrittsakte von 2003	–
Anhang VII Abs. 7 Nr. 1 UAbs. 4 der Beitrittsakte von 2003	Art. 383 Buchst. a
Anhang VII Abs. 7 Nr. 1 UAbs. 5 der Beitrittsakte von 2003	–

Andere Rechtsakte	Vorliegende Richtlinie
Anhang VII Abs. 7 Nr. 1 UAbs. 6 der Beitrittsakte von 2003	Art. 383 Buchst. b
Anhang VIII Abs. 7 Nr. 1 Buchst. a der Beitrittsakte von 2003	–
Anhang VIII Abs. 7 Nr. 1 Buchst. b UAbs. 2 der Beitrittsakte von 2003	Art. 384 Buchst. a
Anhang VIII Abs. 7 Nr. 1 Buchst. b UAbs. 3 der Beitrittsakte von 2003	Art. 384 Buchst. b
Anhang IX Abs. 8 Nr. 1 der Beitrittsakte von 2003	Art. 385
Anhang X Abs. 7 Nr. 1 Buchst. a Ziffern i und ii der Beitrittsakte von 2003	Art. 126 Buchst. a und b
Anhang X Abs. 7 Nr. 1 Buchst. c der Beitrittsakte von 2003	Art. 386
Anhang XI Abs. 7 Nr. 1 der Beitrittsakte von 2003	Art. 127
Anhang XI Abs. 7 Nr. 2 Buchst. a der Beitrittsakte von 2003	Art. 387 Buchst. c
Anhang XI Abs. 7 Nr. 2 Buchst. b der Beitrittsakte von 2003	Art. 387 Buchst. a
Anhang XI Abs. 7 Nr. 2 Buchst. c der Beitrittsakte von 2003	Art. 387 Buchst. b
Anhang XII Abs. 9 Nr. 1 Buchst. a der Beitrittsakte von 2003	Art. 128 Abs. 1 und 2
Anhang XII Abs. 9 Nr. 1 Buchst. b der Beitrittsakte von 2003	Art. 128 Abs. 3, 4 und 5
Anhang XII Abs. 9 Nr. 2 der Beitrittsakte von 2003	Art. 388
Anhang XIII Abs. 9 Nr. 1 Buchst. a der Beitrittsakte von 2003	Art. 129 Abs. 1 und 2
Anhang XIII Abs. 9 Nr. 1 Buchst. b der Beitrittsakte von 2003	Art. 389
Anhang XIV Abs. 7 UAbs. 1 der Beitrittsakte von 2003	Art. 130 Buchst. a und b
Anhang XIV Abs. 7 UAbs. 2 der Beitrittsakte von 2003	–
Anhang XIV Abs. 7 UAbs. 3 der Beitrittsakte von 2003	Art. 390

550a. Durchführungsverordnung (EU) Nr. 282/2011 des Rates vom 15. März 2011 zur Festlegung von Durchführungsvorschriften zur Richtlinie 2006/112/EG über das gemeinsame Mehrwertsteuersystem

(Neufassung)

Vom 15. März 2011

(ABl. L 77 S. 1)[1]

Celex-Nr. 3 2011 R 0282

geänd. durch Art. 1 ÄndVO (EU) 967/2012 v. 9.10.2012 (ABl. L 290 S. 1), Art. 1 ÄndVO (EU) 1042/2013 v. 7.10.2013 (ABl. L 284 S. 1), Art. 1 ÄndVO (EU) 2017/2459 v. 5.12.2017 (ABl. L 348 S. 32), Art. 1 ÄndVO (EU) 2018/1912 v. 4.12.2018 (ABl. L 311 S. 10), Art. 1 VO (EU) 2019/2026 v. 21.11.2019 (ABl. L 313 S. 14, geänd. durch ABl. 2020 L 244 S. 9), Art. 1 DVO (EU) 2022/432 v. 15.3.2022 (ABl. L 88 S. 15)

DER RAT DER EUROPÄISCHEN UNION –

gestützt auf den Vertrag über die Arbeitsweise der Europäischen Union,
gestützt auf die Richtlinie 2006/112/EG[2] des Rates vom 28. November 2006 über das gemeinsame Mehrwertsteuersystem[3], insbesondere Artikel 397,
auf Vorschlag der Europäischen Kommission,
in Erwägung nachstehender Gründe:

(1) Die Verordnung (EG) Nr. 1777/2005 des Rates vom 17. Oktober 2005 zur Festlegung von Durchführungsvorschriften zur Richtlinie 77/388/EWG über das gemeinsame Mehrwertsteuersystem[4] muss in einigen wesentlichen Punkten geändert werden. Aus Gründen der Klarheit und der Vereinfachung sollte die Verordnung neu gefasst werden.

(2) Die Richtlinie 2006/112/EG legt Vorschriften im Bereich der Mehrwertsteuer fest, die in bestimmten Fällen für die Auslegung durch die Mitgliedstaaten offen sind. Der Erlass von gemeinsamen Vorschriften zur Durchführung der Richtlinie 2006/112/EG sollte gewährleisten, dass es in Fällen, in denen es zu Divergenzen bei der Anwendung kommt oder kommen könnte, die nicht mit dem reibungslosen Funktionieren des Binnenmarkts zu vereinbaren sind, die Anwendung des Mehrwertsteuersystems stärker auf das Ziel eines solchen Binnenmarkts ausgerichtet wird. Diese Durchführungsvorschriften treten erst vom Zeitpunkt des Inkrafttretens dieser Verordnung an rechtsverbindlich; sie berühren nicht die Gültigkeit der von den Mitgliedstaaten in der Vergangenheit angenommenen Rechtsvorschriften und Auslegungen.

(3) Die Änderungen, die sich aus dem Erlass der Richtlinie 2008/8/EG des Rates vom 12. Februar 2008 zur Änderung der Richtlinie 2006/112/EG bezüglich des Ortes der Dienstleistung[5] ergeben, sollten in dieser Verordnung berücksichtigt werden.

(4) Das Ziel dieser Verordnung ist, die einheitliche Anwendung des Mehrwertsteuersystems in seiner derzeitigen Form dadurch sicherzustellen, dass Vorschriften zur Durchführung der Richtlinie 2006/112/EG erlassen werden, und zwar insbesondere in Bezug auf den Steuerpflichtigen, die Lieferung von Gegenständen und die Erbringung von Dienstleistungen sowie

---

[1] Veröffentlicht am 23.3.2011.
[2] Nr. **550**.
[3] **Amtl. Anm.:** ABl. L 347 vom 11.12.2006, S. 1.
[4] **Amtl. Anm.:** ABl. L 288 vom 29.10.2005, S. 1.
[5] **Amtl. Anm.:** ABl. L 44 vom 20.2.2008, S. 11.

den Ort der steuerbaren Umsätze. Im Einklang mit dem Grundsatz der Verhältnismäßigkeit gemäß Artikel 5 Absatz 4 des Vertrags über die Europäische Union geht diese Verordnung nicht über das für die Erreichung dieses Ziels erforderliche Maß hinaus. Da sie in allen Mitgliedstaaten verbindlich ist und unmittelbar gilt, wird die Einheitlichkeit der Anwendung am besten durch eine Verordnung gewährleistet.

(5) Diese Durchführungsvorschriften enthalten spezifische Regelungen zu einzelnen Anwendungsfragen und sind ausschließlich im Hinblick auf eine unionsweit einheitliche steuerliche Behandlung dieser Einzelfälle konzipiert. Sie sind daher nicht auf andere Fälle übertragbar und auf der Grundlage ihres Wortlauts restriktiv anzuwenden.

(6) Ändert ein Nichtsteuerpflichtiger seinen Wohnort und überführt er bei dieser Gelegenheit ein neues Fahrzeug oder wird ein neues Fahrzeug in den Mitgliedstaat zurücküberführt, aus dem es ursprünglich mehrwertsteuerfrei an den Nichtsteuerpflichtigen, der es zurücküberführt, geliefert worden war, so sollte klargestellt werden, dass es sich dabei nicht um den innergemeinschaftlichen Erwerb eines neuen Fahrzeugs handelt.

(7) Für bestimmte Dienstleistungen ist es ausreichend, dass der Dienstleistungserbringer nachweist, dass der steuerpflichtige oder nichtsteuerpflichtiger Empfänger dieser Dienstleistungen außerhalb der Gemeinschaft ansässig ist, damit die Erbringung dieser Dienstleistungen nicht der Mehrwertsteuer unterliegt.

(8) Die Zuteilung einer Mehrwertsteuer-Identifikationsnummer an einen Steuerpflichtigen, der eine Dienstleistung für einen Empfänger in einem anderen Mitgliedstaat erbringt oder der aus einem anderen Mitgliedstaat eine Dienstleistung erhält, für die die Mehrwertsteuer ausschließlich vom Dienstleistungsempfänger zu zahlen ist, sollte nicht das Recht dieses Steuerpflichtigen auf Nichtbesteuerung seiner innergemeinschaftlichen Erwerbe von Gegenständen beeinträchtigen. Teilt jedoch ein Steuerpflichtiger im Zusammenhang mit einem innergemeinschaftlichen Erwerb von Gegenständen dem Lieferer seine Mehrwertsteuer-Identifikationsnummer mit, so wird der Steuerpflichtige in jedem Fall so behandelt, als habe er von der Möglichkeit Gebrauch gemacht, diese Umsätze der Steuer zu unterwerfen.

(9) Die weitere Integration des Binnenmarkts erfordert eine stärkere grenzüberschreitende Zusammenarbeit von in verschiedenen Mitgliedstaaten ansässigen Wirtschaftsbeteiligten und hat zu einer steigenden Anzahl von Europäischen wirtschaftlichen Interessenvereinigungen (EWIV) im Sinne der Verordnung (EWG) Nr. 2137/85 des Rates vom 25. Juli 1985 über die Schaffung einer Europäischen wirtschaftlichen Interessenvereinigung (EWIV)[1] geführt. Daher sollte klargestellt werden, dass EWIV steuerpflichtig sind, wenn sie gegen Entgelt Gegenstände liefern oder Dienstleistungen erbringen.

(10) Es ist erforderlich, Restaurant- und Verpflegungsdienstleistungen, die Abgrenzung zwischen diesen beiden Dienstleistungen sowie ihre angemessene Behandlung klar zu definieren.

(11) Im Interesse der Klarheit sollten Umsätze, die als elektronisch erbrachte Dienstleistungen eingestuft werden, in Verzeichnisse aufgelistet werden, wobei diese Verzeichnisse weder endgültig noch erschöpfend sind.

(12) Es ist erforderlich, einerseits festzulegen, dass es sich bei einer Leistung, die nur aus der Montage verschiedener vom Dienstleistungsempfänger zur Verfügung gestellter Teile einer Maschine besteht, um eine Dienstleistung handelt, und andererseits, wo der Ort dieser Dienstleistung liegt, wenn sie an einen Nichtsteuerpflichtigen erbracht wird.

(13) Der Verkauf einer Option als Finanzinstrument sollte als Dienstleistung behandelt werden, die von den Umsätzen, auf die sich die Option bezieht, getrennt ist.

(14) Um die einheitliche Anwendung der Regeln für die Bestimmung des Ortes der steuerbaren Umsätze sicherzustellen, sollten der Begriff des Ortes, an dem ein Steuerpflichtiger den Sitz seiner wirtschaftlichen Tätigkeit hat, und der Begriff der festen Niederlassung, des Wohnsitzes und des gewöhnlichen Aufenthaltsortes klargestellt werden. Die Zugrundelegung möglichst klarer und objektiver Kriterien sollte die praktische Anwendung dieser Begriffe erleichtern, wobei der Rechtsprechung des Gerichtshofs Rechnung getragen werden sollte.

(15) Es sollten Vorschriften erlassen werden, die eine einheitliche Behandlung von Lieferungen von Gegenständen gewährleisten, wenn ein Lieferer den Schwellenwert für Fernverkäufe in einen anderen Mitgliedstaat überschritten hat.

---

[1] **Amtl. Anm.:** ABl. L 199 vom 31.7.1985, S. 1.

(16) Es sollte klargestellt werden, dass zur Bestimmung des innerhalb der Gemeinschaft stattfindenden Teils der Personenbeförderung die Reisestrecke des Beförderungsmittels und nicht die von den Fahrgästen zurückgelegte Reisestrecke ausschlaggebend ist.

(17) Das Recht des Erwerbsmitgliedstaats zur Besteuerung eines innergemeinschaftlichen Erwerbs sollte nicht durch die mehrwertsteuerliche Behandlung der Umsätze im Abgangsmitgliedstaat beeinträchtigt werden.

(18) Für die richtige Anwendung der Regeln über den Ort der Dienstleistung kommt es hauptsächlich auf den Status des Dienstleistungsempfängers als Steuerpflichtiger oder Nichtsteuerpflichtiger und die Eigenschaft, in der er handelt, an. Um den steuerlichen Status des Dienstleistungsempfängers zu bestimmen, sollte festgelegt werden, welche Nachweise sich der Dienstleistungserbringer vom Dienstleistungsempfänger vorlegen lassen muss.

(19) Es sollte klargestellt werden, dass dann, wenn für einen Steuerpflichtigen erbrachte Dienstleistungen für den privaten Bedarf, einschließlich für den Bedarf des Personals des Dienstleistungsempfängers, bestimmt sind, dieser Steuerpflichtige nicht als in seiner Eigenschaft als Steuerpflichtiger handelnd eingestuft werden kann. Zur Entscheidung, ob der Dienstleistungsempfänger als Steuerpflichtiger handelt oder nicht, ist die Mitteilung seiner Mehrwertsteuer-Identifikationsnummer an den Dienstleistungserbringer ausreichend, um ihm die Eigenschaft als Steuerpflichtiger zuzuerkennen, es sei denn, dem Dienstleistungserbringer liegen gegenteilige Informationen vor. Es sollte außerdem sichergestellt werden, dass eine Dienstleistung, die sowohl für Unternehmenszwecke erworben als auch privat genutzt wird, nur an einem einzigen Ort besteuert wird.

(20) Zur genauen Bestimmung des Ortes der Niederlassung des Dienstleistungsempfängers ist der Dienstleistungserbringer verpflichtet, die vom Dienstleistungsempfänger übermittelten Angaben zu überprüfen.

(21) Unbeschadet der allgemeinen Bestimmung über den Ort einer Dienstleistung an einen Steuerpflichtigen sollten Regeln festgelegt werden, um dem Dienstleistungserbringer für den Fall, dass Dienstleistungen an einen Steuerpflichtigen erbracht werden, der an mehr als einem Ort ansässig ist, zu helfen, den Ort der festen Niederlassung des Steuerpflichtigen, an die die Dienstleistung erbracht wird, unter Berücksichtigung der jeweiligen Umstände zu bestimmen. Wenn es dem Dienstleistungserbringer nicht möglich ist, diesen Ort zu bestimmen, sollten Bestimmungen zur Präzisierung der Pflichten des Dienstleistungserbringers festgelegt werden. Diese Bestimmungen sollten die Pflichten des Steuerpflichtigen weder berühren noch ändern.

(22) Es sollte auch festgelegt werden, zu welchem Zeitpunkt der Dienstleistungserbringer den Status des Dienstleistungsempfängers als Steuerpflichtiger oder Nichtsteuerpflichtiger, seine Eigenschaft und seinen Ort bestimmen muss.

(23) Der Grundsatz in Bezug auf missbräuchliche Praktiken von Wirtschaftsbeteiligten gilt generell für die vorliegende Verordnung, doch ist es angezeigt, speziell im Zusammenhang mit einigen Bestimmungen dieser Verordnung auf seine Gültigkeit hinzuweisen.

(24) Bestimmte Dienstleistungen wie die Erteilung des Rechts zur Fernsehübertragung von Fußballspielen, Textübersetzungen, Dienstleistungen im Zusammenhang mit der Mehrwertsteuererstattung und Dienstleistungen von Vermittlern, die an einen Nichtsteuerpflichtigen erbracht werden, sind mit grenzübergreifenden Sachverhalten verbunden oder beziehen sogar außerhalb der Gemeinschaft ansässige Wirtschaftsbeteiligte ein. Zur Verbesserung der Rechtssicherheit sollte der Ort dieser Dienstleistungen eindeutig bestimmt werden.

(25) Es sollte festgelegt werden, dass für Dienstleistungen von Vermittlern, die im Namen und für Rechnung Dritter handeln und die Beherbergungsdienstleistungen in der Hotelbranche vermitteln, nicht die spezifische Regel für Dienstleistungen im Zusammenhang mit einem Grundstück gilt.

(26) Werden mehrere Dienstleistungen im Rahmen von Bestattungen als Bestandteil einer einheitlichen Dienstleistung erbracht, sollte festgelegt werden, nach welcher Vorschrift der Ort der Dienstleistung zu bestimmen ist.

(27) Um die einheitliche Behandlung von Dienstleistungen auf dem Gebiet der Kultur, der Künste, des Sports, der Wissenschaften, des Unterrichts sowie der Unterhaltung und ähnlichen Ereignissen sicherzustellen, sollten die Eintrittsberechtigung zu solchen Ereignissen und die mit der Eintrittsberechtigung zusammenhängenden Dienstleistungen definiert werden.

(28) Es sollte klargestellt werden, wie Restaurant- und Verpflegungsdienstleistungen zu behandeln sind, die an Bord eines Beförderungsmittels erbracht werden, sofern die Personenbeförderung auf dem Gebiet mehrerer Länder erfolgt.

(29) Da bestimmte Regeln für die Vermietung von Beförderungsmitteln auf die Dauer des Besitzes oder der Verwendung abstellen, muss nicht nur festgelegt werden, welche Fahrzeuge als Beförderungsmittel anzusehen sind, sondern es ist auch klarzustellen, wie solche Dienstleistungen zu behandeln sind, wenn mehrere aufeinanderfolgende Verträge abgeschlossen werden. Es ist auch der Ort festzulegen, an dem das Beförderungsmittel dem Dienstleistungsempfänger tatsächlich zur Verfügung gestellt wird.

(30) Unter bestimmten Umständen sollte eine bei der Bezahlung eines Umsatzes mittels Kredit- oder Geldkarte anfallende Bearbeitungsgebühr nicht zu einer Minderung der Besteuerungsgrundlage für diesen Umsatz führen.

(31) Es muss klargestellt werden, dass auf die Vermietung von Zelten, Wohnanhängern und Wohnmobilen, die auf Campingplätzen aufgestellt sind und als Unterkünfte dienen, ein ermäßigter Steuersatz angewandt werden kann.

(32) Als Ausbildung, Fortbildung oder berufliche Umschulung sollten sowohl Schulungsmaßnahmen mit direktem Bezug zu einem Gewerbe oder einem Beruf als auch jegliche Schulungsmaßnahme im Hinblick auf den Erwerb oder die Erhaltung beruflicher Kenntnisse gelten, und zwar unabhängig von ihrer Dauer.

(33) „Platinum Nobles" sollten in allen Fällen von der Steuerbefreiung für Umsätze mit Devisen, Banknoten und Münzen ausgeschlossen sein.

(34) Es sollte festgelegt werden, dass die Steuerbefreiung für Dienstleistungen im Zusammenhang mit der Einfuhr von Gegenständen, deren Wert in der Steuerbemessungsgrundlage für diese Gegenstände enthalten ist, auch für im Rahmen eines Wohnortwechsels erbrachte Beförderungsdienstleistungen gilt.

(35) Die vom Abnehmer nach Orten außerhalb der Gemeinschaft beförderten und für die Ausrüstung oder die Versorgung von Beförderungsmitteln – die von Personen, die keine natürlichen Personen sind, wie etwa Einrichtungen des öffentlichen Rechts oder Vereine, für nichtgeschäftliche Zwecke genutzt werden – bestimmten Gegenstände sollten von der Steuerbefreiung bei Ausfuhrumsätzen ausgeschlossen sein.

(36) Um eine einheitliche Verwaltungspraxis bei der Berechnung des Mindestwerts für die Steuerbefreiung der Ausfuhr von Gegenständen zur Mitführung im persönlichen Gepäck von Reisenden sicherzustellen, sollten die Bestimmungen für diese Berechnung harmonisiert werden.

(37) Es sollte festgelegt werden, dass die Steuerbefreiung für bestimmte Umsätze, die Ausfuhren gleichgestellt sind, auch für Dienstleistungen gilt, die unter die besondere Regelung für elektronisch erbrachte Dienstleistungen fallen.

(38) Eine entsprechend dem Rechtsrahmen für ein Konsortium für eine europäische Forschungsinfrastruktur (ERIC) zu schaffende Einrichtung sollte zum Zweck der Mehrwertsteuerbefreiung nur unter bestimmten Voraussetzungen als internationale Einrichtung gelten. Die für die Inanspruchnahme der Befreiung erforderlichen Voraussetzungen sollten daher festgelegt werden.

(39) Lieferungen von Gegenständen und Dienstleistungen, die im Rahmen diplomatischer und konsularischer Beziehungen bewirkt oder anerkannten internationalen Einrichtungen oder bestimmten Streitkräften erbracht werden, sind vorbehaltlich bestimmter Beschränkungen und Bedingungen von der Mehrwertsteuer befreit. Damit ein Steuerpflichtiger, der eine solche Lieferung oder Dienstleistung von einem anderen Mitgliedstaat aus bewirkt, nachweisen kann, dass die Voraussetzungen für diese Befreiung vorliegen, sollte eine Freistellungsbescheinigung eingeführt werden.

(40) Für die Ausübung des Rechts auf Vorsteuerabzug sollten auch elektronische Einfuhrdokumente zugelassen werden, wenn sie dieselben Anforderungen erfüllen wie Papierdokumente.

(41) Hat ein Lieferer von Gegenständen oder ein Erbringer von Dienstleistungen eine feste Niederlassung in dem Gebiet des Mitgliedstaats, in dem die Steuer geschuldet wird, so sollte festgelegt werden, unter welchen Umständen die Steuer von dieser Niederlassung zu entrichten ist.

(42) Es sollte klargestellt werden, dass ein Steuerpflichtiger, dessen Sitz der wirtschaftlichen Tätigkeit sich in dem Gebiet des Mitgliedstaats befindet, in dem die Mehrwertsteuer geschuldet wird, im Hinblick auf diese Steuerschuld selbst dann als ein in diesem Mitgliedstaat ansässiger Steuerschuldner anzusehen ist, wenn dieser Sitz nicht bei der Lieferung von Gegenständen oder der Erbringung von Dienstleistungen mitwirkt.

(43) Es sollte klargestellt werden, dass jeder Steuerpflichtige verpflichtet ist, für bestimmte steuerbare Umsätze seine Mehrwertsteuer-Identifikationsnummer mitzuteilen, sobald er diese erhalten hat, damit eine gerechtere Steuererhebung gewährleistet ist.

(44) Um die Gleichbehandlung der Wirtschaftsbeteiligten zu gewährleisten, sollte festgelegt werden, welche Anlagegold-Gewichte auf den Goldmärkten definitiv akzeptiert werden und an welchem Datum der Wert der Goldmünzen festzustellen ist.

(45) Die Sonderregelung für die Erbringung elektronisch erbrachter Dienstleistungen durch nicht in der Gemeinschaft ansässige Steuerpflichtige an in der Gemeinschaft ansässige oder wohnhafte Nichtsteuerpflichtige ist an bestimmte Voraussetzungen geknüpft. Es sollte insbesondere genau angegeben werden, welche Folgen es hat, wenn diese Voraussetzungen nicht mehr erfüllt werden.

(46) Bestimmte Änderungen resultieren aus der Richtlinie 2008/8/EG. Da diese Änderungen zum einen die Besteuerung der Vermietung von Beförderungsmitteln über einen längeren Zeitraum ab dem 1. Januar 2013 und zum anderen die Besteuerung elektronisch erbrachter Dienstleistungen ab dem 1. Januar 2015 betreffen, sollte festgelegt werden, dass die entsprechenden Bestimmungen dieser Verordnung erst ab diesen Daten anwendbar sind –

HAT FOLGENDE VERORDNUNG ERLASSEN:

Kapitel I. Gegenstand

Art. 1 [Anwendungsbereich] Diese Verordnung regelt die Durchführung einiger Bestimmungen der Titel I bis V und VII bis XII der Richtlinie 2006/112/EG.

Kapitel II. Anwendungsbereich
(Titel I der Richtlinie 2006/112/EG)

Art. 2 [Nichtvorliegen eines innergemeinschaftlichen Erwerbs] Folgendes führt nicht zu einem innergemeinschaftlichen Erwerb im Sinne von Artikel 2 Absatz 1 Buchstabe b der Richtlinie 2006/112/EG:

a) die Verbringung eines neuen Fahrzeugs durch einen Nichtsteuerpflichtigen aufgrund eines Wohnortwechsels, vorausgesetzt, die Befreiung nach Artikel 138 Absatz 2 Buchstabe a der Richtlinie 2006/112/EG war zum Zeitpunkt der Lieferung nicht anwendbar;

b) die Rückführung eines neuen Fahrzeugs durch einen Nichtsteuerpflichtigen in denjenigen Mitgliedstaat, aus dem es ihm ursprünglich unter Inanspruchnahme der Steuerbefreiung nach Artikel 138 Absatz 2 Buchstabe a der Richtlinie 2006/112/EG geliefert wurde.

Art. 3 [Dienstleistungen außerhalb des Anwendungsbereichs der MwSt] Unbeschadet des Artikels 59a Absatz 1 Buchstabe b der Richtlinie 2006/112/EG unterliegt die Erbringung der nachstehend aufgeführten Dienstleistungen nicht der Mehrwertsteuer, wenn der Dienstleistungserbringer nachweist, dass der nach Kapitel V Abschnitt 4 Unterabschnitte 3 und 4 der vorliegenden Verordnung ermittelte Ort der Dienstleistung außerhalb der Gemeinschaft liegt:

a)[1] ab 1. Januar 2013 die in Artikel 56 Absatz 2 Unterabsatz 1 der Richtlinie 2006/112/EG genannten Dienstleistungen;

b)[1] ab 1. Januar 2015 die in Artikel 58 der Richtlinie 2006/112/EG aufgeführten Dienstleistungen;

c) die in Artikel 59 der Richtlinie 2006/112/EG aufgeführten Dienstleistungen.

Art. 4 [Nichtbesteuerung innergemeinschaftlicher Erwerb trotz Zuteilung USt-IdNr.] [1] Einem Steuerpflichtigen, dessen innergemeinschaftliche Erwerbe von Gegenständen gemäß Artikel 3 der Richtlinie 2006/112/EG nicht der Mehrwertsteuer unterliegen, steht dieses Recht auf Nichtbesteuerung auch dann weiterhin zu, wenn ihm nach Artikel 214 Absatz 1 Buchstabe d oder e jener Richtlinie für empfangene Dienstleistungen, für die er Mehrwertsteuer zu entrichten hat, oder für von ihm im Gebiet eines anderen Mitgliedstaats erbrachte Dienstleistungen, für die die Mehrwertsteuer ausschließlich vom Empfänger zu entrichten ist, eine Mehrwertsteuer-Identifikationsnummer zugeteilt wurde.

[2] Teilt dieser Steuerpflichtige jedoch im Zusammenhang mit dem innergemeinschaftlichen Erwerb von Gegenständen seine Mehrwertsteuer-Identifikationsnummer einem Lieferer mit, so gilt damit die Wahlmöglichkeit nach Artikel 3 Absatz 3 der genannten Richtlinie als in Anspruch genommen.

Kapitel III. Steuerpflichtiger
(Titel III der Richtlinie 2006/112/EG)

Art. 5 [EWIV als Steuerpflichtiger (Unternehmer)] Eine gemäß der Verordnung (EWG) Nr. 2137/85 gegründete Europäische wirtschaftliche Interessenvereinigung (EWIV), die gegen Entgelt Lieferungen von Gegenständen oder Dienstleistungen an ihre Mitglieder oder an Dritte bewirkt, ist ein Steuerpflichtiger im Sinne von Artikel 9 Absatz 1 der Richtlinie 2006/112/EG.

Kapitel IV.[2] Steuerbarer Umsatz
(Artikel 24 bis 29 der Richtlinie 2006/112/EG)
[ab 1.7.2021: (Titel IV der Richtlinie 2006/112/EG)]

[ab 1.7.2021:
Abschnitt 1.[3] Lieferung von Gegenständen
(Artikel 14 bis 19 der Richtlinie 2006/112/EG)

Art. 5a[3] [Versendungs- oder Beförderung iSd RL 2006/112/EG] [1] Für die Anwendung von Artikel 14 Absatz 4 der Richtlinie 2006/112/EG gelten Gegenstände als durch den Lieferer oder für dessen Rechnung

---

[1] Zum Anwendungszeitraum siehe Art. 65.
[2] Kapitel IV Überschrift neu gef. **mWv 1.7.2021** durch DVO v. 21.11.2019 (ABl. L 313 S. 14, geänd. durch ABl. 2020 L 244 S. 9).
[3] Abschnitt 1 (Art. 5a–5d) eingef. **mWv 1.7.2021** durch DVO v. 21.11.2019 (ABl. L 313 S. 14, geänd. durch ABl. 2020 L 244 S. 9).

versandt oder befördert – einschließlich der mittelbaren Beteiligung des Lieferers an der Versendung oder Beförderung –, insbesondere wenn

a) die Versendung oder Beförderung der Gegenstände vom Lieferer als Unterauftrag an einen Dritten vergeben wird, der die Gegenstände an den Erwerber liefert;

b) die Versendung oder Beförderung der Gegenstände durch einen Dritten erfolgt, der Lieferer jedoch entweder die gesamte oder die teilweise Verantwortung für die Lieferung der Gegenstände an den Erwerber trägt;

c) der Lieferer dem Erwerber die Transportkosten in Rechnung stellt und diese einzieht und sie dann an einen Dritten weiterleitet, der die Versendung oder Beförderung der Waren übernimmt;

d) der Lieferer in jeglicher Weise gegenüber dem Erwerber die Zustelldienste eines Dritten bewirbt, den Kontakt zwischen dem Erwerber und einem Dritten herstellt oder einem Dritten auf andere Weise die Informationen, die dieser für die Zustellung der Gegenstände an den Erwerber benötigt, übermittelt.

[2] Die Gegenstände gelten jedoch dann nicht als vom Lieferer oder für dessen Rechnung versandt oder befördert, wenn der Erwerber die Gegenstände selbst befördert oder wenn der Erwerber die Lieferung der Gegenstände selbst mit einem Dritten vereinbart und der Lieferer nicht mittelbar oder unmittelbar die Organisation der Versendung oder Beförderung dieser Gegenstände übernimmt oder dabei hilft.

Art. 5b[1] [Unterstützung iSd RL 2006/112/EG] [1] Für die Anwendung von Artikel 14a der Richtlinie 2006/112/EG bezeichnet der Begriff „unterstützen" die Nutzung einer elektronischen Schnittstelle, um es einem Erwerber und einem Lieferer, der über eine elektronische Schnittstelle Gegenstände zum Verkauf anbietet, zu ermöglichen, in Kontakt zu treten, woraus eine Lieferung von Gegenständen über die elektronische Schnittstelle an diesen Erwerber resultiert.

[2] Ein Steuerpflichtiger unterstützt die Lieferung von Gegenständen jedoch dann nicht, wenn alle folgenden Voraussetzungen erfüllt sind:

a) Der Steuerpflichtige legt weder unmittelbar noch mittelbar irgendeine der Bedingungen für die Lieferung der Gegenstände fest;

b) der Steuerpflichtige ist weder unmittelbar noch mittelbar an der Autorisierung der Abrechnung mit dem Erwerber bezüglich der getätigten Zahlung beteiligt;

c) der Steuerpflichtige ist weder unmittelbar noch mittelbar an der Bestellung oder Lieferung der Gegenstände beteiligt.

[3] Artikel Artikel 14a der Richtlinie 2006/112/EG findet auch keine Anwendung auf Steuerpflichtige, die lediglich eine der folgenden Leistungen anbieten:

---

[1] Abschnitt 1 (Art. 5a–5d) eingef. **mWv 1.7.2021** durch DVO v. 21.11.2019 (ABl. L 313 S. 14, geänd. durch ABl. 2020 L 244 S. 9).

a) die Verarbeitung von Zahlungen im Zusammenhang mit der Lieferung von Gegenständen;

b) die Auflistung von Gegenständen oder die Werbung für diese;

c) die Weiterleitung oder Vermittlung von Erwerbern an andere elektronische Schnittstellen, über die Gegenstände zum Verkauf angeboten werden, ohne dass eine weitere Einbindung in die Lieferung besteht.

Art. 5c[1]) **[Befreiung von der Anwendung des Art. 14a RL 2006/112/ EG]** Für die Anwendung von Artikel 14a der Richtlinie 2006/112/EG schuldet ein Steuerpflichtiger, der behandelt wird, als ob er die Gegenstände selbst erhalten und selbst geliefert hätte, nicht die Mehrwertsteuerbeträge, die die Mehrwertsteuer übersteigen, die er für diese Lieferungen erklärt und entrichtet hat, wenn alle folgenden Voraussetzungen erfüllt sind:

a) Der Steuerpflichtige ist auf die Angaben angewiesen, die von Lieferern, die Gegenstände über eine elektronische Schnittstelle verkaufen, oder von Dritten erteilt werden, um die Mehrwertsteuer für diese Lieferungen korrekt erklären und entrichten zu können;

b) die in Buchstabe a genannten Angaben sind falsch;

c) der Steuerpflichtige kann nachweisen, dass er nicht wusste und nach vernünftigem Ermessen nicht wissen konnte, dass diese Angaben nicht zutreffend waren.

Art. 5d[1]) **[Steuerpflichtiger iSd Art. 14a RL 2006/112/EG]** Sofern ihm keine gegenteiligen Angaben vorliegen, betrachtet der Steuerpflichtige, der gemäß Artikel 14a der Richtlinie 2006/112/EG so behandelt wird, als ob er die Gegenstände selbst erhalten und selbst geliefert hätte:

a) die Person, die die Gegenstände über eine elektronische Schnittstelle verkauft, als steuerpflichtig;

b) die Person, die diese Gegenstände kauft, als nicht steuerpflichtig.]

[ab 1.7.2021:
Abschnitt 2.[2]) Erbringung von Dienstleistungen
(Artikel 24 bis 29 der Richtlinie 2006/112/EG)]

Art. 6 [Definition „Restaurant- und Verpflegungsdienstleistungen"]

(1) [1] Als Restaurant- und Verpflegungsdienstleistungen gelten die Abgabe zubereiteter oder nicht zubereiteter Speisen und/oder Getränke, zusammen mit ausreichenden unterstützenden Dienstleistungen, die deren sofortigen Verzehr ermöglichen. [2] Die Abgabe von Speisen und/oder Getränken ist nur eine Komponente der gesamten Leistung, bei der der Dienstleistungsanteil überwiegt. [3] Restaurantdienstleistungen sind die Erbringung solcher Dienst-

---

[1]) Abschnitt 1 (Art. 5a–5d) eingef. **mWv 1.7.2021** durch DVO v. 21.11.2019 (ABl. L 313 S. 14, geänd. durch ABl. 2020 L 244 S. 9).
[2]) Überschrift Abschnitt 2 eingef. **mWv 1.7.2021** durch DVO v. 21.11.2019 (ABl. L 313 S. 14, geänd. durch ABl. 2020 L 244 S. 9).

leistungen in den Räumlichkeiten des Dienstleistungserbringers und Verpflegungsdienstleistungen sind die Erbringung solcher Dienstleistungen an einem anderen Ort als den Räumlichkeiten des Dienstleistungserbringers.

(2) Die Abgabe von zubereiteten oder nicht zubereiteten Speisen und/oder Getränken mit oder ohne Beförderung, jedoch ohne andere unterstützende Dienstleistungen, gilt nicht als Restaurant- oder Verpflegungsdienstleistung im Sinne des Absatzes 1.

Art. 6a[1) [Telekommunikationsdienstleistungen] (1) Telekommunikationsdienstleistungen im Sinne von Artikel 24 Absatz 2 der Richtlinie 2006/112/EG umfassen insbesondere

a) Festnetz- und Mobiltelefondienste zur wechselseitigen Ton-, Daten- und Videoübertragung einschließlich Telefondienstleistungen mit bildgebender Komponente (Videofonie),

b) über das Internet erbrachte Telefondienste einschließlich VoIP-Diensten (Voice over Internet Protocol);

c) Sprachspeicherung (Voicemail), Anklopfen, Rufumleitung, Anruferkennung, Dreiwegeanruf und andere Anrufverwaltungsdienste;

d) Personenrufdienste (Paging-Dienste);

e) Audiotextdienste;

f) Fax, Telegrafie und Fernschreiben;

g) den Zugang zum Internet einschließlich des World Wide Web;

h) private Netzanschlüsse für Telekommunikationsverbindungen zur ausschließlichen Nutzung durch den Dienstleistungsempfänger.

(2) Telekommunikationsdienstleistungen im Sinne von Artikel 24 Absatz 2 der Richtlinie 2006/112/EG umfassen nicht

a) elektronisch erbrachte Dienstleistungen;

b) Rundfunk- und Fernsehdienstleistungen (im Folgenden „Rundfunkdienstleistungen").

Art. 6b[2) [Rundfunkdienstleistungen] (1) Rundfunkdienstleistungen umfassen Dienstleistungen in Form von Audio- und audiovisuellen Inhalten wie Rundfunk- oder Fernsehsendungen, die auf der Grundlage eines Sendeplans über Kommunikationsnetze durch einen Mediendiensteanbieter unter dessen redaktioneller Verantwortung der Öffentlichkeit zum zeitgleichen Anhören oder Ansehen zur Verfügung gestellt werden.

(2) Unter Absatz 01 fällt insbesondere Folgendes:

a) Rundfunk- oder Fernsehsendungen, die über einen Rundfunk- oder Fernsehsender verbreitet oder weiterverbreitet werden;

b) Rundfunk- oder Fernsehsendungen, die über das Internet oder ein ähnliches elektronisches Netzwerk (IP-Streaming) verbreitet werden, wenn sie

---

[1) Art. 6a eingef. mWv 1.1.2015 durch VO v. 7.10.2013 (ABl. L 284 S. 1).
[2) Art. 6b eingef. mWv 1.1.2015 durch VO v. 7.10.2013 (ABl. L 284 S. 1).

zeitgleich zu ihrer Verbreitung oder Weiterverbreitung durch einen Rund-
funk- oder Fernsehsender übertragen werden.

(3) Absatz 1 findet keine Anwendung auf

a) Telekommunikationsdienstleistungen;

b) elektronisch erbrachte Dienstleistungen;

c) die Bereitstellung von Informationen über bestimmte auf Abruf erhältliche
Programme;

d) die Übertragung von Sende- oder Verbreitungsrechten;

e) das Leasing von Geräten und technischer Ausrüstung zum Empfang von
Rundfunkdienstleistungen;

f) Rundfunk- oder Fernsehsendungen, die über das Internet oder ein ähnliches elektronisches Netz (IP-Streaming) verbreitet werden, es sei denn, sie
werden zeitgleich zu ihrer Verbreitung oder Weiterverbreitung durch herkömmliche Rundfunk- oder Fernsehsender übertragen.

Art. 7[1)] [Definition „elektronisch erbrachte Dienstleistungen"]

(1) „Elektronisch erbrachte Dienstleistungen" im Sinne der Richtlinie
2006/112/EG umfassen Dienstleistungen, die über das Internet oder ein ähnliches elektronisches Netz erbracht werden, deren Erbringung aufgrund ihrer
Art im Wesentlichen automatisiert und nur mit minimaler menschlicher Beteiligung erfolgt und ohne Informationstechnologie nicht möglich wäre.

(2) Unter Absatz 1 fällt insbesondere das Folgende:

a) Überlassung digitaler Produkte allgemein, z.B. Software und zugehörige
Änderungen oder Upgrades;

b) Dienste, die in elektronischen Netzen eine Präsenz zu geschäftlichen oder
persönlichen Zwecken, z.B. eine Website oder eine Webpage, vermitteln
oder unterstützen;

c) von einem Computer automatisch generierte Dienstleistungen über das
Internet oder ein ähnliches elektronisches Netz auf der Grundlage spezifischer Dateninputs des Dienstleistungsempfängers;

d) Einräumung des Rechts, gegen Entgelt eine Leistung auf einer Website, die
als Online-Marktplatz fungiert, zum Kauf anzubieten, wobei die potenziellen Käufer ihr Gebot im Wege eines automatisierten Verfahrens abgeben
und die Beteiligten durch eine automatische, computergenerierte E-Mail
über das Zustandekommen eines Verkaufs unterrichtet werden;

e) Internet-Service-Pakete, in denen die Telekommunikations-Komponente
ein ergänzender oder untergeordneter Bestandteil ist (d.h. Pakete, die mehr
ermöglichen als nur die Gewährung des Zugangs zum Internet und die
weitere Elemente wie etwa Nachrichten, Wetterbericht, Reiseinformatio-
nen, Spielforen, Webhosting, Zugang zu Chatlines usw. umfassen);

f) die in Anhang I genannten Dienstleistungen.

[1)] Art. 7 Abs. 3 einl. Satzteil und Buchst. a neu gef., Buchst. q–s aufgeh., Buchst. t und u
angef. mWv 1.1.2015 durch VO v. 7.10.2013 (ABl. L 284 S. 1).

(3) Absatz 1 findet keine Anwendung auf
a) Rundfunkdienstleistungen;
b) Telekommunikationsdienstleistungen;
c) Gegenstände bei elektronischer Bestellung und Auftragsbearbeitung;
d) CD-ROMs, Disketten und ähnliche körperliche Datenträger;
e) Druckerzeugnisse wie Bücher, Newsletter, Zeitungen und Zeitschriften;
f) CDs und Audiokassetten;
g) Videokassetten und DVDs;
h) Spiele auf CD-ROM;
i) Beratungsleistungen durch Rechtsanwälte, Finanzberater usw. per E-Mail;
j) Unterrichtsleistungen, wobei ein Lehrer den Unterricht über das Internet oder ein elektronisches Netz, d.h. über einen Remote Link, erteilt;
k) physische Offline-Reparatur von EDV-Ausrüstung;
l) Offline-Data-Warehousing;
m) Zeitungs-, Plakat- und Fernsehwerbung;
n) Telefon-Helpdesks;
o) Fernunterricht im herkömmlichen Sinne, z.B. per Post;
p) Versteigerungen herkömmlicher Art, bei denen Menschen direkt tätig werden, unabhängig davon, wie die Gebote abgegeben werden;
q) *(aufgehoben)*
r) *(aufgehoben)*
s) *(aufgehoben)*
t) online gebuchte Eintrittskarten für Veranstaltungen auf dem Gebiet der Kultur, der Künste, des Sports, der Wissenschaft, des Unterrichts, der Unterhaltung und ähnliche Veranstaltungen;
u) online gebuchte Beherbergungsleistungen, Mietwagen, Restaurantdienstleistungen, Personenbeförderungsdienste oder ähnliche Dienstleistungen.

Art. 8 [Zusammenbau einer Maschine als Dienstleistung] Baut ein Steuerpflichtiger lediglich die verschiedenen Teile einer Maschine zusammen, die ihm alle vom Empfänger seiner Dienstleistung zur Verfügung gestellt wurden, so ist dieser Umsatz eine Dienstleistung im Sinne von Artikel 24 Absatz 1 der Richtlinie 2006/112/EG.

Art. 9 [Verkauf einer Option als Dienstleistung] [1] Der Verkauf einer Option, der in den Anwendungsbereich von Artikel 135 Absatz 1 Buchstabe f der Richtlinie 2006/112/EG fällt, ist eine Dienstleistung im Sinne von Artikel 24 Absatz 1 der genannten Richtlinie. [2] Diese Dienstleistung ist von den der Option zugrunde liegenden Umsätzen zu unterscheiden.

Art. 9a[1] [Erbringung; Erbringer] (1) [11] Für die Anwendung von Artikel 28 der Richtlinie 2006/112/EG gilt, dass wenn elektronisch erbrachte

---
[1] Art. 9a eingef. mWv 1.1.2015 durch VO v. 7.10.2013 (ABl. L 284 S. 1).

Dienstleistungen über ein Telekommunikationsnetz, eine Schnittstelle oder ein Portal wie einen Appstore erbracht werden, davon auszugehen ist, dass ein an dieser Erbringung beteiligter Steuerpflichtiger im eigenen Namen, aber für Rechnung des Anbieters dieser Dienstleistungen tätig ist, es sei denn, dass dieser Anbieter von dem Steuerpflichtigen ausdrücklich als Leistungserbringer genannt wird und dies in den vertraglichen Vereinbarungen zwischen den Parteien zum Ausdruck kommt.

[2] Damit der Anbieter der elektronisch erbrachten Dienstleistungen als vom Steuerpflichtigen ausdrücklich genannter Erbringer der elektronisch erbrachten Dienstleistungen angesehen werden kann, müssen die folgenden Bedingungen erfüllt sein:

a) Auf der von jedem an der Erbringung der elektronisch erbrachten Dienstleistungen beteiligten Steuerpflichtigen ausgestellten oder verfügbar gemachten Rechnung müssen die elektronisch erbrachten Dienstleistungen und der Erbringer dieser elektronisch erbrachten Dienstleistungen angegeben sein;

b) auf der dem Dienstleistungsempfänger ausgestellten oder verfügbar gemachten Rechnung oder Quittung müssen die elektronisch erbrachten Dienstleistungen und ihr Erbringer angegeben sein.

[3] Für die Zwecke dieses Absatzes ist es einem Steuerpflichtigen nicht gestattet, eine andere Person ausdrücklich als Erbringer von elektronischen Dienstleistungen anzugeben, wenn er hinsichtlich der Erbringung dieser Dienstleistungen die Abrechnung mit dem Dienstleistungsempfänger autorisiert oder die Erbringung der Dienstleistungen genehmigt oder die allgemeinen Bedingungen der Erbringung festlegt.

(2) Absatz 1 findet auch Abwendung[1]), wenn über das Internet erbrachte Telefondienste einschließlich VoIP-Diensten (Voice over Internet Protocol) über ein Telekommunikationsnetz, eine Schnittstelle oder ein Portal wie einen Appstore erbracht werden und diese Erbringung unter den in Absatz 1 genannten Bedingungen erfolgt.

(3) Dieser Artikel gilt nicht für einen Steuerpflichtigen, der lediglich Zahlungen in Bezug auf elektronisch erbrachte Dienstleistungen oder über das Internet erbrachte Telefondienste einschließlich VoIP-Diensten (Voice over Internet Protocol) abwickelt und nicht an der Erbringung dieser elektronisch erbrachten Dienstleistungen oder Telefondienste beteiligt ist.

Kapitel V. Ort des steuerbaren Umsatzes

Abschnitt 1. Begriffe

Art. 10 [Definition „Sitzort"] (1) Für die Anwendung der Artikel 44 und 45 der Richtlinie 2006/112/EG gilt als Ort, an dem der Steuerpflichtige den Sitz seiner wirtschaftlichen Tätigkeit hat, der Ort, an dem die Handlungen zur zentralen Verwaltung des Unternehmens vorgenommen werden.

---

[1]) Richtig wohl: „Anwendung".

(2) *[1]* Zur Bestimmung des Ortes nach Absatz 1 werden der Ort, an dem die wesentlichen Entscheidungen zur allgemeinen Leitung des Unternehmens getroffen werden, der Ort seines satzungsmäßigen Sitzes und der Ort, an dem die Unternehmensleitung zusammenkommt, herangezogen.

[2] Kann anhand dieser Kriterien der Ort des Sitzes der wirtschaftlichen Tätigkeit eines Unternehmens nicht mit Sicherheit bestimmt werden, so wird der Ort, an dem die wesentlichen Entscheidungen zur allgemeinen Leitung des Unternehmens getroffen werden, zum vorrangigen Kriterium.

(3) Allein aus dem Vorliegen einer Postanschrift kann nicht geschlossen werden, dass sich dort der Sitz der wirtschaftlichen Tätigkeit eines Unternehmens befindet.

Art. 11 [Definition „feste Niederlassung"] (1) Für die Anwendung des Artikels 44 der Richtlinie 2006/112/EG gilt als „feste Niederlassung" jede Niederlassung mit Ausnahme des Sitzes der wirtschaftlichen Tätigkeit nach Artikel 10 dieser Verordnung, die einen hinreichenden Grad an Beständigkeit sowie eine Struktur aufweist, die es ihr von der personellen und technischen Ausstattung her erlaubt, Dienstleistungen, die für den eigenen Bedarf dieser Niederlassung erbracht werden, zu empfangen und dort zu verwenden.

(2) Für die Anwendung der folgenden Artikel gilt als „feste Niederlassung" jede Niederlassung mit Ausnahme des Sitzes der wirtschaftlichen Tätigkeit nach Artikel 10 dieser Verordnung, die einen hinreichenden Grad an Beständigkeit sowie eine Struktur aufweist, die es von der personellen und technischen Ausstattung her erlaubt, Dienstleistungen zu erbringen:

a) Artikel 45 der Richtlinie 2006/112/EG;

b)[1] ab 1. Januar 2013 Artikel 56 Absatz 2 Unterabsatz 2 der Richtlinie 2006/112/EG;

c)[1] bis 31. Dezember 2014 Artikel 58 der Richtlinie 2006/112/EG;

d) Artikel 192a der Richtlinie 2006/112/EG.

(3) Allein aus der Tatsache, dass eine Mehrwertsteuer-Identifikationsnummer zugeteilt wurde, kann nicht darauf geschlossen werden, dass ein Steuerpflichtiger eine „feste Niederlassung" hat.

Art. 12 [Definition „Wohnsitz einer natürlichen Person"] Für die Anwendung der Richtlinie 2006/112/EG gilt als „Wohnsitz" einer natürlichen Person, unabhängig davon, ob diese Person steuerpflichtig ist oder nicht, der im Melderegister oder in einem ähnlichen Register eingetragene Wohnsitz oder der Wohnsitz, den die betreffende Person bei der zuständigen Steuerbehörde angegeben hat, es sei denn, es liegen Anhaltspunkte dafür vor, dass dieser Wohnsitz nicht die tatsächlichen Gegebenheiten widerspiegelt.

Art. 13 [Definition „gewöhnlicher Aufenthalt einer natürlichen Person"] *[1]* Im Sinne der Richtlinie 2006/112/EG gilt als „gewöhnlicher Aufenthaltsort" einer natürlichen Person, unabhängig davon, ob diese Person

---

[1] Zum Anwendungszeitraum siehe Art. 65.

steuerpflichtig ist oder nicht, der Ort, an dem diese natürliche Person aufgrund persönlicher und beruflicher Bindungen gewöhnlich lebt.

[2] Liegen die beruflichen Bindungen einer natürlichen Person in einem anderen Land als dem ihrer persönlichen Bindungen oder gibt es keine beruflichen Bindungen, so bestimmt sich der gewöhnliche Aufenthaltsort nach den persönlichen Bindungen, die enge Beziehungen zwischen der natürlichen Person und einem Wohnort erkennen lassen.

Art. 13a[1]) [Ansässigkeit juristischer Personen] Als Ort, an dem eine nichtsteuerpflichtige juristische Person im Sinne von Artikel 56 Absatz 2 Unterabsatz 1, Artikel 58 und Artikel 59 der Richtlinie 2006/112/EG ansässig ist, gilt

a) der Ort, an dem Handlungen zu ihrer zentralen Verwaltung ausgeführt werden, oder

b) der Ort jeder anderen Niederlassung, die einen hinreichenden Grad an Beständigkeit sowie eine Struktur aufweist, die es ihr von der personellen und technischen Ausstattung her erlaubt, Dienstleistungen, die für den eigenen Bedarf dieser Niederlassung erbracht werden, zu empfangen und dort zu verwenden.

Art. 13b[2]) [Geltung als Grundstück] Für die Zwecke der Anwendung der Richtlinie 2006/112/EG gilt als „Grundstück"

a) ein bestimmter über- oder unterirdischer Teil der Erdoberfläche, an dem Eigentum und Besitz begründet werden kann;

b) jedes mit oder in dem Boden über oder unter dem Meeresspiegel befestigte Gebäude oder jedes derartige Bauwerk, das nicht leicht abgebaut oder bewegt werden kann;

c) jede Sache, die einen wesentlichen Bestandteil eines Gebäudes oder eines Bauwerks bildet, ohne die das Gebäude oder das Bauwerk unvollständig ist, wie zum Beispiel Türen, Fenster, Dächer, Treppenhäuser und Aufzüge;

d) Sachen, Ausstattungsgegenstände oder Maschinen, die auf Dauer in einem Gebäude oder einem Bauwerk installiert sind, und die nicht bewegt werden können, ohne das Gebäude oder das Bauwerk zu zerstören oder zu verändern.

Abschnitt 2
Ort der Lieferung von Gegenständen
(Artikel 31 bis 39 der Richtlinie 2006/112/EG)

Art. 14[3]) [Versandhandelsregelung – Ort der Lieferung bei Überschreiten der Lieferschwelle im laufenden Jahr] *[1]* Wird im Laufe eines Kalenderjahres der von

---

[1]) Art. 13a eingef. mWv 1.1.2015 durch VO v. 7.10.2013 (ABl. L 284 S. 1).
[2]) Art. 13b eingef. mWv 1.1.2017 durch VO v. 7.10.2013 (ABl. L 284 S. 1).
[3]) Art. 14 aufgeh. **mWv 1.7.2021** durch DVO v. 21.11.2019 (ABl. L 313 S. 14, geänd. durch ABl. 2020 L 244 S. 9).

einem Mitgliedstaat gemäß Artikel 34 der Richtlinie 2006/112/EG angewandte Schwellenwert überschritten, so ergibt sich aus Artikel 33 jener Richtlinie keine Änderung des Ortes der Lieferungen von nicht verbrauchsteuerpflichtigen Waren, die in dem fraglichen Kalenderjahr vor Überschreiten des von diesem Mitgliedstaat für das laufende Kalenderjahr angewandten Schwellenwerts getätigt wurden, unter der Bedingung, dass alle folgenden Voraussetzungen erfüllt sind:

a) der Lieferer hat nicht die Wahlmöglichkeit des Artikels 34 Absatz 4 jener Richtlinie in Anspruch genommen;

b) der Wert seiner Lieferungen von Gegenständen hat den Schwellenwert im vorangegangenen Jahr nicht überschritten.

[2] Hingegen ändert Artikel 33 der Richtlinie 2006/112/EG den Ort folgender Lieferungen in den Mitgliedstaat der Beendigung des Versands oder der Beförderung:

a) die Lieferung von Gegenständen, mit der der vom Mitgliedstaat für das laufende Kalenderjahr angewandte Schwellenwert in dem laufenden Kalenderjahr überschritten wurde;

b) alle weiteren Lieferungen von Gegenständen in denselben Mitgliedstaat in dem betreffenden Kalenderjahr;

c) Lieferungen von Gegenständen in denselben Mitgliedstaat in dem Kalenderjahr, das auf das Jahr folgt, in dem das unter Buchstabe a genannte Ereignis eingetreten ist.

Art. 15 [Maßgeblichkeit Reisestrecke des Beförderungsmittels bei Bestimmung des innergemeinschaftlichen Teils der Personenbeförderung bei Bordlieferungen] Zur Bestimmung des innerhalb der Gemeinschaft stattfindenden Teils der Personenbeförderung im Sinne des Artikels 37 der Richtlinie 2006/112/EG ist die Reisestrecke des Beförderungsmittels, nicht die der beförderten Personen, ausschlaggebend.

Abschnitt 3. Ort des innergemeinschaftlichen Erwerbs von Gegenständen
(Artikel 40, 41 und 42 der Richtlinie 2006/112/EG)

Art. 16 [Besteuerungskompetenz des Mitgliedstaats des Endes der Beförderung] [1] Der Mitgliedstaat der Beendigung des Versands oder der Beförderung der Gegenstände, in dem ein innergemeinschaftlicher Erwerb von Gegenständen im Sinne von Artikel 20 der Richtlinie 2006/112/EG erfolgt, nimmt seine Besteuerungskompetenz unabhängig von der mehrwertsteuerlichen Behandlung des Umsatzes im Mitgliedstaat des Beginns des Versands oder der Beförderung der Gegenstände wahr.

[2] Ein etwaiger vom Lieferer der Gegenstände gestellter Antrag auf Berichtigung der in Rechnung gestellten und gegenüber dem Mitgliedstaat des Beginns des Versands oder der Beförderung der Gegenstände erklärten Mehrwertsteuer wird von diesem Mitgliedstaat nach seinen nationalen Vorschriften bearbeitet.

Abschnitt 4. Ort der Dienstleistung
(Artikel 43 bis 59 der Richtlinie 2006/112/EG)

Unterabschnitt 1. Status des Dienstleistungsempfängers

Art. 17 [Ort der Dienstleistung bei Abstellen auf Personen des Leistungsempfängers] (1) Hängt die Bestimmung des Ortes der Dienstleistung davon ab, ob es sich bei dem Dienstleistungsempfänger um einen Steuerpflichtigen oder um einen Nichtsteuerpflichtigen handelt, so wird der Status des Dienstleistungsempfängers nach den Artikeln 9 bis 13 und 43 der Richtlinie 2006/112/EG bestimmt.

(2) Eine nicht steuerpflichtige juristische Person, der gemäß Artikel 214 Absatz 1 Buchstabe b der Richtlinie 2006/112/EG eine Mehrwertsteuer-Identifikationsnummer zugeteilt wurde oder die verpflichtet ist, sich für Mehrwertsteuerzwecke erfassen zu lassen, weil ihre innergemeinschaftlichen Erwerbe von Gegenständen der Mehrwertsteuer unterliegen oder weil sie die Wahlmöglichkeit in Anspruch genommen hat, diese Umsätze der Mehrwertsteuerpflicht zu unterwerfen, gilt als Steuerpflichtiger im Sinne des Artikels 43 jener Richtlinie.

Art. 18[1) [Vermutung der Unternehmereigenschaft des Leistungsempfängers] (1) Sofern dem Dienstleistungserbringer keine gegenteiligen Informationen vorliegen, kann er davon ausgehen, dass ein in der Gemeinschaft ansässiger Dienstleistungsempfänger den Status eines Steuerpflichtigen hat,

a) wenn der Dienstleistungsempfänger ihm seine individuelle Mehrwertsteuer-Identifikationsnummer mitgeteilt hat und er die Bestätigung der Gültigkeit dieser Nummer sowie die des zugehörigen Namens und der zugehörigen Anschrift gemäß Artikel 31 der Verordnung (EG) Nr. 904/2010 des Rates vom 7. Oktober 2010 über die Zusammenarbeit der Verwaltungsbehörden und die Betrugsbekämpfung auf dem Gebiet der Mehrwertsteuer[2) erlangt hat;

b) wenn er, sofern der Dienstleistungsempfänger noch keine individuelle Mehrwertsteuer-Identifikationsnummer erhalten hat, jedoch mitteilt, dass er die Zuteilung einer solchen Nummer beantragt hat, anhand eines anderen Nachweises feststellt, dass es sich bei dem Dienstleistungsempfänger um einen Steuerpflichtigen oder eine nicht steuerpflichtige juristische Person handelt, der verpflichtet ist, sich für Mehrwertsteuerzwecke erfassen zu lassen, und mittels handelsüblicher Sicherheitsmaßnahmen (wie beispielsweise der Kontrolle der Angaben zur Person oder von Zahlungen) in zumutbarem Umfang die Richtigkeit der vom Dienstleistungsempfänger gemachten Angaben überprüft.

(2) [1] Sofern dem Dienstleistungserbringer keine gegenteiligen Informationen vorliegen, kann er davon ausgehen, dass ein in der Gemeinschaft ansässiger Dienstleistungsempfänger den Status eines Nichtsteuerpflichtigen hat,

---

1) Art. 18 Abs. 2 UAbs. 2 angef. mWv 1.1.2015 durch VO v. 7.10.2013 (ABl. L 284 S. 1).
2) **Amtl. Anm.:** ABl. L 268 vom 12.10.2010, S. 1.

wenn er nachweist, dass Letzterer ihm seine individuelle Mehrwertsteuer-Identifikationsnummer nicht mitgeteilt hat.

[2] Ungeachtet gegenteiliger Informationen kann jedoch der Erbringer von Telekommunikations-, Rundfunk- oder elektronisch erbrachten Dienstleistungen davon ausgehen, dass ein innerhalb der Gemeinschaft ansässiger Dienstleistungsempfänger den Status eines Nichtsteuerpflichtigen hat, solange der Dienstleistungsempfänger ihm seine individuelle Mehrwertsteuer-Identifikationsnummer nicht mitgeteilt hat.

(3) Sofern dem Dienstleistungserbringer keine gegenteiligen Informationen vorliegen, kann er davon ausgehen, dass ein außerhalb der Gemeinschaft ansässiger Dienstleistungsempfänger den Status eines Steuerpflichtigen hat,

a) wenn er vom Dienstleistungsempfänger die von den für den Dienstleistungsempfänger zuständigen Steuerbehörden ausgestellte Bescheinigung erlangt, wonach der Dienstleistungsempfänger eine wirtschaftliche Tätigkeit ausübt, die es ihm ermöglicht, eine Erstattung der Mehrwertsteuer gemäß der Richtlinie 86/560/EWG[1]) des Rates vom 17. November 1986 zur Harmonisierung der Rechtsvorschriften der Mitgliedstaaten über die Umsatzsteuern – Verfahren der Erstattung der Mehrwertsteuer an nicht im Gebiet der Gemeinschaft ansässige Steuerpflichtige[2]) zu erhalten;

b) wenn ihm, sofern der Dienstleistungsempfänger diese Bescheinigung nicht besitzt, eine Mehrwertsteuernummer oder eine ähnliche dem Dienstleistungsempfänger von seinem Ansässigkeitsstaat zugeteilte und zur Identifizierung von Unternehmen verwendete Nummer vorliegt oder er anhand eines anderen Nachweises feststellt, dass es sich bei dem Dienstleistungsempfänger um einen Steuerpflichtigen handelt, und er mittels handelsüblicher Sicherheitsmaßnahmen (wie beispielsweise derjenigen in Bezug auf die Kontrolle der Angaben zur Person oder von Zahlungen) in zumutbarem Umfang die Richtigkeit der vom Dienstleistungsempfänger gemachten Angaben überprüft.

Unterabschnitt 2. Eigenschaft des Dienstleistungsempfängers

Art. 19 [Verwendung einer Dienstleistung zum unternehmerischen/privaten Gebrauch] [1] Für die Zwecke der Anwendung der Bestimmungen über den Ort der Dienstleistung nach Artikel 44 und 45 der Richtlinie 2006/112/EG gilt ein Steuerpflichtiger oder eine als Steuerpflichtiger geltende nichtsteuerpflichtige juristische Person, der/die Dienstleistungen ausschließlich zum privaten Gebrauch, einschließlich zum Gebrauch durch sein/ihr Personal empfängt, als nicht steuerpflichtig.

[2] Sofern dem Dienstleistungserbringer keine gegenteiligen Informationen – wie etwa die Art der erbrachten Dienstleistungen – vorliegen, kann er davon ausgehen, dass es sich um Dienstleistungen für die unternehmerischen Zwecke des Dienstleistungsempfängers handelt, wenn Letzterer ihm für diesen Umsatz seine individuelle Mehrwertsteuer-Identifikationsnummer mitgeteilt hat.

---

[1]) Nr. **553**.
[2]) **Amtl. Anm.:** ABl. L 326 vom 21.11.1986, S. 40.

[3] Ist ein und dieselbe Dienstleistung sowohl zum privaten Gebrauch, einschließlich zum Gebrauch durch das Personal, als auch für die unternehmerischen Zwecke des Dienstleistungsempfängers bestimmt, so fällt diese Dienstleistung ausschließlich unter Artikel 44 der Richtlinie 2006/112/EG, sofern keine missbräuchlichen Praktiken vorliegen.

Unterabschnitt 3. Ort des Dienstleistungsempfängers

Art. 20 [Dienstleistungsempfänger mit nur einem Ansässigkeitsort – Besteuerung am Sitzort] [1] Fällt eine Dienstleistung an einen Steuerpflichtigen oder an eine nicht steuerpflichtige juristische Person, die als Steuerpflichtiger gilt, in den Anwendungsbereich des Artikels 44 der Richtlinie 2006/112/EG und ist dieser Steuerpflichtige in einem einzigen Land ansässig oder befindet sich, in Ermangelung eines Sitzes der wirtschaftlichen Tätigkeit oder einer festen Niederlassung, sein Wohnsitz und sein gewöhnlicher Aufenthaltsort in einem einzigen Land, so ist diese Dienstleistung in diesem Land zu besteuern.

[2] Der Dienstleistungserbringer stellt diesen Ort auf der Grundlage der vom Dienstleistungsempfänger erhaltenen Informationen fest und überprüft diese Informationen mittels handelsüblicher Sicherheitsmaßnahmen, wie beispielsweise der Kontrolle der Angaben zur Person oder von Zahlungen.

[3] Die Information kann auch eine von dem Mitgliedstaat, in dem der Dienstleistungsempfänger ansässig ist, zugeteilten Mehrwertsteuer-Identifikationsnummer beinhalten.

Art. 21 [Dienstleistungsempfänger mit mehrfachem Ansässigkeitsort – Besteuerung am Sitzort oder am Ort der festen Niederlassung] [1] Fällt eine Dienstleistung an einen Steuerpflichtigen oder an eine nicht steuerpflichtige juristische Person, die als Steuerpflichtiger gilt, in den Anwendungsbereich des Artikels 44 der Richtlinie 2006/112/EG und ist der Steuerpflichtige in mehr als einem Land ansässig, so ist diese Dienstleistung in dem Land zu besteuern, in dem der Dienstleistungsempfänger den Sitz seiner wirtschaftlichen Tätigkeit hat.

[2] Wird die Dienstleistung jedoch an eine feste Niederlassung des Steuerpflichtigen an einem anderen Ort erbracht als dem Ort, an dem sich der Sitz der wirtschaftlichen Tätigkeit des Dienstleistungsempfängers befindet, so ist diese Dienstleistung am Ort der festen Niederlassung zu besteuern, die Empfänger der Dienstleistung ist und sie für den eigenen Bedarf verwendet.

[3] Verfügt der Steuerpflichtige weder über einen Sitz der wirtschaftlichen Tätigkeit noch über eine feste Niederlassung, so ist die Dienstleistung am Wohnsitz des Steuerpflichtigen oder am Ort seines gewöhnlichen Aufenthalts zu besteuern.

Art. 22 [Überprüfung des Orts der festen Niederlassung des Dienstleistungsempfängers] (1) [1] Der Dienstleistungserbringer prüft die Art und die Verwendung der erbrachten Dienstleistung, um die feste Niederlassung des Dienstleistungsempfängers zu ermitteln, an die die Dienstleistung erbracht wird.

[2] Kann der Dienstleistungserbringer weder anhand der Art der erbrachten Dienstleistung noch ihrer Verwendung die feste Niederlassung ermitteln, an die die Dienstleistung erbracht wird, so prüft er bei der Ermittlung dieser festen Niederlassung insbesondere, ob der Vertrag, der Bestellschein und die vom Mitgliedstaat des Dienstleistungsempfängers vergebene und ihm vom Dienstleistungsempfänger mitgeteilte Mehrwertsteuer-Identifikationsnummer die feste Niederlassung als Dienstleistungsempfänger ausweisen und ob die feste Niederlassung die Dienstleistung bezahlt.

[3] Kann die feste Niederlassung des Dienstleistungsempfängers, an die die Dienstleistung erbracht wird, gemäß den Unterabsätzen 1 und 2 des vorliegenden Absatzes nicht bestimmt werden oder werden einem Steuerpflichtigen unter Artikel 44 der Richtlinie 2006/112/EG fallende Dienstleistungen innerhalb eines Vertrags erbracht, der eine oder mehrere Dienstleistungen umfasst, die auf nicht feststellbare oder nicht quantifizierbare Weise genutzt werden, so kann der Dienstleistungserbringer berechtigterweise davon ausgehen, dass diese Dienstleistungen an dem Ort erbracht werden, an dem der Dienstleistungsempfänger den Sitz seiner wirtschaftlichen Tätigkeit hat.

(2) Die Pflichten des Dienstleistungsempfängers bleiben von der Anwendung dieses Artikels unberührt.

Art. 23 [Ort der Dienstleistung am Ansässigkeitsort des Dienstleistungsempfängers – Feststellung des Orts aufgrund Informationen durch Leistungsempfänger] (1)[1] Ist eine Dienstleistung ab 1. Januar 2013 entsprechend Artikel 56 Absatz 2 Unterabsatz 1 der Richtlinie 2006/112/EG an dem Ort zu versteuern, an dem der Dienstleistungsempfänger ansässig ist, oder in Ermangelung eines solchen Sitzes an seinem Wohnsitz oder an seinem gewöhnlichen Aufenthaltsort, so stellt der Dienstleistungserbringer diesen Ort auf der Grundlage der vom Dienstleistungsempfänger erhaltenen Sachinformationen fest und überprüft diese Informationen mittels handelsüblicher Sicherheitsmaßnahmen, wie beispielsweise der Kontrolle von Angaben zur Person oder von Zahlungen.

(2) Ist eine Dienstleistung entsprechend den Artikeln 58 und 59 der Richtlinie 2006/112/EG an dem Ort zu versteuern, an dem der Dienstleistungsempfänger ansässig ist, oder in Ermangelung eines solchen Sitzes an seinem Wohnsitz oder an seinem gewöhnlichen Aufenthaltsort, so stellt der Dienstleistungserbringer diesen Ort auf der Grundlage der vom Dienstleistungsempfänger erhaltenen Sachinformationen fest und überprüft diese Informationen mittels der handelsüblichen Sicherheitsmaßnahmen, wie beispielsweise der Kontrolle von Angaben zur Person oder von Zahlungen.

Art. 24[2) [Dienstleistungen an einen Nichtunternehmer mit Mehrfachansässigkeit – Vorrang des Orts des tatsächlichen Verbrauchs]
Wird eine Dienstleistung, die unter Artikel 56 Absatz 2 Unterabsatz 1 oder unter die Artikel 58 und 59 der Richtlinie 2006/112/EG fällt, an einen

---

[1) Zum Anwendungszeitraum siehe Art. 65.
[2) Art. 24 neu gef. mWv 1.1.2015 durch VO v. 7.10.2013 (ABl. L 284 S. 1).

Nichtsteuerpflichtigen erbracht, der in verschiedenen Ländern ansässig ist oder seinen Wohnsitz in einem Land und seinen gewöhnlichen Aufenthaltsort in einem anderen Land hat, so ist folgender Ort vorrangig:

a) im Fall einer nichtsteuerpflichtigen juristischen Person der in Artikel 13a Buchstabe a dieser Verordnung genannte Ort, es sei denn, es liegen Anhaltspunkte dafür vor, dass die Dienstleistung tatsächlich an dem in Artikel 13a Buchstabe b genannten Ort ihrer Niederlassung in Anspruch genommen wird;

b) im Fall einer natürlichen Person der gewöhnliche Aufenthaltsort, es sei denn, es liegen Anhaltspunkte dafür vor, dass die Dienstleistung am Wohnsitz der betreffenden Person in Anspruch genommen wird.

Unterabschnitt 3a.[1] Vermutungen bezüglich des Ortes des Dienstleistungsempfängers

Art. 24a[1] [Ansässigkeitsvermutung bei physischer Anwesenheit]

(1) Für die Zwecke der Anwendung der Artikel 44, 58 und 59a der Richtlinie 2006/112/EG wird vermutet, dass wenn ein Dienstleistungserbringer Telekommunikations-, Rundfunk- oder elektronisch erbrachte Dienstleistungen an Orten wie Telefonzellen, Kiosk-Telefonen, WLAN-Hot-Spots, Internetcafés, Restaurants oder Hotellobbys erbringt, und der Dienstleistungsempfänger an diesem Ort physisch anwesend sein muss, damit ihm die Dienstleistung durch diesen Dienstleistungserbringer erbracht werden kann, der Dienstleistungsempfänger an dem betreffenden Ort ansässig ist oder seinen Wohnsitz oder seinen gewöhnlichen Aufenthaltsort hat und dass die Dienstleistung an diesem Ort tatsächlich genutzt und ausgewertet wird.

(2) Befindet sich der Ort im Sinne von Absatz 1 des vorliegenden Artikels an Bord eines Schiffes, eines Flugzeugs oder in einer Eisenbahn während einer Personenbeförderung, die innerhalb der Gemeinschaft gemäß den Artikeln 37 und 57 der Richtlinie 2006/112/EG stattfindet, so ist das Land, in dem sich der Ort befindet, das Abgangsland der Personenbeförderung.

Art. 24b[2] [Ansässigkeitsvermutung bei Nichtsteuerpflichtigen]

[1] Für die Zwecke der Anwendung von Artikel 58 der Richtlinie 2006/112/EG gilt, dass wenn einem Nichtsteuerpflichtigen Telekommunikations-, Rundfunk- oder elektronisch erbrachte Dienstleistungen

a) über seinen Festnetzanschluss erbracht werden, die Vermutung gilt, dass der Dienstleistungsempfänger an dem Ort, an dem sich der Festnetzanschluss befindet, ansässig ist oder seinen Wohnsitz oder seinen gewöhnlichen Aufenthaltsort hat;

b) über mobile Netze erbracht werden, die Vermutung gilt, dass der Dienstleistungsempfänger in dem Land, das durch den Ländercode der bei Inanspruchnahme der Dienstleistungen verwendeten SIM-Karte bezeichnet

---

[1] Unterabschnitt 3a (Art. 24a–24c) eingef. mWv 1.1.2015 durch VO v. 7.10.2013 (ABl. L 284 S. 1).
[2] Art. 24b neu gef. mWv 1.1.2019 durch VO v. 5.12.2017 (ABl. L 348 S. 32).

wird, ansässig ist oder seinen Wohnsitz oder seinen gewöhnlichen Aufenthaltsort hat;

c) erbracht werden, für die ein Decoder oder ein ähnliches Gerät oder eine Programm- oder Satellitenkarte verwendet werden muss und kein Festnetzanschluss verwendet wird, die Vermutung gilt, dass der Dienstleistungsempfänger an dem Ort, an dem sich der Decoder oder das ähnliche Gerät befindet, oder, wenn dieser Ort unbekannt ist, an dem Ort, an den die Programm- oder Satellitenkarte zur Verwendung gesendet wird, ansässig ist oder seinen Wohnsitz oder seinen gewöhnlichen Aufenthaltsort hat;

d) unter anderen als den in den Artikeln 24a und in den Buchstaben a, b und c des vorliegenden Artikels genannten Bedingungen erbracht werden, die Vermutung gilt, dass der Dienstleistungsempfänger an dem Ort ansässig ist oder seinen Wohnsitz oder seinen gewöhnlichen Aufenthaltsort hat, der vom Leistungserbringer unter Verwendung von zwei einander nicht widersprechenden Beweismitteln gemäß Artikel 24f der vorliegenden Verordnung als solcher bestimmt wird.

[2] Unbeschadet des Absatzes 1 Buchstabe d gilt für Dienstleistungen gemäß jenem Buchstaben in den Fällen, in denen der Gesamtwert dieser Dienstleistungen, die ein Steuerpflichtiger vom Sitz seiner wirtschaftlichen Tätigkeit oder seiner festen Niederlassung in einem Mitgliedstaat erbringt, ohne Mehrwertsteuer 100 000 EUR oder den Gegenwert in Landeswährung im laufenden und im vorangegangenen Kalenderjahr nicht übersteigt, die Vermutung, dass der Dienstleistungsempfänger an dem Ort ansässig ist, seinen Wohnsitz oder seinen gewöhnlichen Aufenthaltsort hat, der als solcher vom Dienstleistungserbringer unter Verwendung eines Beweismittels gemäß Artikel 24f Buchstaben a bis e, das von einer Person erbracht wird, die an der Erbringung der Dienstleistungen beteiligt ist und bei der es sich nicht um den Dienstleistungserbringer oder Dienstleistungsempfänger handelt, bestimmt wird.

[3] Wenn in einem Kalenderjahr der in Absatz 2 festgelegte Schwellenwert überschritten wird, so gilt dieser Absatz ab diesem Zeitpunkt und so lange nicht mehr, bis die in diesem Absatz festgelegten Bedingungen wieder erfüllt sind.

[4] Der Gegenwert in Landeswährung des Betrags wird unter Anwendung des von der Europäischen Zentralbank zum Tag der Annahme der Durchführungsverordnung (EU) 2017/2459 des Rates[1] veröffentlichten Wechselkurses berechnet.

Art. **24c**[2] [Ansässigkeit bei Vermietung von Beförderungsmitteln]

Werden einem Nichtsteuerpflichtigen Beförderungsmittel vermietet, ausgenommen die Vermietung über einen kürzeren Zeitraum, so ist für die Zwecke

---

[1] **Amtl. Anm.:** Durchführungsverordnung (EU) 2017/2459 des Rates vom 5. Dezember 2017 zur Änderung der Durchführungsverordnung (EU) Nr. 282/2011 zur Festlegung von Durchführungsvorschriften zur Richtlinie 2006/112/EG über das gemeinsame Mehrwertsteuersystem (ABl. L 348 vom 29.12.2017, S. 32).
[2] Unterabschnitt 3a (Art. 24a–24c) eingef. mWv 1.1.2015 durch VO v. 7.10.2013 (ABl. L 284 S. 1).

der Anwendung von Artikel 56 Absatz 2 der Richtlinie 2006/112/EG von der Vermutung auszugehen, dass der Dienstleistungsempfänger an dem Ort ansässig ist oder seinen Wohnsitz oder seinen gewöhnlichen Aufenthaltsort hat, der vom Leistungserbringer unter Verwendung von zwei einander nicht widersprechenden Beweismitteln gemäß Artikel 24e der vorliegenden Verordnung als solcher bestimmt wird.

Unterabschnitt 3b.[1] Widerlegung von Vermutungen

Art. 24d[1] [Widerlegung durch Beweismittel] (1) Erbringt ein Leistungserbringer eine in Artikel 58 der Richtlinie 2006/112/EG des Rates aufgeführte Dienstleistung, so kann er eine Vermutung nach Artikel 24a oder 24b Buchstaben a, b oder c der vorliegenden Verordnung durch drei einander nicht widersprechende Beweismittel widerlegen, aus denen hervorgeht, dass der Dienstleistungsempfänger an einem anderen Ort ansässig ist oder seinen Wohnsitz oder seinen gewöhnlichen Aufenthaltsort hat.

(2) Der Fiskus kann Vermutungen nach Artikel 24a, 24b, 24c widerlegen, wenn es Hinweise auf falsche Anwendung oder Missbrauch durch den Leistungserbringer gibt.

Unterabschnitt 3c.[2] Beweismittel für die Bestimmung des Ortes des Dienstleistungsempfängers und Widerlegung von Vermutungen

Art. 24e[2] [Gültige Beweismittel iSv Art. 56] Für die Zwecke der Anwendung von Artikel 56 Absatz 2 der Richtlinie 2006/112/EG und der Erfüllung der Anforderungen gemäß Artikel 24c der vorliegenden Verordnung gilt als Beweismittel insbesondere Folgendes:

a) die Rechnungsanschrift des Dienstleistungsempfängers;

b) Bankangaben wie der Ort, an dem das für die Zahlung verwendete Bankkonto geführt wird, oder die der Bank vorliegende Rechnungsanschrift des Dienstleistungsempfängers;

c) die Zulassungsdaten des von dem Dienstleistungsempfänger gemieteten Beförderungsmittels, wenn dieses an dem Ort, an dem es genutzt wird, zugelassen sein muss, oder ähnliche Informationen;

d) sonstige wirtschaftlich relevante Informationen.

Art. 24f[2] [Gültige Beweismittel iSv Art. 58] Für die Zwecke der Anwendung von Artikel 58 der Richtlinie 2006/112/EG und der Erfüllung der Anforderungen gemäß Artikel 24b Buchstabe d oder Artikel 24d Absatz 1 der vorliegenden Verordnung gilt als Beweismittel insbesondere Folgendes:

a) die Rechnungsanschrift des Dienstleistungsempfängers;

b) die Internet-Protokoll-Adresse (IP-Adresse) des von dem Dienstleistungsempfänger verwendeten Geräts oder jedes Verfahren der Geolokalisierung;

---

[1] Unterabschnitt 3b (Art. 24d) eingef. mWv 1.1.2015 durch VO v. 7.10.2013 (ABl. L 284 S. 1).
[2] Unterabschnitt 3c (Art. 24e, 24f) eingef. mWv 1.1.2015 durch VO v. 7.10.2013 (ABl. L 284 S. 1).

c) Bankangaben wie der Ort, an dem das für die Zahlung verwendete Bank-konto geführt wird oder die der Bank vorliegende Rechnungsanschrift des Dienstleistungsempfängers;

d) der Mobilfunk-Ländercode (Mobile Country Code – MCC) der Interna-tionalen Mobilfunk-Teilnehmerkennung (International Mobile Subscriber Identity – IMSI), der auf der von dem Dienstleistungsempfänger verwende-ten SIM-Karte (Teilnehmer-Identifikationsmodul – Subscriber Identity Module) gespeichert ist;

e) der Ort des Festnetzanschlusses des Dienstleistungsempfängers, über den ihm die Dienstleistung erbracht wird;

f) sonstige wirtschaftlich relevante Informationen.

Unterabschnitt 4. Allgemeine Bestimmungen zur Ermittlung des Status, der Eigenschaft und des Ortes des Dienstleistungsempfängers

Art. 25 [**Alleinige Berücksichtigung der Umstände zum Zeitpunkt des Umsatzes**] [1] Zur Anwendung der Vorschriften hinsichtlich des Ortes der Dienstleistung sind lediglich die Umstände zu dem Zeitpunkt zu berücksichti-gen, zu dem der Steuertatbestand eintritt. [2] Jede spätere Änderung des Ver-wendungszwecks der betreffenden Dienstleistung wirkt sich nicht auf die Be-stimmung des Orts der Dienstleistung aus, sofern keine missbräuchlichen Praktiken vorliegen.

Unterabschnitt 5. Dienstleistungen, die unter die Allgemeinen Bestimmungen fallen

Art. 26 [**Ort der Dienstleistung bei Einräumung von Fernsehüber-tragungsrechten von Fußballspielen**] Die Erteilung des Rechts zur Fern-sehübertragung von Fußballspielen durch Organisationen an Steuerpflichtige fällt unter Artikel 44 der Richtlinie 2006/112/EG.

Art. 27 [**Ort der Dienstleistung bei der Mitwirkung bei Anträgen auf Vorsteuervergütung für EU-Unternehmer**] Dienstleistungen, die in der Beantragung oder Vereinnahmung von Erstattungen der Mehrwertsteuer gemäß der Richtlinie 2008/9/EG[1] des Rates vom 12. Februar 2008 zur Regelung der Erstattung der Mehrwertsteuer gemäß der Richtlinie 2006/112/EG an nicht im Mitgliedstaat der Erstattung, sondern in einem anderen Mitgliedstaat ansässige Steuerpflichtige[2] bestehen, fallen unter Artikel 44 der Richtlinie 2006/112/EG.

Art. 28 [**Ort von Bestattungsdienstleitungen**] Insoweit sie eine einheit-liche Dienstleistung darstellen, fallen Dienstleistungen, die im Rahmen einer Bestattung erbracht werden, unter Artikel 44 und 45 der Richtlinie 2006/112/EG.

---

[1] Nr. **550b.**
[2] **Amtl. Anm.:** ABl. L 44 vom 20.2.2008, S. 23.

Art. 29 [Ort der Dienstleistungen der Textübersetzung] Unbeschadet des Artikels 41 der vorliegenden Verordnung fallen Dienstleistungen der Textübersetzung unter die Artikel 44 und 45 der Richtlinie 2006/112/EG.

Unterabschnitt 6. Dienstleistungen von Vermittlern

Art. 30 [Begriff der Dienstleistung von Vermittlern] Unter den Begriff der Dienstleistung von Vermittlern in Artikel 46 der Richtlinie 2006/112/EG fallen sowohl Dienstleistungen von Vermittlern, die im Namen und für Rechnung des Empfängers der vermittelten Dienstleistung handeln, als auch Dienstleistungen von Vermittlern, die im Namen und für Rechnung des Erbringers der vermittelten Dienstleistungen handeln.

Art. 31 [Vermittlungdienstleitungen im Zusammenhang mit Beherbergungsumsätzen] Dienstleistungen von Vermittlern, die im Namen und für Rechnung Dritter handeln, und die in der Vermittlung einer Beherbergungsdienstleistung in der Hotelbranche oder in Branchen mit ähnlicher Funktion bestehen, fallen in den Anwendungsbereich:

a) des Artikels 44 der Richtlinie 2006/112/EG, wenn sie an einen Steuerpflichtigen, der als solcher handelt, oder an eine nichtsteuerpflichtige juristische Person, die als Steuerpflichtiger gilt, erbracht werden;

b) des Artikels 46 der genannten Richtlinie, wenn sie an einen Nichtsteuerpflichtigen erbracht werden.

Unterabschnitt 6a.[1] Dienstleistungen im Zusammenhang mit Grundstücken

Art. 31a[1] [Direkter Zusammenhang] (1) [1]Dienstleistungen im Zusammenhang mit einem Grundstück im Sinne von Artikel 47 der Richtlinie 2006/112/EG umfassen nur Dienstleistungen, die in einen[2] hinreichend direkten Zusammenhang mit dem Grundstück stehen. [2]In folgenden Fällen sind Dienstleistungen als in einem hinreichend direkten Zusammenhang mit einem Grundstück stehend anzusehen:

a) wenn sie von einem Grundstück abgeleitet sind und das Grundstück einen wesentlichen Bestandteil der Dienstleistung darstellt und zentral und wesentlich für die erbrachte Dienstleistung ist;

b) wenn sie für das Grundstück selbst erbracht werden oder auf das Grundstück selbst gerichtet sind, und deren Zweck in rechtlichen oder physischen Veränderungen an dem Grundstück besteht.

(2) Unter Absatz 1 fällt insbesondere Folgendes:

a) Erstellung von Bauplänen für Gebäude oder Gebäudeteile für ein bestimmtes Grundstück ungeachtet der Tatsache, ob dieses Gebäude tatsächlich errichtet wird oder nicht;

---

[1] Unterabschnitt 6a eingef. mWv 1.1.2017 (Art. 31a, 31b) und mWv 1.1.2015 (Art. 31c) durch VO v. 7.10.2013 (ABl. L 284 S. 1).
[2] Richtig wohl: „einem".

b) Bauaufsichtsmaßnahmen oder grundstücksbezogene Sicherheitsdienste, die vor Ort erbracht werden;

c) Errichtung eines Gebäudes an Land sowie Bauleistungen und Abrissarbeiten an einem Gebäude oder Gebäudeteil;

d) Errichtung anderer auf Dauer angelegter Konstruktionen an Land sowie Bauleistungen und Abrissarbeiten an anderen auf Dauer angelegten Konstruktionen wie Leitungen für Gas, Wasser, Abwasser und dergleichen;

e) Landbearbeitung einschließlich landwirtschaftlicher Dienstleistungen wie Landbestellung, Säen, Bewässerung und Düngung;

f) Vermessung und Begutachtung von Gefahr und Zustand von Grundstücken;

g) Bewertung von Grundstücken, auch zu Versicherungszwecken, zur Ermittlung des Grundstückswerts als Sicherheit für ein Darlehen oder für die Bewertung von Gefahren und Schäden in Streitfällen;

h) Vermietung und Verpachtung von Grundstücken mit der Ausnahme der unter Absatz 3 Buchstabe c genannten Dienstleistungen, einschließlich der Lagerung von Gegenständen, wenn hierfür ein bestimmter Teil des Grundstücks der ausschließlichen Nutzung durch den Dienstleistungsempfänger gewidmet ist;

i) Zurverfügungstellen von Unterkünften in der Hotelbranche oder in Branchen mit ähnlicher Funktion, wie zum Beispiel in Ferienlagern oder auf einem als Campingplatz hergerichteten Gelände einschließlich Umwandlung von Teilzeitnutzungsrechten (Timesharing) und dergleichen für Aufenthalte an einem bestimmten Ort;

j) Gewährung und Übertragung sonstiger nicht unter den Buchstaben h und i aufgeführter Nutzungsrechte an Grundstücken und Teilen davon einschließlich der Erlaubnis, einen Teil des Grundstücks zu nutzen, wie zum Beispiel die Gewährung von Fischereirechten und Jagdrechten oder die Zugangsberechtigung zu Warteräumen in Flughäfen, oder die Nutzung von Infrastruktur, für die Maut gefordert wird, wie Brücken oder Tunnel;

k) Wartungs-, Renovierungs- und Reparaturarbeiten an einem Gebäude oder an Gebäudeteilen einschließlich Reinigung, Verlegen von Fliesen und Parkett sowie Tapezieren;

l) Wartungs-, Renovierungs- und Reparaturarbeiten an anderen auf Dauer angelegten Strukturen wie Leitungen für Gas, Wasser oder Abwasser und dergleichen;

m) Installation oder Montage von Maschinen oder Ausstattungsgegenständen, die damit als Grundstück gelten;

n) Wartung und Reparatur sowie Kontrolle und Überwachung von Maschinen oder Ausstattungsgegenständen, die als Grundstück gelten;

o) Eigentumsverwaltung, mit Ausnahme von Portfolioverwaltung in Zusammenhang mit Eigentumsanteilen an Grundstücken unter Absatz 3 Buchstabe g, die sich auf den Betrieb von Geschäfts-, Industrie- oder Wohnimmobilien durch oder für den Eigentümer des Grundstücks bezieht;

p) Vermittlungsleistungen beim Verkauf oder bei der Vermietung oder Verpachtung von Grundstücken sowie bei der Begründung oder Übertragung von bestimmten Rechten an Grundstücken oder dinglichen Rechten an Grundstücken (unabhängig davon, ob diese Rechte einem körperlichen Gegenstand gleichgestellt sind), ausgenommen Vermittlungsleistungen gemäß Absatz 3 Buchstabe d;

q) juristische Dienstleistungen im Zusammenhang mit Grundstücksübertragungen sowie mit der Begründung oder Übertragung von bestimmten Rechten an Grundstücken oder dinglichen Rechten an Grundstücken (unabhängig davon, ob diese Rechte einem körperlichen Gegenstand gleichgestellt sind), wie zum Beispiel die Tätigkeiten von Notaren, oder das Aufsetzen eines Vertrags über den Verkauf oder den Kauf eines Grundstücks, selbst wenn die zugrunde liegende Transaktion, die zur rechtlichen Veränderung an dem Grundstück führt, letztendlich nicht stattfindet.

(3) Absatz 1 findet keine Anwendung auf

a) Erstellung von Bauplänen für Gebäude oder Gebäudeteile, die keinem bestimmten Grundstück zugeordnet sind;

b) Lagerung von Gegenständen auf einem Grundstück, wenn dem Kunden kein bestimmter Teil des Grundstücks zur ausschließlichen Nutzung zur Verfügung steht;

c) Bereitstellung von Werbung, selbst wenn dies die Nutzung eines Grundstücks einschließt;

d) Vermittlung der Beherbergung in einem Hotel oder Beherbergung in Branchen mit ähnlicher Funktion, wie zum Beispiel in Ferienlagern oder auf einem als Campingplatz hergerichteten Gelände, wenn der Vermittler im Namen und für die Rechnung eines Dritten handelt;

e) Bereitstellung eines Standplatzes auf einem Messe- oder Ausstellungsgelände zusammen mit anderen ähnlichen Dienstleistungen, die dem Aussteller die Darbietung seines Angebots ermöglichen, wie die Aufmachung und Gestaltung des Standes, die Beförderung und Lagerung der Ausstellungsstücke, die Bereitstellung von Maschinen, die Verlegung von Kabeln, Versicherungen und Werbung;

f) Installation oder Montage, Wartung und Reparatur sowie Kontrolle und Überwachung von Maschinen oder Ausstattungsgegenständen, die kein fester Bestandteil des Grundstücks sind oder sein werden;

g) Portfolioverwaltung im Zusammenhang mit Eigentumsanteilen an Grundstücken;

h) juristische Dienstleistungen, mit Ausnahme der unter Absatz 2 Buchstabe q genannten Dienstleistungen, einschließlich Beratungsdienstleistungen betreffend die Vertragsbedingungen eines Grundstücksübertragungsvertrags, die Durchsetzung eines solchen Vertrags oder den Nachweis, dass ein solcher Vertrag besteht, sofern diese Dienstleistungen nicht speziell mit der Übertragung von Rechten an Grundstücken zusammenhängen.

Art. 31b¹) [Ausrüstung; Durchführung] *[1]* Wird einem Dienstleistungsempfänger Ausrüstung zur Durchführung von Arbeiten an einem Grundstück zur Verfügung gestellt, so ist diese Leistung nur dann eine Dienstleistung im Zusammenhang mit einem Grundstück, wenn der Dienstleistungserbringer für die Durchführung der Arbeiten verantwortlich ist.

[2] ¹Stellt ein Dienstleistungserbringer dem Dienstleistungsempfänger neben der Ausrüstung ausreichendes Bedienpersonal zur Durchführung von Arbeiten zur Verfügung, so ist von der Vermutung auszugehen, dass er für die Durchführung der Arbeiten verantwortlich ist. ²Die Vermutung, dass der Dienstleistungserbringer für die Durchführung der Arbeiten verantwortlich ist, kann durch jegliche sachdienliche, auf Fakten oder Gesetz gestützte Mittel widerlegt werden.

Art. 31c¹) [Telekommunikation in der Hotelbranche] Erbringt ein im eigenen Namen handelnder Steuerpflichtiger neben der Beherbergung in der Hotelbranche oder in Branchen mit ähnlicher Funktion, wie zum Beispiel in Ferienlagern oder auf einem als Campingplatz hergerichteten Gelände, Telekommunikations-, Rundfunk- oder elektronisch erbrachte Dienstleistungen, so gelten diese für die Zwecke der Bestimmung des Ortes dieser Dienstleistung als an diesen Orten erbracht.

Unterabschnitt 7. Dienstleistungen auf dem Gebiet der Kultur, der Künste, des Sports, der Wissenschaft, des Unterrichts, der Unterhaltung und ähnliche Veranstaltungen

Art. 32 [Formen von Eintrittsberechtigungen zu Veranstaltungen]
(1) Zu den Dienstleistungen betreffend die Eintrittsberechtigung zu Veranstaltungen auf dem Gebiet der Kultur, der Künste, des Sports, der Wissenschaft, des Unterrichts, der Unterhaltung oder ähnlichen Veranstaltungen im Sinne des Artikels 53 der Richtlinie 2006/112/EG, gehören Dienstleistungen, deren wesentliche Merkmale darin bestehen, gegen eine Eintrittskarte oder eine Vergütung, auch in Form eines Abonnements, einer Zeitkarte oder einer regelmäßigen Gebühr, das Recht auf Eintritt zu einer Veranstaltung zu gewähren.

(2) Absatz 1 gilt insbesondere für:
a) das Recht auf Eintritt zu Darbietungen, Theateraufführungen, Zirkusvorstellungen, Freizeitparks, Konzerten, Ausstellungen sowie anderen ähnlichen kulturellen Veranstaltungen;
b) das Recht auf Eintritt zu Sportveranstaltungen wie Spielen oder Wettkämpfen;
c) das Recht auf Eintritt zu Veranstaltungen auf dem Gebiet des Unterrichts und der Wissenschaft, wie beispielsweise Konferenzen und Seminare.

(3) Die Nutzung von Räumlichkeiten, wie beispielsweise Turnhallen oder anderen, gegen Zahlung einer Gebühr fällt nicht unter Absatz 1.

---

¹) Unterabschnitt 6a eingef. mWv 1.1.2017 (Art. 31a, 31b) und mWv 1.1.2015 (Art. 31c) durch VO v. 7.10.2013 (ABl. L 284 S. 1).

Art. 33 [Mit Eintrittsberechtigungen zu Veranstaltungen zusammen-hängende Dienstleistungen] *[1]* Zu den mit der Eintrittsberechtigung zu Veranstaltungen auf dem Gebiet der Kultur, der Künste, des Sports, der Wissenschaft, des Unterrichts, der Unterhaltung oder ähnlichen Veranstaltungen zusammenhängenden Dienstleistungen nach Artikel 53 der Richtlinie 2006/112/EG gehören die Dienstleistungen, die direkt mit der Eintrittsberechtigung zu diesen Veranstaltungen in Verbindung stehen und an die Person, die einer Veranstaltung beiwohnt, gegen eine Gegenleistung gesondert erbracht werden.

[2] Zu diesen zusammenhängenden Dienstleistungen gehören insbesondere die Nutzung von Garderoben oder von sanitären Einrichtungen, nicht aber bloße Vermittlungsleistungen im Zusammenhang mit dem Verkauf von Eintrittskarten.

Art. 33a[1]) [Vermittlung von Eintrittskarten] Vertreibt ein Vermittler, der im eigenen Namen, aber für Rechnung des Veranstalters handelt, oder ein anderer Steuerpflichtiger als der Veranstalter, der auf eigene Rechnung handelt, Eintrittskarten für Veranstaltungen auf dem Gebiet der Kultur, der Künste, des Sports, der Wissenschaft, des Unterrichts, der Unterhaltung oder für ähnliche Veranstaltungen, so fällt diese Dienstleistung unter Artikel 53 und Artikel 54 Absatz 1 der Richtlinie 2006/112/EG.

Unterabschnitt 8. Nebentätigkeiten zur Beförderung, Begutachtung von beweglichen Gegenständen und Arbeiten an solchen Gegenständen

Art. 34 [Ort von Montagedienstleistungen am tatsächlichen Tätigkeitsort] Außer in den Fällen, in denen die zusammengebauten Gegenstände Bestandteil eines Grundstücks werden, bestimmt sich der Ort der Dienstleistungen an einen Nichtsteuerpflichtigen, die lediglich in der Montage verschiedener Teile einer Maschine durch einen Steuerpflichtigen bestehen, wobei der Dienstleistungsempfänger ihm alle Teile beigestellt hat, nach Artikel 54 der Richtlinie 2006/112/EG.

Unterabschnitt 9. Restaurant- und Verpflegungsdienstleistungen an Bord eines Beförderungsmittels

Art. 35 [Maßgeblichkeit Reisestrecke des Beförderungsmittels bei Bestimmung des innergemeinschaftlichen Teils der Personenbeförderung bei Restaurant- und Verpflegungsleistungen an Bord] Zur Bestimmung des innerhalb der Gemeinschaft stattfindenden Teils der Personenbeförderung im Sinne des Artikels 57 der Richtlinie 2006/112/EG ist die Reisestrecke des Beförderungsmittels, nicht die der beförderten Personen, ausschlaggebend.

Art. 36 [Restaurant- und Verpflegungsleistungen gänzlich innerhalb und gänzlich außerhalb des innergemeinschaftlichen Teils einer Personenbeförderung] *[1]* Werden die Restaurant- und Verpflegungsdienstleis-

---

[1]) Art. 33a eingef. mWv 1.1.2015 durch VO v. 7.10.2013 (ABl. L 284 S. 1).

tungen während des innerhalb der Gemeinschaft stattfindenden Teils der Personenbeförderung erbracht, so fallen diese Dienstleistungen unter Artikel 57 der Richtlinie 2006/112/EG.

[2] Werden die Restaurant- und Verpflegungsdienstleistungen außerhalb dieses Teils der Personenbeförderung, aber im Gebiet eines Mitgliedstaats oder eines Drittlandes oder eines Drittgebiets erbracht, so fallen diese Dienstleistungen unter Artikel 55 der genannten Richtlinie.

Art. 37 [Restaurant- und Verpflegungsleistungen teilweise innerhalb und teilweise außerhalb des innergemeinschaftlichen Teils einer Personenbeförderung] Der Ort der Dienstleistung einer Restaurant- oder Verpflegungsdienstleistung innerhalb der Gemeinschaft, die teilweise während, teilweise außerhalb des innerhalb der Gemeinschaft stattfindenden Teils der Personenbeförderung, aber auf dem Gebiet eines Mitgliedstaats erbracht wird, bestimmt sich für die gesamte Dienstleistung nach den Regeln für die Bestimmung des Ortes der Dienstleistung, die zu Beginn der Erbringung der Restaurant- oder Verpflegungsdienstleistung gelten.

Unterabschnitt 10. Vermietung von Beförderungsmitteln

Art. 38 [Definition „Beförderungsmittel"] (1) Als „Beförderungsmittel" im Sinne von Artikel 56 und Artikel 59 Unterabsatz 1 Buchstabe g der Richtlinie 2006/112/EG gelten motorbetriebene Fahrzeuge oder Fahrzeuge ohne Motor und sonstige Ausrüstungen und Vorrichtungen, die zur Beförderung von Gegenständen oder Personen von einem Ort an einen anderen konzipiert wurden und von Fahrzeugen gezogen oder geschoben werden können und die normalerweise zur Beförderung von Gegenständen oder Personen konzipiert und tatsächlich geeignet sind.

(2) Als Beförderungsmittel nach Absatz 1 gelten insbesondere folgende Fahrzeuge:

a) Landfahrzeuge wie Personenkraftwagen, Motorräder, Fahrräder, Dreiräder sowie Wohnanhänger;

b) Anhänger und Sattelanhänger;

c) Eisenbahnwagen;

d) Wasserfahrzeuge;

e) Luftfahrzeuge;

f) Fahrzeuge, die speziell für den Transport von Kranken oder Verletzten konzipiert sind;

g) landwirtschaftliche Zugmaschinen und andere landwirtschaftliche Fahrzeuge;

h) Rollstühle und ähnliche Fahrzeuge für Kranke und Körperbehinderte, mit mechanischen oder elektronischen Vorrichtungen zur Fortbewegung.

(3) Als Beförderungsmittel nach Absatz 1 gelten nicht Fahrzeuge, die dauerhaft stillgelegt sind, sowie Container.

Art. 39 [Kurzfristige Vermietung eines Beförderungsmittels – Maßgeblichkeit der vertraglichen Vereinbarung für Bestimmung des Zeitraums der Vermietung] (1) *[1]* Für die Anwendung des Artikels 56 der Richtlinie 2006/112/EG wird die Dauer des Besitzes oder der Verwendung eines Beförderungsmittels während eines ununterbrochenen Zeitraums, das Gegenstand einer Vermietung ist, auf der Grundlage der vertraglichen Vereinbarung zwischen den beteiligten Parteien bestimmt.

[2] Der Vertrag begründet eine Vermutung, die durch jegliche auf Fakten oder Gesetz gestützte Mittel widerlegt werden kann, um die tatsächliche Dauer des Besitzes oder der Verwendung während eines ununterbrochenen Zeitraums festzustellen.

[3] Wird die vertraglich festgelegte Dauer einer Vermietung über einen kürzeren Zeitraum im Sinne des Artikels 56 der Richtlinie 2006/112/EG aufgrund höherer Gewalt überschritten, so ist dies für die Feststellung der Dauer des Besitzes oder der Verwendung des Beförderungsmittels während eines ununterbrochenen Zeitraums unerheblich.

(2) *[1]* Werden für ein und dasselbe Beförderungsmittel mehrere aufeinanderfolgende Mietverträge zwischen denselben Parteien geschlossen, so ist als Dauer des Besitzes oder der Verwendung dieses Beförderungsmittels während eines ununterbrochenen Zeitraums die Gesamtlaufzeit aller Verträge zugrunde zu legen.

[2] Für die Zwecke von Unterabsatz 1 sind ein Vertrag und die zugehörigen Verlängerungsverträge aufeinanderfolgende Verträge.

[3] Die Laufzeit des Mietvertrags oder der Mietverträge über einen kürzeren Zeitraum, die einem als langfristig geltenden Mietvertrag vorausgehen, wird jedoch nicht in Frage gestellt, sofern keine missbräuchlichen Praktiken vorliegen.

(3) Sofern keine missbräuchlichen Praktiken vorliegen, gelten aufeinanderfolgende Mietverträge, die zwischen denselben Parteien geschlossen werden, jedoch unterschiedliche Beförderungsmittel zum Gegenstand haben, nicht als aufeinanderfolgende Verträge nach Absatz 2.

Art. 40 [Ort der physischen Überlassung des Beförderungsmittels als Dienstleistung] Der Ort, an dem das Beförderungsmittel dem Dienstleistungsempfänger gemäß Artikel 56 Absatz 1 der Richtlinie 2006/112/EG tatsächlich zur Verfügung gestellt wird, ist der Ort, an dem der Dienstleistungsempfänger oder eine von ihm beauftragte Person es unmittelbar physisch in Besitz nimmt.

Unterabschnitt 11. Dienstleistungen an Nichtsteuerpflichtige außerhalb der Gemeinschaft

Art. 41 [Ort der Dienstleistung der Textübersetzung an Nichtunternehmer außerhalb der EU] Dienstleistungen der Textübersetzung, die an einen außerhalb der Gemeinschaft ansässigen Nichtsteuerpflichtigen erbracht werden, fallen unter Artikel 59 Unterabsatz 1 Buchstabe c der Richtlinie 2006/112/EG.

[*ab 1.7.2021:*
Kapitel Va.[1] Steuertatbestand und Steueranspruch
(Titel VI der Richtlinie 2006/112/EG)

Art. 41a[1] [Zeitpunkt der Zahlung; Art 66a RL 2006/112/EG] Für die Anwendung von Artikel 66a der Richtlinie 2006/112/EG bezeichnet der Zeitpunkt, zu dem die Zahlung angenommen wurde, den Zeitpunkt, zu dem die Zahlung bestätigt wurde oder die Zahlungsgenehmigungsmeldung oder eine Zahlungszusage des Erwerbers beim Lieferer, der die Gegenstände über eine elektronische Schnittstelle verkauft, oder für dessen Rechnung eingeht, und zwar unabhängig davon, wann die tatsächliche Zahlung erfolgt, je nachdem, welcher Zeitpunkt der frühere ist.]

Kapitel VI. Besteuerungsgrundlage
(Titel VII der Richtlinie 2006/112/EG)

Art. 42 [Kreditkartengebühren als Teil der Bemessungsgrundlage des zugrunde liegenden Umsatzes] Verlangt ein Lieferer von Gegenständen oder ein Erbringer von Dienstleistungen als Bedingung für die Annahme einer Bezahlung mit Kredit- oder Geldkarte, dass der Dienstleistungsempfänger ihm oder einem anderen Unternehmen hierfür einen Betrag entrichtet und der von diesem Empfänger zu zahlende Gesamtpreis durch die Zahlungsweise nicht beeinflusst wird, so ist dieser Betrag Bestandteil der Besteuerungsgrundlage der Lieferung von Gegenständen oder der Dienstleistung gemäß Artikel 73 bis 80 der Richtlinie 2006/112/EG.

Kapitel VII. Steuersätze

Art. 43 [Vermietung von Zelten, Wohnanhängern oder Wohnmobilen auf Campingplätzen als Beherbergungsleistung] „Beherbergung in Ferienunterkünften" gemäß Anhang III Nummer 12 der Richtlinie 2006/112/EG umfasst auch die Vermietung von Zelten, Wohnanhängern oder Wohnmobilen, die auf Campingplätzen aufgestellt sind und als Unterkünfte dienen.

Kapitel VIII. Steuerbefreiungen

Abschnitt 1. Steuerbefreiungen für bestimmte, dem Gemeinwohl dienende Tätigkeiten
(Artikel 132, 133 und 134 der Richtlinie 2006/112/EG)

Art. 44 [Reichweite der Dienstleistungen der Ausbildung, Fortbildung oder beruflichen Umschulung] [1] Die Dienstleistungen der Ausbildung, Fortbildung oder beruflichen Umschulung, die unter den Voraussetzun-

---

[1] Kapitel Va (Art. 41a) eingef. **mWv 1.7.2021** durch DVO v. 21.11.2019 (ABl. L 313 S. 14, geänd. durch ABl. 2020 L 244 S. 9).

gen des Artikels 132 Absatz 1 Buchstabe i der Richtlinie 2006/112/EG erbracht werden, umfassen Schulungsmaßnahmen mit direktem Bezug zu einem Gewerbe oder einem Beruf sowie jegliche Schulungsmaßnahme, die dem Erwerb oder der Erhaltung beruflicher Kenntnisse dient. ²Die Dauer der Ausbildung, Fortbildung oder beruflichen Umschulung ist hierfür unerheblich.

Abschnitt 2. Steuerbefreiungen für andere Tätigkeiten
(Artikel 135, 136 und 137 der Richtlinie 2006/112/EG)

Art. 45 [Ausschluss Steuerbefreiung für Umsätze mit gesetzlichen Zahlungsmitteln „Platin Nobles"] Die Steuerbefreiung in Artikel 135 Absatz 1 Buchstabe e der Richtlinie 2006/112/EG findet keine Anwendung auf Platinum Nobles.

Abschnitt 2a.¹⁾ Steuerbefreiungen bei innergemeinschaftlichen Umsätzen
(Artikel 138 bis 142 der Richtlinie 2006/112/EG)

Art. 45a¹⁾ [Vermutung der innergemeinschaftlichen Beförderung]
(1) *[1]* Für die Zwecke der Anwendung der Befreiungen gemäß Artikel 138 der Richtlinie 2006/112/EG wird vermutet, dass Gegenstände von einem Mitgliedstaat an einen Bestimmungsort außerhalb seines Gebiets, jedoch innerhalb der Gemeinschaft versandt oder befördert wurden, wenn einer der folgenden Fälle eintritt:

a) Der Verkäufer gibt an, dass die Gegenstände von ihm oder auf seine Rechnung von einem Dritten versandt oder befördert wurden, und entweder ist der Verkäufer im Besitz von mindestens zwei einander nicht widersprechenden Nachweisen nach Absatz 3 Buchstabe a, die von zwei verschiedenen Parteien ausgestellt wurden, die voneinander, vom Verkäufer und vom Erwerber unabhängig sind, oder der Verkäufer ist im Besitz eines Schriftstücks nach Absatz 3 Buchstabe a und einem nicht widersprechenden Nachweis nach Absatz 3 Buchstabe b, mit dem der Versand oder die Beförderung bestätigt wird, welche von zwei verschiedenen Parteien ausgestellt wurden, die voneinander, vom Verkäufer und vom Erwerber unabhängig sind.

b) Der Verkäufer ist im Besitz folgender Unterlagen:

i) einer schriftlichen Erklärung des Erwerbers, aus der hervorgeht, dass die Gegenstände vom Erwerber oder auf Rechnung des Erwerbers von einem Dritten versandt oder befördert wurden, und in der der Bestimmungsmitgliedstaat der Gegenstände angegeben ist; in dieser schriftlichen Erklärung muss Folgendes angegeben sein: das Ausstellungsdatum; Name und Anschrift des Erwerbers; Menge und Art der Gegenstände; Ankunftsdatum und -ort der Gegenstände; bei Lieferung von Fahrzeugen die Identifikationsnummer des Fahrzeugs; die Identifikation der Person, die die Gegenstände auf Rechnung des Erwerbers entgegennimmt; und

---

¹⁾ Abschnitt 2a (Art. 45a) eingef. mWv 1.1.2020 durch DVO v. 4.12.2018 (ABl. L 311 S. 10).

ii) mindestens zwei einander nicht widersprechender Nachweise nach Absatz 3 Buchstabe a, die von zwei voneinander unabhängigen Parteien – vom Verkäufer und vom Erwerber – ausgestellt wurden, oder eines Schriftstücks nach Absatz 3 Buchstabe a zusammen mit einem nicht widersprechenden Nachweis nach Absatz 3 Buchstabe b, mit dem der Versand oder die Beförderung bestätigt wird, welche von zwei verschiedenen Parteien ausgestellt wurden, die voneinander, vom Verkäufer und vom Erwerber unabhängig sind.

[2] Der Erwerber legt dem Verkäufer die schriftliche Erklärung gemäß Buchstabe b Ziffer i spätestens am zehnten Tag des auf die Lieferung folgenden Monats vor.

(2) Eine Steuerbehörde kann Vermutungen gemäß Absatz 1 widerlegen.

(3) Für die Zwecke von Absatz 1 wird Folgendes als Nachweis des Versands oder der Beförderung akzeptiert:

a) Unterlagen zum Versand oder zur Beförderung der Gegenstände wie beispielsweise ein unterzeichneter CMR-Frachtbrief, ein Konnossement, eine Luftfracht-Rechnung oder eine Rechnung des Beförderers der Gegenstände;

b) die folgenden Dokumente:

    i) eine Versicherungspolice für den Versand oder die Beförderung der Gegenstände oder Bankunterlagen, die die Bezahlung des Versands oder der Beförderung der Gegenstände belegen;

    ii) von einer öffentlichen Stelle wie z. B. einem Notar ausgestellte offizielle Unterlagen, die die Ankunft der Gegenstände im Bestimmungsmitgliedstaat bestätigen;

    iii) eine Quittung, ausgestellt von einem Lagerinhaber im Bestimmungsmitgliedstaat, durch die die Lagerung der Gegenstände in diesem Mitgliedstaat bestätigt wird.

Abschnitt 3. Steuerbefreiungen bei der Einfuhr
(Artikel 143, 144 und 145 der Richtlinie 2006/112/EG)

Art. 46 [Beförderungsleistungen anlässlich Wohnortwechsel als Dienstleistung, die sich auf die Einfuhr von Gegenständen beziehen]
Die Steuerbefreiung in Artikel 144 der Richtlinie 2006/112/EG gilt auch für Beförderungsleistungen, die mit einer Einfuhr beweglicher körperlicher Gegenstände anlässlich eines Wohnortwechsels verbunden sind.

Abschnitt 4. Steuerbefreiungen bei der Ausfuhr
(Artikel 146 und 147 der Richtlinie 2006/112/EG)

Art. 47 [Privaten Zwecken dienende Beförderungsmittel – Verwendung durch nicht natürliche Personen] „Privaten Zwecken dienende Beförderungsmittel" im Sinne des Artikels 146 Absatz 1 Buchstabe b der Richtlinie 2006/112/EG umfassen auch Beförderungsmittel, die von Personen, die keine natürlichen Personen sind, wie etwa Einrichtungen des öffentlichen Rechts im Sinne von Artikel 13 der genannten Richtlinie oder Vereine, für nichtgeschäftliche Zwecke verwendet werden.

Art. 48 [Steuerbefreiung der Lieferungen zur Ausfuhr im persönlichen Reisegepäck – Abstellen beim Schwellenwert auf Rechnungsbetrag] [1]Für die Feststellung, ob der von einem Mitgliedstaat gemäß Artikel 147 Absatz 1 Unterabsatz 1 Buchstabe c der Richtlinie 2006/112/EG festgelegte Schwellenwert überschritten wurde, was eine Bedingung für die Steuerbefreiung von Lieferungen zur Mitführung im persönlichen Gepäck von Reisenden ist, wird der Rechnungsbetrag zugrunde gelegt. [2]Der Gesamtwert mehrerer Gegenstände darf nur dann zugrunde gelegt werden, wenn alle diese Gegenstände in ein und derselben Rechnung aufgeführt sind und diese Rechnung von ein und demselben Steuerpflichtigen, der diese Gegenstände liefert, an ein und denselben Abnehmer ausgestellt wurde.

Abschnitt 5. Steuerbefreiungen bei bestimmten, Ausfuhren gleichgestellten Umsätzen (Artikel 151 und 152 der Richtlinie 2006/112/EG)

Art. 49 [Anwendbarkeit der Steuerbefreiung für elektronische Dienstleistungen an diplomatische Mission, internationale Einrichtungen und NATO-Streitkräfte] Die in Artikel 151 der Richtlinie 2006/112/EG vorgesehene Steuerbefreiung ist auch auf elektronische Dienstleistungen anwendbar, wenn diese von einem Steuerpflichtigen erbracht werden, auf den die in den Artikeln 357 bis 369 jener Richtlinie vorgesehene Sonderregelung für elektronisch erbrachte Dienstleistungen anwendbar ist.

Art. 50 [Konsortium für eine europäische Forschungsinfrastruktur (ERIC) als internationale Einrichtung] (1) Um als internationale Einrichtung für die Anwendung des Artikels 143 Absatz 1 Buchstabe g und des Artikels 151 Absatz 1 Unterabsatz 1 Buchstabe b der Richtlinie 2006/112/EG anerkannt werden zu können, muss eine Einrichtung, die als Konsortium für eine europäische Forschungsinfrastruktur (ERIC) im Sinne der Verordnung (EG) Nr. 723/2009 des Rates vom 25. Juni 2009 über den gemeinschaftlichen Rechtsrahmen für ein Konsortium für eine europäische Forschungsinfrastruktur (ERIC)[1]) gegründet werden soll, alle nachfolgenden Voraussetzungen erfüllen:

a) sie besitzt eine eigene Rechtspersönlichkeit und ist voll rechtsfähig;

b) sie wurde auf der Grundlage des Rechts der Europäischen Union errichtet und unterliegt diesem;

c) sie hat Mitgliedstaaten als Mitglieder und darf Drittländer und zwischenstaatliche Organisationen als Mitglieder einschließen, jedoch keine privaten Einrichtungen;

d) sie hat besondere und legitime Ziele, die gemeinsam verfolgt werden und im Wesentlichen nicht wirtschaftlicher Natur sind.

---

[1]) **Amtl. Anm.:** ABl. L 206 vom 8.8.2009, S. 1.

(2) [1] Die in Artikel 143 Absatz 1 Buchstabe g und Artikel 151 Absatz 1 Unterabsatz 1 Buchstabe b der Richtlinie 2006/112/EG vorgesehene Steuerbefreiung ist auf eine ERIC im Sinne des Absatzes 1 anwendbar, wenn diese vom Aufnahmemitgliedstaat als internationale Einrichtung anerkannt wird.

[2] 1Die Grenzen und Voraussetzungen dieser Steuerbefreiung werden in einem Abkommen zwischen den Mitgliedern der ERIC gemäß Artikel 5 Absatz 1 Buchstabe d der Verordnung (EG) Nr. 723/2009 festgelegt. 2Bei Gegenständen, die nicht aus dem Mitgliedstaat versandt oder befördert werden, in dem ihre Lieferung bewirkt wird, und bei Dienstleistungen kann die Steuerbefreiung entsprechend Artikel 151 Absatz 2 der Richtlinie 2006/112/ EG im Wege der Mehrwertsteuererstattung erfolgen.

Art. 51 [Bescheinigung nach Anhang II der VO als Nachweis der Steuerbefreiung für Leistungen an diplomatische Mission, internationale Einrichtungen und NATO-Streitkräfte] (1) [1] Ist der Empfänger eines Gegenstands oder einer Dienstleistung innerhalb der Gemeinschaft, aber nicht in dem Mitgliedstaat der Lieferung oder Dienstleistung ansässig, so dient die Bescheinigung über die Befreiung von der Mehrwertsteuer und/oder der Verbrauchsteuer nach dem Muster in Anhang II dieser Verordnung entsprechend den Erläuterungen im Anhang zu dieser Bescheinigung als Bestätigung dafür, dass der Umsatz nach Artikel 151 der Richtlinie 2006/112/EG von der Steuer befreit werden kann.

[2] Bei Verwendung der Bescheinigung kann der Mitgliedstaat, in dem der Empfänger eines Gegenstands oder einer Dienstleistung ansässig ist, entscheiden, ob er eine gemeinsame Bescheinigung für Mehrwertsteuer und Verbrauchsteuer oder zwei getrennte Bescheinigungen verwendet.

(2) [1] 1Die in Absatz 1 genannte Bescheinigung wird von den zuständigen Behörden des Aufnahmemitgliedstaats mit einem Dienststempelabdruck versehen. 2Sind die Gegenstände oder Dienstleistungen jedoch für amtliche Zwecke bestimmt, so können die Mitgliedstaaten bei Vorliegen von ihnen festzulegender Voraussetzungen auf die Anbringung des Dienststempelabdrucks verzichten. 3Diese Freistellung kann im Falle von Missbrauch widerrufen werden.

[2] 1Die Mitgliedstaaten teilen der Kommission mit, welche Kontaktstelle zur Angabe der für das Abstempeln der Bescheinigung zuständigen Dienststellen benannt wurde und in welchem Umfang sie auf das Abstempeln der Bescheinigung verzichten. 2Die Kommission gibt diese Information an die anderen Mitgliedstaaten weiter.

(3) 1Wendet der Mitgliedstaat der Lieferung oder Dienstleistung die direkte Befreiung an, so erhält der Lieferer oder Dienstleistungserbringer die in Absatz 1 genannte Bescheinigung vom Empfänger der Lieferung oder Dienstleistung und nimmt sie in seine Buchführung auf. 2Wird die Befreiung nach Artikel 151 Absatz 2 der Richtlinie 2006/112/EG im Wege der Mehrwertsteuererstattung gewährt, so ist die Bescheinigung dem in dem betreffenden Mitgliedstaat gestellten Erstattungsantrag beizufügen.

Kapitel IX. Vorsteuerabzug
(Titel X der Richtlinie 2006/112/EG)

Art. 52 [Elektronische Fassung des die Einfuhr bescheinigenden Dokuments] Verfügt der Einfuhrmitgliedstaat über ein elektronisches System zur Erfüllung der Zollformalitäten, so fallen unter den Begriff „die Einfuhr bescheinigendes Dokument" in Artikel 178 Buchstabe e der Richtlinie 2006/112/EG auch die elektronischen Fassungen derartiger Dokumente, sofern sie eine Überprüfung des Vorsteuerabzugs erlauben.

Kapitel X. Pflichten der steuerpflichtigen und bestimmter nichtsteuerpflichtiger Personen
(Titel XI der Richtlinie 2006/112/EG)

Abschnitt 1. Steuerschuldner gegenüber dem Fiskus
(Artikel 192a bis 205 der Richtlinie 2006/112/EG)

Art. 53 [Beteiligung einer festen Niederlassung an der Dienstleistung für Zwecke der Festlegung des Steuerschuldners] (1) Für die Durchführung des Artikels 192a der Richtlinie 2006/112/EG wird eine feste Niederlassung eines Steuerpflichtigen nur dann berücksichtigt, wenn diese feste Niederlassung einen hinreichenden Grad an Beständigkeit sowie eine Struktur aufweist, die es ihr von der personellen und technischen Ausstattung her erlaubt, die Lieferung von Gegenständen oder die Erbringung von Dienstleistungen, an der sie beteiligt ist, auszuführen.

(2) [1] Verfügt ein Steuerpflichtiger über eine feste Niederlassung in dem Gebiet des Mitgliedstaats, in dem die Mehrwertsteuer geschuldet wird, gilt diese feste Niederlassung als nicht an der Lieferung von Gegenständen oder der Erbringung von Dienstleistungen im Sinne des Artikels 192a Buchstabe b der Richtlinie 2006/112/EG beteiligt, es sei denn, der Steuerpflichtige nutzt die technische und personelle Ausstattung dieser Niederlassung für Umsätze, die mit der Ausführung der steuerbaren Lieferung dieser Gegenstände oder der steuerbaren Erbringung dieser Dienstleistungen vor oder während der Ausführung in diesem Mitgliedstaat notwendig verbunden sind.

[2] Wird die Ausstattung der festen Niederlassung nur für unterstützende verwaltungstechnische Aufgaben wie z. B. Buchhaltung, Rechnungsstellung und Einziehung von Forderungen genutzt, so gilt dies nicht als Nutzung bei der Ausführung der Lieferung oder der Dienstleistung.

[3] Wird eine Rechnung jedoch unter der durch den Mitgliedstaat der festen Niederlassung vergebenen Mehrwertsteuer-Identifikationsnummer ausgestellt, so gilt diese feste Niederlassung bis zum Beweis des Gegenteils als an der Lieferung oder Dienstleistung beteiligt.

Art. 54 [Unmaßgeblichkeit der Beteiligung einer festen Niederlassung an der Dienstleistung im Fall des Sitzorts des leistenden Unter-

nehmers im Mitgliedstaat des Orts der Leistung] Hat ein Steuerpflichtiger den Sitz seiner wirtschaftlichen Tätigkeit in dem Mitgliedstaat, in dem die Mehrwertsteuer geschuldet wird, so findet Artikel 192a der Richtlinie 2006/112/EG keine Anwendung, unabhängig davon, ob dieser Sitz der wirtschaftlichen Tätigkeit an der von ihm getätigten Lieferung oder Dienstleistung innerhalb dieses Mitgliedstaats beteiligt ist.

Abschnitt 1a.[1]) Allgemeine Pflichten
(Artikel 242 bis 243 der Richtlinie 2006/112/EG)

Art. 54a[1]) **[Vereinfachungsregelung für Konsignationslager]** (1) In dem Register gemäß Artikel 243 Absatz 3 der Richtlinie 2006/112/EG, das jeder Steuerpflichtige führen muss, der Gegenstände im Rahmen einer Konsignationslagerregelung verbringt, sind die folgenden Informationen zu verzeichnen:

a) der Mitgliedstaat, aus dem die Gegenstände versandt oder befördert wurden, und das Datum des Versands oder der Beförderung der Gegenstände;

b) die von dem Mitgliedstaat, in den die Gegenstände versandt oder befördert werden, ausgestellte Mehrwertsteuer-Identifikationsnummer des Steuerpflichtigen, für den die Gegenstände bestimmt sind;

c) der Mitgliedstaat, in den die Gegenstände versandt oder befördert werden, die Mehrwertsteuer-Identifikationsnummer des Lagerinhabers, die Anschrift des Lagers, in dem die Gegenstände nach der Ankunft gelagert werden, und das Ankunftsdatum der Gegenstände im Lager;

d) Wert, Beschreibung und Menge der im Lager angekommenen Gegenstände;

e) die Mehrwertsteuer-Identifikationsnummer des Steuerpflichtigen, der die in Buchstabe b dieses Absatzes genannte Person unter den Voraussetzungen des Artikels 17a Absatz 6 der Richtlinie 2006/112/EG ersetzt;

f) Steuerbemessungsgrundlage, Beschreibung und Menge der gelieferten Gegenstände, das Datum, an dem die Lieferung von Gegenständen gemäß Artikel 17a Absatz 3 Buchstabe a der Richtlinie 2006/112/EG erfolgt, und die Mehrwertsteuer-Identifikationsnummer des Erwerbers;

g) Steuerbemessungsgrundlage, Beschreibung und Menge der Gegenstände sowie das Datum, an dem eine der Voraussetzungen und der entsprechende Grund gemäß Artikel 17a Absatz 7 der Richtlinie 2006/112/EG gegeben sind;

h) Wert, Beschreibung und Menge der zurückgesandten Gegenstände und Rücksendedatum der Gegenstände gemäß Artikel 17a Absatz 5 der Richtlinie 2006/112/EG.

(2) [1] In dem Register gemäß Artikel 243 Absatz 3 der Richtlinie 2006/112/EG, das jeder Steuerpflichtige führen muss, an den Gegenstände im Rahmen einer Konsignationslagerregelung geliefert werden, sind die folgenden Informationen zu verzeichnen:

---

[1] Abschnitt 1a (Art. 54a) eingef. mWv 1.1.2020 durch DVO v. 4.12.2018 (ABl. L 311 S. 10).

a) die Mehrwertsteuer-Identifikationsnummer des Steuerpflichtigen, der die Gegenstände im Rahmen einer Konsignationslagerregelung verbringt;

b) Beschreibung und Menge der für ihn bestimmten Gegenstände;

c) das Datum, an dem die für ihn bestimmten Gegenstände im Lager ankommen;

d) Steuerbemessungsgrundlage, Beschreibung und Menge der an ihn gelieferten Gegenstände und das Datum, an dem der innergemeinschaftliche Erwerb von Gegenständen gemäß Artikel 17a Absatz 3 Buchstabe b der Richtlinie 2006/112/EG erfolgt;

e) Beschreibung und Menge der Gegenstände und das Datum, an dem die Gegenstände auf Anordnung der in Buchstabe a genannten steuerpflichtigen Person aus dem Lager entnommen wurden;

f) Beschreibung und Menge der zerstörten oder fehlenden Gegenstände und das Datum der Zerstörung, des Verlusts oder des Diebstahls der zuvor im Lager angekommen Gegenstände oder das Datum, an dem die Zerstörung oder das Fehlen der Gegenstände festgestellt wurde.

[2] Wenn die Gegenstände im Rahmen einer Konsignationslagerregelung an einen Lagerinhaber versandt oder befördert werden, der mit dem Steuerpflichtigen, für den die Lieferung der Gegenstände bestimmt ist, nicht identisch ist, müssen die Informationen gemäß Unterabsatz 1 Buchstaben c, e und f im Register dieses Steuerpflichtigen nicht verzeichnet sein.

[ab 1.7.2021:

Abschnitt 1b.[1]) Aufzeichnungen
(Artikel 241 bis 249 der Richtlinie 2006/112/EG)

Art. 54b[1]) **[Unterstützen iSd Art 242a RL 2006/112/EG]** (1) *[1]* Für die Anwendung von Artikel 242a der Richtlinie 2006/112/EG bezeichnet der Begriff „unterstützen" die Nutzung einer elektronischen Schnittstelle, um es einem Erwerber und einem Lieferer, der über eine elektronische Schnittstelle Dienstleistungen oder Gegenstände zum Verkauf anbietet, zu ermöglichen, in Kontakt zu treten, woraus eine Erbringung von Dienstleistungen oder eine Lieferung von Gegenständen über die elektronische Schnittstelle resultiert.

[2] Die Lieferung von Gegenständen oder die Erbringung von Dienstleistungen fallen jedoch dann nicht unter den Begriff „unterstützen", wenn alle folgenden Voraussetzungen erfüllt sind:

a) Der Steuerpflichtige legt weder unmittelbar noch mittelbar irgendeine der Bedingungen für die Lieferung der Gegenstände bzw. die Erbringung der Dienstleistungen fest;

b) der Steuerpflichtige ist weder unmittelbar noch mittelbar an der Autorisierung der Abrechnung mit dem Erwerber bezüglich der getätigten Zahlung beteiligt;

---

[1]) Abschnitt 1b (Art. 54b und 54c) eingef. **mWv 1.7.2021** durch DVO v. 21.11.2019 (ABl. L 313 S. 14, geänd. durch ABl. 2020 L 244 S. 9).

c) der Steuerpflichtige ist weder unmittelbar noch mittelbar an der Bestellung oder Lieferung der Gegenstände oder der Bestellung oder Erbringung der Dienstleistungen beteiligt.

(2) Für die Anwendung von Artikel 242a der Richtlinie 2006/112/EG fallen Situationen, in denen der Steuerpflichtige lediglich eine der folgenden Leistungen erbringt, nicht unter den Begriff „unterstützen":

a) die Verarbeitung von Zahlungen im Zusammenhang mit der Lieferung von Gegenständen und der Erbringung von Dienstleistungen;

b) die Auflistung der Gegenstände oder Dienstleistungen oder die Werbung für diese;

c) die Weiterleitung oder Vermittlung von Erwerbern an andere elektronische Schnittstellen, über die Gegenstände oder Dienstleistungen angeboten werden, ohne dass eine weitere Einbindung in der Lieferung bzw. Dienstleistungserbringung besteht.

Art. 54c[1]) [Aufzeichnungen] (1) Ein Steuerpflichtiger gemäß Artikel 242a der Richtlinie 2006/112/EG muss die folgenden Aufzeichnungen über Leistungen führen, bezüglich derer er gemäß Artikel 14a der Richtlinie 2006/112/EG behandelt wird, als ob er die Gegenstände selbst erhalten und geliefert hätte, oder wenn er an der Erbringung elektronisch erbrachter Dienstleistungen beteiligt ist, bezüglich derer er gemäß Artikel 9a dieser Verordnung als im eigenen Namen handelnd angesehen wird:

a) Die Aufzeichnungen gemäß Artikel 63c dieser Verordnung, wenn sich der Steuerpflichtige entschieden hat, eine der Sonderregelungen nach Titel XII Kapitel 6 der Richtlinie 2006/112/EG in Anspruch zu nehmen;

b) die Aufzeichnungen gemäß Artikel 242 der Richtlinie 2006/112/EG, wenn sich der Steuerpflichtige nicht dafür entschieden hat, eine der Sonderregelungen nach Titel XII Kapitel 6 der Richtlinie 2006/112/EG in Anspruch zu nehmen.

(2) Ein Steuerpflichtiger gemäß Artikel 242a der Richtlinie 2006/112/EG muss die folgenden Angaben über Leistungen, die nicht unter Absatz 1 fallen, aufbewahren:

a) Name, Postanschrift und elektronische Adresse oder Website des Lieferers oder Dienstleistungserbringers, dessen Lieferungen oder Dienstleistungen durch die Nutzung der elektronischen Schnittstelle unterstützt werden, und – falls erhältlich –

    i) die Mehrwertsteuer-Identifikationsnummer oder nationale Steuernummer des Lieferers oder Dienstleistungserbringers;

    ii) die Bankverbindung oder Nummer des virtuellen Kontos des Lieferers oder Dienstleistungserbringers;

b) eine Beschreibung der Gegenstände, ihres Wertes und des Ortes, an dem die Versendung oder die Beförderung der Gegenstände endet, zusammen

---

[1]) Abschnitt 1b (Art. 54b und 54c) eingef. **mWv 1.7.2021** durch DVO v. 21.11.2019 (ABl. L 313 S. 14, geänd. durch ABl. 2020 L 244 S. 9).

mit dem Zeitpunkt der Lieferung, und falls erhältlich die Bestellnummer oder die eindeutige Transaktionsnummer;

c) eine Beschreibung der Dienstleistungen, ihres Wertes und Angaben, mittels derer Ort und Zeit der Erbringung der Dienstleistungen bestimmt werden können, und falls erhältlich die Bestellnummer oder die eindeutige Transaktionsnummer.]

Abschnitt 2. Ergänzende Bestimmungen
(Artikel 272 und 273 der Richtlinie 2006/112/EG)

Art. 55 [Pflicht der Mitteilung der USt-IdNr. des Leistungsempfängers an den leistenden Unternehmer] [1] Für Umsätze nach Artikel 262 der Richtlinie 2006/112/EG müssen Steuerpflichtige, denen nach Artikel 214 jener Richtlinie eine individuelle Mehrwertsteuer-Identifikationsnummer zuzuteilen ist, und nichtsteuerpflichtige juristische Personen, die für Mehrwertsteuerzwecke erfasst sind, wenn sie als solche handeln, ihren Lieferern oder Dienstleistungserbringern ihre Mehrwertsteuer-Identifikationsnummer mitteilen, sowie diese ihnen bekannt ist.

[2] Steuerpflichtige im Sinne des Artikels 3 Absatz 1 Buchstabe b der Richtlinie 2006/112/EG, deren innergemeinschaftliche Erwerbe von Gegenständen nach Artikel 4 Absatz 1 der vorliegenden Verordnung nicht der Mehrwertsteuer unterliegen, müssen ihren Lieferern ihre individuelle Mehrwertsteuer-Identifikationsnummer nicht mitteilen, wenn sie gemäß Artikel 214 Absatz 1 Buchstabe d oder e jener Richtlinie für Mehrwertsteuerzwecke erfasst sind.

Kapitel XI. Sonderregelungen

Abschnitt 1. Sonderregelung für Anlagegold
(Artikel 344 bis 356 der Richtlinie 2006/112/EG)

Art. 56 [Definition „von Goldmärkten akzeptiertes Gewicht"] Der Begriff „mit einem von den Goldmärkten akzeptierten Gewicht" in Artikel 344 Absatz 1 Nummer 1 der Richtlinie 2006/112/EG umfasst mindestens die in Anhang III dieser Verordnung aufgeführten Einheiten und Gewichte.

Art. 57 [Preis und Offenmarktwert zum Stichtag 1. April eines Jahres] [1] Für die Zwecke der Erstellung des in Artikel 345 der Richtlinie 2006/112/EG genannten Verzeichnisses von Goldmünzen beziehen sich die in Artikel 344 Absatz 1 Nummer 2 jener Richtlinie genannten Begriffe „Preis" und „Offenmarktwert" auf den Preis bzw. den Offenmarktwert am 1. April eines jeden Jahres. [2] Fällt der 1. April nicht auf einen Tag, an dem derartige Preise bzw. Offenmarktwerte festgesetzt werden, so sind diejenigen des nächsten Tages, an dem eine Festsetzung erfolgt, zugrunde zu legen.

[bis 30.6.2021:
   Abschnitt 2.[1] Sonderregelungen für nicht ansässige Steuerpflichtige, die
Telekommunikationsdienstleistungen, Rundfunk- und Fernsehdienstleistungen
   oder elektronische Dienstleistungen an Nichtsteuerpflichtige erbringen
                (Artikel 358 bis 369k der Richtlinie 2006/112/EG)

Unterabschnitt 1. Begriffsbestimmungen

Art. 57a[1] [Begriffsbestimmungen] *Für die Zwecke dieses Abschnitts gelten folgende Begriffsbestimmungen:*

1. *„Nicht-EU-Regelung": die Sonderregelung für von nicht in der Gemeinschaft ansässigen Steuerpflichtigen erbrachte Telekommunikationsdienstleistungen, Rundfunk- und Fernsehdienstleistungen oder elektronische Dienstleistungen gemäß Titel XII Kapitel 6 Abschnitt 2 der Richtlinie 2006/112/EG;*

2. *„EU-Regelung": die Sonderregelung für von in der Gemeinschaft, nicht aber im Mitgliedstaat des Verbrauchs ansässigen Steuerpflichtigen erbrachte Telekommunikationsdienstleistungen, Rundfunk- und Fernsehdienstleistungen oder elektronische Dienstleistungen gemäß Titel XII Kapitel 6 Abschnitt 3 der Richtlinie 2006/112/EG;*

3. *„Sonderregelung": je nach Zusammenhang „Nicht-EU-Regelung" und/oder „EU-Regelung";*

4. *„Steuerpflichtiger": ein Steuerpflichtiger, der nicht in der Gemeinschaft ansässig ist, gemäß der Definition in Artikel 358a Nummer 1 der Richtlinie 2006/112/EG, oder ein Steuerpflichtiger, der nicht im Mitgliedstaat des Verbrauchs ansässig ist, gemäß der Definition in Artikel 369a Absatz 1 Nummer 1 jener Richtlinie.*

Unterabschnitt 2. Anwendung der EU-Regelung

Art. 57b[1] [Mitgliedstaat der Identifizierung] *[1] Hat ein Steuerpflichtiger, der die EU-Regelung in Anspruch nimmt, den Sitz seiner wirtschaftlichen Tätigkeit in der Gemeinschaft, so ist der Mitgliedstaat, in dem sich dieser Sitz befindet, der Mitgliedstaat der Identifizierung.*

[2] Hat ein Steuerpflichtiger, der die EU-Regelung in Anspruch nimmt, zwar den Sitz seiner wirtschaftlichen Tätigkeit außerhalb der Gemeinschaft, aber mehr als eine feste Niederlassung in der Gemeinschaft, so kann er jeden Mitgliedstaat, in dem er eine feste Niederlassung hat, als Mitgliedstaat der Identifizierung gemäß Artikel 369a Absatz 2 der Richtlinie 2006/112/EG auswählen.

Unterabschnitt 3. Geltungsbereich der EU-Regelung

Art. 57c[1] [Telekommunikationsdienstleistungen u. a.] *[1] Die EU-Regelung gilt nicht für Telekommunikationsdienstleistungen, Rundfunk- und Fernsehdienstleistungen oder elektronische Dienstleistungen, die in einem Mitgliedstaat erbracht werden, in dem der Steuerpflichtige den Sitz seiner wirtschaftlichen Tätigkeit oder eine feste Niederlassung hat. [2] Diese Dienstleistungen werden den zuständigen Steuerbehörden dieses Mit-*

---

[1] Abschnitt 2 (Art. 57a–63c) neu gef. mWv 1.1.2015 durch VO v. 9.10.2012 (ABl. L 290 S. 1); gilt in dieser **Fassung noch bis zum 30.6.2021** (ABl. L 313 S. 14, geänd. durch ABl. 2020 L 244 S. 9); die **Fassung ab 1.7.2021** ist ab Seite 48 abgedruckt.

gliedstaats in der Mehrwertsteuererklärung gemäß Artikel 250 der Richtlinie 2006/ 112/EG gemeldet.

Unterabschnitt 4. Identifizierung

Art. 57d¹⁾ *[Geltungszeitpunkt der Sonderregelung]* [1] *Erklärt ein Steuerpflichtiger dem Mitgliedstaat der Identifizierung, dass er beabsichtigt, eine der Sonderregelungen in Anspruch zu nehmen, so gilt die betreffende Sonderregelung ab dem ersten Tag des folgenden Kalenderquartals.*

[2] *Erfolgt die erste Erbringung von Dienstleistungen, die unter diese Sonderregelung fallen, jedoch vor dem in Absatz 1 genannten Termin, so gilt die Sonderregelung ab dem Tag der ersten Leistungserbringung, vorausgesetzt der Steuerpflichtige unterrichtet den Mitgliedstaat der Identifizierung spätestens am zehnten Tag des Monats, der auf diese erste Leistungserbringung folgt, über die Aufnahme der unter die Regelung fallenden Tätigkeiten.*

Art. 57e¹⁾ *[Identifizierung mit MwSt-Identifikationsnummer]* Der Mitgliedstaat der Identifizierung identifiziert den Steuerpflichtigen, der die EU-Regelung in Anspruch nimmt, anhand seiner Mehrwertsteuer-Identifikationsnummer gemäß den Artikeln 214 und 215 der Richtlinie 2006/112/EG.

Art. 57f¹⁾ *[Änderung des Mitgliedstaats der Identifizierung]* (1) ¹Erfüllt ein Steuerpflichtiger, der die EU-Regelung in Anspruch nimmt, nicht mehr die Voraussetzungen gemäß der Definition in Artikel 369a Absatz 1 Nummer 2 der Richtlinie 2006/112/EG, so ist der Mitgliedstaat, der ihm die Mehrwertsteuer-Identifikationsnummer erteilt hat, nicht mehr der Mitgliedstaat der Identifizierung. ²Erfüllt ein Steuerpflichtiger weiter die Voraussetzungen für die Inanspruchnahme dieser Sonderregelung, so gibt er, um diese Regelung weiterhin in Anspruch nehmen zu können, als neuen Mitgliedstaat der Identifizierung den Mitgliedstaat, in dem er den Sitz seiner wirtschaftlichen Tätigkeit hat, oder, wenn er den Sitz seiner wirtschaftlichen Tätigkeit nicht in der Gemeinschaft hat, einen Mitgliedstaat, in dem er eine feste Niederlassung hat, an.*

(2) Ändert sich gemäß Absatz 1 der Mitgliedstaat der Identifizierung, so gilt diese Änderung ab dem Tag, an dem der Steuerpflichtige nicht mehr den Sitz seiner wirtschaftlichen Tätigkeit oder keine feste Niederlassung mehr in dem zuvor als Mitgliedstaat der Identifizierung angegebenen Mitgliedstaat hat.

Art. 57g¹⁾ *[Beendigung der Inanspruchnahme]* [1] ¹Ein Steuerpflichtiger, der eine Sonderregelung in Anspruch nimmt, kann die Inanspruchnahme dieser Sonderregelung beenden, unabhängig davon, ob er weiterhin Dienstleistungen erbringt, die unter diese Sonderregelung fallen können. ²Der Steuerpflichtige unterrichtet den Mitgliedstaat der Identifizierung mindestens 15 Tage vor Ablauf des Kalenderquartals vor demjenigen, in welchem er die Inanspruchnahme der Regelung beenden will. ³Eine Beendigung ist ab dem ersten Tag des nächsten Kalenderquartals wirksam.*

---

¹⁾ Abschnitt 2 (Art. 57a–63c) neu gef. mWv 1.1.2015 durch VO v. 9.10.2012 (ABl. L 290 S. 1); gilt in dieser **Fassung noch bis zum 30.6.2021** (ABl. L 313 S. 14, geänd. durch ABl. 2020 L 244 S. 9); die **Fassung ab 1.7.2021** ist ab Seite 48 abgedruckt.

[2] Mehrwertsteuerpflichten im Zusammenhang mit der Erbringung von Telekommunikationsdienstleistungen, Rundfunk- und Fernsehdienstleistungen oder elektronischen Dienstleistungen, die nach dem Zeitpunkt entstehen, zu dem die Beendigung der Inanspruchnahme wirksam wurde, wird direkt bei den Steuerbehörden des betreffenden Mitgliedstaats des Verbrauchs nachgekommen.

[3] Beendet ein Steuerpflichtiger die Inanspruchnahme einer der Sonderregelungen gemäß Absatz 1, so wird er in jedem Mitgliedstaat für zwei Kalenderquartale ab dem Datum der Beendigung der Inanspruchnahme von der Sonderregelung ausgeschlossen.

Unterabschnitt 5. Berichtspflichten

Art. 57h[1] *[Berichtspflichten] (1) Ein Steuerpflichtiger unterrichtet den Mitgliedstaat der Identifizierung spätestens am zehnten Tag des folgenden Monats auf elektronischem Wege von*
– der Beendigung seiner unter eine Sonderregelung fallenden Tätigkeiten,
– jeglichen Änderungen seiner unter eine Sonderregelung fallenden Tätigkeiten, durch die er die Voraussetzungen für die Inanspruchnahme dieser Sonderregelung nicht mehr erfüllt, und
– sämtlichen Änderungen der zuvor dem Mitgliedstaat der Identifikation mitgeteilten Angaben.

(2) [1] Ändert sich der Mitgliedstaat der Identifizierung gemäß Artikel 57f, so unterrichtet der Steuerpflichtige die beiden betroffenen Mitgliedstaaten spätestens am zehnten Tag des Monats, der auf die Verlagerung des Sitzes der wirtschaftlichen Tätigkeit oder der festen Niederlassung folgt, über diese Änderung. [2] Er teilt dem neuen Mitgliedstaat der Identifizierung die Registrierungsdaten mit, die erforderlich sind, wenn ein Steuerpflichtiger eine Sonderregelung erstmals in Anspruch nimmt.

Unterabschnitt 6. Ausschluss

Art. 58[1] *[Ausschluss] [1] Findet zumindest eines der Ausschlusskriterien gemäß den Artikeln 363 und 369e der Richtlinie 2006/112/EG auf einen Steuerpflichtigen, der eine der Sonderregelungen in Anspruch nimmt, Anwendung, so schließt der Mitgliedstaat der Identifizierung diesen Steuerpflichtigen von der betreffenden Regelung aus.*

[2] Nur der Mitgliedstaat der Identifizierung kann einen Steuerpflichtigen von der Inanspruchnahme einer der Sonderregelungen ausschließen.

[3] Der Mitgliedstaat der Identifizierung stützt seine Entscheidung über den Ausschluss auf alle verfügbaren Informationen, einschließlich Informationen eines anderen Mitgliedstaats.

[4] Der Ausschluss ist ab dem ersten Tag des Kalenderquartals wirksam, das auf den Tag folgt, an dem die Entscheidung über den Ausschluss dem Steuerpflichtigen elektronisch übermittelt worden ist.

---

[1] Abschnitt 2 (Art. 57a–63c) neu gef. mWv 1.1.2015 durch VO v. 9.10.2012 (ABl. L 290 S. 1); gilt in dieser **Fassung noch bis zum 30.6.2021** (ABl. L 313 S. 14, geänd. durch ABl. 2020 L 244 S. 9); die **Fassung ab 1.7.2021** ist ab Seite 48 abgedruckt.

[5] *Ist der Ausschluss jedoch auf eine Änderung des Sitzes der wirtschaftlichen Tätigkeit oder der festen Niederlassung zurückzuführen, so ist der Ausschluss ab dem Tag dieser Änderung wirksam.*

Art. 58a[1]) *[Vermutungsregelung]* [1] *Hinsichtlich eines Steuerpflichtigen, der eine Sonderregelung in Anspruch nimmt und der über einen Zeitraum von acht aufeinander folgenden Kalenderquartalen in keinem Mitgliedstaat des Verbrauchs der betreffenden Regelung unterliegende Dienstleistungen erbracht hat, wird davon ausgegangen, dass er seine steuerbaren Tätigkeiten im Sinne des Artikels 363 Buchstabe b bzw. des Artikels 369e Buchstabe b der Richtlinie 2006/112/EG beendet hat.* [2] *Diese Beendigung hindert ihn nicht daran, bei Wiederaufnahme seiner unter eine Sonderregelung fallenden Tätigkeiten eine Sonderregelung in Anspruch zu nehmen.*

Art. 58b[1]) *[Wiederholter Verstoß]* (1) *Der Ausschluss eines Steuerpflichtigen von einer der Sonderregelungen wegen wiederholten Verstoßes gegen die einschlägigen Vorschriften gilt in jedem Mitgliedstaat und für beide Regelungen während acht Kalenderquartalen nach dem Kalenderquartal, in dem der Steuerpflichtige ausgeschlossen wurde.*

(2) Als wiederholter Verstoß gegen die Vorschriften einer der Sonderregelungen im Sinne des Artikels 363 Buchstabe d oder des Artikels 369e Buchstabe d der Richtlinie 2006/112/EG durch den Steuerpflichtigen gelten mindestens die folgenden Fälle:

a) *dem Steuerpflichtigen wurden vom Mitgliedstaat der Identifizierung für drei unmittelbar vorhergehende Kalenderquartale Erinnerungen gemäß Artikel 60a erteilt und die Mehrwertsteuererklärung wurde für jedes dieser Kalenderquartale nicht binnen zehn Tagen, nachdem die Erinnerung erteilt wurde, abgegeben;*

b) *vom Mitgliedstaat der Identifizierung wurden ihm für drei unmittelbar vorhergehende Kalenderquartale Erinnerungen gemäß Artikel 63a erteilt und der Gesamtbetrag der erklärten Mehrwertsteuer ist von ihm nicht binnen zehn Tagen, nachdem die Erinnerung erteilt wurde, für jedes dieser Kalenderquartale gezahlt außer wenn der ausstehende Betrag weniger als 100 EUR für jedes dieser Kalenderquartale beträgt;*

c) *er hat nach einer Aufforderung des Mitgliedstaats der Identifizierung oder des Mitgliedstaats des Verbrauchs und einen Monat nach einer nachfolgenden Erinnerung des Mitgliedstaats der Identifizierung die in den Artikeln 369 und 369k der Richtlinie 2006/112/EG genannten Aufzeichnungen nicht elektronisch zur Verfügung gestellt.*

Art. 58c[1]) *[Pflichten nach Ausschluss]* *Ein Steuerpflichtiger, der von einer der Sonderregelungen ausgeschlossen worden ist, kommt allen seinen Mehrwertsteuerpflichten im Zusammenhang mit der Erbringung von Telekommunikationsdienstleistungen, Rundfunk- und Fernsehdienstleistungen oder elektronischen Dienstleistungen, die nach dem Zeitpunkt entstehen, zu dem der Ausschluss wirksam wurde, direkt bei den Steuerbehörden des betreffenden Mitgliedstaats des Verbrauchs nach.*

---

[1]) Abschnitt 2 (Art. 57a–63c) neu gef. mWv 1.1.2015 durch VO v. 9.10.2012 (ABl. L 290 S. 1); gilt in dieser **Fassung noch bis zum 30.6.2021** (ABl. L 313 S. 14, geänd. durch ABl. 2020 L 244 S. 9); die **Fassung ab 1.7.2021** ist ab Seite 48 abgedruckt.

Unterabschnitt 7. Mehrwertsteuererklärung

Art. 59[1] *[Erklärungszeitraum]* (1) *Jeder Erklärungszeitraum im Sinne des Artikels 364 oder des Artikels 369f der Richtlinie 2006/112/EG ist ein eigenständiger Erklärungszeitraum.*

(2) Gilt eine Sonderregelung gemäß Artikel 57d Absatz 2 ab dem ersten Tag der Leistungserbringung, so gibt der Steuerpflichtige eine gesonderte Mehrwertsteuererklärung für das Kalenderquartal ab, in dem die erste Leistungserbringung erfolgt ist.

(3) Wurde ein Steuerpflichtiger während eines Erklärungszeitraums im Rahmen jeder der Sonderregelungen registriert, so richtet er im Rahmen jeder Sonderregelung Mehrwertsteuererklärungen und entsprechende Zahlungen hinsichtlich der Erbringung von Dienstleistungen und die von dieser Regelung erfassten Zeiträume an den Mitgliedstaat der Identifizierung.

(4) Ändert sich gemäß Artikel 57f der Mitgliedstaat der Identifizierung nach dem ersten Tag des betreffenden Kalenderquartals, so richtet der Steuerpflichtige Mehrwertsteuererklärungen und entsprechende Mehrwertsteuerzahlungen an den ehemaligen und an den neuen Mitgliedstaat der Identifizierung, die sich auf die Erbringung von Dienstleistungen während der Zeiträume, in denen die Mitgliedstaaten jeweils Mitgliedstaat der Identifizierung waren, beziehen.

Art. 59a[1] *[MwSt-Nullmeldung]* Hat ein Steuerpflichtiger, der eine Sonderregelung in Anspruch nimmt, während eines Erklärungszeitraums keine Dienstleistungen in irgendeinem Mitgliedstaat des Verbrauchs im Rahmen dieser Sonderregelung erbracht, so reicht er eine Mehrwertsteuererklärung ein, aus der hervorgeht, dass in dem Zeitraum keine Dienstleistungen erbracht wurden (MwSt.-Nullmeldung).*

Art. 60[1] *[Mehrwertsteuerbetrag]* [1] Die Beträge in den Mehrwertsteuererklärungen im Rahmen der Sonderregelungen werden nicht auf die nächste volle Einheit auf- oder abgerundet. [2] Es ist jeweils der genaue Mehrwertsteuerbetrag anzugeben und abzuführen.*

Art. 60a[1] *[Erinnerung, Mahnung]* [1] [1] Der Mitgliedstaat der Identifizierung erinnert Steuerpflichtige, die keine Mehrwertsteuererklärung gemäß Artikel 364 oder Artikel 369f der Richtlinie 2006/112/EG abgegeben haben, auf elektronischem Wege an ihre Verpflichtung zur Abgabe dieser Erklärung. [2] Der Mitgliedstaat der Identifizierung erteilt die Erinnerung am zehnten Tag, der auf den Tag folgt, an dem die Erklärung hätte vorliegen sollen, und unterrichtet die übrigen Mitgliedstaaten auf elektronischem Wege über die Erteilung einer Erinnerung.*

[2] *Für alle nachfolgenden Mahnungen und sonstigen Schritte zur Festsetzung und Erhebung der Mehrwertsteuer ist der betreffende Mitgliedstaat des Verbrauchs zuständig.*

[3] *Der Steuerpflichtige gibt die Mehrwertsteuererklärung ungeachtet jeglicher durch den Mitgliedstaat des Verbrauchs erteilter Mahnungen und getroffener Maßnahmen im Mitgliedstaat der Identifizierung ab.*

---

[1] Abschnitt 2 (Art. 57a–63c) neu gef. mWv 1.1.2015 durch VO v. 9.10.2012 (ABl. L 290 S. 1); gilt in dieser **Fassung noch bis zum 30.6.2021** (ABl. L 313 S. 14, geänd. durch ABl. 2020 L 244 S. 9); die **Fassung ab 1.7.2021** ist ab Seite 48 abgedruckt.

***Art. 61*¹⁾** *[Änderung der Mehrwertsteuererklärung]* *(1) Änderungen der in einer Mehrwertsteuererklärung enthaltenen Zahlen werden nach ihrer Abgabe ausschließlich im Wege von Änderungen dieser Erklärung und nicht durch Berichtigungen in einer nachfolgenden Erklärung vorgenommen.*

(2) ⁽¹⁾ *Die in Absatz 1 genannten Änderungen sind innerhalb von drei Jahren ab dem Tag, an dem die ursprüngliche Erklärung abzugeben war, auf elektronischem Wege beim Mitgliedstaat der Identifizierung abzugeben.*

⁽²⁾ *Die Vorschriften des Mitgliedstaats des Verbrauchs in Bezug auf Steuerfestsetzungen und Änderungen bleiben jedoch unberührt.*

***Art. 61a*¹⁾** *[Abschließende Mehrwertsteuererklärung]* *Wenn ein Steuerpflichtiger*

a) die Inanspruchnahme einer der Sonderregelungen beendet,

b) von einer der Sonderregelungen ausgeschlossen wird oder

c) den Mitgliedstaat der Identifizierung gemäß Artikel 57f ändert,

richtet er seine abschließende Mehrwertsteuererklärung und die entsprechende Zahlung sowie jegliche Berichtigungen oder verspätete Abgabe vorangegangener Mehrwertsteuererklärungen und die entsprechenden Zahlungen an den Mitgliedstaat, der vor der Beendigung, dem Ausschluss oder der Änderung der Mitgliedstaat der Identifizierung war.

Unterabschnitt 8. Währung

***Art. 61b*¹⁾** *[Landeswährung]* *Bestimmt ein Mitgliedstaat der Identifizierung, dessen Währung nicht der Euro ist, dass die Mehrwertsteuererklärungen in seiner Landeswährung zu erstellen sind, so gilt diese Bestimmung für die Mehrwertsteuererklärungen von allen Steuerpflichtigen, die Sonderregelungen in Anspruch nehmen.*

Unterabschnitt 9. Zahlungen

***Art. 62*¹⁾** *[Mehrwertsteuerzahlung]* ⁽¹⁾ *Unbeschadet des Artikels 63a Absatz 3 und des Artikels 63b richtet ein Steuerpflichtiger alle Zahlungen an den Mitgliedstaat der Identifizierung.*

⁽²⁾ ¹*Mehrwertsteuerzahlungen des Steuerpflichtigen gemäß Artikel 367 oder Artikel 369i der Richtlinie 2006/112/EG beziehen sich nur auf die gemäß Artikel 364 oder Artikel 369f dieser Richtlinie abgegebene Mehrwertsteuererklärung.* ²*Jede spätere Berichtigung der gezahlten Beträge durch den Steuerpflichtigen wird ausschließlich unter Bezugnahme auf diese Erklärung vorgenommen und darf weder einer anderen Erklärung zugeordnet noch bei einer späteren Erklärung berichtigt werden.* ³*Bei jeder Zahlung ist die Referenznummer der betreffenden Steuererklärung anzugeben.*

***Art. 63*¹⁾** *[Erstattung]* ⁽¹⁾ *Hat ein Mitgliedstaat der Identifizierung einen Betrag vereinnahmt, der höher ist als es der Mehrwertsteuererklärung gemäß Artikel 364 oder Artikel 369f der Richtlinie 2006/112/EG entspricht, so erstattet er dem betreffenden Steuerpflichtigen den zu viel gezahlten Betrag direkt.*

---

¹⁾ Abschnitt 2 (Art. 57a–63c) neu gef. mWv 1.1.2015 durch VO v. 9.10.2012 (ABl. L 290 S. 1); gilt in dieser **Fassung noch bis zum 30.6.2021** (ABl. L 313 S. 14, geänd. durch ABl. 2020 L 244 S. 9); die **Fassung ab 1.7.2021** ist ab Seite 48 abgedruckt.

[2] *Hat ein Mitgliedstaat der Identifizierung einen Betrag aufgrund einer Mehrwertsteuererklärung erhalten, die sich später als unrichtig herausstellt, und hat er diesen Betrag bereits an die Mitgliedstaaten des Verbrauchs weitergeleitet, so erstatten diese Mitgliedstaaten des Verbrauchs dem Steuerpflichtigen direkt ihren jeweiligen Anteil an dem zu viel gezahlten Betrag.*

[3] *Beziehen sich die zu viel gezahlten Beträge jedoch auf Zeiträume bis einschließlich zum letzten Erklärungszeitraum im Jahr 2018, erstattet der Mitgliedstaat der Identifizierung den betreffenden Anteil des entsprechenden Teils des gemäß Artikel 46 Absatz 3 der Verordnung (EU) Nr. 904/2010 einbehaltenen Betrags, und der Mitgliedstaat des Verbrauchs erstattet den zu viel gezahlten Betrag abzüglich des vom Mitgliedstaat der Identifizierung erstatteten Betrags.*

[4] *Die Mitgliedstaaten des Verbrauchs unterrichten den Mitgliedstaat der Identifizierung auf elektronischem Wege über den Betrag dieser Erstattungen.*

Art. 63a[1] *[Elektronische Mahnung]* [1] *Gibt ein Steuerpflichtiger zwar eine Mehrwertsteuererklärung gemäß Artikel 364 oder Artikel 369f der Richtlinie 2006/112/EG ab, aber es wird keine Zahlung oder eine geringere Zahlung als die sich aus der Erklärung ergebende Zahlung geleistet, so schickt der Mitgliedstaat der Identifizierung dem Steuerpflichtigen am zehnten Tag nach dem Tag, an dem die Zahlung gemäß Artikel 367 oder Artikel 369i der Richtlinie 2006/112/EG spätestens zu leisten war, wegen der überfälligen Mehrwertsteuer eine Erinnerung auf elektronischem Wege.*

[2] *Der Mitgliedstaat der Identifizierung unterrichtet die Mitgliedstaaten des Verbrauchs auf elektronischem Wege über die Versendung der Erinnerung.*

[3] ¹*Für alle nachfolgenden Mahnungen und sonstigen Schritte zur Erhebung der Mehrwertsteuer ist der betreffende Mitgliedstaat des Verbrauchs zuständig.* ²*Sind vom Mitgliedstaat des Verbrauchs nachfolgende Mahnungen erteilt worden, erfolgt die entsprechende Mehrwertsteuerzahlung an diesen Mitgliedstaat.*

[4] *Der Mitgliedstaat des Verbrauchs unterrichtet den Mitgliedstaat der Identifizierung auf elektronischem Wege über die Erteilung der Mahnung.*

Art. 63b[1] *[Zinsen, Geldbußen bei unvollständiger, unrichtiger oder verspäteter Mehrwertsteuererklärung]* ¹*Ist keine Mehrwertsteuererklärung abgegeben worden, oder ist die Mehrwertsteuererklärung zu spät abgegeben worden oder ist sie unvollständig oder unrichtig, oder wird die Mehrwertsteuer zu spät gezahlt, so werden etwaige Zinsen, Geldbußen oder sonstige Abgaben von dem Mitgliedstaat des Verbrauchs berechnet und festgesetzt.* ²*Der Steuerpflichtige zahlt diese Zinsen, Geldbußen oder sonstige Abgaben direkt an den Mitgliedstaat des Verbrauchs.*

Unterabschnitt 10. Aufzeichnungen

Art. 63c[1] *[Informationspflichten]* (1) *Um als hinreichend ausführlich im Sinne der Artikel 369 und 369k der Richtlinie 2006/112/EG angesehen zu werden, enthalten die vom Steuerpflichtigen zu führenden Aufzeichnungen die folgenden Informationen:*

---

[1] Abschnitt 2 (Art. 57a–63c) neu gef. mWv 1.1.2015 durch VO v. 9.10.2012 (ABl. L 290 S. 1); gilt in dieser **Fassung noch bis zum 30.6.2021** (ABl. L 313 S. 14, geänd. durch ABl. 2020 L 244 S. 9); die **Fassung ab 1.7.2021** ist ab Seite 48 abgedruckt.

a) *Mitgliedstaat des Verbrauchs, in dem die Dienstleistung erbracht wird;*

b) *Art der erbrachten Dienstleistung;*

c) *Datum der Dienstleistungserbringung;*

d) *Steuerbemessungsgrundlage unter Angabe der verwendeten Währung;*

e) *jede anschließende Erhöhung oder Senkung der Steuerbemessungsgrundlage;*

f) *anzuwendender Mehrwertsteuersatz;*

g) *Betrag der zu zahlenden Mehrwertsteuer unter Angabe der verwendeten Währung;*

h) *Datum und Betrag der erhaltenen Zahlungen;*

i) *alle vor Erbringung der Dienstleistung erhaltenen Vorauszahlungen;*

j) *falls eine Rechnung ausgestellt wurde, die darin enthaltenen Informationen;*

k) *Name des Dienstleistungsempfängers, soweit dem Steuerpflichtigen bekannt;*

l) *Informationen zur Bestimmung des Orts, an dem der Dienstleistungsempfänger ansässig ist oder seinen Wohnsitz oder gewöhnlichen Aufenthalt hat.*

(2) Der Steuerpflichtige erfasst die Informationen gemäß Absatz 1 so, dass sie unverzüglich und für jede einzelne erbrachte Dienstleistung auf elektronischem Wege zur Verfügung gestellt werden können.]

[*ab 1.7.2021:*
Abschnitt 2.[1]) Sonderregelungen für Steuerpflichtige, die Dienstleistungen an Nichtsteuerpflichtige erbringen oder Fernverkäufe von Gegenständen oder bestimmte Lieferungen von Gegenständen innerhalb der Union tätigen (Artikel 358 bis 369x der Richtlinie 2006/112/EG)

Unterabschnitt 1. Begriffsbestimmungen

Art. 57a[1]) **[Begriffsbestimmungen]** Für die Zwecke dieses Abschnitts bezeichnet der Begriff

1. „Nicht-EU-Regelung" die Sonderregelung für von nicht in der Gemeinschaft ansässigen Steuerpflichtigen erbrachte Dienstleistungen gemäß Titel XII Kapitel 6 Abschnitt 2 der Richtlinie 2006/112/EG;

2. „EU-Regelung" die Sonderregelung für innergemeinschaftliche Fernverkäufe von Gegenständen, für Lieferungen von Gegenständen innerhalb eines Mitgliedstaats, die über eine elektronische Schnittstelle zur Unterstützung dieser Lieferungen erfolgen, und für von in der Gemeinschaft, nicht aber im Mitgliedstaat des Verbrauchs ansässigen Steuerpflichtigen erbrachte Dienstleistungen gemäß Titel XII Kapitel 6 Abschnitt 3 der Richtlinie 2006/112/EG;

3. „Einfuhrregelung" die Sonderregelung für Fernverkäufe von aus Drittgebieten oder Drittländern eingeführten Gegenständen gemäß Titel XII Kapitel 6 Abschnitt 4 der Richtlinie 2006/112/EG;

---

[1]) Abschnitt 2 (Art. 57a–63c) neu gef. **mWv 1.7.2021** durch DVO v. 21.11.2019 (ABl. L 313 S. 14, geänd. durch ABl. 2020 L 244 S. 9).

4. „Sonderregelung" je nach Zusammenhang die „Nicht-EU-Regelung", die „EU-Regelung" oder die „Einfuhrregelung";

5. „Steuerpflichtiger" einen Steuerpflichtigen im Sinne des Artikels 359 der Richtlinie 2006/112/EG, der die Nicht-EU- Regelung in Anspruch nehmen darf, einen Steuerpflichtigen im Sinne des Artikels 369b der genannten Richtlinie, der die EU-Regelung in Anspruch nehmen darf, oder einen Steuerpflichtigen im Sinne des Artikels 369m der genannten Richtlinie, der die Einfuhrregelung in Anspruch nehmen darf;

6. „Vermittler" eine Person im Sinne von Artikel 369l Absatz 2 Nummer 2 der Richtlinie 2006/112/EG.

Unterabschnitt 2. Anwendung der EU-Regelung

Art. 57b¹⁾ (gestrichen)

Unterabschnitt 3. Geltungsbereich der EU-Regelung

Art. 57c¹⁾ [Dienstleistungen] ¹Die EU-Regelung gilt nicht für Dienstleistungen, die in einem Mitgliedstaat erbracht werden, in dem der Steuerpflichtige den Sitz seiner wirtschaftlichen Tätigkeit oder eine feste Niederlassung hat. ²Die Erbringung dieser Dienstleistungen wird den zuständigen Steuerbehörden dieses Mitgliedstaats in der Mehrwertsteuererklärung gemäß Artikel 250 der Richtlinie 2006/112/EG gemeldet.

Unterabschnitt 4. Identifizierung

Art. 57d¹⁾ [Erklärung gegenüber dem Mitgliedstaat] (1) *[1]* Erklärt ein Steuerpflichtiger dem Mitgliedstaat der Identifizierung, dass er beabsichtigt, die Nicht-EU-Regelung oder die EU-Regelung in Anspruch zu nehmen, so gilt die betreffende Sonderregelung ab dem ersten Tag des folgenden Kalenderquartals.

[2] Erfolgt die erste Lieferung von Gegenständen oder Erbringung von Dienstleistungen, die unter die Nicht-EU-Regelung oder die EU-Regelung fallen, jedoch vor diesem Datum, so gilt die Sonderregelung ab dem Tag der ersten Lieferung oder Dienstleistungserbringung, vorausgesetzt der Steuerpflichtige unterrichtet den Mitgliedstaat der Identifizierung spätestens am zehnten Tag des Monats, der auf diese erste Lieferung oder Dienstleistungserbringung folgt, über die Aufnahme der unter die Regelung fallenden Tätigkeiten.

(2) Teilt ein Steuerpflichtiger oder ein für seine Rechnung handelnder Vermittler dem Mitgliedstaat der Identifizierung seine Absicht mit, die Einfuhrregelung in Anspruch zu nehmen, so gilt diese Sonderregelung ab dem Tag, an dem dem Steuerpflichtigen oder dem Vermittler die individuelle Mehrwertsteuer-Identifikationsnummer für die Einfuhrregelung gemäß Artikel 369q Absätze 1 und 3 der Richtlinie 2006/112/EG zugeteilt wurde.

---

¹⁾ Abschnitt 2 (Art. 57a–63c) neu gef. **mWv 1.7.2021** durch DVO v. 21.11.2019 (ABl. L 313 S. 14, geänd. durch ABl. 2020 L 244 S. 9).

Art. 57e[1]) [Identifizierung anhand der Mehrwertsteuer-Identifikationsnummer] [1] Der Mitgliedstaat der Identifizierung identifiziert einen Steuerpflichtigen, der die EU-Regelung in Anspruch nimmt, anhand seiner Mehrwertsteuer-Identifikationsnummer gemäß den Artikeln 214 und 215 der Richtlinie 2006/112/EG.

[2] 1Die einem Vermittler gemäß Artikel 369q Absatz 2 der Richtlinie 2006/112/EG zugeteilte individuelle Identifikationsnummer ermöglicht es ihm, als Vermittler für Rechnung von Steuerpflichtigen zu handeln, die die Einfuhrregelung in Anspruch nehmen. 2Diese Nummer kann vom Vermittler jedoch nicht verwendet werden, um Mehrwertsteuer auf steuerbare Umsätze zu erklären.

Art. 57f[1]) [Wegfall, Änderung oder Erfüllung der Voraussetzungen für die Inanspruchnahme der EU-Sonderregelung] (1) [1] Erfüllt ein Steuerpflichtiger, der die EU-Regelung in Anspruch nimmt, nicht mehr die Voraussetzungen gemäß der Begriffsbestimmung in Artikel 369a Nummer 2 der Richtlinie 2006/112/EG, so ist der Mitgliedstaat, der ihm die Mehrwertsteuer-Identifikationsnummer zugeteilt hat, nicht mehr der Mitgliedstaat der Identifizierung.

[2] 1Erfüllt ein Steuerpflichtiger jedoch weiter die Voraussetzungen für die Inanspruchnahme dieser Sonderregelung, so nennt er, um diese Regelung weiterhin in Anspruch zu nehmen, als neuen Mitgliedstaat der Identifizierung den Mitgliedstaat, in dem er den Sitz seiner wirtschaftlichen Tätigkeit hat, oder, wenn er den Sitz seiner wirtschaftlichen Tätigkeit nicht in der Gemeinschaft hat, einen Mitgliedstaat, in dem er eine feste Niederlassung hat. 2Ist der Steuerpflichtige, der die EU-Regelung für die Lieferung von Gegenständen in Anspruch nimmt, nicht in der Gemeinschaft ansässig, so nennt er als neuen Mitgliedstaat der Identifizierung einen Mitgliedstaat, von dem aus er Gegenstände versendet oder befördert.

[3] Ändert sich der Mitgliedstaat der Identifizierung gemäß Unterabsatz 2, so gilt diese Änderung ab dem Tag, an dem der Steuerpflichtige nicht mehr den Sitz seiner wirtschaftlichen Tätigkeit oder keine feste Niederlassung mehr in dem zuvor als Mitgliedstaat der Identifizierung angegebenen Mitgliedstaat hat, oder ab dem Tag, an dem der Steuerpflichtige die Versendung oder Beförderung von Gegenständen aus diesem Mitgliedstaat einstellt.

(2) [1] Erfüllt ein Steuerpflichtiger, der die Einfuhrregelung in Anspruch nimmt, oder ein für seine Rechnung handelnder Vermittler nicht mehr die Voraussetzungen gemäß Artikel 369l Unterabsatz 2 Nummer 3 Buchstaben b bis e der Richtlinie 2006/112/EG, so ist der Mitgliedstaat, in dem der Steuerpflichtige oder sein Vermittler identifiziert wurde, nicht mehr der Mitgliedstaat der Identifizierung.

[2] Erfüllt ein Steuerpflichtiger oder sein Vermittler jedoch weiter die Voraussetzungen für die Inanspruchnahme dieser Sonderregelung, so nennt er,

---

[1]) Abschnitt 2 (Art. 57a–63c) neu gef. **mWv 1.7.2021** durch DVO v. 21.11.2019 (ABl. L 313 S. 14, geänd. durch ABl. 2020 L 244 S. 9).

um diese Regelung weiterhin in Anspruch nehmen zu können, als neuen Mitgliedstaat der Identifizierung den Mitgliedstaat, in dem er den Sitz seiner wirtschaftlichen Tätigkeit hat, oder, wenn er den Sitz seiner wirtschaftlichen Tätigkeit nicht in der Gemeinschaft hat, einen Mitgliedstaat, in dem er eine feste Niederlassung hat.

[3] Ändert sich gemäß Unterabsatz 2 der Mitgliedstaat der Identifizierung, so gilt diese Änderung ab dem Tag, an dem der Steuerpflichtige oder sein Vermittler nicht mehr den Sitz seiner wirtschaftlichen Tätigkeit oder keine feste Niederlassung mehr in dem zuvor als Mitgliedstaat der Identifizierung angegebenen Mitgliedstaat hat.

Art. 57g[1]) [Ende der Inanspruchnahme der EU-Sonderregelung]

(1) [1] [1]Ein Steuerpflichtiger, der die Nicht-EU-Regelung oder die EU-Regelung in Anspruch nimmt, kann die Inanspruchnahme dieser Sonderregelung beenden, und zwar unabhängig davon, ob er weiterhin Gegenstände liefert oder Dienstleistungen erbringt, die unter diese Sonderregelung fallen können. [2]Der Steuerpflichtige unterrichtet den Mitgliedstaat der Identifizierung mindestens 15 Tage vor Ablauf des Kalenderquartals vor demjenigen, in dem er die Inanspruchnahme der Regelung beenden will. [3]Eine Beendigung ist ab dem ersten Tag des nächsten Kalenderquartals wirksam.

[2] Mehrwertsteuerpflichten im Zusammenhang mit der Lieferung von Gegenständen oder der Erbringung von Dienstleistungen, die nach dem Zeitpunkt entstehen, zu dem die Beendigung der Inanspruchnahme wirksam wurde, wird direkt bei den Steuerbehörden des betreffenden Mitgliedstaats des Verbrauchs nachgekommen.

(2) [1]Ein Steuerpflichtiger, der die Einfuhrregelung in Anspruch nimmt, kann die Inanspruchnahme dieser Regelung beenden, und zwar unabhängig davon, ob er weiterhin Fernverkäufe von Gegenständen tätigt, die aus Drittgebieten oder Drittländern eingeführt werden. [2]Der Steuerpflichtige oder der für seine Rechnung handelnde Vermittler unterrichtet den Mitgliedstaat der Identifizierung mindestens 15 Tage vor Ende des Monats, vor dem er die Inanspruchnahme der Regelung beenden will. [3]Beendigungen sind ab dem ersten Tag des nächsten Monats wirksam, und der Steuerpflichtige darf die Regelung für ab diesem Tag erbrachte Lieferungen nicht mehr nutzen.

Unterabschnitt 5. Berichterstattungspflichten

Art. 57h[1]) [Umfang und Frist der Berichterstattungspflicht] (1) Ein Steuerpflichtiger oder ein für seine Rechnung handelnder Vermittler unterrichtet den Mitgliedstaat der Identifizierung spätestens am zehnten Tag des folgenden Monats auf elektronischem Wege von

a) der Beendigung seiner unter eine Sonderregelung fallenden Tätigkeiten;

---

[1]) Abschnitt 2 (Art. 57a–63c) neu gef. **mWv 1.7.2021** durch DVO v. 21.11.2019 (ABl. L 313 S. 14, geänd. durch ABl. 2020 L 244 S. 9).

b) sämtlichen Änderungen seiner unter eine Sonderregelung fallenden Tätigkeiten, durch die er die Voraussetzungen für die Inanspruchnahme dieser Sonderregelung nicht mehr erfüllt;

c) sämtlichen Änderungen der zuvor dem Mitgliedstaat der Identifizierung erteilten Angaben.

(2) ¹Ändert sich der Mitgliedstaat der Identifizierung gemäß Artikel 57f, so unterrichtet der Steuerpflichtige oder der für seine Rechnung handelnde Vermittler die beiden betroffenen Mitgliedstaaten spätestens am zehnten Tag des Monats, der auf die Änderung folgt, über diese Änderung. ²Er teilt dem neuen Mitgliedstaat der Identifizierung die Registrierungsdaten mit, die erforderlich sind, wenn ein Steuerpflichtiger eine Sonderregelung erstmals in Anspruch nimmt.

Unterabschnitt 6. Ausschluss

Art. 58[1]) **[Ausschlusskriterien]** (1) *[1]* Findet zumindest eines der Ausschlusskriterien gemäß Artikel 369e oder der Kriterien für die Streichung aus dem Identifikationsregister gemäß Artikel 363 oder Artikel 369r Absätze 1 und 3 der Richtlinie 2006/112/EG auf einen Steuerpflichtigen Anwendung, der eine der Sonderregelungen in Anspruch nimmt, so schließt der Mitgliedstaat der Identifizierung diesen Steuerpflichtigen von der betreffenden Regelung aus.

[2] Nur der Mitgliedstaat der Identifizierung kann einen Steuerpflichtigen von einer der Sonderregelungen ausschließen.

[3] Der Mitgliedstaat der Identifizierung stützt seine Entscheidung über den Ausschluss oder die Streichung auf alle verfügbaren Informationen, einschließlich Informationen eines anderen Mitgliedstaats.

(2) ¹Der Ausschluss eines Steuerpflichtigen von der Nicht-EU-Regelung oder der EU-Regelung ist ab dem ersten Tag des Kalenderquartals wirksam, das auf den Tag folgt, an dem die Entscheidung über den Ausschluss dem Steuerpflichtigen elektronisch übermittelt worden ist. ²Ist der Ausschluss jedoch auf eine Änderung des Sitzes der wirtschaftlichen Tätigkeit oder der festen Niederlassung oder des Ortes zurückzuführen, von dem aus die Versendung oder Beförderung von Gegenständen ausgeht, so ist der Ausschluss ab dem Tag dieser Änderung wirksam.

(3) Der Ausschluss eines Steuerpflichtigen von der Einfuhrregelung ist ab dem ersten Tag des Monats wirksam, der auf den Tag folgt, an dem die Entscheidung über den Ausschluss dem Steuerpflichtigen elektronisch übermittelt worden ist; dies gilt nicht in den folgenden Fällen:

a) Ist der Ausschluss auf eine Änderung des Sitzes der wirtschaftlichen Tätigkeit oder der festen Niederlassung zurückzuführen, so ist der Ausschluss ab dem Tag dieser Änderung wirksam;

---

[1]) Abschnitt 2 (Art. 57a–63c) neu gef. **mWv 1.7.2021** durch DVO v. 21.11.2019 (ABl. L 313 S. 14, geänd. durch ABl. 2020 L 244 S. 9).

b) wird der Ausschluss wegen eines wiederholten Verstoßes gegen die Vorschriften der Einfuhrregelung vorgenommen, so ist der Ausschluss ab dem Tag wirksam, der auf den Tag folgt, an dem die Entscheidung über den Ausschluss dem Steuerpflichtigen elektronisch übermittelt worden ist.

(4) Mit Ausnahme der unter Absatz 3 Buchstabe b erfassten Fälle bleibt die individuelle Mehrwertsteuer-Identifikationsnummer, die für die Inanspruchnahme der Einfuhrregelung zugeteilt wurde, für den Zeitraum gültig, der für die Einfuhr der Gegenstände notwendig ist, die vor dem Ausschlussdatum geliefert wurden; dieser Zeitraum darf jedoch zwei Monate ab diesem Datum nicht überschreiten.

(5) [1] Findet eines der Streichungskriterien gemäß Artikel 369r Absatz 2 der Richtlinie 2006/112/EG auf einen Vermittler Anwendung, so streicht der Mitgliedstaat der Identifizierung diesen Vermittler aus dem Identifikationsregister und schließt die durch diesen Vermittler vertretenen Steuerpflichtigen von der Einfuhrregelung aus.

[2] Nur der Mitgliedstaat der Identifizierung kann einen Vermittler aus dem Identifikationsregister streichen.

[3] Der Mitgliedstaat der Identifizierung stützt seine Entscheidung über die Streichung auf alle verfügbaren Informationen, einschließlich Informationen eines anderen Mitgliedstaats.

[4] Die Streichung eines Vermittlers aus dem Identifikationsregister ist ab dem ersten Tag des Monats wirksam, der auf den Tag folgt, an dem die Entscheidung über die Streichung dem Vermittler und den durch ihn vertretenen Steuerpflichtigen elektronisch übermittelt worden ist; dies gilt nicht in den folgenden Fällen:

a) Ist die Streichung auf eine Änderung des Sitzes der wirtschaftlichen Tätigkeit oder der festen Niederlassung zurückzuführen, so ist die Streichung ab dem Tag dieser Änderung wirksam;

b) wird die Streichung des Vermittlers wegen eines wiederholten Verstoßes gegen die Vorschriften der Einfuhrregelung vorgenommen, so ist die Streichung ab dem Tag wirksam, der auf den Tag folgt, an dem die Entscheidung über die Streichung dem Vermittler und den durch ihn vertretenen Steuerpflichtigen elektronisch übermittelt worden ist.

Art. 58a[1]) [Fiktion der Einstellung der Tätigkeit] [1]Hinsichtlich eines Steuerpflichtigen, der eine Sonderregelung in Anspruch nimmt und der über einen Zeitraum von zwei Jahren in keinem Mitgliedstaat des Verbrauchs der betreffenden Regelung unterliegende Gegenstände geliefert oder Dienstleistungen erbracht hat, wird davon ausgegangen, dass er seine steuerbaren Tätigkeiten im Sinne des Artikels 363 Buchstabe b, des Artikels 369e Buchstabe b, des Artikels 369r Absatz 1 Buchstabe b bzw. des Artikels 369r Absatz 3 Buchstabe b der Richtlinie 2006/112/EG eingestellt hat. [2]Diese Einstellung der Tätigkeit hindert ihn nicht daran, bei Wiederaufnahme seiner unter eine Son-

---

[1]) Abschnitt 2 (Art. 57a–63c) neu gef. **mWv 1.7.2021** durch DVO v. 21.11.2019 (ABl. L 313 S. 14, geänd. durch ABl. 2020 L 244 S. 9).

derregelung fallenden Tätigkeiten eine Sonderregelung in Anspruch zu nehmen.

Art. 58b[1] **[Ausschluss wegen Vorschriftenverstoßes]** (1) [1] Der Ausschluss eines Steuerpflichtigen von einer der Sonderregelungen wegen wiederholten Verstoßes gegen die einschlägigen Vorschriften gilt in jedem Mitgliedstaat und für alle Sonderregelungen während des Zeitraums von zwei Jahren, der auf den Erklärungszeitraum folgt, in dem der Steuerpflichtige ausgeschlossen wurde.

[2] Unterabsatz 1 gilt jedoch nicht für die Einfuhrregelung, wenn der Ausschluss durch einen wiederholten Verstoß gegen die Vorschriften durch den Vermittler bedingt war, der für Rechnung des Steuerpflichtigen gehandelt hat.

[3] Wird ein Vermittler aufgrund eines wiederholten Verstoßes gegen die Vorschriften der Einfuhrregelung aus dem Identifikationsregister gestrichen, ist es ihm untersagt, während der zwei Jahre, die auf den Monat folgen, in dem er aus dem Register gestrichen wurde, als Vermittler tätig zu werden.

(2) Als wiederholter Verstoß gegen die Vorschriften einer der Sonderregelungen im Sinne des Artikels 363 Buchstabe d, des Artikels 369e Buchstabe d, des Artikels 369r Absatz 1 Buchstabe d, des Artikels 369r Absatz 2 Buchstabe c oder des Artikels 369r Absatz 3 Buchstabe d der Richtlinie 2006/112/EG durch einen Steuerpflichtigen oder einen Vermittler gelten mindestens die folgenden Fälle:

a) Dem Steuerpflichtigen oder dem für seine Rechnung handelnden Vermittler wurden vom Mitgliedstaat der Identifizierung für drei unmittelbar vorangegangene Erklärungszeiträume Erinnerungen gemäß Artikel 60a erteilt, und die Mehrwertsteuererklärung wurde für jeden dieser Erklärungszeiträume nicht binnen zehn Tagen, nachdem die Erinnerung erteilt wurde, abgegeben;

b) dem Steuerpflichtigen oder dem für seine Rechnung handelnden Vermittler wurden vom Mitgliedstaat der Identifizierung für drei unmittelbar vorangegangene Erklärungszeiträume Erinnerungen gemäß Artikel 63a erteilt, und der Gesamtbetrag der erklärten Mehrwertsteuer wurde vom Steuerpflichtigen oder von dem für seine Rechnung handelnden Vermittler nicht binnen zehn Tagen, nachdem die Erinnerung erteilt wurde, für jeden dieser Erklärungszeiträume gezahlt, außer wenn der ausstehende Betrag weniger als 100 EUR für jeden dieser Erklärungszeiträume beträgt;

c) der Steuerpflichtige oder der für seine Rechnung handelnde Vermittler hat nach einer Aufforderung des Mitgliedstaats der Identifizierung und einen Monat nach einer nachfolgenden Erinnerung des Mitgliedstaats der Identifizierung die in den Artikeln 369, 369k und 369x der Richtlinie 2006/112/EG genannten Aufzeichnungen nicht elektronisch zur Verfügung gestellt.

---

[1] Abschnitt 2 (Art. 57a–63c) neu gef. **mWv 1.7.2021** durch DVO v. 21.11.2019 (ABl. L 313 S. 14, geänd. durch ABl. 2020 L 244 S. 9).

Art. 58c[1]) [MwSt-Pflicht nach Ausschluss von der EU-Regelung]

Ein Steuerpflichtiger, der von der Nicht-EU-Regelung oder der EU-Regelung ausgeschlossen worden ist, kommt allen seinen Mehrwertsteuerpflichten im Zusammenhang mit der Lieferung von Gegenständen und der Erbringung von Dienstleistungen, die nach dem Zeitpunkt entstehen, zu dem der Ausschluss wirksam wurde, direkt bei den Steuerbehörden des betreffenden Mitgliedstaats des Verbrauchs nach.

Unterabschnitt 7. Mehrwertsteuererklärung

Art. 59[1]) [Erklärungszeitraum] (1) Jeder Erklärungszeitraum im Sinne der Artikel 364, 369f oder 369s der Richtlinie 2006/112/EG ist ein eigenständiger Erklärungszeitraum.

(2) Gilt die Nicht-EU-Regelung oder die EU-Regelung gemäß Artikel 57d Absatz 1 Unterabsatz 2 ab dem ersten Tag der Lieferung bzw. Dienstleistungserbringung, so gibt der Steuerpflichtige eine gesonderte Mehrwertsteuererklärung für das Kalenderquartal ab, in dem die erste Dienstleistungserbringung erfolgt ist.

(3) Wurde ein Steuerpflichtiger während eines Erklärungszeitraums im Rahmen der Nicht-EU-Regelung und der EU-Regelung registriert, so richtet er im Rahmen jeder Regelung Mehrwertsteuererklärungen und entsprechende Zahlungen hinsichtlich der Lieferung von Gegenständen bzw. Erbringung von Dienstleistungen und der von dieser Regelung erfassten Zeiträume an den Mitgliedstaat der Identifizierung.

(4) Ändert sich gemäß Artikel 57f der Mitgliedstaat der Identifizierung nach dem ersten Tag des betreffenden Erklärungszeitraums, so richtet der Steuerpflichtige oder der für seine Rechnung handelnde Vermittler Mehrwertsteuererklärungen und entsprechende Mehrwertsteuerzahlungen an den ehemaligen und an den neuen Mitgliedstaat der Identifizierung, die sich auf die Lieferung von Gegenständen bzw. Erbringung von Dienstleistungen während der Zeiträume beziehen, in denen die Mitgliedstaaten jeweils der Mitgliedstaat der Identifizierung waren.

Art. 59a[1]) [MwSt-Nullmeldung] Hat ein Steuerpflichtiger, der eine Sonderregelung in Anspruch nimmt, während eines Erklärungszeitraums keine Gegenstände oder Dienstleistungen in irgendeinem Mitgliedstaat des Verbrauchs im Rahmen dieser Sonderregelung geliefert bzw. erbracht und hat er keine Berichtigungen an früheren Erklärungen vorzunehmen, so reicht er oder der für seine Rechnung handelnde Vermittler eine Mehrwertsteuererklärung ein, aus der hervorgeht, dass in dem Zeitraum keine Lieferungen getätigt bzw. Dienstleistungen erbracht wurden (MwSt.-Nullmeldung).

Art. 60[1]) [Keine Rundung des MwSt-Betrags] [1]Die Beträge in den Mehrwertsteuererklärungen im Rahmen der Sonderregelungen werden nicht

---

[1]) Abschnitt 2 (Art. 57a–63c) neu gef. **mWv 1.7.2021** durch DVO v. 21.11.2019 (ABl. L 313 S. 14, geänd. durch ABl. 2020 L 244 S. 9).

auf die nächste volle Einheit auf- oder abgerundet. ²Es wird jeweils der genaue Mehrwertsteuerbetrag angegeben und abgeführt.

Art. **60**a[1]) [Erinnerung an die Verpflichtung zur MwSt-Erklärung]

[1] ¹Der Mitgliedstaat der Identifizierung erinnert Steuerpflichtige oder auf ihre Rechnung handelnde Vermittler, die keine Mehrwertsteuererklärung gemäß den Artikeln 364, 369f oder 369s der Richtlinie 2006/112/EG abgegeben haben, auf elektronischem Wege an ihre Verpflichtung zur Abgabe dieser Erklärung. ²Der Mitgliedstaat der Identifizierung erteilt die Erinnerung am zehnten Tag, der auf den Tag folgt, an dem die Erklärung hätte vorliegen sollen, und unterrichtet die übrigen Mitgliedstaaten auf elektronischem Wege über die Erteilung einer Erinnerung.

[2] Für alle nachfolgenden Erinnerungen und sonstigen Schritte zur Festsetzung und Erhebung der Mehrwertsteuer ist der betreffende Mitgliedstaat des Verbrauchs zuständig.

[3] Der Steuerpflichtige oder der für seine Rechnung handelnde Vermittler gibt die Mehrwertsteuererklärung ungeachtet jeglicher durch den Mitgliedstaat des Verbrauchs erteilter Erinnerungen und getroffener Maßnahmen im Mitgliedstaat der Identifizierung ab.

Art. **61**[1]) · [2]) [Änderung der MwSt-Erklärung] (1) [1] Änderungen der Zahlen, die in einer Mehrwertsteuererklärung enthalten sind, die sich auf Zeiträume bis einschließlich zum zweiten Erklärungszeitraum im Jahr 2021 bezieht, werden nach der Abgabe dieser Mehrwertsteuererklärung ausschließlich im Wege von Änderungen dieser Erklärung und nicht durch Berichtigungen in einer nachfolgenden Erklärung vorgenommen.

[2] Änderungen der Zahlen, die in einer Mehrwertsteuererklärung enthalten sind, die sich auf Zeiträume ab dem dritten Erklärungszeitraum 2021 bezieht, werden nach der Abgabe dieser Mehrwertsteuererklärung ausschließlich durch Berichtigungen in einer nachfolgenden Erklärung vorgenommen.

(2) [1] Die Änderungen gemäß Absatz 1 werden dem Mitgliedstaat der Identifizierung innerhalb von drei Jahren ab dem Tag, an dem die ursprüngliche Erklärung abzugeben war, auf elektronischem Wege übermittelt.

[2] Die Vorschriften des Mitgliedstaats des Verbrauchs in Bezug auf Steuerfestsetzungen und Änderungen bleiben jedoch unberührt.

Art. **61**a[1]) [Abschließende MwSt-Erklärung] (1) [1] Der Steuerpflichtige oder der für seine Rechnung handelnde Vermittler richtet seine abschließende Mehrwertsteuererklärung sowie jegliche verspätete Abgabe vorangegangener Mehrwertsteuererklärungen und die entsprechenden Zahlungen an den Mitgliedstaat, der vor der Beendigung, dem Ausschluss oder der Änderung der Mitgliedstaat der Identifizierung war, wenn er

---

[1]) Abschnitt 2 (Art. 57a–63c) neu gef. **mWv 1.7.2021** durch DVO v. 21.11.2019 (ABl. L 313 S. 14, geänd. durch ABl. 2020 L 244 S. 9).
[2]) Art. 61 Abs. 1 neu gef. mWv 1.7.2021 durch DVO v. 20.7.2020 (ABl. L 244 S. 9).

a) die Inanspruchnahme einer der Sonderregelungen beendet,

b) von den Sonderregelungen ausgeschlossen wird oder

c) den Mitgliedstaat der Identifizierung gemäß Artikel 57f ändert.

[2] Berichtigungen der abschließenden Erklärung und früherer Erklärungen, die sich nach der Abgabe der abschließenden Erklärung ergeben, wird direkt bei den Steuerbehörden des betreffenden Mitgliedstaats des Verbrauchs nachgekommen.

(2) *[1]* Für alle Steuerpflichtigen, für deren Rechnung er handelt, richtet ein Vermittler die abschließenden Mehrwertsteuererklärungen sowie jegliche verspätete Abgabe vorangegangener Mehrwertsteuererklärungen und die entsprechenden Zahlungen an den Mitgliedstaat, der vor der Streichung oder der Änderung der Mitgliedstaat der Identifizierung war, wenn er

a) aus dem Identifikationsregister gestrichen wird oder

b) den Mitgliedstaat der Identifizierung gemäß Artikel 57f Absatz 2 ändert.

[2] Berichtigungen der abschließenden Erklärung und früherer Erklärungen, die sich nach der Abgabe der abschließenden Erklärung ergeben, wird direkt bei den Steuerbehörden des betreffenden Mitgliedstaats des Verbrauchs nachgekommen.

Unterabschnitt 7a. Einfuhrregelung – Steuertatbestand

Art. 61b[1)] **[Zahlungszeitpunkt]** Für die Anwendung von Artikel 369n der Richtlinie 2006/112/EG bezeichnet der Zeitpunkt, zu dem die Zahlung angenommen wurde, den Zeitpunkt, zu dem die Zahlung bestätigt wurde oder die Zahlungsgenehmigungsmeldung oder eine Zahlungszusage des Erwerbers beim Steuerpflichtigen, der die Einfuhrregelung in Anspruch nimmt, oder für dessen Rechnung eingegangen ist, und zwar unabhängig davon, wann die tatsächliche Zahlung erfolgt, je nachdem, welcher Zeitpunkt der frühere ist.

Unterabschnitt 8. Währung

Art. 61c[1)] **[Landeswährung]** Bestimmt ein Mitgliedstaat der Identifizierung, dessen Währung nicht der Euro ist, dass Mehrwertsteuererklärungen in seiner Landeswährung zu erstellen sind, so gilt diese Bestimmung für die Mehrwertsteuererklärungen von allen Steuerpflichtigen, die Sonderregelungen in Anspruch nehmen.

Unterabschnitt 9. Zahlungen

Art. 62[1)] **[Zahlungsmodalitäten]** *[1]* Unbeschadet des Artikels 63a Unterabsatz 3 und des Artikels 63b richtet ein Steuerpflichtiger oder ein für seine Rechnung handelnder Vermittler alle Zahlungen an den Mitgliedstaat der Identifizierung.

[1)] Abschnitt 2 (Art. 57a–63c) neu gef. **mWv 1.7.2021** durch DVO v. 21.11.2019 (ABl. L 313 S. 14, geänd. durch ABl. 2020 L 244 S. 9).

[2] ¹Mehrwertsteuerzahlungen des Steuerpflichtigen oder des für seine Rechnung handelnden Vermittlers gemäß den Artikeln 367, 369i oder 369v der Richtlinie 2006/112/EG beziehen sich nur auf die gemäß den Artikeln 364, 369f oder 369s¹⁾ dieser Richtlinie abgegebene Mehrwertsteuererklärung. ²Jede spätere Berichtigung der gezahlten Beträge durch den Steuerpflichtigen oder den für seine Rechnung handelnden Vermittler wird ausschließlich unter Bezugnahme auf diese Erklärung vorgenommen und darf weder einer anderen Erklärung zugeordnet noch bei einer späteren Erklärung berichtigt werden. ³Bei jeder Zahlung ist die Referenznummer der betreffenden Steuererklärung anzugeben.

Art. 63²⁾ **[Erstattungspflicht]** *[1]* Hat ein Mitgliedstaat der Identifizierung einen Betrag vereinnahmt, der höher ist, als es der Mehrwertsteuererklärung gemäß den Artikeln 364, 369f oder 369s der Richtlinie 2006/112/EG entspricht, so erstattet er dem betreffenden Steuerpflichtigen oder dem für seine Rechnung handelnden Vermittler den zu viel gezahlten Betrag direkt.

[2] Hat ein Mitgliedstaat der Identifizierung einen Betrag aufgrund einer Mehrwertsteuererklärung erhalten, die sich später als unrichtig herausstellt, und hat er diesen Betrag bereits an die Mitgliedstaaten des Verbrauchs weitergeleitet, so erstatten diese Mitgliedstaaten des Verbrauchs dem Steuerpflichtigen oder dem für seine Rechnung handelnden Vermittler direkt ihren jeweiligen Anteil an dem zu viel gezahlten Betrag.

[3] Beziehen sich die zu viel gezahlten Beträge jedoch auf Zeiträume bis einschließlich zum letzten Erklärungszeitraum im Jahr 2018, erstattet der Mitgliedstaat der Identifizierung den betreffenden Anteil des entsprechenden Teils des gemäß Artikel 46 Absatz 3 der Verordnung (EU) Nr. 904/2010 einbehaltenen Betrags, und der Mitgliedstaat des Verbrauchs erstattet den zu viel gezahlten Betrag abzüglich des vom Mitgliedstaat der Identifizierung erstatteten Betrags.

[4] Die Mitgliedstaaten des Verbrauchs unterrichten den Mitgliedstaat der Identifizierung auf elektronischem Wege über den Betrag dieser Erstattungen.

Art. 63a²⁾ **[Erinnerung an fällige Zahlungen]** *[1]* Gibt ein Steuerpflichtiger oder ein für seine Rechnung handelnder Vermittler zwar eine Mehrwertsteuererklärung gemäß den Artikeln 364, 369f oder 369s der Richtlinie 2006/112/EG ab, aber es wird keine Zahlung oder eine geringere Zahlung als die sich aus der Erklärung ergebende Zahlung geleistet, so schickt der Mitgliedstaat der Identifizierung dem Steuerpflichtigen oder dem für seine Rechnung handelnden Vermittler am zehnten Tag nach dem Tag, an dem die Zahlung gemäß den Artikeln 367, 369i oder 369v der Richtlinie 2006/112/EG spätestens zu leisten war, wegen der überfälligen Mehrwertsteuer eine Erinnerung auf elektronischem Wege.

---

¹⁾ Nr. **550**.
²⁾ Abschnitt 2 (Art. 57a–63c) neu gef. **mWv 1.7.2021** durch DVO v. 21.11.2019 (ABl. L 313 S. 14, geänd. durch ABl. 2020 L 244 S. 9).

[2] Der Mitgliedstaat der Identifizierung unterrichtet die Mitgliedstaaten des Verbrauchs auf elektronischem Wege über die Versendung der Erinnerung.

[3] ¹Für alle nachfolgenden Erinnerungen und sonstigen Schritte zur Erhebung der Mehrwertsteuer ist der betreffende Mitgliedstaat des Verbrauchs zuständig. ²Sind vom Mitgliedstaat des Verbrauchs nachfolgende Erinnerungen erteilt worden, erfolgt die entsprechende Mehrwertsteuerzahlung an diesen Mitgliedstaat.

[4] Der Mitgliedstaat des Verbrauchs unterrichtet den Mitgliedstaat der Identifizierung auf elektronischem Wege über die Erteilung der Erinnerung.

Art. 63b¹⁾ [Festsetzung von Geldbußen] ¹Ist keine Mehrwertsteuererklärung abgegeben worden, oder ist die Mehrwertsteuererklärung zu spät abgegeben worden, oder ist sie unvollständig oder unrichtig, oder wird die Mehrwertsteuer zu spät gezahlt, so werden etwaige Zinsen, Geldbußen oder sonstige Abgaben von dem Mitgliedstaat des Verbrauchs berechnet und festgesetzt. ²Der Steuerpflichtige oder für seine Rechnung handelnde Vermittler zahlt diese Zinsen, Geldbußen oder sonstige Abgaben direkt an den Mitgliedstaat des Verbrauchs.

Unterabschnitt 10. Aufzeichnungen

Art. 63c¹⁾ [Umfang der Aufzeichnungspflicht] (1) Um als hinreichend ausführlich im Sinne der Artikel 369 und 369k der Richtlinie 2006/112/EG zu gelten, enthalten die vom Steuerpflichtigen zu führenden Aufzeichnungen die folgenden Informationen:

a) den Mitgliedstaat des Verbrauchs, in den die Gegenstände geliefert oder in dem die Dienstleistungen erbracht werden;

b) die Art der erbrachten Dienstleistung oder die Beschreibung und die Menge der gelieferten Gegenstände;

c) das Datum der Lieferung der Gegenstände oder der Erbringung der Dienstleistungen;

d) die Steuerbemessungsgrundlage unter Angabe der verwendeten Währung;

e) jede anschließende Erhöhung oder Senkung der Steuerbemessungsgrundlage;

f) den anzuwendenden Mehrwertsteuersatz;

g) den Betrag der zu zahlenden Mehrwertsteuer unter Angabe der verwendeten Währung;

h) das Datum und den Betrag der erhaltenen Zahlungen;

i) alle vor Lieferung der Gegenstände oder Erbringung der Dienstleistung erhaltenen Vorauszahlungen;

j) falls eine Rechnung ausgestellt wurde, die darin enthaltenen Informationen;

---

¹⁾ Abschnitt 2 (Art. 57a–63c) neu gef. **mWv 1.7.2021** durch DVO v. 21.11.2019 (ABl. L 313 S. 14, geänd. durch ABl. 2020 L 244 S. 9).

k) in Bezug auf Dienstleistungen die Informationen, die zur Bestimmung des Ortes verwendet werden, an dem der Erwerber ansässig ist oder seinen Wohnsitz oder gewöhnlichen Aufenthaltsort hat, und in Bezug auf Gegenstände die Informationen, die zur Bestimmung des Ortes verwendet werden, an dem die Versendung oder Beförderung der Gegenstände zum Erwerber beginnt und endet;

l) jegliche Nachweise über etwaige Rücksendungen von Gegenständen, einschließlich der Steuerbemessungsgrundlage und des anzuwendenden Mehrwertsteuersatzes.

(2) Um als hinreichend ausführlich im Sinne des Artikels 369x der Richtlinie 2006/112/EG zu gelten, enthalten die vom Steuerpflichtigen oder für seine Rechnung handelnden Vermittler zu führenden Aufzeichnungen die folgenden Informationen:

a) den Mitgliedstaat des Verbrauchs, in den die Gegenstände geliefert werden;

b) die Beschreibung und die Menge der gelieferten Gegenstände;

c) das Datum der Lieferung der Gegenstände;

d) die Steuerbemessungsgrundlage unter Angabe der verwendeten Währung;

e) jede anschließende Erhöhung oder Senkung der Steuerbemessungsgrundlage;

f) den anzuwendenden Mehrwertsteuersatz;

g) den Betrag der zu zahlenden Mehrwertsteuer unter Angabe der verwendeten Währung;

h) das Datum und den Betrag der erhaltenen Zahlungen;

i) falls eine Rechnung ausgestellt wurde, die darin enthaltenen Informationen;

j) die zur Bestimmung des Ortes, an dem die Versendung oder Beförderung der Gegenstände zum Erwerber beginnt und endet, verwendeten Informationen;

k) Nachweise über etwaige Rücksendungen von Gegenständen, einschließlich der Steuerbemessungsgrundlage und des anzuwendenden Mehrwertsteuersatzes;

l) die Bestellnummer oder die eindeutige Transaktionsnummer;

m) die eindeutige Sendungsnummer, falls der Steuerpflichtige unmittelbar an der Lieferung beteiligt ist.

(3) [1] Der Steuerpflichtige oder der für seine Rechnung handelnde Vermittler erfasst die Informationen gemäß den Absätzen 1 und 2 so, dass sie unverzüglich und für jeden einzelnen gelieferten Gegenstand oder jede einzelne erbrachte Dienstleistung auf elektronischem Wege zur Verfügung gestellt werden können.

[2] 1Wurde der Steuerpflichtige oder der für seine Rechnung handelnde Vermittler aufgefordert, die Aufzeichnungen gemäß den Artikeln 369, 369k und 369x der Richtlinie 2006/112/EG elektronisch zu übermitteln, und ist er dieser Aufforderung nicht innerhalb von 20 Tagen nach dem Datum der Aufforderung nachgekommen, so erinnert der Mitgliedstaat der Identifizierung

den Steuerpflichtigen oder den für seine Rechnung handelnden Vermittler an die Übermittlung der genannten Aufzeichnungen. [2]Der Mitgliedstaat der Identifizierung unterrichtet die Mitgliedstaaten des Verbrauchs auf elektronischem Wege über die Versendung der Erinnerung.

Abschnitt 3.[1) Sonderregelungen für die Erklärung und Entrichtung der Mehrwertsteuer bei der Einfuhr (Artikel 369y bis 369zb der Richtlinie 2006/112/EG)

Art. 63d[1) [Bedingung für Zahlungsaufschub; Erklärung beim Zoll]

[1] Die Anwendung der monatlichen Zahlung der Mehrwertsteuer bei der Einfuhr gemäß den in Titel XII Kapitel 7 der Richtlinie 2006/112/EG vorgesehenen Sonderregelungen für die Erklärung und Entrichtung der Mehrwertsteuer bei der Einfuhr kann an die Bedingungen für einen Zahlungsaufschub gemäß der Verordnung (EU) Nr. 952/2013 des Europäischen Parlaments und des Rates[2) geknüpft sein.

[2] Für die Zwecke der Anwendung der Sonderregelungen können die Mitgliedstaaten die Bedingung, dass die Gegenstände beim Zoll im Namen der Person, für die die Gegenstände bestimmt sind, vorzuführen sind, als erfüllt ansehen, wenn die Person, die die Gegenstände beim Zoll vorführt, ihre Absicht erklärt, von den Sonderregelungen Gebrauch zu machen und die Mehrwertsteuer von der Person, für die die Gegenstände bestimmt sind, einzutreiben.]

Kapitel XII. Schlussbestimmungen

Art. 64 [Aufhebung Verordnung (EG) Nr. 1777/2005] [1] Die Verordnung (EG) Nr. 1777/2005 wird aufgehoben.

[2] Bezugnahmen auf die aufgehobene Verordnung gelten als Bezugnahmen auf die vorliegende Verordnung und sind nach Maßgabe der Entsprechungstabelle in Anhang IV zu lesen.

Art. 65 [Inkrafttreten] [1] Diese Verordnung tritt am zwanzigsten Tag nach ihrer Veröffentlichung im Amtsblatt der Europäischen Union in Kraft.

[2] Sie gilt ab 1. Juli 2011.

[3] Jedoch

– gelten Artikel 3 Buchstabe a, Artikel 11 Absatz 2 Buchstabe b, Artikel 23 Absatz 1 und Artikel 24 Absatz 1 ab dem 1. Januar 2013;
– gilt Artikel 3 Buchstabe b ab dem 1. Januar 2015;
– gilt Artikel 11 Absatz 2 Buchstabe c bis zum 31. Dezember 2014.

(Fortsetzung nächstes Blatt)

[1) Abschnitt 3 (Art. 63d) eingef. **mWv 1.7.2021** durch DVO v. 21.11.2019 (ABl. L 313 S. 14, geänd. durch ABl. 2020 L 244 S. 9).

[2) **Amtl. Anm.:** Verordnung (EU) Nr. 952/2013 des Europäischen Parlaments und des Rates vom 9. Oktober 2013 zur Festlegung des Zollkodex der Union (ABl. L 269 vom 10.10.2013, S. 1).

Anhang I
Artikel 7 der vorliegenden Verordnung

1. Anhang II Nummer 1 der Richtlinie 2006/112/EG:
   a) Webhosting (Websites und Webpages);
   b) automatisierte Online-Fernwartung von Programmen;
   c) Fernverwaltung von Systemen;
   d) Online-Data-Warehousing (Datenspeicherung und -abruf auf elektronischem Wege);
   e) Online-Bereitstellung von Speicherplatz nach Bedarf.
2. Anhang II Nummer 2 der Richtlinie 2006/112/EG:
   a) Gewährung des Zugangs zu oder Herunterladen von Software (z.B. Beschaffungs- oder Buchführungsprogramme, Software zur Virusbekämpfung) und Updates;
   b) Bannerblocker (Software zur Unterdrückung der Anzeige von Werbebannern);
   c) Herunterladen von Treibern (z.B. Software für Schnittstellen zwischen Computern und Peripheriegeräten wie z.B. Printer);
   d) automatisierte Online-Installation von Filtern auf Websites;
   e) automatisierte Online-Installation von Firewalls.
3. Anhang II Nummer 3 der Richtlinie 2006/112/EG:
   a) Gewährung des Zugangs zu oder Herunterladen von Desktop-Gestaltungen;
   b) Gewährung des Zugangs zu oder Herunterladen von Fotos, Bildern und Screensavern;
   c) digitalisierter Inhalt von E-Books und anderen elektronischen Publikationen;
   d) Abonnement von Online-Zeitungen und -Zeitschriften;
   e) Web-Protokolle und Website-Statistiken;
   f) Online-Nachrichten, -Verkehrsinformationen und -Wetterbericht;
   g) Online-Informationen, die automatisch anhand spezifischer, vom Dienstleistungsempfänger eingegebener Daten etwa aus dem Rechts- oder Finanzbereich generiert werden (z.B. Börsendaten in Echtzeit);
   h) Bereitstellung von Werbeplätzen (z.B. Bannerwerbung auf Websites und Webpages);
   i) Benutzung von Suchmaschinen und Internetverzeichnissen.
4. Anhang II Nummer 4 der Richtlinie 2006/112/EG:
   a) Gewährung des Zugangs zu oder Herunterladen von Musik auf Computer und Mobiltelefon;
   b) Gewährung des Zugangs zu oder Herunterladen von Jingles, Ausschnitten, Klingeltönen und anderen Tönen;
   c) Gewährung des Zugangs zu oder Herunterladen von Filmen;
   d) Herunterladen von Spielen auf Computer und Mobiltelefon;
   e) Gewährung des Zugangs zu automatisierten Online-Spielen, die nur über das Internet oder ähnliche elektronische Netze laufen und bei denen die Spieler räumlich voneinander getrennt sind.
   f) Empfang von Rundfunk- oder Fernsehsendungen, die über ein Rundfunk- oder Fernsehnetz, das Internet oder ein ähnliches elektronisches Netz verbreitet werden und die der Nutzer auf individuellen Abruf zum Anhören oder Anschauen zu einem von ihm bestimmten Zeitpunkt aus einem von dem Mediendiensteanbieter bereitgestellten Programmverzeichnis auswählt, wie Fernsehen auf Abruf oder Video-on-Demand;
   g) Empfang von Rundfunk- oder Fernsehsendungen, die über das Internet oder ein ähnliches elektronisches Netz (IP-Streaming) übertragen werden, es sei denn, sie werden zeitgleich zu ihrer Verbreitung oder Weiterverbreitung durch herkömmliche Rundfunk- und Fernsehnetze übertragen;
   h) die Erbringung von Audio- und audiovisuellen Inhalten über Kommunikationsnetze, die weder durch einen Mediendiensteanbieter noch unter dessen redaktioneller Verantwortung erfolgt;
   i) die Weiterleitung der Audio- und audiovisuellen Erzeugnisse eines Mediendiensteanbieters über Kommunikationsnetze durch eine andere Person als den Mediendiensteanbieter.[1]

---

[1] Nr. 4 Buchst. f bis i eingef. mWv 1.1.2015 durch VO (EU) v. 7.10.2013 (ABl. L 284 S. 1).

5. Anhang II Nummer 5 der Richtlinie 2006/112/EG:

  a) Automatisierter Fernunterricht, dessen Funktionieren auf das Internet oder ein ähnliches elektronisches Netz angewiesen ist und dessen Erbringung wenig oder gar keine menschliche Beteiligung erfordert, einschließlich sogenannter virtueller Klassenzimmer, es sei denn, das Internet oder das elektronische Netz dient nur als Kommunikationsmittel zwischen Lehrer und Schüler;

  b) Arbeitsunterlagen, die vom Schüler online bearbeitet und anschließend ohne menschliches Eingreifen automatisch korrigiert werden.

Anhang II[1])

Artikel 51 dieser Verordnung

EUROPÄISCHE UNION   BESCHEINIGUNG ÜBER DIE BEFREIUNG VON DER MEHRWERTSTEUER
UND/ODER DER VERBRAUCHSTEUER (*)
(Richtlinie 2006/112/EG — Artikel 151 — und Richtlinie 2008/118/EG —
Artikel 13)

Laufende Nummer (nicht zwingend):

1. **ANTRAGSTELLENDE EINRICHTUNG BZW. PRIVATPERSON**

Bezeichnung/Name

Straße, Hausnummer

Postleitzahl, Ort

(Aufnahme-)Mitgliedstaat

2. **FÜR DAS ANBRINGEN DES DIENSTSTEMPELS ZUSTÄNDIGE BEHÖRDE (Bezeichnung, Anschrift und Rufnummer)**

3. **ERKLÄRUNG DER ANTRAGSTELLENDEN EINRICHTUNG ODER PRIVATPERSON**
Der Antragsteller (Einrichtung/Privatperson) (¹) erklärt hiermit,
a) dass die in Feld 5 genannten Gegenstände und/oder Dienstleistungen bestimmt sind (²)

☐   für amtliche Zwecke   ☐   zur privaten Verwendung durch

    ☐   einer ausländischen diplomatischen Vertretung   ☐   einen Angehörigen einer ausländischen diplomatischen Vertretung

    ☐   einer ausländischen berufskonsularischen Vertretung   ☐   einen Angehörigen einer ausländischen berufskonsularischen Vertretung

    ☐   einer europäischen Einrichtung, auf die das Protokoll über die Vorrechte und Befreiungen der Europäischen Union Anwendung findet

    ☐   einer internationalen Organisation   ☐   einen Bediensteten einer internationalen Organisation

    ☐   der Streitkräfte eines der NATO angehörenden Staates

    ☐   der Streitkräfte eines Mitgliedstaats, die an Maßnahmen der Union im Rahmen der Gemeinsamen Sicherheits- und Verteidigungspolitik (GSVP) Union beteiligt sind

    ☐   der auf Zypern stationierten Streitkräfte des Vereinigten Königreichs

☐   für die Verwendung durch die Europäische Kommission oder eine andere nach Unionsrecht geschaffene Einrichtung oder sonstige Stelle, wenn die Kommission oder diese Einrichtung oder sonstige Stelle ihre Aufgaben im Rahmen der Reaktion auf die COVID-19-Pandemie wahrnimmt

---

¹) Anh. II neu gef. **mWv 1.7.2022** durch DVO v. 15.3.2022 (ABl. L 88 S. 15 ff., S. 20 ff.).

(Bezeichnung der Einrichtung) (siehe Feld 4)

b) dass die in Feld 5 genannten Gegenstände und/oder Dienstleistungen mit den Bedingungen und Beschränkungen vereinbar sind, die in dem in Feld 1 genannten Aufnahmemitgliedstaat für die Freistellung gelten, und
c) dass die obigen Angaben richtig und vollständig sind.

Der Antragsteller (Einrichtung/Privatperson) verpflichtet sich hiermit, an den Mitgliedstaat, aus dem die Gegenstände versandt wurden oder von dem aus die Gegenstände geliefert oder die Dienstleistungen erbracht wurden, die Mehrwertsteuer und/oder Verbrauchsteuer zu entrichten, die fällig wird, falls die Gegenstände und/oder Dienstleistungen die Bedingungen für die Befreiung nicht erfüllen oder nicht für die beabsichtigten Zwecke verwendet werden bzw. nicht den beabsichtigten Zwecken dienen.

Ort, Datum   Name und Stellung des Unterzeichnenden

                                       Unterschrift

---

4. DIENSTSTEMPEL DER EINRICHTUNG (bei Freistellung zur privaten Verwendung)

Ort, Datum	Stempel	Name und Stellung des Unterzeichnenden
		Unterschrift

---

5. BEZEICHNUNG DER GEGENSTÄNDE UND/ODER DIENSTLEISTUNGEN, FÜR DIE DIE BEFREIUNG VON DER MEHRWERTSTEUER UND/ODER VERBRAUCHSTEUER BEANTRAGT WIRD

A. Angaben zu dem Unternehmer/zugelassenen Lagerinhaber:

1) Bezeichnung und Anschrift

2) Mitgliedstaat

3) Mehrwertsteuer-Identifikationsnummer oder Steuerregisternummer/Verbrauchsteuernummer

B. Angaben zu den Gegenständen und/oder Dienstleistungen:

Nr.	Ausführliche Beschreibung der Gegenstände und/oder Dienstleistungen (³) (oder Verweis auf beigefügten Bestellschein)	Menge oder Anzahl	Preis ohne Mehrwertsteuer und Verbrauchsteuer		Währung
			Preis pro Einheit	Gesamtwert	
	Gesamtbetrag				

---

6. BESCHEINIGUNG DER ZUSTÄNDIGEN BEHÖRDE(N) DES AUFNAHMEMITGLIEDSTAATES

Die Versendung/Lieferung bzw. Erbringung der in Feld 5 genannten Gegenstände und/oder Dienstleistungen entspricht

☐ in vollem Umfang   ☐ in folgendem Umfang   (Menge bzw. Anzahl) (⁴)

den Bedingungen für die Befreiung von der Mehrwertsteuer und/oder Verbrauchsteuer.

                                         Name und Stellung des Unterzeichnenden

Ort, Datum	Stempel	Unterschrift

7. VERZICHT AUF ANBRINGUNG DES DIENSTSTEMPELABDRUCKS IN FELD 6 (nur bei Freistellung für amtliche Zwecke)

Mit Schreiben Nr.

vom

wird für
(Bezeichnung der antragstellenden Einrichtung)

auf die Anbringung des Dienststempelabdrucks in Feld 6 durch
(Bezeichnung der zuständigen Behörde des Aufnahmemitgliedstaates) verzichtet.

Name und Stellung des Unterzeichnenden

Ort, Datum   Stempel   Unterschrift

(*) Nichtzutreffendes streichen.
(¹) Nichtzutreffendes streichen.
(²) Zutreffendes ankreuzen.
(³) Nicht benutzte Felder durchstreichen. Dies gilt auch, wenn ein Bestellschein beigefügt ist.
(⁴) Gegenstände und/oder Dienstleistungen, für die keine Befreiung gewährt werden kann, sind in Feld 5 oder auf dem Bestellschein durchzustreichen.

Erläuterungen

1. Dem Unternehmer und/oder zugelassenen Lagerinhaber dient diese Bescheinigung als Beleg für die Steuerbefreiung von Gegenständen oder Dienstleistungen, die an Einrichtungen bzw. Privatpersonen im Sinne von Artikel 151 der Richtlinie 2006/112/EG und Artikel 13 der Richtlinie 2008/118/EG versendet und/oder geliefert werden. Dementsprechend ist für jeden Lieferer/Lagerinhaber eine Bescheinigung auszufertigen. Der Lieferer/Lagerinhaber hat die Bescheinigung gemäß den in seinem Mitgliedstaat geltenden Rechtsvorschriften in seine Buchführung aufzunehmen.

2.a) Die allgemeinen Hinweise zum zu verwendenden Papier und zu den Abmessungen der Felder sind dem *Amtsblatt der Europäischen Gemeinschaften* (C 164 vom 1.7.1989, S. 3) zu entnehmen.
   Für alle Exemplare ist weißes Papier im Format 210 x 297 mm zu verwenden, wobei in der Länge Abweichungen von -5 bis +8 mm zulässig sind.
   Bei einer Befreiung von der Verbrauchsteuer ist die Befreiungsbescheinigung in zwei Exemplaren auszufertigen:
   – eine Ausfertigung für den Versender;
   – eine Ausfertigung, die die Bewegungen der der Verbrauchsteuer unterliegenden Produkte begleitet.
 b) Nicht genutzter Raum in Feld 5 Buchstabe B ist so durchzustreichen, dass keine zusätzlichen Eintragungen vorgenommen werden können.
 c) Das Dokument ist leserlich und in dauerhafter Schrift auszufüllen. Löschungen oder Überschreibungen sind nicht zulässig. Die Bescheinigung ist in einer vom Aufnahmemitgliedstaat anerkannten Sprache auszufüllen.
 d) Wird bei der Beschreibung der Gegenstände und/oder Dienstleistungen (Feld 5 Buchstabe B der Bescheinigung) auf einen Bestellschein Bezug genommen, der nicht in einer vom Aufnahmemitgliedstaat anerkannten Sprache abgefasst ist, so hat der Antragsteller (Einrichtung/Privatperson) eine Übersetzung beizufügen.
 e) Ist die Bescheinigung in einer vom Mitgliedstaat des Lieferers/Lagerinhabers nicht anerkannten Sprache verfasst, so hat der Antragsteller (Einrichtung/Privatperson) eine Übersetzung der Angaben über die in Feld 5 Buchstabe B aufgeführten Gegenstände und Dienstleistungen beizufügen.
 f) Unter einer anerkannten Sprache ist eine der Sprachen zu verstehen, die in dem betroffenen Mitgliedstaat amtlich in Gebrauch ist, oder eine andere Amtssprache der Union, die der Mitgliedstaat als zu diesem Zwecke verwendbar erklärt.

3. In Feld 3 der Bescheinigung macht der Antragsteller (Einrichtung/Privatperson) die für die Entscheidung über den Freistellungsantrag im Aufnahmemitgliedstaat erforderlichen Angaben.

4. In Feld 4 der Bescheinigung bestätigt die Einrichtung die Angaben in den Feldern 1 und 3 Buchstabe a des Dokuments und bescheinigt, dass der Antragsteller – wenn es sich um eine Privatperson handelt – Bediensteter der Einrichtung ist.

5.a) Wird (in Feld 5 Buchstabe B der Bescheinigung) auf einen Bestellschein verwiesen, so sind mindestens Bestelldatum und Bestellnummer anzugeben. Der Bestellschein hat alle Angaben zu enthalten, die in Feld 5 der Bescheinigung genannt werden. Muss die Bescheinigung von der zuständigen Behörde des Aufnahmemitgliedstaates abgestempelt werden, so ist auch der Bestellschein abzustempeln.

b) Die Angabe der in Artikel 2 Nummer 12 der Verordnung (EU) Nr. 389/2012 des Rates vom 2. Mai 2012 über die Zusammenarbeit der Verwaltungsbehörden auf dem Gebiet der Verbrauchsteuern und zur Aufhebung der Verordnung (EG) Nr. 2073/2004 definierten Verbrauchsteuernummer ist nicht zwingend; die MehrwertsteuerIdentifikationsnummer oder die Steuerregisternummer ist anzugeben.

c) Währungen sind mit den aus drei Buchstaben bestehenden Codes der internationalen ISOIDIS-4217-Norm zu bezeichnen, die von der Internationalen Normenorganisation festgelegt wurde.[1]

6. Die genannte Erklärung einer antragstellenden Einrichtung/Privatperson ist in Feld 6 durch die Dienststempel der zuständigen Behörde(n) des Aufnahmemitgliedstaates zu beglaubigen. Diese Behörde(n) kann/können die Beglaubigung davon abhängig machen, dass eine andere Behörde des Mitgliedstaats zustimmt. Es obliegt der zuständigen Steuerbehörde, eine derartige Zustimmung zu erlangen.

7. Zur Vereinfachung des Verfahrens kann die zuständige Behörde darauf verzichten, von einer Einrichtung, die eine Befreiung für amtliche Zwecke beantragt, die Erlangung des Dienststempels zu fordern. Die antragstellende Einrichtung hat diese Verzichterklärung in Feld 7 der Bescheinigung anzugeben.

Anhang III

Artikel 56 der vorliegenden Verordnung

Einheit	Gehandelte Gewichte
Kilogramm	12,5/1
Gramm	500/250/100/50/20/10/5/2,5/2
Unze (1 oz = 31,1035g)	100/10/5/1/$^1/_2$/$^1/_4$
Tael (1 tael = 1,193 oz)[2]	10/5/1
Tola (10 tola = 3,75 oz)[3]	10

[1] Die Codes einiger häufig benutzter Währungen lauten: EUR (Euro), BGN (Leva), CZK (Tschechische Kronen), DKK (Dänische Kronen), GBP (Pfund Sterling), HUF (Forint), LTL (Litai), PLN (Zloty), RON (Rumänische Lei), SEK (Schwedische Kronen), USD (US-Dollar).

[2] Tael = traditionelle chinesische Gewichtseinheit. In Hongkong haben Taelbarren einen nominalen Feingehalt von 990 Tausendstel, aber in Taiwan können Barren von 5 und 10 Tael einen Feingehalt von 999,9 Tausendstel haben.

[3] Tola = traditionelle indische Gewichtseinheit für Gold. Am weitesten verbreitet sind Barren von 10 Tola mit einem Feingehalt von 999 Tausendstel.

Anhang IV

Entsprechungstabelle

Verordnung (EG) Nr. 1777/2005	Vorliegende Verordnung
Kapitel I	Kapitel I
Artikel I	Artikel I
Kapitel II	Kapitel III und IV
Kapitel II Abschnitt 1	Kapitel III
Artikel 2	Artikel 5
Kapitel II Abschnitt 2	Kapitel IV
Artikel 3 Absatz 1	Artikel 9
Artikel 3 Absatz 2	Artikel 8
Kapitel III	Kapitel V
Kapitel III Abschnitt 1	Kapitel V Abschnitt 4
Artikel 4	Artikel 28
Kapitel III Abschnitt 2	Kapitel V Abschnitt 4
Artikel 5	Artikel 34
Artikel 6	Artikel 29 und 41
Artikel 7	Artikel 26
Artikel 8	Artikel 27
Artikel 9	Artikel 30
Artikel 10	Artikel 38 Absatz 2 Buchstaben b und c
Artikel 11 Absätze 1 und 2	Artikel 7 Absätze 1 und 2
Artikel 12	Artikel 7 Absatz 3
Kapitel IV	Kapitel VI
Artikel 13	Artikel 42
Kapitel V	Kapitel VIII
Kapitel V Abschnitt 1	Kapitel VIII Abschnitt 1
Artikel 14	Artikel 44
Artikel 15	Artikel 45
Kapitel V Abschnitt 2	Kapitel VIII Abschnitt 4
Artikel 16	Artikel 47
Artikel 17	Artikel 48
Kapitel VI	Kapitel IX
Artikel 18	Artikel 52
Kapitel VII	Kapitel XI
Artikel 19 Absatz 1	Artikel 56
Artikel 19 Absatz 2	Artikel 57
Artikel 20 Absatz 1	Artikel 58
Artikel 20 Absatz 2	Artikel 62
Artikel 20 Absatz 3 Unterabsatz 1	Artikel 59
Artikel 20 Absatz 3 Unterabsatz 2	Artikel 60
Artikel 20 Absatz 3 Unterabsatz 3	Artikel 63
Artikel 20 Absatz 4	Artikel 61
Kapitel VIII	Kapitel V Abschnitt 3
Artikel 21	Artikel 16
Artikel 22	Artikel 14
Kapitel IX	Kapitel XII
Artikel 23	Artikel 65
Anhang I	Anhang I
Anhang II	Anhang III

550 b. Richtlinie 2008/9/EG des Rates zur Regelung der Erstattung der Mehrwertsteuer gemäß der Richtlinie 2006/112/EG an nicht im Mitgliedstaat der Erstattung, sondern in einem anderen Mitgliedstaat ansässige Steuerpflichtige[1]

Vom 12. Februar 2008 (ABl. EU Nr. L 44 S. 23)

Geändert durch RL 2010/66/EU vom 14. 10. 2010 (ABl. EU Nr. L 275 S. 1)

DER RAT DER EUROPÄISCHEN UNION –

gestützt auf den Vertrag zur Gründung der Europäischen Gemeinschaft, insbesondere auf Artikel 93,
auf Vorschlag der Kommission,
nach Stellungnahme des Europäischen Parlaments[2],
nach Stellungnahme des Europäischen Wirtschafts- und Sozialausschusses[3],
in Erwägung nachstehender Gründe:

(1) Sowohl die Verwaltungsbehörden der Mitgliedstaaten als auch Unternehmen haben erhebliche Probleme mit den Durchführungsbestimmungen, die in der Richtlinie 79/1072/EWG des Rates vom 6. Dezember 1979 zur Harmonisierung der Rechtsvorschriften der Mitgliedstaaten über die Umsatzsteuern – Verfahren zur Erstattung der Mehrwertsteuer an nicht im Inland ansässige Steuerpflichtige[4] festgelegt sind.

(2) Die Regelungen jener Richtlinie sollten hinsichtlich der Frist, innerhalb deren die Entscheidungen über die Erstattungsanträge den Unternehmen mitzuteilen sind, geändert werden. Gleichzeitig sollte vorgesehen werden, dass auch die Unternehmen innerhalb bestimmter Fristen antworten müssen. Außerdem sollte das Verfahren vereinfacht und durch den Einsatz fortschrittlicher Technologien modernisiert werden.

(3) Das neue Verfahren sollte die Stellung der Unternehmen stärken, da die Mitgliedstaaten zur Zahlung von Zinsen verpflichtet sind, falls die Erstattung verspätet erfolgt; zudem wird das Einspruchsrecht der Unternehmen gestärkt.

(4) Aus Gründen der Klarheit und besseren Lesbarkeit sollte die bisher in Richtlinie 2006/112/EG des Rates vom 28. November 2006 über das gemeinsame Mehrwertsteuersystem[5] enthaltene Bestimmung über die Anwendung der Richtlinie 79/1072/EWG nun in die vorliegende Richtlinie aufgenommen werden.

(5) Da die Ziele dieser Richtlinie auf Ebene der Mitgliedstaaten nicht ausreichend verwirklicht werden können und daher wegen des Umfangs der Maßnahmen besser auf Gemeinschaftsebene zu verwirklichen sind, kann die Gemeinschaft im Einklang mit dem in Artikel 5 des EG-Vertrags niedergelegten Subsidiaritätsprinzip tätig werden. Entsprechend dem in demselben Artikel genannten Grundsatz der Verhältnismäßigkeit geht diese Richtlinie nicht über das zur Erreichung dieser Ziele erforderliche Maß hinaus.

---

[1] Diese RL gilt für Erstattungsanträge, die nach dem 31. 12. 2009 gestellt werden (Art. 28). Für vor dem 1. 1. 2010 gestellte Erstattungsanträge siehe Achte RL 79/1072/EWG vom 6. 12. 1979 (Nr. 552).

[2] ABl. C 285 E vom 22. 11. 2006, S. 122.

[3] ABl. C 28 vom 3. 2. 2006, S. 86.

[4] ABl. L 331 vom 27. 12. 1979, S. 11. Zuletzt geändert durch die Richtlinie 2006/98/EG (ABl. L 363 vom 20. 12. 2006, S. 129).

[5] ABl. L 347 vom 11. 12. 2006, S. 1. Zuletzt geändert durch die Richtlinie 2007/75/EG (ABl. L 346 vom 29. 12. 2007, S. 13).

(6) Nach Nummer 34 der Interinstitutionellen Vereinbarung über bessere Rechtsetzung[1]) sind die Mitgliedstaaten aufgefordert, für ihre eigenen Zwecke und im Interesse der Gemeinschaft eigene Tabellen aufzustellen, aus denen im Rahmen des Möglichen die Entsprechungen zwischen dieser Richtlinie und den Umsetzungsmaßnahmen zu entnehmen sind, und diese zu veröffentlichen.

(7) Im Interesse der Eindeutigkeit sollte die Richtlinie 79/1072/EWG daher aufgehoben werden – vorbehaltlich der erforderlichen Übergangsmaßnahmen für Erstattungsanträge, die vor dem 1. Januar 2010 gestellt werden –

HAT FOLGENDE RICHTLINIE ERLASSEN:

Art. 1 [Sachlicher Geltungsbereich der Richtlinie] Diese Richtlinie regelt die Einzelheiten der Erstattung der Mehrwertsteuer gemäß Artikel 170 der Richtlinie 2006/112/EG[2]) an nicht im Mitgliedstaat der Erstattung ansässige Steuerpflichtige, die die Voraussetzungen von Artikel 3 erfüllen.

Art. 2 [Begriffsbestimmungen] Im Sinne dieser Richtlinie bezeichnet der Ausdruck

1. „nicht im Mitgliedstaat der Erstattung ansässiger Steuerpflichtiger" jeden Steuerpflichtigen im Sinne von Artikel 9 Absatz 1 der Richtlinie 2006/112/EG, der nicht im Mitgliedstaat der Erstattung, sondern im Gebiet eines anderen Mitgliedstaates ansässig ist;

2. „Mitgliedstaat der Erstattung" den Mitgliedstaat, mit dessen Mehrwertsteuer die dem nicht im Mitgliedstaat der Erstattung ansässigen Steuerpflichtigen von anderen Steuerpflichtigen in diesem Mitgliedstaat gelieferten Gegenstände oder erbrachten Dienstleistungen oder die Einfuhr von Gegenständen in diesem Mitgliedstaat belastet wurden;

3. „Erstattungszeitraum" den Zeitraum nach Artikel 16, auf den im Erstattungsantrag Bezug genommen wird;

4. „Erstattungsantrag" den Antrag auf Erstattung der Mehrwertsteuer, mit der der Mitgliedstaat der Erstattung die dem nicht im Mitgliedstaat der Erstattung ansässigen Steuerpflichtigen von anderen Steuerpflichtigen in diesem Mitgliedstaat gelieferten Gegenstände oder erbrachten Dienstleistungen oder die Einfuhr von Gegenständen in diesem Mitgliedstaat belastet hat;

5. „Antragsteller" den nicht im Mitgliedstaat der Erstattung ansässigen Steuerpflichtigen, der den Erstattungsantrag stellt.

Art. 3 [Voraussetzungen in der Person des Steuerpflichtigen] Diese Richtlinie gilt für jeden nicht im Mitgliedstaat der Erstattung ansässigen Steuerpflichtigen, der folgende Voraussetzungen erfüllt:

a) er hat während des Erstattungszeitraums im Mitgliedstaat der Erstattung weder den Sitz seiner wirtschaftlichen Tätigkeit noch eine feste Niederlassung, von der aus Umsätze bewirkt wurden, noch hat er – in Ermangelung eines solchen Sitzes oder einer solchen festen Niederlassung – dort seinen Wohnsitz oder seinen gewöhnlichen Aufenthaltsort;

---

[1]) ABl. C 321 vom 31. 12. 2003, S. 1.
[2]) Nr. **550**.

b) er hat während des Erstattungszeitraums keine Gegenstände geliefert oder Dienstleistungen erbracht, die als im Mitgliedstaat der Erstattung bewirkt gelten, mit Ausnahme der folgenden Umsätze:

  i) die Erbringung von Beförderungsleistungen und damit verbundene Nebentätigkeiten, die gemäß den Artikeln 144, 146, 148, 149, 151, 153, 159 oder Artikel 160 der Richtlinie 2006/112/EG steuerfrei sind;

  ii) Lieferungen von Gegenständen oder Dienstleistungen, deren Empfänger nach den Artikeln 194 bis 197 und Artikel 199 der Richtlinie 2006/112/EG die Mehrwertsteuer schuldet.

Art. 4 [Von der Erstattung ausgeschlossene Mehrwertsteuerbeträge] Diese Richtlinie gilt nicht für:

a) nach den Rechtsvorschriften des Mitgliedstaates der Erstattung fälschlich in Rechnung gestellte Mehrwertsteuerbeträge;

b) in Rechnung gestellte Mehrwertsteuerbeträge für Lieferungen von Gegenständen, die gemäß Artikel 138 oder Artikel 146 Absatz 1 Buchstabe b der Richtlinie 2006/112/EG von der Steuer befreit sind oder befreit werden können.

Art. 5 [Umfang des Anspruchs auf Erstattung] Jeder Mitgliedstaat erstattet einem nicht im Mitgliedstaat der Erstattung ansässigen Steuerpflichtigen die Mehrwertsteuer, mit der ihm von anderen Steuerpflichtigen in diesem Mitgliedstaat gelieferten Gegenstände oder erbrachten Dienstleistungen oder die Einfuhr von Gegenständen in diesen Mitgliedstaat belastet wurden, sofern die betreffenden Gegenstände und Dienstleistungen für Zwecke der folgenden Umsätze verwendet werden:

a) in Artikel 169 Buchstaben a und b der Richtlinie 2006/112/EG genannte Umsätze;

b) Umsätze, deren Empfänger nach den Artikeln 194 bis 197 und Artikel 199 der Richtlinie 2006/112/EG, wie sie im Mitgliedstaat der Erstattung angewendet werden, Schuldner der Mehrwertsteuer ist.

Unbeschadet des Artikels 6 wird für die Anwendung dieser Richtlinie der Anspruch auf Vorsteuererstattung nach der Richtlinie 2006/112/EG, wie diese Richtlinie im Mitgliedstaat der Erstattung angewendet wird, bestimmt.

Art. 6 [Ermittlung des Erstattungsvolumens] Voraussetzung für eine Erstattung im Mitgliedstaat der Erstattung ist, dass der nicht im Mitgliedstaat der Erstattung ansässige Steuerpflichtige Umsätze bewirkt, die in dem Mitgliedstaat, in dem er ansässig ist, ein Recht auf Vorsteuerabzug begründen.

Bewirkt ein nicht im Mitgliedstaat der Erstattung ansässiger Steuerpflichtiger im Mitgliedstaat, in dem er ansässig ist, sowohl Umsätze, für die ein Recht auf Vorsteuerabzug besteht, als auch Umsätze, für die dieses Recht in diesem Mitgliedstaat nicht besteht, darf durch den Mitgliedstaat der Erstattung aus dem nach Artikel 5 erstattungsfähigen Betrag nur der

Teil der Mehrwertsteuer erstattet werden, der gemäß der Anwendung von Artikel 173 der Richtlinie 2006/112/EG im Mitgliedstaat, in dem er ansässig ist, auf den Betrag der erstgenannten Umsätze entfällt.

Art. 7 [Pflicht zur elektronischen Übermittlung des Erstattungs-antrags] Um eine Erstattung von Mehrwertsteuer im Mitgliedstaat der Erstattung zu erhalten, muss der nicht im Mitgliedstaat der Erstattung ansässige Steuerpflichtige einen elektronischen Erstattungsantrag an diesen Mitgliedstaat richten und diesen in dem Mitgliedstaat, in dem er ansässig ist, über das von letzterem Mitgliedstaat eingerichtete elektronische Portal einreichen.

Art. 8 [Pflichtangaben des Erstattungsantrags] (1) Der Erstattungs-antrag muss die folgenden Angaben enthalten:

a) Name und vollständige Anschrift des Antragstellers;

b) eine Adresse für die elektronische Kommunikation;

c) eine Beschreibung der Geschäftstätigkeit des Antragstellers, für die die Gegenstände und Dienstleistungen erworben werden;

d) der Erstattungszeitraum, auf den sich der Antrag bezieht;

e) eine Erklärung des Antragstellers, dass er während des Erstattungszeit-raums keine Lieferungen von Gegenständen bewirkt und Dienstleistun-gen erbracht hat, die als im Mitgliedstaat der Erstattung bewirkt gelten, mit Ausnahme der Umsätze gemäß Artikel 3 Buchstabe b Ziffern i und ii;

f) die Mehrwertsteuer-Identifikationsnummer oder Steuerregisternummer des Antragstellers;

g) seine Bankverbindung (inklusive IBAN und BIC).

(2) Neben den in Absatz 1 genannten Angaben sind in dem Erstattungs-antrag für jeden Mitgliedstaat der Erstattung und für jede Rechnung oder jedes Einfuhrdokument folgende Angaben zu machen:

a) Name und vollständige Anschrift des Lieferers oder Dienstleistungser-bringers;

b) außer im Falle der Einfuhr die Mehrwertsteuer-Identifikationsnummer des Lieferers oder Dienstleistungserbringers oder die ihm vom Mit-gliedstaat der Erstattung zugeteilte Steuerregisternummer im Sinne der Artikel 239 und 240 der Richtlinie 2006/112/EG;

c) außer im Falle der Einfuhr das Präfix des Mitgliedstaats der Erstattung im Sinne des Artikels 215 der Richtlinie 2006/112/EG;

d) Datum und Nummer der Rechnung oder des Einfuhrdokuments;

e) Steuerbemessungsgrundlage und Mehrwertsteuerbetrag in der Währung des Mitgliedstaats der Erstattung;

f) gemäß Artikel 5 und Artikel 6 Absatz 2 berechneter Betrag der abzieh-baren Mehrwertsteuer in der Währung des Mitgliedstaats der Erstattung;

g) gegebenenfalls der nach Artikel 6 berechnete und als Prozentsatz ausge-drückte Pro-rata-Satz des Vorsteuerabzugs;

h) Art der erworbenen Gegenstände und Dienstleistungen aufgeschlüsselt nach den Kennziffern gemäß Artikel 9.

Art. 9 [Aufschlüsselung der erworbenen Leistungen nach Kennziffern] (1) In dem Erstattungsantrag muss die Art der erworbenen Gegenstände und Dienstleistungen nach folgenden Kennziffern aufgeschlüsselt werden:

1 = Kraftstoff;

2 = Vermietung von Beförderungsmitteln;

3 = Ausgaben für Transportmittel (andere als unter Kennziffer 1 oder 2 beschriebene Gegenstände und Dienstleistungen);

4 = Maut und Straßenbenutzungsgebühren;

5 = Fahrtkosten wie Taxikosten, Kosten für die Benutzung öffentlicher Verkehrsmittel;

6 = Beherbergung;

7 = Speisen, Getränke und Restaurantdienstleistungen;

8 = Eintrittsgelder für Messen und Ausstellungen;

9 = Luxusausgaben, Ausgaben für Vergnügungen und Repräsentationsaufwendungen;

10 = Sonstiges.

Wird die Kennziffer 10 verwendet, ist die Art der gelieferten Gegenstände und erbrachten Dienstleistungen anzugeben.

(2) Der Mitgliedstaat der Erstattung kann vom Antragsteller verlangen, dass er zusätzliche elektronisch verschlüsselte Angaben zu jeder Kennziffer gemäß Absatz 1 vorlegt, sofern dies aufgrund von Einschränkungen des Rechts auf Vorsteuerabzug gemäß der Richtlinie 2006/112/EG, wie diese im Mitgliedstaat der Erstattung angewendet wird, oder im Hinblick auf die Anwendung einer vom Mitgliedstaat der Erstattung gemäß den Artikeln 395 oder 396 jener Richtlinie gewährten relevanten Ausnahmeregelung erforderlich ist.

Art. 10 [Kannbestimmung: Anforderung von Rechnungskopien] Unbeschadet der Informationsersuchen gemäß Artikel 20 kann der Mitgliedstaat der Erstattung verlangen, dass der Antragsteller zusammen mit dem Erstattungsantrag auf elektronischem Wege eine Kopie der Rechnung oder des Einfuhrdokuments einreicht, falls sich die Steuerbemessungsgrundlage auf einer Rechnung oder einem Einfuhrdokument auf mindestens 1000 EUR oder den Gegenwert in der jeweiligen Landeswährung beläuft. Betrifft die Rechnung Kraftstoff, so ist dieser Schwellenwert 250 EUR oder der Gegenwert in der jeweiligen Landeswährung.

Art. 11 [Kannbestimmung: Vorlage einer Beschreibung der Geschäftstätigkeit] Der Mitgliedstaat der Erstattung kann vom Antragsteller verlangen, eine Beschreibung seiner Geschäftstätigkeit anhand der harmonisierten Codes vorzulegen, die gemäß Artikel 34a Absatz 3 Unterabsatz 2 der Verordnung (EG) Nr. 1798/2003 des Rates bestimmt werden.

Art. 12 [Kannbestimmung: Bestimmung der Sprache des Erstattungsantrags] Der Mitgliedstaat der Erstattung kann angeben, in welcher Sprache oder welchen Sprachen die Angaben in dem Erstattungsantrag oder andere zusätzliche Angaben von dem Antragsteller vorgelegt werden müssen.

Art. 13 [Pflicht zur nachträglichen Berichtigung des Erstattungsantrags] Wird nach Einreichung des Erstattungsantrags der angegebene Pro-rata-Satz des Vorsteuerabzugs nach Artikel 175 der Richtlinie 2006/112/EG angepasst, so muss der Antragsteller den beantragten oder bereits erstatteten Betrag berichtigen.

Die Berichtigung ist in einem Erstattungsantrag im auf den entsprechenden Erstattungszeitraum folgenden Kalenderjahr vorzunehmen, oder – falls der Antragsteller in diesem Kalenderjahr keine Erstattungsanträge einreicht – durch Übermittlung einer gesonderten Erklärung über das von dem Mitgliedstaat, in dem er ansässig ist, eingerichtete elektronische Portal.

Art. 14 [Bezug des Erstattungsantrags auf innerhalb des Erstattungszeitraums erworbene Leistungen] (1) Der Erstattungsantrag hat sich auf Folgendes zu beziehen:

a) den Erwerb von Gegenständen oder Dienstleistungen, der innerhalb des Erstattungszeitraums in Rechnung gestellt worden ist, sofern der Steueranspruch vor oder zum Zeitpunkt der Rechnungsstellung entstanden ist, oder für den der Steueranspruch während des Erstattungszeitraums entstanden ist, sofern der Erwerb vor Eintreten des Steueranspruchs in Rechnung gestellt wurde;

b) die Einfuhr von Gegenständen, die im Erstattungszeitraum getätigt worden ist.

(2) Unbeschadet der in Absatz 1 genannten Vorgänge kann sich der Erstattungsantrag auch auf Rechnungen oder Einfuhrdokumente beziehen, die von vorangegangenen Erstattungsanträgen nicht umfasst sind, wenn sie Umsätze betreffen, die in dem fraglichen Kalenderjahr getätigt wurden.

Art. 15 [Frist zur Vorlage des Erstattungsantrags] (1) Der Erstattungsantrag muss dem Mitgliedstaat, in dem der Steuerpflichtige ansässig ist, spätestens am 30. September des auf den Erstattungszeitraum folgenden Kalenderjahres vorliegen. Der Erstattungsantrag gilt nur dann als vorgelegt, wenn der Antragsteller alle in den Artikeln 8, 9 und 11 geforderten Angaben gemacht hat.

Erstattungsanträge, die Erstattungszeiträume des Jahres 2009 betreffen, müssen dem Mitgliedstaat, in dem der Steuerpflichtige ansässig ist, spätestens am 31. März 2011 vorliegen.[1)]

(2) Der Mitgliedstaat, in dem der Antragsteller ansässig ist, hat diesem unverzüglich eine elektronische Empfangsbestätigung zu übermitteln.

[1)] Art. 15 Abs. 1 UAbs. 2 angef. mWv 1. 10. 2010 durch RL 2010/66/EU v. 14. 10. 2010 (ABl. EU Nr. L 275 S. 1).

Art. 16 [**Erstattungszeitraum**] Der Erstattungszeitraum darf nicht mehr als ein Kalenderjahr und nicht weniger als drei Kalendermonate betragen. Erstattungsanträge können sich jedoch auf einen Zeitraum von weniger als drei Monaten beziehen, wenn es sich bei diesem Zeitraum um den Rest eines Kalenderjahres handelt.

Art. 17 [**Mindesterstattungsbetrag**] Bezieht sich der Erstattungsantrag auf einen Erstattungszeitraum von weniger als einem Kalenderjahr, aber mindestens drei Monaten, so darf der Mehrwertsteuerbetrag, der Gegenstand des Erstattungsantrags ist, nicht unter 400 EUR oder dem Gegenwert in Landeswährung liegen.

Bezieht sich der Erstattungsantrag auf einen Erstattungszeitraum von einem Kalenderjahr oder den Rest eines Kalenderjahres, darf der Mehrwertsteuerbetrag nicht niedriger sein als 50 EUR oder der Gegenwert in Landeswährung.

Art. 18 [**Keine Übermittlung des Erstattungsantrags durch Ansässigkeitsstaat**] (1) Der Mitgliedstaat, in dem der Antragsteller ansässig ist, übermittelt dem Mitgliedstaat der Erstattung den Erstattungsantrag nicht, wenn der Antragsteller im Mitgliedstaat, in dem er ansässig ist, im Erstattungszeitraum

a) für Zwecke der Mehrwertsteuer kein Steuerpflichtiger ist;

b) nur Gegenstände liefert oder Dienstleistungen erbringt, die gemäß den Artikeln 132, 135, 136 und 371, den Artikeln 374 bis 377, Artikel 378 Absatz 2 Buchstabe a, Artikel 379 Absatz 2 oder den Artikeln 380 bis 390 der Richtlinie 2006/112/EG oder den inhaltsgleichen Befreiungsvorschriften gemäß der Beitrittsakte von 2005 ohne Recht auf Vorsteuerabzug von der Steuer befreit sind;

c) die Steuerbefreiung für Kleinunternehmen nach den Artikeln 284, 285, 286 und 287 der Richtlinie 2006/112/EG in Anspruch nimmt;

d) die gemeinsame Pauschalregelung für landwirtschaftliche Erzeuger nach den Artikeln 296 bis 305 der Richtlinie 2006/112/EG in Anspruch nimmt.

(2) Der Mitgliedstaat, in dem der Antragsteller ansässig ist, teilt dem Antragsteller seine Entscheidung gemäß Absatz 1 auf elektronischem Wege mit.

Art. 19 [**Bestätigung des Antragseingangs im Erstattungsstaat**]
(1) Der Mitgliedstaat der Erstattung setzt den Antragsteller auf elektronischem Wege unverzüglich vom Datum des Eingangs des Antrags beim Mitgliedstaat der Erstattung in Kenntnis.

(2) Der Mitgliedstaat der Erstattung teilt dem Antragsteller innerhalb von vier Monaten ab Eingang des Erstattungsantrags in diesem Mitgliedstaat mit, ob er die Erstattung gewährt oder den Erstattungsantrag abweist.

Art. 20 [Anforderung zusätzlicher Informationen bei unvollständigem Erstattungsantrag] (1) Ist der Mitgliedstaat der Erstattung der Auffassung, dass er nicht über alle relevanten Informationen für die Entscheidung über eine vollständige oder teilweise Erstattung verfügt, kann er insbesondere beim Antragsteller oder bei den zuständigen Behörden des Mitgliedstaats, in dem der Antragsteller ansässig ist, innerhalb des in Artikel 19 Absatz 2 genannten Viermonatszeitraums elektronisch zusätzliche Informationen anfordern. Werden die zusätzlichen Informationen bei einer anderen Person als dem Antragsteller oder der zuständigen Behörde eines Mitgliedstaats angefordert, soll das Ersuchen nur auf elektronischem Wege ergehen, wenn der Empfänger des Ersuchens über solche Mittel verfügt.

Gegebenenfalls kann der Mitgliedstaat der Erstattung weitere zusätzliche Informationen anfordern.

Die gemäß diesem Absatz angeforderten Informationen können die Einreichung des Originals oder eine Durchschrift der einschlägigen Rechnung oder des einschlägigen Einfuhrdokuments umfassen, wenn der Mitgliedstaat der Erstattung begründete Zweifel am Bestehen einer bestimmten Forderung hat. In diesem Fall gelten die in Artikel 10 genannten Schwellenwerte nicht.

(2) Die gemäß Absatz 1 angeforderten Informationen sind dem Mitgliedstaat der Erstattung innerhalb eines Monats ab Eingang des Informationsersuchens bei dessen Adressaten vorzulegen.

Art. 21 [Mitteilung über Behandlung des Erstattungsantrags nach Eingang der zusätzlichen Informationen] Fordert der Mitgliedstaat der Erstattung zusätzliche Informationen an, so teilt er dem Antragsteller innerhalb von zwei Monaten ab Eingang der angeforderten Informationen, oder, falls er keine Antwort auf sein Ersuchen erhalten hat, binnen zwei Monaten nach Ablauf der Frist nach Artikel 20 Absatz 2 mit, ob er die Erstattung gewährt oder den Erstattungsantrag abweist. Der Zeitraum, der für die Entscheidung über eine vollständige oder teilweise Erstattung ab Eingang des Erstattungsantrags im Mitgliedstaat der Erstattung zur Verfügung steht, beträgt jedoch auf jeden Fall mindestens sechs Monate.

Wenn der Mitgliedstaat der Erstattung weitere zusätzliche Informationen anfordert, teilt er dem Antragsteller innerhalb von acht Monaten ab Eingang des Erstattungsantrags in diesem Mitgliedstaat die Entscheidung über eine vollständige oder teilweise Erstattung mit.

Art. 22 [Frist zur Erstattung des erstattungsfähigen Betrags] (1) Wird eine Erstattung gewährt, so erstattet der Mitgliedstaat der Erstattung den erstattungsfähigen Betrag spätestens innerhalb von 10 Arbeitstagen, nach Ablauf der Frist nach Artikel 19 Absatz 2, oder, falls zusätzliche oder weitere zusätzliche Informationen angefordert worden sind, nach Ablauf der entsprechenden Fristen nach Artikel 21.

(2) Die Erstattung ist im Mitgliedstaat der Erstattung oder auf Wunsch des Antragstellers in jedem anderen Mitgliedstaat auszuzahlen. In letzte-

rem Falle zieht der Mitgliedstaat der Erstattung von dem an den Antragsteller auszuzahlenden Betrag die Kosten der Banküberweisung ab.

**Art. 23 [Mitteilung von Gründen der Ablehnung eines Erstat-
tungsantrags]** (1) Wird der Erstattungsantrag ganz oder teilweise abgewiesen, so teilt der Mitgliedstaat der Erstattung dem Antragsteller gleichzeitig mit seiner Entscheidung die Gründe für die Ablehnung mit.

(2) Der Antragsteller kann bei den zuständigen Behörden des Mitgliedstaats der Erstattung Einspruch gegen eine Entscheidung, einen Erstattungsantrag abzuweisen, einlegen, und zwar in den Formen und binnen
der Fristen, die für Einsprüche bei Erstattungsanträgen der in diesem Mitgliedstaat ansässigen Personen vorgesehen sind.

Wenn nach dem Recht des Mitgliedstaates der Erstattung das Versäumnis,
innerhalb der in dieser Richtlinie festgelegten Fristen eine Entscheidung
über den Erstattungsantrag zu treffen, weder als Zustimmung noch als Ablehnung betrachtet wird, müssen jegliche Verwaltungs- oder Rechtsverfah-
ren, die in dieser Situation Steuerpflichtigen, die in diesem Mitgliedstaat
ansässig sind, zugänglich sind, entsprechend für den Antragsteller zugänglich
sein. Gibt es solche Verfahren nicht, so gilt das Versäumnis, innerhalb der
festgelegten Frist eine Entscheidung über den Erstattungsantrag zu treffen,
als Ablehnung des Antrags.

Art. 24 [Beitreibung zu Unrecht erstatteter Beträge] (1) Wurde
die Erstattung auf betrügerischem Wege oder sonst zu Unrecht erlangt, so
nimmt die zuständige Behörde im Mitgliedstaat der Erstattung – unbeschadet der Bestimmungen über die Amtshilfe bei der Beitreibung der
Mehrwertsteuer – nach dem in dem Mitgliedstaat der Erstattung geltenden
Verfahren unmittelbar die Beitreibung der zu Unrecht ausgezahlten Beträge sowie etwaiger festgesetzter Bußgelder und Zinsen vor.

(2) Sind verwaltungsrechtliche Sanktionen verhängt oder Zinsen festgesetzt, aber nicht entrichtet worden, so kann der Mitgliedstaat der Erstattung jede weitere Erstattung bis in Höhe des ausstehenden Betrags an
den betreffenden Steuerpflichtigen aussetzen.

**Art. 25 [Berücksichtigung früherer Berichtigungen eines Erstat-
tungsantrags bei späteren Erstattungen]** Der Mitgliedstaat der Erstattung berücksichtigt die in Bezug auf einen früheren Erstattungsantrag
vorgenommene Berichtigung gemäß Artikel 13 in Form einer Erhöhung
oder Verringerung des zu erstattenden Betrags oder im Falle der Übermittlung einer gesonderten Erklärung durch separate Auszahlung oder
Einziehung.

Art. 26 [Verzinsung des Erstattungsbetrages] Der Mitgliedstaat der
Erstattung schuldet dem Antragsteller Zinsen auf den zu erstattenden
Betrag, falls die Erstattung nach der in Artikel 22 Absatz 1 genannten
Zahlungsfrist erfolgt.

Legt der Antragsteller dem Mitgliedstaat der Erstattung die angeforderten zusätzlichen oder weiteren zusätzlichen Informationen nicht innerhalb
der vorgesehenen Fristen vor, so findet Absatz 1 keine Anwendung. Ent-

sprechendes gilt bis zum Eingang der nach Artikel 10 elektronisch zu übermittelnden Dokumente beim Mitgliedstaat der Erstattung.

Art. **27** [Berechnung der Verzinsung des Erstattungsbetrages]

(1) Zinsen werden für den Zeitraum berechnet, der sich vom Tag nach dem letzten Tag der Frist für die Zahlung der Erstattung gemäß Artikel 22 Absatz 1 bis zum Zeitpunkt der tatsächlichen Zahlung der Erstattung erstreckt.

(2) Die Zinssätze entsprechen den geltenden Zinssätzen für die Erstattung von Mehrwertsteuer an im Mitgliedstaat der Erstattung ansässige Steuerpflichtige nach dem nationalen Recht des betroffenen Mitgliedstaats.

Falls nach nationalem Recht für Erstattungen an ansässige steuerpflichtige Personen keine Zinsen zu zahlen sind, entsprechen die Zinssätze den Zinssätzen bzw. den entsprechenden Gebühren, die der Mitgliedstaat der Erstattung bei verspäteten Mehrwertsteuerzahlungen der Steuerpflichtigen anwendet.

Art. **28** [Anwendung der Richtlinie auf nach dem 31. 12. 2009 gestellte Erstattungsanträge]

(1) Diese Richtlinie gilt für Erstattungsanträge, die nach dem 31. Dezember 2009 gestellt werden.

(2) Die Richtlinie 79/1072/EWG[1] wird mit Wirkung vom 1. Januar 2010 aufgehoben. Sie gilt jedoch für Erstattungsanträge, die vor dem 1. Januar 2010 gestellt werden, weiter.

Bezugnahmen auf die aufgehobene Richtlinie gelten als Bezugnahmen auf diese Richtlinie, mit Ausnahme für Erstattungsanträge, die vor dem 1. Januar 2010 gestellt werden.

Art. **29** [Umsetzung der Richtlinie in nationales Recht zum 1. 1. 2010]

(1) Die Mitgliedstaaten setzen zum 1. Januar 2010 die Rechts- und Verwaltungsvorschriften in Kraft, die erforderlich sind, um dieser Richtlinie nachzukommen. Sie setzen die Kommission unverzüglich davon in Kenntnis.

Wenn die Mitgliedstaaten solche Vorschriften erlassen, nehmen sie in den Vorschriften selbst oder durch einen Hinweis bei der amtlichen Veröffentlichung auf diese Richtlinie Bezug. Die Mitgliedstaaten regeln die Einzelheiten solch einer Bezugnahme.

(2) Die Mitgliedstaaten teilen der Kommission den Wortlaut der wichtigsten innerstaatlichen Rechtsvorschriften mit, die sie auf dem unter diese Richtlinie fallenden Gebiet erlassen.

Art. **30** [Inkrafttreten der Richtlinie]

Diese Richtlinie tritt am Tag ihrer Veröffentlichung[2] im Amtsblatt der Europäischen Union in Kraft.

Art. **31** [Adressaten der Richtlinie]

Diese Richtlinie ist an die Mitgliedstaaten gerichtet.

---

[1] Nr. **552**.
[2] Veröffentlicht am 20. 2. 2008.

553. Dreizehnte Richtlinie 86/560/EWG des Rates zur Harmonisierung der Rechtsvorschriften der Mitgliedstaaten über die Umsatzsteuern

– Verfahren der Erstattung der Mehrwertsteuer an nicht im Gebiet der Gemeinschaft ansässige Steuerpflichtige –

Vom 17. November 1986 (ABl. EG Nr. L 326 S. 40)

DER RAT DER EUROPÄISCHEN GEMEINSCHAFTEN –

gestützt auf den Vertrag zur Gründung der Europäischen Wirtschaftsgemeinschaft, insbesondere auf die Artikel 99 und 100,
gestützt auf die Sechste Richtlinie 77/388/EWG des Rates vom 17. Mai 1977 zur Harmonisierung der Rechtsvorschriften der Mitgliedstaaten über die Umsatzsteuern – Gemeinsames Mehrwertsteuersystem: einheitliche steuerpflichtige Bemessungsgrundlage,[1] insbesondere auf Artikel 17 Absatz 4,
auf Vorschlag der Kommission,
nach Stellungnahme des Europäischen Parlaments,
nach Stellungnahme des Wirtschafts- und Sozialausschusses,
in Erwägung nachstehender Gründe:

Die Richtlinie 79/1072/EWG[2] über das Verfahren zur Erstattung der Mehrwertsteuer an nicht im Inland ansässige Steuerpflichtige bestimmt in Artikel 8: „Es steht den Mitgliedstaaten frei, bei nicht im Gebiet der Gemeinschaft ansässigen Steuerpflichtigen die Erstattung auszuschließen oder von besonderen Bedingungen abhängig zu machen."
Eine harmonische Entwicklung der Handelsbeziehungen zwischen der Gemeinschaft und den Drittländern sollte dadurch gewährleistet werden, daß man sich an der Richtlinie 79/1072/EWG ausrichtet und dabei den unterschiedlichen Verhältnissen in den Drittländern Rechnung trägt.
Bestimmte Formen der Steuerhinterziehung und Steuerumgehung müssen vermieden werden –

HAT FOLGENDE RICHTLINIE ERLASSEN:

Art. 1 [Definitionen] Im Sinne dieser Richtlinie gilt

1. als nicht im Gebiet der Gemeinschaft ansässiger Steuerpflichtiger derjenige Steuerpflichtige nach Artikel 4 Absatz 1 der Richtlinie 77/388/EWG, der in dem Zeitraum nach Artikel 3 Absatz 1 der vorliegenden Richtlinie in diesem Gebiet weder den Sitz seiner wirtschaftlichen Tätigkeit noch eine feste Niederlassung, von wo aus die Umsätze bewirkt

---

[1] Nr. 551.
[2] Nr. 552.

worden sind, noch – in Ermangelung eines solchen Sitzes oder einer festen Niederlassung – seinen Wohnsitz oder üblichen Aufenthaltsort gehabt hat und der in dem gleichen Zeitraum in dem in Artikel 2 genannten Mitgliedstaat keine Gegenstände geliefert oder Dienstleistungen erbracht hat, mit Ausnahme von:

a) Beförderungsumsätzen und den damit verbundenen Nebentätigkeiten, die gemäß Artikel 14 Absatz 1 Buchstabe i), Artikel 15 oder Artikel 16 Absatz 1 Teile B, C und D der Richtlinie 77/388/EWG steuerfrei sind;

b) Dienstleistungen, bei denen die Steuer gemäß Artikel 21 Nummer 1 Buchstabe b) der Richtlinie 77/388/EWG lediglich vom Empfänger geschuldet wird;

2. als Gebiet der Gemeinschaft die Gebiete der Mitgliedstaaten, in denen die Richtlinie 77/388/EWG Anwendung findet.

Art. 2 [Erstattungsvoraussetzungen] (1) Unbeschadet der Artikel 3 und 4 erstattet jeder Mitgliedstaat einem Steuerpflichtigen, der nicht im Gebiet der Gemeinschaft ansässig ist, unter den nachstehend festgelegten Bedingungen die Mehrwertsteuer, mit der die ihm von anderen Steuerpflichtigen im Inland erbrachten Dienstleistungen oder gelieferten beweglichen Gegenstände belastet wurden oder mit der die Einfuhr von Gegenständen ins Inland belastet wurde, soweit diese Gegenstände und Dienstleistungen für Zwecke der in Artikel 17 Absatz 3 Buchstaben a) und b) der Richtlinie 77/388/EWG bezeichneten Umsätze oder der in Artikel 1 Nummer 1 Buchstabe b) der vorliegenden Richtlinie bezeichneten Dienstleistungen verwendet werden.

(2) Die Mitgliedstaaten können die Erstattung nach Absatz 1 von der Gewährung vergleichbarer Vorteile im Bereich der Umsatzsteuern durch die Drittländer abhängig machen.

(3) Die Mitgliedstaaten können die Benennung eines steuerlichen Vertreters verlangen.

Art. 3 [Verfahren] (1) Die Erstattung nach Artikel 2 Absatz 1 erfolgt auf Antrag des Steuerpflichtigen. Die Mitgliedstaaten bestimmen die Modalitäten für die Antragstellung einschließlich der Antragsfristen, des Zeitraums, auf den der Antrag sich beziehen muß, der für die Einreichung zuständigen Behörden und der Mindestbeträge, für die die Erstattung beantragt werden kann. Sie legen auch die Einzelheiten für die Erstattung, einschließlich der Fristen, fest. Sie legen dem Antragsteller die Pflichten auf, die erforderlich sind, um die Begründetheit des Antrags beurteilen zu können und um Steuerhinterziehungen zu vermeiden, und verlangen insbesondere den Nachweis, daß er eine wirtschaftliche Tätigkeit entsprechend Artikel 4 Absatz 1 der Richtlinie 77/388/EWG ausübt. Der Antragsteller hat durch eine schriftliche Erklärung zu bestätigen, daß er in dem festgelegten Zeitraum keinen Umsatz bewirkt hat, der nicht den in Artikel 1 Nummer 1 der vorliegenden Richtlinie genannten Bedingungen entspricht.

(2) Die Erstattung darf nicht zu günstigeren Bedingungen erfolgen als für in der Gemeinschaft ansässige Steuerpflichtige.

Art. 4 [Vorsteuerabzug] (1) Für die Anwendung dieser Richtlinie wird der Anspruch auf Erstattung nach Artikel 17 der Richtlinie 77/388/EWG, wie dieser im Mitgliedstaat der Erstattung angewendet wird, bestimmt.

(2) Die Mitgliedstaaten können jedoch den Ausschluß bestimmter Ausgaben vorsehen oder die Erstattung von zusätzlichen Bedingungen abhängig machen.

(3) Die vorliegende Richtlinie gilt nicht für Lieferungen von Gegenständen, die steuerfrei sind oder nach Artikel 15 Nummer 2 der Richtlinie 77/388/EWG von der Steuer befreit werden können.

Art. 5 [Umsetzungsfrist] (1) Die Mitgliedstaaten setzen die erforderlichen Rechts- und Verwaltungsvorschriften in Kraft, um dieser Richtlinie spätestens am 1. Januar 1988 nachzukommen. Diese Richtlinie betrifft nur Erstattungsanträge für die Mehrwertsteuer auf den Erwerb von Gegenständen oder die Inanspruchnahme von Dienstleistungen, die ab diesem Zeitpunkt in Rechnung gestellt werden, oder auf Einfuhren, die ab diesem Zeitpunkt getätigt werden.

(2) Die Mitgliedstaaten teilen der Kommission die wichtigsten innerstaatlichen Rechtsvorschriften mit, die sie auf dem unter diese Richtlinie fallenden Gebiet erlassen; sie unterrichten die Kommission darüber, welchen Gebrauch sie von der Möglichkeit des Artikels 2 Absatz 2 machen. Die Kommission setzt die anderen Mitgliedstaaten davon in Kenntnis.

Art. 6 [Berichtspflicht] Die Kommission legt dem Rat und dem Europäischen Parlament nach Konsultation der Mitgliedstaaten binnen drei Jahren nach dem in Artikel 5 genannten Zeitpunkt einen Bericht über die Anwendung dieser Richtlinie, insbesondere des Artikels 2 Absatz 2, vor.

Art. 7 [Außerkrafttreten] Artikel 17 Absatz 4 letzter Satz der Richtlinie 77/388/EWG und Artikel 8 der Richtlinie 79/1072/EWG treten in jedem Mitgliedstaat mit dem jeweiligen Zeitpunkt der Anwendung dieser Richtlinie, in jedem Fall aber zu dem in Artikel 5 der vorliegenden Richtlinie genannten Zeitpunkt außer Kraft.

Art. 8 [Adressat der Richtlinie] Diese Richtlinie ist an die Mitgliedstaaten gerichtet.

600. Grunderwerbsteuergesetz (GrEStG)[1]

In der Fassung der Bekanntmachung vom 26. Februar 1997
(BGBl. I S. 418, ber. S. 1804)

Geändert durch Steuerentlastungsgesetz 1999/2000/2002 vom 24.3.1999 (BGBl. I S. 402), Steuer-Euroglättungsgesetz vom 19.12.2000 (BGBl. I S. 1790), Steueränderungsgesetz 2001 vom 20.12.2001 (BGBl. I S. 3794), Fünftes Gesetz zur Änderung des Steuerbeamten–Ausbildungsgesetzes und zur Änderung von Steuergesetzen vom 23.7.2002 (BGBl. I S. 2715), Drittes Gesetz zur Änderung verwaltungsverfahrensrechtlicher Vorschriften vom 21.8.2002 (BGBl. I S. 3322), EU-Richtlinien-Umsetzungsgesetz vom 9.12.2004 (BGBl. I S. 3310), Gesetz zur Beschleunigung der Umsetzung von Öffentlich Privaten Partnerschaften und zur Verbesserung gesetzlicher Rahmenbedingungen für Öffentlich Private Partnerschaften vom 1.9.2005 (BGBl. I S. 2676), Jahressteuergesetz 2008 vom 20.12.2007 (BGBl. I S. 3150), Jahressteuergesetz 2009 vom 19.12.2008 (BGBl. I S. 2794), Wachstumsbeschleunigungsgesetz vom 22.12.2009 (BGBl. I S. 3950), Jahressteuergesetz 2010 (JStG 2010) vom 8.12.2010 (BGBl. I S. 1768), OGAW-IV-Umsetzungsgesetz (OGAW-IV-UmsG) vom 22.6.2011 (BGBl. I S. 1126), Steuervereinfachungsgesetz 2011 vom 1.11.2011 (BGBl. I S. 2131), Amtshilferichtlinie-Umsetzungsgesetz (AmtshilfeRLUmsG) vom 26.6.2013 (BGBl. I S. 1809), Gesetz zur Anpassung des nationalen Steuerrechts an den Beitritt Kroatiens zur EU und zur Änderung weiterer steuerlicher Vorschriften vom 25.7.2014 (BGBl. I S. 1266), Steueränderungsgesetz 2015 vom 2.11.2015 (BGBl. I S. 1834), Gesetz zur Modernisierung des Besteuerungsverfahrens vom 18.7.2016 (BGBl. I S. 1679), Gesetz zur Vermeidung von Umsatzsteuerausfällen beim Handel mit Waren im Internet und zur Änderung weiterer steuerlicher Vorschriften vom 11.12.2018 (BGBl. I S. 2338), Gesetz über steuerliche und weitere Begleitregelungen zum Austritt des Vereinigten Königreichs Großbritannien und Nordirland aus der Europäischen Union (Brexit-Steuerbegleitgesetz – Brexit-StBG) vom 25.3.2019 (BGBl. I S. 357), Elfte Zuständigkeitsanpassungsverordnung vom 19.6.2020 (BGBl. I S. 1328), Gesetz zur Förderung der Elektromobilität und zur Modernisierung des Wohnungseigentumsgesetzes und zur Änderung von kosten- und grundbuchrechtlichen Vorschriften (Wohnungseigentumsmodernisierungsgesetz – WEMoG) vom 16.10.2020 (BGB. I S. 2187), Jahressteuergesetz 2020 (JStG 2020) vom 21.12.2020 (BGBl. I S. 3096), Gesetz zur Änderung des Grunderwerbsteuergesetzes vom 12.5.2021 (BGBl. I S. 986), Fondsstandortgesetz 3.6.2021 (BGBl. I S. 1498), Gesetz zur Modernisierung des Körperschaftsteuerrechts vom 25.6.2021 (BGBl. I S. 2050), Gesetz zur Abwehr von Steuervermeidung und unfairem Steuerwettbewerb und zur Änderung weiterer Gesetze vom 25.6.2021 (BGBl. I S. 2056) und Jahressteuergesetz 2022 (JStG 2022) vom 16.12.2022 (BGBl. I S. 2294)

BGBl. III/FNA 610-6-10

Nichtamtliche Inhaltsübersicht

---

[1] Neubekanntmachung des GrEStG v. 17.12.1982 (BGBl. I S. 1777) auf Grund des Art. 31 Abs. 1 des Jahressteuergesetzes 1997 v. 20.12.1996 (BGBl. I S. 2049) in der ab 1.1.1997 geltenden Fassung.

Erster Abschnitt. Gegenstand der Steuer

§ 1 Erwerbsvorgänge. (1) ¹Der Grunderwerbsteuer unterliegen die folgenden Rechtsvorgänge, soweit sie sich auf inländische Grundstücke beziehen:

1. ein Kaufvertrag oder ein anderes Rechtsgeschäft, das den Anspruch auf Übereignung begründet;

2. die Auflassung, wenn kein Rechtsgeschäft vorausgegangen ist, das den Anspruch auf Übereignung begründet;

3.[1] der Übergang des Eigentums, wenn kein den Anspruch auf Übereignung begründendes Rechtsgeschäft vorausgegangen ist und es auch keiner Auflassung bedarf. ²Ausgenommen sind

   a) der Übergang des Eigentums durch die Abfindung in Land und die unentgeltliche Zuteilung von Land für gemeinschaftliche Anlagen im

---

[1] § 1 Abs. 1 Nr. 3 Satz 2 Buchst. a und b ergänzt durch G v. 21.12.2020 (BGBl. I S. 3096); zur Anwendung siehe § 23 Abs. 17; Nr. 3 Satz 2 Buchst. a und b geänd. mWv 2.8.2021 durch G v. 3.6.2021 (BGBl. I S. 1498).

Flurbereinigungsverfahren sowie durch die entsprechenden Rechtsvorgänge im beschleunigten Zusammenlegungsverfahren und im Landtauschverfahren nach dem Flurbereinigungsgesetz in seiner jeweils geltenden Fassung [*ab 2.8.2021:* bis zur Höhe des Sollanspruchs], wenn der neue Eigentümer in diesem Verfahren als Eigentümer eines im Flurbereinigungsgebiet gelegenen Grundstücks Beteiligter ist *und soweit* [*ab 2.8.2021:* ; in diesen Fällen ist auch der den Sollanspruch auf Zuteilung übersteigende Teil der Zuteilung (Mehrzuteilung) ausgenommen, wenn] der Wert des dem neuen Eigentümer zugeteilten Grundstücks seinen sich aus dem Wert des eingebrachten Grundstücks ergebenden Sollanspruch auf Zuteilung nicht um mehr als 20 vom Hundert übersteigt,

b) der Übergang des Eigentums im Umlegungsverfahren nach dem Baugesetzbuch in seiner jeweils geltenden Fassung [*ab 2.8.2021:* bis zur Höhe des Sollanspruchs], wenn der neue Eigentümer in diesem Verfahren als Eigentümer eines im Umlegungsgebiet gelegenen Grundstücks Beteiligter ist *und soweit* [*ab 2.8.2021:* ; in diesen Fällen ist auch der den Sollanspruch auf Zuteilung übersteigende Teil der Zuteilung (Mehrzuteilung) ausgenommen, wenn] der Wert des dem neuen Eigentümer zugeteilten Grundstücks seinen sich aus dem Wert des eingebrachten Grundstücks ergebenden Sollanspruch auf Zuteilung nicht um mehr als 20 vom Hundert übersteigt],

c) der Übergang des Eigentums im Zwangsversteigerungsverfahren;

4. das Meistgebot im Zwangsversteigerungsverfahren;

5. ein Rechtsgeschäft, das den Anspruch auf Abtretung eines Übereignungsanspruchs oder der Rechte aus einem Meistgebot begründet;

6. ein Rechtsgeschäft, das den Anspruch auf Abtretung der Rechte aus einem Kaufangebot begründet. ²Dem Kaufangebot steht ein Angebot zum Abschluß eines anderen Vertrags gleich, kraft dessen die Übereignung verlangt werden kann;

7. die Abtretung eines der in den Nummern 5 und 6 bezeichneten Rechte, wenn kein Rechtsgeschäft vorausgegangen ist, das den Anspruch auf Abtretung der Rechte begründet.

(2) Der Grunderwerbsteuer unterliegen auch Rechtsvorgänge, die es ohne Begründung eines Anspruchs auf Übereignung einem anderen rechtlich oder wirtschaftlich ermöglichen, ein inländisches Grundstück auf eigene Rechnung zu verwerten.

(2a)[1] ¹Gehört zum Vermögen einer Personengesellschaft ein inländisches Grundstück und ändert sich innerhalb von *fünf* [*ab 1.7.2021:* zehn] Jahren der Gesellschafterbestand unmittelbar oder mittelbar dergestalt, daß mindestens *95*

---

[1] § 1 Abs. 2a neu gef. durch G v. 24.3.1999 (BGBl. I S. 402), zur erstmaligen Anwendung siehe § 23 Abs. 6 Satz 2; Abs. 2a Satz 1 geänd. durch G v. 20.12.2001 (BGBl. I S. 3794); § 1 Abs. 2a Satz 3 geänd. durch G v. 20.12.2001 (BGBl. I S. 3794), zur erstmaligen Anwendung siehe § 23 Abs. 7 Satz 1; Sätze 2 bis 5 eingef., bisl. Sätze 2 und 3 werden Sätze 6 und 7 durch G v. 2.11.2015 (BGBl. I S. 1834), zur Anwendung siehe § 23 Abs. 13; Abs. 2a Satz 1 und Satz 4 geänd. durch G v. 12.5.2021 (BGBl. I S. 986); zur Anwendung siehe § 23 Abs. 18, 19 und 20.

[*ab 1.7.2021:* 90] vom Hundert der Anteile am Gesellschaftsvermögen auf neue Gesellschafter übergehen, gilt dies als ein auf die Übereignung eines Grundstücks auf eine neue Personengesellschaft gerichtetes Rechtsgeschäft. ²Mittelbare Änderungen im Gesellschafterbestand von den an einer Personengesellschaft beteiligten Personengesellschaften werden durch Multiplikation der Vomhundertsätze der Anteile am Gesellschaftsvermögen anteilig berücksichtigt. ³Ist eine Kapitalgesellschaft an einer Personengesellschaft unmittelbar oder mittelbar beteiligt, gelten die Sätze 4 und 5. ⁴Eine unmittelbar beteiligte Kapitalgesellschaft gilt in vollem Umfang als neue Gesellschafterin, wenn an ihr mindestens 95 [*ab 1.7.2021:* 90] vom Hundert der Anteile auf neue Gesellschafter übergehen. ⁵Bei mehrstufigen Beteiligungen gilt Satz 4 auf der Ebene jeder mittelbar beteiligten Kapitalgesellschaft entsprechend. ⁶Bei der Ermittlung des Vomhundertsatzes bleibt der Erwerb von Anteilen von Todes wegen außer Betracht. ⁷Hat die Personengesellschaft vor dem Wechsel des Gesellschafterbestandes ein Grundstück von einem Gesellschafter oder einer anderen Gesamthand erworben, ist auf die nach § 8 Abs. 2 Satz 1 Nr. 3 ermittelte Bemessungsgrundlage die Bemessungsgrundlage für den Erwerbsvorgang, für den auf Grund des § 5 Abs. 3 oder des § 6 Abs. 3 Satz 2 die Steuervergünstigung zu versagen ist, mit dem entsprechenden Betrag anzurechnen.

[*ab 1.7.2021:*

(2b)¹⁾ ¹Gehört zum Vermögen einer Kapitalgesellschaft ein inländisches Grundstück und ändert sich innerhalb von zehn Jahren der Gesellschafterbestand unmittelbar oder mittelbar dergestalt, dass mindestens 90 vom Hundert der Anteile der Gesellschaft auf neue Gesellschafter übergehen, gilt dies als ein auf die Übereignung eines Grundstücks auf eine neue Kapitalgesellschaft gerichtetes Rechtsgeschäft. ²Mittelbare Änderungen im Gesellschafterbestand von den an einer Kapitalgesellschaft beteiligten Personengesellschaften werden durch Multiplikation der Vomhundertsätze der Anteile der Gesellschaft anteilig berücksichtigt. ³Ist eine Kapitalgesellschaft an einer Kapitalgesellschaft unmittelbar oder mittelbar beteiligt, gelten die Sätze 4 und 5. ⁴Eine unmittelbar beteiligte Kapitalgesellschaft gilt in vollem Umfang als neue Gesellschafterin, wenn an ihr mindestens 90 vom Hundert der Anteile auf neue Gesellschafter übergehen. ⁵Bei mehrstufigen Beteiligungen gilt Satz 4 auf der Ebene jeder mittelbar beteiligten Kapitalgesellschaft entsprechend. ⁶Bei der Ermittlung des Vomhundertsatzes bleibt der Erwerb von Anteilen von Todes wegen außer Betracht.

(2c)²⁾ Bei der Ermittlung des Vomhundertsatzes im Sinne von Absatz 2a Satz 1 und Absatz 2b Satz 1 bleiben Übergänge von Anteilen an Kapitalgesellschaften außer Betracht, die zum Handel an einem im Inland, in einem anderen Mitgliedstaat der Europäischen Union oder einem anderen Vertragsstaat des Abkommens über den Europäischen Wirtschaftsraum betriebenen organisierten Markt nach § 2 Absatz 11 des Wertpapierhandelsgesetzes oder einem

---

¹⁾ § 1 Abs. 2b eingef. durch G v. 12.5.2021 (BGBl. I S. 986); zur Anwendung siehe § 23 Abs. 18 und 23.
²⁾ § 1 Abs. 2c eingef. mWv 1.7.2021 durch G v. 12.5.2021 (BGBl. I S. 986).

Drittlandhandelsplatz, der gemäß Artikel 25 Absatz 4 Buchstabe a der Richtlinie 2014/65/EU von der Europäischen Kommission als gleichwertig erklärt wurde, zugelassen sind, soweit der Anteilsübergang auf Grund eines Geschäfts an diesem Markt oder Drittlandhandelsplatz oder einem multilateralen Handelssystem im Sinne des Artikels 2 Absatz 1 Nummer 14 der Verordnung (EU) Nr. 600/2014 erfolgt.]

(3) Gehört zum Vermögen einer Gesellschaft ein inländisches Grundstück, so unterliegen der Steuer, soweit eine Besteuerung nach *Absatz 2a* [*ab 1.7.2021:* den Absätzen 2a und 2b][1] nicht in Betracht kommt, außerdem:

1.[2] ein Rechtsgeschäft, das den Anspruch auf Übertragung eines oder mehrerer Anteile der Gesellschaft begründet, wenn durch die Übertragung unmittelbar oder mittelbar mindestens *95* [*ab 1.7.2021:* 90][3] vom Hundert der Anteile der Gesellschaft in der Hand des Erwerbers oder in der Hand von herrschenden und abhängigen Unternehmen oder abhängigen Personen oder in der Hand von abhängigen Unternehmen oder abhängigen Personen allein vereinigt werden würden;

2.[2] die Vereinigung unmittelbar oder mittelbar von mindestens *95* [*ab 1.7.2021:* 90][3] vom Hundert der Anteile der Gesellschaft, wenn kein schuldrechtliches Geschäft im Sinne der Nummer 1 vorausgegangen ist;

3.[2] ein Rechtsgeschäft, das den Anspruch auf Übertragung unmittelbar oder mittelbar von mindestens *95* [*ab 1.7.2021:* 90][4] vom Hundert der Anteile der Gesellschaft begründet;

4.[2] der Übergang unmittelbar oder mittelbar von mindestens *95* [*ab 1.7.2021:* 90][4] vom Hundert der Anteile der Gesellschaft auf einen anderen, wenn kein schuldrechtliches Geschäft im Sinne der Nummer 3 vorausgegangen ist.

(3a)[5] [1] Soweit eine Besteuerung nach *Absatz 2a und Absatz 3* [*ab 1.7.2021:* den Absätzen 2a, 2b und 3] nicht in Betracht kommt, gilt als Rechtsvorgang im Sinne des Absatzes 3 auch ein solcher, aufgrund dessen ein Rechtsträger unmittelbar oder mittelbar oder teils unmittelbar, teils mittelbar eine wirtschaftliche Beteiligung in Höhe von mindestens *95* [*ab 1.7.2021:* 90] vom Hundert an einer Gesellschaft, zu deren Vermögen ein inländisches Grundstück gehört, innehat. [2] Die wirtschaftliche Beteiligung ergibt sich aus der Summe der unmittelbaren und mittelbaren Beteiligungen am Kapital oder am Vermögen der Gesellschaft. [3] Für die Ermittlung der mittelbaren Beteiligungen sind die Vomhundertsätze am Kapital oder am Vermögen der Gesellschaften zu multiplizieren.

---

[1] Verweis geänd. durch G v. 12.5.2021 (BGBl. I S. 986); zur Anwendung siehe § 23 Abs. 18.

[2] § 1 Abs. 3 Nrn. 1–4 geänd. durch G v. 24.3.1999 (BGBl. I S. 402); zur erstmaligen Anwendung siehe § 23 Abs. 6.

[3] § 1 Abs. 3 Nrn. 1 und 2 geänd. durch G v. 12.5.2021 (BGBl. I S. 986); zur Anwendung siehe § 23 Abs. 18 und 21.

[4] § 1 Abs. 3 Nrn. 3 und 4 geänd. durch G v. 12.5.2021 (BGBl. I S. 986); zur Anwendung siehe § 23 Abs. 18.

[5] § 1 Abs. 3a eingef. durch G v. 26.6.2013 (BGBl. I S. 1809); zur Anwendung siehe § 23 Abs. 11; Satz 1 geänd. durch G v. 12.5.2021 (BGBl. I S. 986); zur Anwendung siehe § 23 Abs. 18 und 22.

(4)[1] Im Sinne des Absatzes 3 gelten als abhängig

1. natürliche Personen, soweit sie einzeln oder zusammengeschlossen einem Unternehmen so eingegliedert sind, dass sie den Weisungen des Unternehmers in Bezug auf die Anteile zu folgen verpflichtet sind;

2. juristische Personen, die nach dem Gesamtbild der tatsächlichen Verhältnisse finanziell, wirtschaftlich und organisatorisch in ein Unternehmen eingegliedert sind.

(5) Bei einem Tauschvertrag, der für beide Vertragsteile den Anspruch auf Übereignung eines Grundstücks begründet, unterliegt der Steuer sowohl die Vereinbarung über die Leistung des einen als auch die Vereinbarung über die Leistung des anderen Vertragsteils.

(6)[2] [1] Ein in Absatz 1, 2, 3 oder Absatz 3a bezeichneter Rechtsvorgang unterliegt der Steuer auch dann, wenn ihm ein in einem anderen dieser Absätze bezeichneter Rechtsvorgang vorausgegangen ist. [2] Die Steuer wird jedoch nur insoweit erhoben, als die Bemessungsgrundlage für den späteren Rechtsvorgang den Betrag übersteigt, von dem beim vorausgegangenen Rechtsvorgang die Steuer berechnet worden ist.

(7)[3] *(aufgehoben)*

§ 2 Grundstücke. (1) [1] Unter Grundstücken im Sinne dieses Gesetzes sind Grundstücke im Sinne des bürgerlichen Rechts zu verstehen. [2] Jedoch werden nicht zu den Grundstücken gerechnet:

1. Maschinen und sonstige Vorrichtungen aller Art, die zu einer Betriebsanlage gehören,

2. Mineralgewinnungsrechte und sonstige Gewerbeberechtigungen,

3.[4] das Recht des Grundstückseigentümers auf den Erbbauzins.

(2) Den Grundstücken stehen gleich

1. Erbbaurechte,

2. Gebäude auf fremdem Boden,

3.[5] dinglich gesicherte Sondernutzungsrechte nach den Vorschriften des Wohnungseigentumsgesetzes[6] und des § 1010 des Bürgerlichen Gesetzbuchs[7].

(3) [1] Bezieht sich ein Rechtsvorgang auf mehrere Grundstücke, die zu einer wirtschaftlichen Einheit gehören, so werden diese Grundstücke als ein Grund-

---

[1] § 1 Abs. 4 neu gef. durch G v. 11.12.2018 (BGBl. I S. 2338); zur Anwendung siehe § 23 Abs. 16 Satz 1.

[2] § 1 Abs. 6 Satz 1 geänd. durch G v. 24.3.1999 (BGBl. I S. 402); zur erstmaligen Anwendung siehe § 23 Abs. 6; Abs. 6 Satz 1 Verweis geänd. durch G v. 26.6.2013 (BGBl. I S. 1809); zur Anwendung siehe § 23 Abs. 11.

[3] § 1 Abs. 7 aufgeh. durch G v. 20.12.2001 (BGBl. I S. 3794); Abs. 7 ist letztmals für bis zum 31.12.2001 verwirklichte Erwerbsvorgänge anzuwenden (§ 23 Abs. 7 Satz 2).

[4] § 2 Abs. 1 Satz 2 Nr. 3 angef. mWv 1.1.2002 (§ 23 Abs. 7 Satz 1) durch G v. 20.12.2001 (BGBl. I S. 3794).

[5] § 2 Abs. 2 Nr. 3 geänd. mWv 1.12.2020 durch G v. 16.10.2020 (BGBl. I S. 2187).

[6] **Schönfelder** Nr. **37**.

[7] **Schönfelder** Nr. **20**.

stück behandelt. ²Bezieht sich ein Rechtsvorgang auf einen oder mehrere Teile eines Grundstücks, so werden diese Teile als ein Grundstück behandelt.

Zweiter Abschnitt. Steuervergünstigungen

§ 3 Allgemeine Ausnahmen von der Besteuerung. Von der Besteuerung sind ausgenommen:

1. der Erwerb eines Grundstücks, wenn der für die Berechnung der Steuer maßgebende Wert (§ 8) 2500 Euro[1] nicht übersteigt;

2. der Grundstückserwerb von Todes wegen und Grundstücksschenkungen unter Lebenden im Sinne des Erbschaftsteuer- und Schenkungsteuergesetzes[2]. ²Schenkungen unter einer Auflage unterliegen der Besteuerung jedoch hinsichtlich des Werts solcher Auflagen, die bei der Schenkungsteuer abziehbar sind;

3.[3] der Erwerb eines zum Nachlaß gehörigen Grundstücks durch Miterben zur Teilung des Nachlasses. ²Den Miterben steht der überlebende Ehegatte oder Lebenspartner gleich, wenn er mit den Erben des verstorbenen Ehegatten oder Lebenspartners gütergemeinschaftliches Vermögen zu teilen hat oder wenn ihm in Anrechnung auf eine Ausgleichsforderung am Zugewinn des verstorbenen Ehegatten oder Lebenspartners ein zum Nachlass gehöriges Grundstück übertragen wird. ³Den Miterben stehen außerdem ihre Ehegatten oder ihre Lebenspartner gleich;

4.[3] der Grundstückserwerb durch den Ehegatten oder den Lebenspartner des Veräußerers;

5. der Grundstückserwerb durch den früheren Ehegatten des Veräußerers im Rahmen der Vermögensauseinandersetzung nach der Scheidung;

5a.[3] der Grundstückserwerb durch den früheren Lebenspartner des Veräußerers im Rahmen der Vermögensauseinandersetzung nach der Aufhebung der Lebenspartnerschaft;

6.[3] der Erwerb eines Grundstücks durch Personen, die mit dem Veräußerer in gerader Linie verwandt sind oder deren Verwandtschaft durch die Annahme als Kind bürgerlich-rechtlich erloschen ist. ²Den Abkömmlingen stehen die Stiefkinder gleich. ³Den in den Sätzen 1 und 2 genannten Personen stehen deren Ehegatten oder deren Lebenspartner gleich;

7.[4] der Erwerb eines zum Gesamtgut gehörigen Grundstücks durch Teilnehmer an einer fortgesetzten Gütergemeinschaft zur Teilung des Gesamtguts. ²Den Teilnehmern an der fortgesetzten Gütergemeinschaft stehen ihre Ehegatten oder ihre Lebenspartner gleich;

---

[1]) Betrag geänd. durch G v. 19.12.2000 (BGBl. I S. 1790).
[2]) Nr. **250**.
[3]) § 3 Nr. 3, 4 und 6 geänd., Nr. 5a eingef. mWv 1.1.2011 durch G v. 8.12.2010 (BGBl. I S. 1768); zur Anwendung bzgl. nicht bestandskräftiger Steuerbescheide siehe § 23 Abs. 9.
[4]) § 3 Nr. 7 mWv 1.1.2011 geänd. durch G v. 8.12.2010 (BGBl. I S. 1768); zur Anwendung bzgl. nicht bestandskräftiger Steuerbescheide siehe § 23 Abs. 9.

8. der Rückerwerb eines Grundstücks durch den Treugeber bei Auflösung des Treuhandverhältnisses. ²Voraussetzung ist, daß für den Rechtsvorgang, durch den der Treuhänder den Anspruch auf Übereignung des Grundstücks oder das Eigentum an dem Grundstück erlangt hatte, die Steuer entrichtet worden ist. ³Die Anwendung der Vorschrift des § 16 Abs. 2 bleibt unberührt.

§ 4 Besondere Ausnahmen von der Besteuerung. Von der Besteuerung sind ausgenommen:

1.¹⁾ der Erwerb eines Grundstücks durch eine juristische Person des öffentlichen Rechts, wenn das Grundstück aus Anlaß des Übergangs von öffentlich-rechtlichen Aufgaben oder aus Anlaß von Grenzänderungen von der einen auf die andere juristische Person übergeht und nicht überwiegend einem Betrieb gewerblicher Art dient;

2. der Erwerb eines Grundstücks durch einen ausländischen Staat, wenn das Grundstück für die Zwecke von Botschaften, Gesandtschaften oder Konsulaten dieses Staates bestimmt ist und Gegenseitigkeit gewährt wird;

3. der Erwerb eines Grundstücks durch einen ausländischen Staat oder eine ausländische kulturelle Einrichtung, wenn das Grundstück für kulturelle Zwecke bestimmt ist und Gegenseitigkeit gewährt wird;

4.²⁾ der Übergang von Grundstücken gemäß § 1 Absatz 1 Nummer 3 und von Gesellschaftsanteilen gemäß § 1 Absatz 3 Nummer 2 und 4 als unmittelbare Rechtsfolge eines Zusammenschlusses kommunaler Gebietskörperschaften, der durch Vereinbarung der beteiligten Gebietskörperschaften mit Zustimmung der nach Landesrecht zuständigen Stelle oder durch Gesetz zustande kommt, sowie Rechtsgeschäfte über Grundstücke gemäß § 1 Absatz 1 Nummer 1 und über Gesellschaftsanteile gemäß § 1 Absatz 3 Nummer 1 und 3 aus Anlass der Aufhebung der Kreisfreiheit einer Gemeinde;

5.³⁾ der Erwerb eines Grundstücks von einer juristischen Person des öffentlichen Rechts sowie der Rückerwerb des Grundstücks durch die juristische Person des öffentlichen Rechts, wenn das Grundstück im Rahmen einer Öffentlich Privaten Partnerschaft für einen öffentlichen Dienst oder Gebrauch im Sinne des § 3 Abs. 2 des Grundsteuergesetzes benutzt wird und zwischen dem Erwerber und der juristischen Person des öffentlichen Rechts die Rückübertragung des Grundstücks am Ende des Vertragszeitraums vereinbart worden ist. ²Die Ausnahme von der Besteuerung entfällt mit Wirkung für die Vergangenheit, wenn die juristische Person des öffentlichen Rechts auf die Rückübertragung des Grundstücks verzichtet oder das Grundstück nicht mehr für einen öffentlichen Dienst oder Gebrauch genutzt wird;

6.⁴⁾ Erwerbe, die allein auf dem Austritt des Vereinigten Königreichs Großbritannien und Nordirland aus der Europäischen Union beruhen.

---

¹⁾ § 4 Nr. 1 neu gef. mWv 1.1.1998 (§ 23 Abs. 5) durch G v. 24.3.1999 (BGBl. I S. 402).
²⁾ § 4 Nr. 4 neu gef. durch G v. 26.6.2013 (BGBl. I S. 1809); zur Anwendung siehe § 23 Abs. 11.
³⁾ § 4 Nr. 9 angef. mWv 8.9.2005 durch G v. 1.9.2005 (BGBl. I S. 2676); Nr. 9 wird Nr. 5 mWv 7.6.2013 (§ 23 Abs. 11) durch G v. 26.6.2013 (BGBl. I S. 1809).
⁴⁾ § 4 Nr. 6 angef. mWv 29.3.2019 durch Brexit-StBG v. 25.3.2019 (BGBl. I S. 357).

§ 5[1]) **Übergang auf eine Gesamthand.** (1) [1]Geht ein Grundstück von mehreren Miteigentümern auf eine Gesamthand (Gemeinschaft zur gesamten Hand) über, so wird die Steuer nicht erhoben, soweit der Anteil des einzelnen am Vermögen der Gesamthand Beteiligten seinem Bruchteil am Grundstück entspricht. [*ab 1.7.2021:* [2]Satz 1 gilt nicht für eine Gesamthand, die nach § 1a des Körperschaftsteuergesetzes optiert hat, es sei denn, die Ausübung und Wirksamkeit der Option liegt länger als die in Absatz 3 Satz 1 genannte Frist zurück und die jeweilige Beteiligung am Vermögen der Gesamthand besteht länger als die in Absatz 3 Satz 1 genannte Frist. [3]Satz 1 gilt nicht für eine Gesellschaft im Sinne des § 1 Absatz 1 des Körperschaftsteuergesetzes mit Sitz im Ausland, deren Ort der Geschäftsleitung im Inland belegen ist, und die nach inländischem Gesellschaftsrecht als Personengesellschaft behandelt wird.]

(2) [1]Geht ein Grundstück von einem Alleineigentümer auf eine Gesamthand über, so wird die Steuer in Höhe des Anteils nicht erhoben, zu dem der Veräußerer am Vermögen der Gesamthand beteiligt ist. [*ab 1.7.2021:* [2]Absatz 1 Satz 2 gilt entsprechend. [3]Absatz 1 Satz 3 gilt entsprechend.]

(3) [1]Die Absätze 1 und 2 sind insoweit nicht anzuwenden, als sich der Anteil des Veräußerers am Vermögen der Gesamthand innerhalb von *fünf* [*ab 1.7.2021:* zehn] Jahren nach dem Übergang des Grundstücks auf die Gesamthand vermindert. [2]Satz 1 gilt nicht, soweit allein durch den Austritt des Vereinigten Königreichs Großbritannien und Nordirland aus der Europäischen Union sich der Anteil des Veräußerers am Vermögen der Gesamthand innerhalb von *fünf* [*ab 1.7.2021:* zehn] Jahren nach dem Übergang des Grundstücks auf die Gesamthand vermindert. [*ab 1.7.2021:* [3]Bei der Anwendung des Satzes 1 gilt die Ausübung der Option nach § 1a des Körperschaftsteuergesetzes als Verminderung des Anteils des Veräußerers am Vermögen der Gesamthand, wenn die Option innerhalb der jeweils für Satz 1 geltenden Frist ausgeübt und wirksam wird.]

§ 6 Übergang von einer Gesamthand. (1) [1]Geht ein Grundstück von einer Gesamthand in das Miteigentum mehrerer an der Gesamthand beteiligter Personen über, so wird die Steuer nicht erhoben, soweit der Bruchteil, den der einzelne Erwerber erhält, dem Anteil entspricht, zu dem er am Vermögen der Gesamthand beteiligt ist. [2]Wird ein Grundstück bei der Auflösung der Gesamthand übertragen, so ist die Auseinandersetzungsquote maßgebend, wenn die Beteiligten für den Fall der Auflösung der Gesamthand eine vom Beteiligungsverhältnis abweichende Auseinandersetzungsquote vereinbart haben.

(2) [1]Geht ein Grundstück von einer Gesamthand in das Alleineigentum einer an der Gesamthand beteiligten Person über, so wird die Steuer in Höhe des Anteils nicht erhoben, zu dem der Erwerber am Vermögen der Gesamt-

---

[1]) § 5 Abs. 3 angef. durch G v. 24.3.1999 (BGBl. I S. 402); zur erstmaligen Anwendung siehe § 23 Abs. 6 Satz 2; Satz 2 angef. durch G v. 21.12.2020 (BGBl. I S. 3096); zur Anwendung siehe § 23 Abs. 7 Satz 3; Abs. 3 Sätze 1 und 2 geänd. durch G v. 12.5.2021 (BGBl. I S. 986); zur Anwendung siehe § 23 Abs. 18 und 24; Abs. 1 Satz 2, Abs. 2 Satz 2, Abs. 3 Satz 3 angef. mWv 1.7.2021 durch G v. 25.6.2021 (BGBl. I S. 2050); Abs. 1 Satz 3 und Abs. 3 Satz 3 angef. mWv 1.7.2021 durch G v. 25.6.2021 (BGBl. I S. 2056); Abs. 3 Satz 1 geänd. durch G v. 16.12.2022 (BGBl. I S. 2294); zur Anwendung siehe § 23 Abs. 18 und 24.

hand beteiligt ist. ² Geht ein Grundstück bei der Auflösung der Gesamthand in das Alleineigentum eines Gesamthänders über, so gilt Absatz 1 Satz 2 entsprechend.

(3)¹⁾ ¹ Die Vorschriften des Absatzes 1 gelten entsprechend beim Übergang eines Grundstücks von einer Gesamthand auf eine andere Gesamthand. ² Absatz 1 ist insoweit nicht entsprechend anzuwenden, als sich der Anteil des Gesamthänders am Vermögen der erwerbenden Gesamthand innerhalb von *fünf [ab 1.7.2021:* zehn] Jahren nach dem Übergang des Grundstücks von der einen auf die andere Gesamthand vermindert. ³ Satz 2 gilt nicht, soweit allein durch den Austritt des Vereinigten Königreichs Großbritannien und Nordirland aus der Europäischen Union sich der Anteil des Gesamthänders am Vermögen der erwerbenden Gesamthand innerhalb von fünf Jahren nach dem Übergang des Grundstücks auf die Gesamthand vermindert. *[ab 1.7.2021:* ⁴ Absatz 1 ist nicht entsprechend anzuwenden, wenn die erwerbende Gesamthand nach § 1a des Körperschaftsteuergesetzes optiert hat und (*ab 21.12.2022:* das Grundstück) von einer Gesamthand übergeht, die nicht nach § 1a des Körperschaftsteuergesetzes optiert hat; es sei denn die Ausübung und Wirksamkeit der Option liegt länger als die in Satz 2 genannte Frist zurück und die jeweilige Beteiligung am Vermögen der Gesamthand besteht länger als die in Satz 2 genannte Frist.] *[ab 21.12.2022:* ⁵ Bei der Anwendung des Satzes 2 gilt die Ausübung der Option nach § 1a des Körperschaftsteuergesetzes als Verminderung des Anteils des Gesamthänders am Vermögen der erwerbenden Gesamthand, wenn die Option innerhalb der jeweils für Satz 2 geltenden Frist ausgeübt und wirksam wird.] ⁶ Absatz 1 ist nicht entsprechend anzuwenden, wenn die erwerbende Gesamthand eine Gesellschaft im Sinne des § 1 Absatz 1 des Körperschaftsteuergesetzes mit Sitz im Ausland ist, deren Ort der Geschäftsleitung im Inland belegen ist, und die nach inländischem Gesellschaftsrecht als Personengesellschaft behandelt wird.

[Fassung bis 30.6.2021:]	*[Fassung ab 1.7.2021:]*
(4) ¹ Die Vorschriften der Absätze 1 bis 3 gelten insoweit nicht, als ein Gesamthänder – im Fall der Erbfolge sein Rechtsvorgänger – innerhalb von fünf Jahren vor dem Erwerbsvorgang seinen Anteil an der Gesamthand durch Rechtsgeschäft unter Lebenden erworben hat. ² Die Vorschriften der Absätze 1 bis 3 gel-	(4)²⁾ Die Vorschriften der Absätze 1 bis 3 gelten insoweit nicht, als 1. ein Gesamthänder – im Fall der Erbfolge sein Rechtsvorgänger – innerhalb von zehn Jahren vor dem Erwerbsvorgang seinen Anteil an der Gesamthand durch Rechtsgeschäft unter Lebenden erworben hat oder

¹⁾ § 6 Abs. 3 Satz 2 angef. mWv 1.1.2002 (§ 27 Abs. 7 Satz 1) durch G v. 20.12.2001 (BGBl. I S. 3794); Satz 3 angef. durch G v. 21.12.2020 (BGBl. I S. 3096); zur Anwendung siehe § 23 Abs. 7 Satz 3; Abs. 3 Satz 2 geänd. durch G v. 12.5.2021 (BGBl. I S. 986); zur Anwendung siehe § 23 Abs. 18 und 24; Satz 4 angef. mWv 1.7.2021 durch G v. 25.6.2021 (BGBl. I S. 2050); Satz 5 angef. mWv 1.7.2021 durch G v. 25.6.2021 (BGBl. I S. 2056); Abs. 3 Satz 4 geänd., Satz 5 eingef., bish. Satz 5 wird Satz 6 mWv 21.12.2022 durch G v. 16.12.2022 (BGBl. I S. 2294).
²⁾ § 6 Abs. 4 neu gef. durch G v. 12.5.2021 (BGBl. I S. 986); zur Anwendung siehe § 23 Abs. 18 und 24.

[*Fassung bis 30.6.2021*:]

ten außerdem insoweit nicht, als die vom Beteiligungsverhältnis abweichende Auseinandersetzungsquote innerhalb der letzten fünf Jahre vor der Auflösung der Gesamthand vereinbart worden ist.

[*Fassung ab 1.7.2021*:]

2. die vom Beteiligungsverhältnis abweichende Auseinandersetzungsquote innerhalb der letzten zehn Jahre vor der Auflösung der Gesamthand vereinbart worden ist oder

3. bei einem Erwerbsvorgang im Sinne des § 1 Absatz 3 Nummer 1 oder Nummer 2 oder Absatz 3a der Erwerber − im Fall der Erbfolge sein Rechtsvorgänger − innerhalb von 15 Jahren vor dem Erwerbsvorgang seinen Anteil am Vermögen der Personengesellschaft erstmals durch Rechtsgeschäft unter Lebenden erworben hat, es sei denn, einer der Erwerbe der Anteile am Gesellschaftsvermögen durch diesen Erwerber − im Fall der Erbfolge durch seinen Rechtsvorgänger − hat zu einem steuerpflichtigen Erwerbsvorgang im Sinne des § 1 Absatz 2a geführt.

§ 6a[1] Steuervergünstigung bei Umstrukturierungen im Konzern. ¹Für einen nach § 1 Absatz 1 Nummer 3 Satz 1, Absatz *2, 2a, 3* [*ab 1.7.2021:* 2 bis 3] oder Absatz 3a steuerbaren Rechtsvorgang auf Grund einer Umwandlung im Sinne des § 1 Absatz 1 Nummer 1 bis 3 des Umwandlungsgesetzes, einer Einbringung oder eines anderen Erwerbsvorgangs auf gesellschaftsvertraglicher Grundlage wird die Steuer nicht erhoben. ²Satz 1 gilt auch für entsprechende Umwandlungen, Einbringungen sowie andere Erwerbsvorgänge auf gesellschaftsvertraglicher Grundlage auf Grund des Rechts eines Mitgliedstaates der Europäischen Union oder eines Staats, auf den das Abkommen über den Europäischen Wirtschaftsraum Anwendung findet. ³Satz 1 gilt nur, wenn an dem dort genannten Rechtsvorgang ausschließlich ein herrschendes Unternehmen und ein oder mehrere von diesem herrschenden Unternehmen abhängige Gesellschaften oder mehrere von einem herrschenden Unternehmen abhängige Gesellschaften beteiligt sind. ⁴Im Sinne von Satz 3 abhängig ist eine Gesellschaft, an deren Kapital oder Gesellschaftsvermögen das herrschende Unternehmen innerhalb von fünf Jahren vor dem Rechtsvorgang und fünf Jahren nach dem Rechtsvorgang unmittelbar oder mittelbar oder teils unmittelbar, teils mittelbar zu mindestens 95 vom Hundert

---

[1] § 6a eingef. durch G v. 22.12.2009 (BGBl. I S. 3950); zur Anwendung siehe § 23 Abs. 8; Satz 4 geänd. durch G v. 22.6.2011 (BGBl. I S. 1126); zur Anwendung siehe § 23 Abs. 10; Satz 1 erster HS geänd., zweiter HS aufgeh. durch G v. 26.6.2013 (BGBl. I S. 1809); zur Anwendung siehe § 23 Abs. 11; Sätze 1 bis 3 geänd. durch G v. 25.7.2014 (BGBl. I S. 1266); Satz 1 geänd. durch G v. 25.7.2014 (BGBl. I S. 1266); Satz 5 angef. mWv 29.3.2019 durch Brexit-StBG v. 25.3.2019 (BGBl. I S. 357); Satz 1 geänd. durch G v. 12.5.2021 (BGBl. I S. 986); zur Anwendung siehe § 23 Abs. 18.

ununterbrochen beteiligt ist. [5]Satz 3 gilt nicht, soweit allein durch den Austritt des Vereinigten Königreichs Großbritannien und Nordirland aus der Europäischen Union das herrschende Unternehmen nicht im Sinne von Satz 4 innerhalb von fünf Jahren nach dem Rechtsvorgang unmittelbar oder mittelbar oder teils unmittelbar, teils mittelbar zu mindestens 95 vom Hundert ununterbrochen beteiligt ist.

§ 7 Umwandlung von gemeinschaftlichem Eigentum in Flächeneigentum. (1) Wird ein Grundstück, das mehreren Miteigentümern gehört, von den Miteigentümern flächenweise geteilt, so wird die Steuer nicht erhoben, soweit der Wert des Teilgrundstücks, das der einzelne Erwerber erhält, dem Bruchteil entspricht, zu dem er am gesamten zu verteilenden Grundstück beteiligt ist.

(2) [1]Wird ein Grundstück, das einer Gesamthand gehört, von den an der Gesamthand beteiligten Personen flächenweise geteilt, so wird die Steuer nicht erhoben, soweit der Wert des Teilgrundstücks, das der einzelne Erwerber erhält, dem Anteil entspricht, zu dem er am Vermögen der Gesamthand beteiligt ist. [2]Wird ein Grundstück bei der Auflösung der Gesamthand flächenweise geteilt, so ist die Auseinandersetzungsquote maßgebend, wenn die Beteiligten für den Fall der Auflösung der Gesamthand eine vom Beteiligungsverhältnis abweichende Auseinandersetzungsquote vereinbart haben.

(3)[1)] [1]Die Vorschriften des Absatzes 2 gelten insoweit nicht, als ein Gesamthänder – im Fall der Erbfolge sein Rechtsvorgänger – seinen Anteil an der Gesamthand innerhalb von *fünf* [**ab 1.7.2021:** zehn] Jahren vor der Umwandlung durch Rechtsgeschäft unter Lebenden erworben hat. [2]Die Vorschrift des Absatzes 2 Satz 2 gilt außerdem insoweit nicht, als die vom Beteiligungsverhältnis abweichende Auseinandersetzungsquote innerhalb der letzten *fünf* [**ab 1.7.2021:** zehn] Jahre vor der Auflösung der Gesamthand vereinbart worden ist.

Dritter Abschnitt. Bemessungsgrundlage

§ 8 Grundsatz. (1) Die Steuer bemißt sich nach dem Wert der Gegenleistung.

(2)[2)] [1]Die Steuer wird nach den Grundbesitzwerten im Sinne des § 151 Absatz 1 Satz 1 Nummer 1 in Verbindung mit § 157 Absatz 1 bis 3[3)] des Bewertungsgesetzes bemessen:

1. wenn eine Gegenleistung nicht vorhanden oder nicht zu ermitteln ist;

2. bei Umwandlungen auf Grund eines Bundes- oder Landesgesetzes, bei Einbringungen sowie bei anderen Erwerbsvorgängen auf gesellschaftsvertraglicher Grundlage;

[1)] § 7 Abs. 3 Sätze 1 und 2 geänd. durch G v. 12.5.2021 (BGBl. I S. 986); zur Anwendung siehe § 23 Abs. 18 und 24.
[2)] § 8 Abs. 2 neu gef. durch G v. 24.3.1999 (BGBl. I S. 402); zur erstmaligen Anwendung siehe § 23 Abs. 6 Satz 1.
[3)] § 8 Abs. 2 Satz 1 und 2 Zitat geänd. durch G v. 2.11.2015 (BGBl. I S. 1834); zur Anwendung siehe § 23 Abs. 14.

[Fassung bis 30.6.2021:]

3.[2] in den Fällen des § 1 Absatz 2a, 3 und 3a.

[Fassung ab 1.7.2021:][1]

3. in den Fällen des § 1 Absatz 2a bis 3a;

4. wenn zwischen den an einer Umwandlung beteiligten Rechtsträgern innerhalb des Rückwirkungszeitraums im Sinne der §§ 2, 20 Absatz 6 oder § 24 Absatz 4 des Umwandlungssteuergesetzes ein Erwerbsvorgang nach § 1 Absatz 1 Nummer 1 verwirklicht wird, der Wert der Gegenleistung geringer ist als der Grundbesitzwert nach § 151 Absatz 1 Satz 1 Nummer 1 in Verbindung mit § 157 Absatz 1 bis 3 des Bewertungsgesetzes und die Umwandlung ohne diesen Erwerbsvorgang eine Besteuerung nach § 1 Absatz 1 Nummer 3, Absatz 3 oder Absatz 3a ausgelöst hätte.

²Erstreckt sich der Erwerbsvorgang auf ein noch zu errichtendes Gebäude oder beruht die Änderung des Gesellschafterbestandes im Sinne des § 1 Absatz 2a [*ab 1.7.2021:* oder 2b][3] auf einem vorgefaßten Plan zur Bebauung eines Grundstücks, ist der Wert des Grundstücks abweichend von § 157 Absatz 1 Satz 1[4] des Bewertungsgesetzes nach den tatsächlichen Verhältnissen im Zeitpunkt der Fertigstellung des Gebäudes maßgebend.

§ 9 Gegenleistung. (1) Als Gegenleistung gelten

1. bei einem Kauf:
   der Kaufpreis einschließlich der vom Käufer übernommenen sonstigen Leistungen und der dem Verkäufer vorbehaltenen Nutzungen;

2. bei einem Tausch:
   die Tauschleistung des anderen Vertragsteils einschließlich einer vereinbarten zusätzlichen Leistung;

3. bei einer Leistung an Erfüllungs Statt:
   der Wert, zu dem die Leistung an Erfüllungs Statt angenommen wird;

---

[1] § 8 Abs. 2 Satz 1 Nr. 3 geänd., Nr. 4 angef. durch G v. 12.5.2021 (BGBl. I S. 986); zur Anwendung siehe § 23 Abs. 18.

[2] § 8 Abs. 2 Satz 1 Nr. 3 Verweis geänd. durch G v. 26.6.2013 (BGBl. I S. 1809); zur Anwendung siehe § 23 Abs. 11.

[3] § 8 Abs. 2 Satz 2 geänd. durch G v. 12.5.2021 (BGBl. I S. 986); zur Anwendung siehe § 23 Abs. 18.

[4] § 8 Abs. 2 Satz 1 und 2 Zitat geänd. durch G v. 2.11.2015 (BGBl. I S. 1834); zur Anwendung siehe § 23 Abs. 14.

4. beim Meistgebot im Zwangsversteigerungsverfahren:
das Meistgebot einschließlich der Rechte, die nach den Versteigerungsbedingungen bestehen bleiben;

5. bei Abtretung der Rechte aus dem Meistgebot:
die Übernahme der Verpflichtung aus dem Meistgebot. ²Zusätzliche Leistungen, zu denen sich der Erwerber gegenüber dem Meistbietenden verpflichtet, sind dem Meistgebot hinzuzurechnen. ³Leistungen, die der Meistbietende dem Erwerber gegenüber übernimmt, sind abzusetzen;

6. bei der Abtretung des Übereignungsanspruchs:
die Übernahme der Verpflichtung aus dem Rechtsgeschäft, das den Übereignungsanspruch begründet hat, einschließlich der besonderen Leistungen, zu denen sich der Übernehmer dem Abtretenden gegenüber verpflichtet. ²Leistungen, die der Abtretende dem Übernehmer gegenüber übernimmt, sind abzusetzen;

7. bei der Enteignung:
die Entschädigung. ²Wird ein Grundstück enteignet, das zusammen mit anderen Grundstücken eine wirtschaftliche Einheit bildet, so gehört die besondere Entschädigung für eine Wertminderung der nicht enteigneten Grundstücke nicht zur Gegenleistung; dies gilt auch dann, wenn ein Grundstück zur Vermeidung der Enteignung freiwillig veräußert wird;

8.[1] *(aufgehoben)*

(2) Zur Gegenleistung gehören auch

1. Leistungen, die der Erwerber des Grundstücks dem Veräußerer neben der beim Erwerbsvorgang vereinbarten Gegenleistung zusätzlich gewährt;

2. die Belastungen, die auf dem Grundstück ruhen, soweit sie auf den Erwerber kraft Gesetzes übergehen. ²Zur Gegenleistung gehören jedoch nicht die auf dem Grundstück ruhenden dauernden Lasten. ³Der Erbbauzins gilt nicht als dauernde Last;

3. Leistungen, die der Erwerber des Grundstücks anderen Personen als dem Veräußerer als Gegenleistung dafür gewährt, daß sie auf den Erwerb des Grundstücks verzichten;

4. Leistungen, die ein anderer als der Erwerber des Grundstücks dem Veräußerer als Gegenleistung dafür gewährt, daß der Veräußerer dem Erwerber das Grundstück überläßt.

(3) Die Grunderwerbsteuer, die für den zu besteuernden Erwerbsvorgang zu entrichten ist, wird der Gegenleistung weder hinzugerechnet noch von ihr abgezogen.

§ 10.[2] (weggefallen)

---

[1] Zur erstmaligen Anwendung von § 9 Abs. 1 Nr. 8 siehe § 23 Abs. 3. § 9 Abs. 1 Nr. 8 aufgeh. mWv 1.4.1999 (§ 23 Abs. 6 Satz 1) durch G v. 24.3.1999 (BGBl. I S. 402).
[2] Zur letztmaligen Anwendung siehe § 23 Abs. 4 Satz 2.

Vierter Abschnitt. Steuerberechnung

§ 11 Steuersatz, Abrundung. (1) Die Steuer beträgt 3,5 vom Hundert[1] · [2].

(2) Die Steuer ist auf volle Euro[3] nach unten abzurunden.

§ 12 Pauschbesteuerung. Das Finanzamt kann im Einvernehmen mit dem Steuerpflichtigen von der genauen Ermittlung des Steuerbetrags absehen und die Steuer in einem Pauschbetrag festsetzen, wenn dadurch die Besteuerung vereinfacht und das steuerliche Ergebnis nicht wesentlich geändert wird.

Fünfter Abschnitt. Steuerschuld

§ 13 Steuerschuldner. Steuerschuldner sind

1. regelmäßig:
   die an einem Erwerbsvorgang als Vertragsteile beteiligten Personen;

2. beim Erwerb kraft Gesetzes:
   der bisherige Eigentümer und der Erwerber;

3. beim Erwerb im Enteignungsverfahren:
   der Erwerber;

4. beim Meistgebot im Zwangsversteigerungsverfahren:
   der Meistbietende;

5.[4] bei der Vereinigung von mindestens *95 [ab 1.7.2021:* 90] vom Hundert der Anteile an einer Gesellschaft in der Hand

   a) des Erwerbers:
      der Erwerber;

   b) mehrerer Unternehmen oder Personen:
      diese Beteiligten;

6.[5] bei Änderung des Gesellschafterbestandes einer Personengesellschaft:
   die Personengesellschaft;

[ab 1.7.2021:

7.[6] bei Änderung des Gesellschafterbestandes einer Kapitalgesellschaft:
   die Kapitalgesellschaft;]

---

[1] Zur erstmaligen Anwendung von § 11 Abs. 1 siehe § 23 Abs. 4 Satz 1.

[2] Seit dem 1.9.2006 dürfen die Bundesländer den Steuersatz selbst festlegen, zu beachten sind daher deren **abweichende Steuersätze.**

[3] Bezeichnung geänd. mWv 1.1.2002 durch G v. 19.12.2000 (BGBl. I S. 1790).

[4] § 13 Nrn. 5 und 6 geänd. durch G v. 24.3.1999 (BGBl. I S. 402); zur erstmaligen Anwendung siehe § 23 Abs. 6 Satz 2; Nr. 5 geänd. durch G v. 12.5.2021 (BGBl. I S. 986); zur Anwendung siehe § 23 Abs. 18.

[5] Zur erstmaligen Anwendung von Nr. 6 in der bish. Fassung siehe § 23 Abs. 3.

[6] § 13 Nr. 7 eingef. durch G v. 12.5.2021 (BGBl. I S. 986); zur Anwendung siehe § 23 Abs. 18.

8.[1)] bei der wirtschaftlichen Beteiligung von mindestens *95* [*ab 1.7.2021:* 90] vom Hundert an einer Gesellschaft:
der Rechtsträger, der die wirtschaftliche Beteiligung innehat.

§ 14 Entstehung der Steuer in besonderen Fällen. Die Steuer entsteht,

1. wenn die Wirksamkeit eines Erwerbsvorgangs von dem Eintritt einer Bedingung abhängig ist, mit dem Eintritt der Bedingung;
2. wenn ein Erwerbsvorgang einer Genehmigung bedarf, mit der Genehmigung.

§ 15 Fälligkeit der Steuer. [1]Die Steuer wird einen Monat nach der Bekanntgabe des Steuerbescheids fällig. [2]Das Finanzamt darf eine längere Zahlungsfrist setzen.

Sechster Abschnitt. Nichtfestsetzung der Steuer, Aufhebung oder Änderung der Steuerfestsetzung

§ 16 Nichtfestsetzung der Steuer, Aufhebung oder Änderung der Steuerfestsetzung. (1) Wird ein Erwerbsvorgang rückgängig gemacht bevor das Eigentum am Grundstück auf den Erwerber übergegangen ist, so wird auf Antrag die Steuer nicht festgesetzt oder die Steuerfestsetzung aufgehoben,

1. wenn die Rückgängigmachung durch Vereinbarung, durch Ausübung eines vorbehaltenen Rücktrittsrechts oder eines Wiederkaufsrechts innerhalb von zwei Jahren seit der Entstehung der Steuer stattfindet;
2. wenn die Vertragsbedingungen nicht erfüllt werden und der Erwerbsvorgang deshalb auf Grund eines Rechtsanspruchs rückgängig gemacht wird.

(2) Erwirbt der Veräußerer das Eigentum an dem veräußerten Grundstück zurück, so wird auf Antrag sowohl für den Rückerwerb als auch für den vorausgegangenen Erwerbsvorgang die Steuer nicht festgesetzt oder die Steuerfestsetzung aufgehoben,

1. wenn der Rückerwerb innerhalb von zwei Jahren seit der Entstehung der Steuer für den vorausgegangenen Erwerbsvorgang stattfindet. [2]Ist für den Rückerwerb eine Eintragung in das Grundbuch erforderlich, so muß innerhalb der Frist die Auflassung erklärt und die Eintragung im Grundbuch beantragt werden;
2. wenn das dem Erwerbsvorgang zugrundeliegende Rechtsgeschäft nichtig oder infolge einer Anfechtung als von Anfang an nichtig anzusehen ist;
3. wenn die Vertragsbedingungen des Rechtsgeschäfts, das den Anspruch auf Übereignung begründet hat, nicht erfüllt werden und das Rechtsgeschäft deshalb auf Grund eines Rechtsanspruchs rückgängig gemacht wird.

[1)] § 13 Nr. 7 angef. durch G v. 26.6.2013 (BGBl. I S. 1809); zur Anwendung siehe § 23 Abs. 11; Nr. 7 wird Nr. 8 und geänd. durch G v. 12.5.2021 (BGBl. I S. 986); zur Anwendung siehe § 23 Abs. 18.

(3) Wird die Gegenleistung für das Grundstück herabgesetzt, so wird auf Antrag die Steuer entsprechend niedriger festgesetzt oder die Steuerfestsetzung geändert,

1. wenn die Herabsetzung innerhalb von zwei Jahren seit der Entstehung der Steuer stattfindet;

2. wenn die Herabsetzung (Minderung) auf Grund des § 437 des Bürgerlichen Gesetzbuchs[1]) vollzogen wird.

(4)[2]) Tritt ein Ereignis ein, das nach den Absätzen 1 bis 3 die Aufhebung oder Änderung einer Steuerfestsetzung begründet, endet die Festsetzungsfrist (§§ 169 bis 171 der Abgabenordnung)[3]) insoweit nicht vor Ablauf eines Jahres nach dem Eintritt des Ereignisses.

[*ab 21.12.2022:*
(4a)[4]) [1] Wenn die Anteile in Erfüllung eines Rechtsgeschäfts im Sinne des § 1 Absatz 3 Nummer 1 oder Nummer 3 oder des § 1 Absatz 3a nach Abschluss dieses Rechtsgeschäfts übergehen und dadurch der Tatbestand des § 1 Absatz 2a oder Absatz 2b verwirklicht wird, so wird auf Antrag die Festsetzung nach § 1 Absatz 3 Nummer 1 oder Nummer 3 oder § 1 Absatz 3a aufgehoben oder geändert. [2] In den Fällen des Satzes 1 endet die Festsetzungsfrist für den aufgrund des Übergangs der Anteile erfüllten Tatbestand nach § 1 Absatz 2a oder Absatz 2b nicht vor Ablauf der Festsetzungsfrist der aufzuhebenden oder zu ändernden Festsetzung nach § 1 Absatz 3 Nummer 1 oder Nummer 3 oder nach § 1 Absatz 3a.]

(5)[5]) [1] Die Vorschriften der Absätze 1 bis 4 gelten nicht, wenn einer der in § 1 Absatz 2 bis 3a bezeichneten Erwerbsvorgänge rückgängig gemacht wird, der nicht fristgerecht und in allen Teilen vollständig angezeigt (§§ 18 bis 20) war. [*ab 21.12.2022:* [2] Die Vorschrift des Absatzes 4a gilt nicht, wenn einer der in § 1 Absatz 3 Nummer 1 oder Nummer 3 oder in § 1 Absatz 3a oder in § 1 Absatz 2a oder Absatz 2b bezeichneten Erwerbsvorgänge nicht fristgerecht und in allen Teilen vollständig angezeigt (§§ 18 bis 20) war.]

Siebenter Abschnitt. Örtliche Zuständigkeit, Feststellung von Besteuerungsgrundlagen, Anzeigepflichten und Erteilung der Unbedenklichkeitsbescheinigung

§ 17 Örtliche Zuständigkeit, Feststellung von Besteuerungsgrundlagen. (1) [1] Für die Besteuerung ist vorbehaltlich des Satzes 2 das Finanzamt

---

[1]) **Schönfelder Nr. 20.** – Verweis geänd. mWv 27.7.2002 durch G v. 23.7.2002 (BGBl. I S. 2715).
[2]) § 16 Abs. 4 ergänzt durch G v. 24.3.1999 (BGBl. I S. 402); geänd. durch G v. 20.12.2001 (BGBl. I S. 3794); zur erstmaligen Anwendung siehe § 23 Abs. 6 Satz 2.
[3]) Nr. **800.**
[4]) § 16 Abs. 4a eingef. mWv 21.12.2022 durch G v. 16.12.2022 (BGBl. I S. 2294).
[5]) § 16 Abs. 5 geänd. durch G v. 25.7.2014 (BGBl. I S. 1266); zur Anwendung siehe § 23 Abs. 12 und 3; § 16 Abs. 5 Satz 2 angef., bish. Text wird Satz 1 mWv 21.12.2022 durch G v. 16.12.2022 (BGBl. I S. 2294).

örtlich zuständig, in dessen Bezirk das Grundstück oder der wertvollste Teil des Grundstücks liegt. ²Liegt das Grundstück in den Bezirken von Finanzämtern verschiedener Länder, so ist jedes dieser Finanzämter für die Besteuerung des Erwerbs insoweit zuständig, als der Grundstücksteil in seinem Bezirk liegt.

(2) In den Fällen des Absatzes 1 Satz 2 sowie in Fällen, in denen sich ein Rechtsvorgang auf mehrere Grundstücke bezieht, die in den Bezirken verschiedener Finanzämter liegen, stellt das Finanzamt, in dessen Bezirk der wertvollste Grundstücksteil oder das wertvollste Grundstück oder der wertvollste Bestand an Grundstücksteilen oder Grundstücken liegt, die Besteuerungsgrundlagen gesondert fest.

(3) ¹Die Besteuerungsgrundlagen werden

1.[1] bei Grundstückserwerben durch Umwandlungen auf Grund eines Bundes- oder Landesgesetzes durch das Finanzamt, in dessen Bezirk sich die Geschäftsleitung des Erwerbers befindet, und

2.[2] in den Fällen des § 1 Absatz *2a, 3 und* [*ab 1.7.2021:* 2a bis] 3a durch das Finanzamt, in dessen Bezirk sich die Geschäftsleitung der Gesellschaft befindet,

gesondert festgestellt, wenn ein außerhalb des Bezirks dieser Finanzämter liegendes Grundstück oder ein auf das Gebiet eines anderen Landes sich erstreckender Teil eines im Bezirk dieser Finanzämter liegenden Grundstücks betroffen wird. ²Befindet sich die Geschäftsleitung nicht im Geltungsbereich des Gesetzes und werden in verschiedenen Finanzamtsbezirken liegende Grundstücke oder in verschiedenen Ländern liegende Grundstücksteile betroffen, so stellt das nach Absatz 2 zuständige Finanzamt die Besteuerungsgrundlagen gesondert fest.

(3a)[3] In die gesonderte Feststellung nach Absatz 2 und 3 sind nicht die Grundbesitzwerte im Sinne des § 151 Absatz 1 Satz 1 Nummer 1 in Verbindung mit § 157 Absatz 1 bis 3[4] des Bewertungsgesetzes aufzunehmen, wenn die Steuer nach § 8 Absatz 2 zu bemessen ist.

(4) ¹Von der gesonderten Feststellung kann abgesehen werden, wenn

1. der Erwerb steuerfrei ist oder

2. die anteilige Besteuerungsgrundlage für den Erwerb des in einem anderen Land liegenden Grundstücksteils 2500 Euro[5] nicht übersteigt.

²Wird von der gesonderten Feststellung abgesehen, so ist in den Fällen der Nummer 2 die anteilige Besteuerungsgrundlage denen der anderen für die Besteuerung zuständigen Finanzämter nach dem Verhältnis ihrer Anteile hinzuzurechnen.

---

[1] § 17 Abs. 3 Satz 1 Nr. 1 geänd. durch G v. 24.3.1999 (BGBl. I S. 402); zur erstmaligen Anwendung siehe § 23 Abs. 6 Satz 1.

[2] Zur erstmaligen Anwendung von § 17 Abs. 3 Satz 1 Nr. 2 siehe § 23 Abs. 3; Verweis geänd. durch G v. 26.6.2013 (BGBl. I S. 1809); zur Anwendung siehe § 23 Abs. 11; Abs. 3 Satz 1 Nr. 2 geänd. durch G v. 12.5.2021 (BGBl. I S. 986); zur Anwendung siehe § 23 Abs. 18.

[3] § 17 Abs. 3a eingef. durch G v. 20.12.2001 (BGBl. I S. 3794).

[4] § 17 Abs. 3a Verweis geänd. durch G v. 2.11.2015 (BGBl. I S. 1834); zur Anwendung siehe § 23 Abs. 14.

[5] Betrag geänd. durch G v. 19.12.2000 (BGBl. I S. 1790).

§ 18 Anzeigepflicht der Gerichte, Behörden und Notare. (1)[1] [1]Gerichte, Behörden und Notare haben dem zuständigen Finanzamt schriftlich Anzeige nach amtlich vorgeschriebenem Vordruck zu erstatten über

1. Rechtsvorgänge, die sie beurkundet oder über die sie eine Urkunde entworfen und darauf eine Unterschrift beglaubigt haben, wenn die Rechtsvorgänge ein Grundstück im Geltungsbereich dieses Gesetzes betreffen;

2. Anträge auf Berichtigung des Grundbuchs, die sie beurkundet oder über die sie eine Urkunde entworfen und darauf eine Unterschrift beglaubigt haben, wenn der Antrag darauf gestützt wird, daß der Grundstückseigentümer gewechselt hat;

3. Zuschlagsbeschlüsse im Zwangsversteigerungsverfahren, Enteignungsbeschlüsse und andere Entscheidungen, durch die ein Wechsel im Grund-

(Fortsetzung nächstes Blatt)

---

[1] § 18 Abs. 1 Satz 1 geänd., Satz 3 angef. mWv 28.8.2002 durch G v. 21.8.2002 BGBl. I S. 3322); Abs. 1 Satz 3 aufgeh. mWv 5.11.2011 durch G v 1.11.2011 (BGBl. I S. 2131).

stückseigentum bewirkt wird. ²Die Anzeigepflicht der Gerichte besteht auch beim Wechsel im Grundstückseigentum auf Grund einer Eintragung im Handels-, Genossenschafts- oder Vereinsregister;

4. nachträgliche Änderungen oder Berichtigungen eines der unter den Nummern 1 bis 3 aufgeführten Vorgänge.

²Der Anzeige ist eine Abschrift der Urkunde über den Rechtsvorgang, den Antrag, den Beschluß oder die Entscheidung beizufügen.

(2)¹⁾ ¹Die Anzeigepflicht bezieht sich auch auf Vorgänge, die ein Erbbaurecht oder ein Gebäude auf fremdem Boden betreffen. ²Sie gilt außerdem für Vorgänge, die die Übertragung von Anteilen an einer Kapitalgesellschaft, *[einer bergrechtlichen Gewerkschaft,]* einer Personenhandelsgesellschaft oder einer Gesellschaft des bürgerlichen Rechts betreffen, wenn zum Vermögen der Gesellschaft ein im Geltungsbereich dieses Gesetzes liegendes Grundstück gehört.

(3) ¹Die Anzeigen sind innerhalb von zwei Wochen nach der Beurkundung oder der Unterschriftsbeglaubigung oder der Bekanntgabe der Entscheidung zu erstatten, und zwar auch dann, wenn die Wirksamkeit des Rechtsvorgangs vom Eintritt einer Bedingung, vom Ablauf einer Frist oder von einer Genehmigung abhängig ist. ²Sie sind auch dann zu erstatten, wenn der Rechtsvorgang von der Besteuerung ausgenommen ist.

(4) Die Absendung der Anzeige ist auf der Urschrift der Urkunde, in den Fällen, in denen eine Urkunde entworfen und darauf eine Unterschrift beglaubigt worden ist, auf der zurückbehaltenen beglaubigten Abschrift zu vermerken.

(5) Die Anzeigen sind an das für die Besteuerung, in den Fällen des § 17 Abs. 2 und 3 an das für die gesonderte Feststellung zuständige Finanzamt zu richten.

§ 19 Anzeigepflicht der Beteiligten. (1)²⁾ ¹Steuerschuldner müssen Anzeige erstatten über

1. Rechtsvorgänge, die es ohne Begründung eines Anspruchs auf Übereignung einem anderen rechtlich oder wirtschaftlich ermöglichen, ein Grundstück auf eigene Rechnung zu verwerten;

2. formungültige Verträge über die Übereignung eines Grundstücks, die die Beteiligten unter sich gelten lassen und wirtschaftlich erfüllen;

3. den Erwerb von Gebäuden auf fremdem Boden;

3a.³⁾ unmittelbare und mittelbare Änderungen des Gesellschafterbestandes einer Personengesellschaft, die innerhalb von *fünf [ab 1.7.2021: zehn]* Jahren

---

¹⁾ § 18 Abs. 2 Satz 2 kursiver Satzteil aufgeh. mWv 15.12.2018 (§ 23 Abs. 16 Satz 1) durch G v. 11.12.2018 (BGBl. I S. 2338).
²⁾ § 19 Abs. 1 Satz 1 Nr. 3a neu gef., Nrn. 4 bis 7 geänd. mWv 1.1.2000 (§ 23 Abs. 6 Satz 2) durch G v. 24.3.1999 (BGBl. I S. 402); Abs. 1 Satz 1 Nr. 3a neu gef., Nr. 8 angef., Satz 2 geänd. mWv 1.1.2002 (§ 23 Abs. 7 Satz 1) durch G v. 20.12.2001 (BGBl. I S. 3794); Abs. 1 Nr. 7a eingef. mWv 7.6.2013 (§ 23 Abs. 11) durch G v. 26.6.2013 (BGBl. I S. 1809).
³⁾ § 19 Abs. 1 Satz 1 Nr. 3a geänd. durch G v. 12.5.2021 (BGBl. I S. 986); zur Anwendung siehe § 23 Abs. 18 und zur aF Abs. 20.

zum Übergang von *95 [ab 1.7.2021:* 90] vom Hundert der Anteile am Gesellschaftsvermögen auf neue Gesellschafter geführt haben, wenn zum Vermögen der Personengesellschaft ein inländisches Grundstück gehört (§ 1 Abs. 2a);

[*ab 1.7.2021:*

3b.¹⁾unmittelbare und mittelbare Änderungen des Gesellschafterbestandes einer Kapitalgesellschaft, die innerhalb von zehn Jahren zum Übergang von 90 vom Hundert der Anteile der Gesellschaft auf neue Gesellschafter geführt haben, wenn zum Vermögen der Kapitalgesellschaft ein inländisches Grundstück gehört (§ 1 Absatz 2b);]

4.²⁾ schuldrechtliche Geschäfte, die auf die Vereinigung von mindestens *95 [ab 1.7.2021:* 90] vom Hundert der Anteile einer Gesellschaft gerichtet sind, wenn zum Vermögen der Gesellschaft ein Grundstück gehört (§ 1 Abs. 3 Nr. 1);

5.³⁾ die Vereinigung von mindestens *95 [ab 1.7.2021:* 90] vom Hundert der Anteile einer Gesellschaft, zu deren Vermögen ein Grundstück gehört (§ 1 Abs. 3 Nr. 2);

6.⁴⁾ Rechtsgeschäfte, die den Anspruch auf Übertragung von mindestens *95 [ab 1.7.2021:* 90] vom Hundert der Anteile einer Gesellschaft begründen, wenn zum Vermögen der Gesellschaft ein Grundstück gehört (§ 1 Abs. 3 Nr. 3);

7.⁵⁾ die Übertragung von mindestens *95 [ab 1.7.2021:* 90] vom Hundert der Anteile einer Gesellschaft auf einen anderen, wenn zum Vermögen der Gesellschaft ein Grundstück gehört (§ 1 Abs. 3 Nr. 4);

7a.⁶⁾ Rechtsvorgänge, aufgrund derer ein Rechtsträger unmittelbar oder mittelbar oder teils unmittelbar, teils mittelbar eine wirtschaftliche Beteiligung in Höhe von mindestens *95 [ab 1.7.2021:* 90] vom Hundert an einer Gesellschaft, zu deren Vermögen ein inländisches Grundstück gehört, innehat (§ 1 Absatz 3a);

8.⁷⁾ Entscheidungen im Sinne von § 18 Abs. 1 Satz 1 Nr. 3. ²Die Anzeigepflicht besteht auch beim Wechsel im Grundstückseigentum auf Grund einer Eintragung im Handels-, Genossenschafts- oder Vereinsregister;

---

¹⁾ § 19 Abs. 1 Satz 1 Nr. 3b eingef. durch G v. 12.5.2021 (BGBl. I S. 986); zur Anwendung siehe § 23 Abs. 18.
²⁾ § 19 Abs. 1 Satz 1 Nr. 4 geänd. durch G v. 12.5.2021 (BGBl. I S. 986); zur Anwendung siehe § 23 Abs. 18 und 21.
³⁾ § 19 Abs. 1 Satz 1 Nr. 5 geänd. durch G v. 12.5.2021 (BGBl. I S. 986); zur Anwendung siehe § 23 Abs. 18 und 21.
⁴⁾ § 19 Abs. 1 Satz 1 Nr. 6 geänd. durch G v. 12.5.2021 (BGBl. I S. 986); zur Anwendung siehe § 23 Abs. 18.
⁵⁾ § 19 Abs. 1 Satz 1 Nr. 7 geänd. durch G v. 12.5.2021 (BGBl. I S. 986); zur Anwendung siehe § 23 Abs. 18.
⁶⁾ § 19 Abs. 1 Satz 1 Nr. 7a geänd. durch G v. 12.5.2021 (BGBl. I S. 986); zur Anwendung siehe § 23 Abs. 18 und 22.
⁷⁾ § 19 Abs. 1 Satz 1 Nr. 8 angef. mWv 1.1.2002 (§ 23 Abs. 7 Satz 1) durch G v. 20.12.2001 (BGBl. I S. 3794).

[ab 1.7.2021:

9.[1] Umwandlungen, wenn innerhalb des Rückwirkungszeitraums im Sinne der §§ 2, 20 Absatz 6 oder § 24 Absatz 4 des Umwandlungssteuergesetzes ein Erwerbsvorgang nach § 1 Absatz 1 Nummer 1 verwirklicht wird und die Umwandlung ohne diesen Erwerbsvorgang eine Besteuerung nach § 1 Absatz 1 Nummer 3, Absatz 3 oder 3a ausgelöst hätte.]

[2] Sie haben auch alle Erwerbsvorgänge anzuzeigen, über die ein Gericht, eine Behörde oder ein Notar eine Anzeige nach § 18 nicht zu erstatten hat.[2]

(2) Die in Absatz 1 bezeichneten Personen haben außerdem in allen Fällen Anzeige zu erstatten über

1. jede Erhöhung der Gegenleistung des Erwerbers durch Gewährung von zusätzlichen Leistungen neben der beim Erwerbsvorgang vereinbarten Gegenleistung;

2. Leistungen, die der Erwerber des Grundstücks anderen Personen als dem Veräußerer als Gegenleistung dafür gewährt, daß sie auf den Erwerb des Grundstücks verzichten;

3. Leistungen, die ein anderer als der Erwerber des Grundstücks dem Veräußerer als Gegenleistung dafür gewährt, daß der Veräußerer dem Erwerber das Grundstück überläßt;

4.[3] Änderungen im Gesellschafterbestand einer Gesamthand bei Gewährung der Steuervergünstigung nach § 5 Abs. 1 und 2 oder § 6 Abs. 3 in Verbindung mit § 6 Abs. 1;

4a.[4] Änderungen von Beherrschungsverhältnissen im Sinne des § 6a Satz 4;

5.[5] Änderungen in der Nutzung oder den Verzicht auf Rückübertragung, wenn der Grundstückserwerb nach § 4 Nummer 5 von der Besteuerung ausgenommen war.

(3)[6] [1] Die Anzeigepflichtigen haben innerhalb von zwei Wochen, nachdem sie von dem anzeigepflichtigen Vorgang Kenntnis erhalten haben, den Vorgang anzuzeigen, und zwar auch dann, wenn der Vorgang von der Besteuerung ausgenommen ist. [2] Die Frist nach Satz 1 verlängert sich auf einen Monat für den Steuerschuldner, der eine natürliche Person ohne Wohnsitz oder gewöhnlichen Aufenthalt im Inland, eine Kapitalgesellschaft ohne Geschäftsleitung oder Sitz im Inland oder eine Personengesellschaft ohne Ort der Geschäftsführung im Inland ist.

---

[1] § 19 Abs. 1 Satz 1 Nr. 9 angef. durch G v. 12.5.2021 (BGBl. I S. 986); zur Anwendung siehe § 23 Abs. 18.
[2] § 19 Abs. 1 Satz 2 geänd. durch G v. 20.12.2001 (BGBl. I S. 3794).
[3] § 19 Abs. 2 Nr. 4 angef. durch G v. 24.3.1999 (BGBl. I S. 402); zur erstmaligen Anwendung siehe § 23 Abs. 6 Satz 2; geänd. mWv 1.1.2002 (§ 23 Abs. 7 Satz 1) durch G v. 20.12.2001 (BGBl. I S. 3794).
[4] § 19 Abs. 2 Nr. 4a einegf. durch G v. 22.12.2009 (BGBl. I S. 3950); zur Anwendung siehe § 23 Abs. 8 Satz 1.
[5] § 19 Abs. 2 Nr. 5 angef. mWv 8.9.2005 durch G v. 1.9.2005 (BGBl. I S. 2676); Verweis geänd. mWv 7.6.2013 (§ 23 Abs. 11) durch G v. 26.6.2013 (BGBl. I S. 1809).
[6] § 19 Abs. 3 Satz 2 angef., bish. Text wird Satz 1 durch G v. 18.7.2016 (BGBl. I S. 1679); zur Anwendung siehe § 23 Abs. 15.

(4) ¹Die Anzeigen sind an das für die Besteuerung, in den Fällen des § 17 Abs. 2 und 3 an das für die gesonderte Feststellung zuständige Finanzamt zu richten. ²Ist über den anzeigepflichtigen Vorgang eine privatschriftliche Urkunde aufgenommen worden, so ist der Anzeige eine Abschrift der Urkunde beizufügen.

(5)¹⁾ ¹Die Anzeigen sind Steuererklärungen im Sinne der Abgabenordnung. ²Sie sind schriftlich abzugeben. ³Sie können gemäß § 87a der Abgabenordnung in elektronischer Form übermittelt werden.

(6)²⁾ ¹Die Höhe des Verspätungszuschlags bestimmt sich nach § 152 Absatz 5 Satz 2 der Abgabenordnung; § 152 Absatz 6 der Abgabenordnung ist nicht anzuwenden. ²Die Begrenzung der Höhe des Verspätungszuschlags nach § 152 Absatz 10 der Abgabenordnung findet keine Anwendung.

[ab 21.12.2022:

(7)³⁾ In den Fällen des Absatzes 2 Nummer 4 beginnt die Festsetzungsfrist mit Ablauf des Kalenderjahres, in dem das in Absatz 4 Satz 1 genannte Finanzamt von der anzeigepflichtigen Änderung Kenntnis erlangt hat, spätestens jedoch zehn Jahre nach Ablauf des Kalenderjahres, in dem die anzeigepflichtige Änderung eingetreten ist.]*

§ 20 Inhalt der Anzeigen. (1) Die Anzeigen müssen enthalten:

[aktuelle Fassung:]

1.⁵⁾ Vorname, Zuname, Anschrift sowie die steuerliche Identifikationsnummer gemäß § 139b der Abgabenordnung oder die Wirtschafts-Identifikationsnummer gemäß § 139c der Abgabenordnung des Veräußerers und des Erwerbers, gegebenenfalls auch, ob und um welche begünstigte Person im Sinne des § 3 Nummer 3 bis 7 es sich bei dem Erwerber handelt;

2. die Bezeichnung des Grundstücks nach Grundbuch, Kataster, Straße und Hausnummer;

3. die Größe des Grundstücks und bei bebauten Grundstücken die Art der Bebauung;

*[künftige Fassung:]*⁴⁾

1. Name, Vorname, Anschrift, Geburtsdatum sowie die Identifikationsnummer gemäß § 139b der Abgabenordnung oder die Wirtschafts-Identifikationsnummer gemäß § 139c der Abgabenordnung des Veräußerers und des Erwerbers, den Namen desjenigen, der nach der vertraglichen Vereinbarung die Grunderwerbsteuer trägt, sowie Name und Anschrift dessen gesetzlichen Vertreters und gegebenenfalls die Angabe, ob und um welche begünstigte Person im Sinne des § 3 Nummer 3 bis 7 es sich bei dem Erwerber handelt; bei nicht natürlichen Personen sind bis

---

¹⁾ § 19 Abs. 5 neu gef. mWv 28.8.2002 durch G v. 21.8.2002 (BGBl. I S. 3322).

²⁾ § 19 Abs. 6 angef. durch G v. 21.12.2020 (BGBl. I S. 3096); zur Anwendung siehe § 23 Abs. 17.

³⁾ § 19 Abs. 7 angef. mWv 21.12.2022 durch G v. 16.12.2022 (BGBl. I S. 2294).

⁴⁾ § 20 neu gef. durch G v. 11.12.2018 (BGBl. I S. 2338); zur Anwendung siehe § 23 Abs. 16 Satz 2 iVm § 22a Satz 1.

⁵⁾ § 20 Abs. 1 Nr. 1, Abs. 2 Nr. 1 geänd. mWv 14.12.2010 durch G v. 8.12.2010 (BGBl. I S. 1768).

[künftige Fassung:]

zur Einführung der Wirtschafts-Identifikationsnummer gemäß § 139c der Abgabenordnung die Register- und die für die Besteuerung nach dem Einkommen vergebene Steuernummer des Veräußerers und des Erwerbers anzugeben;

(Fortsetzung nächstes Blatt)

[aktuelle Fassung:]

4. die Bezeichnung des anzeigepflichtigen Vorgangs und den Tag der Beurkundung, bei einem Vorgang, der einer Genehmigung bedarf, auch die Bezeichnung desjenigen, dessen Genehmigung erforderlich ist;

5. den Kaufpreis oder die sonstige Gegenleistung (§ 9);

6. den Namen der Urkundsperson.

(2) Die Anzeigen, die sich auf Anteile an einer Gesellschaft beziehen, müssen außerdem enthalten:

1.[1] die Firma, den Ort der Geschäftsführung sowie die Wirtschafts-Identifikationsnummer der Gesellschaft gemäß § 139c der Abgabenordnung,

2. die Bezeichnung des oder der Gesellschaftsanteile;

3.[2] bei mehreren beteiligten Rechtsträgern eine Beteiligungsübersicht.

[künftige Fassung:]

2. die Bezeichnung des Grundstücks nach Grundbuch, Kataster, Straße und Hausnummer, den Anteil des Veräußerers und des Erwerbers am Grundstück und bei Wohnungs- und Teileigentum die genaue Bezeichnung des Wohnungs- und Teileigentums sowie den Miteigentumsanteil;

3. die Größe des Grundstücks und bei bebauten Grundstücken die Art der Bebauung;

4. die Bezeichnung des anzeigepflichtigen Vorgangs, den Tag der Beurkundung und die Urkundennummer, bei einem Vorgang, der einer Genehmigung bedarf, auch die Bezeichnung desjenigen, dessen Genehmigung erforderlich ist, bei einem Vorgang unter einer Bedingung auch die Bezeichnung der Bedingung;

5. den Kaufpreis oder die sonstige Gegenleistung (§ 9);

6. den Namen und die Anschrift der Urkundsperson.

(2) Die Anzeigen, die sich auf Anteile an einer Gesellschaft beziehen, müssen außerdem enthalten:

1. die Firma, den Ort der Geschäftsführung sowie die Wirtschafts-Identifikationsnummer der Gesellschaft gemäß § 139c der Abgabenordnung; bis zur Einführung der Wirtschafts-Identifikationsnummer gemäß § 139c der Abgabenordnung ist die Register- und die für die Besteuerung nach dem Einkommen vergebene Steuernummer der Gesellschaft anzugeben;

---

[1] § 20 Abs. 1 Nr. 1, Abs. 2 Nr. 1 geänd. mWv 14.12.2010 durch G v. 8.12.2010 (BGBl. I S. 1768).
[2] § 20 Abs. 2 Nr. 3 angef. durch G v. 26.6.2013 (BGBl. I S. 1809); zur Anwendung siehe § 23 Abs. 11.

[künftige Fassung:]
2. die Bezeichnung des oder der Gesellschaftsanteile;
3. bei mehreren beteiligten Rechtsträgern eine Beteiligungsübersicht.

§ 21[1] **Urkundenaushändigung.** Die Gerichte, Behörden und Notare dürfen Urkunden, die einen anzeigepflichtigen Vorgang betreffen, den Beteiligten erst aushändigen und Ausfertigungen oder beglaubigte Abschriften den Beteiligten erst erteilen, wenn sie die Anzeigen in allen Teilen vollständig (§§ 18 und 20) an das Finanzamt abgesandt haben.

§ 22 Unbedenklichkeitsbescheinigung. (1)[2] [1] Der Erwerber eines Grundstücks darf in das Grundbuch erst dann eingetragen werden, wenn eine Bescheinigung des für die Besteuerung zuständigen Finanzamts vorgelegt wird (§ 17 Abs. 1 Satz 1) oder Bescheinigungen der für die Besteuerung zuständigen Finanzämter (§ 17 Abs. 1 Satz 2) vorgelegt werden, daß der Eintragung steuerliche Bedenken nicht entgegenstehen. [2] Die obersten Finanzbehörden der Länder können im Einvernehmen mit den Landesjustizverwaltungen Ausnahmen hiervon vorsehen.

(2)[3] [1] Das Finanzamt hat die Bescheinigung zu erteilen, wenn die Grunderwerbsteuer entrichtet, sichergestellt oder gestundet worden ist oder wenn Steuerfreiheit gegeben ist. [2] Es darf die Bescheinigung auch in anderen Fällen erteilen, wenn nach seinem Ermessen die Steuerforderung nicht gefährdet ist. [3] Das Finanzamt hat die Bescheinigung schriftlich zu erteilen. [4] Eine elektronische Übermittlung der Bescheinigung ist ausgeschlossen.

Achter Abschnitt. Durchführung[4]

§ 22a Ermächtigung.[4] [1] Zur Vereinfachung des Besteuerungsverfahrens wird das Bundesministerium der Finanzen ermächtigt, im Benehmen mit dem Bundesministerium des Innern, für Bau und Heimat[5] und mit Zustimmung des Bundesrates durch Rechtsverordnung ein Verfahren zur elektronischen Übermittlung der Anzeige und der Abschrift der Urkunde im Sinne des § 18 näher zu bestimmen. [2] Die Authentifizierung des Datenübermittlers sowie die Vertraulichkeit und Integrität des übermittelten elektronischen Dokuments sind sicherzustellen. [3] Soweit von dieser Ermächtigung nicht Gebrauch gemacht wurde, ist die elektronische Übermittlung der Anzeige und der Abschrift der Urkunde im Sinne des § 18 ausgeschlossen.

---

[1] § 21 geänd. durch G v. 2.11.2015 (BGBl. I S. 1834); zur Anwendung siehe § 23 Abs. 13.
[2] § 22 Abs. 1 Satz 2 angef. durch G v. 24.3.1999 (BGBl. I S. 402).
[3] § 22 Abs. 2 Sätze 3 und 4 angef. mWv 28.8.2002 durch G v. 21.8.2002 (BGBl. I S. 3322).
[4] Achter Abschnitt, § 22a eingef., bish. Achter Abschnitt wird Neunter Abschnitt mWv 5.11.2011 durch G v. 1.11.2011 (BGBl. I S. 2131).
[5] Bezeichnung geänd. durch VO v. 19.6.2020 (BGBl. I S. 1328).

Neunter Abschnitt. Übergangs- und Schlußvorschriften

§ 23 Anwendungsbereich. (1) [1]Dieses Gesetz ist auf Erwerbsvorgänge anzuwenden, die nach dem 31. Dezember 1982 verwirklicht werden. [2]Es ist auf Antrag auch auf Erwerbsvorgänge anzuwenden, die vor dem 1. Januar 1983, jedoch nach dem Tag der Verkündung des Gesetzes, 22. Dezember 1982, verwirklicht werden.

(2) [1]Auf vor dem 1. Januar 1983 verwirklichte Erwerbsvorgänge sind vorbehaltlich des Absatzes 1 Satz 2 die bis zum Inkrafttreten dieses Gesetzes geltenden Vorschriften anzuwenden. [2]Dies gilt insbesondere, wenn für einen vor dem 1. Januar 1983 verwirklichten Erwerbsvorgang Steuerbefreiung in Anspruch genommen und nach dem 31. Dezember 1982 ein Nacherhebungstatbestand verwirklicht wurde.

(3)[1] § 1 Abs. 2a, § 9 Abs. 1 Nr. 8, § 13 Nr. 6, § 16 Abs. 5, § 17 Abs. 3 Nr. 2 und § 19 Abs. 1 Nr. 3a in der Fassung des Gesetzes vom 20. Dezember 1996 (BGBl. I S. 2049) sind erstmals auf Rechtsgeschäfte anzuwenden, die die Voraussetzungen des § 1 Abs. 2a in der Fassung des Gesetzes vom 20. Dezember 1996 (BGBl. I S. 2049) nach dem 31. Dezember 1996 erfüllen.

(4)[1] [1]§ 8 Abs. 2 und § 11 Abs. 1 in der Fassung des Gesetzes vom 20. Dezember 1996 (BGBl. I S. 2049) sind erstmals auf Erwerbsvorgänge anzuwenden, die nach dem 31. Dezember 1996 verwirklicht werden. [2]§ 10 ist letztmals auf Erwerbsvorgänge anzuwenden, die vor dem 1. Januar 1997 verwirklicht werden.

(5)[1] § 4 Nr. 1 in der Fassung des Gesetzes vom 24. März 1999 (BGBl. I S. 402) ist erstmals auf Erwerbsvorgänge anzuwenden, die nach dem 31. Dezember 1997 verwirklicht werden.

(6)[2] [1]§ 1 Abs. 6, § 8 Abs. 2, § 9 Abs. 1 und § 17 Abs. 3 Satz 1 Nr. 1 in der Fassung des Gesetzes vom 24. März 1999 (BGBl. I S. 402) sind erstmals auf Erwerbsvorgänge anzuwenden, die nach dem Tage der Verkündung[3] des Gesetzes verwirklicht werden. [2]§ 1 Abs. 2a und 3, § 5 Abs. 3, § 13 Nr. 5 und 6, § 16 Abs. 4 und § 19 Abs. 1 Satz 1 Nr. 3a bis 7 und Abs. 2 Nr. 4 in der Fassung des Gesetzes vom 24. März 1999 (BGBl. I S. 402) sind erstmals auf Erwerbsvorgänge anzuwenden, die nach dem 31. Dezember 1999 verwirklicht werden.

(7)[4] [1]§ 1 Abs. 2a Satz 3, § 2 Abs. 1 Satz 2 Nr. 3, § 6 Abs. 3 Satz 2, § 16 Abs. 4, § 19 Abs. 1 Satz 1 Nr. 8 und § 19 Abs. 2 Nr. 4 in der Fassung des Gesetzes vom 20. Dezember 2001 (BGBl. I S. 3794) sind erstmals auf Erwerbsvorgänge anzuwenden, die nach dem 31. Dezember 2001 verwirklicht werden. [2]§ 1 Abs. 7 ist letztmals auf Erwerbsvorgänge anzuwenden, die bis zum 31. Dezember 2001 verwirklicht werden. [3]§ 5 Absatz 3 Satz 2 und § 6 Absatz 3 Satz 3 in der Fassung des Artikels 33 des Gesetzes vom 21. Dezember

---

[1] § 23 Abs. 3 und 4 neu gef., Abs. 5 angef. durch G v. 24.3.1999 (BGBl. I S. 402).
[2] § 23 Abs. 6 angef. durch G v. 24.3.1999 (BGBl. I S. 402).
[3] Verkündet am 31.3.1999.
[4] § 23 Abs. 7 angef. durch G v. 20.12.2001 (BGBl. I S. 3794); Satz 3 angef. durch G v. 21.12.2020 (BGBl. I S. 3096).

2020 (BGBl. I S. 3096) sind erstmals auf Erwerbsvorgänge anzuwenden, die nach dem 31. Januar 2020 verwirklicht werden.

(8)[1] [1]Die §§ 6a und 19 Absatz 2 Nummer 4a in der Fassung des Artikels 7 des Gesetzes vom 22. Dezember 2009 (BGBl. I S. 3950) sind erstmals auf Erwerbsvorgänge anzuwenden, die nach dem 31. Dezember 2009 verwirklicht werden. [2]§ 6a ist nicht anzuwenden, wenn ein im Zeitraum vom 1. Januar 2008 bis 31. Dezember 2009 verwirklichter Erwerbsvorgang rückgängig gemacht wird und deshalb nach § 16 Absatz 1 oder 2 die Steuer nicht zu erheben oder eine Steuerfestsetzung aufzuheben oder zu ändern ist.

(9)[2] Soweit Steuerbescheide für Erwerbsvorgänge von Lebenspartnern noch nicht bestandskräftig sind, ist § 3 Nummer 3 bis 7 in der Fassung des Artikels 29 des Gesetzes vom 8. Dezember 2010 (BGBl. I S. 1768) erstmals auf Erwerbsvorgänge anzuwenden, die nach dem 31. Juli 2001 verwirklicht werden.

(10)[3] § 6a Satz 4 in der Fassung des Artikels 12 des Gesetzes vom 22. Juni 2011 (BGBl. I S. 1126) ist erstmals auf Erwerbsvorgänge anzuwenden, die nach dem 31. Dezember 2009 verwirklicht werden.

(11)[4] § 1 Absatz 3a und 6 Satz 1, § 4 Nummer 4 und 5, § 6a Satz 1, § 8 Absatz 2 Satz 1 Nummer 3, § 13 Nummer 7, § 16 Absatz 5, § 17 Absatz 3 Satz 1 Nummer 2, § 19 Absatz 1 Satz 1 Nummer 7a und Absatz 2 Nummer 5, § 20 Absatz 2 Nummer 3 in der Fassung des Artikels 26 des Gesetzes vom 26. Juni 2013 (BGBl. I S. 1809) sind erstmals auf Erwerbsvorgänge anzuwenden, die nach dem 6. Juni 2013[5] verwirklicht werden.

(12)[6] § 6a Satz 1 bis 3 sowie § 16 Absatz 5 in der am 31. Juli 2014[7] geltenden Fassung sind auf Erwerbsvorgänge anzuwenden, die nach dem 6. Juni 2013 verwirklicht werden.

(13)[8] § 1 Absatz 2a und § 21 in der am 6. November 2015[9] geltenden Fassung sind auf Erwerbsvorgänge anzuwenden, die nach dem 5. November 2015[10] verwirklicht werden.

(14)[11] [1]§ 8 Absatz 2 und § 17 Absatz 3a in der am 6. November 2015[9] geltenden Fassung sind auf Erwerbsvorgänge anzuwenden, die nach dem 31. Dezember 2008 verwirklicht werden. [2]Soweit Steuer- und Feststellungsbescheide, die vor dem 6. November 2015[10] für Erwerbsvorgänge nach dem 31. Dezember 2008 ergangen sind, wegen § 176 Absatz 1 Satz 1 Nummer 1 der Abgabenordnung nicht geändert werden können, ist die festgesetzte Steuer vollstreckbar.[12]

---

[1] § 23 Abs. 8 angef. durch G v. 22.12.2009 (BGBl. I S. 3950).
[2] § 23 Abs. 9 neu gef. durch G v. 26.6.2013 (BGBl. I S. 1809).
[3] § 23 Abs. 10 angef. durch G v. 22.6.2011 (BGBl. I S. 1126).
[4] § 23 Abs. 11 angef. durch G v. 26.6.2013 (BGBl. I S. 1809).
[5] Datum des Beschlusses des Dt. Bundestages über die Empfehlung des Vermittlungsausschusses zum G v. 26.6.2013.
[6] § 23 Abs. 12 angef. durch G v. 25.7.2014 (BGBl. I S. 1266).
[7] Datum des Tags nach der Verkündung des G v. 25.7.2014 (BGBl. I S. 1266).
[8] § 23 Abs. 13 angef. durch G v. 2.11.2015 (BGBl. I S. 1834).
[9] Tag *nach* der Verkündung des StÄndG 2015 v. 2.11.2015 (BGBl. I S. 1834).
[10] Tag *der* Verkündung des StÄndG 2015 v. 2.11.2015 (BGBl. I S. 1834).
[11] § 23 Abs. 14 angef. durch G v. 2.11.2015 (BGBl. I S. 1834).
[12] Siehe hierzu BVerfG v. 23.6.2015 1 BvL 13/11 und 1 BvL 14/11.

(15)[1] § 19 Absatz 3 Satz 2 in der am 23. Juli 2016[2] geltenden Fassung ist auf Erwerbsvorgänge anzuwenden, die nach dem 22. Juli 2016[3] verwirklicht werden.

(16)[4] ¹ § 1 Abs. 4 und § 18 Absatz 2 Satz 2 in der am 15. Dezember 2018[5] geltenden Fassung sind auf Erwerbsvorgänge anzuwenden, die nach dem 14. Dezember 2018[6] verwirklicht werden. ²Der Zeitpunkt der erstmaligen Anwendung des § 20 in der am 15. Dezember 2018[5] geltenden Fassung wird durch die Rechtsverordnung im Sinne des § 22a Satz 1 bestimmt.

(17)[7] § 1 Absatz 1 Nummer 3 Satz 2 Buchstabe a und b und § 19 Absatz 6 in der Fassung des Artikels 32 des Gesetzes vom 21. Dezember 2020 (BGBl. I S. 3096) sind erstmals auf Erwerbsvorgänge anzuwenden, die nach dem 28. Dezember 2020[8] verwirklicht werden.

(18)[9] § 1 Absatz 2a Satz 1 und 4, Absatz 2b, 3 und 3a Satz 1, § 5 Absatz 3 Satz 1, § 6 Absatz 3 Satz 2 und Absatz 4, § 6a Satz 1, § 7 Absatz 3, § 8 Absatz 2 Satz 1 Nummer 3 und 4 und Satz 2, § 13 Nummer 5 bis 8, § 17 Absatz 3 Satz 1 Nummer 2 und § 19 Absatz 1 Satz 1 Nummer 3a bis 9 und Absatz 6 in der am 1. Juli 2021 geltenden Fassung sind erstmals auf Erwerbsvorgänge anzuwenden, die nach dem 30. Juni 2021 verwirklicht werden.

(19)[10] ¹ Bei Anwendung des § 1 Absatz 2a in der am 1. Juli 2021 geltenden Fassung bleiben Übergänge von Anteilen am Gesellschaftsvermögen auf Gesellschafter unberücksichtigt, die mit Ablauf des 30. Juni 2021 keine neuen Gesellschafter im Sinne des § 1 Absatz 2a in der am 30. Juni 2021 geltenden Fassung mehr sind. ²Bei der Anwendung des § 1 Absatz 2a in der am 1. Juli 2021 geltenden Fassung ist für die Ermittlung, inwieweit sich der Gesellschafterbestand geändert hat, § 1 Absatz 2a Satz 3 bis 5 in der am 1. Juli 2021 geltenden Fassung auch auf vor dem 1. Juli 2021 erfolgte Anteilsübergänge anzuwenden.

(20)[11] ¹ § 1 Absatz 2a und § 19 Absatz 1 Satz 1 Nummer 3a in der am 30. Juni 2021 geltenden Fassung sind auf Änderungen des Gesellschafterbestandes bis zum 30. Juni 2026 weiter anzuwenden. ²Dies gilt nicht, wenn der Rechtsvorgang nach § 1 Absatz 1, 2, 2a, 3 oder Absatz 3a in der am 1. Juli 2021 geltenden Fassung steuerbar ist oder ein vorausgegangener Rechtsvorgang nach § 1 Absatz 2a in der am 1. Juli 2021geltenden Fassung steuerbar war.

---

[1] § 23 Abs. 15 angef. durch G v. 18.7.2016 (BGBl. I S. 1679).
[2] Datum des Tages *nach* der Verkündung des G v. 18.7.2016 (BGBl. I S. 1679).
[3] Datum des Tages *der* Verkündung des G v. 18.7.2016 (BGBl. I S. 1679).
[4] § 23 Abs. 16 angef. durch G v. 11.12.2018 (BGBl. I S. 2338).
[5] Datum des Tages *nach* der Verkündung des G v. 11.12.2018.
[6] Datum des Tages *der* Verkündung des G v. 11.12.2018.
[7] § 23 Abs. 17 eingef. durch G v. 21.12.2020 (BGBl. I S. 3096).
[8] Datum des Tages der Verkündung des G v. 21.12.2020.
[9] § 23 Abs. 18 eingef. durch G v. 12.5.2021 (BGBl. I S. 986); geänd. durch G v. 16.12.2022 (BGBl. I S. 2294).
[10] § 23 Abs. 19 eingef. durch G v. 12.5.2021 (BGBl. I S. 986).
[11] § 23 Abs. 20 eingef. durch G v. 12.5.2021 (BGBl. I S. 986).

(21)[1] [1] § 1 Absatz 3 Nummer 1 und 2 und § 19 Absatz 1 Satz 1 Nummer 4 und 5 in der am 30. Juni 2021 geltenden Fassung sind auf Erwerbsvorgänge, die nach dem 30. Juni 2021 verwirklicht werden, weiter anzuwenden, wenn am 30. Juni 2021 unmittelbar oder mittelbar weniger als 95 vom Hundert und mindestens 90 vom Hundert der Anteile der Gesellschaft in der Hand des Erwerbers oder in der Hand von herrschenden und abhängigen Unternehmen oder abhängigen Personen oder in der Hand von abhängigen Unternehmen oder abhängigen Personen allein vereinigt waren. [2] Bei der Ermittlung der allein in einer Hand vereinigten Anteile der Gesellschaft im Sinne des Satzes 1 sind auch solche Anteile zu berücksichtigen, über die der Erwerber oder die herrschenden und abhängigen Unternehmen oder abhängigen Personen oder die abhängigen Unternehmen oder abhängigen Personen vor dem 1. Juli 2021 ein Rechtsgeschäft abgeschlossen haben, das den Anspruch auf Übertragung eines oder mehrerer dieser Anteile begründet. [3] Die Sätze 1 und 2 gelten nicht, wenn der Rechtsvorgang nach § 1 Absatz 1, 2, 2a, 2b, 3 oder Absatz 3a in der am 1. Juli 2021 geltenden Fassung steuerbar ist. [4] Sinken die Anteile nach dem 30. Juni 2021 unter 90 vom Hundert, finden die Sätze 1 und 2 auf spätere Erwerbsvorgänge keine Anwendung.

(22)[2] [1] § 1 Absatz 3a und § 19 Absatz 1 Satz 1 Nummer 7a in der am 30. Juni 2021 geltenden Fassung sind auf Erwerbsvorgänge nach dem 30. Juni 2021 weiter anzuwenden, wenn der Rechtsträger am 30. Juni 2021 unmittelbar oder mittelbar oder teils unmittelbar, teils mittelbar eine wirtschaftliche Beteiligung von weniger als 95 vom Hundert und mindestens 90 vom Hundert an einer Gesellschaft, zu deren Vermögen ein inländisches Grundstück gehört, innehatte. [2] Dies gilt nicht, wenn der Rechtsvorgang nach § 1 Absatz 1, 2, 2a, 2b, 3 oder Absatz 3a in der am 1. Juli 2021 geltenden Fassung steuerbar ist. [3] Sinkt nach dem 30. Juni 2021 die wirtschaftliche Beteiligung im Sinne des § 1 Absatz 3a unter 90 vom Hundert, findet Satz 1 auf spätere Erwerbsvorgänge keine Anwendung.

(23)[3] Bei der Anwendung des § 1 Absatz 2b bleiben Übergänge von Anteilen der Gesellschaft, die vor dem 1. Juli 2021 erfolgen, unberücksichtigt.

(24)[4] § 5 Absatz 3 Satz 1, § 6 Absatz 3 Satz 2 und Absatz 4 und § 7 Absatz 3 in der am 1. Juli 2021 geltenden Fassung sind nicht anzuwenden, wenn die in § 5 Absatz 3, § 6 Absatz 3 Satz 2 oder Absatz 4 oder § 7 Absatz 3 in der am 30. Juni 2021 geltenden Fassung geregelte Frist vor dem 1. Juli 2021 abgelaufen war.

§§ 24 bis 27. (weggefallen)

§ 28. (Inkrafttreten)[5]

---

[1] § 23 Abs. 21 eingef. durch G v. 12.5.2021 (BGBl. I S. 986).
[2] § 23 Abs. 22 eingef. durch G v. 12.5.2021 (BGBl. I S. 986).
[3] § 23 Abs. 23 eingef. durch G v. 12.5.2021 (BGBl. I S. 986).
[4] § 23 Abs. 24 eingef. durch G v. 12.5.2021 (BGBl. I S. 986); geänd. durch G v. 16.12.2022 (BGBl. I S. 2294).
[5] Das Gesetz in seiner ursprünglichen Fassung ist am 1.1.1983 in Kraft getreten.

620. Versicherungsteuergesetz
(VersStG 2021)

In der Fassung der Neubekanntmachung vom 27. April 2021
(BGBl. I S. 874)[1] · [2]

BGBl. III/FNA 611-15

Inhaltsübersicht

§ 1 Gegenstand der Steuer. (1) Der Steuer unterliegt die Zahlung des Versicherungsentgelts auf Grund eines durch Vertrag oder auf sonstige Weise entstandenen Versicherungsverhältnisses.

(2) [1]Besteht das Versicherungsverhältnis mit einem Versicherer, der im Gebiet der Mitgliedstaaten der Europäischen Union oder anderer Vertragsstaaten des Abkommens über den Europäischen Wirtschaftsraum (EWR-Staat) niedergelassen ist, so ist die Steuerpflicht unabhängig vom Sitz, Wohnsitz oder gewöhnlichem Aufenthalt des Versicherungsnehmers bei der Versicherung folgender Risiken gegeben:

1. Risiken mit Bezug auf unbewegliche Sachen, insbesondere Bauwerke und Anlagen, und auf darin befindliche Sachen mit Ausnahme von gewerblichem Durchfuhrgut, wenn sich die Gegenstände im Geltungsbereich dieses Gesetzes befinden;

2. Risiken mit Bezug auf im Geltungsbereich dieses Gesetzes in ein amtliches oder amtlich anerkannte Register einzutragende oder eingetragene und mit einem Unterscheidungskennzeichen versehene Fahrzeuge aller Art;

---

[1] Neubekanntmachung des VersStG idF der Bek. v. 10.1.1996 (BGBl. I S. 22) auf Grund des § 11 Abs. 2 VerStG in der ab 7.4.2021 geltenden Fassung.
[2] **Das VersStG tritt im Beitrittsgebiet am 1.1.1991 in Kraft** (vgl. Anlage I Kap. IV Sachgebiet B Abschn. II Nr. 14 des Einigungsvertrags).

3. Reise- oder Ferienrisiken auf Grund eines Versicherungsverhältnisses mit einer Laufzeit von nicht mehr als vier Monaten, wenn der Versicherungsnehmer die zur Entstehung des Versicherungsverhältnisses erforderlichen Rechtshandlungen im Geltungsbereich dieses Gesetzes vornimmt.

²Besteht das Versicherungsverhältnis mit einem in einem EWR-Staat niedergelassenen Versicherer und ergibt sich die Steuerpflicht nicht aus Satz 1, so besteht die Steuerpflicht bei der Versicherung

1. von Risiken mit Bezug auf Gegenstände im Sinne des Satzes 1 Nummer 1, die sich außerhalb des Geltungsbereichs dieses Gesetzes befinden,

2. von Risiken mit Bezug auf Fahrzeuge im Sinne des Satzes 1 Nummer 2, die in ein amtliches Register eines Staates außerhalb des Geltungsbereichs dieses Gesetzes einzutragen oder eingetragen sind,

3. von Reise- oder Ferienrisiken im Sinne des Satzes 1 Nummer 3, bei der der Versicherungsnehmer die zur Entstehung des Versicherungsverhältnisses erforderlichen Rechtshandlungen in einem Staat außerhalb des Geltungsbereichs dieses Gesetzes vorgenommen hat, oder

4. einer außerhalb des Geltungsbereichs dieses Gesetzes belegenen Betriebsstätte oder sonstigen Einrichtung einer nicht natürlichen Person,

wenn der Versicherungsnehmer seinen Sitz, Wohnsitz oder gewöhnlichen Aufenthalt im Geltungsbereich dieses Gesetzes hat, es sei denn, die Gegenstände im Sinne der Nummer 1 oder die Betriebsstätte oder sonstige Einrichtung der nicht natürlichen Person im Sinne der Nummer 4 sind in einem EWR-Staat belegen, das Fahrzeug im Sinne der Nummer 2 ist in einem amtlichen Register eines EWR-Staates eingetragen oder die zur Entstehung des Versicherungsverhältnisses im Sinne der Nummer 3 erforderlichen Rechtshandlungen werden in einem EWR-Staat vorgenommen. ³Sind durch die Versicherung andere als die in Satz 1 genannten Risiken oder Gegenstände, insbesondere nicht registrierungspflichtige oder nicht registrierte Fahrzeuge, abgesichert, besteht die Steuerpflicht, wenn der Versicherungsnehmer

1. eine natürliche Person ist und er bei Zahlung des Versicherungsentgelts seinen Wohnsitz oder gewöhnlichen Aufenthalt im Geltungsbereich dieses Gesetzes hat oder

2. keine natürliche Person ist und sich bei Zahlung des Versicherungsentgelts der Sitz des Unternehmens, die Betriebsstätte oder die entsprechende Einrichtung, auf die sich das Versicherungsverhältnis bezieht, im Geltungsbereich dieses Gesetzes befindet.

(3) Besteht das Versicherungsverhältnis mit einem Versicherer, der außerhalb des Gebietes der Mitgliedstaaten der Europäischen Union und des Europäischen Wirtschaftsraums niedergelassen ist, so entsteht die Steuerpflicht, wenn

1. der Versicherungsnehmer bei der Zahlung des Versicherungsentgelts seinen Wohnsitz oder gewöhnlichen Aufenthalt oder seinen Sitz im Geltungsbereich dieses Gesetzes hat oder

2. ein Gegenstand versichert ist, der sich zur Zeit der Begründung des Versicherungsverhältnisses im Geltungsbereich dieses Gesetzes befand, oder

3. sich dieses Versicherungsverhältnis auf ein Unternehmen, eine Betriebsstätte oder eine sonstige Einrichtung im Geltungsbereich dieses Gesetzes unmittelbar oder mittelbar bezieht; dies ist insbesondere der Fall bei der Betriebsstättenhaftpflichtversicherung oder der Berufshaftpflichtversicherung für Angehörige des Unternehmens, der Betriebsstätte oder der sonstigen Einrichtung.

(4) Zum Geltungsbereich dieses Gesetzes gehört auch die deutsche ausschließliche Wirtschaftszone.

§ 2 Versicherungsverträge. (1) Als Versicherungsvertrag im Sinne dieses Gesetzes gilt auch eine Vereinbarung zwischen mehreren Personen oder Personenvereinigungen, solche Verluste oder Schäden gemeinsam zu tragen, die den Gegenstand einer Versicherung bilden können.

(2) Als Versicherungsvertrag gilt nicht ein Vertrag, durch den der Versicherer sich verpflichtet, für den Versicherungsnehmer Bürgschaft oder sonstige Sicherheit zu leisten.

§ 3 Versicherungsentgelt. (1) [1]Versicherungsentgelt im Sinne dieses Gesetzes ist jede Leistung, die für die Begründung und zur Durchführung des Versicherungsverhältnisses an den Versicherer zu bewirken ist. [2]Hierunter fallen insbesondere

1. Prämien,
2. Beiträge,
3. Vorbeiträge,
4. Vorschüsse,
5. Nachschüsse,
6. Umlagen und
7. Gebühren für die Ausfertigung des Versicherungsscheins und sonstige Nebenkosten.

[3]Zum Versicherungsentgelt gehört nicht, was zur Abgeltung einer Sonderleistung des Versicherers oder aus einem sonstigen in der Person des einzelnen Versicherungsnehmers liegenden Grund gezahlt wird. [4]Hierzu zählen insbesondere Kosten für die Ausstellung einer Ersatzurkunde und die Mahnkosten.

(2) [1]Wird auf die Prämie ein Gewinnanteil verrechnet und nur der Unterschied zwischen Prämie und Gewinnanteil an den Versicherer gezahlt, so ist dieser Unterschiedsbetrag Versicherungsentgelt. [2]Das gleiche gilt, wenn eine Verrechnung zwischen Prämie und Gewinnanteil nicht möglich ist und die Gutschriftanzeige über den Gewinnanteil dem Versicherungsnehmer mit der Prämienrechnung vorgelegt wird.

§ 4 Ausnahmen von der Besteuerung. (1) Von der Besteuerung ausgenommen ist die Zahlung des Versicherungsentgelts

1. für eine Rückversicherung;
2. für eine Versicherung, die bei Vereinigungen öffentlich-rechtlicher Körperschaften genommen wird, um Aufwendungen der öffentlich-rechtlichen

Körperschaften für Ruhegehalt und Hinterbliebenenversorgung ihrer Mitglieder auszugleichen;

3. für eine Unfallversicherung nach dem Siebten Buch Sozialgesetzbuch, soweit sie nicht auf § 140 beruht;

4. für die Arbeitslosenversicherung nach dem Dritten Buch Sozialgesetzbuch[1]) sowie für eine Versicherung, die auf dem Aufwendungsausgleichsgesetz beruht; dies gilt auch für eine Versicherung, die bei einer Einrichtung im Sinne des § 12 Abs. 1 des Aufwendungsausgleichsgesetzes[2]) genommen wird;

[Fassung bis 31.12.2021:]	*[Fassung ab 1.1.2022:]*[3])
5.[4]) für eine Versicherung, durch die Ansprüche auf Kapital-, Renten- oder sonstige Leistungen im Fall des Erlebens, der Krankheit, der Pflegebedürftigkeit, der Berufs- oder Erwerbsunfähigkeit oder der verminderten Erwerbsfähigkeit, des Alters oder des Todes begründet werden. ²Dies gilt nicht für die Unfallversicherung, die Haftpflichtversicherung und sonstige Sachversicherungen. ³Nummer 3 bleibt unberührt;	5. für eine Versicherung, durch die Ansprüche auf Kapital-, Renten- oder sonstige Leistungen begründet werden a) im Fall des Todes, des Erlebens oder des Alters oder b) im Fall der Krankheit, der Pflegebedürftigkeit, der Berufs- oder der Erwerbsunfähigkeit oder der verminderten Erwerbsfähigkeit, sofern diese Ansprüche der Versorgung der natürlichen Person, bei der sich das versicherte Risiko realisiert (Risikoperson), oder der Versorgung von deren nahen Angehörigen im Sinne des § 7 des Pflegezeitgesetzes oder von deren Angehörigen im Sinne des § 15 der Abgabenordnung dienen. ²Die Ausnahme von der Besteuerung nach Satz 1 gilt nicht für die Unfallversicherung, die Haftpflichtversicherung und sonstige Sachversicherungen. ³Nummer 3 bleibt unberührt;

---

¹) **Nipperdey I Nr. 693.**
²) **Nipperdey I Nr. 220.**
³) § 4 [Abs. 1] Nr. 5 neu gef. durch G v. 3.12.2020 (BGBl. I S. 2659); zur Anwendung siehe § 12 Abs. 3 Satz 1 und 3.
⁴) § 4 Nr. 5 neu gef. mWv 1.1.2013 durch G v. 5.12.2012 (BGBl. I S. 2431); zur Anwendung siehe § 12 Abs. 3 Satz 2.

5a. für eine Versicherung, die auf dem Vierten Abschnitt des Ersten Teils des Gesetzes zur Verbesserung der betrieblichen Altersversorgung vom 19. Dezember 1974 (BGBl. I S. 3610)[1] beruht;

6. für eine Versicherung bei einer Lohnausgleichskasse, die von Tarifvertragsparteien errichtet worden ist, um Arbeitnehmer bei Arbeitsausfällen zu unterstützen;

7. für eine Vereinbarung im Sinne des § 2 Absatz 1, soweit sie die Gewährung von Unterstützungen bei Arbeitskampfmaßnahmen oder Maßregelung zum Gegenstand hat oder soweit sie die Gewährung von Rechtsschutz durch Gewerkschaften und Vereinigungen von Arbeitgebern oder durch Zusammenschlüsse dieser Berufsverbände für ihre Mitglieder oder für andere Berufsverbände mit vergleichbarer Ausrichtung und deren Mitglieder zum Gegenstand hat. [2] Dies gilt auch, wenn die Gewährung von Rechtsschutz durch eine juristische Person erfolgt, deren Anteile sämtlich im wirtschaftlichen Eigentum einer der genannten Organisationen stehen und die ausschließlich Rechtsschutz für die Organisation und ihre Mitglieder entsprechend deren Satzung durchführt;

8. für eine Versicherung, die von einem der nachstehend bezeichneten Versicherungsnehmer genommen wird:

a) bei der Bundesrepublik Deutschland beglaubigte diplomatische Vertretungen außerdeutscher Staaten,

b) Mitglieder der unter Buchstabe a bezeichneten diplomatischen Vertretungen und Personen, die zum Geschäftspersonal dieser Vertretungen gehören und der inländischen Gerichtsbarkeit nicht unterliegen,

c) in der Bundesrepublik Deutschland zugelassene konsularische Vertretungen außerdeutscher Staaten, wenn der Leiter der Vertretung Angehöriger des Entsendestaates ist und außerhalb seines Amtes in der Bundesrepublik Deutschland keine Erwerbstätigkeit ausübt,

d) in der Bundesrepublik Deutschland zugelassene Konsularvertreter (Generalkonsuln, Konsuln, Vizekonsuln, Konsularagenten) und Personen, die zum Geschäftspersonal dieser Konsularvertreter gehören, wenn sie Angehörige des Entsendestaates sind und außerhalb ihres Amtes in der Bundesrepublik Deutschland keine Erwerbstätigkeit ausüben.

[2] Die Steuerbefreiung tritt nur ein, wenn Gegenseitigkeit gewährt wird;

9. für eine Versicherung von Vieh, wenn die Versicherungssumme 4000 Euro nicht übersteigt. [2] Hat ein Versicherungsnehmer bei demselben Versicherer mehrere Viehversicherungen abgeschlossen, so gilt die Ausnahme von der Besteuerung nur, wenn die versicherten Beträge zusammen die Freigrenze nicht übersteigen;

10. für eine Versicherung beförderter Güter gegen Verlust oder Beschädigung als Transportgüterversicherung einschließlich Valorenversicherung und Kriegsrisikoversicherung, wenn sich die Versicherung auf Güter bezieht, die ausschließlich im Ausland oder im grenzüberschreitenden Verkehr ein-

---

[1] Nr. **70**.

schließlich der Durchfuhr befördert werden; dies gilt nicht bei der Beförderung von Gütern zwischen inländischen Orten, bei der die Güter nur zur Durchfuhr in das Ausland gelangen. ²Die Besteuerung der Zahlung des Versicherungsentgelts für eine Haftpflichtversicherung bleibt unberührt;

11. in Form von Umlagen, die von Beteiligten eines Erlöspools zum Zweck der Verteilung der gesamten dem jeweiligen Verteilungssystem unterliegenden, von den Mitgliedern im eigenen Namen und auf eigene Rechnung erzielten Nettoeinnahmen der Beteiligten nach einem vorbestimmten Schlüssel erhoben werden;

12. an Brandunterstützungsvereine, soweit die anlässlich eines einzelnen Schadensfalls erhobene Umlage den Betrag von 5500 Euro nicht übersteigt.

[ab 1.1.2022:
(2)¹⁾ ¹Treten nach Zahlung eines Versicherungsentgelts Umstände ein, die im Falle ihres Vorliegens bei Zahlung des Versicherungsentgelts zu einer Steuerbefreiung im Sinne des § 4 Absatz 1 Nummer 5 Buchstabe b oder zu einer Steuerpflicht geführt hätten, so beginnt oder erlischt die Steuerbefreiung im Zeitpunkt des Eintritts der Umstände. ²Erlischt die Steuerbefreiung, beginnt die Festsetzungsfrist mit Ablauf des Kalenderjahres, in dem der Steuerentrichtungsschuldner oder die Finanzbehörde von dem Umstand Kenntnis erlangt, der zum Erlöschen der Steuerbefreiung führt.]**

§ 5 Steuerberechnung, Steuerentstehung, Steuerausweis. (1) ¹Die Steuer wird für die einzelnen Versicherungen berechnet, und zwar

1. regelmäßig vom Versicherungsentgelt,

2. bei der Versicherung von Schäden, die an den versicherten Bodenerzeugnissen durch die Einwirkung von den wetterbedingten Elementargefahren Hagelschlag, Sturm, Starkfrost, Dürre, Starkregen oder Überschwemmungen entstehen, und bei der im Betrieb der Landwirtschaft oder Gärtnerei genommenen Versicherung von Glasdeckungen über Bodenerzeugnissen gegen Schäden auf Grund von Hagelschlag, Sturm, Starkregen oder Überschwemmungen von der Versicherungssumme und für jedes Versicherungsjahr,

3. nur bei

   a) der Feuerversicherung und der Feuer-Betriebsunterbrechungsversicherung (§ 3 Absatz 1 Nummer 1 des Feuerschutzsteuergesetzes) von einem Anteil von 60 Prozent des Versicherungsentgelts,

   b) der Wohngebäudeversicherung (§ 3 Absatz 1 Nummer 2 des Feuerschutzsteuergesetzes) von einem Anteil von 86 Prozent des Versicherungsentgelts,

   c) der Hausratversicherung (§ 3 Absatz 1 Nummer 3 des Feuerschutzsteuergesetzes) von einem Anteil von 85 Prozent des Versicherungsentgelts.

---

¹⁾ § 4 Abs. 2 angef. durch G v. 3.12.2020 (BGBl. I S. 2659); zur Anwendung siehe § 12 Abs. 3.

² Das Bundeszentralamt für Steuern kann auf Antrag gestatten, dass die Steuer nicht nach der Isteinnahme (Istversteuerung), sondern nach dem im Anmeldungszeitraum gemäß § 8 Absatz 2 und 3 angeforderten Versicherungsentgelt berechnet wird (Sollversteuerung).

(2) ¹ Im Fall der Istversteuerung entsteht die Steuer mit der Zahlung des Versicherungsentgelts, wenn der Zahlende nach § 7 selbst entrichtungpflichtig ist, anderenfalls mit Entgegennahme des Versicherungsentgelts. ² Im Fall der Sollversteuerung gilt die Steuer mit Fälligkeit des Versicherungsentgelts als entstanden. ³ Die Sätze 1 und 2 sind für anteilige Versicherungsentgelte entsprechend anzuwenden.

(3) ¹ In der Rechnung über das Versicherungsentgelt ist der Steuerbetrag offen auszuweisen und der Steuersatz sowie die vom Bundeszentralamt für Steuern erteilte Versicherungsteuernummer, zu der die Steuer abgeführt wird, anzugeben. ² Bei steuerfreien Versicherungsentgelten ist die zugrunde liegende Steuerbefreiungsvorschrift anzugeben. ³ Wird keine Rechnung über das Versicherungsentgelt ausgestellt, müssen sich die in den Sätzen 1 und 2 genannten Angaben aus anderen das Versicherungsverhältnis begründenden Unterlagen ergeben.

§ 6 Steuersatz. (1) Die Steuer beträgt vorbehaltlich des folgenden Absatzes 19 Prozent des Versicherungsentgelts ohne Versicherungsteuer.

(2) Die Steuer beträgt

1. bei der Feuerversicherung und bei der Feuer-Betriebsunterbrechungs-versicherung 22 Prozent (§ 5 Absatz 1 Satz 1 Nummer 3 Buchstabe a);

2. bei der Wohngebäudeversicherung 19 Prozent (§ 5 Absatz 1 Satz 1 Nummer 3 Buchstabe b) und

3. bei der Hausratversicherung 19 Prozent (§ 5 Absatz 1 Satz 1 Nummer 3 Buchstabe c);

4. bei der Versicherung von Schäden, die an den versicherten Bodenerzeugnissen durch die Einwirkung von den wetterbedingten Elementargefahren Hagelschlag, Sturm, Starkfrost, Dürre, Starkregen oder Überschwemmungen entstehen, und bei der im Betrieb der Landwirtschaft oder der Gärtnerei genommenen Versicherung von Glasdeckungen über Bodenerzeugnissen gegen Hagelschlag, Sturm, Starkregen oder Überschwemmungen für jedes Versicherungsjahr 0,3 Promille der Versicherungssumme;

5. bei der Seeschiffskaskoversicherung 3 Prozent des Versicherungsentgelts unter der Voraussetzung, dass das Schiff ausschließlich gewerblichen Zwecken dient und gegen die Gefahren der See versichert ist;

6. bei der Unfallversicherung mit Prämienrückgewähr 3,8 Prozent des Versicherungsentgelts.

§ 7 Steuerschuldner, Steuerentrichtungsschuldner, Haftende.
(1) Steuerschuldner ist der Versicherungsnehmer.

(2) [1]Steuerentrichtungsschuldner ist der Versicherer, soweit in den Absätzen 3 bis 5 kein anderer zum Steuerentrichtungsschuldner bestimmt ist oder nach Absatz 6 der Versicherungsnehmer als Steuerschuldner die Steuer zu entrichten hat. [2]Der Steuerentrichtungsschuldner hat als eigenständige Schuld die Steuer für Rechnung des Versicherungsnehmers zu entrichten.

(3) Hat der Versicherer keinen Wohnsitz oder Sitz in der Europäischen Union oder im Europäischen Wirtschaftsraum, ist aber ein Bevollmächtigter mit Wohnsitz oder Sitz in den genannten Gebieten zur Entgegennahme des Versicherungsentgelts bestellt, so ist dieser Steuerentrichtungsschuldner.

(4) Haben mehrere Versicherer eine Versicherung für denselben Versicherungsnehmer in der Weise gemeinschaftlich übernommen, dass jeder von ihnen aus der Versicherung zu einem bestimmten Anteil berechtigt und verpflichtet ist, so darf einer der Versicherer mit Wohnsitz oder Sitz in der Europäischen Union oder im Europäischen Wirtschaftsraum von den anderen Mitversicherern schriftlich bestimmt werden, die Steuer auch für die anderen Versicherer zu entrichten.

(5) Ist die Steuerentrichtung einem zur Entgegennahme des Versicherungsentgelts Bevollmächtigten mit Wohnsitz oder Sitz in der Europäischen Union oder dem Europäischen Wirtschaftsraum schriftlich übertragen, so ist dieser Steuerentrichtungsschuldner.

(6) Hat weder der Versicherer noch ein zur Entgegennahme des Versicherungsentgelts Bevollmächtigter seinen Wohnsitz oder seinen Sitz in der Europäischen Union oder im Europäischen Wirtschaftsraum, so hat der Versicherungsnehmer die Steuer zu entrichten.

(7) Für die Steuerentrichtung haftet, sofern die in den Nummern 1 bis 3 genannten Personen nicht selbst Steuerentrichtungsschuldner sind,

1. der Versicherer,

2. jede andere Person, die das Versicherungsentgelt entgegennimmt,

3. eine versicherte Person, die gegen Entgelt aus einer Versicherung für fremde Rechnung Versicherungsschutz erlangt. [2]Die Haftung erstreckt sich auf die Steuer, die auf das Versicherungsentgelt entfällt, das zur Deckung des Risikos der versicherten Person an den Versicherer zu leisten ist; im Zweifel ist das von der versicherten Person gezahlte Entgelt zugrunde zu legen.

(8) [1]Der Steuerschuldner, der Steuerentrichtungsschuldner und jeder Haftende sind echte Gesamtschuldner. [2]Die Steuerentrichtungsschuld steht der Steuerschuld gleich; sie ist im Verhältnis zur Steuerschuld des Versicherungsnehmers nicht akzessorisch. [3]Die Inanspruchnahme eines Haftenden ist mittels Steuerbescheid oder mittels Haftungsbescheid zulässig. [4]Für die Bestimmung der Festsetzungsfrist nach den §§ 169 bis 171 der Abgabenordnung bei einem Steuerpflichtigen sind jeweils die Umstände maßgeblich, die in Bezug auf seine Person vorliegen; insbesondere ist für die Inanspruchnahme des Steuerentrichtungsschuldners der Ablauf der Festsetzungsfrist beim Versicherungsnehmer sowie für die Inanspruchnahme des Haftenden der Ablauf der Festsetzungsfrist beim Steuerentrichtungsschuldner unbeachtlich.

(9) Im Verhältnis zwischen dem Versicherer und dem Versicherungsnehmer gilt die Steuer als Teil des Versicherungsentgelts, soweit es sich um dessen Einziehung und Geltendmachung im Rechtsweg handelt.

§ 7a Zuständigkeit. Zuständig ist das Bundeszentralamt für Steuern.

§ 8 Anmeldung, Fälligkeit. (1) Der Steuerentrichtungsschuldner nach § 7 Absatz 2, 3, 4 oder Absatz 5 hat innerhalb von 15 Tagen nach Ablauf eines jeden Anmeldungszeitraums

[Fassung bis 31.12.2021:]

1.[2)] eine eigenhändig unterschriebene oder im Wege eines Automationsverfahrens des Bundes übermittelte Steuererklärung abzugeben, in der er die im Anmeldungszeitraum entstandene Steuer selbst zu berechnen hat (Steueranmeldung), und

[Fassung ab 1.1.2022:][1)]

1. eine Steuererklärung nach amtlich vorgeschriebenem Datensatz durch Datenfernübertragung zu übermitteln, in der er die im Anmeldungszeitraum entstandene Steuer selbst zu berechnen hat (Steueranmeldung), und

2. die im Anmeldungszeitraum entstandene Steuer zu entrichten.

[ab 1.1.2022: [2]Auf Antrag kann das Bundeszentralamt für Steuern zur Vermeidung unbilliger Härten auf eine elektronische Übermittlung verzichten; in diesem Fall hat der Steuerentrichtungsschuldner die Steueranmeldung nach amtlich vorgeschriebenem Vordruck abzugeben.]*[1)]

(2) [1]Anmeldungszeitraum ist der Kalendermonat. [2]Hat die Steuer für das vorangegangene Kalenderjahr insgesamt nicht mehr als 6000 Euro betragen, so ist Anmeldungszeitraum das Kalendervierteljahr. [3]Hat die Steuer für das vorangegangene Kalenderjahr nicht mehr als 1000 Euro betragen, so ist Anmeldungszeitraum das Kalenderjahr.

[Fassung bis 31.12.2021:]

(3) Hat der Versicherungsnehmer nach § 7 Absatz 6 die Steuer zu entrichten, so ist innerhalb von 15 Tagen nach Ablauf des Monats, in dem das Versicherungsentgelt gezahlt worden ist, eine Absatz 1 entsprechende Steueranmeldung abzugeben und die selbst berechnete Steuer zu entrichten.

[Fassung ab 1.1.2022:]

(3)[3)] [1]Hat der Versicherungsnehmer nach § 7 Absatz 6 die Steuer zu entrichten, so hat er innerhalb von 15 Tagen nach Ablauf des Monats, in dem das Versicherungsentgelt gezahlt worden ist, eine Steueranmeldung nach amtlich vorgeschriebenem Datensatz durch Datenfernübertragung zu übermitteln und die selbst berechnete Steuer zu entrichten. [2]Absatz 1 Satz 2 gilt entsprechend.

[1)] § 8 Abs. 1 Nr. 1 neu gef., Abs. 1 Satz 2 angef. durch G v. 3.12.2020 (BGBl. I S. 2659), zur Anwendung siehe § 12 Abs. 4 Satz 1.

[2)] Zur Anwendung siehe § 12 Abs. 4 Satz 2.

[3)] § 8 Abs. 3 neu gef. durch G v. 3.12.2020 (BGBl. I S. 2659); zur Anwendung siehe § 12 Abs. 4 Satz 1.

(4)[1] Gibt der zur Steueranmeldung und Steuerentrichtung Verpflichtete bis zum Ablauf der Anmeldungsfrist die Steueranmeldung nicht ab, so setzt das Bundeszentralamt für Steuern die Steuer fest. [2]*Für Verspätungszuschläge gilt § 152 der Abgabenordnung mit der Maßgabe, dass unabhängig vom konkreten Anmeldungszeitraum bei der Bemessung des Verspätungszuschlags die Dauer und die Häufigkeit der Fristüberschreitung sowie die Höhe der Steuer zu berücksichtigen sind.*

§ 9 Erstattung, Nachentrichtung der Steuer. (1) [1]Ist das Versicherungsentgelt ganz oder zum Teil zurückgezahlt worden, weil die Versicherung vorzeitig endete oder weil das Versicherungsentgelt oder die Versicherungssumme herabgesetzt worden ist, so wird die Steuer auf Antrag insoweit erstattet, als sie bei Berücksichtigung dieser Umstände nicht zu erheben gewesen wäre. [2]Die Steuer wird dem Steuerentrichtungsschuldner (§ 7 Absatz 2 bis 5) oder dem Haftenden (§ 7 Absatz 7) für Rechnung des Steuerschuldners und im Fall des § 7 Absatz 6 dem Versicherungsnehmer erstattet. [3]Die Steuer wird nicht erstattet, wenn die Prämienrückgewähr ausdrücklich versichert war. [4]Ein Erstattungsanspruch ist nur gegeben, wenn die Steuer tatsächlich an das Bundeszentralamt für Steuern entrichtet wurde.

(2) [1]Treten nach Zahlung des Versicherungsentgelts Umstände ein, die eine Steuerbefreiung nach § 4 Absatz 1 Nummer 5 Buchstabe b begründen, so wird die Steuer auf Antrag erstattet, soweit Versicherungsentgelt für einen Zeitraum nach Eintritt dieser Umstände gezahlt worden ist. [2]Absatz 1 Satz 2 und 4 gilt entsprechend.

(3) [1]Entfallen bei der Versicherung von Schiffen nach Zahlung des Versicherungsentgelts die Voraussetzungen für die Steuerbarkeit und die Steuerpflicht, so wird die Steuer auf Antrag erstattet, soweit Versicherungsentgelt für einen Zeitraum nach Eintritt dieser Umstände gezahlt worden ist. [2]Absatz 1 Satz 2 und 4 gilt entsprechend.

(4) Im Fall der Sollversteuerung im Sinne des § 5 Absatz 1 Satz 2 ist die auf nicht vereinnahmte Versicherungsentgelte bereits entrichtete Steuer zu erstatten.

(5) Erlischt gemäß § 4 Absatz 2 die Steuerbefreiung, so ist die Steuer nachzuentrichten, soweit Versicherungsentgelt für einen Zeitraum nach Entfallen der Steuerbefreiung gezahlt worden ist.

(6) Treten bei der Versicherung von Schiffen nach Zahlung des Versicherungsentgelts die übrigen Voraussetzungen für die Steuerbarkeit und Steuerpflicht ein, so ist für das zeitanteilige Versicherungsentgelt die Steuer nachzuentrichten.

(7) Ist Steuer nach den Absätzen 5 und 6 nachzuentrichten, so ist der Versicherer zum Zweck der Steuerentrichtung berechtigt, die Steuer beim Versicherungsnehmer nachträglich einzufordern oder im Leistungsfall die Versicherungsleistung entsprechend zu kürzen.

---

[1] § 8 Abs. 4 Satz 2 neu gef. mWv 10.12.2020 durch G v. 3.12.2020 (BGBl. I S. 2659) und aufgeh. mWv 7.4.2021 durch G v. 30.3.2021 (BGBl. I S. 607).

§ 10 Aufzeichnungspflichten, Außenprüfung, Änderung nach Außenprüfung. (1) ¹ Alle Gesamtschuldner im Sinne des § 7 Absatz 8 Satz 1, die nach der Abgabenordnung oder anderen Gesetzen aufzeichnungspflichtig sind, haben zur Feststellung der Steuer und der Grundlagen ihrer Berechnung Aufzeichnungen zu führen, die alle Angaben enthalten, die für die Besteuerung von Bedeutung sind. ² Hierzu gehören insbesondere

1. der Name und die Anschrift des Versicherungsnehmers,

2. die Nummer des Versicherungsscheins; bei Bevollmächtigten diejenige des jeweiligen Versicherers,

3. die Versicherungssumme,

4. das Versicherungsentgelt, und zwar sowohl das steuerpflichtige als auch das steuerfreie, sowie das zurückgezahlte und nicht erhaltene Versicherungsentgelt,

5. der Steuerbetrag,

6. der Steuersatz,

7. die vom Lloyd's Register im Auftrag der Internationalen Seeschifffahrts-Organisation (International Maritime Organization) vergebene IMO-Schiffsidentifikationsnummer,

8. die schriftliche Bevollmächtigung im Sinne des § 7 Absatz 4 und 5,

9. bei der offenen Mitversicherung die vorliegenden Informationen über die übrigen Mitversicherer sowie deren jeweilige Anteile am Vertrag.

³ Wer nach § 7 Absatz 4 steuerentrichtungspflichtig ist, hat den Gesamtbetrag des Versicherungsentgelts sowie die Nummern der Versicherungsscheine aller beteiligten Versicherer in seinen Geschäftsbüchern zu vermerken. ⁴ Die die Steuerentrichtungspflicht übertragenden Versicherer haben in ihren Geschäftsbüchern anzugeben, wer die Steuer für sie entrichtet hat. ⁵ Ist das im Geltungsbereich dieses Gesetzes belegene Risiko von einem nicht in dessen Geltungsbereich niedergelassenen Versicherer gedeckt, so hat dieser dem Bundeszentralamt für Steuern auf Anforderung ein vollständiges Verzeichnis der sich auf diese Risiken beziehenden Versicherungsverhältnisse mit den in Satz 2 genannten Angaben schriftlich zu übermitteln. ⁶ Diese Verpflichtung besteht auch dann, wenn der Versicherer die Voraussetzungen für die Steuerpflicht oder für die Steuerentrichtung nicht für gegeben hält.

(2) Bei Personen und Personenvereinigungen, die Versicherungen vermitteln oder ermächtigt sind, für einen Versicherer Zahlungen entgegenzunehmen, ist zur Ermittlung oder Aufklärung von Vorgängen, die nach diesem Gesetz der Steuer unterliegen, eine Außenprüfung (§§ 193 bis 203 der Abgabenordnung) auch insoweit zulässig, als sie der Feststellung der steuerlichen Verhältnisse anderer Personen dient, die gemäß § 7 Steuerschuldner oder Steuerentrichtungsschuldner sind oder für die Steuerentrichtung haften.

(3) Eine Außenprüfung ist auch bei Personen und Personenvereinigungen zulässig, die eine Versicherung im Sinne des § 2 vereinbart haben oder die gemäß § 7 Steuerschuldner oder Steuerentrichtungsschuldner sind oder für die Steuerentrichtung haften.

(4) [1] Steuerbeträge, die auf Grund einer Außenprüfung nachzuentrichten oder zu erstatten sind, sind zusammen mit der Steuer für den letzten Monat, das letzte Quartal oder das letzte Kalenderjahr des Prüfungszeitraums festzusetzen. [2] Nachzuentrichtende Steuerbeträge sind einen Monat nach Bekanntgabe der Festsetzung fällig.

§ 10a Mitteilungspflicht. (1) Die mit der Aufsicht über die Versicherungsunternehmen betrauten Behörden teilen dem Bundeszentralamt für Steuern die zu ihrer Kenntnis gelangenden Versicherer mit.

(2) Das Registergericht teilt Eintragungen von Vereinen oder Genossenschaften, die sich mit dem Abschluss von Versicherungen befassen, dem Bundeszentralamt für Steuern mit; das gilt auch dann, wenn die Vereine oder Genossenschaften ihre Leistungen als Unterstützungen ohne Rechtsanspruch bezeichnen.

§ 10b Anwendungsvorschriften. [1] Wird ein Steuersatz geändert oder die Zahlung des Versicherungsentgelts von der Steuer ausgenommen, ist der neue Steuersatz oder die neue Befreiungsvorschrift auf Versicherungsentgelte anzuwenden, die ab dem Inkrafttreten der Änderung des Steuersatzes oder der neuen Befreiungsvorschrift fällig werden. [2] Satz 1 gilt entsprechend für geänderte oder aufgehobene Befreiungsvorschriften. [3] Wird die Fälligkeit des Versicherungsentgelts geändert für Zeitpunkte, ab denen eine Rechtsänderung in Kraft tritt, so ist die Änderung dieser Fälligkeit im Hinblick auf die Steueranmeldung und Steuerentrichtung insoweit nicht zu berücksichtigen, als sie zu einer niedrigeren Steuer führen würde. [4] Dies gilt entsprechend, wenn ein Versicherungsvertrag zur Änderung der Fälligkeit des Versicherungsentgelts gekündigt und alsbald neu abgeschlossen oder wenn die Fälligkeit des Versicherungsentgelts für einen Zeitpunkt vor Abschluss des Versicherungsvertrags festgelegt wird.

§ 10c Geschäftstätigkeit von Lloyd's. (1) Der Hauptbevollmächtigte von Lloyd's hat für alle der bei Lloyd's vereinigten Einzelversicherer die nach diesem Gesetz entstandene Steuer als Steuerentrichtungsschuldner anzumelden und zu entrichten, soweit nicht ein anderer nachweislich die Steuer selbst angemeldet und entrichtet hat.

(2) Die §§ 8, 9 und 10 gelten entsprechend.

(3) [1] Steuerfestsetzungen im Sinne des § 168 der Abgabenordnung, behördliche Maßnahmen, insbesondere Verwaltungsakte, sowie gerichtliche Titel auf dem Gebiet des Versicherungsteuerrechts wirken für und gegen die an einem konkreten Versicherungsgeschäft beteiligten Einzelversicherer. [2] Vollstreckungsmaßnahmen in die inländischen Vermögenswerte aller bei Lloyd's vereinigten Einzelversicherer sind zulässig, soweit diese Vermögenswerte von dem Hauptbevollmächtigten verwaltet werden.

§ 11 Ermächtigungen. (1) Das Bundesministerium der Finanzen wird ermächtigt, Rechtsverordnungen, die nicht der Zustimmung des Bundesrates bedürfen, zu erlassen über:

1. die nähere Bestimmung der in diesem Gesetz verwendeten Begriffe,

2. die Abgrenzung der Steuerpflicht sowie den Umfang der Ausnahmen von der Besteuerung und der Steuerermäßigungen, soweit dies zur Wahrung der Gleichmäßigkeit der Besteuerung und zur Beseitigung von Unbilligkeiten in Härtefällen erforderlich ist,

3. den Umfang der Besteuerungsgrundlage,

4. das Besteuerungsverfahren, insbesondere die von den Steuerpflichtigen zu erfüllenden Pflichten und die Beistandspflicht Dritter,

5. Art und Zeitpunkt der Steuerentrichtung,

6. Mitteilungspflichten von Behörden und Gerichten,

7. die Steuerberechnung

   a) bei Einrechnung der Steuer in das Versicherungsentgelt,

   b) nach der Versicherungsleistung,

   c) bei Werten in fremder Währung,

8. die Festsetzung der Steuer in besonderen Fällen in Pauschbeträgen. ²Dies gilt insbesondere dann, wenn die Feststellung der Steuerbeträge mit Schwierigkeiten und Kosten verbunden wäre, die zur Höhe der Steuer in keinem angemessenen Verhältnis stehen würden,

9. die Erstattung der Steuer.

(2) Das Bundesministerium der Finanzen kann dieses Gesetz und die auf Grund dieses Gesetzes erlassenen Rechtsverordnungen in der jeweils geltenden Fassung mit neuem Datum und unter neuer Überschrift im Bundesgesetzblatt bekanntmachen.

§ 12 Übergangsvorschrift. (1) § 1 Absatz 4 ist anzuwenden für Versicherungsentgelte, die sich auf Versicherungszeiträume ab dem 1. Januar 2014 beziehen.

(2) § 5 Absatz 3 ist erstmals anzuwenden für Versicherungsentgelte, die nach dem 31. Dezember 2013 fällig werden.

(3) ¹§ 4 Absatz 1 Nummer 5 und Absatz 2 in der Fassung des Artikels 1 Nummer 3 des Gesetzes vom 3. Dezember 2020 (BGBl. I S. 2659) ist erstmals anzuwenden auf Versicherungsverträge, die nach dem 31. Dezember 2021 geschlossen wurden. ²Auf Versicherungsverträge, die vor dem 1. Januar 2022 geschlossen worden sind, ist § 4 Nummer 5 in der Fassung des Artikels 1 Nummer 4 des Gesetzes vom 5. Dezember 2012 (BGBl. I S. 2431) anzuwenden. ³Als Vertragsschluss im Sinne des Satzes 1 gilt jede erstmalige Absicherung eines bestimmten Risikos der Risikoperson durch den Versicherer. ⁴Bei Gruppenversicherungsverträgen gilt im Hinblick auf die Risikoperson als Datum des Vertragsschlusses der Tag, an dem die Risikoperson in den Gruppenversicherungsvertrag aufgenommen worden ist.

(4) ¹§ 8 Absatz 1 und 3 in der Fassung des Artikels 1 Nummer 7 des Gesetzes vom 3. Dezember 2020 (BGBl. I S. 2659) ist erstmals anzuwenden für

Steueranmeldungen, die ab dem 1. Januar 2022 abgegeben werden. ²Auf Steueranmeldungen, die vor dem 1. Januar 2022 abgegeben werden, ist § 8 in der Fassung des Artikels 1 Nummer 9 des Gesetzes vom 5. Dezember 2012 (BGBl. I S. 2431) anzuwenden.

625. Versicherungsteuer-Durchführungsverordnung (VersStDV 2021)

In der Fassung der Bekanntmachung vom 27. April 2021
(BGBl. I S. 938)[1)]
BGBl. III/FNA 611-15-1

A. Allgemeine Bestimmungen

§ 1 Begriffsbestimmungen. (1) Versicherer im Sinne des § 1 Absatz 2 des Gesetzes, der im Gebiet eines Mitgliedstaats der Europäischen Union oder eines anderen Vertragsstaats des Abkommens über den Europäischen Wirtschaftsraum niedergelassen ist, ist ein Versicherer, der seinen Sitz oder Wohnsitz in dem genannten Gebiet hat (EWR-Versicherer).

(2) Versicherer im Sinne des § 1 Absatz 3 des Gesetzes, der außerhalb des Gebiets der Mitgliedstaaten der Europäischen Union oder anderer Vertragsstaaten des Abkommens über den Europäischen Wirtschaftsraum niedergelassen ist, ist ein Versicherer, der seinen Sitz oder Wohnsitz außerhalb des genannten Gebiets hat (Drittlandversicherer), auch wenn er über eine zur Aufnahme seiner Tätigkeit erforderliche Zulassung eines Mitgliedstaats verfügt.

(3) Amtliche Register im Sinne des § 1 Absatz 2 Satz 1 Nummer 2 des Gesetzes sind insbesondere

1. für Kraftfahrzeuge das zentrale Fahrzeugregister,

2. für Schiffe die bei den Amtsgerichten geführten Schiffsregister,

3. für Luftfahrzeuge die Luftfahrzeugrolle und

4. für Schienenfahrzeuge das Fahrzeugeinstellungsregister.

(4) Amtlich anerkannte Register im Sinne des § 1 Absatz 2 Satz 1 Nummer 2 des Gesetzes sind insbesondere die in § 5 der Binnenschifffahrt-Kennzeichnungsverordnung genannten Register des

1. Deutschen Motoryachtverbandes e. V.,

2. Deutschen Segler-Verbandes e. V. und

3. Allgemeinen Deutschen Automobilclubs e. V.

(5) Versicherungsnehmer im Sinne des § 1 Absatz 2 Satz 3 des Gesetzes ist bei der Versicherung für fremde Rechnung der materielle Versicherungsnehmer, also die Person, deren Risiken durch die Versicherung gedeckt werden.

(6) [1]Eine Versicherung im Sinne des § 4 Absatz 1 Nummer 5 Buchstabe b des Gesetzes dient der Versorgung der Risikoperson oder von deren nahen

---

[1)] Neubekanntmachung der VersStDV idF der Bek. v. 10.1.1996 (BGBl. I S. 28) in der ab 10.12.2020 geltenden Fassung.

Angehörigen im Sinne des § 7 des Pflegezeitgesetzes oder von deren Angehörigen im Sinne des § 15 der Abgabenordnung, wenn die Versicherungsleistung den genannten Personen zugutekommen soll. ²Dies ist der Fall, wenn

1. der Risikoperson oder deren Angehörigen ein unbedingter Anspruch oder ein Bezugsrecht zusteht,

2. die Risikoperson ein Angehöriger im Sinne des Satzes 1 des Versicherungsnehmers ist und der Versicherungsnehmer die Versicherungsleistung für den Angehörigen beanspruchen kann,

3. der Versicherung eine entsprechende gesetzliche oder vertragliche Verpflichtung des Versicherungsnehmers gegenüber der Risikoperson, einschließlich der Zusage einer Invaliditätsversorgung im Sinne des Betriebsrentengesetzes, zugrunde liegt,

4. der Versicherungsnehmer die Versicherung zur Abdeckung der Risiken einer Personengruppe nimmt und er die Versicherungsleistung nur für die Gruppenmitglieder beanspruchen kann,

5. die Risikoperson eine vom Versicherer finanzierte Naturalleistung erhalten soll oder

6. die Versicherungsleistung in der Anleitung einer Person oder in der Finanzierung einer Anleitung einer Person zur Erbringung von Naturalleistungen gegenüber der Risikoperson besteht.

³Sicherungsabtretung und Verpfändung des Anspruchs aus einer Versicherung im Sinne des § 4 Absatz 1 Nummer 5 Buchstabe b des Gesetzes lassen einen bestehenden Versorgungszweck unberührt; das Gleiche gilt für eine Versicherung, mit der das Risiko der Krankheit, der Pflegebedürftigkeit, der Berufs- oder Erwerbsunfähigkeit oder der verminderten Erwerbsfähigkeit eines Kreditnehmers zugunsten des Kreditinstituts versichert wird.

(7) Als zur Entgegennahme des Versicherungsentgelts Bevollmächtigter im Sinne des § 7 Absatz 3 des Gesetzes gilt der nach den Vorschriften des Versicherungsaufsichtsgesetzes von Versicherungsunternehmen eines Drittstaats für die Aufnahme des Geschäftsbetriebs im Inland bestellte Hauptbevollmächtigte, es sei denn, der Versicherer bestimmt eine andere Person mit Wohnsitz oder Sitz im Gebiet der Mitgliedstaaten der Europäischen Union oder anderer Vertragsstaaten des Abkommens über den Europäischen Wirtschaftsraum.

§ 2 Anzeigepflichten für Versicherer. (1) ¹Ein EWR-Versicherer hat die Aufnahme des Versicherungsgeschäfts im Geltungsbereich des Gesetzes binnen zwei Wochen gegenüber dem Bundeszentralamt für Steuern anzuzeigen. ²Das Gleiche gilt für eine Person oder eine Personenvereinigung, die an einem Versicherungsvertrag im Sinne des § 2 Absatz 1 des Gesetzes beteiligt ist.

(2) ¹Zugleich mit der Anzeige hat der Versicherer dem Bundeszentralamt für Steuern zu erklären, ob er die Erfüllung der Steuerpflicht selbst übernehmen oder den zur Entgegennahme von Prämienzahlungen ermächtigten Personen (Bevollmächtigten) übertragen will. ²In der Anzeige hat der Versicherer alle Bevollmächtigten, denen er die Erfüllung der Steuerpflicht übertragen hat,

unter Angabe ihres Wohnsitzes (Sitzes, Geschäftsleitung) und des Umfangs der Übertragung aufzuführen.

(3) Veränderungen gegenüber den in der Anzeige nach den Absätzen 1 und 2 gemachten Angaben hat der Versicherer binnen zwei Wochen dem Bundeszentralamt für Steuern zu erklären.

(4) Die Absätze 1 bis 3 gelten entsprechend für eine inländische Zweigniederlassung eines Drittlandversicherers im Sinne des Versicherungsaufsichtsgesetzes, der die Leitung des Geschäfts im Geltungsbereich des Gesetzes übertragen ist.

§ 3 Anzeigepflicht für Versicherungsnehmer und Vermittler. [1]Nimmt ein Versicherungsnehmer eine Versicherung bei einem Drittlandversicherer, der keinen zur Entgegennahme des Versicherungsentgelts Bevollmächtigten mit Wohnsitz oder Sitz im Gebiet eines Mitgliedstaats der Europäischen Union oder eines anderen Vertragsstaats des Abkommens über den Europäischen Wirtschaftsraum bestellt hat, so muss der Versicherungsnehmer den Abschluss der Versicherung gegenüber dem Bundeszentralamt für Steuern unverzüglich anzeigen. [2]Das Gleiche gilt für einen Vermittler, der den Abschluss der Versicherung vermittelt hat.

§ 4 Informationsanspruch des Steuerentrichtungsschuldners. [1]Zur Gewährleistung eines ordnungsgemäßen Besteuerungsverfahrens ist der Steuerentrichtungsschuldner berechtigt, von allen an der Begründung oder Durchführung eines Versicherungsverhältnisses Beteiligten Informationen über die für die Besteuerung erheblichen Tatsachen zu verlangen. [2]Hierzu gehören insbesondere

1. der Eintritt von Umständen nach Begründung des Versicherungsverhältnisses, die zu einer Steuerpflicht der Zahlung von Versicherungsentgelt führen;

2. die Höhe eines der Versicherungsteuer unterliegenden Verkaufsaufschlags bei auf Vermarktung durch den Versicherungsnehmer angelegten Gruppenversicherungen, es sei denn, der Versicherungsnehmer nimmt die Anmeldung und die Entrichtung der Steuer für den gesamten Gruppenversicherungsvertrag selbst vor;

3. der Eintritt der für die Nachversteuerung im Sinne des § 9 Absatz 5 und 6 des Gesetzes maßgebenden Umstände;

4. die Versicherungsteuernummer eines beteiligten Mitversicherers, auch wenn er durch einen Makler vertreten wird.

§ 5 Ausnahme von der Besteuerung bei Viehversicherungen. Sind bei einer Viehversicherung statt einer Versicherungssumme feste Entschädigungsbeträge für jedes Stück Vieh vereinbart, so gilt die Ausnahmevorschrift des § 4 Nummer 9 des Gesetzes nur, wenn der Höchstbetrag der Ersatzpflicht des Versicherers gegenüber einem Versicherungsnehmer im Zeitpunkt der Zahlung des Versicherungsentgelts 4000 Euro nicht übersteigt.

B. Besteuerungsverfahren

I. Allgemeines

§ 6 Empfangsbevollmächtigter in den Fällen des § 2 Absatz 1 des Gesetzes. (1) Für Zusammenschlüsse von Personen und Personenvereinigungen, die eine Vereinbarung im Sinne des § 2 Absatz 1 des Gesetzes treffen, ist ein gemeinsamer Empfangsbevollmächtigter zu bestellen, der für alle Beteiligten die Verwaltungsakte und Mitteilungen in Empfang nimmt, die mit dem Besteuerungsverfahren und einem gegebenenfalls sich anschließendem[1] Rechtsbehelfsverfahren zusammenhängen.

(2) Ist ein Empfangsbevollmächtigter nach Absatz 1 nicht vorhanden, so gilt als Empfangsbevollmächtigter, wer zur Vertretung des Zusammenschlusses, zur Verwaltung der Versicherung oder zur Organisation der tatsächlichen Durchführung der Vereinbarung berechtigt ist.

(3) [1]Ist weder ein Empfangsbevollmächtigter nach Absatz 1 noch ein Berechtigter nach Absatz 2 vorhanden, fordert das Bundeszentralamt für Steuern die Beteiligten auf, innerhalb einer bestimmten Frist einen Empfangsbevollmächtigten zu benennen. [2]Die Aufforderung ist mit einem Vorschlag und dem Hinweis zu versehen, dass der vorgeschlagenen Person die in Absatz 1 genannten Verwaltungsakte und Mitteilungen mit Wirkung für und gegen alle Beteiligten bekannt gegeben werden, sofern nicht ein anderer Empfangsbevollmächtigter benannt wird. [3]Die Bekanntgabe an Empfangsbevollmächtigte erfolgt mit Wirkung für und gegen alle Beteiligten.

§ 7 Steuerberechnung bei Werten in fremder Währung. [1]Werte in fremder Währung sind zur Berechnung der Steuer in Euro umzurechnen. [2]Hierfür ist der Umsatzsteuer-Umrechnungskurs anzuwenden, den das Bundesministerium der Finanzen als Durchschnittskurs für die jeweilige Währung für denjenigen Monat öffentlich bekannt gibt, in dem das Versicherungsentgelt gezahlt oder bei Sollversteuerung fällig wird. [3]Eine Umrechnung nach dem durch Bankmitteilung oder Kurszettel nachgewiesenen Tageskurs kann vom Bundeszentralamt für Steuern gestattet werden.

II. Erstattung der Steuer

§ 8 Steuererstattung bei Rückzahlung von unverdientem Versicherungsentgelt. (1) [1]In den Fällen des § 9 Absatz 1 des Gesetzes erfolgt die Steuererstattung im Rahmen der Steueranmeldung für den Anmeldungszeitraum, in dem der Rückzahlungserfolg eingetreten ist. [2]Die für das zurückgezahlte Versicherungsentgelt bereits entrichtete Steuer ist von der für den genannten Anmeldungszeitraum anzumeldenden Steuer abzuziehen. [3]Der erkennbar vorgenommene Steuerabzug gilt zugleich als Antrag auf Steuererstattung im Sinne des § 9 Absatz 1 Satz 1 des Gesetzes.

---

[1] Sic.

(2) ¹Hat ein Versicherungsnehmer selbst die Steuer angemeldet und an das Bundeszentralamt für Steuern entrichtet, wird ihm die Steuer auf Antrag erstattet. ²Im Antrag ist der Grund für die Rückzahlung von Versicherungsentgelt anzugeben. ³Dem Antrag sind Nachweise über das an den Versicherungsnehmer zurückgezahlte Versicherungsentgelt und über den Zeitpunkt der Rückzahlung beizufügen.

§ 9 Steuererstattung bei nachträglichem Eintritt der Steuerbefreiung. ¹Die Steuererstattung nach § 9 Absatz 2 des Gesetzes bezieht sich auf den Steuerbetrag, der auf den Anteil des gezahlten Versicherungsentgelts entfällt, der für einen Zeitraum nach Eintritt der die Steuerbefreiung begründenden Umstände geleistet worden ist. ²Die Steuererstattung erfolgt durch erkennbar vorgenommenen Steuerabzug im Rahmen der Steueranmeldung für den Anmeldungszeitraum, in dem der Steuerentrichtungspflichtige von den die Steuerbefreiung begründenden Umständen Kenntnis erlangt.

§ 10 Steuererstattung bei nachträglichem Entfallen der Steuerbarkeit bei der Versicherung von Schiffen. ¹Die Steuererstattung nach § 9 Absatz 3 des Gesetzes bezieht sich auf den Steuerbetrag, der auf den Anteil des gezahlten Versicherungsentgelts entfällt, der für einen Zeitraum nach Eintritt der Umstände geleistet worden ist, die das Entfallen der Steuerbarkeitsvoraussetzungen und der Steuerpflicht begründen. ²Die Steuererstattung erfolgt durch erkennbar vorgenommenen Steuerabzug im Rahmen der Steueranmeldung für den Anmeldungszeitraum, in dem der Steuerentrichtungspflichtige von Umständen Kenntnis erlangt, die zum Entfallen der Steuerbarkeit geführt haben.

§ 11 Steuererstattung bei nicht vereinnahmtem Versicherungsentgelt. ¹Eine Steuererstattung nach § 9 Absatz 4 des Gesetzes erfolgt im Rahmen der Steueranmeldung für den Anmeldungszeitraum, in dem der Versicherer die Versicherung ganz oder teilweise in Abgang gestellt hat. ²Die für das nicht vereinnahmte Versicherungsentgelt bereits entrichtete Steuer ist erkennbar von der für den genannten Anmeldungszeitraum anzumeldenden Steuer abzuziehen.

III. Nachentrichtung der Steuer und Entrichtung im Pauschverfahren

§ 12 Nachentrichtung. Die Nachentrichtung der Steuer in den Fällen des § 9 Absatz 5 und 6 des Gesetzes hat im Rahmen der Steueranmeldung für den Anmeldungszeitraum zu erfolgen, in dem der Steuerentrichtungspflichtige von den Umständen Kenntnis erlangt, die die Steuerpflicht begründen.

§ 13 Berechnung und Entrichtung der Steuer im Pauschverfahren. Das Bundeszentralamt für Steuern kann in Fällen, in denen die Feststellung der Unterlagen für die Steuerfestsetzung unverhältnismäßig schwierig sein würde, die Berechnung und Entrichtung der Steuer im Pauschverfahren zulassen.

630. Rennwett- und Lotteriegesetz (RennwLottG)

Vom 25. Juni 2021 (BGBl. I S. 2065)

FNA 611-20

Zuletzt geändert durch Gesetz zur Änderung des Rennwett- und Lotteriegesetzes vom 23.5.2022 (BGBl. I S. 752)

Inhaltsübersicht

I. Allgemeine Vorschriften für Rennwetten

§ 1 Totalisatorbetreiber. (1) ¹Ein Verein, der einen Totalisator aus Anlass öffentlicher Pferderennen und anderer öffentlicher Leistungsprüfungen für Pferde im Inland betreiben will (Rennverein), bedarf der Erlaubnis der nach Landesrecht zuständigen Behörde. ²Der Betrieb von Totalisatoren kann diesem Verein auch in Kooperation mit anderen Rennvereinen aus dem Inland und mit Totalisatorveranstaltern aus dem Ausland gestattet werden.

(2) ¹Die Erlaubnis kann mit einer Befristung oder einem Vorbehalt des Widerrufs erteilt oder mit einer Auflage oder einem Vorbehalt einer nachträglichen Aufnahme, Änderung oder Ergänzung einer Auflage verbunden werden. ²Sie kann auf einzelne Veranstaltungen beschränkt werden.

(3) Die Erlaubnis darf nur solchen Vereinen erteilt werden, die die Sicherheit bieten, dass die Einnahmen ausschließlich zum Besten der Landespferdezucht verwendet werden.

(4) ¹Eine Erlaubnis für den Betrieb eines Totalisators aus Anlass öffentlicher Pferderennen im Ausland und anderer ausländischer Leistungsprüfungen für

Pferde darf Vereinen erteilt werden, die die Sicherheit bieten, dass die Einnahmen daraus ebenfalls ausschließlich zum Besten der Landespferdezucht verwendet werden. ²Der Betrieb von Totalisatoren ist diesen Vereinen auch in Kooperation mit anderen Rennvereinen und mit Totalisatorveranstaltern grenzüberschreitend gestattet.

§ 2 Buchmacher. (1) Wer gewerbsmäßig Wetten bei öffentlichen Leistungsprüfungen für Pferde abschließen oder vermitteln will (Buchmacher), bedarf der Erlaubnis der nach Landesrecht zuständigen Behörde.

(2) ¹Der Buchmacher bedarf der Erlaubnis für die Örtlichkeit, wo die Wetten entgegengenommen oder vermittelt werden, und auch für die Personen, derer er sich zum Abschluss und zur Vermittlung von Wetten bedienen will. ²Die nach Landesrecht zuständige Behörde darf die Erlaubnis nur für die Örtlichkeiten ihres Landesgebiets erteilen. ³Die Erlaubnis kann mit einer Befristung oder einem Vorbehalt des Widerrufs erteilt oder mit einer Auflage oder einem Vorbehalt einer nachträglichen Aufnahme, Änderung oder Ergänzung einer Auflage verbunden werden.

§ 3 Wettschein. (1) Der Betreiber des Totalisators und der Buchmacher haben über die Wette eine Urkunde (Wettschein) auszustellen.

(2) ¹Ist der Wettschein ausgehändigt, so ist die Wette für den Betreiber des Totalisators und den Buchmacher verbindlich. ²Als ausgehändigter Wettschein gilt auch eine elektronisch übermittelte Annahmeerklärung des Betreibers des Totalisators oder des Buchmachers. ³Ein von dem Wettenden gezahlter Einsatz kann nicht unter Berufung auf § 762 des Bürgerlichen Gesetzbuchs zurückverlangt werden. ⁴Soweit der Einsatz nicht gezahlt ist, kann er von dem Gewinn abgezogen werden. ⁵Im Übrigen bleiben die Vorschriften des Bürgerlichen Gesetzbuchs unberührt.

(3) Auf einem Rennplatz ist den Buchmachern nur das Legen von Wetten zu festen Odds für die dort am Renntag stattfindenden Rennen gestattet.

(4) Auf den Rennplätzen dürfen von den Buchmachern nur Wetteinsätze im Betrag von mindestens 15 Euro angenommen werden.

§ 4 Strafrecht. (1) Wer ohne Erlaubnis einen Totalisator betreibt oder gewerbsmäßig Rennwetten abschließt oder vermittelt, wird mit Freiheitsstrafe bis zu zwei Jahren oder mit Geldstrafe bestraft.

(2) ¹Wer gewerbsmäßig zum Abschluss oder zur Vermittlung von Rennwetten auffordert oder sich erbietet oder Angebote zum Abschluss oder zur Vermittlung solcher Rennwetten entgegennimmt, wird mit Freiheitsstrafe bis zu sechs Monaten oder mit Geldstrafe bis zu 180 Tagessätzen bestraft. ²Unter dieses Verbot fallen nicht Aufforderungen, Erbieten und Angebote der zugelassenen Wettunternehmer sowie der Personen, deren sich die Wettunternehmer mit Erlaubnis der nach Landesrecht zuständigen Behörde zum Abschluss und zur Vermittlung von Rennwetten bedienen, soweit diese Personen bei der Abwicklung von Wettgeschäften im Auftrag des Wettunternehmers handeln.

§ 5 Ordnungswidrigkeiten. (1) Ordnungswidrig handelt, wer als Buchmacher oder dessen Gehilfe Rennwetten außerhalb der Örtlichkeiten, für die die Erlaubnis erteilt ist (§ 2 Absatz 2), abschließt, vermittelt oder Angebote dazu entgegennimmt.

(2) Ordnungswidrig handelt ferner, wer

1. ohne zugelassener Betreiber eines Totalisators oder zugelassener Buchmacher zu sein, außerhalb der Örtlichkeiten des Totalisatorbetreibers oder der Örtlichkeiten, für die die Erlaubnis erteilt ist (§ 2 Absatz 2), öffentlich oder durch Verbreiten eines Inhalts (§ 11 Absatz 3 des Strafgesetzbuches) zum Abschluss von Wetten auffordert,

2. gegen Entgelt Voraussagen über den Ausgang von Rennen verbreitet,

3. in seinen Räumen, die für das Betreiben eines Totalisators oder eines Buchmachers nicht zugelassen sind, den Abschluss oder die Vermittlung von Rennwetten duldet,

4. entgegen § 7 Absatz 3 Satz 1 eine Aufzeichnung nicht, nicht richtig, nicht vollständig führt oder

5. entgegen § 7 Absatz 3 Satz 2 eine Mitteilung nicht, nicht richtig, nicht vollständig oder nicht rechtzeitig macht.

(3) Absatz 2 Nummer 2 gilt nicht für redaktionelle Veröffentlichungen in einer periodisch erscheinenden Druckschrift, soweit diese nicht ausschließlich oder überwiegend der Verbreitung von Voraussagen dient.

(4) Die Ordnungswidrigkeit kann mit einer Geldbuße bis zu 5000 Euro geahndet werden.

§ 6 Ermächtigungen. (1) Das Bundesministerium für Ernährung und Landwirtschaft wird ermächtigt, durch Rechtsverordnung mit Zustimmung des Bundesrates zum Zweck der Förderung der Tierzucht mit Pferden

1. die näheren Voraussetzungen für das Erteilen einer Erlaubnis nach § 1 Absatz 1 oder § 2 Absatz 1 in Verbindung mit § 2 Absatz 2 und die Bekanntmachung der Erlaubniserteilung,

2. die Tatbestände, auf die sich die Erlaubnis erstreckt,

3. das Verfahren für das Erteilen der Erlaubnis, einschließlich der Aufbewahrungspflichten und sonstiger Auflagen,

4. die Angaben im Wettschein, das Beurkunden und Aufzeichnen abgeschlossener Wetten durch den Erlaubnisinhaber, einschließlich der Aufbewahrung der Urkunden und Bescheinigungen,

5. die Einzelheiten des Zuweisungsverfahrens, die Begrenzung der Höhe der Zuweisungen auf die Nettokosten nach § 7 Absatz 1 sowie die Zerlegung des zuweisungsfähigen Aufkommens der Buchmachersteuer nach den §§ 7 und 8 Absatz 2 und der Sportwettensteuer nach den §§ 7 und 16 sowie die besonderen Mitteilungspflichten nach § 7 Absatz 3

zu regeln.

(2) [1]Die Landesregierungen werden ermächtigt, Rechtsverordnungen nach Absatz 1 zu erlassen, soweit das Bundesministerium für Ernährung und

Landwirtschaft von seiner Befugnis keinen Gebrauch macht. [2]Sie können diese Befugnis auf oberste Landesbehörden übertragen.

(3) [1]Die Länder können über Rechtsverordnungen nach den Absätzen 1 und 2 hinaus weitergehende Vorschriften über das Veranstalten und Vermitteln von Pferdewetten, das Vermitteln von Pferdewetten über das Internet und in das Ausland sowie Vorschriften über Regelungen zur Spielersperre, Spielwerbung und zum Schutz Minderjähriger erlassen. [2]Die landesrechtlichen Vorschriften können auch Regelungen zum Schutz der Allgemeinheit, insbesondere die Gefahrenaufklärung der Öffentlichkeit, umfassen.

§ 7 Zuweisungsverfahren. (1) [1]Die Rennvereine, die einen Totalisator betreiben, erhalten vorbehaltlich des Absatzes 2 eine Zuweisung in Höhe von bis zu 96 Prozent des Aufkommens der Totalisatorsteuer nach § 8 Absatz 1 Satz 2, der Buchmachersteuer nach § 8 Absatz 2 Satz 2 und der Sportwettensteuer nach § 16, die von Veranstaltern einer Sportwette mit Wohnsitz, gewöhnlichem Aufenthalt, Ort der Geschäftsleitung oder Sitz im Ausland für inländische Pferderennen abgeführt wird. [2]Sie haben die Beträge zu Zwecken der öffentlichen Leistungsprüfungen für Pferde zu verwenden. [3]Die nach Landesrecht zuständigen Behörden setzen die Anteile der Rennvereine fest und treffen die erforderlichen Bestimmungen. [4]Die Anteile können für die einzelnen Rennvereine unterschiedlich bemessen werden. [5]Sie dürfen nicht über das hinausgehen, was erforderlich ist, um die Nettokosten der Durchführung der öffentlichen Leistungsprüfungen für Pferde durch den jeweiligen Rennverein zu decken.

(2) Absatz 1 findet keine Anwendung auf das Aufkommen der Totalisatorsteuer nach § 8 Absatz 1 Satz 2, das mittels Erlaubnissen nach § 1 Absatz 4 erzielt wird und auf das Aufkommen der Buchmachersteuer nach § 8 Absatz 2 Satz 2 und der Sportwettensteuer nach § 16, das jeweils aus Anlass von Pferderennen im Ausland erzielt wird.

(3) [1]Für Zwecke des Zuweisungsverfahrens haben der im Inland ansässige Totalisatorbetreiber (§ 1 Absatz 1), der im Inland ansässige Buchmacher (§ 2 Absatz 1 und 2 Satz 1) und der im Ausland ansässige Veranstalter von Sportwetten auf inländische Pferderennen für das jeweils zuweisungsfähige Steueraufkommen nach Absatz 1 besondere Aufzeichnungen zu führen. [2]Der im Inland ansässige Buchmacher und der im Ausland ansässige Veranstalter von Sportwetten haben monatlich die Buchmachersteuerbeträge oder die Sportwettensteuerbeträge aufgeschlüsselt mitzuteilen, die für Wetten auf inländische Pferderennen angemeldet und abgeführt wurden. [3]Aus Vereinfachungsgründen ist es zulässig, diese Angaben von dem Mitteilungspflichtigen im Rahmen des Steueranmeldungsverfahrens anzufordern.

II. Steuern

1. Besteuerung von Rennwetten

§ 8 Steuergegenstand. (1) [1]Jede von einem im Inland ansässigen Betreiber eines Totalisators gehaltene Wette, die aus Anlass öffentlicher Pferderennen und anderer öffentlicher Leistungsprüfungen für Pferde abgeschlossen wird, unterliegt der Rennwettsteuer. ²Sie wird als Totalisatorsteuer erhoben.

(2) ¹Jede von einer im Inland ansässigen Person, die nicht Totalisatorbetreiber ist, gehaltene Wette, die aus Anlass öffentlicher Pferderennen und anderer öffentlicher Leistungsprüfungen für Pferde abgeschlossen wird, unterliegt der Rennwettsteuer. ²Sie wird als Buchmachersteuer erhoben.

§ 9 Bemessungsgrundlage. (1) ¹Die Rennwettsteuer bemisst sich nach dem geleisteten Wetteinsatz abzüglich der Rennwettsteuer. ²Der geleistete Wetteinsatz umfasst sämtliche Aufwendungen des Wettenden zur Teilnahme an der Wette nach § 8.

(2) Ein Wetteinsatz, der zurückgezahlt oder verrechnet wird, weil

1. ein Rennen für ungültig erklärt wird,

2. ein Rennen, für das die Wette abgeschlossen ist, nicht zustande kommt oder

3. ein Pferd, auf das sich die Wette bezieht, an dem Rennen nicht teilnimmt,

mindert die Bemessungsgrundlage in dem Anmeldungszeitraum (§ 13), in dem die Rückzahlung oder Verrechnung vorgenommen wird.

§ 10 Steuersatz. Die Rennwettsteuer beträgt 5,3 Prozent der Bemessungsgrundlage nach § 9.

§ 11 Steuerschuldner. (1) Steuerschuldner der Totalisatorsteuer ist der im Inland ansässige Betreiber eines Totalisators.

(2) Steuerschuldner der Buchmachersteuer ist die in § 8 Absatz 2 Satz 1 genannte Person, die eine aus Anlass öffentlicher Pferderennen und anderer öffentlicher Leistungsprüfungen für Pferde abgeschlossene Wette hält.

§ 12 Steuerentstehung. Die Rennwettsteuer entsteht mit der Leistung des Wetteinsatzes.

§ 13 Steueranmeldung und -entrichtung. (1) Der Steuerschuldner der Totalisatorsteuer hat die Steuer für jeden Kalendermonat, in dem mindestens ein Rennen stattgefunden hat (Anmeldungszeitraum), anzumelden.

(2) Der Steuerschuldner der Buchmachersteuer hat die Steuer für jeden Kalendermonat (Anmeldungszeitraum) anzumelden.

(3) ¹Der Steuerschuldner hat für die Rennwettsteuer bis zum 15. Tag nach Ablauf des Anmeldungszeitraums beim zuständigen Finanzamt eine eigenhändig unterschriebene Steuererklärung nach amtlich vorgeschriebenem Vordruck abzugeben, die Steuer darin selbst zu berechnen (Steueranmeldung) und die im Anmeldungszeitraum entstandene Steuer zum Fälligkeitszeitpunkt zu entrichten. ²Die Steueranmeldung kann auch nach amtlich vorgeschriebenem Datensatz durch Datenfernübertragung übermittelt werden, sofern der Zugang hierfür eröffnet ist. ³Die Steuer nach den Absätzen 1 oder 2 ist am 15. Tag nach Ablauf des Anmeldungszeitraums fällig.

(4) ¹Der Steuerschuldner der Totalisatorsteuer hat als Anlage zur Steueranmeldung das Rennprogramm beizufügen. ²Der Steuerschuldner der Buchmachersteuer hat als Anlage zur Steueranmeldung eine Aufstellung einzureichen, aus der für jede einzelne Wettannahmestelle deren gesamte Wetteinsätze (§ 9 Absatz 1) und Rückzahlungsbeträge (§ 9 Absatz 2) ersichtlich sind.

§ 14 Aufzeichnungspflichten. (1) Der Steuerschuldner (§ 11) ist verpflichtet, Aufzeichnungen zur Ermittlung der Steuer und zu den Grundlagen ihrer Berechnung zu führen.

(2) Aus den Aufzeichnungen müssen insbesondere zu ersehen sein:

1. Beschreibung der Rennwette, der Art der Rennwette und des Rennens, auf das sich die Rennwette bezieht, sowie das Rennprogramm,

2. geleisteter Wetteinsatz für die jeweilige Rennwette,

3. Name und Anschrift der beteiligten Dritten (§ 56) sowie die von diesen vermittelten Wetteinsätze (§ 9 Absatz 1),

4. Voraussetzungen für die Minderung der Bemessungsgrundlage (§ 9 Absatz 2),

5. Zeitpunkt der Leistung des Wetteinsatzes und

6. Höhe der Steuer.

§ 15 Zuständigkeit. Örtlich zuständig ist das Finanzamt, in dessen Bezirk der Steuerschuldner der Rennwettsteuer seinen Wohnsitz, gewöhnlichen Aufenthalt, Ort der Geschäftsleitung oder Sitz hat.

2. Besteuerung von Sportwetten

§ 16 Steuergegenstand. ¹Wetten aus Anlass von Sportereignissen, die nicht als Rennwetten nach den §§ 8 bis 15 besteuert werden (Sportwetten), unterliegen der Sportwettensteuer, wenn die Sportwette im Geltungsbereich dieses Gesetzes veranstaltet wird. ²Dies ist der Fall, wenn

1. der Veranstalter der Sportwette bei Abschluss des Wettvertrages seinen Wohnsitz, gewöhnlichen Aufenthalt, Ort der Geschäftsleitung oder Sitz im Geltungsbereich dieses Gesetzes hat oder

2. der Wettende die zur Entstehung des Wettvertrages erforderlichen Handlungen im Geltungsbereich dieses Gesetzes vornimmt.

§ 17 Bemessungsgrundlage. (1) ¹Die Sportwettensteuer bemisst sich nach dem geleisteten Wetteinsatz abzüglich der Sportwettensteuer. ²Der geleistete Wetteinsatz umfasst sämtliche Aufwendungen des Wettenden zur Teilnahme an der Wette nach § 16.

(2) Ein Wetteinsatz, der zurückgezahlt oder verrechnet wird, weil

1. das Ergebnis des Sportereignisses für ungültig erklärt wird,

2. das Sportereignis, für das die Sportwette abgeschlossen ist, nicht stattfindet oder

3. ein Teilnehmer, auf den sich die Sportwette bezieht, an dem Sportereignis nicht teilnimmt,

mindert die Bemessungsgrundlage in dem Anmeldungszeitraum (§ 21), in dem die Rückzahlung oder Verrechnung vorgenommen wird.

§ 18 Steuersatz. Die Sportwettensteuer beträgt 5,3 Prozent der Bemessungsgrundlage nach § 17.

§ 19 Steuerschuldner. [1]Steuerschuldner ist der Veranstalter der Sportwette. [2]Veranstalter ist, wer die planmäßige Ausführung des gesamten Unternehmens selbst oder durch andere ins Werk setzt und dabei das Wettgeschehen maßgeblich gestaltet.

§ 20 Steuerentstehung. Die Sportwettensteuer entsteht mit der Leistung des Wetteinsatzes.

§ 21 Steueranmeldung und -entrichtung. (1) Der Steuerschuldner hat die Sportwettensteuer für jeden Kalendermonat (Anmeldungszeitraum) anzumelden.

(2) [1]Der Steuerschuldner hat für die Sportwettensteuer bis zum 15. Tag nach Ablauf des Anmeldungszeitraums beim zuständigen Finanzamt eine eigenhändig unterschriebene Steuererklärung nach amtlich vorgeschriebenem Vordruck abzugeben, die Steuer darin selbst zu berechnen (Steueranmeldung) und die im Anmeldungszeitraum entstandene Steuer zum Fälligkeitszeitpunkt zu entrichten. [2]Die Steueranmeldung kann auch nach amtlich vorgeschriebenem Datensatz durch Datenfernübertragung übermittelt werden, sofern der Zugang hierfür eröffnet ist. [3]Die Sportwettensteuer ist am 15. Tag nach Ablauf des Anmeldungszeitraums fällig.

(3) Der Steuerschuldner der Sportwettensteuer hat als Anlage zur Steueranmeldung eine Aufstellung einzureichen, aus der für jede einzelne Wettannahmestelle deren gesamte Wetteinsätze (§ 17 Absatz 1) und Rückzahlungsbeträge (§ 17 Absatz 2) und für jeden Dritten (§ 56) dessen gesamte vermittelte Wetteinsätze (§ 17 Absatz 1) und Rückzahlungsbeträge (§ 17 Absatz 2) ersichtlich sind.

(4) Enthält die Steueranmeldung nach Absatz 2 Sportwettensteuer, die auf im Inland durchgeführte Pferderennen entfällt, hat der Steuerpflichtige oder sein steuerlicher Beauftragter als Anlage zur Steueranmeldung eine Aufstellung einzureichen, aus der die Steuerbeträge, aufgeschlüsselt nach dem jeweiligen Ort des Pferderennens, ersichtlich sind (§ 7 Absatz 3 Satz 3).

§ 22 Steuerlicher Beauftragter. (1) Hat der Veranstalter der Sportwetten seinen Wohnsitz, gewöhnlichen Aufenthalt, Ort der Geschäftsleitung oder Sitz nicht in einem Mitgliedstaat der Europäischen Union oder einem Vertragsstaat des Abkommens über den Europäischen Wirtschaftsraum, hat er der zuständigen Finanzbehörde einen steuerlichen Beauftragten im Inland zu benennen.

(2) Steuerlicher Beauftager kann sein, wer seinen Wohnsitz, gewöhnlichen Aufenthalt, Ort der Geschäftsleitung oder Sitz im Inland hat, gegen dessen

steuerliche Zuverlässigkeit keine Bedenken bestehen und der – soweit er nach dem Handelsgesetzbuch oder der Abgabenordnung dazu verpflichtet ist – ordnungsmäßig kaufmännische Bücher führt und rechtzeitig Jahresabschlüsse aufstellt.

(3) Der steuerliche Beauftragte hat die in § 21 geregelten Pflichten als eigene zu erfüllen.

(4) Der steuerliche Beauftragte schuldet die Steuer nach § 16 neben dem Steuerschuldner (Gesamtschuldner).

(5) § 123 der Abgabenordnung bleibt unberührt.

§ 23 Aufzeichnungspflichten. (1) ¹Der Steuerschuldner (§ 19) ist neben der Verpflichtung aus § 7 Absatz 3 verpflichtet, für jede einzelne Wettannahmestelle getrennte Aufzeichnungen zur Ermittlung der Sportwettensteuer und zu den Grundlagen ihrer Berechnung zu führen. ²Ist ein steuerlicher Beauftragter gemäß § 22 benannt, hat der Veranstalter diesem die Aufzeichnungen nach Satz 1 monatlich zu übermitteln.

(2) Aus den Aufzeichnungen müssen insbesondere zu ersehen sein:

1. Name und Anschrift des Wettenden,
2. Name und Anschrift der beteiligten Dritten (§ 56) sowie die von diesen vermittelten Wetteinsätze (§ 17 Absatz 1),
3. Beschreibung der Sportwette und der Art der Sportwette sowie des Sportereignisses, auf das sich die Sportwette bezieht,
4. geleisteter Wetteinsatz für die jeweilige Sportwette,
5. Voraussetzungen für die Minderung der Bemessungsgrundlage (§ 17 Absatz 2),
6. Zeitpunkt der Leistung des Wetteinsatzes und
7. Höhe der Steuer.

§ 24 Zerlegung. (1)¹⁾ Das Gesamtaufkommen der Steuer nach § 16 wird [*neue Fassung:* kalendervierteljährlich] nach den Absätzen 2 und 3 zerlegt.

(2) Die Zerlegungsanteile der einzelnen Länder am Gesamtaufkommen der Steuer nach § 16 sind nach den folgenden Zerlegungsmaßstäben zu ermitteln:

1. zu 50 Prozent entsprechend den Anteilen am im Jahr 2010 erzielten Aufkommen der Steuern nach diesem Gesetz und,

[bisherige Fassung:]	*[neue Fassung:]*²⁾
2. zu 50 Prozent entsprechend dem Einwohneranteil der Länder; dabei sind jeweils die am 1. Mai beim Statistischen Bundesamt ver-	2. zu 50 Prozent entsprechend dem Einwohneranteil der Länder, wobei jeweils die zum Ende des Monats, der dem betreffenden

---

¹⁾ § 24 Abs. 1 geänd. durch G v. 23.5.2022 (BGBl. I S. 752); zur Anwendung siehe § 64.
²⁾ § 24 Abs. 2 Nr. 2 neu gef., Abs. 3 neu gef. durch G v. 23.5.2022 (BGBl. I S. 752); zur Anwendung siehe § 64.

[bisherige Fassung:]

fügbaren neuesten Daten des dem Zerlegungsjahr folgenden Jahres zugrunde zu legen.

(3) ¹Die Zerlegung wird von der in der Durchführungsverordnung zu diesem Gesetz bestimmten obersten Landesfinanzbehörde durchgeführt. ²Dabei sind Abschlagszahlungen unter Berücksichtigung des jeweiligen Vorjahresergebnisses festzusetzen, die am 15. März, 15. Juni, 15. September und 15. Dezember des Jahres zu leisten sind. ³Bis zur Festsetzung der Zerlegungsanteile für das Vorjahr sind die Abschlagszahlungen vorläufig in bisheriger Höhe zu entrichten.

*[neue Fassung:]*¹⁾

Kalendervierteljahr folgt, beim Statistischen Bundesamt verfügbaren neuesten Daten zu Grunde zu legen sind.

(3) ¹Die Zerlegung wird von der in der Durchführungsverordnung zum Rennwett- und Lotteriegesetz bestimmten obersten Landesfinanzbehörde durchgeführt. ²Dabei sind vorläufige Abschlagszahlungen unter Berücksichtigung der endgültigen Abrechnung des jeweiligen vorangegangenen Kalendervierteljahres festzusetzen. ³Mit den vorläufigen Abschlagszahlungen für ein Kalendervierteljahr sind die Zerlegungsanteile für das jeweilige vorangegangene Kalendervierteljahr endgültig abzurechnen. ⁴Die Zahlungen sind am 15. März, 15. Juni, 15. September und 15. Dezember zu leisten.

§ 25 Zuständigkeit. ¹Örtlich zuständig ist das Finanzamt, in dessen Bezirk der Veranstalter der Sportwette seinen Wohnsitz, gewöhnlichen Aufenthalt, Ort der Geschäftsleitung oder Sitz hat. ²Ist ein steuerlicher Beauftragter im Sinne des § 22 Absatz 1 benannt, ist das Finanzamt örtlich zuständig, in dessen Bezirk der steuerliche Beauftragte seinen Geschäftssitz hat. ³Ergibt sich weder nach Satz 1 noch nach Satz 2 eine örtliche Zuständigkeit, ist das in der Durchführungsverordnung zum Rennwett- und Lotteriegesetz bestimmte Finanzamt örtlich zuständig.

3. Besteuerung von öffentlichen Lotterien und Ausspielungen

§ 26 Steuergegenstand. (1) ¹Lotterien und Ausspielungen unterliegen der Lotteriesteuer, wenn sie im Geltungsbereich dieses Gesetzes öffentlich veranstaltet werden. ²Dies ist der Fall, wenn

1. der Veranstalter der Lotterie oder Ausspielung bei Abschluss des Spielvertrages seinen Wohnsitz, gewöhnlichen Aufenthalt, Ort der Geschäftsleitung oder Sitz im Geltungsbereich dieses Gesetzes hat oder
2. der Spieler die zur Entstehung des Spielvertrages mit einem im Ausland ansässigen Veranstalter erforderlichen Handlungen im Geltungsbereich dieses Gesetzes vornimmt.

---

¹⁾ § 24 Abs. 2 Nr. 2 neu gef., Abs. 3 neu gef. durch G v. 23.5.2022 (BGBl. I S. 752); zur Anwendung siehe § 64.

(2) Als Lotterie oder Ausspielung im Sinne des Absatzes 1 gilt auch eine angehängte Lotterie (Zweitlotterie).

§ 27 Bemessungsgrundlage. (1) [1]Die Lotteriesteuer bemisst sich nach dem geleisteten Teilnahmeentgelt abzüglich der Lotteriesteuer. [2]Geleistetes Teilnahmeentgelt ist der vom Spieler zur Teilnahme an der öffentlichen Lotterie oder Ausspielung geleistete Lospreis zuzüglich möglicher vom Veranstalter festgelegter Gebühren. [3]Hält ein Vermittler von Losen einer Klassenlotterie ein nicht verkauftes oder zurückgegebenes Los mit eigener Gewinnberechtigung vor, gilt er für die Dauer der Vorhaltung als Spieler. [4]In den Fällen des Satzes 3 gilt der Verkaufspreis des Loses für die erste Klasse beziehungsweise für ein Erneuerungslos für die nachfolgende Klasse als geleistetes Teilnahmeentgelt.

(2) Wird die öffentliche Lotterie oder Ausspielung mit einer sonstigen Leistung kombiniert und leistet der Spieler hierfür ein ungeteiltes Gesamtentgelt, gilt mindestens der Wert der vorgehaltenen Gewinne als geleistetes Teilnahmeentgelt im Sinne des Absatz 1 Satz 1.

(3) Ein Teilnahmeentgelt, das zurückgezahlt oder verrechnet wird, weil die Lotterie oder Ausspielung für ungültig erklärt wird oder nicht stattfindet, mindert die Bemessungsgrundlage in dem Anmeldungszeitraum (§ 32), in dem die Rückzahlung oder Verrechnung vorgenommen wird.

(4) [1]Werden vom Spieler Gebühren oder Entgelte für sonstige Leistungen von Lotterieeinnehmern, Spielvermittlern oder sonstigen Dritten erhoben, die nicht vom Veranstalter festgelegt wurden, aber im Zusammenhang mit der Teilnahme stehen, sind diese dem geleisteten Teilnahmeentgelt hinzuzurechnen, wenn sie von der inländischen Behörde nicht genehmigt wurden oder soweit sie die genehmigte Höhe übersteigen. [2]Das gilt nicht in den Fällen, in denen diese Gebühren oder Entgelte aufgrund eines anderen Gesetzes allgemein und der Höhe nach erlaubt sind.

§ 28 Lotteriesteuerbefreiung. Von der Lotteriesteuer befreit sind von den zuständigen inländischen Behörden erlaubte öffentliche Lotterien und Ausspielungen,

1. bei denen der Gesamtbetrag der geleisteten Teilnahmeentgelte den Wert von 1000 Euro nicht übersteigt oder

2. bei denen der Gesamtbetrag der geleisteten Teilnahmeentgelte einer öffentlichen Lotterie oder Ausspielung zu ausschließlich gemeinnützigen, mildtätigen oder kirchlichen Zwecken den Wert von 40 000 Euro nicht übersteigt und der Reinertrag für die genannten Zwecke verwandt wird.

§ 29 Steuersatz. Die Lotteriesteuer beträgt 20 Prozent der Bemessungsgrundlage nach § 27.

§ 30 Steuerschuldner. (1) [1]Steuerschuldner ist der Veranstalter der öffentlichen Lotterie oder Ausspielung. [2]Veranstalter ist, wer die planmäßige Ausführung des gesamten Unternehmens selbst oder durch andere ins Werk setzt und dabei das Spielgeschehen maßgeblich gestaltet.

(2) Im Fall einer öffentlichen Lotterie oder Ausspielung ohne inländische ordnungsrechtliche Erlaubnis schuldet neben dem Veranstalter der öffentlichen Lotterie oder Ausspielung derjenige die Steuer gesamtschuldnerisch, der die Teilnahme an dieser öffentlichen Lotterie oder Ausspielung ermöglicht (Dritter), insbesondere durch Verkauf oder Vermittlung von Losen oder vergleichbaren Teilnahmeberechtigungen.

(3) [1] Abweichend von den Absätzen 1 und 2 schuldet der Dritte die Steuer allein, wenn der Veranstalter im Fall des Absatzes 2 von der Ermöglichung der Teilnahme durch Dritte nicht gewusst hat. [2] Dies gilt auch, wenn dem Veranstalter die Ermöglichung der Teilnahme durch Dritte bekannt war oder er diese für möglich gehalten und im Rahmen seiner Möglichkeiten versucht hat, die Teilnahme zu unterbinden.

(4) [1] Abweichend von Absatz 1 schuldet neben dem Veranstalter der öffentlichen Lotterie oder Ausspielung der Lotterieeinnehmer, Lotterievermittler oder sonstige Dritte den Teil der Steuer, der sich daraus ergibt, dass nach § 27 Absatz 4 Gebühren oder Entgelte für sonstige Leistungen nicht genehmigt wurden oder sie die genehmigte Höhe übersteigen und sie dem geleisteten Teilnahmeentgelt hinzugerechnet werden. [2] Der Lotterieeinnehmer, Spielvermittler oder sonstige Dritte schuldet den hierauf entfallenden Teil der Steuer allein, wenn zwischen ihm und dem Lotterieveranstalter kein Auftrags- oder ähnliches Vertragsverhältnis besteht.

§ 31 Steuerentstehung. [1] Die Lotteriesteuer entsteht mit der Leistung des Teilnahmeentgelts. [2] Bei Klassenlotterien entsteht die Steuer mit Beginn der jeweiligen Klasse, wenn das Teilnahmeentgelt vor diesem Zeitpunkt geleistet wurde.

§ 32 Steueranmeldung und –entrichtung. (1) Der Steuerschuldner hat die Lotteriesteuer für jeden Kalendermonat, in dem die Steuer entsteht (Anmeldungszeitraum), anzumelden.

(2) [1] Der Steuerschuldner hat für die Lotteriesteuer bis zum 15. Tag nach Ablauf des Anmeldungszeitraums beim zuständigen Finanzamt eine eigenhändig unterschriebene Steuererklärung nach amtlich vorgeschriebenem Vordruck abzugeben, die Steuer darin selbst zu berechnen (Steueranmeldung) und die im Anmeldungszeitraum entstandene Steuer zum Fälligkeitszeitpunkt zu entrichten. [2] Die Steueranmeldung kann auch nach amtlich vorgeschriebenem Datensatz durch Datenfernübertragung übermittelt werden, sofern der Zugang hierfür eröffnet ist. [3] Die Lotteriesteuer ist am 15. Tag nach Ablauf des Anmeldungszeitraums fällig.

(3) [1] In den Fällen einer nach § 28 steuerbefreiten öffentlichen Lotterie oder Ausspielung kann der Veranstalter abweichend von Absatz 1 lediglich für den Kalendermonat, in dem die letzte Ziehung der öffentlichen Lotterie oder Ausspielung stattgefunden hat (Anmeldungszeitraum), bis zum 15. Tag nach Ablauf des Anmeldungszeitraums beim zuständigen Finanzamt eine eigenhändig unterschriebene Steuererklärung nach amtlich vorgeschriebenem Vordruck abgeben und die Steuer darin selbst berechnen (Steueranmeldung). [2] Die Steueranmeldung kann auch nach amtlich vorgeschriebenem Datensatz durch

Datenfernübertragung übermittelt werden, sofern der Zugang hierfür eröffnet ist. ³Der Anmeldungszeitraum nach Satz 1 kann auch gewählt werden, wenn die Nichterfüllung der Steuerbefreiungsvoraussetzungen feststeht, bevor die letzte Ziehung der öffentlichen Lotterie oder Ausspielung stattgefunden hat.

(4) ¹Der Steueranmeldung sind in den Fällen des § 27 Absatz 2 Unterlagen über die Ermittlung des Werts der vorgehaltenen Gewinne beizufügen. ²Soweit eine Steuerbefreiung nach § 28 geltend gemacht wird, hat der Veranstalter die nach Landesrecht einzuholende behördliche Erlaubnis oder abzugebende Anzeige als Anlage hinzuzufügen. ³In den Fällen des § 28 Nummer 2 ist eine zeitnahe Verwendung des Reinertrags für die dort genannten Zwecke nachzuweisen.

§ 33 Aufzeichnungspflichten. (1) Der Steuerschuldner (§ 30) ist verpflichtet, Aufzeichnungen zur Ermittlung der Steuer und zu den Grundlagen ihrer Berechnung sowie zum Nachweis der Steuerbefreiung (§ 28) zu führen.

(2) Aus den Aufzeichnungen müssen insbesondere zu ersehen sein:

1. Beschreibung der öffentlichen Lotterie oder Ausspielung,
2. geleistetes Teilnahmeentgelt für die jeweilige öffentliche Lotterie oder Ausspielung,
3. in den Fällen des § 26 Absatz 1 Satz 2 Nummer 2 Name und Anschrift des Spielers,
4. Voraussetzungen für die Minderung der Bemessungsgrundlage (§ 27 Absatz 3),
5. Zeitpunkt der Steuerentstehung,
6. Höhe der Steuer und
7. in den Fällen des § 28 Nummer 2 die Verwendung des Reinertrags.

§ 34 Zerlegung. (1)¹⁾ ¹Das Aufkommen der Steuer nach § 26 Absatz 1 Satz 2 Nummer 2 wird [*neue Fassung:* kalendervierteljährlich] zerlegt. ²Die Zerlegungsanteile der einzelnen Länder sind nach den folgenden Zerlegungsmaßstäben zu ermitteln:

1. zu 50 Prozent entsprechend den Anteilen am im Jahr 2010 erzielten Aufkommen der Steuern nach diesem Gesetz,

[*bisherige Fassung:*]	[*neue Fassung:*]²⁾
2. zu 50 Prozent entsprechend dem Einwohneranteil der Länder; dabei sind jeweils die am 1. Mai beim Statistischen Bundesamt verfügbaren neuesten Daten des dem	2. zu 50 Prozent entsprechend dem Einwohneranteil der Länder, wobei jeweils die zum Ende des Monats, der dem betreffenden Kalendervierteljahr folgt, beim

---

¹⁾ § 34 Abs. 1 Satz 1 geänd. durch G v. 23.5.2022 (BGBl. I S. 752); zur Anwendung siehe § 64.
²⁾ § 34 Abs. 1 Satz 2 Nr. 2 neu gef., Abs. 2 neu gef. durch G v. 23.5.2022 (BGBl. I S. 752); zur Anwendung siehe § 64.

[bisherige Fassung:]

Zerlegungsjahr folgenden Jahres zugrunde zu legen.

(2) ¹Die Zerlegung wird von der in der Durchführungsverordnung zu diesem Gesetz bestimmten obersten Landesfinanzbehörde durchgeführt. ²Dabei sind Abschlagszahlungen unter Berücksichtigung des jeweiligen Vorjahresergebnisses festzusetzen, die am 15. März, 15. Juni, 15. September und 15. Dezember des Jahres zu leisten sind. ³Bis zur Festsetzung der Zerlegungsanteile für das Vorjahr sind die Abschlagszahlungen vorläufig in bisheriger Höhe zu entrichten.

[neue Fassung:][1]

Statistischen Bundesamt verfügbaren neuesten Daten zu Grunde zu legen sind.

(2) ¹Die Zerlegung wird von der in der Durchführungsverordnung zum Rennwett- und Lotteriegesetz bestimmten obersten Landesfinanzbehörde durchgeführt. ²Dabei sind vorläufige Abschlagszahlungen unter Berücksichtigung der endgültigen Abrechnung des jeweiligen vorangegangenen Kalendervierteljahres festzusetzen. ³Mit den vorläufigen Abschlagszahlungen für ein Kalendervierteljahr sind die Zerlegungsanteile für das jeweilige vorangegangene Kalendervierteljahr endgültig abzurechnen. ⁴Die Zahlungen sind am 15. März, 15. Juni, 15. September und 15. Dezember zu leisten.

§ 35 Zuständigkeit. ¹Örtlich zuständig ist das Finanzamt, in dessen Bezirk der Veranstalter der Lotterie oder Ausspielung seinen Wohnsitz, gewöhnlichen Aufenthalt, Ort der Geschäftsleitung oder Sitz hat. ²Ergibt sich nach Satz 1 keine örtliche Zuständigkeit, ist das in der Durchführungsverordnung zum Rennwett- und Lotteriegesetz bestimmte Finanzamt örtlich zuständig.

4. Besteuerung von virtuellem Automatenspiel

§ 36 Steuergegenstand. ¹Im Internet angebotene Nachbildungen terrestrischer Automatenspiele (virtuelle Automatenspiele) unterliegen der Virtuellen Automatensteuer, wenn sie im Geltungsbereich dieses Gesetzes veranstaltet werden. ²Dies ist der Fall, wenn

1. der Veranstalter des virtuellen Automatenspiels bei Abschluss des Spielvertrages seinen Wohnsitz, gewöhnlichen Aufenthalt, Ort der Geschäftsleitung oder Sitz im Geltungsbereich dieses Gesetzes hat oder

2. der Spieler die zur Entstehung des Spielvertrages erforderlichen Handlungen im Geltungsbereich dieses Gesetzes vornimmt.

³Der Virtuellen Automatensteuer unterliegen nicht das terrestrische Automatenspiel sowie im Internet angebotene Nachbildungen des terrestrischen Automatenspiels, die nur an bestimmten, ortsgebundenen Eingabegeräten gespielt werden können.

---

[1] § 34 Abs. 1 Satz 2 Nr. 2 neu gef., Abs. 2 neu gef. durch G v. 23.5.2022 (BGBl. I S. 752); zur Anwendung siehe § 64.

§ 37 Bemessungsgrundlage. [1]Die Virtuelle Automatensteuer bemisst sich nach dem geleisteten Spieleinsatz abzüglich der Virtuellen Automatensteuer. [2]Der geleistete Spieleinsatz umfasst sämtliche Aufwendungen des Spielers zur Teilnahme am virtuellen Automatenspiel nach § 36.

§ 38 Steuersatz. Die Virtuelle Automatensteuer beträgt 5,3 Prozent der Bemessungsgrundlage nach § 37.

§ 39 Steuerschuldner. [1]Steuerschuldner ist der Veranstalter des virtuellen Automatenspiels. [2]Veranstalter ist, wer die planmäßige Ausführung des gesamten Unternehmens selbst oder durch andere ins Werk setzt und dabei das Spielgeschehen maßgeblich gestaltet.

§ 40 Steuerentstehung. Die Virtuelle Automatensteuer entsteht mit der Leistung des Spieleinsatzes.

§ 41 Steueranmeldung und –entrichtung. (1) Der Steuerschuldner hat die Virtuelle Automatensteuer für jeden Kalendermonat (Anmeldungszeitraum) anzumelden.

(2) [1]Der Steuerschuldner hat für die Virtuelle Automatensteuer bis zum 15. Tag nach Ablauf des Anmeldungszeitraums beim zuständigen Finanzamt eine eigenhändig unterschriebene Steuererklärung nach amtlich vorgeschriebenem Vordruck abzugeben, die Steuer darin selbst zu berechnen (Steueranmeldung) und die im Anmeldungszeitraum entstandene Steuer zum Fälligkeitszeitpunkt zu entrichten. [2]Die Steueranmeldung kann auch nach amtlich vorgeschriebenem Datensatz durch Datenfernübertragung übermittelt werden, sofern der Zugang hierfür eröffnet ist. [3]Die Virtuelle Automatensteuer ist am 15. Tag nach Ablauf des Anmeldungszeitraums fällig.

§ 42 Steuerlicher Beauftragter. (1) Hat der Veranstalter des virtuellen Automatenspiels seinen Wohnsitz, gewöhnlichen Aufenthalt, Ort der Geschäftsleitung oder Sitz nicht in einem Mitgliedstaat der Europäischen Union oder einem Vertragsstaat des Abkommens über den Europäischen Wirtschaftsraum, hat er dem zuständigen Finanzbehörde einen steuerlichen Beauftragten im Inland zu benennen.

(2) Steuerlicher Beauftragter kann sein, wer seinen Wohnsitz, gewöhnlichen Aufenthalt, Ort der Geschäftsleitung oder Sitz im Inland hat, gegen dessen steuerliche Zuverlässigkeit keine Bedenken bestehen und der – soweit er nach dem Handelsgesetzbuch oder der Abgabenordnung[1)] dazu verpflichtet ist – ordnungsmäßig kaufmännische Bücher führt und rechtzeitig Jahresabschlüsse aufstellt.

(3) Der steuerliche Beauftragte hat die in § 41 geregelten Pflichten als eigene zu erfüllen.

[1)] **Nr. 800.**

(4) Der steuerliche Beauftragte schuldet die Steuer nach § 36 neben dem Steuerschuldner (Gesamtschuldner).

(5) § 123 der Abgabenordnung[1]) bleibt unberührt.

§ 43 Aufzeichnungspflichten. (1) [1]Der Steuerschuldner (§ 39) ist verpflichtet, für jedes virtuelle Automatenspiel Aufzeichnungen zur Ermittlung der Virtuellen Automatensteuer und zu den Grundlagen ihrer Berechnung zu führen. [2]Ist ein steuerlicher Beauftragter gemäß § 42 benannt, hat der Veranstalter diesem die Aufzeichnungen nach Satz 1 monatlich zu übermitteln.

(2) Aus den Aufzeichnungen müssen insbesondere zu ersehen sein:

1. Name und Anschrift des Spielers,
2. geleistete Spieleinsatz,
3. Zeitpunkt der Leistung des Spieleinsatzes,
4. Höhe der Steuer und
5. Zugangsmöglichkeiten für eine Teilnahme am virtuellen Automatenspiel.

(3) Die Aufzeichnungen zu den Zugangsmöglichkeiten im Sinne des Absatzes 2 Nummer 5 umfassen insbesondere die Internetadresse des Angebots sowie die Namen der verfügbaren Applikationen, die zusätzlich oder gänzlich selbständig über Endgeräte genutzt werden können.

§ 44 Zerlegung. (1)[2]) Das Gesamtaufkommen der Steuer nach § 36 wird [*neue Fassung:* kalendervierteljährlich] nach den Absätzen 2 und 3 zerlegt.

(2) Die Zerlegungsanteile der einzelnen Länder am Gesamtaufkommen der Steuer nach § 36 sind nach den folgenden Zerlegungsmaßstäben zu ermitteln:

1. zu 50 Prozent entsprechend den Anteilen am im Jahr 2010 erzielten Aufkommen der Steuern nach diesem Gesetz,

[bisherige Fassung:]

2. zu 50 Prozent entsprechend dem Einwohneranteil der Länder; dabei sind jeweils die am 1. Mai beim Statistischen Bundesamt verfügbaren neuesten Daten des dem Zerlegungsjahr folgenden Jahres zugrunde zu legen.

(3) [1]Die Zerlegung wird von der in der Durchführungsverordnung zu diesem Gesetz bestimmten obersten

[neue Fassung:][3])

2. zu 50 Prozent entsprechend dem Einwohneranteil der Länder, wobei jeweils die zum Ende des Monats, der dem betreffenden Kalendervierteljahr folgt, beim Statistischen Bundesamt verfügbaren neuesten Daten zu Grunde zu legen sind.

(3) [1]Die Zerlegung wird von der in der Durchführungsverordnung zum Rennwett- und Lotteriegesetz

---

[1]) **Nr. 800.**
[2]) § 44 Abs. 1 geänd. durch G v. 23.5.2022 (BGBl. I S. 752); zur Anwendung siehe § 64.
[3]) § 44 Abs. 2 Nr. 2 neu gef., Abs. 3 neu gef. durch G v. 23.5.2022 (BGBl. I S. 752); zur Anwendung siehe § 64.

[bisherige Fassung:]

Landesfinanzbehörde durchgeführt. [2]Dabei sind Abschlagszahlungen unter Berücksichtigung des jeweiligen Vorjahresergebnisses festzusetzen, die am 15. März, 15. Juni, 15. September und 15. Dezember des Jahres zu leisten sind. [3]Bis zur Festsetzung der Zerlegungsanteile für das Vorjahr sind die Abschlagszahlungen vorläufig in bisheriger Höhe zu entrichten.

[neue Fassung:][1]

bestimmten obersten Landesfinanzbehörde durchgeführt. [2]Dabei sind vorläufige Abschlagszahlungen unter Berücksichtigung der endgültigen Abrechnung des jeweiligen vorangegangenen Kalendervierteljahres festzusetzen. [3]Mit den vorläufigen Abschlagszahlungen für ein Kalendervierteljahr sind die Zerlegungsanteile für das jeweilige vorangegangene Kalendervierteljahr endgültig abzurechnen. [4]Die Zahlungen sind am 15. März, 15. Juni, 15. September und 15. Dezember zu leisten.

§ 45 Zuständigkeit. [1]Örtlich zuständig ist das Finanzamt, in dessen Bezirk der Veranstalter des virtuellen Automatenspiels seinen Wohnsitz, gewöhnlichen Aufenthalt, Ort der Geschäftsleitung oder Sitz hat. [2]Wurde ein steuerlicher Beauftragter im Sinne des § 42 benannt, ist das Finanzamt örtlich zuständig, in dessen Bezirk der steuerliche Beauftragte seinen Geschäftssitz hat. [3]Ergibt sich weder nach Satz 1 noch nach Satz 2 eine örtliche Zuständigkeit, ist das in der Durchführungsverordnung zum Rennwett- und Lotteriegesetz bestimmte Finanzamt örtlich zuständig.

5. Besteuerung von Online-Poker

§ 46 Steuergegenstand. [1]Varianten des Pokerspiels ohne Bankhalter, bei denen an einem virtuellen Tisch gespielt wird (Online-Poker), unterliegen der Online-Pokersteuer, wenn sie im Geltungsbereich dieses Gesetzes veranstaltet werden. [2]Dies ist der Fall, wenn

1. der Veranstalter des Online-Pokers bei Abschluss des Spielvertrages seinen Wohnsitz, gewöhnlichen Aufenthalt, Ort der Geschäftsleitung oder Sitz im Geltungsbereich dieses Gesetzes hat oder
2. der Spieler die zur Entstehung des Spielvertrages erforderlichen Handlungen im Geltungsbereich dieses Gesetzes vornimmt.

[3]Alle Formen des terrestrischen Pokerspiels sowie Pokerspiele mit Bankhalter an einem virtuellen Tisch unterliegen nicht der Online-Pokersteuer.

§ 47 Bemessungsgrundlage. (1) [1]Die Online-Pokersteuer bemisst sich nach dem Spieleinsatz abzüglich der Online-Pokersteuer. [2]Der Spieleinsatz umfasst sämtliche Aufwendungen des Spielers zur Teilnahme am Online-

---

[1]) § 44 Abs. 2 Nr. 2 neu gef., Abs. 3 neu gef. durch G v. 23.5.2022 (BGBl. I S. 752); zur Anwendung siehe § 64.

Poker nach § 46. [3] Hierzu gehören insbesondere der Betrag, den der Spieler bei Beginn des Spiels zum Setzen zur Verfügung hat sowie alle sonstigen vom Spieler an den Veranstalter oder dessen Beauftragten zur Teilnahme bewirkten Leistungen. [4] Werden während des Spiels weitere Beträge zur Verlängerung des Spiels eingesetzt, gelten diese zu dem Betrag zugehörig, den der Spieler bei Beginn des Spiels zum Setzen zur Verfügung hat.

(2) [1] Ein Spiel beginnt am jeweiligen Tisch, wenn der Spieler seine erste Karte am Tisch erhält. [2] Das Spiel endet mit dem Verlassen des Tisches.

(3) Wird Online-Poker als Turnier veranstaltet, umfasst ein Spiel abweichend von Absatz 2 die gesamte Turnierteilnahme vom Beginn des Spielens am ersten Tisch bis zum Ausscheiden oder Gewinn des Turniers.

§ 48 Steuersatz. Die Online-Pokersteuer beträgt 5,3 Prozent der Bemessungsgrundlage nach § 47.

§ 49 Steuerschuldner. [1] Steuerschuldner ist der Veranstalter des Online-Pokers. [2] Veranstalter ist, wer die planmäßige Ausführung des gesamten Unternehmens selbst oder durch andere ins Werk setzt und dabei das Spielgeschehen maßgeblich gestaltet.

§ 50 Steuerentstehung. Die Online-Pokersteuer entsteht mit der Leistung des Spieleinsatzes.

§ 51 Steueranmeldung und -entrichtung. (1) Der Steuerschuldner hat die Online-Pokersteuer für jeden Kalendermonat (Anmeldungszeitraum) anzumelden.

(2) [1] Der Steuerschuldner hat für die Online-Pokersteuer bis zum 15. Tag nach Ablauf des Anmeldungszeitraums beim zuständigen Finanzamt eine eigenhändig unterschriebene Steuererklärung nach amtlich vorgeschriebenem Vordruck abzugeben, die Steuer darin selbst zu berechnen (Steueranmeldung) und die im Anmeldungszeitraum entstandene Steuer zum Fälligkeitszeitpunkt zu entrichten. [2] Die Steueranmeldung kann auch nach amtlich vorgeschriebenem Datensatz durch Datenfernübertragung übermittelt werden, sofern der Zugang hierfür eröffnet ist. [3] Die Online-Pokersteuer ist am 15. Tag nach Ablauf des Anmeldungszeitraums fällig.

§ 52 Steuerlicher Beauftragter. (1) Hat der Veranstalter des Online-Pokers seinen Wohnsitz, gewöhnlichen Aufenthalt, Ort der Geschäftsleitung oder Sitz nicht in einem Mitgliedstaat der Europäischen Union oder einem Vertragsstaat des Abkommens über den Europäischen Wirtschaftsraum, hat er der zuständigen Finanzbehörde einen steuerlichen Beauftragten im Inland zu benennen.

(2) Steuerlicher Beauftragter kann sein, wer seinen Wohnsitz, gewöhnlichen Aufenthalt, Ort der Geschäftsleitung oder Sitz im Inland hat, gegen dessen steuerliche Zuverlässigkeit keine Bedenken bestehen und der – soweit er nach

dem Handelsgesetzbuch oder der Abgabenordnung[1]) dazu verpflichtet ist – ordnungsmäßig kaufmännische Bücher führt und rechtzeitig Jahresabschlüsse aufstellt.

(3) Der steuerliche Beauftragte hat die in § 51 geregelten Pflichten als eigene zu erfüllen.

(4) Der steuerliche Beauftragte schuldet die Steuer nach § 46 neben dem Steuerschuldner (Gesamtschuldner).

(5) § 123 der Abgabenordnung[1]) bleibt unberührt.

§ 53 Aufzeichnungspflichten. (1) [1]Der Steuerschuldner (§ 49) ist verpflichtet, für jedes Online-Poker Aufzeichnungen zur Ermittlung der Online-Pokersteuer und zu den Grundlagen ihrer Berechnung zu führen. [2]Ist ein steuerlicher Beauftragter gemäß § 52 benannt, hat der Veranstalter diesem die Aufzeichnungen nach Satz 1 monatlich zu übermitteln.

(2) Aus den Aufzeichnungen müssen insbesondere zu ersehen sein:

1. Name und Anschrift des Spielers,

2. geleisteter Spieleinsatz,

3. Zeitpunkt der Leistung des Spieleinsatzes,

4. Höhe der Steuer und

5. Zugangsmöglichkeiten für eine Teilnahme am Online-Poker.

(3) Die Aufzeichnungen zu den Zugangsmöglichkeiten im Sinne des Absatzes 2 Nummer 5 umfassen insbesondere die Internetadresse des Angebots sowie die Namen der verfügbaren Applikationen, die zusätzlich oder gänzlich selbständig über Endgeräte genutzt werden können.

§ 54 Zerlegung. (1)[2]) Das Gesamtaufkommen der Steuer nach § 46 wird [*neue Fassung:* kalendervierteljährlich] nach den Absätzen 2 und 3 zerlegt.

(2) Die Zerlegungsanteile der einzelnen Länder am Gesamtaufkommen der Steuer nach § 46 sind nach den folgenden Zerlegungsmaßstäben zu ermitteln:

1. zu 50 Prozent entsprechend den Anteilen am im Jahr 2010 erzielten Aufkommen der Steuern nach diesem Gesetz,

[bisherige Fassung:]

2. zu 50 Prozent entsprechend dem Einwohneranteil der Länder; dabei sind jeweils die am 1. Mai beim Statistischen Bundesamt verfügbaren neuesten Daten des dem Zerlegungsjahr folgenden Jahres zugrunde zu legen.

[neue Fassung:][3])

2. zu 50 Prozent entsprechend dem Einwohneranteil der Länder, wobei jeweils die zum Ende des Monats, der dem betreffenden Kalendervierteljahr folgt, beim Statistischen Bundesamt verfügbaren neuesten Daten zu Grunde zu legen sind.

---

[1]) **Nr. 800.**
[2]) § 54 Abs. 1 geänd. durch G v. 23.5.2022 (BGBl. I S. 752); zur Anwendung siehe § 64.
[3]) § 54 Abs. 2 Nr. 2 neu gef., Abs. 3 neu gef. durch G v. 23.5.2022 (BGBl. I S. 752); zur Anwendung siehe § 64.

[bisherige Fassung:]

(3) ¹Die Zerlegung wird von der in der Durchführungsverordnung zu diesem Gesetz bestimmten obersten Landesfinanzbehörde durchgeführt. ²Dabei sind Abschlagszahlungen unter Berücksichtigung des jeweiligen Vorjahresergebnisses festzusetzen, die am 15. März, 15. Juni, 15. September und 15. Dezember des Jahres zu leisten sind. ³Bis zur Festsetzung der Zerlegungsanteile für das Vorjahr sind die Abschlagszahlungen vorläufig in bisheriger Höhe zu entrichten.

[neue Fassung:][1]

(3) ¹Die Zerlegung wird von der in der Durchführungsverordnung zum Rennwett- und Lotteriegesetz bestimmten obersten Landesfinanzbehörde durchgeführt. ²Dabei sind vorläufige Abschlagszahlungen unter Berücksichtigung der endgültigen Abrechnung des jeweiligen vorangegangenen Kalendervierteljahres festzusetzen. ³Mit den vorläufigen Abschlagszahlungen für ein Kalendervierteljahr sind die Zerlegungsanteile für das jeweilige vorangegangene Kalendervierteljahr endgültig abzurechnen. ⁴Die Zahlungen sind am 15. März, 15. Juni, 15. September und 15. Dezember zu leisten.

§ 55 Zuständigkeit. ¹Örtlich zuständig ist das Finanzamt, in dessen Bezirk der Veranstalter des Online-Pokers seinen Wohnsitz, gewöhnlichen Aufenthalt, Ort der Geschäftsleitung oder Sitz hat. ²Wurde ein steuerlicher Beauftragter im Sinne des § 52 benannt, ist das Finanzamt örtlich zuständig, in dessen Bezirk der steuerliche Beauftragte seinen Geschäftssitz hat. ³Ergibt sich weder nach Satz 1 noch nach Satz 2 eine örtliche Zuständigkeit, ist das in der Durchführungsverordnung zum Rennwett- und Lotteriegesetz bestimmte Finanzamt örtlich zuständig.

6. Sonstige Vorschriften

§ 56 Informationspflichten Dritter. Zur Gewährleistung eines ordnungsgemäßen Besteuerungsverfahrens sind alle an der Begründung oder Durchführung der Vereinbarung zwischen Veranstalter und Wettenden oder Spieler beteiligten Dritten verpflichtet, den jeweiligen Steuerschuldner über die für die Besteuerung erheblichen Tatsachen, insbesondere über den geleisteten Wetteinsatz oder das geleistete Teilnahmeentgelt, unverzüglich zu informieren.

§ 57 Umrechnung fremder Währung. Werte in fremder Währung sind zur Berechnung der Steuer nach den für die Umsatzsteuer geltenden Vorschriften umzurechnen.

§ 58 Nachschau. (1) Zur Sicherstellung einer gleichmäßigen und vollständigen Festsetzung und Erhebung der Steuern nach diesem Gesetz sind die von der zuständigen Finanzbehörde mit der Verwaltung dieser Steuer betrauten

---

[1] § 54 Abs. 2 Nr. 2 neu gef., Abs. 3 neu gef. durch G v. 23.5.2022 (BGBl. I S. 752); zur Anwendung siehe § 64.

Amtsträger befugt, ohne vorherige Ankündigung und außerhalb einer Außenprüfung nach § 193 der Abgabenordnung[1]) Grundstücke und Geschäftsräume von Personen, die die Teilnahme an Rennwetten, Sportwetten, Lotterien oder Ausspielungen, virtuellem Automatenspiel oder Online-Poker ermöglichen, während der Geschäfts- und Arbeitszeiten kostenfrei zu betreten, um Sachverhalte festzustellen, die für die Besteuerung erheblich sein können.

(2) [1]Soweit dies zur Feststellung einer steuerlichen Erheblichkeit zweckdienlich ist, haben die von der Nachschau betroffenen Personen und deren Angestellte oder Beauftragte sowie Personen, die darüber hinaus über eine entsprechende Berechtigung verfügen, auf Ersuchen des Amtsträgers Aufzeichnungen, Bücher, Geschäftspapiere und andere Unterlagen vorzulegen und Auskünfte zu erteilen. [2]§ 147 Absatz 6 der Abgabenordnung[1]) gilt entsprechend.

(3) [1]Wenn die bei der Nachschau getroffenen Feststellungen hierzu Anlass geben, kann ohne vorherige Prüfungsanordnung (§ 196 der Abgabenordnung[1])) zu einer Außenprüfung nach § 193 der Abgabenordnung[1]) übergegangen werden. [2]Auf den Übergang zur Außenprüfung ist schriftlich hinzuweisen.

(4) Werden anlässlich der Nachschau Verhältnisse festgestellt, die für die Festsetzung und Erhebung anderer Steuern als der Steuern nach diesem Gesetz erheblich sein können, ist die Auswertung der Feststellungen insoweit zulässig, als ihre Kenntnis für die Besteuerung der in Absatz 1 genannten Personen oder anderer Personen von Bedeutung sein kann.

§ 59 Änderung nach Außenprüfung. [1]Steuerbeträge, die auf Grund einer Außenprüfung nachzuentrichten oder zu erstatten sind, sind zusammen mit der Steuer für den letzten Kalendermonat des Prüfungszeitraums festzusetzen. [2]Sie sind einen Monat nach Bekanntgabe der Festsetzung fällig.

§ 60 Ermächtigung. Das Bundesministerium der Finanzen wird ermächtigt, durch Rechtsverordnung mit Zustimmung des Bundesrates Regelungen zu erlassen über:

1. die nähere Bestimmung der in Abschnitt II. verwendeten Begriffe,

2. Anzeigepflichten gegenüber der zuständigen Finanzbehörde,

3. die für die Besteuerung zuständigen Finanzbehörden,

4. die Bestimmung der für die Steuerzerlegung zuständigen Finanzbehörden,

5. die Berechnung der Steuer,

6. die näheren Voraussetzungen für eine Steuerbefreiung und

7. die Einzelheiten der Besteuerungsverfahren einschließlich der erforderlichen Angaben und vorzulegenden Unterlagen.

---

[1]) **Nr. 800.**

III. Gemeinsame Vorschriften

§ 61 **Offenbarungs- und Verwertungsbefugnis für nichtsteuerliche Zwecke.** Die Finanzbehörde kann die nach § 30 der Abgabenordnung[1] geschützten personenbezogenen Daten gegenüber der Glücksspielaufsichtsbehörde und gegenüber der für das Zuweisungsverfahren nach § 7 zuständigen Behörde offenbaren, soweit es dem Verfahren der Glücksspielaufsicht und dem Zuweisungsverfahren dient.

§ 62 **Mitteilungspflicht.** Die für die Glücksspielaufsicht und für die Erteilung der Erlaubnis zuständigen Behörden sind verpflichtet, erlangte Kenntnisse gegenüber der Finanzbehörde mitzuteilen, soweit die Kenntnisse der Durchführung eines Verfahrens in Steuersachen dienen.

§ 63 **Bekanntmachungsermächtigungen.** (1) Das Bundesministerium der Finanzen kann dieses Gesetz, die Durchführungsverordnung zu diesem Gesetz sowie die von ihm auf Grund dieses Gesetzes erlassenen Rechtsverordnungen in der jeweils geltenden Fassung mit neuem Datum und unter neuer Überschrift im Bundesgesetzblatt bekanntmachen.

(2) Das Bundesministerium für Ernährung und Landwirtschaft kann die von ihm auf Grund dieses Gesetzes erlassenen Rechtsverordnungen in der jeweils geltenden Fassung mit neuem Datum und unter neuer Überschrift im Bundesgesetzblatt bekanntmachen.

§ 64[2] **Übergangsvorschrift.** Für die Abrechnung und den Vollzug der Zerlegung des Aufkommens der Steuern nach § 16, § 26 Absatz 1 Satz 2 Nummer 2, §§ 36 und 46 vor dem 1. Januar 2022 und die vorläufigen Abschlagszahlungen am 15. März 2022 finden die §§ 24, 34, 44 und 54 in der am 31. Dezember 2021 geltenden Fassung weiterhin Anwendung.

---

[1] **Nr. 800.**
[2] § 64 angef. durch G v. 23.5.2022 (BGBl. I S. 752).

635. Verordnung zur Durchführung des Rennwett- und Lotteriegesetzes (Rennwett- und Lotteriegesetz-Durchführungsverordnung – RennwLottDV)[1]

Vom 16. Juni 1922 (RZentrBl. S. 351)

Geändert durch Verordnungen vom 21.1.1924 (RGBl. I S. 34), vom 9.2.1924 (RGBl. I S. 55) und vom 12.2.1924 (RGBl. I S. 107), Gesetz vom 10.8.1967 (BGBl. I S. 877), Verordnung vom 21.5.1976 (BGBl. I S. 1249), Gesetze vom 14.12.1984 (BGBl. I S. 1493), vom 16.12.1986 (BGBl. I S. 2441), vom 17.5.2000 (BGBl. I S. 715), vom 25.6.2001 (BGBl. I S. 1215), vom 20.12.2001 (BGBl. I S. 3794), vom 21.8.2002 (BGBl. I S. 3322), Gesetz vom 29.6.2012 (BGBl. I S. 1424), Gesetz zur weiteren steuerlichen Förderung der Elektromobilität und zur Änderung weiterer steuerlicher Vorschriften vom 12.12.2019 (BGBl. I S. 2451), Gesetz zur Änderung des Rennwett- und Lotteriegesetzes und der Ausführungsbestimmungen zum Rennwett- und Lotteriegesetz vom 25.6.2021 (BGBl. I S. 2065) und Verordnung zur Änderung der Verordnung zur Durchführung des Rennwett- und Lotteriegesetzes vom 10.11.2021 (BGBl. I S. 4900)

BGBl. III/FNA 611-14-1

Auf Grund der §§ 3, 4 Abs. 1 Satz 3, § 13 Abs. 2, §§ 15, 20, 22, 25 des Rennwett- und Lotteriegesetzes vom 8. April 1922 (Reichsgesetzbl. S. 393) wird, soweit erforderlich, mit Zustimmung des *Reichsrats* folgendes bestimmt:

A. Ordnungsrechtlicher Teil[2]

I. Erteilung der Erlaubnis für Rennwetten[2]

§ 1[3] Erlaubnisempfänger. Die Erlaubnis zum Abschluss und zur Vermittlung von Rennwetten darf nur Betreibern von Totalisatoren und Buchmachern erteilt werden.

§ 2[4] Voraussetzungen für die Erteilung der Erlaubnis zum Betrieb eines Totalisators. (1) Zum Betrieb eines Totalisators darf nur ein Renn- oder Pferdezuchtverein (Verein) zugelassen werden.

(2) ¹Die Erlaubnis ist für jeden Verein besonders zu erteilen und darf sich nur auf bestimmte Rennbahnen erstrecken. ²Sie setzt einen Antrag voraus. ³Dem Antrag sind beizufügen:

a) die Vereinssatzung,

b) der jährliche Voranschlag,

---

[1] Überschrift neu gef. mWv 1.7.2021 durch G v. 25.6.2021 (BGBl. I S. 2065).
[2] Zwischenüberschriften neu gef. mWv 1.7.2021 durch G v. 25.6.2021 (BGBl. I S. 2065).
[3] § 1 neu gef. mWv 1.7.2021 durch G v. 25.6.2021 (BGBl. I S. 2065).
[4] § 2 Abs. 2 Buchst. d, Abs. 4 Satz 1 und Abs. 6 Sätze 1 und 2 geänd. durch G v. 16.12.1986 (BGBl. I S. 2441); Überschrift angef. und Abs. 6 Satz 1 geänd. mWv 1.7.2021 durch G v. 25.6.2021 (BGBl. I S. 2065).

c) der letzte Geschäftsbericht, der eine genaue Übersicht über die Einnahmen und Ausgaben im einzelnen, namentlich auch über die Verwendung der Einnahmen für die Rennpreise und für sonstige der Landespferdezucht unmittelbar dienende Zwecke enthalten und aus dem sich ergeben muß, daß die Einnahmen ausschließlich zum Besten der Landespferdezucht tatsächlich verwendet worden sind,

d) die Voraussetzungen, unter denen der Totalisator Wetten entgegennehmen soll.

(3) ¹Aus der Vereinssatzung muß sich ergeben, daß der ausschließliche Zweck des Vereins die Förderung der Landespferdezucht unter anderem durch Veranstaltung von Leistungsprüfungen für Pferde ist. ²Die Vorstandsmitglieder und sonstigen leitenden Persönlichkeiten des Vereins müssen die Sicherheit bieten, daß der Zweck des Vereins verwirklicht wird.

(4) ¹Die nach Landesrecht zuständige Behörde ist befugt, die Angaben in den Geschäftsberichten (Absatz 2 zu c) auf ihre Richtigkeit, namentlich hinsichtlich der tatsächlichen Verwendung der Einnahmen ausschließlich zum Besten der Landespferdezucht zu prüfen. ²Sie kann zu diesem Zwecke die Vorlegung weiterer Nachweise fordern.

(5) Die Art und der Umfang der vom Vereine beabsichtigten Rennen müssen die Erreichung des im Absatz 3 genannten Zieles gewährleisten.

(6) ¹Dem Vereine darf die Genehmigung zum Betriebe eines Totalisators nur erteilt werden, wenn er sich verpflichtet, den Buchmachern, denen die Erlaubnis für den Abschluß oder die Vermittlung von Wetten auf der Rennbahn des Vereins erteilt ist, die Ausübung ihres Gewerbes an den Renntagen auf der Rennbahn gegen Entrichtung eines Standgeldes zu gestatten. ²Die Höhe des Standgeldes wird zwischen dem Verein und den Buchmachern vereinbart; im Streitfall entscheidet die nach Landesrecht zuständige Behörde oder die von ihr bestimmte Stelle. ³Den Buchmachern ist auf der Rennbahn ein bestimmter Platz anzuweisen.

§ 3¹⁾ Voraussetzungen für die Erteilung der Erlaubnis an Buchmacher. (1) Als Buchmacher darf nur zugelassen werden, wer den Nachweis erbringt, daß er seiner Person nach die Gewähr für eine einwandfreie Geschäftsführung bietet und die zur Ausübung des Buchmachergewerbes erforderliche kaufmännische Befähigung besitzt.

(2) Der Buchmacher hat für seine Person eine Sicherheit und für jede Person, die ihn bei Abschluß oder Vermittlung von Wetten vertreten kann (Buchmachergehilfe), eine weitere Sicherheit zu leisten.

(3) Die Sicherheit haftet zunächst wegen der Steueransprüche nebst Zinsen, sodann wegen der Geldstrafen und Geldbußen und der Kosten des Strafverfahrens und Bußgeldverfahrens und schließlich den Wettnehmern wegen ihrer Forderungen aus dem Wettgeschäft.

---

¹⁾ § 3 Abs. 1 geänd. durch VO v. 21.5.1976 (BGBl. I S. 1249), Abs. 1 und Abs. 4 geänd., Abs. 2 und 3 neugef. sowie Abs. 5 bish. Satz 1 aufgeh. durch G v. 16.12.1986 (BGBl. I S. 2441); Überschrift angef. und Abs. 5 geänd. mWv 1.7.2021 durch G v. 25.6.2021 (BGBl. I S. 2065).

(4) ¹Art und Höhe der Sicherheit bestimmt die nach Landesrecht zuständige Behörde. ²Sie ist bei der Erteilung der Erlaubnis nach dem mutmaßlichen Umfang des Gewerbes des Buchmachers und der Höhe der zu erwartenden Verbindlichkeiten, für die die Sicherheit haftet (Abs. 3), zu bemessen und kann von der Behörde jederzeit erhöht oder ermäßigt werden. ³Auf Antrag des Finanzamts ist die Sicherheit bis zu dem beantragten Betrage zu erhöhen. ⁴Leistet der Buchmacher innerhalb angemessener Frist die anderweit festgesetzte Sicherheit nicht, so ist die Erlaubnis zu widerrufen.

(5) Die Sicherheit darf nur im Einverständnis mit dem Finanzamt, das für die Steuern des Buchmachers nach dem Rennwett- und Lotteriegesetz zuständig ist, freigegeben werden.

§ 4¹⁾ Besondere Bestimmungen für Totalisatorbetreiber. ¹Dem Verein ist vorzuschreiben, auf welchen Plätzen der Rennbahn der Totalisator aufgestellt werden darf und welches der Mindestbetrag der Wetteinsätze sein soll. ²Es kann ihm gestattet werden, auch außerhalb der Rennbahn Wettannahmestellen für sein eigenes und für andere *deutsche*¹⁾ Totalisatorunternehmungen zu unterhalten. ³Die näheren Bestimmungen für den Betrieb der Wettannahmestellen trifft die nach Landesrecht zuständige Behörde.

§ 5²⁾ Besondere Bestimmungen für Buchmacher. (1) ¹Den Buchmachern ist vorzuschreiben, welchen Beschränkungen sie und ihre Gehilfen (§ 3 Abs. 2) sich bei Ausübung ihres Gewerbes auf dem Rennplatz wie außerhalb des Rennplatzes hinsichtlich des Ortes und der Bezeichnung ihrer Geschäftsräume zu unterwerfen haben. ²Es kann ihnen auch der Abschluß bestimmter Arten von Wetten untersagt werden. ³Die nach Landesrecht zuständige Behörde kann Bestimmungen darüber erlassen, welche Beschränkungen dieser Art allen Buchmachern gemeinsam aufzuerlegen sind.

(2) ¹Innerhalb der Örtlichkeit, in der dem Buchmacher der Abschluß oder die Vermittlung von Wetten gestattet ist, darf er Wetten für alle Rennen abschließen oder vermitteln, sofern nicht nach Absatz 1 für alle Buchmacher gemeinsam geltende Beschränkungen bestimmt sind. ²Auf besonderen Antrag können die nach Landesrecht zuständigen Behörden Buchmachern für einzelne Rennveranstaltungen des eigenen Landes die Erlaubnis zum Abschluß oder zur Vermittlung von Wetten auf einer Rennbahn erteilen, zu der diese Buchmacher sonst nicht zugelassen sind.

(3) *(aufgehoben)*

§ 6³⁾ Bekanntmachungen. ¹Die Erteilung der Erlaubnis an Vereine zum Betrieb eines Totalisators und an Buchmacher zum Betrieb eines Wettunternehmens, die Beschränkung dieser Erlaubnis und ihr Widerruf sind im Bun-

---

¹⁾ § 4 aufgeh. und § 5 Satz 3 neu gef. durch G v. 16.12.1986 (BGBl. I S. 2441); § 5 Satz 2 kursiver Satzteil aufgeh. mWv 1.7.2012 durch G v. 29.6.2012 (BGBl. I S. 1424); bish. § 5 wird § 4, Überschrift eingef. mWv 1.7.2021 durch G v. 25.6.2021 (BGBl. I S. 2065).
²⁾ § 6 Abs. 1 und 2 geänd., Abs. 3 aufgeh. durch G v. 16.12.1986 (BGBl. I S. 2441); bish. § 6 wird § 5, Überschrift eingef. mWv 1.7.2021 durch G v. 25.6.2021 (BGBl. I S. 2065).
³⁾ Bish. § 8 wird § 6 und neu gef. mWv 1.7.2021 durch G v. 25.6.2021 (BGBl. I S. 2065).

desanzeiger öffentlich bekanntzumachen. [2]Die jeweils für Rennwett-, Lotterie- und Sportwettensteuer zuständige Finanzbehörde ist über die Erteilung der Erlaubnis zu unterrichten.

II. Abschluss der Rennwette[1]

§ 7[2] Abschluss der Wette beim Totalisator. Die von dem Veranstalter und den Annahmestellen eines Totalisators dem Wettnehmer auszuhändigenden Urkunden (Totalisatorausweise, Tickets) müssen enthalten:

a) die Nummer, den Ort und den Tag des Rennens (Tagesstempel oder Tageszeichen des Rennvereins),

b) den Namen oder die Programmnummer des gewetteten Pferdes oder der Pferde und die Wettart,

c) den Betrag des Wetteinsatzes,

d) den Namen des Unternehmers.

§ 8[3] Abschluss der Wetten beim Buchmacher. (1) [1]Der Buchmacher und die Buchmachergehilfen haben über jede angenommene Wette einen dem Wettenden auszuhändigenden Wettschein auszustellen. [2]Ein Duplikat verbleibt im Besitz des Buchmachers und soll elektronisch gespeichert werden. [3]Mehrere Wetten desselben Wettenden, die sich auf dasselbe Rennen oder auf mehrere am selben Tag und auf derselben Rennbahn stattfindende Rennen beziehen, können auf einem Wettschein zusammengefasst werden. [4]Die Rückseite des Wettscheins darf für Eintragungen über abgeschlossene Wetten nicht benutzt werden. [5]Die Wettscheine müssen enthalten:

a) den Tag der Ausstellung,

b) den Namen, Ort und Tag des Rennens,

c) den Namen oder die Programmnummer des gewetteten Pferdes oder der Pferde,

d) die Art und den Inhalt der Wette,

e) Veranstaltung oder Vermittlung der Wette,

f) die Angabe, ob das Rennen im Ausland stattfand,

g) den Betrag des Wetteinsatzes,

h) den Namen des Buchmachers und der Person, die in seinem Auftrag und für seine Rechnung die Wette abgeschlossen oder vermittelt hat. [2]Der Wettschein ist vom Buchmacher oder dem Gehilfen zu unterschreiben.

(2) Der Wettschein muss mindestens einen Betrag von 50 Cent ausweisen.

(3) Wettscheine dürfen allgemein übliche und verständliche Abkürzungen enthalten.

---

[1] Überschrift neu gef. durch G v. 25.6.2021 (BGBl. I S. 2065).
[2] Bish. § 9 wird § 7, Überschrift eingef., Buchst. b geänd. mWv 1.7.2021 durch G v. 25.6.2021 (BGBl. I S. 2065).
[3] Bish. § 10 wird § 8, Überschrift, Abs. 1 Sätze 1–3 neu gef., Satz 5 geänd., Abs. 2 und 3 neu gef. mWv 1.7.2021 durch G v. 25.6.2021 (BGBl. I S. 2065).

§ 9[1] **Aufbewahrungsfrist.** Die im Besitz des Buchmachers verbleibenden Duplikate der Wettscheine oder demselben Zweck dienende vergleichbare schriftliche oder elektronische Unterlagen sowie die sonstigen Unterlagen für den Abschluss der Wetten sind zeitlich geordnet zehn Jahre lang aufzubewahren.

§ 10[2] **Buchführung des Buchmachers.** [1]Jeder Buchmacher hat über seine Einnahmen und Ausgaben aus dem Wettgeschäft Buch zu führen. [2]Aus der Buchführung müssen

1. als Einnahmen die täglichen Eingänge an Wetteinsätzen, die Forderungen des Buchmachers aus abgeschlossenen Wettverträgen und die sonstigen Einnahmen aus dem Wettbetrieb,

2. als Ausgaben die ausgezahlten Gewinne, etwa zurückgezahlte Einsätze, die Rennwettsteuer unter Hinweis auf den betreffenden Wettschein, ferner Gebühren und sonstige Unkosten und die Zahlungen an diejenigen namentlich zu bezeichnenden Buchmacher, an welche eine bestimmte, genau zu bezeichnende Wette weitergegeben ist,

zu ersehen sein. [3] § 9 gilt entsprechend.

B. Steuerrechtlicher Teil[3]

I. Rennwettsteuer

§ 11 Definition der Rennwetten. Rennwetten im Sinne der §§ 8 bis 15 des Rennwett- und Lotteriegesetzes sind Wetten, die aus Anlass öffentlicher Pferderennen und anderer öffentlicher Leistungsprüfungen für Pferde von einem im Inland ansässigen Betreiber eines Totalisators oder von einer im Inland ansässigen Person, die nicht Totalisatorbetreiber ist, mit einem Wettenden abgeschlossen werden.

§ 12 Bemessungsgrundlage. Der geleistete Wetteinsatz nach § 9 Rennwett- und Lotteriegesetz umfasst nicht Wettboni, die dem Wettenden zur Verfügung gestellt werden, aber nicht ausbezahlt, sondern nur verspielt werden können.

§ 13 Zuständigkeit. (1) [1]Ist der Veranstalter der Rennwette eine natürliche Person, ist das Finanzamt örtlich zuständig, in dessen Bezirk dieser seinen Wohnsitz hat oder in Ermangelung eines Wohnsitzes seinen gewöhnlichen

---

[1] Bish. § 11 wird § 9 und neu gef. mWv 1.7.2021 durch G v. 25.6.2021 (BGBl. I S. 2065).
[2] Bish. § 13 wird § 10, Überschrift eingef., Satz 3 geänd. mWv 1.7.2021 durch G v. 25.6.2021 (BGBl. I S. 2065).
[3] Teil A Abschnitt III Steuervorschriften sowie Teil C Steueraufsicht, Teil D Strafverfahren, Teil E Steuererhebung, Teil F Schlussvorschriften aufgehoben sowie Teil B neu gef. mWv 1.7.2021 durch G v. 25.6.2021 (BGBl. I S. 2065).

Aufenthalt hat. [2]§ 19 Absatz 1 Satz 2 der Abgabenordnung gilt entsprechend.

(2) [1]Ist der Veranstalter der Rennwette eine juristische Person oder Personenvereinigung, ist das Finanzamt örtlich zuständig, in dessen Bezirk sich die Geschäftsleitung befindet. [2]Befindet sich der Ort der Geschäftsleitung nicht im Geltungsbereich des Rennwett- und Lotteriegesetzes oder lässt sich der Ort der Geschäftsleitung nicht feststellen, ist das Finanzamt örtlich zuständig, in dessen Bezirk der Veranstalter der Rennwette seinen Sitz hat.

§ 14 Besteuerungsverfahren. (1) Das Besteuerungsverfahren richtet sich nach den §§ 8 bis 15 des Rennwett- und Lotteriegesetzes.

(2) Bei der Zahlung der Rennwettsteuer sind die Steuernummer, die Steuerart und der Zeitraum, für den die Steuer entrichtet wird, anzugeben.

(3) Wird die Rennwettsteuer abweichend festgesetzt, geändert oder berichtigt, ist die Kleinbetragsverordnung[1]) zu beachten.

II. Sportwettensteuer

§ 15 Sportwetten. (1) Wetten aus Anlass von Sportereignissen, die nicht als Rennwetten im Sinne des § 11 besteuert werden, unterliegen unabhängig vom Ort des Sportereignisses der Sportwettensteuer.

(2) [1]Sport im Sinne des Rennwett- und Lotteriegesetzes ist die körperliche Betätigung eines Menschen oder eines Menschen zusammen mit einem trainierten oder abgerichteten Tier, die über das ansonsten übliche Maß hinausgeht und durch äußerlich zu beobachtende Anstrengungen oder durch die einem persönlichen Können zurechenbare Bewegung gekennzeichnet ist. [2]Zu dieser Betätigung gehören auch sportliche Wettkämpfe zwischen Menschen mit Hilfe von technischen Geräten, wie beispielsweise Drohnen-Flugwettbewerbe und Motorsport.

(3) Schach und Wettkämpfe zwischen Menschen mit Hilfe von Computerspielen, wie beispielsweise der sogenannte E-Sport, gelten als Sport im Sinne des Absatzes 2.

(4) Kein Sport im Sinne des Absatzes 2 sind Bridge und artverwandte Spiele, reine Denksportarten, ein durch ein Computerprogramm animiertes Ereignis, dessen Ausgang von einem Programm ermittelt wird, sowie reine Tierwettkämpfe, wie beispielsweise Hunderennen und Hahnenkämpfe.

(5) Die „TOTO 13er Ergebniswette" und die „TOTO 6aus45 Auswahlwette" sind Sportwetten im Sinne des Rennwett- und Lotteriegesetzes.

§ 16 Bemessungsgrundlage. Der geleistete Wetteinsatz nach § 17 des Rennwett- und Lotteriegesetzes umfasst nicht Wettboni, die dem Wettenden zur Verfügung gestellt werden, aber nicht ausbezahlt, sondern nur verspielt werden können.

---

[1]) Nr. **800c.**

§ 17 Veranstalter. [1]Veranstalter einer Sportwette ist diejenige Person, die das Wettgeschehen in tatsächlicher oder rechtlicher Hinsicht maßgeblich gestaltet. [2]Sie ordnet insbesondere die regelungsbedürftigen Fragen im Verhältnis zu den Wettenden, z.B. durch vorformulierte Vertragsbedingungen, und setzt diese selbst oder durch andere entsprechend um. [3]Voraussetzung für die Veranstaltereigenschaft ist nicht, dass die Quoten eigenständig ermittelt werden. [4]Vielmehr können diese auch zugekauft werden oder auf andere Art zu Stande kommen.

§ 18 Veranstaltungsort. (1) In den Fällen des § 16 Satz 2 Nummer 1 des Rennwett- und Lotteriegesetzes ist der Veranstaltungsort dort, wo der Veranstalter der Sportwette seinen Wohnsitz, gewöhnlichen Aufenthalt, Ort der Geschäftsleitung oder Sitz hat, unabhängig davon, wo der Wettende die zur Entstehung des Wettvertrages erforderlichen Handlungen vornimmt.

(2) [1]In den Fällen des § 16 Satz 2 Nummer 2 des Rennwett- und Lotteriegesetzes ist der Veranstaltungsort im Geltungsbereich des Rennwett- und Lotteriegesetzes belegen, wenn der Wettende die zur Entstehung des Wettvertrages erforderlichen Handlungen im Geltungsbereich des Rennwett- und Lotteriegesetzes vornimmt. [2]Maßgeblich für die Ortsbestimmung ist grundsätzlich der Ort der physischen Anwesenheit des Wettenden. [3]Sofern der Veranstalter den Ort der physischen Anwesenheit des Wettenden nicht feststellen kann, gilt der Wohnsitz des Wettenden als Veranstaltungsort. [4]Dies gilt unabhängig davon, wo der Veranstalter der Sportwette seinen Wohnsitz, gewöhnlichen Aufenthalt, Ort der Geschäftsleitung oder Sitz hat oder sonstige technische Vorrichtungen (z.B. Server) vorhält.

(3) Erforderliche Handlungen zur Entstehung des Wettvertrages sind die Handlungen, zur Abgabe der Willenserklärung zum Abschluss des Wettvertrages in jedweder Form vorgenommen werden, z.B. in schriftlicher, mündlicher oder elektronischer Form.

§ 19 Zuständigkeit. (1) [1]Ist der Veranstalter der Sportwette eine natürliche Person, ist das Finanzamt örtlich zuständig, in dessen Bezirk dieser seinen Wohnsitz oder in Ermangelung eines Wohnsitzes seinen gewöhnlichen Aufenthalt hat. [2]§ 19 Absatz 1 Satz 2 der Abgabenordnung gilt entsprechend.

(2) [1]Ist der Veranstalter der Sportwette eine juristische Person oder Personenvereinigung, ist das Finanzamt örtlich zuständig, in dessen Bezirk sich die Geschäftsleitung befindet. [2]Befindet sich der Ort der Geschäftsleitung nicht im Geltungsbereich des Rennwett- und Lotteriegesetzes oder lässt sich der Ort der Geschäftsleitung nicht feststellen, ist das Finanzamt örtlich zuständig, in dessen Bezirk der Veranstalter der Sportwette seinen Sitz hat.

(3)[1] Ergibt sich nach § 25 Satz 1 und 2 des Rennwett- und Lotteriegesetzes keine örtliche Zuständigkeit für die Besteuerung, ist das Finanzamt Frankfurt am Main IV örtlich zuständig.

(4) Für die Zerlegung des Gesamtaufkommens der Sportwettensteuer ist die Landesfinanzbehörde der Freien und Hansestadt Hamburg zuständig.

---

[1] § 19 Abs. 3 geänd. mWv 1.12.2021 durch VO v. 10.11.2021 (BGBl. I S. 4900).

§ 20 Anzeigepflichten. (1) Wer Sportwetten im Sinne des § 16 des Rennwett- und Lotteriegesetzes veranstalten will, hat dem zuständigen Finanzamt unverzüglich schriftlich anzuzeigen:

1. Name,
2. Gewerbe,
3. Wohnsitz, gewöhnlichen Aufenthalt, Ort der Geschäftsleitung oder Sitz und
4. Zeitpunkt der Aufnahme des Wettbetriebs.

(2) Ist ein steuerlicher Beauftragter gemäß § 22 Absatz 1 des Rennwett- und Lotteriegesetzes bestellt worden, ist auch dieser dem zuständigen Finanzamt unverzüglich schriftlich zu benennen.

§ 21 Besteuerungsverfahren. (1) Das Besteuerungsverfahren richtet sich nach den §§ 16 bis 25 des Rennwett- und Lotteriegesetzes.

(2) Bei der Zahlung der Sportwettensteuer sind die Steuernummer, die Steuerart und der Zeitraum, für den die Steuer entrichtet wird, anzugeben.

(3) Wird die Sportwettensteuer abweichend festgesetzt, geändert oder berichtigt, ist die Kleinbetragsverordnung[1]) zu beachten.

III. Lotteriesteuer

§ 22 Definition der Lotterie und Ausspielung. (1) Ein öffentliches Glücksspiel, bei dem einer Mehrzahl von Personen die Möglichkeit eröffnet wird, nach einem bestimmten Plan gegen ein bestimmtes Entgelt die Chance

1. auf einen Geldgewinn zu erlangen, ist eine Lotterie und
2. auf einen Sachgewinn oder geldwerten Vorteil oder einer Kombination aus beidem zu erlangen, ist eine Ausspielung.

(2) [1]Ein bestimmter Plan im Sinne des Absatzes 1 liegt vor, wenn Regelungen für den Gewinnfall und die Gewinnhöhe bestehen, die für die Gesamtheit der teilnehmenden Spieler gelten. [2]Dabei ist es unerheblich, ob die mögliche Gewinnhöhe im Zeitpunkt der Teilnahme bereits bekannt ist.

(3) Unter Zweitlotterie im Sinne des § 26 Absatz 2 des Rennwett- und Lotteriegesetzes sind Veranstaltungen zu verstehen, bei denen der Veranstalter keine eigene Verlosung von Gewinnen vornimmt, sondern der Eintritt eines Gewinns oder Verlusts des Teilnehmers vom Ausgang einer anderen Lotterie (Erstlotterie) abhängt.

(4) Eine Klassenlotterie ist eine Lotterie oder Ausspielung im Sinne des Absatzes 1, bei der der Spielzeitraum mit einer oder mehreren Gewinnmöglichkeiten in jeweilige Klassen unterteilt ist.

§ 23 Öffentliche Veranstaltung. [1]Eine Lotterie oder Ausspielung im Sinne des § 26 des Rennwett- und Lotteriegesetzes ist öffentlich, wenn für einen größeren, nicht geschlossenen Personenkreis eine Teilnahmemöglichkeit besteht oder diese gewohnheitsmäßig in Vereinen oder sonstigen geschlossenen

---

[1]) Nr. **800c.**

Gesellschaften veranstaltet wird. [2]Eine Lotterie oder Ausspielung gilt als öffentlich, wenn die für die Erlaubnis zuständige Behörde sie als erlaubnispflichtig ansieht. [3]Die Entscheidung der Erlaubnisbehörde, dass eine Veranstaltung nicht öffentlich ist, ist für Zwecke der Lotteriesteuer nicht bindend.

§ 24 Veranstalter. (1) [1]Veranstalter einer öffentlichen Lotterie oder Ausspielung ist diejenige Person, die das Spielgeschehen in tatsächlicher oder rechtlicher Hinsicht maßgeblich gestaltet. [2]Sie ordnet insbesondere die regelungsbedürftigen Fragen im Verhältnis zu den teilnehmenden Spielern, z. B. durch vorformulierte Vertragsbedingungen.

(2) Veranstalter einer Zweitlotterie ist derjenige, der dem Teilnehmer gegen Entgelt Gewinnchancen nach einem bestimmten Plan eröffnet und den Gewinn schuldet, wobei der Eintritt eines Gewinns vom Ausgang einer anderen Lotterie abhängt.

§ 25 Veranstaltungsort. (1) In den Fällen des § 26 Absatz 1 Satz 2 Nummer 1 des Rennwett- und Lotteriegesetzes ist der Veranstaltungsort dort, wo der Veranstalter der Lotterie oder Ausspielung seinen Wohnsitz, gewöhnlichen Aufenthalt, Ort der Geschäftsleitung oder Sitz hat, unabhängig davon, wo der Spieler die zur Entstehung des Spielvertrages erforderlichen Handlungen vornimmt.

(2) [1]In den Fällen des § 26 Absatz 1 Satz 2 Nummer 2 des Rennwett- und Lotteriegesetzes ist der Veranstaltungsort im Geltungsbereich des Rennwett- und Lotteriegesetzes belegen, wenn der Spieler die zur Entstehung des Spielvertrages erforderlichen Handlungen im Geltungsbereich des Rennwett- und Lotteriegesetzes vornimmt. [2]Maßgeblich für die Ortsbestimmung ist grundsätzlich der Ort der physischen Anwesenheit des Spielers. [3]Sofern der Veranstalter den Ort der physischen Anwesenheit des Spielers nicht feststellen kann, gilt der Wohnsitz des Spielers als Veranstaltungsort. [4]Dies gilt unabhängig davon, wo der Veranstalter der Lotterie oder Ausspielung seinen Wohnsitz, gewöhnlichen Aufenthalt, Ort der Geschäftsleitung oder Sitz außerhalb des Geltungsbereichs des Rennwett- und Lotteriegesetzes hat oder sonstige technische Vorrichtungen (z. B. Server) vorhält.

(3) Erforderliche Handlungen zur Entstehung des Spielvertrages sind die Handlungen, die zur Abgabe der Willenserklärung zum Abschluss des Spielvertrages in jedweder Form vorgenommen werden, z. B. in schriftlicher, mündlicher oder elektronischer Form.

§ 26 Bemessungsgrundlage. (1) [1]Das geleistete Teilnahmeentgelt im Sinne des § 27 des Rennwett- und Lotteriegesetzes umfasst nicht Spielboni, die dem Spielenden zur Verfügung gestellt werden, aber nicht ausbezahlt, sondern nur verspielt werden können. [2]Vom Veranstalter festgelegte Gebühren sind solche, die der Veranstalter als Gläubiger beansprucht und die betragsmäßig konkret bestimmt sind.

(2) Ein Erneuerungslos im Sinne des § 27 Absatz 1 Satz 4 des Rennwett- und Lotteriegesetzes ist das Los einer Klassenlotterie mit Teilnahmeberechtigung für die folgende Klasse, das dieselbe Nummer und gegebenenfalls den-

selben Buchstaben des Loses trägt, mit dem der Spieler an der Vorklasse teilgenommen hat.

(3) [1] Der Wert der vorgehaltenen Gewinne im Sinne des § 27 Absatz 2 des Rennwett- und Lotteriegesetzes ist regelmäßig die Summe der Anschaffungskosten der einzelnen Preise. [2] Werden Preise unentgeltlich zur Verfügung gestellt, ist deren Wert in diesem Zeitpunkt zu schätzen. [3] Dabei können grundsätzlich die Anschaffungskosten vergleichbarer Wirtschaftsgüter zugrunde gelegt werden.

(4) [1] Von der inländischen Behörde genehmigte Gebühren im Sinne des § 27 Absatz 4 des Rennwett- und Lotteriegesetzes sind auch solche, die von Dritten erhoben werden und für die der Veranstalter lediglich einen Gebührenrahmen vorgibt. [2] Soweit die inländischen Behörden diese Gebühren von Lotterieeinnehmern, Lotterievermittlern oder sonstigen Dritten allgemein und ohne Einschränkung genehmigen, erfolgt keine Hinzurechnung zur Bemessungsgrundlage, da keine genehmigte Höhe überschritten wurde. [3] Das gilt entsprechend für Gebühren oder Entgelte, die aufgrund eines Gesetzes allgemein oder der Höhe nach erlaubt sind.

§ 27 Steuerbefreiung. (1) Die in § 28 des Rennwett- und Lotteriegesetzes bestimmten Freigrenzen bemessen sich nach dem Gesamtbetrag der geleisteten Teilnahmeentgelte.

(2) [1] § 28 des Rennwett- und Lotteriegesetzes gilt nur für öffentliche Lotterien und Ausspielungen, die von den jeweils zuständigen Behörden genehmigt oder allgemein erlaubt worden sind. [2] Die Voraussetzungen für die Erlaubnis der öffentlichen Lotterie oder Ausspielung ergeben sich aus den landesgesetzlichen Regelungen. [3] Die Entscheidung der Erlaubnisbehörde ist für Zwecke der Lotteriesteuer bindend. [4] Dies gilt auch für nachträglich erteilte Erlaubnisse.

(3) [1] Ist eine notwendige Erlaubnis nicht eingeholt oder eine erforderliche Anzeige nicht erfolgt und liegt damit keine Entscheidung der Erlaubnisbehörde vor, ist § 28 des Rennwett- und Lotteriegesetzes nicht anwendbar. [2] Gleiches gilt, wenn eine erteilte Erlaubnis widerrufen wird.

(4) Voraussetzung für die Steuerbefreiung nach § 28 Nummer 2 des Rennwett- und Lotteriegesetzes ist zudem, dass die öffentliche Lotterie oder Ausspielung ausschließlich gemeinnützigen, mildtätigen oder kirchlichen Zwecken im Sinne der §§ 52 bis 54 der Abgabenordnung dient.

(5) [1] Der tatsächlich erzielte Reinertrag ist in den Fällen des § 28 Nummer 2 des Rennwett- und Lotteriegesetzes in voller Höhe unmittelbar und zeitnah den in Absatz 4 genannten begünstigten Zwecken zuzuführen. [2] Der tatsächlich erzielte Reinertrag ist der Betrag, der sich aus der Summe der tatsächlichen Kaufpreise sämtlicher Lose nach Abzug der mit der öffentlichen Lotterie oder Ausspielung zusammenhängenden tatsächlichen Kosten, Gewinnsummen und Steuern ergibt.

§ 28 Zuständigkeit. (1) [1] Ist der Veranstalter der Lotterie oder Ausspielung eine natürliche Person, ist das Finanzamt örtlich zuständig, in dessen Bezirk dieser seinen Wohnsitz oder in Ermangelung eines Wohnsitzes seinen gewöhnlichen Aufenthalt hat. [2] § 19 Absatz 1 Satz 2 der Abgabenordnung gilt entsprechend.

(2) [1] Ist der Veranstalter der Lotterie oder Ausspielung eine juristische Person oder Personenvereinigung, ist das Finanzamt örtlich zuständig, in dessen Bezirk sich die Geschäftsleitung befindet. [2] Befindet sich der Ort der Geschäftsleitung nicht im Geltungsbereich des Rennwett- und Lotteriegesetzes oder lässt sich der Ort der Geschäftsleitung nicht feststellen, ist das Finanzamt örtlich zuständig, in dessen Bezirk der Veranstalter der Lotterie oder Ausspielung seinen Sitz hat.

(3)[1] Ergibt sich nach § 35 Satz 1 des Rennwett- und Lotteriegesetzes keine örtliche Zuständigkeit für die Besteuerung, ist das Finanzamt Frankfurt am Main IV örtlich zuständig.

(4) Für die nach § 34 des Rennwett- und Lotteriegesetzes durchzuführende Zerlegung des Gesamtaufkommens der Lotteriesteuer ist die Landesfinanzbehörde der Freien und Hansestadt Hamburg zuständig.

§ 29 Anzeigepflicht. (1) Wer öffentliche Lotterien oder Ausspielungen im Geltungsbereich des Rennwett- und Lotteriegesetzes veranstalten oder über einen Dritten anbieten will, hat dem zuständigen Finanzamt spätestens 14 Tage vor Beginn des Losverkaufs Folgendes schriftlich anzuzeigen:

1. Name und Anschrift des Veranstalters,
2. geplante Anzahl und Preis der Lose,
3. Zeitpunkt und Ort des Losverkaufes und der Ziehung,
4. Spielplan und
5. geplante Höhe und Verwendung des Reinertrags, soweit eine Steuerbefreiung nach § 28 Rennwett- und Lotteriegesetz geltend gemacht werden soll.

(2) [1] Ausgenommen von der Anzeigepflicht nach Absatz 1 sind von den zuständigen inländischen Behörden erlaubte öffentliche Lotterien und Ausspielungen im Sinne des § 28 Nummer 1 des Rennwett- und Lotteriegesetzes, bei denen der geplante Gesamtpreis der Lose den Wert von 1000 Euro nicht übersteigt. [2] Öffentliche Lotterien und Ausspielungen im Sinne des § 28 Nummer 2 des Rennwett- und Lotteriegesetzes unterliegen nicht der Anzeigepflicht nach Absatz 1, wenn der geplante Gesamtpreis der Lose einer öffentlichen Lotterie oder Ausspielung 5000 Euro nicht übersteigt.

(3) Für die GKL Gemeinsame Klassenlotterie der Länder sowie für die staatlichen oder mit der Durchführung staatlich beauftragten Lottogesellschaften der Länder besteht keine Anzeigepflicht.

§ 30 Besteuerungsverfahren. (1) Das Besteuerungsverfahren richtet sich nach den §§ 26 bis 35 des Rennwett- und Lotteriegesetzes.

(2) Bei der Zahlung der Lotteriesteuer sind die Steuernummer, die Steuerart und der Zeitraum, für den die Steuer entrichtet wird, anzugeben.

(3) Wird die Lotteriesteuer abweichend festgesetzt, geändert oder berichtigt, ist die Kleinbetragsverordnung[2] zu beachten.

---

[1] § 28 Abs. 3 geänd. mWv 1.12.2021 durch VO v. 10.11.2021 (BGBl. I S. 4900).
[2] Nr. **800c.**

IV. Virtuelle Automatensteuer

§ 31 Bemessungsgrundlage. Der geleistete Spieleinsatz nach § 37 des Rennwett- und Lotteriegesetzes umfasst nicht Spielboni, die dem Spieler zur Verfügung gestellt werden, aber nicht ausbezahlt, sondern nur verspielt werden können.

§ 32 Veranstalter. [1] Veranstalter des virtuellen Automatenspiels ist diejenige Person, die das Spielgeschehen in tatsächlicher oder rechtlicher Hinsicht maßgeblich gestaltet. [2] Sie entscheidet insbesondere über die angebotenen Spiele und ordnet die regelungsbedürftigen Fragen im Verhältnis zu den Spielern, z.B. durch vorformulierte Vertragsbedingungen, und setzt diese selbst oder durch andere entsprechend um.

§ 33 Veranstaltungsort. (1) In den Fällen des § 36 Satz 2 Nummer 1 des Rennwett- und Lotteriegesetzes ist der Veranstaltungsort dort, wo der Veranstalter des virtuellen Automatenspiels seinen Wohnsitz, gewöhnlichen Aufenthalt, Ort der Geschäftsleitung oder Sitz hat, unabhängig davon, wo der Spieler die zur Entstehung des Spielvertrages erforderlichen Handlungen vornimmt.

(2) [1] In den Fällen des § 36 Satz 2 Nummer 2 des Rennwett- und Lotteriegesetzes ist der Veranstaltungsort im Geltungsbereich des Rennwett- und Lotteriegesetzes belegen, wenn der Spieler die zur Entstehung des Spielvertrages erforderlichen Handlungen im Geltungsbereich des Rennwett- und Lotteriegesetzes vornimmt. [2] Maßgeblich für die Ortsbestimmung ist grundsätzlich der Ort der physischen Anwesenheit des Spielers. [3] Sofern der Veranstalter den Ort der physischen Anwesenheit des Spielers nicht feststellen kann, gilt der Wohnsitz des Spielers als Veranstaltungsort. [4] Dies gilt unabhängig davon, wo der Veranstalter des virtuellen Automatenspiels seinen Wohnsitz, gewöhnlichen Aufenthalt, Ort der Geschäftsleitung oder Sitz hat oder sonstige technische Vorrichtungen (z.B. Server) vorhält.

(3) Erforderliche Handlungen zur Entstehung des Spielvertrages sind die Handlungen, die zur Abgabe der Willenserklärung zum Abschluss des Spielvertrages in jedweder Form vorgenommen werden, z.B. in schriftlicher, mündlicher oder elektronischer Form.

§ 34 Zuständigkeit. (1) [1] Ist der Veranstalter des virtuellen Automatenspiels eine natürliche Person, ist das Finanzamt örtlich zuständig, in dessen Bezirk dieser seinen Wohnsitz oder in Ermangelung eines Wohnsitzes seinen gewöhnlichen Aufenthalt hat. [2] § 19 Absatz 1 Satz 2 der Abgabenordnung gilt entsprechend.

(2) [1] Ist der Veranstalter des virtuellen Automatenspiels eine juristische Person oder Personenvereinigung, ist das Finanzamt örtlich zuständig, in dessen Bezirk sich die Geschäftsleitung befindet. [2] Befindet sich der Ort der Geschäftsleitung nicht im Geltungsbereich des Rennwett- und Lotteriegesetzes oder lässt sich der Ort der Geschäftsleitung nicht feststellen, so ist das Finanzamt örtlich zuständig, in dessen Bezirk der Veranstalter des virtuellen Automatenspiels seinen Sitz hat.

(3)[1] Ergibt sich aus § 45 Satz 1 und 2 des Rennwett- und Lotteriegesetzes keine örtliche Zuständigkeit für die Besteuerung, ist das Finanzamt Frankfurt am Main IV örtlich zuständig.

(4) Für die Zerlegung des Gesamtaufkommens der Virtuellen Automatensteuer ist die Landesfinanzbehörde der Freien und Hansestadt Hamburg zuständig.

§ 35 Anzeigepflichten. (1) Wer virtuelles Automatenspiel im Sinne des § 36 des Rennwett- und Lotteriegesetzes veranstalten will, hat dem zuständigen Finanzamt unverzüglich schriftlich anzuzeigen:

1. Name,
2. Gewerbe,
3. Wohnsitz, gewöhnlichen Aufenthalt, Ort der Geschäftsleitung oder Sitz,
4. Zeitpunkt der Aufnahme des Spielbetriebs und
5. Zugangsmöglichkeiten für eine Teilnahme am virtuellen Automatenspiel.

(2) Ist ein steuerlicher Beauftragter gemäß § 42 Absatz 1 des Rennwett- und Lotteriegesetzes bestellt worden, ist auch dieser dem zuständigen Finanzamt unverzüglich schriftlich zu benennen.

§ 36 Besteuerungsverfahren. (1) Das Besteuerungsverfahren richtet sich nach den §§ 36 bis 45 des Rennwett- und Lotteriegesetzes.

(2) Bei der Zahlung der Virtuellen Automatensteuer sind die Steuernummer, die Steuerart und der Zeitraum, für den die Steuer entrichtet wird, anzugeben.

(3) Wird die Virtuelle Automatensteuer abweichend festgesetzt, geändert oder berichtigt, ist die Kleinbetragsverordnung[2] zu beachten.

V. Online-Pokersteuer

§ 37 Bemessungsgrundlage. (1) [1]Der Spieleinsatz nach § 47 des Rennwett- und Lotteriegesetzes umfasst nicht Spielboni, die dem Spieler zur Verfügung gestellt werden, aber nicht ausbezahlt, sondern nur verspielt werden können. [2]Das gleiche gilt für erlassene Teilnahmeentgelte.

(2) Werden vom Spieler geleistete Geldbeträge, mit denen der Spieler am Spiel teilnimmt, in besonderes Spielgeld umgewandelt, bestimmt sich der Betrag, den der Spieler bei Teilnahme am Spiel zur Verfügung hat, nicht nach der Höhe dieses besonderen Spielgeldes, sondern nach der Höhe des entsprechenden, zugrundeliegenden geleisteten Geldbetrages.

§ 38 Veranstalter. [1]Veranstalter des Online-Pokers ist diejenige Person, die das Spielgeschehen in tatsächlicher oder rechtlicher Hinsicht maßgeblich gestaltet. [2]Sie entscheidet insbesondere über die angebotenen Spielvarianten und ordnet die regelungsbedürftigen Fragen im Verhältnis zu den Spielern und zwischen den Spielern, z.B. durch vorformulierte Vertragsbedingungen, und setzt diese selbst oder durch andere entsprechend um.

---

[1] § 34 Abs. 3 geänd. mWv 1.12.2021 durch VO v. 10.11.2021 (BGBl. I S. 4900).
[2] Nr. **800c.**

§ 39 Veranstaltungsort. (1) In den Fällen des § 46 Satz 2 Nummer 1 des Rennwett- und Lotteriegesetzes ist der Veranstaltungsort dort, wo der Veranstalter des Online-Pokers seinen Wohnsitz, gewöhnlichen Aufenthalt, Ort der Geschäftsleitung oder Sitz hat, unabhängig davon, wo der Spieler die zur Entstehung des Spielvertrages erforderlichen Handlungen vornimmt.

(2) [1] In den Fällen des § 46 Satz 2 Nummer 2 des Rennwett- und Lotteriegesetzes ist der Veranstaltungsort im Geltungsbereich des Rennwett- und Lotteriegesetzes belegen, wenn der Spieler die zur Entstehung des Spielvertrages erforderlichen Handlungen im Geltungsbereich des Rennwett- und Lotteriegesetzes vornimmt. [2] Maßgeblich für die Ortsbestimmung ist grundsätzlich der Ort der physischen Anwesenheit des Spielers. [3] Sofern der Veranstalter den Ort der physischen Anwesenheit des Spielers nicht feststellen kann, gilt der Wohnsitz des Spielers als Veranstaltungsort. [4] Dies gilt unabhängig davon, wo der Veranstalter des Online-Pokers seinen Wohnsitz, gewöhnlichen Aufenthalt, Ort der Geschäftsleitung oder Sitz hat oder sonstige technische Vorrichtungen (z. B. Server) vorhält.

(3) Erforderliche Handlungen zur Entstehung des Spielvertrages sind die Handlungen, die zur Abgabe der Willenserklärung zum Abschluss des Spielvertrages in jedweder Form vorgenommen werden, z. B. in schriftlicher, mündlicher oder elektronischer Form.

§ 40 Zuständigkeit. (1) [1] Ist der Veranstalter des Online-Pokers eine natürliche Person, ist das Finanzamt örtlich zuständig, in dessen Bezirk dieser seinen Wohnsitz oder in Ermangelung eines Wohnsitzes seinen gewöhnlichen Aufenthalt hat. [2] § 19 Absatz 1 Satz 2 der Abgabenordnung gilt entsprechend.

(2) [1] Ist der Veranstalter des Online-Pokers eine juristische Person oder Personenvereinigung, ist das Finanzamt örtlich zuständig, in dessen Bezirk sich die Geschäftsleitung befindet. [2] Befindet sich der Ort der Geschäftsleitung nicht im Geltungsbereich des Rennwett- und Lotteriegesetzes oder lässt sich der Ort der Geschäftsleitung nicht feststellen, ist das Finanzamt örtlich zuständig, in dessen Bezirk der Veranstalter des Online-Pokers seinen Sitz hat.

(3)[1)] Ergibt sich nach § 55 Satz 1 und 2 des Rennwett- und Lotteriegesetzes keine örtliche Zuständigkeit für die Besteuerung, ist das Finanzamt Frankfurt am Main IV örtlich zuständig.

(4) Für die Zerlegung des Gesamtaufkommens der Online-Pokersteuer ist die Landesfinanzbehörde der Freien und Hansestadt Hamburg zuständig.

§ 41 Anzeigepflichten. (1) Wer Online-Poker im Sinne des § 46 des Rennwett- und Lotteriegesetzes veranstalten will, hat dem zuständigen Finanzamt unverzüglich schriftlich anzuzeigen:

1. Name,
2. Gewerbe,
3. Wohnsitz, gewöhnlichen Aufenthalt, Ort der Geschäftsleitung oder Sitz,
4. Zeitpunkt der Aufnahme des Spielbetriebs und
5. Zugangsmöglichkeiten für eine Teilnahme am Online-Poker.

[1)] § 40 Abs. 3 geänd. mWv 1.12.2021 durch VO v. 10.11.2021 (BGBl. I S. 4900).

(2) Ist ein steuerlicher Beauftragter gemäß § 52 Absatz 1 des Rennwett- und Lotteriegesetzes bestellt worden, ist auch dieser dem zuständigen Finanzamt unverzüglich schriftlich zu benennen.

§ 42 Besteuerungsverfahren. (1) Das Besteuerungsverfahren richtet sich nach den §§ 46 bis 55 des Rennwett- und Lotteriegesetzes.

(2) Bei der Zahlung der Online-Pokersteuer sind die Steuernummer, die Steuerart und der Zeitraum, für den die Steuer entrichtet wird, anzugeben.

(3) Wird die Online-Pokersteuer abweichend festgesetzt, geändert oder berichtigt, ist die Kleinbetragsverordnung[1] zu beachten.

VI. Steuerberechnung

§ 43 Steuerberechnungsformel. (1) [1]In den §§ 9, 17, 27, 37 und 47 des Rennwett- und Lotteriegesetzes wird die Steuerbemessungsgrundlage als geleisteter Wetteinsatz, als geleistetes Teilnahmeentgelt oder als Spieleinsatz jeweils abzüglich der Steuer definiert. [2]Bei dem geleisteten Wetteinsatz, dem geleisteten Teilnahmeentgelt oder dem Spieleinsatz handelt es sich um einen Bruttowert, aus dem die nach dem Rennwett- und Lotteriegesetz geschuldete Steuer herauszurechnen ist.

(2) Die jeweilige Steuer ist nach folgender Formel zu berechnen:

$$\text{Steuerbetrag} = \frac{\text{Bruttowert} \times \text{Steuersatz}}{100 + \text{Steuersatz}}$$

---

[1] Nr. **800a.**

650. Feuerschutzsteuergesetz (FeuerschStG)

In der Fassung der Bekanntmachung vom 10. Januar 1996
(BGBl. I S. 18)[1]

Geändert durch 2. Zwangsvollstreckungsnovelle vom 17.12.1997 (BGBl. I S. 3039), Steuer-Euroglättungsgesetz vom 19.12.2000 (BGBl. I S. 1790), Steueränderungsgesetz 2001 vom 20.12.2001 (BGBl. I S. 3794), Drittes Gesetz zur Änderung verwaltungsverfahrensrechtlicher Vorschriften vom 21.8.2002 (BGBl. I S. 3322), Steueränderungsgesetz 2003 vom 15.12.2003 (BGBl. I S. 2645), EURichtlinien-Umsetzungsgesetz vom 9.12.2004 (BGBl. I S. 3310), Gesetz zur Neuorganisation der Bundesfinanzverwaltung und zur Schaffung eines Refinanzierungsregisters vom 22.9.2005 (BGBl. I S. 2809), Begleitgesetz zur zweiten Föderalismusreform vom 10.8.2009 (BGBl. I S. 2702), Jahressteuergesetz 2010 (JStG 2010) vom 8.12.2010 (BGBl. I S. 1768), Amtshilferichtlinie-Umsetzungsgesetz (AmtshilfeRLUmsG) vom 26.6.2013 (BGBl. I S. 1809), Gesetz zur Anpassung des Investmentsteuergesetzes und anderer Gesetze an das AIFM-Umsetzungsgesetz (AIFM-Steuer-Anpassungsgesetz – AIFM-StAnpG) vom 18.12.2013 (BGBl. I S. 4318), Gesetz zur Anpassung der Abgabenordnung an den Zollkodex der Union und zur Änderung weiterer steuerlicher Vorschriften vom 22.12.2014 (BGBl. I S. 2417), Steueränderungsgesetz 2015 vom 2.11.2015 (BGBl. I S. 1834) und Gesetz zur Abwehr von Steuervermeidung und unfairem Steuerwettbewerb und zur Änderung weiterer Gesetze vom 25.6.2021 (BGBl. I S. 2056)

BGBl. III/FNA 611-18

§ 1 Gegenstand der Steuer. (1)[2] [1]Der Feuerschutzsteuer unterliegt die Entgegennahme des Versicherungsentgelts nur aus den folgenden Versicherungen, wenn die versicherten Gegenstände sich bei der Entgegennahme des Versicherungsentgelts im Geltungsbereich dieses Gesetzes befinden:

1. Feuerversicherungen einschließlich Feuer-Betriebsunterbrechungsversicherungen,

2. Wohngebäudeversicherungen, bei denen die Versicherung teilweise auf Gefahren entfällt, die Gegenstand einer Feuerversicherung sein können,

3. Hausratversicherungen, bei denen die Versicherung teilweise auf Gefahren entfällt, die Gegenstand einer Feuerversicherung sein können.

[2]Das Versicherungsentgelt aus Versicherungen, die nicht in Satz 1 Nummer 1 bis 3 genannt werden, die jedoch teilweise auf Gefahren entfallen, die Gegenstand einer Feuerversicherung sein können, unterliegt nicht der Feuerschutzsteuer.

(2) Eine Versicherung im Sinne des Absatzes 1 wird auch begründet, wenn zwischen mehreren Personen oder Personenvereinigungen vereinbart wird, solche Schäden gemeinsam zu tragen, die den Gegenstand einer Versicherung im Sinne des Absatzes 1 bilden können.

(3) Für die Steuerpflicht gelten die Vorschriften des § 1 Abs. 2 und 3 des Versicherungsteuergesetzes entsprechend.

---

[1] Neubekanntmachung des FeuerschStG v. 21.12.1979 (BGBl. I S. 2353) auf Grund des Art. 33 Abs. 1 Satz 3 des G v. 21.12.1993 (BGBl. I S. 2310) in der ab 1.1.1995 geltenden Fassung.
[2] § 1 Abs. 1 neu gef. mWv 1.7.2010 durch G v. 10.8.2009 (BGBl. I S. 2702).

§ 2 Versicherungsentgelt. (1) [1]Versicherungsentgelt im Sinne dieses Gesetzes ist jede Leistung, die für die Begründung und zur Durchführung des Versicherungsverhältnisses an den Versicherer zu bewirken ist. [2]Darunter fallen insbesondere Prämien, Beiträge, Vorbeiträge, Vorschüsse, Nachschüsse, Umlagen, außerdem Eintrittsgelder, Gebühren für die Ausfertigung des Versicherungsscheins und sonstige Nebenkosten. [3]Zum Versicherungsentgelt gehört nicht, was zur Abgeltung einer Sonderleistung des Versicherers oder aus einem sonstigen in der Person des einzelnen Versicherungsnehmers liegenden Grund gezahlt wird, wie Kosten für die Ausstellung einer Ersatzurkunde oder Mahnkosten.

(2) [1]Wird auf die Prämie ein Gewinnanteil verrechnet und nur der Unterschied zwischen Prämie und Gewinnanteil an den Versicherer gezahlt, so ist dieser Unterschiedsbetrag Versicherungsentgelt. [2]Das gleiche gilt, wenn eine Verrechnung zwischen Prämie und Gewinnanteil nicht möglich ist und die Gutschriftanzeige über den Gewinnanteil dem Versicherungsnehmer mit der Prämienrechnung vorgelegt wird.

§ 3[1) Bemessungsgrundlage. (1) Bemessungsgrundlage ist

1. bei Feuerversicherungen (§ 1 Absatz 1 Satz 1 Nummer 1) ein Anteil von 40 Prozent des Versicherungsentgelts,
2. bei Wohngebäudeversicherungen (§ 1 Absatz 1 Satz 1 Nummer 2) ein Anteil von 14 Prozent des Gesamtbetrages des Versicherungsentgelts und
3. bei Hausratversicherungen (§ 1 Absatz 1 Satz 1 Nummer 3) ein Anteil von 15 Prozent des Gesamtbetrages des Versicherungsentgelts.

(2) [1]Die Steuer ist von den Anteilen (Absatz 1 Nummer 1, 2 und 3) zu berechnen, die im Anmeldungszeitraum (§ 8 Absatz 2) vereinnahmt worden sind (Isteinnahmen). [2]Wird das Versicherungsentgelt ganz oder zum Teil zurückgezahlt, weil das Versicherungsverhältnis vorzeitig beendet oder das Versicherungsentgelt herabgesetzt worden ist, so mindert sich die Bemessungsgrundlage um die auf die Anteile zurückgezahlten Versicherungsentgelte.

(3) [1]Das Bundeszentralamt für Steuern kann auf Antrag gestatten, dass die Steuer nicht nach den Isteinnahmen, sondern nach den im Anmeldungszeitraum angeforderten Anteilen (Absatz 1 Nummer 1, 2 und 3) (Solleinnahmen) berechnet wird. [2]Im Falle der Berechnung nach Solleinnahmen ist die auf nicht eingegangene Anteile bereits entrichtete Steuer bei der Anmeldung in dem Anmeldungszeitraum (§ 8 Absatz 2) abzusetzen, in dem der Versicherer die Versicherung ganz oder teilweise in Abgang gestellt hat.

(4)[2) Das der Steuerberechnung zu Grunde zu legende Entgelt darf nicht um die für die Rückversicherungen gezahlten Versicherungsentgelte gekürzt werden.

(5)[2) In anderer Währung ausgedrückte Beträge sind nach den für die Umsatzsteuer geltenden Vorschriften umzurechnen.

[1) § 3 neu gef. mWv 1.7.2010 durch G v. 10.8.2009 (BGBl. I S. 2702).
[2) § 3 Abs. 4 und 5 angef. mWv 1.7.2010 durch G v. 8.12.2010 (BGBl. I S. 1768).

§ 3a[1] **Ausnahme von der Besteuerung.** Von der Besteuerung ausgenommen ist die Zahlung des Versicherungsentgelts an Brandunterstützungsvereine, soweit die anlässlich eines einzelnen Schadensfalls erhobene Umlage den Betrag von 5500 Euro nicht übersteigt.

§ 4[2] **Steuersatz.** (1) Der Steuersatz beträgt – vorbehaltlich des folgenden Absatzes – 19 Prozent.

(2) Die Steuer beträgt bei Feuerversicherungen (§ 1 Absatz 1 Satz 1 Nummer 1) 22 Prozent.

(3) Die Versicherungsteuer gehört nicht zum Versicherungsentgelt.

§ 5 Steuerschuldner. (1) Steuerschuldner ist der Versicherer.

(2)[3] Hat der Versicherer in keinem Mitgliedstaat der Europäischen Union und in keinem anderen Vertragsstaat des Abkommens über den Europäischen Wirtschaftsraum seine Geschäftsleitung, seinen Sitz, seinen Wohnsitz oder eine Betriebsstätte, ist aber im Geltungsbereich dieses Gesetzes ein Bevollmächtigter zur Entgegennahme des Versicherungsentgelts bestellt, so ist dieser Steuerschuldner; ist kein Bevollmächtigter bestellt, so ist der Versicherungsnehmer Steuerschuldner.

§ 6 Rückversicherung. [1] Nimmt der Versicherer Rückversicherung, so ist er berechtigt, das Versicherungsentgelt, das er an den Rückversicherer zu entrichten hat, um den der Steuer entsprechenden Hundertsatz zu kürzen. [2] Dies gilt auch für den Rückversicherer, der seinerseits Rückversicherung nimmt.

§ 7 Entstehung der Steuer. Die Steuer entsteht mit Ablauf des Monats, in dem das Versicherungsentgelt entgegengenommen (§ 3 Abs. 2), angefordert (§ 3 Abs. 3) oder gezahlt (§ 5 Abs. 2 in Verbindung mit § 8 Abs. 4 Satz 3) worden ist.

§ 8[4] **Anmeldung, Fälligkeit.** (1) Der Versicherer (§ 5 Abs. 1) oder der Bevollmächtigte (§ 5 Abs. 2) hat spätestens am fünfzehnten Tag nach Ablauf eines jeden Anmeldungszeitraums (Absatz 2)

1. eine nach amtlich vorgeschriebenem Vordruck oder im Wege eines Automationsverfahrens des Bundes übermittelte Steuererklärung abzugeben, in der er die im Anmeldungszeitraum entstandene Steuer selbst zu berechnen hat (Steueranmeldung) und

2. die im Anmeldungszeitraum entstandene Steuer zu entrichten.

(2) [1] Anmeldungszeitraum ist grundsätzlich der Kalendermonat. [2] Hat die Steuer für das vorangegangene Kalenderjahr insgesamt nicht mehr als 2400 Euro betragen, so ist Anmeldungszeitraum das Kalendervierteljahr. [3] Hat

---

[1] § 3a eingef. mWv 1.7.2010 durch G v. 18.12.2013 (BGBl. I S. 4318).
[2] § 4 neu gef. mWv 1.7.2010 durch G v. 10.8.2009 (BGBl. I S. 2702).
[3] § 5 Abs. 2 geänd. durch G v. 26.6.2013 (BGBl. I S. 1809).
[4] § 8 Abs. 1 Nr. 1 geänd. mWv 30.6.2013, Abs. 2 Satz 2 Betrag geänd., Satz 3 angef. mWv 1.1.2014 durch G v. 26.6.2013 (BGBl. I S. 1809).

die Steuer für das vorangegangene Kalenderjahr insgesamt nicht mehr als 400 Euro betragen, so ist Anmeldungszeitraum das Kalenderjahr.

(3) ¹Gibt der Versicherer oder der Bevollmächtigte bis zum Ablauf der Anmeldungsfrist die Steueranmeldung nicht ab, setzt das Bundeszentralamt für Steuern[1] die Steuer fest. ²Als Zeitpunkt ihrer Fälligkeit gilt der fünfzehnte Tag nach Ablauf des Anmeldungszeitraums.

(4)[2] ¹Ist der Versicherungsnehmer Steuerschuldner (§ 5 Abs. 2), so hat er den Abschluß der Versicherung dem Bundeszentralamt für Steuern[3] unverzüglich anzuzeigen. ²Die gleiche Pflicht hat auch der Vermittler, der den Abschluß einer solchen Versicherung vermittelt hat, wenn er seine Geschäftsleitung, seinen Sitz oder seinen Wohnsitz im Geltungsbereich dieses Gesetzes hat. ³Der Versicherungsnehmer hat spätestens am 15. Tag nach Ablauf des Monats, in dem das Versicherungsentgelt gezahlt worden ist, eine Steueranmeldung nach amtlich vorgeschriebenem Vordruck abzugeben und die selbst berechnete Steuer zu entrichten.

§ 9[4] **Aufzeichnungspflichten und Außenprüfung.** (1) ¹Der Versicherer (§ 5 Abs. 1) oder der Bevollmächtigte (§ 5 Abs. 2) ist verpflichtet, zur Feststellung der Steuer und der Grundlagen ihrer Berechnung Aufzeichnungen zu führen. ²Diese müssen alle Angaben enthalten, die für die Besteuerung von Bedeutung sind, insbesondere

1. den Namen und die Anschrift des Versicherungsnehmers,

2. die Nummer des Versicherungsscheins,

3. die Versicherungssumme,

4. das Versicherungsentgelt,

5. den Steuerbetrag.

³Ist das im Geltungsbereich dieses Gesetzes belegene Risiko von einem nicht in dessen Geltungsbereich niedergelassenen Versicherer gedeckt, so hat dieser dem Bundeszentralamt für Steuern[5] auf Anforderung ein vollständiges Verzeichnis der sich auf diese Risiken beziehenden Versicherungsverhältnisse mit den in Satz 2 genannten Angaben schriftlich zu übermitteln. ⁴Diese Verpflichtung besteht auch dann, wenn der Versicherer die Voraussetzungen für die Steuerpflicht oder für die Steuerentrichtung nicht für gegeben hält.

(2) Bei Personen und Personenvereinigungen, die Versicherungen vermitteln oder ermächtigt sind, für einen Versicherer Zahlungen entgegenzunehmen, ist zur Ermittlung oder Aufklärung von Vorgängen, die nach diesem Gesetz der Steuer unterliegen, eine Außenprüfung (§§ 193 bis 203 der Abgabenordnung) auch insoweit zulässig, als sie der Feststellung der steuerlichen

---

[1] § 8 Abs. 3 und 4 geänd. mWv 1.7.2010 durch G v. 10.8.2009 (BGBl. I S. 2702).
[2] § 8 Abs. 4 Satz 3 neu gef. durch G v. 21.8.2002 (BGBl. I S. 3322).
[3] § 8 Abs. 3 und 4 geänd. mWv 1.7.2010 durch G v. 10.8.2009 (BGBl. I S. 2702).
[4] § 9 Abs. 1 Satz 3 geänd. durch G v. 21.8.2002 (BGBl. I S. 3322).
[5] Bezeichnung geänd. durch G v. 22.9.2005 (BGBl. I S. 2809).

Verhältnisse anderer Personen dient, die als Versicherungsnehmer nach § 5 Abs. 2 zur Entrichtung der Steuer verpflichtet sind.

(3) Eine Außenprüfung ist auch bei Personen und Personenvereinigungen zulässig, die eine Versicherung im Sinne des § 1 Abs. 2 vereinbart haben.

(4)[1] [1]Steuerbeträge, die auf Grund einer Außenprüfung nachzuentrichten oder zu erstatten sind, sind zusammen mit der Steuer für den letzten Monat, das letzte Quartal oder das letzte Kalenderjahr des Prüfungszeitraums festzusetzen. [2]Nachzuentrichtende Steuerbeträge sind einen Monat nach Bekanntgabe der Festsetzung fällig.

§ 10[2] Zuständigkeit. Zuständig ist das Bundeszentralamt für Steuern.

§ 11 Zerlegung. (1) Das Gesamtaufkommen der entrichteten Feuerschutzsteuer wird nach den Absätzen 2 und 3[3] zerlegt.

(2)[4] [1]Die Zerlegungsanteile der einzelnen Länder am Gesamtaufkommen der Feuerschutzsteuer sind nach den folgenden Zerlegungsmaßstäben zu ermitteln:

1. zu 30 vom Hundert entsprechend den Anteilen an der Bruttowertschöpfung aller Wirtschaftsbereiche abzüglich der Wertschöpfung der Wirtschaftsbereiche Land- und Forstwirtschaft, Fischerei, öffentliche und sonstige Dienstleister, Erziehung und Gesundheit sowie private Haushalte;
2. zu 5 vom Hundert entsprechend den Anteilen an der Bruttowertschöpfung des Wirtschaftsbereiches Land- und Forstwirtschaft, Fischerei;
3. zu 45 vom Hundert entsprechend den Anteilen an der Wohnbevölkerung zu 40 vom Hundert und den Anteilen am Bestand an Wohngebäuden zu 60 vom Hundert;
4. zu 20 vom Hundert entsprechend den Anteilen an den Privathaushalten.

[2]Dabei sind jeweils die am 1. Mai des dem Zerlegungsjahr folgenden Jahres beim Statistischen Bundesamt verfügbaren neuesten Daten zugrunde zu legen.

(3)[5] [1]Die Zerlegung wird von der Finanzbehörde der Freien und Hansestadt Hamburg durchgeführt. [2]Dabei sind unter Berücksichtigung des jeweiligen Vorjahresergebnisses Zerlegungsanteile festzulegen. [3]Nach diesen Zerlegungsanteilen wird die durch das Bundeszentralamt für Steuern verwaltete Feuerschutzsteuer auf die Länder verteilt und entsprechend dem monatlichen Aufkommen in Teilbeträgen bis zum 15. des folgenden Monats an die Länder überwiesen. [4]Bis zur Ermittlung der endgültigen Zerlegungsanteile für das Vorjahr sind die bisherigen Zerlegungsanteile vorläufig zu Grunde zu legen.

(4)[6] *(aufgehoben)*

---

[1] § 9 Abs. 4 neu gef. mWv 31.12.2014 durch G v. 22.12.2014 (BGBl. I S. 2417).
[2] § 10 neu gef. mWv 1.7.2010 durch G v. 10.8.2009 (BGBl. I S. 2702).
[3] § 11 Abs. 1 geänd. mWv 1.1.2016 durch G v. 2.11.2015 (BGBl. I S. 1834).
[4] § 11 Abs. 2 Satz 1 neu gef. mWv 1.1.2016 durch G v. 2.11.2015 (BGBl. I S. 1834); Abs. 2 Satz 1 Nr. 1 geänd., Nr. 3 neu gef. mWv 1.7.2021 durch G v. 25.6.2021 (BGBl. I S. 2056).
[5] § 11 Abs. 3 neu gef. mWv 1.1.2011 durch G v. 8.12.2010 (BGBl. I S. 1768).
[6] § 11 Abs. 4 aufgeh. mWv 1.1.2016 durch G v. 2.11.2015 (BGBl. I S. 1834).

§ 12 Mitteilungspflicht. (1) Die mit der Aufsicht über die Versicherungsunternehmen betrauten Behörden teilen dem Bundeszentralamt für Steuern die zu ihrer Kenntnis gelangenden Versicherer mit.

(2) Das Registergericht teilt Eintragungen von Vereinen oder Genossenschaften, die sich mit dem Abschluß von Versicherungen befassen, dem Bundeszentralamt für Steuern mit; das gilt auch dann, wenn die Vereine oder Genossenschaften ihre Leistungen als Unterstützungen ohne Rechtsanspruch bezeichnen.

§ 13 Anwendungsvorschrift. ¹Wird ein Steuersatz geändert, ist der neue Steuersatz auf Versicherungsentgelte anzuwenden, die ab dem Inkrafttreten der Änderung des Steuersatzes fällig werden. ²Wird die Fälligkeit des Versicherungsentgelts auf einen Zeitpunkt vor oder nach Inkrafttreten eines geänderten Steuersatzes geändert und würde die Änderung zur Anwendung eines niedrigeren Steuersatzes führen, ist die Änderung insoweit nicht zu berücksichtigen. ³Dies gilt entsprechend, wenn ein Versicherungsvertrag zur Änderung der Fälligkeit des Versicherungsentgelts gekündigt und alsbald neu abgeschlossen oder wenn die Fälligkeit des Versicherungsentgelts für einen Zeitpunkt vor Abschluß des Versicherungsvertrags festgelegt wird. ⁴Die Sätze 2 und 3 gelten für ab dem 1. August 1993 vorgenommene Änderungen oder Festlegungen der Fälligkeit des Versicherungsentgelts.

§ 14[1] Evaluation. ¹Die Bemessungsgrundlagen (§ 3 Absatz 1) werden jährlich, beginnend mit dem 1. Januar 2012, durch Rechtsverordnung der Bundesregierung, die der Zustimmung des Bundesrates bedarf, derart angepasst, dass das Aufkommen der Feuerschutzsteuer nicht unter den Durchschnitt der Jahre 2009 bis 2011 (Sockelbetrag) sinkt. ²Die Bemessungsgrundlagen nach § 5 Absatz 1 Nummer 3 des Versicherungsteuergesetzes sind entsprechend anzupassen.

§ 15[2] Ermächtigungen. (1) ¹Die Bundesregierung wird ermächtigt, mit Zustimmung des Bundesrates Rechtsverordnungen über den Anteil an der Bemessungsgrundlage (§ 3 Absatz 1) zu erlassen.

(2) Der Bundesminister der Finanzen kann dieses Gesetz und die auf Grund dieses Gesetzes erlassenen Rechtsverordnungen in der jeweils geltenden Fassung mit neuem Datum und unter neuer Überschrift im Bundesgesetzblatt bekannt machen.

---

[1] § 14 angef. mWv 1.7.2010 durch G v. 10.8.2009 (BGBl. I S. 2702).
[2] § 15 angef. mWv 1.7.2010 durch G v. 10.8.2009 (BGBl. I S. 2702).

660. Kraftfahrzeugsteuergesetz 2002 (KraftStG 2002)[1)]

In der Fassung der Bekanntmachung vom 26. September 2002[2) · 3) · 4)]
(BGBl. I S. 3818)

FNA 611–17

Geändert durch EURichtlinien-Umsetzungsgesetz vom 9.12.2004 (BGBl. I S. 3310), Gesetz zur Umbenennung des Bundesgrenzschutzes in Bundespolizei vom 21.6.2005 (BGBl. I S. 1818), Drittes Gesetz zur Änderung des Kraftfahrzeugsteuergesetzes vom 21.12.2006 (BGBl. I S. 3344), Viertes Gesetz zur Änderung des Kraftfahrzeugsteuergesetzes vom 24.3. 2007 (BGBl. I S. 356), Gesetz zur Änderung kraftfahrzeugsteuerlicher und autobahnmaut-rechtlicher Vorschriften vom 17.8.2007 (BGBl. I S. 1958), Jahressteuergesetz 2008 vom 20.12.2007 (BGBl. I S. 3150), Gesetz zur Umsetzung steuerrechtlicher Regelungen des Maß-nahmenpakets „Beschäftigungssicherung durch Wachstumsstärkung" vom 21.12.2008 (BGBl. I S. 2896)[5)], Gesetz zur Neuregelung der Kraftfahrzeugsteuer und Änderung anderer Gesetze vom 29.5.2009 (BGBl. I S. 1170)[5)], Fünftes Gesetz zur Änderung des Kraftfahrzeugsteuerge-setzes[6)] vom 27.5.2010 (BGBl. I S. 668), Verkehrssteueränderungsgesetz (VerkehrStÄndG vom 5.12.2012 (BGBl. I S. 2431)[7)], Zweites Verkehrsteueränderungsgesetz vom 8.6.2015 (BGBl. I

[1)] Im ersten Halbjahr 2014 übernahm die Zollverwaltung mit ihren Hauptzollämtern die Aufgabe der Verwaltung der Kfz-Steuer:
- **Februar:** Bremen, Niedersachsen, Nordrhein-Westfalen
- **März:** Berlin, Brandenburg, Hamburg, Mecklenburg-Vorpommern, Schleswig-Holstein
- **April:** Baden-Württemberg, Hessen, Rheinland-Pfalz, Saarland
- **Mai:** Bayern, Sachsen, Sachsen-Anhalt, Thüringen

[2)] **[Amtl. Anm:]** Dieses Gesetz dient der Umsetzung folgender Richtlinien:
1. Richtlinie 1999/62/EG des Europäischen Parlaments und des Rates vom 17. Juni 1999 über die Erhebung von Gebühren für die Benutzung bestimmter Verkehrswege durch schwere Nutzfahrzeuge (ABl. EG Nr. L 187 S. 42),
2. Richtlinie 98/69/EG des Europäischen Parlaments und des Rates vom 13. Oktober 1998 über Maßnahmen gegen die Verunreinigung der Luft durch Emissionen von Kraftfahrzeugen und zur Änderung der Richtlinie 70/220/EWG des Rates (ABl. EG Nr. L 350 S. 1).

[3)] **[Amtl. Anm:]** Neubekanntmachung des KraftStG idF der Bek. v. 24.5.1994 (BGBl. I S. 1102) auf Grund des § 15 Abs. 3 des KraftStG idF der Bek. v. 24.5.1994 (BGBl. I S. 1102) in der ab 28.8.2002 geltenden Fassung.

[4)] Beachte auch Kraftfahrzeugsteuer-DurchführungsVO, Nr. **665**.

[5)] **[Amtl. Anm:]** Die Verpflichtungen aus der Richtlinie 98/34/EG des Europäischen Par-laments und des Rates vom 22. Juni 1998 über ein Informationsverfahren auf dem Gebiet der Normen und technischen Vorschriften und der Vorschriften für die Dienste der Informations-gesellschaft (ABl. EG Nr. L 204 S. 37), zuletzt geändert durch die Richtlinie 2006/96/EG des Rates vom 20. November 2006 (ABl. EU Nr. L 363 S. 81), sind beachtet worden.

[6)] **[Amtl. Anm:]** Die Verpflichtungen aus der Richtlinie 98/34/EG des Europäischen Parla-ments und des Rates vom 22. Juni 1998 über ein Informationsverfahren auf dem Gebiet der Normen und technischen Vorschriften und der Vorschriften für die Dienste der Informationsge-sellschaft (ABl. L 204 vom 21.7.1998, S. 37), die zuletzt durch die Richtlinie 2006/96/EG des Rates vom 20. November 2006 (ABl. L 363 vom 20.12.2006, S. 81) geändert worden ist, sind beachtet worden.

[7)] **[Amtl. Anm:]** Die Verpflichtungen aus der Richtlinie 98/34/EG des Europäischen Parla-ments und des Rates vom 22. Juni 1998 über ein Informationsverfahren auf dem Gebiet der Normen und technischen Vorschriften und der Vorschriften für die Dienste der Informations-gesellschaft (ABl. L 204 vom 21.7.1998, S. 37), die zuletzt durch die Richtlinie 2006/96/EG (ABl. L 363 vom 20.12.2006, S. 81) geändert worden ist, sind beachtet worden.

S. 901[1]); geänd. durch G v. 6.6.2017, BGBl. I S. 149 und 1493[2]); geänd. durch G v. 16.10. 2020, BGBl. I S. 2184), Gesetz zur steuerlichen Förderung von Elektromobilität im Straßenverkehr vom 7.11.2016 (BGBl. I S. 2498), Gesetz zur Stärkung der Teilhabe und Selbstbestimmung von Menschen mit Behinderungen (Bundesteilhabegesetz – BTHG) vom 23.12. 2016 (BGBl. I S. 3234), Gesetz zu Stärkung der Bekämpfung der Schwarzarbeit und illegalen Beschäftigung vom 6.3.2017 (BGBl. I S. 399), Sechstes Gesetz zur Änderung des Kraftfahrzeugsteuergesetzes vom 6.6.2017 (BGBl. I S. 1491)[3]) und Siebtes Gesetz zur Änderung des Kraftfahrzeugsteuergesetzes vom 16.10.2020 (BGBl. I S. 2184)[4])

BGBl. III/FNA 611-17

Inhaltsübersicht

---

[1]) Die Regelungen über die Einführung einer Infrastrukturabgabe wurden vom EuGH am 18.6.2019 als europarechtswidrig verworfen (BT-Drs. 19/11867).

[2]) **[Amtl. Anm:]** Die Verpflichtungen aus der Richtlinie 98/34/EG des Europäischen Parlaments und des Rates vom 22. Juni 1998 über ein Informationsverfahren auf dem Gebiet der Normen und technischen Vorschriften und der Vorschriften für die Dienste der Informationsgesellschaft (ABl. L 204 vom 21.7.1998, S. 37), die zuletzt durch die Verordnung (EU) Nr. 1025/ 2012 (ABl. L 316 vom 14.11.2012, S. 12) geändert worden ist, sind beachtet worden.

[3]) **[Amtl. Anm:]** Notifiziert gemäß der Richtlinie (EU) 2015/1535 des Europäischen Parlaments und des Rates vom 9. September 2015 über ein Informationsverfahren auf dem Gebiet der technischen Vorschriften und der Vorschriften für die Dienste der Informationsgesellschaft (ABl. L 241 vom 17.9.2015, S. 1).

[4]) **[Amtl. Anm:]** Notifiziert gemäß der Richtlinie (EU) 2015/1535 des Europäischen Parlaments und des Rates vom 9. September 2015 über ein Informationsverfahren auf dem Gebiet der technischen Vorschriften und der Vorschriften für die Dienste der Informationsgesellschaft (ABl. L 241 vom 17.9.2015, S. 1).

§ 1 Steuergegenstand. (1) Der Kraftfahrzeugsteuer unterliegt

1. das Halten von inländischen Fahrzeugen zum Verkehr auf öffentlichen Straßen;

(Fortsetzung nächstes Blatt)

2.[1] das Halten von ausländischen Fahrzeugen zum Verkehr auf öffentlichen Straßen, solange die Fahrzeuge sich im Inland befinden. [2]Ausgenommen hiervon sind ausschließlich für den Güterkraftverkehr bestimmt und verwendete Kraftfahrzeuge und Fahrzeugkombinationen mit einem verkehrsrechtlich zulässigen Gesamtgewicht von mehr als 3500 Kilogramm, die nach Artikel 5 der Richtlinie 1999/62/EG des Europäischen Parlaments und des Rates vom 17. Juni 1999 über die Erhebung von Gebühren für die Benutzung bestimmter Verkehrswege durch schwere Nutzfahrzeuge (ABl. L 187 vom 20.7.1999, S. 42), die zuletzt durch die Richtlinie 2013/22/EU (ABl. L 158 vom 10.6.2013, S. 356) geändert worden ist, in der jeweils geltenden Fassung in einem anderen Mitgliedstaat der Europäischen Union zugelassen sind;

3. die widerrechtliche Benutzung von Fahrzeugen;

4. die Zuteilung von Oldtimer-Kennzeichen sowie die Zuteilung von roten Kennzeichen, die von einer Zulassungsbehörde im Inland zur wiederkehrenden Verwendung ausgegeben werden. [2]Dies gilt nicht für die Zuteilung von roten Kennzeichen für Prüfungsfahrten.

(2) Auf die Kraftfahrzeugsteuer sind diejenigen Vorschriften der Abgabenordnung anzuwenden, die für andere Steuern als Zölle und Verbrauchsteuern gelten.

§ 2 Begriffsbestimmungen, Mitwirkung der Verkehrsbehörden.

(1) Unter den Begriff Fahrzeuge im Sinne dieses Gesetzes fallen Kraftfahrzeuge und Kraftfahrzeuganhänger.

(2)[2] Soweit dieses Gesetz nichts anderes bestimmt,

1. richten sich die in diesem Gesetz verwendeten Begriffe des Verkehrsrechts nach den jeweils geltenden verkehrsrechtlichen Vorschriften;

2. sind für die Beurteilung der Schadstoff-, Kohlendioxid- und Geräuschemissionen, anderer Bemessungsgrundlagen technischer Art sowie der Fahrzeugklassen und Aufbauarten die Feststellungen der Zulassungsbehörden verbindlich.

(2a)–(2c)[3] *(aufgehoben)*

(3) Ein Fahrzeug ist vorbehaltlich des Absatzes 4 ein inländisches Fahrzeug, wenn es unter die im Inland maßgebenden Vorschriften über das Zulassungsverfahren fällt.

(4) Ein Fahrzeug ist ein ausländisches Fahrzeug, wenn es im Zulassungsverfahren eines anderen Staates zugelassen ist.

(5) [1]Eine widerrechtliche Benutzung im Sinne dieses Gesetzes liegt vor, wenn ein Fahrzeug auf öffentlichen Straßen im Inland ohne die verkehrsrechtlich vorgeschriebene Zulassung benutzt wird. [2]Eine Besteuerung wegen widerrechtlicher Benutzung entfällt, wenn das Halten des Fahrzeugs von der

---

[1] § 1 Abs. 1 Nr. 2 geänd. mWv 12.6.2015 durch G v. 8.6.2015 (BGBl. I S. 901).
[2] § 2 Abs. 2 neu gef. mWv 12.12.2012 durch G v. 5.12.2012 (BGBl. I S. 2431).
[3] § 2 Abs. 2a bis 2c aufgeh. durch G v. 5.12.2012 (BGBl. I S. 2431).

Steuer befreit sein würde oder die Besteuerung bereits nach § 1 Abs. 1 Nr. 1 oder 2 vorgenommen worden ist.

§ 3 Ausnahmen von der Besteuerung. Von der Steuer befreit ist das Halten von

1. [1] Fahrzeugen, die von der Zulassungspflicht nach § 3 Absatz 1 der Fahrzeug-Zulassungsverordnung vom 3. Februar 2011 (BGBl. I S. 139) in der jeweils geltenden Fassung ausgenommen sind;

2. Fahrzeugen, solange sie ausschließlich im Dienst der Bundeswehr, der Bundespolizei[2], der Polizei oder der Zollverwaltung[3] verwendet werden;

3. Fahrzeugen, solange sie für den Bund, ein Land, eine Gemeinde, einen Gemeindeverband oder einen Zweckverband zugelassen sind und ausschließlich zum Wegebau verwendet werden. [2]Voraussetzung ist, dass die Fahrzeuge äußerlich als für diese Zwecke bestimmt erkennbar sind;

4. Fahrzeugen, solange sie ausschließlich zur Reinigung von Straßen verwendet werden. [2]Voraussetzung ist, dass die Fahrzeuge äußerlich als für diesen Zweck bestimmt erkennbar sind;

5. Fahrzeugen, solange sie ausschließlich im Feuerwehrdienst, im Katastrophenschutz, für Zwecke des zivilen Luftschutzes, bei Unglücksfällen, im Rettungsdienst oder zur Krankenbeförderung verwendet werden. [2]Voraussetzung ist, dass die Fahrzeuge äußerlich als für diese Zwecke bestimmt erkennbar sind. [3]Bei Fahrzeugen, die nicht für den Bund, ein Land, eine Gemeinde, einen Gemeindeverband oder einen Zweckverband zugelassen sind, ist außerdem Voraussetzung, dass sie nach ihrer Bauart und Einrichtung den bezeichneten Verwendungszwecken angepasst sind;

5a. Fahrzeugen von gemeinnützigen oder mildtätigen Organisationen für die Zeit, in der sie ausschließlich für humanitäre Hilfsgütertransporte in das Ausland oder für zeitlich damit zusammenhängende Vorbereitungsfahrten verwendet werden;

6. Kraftomnibussen und Personenkraftwagen mit acht oder neun Sitzplätzen einschließlich Führersitz sowie von Kraftfahrzeuganhängern, die hinter diesen Fahrzeugen mitgeführt werden, wenn das Fahrzeug während des Zeitraums, für den die Steuer zu entrichten wäre, zu mehr als 50 vom Hundert der insgesamt gefahrenen Strecke im Linienverkehr verwendet wird. [2]Die Verwendung des Fahrzeugs ist, ausgenommen bei Oberleitungsomnibussen, buchmäßig nachzuweisen;

7. Zugmaschinen (ausgenommen Sattelzugmaschinen), Sonderfahrzeugen, Kraftfahrzeuganhängern hinter Zugmaschinen oder Sonderfahrzeugen und einachsigen Kraftfahrzeuganhängern (ausgenommen Sattelanhänger, aber einschließlich der zweiachsigen Anhänger mit einem Achsabstand von weniger als einem Meter), solange diese Fahrzeuge ausschließlich

   a) in land- oder forstwirtschaftlichen Betrieben,

---

[1] § 3 Nr. 1 neu gef. mWv 10.6.2017 durch G v. 6.6.2017 (BGBl. I S. 1491).
[2] Umbenennung mWv 1.7.2005 durch G v. 21.6.2005 (BGBl. I S. 1818).
[3] § 3 Nr. 2 geänd. mWv 1.7.2009 durch G v. 27.5.2010 (BGBl. I S. 668).

b) zur Durchführung von Lohnarbeiten für land- oder forstwirtschaftliche Betriebe,

c) zu Beförderungen für land- oder forstwirtschaftliche Betriebe, wenn diese Beförderungen in einem land- oder forstwirtschaftlichen Betrieb beginnen oder enden,

d) zur Beförderung von Milch, Magenmilch, Molke oder Rahm oder

e) von Land- oder Forstwirten zur Pflege von öffentlichen Grünflächen oder zur Straßenreinigung im Auftrag von Gemeinden oder Gemeindeverbänden

verwendet werden. ²Als Sonderfahrzeuge gelten Fahrzeuge, die nach ihrer Bauart und ihren besonderen, mit ihnen fest verbundenen Einrichtungen nur für die bezeichneten Verwendungszwecke geeignet und bestimmt sind. ³Die Steuerbefreiung nach Buchstabe a wird nicht dadurch ausgeschlossen, dass ein Land- oder Forstwirt land- oder forstwirtschaftliche Erzeugnisse von einer örtlichen Sammelstelle zu einem Verwertungs- oder Verarbeitungsbetrieb, land- oder forstwirtschaftliche Bedarfsgüter vom Bahnhof zur örtlichen Lagereinrichtung oder Holz vom forstwirtschaftlichen Betrieb aus befördert. ⁴Die Steuerbefreiung nach Buchstabe d wird nicht dadurch ausgeschlossen, dass Untersuchungsproben zur Tierseuchenbekämpfung oder auf dem Rückweg von einer Molkerei Milcherzeugnisse befördert werden;[1)]

8. a) Zugmaschinen, solange sie ausschließlich für den Betrieb eines Schaustellergewerbes verwendet werden,

b)[2)] Wohnwagen und Wohnmobile jeweils mit einem zulässigen Gesamtgewicht von mehr als 3500 Kilogramm und Packwagen mit einem zulässigen Gesamtgewicht von mehr als 2500 Kilogramm im Gewerbe nach Schaustellerart, solange sie ausschließlich dem Schaustellergewerbe dienen;

9. Fahrzeugen, solange sie ausschließlich für die Zustellung und Abholung von Behältern mit einem Rauminhalt von fünf Kubikmetern oder mehr, von auswechselbaren Aufbauten oder von Kraftfahrzeuganhängern verwendet werden, die im Vor- oder Nachlauf im Kombinierten Verkehr

a) Schiene/Straße zwischen Be- oder Entladestelle und nächstgelegenem geeigneten Bahnhof oder

b) Binnenwasserstraße/Straße zwischen Be- oder Entladestelle und einem innerhalb eines Umkreises von höchstens 150 Kilometern Luftlinie gelegenen Binnenhafen oder

c) See/Straße mit einer Seestrecke von mehr als 100 Kilometern Luftlinie zwischen Be- oder Entladestelle und einem innerhalb eines Umkreises von höchstens 150 Kilometern Luftlinie gelegenen Seehafen

befördert worden sind oder befördert werden. ²Voraussetzung ist, dass die Fahrzeuge äußerlich als für diese Zwecke bestimmt erkennbar sind;

---

1) § 3 Satz 4 geänd. mWv 1.7.2010 durch G v. 27.5.2010 (BGBl. I S. 668).
2) § 3 Satz 8 Buchst. b geänd. mWv 12.6.2015 durch G v. 8.6.2015 (BGBl. I S. 668).

10. Fahrzeugen, die zugelassen sind

   a) für eine bei der Bundesrepublik Deutschland beglaubigte diplomatische Vertretung eines anderen Staates,

   b) für Mitglieder der unter Buchstabe a bezeichneten diplomatischen Vertretungen oder für Personen, die zum Geschäftspersonal dieser Vertretungen gehören und der inländischen Gerichtsbarkeit nicht unterliegen,

   c) für eine in der Bundesrepublik Deutschland zugelassene konsularische Vertretung eines anderen Staates, wenn der Leiter der Vertretung Angehöriger des Entsendestaates ist und außerhalb seines Amtes in der Bundesrepublik Deutschland keine Erwerbstätigkeit ausübt,

   d) für einen in der Bundesrepublik Deutschland zugelassenen Konsularvertreter (Generalkonsul, Konsul, Vizekonsul, Konsularagenten) oder für Personen, die zum Geschäftspersonal dieser Konsularvertreter gehören, wenn sie Angehörige des Entsendestaates sind und außerhalb ihres Amtes in der Bundesrepublik Deutschland keine Erwerbstätigkeit ausüben.

   [2] Die Steuerbefreiung tritt nur ein, wenn Gegenseitigkeit gewährt wird;

11. (weggefallen)

12.[1] Personenfahrzeugen im Anwendungsbereich der Richtlinie 83/182/EWG des Rates vom 28. März 1983 über Steuerbefreiungen innerhalb der Gemeinschaft bei vorübergehender Einfuhr bestimmter Verkehrsmittel (ABl. L 105 vom 23.4.1983, S. 59), die zuletzt durch die Richtlinie 2013/13/EU (ABl. L 141 vom 28.5.2013, S. 30) geändert worden ist, in der jeweiligen Fassung bei Nutzung der Fahrzeuge durch Personen, die ihren gewöhnlichen Wohnsitz nach Artikel 7 dieser Richtlinie in einem anderen Mitgliedstaat der Europäischen Union haben;

13.[2] ausländischen Personenkraftfahrzeugen und ihren Anhängern, die zum vorübergehenden Aufenthalt in das Inland gelangen, für die Dauer bis zu einem Jahr. [2] Die Steuerbefreiung entfällt, wenn die Fahrzeuge der entgeltlichen Beförderung von Personen oder Gütern dienen oder für diese Fahrzeuge ein regelmäßiger Standort im Inland begründet ist;

14. ausländischen Fahrzeugen, die zur Ausbesserung in das Inland gelangen und für die nach den Zollvorschriften ein Ausbesserungsverkehr bewilligt wird;

15. ausländischen Fahrzeugen, solange sie öffentliche Straßen benutzen, die die einzige oder die gegebene Verbindung zwischen verschiedenen Orten eines anderen Staates bilden und das Inland auf kurzen Strecken durchschneiden;

16. Dienstfahrzeugen von Behörden anderer Staaten, die auf Dienstfahrten zum vorübergehenden Aufenthalt in das Grenzgebiet gelangen. [2] Voraussetzung ist, dass Gegenseitigkeit gewährt wird.

---

[1] § 3 Nr. 12 eingef. mWv 10.3.2017 durch G v. 6.3.2017 (BGBl. I S. 399).
[2] § 3 Nr. 13 geänd. mWv 12.6.2015 durch G v. 8.6.2015 (BGBl. I S. 901).

§ 3a Vergünstigungen für Schwerbehinderte. (1) Von der Steuer befreit ist das Halten von Kraftfahrzeugen, solange die Fahrzeuge für schwerbehinderte Personen zugelassen sind, die durch einen Ausweis im Sinne des Neunten Buches Sozialgesetzbuch oder des Artikels 3 des Gesetzes über die unentgeltliche Beförderung Schwerbehinderter im öffentlichen Personenverkehr vom 9. Juli 1979 (BGBl. I S. 989) mit dem Merkzeichen „H", „Bl" oder „aG" nachweisen, dass sie hilflos, blind oder außergewöhnlich gehbehindert sind.

(2)[1] [1]Die Steuer ermäßigt sich um 50 vom Hundert für Kraftfahrzeuge, solange die Fahrzeuge für schwerbehinderte Personen zugelassen sind, die durch einen Ausweis im Sinne des Neunten Buches Sozialgesetzbuch oder des Artikels 3 des Gesetzes über die unentgeltliche Beförderung Schwerbehinderter im öffentlichen Personenverkehr mit orangefarbenem Flächenaufdruck nachweisen, dass sie die Voraussetzungen des § 228 Absatz 1 Satz 1 des Neunten Buches Sozialgesetzbuch erfüllen. [2]Die Steuerermäßigung wird nicht gewährt, solange die schwerbehinderte Person das Recht zur unentgeltlichen Beförderung nach § 228 des Neunten Buches Sozialgesetzbuch in Anspruch nimmt.

(3) [1]Die Steuervergünstigung der Absätze 1 und 2 steht den behinderten Personen nur für ein Fahrzeug und nur auf schriftlichen Antrag zu. [2]Sie entfällt, wenn das Fahrzeug zur Beförderung von Gütern (ausgenommen Handgepäck), zur entgeltlichen Beförderung von Personen (ausgenommen die gelegentliche Mitbeförderung) oder durch andere Personen zu Fahrten benutzt wird, die nicht im Zusammenhang mit der Fortbewegung oder der Haushaltsführung der behinderten Personen stehen.

§ 3b[2] Steuerbefreiung für besonders schadstoffreduzierte Personenkraftwagen mit Selbstzündungsmotor. (1) [1]Das Halten von Personenkraftwagen mit Selbstzündungsmotor ist befristet von der Steuer befreit, wenn das Fahrzeug in der Zeit vom 1. Januar 2011 bis zum 31. Dezember 2013 erstmals zugelassen wird und nach Feststellung der Zulassungsbehörde ab dem Tag der erstmaligen Zulassung den Anforderungen der Stufe Euro 6 nach der Tabelle 2 des Anhangs I der Verordnung (EG) Nr. 715/2007 genügt. [2]Die Steuerbefreiung beginnt am Tag der erstmaligen Zulassung. [3]Sie endet, sobald die Steuerersparnis auf der Grundlage der jeweiligen Steuersätze nach § 9 Absatz 1 Nummer 2 Buchstabe b den Betrag von 150 Euro erreicht. [4]Die Steuerbefreiung wird für jedes Fahrzeug nur einmal gewährt.

(2) Voraussetzung ist, dass in der Zulassungsbescheinigung Teil I (Fahrzeugschein) am Tag der erstmaligen Zulassung eine emissionsbezogene Schlüsselnummer ausgewiesen ist, die das Erfüllen der Voraussetzungen für die Steuerbefreiung bestätigt.

(3) Die Steuerbefreiung endet spätestens am 31. Dezember 2013.

---

[1] § 3a Abs. 2 Sätze 3 und 4 aufgeh. mWv 12.6.2015 durch G v. 8.6.2015 (BGBl. I S. 901); Sätze 1 und 2 geänd. mWv 1.1.2018 durch G v. 23.12.2016 (BGBl. I S. 3234).
[2] § 3b eingef. mWv 1.7.2009 durch G v. 29.5.2009 (BGBl. I S. 1170); Abs. 1 Satz 1 geänd., Abs. 2 Sätze 1, 2 und 4 aufgeh. mWv 1.7.2009 durch G v. 27.5.2010 (BGBl. I S. 668), siehe aber Vertrauensschutz in § 18 Abs. 11.

(4) Soweit die befristete Steuerbefreiung bei einem Halterwechsel noch nicht abgelaufen ist, wird sie dem neuen Halter gewährt.

(5) Die Zeiten der Außerbetriebsetzung eines Fahrzeugs und die Zeiten außerhalb des auf einem Saisonkennzeichen angegebenen Betriebszeitraums haben keine Auswirkungen auf die Steuerbefreiung.

(6) Die Steuerbefreiung gilt nicht für Kennzeichen im Sinne des § 1 Absatz 1 Nummer 4 Satz 1.

§ 3c.[1] *(aufgehoben)*

§ 3d[2] **Steuerbefreiung für Elektrofahrzeuge.** (1) [1]Von der Steuer befreit ist das Halten von Elektrofahrzeugen im Sinne des § 9 Absatz 2. [2]Die Steuerbefreiung wird bei erstmaliger Zulassung des Elektrofahrzeugs in der Zeit vom 18. Mai 2011 bis 31. Dezember 2025 für zehn Jahre ab dem Tag der erstmaligen Zulassung gewährt, längstens jedoch bis zum 31. Dezember 2030.

(2) [1]Die Steuerbefreiung nach Absatz 1 oder nach § 18 Absatz 4b wird für jedes Fahrzeug einmal gewährt. [2]Soweit sie bei einem Halterwechsel noch nicht abgelaufen ist, wird sie dem neuen Halter gewährt.

(3) Die Zeiten der Außerbetriebsetzung eines Fahrzeugs und die Zeiten außerhalb des auf einem Saisonkennzeichen angegebenen Betriebszeitraums haben keine Auswirkungen auf die Steuerbefreiung.

(4) [1]Die Absätze 1 bis 3 gelten entsprechend für technisch umgerüstete Fahrzeuge, die ursprünglich zum Zeitpunkt der erstmaligen verkehrsrechtlichen Zulassung mit Fremdzündungsmotoren oder Selbstzündungsmotoren angetrieben wurden. [2]Die Steuerbefreiung wird nach Maßgabe folgender Voraussetzungen gewährt:

1. das Fahrzeug ist in der Zeit vom 18. Mai 2016 bis zum 31. Dezember 2025 nachträglich zu einem Elektrofahrzeug im Sinne des § 9 Absatz 2 umgerüstet worden und

2. für die bei der Umrüstung verwendeten Fahrzeugteile ist eine Allgemeine Betriebserlaubnis nach § 22 in Verbindung mit § 20 der Straßenverkehrs-Zulassungs-Ordnung erteilt.

[3]Die Steuerbefreiung beginnt an dem Tag, an dem die Zulassungsbehörde die Voraussetzungen nach Satz 2 als erfüllt feststellt.

§§ 3e bis 3h. (weggefallen)

§ 4 Erstattung der Steuer bei Beförderungen von Fahrzeugen mit der Eisenbahn. (1) [1]Die Steuer ist auf schriftlichen Antrag für einen Zeitraum von zwölf Monaten, gerechnet vom Beginn eines Entrichtungszeitraums, zu erstatten, wenn das Fahrzeug während dieses Zeitraums bei mehr als 124 Fahrten beladen oder leer auf einem Teil der jeweils zurückgelegten

---

[1] § 3c aufgeh. mWv 12.6.2015 durch G v. 8.6.2015 (BGBl. I S. 901).
[2] § 3d neu gef. mWv 12.12.2012 durch G v. 5.12.2012 (BGBl. I S. 2431); Abs. 1 Satz 2 neu gef., Abs. 2 Satz 1 geänd., Abs. 4 angef. mWv 8.11.2016 durch G v. 7.11.2016 (BGBl. I S. 2498); Abs. 1 Satz 2 und Abs. 4 Satz 2 Nr. 1 geänd. mWv 23.10.2020 durch G v. 16.10.2020 (BGBl. I S. 2184); vgl. auch § 18 Abs. 4b.

Strecke mit der Eisenbahn befördert worden ist. [2] Wird die in Satz 1 bestimmte Zahl von Fahrten nicht erreicht, so werden erstattet

1. bei mehr als 93 Fahrten 75 vom Hundert der Jahressteuer,
2. bei weniger als 94, aber mehr als 62 Fahrten 50 vom Hundert der Jahressteuer,
3. bei weniger als 63, aber mehr als 31 Fahrten 25 vom Hundert der Jahressteuer.

[3] Ist die mit der Eisenbahn zurückgelegte Strecke länger als 400 Kilometer, so wird eine Fahrt zweifach gerechnet, ist die mit der Eisenbahn zurückgelegte Strecke länger als 800 Kilometer, so wird eine Fahrt dreifach gerechnet.

(2) Der Nachweis, dass die Voraussetzungen für die Erstattung der Steuer erfüllt sind, ist für jedes Fahrzeug durch fortlaufende Aufzeichnungen über Beförderungen mit der Eisenbahn zu erbringen, deren Richtigkeit für jede Fahrt von der Eisenbahn zu bescheinigen ist.

§ 5 Dauer der Steuerpflicht. (1)[1] Die Steuerpflicht dauert

1. bei einem inländischen Fahrzeug, vorbehaltlich des Absatzes 2, solange das Fahrzeug zum Verkehr zugelassen ist, mindestens jedoch einen Monat;
2. bei einem ausländischen Fahrzeug, vorbehaltlich des Absatzes 2, solange sich das Fahrzeug im Inland befindet;
3. bei einem widerrechtlich benutzten Fahrzeug, solange die widerrechtliche Benutzung dauert, mindestens jedoch einen Monat;
4. bei einem Ausfuhrkennzeichen und einem Kennzeichen im Sinne des § 1 Absatz 1 Nummer 4, solange das Kennzeichen geführt werden darf, mindestens jedoch einen Monat;
5. bei einem Saisonkennzeichen, vorbehaltlich des Absatzes 2, solange das Kennzeichen geführt werden darf, mindestens jedoch einen Monat.

(2) [1] Fallen bei einem Fahrzeug die Voraussetzungen für eine Steuerbefreiung weg, so beginnt die Steuerpflicht mit dem Wegfall dieser Voraussetzungen. [2] Absatz 1 Nr. 1 letzter Halbsatz ist nicht anzuwenden, wenn das Fahrzeug nur zeitlich befristet von der Steuer befreit war. [3] Die Steuerpflicht endet vorbehaltlich des Satzes 4 mit dem Eintritt der Voraussetzungen für eine Steuerbefreiung. [4] Wird ein Fahrzeug, dessen Halten von der Steuer befreit ist, vorübergehend zu anderen als den begünstigten Zwecken benutzt (zweckfremde Benutzung), so dauert die Steuerpflicht, solange die zweckfremde Benutzung währt, mindestens jedoch einen Monat; Entsprechendes gilt, wenn eine Steuerermäßigung nach § 3a Abs. 2 wegen vorübergehender zweckfremder Benutzung des Fahrzeugs entfällt. [5] Ein Fahrzeug, dessen Halten nach § 3 Nr. 5 von der Steuer befreit ist, wird nicht deshalb zweckfremd benutzt, weil es für humanitäre Hilfsgütertransporte in das Ausland oder für zeitlich damit zusammenhängende Vorbereitungsfahrten verwendet wird.

---

[1] § 5 Abs. 1 Nr. 4 geänd. mWv 5.11.2008 durch G v. 21.12.2008 (BGBl. I S. 2896); geänd. mWv 1.7.2010 durch G v. 27.5.2010 (BGBl. I S. 668); Nr. 5 eingef. mWv 1.7.2010 durch G v. 27.5.2010 (BGBl. I S. 668); Nrn. 1 und 5 geänd. mWv 12.6.2015 durch G v. 8.6.2015 (BGBl. I S. 901).

(3)[1] [1] Wird ein inländisches Fahrzeug während der Dauer der Steuerpflicht verändert und ändert sich infolgedessen die Höhe der Steuer, so beginnt die Steuerpflicht bei dem veränderten Fahrzeug mit der Änderung, spätestens mit der Aushändigung der neuen oder geänderten Zulassungsbescheinigung Teil I; gleichzeitig endet die frühere Steuerpflicht. [2] Entsprechendes gilt, wenn sich die Höhe der Steuer auf Grund eines Antrags nach § 3a Abs. 2 oder nach § 10 Abs. 2 (Anhängerzuschlag) ändert.

(4)[2] [1] Wird ein inländisches Fahrzeug außer Betrieb gesetzt und werden dabei die diesbezügliche Änderung in der Zulassungsbescheinigung Teil I und die Entstempelung des Kennzeichens an verschiedenen Tagen vorgenommen, so ist der letzte Tag maßgebend. [2] Die für die Ausübung der Verwaltung der Kraftfahrzeugsteuer zuständige Behörde kann für die Beendigung der Steuerpflicht einen früheren Zeitpunkt zugrunde legen, wenn der Steuerschuldner glaubhaft macht, dass das Fahrzeug seit dem früheren Zeitpunkt nicht benutzt worden ist und dass er die Abmeldung des Fahrzeugs nicht schuldhaft verzögert hat.

(5)[3] *(aufgehoben)*

§ 6 Entstehung der Steuer. Die Steuer entsteht mit Beginn der Steuerpflicht, bei fortlaufenden Entrichtungszeiträumen mit Beginn des jeweiligen Entrichtungszeitraums.

§ 7[4] Steuerschuldner. Steuerschuldner ist

1. bei einem inländischen Fahrzeug die Person, für die das Fahrzeug zum Verkehr zugelassen ist,

2. bei einem ausländischen Fahrzeug die Person, die das Fahrzeug im Inland benutzt,

3. bei einem widerrechtlich benutzten Fahrzeug die Person, die das Fahrzeug widerrechtlich benutzt,

4. bei einem Kennzeichen im Sinne des § 1 Abs. 1 Nr. 4 die Person, der das Kennzeichen zugeteilt ist.

§ 8[5] Bemessungsgrundlage. Die Steuer bemisst sich

1. bei Fahrzeugen der Klasse M_1 ohne besondere Zweckbestimmung als Wohnmobil oder Kranken- und Leichenwagen (Personenkraftwagen)

    a) mit erstmaliger Zulassung bis zum 30. Juni 2009 und bei Krafträdern nach dem Hubraum, soweit diese Fahrzeuge durch Hubkolbenmotoren angetrieben werden, bei Personenkraftwagen mit Hubkolbenmotoren zusätzlich nach den Schadstoff- und Kohlendioxidemissionen;

---

[1] § 5 Abs. 3 Satz 1 geänd. mWv 23.10.2020 durch G v. 16.10.2020 (BGBl. I S. 2184).

[2] § 5 Abs. 4 Satz 1 geänd. mWv 5.11.2008 durch G v. 21.12.2008 (BGBl. I S. 2896), Satz 2 geänd. mWv 1.7.2009 durch G v. 29.5.2009 (BGBl. I S. 1170); Satz 1 geänd. mWv 12.6.2015 durch G v. 8.6.2015 (BGBl. I S. 901); Satz 1 geänd. mWv 23.10.2020 durch G v. 16.10.2020 (BGBl. I S. 2184).

[3] § 5 Abs. 5 aufgeh. mWv 12.6.2015 durch G v. 8.6.2015 (BGBl. I S. 901).

[4] § 7 Nr. 2 geänd. mWv 5.11.2008 durch G v. 21.12.2008 (BGBl. I S. 2896).

[5] § 8 Nr. 1 neu gef. mWv 1.7.2009 durch G v. 29.5.2009 (BGBl. I S. 1170); geänd. mWv 12.12.2012 durch G v. 5.12.2012 (BGBl. I S. 2431); zur Anwendung von Nr. 1 Buchst. b siehe § 18 Abs. 5.

b) mit erstmaliger Zulassung ab dem 1. Juli 2009, soweit es sich nicht um Fahrzeuge im Sinne des § 9 Absatz 2 handelt,[1] nach den Kohlendioxidemissionen und dem Hubraum;

1a.[2] bei Wohnmobilen nach dem verkehrsrechtlich zulässigen Gesamtgewicht und zusätzlich nach den Schadstoffemissionen;

1b.[3] bei dreirädrigen und leichten vierrädrigen Kraftfahrzeugen mit Hubkolbenmotoren, die unter den Anwendungsbereich der Richtlinie 97/24/EG des Europäischen Parlaments und des Rates vom 17. Juni 1997 über bestimmte Bauteile und Merkmale von zweirädrigen oder dreirädrigen Kraftfahrzeugen (ABl. L 226 vom 18.8.1997, S. 1, L 65 vom 5.3.1998, S. 35, L 244 vom 3.9.1998, S. 20, L 67 vom 11.3.2008, S. 22), die zuletzt durch die Richtlinie 2009/108/EG der Kommission vom 17. August 2009 (ABl. L 213 vom 18.8.2009, S. 10) geändert worden ist, in der jeweils geltenden Fassung fallen, nach dem Hubraum und den Schadstoffemissionen;

2.[4] bei anderen Fahrzeugen, Kranken- und Leichenwagen nach dem verkehrsrechtlich zulässigen Gesamtgewicht, bei Kraftfahrzeugen mit einem verkehrsrechtlich zulässigen Gesamtgewicht über 3500 Kilogramm zusätzlich nach Schadstoff- und Geräuschemissionen. [2]Das verkehrsrechtlich zulässige Gesamtgewicht ist bei Sattelanhängern um die Aufliegelast und bei Starrdeichselanhängern einschließlich Zentralachsanhängern um die Stützlast zu vermindern.

§ 9 Steuersatz. (1) Die Jahressteuer beträgt für

1. Krafträder, die durch Hubkolbenmotoren angetrieben werden, für je 25 Kubikzentimeter Hubraum oder einen Teil davon 1,84 Euro;

2.[5] Personenkraftwagen

a) mit Hubkolbenmotoren bei erstmaliger Zulassung bis zum 30. Juni 2009 für je 100 Kubikzentimeter Hubraum oder einen Teil davon, wenn sie

	durch Fremdzündungsmotoren angetrieben werden und	durch Selbstzündungsmotoren angetrieben werden und
aa) mindestens die verbindlichen Grenzwerte für Fahrzeuge mit einer zulässigen Gesamtmasse von nicht mehr als 2500 kg nach Zeile A Fahrzeugklasse M der Tabelle in Nummer 5.3.1.4 des Anhangs I der Richtli-		

---

[1] § 8 Nr. 1 Buchst. b Kommateil eingef. mWv 1.7.2010 durch G v. 27.5.2010 (BGBl. I S. 668).
[2] § 8 Nr. 1a eingef. mWv 1.5.2005 durch G v. 21.12.2006 (BGBl. I S. 3344).
[3] § 8 Nr. 1b eingef. mWv 1.7.2010 durch G v. 27.5.2010 (BGBl. I S. 668).
[4] § 8 Nr. 2 geänd. mWv 12.12.2012 durch G v. 5.12.2012 (BGBl. I S. 2431).
[5] § 9 Abs. 1 Nr. 2 neu gef. durch G v. 29.5.2009 (BGBl. I S. 1170).
Zu Abs. 1 Nr. 2 siehe § 18 Abs. 4a und 4b.

	durch Fremd- zündungs- motoren angetrieben werden und	durch Selbst- zündungs- motoren angetrieben werden und
nie 70/220/EWG des Rates vom 20. März 1970 zur Angleichung der Rechtsvorschriften der Mitgliedstaaten über Maßnahmen gegen die Verunreinigung der Luft durch Emissionen von Kraftfahrzeugen (ABl. L 76 vom 6.4.1970, S. 1) in der jeweils geltenden Fassung, einhalten oder wenn die Kohlendioxidemissionen, ermittelt nach der Richtlinie 93/116/EG der Kommission vom 17. Dezember 1993 zur Anpassung der Richtlinie 80/1268/EWG des Rates über den Kraftstoffverbrauch von Kraftfahrzeugen an den technischen Fortschritt (ABl. L 329 vom 30.12.1993, S. 39) in der jeweils geltenden Fassung, 90 g/km nicht übersteigen	6,75 EUR	15,44 EUR,
bb) als schadstoffarm anerkannt sind, der Richtlinie 70/220/EWG in der Fassung der Richtlinie 94/12/EG des Europäischen Parlaments und des Rates vom 23. März 1994 über Maßnahmen gegen die Verunreinigung der Luft durch Emissionen von Kraftfahrzeugen und zur Änderung der Richtlinie 70/220/EWG (ABl. L 100 vom 19.4.1994, S. 42) entsprechen und die in der Richtlinie 94/12/EG unter Nummer 5.3.1.4 für die Fahrzeugklasse M genannten Schadstoffgrenzwerte einhalten	7,36 EUR	16,05 EUR,
cc) als schadstoffarm oder bedingt schadstoffarm Stufe C anerkannt sind und für sie ein Verkehrsverbot bei erhöhten Ozonkonzentrationen nach § 40c des Bundes-Immissionsschutzgesetzes in der bis zum 31. Dezember 1999 geltenden Fassung nicht galt	15,13 EUR	27,35 EUR,
dd) nicht als schadstoffarm oder bedingt schadstoffarm anerkannt sind und für	21,07 EUR	33,29 EUR,

	durch Fremd- zündungs- motoren angetrieben werden und	durch Selbst- zündungs- motoren angetrieben werden und
sie ein Verkehrsverbot bei erhöhten Ozonkonzentrationen nach § 40c des Bundes-Immissionsschutzgesetzes in der bis zum 31. Dezember 1999 geltenden Fassung nicht galt		
ee) nicht die Voraussetzungen für die Anwendung der Steuersätze nach den Doppelbuchstaben aa bis dd erfüllen	25,36 EUR	37,58 EUR;

b)[1] bei erstmaliger Zulassung vom 1. Juli 2009 bis 31. Dezember 2020 für je 100 Kubikzentimeter Hubraum oder einem Teil davon 2 Euro für Fremdzündungsmotorenund 9,50 Euro für Selbstzündungsmotoren zuzüglich jeweils 2 Euro für jedes Gramm Kohlendioxidemission je Kilometer entsprechend der Richtlinie 93/116/EG der Kommission vom 17. Dezember 1993 zur Anpassung der Richtlinie 80/1268/EWG des Rates über den Kraftstoffverbrauch von Kraftfahrzeugen an den technischen Fortschritt (ABl. L 329 vom 30.12.1993, S. 39) oder die Verordnung (EG) Nr. 715/2007 des Europäischen Parlaments und des Rates vom 20. Juni 2007 über die Typengenehmigung von Kraftfahrzeugen hinsichtlich der Emissionsklassen von leichten Personenkraftwagen und Nutzfahrzeugen (Euro 5 und Euro 6) und über den Zugang zu Reparatur- und Wartungsinformationen für Fahrzeuge (ABl. L 171 vom 29.6.2007, S. 1), die zuletzt durch die Verordnung (EG) Nr. 692/2008 der Kommission vom 18. Juli 2008 (ABl. L 199 vom 28.7.2008, S. 1) geändert worden ist, in der jeweils geltenden Fassung, das bei erstmaliger Zulassung

aa) bis zum 31. Dezember 2011	120 g/km,
bb) ab dem 1. Januar 2012	110 g/km,
cc) ab dem 1. Januar 2014	95 g/km

überschreitet;

c)[2] 1 bei erstmaliger Zulassung ab dem 1. Januar 2021 für je 100 Kubikzentimeter Hubraum oder einem Teil davon 2 Euro für Fremdzündungsmotoren und 9,50 Euro für Selbstzündungsmotoren zuzüglich für jedes Gramm Kohlendioxidemission je Kilometer, das 95 Gramm je Kilometer überschreitet, vom Emissionswert

über 95g/km bis zu 115g/km	2,00 EUR,
über 115g/km bis zu 135g/km	2,20 EUR,

---

[1] § 9 Abs. 1 Nr. 2 Buchst. b geänd. mWv 1.7.2010 durch G v. 27.5.2010 (BGBl. I S. 668); geänd. mWv 23.10.2020 durch G v. 16.10.2020 (BGBl. I S. 2184); zur Anwendung für Pkw iSd. § 8 Nr. 1 Buchst. b siehe § 18 Abs. 5.

[2] § 9 Abs. 1 Nr. 2 Buchst. c angef. mWv 23.10.2020 durch G v. 16.10.2020 (BGBl. I S. 2184).

über 135g/km bis zu 155g/km .... 2,50 EUR,
über 155g/km bis zu 175g/km .... 2,90 EUR,
über 175g/km bis zu 195g/km .... 3,40 EUR,
über 195g/km .... 4,00 EUR.

[2]Maßgebend für die Kohlendioxidemissionen sind die Verordnung (EG) Nr. 715/2007 und die Verordnung (EU) 2017/1151 der Kommission vom 1. Juni 2017 zur Ergänzung der Verordnung (EG) Nr. 715/2007 des Europäischen Parlaments und des Rates über die Typgenehmigung von Kraftfahrzeugen hinsichtlich der Emissionen von leichten Personenkraftwagen und Nutzfahrzeugen (Euro 5 und Euro 6) und über den Zugang zu Fahrzeugreparatur- und -wartungsinformationen, zur Änderung der Richtlinie 2007/46/EG des Europäischen Parlaments und des Rates, der Verordnung (EG) Nr. 692/2008 der Kommission sowie der Verordnung (EU) Nr. 1230/2012 der Kommission und zur Aufhebung der Verordnung (EG) Nr. 692/2008 der Kommission (ABl. L 175 vom 7.7.2017, S. 1) in der jeweils geltenden Fassung;

2a.[1] Wohnmobile für je 200 Kilogramm Gesamtgewicht oder einem Teil davon, wenn sie nach Feststellung der Zulassungsbehörde im Sinne der Anlage XIV zu § 48 der Straßenverkehrs-Zulassungs-Ordnung

a) mindestens der Schadstoffklasse S 4 entsprechen, von dem Gesamtgewicht

bis zu 2000 kg .... 16 EUR,
über 2000 kg .... 10 EUR,

insgesamt jedoch nicht mehr als 800 EUR,

b) der Schadstoffklasse S 3, S 2 oder S 1 entsprechen, von dem Gesamtgewicht

bis zu 2000 kg .... 24 EUR,
über 2000 kg .... 10 EUR,

insgesamt jedoch nicht mehr als 1000 EUR,

c) die Voraussetzungen nach Buchstabe a oder b nicht erfüllen, von dem Gesamtgewicht

bis zu   2000 kg .... 40 EUR,
über   2000 kg bis zu   5000 kg .... 10 EUR,
über   5000 kg bis zu 12000 kg .... 15 EUR,
über 12000 kg .... 25 EUR;

ab dem 1. Januar 2010 auch für die Schadstoffklasse S 1;

2b.[2] dreirädrige und leichte vierrädrige Kraftfahrzeuge mit Hubkolbenmotoren, die unter den Anwendungsbereich der Richtlinie 97/24/EG fallen, für je 100 Kubikzentimeter Hubraum oder einen Teil davon, wenn sie

a) die verbindlichen Grenzwerte nach Zeile A (2003) der Tabelle zu Nummer 2.2.1.1.5 in Kapitel 5 Anhang II der Richtlinie 97/24/EG einhalten und angetrieben werden

---

[1] § 9 Abs. 1 Nr. 2a eingef. mWv 1.5.2005 durch G v. 21.12.2006 (BGBl. I S. 3344).
[2] § 9 Abs. 1 Nr. 2b eingef. mWv 1.7.2010 durch G v. 27.5.2010 (BGBl. I S. 668).

    aa) durch Fremdzündungsmotor .... 21,07 EUR,

    bb) durch Selbstzündungsmotor .... 33,29 EUR,

  b) die Voraussetzungen nach Buchstabe a nicht erfüllen und angetrieben werden

    aa) durch Fremdzündungsmotor .... 25,36 EUR,

    bb) durch Selbstzündungsmotor .... 37,58 EUR;

3. andere Kraftfahrzeuge mit einem verkehrsrechtlich zulässigen Gesamtgewicht bis 3500 Kilogramm für je 200 Kilogramm Gesamtgewicht oder einen Teil davon,

  von dem Gesamtgewicht

        bis zu 2000 kg .... 11,25 EUR,

  über 2000 kg bis zu 3000 kg .... 12,02 EUR,

  über 3000 kg bis zu 3500 kg .... 12,78 EUR;

4. alle übrigen Kraftfahrzeuge mit einem verkehrsrechtlich zulässigen Gesamtgewicht von mehr als 3500 Kilogramm für je 200 Kilogramm Gesamtgewicht oder einen Teil davon, wenn sie nach Feststellung der Zulassungsbehörde

  a)[1] mindestens zur Schadstoffklasse S 2 im Sinne der Anlage XIV zu § 48 der Straßenverkehrs-Zulassungs-Ordnung gehören,

    von dem Gesamtgewicht

        bis zu 2000 kg .... 6,42 EUR,

    über 2000 kg bis zu 3000 kg .... 6,88 EUR,

(Fortsetzung nächstes Blatt)

---

[1] § 9 Abs. 1 Nr. 4 Buchst. a neu gef. mWv 1.9.2007 durch G v. 17.8.2007 (BGBl. I S. 1958).

über   3000 kg bis zu   4000 kg .... 7,31 EUR,
über   4000 kg bis zu   5000 kg .... 7,75 EUR,
über   5000 kg bis zu   6000 kg .... 8,18 EUR,
über   6000 kg bis zu   7000 kg .... 8,62 EUR,
über   7000 kg bis zu   8000 kg .... 9,36 EUR,
über   8000 kg bis zu   9000 kg .... 10,07 EUR,
über   9000 kg bis zu 10000 kg .... 10,97 EUR,
über 10000 kg bis zu 11000 kg .... 11,84 EUR,
über 11000 kg bis zu 12000 kg .... 13,01 EUR,
über 12000 kg .... 14,32 EUR,

insgesamt jedoch nicht mehr als 556 EUR,

b) zur Schadstoffklasse S 1 im Sinne der Anlage XIV zu § 48 der Straßenverkehrs-Zulassungs-Ordnung gehören,

von dem Gesamtgewicht

                    bis zu   2000 kg .... 6,42 EUR,
über   2000 kg bis zu   3000 kg .... 6,88 EUR,
über   3000 kg bis zu   4000 kg .... 7,31 EUR,
über   4000 kg bis zu   5000 kg .... 7,75 EUR,
über   5000 kg bis zu   6000 kg .... 8,18 EUR,
über   6000 kg bis zu   7000 kg .... 8,62 EUR,
über   7000 kg bis zu   8000 kg .... 9,36 EUR,
über   8000 kg bis zu   9000 kg .... 10,07 EUR,
über   9000 kg bis zu 10000 kg .... 10,97 EUR,
über 10000 kg bis zu 11000 kg .... 11,84 EUR,
über 11000 kg bis zu 12000 kg .... 13,01 EUR,
über 12000 kg bis zu 13000 kg .... 14,32 EUR,
über 13000 kg bis zu 14000 kg .... 15,77 EUR,
über 14000 kg bis zu 15000 kg .... 26,00 EUR,
über 15000 kg .... 36,23 EUR,

insgesamt jedoch nicht mehr als 914 EUR[1],

c) zur Geräuschklasse G 1 im Sinne der Anlage XIV zu § 48 der Straßenverkehrs-Zulassungs-Ordnung gehören,

von dem Gesamtgewicht

                    bis zu   2000 kg .... 9,64 EUR,
über   2000 kg bis zu   3000 kg .... 10,30 EUR,
über   3000 kg bis zu   4000 kg .... 10,97 EUR,
über   4000 kg bis zu   5000 kg .... 11,61 EUR,
über   5000 kg bis zu   6000 kg .... 12,27 EUR,
über   6000 kg bis zu   7000 kg .... 12,94 EUR,
über   7000 kg bis zu   8000 kg .... 14,03 EUR,
über   8000 kg bis zu   9000 kg .... 15,11 EUR,
über   9000 kg bis zu 10000 kg .... 16,44 EUR,
über 10000 kg bis zu 11000 kg .... 17,74 EUR,
über 11000 kg bis zu 12000 kg .... 19,51 EUR,

---

[1] Betrag geänd. mWv 1.9.2007 durch G v. 17.8.2007 (BGBl. I S. 1958).

über 12 000 kg bis zu 13 000 kg .... 21,47 EUR,
über 13 000 kg bis zu 14 000 kg .... 23,67 EUR,
über 14 000 kg bis zu 15 000 kg .... 39,01 EUR,
über 15 000 kg .... 54,35 EUR,

insgesamt jedoch nicht mehr als 1425 EUR[1],

d) die Voraussetzungen nach Buchstabe a, b oder c nicht erfüllen,
von dem Gesamtgewicht

bis zu 2000 kg .... 11,25 EUR,
über 2000 kg bis zu 3000 kg .... 12,02 EUR,
über 3000 kg bis zu 4000 kg .... 12,78 EUR,
über 4000 kg bis zu 5000 kg .... 13,55 EUR,
über 5000 kg bis zu 6000 kg .... 14,32 EUR,
über 6000 kg bis zu 7000 kg .... 15,08 EUR,
über 7000 kg bis zu 8000 kg .... 16,36 EUR,
über 8000 kg bis zu 9000 kg .... 17,64 EUR,
über 9000 kg bis zu 10 000 kg .... 19,17 EUR,
über 10 000 kg bis zu 11 000 kg .... 20,71 EUR,
über 11 000 kg bis zu 12 000 kg .... 22,75 EUR,
über 12 000 kg bis zu 13 000 kg .... 25,05 EUR,
über 13 000 kg bis zu 14 000 kg .... 27,61 EUR,
über 14 000 kg bis zu 15 000 kg .... 45,50 EUR,
über 15 000 kg .... 63,40 EUR,

insgesamt jedoch nicht mehr als 1681 EUR[1];

5. Kraftfahrzeuganhänger für je 200 Kilogramm Gesamtgewicht oder einen Teil davon 7,46 EUR, jedoch nicht mehr als 373,24 EUR[1].

(2)[2] Die Steuer ermäßigt sich um 50 vom Hundert des Betrags, der sich nach Absatz 1 Nr. 3 oder Nr. 4 Buchstabe a ergibt, für Fahrzeuge mit Antrieb ausschließlich durch Elektromotoren, die ganz oder überwiegend aus mechanischen oder elektrochemischen Energiespeichern oder aus emissionsfrei betriebenen Energiewandlern gespeist werden (Elektrofahrzeuge).

(3)[3] [1] Für ausländische Fahrzeuge beträgt die Steuer für jeden ganz oder teilweise im Inland zugebrachten Kalendertag

1. bei Zwei- und Dreiradkraftfahrzeugen (ausgenommen Zugmaschinen) sowie bei Personenkraftwagen .... 0,51 EUR,

2. bei allen anderen Kraftfahrzeugen mit einem zulässigen Gesamtgewicht von

a) nicht mehr als 7500 kg .... 1,53 EUR,

b) mehr als 7500 kg und nicht mehr als 15 000 kg .... 4,60 EUR,

---

[1] Betrag geänd. mWv 1.9.2007 durch G v. 17.8.2007 (BGBl. I S. 1958).
[2] § 9 Abs. 2 geänd. mWv 12.12.2012 durch G v. 5.12.2012 (BGBl. I S. 2431); siehe auch § 18 Abs. 4b.
[3] § 9 Abs. 3 Satz 1 Satzteil vor Nr. 1 geänd. durch G v. 6.6.2017 (BGBl. I S. 1491).

c) mehr als 15 000 kg .... 6,14 EUR,

3. bei Kraftfahrzeuganhängern mit einem zulässigen Gesamtgewicht von

a) nicht mehr als 7500 kg .... 1,02 EUR,

b) mehr als 7500 kg und nicht
mehr als 15 000 kg .... 2,05 EUR,

c) mehr als 15 000 kg .... 3,07 EUR.

[2] Für diese Fahrzeuge ist der Nachweis des zulässigen Gesamtgewichts, sofern sich dieses nicht aus dem Zulassungsschein ergibt, durch eine amtliche Bescheinigung zu erbringen. [3] Die Bescheinigung muss die Identität und das zulässige Gesamtgewicht eindeutig nachweisen; sie ist in deutscher Sprache abzufassen.

(4) Für Kennzeichen im Sinne des § 1 Abs. 1 Nr. 4 Satz 1 beträgt die Jahressteuer,

1. wenn sie nur für Krafträder gelten .... 46,02 EUR,

2. im Übrigen .... 191,73 EUR.

(5) [1] Bei Berechnung der Steuer zählen angefangene Kalendertage als volle Tage. [2] Der Tag, an dem die Steuerpflicht endet, wird nicht mitgerechnet, ausgenommen in den Fällen der tageweisen Entrichtung nach § 11 Abs. 3 und der Entrichtung für einen nach Tagen berechneten Zeitraum nach § 11 Abs. 4 Nr. 1 sowie nach § 11 Abs. 4 Nr. 2, soweit die Mindestbesteuerung vorgeschrieben ist.

§ 9a[1]) Zuschlag für Personenkraftwagen mit Selbstzündungsmotor.

(1) Für Personenkraftwagen mit Selbstzündungsmotor erhöht sich in der Zeit vom 1. April 2007 bis zum 31. März 2011 der jeweilige Steuersatz nach § 9 Abs. 1 Nr. 2 um 1,20 Euro je 100 Kubikzentimeter oder einen Teil davon, wenn das Fahrzeug nicht einer der Partikelminderungsstufen PM 01 und PM 0 bis PM 5 oder einer der Partikelminderungsklassen PMK 01 und PMK 0 bis PMK 4 nach der Straßenverkehrs-Zulassungs-Ordnung entspricht.

(2) Der Zuschlag gilt nicht für Kennzeichen im Sinne des § 1 Abs. 1 Nr. 4 Satz 1.

§ 10 Sonderregelung für Kraftfahrzeuganhänger. (1) [1] Auf schriftlichen Antrag wird die Steuer für das Halten von Kraftfahrzeuganhängern mit Ausnahme von Wohnwagenanhängern nicht erhoben, solange die Anhänger ausschließlich hinter Kraftfahrzeugen (ausgenommen Krafträder und Personenkraftwagen) mitgeführt werden, für die eine um den Anhängerzuschlag erhöhte Steuer erhoben wird oder die ausschließlich zur Zustellung oder Abholung nach § 3 Nr. 9 verwendet werden. [2] Voraussetzung für die Steuervergünstigung ist außerdem, dass den Anhängern ein amtliches Kennzeichen in grüner Schrift auf weißem Grund zugeteilt worden ist.

---

[1]) § 9a eingef. mWv 1.4.2007 durch G v. 24.3.2007 (BGBl. I S. 356); i. Ü. siehe § 18 Abs. 6.

(2) [1]Die um den Anhängerzuschlag erhöhte Steuer wird auf schriftlichen Antrag des Eigentümers des Kraftfahrzeugs oder, im Falle einer Zulassung für einen anderen, des Halters erhoben, wenn hinter dem Kraftfahrzeug Anhänger mitgeführt werden sollen, für die nach Absatz 1 Steuer nicht erhoben wird. [2]Dies gilt auch, wenn das Halten des Kraftfahrzeugs von der Steuer befreit ist, es sei denn, dass es ausschließlich zur Zustellung oder Abholung nach § 3 Nr. 9 verwendet wird.

(3)[1] Der Anhängerzuschlag für die Dauer eines Jahres beträgt 373,24 Euro.

(4) Wird ein inländischer Kraftfahrzeuganhänger, bei dem nach Absatz 1 die Steuer nicht erhoben wird, hinter anderen als den nach Absatz 1 zulässigen Kraftfahrzeugen verwendet, so ist die Steuer zu entrichten, solange die bezeichnete Verwendung dauert, mindestens jedoch für einen Monat.

§ 10a[2] Sonderregelungen für Personenkraftwagen. (1) Die Steuer für das Halten von Personenkraftwagen wird vorbehaltlich des Absatzes 4 für ein Jahr ab dem Tag der erstmaligen Zulassung nicht erhoben, wenn das Fahrzeug in der Zeit vom 5. November 2008 bis zum 30. Juni 2009 erstmals zugelassen wird.

(2) Soweit Personenkraftwagen die Voraussetzung nach Absatz 1 erfüllen und nach Feststellung der Zulassungsbehörde ab dem Tag der erstmaligen Zulassung nach den Bestimmungen der Verordnung (EG) Nr. 715/2007 des Europäischen Parlaments und des Rates vom 20. Juni 2007 über die Typgenehmigung von Kraftfahrzeugen hinsichtlich der Emissionen von leichten Personenkraftwagen und Nutzfahrzeugen (Euro 5 und Euro 6) und über den Zugang zu Reparatur- und Wartungsinformationen für Fahrzeuge (ABl. EU Nr. L 171 S. 1), geändert durch die Verordnung (EG) Nr. 692/2008 der Kommission vom 18. Juli 2008 (ABl. EU Nr. L 199 S. 1), in der jeweils geltenden Fassung genehmigt sind, wird die Steuer vorbehaltlich des Absatzes 4 für ein weiteres Jahr nicht erhoben.

(3) [1]Absatz 2 gilt bei erstmaliger Zulassung vor dem 5. November 2008 für den Halter, auf den das Fahrzeug am 5. November 2008 zugelassen ist, und für Fahrzeuge, die am 5. November 2008 außer Betrieb gesetzt sind, für den Halter, auf den das Fahrzeug nach dem 5. November 2008 wieder zugelassen wird. [2]Die Steuervergünstigung gilt dabei abweichend für ein Jahr ab dem 1. Januar 2009. [3]Voraussetzung ist, dass in der Zulassungsbescheinigung Teil I am Tag der erstmaligen Zulassung eine emissionsbezogene Schlüsselnummer ausgewiesen ist, die das Erfüllen der Voraussetzungen für die Steuervergünstigung bestätigt. [4]Eine Steuervergünstigung für frühere Halter unterbleibt; dies gilt auch dann, wenn ein früherer Halter für das Fahrzeug Steuer entrichtet hat.

(4) [1]Die Steuervergünstigungen werden in Fällen des Zuschlags nach § 9a entsprechend gemindert. [2]Sie enden spätestens am 31. Dezember 2010.

---

[1] § 10 Abs. 3 neu gef. mWv 1.9.2007 durch G v. 17.8.2007 (BGBl. I S. 1958).
[2] § 10a eingef. mWv 5.11.2008 durch G v. 21.12.2008 (BGBl. I S. 2896); Abs. 3 Satz 3 geänd. mWv 23.10.2020 durch G v. 16.10.2020 (BGBl. I S. 2184); zu den Absätzen 1, 2 und 3 siehe § 18 Abs. 4a.

(5) Soweit die Steuervergünstigungen bei einem Halterwechsel noch nicht abgelaufen sind, werden sie vorbehaltlich des Absatzes 4 dem neuen Halter gewährt.

(6) Die Zeiten der Außerbetriebsetzung eines Fahrzeugs und die Zeiten außerhalb des auf einem Saisonkennzeichen angegebenen Betriebszeitraums haben keine Auswirkungen auf die Steuervergünstigungen.

(7) Die Steuervergünstigungen gelten nicht für Kennzeichen im Sinne des § 1 Abs. 1 Nr. 4 Satz 1.

§ 10b[1] Sonderregelung für besonders emissionsreduzierte Personenkraftwagen. (1) Die Steuer für das Halten von besonders emissionsreduzierten Personenkraftwagen mit Fremd- oder Selbstzündungsmotor und Kohlendioxidemissionen bis zu 95 Gramm je Kilometer wird für fünf Jahre ab dem Tag der erstmaligen Zulassung zum Verkehr in Höhe von jährlich 30 Euro nicht erhoben, wenn das Fahrzeug in der Zeit vom 12. Juni 2020[2] bis zum 31. Dezember 2024 erstmals zugelassen wird.

(2) Für die Feststellung der Kohlendioxidemissionen nach Absatz 1 durch die Zulassungsbehörde gilt § 9 Absatz 1 Nummer 2 Buchstabe c Satz 2 entsprechend.

(3) [1]Die Steuervergünstigung ist jeweils begrenzt auf die Jahressteuer nach § 9 Absatz 1 Nummer 2 Buchstabe c und bei Saisonkennzeichen auf den Bruchteil des Jahresbetrages, der sich aus ihrem jeweils auf dem Kennzeichen angegebenen Betriebszeitraum ergibt. [2]Sie endet spätestens am 31. Dezember 2025.

(4) Soweit die Steuervergünstigung bei einem Halterwechsel noch nicht abgelaufen ist, wird sie dem neuen Halter gewährt.

(5) Die Zeiten der Außerbetriebsetzung eines Fahrzeugs und die Zeiten außerhalb des auf einem Saisonkennzeichen angegebenen Betriebszeitraums haben keine Auswirkungen auf die Steuervergünstigung.

(6) Die Steuervergünstigung gilt nicht für rote Kennzeichen im Sinne des § 1 Absatz 1 Nummer 4.

§ 11 Entrichtungszeiträume. (1) Die Steuer ist jeweils für die Dauer eines Jahres im Voraus zu entrichten.

(2)[3] [1]Die Steuer darf, wenn die Jahressteuer mehr als 500 Euro beträgt, auch für die Dauer eines Halbjahres und, wenn die Jahressteuer mehr als 1000 Euro beträgt, auch für die Dauer eines Vierteljahres entrichtet werden. [2]In diesen Fällen beträgt die Steuer

1. wenn sie halbjährlich entrichtet wird, die Hälfte der Jahressteuer zuzüglich eines Aufgeldes in Höhe von 3 vom Hundert,

---

[1] § 10b eingef. mWv 23.10.2020 durch G v. 16.10.2020 (BGBl. I S. 2184).
[2] Datum des Kabinettsbeschlusses.
[3] § 11 Abs. 2 Satz 3 geänd. durch G v. 20.12.2007 (BGBl. I S. 3150); geänd. mWv 12.6.2015 durch G v. 8.6.2015 (BGBl. I S. 901).

2. wenn sie vierteljährlich entrichtet wird, ein Viertel der Jahressteuer zuzüglich eines Aufgeldes in Höhe von 6 vom Hundert.

³ Ein Wechsel des Entrichtungszeitraums ist nur zulässig, wenn die Änderung vor oder spätestens mit der Fälligkeit der neu zu entrichtenden Steuer schriftlich angezeigt wird.

(3)[1] ¹ Die Steuer ist bei ausländischen Fahrzeugen, die zum vorübergehenden Aufenthalt in das Inland gelangen, tageweise zu entrichten. ² Die Tage des Aufenthalts im Inland brauchen nicht unmittelbar aufeinander zu folgen.

(4)[2] ¹ Die Steuer ist abweichend von den Absätzen 1 und 2 für einen nach Tagen berechneten Zeitraum im Voraus zu entrichten,

(Fortsetzung nächste Seite)

---

[1] § 11 Abs. 3 Satz 1 neu gef., Satz 3 aufgeh. mWv 1.1.2018 durch G v. 6.6.2017 (BGBl. I S. 1491).

[2] Zu § 11 Abs. 4 siehe Übergangsregelung in § 18.

1. a) mit Einwilligung oder auf schriftlichen Antrag eines Steuerschuldners, wenn dieser die Steuer für mehr als ein Fahrzeug schuldet und wenn durch die tageweise Entrichtung für mindestens zwei Fahrzeuge ein einheitlicher Fälligkeitstag erreicht wird,

   b)[1] auf Anordnung der für die Ausübung der Verwaltung der Kraftfahrzeugsteuer zuständigen Behörde für längstens einen Monat, wenn hierdurch für bestimmte Gruppen von Fahrzeugen ein einheitlicher Fälligkeitstermin erreicht wird und diese Maßnahme der Vereinfachung der Verwaltung dient,

2. wenn die Steuerpflicht für eine bestimmte Zeit besteht,

3.[2] wenn ein Saisonkennzeichen zugeteilt wird; für Fahrzeuge mit Saisonkennzeichen ist die Festlegung eines einheitlichen Fälligkeitstages nicht zulässig.

[2]Die Steuer beträgt in diesen Fällen für jeden Tag des Berechnungszeitraums den auf ihn entfallenden Bruchteil der Jahressteuer. [3]Fällt ein Tag des Berechnungszeitraums in ein Schaltjahr, so beträgt die Steuer für jeden Tag ein Dreihundertsechsundsechzigstel der Jahressteuer. [4]In den Fällen des Satzes 1 Nr. 3 beträgt die Steuer für jeden Tag des Berechnungszeitraumes ein Dreihundertfünfundsechzigstel der Jahressteuer; der 29. Februar wird in Schaltjahren nicht mitgerechnet.

(5) Die zu entrichtende Steuer ist in den Fällen der Absätze 1 bis 4 auf volle Euro nach unten abzurunden.

§ 12[3] Steuerfestsetzung.

(1) [1]Die Steuer wird, wenn der Zeitpunkt der Beendigung der Steuerpflicht nicht feststeht, unbefristet, in allen anderen Fällen für einen bestimmten Zeitraum oder tageweise festgesetzt. [2]Wird ein Saisonkennzeichen zugeteilt, so wird die Steuer ab dem Zeitpunkt der erstmaligen Gültigkeit des Kennzeichens für die Dauer der Gültigkeit unbefristet festgesetzt. [3]Kann der Steuerschuldner den Entrichtungszeitraum wählen (§ 11 Abs. 2), so wird die Steuer für den von ihm gewählten Entrichtungszeitraum festgesetzt; sie kann auch für alle in Betracht kommenden Entrichtungszeiträume festgesetzt werden.

(2) Die Steuer ist neu festzusetzen,

1. wenn sich infolge einer Änderung der Bemessungsgrundlagen oder des Steuersatzes eine andere Steuer ergibt,

2.[4] wenn die Voraussetzungen für eine Steuerbefreiung, eine Steuerermäßigung oder die Nichterhebung der Steuer für Kraftfahrzeuganhänger (§ 10 Abs. 1) oder für Personenkraftwagen (§§ 10a und 10b) eintreten oder wegfallen oder wenn nachträglich festgestellt wird, dass die Voraussetzungen nicht vorgelegen haben oder nicht vorliegen,

---

[1] § 11 Abs. 4 Satz 1 Nr. 1 Buchst. b geänd. mWv 1.7.2009 durch G v. 29.5.2009 (BGBl. I S. 1170).

[2] § 11 Abs. 4 Satz 1 Nr. 3 geänd. durch G v. 20.12.2007 (BGBl. I S. 3150).

[3] § 12 Abs. 1 Satz 2 und Abs. 2 Nr. 5 geänd. durch G v. 20.12.2007 (BGBl. I S. 3150).

[4] § 12 Abs. 2 Nr. 2 geänd. mWv 5.12.2008 durch G v. 21.12.2008 (BGBl. I S. 2896); geänd. mWv 23.10.2020 durch G v. 16.10.2020 (BGBl. I S. 2184).

3.[1] wenn die Steuerpflicht endet, *ausgenommen in den Fällen des § 11 Abs. 3.* [2]Die Steuerfestsetzung erstreckt sich auf die Zeit vom Beginn des Entrichtungszeitraums, in den das Ende der Steuerpflicht fällt, bis zum Ende der Steuerpflicht,

4.[2] wenn eine Steuerfestsetzung fehlerhaft ist, zur Beseitigung des Fehlers. [2]§ 176 der Abgabenordnung ist hierbei entsprechend anzuwenden; dies gilt jedoch nur für Entrichtungszeiträume, die vor der Verkündung der maßgeblichen Entscheidung eines obersten Gerichtshofs des Bundes liegen. [3]Die Steuer wird vom Beginn des Entrichtungszeitraums an neu festgesetzt, in dem der Fehler der für die Ausübung der Verwaltung der Kraftfahrzeugsteuer zuständigen Behörde bekannt wird, bei einer Erhöhung der Steuer jedoch frühestens vom Beginn des Entrichtungszeitraums an, in dem der Steuerbescheid erteilt wird,

5.[3] wenn die Dauer des Betriebszeitraums eines Saisonkennzeichens geändert wird.

(3) [1]Ist die Steuer nur für eine vorübergehende Zeit neu festzusetzen, so kann die nach Absatz 1 ergangene Steuerfestsetzung durch eine Steuerfestsetzung für einen bestimmten Zeitraum ergänzt werden. [2]Die Ergänzungsfestsetzung ist auf den Unterschiedsbetrag zu beschränken.

(4)[4] Die nach Absatz 1 ergangene Steuerfestsetzung bleibt unberührt, wenn für das Fahrzeug des Steuerschuldners eine andere Zulassungsbehörde zuständig wird.

(5)[5] *(aufgehoben)*

§§ 12a und 12b. (weggefallen)

§ 13 Feststellung der Besteuerungsgrundlagen und Nachweis der Besteuerung. (1)[6] [1]Die Zulassungsbehörde darf ein Fahrzeug erst zum Verkehr auf öffentlichen Straßen zulassen, wenn die Besteuerungsgrundlagen im Sinne von § 8 festgestellt und in der Zulassungsbescheinigung Teil I ausgewiesen sind und wenn nachgewiesen ist, dass den Vorschriften über die Kraftfahrzeugsteuer genügt ist. [2]Die Zulassung ist davon abhängig, dass

1. Im Falle einer Steuerpflicht eine schriftliche Ermächtigung zum Einzug der Kraftfahrzeugsteuer von einem Konto des Fahrzeughalters oder eines Dritten bei einem Geldinstitut erteilt worden ist oder eine Bescheinigung vorgelegt wird, wonach die für die Ausübung der Verwaltung der Kraftfahrzeugsteuer zuständige Behörde auf eine Einzugsermächtigung wegen einer erheblichen Härte für den Fahrzeughalter verzichtet, oder

---

[1] § 12 Abs. 2 Nr. 3 kursiver Satzteil gestrichen mWv 1.1.2018 durch G v. 6.6.2017 (BGBl. I S. 1491).
[2] § 12 Abs. 2 Nr. 4 Satz 3 geänd. mWv 1.7.2009 durch G v. 29.5.2009 (BGBl. I S. 1170).
[3] § 12 Abs. 2 Nr. 5 geänd. mWv 10.6.2017 durch G v. 6.6.2017 (BGBl. I S. 1491).
[4] § 12 Abs. 4 neu gef. mWv 12.6.2015 durch G v. 8.6.2015 (BGBl. I S. 901).
[5] § 12 Abs. 5 aufgeh. mWv 12.6.2015 durch G v. 8.6.2015 (BGBl. I S. 901).
[6] § 13 Abs. 1 Satz 2 Nr. 1 neu gef., Satz 3 aufgeh. mWv 12.6.2015 durch G v. 8.6.2015 (BGBl. I S. 901); Abs. 1 Satz 1 geänd., Satz 2 Nr. 2 neu gef. mWv 23.10.2020 durch G v. 16.10.2020 (BGBl. I S. 2184).

2. im Falle einer Steuerbefreiung oder einer Nichterhebung der Steuer nach § 10 Absatz 1 die Voraussetzungen nachgewiesen oder glaubhaft gemacht sind.

(2)[1] [1] Die Zulassung des Fahrzeugs darf erst erfolgen, wenn die Person, für die das Fahrzeug zum Verkehr zugelassen werden soll, keine Kraftfahrzeugsteuerrückstände hat. [2] § 276 Absatz 4 der Abgabenordnung ist hierbei entsprechend anzuwenden. [3] Ein halterbezogener Kraftfahrzeugsteuerrückstand von weniger als fünf Euro steht der Zulassung nicht entgegen. [4] Die für die Ausübung der Verwaltung der Kraftfahrzeugsteuer zuständige Behörde darf der Zulassungsbehörde Auskünfte über Kraftfahrzeugsteuerrückstände der Fahrzeughalter erteilen. [5] Die für die Prüfung der Kraftfahrzeugsteuerrückstände erforderlichen Daten sind der Zulassungsbehörde elektronisch zur Verfügung zu stellen. [6] Die Zulassungsbehörde darf das Ergebnis der Prüfung der Kraftfahrzeugsteuerrückstände der Person mitteilen, die das Fahrzeug zulässt. [7] Beauftragt der Steuerpflichtige einen Dritten mit der Zulassung des Fahrzeugs, so hat er sein Einverständnis hinsichtlich der Bekanntgabe seiner kraftfahrzeugsteuerrechtlichen Verhältnisse durch die Zulassungsbehörde an den Dritten schriftlich zu erklären. [8] Die Zulassung des Fahrzeugs ist in diesen Fällen von der Vorlage der Einverständniserklärung abhängig. [9] Die Zulassungsbehörde kann mit Zustimmung der für die Ausübung der Verwaltung der Kraftfahrzeugsteuer zuständigen Behörde in begründeten Einzelfällen Ausnahmen zulassen.

(3)[2] *(aufgehoben)*

§ 14[3] Außerbetriebsetzung von Amts wegen. (1) [1] Ist die Steuer nicht entrichtet worden, hat die Zulassungsbehörde auf Antrag der für die Ausübung der Verwaltung der Kraftfahrzeugsteuer zuständigen Behörde die Zulassungsbescheinigung Teil I einzuziehen, etwa ausgestellte Anhängerverzeichnisse zu berichten und das amtliche Kennzeichen zu entstempeln (Außerbetriebsetzung von Amts wegen). [2] Sie trifft die hierzu erforderlichen Anordnungen durch schriftlichen Verwaltungsakt.

(2) [1] Die Durchführung der Außerbetriebsetzung von Amts wegen richtet sich nach dem Verwaltungsverfahrensgesetz. [2] Für Streitigkeiten über Außerbetriebsetzungen von Amts wegen ist der Verwaltungsrechtsweg gegeben.

§ 15[4] Ermächtigungen. (1)[5] Das Bundesministerium der Finanzen wird ermächtigt, Rechtsverordnungen zu erlassen über

---

[1] § 13 Abs. 1a wird Abs. 2 mWv 12.6.2015 durch G v. 8.6.2015 (BGBl. I S. 901).
[2] § 13 Abs. 2 und 3 aufgeh., bish. Abs. 1a wird Abs. 2 mWv 12.6.2015 durch G v. 8.6.2015 (BGBl. I S. 901).
[3] § 14 neu gef. mWv 23.10.2020 durch G v. 16.10.2020 (BGBl. I S. 2184).
[4] § 15 Abs. 2 aufgeh., bish. Abs. 3 wird Abs. 2 mWv 12.6.2015 durch G v. 8.6.2015 (BGBl. I S. 901).
[5] § 15 Abs. 1 Einleitung sowie Nr. 3 geänd. mWv 1.7.2009 durch G v. 29.5.2009 (BGBl. I S. 1170); Zuständigkeit geänd. mWv 12.6.2015 durch G v. 8.6.2015 (BGBl. I S. 901); Abs. 1 Nr. 4 geänd. mWv 23.10.2020 durch G v. 16.10.2020 (BGBl. I S. 2184).

1. die nähere Bestimmung der in diesem Gesetz verwendeten Begriffe,
2. die Abgrenzung der Steuerpflicht sowie den Umfang der Ausnahmen von der Besteuerung und der Steuerermäßigungen, soweit dies zur Wahrung der Gleichmäßigkeit der Besteuerung und zur Beseitigung von Unbilligkeiten in Härtefällen erforderlich ist,
3. die Zuständigkeit der für die Ausübung der Verwaltung der Kraftfahrzeugsteuer zuständigen Behörden und den Umfang der Besteuerungsgrundlagen,
4. das Besteuerungsverfahren, insbesondere die Berechnung der Steuer und die Änderung von Steuerfestsetzungen, sowie die von den Steuerpflichtigen zu erfüllenden Pflichten und die Mitwirkungspflicht Dritter,
5. Art und Zeit der Steuerentrichtung. [2]Dabei darf abweichend von § 11 Abs. 1 und 2 bestimmt werden, dass die Steuer auch tageweise entrichtet werden darf, soweit hierdurch ein Fahrzeughalter mit mehreren Fahrzeugen für seine sämtlichen Fahrzeuge einen einheitlichen Fälligkeitstag erreichen will,
6. die Erstattung der Steuer,
7. die völlige oder teilweise Befreiung von der Steuer für das Halten von ausländischen Fahrzeugen, die vorübergehend im Inland benutzt werden. [2]Voraussetzung ist, dass Gegenseitigkeit gewahrt ist und die Befreiung dazu dient, eine Doppelbesteuerung zu vermeiden, den grenzüberschreitenden Verkehr zu erleichtern oder die Wettbewerbsbedingungen für inländische Fahrzeuge zu verbessern,
8. eine befristete oder unbefristete Erhöhung der nach § 9 Abs. 3 anzuwendenden Steuersätze für bestimmte ausländische Fahrzeuge, um diese Fahrzeuge einer Steuerbelastung zu unterwerfen, die der Belastung inländischer Fahrzeuge bei vorübergehendem Aufenthalt im Heimatstaat der ausländischen Fahrzeuge mit Abgaben entspricht, die für die Benutzung von Fahrzeugen, die Benutzung von öffentlichen Straßen oder das Halten zum Verkehr auf öffentlichen Straßen erhoben werden,
9. eine besondere Kennzeichnung der Kraftfahrzeuge, für die nach § 10 Abs. 2 eine um den Anhängerzuschlag erhöhte Steuer erhoben wird.

(2) [1]Das Bundesministerium der Finanzen wird ermächtigt, den Wortlaut dieses Gesetzes und der zu diesem Gesetz erlassenen Durchführungsverordnung in der jeweils geltenden Fassung mit neuem Datum, unter neuer Überschrift und in neuer Paragraphenfolge bekannt zu machen. [2]Dabei dürfen Unstimmigkeiten des Wortlauts beseitigt und die in der Durchführungsverordnung vorgesehenen Vordruckmuster geändert werden.

§ 16[1] **Aussetzung der Steuer.** [1]Das Bundesministerium der Finanzen kann die Erhebung der Steuer bei ausländischen Fahrzeugen bis zu einem Jahr aussetzen, sobald mit dem Staat, in dem die Fahrzeuge zugelassen sind, Verhandlungen über ein Abkommen zum gegenseitigen Verzicht auf die Kraftfahrzeugsteuer aufgenommen worden sind. [2]Die Anordnung ist im Bundesanzeiger bekannt zu machen.

---

[1] § 16 Satz 1 geänd. mWv 1.7.2009 durch G v. 29.5.2009 (BGBl. I S. 1170).

§ 17 Sonderregelung für bestimmte Behinderte. Behinderte, denen die Kraftfahrzeugsteuer im Zeitpunkt des Inkrafttretens des Gesetzes zur Änderung des Kraftfahrzeugsteuergesetzes vom 22. Dezember 1978 (BGBl. I S. 2063) nach § 3 Abs. 1 Nr. 1 des Kraftfahrzeugsteuergesetzes in der Fassung der Bekanntmachung vom 1. Dezember 1972 (BGBl. I S. 2209)[1] erlassen war, gelten im Sinne des § 3a Abs. 1 dieses Gesetzes ohne weiteren Nachweis als außergewöhnlich gehbehindert, solange nicht nur vorübergehend ein Grad der Behinderung von wenigstens 50 vorliegt.[2]

§ 18 Übergangsregelung. (1) [1]Ändert sich der Steuersatz innerhalb eines Entrichtungszeitraums, so ist bei der Neufestsetzung für die Teile des Entrichtungszeitraums vor und nach der Änderung jeweils der nach § 11 Abs. 4 berechnete Anteil an der bisherigen und an der neuen Jahressteuer zu berechnen und festzusetzen. [2]Ein auf Grund dieser Festsetzungen nachzufordernder Steuerbetrag und ein zu erstattender Steuerbetrag bis zu 10 Euro werden mit der neu festgesetzten Steuer für den nächsten Entrichtungszeitraum fällig, der nach der Änderung des Steuersatzes beginnt.

(2) [1]Endet die Steuerpflicht vor Beginn des nächsten Entrichtungszeitraums nach der Änderung des Steuersatzes, so ist die Änderung des Steuersatzes bei der Neufestsetzung nach § 12 Abs. 2 Nr. 3 zu berücksichtigen. [2]Eine auf Grund der Neufestsetzung zu entrichtende Steuer wird einen Monat nach Bekanntgabe des Bescheides fällig.

(3) Wird der Steuersatz geändert und ist bei der Steuerfestsetzung noch der vor der Änderung geltende Steuersatz angewendet worden, so kann der geänderte Steuersatz innerhalb eines Jahres durch Neufestsetzung nachträglich berücksichtigt werden.

(4)[3] Für Personenkraftwagen,

1. für die vor dem 11. Dezember 1999 eine Typgenehmigung, eine Betriebserlaubnis für Einzelfahrzeuge oder ein Feststellungsbescheid nach den verkehrsrechtlichen Bestimmungen erteilt wurde oder

2. für die der Feststellungsbescheid nach den verkehrsrechtlichen Bestimmungen bis zum 31. Januar 1999 auf der Grundlage der in § 3b Abs. 1 Nr. 2 festgelegten Grenzwerte in der vor dem 11. Dezember 1999 geltenden Fassung beantragt worden ist,

bleibt § 9 in der vor dem 11. Dezember 1999 geltenden Fassung anwendbar.

---

[1] § 3 Abs. 1 Nr. 1 idF v. 1.12.1972 hat folgenden Wortlaut:
„(1) Körperbehinderten, die sich infolge ihrer Körperbehinderung ein Personenkraftfahrzeug halten, kann die Steuer für ein Personenkraftfahrzeug auf Antrag erlassen werden, und zwar
1. Schwerbeschädigten im Sinne des Bundesversorgungsgesetzes und Personen, die den Körperschaden infolge nationalsozialistischer Verfolgungs- oder Unterdrückungsmaßnahmen aus politischen, rassischen oder religiösen Gründen erlitten haben,
in vollem Umfang ohne Rücksicht auf ihre wirtschaftlichen Verhältnisse.
Voraussetzung ist, daß die Erwerbsfähigkeit um mindestens 50 vom Hundert gemindert ist."
[2] § 17 geänd. mWv 10.6.2017 durch G v. 6.6.2017 (BGBl. I S. 1491).
[3] § 18 Abs. 4 geänd. durch G v. 29.5.2009 (BGBl. I S. 1170).

(4a)[1] [1] Für Personenkraftwagen ist nach Ablauf einer nach § 10a Absatz 1 und 2 gewährten Steuervergünstigung der § 9 Absatz 1 Nummer 2 Buchstabe b anzuwenden, wenn sich eine niedrigere Steuer als nach § 9 Absatz 1 Nummer 2 Buchstabe a ergibt; dies gilt nicht für Fälle des § 10a Absatz 3. [2] Der Zuschlag im Sinne des § 9a ist jeweils zu berücksichtigen.

(4b)[1] Für Personenkraftwagen, die Elektrofahrzeuge im Sinne des § 9 Absatz 2 sind und bis zum 17. Mai 2011 erstmals zugelassen wurden, bleibt § 3d in der am 5. November 2008 geltenden Fassung weiter anwendbar.

(5)[2] Für Personenkraftwagen, auf die § 8 Nummer 1 Buchstabe b Anwendung findet, ist § 9 Absatz 1 Nummer 2 Buchstabe b bei erstmaliger Zulassung vor dem 1. September 2018 in folgender Fassung anzuwenden:

„b) bei erstmaliger Zulassung ab dem 1. Juli 2009 für je 100 Kubikzentimeter Hubraum oder einem Teil davon 2 Euro für Fremdzündungsmotoren und 9,50 Euro für Selbstzündungsmotoren zuzüglich jeweils 2 Euro für jedes Gramm Kohlendioxidemission je Kilometer entsprechend der Richtlinie 93/116/EG der Kommission vom 17. Dezember 1993 zur Anpassung der Richtlinie 80/1268/EWG des Rates über den Kraftstoffverbrauch von Kraftfahrzeugen an den technischen Fortschritt (ABl. L 329 vom 30.12.1993, S. 39) oder der Verordnung (EG) Nr. 715/2007 in der Fassung der Änderung durch die Verordnung (EU) Nr. 459/2012 (ABl. L 142 vom 1.6.2012, S. 16), das bei erstmaliger Zulassung

aa) bis zum 31. Dezember 2011	120 g/km,
bb) ab dem 1. Januar 2012	110 g/km,
cc) ab dem 1. Januar 2014	95 g/km

überschreitet;"

(6)[3] In § 9a tritt ab dem Tag des Inkrafttretens der Nachfolgerichtlinie zu der Richtlinie 70/220/EWG des Rates vom 20. März 1970 zur Angleichung der Rechtsvorschriften der Mitgliedstaaten über Maßnahmen gegen die Verunreinigung der Luft durch Emissionen von Kraftfahrzeugmotoren (ABl. EG Nr. L 76 S. 1), zuletzt geändert durch die Richtlinie 2003/76/EG der Kommission vom 11. August 2003 (ABl. EU Nr. L 206 S. 29), an die Stelle der Partikelminderungsstufe PM 5 der Grenzwert für Partikelmasse der nächsten Schadstoffstufe (Euro 5) für Personenkraftwagen mit Selbstzündungsmotor.

(7)[4] Verwaltungsverfahren in Kraftfahrzeugsteuerangelegenheiten, die bis 30. Juni 2014 begonnen worden sind, werden von den spätestens seit 1. Juli 2014 zuständigen Bundesfinanzbehörden fortgeführt.

(7a)–(9)[5] *(aufgehoben)*

---

[1] § 18 Abs. 4a eingef. durch G v. 29.5.2009 (BGBl. I S. 1170); Abs. 4b eingef. durch G v. 5.12.2012 (BGBl. I S. 2431).
[2] § 18 Abs. 5 neu gef. durch G v. 6.6.2017 (BGBl. I S. 1491).
[3] § 18 Abs. 6 angef. durch G v. 24.3.2007 (BGBl. I S. 356).
[4] § 18 Abs. 7 neu gef. mWv 12.6.2015 durch G v. 8.6.2015 (BGBl. I S. 901).
[5] § 18 Abs. 7a bis 9 aufgeh. mWv 12.6.2015 durch G v. 8.6.2015 (BGBl. I S. 901).

(10)[1] [1]Für vor dem 3. Juni 2010 vorgenommene Fahrzeugabmeldungen von Amts wegen bleibt § 14 in der vor dem 3. Juni 2010 geltenden Fassung bis zum rechtskräftigen Abschluss des Verfahrens anwendbar. [2]Die Verfahren werden von der ab 1. Juli 2014 zuständigen Bundesfinanzbehörde fortgeführt.

(11)[2] [1]Für Personenkraftwagen, die im Zeitraum vom 1. Juli 2009 bis zum 3. Juni 2010 erstmals zugelassen wurden, ist auf schriftlichen Antrag des Halters, auf den das Fahrzeug am 1. Januar 2011 zugelassen ist, oder in den Fällen der Außerbetriebsetzung auf schriftlichen Antrag des Halters, auf den das Fahrzeug danach wieder zugelassen wird, § 3b in der Fassung des Artikels 2 des Gesetzes zur Neuregelung der Kraftfahrzeugsteuer und Änderung anderer Gesetze vom 29. Mai 2009 (BGBl. I S. 1170) anzuwenden. [2]Der Antrag ist bei der für die Ausübung der Verwaltung der Kraftfahrzeugsteuer örtlich zuständigen Behörde zu stellen.

(12)[3] *(aufgehoben)*

(13)[4] (nicht belegt)

(14)[5] *(aufgehoben)*

---

[1] § 18 Abs. 10 angef. durch G v. 27.5.2010 (BGBl. I S. 668); Abs. 10 Satz 2 angef. mWv 12.6.2015 durch G v. 8.6.2015 (BGBl. I S. 901).
[2] § 18 Abs. 11 angef. durch G v. 27.5.2010 (BGBl. I S. 668).
[3] § 18 Abs. 12 aufgeh. durch G v. 16.10.2020 (BGBl. I S. 2184).
[4] § 18 Abs. 13 angef. durch G v. 8.6.2015 (BGBl. I S. 901); nach dem Scheitern der Pkw-Maut vor dem EuGH nicht in Kraft getreten.
[5] § 18 Abs. 14 aufgeh. durch G v. 16.10.2020 (BGBl. I S. 2184).

665. Kraftfahrzeugsteuer-Durchführungsverordnung (KraftStDV)[1]

In der Fassung der Bekanntmachung vom 12. Juli 2017[2]
(BGBl. I S. 2374)
BGBl. III/FNA 611-17-2

Inhaltsübersicht

Abschnitt 1. Allgemeine Bestimmungen

§ 1 Zuständiges Hauptzollamt. Örtlich zuständig ist

1. für inländische Fahrzeuge und für besondere Kennzeichen nach § 1 Absatz 1 Nummer 4 des Gesetzes das Hauptzollamt, in dessen Bezirk die nach § 46 der Fahrzeug-Zulassungsverordnung örtlich zuständige Zulassungsbehörde ihren Sitz hat;

2. für ausländische Fahrzeuge

---

[1] Im ersten Halbjahr 2014 übernahm die Zollverwaltung mit ihren Hauptzollämtern die Aufgabe der Verwaltung der Kfz-Steuer.
[2] Neubekanntmachung der KraftStDV idF der Bek. v. 26.9.2002 (BGBl. I S. 3856) auf Grund des § 15 Abs. 1 des KraftStG sowie § 150 Abs. 6 der AO.

a) zur steuerlichen Abfertigung beim Eingang in das Inland das Hauptzoll-amt, in dessen Bezirk die Hoheitsgrenze mit dem Fahrzeug überschritten wird,

b) in den übrigen Fällen das Hauptzollamt, das zuerst mit der Sache befasst wird;

3. für widerrechtlich benutzte Fahrzeuge das Hauptzollamt, das zuerst mit der Sache befasst wird oder bei Einhaltung der verkehrsrechtlich vorgeschriebe-nen Zulassung nach Nummer 1 zuständig wäre.

§ 2 Mitwirkung des Bundesamtes für Güterverkehr. Das Bundesamt für Güterverkehr überwacht die Einhaltung der kraftfahrzeugsteuerrechtlichen Vorschriften nach § 11 Absatz 2 Nummer 3 Buchstabe d und Absatz 3 des Güterkraftverkehrsgesetzes.

Abschnitt 2. Inländische Fahrzeuge

§ 3 Steuererklärung. (1) Der Halter eines inländischen Fahrzeugs hat eine Steuererklärung nach amtlich vorgeschriebenem Vordruck bei der Zulassungs-behörde abzugeben, wenn das Fahrzeug

1. zum Verkehr zugelassen werden soll,

2. zum Verkehr zugelassen ist und der Halter wechselt oder

3. während der Dauer der Steuerpflicht verändert wird und sich dadurch die Höhe der Steuer ändert.

(2) Als Steuererklärung gilt auch die Fahrzeuganmeldung, wenn sie einen entsprechenden Hinweis enthält.

(3) Eine Steuererklärung ist nicht erforderlich, wenn das Halten des Fahr-zeugs nach § 3 Nummer 1 oder 2 des Gesetzes von der Steuer befreit ist.

(4) Die Steuererklärung kann gemäß den §§ 87a bis 87d der Abgabenord-nung elektronisch übermittelt werden.

§ 4 Anhängerzuschlag. (1) ¹Der Antrag auf Erhöhung der Steuer um den Anhängerzuschlag nach § 10 Absatz 2 des Gesetzes kann bei der Zulassungs-behörde zugleich mit dem Antrag auf verkehrsrechtliche Zulassung gestellt werden. ²Er ist in diesem Fall in die Steuererklärung mit aufzunehmen.

(2) ¹In den übrigen Fällen ist der Antrag beim zuständigen Hauptzollamt zu stellen. ²Der Antrag gilt als Steuererklärung im Sinne des § 150 der Abgaben-ordnung.

(3) Ein Antrag im Sinne des § 10 Absatz 2 des Gesetzes ist auch der Antrag, den Anhängerzuschlag nicht mehr in Anspruch nehmen zu wollen.

§ 5 Mitwirkung der Zulassungsbehörden. (1) Die Zulassungsbehörden und die von ihnen mit der Vorbereitung und Durchführung der Zulassung beauftragten Stellen sind verpflichtet, bei der Durchführung des Kraftfahr-zeugsteuergesetzes nach Maßgabe der Absätze 2 und 3 mitzuwirken.

(2) Die Mitwirkung der Zulassungsbehörden gegenüber den Hauptzollämtern umfasst insbesondere

1. die Prüfung der Angaben in der Steuererklärung und die Bescheinigung, dass die Eintragungen mit den Angaben in den vorgelegten Urkunden übereinstimmen, sowie die Übersendung der Steuererklärung;

2. die Mitteilung der in § 36 Absatz 1 der Fahrzeug-Zulassungsverordnung bezeichneten Daten sowie

3. die Mitteilung folgender Daten:

   a) wenn eine schriftliche Ermächtigung zum Einzug der Kraftfahrzeugsteuer nach § 13 Absatz 1 Nummer 1 des Gesetzes erteilt wird, den für den Einzug der Kraftfahrzeugsteuer von einem Konto erforderlichen Datensatz,

   b) wenn das Kennzeichen geändert wird, das neue und das bisherige Kennzeichen sowie die übrigen für die Besteuerung notwendigen Angaben,

   c) wenn der Standort des Fahrzeugs verlegt wird, die neue Anschrift des Halters,

   d) wenn einem Kraftfahrzeuganhänger in den Fällen des § 10 Absatz 1 des Gesetzes

      aa) erstmals ein grünes Kennzeichen zugeteilt wird: das Kennzeichen und den Tag der Zuteilung,

      bb) anstelle eines grünen Kennzeichens ein Kennzeichen mit schwarzer Beschriftung auf weißem Grund zugeteilt wird: das Kennzeichen und den Tag der Zuteilung,

   e) wenn für einen zum Verkehr zugelassenen Personenkraftwagen in der Zulassungsbescheinigung Teil I (Fahrzeugschein)

      aa) die nachträgliche Anerkennung als schadstoffarm vermerkt wird, den Tag der Anerkennung als schadstoffarm,

      bb) der Vermerk „schadstoffarm" gelöscht wird, den Tag der Löschung,

      cc) die Anerkennung als besonders partikelreduziert gelöscht wird, den Tag der Löschung,

   f) wenn ein zum Verkehr zugelassenes Fahrzeug mit einer Abgasreinigungsanlage ausgestattet wird oder diese geändert oder ausgebaut wird,

      aa) die Art der Anlage,

      bb) die Änderung oder den Ausbau der Anlage,

      cc) die durch die Ausstattung, Änderung oder den Ausbau der Anlage erreichte Emissionsklasse und

      dd) den Tag der nach dem Gesetz maßgeblichen Feststellung durch die Zulassungsbehörde und

   g) wenn ein Personenkraftwagen oder ein leichtes Nutzfahrzeug zum Verkehr zugelassen wird, die Kohlendioxidemissionen in Gramm je Kilometer nach Maßgabe des Gesetzes.

(3) [1]Die Steuererklärung nach Absatz 2 Nummer 1 und die sonstigen für das Besteuerungsverfahren erforderlichen Mitteilungen können mit Hilfe elektronischer Datenträger oder durch Datenfernübertragung gemäß den §§ 87a bis 87d und 93c der Abgabenordnung dem zuständigen Hauptzollamt

oder der dafür bestimmten Datenverarbeitungsstelle übermittelt werden. [2]Voraussetzung ist, dass die Richtigkeit und Vollständigkeit der Datenübermittlung sichergestellt ist.

§ 6 Prüfung durch das Hauptzollamt. Zur Aufklärung von Zweifeln oder Unstimmigkeiten kann sich das zuständige Hauptzollamt das Fahrzeug vorführen und die Zulassungsbescheinigung Teil I und II (Fahrzeugschein und Fahrzeugbrief) sowie den Steuerbescheid vorlegen lassen.

§ 7 Steuervergünstigungen. (1) Beabsichtigt ein Steuerpflichtiger, seinen Anspruch auf Steuerbefreiung, auf Steuerermäßigung oder auf Nichterhebung der Steuer für einen Kraftfahrzeuganhänger (§ 10 Absatz 1 des Gesetzes) geltend zu machen, so hat er dies unter Angabe der Gründe schriftlich beim zuständigen Hauptzollamt zu beantragen.

(2) Fallen die Voraussetzungen für eine Steuervergünstigung weg, so hat der Steuerpflichtige dies dem zuständigen Hauptzollamt unverzüglich schriftlich anzuzeigen.

(3) [1]Wird bei der Zulassung eines Fahrzeugs zum Verkehr eine Steuervergünstigung oder wird zu einem späteren Zeitpunkt die nachträgliche Anerkennung eines Personenkraftwagens als schadstoffarm beantragt, ist der Antrag bei der Zulassungsbehörde zu stellen. [2]Im Falle der internetbasierten Zulassung im Sinne von § 15e der Fahrzeug-Zulassungsverordnung ist die Absicht der Inanspruchnahme einer Steuervergünstigung gegenüber der Zulassungsbehörde anzugeben.

(4) Der Antrag nach Absatz 1 oder Absatz 3 und die Anzeige nach Absatz 2 sind Steuererklärungen im Sinne des § 150 der Abgabenordnung.

(5) Ist eine Steuererklärung nach § 3 abzugeben, genügt in dieser ein entsprechender Hinweis, um eine Vergünstigung zu beantragen oder den Wegfall einer der Voraussetzungen hierfür anzuzeigen.

(6) Als Zeitraum, für den jeweils eine Steuerbefreiung nach § 3 Nummer 6 des Gesetzes beansprucht werden kann, kommt jeder Zeitraum in Betracht, der im Fall der Steuerpflicht als Entrichtungszeitraum zulässig wäre.

§ 8 Besondere Kennzeichen. Für besondere Kennzeichen nach § 1 Absatz 1 Nummer 4 des Gesetzes sind die §§ 3 bis 7 sinngemäß anzuwenden.

Abschnitt 3. Ausländische Fahrzeuge

§ 9 Grundsatz. Für ausländische Fahrzeuge gelten, soweit in den §§ 10 bis 14 nichts anderes bestimmt ist, die §§ 3 bis 7 entsprechend.

§ 10 Steuererklärung. [1]Der Steuerschuldner hat eine Steuererklärung nach amtlich vorgeschriebenem Vordruck abzugeben

1. am deutschen Teil der Grenze der Europäischen Union bei der Zollstelle, die für die amtliche Abfertigung zuständig ist, oder

2. im Straßenverkehr innerhalb der Europäischen Union bei der Zollstelle, die von der Generalzolldirektion hierzu bestimmt ist.

²In den Fällen des Satzes 1 Nummer 2 kann die Steuererklärung vor dem Eingang des Fahrzeugs in das Inland auch auf dem Postweg abgegeben werden; in diesem Fall ist die Steuer gleichzeitig mit der Abgabe der Steuererklärung zu entrichten.

§ 11 Steuerfestsetzung, Steuerkarte. (1) ¹Die zuständige Zollstelle setzt die Steuer fest und gibt dem Steuerschuldner den Steuerbetrag bekannt. ²Die Steuer ist sofort fällig. ³Zum Nachweis, dass die Steuer entrichtet ist, erhält der Steuerschuldner eine mit Quittung versehene Steuerkarte. ⁴Die Steuerkarte gilt als Steuerbescheid.

(2) ¹Die Steuerkarte gilt für den Zeitraum, für den die Steuer entrichtet ist. ²Sie verliert jedoch ihre Gültigkeit spätestens nach Ablauf eines Jahres ab dem Tag ihrer Ausstellung.

§ 12 Weiterversteuerung. (1) ¹Soll der Aufenthalt eines ausländischen Fahrzeugs im Inland über die Zeit, für die die Steuer entrichtet worden ist, hinaus andauern, hat der Steuerschuldner vor Ablauf der Gültigkeitsdauer der Steuerkarte eine Steuererklärung zur Weiterversteuerung abzugeben und dabei die Steuerkarte vorzulegen. ²Er kann die Weiterversteuerung bei jeder Zollstelle vornehmen, die mit der Festsetzung der Kraftfahrzeugsteuer befasst ist.

(2) Die §§ 10 und 11 gelten entsprechend.

§ 13 Mitführ- und Auskunftspflichten des Steuerschuldners. (1) Der Steuerschuldner hat die Steuerkarte mitzuführen und auf Verlangen den Bediensteten der Zollverwaltung, der Polizei oder des Bundesamtes für Güterverkehr vorzuzeigen.

(2) In den Fällen des § 10 Nummer 1 hat der Steuerschuldner die Steuerkarte bei jedem Grenzübertritt vorzulegen und den in Absatz 1 genannten Behörden auf Verlangen Auskunft zu erteilen.

§ 14 Steuererstattung. (1) Ansprüche auf Erstattung der Steuer, die sich auf Grund des § 12 Absatz 2 Nummer 3 des Gesetzes ergeben, sind unter Rückgabe der Steuerkarte beim zuständigen Hauptzollamt schriftlich geltend zu machen.

(2) ¹Als Tag der Beendigung der Steuerpflicht gilt der Tag, an dem der Steuerschuldner die Steuerkarte zurückgibt. ²§ 5 Absatz 4 Satz 2 des Gesetzes gilt *sinngemäß*.

Abschnitt 4. Widerrechtliche Benutzung

§ 15 Steuererklärung. (1) Bei widerrechtlicher Benutzung nach § 2 Absatz 5 des Gesetzes hat die Person, die das Fahrzeug im Inland benutzt, unverzüglich eine Steuererklärung nach amtlich vorgeschriebenem Vordruck beim zuständigen Hauptzollamt abzugeben.

(2) Das zuständige Hauptzollamt kann vom Eigentümer, Besitzer oder vom Halter des Fahrzeugs ohne Rücksicht darauf, ob er selbst Steuerschuldner ist, die Abgabe einer Steuererklärung innerhalb einer durch das Hauptzollamt festzulegenden Frist verlangen.

§ 16 Steuerfestsetzung, Steuererhebung. (1) Stellt eine Zollstelle fest, dass ein Fahrzeug widerrechtlich benutzt wird, so setzt sie die Steuer für die Dauer der widerrechtlichen Benutzung, mindestens jedoch für einen Monat fest und erhebt die Steuer.

(2) Bei widerrechtlicher Benutzung kann die Festsetzung und Erhebung der Steuer nach den §§ 11 bis 14 erfolgen.

Abschnitt 5. Schlussvorschriften

§ 17 Inkrafttreten, Außerkrafttreten. [1] Diese Verordnung tritt am Tag nach der Verkündung in Kraft. [2] Gleichzeitig tritt die Kraftfahrzeugsteuer-Durchführungsverordnung in der Fassung der Bekanntmachung vom 26. September 2002 (BGBl. I S. 3856), die zuletzt durch Artikel 3 des Gesetzes vom 29. Mai 2009 (BGBl. I S. 1170) geändert worden ist, außer Kraft.

720. Gesetz zum Ausgleich von Auswirkungen besonderer Schadensereignisse in der Forstwirtschaft (Forstschäden-Ausgleichsgesetz)

In der Fassung der Bekanntmachung vom 26. August 1985
(BGBl. I S. 1756)[1]

Zuletzt geänd. durch Gesetz zur Modernisierung des Personengesellschaftsrechts (Personengesellschaftsrechtsmodernisierungsgesetz – MoPeG) vom 10.8.2021 (BGBl. I S. 3436)

BGBl. III/FNA 790-15

– Auszug –

§ 3 Steuerfreie Rücklage für die Bildung eines betrieblichen Ausgleichsfonds. (1) [1]Steuerpflichtige, die Einkünfte aus dem Betrieb von Forstwirtschaft im Sinne des § 13 des Einkommensteuergesetzes[2] beziehen und bei denen der nach § 4 Abs. 1 des Einkommensteuergesetzes[2] ermittelte Gewinn der Besteuerung zugrunde gelegt wird, können unter den Voraussetzungen des Absatzes 2 eine den steuerlichen Gewinn mindernde Rücklage bilden. [2]Satz 1 gilt entsprechend für natürliche Personen, Körperschaften, Personenvereinigungen und Vermögensmassen, bei denen Einkünfte aus dem Betrieb von Forstwirtschaft steuerlich als Einkünfte aus Gewerbebetrieb zu behandeln sind. [3]Die Rücklage darf 100 vom Hundert, die jährliche Zuführung zur Rücklage 25 vom Hundert der im Durchschnitt der vorangegangenen drei Wirtschaftsjahre erzielten nutzungssatzmäßigen Einnahmen nicht übersteigen. [4]Sinkt in den Folgejahren die nutzungssatzmäßige Einnahme ab, so bleibt dies ohne Wirkung auf die zulässige Höhe einer bereits gebildeten Rücklage.

(2) [1]Eine Rücklage nach Absatz 1 ist nur zulässig, wenn mindestens in gleicher Höhe ein betrieblicher Ausgleichsfonds gebildet wird. [2]Die Gelder für den Fonds müssen auf ein besonderes Konto bei einem Kreditinstitut eingezahlt worden sein. [3]Sie können auch für den Erwerb von festverzinslichen Schuldverschreibungen und Rentenschuldverschreibungen, die vom Bund, von den Ländern und Gemeinden oder von anderen Körperschaften des öffentlichen Rechts oder von Kreditinstituten mit Sitz und Geschäftsleitung im Geltungsbereich dieses Gesetzes ausgegeben oder die mit staatlicher Genehmigung in Verkehr gebracht werden, verwendet werden, wenn diese Wertpapiere in das Depot eines Kreditinstituts gegeben werden.

(3) Der Ausgleichsfonds darf nur in Anspruch genommen werden

1. zur Ergänzung der durch eine Einschlagsbeschränkung geminderten Erlöse;

2. für vorbeugende oder akute Forstschutzmaßnahmen;

3. für Maßnahmen zur Konservierung oder Lagerung von Holz;

---

[1] Neubekanntmachung des Forstschäden-AusgleichsG v. 29.8.1969 auf Grund Art. 3 G zur Änd. des Forstschäden-AusgleichsG v. 26.8.1985 (BGBl. I S. 1753) in der ab 1.9.1985 geltenden Fassung.

[2] Nr. **1**.

4. für die Wiederaufforstung oder Nachbesserung von Schadensflächen und die nachfolgende Waldpflege;

5. für die Beseitigung der unmittelbar oder mittelbar durch höhere Gewalt verursachten Schäden an Wegen und sonstigen Betriebsvorrichtungen.

(4) [1] Die Rücklage ist in Höhe der in Anspruch genommenen Fondsmittel zum Ende des Wirtschaftsjahres der Inanspruchnahme gewinnerhöhend aufzulösen. [2] Wird der Fonds ganz oder zum Teil zu anderen als den in Absatz 3 bezeichneten Zwecken in Anspruch genommen, so wird außerdem ein Zuschlag zur Einkommensteuer oder Körperschaftsteuer in Höhe von 10 vom Hundert des Teils der aufgelösten Rücklage erhoben, der nicht auf die in Absatz 3 bezeichneten Zwecke entfällt.

(5) Die Rücklage nach Absatz 1 ist bei der Berechnung der in § 141 Abs. 1 Nr. 5 der Abgabenordnung[1)] bezeichneten Grenze nicht zu berücksichtigen.

§ 4 Pauschsatz für Betriebsausgaben. (1)[2)] [1] Steuerpflichtige, die für ihren Betrieb nicht zur Buchführung verpflichtet sind und ihren Gewinn nicht nach § 4 Absatz 1, § 5 des Einkommensteuergesetzes ermitteln, können im Wirtschaftsjahr einer Einschlagsbeschränkung nach § 1 zur Abgeltung der Betriebsausgaben pauschal 90 Prozent der Einnahmen aus der Verwertung des eingeschlagenen Holzes abziehen. [2] Soweit Holz auf dem Stamm verkauft wird, betragen die pauschalen Betriebsausgaben 65 Prozent der Einnahmen aus der Verwertung des stehenden Holzes.

(2) Absatz 1 gilt auch, wenn diese Forstwirte nach § 1 Abs. 5 von der Einschlagsbeschränkung ausgenommen sind, jedoch freiwillig die Einschlagsbeschränkung befolgen.

§ 4a[3)] Bewertung von Holzvorräten aus Kalamitätsnutzungen bei der Forstwirtschaft. Steuerpflichtige mit Einkünften aus Forstwirtschaft, bei denen der nach § 4 Absatz 1, § 5 des Einkommensteuergesetzes[4)] ermittelte Gewinn der Besteuerung zugrunde gelegt wird, können im Falle einer Einschlagsbeschränkung nach § 1 von einer Aktivierung des eingeschlagenen und unverkauften Kalamitätsholzes ganz oder teilweise absehen.

§ 5 Sonstige steuerliche Maßnahmen. (1)[5)] Im Wirtschaftsjahr einer Einschlagsbeschränkung nach § 1 gilt für jegliche Kalamitätsnutzung einheitlich der Steuersatz nach § 34b Absatz 3 Nummer 2 des Einkommensteuergesetzes[4)].

(2) Kalamitätsnutzungen, die in Folgejahren gezogen werden und im ursächlichen Zusammenhang mit einer Kalamitätsnutzung stehen, welche in der Zeit einer Einschlagsbeschränkung angefallen ist, können einkommensteuerlich so behandelt werden, als wären sie im Jahr der Einschlagsbeschränkung mit der ersten Mitteilung des Schadensfalles angefallen.

[1)] Nr. **800**.
[2)] § 4 Abs. 1 neu gef. mWv 1.1.2012 durch G v. 1.11.2011 (BGBl. I S. 2131).
[3)] § 4a neu gef. mWv 1.1.2012 durch G v. 1.11.2011 (BGBl. I S. 2131).
[4)] Nr. **1**.
[5)] § 5 Abs. 1 geänd. mWv 1.1.2012 durch G v. 1.11.2011 (BGBl. I S. 2131).

§ 7[1] Übervorräte bei der Holzwirtschaft. (1) [1]Steuerpflichtige, die den Gewinn nach § 5 des Einkommensteuergesetzes ermitteln, können den Mehrbestand an

1. Holz im Sinne der Nr. 44.01 und 44.03 des Zolltarifs,
2. Holzhalbwaren im Sinne der Nr. 44.05, 44.07, 44.11, 44.13, 44.15 und 44.18 des Zolltarifs und
3. Halbstoffen aus Holz im Sinne der Nr. 47.01 des Zolltarifs

an Bilanzstichtagen, die in einen Zeitraum fallen, für den eine Einschlagsbeschränkung im Sinne des § 1 angeordnet ist, statt mit dem sich nach § 6 Abs. 1 Nr. 2 des Einkommensteuergesetzes ergebenden Wert mit einem um 50 vom Hundert niedrigeren Wert ansetzen. [2]Anstelle eines Bilanzstichtages innerhalb des Zeitraums einer Einschlagsbeschränkung kann Satz 1 auch auf den ersten Bilanzstichtag nach Ablauf der Einschlagsbeschränkung angewendet werden. [3]Der niedrigere Wertansatz ist nur zulässig für Wirtschaftsgüter, die aus im Inland erzeugtem Holz bestehen.

(2) [1]Mehrbestand ist die mengenmäßige Erhöhung der Bestände an Holz oder Holzwaren im Sinne des Absatzes 1 gegenüber den durchschnittlichen Beständen an diesen Waren an den letzten drei vorangegangenen Bilanzstichtagen, die nach Abzug etwaiger bei diesen Wirtschaftsgütern eingetretener mengenmäßiger Bestandsminderungen verbleibt. [2]Die mengenmäßigen Bestandsänderungen an Bilanzstichtagen gegenüber den durchschnittlichen Beständen an den letzten drei vorangegangenen Bilanzstichtagen sind dabei für die in Absatz 1 Satz 1 Nr. 1, 2 und 3 genannten Wirtschaftsgüter getrennt zu ermitteln. [3]Der Abzug der Bestandsminderungen ist in der Weise durchzuführen, daß bei den Bestandserhöhungen die Mengen abzusetzen sind, die dem Wert der Bestandsminderungen entsprechen; dabei sind die Wirtschaftsgüter mit dem Wiederbeschaffungspreis am Bilanzstichtag zu bewerten.

§ 11 a Übergangsvorschrift. Die §§ 3 bis 7 sind in ihrer vom 1. September 1985 an geltenden Fassung erstmals für Wirtschaftsjahre anzuwenden, die nach dem 31. Dezember 1984 enden.

§ 13.[2] Inkrafttreten

---

[1] § 7 Abs. 2 Satz 2 neugef. durch G v. 7. 11. 1991 (BGBl. I S. 2062).
[2] Das G in seiner ursprünglichen Fassung ist am 4. 9. 1969 in Kraft getreten. Das Inkrafttreten der späteren Änderungen ergibt sich aus den jeweiligen Änderungsgesetzen.

725. Gesetz
über die Besteuerung bei Auslandsbeziehungen
(Außensteuergesetz)[1]

Vom 8. September 1972 (BGBl. I S. 1713)

Geändert durch Gesetz zur Reform des Erbschaftsteuer- und Schenkungsteuerrechts vom 17.4.1974 (BGBl. I S. 933), Einführungsgesetz zum Einkommensteuerreformgesetz vom 21.12.1974 (BGBl. I S. 3656), Einführungsgesetz zum Körperschaftsteuerreformgesetz vom 6.9.1976 (BGBl. I S. 2641), Einführungsgesetz zur Abgabenordnung vom 14.9.1976 (BGBl. I S. 3341), Gesetz zur Änderung des EStG, des KStG und anderer Gesetze vom 20.8.1980 (BGBl. I S. 1545), Gesetz zur Stärkung der Wettbewerbsfähigkeit der Wirtschaft und zur Einschränkung von steuerlichen Vorteilen (Steuerentlastungsgesetz 1984) vom 22.12.1983 (BGBl. I S. 1583), Steuerbereinigungsgesetz 1985 vom 14.12.1984 (BGBl. I S. 1493), Beschluß des Bundesverfassungsgerichts vom 14.5.1986 (BGBl. I S. 1030), Einigungsvertrag vom 31.8.1990 (BGBl. II S. 889, 978), Steueränderungsgesetz 1992 vom 25.2.1992 (BGBl. I S. 297), Standortsicherungsgesetz vom 13.9.1993 (BGBl. I S. 1569), Mißbrauchsbekämpfungs- und Steuerbereinigungsgesetz vom 21.12.1993 (BGBl. I S. 2310), Gesetz zur Änderung des Umwandlungssteuerrechts vom 28.10.1994 (BGBl. I S. 3267), Jahressteuergesetz 1997 vom 20.12.1996 (BGBl. I S. 2049), Steuersenkungsgesetz vom 23.10.2000 (BGBl. I S. 1433), Steuer-Euroglättungsgesetz vom 19.12.2000 (BGBl. I S. 1790), Unternehmenssteuerfortentwicklungsgesetz vom 20.12.2001 (BGBl. I S. 3858), Steuervergünstigungsabbaugesetz vom 16.5.2003 (BGBl. I S. 660), Investmentmodernisierungsgesetz vom 15.12.2003 (BGBl. I S. 2676), Gesetz zur Umsetzung der Protokollerklärung der Bundesregierung zur Vermittlungsempfehlung zum Steuervergünstigungsabbaugesetz vom 22.12.2003 (BGBl. I S. 2840), EURichtlinien-Umsetzungsgesetz vom 9.12.2004 (BGBl. I S. 3310), Gesetz über steuerliche Begleitmaßnahmen zur Einführung der Europäischen Gesellschaft und zur Änderung weiterer steuerrechtlicher Vorschriften (SEStEG) vom 7.12.2006 (BGBl. I S. 2782), Gesetz zur Schaffung deutscher Immobilien-Aktiengesellschaften mit börsennotierten Anteilen vom 28.5.2007 (BGBl. I S. 914), Unternehmensteuerreformgesetz 2008 vom 14.8.2007 (BGBl. I S. 1912), Jahressteuergesetz 2008 vom 20.12.2007 (BGBl. I S. 3150), Jahressteuergesetz 2009 vom 19.12.2008 (BGBl. I S. 2794), Gesetz zur Umsetzung steuerlicher EU-Vorgaben sowie zur Änderung steuerlicher Vorschriften vom 8.4.2010 (BGBl. I S. 386), Jahressteuergesetz 2010 (JStG 2010) vom 8.12.2010 (BGBl. I S. 1768), Amtshilferichtlinie-Umsetzungsgesetz (AmtshilfeRLUmsG) vom 26.6.2013 (BGBl. I S. 1809), Gesetz zur Anpassung der Abgabenordnung an den Zollkodex der Union und zur Änderung weiterer steuerlicher Vorschriften vom 22.12.2014 (BGBl. I S. 2417), Gesetz zur Reform der Investmentbesteuerung (Investmentsteuerreformgesetz – InvStRefG) vom 19.7.2016 (BGBl. I S. 1730), Gesetz gegen schädliche Steuerpraktiken im Zusammenhang mit Rechteüberlassungen vom 27.6.2017 (BGBl. I S. 2074), Gesetz über steuerliche und weitere Begleitregelungen zum Austritt des Vereinigten Königreichs Großbritannien und Nordirland aus der Europäischen Union (Brexit-Steuerbegleitgesetz – Brexit-StBG) vom 25.3.2019 (BGBl. I S. 357), Gesetz zur Modernisierung der Entlastung von Abzugsteuern und der Bescheinigung der Kapitalertragsteuer (Abzugsteuerentlastungsmodernisierungsgesetz – AbzStEntModG) vom 2.6.2021 (BGBl. I S. 1259), Gesetz zur Umsetzung der Anti-Steuervermeidungsrichtlinie (ATAD-Umsetzungsgesetz – ATAD-UmsG) vom 25.6.2021 (BGBl. I S. 2035), Gesetz zur Modernisierung des Körperschaftsteuerrechts vom 25.6.2021 (BGBl. I S. 2050) und Jahressteuergesetz 2022 (JStG 2022) vom 16.12.2022 (BGBl. I S. 2294)

BGBl. III/FNA 610-6-8

---

[1] Das Außensteuergesetz wurde verkündet als Art. 1 des G zur Wahrung der steuerlichen Gleichmäßigkeit bei Auslandsbeziehungen und zur Verbesserung der steuerlichen Wettbewerbslage bei Auslandsinvestitionen.
Zur Anwendung siehe § 21.

Inhaltsübersicht

Der Bundestag hat mit Zustimmung des Bundesrates das folgende Gesetz beschlossen:

Erster Teil. Internationale Verflechtungen

§ 1 Berichtigung von Einkünften. (1)[1] [1]Werden Einkünfte eines Steuerpflichtigen aus einer Geschäftsbeziehung zum Ausland mit einer ihm nahe-

---

[1] § 1 Abs. 1 neu gef. mWv VZ 2008 (§ 21 Abs. 16) durch G v. 14.8.2007 (BGBl. I S. 1912); Satz 2 eingef., bish. Sätze 2 und 3 werden Sätze 3 und 4 durch G v. 26.6.2013 (BGBl. I S. 1809); Sätze 1 und 2 geänd. durch G v. 2.6.2021 (BGBl. I S. 1259).

stehenden Person dadurch gemindert, dass er seiner Einkünfteermittlung andere Bedingungen, insbesondere Preise (Verrechnungspreise), zugrunde legt, als sie voneinander unabhängige Dritte unter gleichen oder vergleichbaren Verhältnissen vereinbart hätten (Fremdvergleichsgrundsatz), sind seine Einkünfte unbeschadet anderer Vorschriften so anzusetzen, wie sie unter den zwischen voneinander unabhängigen Dritten vereinbarten Bedingungen angefallen wären. ²Steuerpflichtiger im Sinne dieser Vorschrift sowie im Sinne des § 1a ist auch eine Personengesellschaft oder eine Mitunternehmerschaft; eine Personengesellschaft oder Mitunternehmerschaft ist selbst nahestehende Person, wenn sie die Voraussetzungen des Absatzes 2 erfüllt. ³Für die Anwendung des Fremdvergleichsgrundsatzes ist davon auszugehen, dass die voneinander unabhängigen Dritten alle wesentlichen Umstände der Geschäftsbeziehung kennen und nach den Grundsätzen ordentlicher und gewissenhafter Geschäftsleiter handeln. ⁴Führt die Anwendung des Fremdvergleichsgrundsatzes zu weitergehenden Berichtigungen als die anderen Vorschriften, sind die weitergehenden Berichtigungen neben den Rechtsfolgen der anderen Vorschriften durchzuführen.

(2) ¹Dem Steuerpflichtigen ist eine Person nahestehend, wenn

[alte Fassung:]

1. die Person an dem Steuerpflichtigen mindestens zu einem Viertel unmittelbar oder mittelbar beteiligt (wesentlich beteiligt) ist oder auf den Steuerpflichtigen unmittelbar oder mittelbar einen beherrschenden Einfluß ausüben kann oder umgekehrt der Steuerpflichtige an der Person wesentlich beteiligt ist oder auf diese Person unmittelbar oder mittelbar einen beherrschenden Einfluß ausüben kann oder

2. eine dritte Person sowohl an der Person als auch an dem Steuerpflichtigen wesentlich beteiligt ist oder auf beide unmittelbar oder mittelbar einen beherrschenden Einfluß ausüben kann oder

3. die Person oder der Steuerpflichtige imstande ist, bei der Vereinbarung der Bedingungen einer Geschäftsbeziehung auf den Steuerpflichtigen oder die Person einen

*[neue Fassung:]*¹⁾

1. die Person

   a) an dem Steuerpflichtigen oder der Steuerpflichtige an dieser Person mindestens zu einem Viertel unmittelbar oder mittelbar an dem gezeichneten Kapital, den Mitgliedschaftsrechten, den Beteiligungsrechten, den Stimmrechten oder dem Gesellschaftsvermögen beteiligt (wesentlich beteiligt) ist oder

   b) gegenüber dem Steuerpflichtigen oder der Steuerpflichtige gegenüber dieser Person Anspruch auf mindestens ein Viertel des Gewinns oder des Liquidationserlöses hat; oder

2. die Person auf den Steuerpflichtigen oder der Steuerpflichtige auf diese Person unmittelbar oder mittelbar beherrschenden Einfluss ausüben kann; oder

---

¹⁾ § 1 Abs. 2 neu gef. durch ATADUmsG v. 25.6.2021 (BGBl. I S. 2035); zur Anwendung siehe § 21 Abs. 1 und 2 iVm § 42 Abs. 6 EStG.

[alte Fassung:]

außerhalb dieser Geschäftsbeziehung begründeten Einfluß auszuüben oder wenn einer von ihnen
ein eigenes Interesse an der Erzielung der Einkünfte des anderen
hat.

[neue Fassung:]

3. eine dritte Person

a) sowohl an der Person als auch
an dem Steuerpflichtigen wesentlich beteiligt ist,

b) sowohl gegenüber der Person
als auch gegenüber dem
Steuerpflichtigen Anspruch auf
mindestens ein Viertel des Gewinns oder des Liquidationserlöses hat oder

c) auf die Person als auch auf den
Steuerpflichtigen unmittelbar
oder mittelbar beherrschenden
Einfluss ausüben kann; oder

4. die Person oder der Steuerpflichtige imstande ist, bei der Vereinbarung der Bedingungen einer Geschäftsbeziehung auf den Steuerpflichtigen oder die Person einen
außerhalb dieser Geschäftsbeziehung begründeten Einfluss auszuüben oder wenn einer von ihnen
ein eigenes Interesse an der Erzielung der Einkünfte des anderen hat.

²Satz 1 Nummer 3 Buchstabe a bis c
gilt auch, soweit im Verhältnis der
dritten Person zu der Person und
dem Steuerpflichtigen jeweils eines
der in Satz 1 Nummer 3 Buchstabe a
bis c genannten Merkmale erfüllt ist.

[Fassung bis VZ 2021:][1]

(3) ¹Für eine Geschäftsbeziehung
im Sinne des Absatzes 1 Satz 1 ist der
Verrechnungspreis vorrangig nach der
Preisvergleichsmethode, der Wieder-
verkaufspreismethode oder der Kostenaufschlagsmethode zu bestimmen,
wenn Fremdvergleichswerte ermittelt
werden können, die nach Vornahme

[Fassung ab VZ 2022:]

(3)[2] ¹Für die Bestimmung der dem
Fremdvergleichsgrundsatz entsprechenden Verrechnungspreise (Fremdvergleichspreise) für eine Geschäftsbeziehung im Sinne des Absatzes 1
Satz 1 sind die tatsächlichen Verhältnisse maßgebend, die dem jeweiligen Geschäftsvorfall zugrunde

---

[1] § 1 Abs. 3 eingef. mWv VZ 2008 durch G v. 14.8.2007 (BGBl. I S. 1912); Sätze 9
und 10 neu gef. durch G v. 8.4.2010 (BGBl. I S. 386); Satz 13 aufgeh. mWv VZ 2013 durch
G v. 26.6.2013 (BGBl. I S. 1809).
[2] § 1 Abs. 3 neu gef. mWv VZ 2022 (§ 21 Abs. 25 idF des G v. 2.6.2021, BGBl. I S. 1259)
durch G v. 2.6.2021 (BGBl. I S. 1259).

[Fassung bis VZ 2021:]

sachgerechter Anpassungen im Hinblick auf die ausgeübten Funktionen, die eingesetzten Wirtschaftsgüter und die übernommenen Chancen und Risiken (Funktionsanalyse) für diese Methoden uneingeschränkt vergleichbar sind; mehrere solche Werte bilden eine Bandbreite. ²Sind solche Fremdvergleichswerte nicht zu ermitteln, sind eingeschränkt vergleichbare Werte nach Vornahme sachgerechter Anpassungen der Anwendung einer geeigneten Verrechnungspreismethode zugrunde zu legen. ³Sind in den Fällen des Satzes 2 mehrere eingeschränkt vergleichbare Fremdvergleichswerte feststellbar, ist die sich ergebende Bandbreite einzuengen. ⁴Liegt der vom Steuerpflichtigen für seine Einkünfteermittlung verwendete Wert in den Fällen des Satzes 1 außerhalb der Bandbreite oder in den Fällen des Satzes 2 außerhalb der eingeengten Bandbreite, ist der Median maßgeblich. ⁵Können keine eingeschränkt vergleichbaren Fremdvergleichswerte festgestellt werden, hat der Steuerpflichtige für seine Einkünfteermittlung einen hypothetischen Fremdvergleich unter Beachtung des Absatzes 1 Satz 3 durchzuführen. ⁶Dazu hat er auf Grund einer Funktionsanalyse und innerbetrieblicher Planrechnungen den Mindestpreis des Leistenden und den Höchstpreis des Leistungsempfängers unter Berücksichtigung funktions- und risikoadäquater Kapitalisierungszinssätze zu ermitteln (Einigungsbereich); der Einigungsbereich wird von den jeweiligen Gewinnerwartungen (Gewinnpotenzialen) bestimmt.¹⁾ ⁷Es ist der Preis im Einigungsbereich der Einkünfte-

[Fassung ab VZ 2022:]

liegen. ²Insbesondere ist zu berücksichtigen, von welcher an dem Geschäftsvorfall beteiligten Person welche Funktionen in Bezug auf den jeweiligen Geschäftsvorfall ausgeübt, welche Risiken diesbezüglich jeweils übernommen und welche Vermögenswerte hierfür eingesetzt werden (Funktions- und Risikoanalyse). ³Die Verhältnisse im Sinne der Sätze 1 und 2 bilden den Maßstab für die Feststellung der Vergleichbarkeit des zu untersuchenden Geschäftsvorfalls mit Geschäftsvorfällen zwischen voneinander unabhängigen Dritten (Vergleichbarkeitsanalyse); die diesen Geschäftsvorfällen zugrunde liegenden Verhältnisse sind in entsprechender Anwendung der Sätze 1 und 2 maßgebend, soweit dies möglich ist. ⁴Abzustellen ist auf die Verhältnisse zum Zeitpunkt der Vereinbarung des Geschäftsvorfalls. ⁵Der Fremdvergleichspreis ist grundsätzlich nach der im Hinblick auf die Vergleichbarkeitsanalyse und die Verfügbarkeit von Werten zu vergleichbaren Geschäftsvorfällen voneinander unabhängiger Dritter am besten geeigneten Verrechnungspreismethode zu bestimmen. ⁶Unterschiede zwischen den Verhältnissen der zum Vergleich herangezogenen Geschäftsvorfälle zwischen voneinander unabhängigen Dritten und dem zu untersuchenden Geschäftsvorfall zugrunde liegenden Verhältnissen, die die Anwendung der Verrechnungspreismethode beeinflussen können, sind durch sachgerechte Anpassungen zu beseitigen, sofern dies möglich ist; dies gilt nur, wenn dadurch die Vergleichbarkeit erhöht wird. ⁷Können keine

---

¹⁾ § 1 Abs. 3 Satz 6 geänd., Satz 9 entspr. geänd. durch G v. 26.6.2013 (BGBl. I S. 1809).

[Fassung bis VZ 2021:]

ermittlung zugrunde zu legen, der dem Fremdvergleichsgrundsatz mit der höchsten Wahrscheinlichkeit entspricht; wird kein anderer Wert glaubhaft gemacht, ist der Mittelwert des Einigungsbereichs zugrunde zu legen. [8] Ist der vom Steuerpflichtigen zugrunde gelegte Einigungsbereich unzutreffend und muss deshalb von einem anderen Einigungsbereich ausgegangen werden, kann auf eine Einkünfteberichtigung verzichtet werden, wenn der vom Steuerpflichtigen zugrunde gelegte Wert innerhalb des anderen Einigungsbereichs liegt. [9] Wird eine Funktion einschließlich der dazugehörigen Chancen und Risiken und der mit übertragenen oder überlassenen Wirtschaftsgüter und sonstigen Vorteile verlagert (Funktionsverlagerung) und ist auf die verlagerte Funktion Satz 5 anzuwenden, weil für das Transferpaket als Ganzes keine zumindest eingeschränkt vergleichbare Fremdvergleichswerte vorliegen, hat der Steuerpflichtige den Einigungsbereich auf der Grundlage des Transferpakets zu bestimmen.[1] [10] In den Fällen des Satzes 9 ist die Bestimmung von Einzelverrechnungspreisen für alle betroffenen Wirtschaftsgüter und Dienstleistungen nach Vornahme sachgerechter Anpassungen anzuerkennen, wenn der Steuerpflichtige glaubhaft macht, dass keine wesentlichen immateriellen Wirtschaftsgüter und Vorteile Gegenstand der Funktionsverlagerung waren, oder dass die Summe der angesetzten Einzelverrechnungspreise, gemessen an der Bewertung des Transferpakets als Ganzes, dem Fremdvergleichsgrund-

[Fassung ab VZ 2022:]

Vergleichswerte festgestellt werden, ist für die Bestimmung des Fremdvergleichspreises ein hypothetischer Fremdvergleich unter Beachtung des Absatzes 1 Satz 3 aus Sicht des Leistenden und des jeweiligen Leistungsempfängers anhand ökonomisch anerkannter Bewertungsmethoden durchzuführen.

(3a)[2] [1] Die Anwendung des Fremdvergleichsgrundsatzes führt regelmäßig zu einer Bandbreite von Werten. [2] Diese Bandbreite ist einzuengen, wenn nach Anwendung von Absatz 3 Satz 6 Unterschiede in der Vergleichbarkeit verbleiben. [3] Bieten diese Werte selbst keine Anhaltspunkte für eine bestimmte Einengung, so bleiben aus dieser Bandbreite das Viertel der kleinsten und das Viertel der größten Werte unberücksichtigt. [4] Liegt der vom Steuerpflichtigen für seine Einkünfteermittlung verwendete Wert außerhalb der Bandbreite gemäß Satz 1 oder der eingeengten Bandbreite, ist der Median maßgeblich, wenn der Steuerpflichtige nicht glaubhaft macht, dass ein anderer Wert innerhalb der Bandbreite dem Fremdvergleichsgrundsatz besser entspricht. [5] Bei der Anwendung des hypothetischen Fremdvergleichs nach Absatz 3 Satz 7 ergibt sich regelmäßig aus dem Mindestpreis des Leistenden und dem Höchstpreis des Leistungsempfängers ein Einigungsbereich. [6] In den Fällen des Satzes 5 ist der Mittelwert des Einigungsbereichs zugrunde zu legen, wenn der Steuerpflichtige nicht glaubhaft macht, dass ein anderer Wert innerhalb des Einigungsbereichs dem Fremdvergleichsgrundsatz entspricht.

---

[1] § 1 Abs. 3 Satz 9 geänd. mWv VZ 2013 durch G v. 26.6.2013 (BGBl. I S. 1809).
[2] § 1 Abs. 3a eingef. mWv VZ 2022 (§ 21 Abs. 25 idF des G v. 2.6.2021) durch G v. 2.6.2021 (BGBl. I S. 1259); Satz 4 geänd. durch ATADUmsG v. 25.6.2021 (BGBl. I S. 2035).

[Fassung bis VZ 2021:]

satz entspricht; macht der Steuerpflichtige glaubhaft, dass zumindest ein wesentliches immaterielles Wirtschaftsgut Gegenstand der Funktionsverlagerung ist, und bezeichnet er es genau, sind Einzelverrechnungspreise für die Bestandteile des Transferpakets anzuerkennen. [11] Sind in den Fällen der Sätze 5 und 9 wesentliche immaterielle Wirtschaftsgüter und Vorteile Gegenstand einer Geschäftsbeziehung und weicht die tatsächliche spätere Gewinnentwicklung erheblich von der Gewinnentwicklung ab, die der Verrechnungspreisbestimmung zugrunde lag, ist widerlegbar zu vermuten, dass zum Zeitpunkt des Geschäftsabschlusses Unsicherheiten im Hinblick auf die Preisvereinbarung bestanden und unabhängige Dritte eine sachgerechte Anpassungsregelung vereinbart hätten. [12] Wurde eine solche Regelung nicht vereinbart und tritt innerhalb der ersten zehn Jahre nach Geschäftsabschluss eine erhebliche Abweichung im Sinne des Satzes 11 ein, ist für eine deshalb vorzunehmende Berichtigung nach Absatz 1 Satz 1 einmalig ein angemessener Anpassungsbetrag auf den ursprünglichen Verrechnungspreis der Besteuerung des Wirtschaftsjahres zugrunde zu legen, das dem Jahr folgt, in dem die Abweichung eingetreten ist.

[Fassung ab VZ 2022:]

(3b) [1] Wird eine Funktion einschließlich der dazugehörigen Chancen und Risiken sowie der mitübertragenen oder mitüberlassenen Wirtschaftsgüter oder sonstigen Vorteile verlagert und ist auf die verlagerte Funktion Absatz 3 Satz 7 anzuwenden, weil für die Verlagerung der Funktion als Ganzes (Transferpaket) keine Vergleichsdaten festgestellt werden können, ist der Einigungsbereich auf der Grundlage des Transferpakets zu bestimmen. [2] Hiervon kann abgesehen werden, wenn der Steuerpflichtige glaubhaft macht, dass weder wesentliche immaterielle Wirtschaftsgüter noch sonstige Vorteile Gegenstand der Funktionsverlagerung waren. [3] Dies gilt dann, wenn das übernehmende Unternehmen die übergehende Funktion ausschließlich gegenüber dem verlagernden Unternehmen ausübt und das Entgelt, das für die Ausübung der Funktion und die Erbringung der entsprechenden Leistungen anzusetzen ist, nach der Kostenaufschlagsmethode zu ermitteln ist.

(3c)[1] [1] Die Übertragung oder Überlassung zur Nutzung eines immateriellen Werts ist zu vergüten, wenn diese auf der Grundlage einer Geschäftsbeziehung im Sinne des Absatzes 4 erfolgt und hiermit eine finanzielle Auswirkung für den Übernehmer, den Nutzenden, den Übertragenden oder den Überlassenden verbunden ist. [2] Immaterielle Werte sind Vermögenswerte,

1. die weder materielle Wirtschaftsgüter oder Beteiligungen noch Finanzanlagen sind,

2. die Gegenstand eines Geschäftsvorfalls sein können, ohne ein-

---

[1] § 1 Abs. 3c eingef. mWv VZ 2022 (§ 21 Abs. 25 idF des G v. 2.6.2021) durch G v. 2.6.2021 (BGBl. I S. 1259); Satz 4 geänd. durch ATADUmsG v. 25.6.2021 (BGBl. I S. 2035).

[Fassung ab VZ 2022:]

zeln übertragbar sein zu müssen, und

3. die einer Person eine tatsächliche oder rechtliche Position über diesen Vermögenswert vermitteln können.

³Die Feststellung des Eigentums oder der Inhaberschaft an einem immateriellen Wert, einschließlich aus einem solchen abgeleiteter Rechte, ist Ausgangspunkt für die Bestimmung, welchem an dem Geschäftsvorfall beteiligten Unternehmen der Ertrag zusteht, der sich aus jedweder Art der Verwertung dieses immateriellen Werts ergibt. ⁴Soweit eine dem Eigentümer oder dem Inhaber des immateriellen Werts nahestehende Person Funktionen im Zusammenhang mit der Entwicklung oder Erschaffung, der Verbesserung, dem Erhalt, dem Schutz oder jedweder Art der Verwertung des immateriellen Werts ausübt, hierzu Vermögenswerte einsetzt und Risiken übernimmt, sind diese Funktionen vom Eigentümer oder Inhaber der nahestehenden Person angemessen zu vergüten. ⁵Die Finanzierung der Entwicklung oder Erschaffung, des Erhalts oder des Schutzes eines immateriellen Werts ist angemessen zu vergüten und berechtigt nicht zum Ertrag aus dem finanzierten immateriellen Wert.

(4)[1] ¹Geschäftsbeziehungen im Sinne dieser Vorschrift sind

1. einzelne oder mehrere zusammenhängende wirtschaftliche Vorgänge (Geschäftsvorfälle) zwischen einem Steuerpflichtigen und einer ihm nahestehenden Person,

    a) die Teil einer Tätigkeit des Steuerpflichtigen oder der nahestehenden Person sind, auf die die §§ 13, 15, 18 oder 21 des Einkommensteuergesetzes anzuwenden sind oder anzuwenden wären, wenn sich der Geschäftsvorfall im Inland unter Beteiligung eines unbeschränkt Steuer-

---

[1] § 1 Abs. 4 neu gef. durch G v. 22.12.2014 (BGBl. I S. 2417).

pflichtigen und einer inländischen nahestehenden Person ereignet hätte, und

b) denen keine gesellschaftsvertragliche Vereinbarung zugrunde liegt; eine gesellschaftsvertragliche Vereinbarung ist eine Vereinbarung, die unmittelbar zu einer rechtlichen Änderung der Gesellschafterstellung führt;

2. Geschäftsvorfälle zwischen einem Unternehmen eines Steuerpflichtigen und seiner in einem anderen Staat gelegenen Betriebsstätte (anzunehmende schuldrechtliche Beziehungen).

²Liegt einem Geschäftsvorfall keine schuldrechtliche Vereinbarung zugrunde, ist davon auszugehen, dass voneinander unabhängige ordentliche und gewissenhafte Geschäftsleiter eine schuldrechtliche Vereinbarung getroffen hätten oder eine bestehende Rechtsposition geltend machen würden, die der Besteuerung zugrunde zu legen ist, es sei denn, der Steuerpflichtige macht im Einzelfall etwas anderes glaubhaft.

(5)¹⁾ ¹Die Absätze 1, 3 *und [ab VZ 2022*: bis] 4 sind entsprechend anzuwenden, wenn für eine Geschäftsbeziehung im Sinne des Absatzes 4 Satz 1 Nummer 2 die Bedingungen, insbesondere die Verrechnungspreise, die der Aufteilung der Einkünfte zwischen einem inländischen Unternehmen und seiner ausländischen Betriebsstätte oder der Ermittlung der Einkünfte der inländischen Betriebsstätte eines ausländischen Unternehmens steuerlich zugrunde gelegt werden, nicht dem Fremdvergleichsgrundsatz entsprechen und dadurch die inländischen Einkünfte eines beschränkt Steuerpflichtigen gemindert oder die ausländischen Einkünfte eines unbeschränkt Steuerpflichtigen erhöht werden. ²Zur Anwendung des Fremdvergleichsgrundsatzes ist eine Betriebsstätte wie ein eigenständiges und unabhängiges Unternehmen zu behandeln, es sei denn, die Zugehörigkeit der Betriebsstätte zum Unternehmen erfordert eine andere Behandlung. ³Um die Betriebsstätte wie ein eigenständiges und unabhängiges Unternehmen zu behandeln, sind ihr in einem ersten Schritt zuzuordnen:

1. die Funktionen des Unternehmens, die durch ihr Personal ausgeübt werden (Personalfunktionen),

2. die Vermögenswerte des Unternehmens, die sie zur Ausübung der ihr zugeordneten Funktionen benötigt,

3. die Chancen und Risiken des Unternehmens, die sie auf Grund der ausgeübten Funktionen und zugeordneten Vermögenswerte übernimmt, sowie

4. ein angemessenes Eigenkapital (Dotationskapital).

⁴Auf der Grundlage dieser Zuordnung sind in einem zweiten Schritt die Art der Geschäftsbeziehungen zwischen dem Unternehmen und seiner Betriebsstätte und die Verrechnungspreise für diese Geschäftsbeziehungen zu bestimmen. ⁵Die Sätze 1 bis 4 sind entsprechend auf ständige Vertreter anzuwenden. ⁶Die Möglichkeit, einen Ausgleichsposten nach § 4g des Einkommensteuergesetzes zu bilden, wird nicht eingeschränkt. ⁷Auf Geschäftsbeziehungen zwischen einem Gesellschafter und seiner Personengesellschaft oder zwischen

---

¹⁾ § 1 Abs. 5 angef. durch G v. 26.6.2013 (BGBl. I S. 1809); Satz 1 geänd. durch ATAD-UmsG v. 25.6.2021 (BGBl. I S. 2035); zur Anwendung ab VZ 2022 siehe § 21 Abs. 1. Vgl. auch Betriebsstättengewinnaufteilungsverordnung (BsGaV) Nr. **725b.**

einem Mitunternehmer und seiner Mitunternehmerschaft sind die Sätze 1 bis 4 nicht anzuwenden, unabhängig davon, ob die Beteiligung unmittelbar besteht oder ob sie nach § 15 Absatz 1 Satz 1 Nummer 2 Satz 2 des Einkommensteuergesetzes mittelbar besteht; für diese Geschäftsbeziehungen gilt Absatz 1. [8]Ist ein Abkommen zur Vermeidung der Doppelbesteuerung anzuwenden und macht der Steuerpflichtige geltend, dass dessen Regelungen den Sätzen 1 bis 7 widersprechen, so hat das Abkommen nur Vorrang, soweit der Steuerpflichtige nachweist, dass der andere Staat sein Besteuerungsrecht entsprechend diesem Abkommen ausübt und deshalb die Anwendung der Sätze 1 bis 7 zu einer Doppelbesteuerung führen würde.

(6)[1]) Das Bundesministerium der Finanzen wird ermächtigt, mit Zustimmung des Bundesrates durch Rechtsverordnung Einzelheiten des Fremdvergleichsgrundsatzes im Sinne der Absätze 1, 3 [*ab VZ 2022:* bis 3c] und 5 und Einzelheiten zu dessen einheitlicher Anwendung zu regeln sowie Grundsätze zur Bestimmung des Dotationskapitals im Sinne des Absatzes 5 Satz 3 Nummer 4 festzulegen.

[*ab VZ 2022*:

§ 1a[2]) **Preisanpassungsklausel.** [1]Sind wesentliche immaterielle Werte oder Vorteile Gegenstand einer Geschäftsbeziehung und weicht die tatsächliche spätere Gewinnentwicklung erheblich von der Gewinnerwartung ab, die der Verrechnungspreisbestimmung zugrunde lag, ist widerlegbar zu vermuten, dass zum Zeitpunkt des Geschäftsabschlusses Unsicherheiten im Hinblick auf die Verrechnungspreisvereinbarung bestanden und unabhängige Dritte eine sachgerechte Anpassungsregelung vereinbart hätten. [2]Wurde eine solche Regelung nicht vereinbart und tritt bezogen auf die ersten sieben Jahre nach Geschäftsabschluss eine erhebliche Abweichung im Sinne des Satzes 1 ein, ist für eine deshalb vorzunehmende Berichtigung nach § 1 Absatz 1 Satz 1 ein angemessener Anpassungsbetrag auf den Verrechnungspreis im achten Jahr nach Geschäftsabschluss der Besteuerung zugrunde zu legen. [3]Eine erhebliche Abweichung im Sinne des Satzes 1 liegt vor, wenn der unter Zugrundelegung der tatsächlichen Gewinnentwicklung zutreffende Fremdvergleichspreis um mehr als 20 Prozent von diesem Verrechnungspreis abweicht. [4]Für die Bestimmung des unter Zugrundelegung der tatsächlichen Gewinnentwicklung zutreffenden Fremdvergleichspreises ist von denselben Grundsätzen auszugehen wie für die Bestimmung des Verrechnungspreises. [5]Eine Anpassung des Verrechnungspreises ist im Sinne des Satzes 2 angemessen, wenn sie dem Unterschiedsbetrag zwischen dem Verrechnungspreis und dem unter Zugrundelegung der tatsächlichen Gewinnentwicklung zutreffenden Fremdvergleichspreis entspricht. [6]Eine Anpassung erfolgt insbesondere dann nicht, wenn

1. der Steuerpflichtige glaubhaft macht, dass die tatsächliche Entwicklung auf Umständen basiert, die zum Zeitpunkt des Geschäftsvorfalls nicht vorhersehbar waren, oder

---

[1]) § 1 Abs. 6 angef. durch G v. 26.6.2013 (BGBl. I S. 1809); geänd. mWv VZ 2022 (§ 21 Abs. 25 a. F.) durch G v. 2.6.2021 (BGBl. I S. 1259).
[2]) § 1a eingef. mWv VZ 2022 (§ 21 Abs. 25 idF des G v. 2.6.2021) durch G v. 2.6.2021 (BGBl. I S. 1259).

2. der Steuerpflichtige nachweist, dass er bei der Bestimmung des Verrechnungspreises die aus der künftigen Entwicklung resultierenden Unsicherheiten angemessen berücksichtigt hat, oder

3. im Hinblick auf immaterielle Werte und Vorteile Lizenzvereinbarungen getroffen werden, die die zu zahlende Lizenz vom Umsatz oder Gewinn des Lizenznehmers abhängig machen oder für die Höhe der Lizenz Umsatz und Gewinn berücksichtigen.]

Zweiter Teil. Wohnsitzwechsel in niedrigbesteuernde Gebiete

§ 2[1] Einkommensteuer. (1) [1] Eine natürliche Person, die in den letzten zehn Jahren vor dem Ende ihrer unbeschränkten Steuerpflicht nach § 1 Abs. 1 Satz 1 des Einkommensteuergesetzes[2] als Deutscher insgesamt mindestens fünf Jahre unbeschränkt einkommensteuerpflichtig war und

1. in einem ausländischen Gebiet ansässig ist, in dem sie mit ihrem Einkommen nur einer niedrigen Besteuerung unterliegt, oder in keinem ausländischen Gebiet ansässig ist und

2. wesentliche wirtschaftliche Interessen im Geltungsbereich dieses Gesetzes hat,

ist bis zum Ablauf von zehn Jahren nach Ende des Jahres, in dem ihre unbeschränkte Steuerpflicht geendet hat, über die beschränkte Steuerpflicht im Sinne des Einkommensteuergesetzes hinaus beschränkt einkommensteuerpflichtig mit allen Einkünften im Sinne des § 2 Abs. 1 Satz 1 erster Halbsatz des Einkommensteuergesetzes, die bei unbeschränkter Einkommensteuerpflicht nicht ausländische Einkünfte im Sinne des § 34d[3] des Einkommensteuergesetzes sind. [2] Für Einkünfte der natürlichen Person, die weder durch deren ausländische Betriebsstätte noch durch deren in einem ausländischen Staat tätigen ständigen Vertreter erzielt werden, ist für die Anwendung dieser Vorschrift das Bestehen einer inländischen Geschäftsleitungsbetriebsstätte der natürlichen Person anzunehmen, der solche Einkünfte zuzuordnen sind.[3] [3] Satz 1 findet nur Anwendung für Veranlagungszeiträume, in denen die hiernach insgesamt beschränkt steuerpflichtigen Einkünfte mehr als 16 500 Euro[4] betragen.

(2) Eine niedrige Besteuerung im Sinne des Absatzes 1 Nr. 1 liegt vor, wenn

1. die Belastung durch die in dem ausländischen Gebiet erhobene Einkommensteuer – nach dem Tarif unter Einbeziehung von tariflichen Freibeträgen – bei einer in diesem Gebiet ansässigen unverheirateten natürlichen Person, die ein steuerpflichtiges Einkommen von 77 000 Euro[4] bezieht, um mehr als ein Drittel geringer ist als die Belastung einer im Geltungsbereich

---

[1] § 2 Abs. 4 geänd. durch G v. 17.4.1974 (BGBl. I S. 933), Abs. 1 Satz 1, Abs. 3 Nr. 1 und Abs. 5 geänd. durch G v. 21.12.1974 (BGBl. I S. 3656).
[2] Nr. **1**.
[3] § 2 Abs. 1 Satz 1 geänd., Satz 2 eingef. mWv VZ 2009 durch G v. 19.12.2008 (BGBl. I S. 2794).
[4] Beträge geänd. durch G v. 19.12.2000 (BGBl. I S. 1790).

dieses Gesetzes ansässigen natürlichen Person durch die deutsche Einkommensteuer unter sonst gleichen Bedingungen, es sei denn, die Person weist nach, daß die von ihrem Einkommen insgesamt zu entrichtenden Steuern mindestens zwei Drittel der Einkommensteuer betragen, die sie bei unbeschränkter Steuerpflicht nach § 1 Abs. 1 des Einkommensteuergesetzes zu entrichten hätte, oder

2. die Belastung der Person durch die in dem ausländischen Gebiet erhobene Einkommensteuer auf Grund einer gegenüber der allgemeinen Besteuerung eingeräumten Vorzugsbesteuerung erheblich gemindert sein kann, es sei denn, die Person weist nach, daß die von ihrem Einkommen insgesamt zu entrichtenden Steuern mindestens zwei Drittel der Einkommensteuer betragen, die sie bei unbeschränkter Steuerpflicht nach § 1 Abs. 1 des Einkommensteuergesetzes zu entrichten hätte.

(3) Eine Person hat im Sinne des Absatzes 1 Nr. 2 wesentliche wirtschaftliche Interessen im Geltungsbereich dieses Gesetzes, wenn

1.[1] sie zu Beginn des Veranlagungszeitraums Unternehmer oder Mitunternehmer eines im Geltungsbereich dieses Gesetzes belegenen Gewerbebetriebs ist oder, sofern sie Kommanditist ist, mehr als 25 Prozent der Einkünfte im Sinne des § 15 Abs. 1 Satz 1 Nr. 2[2] des Einkommensteuergesetzes aus der Gesellschaft auf sie entfallen oder ihr eine Beteiligung im Sinne des § 17 Abs. 1 des Einkommensteuergesetzes an einer inländischen Kapitalgesellschaft gehört oder

2. ihre Einkünfte, die bei unbeschränkter Einkommensteuerpflicht nicht ausländische Einkünfte im Sinne des § 34d[3] des Einkommensteuergesetzes sind, im Veranlagungszeitraum mehr als 30 Prozent ihrer sämtlichen Einkünfte betragen oder 62 000 Euro[4] übersteigen oder

3. zu Beginn des Veranlagungszeitraums ihr Vermögen, dessen Erträge bei unbeschränkter Einkommensteuerpflicht nicht ausländische Einkünfte im Sinne des § 34d[3] des Einkommensteuergesetzes wären, mehr als 30 Prozent ihres Gesamtvermögens beträgt oder 154 000 Euro[4] übersteigt.

(4) Bei der Anwendung der Absätze 1 und 3 sind bei einer Person Gewerbebetriebe, Beteiligungen, Einkünfte und Vermögen einer ausländischen Gesellschaft im Sinne des § 5, an der die Person unter den dort genannten Voraussetzungen beteiligt ist, entsprechend ihrer Beteiligung zu berücksichtigen.

(5)[5] ¹Ist Absatz 1 anzuwenden, kommt der Steuersatz zur Anwendung, der sich für sämtliche Einkünfte der Person ergibt; für die Ermittlung des Steuersatzes bleiben Einkünfte aus Kapitalvermögen außer Betracht, die dem gesonderten Steuersatz nach § 32d Absatz 1 des Einkommensteuergesetzes unterliegen. ²Auf Einkünfte, die dem Steuerabzug auf Grund des § 50a des Einkom-

---

[1] § 2 Abs. 3 Nr. 1 geänd. durch G v. 23.10.2000 (BGBl. I S. 1433).
[2] Verweis geänd. durch G v. 20.12.2007 (BGBl. I S. 3150).
[3] Verweis geänd. durch G v. 22.12.2014 (BGBl. I S. 2417).
[4] Beträge geänd. durch G v. 19.12.2000 (BGBl. I S. 1790).
[5] § 2 Abs. 5 neu gef. durch G v. 26.6.2013 (BGBl. I S. 1809).

mensteuergesetzes unterliegen, ist § 50 Absatz 2 des Einkommensteuergesetzes nicht anzuwenden. ³ § 43 Absatz 5 des Einkommensteuergesetzes bleibt unberührt.

(6) Weist die Person nach, daß die auf Grund der Absätze 1 und 5 zusätzlich zu entrichtende Steuer insgesamt zu einer höheren inländischen Steuer führt, als sie sie bei unbeschränkter Steuerpflicht und Wohnsitz ausschließlich im Geltungsbereich dieses Gesetzes zu entrichten hätte, so wird der übersteigende Betrag insoweit nicht erhoben, als er die Steuer überschreitet, die sich ohne Anwendung der Absätze 1 und 5 ergäbe.

§ 3[1] Vermögensteuer. *(aufgehoben)*

§ 4[2] Erbschaftsteuer.
(1) War bei einem Erblasser oder Schenker zur Zeit der Entstehung der Steuerschuld § 2 Abs. 1 Satz 1 anzuwenden, so tritt bei Erbschaftsteuerpflicht nach § 2 Abs. 1 Nr. 3 des Erbschaftsteuergesetzes[3] die Steuerpflicht über den dort bezeichneten Umfang hinaus für alle Teile des Erwerbs ein, deren Erträge bei unbeschränkter Einkommensteuerpflicht nicht ausländische Einkünfte im Sinne des § 34d[4] des Einkommensteuergesetzes wären.

(2) Absatz 1 findet keine Anwendung, wenn nachgewiesen wird, daß für die Teile des Erwerbs, die nach dieser Vorschrift über § 2 Abs. 1 Nr. 3 des Erbschaftsteuergesetzes hinaus steuerpflichtig wären, im Ausland eine der deutschen Erbschaftsteuer entsprechende Steuer zu entrichten ist, die mindestens 30 Prozent der deutschen Erbschaftsteuer beträgt, die bei Anwendung des Absatzes 1 auf diese Teile des Erwerbs entfallen würde.

§ 5[5] Zwischengeschaltete Gesellschaften.
(1) ¹ Sind natürliche Personen, die in den letzten zehn Jahren vor dem Ende ihrer unbeschränkten Steuerpflicht nach § 1 Abs. 1 Satz 1 des Einkommensteuergesetzes als Deutscher insgesamt mindestens fünf Jahre unbeschränkt einkommensteuerpflichtig waren und die Voraussetzungen des § 2 Abs. 1 Satz 1 Nr. 1 erfüllen (Person im Sinne des § 2), allein oder zusammen mit unbeschränkt Steuerpflichtigen an einer ausländischen Gesellschaft *im Sinne des § 7*[6] beteiligt, so sind Einkünfte, mit denen diese Personen bei unbeschränkter Steuerpflicht nach den §§ 7, 8 *und 14 [ab 1.1.2022: §§ 7 bis 13]*[7] steuerpflichtig wären und die nicht ausländische Einkünfte im Sinne des § 34d[4] des Einkommensteuergesetzes sind, diesen Personen zuzurechnen. ²Liegen die Voraussetzungen des Satzes 1 vor, so sind die Vermögenswerte der ausländischen Gesellschaft, deren Erträge bei

---

1) § 3 aufgeh. mWv 1.1.1997 durch G v. 20.12.1996 (BGBl. I S. 2049).
2) § 4 geänd. durch G v. 17.4.1974 (BGBl. I S. 933).
3) Nr. **250**.
4) Verweis geänd. durch G v. 22.12.2014 (BGBl. I S. 2417).
5) § 5 Abs. 1 neu gef. und Abs. 3 angef. durch G v. 17.4.1974 (BGBl. I S. 933), Abs. 1 Satz 2 geänd. mWv 1.1.1997 durch G v. 20.12.1996 (BGBl. I S. 2049).
6) § 5 Abs. 1 Satz 1 kursiver Satzteil aufgeh. mWv 1.1.2022 (§ 21 Abs. 4 zu § 7) durch ATADUmsG v. 25.6.2021 (BGBl. I S. 2035).
7) § 5 Abs. 1 Satz 1 Verweis geänd. mWv 1.1.2022 (§ 21 Abs. 4 zu §§ 7–13) durch ATAD-UmsG v. 25.6.2021 (BGBl. I S. 2035).

unbeschränkter Steuerpflicht nicht ausländische Einkünfte im Sinne des § 34d[1] des Einkommensteuergesetzes wären, im Fall des § 4 dem Erwerb entsprechend der Beteiligung zuzurechnen.

(2) Das Vermögen, das den nach Absatz 1 einer Person zuzurechnenden Einkünften zugrunde liegt, haftet für die von dieser Person für diese Einkünfte geschuldeten Steuern.

(3) § 18 findet entsprechende Anwendung.

Dritter Teil. Behandlung einer Beteiligung im Sinne des § 17 des Einkommensteuergesetzes bei Wohnsitzwechsel ins Ausland[2]

§ 6 Besteuerung des Vermögenszuwachses.

[alte Fassung:][3]

(1) [1]Bei einer natürlichen Person, die insgesamt mindestens zehn Jahre nach § 1 Abs. 1 des Einkommensteuergesetzes unbeschränkt steuerpflichtig war und deren unbeschränkte Steuerpflicht durch Aufgabe des Wohnsitzes oder gewöhnlichen Aufenthalts endet, ist auf Anteile im Sinne des § 17 Abs. 1 Satz 1 des Einkommensteuergesetzes im Zeitpunkt der Beendigung der unbeschränkten Steuerpflicht § 17 des Einkommensteuergesetzes auch ohne Veräußerung anzuwenden, wenn im Übrigen für die Anteile zu diesem Zeitpunkt die Voraussetzungen dieser Vorschrift erfüllt sind. [2]Der Beendigung der unbeschränkten Steuerpflicht im Sinne des Satzes 1 stehen gleich

1. die Übertragung der Anteile durch ganz oder teilweise unentgeltliches Rechtsgeschäft unter Lebenden oder durch Erwerb von Todes wegen auf nicht unbeschränkt steuerpflichtige Personen oder

[neue Fassung:][4]

(1) [1]Vorbehaltlich der Vorschriften des Einkommensteuergesetzes, Körperschaftsteuergesetzes und Umwandlungssteuergesetzes stehen bei unbeschränkt Steuerpflichtigen der Veräußerung von Anteilen im Sinne des § 17 Absatz 1 Satz 1 des Einkommensteuergesetzes zum gemeinen Wert gleich

1. die Beendigung der unbeschränkten Steuerpflicht infolge der Aufgabe des Wohnsitzes oder des gewöhnlichen Aufenthalts,

2. die unentgeltliche Übertragung auf eine nicht unbeschränkt steuerpflichtige Person sowie,

3. vorbehaltlich der Nummern 1 und 2, der Ausschluss oder die Beschränkung des Besteuerungsrechts der Bundesrepublik Deutschland hinsichtlich des Gewinns aus der Veräußerung der Anteile.

[2]Die Veräußerung im Sinne des Satzes 1 erfolgt im Fall des

---

[1] Verweis geänd. durch G v. 22.12.2014 (BGBl. I S. 2417).
[2] Überschrift neu gef. durch G v. 23.10.2000 (BGBl. I S. 1433).
[3] § 6 neu gef. durch G v. 7.12.2006 (BGBl. I S. 2782); zur weiteren Anwendung siehe § 21 Abs. 3.
[4] § 6 neu gef. durch ATADUmsG v. 25.6.2021 (BGBl. I S. 2035); zum Übergang der aF auf die nF siehe § 21 Abs. 3.

[alte Fassung:]

2. die Begründung eines Wohnsitzes oder gewöhnlichen Aufenthalts oder die Erfüllung eines anderen ähnlichen Merkmals in einem ausländischen Staat, wenn der Steuerpflichtige auf Grund dessen nach einem Abkommen zur Vermeidung der Doppelbesteuerung als in diesem Staat ansässig anzusehen ist, oder

3. die Einlage der Anteile in einen Betrieb oder eine Betriebsstätte des Steuerpflichtigen in einem ausländischen Staat oder

4. der Ausschluss oder die Beschränkung des Besteuerungsrechts der Bundesrepublik Deutschland hinsichtlich des Gewinns aus der Veräußerung der Anteile auf Grund anderer als der in Satz 1 oder der in den Nummern 1 bis 3 genannten Ereignisse.

³§ 17 Abs. 5 des Einkommensteuergesetzes und die Vorschriften des Umwandlungssteuergesetzes bleiben unberührt. ⁴An Stelle des Veräußerungspreises (§ 17 Abs. 2 des Einkommensteuergesetzes) tritt der gemeine Wert der Anteile in dem nach Satz 1 oder 2 maßgebenden Zeitpunkt. ⁵Die §§ 17 und 49 Abs. 1 Nr. 2 Buchstabe e des Einkommensteuergesetzes bleiben mit der Maßgabe unberührt, dass der nach diesen Vorschriften anzusetzende Gewinn aus der Veräußerung dieser Anteile um den nach den vorstehenden Vorschriften besteuerten Vermögenszuwachs zu kürzen ist.

(2) ¹Hat der unbeschränkt Steuerpflichtige die Anteile durch ganz oder teilweise unentgeltliches Rechtsgeschäft erworben, so sind für die Errechnung der nach Absatz 1 maßgebenden Dauer der unbeschränkten Steuerpflicht auch Zeiträume einzubeziehen, in denen der Rechtsvorgänger bis zur Übertra-

[neue Fassung:]

1. Satzes 1 Nummer 1 im Zeitpunkt der Beendigung der unbeschränkten Steuerpflicht,

2. Satzes 1 Nummer 2 im Zeitpunkt der Übertragung,

3. Satzes 1 Nummer 3 unmittelbar vor dem Zeitpunkt, zu dem der Ausschluss oder die Beschränkung des Besteuerungsrechts eintritt.

³Im Fall des Satzes 1 gelten die Anteile vom Steuerpflichtigen oder, bei unentgeltlicher Übertragung, von dessen Rechtsnachfolger als zum gemeinen Wert erworben, soweit die auf den Veräußerungsgewinn entfallende Steuer entrichtet worden ist; andernfalls gelten diese weiterhin als zu den ursprünglichen Anschaffungskosten erworben.

(2) ¹Unbeschränkt Steuerpflichtige im Sinne des Absatzes 1 sind natürliche Personen, die innerhalb der letzten zwölf Jahre vor den in Absatz 1 Satz 1 Nummer 1 bis 3 genannten Tatbeständen insgesamt mindestens sieben Jahre unbeschränkt steuerpflichtig im Sinne des § 1 Absatz 1 des Einkommensteuergesetzes gewesen sind. ²Bei unentgeltlichem Erwerb von Anteilen ist für die Berechnung der nach Satz 1 maßgebenden Dauer der Steuerpflicht auch die unbeschränkte Steuerpflicht des Rechtsvorgängers oder, sofern der betreffende Anteil nacheinander unentgeltlich übertragen wurde, auch die unbeschränkte Steuerpflicht des jeweiligen Rechtsvorgängers einzubeziehen. ³Zeiträume, in denen die natürliche Person und der oder die Rechtsvorgänger gleichzeitig unbeschränkt steuerpflichtig waren, werden dabei nur einmal angesetzt. ⁴Entfällt der Steueranspruch nach Absatz 3 in der jeweils geltenden Fassung oder einer bis zum 30. Juni 2021 geltenden Fassung, gelten der Steuerpflichtige sowie dessen unmit-

[alte Fassung:]

gung der Anteile unbeschränkt steuerpflichtig war. ²Sind die Anteile mehrmals nacheinander in dieser Weise übertragen worden, so gilt Satz 1 für jeden der Rechtsvorgänger entsprechend. ³Zeiträume, in denen der Steuerpflichtige oder ein oder mehrere Rechtsvorgänger gleichzeitig unbeschränkt steuerpflichtig waren, werden dabei nur einmal angesetzt.

(3) ¹Beruht die Beendigung der unbeschränkten Steuerpflicht auf vorübergehender Abwesenheit und wird der Steuerpflichtige innerhalb von fünf Jahren seit Beendigung der unbeschränkten Steuerpflicht wieder unbeschränkt steuerpflichtig, so entfällt der Steueranspruch nach Absatz 1, soweit die Anteile in der Zwischenzeit nicht veräußert und die Tatbestände des Absatzes 1 Satz 2 Nr. 1 oder 3 nicht erfüllt worden sind und der Steuerpflichtige im Zeitpunkt der Begründung der unbeschränkten Steuerpflicht nicht nach einem Abkommen zur Vermeidung der Doppelbesteuerung als in einem ausländischen Staat ansässig gilt. ²Das Finanzamt, das in dem nach Absatz 1 Satz 1 oder 2 maßgebenden Zeitpunkt nach § 19 der Abgabenordnung zuständig ist, kann diese Frist um höchstens fünf Jahre verlängern, wenn der Steuerpflichtige glaubhaft macht, dass berufliche Gründe für seine Abwesenheit maßgebend sind und seine Absicht zur Rückkehr unverändert fortbesteht. ³Wird im Fall des Erwerbs von Todes wegen nach Absatz 1 Satz 2 Nr. 1 der Rechtsnachfolger des Steuerpflichtigen innerhalb von fünf Jahren seit Entstehung des Steueranspruchs

[neue Fassung:]

telbarer oder mittelbarer Rechtsnachfolger abweichend von den Sätzen 1 bis 3 als unbeschränkt Steuerpflichtige im Sinne des Absatzes 1.[1]

(3) ¹Beruht die Beendigung der unbeschränkten Steuerpflicht im Sinne des Absatzes 1 Satz 1 Nummer 1 auf einer nur vorübergehenden Abwesenheit des Steuerpflichtigen und wird der Steuerpflichtige innerhalb von sieben Jahren seit Beendigung der unbeschränkten Steuerpflicht wieder unbeschränkt steuerpflichtig, entfällt der Steueranspruch nach Absatz 1, soweit

1. die Anteile in der Zwischenzeit weder veräußert, übertragen noch in ein Betriebsvermögen eingelegt wurden,

2. keine Gewinnausschüttungen oder keine Einlagenrückgewähr erfolgt sind, deren gemeiner Wert insgesamt mehr als ein Viertel des Werts im Sinne des Absatzes 1 beträgt, und

3. das Besteuerungsrecht der Bundesrepublik Deutschland hinsichtlich des Gewinns aus der Veräußerung der Anteile mindestens in dem Umfang wieder begründet wird, wie es im Zeitpunkt der Beendigung der Steuerpflicht bestand.

²Abweichend von Satz 1 Nummer 1 ist eine unentgeltliche Übertragung durch den Steuerpflichtigen auf eine natürliche Person von Todes wegen unbeachtlich, wenn die Voraussetzungen des Satzes 1 durch die betreffende Person oder, infolge aufeinanderfolgender unentgeltlicher Weiterübertragung zwischen natürlichen Personen von Todes wegen, durch deren unmittelbaren oder mittelbaren

---

[1] § 6 Abs. 2 Satz 4 geänd. mWv 1.1.2022 durch G v. 16.12.2022 (BGBl. I S. 2294); zur Anwendung siehe auch § 21 Abs. 3.

[alte Fassung:]

nach Absatz 1 unbeschränkt steuerpflichtig, gilt Satz 1 entsprechend. [4]Ist der Steueranspruch nach Absatz 5 gestundet, gilt Satz 1 ohne die darin genannte zeitliche Begrenzung entsprechend, wenn

1. der Steuerpflichtige oder im Fall des Absatzes 1 Satz 2 Nr. 1 sein Rechtsnachfolger unbeschränkt steuerpflichtig werden oder

2. das Besteuerungsrecht der Bundesrepublik Deutschland hinsichtlich des Gewinns aus der Veräußerung der Anteile auf Grund eines anderen Ereignisses wieder begründet wird oder nicht mehr beschränkt ist.

(4) [1]Vorbehaltlich des Absatzes 5 ist die nach Absatz 1 geschuldete Einkommensteuer auf Antrag in regelmäßigen Teilbeträgen für einen Zeitraum von höchstens fünf Jahren seit Eintritt der ersten Fälligkeit gegen Sicherheitsleistung zu stunden, wenn ihre alsbaldige Einziehung mit erheblichen Härten für den Steuerpflichtigen verbunden wäre. [2]Die Stundung ist zu widerrufen, soweit die Anteile während des Stundungszeitraums veräußert werden oder verdeckt in eine Gesellschaft im Sinne des § 17 Abs. 1 Satz 1 des Einkommensteuergesetzes eingelegt werden oder einer der Tatbestände des § 17 Abs. 4 des Einkommensteuergesetzes verwirklicht wird. [3]In Fällen des Absatzes 3 Satz 1 und 2 richtet sich der Stundungszeitraum nach der auf Grund dieser Vorschrift eingeräumten Frist; die Erhebung von Teilbeträgen entfällt; von der Sicherheitsleistung kann nur abgesehen werden, wenn der Steueranspruch nicht gefährdet erscheint.

[neue Fassung:]

Rechtsnachfolger erfüllt werden. [3]Das Finanzamt, das im Zeitpunkt der Beendigung der unbeschränkten Steuerpflicht nach § 19 der Abgabenordnung zuständig ist, kann die Frist auf Antrag des Steuerpflichtigen oder im Fall des Satzes 2 dessen Rechtsnachfolgers insgesamt um höchstens fünf Jahre verlängern, wenn die Absicht zur Rückkehr unverändert fortbesteht. [4]Beruht ein Ausschluss des Besteuerungsrechts im Sinne des Absatzes 1 Satz 1 Nummer 3 auf einer nur vorübergehenden Abwesenheit des Steuerpflichtigen, gelten die Sätze 1 bis 3 entsprechend. [5]Wird im Fall der unentgeltlichen Übertragung im Sinne des Absatzes 1 Satz 1 Nummer 2 auf eine natürliche Person die betreffende Person innerhalb von sieben Jahren seit der Übertragung unbeschränkt steuerpflichtig, gelten die Sätze 1 bis 3 entsprechend.

(4) [1]Die festgesetzte Steuer, die auf die nach Absatz 1 realisierten Einkünfte entfällt, kann auf Antrag des Steuerpflichtigen in sieben gleichen Jahresraten entrichtet werden. [2]Dem Antrag ist in der Regel nur gegen Sicherheitsleistung stattzugeben. [3]Die erste Jahresrate ist innerhalb eines Monats nach Bekanntgabe des Steuerbescheids zu entrichten; die übrigen Jahresraten sind jeweils am 31. Juli der Folgejahre fällig. [4]Die Jahresraten sind nicht zu verzinsen. [5]Die noch nicht entrichtete Steuer ist innerhalb eines Monats nach Eintritt der nachfolgenden Ereignisse fällig,

1. wenn die Jahresrate nicht fristgemäß entrichtet wird,

2. wenn der Steuerpflichtige seine Mitwirkungspflichten nach Absatz 5 nicht erfüllt,

[alte Fassung:]

(5)[1] ¹Ist der Steuerpflichtige im Fall des Absatzes 1 Satz 1 Staatsangehöriger eines Mitgliedstaates der Europäischen Union oder eines anderen Staates, auf den das Abkommen über den Europäischen Wirtschaftsraum vom 3. Januar 1994 (ABl. EG Nr. L 1 S. 3), zuletzt geändert durch den Beschluss des Gemeinsamen EWR-Ausschusses Nr. 91/2007 vom 6. Juli 2007 (ABl. EU Nr. L 328 S. 40), in der jeweils geltenden Fassung anwendbar ist (Vertragsstaat des EWR-Abkommens), und unterliegt er nach der Beendigung der unbeschränkten Steuerpflicht in einem dieser Staaten (Zuzugsstaat) einer der deutschen unbeschränkten Einkommensteuerpflicht vergleichbaren Steuerpflicht, so ist die nach Absatz 1 geschuldete Steuer zinslos und ohne Sicherheitsleistung zu stunden. ²Voraussetzung ist, dass die Amtshilfe und die gegenseitige Unterstützung bei der Beitreibung der geschuldeten Steuer zwischen der Bundesrepublik Deutschland und diesem Staat gewährleistet sind. ³Die Sätze 1 und 2 gelten entsprechend, wenn

1. im Fall des Absatzes 1 Satz 2 Nr. 1 der Rechtsnachfolger des Steuerpflichtigen einer der deutschen unbeschränkten Einkommensteuerpflicht vergleichbaren Steuerpflicht in einem Mitgliedstaat der Europäischen Union oder einem Vertragsstaat des EWR-Abkommens unterliegt, oder

2. im Fall des Absatzes 1 Satz 2 Nr. 2 der Steuerpflichtige einer der deutschen unbeschränkten Einkommensteuerpflicht vergleichbaren Steuerpflicht in einem Mit-

[neue Fassung:]

3. wenn der Steuerpflichtige Insolvenz anmeldet,

4. soweit die Anteile veräußert oder übertragen werden oder

5. soweit Gewinnausschüttungen oder eine Einlagenrückgewähr erfolgen und soweit deren gemeiner Wert insgesamt mehr als ein Viertel des Werts im Sinne des Absatzes 1 beträgt.

⁶Abweichend von Satz 5 Nummer 4 ist eine unentgeltliche Übertragung durch den Steuerpflichtigen auf eine natürliche Person von Todes wegen unbeachtlich; insofern ist für Zwecke des Satzes 5 auf die betreffende Person oder, infolge aufeinanderfolgender unentgeltlicher Weiterübertragung zwischen natürlichen Personen von Todes wegen, auf deren unmittelbaren oder mittelbaren Rechtsnachfolger abzustellen. ⁷In den Fällen des Absatzes 3 gelten die vorstehenden Sätze entsprechend; der Stundungszeitraum richtet sich nach der vom Finanzamt eingeräumten Frist; die Erhebung von Jahresraten entfällt auf Antrag des Steuerpflichtigen; über Satz 5 hinaus wird die noch nicht entrichtete Steuer auch innerhalb eines Monats nach Eintritt des Ereignisses fällig, wonach der Steueranspruch nicht mehr nach Absatz 3 entfallen kann oder der Wegfall der Rückkehrabsicht gegenüber dem Finanzamt mitgeteilt wird. ⁸Soweit die Steuer nicht nach Absatz 3 entfällt und der Steuerpflichtige auf die Leistung von Jahresraten verzichtet hat, sind für die Dauer des gewährten Zahlungsaufschubs Zinsen in entsprechender Anwendung des § 234 der Abgabenordnung zu erheben.

---

[1] § 6 Abs. 5 Satz 1 neu gef. durch G v. 19.12.2008 (BGBl. I S. 2794); Abs. 5 Satz 4 Satzteil vor Nr. 1 ergänzt durch Brexit-StBG v. 25.3.2019 (BGBl. I S. 357).

[alte Fassung:]

gliedstaat der Europäischen Union oder einem Vertragsstaat des EWR-Abkommens unterliegt und Staatsangehöriger eines dieser Staaten ist oder

3. im Fall des Absatzes 1 Satz 2 Nr. 3 der Steuerpflichtige die Anteile in einen Betrieb oder eine Betriebsstätte in einem anderen Mitgliedstaat der Europäischen Union oder einem anderen Vertragsstaat des EWR-Abkommens einlegt oder

4.[1)] im Fall des Absatzes 1 Satz 2 Nummer 4 der Steuerpflichtige Anteile an einer in einem Mitgliedstaat der Europäischen Union oder in einem Vertragsstaat des EWR-Abkommens ansässigen Gesellschaft hält.

[4]Die Stundung ist zu widerrufen, wenn die Voraussetzungen für die Stundung nach den Sätzen 1 bis 3 nicht mehr vorliegen oder

1. soweit der Steuerpflichtige oder sein Rechtsnachfolger im Sinne des Satzes 3 Nr. 1 Anteile veräußert oder verdeckt in eine Gesellschaft im Sinne des § 17 Abs. 1 Satz 1 des Einkommensteuergesetzes einlegt oder einer der Tatbestände des § 17 Abs. 4 des Einkommensteuergesetzes erfüllt wird;

2. soweit Anteile auf eine nicht unbeschränkt steuerpflichtige Person übergehen, die nicht in einem Mitgliedstaat der Europäischen Union oder einem Vertragsstaat des EWR-Abkommens einer der deutschen unbeschränkten Einkommensteuerpflicht vergleichbaren Steuerpflicht unterliegt;

[neue Fassung:]

(5) [1]Der Steuerpflichtige oder sein Gesamtrechtsnachfolger hat dem Finanzamt, das in den in Absatz 1 genannten Zeitpunkten nach § 19 der Abgabenordnung zuständig ist, nach amtlich vorgeschriebenem Vordruck die Verwirklichung eines der Tatbestände des Absatzes 4 Satz 5 oder 7 mitzuteilen. [2]Die Mitteilung ist innerhalb eines Monats nach dem meldepflichtigen Ereignis zu erstatten; sie ist vom Steuerpflichtigen eigenhändig zu unterschreiben. [3]Der Steuerpflichtige oder sein Gesamtrechtsnachfolger hat dem nach Satz 1 zuständigen Finanzamt jährlich bis zum 31. Juli schriftlich seine aktuelle Anschrift mitzuteilen und zu bestätigen, dass die Anteile ihm oder im Fall des Absatzes 1 Satz 1 Nummer 2 seinem Rechtsnachfolger weiterhin zuzurechnen sind.

[1)] § 6 Abs. 5 Satz 3 Nr. 4 angef. durch G v. 22.12.2014 (BGBl. I S. 2417).

[alte Fassung:]

3. soweit in Bezug auf die Anteile eine Entnahme oder ein anderer Vorgang verwirklicht wird, der nach inländischem Recht zum Ansatz des Teilwerts oder des gemeinen Werts führt;

4. wenn für den Steuerpflichtigen oder seinen Rechtsnachfolger im Sinne des Satzes 3 Nr. 1 durch Aufgabe des Wohnsitzes oder gewöhnlichen Aufenthalts keine Steuerpflicht nach Satz 1 mehr besteht.

5 Ein Umwandlungsvorgang, auf den die §§ 11, 15 oder 21 des Umwandlungssteuergesetzes vom 7. Dezember 2006 (BGBl. I S. 2782, 2791) in der jeweils geltenden Fassung anzuwenden sind, gilt auf Antrag nicht als Veräußerung im Sinne des Satzes 4 Nr. 1, wenn die erhaltenen Anteile bei einem unbeschränkt steuerpflichtigen Anteilseigner, der die Anteile nicht in einem Betriebsvermögen hält, nach § 13 Abs. 2, § 21 Abs. 2 des Umwandlungssteuergesetzes mit den Anschaffungskosten der bisherigen Anteile angesetzt werden könnten; für Zwecke der Anwendung des Satzes 4 und der Absätze 3, 6 und 7 treten insoweit die erhaltenen Anteile an die Stelle der Anteile im Sinne des Absatzes 1. 6 Ist im Fall des Satzes 1 oder Satzes 3 der Gesamtbetrag der Einkünfte ohne Einbeziehung des Vermögenszuwachses nach Absatz 1 negativ, ist dieser Vermögenszuwachs bei Anwendung des § 10d des Einkommensteuergesetzes nicht zu berücksichtigen. 7 Soweit ein Ereignis im Sinne des Satzes 4 eintritt, ist der Vermögenszuwachs rückwirkend bei der Anwendung des § 10d des Einkommensteuergesetzes zu berücksichtigen und in Anwendung des Satzes 6 ergangene oder

[alte Fassung:]

geänderte Feststellungsbescheide oder Steuerbescheide sind aufzuheben oder zu ändern; § 175 Abs. 1 Satz 2 der Abgabenordnung gilt entsprechend.

(6) [1]Ist im Fall des Absatzes 5 Satz 4 Nr. 1 der Veräußerungsgewinn im Sinne des § 17 Abs. 2 des Einkommensteuergesetzes im Zeitpunkt der Beendigung der Stundung niedriger als der Vermögenszuwachs nach Absatz 1 und wird die Wertminderung bei der Einkommensbesteuerung durch den Zuzugsstaat nicht berücksichtigt, so ist der Steuerbescheid insoweit aufzuheben oder zu ändern; § 175 Abs. 1 Satz 2 der Abgabenordnung gilt entsprechend. [2]Dies gilt nur, soweit der Steuerpflichtige nachweist, dass die Wertminderung betrieblich veranlasst ist und nicht auf eine gesellschaftsrechtliche Maßnahme, insbesondere eine Gewinnausschüttung, zurückzuführen ist. [3]Die Wertminderung ist höchstens im Umfang des Vermögenszuwachses nach Absatz 1 zu berücksichtigen. [4]Ist die Wertminderung auf eine Gewinnausschüttung zurückzuführen und wird sie bei der Einkommensbesteuerung nicht berücksichtigt, ist die auf diese Gewinnausschüttung erhobene und keinem Ermäßigungsanspruch mehr unterliegende inländische Kapitalertragsteuer auf die nach Absatz 1 geschuldete Steuer anzurechnen.

(7) [1]Der Steuerpflichtige oder sein Gesamtrechtsnachfolger hat dem Finanzamt, das in dem in Absatz 1 genannten Zeitpunkt nach § 19 der Abgabenordnung zuständig ist, nach amtlich vorgeschriebenem Vordruck die Verwirklichung eines der Tatbestände des Absatzes 5 Satz 4 mitzuteilen. [2]Die Mitteilung ist innerhalb

[alte Fassung:]

eines Monats nach dem meldepflichtigen Ereignis zu erstatten; sie ist vom Steuerpflichtigen eigenhändig zu unterschreiben. ³In den Fällen des Absatzes 5 Satz 4 Nr. 1 und 2 ist der Mitteilung ein schriftlicher Nachweis über das Rechtsgeschäft beizufügen. ⁴Der Steuerpflichtige hat dem nach Satz 1 zuständigen Finanzamt jährlich bis zum Ablauf des 31. Januar schriftlich seine am 31. Dezember des vorangegangenen Kalenderjahres geltende Anschrift mitzuteilen und zu bestätigen, dass die Anteile ihm oder im Fall der unentgeltlichen Rechtsnachfolge unter Lebenden seinem Rechtsnachfolger weiterhin zuzurechnen sind. ⁵Die Stundung nach Absatz 5 Satz 1 kann widerrufen werden, wenn der Steuerpflichtige seine Mitwirkungspflicht nach Satz 4 nicht erfüllt.

(8)¹⁾ ¹Abweichend von Absatz 5 Satz 4 führt der Austritt des Vereinigten Königreichs Großbritannien und Nordirland aus der Europäischen Union nicht zum Widerruf der Stundung, wenn allein auf Grund dessen für den Steuerpflichtigen oder seinen Rechtsnachfolger im Sinne des Absatzes 5 Satz 3 Nummer 1 die Voraussetzungen für die Stundung nach Absatz 5 Satz 1 und 3 nicht mehr vorliegen. ²In den Fällen des Satzes 1 ist Absatz 5 Satz 4 auf die gestundeten Beträge weiterhin mit der Maßgabe anzuwenden, dass die Stundung über die in Absatz 5 Satz 4 geregelten Tatbestände hinaus auch zu widerrufen ist,
1. soweit die Anteile auf Grund einer Entnahme oder eines anderen Vorgangs, der nach inländischem Recht nicht zum Ansatz des Teil-

¹⁾ § 6 Abs. 8 angef. mWv 29.3.2019 durch Brexit-StBG v. 25.3.2019 (BGBl. I S. 357).

[alte Fassung:]

werts oder des gemeinen Werts führt, weder einer Betriebsstätte des Steuerpflichtigen im Vereinigten Königreich Großbritannien und Nordirland noch einer Betriebsstätte des Steuerpflichtigen im Sinne des Absatzes 5 Satz 3 Nummer 3 zuzuordnen ist;

2. wenn für den Steuerpflichtigen oder für seinen Rechtsnachfolger im Sinne des Absatzes 5 Satz 3 Nummer 1 infolge der Aufgabe des Wohnsitzes oder gewöhnlichen Aufenthalts weder eine mit der deutschen unbeschränkten Einkommensteuerpflicht vergleichbare Steuerpflicht im Vereinigten Königreich Großbritannien und Nordirland noch eine Steuerpflicht nach Absatz 5 Satz 1 besteht.

³ In den Fällen des Satzes 2 gilt Absatz 7 entsprechend.

Vierter Teil. *Beteiligung an ausländischen Zwischengesellschaften* *[ab 1.1.2022*: **Hinzurechnungsbesteuerung]**[1]

[Fassung bis 31.12.2021:]

§ 7 Steuerpflicht inländischer Gesellschafter. (1) Sind unbeschränkt Steuerpflichtige an einer Körperschaft, Personenvereinigung oder Vermögensmasse im Sinne des Körperschaftsteuergesetzes, die weder Geschäftsleitung noch Sitz im Geltungsbereich dieses Gesetzes hat und die nicht gemäß § 3 Abs. 1 des Körperschaftsteuergesetzes von der Körperschaftsteuerpflicht ausgenommen ist (ausländische Gesell-

[Fassung ab 1.1.2022:]

§ 7[2] Beteiligung an ausländischer Zwischengesellschaft.

(1) ¹ Beherrscht ein unbeschränkt Steuerpflichtiger eine Körperschaft, Personenvereinigung oder Vermögensmasse im Sinne des Körperschaftsteuergesetzes, die weder Geschäftsleitung noch Sitz im Inland hat und die nicht gemäß § 3 Absatz 1 des Körperschaftsteuergesetzes von der Körperschaftsteuerpflicht ausgenommen ist (ausländische Gesell-

---

[1] Überschrift neu gef. mWv 1.1.2022 (§ 21 Abs. 4) durch ATADUmsG v. 25.6.2021 (BGBl. I S. 2035).

[2] § 7 neu gef. durch ATADUmsG v. 25.6.2021 (BGBl. I S. 2035); zur Anwendung siehe § 21 Abs. 4 Satz 1.

[Fassung bis 31.12.2021:]

schaft), zu mehr als der Hälfte beteiligt, so sind die Einkünfte, für die diese Gesellschaft Zwischengesellschaft ist, bei jedem von ihnen mit dem Teil steuerpflichtig, der auf die ihm zuzurechnende Beteiligung am Nennkapital der Gesellschaft entfällt.

(2) ¹Unbeschränkt Steuerpflichtige sind im Sinne des Absatzes 1 an einer ausländischen Gesellschaft zu mehr als der Hälfte beteiligt, wenn ihnen allein oder zusammen mit Personen im Sinne des § 2 am Ende des Wirtschaftsjahres der Gesellschaft, in dem sie die Einkünfte nach Absatz 1 bezogen hat (maßgebendes Wirtschaftsjahr), mehr als 50 Prozent der Anteile oder der Stimmrechte an der ausländischen Gesellschaft zuzurechnen sind. ²Bei der Anwendung des vorstehenden Satzes sind auch Anteile oder Stimmrechte zu berücksichtigen, die durch eine andere Gesellschaft vermittelt werden, und zwar in dem Verhältnis, das den Anteilen oder Stimmrechten an der vermittelnden Gesellschaft zu den gesamten Anteilen oder Stimmrechten an dieser Gesellschaft entspricht; dies gilt entsprechend bei der Vermittlung von Anteilen oder Stimmrechten durch mehrere Gesellschaften. ³Ist ein Gesellschaftskapital nicht vorhanden und bestehen auch keine Stimmrechte, so kommt es auf das Verhältnis der Beteiligungen am Vermögen der Gesellschaft an.

(3) Sind unbeschränkt Steuerpflichtige unmittelbar oder über Personengesellschaften an einer Personengesellschaft beteiligt, die ihrerseits an einer ausländischen Gesellschaft im Sinne des Absatzes 1 beteiligt ist, so gelten sie als an der ausländischen Gesellschaft beteiligt.

[Fassung ab 1.1.2022:]

schaft), sind die Einkünfte, für die diese Gesellschaft Zwischengesellschaft ist, bei dem unbeschränkt Steuerpflichtigen entsprechend seiner unmittelbaren und mittelbaren Beteiligung am Nennkapital steuerpflichtig. ²Mittelbare Beteiligungen sind für die Steuerpflicht nach Satz 1 unbeachtlich, soweit bei einer die Beteiligung vermittelnden Person hinsichtlich der Beteiligung an dieser ausländischen Gesellschaft eine Hinzurechnungsbesteuerung nach diesem Gesetz oder einer vergleichbaren ausländischen Regelung erfolgt ist und die danach hinzugerechneten Einkünfte dadurch insgesamt keiner niedrigen Besteuerung im Sinne des § 8 Absatz 5 unterliegen. ³Ist für die Gewinnverteilung der ausländischen Gesellschaft nicht die Beteiligung am Nennkapital maßgebend oder hat die Gesellschaft kein Nennkapital, so ist für die Steuerpflicht der Einkünfte nach Satz 1 der Maßstab für die Gewinnverteilung zugrunde zu legen. ⁴Die Sätze 1 bis 3 sind auch auf einen beschränkt Steuerpflichtigen anzuwenden, soweit die Beteiligung an der ausländischen Gesellschaft unmittelbar oder mittelbar einer inländischen Betriebsstätte des Steuerpflichtigen zuzuordnen ist, durch die eine Tätigkeit im Sinne des § 15 Absatz 2 des Einkommensteuergesetzes ausgeübt wird.

(2) Eine Beherrschung im Sinne des Absatzes 1 liegt vor, wenn der Steuerpflichtige allein oder zusammen mit ihm nahestehenden Personen am Ende des Wirtschaftsjahres der ausländischen Gesellschaft, in dem diese die Einkünfte nach Absatz 1 erzielt hat (maßgebendes Wirtschaftsjahr), mehr als die Hälfte der Stimmrechte oder mehr als die

[Fassung bis 31.12.2021:]

(4) [1] Einem unbeschränkt Steuerpflichtigen sind für die Anwendung der §§ 7 bis 14 auch Anteile oder Stimmrechte zuzurechnen, die eine Person hält, die seinen Weisungen so zu folgen hat oder so folgt, daß ihr kein eigener wesentlicher Entscheidungsspielraum bleibt. [2] Diese Voraussetzung ist nicht schon allein dadurch erfüllt, daß der unbeschränkt Steuerpflichtige an der Person beteiligt ist.

(5) Ist für die Gewinnverteilung der ausländischen Gesellschaft nicht die Beteiligung am Nennkapital maßgebend oder hat die Gesellschaft kein Nennkapital, so ist der Aufteilung der Einkünfte nach Absatz 1 der Maßstab für die Gewinnverteilung zugrunde zu legen.

(6)[1] [1] Ist eine ausländische Gesellschaft Zwischengesellschaft für Zwischeneinkünfte mit Kapitalanlagecharakter im Sinne des Absatz 6a[2] und ist ein unbeschränkt Steuerpflichtiger an der Gesellschaft zu mindestens 1 Prozent beteiligt, sind diese Zwischeneinkünfte bei diesem Steuerpflichtigen in dem in Absatz 1 bestimmten Umfang steuerpflichtig, auch wenn die Voraussetzungen des Absatzes 1 im Übrigen nicht erfüllt sind. [2] Satz 1 ist nicht anzuwenden, wenn die den Zwischeneinkünften mit Kapitalanlagecharakter zugrunde liegenden Bruttoerträge nicht mehr als 10 Prozent der den gesamten Zwischeneinkünften zugrunde liegenden Bruttoerträge der ausländischen Zwischengesellschaft betragen und die bei einer Zwischengesellschaft oder bei einem Steuerpflichtigen hiernach außer Ansatz zu lassen-

[Fassung ab 1.1.2022:]

Hälfte der Anteile am Nennkapital unmittelbar oder mittelbar zuzurechnen sind oder unmittelbar oder mittelbar ein Anspruch auf mehr als die Hälfte des Gewinns oder des Liquidationserlöses dieser Gesellschaft zusteht.

(3) [1] Für Zwecke der §§ 7 bis 12 ist eine Person dem Steuerpflichtigen unter den Voraussetzungen des § 1 Absatz 2 nahestehend. [2] Eine Personengesellschaft oder Mitunternehmerschaft ist selbst nahestehende Person, wenn sie die Voraussetzungen des § 1 Absatz 2 erfüllt.

(4) [1] Unbeschadet des Absatzes 3 gelten Personen als dem Steuerpflichtigen nahestehend, wenn sie mit ihm in Bezug auf die Zwischengesellschaft durch abgestimmtes Verhalten zusammenwirken. [2] Bei den unmittelbaren oder mittelbaren Gesellschaftern einer Personengesellschaft oder Mitunternehmerschaft, die an einer Zwischengesellschaft unmittelbar oder mittelbar beteiligt ist, wird ein Zusammenwirken durch abgestimmtes Verhalten widerlegbar unterstellt.

(5) [1] Die Absätze 1 bis 4 sind nicht anzuwenden, wenn auf die Einkünfte, für die die ausländische Gesellschaft Zwischengesellschaft ist, die Vorschriften des Investmentsteuergesetzes in der jeweils geltenden Fassung anzuwenden sind. [2] Satz 1 gilt nicht, wenn die den Einkünften zugrunde liegenden Geschäfte zu mehr als einem Drittel mit dem Steuerpflichtigen oder ihm nahestehenden Personen betrieben werden.

---

[1] § 7 Abs. 6 neu gef. durch G v. 20.12.2001 (BGBl. I S. 3858).
[2] Geänd. durch G v. 16.5.2003 (BGBl. I S. 660).

[Fassung bis 31.12.2021:]

den Beträge insgesamt 80 000 Euro[1] nicht übersteigen. [3]Satz 1 ist auch anzuwenden bei einer Beteiligung von weniger als 1 Prozent, wenn die ausländische Gesellschaft ausschließlich oder fast ausschließlich Bruttoerträge erzielt, die Zwischeneinkünften mit Kapitalanlagecharakter zugrunde liegen, es sei denn, dass mit der Hauptgattung der Aktien der ausländischen Gesellschaft ein wesentlicher und regelmäßiger Handel an einer anerkannten Börse stattfindet.

(6a)[2] Zwischeneinkünfte mit Kapitalanlagecharakter sind Einkünfte der ausländischen Zwischengesellschaft (§ 8), die aus dem Halten, der Verwaltung, Werterhaltung oder Werterhöhung von Zahlungsmitteln, Forderungen, Wertpapieren, Beteiligungen (mit Ausnahme der in § 8 Abs. 1 Nr. 8 und 9 genannten Einkünfte) oder ähnlichen Vermögenswerten stammen, es sei denn, der Steuerpflichtige weist nach, dass sie aus einer Tätigkeit stammen, die einer unter § 8 Abs. 1 Nr. 1 bis 6 fallenden eigenen Tätigkeit der ausländischen Gesellschaft dient, ausgenommen Tätigkeiten im Sinne des § 1 Abs. 1 Nr. 6 des Kreditwesengesetzes in der Fassung der Bekanntmachung vom 9. September 1998 (BGBl. I S. 2776), das zuletzt durch Artikel 3 Abs. 3 des Gesetzes vom 22. August 2002 (BGBl. I S. 3387) geändert worden ist, in der jeweils geltenden Fassung.

(7)[3] Die Absätze 1 bis 6a sind nicht anzuwenden, wenn auf die Einkünfte, für die die ausländische

---

[1] Betrag geänd. durch G v. 20.12.2007 (BGBl. I S. 3150).
[2] § 7 Abs. 6a eingef. durch G v. 16.5.2003 (BGBl. I S. 660).
[3] § 7 Abs. 7 neu gef. durch G v. 9.12.2004 (BGBl. I S. 3310); HS 2 aufgeh. mWv 1.1.2018 durch G v. 19.7.2016 (BGBl. I S. 1730).

[Fassung bis 31.12.2021:]
Gesellschaft Zwischengesellschaft ist, die Vorschriften des Investmentsteuergesetzes in der jeweils geltenden Fassung anzuwenden sind.

(8)[1] Sind unbeschränkt Steuerpflichtige an einer ausländischen Gesellschaft beteiligt und ist diese an einer Gesellschaft im Sinne des § 16 des REIT-Gesetzes vom 28. Mai 2007 (BGBl. I S. 914) in der jeweils geltenden Fassung beteiligt, gilt Absatz 1 unbeschadet des Umfangs der jeweiligen Beteiligung an der ausländischen Gesellschaft, es sei denn, dass mit der Hauptgattung der Aktien der ausländischen Gesellschaft ein wesentlicher und regelmäßiger Handel an einer anerkannten Börse stattfindet.

§ 8 Einkünfte von Zwischengesellschaften.

[Fassung bis 31.12.2021:]

(1) Eine ausländische Gesellschaft ist Zwischengesellschaft für Einkünfte, die einer niedrigen Besteuerung unterliegen und nicht stammen aus:

1. der Land- und Forstwirtschaft,

2. der Herstellung, Bearbeitung, Verarbeitung oder Montage von Sachen, der Erzeugung von Energie sowie dem Aufsuchen und der Gewinnung von Bodenschätzen,

3.[3] dem Betrieb von Kreditinstituten oder Versicherungsunternehmen, die für ihre Geschäfte einen in kaufmännischer Weise eingerichteten Betrieb unterhalten, es sei denn, die Geschäfte werden überwiegend mit unbeschränkt Steu-

[Fassung ab 1.1.2022:][2]

(1) Eine ausländische Gesellschaft ist Zwischengesellschaft für Einkünfte, einschließlich Veräußerungsgewinnen, die einer niedrigen Besteuerung im Sinne des Absatzes 5 unterliegen und nicht stammen aus:

1. der Land- und Forstwirtschaft,

2. der Herstellung, Bearbeitung, Verarbeitung oder Montage von Sachen, der Erzeugung von Energie sowie dem Aufsuchen und der Gewinnung von Bodenschätzen,

3. dem Betrieb von Versicherungsunternehmen, Kreditinstituten und Finanzdienstleistungsinstituten, die einer wesentlichen wirtschaftlichen Tätigkeit im Sinne des Absatzes 2 nachgehen; es sei denn, die diesen Einkünften zugrunde

---

[1] § 7 Abs. 8 angef. durch G v. 28.5.2007 (BGBl. I S. 914).
[2] § 8 neu gef. durch ATADUmsG v. 25.6.2021 (BGBl. I S. 2035); zur Anwendung siehe § 21 Abs. 4 Satz 1.
[3] § 8 Abs. 1 Nr. 3 HS 2 angef. durch G v. 20.8.1980 (BGBl. I S. 1545).

[*Fassung bis 31.12.2021:*]

erpflichtigen, die nach § 7 an der ausländischen Gesellschaft beteiligt sind, oder solchen Steuerpflichtigen im Sinne des § 1 Abs. 2 nahestehenden Personen betrieben,

4.[1)] dem Handel, soweit nicht

    a) ein unbeschränkt Steuerpflichtiger, der gemäß § 7 an der ausländischen Gesellschaft beteiligt ist, oder eine einem solchen Steuerpflichtigen im Sinne des § 1 Abs. 2 nahe stehende Person, die mit ihren Einkünften hieraus im Geltungsbereich dieses Gesetzes steuerpflichtig ist, der ausländischen Gesellschaft die Verfügungsmacht an den gehandelten Gütern oder Waren verschafft, oder

    b) die ausländische Gesellschaft einem solchen Steuerpflichtigen oder einer solchen nahe stehenden Person die Verfügungsmacht an den Gütern oder Waren verschafft,

es sei denn, der Steuerpflichtige weist nach, dass die ausländische Gesellschaft einen für derartige Handelsgeschäfte in kaufmännischer Weise eingerichteten Geschäftsbetrieb unter Teilnahme am allgemeinen wirtschaftlichen Verkehr unterhält und die zur Vorbereitung, dem Abschluss und der Ausführung der Geschäfte gehörenden Tätigkeiten ohne

[*Fassung ab 1.1.2022:*]

liegenden Geschäfte werden zu mehr als einem Drittel mit dem Steuerpflichtigen oder ihm nahestehenden Personen betrieben. [2]Gleiches gilt für Finanzunternehmen im Sinne des Kreditwesengesetzes, an denen Kreditinstitute oder Finanzdienstleistungsinstitute unmittelbar oder mittelbar zu mehr als 50 Prozent beteiligt sind,

4. dem Handel, soweit nicht

    a) ein Steuerpflichtiger, der gemäß § 7 an der ausländischen Gesellschaft beteiligt ist, oder eine einem solchen Steuerpflichtigen im Sinne des § 1 Absatz 2 nahestehende Person, die mit ihren Einkünften hieraus im Geltungsbereich dieses Gesetzes steuerpflichtig ist, der ausländischen Gesellschaft die Verfügungsmacht an den gehandelten Gütern oder Waren verschafft, oder

    b) die ausländische Gesellschaft einem solchen Steuerpflichtigen oder einer solchen nahestehenden Person die Verfügungsmacht an den Gütern oder Waren verschafft,

es sei denn, der Steuerpflichtige weist nach, dass die ausländische Gesellschaft einen für derartige Handelsgeschäfte in kaufmännischer Weise eingerichteten Geschäftsbetrieb unter Teilnahme am allgemeinen wirtschaftlichen Verkehr unterhält und die zur Vorbereitung, dem Abschluss und der Ausführung der Geschäfte gehörenden Tätigkeiten ohne Mitwirkung eines solchen Steuerpflichti-

---

[1)] § 8 Abs. 1 Nr. 4 Buchst. a und b neu gef. durch G v. 16.5.2003 (BGBl. I S. 660); Nr. 4 Buchst. a neu gef. durch G v. 22.12.2003 (BGBl. I S. 2840).

[Fassung bis 31.12.2021:]

Mitwirkung eines solchen Steuerpflichtigen oder einer solchen nahe stehenden Person ausübt,

5. Dienstleistungen, soweit nicht

a) die ausländische Gesellschaft für die Dienstleistung sich eines unbeschränkt Steuerpflichtigen, der gemäß § 7 an ihr beteiligt ist, oder einer einem solchen Steuerpflichtigen im Sinne des § 1 Abs. 2 nahestehenden Person bedient, die mit ihren Einkünften aus der der von ihr beigetragenen Leistung im Geltungsbereich dieses Gesetzes steuerpflichtig ist,

oder

b) die ausländische Gesellschaft die Dienstleistung einem solchen Steuerpflichtigen oder einer solchen nahestehenden Person erbringt, es sei denn, der Steuerpflichtige weist nach, daß die ausländische Gesellschaft einen für das Bewirken derartiger Dienstleistungen eingerichteten Geschäftsbetrieb unter Teilnahme am allgemeinen wirtschaftlichen Verkehr unterhält und die zu der Dienstleistung gehörenden Tätigkeiten ohne Mitwirkung eines solchen Steuerpflichtigen oder einer solchen nahestehenden Person ausübt,

6. der Vermietung und Verpachtung, ausgenommen

a) die Überlassung der Nutzung von Rechten, Plänen, Mustern, Verfahren, Erfahrungen und Kenntnissen, es sei denn, der Steuerpflichtige weist nach, daß die ausländische Gesellschaft die Ergebnisse eigener Forschungs- oder Entwicklungsarbeit aus-

[Fassung ab 1.1.2022:]

gen oder einer solchen nahestehenden Person ausübt,

5. Dienstleistungen, soweit nicht

a) die ausländische Gesellschaft für die Dienstleistung sich eines Steuerpflichtigen, der gemäß § 7 an ihr beteiligt ist, oder einer einem solchen Steuerpflichtigen im Sinne des § 1 Absatz 2 nahestehenden Person bedient, die mit ihren Einkünften aus der von ihr beigetragenen Leistung im Geltungsbereich dieses Gesetzes steuerpflichtig ist, oder

b) die ausländische Gesellschaft die Dienstleistung einem solchen Steuerpflichtigen oder einer solchen nahestehenden Person erbringt, es sei denn, der Steuerpflichtige weist nach, dass die ausländische Gesellschaft einen für das Bewirken derartiger Dienstleistungen eingerichteten Geschäftsbetrieb unter Teilnahme am allgemeinen wirtschaftlichen Verkehr unterhält und die zu der Dienstleistung gehörenden Tätigkeiten ohne Mitwirkung eines solchen Steuerpflichtigen oder einer solchen nahestehenden Person ausübt,

6. der Vermietung und Verpachtung, ausgenommen

a) die Überlassung der Nutzung von Rechten, Plänen, Mustern, Verfahren, Erfahrungen und Kenntnissen, es sei denn, der Steuerpflichtige weist nach, dass die ausländische Gesellschaft die Ergebnisse eigener Forschungs- oder Entwick-

[Fassung bis 31.12.2021:]

wertet, die ohne Mitwirkung eines Steuerpflichtigen, der gemäß § 7 an der Gesellschaft beteiligt ist, oder einer einem solchen Steuerpflichtigen im Sinne des § 1 Abs. 2 nahestehenden Person unternommen worden ist,

b) die Vermietung oder Verpachtung von Grundstücken, es sei denn, der Steuerpflichtige weist nach, daß die Einkünfte daraus nach einem Abkommen zur Vermeidung der Doppelbesteuerung steuerbefreit wären, wenn sie von den unbeschränkt Steuerpflichtigen, die gemäß § 7 an der ausländischen Gesellschaft beteiligt sind, unmittelbar bezogen worden wären, und

c) die Vermietung oder Verpachtung von beweglichen Sachen, es sei denn, der Steuerpflichtige weist nach, daß die ausländische Gesellschaft einen Geschäftsbetrieb gewerbsmäßiger Vermietung oder Verpachtung unter Teilnahme am allgemeinen wirtschaftlichen Verkehr unterhält und alle zu einer solchen gewerbsmäßigen Vermietung oder Verpachtung gehörenden Tätigkeiten ohne Mitwirkung eines unbeschränkt Steuerpflichtigen, der gemäß § 7 an ihr beteiligt ist, oder einer einem solchen Steuerpflichtigen im Sinne des § 1 Abs. 2 nahestehenden Person ausübt,

7.[1)] der Aufnahme und darlehensweisen Vergabe von Kapital, für das der Steuerpflichtige nachweist,

[Fassung ab 1.1.2022:]

lungsarbeit auswertet, die ohne Mitwirkung eines Steuerpflichtigen, der gemäß § 7 an der Gesellschaft beteiligt ist, oder einer einem solchen Steuerpflichtigen im Sinne des § 1 Absatz 2 nahestehenden Person unternommen worden ist,

b) die Vermietung oder Verpachtung von Grundstücken, es sei denn, der Steuerpflichtige weist nach, dass die Einkünfte daraus nach einem Abkommen zur Vermeidung der Doppelbesteuerung steuerbefreit wären, wenn sie von den unbeschränkt Steuerpflichtigen, die gemäß § 7 an der ausländischen Gesellschaft beteiligt sind, unmittelbar bezogen worden wären, und

c) die Vermietung oder Verpachtung von beweglichen Sachen, es sei denn, der Steuerpflichtige weist nach, dass die ausländische Gesellschaft einen Geschäftsbetrieb gewerbsmäßiger Vermietung oder Verpachtung unter Teilnahme am allgemeinen wirtschaftlichen Verkehr unterhält und alle zu einer solchen gewerbsmäßigen Vermietung oder Verpachtung gehörenden Tätigkeiten ohne Mitwirkung eines unbeschränkt Steuerpflichtigen, der gemäß § 7 an ihr beteiligt ist, oder einer einem solchen Steuerpflichtigen im Sinne des § 1 Absatz 2 nahestehenden Person ausübt,

7. Bezügen im Sinne des § 8b Absatz 1 des Körperschaftsteuergesetzes, ausgenommen

---

[1)] § 8 Abs. 1 Nr. 7 neu gef. durch G v. 13.9.1993 (BGBl. I S. 1569); geänd. durch G v. 21.12.1993 (BGBl. I S. 2310).

[Fassung bis 31.12.2021:]

daß es ausschließlich auf ausländischen Kapitalmärkten und nicht bei einer ihm oder der ausländischen Gesellschaft nahestehenden Person im Sinne des § 1 Abs. 2 aufgenommen und außerhalb des Geltungsbereichs dieses Gesetzes gelegenen Betrieben oder Betriebsstätten, die ihre Bruttoerträge ausschließlich oder fast ausschließlich aus unter die Nummern 1 bis 6 fallenden Tätigkeiten beziehen, oder innerhalb des Geltungsbereichs dieses Gesetzes gelegenen Betrieben oder Betriebsstätten zugeführt wird,

8. [1] Gewinnausschüttungen von Kapitalgesellschaften,

9. [2] der Veräußerung eines Anteils an einer anderen Gesellschaft sowie aus deren Auflösung oder der Herabsetzung ihres Kapitals, soweit der Steuerpflichtige nachweist, dass der Veräußerungsgewinn auf Wirtschaftsgüter der anderen Gesellschaft entfällt, die anderen als den in § 7 Nummer 6 Buchstabe b, soweit es sich um Einkünfte einer Gesellschaft im Sinne des § 16 des REIT-Gesetzes handelt, oder § 7 Abs. 6a [3] bezeichneten Tätigkeiten dienen; dies gilt entsprechend, soweit der Gewinn auf solche Wirtschaftsgüter einer Gesellschaft entfällt, an der die andere Gesellschaft beteiligt ist; Verluste aus der Veräußerung von Anteilen an der anderen Gesellschaft sowie aus deren Auflösung oder der Herabsetzung ihres Kapitals sind nur insoweit zu berücksichtigen, als der Steuer-

[Fassung ab 1.1.2022:]

a) Bezüge, soweit diese das Einkommen der leistenden Körperschaft gemindert haben; dies gilt auch dann, wenn die ausländische Gesellschaft hinsichtlich dieser Bezüge gemäß den Nummern 1 bis 6 nicht Zwischengesellschaft ist. [2] Dies gilt nicht, soweit

   aa) die leistende Körperschaft mit den diesen Bezügen zugrunde liegenden Einkünften Zwischengesellschaft ist oder

   bb) eine verdeckte Gewinnausschüttung das Einkommen der ausländischen Gesellschaft oder einer ihr nahestehenden Person erhöht hat und dieses Einkommen keiner niedrigen Besteuerung im Sinne des Absatzes 5 unterliegt,

b) Bezüge, die bei der ausländischen Gesellschaft nach § 8b Absatz 4 des Körperschaftsteuergesetzes zu berücksichtigen wären, wenn diese unbeschränkt körperschaftsteuerpflichtig wäre; dies gilt auch dann, wenn die ausländische Gesellschaft hinsichtlich dieser Bezüge gemäß den Nummern 1 bis 6 oder 7 Buchstabe a Doppelbuchstabe aa und bb nicht Zwischengesellschaft ist, und

c) Bezüge, die bei der ausländischen Gesellschaft nach § 8b Absatz 7 des Körperschaftsteuergesetzes nicht steuerbefreit wären, wenn diese unbe-

---

[1] § 8 Abs. 1 Nr. 8 angef. durch G v. 20.12.2001 (BGBl. I S. 3858).
[2] § 8 Abs. 1 Nr. 9 angef. durch G v. 20.12.2001 (BGBl. I S. 3858).
[3] § 8 Abs. 1 Nr. 9 geänd. durch G v. 28.5.2007 (BGBl. I S. 914).

[Fassung bis 31.12.2021:]

pflichtige nachweist, dass sie auf Wirtschaftsgüter zurückzuführen sind, die Tätigkeiten im Sinne der Nummer 6 Buchstabe b, soweit es sich um Einkünfte einer Gesellschaft im Sinne des § 16 des REIT-Gesetzes handelt,[1] oder im Sinne des § 7 Abs. 6a[2] dienen,[3]

[Fassung ab 1.1.2022:]

schränkt körperschaftsteuerpflichtig wäre; dies gilt auch dann, wenn die ausländische Gesellschaft hinsichtlich dieser Bezüge gemäß den Nummern 1 bis 6 oder 7 Buchstabe a Doppelbuchstabe aa und bb nicht Zwischengesellschaft ist,

8. der Veräußerung eines Anteils an einer anderen Gesellschaft sowie aus deren Auflösung oder der Herabsetzung ihres Kapitals, ausgenommen Veräußerungsgewinne, die bei der ausländischen Gesellschaft nach § 8b Absatz 7 des Körperschaftsteuergesetzes nicht steuerbefreit wären, wenn diese unbeschränkt körperschaftsteuerpflichtig wäre; dies gilt auch dann, wenn die ausländische Gesellschaft hinsichtlich dieser Veräußerungsgewinne gemäß Nummer 3 nicht Zwischengesellschaft ist,

9.[4] Umwandlungen; dies gilt nicht, soweit die Einkünfte auf der Übertragung von Wirtschaftsgütern beruhen, die nicht der Erzielung von Einkünften im Sinne der Nummern 1 bis 8 dienen, es sei denn, der Steuerpflichtige weist nach, dass die Umwandlung im Inland ungeachtet des § 1 Absatz 4 des Umwandlungssteuergesetzes zu Buchwerten hätte erfolgen können und im Ausland tatsächlich zu Buchwerten erfolgt ist.

[idF des § 21 Abs. 5:

10.[6] Umwandlungen, die ungeachtet des § 1 Absatz 4 des Umwand-

10.[5] Umwandlungen, die ungeachtet des § 1 Abs. 2 und 4 des Um-

---

[1] § 8 Abs. 1 Nr. 9 geänd. durch G v. 28.5.2007 (BGBl. I S. 914).
[2] Zitat geänd. durch G v. 16.5.2003 (BGBl. I S. 660).
[3] § 8 Abs. 1 Nr. 9 redaktionell geänd. durch G v. 20.12.2007 (BGBl. I S. 3150).
[4] § 8 Abs. 1 Nr. 9 geänd. durch G v. 25.6.2021 (BGBl. I S. 2050).
[5] § 8 Abs. 1 Nr. 10 angef. durch G v. 7.12.2006 (BGBl. I S. 2782).
[6] § 8 Abs. 1 Nr. 10 idF des § 21 Abs. 5 durch G v. 25.6.2021 (BGBl. I S. 2050).

[Fassung bis 31.12.2021:]
wandlungssteuergesetzes zu Buchwerten erfolgen könnten; das gilt nicht, soweit eine Umwandlung den Anteil an einer Kapitalgesellschaft erfasst, dessen Veräußerung nicht die Voraussetzungen der Nummer 9 erfüllen würde.

(2)[1] [1]Ungeachtet des Absatzes 1 ist eine Gesellschaft, die ihren Sitz oder ihre Geschäftsleitung in einem Mitgliedstaat der Europäischen Union oder einem Vertragsstaat des EWR-Abkommens hat, nicht Zwischengesellschaft für Einkünfte, für die unbeschränkt Steuerpflichtige, die im Sinne des §7 Absatz 2 oder Absatz 6 an der Gesellschaft beteiligt sind, nachweisen, dass die Gesellschaft insoweit einer tatsächlichen wirtschaftlichen Tätigkeit in diesem Staat nachgeht. [2]Weitere Voraussetzung ist, dass zwischen der Bundesrepublik Deutschland und dem Staat auf Grund der Amtshilferichtlinie gemäß §2 Absatz 2 des EU-Amtshilfegesetzes, oder einer vergleichbaren zwei- oder mehrseitigen Vereinbarung, Auskünfte erteilt werden, die erforderlich sind, um die Besteuerung durchzuführen. [3]Satz 1 gilt nicht für die der Gesellschaft nach §14 zuzurechnenden Einkünfte einer Untergesellschaft, die weder Sitz noch Geschäftsleitung in einem Mitgliedstaat der Europäischen Union oder einem Vertragsstaat des EWR-Abkommens hat. [4]Das gilt auch für Zwischeneinkünfte, die einer Betriebsstätte der Gesellschaft außerhalb der Europäischen Union oder der Vertragsstaaten des EWR-Abkommens zuzurechnen sind. [5]Der tatsächlichen wirtschaftli-

[Fassung ab 1.1.2022:]
lungsgesetzes zu Buchwerten erfolgen könnten; dies gilt nicht, soweit eine Umwandlung den Anteil an einer Kapitalgesellschaft erfasst, dessen Veräußerung nicht die Voraussetzungen der Nummer 9 erfüllen würde.]

(2) [1]Ungeachtet des Absatzes 1 ist eine ausländische Gesellschaft nicht Zwischengesellschaft für Einkünfte, für die nachgewiesen wird, dass die Gesellschaft in dem Staat, in dem sie ihren Sitz oder ihre Geschäftsleitung hat, insoweit einer wesentlichen wirtschaftlichen Tätigkeit nachgeht. [2]Dies setzt insbesondere den Einsatz der für die Ausübung der Tätigkeit erforderlichen sachlichen und personellen Ausstattung in diesem Staat voraus. [3]Die Tätigkeit muss durch hinreichend qualifiziertes Personal selbständig und eigenverantwortlich ausgeübt werden. [4]Der wesentlichen wirtschaftlichen Tätigkeit der Gesellschaft sind nur Einkünfte der Gesellschaft zuzuordnen, die durch diese Tätigkeit erzielt werden und dies nur insoweit, als der Fremdvergleichsgrundsatz (§1) beachtet worden ist. [5]Die Sätze 1 bis 3 gelten nicht, wenn die Gesellschaft ihre wesentliche wirtschaftliche Tätigkeit überwiegend durch Dritte besorgen lässt.

(3) Absatz 2 gilt nur, wenn die ausländische Gesellschaft ihren Sitz oder ihre Geschäftsleitung in einem Mitgliedstaat der Europäischen Union oder einem Vertragsstaat des EWR-Abkommens hat.

(4) Die Absätze 2 und 3 gelten nicht, wenn der Staat, in dem die Gesellschaft ihren Sitz oder ihre

---

[1] §8 Abs. 2 neu gef. durch G v. 20.12.2007 (BGBl. I S. 3150); Sätze 1 und 2 geänd. durch G v. 26.6.2013 (BGBl. I S. 1809).

[Fassung bis 31.12.2021:]

chen Tätigkeit der Gesellschaft sind nur Einkünfte der Gesellschaft zuzuordnen, die durch diese Tätigkeit erzielt werden und dies nur insoweit, als der Fremdvergleichsgrundsatz (§ 1) beachtet worden ist.

(3)[1] [1]Eine niedrige Besteuerung im Sinne des Absatzes 1 liegt vor, wenn die Einkünfte der ausländischen Gesellschaft einer Belastung durch Ertragsteuern von weniger als 25 Prozent unterliegen, ohne dass dies auf einem Ausgleich mit Einkünften aus anderen Quellen beruht. [2]In die Belastungsberechnung sind Ansprüche einzubeziehen, die der Staat oder das Gebiet der ausländischen Gesellschaft im Fall einer Gewinnausschüttung der ausländischen Gesellschaft dem unbeschränkt Steuerpflichtigen oder einer anderen Gesellschaft, an der der Steuerpflichtige direkt oder indirekt beteiligt ist, gewährt. [3]Eine niedrige Besteuerung im Sinne des Absatzes 1 liegt dann vor, wenn Ertragsteuern von mindestens 25 Prozent zwar rechtlich geschuldet, jedoch nicht tatsächlich erhoben werden.

[Fassung ab 1.1.2022:]

Geschäftsleitung hat, im Wege des zwischenstaatlichen Informationsaustausches keine Auskünfte erteilt, die zur Durchführung der Besteuerung erforderlich sind.

(5) [1]Eine niedrige Besteuerung liegt vor, wenn die nach Maßgabe des § 10 Absatz 3 ermittelten Einkünfte, für die die ausländische Gesellschaft Zwischengesellschaft ist, einer Belastung durch Ertragsteuern von weniger als 25 Prozent unterliegen, ohne dass dies auf einem Ausgleich mit Einkünften aus anderen Quellen beruht. [2]In die Belastungsberechnung sind Ansprüche einzubeziehen, die der Staat oder das Gebiet der ausländischen Gesellschaft im Fall einer Gewinnausschüttung der ausländischen Gesellschaft dem Steuerpflichtigen oder einer anderen Gesellschaft, an der der Steuerpflichtige unmittelbar oder mittelbar beteiligt ist, gewährt. [3]Einkünfte unterliegen im Sinne des Satzes 1 auch dann einer Belastung durch Ertragsteuern von weniger als 25 Prozent, wenn Ertragsteuern von mindestens 25 Prozent zwar rechtlich geschuldet, jedoch nicht tatsächlich erhoben werden.

§ 9[2] **Freigrenze bei gemischten Einkünften.** Für die Anwendung des § 7 Absatz 1 sind Einkünfte [*ab 1.1.2022:* eines maßgebenden Wirtschaftsjahres im Sinne des § 7 Absatz 2], für die eine ausländische Gesellschaft Zwischengesellschaft ist, außer Ansatz zu lassen, wenn die *ihnen zugrunde liegenden Bruttoerträge* [*ab 1.1.2022:* Einkünfte] nicht mehr als 10 Prozent der gesamten *Bruttoerträge der Gesellschaft* [*ab 1.1.2022:* Einkünfte der ausländischen Gesellschaft] betragen, vorausgesetzt, dass die *bei einer Gesellschaft oder* bei einem

---

[1] § 8 Abs. 3 neu gef. durch G v. 20.12.2001 (BGBl. I S. 3858); Satz 1 geänd., Satz 2 angef. durch G v. 20.12.2007 (BGBl. I S. 3150); Satz 2 eingef. durch G v. 8.12.2010 (BGBl. I S. 1768).
[2] § 9 neu gef. durch ATADUmsG v. 25.6.2021 (BGBl. I S. 2035); zur Anwendung siehe § 21 Abs. 4 Satz 1.

Steuerpflichtigen hiernach außer Ansatz zu lassenden Beträge insgesamt 80 000 Euro[1] nicht übersteigen.

§ 10 Hinzurechnungsbetrag.

[Fassung bis 31.12.2021:]

(1)[3] [1]Die nach § 7 Abs. 1 steuerpflichtigen Einkünfte sind bei dem unbeschränkt Steuerpflichtigen mit dem Betrag, der sich nach Abzug der Steuern ergibt, die zu Lasten der ausländischen Gesellschaft von diesen Einkünften sowie von dem diesen Einkünften zugrunde liegenden Vermögen erhoben worden sind, anzusetzen (Hinzurechnungsbetrag). [2]Soweit die abzuziehenden Steuern zu dem Zeitpunkt, zu dem die Einkünfte nach Absatz 2 als zugeflossen gelten, noch nicht entrichtet sind, sind sie nur in den Jahren, in denen sie entrichtet werden, von den nach § 7 Abs. 1 steuerpflichtigen Einkünften abzusetzen. [3]In den Fällen des § 8 Absatz 3 Satz 2 sind die Steuern um die dort bezeichneten Ansprüche des unbeschränkt Steuerpflichtigen oder einer anderen Gesellschaft, an der der Steuerpflichtige direkt oder indirekt beteiligt ist, zu kürzen. [4]Ergibt sich ein negativer Betrag, so entfällt die Hinzurechnung.

(2)[4] [1]Der Hinzurechnungsbetrag gehört zu den Einkünften im Sinne des § 20 Abs. 1 Nr. 1 des Einkommensteuergesetzes und gilt unmittelbar nach Ablauf des maßgebenden Wirtschaftsjahrs der ausländischen Gesellschaft als zugeflossen. [2]Gehören Anteile an der ausländischen Gesell-

[Fassung ab 1.1.2022:][2]

(1) [1]Die nach § 7 Absatz 1 steuerpflichtigen Einkünfte sind bei dem Steuerpflichtigen als Hinzurechnungsbetrag anzusetzen. [2]Ergibt sich ein negativer Betrag, so entfällt die Hinzurechnung.

(2) [1]Der Hinzurechnungsbetrag gehört zu den Einkünften im Sinne des § 20 Absatz 1 Nummer 1 des Einkommensteuergesetzes und gilt in dem Veranlagungszeitraum als zugeflossen, in dem das maßgebende Wirtschaftsjahr der ausländischen Gesellschaft endet. [2]Gehören Anteile

---

[1] Betrag geänd. durch G v. 19.12.2000 (BGBl. I S. 1790); geänd. durch G v. 20.12.2007 (BGBl. I S. 3150).
[2] § 10 neu gef. durch ATADUmsG v. 25.6.2021 (BGBl. I S. 2035); zur Anwendung siehe § 21 Abs. 4 Satz 1, 3 und 4.
[3] § 10 Abs. 1 Satz 3 eingef., bish. Satz 3 wird Satz 4 durch G v. 8.12.2010 (BGBl. I S. 1768). Siehe auch § 21 Abs. 4 Satz 3.
[4] § 10 Abs. 2 neu gef. durch G v. 20.12.2001 (BGBl. I S. 3858). Siehe auch § 21 Abs. 4 Satz 4.

[Fassung bis 31.12.2021:]

schaft zu einem Betriebsvermögen, so gehört der Hinzurechnungsbetrag zu den Einkünften aus Gewerbebetrieb, aus Land- und Forstwirtschaft oder aus selbständiger Arbeit und erhöht den nach dem Einkommen- oder Körperschaftsteuergesetz ermittelten Gewinn des Betriebs für das Wirtschaftsjahr, das nach dem Ab lauf des maßgebenden Wirtschaftsjahrs der ausländischen Gesellschaft endet. ³Auf den Hinzurechnungsbetrag sind § 3 Nr. 40 Satz 1 Buchstabe d, § 32d des Einkommensteuergesetzes und § 8b Abs. 1 des Körperschaftsteuergesetzes nicht anzuwenden. ⁴§ 3c Abs. 2 des Einkommensteuergesetzes gilt entsprechend.[1]

(3)[2] ¹Die dem Hinzurechnungsbetrag zugrunde liegenden Einkünfte sind in entsprechender Anwendung der Vorschriften des deutschen Steuerrechts zu ermitteln. ²Eine Gewinnermittlung entsprechend den Grundsätzen des § 4 Abs. 3 des Einkommensteuergesetzes steht einer Gewinnermittlung nach § 4 Abs. 1 oder § 5 des Einkommensteuergesetzes gleich. ³Bei mehreren Beteiligten kann das Wahlrecht für die Gesellschaft nur einheitlich ausgeübt werden. ⁴Steuerliche Vergünstigungen, die an die unbeschränkte Steuerpflicht oder an das Bestehen eines

[Fassung ab 1.1.2022:]

an der ausländischen Gesellschaft zu einem Betriebsvermögen, so gehört der Hinzurechnungsbetrag zu den Einkünften aus Gewerbebetrieb, aus Land- und Forstwirtschaft oder aus selbständiger Arbeit und erhöht den nach dem Einkommen- oder Körperschaftsteuergesetz ermittelten Gewinn des Betriebs für das Wirtschaftsjahr, in dem das Wirtschaftsjahr der ausländischen Gesellschaft endet. ³Sind dem Steuerpflichtigen die Anteile an der ausländischen Gesellschaft mittelbar zuzurechnen, gilt Satz 2 nur, soweit die Anteile an der unmittelbar gehaltenen vermittelnden Beteiligung zu einem Betriebsvermögen gehören. ⁴Auf den Hinzurechnungsbetrag sind § 3 Nummer 40 Satz 1 Buchstabe d, § 32d des Einkommensteuergesetzes, § 8b Absatz 1 des Körperschaftsteuergesetzes und § 9 Nummer 7 des Gewerbesteuergesetzes nicht anzuwenden.

(3) ¹Die dem Hinzurechnungsbetrag zugrunde liegenden Einkünfte sind in entsprechender Anwendung der Vorschriften des deutschen Steuerrechts zu ermitteln. ²Alle Einkünfte, für die die ausländische Gesellschaft Zwischengesellschaft ist, sind als Einkünfte aus Gewerbebetrieb zu behandeln; ihre Ermittlung hat gemäß § 4 Absatz 1 des Einkommensteuergesetzes zu erfolgen. ³§ 10 Nummer 2 des Körperschaftsteuergesetzes ist auf eine von der ausländischen Gesellschaft zu entrichtende Vermögensteuer nicht anzuwenden. ⁴Steuerliche Vergünstigungen, die an

---

[1] § 10 Abs. 2 Satz 3 ergänzt, Satz 4 angef. durch G v. 20.12.2007 (BGBl. I S. 3150).
[2] § 10 Abs. 3 Satz 1 neu gef. durch G v. 15.12.2003 (BGBl. I S. 2676); Satz 4 neu gef. durch G v. 7.12.2006 (BGBl. I S. 2782); Satz 1 2. HS aufgeh. mWv 1.1.2018 durch G v. 19.7.2016 (BGBl. I S. 1730); Satz 4 geänd. mWv 5.7.2017 durch G v. 27.6.2017 (BGBl. I S. 2074). Siehe auch § 21 Abs. 4 Satz 3.

[Fassung bis 31.12.2021:]

inländischen Betriebs oder einer inländischen Betriebsstätte anknüpfen, und die §§ 4h, 4j des Einkommensteuergesetzes sowie die §§ 8a, 8b Absatz 1 und 2 des Körperschaftsteuergesetzes bleiben unberücksichtigt; dies gilt auch für die Vorschriften des Umwandlungssteuergesetzes, soweit Einkünfte aus einer Umwandlung nach § 8 Absatz 1 Nummer 10 hinzuzurechnen sind.[1] [5]Verluste, die bei Einkünften entstanden sind, für die die ausländische Gesellschaft Zwischengesellschaft ist, können in entsprechender Anwendung des § 10d des Einkommensteuergesetzes, soweit sie die nach § 9 außer Ansatz zu lassenden Einkünfte übersteigen, abgezogen werden. [6]Soweit sich durch den Abzug der Steuern nach Absatz 1 ein negativer Betrag ergibt, erhöht sich der Verlust im Sinne des Satzes 5.

(4) Bei der Ermittlung der Einkünfte, für die die ausländische Gesellschaft Zwischengesellschaft ist, dürfen nur solche Betriebsausgaben abgezogen werden, die mit diesen Einkünften in wirtschaftlichem Zusammenhang stehen.

(5) bis (7)[2] *(aufgehoben)*

[Fassung ab 1.1.2022:]

die unbeschränkte Steuerpflicht oder an das Bestehen eines inländischen Betriebs oder einer inländischen Betriebsstätte anknüpfen, und die Vorschriften des Umwandlungssteuergesetzes bleiben unberücksichtigt. [5]Verluste, die bei Einkünften entstanden sind, für die die ausländische Gesellschaft Zwischengesellschaft ist, können in entsprechender Anwendung des § 10d des Einkommensteuergesetzes, soweit sie die nach § 9 außer Ansatz zu lassenden Einkünfte übersteigen, abgezogen werden. [6]Ein Verlustrücktrag ist nicht zulässig.

(4) Bei der Ermittlung der Einkünfte, für die die ausländische Gesellschaft Zwischengesellschaft ist, dürfen nur solche Betriebsausgaben abgezogen werden, die mit diesen Einkünften in wirtschaftlichem Zusammenhang stehen.

(5) [1]Soweit in Anwendung des Absatzes 3 Wirtschaftsgüter erstmals zu bewerten sind, sind sie mit den Werten anzusetzen, die sich ergeben würden, wenn seit Übernahme der Wirtschaftsgüter durch die ausländische Gesellschaft die Vorschriften des deutschen Steuerrechts angewendet worden wären. [2]In den Fällen des § 8 Absatz 1 Nummer 9 sind bei der übernehmenden Gesellschaft die auf sie übergegangenen Wirtschaftsgüter

---

[1] § 10 Abs. 3 Satz 4 geänd. durch G v. 20.12.2007 (BGBl. I S. 3150); zur Anwendung siehe Anwendungsschreiben zum AStG v. 14.5.2004 (BStBl. I SonderNr. 1).
[2] § 10 Abs. 5 bis 7 aufgeh. durch G v. 16.5.2003 (BGBl. I S. 660).

[Fassung ab 1.1.2022:]

mit dem von der übertragenden Gesellschaft angesetzten Wert zu übernehmen.

(6) Soweit die dem Hinzurechnungsbetrag zugrunde liegenden Einkünfte oder Einkunftsquellen zu Erträgen des Steuerpflichtigen im Sinne des § 20 Absatz 1 Nummer 3 des Einkommensteuergesetzes in Verbindung mit § 16 Absatz 1 Nummer 2 des Investmentsteuergesetzes oder im Sinne des § 20 Absatz 1 Nummer 3a des Einkommensteuergesetzes in Verbindung mit § 34 Absatz 1 Nummer 2 des Investmentsteuergesetzes führen, ist der Hinzurechnungsbetrag in Höhe dieser Erträge zu mindern.

[Fassung bis 31.12.2021:]

§ 11[1] **Veräußerungsgewinne.**
(1) Gewinne, die die ausländische Gesellschaft aus der Veräußerung der Anteile an einer anderen ausländischen Gesellschaft oder einer Gesellschaft im Sinne des § 16 des REIT-Gesetzes sowie aus deren Auflösung oder der Herabsetzung ihres Kapitals erzielt und für die die ausländische Gesellschaft Zwischengesellschaft ist, sind vom Hinzurechnungsbetrag auszunehmen, soweit die Einkünfte der anderen Gesellschaft oder einer dieser Gesellschaft nachgeordneten Gesellschaft aus Tätigkeiten im Sinne des § 7 Abs. 6a für das gleiche Kalenderjahr oder Wirtschaftsjahr oder für die vorangegangenen sieben Kalenderjahre oder Wirtschaftsjahre als Hinzurechnungsbetrag (§ 10 Abs. 2) der Einkommensteuer oder Körperschaftsteuer unterlegen haben, keine

[Fassung ab 1.1.2022:]

§ 11[2] **Kürzungsbetrag bei Beteiligung an ausländischer Gesellschaft.** (1) [1] Erhält der Steuerpflichtige aus der Beteiligung an einer ausländischen Gesellschaft, für die Hinzurechnungsbeträge nach § 10 Absatz 2 bei ihm der Einkommen- oder Körperschaftsteuer unterlegen haben, Bezüge im Sinne des

1. § 20 Absatz 1 Nummer 1 des Einkommensteuergesetzes,

2. § 20 Absatz 1 Nummer 3 des Einkommensteuergesetzes in Verbindung mit § 16 Absatz 1 Nummer 1 des Investmentsteuergesetzes oder

3. § 20 Absatz 1 Nummer 3a des Einkommensteuergesetzes in Verbindung mit § 34 Absatz 1 Nummer 1 des Investmentsteuergesetzes,

---

[1] § 11 Abs. 1 neu gef. durch G v. 19.12.2008 (BGBl. I S. 2794).
[2] § 11 neu gef. durch durch ATADUmsG v. 25.6.2021 (BGBl. I S. 2035); zur Anwendung siehe § 21 Abs. 4 Satz 1.

[Fassung bis 31.12.2021:]

Ausschüttung dieser Einkünfte erfolgte und der Steuerpflichtige dies nachweist.

(2), (3) *(aufgehoben)*

[Fassung ab 1.1.2022:]

ist bei der Ermittlung der Summe der Einkünfte ein Kürzungsbetrag nach Absatz 2 abzuziehen; im Rahmen des § 32d des Einkommensteuergesetzes ist dieser bei der Ermittlung der Summe der Kapitalerträge abzuziehen. [2]Entsprechendes gilt für Bezüge des Steuerpflichtigen im Sinne des Satzes 1 von Gesellschaften, die an der Zwischengesellschaft unmittelbar oder mittelbar beteiligt sind.

(2) [1]Der Kürzungsbetrag entspricht dem Betrag, der als Bezug im Sinne der unter Absatz 1 bezeichneten Vorschriften bei dem Steuerpflichtigen steuerpflichtig ist. [2]Er ist begrenzt auf den Betrag, der als Bezug im Sinne der unter Absatz 1 bezeichneten Vorschriften bei dem Steuerpflichtigen steuerpflichtig wäre, wenn das auf den Schluss des vorangegangenen Veranlagungszeitraums festgestellte Hinzurechnungskorrekturvolumen zuzüglich des im laufenden Veranlagungszeitraum zu besteuernden Hinzurechnungsbetrags in vollem Umfang ausgeschüttet würde.

(3) [1]Das am Schluss eines Veranlagungszeitraums verbleibende Hinzurechnungskorrekturvolumen ist gemäß § 18 für jeden Steuerpflichtigen gesondert festzustellen. [2]Hinzurechnungskorrekturvolumen ist der nach § 10 Absatz 2 der Einkommen- oder Körperschaftsteuer unterliegende Hinzurechnungsbetrag des laufenden Veranlagungszeitraums, vermindert um den Betrag der Bezüge im Sinne des Absatzes 1 Satz 1 und 2 des laufenden Veranlagungszeitraums sowie den Betrag der Gewinne im Sinne des Absatzes 4 und vermehrt um das auf den Schluss des vorangegangenen Veranlagungszeitraums

[Fassung ab 1.1.2022:] festgestellte Hinzurechnungskorrekturvolumen. ³Der Bestand des verbleibenden Hinzurechnungskorrekturvolumens kann nicht negativ werden.

(4) Die Absätze 1 bis 3 gelten auch für Gewinne des Steuerpflichtigen aus der Veräußerung von Anteilen an der ausländischen Gesellschaft oder an einer Gesellschaft, die an der ausländischen Gesellschaft unmittelbar oder mittelbar beteiligt ist, sowie aus deren Auflösung oder aus der Herabsetzung ihres Kapitals.

(5) ¹Wenn Hinzurechnungsbeträge nach § 10 Absatz 2 der Gewerbesteuer unterlegen haben, mindert der abzuziehende Kürzungsbetrag im Sinne des Absatzes 2 auch den Gewerbeertrag, soweit dieser durch die Bezüge im Sinne der unter Absatz 1 bezeichneten Vorschriften oder die in Absatz 4 bezeichneten Gewinne nach Anwendung von § 8 Nummer 5 und § 9 Nummer 7 oder 8 des Gewerbesteuergesetzes erhöht ist. ²Dabei erhöht sich der Kürzungsbetrag nach Satz 1 um insoweit vorgenommene Hinzurechnungen nach § 8 Nummer 5 in Verbindung mit § 9 Nummer 7 oder 8 des Gewerbesteuergesetzes.

§ 12 Steueranrechnung.

[Fassung bis 31.12.2021:]

(1)²⁾ ¹Auf Antrag des Steuerpflichtigen werden auf seine Einkommen- oder Körperschaftsteuer, die auf den Hinzurechnungsbetrag entfällt, die Steuern angerechnet, die nach § 10

*[Fassung ab 1.1.2022:]*¹⁾

(1) ¹Auf die Einkommen- oder Körperschaftsteuer des Steuerpflichtigen, die auf den Hinzurechnungsbetrag entfällt, werden die Steuern vom Einkommen angerechnet, die zu

---

¹⁾ § 12 neu gef. durch ATADUmsG v. 25.6.2021 (BGBl. I S. 2035); zur Anwendung siehe § 21 Abs. 4 Satz 1.
²⁾ § 12 Abs. 1 geänd. durch G v. 20.12.2001 (BGBl. I S. 3858). Zu Abs. 1 siehe auch § 21 Abs. 4 Satz 3.

[Fassung bis 31.12.2021:]
Abs. 1 abziehbar sind. ²In diesem Fall ist der Hinzurechnungsbetrag um diese Steuern zu erhöhen.

(2) Bei der Anrechnung sind die Vorschriften des §34c Abs. 1 des Einkommensteuergesetzes[1] und des §26 Abs. 1 und 6 des Körperschaftsteuergesetzes[2] entsprechend anzuwenden.

(3)[3] ¹Steuern von den nach §3 Nr. 41 des Einkommensteuergesetzes befreiten Gewinnausschüttungen werden auf Antrag im Veranlagungszeitraum des Anfalls der zugrunde liegenden Zwischeneinkünfte als Hinzurechnungsbetrag in entsprechender Anwendung des §34c Abs. 1 und 2 des Einkommensteuergesetzes und des §26 Abs. 1 und 6 des Körperschaftsteuergesetzes[4] angerechnet oder abgezogen. ²Dies gilt auch dann, wenn der Steuerbescheid für diesen Veranlagungszeitraum bereits bestandskräftig ist.

[Fassung ab 1.1.2022:]
Lasten der ausländischen Gesellschaft auf die dem Hinzurechnungsbetrag unterliegenden Einkünfte tatsächlich erhoben worden sind. ²In den Fällen des §8 Absatz 5 Satz 2 sind die Steuern um die dort bezeichneten Ansprüche des Steuerpflichtigen oder einer anderen Gesellschaft, an der der Steuerpflichtige unmittelbar oder mittelbar beteiligt ist, zu kürzen.

(2) Auf Antrag des Steuerpflichtigen wird auf seine Einkommen- oder Körperschaftsteuer, die auf den Hinzurechnungsbetrag entfällt, auch die anteilige Steuer angerechnet, die im Staat einer die Beteiligung an der Zwischengesellschaft vermittelnden Gesellschaft oder Betriebsstätte im Wege einer der Hinzurechnungsbesteuerung vergleichbaren Besteuerung tatsächlich erhoben worden ist.

(3) Bei der Anrechnung sind die Vorschriften des §34c Absatz 1 des Einkommensteuergesetzes und des §26 Absatz 1 und 2 Satz 1 des Körperschaftsteuergesetzes auf den Gesamtbetrag der Anrechnungsbeträge nach den Absätzen 1 und 2 entsprechend anzuwenden.

[ab 1.1.2022:

§13[5] **Beteiligung an Kapitalanlagegesellschaften.** (1) ¹Ist ein unbeschränkt Steuerpflichtiger unmittelbar oder mittelbar an einer ausländischen Gesellschaft beteiligt und bestehen die Einkünfte der Gesellschaft aus Einkünften mit Kapitalanlagecharakter, die einer niedrigen Besteuerung unterliegen (§8 Absatz 5), sind diese Einkünfte bei dem unbeschränkt Steuerpflichtigen entsprechend seiner unmittelbaren und mittelbaren Beteiligung am Nennkapital dieser Gesellschaft steuerpflichtig, auch wenn die Voraussetzungen des §7 Absatz 1 Satz 1 im Übrigen nicht erfüllt sind. ²§7 Absatz 1 Satz 2 und 3 gilt

---

[1] Nr. **1**.
[2] Nr. **100**.
[3] §12 Abs. 3 angef. durch G v. 20.12.2001 (BGBl. I S. 3858).
[4] §12 Abs. 3 Satz 1 Verweis ergänzt durch G v. 20.12.2007 (BGBl. I S. 3150).
[5] §13 eingef. durch ATADUmsG v. 25.6.2021 (BGBl. I S. 2035); zur Anwendung siehe §21 Abs. 4 Satz 1.

entsprechend. [3]Satz 1 ist nicht anzuwenden, wenn die Einkünfte mit Kapitalanlagecharakter nicht mehr als 10 Prozent der gesamten Einkünfte, für die die ausländische Gesellschaft Zwischengesellschaft ist, betragen und die bei einer Zwischengesellschaft oder bei einem Steuerpflichtigen hiernach außer Ansatz zu lassenden Beträge insgesamt 80 000 Euro nicht übersteigen. [4]Satz 1 gilt bei einer Beteiligung von weniger als 1 Prozent nur, wenn die Einkünfte der ausländischen Gesellschaft ausschließlich oder nahezu ausschließlich aus Einkünften mit Kapitalanlagecharakter bestehen und mit der Hauptgattung der Aktien der ausländischen Gesellschaft kein wesentlicher und regelmäßiger Handel an einer Börse in einem Mitgliedstaat der Europäischen Union oder in einem Vertragsstaat des EWR-Abkommens oder an einer in einem anderen Staat nach § 193 Absatz 1 Satz 1 Nummer 2 und 4 des Kapitalanlagegesetzbuchs von der Bundesanstalt für Finanzdienstleistungsaufsicht zugelassenen Börse stattfindet.

(2) Einkünfte mit Kapitalanlagecharakter sind Einkünfte, einschließlich Veräußerungsgewinne, die aus dem Halten, der Verwaltung, der Werterhaltung oder der Werterhöhung von Zahlungsmitteln, Forderungen, Wertpapieren, Beteiligungen (ausgenommen Einkünfte im Sinne des § 8 Absatz 1 Nummer 7 und 8) oder ähnlichen Vermögenswerten stammen, es sei denn, der Steuerpflichtige weist nach, dass sie aus einer Tätigkeit stammen, die einer unter § 8 Absatz 1 Nummer 1 bis 6 fallenden eigenen Tätigkeit der ausländischen Gesellschaft dient.

(3) Zu den Einkünften mit Kapitalanlagecharakter gehören auch die Einkünfte aus einer Gesellschaft im Sinne des § 16 des REIT-Gesetzes vom 28. Mai 2007 (BGBl. I S. 914) in der jeweils geltenden Fassung, es sei denn, dass mit der Hauptgattung der Aktien der ausländischen Gesellschaft ein wesentlicher und regelmäßiger Handel an einer Börse der in Absatz 1 Satz 4 genannten Art stattfindet.

(4) [1]§ 8 Absatz 2 und 5 sowie die §§ 10 bis 12 gelten entsprechend. [2]§ 8 Absatz 2 gilt nicht, wenn der Staat, in dem die Gesellschaft ihren Sitz oder ihre Geschäftsleitung hat, im Wege des zwischenstaatlichen Informationsaustausches keine Auskünfte erteilt, die zur Durchführung der Besteuerung erforderlich sind.

(5) [1]Die Absätze 1 bis 4 sind nicht anzuwenden, wenn auf die Einkünfte mit Kapitalanlagecharakter, für die die ausländische Gesellschaft Zwischengesellschaft ist, die Vorschriften des Investmentsteuergesetzes in der jeweils geltenden Fassung anzuwenden sind. [2]Mittelbare Beteiligungen sind für den unbeschränkt Steuerpflichtigen nach Absatz 1 Satz 1 unbeachtlich, wenn er diese über einen Investmentfonds oder einen Spezial-Investmentfonds im Sinne des Investmentsteuergesetzes hält.]

§ 14[1]) *Nachgeschaltete Zwischengesellschaften.* (1) [1]*Ist eine ausländische Gesellschaft allein oder zusammen mit unbeschränkt Steuerpflichtigen gemäß § 7 an einer*

---

[1]) § 14 aufgeh. durch ATADUmsG v. 25.6.2021 (BGBl. I S. 2035); zur Anwendung siehe § 21 Abs. 1 und Abs. 4 Satz 5.

anderen ausländischen Gesellschaft (Untergesellschaft) beteiligt, so sind für die Anwendung der §§ 7 bis 12 die Einkünfte der Untergesellschaft, die einer niedrigen Besteuerung unterlegen haben, der ausländischen Gesellschaft zu dem Teil, der auf ihre Beteiligung am Nennkapital der Untergesellschaft entfällt, zuzurechnen, soweit nicht nachgewiesen wird, dass die Untergesellschaft diese Einkünfte aus unter § 8 Abs. 1 Nr. 1 bis 7 fallenden Tätigkeiten oder Gegenständen erzielt hat oder es sich um Einkünfte im Sinne des § 8 Abs. 1 Nr. 8 bis 10 handelt oder dass diese Einkünfte aus Tätigkeiten stammen, die einer unter § 8 Abs. 1 Nr. 1 bis 6 fallenden eigenen Tätigkeit der ausländischen Gesellschaft dienen. ²Tätigkeiten der Untergesellschaft dienen nur dann einer unter § 8 Abs. 1 Nr. 1 bis 6 fallenden eigenen Tätigkeit der ausländischen Gesellschaft, wenn sie in unmittelbarem Zusammenhang mit dieser Tätigkeit stehen und es sich bei den Einkünften nicht um solche im Sinne des § 7 Abs. 6a handelt.

(2) Ist eine ausländische Gesellschaft gemäß § 7 an einer Gesellschaft im Sinne des § 16 des REIT-Gesetzes (Untergesellschaft) beteiligt, gilt Absatz 1, auch bezogen auf § 8 Abs. 3, sinngemäß.

(3) Absatz 1 ist entsprechend anzuwenden, wenn der Untergesellschaft weitere ausländische Gesellschaften nachgeschaltet sind.

(4) (aufgehoben)

Fünfter Teil. Familienstiftungen

§ 15 Steuerpflicht von Stiftern, Bezugsberechtigten und Anfallsberechtigten. (1)[1] ¹Vermögen und Einkünfte einer Familienstiftung, die Geschäftsleitung und Sitz außerhalb des Geltungsbereichs dieses Gesetzes hat (ausländische Familienstiftung), werden dem Stifter, wenn er unbeschränkt steuerpflichtig ist, sonst den unbeschränkt steuerpflichtigen Personen, die bezugsberechtigt oder anfallsberechtigt sind, entsprechend ihrem Anteil zugerechnet. ²Dies gilt nicht für die Erbschaftsteuer.

(2) Familienstiftungen sind Stiftungen, bei denen der Stifter, seine Angehörigen und deren Abkömmlinge zu mehr als der Hälfte bezugsberechtigt oder anfallsberechtigt sind.

(3) Hat ein Unternehmer im Rahmen seines Unternehmens oder als Mitunternehmer oder eine Körperschaft, eine Personenvereinigung oder eine Vermögensmasse eine Stiftung errichtet, die Geschäftsleitung und Sitz außerhalb des Geltungsbereichs dieses Gesetzes hat, so wird die Stiftung wie eine Familienstiftung behandelt, wenn der Stifter, seine Gesellschafter, von ihm abhängige Gesellschaften, Mitglieder, Vorstandsmitglieder, leitende Angestellte und Angehörige dieser Personen zu mehr als der Hälfte bezugsberechtigt oder anfallsberechtigt sind.

(4) Den Stiftungen stehen sonstige Zweckvermögen, Vermögensmassen und rechtsfähige oder nichtrechtsfähige Personenvereinigungen gleich.

---

[1] § 15 Abs. 1 Satz 1 geänd. durch G v. 26.6.2013 (BGBl. I S. 1809).

[Fassung bis 31.12.2021:]

(5)[1] [1] § 12 Absatz 1 und 2 ist entsprechend anzuwenden. [2] Für Steuern auf die nach Absatz 11 befreiten Zuwendungen gilt § 12 Absatz 3 entsprechend.

[Fassung ab 1.1.2022:]

(5)[2] [1] Auf die Einkommen- oder Körperschaftsteuer des Stifters oder der bezugs- oder anfallsberechtigten Person werden die Steuern vom Einkommen angerechnet, die zu Lasten der ausländischen Stiftung auf die zuzurechnenden Einkünfte erhoben worden sind. [2] Bei der Anrechnung sind die Vorschriften des § 34c Absatz 1 des Einkommensteuergesetzes und des § 26 Absatz 1 und 2 Satz 1 des Körperschaftsteuergesetzes entsprechend anzuwenden.

(6)[3] Hat eine Familienstiftung Geschäftsleitung oder Sitz in einem Mitgliedstaat der Europäischen Union oder einem Vertragsstaat des EWR-Abkommens, ist Absatz 1 nicht anzuwenden, wenn

1. nachgewiesen wird, dass das Stiftungsvermögen der Verfügungsmacht der in den Absätzen 2 und 3 genannten Personen rechtlich und tatsächlich entzogen ist und

2. zwischen der Bundesrepublik Deutschland und dem Staat, in dem die Familienstiftung Geschäftsleitung oder Sitz hat, auf Grund der Amtshilferichtlinie gemäß § 2 Absatz 11 des EU-Amtshilfegesetzes[4] oder einer vergleichbaren zwei- oder mehrseitigen Vereinbarung, Auskünfte erteilt werden, die erforderlich sind, um die Besteuerung durchzuführen.

(7)[5] [1] Die Einkünfte der Stiftung nach Absatz 1 werden in entsprechender Anwendung der Vorschriften des Körperschaftsteuergesetzes und des Einkommensteuergesetzes ermittelt. [2] Bei der Ermittlung der Einkünfte gilt § 10 Absatz 3 *[ab 1.1.2022:* Satz 3 bis 6] entsprechend *[ab 1.1.2022:* ; § 8b des Körperschaftsteuergesetzes bleibt unberücksichtigt.][6] [3] Ergibt sich ein negativer Betrag, entfällt die Zurechnung.

(8)[7] [1] Die nach Absatz 1 dem Stifter oder der bezugs- oder anfallsberechtigten Person zuzurechnenden Einkünfte gehören bei Personen, die ihre Einkünfte nicht nach dem Körperschaftsteuergesetz ermitteln, zu den Einkünften im Sinne des § 20 Absatz 1 Nummer 9 des Einkommensteuergesetzes. [2] § 20 Absatz 8 des Einkommensteuergesetzes bleibt unberührt; § 3 Nummer 40

---

[1] § 15 Abs. 5 neu gef. durch G v. 26.6.2013 (BGBl. I S. 1809).
[2] § 15 Abs. 5 neu gef. durch ATADUmsG v. 25.6.2021 (BGBl. I S. 2035); zur Anwendung siehe § 21 Abs. 4 Satz 1.
[3] § 15 Abs. 6 angef. durch G v. 19.12.2008 (BGBl. I S. 2794).
[4] Verweis geänd. mWv VZ 2013 durch G v. 26. 6. 2013 (BGBl. I S. 1809); geänd. durch ATADUmsG v. 25.6.2021 (BGBl. I S. 2035).
[5] § 15 Abs. 7 ersetzt durch Abs. 7 bis 11 durch G v. 26.6.2013 (BGBl. I S. 1809); Satz 2 Verweis geänd. durch G v. 16.12.2022 (BGBl. I S. 2294); zur Anwendung siehe § 21 Abs. 4.
[6] § 15 Abs. 7 Satz 2 HS 2 angef. durch ATADUmsG v. 25.6.2021 (BGBl. I S. 2035); zur Anwendung siehe § 21 Abs. 4 Satz 1.
[7] § 15 Abs. 7 ersetzt durch Abs. 7 bis 11 durch G v. 26.6.2013 (BGBl. I S. 1809).

Satz 1 Buchstabe d und § 32d des Einkommensteuergesetzes sind nur insoweit anzuwenden, als diese Vorschriften bei unmittelbarem Bezug der zuzurechnenden Einkünfte durch die Personen im Sinne des Absatzes 1 anzuwenden wären. [3] Soweit es sich beim Stifter oder der bezugs- oder anfallsberechtigten Person um Personen handelt, die ihre Einkünfte nach dem Körperschaftsteuergesetz ermitteln, bleibt § 8 Absatz 2 des Körperschaftsteuergesetzes unberührt; § 8b Absatz 1 und 2 des Körperschaftsteuergesetzes ist nur insoweit anzuwenden, als diese Vorschrift bei unmittelbarem Bezug der zuzurechnenden Einkünfte durch die Personen im Sinne des Absatzes 1 anzuwenden wäre.

(9)[1] [1] Ist eine ausländische Familienstiftung oder eine andere ausländische Stiftung im Sinne des Absatzes 10 an einer Körperschaft, Personenvereinigung oder Vermögensmasse im Sinne des Körperschaftsteuergesetzes, die weder Geschäftsleitung noch Sitz im Geltungsbereich dieses Gesetzes hat und die nicht gemäß § 3 Absatz 1 des Körperschaftsteuergesetzes von der Körperschaftsteuerpflicht ausgenommen ist (ausländische Gesellschaft), beteiligt, so gehören die Einkünfte dieser Gesellschaft in entsprechender Anwendung der §§ 7 bis *14* [*ab 1.1.2022:* 13] mit dem Teil zu den Einkünften der Familienstiftung, der auf die Beteiligung der Stiftung am Nennkapital der Gesellschaft entfällt. [*ab 1.1.2022:* [2] § 7 Absatz 1 Satz 3 gilt entsprechend.] [2][3] Auf Gewinnausschüttungen der ausländischen Gesellschaft, denen nachweislich bereits nach Satz 1 zugerechnete Beträge zugrunde liegen, ist Absatz 1 nicht anzuwenden.

(10)[2] [1] Einer ausländischen Familienstiftung werden Vermögen und Einkünfte einer anderen ausländischen Stiftung, die nicht die Voraussetzungen des Absatzes 6 Satz 1 erfüllt, entsprechend ihrem Anteil zugerechnet, wenn sie allein oder zusammen mit den in den Absätzen 2 und 3 genannten Personen zu mehr als der Hälfte unmittelbar oder mittelbar bezugsberechtigt oder anfallsberechtigt ist. [2] Auf Zuwendungen der ausländischen Stiftung, denen nachweislich bereits nach Satz 1 zugerechnete Beträge zugrunde liegen, ist Absatz 1 nicht anzuwenden.

(11)[3] [1] Zuwendungen der ausländischen Familienstiftung unterliegen bei Personen im Sinne des Absatzes 1 nicht der Besteuerung, soweit die den Zuwendungen zugrunde liegenden Einkünfte nachweislich bereits nach Absatz 1 zugerechnet worden sind. [*ab 1.1.2022:* [2] Steuern von den nach Satz 1 befreiten Zuwendungen werden auf Antrag im Veranlagungszeitraum der Zurechnung der zugrunde liegenden Einkünfte in entsprechender Anwendung des § 34c Absatz 1 und 2 des Einkommensteuergesetzes und des § 26 Absatz 1 und 2 Satz 1 des Körperschaftsteuergesetzes angerechnet oder abgezogen.]

---

[1] § 15 Abs. 9 Satz 1 geänd., Satz 2 eingef., bish. Satz 2 wird Satz 3 durch ATADUmsG v. 25.6.2021 (BGBl. I S. 2035); zur Anwendung siehe § 21 Abs. 4 Satz 1.
[2] § 15 Abs. 10 angef. durch G v. 26.6.2013 (BGBl. I S. 1809).
[3] § 15 Abs. 11 angef. durch G v. 26.6.2013 (BGBl. I S. 1809); Satz 2 angef. durch ATADUmsG v. 25.6.2021 (BGBl. I S. 2035); zur Anwendung siehe § 21 Abs. 4 Satz 1.

Sechster Teil. Ermittlung und Verfahren

§ 16[1)] **Mitwirkungspflicht des Steuerpflichtigen.** (1) Beantragt ein Steuerpflichtiger unter Berufung auf Geschäftsbeziehungen mit einer ausländischen Gesellschaft oder einer im Ausland ansässigen Person oder Personengesellschaft, die mit ihren Einkünften, die in Zusammenhang mit den Geschäftsbeziehungen zu dem Steuerpflichtigen stehen, nicht oder nur unwesentlich besteuert wird, die Absetzung von Schulden oder anderen Lasten oder von Betriebsausgaben oder Werbungskosten, so ist im Sinne des § 160 der Abgabenordnung der Gläubiger oder Empfänger erst dann genau bezeichnet, wenn der Steuerpflichtige alle Beziehungen offenlegt, die unmittelbar oder mittelbar zwischen ihm und der Gesellschaft, Person oder Personengesellschaft bestehen und bestanden haben.

(2) Der Steuerpflichtige hat über die Richtigkeit und Vollständigkeit seiner Angaben und über die Behauptung, daß ihm Tatsachen nicht bekannt sind, auf Verlangen des Finanzamts gemäß § 95 der Abgabenordnung eine Versicherung an Eides Statt abzugeben.

§ 17[2)] **Sachverhaltsaufklärung.** (1) [1] Zur Anwendung der Vorschriften der §§ 5 und 7 bis 15 haben Steuerpflichtige für sich selbst und im Zusammenwirken mit anderen die dafür notwendigen Auskünfte zu erteilen. [2] Auf Verlangen sind insbesondere

1.[3)] die Geschäftsbeziehungen zu offenbaren, die zwischen der Gesellschaft und einem so beteiligten unbeschränkt Steuerpflichtigen oder einer einem solchen im Sinne des *§ 1 Abs. 2* [*ab 1.1.2022:* § 7 Absatz 3 oder 4] nahestehenden Person bestehen,

2.[4)] die für die Anwendung der §§ 7 bis *14* [*ab 1.1.2022:* 15] sachdienlichen Unterlagen einschließlich der Bilanzen und der Erfolgsrechnungen [*ab 1.1.2022:* , einer Darstellung der Beteiligungsverhältnisse sowie der Steuererklärungen und Steuerbescheide] vorzulegen. [2] Auf Verlangen sind diese Unterlagen mit dem im Staat der Geschäftsleitung oder des Sitzes vorgeschriebenen oder üblichen Prüfungsvermerk einer behördlich anerkannten Wirtschaftsprüfungsstelle oder vergleichbaren Stelle vorzulegen.

(2) Ist für die Ermittlung der Einkünfte, für die eine ausländische Gesellschaft Zwischengesellschaft ist, eine Schätzung nach § 162 der Abgabenordnung[5)] vorzunehmen, so ist mangels anderer geeigneter Anhaltspunkte bei der Schätzung als Anhaltspunkt von mindestens 20 Prozent des gemeinen Werts der von den unbeschränkt Steuerpflichtigen gehaltenen Anteile auszugehen; Zinsen und Nutzungsentgelte, die die Gesellschaft für überlassene Wirtschaftsgüter an die unbeschränkt Steuerpflichtigen zahlt, sind abzuziehen.

[1)] § 16 geänd. durch G v. 14.12.1976 (BGBl. I S. 3341).
[2)] § 17 Abs. 2 geänd. durch G v. 14.12.1976 (BGBl. I S. 3341).
[3)] § 17 Abs. 1 Satz 2 Nr. 1 geänd. durch ATADUmsG v. 25.6.2021 (BGBl. I S. 2035); zur Anwendung siehe § 21 Abs. 4 Satz 1.
[4)] § 17 Abs. 1 Satz 2 Nr. 2 geänd. durch ATADUmsG v. 25.6.2021 (BGBl. I S. 2035); zur Anwendung siehe § 21 Abs. 4 Satz 1.
[5)] Nr. **800**.

§18[1]) Gesonderte Feststellung von Besteuerungsgrundlagen.

[Fassung bis 31.12.2021:]

(1) [1]Die Besteuerungsgrundlagen für die Anwendung der §§ 7 bis 14 und § 3 Nr. 41 des Einkommensteuergesetzes[3)] werden gesondert festgestellt. [2]Sind an der ausländischen Gesellschaft mehrere unbeschränkt Steuerpflichtige beteiligt, so wird die gesonderte Feststellung ihnen gegenüber einheitlich vorgenommen; dabei ist auch festzustellen, wie sich die Besteuerungsgrundlagen auf die einzelnen Beteiligten verteilen. [3]Die Vorschriften der Abgabenordnung[4)], mit Ausnahme des § 180 Abs. 3, und der Finanzgerichtsordnung[4)] über die gesonderte Feststellung von Besteuerungsgrundlagen sind entsprechend anzuwenden.

[Fassung ab 1.1.2022:]

(1)[2)] [1]Die Besteuerungsgrundlagen für die Anwendung der §§ 7 bis 13, insbesondere der Hinzurechnungsbetrag (§ 10), die anrechenbaren Steuern (§ 12), das Hinzurechnungskorrekturvolumen (§ 11) und der Verlustvortrag werden gesondert festgestellt. [2]Ist ein Steuerpflichtiger an der ausländischen Gesellschaft über andere vermittelnde Gesellschaften beteiligt, so ist auch festzustellen, wie sich das Hinzurechnungskorrekturvolumen für Zwecke des § 11 Absatz 1 Satz 2 auf die vermittelnden Gesellschaften aufteilt. [3]Sind an der ausländischen Gesellschaft mehrere Steuerpflichtige unmittelbar oder mittelbar beteiligt, so wird die gesonderte Feststellung ihnen gegenüber einheitlich vorgenommen; dabei ist auch festzustellen, wie sich die Besteuerungsgrundlagen auf die einzelnen Beteiligten verteilen. [4]Die Vorschriften der Abgabenordnung[4)], mit Ausnahme des § 180 Abs. 3, und der Finanzgerichtsordnung[4)] über die gesonderte Feststellung von Besteuerungsgrundlagen sind entsprechend anzuwenden.

(2)[5)] [1]Für die gesonderte Feststellung ist das Finanzamt zuständig, das bei dem *unbeschränkt* Steuerpflichtigen für die Ermittlung der aus der [*ab 1.1.2022:* unmittelbaren und mittelbaren] Beteiligung bezogenen Einkünfte örtlich zuständig ist. [2]Ist die gesonderte Feststellung gegenüber mehreren Personen einheitlich vorzunehmen, so ist das Finanzamt zuständig, das nach Satz 1 für den Beteiligten zuständig ist, dem die höchste Beteiligung an der

---

[1)] § 18 Abs. 1 Satz 3 geänd. durch G v. 14.12.1976 (BGBl. I S. 3341); Abs. 3 angef. durch G v. 14.12.1984 (BGBl. I S. 1493).

[2)] § 18 Abs. 1 Sätze 1 und 2 ersetzt durch Sätze 1 bis 3, bish. Satz 3 wird Satz 4 durch ATADUmsG v. 25.6.2021 (BGBl. I S. 2035); zur Anwendung siehe § 21 Abs. 4 Satz 1.

[3)] Zitat ergänzt durch G v. 20.12.2001 (BGBl. I S. 3858).

[4)] Nr. **800** und **802**.

[5)] § 18 Abs. 2 Satz 1 kursiver Satzteil aufgeh., Klammerzusatz ergänzt mWv 1.1.2022 (§ 21 Abs. 4 Satz 1) durch ATADUmsG v. 25.6.2021 (BGBl. I S. 2035).

ausländischen Gesellschaft zuzurechnen ist. ³Läßt sich das zuständige Finanzamt nach den Sätzen 1 und 2 nicht feststellen, so ist das Finanzamt zuständig, das zuerst mit der Sache befaßt wird.

[Fassung bis 31.12.2021:]

(3) ¹Jeder der an der ausländischen Gesellschaft beteiligten unbeschränkt Steuerpflichtigen und erweitert beschränkt Steuerpflichtigen hat eine Erklärung zur gesonderten Feststellung abzugeben; dies gilt auch, wenn nach § 8 Abs. 2 geltend gemacht wird, dass eine Hinzurechnung unterbleibt.²⁾ ²Diese Verpflichtung kann durch die Abgabe einer gemeinsamen Erklärung erfüllt werden. ³Die Erklärung ist von dem Steuerpflichtigen oder von den in § 34 der Abgabenordnung³⁾ bezeichneten Personen eigenhändig zu unterschreiben.

[Fassung ab 1.1.2022:]

(3)¹⁾ ¹Jeder der an der ausländischen Gesellschaft unmittelbar oder mittelbar beteiligten Steuerpflichtigen hat eine Erklärung zur gesonderten Feststellung nach amtlich vorgeschriebenem Vordruck abzugeben. ²In den Fällen, in denen nach § 8 Absatz 2 geltend gemacht wird, dass eine Hinzurechnung unterbleibt, ist dies abweichend von Satz 1 nach amtlich vorgeschriebenem Vordruck nur anzuzeigen; für diese Anzeige gelten die für die Erklärung zur gesonderten Feststellung nach Satz 1 maßgeblichen Fristen entsprechend. ³Die Anzeige hat die Angaben zu enthalten, die für die Prüfung der Voraussetzungen nach § 8 Absatz 2 von Bedeutung sind; insbesondere Name, Anschrift, wirtschaftliche Tätigkeit der ausländischen Gesellschaft, Beteiligungsverhältnisse und Identifikationsmerkmale der an der ausländischen Gesellschaft Beteiligten. ⁴Das zuständige Finanzamt kann in den Fällen des Satzes 2 die Abgabe einer Erklärung nach Satz 1 verlangen. ⁵Die Verpflichtungen nach diesem Absatz können durch die Abgabe einer gemeinsamen Erklärung oder Anzeige erfüllt werden. ⁶Die Erklärung sowie die Anzeige sind von dem Steuerpflichtigen oder von den in § 34 der Abgabenordnung bezeichneten Personen eigenhändig zu unterschreiben.

---

¹⁾ Abs. 3 neu gef. durch ATADUmsG v. 25.6.2021 (BGBl. I S. 2035); zur Anwendung siehe § 21 Abs. 4 Satz 1.
²⁾ § 18 Abs. 3 Satz 1 HS 2 angef. durch G v. 20.12.2007 (BGBl. I S. 3150).
³⁾ Nr. **800**.

(4)¹⁾ Die Absätze 1 bis 3 gelten für Einkünfte und Vermögen im Sinne des § 15 entsprechend.

[ab 1.1.2022:

(5)²⁾ Eine Außenprüfung zur Ermittlung der Besteuerungsgrundlagen ist bei jedem Steuerpflichtigen zulässig.]

Siebenter Teil. Schlußvorschriften

§ 19³⁾ *(aufgehoben)*

§ 20⁴⁾ **Bestimmungen über die Anwendung von Abkommen zur Vermeidung der Doppelbesteuerung.** (1) Die Vorschriften der §§ 7 bis 18 und *der Absätze 2 und 3* [*ab 1.1.2022:* des Absatzes 2] werden durch die Abkommen zur Vermeidung der Doppelbesteuerung nicht berührt.

[Fassung bis 31.12.2021:]

(2) ¹Fallen Einkünfte in der ausländischen Betriebsstätte eines unbeschränkt Steuerpflichtigen an und wären sie ungeachtet des § 8 Abs. 2⁵⁾ als Zwischeneinkünfte steuerpflichtig, falls diese Betriebsstätte eine ausländische Gesellschaft wäre, ist insoweit die Doppelbesteuerung nicht durch Freistellung, sondern durch Anrechnung der auf diese Einkünfte erhobenen ausländischen Steuern zu vermeiden. ²Das gilt nicht, soweit in der ausländischen Betriebsstätte Einkünfte anfallen, die nach § 8 Absatz 1 Nummer 5 Buchstabe a als Zwischeneinkünfte steuerpflichtig wären.⁶⁾

[Fassung ab 1.1.2022:]

(2) ¹Fallen Einkünfte in der ausländischen Betriebsstätte eines unbeschränkt Steuerpflichtigen an und sind sie auf Grund eines Abkommens zur Vermeidung der Doppelbesteuerung von der Besteuerung auszunehmen und wären die Einkünfte ungeachtet des § 8 Absatz 2 als Zwischeneinkünfte steuerpflichtig, falls diese Betriebsstätte eine ausländische Gesellschaft wäre, ist insoweit die Doppelbesteuerung nicht durch Freistellung, sondern durch Anrechnung der auf diese Einkünfte erhobenen ausländischen Steuern zu vermeiden; ein negativer Betrag ist nicht zu berücksichtigen, § 10 Absatz 3 Satz 5 und 6 gilt entsprechend. ²Satz 1 gilt nicht, soweit in der ausländischen Betriebsstätte Einkünfte anfallen, die

---

¹⁾ § 18 Abs. 4 neu gef. durch G v. 26.6.2013 (BGBl. I S. 1809).
²⁾ § 18 Abs. 5 angef. duch ATADUmsG v. 25.6.2021 (BGBl. I S. 2035); zur Anwendung siehe § 21 Abs. 4 Satz 1.
³⁾ § 19 aufgeh. durch G v. 20.12.2007 (BGBl. I S. 3150).
⁴⁾ § 20 eingef. durch G v. 25.2.1992 (BGBl. I S. 297); Abs. 3 aufgeh. mWv 1.1.1997 durch G v. 20.12.1996 (BGBl. I S. 2049); Abs. 2 bish. Satz 2 angef. durch G v. 20.12.2001 (BGBl. I S. 3858); Abs. 2 Satz 1 geänd., bish. Satz 2 aufgeh. durch G v. 16.5.2003 (BGBl. I S. 660); Abs. 1 geänd., Abs. 2 neu gef. durch ATADUmsG v. 25.6.2021 (BGBl. I S. 2035); zur Anwendung siehe § 21 Abs. 4 Satz 1.
⁵⁾ § 20 Abs. 2 ergänzt durch G v. 20.12.2007 (BGBl. I S. 3150).
⁶⁾ § 20 Abs. 2 Satz 2 angef. durch G v. 8.12.2010 (BGBl. I S. 1768).

[Fassung ab 1.1.2022:]
nach § 8 Absatz 1 Nummer 5 Buchstabe a als Zwischeneinkünfte steuerpflichtig wären.

(3) *(aufgehoben)*

§ 21[1] **Anwendungsvorschriften.** (1) Diese Fassung des Gesetzes gilt, sofern in den folgenden Absätzen nichts anderes bestimmt ist,

1. für die Einkommen- und Körperschaftsteuer erstmals für den Veranlagungszeitraum 2022,

2. für die Gewerbesteuer erstmals für den Erhebungszeitraum 2022,

3. für die Erbschaftsteuer auf Erwerbe, bei denen die Steuerschuld nach dem Inkrafttreten dieses Gesetzes entstanden ist.

(2) § 1 Absatz 2 in der Fassung des Artikels 5 des Gesetzes vom 25. Juni 2021 (BGBl. I S. 2035) ist für Zwecke der Anwendung des § 4k Absatz 6 des Einkommensteuergesetzes in der Fassung des Artikels 1 des Gesetzes vom 25. Juni 2021 (BGBl. I S. 2035) bereits für den Veranlagungs- und Erhebungszeitraum 2020 anzuwenden.

(3)[2] ¹Wurde ein Tatbestand des § 6 Absatz 1 in einer bis zum 30. Juni 2021 geltenden Fassung vor dem 1. Januar 2022 verwirklicht, ist § 6 in der am 30. Juni 2021 geltenden Fassung für die Abwicklung dieses Falles über den 31. Dezember 2021 hinaus anzuwenden. ²Abweichend von Satz 1 sind Minderungen des Vermögenszuwachses im Sinne des § 6 Absatz 6 in der am 30. Juni 2021 geltenden Fassung auf Veräußerungen nach dem 24. März 2021 nicht mehr zu berücksichtigen.

(4)[3] ¹Die §§ 7 bis 13, 16 bis 18 und 20 in der am 1. Juli 2021 geltenden Fassung und § 15 in der am 21. Dezember 2022 geltenden Fassung sind erstmals anzuwenden

1. für die Einkommen- und Körperschaftsteuer für den Veranlagungszeitraum,

2. für die Gewerbesteuer für den Erhebungszeitraum,

für den Zwischeneinkünfte hinzuzurechnen sind, die in einem Wirtschaftsjahr der Zwischengesellschaft oder der Betriebsstätte entstanden sind, das nach dem 31. Dezember 2021 beginnt. ²Verluste, die für Veranlagungszeiträume oder Erhebungszeiträume vor dem 1. Januar 2022 bei Einkünften entstanden sind, für die die ausländische Gesellschaft Zwischengesellschaft ist, können in entsprechender Anwendung des § 10d des Einkommensteuergesetzes, soweit sie die nach § 9 außer Ansatz zu lassenden Einkünfte übersteigen, abgezogen werden. ³Für Steuern der ausländischen Gesellschaft für Wirtschaftsjahre, die vor dem 1. Januar 2022 enden, gelten § 10 Absatz 1 Satz 2, § 10 Absatz 3 Satz 6 und § 12 Absatz 1 in der am 30. Juni 2021 geltenden Fassung fort. ⁴Als Anfangsbestand des Hinzurechnungskorrekturvolumens zum 31. Dezember 2021 wird die Summe der Hinzurechnungsbeträge erfasst, die beim Steuer-

---

[1] § 21 neu gef. durch ATADUmsG v. 25.6.2021 (BGBl. I S. 2035).
[2] § 21 Abs. 3 Saz 1 neu gef., Satz 2 geänd. durch G v. 16.12.2022 (BGBl. I S. 2294).
[3] § 21 Abs. 4 Satz 1 einl. Satzteil geänd. durch G v. 16.12.2022 (BGBl. I S. 2294).

pflichtigen gemäß § 10 Absatz 2 in der am 30. Juni 2021 geltenden Fassung für die Veranlagungszeiträume 2015 bis 2022 der Besteuerung unterliegen, soweit sie nicht für eine Steuerbefreiung nach § 3 Nummer 41 des Einkommensteuergesetzes in der am 30. Juni 2021 geltenden Fassung zu berücksichtigen sind. [5] Soweit Verluste im Sinne des Satzes 2 durch Anwendung des § 14 in der am 30. Juni 2021 geltenden Fassung einer anderen Gesellschaft zugerechnet worden und noch nicht verrechnet worden sind, können sie auf bis zum 31. Juli 2023 zu stellenden Antrag denjenigen nachgeordneten Zwischengesellschaften im Sinne des § 14 in der am 30. Juni 2021 geltenden Fassung zugeordnet werden, durch deren Tätigkeit sie wirtschaftlich verursacht sind; bei mehreren Steuerpflichtigen ist der Antrag einheitlich zu stellen.

(5)[1] Für Zwischeneinkünfte, die in einem Wirtschaftsjahr der Zwischengesellschaft oder der Betriebsstätte entstanden sind, das vor dem 1. Januar 2022 beginnt, ist § 8 Absatz 1 Nummer 10 in der am 30. Juni 2021 geltenden Fassung auf Umwandlungen und Einbringungen, deren steuerlicher Übertragungsstichtag nach dem 31. Dezember 2021 liegt, in der folgenden Fassung anzuwenden: *[dort abgedruckt].*

§ 22[2] **Neufassung des Gesetzes.** Das Bundesministerium der Finanzen kann den Wortlaut dieses Gesetzes in der jeweils geltenden Fassung im Bundesgesetzblatt bekannt machen.

---

[1] § 21 Abs. 5 angef. durch G v. 25.6.2021 (BGBl. I S. 2050).
[2] § 22 neu gef. durch G v. 20.12.2007 (BGBl. I S. 3150).

725 a. Verordnung zur Anwendung des Fremdvergleichsgrundsatzes nach § 1 Absatz 1 des Außensteuergesetzes in Fällen grenzüberschreitender Funktionsverlagerungen (Funktionsverlagerungsverordnung – FVerlV)

Vom 18. Oktober 2022 (BGBl. I S. 1803)

BGBl. III/FNA 610-6-8-1

Auf Grund des § 1 Absatz 6 des Außensteuergesetzes vom 8. September 1972 (BGBl. I S. 1713), der durch Artikel 5 Nummer 1 Buchstabe c des Gesetzes vom 2. Juni 2021 (BGBl. I S. 1259) neu gefasst worden ist, verordnet das Bundesministerium der Finanzen:

Abschnitt 1. Allgemeine Vorschriften

§ 1 Begriffsbestimmungen. (1) ¹Eine Funktion ist eine Geschäftstätigkeit, die aus einer Zusammenfassung gleichartiger betrieblicher Aufgaben besteht, die von bestimmten Stellen oder Abteilungen eines Unternehmens erledigt werden. ²Sie ist ein organischer Teil eines Unternehmens, ohne dass ein Teilbetrieb im steuerlichen Sinn vorliegen muss.

(2) ¹Eine Funktionsverlagerung im Sinne des § 1 Absatz 3b des Gesetzes liegt vor, wenn eine Funktion einschließlich der dazugehörigen Chancen und Risiken sowie der mitübertragenen oder mitüberlassenen Wirtschaftsgüter oder sonstigen Vorteile ganz oder teilweise übertragen oder überlassen wird, so dass das übernehmende Unternehmen diese Funktion ausüben oder eine bestehende Funktion ausweiten kann. ²Die nach Satz 1 verlagerte Funktion als Ganzes bildet das Transferpaket. ³Geschäftsvorfälle, die innerhalb von fünf Wirtschaftsjahren verwirklicht werden, sind zu dem Zeitpunkt, zu dem die Voraussetzungen des Satzes 1 durch ihre gemeinsame Verwirklichung wirtschaftlich erfüllt sind, als einheitliche Funktionsverlagerung zusammenzufassen.

(3) Immaterielle Wirtschaftsgüter sind in Fällen von Funktionsverlagerungen wesentlich im Sinne des § 1 Absatz 3b Satz 2 des Gesetzes, wenn sie für die verlagerte Funktion erforderlich sind und ihr Fremdvergleichspreis insgesamt mehr als 25 Prozent der Summe der Einzelpreise aller Wirtschaftsgüter und sonstigen Vorteile des Transferpakets beträgt und dies unter Berücksichtigung der Auswirkungen der Funktionsverlagerung, die aus den Aufzeichnungen im Sinne des § 2 Satz 2 hervorgehen, glaubhaft ist.

(4) Erbringt ein übernehmendes Unternehmen die bisher ausschließlich gegenüber dem verlagernden Unternehmen erbrachten Leistungen eigenständig, ganz oder teilweise, gegenüber anderen Unternehmen zu Preisen, die höher sind als das Entgelt nach der Kostenaufschlagsmethode oder die entspre-

chend dem Fremdvergleichsgrundsatz höher anzusetzen sind, ist zum Zeitpunkt der erstmaligen Erbringung gegenüber den anderen Unternehmen für bisher unentgeltlich vom verlagernden Unternehmen für die Leistungserbringung zur Verfügung gestellte Wirtschaftsgüter und sonstige Vorteile ein Entgelt entsprechend § 2 zu verrechnen; die betreffenden Wirtschaftsgüter oder sonstigen Vorteile gelten als ein Transferpaket, soweit hierfür die sonstigen Voraussetzungen gegeben sind.

(5) [1] Eine Funktionsverlagerung im Sinne des Absatzes 2 liegt nicht vor, wenn es innerhalb von fünf Jahren nach Aufnahme der Funktion durch das übernehmende Unternehmen zu keiner Einschränkung der Ausübung der betreffenden Funktion beim verlagernden Unternehmen kommt, obwohl die übrigen Voraussetzungen des Absatzes 2 Satz 1 erfüllt sind (Funktionsverdopplung). [2] Kommt es innerhalb dieses Zeitraums zu einer solchen Einschränkung, liegt zum Zeitpunkt, in dem die Einschränkung eintritt, insgesamt eine Funktionsverlagerung vor, es sei denn, der Steuerpflichtige macht glaubhaft, dass diese Einschränkung nicht in unmittelbarem wirtschaftlichen Zusammenhang mit der Funktionsverdopplung steht.

Abschnitt 2. Transferpaketberechnung

§ 2 Wert des Transferpakets. [1] Der Einigungsbereich (§ 6) ist unter Berücksichtigung aller Umstände des Einzelfalls auf der Grundlage einer Funktions- und Risikoanalyse vor und nach der Funktionsverlagerung zu ermitteln, wobei neben tatsächlich bestehenden Handlungsalternativen auch Standortvorteile oder -nachteile, Synergieeffekte sowie Steuereffekte zu berücksichtigen sind. [2] Ausgangspunkt für die Berechnungen sind die Unterlagen, die Grundlage für die Unternehmensentscheidung waren, eine Funktionsverlagerung durchzuführen. [3] Für die Berechnung des Einigungsbereichs ist eine kapitalwertorientierte Bewertungsmethode zu verwenden. [4] Hierfür sind der dem Maßstab in § 1 Absatz 1 Satz 3 des Gesetzes entsprechenden Erwartungen der finanziellen Überschüsse der beteiligten Unternehmen, angemessene Kapitalisierungszinssätze (§ 4) und ein von den Umständen der Funktionsausübung abhängiger Kapitalisierungszeitraum (§ 5) zu Grunde zu legen.

§ 3 Bestandteile des Transferpakets. (1) Werden für einzelne Teile des Transferpakets unterschiedliche Vereinbarungen getroffen oder sind solche Vereinbarungen dem Fremdvergleichsgrundsatz entsprechend anzunehmen, sind für alle Teile des Transferpakets Fremdvergleichspreise anzusetzen, die insgesamt dem nach § 2 bestimmten Wert des Transferpakets als Ganzem entsprechen.

(2) In den Fällen des § 1 Absatz 2 Satz 3, des § 1 Absatz 4 oder des § 1 Absatz 5 Satz 2, sind die Verrechnungspreise für die Geschäftsvorfälle, die dazu geführt haben, dass eine Funktionsverlagerung vorliegt, dem Fremdvergleichsgrundsatz entsprechend so anzusetzen, dass sie zusammen mit den ursprünglich bestimmten Verrechnungspreisen dem nach § 2 bestimmten Wert des Transferpakets als Ganzem entsprechen.

§ 4 Kapitalisierungszinssatz. [1] Zur Bestimmung des jeweils angemessenen Kapitalisierungszinssatzes ist, unter Berücksichtigung der Äquivalenzprinzipien, vom Zins für eine risikolose Investition auszugehen, auf den ein vom Kapitalmarkt abgeleiteter risikoadäquater Zuschlag vorzunehmen ist. [2] Die Laufzeit der vergleichbaren risikolosen Investition richtet sich danach, wie lange die übernommene Funktion voraussichtlich ausgeübt wird. [3] Der Zuschlag ist so zu bemessen, dass er sowohl für das übernehmende als auch für das verlagernde Unternehmen die in vergleichbaren Fällen zwischen fremden Dritten jeweils zur Risikobeurteilung relevanten Umstände berücksichtigt.

§ 5 Kapitalisierungszeitraum. Werden keine Gründe für einen bestimmten, von den Umständen der Funktionsausübung abhängigen Kapitalisierungszeitraum nachgewiesen, ist ein unbegrenzter Kapitalisierungszeitraum zu Grunde zu legen.

§ 6 Bestimmung des Einigungsbereichs. (1) [1] Für ein verlagerndes Unternehmen, das aus der Funktion finanzielle Überschüsse zu erwarten hat, ergibt sich die Untergrenze des Einigungsbereichs (Mindestpreis) im Sinne des § 1 Absatz 3a Satz 5 des Gesetzes aus dem Ausgleich für den Wegfall oder die Minderung der finanziellen Überschüsse zuzüglich der gegebenenfalls anfallenden Schließungskosten. [2] Maßgebend ist der Barwert. [3] Tatsächlich bestehende Handlungsalternativen, die das verlagernde Unternehmen als vom übernehmenden Unternehmen unabhängiges Unternehmen hätte, sind zu berücksichtigen, ohne die unternehmerische Dispositionsbefugnis des verlagernden Unternehmens in Frage zu stellen.

(2) In Fällen, in denen das verlagernde Unternehmen aus rechtlichen, tatsächlichen oder wirtschaftlichen Gründen nicht mehr dazu in der Lage ist, die Funktion mit eigenen Mitteln selbst auszuüben, entspricht der Mindestpreis dem Liquidationswert.

(3) Verlagert ein Unternehmen eine Funktion, aus der es dauerhaft keine finanziellen Überschüsse zu erwarten hat, kann es dem Verhalten eines ordentlichen und gewissenhaften Geschäftsleiters des verlagernden Unternehmens entsprechen, zur Begrenzung von Verlusten als Mindestpreis ein Entgelt für die Funktionsverlagerung zu akzeptieren, das die anfallenden Schließungskosten nur teilweise deckt, oder eine Ausgleichszahlung an das übernehmende Unternehmen für die Übernahme der Verlustquelle zu leisten.

(4) [1] Der Barwert der zu erwartenden finanziellen Überschüsse des übernehmenden Unternehmens aus der übernommenen Funktion ist regelmäßig die Obergrenze des Einigungsbereichs (Höchstpreis) im Sinne des § 1 Absatz 3a Satz 5 des Gesetzes. [2] Tatsächlich bestehende Handlungsalternativen, die das übernehmende Unternehmen als vom verlagernden Unternehmen unabhängiges Unternehmen hätte, sind zu berücksichtigen, ohne die unternehmerische Dispositionsbefugnis des übernehmenden Unternehmens in Frage zu stellen.

(5) Auch in den Fällen der Absätze 2 und 3, in denen der Mindestpreis des verlagernden Unternehmens bei Null oder darunter liegt, ist nach dem Fremdvergleichsgrundsatz zu prüfen, welchen Preis ein unabhängiger Dritter bereit wäre, für die Übernahme der Funktion zu bezahlen.

§ 7 Schadensersatz-, Entschädigungs- und Ausgleichsansprüche. [1] Gesetzliche oder vertragliche Schadensersatz-, Entschädigungs- und Ausgleichsansprüche sowie Ansprüche, die voneinander unabhängigen Dritten zustünden, wenn ihre Handlungsalternativen vertraglich oder tatsächlich ausgeschlossen würden, können der Besteuerung einer Funktionsverlagerung zu Grunde gelegt werden, wenn der Steuerpflichtige glaubhaft macht, dass solche Dritte unter ähnlichen Umständen in vergleichbarer Art und Weise verfahren wären. [2] Der Steuerpflichtige muss zusätzlich nachweisen, dass keine wesentlichen immateriellen Wirtschaftsgüter oder sonstigen Vorteile übertragen oder zur Nutzung überlassen worden sind, es sei denn, die Übertragung oder Überlassung ist zwingende Folge von Ansprüchen im Sinne des Satzes 1.

Abschnitt 3. Schlussvorschriften

§ 8 Anwendung auf Betriebsstättenfälle. Die Vorschriften dieser Verordnung sind entsprechend anzuwenden, soweit nach § 1 Absatz 5 des Gesetzes § 1 Absatz 3b des Gesetzes auf eine Geschäftsbeziehung im Sinne des § 1 Absatz 4 Satz 1 Nummer 2 des Gesetzes anzuwenden ist.

§ 9 Anwendungsvorschrift. Diese Verordnung ist erstmals für Veranlagungszeiträume anzuwenden, die nach dem 31. Dezember 2021 beginnen.

§ 10 Inkrafttreten, Außerkrafttreten. [1] Diese Verordnung tritt am Tag nach der Verkündung in Kraft. [2] Gleichzeitig tritt die Funktionsverlagerungsverordnung vom 12. August 2008 (BGBl. I S. 1680), die durch Artikel 24 des Gesetzes vom 26. Juni 2013 (BGBl. I S. 1809) geändert worden ist, außer Kraft.

725b. Verordnung zur Anwendung des Fremdvergleichsgrundsatzes auf Betriebsstätten nach § 1 Absatz 5 des Außensteuergesetzes (Betriebsstättengewinnaufteilungsverordnung – BsGaV)

Vom 13. Oktober 2014 (BGBl. I S. 1603)

Geändert durch Zweites Finanzmarktnovellierungsgesetz vom 23.6.2017 (BGBl. I S. 1693), Vierte Verordnung zur Änderung Steuerlicher Verordnungen vom 12.7.2017 (BGBl. I S. 2360), Gesetz zur Umsetzung der Richtlinie (EU) 2019/2034 über die Beaufsichtigung von Wertpapierinstituten vom 12.5.2021 (BGBl. I S. 990) und Gesetz zur Umsetzung der Richtlinie (EU) 2021/514 des Rates vom 22. März 2021 zur Änderung der Richtlinie 2011/16/EU über die Zusammenarbeit der Verwaltungsbehörden im Bereich der Besteuerung und zur Modernisierung des Steuerverfahrensrechts vom 20.12.2022 (BGBl. I S. 2730)

FNA 610-6-8-2

Auf Grund des § 1 Absatz 6 des Außensteuergesetzes, der durch Artikel 6 Nummer 1 Buchstabe e des Gesetzes vom 26. Juni 2013 (BGBl. I S. 1809) angefügt worden ist, verordnet das Bundesministerium der Finanzen:

Inhaltsübersicht

Abschnitt 1. Allgemeiner Teil

Abschnitt 1. Allgemeiner Teil

Unterabschnitt 1. Allgemeine Vorschriften

§ 1 Zurechnung von Einkünften zu einer Betriebsstätte. (1) [1]Für die steuerliche Zurechnung von Einkünften zu einer Betriebsstätte eines Unternehmens nach § 1 Absatz 5 des Außensteuergesetzes ist eine Funktions- und Risikoanalyse der Geschäftstätigkeit der Betriebsstätte (§ 12 der Abgabenordnung) als Teil der Geschäftstätigkeit des Unternehmens durchzuführen. [2]Aufbauend auf der Funktions- und Risikoanalyse nach Satz 1 ist eine Vergleichbarkeitsanalyse der Geschäftstätigkeit der Betriebsstätte durchzuführen, um für die Geschäftsbeziehungen der Betriebsstätte im Sinne des § 1 Absatz 4 des Außensteuergesetzes Verrechnungspreise zu bestimmen, die dem Fremdvergleichsgrundsatz (§ 1 Absatz 1 Satz 1 des Außensteuergesetzes) entsprechen.

(2) Auf Grundlage der Funktions- und Risikoanalyse der Geschäftätigkeit der Betriebsstätte

1. sind die Personalfunktionen (§ 1 Absatz 5 Satz 3 Nummer 1 des Außensteuergesetzes), die der Betriebsstätte oder dem übrigen Unternehmen zuzuordnen sind, festzustellen, insbesondere die maßgeblichen Personalfunktionen,

2. sind der Betriebsstätte, ausgehend von den maßgeblichen Personalfunktionen, Vermögenswerte (§ 1 Absatz 5 Satz 3 Nummer 2 des Außensteuergesetzes) sowie Chancen und Risiken (§ 1 Absatz 5 Satz 3 Nummer 3 des Außensteuergesetzes) zuzuordnen,

3. ist der Betriebsstätte, ausgehend von den ihr zugeordneten Vermögenswerten sowie von den ihr zugeordneten Chancen und Risiken, ein Dotationskapital (§ 1 Absatz 5 Satz 3 Nummer 4 des Außensteuergesetzes) zuzuordnen,

4. sind der Betriebsstätte Passivposten zuzuordnen, soweit dies auf Grund der Zuordnung von Vermögenswerten, von Chancen und Risiken sowie von Dotationskapital erforderlich ist,

5. sind der Betriebsstätte Geschäftsvorfälle des Unternehmens mit unabhängigen Dritten und mit nahestehenden Personen im Sinne des § 1 Absatz 2 des Außensteuergesetzes zuzuordnen und

6. sind die anzunehmenden schuldrechtlichen Beziehungen im Sinne des § 1 Absatz 4 Satz 1 Nummer 2 des Außensteuergesetzes zu bestimmen, die die Betriebsstätte zum übrigen Unternehmen unterhält.

§ 2 Begriffsbestimmungen. (1) Für die Zwecke dieser Verordnung ist ein Unternehmen inländisch, wenn sich der Ort der tatsächlichen Geschäftsleitung im Inland befindet.

(2) Für die Zwecke dieser Verordnung ist ein Unternehmen ausländisch, wenn sich der Ort der tatsächlichen Geschäftsleitung im Ausland befindet.

(3) [1] Eine Personalfunktion ist eine Geschäftätigkeit, die von eigenem Personal des Unternehmens für das Unternehmen ausgeübt wird. [2] Personalfunktionen sind insbesondere folgende Geschäftätigkeiten:

1. die Nutzung,

2. die Anschaffung,

3. die Herstellung,

4. die Verwaltung,

5. die Veräußerung,

6. die Weiterentwicklung,

7. der Schutz,

8. die Risikosteuerung und

9. die Entscheidung, Änderungen hinsichtlich von Chancen und Risiken vorzunehmen.

(4) [1] Eigenes Personal ist jede natürliche Person, die auf Grund einer gesellschaftsvertraglichen oder arbeitsvertraglichen Vereinbarung mit dem Unternehmen für das Unternehmen tätig wird. [2] Eine natürliche Person gehört auch

dann zum eigenen Personal des Unternehmens, wenn ein anderes Unternehmen sich vertraglich verpflichtet hat, die natürliche Person dem Unternehmen als Personal zu überlassen und sich die Verpflichtung auf die Überlassung beschränkt. [3]Eine natürliche Person, die ohne jede vertragliche Vereinbarung für das Unternehmen tätig wird, gehört zum eigenen Personal des Unternehmens, wenn die natürliche Person

1. Unternehmer oder Gesellschafter des Unternehmens ist oder

2. dem Unternehmen oder den Gesellschaftern des Unternehmens im Sinne des § 1 Absatz 2 des Außensteuergesetzes nahesteht.

(5) [1]Die Personalfunktion einer Betriebsstätte ist für die Zuordnung von Vermögenswerten, von Chancen und Risiken oder von Geschäftsvorfällen maßgeblich, wenn der Ausübung dieser Personalfunktion im üblichen Geschäftsbetrieb im Verhältnis zu den Personalfunktionen, die in anderen Betriebsstätten des Unternehmens ausgeübt werden, die größte Bedeutung für den jeweiligen Zuordnungsgegenstand zukommt. [2]Nicht maßgeblich sind insbesondere Personalfunktionen, die bezogen auf den Zuordnungsgegenstand

1. lediglich unterstützenden Charakter haben oder

2. ausschließlich die allgemeine Geschäftspolitik des Unternehmens betreffen.

(6) [1]Vermögenswerte im Sinne dieser Verordnung sind Wirtschaftsgüter und Vorteile. [2]Zu den Vermögenswerten gehören insbesondere

1. materielle Wirtschaftsgüter,

2. immaterielle Werte einschließlich immaterieller Wirtschaftsgüter,

3. Beteiligungen und

4. Finanzanlagen.

§ 3 Hilfs- und Nebenrechnung. (1) [1]Für eine Betriebsstätte ist zum Beginn eines Wirtschaftsjahres eine Hilfs- und Nebenrechnung aufzustellen, während des Wirtschaftsjahres fortzuschreiben und zum Ende des Wirtschaftsjahres abzuschließen. [2]Der Abschluss der Hilfs- und Nebenrechnung beinhaltet das Ergebnis der Betriebsstätte. [3]Die Hilfs- und Nebenrechnung muss spätestens zum Zeitpunkt der Abgabe einer Steuererklärung erstellt sein,

1. zu der das Unternehmen verpflichtet ist (§ 149 der Abgabenordnung) und

2. in der die Einkünfte der Betriebsstätte zu berücksichtigen sind.

(2) [1]Die Hilfs- und Nebenrechnung beinhaltet alle Bestandteile, die der Betriebsstätte auf Grund ihrer Personalfunktionen (§ 4) zuzuordnen sind. [2]Dazu gehören

1. die Vermögenswerte (§§ 5 bis 8), wenn sie von einem selbständigen Unternehmen in der steuerlichen Gewinnermittlung erfasst werden müssten,

2. das Dotationskapital (§§ 12 und 13),

3. die übrigen Passivposten (§ 14) sowie

4. die mit den Bestandteilen im Sinne von Satz 1 zusammenhängenden Betriebseinnahmen und Betriebsausgaben.

[3]Die Hilfs- und Nebenrechnung beinhaltet auch fiktive Betriebseinnahmen und fiktive Betriebsausgaben, die auf Grund anzunehmender schuldrechtlicher Beziehungen entstehen (§§ 16 und 17).

(3)[1] In den Aufzeichnungen, die nach § 90 Absatz 3 der Abgabenordnung zu erstellen und nach § 90 Absatz 4 der Abgabenordung vorzulegen sind, sind auch darzulegen:

1. die Gründe für die Zuordnung der Bestandteile, einschließlich der Gründe für die Zuordnung der Geschäftsvorfälle des Unternehmens (§ 9), der Chancen und Risiken (§ 10) und der Sicherungsgeschäfte (§ 11), sowie

2. die Gründe für das Vorliegen anzunehmender schuldrechtlicher Beziehungen (§§ 16 und 17).

(4) [1]Wird eine Betriebsstätte begründet, so ist zu diesem Zeitpunkt die erste Hilfs- und Nebenrechnung für die Betriebsstätte zu erstellen. [2]Wird eine Betriebsstätte beendet, so ist zu diesem Zeitpunkt die Hilfs- und Nebenrechnung abzuschließen. [3]Der zum Zeitpunkt der Begründung oder der Beendigung einer Betriebsstätte anzunehmende Übergang von Vermögenswerten und Passivposten sowie von Chancen und Risiken zwischen der Betriebsstätte und dem übrigen Unternehmen begründet anzunehmende schuldrechtliche Beziehungen im Sinne des § 16.

(5) [1]Die Hilfs- und Nebenrechnung einer Betriebsstätte eines Unternehmens, das weder nach inländischem noch nach ausländischem Recht buchführungspflichtig ist und das auch tatsächlich keine Bücher führt, ist entsprechend einer Einnahmenüberschussrechnung im Sinne des § 4 Absatz 3 des Einkommensteuergesetzes zu erstellen. [2]Zum Zeitpunkt der Beendigung der Betriebsstätte ist eine Hilfs- und Nebenrechnung zu erstellen, die eine Aufstellung der Vermögenswerte enthält.

Unterabschnitt 2. Zuordnungsregelungen

§ 4 Zuordnung von Personalfunktionen. (1) [1]Eine Personalfunktion ist der Betriebsstätte zuzuordnen, in der die Personalfunktion ausgeübt wird. [2]Eine Personalfunktion ist einer Betriebsstätte jedoch nicht zuzuordnen, wenn die Personalfunktion

1. keinen sachlichen Bezug zur Geschäftstätigkeit der Betriebsstätte aufweist und

2. an weniger als 30 Tagen innerhalb eines Wirtschaftsjahres in dieser Betriebsstätte ausgeübt wird.

(2) Wird eine Personalfunktion weder in der Betriebsstätte noch im übrigen Unternehmen ausgeübt oder liegt ein Fall des Absatzes 1 Satz 2 vor, so ist die Personalfunktion der Betriebsstätte zuzuordnen, zu der die Personalfunktion sachlich den engsten Bezug aufweist.

(3) Kann eine Personalfunktion nicht eindeutig zugeordnet werden, so ist eine Zuordnung vorzunehmen, die den Absätzen 1 und 2 nicht widerspricht.

§ 5 Zuordnung von materiellen Wirtschaftsgütern. (1) [1]Für die Zuordnung eines materiellen Wirtschaftsguts zu einer Betriebsstätte ist dessen Nutzung die maßgebliche Personalfunktion. [2]Wird dasselbe materielle Wirtschaftsgut später auf Dauer in einer anderen Betriebsstätte genutzt, so ist es ab dem Zeitpunkt der Nutzungsänderung der anderen Betriebsstätte zuzuordnen. [3]Ändert sich die Nutzung häufig, so ist ein materielles Wirtschaftsgut der Be-

---

[1] § 3 Abs. 3 neu gef. mWv 1.1.2023 durch G v. 20.12.2022 (BGBl. I S. 2730).

triebsstätte zuzuordnen, für deren Geschäftstätigkeit es überwiegend genutzt wird.

(2) ¹Abweichend von Absatz 1 ist ein materielles Wirtschaftsgut nur dann einer anderen Betriebsstätte als derjenigen, in der das materielle Wirtschaftsgut genutzt wird, zuzuordnen, wenn die Bedeutung einer in dieser anderen Betriebsstätte ausgeübten anderen Personalfunktion eindeutig gegenüber der Bedeutung der in Absatz 1 genannten Personalfunktion überwiegt. ²Andere Personalfunktionen sind insbesondere solche, die im Zusammenhang mit der Anschaffung, Herstellung, Verwaltung oder Veräußerung des betreffenden materiellen Wirtschaftsguts stehen. ³Unbewegliches Vermögen, in dem die Geschäftstätigkeit einer Betriebsstätte ausgeübt wird, ist stets dieser Betriebsstätte zuzuordnen.

(3) Werden andere Personalfunktionen im Sinne des Absatzes 2 Satz 1 gleichzeitig in verschiedenen Betriebsstätten des Unternehmens ausgeübt, so ist das materielle Wirtschaftsgut der Betriebsstätte zuzuordnen, deren anderer Personalfunktion die größte Bedeutung für das materielle Wirtschaftsgut zukommt.

(4) Kann ein materielles Wirtschaftsgut nicht eindeutig zugeordnet werden, so ist eine Zuordnung vorzunehmen, die den Absätzen 1 bis 3 nicht widerspricht.

§ 6 Zuordnung von immateriellen Werten. (1) ¹Für die Zuordnung eines immateriellen Werts zu einer Betriebsstätte ist dessen Schaffung oder dessen Erwerb die maßgebliche Personalfunktion. ²Werden Personalfunktionen, durch deren Ausübung ein immaterieller Wert geschaffen oder erworben wird, gleichzeitig in verschiedenen Betriebsstätten ausgeübt, so ist der immaterielle Wert der Betriebsstätte zuzuordnen, deren Personalfunktion die größte Bedeutung für den immateriellen Wert zukommt.

(2) ¹Abweichend von Absatz 1 ist ein immaterieller Wert nur dann einer anderen Betriebsstätte als derjenigen, auf Grund deren Personalfunktion der immaterielle Wert geschaffen oder erworben wird, zuzuordnen, wenn die Bedeutung einer in dieser anderen Betriebsstätte ausgeübten anderen Personalfunktion eindeutig gegenüber der Bedeutung der in Absatz 1 genannten Personalfunktion überwiegt. ²Andere Personalfunktionen sind insbesondere solche, die im Zusammenhang mit der Nutzung, der Verwaltung, der Weiterentwicklung, dem Schutz oder der Veräußerung des immateriellen Werts stehen.

(3) Werden andere Personalfunktionen im Sinne des Absatzes 2 Satz 1 gleichzeitig in verschiedenen Betriebsstätten des Unternehmens ausgeübt, so ist der immaterielle Wert der Betriebsstätte zuzuordnen, deren anderer Personalfunktion die größte Bedeutung für den immateriellen Wert zukommt.

(4) ¹Kann ein immaterieller Wert nicht eindeutig zugeordnet werden, so ist eine Zuordnung vorzunehmen, die den Absätzen 1 bis 3 nicht widerspricht. ²In diesen Fällen kann ein immaterieller Wert den Betriebsstätten, in denen auf Dauer die Personalfunktionen mit der größten Bedeutung ausgeübt werden, auch anteilig zugeordnet werden.

§ 7 Zuordnung von Beteiligungen, Finanzanlagen und ähnlichen Vermögenswerten. (1) ¹Für die Zuordnung einer Beteiligung, einer Finanzanlage oder eines ähnlichen Vermögenswerts zu einer Betriebsstätte ist die

Nutzung der Beteiligung, der Finanzanlage oder des ähnlichen Vermögenswerts die maßgebliche Personalfunktion. [2]Die Nutzung ergibt sich aus dem funktionalen Zusammenhang zur Geschäftstätigkeit der Betriebsstätte. [3]Besteht der funktionale Zusammenhang gleichzeitig zur Geschäftstätigkeit verschiedener Betriebsstätten, so ist der Vermögenswert der Betriebsstätte zuzuordnen, zu der der überwiegende funktionale Zusammenhang besteht.

(2) [1]Abweichend von Absatz 1 ist ein Vermögenswert im Sinne des Absatzes 1 Satz 1 nur dann einer anderen Betriebsstätte als derjenigen, in der der Vermögenswert im Sinne des Absatzes 1 Satz 1 genutzt wird, zuzuordnen, wenn die Bedeutung einer in dieser anderen Betriebsstätte ausgeübten anderen Personalfunktion eindeutig gegenüber der Bedeutung der in Absatz 1 genannten Personalfunktion überwiegt. [2]Andere Personalfunktionen sind insbesondere solche, die im Zusammenhang mit der Anschaffung, Verwaltung, Risikosteuerung oder Veräußerung eines Vermögenswerts im Sinne des Absatzes 1 Satz 1 stehen.

(3) Werden andere Personalfunktionen im Sinne des Absatzes 2 Satz 1 gleichzeitig in verschiedenen Betriebsstätten des Unternehmens ausgeübt, so ist ein Vermögenswert im Sinne des Absatzes 1 Satz 1 der Betriebsstätte zuzuordnen, deren anderer Personalfunktion die größte Bedeutung zukommt.

(4) Kann ein Vermögenswert im Sinne des Absatzes 1 Satz 1 nicht eindeutig zugeordnet werden oder ändert sich der überwiegende funktionale Zusammenhang häufig, so ist eine Zuordnung vorzunehmen, die den Absätzen 1 bis 3 nicht widerspricht.

§ 8 Zuordnung von sonstigen Vermögenswerten. (1) [1]Für die Zuordnung eines nicht in den §§ 5 bis 7 genannten Vermögenswerts (sonstiger Vermögenswert) zu einer Betriebsstätte ist dessen Schaffung oder dessen Erwerb die maßgebliche Personalfunktion. [2]Werden Personalfunktionen, durch deren Ausübung ein sonstiger Vermögenswert geschaffen oder erworben wird, gleichzeitig in verschiedenen Betriebsstätten ausgeübt, so ist der sonstige Vermögenswert der Betriebsstätte zuzuordnen, deren Personalfunktion die größte Bedeutung für diesen sonstigen Vermögenswert zukommt.

(2) [1]Abweichend von Absatz 1 ist ein sonstiger Vermögenswert nur dann einer anderen Betriebsstätte zuzuordnen als derjenigen, auf Grund deren Personalfunktion der sonstige Vermögenswert entstanden ist oder erworben wurde, wenn die Bedeutung einer in dieser anderen Betriebsstätte ausgeübten anderen Personalfunktion eindeutig gegenüber der Bedeutung der in Absatz 1 genannten Personalfunktionen überwiegt. [2]Andere Personalfunktionen sind insbesondere solche, die im Zusammenhang mit der Nutzung, Verwaltung, Risikosteuerung oder Veräußerung des betreffenden sonstigen Vermögenswerts stehen.

(3) Werden andere Personalfunktionen im Sinne des Absatzes 2 Satz 1 gleichzeitig in verschiedenen Betriebsstätten des Unternehmens ausgeübt, so ist der sonstige Vermögenswert der Betriebsstätte zuzuordnen, deren anderer Personalfunktion die größte Bedeutung für diesen sonstigen Vermögenswert zukommt.

(4) Kann ein sonstiger Vermögenswert nicht eindeutig zugeordnet werden, so ist eine Zuordnung vorzunehmen, die den Absätzen 1 bis 3 nicht widerspricht.

§ 9 Zuordnung von Geschäftsvorfällen des Unternehmens. (1) [1]Für die Zuordnung eines Geschäftsvorfalls (§ 1 Absatz 4 Satz 1 Nummer 1 des Außensteuergesetzes), den das Unternehmen mit einem unabhängigen Dritten oder mit einer nahestehenden Person abgeschlossen hat, zu einer Betriebsstätte ist die Personalfunktion, auf der das Zustandekommen des Geschäftsvorfalls beruht, die maßgebliche Personalfunktion. [2]Üben verschiedene Betriebsstätten gleichzeitig jeweils eine Personalfunktion aus, auf der das Zustandekommen eines solchen Geschäftsvorfalls beruht, so ist der Geschäftsvorfall der Betriebsstätte zuzuordnen, deren Personalfunktion die größte Bedeutung für den Geschäftsvorfall zukommt.

(2) [1]Abweichend von Absatz 1 ist ein Geschäftsvorfall nur dann einer anderen Betriebsstätte zuzuordnen als derjenigen, auf Grund deren Personalfunktion der Geschäftsvorfall zustande gekommen ist, wenn die Bedeutung einer in dieser anderen Betriebsstätte ausgeübten anderen Personalfunktion eindeutig gegenüber der Bedeutung der in Absatz 1 genannten Personalfunktion überwiegt. [2]Andere Personalfunktionen sind insbesondere solche, die im Zusammenhang mit der Erfüllung von Verpflichtungen aus dem Geschäftsvorfall oder mit dessen Verwaltung oder mit dessen Risikosteuerung stehen.

(3) Werden andere Personalfunktionen im Sinne des Absatzes 2 Satz 1 gleichzeitig in verschiedenen Betriebsstätten des Unternehmens ausgeübt, so ist der Geschäftsvorfall der Betriebsstätte zuzuordnen, deren anderer Personalfunktion die größte Bedeutung für den Geschäftsvorfall zukommt.

(4) Kann ein Geschäftsvorfall nicht eindeutig zugeordnet werden, so ist eine Zuordnung vorzunehmen, die den Absätzen 1 bis 3 nicht widerspricht.

§ 10 Zuordnung von Chancen und Risiken. (1) Stehen Chancen und Risiken im unmittelbaren Zusammenhang mit einem Vermögenswert im Sinne der §§ 5 bis 8 oder mit einem Geschäftsvorfall im Sinne des § 9, so sind diese Chancen und Risiken der Betriebsstätte zuzuordnen, der auch der betreffende Vermögenswert oder Geschäftsvorfall zuzuordnen ist.

(2) [1]Beruhen Chancen und Risiken, die nicht mit einem Vermögenswert oder mit einem Geschäftsvorfall im unmittelbaren Zusammenhang stehen, auf der Personalfunktion einer Betriebsstätte, so ist diese Personalfunktion für die Zuordnung der Chancen und Risiken zu einer Betriebsstätte maßgeblich. [2]Wird eine solche Personalfunktion gleichzeitig in verschiedenen Betriebsstätten ausgeübt, so sind die betreffenden Chancen und Risiken der Betriebsstätte zuzuordnen, deren Personalfunktion die größte Bedeutung für diese Chancen und Risiken zukommt.

(3) [1]Abweichend von Absatz 2 sind Chancen und Risiken nur dann einer anderen Betriebsstätte zuzuordnen als derjenigen, auf deren Personalfunktion die Chancen und Risiken beruhen, wenn die Bedeutung einer in dieser anderen Betriebsstätte ausgeübten anderen Personalfunktion eindeutig gegenüber der Bedeutung der in Absatz 2 genannten Personalfunktion überwiegt. [2]Andere Personalfunktionen sind insbesondere solche, die im Zusammenhang stehen mit der Verwaltung, der Risikosteuerung oder der Realisation von

Chancen und Risiken oder mit der Entscheidung, Änderungen hinsichtlich von Chancen und Risiken vorzunehmen.

(4) Werden andere Personalfunktionen im Sinne des Absatzes 3 Satz 1 gleichzeitig in verschiedenen Betriebsstätten des Unternehmens ausgeübt, so sind die betreffenden Chancen und Risiken der Betriebsstätte zuzuordnen, deren anderer Personalfunktion die größte Bedeutung für die Chancen und Risiken zukommt.

(5) Können Chancen und Risiken nicht eindeutig zugeordnet werden, so ist eine Zuordnung vorzunehmen, die den Absätzen 1 bis 4 nicht widerspricht.

§ 11 Zuordnung von Sicherungsgeschäften. (1) Schließt ein Unternehmen ein Sicherungsgeschäft zu dem Zweck ab,

1. bestimmte Risiken einer Personalfunktion, die nach § 4 einer Betriebsstätte zuzuordnen ist, abzusichern,

2. bestimmte Risiken eines Vermögenswerts, der nach den §§ 5 bis 8 einer Betriebsstätte zuzuordnen ist, abzusichern oder

3. bestimmte Risiken eines Geschäftsvorfalls, der nach § 9 einer Betriebsstätte zuzuordnen ist, abzusichern,

so ist das Sicherungsgeschäft einschließlich der zugehörigen Vermögenswerte, die Sicherungszwecken dienen, dieser Betriebsstätte zuzuordnen.

(2) ¹Schließt ein Unternehmen ein oder mehrere Sicherungsgeschäfte zu dem Zweck ab,

1. bestimmte Risiken von Personalfunktionen, die nach § 4 verschiedenen Betriebsstätten zuzuordnen sind, abzusichern,

2. bestimmte Risiken von Vermögenswerten, die nach den §§ 5 bis 8 verschiedenen Betriebsstätten zuzuordnen sind, abzusichern oder

3. bestimmte Risiken von Geschäftsvorfällen, die nach § 9 verschiedenen Betriebsstätten zuzuordnen sind, abzusichern,

und ist eine direkte Zuordnung einzelner Vermögenswerte, die Sicherungszwecken dienen, zu bestimmten Risiken nicht möglich oder würde die direkte Zuordnung einen unverhältnismäßigen Aufwand verursachen, so liegt ein mittelbarer Sicherungszusammenhang vor. ²In diesen Fällen sind Sicherungsgeschäfte einschließlich der zugehörigen Vermögenswerte, die Sicherungszwecken dienen, anteilig den Betriebsstätten zuzuordnen, denen die Personalfunktionen, Vermögenswerte oder Geschäftsvorfälle zuzuordnen sind, deren Risiken abgesichert werden. ³Der Anteil ist nach einem sachgerechten Aufteilungsschlüssel zu bestimmen.

(3) Sicherungsgeschäfte sind nur dann abweichend von den Absätzen 1 und 2 zuzuordnen, wenn dies im Einzelfall zu einem Ergebnis der Betriebsstätte führt, das dem Fremdvergleichsgrundsatz besser entspricht.

(4) Sichern Vermögenswerte die Risiken anderer Vermögenswerte ab, ohne dass die Absicherung ihr Zweck ist, so gelten für die Zuordnung der Geschäfte und der zugehörigen Vermögenswerte die §§ 5 bis 8.

Unterabschnitt 3. Dotationskapital, übrige Passivposten und Finanzierungsaufwendungen

§ 12 Dotationskapital inländischer Betriebsstätten ausländischer Unternehmen. (1) Einer inländischen Betriebsstätte eines nach ausländischem Recht buchführungspflichtigen oder tatsächlich Bücher führenden, ausländischen Unternehmens ist zum Beginn eines Wirtschaftsjahres derjenige Anteil am Eigenkapital des Unternehmens zuzuordnen, der ihrem Anteil an den Vermögenswerten sowie den Chancen und Risiken im Verhältnis zum übrigen Unternehmen entspricht (Kapitalaufteilungsmethode).

(2) [1] Für die Zuordnung von Dotationskapital nach der Kapitalaufteilungsmethode ist die Höhe des Eigenkapitals des ausländischen Unternehmens nach deutschem Steuerrecht zu bestimmen. [2] Aus Vereinfachungsgründen kann für die Zuordnung das eingezahlte Kapital zuzüglich der Rücklagen und Gewinnvorträge und abzüglich der Verlustvorträge entsprechend der ausländischen Bilanz des Unternehmens zugrunde gelegt werden, wenn das Unternehmen glaubhaft macht,

1. dass dieses Eigenkapital nicht erheblich von dem nach deutschem Steuerrecht anzusetzenden Eigenkapital abweicht oder
2. dass Abweichungen durch Anpassungen so ausgeglichen werden, dass das Ergebnis nicht erheblich von Satz 1 abweicht.

(3) [1] Für die Bestimmung der Kapitalquote der inländischen Betriebsstätte, die der Berechnung ihres Dotationskapitals nach der Kapitalaufteilungsmethode dient, sind die Vermögenswerte sowohl der Betriebsstätte als auch des übrigen Unternehmens mit Werten anzusetzen, die dem Fremdvergleichsgrundsatz entsprechen und die die Chancen und Risiken berücksichtigen. [2] Aus Vereinfachungsgründen können Buchwerte oder damit vergleichbare Werte aus den Unterlagen des ausländischen Unternehmens angesetzt werden, wenn das Unternehmen glaubhaft macht,

1. dass diese Bewertung zu einer Kapitalquote führt, die nicht erheblich von der Kapitalquote abweicht, die sich bei einem Ansatz von Werten ergäbe, die dem Fremdvergleichsgrundsatz entsprechen, oder
2. dass Abweichungen durch Anpassungen so ausgeglichen werden, dass das Ergebnis nicht erheblich von Satz 1 abweicht.

(4) Ergibt sich nach der Kapitalaufteilungsmethode für die inländische Betriebsstätte ein Dotationskapital, das dauerhaft zu Ergebnissen führt, die ein ordentlicher und gewissenhafter Geschäftsleiter nicht bereit wäre hinzunehmen, und gehört das ausländische Unternehmen, dessen Teil die Betriebsstätte ist, zu einer Unternehmensgruppe, die einem Konzern im Sinne des § 18 des Aktiengesetzes entspricht, so ist das Dotationskapital, das der Betriebsstätte zuzuordnen ist, wie folgt zu bestimmen:

1. das konsolidierte Eigenkapital der Unternehmensgruppe ist entsprechend Absatz 2 zu ermitteln und
2. der Betriebsstätte ist auf konsolidierter Grundlage entsprechend den Absätzen 1 bis 3 ein Anteil am konsolidierten Eigenkapital der Unternehmensgruppe als Dotationskapital zuzuordnen.

(5) Einer inländischen Betriebsstätte ist ungeachtet der Absätze 1 bis 4 mindestens das in einer inländischen Handelsbilanz der inländischen Betriebsstätte tatsächlich ausgewiesene Kapital als Dotationskapital zuzuordnen.

(6) Ändert sich innerhalb eines Wirtschaftsjahres die Zuordnung von Personalfunktionen, von Vermögenswerten oder von Chancen und Risiken gegenüber den Verhältnissen zu Beginn des Wirtschaftsjahres und führt dies zu einer erheblichen Veränderung der Höhe des Dotationskapitals, das der inländischen Betriebsstätte nach Absatz 1 zuzuordnen ist, so ist das Dotationskapital innerhalb des Wirtschaftsjahres entsprechend anzupassen.

§ 13 Dotationskapital ausländischer Betriebsstätten inländischer Unternehmen. (1) Einer ausländischen Betriebsstätte eines nach inländischem Recht buchführungspflichtigen oder tatsächlich Bücher führenden, inländischen Unternehmens ist zum Beginn eines Wirtschaftsjahres Dotationskapital nur zuzuordnen, soweit das Unternehmen glaubhaft macht, dass ein Dotationskapital in dieser Höhe aus betriebswirtschaftlichen Gründen erforderlich ist (Mindestkapitalausstattungsmethode).

(2) [1]Einer ausländischen Betriebsstätte kann ein höheres Dotationskapital als nach Absatz 1 zugeordnet werden, soweit die höhere Dotation im Einzelfall zu einem Ergebnis der Betriebsstätte führt, das dem Fremdvergleichsgrundsatz besser entspricht. [2]Das Dotationskapital darf jedoch den Betrag nicht übersteigen, der sich entsprechend § 12 Absatz 1 bis 3 nach der Kapitalaufteilungsmethode ergibt. [3]Für die Berechnung dieses Höchstbetrags sind die für die Besteuerung maßgeblichen Bilanzansätze des inländischen Unternehmens zugrunde zu legen, es sei denn, der Ansatz anderer Werte führt im Einzelfall zu einem Ergebnis der Betriebsstätte, das dem Fremdvergleichsgrundsatz besser entspricht.

(3) Ein Dotationskapital, das den Betrag nach Absatz 2 Satz 2 übersteigt, darf einer ausländischen Betriebsstätte nur zugeordnet werden, soweit nichtsteuerliche Vorschriften des Staates, in dem die Betriebsstätte liegt, dies erfordern.

(4) Einer ausländischen Betriebsstätte ist ungeachtet der Absätze 1 bis 3 höchstens das in einer ausländischen Handelsbilanz der ausländischen Betriebsstätte tatsächlich ausgewiesene Kapital als Dotationskapital zuzuordnen.

(5) Ändert sich innerhalb eines Wirtschaftsjahres die Zuordnung von Personalfunktionen, von Vermögenswerten oder von Chancen und Risiken gegenüber den Verhältnissen zu Beginn des Wirtschaftsjahres und führt dies zu einer erheblichen Veränderung der Höhe des Dotationskapitals, das der ausländischen Betriebsstätte nach Absatz 1 zuzuordnen ist, so ist das Dotationskapital entsprechend anzupassen.

§ 14 Zuordnung übriger Passivposten. (1) Der Betriebsstätte eines Unternehmens, das nach inländischem oder ausländischem Recht buchführungspflichtig ist oder tatsächlich Bücher führt, sind nach der Zuordnung der in der Hilfs- und Nebenrechnung auszuweisenden Risiken und des Dotationskapitals die übrigen Passivposten des Unternehmens zuzuordnen, die im unmittelbaren

Zusammenhang mit den der Betriebsstätte zugeordneten Vermögenswerten sowie mit den ihr zugeordneten Chancen und Risiken stehen (direkte Zuordnung).

(2) [1] Übersteigt die Summe der übrigen Passivposten, die der Betriebsstätte direkt zugeordnet werden könnten (direkt zuordnungsfähige Passivposten), den Betrag, der nach der Zuordnung der in der Hilfs- und Nebenrechnung auszuweisenden Risiken und des Dotationskapitals für eine Zuordnung von Passivposten zur Betriebsstätte verbleibt, so sind diese direkt zuordnungsfähigen Passivposten anteilig zu kürzen. [2] Der Anteil der direkt zuordnungsfähigen Passivposten, der nach der Kürzung verbleibt, ist der Betriebsstätte zuzuordnen.

(3) Verbleibt nach der Bestimmung der in der Hilfs- und Nebenrechnung auszuweisenden Risiken und des Dotationskapitals und der direkten Zuordnung übriger Passivposten ein Fehlbetrag an Passivposten für die Betriebsstätte, so ist dieser Fehlbetrag mit übrigen Passivposten des Unternehmens aufzufüllen (indirekte Zuordnung).

§ 15 Zuordnung von Finanzierungsaufwendungen. (1) Finanzierungsaufwendungen eines Unternehmens, die mit Passivposten zusammenhängen, die einer Betriebsstätte dieses Unternehmens nach § 14 Absatz 1 direkt zuzuordnen sind, sind ebenfalls dieser Betriebsstätte zuzuordnen.

(2) Sind die direkt zuordnungsfähigen Passivposten nach § 14 Absatz 2 anteilig zu kürzen, so sind auch die Finanzierungsaufwendungen, die mit diesen direkt zuordnungsfähigen Passivposten in unmittelbarem Zusammenhang stehen, entsprechend anteilig zu kürzen.

(3) [1] Soweit eine direkte Zuordnung von Finanzierungsaufwendungen des Unternehmens zur Betriebsstätte nicht möglich ist oder einen unverhältnismäßigen Aufwand verursachen würde, sind der Betriebsstätte Finanzierungsaufwendungen des Unternehmens entsprechend der indirekten Zuordnung der Passivposten anteilig zuzuordnen. [2] In diesem Fall bestimmt sich der Anteil der Betriebsstätte an den Finanzierungsaufwendungen des Unternehmens nach dem sich zu Beginn des jeweiligen Wirtschaftsjahres ergebenden Verhältnis der übrigen Passivposten, die der Betriebsstätte indirekt zuzuordnen sind, zu den übrigen Passivposten des Unternehmens. [3] Der Anteil der Betriebsstätte an den Finanzierungsaufwendungen ist abweichend von den Sätzen 1 und 2 zu bestimmen, wenn dies im Einzelfall zu einem Ergebnis der Betriebsstätte führt, das dem Fremdvergleichsgrundsatz besser entspricht.

(4) [1] Der inländischen Betriebsstätte eines ausländischen Unternehmens, das nach ausländischem Recht nicht buchführungspflichtig ist und auch tatsächlich keine Bücher führt, ist ein Finanzierungsaufwand des ausländischen Unternehmens nur zuzuordnen, soweit dieser im unmittelbaren Zusammenhang mit der Geschäftstätigkeit der Betriebsstätte steht. [2] Eine Zuordnung nach Satz 1 setzt voraus, dass der Betriebsstätte ein Ergebnis aus ihrer Geschäftstätigkeit verbleibt, das dem Fremdvergleichsgrundsatz entspricht.

(5) [1] Der ausländischen Betriebsstätte eines inländischen Unternehmens, das nach inländischem Recht nicht buchführungspflichtig ist und auch tatsächlich

keine Bücher führt, ist ein Finanzierungsaufwand des inländischen Unternehmens zuzuordnen, wenn dieser im unmittelbaren Zusammenhang mit der Geschäftätigkeit der Betriebsstätte steht. [2]Der ausländischen Betriebsstätte ist mindestens der Anteil des Finanzierungsaufwands zuzuordnen, der ihrem Anteil an den Außenumsätzen des inländischen Unternehmens entspricht. [3]Absatz 3 Satz 3 gilt sinngemäß.

Unterabschnitt 4. Anzunehmende schuldrechtliche Beziehungen

§ 16 Grundsatz. (1) Zwischen einer Betriebsstätte und dem übrigen Unternehmen liegt eine anzunehmende schuldrechtliche Beziehung im Sinne des § 1 Absatz 4 Satz 1 Nummer 2 des Außensteuergesetzes vor, wenn wirtschaftliche Vorgänge festgestellt werden,

1. die im Verhältnis zwischen der Betriebsstätte und dem übrigen Unternehmen eine Änderung der Zuordnung nach den §§ 5 bis 11 erforderlich machen oder

2. die, wären die Betriebsstätte und das übrige Unternehmen voneinander unabhängige Unternehmen,

   a) durch schuldrechtliche Vereinbarungen geregelt würden oder

   b) zur Geltendmachung von Rechtspositionen führen würden.

(2) [1]Für anzunehmende schuldrechtliche Beziehungen sind Verrechnungspreise anzusetzen, die dem Fremdvergleichsgrundsatz entsprechen. [2]Diese Verrechnungspreise führen zu fiktiven Betriebseinnahmen und fiktiven Betriebsausgaben.

(3) [1]Nutzt eine Betriebsstätte finanzielle Mittel des übrigen Unternehmens, so liegt keine anzunehmende schuldrechtliche Beziehung vor. [2]Dies gilt nicht, wenn

1. § 17 anzuwenden ist oder

2. auf Grund der Geschäftätigkeit einer Betriebsstätte im laufenden Wirtschaftsjahr finanzielle Mittel der Betriebsstätte entstehen, die nachweislich für bestimmte Zwecke im übrigen Unternehmen genutzt werden.

[3]Eine anzunehmende schuldrechtliche Beziehung nach Satz 2 Nummer 2 gilt als Zurverfügungstellung finanzieller Mittel zwischen der Betriebsstätte und dem übrigen Unternehmen und endet spätestens

1. mit dem Ende des laufenden Wirtschaftsjahres oder

2. mit einer Anpassung des Dotationskapitals nach § 12 Absatz 6 oder § 13 Absatz 5.

§ 17 Finanzierungsfunktion innerhalb eines Unternehmens. (1) [1]Eine Finanzierungsfunktion innerhalb eines Unternehmens umfasst die Liquiditätssteuerung durch eine Betriebsstätte (Finanzierungsbetriebsstätte) für eine oder mehrere andere Betriebsstätten desselben Unternehmens. [2]Zur Liquiditätssteuerung gehören insbesondere die Mittelbeschaffung, die Mittelzuweisung und die externe Anlage von Liquiditätsüberhängen.

(2) [1]Die Ausübung einer Finanzierungsfunktion innerhalb eines Unternehmens ist eine anzunehmende schuldrechtliche Beziehung, die im Regelfall als Dienstleistung anzusehen ist und nicht als Zurverfügungstellung eigener finanzieller Mittel der Finanzierungsbetriebsstätte. [2]Für eine solche Dienstleistung ist der nach § 16 Absatz 2 Satz 1 anzusetzende Verrechnungspreis nach einer kostenorientierten Verrechnungspreismethode zu bestimmen. [3]Finanzierungsaufwendungen und Finanzierungserträge des Unternehmens, die durch die Tätigkeiten der Finanzierungsbetriebsstätte verursacht werden, beeinflussen die Kostenbasis der Finanzierungsbetriebsstätte nicht.

(3) Kann nicht festgestellt werden, dass der Finanzierungsbetriebsstätte Kosten entstehen, die unmittelbar von einer bestimmten anderen Betriebsstätte verursacht werden, oder würde eine solche Feststellung einen unverhältnismäßigen Aufwand verursachen, so sind die Kosten der Finanzierungsbetriebsstätte zuzüglich eines angemessenen Aufschlags verursachungsgerecht auf die anderen Betriebsstätten, die die Finanzierungsfunktion nutzen, aufzuteilen.

(4) [1]Vermögenswerte, die Grundlage für eine externe Anlage von Liquiditätsüberhängen sind oder die auf Grund der externen Anlage von Liquiditätsüberhängen entstehen, und Erträge aus diesen Vermögenswerten sind nicht der Finanzierungsbetriebsstätte, sondern jeweils den anderen Betriebsstätten zuzuordnen. [2]Ist eine direkte Zuordnung der Vermögenswerte und Erträge, die auf Grund der Finanzierungsfunktion entstehen, zu den anderen Betriebsstätten nicht möglich oder wäre sie unverhältnismäßig aufwendig, so sind diese Vermögenswerte und deren Erträge den anderen Betriebsstätten anteilig zuzuordnen. [3]Für die Aufteilung ist die Herkunft der Liquiditätsüberhänge entscheidend.

(5) [1]Passivposten, die auf Grund der Finanzierungsfunktion für das Unternehmen entstehen, sind nicht der Finanzierungsbetriebsstätte, sondern gemäß § 15 Absatz 1 den anderen Betriebsstätten zuzuordnen. [2]Für die Zuordnung der entsprechenden Finanzierungsaufwendungen gilt § 15 Absatz 3.

(6) [1]Positive Salden auf Verrechnungskonten, die auf Grund der Finanzierungsfunktion im Verhältnis der Finanzierungsbetriebsstätte zu den anderen Betriebsstätten entstehen, gelten nicht als Vermögenswerte im Sinne des § 7 oder § 8. [2]Sie sind nicht zu verzinsen.

(7) Die Absätze 1 bis 6 sind nicht anzuwenden, wenn im Einzelfall

1. in der Finanzierungsbetriebsstätte im Hinblick auf entstehende Vermögenswerte und Passivposten sowie auf die damit zusammenhängenden Chancen und Risiken Personalfunktionen ausgeübt werden, die eine Zuordnung der Vermögenswerte und der Passivposten zur Finanzierungsbetriebsstätte erfordern, und

2. eine nicht in Absatz 2 genannte Verrechnungspreismethode zu einem Ergebnis für die Finanzierungsfunktion führt, das dem Fremdvergleichsgrundsatz besser entspricht.

Abschnitt 2. Besonderheiten für Bankbetriebsstätten

§ 18[1) Allgemeines. Eine Betriebsstätte,

1. die Teil ist

   a) eines Kreditinstituts im Sinne des § 1 Absatz 1 des Kreditwesengesetzes,

   b) eines Finanzdienstleistungsinstituts im Sinne des § 1 Absatz 1a des Kreditwesengesetzes,

   c) eines Wertpapierinstituts im Sinne des § 1 Absatz 2 des Wertpapierinstitutsgesetzes oder

   d) eines vergleichbaren Unternehmens im Sinne des ausländischen Bankenaufsichtsrechts und

2. die Bankgeschäfte betreibt,

ist eine Bankbetriebsstätte, für die die §§ 1 bis 17 gelten, soweit in diesem Abschnitt keine abweichende Regelung getroffen wird.

§ 19 Besondere Zuordnungsregelungen. (1) [1]Ein Vermögenswert, der Gegenstand von Bankgeschäften im Sinne des § 1 Absatz 1 des Kreditwesengesetzes oder von Finanzdienstleistungen im Sinne des § 1 Absatz 1a des Kreditwesengesetzes ist, ist einer Bankbetriebsstätte zuzuordnen, wenn die unternehmerische Risikoübernahmefunktion in dieser Bankbetriebsstätte ausgeübt wird. [2]Unternehmerische Risikoübernahmefunktion bei Kreditinstituten ist die Personalfunktion, deren Ausübung dazu führt, dass die mit dem Vermögenswert verbundenen Chancen und Risiken des Unternehmens entstehen.

(2) [1]Üben verschiedene Bankbetriebsstätten im Hinblick auf einen Vermögenswert gleichzeitig jeweils eine Personalfunktion aus, die die Voraussetzungen des Absatzes 1 erfüllt, so ist der Vermögenswert der Bankbetriebsstätte zuzuordnen, deren Personalfunktion die größte Bedeutung zukommt. [2]Diese Personalfunktion gilt als unternehmerische Risikoübernahmefunktion. [3]Die Zuordnung bestimmt sich nach den Personalfunktionen, die bis zum Zeitpunkt der Entstehung des jeweiligen Vermögenswerts ausgeübt werden. [4]Der Bankbetriebsstätte, die die unternehmerische Risikoübernahmefunktion im Hinblick auf einen Vermögenswert ausübt, werden der Vermögenswert sowie die mit dem Vermögenswert zusammenhängenden Chancen und Risiken zugeordnet.

(3) [1]Kann ein Vermögenswert nach Absatz 2 nicht eindeutig zugeordnet werden, so ist er der Bankbetriebsstätte zuzuordnen, der die Kundenbeziehung, zu der der Vermögenswert gehört, zuzuordnen ist. [2]Eine davon abweichende Zuordnung ist nur vorzunehmen, wenn dies im Einzelfall zu einem Ergebnis der Bankbetriebsstätte führt, das dem Fremdvergleichsgrundsatz besser entspricht.

(4) Die sachgerechte Zuordnung eines Vermögenswerts darf nur geändert werden, wenn

---

[1) § 18 Nr. 1 neu gef. mWv 26.6.2021 durch G v. 12.5.2021 (BGBl. I S. 990).

1. die Änderung dazu führt, dass der Vermögenswert der Bankbetriebsstätte zugeordnet wird, zu der die betreffende Kundenbeziehung besteht, und in der Bankbetriebsstätte, der der Vermögenswert zugeordnet war, keine Personalfunktionen im Hinblick auf den Vermögenswert mehr ausgeübt werden oder

2. die Zuordnung im Einzelfall zu einem Ergebnis der Bankbetriebsstätte führt, das dem Fremdvergleichsgrundsatz besser entspricht.

(5) ¹Ist ein Vermögenswert im Sinne des Absatzes 1 einer Bankbetriebsstätte zuzuordnen und übt eine andere Betriebsstätte im Hinblick auf diesen Vermögenswert eine unterstützende Personalfunktion aus, so ist nach § 16 Absatz 2 Satz 1 für die Erbringung dieser Personalfunktion ein Verrechnungspreis anzusetzen, der dem Fremdvergleichsgrundsatz entspricht. ²Solche unterstützenden Personalfunktionen können

1. dazu dienen, die eigentliche unternehmerische Risikoübernahmefunktion auszuüben,

2. die nachfolgende Verwaltung des Vermögenswerts umfassen oder

3. andere Hilfsfunktionen sein.

(6) § 16 Absatz 3 gilt für Bankbetriebsstätten mit der Maßgabe, dass eine anzunehmende schuldrechtliche Beziehung, die als Zurverfügungstellung finanzieller Mittel gilt, über § 16 Absatz 3 Satz 2 hinaus zugrunde zu legen ist, wenn

1. das Kreditinstitut nachweist, dass die über § 16 Absatz 3 hinausgehende Dauer im Zusammenhang mit der Geschäftspolitik des Kreditinstituts und auf Grund der Personalfunktionen, die im Zusammenhang mit der Zurverfügungstellung und der Entgegennahme von finanziellen Mitteln ausgeübt werden, sachgerecht ist und

2. die über § 16 Absatz 3 hinausgehende Dauer im Einzelfall zu einem Ergebnis der Bankbetriebsstätte führt, das dem Fremdvergleichsgrundsatz besser entspricht.

§ 20 Dotationskapital inländischer Bankbetriebsstätten ausländischer Kreditinstitute, Bankenaufsichtsrecht. (1) ¹Einer inländischen Bankbetriebsstätte eines ausländischen Kreditinstituts ist der Anteil am Eigenkapital des ausländischen Kreditinstituts zuzuordnen, der ihrem Anteil an der Summe der risikogewichteten Positionsbeträge des ausländischen Kreditinstituts im Sinne des ausländischen Bankenaufsichtsrechts entspricht (Kapitalaufteilungsmethode für Bankbetriebsstätten). ²Für die Ermittlung des jeweiligen Anteils sind die kreditinstitutsinternen risikogewichteten Positionsbeträge unberücksichtigt zu lassen.

(2) ¹Ein geringeres Dotationskapital als nach Absatz 1 darf das ausländische Kreditinstitut der inländischen Bankbetriebsstätte nur zuordnen, soweit dies zu einem Ergebnis der inländischen Bankbetriebsstätte führt, das im Verhältnis zum übrigen Unternehmen dem Fremdvergleichsgrundsatz auf Grund der ihr zugeordneten Vermögenswerte sowie der ihr zugeordneten Chancen und Risiken besser entspricht. ²Die inländische Bankbetriebsstätte muss jedoch min-

destens ein Dotationskapital ausweisen, das sie nach bankenaufsichtsrechtlichen Grundsätzen als Kernkapital ausweisen müsste, wenn sie ein rechtlich selbständiges, inländisches Kreditinstitut wäre (Mindestkapitalausstattungsmethode für Bankbetriebsstätten). ³Wird die Mindestkapitalausstattungsmethode angewandt, so ist das Dotationskapital um 0,5 Prozentpunkte der Summe der risikogewichteten Positionsbeträge der inländischen Bankbetriebsstätte zu erhöhen, es sei denn, ein geringerer Zuschlag führt zu einem Ergebnis der Bankbetriebsstätte, das dem Fremdvergleichsgrundsatz besser entspricht.

(3) Ein ausländisches Kreditinstitut kann davon absehen, Absatz 1 und 2 für seine inländische Bankbetriebsstätte anzuwenden, wenn

1. die Summe der Aktivposten der Hilfs- und Nebenrechnung der inländischen Bankbetriebsstätte weniger als 1 Milliarde Euro beträgt und

2. für die inländische Bankbetriebsstätte ein Dotationskapital in Höhe von mindestens 3 Prozent der Summe der Aktivposten der Hilfs- und Nebenrechnung ausgewiesen wird, mindestens aber 5 Millionen Euro.

(4) ¹Für eine inländische Bankbetriebsstätte eines ausländischen Kreditinstituts mit Sitz in einem Staat der Europäischen Union oder des Europäischen Wirtschaftsraumes, in dem ein Kreditinstitut eine Regelung anwenden kann, die dem § 2a des Kreditwesengesetzes entspricht, gilt Absatz 1 nur, wenn das ausländische Kreditinstitut

1. die Regelung nicht anwendet oder

2. nachweist, dass seine Eigenkapitalausstattung nach dem anzuwendenden Bankenaufsichtsrecht auch dann ausreichen würde, wenn es die Regelung nicht anwenden würde.

²Wendet das ausländische Kreditinstitut die ausländische Regelung an und wird der Nachweis nach Satz 1 Nummer 2 nicht geführt, so ist für die Ermittlung des Dotationskapitals, das der inländischen Bankbetriebsstätte zuzuordnen ist, Absatz 1 sinngemäß anzuwenden mit der Maßgabe, dass

1. für die Ermittlung des Eigenkapitals, das der Berechnung zugrunde zu legen ist, das bankenaufsichtsrechtliche Kernkapital derjenigen ausländischen Kreditinstitutsgruppe maßgebend ist, die, wenn sie eine inländische Institutsgruppe wäre, die Voraussetzungen von § 10a Absatz 1 des Kreditwesengesetzes in Verbindung mit den Artikeln 92ff. der Verordnung (EU) Nr. 575/2013 des Europäischen Parlaments und des Rates vom 26. Juni 2013 über Aufsichtsanforderungen an Kreditinstitute und Wertpapierfirmen und zur Änderung der Verordnung (EU) Nr. 646/2012 (ABl. L 176 vom 27. 6. 2013, S. 1, L 208 vom 2. 8. 2013, S. 68, L 321 vom 30. 11. 2013, S. 6) in der jeweils geltenden Fassung erfüllen würde, und

2. für die Ermittlung des Anteils der inländischen Bankbetriebsstätte am Kernkapital der ausländischen Kreditinstitutsgruppe die Summe der risikogewichteten Positionsbeträge der Bankbetriebsstätte zur Summe der risikogewichteten Positionsbeträge der Kreditinstitutsgruppe, ohne Berücksichtigung der gruppeninternen risikogewichteten Positionsbeträge, ins Verhältnis zu setzen ist.

(5) [1] § 12 Absatz 6 ist mit der Maßgabe anzuwenden, dass die Höhe des der inländischen Bankbetriebsstätte zuzuordnenden Dotationskapitals auch anzupassen ist, soweit dies das inländische Bankenaufsichtsrecht erfordert. [2] Im Übrigen gilt § 12 sinngemäß.

(6)[1] Die Absätze 1 bis 5 gelten nicht für inländische Betriebsstätten ausländischer Finanzdienstleistungsinstitute oder Wertpapierinstitute, die keinen bankenaufsichtsrechtlichen Eigenkapitalanforderungen unterliegen.

§ 21 Dotationskapital ausländischer Bankbetriebsstätten inländischer Kreditinstitute, Bankenaufsichtsrecht. (1) [1] Der ausländischen Bankbetriebsstätte eines inländischen Kreditinstituts ist ein Dotationskapital entsprechend § 13 Absatz 1 zuzuordnen, es sei denn, das anzuwendende ausländische Bankenaufsichtsrecht enthält zwingende Regelungen zur Mindestkapitalausstattung, die die ausländische Bankbetriebsstätte einhalten müsste, wenn sie ein selbständiges ausländisches Kreditinstitut wäre (Mindestkapitalausstattungsmethode für Bankbetriebsstätten). [2] Das inländische Kreditinstitut hat die Gründe für den Ansatz eines höheren Dotationskapitals als nach § 13 Absatz 1 nachzuweisen.

(2) [1] Ein höheres Dotationskapital als nach Absatz 1 darf das inländische Kreditinstitut der ausländischen Bankbetriebsstätte nur zuordnen, soweit die höhere Dotation zu einem Ergebnis der ausländischen Bankbetriebsstätte führt, das dem Fremdvergleichsgrundsatz auf Grund der ihr zugeordneten Vermögenswerte sowie der ihr zugeordneten Chancen und Risiken besser entspricht. [2] Liegen die Voraussetzungen des Satzes 1 vor, so ist die Obergrenze der Dotation der Betrag, der sich bei Anwendung der Kapitalaufteilungsmethode für Bankbetriebsstätten entsprechend § 20 Absatz 1 ergibt.

(3) [1] Ein höheres Dotationskapital als nach Absatz 2 darf der ausländischen Bankbetriebsstätte nur zugeordnet werden, soweit dies das ausländische Bankenaufsichtsrecht für ausländische selbständige Kreditinstitute erfordert und das inländische Kreditinstitut den entsprechenden Regelungen für seine ausländische Bankbetriebsstätte folgt. [2] Satz 1 ist nur anzuwenden, soweit dem übrigen Unternehmen rechnerisch mindestens so viel Kapital verbleibt, wie es nach inländischem Bankenaufsichtsrecht erforderlich wäre.

(4) Ist ein inländisches Kreditinstitut

1. Teil einer inländischen Institutsgruppe, auf die § 2a des Kreditwesengesetzes anzuwenden ist, oder

2. Teil einer ausländischen Institutsgruppe, auf die eine Regelung eines anderen Staates der Europäischen Union oder des Europäischen Wirtschaftsraums, die Artikel 7 der Verordnung (EU) Nr. 575/2013 des Europäischen Parlaments und des Rates vom 26. Juni 2013 über Aufsichtsanforderungen an Kreditinstitute und Wertpapierfirmen und zur Änderung der Verordnung (EU) Nr. 646/2012 (ABl. L 176 vom 27. 6. 2013, S. 1) vergleichbar ist, anzuwenden ist,

und verfügt dieses inländische Kreditinstitut über ein geringeres Kernkapital, als es nach bankenaufsichtsrechtlichen Grundsätzen für die Summe der risiko-

---

[1] § 20 Abs. 6 geänd. mWv 26.6.2021 durch G v. 12.5.2021 (BGBl. I S. 990).

gewichteten Positionsbeträge ohne Anwendung des § 2a des Kreditwesengesetzes oder der Regelung eines anderen Staates des Europäischen Wirtschaftsraums, die Artikel 7 der Verordnung (EU) Nr. 575/2013 vergleichbar ist, erforderlich ist, so kann einer ausländischen Bankbetriebsstätte dieses Kreditinstituts ein Mindestdotationskapital nach Absatz 1 nur zugeordnet werden, soweit dem übrigen Unternehmen ein Kernkapital verbleibt, das nach bankenaufsichtsrechtlichen Grundsätzen für die Summe der risikogewichteten Positionsbeträge des übrigen Unternehmens erforderlich wäre.

(5) [1] § 13 Absatz 5 ist anzuwenden mit der Maßgabe, dass die Höhe des der ausländischen Bankbetriebsstätte zuzuordnenden Dotationskapitals auch anzupassen ist, soweit dies das ausländische Bankenaufsichtsrecht erfordert. [2] Im Übrigen gilt § 13 sinngemäß.

(6) Die Absätze 1 bis 5 gelten nicht für eine ausländische Bankbetriebsstätte eines inländischen Finanzdienstleistungsinstituts, das keinen bankenaufsichtsrechtlichen Eigenkapitalanforderungen unterliegt.

§ 22 Globaler Handel mit Finanzinstrumenten. (1) [1] Finanzinstrumente im Sinne des § 1 Absatz 11 Satz 1 des Kreditwesengesetzes, mit denen durch Finanzinstitute auf Märkten der ganzen Welt rund um die Uhr gehandelt wird

(Fortsetzung nächstes Blatt)

(globaler Handel mit Finanzinstrumenten), sind entsprechend § 19 zuzuordnen. [2] Der globale Handel mit Finanzinstrumenten umfasst insbesondere

1. die globale Emission und den globalen Vertrieb von Finanzinstrumenten,

2. die Tätigkeit als Market Maker im Sinne des *§ 23 Absatz 4 [ab 3.1.2018*: § 36 Absatz 5][1] des Wertpapierhandelsgesetzes für physische Wertpapiere,

3. die Tätigkeit an den Aktien- und Rohstoffbörsen,

4. die Entwicklung neuer Finanzinstrumente.

(2) [1] Wird im globalen Handel mit Finanzinstrumenten die unternehmerische Risikoübernahmefunktion in verschiedenen Bankbetriebsstätten ausgeübt und lässt sich eine eindeutige Zuordnung von einzelnen Finanzinstrumenten nicht oder nur mit unzumutbarem Aufwand durchführen, so sind die aus den Finanzinstrumenten steuerlich realisierten und nichtrealisierten Ergebnisse auf die Bankbetriebsstätten, die am globalen Handel beteiligt sind, nach einem sachgerechten Aufteilungsschlüssel aufzuteilen. [2] Werden die Chancen und Risiken aus den Finanzinstrumenten für die Ermittlung des Dotationskapitals nach den §§ 20 und 21 entsprechend Satz 1 anteilig berücksichtigt, so können die Finanzinstrumente abweichend von Satz 1 zugeordnet werden, wenn

1. dies in der Hilfs- und Nebenrechnung nach § 3 ausgewiesen wird und

2. die Ergebnisse der Bankbetriebsstätten, die am globalen Handel teilnehmen, nicht beeinflusst werden.

(3) Für anzunehmende schuldrechtliche Beziehungen, die die unternehmerische Risikoübernahmefunktion im globalen Handel mit Finanzinstrumenten betreffen, ist die geschäftsvorfallbezogene Restgewinnaufteilungsmethode anzuwenden, es sei denn, im Einzelfall führt die Anwendung einer anderen Methode zu einem Ergebnis, das dem Fremdvergleichsgrundsatz besser entspricht.

Abschnitt 3. Besonderheiten für Versicherungsbetriebsstätten

§ 23 Allgemeines. Eine Betriebsstätte,

1. die Teil eines Versicherungsunternehmens im Sinne des § 1 Absatz 1 Nummer 1 des Versicherungsaufsichtsgesetzes oder Teil eines Versicherungsunternehmens im Sinne des ausländischen Versicherungsaufsichtsrechts ist und

2. die Versicherungsgeschäfte betreibt

ist eine Versicherungsbetriebsstätte, für die die §§ 1 bis 17 gelten, soweit in diesem Abschnitt keine abweichende Regelung getroffen wird.

§ 24 Besondere Zuordnungsregelungen. (1) [1] Ein Vermögenswert, der durch den Abschluss eines Versicherungsvertrags entsteht, ist einer Versicherungsbetriebsstätte zuzuordnen, wenn die unternehmerische Risikoübernahmefunktion in dieser Versicherungsbetriebsstätte ausgeübt wird. [2] Unternehmerische Risikoübernahmefunktion ist bei Versicherungsunternehmen die Personalfunktion des Zeichnungsprozesses, deren Ausübung dazu führt, dass die mit dem Versicherungsvertrag zusammenhängenden Chancen und Risiken, insbesondere das versicherungstechnische Risiko aus dem Versicherungs-

---

[1] Verweis geänd. durch G v. 23.6.2017 (BGBl. I S. 1693).

vertrag, von dem Versicherungsunternehmen übernommen werden. [3]Der Zeichnungsprozess besteht aus

1. der Festlegung der Zeichnungsstrategie,
2. der Risikoklassifizierung und Risikoauswahl,
3. der Preisgestaltung,
4. der Analyse der Risikoweitergabe und
5. der Annahme der versicherten Risiken.

(2) Die Ausübung der unternehmerischen Risikoübernahmefunktion bestimmt nicht nur über die Zuordnung des Versicherungsvertrags zu einer Versicherungsbetriebsstätte, sondern auch über die Zuordnung der mit dem Versicherungsvertrag zusammenhängenden Vermögenswerte, der damit in Zusammenhang stehenden Betriebseinnahmen und Betriebsausgaben sowie der damit in Zusammenhang stehenden Chancen und Risiken.

(3) [1]Werden Personalfunktionen des Zeichnungsprozesses in verschiedenen Versicherungsbetriebsstätten ausgeübt, so ist ein Vermögenswert, der durch den Abschluss eines Versicherungsvertrags entsteht, der Versicherungsbetriebsstätte zuzuordnen, deren Personalfunktion bis zum Abschluss des Versicherungsvertrags die größte Bedeutung zukommt. [2]Diese Personalfunktion gilt als unternehmerische Risikoübernahmefunktion. [3]Die Zuordnung eines Versicherungsvertrags bestimmt sich nach den bis zum Abschluss des Versicherungsvertrags ausgeübten Personalfunktionen.

(4) Im Rückversicherungsgeschäft ist widerlegbar zu vermuten, dass im Zeichnungsprozess die Risikoklassifizierung und Risikoauswahl die Personalfunktion mit der größten Bedeutung und daher die unternehmerische Risikoübernahmefunktion für den Abschluss eines Rückversicherungsvertrags ist.

(5) [1]Hat ein ausländisches Versicherungsunternehmen eine Niederlassung im Sinne der §§ 106, 110a, 121h oder 121i des Versicherungsaufsichtsgesetzes begründet, die eine inländische Versicherungsbetriebsstätte ist, so ist zu vermuten, dass hinsichtlich eines Versicherungsvertrags, zu dessen Abschluss der für die Niederlassung bestellte Hauptbevollmächtigte gemäß § 106 Absatz 3 Satz 3 des Versicherungsaufsichtsgesetzes als ermächtigt gilt, die unternehmerische Risikoübernahmefunktion im Sinne der Absätze 1 bis 4 in der Niederlassung ausgeübt wird. [2]Die Vermutung kann nur widerlegt werden, wenn das ausländische Versicherungsunternehmen nachweist, dass

1. die unternehmerische Risikoübernahmefunktion für den in Satz 1 genannten Versicherungsvertrag nicht in der inländischen Versicherungsbetriebsstätte ausgeübt wird, und
2. der Sachverhalt übereinstimmend der deutschen Versicherungsaufsichtsbehörde und der für das ausländische Versicherungsunternehmen zuständigen Versicherungsaufsichtsbehörde mitgeteilt wurde.

(6) [1]Ein Versicherungsvertrag ist einer ausländischen Versicherungsbetriebsstätte eines inländischen Versicherungsunternehmens, die einer der deutschen Versicherungsaufsicht vergleichbaren Aufsicht unterliegt und für die ein Hauptbevollmächtigter nach § 13b Absatz 1 Satz 1 Nummer 3 des Versicherungsaufsichtsgesetzes bestellt wurde oder für die ein sonstiger Bevollmächtig-

ter, der einem Hauptbevollmächtigten im Sinne des § 106 Absatz 3 des Versicherungsaufsichtsgesetzes vergleichbar ist, auf Grund entsprechender ausländischer versicherungsaufsichtsrechtlicher Vorgaben bestellt wurde, nur dann zuzuordnen, wenn die unternehmerische Risikoübernahmefunktion im Sinne der Absätze 1 bis 4 tatsächlich in der ausländischen Versicherungsbetriebsstätte ausgeübt wird. [2]Werden in der ausländischen Versicherungsbetriebsstätte lediglich die Personalfunktionen des Zeichnungsprozesses ausgeübt, die im unmittelbaren Zusammenhang mit der Annahme des versicherten Risikos stehen, so ist der Versicherungsvertrag nur dann der ausländischen Versicherungsbetriebsstätte zuzuordnen,

1. wenn in ihr zusätzlich eine der folgenden Personalfunktionen, die nicht Teil des Zeichnungsprozesses sind, ausgeübt wird:

   a) Produktmanagement und Produktentwicklung,

   b) Verkauf und Marketing oder

   c) Risikomanagement und Rückversicherung und

2. wenn die Bedeutung der in der ausländischen Versicherungsbetriebsstätte ausgeübten Personalfunktionen überwiegt.

(7) § 19 Absatz 5 gilt sinngemäß.

§ 25 Dotationskapital inländischer Versicherungsbetriebsstätten ausländischer Versicherungsunternehmen, Versicherungsaufsichtsrecht.

(1) [1]Zur Bestimmung des Dotationskapitals inländischer Versicherungsbetriebsstätten ausländischer Versicherungsunternehmen ist der Versicherungsbetriebsstätte in einem ersten Schritt ein Anteil an den Vermögenswerten des ausländischen Versicherungsunternehmens zuzuordnen, die der Bedeckung der versicherungstechnischen Rückstellungen und des Eigenkapitals des ausländischen Versicherungsunternehmens dienen. [2]Der Anteil der Versicherungsbetriebsstätte bemisst sich nach dem Verhältnis der versicherungstechnischen Rückstellungen für Versicherungsverträge, die der inländischen Versicherungsbetriebsstätte zuzuordnen sind, zu den versicherungstechnischen Rückstellungen, die in der Bilanz des ausländischen Versicherungsunternehmens insgesamt ausgewiesen sind.

(2) [1]In einem zweiten Schritt sind von den nach Absatz 1 zugeordneten Vermögenswerten die versicherungstechnischen Rückstellungen und die aus Versicherungsverhältnissen entstandenen Verbindlichkeiten und Rechnungsabgrenzungsposten abzuziehen, die zu bestimmen sind nach den §§ 341 e bis 341 h des Handelsgesetzbuchs sowie nach der VersicherungsunternehmensRechnungslegungsverordnung vom 8. November 1994 (BGBl. I S. 3378), die zuletzt durch Artikel 27 Absatz 9 des Gesetzes vom 4. Juli 2013 (BGBl. I S. 1981) geändert worden ist, in der jeweils geltenden Fassung. [2]Das Ergebnis ist das der inländischen Versicherungsbetriebsstätte zuzuordnende Dotationskapital (modifizierte Kapitalaufteilungsmethode für Versicherungsbetriebsstätten).

(3) [1]Ein geringeres Dotationskapital als nach Absatz 2 darf das ausländische Versicherungsunternehmen der inländischen Versicherungsbetriebsstätte nur zuordnen, soweit dies zu einem Ergebnis der inländischen Versicherungsbe-

triebsstätte führt, das im Verhältnis zum übrigen Unternehmen dem Fremdvergleichsgrundsatz auf Grund der ihr zugeordneten Vermögenswerte sowie der ihr zugeordneten Chancen und Risiken besser entspricht. [2]Die inländische Versicherungsbetriebsstätte muss mindestens ein Dotationskapital ausweisen, das sie nach versicherungsaufsichtsrechtlichen Grundsätzen als Eigenkapital ausweisen müsste, wenn sie ein rechtlich selbständiges Versicherungsunternehmen wäre (Mindestkapitalausstattungsmethode für Versicherungsbetriebsstätten).

(4) Weicht das Dotationskapital, das einer inländischen Versicherungsbetriebsstätte vom ausländischen Versicherungsunternehmen zugeordnet wurde, von dem Dotationskapital ab, das nach Absatz 2 zuzuordnen ist, so sind die nach Absatz 1 zuzuordnenden Vermögenswerte dem Dotationskapital nach Absatz 2 anzupassen.

(5) [1]§ 12 Absatz 6 ist mit der Maßgabe anzuwenden, dass die Höhe des zuzuordnenden Dotationskapitals auch anzupassen ist, soweit dies das inländische Versicherungsaufsichtsrecht erfordert. [2]Im Übrigen gilt § 12 sinngemäß.

§ 26 Dotationskapital ausländischer Versicherungsbetriebsstätten inländischer Versicherungsunternehmen, Versicherungsaufsichtsrecht.

(1) [1]Der ausländischen Versicherungsbetriebsstätte eines inländischen Versicherungsunternehmens ist ein Dotationskapital entsprechend § 13 Absatz 1 zuzuordnen, es sei denn, das anzuwendende ausländische Versicherungsaufsichtsrecht enthält zwingende Regelungen zur Mindestkapitalausstattung, die die ausländische Versicherungsbetriebsstätte einhalten müsste, wenn sie ein selbständiges ausländisches Versicherungsunternehmen wäre (Mindestkapitalausstattungsmethode für Versicherungsbetriebsstätten). [2]Das inländische Versicherungsunternehmen hat die Gründe für den Ansatz eines höheren Dotationskapitals als nach § 13 Absatz 1 nachzuweisen.

(2) [1]Ein höheres Dotationskapital als das versicherungsaufsichtsrechtliche Mindestkapital nach Absatz 1 darf das inländische Versicherungsunternehmen der ausländischen Versicherungsbetriebsstätte nur zuordnen, soweit dies zu einem Ergebnis der ausländischen Versicherungsbetriebsstätte führt, das dem Fremdvergleichsgrundsatz auf Grund der ihr zugeordneten Vermögenswerte sowie der ihr zugeordneten Chancen und Risiken besser entspricht. [2]Das Dotationskapital darf den Betrag nicht übersteigen, der sich aus der Anwendung der modifizierten Kapitalaufteilungsmethode für Versicherungsbetriebsstätten nach § 25 Absatz 1 und 2 ergibt.

(3) [1]Ein höheres Dotationskapital als nach Absatz 2 darf der ausländischen Versicherungsbetriebsstätte nur zugeordnet werden, soweit dies das ausländische Versicherungsaufsichtsrecht erfordert und das inländische Versicherungsunternehmen den entsprechenden Regelungen für seine ausländische Versicherungsbetriebsstätte folgt. [2]Satz 1 ist nur anzuwenden, soweit dem übrigen Unternehmen rechnerisch mindestens so viel Kapital verbleibt, wie nach inländischem Versicherungsaufsichtsrecht erforderlich wäre.

(4) [1]§ 13 Absatz 5 ist mit der Maßgabe anzuwenden, dass die Höhe des zuzuordnenden Dotationskapitals auch anzupassen ist, soweit dies das ausländische Versicherungsaufsichtsrecht erfordert. [2]Im Übrigen gilt § 13 sinngemäß.

§ 27 Zuordnung von Einkünften aus Vermögenswerten. (1) Einkünfte aus Vermögenswerten sind einer Versicherungsbetriebsstätte zuzuordnen, wenn diese Vermögenswerte mindestens einem der folgenden Zwecke dienen:

1. der Bedeckung der versicherungstechnischen Rückstellungen der Versicherungsbetriebsstätte,

2. der Bedeckung der aus Versicherungsverhältnissen entstandenen Verbindlichkeiten und Rechnungsabgrenzungsposten der Versicherungsbetriebsstätte oder

3. der Bedeckung des Dotationskapitals der Versicherungsbetriebsstätte.

(2) Soweit eine direkte Zuordnung von Vermögenswerten und Einkünften nicht möglich ist, sind einer Versicherungsbetriebsstätte Einkünfte entsprechend der durchschnittlichen Kapitalanlagerendite des Versicherungsunternehmens zuzuordnen.

§ 28 Rückversicherung innerhalb eines Unternehmens. Das versicherungstechnische Risiko, das einer Versicherungsbetriebsstätte auf Grund der zutreffenden Zuordnung eines Versicherungsvertrags zugeordnet ist, darf nicht durch eine anzunehmende schuldrechtliche Beziehung, die einem Rückversicherungsvertrag zwischen rechtlich selbständigen Versicherungsunternehmen vergleichbar ist, dem übrigen Unternehmen zugeordnet werden.

§ 29 Pensionsfonds und Versicherungs-Zweckgesellschaften. Die §§ 23 bis 28 gelten sinngemäß für eine Betriebsstätte, die mit Versicherungsgeschäften vergleichbare Geschäfte betreibt und die

1. Teil eines Pensionsfonds im Sinne des § 112 des Versicherungsaufsichtsgesetzes oder eines vergleichbaren ausländischen Aufsichtsrechts ist oder

2. Teil einer Versicherungs-Zweckgesellschaft im Sinne des § 121 g des Versicherungsaufsichtsgesetzes oder eines vergleichbaren ausländischen Aufsichtsrechts ist.

Abschnitt 4. Besonderheiten für Bau- und Montagebetriebsstätten

§ 30 Allgemeines. [1]Für eine Betriebsstätte, die Bau- oder Montagearbeiten durchführt und nach Abschluss der Bau- oder Montagearbeiten endet (Bau- und Montagebetriebsstätte), gelten die §§ 1 bis 17, soweit in diesem Abschnitt keine abweichende Regelung getroffen wird. [2]Ein Unternehmen, zu dem eine Bau- und Montagebetriebsstätte gehört, ist ein Bau- und Montageunternehmen.

§ 31 Besondere Zuordnungsregelungen. (1) [1]Ein materielles Wirtschaftsgut, das in einer Bau- und Montagebetriebsstätte genutzt wird, ist dieser nur dann gemäß § 5 Absatz 1 Satz 1 zuzuordnen, wenn dort neben der Nutzung zusätzlich auch Personalfunktionen ausgeübt werden, die im Zusammenhang mit der Anschaffung, der Herstellung, der Veräußerung oder der Verwertung des materiellen Wirtschaftsguts stehen. [2]Die Zuordnung nach Satz 1 setzt voraus, dass die Bedeutung der genannten Personalfunktionen, die in der Bau- und Montagebetriebsstätte im Hinblick auf das materielle Wirtschaftsgut ausgeübt werden, gegenüber den insoweit ausgeübten Personalfunktionen des übrigen Unternehmens eindeutig überwiegt.

(2) Ist ein materielles Wirtschaftsgut im Sinne des Absatzes 1 nicht der Bau- und Montagebetriebsstätte zuzuordnen, so ist es dem übrigen Unternehmen zuzuordnen und gilt als der Bau- und Montagebetriebsstätte unentgeltlich beigestellt.

(3) Die Absätze 1 und 2 gelten sinngemäß für die Zuordnung von Vermögenswerten nach den §§ 6 bis 8.

(4) ¹Der Bau- oder Montagevertrag mit dem Auftraggeber ist ein Geschäftsvorfall im Sinne des § 9, der dem übrigen Unternehmen zuzuordnen ist. ²Diese Zuordnung ist nur dann mit den Rechtsfolgen des § 16 zu ändern, wenn

1. den in der Bau- und Montagebetriebsstätte ausgeübten Personalfunktionen im Zusammenhang mit dem Vertrag eindeutig die größte Bedeutung zukommt, wobei insbesondere die Vorbereitung und der Abschluss des Vertrags, die Bereitstellung der dafür erforderlichen Vermögenswerte und die Erfüllung der Verpflichtungen aus dem Vertrag zu berücksichtigen sind, oder

2. aus funktionalen Gründen davon auszugehen ist, dass die Bau- und Montagebetriebsstätte, wäre sie ein unabhängiger Dritter, den Bau- oder Montagevertrag mit dem Auftraggeber vom übrigen Unternehmen übernommen hätte.

§ 32 Anzunehmende schuldrechtliche Beziehungen, die als Dienstleistung anzusehen sind. (1) ¹Die Mitwirkung einer Bau- und Montagebetriebsstätte an der Erfüllung des vom Bau- und Montageunternehmen abgeschlossenen Bau- und Montagevertrags gilt widerlegbar als anzunehmende schuldrechtliche Beziehung, die als Dienstleistung der Bau- und Montagebetriebsstätte gegenüber dem übrigen Unternehmen anzusehen ist. ²Der Verrechnungspreis für die Dienstleistung ist im Regelfall nach einer kostenorientierten Verrechnungspreismethode zu bestimmen. ³Zu den Kosten der Bau- und Montagebetriebsstätte, die für die Anwendung dieser Methode zu berücksichtigen sind, gehören insbesondere auch alle erforderlichen Personalkosten, die unmittelbar durch die Erbringung von Personalfunktionen in der Bau- und Montagebetriebsstätte verursacht sind.

(2) Besteht die Dienstleistung der Bau- und Montagebetriebsstätte gegenüber dem übrigen Unternehmen aus verschiedenen Leistungsbündeln, so sind diese einheitlich zu verrechnen, es sei denn, gesonderte Verrechnungspreise für jedes Leistungsbündel führen im Einzelfall zu einem Ergebnis, das dem Fremdvergleichsgrundsatz besser entspricht.

(3) ¹Die Dienstleistung, die die Bau- und Montagebetriebsstätte gegenüber dem übrigen Unternehmen erbringt, ist entsprechend der erbrachten Leistung laufend abzurechnen, unabhängig davon, ob das Bau- und Montageunternehmen einen Zahlungsanspruch gegen den Auftraggeber erst bei Abnahme oder Teilabnahme der geschuldeten Leistung hat. ²Eine andere Abrechnung zwischen der Bau- und Montagebetriebsstätte und dem übrigen Unternehmen

ist nur vorzunehmen, wenn dies im Einzelfall zu einem Ergebnis führt, das dem Fremdvergleichsgrundsatz besser entspricht.

(4) Dienstleistungen, die im übrigen Unternehmen im Zusammenhang mit dem Bau- und Montagevertrag des Bau- und Montageunternehmens erbracht werden, gelten auch dann nicht als gegenüber der Bau- und Montagebetriebsstätte erbracht, wenn sie im Zusammenhang mit der Dienstleistung der Bau- und Montagebetriebsstätte stehen.

§ 33 Anzunehmende schuldrechtliche Beziehungen in besonderen Fällen. (1) Abweichend von § 32 ist der Verrechnungspreis für die anzunehmende schuldrechtliche Beziehung zwischen der Bau- und Montagebetriebsstätte und dem übrigen Unternehmen nach einer Gewinnaufteilungsmethode zu bestimmen, wenn

1. die Personalfunktionen, die jeweils sowohl von der Bau- und Montagebetriebsstätte als auch vom übrigen Unternehmen im Hinblick auf die Erfüllung des Bau- oder Montagevertrags ausgeübt werden, keine Routinetätigkeit darstellen und dazu führen, dass jeweils vergleichbare Chancen und Risiken zuzuordnen sind, oder

2. für die Erfüllung des Bau- oder Montagevertrags sowohl von der Bau- und Montagebetriebsstätte als auch vom übrigen Unternehmen einzigartige immaterielle Werte selbst entwickelt oder erworben werden.

(2) ¹Der Aufteilungsschlüssel, der für die Gewinnaufteilungsmethode nach Absatz 1 anzuwenden ist, bestimmt sich nach den Beiträgen, die jeweils von der Bau- und Montagebetriebsstätte und vom übrigen Unternehmen für den Bau- und Montagevertrag geleistet werden. ²Der Umfang der geleisteten Beiträge berechnet sich nach den Kosten der maßgeblichen Personalfunktionen, die jeweils von der Bau- und Montagebetriebsstätte und vom übrigen Unternehmen für den Bau- und Montagevertrag ausgeübt werden. ³Zu berücksichtigen ist auch ein angemessener Anteil

1. an den Forschungs- und Entwicklungskosten der eingesetzten immateriellen Werte sowie

2. an vergeblichen Akquisitionskosten für nicht zustande gekommene Bau- und Montageverträge.

⁴Ein anderer Aufteilungsschlüssel ist anzuwenden, wenn dieser im Einzelfall zu einem Ergebnis der Bau- und Montagebetriebsstätte führt, das dem Fremdvergleichsgrundsatz besser entspricht.

§ 34 Übergangsregelung für Bau- und Montagebetriebsstätten. (1) Das Bau- und Montageunternehmen kann die Einkünfte einer bereits vor dem 1. Januar 2013 begründeten Bau- und Montagebetriebsstätte bis zur Beendigung der Bau- oder Montagebetriebsstätte nach den bisher von der Finanzbehörde anerkannten steuerlichen Grundsätzen ermitteln.

(2) Das Bau- und Montageunternehmen kann, ungeachtet § 1 Absatz 5 des Außensteuergesetzes, Absatz 1 auch auf Bau- und Montagebetriebsstätten, die in den Jahren 2013 und 2014 begründet werden, anwenden, wenn es

1. nachweist, dass es für die Kalkulation seiner Leistungen von der Anwendung der bisher von der Finanzbehörde anerkannten steuerlichen Grundsätze ausgegangen ist, und
2. glaubhaft macht, dass die Regelungen dieser Verordnung seiner Kalkulation die Grundlage entziehen.

Abschnitt 5. Besonderheiten für Förderbetriebsstätten

§ 35 Allgemeines. (1) [1]Für eine Betriebsstätte, die zur Förderung von Bodenschätzen entsteht und nach Abschluss der Förderung endet (Förderbetriebsstätte), gelten die §§ 1 bis 17, soweit in diesem Abschnitt keine abweichende Regelung getroffen wird. [2]Ein Unternehmen, zu dem eine Förderbetriebsstätte gehört, ist ein Bergbauunternehmen oder ein Erdöl- oder Erdgasunternehmen.

(2) Ein Explorationsrecht ist das Recht, Bodenschätze zu suchen oder zu fördern.

§ 36 Besondere Zuordnungsregelungen. (1) [1]Ein Explorationsrecht, das für die Ausübung von Personalfunktionen in einer Förderbetriebsstätte eines Bergbauunternehmens oder eines Erdöl- oder Erdgasunternehmens genutzt wird, ist dieser Förderbetriebsstätte nur dann zuzuordnen, wenn dort zusätzlich auch

1. die Personalfunktionen im Zusammenhang mit der Anschaffung oder Herstellung des Explorationsrechts ausgeübt werden oder
2. der Vertrieb oder die Verwertung der gewonnenen Bodenschätze erfolgt.

[2]Die Zuordnung nach Satz 1 setzt voraus, dass die Bedeutung der genannten Personalfunktionen, die in der Förderbetriebsstätte im Hinblick auf das Explorationsrecht ausgeübt werden, gegenüber den insoweit ausgeübten Personalfunktionen des übrigen Unternehmens eindeutig überwiegt.

(2) Kann das Explorationsrecht nach Absatz 1 nicht der Förderbetriebsstätte zugeordnet werden, so ist es dem übrigen Unternehmen zuzuordnen und gilt als der Förderbetriebsstätte unentgeltlich beigestellt.

(3) [1]Abweichend von Absatz 2 ist das Explorationsrecht der Förderbetriebsstätte zum Zeitpunkt der Aufnahme der Fördertätigkeit zuzuordnen, wenn das Bergbauunternehmen oder das Erdöl- oder Erdgasunternehmen nachweist, dass der Staat, in dem die Förderbetriebsstätte liegt, ebenfalls von dieser Zuordnung ausgeht. [2]Die Zuordnung ist beizubehalten, solange der Staat, in dem die Förderbetriebsstätte liegt, von der entsprechenden Zuordnung des Explorationsrechts ausgeht.

(4) [1]In den Fällen des Absatzes 2 gilt für die Zuordnung von Vermögenswerten zu einer Förderbetriebsstätte § 31 Absatz 1 bis 3 sinngemäß. [2]In den Fällen des Absatzes 3 gelten für die Zuordnung von Vermögenswerten zu einer Förderbetriebsstätte die §§ 5 bis 8.

§ 37 Anzunehmende schuldrechtliche Beziehungen. (1) [1]Die Tätigkeit einer Förderbetriebsstätte unter Nutzung eines Explorationsrechts, das von einem Bergbauunternehmen oder einem Erdöl- oder Erdgasunternehmen erworben wurde, erfolgt auf Grund einer anzunehmenden schuldrechtlichen Beziehung (§ 16), für die widerlegbar zu vermuten ist, dass sie als Dienstleistung der Förderbetriebsstätte gegenüber dem übrigen Unternehmen anzusehen ist. [2] Der Verrechnungspreis für die Dienstleistung ist nach einer kostenorientierten Verrechnungspreismethode zu bestimmen. [3] Zu den Kosten der Förderbetriebsstätte, die für die Anwendung einer kostenorientierten Verrechnungspreismethode zu berücksichtigen sind, gehören insbesondere auch alle erforderlichen Personalkosten, die unmittelbar durch die Erbringung von Personalfunktionen in der Förderbetriebsstätte verursacht werden.

(2) [1] Führt die Anwendung des § 36 Absatz 3 zu einer Änderung der Zuordnung des Explorationsrechts, so liegt eine anzunehmende schuldrechtliche Beziehung im Sinne des § 16 Absatz 1 Nummer 1 zwischen dem übrigen Unternehmen und der Förderbetriebsstätte vor, die einer Veräußerung entspricht. [2] Dafür ist ein Betrag anzusetzen, der § 16 Absatz 2 Satz 1 entspricht.

(3) [1] Ein Bergbauunternehmen oder ein Erdöl- oder Erdgasunternehmen kann jedoch abweichend von Absatz 2 Satz 2 einen Preis für die anzunehmende schuldrechtliche Beziehung im Sinne des Absatzes 2 ansetzen, der als Fremdvergleichspreis gilt, obwohl er den nach § 16 Absatz 2 Satz 1 anzusetzenden Betrag unterschreitet. [2] Voraussetzung hierfür ist, dass das Bergbauunternehmen oder das Erdöl- oder Erdgasunternehmen

1. nachweist, dass dadurch eine Doppelbesteuerung vermieden wird, und

2. einen Betrag in mindestens der Höhe ansetzt, der den Aufwendungen entspricht, die im Bergbauunternehmen oder im Erdöl- oder Erdgasunternehmen im Hinblick auf das Explorationsrecht bis zum Zeitpunkt der Änderung der Zuordnung entstanden sind.

(4) [1] Im Fall des § 36 Absatz 3 ist im Hinblick auf die Funktions- und Risikoanalyse für die Bestimmung der Einkünfte der Förderbetriebsstätte zu beachten, dass das Explorationsrecht der Förderbetriebsstätte zuzuordnen ist. [2] Dies gilt, solange der Staat, in dem die Förderbetriebsstätte liegt, von einer Zuordnung des Explorationsrechts zur Förderbetriebsstätte ausgeht.

§ 38 Übergangsregelung für Förderbetriebsstätten. (1) Das Bergbauunternehmen oder das Erdöl- oder Erdgasunternehmen kann die Einkünfte einer bereits vor dem 1. Januar 2013 begründeten Förderbetriebsstätte bis zur Beendigung der Förderbetriebsstätte nach den bisher von der Finanzbehörde anerkannten steuerlichen Grundsätzen ermitteln.

(2) Das Bergbauunternehmen oder das Erdöl- oder Erdgasunternehmen kann, ungeachtet § 1 Absatz 5 des Außensteuergesetzes, Absatz 1 auch auf Förderbetriebsstätten anwenden, für die das Explorationsrecht bereits im Jahr 2013 oder 2014 angeschafft oder hergestellt wurde, wenn es

1. nachweist, dass es für seine Kalkulation von der Anwendung der bisher von der Finanzbehörde anerkannten Grundsätze ausgegangen ist, und

2. glaubhaft macht, dass die Regelungen dieser Verordnung seiner Kalkulation die Grundlage entziehen.

Abschnitt 6. Ständige Vertreter

§ 39 Ständige Vertreter. (1) Diese Verordnung ist sinngemäß auf ständige Vertreter im Sinne des § 13 der Abgabenordnung anzuwenden.

(2) Handelt es sich bei einem ständigen Vertreter um ein rechtlich selbständiges Unternehmen mit eigenem Personal im Sinne des § 2 Absatz 4, so sind für die sinngemäße Anwendung nach Absatz 1 abweichend von § 2 Absatz 3 alle Personalfunktionen, die vom Personal des ständigen Vertreters für den Vertretenen ausgeübt werden, als eigene Personalfunktionen des Vertretenen zu behandeln.

Abschnitt 7. Schlussvorschriften

§ 40[1) Erstmalige Anwendung. [1]Diese Verordnung ist für Wirtschaftsjahre anzuwenden, die nach dem 31. Dezember 2014 beginnen. [2]§ 3 Absatz 3 in der Fassung des Artikels 5 der Verordnung vom 12. Juli 2017 (BGBl. I S. 2360) ist erstmals für Wirtschaftsjahre anzuwenden, die nach dem 31. Dezember 2016 beginnen.

§ 41 Inkrafttreten. Diese Verordnung tritt am Tag nach der Verkündung in Kraft.

[1)] § 40 Satz 2 angef. durch VO v. 12.7.2017 (BGBl. I S. 2360).

740 a. Investitionszulagengesetz 2007 (InvZulG 2007)[1] · [2]

In der Fassung der Bekanntmachung vom 23. Februar 2007
(BGBl. I S. 282)

Geändert durch Unternehmensteuerreformgesetz 2008 vom 14. 8. 2007 (BGBl. I S. 1912), Gesetz zur weiteren Stärkung des bürgerschaftlichen Engagements vom 10. 10. 2007 (BGBl. I S. 2332) und Gesetz zur Schaffung einer Nachfolgeregelung und Änderung des Investitionszulagengesetzes 2007 vom 7. 12. 2008 (BGBl. I S. 2350)

BGBl. III/FNA 707-6-1-8

§ 1 Anspruchsberechtigter, Fördergebiet. (1) [1] Steuerpflichtige im Sinne des Einkommensteuergesetzes und des Körperschaftsteuergesetzes, die im Fördergebiet begünstigte Investitionen im Sinne des § 2 vornehmen, haben Anspruch auf eine Investitionszulage. [2] Steuerpflichtige im Sinne des Körperschaftsteuergesetzes haben keinen Anspruch, soweit sie nach § 5 des Körperschaftsteuergesetzes von der Körperschaftsteuer befreit sind. [3] Bei Personengesellschaften und Gemeinschaften tritt an die Stelle des Steuerpflichtigen die Gesellschaft oder die Gemeinschaft als Anspruchsberechtigte.

(2) [1] Fördergebiet sind die Länder Berlin, Brandenburg, Mecklenburg-Vorpommern, Sachsen, Sachsen-Anhalt und Thüringen. [2] In den in der Anlage 1[3] zu diesem Gesetz aufgeführten Teilen des Landes Berlin ist dieses Gesetz nur anzuwenden bei Investitionen, die zu Erstinvestitionsvorhaben gehören, die der Anspruchsberechtigte vor dem 1. Januar 2007 begonnen hat.

§ 2 Begünstigte Investitionen. (1) [1] Begünstigte Investitionen sind die Anschaffung und die Herstellung von neuen abnutzbaren beweglichen Wirtschaftsgütern des Anlagevermögens,

1. die zu einem Erstinvestitionsvorhaben im Sinne des Absatzes 3 gehören,

2. die mindestens fünf Jahre nach Beendigung des Erstinvestitionsvorhabens (Bindungszeitraum)

   a) zum Anlagevermögen eines Betriebs oder einer Betriebsstätte eines Betriebs des verarbeitenden Gewerbes, der produktionsnahen Dienst-

---

[1] Für **vor dem 1. 1. 2007 abgeschlossene Investitionen** siehe InvZulG 2005 (Nr. **740**), für **nach dem 31. 12. 2009 abgeschlossene Investitionen** siehe InvZulG 2010 (Nr. **740 b**).

[2] Nach § 16 Abs. 3 des Investitionszulagengesetzes 2007 vom 15. 7. 2006 (BGBl. I S. 1614) wird hiermit bekannt gemacht, dass die Kommission der Europäischen Gemeinschaften am 6. 12. 2006 die nach § 16 Abs. 1 des Investitionszulagengesetzes 2007 erforderliche **Genehmigung erteilt** hat und das Investitionszulagengesetz 2007 damit vorbehaltlich Satz 2 am **6. 12. 2006** in Kraft getreten ist. § 3 Abs. 1 Satz 1 Nr. 2 des Gesetzes tritt nach § 16 Abs. 2 iVm § 16 Abs. 3 des Investitionszulagengesetzes 2007 am **1. 1. 2007** in Kraft (Bek. des BMF v. 22. 12. 2006, BGBl. I S. 3404).

[3] Nachstehend abgedruckt.

leistungen oder des Beherbergungsgewerbes des Anspruchsberechtigten im Fördergebiet gehören,

b) in einer Betriebsstätte eines solchen Betriebs des Anspruchsberechtigten im Fördergebiet verbleiben,

c) in jedem Jahr zu nicht mehr als 10 Prozent privat genutzt werden.

[2] *Nicht begünstigt sind geringwertige Wirtschaftsgüter im Sinne des § 6 Abs. 2 des Einkommensteuergesetzes, Luftfahrzeuge und Personenkraftwagen.* [ab 1. 1. **2008:** [2]Nicht begünstigt sind Luftfahrzeuge, Personenkraftwagen und geringwertige Wirtschaftsgüter im Sinne des § 6 Abs. 2 Satz 1 des Einkommensteuergesetzes mit der Maßgabe, dass an die Stelle des Wertes von 150 Euro der Wert von 410 Euro tritt.][1] [3]Satz 1 gilt nur, soweit in den sensiblen Sektoren, die in der Anlage 2[2] zu diesem Gesetz aufgeführt sind, die Förderfähigkeit nicht eingeschränkt oder ausgeschlossen ist. [4]Für nach dem 31. Dezember 2006 begonnene Erstinvestitionsvorhaben verringert sich der Bindungszeitraum auf drei Jahre, wenn die beweglichen Wirtschaftsgüter in einem begünstigten Betrieb verbleiben, der zusätzlich die Begriffsdefinition für kleine und mittlere Unternehmen im Sinne der Empfehlung der Kommission vom 6. Mai 2003 betreffend die Definition der Kleinstunternehmen sowie der kleinen und mittleren Unternehmen (ABl. EU Nr. L 124 S. 36) im Zeitpunkt des Beginns des Erstinvestitionsvorhabens erfüllt. [5]Für den Anspruch auf Investitionszulage ist es unschädlich, wenn das bewegliche Wirtschaftsgut innerhalb des Bindungszeitraums

1. a) in das Anlagevermögen eines mit dem Anspruchsberechtigten verbundenen Unternehmens eines begünstigten Wirtschaftszweigs im Fördergebiet übergeht, oder

   b) in einem mit dem Anspruchsberechtigten verbundenen Unternehmen eines begünstigten Wirtschaftszweigs im Fördergebiet verbleibt

   und

2. dem geförderten Erstinvestitionsvorhaben eindeutig zugeordnet bleibt.

[6]Ersetzt der Anspruchsberechtigte ein begünstigtes bewegliches Wirtschaftsgut wegen rascher technischer Veränderungen vor Ablauf des jeweils maßgebenden Bindungszeitraums durch ein neues abnutzbares bewegliches Wirtschaftsgut, ist Satz 1 Nr. 2 mit der Maßgabe anzuwenden, dass für die verbleibende Zeit des jeweils maßgebenden Bindungszeitraums das Ersatzwirtschaftsgut an die Stelle des begünstigten beweglichen Wirtschaftsguts tritt. [7]Beträgt die betriebsgewöhnliche Nutzungsdauer des begünstigten beweglichen Wirtschaftsguts weniger als fünf oder in Fällen des Satzes 4 weniger als drei Jahre, tritt die zu Beginn des Bindungszeitraums verbleibende betriebsgewöhnliche Nutzungsdauer an die Stelle des Zeitraums von fünf oder drei Jahren. [8]Als Privatnutzung im Sinne des Satzes 1 Nr. 2 Buchstabe c gilt auch die Verwendung von Wirtschaftsgütern, die zu einer verdeckten Gewinnausschüttung nach § 8 Abs. 3 des Körperschaftsteuer

---

[1] § 2 Abs. 1 Satz 2 neugef. durch G v. 14. 8. 2007 (BGBl. I S. 1912).
[2] Nachstehend abgedruckt.

gesetzes führt. [9]Betriebe der produktionsnahen Dienstleistungen sind die folgenden Betriebe:

1. Betriebe der Datenverarbeitung und Datenbanken,

2. Betriebe der Forschung und Entwicklung,

3. Betriebe der Markt- und Meinungsforschung,

4. Ingenieurbüros für bautechnische Gesamtplanung,

5. Ingenieurbüros für technische Fachplanung,

6. Büros für Industrie-Design,

7. Betriebe der technischen, physikalischen und chemischen Untersuchung,

8. Betriebe der Werbung und

9. Betriebe des fotografischen Gewerbes.

[10]Betriebe des Beherbergungsgewerbes sind die folgenden Betriebe:

1. Betriebe der Hotellerie,

2. Jugendherbergen und Hütten,

3. Campingplätze und

4. Erholungs- und Ferienheime.

[11]Hat ein Betrieb Betriebsstätten innerhalb und außerhalb des Fördergebiets, gelten für die Einordnung des Betriebs in das verarbeitende Gewerbe oder in die produktionsnahen Dienstleistungen oder in das Beherbergungsgewerbe alle Betriebsstätten im Fördergebiet als ein Betrieb.

(2) [1]Begünstigte Investitionen sind auch die Anschaffung neuer Gebäude, Eigentumswohnungen, im Teileigentum stehender Räume und anderer Gebäudeteile, die selbständige unbewegliche Wirtschaftsgüter sind (Gebäude), bis zum Ende des Jahres der Fertigstellung sowie die Herstellung neuer Gebäude, soweit die Gebäude zu einem Erstinvestitionsvorhaben im Sinne des Absatzes 3 gehören und mindestens fünf Jahre nach dem Abschluss des Investitionsvorhabens in einem Betrieb des verarbeitenden Gewerbes, in einem Betrieb der produktionsnahen Dienstleistungen oder in einem Betrieb des Beherbergungsgewerbes im Sinne des Absatzes 1 verwendet werden. [2]Im Fall der Anschaffung kann Satz 1 nur angewendet werden, wenn kein anderer Anspruchsberechtigter für das Gebäude Investitionszulage in Anspruch nimmt. [3]Absatz 1 Satz 3, 4 und 11 gilt entsprechend.

(3) Erstinvestitionen sind die Anschaffung oder Herstellung von Wirtschaftsgütern bei

1. Errichtung einer neuen Betriebsstätte,

2. Erweiterung einer bestehenden Betriebsstätte,

3. Diversifizierung der Produktion einer Betriebsstätte in neue, zusätzliche Produkte,

4. grundlegende Änderung des Gesamtproduktionsverfahrens einer bestehenden Betriebsstätte oder

5. Übernahme eines Betriebs, der geschlossen worden ist oder geschlossen worden wäre, wenn der Betrieb nicht übernommen worden wäre und wenn die Übernahme durch einen unabhängigen Investor erfolgt.

§ 3[1]) **Investitionszeitraum.** (1) [1] Investitionen sind begünstigt, wenn sie zu einem Erstinvestitionsvorhaben im Sinne des § 2 Abs. 3 gehören, mit dem der Anspruchsberechtigte

1. in der Zeit vom 21. Juli 2006 bis zum 31. Dezember 2006,

2.[2]) in der Zeit vom 1. Januar 2007 bis 31. Dezember 2009

begonnen hat und die begünstigte Investition nach dem 31. Dezember 2006 und vor dem 1. Januar 2010 abgeschlossen wird oder nach dem 31. Dezember 2009 abgeschlossen wird, soweit vor dem 1. Januar 2010 Teilherstellungskosten entstanden oder im Fall der Anschaffung Teillieferungen erfolgt sind. [2] Für ein Erstinvestitionsvorhaben, mit dem der Anspruchsberechtigte vor dem 21. Juli 2006 begonnen hat, gilt Satz 1 auch dann, wenn hierfür

1. eine Genehmigungsentscheidung der Kommission vor Festsetzung der Investitionszulage erteilt worden ist, in der auf die Möglichkeit der Förderung durch Investitionszulage aufgrund einer Nachfolgeregelung ausdrücklich hingewiesen wurde, oder

2. ein Förderbescheid der zuständigen Bewilligungsbehörde für die Gewährung von Investitionszuschüssen im Rahmen der Gemeinschaftsaufgabe „Verbesserung der regionalen Wirtschaftsstruktur" (GA) vor dem 21. Juli 2006 erteilt worden ist, der den Gesamtbetrag der Förderung aus öffentlichen Mitteln und die Höhe des GA-Zuschusses unter Berücksichtigung einer erwarteten Investitionszulage aus einer Nachfolgeregelung zum Investitionszulagengesetz 2005 festsetzt, sowie eine Erhöhung des GA-Zuschusses insoweit vorsieht, als eine Investitionszulage nach diesem Gesetz nicht gewährt wird; in diesen Fällen darf die für das Erstinvestitionsvorhaben nach diesem Gesetz gewährte Investitionszulage den Nettosubventionswert des zugesicherten Erhöhungsbetrags des GA-Zuschusses nicht übersteigen. [2] Der Nettosubventionswert ist nach Anhang I der Regionalleitlinien für staatliche Beihilfen mit regionaler Zielsetzung (ABl. EG 1998 Nr. C 74 S. 9) zu ermitteln.

(2) [1] Ein Erstinvestitionsvorhaben ist begonnen, wenn mit der ersten hierzu gehörenden Einzelinvestition begonnen worden ist. [2] Außer in den Fällen des § 2 Abs. 3 Nr. 5 ist der Grundstückserwerb nicht als Investitionsbeginn anzusehen. [3] Die Investition ist in dem Zeitpunkt begonnen, in dem das Wirtschaftsgut bestellt oder seine Herstellung begonnen worden ist. [4] Gebäude gelten in dem Zeitpunkt als bestellt, in dem über ihre Anschaffung ein rechtswirksam abgeschlossener obligatorischer Vertrag oder ein gleichstehender Rechtsakt vorliegt. [5] Als Beginn der Herstellung gilt bei Gebäuden der Abschluss eines der Ausführung zuzurechnenden Lieferungs- oder Leistungsvertrages oder die Aufnahme von Bauarbeiten.

---

[1]) Für **vor dem 1. 1. 2007 abgeschlossene Investitionen** siehe InvZulG 2005 (Nr. **740**), für **nach dem 31. 12. 2009 abgeschlossene Investitionen** siehe InvZulG 2010 (Nr. **740 b**).

[2]) In Kraft ab 1. 1. 2007 (Bek. des BMF v. 22. 12. 2006, BGBl. I S. 3404 – siehe Fußnote S. 1).

⁶ Investitionen sind in dem Zeitpunkt abgeschlossen, in dem die Wirtschaftsgüter angeschafft oder hergestellt sind.

§ 4 Bemessungsgrundlage. ¹ Bemessungsgrundlage der Investitionszulage ist die Summe der Anschaffungs- und Herstellungskosten der im Wirtschaftsjahr oder Kalenderjahr abgeschlossenen begünstigten Investitionen, soweit sie die vor dem 1. Januar 2007 entstandenen Teilherstellungskosten oder den Teil der Anschaffungskosten, der auf die vor dem 1. Januar 2007 erfolgten Teillieferungen entfällt, übersteigen. ² In die Bemessungsgrundlage können die im Wirtschaftsjahr oder Kalenderjahr geleisteten Anzahlungen auf Anschaffungskosten und entstandenen Teilherstellungskosten einbezogen werden. ³ Das gilt für vor dem 1. Januar 2007 geleistete Anzahlungen auf Anschaffungskosten nur insoweit, als sie den Teil der Anschaffungskosten, der auf die vor dem 1. Januar 2007 erfolgten Teillieferungen entfällt, übersteigen. ⁴ In den Fällen der Sätze 2 und 3 dürfen im Wirtschaftsjahr oder Kalenderjahr der Anschaffung oder Herstellung der Wirtschaftsgüter die Anschaffungs- oder Herstellungskosten bei der Bemessung der Investitionszulage nur berücksichtigt werden, soweit sie die Anzahlungen, Teilherstellungskosten oder die Anschaffungskosten für Teillieferungen übersteigen. ⁵ § 7 a Abs. 2 Satz 3 bis 5 des Einkommensteuergesetzes gilt entsprechend. ⁶ Die Beschränkungen der Bemessungsgrundlage in Satz 1 und Satz 3 für vor dem 1. Januar 2007 entstandene Teilherstellungskosten und Anschaffungskosten für vor dem 1. Januar 2007 erfolgte Teillieferungen gelten nur, soweit ein Anspruch auf Investitionszulage nach dem Investitionszulagengesetz 2005 besteht.

§ 5 Höhe der Investitionszulage. (1) ¹ Die Investitionszulage beträgt vorbehaltlich Satz 2

1. 12,5 Prozent der Bemessungsgrundlage,
2. 15 Prozent der Bemessungsgrundlage, wenn es sich um Investitionen in Betriebsstätten im Randgebiet nach der Anlage 3¹⁾ zu diesem Gesetz handelt.

² Bei Investitionen, die zu einem großen Investitionsvorhaben gehören, auf das der multisektorale Regionalbeihilferahmen für große Investitionsvorhaben vom 13. Februar 2002 (ABl. EG Nr. C 70 S. 8), geändert durch die Mitteilung der Kommission vom 1. November 2003 (ABl. EU Nr. C 263 S. 3), oder die Leitlinien für staatliche Beihilfen mit regionaler Zielsetzung 2007–2013 (ABl. EU 2006 Nr. C 54 S. 13) anzuwenden sind, ist Satz 1 nur insoweit anzuwenden, als der jeweils beihilferechtlich geltende Regionalförderhöchstsatz durch die Gewährung von Investitionszulagen nicht überschritten wird.

(2) ¹ Die Investitionszulage erhöht sich vorbehaltlich Satz 2 für den Teil der Bemessungsgrundlage, der auf Investitionen im Sinne des § 2 Abs. 1 entfällt, wenn die beweglichen Wirtschaftsgüter während des Bindungszeitraums in einem begünstigten Betrieb verbleiben, der im Zeitpunkt des

---

¹⁾ Nachstehend abgedruckt.

Beginns des Erstinvestitionsvorhabens zusätzlich die Begriffsdefinition für kleine und mittlere Unternehmen im Sinne der Empfehlung der Kommission vom 6. Mai 2003 erfüllt, auf

1. 25 Prozent der Bemessungsgrundlage,
2. 27,5 Prozent der Bemessungsgrundlage, wenn es sich um Investitionen in Betriebsstätten im Randgebiet nach der Anlage 3[1] zu diesem Gesetz handelt,
3. 15 Prozent der Bemessungsgrundlage, wenn es sich um Investitionen im Rahmen eines großen Investitionsvorhabens im Sinne der Leitlinien für staatliche Beihilfen mit regionaler Zielsetzung 2007–2013 in Betriebsstätten in dem Teil des Landes Berlin handelt, das zum Fördergebiet gehört.

[2]Absatz 1 Satz 2 gilt entsprechend.

§ 5 a[2] Begünstigte Investitionen, Investitionszeitraum und Höhe der Investitionszulage in dem nicht zum Fördergebiet im Sinne des § 1 Abs. 2 gehörenden Teil des Landes Berlin. (1) [1]Steuerpflichtige im Sinne des Einkommensteuergesetzes und des Körperschaftsteuergesetzes, die in den in der Anlage 1 zu diesem Gesetz aufgeführten Teilen des Landes Berlin begünstigte Investitionen im Sinne des § 2 vornehmen, haben nach Maßgabe der folgenden Absätze Anspruch auf eine Investitionszulage. [2]§ 1 Abs. 1 Satz 2 und 3 gilt entsprechend.

(2)[3] [1]Für Erstinvestitionsvorhaben im Sinne des § 2 Abs. 3, mit denen der Anspruchsberechtigte nach dem 16. Oktober 2007 und vor dem 1. Januar 2009 begonnen hat, findet die Verordnung (EG) Nr. 70/2001 der Kommission vom 12. Januar 2001 über die Anwendung der Artikel 87 und 88 EG-Vertrag auf staatliche Beihilfen an kleine und mittlere Unternehmen (ABl. EG Nr. L 10 S. 33), zuletzt geändert durch die Verordnung (EG) Nr. 1976/2006 der Kommission vom 20. Dezember 2006 (ABl. EU Nr. L 368 S. 85), Anwendung. [2]Für Erstinvestitionsvorhaben im Sinne des § 2 Abs. 3, mit denen der Anspruchsberechtigte nach dem 31. Dezember 2008 begonnen hat, findet die Verordnung (EG) Nr. 800/2008 der Kommission vom 6. August 2008 zur Erklärung der Vereinbarkeit bestimmter Gruppen von Beihilfen mit dem Gemeinsamen Markt in Anwendung der Artikel 87 und 88 EG-Vertrag (allgemeine Gruppenfreistellungsverordnung) (ABl. EU Nr. L 214 S. 3) Anwendung.

(3) [1]Für Investitionen im Sinne des Absatzes 2 Satz 1[3], die vorbehaltlich der Absätze 5 und 6[3] die Voraussetzungen des § 2 Abs. 1 und 2 und des § 3 Abs. 1 Nr. 2 erfüllen, beträgt die Investitionszulage

1. 7,5 Prozent der Bemessungsgrundlage, wenn es sich um Investitionen in Betriebsstätten eines begünstigten Betriebs handelt, der im Zeitpunkt

---

[1] Nachstehend abgedruckt.
[2] § 5 a eingef. mWv 16. 10. 2007 durch G v. 10. 10. 2007 (BGBl. I S. 2332).
[3] § 5 a Abs. 2 Satz 2 angef., Abs. 3 Satz 1 Verweise geänd. durch G v. 7. 12. 2008 (BGBl. I S. 2350).

des Beginns des Erstinvestitionsvorhabens die Begriffsdefinition für mittlere Unternehmen im Sinne der Empfehlung der Kommission vom 6. Mai 2003 erfüllt,

2. 15 Prozent der Bemessungsgrundlage, wenn es sich um Investitionen in Betriebsstätten eines begünstigten Betriebs handelt, der im Zeitpunkt des Beginns des Erstinvestitionsvorhabens die Begriffsdefinition für kleine Unternehmen im Sinne der Empfehlung der Kommission vom 6. Mai 2003 erfüllt.

2 Satz 1 gilt nicht, soweit es sich um Investitionen handelt, die zu einem Erstinvestitionsvorhaben gehören, dessen förderfähige Kosten sich auf mindestens 25 Millionen Euro belaufen, oder soweit es sich um Investitionen in den Sektoren Herstellung, Verarbeitung und Vermarktung landwirtschaftlicher Produkte im Sinne des Anhangs I des EG-Vertrages handelt.

(4)[1] 1 Für Investitionen im Sinne des Absatzes 2 Satz 2, die vorbehaltlich der Absätze 5 und 6 die Voraussetzungen des § 2 Abs. 1 und 2 und des § 3 Abs. 1 Nr. 2 erfüllen, beträgt die Investitionszulage

1. 10 Prozent der Bemessungsgrundlage, wenn es sich um Investitionen in Betriebsstätten eines begünstigten Betriebs handelt, der im Zeitpunkt des Beginns des Erstinvestitionsvorhabens die Begriffsdefinition für mittlere Unternehmen im Sinne der Empfehlung der Kommission vom 6. Mai 2003 erfüllt,

2. 20 Prozent der Bemessungsgrundlage, wenn es sich um Investitionen in Betriebsstätten eines begünstigten Betriebs handelt, der im Zeitpunkt des Beginns des Erstinvestitionsvorhabens die Begriffsdefinition für kleine Unternehmen im Sinne der Empfehlung der Kommission vom 6. Mai 2003 erfüllt.

2 Satz 1 gilt nur, soweit die Investitionszulage für ein Erstinvestitionsvorhaben den Betrag von 7,5 Millionen Euro nicht überschreitet. 3 Eine höhere Investitionszulage kann nur dann festgesetzt werden, wenn eine Genehmigungsentscheidung der Kommission vor Festsetzung der Investitionszulage erteilt worden ist, in der eine höhere Beihilfeintensität festgelegt worden ist.

(5)[1] 1 Dieselben förderfähigen Kosten dürfen neben der nach Absatz 3 gewährten Investitionszulage nicht mit sonstigen Beihilfen im Sinne des Artikels 87 Abs. 1 des EG-Vertrages oder mit anderen Gemeinschaftsmitteln gefördert werden. 2 Trifft bei einem Erstinvestitionsvorhaben im Sinne des Absatzes 4 die Investitionszulage mit anderen Regionalbeihilfen zusammen, darf der Gesamtbetrag der Beihilfe aus allen Quellen 7,5 Millionen Euro oder den in einer Genehmigungsentscheidung der Kommission festgelegten Betrag nicht übersteigen. 3 Die Überwachung der Einhaltung dieser Auflage obliegt dem jeweils anderen Beihilfegeber.

(6)[1] §§ 4, 6 bis 9, 10 Abs. 3 und 4 sowie §§ 11 bis 14 gelten sinngemäß.

---

[1] § 5 a Abs. 4 eingef., bish. Abs. 4 wird Abs. 5 und Sätze 2 und 3 angef., bish. Abs. 5 wird Abs. 6 durch G v. 7. 12. 2008 (BGBl. I S. 2350).

§ 6 Antrag auf Investitionszulage. (1) [1]Der Antrag ist bei dem für die Besteuerung des Anspruchsberechtigten nach dem Einkommen zuständigen Finanzamt zu stellen. [2]Ist eine Personengesellschaft oder Gemeinschaft Anspruchsberechtigter, so ist der Antrag bei dem Finanzamt zu stellen, das für die einheitliche und gesonderte Feststellung der Einkünfte zuständig ist.

(2) [1]Der Antrag ist nach amtlichem Vordruck zu stellen und vom Anspruchsberechtigten eigenhändig zu unterschreiben. [2]In dem Antrag sind die Investitionen, für die eine Investitionszulage beansprucht wird, so genau zu bezeichnen, dass ihre Feststellung bei einer Nachprüfung möglich ist.

§ 7 Gesonderte Feststellung. [1]Werden die in einem Betrieb im Sinne des § 2 erzielten Einkünfte nach § 180 Abs. 1 Nr. 2 Buchstabe b der Abgabenordnung gesondert festgestellt, sind die Bemessungsgrundlage und der Prozentsatz der Investitionszulage für Wirtschaftsgüter, die zum Anlagevermögen dieses Betriebs gehören, von dem für die gesonderte Feststellung zuständigen Finanzamt gesondert festzustellen. [2]Die für die Feststellung erforderlichen Angaben sind in den Antrag nach § 6 Abs. 2 aufzunehmen.

§ 8 Einzelnotifizierungspflichten, Genehmigungsvorbehalte und anzuwendende Rechtsvorschriften der Kommission der Europäischen Gemeinschaften. (1) Auf Erstinvestitionsvorhaben, mit denen der Anspruchsberechtigte nach dem 31. Dezember 2006 beginnt, findet die Verordnung (EG) Nr. 1628/2006 der Kommission vom 24. Oktober 2006 über die Anwendung der Artikel 87 und 88 EG-Vertrag auf regionale Investitionsbeihilfen der Mitgliedstaaten (ABl. EU Nr. L 302 S. 29) Anwendung.

(2) Die Investitionszulage für Investitionen in sensible Sektoren (Anlage 2)[1] ist erst nach Genehmigung durch die Kommission festzusetzen, wenn Einzelnotifizierungspflichten in den von den Organen der Europäischen Gemeinschaften über die sensiblen Sektoren erlassenen Rechtsvorschriften vorgesehen sind.

(3) Die Investitionszulage für Investitionen, die zu einem großen Investitionsvorhaben gehören, das die Anmeldungsvoraussetzungen des multisektoralen Regionalbeihilferahmens für große Investitionsvorhaben vom 16. Dezember 1997 (ABl. EG 1998 Nr. C 107 S. 7), zuletzt geändert durch die Mitteilung der Kommission an die Mitgliedstaaten vom 11. August 2001 (ABl. EG Nr. C 226 S. 16), oder des multisektoralen Regionalbei-

(Fortsetzung nächstes Blatt)

---

[1] Nachstehend abgedruckt.

hilferahmens für große Investitionsvorhaben vom 13. Februar 2002 erfüllt, ist erst festzusetzen, wenn die Kommission die höchstzulässige Beihilfeintensität festgelegt hat.

(4) Die Investitionszulage für Investitionen, die zu einem Erstinvestitionsvorhaben gehören, das die Anmeldungsvoraussetzungen der Leitlinien für staatliche Beihilfen mit regionaler Zielsetzung 2007–2013 erfüllt, ist in den Fällen, in denen hiernach eine Einzelnotifizierung vorgeschrieben ist, erst nach Genehmigung durch die Kommission festzusetzen.

(5) Bei einem Unternehmen, das einer Rückforderungsanordnung aufgrund einer Entscheidung der Kommission über die Rückzahlung einer Beihilfe nicht Folge geleistet hat, ist die Investitionszulage erst festzusetzen, wenn der Rückforderungsbetrag zurückgezahlt worden ist.

(6) Die Investitionszulage ist der Kommission zur Genehmigung vorzulegen und erst nach deren Genehmigung festzusetzen, wenn sie für ein Unternehmen bestimmt ist, das

1. kein kleines Unternehmen im Sinne der Empfehlung der Kommission vom 6. Mai 2003 ist,

2. als Unternehmen in Schwierigkeiten Umstrukturierungsbeihilfen im Sinne der „Leitlinien der Gemeinschaft für staatliche Beihilfen zur Rettung und Umstrukturierung von Unternehmen in Schwierigkeiten"

   a) vom 8. Juli 1999 (ABl. EG Nr. C 288 S. 2, 2000 Nr. C 121 S. 29) oder

   b) vom 1. Oktober 2004 (ABl. EU Nr. C 244 S. 2) erhalten hat und

3. sich in der Umstrukturierungsphase befindet; diese beginnt mit der Genehmigung des Umstrukturierungsplans im Sinne der „Leitlinien der Gemeinschaft für staatliche Beihilfen zur Rettung und Umstrukturierung von Unternehmen in Schwierigkeiten" und endet mit der vollständigen Durchführung des Umstrukturierungsplans.

(7) Das Bundesministerium der Finanzen wird ermächtigt, durch Rechtsverordnung mit Zustimmung des Bundesrates weitere Einzelnotifizierungspflichten zu regeln, die sich aus den von den Organen der Europäischen Gemeinschaften erlassenen Rechtsvorschriften ergeben.

(8) Das Bundesministerium der Finanzen wird ermächtigt, zur Durchführung der von den Organen der Europäischen Gemeinschaften erlassenen Rechtsvorschriften die Liste der sensiblen Sektoren, in denen die Kommission die Förderfähigkeit ganz oder teilweise ausgeschlossen hat (Anlage 2)[1], durch Rechtsverordnung mit Zustimmung des Bundesrates anzupassen.

§ 9 Festsetzung und Auszahlung. Die Investitionszulage ist nach Ablauf des Wirtschaftsjahrs oder Kalenderjahrs festzusetzen und innerhalb eines Monats nach Bekanntgabe des Bescheids aus den Einnahmen an Einkommensteuer oder Körperschaftsteuer auszuzahlen.

---

[1] Nachstehend abgedruckt.

§ 10 Zusammentreffen mit anderen Regionalbeihilfen. (1) [1]Trifft bei demselben Erstinvestitionsvorhaben die Investitionszulage mit anderen Regionalbeihilfen zusammen, sind die in der Kommissionsentscheidung zur jeweils geltenden regionalen Fördergebietskarte genehmigten Förderhöchstintensitäten maßgeblich. [2]Der Anspruch auf Investitionszulage bleibt hiervon unberührt. [3]Die Einhaltung der nach Satz 1 genehmigten Beihilfehöchstsätze ist durch die für die Gewährung der anderen Regionalbeihilfe jeweils zuständige Einrichtung sicherzustellen; sie ist Voraussetzung dafür, dass die Investitionszulage mit anderen Regionalbeihilfen zusammentreffen darf.

(2) [1]Trifft die Investitionszulage mit anderen Regionalbeihilfen zusammen, hat der Antragsteller entsprechend den Leitlinien für staatliche Beihilfen mit regionaler Zielsetzung (ABl. EG 1998 Nr. C 74 S. 9) oder entsprechend den Leitlinien für staatliche Beihilfen mit regionaler Zielsetzung 2007–2013 einen beihilfefreien Eigenanteil in Höhe von mindestens 25 Prozent der Kosten des Erstinvestitionsvorhabens zu erbringen. [2]Die Einhaltung dieser Auflage ist durch die für die Gewährung der anderen Regionalbeihilfe jeweils zuständige Einrichtung sicherzustellen; sie ist Voraussetzung dafür, dass die Investitionszulage mit anderen Regionalbeihilfen zusammentreffen darf.

(3) Wurden für ein nach dem 31. Dezember 2006 begonnenes Erstinvestitionsvorhaben Fördermittel nach der Verordnung (EG) Nr. 1998/2006 der Kommission vom 15. Dezember 2006 über die Anwendung der Artikel 87 und 88 EG-Vertrag auf „De-minimis“-Beihilfen (ABl. EU Nr. L 379 S. 5) gezahlt, darf in Bezug auf dieselben förderfähigen Ausgaben keine Investitionszulage gewährt werden, soweit hierdurch eine Überschreitung des nach der Fördergebietskarte 2007–2013 zulässigen Beihilfehöchstsatzes eintritt.

(4) In den Antrag nach § 6 Abs. 2 sind die Angaben aufzunehmen, die für die Feststellung der Voraussetzungen der Absätze 1 bis 3 erforderlich sind.

§ 11 Verzinsung des Rückforderungsanspruchs. [1]Ist der Bescheid über die Investitionszulage aufgehoben oder zuungunsten des Anspruchsberechtigten geändert worden, ist der Rückzahlungsanspruch nach § 238 der Abgabenordnung vom Tag der Auszahlung der Investitionszulage, in den Fällen des § 175 Abs. 1 Satz 1 Nr. 2 der Abgabenordnung vom Tag des Eintritts des rückwirkenden Ereignisses an, zu verzinsen. [2]Die Festsetzungsfrist beginnt mit Ablauf des Kalenderjahrs, in dem der Bescheid aufgehoben oder geändert worden ist.

§ 12 Ertragsteuerrechtliche Behandlung der Investitionszulage. [1]Die Investitionszulage gehört nicht zu den Einkünften im Sinne des Einkommensteuergesetzes. [2]Sie mindert nicht die steuerlichen Anschaffungs- und Herstellungskosten.

§ 13 Anwendung der Abgabenordnung. [1]Die für Steuervergütungen geltenden Vorschriften der Abgabenordnung sind mit Ausnahme des § 163 entsprechend anzuwenden. [2] In öffentlich-rechtlichen Streitigkeiten über die aufgrund dieses Gesetzes ergehenden Verwaltungsakte der Finanzbehörden ist der Finanzrechtsweg gegeben.

§ 14 Verfolgung von Straftaten. Für die Verfolgung einer Straftat nach den §§ 263 und 264 des Strafgesetzbuches, die sich auf die Investitionszulage bezieht, sowie der Begünstigung einer Person, die eine solche Straftat begangen hat, gelten die Vorschriften der Abgabenordnung über die Verfolgung von Steuerstraftaten entsprechend.

§ 15 Bekanntmachungserlaubnis. Das Bundesministerium der Finanzen wird ermächtigt, den Wortlaut dieses Gesetzes in der jeweils geltenden Fassung mit neuem Datum bekannt zu machen.

§ 16[1] (Inkrafttreten)

Anlage 1 (zu § 1 Abs. 2)

Teile des Landes Berlin, die nach der Fördergebietskarte 2007–2013 zum D-Fördergebiet gehören:

Verkehrszellen:

Bezirk Mitte (01)	007 1; 011 1; 011 2
Bezirk Friedrichshain-Kreuzberg (02)	114 1
Bezirk Pankow (03)	106 2; 107 2; 108 1; 157 1; 160 1; 161 3; 164 1
Bezirk Charlottenburg-Wilmersdorf (04)	018 1; 025 3; 026 1; 041 1; 043 2; 048 1
Bezirk Spandau (05)	027 2; 027 3; 027 4; 032 1; 032 2; 032 3; 032 4; 037 2; 038 1; 038 2; 039 1
Bezirk Steglitz-Zehlendorf (06)	049 2; 050 2; 050 3; 052 2; 052 3; 062 1; 063 4; 064 3
Bezirk Tempelhof-Schöneberg (07)	060 1; 070 2; 070 3; 070 4; 074 2
Bezirk Neukölln (08)	079 2; 080 4; 080 6; 082 1; 082 2; 083 3
Bezirk Treptow-Köpenick (09)	120 2; 124 1; 132 1; 138 1
Bezirk Marzahn-Hellersdorf (10)	181 2; 182 1; 184 1; 184 2; 184 3; 188 1; 193 1; 194 1; 194 2
Bezirk Lichtenberg (11)	147 1; 147 2; 149 1; 149 2; 152 1; 175 1
Bezirk Reinickendorf (12)	089 3; 089 4; 089 5; 090 1; 091 2; 092 1; 092 2; 093 1; 093 2; 095 1.

Anlage 2 (zu § 2 Abs. 1 Satz 3)

Sensible Sektoren sind:

1. Stahlindustrie (Multisektoraler Regionalbeihilferahmen vom 13. Februar 2002 in Verbindung mit Anhang B sowie Leitlinien für staatliche Beihilfen mit regionaler Zielsetzung 2007–2013 in Verbindung mit Anhang I),

2. Schiffbau (Mitteilung der Kommission „Rahmenbestimmungen für Beihilfen an den Schiffbau" (ABl. EU 2003 Nr. C 317 S. 11, 2004 Nr. C 104 S. 71)),

3. Kraftfahrzeug-Industrie (Multisektoraler Regionalbeihilferahmen vom 13. Februar 2002 in Verbindung mit Anhang C),

---

[1] **InvZulG 2007 in Kraft ab 6. 12. 2006 bzw. ab 1. 1. 2007** – Genehmigung durch EU-Kommission erteilt (BMF v. 22. 12. 2006 – siehe S. 1 Fußnote 2).

4. Kunstfaserindustrie (Multisektoraler Regionalbeihilferahmen vom 13. Februar 2002 in Verbindung mit Anhang D sowie Leitlinien für staatliche Beihilfen mit regionaler Zielsetzung 2007–2013 in Verbindung mit Anhang II),

5. Landwirtschaftssektor (Mitteilung der Kommission „Gemeinschaftsrahmen für staatliche Beihilfen im Agrarsektor" (ABl. EG 2000 Nr. C 28 S. 2, Nr. C 232 S. 17)),

6. Fischerei- und Aquakultursektor (Leitlinien für die Prüfung der einzelstaatlichen Beihilfen im Fischerei- und Aquakultursektor (ABl. EG 2001 Nr. C 19 S. 7)) und

7. Verkehrssektor (Verordnung (EWG) Nr. 1107/70 des Rates vom 4. Juni 1970 über Beihilfen im Eisenbahn-, Straßen- und Binnenschiffsverkehr (ABl. EG Nr. L 130 S. 1) in der am 1. Januar 2006 geltenden Fassung sowie Mitteilung der Kommission „Leitlinien der Gemeinschaft für staatliche Beihilfen im Seeverkehr" (ABl. EU 2004 Nr. C 13 S. 3) und Anwendung der Artikel 92 und 93 des EG-Vertrages sowie des Artikels 61 des EWR-Abkommens auf staatliche Beihilfen im Luftverkehr (ABl. EG Nr. C 350 S. 5) vom 10. Dezember 1994).

Anlage 3 (zu § 5 Abs. 1 Satz 1 Nr. 2 und Abs. 2 Satz 1 Nr. 2)

Randgebiet sind nach dem Gebietsstand vom 1. Januar 2004 die folgenden Landkreise und kreisfreien Städte:

im Land Mecklenburg-Vorpommern:
Landkreis Ostvorpommern, Landkreis Uecker-Randow, kreisfreie Stadt Greifswald, Landkreis Rügen, Landkreis Nordvorpommern, kreisfreie Stadt Stralsund,

im Land Brandenburg:
Landkreis Uckermark, Landkreis Spree-Neiße, kreisfreie Stadt Frankfurt (Oder), kreisfreie Stadt Cottbus, Landkreis Barnim, Landkreis Märkisch-Oderland, Landkreis Oder-Spree,

im Freistaat Sachsen:
kreisfreie Stadt Görlitz, Landkreis Niederschlesischer Oberlausitzkreis, Landkreis Löbau-Zittau, Landkreis Kamenz, Landkreis Bautzen, kreisfreie Stadt Hoyerswerda, Landkreis Vogtlandkreis, kreisfreie Stadt Plauen, Landkreis Aue-Schwarzenberg, Landkreis Annaberg, Landkreis Mittlerer Erzgebirgskreis, Landkreis Freiberg, Landkreis Weißeritzkreis, Landkreis Sächsische Schweiz, Landkreis Zwickauer Land, kreisfreie Stadt Zwickau, Landkreis Stollberg, kreisfreie Stadt Chemnitz, Landkreis Mittweida, Landkreis Meißen, kreisfreie Stadt Dresden,

im Freistaat Thüringen:
Landkreis Saale-Orla-Kreis, Landkreis Greiz.

740 b. Investitionszulagengesetz 2010 (InvZulG 2010)[1) · 2)]

Vom 7. Dezember 2008 (BGBl. I S. 2350)

Geändert durch Wachstumsbeschleunigungsgesetz vom 22. 12. 2009 (BGBl. I S. 3950)

BGBl. III/FNA 707-6-1-9

§ 1 Anspruchsberechtigter, Fördergebiet. (1) [1]Steuerpflichtige im Sinne des Einkommensteuergesetzes und des Körperschaftsteuergesetzes, die im Fördergebiet begünstigte Investitionen im Sinne des § 2 vornehmen, haben Anspruch auf eine Investitionszulage. [2]Steuerpflichtige im Sinne des Körperschaftsteuergesetzes haben keinen Anspruch, soweit sie nach § 5 des Körperschaftsteuergesetzes von der Körperschaftsteuer befreit sind. [3]Bei Personengesellschaften und Gemeinschaften tritt an die Stelle des Steuerpflichtigen die Gesellschaft oder die Gemeinschaft als Anspruchsberechtigte.

(2) Fördergebiet sind die Länder Berlin, Brandenburg, Mecklenburg-Vorpommern, Sachsen, Sachsen-Anhalt und Thüringen.

§ 2 Begünstigte Investitionen. (1)[3)] [1]Begünstigte Investitionen sind die Anschaffung und die Herstellung von neuen abnutzbaren beweglichen Wirtschaftsgütern des Anlagevermögens,

1. die zu einem Erstinvestitionsvorhaben im Sinne des Absatzes 3 gehören und

2. die mindestens fünf Jahre nach Beendigung des Erstinvestitionsvorhabens (Bindungszeitraum)

   a) zum Anlagevermögen eines Betriebs oder einer Betriebsstätte eines begünstigten Betriebs im Sinne des § 3 Abs. 1 des Anspruchsberechtigten im Fördergebiet gehören,

   b) in einer Betriebsstätte eines begünstigten Betriebs im Sinne des § 3 Abs. 1 des Anspruchsberechtigten im Fördergebiet verbleiben,

   c) in jedem Jahr zu nicht mehr als 10 Prozent privat genutzt werden.

[2]Nicht begünstigt sind Luftfahrzeuge, Personenkraftwagen und geringwertige Wirtschaftsgüter im Sinne des § 6 Absatz 2 Satz 1 des Einkommensteuergesetzes. [3]Der Bindungszeitraum verringert sich auf drei Jahre, wenn die beweglichen Wirtschaftsgüter in einem begünstigten Betrieb verbleiben, der zusätzlich die Begriffsdefinition für kleine und mittlere Unternehmen im Sinne der Empfehlung der Kommission vom 6. Mai 2003 betreffend die Definition der Kleinstunternehmen sowie der kleinen und mittleren Unternehmen (ABl. EU

[1)] Das InvZulG 2010 ist als Art. 1 des Gesetzes zur Schaffung einer Nachfolgeregelung und Änderung des InvZulG 2007 verkündet worden.

[2)] Für **vor dem 1. 1. 2010 abgeschlossene Investitionen** siehe InvZulG 2007 (Nr. **740 a**), für **vor dem 1. 1. 2007 abgeschlossene Investitionen** siehe InvZulG 2005 (Nr. **740**).

[3)] § 2 Abs. 1 Satz 2 neu gef. durch G v. 22. 12. 2009 (BGBl. I S. 3950).

Nr. L 124 S. 36) im Zeitpunkt des Beginns des Erstinvestitionsvorhabens erfüllt. [4]Für den Anspruch auf Investitionszulage ist es unschädlich, wenn das begünstigte Wirtschaftsgut

1. innerhalb des Bindungszeitraums

   a) in das Anlagevermögen eines begünstigten Betriebs im Sinne des § 3 Abs. 1 eines mit dem Anspruchsberechtigten verbundenen Unternehmens im Fördergebiet übergeht oder

   b) in einem begünstigten Betrieb im Sinne des § 3 Abs. 1 eines mit dem Anspruchsberechtigten verbundenen Unternehmens im Fördergebiet verbleibt und

2. innerhalb des Bindungszeitraums dem geförderten Erstinvestitionsvorhaben eindeutig zugeordnet bleibt.

[5]Ersetzt der Anspruchsberechtigte ein begünstigtes bewegliches Wirtschaftsgut wegen rascher technischer Veränderungen vor Ablauf des jeweils maßgebenden Bindungszeitraums durch ein neues abnutzbares bewegliches Wirtschaftsgut, ist Satz 1 Nr. 2 mit der Maßgabe anzuwenden, dass für die verbleibende Zeit des jeweils maßgebenden Bindungszeitraums das Ersatzwirtschaftsgut an die Stelle des begünstigten beweglichen Wirtschaftsguts tritt. [6]Für die Einhaltung der Bindungsvoraussetzungen im Sinne des Satzes 1 Nr. 2 ist es unschädlich, wenn ein begünstigtes Wirtschaftsgut nach Ablauf seiner betriebsgewöhnlichen Nutzungsdauer und vor Ablauf des Bindungszeitraums aus dem Anlagevermögen ausscheidet. [7]Als Privatnutzung im Sinne des Satzes 1 Nr. 2 Buchstabe c gilt auch die Verwendung von Wirtschaftsgütern, die zu einer verdeckten Gewinnausschüttung nach § 8 Abs. 3 des Körperschaftsteuergesetzes führt.

(2) [1]Begünstigte Investitionen sind auch die Anschaffung neuer Gebäude, Eigentumswohnungen, im Teileigentum stehender Räume und anderer Gebäudeteile, die selbständige unbewegliche Wirtschaftsgüter sind (Gebäude), bis zum Ende des Jahres der Fertigstellung sowie die Herstellung neuer Gebäude, soweit die Gebäude zu einem Erstinvestitionsvorhaben im Sinne des Absatzes 3 gehören und mindestens fünf Jahre nach dem Abschluss des Investitionsvorhabens in einem begünstigten Betrieb im Sinne des § 3 Abs. 1 verwendet werden. [2]Im Fall der Anschaffung kann Satz 1 nur angewendet werden, wenn kein anderer Anspruchsberechtigter für das Gebäude Investitionszulage in Anspruch nimmt. [3]Absatz 1 Satz 3 und 4 gilt entsprechend.

(3) Erstinvestitionsvorhaben sind die

1. Errichtung einer neuen Betriebsstätte,

2. Erweiterung einer bestehenden Betriebsstätte,

3. Diversifizierung der Produktion einer Betriebsstätte in neue, zusätzliche Produkte,

4. grundlegende Änderung des Gesamtproduktionsverfahrens einer bestehenden Betriebsstätte oder

5. Übernahme eines Betriebs, der geschlossen worden ist oder geschlossen worden wäre, wenn der Betrieb nicht übernommen worden wäre und wenn die Übernahme durch einen unabhängigen Investor erfolgt.

§ 3 Begünstigte Betriebe. (1) [1]Begünstigte Betriebe sind:

1. Betriebe des verarbeitenden Gewerbes;
2. Betriebe der folgenden produktionsnahen Dienstleistungen:
   a) Rückgewinnung,
   b) Bautischlerei und Bauschlosserei,
   c) Verlegen von Büchern und Zeitschriften; sonstiges Verlagswesen (ohne Software),
   d) Erbringung von Dienstleistungen der Informationstechnologie,
   e) Datenverarbeitung, Hosting und damit verbundene Tätigkeiten; Webportale,
   f) Ingenieurbüros für bautechnische Gesamtplanung,
   g) Ingenieurbüros für technische Fachplanung und Ingenieurdesign,
   h) technische, physikalische und chemische Untersuchung,
   i) Forschung und Entwicklung,
   j) Werbung und Marktforschung,
   k) Fotografie,
   l) Reparatur von Telekommunikationsgeräten;
3. folgende Betriebe des Beherbergungsgewerbes:
   a) Hotels, Gasthöfe und Pensionen,
   b) Erholungs- und Ferienheime,
   c) Jugendherbergen und Hütten,
   d) Campingplätze.

[2]Die Zuordnung eines Betriebs zu dem verarbeitenden Gewerbe, den produktionsnahen Dienstleistungen und dem Beherbergungsgewerbe ist nach der vom Statistischen Bundesamt in 65189 Wiesbaden, Gustav-Stresemann-Ring 11, herausgegebenen Klassifikation der Wirtschaftszweige, Ausgabe 2008 (WZ 2008), vorzunehmen. [3]Hat ein Betrieb Betriebsstätten innerhalb und außerhalb des Fördergebiets, gelten für die Einordnung des Betriebs in das verarbeitende Gewerbe, die produktionsnahen Dienstleistungen oder das Beherbergungsgewerbe alle Betriebsstätten im Fördergebiet als ein Betrieb.

(2) [1]§ 2 Abs. 1 und 2 gilt für Erstinvestitionsvorhaben in Betriebsstätten in den in der Anlage 1 zu diesem Gesetz aufgeführten Teilen des Landes Berlin nur, wenn der anspruchsberechtigte begünstigte Betrieb im Sinne des Absatzes 1 im Zeitpunkt des Beginns des Erstinvestitionsvorhabens die Begriffsdefinition für kleine und mittlere Unternehmen im Sinne der Empfehlung der Kommission vom 6. Mai 2003 erfüllt. [2]§ 2 Abs. 1 und 2 gilt nur, soweit die Förderfähigkeit in den sensiblen Sektoren, die in der Anlage 2 zu diesem Gesetz aufgeführt sind, nicht eingeschränkt oder von vornherein ausgeschlossen ist.

§ 4 Investitionszeitraum. (1) Investitionen sind begünstigt, wenn sie zu einem Erstinvestitionsvorhaben im Sinne des § 2 Abs. 3 gehören, mit dem der Anspruchsberechtigte entweder

1. vor dem 1. Januar 2010,
2. nach dem 31. Dezember 2009 und vor dem 1. Januar 2011,
3. nach dem 31. Dezember 2010 und vor dem 1. Januar 2012,
4. nach dem 31. Dezember 2011 und vor dem 1. Januar 2013 oder
5. nach dem 31. Dezember 2012 und vor dem 1. Januar 2014

begonnen hat und die einzelne begünstigte Investition nach dem 31. Dezember 2009 und vor dem 1. Januar 2014 abgeschlossen wird oder nach dem 31. Dezember 2013 abgeschlossen wird, soweit vor dem 1. Januar 2014 Teilherstellungskosten entstanden oder im Fall der Anschaffung Teillieferungen erfolgt sind.

(2) ¹Ein Erstinvestitionsvorhaben ist begonnen, wenn mit der ersten hierzu gehörenden Einzelinvestition begonnen worden ist. ²Außer in den Fällen des § 2 Abs. 3 Nr. 5 ist der Grundstückserwerb nicht als Investitionsbeginn anzusehen. ³Die Investition ist in dem Zeitpunkt begonnen, in dem das Wirtschaftsgut bestellt oder mit seiner Herstellung begonnen worden ist. ⁴Gebäude gelten in dem Zeitpunkt als bestellt, in dem über ihre Anschaffung ein rechtswirksam abgeschlossener obligatorischer Vertrag oder ein gleichstehender Rechtsakt vorliegt. ⁵Als Beginn der Herstellung gilt bei Gebäuden der Abschluss eines der Ausführung zuzurechnenden Lieferungs- oder Leistungsvertrages oder die Aufnahme von Bauarbeiten. ⁶Investitionen sind in dem Zeitpunkt abgeschlossen, in dem die Wirtschaftsgüter angeschafft oder hergestellt sind.

§ 5 Bemessungsgrundlage. ¹Bemessungsgrundlage der Investitionszulage ist die Summe der Anschaffungs- und Herstellungskosten der im Wirtschaftsjahr oder Kalenderjahr abgeschlossenen begünstigten Investitionen, soweit sie die vor dem 1. Januar 2010 entstandenen Teilherstellungskosten oder den Teil der Anschaffungskosten, der auf die vor dem 1. Januar 2010 erfolgten Teillieferungen entfällt, übersteigen. ²In die Bemessungsgrundlage können die im Wirtschaftsjahr oder Kalenderjahr geleisteten Anzahlungen auf Anschaffungskosten und die entstandenen Teilherstellungskosten einbezogen werden. ³Das gilt für vor dem 1. Januar 2010 geleistete Anzahlungen auf Anschaffungskosten nur insoweit, als sie den Teil der Anschaffungskosten, der auf die vor dem 1. Januar 2010 erfolgten Teillieferungen entfällt, übersteigen. ⁴In den Fällen der Sätze 2 und 3 dürfen im Wirtschaftsjahr oder Kalenderjahr der Anschaffung oder Herstellung der Wirtschaftsgüter die Anschaffungs- oder Herstellungskosten bei der Bemessung der Investitionszulage nur berücksichtigt werden, soweit sie die Anzahlungen, Teilherstellungskosten oder die Anschaffungskosten für Teillieferungen übersteigen. ⁵§ 7a Abs. 2 Satz 3 bis 5 des Einkommensteuergesetzes gilt entsprechend. ⁶Die Beschränkungen der Bemessungsgrundlage nach den Sätzen 1 und 3 gelten nur, soweit ein Anspruch auf Investitionszulage nach dem Investitionszulagengesetz 2007 besteht.

§ 6 Höhe der Investitionszulage. (1) Die Investitionszulage beträgt vorbehaltlich der Absätze 4 und 5 für begünstigte Investitionen eines Erstinvestitionsvorhabens

1. im Sinne des § 4 Abs. 1 Satz 1 Nr. 1   12,5 Prozent,

2. im Sinne des § 4 Abs. 1 Satz 1 Nr. 1, wenn es sich um
   Investitionen in Betriebsstätten in den in der Anlage 1
   zu diesem Gesetz aufgeführten Teilen des Landes Berlin
   handelt und der anspruchsberechtigte begünstigte Betrieb im Zeitpunkt des Beginns des Erstinvestitionsvorhabens die Begriffsdefinition für mittlere Unternehmen
   im Sinne der Empfehlung der Kommission vom 6. Mai
   2003 erfüllt,   10 Prozent,

3. im Sinne des § 4 Abs. 1 Satz 1 Nr. 2   10 Prozent,

4. im Sinne des § 4 Abs. 1 Satz 1 Nr. 3   7,5 Prozent,

5. im Sinne des § 4 Abs. 1 Satz 1 Nr. 4   5 Prozent,

6. im Sinne des § 4 Abs. 1 Satz 1 Nr. 5   2,5 Prozent

der Bemessungsgrundlage.

(2) Erfüllt der anspruchsberechtigte begünstigte Betrieb im Zeitpunkt
des Beginns des Erstinvestitionsvorhabens die Begriffsdefinition für kleine
und mittlere Unternehmen im Sinne der Empfehlung der Kommission
vom 6. Mai 2003, erhöht sich die Investitionszulage vorbehaltlich der Absätze 3 bis 5 für den Teil der Bemessungsgrundlage, der auf Investitionen
im Sinne des § 2 Abs. 1 entfällt, bei Erstinvestitionsvorhaben

1. im Sinne des § 4 Abs. 1 Satz 1 Nr. 1   auf 25 Prozent,

2. im Sinne des § 4 Abs. 1 Satz 1 Nr. 2   auf 20 Prozent,

3. im Sinne des § 4 Abs. 1 Satz 1 Nr. 1 und 2 im Rahmen
   eines großen Investitionsvorhabens im Sinne der Leitlinien für staatliche Beihilfen mit regionaler Zielsetzung
   2007–2013 (ABl. EU 2006 Nr. C 54 S. 13) in Betriebsstätten in den nicht in der Anlage 1 zu diesem Gesetz
   aufgeführten Teilen des Landes Berlin   auf 15 Prozent,

4. im Sinne des § 4 Abs. 1 Satz 1 Nr. 3   auf 15 Prozent,

5. im Sinne des § 4 Abs. 1 Satz 1 Nr. 4   auf 10 Prozent,

6. im Sinne des § 4 Abs. 1 Satz 1 Nr. 5   auf 5 Prozent

der Bemessungsgrundlage.

(3) Abweichend von Absatz 2 erhöht sich die Investitionszulage in den in
der Anlage 1 zu diesem Gesetz aufgeführten Teilen des Landes Berlin vorbehaltlich des Absatzes 5 für den Teil der Bemessungsgrundlage, der auf
Investitionen im Sinne des § 2 Abs. 1 entfällt, bei Erstinvestitionsvorhaben

1. im Sinne des § 4 Abs. 1 Satz 1 Nr. 1 bis 3   auf 10 Prozent
   der Bemessungsgrundlage, wenn der anspruchsberechtigte begünstigte
   Betrieb im Zeitpunkt des Beginns des Erstinvestitionsvorhabens die Begriffsdefinition für mittlere Unternehmen im Sinne der Empfehlung der
   Kommission vom 6. Mai 2003 erfüllt,

2. im Sinne des § 4 Abs. 1 Satz 1 Nr. 1   auf 20 Prozent
   der Bemessungsgrundlage, wenn der anspruchsberechtigte begünstigte
   Betrieb im Zeitpunkt des Beginns des Erstinvestitionsvorhabens die Be-

griffsdefinition für kleine Unternehmen im Sinne der Empfehlung der Kommission vom 6. Mai 2003 erfüllt.

(4) Bei Investitionen, die zu einem großen Investitionsvorhaben gehören, auf das der multisektorale Regionalbeihilferahmen für große Investitionsvorhaben vom 19. März 2002 (ABl. EG Nr. C 70 S. 8), zuletzt geändert durch die Mitteilung der Kommission vom 1. November 2003 (ABl. EU Nr. C 263 S. 3), oder die Leitlinien für staatliche Beihilfen mit regionaler Zielsetzung 2007–2013 anzuwenden sind, sind die Absätze 1 und 2 nur insoweit anzuwenden, als der jeweils beihilferechtlich geltende Regionalförderhöchstsatz durch die Gewährung von Investitionszulagen nicht überschritten wird.

(5) ¹Für Investitionen eines Erstinvestitionsvorhabens in Betriebsstätten in den in der Anlage 1 zu diesem Gesetz aufgeführten Teilen des Landes Berlin gelten die Absätze 1 bis 3 nur, soweit die Investitionszulage für ein Erstinvestitionsvorhaben den Betrag von 7,5 Millionen Euro nicht überschreitet. ²Eine höhere Investitionszulage kann nur dann festgesetzt werden, wenn eine Genehmigungsentscheidung der Kommission vor Festsetzung der Investitionszulage erteilt worden ist, in der eine höhere Beihilfeintensität festgelegt worden ist.

§ 7 Antrag auf Investitionszulage. (1) ¹Der Antrag ist bei dem für die Besteuerung des Anspruchsberechtigten nach dem Einkommen zuständigen Finanzamt zu stellen. ²Ist eine Personengesellschaft oder Gemeinschaft Anspruchsberechtigter, so ist der Antrag bei dem Finanzamt zu stellen, das für die einheitliche und gesonderte Feststellung der Einkünfte zuständig ist.

(2) ¹Der Antrag ist nach amtlich vorgeschriebenem Vordruck zu stellen und vom Anspruchsberechtigten eigenhändig zu unterschreiben. ²In dem Antrag sind die Investitionen, für die eine Investitionszulage beansprucht wird, so genau zu bezeichnen, dass ihre Feststellung bei einer Nachprüfung möglich ist.

§ 8 Gesonderte Feststellung. (1) ¹Werden die in einem Betrieb im Sinne des § 2 des Einkommensteuergesetzes erzielten Einkünfte nach § 180 Abs. 1 Nr. 2 Buchstabe b der Abgabenordnung gesondert festgestellt, sind die Bemessungsgrundlage und der Prozentsatz der Investitionszulage für Wirtschaftsgüter, die zum Anlagevermögen dieses Betriebs gehören, von dem für die gesonderte Feststellung zuständigen Finanzamt gesondert festzustellen. ²Die für die Feststellung erforderlichen Angaben sind in den Antrag nach § 7 Abs. 2 aufzunehmen.

(2) ¹Befindet sich das für die Besteuerung des Anspruchsberechtigten nach dem Einkommen zuständige Finanzamt außerhalb des Fördergebiets, sind die Bemessungsgrundlage und der Prozentsatz der Investitionszulage von dem Finanzamt im Fördergebiet gesondert festzustellen, in dessen Bezirk sich das Vermögen des Anspruchsberechtigten und, wenn dies für mehrere Finanzämter zutrifft, von dem Finanzamt im Fördergebiet, in dessen Bezirk sich der wertvollste Teil des Vermögens befindet. ²Die für

die Feststellung erforderlichen Angaben sind in den Antrag nach § 7 Abs. 2 aufzunehmen.

§ 9 Einzelnotifizierungspflichten, Genehmigungsvorbehalte sowie anzuwendende Rechtsvorschriften der Kommission der Europäischen Gemeinschaften. (1) Auf dieses Gesetz findet die Verordnung (EG) Nr. 800/2008 der Kommission vom 6. August 2008 zur Erklärung der Vereinbarkeit bestimmter Gruppen von Beihilfen mit dem Gemeinsamen Markt in Anwendung der Artikel 87 und 88 EG-Vertrag (allgemeine Gruppenfreistellungsverordnung) (ABl. EU Nr. L 214 S. 3) Anwendung.

(2) Die Investitionszulage für Investitionen, die zu einem großen Investitionsvorhaben gehören, das die Anmeldungsvoraussetzungen des multisektoralen Regionalbeihilferahmens für große Investitionsvorhaben vom 16. Dezember 1997 (ABl. EG 1998 Nr. C 107 S. 7), zuletzt geändert durch die Mitteilung der Kommission vom 11. August 2001 (ABl. EG Nr. C 226 S. 1), oder des multisektoralen Regionalbeihilferahmens für große Investitionsvorhaben vom 19. März 2002 erfüllt, ist erst festzusetzen, wenn die Kommission die höchstzulässige Beihilfeintensität festgelegt hat.

(3) [1] Die Investitionszulage zugunsten großer Investitionsvorhaben im Sinne der Leitlinien für staatliche Beihilfen mit regionaler Zielsetzung 2007–2013 ist bei der Kommission anzumelden, wenn der Gesamtförderbetrag aus sämtlichen Quellen folgende Beträge überschreitet:

1. 22,5 Millionen Euro bei Erstinvestitionsvorhaben in Fördergebieten nach Artikel 87 Abs. 3 Buchstabe a des Vertrags zur Gründung der Europäischen Gemeinschaft mit 30 Prozent Beihilfehöchstintensität,

2. 11,25 Millionen Euro bei Erstinvestitionsvorhaben in Fördergebieten nach Artikel 87 Abs. 3 Buchstabe c des Vertrags zur Gründung der Europäischen Gemeinschaft mit 15 Prozent Beihilfehöchstintensität,

3. 15 Millionen Euro bei Erstinvestitionsvorhaben in Fördergebieten nach Artikel 87 Abs. 3 Buchstabe c des Vertrags zur Gründung der Europäischen Gemeinschaft mit 20 Prozent Beihilfehöchstintensität.

[2] Die Investitionszulage ist in diesen Fällen erst festzusetzen, wenn die Kommission die höchstzulässige Beihilfeintensität festgelegt hat.

(4) [1] Die Investitionszulage für Investitionen in den in der Anlage 2 Nr. 2 und 5 aufgeführten sensiblen Sektoren Fischerei- und Aquakultur sowie Schiffbau ist bei der Kommission einzeln anzumelden und erst nach Genehmigung durch die Kommission festzusetzen. [2] Die Investitionszulage für Investitionen in den in der Anlage 2 Nr. 1 und 4 aufgeführten sensiblen Sektoren Stahl- und Kunstfaserindustrie ist hingegen ausgeschlossen.

(5) Bei einem Unternehmen, das einer Rückforderungsanordnung auf Grund einer Entscheidung der Kommission über die Rückzahlung einer Beihilfe nicht Folge leistet, ist die Investitionszulage erst festzusetzen, wenn der Rückforderungsbetrag zurückgezahlt worden ist.

(6) Die Investitionszulage ist der Kommission zur Genehmigung vorzulegen und erst nach deren Genehmigung festzusetzen, wenn sie für ein Unternehmen in Schwierigkeiten bestimmt ist.

§ 10 Festsetzung und Auszahlung. Die Investitionszulage ist nach Ablauf des Wirtschaftsjahres oder Kalenderjahres festzusetzen und innerhalb eines Monats nach Bekanntgabe des Bescheids aus den Einnahmen an Einkommensteuer oder Körperschaftsteuer auszuzahlen.

§ 11 Zusammentreffen mit anderen Regionalbeihilfen. (1) [1] Trifft bei einem Erstinvestitionsvorhaben die Investitionszulage mit anderen Regionalbeihilfen oder „De-minimis"-Beihilfen im Sinne des Artikels 2 der Verordnung (EG) Nr. 1998/2006 der Kommission vom 15. Dezember 2006 über die Anwendung der Artikel 87 und 88 EG-Vertrag auf De-minimis-Beihilfen (ABl. EU Nr. L 379 S. 5) zusammen, sind die in der Kommissionsentscheidung zur jeweils geltenden regionalen Fördergebietskarte genehmigten Förderhöchstintensitäten maßgeblich. [2] Der Anspruch auf Investitionszulage bleibt hiervon unberührt. [3] Die Einhaltung des Beihilfehöchstsatzes hat der jeweils andere Beihilfegeber sicherzustellen; sie ist Voraussetzung dafür, dass die Investitionszulage mit anderen Regionalbeihilfen zusammentreffen darf.

(2) [1] Trifft bei einem Erstinvestitionsvorhaben die Investitionszulage mit anderen Regionalbeihilfen zusammen, hat der Antragsteller entsprechend den Leitlinien für staatliche Beihilfen mit regionaler Zielsetzung oder den Leitlinien für staatliche Beihilfen mit regionaler Zielsetzung 2007–2013 einen beihilfefreien Eigenanteil in Höhe von mindestens 25 Prozent der Kosten des Erstinvestitionsvorhabens zu erbringen. [2] Die Überwachung der Einhaltung dieser Auflage obliegt dem jeweils anderen Beihilfegeber; sie ist Voraussetzung dafür, dass die Investitionszulage mit anderen Regionalbeihilfen zusammentreffen darf.

(3) [1] Trifft bei einem Erstinvestitionsvorhaben in den in der Anlage 1 zu diesem Gesetz aufgeführten Teilen des Landes Berlin die Investitionszulage mit anderen Regionalbeihilfen zusammen, darf der Gesamtbetrag der Beihilfe aus allen Quellen 7,5 Millionen Euro oder den in einer Genehmigungsentscheidung der Kommission festgelegten Betrag nicht übersteigen. [2] Die Überwachung der Einhaltung dieser Auflage obliegt dem jeweils anderen Beihilfegeber.

(4) In den Antrag nach § 7 Abs. 2 sind die Angaben aufzunehmen, die für die Feststellung der Voraussetzungen nach Absatz 1 bis 3 erforderlich sind.

§ 12 Verzinsung des Rückforderungsanspruchs. [1] Ist der Bescheid über die Investitionszulage aufgehoben oder zuungunsten des Anspruchsberechtigten geändert worden, ist der Rückzahlungsanspruch nach § 238 der Abgabenordnung vom Tag der Auszahlung der Investitionszulage, in den Fällen des § 175 Abs. 1 Satz 1 Nr. 2 der Abgabenordnung vom Tag des Eintritts des rückwirkenden Ereignisses an, zu verzinsen. [2] Die Festsetzungsfrist beginnt mit Ablauf des Kalenderjahres, in dem der Bescheid aufgehoben oder geändert worden ist.

§ 13 Ertragsteuerrechtliche Behandlung der Investitionszulage.
[1] Die Investitionszulage gehört nicht zu den Einkünften im Sinne des Einkommensteuergesetzes. [2] Sie mindert nicht die steuerlichen Anschaffungs- und Herstellungskosten.

§ 14 Anwendung der Abgabenordnung. [1] Die für Steuervergütungen geltenden Vorschriften der Abgabenordnung sind mit Ausnahme des § 163 entsprechend anzuwenden. [2] In öffentlich-rechtlichen Streitigkeiten über die auf Grund dieses Gesetzes ergehenden Verwaltungsakte der Finanzbehörden ist der Finanzrechtsweg gegeben.

§ 15 Verfolgung von Straftaten. Für die Verfolgung einer Straftat nach den §§ 263 und 264 des Strafgesetzbuches, die sich auf die Investitionszulage bezieht, sowie der Begünstigung einer Person, die eine solche Straftat begangen hat, gelten die Vorschriften der Abgabenordnung über die Verfolgung von Steuerstraftaten entsprechend.

§ 16 Ermächtigungen. (1) Das Bundesministerium der Finanzen wird ermächtigt, durch Rechtsverordnung mit Zustimmung des Bundesrates weitere Bestimmungen zu § 9 zu erlassen und dabei insbesondere Einzelnotifizierungspflichten zu regeln, die sich aus den von den Organen der Europäischen Gemeinschaften erlassenen Rechtsvorschriften ergeben.

(2) Das Bundesministerium der Finanzen wird ermächtigt, zur Durchführung der von den Organen der Europäischen Gemeinschaften erlassenen Rechtsvorschriften die Liste der sensiblen Sektoren, in denen die Kommission die Förderfähigkeit ganz oder teilweise ausgeschlossen hat (Anlage 2), durch Rechtsverordnung mit Zustimmung des Bundesrates anzupassen.

§ 17 Bekanntmachungserlaubnis. Das Bundesministerium der Finanzen wird ermächtigt, den Wortlaut dieses Gesetzes in der jeweils geltenden Fassung mit neuem Datum bekannt zu machen.

Anlage 1
(zu § 1 Abs. 2)

Teile des Landes Berlin, die nach der Fördergebietskarte 2007–2013 (ABl. EU 2006 Nr. C 295 S. 6) zum D-Fördergebiet Deutschlands gehören:

Verkehrszellen:

Bezirk Mitte (01)	007 1; 011 1; 011 2
Bezirk Friedrichshain-Kreuzberg (02)	114 1
Bezirk Pankow (03)	106 2; 107 2; 108 1; 157 1; 160 1; 161 3; 164 1
Bezirk Charlottenburg-Wilmersdorf (04)	018 1; 025 3; 026 1; 041 1; 043 2; 048 1
Bezirk Spandau (05)	027 2; 027 3; 027 4; 032 1; 032 2; 032 3; 032 4; 037 2; 038 1; 038 2; 039 1
Bezirk Steglitz-Zehlendorf (06)	049 2; 050 2; 050 3; 052 2; 052 3; 062 1; 063 4; 064 3
Bezirk Tempelhof-Schöneberg (07)	060 1; 070 2; 070 3; 070 4; 074 2
Bezirk Neukölln (08)	079 2; 080 4; 080 6; 082 1; 082 2; 083 3
Bezirk Treptow-Köpenick (09)	120 2; 124 1; 132 1; 138 1
Bezirk Marzahn-Hellersdorf (10)	181 2; 182 1; 184 1; 184 2; 184 3; 188 1; 193 1; 194 1; 194 2
Bezirk Lichtenberg (11)	147 1; 147 2; 149 1; 149 2; 152 1; 175 1
Bezirk Reinickendorf (12)	089 3; 089 4; 089 5; 090 1; 091 2; 092 1; 092 2; 093 1; 093 2; 095 1

Anlage 2
(zu § 3 Abs. 2 Satz 2)

Sensible Sektoren sind:

1. Stahlindustrie (Multisektoraler Regionalbeihilferahmen für große Investitionsvorhaben vom 19. März 2002 in Verbindung mit Anhang B sowie Leitlinien für staatliche Beihilfen mit regionaler Zielsetzung 2007–2013 in Verbindung mit Anhang I),

2. Schiffbau (Rahmenbestimmungen für Beihilfen an den Schiffbau (ABl. EU 2003 Nr. C 317 S. 11, 2004 Nr. C 104 S. 71, 2006 Nr. C 260 S. 7)),

3. Kunstfaserindustrie (Multisektoraler Regionalbeihilferahmen für große Investitionsvorhaben vom 19. März 2002 in Verbindung mit Anhang D sowie Leitlinien für staatliche Beihilfen mit regionaler Zielsetzung 2007–2013 in Verbindung mit Anhang II),

4. Landwirtschaftssektor (Gemeinschaftsrahmen für staatliche Beihilfen im Agrarsektor (ABl. EG 2000 Nr. C 28 S. 2, Nr. C 232 S. 17) sowie Rahmenregelung der Gemeinschaft für staatliche Beihilfen im Agrar- und Forstsektor 2007–2013 (ABl. EU 2006 Nr. C 319 S. 1)),

5. Fischerei- und Aquakultursektor (Verordnung (EG) Nr. 104/2000 des Rates vom 17. Dezember 1999 über die gemeinsame Marktorganisation für Erzeugnisse der Fischerei und der Aquakultur (ABl. EG 2000 Nr. L 17 S. 22, Nr. L 83 S. 35, 2002 Nr. L 6 S. 70), zuletzt geändert durch Verordnung (EG) Nr. 1759/2006 des Rates vom 28. November 2006 (ABl. EU Nr. L 335 S. 3), sowie Leitlinien für die Prüfung staatlicher Beihilfen im Fischerei- und Aquakultursektor (ABl. EU 2004 Nr. C 229 S. 5)) und

6. Verkehrssektor (Verordnung (EWG) Nr. 1107/70 des Rates vom 4. Juni 1970 über Beihilfen im Eisenbahn-, Straßen- und Binnenschiffsverkehr (ABl. EG Nr. L 130 S. 1) in der am 1. Januar 2006 geltenden Fassung sowie Mitteilung der Kommission „Leitlinien der Gemeinschaft für staatliche Beihilfen im Seeverkehr" (ABl. EU 2004 Nr. C 13 S. 3) und Anwendung der Artikel 92 und 93 des EG-Vertrages sowie des Artikels 61 des EWR-Abkommens auf staatliche Beihilfen im Luftverkehr (ABl. EG Nr. C 350 S. 5) vom 10. Dezember 1994).

745. Gesetz über steuerliche Maßnahmen bei Auslandsinvestitionen der deutschen Wirtschaft[1]

Vom 18. August 1969 (BGBl. I S. 1211, 1214)

Geändert durch Einführungsgesetz zum Einkommensteuerreformgesetz vom 21. 12. 1974 (BGBl. I S. 3656), Gesetz zur Änderung des EStG, KStG und anderer Gesetze vom 20. 8. 1980 (BGBl. I S. 1545), 2. Haushaltsstrukturgesetz vom 22. 12. 1981 (BGBl. I S. 1523), Steuerreformgesetz 1990 vom 25. 7. 1988 (BGBl. I S. 1093), Steuerentlastungsgesetz 1999/2000/2002 vom 24. 3. 1999 (BGBl. I S. 402), Siebente Zuständigkeitsanpassungs-Verordnung vom 29. 10. 2001 (BGBl. I S. 2785), Neunte Zuständigkeitsanpassungsverordnung vom 31. 10. 2006 (BGBl. I S. 2407), Jahressteuergesetz 2009 vom 19. 12. 2008 (BGBl. I S. 2794) und Zehnte Zuständigkeitsanpassungsverordnung vom 31. 8. 2015 (BGBl. I S. 1474)

BGBl. III/FNA 707-6-1-3

Der Bundestag hat mit Zustimmung des Bundesrates das folgende Gesetz beschlossen:

§ 1[2],[3] Steuerfreie Rücklage bei Überführung bestimmter Wirtschaftsgüter in Gesellschaften, Betriebe oder Betriebstätten im Ausland.

(1) [1]Steuerpflichtige, die den Gewinn nach § 4 Abs. 1 oder § 5 des Einkommensteuergesetzes[4] ermitteln und im Zusammenhang mit Investitionen im Sinne des Absatzes 2 zum Anlagevermögen eines inländischen Betriebs gehörende abnutzbare Wirtschaftsgüter in die Gesellschaft, den Betrieb oder die Betriebstätte im Ausland überführen, können im Wirtschaftsjahr der Überführung bis zur Höhe des durch die Überführung entstandenen Gewinns eine den steuerlichen Gewinn mindernde Rücklage bilden. [2]Die Rücklage ist vom fünften auf ihre Bildung folgenden Wirtschaftsjahr an jährlich mit mindestens einem Fünftel gewinnerhöhend aufzulösen.

(2) Investitionen im Ausland im Sinne des Absatzes 1 sind

1. der Erwerb von Beteiligungen an Kapitalgesellschaften mit Sitz und Geschäftsleitung in einem ausländischen Staat,

2. Einlagen in Personengesellschaften in einem ausländischen Staat und

3. die Zuführung von Betriebsvermögen in einen Betrieb oder eine Betriebstätte des Steuerpflichtigen in einem ausländischen Staat.

(3) [1]*Die Rücklage nach Absatz 1 darf nur gebildet werden, wenn die Gesellschaft, der Betrieb oder die Betriebstätte im Ausland ausschließlich oder fast ausschließlich die*

---

[1] Das G ist Teil des G über die Gewährung von Investitionszulagen und zur Änderung steuerrechtlicher und prämienrechtlicher Vorschriften (StÄndG 1969) v. 18. 8. 1969 (BGBl. I S. 1211) und als dessen Art. 2 verkündet worden.
[2] **Bildung von Rücklagen letztmals für vor dem 1. 1. 1990 endende Wj möglich (§ 8 Abs. 4).**
[3] § 1 Abs. 1 Satz 1 und Abs. 3 bish. Satz 3 geänd. und Abs. 5 neugef. durch G v. 21. 12. 1974 (BGBl. I S. 3656), Abs. 3 bish. Sätze 1 und 2 aufgeh. sowie Abs. 4 Satz 5 geänd. durch G v. 22. 12. 1981 (BGBl. I S. 1523); zum Anwendungsbereich von Abs. 3 Sätze 1 und 2 siehe § 8 Abs. 3.
[4] Nr. 1.

Herstellung oder Lieferung von Waren, die Gewinnung von Bodenschätzen, die Bewirkung gewerblicher Leistungen oder den Betrieb einer Land- und Forstwirtschaft zum Gegenstand hat; zu den gewerblichen Leistungen gehören nicht die Vermietung und Verpachtung von Wirtschaftsgütern einschließlich der Überlassung der Nutzung von Rechten, Plänen, Mustern, Verfahren, Erfahrungen und Kenntnissen. [2] *Bei der Überführung eines Seeschiffs in eine Gesellschaft, einen Betrieb oder eine Betriebstätte im Ausland, die den Betrieb von Handelsschiffen im internationalen Verkehr zum Gegenstand haben, ist weitere Voraussetzung für die Anwendung des Absatzes 1, daß der Bundesminister für Verkehr oder die von ihm bestimmte Stelle die Überführung des Schiffs für schiffahrtspolitisch unbedenklich erklärt hat.* Die Bildung der Rücklage nach Absatz 1 ist ausgeschlossen, wenn der Steuerpflichtige für die Investition im Ausland die Steuervergünstigung des § 3 des Entwicklungsländer-Steuergesetzes in Anspruch nimmt.

(4) [1] Werden Beteiligungen im Sinne des Absatzes 2 Nr. 1 veräußert oder in das Privatvermögen überführt, so ist die für die Beteiligung gebildete Rücklage im Wirtschaftsjahr der Veräußerung oder Überführung in das Privatvermögen im Verhältnis des Anteils der veräußerten oder in das Privatvermögen überführten Beteiligung zur gesamten Beteiligung im Sinne des Absatzes 2 Nr. 1 vorzeitig gewinnerhöhend aufzulösen. [2] Entsprechendes gilt, wenn bei Investitionen im Ausland im Sinne des Absatzes 2 Nr. 2 und 3 die zugeführten Wirtschaftsgüter veräußert oder in das Inland oder in das Privatvermögen überführt werden, ohne daß der Personengesellschaft, dem Betrieb oder der Betriebsstätte im Ausland bis zum Ende des auf die Veräußerung oder Überführung folgenden Wirtschaftsjahrs in entsprechendem Umfang Ersatzwirtschaftsgüter zugeführt werden. [3] Bei einer durch die Verhältnisse im ausländischen Staat bedingten Umwandlung einer Personengesellschaft, eines Betriebs oder einer Betriebsstätte im Ausland in eine Kapitalgesellschaft entfällt die vorzeitige gewinnerhöhende Auflösung der Rücklage in Höhe des Betrags oder Teilbetrags, der dem Verhältnis zwischen der Beteiligung des Steuerpflichtigen an dieser Kapitalgesellschaft und seinem Anteil an der Personengesellschaft, dem Betrieb oder der Betriebsstätte vor der Umwandlung entspricht. [4] Nach der Umwandlung gelten die Sätze 1 und 2 sinngemäß. [5] Erfüllt die Gesellschaft, der Betrieb oder die Betriebsstätte im Ausland nicht mehr die Voraussetzungen des § 5, so ist die steuerfreie Rücklage in voller Höhe gewinnerhöhend aufzulösen.

(5) Voraussetzung für die Anwendung der Absätze 1 bis 4 ist, daß die Bildung und Auflösung der Rücklage in der Buchführung verfolgt werden können.

§ 2 [1)·2)] Ausländische Verluste bei Doppelbesteuerungsabkommen.

(1) [1] Sind nach einem Abkommen zur Vermeidung der Doppelbesteuerung bei einem unbeschränkt Steuerpflichtigen aus einer in einem ausländischen Staat belegenen Betriebstätte stammende Einkünfte aus gewerblicher

---

[1)] **Letztmals für Verluste des VZ 1989 (§ 8 Abs. 5),** anschließend inhaltsgleiche Regelung in § 2a EStG (Nr. 1).
[2)] § 2 Abs. 1 neugef. durch G v. 20. 8. 1980 (BGBl. I S. 1545); Sätze 3 und 4 sind für VZe ab 2009 weiter anzuwenden (§ 8 Abs. 5 Satz 2).

Tätigkeit von der Einkommensteuer oder Körperschaftsteuer zu befreien, so ist auf Antrag des Steuerpflichtigen ein Verlust, der sich nach den Vorschriften des Einkommensteuergesetzes bei diesen Einkünften ergibt und nach den Vorschriften des Einkommensteuergesetzes vom Steuerpflichtigen ausgeglichen oder abgezogen werden könnte, wenn die Einkünfte nicht von der Einkommensteuer oder Körperschaftsteuer zu befreien wären, bei der Ermittlung des Gesamtbetrags der Einkünfte insoweit abzuziehen, als er nach diesem Abkommen zu befreiende positive Einkünfte aus gewerblicher Tätigkeit aus anderen in diesem ausländischen Staat belegenen Betriebstätten übersteigt. [2]Soweit der Verlust dabei nicht ausgeglichen wird, ist bei Vorliegen der Voraussetzungen des § 10d des Einkommensteuergesetzes[1] der Verlustabzug zulässig. [3]Der nach Satz 1 abgezogene Betrag ist, soweit sich in einem der folgenden Veranlagungszeiträume bei den nach diesem Abkommen zu befreienden Einkünften aus gewerblicher Tätigkeit aus in diesem ausländischen Staat belegenen Betriebstätten insgesamt ein positiver Betrag ergibt, in dem betreffenden Veranlagungszeitraum bei der Ermittlung des Gesamtbetrags der Einkünfte wieder hinzuzurechnen. [4]Satz 3 ist nicht anzuwenden, wenn der Steuerpflichtige nachweist, daß nach den für ihn geltenden Vorschriften des ausländischen Staates ein Abzug von Verlusten in anderen Jahren als dem Verlustjahr allgemein nicht beansprucht werden kann.

(2)[2] [1]Wird eine in einem ausländischen Staat belegene Betriebstätte in eine Kapitalgesellschaft umgewandelt, so ist ein nach Absatz 1 Satz 1 und 2 abgezogener Verlust, soweit er nach Absatz 1 Satz 3 nicht wieder hinzugerechnet worden ist oder noch hinzuzurechnen ist, im Veranlagungszeitraum der Umwandlung in entsprechender Anwendung des Absatzes 1 Satz 3 dem Gesamtbetrag der Einkünfte hinzuzurechnen. [2]Satz 1 ist nicht anzuwenden, wenn

1. bei der umgewandelten Betriebstätte die Voraussetzungen des Absatzes 1 Satz 4 vorgelegen haben oder

2. der Steuerpflichtige nachweist, daß die Kapitalgesellschaft nach den für sie geltenden Vorschriften einen Abzug von Verlusten der Betriebstätte nicht beanspruchen kann.

§ 3[3] Steuerfreie Rücklage für Verluste von ausländischen Tochtergesellschaften. (1)[4] [1]Unbeschränkt Steuerpflichtige, die den Gewinn nach § 4 Abs. 1 oder § 5 des Einkommensteuergesetzes[1] ermitteln, können für Verluste einer Kapitalgesellschaft mit Sitz und Geschäftsleitung in einem ausländischen Staat, an deren Nennkapital der Steuerpflichtige mindestens zu 50 vom Hundert, bei Kapitalgesellschaften mit Sitz und Ge-

---

[1] Nr. **1.**
[2] § 2 Abs. 2 ist für VZe ab 2009 weiter anzuwenden (§ 8 Abs. 5 Satz 2).
[3] **Bildung von Rücklagen letztmals für vor dem 1. 1. 1990 endende Wj möglich (§ 8 Abs. 4).**
[4] § 3 Abs. 1 Sätze 1 und 3 geänd. durch G v. 21. 12. 1974 (BGBl. I S. 3656), Satz 3 erster Halbsatz neugef. durch G v. 20. 8. 1980 (BGBl. I S. 1545), Abs. 1 Satz 1 geänd. durch G v. 22. 12. 1981 (BGBl. I S. 1523).

schäftsleitung in Entwicklungsländern im Sinne des *§ 6 des Entwicklungs-länder-Steuergesetzes*[1] mindestens zu 25 vom Hundert, unmittelbar beteiligt ist (ausländische Tochtergesellschaft), eine den steuerlichen Gewinn mindernde Rücklage bilden. [2]Die Bildung der Rücklage ist für das Wirtschaftsjahr, in dem der Steuerpflichtige Anteile an der ausländischen Kapitalgesellschaft in einem Ausmaß erwirbt, das erstmals zu einer Beteiligung des Steuerpflichtigen in dem in Satz 1 bezeichneten Umfang führt, oder – wenn der Steuerpflichtige an der ausländischen Kapitalgesellschaft bereits in dem in Satz 1 bezeichneten Umfang beteiligt war – in dem er weitere Anteile an dieser Kapitalgesellschaft erwirbt, und in den vier folgenden Wirtschaftsjahren zulässig; die neu erworbenen Anteile müssen mindestens 5 vom Hundert des Nennkapitals der ausländischen Kapitalgesellschaft betragen. [3]Die Rücklage darf für das Wirtschaftsjahr des Steuerpflichtigen, in dem der Verlust der ausländischen Tochtergesellschaft entstanden ist, bis zur Höhe des Teils des Verlustes gebildet werden, der dem Verhältnis der neu erworbenen Anteile zum Nennkapital dieser Gesellschaft entspricht; sie ist zu vermindern um den Betrag, in dessen Höhe der Steuerpflichtige im Wirtschaftsjahr ihrer Bildung auf die neu erworbenen Anteile an der ausländischen Tochtergesellschaft eine Teilwertabschreibung vornimmt. [4]Die Rücklage darf den Betrag nicht übersteigen, mit dem die neu erworbenen Anteile in der Steuerbilanz angesetzt sind.

(2)[2] Voraussetzung für die Bildung der Rücklage ist, daß

1. der neue Anteilserwerb im Sinne des Absatzes 1 Satz 2 nach dem 31. Dezember 1968 stattgefunden hat,

2. *a. F. die ausländische Tochtergesellschaft ausschließlich oder fast ausschließlich die Herstellung oder Lieferung von Waren, die Gewinnung von Bodenschätzen, die Bewirkung gewerblicher Leistungen oder den Betrieb einer Land- und Forstwirtschaft zum Gegenstand hat; zu den gewerblichen Leistungen gehören nicht die Vermietung und Verpachtung von Wirtschaftsgütern einschließlich der Überlassung der Nutzung von Rechten, Plänen, Mustern, Verfahren, Erfahrungen und Kenntnissen. [2]Bei ausländischen Tochtergesellschaften, die den Betrieb von Handelsschiffen im internationalen Verkehr zum Gegenstand haben, ist weitere Voraussetzung für die Bildung der Rücklage, daß der Bundesminister für Verkehr die Beteiligung des Steuerpflichtigen an der ausländischen Tochtergesellschaft für schiffahrtspolitisch unbedenklich erklärt hat,*

2. der Verlust der ausländischen Tochtergesellschaft nach Vorschriften ermittelt ist, die den allgemeinen deutschen Gewinnermittlungsvorschriften entsprechen; steuerliche Vergünstigungen sind dabei unberücksichtigt zu lassen,

3. die Voraussetzungen der Nummer 2 und des § 5 durch Vorlage sachdienlicher Unterlagen, insbesondere Bilanzen und Ergebnisrechnungen und etwaige Geschäftsberichte der ausländischen Tochtergesellschaft,

---

[1] 1997 ausgelaufen.
[2] § 3 Abs. 2 Nr. 4 neugef. durch G v. 20. 8. 1980 (BGBl. I S. 1545), bish. Nr. 2 aufgeh., bish. Nrn. 3 bis 6 werden Nrn. 2 bis 5, Nrn. 3 und 4 geänd. durch G v. 22. 12. 1981 (BGBl. I S. 1523); zum Anwendungsbereich von Nr. 2 a. F. siehe § 8 Abs. 3.

nachgewiesen werden; auf Verlangen sind diese Unterlagen mit dem im Staat der Geschäftsleitung oder des Sitzes vorgeschriebenen oder üblichen Prüfungsvermerk einer behördlich anerkannten Wirtschaftsprüfungsstelle oder einer vergleichbaren Stelle vorzulegen,

4. der Steuerpflichtige und die ausländische Tochtergesellschaft sich verpflichten, Unterlagen der in Nummer 3 bezeichneten Art auch für die dem Verlustjahr folgenden Wirtschaftsjahre vorzulegen, solange eine Rücklage im Sinne des Absatzes 1 ausgewiesen wird; aus den Unterlagen muß sich die Höhe der in diesen Wirtschaftsjahren erzielten Betriebsergebnisse der ausländischen Tochtergesellschaft zweifelsfrei ergeben, und

5. die ausländische Tochtergesellschaft erklärt, daß sie mit der Erteilung von Auskünften durch die Steuerbehörden des Staates, in dem sie ihren Sitz und ihre Geschäftsleitung hat, an die deutschen Steuerbehörden einverstanden ist.

(3)[1] Die Rücklage ist gewinnerhöhend aufzulösen,

1. wenn die ausländische Tochtergesellschaft in einem auf das Verlustjahr folgenden Wirtschaftsjahr einen Gewinn erzielt,

in Höhe des Teils des Gewinns, der dem Verhältnis der neu erworbenen Anteile im Sinne des Absatzes 1 Satz 2 zum Nennkapital der ausländischen Tochtergesellschaft entspricht, soweit er die Verlustteile, die bei der Bildung der Rücklage nach Absatz 1 Satz 3 zweiter Halbsatz und Satz 4 unberücksichtigt geblieben sind, oder den Auflösungsbetrag im Sinne der Nummer 2 übersteigt,

2. wenn in einem auf ihre Bildung folgenden Wirtschaftsjahr auf die neu erworbenen Anteile im Sinne des Absatzes 1 Satz 2 an der ausländischen Tochtergesellschaft eine Teilwertabschreibung vorgenommen wird,

in Höhe des Betrags der Teilwertabschreibung,

3. wenn vom Steuerpflichtigen Anteile an der ausländischen Tochtergesellschaft veräußert oder in das Privatvermögen überführt werden,

in Höhe des Teils der Rücklage, der dem Anteil der veräußerten oder in das Privatvermögen überführten Anteile an den neu erworbenen Anteilen im Sinne des Absatzes 1 Satz 2 entspricht,

4. wenn die Nachweisverpflichtungen im Sinne des Absatzes 2 Nr. 4 nicht erfüllt werden,

in voller Höhe,

spätestens jedoch am Schluß des fünften auf ihre Bildung folgenden Wirtschaftsjahrs.

(4) § 1 Abs. 5 gilt entsprechend.

§ 4[2] *(aufgehoben)*

---

[1] § 3 Abs. 3 Nr. 2 geänd. durch G v. 21. 12. 1974 (BGBl. I S. 3656), Nr. 1 Halbsatz 2 angef. durch G v. 20. 8. 1980 (BGBl. I S. 1545), Nr. 4 geänd. durch G v. 22. 12. 1981 (BGBl. I S. 1523).

[2] § 4 aufgeh. durch G v. 22. 12. 1981 (BGBl. I S. 1523); zum Anwendungsbereich siehe § 8 Abs. 2.

§ 5¹⁾ Gemeinsame Voraussetzungen. ¹Voraussetzung für die Anwendung der §§ 1 bis 3 ist, daß die Gesellschaft, der Betrieb oder die Betriebsstätte im Ausland ausschließlich oder fast ausschließlich die Herstellung oder Lieferung von Waren außer Waffen, die Gewinnung von Bodenschätzen sowie die Bewirkung gewerblicher Leistungen zum Gegenstand hat, soweit diese nicht in der Errichtung oder dem Betrieb von Anlagen, die dem Fremdenverkehr dienen, oder in der Vermietung und Verpachtung von Wirtschaftsgütern einschließlich der Überlassung von Rechten, Plänen, Mustern, Verfahren, Erfahrungen und Kenntnissen bestehen. ²Soweit die Bewirkung gewerblicher Leistungen im Betrieb von Handelsschiffen oder Luftfahrzeugen im internationalen Verkehr besteht, ist weitere Voraussetzung, daß das Bundesministerium für Verkehr und digitale Infrastruktur²⁾ oder die von ihm bestimmte Stelle die verkehrspolitische Förderungswürdigkeit bestätigt.

§ 6³⁾ Gewerbesteuer. Die Vorschriften der §§ 1, 3 und 4 gelten auch für die Ermittlung des Gewerbeertrags.

§ 7³⁾ Ermächtigung. Der Bundesminister der Finanzen wird ermächtigt, den Wortlaut dieses Gesetzes in der jeweils geltenden Fassung mit neuem Datum bekanntzumachen, die Paragraphenfolge zu ändern und Unstimmigkeiten des Wortlauts zu beseitigen.

§ 8⁴⁾˙⁵⁾ Anwendungsbereich. (1) Die vorstehende Fassung dieses Gesetzes ist vorbehaltlich der Absätze 2 und 3 erstmals für den Veranlagungszeitraum 1982 anzuwenden.

(2) § 4 in der Fassung des Artikels 2 des Gesetzes vom 18. August 1969 (BGBl. I S. 1214) ist auf Anteile an Kapitalgesellschaften anzuwenden, die vor dem 1. Januar 1982 erworben werden.

(3) § 5 in Verbindung mit den §§ 1 und 3 ist erstmals für das Wirtschaftsjahr anzuwenden, das nach dem 31. Dezember 1981 beginnt; für Wirtschaftsjahre, die vor dem 1. Januar 1982 beginnen, sind § 1 Abs. 3 Satz 1 und 2 sowie § 3 Abs. 2 Nr. 2 in der Fassung des Artikels 2 des Gesetzes vom 18. August 1969 (BGBl. I S. 1214) anzuwenden.

(4) Rücklagen nach den §§ 1 und 3 können letztmalig für das Wirtschaftsjahr gebildet werden, das vor dem 1. Januar 1990 endet.

(5) ¹§ 2 ist letztmals auf Verluste des Veranlagungszeitraums 1989 anzuwenden. ²§ 2 Abs. 1 Satz 3, 4 und Abs. 2 ist für Veranlagungszeiträume ab 2009 weiter anzuwenden.

---

¹⁾ § 5 eingef. durch G v. 22. 12. 1981 (BGBl. I S. 1523); zum Anwendungsbereich siehe § 8 Abs. 3.
²⁾ Bezeichnung geänd. durch VO v. 31. 8. 2015 (BGBl. I S. 1474).
³⁾ Bish. §§ 5 bis 7 wurden §§ 6 bis 8 durch G v. 22. 12. 1981 (BGBl. I S. 1523).
⁴⁾ Bish. §§ 5 bis 7 wurden §§ 6 bis 8, jetziger § 8 neugef. durch G v. 22. 12. 1981 (BGBl. I S. 1523).
⁵⁾ § 8 Abs. 4 und 5 angef. durch G v. 25. 7. 1988 (BGBl. I S. 1093), Abs. 5 Satz 2 angef. durch G v. 24. 3. 1999 (BGBl. I S. 402), Abs. 5 Satz 2 neugef. durch G v. 19. 12. 2008 (BGBl. I S. 2794).

§ 9[1)] **Anwendung im Land Berlin.** *(gegenstandslos)*

§ 10[1) · 2)] **Inkrafttreten.** Dieses Gesetz tritt am Tage nach seiner Verkündung[3)] in Kraft.

[1)] Bish. §§ 8 und 9 wurden §§ 9 und 10 durch G v. 22. 12. 1981 (BGBl. I S. 1523).
[2)] § 10 betrifft das Inkrafttreten des G in seiner ursprünglichen Fassung. Das Inkrafttreten der späteren Änderungen ergibt sich aus den jeweiligen Änderungsgesetzen.
[3)] Verkündet am 21. 8. 1969.

750. Gesetz zur steuerlichen Förderung von Forschung und Entwicklung (Forschungszulagengesetz – FZulG)[1]

Vom 14. Dezember 2019 (BGBl. I S. 2763)

Geändert durch Zweites Gesetz zur Umsetzung steuerlicher Hilfsmaßnahmen zur Bewältigung der Corona-Krise (Zweites Corona-Steuerhilfegesetz) vom 29. Juni 2020 (BGBl. I S. 1512) und Jahressteuergesetz 2020 (JStG 2020) vom 21.12.2020 (BGBl. I S. 3096), Gesetz zur Modernisierung des Körperschaftsteuerrechts vom 25.6.2021 (BGBl. I S. 2050) und Gesetz zur erleichterten Umsetzung der Reform der Grundsteuer und Änderung weiterer steuerrechtlicher Vorschriften (Grundsteuerreform-Umsetzungsgesetz – GrStRefUG) vom 16.7.2021 (BGBl. I S. 2931)

FNA 610-6-19

Inhaltsübersicht

§ 1[2] **Anspruchsberechtigung.** (1) Anspruchsberechtigt sind Steuerpflichtige im Sinne des Einkommensteuer- und des Körperschaftsteuergesetzes, soweit sie Einkünfte nach § 2 Absatz 1 Satz 1 Nummer 1 bis 3 des Einkommensteuergesetzes erzielen, nicht von der Besteuerung befreit sind und die in diesem Gesetz aufgeführten Voraussetzungen erfüllen.

(2) ¹Bei Mitunternehmerschaften nach § 15 Absatz 1 Satz 1 Nummer 2 des Einkommensteuergesetzes tritt an die Stelle des Steuerpflichtigen die Mitunternehmerschaft als Anspruchsberechtigter. [*ab 1.1.2022:* ²Nach § 1a des Körperschaftsteuergesetzes optierende Gesellschaften sind als Steuerpflichtige im Sinne des Körperschaftsteuergesetzes anspruchsberechtigt.]

---

[1] **BMF v. 1.7.2020:** Mit Beschluss vom 26. Juni 2020 hat die Europäische Kommission mitgeteilt, dass die Freistellung des Forschungszulagengesetzes (FZulG) nach der Allgemeinen Gruppenfreistellungsverordnung (AGVO) über den anfänglichen sechsmonatigen Zeitraum hinaus fortbesteht. Der Beschluss zur weiteren Anwendbarkeit des FZulG wurde, in BGBl. I 2020, S. 1596 bekannt gemacht (vgl. auch § 16).
[2] § 1 Abs. 2 Satz 2 angef., bisch. Wortlaut wird Satz 1 mWv 1.1.2022 durch G v. 25.6.2021 (BGBl. I S. 2050).

§ 2 Begünstigte Forschungs- und Entwicklungsvorhaben. (1) Forschungs- und Entwicklungsvorhaben sind begünstigt, soweit sie einer oder mehreren der Kategorien Grundlagenforschung, industrielle Forschung oder experimentelle Entwicklung zuzuordnen sind.

(2) Ist ein Produkt oder ein Verfahren im Wesentlichen festgelegt und ist das primäre Ziel der weiteren Tätigkeit die Marktentwicklung oder soll durch diese Tätigkeit das Produktionssystem zum reibungslosen Funktionieren gebracht werden, kann diese Tätigkeit nicht mehr den in Absatz 1 genannten Kategorien zugerechnet werden.

(3) ¹Begünstigte Forschungs- und Entwicklungsvorhaben nach Absatz 1 zielen darauf ab, eine genau definierte unteilbare Aufgabe ökonomischer, wissenschaftlicher oder technischer Art mit klar festgelegten Zielen durchzuführen. ²Ein Forschungs- und Entwicklungsvorhaben kann aus mehreren Arbeitspaketen, Tätigkeiten oder Dienstleistungen bestehen. ³Es umfasst klare Ziele und die Tätigkeiten, die zur Erreichung dieser Ziele durchzuführen sind, sowie konkrete Vorgaben, anhand derer die Ergebnisse dieser Tätigkeiten festgestellt und mit den einschlägigen Zielen verglichen werden können. ⁴Wenn zwei oder mehrere Forschungs- und Entwicklungsvorhaben nicht eindeutig voneinander getrennt werden können und einzeln betrachtet keine Aussicht auf technologischen Erfolg haben, werden sie als ein einziges Vorhaben betrachtet.

(4) Begünstigte Forschungs- und Entwicklungsvorhaben können durchgeführt werden

1. als eigenbetriebliche Forschung und/oder als Auftragsforschung,

2. als Kooperation von einem Anspruchsberechtigten mit mindestens einem anderen Unternehmen,

3. als Kooperation von einem Anspruchsberechtigten in Zusammenarbeit mit einer oder mehreren Einrichtungen für Forschung und Wissensverbreitung.

(5)¹⁾ Werden Forschungs- und Entwicklungsvorhaben im Sinne des Absatzes 1 in Auftrag gegeben, sind diese nur dann begünstigt, wenn der Auftragnehmer seine Geschäftsleitung in einem Mitgliedstaat der Europäischen Union hat oder in einem anderen Staat, auf den das Abkommen über den Europäischen Wirtschaftsraum (EWR-Abkommen) Anwendung findet und der aufgrund vertraglicher Verpflichtung Amtshilfe entsprechend dem EU-Amtshilfegesetz in einem Umfang leistet, der für die Überprüfung der Anspruchsvoraussetzungen erforderlich ist.

§ 3 Förderfähige Aufwendungen und Bemessungsgrundlage. (1) ¹Förderfähige Aufwendungen sind die beim Anspruchsberechtigten dem Lohnsteuerabzug gemäß § 38 Absatz 1 des Einkommensteuergesetzes unterliegenden Arbeitslöhne für Arbeitnehmer, die der Arbeitnehmer unmittelbar vom Arbeitgeber erhält, sowie die Ausgaben des Arbeitgebers für die Zukunftssicherung des Arbeitnehmers nach § 3 Nummer 62 des Einkommensteuergesetzes. ²Die in Satz 1 bezeichneten Aufwendungen sind nur förderfähig, soweit die Arbeitnehmer mit Forschungs- und Entwicklungstätigkeiten in begünstigten Forschungs- und Entwicklungsvorhaben im Sinne des § 2 Absatz 1 des

---

¹⁾ § 2 Abs. 5 geänd. mWv 1.1.2020 durch G v. 16.7.2021 (BGBl. I S. 2931).

Anspruchsberechtigten betraut sind. [3] Zu den in den Sätzen 1 und 2 bezeichneten Aufwendungen gehören auch solche aufgrund eines zwischen einer Kapitalgesellschaft und einem Gesellschafter oder Anteilseigner abgeschlossenen Anstellungsvertrages, der die Voraussetzungen für den Lohnsteuerabzug des Arbeitslohns erfüllt.

(2) Förderfähig sind die in Absatz 1 bezeichneten Aufwendungen auch dann, wenn sie vom Anspruchsberechtigten für im Sinne des Absatzes 1 tätige Arbeitnehmer geleistet werden, für die der Lohnsteuerabzug im Sinne des § 38 Absatz 1 Satz 1 Nummer 1 des Einkommensteuergesetzes nur deswegen nicht vorgenommen wird, weil nach einem Abkommen zur Vermeidung der Doppelbesteuerung das Besteuerungsrecht einem anderen Mitgliedstaat der Europäischen Union oder einem anderen Vertragsstaat des Abkommens über den Europäischen Wirtschaftsraum oder der Schweizerischen Eidgenossenschaft zugewiesen ist.

(3) [1] Förderfähige Aufwendungen sind auch Eigenleistungen eines Einzelunternehmers in einem begünstigten Forschungs- und Entwicklungsvorhaben. [2] Je nachgewiesener Arbeitsstunde, die der Einzelunternehmer mit Forschungs- und Entwicklungstätigkeiten beschäftigt ist, sind 40 Euro je Arbeitsstunde bei insgesamt maximal 40 Arbeitsstunden pro Woche als förderfähige Aufwendungen anzusetzen. [3] Haben Gesellschafter einer anspruchsberechtigten Mitunternehmerschaft vertraglich vereinbart, dass ein oder mehrere Gesellschafter für Forschungs- und Entwicklungstätigkeiten in begünstigten Forschungs- und Entwicklungsvorhaben eine Tätigkeitsvergütung erhalten, dann ist diese Tätigkeitsvergütung förderfähiger Aufwand, soweit sie 40 Euro je Arbeitsstunde bei maximal 40 Arbeitsstunden pro Woche nicht übersteigt. [4] Voraussetzung ist, dass die Vereinbarung zivilrechtlich wirksam, ernsthaft gewollt und tatsächlich durchgeführt und so eindeutig und klar abgefasst ist, dass sie von anderen Tätigkeitsvergütungen im Dienste der Gesellschaft abgegrenzt werden kann.

(4)[1] [1] Für in Auftrag gegebene Forschungs- und Entwicklungsvorhaben im Sinne des § 2 Absatz 5 betragen die förderfähigen Aufwendungen 60 Prozent des beim Anspruchsberechtigten für den Auftrag entstandenen Entgelts. [2] Werden in Auftrag gegebene Forschungs- und Entwicklungsvorhaben im Sinne des § 2 Absatz 5 vom Auftragnehmer ganz oder teilweise an Unterauftragnehmer weitervergeben, ist das für einen Unterauftrag entstandene Entgelt kein förderfähiger Aufwand.

(5)[2] [1] Bemessungsgrundlage sind die im Wirtschaftsjahr entstandenen förderfähigen Aufwendungen des Anspruchsberechtigten im Sinne der Absätze 1 bis 4, maximal 2 000 000 Euro. [2] Für nach dem 30. Juni 2020 und vor dem 1. Juli 2026 entstandene förderfähige Aufwendungen des Anspruchsberechtigten im Sinne der Absätze 1 bis 4 beträgt die Bemessungsgrundlage maximal 4 000 000 Euro.

---

[1] § 3 Abs. 4 Satz 2 angef., bish. Wortlaut wird Satz 1 und geänd. mWv 1.1.2020 durch G v. 21.12.2020 (BGBl. I S. 3096).
[2] § 3 Abs. 5 Satz 2 angef. mWv 1.7.2020 durch G v. 29.6.2020 (BGBl. I S. 1512).

(6)[1] [1]Für Anspruchsberechtigte, die am Ende des Wirtschaftsjahres, für das die Forschungszulage beantragt wird, mit anderen Unternehmen verbunden sind, gilt die Grenze im Sinne des Absatzes 5 für die verbundenen Unternehmen insgesamt. [2]In diesem Sinne gelten zwei oder mehr Unternehmen als miteinander verbunden, wenn ein Unternehmen auf ein anderes Unternehmen einen beherrschenden Einfluss im Sinne des § 290 Absatz 2 bis 4 des Handelsgesetzbuchs ausübt. [3]Maßgeblich ist die Bemessungsgrundlage eines Kalenderjahres. [4]Ein Bescheid über die Festsetzung von Forschungszulage für ein verbundenes Unternehmen kann auch, nachdem er bestandskräftig ist, noch geändert werden, wenn

1. ein Bescheid über die Festsetzung von Forschungszulage für dasselbe Kalenderjahr eines mit ihm verbundenen Unternehmens aufgehoben, geändert oder berichtigt wird und

2. diese Änderung Einfluss auf die Aufteilung des Höchstbetrages zwischen den verbundenen Unternehmen hat. [2]Das die Änderung begehrende Unternehmen kann insoweit weitere förderfähige Aufwendungen geltend machen, wenn hierauf bisher aufgrund der Begrenzung des Höchstbetrages für verbundene Unternehmen verzichtet wurde.

(7) Für Kooperationsvorhaben im Sinne des § 2 Absatz 4 Nummer 2 und 3 gilt für jeden am Vorhaben beteiligten Anspruchsberechtigten die Bemessungsgrundlage im Sinne des Absatzes 5, soweit nicht die Voraussetzungen des Absatzes 6 vorliegen.

§ 4 Höhe der Forschungszulage.

(1) [1]Die Forschungszulage beträgt 25 Prozent der Bemessungsgrundlage nach § 3 Absatz 5. [2]Der Anspruch auf Forschungszulage entsteht mit Ablauf des Wirtschaftsjahres, in dem die förderfähigen Aufwendungen im Sinne des § 3 Absatz 1 und 2 vom Arbeitnehmer bezogen worden sind oder die nach § 3 Absatz 3 und 4 förderfähigen Aufwendungen beim Anspruchsberechtigten entstanden sind.

(2) Die Summe der für ein Forschungs- und Entwicklungsvorhaben gewährten staatlichen Beihilfen darf einschließlich der Forschungszulagen nach diesem Gesetz pro Unternehmen und Forschungs- und Entwicklungsvorhaben den Betrag von 15 000 000 Euro nicht überschreiten.

§ 5[2] Antrag auf Forschungszulage.

(1) [1]Der Anspruchsberechtigte hat nach Ablauf des Wirtschaftsjahres, in dem die förderfähigen Aufwendungen im Sinne des § 3 Absatz 1 und 2 vom Arbeitnehmer bezogen worden sind oder die nach § 3 Absatz 3 und 4 förderfähigen Aufwendungen entstanden sind, einen Antrag auf Forschungszulage nach amtlich vorgeschriebenem Datensatz über die amtlich bestimmte Schnittstelle bei dem für die Besteuerung des Anspruchsberechtigten nach dem Einkommen zuständigen Finanzamt zu stellen. [2]Dies gilt auch in Fällen, in denen die Einkünfte nach § 180 Absatz 1 Satz 1 Nummer 2 Buchstabe b der Abgabenordnung gesondert festgestellt

---

[1] § 3 Abs. 6 angef. mWv 1.1.2020 durch G v. 16.7.2021 (BGBl. I S. 2931).
[2] § 5 Abs. 1 Satz 2 eingef., bish. Satz 2 wird Satz 3, Abs. 2 Satz 2 angef., Abs. 3 Satz 1 geänd., Abs. 4 angef. mWv 1.1.2020 durch G v. 16.7.2021 (BGBl. I S. 2931).

werden. ³Ist eine Mitunternehmerschaft Anspruchsberechtigter, so ist der Antrag bei dem Finanzamt zu stellen, das für die einheitliche und gesonderte Feststellung der Einkünfte zuständig ist.

(2) ¹In dem Antrag nach Absatz 1 sind die Forschungs- und Entwicklungsvorhaben, für die eine Forschungszulage beantragt wird, sowie die förderfähigen Aufwendungen im Sinne des § 3 Absatz 1 bis 4 so genau zu bezeichnen, dass eine Überprüfung möglich ist. ²Die Verteilung der für verbundene Unternehmen maximal förderfähigen Bemessungsgrundlage nach § 3 Absatz 5 ist von jedem verbundenen Unternehmen im Antrag nach Absatz 1 anzugeben.

(3) ¹Für den Antrag ist eine Bescheinigung nach § 6 für die im Antrag aufgeführten Forschungs- und Entwicklungsvorhaben erforderlich. ²Der Anspruchsberechtigte hat im Antrag zu versichern, dass sich die im Rahmen des Bescheinigungsverfahrens nach § 6 erklärten und der Bescheinigung zu Grunde gelegten Sachverhalte nicht verändert haben.

(4) In den Fällen des Absatzes 1 Satz 2 stellt das für die gesonderte Feststellung der Einkünfte zuständige Finanzamt die für diesen Betrieb nach § 3 Absatz 1 bis 4 förderfähigen Aufwendungen gesondert fest.

§ 6 Bescheinigung. (1) Grundlage für die Festsetzung der Forschungszulage ist eine Bescheinigung der auf Grundlage der nach § 14 zu erlassenen Rechtsverordnung bestimmten Stelle für jedes im Antrag aufgeführte Forschungs- und Entwicklungsvorhaben des Anspruchsberechtigten.

(2) ¹Die Bescheinigung ist nach einem vom Bundesministerium der Finanzen in Abstimmung mit den obersten Finanzbehörden der Länder und im Einvernehmen mit dem Bundesministerium für Wirtschaft und Energie und dem Bundesministerium für Bildung und Forschung vorgeschriebenen Muster zu erstellen und hat die Feststellung zu enthalten, dass die Voraussetzungen des § 2 für das vom Antragsteller näher bezeichnete Forschungs- und Entwicklungsvorhaben vorliegen. ²Die Feststellung ist zu begründen.

(3) ¹Die erste Bescheinigung für ein Wirtschaftsjahr ist für den Antragsteller vorbehaltlich des Satzes 2 gebührenfrei. ²Im Fall weiterer Anträge auf Bescheinigung für Forschungs- und Entwicklungsvorhaben desselben Wirtschaftsjahres können ab der Ausstellung der zweiten Bescheinigung nach Ab-

(Fortsetzung nächstes Blatt)

satz 1 Gebühren und Auslagen nach Maßgabe des Bundesgebührengesetzes erhoben werden.

§ 7 Kumulierung mit anderen Förderungen oder staatlichen Beihilfen. (1) Die Forschungszulage kann vorbehaltlich des Absatzes 2 neben anderen Förderungen oder staatlichen Beihilfen für das begünstigte Forschungs- und Entwicklungsvorhaben gewährt werden.

(2) [1] Förderfähige Aufwendungen im Sinne des § 3 Absatz 1 bis 4 dürfen nicht in die Bemessungsgrundlage nach § 3 Absatz 5 einbezogen werden, soweit diese im Rahmen anderer Förderungen oder staatlicher Beihilfen gefördert wurden oder werden. [2] Dieser Kumulierungsausschluss gilt auch, wenn die anderen Förderungen aus Unionsmitteln stammen.

(3) In den Antrag nach § 5 sind die Angaben aufzunehmen, die für die Feststellung der Voraussetzungen nach Absatz 2 erforderlich sind.

§ 8 Begünstigungszeitraum. Die Forschungszulage kann nur für Forschungs- und Entwicklungsvorhaben im Sinne des § 2 beansprucht werden, mit deren Arbeiten nach dem 1. Januar 2020 begonnen wird oder für die der Auftrag nach dem 1. Januar 2020 erteilt wird.

§ 9 Anzuwendende Rechtsvorschriften der Europäischen Union. (1) Auf dieses Gesetz findet vorbehaltlich des Absatzes 5 die Verordnung (EU) Nr. 651/2014 der Kommission vom 17. Juni 2014 zur Feststellung der Vereinbarkeit bestimmter Gruppen von Beihilfen mit dem Binnenmarkt in Anwendung der Artikel 107 und 108 des Vertrags über die Arbeitsweise der Europäischen Union, im Folgenden Allgemeine Gruppenfreistellungsverordnung (AGVO) (ABl. L 187 vom 26.6.2014, S. 1), in der jeweils geltenden Fassung Anwendung.

(2) Ein Anspruch nach diesem Gesetz besteht nicht für Unternehmen in Schwierigkeiten im Sinne des Artikels 1 Absatz 4 Buchstabe c und des Artikels 2 Nummer 18 AGVO und soweit die Anwendung der AGVO nach Artikel 1 Absatz 3 AGVO ausgeschlossen ist.

(3) Die Gewährung der Forschungszulage ist nicht zulässig, solange derjenige, der die Forschungszulage beantragt, zu einer Rückzahlung von Beihilfen aufgrund eines früheren Beschlusses der Kommission zur Feststellung der Unzulässigkeit einer Beihilfe und ihrer Unvereinbarkeit mit dem Binnenmarkt verpflichtet worden und dieser Rückzahlungsanforderung nicht nachgekommen ist.

(4) In den Antrag nach § 5 sind die Angaben aufzunehmen, die für die Feststellung der Voraussetzungen nach den Absätzen 1 bis 3 erforderlich sind.

(5) [1] Die Forschungszulage kann für den Teil der Bemessungsgrundlage, der auf Aufwendungen im Sinne des § 3 Absatz 3 entfällt, nur gewährt werden, soweit die Voraussetzungen der Verordnung (EU) Nr. 1407/2013 der Kommission vom 18. Dezember 2013 über die Anwendung der Artikel 107 und 108 des Vertrags über die Arbeitsweise der Europäischen Union auf De-minimis-Beihilfen (ABl. L 352 vom 24.12.2013, S. 1) (De-minimis-Verordnung) in der jeweils geltenden Fassung eingehalten sind. [2] Unter anderem darf

hiernach der Gesamtbetrag der einem einzigen Unternehmen gewährten De-minimis-Beihilfe in einem Zeitraum von drei Veranlagungszeiträumen maximal 200 000 Euro nicht übersteigen. ³Bei dieser Höchstgrenze sind auch andere in diesem Zeitraum an das Unternehmen gewährte De-minimis-Beihilfen gleich welcher Art und Zielsetzung zu berücksichtigen. ⁴Die Forschungszulage kann insoweit erst gewährt werden, wenn der Anspruchsberechtigte in geeigneter Weise den Nachweis erbracht hat, in welcher Höhe ihm in den beiden vorangegangenen sowie im laufenden Veranlagungszeitraum De-minimis-Beihilfen gewährt worden sind, für die die vorliegende oder andere De-minimis-Verordnungen gelten, und nur soweit, wie die Voraussetzungen der De-minimis-Verordnung bei dem Unternehmen im Sinne der De-minimis-Verordnung eingehalten werden.

§ 10 Festsetzung und Leistung der Forschungszulage. (1)¹⁾ ¹Die Forschungszulage ist in einem Forschungszulagenbescheid festzusetzen. ²Die festgesetzte Forschungszulage wird im Rahmen der nächsten erstmaligen Festsetzung von Einkommen- oder Körperschaftsteuer vollständig auf die festgesetzte Steuer angerechnet. ³Ergibt sich nach der Anrechnung nach Satz 2 ein Überschuss zugunsten des Steuerpflichtigen, wird dieser dem Steuerpflichtigen als Einkommensteuererstattung aus den Einnahmen an Einkommensteuer oder als Körperschaftsteuererstattung bei Steuerpflichtigen im Sinne des Körperschaftsteuergesetzes aus den Einnahmen an Körperschaftsteuer ausgezahlt.

(2) ¹Bei Anspruchsberechtigten im Sinne des § 1 Absatz 2 erfolgt die Anrechnung nach Absatz 1 Satz 2 anteilig im Rahmen der jeweiligen Veranlagung zur Einkommen- oder Körperschaftsteuer. ²Die Anteile an der anzurechnenden Forschungszulage sind gesondert und einheitlich gegenüber den Mitunternehmern festzustellen. ³Maßstab für die Verteilung ist der jeweils vereinbarte Gewinnverteilungsschlüssel. ⁴Wird der Forschungszulagenbescheid aufgehoben oder geändert, ist die gesonderte und einheitliche Feststellung nach Satz 2 entsprechend zu ändern.

(3) Wird der Forschungszulagenbescheid aufgehoben oder geändert, ist die nach Absatz 1 Satz 2 oder Absatz 2 Satz 1 erfolgte Anrechnung entsprechend zu ändern.

§ 11 Verzinsung des Rückforderungsanspruchs. ¹Ist der Forschungszulagenbescheid nach § 10 aufgehoben oder zuungunsten des Anspruchsberechtigten geändert worden, ist der Rückzahlungsanspruch nach Maßgabe der §§ 238 und 239 der Abgabenordnung vom Tag der Anrechnung der Forschungszulage an zu verzinsen. ²Der Zinslauf endet mit Ablauf des Tages, an dem der geänderte Forschungszulagenbescheid wirksam geworden ist. ³Maßgebend für die Zinsberechnung ist die Differenz zwischen der neu festgesetzten Forschungszulage und der vorher festgesetzten Forschungszulage. ⁴Zinsschuldner ist, bei wem die Forschungszulage nach § 10 Absatz 1 und/oder Absatz 2 auf die Einkommen- oder Körperschaftsteuer angerechnet wur-

---

¹⁾ § 10 Abs. 1 Satz 2 geänd., Satz 3 neu gef. mWv 1.1.2020 durch G v. 21.12.2020 (BGBl. I S. 3096).

de. [5] Die Festsetzungsfrist beginnt mit Ablauf des Kalenderjahres, in dem der Forschungszulagenbescheid aufgehoben oder geändert worden ist.

§ 12 Anwendung der Abgabenordnung. [1] Die für Steuervergütungen geltenden Vorschriften der Abgabenordnung sind mit Ausnahme des § 163 der Abgabenordnung entsprechend anzuwenden. [2] In öffentlich-rechtlichen Streitigkeiten über die aufgrund dieses Gesetzes ergehenden Verwaltungsakte der Finanzbehörden ist der Finanzrechtsweg gegeben.

§ 13 Verfolgung von Straftaten. [1] Für die Forschungszulage gelten die Strafvorschriften des § 370 Absatz 1 bis 4, der §§ 371, 375 Absatz 1 und des § 376 sowie die Bußgeldvorschriften der §§ 378 und 379 Absatz 1 und 4 und der §§ 383 und 384 der Abgabenordnung entsprechend. [2] Für das Strafverfahren wegen einer Straftat nach Satz 1 sowie der Begünstigung einer Person, die eine solche Tat begangen hat, gelten die §§ 385 bis 408, für das Bußgeldverfahren wegen einer Ordnungswidrigkeit nach Satz 1 die §§ 409 bis 412 der Abgabenordnung entsprechend.

§ 14 Verordnungsermächtigung. (1)[1] Das Bundesministerium für Bildung und Forschung wird ermächtigt, durch Rechtsverordnung mit Zustimmung des Bundesrates und im Einvernehmen mit dem Bundesministerium der Finanzen und dem Bundesministerium für Wirtschaft und Energie

1. eine oder mehrere Stellen zu bestimmen, zu beauftragen und soweit erforderlich zu beleihen,
   a) die für die Ausstellung der Bescheinigungen im Sinne des § 6 erforderlichen Handlungen durchzuführen,
   b) die Bescheinigung für den Antragsteller auszustellen,
   c) eine Geschäftsstatistik über die Verfahren nach § 6 durchzuführen und
   d) erforderliche Einzelangaben bei den Antragstellern im Rahmen des Bescheinigungsverfahrens nach § 6 für die Evaluierung dieses Gesetzes (§ 17) zu erheben und weitere freiwillige Erhebungen bei den Antragstellern durchzuführen.
2. Verfahrensvorschriften zu § 2 zu erlassen, insbesondere zur inhaltlichen Beurteilung der Forschungs- und Entwicklungsvorhaben sowie zum Verfahren zur Beantragung der nach § 6 erforderlichen Bescheinigung,
3. die im Zusammenhang mit der Ausstellung der Bescheinigungen nach § 6 zu erhebenden Gebühren und Auslagen im Einvernehmen mit dem Bundesministerium für Wirtschaft und Energie und dem Bundesministerium der Finanzen näher zu bestimmen und dabei feste Sätze oder Rahmensätze vorzusehen.

(2) Das Bundesministerium der Finanzen wird ermächtigt, zur Durchführung des Gesetzes durch Rechtsverordnung mit Zustimmung des Bundesrates zur Sicherung des Steueraufkommens und der Gleichmäßigkeit der Besteuerung das Antragsverfahren nach § 5 näher zu regeln.

---

[1] Siehe hierzu Forschungszulagen-Beschleunigungsverordnung (Nr. **751**).

§ 15 Bekanntmachungserlaubnis. Das Bundesministerium der Finanzen kann den Wortlaut dieses Gesetzes in der jeweils geltenden Fassung bekannt machen.

§ 16[1] Anwendungsregelung. (1) Das Gesetz ist auf der Grundlage und im Rahmen der AGVO anwendbar.

(2) Das Gesetz ist im Fall eines Beschlusses der Europäischen Kommission gemäß Artikel 1 Absatz 2 Buchstabe a AGVO ununterbrochen bis zum Wegfall der Freistellungsvoraussetzungen der AGVO oder eines Rechtsaktes, der an die Stelle der AGVO tritt, anwendbar.

(3) Das Bundesministerium der Finanzen hat

1. den Beschluss der Europäischen Kommission gemäß Artikel 1 Absatz 2 Buchstabe a AGVO sowie

2. den Tag des Wegfalls der Freistellungsvoraussetzungen

im Bundesgesetzblatt[2] bekannt zu machen.

§ 17 Evaluierung und wissenschaftliche Forschung. (1) ¹Die Bundesregierung wird die Anwendung dieses Gesetzes spätestens nach Ablauf von fünf Jahren auf wissenschaftlicher Grundlage evaluieren. ²Die Bundesregierung unterrichtet den Deutschen Bundestag über die Ergebnisse der Evaluierung.

(2) ¹Die im Rahmen des Bescheinigungsverfahrens nach § 6 erhobenen Einzelangaben der Antragsteller dürfen

1. zum Zweck der Evaluierung verarbeitet und an die mit der Evaluierung des Gesetzes betrauten Stelle, soweit diese Angaben für die Evaluierung erforderlich sind, und

2. an die die Erhebungen gemäß Durchführungsverordnung (EU) Nr. 995/2012 der Kommission vom 26. Oktober 2012 mit Durchführungsvorschriften zur Entscheidung Nr. 1608/2003/EG des Europäischen Parlaments und des Rates zur Erstellung und Entwicklung von Gemeinschaftsstatistiken über Wissenschaft und Technologie (ABl. L 299 vom 27.10.2012, S. 18) in der jeweils geltenden Fassung durchführenden Stellen, zum Zweck der Evaluierung, weiterer wissenschaftlicher Forschung und zur Qualitätssicherung der genannten Erhebungen

übermittelt werden. ²Diese Empfänger der Daten dürfen die Daten nur zu dem Zweck verarbeiten, zu dem sie ihnen übermittelt worden sind. ³Sie sind nach Abschluss der Evaluierung und der wissenschaftlichen Forschung zu löschen.

(3) Die Daten dürfen durch die aufgrund der Rechtsverordnung nach § 14 Absatz 1 Nummer 1 zu bestimmende Stelle sowie durch die mit der Evaluierung des Gesetzes betrauten Stelle nur durch Personen verarbeitet werden, die zur Wahrung des Steuergeheimnisses verpflichtet worden sind.

(4) Die Ergebnisse der Evaluierung sowie der weiteren wissenschaftlichen Forschung dürfen nur in anonymisierter Form veröffentlicht werden.

---

[1] § 16 neu gef. mWv 1.1.2020 durch G v. 29.6.2020 (BGBl. I S. 1512).
[2] BGBl. I 2020, S. 1596.

751. Verordnung zur Durchführung von § 14 Absatz 1 des Forschungszulagengesetzes (Forschungszulagen-Bescheinigungsverordnung – FZulBV)

Vom 30. Januar 2020 (BGBl. I S. 118)

Zuletzt geänd. durch Erste Verordnung zur Änderung der Forschungszulagen-Bescheinigungsverordnung vom 26.4.2022 (BGBl. I S. 850)

FNA 610-6-19-1

Inhaltsübersicht

Auf Grund des § 14 Absatz 1 Nummer 1 und 2 in Verbindung mit § 6 Absatz 1 des Forschungszulagengesetzes vom 14. Dezember 2019 (BGBl. I S. 2763) verordnet das Bundesministerium für Bildung und Forschung im Einvernehmen mit dem Bundesministerium der Finanzen und dem Bundesministerium für Wirtschaft und Energie:

§ 1 Gegenstand, Anwendungsbereich. Diese Verordnung regelt das Bescheinigungsverfahren nach § 6 des Gesetzes.

§ 2[1]) Zuständige Stelle. (1) [1]Zuständige Stelle für die Wahrnehmung der Aufgaben nach dieser Verordnung ist das Bundesministerium für Bildung und Forschung. [2]Zur Durchführung wird eine Stelle bestimmt und soweit erforderlich beliehen, die Gewähr für eine sachgemäße Aufgabenwahrnehmung bietet (Bescheinigungsstelle). [3]Das Bundesministerium für Bildung und Forschung gibt die Bescheinigungsstelle im Gemeinsamen Ministerialblatt (GMBl) amtlich bekannt.

(2) Das Bundesministerium für Bildung und Forschung führt die Rechts- und Fachaufsicht über die Bescheinigungsstelle und stellt eine einheitliche Durchführung des Bescheinigungsverfahrens sicher.

---

[1]) § 2 Abs. 1 Sätze 2 und 3 geänd., Satz 4 aufgeh., Abs. 2 und Abs. 3 Satz 1 geänd. durch VO v. 26.4.2022 (BGBl. I S. 850).

(3) ¹Die Mitarbeiterinnen und Mitarbeiter der Bescheinigungsstelle sind zur Geheimhaltung besonders zu verpflichten. ²§ 1 Absatz 2 und 3 des Verpflichtungsgesetzes vom 2. März 1974 (BGBl. I S. 469, 547), das durch § 1 Nummer 4 des Gesetzes vom 15. August 1974 (BGBl. I S. 1942) geändert worden ist, gilt entsprechend.

§ 3 Antragsverfahren. (1) ¹Der Antrag auf Erteilung einer Bescheinigung nach § 6 des Gesetzes ist nach amtlich vorgeschriebenem Vordruck des Bundesministeriums für Bildung und Forschung einheitlich für sämtliche Forschungs- und Entwicklungsvorhaben eines Wirtschaftsjahres, für die ein Antrag auf Forschungszulage beim Finanzamt gestellt werden soll, elektronisch bei der nach § 2 Absatz 1 benannten Bescheinigungsstelle zu stellen. ²Sofern erforderlich, sind ergänzende Unterlagen beizufügen. ³Der Vordruck nach Satz 1 wird im Internet auf der Seite der zuständigen Stelle veröffentlicht.

(2) Die Bescheinigung nach § 6 des Gesetzes kann vor oder während der Durchführung eines Forschungs- und Entwicklungsvorhabens oder nach Ablauf des Wirtschaftsjahres, für das die Forschungszulage beantragt werden soll, beantragt werden.

(3) Der Antrag muss enthalten:

1. Angaben zu den Forschungs- und Entwicklungsvorhaben, für die eine Bescheinigung begehrt wird; insbesondere
   a) eine aussagekräftige, nachvollziehbare inhaltliche Beschreibung des Forschungs- und Entwicklungsvorhabens,
   b) die Angabe, ob es sich um eigenbetriebliche Forschung, Auftragsforschung oder ein Kooperationsvorhaben handelt,
   c) den zeitlichen, personellen und den finanziellen Umfang des Forschungs- und Entwicklungsvorhabens;
2. den Namen (gegebenenfalls inklusive Rechtsformzusatz), die Anschrift, die Kontaktdaten (Telefonnummer, E-Mail-Adresse, Ansprechperson des Antragstellers);
3. die Steuernummer und das zuständige Finanzamt;
4. soweit vorhanden, eine Handelsregister-Nummer;
5.¹⁾ den Namen, die Anschrift und die Steuernummer der mit dem Antragsteller im Sinne des § 3 Absatz 6 Satz 2 des Gesetzes verbundenen Unternehmen, soweit diese im Inland beschränkt oder unbeschränkt steuerpflichtig sind.

§ 4²⁾ Antragsprüfung. (1) Die Bescheinigungsstelle prüft auf der Grundlage einheitlicher Vorgaben, ob ein Forschungs- und Entwicklungsvorhaben im Sinne des § 2 Absatz 1 bis 3 des Gesetzes vorliegt.

---

¹⁾ § 3 Abs. 3 Nr. 5 neu gef. durch VO v. 26.4.2022 (BGBl. I S. 850).
²⁾ § 4 Abs. 1 geänd. durch VO v. 26.4.2022 (BGBl. I S. 850).

(2) ¹Die Prüfung eines Antrags erfolgt auf Grundlage der vom Antragsteller im Antrag nach § 3 gemachten Angaben. ²Die Bescheinigungsstelle kann im Rahmen der Prüfung ergänzende Unterlagen anfordern und bei Bedarf Vor-ortprüfungen durchführen.

(3) Soweit die Bescheinigungsstelle es in Ausnahmefällen für erforderlich hält, kann sie für die inhaltliche Prüfung eines Forschungs- und Entwicklungsvorhabens auf das Vorliegen der Voraussetzungen nach § 2 Absatz 1 bis 3 des Forschungszulagengesetzes externe Gutachterinnen und Gutachter hinzuziehen, wenn der Antragsteller der Hinzuziehung nicht bei der Antragstellung widersprochen hat.

(4) ¹Den externen Gutachterinnen und Gutachtern sind in Fällen des Absatzes 3 die Antragsunterlagen durch die zuständige Bescheinigungsstelle zur Prüfung zur Verfügung zu stellen. ²Die Gutachterinnen und Gutachter sind zur Geheimhaltung besonders zu verpflichten. ³§ 1 Absatz 2 und 3 des Verpflichtungsgesetzes vom 2. März 1974 (BGBl. I S. 469, 547), das durch § 1 Nummer 4 des Gesetzes vom 15. August 1974 (BGBl. I S. 1942) geändert worden ist, gilt entsprechend. ⁴Vorhandene oder potentielle Interessenkonflikte schließen eine Verpflichtung als Gutachterin oder Gutachter aus.

(5) Die Kosten der externen Gutachten trägt die Bescheinigungsstelle.

§ 5¹⁾ Bescheinigung nach § 6 des Gesetzes. (1) Die Bescheinigung wird von der Bescheinigungsstelle für alle in einem Antrag nach § 3 aufgeführten Forschungs- und Entwicklungsvorhaben ausgestellt, die die Voraussetzungen nach § 2 Absatz 1 bis 3 des Gesetzes erfüllen.

(2) Die Bescheinigung hat jeweils getrennt für jedes Vorhaben die Feststellung und die Begründung zu enthalten, dass es sich um ein begünstigtes Forschungs- und Entwicklungsvorhaben im Sinne des § 2 Absatz 1 bis 3 des Gesetzes handelt.

(3) ¹Die Bescheinigung soll innerhalb von drei Monaten nach Vorlage der vollständigen Unterlagen dem Antragsteller bekanntgegeben und dem zuständigen Finanzamt übermittelt werden. ²Das nach § 6 Absatz 2 des Gesetzes vorgeschriebene Muster der Bescheinigung wird vom Bundesministerium der Finanzen in Abstimmung mit den obersten Finanzbehörden der Länder und im Einvernehmen mit dem Bundesministerium für Wirtschaft und Energie und dem Bundesministerium für Bildung und Forschung erstellt und im Bundessteuerblatt bekannt gemacht.

(4) Für Forschungs- und Entwicklungsvorhaben, die die Voraussetzungen des § 2 Absatz 1 bis 3 des Gesetzes nicht erfüllen, ist der Antrag auf Ausstellung einer Bescheinigung abzulehnen.

(5) Gegen die Bescheinigung und die Ablehnung einer Bescheinigung ist der Widerspruch zulässig.

---

¹⁾ § 5 Abs. 1 geänd. durch VO v. 26.4.2022 (BGBl. I S. 850).

§ 6[1] **Geschäftsstatistik.** (1) [1] Über die Anträge, die Bescheinigungen und die Ablehnungen nach dieser Verordnung führt die Bescheinigungsstelle eine Geschäftsstatistik. [2] Gegenstand der Geschäftsstatistik sind die in Absatz 2 bestimmten Angaben und Merkmale.

(2) [1] Für die Geschäftsstatistik nach Absatz 1 sowie zum Zwecke der Evaluierung nach § 17 des Gesetzes werden im Rahmen des Antragsverfahrens insbesondere folgende Angaben von den Antragstellern erhoben:

1. die Angaben nach § 3 Absatz 3,

2. der Wirtschaftszweig des Antragstellers,

3. der Umsatz in den letzten drei abgeschlossenen Wirtschaftsjahren (gegebenenfalls vorläufiger Wert oder Schätzung),

4. die Zahl der Beschäftigten im Unternehmen insgesamt sowie die Zahl der Beschäftigten im Bereich Forschung und Entwicklung in Vollzeitäquivalenten jeweils zum Ende der letzten drei abgeschlossenen Wirtschaftsjahre,

5. die Gesamtaufwendungen für Forschung und Entwicklung, unterteilt nach Personal- und Sachaufwendungen sowie interne und externe Aufwendungen, jeweils für die letzten drei abgeschlossenen Wirtschaftsjahre (gegebenenfalls vorläufiger Wert oder Schätzung),

6. die Eigenschaft eines verbundenen Unternehmens.

[2] Bei verbundenen Unternehmen sollen die Angaben zu 2. bis 5. grundsätzlich für den gesamten Unternehmensverbund gemacht werden. [3] Ersatzweise können Angaben für das jeweils rechtlich selbstständige Unternehmen gemacht werden, das den Antrag stellt. [4] In diesem Fall sind zusätzlich Angaben zur Zahl der Beschäftigten und zum Umsatz im letzten abgeschlossenen Wirtschaftsjahr für den Unternehmensverbund zu machen (gegebenenfalls vorläufige Werte oder Schätzungen). [5] Die verpflichtenden Angaben nach Satz 1 Nummer 3 bis 5 werden bis zu einer Antragstellung im Jahr 2025 für die letzten drei abgeschlossenen Wirtschaftsjahre erhoben. [6] Für Anträge nach dem Jahr 2025 sind diese Angaben für das letzte abgeschlossene Wirtschaftsjahr zu erheben.

(3) Nach näherer Bestimmung der zuständigen Stelle (§ 2) stellt die Bescheinigungsstelle für statistische Zwecke oder zu Zwecken der Evaluierung und Erfolgskontrolle weitere Erhebungen bei den Antragstellern ohne Auskunftspflicht an und teilt die Angaben der zuständigen Stelle und, auf Weisung der zuständigen Stelle, den für die Evaluierung beziehungsweise für die Durchführung der in § 7 Absatz 3 genannten Erhebungen zuständigen Stellen mit.

(4) Zum Zwecke der Geschäftsstatistik, der Evaluierung sowie der wissenschaftlichen Forschung dürfen die Bescheinigungsstelle sowie die zuständige Stelle Angaben zu demselben Antragsteller aus verschiedenen Bescheinigungsverfahren zusammenführen.

---

[1] § 6 Abs. 1 Satz 1 geänd., Abs. 2 Satz 1 neu gef., Sätze 5 und 6 angef., Abs. 3 und 4 geänd. durch VO v. 26.4.2022 (BGBl. I S. 850).

§ 7[1] **Datenübermittlung.** (1) [1]Für die weitere Bearbeitung des Antrags auf Forschungszulage nach § 5 des Gesetzes sowie zum Zwecke der Erfolgskontrolle, Evaluierung und Gesetzesfolgenabschätzung übermittelt die Bescheinigungsstelle Daten aus dem Bescheinigungsverfahren an die Finanzverwaltung. [2]In den Fällen nach § 5 Absatz 4 erfolgt eine Datenübermittlung an das zuständige Finanzamt nur, wenn der Antragsteller für weitere in demselben Zeitraum durchgeführte Forschungs- und Entwicklungsvorhaben eine Bescheinigung nach § 5 Absatz 1 erhalten hat und die Datenübermittlung zur Erfüllung der Aufgaben der Finanzverwaltung erforderlich ist.

(2) [1]Zum Zwecke der Evaluierung nach § 17 des Gesetzes verarbeiten die zuständige Stelle sowie die Bescheinigungsstelle auf Weisung durch die zuständige Stelle die erhobenen Einzelangaben der Antragsteller. [2]Sie übermitteln die Angaben nach Satz 1 einschließlich identifizierender Merkmale (insbesondere den Namen, die Anschrift, die E-Mail-Adresse, die Handelsregister-Nummer, die Steuernummer) sowie der jeweiligen Entscheidung über den betreffenden Antrag an die mit der Evaluierung betraute Stelle bzw. betrauten Stellen zur weiteren Verarbeitung, sofern die Angaben für die Durchführung der Evaluierung erforderlich sind.

(3) Die zuständige Stelle sowie die Bescheinigungsstelle dürfen die erhobenen Einzelangaben der Antragsteller einschließlich identifizierender Merkmale (insbesondere den Namen, die Anschrift, die E-Mail-Adresse, die Handelsregister-Nummer, die Steuernummer) sowie der jeweiligen Entscheidung über den betreffenden Antrag verarbeiten und zum Zweck der Evaluierung, weiterer wissenschaftlicher Forschung und zur Qualitätssicherung unionsrechtlicher Erhebungen an die die Erhebungen gemäß Durchführungsverordnung (EU) Nr. 995/2012 der Kommission vom 26. Oktober 2012 mit Durchführungsvorschriften zur Entscheidung Nr. 1608/2003/EG des Europäischen Parlaments und des Rates zur Erstellung und Entwicklung von Gemeinschaftsstatistiken über Wissenschaft und Technologie (ABl. L 299 vom 27.10.2012, S. 18) durchführenden Stellen zur weiteren Verarbeitung übermitteln.

§ 8[2] **Inkrafttreten.** [1]Diese Verordnung tritt am Tag nach der Bekanntgabe der Bescheinigungsstelle nach § 2 Absatz 1 in Kraft, frühestens am 1. Januar 2020. [2]Der Tag des Inkrafttretens ist durch das Bundesministerium für Bildung und Forschung im Bundesgesetzblatt gesondert bekannt zu geben.[3]

---

[1] § 7 Abs. 1 Satz 1 geänd., Satz 2 angef., Abs. 2 Satz 1 und Abs. 3 geänd. durch VO v. 26.4.2022 (BGBl. I S. 850).
[2] § 8 Satz 1 geänd. durch VO v. 26.4.2022 (BGBl. I S. 850).
[3] In Kraft mWv 1.8.2020 (BGBl. I S. 1954).

800. Abgabenordnung (AO)

In der Fassung der Bekanntmachung vom 1. Oktober 2002 [1)·2)]
(BGBl. I S. 3866, ber. BGBl. 2003 I S. 61)

Geändert durch Zweites Gesetz für moderne Dienstleistungen am Arbeitsmarkt vom 23.12. 2002 (BGBl. I S. 4621), Steuervergünstigungsabbaugesetz vom 16.5.2003 (BGBl. I S. 660), Kleinunternehmerförderungsgesetz vom 31.7.2003 (BGBl. I S. 1550), Steueränderungsgesetz 2003 vom 15.12.2003 (BGBl. I S. 2645), Drittes Gesetz für moderne Dienstleistungen am Arbeitsmarkt vom 23.12.2003 (BGBl. I S. 2848), Gesetz zur Förderung der Steuerehrlichkeit vom 23.12.2003 (BGBl. I S. 2928), Viertes Gesetz für moderne Dienstleistungen am Arbeitsmarkt vom 24.12.2003 (BGBl. I S. 2954), Gesetz zur Einordnung des Sozialhilferechts in das Sozialgesetzbuch vom 27.12.2003 (BGBl. I S. 3022), Gesetz zur Förderung der Ausbildung und Beschäftigung schwerbehinderter Menschen vom 23.4.2004 (BGBl. I S. 606), Kostenrechtsmodernisierungsgesetz vom 5.5.2004 (BGBl. I S. 718), Gesetz zur Änderung der Abgabenordnung, weiterer Gesetze vom 21.7.2004 (BGBl. I S. 1753), 1. Justizmodernisierungsgesetz vom 24.8.2004 (BGBl. I S. 2198), Gesetz zur Organisationsreform in der gesetzlichen Rentenversicherung vom 9.12.2004 (BGBl. I S. 3242), EU-Richtlinien-Umsetzungsgesetz vom 9.12.2004 (BGBl. I S. 3310), Justizkommunikationsgesetz vom 22.3.2005 (BGBl. I S. 837), Gesetz zur Umbenennung des Bundesgrenzschutzes in Bundespolizei vom 21.6.2005 (BGBl. I S. 1818), Gesetz zur Novellierung des Verwaltungszustellungsrechts vom 12.8.2005 (BGBl. I S. 2354), Gesetz zur Neuorganisation der Bundesfinanzverwaltung und zur Schaffung eines Refinanzierungsregisters vom 22.9.2005 (BGBl. I S. 2809), Gesetz zur Eindämmung missbräuchlicher Steuergestaltungen vom 28.4.2006 (BGBl. I S. 1095), Steueränderungsgesetz 2007 vom 19.7.2006 (BGBl. I S. 1652), Erstes Gesetz zum Abbau bürokratischer Hemmnisse insbesondere in der mittelständischen Wirtschaft vom 22.8.2006 (BGBl. I S. 1970), Föderalismusreform-Begleitgesetz vom 5.9.2006 (BGBl. I S. 2098), Jahressteuergesetz 2007 vom 13.12.2006 (BGBl. I S. 2878), Gesetz zur Änderung des Passgesetzes und weiterer Vorschriften vom 20.7.2007 (BGBl. I S. 1566), Unternehmensteuerreformgesetz 2008 vom 14.8.2007 (BGBl. I S. 1912), Zweites Gesetz zum Abbau bürokratischer Hemmnisse insbesondere in der mittelständischen Wirtschaft vom 7.9.2007 (BGBl. I S. 2246), Gesetz zur weiteren Stärkung des bürgerschaftlichen Engagements vom 10.10.2007 (BGBl. I S. 2332), Zweites Gesetz zur Änderung des Finanzverwaltungsgesetzes und anderer Gesetze vom 13.12.2007 (BGBl. I S. 2897), Jahressteuergesetz 2008 vom 20.12.2007 (BGBl. I S. 3150), Gesetz zur Neuregelung der Telekommunikationsüberwachung und anderer verdeckter Ermittlungsmaßnahmen vom 21.12.2007 (BGBl. I S. 3198), Achtes Gesetz zur Änderung des Steuerberatungsgesetzes vom 8.4.2008 (BGBl. I S. 666), Geldwäschebekämpfungsergänzungsgesetz vom 13.8.2008 (BGBl. I S. 1690), Gesetz zur Modernisierung des GmbH-Rechts und zur Bekämpfung von Missbräuchen vom 23.10.2008 (BGBl. I S. 2026), FGG-Reformgesetz vom 17.12.2008 (BGBl. I S. 2586), Jahressteuergesetz 2009 vom 19.12.2008 (BGBl. I S. 2794), Steuerbürokratieabbaugesetz vom 20.12.2008 (BGBl. I S. 2850), Gesetz zur Fortführung der Gesetzeslage 2006 bei der Entfernungspauschale vom 20.4.2009 (BGBl. I S. 774), Bilanzrechtsmodernisierungsgesetz vom 25.5.2009 (BGBl. I S. 1102), Gesetz zur Reform der Kontopfändungsschutzes vom 7.7.2009 (BGBl. I S. 1707), Gesetz zur Reform der Sachaufklärung in der Zwangsvollstreckung vom 29.7.2009 (BGBl. I S. 2258), Steuerhinterziehungsbekämpfungsgesetz vom 29.7.2009 (BGBl. I S. 2302), Gesetz über die Internetversteigerung in der Zwangsvollstreckung und zur Änderung anderer Gesetze vom 30.7.2009 (BGBl. I S. 2474), Jahressteuergesetz 2010 (JStG 2010) vom 8.12.2010 (BGBl. I S. 1768), Zweites Gesetz zur erbrechtlichen Gleichstellung nichtehelicher

---

[1)] Neubekanntmachung der AO v. 16.3.1976 (BGBl. I S. 613, 1977 S. 269) auf Grund des Art. 73 Abs. 2 des Dritten Gesetzes zur Änderung verwaltungsverfahrensrechtlicher Vorschriften v. 21.8.2002 (BGBl. I S. 3322) in der ab 1.9.2002 geltenden Fassung.

[2)] Beachte Art. 97 Übergangsvorschriften des Einführungsgesetzes zur Abgabenordnung v. 14.12.1976 (Nr. **800a**).
Zur Anwendung der AO im Beitrittsgebiet vgl. Art. 97a EGAO (Nr. **800a**).

Kinder, zur Änderung der Zivilprozessordnung und der Abgabenordnung vom 12.4.2011 (BGBl. I S. 615), Gesetz zur Verbesserung der Bekämpfung der Geldwäsche und der Steuerhinterziehung (Schwarzgeldbekämpfungsgesetz) vom 28.4.2011 (BGBl. I S. 676), Steuervereinfachungsgesetz 2011 vom 1.11.2011 (BGBl. I S. 2131), Beitreibungsrichtlinie-Umsetzungsgesetz (BeitrRLUmsG) vom 7.12.2011 (BGBl. I S. 2592), Gesetz zur Optimierung der Geldwäscheprävention vom 22.12.2011 (BGBl. I S. 2959), Gesetz zur Änderung von Vorschriften über Verkündung und Bekanntmachungen sowie der Zivilprozessordnung, des Gesetzes betreffend die Einführung der Zivilprozessordnung und der Abgabenordnung vom 22.12.2011 (BGBl. I S. 3044), Gesetz über die Vereinfachung des Austauschs von Informationen und Erkenntnissen zwischen den Strafverfolgungsbehörden der Mitgliedstaaten der Europäischen Union vom 21.7.2012 (BGBl. I S. 1566), Ehrenamtsstärkungsgesetz vom 21.3.2013 (BGBl. I S. 556), Gesetz zur Fortentwicklung des Meldewesens (MeldFortG) vom 3.5.2013 (BGBl. I S. 1084; geänd. BGBl. I 2014 S. 1738), Amtshilferichtlinie-Umsetzungsgesetz (AmtshilfeRLUmsG) vom 26.6.2013 (BGBl. I S. 1809), Gesetz zur Förderung der elektronischen Verwaltung sowie zur Änderung weiterer Vorschriften vom 25.7.2013 (BGBl. I S. 2749), Gesetz zur Strukturreform des Gebührenrechts des Bundes vom 7.8.2013 (BGBl. I S. 3154), Gesetz zur Anpassung des Investmentsteuergesetzes und anderer Gesetze an das AIFM-Umsetzungsgesetz (AIFM-Steuer-Anpassungsgesetz – AIFM-StAnpG) vom 18.12.2013 (BGBl. I S. 4318), Gesetz zur Anpassung steuerlicher Regelungen an die Rechtsprechung des Bundesverfassungsgerichts vom 18.7.2014 (BGBl. I S. 1042), Gesetz zur Anpassung des nationalen Steuerrechts an den Beitritt Kroatiens zur EU und zur Änderung weiterer steuerlicher Vorschriften vom 25.7.2014 (BGBl. I S. 1266), Gesetz zur Änderung der Abgabenordnung und des Einführungsgesetzes zur Abgabenordnung vom 22.12.2014 (BGBl. I S. 2415), Gesetz zur Anpassung der Abgabenordnung an den Zollkodex der Union und zur Änderung weiterer steuerlicher Vorschriften vom 22.12.2014 (BGBl. I S. 2417), Gesetz zur Entlastung insbesondere der mittelständischen Wirtschaft von Bürokratie (Bürokratieentlastungsgesetz) vom 28.7.2015 (BGBl. I S. 1400), Steueränderungsgesetz 2015 vom 2.11.2015 (BGBl. I S. 1834), Gesetz zur Bekämpfung der Korruption vom 20.11.2015 (BGBl. I S. 2025), Gesetz zur Neuorganisation der Zollverwaltung vom 3.12.2015 (BGBl. I S. 2178), Gesetz zur Modernisierung des Besteuerungsverfahrens vom 18.7.2016 (BGBl. I S. 1679)[1], Neuntes Gesetz zur Änderung der Zweiten Sozialgesetzbuch-Rechtsvereinheitlichung – sowie zur vorübergehenden Aussetzung der Insolvenzantragspflicht vom 26.7.2016 (BGBl. I S. 1824), Gesetz zur Umsetzung der Änderungen der EU-Amtshilferichtlinie und von weiteren Maßnahmen gegen Gewinnkürzungen und -verlagerungen vom 20.12.2016 (BGBl. I S. 3000), Gesetz zum Schutz vor Manipulationen an digitalen Grundaufzeichnungen vom 22.12.2016 (BGBl. I S. 3152), Gesetz zur Stärkung der Teilhabe und Selbstbestimmung von Menschen mit Behinderungen (Bundesteilhabegesetz – BTHG) vom 23.12.2016 (BGBl. I S. 3234), Branntweinmonopolverwaltung-Auflösungsgesetz (BfBAG) vom 10.3.2017 (BGBl. I S. 420), Gesetz zur Reform der strafrechtlichen Vermögensabschöpfung vom 13.4.2017 (BGBl. I S. 872), Gesetz zur Bekämpfung der Steuerumgehung und zur Änderung weiterer steuerlicher Vorschriften (Steuerumgehungsbekämpfungsgesetz – StUmgBG) vom 23.6.2017 (BGBl. I S. 1682)[2], Gesetz zur Umsetzung der Vierten EU-Geldwäscherichtlinie, zur Ausführung der EU-Geldtransferverordnung und zur Neuorganisation der Zentralstelle für Finanztransaktionsuntersuchungen vom 23.6.2017 (BGBl. I S. 1822), Gesetz zur Verbesserung der Sachaufklärung in der Verwaltungsvollstreckung vom 30.6.2017 (BGBl. I S. 2094), Zweites Gesetz zur Entlastung insbesondere der mittelständischen Wirtschaft von Bürokratie (Zweites Bürokratieentlastungsgesetz) vom 30.6.2017 (BGBl. I S. 2143), Gesetz zur Änderung des Bundesversorgungsgesetzes und anderen Vorschriften vom 17.7.2017 (BGBl. I S. 2541), Gesetz zur Durchführung der Verordnung (EU) Nr. 910/2014 des Europäischen Parlaments und des Rates vom 23. Juli 2014 über elektronische Identifizierung und Vertrauensdienste für elektronische Transaktionen im Binnenmarkt und zur Aufhebung der Richtlinie 1999/93/EG (eIDAS-Durchführungsgesetz) vom 18.7.2017 (BGBl. I S. 2745), Gesetz zur Vermeidung von Umsatzsteuerausfällen beim Handel mit Waren im Internet und zur Änderung weiterer steuerlicher Vorschriften vom 11.12.2018 (BGBl. I S. 2338), Gesetz zur Umsetzung des Gesetzes zur Ein-

---

[1] Siehe allgemein zur Anwendung des Gesetzes Art. 97 § 1 Abs. 11 EGAO (Nr. **800a**).
[2] Siehe allgemein zur Anwendung des Gesetzes Art. 97 § 1 Abs. 12 Satz 1 EGAO (Nr. **800a**).

führung des Rechts auf Eheschließung für Personen gleichen Geschlechts vom 18.12.2018 (BGBl. I S. 2639), Gesetz gegen illegale Beschäftigung und Sozialleistungsmissbrauch vom 11.7.2019 (BGBl. I S. 1066), Gesetz zur Reform der Psychotherapeutenausbildung vom 15.11.2019 (BGBl. I S. 1604), Zweites Gesetz zur Anpassung des Datenschutzrechts an die Verordnung (EU) 2016/679 und zur Umsetzung der Richtlinie (EU) 2016/680 (Zweites Datenschutz-Anpassungs- und Umsetzungsgesetz EU – 2. DSAnpUG-EU) vom 20.11.2019 (BGBl. I S. 1626), Gesetz zur Umsetzung der Richtlinie (EU) 2016/680 im Strafverfahren sowie zur Anpassung datenschutzrechtlicher Bestimmungen an die Verordnung (EU) 2016/679 vom 20.11.2019 (BGBl. I S. 1724), Drittes Gesetz zur Entlastung insbesondere der mittelständischen Wirtschaft von Bürokratie (Drittes Bürokratieentlastungsgesetz) vom 22.11.2019 (BGBl. I S. 1746), Gesetz zur Reform des Grundsteuer- und Bewertungsrechts (Grundsteuer-Reformgesetz – GrSt RefG) vom 26.11.2019 (BGBl. I S. 1794), Gesetz zur weiteren steuerlichen Förderung der Elektromobilität und zur Änderung weiterer steuerlicher Vorschriften vom 12.12.2019 (BGBl. I S. 2451), Gesetz zur Umsetzung der Änderungsrichtlinie zur Vierten EU-Geldwäscherichtlinie vom 12.12.2019 (BGBl. I S. 2602), Gesetz zur Einführung einer Pflicht zur Mitteilung grenzüberschreitender Steuergestaltungen vom 21.12.2019 (BGBl. I S. 2875), Elfte Zuständigkeitsanpassungsverordnung vom 19.6.2020 (BGBl. I S. 1328), Zweites Gesetz zur Umsetzung steuerlicher Hilfsmaßnahmen zur Bewältigung der Corona-Krise (Zweites Corona-Steuerhilfegesetz) vom 29.6.2020 (BGBl. I S. 1512), Gesetz zur Einführung der Grundrente für langjährige Versicherung in der gesetzlichen Rentenversicherung mit unterdurchschnittlichem Einkommen und für weitere Maßnahmen zur Erhöhung der Alterseinkommen (Grundrentengesetz) vom 12.8.2020 (BGBl. I S. 1879), Gesetz zur Fortentwicklung des Rechts des Pfändungsschutzkontos und zur Änderung von Vorschriften des Pfändungsschutzes (Pfändungsschutzkonto-Fortentwicklungsgesetz – PKoFoG) vom 22.11.2020 (BGBl. I S. 2466), Gesetz zur Digitalisierung von Verwaltungsverfahren bei der Gewährung von Familienleistungen vom 3.12.2020 (BGBl. I S. 2668), Gesetz zur Stärkung der Sicherheit im Pass-, Ausweis- und ausländerrechtlichen Dokumentenwesen vom 3.12.2020 (BGBl. I S. 2744), Gesetz über die Umwandlung des Informationstechnikzentrums Bund in eine nichtrechtsfähige Anstalt des öffentlichen Rechts und zur Änderung weiterer Vorschriften vom 7.12.2020 (BGBl. I S. 2756), Jahressteuergesetz 2020 (JStG 2020) vom 21.12.2020 (BGBl. I S. 3096), Gesetz zur Verbesserung der Transparenz in der Alterssicherung und der Rehabilitation sowie zur Modernisierung der Sozialversicherungswahlen und zur Änderung anderer Gesetze (Gesetz Digitale Rentenübersicht) vom 11.2.2021 (BGBl. I S. 154), Gesetz zur Einführung und Verwendung einer Identifikationsnummer in der öffentlichen Verwaltung und zur Änderung weiterer Gesetze (Registermodernisierungsgesetz – RegMoG) vom 28.3.2021 (BGBl. I S. 591), Gesetz zur Verbesserung des Schutzes von Gerichtsvollziehern vor Gewalt sowie zur Änderung weiterer zwangsvollstreckungsrechtlicher Vorschriften und zur Änderung des Infektionsschutzgesetzes vom 7.5.2021 (BGBl. I S. 850), Gesetz zur Reform des Vormundschafts- und Betreuungsrechts vom 4.5.2021 (BGBl. I S. 882), Gesetz zur Modernisierung der Entlastung von Abzugsteuern und der Bescheinigung der Kapitalertragsteuer (Abzugsteuerentlastungsmodernisierungsgesetz – AbzStEntModG) vom 2.6.2021 (BGBl. I S. 1259), Gesetz zur Stärkung der Finanzmarktintegrität (Finanzmarktintegritätsstärkungsgesetz – FISG) vom 3.6.2021 (BGBl. I S. 1534), Gesetz zur Abwehr von Steuervermeidung und unfairem Steuerwettbewerb und zur Änderung weiterer Gesetze vom 25.6.2021 (BGBl. I S. 2056), Gesetz zur europäischen Vernetzung der Transparenzregister und zur Umsetzung der Richtlinie (EU) 2019/1153 des Europäischen Parlaments und des Rates vom 20. Juni 2019 zur Nutzung von Finanzinformationen für die Bekämpfung von Geldwäsche, Terrorismusfinanzierung und sonstigen schweren Straftaten (Transparenzregister- und Finanzinformationsgesetz) vom 25.6.2021 (BGBl. I S. 2083), Gesetz zur Modernisierung des notariellen Berufsrechts und zur Änderung weiterer Vorschriften vom 25.6.2021 (BGBl. I S. 2154), Gesetz zum Ausbau des elektronischen Rechtsverkehrs mit den Gerichten und zur Änderung weiterer Vorschriften vom 5.10.2021 (BGBl. I S. 4607), Zweites Gesetz zur Änderung der Abgabenordnung und des Einführungsgesetzes zur Abgabenordnung vom 12.7.2022 (BGBl. I S. 1142), Jahressteuergesetz 2022 (JStG 2022) vom 16.12.2022 (BGBl. I S. 2294) und Gesetz zur Umsetzung der Richtlinie (EU) 2021/514 des Rates vom 22. März 2021 zur Änderung der Richtlinie 2011/16/EU über die Zusammenarbeit der Verwaltungsbehörden im Bereich der Besteuerung und zur Modernisierung des Steuerverfahrensrechts vom 20.12.2022 (BGBl. I S. 2730)

BGBl. III/FNA 610-1-3

Inhaltsübersicht

Erster Teil. Einleitende Vorschriften

Achter Teil. Straf- und Bußgeldvorschriften; Straf- und Bußgeldverfahren

Erster Abschnitt: Strafvorschriften

Zweiter Abschnitt: Bußgeldvorschriften

Dritter Abschnitt: Strafverfahren

1. Unterabschnitt: Allgemeine Vorschriften

2. Unterabschnitt: Ermittlungsverfahren

I. Allgemeines

Anlagen

Anlage 1 (zu § 60) Mustersatzung für Vereine, Stiftungen, Betriebe gewerblicher Art von juristischen Personen des öffentlichen Rechts, geistliche Genossenschaften und Kapitalgesellschaften

Erster Teil. Einleitende Vorschriften

Erster Abschnitt: Anwendungsbereich

§ 1 Anwendungsbereich. (1) [1]Dieses Gesetz gilt für alle Steuern einschließlich der Steuervergütungen, die durch Bundesrecht oder Recht der Europäischen Union[1] geregelt sind, soweit sie durch Bundesfinanzbehörden oder durch Landesfinanzbehörden verwaltet werden. [2]Es ist nur vorbehaltlich des Rechts der Europäischen Union[1] anwendbar.

---

[1] Bezeichnung geänd. durch G v. 26.6.2013 (BGBl. I S. 1809).

(2) Für die Realsteuern gelten, soweit ihre Verwaltung den Gemeinden übertragen worden ist, die folgenden Vorschriften dieses Gesetzes entsprechend:

1.[1] die Vorschriften des Ersten, Zweiten, Vierten, Sechsten und Siebten Abschnitts des Ersten Teils (Anwendungsbereich; Steuerliche Begriffsbestimmungen; Datenverarbeitung und Steuergeheimnis; Betroffenenrechte; Datenschutzaufsicht, Gerichtlicher Rechtsschutz in datenschutzrechtlichen Angelegenheiten),

2. die Vorschriften des Zweiten Teils (Steuerschuldrecht),

3. die Vorschriften des Dritten Teils mit Ausnahme der §§ 82 bis 84 (Allgemeine Verfahrensvorschriften),

4. die Vorschriften des Vierten Teils (Durchführung der Besteuerung),

5. die Vorschriften des Fünften Teils (Erhebungsverfahren),

6.[2] § 249 Absatz 2 Satz 2,

7.[2] die §§ 351 und 361 Abs. 1 Satz 2 und Abs. 3,

8.[2] die Vorschriften des Achten Teils (Straf- und Bußgeldvorschriften, Straf- und Bußgeldverfahren).

(3) [1]Auf steuerliche Nebenleistungen sind die Vorschriften dieses Gesetzes vorbehaltlich des Rechts der Europäischen Union[3] sinngemäß anwendbar. [2]Der Dritte bis Sechste Abschnitt des Vierten Teils gilt jedoch nur, soweit dies besonders bestimmt wird.

§ 2[4] Vorrang völkerrechtlicher Vereinbarungen. (1) Verträge mit anderen Staaten im Sinne des Artikels 59 Abs. 2 Satz 1 des Grundgesetzes über die Besteuerung gehen, soweit sie unmittelbar anwendbares innerstaatliches Recht geworden sind, den Steuergesetzen vor.

(2) [1]Das Bundesministerium der Finanzen wird ermächtigt, zur Sicherung der Gleichmäßigkeit der Besteuerung und zur Vermeidung einer Doppelbesteuerung oder doppelten Nichtbesteuerung mit Zustimmung des Bundesrates Rechtsverordnungen zur Umsetzung von Konsultationsvereinbarungen zu erlassen. [2]Konsultationsvereinbarungen nach Satz 1 sind einvernehmliche Vereinbarungen der zuständigen Behörden der Vertragsstaaten eines Doppelbesteuerungsabkommens mit dem Ziel, Einzelheiten der Durchführung eines solchen Abkommens zu regeln, insbesondere Schwierigkeiten oder Zweifel, die bei der Auslegung oder Anwendung des jeweiligen Abkommens bestehen, zu beseitigen.

(3) Das Bundesministerium der Finanzen wird ermächtigt, durch Rechtsverordnung mit Zustimmung des Bundesrates Vorschriften zu erlassen, die

---

[1] § 1 Abs. 2 Nr. 1 neu gef. mWv 25.5.2018 durch G v. 17.7.2017 (BGBl. I S. 2541).
[2] § 1 Abs. 2 Nr. 6 eingef., bish. Nrn. 6 und 7 werden Nrn. 7 und 8 mWv 29.12.2020 (BGBl. I S. 3096).
[3] Bezeichnung geänd. durch G v. 26.6.2013 (BGBl. I S. 1809).
[4] § 2 bish. Wortlaut wird Abs. 1, Abs. 2 angef. durch G v. 8.12.2010 (BGBl. I S. 1768); zur Anwendung siehe Art. 97 § 1 Abs. 9 EGAO (Nr. **800a**); Abs. 3 angef. mWv 1.1.2017 durch G v. 20.12.2016 (BGBl. I S. 3000).

1. Einkünfte oder Vermögen oder Teile davon bestimmen, für die die Bundesrepublik Deutschland in Anwendung der Bestimmung eines Abkommens
zur Vermeidung der Doppelbesteuerung auf Grund einer auf diplomati-
schem Weg erfolgten Notifizierung eine Steueranrechnung vornimmt, und
2. in den Anwendungsbereich der Bestimmungen über den öffentlichen
Dienst eines Abkommens zur Vermeidung der Doppelbesteuerung diejenigen Körperschaften und Einrichtungen einbeziehen, die auf Grund einer in
diesem Abkommen vorgesehenen Vereinbarung zwischen den zuständigen
Behörden bestimmt worden sind.

**§ 2a[1]) Anwendungsbereich der Vorschriften über die Verarbeitung
personenbezogener Daten.** (1) [1]Die Vorschriften dieses Gesetzes und der
Steuergesetze über die Verarbeitung personenbezogener Daten im Anwendungsbereich dieses Gesetzes gelten bei der Verarbeitung personenbezogener
Daten durch Finanzbehörden (§ 6 Absatz 2), andere öffentliche Stellen (§ 6
Absatz 1a bis 1c) und nicht-öffentliche Stellen (§ 6 Absatz 1d und 1e). [2]Das
Bundesdatenschutzgesetz oder andere Datenschutzvorschriften des Bundes
sowie entsprechende Landesgesetze gelten für Finanzbehörden nur, soweit dies
in diesem Gesetz oder den Steuergesetzen bestimmt ist.

(2) [1]Die datenschutzrechtlichen Regelungen dieses Gesetzes gelten auch für
Daten, die die Finanzbehörden im Rahmen ihrer Aufgaben bei der Überwachung des grenzüberschreitenden Warenverkehrs verarbeiten. [2]Die Daten gelten als im Rahmen eines Verfahrens in Steuersachen verarbeitet.

(3)[2]) Die Vorschriften dieses Gesetzes und der Steuergesetze über die Verar-
beitung personenbezogener Daten finden keine Anwendung, soweit das Recht
der Europäischen Union, im Besonderen die Verordnung (EU) 2016/679 des
Europäischen Parlaments und des Rates vom 27. April 2016 zum Schutz natürlicher Personen bei der Verarbeitung personenbezogener Daten, zum freien
Datenverkehr und zur Aufhebung der Richtlinie 95/46/EG (Datenschutz-
Grundverordnung) (ABl. L 119 vom 4.5.2016, S. 1; L 314 vom 22.11.2016,
S. 72; L 127 vom 23.5.2018, S. 2) in der jeweils geltenden Fassung unmittel-
bar oder nach Absatz 5 entsprechend gilt.

(4) Für die Verarbeitung personenbezogener Daten zum Zweck der Verhütung, Ermittlung, Aufdeckung, Verfolgung oder Ahndung von Steuerstraftaten
oder Steuerordnungswidrigkeiten gelten die Vorschriften des Ersten und des
Dritten Teils des Bundesdatenschutzgesetzes, soweit gesetzlich nichts anderes
bestimmt ist.

(5) Soweit nichts anderes bestimmt ist, gelten die Vorschriften der Verordnung (EU) 2016/679, dieses Gesetzes und der Steuergesetze über die Verarbeitung personenbezogener Daten natürlicher Personen entsprechend für Informationen, die sich beziehen auf identifizierte oder identifizierbare
1. verstorbene natürliche Personen oder
2. Körperschaften, rechtsfähige oder nicht rechtsfähige Personenvereinigungen
oder Vermögensmassen.

---

[1]) § 2a eingef. mWv 25.5.2018 durch G v. 17.7.2017 (BGBl. I S. 2541).
[2]) § 2a Abs. 3 geänd. mWv 26.11.2019 durch G v. 20.11.2019 (BGBl. I S. 1626).

Zweiter Abschnitt: Steuerliche Begriffsbestimmungen

§ 3 Steuern, steuerliche Nebenleistungen. (1) Steuern sind Geldleistungen, die nicht eine Gegenleistung für eine besondere Leistung darstellen und von einem öffentlich-rechtlichen Gemeinwesen zur Erzielung von Einnahmen allen auferlegt werden, bei denen der Tatbestand zutrifft, an den das Gesetz die Leistungspflicht knüpft; die Erzielung von Einnahmen kann Nebenzweck sein.

(2) Realsteuern sind die Grundsteuer und die Gewerbesteuer.

(3)[1] [1]Einfuhr- und Ausfuhrabgaben nach Artikel 5 Nummer 20 und 21 des Zollkodex der Union sind Steuern im Sinne dieses Gesetzes. [2]Zollkodex der Union bezeichnet die Verordnung (EU) Nr. 952/2013 des Europäischen Parlaments und des Rates vom 9. Oktober 2013 zur Festlegung des Zollkodex der Union (ABl. L 269 vom 10.10.2013, S. 1, L 287, S. 90) in der jeweils geltenden Fassung.

(4)[2] Steuerliche Nebenleistungen sind

1. Verzögerungsgelder nach § 146 Absatz 2c,

2. Verspätungszuschläge nach § 152,

3. Zuschläge nach § 162 Absatz 4 und 4a,

[ab 1.1.2025 oder früher:

3a.[3] Mitwirkungsverzögerungsgelder nach § 200a Absatz 2 und Zuschläge zum Mitwirkungsverzögerungsgeld nach § 200a Absatz 3,]

4. Zinsen nach den §§ 233 bis 237 sowie Zinsen nach den Steuergesetzen, auf die die §§ 238 und 239 anzuwenden sind, sowie Zinsen, die über die §§ 233 bis 237 und die Steuergesetze hinaus nach dem Recht der Europäischen Union auf zu erstattende Steuern zu leisten sind,

5. Säumniszuschläge nach § 240,

6. Zwangsgelder nach § 329,

7. Kosten nach den §§ 89, 89a Absatz 7[4] sowie den §§ 178 und 337 bis 345,

8. Zinsen auf Einfuhr- und Ausfuhrabgaben nach Artikel 5 Nummer 20 und 21 des Zollkodex der Union,

9. Verspätungsgelder nach § 22a Absatz 5 des Einkommensteuergesetzes und

---

[1] § 3 Abs. 3 neu gef. mWv 1.5.2016 durch G v. 22.12.2014 (BGBl. I S. 2417).
[2] § 3 Abs. 4 neu gef. mWv 1.1.2017 durch G v. 18.7.2016 (BGBl. I S. 1679); zur Anwendung s. auch Art. 97 § 1 Abs. 11 EGAO (Nr. **800a**); Nr. 1 geänd. mWv 29.12.2020 durch G v. 21.12.2020 (BGBl. I S. 3096); Nr. 4 geänd., Nr. 7 neu gef. mWv 9.6.2021 durch G v. 2.6.2021 (BGBl. I S. 1259); Nr. 3 geänd. durch G v. 25.6.2021 (BGBl. I S. 2056); zur Anwendung siehe Art. 97 § 22 Abs. 4 EGAO (Nr. **800a**).
[3] § 3 Abs. 4 Nr. 3a eingef. durch G v. 20.12.2022 (BGBl. I S. 2730); zur Anwendung siehe Art. 97 § 37 Abs. 2 Satz 1 und 3 und Abs. 3 EGAO (Nr. **800a**).
[4] Vgl. Art. 97 § 34 Satz 1 EGAO (Nr. **800a**).

10.[1] Kosten nach § 10 Absatz 5 und § 11 Absatz 7 des Plattformen-Steuer-transparenzgesetzes.

(5)[2] [1]Das Aufkommen der Zinsen auf Einfuhr- und Ausfuhrabgaben nach Artikel 5 Nummer 20 und 21 des Zollkodex der Union steht dem Bund zu. [2]Das Aufkommen der übrigen Zinsen steht den jeweils steuerberechtigten Körperschaften zu. [3]Das Aufkommen der Kosten im Sinne des § 89 steht jeweils der Körperschaft zu, deren Behörde für die Erteilung der verbindlichen Auskunft zuständig ist. [4]Das Aufkommen der Kosten im Sinne des § 89a Absatz 7 steht dem Bund und dem jeweils betroffenen Land je zur Hälfte zu. [5]Das Aufkommen der Kosten nach § 10 Absatz 5 und § 11 Absatz 7 des Plattformen-Steuertransparenzgesetzes[3] steht dem Bund zu. [6]Die übrigen steuerlichen Nebenleistungen fließen den verwaltenden Körperschaften zu.

§ 4 Gesetz. Gesetz ist jede Rechtsnorm.

§ 5 Ermessen. Ist die Finanzbehörde ermächtigt, nach ihrem Ermessen zu handeln, hat sie ihr Ermessen entsprechend dem Zweck der Ermächtigung auszuüben und die gesetzlichen Grenzen des Ermessens einzuhalten.

§ 6[4] Behörden, öffentliche und nicht-öffentliche Stellen, Finanzbehörden. (1) Behörde ist jede öffentliche Stelle, die Aufgaben der öffentlichen Verwaltung wahrnimmt.

(1a) Öffentliche Stellen des Bundes sind die Behörden, die Organe der Rechtspflege und andere öffentlich-rechtlich organisierte Einrichtungen des Bundes, der bundesunmittelbaren Körperschaften, der Anstalten und Stiftungen des öffentlichen Rechts sowie deren Vereinigungen ungeachtet ihrer Rechtsform.

(1b) Öffentliche Stellen der Länder sind die Behörden, die Organe der Rechtspflege und andere öffentlich-rechtlich organisierte Einrichtungen eines Landes, einer Gemeinde, eines Gemeindeverbandes oder sonstiger der Aufsicht des Landes unterstehender juristischer Personen des öffentlichen Rechts sowie deren Vereinigungen ungeachtet ihrer Rechtsform.

(1c) [1]Vereinigungen des privaten Rechts von öffentlichen Stellen des Bundes und der Länder, die Aufgaben der öffentlichen Verwaltung wahrnehmen, gelten ungeachtet der Beteiligung nicht-öffentlicher Stellen als öffentliche Stellen des Bundes, wenn

1. sie über den Bereich eines Landes hinaus tätig werden oder

---

[1] § 3 Abs. 4 Nr. 10 angef. durch G v. 20.12.2022 (BGBl. I S. 2730); zur Anwendung ab 1.1.2023 siehe Art. 97 § 37 Abs. 1 EGAO (Nr. **800a**). Siehe auch Nr. **800l**.
[2] § 3 Abs. 5 neu gef. durch G v. 19.12.2006 durch G v. 13.12.2006 (BGBl. I S. 2878); Satz 1 geänd. mWv 1.5.2016 durch G v. 22.12.2014 (BGBl. I S. 2417); Satz 4 neu gef. mWv 9.6.2021 durch G v. 2.6.2021 (BGBl. I S. 1259); zur Anwendung von § 89a siehe Art. 97 § 34 Satz 1 EGAO (Nr. **800a**); Satz 5 eingef., bish. Satz 5 wird Satz 6 durch G v. 20.12.2022 (BGBl. I S. 2730); zur Anwendung ab 1.1.2023 siehe Art. 97 § 37 Abs. 1 EGAO (Nr. **800a**).
[3] Nr. **800l**.
[4] § 6 Abs. 1 ersetzt durch Abs. 1 bis Abs. 1e mWv 25.5.2018 durch G v. 17.7.2017 (BGBl. I S. 2541).

2. dem Bund die absolute Mehrheit der Anteile gehört oder die absolute Mehrheit der Stimmen zusteht.

²Anderenfalls gelten sie als öffentliche Stellen der Länder.

(1d) ¹Nicht-öffentliche Stellen sind natürliche und juristische Personen, Gesellschaften und andere Personenvereinigungen des privaten Rechts, soweit sie nicht unter die Absätze 1a bis 1c fallen. ²Nimmt eine nicht-öffentliche Stelle hoheitliche Aufgaben der öffentlichen Verwaltung wahr, ist sie insoweit öffentliche Stelle im Sinne dieses Gesetzes.

(1e) Öffentliche Stellen des Bundes oder der Länder gelten als nicht-öffentliche Stellen im Sinne dieses Gesetzes, soweit sie als öffentlich-rechtliche Unternehmen am Wettbewerb teilnehmen.

(2) Finanzbehörden im Sinne dieses Gesetzes sind die folgenden im Gesetz über die Finanzverwaltung genannten Bundes- und Landesfinanzbehörden:

1. das Bundesministerium der Finanzen und die für die Finanzverwaltung zuständigen obersten Landesbehörden als oberste Behörden,

2.¹⁾ das Bundeszentralamt für Steuern, das Informationstechnikzentrum Bund und die Generalzolldirektion als Bundesoberbehörden,

3.²⁾ Rechenzentren sowie Landesfinanzbehörden, denen durch eine Rechtsverordnung nach § 17 Absatz 2 Satz 3 Nummer 3 des Finanzverwaltungsgesetzes die landesweite Zuständigkeit für Kassengeschäfte und das Erhebungsverfahren einschließlich der Vollstreckung übertragen worden ist, als Landesoberbehörden,

4.³⁾ die Oberfinanzdirektionen als Mittelbehörden,

4a.⁴⁾ die nach dem Finanzverwaltungsgesetz oder nach Landesrecht an Stelle einer Oberfinanzdirektion eingerichteten Landesfinanzbehörden,

5. die Hauptzollämter einschließlich ihrer Dienststellen, die Zollfahndungsämter, die Finanzämter und die besonderen Landesfinanzbehörden als örtliche Behörden,

6. Familienkassen,

7. die zentrale Stelle im Sinne des § 81 des Einkommensteuergesetzes und

8.⁵⁾ die Deutsche Rentenversicherung Knappschaft-Bahn-See⁶⁾ (§ 40a Abs. 6 des Einkommensteuergesetzes).

§ 7 Amtsträger. Amtsträger ist, wer nach deutschem Recht

1. Beamter oder Richter (§ 11 Abs. 1 Nr. 3 des Strafgesetzbuchs) ist,

2. in einem sonstigen öffentlich-rechtlichen Amtsverhältnis steht oder

---

¹⁾ § 6 Abs. 2 Nr. 2 geänd. durch G v. 22.9.2005 (BGBl. I S. 2809); geänd. mWv 1.1.2016 durch G v. 3.12.2015 (BGBl. I S. 2178); geänd. mWv 1.1.2019 durch G v. 10.3.2017 (BGBl. I S. 420); geänd. mWv 1.1.2021 durch G v. 7.12.2020 (BGBl. I S. 2756).
²⁾ § 6 Abs. 2 Nr. 3 neu gef. mWv 6.11.2015 durch G v. 2.11.2015 (BGBl. I S. 1834).
³⁾ § 6 Abs. 2 Nr. 4 geänd. mWv 1.1.2016 durch G v. 3.12.2015 (BGBl. I S. 2178).
⁴⁾ § 6 Abs. 2 Nr. 4a eingef. mWv 19.12.2006 durch G v. 13.12.2006 (BGBl. I S. 2878).
⁵⁾ § 6 Nr. 8 angef. mWv 1.1.2003 durch G v. 23.12.2002 (BGBl. I S. 4621).
⁶⁾ § 6 Nr. 8 geänd. durch G v. 9.12.2004 (BGBl. I S. 3242); geänd. durch G v. 26.6.2013 (BGBl. I S. 1809).

3.[1]) sonst dazu bestellt ist, bei einer Behörde oder bei einer sonstigen öffentlichen Stelle oder in deren Auftrag Aufgaben der öffentlichen Verwaltung wahrzunehmen.

§ 8 Wohnsitz. Einen Wohnsitz hat jemand dort, wo er eine Wohnung unter Umständen innehat, die darauf schließen lassen, dass er die Wohnung beibehalten und benutzen wird.

§ 9 Gewöhnlicher Aufenthalt. [1]Den gewöhnlichen Aufenthalt hat jemand dort, wo er sich unter Umständen aufhält, die erkennen lassen, dass er an diesem Ort oder in diesem Gebiet nicht nur vorübergehend verweilt. [2]Als gewöhnlicher Aufenthalt im Geltungsbereich dieses Gesetzes ist stets und von Beginn an ein zeitlich zusammenhängender Aufenthalt von mehr als sechs Monaten Dauer anzusehen; kurzfristige Unterbrechungen bleiben unberücksichtigt. [3]Satz 2 gilt nicht, wenn der Aufenthalt ausschließlich zu Besuchs-, Erholungs-, Kur- oder ähnlichen privaten Zwecken genommen wird und nicht länger als ein Jahr dauert.

§ 10 Geschäftsleitung. Geschäftsleitung ist der Mittelpunkt der geschäftlichen Oberleitung.

§ 11 Sitz. Den Sitz hat eine Körperschaft, Personenvereinigung oder Vermögensmasse an dem Ort, der durch Gesetz, Gesellschaftsvertrag, Satzung, Stiftungsgeschäft oder dergleichen bestimmt ist.

§ 12 Betriebstätte. [1]Betriebstätte ist jede feste Geschäftseinrichtung oder Anlage, die der Tätigkeit eines Unternehmens dient. [2]Als Betriebstätten sind insbesondere anzusehen:

1. die Stätte der Geschäftsleitung,
2. Zweigniederlassungen,
3. Geschäftsstellen,
4. Fabrikations- oder Werkstätten,
5. Warenlager,
6. Ein- oder Verkaufsstellen,
7. Bergwerke, Steinbrüche oder andere stehende, örtlich fortschreitende oder schwimmende Stätten der Gewinnung von Bodenschätzen,
8. Bauausführungen oder Montagen, auch örtlich fortschreitende oder schwimmende, wenn
   a) die einzelne Bauausführung oder Montage oder
   b) eine von mehreren zeitlich nebeneinander bestehenden Bauausführungen oder Montagen oder
   c) mehrere ohne Unterbrechung aufeinander folgende Bauausführungen oder Montagen
   länger als sechs Monate dauern.

---

[1]) § 7 Nr. 3 geänd. mWv 25.5.2018 durch G v. 17.7.2017 (BGBl. I S. 2541).

§ 13 Ständiger Vertreter. [1]Ständiger Vertreter ist eine Person, die nachhaltig die Geschäfte eines Unternehmens besorgt und dabei dessen Sachweisungen unterliegt. [2]Ständiger Vertreter ist insbesondere eine Person, die für ein Unternehmen nachhaltig

1. Verträge abschließt oder vermittelt oder Aufträge einholt oder
2. einen Bestand von Gütern oder Waren unterhält und davon Auslieferungen vornimmt.

§ 14 Wirtschaftlicher Geschäftsbetrieb. [1]Ein wirtschaftlicher Geschäftsbetrieb ist eine selbständige nachhaltige Tätigkeit, durch die Einnahmen oder andere wirtschaftliche Vorteile erzielt werden und die über den Rahmen einer Vermögensverwaltung hinausgeht. [2]Die Absicht, Gewinn zu erzielen, ist nicht erforderlich. [3]Eine Vermögensverwaltung liegt in der Regel vor, wenn Vermögen genutzt, zum Beispiel Kapitalvermögen verzinslich angelegt oder unbewegliches Vermögen vermietet oder verpachtet wird.

§ 15 Angehörige. (1)[1] Angehörige sind:
1. der Verlobte,
2. der Ehegatte oder Lebenspartner,
3. Verwandte und Verschwägerte gerader Linie,
4. Geschwister,
5. Kinder der Geschwister,
6. Ehegatten oder Lebenspartner der Geschwister und Geschwister der Ehegatten oder Lebenspartner,
7. Geschwister der Eltern,
8. Personen, die durch ein auf längere Dauer angelegtes Pflegeverhältnis mit häuslicher Gemeinschaft wie Eltern und Kind miteinander verbunden sind (Pflegeeltern und Pflegekinder).

(2) Angehörige sind die in Absatz 1 aufgeführten Personen auch dann, wenn
1. in den Fällen der Nummern 2, 3 und 6 die die Beziehung begründende Ehe oder Lebenspartnerschaft nicht mehr besteht;
2. in den Fällen der Nummern 3 bis 7 die Verwandtschaft oder Schwägerschaft durch Annahme als Kind erloschen ist;
3. im Fall der Nummer 8 die häusliche Gemeinschaft nicht mehr besteht, sofern die Personen weiterhin wie Eltern und Kind miteinander verbunden sind.

Dritter Abschnitt: Zuständigkeit der Finanzbehörden

§ 16 Sachliche Zuständigkeit. Die sachliche Zuständigkeit der Finanzbehörden richtet sich, soweit nichts anderes bestimmt ist, nach dem Gesetz über die Finanzverwaltung[2].

---

[1] § 15 Abs. 1 Nrn. 1, 2 und 6, Abs. 2 Nr. 1 geänd. durch G v. 18.7.2014 (BGBl. I S. 1042); zur Anwendung siehe Art. 97 § 1 Abs. 10 Satz 1 und 3 EGAO (Nr. **800a**); Nr. 1 geänd. mWv 22.12.2018 durch G v. 18.12.2018 (BGBl. I S. 2639).
[2] Nr. **803**.

§ 17 Örtliche Zuständigkeit. Die örtliche Zuständigkeit richtet sich, soweit nichts anderes bestimmt ist, nach den folgenden Vorschriften.

§ 18 Gesonderte Feststellungen. (1) Für die gesonderten Feststellungen nach § 180 ist örtlich zuständig:

1. bei Betrieben der Land- und Forstwirtschaft, bei Grundstücken, Betriebsgrundstücken und Mineralgewinnungsrechten das Finanzamt, in dessen Bezirk der Betrieb, das Grundstück, das Betriebsgrundstück, das Mineralgewinnungsrecht oder, wenn sich der Betrieb, das Grundstück, das Betriebsgrundstück oder das Mineralgewinnungsrecht auf die Bezirke mehrerer Finanzämter erstreckt, der wertvollste Teil liegt (Lagefinanzamt),

2. bei gewerblichen Betrieben mit Geschäftsleitung im Geltungsbereich dieses Gesetzes das Finanzamt, in dessen Bezirk sich die Geschäftsleitung befindet, bei gewerblichen Betrieben ohne Geschäftsleitung im Geltungsbereich dieses Gesetzes das Finanzamt, in dessen Bezirk eine Betriebstätte – bei mehreren Betriebstätten die wirtschaftlich bedeutendste – unterhalten wird (Betriebsfinanzamt),

3. bei Einkünften aus selbständiger Arbeit[1] das Finanzamt, von dessen Bezirk aus die Tätigkeit[1] vorwiegend ausgeübt wird,

4.[2] bei einer Beteiligung mehrerer Personen an Einkünften, die keine Einkünfte aus Land- und Forstwirtschaft, aus Gewerbebetrieb oder aus selbständiger Arbeit sind und die nach § 180 Absatz 1 Satz 1 Nummer 2 Buchstabe a gesondert festgestellt werden,

    a) das Finanzamt, von dessen Bezirk die Verwaltung dieser Einkünfte ausgeht, oder

    b) das Finanzamt, in dessen Bezirk sich der wertvollste Teil des Vermögens, aus dem die gemeinsamen Einkünfte fließen, befindet, wenn die Verwaltung dieser Einkünfte im Geltungsbereich dieses Gesetzes nicht feststellbar ist.

    [2] Dies gilt entsprechend bei einer gesonderten Feststellung nach § 180 Absatz 1 Satz 1 Nummer 3 oder § 180 Absatz 2,

[ab 1.1.2025 oder früher:

5.[3] in den Fällen des § 180 Absatz 1a das Finanzamt, das für den Bescheid örtlich zuständig ist, für den der Teilabschlussbescheid unmittelbar Bindungswirkung entfaltet.]

(2) [1] Ist eine gesonderte Feststellung mehreren Steuerpflichtigen gegenüber vorzunehmen und lässt sich nach Absatz 1 die örtliche Zuständigkeit nicht bestimmen, so ist jedes Finanzamt örtlich zuständig, das nach den §§ 19 oder 20 für die Steuern vom Einkommen und Vermögen eines Steuerpflichtigen zuständig ist, dem ein Anteil an dem Gegenstand der Feststellung zuzurechnen

---

    [1] § 18 Abs. 1 Nr. 3 geänd. durch G v. 20.12.2008 (BGBl. I S. 2850).
    [2] § 18 Abs. 1 Nr. 4 neu gef. mWv 1.1.2017 durch G v. 18.7.2016 (BGBl. I S. 1679); zur Anwendung s. auch Art. 97 § 1 Abs. 11 EGAO (Nr. **800a**).
    [3] § 18 Abs. 1 Nr. 5 angef. durch G v. 20.12.2022 (BGBl. I S. 2730); zur Anwendung siehe Art. 97 § 37 Abs. 2 Satz 1 und 3 und Abs. 3 EGAO (Nr. **800a**).

ist. [2] Soweit dieses Finanzamt auf Grund einer Verordnung nach § 17 Abs. 2 Satz 3 und 4 des Finanzverwaltungsgesetzes[1)] sachlich nicht für die gesonderte Feststellung zuständig ist, tritt an seine Stelle das sachlich zuständige Finanzamt.

§ 19 Steuern vom Einkommen und Vermögen natürlicher Personen.

(1) [1] Für die Besteuerung natürlicher Personen nach dem Einkommen und Vermögen ist das Finanzamt örtlich zuständig, in dessen Bezirk der Steuerpflichtige seinen Wohnsitz oder in Ermangelung eines Wohnsitzes seinen gewöhnlichen Aufenthalt hat (Wohnsitzfinanzamt). [2] Bei mehrfachem Wohnsitz im Geltungsbereich des Gesetzes ist der Wohnsitz maßgebend, an dem sich der Steuerpflichtige vorwiegend aufhält; bei mehrfachem Wohnsitz eines verheirateten oder in Lebenspartnerschaft lebenden[2)] Steuerpflichtigen, der von seinem Ehegatten oder Lebenspartner[2)] nicht dauernd getrennt lebt, ist der Wohnsitz maßgebend, an dem sich die Familie vorwiegend aufhält. [3] Für die nach § 1 Abs. 2 des Einkommensteuergesetzes und nach § 1 Abs. 2 des Vermögensteuergesetzes unbeschränkt steuerpflichtigen Personen ist das Finanzamt örtlich zuständig, in dessen Bezirk sich die zahlende öffentliche Kasse befindet; das Gleiche gilt in den Fällen des § 1 Abs. 3 des Einkommensteuergesetzes bei Personen, die die Voraussetzungen des § 1 Abs. 2 Satz 1 Nr. 1 und 2 des Einkommensteuergesetzes erfüllen, und in den Fällen des § 1a Abs. 2 des Einkommensteuergesetzes.

(2)[3)] [1] Liegen die Voraussetzungen des Absatzes 1 nicht vor, so ist das Finanzamt örtlich zuständig, in dessen Bezirk sich das Vermögen des Steuerpflichtigen und, wenn dies für mehrere Finanzämter zutrifft, in dessen Bezirk sich der wertvollste Teil des Vermögens befindet. [2] Hat der Steuerpflichtige kein Vermögen im Geltungsbereich des Gesetzes, so ist das Finanzamt örtlich zuständig, in dessen Bezirk die Tätigkeit im Geltungsbereich des Gesetzes vorwiegend ausgeübt oder verwertet wird oder worden ist. [3] Hat ein Steuerpflichtiger seinen Wohnsitz oder gewöhnlichen Aufenthalt im Geltungsbereich des Gesetzes aufgegeben und erzielt er im Jahr des Wegzugs keine Einkünfte im Sinne des § 49 des Einkommensteuergesetzes, ist das Finanzamt örtlich zuständig, das nach den Verhältnissen vor dem Wegzug zuletzt örtlich zuständig war.

(3) [1] Gehören zum Bereich der Wohnsitzgemeinde mehrere Finanzämter und übt ein Steuerpflichtiger mit Einkünften aus Land- und Forstwirtschaft, Gewerbebetrieb oder freiberuflicher Tätigkeit diese Tätigkeit innerhalb der Wohnsitzgemeinde, aber im Bezirk eines anderen Finanzamts als dem des Wohnsitzfinanzamts aus, so ist abweichend von Absatz 1 jenes Finanzamt zuständig, wenn es nach § 18 Abs. 1 Nr. 1, 2 oder 3 für eine gesonderte Feststellung dieser Einkünfte zuständig wäre. [2] Einkünfte aus Gewinnanteilen sind bei Anwendung des Satzes 1 nur dann zu berücksichtigen, wenn sie die einzigen Einkünfte des Steuerpflichtigen im Sinne des Satzes 1 sind.

[1)] Nr. **803**.
[2)] § 19 Abs. 1 Satz 2, 2. HS geänd. durch G v. 18.7.2014 (BGBl. I S. 1042); zur Anwendung siehe Art. 97 § 1 Abs. 10 Satz 1 EGAO (Nr. **800a**).
[3)] § 19 Abs. 2 Satz 3 angef. mWv 29.12.2020 durch G v. 21.12.2020 (BGBl. I S. 3096).

(4) Steuerpflichtige, die zusammen zu veranlagen sind oder zusammen veranlagt werden können, sind bei Anwendung des Absatzes 3 so zu behandeln, als seien ihre Einkünfte von einem Steuerpflichtigen bezogen worden.

(5) ¹Durch Rechtsverordnung der Landesregierung kann bestimmt werden, dass als Wohnsitzgemeinde im Sinne des Absatzes 3 ein Gebiet gilt, das mehrere Gemeinden umfasst, soweit dies mit Rücksicht auf die Wirtschafts- oder Verkehrsverhältnisse, den Aufbau der Verwaltungsbehörden oder andere örtliche Bedürfnisse zweckmäßig erscheint. ²Die Landesregierung kann die Ermächtigung auf die für die Finanzverwaltung zuständige oberste Landesbehörde übertragen.

(6)¹⁾ ¹Das Bundesministerium der Finanzen kann zur Sicherstellung der Besteuerung von Personen, die nach § 1 Abs. 4 des Einkommensteuergesetzes beschränkt steuerpflichtig sind und Einkünfte im Sinne von § 49 Abs. 1 Nr. 7 und 10¹⁾ des Einkommensteuergesetzes beziehen, durch Rechtsverordnung²⁾ mit Zustimmung des Bundesrates einer Finanzbehörde die örtliche Zuständigkeit für den Geltungsbereich des Gesetzes übertragen. ²Satz 1 gilt auch in den Fällen, in denen ein Antrag nach § 1 Abs. 3 des Einkommensteuergesetzes gestellt wird.

§ 20 Steuern vom Einkommen und Vermögen der Körperschaften, Personenvereinigungen, Vermögensmassen. (1) Für die Besteuerung von Körperschaften, Personenvereinigungen und Vermögensmassen nach dem Einkommen und Vermögen ist das Finanzamt örtlich zuständig, in dessen Bezirk sich die Geschäftsleitung befindet.

(2) Befindet sich die Geschäftsleitung nicht im Geltungsbereich des Gesetzes oder lässt sich der Ort der Geschäftsleitung nicht feststellen, so ist das Finanzamt örtlich zuständig, in dessen Bezirk die Steuerpflichtige ihren Sitz hat.

(3) Ist weder die Geschäftsleitung noch der Sitz im Geltungsbereich des Gesetzes, so ist das Finanzamt örtlich zuständig, in dessen Bezirk sich Vermögen der Steuerpflichtigen und, wenn dies für mehrere Finanzämter zutrifft, das Finanzamt, in dessen Bezirk sich der wertvollste Teil des Vermögens befindet.

(4) Befindet sich weder die Geschäftsleitung noch der Sitz noch Vermögen der Steuerpflichtigen im Geltungsbereich des Gesetzes, so ist das Finanzamt örtlich zuständig, in dessen Bezirk die Tätigkeit im Geltungsbereich des Gesetzes vorwiegend ausgeübt oder verwertet wird oder worden ist.

§ 20a Steuern vom Einkommen bei Bauleistungen. (1) ¹Abweichend von §§ 19 und 20 ist für die Besteuerung von Unternehmen, die Bauleistungen im Sinne von § 48 Abs. 1 Satz 3³⁾ des Einkommensteuergesetzes erbringen, das Finanzamt zuständig, das für die Besteuerung der entsprechenden Umsätze nach § 21 Abs. 1 zuständig ist, wenn der Unternehmer seinen Wohn-

---

¹⁾ § 19 Abs. 6 angef. durch G v. 13.12.2006 (BGBl. I S. 2878), Abs. 6 Satz 1 Verweis auf Nr. 10 eingef., Satz 2 angef. mWv 1.1.2009 durch G v. 19.12.2008 (BGBl. I S. 2794).
²⁾ Siehe Einkommensteuer-Zuständigkeitsverordnung (EStZustV) vom 2.1.2009 (BGBl. I S. 3).
³⁾ Verweis geänd. durch G v. 9.12.2004 (BGBl. I S. 3310).

sitz oder das Unternehmen seine Geschäftsleitung oder seinen Sitz außerhalb des Geltungsbereiches des Gesetzes hat. [2]Das gilt auch abweichend von den §§ 38 bis 42f des Einkommensteuergesetzes beim Steuerabzug vom Arbeitslohn.

(2) [1]Für die Verwaltung der Lohnsteuer in den Fällen der Arbeitnehmerüberlassung durch ausländische Verleiher nach § 38 Abs. 1 Satz 1 Nr. 2 des Einkommensteuergesetzes ist das Finanzamt zuständig, das für die Besteuerung der entsprechenden Umsätze nach § 21 Abs. 1 zuständig ist. [2]Satz 1 gilt nur, wenn die überlassene Person im Baugewerbe eingesetzt ist.

(3) Für die Besteuerung von Personen, die von Unternehmen im Sinne des Absatzes 1 oder 2 im Inland beschäftigt werden, kann abweichend von § 19 das Bundesministerium der Finanzen durch Rechtsverordnung mit Zustimmung des Bundesrates die örtliche Zuständigkeit einem Finanzamt für den Geltungsbereich des Gesetzes übertragen.

§ 21 Umsatzsteuer. (1)[1] [1]Für die Umsatzsteuer mit Ausnahme der Einfuhrumsatzsteuer ist das Finanzamt zuständig, von dessen Bezirk aus der Unternehmer sein Unternehmen im Geltungsbereich des Gesetzes ganz oder vorwiegend betreibt. [2]Das Bundesministerium der Finanzen kann zur Sicherstellung der Besteuerung durch Rechtsverordnung[2] mit Zustimmung des Bundesrates für Unternehmer, die Wohnsitz, Sitz oder Geschäftsleitung außerhalb des Geltungsbereiches dieses Gesetzes haben, die örtliche Zuständigkeit einer Finanzbehörde[2] für den Geltungsbereich des Gesetzes übertragen.

(2)[3] Für die Umsatzsteuer von Personen, die keine Unternehmer sind, ist das Finanzamt zuständig, das nach § 19 oder § 20 auch für die Besteuerung nach dem Einkommen zuständig ist; in den Fällen des § 180 Absatz 1 Satz 1 Nummer 2 Buchstabe a ist das Finanzamt für die Umsatzsteuer zuständig, das nach § 18 auch für die gesonderte Feststellung zuständig ist.

§ 22 Realsteuern. (1) [1]Für die Festsetzung und Zerlegung der Steuermessbeträge ist bei der Grundsteuer das Lagefinanzamt (§ 18 Abs. 1 Nr. 1) und bei der Gewerbesteuer das Betriebsfinanzamt (§ 18 Abs. 1 Nr. 2) örtlich zuständig. [2]Abweichend von Satz 1 ist für die Festsetzung und Zerlegung der Gewerbesteuermessbeträge bei Unternehmen, die Bauleistungen im Sinne von § 48 Abs. 1 Satz 3 des Einkommensteuergesetzes erbringen, das Finanzamt zuständig, das für die Besteuerung der entsprechenden Umsätze nach § 21 Abs. 1 zuständig ist, wenn der Unternehmer seinen Wohnsitz oder das Unternehmen seine Geschäftsleitung oder seinen Sitz außerhalb des Geltungsbereiches des Gesetzes hat.

(2) [1]Soweit die Festsetzung, Erhebung und Beitreibung von Realsteuern den Finanzämtern obliegt, ist dafür das Finanzamt örtlich zuständig, zu dessen

---

[1]) § 21 Abs. 1 Satz 2 geänd. mWv 1.7.2003 durch G v. 16.5.2003 (BGBl. I S. 660).
[2]) Siehe VO über die örtliche Zuständigkeit für die USt im Ausland ansässiger Unternehmer v. 20.12.2001 (BGBl. I S. 3794/3814) – Nr. **519**.
[3]) § 21 Abs. 2 neu gef. mWv 1.1.2017 durch G v. 18.7.2016 (BGBl. I S. 1679); zur Anwendung s. auch Art. 97 § 1 Abs. 11 EGAO (Nr. **800a**).

Bezirk die hebeberechtigte Gemeinde gehört. ²Gehört eine hebeberechtigte Gemeinde zu den Bezirken mehrerer Finanzämter, so ist von diesen Finanzämtern das Finanzamt örtlich zuständig, das nach Absatz 1 zuständig ist oder zuständig wäre, wenn im Geltungsbereich dieses Gesetzes nur die in der hebeberechtigten Gemeinde liegenden Teile des Betriebs, des Grundstücks oder des Betriebsgrundstücks vorhanden wären.

(3) Absatz 2 gilt sinngemäß, soweit einem Land nach Artikel 106 Abs. 6 Satz 3 des Grundgesetzes das Aufkommen der Realsteuern zusteht.

§ 22a[1] Zuständigkeit auf dem Festlandsockel oder an der ausschließlichen Wirtschaftszone. Die Zuständigkeit der Finanzbehörden der Länder nach den §§ 18 bis 22 oder nach den Steuergesetzen im Bereich des der Bundesrepublik Deutschland zustehenden Anteils an dem Festlandsockel und an der ausschließlichen Wirtschaftszone richtet sich nach dem Äquidistanzprinzip.

§ 23 Einfuhr- und Ausfuhrabgaben und Verbrauchsteuern. (1) Für die Einfuhr- und Ausfuhrabgaben nach Artikel 5 Nummer 20 und 21 des Zollkodex der Union[2] und Verbrauchsteuern ist das Hauptzollamt örtlich zuständig, in dessen Bezirk der Tatbestand verwirklicht wird, an den das Gesetz die Steuer knüpft.

(2) ¹Örtlich zuständig ist ferner das Hauptzollamt, von dessen Bezirk aus der Steuerpflichtige sein Unternehmen betreibt. ²Wird das Unternehmen von einem nicht zum Geltungsbereich des Gesetzes gehörenden Ort aus betrieben, so ist das Hauptzollamt zuständig, in dessen Bezirk der Unternehmer seine Umsätze im Geltungsbereich des Gesetzes ganz oder vorwiegend bewirkt.

(3) Werden Einfuhr- und Ausfuhrabgaben nach Artikel 5 Nummer 20 und 21 des Zollkodex der Union[2] und Verbrauchsteuern im Zusammenhang mit einer Steuerstraftat oder einer Steuerordnungswidrigkeit geschuldet, so ist auch das Hauptzollamt örtlich zuständig, das für die Strafsache oder die Bußgeldsache zuständig ist.

§ 24 Ersatzzuständigkeit. Ergibt sich die örtliche Zuständigkeit nicht aus anderen Vorschriften, so ist die Finanzbehörde zuständig, in deren Bezirk der Anlass für die Amtshandlung hervortritt.

§ 25 Mehrfache örtliche Zuständigkeit. ¹Sind mehrere Finanzbehörden zuständig, so entscheidet die Finanzbehörde, die zuerst mit der Sache befasst worden ist, es sei denn, die zuständigen Finanzbehörden einigen sich auf eine andere zuständige Finanzbehörde oder die gemeinsame fachlich zuständige Aufsichtsbehörde bestimmt, dass eine andere örtlich zuständige Finanzbehörde zu entscheiden hat. ²Fehlt eine gemeinsame Aufsichtsbehörde, so treffen die fachlich zuständigen Aufsichtsbehörden die Entscheidung gemeinsam.

---

[1] § 22a eingef. mWv 31.7.2014 durch G v. 25.7.2014 (BGBl. I S. 1266).
[2] Verweis geänd. mWv 1.5.2016 durch G v. 22.12.2014 (BGBl. I S. 2417).

§ 26[1)·2)] **Zuständigkeitswechsel.** [1] Geht die örtliche Zuständigkeit durch eine Veränderung der sie begründenden Umstände von einer Finanzbehörde auf eine andere Finanzbehörde über, so tritt der Wechsel der Zuständigkeit in dem Zeitpunkt ein, in dem eine der beiden Finanzbehörden hiervon erfährt. [2] Die bisher zuständige Finanzbehörde kann ein Verwaltungsverfahren fortführen, wenn dies unter Wahrung der Interessen der Beteiligten der einfachen und zweckmäßigen Durchführung des Verfahrens dient und die nunmehr zuständige Finanzbehörde zustimmt. [3] Ein Zuständigkeitswechsel nach Satz 1 tritt solange nicht ein, wie

1. über einen Insolvenzantrag noch nicht entschieden wurde,

2. ein eröffnetes Insolvenzverfahren noch nicht aufgehoben wurde oder

3. sich eine Personengesellschaft oder eine juristische Person in Liquidation befindet.

§ 27[3)] **Zuständigkeitsvereinbarung.** [1] Im Einvernehmen mit der Finanzbehörde, die nach den Vorschriften der Steuergesetze örtlich zuständig ist, kann eine andere Finanzbehörde die Besteuerung übernehmen, wenn die betroffene Person zustimmt. [2] Eine der Finanzbehörden nach Satz 1 kann die betroffene Person auffordern, innerhalb einer angemessenen Frist die Zustimmung zu erklären. [3] Die Zustimmung gilt als erteilt, wenn die betroffene Person nicht innerhalb dieser Frist widerspricht. [4] Die betroffene Person ist auf die Wirkung ihres[4)] Schweigens ausdrücklich hinzuweisen.

§ 28 Zuständigkeitsstreit. (1) [1] Die gemeinsame fachlich zuständige Aufsichtsbehörde entscheidet über die örtliche Zuständigkeit, wenn sich mehrere Finanzbehörden für zuständig oder für unzuständig halten oder wenn die Zuständigkeit aus anderen Gründen zweifelhaft ist. [2] § 25 Satz 2 gilt entsprechend.

(2) § 5 Abs. 1 Nr. 7 des Gesetzes über die Finanzverwaltung[5)] bleibt unberührt.

§ 29 Gefahr im Verzug. [1] Bei Gefahr im Verzug ist für unaufschiebbare Maßnahmen jede Finanzbehörde örtlich zuständig, in deren Bezirk der Anlass für die Amtshandlung hervortritt. [2] Die sonst örtlich zuständige Behörde ist unverzüglich zu unterrichten.

§ 29a[6)] **Unterstützung des örtlich zuständigen Finanzamts auf Anweisung der vorgesetzten Finanzbehörde.** [1] Die oberste Landesfinanzbehörde oder die von ihr beauftragte Landesfinanzbehörde kann zur Gewährleis-

---

[1)] Abweichend hiervon siehe Überleitungsregelungen aus Anlass der Herstellung der Einheit Deutschlands (Art. 97a § 1 EGAO – Nr. **800a**).

[2)] § 26 Satz 3 angef. mWv 29.12.2007 durch G v. 20.12.2007 (BGBl. I S. 3150).

[3)] § 27 Sätze 2 bis 4 angef. mWv 1.1.2004 durch G v. 15.12.2003 (BGBl. I S. 2645); Sätze 1 bis 4 geänd. mWv 26.11.2019 durch G v. 20.11.2019 (BGBl. I S. 1626).

[4)] Berichtigt durch G v. 21.12.2020 (BGBl. I S. 3096).

[5)] Nr. **803**.

[6)] § 29a eingef. mWv 23.7.2016 durch G v. 18.7.2016 (BGBl. I S. 1679); zur Anwendung s. auch Art. 97 § 1 Abs. 11 EGAO (Nr. **800a**).

tung eines zeitnahen und gleichmäßigen Vollzugs der Steuergesetze anordnen, dass das örtlich zuständige Finanzamt ganz oder teilweise bei der Erfüllung seiner Aufgaben in Besteuerungsverfahren durch ein anderes Finanzamt unterstützt wird. ²Das unterstützende Finanzamt handelt im Namen des örtlich zuständigen Finanzamts; das Verwaltungshandeln des unterstützenden Finanzamts ist dem örtlich zuständigen Finanzamt zuzurechnen.

Vierter Abschnitt: Verarbeitung geschützter Daten und Steuergeheimnis[1]

§ 29b[2] Verarbeitung personenbezogener Daten durch Finanzbehörden. (1) Die Verarbeitung personenbezogener Daten durch eine Finanzbehörde ist zulässig, wenn sie zur Erfüllung der ihr obliegenden Aufgabe oder in Ausübung öffentlicher Gewalt, die ihr übertragen wurde, erforderlich ist.

(2) ¹Abweichend von Artikel 9 Absatz 1 der Verordnung (EU) 2016/679 ist die Verarbeitung besonderer Kategorien personenbezogener Daten im Sinne des Artikels 9 Absatz 1 der Verordnung (EU) 2016/679 durch eine Finanzbehörde zulässig, soweit die Verarbeitung aus Gründen eines erheblichen öffentlichen Interesses erforderlich ist und soweit die Interessen des Verantwortlichen an der Datenverarbeitung die Interessen der betroffenen Person überwiegen. ²Die Finanzbehörde hat in diesem Fall angemessene und spezifische Maßnahmen zur Wahrung der Interessen der betroffenen Person vorzusehen; § 22 Absatz 2 Satz 2 des Bundesdatenschutzgesetzes ist entsprechend anzuwenden.

§ 29c[3] Verarbeitung personenbezogener Daten durch Finanzbehörden zu anderen Zwecken. (1) ¹Die Verarbeitung personenbezogener Daten zu einem anderen Zweck als zu demjenigen, zu dem die Daten von einer Finanzbehörde erhoben oder erfasst wurden (Weiterverarbeitung), durch Finanzbehörden im Rahmen ihrer Aufgabenerfüllung ist zulässig, wenn

1. sie einem Verwaltungsverfahren, einem Rechnungsprüfungsverfahren oder einem gerichtlichen Verfahren in Steuersachen, einem Strafverfahren wegen einer Steuerstraftat oder einem Bußgeldverfahren wegen einer Steuerordnungswidrigkeit dient,

2. die gesetzlichen Voraussetzungen vorliegen, die nach § 30 Absatz 4 oder 5 eine Offenbarung der Daten zulassen würden, oder zu prüfen ist, ob diese Voraussetzungen vorliegen,

3. offensichtlich ist, dass die Weiterverarbeitung im Interesse der betroffenen Person liegt und kein Grund zu der Annahme besteht, dass sie in Kenntnis des anderen Zwecks ihre Einwilligung verweigern würde,

4. sie für die Entwicklung, Überprüfung oder Änderung automatisierter Verfahren der Finanzbehörden erforderlich ist, weil

---

[1] Überschr. geänd. mWv 25.5.2018 durch G v. 17.7.2017 (BGBl. I S. 2541).
[2] § 29b eingef. mWv 25.5.2018 durch G v. 17.7.2017 (BGBl. I S. 2541).
[3] § 29c eingef. mWv 25.5.2018 durch G v. 17.7.2017 (BGBl. I S. 2541).

   a) unveränderte Daten benötigt werden oder

   b) eine Anonymisierung oder Pseudonymisierung der Daten nicht oder nur mit unverhältnismäßigem Aufwand möglich ist.

²Die Nutzung personenbezogener Daten ist dabei insbesondere erforderlich, wenn personenbezogene Daten aus mehreren verschiedenen Dateisystemen eindeutig miteinander verknüpft werden sollen und die Schaffung geeigneter Testfälle nicht oder nur mit unverhältnismäßigem Aufwand möglich ist,

5. sie für die Gesetzesfolgenabschätzung erforderlich ist, weil

   a) unveränderte Daten benötigt werden oder

   b) eine Anonymisierung oder Pseudonymisierung der Daten nicht oder nur mit unverhältnismäßigem Aufwand möglich ist,

   oder

6. sie für die Wahrnehmung von Aufsichts-, Steuerungs- und Disziplinarbefugnissen der Finanzbehörde erforderlich ist. ²Das gilt auch für die Veränderung oder Nutzung personenbezogener Daten zu Ausbildungs- und Prüfungszwecken durch die Finanzbehörde, soweit nicht überwiegende schutzwürdige Interessen der betroffenen Person entgegenstehen.

²In den Fällen von Satz 1 Nummer 4 dürfen die Daten ausschließlich für Zwecke der Entwicklung, Überprüfung oder Änderung automatisierter Verfahren verarbeitet werden und müssen innerhalb eines Jahres nach Beendigung dieser Maßnahmen gelöscht werden. ³In den Fällen von Satz 1 Nummer 6 dürfen die Daten nur durch Personen verarbeitet werden, die nach § 30 zur Wahrung des Steuergeheimnisses verpflichtet sind.

(2) Die Weiterverarbeitung besonderer Kategorien personenbezogener Daten im Sinne des Artikels 9 Absatz 1 der Verordnung (EU) 2016/679 ist zulässig, wenn die Voraussetzungen des Absatzes 1 und ein Ausnahmetatbestand nach Artikel 9 Absatz 2 der Verordnung (EU) 2016/679 oder nach § 29b Absatz 2 vorliegen.

§ 30 Steuergeheimnis. (1) Amtsträger haben das Steuergeheimnis zu wahren.

(2)[1] Ein Amtsträger verletzt das Steuergeheimnis, wenn er

1. personenbezogene Daten eines anderen, die ihm

   a) in einem Verwaltungsverfahren, einem Rechnungsprüfungsverfahren oder einem gerichtlichen Verfahren in Steuersachen,

   b) in einem Strafverfahren wegen einer Steuerstraftat oder einem Bußgeldverfahren wegen einer Steuerordnungswidrigkeit,

   c) im Rahmen einer Weiterverarbeitung nach § 29c Absatz 1 Satz 1 Nummer 4, 5 oder 6 oder aus anderem dienstlichen Anlass, insbesondere durch Mitteilung einer Finanzbehörde oder durch die gesetzlich vorge-

---

[1] § 30 Abs. 2 neu gef. mWv 25.5.2018 durch G v. 17.7.2017 (BGBl. I S. 2541); Abs. 2 Nr. 1 Buchst. c neu gef. durch G v. 12.12.2019 (BGBl. I S. 2451); zur Anwendung siehe Art. 97 § 1 Abs. 13 EGAO (Nr. **800a**).

schriebene Vorlage eines Steuerbescheids oder einer Bescheinigung über die bei der Besteuerung getroffenen Feststellungen,

bekannt geworden sind, oder

2. ein fremdes Betriebs- oder Geschäftsgeheimnis, das ihm in einem der in Nummer 1 genannten Verfahren bekannt geworden ist,

(geschützte Daten) unbefugt offenbart oder verwertet oder

3. geschützte Daten im automatisierten Verfahren unbefugt abruft, wenn sie für eines der in Nummer 1 genannten Verfahren in einem automationsgestützten Dateisystem gespeichert sind.

(3) Den Amtsträgern stehen gleich

1. die für den öffentlichen Dienst besonders Verpflichteten (§ 11 Abs. 1 Nr. 4 des Strafgesetzbuchs),

1a. die in § 193 Abs. 2 des Gerichtsverfassungsgesetzes genannten Personen,

2. amtlich zugezogene Sachverständige,

3. die Träger von Ämtern der Kirchen und anderen Religionsgemeinschaften, die Körperschaften des öffentlichen Rechts sind.

(4)[1] Die Offenbarung oder Verwertung geschützter Daten ist zulässig, soweit

1. sie der Durchführung eines Verfahrens im Sinne des Absatzes 2 Nr. 1 Buchstaben a und b dient,

1a. sie einer Verarbeitung durch Finanzbehörden nach Maßgabe des § 29c Absatz 1 Satz 1 Nummer 4 oder 6 dient,

1b. sie der Durchführung eines Bußgeldverfahrens nach Artikel 83 der Verordnung (EU) 2016/679 im Anwendungsbereich dieses Gesetzes dient,

2. sie durch Bundesgesetz ausdrücklich zugelassen ist,

2a. sie durch Recht der Europäischen Union vorgeschrieben oder zugelassen ist,

2b. sie der Erfüllung der gesetzlichen Aufgaben des Statistischen Bundesamtes oder für die Erfüllung von Bundesgesetzen durch die Statistischen Landesämter dient,

2c. sie der Gesetzesfolgenabschätzung dient und die Voraussetzungen für eine Weiterverarbeitung nach § 29c Absatz 1 Satz 1 Nummer 5 vorliegen,

2d. sie der Sicherung, Nutzung und wissenschaftlichen Verwertung von Archivgut der Finanzbehörden durch das Bundesarchiv nach Maßgabe des Bundesarchivgesetzes oder durch das zuständige Landes- oder Kommunalarchiv nach Maßgabe des einschlägigen Landesgesetzes oder der einschlägigen kommunalen Satzung dient, sofern die Beachtung der Vorgaben der

---

[1] § 30 Abs. 4 Satzteil vor Nr. 1 geänd., Nrn. 1a und 1b eingef., Nr. 2 geänd., Nrn. 2a bis 2c eingef., Nr. 5 Buchst. a neu gef. mWv 25.5.2018 durch G v. 17.7.2017 (BGBl. I S. 2541); Nr. 3 geänd. mWv 26.11.2019 durch G v. 20.11.2019 (BGBl. I S. 1626); Nr. 2b geänd. durch G v. 12.12.2019 (BGBl. I S. 2451); zur Anwendung siehe Art. 97 § 1 Abs. 13 EGAO (Nr. **800a**); Nr. 2d eingef. mWv 21.12.2022 durch G v. 16.12.2022 (BGBl. I S. 2294).

§§ 6 und 10 bis 14 des Bundesarchivgesetzes im Landesrecht oder in der kommunalen Satzung sichergestellt ist,

3. die betroffene Person zustimmt,

4.[1]) sie der Durchführung eines Strafverfahrens wegen einer Tat dient, die keine Steuerstraftat ist, und die Kenntnisse

a) in einem Verfahren wegen einer Steuerstraftat oder Steuerordnungswidrigkeit erlangt worden sind; dies gilt jedoch nicht für solche Tatsachen, die der Steuerpflichtige in Unkenntnis der Einleitung des Strafverfahrens oder des Bußgeldverfahrens offenbart hat oder die bereits vor Einleitung des Strafverfahrens oder des Bußgeldverfahrens im Besteuerungsverfahren bekannt geworden sind, oder

b) ohne Bestehen einer steuerlichen Verpflichtung oder unter Verzicht auf ein Auskunftsverweigerungsrecht erlangt worden sind,

5. für sie ein zwingendes öffentliches Interesse besteht; ein zwingendes öffentliches Interesse ist namentlich gegeben, wenn

a) die Offenbarung erforderlich ist zur Abwehr erheblicher Nachteile für das Gemeinwohl oder einer Gefahr für die öffentliche Sicherheit, die Verteidigung oder die nationale Sicherheit oder zur Verhütung oder Verfolgung von Verbrechen und vorsätzlichen schweren Vergehen gegen Leib und Leben oder gegen den Staat und seine Einrichtungen,

b) Wirtschaftsstraftaten verfolgt werden oder verfolgt werden sollen, die nach ihrer Begehungsweise oder wegen des Umfangs des durch sie verursachten Schadens geeignet sind, die wirtschaftliche Ordnung erheblich zu stören oder das Vertrauen der Allgemeinheit auf die Redlichkeit des geschäftlichen Verkehrs oder auf die ordnungsgemäße Arbeit der Behörden und der öffentlichen Einrichtungen erheblich zu erschüttern, oder

c) die Offenbarung erforderlich ist zur Richtigstellung in der Öffentlichkeit verbreiteter unwahrer Tatsachen, die geeignet sind, das Vertrauen in die Verwaltung erheblich zu erschüttern; die Entscheidung trifft die zuständige oberste Finanzbehörde im Einvernehmen mit dem Bundesministerium der Finanzen; vor der Richtigstellung soll der Steuerpflichtige gehört werden.

(5)[2]) Vorsätzlich falsche Angaben der betroffenen Person dürfen den Strafverfolgungsbehörden gegenüber offenbart werden.

(6)[3]) [1]Der Abruf geschützter Daten, die für eines der in Absatz 2 Nummer 1 genannten Verfahren in einem automationsgestützten Dateisystem gespeichert sind, ist nur zulässig, soweit er der Durchführung eines Verfahrens im Sinne des Absatzes 2 Nummer 1 Buchstabe a und b oder der zulässigen Übermittlung geschützter Daten durch eine Finanzbehörde an die betroffene Person oder Dritte dient. [2]Zur Wahrung des Steuergeheimnisses kann das Bundesministerium der Finanzen durch Rechtsverordnung mit Zustimmung

---

[1]) Siehe hierzu § 4 Abs. 5 Nr. 10 Satz 3 EStG (Nr. **1**).
[2]) § 30 Abs. 5 geänd. mWv 26.11.2019 durch G v. 20.11.2019 (BGBl. I S. 1626).
[3]) § 30 Abs. 6 Satz 4 neu gef. mWv 30.6.2013 durch G v. 26.6.2013 (BGBl. I S. 1809); Satz 1 neu gef. mWv 25.5.2018 durch G v. 17.7.2017 (BGBl. I S. 2541).

des Bundesrates bestimmen, welche technischen und organisatorischen Maßnahmen gegen den unbefugten Abruf von Daten zu treffen sind. ³Insbesondere kann es nähere Regelungen treffen über die Art der Daten, deren Abruf zulässig ist, sowie über den Kreis der Amtsträger, die zum Abruf solcher Daten berechtigt sind. ⁴Die Rechtsverordnung bedarf nicht der Zustimmung des Bundesrates, soweit sie die Kraftfahrzeugsteuer, die Luftverkehrsteuer, die Versicherungsteuer sowie Einfuhr- und Ausfuhrabgaben und Verbrauchsteuern, mit Ausnahme der Biersteuer, betrifft.

(7)[1] Werden dem Steuergeheimnis unterliegende Daten durch einen Amtsträger oder diesem nach Absatz 3 gleichgestellte Personen nach Maßgabe des § 87a Absatz 4 oder 7 über De-Mail-Dienste im Sinne des § 1 des De-Mail-Gesetzes versendet, liegt keine unbefugte Offenbarung, Verwertung und kein unbefugter Abruf von dem Steuergeheimnis unterliegenden Daten vor, wenn beim Versenden eine kurzzeitige automatisierte Entschlüsselung durch den akkreditierten Diensteanbieter zum Zweck der Überprüfung auf Schadsoftware und zum Zweck der Weiterleitung an den Adressaten der De-Mail-Nachricht stattfindet.

(8)[2] Die Einrichtung eines automatisierten Verfahrens, das den Abgleich geschützter Daten innerhalb einer Finanzbehörde oder zwischen verschiedenen Finanzbehörden ermöglicht, ist zulässig, soweit die Weiterverarbeitung oder Offenbarung dieser Daten zulässig und dieses Verfahren unter Berücksichtigung der schutzwürdigen Interessen der betroffenen Person und der Aufgaben der beteiligten Finanzbehörden angemessen ist.

(9)[3] Die Finanzbehörden dürfen sich bei der Verarbeitung geschützter Daten nur dann eines Auftragsverarbeiters im Sinne von Artikel 4 Nummer 8 der Verordnung (EU) 2016/679 bedienen, wenn diese Daten ausschließlich durch Personen verarbeitet werden, die zur Wahrung des Steuergeheimnisses verpflichtet sind.

(10)[3] · [4] Die Offenbarung besonderer Kategorien personenbezogener Daten im Sinne des Artikels 9 Absatz 1 der Verordnung (EU) 2016/679 durch Finanzbehörden an öffentliche oder nicht-öffentliche Stellen ist zulässig, wenn die Voraussetzungen der Absätze 4 oder 5 und ein Ausnahmetatbestand nach Artikel 9 Absatz 2 der Verordnung (EU) 2016/679 oder nach § 31c vorliegen.

(11)[3] ¹Wurden geschützte Daten

1. einer Person, die nicht zur Wahrung des Steuergeheimnisses verpflichtet ist,

2. einer öffentlichen Stelle, die keine Finanzbehörde ist, oder

3. einer nicht-öffentlichen Stelle

nach den Absätzen 4 oder 5 offenbart, darf der Empfänger diese Daten nur zu dem Zweck speichern, verändern, nutzen oder übermitteln, zu dem sie ihm

---

[1] § 30 Abs. 7 angef. mWv 1.8.2013 durch G v. 25.7.2013 (BGBl. I S. 2749); Satz 1 Verweis geänd. mWv 25.5.2018 durch G v. 17.7.2017 (BGBl. I S. 2541).
[2] § 30 Abs. 8 angef. mWv 25.5.2018 durch G v. 17.7.2017 (BGBl. I S. 2541).
[3] § 30 Abs. 9 bis 11 angef. mWv 25.5.2018 durch G v. 17.7.2017 (BGBl. I S. 2541).
[4] § 30 Abs. 10 ber. durch G v. 20.11.2019 (BGBl. I S. 1626).

offenbart worden sind. [2]Die Pflicht eines Amtsträgers oder einer ihm nach Absatz 3 gleichgestellten Person, dem oder der die geschützten Daten durch die Offenbarung bekannt geworden sind, zur Wahrung des Steuergeheimnisses bleibt unberührt.

§ 30a[1]) *(aufgehoben)*

§ 31[2]) Mitteilung von Besteuerungsgrundlagen. (1) [1]Die Finanzbehörden sind verpflichtet, Besteuerungsgrundlagen, Steuermessbeträge und Steuerbeträge an Körperschaften des öffentlichen Rechts einschließlich der Religionsgemeinschaften, die Körperschaften des öffentlichen Rechts sind, zur Festsetzung von solchen Abgaben mitzuteilen, die an diese Besteuerungsgrundlagen, Steuermessbeträge oder Steuerbeträge anknüpfen. [2]Die Mitteilungspflicht besteht nicht, soweit deren Erfüllung mit einem unverhältnismäßigen Aufwand verbunden wäre. [3]Die Finanzbehörden dürfen Körperschaften des öffentlichen Rechts auf Ersuchen Namen und Anschriften ihrer Mitglieder, die dem Grunde nach zur Entrichtung von Abgaben im Sinne des Satzes 1 verpflichtet sind, sowie die von der Finanzbehörde für die Körperschaft festgesetzten Abgaben übermitteln, soweit die Kenntnis dieser Daten zur Erfüllung von in der Zuständigkeit der Körperschaft liegenden öffentlichen Aufgaben erforderlich ist und überwiegende schutzwürdige Interessen der betroffenen Person nicht entgegenstehen.

(2)[3]) [1]Die Finanzbehörden sind verpflichtet, die nach § 30 Absatz 2 Nummer 1 geschützten personenbezogenen Daten der betroffenen Person den Trägern der gesetzlichen Sozialversicherung, der Bundesagentur[4]) für Arbeit und der Künstlersozialkasse mitzuteilen, soweit die Kenntnis dieser Daten[5]) für die Feststellung der Versicherungspflicht oder die Festsetzung von Beiträgen einschließlich der Künstlersozialabgabe erforderlich ist oder die betroffene Person einen Antrag auf Mitteilung stellt. [2]Die Mitteilungspflicht besteht nicht, soweit deren Erfüllung mit einem unverhältnismäßigen Aufwand verbunden wäre.

(3) Die für die Verwaltung der Grundsteuer zuständigen Behörden sind berechtigt, die nach § 30 geschützten Namen und Anschriften von Grundstückseigentümern, die bei der Verwaltung der Grundsteuer bekannt geworden sind, zur Verwaltung anderer Abgaben sowie zur Erfüllung sonstiger öffentlicher Aufgaben zu verwenden oder den hierfür zuständigen Gerichten, Behörden oder juristischen Personen des öffentlichen Rechts auf Ersuchen mitzuteilen, soweit nicht überwiegende schutzwürdige Interessen der betroffenen Person entgegenstehen.

---

[1]) § 30a aufgeh. mWv 25.6.2017 durch G v. 23.6.2017 (BGBl. I S. 1682); zur Anwendung siehe Art. 97 § 1 Abs. 12 Satz 2 EGAO (Nr. **800a**).
[2]) § 31 Abs. 1 Satz 3 angef. mWv 16.12.2004 durch G v. 9.12.2004 (BGBl. I S. 3310); Abs. 1 Satz 3, Abs. 2 Satz 1 und Abs. 3 geänd. mWv 26.11.2019 durch G v. 20.11.2019 (BGBl. I S. 1626).
[3]) § 31 Abs. 2 Satz 1 geänd. mWv 29.12.2020 durch G v. 21.12.2020 (BGBl. I S. 3096).
[4]) Bezeichnung geänd. durch G v. 23.12.2003 (BGBl. I S. 2848).
[5]) Bezeichnung geänd. mWv 25.5.2018 durch G v. 17.7.2017 (BGBl. I S. 2541).

§ 31a[1] Mitteilungen zur Bekämpfung der illegalen Beschäftigung und des Leistungsmissbrauchs. (1) ¹Die Offenbarung der nach § 30 geschützten Daten[2] der betroffenen Person ist zulässig, soweit sie

1. für die Durchführung eines Strafverfahrens, eines Bußgeldverfahrens oder eines anderen gerichtlichen oder Verwaltungsverfahrens mit dem Ziel

   a) der Bekämpfung von illegaler Beschäftigung oder Schwarzarbeit oder

   b) der Entscheidung

      aa) über Erteilung, Rücknahme oder Widerruf einer Erlaubnis nach dem Arbeitnehmerüberlassungsgesetz oder

      bb) über Bewilligung, Gewährung, Rückforderung, Erstattung, Weitergewährung oder Belassen einer Leistung aus öffentlichen Mitteln

   oder

2. für die Geltendmachung eines Anspruchs auf Rückgewähr einer Leistung aus öffentlichen Mitteln

erforderlich ist. ²In den Fällen von Satz 1 Nummer 1 Buchstabe b Doppelbuchstabe bb oder Nummer 2 ist die Offenbarung auf Ersuchen der zuständigen Stellen auch zulässig, soweit sie für die Durchführung eines Strafverfahrens wegen einer zu Unrecht erlangten Leistung aus öffentlichen Mitteln erforderlich ist.

(2) ¹Die Finanzbehörden sind in den Fällen des Absatzes 1 verpflichtet, der zuständigen Stelle die jeweils benötigten Tatsachen mitzuteilen. ²In den Fällen des Absatzes 1 Nr. 1 Buchstabe b und Nr. 2 erfolgt die Mitteilung auch auf Antrag der betroffenen Person. ³Die Mitteilungspflicht nach den Sätzen 1 und 2 besteht nicht, soweit deren Erfüllung mit einem unverhältnismäßigen Aufwand verbunden wäre.

§ 31b[3] Mitteilungen zur Bekämpfung der Geldwäsche und der Terrorismusfinanzierung. (1) Die Offenbarung der nach § 30 geschützten Daten der betroffenen Person an die jeweils zuständige Stelle ist auch ohne Ersuchen zulässig, soweit sie einem der folgenden Zwecke dient:

1. der Durchführung eines Strafverfahrens wegen Geldwäsche oder Terrorismusfinanzierung nach § 1 Absatz 1 und 2 des Geldwäschegesetzes,

2. der Verhinderung, Aufdeckung und Bekämpfung von Geldwäsche oder Terrorismusfinanzierung nach § 1 Absatz 1 und 2 des Geldwäschegesetzes,

3. der Durchführung eines Bußgeldverfahrens nach § 56 des Geldwäschegesetzes gegen Verpflichtete nach § 2 Absatz 1 Nummer 13 bis 16 des Geldwäschegesetzes,

---

[1] § 31a Abs. 1, Abs. 2 Satz 2 geänd. mWv 26.11.2019 durch G v. 20.11.2019 (BGBl. I S. 1626); Abs. 1 Satz 2 angef., bish. Text wird Satz 1 mWv 21.12.2022 durch G v. 16.12.2022 (BGBl. I S. 2294).
[2] Bezeichnung geänd. mWv 25.5.2018 durch G v. 17.7.2017 (BGBl. I S. 2541).
[3] § 31b neu gef. mWv 26.6.2017 durch G v. 23.6.2017 (BGBl. I S. 1822); Abs. 1 einl. Satzteil geänd. mWv 25.5.2018 durch G v. 17.7.2017 (BGBl. I S. 2541); geänd. mWv 26.11.2019 durch G v. 20.11.2019 (BGBl. I S. 1626).

4. dem Treffen von Maßnahmen und Anordnungen nach § 51 Absatz 2 des Geldwäschegesetzes gegenüber Verpflichteten nach § 2 Absatz 1 Nummer 13 bis 16 des Geldwäschegesetzes oder

5. der Wahrnehmung von Aufgaben nach § 28 Absatz 1 des Geldwäschegesetzes durch die Zentralstelle für Finanztransaktionsuntersuchungen.

(2) ¹Die Finanzbehörden haben der Zentralstelle für Finanztransaktionsuntersuchungen unverzüglich Sachverhalte unabhängig von deren Höhe mitzuteilen, wenn Tatsachen vorliegen, die darauf hindeuten, dass

1. es sich bei Vermögensgegenständen, die mit dem mitzuteilenden Sachverhalt im Zusammenhang stehen, um den Gegenstand einer Straftat nach § 261 des Strafgesetzbuchs handelt oder

2. die Vermögensgegenstände im Zusammenhang mit Terrorismusfinanzierung stehen.

²Mitteilungen an die Zentralstelle für Finanztransaktionsuntersuchungen sind durch elektronische Datenübermittlung zu erstatten; hierbei ist ein sicheres Verfahren zu verwenden, das die Vertraulichkeit und Integrität des Datensatzes gewährleistet. ³Im Fall einer Störung der Datenübertragung ist ausnahmsweise eine Mitteilung auf dem Postweg möglich. ⁴§ 45 Absatz 3 und 4 des Geldwäschegesetzes gilt entsprechend.

(2a)¹⁾ Die Finanzbehörden übermitteln der Zentralstelle für Finanztransaktionsuntersuchungen folgende Daten nach Maßgabe des § 31 Absatz 5 des Geldwäschegesetzes im automatisierten Verfahren, soweit dies zur Wahrnehmung der Aufgaben der Zentralstelle für Finanztransaktionsuntersuchungen nach § 28 Absatz 1 Satz 2 Nummer 2 des Geldwäschegesetzes erforderlich ist:

1. beim Bundeszentralamt für Steuern die nach § 5 Absatz 1 Nummer 13 des Finanzverwaltungsgesetzes vorgehaltenen Daten,

2. bei den Landesfinanzbehörden die zu einem Steuerpflichtigen gespeicherten Grundinformationen, die die Steuernummer, die Gewerbekennzahl, die Grund- und Zusatzkennbuchstaben, die Bankverbindung, die vergebene Umsatzsteuer-Identifikationsnummer sowie das zuständige Finanzamt umfassen.

(2b)¹⁾ ¹Wird von der Verordnungsermächtigung des § 22a des Grunderwerbsteuergesetzes zur elektronischen Übermittlung der Anzeige im Sinne des § 18 des Grunderwerbsteuergesetzes Gebrauch gemacht, übermitteln die Landesfinanzbehörden die dort eingegangenen Datensätze nach Maßgabe des § 31 Absatz 5a des Geldwäschegesetzes der Zentralstelle für Finanztransaktionsuntersuchungen zur Wahrnehmung ihrer Aufgaben nach § 28 Absatz 1 Satz 2 Nummer 2 des Geldwäschegesetzes im automatisierten Verfahren. ²Absatz 2 Satz 2 gilt entsprechend.

(3) Die Finanzbehörden haben der zuständigen Verwaltungsbehörde unverzüglich solche Tatsachen mitzuteilen, die darauf schließen lassen, dass

---

¹⁾ § 31b Abs. 2a, 2b eingef. mWv 1.7.2021 durch G v. 3.6.2021 (BGBl. I S. 1534).

1. ein Verpflichteter nach § 2 Absatz 1 Nummer 13 bis 16 des Geldwäschegesetzes eine Ordnungswidrigkeit nach § 56 des Geldwäschegesetzes begangen hat oder begeht oder

2. die Voraussetzungen für das Treffen von Maßnahmen und Anordnungen nach § 51 Absatz 2 des Geldwäschegesetzes gegenüber Verpflichteten nach § 2 Absatz 1 Nummer 13 bis 16 des Geldwäschegesetzes gegeben sind.

(4) § 47 Absatz 3 des Geldwäschegesetzes gilt entsprechend.

§ 31c[1] Verarbeitung besonderer Kategorien personenbezogener Daten durch Finanzbehörden zu statistischen Zwecken. (1) [1]Abweichend von Artikel 9 Absatz 1 der Verordnung (EU) 2016/679 ist die Verarbeitung besonderer Kategorien personenbezogener Daten im Sinne des Artikels 9 Absatz 1 der Verordnung (EU) 2016/679 durch Finanzbehörden auch ohne Einwilligung der betroffenen Person für statistische Zwecke zulässig, wenn die Verarbeitung zu diesen Zwecken erforderlich ist und die Interessen des Verantwortlichen an der Verarbeitung die Interessen der betroffenen Person an einem Ausschluss der Verarbeitung erheblich überwiegen. [2]Der Verantwortliche sieht angemessene und spezifische Maßnahmen zur Wahrung der Interessen der betroffenen Person vor; § 22 Absatz 2 Satz 2 des Bundesdatenschutzgesetzes gilt entsprechend.

(2) Die in den Artikeln 15, 16, 18 und 21 der Verordnung (EU) 2016/679 vorgesehenen Rechte der betroffenen Person sind insoweit beschränkt, als diese Rechte voraussichtlich die Verwirklichung der Statistikzwecke unmöglich machen oder ernsthaft beeinträchtigen und die Beschränkung für die Erfüllung der Statistikzwecke notwendig ist.

(3) [1]Ergänzend zu den in § 22 Absatz 2 Satz 2 des Bundesdatenschutzgesetzes genannten Maßnahmen sind zu statistischen Zwecken verarbeitete besondere Kategorien personenbezogener Daten im Sinne des Artikels 9 Absatz 1 der Verordnung (EU) 2016/679 zu pseudonymisieren oder anonymisieren, sobald dies nach dem Statistikzweck möglich ist, es sei denn, berechtigte Interessen der betroffenen Person stehen dem entgegen. [2]Bis dahin sind die Merkmale gesondert zu speichern, mit denen Einzelangaben über persönliche oder sachliche Verhältnisse einer bestimmten oder bestimmbaren Person zugeordnet werden können. [3]Sie dürfen mit den Einzelangaben nur zusammengeführt werden, soweit der Statistikzweck dies erfordert.

Fünfter Abschnitt:
Haftungsbeschränkung für Amtsträger

§ 32 Haftungsbeschränkung für Amtsträger. Wird infolge der Amts- oder Dienstpflichtverletzung eines Amtsträgers

1. eine Steuer oder eine steuerliche Nebenleistung nicht, zu niedrig oder zu spät festgesetzt, erhoben oder beigetrieben oder

2. eine Steuererstattung oder Steuervergütung zu Unrecht gewährt oder

---

[1] § 31c eingef. mWv 25.5.2018 durch G v. 17.7.2017 (BGBl. I S. 2541).

3. eine Besteuerungsgrundlage oder eine Steuerbeteiligung nicht, zu niedrig oder zu spät festgesetzt,

so kann er nur in Anspruch genommen werden, wenn die Amts- oder Dienstpflichtverletzung mit einer Strafe bedroht ist.

Sechster Abschnitt:
Rechte der betroffenen Person[1]

§ 32a Informationspflicht der Finanzbehörde bei Erhebung personenbezogener Daten bei betroffenen Personen. (1) Die Pflicht der Finanzbehörde zur Information der betroffenen Person gemäß Artikel 13 Absatz 3 der Verordnung (EU) 2016/679 besteht ergänzend zu der in Artikel 13 Absatz 4 der Verordnung (EU) 2016/679 genannten Ausnahme dann nicht, wenn die Erteilung der Information über die beabsichtigte Weiterverarbeitung oder Offenbarung

1. die ordnungsgemäße Erfüllung der in der Zuständigkeit der Finanzbehörden liegenden Aufgaben im Sinne des Artikels 23 Absatz 1 Buchstabe d bis h der Verordnung (EU) 2016/679 gefährden würde und die Interessen der Finanzbehörden an der Nichterteilung der Information die Interessen der betroffenen Person überwiegen,

2. die öffentliche Sicherheit oder Ordnung gefährden oder sonst dem Wohl des Bundes oder eines Landes Nachteile bereiten würde und die Interessen der Finanzbehörde an der Nichterteilung der Information die Interessen der betroffenen Person überwiegen,

3. den Rechtsträger der Finanzbehörde in der Geltendmachung, Ausübung oder Verteidigung zivilrechtlicher Ansprüche oder in der der Verteidigung gegen ihn geltend gemachter zivilrechtlicher Ansprüche im Sinne des Artikels 23 Absatz 1 Buchstabe j der Verordnung (EU) 2016/679 beeinträchtigen würde und die Finanzbehörde nach dem Zivilrecht nicht zur Information verpflichtet ist, oder

4. eine vertrauliche Offenbarung geschützter Daten gegenüber öffentlichen Stellen gefährden würde.

(2)[2] Die ordnungsgemäße Erfüllung der in der Zuständigkeit der Finanzbehörden liegenden Aufgaben im Sinne des Artikels 23 Absatz 1 Buchstabe d bis h der Verordnung (EU) 2016/679 wird insbesondere gefährdet, wenn die Erteilung der Information

1. die betroffene Person oder Dritte in die Lage versetzen könnte,

    a) steuerlich bedeutsame Sachverhalte zu verschleiern,

    b) steuerlich bedeutsame Spuren zu verwischen oder

    c) Art und Umfang der Erfüllung steuerlicher Mitwirkungspflichten auf den Kenntnisstand der Finanzbehörden einzustellen,

---

[1] Sechster Abschnitt (§§ 32a bis 32f) eingef. mWv 25.5.2018 durch G v. 17.7.2017 (BGBl. I S. 2541).
[2] § 32a Abs. 2 Nr. 1 einl. Satzteil geänd. mWv 26.11.2019 durch G v. 20.11.2019 (BGBl. I S. 1626).

oder

2. Rückschlüsse auf die Ausgestaltung automationsgestützter Risikomanagementsysteme oder geplante Kontroll- oder Prüfungsmaßnahmen zulassen
und damit die Aufdeckung steuerlich bedeutsamer Sachverhalte wesentlich
erschwert würde.

(3) Unterbleibt eine Information der betroffenen Person nach Maßgabe von
Absatz 1, ergreift die Finanzbehörde geeignete Maßnahmen zum Schutz der
berechtigten Interessen der betroffenen Person.

(4) Unterbleibt die Benachrichtigung in den Fällen des Absatzes 1 wegen
eines vorübergehenden Hinderungsgrundes, kommt die Finanzbehörde der
Informationspflicht unter Berücksichtigung der spezifischen Umstände der
Verarbeitung innerhalb einer angemessenen Frist nach Fortfall des Hinderungsgrundes, spätestens jedoch innerhalb von zwei Wochen, nach.

(5) Bezieht sich die Informationserteilung auf die Übermittlung personenbezogener Daten durch Finanzbehörden an Verfassungsschutzbehörden, den
Bundesnachrichtendienst, den Militärischen Abschirmdienst und, soweit die
Sicherheit des Bundes berührt wird, andere Behörden des Bundesministeriums
der Verteidigung, ist sie nur mit Zustimmung dieser Stellen zulässig.

**§ 32b Informationspflicht der Finanzbehörde, wenn personenbezo-
gene Daten nicht bei der betroffenen Person erhoben wurden.**
(1) [1]Die Pflicht der Finanzbehörde zur Information der betroffenen Person
gemäß Artikel 14 Absatz 1, 2 und 4 der Verordnung (EU) 2016/679 besteht
ergänzend zu den in Artikel 14 Absatz 5 der Verordnung (EU) 2016/679 und
§ 31c Absatz 2 genannten Ausnahmen nicht,

1. soweit die Erteilung der Information

   a) die ordnungsgemäße Erfüllung der in der Zuständigkeit der Finanzbe-
      hörden oder anderer öffentlicher Stellen liegenden Aufgaben im Sinne
      des Artikel 23 Absatz 1 Buchstabe d bis h der Verordnung (EU) 2016/
      679 gefährden würde oder

   b) die öffentliche Sicherheit oder Ordnung gefährden oder sonst dem Wohl
      des Bundes oder eines Landes Nachteile bereiten würde

oder

2. wenn die Daten, ihre Herkunft, ihre Empfänger oder die Tatsache ihrer
   Verarbeitung nach § 30 oder einer anderen Rechtsvorschrift oder ihrem
   Wesen nach, insbesondere wegen überwiegender berechtigter Interessen ei-
   nes Dritten im Sinne des Artikel 23 Absatz 1 Buchstabe i der Verordnung
   (EU) 2016/679, geheim gehalten werden müssen

und deswegen das Interesse der betroffenen Person an der Informationserteilung zurücktreten muss. [2]§ 32a Absatz 2 gilt entsprechend.

(2) Bezieht sich die Informationserteilung auf die Übermittlung personenbezogener Daten durch Finanzbehörden an Verfassungsschutzbehörden, den
Bundesnachrichtendienst, den Militärischen Abschirmdienst und, soweit die
Sicherheit des Bundes berührt wird, andere Behörden des Bundesministeriums
der Verteidigung, ist sie nur mit Zustimmung dieser Stellen zulässig.

(3) Unterbleibt eine Information der betroffenen Person nach Maßgabe der Absätze 1 oder 2, ergreift die Finanzbehörde geeignete Maßnahmen zum Schutz der berechtigten Interessen der betroffenen Person.

§ 32c Auskunftsrecht der betroffenen Person. (1)[1] Das Recht auf Auskunft der betroffenen Person gegenüber einer Finanzbehörde gemäß Artikel 15 der Verordnung (EU) 2016/679 besteht nicht, soweit

1. die betroffene Person nach § 32a Absatz 1 oder nach § 32b Absatz 1 oder 2 nicht zu informieren ist,

2. die Auskunftserteilung den Rechtsträger der Finanzbehörde in der Geltendmachung, Ausübung oder Verteidigung zivilrechtlicher Ansprüche oder in der Verteidigung gegen ihn geltend gemachter zivilrechtlicher Ansprüche im Sinne des Artikels 23 Absatz 1 Buchstabe j der Verordnung (EU) 2016/679 beeinträchtigen würde; Auskunftspflichten der Finanzbehörde nach dem Zivilrecht bleiben unberührt,

3. die personenbezogenen Daten

   a) nur deshalb gespeichert sind, weil sie auf Grund gesetzlicher Aufbewahrungsvorschriften nicht gelöscht werden dürfen, oder

   b) ausschließlich Zwecken der Datensicherung oder der Datenschutzkontrolle dienen

   und die Auskunftserteilung einen unverhältnismäßigen Aufwand erfordern würde sowie eine Verarbeitung zu anderen Zwecken durch geeignete technische und organisatorische Maßnahmen ausgeschlossen ist.

(2) Die betroffene Person soll in dem Antrag auf Auskunft gemäß Artikel 15 der Verordnung (EU) 2016/679 die Art der personenbezogenen Daten, über die Auskunft erteilt werden soll, näher bezeichnen.

(3) Sind die personenbezogenen Daten weder automatisiert noch in nicht automatisierten Dateisystemen gespeichert, wird die Auskunft nur erteilt, soweit die betroffene Person Angaben macht, die das Auffinden der Daten ermöglichen, und der für die Erteilung der Auskunft erforderliche Aufwand nicht außer Verhältnis zu dem von der betroffenen Person geltend gemachten Informationsinteresse steht.

(4) [1]Die Ablehnung der Auskunftserteilung ist gegenüber der betroffenen Person zu begründen, soweit nicht durch die Mitteilung der tatsächlichen und rechtlichen Gründe, auf die die Entscheidung gestützt wird, der mit der Auskunftsverweigerung verfolgte Zweck gefährdet würde. [2]Die zum Zweck der Auskunftserteilung an die betroffene Person und zu deren Vorbereitung gespeicherten Daten dürfen nur für diesen Zweck sowie für Zwecke der Datenschutzkontrolle verarbeitet werden; für andere Zwecke ist die Verarbeitung nach Maßgabe des Artikels 18 der Verordnung (EU) 2016/679 einzuschränken.

(5) [1]Soweit der betroffenen Person durch eine Finanzbehörde keine Auskunft erteilt wird, ist sie auf Verlangen der betroffenen Person der oder dem

---

[1] § 32c Abs. 1 Nr. 1 geänd., Nr. 2 red. bericht. mWv 29.12.2020 durch G v. 21.12.2020 (BGBl. I S. 3096).

Bundesbeauftragten für den Datenschutz und die Informationsfreiheit zu erteilen, soweit nicht die jeweils zuständige oberste Finanzbehörde im Einzelfall feststellt, dass dadurch die Sicherheit des Bundes oder eines Landes gefährdet würde. [2] Die Mitteilung der oder des Bundesbeauftragten für den Datenschutz und die Informationsfreiheit an die betroffene Person über das Ergebnis der datenschutzrechtlichen Prüfung darf keine Rückschlüsse auf den Erkenntnisstand der Finanzbehörde zulassen, sofern diese nicht einer weitergehenden Auskunft zustimmt.

§ 32d Form der Information oder Auskunftserteilung. (1) Soweit Artikel 12 bis 15 der Verordnung (EU) 2016/679 keine Regelungen enthalten, bestimmt die Finanzbehörde das Verfahren, insbesondere die Form der Information oder der Auskunftserteilung, nach pflichtgemäßem Ermessen.

(2) Die Finanzbehörde kann ihre Pflicht zur Information der betroffenen Person gemäß Artikel 13 oder 14 der Verordnung (EU) 2016/679 auch durch Bereitstellung der Informationen in der Öffentlichkeit erfüllen, soweit dadurch keine personenbezogenen Daten veröffentlicht werden.

(3) Übermittelt die Finanzbehörde der betroffenen Person die Informationen über die Erhebung oder Verarbeitung personenbezogener Daten nach Artikel 13 oder 14 der Verordnung (EU) 2016/679 elektronisch oder erteilt sie der betroffenen Person die Auskunft nach Artikel 15 der Verordnung (EU) 2016/679 elektronisch, ist § 87a Absatz 7 oder 8 entsprechend anzuwenden.

§ 32e Verhältnis zu anderen Auskunfts- und Informationszugangsansprüchen. [1] Soweit die betroffene Person oder ein Dritter nach dem Informationsfreiheitsgesetz vom 5. September 2005 (BGBl. I S. 2722) in der jeweils geltenden Fassung oder nach entsprechenden Gesetzen der Länder gegenüber der Finanzbehörde *ein*[1]) Anspruch auf Informationszugang hat, gelten die Artikel 12 bis 15 der Verordnung (EU) 2016/679 in Verbindung mit den §§ 32a bis 32d entsprechend. [2] Weitergehende Informationsansprüche über steuerliche Daten sind insoweit ausgeschlossen. [3] § 30 Absatz 4 Nummer 2 ist insoweit nicht anzuwenden.

§ 32f Recht auf Berichtigung und Löschung, Widerspruchsrecht.
(1) [1] Wird die Richtigkeit personenbezogener Daten von der betroffenen Person bestritten und lässt sich weder die Richtigkeit noch die Unrichtigkeit der Daten feststellen, gilt ergänzend zu Artikel 18 Absatz 1 Buchstabe a der Verordnung (EU) 2016/679, dass dies keine Einschränkung der Verarbeitung bewirkt, soweit die Daten einem Verwaltungsakt zugrunde liegen, der nicht mehr aufgehoben, geändert oder berichtigt werden kann. [2] Die ungeklärte Sachlage ist in geeigneter Weise festzuhalten. [3] Die bestrittenen Daten dürfen nur mit einem Hinweis hierauf verarbeitet werden.

(2) [1] Ist eine Löschung im Falle nicht automatisierter Datenverarbeitung wegen der besonderen Art der Speicherung nicht oder nur mit unverhältnismäßig hohem Aufwand möglich und ist das Interesse der betroffenen Person an

---

[1]) Sic; muss lauten: einen.

der Löschung als gering anzusehen, besteht das Recht der betroffenen Person auf und die Pflicht der Finanzbehörde zur Löschung personenbezogener Daten gemäß Artikel 17 Absatz 1 der Verordnung (EU) 2016/679 ergänzend zu den in Artikel 17 Absatz 3 der Verordnung (EU) 2016/679 genannten Ausnahmen nicht. ²In diesem Fall tritt an die Stelle einer Löschung die Einschränkung der Verarbeitung gemäß Artikel 18 der Verordnung (EU) 2016/679. ³Die Sätze 1 und 2 finden keine Anwendung, wenn die personenbezogenen Daten unrechtmäßig verarbeitet wurden.

(3)¹⁾ ¹Ergänzend zu Artikel 18 Absatz 1 Buchstabe b und c der Verordnung (EU) 2016/679 gilt Absatz 2 Satz 1 und 2 entsprechend im Fall des Artikels 17 Absatz 1 Buchstabe a und d der Verordnung (EU) 2016/679, solange und soweit die Finanzbehörde Grund zu der Annahme hat, dass durch eine Löschung schutzwürdige Interessen der betroffenen Person beeinträchtigt würden. ²Die Finanzbehörde unterrichtet die betroffene Person über die Einschränkung der Verarbeitung, sofern sich die Unterrichtung nicht als unmöglich erweist oder einen unverhältnismäßigen Aufwand erfordern würde.

(4)¹⁾ ¹Ergänzend zu Artikel 17 Absatz 3 Buchstabe b der Verordnung (EU) 2016/679 gilt Absatz 2 entsprechend im Fall des Artikels 17 Absatz 1 Buchstabe a der Verordnung (EU) 2016/679, wenn einer Löschung vertragliche Aufbewahrungsfristen entgegenstehen.

(5) Das Recht auf Widerspruch gemäß Artikel 21 Absatz 1 der Verordnung (EU) 2016/679 gegenüber einer Finanzbehörde besteht nicht, soweit an der Verarbeitung ein zwingendes öffentliches Interesse besteht, das die Interessen der betroffenen Person überwiegt, oder eine Rechtsvorschrift zur Verarbeitung verpflichtet.

Siebter Abschnitt:²⁾
Datenschutzaufsicht, Gerichtlicher Rechtsschutz in datenschutzrechtlichen Angelegenheiten

§ 32g Datenschutzbeauftragte der Finanzbehörden. Für die von Finanzbehörden gemäß Artikel 37 der Verordnung (EU) 2016/679 zu benennenden Datenschutzbeauftragten gelten § 5 Absatz 2 bis 5 sowie die §§ 6 und 7 des Bundesdatenschutzgesetzes entsprechend.

§ 32h Datenschutzrechtliche Aufsicht, Datenschutz-Folgenabschätzung. (1) ¹Die oder der Bundesbeauftragte für den Datenschutz und die Informationsfreiheit nach § 8 des Bundesdatenschutzgesetzes ist zuständig für die Aufsicht über die Finanzbehörden hinsichtlich der Verarbeitung personenbezogener Daten im Anwendungsbereich dieses Gesetzes. ²Die §§ 13 bis 16 des Bundesdatenschutzgesetzes gelten entsprechend.

(2) ¹Entwickelt eine Finanzbehörde automatisierte Verfahren zur Verarbeitung personenbezogener Daten im Anwendungsbereich dieses Gesetzes für

---

¹⁾ § 32 Abs. 3 und 4 red. ber. durch G v. 20.11.2019 (BGBl. I S. 1626).
²⁾ Siebter Abschnitt (§§ 32g bis 32j) eingef. mWv 25.5.2018 durch G v. 17.7.2017 (BGBl. I S. 2541).

Finanzbehörden anderer Länder oder des Bundes, obliegt ihr zugleich die Datenschutz-Folgenabschätzung nach Artikel 35 der Verordnung (EU) 2016/679. [2]Soweit die Verfahren von den Finanzbehörden der Länder und des Bundes im Hinblick auf die datenschutzrelevanten Funktionen unverändert übernommen werden, gilt die Datenschutz-Folgenabschätzung auch für die übernehmenden Finanzbehörden.

(3) Durch Landesgesetz kann bestimmt werden, dass die oder der Bundesbeauftragte für den Datenschutz und die Informationsfreiheit für die Aufsicht über die Verarbeitung personenbezogener Daten im Rahmen landesrechtlicher oder kommunaler Steuergesetze zuständig ist, soweit die Datenverarbeitung auf bundesgesetzlich geregelten Besteuerungsgrundlagen oder auf bundeseinheitlichen Festlegungen beruht und die mit der Aufgabenübertragung verbundenen Verwaltungskosten der oder des Bundesbeauftragten für den Datenschutz und die Informationsfreiheit vom jeweiligen Land getragen werden.

§ 32i Gerichtlicher Rechtsschutz. (1) [1]Für Streitigkeiten über Rechte gemäß Artikel 78 Absatz 1 und 2 der Verordnung (EU) 2016/679 hinsichtlich der Verarbeitung nach § 30 geschützter Daten zwischen einer betroffenen öffentlichen Stelle gemäß § 6 Absatz 1 bis 1c und Absatz 2 oder ihres Rechtsträgers, einer betroffenen nicht-öffentlichen Stelle gemäß § 6 Absatz 1d und 1e oder einer betroffenen Person und der zuständigen Aufsichtsbehörde des Bundes oder eines Landes ist der Finanzrechtsweg gegeben. [2]Satz 1 gilt nicht in den Fällen des § 2a Absatz 4.

(2)[1)] [1]Für Klagen der betroffenen Person hinsichtlich der Verarbeitung personenbezogener Daten gegen Finanzbehörden oder gegen deren Auftragsverarbeiter wegen eines Verstoßes gegen datenschutzrechtliche Bestimmungen im Anwendungsbereich der Verordnung (EU) 2016/679 oder der darin enthaltenen Rechte der betroffenen Person ist der Finanzrechtsweg gegeben. [2]Der Finanzrechtsweg ist auch gegeben für Auskunfts- und Informationszugangsansprüche, deren Umfang nach § 32e begrenzt wird.

(3) [1]Hat die nach dem Bundesdatenschutzgesetz oder nach dem Landesrecht für die Aufsicht über andere öffentliche Stellen oder nicht-öffentliche Stellen zuständige Aufsichtsbehörde einen rechtsverbindlichen Beschluss erlassen, der eine Mitwirkungspflicht einer anderen öffentlichen Stelle oder einer nicht-öffentlichen Stelle gegenüber Finanzbehörden nach diesem Gesetz oder den Steuergesetzen ganz oder teilweise verneint, kann die zuständige Finanzbehörde auf Feststellung des Bestehens einer Mitwirkungspflicht klagen. [2]Die Stelle, deren Pflicht zur Mitwirkung die Finanzbehörde geltend macht, ist beizuladen.

(4) Die Finanzgerichtsordnung ist in den Fällen der Absätze 1 bis 3 nach Maßgabe der Absätze 5 bis 10 anzuwenden.

(5)[2)] [1]Für Verfahren nach Absatz 1 Satz 1 und Absatz 3 ist das Finanzgericht örtlich zuständig, in dessen Bezirk die jeweils zuständige Aufsichtsbehörde

---

[1)] § 32i Abs. 2 Satz 2 angef., bish. Wortlaut wird Satz 1 mWv 29.12.2020 durch G v. 21.12.2020 (BGBl. I S. 3096).
[2)] § 32i Abs. 5 Satz 2 2. Hs. angef. durch G v. 16.12.2022 (BGBl. I S. 2294); zur Anwendung siehe Art. 97 § 18b EGAO (Nr. **800a**).

ihren Sitz hat. ²Für Verfahren nach Absatz 2 ist das Finanzgericht örtlich zuständig, in dessen Bezirk die beklagte Finanzbehörde ihren Sitz oder der beklagte Auftragsverarbeiter seinen Sitz hat; § 38 Absatz 3 der Finanzgerichtsordnung gilt entsprechend.

(6) Beteiligte eines Verfahrens nach Absatz 1 Satz 1 sind
1. die öffentliche oder nicht-öffentliche Stelle oder die betroffene Person als Klägerin oder Antragstellerin,
2. die zuständige Aufsichtsbehörde des Bundes oder eines Landes als Beklagte oder Antragsgegnerin,
3. der nach § 60 der Finanzgerichtsordnung Beigeladene sowie
4. die oberste Bundes- oder Landesfinanzbehörde, die dem Verfahren nach § 122 Absatz 2 der Finanzgerichtsordnung beigetreten ist.

(7)[1] Beteiligte eines Verfahrens nach Absatz 2 sind
1. die betroffene Person oder die um Auskunft oder Informationszugang ersuchende Person als Klägerin oder Antragstellerin,
2. die Finanzbehörde oder der Auftragsverarbeiter als Beklagte oder Antragsgegnerin,
3. der nach § 60 der Finanzgerichtsordnung Beigeladene sowie
4. die oberste Bundes- oder Landesfinanzbehörde, die dem Verfahren nach § 122 Absatz 2 der Finanzgerichtsordnung beigetreten ist.

(8) Beteiligte eines Verfahrens nach Absatz 3 sind
1. die zuständige Finanzbehörde als Klägerin oder Antragstellerin,
2. die Aufsichtsbehörde des Bundes oder eines Landes, die den rechtsverbindlichen Beschluss erlassen hat, als Beklagte oder Antragsgegnerin,
3. die Stelle, deren Pflicht zur Mitwirkung die Finanzbehörde geltend macht, als Beigeladene und
4. die oberste Bundes- oder Landesfinanzbehörde, die dem Verfahren nach § 122 Absatz 2 der Finanzgerichtsordnung beigetreten ist.

(9)[2] ¹Ein Vorverfahren findet nicht statt. ²Dies gilt nicht für Verfahren nach Absatz 2 Satz 2.

(10) ¹In Verfahren nach Absatz 1 Satz 1 haben eine Klage oder ein Antrag aufschiebende Wirkung. ²Die zuständige Aufsichtsbehörde darf gegenüber einer Finanzbehörde, deren Rechtsträger oder deren Auftragsverarbeiter nicht die sofortige Vollziehung anordnen.

§ 32j Antrag auf gerichtliche Entscheidung bei angenommener Rechtswidrigkeit eines Angemessenheitsbeschlusses der Europäischen Kommission. Hält der oder die Bundesbeauftragte für den Datenschutz und die Informationsfreiheit oder eine nach Landesrecht für die Kontrolle des Datenschutzes zuständige Stelle einen Angemessenheitsbeschluss der Europäi-

---

[1] § 32i Abs. 7 Nr. 1 geänd. mWv 29.12.2020 durch G v. 21.12.2020 (BGBl. I S. 3096).
[2] § 32i Abs. 9 Satz 2 angef., bish. Wortlaut wird Satz 1 mWv 29.12.2020 durch G v. 21.12.2020 (BGBl. I S. 3096).

schen Kommission, auf dessen Gültigkeit es bei der Entscheidung über die Beschwerde einer betroffenen Person hinsichtlich der Verarbeitung personenbezogener Daten ankommt, für rechtswidrig, so gilt § 21 des Bundesdatenschutzgesetzes.

Zweiter Teil. Steuerschuldrecht

Erster Abschnitt: Steuerpflichtiger

§ 33 Steuerpflichtiger. (1) Steuerpflichtiger ist, wer eine Steuer schuldet, für eine Steuer haftet, eine Steuer für Rechnung eines Dritten einzubehalten und abzuführen hat, wer eine Steuererklärung abzugeben, Sicherheit zu leisten, Bücher und Aufzeichnungen zu führen oder andere ihm durch die Steuergesetze auferlegte Verpflichtungen zu erfüllen hat.

(2) Steuerpflichtiger ist nicht, wer in einer fremden Steuersache Auskunft zu erteilen, Urkunden vorzulegen, ein Sachverständigengutachten zu erstatten oder das Betreten von Grundstücken, Geschäfts- und Betriebsräumen zu gestatten hat.

§ 34 Pflichten der gesetzlichen Vertreter und der Vermögensverwalter. (1) [1]Die gesetzlichen Vertreter natürlicher und juristischer Personen und die Geschäftsführer von nicht rechtsfähigen Personenvereinigungen und Vermögensmassen haben deren steuerliche Pflichten zu erfüllen. [2]Sie haben insbesondere dafür zu sorgen, dass die Steuern aus den Mitteln entrichtet werden, die sie verwalten.

(2) [1]Soweit nicht rechtsfähige Personenvereinigungen ohne Geschäftsführer sind, haben die Mitglieder oder Gesellschafter die Pflichten im Sinne des Absatzes 1 zu erfüllen. [2]Die Finanzbehörde kann sich an jedes Mitglied oder jeden Gesellschafter halten. [3]Für nicht rechtsfähige Vermögensmassen gelten die Sätze 1 und 2 mit der Maßgabe, dass diejenigen, denen das Vermögen zusteht, die steuerlichen Pflichten zu erfüllen haben.

(3) Steht eine Vermögensverwaltung anderen Personen als den Eigentümern des Vermögens oder deren gesetzlichen Vertretern zu, so haben die Vermögensverwalter die in Absatz 1 bezeichneten Pflichten, soweit ihre Verwaltung reicht.

§ 35 Pflichten des Verfügungsberechtigten. Wer als Verfügungsberechtigter im eigenen oder fremden Namen auftritt, hat die Pflichten eines gesetzlichen Vertreters (§ 34 Abs. 1), soweit er sie rechtlich und tatsächlich erfüllen kann.

§ 36 Erlöschen der Vertretungsmacht. Das Erlöschen der Vertretungsmacht oder der Verfügungsmacht lässt die nach den §§ 34 und 35 entstandenen Pflichten unberührt, soweit diese den Zeitraum betreffen, in dem die Vertretungsmacht oder Verfügungsmacht bestanden hat und soweit der Verpflichtete sie erfüllen kann.

Zweiter Abschnitt: Steuerschuldverhältnis

§ 37 Ansprüche aus dem Steuerschuldverhältnis. (1) Ansprüche aus dem Steuerschuldverhältnis sind der Steueranspruch, der Steuervergütungsanspruch, der Haftungsanspruch, der Anspruch auf eine steuerliche Nebenleistung, der Erstattungsanspruch nach Absatz 2 sowie die in Einzelsteuergesetzen geregelten Steuererstattungsansprüche.

(2) [1]Ist eine Steuer, eine Steuervergütung, ein Haftungsbetrag oder eine steuerliche Nebenleistung ohne rechtlichen Grund gezahlt oder zurückgezahlt worden, so hat derjenige, auf dessen Rechnung die Zahlung bewirkt worden ist, an den Leistungsempfänger einen Anspruch auf Erstattung des gezahlten oder zurückgezahlten Betrags. [2]Dies gilt auch dann, wenn der rechtliche Grund für die Zahlung oder Rückzahlung später wegfällt. [3]Im Fall der Abtretung, Verpfändung oder Pfändung richtet sich der Anspruch auch gegen den Abtretenden, Verpfänder oder Pfändungsschuldner.

§ 38 Entstehung der Ansprüche aus dem Steuerschuldverhältnis. Die Ansprüche aus dem Steuerschuldverhältnis entstehen, sobald der Tatbestand verwirklicht ist, an den das Gesetz die Leistungspflicht knüpft.

§ 39 Zurechnung. (1) Wirtschaftsgüter sind dem Eigentümer zuzurechnen.

(2) Abweichend von Absatz 1 gelten die folgenden Vorschriften:

1. [1]Übt ein anderer als der Eigentümer die tatsächliche Herrschaft über ein Wirtschaftsgut in der Weise aus, dass er den Eigentümer im Regelfall für die gewöhnliche Nutzungsdauer von der Einwirkung auf das Wirtschaftsgut wirtschaftlich ausschließen kann, so ist ihm das Wirtschaftsgut zuzurechnen. [2]Bei Treuhandverhältnissen sind die Wirtschaftsgüter dem Treugeber, beim Sicherungseigentum dem Sicherungsgeber und beim Eigenbesitz dem Eigenbesitzer zuzurechnen.
2. Wirtschaftsgüter, die mehreren zur gesamten Hand zustehen, werden den Beteiligten anteilig zugerechnet, soweit eine getrennte Zurechnung für die Besteuerung erforderlich ist.

§ 40 Gesetz- oder sittenwidriges Handeln. Für die Besteuerung ist es unerheblich, ob ein Verhalten, das den Tatbestand eines Steuergesetzes ganz oder zum Teil erfüllt, gegen ein gesetzliches Gebot oder Verbot oder gegen die guten Sitten verstößt.

§ 41 Unwirksame Rechtsgeschäfte. (1) [1]Ist ein Rechtsgeschäft unwirksam oder wird es unwirksam, so ist dies für die Besteuerung unerheblich, soweit und solange die Beteiligten das wirtschaftliche Ergebnis dieses Rechtsgeschäfts gleichwohl eintreten und bestehen lassen. [2]Dies gilt nicht, soweit sich aus den Steuergesetzen etwas anderes ergibt.

(2) [1]Scheingeschäfte und Scheinhandlungen sind für die Besteuerung unerheblich. [2]Wird durch ein Scheingeschäft ein anderes Rechtsgeschäft verdeckt, so ist das verdeckte Rechtsgeschäft für die Besteuerung maßgebend.

§ 42[1] Missbrauch von rechtlichen Gestaltungsmöglichkeiten.

(1) [1]Durch Missbrauch von Gestaltungsmöglichkeiten des Rechts kann das Steuergesetz nicht umgangen werden. [2]Ist der Tatbestand einer Regelung in einem Einzelsteuergesetz erfüllt, die der Verhinderung von Steuerumgehungen dient, so bestimmen sich die Rechtsfolgen nach jener Vorschrift. [3]Anderenfalls entsteht der Steueranspruch beim Vorliegen eines Missbrauchs im Sinne des Absatzes 2 so, wie er bei einer den wirtschaftlichen Vorgängen angemessenen rechtlichen Gestaltung entsteht.

(2) [1]Ein Missbrauch liegt vor, wenn eine unangemessene rechtliche Gestaltung gewählt wird, die beim Steuerpflichtigen oder einem Dritten im Vergleich zu einer angemessenen Gestaltung zu einem gesetzlich nicht vorgesehenen Steuervorteil führt. [2]Dies gilt nicht, wenn der Steuerpflichtige für die gewählte Gestaltung außersteuerliche Gründe nachweist, die nach dem Gesamtbild der Verhältnisse beachtlich sind.

§ 43 Steuerschuldner, Steuervergütungsgläubiger. [1]Die Steuergesetze bestimmen, wer Steuerschuldner oder Gläubiger einer Steuervergütung ist. [2]Sie bestimmen auch, ob ein Dritter die Steuer für Rechnung des Steuerschuldners zu entrichten hat.

§ 44 Gesamtschuldner. (1) [1]Personen, die nebeneinander dieselbe Leistung aus dem Steuerschuldverhältnis schulden oder für sie haften oder die zusammen zu einer Steuer zu veranlagen sind, sind Gesamtschuldner. [2]Soweit nichts anderes bestimmt ist, schuldet jeder Gesamtschuldner die gesamte Leistung.

(2) [1]Die Erfüllung durch einen Gesamtschuldner wirkt auch für die übrigen Schuldner. [2]Das Gleiche gilt für die Aufrechnung und für eine geleistete Sicherheit. [3]Andere Tatsachen wirken nur für und gegen den Gesamtschuldner, in dessen Person sie eintreten. [4]Die Vorschriften der §§ 268 bis 280 über die Beschränkung der Vollstreckung in den Fällen der Zusammenveranlagung bleiben unberührt.

§ 45 Gesamtrechtsnachfolge. (1) [1]Bei Gesamtrechtsnachfolge gehen die Forderungen und Schulden aus dem Steuerschuldverhältnis auf den Rechtsnachfolger über. [2]Dies gilt jedoch bei der Erbfolge nicht für Zwangsgelder.

(2) [1]Erben haben die aus dem Nachlass zu entrichtenden Schulden nach den Vorschriften des bürgerlichen Rechts über die Haftung der Erben für Nachlassverbindlichkeiten einzustehen. [2]Vorschriften, durch die eine steuerrechtliche Haftung der Erben begründet wird, bleiben unberührt.

§ 46 Abtretung, Verpfändung, Pfändung. (1) Ansprüche auf Erstattung von Steuern, Haftungsbeträgen, steuerlichen Nebenleistungen und auf Steuervergütungen können abgetreten, verpfändet und gepfändet werden.

(2) Die Abtretung wird jedoch erst wirksam, wenn sie der Gläubiger in der nach Absatz 3 vorgeschriebenen Form der zuständigen Finanzbehörde nach Entstehung des Anspruchs anzeigt.

---

[1] § 42 neu gef. durch G v. 20.12.2007 (BGBl. I S. 3150); zur erstmaligen Anwendung siehe Art. 97 § 7 EGAO (Nr. **800a**).

(3) ¹Die Abtretung ist der zuständigen Finanzbehörde unter Angabe des Abtretenden, des Abtretungsempfängers sowie der Art und Höhe des abgetretenen Anspruchs und des Abtretungsgrundes auf einem amtlich vorgeschriebenen Vordruck anzuzeigen. ²Die Anzeige ist vom Abtretenden und vom Abtretungsempfänger zu unterschreiben.

(4) ¹Der geschäftsmäßige Erwerb von Erstattungs- oder Vergütungsansprüchen zum Zweck der Einziehung oder sonstigen Verwertung auf eigene Rechnung ist nicht zulässig. ²Dies gilt nicht für die Fälle der Sicherungsabtretung. ³Zum geschäftsmäßigen Erwerb und zur geschäftsmäßigen Einziehung der zur Sicherung abgetretenen Ansprüche sind nur Unternehmen befugt, denen das Betreiben von Bankgeschäften erlaubt ist.

(5) Wird der Finanzbehörde die Abtretung angezeigt, so müssen Abtretender und Abtretungsempfänger der Finanzbehörde gegenüber die angezeigte Abtretung gegen sich gelten lassen, auch wenn sie nicht erfolgt oder nicht wirksam oder wegen Verstoßes gegen Absatz 4 nichtig ist.

(6) ¹Ein Pfändungs- und Überweisungsbeschluss oder eine Pfändungs- und Einziehungsverfügung dürfen nicht erlassen werden, bevor der Anspruch entstanden ist. ²Ein entgegen diesem Verbot erwirkter Pfändungs- und Überweisungsbeschluss oder erwirkte Pfändungs- und Einziehungsverfügung sind nichtig. ³Die Vorschriften der Absätze 2 bis 5 sind auf die Verpfändung sinngemäß anzuwenden.

(7) Bei Pfändung eines Erstattungs- oder Vergütungsanspruchs gilt die Finanzbehörde, die über den Anspruch entschieden oder zu entscheiden hat, als Drittschuldner im Sinne der §§ 829, 845 der Zivilprozessordnung.

§ 47 Erlöschen. Ansprüche aus dem Steuerschuldverhältnis erlöschen insbesondere durch Zahlung (§§ 224, 224a, 225), Aufrechnung (§ 226), Erlass (§§ 163, 227), Verjährung (§§ 169 bis 171, §§ 228 bis 232), ferner durch Eintritt der Bedingung bei auflösend bedingten Ansprüchen.

§ 48 Leistung durch Dritte, Haftung Dritter. (1) Leistungen aus dem Steuerschuldverhältnis gegenüber der Finanzbehörde können auch durch Dritte bewirkt werden.

(2) Dritte können sich vertraglich verpflichten, für Leistungen im Sinne des Absatzes 1 einzustehen.

§ 49 Verschollenheit. Bei Verschollenheit gilt für die Besteuerung der Tag als Todestag, mit dessen Ablauf der Beschluss über die Todeserklärung des Verschollenen rechtskräftig wird.

§ 50 Erlöschen und Unbedingtwerden der Verbrauchsteuer, Übergang der bedingten Verbrauchsteuerschuld. (1) Werden nach den Verbrauchsteuergesetzen Steuervergünstigungen unter der Bedingung gewährt, dass verbrauchsteuerpflichtige Waren einer besonderen Zweckbestimmung zugeführt werden, so erlischt die Steuer nach Maßgabe der Vergünstigung ganz oder teilweise, wenn die Bedingung eintritt oder wenn die Waren untergehen, ohne dass vorher die Steuer unbedingt geworden ist.

(2) Die bedingte Steuerschuld geht jeweils auf den berechtigten Erwerber über, wenn die Waren vom Steuerschuldner vor Eintritt der Bedingung im Rahmen der vorgesehenen Zweckbestimmung an ihn weitergegeben werden.

(3) Die Steuer wird unbedingt,

1. wenn die Waren entgegen der vorgesehenen Zweckbestimmung verwendet werden oder nicht mehr zugeführt werden können. [2] Kann der Verbleib der Waren nicht festgestellt werden, so gelten sie als nicht der vorgesehenen Zweckbestimmung zugeführt, wenn der Begünstigte nicht nachweist, dass sie ihr zugeführt worden sind,

2. in sonstigen gesetzlich bestimmten Fällen.

Dritter Abschnitt: Steuerbegünstigte Zwecke

§ 51[1] **Allgemeines.** (1) [1] Gewährt das Gesetz eine Steuervergünstigung, weil eine Körperschaft ausschließlich und unmittelbar gemeinnützige, mildtätige oder kirchliche Zwecke (steuerbegünstigte Zwecke) verfolgt, so gelten die folgenden Vorschriften. [2] Unter Körperschaften sind die Körperschaften, Personenvereinigungen und Vermögensmassen im Sinne des Körperschaftsteuergesetzes zu verstehen. [3] Funktionale Untergliederungen (Abteilungen) von Körperschaften gelten nicht als selbständige Steuersubjekte.

(2) Werden die steuerbegünstigten Zwecke im Ausland verwirklicht, setzt die Steuervergünstigung voraus, dass natürliche Personen, die ihren Wohnsitz oder ihren gewöhnlichen Aufenthalt im Geltungsbereich dieses Gesetzes haben, gefördert werden oder die Tätigkeit der Körperschaft neben der Verwirklichung der steuerbegünstigten Zwecke auch zum Ansehen der Bundesrepublik Deutschland im Ausland beitragen kann.

(3) [1] Eine Steuervergünstigung setzt zudem voraus, dass die Körperschaft nach ihrer Satzung und bei ihrer tatsächlichen Geschäftsführung keine Bestrebungen im Sinne des § 4 des Bundesverfassungsschutzgesetzes fördert und dem Gedanken der Völkerverständigung nicht zuwiderhandelt. [2] Bei Körperschaften, die im Verfassungsschutzbericht des Bundes oder eines Landes als extremistische Organisation aufgeführt sind, ist widerlegbar davon auszugehen, dass die Voraussetzungen des Satzes 1 nicht erfüllt sind. [3] Die Finanzbehörde teilt Tatsachen, die den Verdacht von Bestrebungen im Sinne des § 4 des Bundesverfassungsschutzgesetzes oder des Zuwiderhandelns gegen den Gedanken der Völkerverständigung begründen, der Verfassungsschutzbehörde mit.

§ 52 Gemeinnützige Zwecke. (1) [1] Eine Körperschaft verfolgt gemeinnützige Zwecke, wenn ihre Tätigkeit darauf gerichtet ist, die Allgemeinheit auf materiellem, geistigem oder sittlichem Gebiet selbstlos zu fördern. [2] Eine Förderung der Allgemeinheit ist nicht gegeben, wenn der Kreis der Personen, dem die Förderung zugute kommt, fest abgeschlossen ist, zum Beispiel Zugehörigkeit zu einer Familie oder zur Belegschaft eines Unternehmens, oder infolge seiner Abgrenzung, insbesondere nach räumlichen oder beruflichen

---

[1] § 51 neu gef. durch G v. 19.12.2008 (BGBl. I S. 2794); anzuwenden ab 1.1.2009 (Art. 97 § 1d Abs. 2 EGAO – Nr. **800a**).

Merkmalen, dauernd nur klein sein kann. ³Eine Förderung der Allgemeinheit liegt nicht allein deswegen vor, weil eine Körperschaft ihre Mittel einer Körperschaft des öffentlichen Rechts zuführt.

(2)¹⁾ ¹Unter den Voraussetzungen des Absatzes 1 sind als Förderung der Allgemeinheit anzuerkennen:

1. die Förderung von Wissenschaft und Forschung;

2. die Förderung der Religion;

3. die Förderung des öffentlichen Gesundheitswesens und der öffentlichen Gesundheitspflege, insbesondere die Verhütung und Bekämpfung von übertragbaren Krankheiten, auch durch Krankenhäuser im Sinne des § 67, und von Tierseuchen;

4. die Förderung der Jugend- und Altenhilfe;

5. die Förderung von Kunst und Kultur;

6. die Förderung des Denkmalschutzes und der Denkmalpflege;

7. die Förderung der Erziehung, Volks- und Berufsbildung einschließlich der Studentenhilfe;

8. die Förderung des Naturschutzes und der Landschaftspflege im Sinne des Bundesnaturschutzgesetzes und der Naturschutzgesetze der Länder, des Umweltschutzes, einschließlich des Klimaschutzes, des Küstenschutzes und des Hochwasserschutzes;

9. die Förderung des Wohlfahrtswesens, insbesondere der Zwecke der amtlich anerkannten Verbände der freien Wohlfahrtspflege (§ 23 der Umsatzsteuer-Durchführungsverordnung), ihrer Unterverbände und ihrer angeschlossenen Einrichtungen und Anstalten;

10. die Förderung der Hilfe für politisch, rassistisch oder religiös Verfolgte, für Flüchtlinge, Vertriebene, Aussiedler, Spätaussiedler, Kriegsopfer, Kriegshinterbliebene, Kriegsbeschädigte und Kriegsgefangene, Zivilbeschädigte und Behinderte sowie Hilfe für Opfer von Straftaten; Förderung des Andenkens an Verfolgte, Kriegs- und Katastrophenopfer; Förderung des Suchdienstes für Vermisste, Förderung der Hilfe für Menschen, die auf Grund ihrer geschlechtlichen Identität oder ihrer geschlechtlichen Orientierung diskriminiert werden;

11. die Förderung der Rettung aus Lebensgefahr;

12. die Förderung des Feuer-, Arbeits-, Katastrophen- und Zivilschutzes sowie der Unfallverhütung;

13. die Förderung internationaler Gesinnung, der Toleranz auf allen Gebieten der Kultur und des Völkerverständigungsgedankens;

14. die Förderung des Tierschutzes;

15. die Förderung der Entwicklungszusammenarbeit;

16. die Förderung von Verbraucherberatung und Verbraucherschutz;

---

¹⁾ § 52 Abs. 2 neu gef. durch G v. 10.10.2007 (BGBl. I S. 2332); anzuwenden ab 1.1.2007 (Art. 97 § 1d EGAO – Nr. **800a**); Nrn. 8, 10, 22 und 23 geänd., Nr. 26 angef. mWv 29.12.2020 durch G v. 21.12.2020 (BGBl. I S. 3096).

17. die Förderung der Fürsorge für Strafgefangene und ehemalige Strafgefangene;

18. die Förderung der Gleichberechtigung von Frauen und Männern;

19. die Förderung des Schutzes von Ehe und Familie;

20. die Förderung der Kriminalprävention;

21. die Förderung des Sports (Schach gilt als Sport);

22. die Förderung der Heimatpflege, Heimatkunde und der Ortsverschönerung;

23. die Förderung der Tierzucht, der Pflanzenzucht, der Kleingärtnerei, des traditionellen Brauchtums einschließlich des Karnevals, der Fastnacht und des Faschings, der Soldaten- und Reservistenbetreuung, des Amateurfunkens, des Freifunks, des Modellflugs und des Hundesports;

24. die allgemeine Förderung des demokratischen Staatswesens im Geltungsbereich dieses Gesetzes; hierzu gehören nicht Bestrebungen, die nur bestimmte Einzelinteressen staatsbürgerlicher Art verfolgen oder die auf den kommunalpolitischen Bereich beschränkt sind;

25. die Förderung des bürgerschaftlichen Engagements zugunsten gemeinnütziger, mildtätiger und kirchlicher Zwecke;

26. Förderung der Unterhaltung und Pflege von Friedhöfen und die Förderung der Unterhaltung von Gedenkstätten für nicht bestattungspflichtige Kinder und Föten.

²Sofern der von der Körperschaft verfolgte Zweck nicht unter Satz 1 fällt, aber die Allgemeinheit auf materiellem, geistigem oder sittlichem Gebiet entsprechend selbstlos gefördert wird, kann dieser Zweck für gemeinnützig erklärt werden. ³Die obersten Finanzbehörden der Länder haben jeweils eine Finanzbehörde im Sinne des Finanzverwaltungsgesetzes zu bestimmen, die für Entscheidungen nach Satz 2 zuständig ist.

§ 53 Mildtätige Zwecke. Eine Körperschaft verfolgt mildtätige Zwecke, wenn ihre Tätigkeit darauf gerichtet ist, Personen selbstlos zu unterstützen,

1. die infolge ihres körperlichen, geistigen oder seelischen Zustands auf die Hilfe anderer angewiesen sind oder

2.¹⁾ deren Bezüge nicht höher sind als das Vierfache des Regelsatzes der Sozialhilfe im Sinne des § 28 des Zwölften Buches Sozialgesetzbuch; beim Alleinstehenden oder Alleinerziehenden tritt an die Stelle des Vierfachen das Fünffache des Regelsatzes. ²Dies gilt nicht für Personen, deren Vermögen zur nachhaltigen Verbesserung ihres Unterhalts ausreicht und denen zugemutet werden kann, es dafür zu verwenden. ³Bei Personen, deren wirtschaftliche Lage aus besonderen Gründen zu einer Notlage geworden ist, dürfen die Bezüge oder das Vermögen die genannten Grenzen übersteigen. ⁴Bezüge im Sinne dieser Vorschrift sind

---

¹⁾ § 53 Nr. 2 Satz 1 geänd. mWv 1.1.2005 durch G v. 27.12.2003 (BGBl. I S. 3022); Sätze 5 und 6 ersetzt durch Sätze 5 bis 8 mWv 1.1.2013 durch G v. 21.3.2013 (BGBl. I S. 556); Sätze 1 und 4 geänd. mWv 1.1.2014 durch G v. 26.6.2013 (BGBl. I S. 1809).

a) Einkünfte im Sinne des § 2 Abs. 1 des Einkommensteuergesetzes und

b) andere zur Bestreitung des Unterhalts bestimmte oder geeignete Bezüge,

aller Haushaltsangehörigen. [5]Zu berücksichtigen sind auch gezahlte und empfangene Unterhaltsleistungen. [6]Die wirtschaftliche Hilfebedürftigkeit im vorstehenden Sinne ist bei Empfängern von Leistungen nach dem Zweiten oder Zwölften Buch Sozialgesetzbuch, des Wohngeldgesetzes, bei Empfängern von Leistungen nach § 27a des Bundesversorgungsgesetzes oder nach § 6a des Bundeskindergeldgesetzes als nachgewiesen anzusehen. [7]Die Körperschaft kann den Nachweis mit Hilfe des jeweiligen Leistungsbescheids, der für den Unterstützungszeitraum maßgeblich ist, oder mit Hilfe der Bestätigung des Sozialleistungsträgers führen. [8]Auf Antrag der Körperschaft kann auf einen Nachweis der wirtschaftlichen Hilfebedürftigkeit verzichtet werden, wenn auf Grund der besonderen Art der gewährten Unterstützungsleistung sichergestellt ist, dass nur wirtschaftlich hilfebedürftige Personen im vorstehenden Sinne unterstützt werden; für den Bescheid über den Nachweisverzicht gilt § 60a Absatz 3 bis 5 entsprechend.

§ 54 Kirchliche Zwecke. (1) Eine Körperschaft verfolgt kirchliche Zwecke, wenn ihre Tätigkeit darauf gerichtet ist, eine Religionsgemeinschaft, die Körperschaft des öffentlichen Rechts ist, selbstlos zu fördern.

(2) Zu diesen Zwecken gehören insbesondere die Errichtung, Ausschmückung und Unterhaltung von Gotteshäusern und kirchlichen Gemeindehäusern, die Abhaltung von Gottesdiensten, die Ausbildung von Geistlichen, die Erteilung von Religionsunterricht, die Beerdigung und die Pflege des Andenkens der Toten, ferner die Verwaltung des Kirchenvermögens, die Besoldung der Geistlichen, Kirchenbeamten und Kirchendiener, die Alters- und Behindertenversorgung für diese Personen und die Versorgung ihrer Witwen und Waisen.

§ 55 Selbstlosigkeit. (1) Eine Förderung oder Unterstützung geschieht selbstlos, wenn dadurch nicht in erster Linie eigenwirtschaftliche Zwecke – zum Beispiel gewerbliche Zwecke oder sonstige Erwerbszwecke – verfolgt werden und wenn die folgenden Voraussetzungen gegeben sind:

1. [1]Mittel der Körperschaft dürfen nur für die satzungsmäßigen Zwecke verwendet werden. [2]Die Mitglieder oder Gesellschafter (Mitglieder im Sinne dieser Vorschriften) dürfen keine Gewinnanteile und in ihrer Eigenschaft als Mitglieder auch keine sonstigen Zuwendungen aus Mitteln der Körperschaft erhalten. [3]Die Körperschaft darf ihre Mittel weder für die unmittelbare noch für die mittelbare Unterstützung oder Förderung politischer Parteien verwenden.

2. Die Mitglieder dürfen bei ihrem Ausscheiden oder bei Auflösung oder Aufhebung der Körperschaft nicht mehr als ihre eingezahlten Kapitalanteile und den gemeinen Wert ihrer geleisteten Sacheinlagen zurückerhalten.

3. Die Körperschaft darf keine Person durch Ausgaben, die dem Zweck der Körperschaft fremd sind, oder durch unverhältnismäßig hohe Vergütungen begünstigen.

4.[1] ¹Bei Auflösung oder Aufhebung der Körperschaft oder bei Wegfall ihres bisherigen Zwecks darf das Vermögen der Körperschaft, soweit es die eingezahlten Kapitalanteile der Mitglieder und den gemeinen Wert der von den Mitgliedern geleisteten Sacheinlagen übersteigt, nur für steuerbegünstigte Zwecke verwendet werden (Grundsatz der Vermögensbindung). ²Diese Voraussetzung ist auch erfüllt, wenn das Vermögen einer anderen steuerbegünstigten Körperschaft oder einer juristischen Person des öffentlichen Rechts für steuerbegünstigte Zwecke übertragen werden soll.

5.[2] ¹Die Körperschaft muss ihre Mittel vorbehaltlich des § 62 grundsätzlich zeitnah für ihre steuerbegünstigten satzungsmäßigen Zwecke verwenden. ²Verwendung in diesem Sinne ist auch die Verwendung der Mittel für die Anschaffung oder Herstellung von Vermögensgegenständen, die satzungsmäßigen Zwecken dienen. ³Eine zeitnahe Mittelverwendung ist gegeben, wenn die Mittel spätestens in den auf den Zufluss folgenden zwei Kalender- oder Wirtschaftsjahren für die steuerbegünstigten satzungsmäßigen Zwecke verwendet werden. ⁴Satz 1 gilt nicht für Körperschaften mit jährlichen Einnahmen von nicht mehr als 45 000 Euro.

(2) Bei der Ermittlung des gemeinen Werts (Absatz 1 Nr. 2 und 4) kommt es auf die Verhältnisse zu dem Zeitpunkt an, in dem die Sacheinlagen geleistet worden sind.

(3)[3] Die Vorschriften, die die Mitglieder der Körperschaft betreffen (Absatz 1 Nr. 1, 2 und 4), gelten bei Stiftungen für die Stifter und ihre Erben, bei Betrieben gewerblicher Art von juristischen Personen des öffentlichen Rechts für die Körperschaft sinngemäß, jedoch mit der Maßgabe, dass bei Wirtschaftsgütern, die nach § 6 Absatz 1 Nummer 4 Satz 4[4] des Einkommensteuergesetzes aus einem Betriebsvermögen zum Buchwert entnommen worden sind, an die Stelle des gemeinen Werts der Buchwert der Entnahme tritt.

§ 56 Ausschließlichkeit. Ausschließlichkeit liegt vor, wenn eine Körperschaft nur ihre steuerbegünstigten satzungsmäßigen Zwecke verfolgt.

§ 57 Unmittelbarkeit. (1) ¹Eine Körperschaft verfolgt unmittelbar ihre steuerbegünstigten satzungsmäßigen Zwecke, wenn sie selbst diese Zwecke verwirklicht. ²Das kann auch durch Hilfspersonen geschehen, wenn nach den Umständen des Falls, insbesondere nach den rechtlichen und tatsächlichen Beziehungen, die zwischen der Körperschaft und der Hilfsperson bestehen, das Wirken der Hilfsperson wie eigenes Wirken der Körperschaft anzusehen ist.

---

[1] § 55 Abs. 1 Nr. 4 Satz 2 geänd. durch G v. 8.12.2010 (BGBl. I S. 1768); zur Anwendung siehe Art. 97 § 1d Abs. 3 Satz 2 iVm Satz 1 EGAO (Nr. **800a**).

[2] § 55 Abs. 1 Nr. 5 Satz 1 und 3 geänd. mWv 1.1.2014 bzw. 1.1.2013 durch G v. 21.3.2013 (BGBl. I S. 556); Satz 4 angef. mWv 29.12.2020 durch G v. 21.12.2020 (BGBl. I S. 3096).

[3] § 55 Abs. 3 geänd. durch G v. 8.12.2010 (BGBl. I S. 1768); zur Anwendung siehe Art. 97 § 1d Abs. 3 Satz 1 EGAO (Nr. **800a**).

[4] Verweis geänd. durch G v. 19.7.2006 (BGBl. I S. 1652), geänd. durch G v. 20.4.2009 (BGBl. I S. 774).

(2) Eine Körperschaft, in der steuerbegünstigte Körperschaften zusammengefasst sind, wird einer Körperschaft, die unmittelbar steuerbegünstigte Zwecke verfolgt, gleichgestellt.

(3)[1] [1] Eine Körperschaft verfolgt ihre steuerbegünstigten Zwecke auch dann unmittelbar im Sinne des Absatzes 1 Satz 1, wenn sie satzungsgemäß durch planmäßiges Zusammenwirken mit mindestens einer weiteren Körperschaft, die im Übrigen die Voraussetzungen der §§ 51 bis 68 erfüllt, einen steuerbegünstigten Zweck verwirklicht. [2] Die §§ 14 sowie 65 bis 68 sind mit der Maßgabe anzuwenden, dass für das Vorliegen der Eigenschaft als Zweckbetrieb bei der jeweiligen Körperschaft die Tätigkeiten der nach Satz 1 zusammenwirkenden Körperschaften zusammenzufassen sind.

(4)[1] Eine Körperschaft verfolgt ihre steuerbegünstigten Zwecke auch dann unmittelbar im Sinne des Absatzes 1 Satz 1, wenn sie ausschließlich Anteile an steuerbegünstigten Kapitalgesellschaften hält und verwaltet.

§ 58 Steuerlich unschädliche Betätigungen. Die Steuervergünstigung wird nicht dadurch ausgeschlossen, dass

1.[2] eine Körperschaft einer anderen Körperschaft oder einer juristischen Person des öffentlichen Rechts Mittel für die Verwirklichung steuerbegünstigter Zwecke zuwendet. [2] Mittel sind sämtliche Vermögenswerte der Körperschaft. [3] Die Zuwendung von Mitteln an eine beschränkt oder unbeschränkt steuerpflichtige Körperschaft des privaten Rechts setzt voraus, dass diese selbst steuerbegünstigt ist. [4] Beabsichtigt die Körperschaft, als einzige Art der Zweckverwirklichung Mittel anderen Körperschaften oder juristischen Personen des öffentlichen Rechts zuzuwenden, ist die Mittelweitergabe als Art der Zweckverwirklichung in der Satzung zu benennen,

2.[3] *(aufgehoben)*

3.[4] eine Körperschaft ihre Überschüsse der Einnahmen über die Ausgaben aus der Vermögensverwaltung, ihre Gewinne aus den wirtschaftlichen Geschäftsbetrieben ganz oder teilweise und darüber hinaus höchstens 15 Prozent ihrer sonstigen nach § 55 Absatz 1 Nummer 5 zeitnah zu verwendenden Mittel einer anderen steuerbegünstigten Körperschaft oder einer juristischen Person des öffentlichen Rechts zur Vermögensausstattung zuwendet. [2] Die aus den Vermögenserträgen zu verwirklichenden steuerbegünstigten Zwecke müssen den steuerbegünstigten satzungsmäßigen Zwecken der zuwendenden Körperschaft entsprechen. [3] Die nach dieser Nummer zugewandten Mittel und deren Erträge dürfen nicht für weitere Mittelweitergaben im Sinne des ersten Satzes verwendet werden,

4. eine Körperschaft ihre Arbeitskräfte anderen Personen, Unternehmen, Einrichtungen oder einer juristischen Person des öffentlichen Rechts für steuerbegünstigte Zwecke zur Verfügung stellt,

---

[1] § 57 Abs. 3 und 4 angef. mWv 29.12.2020 durch G v. 21.12.2020 (BGBl. I S. 3096).
[2] § 58 Nr. 1 neu gef. mWv 29.12.2020 durch G v. 21.12.2020 (BGBl. I S. 3096).
[3] § 58 Nr. 2 aufgeh. mWv 29.12.2020 durch G v. 21.12.2020 (BGBl. I S. 3096).
[4] § 58 Nr. 3 eingef., bish. Nrn. 3 bis 5 werden Nrn. 4 bis 6 mWv 1.1.2014 durch G v. 21.3.2013 (BGBl. I S. 556).

5. eine Körperschaft ihr gehörende Räume einer anderen, ebenfalls steuerbegünstigten Körperschaft oder einer juristischen Person des öffentlichen Rechts zur Nutzung zu steuerbegünstigten Zwecken überlässt,

6. eine Stiftung einen Teil, jedoch höchstens ein Drittel ihres Einkommens dazu verwendet, um in angemessener Weise den Stifter und seine nächsten Angehörigen zu unterhalten, ihre Gräber zu pflegen und ihr Andenken zu ehren,

7.[1] eine Körperschaft gesellige Zusammenkünfte veranstaltet, die im Vergleich zu ihrer steuerbegünstigten Tätigkeit von untergeordneter Bedeutung sind,

8.[1] ein Sportverein neben dem unbezahlten auch den bezahlten Sport fördert,

9.[1] eine von einer Gebietskörperschaft errichtete Stiftung zur Erfüllung ihrer steuerbegünstigten Zwecke Zuschüsse an Wirtschaftsunternehmen vergibt,

10.[2] eine Körperschaft Mittel zum Erwerb von Gesellschaftsrechten zur Erhaltung der prozentualen Beteiligung an Kapitalgesellschaften im Jahr des Zuflusses verwendet. [2]Dieser Erwerb mindert die Höhe der Rücklage nach § 62 Absatz 1 Nummer 3.

§ 58a[3] Vertrauensschutz bei Mittelweitergaben. (1) Wendet eine steuerbegünstigte Körperschaft Mittel einer anderen Körperschaft zu, darf sie unter den Voraussetzungen des Absatzes 2 darauf vertrauen, dass die empfangende Körperschaft

1. nach § 5 Absatz 1 Nummer 9 des Körperschaftsteuergesetzes im Zeitpunkt der Zuwendung steuerbegünstigt ist und

2. die Zuwendung für steuerbegünstigte Zwecke verwendet.

(2) Das Vertrauen der zuwendenden Körperschaft nach Absatz 1 ist nur schutzwürdig, wenn sich die zuwendende Körperschaft zum Zeitpunkt der Zuwendung die Steuerbegünstigung der empfangenden Körperschaft nach § 5 Absatz 1 Nummer 9 des Körperschaftsteuergesetzes hat nachweisen lassen durch eine Ausfertigung

1. der Anlage zum Körperschaftsteuerbescheid, deren Datum nicht länger als fünf Jahre zurückliegt oder

2. des Freistellungsbescheids, dessen Datum nicht länger als fünf Jahre zurückliegt oder

3. des Bescheids über die Feststellung der Einhaltung der satzungsmäßigen Voraussetzungen nach § 60a Absatz 1, dessen Datum nicht länger als drei Jahre zurückliegt, wenn der empfangenden Körperschaft bisher kein Freistellungsbescheid oder keine Anlage zum Körperschaftsteuerbescheid erteilt wurde.

---

[1] § 58 Nrn. 8 bis 10 werden Nrn. 7 bis 9 mWv 1.1.2014 durch G v. 21.3.2013 (BGBl. I S. 556).
[2] § 58 Nrn. 11 und 12 ersetzt durch neue Nr. 10 mWv 1.1.2014 durch G v. 21.3.2013 (BGBl. I S. 556).
[3] § 58a eingef. mWv 29.12.2020 durch G v. 21.12.2020 (BGBl. I S. 3096).

(3) Absatz 1 ist nicht anzuwenden, wenn

1. der zuwendenden Körperschaft die Unrichtigkeit eines Verwaltungsakts nach Absatz 2 bekannt ist oder in Folge grober Fahrlässigkeit nicht bekannt war oder

2. die zuwendende Körperschaft eine Verwendung für nicht steuerbegünstigte Zwecke durch die empfangende Körperschaft veranlasst hat.

§ 59 Voraussetzung der Steuervergünstigung. Die Steuervergünstigung wird gewährt, wenn sich aus der Satzung, dem Stiftungsgeschäft oder der sonstigen Verfassung (Satzung im Sinne dieser Vorschriften) ergibt, welchen Zweck die Körperschaft verfolgt, dass dieser Zweck den Anforderungen der §§ 52 bis 55 entspricht und dass er ausschließlich und unmittelbar verfolgt wird; die tatsächliche Geschäftsführung muss diesen Satzungsbestimmungen entsprechen.

§ 60[1] Anforderungen an die Satzung. (1) [1]Die Satzungszwecke und die Art ihrer Verwirklichung müssen so genau bestimmt sein, dass auf Grund der Satzung geprüft werden kann, ob die satzungsmäßigen Voraussetzungen für Steuervergünstigungen gegeben sind. [2]Die Satzung muss die in der Anlage 1[2] bezeichneten Festlegungen enthalten.

(2) Die Satzung muss den vorgeschriebenen Erfordernissen bei der Körperschaftsteuer und bei der Gewerbesteuer während des ganzen Veranlagungs- oder Bemessungszeitraums, bei den anderen Steuern im Zeitpunkt der Entstehung der Steuer entsprechen.

§ 60a[3] Feststellung der satzungsmäßigen Voraussetzungen. (1) [1]Die Einhaltung der satzungsmäßigen Voraussetzungen nach den §§ 51, 59, 60 und 61 wird gesondert festgestellt. [2]Die Feststellung der Satzungsmäßigkeit ist für die Besteuerung der Körperschaft und der Steuerpflichtigen, die Zuwendungen in Form von Spenden und Mitgliedsbeiträgen an die Körperschaft erbringen, bindend.

(2) Die Feststellung der Satzungsmäßigkeit erfolgt

1. auf Antrag der Körperschaft oder

2. von Amts wegen bei der Veranlagung zur Körperschaftsteuer, wenn bisher noch keine Feststellung erfolgt ist.

(3) Die Bindungswirkung der Feststellung entfällt ab dem Zeitpunkt, in dem die Rechtsvorschriften, auf denen die Feststellung beruht, aufgehoben oder geändert werden.

(4) Tritt bei den für die Feststellung erheblichen Verhältnissen eine Änderung ein, ist die Feststellung mit Wirkung vom Zeitpunkt der Änderung der Verhältnisse aufzuheben.

---

[1] § 60 Abs. 1 Satz 2 angef. durch G v. 19.12.2008 (BGBl. I S. 2794); zur erstmaligen Anwendung siehe Art. 97 § 1f Abs. 2 EGAO (Nr. **800a**).

[2] Nachfolgend abgedruckt.

[3] § 60a eingef. mWv 29.3.2013 durch G v. 21.3.2013 (BGBl. I S. 556).

(5) ¹Materielle Fehler im Feststellungsbescheid über die Satzungsmäßigkeit können mit Wirkung ab dem Kalenderjahr beseitigt werden, das auf die Bekanntgabe der Aufhebung der Feststellung folgt. ²§ 176 gilt entsprechend, außer es sind Kalenderjahre zu ändern, die nach der Verkündung der maßgeblichen Entscheidung eines obersten Gerichtshofes des Bundes beginnen.

(6)¹⁾ ¹Liegen bis zum Zeitpunkt des Erlasses des erstmaligen Körperschaftsteuerbescheids oder Freistellungsbescheids bereits Erkenntnisse vor, dass die tatsächliche Geschäftsführung gegen die satzungsmäßigen Voraussetzungen verstößt, ist die Feststellung der Einhaltung der satzungsmäßigen Voraussetzungen nach Absatz 1 Satz 1 abzulehnen. ²Satz 1 gilt entsprechend für die Aufhebung bestehender Feststellungen nach § 60a.

(7)²⁾ ¹Auf Anfrage der registerführenden Stelle nach § 18 Absatz 2 des Geldwäschegesetzes kann das für die Feststellung nach Absatz 1 zuständige Finanzamt der registerführenden Stelle bestätigen, dass eine Vereinigung, die einen Antrag nach § 24 Absatz 1 Satz 2 des Geldwäschegesetzes gestellt hat, die nach den §§ 52 bis 54 der Abgabenordnung steuerbegünstigten Zwecke verfolgt. ²Hierzu hat die registerführende Stelle dem zuständigen Finanzamt zu bestätigen, dass das Einverständnis der Vereinigung auf Auskunftserteilung nach § 24 Absatz 1 Satz 3 des Geldwäschegesetzes vorliegt.

[ab 1.1.2024:

§ 60b³⁾ Zuwendungsempfängerregister. (1) Das Bundeszentralamt für Steuern führt ein Register, in dem Körperschaften geführt werden, die die Voraussetzungen der §§ 51 bis 68 oder des § 34g des Einkommensteuergesetzes erfüllen (Zuwendungsempfängerregister).

(2) Im Zuwendungsempfängerregister speichert das Bundeszentralamt für Steuern zu Zwecken des Sonderausgabenabzugs nach § 10b des Einkommensteuergesetzes zu Körperschaften, die die Voraussetzungen der §§ 51 bis 68 erfüllen, folgende Daten:

1. Wirtschafts-Identifikationsnummer der Körperschaft,
2. Name der Körperschaft,
3. Anschrift der Körperschaft,
4. steuerbegünstigte Zwecke der Körperschaft,
5. das für die Festsetzung der Körperschaftsteuer der Körperschaft zuständige Finanzamt,
6. Datum der Erteilung des letzten Freistellungsbescheides oder Feststellungsbescheides nach § 60a,
7. Bankverbindung der Körperschaft.

(3) Das für die Festsetzung der Körperschaftsteuer der Körperschaft zuständige Finanzamt übermittelt dem Bundeszentralamt für Steuern die Daten nach Absatz 2 sowie unverzüglich jede Änderung dieser Daten.

---

¹⁾ § 60a Abs. 6 angef. mWv 29.12.2020 durch G v. 21.12.2020 (BGBl. I S. 3096).
²⁾ § 60a Abs. 7 eingef. mWv 1.8.2021 durch G v. 25.6.2021 (BGBl. I S. 2083).
³⁾ § 60b eingef. mWv 1.1.2024 durch G v. 21.12.2020 (BGBl. I S. 3096).

(4) [1]Das Bundeszentralamt für Steuern ist befugt, die Daten nach Absatz 2 Dritten zu offenbaren. [2]§ 30 steht dem nicht entgegen.]

§ 61 Satzungsmäßige Vermögensbindung. (1) Eine steuerlich ausreichende Vermögensbindung (§ 55 Abs. 1 Nr. 4) liegt vor, wenn der Zweck, für den das Vermögen bei Auflösung oder Aufhebung der Körperschaft oder bei Wegfall ihres bisherigen Zwecks verwendet werden soll, in der Satzung so genau bestimmt ist, dass auf Grund der Satzung geprüft werden kann, ob der Verwendungszweck steuerbegünstigt ist.

(2)[1]) *(aufgehoben)*

(3) [1]Wird die Bestimmung über die Vermögensbindung nachträglich so geändert, dass sie den Anforderungen des § 55 Abs. 1 Nr. 4 nicht mehr entspricht, so gilt sie von Anfang an als steuerlich nicht ausreichend. [2]§ 175 Abs. 1 Satz 1 Nr. 2 ist mit der Maßgabe anzuwenden, dass Steuerbescheide erlassen, aufgehoben oder geändert werden können, soweit sie Steuern betreffen, die innerhalb der letzten zehn Kalenderjahre vor der Änderung der Bestimmung über die Vermögensbindung entstanden sind.

§ 62[2]) Rücklagen und Vermögensbildung. (1) Körperschaften können ihre Mittel ganz oder teilweise

1. einer Rücklage zuführen, soweit dies erforderlich ist, um ihre steuerbegünstigten, satzungsmäßigen Zwecke nachhaltig zu erfüllen;

2. einer Rücklage für die beabsichtigte Wiederbeschaffung von Wirtschaftsgütern zuführen, die zur Verwirklichung der steuerbegünstigten, satzungsmäßigen Zwecke erforderlich sind (Rücklage für Wiederbeschaffung). [2]Die Höhe der Zuführung bemisst sich nach der Höhe der regulären Absetzungen für Abnutzung eines zu ersetzenden Wirtschaftsguts. [3]Die Voraussetzungen für eine höhere Zuführung sind nachzuweisen;

3. der freien Rücklage zuführen, jedoch höchstens ein Drittel des Überschusses aus der Vermögensverwaltung und darüber hinaus höchstens 10 Prozent der sonstigen nach § 55 Absatz 1 Nummer 5 zeitnah zu verwendenden Mittel. [2]Ist der Höchstbetrag für die Bildung der freien Rücklage in einem Jahr nicht ausgeschöpft, kann diese unterbliebene Zuführung in den folgenden zwei Jahren nachgeholt werden;

4. einer Rücklage zum Erwerb von Gesellschaftsrechten zur Erhaltung der prozentualen Beteiligung an Kapitalgesellschaften zuführen, wobei die Höhe dieser Rücklage die Höhe der Rücklage nach Nummer 3 mindert.

(2) [1]Die Bildung von Rücklagen nach Absatz 1 hat innerhalb der Frist des § 55 Absatz 1 Nummer 5 Satz 3 zu erfolgen. [2]Rücklagen nach Absatz 1 Nummer 1, 2 und 4 sind unverzüglich aufzulösen, sobald der Grund für ihre Rücklagenbildung entfallen ist. [3]Die freigewordenen Mittel sind innerhalb der Frist nach § 55 Absatz 1 Nummer 5 Satz 3 zu verwenden.

---

[1]) § 61 Abs. 2 aufgeh. durch G v. 10.10.2007 (BGBl. I S. 2332); anzuwenden ab 1.1.2007 (Art. 97 § 1d EGAO – Nr. **800a**).
[2]) § 62 eingef. mWv 1.1.2014 durch G v. 21.3.2013 (BGBl. I S. 556).

(3) Die folgenden Mittelzuführungen unterliegen nicht der zeitnahen Mittelverwendung nach § 55 Absatz 1 Nummer 5:

1. Zuwendungen von Todes wegen, wenn der Erblasser keine Verwendung für den laufenden Aufwand der Körperschaft vorgeschrieben hat;
2. Zuwendungen, bei denen der Zuwendende ausdrücklich erklärt, dass diese zur Ausstattung der Körperschaft mit Vermögen oder zur Erhöhung des Vermögens bestimmt sind;
3. Zuwendungen auf Grund eines Spendenaufrufs der Körperschaft, wenn aus dem Spendenaufruf ersichtlich ist, dass Beträge zur Aufstockung des Vermögens erbeten werden;
4. Sachzuwendungen, die ihrer Natur nach zum Vermögen gehören.

(4) Eine Stiftung kann im Jahr ihrer Errichtung und in den drei folgenden Kalenderjahren Überschüsse aus der Vermögensverwaltung und die Gewinne aus wirtschaftlichen Geschäftsbetrieben nach § 14 ganz oder teilweise ihrem Vermögen zuführen.

§ 63 Anforderungen an die tatsächliche Geschäftsführung. (1) Die tatsächliche Geschäftsführung der Körperschaft muss auf die ausschließliche und unmittelbare Erfüllung der steuerbegünstigten Zwecke gerichtet sein und den Bestimmungen entsprechen, die die Satzung über die Voraussetzungen für Steuervergünstigungen enthält.

(2) Für die tatsächliche Geschäftsführung gilt sinngemäß § 60 Abs. 2, für eine Verletzung der Vorschrift über die Vermögensbindung § 61 Abs. 3.

(3) Die Körperschaft hat den Nachweis, dass ihre tatsächliche Geschäftsführung den Erfordernissen des Absatzes 1 entspricht, durch ordnungsmäßige Aufzeichnungen über ihre Einnahmen und Ausgaben zu führen.

(4)[1] [1]Hat die Körperschaft ohne Vorliegen der Voraussetzungen Mittel angesammelt, kann das Finanzamt ihr eine angemessene Frist für die Verwendung der Mittel setzen. [2]Die tatsächliche Geschäftsführung gilt als ordnungsgemäß im Sinne des Absatzes 1, wenn die Körperschaft die Mittel innerhalb der Frist für steuerbegünstigte Zwecke verwendet.

(5)[1] [1]Körperschaften im Sinne des § 10b Absatz 1 Satz 2 Nummer 2 des Einkommensteuergesetzes dürfen Zuwendungsbestätigungen im Sinne des § 50 Absatz 1 der Einkommensteuer-Durchführungsverordnung nur ausstellen, wenn

1. das Datum der Anlage zum Körperschaftsteuerbescheid oder des Freistellungsbescheids nicht länger als fünf Jahre zurückliegt oder
2. die Feststellung der Satzungsmäßigkeit nach § 60a Absatz 1 nicht länger als drei Kalenderjahre zurückliegt und bisher kein Freistellungsbescheid oder keine Anlage zum Körperschaftsteuerbescheid erteilt wurde.

[2]Die Frist ist taggenau zu berechnen.

§ 64 Steuerpflichtige wirtschaftliche Geschäftsbetriebe. (1) Schließt das Gesetz die Steuervergünstigung insoweit aus, als ein wirtschaftlicher Ge-

---

[1] § 63 Abs. 4 neu gef., Abs. 5 angef. mWv 29.3.2013 durch G v. 21.3.2013 (BGBl. I S. 556); Abs. 4 Satz 2 angef. mWv 31.7.2014 durch G v. 25.7.2014 (BGBl. I S. 1266).

schäftsbetrieb (§ 14) unterhalten wird, so verliert die Körperschaft die Steuervergünstigung für die dem Geschäftsbetrieb zuzuordnenden Besteuerungsgrundlagen (Einkünfte, Umsätze, Vermögen), soweit der wirtschaftliche Geschäftsbetrieb kein Zweckbetrieb (§§ 65 bis 68) ist.

(2) Unterhält die Körperschaft mehrere wirtschaftliche Geschäftsbetriebe, die keine Zweckbetriebe (§§ 65 bis 68) sind, werden diese als ein wirtschaftlicher Geschäftsbetrieb behandelt.

(3) Übersteigen die Einnahmen einschließlich Umsatzsteuer aus wirtschaftlichen Geschäftsbetrieben, die keine Zweckbetriebe sind, insgesamt nicht 45 000 Euro[1] im Jahr, so unterliegen die diesen Geschäftsbetrieben zuzuordnenden Besteuerungsgrundlagen nicht der Körperschaftsteuer und der Gewerbesteuer.

(4) Die Aufteilung einer Körperschaft in mehrere selbständige Körperschaften zum Zweck der mehrfachen Inanspruchnahme der Steuervergünstigung nach Absatz 3 gilt als Missbrauch von rechtlichen Gestaltungsmöglichkeiten im Sinne des § 42.

(5) Überschüsse aus der Verwertung unentgeltlich erworbenen Altmaterials außerhalb einer ständig dafür vorgehaltenen Verkaufsstelle, die der Körperschaftsteuer und der Gewerbesteuer unterliegen, können in Höhe des branchenüblichen Reingewinns geschätzt werden.

(6)[2] Bei den folgenden steuerpflichtigen wirtschaftlichen Geschäftsbetrieben kann der Besteuerung ein Gewinn von 15 Prozent der Einnahmen zugrunde gelegt werden:

1. Werbung für Unternehmen, die im Zusammenhang mit der steuerbegünstigten Tätigkeit einschließlich Zweckbetrieben stattfindet,
2. Totalisatorbetriebe,
3. Zweite Fraktionierungsstufe der Blutspendedienste.

§ 65 Zweckbetrieb. Ein Zweckbetrieb ist gegeben, wenn

1. der wirtschaftliche Geschäftsbetrieb in seiner Gesamtrichtung dazu dient, die steuerbegünstigten satzungsmäßigen Zwecke der Körperschaft zu verwirklichen,
2. die Zwecke nur durch einen solchen Geschäftsbetrieb erreicht werden können und
3. der wirtschaftliche Geschäftsbetrieb zu nicht begünstigten Betrieben derselben oder ähnlicher Art nicht in größerem Umfang in Wettbewerb tritt, als es bei Erfüllung der steuerbegünstigten Zwecke unvermeidbar ist.

§ 66 Wohlfahrtspflege. (1) Eine Einrichtung der Wohlfahrtspflege ist ein Zweckbetrieb, wenn sie in besonderem Maß den in § 53 genannten Personen dient.

---

[1] Betrag geänd. mWv 1.1.2007 (Art. 97 § 1d EGAO – Nr. **800a**) durch G v. 10.10.2007 (BGBl. I S. 2332); geänd. mWv 29.12.2020 durch G v. 21.12.2020 (BGBl. I S. 3096).
[2] § 64 Abs. 6 anzuwenden ab 1.1.2000 (Art. 97 § 1b EGAO – Nr. **800a**)

(2) ¹Wohlfahrtspflege ist die planmäßige, zum Wohle der Allgemeinheit und nicht des Erwerbs wegen ausgeübte Sorge für notleidende oder gefährdete Mitmenschen. ²Die Sorge kann sich auf das gesundheitliche, sittliche, erzieherische oder wirtschaftliche Wohl erstrecken und Vorbeugung oder Abhilfe bezwecken.

(3) ¹Eine Einrichtung der Wohlfahrtspflege dient in besonderem Maße den in § 53 genannten Personen, wenn diesen mindestens zwei Drittel ihrer Leistungen zugute kommen. ²Für Krankenhäuser gilt § 67.

§ 67[1] Krankenhäuser. (1) Ein Krankenhaus, das in den Anwendungsbereich des Krankenhausentgeltgesetzes oder der Bundespflegesatzverordnung fällt, ist ein Zweckbetrieb, wenn mindestens 40 Prozent der jährlichen Belegungstage oder Berechnungstage auf Patienten entfallen, bei denen nur Entgelte für allgemeine Krankenhausleistungen (§ 7 des Krankenhausentgeltgesetzes, § 10 der Bundespflegesatzverordnung) berechnet werden.

(2) Ein Krankenhaus, das nicht in den Anwendungsbereich des Krankenhausentgeltgesetzes oder der Bundespflegesatzverordnung fällt, ist ein Zweckbetrieb, wenn mindestens 40 Prozent der jährlichen Belegungstage oder Berechnungstage auf Patienten entfallen, bei denen für die Krankenhausleistungen kein höheres Entgelt als nach Absatz 1 berechnet wird.

§ 67a[2] Sportliche Veranstaltungen. (1) ¹Sportliche Veranstaltungen eines Sportvereins sind ein Zweckbetrieb, wenn die Einnahmen einschließlich Umsatzsteuer insgesamt 45 000 Euro[3] im Jahr nicht übersteigen. ²Der Verkauf von Speisen und Getränken sowie die Werbung gehören nicht zu den sportlichen Veranstaltungen.

(2) ¹Der Sportverein kann dem Finanzamt bis zur Unanfechtbarkeit des Körperschaftsteuerbescheids erklären, dass er auf die Anwendung des Absatzes 1 Satz 1 verzichtet. ²Die Erklärung bindet den Sportverein für mindestens fünf Veranlagungszeiträume.

(3) ¹Wird auf die Anwendung des Absatzes 1 Satz 1 verzichtet, sind sportliche Veranstaltungen eines Sportvereins ein Zweckbetrieb, wenn

1. kein Sportler des Vereins teilnimmt, der für seine sportliche Betätigung oder für die Benutzung seiner Person, seines Namens, seines Bildes oder seiner sportlichen Betätigung zu Werbezwecken von dem Verein oder einem Dritten über eine Aufwandsentschädigung hinaus Vergütungen oder andere Vorteile erhält und

2. kein anderer Sportler teilnimmt, der für die Teilnahme an der Veranstaltung von dem Verein oder einem Dritten im Zusammenwirken mit dem Verein über eine Aufwandsentschädigung hinaus Vergütungen oder andere Vorteile erhält.

---

[1] § 67 Abs. 1 neu gef., Abs. 2 geänd. durch G v. 13.12.2006 (BGBl. I S. 2878); zur erstmaligen Anwendung siehe Art. 97 § 1c Abs. 3 EGAO (Nr. **800a**).
[2] § 67a Abs. 4 angef. mWv 1.1.2021 durch G v. 11.12.2018 (BGBl. I S. 2338).
[3] Betrag geänd. mWv 1.1.2007 (Art. 97 § 1d EGAO – Nr. **800a**) durch G v. 10.10.2007 (BGBl. I S. 2332); geänd. mWv 1.1.2013 durch G v. 21.3.2013 (BGBl. I S. 556).

² Andere sportliche Veranstaltungen sind ein steuerpflichtiger wirtschaftlicher Geschäftsbetrieb. ³ Dieser schließt die Steuervergünstigung nicht aus, wenn die Vergütungen oder andere Vorteile ausschließlich aus wirtschaftlichen Geschäftsbetrieben, die nicht Zweckbetriebe sind, oder von Dritten geleistet werden.

(4) ¹ Organisatorische Leistungen eines Sportdachverbandes zur Durchführung von sportlichen Veranstaltungen sind ein Zweckbetrieb, wenn an der sportlichen Veranstaltung überwiegend Sportler teilnehmen, die keine Lizenzsportler sind. ² Alle sportlichen Veranstaltungen einer Saison einer Liga gelten als eine sportliche Veranstaltung im Sinne des Satzes 1. ³ Absatz 1 Satz 2 gilt entsprechend.

§ 68 Einzelne Zweckbetriebe. Zweckbetriebe sind auch:

1. a) Alten-, Altenwohn- und Pflegeheime, Erholungsheime, Mahlzeitendienste, wenn sie in besonderem Maß den in § 53 genannten Personen dienen (§ 66 Abs. 3),

   b) Kindergärten, Kinder-, Jugend- und Studentenheime, Schullandheime und Jugendherbergen,

   c)¹⁾ Einrichtungen zur Versorgung, Verpflegung und Betreuung von Flüchtlingen. ² Die Voraussetzungen des § 66 Absatz 2 sind zu berücksichtigen,

2. a) landwirtschaftliche Betriebe und Gärtnereien, die der Selbstversorgung von Körperschaften dienen und dadurch die sachgemäße Ernährung und ausreichende Versorgung von Anstaltsangehörigen sichern,

   b) andere Einrichtungen, die für die Selbstversorgung von Körperschaften erforderlich sind, wie Tischlereien, Schlossereien,

   wenn die Lieferungen und sonstigen Leistungen dieser Einrichtungen an Außenstehende dem Wert nach 20 Prozent der gesamten Lieferungen und sonstigen Leistungen des Betriebs – einschließlich der an die Körperschaften selbst bewirkten – nicht übersteigen,

3.²⁾ a) Werkstätten für behinderte Menschen, die nach den Vorschriften des Dritten Buches Sozialgesetzbuch förderungsfähig sind und Personen Arbeitsplätze bieten, die wegen ihrer Behinderung nicht auf dem allgemeinen Arbeitsmarkt tätig sein können,

   b) Einrichtungen für Beschäftigungs- und Arbeitstherapie, in denen behinderte Menschen aufgrund ärztlicher Indikationen außerhalb eines Beschäftigungsverhältnisses zum Träger der Therapieeinrichtung mit dem Ziel behandelt werden, körperliche oder psychische Grundfunktionen zum Zwecke der Wiedereingliederung in das Alltagsleben wiederherzustellen oder die besonderen Fähigkeiten und Fertigkeiten auszubilden, zu fördern und zu trainieren, die für eine Teilnahme am Arbeitsleben erforderlich sind, und

---

¹⁾ § 68 Nr. 1 Buchst. c angef. mWv 29.12.2020 durch G v. 21.12.2020 (BGBl. I S. 3096).
²⁾ § 68 Nr. 3 neu gef. durch G v. 23.4.2004 (BGBl. I S. 606); zur erstmaligen Anwendung siehe Art. 97 § 1e Abs. 3 EGAO (Nr. **800a**); Nr. 3 Buchst. c HS 2 angef. mWv 1.8.2016 durch G v. 26.7.2016 (BGBl. I S. 1824); Buchst. c neu gef. mWv 1.1.2018 durch G v. 23.12.2016 (BGBl. I S. 3234).

c) Inklusionsbetriebe im Sinne des § 215 Absatz 1 des Neunten Buches Sozialgesetzbuch,[1] wenn mindestens 40 Prozent der Beschäftigten besonders betroffene schwerbehinderte Menschen im Sinne des § 215 Absatz 1 des Neunten Buches Sozialgesetzbuch sind; auf die Quote werden psychisch kranke Menschen im Sinne des § 215 Absatz 4 des Neunten Buches Sozialgesetzbuch[1] angerechnet,

4.[2] Einrichtungen, die zur Durchführung der Fürsorge für blinde Menschen, zur Durchführung der Fürsorge für körperbehinderte Menschen und zur Durchführung der Fürsorge für psychische und seelische Erkrankungen beziehungsweise Behinderungen unterhalten werden,

5.[3] Einrichtungen über Tag und Nacht (Heimerziehung) oder sonstige betreute Wohnformen,

6.[4] von den zuständigen Behörden genehmigte Lotterien und Ausspielungen, wenn der Reinertrag unmittelbar und ausschließlich zur Förderung mildtätiger, kirchlicher oder gemeinnütziger Zwecke verwendet wird,

7. kulturelle Einrichtungen, wie Museen, Theater, und kulturelle Veranstaltungen, wie Konzerte, Kunstausstellungen; dazu gehört nicht der Verkauf von Speisen und Getränken,

8. Volkshochschulen und andere Einrichtungen, soweit sie selbst Vorträge, Kurse und andere Veranstaltungen wissenschaftlicher oder belehrender Art durchführen; dies gilt auch, soweit die Einrichtungen den Teilnehmern dieser Veranstaltungen selbst Beherbergung und Beköstigung gewähren,

9. Wissenschafts- und Forschungseinrichtungen, deren Träger sich überwiegend aus Zuwendungen der öffentlichen Hand oder Dritter oder aus der Vermögensverwaltung finanziert. ²Der Wissenschaft und Forschung dient auch die Auftragsforschung. ³Nicht zum Zweckbetrieb gehören Tätigkeiten, die sich auf die Anwendung gesicherter wissenschaftlicher Erkenntnisse beschränken, die Übernahme von Projektträgerschaften sowie wirtschaftliche Tätigkeiten ohne Forschungsbezug.

Vierter Abschnitt: Haftung[5]

§ 69 Haftung der Vertreter. ¹Die in den §§ 34 und 35 bezeichneten Personen haften, soweit Ansprüche aus dem Steuerschuldverhältnis (§ 37) infolge vorsätzlicher oder grob fahrlässiger Verletzung der ihnen auferlegten Pflichten nicht oder nicht rechtzeitig festgesetzt oder erfüllt oder soweit infolgedessen Steuervergütungen oder Steuererstattungen ohne rechtlichen Grund gezahlt werden. ²Die Haftung umfasst auch die infolge der Pflichtverletzung zu zahlenden Säumniszuschläge.

---

[1] **Aichberger** Sozialgesetzbuch Nr. 9.
[2] § 68 Nr. 4 geänd. mWv 1.1.2017 durch G v. 20.12.2016 (BGBl. I S. 3000); geänd. mWv 29.12.2020 durch G v. 21.12.2020 (BGBl. I S. 3096).
[3] § 68 Nr. 5 neu gef. mWv 1.1.2014 durch G v. 26.6.2013 (BGBl. I S. 1809).
[4] § 68 Nr. 6 erstmals anzuwenden ab 1.1.2000 (Art. 97 § 1e Abs. 1 EGAO – Nr. **800a**).
[5] Zur Anwendung in den neuen Bundesländern siehe Art. 97a § 2 Nr. 6 EGAO (Nr. **800a**).

§ 70[1] Haftung des Vertretenen. (1) Wenn die in den §§ 34 und 35 bezeichneten Personen bei Ausübung ihrer Obliegenheiten eine Steuerhinterziehung oder eine leichtfertige Steuerverkürzung begehen oder an einer Steuerhinterziehung teilnehmen und hierdurch Steuerschuldner oder Haftende werden, so haften die Vertretenen, soweit sie nicht Steuerschuldner sind, für die durch die Tat verkürzten Steuern und die zu Unrecht gewährten Steuervorteile.

(2) [1]Absatz 1 ist nicht anzuwenden bei Taten gesetzlicher Vertreter natürlicher Personen, wenn diese aus der Tat des Vertreters keinen Vermögensvorteil erlangt haben. [2]Das Gleiche gilt, wenn die Vertretenen denjenigen, der die Steuerhinterziehung oder die leichtfertige Steuerverkürzung begangen hat, sorgfältig ausgewählt und beaufsichtigt haben.

§ 71[2] · [3] Haftung des Steuerhinterziehers und des Steuerhehlers. Wer eine Steuerhinterziehung oder eine Steuerhehlerei begeht oder an einer solchen Tat teilnimmt, haftet für die verkürzten Steuern und die zu Unrecht gewährten Steuervorteile sowie für die Zinsen nach § 235 und die Zinsen nach § 233a, soweit diese nach § 235 Absatz 4 auf die Hinterziehungszinsen angerechnet werden.

§ 72 Haftung bei Verletzung der Pflicht zur Kontenwahrheit. Wer vorsätzlich oder grob fahrlässig der Vorschrift des § 154 Abs. 3 zuwiderhandelt, haftet, soweit dadurch die Verwirklichung von Ansprüchen aus dem Steuerschuldverhältnis beeinträchtigt wird.

§ 72a[4] Haftung Dritter bei Datenübermittlungen an Finanzbehörden. (1) [1]Der Hersteller von Programmen im Sinne des § 87c haftet, soweit die Daten infolge einer Verletzung seiner Pflichten nach § 87c unrichtig oder unvollständig verarbeitet und dadurch Steuern verkürzt oder zu Unrecht steuerliche Vorteile erlangt werden. [2]Die Haftung entfällt, soweit der Hersteller nachweist, dass die Pflichtverletzung nicht auf grober Fahrlässigkeit oder Vorsatz beruht.

(2)[5] [1]Wer als Auftragnehmer (§ 87d) Programme zur Verarbeitung von Daten im Auftrag im Sinne des § 87c einsetzt, haftet, soweit

1. auf Grund unrichtiger oder unvollständiger Übermittlung Steuern verkürzt oder zu Unrecht steuerliche Vorteile erlangt werden oder

2. er seine Pflichten nach § 87d Absatz 2 verletzt hat und auf Grund der von ihm übermittelten Daten Steuern verkürzt oder zu Unrecht steuerliche Vorteile erlangt werden.

---

[1] Zu § 70 siehe Art. 97a § 3 Abs. 3 EGAO (Nr. **800a**).
[2] Zu § 71 siehe Art. 97a § 3 Abs. 3 EGAO (Nr. **800a**).
[3] § 71 geänd. mWv 1.1.2017 durch G v. 18.7.2016 (BGBl. I S. 1679); zur Anwendung s. Art. 97 § 11 Abs. 3 EGAO (Nr. **800a**).
[4] § 72a eingef. durch G v. 18.7.2016 (BGBl. I S. 1679); zur Anwendung siehe Art. 97 § 27 Abs. 1 (zu Abs. 1 bis 3) u. Abs. 2 (zu Abs. 4) EGAO (Nr. **800a**).
[5] § 72a Abs. 2 Satz 1 geänd. mWv 25.5.2018 durch G v. 17.7.2017 (BGBl. I S. 2541).

²Die Haftung entfällt, soweit der Auftragnehmer nachweist, dass die unrichtige oder unvollständige Übermittlung der Daten oder die Verletzung der Pflichten nach § 87d Absatz 2 nicht auf grober Fahrlässigkeit oder Vorsatz beruht.

(3) Die Absätze 1 und 2 gelten nicht für Zusammenfassende Meldungen im Sinne des § 18a Absatz 1 des Umsatzsteuergesetzes.

(4) Wer nach Maßgabe des § 93c Daten an die Finanzbehörden zu übermitteln hat und vorsätzlich oder grob fahrlässig

1. unrichtige oder unvollständige Daten übermittelt oder
2. Daten pflichtwidrig nicht übermittelt,

haftet für die entgangene Steuer.

§ 73[1] Haftung bei Organschaft. ¹Eine Organgesellschaft haftet für solche Steuern des Organträgers, für welche die Organschaft zwischen ihnen steuerlich von Bedeutung ist. ²Haftet eine Organgesellschaft, die selbst Organträger ist, nach Satz 1, haften ihre Organgesellschaften neben ihr ebenfalls nach Satz 1. ³Den Steuern stehen die Ansprüche auf Erstattung von Steuervergütungen gleich.

§ 74 Haftung des Eigentümers von Gegenständen. (1) ¹Gehören Gegenstände, die einem Unternehmen dienen, nicht dem Unternehmer, sondern einer an dem Unternehmen wesentlich beteiligten Person, so haftet der Eigentümer der Gegenstände mit diesen für diejenigen Steuern des Unternehmens, bei denen sich die Steuerpflicht auf den Betrieb des Unternehmens gründet. ²Die Haftung erstreckt sich jedoch nur auf die Steuern, die während des Bestehens der wesentlichen Beteiligung entstanden sind. ³Den Steuern stehen die Ansprüche auf Erstattung von Steuervergütungen gleich.

(2) ¹Eine Person ist an dem Unternehmen wesentlich beteiligt, wenn sie unmittelbar oder mittelbar zu mehr als einem Viertel am Grund- oder Stammkapital oder am Vermögen des Unternehmens beteiligt ist. ²Als wesentlich beteiligt gilt auch, wer auf das Unternehmen einen beherrschenden Einfluss ausübt und durch sein Verhalten dazu beiträgt, dass fällige Steuern im Sinne des Absatzes 1 Satz 1 nicht entrichtet werden.

§ 75 Haftung des Betriebsübernehmers. (1) ¹Wird ein Unternehmen oder ein in der Gliederung eines Unternehmens gesondert geführter Betrieb im Ganzen übereignet, so haftet der Erwerber für Steuern, bei denen sich die Steuerpflicht auf den Betrieb des Unternehmens gründet, und für Steuerabzugsbeträge, vorausgesetzt, dass die Steuern seit dem Beginn des letzten, vor der Übereignung liegenden Kalenderjahrs entstanden sind und bis zum Ablauf von einem Jahr nach Anmeldung des Betriebs durch den Erwerber festgesetzt oder angemeldet werden. ²Die Haftung beschränkt sich auf den Bestand des übernommenen Vermögens. ³Den Steuern stehen die Ansprüche auf Erstattung von Steuervergütungen gleich.

---

[1] § 73 Satz 2 eingef., bish. Satz 2 wird Satz 3 durch G v. 12.12.2019 (BGBl. I S. 2451); zur Anwendung siehe Art. 97 § 11 Abs. 4 EGAO (Nr. **800a**).

(2)[1] Absatz 1 gilt nicht für Erwerbe aus einer Insolvenzmasse und für Erwerbe im Vollstreckungsverfahren.

§ 76 Sachhaftung. (1) Verbrauchsteuerpflichtige Waren und einfuhr- und ausfuhrabgabenpflichtige Waren dienen ohne Rücksicht auf die Rechte Dritter als Sicherheit für die darauf ruhenden Steuern (Sachhaftung).

(2) Die Sachhaftung entsteht bei einfuhr- und ausfuhrabgaben- oder verbrauchsteuerpflichtigen Waren, wenn nichts anderes vorgeschrieben ist, mit ihrem Verbringen in den Geltungsbereich dieses Gesetzes, bei verbrauchsteuerpflichtigen Waren auch mit Beginn ihrer Gewinnung oder Herstellung.

(3) [1]Solange die Steuer nicht entrichtet ist, kann die Finanzbehörde die Waren mit Beschlag belegen. [2]Als Beschlagnahme genügt das Verbot an den, der die Waren im Gewahrsam hat, über sie zu verfügen.

(4) [1]Die Sachhaftung erlischt mit der Steuerschuld. [2]Sie erlischt ferner mit der Aufhebung der Beschlagnahme oder dadurch, dass die Waren mit Zustimmung der Finanzbehörde in einen steuerlich nicht beschränkten Verkehr übergehen.

(5) Von der Geltendmachung der Sachhaftung wird abgesehen, wenn die Waren dem Verfügungsberechtigten abhanden gekommen sind und die verbrauchsteuerpflichtigen Waren in einen Herstellungsbetrieb aufgenommen oder die einfuhr- und ausfuhrabgabenpflichtigen Waren eine zollrechtliche Bestimmung erhalten.

§ 77 Duldungspflicht. (1) Wer kraft Gesetzes verpflichtet ist, eine Steuer aus Mitteln, die seiner Verwaltung unterliegen, zu entrichten, ist insoweit verpflichtet, die Vollstreckung in dieses Vermögen zu dulden.

(2) [1]Wegen einer Steuer, die als öffentliche Last auf Grundbesitz ruht, hat der Eigentümer die Zwangsvollstreckung in den Grundbesitz zu dulden. [2]Zugunsten der Finanzbehörde gilt als Eigentümer, wer als solcher im Grundbuch eingetragen ist. [3]Das Recht des nicht eingetragenen Eigentümers, die ihm gegen die öffentliche Last zustehenden Einwendungen geltend zu machen, bleibt unberührt.

Dritter Teil. Allgemeine Verfahrensvorschriften

Erster Abschnitt: Verfahrensgrundsätze

1. Unterabschnitt: Beteiligung am Verfahren

§ 78 Beteiligte. Beteiligte sind
1. Antragsteller und Antragsgegner,
2. diejenigen, an die die Finanzbehörde den Verwaltungsakt richten will oder gerichtet hat,

---

[1] Zur Anwendung siehe Art. 97 § 11a EGAO (Nr. **800a**).

3. diejenigen, mit denen die Finanzbehörde einen öffentlich-rechtlichen Vertrag schließen will oder geschlossen hat.

§ 79[1]) **Handlungsfähigkeit.** (1) Fähig zur Vornahme von Verfahrenshandlungen sind:

1. natürliche Personen, die nach bürgerlichem Recht geschäftsfähig sind,
2. natürliche Personen, die nach bürgerlichem Recht in der Geschäftsfähigkeit beschränkt sind, soweit sie für den Gegenstand des Verfahrens durch Vorschriften des bürgerlichen Rechts als geschäftsfähig oder durch Vorschriften des öffentlichen Rechts als handlungsfähig anerkannt sind,
3. juristische Personen, Vereinigungen oder Vermögensmassen durch ihre gesetzlichen Vertreter oder durch besonders Beauftragte,
4. Behörden durch ihre Leiter, deren Vertreter oder Beauftragte.

(2) Betrifft ein Einwilligungsvorbehalt nach § 1825 des Bürgerlichen Gesetzbuchs den Gegenstand des Verfahrens, so ist ein geschäftsfähiger Betreuter nur insoweit zur Vornahme von Verfahrenshandlungen fähig, als er nach den Vorschriften des bürgerlichen Rechts ohne Einwilligung des Betreuers handeln kann oder durch Vorschriften des öffentlichen Rechts als handlungsfähig anerkannt ist.

(3) Die §§ 53 und 55 der Zivilprozessordnung gelten entsprechend.

§ 80[2]) **Bevollmächtigte und Beistände.** (1) ¹Ein Beteiligter kann sich durch einen Bevollmächtigten vertreten lassen. ²Die Vollmacht ermächtigt zu allen das Verwaltungsverfahren betreffenden Verfahrenshandlungen, sofern sich aus ihrem Inhalt nicht etwas anderes ergibt; sie ermächtigt nicht zum Empfang von Steuererstattungen und Steuervergütungen. ³Ein Widerruf der Vollmacht wird der Finanzbehörde gegenüber erst wirksam, wenn er ihr zugeht; ⁴Gleiches gilt für eine Veränderung der Vollmacht.

(2) ¹Bei Personen und Vereinigungen im Sinne der §§ 3 und 4 Nummer 11 des Steuerberatungsgesetzes, die für den Steuerpflichtigen handeln, wird eine ordnungsgemäße Bevollmächtigung vermutet. ²Für den Abruf von bei den Landesfinanzbehörden zum Vollmachtgeber gespeicherten Daten wird eine ordnungsgemäße Bevollmächtigung nur nach Maßgabe des § 80a Absatz 2 und 3 vermutet.

(3) Die Finanzbehörde kann auch ohne Anlass den Nachweis der Vollmacht verlangen.

(4) ¹Die Vollmacht wird weder durch den Tod des Vollmachtgebers noch durch eine Veränderung in seiner Handlungsfähigkeit oder durch eine Veränderung seiner gesetzlichen Vertretung aufgehoben. ²Der Bevollmächtigte hat jedoch, wenn er für den Rechtsnachfolger im Verwaltungsverfahren auftritt, dessen Vollmacht auf Verlangen nachzuweisen.

---

[1]) § 79 Abs. 2 geänd. mWv 1.1.2023 durch G v. 4.5.2021 (BGBl. I S. 882).
[2]) § 80 neu gef. mWv 1.1.2017 durch G v. 18.7.2016 (BGBl. I S. 1679); zur Anwendung s. auch Art. 97 § 1 Abs. 11 EGAO (Nr. **800a**).

(5) ¹ Ist für das Verfahren ein Bevollmächtigter bestellt, so soll sich die Finanzbehörde an ihn wenden. ² Sie kann sich an den Beteiligten selbst wenden, soweit er zur Mitwirkung verpflichtet ist. ³ Wendet sich die Finanzbehörde an den Beteiligten, so soll der Bevollmächtigte verständigt werden. ⁴ Für die Bekanntgabe von Verwaltungsakten an einen Bevollmächtigten gilt § 122 Absatz 1 Satz 3 und 4.

(6) ¹ Ein Beteiligter kann zu Verhandlungen und Besprechungen mit einem Beistand erscheinen. ² Das von dem Beistand Vorgetragene gilt als von dem Beteiligten vorgebracht, soweit dieser nicht unverzüglich widerspricht.

(7) ¹ Soweit ein Bevollmächtigter geschäftsmäßig Hilfe in Steuersachen leistet, ohne dazu befugt zu sein, ist er mit Wirkung für alle anhängigen und künftigen Verwaltungsverfahren des Vollmachtgebers im Zuständigkeitsbereich der Finanzbehörde zurückzuweisen. ² Die Zurückweisung ist dem Vollmachtgeber und dem Bevollmächtigten bekannt zu geben. ³ Die Finanzbehörde ist befugt, andere Finanzbehörden über die Zurückweisung des Bevollmächtigten zu unterrichten.

(8) ¹ Ein Bevollmächtigter kann von einem schriftlichen, elektronischen oder mündlichen Vortrag zurückgewiesen werden, soweit er hierzu ungeeignet ist. ² Dies gilt nicht für die in § 3 Nummer 1, § 4 Nummer 1 und 2 und § 23 Absatz 3 des Steuerberatungsgesetzes bezeichneten natürlichen Personen sowie natürliche Personen, die für eine Landwirtschaftliche Buchstelle tätig und nach § 44 des Steuerberatungsgesetzes¹⁾ berechtigt sind, die Berufsbezeichnung „Landwirtschaftliche Buchstelle" zu führen. ³ Die Zurückweisung ist dem Vollmachtgeber und dem Bevollmächtigten bekannt zu geben.

(9)²⁾ ¹ Soweit ein Beistand geschäftsmäßig Hilfe in Steuersachen leistet, ohne dazu befugt zu sein, ist er mit Wirkung für alle anhängigen und künftigen Verwaltungsverfahren des Steuerpflichtigen im Zuständigkeitsbereich der Finanzbehörde zurückzuweisen; Absatz 7 Satz 2 und 3 gilt entsprechend. ² Ferner kann er vom schriftlichen, elektronischen oder mündlichen Vortrag zurückgewiesen werden, falls er zu einem sachgemäßen Vortrag nicht fähig oder willens ist; Absatz 8 Satz 2 und 3 gilt entsprechend.

(10) Verfahrenshandlungen, die ein Bevollmächtigter oder ein Beistand vornimmt, nachdem ihm die Zurückweisung bekannt gegeben worden ist, sind unwirksam.

§ 80a³⁾ Elektronische Übermittlung von Vollmachtsdaten an Landesfinanzbehörden. (1) ¹ Daten aus einer Vollmacht zur Vertretung in steuerlichen Verfahren, die nach amtlich bestimmtem Formular erteilt worden sind, können den Landesfinanzbehörden nach amtlich vorgeschriebenem Datensatz über die amtlich bestimmten Schnittstellen übermittelt werden. ² Im Datensatz ist auch anzugeben, ob der Vollmachtgeber den Bevollmächtigten zum Emp-

---

¹⁾ Nr. **840**.
²⁾ § 80 Abs. 9 neu gef. durch G v. 12.12.2019 (BGBl. I S. 2451); zur Anwendung siehe Art. 97 § 1 Abs. 13 EGAO (Nr. **800a**).
³⁾ § 80a eingef. mWv 1.1.2017 durch G v. 18.7.2016 (BGBl. I S. 1679); zur Anwendung s. auch Art. 97 § 1 Abs. 11 EGAO (Nr. **800a**).

fang von für ihn bestimmten Verwaltungsakten oder zum Abruf von bei den Finanzbehörden zu seiner Person gespeicherten Daten ermächtigt hat. ³Die übermittelten Daten müssen der erteilten Vollmacht entsprechen. ⁴Wird eine Vollmacht, die nach Satz 1 übermittelt worden ist, vom Vollmachtgeber gegenüber dem Bevollmächtigten widerrufen oder verändert, muss der Bevollmächtigte dies unverzüglich den Landesfinanzbehörden nach amtlich vorgeschriebenem Datensatz mitteilen.

(2) ¹Werden die Vollmachtsdaten von einem Bevollmächtigten, der nach § 3 des Steuerberatungsgesetzes zur geschäftsmäßigen Hilfeleistung in Steuersachen befugt ist, nach Maßgabe des Absatzes 1 übermittelt, so wird eine Bevollmächtigung im mitgeteilten Umfang vermutet, wenn die zuständige Kammer sicherstellt, dass Vollmachtsdaten nur von den Bevollmächtigten übermittelt werden, die zur geschäftsmäßigen Hilfeleistung in Steuersachen befugt sind. ²Die für den Bevollmächtigten zuständige Kammer hat den Landesfinanzbehörden in diesem Fall auch den Wegfall einer Zulassung unverzüglich nach amtlich vorgeschriebenem Datensatz mitzuteilen.

(3) Absatz 2 gilt entsprechend für Vollmachtsdaten, die von einem anerkannten Lohnsteuerhilfeverein im Sinne des § 4 Nummer 11 des Steuerberatungsgesetzes übermittelt werden, sofern die für die Aufsicht zuständige Stelle in einem automatisierten Verfahren die Zulassung zur Hilfe in Steuersachen bestätigt.

§ 81 Bestellung eines Vertreters von Amts wegen. (1) Ist ein Vertreter nicht vorhanden, so hat das Betreuungsgericht, für einen minderjährigen Beteiligten das Familiengericht[1] auf Ersuchen der Finanzbehörde einen geeigneten Vertreter zu bestellen

1. für einen Beteiligten, dessen Person unbekannt ist,

2. für einen abwesenden Beteiligten, dessen Aufenthalt unbekannt ist oder der an der Besorgung seiner Angelegenheiten verhindert ist,

3.[2] für einen Beteiligten ohne Aufenthalt

   a) im Inland,

   b) in einem anderen Mitgliedstaat der Europäischen Union oder

   c) in einem anderen Staat, auf den das Abkommen über den Europäischen Wirtschaftsraum anzuwenden ist,

   wenn er der Aufforderung der Finanzbehörde, einen Vertreter zu bestellen, innerhalb der ihm gesetzten Frist nicht nachgekommen ist,

4. für einen Beteiligten, der infolge einer psychischen Krankheit oder körperlichen, geistigen oder seelischen Behinderung nicht in der Lage ist, in dem Verwaltungsverfahren selbst tätig zu werden,

5. bei herrenlosen Sachen, auf die sich das Verfahren bezieht, zur Wahrung der sich in Bezug auf die Sache ergebenden Rechte und Pflichten.

---

[1] § 81 Abs. 1 geänd. mWv 1.9.2009 durch G v. 17.12.2008 (BGBl. I S. 2586).
[2] § 81 Abs. 1 Nr. 3 neu gef. mWv 23.7.2016 durch G v. 18.7.2016 (BGBl. I S. 1679); zur Anwendung s. auch Art. 97 § 1 Abs. 11 EGAO (Nr. **800a**).

(2) Für die Bestellung des Vertreters ist in den Fällen des Absatzes 1 Nr. 4 das Betreuungsgericht, für einen minderjährigen Beteiligten das Familiengericht[1]) zuständig, in dessen Bezirk der Beteiligte seinen gewöhnlichen Aufenthalt (§ 272 Abs. 1 Nr. 2 des Gesetzes über das Verfahren in Familiensachen und in den Angelegenheiten der freiwilligen Gerichtsbarkeit)[1]) hat; im Übrigen ist das Gericht[1]) zuständig, in dessen Bezirk die ersuchende Finanzbehörde ihren Sitz hat.

(3) [1]Der Vertreter hat gegen den Rechtsträger der Finanzbehörde, die um seine Bestellung ersucht hat, Anspruch auf eine angemessene Vergütung und auf die Erstattung seiner baren Auslagen. [2]Die Finanzbehörde kann von dem Vertretenen Ersatz ihrer Aufwendungen verlangen. [3]Sie bestimmt die Vergütung und stellt die Auslagen und Aufwendungen fest.

(4) Im Übrigen gelten für die Bestellung und für das Amt des Vertreters in den Fällen des Absatzes 1 Nr. 4 die Vorschriften über die Betreuung, in den übrigen Fällen die Vorschriften über die Pflegschaft entsprechend.

2. Unterabschnitt: Ausschließung und Ablehnung von Amtsträgern und anderen Personen

§ 82 Ausgeschlossene Personen. (1) [1]In einem Verwaltungsverfahren darf für eine Finanzbehörde nicht tätig werden,

1. wer selbst Beteiligter ist,

2. wer Angehöriger (§ 15) eines Beteiligten ist,

3. wer einen Beteiligten kraft Gesetzes oder Vollmacht allgemein oder in diesem Verfahren vertritt,

4. wer Angehöriger (§ 15) einer Person ist, die für einen Beteiligten in diesem Verfahren Hilfe in Steuersachen leistet,

5. wer bei einem Beteiligten gegen Entgelt beschäftigt ist oder bei ihm als Mitglied des Vorstands, des Aufsichtsrats oder eines gleichartigen Organs tätig ist; dies gilt nicht für den, dessen Anstellungskörperschaft Beteiligte ist,

6. wer außerhalb seiner amtlichen Eigenschaft in der Angelegenheit ein Gutachten abgegeben hat oder sonst tätig geworden ist.

[2]Dem Beteiligten steht gleich, wer durch die Tätigkeit oder durch die Entscheidung einen unmittelbaren Vorteil oder Nachteil erlangen kann. [3]Dies gilt nicht, wenn der Vor- oder Nachteil nur darauf beruht, dass jemand einer Berufs- oder Bevölkerungsgruppe angehört, deren gemeinsame Interessen durch die Angelegenheit berührt werden.

(2) Wer nach Absatz 1 ausgeschlossen ist, darf bei Gefahr im Verzug unaufschiebbare Maßnahmen treffen.

(3)[2]) [1]Hält sich ein Mitglied eines Ausschusses für ausgeschlossen oder bestehen Zweifel, ob die Voraussetzungen des Absatzes 1 gegeben sind, ist dies dem Vorsitzenden des Ausschusses mitzuteilen. [2]Der Ausschuss entscheidet

---

[1]) § 81 Abs. 2 geänd. mWv 1.9.2009 durch G v. 17.12.2008 (BGBl. I S. 2586).
[2]) § 82 Abs. 3 Satz 3 geänd. mWv 26.11.2019 durch G v. 20.11.2019 (BGBl. I S. 1626).

über den Ausschluss. ³Die betroffene Person darf an dieser Entscheidung nicht mitwirken. ⁴Das ausgeschlossene Mitglied darf bei der weiteren Beratung und Beschlussfassung nicht zugegen sein.

§ 83 Besorgnis der Befangenheit. (1) ¹Liegt ein Grund vor, der geeignet ist, Misstrauen gegen die Unparteilichkeit des Amtsträgers zu rechtfertigen oder wird von einem Beteiligten das Vorliegen eines solchen Grundes behauptet, so hat der Amtsträger den Leiter der Behörde oder den von ihm Beauftragten zu unterrichten und sich auf dessen Anordnung der Mitwirkung zu enthalten. ²Betrifft die Besorgnis der Befangenheit den Leiter der Behörde, so trifft diese Anordnung die Aufsichtsbehörde, sofern sich der Behördenleiter nicht selbst einer Mitwirkung enthält.

(2) Bei Mitgliedern eines Ausschusses ist sinngemäß nach § 82 Abs. 3 zu verfahren.

§ 84 Ablehnung von Mitgliedern eines Ausschusses. ¹Jeder Beteiligte kann ein Mitglied eines in einem Verwaltungsverfahren tätigen Ausschusses ablehnen, das in diesem Verwaltungsverfahren nicht tätig werden darf (§ 82) oder bei dem die Besorgnis der Befangenheit besteht (§ 83). ²Eine Ablehnung vor einer mündlichen Verhandlung ist schriftlich oder zur Niederschrift zu erklären. ³Die Erklärung ist unzulässig, wenn sich der Beteiligte, ohne den ihm bekannten Ablehnungsgrund geltend zu machen, in eine mündliche Verhandlung eingelassen hat. ⁴Für die Entscheidung über die Ablehnung gilt § 82 Abs. 3 Sätze 2 bis 4. ⁵Die Entscheidung über das Ablehnungsgesuch kann nur zusammen mit der Entscheidung angefochten werden, die das Verfahren vor dem Ausschuss abschließt.

3. Unterabschnitt: Besteuerungsgrundsätze, Beweismittel

I. Allgemeines

§ 85 Besteuerungsgrundsätze. ¹Die Finanzbehörden haben die Steuern nach Maßgabe der Gesetze gleichmäßig festzusetzen und zu erheben. ²Insbesondere haben sie sicherzustellen, dass Steuern nicht verkürzt, zu Unrecht erhoben oder Steuererstattungen und Steuervergütungen nicht zu Unrecht gewährt oder versagt werden.

§ 86 Beginn des Verfahrens. ¹Die Finanzbehörde entscheidet nach pflichtgemäßem Ermessen, ob und wann sie ein Verwaltungsverfahren durchführt. ²Dies gilt nicht, wenn die Finanzbehörde auf Grund von Rechtsvorschriften

1. von Amts wegen oder auf Antrag tätig werden muss,

2. nur auf Antrag tätig werden darf und ein Antrag nicht vorliegt.

§ 87¹⁾ Amtssprache. (1) Die Amtssprache ist deutsch.

(2) ¹Werden bei einer Finanzbehörde in einer fremden Sprache Anträge gestellt oder Eingaben, Belege, Urkunden oder sonstige Dokumente vorgelegt,

---

¹⁾ § 87 Abs. 2 Satz 4 geänd. mWv 1.7.2004 durch G v. 5.5.2004 (BGBl. I S. 718).

kann die Finanzbehörde verlangen, dass unverzüglich eine Übersetzung vorgelegt wird. ²In begründeten Fällen kann die Vorlage einer beglaubigten oder von einem öffentlich bestellten oder beeidigten Dolmetscher oder Übersetzer angefertigten Übersetzung verlangt werden. ³Wird die verlangte Übersetzung nicht unverzüglich vorgelegt, so kann die Finanzbehörde auf Kosten des Beteiligten selbst eine Übersetzung beschaffen. ⁴Hat die Finanzbehörde Dolmetscher oder Übersetzer herangezogen, erhalten diese eine Vergütung in entsprechender Anwendung des Justizvergütungs- und -entschädigungsgesetzes¹).

(3) Soll durch eine Anzeige, einen Antrag oder die Abgabe einer Willenserklärung eine Frist in Lauf gesetzt werden, innerhalb deren die Finanzbehörde in einer bestimmten Weise tätig werden muss, und gehen diese in einer fremden Sprache ein, so beginnt der Lauf der Frist erst mit dem Zeitpunkt, in dem der Finanzbehörde eine Übersetzung vorliegt.

(4) ¹Soll durch eine Anzeige, einen Antrag oder eine Willenserklärung, die in fremder Sprache eingehen, zugunsten eines Beteiligten eine Frist gegenüber der Finanzbehörde gewahrt, ein öffentlich-rechtlicher Anspruch geltend gemacht oder eine Leistung begehrt werden, so gelten die Anzeige, der Antrag oder die Willenserklärung als zum Zeitpunkt des Eingangs bei der Finanzbehörde abgegeben, wenn auf Verlangen der Finanzbehörde innerhalb einer von dieser zu setzenden angemessenen Frist eine Übersetzung vorgelegt wird. ²Andernfalls ist der Zeitpunkt des Eingangs der Übersetzung maßgebend, soweit sich nicht aus zwischenstaatlichen Vereinbarungen etwas anderes ergibt. ³Auf diese Rechtsfolge ist bei der Fristsetzung hinzuweisen.

§ 87a Elektronische Kommunikation. (1)²) ¹Die Übermittlung elektronischer Dokumente ist zulässig, soweit der Empfänger hierfür einen Zugang eröffnet. ²Ein elektronisches Dokument ist zugegangen, sobald die für den Empfang bestimmte Einrichtung es in für den Empfänger bearbeitbarer Weise aufgezeichnet hat; § 122 Absatz 2a sowie die §§ 122a und 123 Satz 2 und 3 bleiben unberührt. ³Übermittelt die Finanzbehörde Daten, die dem Steuergeheimnis unterliegen, sind diese Daten mit einem geeigneten Verfahren zu verschlüsseln; soweit alle betroffenen Personen schriftlich eingewilligt haben, kann auf eine Verschlüsselung verzichtet werden. ⁴Die kurzzeitige automatisierte Entschlüsselung, die beim Versenden einer De-Mail-Nachricht durch den akkreditierten Diensteanbieter zum Zweck der Überprüfung auf Schadsoftware und zum Zweck der Weiterleitung an den Adressaten der De-Mail-Nachricht erfolgt, verstößt nicht gegen das Verschlüsselungsgebot des Satzes 3. ⁵Eine elektronische Benachrichtigung über die Bereitstellung von Daten zum Abruf oder über den Zugang elektronisch an die Finanzbehörden übermittelter Daten darf auch ohne Verschlüsselung übermittelt werden.

---

¹) **Schönfelder Nr. 116.**
²) § 87a Abs. 1 Satz 4 angef. mWv 1.8.2013 durch G v. 25.7.2013 (BGBl. I S. 2749); Abs. 1 Satz 2 ergänzt, Satz 5 angef. mWv 1.1.2017 durch G v. 18.7.2016 (BGBl. I S. 1679); zur Anwendung s. auch Art. 97 § 1 Abs. 11 EGAO (Nr. **800a**); Abs. 1 Satz 3 HS 2 angef. durch G v. 12.12.2019 (BGBl. I S. 2451); zur Anwendung siehe Art. 97 § 1 Abs. 13 EGAO (Nr. **800a**).

(1a)[1] [1] Verhandlungen und Besprechungen können auch elektronisch durch Übertragung in Ton oder Bild und Ton erfolgen. [2] Absatz 1 Satz 3 gilt entsprechend.

(2) [1] Ist ein der Finanzbehörde übermitteltes elektronisches Dokument für sie zur Bearbeitung nicht geeignet, hat sie dies dem Absender unter Angabe der für sie geltenden technischen Rahmenbedingungen unverzüglich mitzuteilen. [2] Macht ein Empfänger geltend, er könne das von der Finanzbehörde übermittelte elektronische Dokument nicht bearbeiten, hat sie es ihm erneut in einem geeigneten elektronischen Format oder als Schriftstück zu übermitteln.

(3)[2] [1] Eine durch Gesetz für Anträge, Erklärungen oder Mitteilungen an die Finanzbehörden angeordnete Schriftform kann, soweit nicht durch Gesetz etwas anderes bestimmt ist, durch die elektronische Form ersetzt werden. [2] Der elektronischen Form genügt ein elektronisches Dokument, das mit einer qualifizierten elektronischen Signatur versehen ist. [3] Bei der Signierung darf eine Person ein Pseudonym nur verwenden, wenn sie ihre Identität der Finanzbehörde nachweist. [4] Die Schriftform kann auch ersetzt werden

1. durch unmittelbare Abgabe der Erklärung in einem elektronischen Formular, das von der Behörde in einem Eingabegerät oder über öffentlich zugängliche Netze zur Verfügung gestellt wird;

2. durch Versendung eines elektronischen Dokuments an die Behörde mit der Versandart nach § 5 Absatz 5 des De-Mail-Gesetzes.

[5] In den Fällen des Satzes 4 Nummer 1 muss bei einer Eingabe über öffentlich zugängliche Netze ein elektronischer Identitätsnachweis nach § 18 des Personalausweisgesetzes, nach § 12 des eID-Karte-Gesetzes oder nach § 78 Absatz 5 des Aufenthaltsgesetzes erfolgen.

(4)[3] [1] Eine durch Gesetz für Verwaltungsakte oder sonstige Maßnahmen der Finanzbehörden angeordnete Schriftform kann, soweit nicht durch Gesetz etwas anderes bestimmt ist, durch die elektronische Form ersetzt werden. [2] Der elektronischen Form genügt ein elektronisches Dokument, das mit einer qualifizierten elektronischen Signatur versehen ist. [3] Die Schriftform kann auch ersetzt werden durch Versendung einer De-Mail-Nachricht nach § 5 Absatz 5 des De-Mail-Gesetzes, bei der die Bestätigung des akkreditierten Diensteanbieters die erlassende Finanzbehörde als Nutzer des De-Mail-Kontos erkennen lässt. [4] Für von der Finanzbehörde aufzunehmende Niederschriften gelten die Sätze 1 und 3 nur, wenn dies durch Gesetz ausdrücklich zugelassen ist.

(5)[4] [1] Ist ein elektronisches Dokument Gegenstand eines Beweises, wird der Beweis durch Vorlegung oder Übermittlung der Datei angetreten; befin-

---

[1] § 87a Abs. 1a eingef. durch G v. 20.12.2022 (BGBl. I S. 2730); zur Anwendung mWv 1.1.2023 siehe Art. 97 § 37 Abs. 1 EGAO (Nr. **800a**).
[2] § 87a Abs. 3 neu gef. mWv 1.8.2013 (Nr. 2 mWv 1.7.2014) durch G v. 25.7.2013 (BGBl. I S. 2749); Satz 2 geänd., Satz 3 neu gef. mWv 29.7.2017 durch G v. 18.7.2017 (BGBl. I S. 2745); Satz 5 geänd. mWv 12.12.2020 durch G v. 3.12.2020 (BGBl. I S. 2744).
[3] § 87a Abs. 4 Sätze 2 und 3 neu gef., Satz 4 angef. mWv 1.7.2014 durch G v. 25.7.2013 (BGBl. I S. 2749); Satz 2 geänd. mWv 29.7.2017 durch G v. 18.7.2017 (BGBl. I S. 2745).
[4] § 87a Abs. 5 Satz 1 geänd. mWv 30.6.2013 durch G v. 26.6.2013 (BGBl. I S. 1809); Satz 2 neu gef. mWv 29.7.2017 durch G v. 18.7.2017 (BGBl. I S. 2745).

det diese sich nicht im Besitz des Steuerpflichtigen oder der Finanzbehörde, gilt § 97 entsprechend. ²Für die Beweiskraft elektronischer Dokumente gilt § 371a der Zivilprozessordnung entsprechend.

(6)¹⁾ ¹Soweit nichts anderes bestimmt ist, ist bei der elektronischen Übermittlung von amtlich vorgeschriebenen Datensätzen an Finanzbehörden ein sicheres Verfahren zu verwenden, das den Datenübermittler authentifiziert und die Vertraulichkeit und Integrität des Datensatzes gewährleistet. ²Nutzt der Datenübermittler zur Authentisierung seinen elektronischen Identitätsnachweis nach § 18 des Personalausweisgesetzes, nach § 12 des eID-Karte-Gesetzes oder nach § 78 Absatz 5 des Aufenthaltsgesetzes, so dürfen die dazu erforderlichen Daten zusammen mit den übrigen übermittelten Daten gespeichert und verwendet werden.²⁾

(7)¹⁾ ¹Wird ein elektronisch erlassener Verwaltungsakt durch Übermittlung nach § 122 Absatz 2a bekannt gegeben, ist ein sicheres Verfahren zu verwenden, das die übermittelnde Stelle oder Einrichtung der Finanzverwaltung authentifiziert und die Vertraulichkeit und Integrität des Datensatzes gewährleistet. ²Ein sicheres Verfahren liegt insbesondere vor, wenn der Verwaltungsakt

1. mit einer qualifizierten elektronischen Signatur versehen und mit einem geeigneten Verfahren verschlüsselt ist oder

2. mit einer De-Mail-Nachricht nach § 5 Absatz 5 des De-Mail-Gesetzes versandt wird, bei der die Bestätigung des akkreditierten Diensteanbieters die erlassende Finanzbehörde als Nutzer des De-Mail-Kontos erkennen lässt.

(8)³⁾ ¹Wird ein elektronisch erlassener Verwaltungsakt durch Bereitstellung zum Abruf nach § 122a bekannt gegeben, ist ein sicheres Verfahren zu verwenden, das die für die Datenbereitstellung verantwortliche Stelle oder Einrichtung der Finanzverwaltung authentifiziert und die Vertraulichkeit und Integrität des Datensatzes gewährleistet. ²Die abrufberechtigte Person hat sich zu authentisieren. ³Absatz 6 Satz 2 gilt entsprechend.

§ 87b⁴⁾ Bedingungen für die elektronische Übermittlung von Daten an Finanzbehörden. (1) ¹Das Bundesministerium der Finanzen kann in Abstimmung mit den obersten Finanzbehörden der Länder die Datensätze und weitere technische Einzelheiten der elektronischen Übermittlung von Steuererklärungen, Unterlagen zur Steuererklärung, Daten über Vollmachten nach § 80a, Daten im Sinne des § 93c und anderer für das Besteuerungsverfahren erforderlicher Daten mittels amtlich vorgeschriebener Datensätze bestimmen. ²Einer Abstimmung mit den obersten Finanzbehörden der Länder bedarf es nicht, soweit die Daten ausschließlich an Bundesfinanzbehörden übermittelt werden.

---

¹⁾ § 87a Abs. 6 neu gef. (s. Art. 97 § 27 Abs. 1 EGAO – Nr. **800a**), Abs. 7 angef. mWv 1.1.2017 (s. Art. 97 § 28 EGAO – Nr. **800a**) durch G v. 18.7.2016 (BGBl. I S. 1679).

²⁾ § 87a Abs. 6 Satz 2 geänd. mWv 12.12.2020 durch G v. 3.12.2020 (BGBl. I S. 2744).

³⁾ § 87a Abs. 8 angef. mWv 1.1.2017 (s. Art. 97 § 28 EGAO – Nr. **800a**) durch G v. 18.7.2016 (BGBl. I S. 1679).

⁴⁾ § 87b eingef. mWv 1.1.2017 (Art. 97 § 27 Abs. 1 EGAO – Nr. **800a**) durch G v. 18.7.2016 (BGBl. I S. 1679).

(2) ¹Bei der elektronischen Übermittlung von amtlich vorgeschriebenen Datensätzen an Finanzbehörden hat der Datenübermittler die hierfür nach Absatz 1 für den jeweiligen Besteuerungszeitraum oder -zeitpunkt amtlich bestimmten Schnittstellen ordnungsgemäß zu bedienen. ²Die amtlich bestimmten Schnittstellen werden über das Internet zur Verfügung gestellt.

(3) ¹Für die Verfahren, die über die zentrale Stelle im Sinne des § 81 des Einkommensteuergesetzes durchgeführt werden, kann das Bundesministerium der Finanzen durch Rechtsverordnung mit Zustimmung des Bundesrates die Grundsätze der Datenübermittlung sowie die Zuständigkeit für die Vollstreckung von Bescheiden über Forderungen der zentralen Stelle bestimmen. ²Dabei können insbesondere geregelt werden:

1. das Verfahren zur Identifikation der am Verfahren Beteiligten,
2. das Nähere über Form, Inhalt, Verarbeitung und Sicherung der zu übermittelnden Daten,
3. die Art und Weise der Übermittlung der Daten,
4. die Mitwirkungspflichten Dritter und
5. die Erprobung der Verfahren.

³Zur Regelung der Datenübermittlung kann in der Rechtsverordnung auf Veröffentlichungen sachverständiger Stellen verwiesen werden. ⁴Hierbei sind das Datum der Veröffentlichung, die Bezugsquelle und eine Stelle zu bezeichnen, bei der die Veröffentlichung archivmäßig gesichert niedergelegt ist.

§ 87c[1] Nicht amtliche Datenverarbeitungsprogramme für das Besteuerungsverfahren. (1) Sind nicht amtliche Programme dazu bestimmt, für das Besteuerungsverfahren erforderliche Daten zu verarbeiten, so müssen sie im Rahmen des in der Programmbeschreibung angegebenen Programmumfangs die richtige und vollständige Verarbeitung dieser Daten gewährleisten.

(2) Auf den Programmumfang sowie auf Fallgestaltungen, in denen eine richtige und vollständige Verarbeitung ausnahmsweise nicht möglich sind, ist in der Programmbeschreibung an hervorgehobener Stelle hinzuweisen.

(3) ¹Die Programme sind vom Hersteller vor der Freigabe für den produktiven Einsatz und nach jeder für den produktiven Einsatz freigegebenen Änderung daraufhin zu prüfen, ob sie die Anforderungen nach Absatz 1 erfüllen. ²Hierbei sind ein Protokoll über den letzten durchgeführten Testlauf und eine Programmauflistung zu erstellen, die fünf Jahre aufzubewahren sind. ³Die Aufbewahrungsfrist nach Satz 2 beginnt mit Ablauf des Kalenderjahres der erstmaligen Freigabe für den produktiven Einsatz; im Fall einer Änderung eines bereits für den produktiven Einsatz freigegebenen Programms beginnt die Aufbewahrungsfrist nicht vor Ablauf des Kalenderjahres der erstmaligen Freigabe der Änderung für den produktiven Einsatz. ⁴Elektronische, magnetische und optische Speicherverfahren, die eine jederzeitige Wiederherstellung

---

[1] § 87c eingef. mWv 1.1.2017 (Art. 97 § 27 Abs. 1 EGAO – Nr. **800**a) durch G v. 18.7.2016 (BGBl. I S. 1679); Abs. 1 und 2 geänd. mWv 25.5.2018 durch G v. 17.7.2017 (BGBl. I S. 2541).

der eingesetzten Programmversion in Papierform ermöglichen, sind der Programmauflistung gleichgestellt.

(4) ¹Die Finanzbehörden sind berechtigt, die Programme und Dokumentationen zu überprüfen. ²Die Mitwirkungspflichten des Steuerpflichtigen nach § 200 gelten entsprechend. ³Die Finanzbehörden haben die Hersteller oder Vertreiber eines fehlerhaften Programms unverzüglich zur Nachbesserung oder Ablösung aufzufordern. ⁴Soweit eine Nachbesserung oder Ablösung nicht unverzüglich erfolgt, sind die Finanzbehörden berechtigt, die Programme des Herstellers von der elektronischen Übermittlung an Finanzbehörden auszuschließen. ⁵Die Finanzbehörden sind nicht verpflichtet, die Programme zu prüfen. ⁶§ 30 gilt entsprechend.

(5) Sind die Programme zum allgemeinen Vertrieb vorgesehen, hat der Hersteller den Finanzbehörden auf Verlangen Muster zum Zwecke der Prüfung nach Absatz 4 kostenfrei zur Verfügung zu stellen.

(6) Die Pflichten der Programmhersteller gemäß den vorstehenden Bestimmungen sind ausschließlich öffentlich-rechtlicher Art.

§ 87d[1] Datenübermittlungen an Finanzbehörden im Auftrag. (1) Mit der Übermittlung von Daten, die nach amtlich vorgeschriebenem Datensatz durch Datenfernübertragung über die amtlich bestimmten Schnittstellen für steuerliche Zwecke an die Finanzverwaltung zu übermitteln sind oder freiwillig übermittelt werden, können Dritte (Auftragnehmer) beauftragt werden.

(2) ¹Der Auftragnehmer muss sich vor Übermittlung der Daten Gewissheit über die Person und die Anschrift seines Auftraggebers verschaffen (Identifizierung) und die entsprechenden Angaben in geeigneter Form festhalten. ²Von einer Identifizierung kann abgesehen werden, wenn der Auftragnehmer den Auftraggeber bereits bei früherer Gelegenheit identifiziert und die dabei erhobenen Angaben aufgezeichnet hat, es sei denn, der Auftragnehmer muss auf Grund der äußeren Umstände bezweifeln, dass die bei der früheren Identifizierung erhobenen Angaben weiterhin zutreffend sind. ³Der Auftragnehmer hat sicherzustellen, dass er jederzeit Auskunft darüber geben kann, wer Auftraggeber der Datenübermittlung war. ⁴Die Aufzeichnungen nach Satz 1 sind fünf Jahre aufzubewahren; die Aufbewahrungsfrist beginnt nach Ablauf des Jahres der letzten Datenübermittlung. ⁵Die Pflicht zur Herstellung der Auskunftsbereitschaft nach Satz 3 endet mit Ablauf der Aufbewahrungsfrist nach Satz 4.

(3) ¹Der Auftragnehmer hat dem Auftraggeber die Daten in leicht nachprüfbarer Form zur Zustimmung zur Verfügung zu stellen. ²Der Auftraggeber hat die ihm zur Verfügung gestellten Daten unverzüglich auf Vollständigkeit und Richtigkeit zu überprüfen.

§ 87e[1] Ausnahmeregelung für Einfuhr- und Ausfuhrabgaben, Verbrauchsteuern und die Luftverkehrsteuer. Die §§ 72a und 87b bis 87d

---

[1] §§ 87d und 87e eingef. mWv 1.1.2017 (Art. 97 § 27 Abs. 1 EGAO – Nr. **800a**) durch G v. 18.7.2016 (BGBl. I S. 1679).

gelten nicht für Einfuhr- und Ausfuhrabgaben, Verbrauchsteuern und die Luftverkehrsteuer, soweit nichts anderes bestimmt ist.

§ 88[1]) **Untersuchungsgrundsatz.** (1) [1]Die Finanzbehörde ermittelt den Sachverhalt von Amts wegen. [2]Dabei hat sie alle für den Einzelfall bedeutsamen, auch die für die Beteiligten günstigen Umstände zu berücksichtigen.

(2) [1]Die Finanzbehörde bestimmt Art und Umfang der Ermittlungen nach den Umständen des Einzelfalls sowie nach den Grundsätzen der Gleichmäßigkeit, Gesetzmäßigkeit und Verhältnismäßigkeit; an das Vorbringen und an die Beweisanträge der Beteiligten ist sie nicht gebunden. [2]Bei der Entscheidung über Art und Umfang der Ermittlungen können allgemeine Erfahrungen der Finanzbehörden sowie Wirtschaftlichkeit und Zweckmäßigkeit berücksichtigt werden.

(3)[2]) [1]Zur Gewährleistung eines zeitnahen und gleichmäßigen Vollzugs der Steuergesetze können die obersten Finanzbehörden für bestimmte oder bestimmbare Fallgruppen Weisungen über Art und Umfang der Ermittlungen und der Verarbeitung von erhobenen oder erfassten Daten erteilen, soweit gesetzlich nicht etwas anderes bestimmt ist. [2]Bei diesen Weisungen können allgemeine Erfahrungen der Finanzbehörden sowie Wirtschaftlichkeit und Zweckmäßigkeit berücksichtigt werden. [3]Die Weisungen dürfen nicht veröffentlicht werden, soweit dies die Gleichmäßigkeit und Gesetzmäßigkeit der Besteuerung gefährden könnte. [4]Weisungen der obersten Finanzbehörden der Länder nach Satz 1 bedürfen des Einvernehmens mit dem Bundesministerium der Finanzen, soweit die Landesfinanzbehörden Steuern im Auftrag des Bundes verwalten.

(4) [1]Das Bundeszentralamt für Steuern und die zentrale Stelle im Sinne des § 81 des Einkommensteuergesetzes können auf eine Weiterleitung ihnen zugegangener und zur Weiterleitung an die Landesfinanzbehörden bestimmter Daten an die Landesfinanzbehörden verzichten, soweit sie die Daten nicht oder nur mit unverhältnismäßigem Aufwand einem bestimmten Steuerpflichtigen oder einem bestimmten Finanzamt zuordnen können. [2]Nach Satz 1 einem bestimmten Steuerpflichtigen oder einem bestimmten Finanzamt zugeordnete Daten sind unter Beachtung von Weisungen gemäß Absatz 3 des Bundesministeriums der Finanzen weiterzuleiten. [3]Nicht an die Landesfinanzbehörden weitergeleitete Daten sind vom Bundeszentralamt für Steuern für Zwecke von Verfahren im Sinne des § 30 Absatz 2 Nummer 1 Buchstabe a und b bis zum Ablauf des 15. Jahres nach dem Jahr des Datenzugangs zu speichern. [4]Nach Satz 3 gespeicherte Daten dürfen nur für Verfahren im Sinne des § 30 Absatz 2 Nummer 1 Buchstabe a und b sowie zur Datenschutzkontrolle verarbeitet werden.

(5) [1]Die Finanzbehörden können zur Beurteilung der Notwendigkeit weiterer Ermittlungen und Prüfungen für eine gleichmäßige und gesetzmäßige Festsetzung von Steuern und Steuervergütungen sowie Anrechnung von Steuerabzugsbeträgen und Vorauszahlungen automationsgestützte Systeme

---

[1]) § 88 neu gef. mWv 1.1.2017 durch G v. 18.7.2016 (BGBl. I S. 1679); zur Anwendung s. auch Art. 97 § 1 Abs. 11 EGAO (Nr. **800a**).
[2]) § 88 Abs. 3 Satz 1 geänd. mWv 25.5.2018 durch G v. 17.7.2017 (BGBl. I S. 2541).

einsetzen (Risikomanagementsysteme). [2]Dabei soll auch der Grundsatz der Wirtschaftlichkeit der Verwaltung berücksichtigt werden. [3]Das Risikomanagementsystem muss mindestens folgende Anforderungen erfüllen:

1. die Gewährleistung, dass durch Zufallsauswahl eine hinreichende Anzahl von Fällen zur umfassenden Prüfung durch Amtsträger ausgewählt wird,

2. die Prüfung der als prüfungsbedürftig ausgesteuerten Sachverhalte durch Amtsträger,

3. die Gewährleistung, dass Amtsträger Fälle für eine umfassende Prüfung auswählen können,

4. die regelmäßige Überprüfung der Risikomanagementsysteme auf ihre Zielerfüllung.

[4]Einzelheiten der Risikomanagementsysteme dürfen nicht veröffentlicht werden, soweit dies die Gleichmäßigkeit und Gesetzmäßigkeit der Besteuerung gefährden könnte. [5]Auf dem Gebiet der von den Landesfinanzbehörden im Auftrag des Bundes verwalteten Steuern legen die obersten Finanzbehörden der Länder die Einzelheiten der Risikomanagementsysteme zur Gewährleistung eines bundeseinheitlichen Vollzugs der Steuergesetze im Einvernehmen mit dem Bundesministerium der Finanzen fest.

§ 88a[1]) **Sammlung von geschützten Daten.** [1]Soweit es zur Sicherstellung einer gleichmäßigen Festsetzung und Erhebung der Steuern erforderlich ist, dürfen die Finanzbehörden nach § 30 geschützte Daten auch für Zwecke künftiger Verfahren im Sinne des § 30 Abs. 2 Nr. 1 Buchstabe a und b, insbesondere zur Gewinnung von Vergleichswerten, in Dateisystemen verarbeiten. [2]Eine Verarbeitung ist nur für Verfahren im Sinne des § 30 Abs. 2 Nr. 1 Buchstabe a und b zulässig.

§ 88b[2]) **Länderübergreifender Abruf und Verwendung von Daten zur Verhütung, Ermittlung und Verfolgung von Steuerverkürzungen.**
(1) Für Zwecke eines Verwaltungsverfahrens in Steuersachen, eines Strafverfahrens wegen einer Steuerstraftat oder eines Bußgeldverfahrens wegen einer Steuerordnungswidrigkeit von Finanzbehörden gespeicherte Daten dürfen zum gegenseitigen Datenabruf bereitgestellt und dann von den zuständigen Finanzbehörden zur Verhütung, Ermittlung oder Verfolgung von

1. länderübergreifenden Steuerverkürzungen,

2. Steuerverkürzungen von internationaler Bedeutung oder

3. Steuerverkürzungen von erheblicher Bedeutung

untereinander abgerufen, im Wege des automatisierten Datenabgleichs überprüft, verwendet und gespeichert werden, auch soweit sie durch § 30 geschützt sind.

(2) Auswertungsergebnisse nach Absatz 1 sind den jeweils betroffenen zuständigen Finanzbehörden elektronisch zur Verfügung zu stellen.

---

[1]) § 88a Satz 1 und 2 geänd. mWv 25.5.2018 durch G v. 17.7.2017 (BGBl. I S. 2541).
[2]) § 88b eingef. mWv 23.7.2016 durch G v. 18.7.2016 (BGBl. I S. 1679); zur Anwendung s. auch Art. 97 § 1 Abs. 11 EGAO (Nr. 800a).

(3) ¹Durch Rechtsverordnung der jeweils zuständigen Landesregierung wird bestimmt, welche Finanzbehörden auf Landesebene für die in den Absätzen 1 und 2 genannten Tätigkeiten zuständig sind. ²Die Landesregierung kann diese Verpflichtung durch Rechtsverordnung auf die für die Finanzverwaltung zuständige oberste Landesbehörde übertragen.

§ 88c¹⁾ Informationsaustausch über kapitalmarktbezogene Gestaltungen. (1) ¹Finanzbehörden haben Tatsachen, die sie dienstlich erfahren haben und aus denen sich nach Würdigung der Gesamtumstände Anhaltspunkte für Steuergestaltungen ergeben, die die Erlangung eines Steuervorteils aus der Erhebung oder Entlastung von Kapitalertragsteuer mit erheblicher Bedeutung zum Gegenstand haben, im Einvernehmen mit der zuständigen obersten Finanzbehörde oder der von ihr bestimmten Finanzbehörde dem Bundeszentralamt für Steuern zu übermitteln. ²Für die Beurteilung der erheblichen Bedeutung ist insbesondere die Höhe des erlangten Steuervorteils und die Möglichkeit der Nutzung der Gestaltung durch andere Schuldner der Kapitalertragsteuer zu berücksichtigen.

(2) ¹Das Bundeszentralamt für Steuern speichert die ihm von den Finanzbehörden nach Absatz 1 übermittelten Informationen und analysiert diese im Hinblick auf missbräuchliche Steuergestaltungsmodelle. ²Benötigt das Bundeszentralamt für Steuern zur weiteren Aufklärung eines Sachverhaltes ergänzende Informationen von der nach Absatz 1 übermittelnden Finanzbehörde, hat diese dem Bundeszentralamt für Steuern die hierzu erforderlichen Informationen auf Ersuchen zu übermitteln. ³Das Bundeszentralamt für Steuern darf die ihm nach Maßgabe dieser Vorschrift übermittelten personenbezogenen Daten speichern und verwenden, soweit dies zur Erfüllung seiner Aufgaben nach Satz 1 erforderlich ist.

(3) ¹Das Bundeszentralamt für Steuern ist berechtigt, den für die Verwaltung der Kapitalertragsteuer zuständigen Finanzbehörden seine erlangten Sachverhaltserkenntnisse zu übermitteln und im dazu erforderlichen Umfang auch personenbezogene Daten offenzulegen. ²Die empfangende Behörde oder Stelle darf ihr nach Satz 1 übermittelte personenbezogene Daten speichern und verwenden, soweit dies zur Erfüllung ihrer Aufgaben nach diesem Gesetz erforderlich ist.

(4) Die Verarbeitung personenbezogener Daten durch Finanzbehörden nach Maßgabe der Absätze 1 bis 3 ist ein Verwaltungsverfahren in Steuersachen im Sinne dieses Gesetzes.

§ 89 Beratung, Auskunft. (1) ¹Die Finanzbehörde soll die Abgabe von Erklärungen, die Stellung von Anträgen oder die Berichtigung von Erklärungen oder Anträgen anregen, wenn diese offensichtlich nur versehentlich oder aus Unkenntnis unterblieben oder unrichtig abgegeben oder gestellt worden sind. ²Sie erteilt, soweit erforderlich, Auskunft über die den Beteiligten im Verwaltungsverfahren zustehenden Rechte und die ihnen obliegenden Pflichten.

---

¹⁾ § 88c eingef. mWv 9.6.2021 durch G v. 2.6.2021 (BGBl. I S. 1259).

(2)[1] [1] Die Finanzämter und das Bundeszentralamt für Steuern können auf Antrag verbindliche Auskünfte über die steuerliche Beurteilung von genau bestimmten, noch nicht verwirklichten Sachverhalten erteilen, wenn daran im Hinblick auf die erheblichen steuerlichen Auswirkungen ein besonderes Interesse besteht. [2] Zuständig für die Erteilung einer verbindlichen Auskunft ist die Finanzbehörde, die bei Verwirklichung des dem Antrag zugrunde liegenden Sachverhalts örtlich zuständig sein würde. [3] Bei Antragstellern, für die im Zeitpunkt der Antragstellung nach den §§ 18 bis 21 keine Finanzbehörde zuständig ist, ist auf dem Gebiet der Steuern, die von den Landesfinanzbehörden im Auftrag des Bundes verwaltet werden, abweichend von Satz 2 das Bundeszentralamt für Steuern zuständig; in diesem Fall bindet die verbindliche Auskunft auch die Finanzbehörde, die bei der Verwirklichung des der Auskunft zugrunde liegenden Sachverhalts zuständig ist. [4] Über den Antrag auf Erteilung einer verbindlichen Auskunft soll innerhalb von sechs Monaten ab Eingang des Antrags bei der zuständigen Finanzbehörde entschieden werden; kann die Finanzbehörde nicht innerhalb dieser Frist über den Antrag entscheiden, ist dies dem Antragsteller unter Angabe der Gründe mitzuteilen. [5] Das Bundesministerium der Finanzen wird ermächtigt, mit Zustimmung des Bundesrates durch Rechtsverordnung nähere Bestimmungen zu Form, Inhalt und Voraussetzungen des Antrages auf Erteilung einer verbindlichen Auskunft und zur Reichweite der Bindungswirkung zu treffen. [6] In der Rechtsverordnung kann auch bestimmt werden, unter welchen Voraussetzungen eine verbindliche Auskunft gegenüber mehreren Beteiligten einheitlich zu erteilen ist und welche Finanzbehörde in diesem Fall für die Erteilung der verbindlichen Auskunft zuständig ist. [7] Die Rechtsverordnung bedarf nicht der Zustimmung des Bundesrates, soweit sie die Versicherungsteuer betrifft.

(3)[2] [1] Für die Bearbeitung eines Antrags auf Erteilung einer verbindlichen Auskunft nach Absatz 2 wird eine Gebühr erhoben. [2] Wird eine verbindliche Auskunft gegenüber mehreren Antragstellern einheitlich erteilt, ist nur eine Gebühr zu erheben; in diesem Fall sind alle Antragsteller Gesamtschuldner der Gebühr.[3] [3] Die Gebühr ist vom Antragsteller innerhalb eines Monats nach Bekanntgabe ihrer Festsetzung zu entrichten. [4] Die Finanzbehörde kann die Entscheidung über den Antrag bis zur Entrichtung der Gebühr zurückstellen.

(4)[2] [1] Die Gebühr wird nach dem Wert berechnet, den die verbindliche Auskunft für den Antragsteller hat (Gegenstandswert). [2] Der Antragsteller soll den Gegenstandswert und die für seine Bestimmung erheblichen Umstände in seinem Antrag auf Erteilung einer verbindlichen Auskunft darlegen. [3] Die

---

[1] § 89 Abs. 2 angef. mWv 12.9.2006 durch G v. 5.9.2006 (BGBl. I S. 2098), Abs. 2 Satz 1 geänd., Abs. 3 bis 5 angef. mWv 19.12.2006 durch G v. 13.12.2006 (BGBl. I S. 2878); Abs. 2 Satz 5 angef. mWv 30.6.2013 durch G v. 26.6.2013 (BGBl. I S. 1809); Abs. 2 Satz 4 eingef. mWv 1.1.2017 (Art. 97 § 25 Abs. 2 Satz 1 EGAO – Nr. **800a**); Abs. 2 Satz 6 eingef. mWv 23.7.2016 durch G v. 18.7.2016 (BGBl. I S. 1679).

[2] § 89 Abs. 3 bis 5 ersetzt durch Abs. 3 bis 7 durch G v. 1.11.2011 (BGBl. I S. 2131); zur Anwendung siehe Art. 97 § 25 EGAO (Nr. **800a**).

[3] § 89 Abs. 3 Satz 2 eingef., bish. Sätze 2 und 3 werden Sätze 3 und 4 durch G v. 18.7.2016 (BGBl. I S. 1679); zur Anwendung siehe Art. 97 § 25 Satz 2 EGAO.

Finanzbehörde soll der Gebührenfestsetzung den vom Antragsteller erklärten Gegenstandswert zugrunde legen, soweit dies nicht zu einem offensichtlich unzutreffenden Ergebnis führt.

(5)[1] [1] Die Gebühr wird in entsprechender Anwendung des § 34 des Gerichtskostengesetzes mit einem Gebührensatz von 1,0 erhoben. [2] § 39 Absatz 2 des Gerichtskostengesetzes ist entsprechend anzuwenden. [3] Beträgt der Gegenstandswert weniger als 10 000 Euro, wird keine Gebühr erhoben.

(6)[1] [1] Ist ein Gegenstandswert nicht bestimmbar und kann er auch nicht durch Schätzung bestimmt werden, ist eine Zeitgebühr zu berechnen; sie beträgt 50 Euro je angefangene halbe Stunde Bearbeitungszeit. [2] Beträgt die Bearbeitungszeit weniger als zwei Stunden, wird keine Gebühr erhoben.

(7)[1] [1] Auf die Gebühr kann ganz oder teilweise verzichtet werden, wenn ihre Erhebung nach Lage des einzelnen Falls unbillig wäre. [2] Die Gebühr kann insbesondere ermäßigt werden, wenn ein Antrag auf Erteilung einer verbindlichen Auskunft vor Bekanntgabe der Entscheidung der Finanzbehörde zurückgenommen wird.

§ 89a[2] Vorabverständigungsverfahren. (1) [1] Bei Anwendbarkeit eines Abkommens zur Vermeidung der Doppelbesteuerung, welches ein Verständigungsverfahren zur Vermeidung der Doppelbesteuerung zwischen der Bundesrepublik Deutschland und einem anderen Staat oder Hoheitsgebiet (Vertragsstaat) vorsieht, kann die zuständige Behörde nach § 5 Absatz 1 Satz 1 Nummer 5 des Finanzverwaltungsgesetzes[3] im Einvernehmen mit der zuständigen obersten Landesfinanzbehörde oder der von dieser beauftragten Behörde nach den Bestimmungen dieser Vorschrift auf Antrag eines Abkommensberechtigten (Antragsteller) ein zwischenstaatliches Verfahren über die steuerliche Beurteilung von genau bestimmten, im Zeitpunkt der Antragstellung noch nicht verwirklichten Sachverhalten für einen bestimmten Geltungszeitraum, der in der Regel fünf Jahre nicht überschreiten soll, mit der zuständigen Behörde des anderen Vertragsstaates einleiten (Vorabverständigungsverfahren). [2] Satz 1 gilt nur, wenn

1. die Gefahr einer Doppelbesteuerung bezüglich des bestimmten Sachverhalts besteht und

2. es wahrscheinlich ist,

   a) die Doppelbesteuerung durch das Vorabverständigungsverfahren zu vermeiden und

   b) eine übereinstimmende Abkommensauslegung mit der zuständigen Behörde des anderen Vertragsstaates zu erreichen.

[3] Die Einleitung setzt eine nach Absatz 7 unanfechtbar gewordene Gebührenfestsetzung und die Entrichtung der Gebühr voraus. [4] Betrifft ein Sachverhalt mehrere Abkommensberechtigte und kann der Sachverhalt nur einheitlich

---

[1] § 89 Abs. 3 bis 5 ersetzt durch Abs. 3 bis 7 durch G v. 1.11.2011 (BGBl. I S. 2131); zur Anwendung siehe Art. 97 § 25 EGAO (Nr. **800a**).
[2] § 89a eingef. durch G v. 2.6.2021 (BGBl. I S. 1259); zur Anwendung siehe Art. 97 § 34 Satz 1 EGAO (Nr. **800a**).
[3] Nr. **803**.

steuerlich beurteilt werden, kann das Vorabverständigungsverfahren nur von allen betroffenen Abkommensberechtigten gemeinsam beantragt werden; Verfahrenshandlungen können in diesen Fällen nur gemeinsam vorgenommen werden. [5] Hierfür benennen die Antragsteller einen Vertreter. [6] Die Antragsteller bestellen in den Fällen des Satzes 4 einen gemeinsamen Empfangsbevollmächtigten, der ermächtigt ist, für sie alle Verwaltungsakte und Mitteilungen in Empfang zu nehmen. [7] Ist ein Steuerabzugsverfahren Gegenstand der steuerlichen Beurteilung, kann auch der Abzugsverpflichtete den Antrag auf Einleitung eines Vorabverständigungsverfahrens stellen. [8] Betrifft ein Sachverhalt die steuerliche Beurteilung im Verhältnis zu mehreren Vertragsstaaten, kann der Antragsteller einen zusammengefassten Antrag auf Einleitung mehrerer Vorabverständigungsverfahren stellen.

(2) [1] Der Antrag nach Absatz 1 hat zu enthalten:

1. die genaue Bezeichnung des Antragstellers und aller anderen Beteiligten,

2. die Bezeichnung der örtlich zuständigen Finanzbehörde sowie die maßgebliche Steuernummer,

3. die Identifikationsnummer nach § 139b oder die Wirtschafts-Identifikationsnummer nach § 139c; wenn die Wirtschafts-Identifikationsnummer noch nicht vergeben wurde, die Steuernummer,

4. die betroffenen Vertragsstaaten,

5. eine umfassende und in sich abgeschlossene Darstellung des Sachverhalts einschließlich des erwünschten Geltungszeitraums der Vorabverständigungsvereinbarung,

6. die Darlegung, weshalb eine Gefahr der Doppelbesteuerung besteht, sowie

7. die Erklärung, ob über den zur Beurteilung gestellten Sachverhalt eine verbindliche Auskunft nach § 89, eine verbindliche Zusage nach § 204, eine Anrufungsauskunft nach § 42e des Einkommensteuergesetzes[1)] oder in dem anderen betroffenen Vertragsstaat eine vergleichbare Auskunft oder Zusage beantragt oder erteilt wurde.

[2] Dem Antrag sind die erforderlichen Unterlagen beizufügen, insbesondere solche, die zur Würdigung des Sachverhalts erforderlich sind. [3] Der Antrag ist bei der nach Absatz 1 Satz 1 zuständigen Behörde schriftlich oder elektronisch zu stellen.

(3) [1] Im Einvernehmen mit der zuständigen obersten Landesfinanzbehörde unterzeichnet die nach Absatz 1 Satz 1 zuständige Behörde die Vorabverständigungsvereinbarung mit dem anderen Vertragsstaat nur, wenn die Vereinbarung mindestens unter der Bedingung steht, dass der Antragsteller

1. dem Inhalt der Vorabverständigungsvereinbarung zustimmt und

2. im Geltungsbereich dieses Gesetzes auf die Einlegung von Rechtsbehelfen gegen Steuerbescheide verzichtet, soweit diese die Ergebnisse der Vorabverständigungsvereinbarung für den bestimmten Geltungszeitraum zutreffend umsetzen (Rechtsbehelfsverzicht).

[1)] Nr. **1**.

[2]Nach der Unterzeichnung teilt die nach Absatz 1 Satz 1 zuständige Behörde dem Antragsteller den Inhalt der Einigung mit und setzt ihm eine Frist zur Erfüllung der Bedingungen nach Satz 1. [3]Der Rechtsbehelfsverzicht des Antragstellers hat mit gesondertem Schreiben schriftlich oder zur Niederschrift gegenüber der nach Absatz 1 Satz 1 zuständigen Behörde zu erfolgen. [4]Wird keine Vorabverständigungsvereinbarung unterzeichnet, scheitert das Vorabverständigungsverfahren. [5]Dies ist insbesondere der Fall, wenn die zuständige Behörde des anderen Vertragsstaates ein Verfahren nicht einleitet oder die zuständigen Behörden zu keiner übereinstimmenden Abkommensauslegung gelangen. [6]Das Verfahren scheitert auch, wenn der Antragsteller die Bedingungen nach Satz 1 nicht fristgemäß erfüllt. [7]Ein Vorabverständigungsverfahren wird im Einvernehmen mit der zuständigen obersten Landesfinanzbehörde oder der von dieser beauftragten Behörde geführt.

(4) [1]Die örtlich zuständige Finanzbehörde ist an die unterzeichnete Vorabverständigungsvereinbarung nicht gebunden, wenn

1. die in der Vorabverständigungsvereinbarung enthaltenen Bedingungen nicht oder nicht mehr erfüllt werden,

2. der andere beteiligte Vertragsstaat die Vorabverständigungsvereinbarung nicht einhält oder

3. die Rechtsvorschriften, auf denen die Vorabverständigungsvereinbarung beruht, aufgehoben oder geändert werden.

[2]Die Prüfung der Voraussetzungen nach Satz 1 obliegt der nach Absatz 1 Satz 1 zuständigen Behörde im Einvernehmen mit der zuständigen obersten Landesfinanzbehörde oder der von dieser beauftragten Behörde. [3]Die Bindungswirkung der Vorabverständigungsvereinbarung entfällt in dem Zeitpunkt, in dem eine der Voraussetzungen nach Satz 1 vorliegt.

(5) [1]Steht der Vorabverständigungsvereinbarung eine bereits erteilte verbindliche Auskunft nach § 89, eine bereits erteilte verbindliche Zusage nach § 204 oder eine Anrufungsauskunft nach § 42e des Einkommensteuergesetzes entgegen, kann die nach § 131 Absatz 4 zuständige Finanzbehörde im Einvernehmen mit der nach Absatz 1 Satz 1 zuständigen Behörde die verbindliche Auskunft, die verbindliche Zusage oder die Anrufungsauskunft widerrufen. [2]Erfolgt kein Widerruf nach Satz 1 und wurde bereits eine Vorabverständigungsvereinbarung unterzeichnet, kann die örtlich zuständige Finanzbehörde im Einvernehmen mit der nach Absatz 1 Satz 1 zuständigen Behörde gegenüber dem Antragsteller erklären, dass sie an die unterzeichnete Vorabverständigungsvereinbarung nicht gebunden ist.

(6) [1]Eine unterzeichnete Vorabverständigungsvereinbarung kann von der nach Absatz 1 Satz 1 zuständigen Behörde über den bestimmten Geltungszeitraum hinaus auf Antrag verlängert werden. [2]Die Vorabverständigungsvereinbarung kann auf Antrag auf Veranlagungszeiträume, die dem Geltungszeitraum der Vereinbarung vorangehen, angewendet werden; die Fristen für Verständigungsverfahren des jeweils maßgebenden Abkommens zur Vermeidung der Doppelbesteuerung sind zu beachten. [3]Die Sätze 1 und 2 setzen das Einvernehmen mit der zuständigen obersten Landesfinanzbehörde oder mit der von dieser beauftragten Behörde und der zuständigen Behörde des anderen Vertragsstaates voraus.

(7)[1] [1]Die nach Absatz 1 Satz 1 zuständige Behörde erhebt für die Bearbeitung eines Antrags nach Absatz 1 oder Absatz 6 Satz 1 Gebühren, die vor Einleitung des Vorabverständigungsverfahrens oder der Bearbeitung eines Verlängerungsantrags festzusetzen sind. [2]Die Einleitung des Vorabverständigungsverfahrens oder die Bearbeitung eines Verlängerungsantrags erfolgt durch die Versendung des ersten Schriftsatzes an den anderen Vertragsstaat. [3]Die Gebühr ist vom Antragsteller innerhalb eines Monats nach Bekanntgabe ihrer Festsetzung zu entrichten. [4]Das Vorabverständigungsverfahren oder die Bearbeitung eines Verlängerungsantrags wird erst eingeleitet, wenn die Gebührenfestsetzung unanfechtbar geworden ist und die Gebühr entrichtet ist. [5]Die Gebühr beträgt 30 000 Euro für jeden Antrag im Sinne des Absatzes 1 sowie 15 000 Euro für jeden Verlängerungsantrag nach Absatz 6 Satz 1. [6]Sofern es sich bei dem Antrag nicht um einen Verrechnungspreisfall handelt, beträgt die Gebühr für jeden Antrag ein Viertel der Gebühren nach Satz 5; Verrechnungspreisfälle sind Fälle, die die grenzüberschreitende Gewinnabgrenzung zwischen nahestehenden Personen und die Gewinnzuordnung zu Betriebsstätten betreffen. [7]Bezieht sich der Antrag auf einen Sachverhalt, für dessen steuerliche Beurteilung im Zeitpunkt der Antragstellung bereits eine koordinierte bilaterale oder multilaterale steuerliche Außenprüfung durchgeführt wurde, die zu einem übereinstimmend festgestellten Sachverhalt und zu einer übereinstimmenden steuerlichen Würdigung geführt hat, wird die Gebühr um 75 Prozent reduziert. [8]Sofern die Summe der von den Vorabverständigungsverfahren erfassten Geschäftsvorfälle eines Verrechnungspreisfalls die Beträge des § 6 Absatz 2 Satz 1 der Gewinnabgrenzungsaufzeichnungs-Verordnung vom 12. Juli 2017 (BGBl. I S. 2367) voraussichtlich nicht überschreitet, beträgt die Gebühr 10 000 Euro für jeden Antrag im Sinne des Absatzes 1 und 7500 Euro für jeden Antrag nach Absatz 6 Satz 1. [9]In den Fällen des Absatzes 1 Satz 4 und 7 liegt ein Antrag vor, für den nur eine Gebühr festzusetzen und zu entrichten ist. [10]In den Fällen des Absatzes 1 Satz 8 ist für jedes Vorabverständigungsverfahren eine gesonderte Gebühr festzusetzen und zu entrichten.

(8) [1]Nimmt der Antragsteller seinen Antrag nach Absatz 1 Satz 1 vor Bekanntgabe der Gebührenfestsetzung zurück, kann von einer Gebührenfestsetzung abgesehen werden. [2]Wird der Antrag zurückgenommen oder abgelehnt, wird eine zu diesem Zeitpunkt unanfechtbar festgesetzte Gebühr nicht erstattet; dies gilt auch im Fall des Scheiterns des Vorabverständigungsverfahrens.

§ 90 Mitwirkungspflichten der Beteiligten. (1) [1]Die Beteiligten sind zur Mitwirkung bei der Ermittlung des Sachverhalts verpflichtet. [2]Sie kommen der Mitwirkungspflicht insbesondere dadurch nach, dass sie die für die Besteuerung erheblichen Tatsachen vollständig und wahrheitsgemäß offen legen und die ihnen bekannten Beweismittel angeben. [3]Der Umfang dieser Pflichten richtet sich nach den Umständen des Einzelfalls.

---

[1] § 89a Abs. 7 Satz 9 Verweis geänd. mWv 21.12.2022 durch G v. 16.12.2022 (BGBl. I S. 2294).

(2)[1] [1]Ist ein Sachverhalt zu ermitteln und steuerrechtlich zu beurteilen, der sich auf Vorgänge außerhalb des Geltungsbereichs dieses Gesetzes bezieht, so haben die Beteiligten diesen Sachverhalt aufzuklären und die erforderlichen Beweismittel zu beschaffen. [2]Sie haben dabei alle für sie bestehenden rechtlichen und tatsächlichen Möglichkeiten auszuschöpfen. [3]Ein Beteiligter kann sich nicht darauf berufen, dass er Sachverhalte nicht aufklären oder Beweismittel nicht beschaffen kann, wenn er sich nach Lage des Falls bei der Gestaltung seiner Verhältnisse die Möglichkeit dazu hätte beschaffen oder einräumen lassen können.

(3)[2] [1]Ein Steuerpflichtiger hat über die Art und den Inhalt seiner Geschäftsbeziehungen im Sinne des § 1 Absatz 4 des Außensteuergesetzes Aufzeichnungen zu erstellen. [2]Die Aufzeichnungspflicht umfasst neben der Darstellung der Geschäftsvorfälle (Sachverhaltsdokumentation) auch die wirtschaftlichen und rechtlichen Grundlagen für eine den Fremdvergleichsgrundsatz beachtende Vereinbarung von Bedingungen, insbesondere Preisen (Verrechnungspreisen), sowie insbesondere Informationen zum Zeitpunkt der Verrechnungspreisbestimmung, zur verwendeten Verrechnungspreismethode und zu den verwendeten Fremdvergleichsdaten (Angemessenheitsdokumentation). [3]Hat ein Steuerpflichtiger Aufzeichnungen im Sinne des Satzes 1 für ein Unternehmen zu erstellen, das Teil einer multinationalen Unternehmensgruppe ist, so gehört zu den Aufzeichnungen auch ein Überblick über die Art der weltweiten Geschäftstätigkeit der Unternehmensgruppe und über die von ihr angewandte Systematik der Verrechnungspreisbestimmung, es sei denn, der Umsatz des Unternehmens hat im vorangegangenen Wirtschaftsjahr weniger als 100 Millionen Euro betragen. [4]Eine multinationale Unternehmensgruppe besteht aus mindestens zwei in verschiedenen Staaten ansässigen, im Sinne des § 1 Absatz 2 des Außensteuergesetzes einander nahestehenden Unternehmen oder aus mindestens einem Unternehmen mit mindestens einer Betriebsstätte in einem anderen Staat.

[Fassung bis 31.12.2024:][3]

[5]Die Finanzbehörde soll die Vorlage von Aufzeichnungen im Regelfall nur für die Durchführung einer Außenprüfung verlangen. [6]Die Vorlage richtet sich nach § 97. [7]Sie hat jeweils auf Anforderung innerhalb einer Frist von 60 Tagen zu erfolgen. [8]Aufzeichnungen über außerge-

[Fassung ab 1.1.2025 oder früher:][4]

[5]Zu außergewöhnlichen Geschäftsvorfällen sind zeitnah Aufzeichnungen zu erstellen. [6]Die Aufzeichnungen im Sinne dieses Absatzes sind auf Anforderung der Finanzbehörde zu ergänzen.

---

[1] § 90 Abs. 2 Satz 3 eingef., bish. Satz 3 wird Satz 4 durch G v. 29.7.2009 (BGBl. I S. 2302); zur erstmaligen Anwendung ab 1.1.2010 siehe Art. 97 § 22 Abs. 2 EGAO (Nr. **800a**); Satz 3 aufgeh., bish. Satz 4 wird Satz 3 mWv 1.1.2022 (Art. 97 § 22 Abs. 4 EGAO; Nr. **800a**) durch G v. 25.6.2021 (BGBl. I S. 2056).
[2] § 90 Abs. 3 neu gef. durch G v. 20.12.2016 (BGBl. I S. 3000); zur Anwendung ab 1.1.2017 siehe Art. 97 § 22 Abs. 1 Satz 4 EGAO (Nr. **800a**).
[3] Vgl. hierzu Art. 97 § 37 Abs. 2 Satz 2 EGAO (Nr. **800a**).
[4] § 90 Abs. 3 Sätze 5 und 6 neu gef., Sätze 7 bis 11 aufgeh. durch G v. 20.12.2022 (BGBl. I S. 2730); zur Anwendung siehe Art. 97 § 37 Abs. 2 und 3 EGAO (Nr. **800a**).

[Fassung bis 31.12.2024:]

wöhnliche Geschäftsvorfälle sind zeitnah zu erstellen und innerhalb einer Frist von 30 Tagen nach Anforderung durch die Finanzbehörde vorzulegen. [9]In begründeten Einzelfällen kann die Vorlagefrist nach den Sätzen 7 und 8 verlängert werden. [10]Die Aufzeichnungen sind auf Anforderung der Finanzbehörde zu ergänzen. [11]Um eine einheitliche Rechtsanwendung sicherzustellen, wird das Bundesministerium der Finanzen ermächtigt, mit Zustimmung des Bundesrates durch Rechtsverordnung Art, Inhalt und Umfang der zu erstellenden Aufzeichnungen zu bestimmen.

[ab 1.1.2025 oder früher:

(4)[1] [1]Die Finanzbehörde kann jederzeit die Vorlage der Aufzeichnungen nach Absatz 3 verlangen; die Vorlage richtet sich nach § 97. [2]Im Falle einer Außenprüfung sind die Aufzeichnungen ohne gesondertes Verlangen vorzulegen. [3]Die Aufzeichnungen sind jeweils innerhalb einer Frist von 30 Tagen nach Anforderung oder nach Bekanntgabe der Prüfungsanordnung vorzulegen. [4]In begründeten Einzelfällen kann die Vorlagefrist verlängert werden.

(5)[1] Um eine einheitliche Rechtsanwendung sicherzustellen, wird das Bundesministerium der Finanzen ermächtigt, mit Zustimmung des Bundesrates durch Rechtsverordnung Art, Inhalt und Umfang der nach den Absätzen 3 und 4 zu erstellenden Aufzeichnungen zu bestimmen.]

§ 91 Anhörung Beteiligter. (1) [1]Bevor ein Verwaltungsakt erlassen wird, der in Rechte eines Beteiligten eingreift, soll diesem Gelegenheit gegeben werden, sich zu den für die Entscheidung erheblichen Tatsachen zu äußern. [2]Dies gilt insbesondere, wenn von dem in der Steuererklärung erklärten Sachverhalt zuungunsten des Steuerpflichtigen wesentlich abgewichen werden soll.

(2) Von der Anhörung kann abgesehen werden, wenn sie nach den Umständen des Einzelfalls nicht geboten ist, insbesondere wenn

1. eine sofortige Entscheidung wegen Gefahr im Verzug oder im öffentlichen Interesse notwendig erscheint,

2. durch die Anhörung die Einhaltung einer für die Entscheidung maßgeblichen Frist in Frage gestellt würde,

---

[1] § 90 Abs. 4 und 5 angef. durch G v. 20.12.2022 (BGBl. I S. 2730); zur Anwendung siehe Art. 97 § 37 Abs. 2 und 3 EGAO (Nr. **800a**).

3. von den tatsächlichen Angaben eines Beteiligten, die dieser in einem Antrag oder einer Erklärung gemacht hat, nicht zu seinen Ungunsten abgewichen werden soll,

4. die Finanzbehörde eine Allgemeinverfügung oder gleichartige Verwaltungsakte in größerer Zahl oder Verwaltungsakte mit Hilfe automatischer Einrichtungen erlassen will,

5. Maßnahmen in der Vollstreckung getroffen werden sollen.

(3) Eine Anhörung unterbleibt, wenn ihr ein zwingendes öffentliches Interesse entgegensteht.

§ 92 Beweismittel. [1] Die Finanzbehörde bedient sich der Beweismittel, die sie nach pflichtgemäßem Ermessen zur Ermittlung des Sachverhalts für erforderlich hält. [2] Sie kann insbesondere

1. Auskünfte jeder Art von den Beteiligten und anderen Personen einholen,

2. Sachverständige zuziehen,

3. Urkunden und Akten beiziehen,

4. den Augenschein einnehmen.

II. Beweis durch Auskünfte und Sachverständigengutachten

§ 93 Auskunftspflicht der Beteiligten und anderer Personen.

(1) [1] Die Beteiligten und andere Personen haben der Finanzbehörde die zur Feststellung eines für die Besteuerung erheblichen Sachverhalts erforderlichen Auskünfte zu erteilen. [2] Dies gilt auch für nicht rechtsfähige Vereinigungen, Vermögensmassen, Behörden und Betriebe gewerblicher Art der Körperschaften des öffentlichen Rechts. [3] Andere Personen als die Beteiligten sollen erst dann zur Auskunft angehalten werden, wenn die Sachverhaltsaufklärung durch die Beteiligten nicht zum Ziel führt oder keinen Erfolg verspricht.

(1a)[1] [1] Die Finanzbehörde darf an andere Personen als die Beteiligten Auskunftsersuchen über eine ihr noch unbekannte Anzahl von Sachverhalten mit dem Grunde nach bestimmbaren, ihr noch nicht bekannten Personen stellen (Sammelauskunftsersuchen). [2] Voraussetzung für ein Sammelauskunftsersuchen ist, dass ein hinreichender Anlass für die Ermittlungen besteht und andere zumutbare Maßnahmen zur Sachverhaltsaufklärung keinen Erfolg versprechen. [3] Absatz 1 Satz 3 ist nicht anzuwenden.

(2) [1] In dem Auskunftsersuchen ist anzugeben, worüber Auskünfte erteilt werden sollen und ob die Auskunft für die Besteuerung des Auskunftspflichtigen oder für die Besteuerung anderer Personen angefordert wird. [2] Auskunftsersuchen haben auf Verlangen des Auskunftspflichtigen schriftlich zu ergehen.

(3) [1] Die Auskünfte sind wahrheitsgemäß nach bestem Wissen und Gewissen zu erteilen. [2] Auskunftspflichtige, die nicht aus dem Gedächtnis Auskunft geben können, haben Bücher, Aufzeichnungen, Geschäftspapiere und andere

---

[1] § 93 Abs. 1a eingef. mWv 25.6.2017 durch G v. 23.6.2017 (BGBl. I S. 1682); zur Anwendung s. auch Art. 97 § 1 Abs. 12 Satz 1 EGAO.

Urkunden, die ihnen zur Verfügung stehen, einzusehen und, soweit nötig, Aufzeichnungen daraus zu entnehmen.

(4) ¹Der Auskunftspflichtige kann die Auskunft schriftlich, elektronisch, mündlich oder fernmündlich erteilen. ²Die Finanzbehörde kann verlangen, dass der Auskunftspflichtige schriftlich Auskunft erteilt, wenn dies sachdienlich ist.

(5) ¹Die Finanzbehörde kann anordnen, dass der Auskunftspflichtige eine mündliche Auskunft an Amtsstelle erteilt. ²Hierzu ist sie insbesondere dann befugt, wenn trotz Aufforderung eine schriftliche Auskunft nicht erteilt worden ist oder eine schriftliche Auskunft nicht zu einer Klärung des Sachverhalts geführt hat. ³Absatz 2 Satz 1 gilt entsprechend.

(6) ¹Auf Antrag des Auskunftspflichtigen ist über die mündliche Auskunft an Amtsstelle eine Niederschrift aufzunehmen. ²Die Niederschrift soll den Namen der anwesenden Personen, den Ort, den Tag und den wesentlichen Inhalt der Auskunft enthalten. ³Sie soll von dem Amtsträger, dem die mündliche Auskunft erteilt wird, und dem Auskunftspflichtigen unterschrieben werden. ⁴Den Beteiligten ist eine Abschrift der Niederschrift zu überlassen.

(7)¹⁾ ¹Ein automatisierter Abruf von Kontoinformationen nach § 93b ist nur zulässig, soweit

1. der Steuerpflichtige eine Steuerfestsetzung nach § 32d Abs. 6 des Einkommensteuergesetzes beantragt oder

2.²⁾ *(aufgehoben)*

und der Abruf in diesen Fällen zur Festsetzung der Einkommensteuer erforderlich ist oder er erforderlich ist

3. zur Feststellung von Einkünften nach den §§ 20 und 23 Abs. 1 des Einkommensteuergesetzes in Veranlagungszeiträumen bis einschließlich des Jahres 2008 oder

4.³⁾ zur Erhebung von bundesgesetzlich geregelten Steuern oder Rückforderungsansprüchen bundesgesetzlich geregelter Steuererstattungen und Steuervergütungen oder

4a. zur Ermittlung, in welchen Fällen ein inländischer Steuerpflichtiger im Sinne des § 138 Absatz 2 Satz 1 Verfügungsberechtigter oder wirtschaftlich Berechtigter im Sinne des Geldwäschegesetzes eines Kontos oder Depots einer natürlichen Person, Personengesellschaft, Körperschaft, Personenvereinigung oder Vermögensmasse mit Wohnsitz, gewöhnlichem Aufenthalt, Sitz, Hauptniederlassung oder Geschäftsleitung außerhalb des Geltungsbereichs dieses Gesetzes ist, oder

---

¹⁾ § 93 Abs. 7 neu gef. mWv 1.1.2009 durch G v. 14.8.2007 (BGBl. I S. 1912); Satz 2 geänd. mWv 25.5.2018 durch G v. 17.7.2017 (BGBl. I S. 2541).
²⁾ § 93 Abs. 7 Satz 1 Nr. 2 aufgeh. durch G v. 1.11.2011 (BGBl. I S. 2131); zur Anwendung siehe Art. 97 § 26 EGAO (Nr. **800a**).
³⁾ § 93 Abs. 7 Satz 1 Nr. 4 neu gef.; Nrn. 4a, 4b eingef. durch G v. 23.6.2017 (BGBl. I S. 1682); zur Anwendung siehe Art. 97 § 26 Abs. 2 Satz 1 EGAO (Nr. **800a**); Nr. 4a geänd. durch G v. 23.6.2017 (BGBl. I S. 1822).

4b. zur Ermittlung der Besteuerungsgrundlagen in den Fällen des § 208 Absatz 1 Satz 1 Nummer 3

4c.[1] zur Durchführung der Amtshilfe für andere Mitgliedstaaten der Europäischen Union nach § 3a des EU-Amtshilfegesetzes *oder*

oder

5.[2] der Steuerpflichtige zustimmt oder die von ihm oder eine für ihn nach §139b Absatz 10 Satz 1 an das Bundeszentralamt für Steuern übermittelte Kontoverbindung verifiziert werden soll.

[2] In diesen Fällen darf die Finanzbehörde oder in den Fällen des § 1 Abs. 2 die Gemeinde das Bundeszentralamt für Steuern ersuchen, bei den Kreditinstituten einzelne Daten aus den nach § 93b Absatz 1 und 1a[3] zu führenden Dateisystemen abzurufen; in den Fällen des Satzes 1 Nummer 1 bis 4b[3] darf ein Abrufersuchen nur dann erfolgen, wenn ein Auskunftsersuchen an den Steuerpflichtigen nicht zum Ziel geführt hat oder keinen Erfolg verspricht.

(8)[4] [1] Das Bundeszentralamt für Steuern erteilt auf Ersuchen Auskunft über die in § 93b Absatz 1 und 1a bezeichneten Daten, ausgenommen die Identifikationsnummer nach § 139b,

1. den für die Verwaltung

   a) der Grundsicherung für Arbeitsuchende nach dem Zweiten Buch Sozialgesetzbuch,

   b) der Sozialhilfe nach dem Zwölften Buch Sozialgesetzbuch,

   c) der Ausbildungsförderung nach dem Bundesausbildungsförderungsgesetz,

   d) der Aufstiegsfortbildungsförderung nach dem Aufstiegsfortbildungsförderungsgesetz,

   e) des Wohngeldes nach dem Wohngeldgesetz,

   f)[5] der Leistungen nach dem Asylbewerberleistungsgesetz und

   g)[6] des Zuschlags an Entgeltpunkten für langjährige Versicherung nach dem Sechsten Buch Sozialgesetzbuch

   zuständigen Behörden, soweit dies zur Überprüfung des Vorliegens der Anspruchsvoraussetzungen erforderlich ist und ein vorheriges Auskunftser-

---

[1] § 93 Abs. 7 Satz 1 Nr. 4c eingef. durch G v. 20.12.2022 (BGBl. I S. 2730); zur Anwendung mWv 1.1.2023 siehe Art. 97 § 37 Abs. 1 EGAO (Nr. **800a**).
[2] § 93 Abs. 7 Satz 1 Nr. 5 2. Alt. angef. mWv 21.12.2022 G v. 16.12.2022 (BGBl. I S. 2294).
[3] § 93 Abs. 7 Satz 2 Verweise geänd. durch G v. 23.6.2017 (BGBl. I S. 1682); zur Anwendung des 2. Hs vgl. Art. 97 § 26 Abs. 2 Satz 1 EGAO (Nr. **800a**); zur Anwendung von § 93b Abs. 1 und 1a siehe Fn. dort.
[4] § 93 Abs. 8 ersetzt durch Abs. 8 bis 10 mWv 18.8.2007 durch G v. 14.8.2007 (BGBl. I S. 1912); Satz 1 abschl. Satzteil und Satz 2 geänd. durch G v. 23.6.2017 (BGBl. I S. 1682); Satz 1 neu gef. mWv 26.6.2017 durch G v. 23.6.2017 (BGBl. I S. 1822); Satz 2 eingef., bish. Satz 2 wird Satz 3 mWv 6.7.2017 durch G v. 30.6.2017 (BGBl. I S. 2094); Satz 1 Nr. 1 geänd. mWv 26.11.2019, Sätze 1–3 geänd. mWv 1.1.2020 durch G v. 20.11.2019 (BGBl. I S. 1626); Satz 2 neu gef. mWv 1.1.2022 durch G v. 7.5.2021 (BGBl. I S. 850).
[5] § 93 Abs. 8 Satz 1 Nr. 1 Buchst. f angef. mWv 18.7.2019 durch G v. 11.7.2019 (BGBl. I S. 1066).
[6] § 93 Abs. 8 Satz 1 Nr. 1 Buchst. g angef. mWv 1.1.2021 durch G v. 12.8.2020 (BGBl. I S. 1879).

suchen an die betroffene Person nicht zum Ziel geführt hat oder keinen Erfolg verspricht;

2. den Polizeivollzugsbehörden des Bundes und der Länder, soweit dies zur Abwehr einer erheblichen Gefahr für die öffentliche Sicherheit erforderlich ist, und

3. den Verfassungsschutzbehörden der Länder, soweit dies für ihre Aufgabenerfüllung erforderlich ist und durch Landesgesetz ausdrücklich zugelassen ist.

²Die für die Vollstreckung nach dem Verwaltungs-Vollstreckungsgesetz und nach den Verwaltungsvollstreckungsgesetzen der Länder zuständigen Behörden dürfen zur Durchführung der Vollstreckung das Bundeszentralamt für Steuern ersuchen, bei den Kreditinstituten die in § 93b Absatz 1 und 1a bezeichneten Daten, ausgenommen die Identifikationsnummer nach § 139b, abzurufen, wenn

1. die Ladung zu dem Termin zur Abgabe der Vermögensauskunft an den Vollstreckungsschuldner nicht zustellbar ist und

   a) die Anschrift, unter der die Zustellung ausgeführt werden sollte, mit der Anschrift übereinstimmt, die von einer der in § 755 Absatz 1 und 2 der Zivilprozessordnung genannten Stellen innerhalb von drei Monaten vor oder nach dem Zustellungsversuch mitgeteilt wurde,

   oder

   b) die Meldebehörde nach dem Zustellungsversuch die Auskunft erteilt, dass ihr keine derzeitige Anschrift des Vollstreckungsschuldners bekannt ist, oder

   c) die Meldebehörde innerhalb von drei Monaten vor Erlass der Vollstreckungsanordnung die Auskunft erteilt hat, dass ihr keine derzeitige Anschrift des Vollstreckungsschuldners bekannt ist;

2. der Vollstreckungsschuldner seiner Pflicht zur Abgabe der Vermögensauskunft in dem dem Ersuchen zugrundeliegenden Vollstreckungsverfahren nicht nachkommt oder

3. bei einer Vollstreckung in die in der Vermögensauskunft aufgeführten Vermögensgegenstände eine vollständige Befriedigung der Forderung nicht zu erwarten ist.

³Für andere Zwecke ist ein Abrufersuchen an das Bundeszentralamt für Steuern hinsichtlich der in § 93b Absatz 1 und 1a bezeichneten Daten, ausgenommen die Identifikationsnummer nach § 139b, nur zulässig, soweit dies durch ein Bundesgesetz ausdrücklich zugelassen ist.

(8a)[1] ¹Kontenabrufersuchen an das Bundeszentralamt für Steuern sind nach amtlich vorgeschriebenem Datensatz über die amtlich bestimmten Schnittstellen zu übermitteln; § 87a Absatz 6 und § 87b Absatz 1 und 2 gelten entsprechend. ²Das Bundeszentralamt für Steuern kann Ausnahmen von der elektronischen Übermittlung zulassen. ³Das Bundeszentralamt für Steuern soll der ersuchenden Stelle die Ergebnisse des Kontenabrufs elektronisch übermitteln; § 87a Absatz 7 und 8 gilt entsprechend.

---

[1] § 93 Abs. 8a eingef. mWv 18.7.2019 durch G v. 11.7.2019 (BGBl. I S. 1066).

(9)[1] [1]Vor einem Abrufersuchen nach Absatz 7 oder Absatz 8 ist die betroffene Person auf die Möglichkeit eines Kontenabrufs hinzuweisen; dies kann auch durch ausdrücklichen Hinweis in amtlichen Vordrucken und Merkblättern geschehen. [2]Nach Durchführung eines Kontenabrufs ist die betroffene Person vom Ersuchenden über die Durchführung zu benachrichtigen. [3]Ein Hinweis nach Satz 1 erster Halbsatz und eine Benachrichtigung nach Satz 2 unterbleiben, soweit die Voraussetzungen des § 32b Absatz 1 vorliegen oder die Information der betroffenen Person gesetzlich ausgeschlossen ist. [4]§ 32c Absatz 5 ist entsprechend anzuwenden. [5]In den Fällen des Absatzes 8 gilt Satz 4 entsprechend, soweit gesetzlich nichts anderes bestimmt ist. [6]Die Sätze 1 und 2 sind nicht anzuwenden in den Fällen des Absatzes 8 Satz 1 Nummer 2 oder 3 oder soweit dies bundesgesetzlich ausdrücklich bestimmt ist.

(10)[2] Ein Abrufersuchen nach Absatz 7 oder Absatz 8 und dessen Ergebnis sind vom Ersuchenden zu dokumentieren.

§ 93a[3] Allgemeine Mitteilungspflichten. (1)[4] [1]Zur Sicherung der Besteuerung nach § 85 kann die Bundesregierung durch Rechtsverordnung mit Zustimmung des Bundesrates Behörden und andere öffentliche Stellen einschließlich öffentlich-rechtlicher Rundfunkanstalten (§ 6 Absatz 1 bis 1c) verpflichten,

1. den Finanzbehörden Folgendes mitzuteilen:

   a)[5] den Empfänger gewährter Leistungen sowie den Rechtsgrund, die Höhe, den Zeitpunkt dieser Leistungen und bei unbarer Auszahlung die Bankverbindung, auf die die Leistung erbracht wurde,

   b) Verwaltungsakte, die für die betroffene Person die Versagung oder Einschränkung einer steuerlichen Vergünstigung zur Folge haben oder die der betroffenen Person steuerpflichtige Einnahmen ermöglichen,

   c) vergebene Subventionen und ähnliche Förderungsmaßnahmen sowie

   d) Anhaltspunkte für Schwarzarbeit, unerlaubte Arbeitnehmerüberlassung oder unerlaubte Ausländerbeschäftigung,

   e)[6] die Adressaten und die Höhe von im Verfahren nach § 335 des Handelsgesetzbuchs festgesetzten Ordnungsgeldern;

---

[1] § 93 Abs. 9 angef. mWv 18.8.2007 durch G v. 14.8.2007 (BGBl. I S. 1912); Satz 4 angef. mWv 26.6.2017 durch G v. 23.6.2017 (BGBl. I S. 1822); Satz 3 wird ersetzt durch Sätze 3 bis 5, Satz 4 wird Satz 6 mWv 25.5.2018 durch G v. 17.7.2017 (BGBl. I S. 2541); Satz 1 geänd. mWv 26.11.2019 durch G v. 20.11.2019 (BGBl. I S. 1626); Satz 2 bericht. durch G v. 21.12.2020 (BGBl. I S. 3096).
[2] § 93 Abs. 10 angef. mWv 18.8.2007 durch G v. 14.8.2007 (BGBl. I S. 1912).
[3] § 93a Abs. 1 neu gef. mWv 1.1.2017 durch G v. 18.7.2016 (BGBl. I S. 1679): zur Anwendung s. auch Art. 97 § 1 Abs. 11 EGAO (Nr. **800a**); Abs. 1 Satz 1 Nr. 1 Buchst. b und Abs. 3 Satz 2 geänd. mWv 26.11.2019 durch G v. 20.11.2019 (BGBl. I S. 1626).
[4] § 93a Abs. 1 einl. Satzteil geänd. mWv 29.12.2020 durch G v. 21.12.2020 (BGBl. I S. 3096).
[5] § 93a Abs. 1 Satz 1 Buchst. a geänd. durch G v. 21.12.2020 (BGBl. I S. 3096); zur Anwendung siehe Art. 97 § 1 Abs. 14 Sätze 1 und 2 EGAO (Nr. **800a**).
[6] § 93a Abs. 1 Satz 1 Buchst. e angef. durch G v. 21.12.2020 (BGBl. I S. 3096); zur Anwendung siehe Art. 97 § 1 Abs. 14 Satz 3 EGAO (1.1.2021) (Nr. **800a**).

2. den Empfänger im Sinne der Nummer 1 Buchstabe a über die Summe der jährlichen Leistungen sowie über die Auffassung der Finanzbehörden zu den daraus entstehenden Steuerpflichten zu unterrichten.

²In der Rechtsverordnung kann auch bestimmt werden, inwieweit die Mitteilungen nach Maßgabe des § 93c zu übermitteln sind oder übermittelt werden können; in diesem Fall ist § 72a Absatz 4 nicht anzuwenden. ³Die Verpflichtung der Behörden, anderer öffentlicher Stellen und der öffentlich-rechtlichen Rundfunkanstalten zu Mitteilungen, Auskünften, Anzeigen und zur Amtshilfe auf Grund anderer Vorschriften bleibt unberührt.

(2)¹⁾ ¹Schuldenverwaltungen, Kreditinstitute, Betriebe gewerblicher Art von juristischen Personen des öffentlichen Rechts im Sinne des Körperschaftsteuergesetzes, öffentliche Beteiligungsunternehmen ohne Hoheitsbefugnisse, Berufskammern und Versicherungsunternehmen sind von der Mitteilungspflicht ausgenommen. ²Dies gilt nicht, soweit die in Satz 1 genannten Stellen Aufgaben der öffentlichen Verwaltung wahrnehmen.

(3) ¹In der Rechtsverordnung sind die mitteilenden Stellen, die Verpflichtung zur Unterrichtung der betroffenen Personen, die mitzuteilenden Angaben und die für die Entgegennahme der Mitteilungen zuständigen Finanzbehörden näher zu bestimmen sowie der Umfang, der Zeitpunkt und das Verfahren der Mitteilung zu regeln. ²In der Rechtsverordnung können Ausnahmen von der Mitteilungspflicht, insbesondere für Fälle geringer steuerlicher Bedeutung, zugelassen werden.

(4)²⁾ ¹Ist die mitteilungspflichtige Stelle nach der Mitteilungsverordnung verpflichtet, in der Mitteilung die Identifikationsnummer nach § 139b oder ein anderes steuerliches Ordnungsmerkmal

1. des Empfängers der gewährten Leistung im Sinne des Absatzes 1 Satz 1 Nummer 1 Buchstabe a,

2. des Inhaltsadressaten des Verwaltungsakts im Sinne des Absatzes 1 Satz 1 Nummer 1 Buchstabe b oder e,

3. des Empfängers der vergebenen Subvention im Sinne des Absatzes 1 Satz 1 Nummer 1 Buchstabe c oder

4. der betroffenen Personen im Sinne des Absatzes 1 Satz 1 Nummer 1 Buchstabe d

anzugeben, haben die Mitwirkungspflichtigen (§ 90) nach den Nummern 1 bis 4 der mitteilungspflichtigen Stelle diese Daten zu übermitteln. ²Wird der Mitwirkungspflicht nach Satz 1 nicht innerhalb von zwei Wochen nach Aufforderung durch die mitteilungspflichtige Stelle entsprochen und weder die Identifikationsnummer noch ein anderes steuerliches Ordnungsmerkmal übermittelt, hat die mitteilungspflichtige Stelle die Möglichkeit, die Identifikationsnummer der betroffenen Mitwirkungspflichtigen nach Satz 1 Nummer 1 bis 4 nach amtlich vorgeschriebenem Datensatz beim Bundeszentralamt für

---

¹⁾ § 93a Abs. 2 Satz 2 angef. durch G v. 21.12.2020 (BGBl. I S. 3096); zur Anwendung siehe Art. 97 § 1 Abs. 14 Sätze 1 und 2 EGAO (Nr. **800a**).

²⁾ § 93a Abs. 4 angef. durch G v. 21.12.2020 (BGBl. I S. 3096); zur Anwendung siehe Art. 97 § 1 Abs. 14 Sätze 1 und 2 EGAO (Nr. **800a**).

Steuern abzufragen. [3] Die Abfrage ist mindestens zwei Wochen vor dem Zeitpunkt zu stellen, zu dem die Mitteilung nach der Mitteilungsverordnung zu übermitteln ist. [4] In der Abfrage dürfen nur die in § 139b Absatz 3 genannten Daten der betroffenen Mitwirkungspflichtigen nach Satz 1 Nummer 1 bis 4 angegeben werden. [5] Das Bundeszentralamt für Steuern entspricht dem Ersuchen, wenn die übermittelten Daten den beim Bundeszentralamt für Steuern hinterlegten Daten entsprechen.

§ 93b[1] Automatisierter Abruf von Kontoinformationen. (1) Kreditinstitute haben das nach § 24c Absatz 1 des Kreditwesengesetzes zu führende Dateisystem auch für Abrufe nach § 93 Absatz 7 und 8 zu führen.

(1a) [1] Kreditinstitute haben für Kontenabrufersuchen nach § 93 Absatz 7 oder 8 zusätzlich zu den in § 24c Absatz 1 des Kreditwesengesetzes bezeichneten Daten für jeden Verfügungsberechtigten und jeden wirtschaftlich Berechtigten im Sinne des Geldwäschegesetzes auch die Adressen sowie die in § 154 Absatz 2a bezeichneten Daten zu speichern. [2] § 154 Absatz 2d und Artikel 97 § 26 Absatz 5 Nummer 3 und 4 des Einführungsgesetzes zur Abgabenordnung bleiben unberührt.

(2) [1] Das Bundeszentralamt für Steuern darf in den Fällen des § 93 Absatz 7 und 8 auf Ersuchen bei den Kreditinstituten einzelne Daten aus den nach den Absätzen 1 und 1a zu führenden Dateisystemen im automatisierten Verfahren abrufen und sie an den Ersuchenden übermitteln. [2] Die Identifikationsnummer nach § 139b eines Verfügungsberechtigten oder eines wirtschaftlich Berechtigten darf das Bundeszentralamt für Steuern nur Finanzbehörden mitteilen.

(3) Die Verantwortung für die Zulässigkeit des Datenabrufs und der Datenübermittlung trägt der Ersuchende.

(4) § 24c Abs. 1 Satz 2 bis 6, Abs. 4 bis 8 des Kreditwesengesetzes gilt entsprechend.

§ 93c[2] Datenübermittlung durch Dritte. (1) Sind steuerliche Daten eines Steuerpflichtigen auf Grund gesetzlicher Vorschriften von einem Dritten (mitteilungspflichtige Stelle) an Finanzbehörden elektronisch zu übermitteln, so gilt vorbehaltlich abweichender Bestimmungen in den Steuergesetzen Folgendes:

1. Die mitteilungspflichtige Stelle muss die Daten nach Ablauf des Besteuerungszeitraums bis zum letzten Tag des Monats Februar des folgenden Jahres nach amtlich vorgeschriebenem Datensatz durch Datenfernübertragung über die amtlich bestimmte Schnittstelle übermitteln; bezieht sich die Übermittlungspflicht auf einen Besteuerungszeitpunkt, sind die Daten bis

---

[1] § 93b eingef. mWv 1.4.2005 durch G v. 23.12.2003 (BGBl. I S. 2928) und neu gef. mWv 18.8.2007 durch G v. 14.8.2007 (BGBl. I S. 1912); Abs. 1a eingef., Abs. 2 neu gef. mWv 25.6.2017 durch G v. 23.6.2017 (BGBl. I S. 1682); Abs. 1 neu gef. mWv 25.5.2018 durch G v. 17.7.2017 (BGBl. I S. 2541).

[2] § 93c eingef. durch G v. 18.7.2016 (BGBl. I S. 1679); zur Anwendung s. Art. 97 § 27 Abs. 2 EGAO (Nr. **800a**).

zum Ablauf des zweiten Kalendermonats nach Ablauf des Monats zu übermitteln, in dem der Besteuerungszeitpunkt liegt.

2. Der Datensatz muss folgende Angaben enthalten:

   a) den Namen, die Anschrift, das Ordnungsmerkmal und die Kontaktdaten der mitteilungspflichtigen Stelle sowie ihr Identifikationsmerkmal nach den $\S\S$ 139a bis 139c oder, soweit dieses nicht vergeben wurde, ihre Steuernummer;

   b) hat die mitteilungspflichtige Stelle einen Auftragnehmer im Sinne des $\S$ 87d mit der Datenübermittlung beauftragt, so sind zusätzlich zu den Angaben nach Buchstabe a der Name, die Anschrift und die Kontaktdaten des Auftragnehmers sowie dessen Identifikationsmerkmal nach den $\S\S$ 139a bis 139c oder, wenn dieses nicht vergeben wurde, dessen Steuernummer anzugeben;

   c) den Familiennamen, den Vornamen, den Tag der Geburt, die Anschrift des Steuerpflichtigen und dessen Identifikationsnummer nach $\S$ 139b;

   d) handelt es sich bei dem Steuerpflichtigen nicht um eine natürliche Person, so sind dessen Firma oder Name, Anschrift und Wirtschafts-Identifikationsnummer nach $\S$ 139c oder, wenn diese noch nicht vergeben wurde, dessen Steuernummer anzugeben;

   e) den Zeitpunkt der Erstellung des Datensatzes oder eines anderen Ereignisses, anhand dessen die Daten in der zeitlichen Reihenfolge geordnet werden können, die Art der Mitteilung, den betroffenen Besteuerungszeitraum oder Besteuerungszeitpunkt und die Angabe, ob es sich um eine erstmalige, korrigierte oder stornierende Mitteilung handelt.

3. [1]Die mitteilungspflichtige Stelle hat den Steuerpflichtigen darüber zu informieren, welche für seine Besteuerung relevanten Daten sie an die Finanzbehörden übermittelt hat oder übermitteln wird. [2]Diese Information hat in geeigneter Weise, mit Zustimmung des Steuerpflichtigen elektronisch, und binnen angemessener Frist zu erfolgen. [3]Auskunftspflichten nach anderen Gesetzen bleiben unberührt.

4. Die mitteilungspflichtige Stelle hat die übermittelten Daten aufzuzeichnen und diese Aufzeichnungen sowie die der Mitteilung zugrunde liegenden Unterlagen bis zum Ablauf des siebten auf den Besteuerungszeitraum oder Besteuerungszeitpunkt folgenden Kalenderjahres aufzubewahren; die $\S\S$ 146 und 147 Absatz 2, 5 und 6 gelten entsprechend.

(2) Die mitteilungspflichtige Stelle soll Daten nicht übermitteln, wenn sie erst nach Ablauf des siebten auf den Besteuerungszeitraum oder Besteuerungszeitpunkt folgenden Kalenderjahres erkennt, dass sie zur Datenübermittlung verpflichtet war.

(3) [1]Stellt die mitteilungspflichtige Stelle bis zum Ablauf des siebten auf den Besteuerungszeitraum oder Besteuerungszeitpunkt folgenden Kalenderjahres fest, dass

1. die nach Maßgabe des Absatzes 1 übermittelten Daten unzutreffend waren oder

2. ein Datensatz übermittelt wurde, obwohl die Voraussetzungen hierfür nicht vorlagen,

so hat die mitteilungspflichtige Stelle dies vorbehaltlich abweichender Bestimmungen in den Steuergesetzen unverzüglich durch Übermittlung eines weiteren Datensatzes zu korrigieren oder zu stornieren. [2]Absatz 1 Nummer 2 bis 4 gilt entsprechend.

(4) [1]Die nach den Steuergesetzen zuständige Finanzbehörde kann ermitteln, ob die mitteilungspflichtige Stelle

1. ihre Pflichten nach Absatz 1 Nummer 1, 2 und 4 und Absatz 3 erfüllt und

2. den Inhalt des Datensatzes nach den Vorgaben des jeweiligen Steuergesetzes bestimmt hat.

[2]Die Rechte und Pflichten der für die Besteuerung des Steuerpflichtigen zuständigen Finanzbehörde hinsichtlich der Ermittlung des Sachverhalts bleiben unberührt.

(5) Soweit gesetzlich nichts anderes bestimmt ist, ist die nach den Steuergesetzen für die Entgegennahme der Daten zuständige Finanzbehörde auch für die Anwendung des Absatzes 4 und des § 72a Absatz 4 zuständig.

(6)[1] Die Finanzbehörden dürfen von den mitteilungspflichtigen Stellen mitgeteilte Daten im Sinne der Absätze 1 und 3 verarbeiten, wenn dies zur Erfüllung der ihnen obliegenden Aufgaben oder in Ausübung öffentlicher Gewalt, die ihnen übertragen wurde, erforderlich ist.

(7) Soweit gesetzlich nichts anderes bestimmt ist, darf die mitteilungspflichtige Stelle die ausschließlich zum Zweck der Übermittlung erhobenen und gespeicherten Daten des Steuerpflichtigen nur für diesen Zweck verwenden.

(8) Die Absätze 1 bis 7 sind nicht anzuwenden auf

1. Datenübermittlungspflichten nach § 51a Absatz 2c oder Abschnitt XI des Einkommensteuergesetzes,

2. Datenübermittlungspflichten gegenüber den Zollbehörden,

3. Datenübermittlungen zwischen Finanzbehörden und

4. Datenübermittlungspflichten ausländischer öffentlicher Stellen.

§ 93d[2] **Verordnungsermächtigung.** [1]Das Bundesministerium der Finanzen kann durch Rechtsverordnung mit Zustimmung des Bundesrates bestimmen, dass Daten im Sinne des § 93c vor der erstmaligen Übermittlung für Zwecke der Erprobung erhoben werden, soweit dies zur Entwicklung, Überprüfung oder Änderung von automatisierten Verfahren erforderlich ist. [2]Die Daten dürfen in diesem Fall ausschließlich für Zwecke der Erprobung verarbeitet und müssen innerhalb eines Jahres nach Beendigung der Erprobung gelöscht werden.

§ 94 Eidliche Vernehmung. (1) [1]Hält die Finanzbehörde mit Rücksicht auf die Bedeutung der Auskunft oder zur Herbeiführung einer wahrheitsge-

---

[1] § 93c Abs. 6 neu gef. mWv 25.5.2018 durch G v. 17.7.2017 (BGBl. I S. 2541).
[2] § 93d eingef. durch G v. 18.7.2016 (BGBl. I S. 1679); zur Anwendung s. Art. 97 § 27 Abs. 2 EGAO (Nr. **800a**).

mäßen Auskunft die Beeidigung einer anderen Person als eines Beteiligten für geboten, so kann sie das für den Wohnsitz oder den Aufenthaltsort der zu beeidigenden Person zuständige Finanzgericht um die eidliche Vernehmung ersuchen. ²Befindet sich der Wohnsitz oder der Aufenthaltsort der zu beeidigenden Person nicht am Sitz eines Finanzgerichts oder eines besonders errichteten Senats, so kann auch das zuständige Amtsgericht um die eidliche Vernehmung ersucht werden.

(2) ¹In dem Ersuchen hat die Finanzbehörde den Gegenstand der Vernehmung sowie die Namen und Anschriften der Beteiligten anzugeben. ²Das Gericht hat die Beteiligten und die ersuchende Finanzbehörde von den Terminen zu benachrichtigen. ³Die Beteiligten und die ersuchende Finanzbehörde sind berechtigt, während der Vernehmung Fragen zu stellen.

(3) Das Gericht entscheidet über die Rechtmäßigkeit der Verweigerung des Zeugnisses oder der Eidesleistung.

§ 95 Versicherung an Eides statt. (1) ¹Die Finanzbehörde kann den Beteiligten auffordern, dass er die Richtigkeit von Tatsachen, die er behauptet, an Eides statt versichert. ²Eine Versicherung an Eides statt soll nur gefordert werden, wenn andere Mittel zur Erforschung der Wahrheit nicht vorhanden sind, zu keinem Ergebnis geführt haben oder einen unverhältnismäßigen Aufwand erfordern. ³Von eidesunfähigen Personen im Sinne des § 393 der Zivilprozessordnung darf eine eidesstattliche Versicherung nicht verlangt werden.

(2)[1)] ¹Die Versicherung an Eides statt wird von der Finanzbehörde zur Niederschrift aufgenommen. ²Zur Aufnahme sind der Behördenleiter, sein ständiger Vertreter sowie Angehörige des öffentlichen Dienstes befugt, welche die Befähigung zum Richteramt haben. ³Andere Angehörige des öffentlichen Dienstes kann der Behördenleiter oder sein ständiger Vertreter hierzu allgemein oder im Einzelfall schriftlich ermächtigen.

(3) ¹Die Angaben, deren Richtigkeit versichert werden soll, sind schriftlich festzustellen und dem Beteiligten mindestens eine Woche vor Aufnahme der Versicherung mitzuteilen. ²Die Versicherung besteht darin, dass der Beteiligte unter Wiederholung der behaupteten Tatsachen erklärt: „Ich versichere an Eides statt, dass ich nach bestem Wissen die reine Wahrheit gesagt und nichts verschwiegen habe". ³Bevollmächtigte und Beistände des Beteiligten sind berechtigt, an der Aufnahme der Versicherung an Eides statt teilzunehmen.

(4) ¹Vor der Aufnahme der Versicherung an Eides statt ist der Beteiligte über die Bedeutung der eidesstattlichen Versicherung und die strafrechtlichen Folgen einer unrichtigen oder unvollständigen eidesstattlichen Versicherung zu belehren. ²Die Belehrung ist in der Niederschrift zu vermerken.

(5) ¹Die Niederschrift hat ferner die Namen der anwesenden Personen sowie den Ort und den Tag der Niederschrift zu enthalten. ²Die Niederschrift ist dem Beteiligten, der die eidesstattliche Versicherung abgibt, zur Genehmigung vorzulesen oder auf Verlangen zur Durchsicht vorzulegen. ³Die erteilte Genehmigung ist zu vermerken und von dem Beteiligten zu unterschrei-

---

[1)] § 95 Abs. 2 Satz 2 geänd. mWv 1.8.2021 durch G v. 25.6.2021 (BGBl. I S. 2154).

ben. [4]Die Niederschrift ist sodann von dem Amtsträger, der die Versicherung an Eides statt aufgenommen hat, sowie von dem Schriftführer zu unterschreiben.

(6) Die Versicherung an Eides statt kann nicht nach § 328 erzwungen werden.

§ 96 Hinzuziehung von Sachverständigen. (1) [1]Die Finanzbehörde bestimmt, ob ein Sachverständiger zuzuziehen ist. [2]Soweit nicht Gefahr im Verzug vorliegt, hat sie die Person, die sie zum Sachverständigen ernennen will, den Beteiligten vorher bekannt zu geben.

(2) [1]Die Beteiligten können einen Sachverständigen wegen Besorgnis der Befangenheit ablehnen, wenn ein Grund vorliegt, der geeignet ist, Zweifel an seiner Unparteilichkeit zu rechtfertigen oder wenn von seiner Tätigkeit die Verletzung eines Geschäfts- oder Betriebsgeheimnisses oder Schaden für die geschäftliche Tätigkeit eines Beteiligten zu befürchten ist. [2]Die Ablehnung ist der Finanzbehörde gegenüber unverzüglich nach Bekanntgabe der Person des Sachverständigen, jedoch spätestens innerhalb von zwei Wochen unter Glaubhaftmachung der Ablehnungsgründe geltend zu machen. [3]Nach diesem Zeitpunkt ist die Ablehnung nur zulässig, wenn glaubhaft gemacht wird, dass der Ablehnungsgrund vorher nicht geltend gemacht werden konnte. [4]Über die Ablehnung entscheidet die Finanzbehörde, die den Sachverständigen ernannt hat oder ernennen will. [5]Das Ablehnungsgesuch hat keine aufschiebende Wirkung.

(3) [1]Der zum Sachverständigen Ernannte hat der Ernennung Folge zu leisten, wenn er zur Erstattung von Gutachten der erforderlichen Art öffentlich bestellt ist oder wenn er die Wissenschaft, die Kunst oder das Gewerbe, deren Kenntnis Voraussetzung der Begutachtung ist, öffentlich zum Erwerb ausübt oder wenn er zur Ausübung derselben öffentlich bestellt oder ermächtigt ist. [2]Zur Erstattung des Gutachtens ist auch derjenige verpflichtet, der sich hierzu der Finanzbehörde gegenüber bereit erklärt hat.

(4) Der Sachverständige kann die Erstattung des Gutachtens unter Angabe der Gründe wegen Besorgnis der Befangenheit ablehnen.

(5) Angehörige des öffentlichen Dienstes sind als Sachverständige nur dann zuzuziehen, wenn sie die nach dem Dienstrecht erforderliche Genehmigung erhalten.

(6) Die Sachverständigen sind auf die Vorschriften über die Wahrung des Steuergeheimnisses hinzuweisen.

(7) [1]Das Gutachten ist regelmäßig schriftlich zu erstatten. [2]Die mündliche Erstattung des Gutachtens kann zugelassen werden. [3]Die Beeidigung des Gutachtens darf nur gefordert werden, wenn die Finanzbehörde dies mit Rücksicht auf die Bedeutung des Gutachtens für geboten hält. [4]Ist der Sachverständige für die Erstattung von Gutachten der betreffenden Art im Allgemeinen beeidigt, so genügt die Berufung auf den geleisteten Eid; sie kann auch in einem schriftlichen Gutachten erklärt werden. [5]Anderenfalls gilt für die Beeidigung § 94 sinngemäß.

III. Beweis durch Urkunden und Augenschein

§ 97[1] Vorlage von Urkunden. (1) [1]Die Beteiligten und andere Personen haben der Finanzbehörde auf Verlangen Bücher, Aufzeichnungen, Geschäftspapiere und andere Urkunden zur Einsicht und Prüfung vorzulegen. [2]Im Vorlageverlangen ist anzugeben, ob die Urkunden für die Besteuerung des zur Vorlage Aufgeforderten oder für die Besteuerung anderer Personen benötigt werden. [3]§ 93 Absatz 1 Satz 2 und 3 gilt entsprechend.

(2) [1]Die Finanzbehörde kann die Vorlage der in Absatz 1 genannten Urkunden an Amtsstelle verlangen oder sie bei dem Vorlagepflichtigen einsehen, wenn dieser einverstanden ist oder die Urkunden für eine Vorlage an Amtsstelle ungeeignet sind. [2]§ 147 Abs. 5 gilt entsprechend.

§ 98 Einnahme des Augenscheins. (1) Führt die Finanzbehörde einen Augenschein durch, so ist das Ergebnis aktenkundig zu machen.

(2) Bei der Einnahme des Augenscheins können Sachverständige zugezogen werden.

§ 99 Betreten von Grundstücken und Räumen. (1) [1]Die von der Finanzbehörde mit der Einnahme des Augenscheins betrauten Amtsträger und die nach den §§ 96 und 98 zugezogenen Sachverständigen sind berechtigt, Grundstücke, Räume, Schiffe, umschlossene Betriebsvorrichtungen und ähnliche Einrichtungen während der üblichen Geschäfts- und Arbeitszeit zu betreten, soweit dies erforderlich ist, um im Besteuerungsinteresse Feststellungen zu treffen. [2]Die betroffenen Personen sollen angemessene Zeit vorher benachrichtigt werden. [3]Wohnräume dürfen gegen den Willen des Inhabers nur zur Verhütung dringender Gefahren für die öffentliche Sicherheit und Ordnung betreten werden.

(2) Maßnahmen nach Absatz 1 dürfen nicht zu dem Zweck angeordnet werden, nach unbekannten Gegenständen zu forschen.

§ 100 Vorlage von Wertsachen. (1) [1]Der Beteiligte und andere Personen haben der Finanzbehörde auf Verlangen Wertsachen (Geld, Wertpapiere, Kostbarkeiten) vorzulegen, soweit dies erforderlich ist, um im Besteuerungsinteresse Feststellungen über ihre Beschaffenheit und ihren Wert zu treffen. [2]§ 98 Abs. 2 ist anzuwenden.

(2) Die Vorlage von Wertsachen darf nicht angeordnet werden, um nach unbekannten Gegenständen zu forschen.

IV. Auskunfts- und Vorlageverweigerungsrechte

§ 101 Auskunfts- und Eidesverweigerungsrecht der Angehörigen.
(1) [1]Die Angehörigen (§ 15) eines Beteiligten können die Auskunft verweigern, soweit sie nicht selbst als Beteiligte über ihre eigenen steuerlichen Verhältnisse auskunftspflichtig sind oder die Auskunftspflicht für einen Be-

---

[1] § 97 Abs. 1 neu gef., Abs. 2 aufgeh., bish. Abs. 3 wird Abs. 2 mWv 30.6.2013 durch G v. 26.6.2013 (BGBl. I S. 1809).

teiligten zu erfüllen haben. ²Die Angehörigen sind über das Auskunftsverweigerungsrecht zu belehren. ³Die Belehrung ist aktenkundig zu machen.

(2) ¹Die in Absatz 1 genannten Personen haben ferner das Recht, die Beeidigung ihrer Auskunft zu verweigern. ²Absatz 1 Sätze 2 und 3 gelten entsprechend.

§ 102 Auskunftsverweigerungsrecht zum Schutz bestimmter Berufsgeheimnisse. (1) Die Auskunft können ferner verweigern:

1. Geistliche über das, was ihnen in ihrer Eigenschaft als Seelsorger anvertraut worden oder bekannt geworden ist,

2. Mitglieder des Bundestages, eines Landtages oder einer zweiten Kammer über Personen, die ihnen in ihrer Eigenschaft als Mitglieder dieser Organe oder denen sie in dieser Eigenschaft Tatsachen anvertraut haben, sowie über diese Tatsachen selbst,

3.[1]) a) Verteidiger,

    b) Rechtsanwälte, Patentanwälte, Notare, Steuerberater, Wirtschaftsprüfer, Steuerbevollmächtigte, vereidigte Buchprüfer,

    c) Ärzte, Zahnärzte, Psychotherapeuten, Psychologische Psychotherapeuten, Kinder- und Jugendlichenpsychotherapeuten, Apotheker und Hebammen,

    über das, was ihnen in dieser Eigenschaft anvertraut worden oder bekannt geworden ist,

4. Personen, die bei der Vorbereitung, Herstellung oder Verbreitung von periodischen Druckwerken oder Rundfunksendungen berufsmäßig mitwirken oder mitgewirkt haben, über die Person des Verfassers, Einsenders oder Gewährsmanns von Beiträgen und Unterlagen sowie über die ihnen im Hinblick auf ihre Tätigkeit gemachten Mitteilungen, soweit es sich um Beiträge, Unterlagen und Mitteilungen für den redaktionellen Teil handelt; § 160 bleibt unberührt.

(2) ¹Den im Absatz 1 Nr. 1 bis 3 genannten Personen stehen ihre Gehilfen und die Personen gleich, die zur Vorbereitung auf den Beruf an der berufsmäßigen Tätigkeit teilnehmen. ²Über die Ausübung des Rechts dieser Hilfspersonen, die Auskunft zu verweigern, entscheiden die im Absatz 1 Nr. 1 bis 3 genannten Personen, es sei denn, dass diese Entscheidung in absehbarer Zeit nicht herbeigeführt werden kann.

(3) ¹Die in Absatz 1 Nr. 3 genannten Personen dürfen die Auskunft nicht verweigern, wenn sie von der Verpflichtung zur Verschwiegenheit entbunden sind. ²Die Entbindung von der Verpflichtung zur Verschwiegenheit gilt auch für die Hilfspersonen.

(4)[2]) ¹Die gesetzlichen Anzeigepflichten der Notare und die Mitteilungspflichten der in Absatz 1 Nr. 3 Buchstabe b bezeichneten Personen nach der

---

¹⁾ § 102 Abs. 1 Nr. 3 Buchst. c geänd. mWv 1.9.2020 durch G v. 15.11.2019 (BGBl. I S. 1604).
²⁾ § 102 Abs. 4 Satz 1 neu gef. mWv 18.8.2007 durch G v. 14.8.2007 (BGBl. I S. 1912); Satz 3 angef. durch G v. 21.12.2019 (BGBl. I S. 2875); zur Anwendung siehe Art. 97 § 33 Abs. 1 und 2 EGAO (Nr. **800a**).

Zinsinformationsverordnung vom 26. Januar 2004 (BGBl. I S. 128), die zuletzt durch Artikel 4 Abs. 28 des Gesetzes vom 22. September 2005 (BGBl. I S. 2809) geändert worden ist, in der jeweils geltenden Fassung bleiben unberührt. [2] Soweit die Anzeigepflichten bestehen, sind die Notare auch zur Vorlage von Urkunden und zur Erteilung weiterer Auskünfte verpflichtet. [3] Die Mitteilungspflichten der in Absatz 1 Nummer 3 Buchstabe b bezeichneten Personen hinsichtlich der in § 138f Absatz 3 Satz 1 Nummer 1 und 4 bis 9 bezeichneten Angaben bestehen auch dann, wenn mit diesen Angaben betroffene Nutzer identifizierbar sein sollten.

§ 103[1]**) Auskunftsverweigerungsrecht bei Gefahr der Verfolgung wegen einer Straftat oder einer Ordnungswidrigkeit.** [1] Personen, die nicht Beteiligte und nicht für einen Beteiligten auskunftspflichtig sind, können die Auskunft auf solche Fragen verweigern, deren Beantwortung sie selbst oder einen ihrer Angehörigen (§ 15) der Gefahr aussetzen würde, wegen einer Straftat oder einer Ordnungswidrigkeit verfolgt zu werden. [2] Über das Recht, die Auskunft zu verweigern, sind sie zu belehren. [3] Die Belehrung ist aktenkundig zu machen.

§ 104 Verweigerung der Erstattung eines Gutachtens und der Vorlage von Urkunden. (1) [1] Soweit die Auskunft verweigert werden darf, kann auch die Erstattung eines Gutachtens und die Vorlage von Urkunden oder Wertsachen verweigert werden. [2] § 102 Abs. 4 Satz 2 bleibt unberührt.

(2) [1] Nicht verweigert werden kann die Vorlage von Urkunden und Wertsachen, die für den Beteiligten aufbewahrt werden, soweit der Beteiligte bei eigenem Gewahrsam zur Vorlage verpflichtet wäre. [2] Für den Beteiligten aufbewahrt werden auch die für ihn geführten Geschäftsbücher und sonstigen Aufzeichnungen.

§ 105 Verhältnis der Auskunfts- und Vorlagepflicht zur Schweigepflicht öffentlicher Stellen. (1) Die Verpflichtung der Behörden oder sonstiger öffentlicher Stellen einschließlich der Deutschen Bundesbank, der Staatsbanken und der Schuldenverwaltungen sowie der Organe und Bediensteten dieser Stellen zur Verschwiegenheit gilt nicht für ihre Auskunfts- und Vorlagepflicht gegenüber den Finanzbehörden.

(2) Absatz 1 gilt nicht, soweit die Behörden und die mit postdienstlichen Verrichtungen betrauten Personen gesetzlich verpflichtet sind, das Brief-, Post- und Fernmeldegeheimnis zu wahren.

§ 106 Beschränkung der Auskunfts- und Vorlagepflicht bei Beeinträchtigung des staatlichen Wohls. Eine Auskunft oder die Vorlage von Urkunden darf nicht gefordert werden, wenn die zuständige oberste Bundes- oder Landesbehörde erklärt, dass die Auskunft oder Vorlage dem Wohl des Bundes oder eines Landes erhebliche Nachteile bereiten würde.

---

[1]) § 103 Satz 1 neu gef. mWv 25.5.2018 durch G v. 17.7.2017 (BGBl. I S. 2541).

V. Entschädigung der Auskunftspflichtigen und der Sachverständigen

§ 107[1)] **Entschädigung der Auskunftspflichtigen und der Sachverständigen.** [1]Auskunftspflichtige, Vorlagepflichtige und Sachverständige, die die Finanzbehörde zu Beweiszwecken herangezogen hat, erhalten auf Antrag eine Entschädigung oder Vergütung in entsprechender Anwendung des Justizvergütungs- und -entschädigungsgesetzes[2)]. [2]Dies gilt nicht für die Beteiligten und für die Personen, die für die Beteiligten die Auskunfts- oder Vorlagepflicht zu erfüllen haben.

4. Unterabschnitt: Fristen, Termine, Wiedereinsetzung

§ 108[3)] **Fristen und Termine.** (1) Für die Berechnung von Fristen und für die Bestimmung von Terminen gelten die §§ 187 bis 193 des Bürgerlichen Gesetzbuchs entsprechend, soweit nicht durch die Absätze 2 bis 5 etwas anderes bestimmt ist.

(2) Der Lauf einer Frist, die von einer Behörde gesetzt wird, beginnt mit dem Tag, der auf die Bekanntgabe der Frist folgt, außer wenn der betroffenen Person etwas anderes mitgeteilt wird.

(3) Fällt das Ende einer Frist auf einen Sonntag, einen gesetzlichen Feiertag oder einen Sonnabend, so endet die Frist mit dem Ablauf des nächstfolgenden Werktags.

(4) Hat eine Behörde Leistungen nur für einen bestimmten Zeitraum zu erbringen, so endet dieser Zeitraum auch dann mit dem Ablauf seines letzten Tages, wenn dieser auf einen Sonntag, einen gesetzlichen Feiertag oder einen Sonnabend fällt.

(5) Der von einer Behörde gesetzte Termin ist auch dann einzuhalten, wenn er auf einen Sonntag, gesetzlichen Feiertag oder Sonnabend fällt.

(6) Ist eine Frist nach Stunden bestimmt, so werden Sonntage, gesetzliche Feiertage oder Sonnabende mitgerechnet.

§ 109[4)] **Verlängerung von Fristen.** (1) [1]Fristen zur Einreichung von Steuererklärungen und Fristen, die von einer Finanzbehörde gesetzt sind, können vorbehaltlich des Absatzes 2 verlängert werden. [2]Sind solche Fristen bereits abgelaufen, können sie vorbehaltlich des Absatzes 2 rückwirkend verlängert werden, insbesondere wenn es unbillig wäre, die durch den Fristablauf eingetretenen Rechtsfolgen bestehen zu lassen.

(2) [1]Absatz 1 ist

[1)] § 107 Satz 1 geänd. mWv 1.7.2004 durch G v. 5.5.2004 (BGBl. I S. 718); Sätze 1 und 2 geänd. mWv 30.6.2013 durch G v. 26.6.2013 (BGBl. I S. 1809).
[2)] **Schönfelder Nr. 116.**
[3)] § 108 Abs. 2 geänd. mWv 26.11.2019 durch G v. 20.11.2019 (BGBl. I S. 1626).
[4)] § 109 neu gef. durch G v. 18.7.2016 (BGBl. I S. 1679); zur Anwendung s. Art. 97 § 10a Abs. 4 Satz 1 EGAO (Nr. **800a**).

1. in den Fällen des § 149 Absatz 3 auf Zeiträume nach dem letzten Tag des Monats Februar[1] des zweiten auf den Besteuerungszeitraum folgenden Kalenderjahres und

2. in den Fällen des § 149 Absatz 4 auf Zeiträume nach dem in der Anordnung bestimmten Zeitpunkt

nur anzuwenden, falls der Steuerpflichtige ohne Verschulden verhindert ist oder war, die Steuererklärungsfrist einzuhalten. [2]Bei Steuerpflichtigen, die ihren Gewinn aus Land- und Forstwirtschaft nach einem vom Kalenderjahr abweichenden Wirtschaftsjahr ermitteln, tritt an die Stelle des letzten Tages des Monats Februar der 31. Juli[2] des zweiten auf den Besteuerungszeitraum folgenden Kalenderjahres. [3]Das Verschulden eines Vertreters oder eines Erfüllungsgehilfen ist dem Steuerpflichtigen zuzurechnen.

(3) Die Finanzbehörde kann die Verlängerung der Frist mit einer Nebenbestimmung versehen, insbesondere von einer Sicherheitsleistung abhängig machen.

(4)[3] Fristen zur Einreichung von Steuererklärungen und Fristen, die von einer Finanzbehörde gesetzt sind, können ausschließlich automationsgestützt verlängert werden, sofern zur Prüfung der Fristverlängerung ein automationsgestütztes Risikomanagementsystem nach § 88 Absatz 5 eingesetzt wird und kein Anlass dazu besteht, den Einzelfall durch Amtsträger zu bearbeiten.

§ 110 Wiedereinsetzung in den vorigen Stand. (1) [1]War jemand ohne Verschulden verhindert, eine gesetzliche Frist einzuhalten, so ist ihm auf Antrag Wiedereinsetzung in den vorigen Stand zu gewähren. [2]Das Verschulden eines Vertreters ist dem Vertretenen zuzurechnen.

(2) [1]Der Antrag ist innerhalb eines Monats nach Wegfall des Hindernisses zu stellen. [2]Die Tatsachen zur Begründung des Antrags sind bei der Antragstellung oder im Verfahren über den Antrag glaubhaft zu machen. [3]Innerhalb der Antragsfrist ist die versäumte Handlung nachzuholen. [4]Ist dies geschehen, so kann Wiedereinsetzung auch ohne Antrag gewährt werden.

(3) Nach einem Jahr seit dem Ende der versäumten Frist kann die Wiedereinsetzung nicht mehr beantragt oder die versäumte Handlung nicht mehr nachgeholt werden, außer wenn dies vor Ablauf der Jahresfrist infolge höherer Gewalt unmöglich war.

(4) Über den Antrag auf Wiedereinsetzung entscheidet die Finanzbehörde, die über die versäumte Handlung zu befinden hat.

5. Unterabschnitt: Rechts- und Amtshilfe

§ 111 Amtshilfepflicht. (1) [1]Alle Gerichte und Behörden haben die zur Durchführung der Besteuerung erforderliche Amtshilfe zu leisten. [2]§ 102 bleibt unberührt.

---

[1] Siehe hierzu Art. 97 § 36 Abs. 3 Nr. 1 EGAO (Nr. **800a**).
[2] Siehe hierzu Art. 97 § 36 Abs. 3 Nr. 2 EGAO (Nr. **800a**).
[3] § 109 Abs. 4 angef. durch G v. 12.12.2019 (BGBl. I S. 2451); zur Anwendung siehe Art. 97 § 1 Abs. 13 EGAO (Nr. **800a**).

(2) Amtshilfe liegt nicht vor, wenn

1. Behörden einander innerhalb eines bestehenden Weisungsverhältnisses Hilfe leisten,

2. die Hilfeleistung in Handlungen besteht, die der ersuchten Behörde als eigene Aufgabe obliegen.

(3) Schuldenverwaltungen, Kreditinstitute sowie Betriebe gewerblicher Art der Körperschaften des öffentlichen Rechts fallen nicht unter diese Vorschrift.

(4) Auf dem Gebiet der Zollverwaltung erstreckt sich die Amtshilfepflicht auch auf diejenigen dem öffentlichen Verkehr oder dem öffentlichen Warenumschlag dienenden Unternehmen, die das Bundesministerium der Finanzen als Zollhilfsorgane besonders bestellt hat, und auf die Bediensteten dieser Unternehmen.

(5) Die §§ 105 und 106 sind entsprechend anzuwenden.

§ 112 Voraussetzungen und Grenzen der Amtshilfe. (1) Eine Finanzbehörde kann um Amtshilfe insbesondere dann ersuchen, wenn sie

1. aus rechtlichen Gründen die Amtshandlung nicht selbst vornehmen kann,

2. aus tatsächlichen Gründen, besonders weil die zur Vornahme der Amtshandlung erforderlichen Dienstkräfte oder Einrichtungen fehlen, die Amtshandlung nicht selbst vornehmen kann,

3. zur Durchführung ihrer Aufgaben auf die Kenntnis von Tatsachen angewiesen ist, die ihr unbekannt sind und die sie selbst nicht ermitteln kann,

4. zur Durchführung ihrer Aufgaben Urkunden oder sonstige Beweismittel benötigt, die sich im Besitz der ersuchten Behörde befinden,

5. die Amtshandlung nur mit wesentlich größerem Aufwand vornehmen könnte als die ersuchte Behörde.

(2) Die ersuchte Behörde darf Hilfe nicht leisten, wenn sie hierzu aus rechtlichen Gründen nicht in der Lage ist.

(3) Die ersuchte Behörde braucht Hilfe nicht zu leisten, wenn

1. eine andere Behörde die Hilfe wesentlich einfacher oder mit wesentlich geringerem Aufwand leisten kann,

2. sie die Hilfe nur mit unverhältnismäßig großem Aufwand leisten könnte,

3. sie unter Berücksichtigung der Aufgaben der ersuchenden Finanzbehörde durch den Umfang der Hilfeleistung die Erfüllung ihrer eigenen Aufgaben ernstlich gefährden würde.

(4) Die ersuchte Behörde darf die Hilfe nicht deshalb verweigern, weil sie das Ersuchen aus anderen als den in Absatz 3 genannten Gründen oder weil sie die mit der Amtshilfe zu verwirklichende Maßnahme für unzweckmäßig hält.

(5) [1]Hält die ersuchte Behörde sich zur Hilfe nicht für verpflichtet, so teilt sie der ersuchenden Finanzbehörde ihre Auffassung mit. [2]Besteht diese auf der Amtshilfe, so entscheidet über die Verpflichtung zur Amtshilfe die gemeinsame fachlich zuständige Aufsichtsbehörde oder, sofern eine solche nicht besteht, die für die ersuchte Behörde fachlich zuständige Aufsichtsbehörde.

§ 113 Auswahl der Behörde. Kommen für die Amtshilfe mehrere Behörden in Betracht, so soll nach Möglichkeit eine Behörde der untersten Verwaltungsstufe des Verwaltungszweigs ersucht werden, dem die ersuchende Finanzbehörde angehört.

§ 114 Durchführung der Amtshilfe. (1) Die Zulässigkeit der Maßnahme, die durch die Amtshilfe verwirklicht werden soll, richtet sich nach dem für die ersuchende Finanzbehörde, die Durchführung der Amtshilfe nach dem für die ersuchte Behörde geltenden Recht.

(2) [1]Die ersuchende Finanzbehörde trägt gegenüber der ersuchten Behörde die Verantwortung für die Rechtmäßigkeit der zu treffenden Maßnahme. [2]Die ersuchte Behörde ist für die Durchführung der Amtshilfe verantwortlich.

§ 115 Kosten der Amtshilfe. (1) [1]Die ersuchende Finanzbehörde hat der ersuchten Behörde für die Amtshilfe keine Verwaltungsgebühr zu entrichten. [2]Auslagen hat sie der ersuchten Behörde auf Anforderung zu erstatten, wenn sie im Einzelfall 25 Euro übersteigen. [3]Leisten Behörden desselben Rechtsträgers einander Amtshilfe, so werden die Auslagen nicht erstattet.

(2) Nimmt die ersuchte Behörde zur Durchführung der Amtshilfe eine kostenpflichtige Amtshandlung vor, so stehen ihr die von einem Dritten hierfür geschuldeten Kosten (Verwaltungsgebühren, Benutzungsgebühren und Auslagen) zu.

§ 116[1] Anzeige von Steuerstraftaten. (1) [1]Gerichte und die Behörden von Bund, Ländern und kommunalen Trägern der öffentlichen Verwaltung, die nicht Finanzbehörden sind, haben Tatsachen, die sie dienstlich erfahren und die auf eine Steuerstraftat schließen lassen, dem Bundeszentralamt für Steuern oder, soweit bekannt, den für das Steuerstrafverfahren zuständigen Finanzbehörden mitzuteilen. [2]Soweit die für das Steuerstrafverfahren zuständigen Finanzbehörden nicht bereits erkennbar unmittelbar informiert worden sind, teilt das Bundeszentralamt für Steuern ihnen diese Tatsachen mit. [3]Die für das Steuerstrafverfahren zuständigen Finanzbehörden, ausgenommen die Behörden der Bundeszollverwaltung, übermitteln die Mitteilung an das Bundeszentralamt für Steuern, soweit dieses nicht bereits erkennbar unmittelbar in Kenntnis gesetzt worden ist.

(2) § 105 Abs. 2 gilt entsprechend.

§ 117 Zwischenstaatliche Rechts- und Amtshilfe in Steuersachen. (1) Die Finanzbehörden können zwischenstaatliche Rechts- und Amtshilfe nach Maßgabe des deutschen Rechts in Anspruch nehmen.

(2)[2] Die Finanzbehörden können zwischenstaatliche Rechts- und Amtshilfe auf Grund innerstaatlich anwendbarer völkerrechtlicher Vereinbarungen, innerstaatlich anwendbarer Rechtsakte der Europäischen Union sowie des EU-Amtshilfegesetzes[3] leisten.

---

[1] § 116 Abs. 1 neu gef. mWv 29.12.2007 durch G v. 20.12.2007 (BGBl. I S. 3150).
[2] § 117 Abs. 2 geänd. mWv 1.1.2013 durch G v. 26.6.2013 (BGBl. I S. 1809).
[3] Nr. **801**.

(3) [1]Die Finanzbehörden können nach pflichtgemäßem Ermessen zwischenstaatliche Rechts- und Amtshilfe auf Ersuchen auch in anderen Fällen leisten, wenn

1. die Gegenseitigkeit verbürgt ist,

2. der ersuchende Staat gewährleistet, dass die übermittelten Auskünfte und Unterlagen nur für Zwecke seines Besteuerungs- oder Steuerstrafverfahrens (einschließlich Ordnungswidrigkeitenverfahren) verwendet werden, und dass die übermittelten Auskünfte und Unterlagen nur solchen Personen, Behörden oder Gerichten zugänglich gemacht werden, die mit der Bearbeitung der Steuersache oder Verfolgung der Steuerstraftat befasst sind,

3. der ersuchende Staat zusichert, dass er bereit ist, bei den Steuern vom Einkommen, Ertrag und Vermögen eine mögliche Doppelbesteuerung im Verständigungswege durch eine sachgerechte Abgrenzung der Besteuerungsgrundlagen zu vermeiden und

4. die Erledigung des Ersuchens die Souveränität, die Sicherheit, die öffentliche Ordnung oder andere wesentliche Interessen des Bundes oder seiner Gebietskörperschaften nicht beeinträchtigt und keine Gefahr besteht, dass dem inländischen Beteiligten ein mit dem Zweck der Rechts- und Amtshilfe nicht zu vereinbarender Schaden entsteht, falls ein Handels-, Industrie-, Gewerbe- oder Berufsgeheimnis oder ein Geschäftsverfahren, das auf Grund des Ersuchens offenbart werden soll, preisgegeben wird.

[2]Soweit die zwischenstaatliche Rechts- und Amtshilfe Steuern betrifft, die von den Landesfinanzbehörden verwaltet werden, entscheidet das Bundesministerium der Finanzen im Einvernehmen mit der zuständigen obersten Landesbehörde.

(4)[1)] [1]Bei der Durchführung der Rechts- und Amtshilfe richten sich die Befugnisse der Finanzbehörden sowie die Rechte und Pflichten der Beteiligten und anderer Personen nach den für Steuern im Sinne von § 1 Abs. 1 geltenden Vorschriften. [2]§ 114 findet entsprechende Anwendung. [3]Bei der Übermittlung von Auskünften und Unterlagen gilt für inländische Beteiligte § 91 entsprechend; soweit die Rechts- und Amtshilfe Steuern betrifft, die von den Landesfinanzbehörden verwaltet werden, hat eine Anhörung des inländischen Beteiligten abweichend von § 91 Abs. 1 stets stattzufinden, es sei denn, die Umsatzsteuer ist betroffen, es findet ein Informationsaustausch auf Grund des EU-Amtshilfegesetzes statt oder es liegt eine Ausnahme nach § 91 Abs. 2 oder 3 vor.

(5) Das Bundesministerium der Finanzen wird ermächtigt, zur Förderung der zwischenstaatlichen Zusammenarbeit durch Rechtsverordnung mit Zustimmung des Bundesrates völkerrechtliche Vereinbarungen über die gegenseitige Rechts- und Amtshilfe auf dem Gebiete des Zollwesens in Kraft zu setzen, wenn sich die darin übernommenen Verpflichtungen im Rahmen der nach diesem Gesetz zulässigen zwischenstaatlichen Rechts- und Amtshilfe halten.

[1)] § 117 Abs. 4 Satz 3 geänd. mWv 1.1.2013 durch G v. 26.6.2013 (BGBl. I S. 1809).

§ 117a[1]) Übermittlung personenbezogener Daten an Mitgliedstaaten der Europäischen Union. (1) ¹Auf ein Ersuchen einer für die Verhütung und Verfolgung von Straftaten zuständigen öffentlichen Stelle eines Mitgliedstaates der Europäischen Union können die mit der Steuerfahndung betrauten Dienststellen der Finanzbehörden personenbezogene Daten, die in Zusammenhang mit dem in § 208 bestimmten Aufgabenbereich stehen, zum Zweck der Verhütung von Straftaten übermitteln. ²Für die Übermittlung dieser Daten gelten die Vorschriften über die Datenübermittlung im innerstaatlichen Bereich entsprechend.

(2) Die Übermittlung personenbezogener Daten nach Absatz 1 ist nur zulässig, wenn das Ersuchen mindestens folgende Angaben enthält:

1. die Bezeichnung und die Anschrift der ersuchenden Behörde,

2. die Bezeichnung der Straftat, zu deren Verhütung die Daten benötigt werden,

3. die Beschreibung des Sachverhalts, der dem Ersuchen zugrunde liegt,

4. die Benennung des Zwecks, zu dem die Daten erbeten werden,

5. den Zusammenhang zwischen dem Zweck, zu dem die Informationen oder Erkenntnisse erbeten werden, und der Person, auf die sich diese Informationen beziehen,

6. Einzelheiten zur Identität der betroffenen Person, sofern sich das Ersuchen auf eine bekannte Person bezieht, und

7. Gründe für die Annahme, dass sachdienliche Informationen und Erkenntnisse im Inland vorliegen.

(3) Die mit der Steuerfahndung betrauten Dienststellen der Finanzbehörden können auch ohne Ersuchen personenbezogene Daten im Sinne von Absatz 1 an eine für die Verhütung und Verfolgung von Straftaten zuständige öffentliche Stelle eines Mitgliedstaates der Europäischen Union übermitteln, wenn im Einzelfall die Gefahr der Begehung einer Straftat im Sinne des Artikels 2 Absatz 2 des Rahmenbeschlusses 2002/584/JI des Rates vom 13. Juni 2002 über den Europäischen Haftbefehl und die Übergabeverfahren zwischen den Mitgliedstaaten (ABl. L 190 vom 18.7.2002, S. 1), der zuletzt durch den Rahmenbeschluss 2009/299/JI (ABl. L 81 vom 27.3.2009, S. 24) geändert worden ist, besteht und konkrete Anhaltspunkte dafür vorliegen, dass die Übermittlung dieser personenbezogenen Daten dazu beitragen könnte, eine solche Straftat zu verhindern.

(4) ¹Für die Übermittlung der Daten nach Absatz 3 gelten die Vorschriften über die Datenübermittlung im innerstaatlichen Bereich entsprechend. ²Die Datenübermittlung unterbleibt, soweit, auch unter Berücksichtigung des besonderen öffentlichen Interesses an der Datenübermittlung, im Einzelfall schutzwürdige Interessen der betroffenen Person überwiegen. ³Zu den schutzwürdigen Interessen gehört auch das Vorhandensein eines angemessenen Datenschutzniveaus im Empfängerstaat. ⁴Die schutzwürdigen Interessen der betroffenen Personen können auch dadurch gewahrt werden, dass der Emp-

---

[1]) § 117a eingef. mWv 26.7.2012 durch G v. 21.7.2012 (BGBl. I S. 1566).

fängerstaat oder die empfangende zwischen- oder überstaatliche Stelle im Einzelfall einen Schutz der übermittelten Daten garantiert.

(5) Die Datenübermittlung nach den Absätzen 1 und 3 unterbleibt, wenn

1. hierdurch wesentliche Sicherheitsinteressen des Bundes oder der Länder beeinträchtigt würden,

2. die Übermittlung der Daten zu den in Artikel 6 des Vertrages über die Europäische Union enthaltenen Grundsätzen in Widerspruch stünde,

3. die zu übermittelnden Daten bei der ersuchten Behörde nicht vorhanden sind und nur durch das Ergreifen von Zwangsmaßnahmen erlangt werden können oder

4. die Übermittlung der Daten unverhältnismäßig wäre oder die Daten für die Zwecke, für die sie übermittelt werden sollen, nicht erforderlich sind.

(6) Die Datenübermittlung nach den Absätzen 1 und 3 kann unterbleiben, wenn

1. die zu übermittelnden Daten bei den mit der Steuerfahndung betrauten Dienststellen der Finanzbehörden nicht vorhanden sind, jedoch ohne das Ergreifen von Zwangsmaßnahmen erlangt werden können,

2. hierdurch der Erfolg laufender Ermittlungen oder Leib, Leben oder Freiheit einer Person gefährdet würde oder

3. die Tat, zu deren Verhütung die Daten übermittelt werden sollen, nach deutschem Recht mit einer Freiheitsstrafe von im Höchstmaß einem Jahr oder weniger bedroht ist.

(7) Als für die Verhütung und Verfolgung von Straftaten zuständige öffentliche Stelle eines Mitgliedstaates der Europäischen Union im Sinne der Absätze 1 und 3 gilt jede Stelle, die von diesem Staat gemäß Artikel 2 Buchstabe a des Rahmenbeschlusses 2006/960/JI des Rates vom 18. Dezember 2006 über die Vereinfachung des Austauschs von Informationen und Erkenntnissen zwischen den Strafverfolgungsbehörden der Mitgliedstaaten der Europäischen Union (ABl. L 386 vom 29.12.2006, S. 89, L 75 vom 15.3.2007, S. 26) benannt wurde.

(8) Die Absätze 1 bis 7 sind auch anzuwenden auf die Übermittlung von personenbezogenen Daten an für die Verhütung und Verfolgung von Straftaten zuständige öffentliche Stellen eines Schengen-assoziierten Staates im Sinne von § 91 Absatz 3 des Gesetzes über die internationale Rechtshilfe in Strafsachen.

§ 117b[1] Verwendung von den nach dem Rahmenbeschluss 2006/960/JI des Rates übermittelten Daten. (1) [1]Daten, die nach dem Rahmenbeschluss 2006/960/JI an die mit der Steuerfahndung betrauten Dienststellen der Finanzbehörden übermittelt worden sind, dürfen nur für die Zwecke, für die sie übermittelt wurden, oder zur Abwehr einer gegenwärtigen und erheblichen Gefahr für die öffentliche Sicherheit verwendet werden. [2]Für einen anderen Zweck oder als Beweismittel in einem gerichtlichen Ver-

---

[1] § 117 b eingef. durch G v. 21.7.2012 (BGBl. I S. 1566).

fahren dürfen sie nur verwendet werden, wenn der übermittelnde Staat zugestimmt hat. ³Von dem übermittelnden Staat für die Verwendung der Daten gestellte Bedingungen sind zu beachten.

(2) Die mit der Steuerfahndung betrauten Dienststellen der Finanzbehörden erteilen dem übermittelnden Staat auf dessen Ersuchen zu Zwecken der Datenschutzkontrolle Auskunft darüber, wie die übermittelten Daten verwendet wurden.

§ 117c¹⁾ Umsetzung innerstaatlich anwendbarer völkerrechtlicher Vereinbarungen zur Förderung der Steuerehrlichkeit bei internationalen Sachverhalten. (1)²⁾ ¹Das Bundesministerium der Finanzen wird ermächtigt, zur Erfüllung der Verpflichtungen aus innerstaatlich anwendbaren völkerrechtlichen Vereinbarungen, die der Förderung der Steuerehrlichkeit durch systematische Erhebung und Übermittlung steuerlich relevanter Daten dienen, durch Rechtsverordnungen mit Zustimmung des Bundesrates Regelungen zu treffen über

1. die Erhebung der nach diesen Vereinbarungen erforderlichen Daten durch in diesen Vereinbarungen dem Grunde nach bestimmte Dritte,

2. die Übermittlung dieser Daten nach amtlich vorgeschriebenem Datensatz im Wege der Datenfernübertragung an das Bundeszentralamt für Steuern,

3. die Weiterleitung dieser Daten an die zuständige Behörde des anderen Vertragsstaates sowie

4. die Entgegennahme entsprechender Daten von dem anderen Vertragsstaat und deren Weiterleitung nach Maßgabe des § 88 Absatz 3 und 4 an die zuständige Landesfinanzbehörde.

²In einer Rechtsverordnung nach Satz 1 kann dem Bundeszentralamt für Steuern das Recht eingeräumt werden, die Daten und Meldungen nach § 9 Absatz 1 und 2 der FATCA-USA-Umsetzungsverordnung zur Erfüllung der dem Bundeszentralamt für Steuern gesetzlich übertragenen Aufgaben auszuwerten. ³Auswertungen der Meldungen nach § 9 Absatz 2 der FATCA-USA-Umsetzungsverordnung durch die jeweils zuständige Landesfinanzbehörde bleiben hiervon unberührt.

(2)³⁾ Bei der Übermittlung von Daten durch das Bundeszentralamt für Steuern an die zuständige Finanzbehörde des anderen Vertragsstaates nach einer auf Grund des Absatzes 1 Satz 1 erlassenen Rechtsverordnung findet eine Anhörung der Beteiligten nicht statt.

(3) ¹Das Bundeszentralamt für Steuern ist berechtigt, Verhältnisse, die für die Erfüllung der Pflichten zur Erhebung und Übermittlung von Daten nach einer auf Grund des Absatzes 1 erlassenen Rechtsverordnung von Bedeutung sind oder der Aufklärung bedürfen, bei den zur Erhebung dieser Daten und deren Übermittlung an das Bundeszentralamt für Steuern Verpflichteten zu prüfen. ²Die §§ 193 bis 203 gelten sinngemäß.

---

¹⁾ § 117c eingef. durch G v. 18.12.2013 (BGBl. I S. 4318).
²⁾ § 117c Abs. 1 Satz 2 aufgeh. mWv 1.1.2017 durch G v. 18.7.2016 (BGBl. I S. 1679); Satz 1 neu gef., Sätze 2 und 3 angef. mWv 1.1.2017 durch G v. 20.12.2016 (BGBl. I S. 3000).
³⁾ § 117c Abs. 2 Satz 2 aufgeh. mWv 25.6.2017 durch G v. 23.6.2017 (BGBl. I S. 1682).

(4)[1] [1]Die auf Grund einer Rechtsverordnung nach Absatz 1 oder im Rahmen einer Prüfung nach Absatz 3 vom Bundeszentralamt für Steuern erhobenen Daten dürfen nur für die in den zugrunde liegenden völkerrechtlichen Vereinbarungen festgelegten Zwecke verwendet werden. [2]Bei der Übermittlung der länderbezogenen Berichte durch das Bundeszentralamt für Steuern gemäß § 138a Absatz 7 Satz 1 bis 3 findet keine Anhörung der Beteiligten statt.

§ 117d[2]) **Statistiken über die zwischenstaatliche Amts- und Rechtshilfe.** [1]Informationen, die im Zuge der zwischenstaatlichen Amts- und Rechtshilfe verarbeitet werden, dürfen statistisch pseudonymisiert oder anonymisiert aufbereitet werden. [2]Diese statistischen Daten dürfen öffentlich zugänglich gemacht werden.

Zweiter Abschnitt: Verwaltungsakte

§ 118 Begriff des Verwaltungsakts. [1]Verwaltungsakt ist jede Verfügung, Entscheidung oder andere hoheitliche Maßnahme, die eine Behörde zur Regelung eines Einzelfalls auf dem Gebiet des öffentlichen Rechts trifft und die auf unmittelbare Rechtswirkung nach außen gerichtet ist. [2]Allgemeinverfügung ist ein Verwaltungsakt, der sich an einen nach allgemeinen Merkmalen bestimmten oder bestimmbaren Personenkreis richtet oder die öffentlich-rechtliche Eigenschaft einer Sache oder ihre Benutzung durch die Allgemeinheit betrifft.

§ 119[3]) **Bestimmtheit und Form des Verwaltungsakts.** (1) Ein Verwaltungsakt muss inhaltlich hinreichend bestimmt sein.

(2) [1]Ein Verwaltungsakt kann schriftlich, elektronisch, mündlich oder in anderer Weise erlassen werden. [2]Ein mündlicher Verwaltungsakt ist schriftlich zu bestätigen, wenn hieran ein berechtigtes Interesse besteht und die betroffene Person dies unverzüglich verlangt.

(3) [1]Ein schriftlich oder elektronisch erlassener Verwaltungsakt muss die erlassende Behörde erkennen lassen. [2]Ferner muss er die Unterschrift oder die Namenswiedergabe des Behördenleiters, seines Vertreters oder seines Beauftragten enthalten; dies gilt nicht für einen Verwaltungsakt, der formularmäßig oder mit Hilfe automatischer Einrichtungen erlassen wird. [3]Ist für einen Verwaltungsakt durch Gesetz eine Schriftform angeordnet, so muss bei einem elektronischen Verwaltungsakt auch das der Signatur zugrunde liegende qualifizierte Zertifikat oder ein zugehöriges qualifiziertes Attributzertifikat die erlassende Behörde erkennen lassen. [4]Im Falle des § 87a Absatz 4 Satz 3 muss

---

[1]) § 117c Abs. 4 Satz 2 angef. durch G v. 20.12.2016 (BGBl. I S. 3000); zur Anwendung von § 138a Abs. 6 siehe Abs. 97 § 31 Satz 1 EGAO (Nr. **800a**); Satz 2 Verweis geänd. mWv 25.6.2017 durch G v. 23.6.2017 (BGBl. I S. 1682).

[2]) § 117d eingef. durch G v. 12.12.2019 (BGBl. I S. 2451); zur Anwendung siehe Art. 97 § 1 Abs. 13 EGAO (Nr. **800a**).

[3]) § 119 Abs. 3 Satz 4 angef. mWv 1.8.2013 durch G v. 25.7.2013 (BGBl. I S. 2749); Abs. 2 Satz 2 geänd. mWv 26.11.2019 durch G v. 20.11.2019 (BGBl. I S. 1626).

die Bestätigung nach § 5 Absatz 5 des De-Mail-Gesetzes die erlassende Finanzbehörde als Nutzer des De-Mail-Kontos erkennen lassen.

§ 120 Nebenbestimmungen zum Verwaltungsakt. (1) Ein Verwaltungsakt, auf den ein Anspruch besteht, darf mit einer Nebenbestimmung nur versehen werden, wenn sie durch Rechtsvorschrift zugelassen ist oder wenn sie sicherstellen soll, dass die gesetzlichen Voraussetzungen des Verwaltungsakts erfüllt werden.

(2) Unbeschadet des Absatzes 1 darf ein Verwaltungsakt nach pflichtgemäßem Ermessen erlassen werden mit

1. einer Bestimmung, nach der eine Vergünstigung oder Belastung zu einem bestimmten Zeitpunkt beginnt, endet oder für einen bestimmten Zeitraum gilt (Befristung),
2. einer Bestimmung, nach der der Eintritt oder der Wegfall einer Vergünstigung oder einer Belastung von dem ungewissen Eintritt eines zukünftigen Ereignisses abhängt (Bedingung),
3. einem Vorbehalt des Widerrufs

oder verbunden werden mit

4. einer Bestimmung, durch die dem Begünstigten ein Tun, Dulden oder Unterlassen vorgeschrieben wird (Auflage),
5. einem Vorbehalt der nachträglichen Aufnahme, Änderung oder Ergänzung einer Auflage.

(3) Eine Nebenbestimmung darf dem Zweck des Verwaltungsakts nicht zuwiderlaufen.

§ 121 Begründung des Verwaltungsakts. (1) Ein schriftlicher, elektronischer sowie ein schriftlich oder elektronisch bestätigter Verwaltungsakt ist mit einer Begründung zu versehen, soweit dies zu seinem Verständnis erforderlich ist.

(2) Einer Begründung bedarf es nicht,

1. soweit die Finanzbehörde einem Antrag entspricht oder einer Erklärung folgt und der Verwaltungsakt nicht in Rechte eines anderen eingreift,
2. soweit demjenigen, für den der Verwaltungsakt bestimmt ist oder der von ihm betroffen wird, die Auffassung der Finanzbehörde über die Sach- und Rechtslage bereits bekannt oder auch ohne Begründung für ihn ohne weiteres erkennbar ist,
3. wenn die Finanzbehörde gleichartige Verwaltungsakte in größerer Zahl oder Verwaltungsakte mit Hilfe automatischer Einrichtungen erlässt und die Begründung nach den Umständen des Einzelfalls nicht geboten ist,
4. wenn sich dies aus einer Rechtsvorschrift ergibt,
5. wenn eine Allgemeinverfügung öffentlich bekannt gegeben wird.

§ 122 Bekanntgabe des Verwaltungsakts. (1)[1] [1]Ein Verwaltungsakt ist demjenigen Beteiligten bekannt zu geben, für den er bestimmt ist oder der

---

[1] § 122 Abs. 1 Satz 4 angef. mWv 1.1.2017 durch G v. 18.7.2016 (BGBl. I S. 1679); zur Anwendung s. auch Art. 97 § 1 Abs. 11 EGAO (Nr. **800a**).

von ihm betroffen wird. [2] § 34 Abs. 2 ist entsprechend anzuwenden. [3] Der Verwaltungsakt kann auch gegenüber einem Bevollmächtigten bekannt gegeben werden. [4] Er soll dem Bevollmächtigten bekannt gegeben werden, wenn der Finanzbehörde eine schriftliche oder eine nach amtlich vorgeschriebenem Datensatz elektronisch übermittelte Empfangsvollmacht vorliegt, solange dem Bevollmächtigten nicht eine Zurückweisung nach § 80 Absatz 7 bekannt gegeben worden ist.

(2) Ein schriftlicher Verwaltungsakt, der durch die Post übermittelt wird, gilt als bekannt gegeben

1. bei einer Übermittlung im Inland am dritten Tage nach der Aufgabe zur Post,[1)]

2. bei einer Übermittlung im Ausland einen Monat nach der Aufgabe zur Post,

außer wenn er nicht oder zu einem späteren Zeitpunkt zugegangen ist; im Zweifel hat die Behörde den Zugang des Verwaltungsakts und den Zeitpunkt des Zugangs nachzuweisen.

(2a) Ein elektronisch übermittelter Verwaltungsakt gilt am dritten Tage nach der Absendung als bekannt gegeben, außer wenn er nicht oder zu einem späteren Zeitpunkt zugegangen ist; im Zweifel hat die Behörde den Zugang des Verwaltungsakts und den Zeitpunkt des Zugangs nachzuweisen.

(3) [1] Ein Verwaltungsakt darf öffentlich bekannt gegeben werden, wenn dies durch Rechtsvorschrift zugelassen ist. [2] Eine Allgemeinverfügung darf auch dann öffentlich bekannt gegeben werden, wenn eine Bekanntgabe an die Beteiligten untunlich ist.

(4) [1] Die öffentliche Bekanntgabe eines Verwaltungsakts wird dadurch bewirkt, dass sein verfügender Teil ortsüblich bekannt gemacht wird. [2] In der ortsüblichen Bekanntmachung ist anzugeben, wo der Verwaltungsakt und seine Begründung eingesehen werden können. [3] Der Verwaltungsakt gilt zwei Wochen nach dem Tag der ortsüblichen Bekanntmachung als bekannt gegeben. [4] In einer Allgemeinverfügung kann ein hiervon abweichender Tag, jedoch frühestens der auf die Bekanntmachung folgende Tag bestimmt werden.

(5)[2)] [1] Ein Verwaltungsakt wird zugestellt, wenn dies gesetzlich vorgeschrieben ist oder behördlich angeordnet wird. [2] Die Zustellung richtet sich vorbehaltlich der Sätze 3 und 4 nach den Vorschriften des Verwaltungszustellungsgesetzes[3)]. [3] Für die Zustellung an einen Bevollmächtigten gilt abweichend von § 7 Absatz 1 Satz 2 des Verwaltungszustellungsgesetzes[3)] Absatz 1 Satz 4 entsprechend. [4] Erfolgt die öffentliche Zustellung durch Bekanntmachung einer Benachrichtigung auf der Internetseite oder in einem elektronischen Portal der Finanzbehörden, können die Anordnung und die Dokumentation nach

---

[1)] Die Dreitagesfrist verlängert sich, wenn das Fristende auf einen Sonntag, gesetzlichen Feiertag oder Sonnabend fällt, bis zum nächstfolgenden Werktag (BFH-Urteil v. 14.10.2003 IX R 68/98, BStBl. II S. 898).

[2)] § 122 Abs. 5 Satz 2 neu gef., Satz 3 angef. mWv 1.1.2017 durch G v. 18.7.2016 (BGBl. I S. 1679); zur Anwendung s. auch Art. 97 § 1 Abs. 11 EGAO (Nr. **800a**); Satz 2 geänd., Satz 4 angef. mWv 21.12.2022 durch G v. 16.12.2022 (BGBl. I S. 2294).

[3)] Nr. **805**.

§ 10 Absatz 1 Satz 2 und Absatz 2 Satz 5 des Verwaltungszustellungsgesetzes elektronisch erfolgen.

(6) Die Bekanntgabe eines Verwaltungsakts an einen Beteiligten zugleich mit Wirkung für und gegen andere Beteiligte ist zulässig, soweit die Beteiligten einverstanden sind; diese Beteiligten können nachträglich eine Abschrift des Verwaltungsakts verlangen.

(7)[1] [1]Betreffen Verwaltungsakte

1. Ehegatten oder Lebenspartner oder

2. Ehegatten mit ihren Kindern, Lebenspartner mit ihren Kindern oder Alleinstehende mit ihren Kindern,

so reicht es für die Bekanntgabe an alle Beteiligten aus, wenn ihnen eine Ausfertigung unter ihrer gemeinsamen Anschrift übermittelt wird. [2]Die Verwaltungsakte sind den Beteiligten einzeln bekannt zu geben, soweit sie dies beantragt haben oder soweit der Finanzbehörde bekannt ist, dass zwischen ihnen ernstliche Meinungsverschiedenheiten bestehen.

§ 122a[2] Bekanntgabe von Verwaltungsakten durch Bereitstellung zum Datenabruf. (1) Verwaltungsakte können mit Einwilligung des Beteiligten oder der von ihm bevollmächtigten Person bekannt gegeben werden, indem sie zum Datenabruf durch Datenfernübertragung bereitgestellt werden.

(2) [1]Die Einwilligung kann jederzeit mit Wirkung für die Zukunft widerrufen werden. [2]Der Widerruf wird der Finanzbehörde gegenüber erst wirksam, wenn er ihr zugeht.

(3) Für den Datenabruf hat sich die abrufberechtigte Person nach Maßgabe des § 87a Absatz 8 zu authentisieren.

(4) [1]Ein zum Abruf bereitgestellter Verwaltungsakt gilt am dritten Tag nach Absendung der elektronischen Benachrichtigung über die Bereitstellung der Daten an die abrufberechtigte Person als bekannt gegeben. [2]Im Zweifel hat die Behörde den Zugang der Benachrichtigung nachzuweisen. [3]Kann die Finanzbehörde den von der abrufberechtigten Person bestrittenen Zugang der Benachrichtigung nicht nachweisen, gilt der Verwaltungsakt an dem Tag als bekannt gegeben, an dem die abrufberechtigte Person den Datenabruf durchgeführt hat. [4]Das Gleiche gilt, wenn die abrufberechtigte Person unwiderlegbar vorträgt, die Benachrichtigung nicht innerhalb von drei Tagen nach der Absendung erhalten zu haben.

(5)[3] Entscheidet sich die Finanzbehörde, den Verwaltungsakt im Postfach des Nutzerkontos nach dem Onlinezugangsgesetz zum Datenabruf bereitzustellen, gelten abweichend von § 9 Absatz 1 Satz 3 bis 6 des Onlinezugangsgesetzes die Regelungen des Absatzes 4.

---

[1] § 122 Abs. 7 Satz 1 neu gef. mWv 24.7.2014 durch G v. 18.7.2014 (BGBl. I S. 1042); zur Anwendung siehe Art. 97 § 1 Abs. 10 Sätze 1 und 2 EGAO (Nr. **800a**).

[2] § 122a eingef. durch G v. 18.7.2016 (BGBl. I S. 1679); zur Anwendung s. auch Art. 97 § 28 EGAO (Nr. **800a**).

[3] § 122a Abs. 5 angef. mWv 10.12.2020 durch G v. 3.12.2020 (BGBl. I S. 2668).

§ 123[1]) Bestellung eines Empfangsbevollmächtigten. [1]Ein Beteiligter ohne Wohnsitz oder gewöhnlichen Aufenthalt, Sitz oder Geschäftsleitung im Inland, in einem anderen Mitgliedstaat der Europäischen Union oder in einem Staat, auf den das Abkommen über den Europäischen Wirtschaftsraum anwendbar ist, hat der Finanzbehörde auf Verlangen innerhalb einer angemessenen Frist einen Empfangsbevollmächtigten im Inland zu benennen. [2]Unterlässt er dies, so gilt ein an ihn gerichtetes Schriftstück einen Monat nach der Aufgabe zur Post und ein elektronisch übermitteltes Dokument am dritten Tage nach der Absendung als zugegangen. [3]Dies gilt nicht, wenn feststeht, dass das Schriftstück oder das elektronische Dokument den Empfänger nicht oder zu einem späteren Zeitpunkt erreicht hat. [4]Auf die Rechtsfolgen der Unterlassung ist der Beteiligte hinzuweisen.

§ 124 Wirksamkeit des Verwaltungsakts. (1) [1]Ein Verwaltungsakt wird gegenüber demjenigen, für den er bestimmt ist oder der von ihm betroffen wird, in dem Zeitpunkt wirksam, in dem er ihm bekannt gegeben wird. [2]Der Verwaltungsakt wird mit dem Inhalt wirksam, mit dem er bekannt gegeben wird.

(2) Ein Verwaltungsakt bleibt wirksam, solange und soweit er nicht zurückgenommen, widerrufen, anderweitig aufgehoben oder durch Zeitablauf oder auf andere Weise erledigt ist.

(3) Ein nichtiger Verwaltungsakt ist unwirksam.

§ 125 Nichtigkeit des Verwaltungsakts. (1) Ein Verwaltungsakt ist nichtig, soweit er an einem besonders schwerwiegenden Fehler leidet und dies bei verständiger Würdigung aller in Betracht kommenden Umstände offenkundig ist.

(2) Ohne Rücksicht auf das Vorliegen der Voraussetzungen des Absatzes 1 ist ein Verwaltungsakt nichtig,

1. der schriftlich oder elektronisch erlassen worden ist, die erlassende Finanzbehörde aber nicht erkennen lässt,

2. den aus tatsächlichen Gründen niemand befolgen kann,

3. der die Begehung einer rechtswidrigen Tat verlangt, die einen Straf- oder Bußgeldtatbestand verwirklicht,

4. der gegen die guten Sitten verstößt.

(3) Ein Verwaltungsakt ist nicht schon deshalb nichtig, weil

1. Vorschriften über die örtliche Zuständigkeit nicht eingehalten worden sind,

2. eine nach § 82 Abs. 1 Satz 1 Nr. 2 bis 6 und Satz 2 ausgeschlossene Person mitgewirkt hat,

3. ein durch Rechtsvorschrift zur Mitwirkung berufener Ausschuss den für den Erlass des Verwaltungsakts vorgeschriebenen Beschluss nicht gefasst hat oder nicht beschlussfähig war,

4. die nach einer Rechtsvorschrift erforderliche Mitwirkung einer anderen Behörde unterblieben ist.

---

[1]) § 123 Satz 1 neu gef. mWv 6.11.2015 durch G v. 2.11.2015 (BGBl. I S. 1834).

(4) Betrifft die Nichtigkeit nur einen Teil des Verwaltungsakts, so ist er im Ganzen nichtig, wenn der nichtige Teil so wesentlich ist, dass die Finanzbehörde den Verwaltungsakt ohne den nichtigen Teil nicht erlassen hätte.

(5) Die Finanzbehörde kann die Nichtigkeit jederzeit von Amts wegen feststellen; auf Antrag ist sie festzustellen, wenn der Antragsteller hieran ein berechtigtes Interesse hat.

§ 126 Heilung von Verfahrens- und Formfehlern. (1) Eine Verletzung von Verfahrens- oder Formvorschriften, die nicht den Verwaltungsakt nach § 125 nichtig macht, ist unbeachtlich, wenn

1. der für den Verwaltungsakt erforderliche Antrag nachträglich gestellt wird,
2. die erforderliche Begründung nachträglich gegeben wird,
3. die erforderliche Anhörung eines Beteiligten nachgeholt wird,
4. der Beschluss eines Ausschusses, dessen Mitwirkung für den Erlass des Verwaltungsakts erforderlich ist, nachträglich gefasst wird,
5. die erforderliche Mitwirkung einer anderen Behörde nachgeholt wird.

(2) Handlungen nach Absatz 1 Nr. 2 bis 5 können bis zum Abschluss der Tatsacheninstanz eines finanzgerichtlichen Verfahrens nachgeholt werden.

(3) [1] Fehlt einem Verwaltungsakt die erforderliche Begründung oder ist die erforderliche Anhörung eines Beteiligten vor Erlass des Verwaltungsakts unterblieben und ist dadurch die rechtzeitige Anfechtung des Verwaltungsakts versäumt worden, so gilt die Versäumung der Einspruchsfrist als nicht verschuldet. [2] Das für die Wiedereinsetzungsfrist nach § 110 Abs. 2 maßgebende Ereignis tritt im Zeitpunkt der Nachholung der unterlassenen Verfahrenshandlung ein.

§ 127 Folgen von Verfahrens- und Formfehlern. Die Aufhebung eines Verwaltungsakts, der nicht nach § 125 nichtig ist, kann nicht allein deshalb beansprucht werden, weil er unter Verletzung von Vorschriften über das Verfahren, die Form oder die örtliche Zuständigkeit zustande gekommen ist, wenn keine andere Entscheidung in der Sache hätte getroffen werden können.

§ 128[1) Umdeutung eines fehlerhaften Verwaltungsakts. (1) Ein fehlerhafter Verwaltungsakt kann in einen anderen Verwaltungsakt umgedeutet werden, wenn er auf das gleiche Ziel gerichtet ist, von der erlassenden Finanzbehörde in der geschehenen Verfahrensweise und Form rechtmäßig hätte erlassen werden können und wenn die Voraussetzungen für dessen Erlass erfüllt sind.

(2) [1] Absatz 1 gilt nicht, wenn der Verwaltungsakt, in den der fehlerhafte Verwaltungsakt umzudeuten wäre, der erkennbaren Absicht der erlassenden Finanzbehörde widerspräche oder seine Rechtsfolgen für die betroffene Person ungünstiger wären als die des fehlerhaften Verwaltungsakts. [2] Eine Umdeutung ist ferner unzulässig, wenn der fehlerhafte Verwaltungsakt nicht zurückgenommen werden dürfte.

[1) § 128 Abs. 2 Satz 1 geänd. mWv 26.11.2019 durch G v. 20.11.2019 (BGBl. I S. 1626).

(3) Eine Entscheidung, die nur als gesetzlich gebundene Entscheidung ergehen kann, kann nicht in eine Ermessensentscheidung umgedeutet werden.

(4) § 91 ist entsprechend anzuwenden.

§ 129 Offenbare Unrichtigkeiten beim Erlass eines Verwaltungsakts.

[1]Die Finanzbehörde kann Schreibfehler, Rechenfehler und ähnliche offenbare Unrichtigkeiten, die beim Erlass eines Verwaltungsakts unterlaufen sind, jederzeit berichtigen. [2]Bei berechtigtem Interesse des Beteiligten ist zu berichtigen. [3]Wird zu einem schriftlich ergangenen Verwaltungsakt die Berichtigung begehrt, ist die Finanzbehörde berechtigt, die Vorlage des Schriftstücks zu verlangen, das berichtigt werden soll.

§ 130 Rücknahme eines rechtswidrigen Verwaltungsakts.

(1) Ein rechtswidriger Verwaltungsakt kann, auch nachdem er unanfechtbar geworden ist, ganz oder teilweise mit Wirkung für die Zukunft oder für die Vergangenheit zurückgenommen werden.

(2) Ein Verwaltungsakt, der ein Recht oder einen rechtlich erheblichen Vorteil begründet oder bestätigt hat (begünstigender Verwaltungsakt), darf nur dann zurückgenommen werden, wenn

1. er von einer sachlich unzuständigen Behörde erlassen worden ist,

2. er durch unlautere Mittel wie arglistige Täuschung, Drohung oder Bestechung erwirkt worden ist,

3. ihn der Begünstigte durch Angaben erwirkt hat, die in wesentlicher Beziehung unrichtig oder unvollständig waren,

4. seine Rechtswidrigkeit dem Begünstigten bekannt oder infolge grober Fahrlässigkeit nicht bekannt war.

(3) [1]Erhält die Finanzbehörde von Tatsachen Kenntnis, welche die Rücknahme eines rechtswidrigen begünstigenden Verwaltungsakts rechtfertigen, so ist die Rücknahme nur innerhalb eines Jahres seit dem Zeitpunkt der Kenntnisnahme zulässig. [2]Dies gilt nicht im Fall des Absatzes 2 Nr. 2.

(4) Über die Rücknahme entscheidet nach Unanfechtbarkeit des Verwaltungsakts die nach den Vorschriften über die örtliche Zuständigkeit zuständige Finanzbehörde; dies gilt auch dann, wenn der zurückzunehmende Verwaltungsakt von einer anderen Finanzbehörde erlassen worden ist; § 26 Satz 2 bleibt unberührt.

§ 131 Widerruf eines rechtmäßigen Verwaltungsakts.

(1) Ein rechtmäßiger nicht begünstigender Verwaltungsakt kann, auch nachdem er unanfechtbar geworden ist, ganz oder teilweise mit Wirkung für die Zukunft widerrufen werden, außer wenn ein Verwaltungsakt gleichen Inhalts erneut erlassen werden müsste oder aus anderen Gründen ein Widerruf unzulässig ist.

(2) [1]Ein rechtmäßiger begünstigender Verwaltungsakt darf, auch nachdem er unanfechtbar geworden ist, ganz oder teilweise mit Wirkung für die Zukunft nur widerrufen werden,

1. wenn der Widerruf durch Rechtsvorschrift zugelassen oder im Verwaltungsakt vorbehalten ist,

2. wenn mit dem Verwaltungsakt eine Auflage verbunden ist und der Begünstigte diese nicht oder nicht innerhalb einer ihm gesetzten Frist erfüllt hat,

3. wenn die Finanzbehörde auf Grund nachträglich eingetretener Tatsachen berechtigt wäre, den Verwaltungsakt nicht zu erlassen, und wenn ohne den Widerruf das öffentliche Interesse gefährdet würde.

²§ 130 Abs. 3 gilt entsprechend.

(3) Der widerrufene Verwaltungsakt wird mit dem Wirksamwerden des Widerrufs unwirksam, wenn die Finanzbehörde keinen späteren Zeitpunkt bestimmt.

(4) Über den Widerruf entscheidet nach Unanfechtbarkeit des Verwaltungsakts die nach den Vorschriften über die örtliche Zuständigkeit zuständige Finanzbehörde; dies gilt auch dann, wenn der zu widerrufende Verwaltungsakt von einer anderen Finanzbehörde erlassen worden ist.

§ 132 Rücknahme, Widerruf, Aufhebung und Änderung im Rechtsbehelfsverfahren. ¹Die Vorschriften über Rücknahme, Widerruf, Aufhebung und Änderung von Verwaltungsakten gelten auch während eines Einspruchsverfahrens und während eines finanzgerichtlichen Verfahrens. ²§ 130 Abs. 2 und 3 und § 131 Abs. 2 und 3 stehen der Rücknahme und dem Widerruf eines von einem Dritten angefochtenen begünstigenden Verwaltungsakts während des Einspruchsverfahrens oder des finanzgerichtlichen Verfahrens nicht entgegen, soweit dadurch dem Einspruch oder der Klage abgeholfen wird.

§ 133 Rückgabe von Urkunden und Sachen. ¹Ist ein Verwaltungsakt unanfechtbar widerrufen oder zurückgenommen oder ist seine Wirksamkeit aus einem anderen Grund nicht oder nicht mehr gegeben, so kann die Finanzbehörde die auf Grund dieses Verwaltungsakts erteilten Urkunden oder Sachen, die zum Nachweis der Rechte aus dem Verwaltungsakt oder zu deren Ausübung bestimmt sind, zurückfordern. ²Der Inhaber und, sofern er nicht der Besitzer ist, auch der Besitzer dieser Urkunden oder Sachen sind zu ihrer Herausgabe verpflichtet. ³Der Inhaber oder der Besitzer kann jedoch verlangen, dass ihm die Urkunden oder Sachen wieder ausgehändigt werden, nachdem sie von der Finanzbehörde als ungültig gekennzeichnet sind; dies gilt nicht bei Sachen, bei denen eine solche Kennzeichnung nicht oder nicht mit der erforderlichen Offensichtlichkeit oder Dauerhaftigkeit möglich ist.

Vierter Teil. Durchführung der Besteuerung

Erster Abschnitt: Erfassung der Steuerpflichtigen

1. Unterabschnitt: Personenstands- und Betriebsaufnahme

§§ 134–136 *(aufgehoben)*¹⁾

---

¹⁾ §§ 134–136 aufgeh. mWv 1.1.2017 durch G v. 18.7.2016 (BGBl. I S. 1679).

2. Unterabschnitt: Anzeigepflichten

§ 137 Steuerliche Erfassung von Körperschaften, Vereinigungen und Vermögensmassen. (1) Steuerpflichtige, die nicht natürliche Personen sind, haben dem nach § 20 zuständigen Finanzamt und den für die Erhebung der Realsteuern zuständigen Gemeinden die Umstände anzuzeigen, die für die steuerliche Erfassung von Bedeutung sind, insbesondere die Gründung, den Erwerb der Rechtsfähigkeit, die Änderung der Rechtsform, die Verlegung der Geschäftsleitung oder des Sitzes und die Auflösung.

(2) Die Mitteilungen sind innerhalb eines Monats seit dem meldepflichtigen Ereignis zu erstatten.

§ 138 Anzeigen über die Erwerbstätigkeit. (1)[1] [1]Wer einen Betrieb der Land- und Forstwirtschaft, einen gewerblichen Betrieb oder eine Betriebsstätte eröffnet, hat dies nach amtlich vorgeschriebenem Vordruck der Gemeinde mitzuteilen, in der der Betrieb oder die Betriebsstätte eröffnet wird; die Gemeinde unterrichtet unverzüglich das nach § 22 Abs. 1 zuständige Finanzamt von dem Inhalt der Mitteilung. [2]Ist die Festsetzung der Realsteuern den Gemeinden nicht übertragen worden, so tritt an die Stelle der Gemeinde das nach § 22 Abs. 2 zuständige Finanzamt. [3]Wer eine freiberufliche Tätigkeit aufnimmt, hat dies dem nach § 19 zuständigen Finanzamt mitzuteilen. [4]Das Gleiche gilt für die Verlegung und die Aufgabe eines Betriebs, einer Betriebsstätte oder einer freiberuflichen Tätigkeit.

(1a)[1] Unternehmer im Sinne des § 2 des Umsatzsteuergesetzes können ihre Anzeigepflichten nach Absatz 1 zusätzlich bei der für die Umsatzbesteuerung zuständigen Finanzbehörde elektronisch erfüllen.

(1b)[2] [1]Sofern Steuerpflichtige gemäß Absatz 1 Satz 1 bis 3 verpflichtet sind, eine Betriebseröffnung oder Aufnahme einer freiberuflichen Tätigkeit mitzuteilen, haben sie dem in Absatz 1 bezeichneten Finanzamt weitere Auskünfte über die für die Besteuerung erheblichen rechtlichen und tatsächlichen Verhältnisse zu erteilen. [2]Die Auskünfte im Sinne des Satzes 1 sind nach amtlich vorgeschriebenem Datensatz über die amtlich bestimmte Schnittstelle zu übermitteln. [3]Auf Antrag kann das Finanzamt zur Vermeidung unbilliger Härten auf eine Übermittlung gemäß Satz 2 verzichten; in diesem Fall sind die Auskünfte im Sinne des Satzes 1 nach amtlich vorgeschriebenem Vordruck zu erteilen.

(2)[3] [1]Steuerpflichtige mit Wohnsitz, gewöhnlichem Aufenthalt, Geschäftsleitung oder Sitz im Geltungsbereich dieses Gesetzes (inländische Steuerpflichtige) haben dem für sie nach den §§ 18 bis 20 zuständigen Finanzamt mitzuteilen:

---

[1] § 138 Abs. 1 Satz 1 geänd., Abs. 1a eingef. mWv 21.5.2003 durch G v. 16.5.2003 (BGBl. I S. 660), Abs. 1 Satz 1 geänd. mWv 1.1.2004 durch G v. 15.12.2003 (BGBl. I S. 2645).

[2] § 138 Abs. 1b neu gef. durch G v. 22.11.2019 (BGBl. I S. 1746); zur Anwendung siehe Art. 97 § 27 Abs. 4 EGAO (Nr. **800a**).

[3] § 138 Abs. 2 und 3 ersetzt durch Abs. 2 bis 5 durch G v. 23.6.2017 (BGBl. I S. 1682); zur Anwendung siehe Art. 97 § 32 EGAO (Nr. **800a**).

1. die Gründung und den Erwerb von Betrieben und Betriebstätten im Ausland;

2. den Erwerb, die Aufgabe oder die Veränderung einer Beteiligung an ausländischen Personengesellschaften;

3. den Erwerb oder die Veräußerung von Beteiligungen an einer Körperschaft, Personenvereinigung oder Vermögensmasse mit Sitz und Geschäftsleitung außerhalb des Geltungsbereichs dieses Gesetzes, wenn

   a) damit eine Beteiligung von mindestens 10 Prozent am Kapital oder am Vermögen der Körperschaft, Personenvereinigung oder Vermögensmasse erreicht wird oder

   b)[1] die Summe der Anschaffungskosten aller Beteiligungen mehr als 150 000 Euro beträgt. [2]Dies gilt nicht für den Erwerb und die Veräußerung von Beteiligungen von weniger als 1 Prozent am Kapital oder am Vermögen der Körperschaft, Personenvereinigung oder Vermögensmasse, wenn mit der Hauptgattung der Aktien der ausländischen Gesellschaft ein wesentlicher und regelmäßiger Handel an einer Börse in einem Mitgliedstaat der Europäischen Union oder in einem Vertragsstaat des EWR-Abkommens stattfindet oder an einer Börse, die in einem anderen Staat nach § 193 Absatz 1 Nummer 2 und 4 des Kapitalanlage-gesetzbuchs von der Bundesanstalt für Finanzdienstleistungsaufsicht zugelassen ist. [3]Für die Ermittlung der Beteiligungshöhe im Sinne des Satzes 2 sind alle gehaltenen Beteiligungen zu berücksichtigen. [4]Nicht mitteilungspflichtige Erwerbe und nicht mitteilungspflichtige Veräußerungen im Sinne des Satzes 2 sind bei der Ermittlung der Summe der Anschaffungskosten im Sinne des Satzes 1 außer Betracht zu lassen;

4. die Tatsache, dass sie allein oder zusammen mit nahestehenden Personen im Sinne des § 1 Absatz 2 des Außensteuergesetzes erstmals unmittelbar oder mittelbar einen beherrschenden oder bestimmenden Einfluss auf die gesellschaftsrechtlichen, finanziellen oder geschäftlichen Angelegenheiten einer Drittstaat-Gesellschaft ausüben können;

5. die Art der wirtschaftlichen Tätigkeit des Betriebs, der Betriebstätte, der Personengesellschaft, Körperschaft, Personenvereinigung, Vermögensmasse oder der Drittstaat-Gesellschaft.

[2]In den Fällen des Satzes 1 Nummer 3 sind unmittelbare und mittelbare Beteiligungen zusammenzurechnen.

(3)[2] Drittstaat-Gesellschaft ist eine Personengesellschaft, Körperschaft, Personenvereinigung oder Vermögensmasse mit Sitz oder Geschäftsleitung in Staaten oder Territorien, die nicht Mitglieder der Europäischen Union oder der Europäischen Freihandelsassoziation sind.

---

[1] § 138 Abs. 2 Satz 1 Nr. 3 Buchst. b Sätze 2 bis 4 angef. durch G v. 21.12.2020 (BGBl. I S. 3096); zur Anwendung siehe Art. 97 § 32 Abs. 3 EGAO (Nr. **800a**).

[2] § 138 Abs. 2 und 3 ersetzt durch Abs. 2 bis 5 durch G v. 23.6.2017 (BGBl. I S. 1682); zur Anwendung siehe Art. 97 § 32 EGAO (Nr. **800a**).

(4)[1) · 2)] Mitteilungen nach den Absätzen 1, 1a und 1b sind innerhalb eines Monats nach dem meldepflichtigen Ereignis zu erstatten.

(5)[1) · 3)] [1] Mitteilungen nach Absatz 2 sind zusammen mit der Einkommensteuer-, Körperschaftsteuer- oder Feststellungserklärung für den Besteuerungszeitraum, in dem der mitzuteilende Sachverhalt verwirklicht wurde, spätestens jedoch bis zum Ablauf von 14 Monaten nach Ablauf dieses Besteuerungszeitraums, nach amtlich vorgeschriebenem Datensatz über die amtlich bestimmten Schnittstellen zu erstatten. [2] Inländische Steuerpflichtige, die nicht dazu verpflichtet sind, ihre Einkommensteuer-, Körperschaftsteuer- oder Feststellungserklärung nach amtlich vorgeschriebenem Datensatz über die amtlich bestimmte Schnittstelle abzugeben, haben die Mitteilungen nach amtlich vorgeschriebenem Vordruck zu erstatten, es sei denn, sie geben ihre Einkommensteuer-, Körperschaftsteuer- oder Feststellungserklärung freiwillig nach amtlich vorgeschriebenem Datensatz über die amtlich bestimmte Schnittstelle ab. [3] Inländische Steuerpflichtige, die nicht dazu verpflichtet sind, eine Einkommensteuer-, Körperschaftsteuer- oder Feststellungserklärung abzugeben, haben die Mitteilungen nach amtlich vorgeschriebenem Vordruck bis zum Ablauf von 14 Monaten nach Ablauf des Kalenderjahrs zu erstatten, in dem der mitzuteilende Sachverhalt verwirklicht worden ist.

§ 138a[4)] Länderbezogener Bericht multinationaler Unternehmensgruppen. (1)[5)] [1] Ein Unternehmen mit Sitz oder Geschäftsleitung im Inland (inländisches Unternehmen), das einen Konzernabschluss aufstellt oder nach anderen Regelungen als den Steuergesetzen aufzustellen hat (inländische Konzernobergesellschaft), hat nach Ablauf eines Wirtschaftsjahres für dieses Wirtschaftsjahr einen länderbezogenen Bericht dieses Konzerns zu erstellen und dem Bundeszentralamt für Steuern zu übermitteln, wenn

1. der Konzernabschluss mindestens ein Unternehmen mit Sitz und Geschäftsleitung im Ausland (ausländisches Unternehmen) oder eine ausländische Betriebsstätte umfasst und

2. die im Konzernabschluss ausgewiesenen, konsolidierten Umsatzerlöse im vorangegangenen Wirtschaftsjahr mindestens 750 Millionen Euro betragen.

[2] Die Verpflichtung nach Satz 1 besteht vorbehaltlich der Absätze 3 und 4 nicht, wenn das inländische Unternehmen im Sinne des Satzes 1 in den Konzernabschluss eines anderen Unternehmens einbezogen wird.

(2)[5)] Der länderbezogene Bericht im Sinne von Absatz 1 enthält

1.[6)] eine nach Steuerhoheitsgebieten gegliederte Übersicht, wie sich die Geschäftstätigkeit des Konzerns auf die Steuerhoheitsgebiete verteilt, in denen

---

[1)] § 138 Abs. 2 und 3 ersetzt durch Abs. 2 bis 5 durch G v. 23.6.2017 (BGBl. I S. 1682); zur Anwendung siehe Art. 97 § 32 EGAO (Nr. **800a**).
[2)] § 138 Abs. 4 neu gef. mWv 1.1.2020 durch G v. 22.11.2019 (BGBl. I S. 1746).
[3)] § 138 Abs. 5 Sätze 1 bis 3 geänd. durch G v. 21.12.2020 (BGBl. I S. 3096); zur Anwendung siehe Art. 97 § 32 Abs. 3 EGAO (Nr. **800a**).
[4)] § 138a eingef. durch G v. 20.12.2016 (BGBl. I S. 3000); zur Anwendung siehe Art. 97 § 31 EGAO (Nr. **800a**).
[5)] Zur Anwendung siehe Art. 97 § 31 Satz 1 EGAO (Nr. **800a**).
[6)] § 138a Abs. 2 Nr. 1 geänd. mWv 29.12.2020 durch G v. 21.12.2020 (BGBl. I S. 3096).

der Konzern durch Unternehmen oder Betriebsstätten tätig ist; zu diesem Zweck sind in der Übersicht folgende Positionen auszuweisen:

a) die Umsatzerlöse und sonstige Erträge aus Geschäftsvorfällen mit nahestehenden Unternehmen,

b) die Umsatzerlöse und sonstige Erträge aus Geschäftsvorfällen mit fremden Unternehmen,

c) die Summe aus den Umsatzerlösen und sonstigen Erträgen gemäß den Buchstaben a und b,

d) die im Wirtschaftsjahr gezahlten Ertragsteuern,

e) die im Wirtschaftsjahr für dieses Wirtschaftsjahr gezahlten und zurückgestellten Ertragsteuern,

f) das Jahresergebnis vor Ertragsteuern,

g) das Eigenkapital,

h) der einbehaltene Gewinn,

i) die Zahl der Beschäftigten und

j) die materiellen Vermögenswerte;

2. eine nach Steuerhoheitsgebieten gegliederte Auflistung aller Unternehmen und Betriebsstätten, zu denen Angaben in der Übersicht nach Nummer 1 erfasst sind, jeweils unter Angabe deren wichtigster Geschäftstätigkeiten sowie

3. zusätzliche Informationen, die nach Ansicht der inländischen Konzernobergesellschaft zum Verständnis der Übersicht nach Nummer 1 und der Auflistung nach Nummer 2 erforderlich sind.

(3)[1] Umfasst der Konzernabschluss eines ausländischen Unternehmens, das nach Absatz 1 zur Abgabe des länderbezogenen Berichts verpflichtet wäre, wenn es Sitz oder Geschäftsleitung im Inland hätte (ausländische Konzernobergesellschaft), ein inländisches Unternehmen (einbezogene inländische Konzerngesellschaft) und beauftragt die ausländische Konzernobergesellschaft die einbezogene inländische Konzerngesellschaft damit, einen länderbezogenen Bericht für den Konzern abzugeben (beauftragte Gesellschaft), so hat die beauftragte Gesellschaft den länderbezogenen Bericht dem Bundeszentralamt für Steuern zu übermitteln.

(4)[2] [1] Eine einbezogene inländische Konzerngesellschaft ist im Regelfall verpflichtet, den länderbezogenen Bericht für einen Konzern mit einer ausländischen Konzernobergesellschaft, die nach Absatz 1 zur Übermittlung des länderbezogenen Berichts verpflichtet wäre, wenn sie Sitz oder Geschäftsleitung im Inland hätte, dem Bundeszentralamt für Steuern zu übermitteln, wenn das Bundeszentralamt für Steuern keinen länderbezogenen Bericht erhalten hat. [2] Übermittelt eine einbezogene inländische Konzerngesellschaft den länderbezogenen Bericht, entfällt die Verpflichtung für alle anderen ein-

---

[1] Zur Anwendung siehe Art. 97 § 31 Satz 1 EGAO (Nr. **800a**).
[2] Zur Anwendung siehe Art. 97 § 31 Satz 2 EGAO (Nr. **800a**); § 138a Abs. 4 Satz 1 geänd. durch G v. 12.12.2019 (BGBl. I S. 2451); zur Anwendung siehe Art. 97 § 1 Abs. 13 EGAO (Nr. **800a**).

bezogenen inländischen Konzerngesellschaften dieses Konzerns. [3] Kann eine einbezogene inländische Konzerngesellschaft die Übermittlung innerhalb der Frist des Absatzes 6 Satz 1 nicht sicherstellen, insbesondere weil sie den länderbezogenen Bericht weder beschaffen noch erstellen kann, so hat sie dies innerhalb der Frist des Absatzes 6 Satz 1 dem Bundeszentralamt für Steuern mitzuteilen und dabei alle Angaben im Sinne von Absatz 2 zu machen, über die sie verfügt oder die sie beschaffen kann. [4] Konnte eine einbezogene inländische Konzerngesellschaft davon ausgehen, dass der länderbezogene Bericht fristgerecht übermittelt wird, und stellt sich nachträglich heraus, dass dies ohne Verschulden der einbezogenen inländischen Konzerngesellschaft nicht geschehen ist, so hat diese ihre Pflichten nach Satz 1 oder Satz 3 innerhalb eines Monats nach Bekanntwerden der Nichtübermittlung zu erfüllen. [5] Die Sätze 1 bis 4 gelten entsprechend für die inländische Betriebsstätte eines ausländischen Unternehmens, das als ausländische Konzernobergesellschaft oder als einbezogene ausländische Konzerngesellschaft in einen Konzernabschluss einbezogen wird.

(5)[1] [1] Ein inländisches Unternehmen hat in der Steuererklärung anzugeben, ob es

1. eine inländische Konzernobergesellschaft im Sinne von Absatz 1 ist,

2. eine beauftragte Gesellschaft ist oder

3. eine einbezogene inländische Konzerngesellschaft eines Konzerns mit ausländischer Konzernobergesellschaft ist.

[2] In den Fällen von Satz 1 Nummer 3 ist auch anzugeben, bei welcher Finanzbehörde und von welchem Unternehmen der länderbezogene Bericht des Konzerns abgegeben wird. [3] Fehlt diese Angabe, ist die einbezogene inländische Konzerngesellschaft selbst zur fristgerechten Übermittlung des länderbezogenen Berichts verpflichtet. [4] Die Sätze 1 bis 3 gelten entsprechend für die inländische Betriebsstätte eines ausländischen Unternehmens, das als ausländische Konzernobergesellschaft oder als einbezogene ausländische Konzerngesellschaft in einen Konzernabschluss einbezogen wird.

(6)[2] [1] Die Übermittlung des länderbezogenen Berichts an das Bundeszentralamt für Steuern hat spätestens ein Jahr nach Ablauf des Wirtschaftsjahres zu erfolgen, für das der länderbezogene Bericht zu erstellen ist. [2] Abweichend von Satz 1 gilt in den Fällen von Absatz 4 Satz 4 die dort genannte Frist für die Übermittlung des länderbezogenen Berichts. [3] Die Übermittlung hat nach amtlich vorgeschriebenem Datensatz durch Datenfernübertragung zu erfolgen.

(7)[2] [1] Das Bundeszentralamt für Steuern übermittelt alle ihm zugegangenen länderbezogenen Berichte an die jeweils zuständige Finanzbehörde. [2] Enthält ein länderbezogener Bericht Angaben im Sinne von Absatz 2 für einen Vertragsstaat der völkerrechtlichen Vereinbarungen, übermittelt das Bundeszentralamt für Steuern auf Grundlage dieser völkerrechtlichen Vereinbarungen den ihm zugegangenen länderbezogenen Bericht an die zuständige Behörde des

---

[1] Zur Anwendung siehe Art. 97 § 31 Satz 2 EGAO (Nr. **800a**).
[2] Zur Anwendung siehe Art. 97 § 31 Satz 1 EGAO (Nr. **800a**).

jeweiligen Vertragsstaates. ³Das Bundeszentralamt für Steuern nimmt die länderbezogenen Berichte entgegen, die ihm von den zuständigen Behörden der in Satz 2 genannten Vertragsstaaten übermittelt worden sind, und übermittelt diese an die jeweils zuständige Finanzbehörde. ⁴Das Bundeszentralamt für Steuern kann länderbezogene Berichte im Rahmen der ihm gesetzlich übertragenen Aufgaben auswerten. ⁵Das Bundeszentralamt für Steuern speichert die länderbezogenen Berichte und löscht sie mit Ablauf des 15. Jahres, das dem Jahr der Übermittlung folgt.

(8)[1] § 2a Absatz 5 Nummer 2 gilt nicht.

§ 138b[2] Mitteilungspflicht Dritter über Beziehungen inländischer Steuerpflichtiger zu Drittstaat-Gesellschaften. (1)[3] ¹Verpflichtete im Sinne des § 2 Absatz 1 Nummer 1 bis 3 und 6 des Geldwäschegesetzes (mitteilungspflichtige Stelle) haben dem für sie nach den §§ 18 bis 20 zuständigen Finanzamt von ihnen hergestellte oder vermittelte Beziehungen von inländischen Steuerpflichtigen im Sinne des § 138 Absatz 2 Satz 1 zu Drittstaat-Gesellschaften im Sinne des § 138 Absatz 3 mitzuteilen. ²Dies gilt für die Fälle, in denen

1. der mitteilungspflichtigen Stelle bekannt ist, dass der inländische Steuerpflichtige auf Grund der von ihr hergestellten oder vermittelten Beziehung allein oder zusammen mit nahestehenden Personen im Sinne des § 1 Absatz 2 des Außensteuergesetzes erstmals unmittelbar oder mittelbar einen beherrschenden oder bestimmenden Einfluss auf die gesellschaftsrechtlichen, finanziellen oder geschäftlichen Angelegenheiten einer Drittstaat-Gesellschaft ausüben kann, oder

2. der inländische Steuerpflichtige eine von der mitteilungspflichtigen Stelle hergestellte oder vermittelte Beziehung zu einer Drittstaat-Gesellschaft erlangt, wodurch eine unmittelbare Beteiligung von insgesamt mindestens 30 Prozent am Kapital oder am Vermögen der Drittstaat-Gesellschaft erreicht wird; anderweitige Erwerbe hinsichtlich der gleichen Drittstaat-Gesellschaft sind miteinzubeziehen, soweit sie der mitteilungspflichtigen Stelle bekannt sind oder bekannt sein mussten.

(2) Die Mitteilungen sind für jeden inländischen Steuerpflichtigen und jeden mitteilungspflichtigen Sachverhalt gesondert zu erstatten.

(3) ¹Zu jedem inländischen Steuerpflichtigen ist anzugeben:

1. die Identifikationsnummer nach § 139b und

2. die Wirtschafts-Identifikationsnummer nach § 139c oder, wenn noch keine Wirtschafts-Identifikationsnummer vergeben wurde und es sich nicht um eine natürliche Person handelt, die für die Besteuerung nach dem Einkommen geltende Steuernummer.

---

[1] § 138a Abs. 8 angef. durch G v. 20.12.2022 (BGBl. I S. 2730); zur Anwendung mWv 1.1.2023 siehe Art. 97 § 37 Abs. 1 EGAO (Nr. **800a**).
[2] § 138b eingef. mWv 25.6.2017 durch G v. 23.6.2017 (BGBl. I S. 1682); zur Anwendung s. auch Art. 97 § 1 Abs. 12 Satz 1 EGAO.
[3] § 138b Abs. 1 Satz 1 geänd. mWv 26.6.2017 durch G v. 23.6.2017 (BGBl. I S. 1822).

²Kann die mitteilungspflichtige Stelle die Identifikationsnummer und die Wirtschafts-Identifikationsnummer oder die Steuernummer nicht in Erfahrung bringen, so hat sie stattdessen ein Ersatzmerkmal anzugeben, das vom Bundesministerium der Finanzen im Einvernehmen mit den obersten Finanzbehörden der Länder bestimmt worden ist.

(4) ¹Die Mitteilungen sind dem Finanzamt nach amtlich vorgeschriebenem Vordruck zu erstatten, und zwar bis zum Ablauf des Monats Februar des Jahres, das auf das Kalenderjahr folgt, in dem der mitzuteilende Sachverhalt verwirklicht wurde. ²§ 72a Absatz 4, § 93c Absatz 1 Nummer 3 und Absatz 4 bis 7, § 171 Absatz 10a, § 175b Absatz 1 und § 203a gelten entsprechend.

(5) ¹Das für die mitteilungspflichtige Stelle zuständige Finanzamt hat die Mitteilungen an das für den inländischen Steuerpflichtigen nach den §§ 18 bis 20 zuständige Finanzamt weiterzuleiten. ²§ 31b bleibt unberührt.

(6) Der inländische Steuerpflichtige hat der mitteilungspflichtigen Stelle

1. seine Identifikationsnummer nach § 139b mitzuteilen und

2. seine Wirtschafts-Identifikationsnummer nach § 139c oder, wenn diese noch nicht vergeben wurde und er keine natürliche Person ist, seine für die Besteuerung nach dem Einkommen geltende Steuernummer mitzuteilen.

§ 138c¹⁾ Verordnungsermächtigung. (1) ¹Das Bundesministerium der Finanzen kann durch Rechtsverordnung mit Zustimmung des Bundesrates bestimmen, dass Mitteilungen gemäß § 138b nach amtlich vorgeschriebenem Datensatz über amtlich bestimmte Schnittstellen zu erstatten sind. ²In der Rechtsverordnung nach Satz 1 kann auch bestimmt werden, dass die Mitteilungen abweichend von § 138b Absatz 1 Satz 1 an eine andere Finanzbehörde zu übermitteln und von dieser Finanzbehörde an das für den inländischen Steuerpflichtigen nach den §§ 18 bis 20 zuständige Finanzamt weiterzuleiten sind.

(2) ¹Hat das Bundesministerium der Finanzen eine Rechtsverordnung nach Absatz 1 erlassen, dürfen die mitteilungspflichtigen Stellen beim Bundeszentralamt für Steuern die Identifikationsnummer des Steuerpflichtigen nach § 139b oder seine Wirtschafts-Identifikationsnummer nach § 139c erfragen. ²In der Anfrage dürfen nur die in § 139b Absatz 3 oder § 139c Absatz 3 bis 5a genannten Daten des inländischen Steuerpflichtigen angegeben werden, soweit sie der mitteilungspflichtigen Stelle bekannt sind. ³Das Bundeszentralamt für Steuern teilt der mitteilungspflichtigen Stelle die Identifikationsnummer oder die Wirtschafts-Identifikationsnummer mit, sofern die übermittelten Daten mit den nach § 139b Absatz 3 oder § 139c Absatz 3 bis 5a bei ihm gespeicherten Daten übereinstimmen. ⁴Die mitteilungspflichtige Stelle darf die Identifikationsmerkmale nur verwenden, soweit dies zur Erfüllung von steuerlichen Pflichten erforderlich ist. ⁵Weitere Einzelheiten dieses Verfahrens kann das Bundesministerium der Finanzen durch Rechtsverordnung mit Zustimmung des Bundesrates bestimmen.

---

¹⁾ § 138c eingef. mWv 25.6.2017 durch G v. 23.6.2017 (BGBl. I S. 1682); zur Anwendung s. auch Art. 97 § 1 Abs. 12 Satz 1 EGAO.

§ 138d[1]) **Pflicht zur Mitteilung grenzüberschreitender Steuergestaltungen.** (1) Wer eine grenzüberschreitende Steuergestaltung im Sinne des Absatzes 2 vermarktet, für Dritte konzipiert, organisiert oder zur Nutzung bereitstellt oder ihre Umsetzung durch Dritte verwaltet (Intermediär), hat die grenzüberschreitende Steuergestaltung dem Bundeszentralamt für Steuern nach Maßgabe der §§ 138f und 138h mitzuteilen.

(2) [1] Eine grenzüberschreitende Steuergestaltung ist jede Gestaltung,

1. die eine oder mehrere Steuern zum Gegenstand hat, auf die das EU-Amtshilfegesetz anzuwenden ist,

2. die entweder mehr als einen Mitgliedstaat der Europäischen Union oder mindestens einen Mitgliedstaat der Europäischen Union und einen oder mehrere Drittstaaten betrifft, wobei mindestens eine der folgenden Bedingungen erfüllt ist:

    a) nicht alle an der Gestaltung Beteiligten sind im selben Steuerhoheitsgebiet ansässig;

    b) einer oder mehrere der an der Gestaltung Beteiligten sind gleichzeitig in mehreren Steuerhoheitsgebieten ansässig;

    c) einer oder mehrere der an der Gestaltung Beteiligten gehen in einem anderen Steuerhoheitsgebiet über eine dort gelegene Betriebstätte einer Geschäftstätigkeit nach und die Gestaltung ist Teil der Geschäftstätigkeit der Betriebstätte oder macht deren gesamte Geschäftstätigkeit aus;

    d) einer oder mehrere der an der Gestaltung Beteiligten gehen in einem anderen Steuerhoheitsgebiet einer Tätigkeit nach, ohne dort ansässig zu sein oder eine Betriebstätte zu begründen;

    e) die Gestaltung ist geeignet, Auswirkungen auf den automatischen Informationsaustausch oder die Identifizierung des wirtschaftlichen Eigentümers zu haben, und

3. die mindestens

    a) ein Kennzeichen im Sinne des § 138e Absatz 1 aufweist und von der ein verständiger Dritter unter Berücksichtigung aller wesentlichen Fakten und Umstände vernünftigerweise erwarten kann, dass der Hauptvorteil oder einer der Hauptvorteile die Erlangung eines steuerlichen Vorteils im Sinne des Absatzes 3 ist, oder

    b) ein Kennzeichen im Sinne des § 138e Absatz 2 aufweist.

[2] Besteht eine Steuergestaltung aus einer Reihe von Gestaltungen, gilt sie als grenzüberschreitende Steuergestaltung, wenn mindestens ein Schritt oder Teilschritt der Reihe grenzüberschreitend im Sinne des Satzes 1 Nummer 2 ist; in diesem Fall hat die Mitteilung nach Absatz 1 die gesamte Steuergestaltung zu umfassen.

(3) [1] Ein steuerlicher Vorteil im Sinne des Absatzes 2 Satz 1 Nummer 3 Buchstabe a liegt vor, wenn

---

[1]) § 138d eingef. durch G v. 21.12.2019 (BGBl. I S. 2875); zur Anwendung siehe § 138f Abs. 2 iVm Art. 97 § 33 Abs. 1 und 2 EGAO (Nr. **800a**).

1. durch die Steuergestaltung Steuern erstattet, Steuervergütungen gewährt oder erhöht oder Steueransprüche entfallen oder verringert werden sollen,

2. die Entstehung von Steueransprüchen verhindert werden soll oder

3. die Entstehung von Steueransprüchen in andere Besteuerungszeiträume oder auf andere Besteuerungszeitpunkte verschoben werden soll.

²Ein steuerlicher Vorteil liegt auch dann vor, wenn er außerhalb des Geltungsbereichs dieses Gesetzes entstehen soll. ³Das Bundesministerium der Finanzen kann im Einvernehmen mit den obersten Finanzbehörden der Länder in einem im Bundessteuerblatt zu veröffentlichenden Schreiben für bestimmte Fallgruppen bestimmen, dass kein steuerlicher Vorteil im Sinne der Sätze 1 und 2 anzunehmen ist, insbesondere weil sich der steuerliche Vorteil einer grenzüberschreitenden Steuergestaltung ausschließlich im Geltungsbereich dieses Gesetzes auswirkt und unter Berücksichtigung aller Umstände der Steuergestaltung gesetzlich vorgesehen ist.

(4) Betriebstätte im Sinne des Absatzes 2 Satz 1 Nummer 2 Buchstabe c und d ist sowohl eine Betriebstätte im Sinne des § 12 als auch eine Betriebsstätte im Sinne eines im konkreten Fall anwendbaren Abkommens zur Vermeidung der Doppelbesteuerung.

(5) Nutzer einer grenzüberschreitenden Steuergestaltung ist jede natürliche oder juristische Person, Personengesellschaft, Gemeinschaft oder Vermögensmasse,

1. der die grenzüberschreitende Steuergestaltung zur Umsetzung bereitgestellt wird,

2. die bereit ist, die grenzüberschreitende Steuergestaltung umzusetzen, oder

3. die den ersten Schritt zur Umsetzung der grenzüberschreitenden Steuergestaltung gemacht hat.

(6) Hat ein Nutzer eine grenzüberschreitende Steuergestaltung für sich selbst konzipiert, so sind für ihn auch die für Intermediäre geltenden Regelungen entsprechend anzuwenden.

(7) Übt ein Intermediär im Zusammenhang mit der grenzüberschreitenden Steuergestaltung ausschließlich die in Absatz 1 aufgeführten Tätigkeiten aus, so gilt er nicht als an der Gestaltung Beteiligter.

§ 138e¹⁾ Kennzeichen grenzüberschreitender Steuergestaltungen.

(1) Kennzeichen im Sinne des § 138d Absatz 2 Satz 1 Nummer 3 Buchstabe a sind:

1. die Vereinbarung

    a) einer Vertraulichkeitsklausel, die dem Nutzer oder einem anderen an der Steuergestaltung Beteiligten eine Offenlegung, auf welche Weise aufgrund der Gestaltung ein steuerlicher Vorteil erlangt wird, gegenüber anderen Intermediären oder den Finanzbehörden verbietet, oder

---

¹⁾ § 138e eingef. durch G v. 21.12.2019 (BGBl. I S. 2875); zur Anwendung siehe § 138f Abs. 2 iVm Art. 97 § 33 Abs. 1 und 2 EGAO (Nr. **800a**).

b) einer Vergütung, die in Bezug auf den steuerlichen Vorteil der Steuergestaltung festgesetzt wird; dies gilt, wenn die Vergütung von der Höhe des
steuerlichen Vorteils abhängt oder wenn die Vereinbarung die Abrede
enthält, die Vergütung ganz oder teilweise zurückzuerstatten, falls der
mit der Gestaltung zu erwartende steuerliche Vorteil ganz oder teilweise
nicht erzielt wird,

2. eine standardisierte Dokumentation oder Struktur der Gestaltung, die für
mehr als einen Nutzer verfügbar ist, ohne dass sie für die Nutzung wesentlich individuell angepasst werden muss,

3. Gestaltungen, die zum Gegenstand haben, dass

a) ein an der Gestaltung Beteiligter unangemessene rechtliche Schritte unternimmt, um ein verlustbringendes Unternehmen unmittelbar oder
mittelbar zu erwerben, die Haupttätigkeit dieses Unternehmens zu beenden und dessen Verluste dafür zu nutzen, seine Steuerbelastung
zu verringern, einschließlich der Übertragung der Verluste in ein anderes Steuerhoheitsgebiet oder der zeitlich näheren Nutzung dieser Verluste,

b) Einkünfte in Vermögen, Schenkungen oder andere nicht oder niedriger
besteuerte Einnahmen oder nicht steuerbare Einkünfte umgewandelt
werden,

c) Transaktionen durch die Einbeziehung zwischengeschalteter Unternehmen, die keine wesentliche wirtschaftliche Tätigkeit ausüben, oder
Transaktionen, die sich gegenseitig aufheben oder ausgleichen, für zirku-
läre Vermögensverschiebungen genutzt werden,

d) der Empfänger grenzüberschreitender, beim Zahlenden als Betriebsausgaben abzugsfähiger Zahlungen zwischen zwei oder mehr verbundenen
Unternehmen in einem Steuerhoheitsgebiet ansässig ist, das keine Körperschaftsteuer erhebt oder einen Körperschaftsteuersatz von 0 Prozent
oder nahe 0 Prozent hat, oder

e) die grenzüberschreitende, beim Zahlenden als Betriebsausgaben abzugsfähige Zahlung zwischen zwei oder mehr verbundenen Unternehmen in
ein Steuerhoheitsgebiet erfolgt, in dem der Empfänger ansässig ist, soweit dieses Steuerhoheitsgebiet die Zahlung
aa) vollständig von der Steuer befreit oder
bb) einer steuerlichen Präferenzregelung unterwirft.

(2) Kennzeichen im Sinne des § 138d Absatz 2 Satz 1 Nummer 3 Buchstabe b sind:

1. Gestaltungen, die zum Gegenstand haben, dass

a) der Empfänger grenzüberschreitender Zahlungen, die zwischen zwei
oder mehr verbundenen Unternehmen erfolgen und beim Zahlenden als
Betriebsausgabe abzugsfähig sind,
aa) in keinem Steuerhoheitsgebiet ansässig ist oder
bb) in einem Steuerhoheitsgebiet ansässig ist, das in der Liste der Drittstaaten aufgeführt wird, die von den Mitgliedstaaten der Europäischen Union oder von der Organisation für wirtschaftliche Zusam-

menarbeit und Entwicklung als nicht kooperierende Jurisdiktion eingestuft wurde,

b) in mehr als einem Steuerhoheitsgebiet

  aa) Absetzungen für Abnutzung desselben Vermögenswertes in Anspruch genommen werden oder

  bb) eine Befreiung von der Doppelbesteuerung für dieselben Einkünfte oder dasselbe Vermögen vorgenommen wird und die Einkünfte oder das Vermögen deshalb ganz oder teilweise unversteuert bleiben

oder

c) die Gestaltung eine Übertragung oder Überführung von Vermögensgegenständen vorsieht, soweit sich die steuerliche Bewertung des Vermögensgegenstandes in den beteiligten Steuerhoheitsgebieten wesentlich unterscheidet;

2. Gestaltungen, die zu einer Aushöhlung der Mitteilungspflicht gemäß den Rechtsvorschriften zur Umsetzung des Standards für den automatischen Austausch von Informationen über Finanzkonten in Steuersachen (gemeinsamer Meldestandard) führen können oder die sich das Fehlen derartiger Rechtsvorschriften zu Nutze machen; derartige Gestaltungen umfassen insbesondere

a) die Nutzung eines Kontos, eines Produkts oder einer Anlage, welches oder welche kein Finanzkonto im Sinne des § 19 Nummer 18 des Finanzkonten-Informationsaustauschgesetzes (Finanzkonto) ist oder vorgeblich kein Finanzkonto ist, jedoch Merkmale aufweist, die denen eines Finanzkontos entsprechen,

b) die Übertragung eines Finanzkontos oder von Vermögenswerten in ein Steuerhoheitsgebiet, das nicht an den automatischen Informationsaustausch über Finanzkonten nach dem gemeinsamen Meldestandard mit dem Steuerhoheitsgebiet, in dem der Nutzer ansässig ist, gebunden ist, oder die Einbeziehung solcher Steuerhoheitsgebiete,

c) die Neueinstufung von Einkünften und Vermögen als Produkte oder Zahlungen, die nicht dem automatischen Informationsaustausch über Finanzkonten nach dem gemeinsamen Meldestandard unterliegen,

d) die Übertragung oder Umwandlung eines Finanzinstituts im Sinne des § 19 Nummer 3 des Finanzkonten-Informationsaustauschgesetzes (Finanzinstitut) oder eines Finanzkontos oder der darin enthaltenen Vermögenswerte in Finanzinstitute, Finanzkonten oder Vermögenswerte, die nicht der Meldepflicht im Rahmen des automatischen Informationsaustauschs über Finanzkonten nach dem gemeinsamen Meldestandard unterliegen,

e) die Einbeziehung von Rechtsträgern, Steuergestaltungen oder Strukturen, die die Meldung eines Kontoinhabers im Sinne des § 20 Nummer 1 des Finanzkonten-Informationsaustauschgesetzes (Kontoinhaber) oder mehrerer Kontoinhaber oder einer beherrschenden Person im Sinne des § 19 Nummer 39 des Finanzkonten-Informationsaustauschgesetzes (beherrschende Person) oder mehrerer beherrschender Personen im Rahmen des automatischen Informationsaustauschs über Finanzkonten nach dem gemeinsamen Meldestandard ausschließen oder auszuschließen vorgeben, oder

f) die Aushöhlung von Verfahren zur Erfüllung der Sorgfaltspflichten, die Finanzinstitute zur Erfüllung ihrer Meldepflichten bezüglich Informationen zu Finanzkonten nach dem gemeinsamen Meldestandard anwenden, oder die Ausnutzung von Schwächen in diesen Verfahren, einschließlich der Einbeziehung von Staaten oder Territorien mit ungeeigneten oder schwachen Regelungen für die Durchsetzung von Vorschriften gegen Geldwäsche oder mit schwachen Transparenzanforderungen für juristische Personen oder Rechtsvereinbarungen;

3. Gestaltungen mit rechtlichen Eigentümern oder wirtschaftlich Berechtigten unter Einbeziehung von Personen, Rechtsvereinbarungen oder Strukturen,

   a) die keine wesentliche wirtschaftliche Tätigkeit ausüben, die mit angemessener Ausstattung, angemessenen personellen Ressourcen, angemessenen Vermögenswerten und angemessenen Räumlichkeiten einhergeht, und

   b) die in anderen Steuerhoheitsgebieten eingetragen, ansässig oder niedergelassen sind oder verwaltet oder kontrolliert werden als dem Steuerhoheitsgebiet, in dem ein oder mehrere der wirtschaftlichen Eigentümer der von diesen Personen, Rechtsvereinbarungen oder Strukturen gehaltenen Vermögenswerte ansässig sind,

   sofern die wirtschaftlich Berechtigten dieser Personen, Rechtsvereinbarungen oder Strukturen im Sinne des § 3 des Geldwäschegesetzes nicht identifizierbar gemacht werden (intransparente Kette);

4. Verrechnungspreisgestaltungen, bei denen

   a) eine unilaterale Regelung genutzt wird, die für eine festgelegte Kategorie von Nutzern oder Geschäftsvorfällen gilt und die dafür in Betracht kommende Nutzer von bestimmten Verpflichtungen befreit, die aufgrund der allgemeinen Verrechnungspreisvorschriften eines Steuerhoheitsgebiets sonst zu erfüllen wären,

   b) immaterielle Werte oder Rechte an immateriellen Werten an ein verbundenes Unternehmen übertragen oder zwischen dem Unternehmen und seiner ausländischen Betriebsstätte überführt werden, für die zum Zeitpunkt ihrer Übertragung oder Überführung keine ausreichenden Vergleichswerte vorliegen und zum Zeitpunkt der Transaktion die Prognosen voraussichtlicher Cashflows oder die vom übertragenen oder überführten immateriellen Wert erwarteten abzuleitenden Einkünfte oder die der Bewertung des immateriellen Wertes oder Rechts an immateriellen Werten zugrunde gelegten Annahmen höchst unsicher sind, weshalb der Totalerfolg zum Zeitpunkt der Übertragung oder Überführung nur schwer absehbar ist (schwer zu bewertende immaterielle Werte), oder

   c) innerhalb von verbundenen Unternehmen eine grenzüberschreitende Übertragung oder Verlagerung von Funktionen, Risiken, Wirtschaftsgütern oder sonstigen Vorteilen stattfindet und der erwartete jährliche Gewinn vor Zinsen und Steuern des übertragenden Unternehmens über einen Zeitraum von drei Jahren nach der Übertragung weniger als 50 Prozent des jährlichen Gewinns vor Zinsen und Steuern des übertragenden Unternehmens beträgt, der erwartet worden wäre, wenn die Übertragung nicht stattgefunden hätte; bei dieser Erwartung ist davon auszugehen, dass die verbundenen Unternehmen nach den Grundsätzen ordentlicher und gewissenhafter Geschäftsleiter handeln; diese Regelungen gelten sinngemäß auch für Betriebsstätten.

(3) ¹Ein verbundenes Unternehmen im Sinne der Absätze 1 und 2 ist eine Person, die mit einer anderen Person auf mindestens eine der folgenden Arten verbunden ist:

1. eine Person ist an der Geschäftsleitung einer anderen Person insofern beteiligt, als sie erheblichen Einfluss auf diese Person ausüben kann;
2. eine Person ist über eine Beteiligungsgesellschaft mit mehr als 25 Prozent der Stimmrechte an der Kontrolle einer anderen Person beteiligt;
3. eine Person ist über eine Inhaberschaft, die unmittelbar oder mittelbar mehr als 25 Prozent des Kapitals beträgt, am Kapital einer anderen Person beteiligt;
4. eine Person hat Anspruch auf mindestens 25 Prozent der Gewinne einer anderen Person.

²Falls mehr als eine Person gemäß Satz 1 an der Geschäftsleitung, der Kontrolle, dem Kapital oder den Gewinnen derselben Person beteiligt ist, gelten alle betroffenen Personen als untereinander verbundene Unternehmen. ³Falls dieselben Personen gemäß Satz 1 an der Geschäftsleitung, der Kontrolle, dem Kapital oder den Gewinnen von mehr als einer Person beteiligt sind, gelten alle betroffenen Personen als verbundene Unternehmen. ⁴Für die Zwecke dieses Absatzes wird eine Person, die in Bezug auf die Stimmrechte oder die Kapitalbeteiligung an einem Unternehmen gemeinsam mit einer anderen Person handelt, so behandelt, als würde sie eine Beteiligung an allen Stimmrechten oder dem gesamten Kapital dieses Unternehmens halten, die oder das von der anderen Person gehalten werden oder wird. ⁵Bei mittelbaren Beteiligungen wird die Erfüllung der Anforderungen gemäß Satz 1 Nummer 3 durch Multiplikation der Beteiligungsquoten an den nachgeordneten Unternehmen ermittelt. ⁶Eine Person mit einer Stimmrechtsbeteiligung von mehr als 50 Prozent gilt als Halter von 100 Prozent der Stimmrechte. ⁷Eine natürliche Person, ihr Ehepartner und ihre Verwandten in aufsteigender oder absteigender gerader Linie werden als eine einzige Person behandelt, wenn gleichgerichtete wirtschaftliche Interessen bestehen. ⁸Person im Sinne der Sätze 1 bis 7 ist jede natürliche oder juristische Person, Personengesellschaft, Gemeinschaft oder Vermögensmasse.¹⁾

§ 138f²⁾ Verfahren zur Mitteilung grenzüberschreitender Steuergestaltungen durch Intermediäre. (1) Die grenzüberschreitende Steuergestaltung im Sinne des § 138d Absatz 2 ist dem Bundeszentralamt für Steuern nach

---

¹⁾ § 138e Abs. 3 Satz 6 eingef., bish. Sätze 6 und 7 werden Sätze 7 und 8 durch G v. 12.7.2022 (BGBl. I S. 1142); zur Anwendung siehe Art. 97 § 33 Abs. 6 EGAO (Nr. **800a**).
²⁾ § 138f eingef. durch G v. 21.12.2019 (BGBl. I S. 2875); zur Anwendung siehe Art. 97 § 33 Abs. 1 und 2 EGAO (Nr. **800a**).

amtlich vorgeschriebenem Datensatz im Sinne des Absatzes 3 über die amtlich bestimmte Schnittstelle mitzuteilen.

(2) Die Angaben nach Absatz 3 sind innerhalb von 30 Tagen nach Ablauf des Tages zu übermitteln, an dem das erste der nachfolgenden Ereignisse eintritt:

1. die grenzüberschreitende Steuergestaltung wird zur Umsetzung bereitgestellt,
2. der Nutzer der grenzüberschreitenden Steuergestaltung ist zu deren Umsetzung bereit oder
3. mindestens ein Nutzer der grenzüberschreitenden Steuergestaltung hat den ersten Schritt der Umsetzung dieser Steuergestaltung gemacht.

(3) [1] Der Datensatz muss folgende Angaben enthalten:

1. zum Intermediär:
   a) den Familiennamen und den Vornamen sowie den Tag und Ort der Geburt, wenn der Intermediär eine natürliche Person ist,
   b) die Firma oder den Namen, wenn der Intermediär keine natürliche Person ist,
   c) die Anschrift,
   d) den Staat, in dem der Intermediär ansässig ist, und
   e) das Steueridentifikationsmerkmal oder die Steuernummer,
2. zum Nutzer:
   a) den Familiennamen und den Vornamen sowie den Tag und Ort der Geburt, wenn der Nutzer eine natürliche Person ist,
   b) die Firma oder den Namen, wenn der Nutzer keine natürliche Person ist,
   c) die Anschrift,
   d) den Staat, in dem der Nutzer ansässig ist, und
   e) das Steueridentifikationsmerkmal oder die Steuernummer des Nutzers, soweit dem Intermediär dies bekannt ist,
3. wenn an der grenzüberschreitenden Steuergestaltung Personen beteiligt sind, die im Sinne des § 138e Absatz 3 als verbundene Unternehmen des Nutzers gelten, zu dem verbundenen Unternehmen:
   a) die Firma oder den Namen,
   b) die Anschrift,
   c) den Staat, in dem das Unternehmen ansässig ist, und
   d) das Steueridentifikationsmerkmal oder die Steuernummer, soweit dem Intermediär dies bekannt ist,
4. Einzelheiten zu den nach § 138e zur Mitteilung verpflichtenden Kennzeichen,
5. eine Zusammenfassung des Inhalts der grenzüberschreitenden Steuergestaltung einschließlich
   a) soweit vorhanden, eines Verweises auf die Bezeichnung, unter der die Steuergestaltung allgemein bekannt ist, und
   b) einer abstrakt gehaltenen Beschreibung der relevanten Geschäftstätigkeit oder Gestaltung des Nutzers, soweit dies nicht zur Offenlegung eines

Handels-, Gewerbe- oder Berufsgeheimnisses oder eines Geschäftsverfahrens oder von Informationen führt, deren Offenlegung die öffentliche Ordnung verletzen würde,

6. das Datum des Tages, an dem der erste Schritt der Umsetzung der grenzüberschreitenden Steuergestaltung gemacht wurde oder voraussichtlich
gemacht werden wird,

7. Einzelheiten zu den einschlägigen Rechtsvorschriften aller betroffenen
Mitgliedstaaten der Europäischen Union, die unmittelbar die Grundlage
der grenzüberschreitenden Steuergestaltung bilden,

8. den tatsächlichen oder voraussichtlichen wirtschaftlichen Wert der grenzüberschreitenden Steuergestaltung,

9. die Mitgliedstaaten der Europäischen Union, die wahrscheinlich von der
grenzüberschreitenden Steuergestaltung betroffen sind, und

10. Angaben zu allen in einem Mitgliedstaat der Europäischen Union ansässigen Personen, die von der grenzüberschreitenden Steuergestaltung wahrscheinlich unmittelbar betroffen sind, einschließlich Angaben darüber, zu
welchen Mitgliedstaaten der Europäischen Union sie in Beziehung stehen,
soweit dem Intermediär dies bekannt ist.

[2] Soweit dem Intermediär bekannt ist, dass neben ihm mindestens ein weiterer
Intermediär im Geltungsbereich dieses Gesetzes oder in einem anderen Mitgliedstaat der Europäischen Union zur Mitteilung derselben grenzüberschreitenden Steuergestaltung verpflichtet ist, so kann er im Datensatz nach Satz 1
die Angaben nach Satz 1 Nummer 1 auch hinsichtlich der anderen ihm bekannten Intermediäre machen.

(4)[1] [1] Der mitteilende Intermediär hat den Nutzer darüber zu informieren,
welche den Nutzer betreffenden Angaben er gemäß Absatz 3 an das Bundeszentralamt für Steuern übermitteln wird. [2] Im Fall des Absatzes 3 Satz 2 hat
der mitteilende Intermediär die anderen ihm bekannten Intermediäre unverzüglich darüber zu informieren, dass die Angaben gemäß Absatz 3 an das
Bundeszentralamt für Steuern übermittelt wurden.

(5) [1] Das Bundeszentralamt für Steuern weist dem eingegangenen Datensatz
im Sinne des Absatzes 3

1. eine Registriernummer für die mitgeteilte grenzüberschreitende Steuergestaltung und

2. eine Offenlegungsnummer für die eingegangene Mitteilung

zu und teilt diese dem mitteilenden Intermediär mit. [2] Hat das Bundeszentralamt für Steuern oder die zuständige Behörde eines anderen Mitgliedstaats der
Europäischen Union im Einklang mit den dort geltenden Rechtsvorschriften
der grenzüberschreitenden Steuergestaltung aufgrund der Mitteilung eines
anderen Intermediärs bereits eine Registriernummer zugewiesen und ist diese
dem mitteilenden Intermediär bekannt, so hat er sie dem Bundeszentralamt
für Steuern im Datensatz nach Absatz 3 Satz 1 mitzuteilen. [3] Satz 1 Nummer 1
ist nicht anzuwenden, wenn der Intermediär nach Satz 2 im Datensatz eine

---

[1] § 138f Abs. 4 Satz 1 geänd. durch G v. 20.12.2022 (BGBl. I S. 2730); zur Anwendung
mWv 1.1.2023 siehe Art. 97 § 37 Abs. 1 EGAO (Nr. **800a**).

Registriernummer für die grenzüberschreitende Steuergestaltung angegeben hat. [4]Der mitteilende Intermediär hat die Registriernummer nach Satz 1 Nummer 1 und die Offenlegungsnummer nach Satz 1 Nummer 2 unverzüglich dem Nutzer der grenzüberschreitenden Steuergestaltung mitzuteilen. [5]Hat der Intermediär nach Absatz 3 Satz 2 auch andere Intermediäre derselben grenzüberschreitenden Steuergestaltung benannt, so hat er diesen die Registriernummer nach Satz 1 Nummer 1 mitzuteilen.

(6) [1]Unterliegt ein Intermediär einer gesetzlichen Pflicht zur Verschwiegenheit und hat der Nutzer ihn von dieser Pflicht nicht entbunden, so geht die Pflicht zur Übermittlung der Angaben nach Absatz 3 Satz 1 Nummer 2, 3 und 10 auf den Nutzer über, sobald der Intermediär

1. den Nutzer über die Mitteilungspflicht, die Möglichkeit der Entbindung von der Verschwiegenheitspflicht und den anderenfalls erfolgenden Übergang der Mitteilungspflicht informiert hat und

2. dem Nutzer die nach Absatz 3 Satz 1 Nummer 2, 3 und 10 erforderlichen Angaben, soweit sie dem Nutzer nicht bereits bekannt sind, sowie die Registriernummer und die Offenlegungsnummer zur Verfügung gestellt hat.

[2]Ist die Mitteilungspflicht hinsichtlich der in Absatz 3 Satz 1 Nummer 2, 3 und 10 bezeichneten Angaben auf den Nutzer übergegangen, so hat dieser in seiner Mitteilung die Registriernummer und die Offenlegungsnummer anzugeben; die Absätze 1 und 2 gelten in diesem Fall entsprechend. [3]Die Information des Nutzers nach Satz 1 Nummer 2 ist vom Intermediär nach Zugang der Mitteilung der Offenlegungsnummer unverzüglich zu veranlassen. [4]Erlangt der Nutzer die in Satz 1 Nummer 2 bezeichneten Informationen erst nach Eintritt des nach Absatz 2 maßgebenden Ereignisses, so beginnt die Frist zur Übermittlung der in Absatz 3 Satz 1 Nummer 2, 3 und 10 bezeichneten Angaben abweichend von Absatz 2 erst mit Ablauf des Tages, an dem der Nutzer die Informationen erlangt hat. [5]Hat der Nutzer einer grenzüberschreitenden Steuergestaltung einen Intermediär, der einer gesetzlichen Pflicht zur Verschwiegenheit unterliegt, nicht von seiner Verschwiegenheitspflicht entbunden, kann die Pflicht des Intermediärs zur Mitteilung der Angaben nach Absatz 3 Satz 1 Nummer 1 und 4 bis 9 dadurch erfüllt werden, dass der Nutzer diese Angaben im Auftrag des Intermediärs übermittelt.

(7) [1]Ein Intermediär ist nur dann zur Mitteilung der grenzüberschreitenden Steuergestaltung gegenüber dem Bundeszentralamt für Steuern verpflichtet, wenn er seinen Wohnsitz, seinen gewöhnlichen Aufenthalt, seine Geschäftsleitung oder seinen Sitz

1. im Geltungsbereich dieses Gesetzes hat oder

2. nicht in einem Mitgliedstaat der Europäischen Union hat, er aber im Geltungsbereich dieses Gesetzes

   a) eine Betriebstätte hat, durch die die Dienstleistungen im Zusammenhang mit der grenzüberschreitenden Steuergestaltung erbracht werden,

   b) in das Handelsregister oder in ein öffentliches berufsrechtliches Register eingetragen ist oder

   c) bei einem Berufsverband für juristische, steuerliche oder beratende Dienstleistungen registriert ist.

²Bei Anwendung von Satz 1 Nummer 2 Buchstabe a gilt § 138d Absatz 4 entsprechend.

(8) Ist ein Intermediär hinsichtlich derselben grenzüberschreitenden Steuergestaltung zur Mitteilung im Geltungsbereich dieses Gesetzes und zugleich in mindestens einem anderen Mitgliedstaat der Europäischen Union verpflichtet, so ist er von der Mitteilungspflicht nach diesem Gesetz nur dann befreit, wenn er nachweisen kann, dass er die grenzüberschreitende Steuergestaltung bereits in einem anderen Mitgliedstaat der Europäischen Union im Einklang mit den dort geltenden Rechtsvorschriften der zuständigen Behörde mitgeteilt hat.

(9) ¹Mehrere Intermediäre derselben grenzüberschreitenden Steuergestaltung sind nebeneinander zur Mitteilung verpflichtet. ²Ein Intermediär ist in diesem Fall von der Mitteilungspflicht gegenüber dem Bundeszentralamt für Steuern befreit, soweit er nachweisen kann, dass die in Absatz 3 bezeichneten Informationen zu derselben grenzüberschreitenden Steuergestaltung bereits durch einen anderen Intermediär dem Bundeszentralamt für Steuern oder der zuständigen Behörde eines anderen Mitgliedstaats der Europäischen Union im Einklang mit den dort geltenden Rechtsvorschriften mitgeteilt wurden.

§ 138g¹⁾ Verfahren zur Mitteilung grenzüberschreitender Steuergestaltungen durch Nutzer. (1) ¹Erfüllt bei einer grenzüberschreitenden Steuergestaltung im Sinne des § 138d Absatz 2 kein Intermediär die Voraussetzungen des § 138f Absatz 7, so obliegt die Mitteilung der in § 138f Absatz 3 bezeichneten Angaben dem Nutzer; in diesem Fall gilt § 138f Absatz 1 und 2 entsprechend. ²Die Mitteilungspflicht des Nutzers nach Satz 1 besteht nicht, soweit der Nutzer nachweisen kann, dass er selbst, ein Intermediär oder ein anderer Nutzer dieselbe grenzüberschreitende Steuergestaltung bereits in einem anderen Mitgliedstaat der Europäischen Union im Einklang mit den dort geltenden Rechtsvorschriften mitgeteilt hat.

(2) ¹Obliegt die Mitteilung der in § 138f Absatz 3 bezeichneten Angaben im Fall des Absatzes 1 mehreren Nutzern derselben grenzüberschreitenden Steuergestaltung, so gilt Folgendes:

1. hinsichtlich der in § 138f Absatz 3 Satz 1 Nummer 1 und 4 bis 9 bezeichneten Angaben ist vorrangig der Nutzer zur Mitteilung verpflichtet, der die grenzüberschreitende Steuergestaltung mit dem Intermediär oder den Intermediären vereinbart hat; nachrangig ist der Nutzer mitteilungspflichtig, der die Umsetzung der grenzüberschreitenden Steuergestaltung verwaltet;

2. alle Nutzer derselben grenzüberschreitenden Steuergestaltung sind zur Mitteilung der in § 138f Absatz 3 Satz 1 Nummer 2, 3 und 10 bezeichneten Angaben verpflichtet;

3. soweit der in Nummer 1 bezeichnete Nutzer auch die in § 138f Absatz 3 Satz 1 Nummer 2, 3 und 10 bezeichneten Angaben zu den übrigen Nutzern derselben Steuergestaltung mitgeteilt hat, sind die übrigen Nutzer von der Mitteilungspflicht nach Nummer 2 befreit.

---

¹⁾ § 138g eingef. durch G v. 21.12.2019 (BGBl. I S. 2875); zur Anwendung siehe § 138f Abs. 2 iVm Art. 97 § 33 Abs. 1 und 2 EGAO (Nr. **800a**).

²Bei Anwendung von Satz 1 Nummer 1 gilt § 138f Absatz 5 Satz 1 und 4 entsprechend.

(3) Die Absätze 1 und 2 gelten nur für Nutzer, die ihren Wohnsitz, ihren gewöhnlichen Aufenthalt, ihre Geschäftsleitung oder ihren Sitz

1. im Geltungsbereich dieses Gesetzes haben oder

2. nicht in einem Mitgliedstaat der Europäischen Union haben, aber im Geltungsbereich dieses Gesetzes

    a) eine Betriebstätte im Sinne des § 138d Absatz 4 haben, in der durch die grenzüberschreitende Steuergestaltung ein steuerlicher Vorteil entsteht,

    b) Einkünfte erzielen oder eine wirtschaftliche Tätigkeit ausüben, sofern diese für eine Steuer von Bedeutung sind, auf die das EU-Amtshilfegesetz anzuwenden ist.

§ 138h¹⁾ Mitteilungen bei marktfähigen grenzüberschreitenden Steuergestaltungen. (1) Eine grenzüberschreitende Steuergestaltung ist marktfähig, wenn sie konzipiert wird, vermarktet wird, umsetzungsbereit ist oder zur Umsetzung bereitgestellt wird, ohne dass sie individuell angepasst werden muss.

(2)²⁾ ¹Bei marktfähigen grenzüberschreitenden Steuergestaltungen sind Änderungen und Ergänzungen hinsichtlich der in § 138f Absatz 3 Satz 1 Nummer 1, 2, 3, 6, 9 und 10 bezeichneten Angaben, die nach Übermittlung des Datensatzes nach § 138f Absatz 3 eingetreten sind, innerhalb von zehn Tagen nach Ablauf des Kalendervierteljahres mitzuteilen, in dem die jeweils mitteilungspflichtigen Umstände eingetreten sind. ²Dabei sind die Registriernummer und die Offenlegungsnummer anzugeben. ³Die Angaben sind dem Bundeszentralamt für Steuern nach amtlich vorgeschriebenem Datensatz über die amtlich bestimmte Schnittstelle mitzuteilen. ⁴Die Sätze 1 bis 3 gelten in den Fällen des § 138g entsprechend.

§ 138i³⁾ Information der Landesfinanzbehörden. Soweit von nach den §§ 138f bis 138h mitgeteilten grenzüberschreitenden Steuergestaltungen im Sinne des § 138d Absatz 2 Steuern betroffen sind, die von Landesfinanzbehörden oder Gemeinden verwaltet werden, teilt das Bundeszentralamt für Steuern den für die Nutzer zuständigen Finanzbehörden der Länder im automatisierten Verfahren unter Angabe der Registriernummer und der Offenlegungsnummer mit, dass ihm Angaben über mitgeteilte grenzüberschreitende Steuergestaltungen vorliegen.

§ 138j⁴⁾ Auswertung der Mitteilungen grenzüberschreitender Steuergestaltungen. (1) ¹Das Bundeszentralamt für Steuern wertet die ihm nach

---

¹⁾ § 138h eingef. durch G v. 21.12.2019 (BGBl. I S. 2875); zur Anwendung siehe § 138f Abs. 2 iVm Art. 97 § 33 Abs. 1 und 2 EGAO (Nr. **800a**).
²⁾ § 138h Abs. 2 Satz 1 geänd. durch G v. 12.7.2022 (BGBl. I S. 1142); zur Anwendung siehe Art. 97 § 33 Abs. 6 EGAO (Nr. **800a**).
³⁾ § 138i eingef. durch G v. 21.12.2019 (BGBl. I S. 2875); zur Anwendung siehe § 138f Abs. 2 iVm Art. 97 § 33 Abs. 1 und 2 EGAO (Nr. **800a**).
⁴⁾ § 138j eingef. durch G v. 21.12.2019 (BGBl. I S. 2875); zur Anwendung siehe § 138f Abs. 2 iVm Art. 97 § 33 Abs. 1 und 2 EGAO (Nr. **800a**).

den §§ 138f bis 138h zugegangenen Mitteilungen aus. [2]Soweit von mitgeteilten grenzüberschreitenden Steuergestaltungen im Sinne des § 138d Absatz 2 Steuern betroffen sind, die von Zollbehörden verwaltet werden, übermittelt das Bundeszentralamt für Steuern die ihm zugegangenen Mitteilungen zusammen mit der jeweils zugewiesenen Registriernummer an die Generalzolldirektion. [3]Die Auswertung der Daten erfolgt in diesem Fall durch die Generalzolldirektion. [4]Die Ergebnisse der Auswertung teilen das Bundeszentralamt für Steuern und die Generalzolldirektion dem Bundesministerium der Finanzen mit.

(2) Soweit von nach den §§ 138f bis 138h mitgeteilten grenzüberschreitenden Steuergestaltungen Steuern betroffen sind, die ganz oder teilweise den Ländern oder Gemeinden zustehen, unterrichtet das Bundesministerium der Finanzen die obersten Finanzbehörden der Länder über die Ergebnisse der Auswertung.

(3) Soweit von nach den §§ 138f bis 138h mitgeteilten grenzüberschreitenden Steuergestaltungen Steuern betroffen sind, die von Finanzbehörden der Länder oder von Gemeinden verwaltet werden, stellt das Bundeszentralamt für Steuern den für die Nutzer zuständigen Finanzbehörden der Länder ergänzend zu den Angaben nach § 138i auch die Angaben nach § 138f Absatz 3 sowie eigene Ermittlungsergebnisse und die Ergebnisse der Auswertung zum Abruf bereit.

(4) [1]Das Ausbleiben einer Reaktion des Bundeszentralamts für Steuern, der Generalzolldirektion, des Bundesministeriums der Finanzen oder des Gesetzgebers auf die Mitteilung einer grenzüberschreitenden Steuergestaltung nach den §§ 138f bis 138h bedeutet nicht deren rechtliche Anerkennung. [2]§ 89 Absatz 2 bis 7 bleibt unberührt.

(5) Die Verarbeitung personenbezogener Daten aufgrund von Mitteilungen über grenzüberschreitende Steuergestaltungen durch Finanzbehörden ist ein Verwaltungsverfahren in Steuersachen im Sinne des Gesetzes.

§ 138k[1] Angabe der grenzüberschreitenden Steuergestaltung in der Steuererklärung. [1]Hat ein Nutzer eine grenzüberschreitende Steuergestaltung im Sinne des § 138d Absatz 2 oder der entsprechenden Regelung eines anderen Mitgliedstaats der Europäischen Union verwirklicht, so hat er diese in der Steuererklärung für die Steuerart und den Besteuerungszeitraum oder den Besteuerungszeitpunkt, in der sich der steuerliche Vorteil der grenzüberschreitenden Steuergestaltung erstmals auswirken soll, anzugeben. [2]Hierzu genügt die Angabe

1. der vom Bundeszentralamt für Steuern zugeteilten Registriernummer und Offenlegungsnummer oder
2. der von der zuständigen Behörde eines anderen Mitgliedstaats der Europäischen Union zugeteilten Registriernummer und Offenlegungsnummer.

§ 139 Anmeldung von Betrieben in besonderen Fällen. (1) [1]Wer Waren gewinnen oder herstellen will, an deren Gewinnung, Herstellung, Entfernung aus dem Herstellungsbetrieb oder Verbrauch innerhalb des Herstellungs-

---

[1] § 138k eingef. durch G v. 21.12.2019 (BGBl. I S. 2875); zur Anwendung siehe § 138f Abs. 2 iVm Art. 97 § 33 Abs. 1 und 2 EGAO (Nr. **800a**).

betriebs eine Verbrauchsteuerpflicht geknüpft ist, hat dies der zuständigen Finanzbehörde vor Eröffnung des Betriebs anzumelden. ²Das Gleiche gilt für den, der ein Unternehmen betreiben will, bei dem besondere Verkehrsteuern anfallen.

(2)¹⁾ ¹Durch Rechtsverordnung können Bestimmungen über den Zeitpunkt, die Form und den Inhalt der Anmeldung getroffen werden. ²Die Rechtsverordnung erlässt die Bundesregierung, soweit es sich um Verkehrsteuern mit Ausnahme der Luftverkehrsteuer handelt, im Übrigen das Bundesministerium der Finanzen. ³Die Rechtsverordnung des Bundesministeriums der Finanzen bedarf der Zustimmung des Bundesrates nur, soweit sie die Biersteuer betrifft.

3. Unterabschnitt:²⁾ Identifikationsmerkmal

§ 139a²⁾ Identifikationsmerkmal. (1) ¹Das Bundeszentralamt für Steuern³⁾ teilt jedem Steuerpflichtigen [*ab unbestimmt:* und jeder sonstigen natürlichen Person, die bei einer öffentlichen Stelle ein Verwaltungsverfahren führt,]⁴⁾ zum Zwecke der eindeutigen Identifizierung in *Besteuerungsverfahren* [*ab unbestimmt:* Besteuerungs- und Verwaltungsverfahren]⁴⁾ ein einheitliches und dauerhaftes Merkmal (Identifikationsmerkmal) zu; das Identifikationsmerkmal ist vom Steuerpflichtigen oder von einem Dritten, der Daten dieses Steuerpflichtigen an die Finanzbehörden zu übermitteln hat, bei Anträgen, Erklärungen oder Mitteilungen gegenüber Finanzbehörden anzugeben.⁵⁾ ²Es besteht aus einer Ziffernfolge, die nicht aus anderen Daten über *den Steuerpflichtigen* [*ab unbestimmt:* die betroffene Person]⁴⁾ gebildet oder abgeleitet werden darf; die letzte Stelle ist eine Prüfziffer. ³Natürliche Personen erhalten eine Identifikationsnummer, wirtschaftlich Tätige eine Wirtschafts-Identifikationsnummer. ⁴*Der Steuerpflichtige* [*ab unbestimmt:* Die betroffene Person]⁴⁾ ist über die Zuteilung eines Identifikationsmerkmals unverzüglich zu unterrichten.

(2) Steuerpflichtiger im Sinne dieses Unterabschnitts ist jeder, der nach einem Steuergesetz steuerpflichtig ist.

(3) Wirtschaftlich Tätige im Sinne dieses Unterabschnitts sind:

1. natürliche Personen, die wirtschaftlich tätig sind,

2. juristische Personen,

3. Personenvereinigungen.

---

¹⁾ § 139 Abs. 2 Satz 2 geänd. mWv 30.6.2013 durch G v. 26.6.2013 (BGBl. I S. 1809).

²⁾ 3. Unterabschnitt (§§ 139a bis 139d) eingef. durch G v. 15.12.2003 (BGBl. I S. 2645); zu § 139a siehe Art. 97 § 5 EGAO (Nr. **800a**).

³⁾ Bezeichnung geänd. durch G v. 22.9.2005 (BGBl. I S. 2809).

⁴⁾ § 139a Abs. 1 Sätze 1, 2 und 4 geänd. durch G v. 28.3.2021 (BGBl. I S. 591). Zum Inkrafttreten vgl. Art. 22 Satz 3 des G v. 28.3.2021 (BGBl. I S. 591): „Die Artikel 3 [...] treten jeweils an dem Tag in Kraft, an dem das Bundesministerium des Innern, für Bau und Heimat im Bundesgesetzblatt jeweils bekannt gibt, dass die technischen Voraussetzungen für die Verarbeitung der Identifikationsnummer nach § 139b der Abgabenordnung nach den jeweils geänderten Gesetzen vorliegen."

⁵⁾ § 139a Abs. 1 Satz 1 2. HS neu gef. mWv 31.12.2014 durch G v. 22.12.2014 (BGBl. I S. 2417).

§ 139b[1)·2)] **Identifikationsnummer.** (1) [1]Eine natürliche Person darf nicht mehr als eine Identifikationsnummer erhalten. [2]Jede Identifikationsnummer darf nur einmal vergeben werden.

(2)[3)] [1]Die Finanzbehörden dürfen die Identifikationsnummer verarbeiten, wenn die Verarbeitung zur Erfüllung der ihnen obliegenden Aufgaben erforderlich ist oder eine Rechtsvorschrift die Verarbeitung der Identifikationsnummer ausdrücklich erlaubt oder anordnet. [2]Andere öffentliche oder nicht-öffentliche Stellen dürfen ohne Einwilligung der betroffenen Person

1. die Identifikationsnummer nur verarbeiten, soweit dies für Datenübermittlungen zwischen ihnen und den Finanzbehörden erforderlich ist oder eine Rechtsvorschrift die Verarbeitung der Identifikationsnummer ausdrücklich erlaubt oder anordnet,

2. ihre Dateisysteme nur insoweit nach der Identifikationsnummer ordnen oder für den Zugriff erschließen, als dies für regelmäßige Datenübermittlungen zwischen ihnen und den Finanzbehörden erforderlich ist,

3. eine rechtmäßig erhobene Identifikationsnummer eines Steuerpflichtigen zur Erfüllung aller Mitteilungspflichten gegenüber Finanzbehörden verwenden, soweit die Mitteilungspflicht denselben Steuerpflichtigen betrifft und die Verarbeitung nach Nummer 1 zulässig wäre,

4. eine durch ein verbundenes Unternehmen im Sinne des § 15 des Aktiengesetzes oder ein Unternehmen einer kreditwirtschaftlichen Verbundgruppe rechtmäßig erhobene Identifikationsnummer eines Steuerpflichtigen zur Erfüllung aller steuerlichen Mitwirkungspflichten verwenden, soweit die Mitwirkungspflicht denselben Steuerpflichtigen betrifft und die verwendende Stelle zum selben Unternehmensverbund wie die Stelle gehört, die die Identifikationsnummer erhoben hat und die Verarbeitung nach Nummer 1 zulässig wäre.

(3) Das Bundeszentralamt für Steuern[4)] speichert zu natürlichen Personen folgende Daten:

1. Identifikationsnummer,

2. Wirtschafts-Identifikationsnummern,

3. Familienname,

4. frühere Namen,

5. Vornamen,

6. Doktorgrad,

7.[5)] *(aufgehoben)*

8. Tag und Ort der Geburt,

[1)] 3. Unterabschnitt (§§ 139a bis 139d) eingef. durch G v. 15.12.2003 (BGBl. I S. 2645); zu § 139a siehe Art. 97 § 5 EGAO (Nr. **800a**).

[2)] Zu § 139b siehe SteueridentifikationsnummerVO v. 28.11.2006, BGBl. I S. 2726 (Nr. **800h**) sowie § 52 Abs. 30b EStG (Nr. **1**). Zum Datenschutzcockpit siehe Art. 21 des G v. 28.3.2021 (BGBl. I S. 591 [606]); näheres unter Registermodernisierung@bva.bund.de.

[3)] § 139b Abs. 2 neu gef. mWv 25.5.2018 durch G v. 17.7.2017 (BGBl. I S. 2541).

[4)] Bezeichnung geänd. durch G v. 22.9.2005 (BGBl. I S. 2809).

[5)] § 139b Abs. 3 Nr. 7 aufgeh. mWv 1.11.2007 durch G v. 20.7.2007 (BGBl. I S. 1566).

9. Geschlecht,

10. gegenwärtige oder letzte bekannte Anschrift,

11.[1] zuständige Finanzbehörden,

12.[2] Auskunftssperren nach dem Bundesmeldegesetz,

13.[3] Sterbetag,

14.[4] Tag des Ein- und Auszugs,

15.[5] Staatsangehörigkeiten sowie

16.[5] Datum des letzten Verwaltungskontakts (Monat, Jahr).

(3a)[6] Außerdem speichert das Bundeszentralamt für Steuern zu natürlichen Personen die für sie nach Absatz 10 zuletzt übermittelte internationale Kontonummer (IBAN), bei ausländischen Kreditinstituten auch den internationalen Banken-Identifizierungsschlüssel (BIC).

(4)[7] ¹ Die in Absatz 3 aufgeführten Daten werden gespeichert, um

1. sicherzustellen, dass eine Person nur eine Identifikationsnummer erhält und eine Identifikationsnummer nicht mehrfach vergeben wird,

2. die Identifikationsnummer eines Steuerpflichtigen festzustellen,

3. zu erkennen, welche Finanzbehörden[8] für einen Steuerpflichtigen zuständig sind,

4. Daten, die auf Grund eines Gesetzes oder nach über- und zwischenstaatlichem Recht entgegenzunehmen sind, an die zuständigen Stellen weiterleiten zu können,

5. den Finanzbehörden die Erfüllung der ihnen durch Rechtsvorschrift zugewiesenen Aufgaben zu ermöglichen.

---

[1] § 139b Abs. 3 Nr. 11 geänd. durch G v. 9.12.2004 (BGBl. I S. 3310).

[2] § 139b Abs. 3 Nr. 12 eingef., bish. Nr. 12 wird Nr. 13 mWv 29.12.2007 durch G v. 20.12.2007 (BGBl. I S. 3150); Nr. 12 neu gef. mWv 1.11.2015 durch G v. 3.5.2013 (BGBl. I S. 1084; geänd. BGBl. I 2014 S. 1738).

[3] § 139b Abs. 3 Nr. 12 eingef., bish. Nr. 12 wird Nr. 13 mWv 29.12.2007 durch G v. 20.12.2007 (BGBl. I S. 3150); Nr. 12 neu gef. mWv 1.11.2015 durch G v. 3.5.2013 (BGBl. I S. 1084; geänd. BGBl. I 2014 S. 1738).

[4] § 139b Abs. 3 Nr. 14 angef. mWv 31.12.2014 durch G v. 22.12.2014 (BGBl. I S. 2417).

[5] § 139b Abs. 3 Nrn. 15 und 16 angef. durch G v. 28.3.2021 (BGBl. I S. 591). Zum Inkrafttreten vgl. Art. 22 Satz 3 des G v. 28.3.2021 (BGBl. I S. 591):
„Die Artikel 3 [...] treten jeweils an dem Tag in Kraft, an dem das Bundesministerium des Innern, für Bau und Heimat im Bundesgesetzblatt jeweils bekannt gibt, dass die technischen Voraussetzungen für die Verarbeitung der Identifikationsnummer nach § 139b der Abgabenordnung nach den jeweils geänderten Gesetzen vorliegen."

[6] § 139b Abs. 3a eingef. mWv 21.12.2022 durch G v. 16.12.2022 (BGBl. I S. 2294).

[7] § 139b Abs. 4 Satz 2 angef. mWv 1.1.2021 durch G v. 12.8.2020 (BGBl. I S. 1879); Abs. 4 Satz 3 angef. durch G v. 28.3.2021 (BGBl. I S. 591); zum Inkrafttreten vgl. Art. 22 Satz 3 des G v. 28.3.2021 (BGBl. I S. 591):
„Die Artikel 3 [...] treten jeweils an dem Tag in Kraft, an dem das Bundesministerium des Innern, für Bau und Heimat im Bundesgesetzblatt jeweils bekannt gibt, dass die technischen Voraussetzungen für die Verarbeitung der Identifikationsnummer nach § 139b der Abgabenordnung nach den jeweils geänderten Gesetzen vorliegen."

[8] Bezeichnung geänd. durch G v. 9.12.2004 (BGBl. I S. 3310).

²Die in Absatz 3 Nummer 1 und 8 aufgeführten Daten werden auch zur Ermittlung des Einkommens nach § 97a des Sechsten Buches Sozialgesetzbuch gespeichert und können von den Trägern der gesetzlichen Rentenversicherung zu diesem Zweck verarbeitet werden. ³Die Regelungen des Identifikationsnummerngesetzes bleiben unberührt.

(4a)[1] Die in Absatz 3 Nummer 3 bis 6, 8 und 10 aufgeführten Daten werden bei einer natürlichen Person, die ein Nutzerkonto im Sinne des § 2 Absatz 5 des Onlinezugangsgesetzes nutzt, auch zum Nachweis der Identität als Nutzer dieses Nutzerkontos gespeichert; diese Daten dürfen elektronisch an das Nutzerkonto übermittelt werden, wenn der Nutzer zuvor in die Übermittlung eingewilligt hat.

(4b)[2] Die in Absatz 3 Nummer 1 und 8 aufgeführten Daten werden bei einer natürlichen Person auch für Zwecke der Digitalen Rentenübersicht gespeichert.

(4c)[3] ¹Die nach Absatz 3a gespeicherten Daten werden gespeichert, um eine unbare Auszahlung von Leistungen aus öffentlichen Mitteln zu ermöglichen, bei denen die Verwendung der nach Absatz 3a gespeicherten Daten vorgesehen ist. ²Die in Absatz 3 aufgeführten Daten werden bei einer natürlichen Person auch für die in Satz 1 genannten Zwecke gespeichert.

(5)[4] ¹Die in Absatz 3 aufgeführten Daten dürfen nur für die in den Absätzen 4 bis 4c genannten Zwecke verarbeitet werden. ²Die in Absatz 3a aufgeführten Daten dürfen nur für die in Absatz 4c genannten Zwecke verarbeitet werden; eine Übermittlung, Verwendung oder Beschlagnahme dieser Daten nach anderen Rechtsvorschriften ist unzulässig. ³Auskunftssperren nach dem Bundesmeldegesetz sind zu beachten und im Fall einer zulässigen Datenübermittlung ebenfalls zu übermitteln. ⁴Der Dritte, an den die Daten übermittelt werden, hat die Übermittlungssperren ebenfalls zu beachten. ⁵Die Regelungen des Identifikationsnummerngesetzes bleiben unberührt.

(6)[5] ¹Zum Zwecke der erstmaligen Zuteilung der Identifikationsnummer übermitteln die Meldebehörden dem Bundeszentralamt für Steuern für jeden in ihrem Zuständigkeitsbereich mit alleiniger Wohnung oder Hauptwohnung im Melderegister registrierten Einwohner folgende Daten:

---

[1] § 139b Abs. 4a eingef. mWv 10.12.2020 durch G v. 3.12.2020 (BGBl. I S. 2668).
[2] § 139b Abs. 4b eingef. mWv 18.2.2021 durch G v. 11.2.2021 (BGBl. I S. 154).
[3] § 139b Abs. 4c eingef. mWv 21.12.2022 durch G v. 16.12.2022 (BGBl. I S. 2294).
[4] § 139b Abs. 5 Sätze 2 und 3 angef. mWv 29.12.2007 durch G v. 20.12.2007 (BGBl. I S. 3150); Satz 2 geänd. mWv 1.11.2015 durch G v. 5.3.2013 (BGBl. I S. 1804; geänd. BGBl. I 2014 S. 1738); Satz 1 geänd. mWv 25.5.2018 durch G v. 17.7.2017 (BGBl. I S. 2541); Satz 1 geänd. durch G v. 3.12.2020 (BGBl. I S. 2668); Satz 1 geänd. mWv 18.2.2021 durch G v. 11.2.2021 (BGBl. I S. 154); Satz 4 angef. durch G v. 28.3.2021 (BGBl. I S. 591); zum Inkrafttreten vgl. Art. 22 Satz 3 des G v. 28.3.2021 (BGBl. I S. 591):
„Die Artikel 3 [...] treten jeweils an dem Tag in Kraft, an dem das Bundesministerium des Innern, für Bau und Heimat im Bundesgesetzblatt jeweils bekannt gibt, dass die technischen Voraussetzungen für die Verarbeitung der Identifikationsnummer nach § 139b der Abgabenordnung nach den jeweils geänderten Gesetzen vorliegen."
Abs. 5 Satz 1 geänd., Satz 2 eingef., bish. Sätze 2 bis 4 werden Sätze 3 bis 5 durch G v. 16.12.2022 (BGBl. I S. 2294).
[5] § 139b Abs. 6 bish. Sätze 2 und 3 ersetzt durch Sätze 2 bis 5 mWv 19.12.2006 durch G v. 13.12.2006 (BGBl. I S. 2878).

1. Familienname,
2. frühere Namen,
3. Vornamen,
4. Doktorgrad,
5.[1] *(aufgehoben)*
6. Tag und Ort der Geburt,
7. Geschlecht,
8. gegenwärtige Anschrift der alleinigen Wohnung oder der Hauptwohnung,
9.[2] Tag des Ein- und Auszugs,
10.[2] Auskunftssperren nach dem Bundesmeldegesetz,
11.[3] Staatsangehörigkeiten sowie
12.[3] Datum des letzten Verwaltungskontakts (Monat, Jahr).

[2] Hierzu haben die Meldebehörden jedem in ihrem Zuständigkeitsbereich mit alleiniger Wohnung oder Hauptwohnung registrierten Einwohner ein Vorläufiges Bearbeitungsmerkmal zu vergeben. [3] Dieses übermitteln sie zusammen mit den Daten nach Satz 1 an das Bundeszentralamt für Steuern. [4] Das Bundeszentralamt für Steuern teilt der zuständigen Meldebehörde die dem Steuerpflichtigen zugeteilte Identifikationsnummer zur Speicherung im Melderegister unter Angabe des Vorläufigen Bearbeitungsmerkmals mit und löscht das Vorläufige Bearbeitungsmerkmal anschließend.[4]

(7)[5] [1] Die Meldebehörden haben im Falle der Speicherung einer Geburt im Melderegister sowie im Falle der Speicherung einer Person, für die bisher keine Identifikationsnummer zugeteilt worden ist, dem Bundeszentralamt für Steuern die Daten nach Absatz 6 Satz 1 zum Zwecke der Zuteilung der Identifikationsnummer zu übermitteln. [2] Absatz 6 Satz 2 bis 4[6] gilt entsprechend. [3] Wird im Melderegister eine Person gespeichert, der nach eigenen Angaben noch keine Identifikationsnummer zugeteilt worden ist, so können die Meldebehörden dies in einem maschinellen Verfahren beim Bundeszen-

---

[1] § 139b Abs. 6 Satz 1 Nr. 5 aufgeh. mWv 1.11.2007 durch G v. 20.7.2007 (BGBl. I S. 1566).

[2] § 139b Abs. 6 Satz 1 Nrn. 9 und 10 angef. mWv 29.12.2007 durch G v. 20.12.2007 (BGBl. I S. 3150); Nr. 10 neu gef. mWv 1.11.2015 durch G v. 3.5.2013 (BGBl. I S. 1084; geänd. BGBl. I 2014 S. 1738).

[3] § 139b Abs. 6 Satz 1 Nrn. 11 und 12 angef. durch G v. 28.3.2021 (BGBl. I S. 591). Zum Inkrafttreten vgl. Art. 22 Satz 3 des G v. 28.3.2021 (BGBl. I S. 591): „Die Artikel 3 [...] treten jeweils an dem Tag in Kraft, an dem das Bundesministerium des Innern, für Bau und Heimat im Bundesgesetzblatt jeweils bekannt gibt, dass die technischen Voraussetzungen für die Verarbeitung der Identifikationsnummer nach § 139b der Abgabenordnung nach dem jeweils geänderten Gesetzen vorliegen."

[4] § 139b Abs. 6 Satz 4 aufgeh. mWv 25.5.2018, bish. Satz 5 wird Satz 4 mWv 25.5.2018 durch G v. 17.7.2017 (BGBl. I S. 2541).

[5] § 139b Abs. 7 Satz 2 neu gef. mWv 19.12.2006 durch G v. 13.12.2006 (BGBl. I S. 2878); Sätze 3 und 4 angef. mWv 21.12.2022 durch G v. 16.12.2022 (BGBl. I S. 2294).

[6] § 139b Abs. 7 Satz 2 und Abs. 8 Zitat geänd. mWv 29.12.2007 durch G v. 20.12.2007 (BGBl. I S. 3150); Abs. 7 Satz 2 Zitat geänd. mWv 31.12.2014 durch G v. 22.12.2014 (BGBl. I S. 2417); geänd. durch G v. 16.12.2022 (BGBl. I S. 2294).

tralamt für Steuern überprüfen; dabei dürfen nur die Daten nach Absatz 3 verwendet werden. ⁴Stimmen die von der Meldebehörde übermittelten Daten mit den beim Bundeszentralamt für Steuern nach Absatz 3 gespeicherten Daten überein, teilt das Bundeszentralamt für Steuern der Meldebehörde die in Absatz 3 Nummer 1, 3, 5, 8 und 10 genannten Daten mit; andernfalls teilt es der Meldebehörde mit, dass keine Zuordnung möglich war.

(8)¹⁾ ¹Die Meldebehörde teilt dem Bundeszentralamt für Steuern²⁾ Änderungen der in Absatz 6 Satz 1 *Nr. 1 bis 10* [*ab unbestimmt:* Nummer 1 bis 12] bezeichneten Daten sowie bei Sterbefällen den Sterbetag unter Angabe der Identifikationsnummer oder, sofern diese noch nicht zugeteilt wurde, unter Angabe des Vorläufigen Bearbeitungsmerkmals mit. [*ab unbestimmt:* ²Die Mitteilungspflicht der Registermodernisierungsbehörde gegenüber dem Bundeszentralamt für Steuern nach § 4 Absatz 4 des Identifikationsnummerngesetzes bleibt unberührt.]

(9)³⁾ Das Bundeszentralamt für Steuern²⁾ unterrichtet die Meldebehörden, wenn ihm konkrete Anhaltspunkte für die Unrichtigkeit der ihm von den Meldebehörden übermittelten Daten vorliegen.

(10)⁴⁾ ¹Natürliche Personen, die das 18. Lebensjahr vollendet haben, können dem Bundeszentralamt für Steuern die IBAN, bei ausländischen Kreditinstituten auch den BIC, des für Auszahlungen in den Fällen des Absatzes 4c zu verwendenden Kontos unter Angabe der in Absatz 3 Nummer 1 und 8 genannten Daten in einem sicheren Verfahren

1. übermitteln,

2. durch ihren Bevollmächtigten im Sinne des § 80 Absatz 2 übermitteln lassen oder

3. durch das kontoführende Kreditinstitut übermitteln lassen; die Kreditinstitute haben zu diesem Zweck ein geeignetes Verfahren bereitzustellen.

²Für natürliche Personen, die das 18. Lebensjahr noch nicht vollendet haben und für die nach § 63 des Einkommensteuergesetzes Kindergeld festgesetzt worden ist, teilt die zuständige Familienkasse als mitteilungspflichtige Stelle dem Bundeszentralamt für Steuern für die in Absatz 4c genannten Zwecke unter Angabe der in Absatz 3 Nummer 1 und 8 genannten Daten der natürlichen Person die IBAN, bei ausländischen Kreditinstituten auch den BIC, des Kontos mit, auf welches das Kindergeld zuletzt ausgezahlt worden ist; dies gilt nicht, wenn es sich bei dem tatsächlichen Zahlungsempfänger weder um den Kindergeldberechtigten noch um das Kind handelt. ³Änderungen der nach den Sätzen 1 oder 2 bereits mitgeteilten IBAN, bei ausländischen Kreditinstituten auch des BIC, sind dem Bundeszentralamt für Steuern unter Angabe der in Absatz 3 Nummer 1 und 8 genannten Daten umgehend mitzuteilen.

---

¹⁾ § 139b Abs. 8 geänd. mWv 1.1.2006 durch G v. 22.9.2005 (BGBl. I S. 2809); geänd. durch G v. 13.12.2006 (BGBl. I S. 2878); geänd. durch G v. 20.12.2007 (BGBl. I S. 3150); Satz 1 geänd. und Satz 2 angef. durch G v. 16.12.2022 (BGBl. I S. 2294); zur Anwendung siehe Art. 97 § 5a EGAO (Nr. **800a**).
²⁾ Bezeichnung geänd. durch G v. 22.9.2005 (BGBl. I S. 2809).
³⁾ § 139b Abs. 9 angef. mWv 16.12.2004 durch G v. 9.12.2004 (BGBl. I S. 3310).
⁴⁾ § 139b Abs. 10 bis 13 angef. mWv 21.12.2022 durch G v. 16.12.2022 (BGBl. I S. 2294).

(11)[1] Die Übermittlung der in Absatz 10 genannten Daten an das Bundeszentralamt für Steuern muss elektronisch nach amtlich vorgeschriebenem Datensatz über die amtlich bestimmte Schnittstelle erfolgen.

(12)[1] Das Bundeszentralamt für Steuern stellt den für ein Verfahren im Sinne des Absatzes 4c zuständigen Stellen die in Absatz 3 Nummer 1, 3, 5, 8, 10, 12 und 13 sowie Absatz 3a genannten Daten zum automationsgestützten Abgleich oder zum Abruf durch Datenfernübertragung zur Verfügung.

(13)[1] [1]Eine Datenübermittlung an das Bundeszentralamt für Steuern nach Absatz 10 Satz 1 ist erstmals zu einem vom Bundesministerium der Finanzen zu bestimmenden und im Bundesgesetzblatt bekanntzumachenden Zeitpunkt zulässig. [2]Die nach Absatz 10 Satz 2 mitteilungspflichtigen Stellen haben die von ihnen mitzuteilenden Daten erstmals zu einem vom Bundesministerium der Finanzen zu bestimmenden und im Bundesgesetzblatt bekanntzumachenden Zeitpunkt an das Bundeszentralamt für Steuern zu übermitteln. [3]Wird Kindergeld erstmals nach dem vom Bundesministerium der Finanzen nach Satz 2 bestimmten Zeitpunkt ausgezahlt, gilt Satz 2 entsprechend.

§ 139c[2] **Wirtschafts-Identifikationsnummer.** (1) [1]Die Wirtschafts-Identifikationsnummer wird auf Anforderung der zuständigen Finanzbehörde[3] vergeben. [2]Sie beginnt mit den Buchstaben „DE". [3]Jede Wirtschafts-Identifikationsnummer darf nur einmal vergeben werden.

(2)[4] [1]Die Finanzbehörden dürfen die Wirtschafts-Identifikationsnummer verarbeiten, wenn die Verarbeitung zur Erfüllung der ihnen obliegenden Aufgaben erforderlich ist oder eine Rechtsvorschrift dies erlaubt oder anordnet. [2]Andere öffentliche oder nicht-öffentliche Stellen dürfen die Wirtschafts-Identifikationsnummer nur verarbeiten, soweit dies zur Erfüllung ihrer Aufgaben oder Geschäftszwecke oder für Datenübermittlungen zwischen ihnen und den Finanzbehörden erforderlich ist. [3]Soweit die Wirtschafts-Identifikationsnummer andere Nummern ersetzt, bleiben Rechtsvorschriften, die eine Übermittlung durch die Finanzbehörden an andere Behörden regeln, unberührt.

(3) Das Bundeszentralamt für Steuern[5] speichert zu natürlichen Personen, die wirtschaftlich tätig sind, folgende Daten:

1. Wirtschafts-Identifikationsnummer,

2. Identifikationsnummer,

3. Firma (§§ 17 ff. des Handelsgesetzbuchs) oder Name des Unternehmens,

4. frühere Firmennamen oder Namen des Unternehmens,

5. Rechtsform,

6. Wirtschaftszweignummer,

---

[1] § 139b Abs. 10 bis 13 angef. mWv 21.12.2022 durch G v. 16.12.2022 (BGBl. I S. 2294).
[2] 3. Unterabschnitt (§§ 139a bis 139d) eingef. durch G v. 15.12.2003 (BGBl. I S. 2645).
[3] Bezeichnung geänd. durch G v. 9.12.2004 (BGBl. I S. 3310).
[4] § 139c Abs. 2 Sätze 1 und 2 neu gef. mWv 25.5.2018 durch G v. 17.7.2017 (BGBl. I S. 2541).
[5] Bezeichnung geänd. durch G v. 22.9.2005 (BGBl. I S. 2809).

7. amtlicher Gemeindeschlüssel,

8. Anschrift des Unternehmens, Firmensitz,

9. Handelsregistereintrag (Registergericht, Datum und Nummer der Eintragung),

10. Datum der Betriebseröffnung oder Zeitpunkt der Aufnahme der Tätigkeit,

11. Datum der Betriebseinstellung oder Zeitpunkt der Beendigung der Tätigkeit,

12. zuständige Finanzbehörden[1]),

13.[2]) Unterscheidungsmerkmale nach Absatz 5a,

14.[2]) Angaben zu verbundenen Unternehmen.

(4) Das Bundeszentralamt für Steuern[3]) speichert zu juristischen Personen folgende Daten:

1. Wirtschafts-Identifikationsnummer,

2. Identifikationsmerkmale der gesetzlichen Vertreter,

3. Firma (§§ 17 ff. des Handelsgesetzbuchs),

4. frühere Firmennamen,

5. Rechtsform,

6. Wirtschaftszweignummer,

7. amtlicher Gemeindeschlüssel,

8. Sitz gemäß § 11, insbesondere Ort der Geschäftsleitung,

9. Datum des Gründungsaktes,

10. Handels-, Genossenschafts- oder Vereinsregistereintrag (Registergericht, Datum und Nummer der Eintragung),

11. Datum der Betriebseröffnung oder Zeitpunkt der Aufnahme der Tätigkeit,

12. Datum der Betriebseinstellung oder Zeitpunkt der Beendigung der Tätigkeit,

13. Zeitpunkt der Auflösung,

14. Datum der Löschung im Register,

15. verbundene Unternehmen,

16. zuständige Finanzbehörden[1]),

17.[4]) Unterscheidungsmerkmale nach Absatz 5a.

(5) Das Bundeszentralamt für Steuern[3]) speichert zu Personenvereinigungen folgende Daten:

1. Wirtschafts-Identifikationsnummer,

2. Identifikationsmerkmale der gesetzlichen Vertreter,

---

[1]) Bezeichnung geänd. durch G v. 9.12.2004 (BGBl. I S. 3310).
[2]) § 139c Abs. 3 Nrn. 13 und 14 angef. mWv 31.12.2014 durch G v. 22.12.2014 (BGBl. I S. 2417).
[3]) Bezeichnung geänd. durch G v. 22.9.2005 (BGBl. I S. 2809).
[4]) § 139c Abs. 4 Nr. 17 angef. mWv 31.12.2014 durch G v. 22.12.2014 (BGBl. I S. 2417).

3. Identifikationsmerkmale der Beteiligten,
4. Firma (§§ 17 ff. des Handelsgesetzbuchs) oder Name der Personenvereinigung,
5. frühere Firmennamen oder Namen der Personenvereinigung,
6. Rechtsform,
7. Wirtschaftszweignummer,
8. amtlicher Gemeindeschlüssel,
9. Sitz gemäß § 11, insbesondere Ort der Geschäftsleitung,
10. Datum des Gesellschaftsvertrags,
11. Handels- oder Partnerschaftsregistereintrag (Registergericht, Datum und Nummer der Eintragung),
12. Datum der Betriebseröffnung oder Zeitpunkt der Aufnahme der Tätigkeit,
13. Datum der Betriebseinstellung oder Zeitpunkt der Beendigung der Tätigkeit,
14. Zeitpunkt der Auflösung,
15. Zeitpunkt der Beendigung,
16. Datum der Löschung im Register,
17. verbundene Unternehmen,
18. zuständige Finanzbehörden[1],
19.[2] Unterscheidungsmerkmale nach Absatz 5a.

(5a)[3] [1]Bei jedem wirtschaftlich Tätigen (§ 139a Absatz 3) wird die Wirtschafts-Identifikationsnummer für jede einzelne seiner wirtschaftlichen Tätigkeiten, jeden seiner Betriebe sowie für jede seiner Betriebstätten um ein fünfstelliges Unterscheidungsmerkmal ergänzt, so dass die Tätigkeiten, Betriebe und Betriebstätten des wirtschaftlich Tätigen in Besteuerungsverfahren eindeutig identifiziert werden können. [2]Der ersten wirtschaftlichen Tätigkeit des wirtschaftlich Tätigen, seinem ersten Betrieb oder seiner ersten Betriebstätte wird vom Bundeszentralamt für Steuern hierbei das Unterscheidungsmerkmal 00001 zugeordnet. [3]Jeder weiteren wirtschaftlichen Tätigkeit, jedem weiteren Betrieb sowie jeder weiteren Betriebstätte des wirtschaftlich Tätigen ordnet das Bundeszentralamt für Steuern auf Anforderung der zuständigen Finanzbehörde fortlaufend ein eigenes Unterscheidungsmerkmal zu. [4]Das Bundeszentralamt für Steuern speichert zu den einzelnen wirtschaftlichen Tätigkeiten, den einzelnen Betrieben sowie den einzelnen Betriebstätten des wirtschaftlich Tätigen folgende Daten:

1. Unterscheidungsmerkmal,
2. Wirtschafts-Identifikationsnummer des wirtschaftlich Tätigen,
3. Firma (§§ 17 ff. des Handelsgesetzbuchs) oder Name der wirtschaftlichen Tätigkeit, des Betriebes oder der Betriebstätte,

---

[1] Bezeichnung geänd. durch G v. 9.12.2004 (BGBl. I S. 3310).
[2] § 139c Abs. 5 Nr. 19 angef. mWv 31.12.2014 durch G v. 22.12.2014 (BGBl. I S. 2417).
[3] § 139c Abs. 5a eingef. mWv 31.12.2014 durch G v. 22.12.2014 (BGBl. I S. 2417).

4. frühere Firmennamen oder Namen der wirtschaftlichen Tätigkeit, des Betriebes oder der Betriebstätte,

5. Rechtsform,

6. Wirtschaftszweignummer,

7. amtlicher Gemeindeschlüssel,

8.[1] Anschrift der wirtschaftlichen Tätigkeit, des Betriebes oder der Betriebstätte,

9. Registereintrag (Registergericht, Datum und Nummer der Eintragung),

10.[1] Datum der Eröffnung des Betriebes oder der Betriebstätte oder Zeitpunkt der Aufnahme der wirtschaftlichen Tätigkeit,

11.[1] Datum der Einstellung des Betriebes oder der Betriebstätte oder Zeitpunkt der Beendigung der wirtschaftlichen Tätigkeit,

12. Datum der Löschung im Register,

13. zuständige Finanzbehörden.

(6) Die Speicherung der in den Absätzen 3 bis 5a[2] aufgeführten Daten erfolgt, um

1. sicherzustellen, dass eine vergebene Wirtschafts-Identifikationsnummer nicht noch einmal für einen anderen wirtschaftlich Tätigen verwendet wird,

2. für einen wirtschaftlich Tätigen die vergebene Wirtschafts-Identifikationsnummer festzustellen,

3. zu erkennen, welche Finanzbehörden[3] zuständig sind,

4. Daten, die auf Grund eines Gesetzes oder nach über- und zwischenstaatlichem Recht entgegenzunehmen sind, an die zuständigen Stellen weiterleiten zu können,

5. den Finanzbehörden die Erfüllung der ihnen durch Rechtsvorschrift zugewiesenen Aufgaben zu ermöglichen.

(6a)[4] Die in Absatz 4 Nummer 3, 5, 8 und 10 aufgeführten Daten und die in Absatz 5 Nummer 4, 6, 9 und 11 aufgeführten Daten werden bei einer juristischen Person oder bei einer Personengesellschaft, die ein Nutzerkonto im Sinne des § 2 Absatz 5 des Onlinezugangsgesetzes nutzt, auch zum Nachweis der Identität als Nutzer dieses Nutzerkontos gespeichert; diese Daten dürfen elektronisch an das Nutzerkonto übermittelt werden, wenn der Nutzer zuvor in die Übermittlung eingewilligt hat.

(7)[5] Die in Absatz 3 aufgeführten Daten dürfen nur für die in Absatz 6 genannten Zwecke verarbeitet werden, es sei denn, eine Rechtsvorschrift sieht eine andere Verarbeitung ausdrücklich vor.

---

[1] § 139c Abs. 5a Satz 4 Nr. 8 geänd., Nrn. 10 und 11 neu gef. mWv 6.11.2015 durch G v. 2.11.2015 (BGBl. I S. 1834).
[2] Verweis angepasst durch G v. 22.12.2014 (BGBl. I S. 2417).
[3] Bezeichnung geänd. durch G v. 9.12.2004 (BGBl. I S. 3310).
[4] § 139c Abs. 6a eingef. mWv 10.12.2020 durch G v. 3.12.2020 (BGBl. I S. 2668).
[5] § 139c Abs. 7 geänd. mWv 25.5.2018 durch G v. 17.7.2017 (BGBl. I S. 2541).

§ 139d[1)·2)] **Verordnungsermächtigung.** Die Bundesregierung bestimmt durch Rechtsverordnung mit Zustimmung des Bundesrates:

1. organisatorische und technische Maßnahmen zur Wahrung des Steuergeheimnisses, insbesondere zur Verhinderung eines unbefugten Zugangs zu Daten, die durch § 30 geschützt sind,

2. Richtlinien zur Vergabe der Identifikationsnummer nach § 139b und der Wirtschafts-Identifikationsnummer nach § 139c,

3. Fristen, nach deren Ablauf die nach §§ 139b und 139c gespeicherten Daten zu löschen sind, sowie

4.[3)] die Form und das Verfahren der Datenübermittlungen nach § 139b Abs. 6 bis 9.

Zweiter Abschnitt: Mitwirkungspflichten

1. Unterabschnitt: Führung von Büchern und Aufzeichnungen

§ 140 Buchführungs- und Aufzeichnungspflichten nach anderen Gesetzen. Wer nach anderen Gesetzen als den Steuergesetzen Bücher und Aufzeichnungen zu führen hat, die für die Besteuerung von Bedeutung sind, hat die Verpflichtungen, die ihm nach den anderen Gesetzen obliegen, auch für die Besteuerung zu erfüllen.

§ 141 Buchführungspflicht bestimmter Steuerpflichtiger. (1) [1]Gewerbliche Unternehmer sowie Land- und Forstwirte, die nach den Feststellungen der Finanzbehörde für den einzelnen Betrieb

1.[4)] einen Gesamtumsatz im Sinne des § 19 Absatz 3 Satz 1 des Umsatzsteuergesetzes von mehr als 600 000 Euro im Kalenderjahr oder

2. (weggefallen)

3.[5)] *selbstbewirtschaftete land- und forstwirtschaftliche Flächen mit einem Wirtschaftswert*[6)] *(§ 46 des Bewertungsgesetzes) von mehr als 25 000 Euro*[7)] *oder*

4. einen Gewinn aus Gewerbebetrieb von mehr als 60 000 Euro[8)] im Wirtschaftsjahr oder

5. einen Gewinn aus Land- und Forstwirtschaft von mehr als 60 000 Euro[9)] im Kalenderjahr

---

[1)] 3. Unterabschnitt (§§ 139a bis 139d) eingef. durch G v. 15.12.2003 (BGBl. I S. 2645).
[2)] Siehe SteueridentifikationsnummerVO v. 28.11.2006, BGBl. I S. 2726 (Nr. **800h**).
[3)] § 139d Nr. 4 geänd. mWv 19.12.2006 durch G v. 13.12.2006 (BGBl. I S. 2878).
[4)] § 141 Abs. 1 Satz 1 Nr. 1 neu gef. durch G v. 2.6.2021 (BGBl. I S. 1259); zur Anwendung siehe **BMF** v. 5.7.2021 – IV A4-S0310/19/10001:004 (Umsätze der Kj., die nach dem 31.12.2020 beginnen).
[5)] § 141 Abs. 1 Satz 1 Nr. 3 aufgeh. **mWv 1.1.2025** durch G v. 26.11.2019 (BGBl. I S. 1794).
[6)] Zur Anwendung siehe Art. 97a § 2 Nr. 7 EGAO (Nr. **800a**).
[7)] § 141 Abs. 1 Satz 1 Nr. 4 geänd. durch G v. 31.7.2003 (BGBl. I S. 1550); zur erstmaligen Anwendung siehe Art. 97 § 19 EGAO (Nr. **800a**).
[8)] § 141 Abs. 1 Satz 1 Nr. 4 geänd. durch G v. 28.7.2015 (BGBl. I S. 1400); zur erstmaligen Anwendung siehe Art. 97 § 19 Abs. 3 Satz 3 und Abs. 9 EGAO (Nr. **800a**).
[9)] § 141 Abs. 1 Satz 1 Nr. 5 geänd. durch G v. 28.7.2015 (BGBl. I S. 1400); zur erstmaligen Anwendung siehe Art. 97 § 19 Abs. 4 Satz 3 und Abs. 9 EGAO (Nr. **800a**).

gehabt haben, sind auch dann verpflichtet, für diesen Betrieb Bücher zu führen und auf Grund jährlicher Bestandsaufnahmen Abschlüsse zu machen, wenn sich eine Buchführungspflicht nicht aus § 140 ergibt. ²Die §§ 238, 240, 241, 242 Abs. 1 und die §§ 243 bis 256 des Handelsgesetzbuchs gelten sinngemäß, sofern sich nicht aus den Steuergesetzen etwas anderes ergibt. ³*Bei der Anwendung der Nummer 3 ist der Wirtschaftswert aller vom Land- und Forstwirt selbstbewirtschafteten Flächen maßgebend, unabhängig davon, ob sie in seinem Eigentum stehen oder nicht.*¹⁾

(2) ¹Die Verpflichtung nach Absatz 1 ist vom Beginn des Wirtschaftsjahrs an zu erfüllen, das auf die Bekanntgabe der Mitteilung folgt, durch die die Finanzbehörde auf den Beginn dieser Verpflichtung hingewiesen hat. ²Die Verpflichtung endet mit dem Ablauf des Wirtschaftsjahrs, das auf das Wirtschaftsjahr folgt, in dem die Finanzbehörde feststellt, dass die Voraussetzungen nach Absatz 1 nicht mehr vorliegen.

(3) ¹Die Buchführungspflicht geht auf denjenigen über, der den Betrieb im Ganzen zur Bewirtschaftung als Eigentümer oder Nutzungsberechtigter übernimmt. ²Ein Hinweis nach Absatz 2 auf den Beginn der Buchführungspflicht ist nicht erforderlich.

(4)²⁾ *(aufgehoben)*

§ 142³⁾ **Ergänzende Vorschriften für Land- und Forstwirte.** ¹Land- und Forstwirte, die nach § 141 *Abs. 1 Nr. 1, 3* [*ab 1.1.2025*: Absatz 1 Nummer 1] oder 5 zur Buchführung verpflichtet sind, haben neben den jährlichen Bestandsaufnahmen und den jährlichen Abschlüssen ein Anbauverzeichnis zu führen. ²In dem Anbauverzeichnis ist nachzuweisen, mit welchen Fruchtarten die selbstbewirtschafteten Flächen im abgelaufenen Wirtschaftsjahr bestellt waren.

§ 143 Aufzeichnung des Wareneingangs. (1) Gewerbliche Unternehmer müssen den Wareneingang gesondert aufzeichnen.

(2) ¹Aufzuzeichnen sind alle Waren einschließlich der Rohstoffe, unfertigen Erzeugnisse, Hilfsstoffe und Zutaten, die der Unternehmer im Rahmen seines Gewerbebetriebs zur Weiterveräußerung oder zum Verbrauch entgeltlich oder unentgeltlich, für eigene oder für fremde Rechnung, erwirbt; dies gilt auch dann, wenn die Waren vor der Weiterveräußerung oder dem Verbrauch be- oder verarbeitet werden sollen. ²Waren, die nach Art des Betriebs üblicherweise für den Betrieb zur Weiterveräußerung oder zum Verbrauch erworben werden, sind auch dann aufzuzeichnen, wenn sie für betriebsfremde Zwecke verwendet werden.

(3) Die Aufzeichnungen müssen die folgenden Angaben enthalten:

1. den Tag des Wareneingangs oder das Datum der Rechnung,

---

¹⁾ § 141 Abs. 1 Satz 4 aufgeh. mWv 30.6.2013 durch G v. 26.6.2013 (BGBl. I S. 1809) Satz 3 aufgeh. **mWv 1.1.2025** durch G v. 26.11.2019 (BGBl. I S. 1794).
²⁾ § 141 Abs. 4 aufgeh. durch G v. 12.12.2019 (BGBl. I S. 2451); zur Anwendung s. Art. 97 § 1 Abs. 13 EGAO (Nr. **800a**).
³⁾ § 142 Satz 1 geänd. **mWv 1.1.2025** durch G v. 20.12.2022 (BGBl. I S. 2730).

2. den Namen oder die Firma und die Anschrift des Lieferers,

3. die handelsübliche Bezeichnung der Ware,

4. den Preis der Ware,

5. einen Hinweis auf den Beleg.

§ 144 Aufzeichnung des Warenausgangs. (1) Gewerbliche Unternehmer, die nach der Art ihres Geschäftsbetriebs Waren regelmäßig an andere gewerbliche Unternehmer zur Weiterveräußerung oder zum Verbrauch als Hilfsstoffe liefern, müssen den erkennbar für diese Zwecke bestimmten Warenausgang gesondert aufzeichnen.

(2) ¹Aufzuzeichnen sind auch alle Waren, die der Unternehmer

1. auf Rechnung (auf Ziel, Kredit, Abrechnung oder Gegenrechnung), durch Tausch oder unentgeltlich liefert, oder

2. gegen Barzahlung liefert, wenn die Ware wegen der abgenommenen Menge zu einem Preis veräußert wird, der niedriger ist als der übliche Preis für Verbraucher.

²Dies gilt nicht, wenn die Ware erkennbar nicht zur gewerblichen Weiterverwendung bestimmt ist.

(3) Die Aufzeichnungen müssen die folgenden Angaben enthalten:

1. den Tag des Warenausgangs oder das Datum der Rechnung,

2. den Namen oder die Firma und die Anschrift des Abnehmers,

3. die handelsübliche Bezeichnung der Ware,

4. den Preis der Ware,

5. einen Hinweis auf den Beleg.

(4)¹⁾ ¹Der Unternehmer muss über jeden Ausgang der in den Absätzen 1 und 2 genannten Waren einen Beleg erteilen, der die in Absatz 3 bezeichneten Angaben sowie seinen Namen oder die Firma und seine Anschrift enthält. ²Dies gilt insoweit nicht, als nach § 14 Abs. 2 des Umsatzsteuergesetzes durch den dort bezeichneten Leistungsempfänger eine Gutschrift erteilt wird oder auf Grund des § 14 Abs. 6 des Umsatzsteuergesetzes Erleichterungen gewährt werden.

(5) Die Absätze 1 bis 4 gelten auch für Land- und Forstwirte, die nach § 141 buchführungspflichtig sind.

§ 145 Allgemeine Anforderungen an Buchführung und Aufzeichnungen. (1) ¹Die Buchführung muss so beschaffen sein, dass sie einem sachverständigen Dritten innerhalb angemessener Zeit einen Überblick über die Geschäftsvorfälle und über die Lage des Unternehmens vermitteln kann. ²Die Geschäftsvorfälle müssen sich in ihrer Entstehung und Abwicklung verfolgen lassen.

(2) Aufzeichnungen sind so vorzunehmen, dass der Zweck, den sie für die Besteuerung erfüllen sollen, erreicht wird.

---

¹⁾ § 144 Abs. 4 Satz 2 neu gef. mWv 20.12.2003 durch G v. 15.12.2003 (BGBl. I S. 2645); Satz 2 geänd. durch G v. 12.12.2019 (BGBl. I S. 2451).

§ 146 Ordnungsvorschriften für die Buchführung und für Auf-zeichnungen. (1)[1] [1]Die Buchungen und die sonst erforderlichen Aufzeichnungen sind einzeln, vollständig, richtig, zeitgerecht und geordnet vorzunehmen. [2]Kasseneinnahmen und Kassenausgaben sind täglich festzuhalten. [3]Die Pflicht zur Einzelaufzeichnung nach Satz 1 besteht aus Zumutbarkeitsgründen bei Verkauf von Waren an eine Vielzahl von nicht bekannten Personen gegen Barzahlung nicht. [4]Das gilt nicht, wenn der Steuerpflichtige ein elektronisches Aufzeichnungssystem im Sinne des § 146a verwendet.

(2) [1]Bücher und die sonst erforderlichen Aufzeichnungen sind im Geltungsbereich dieses Gesetzes zu führen und aufzubewahren. [2]Dies gilt nicht, soweit für Betriebstätten außerhalb des Geltungsbereichs dieses Gesetzes nach dortigem Recht eine Verpflichtung besteht, Bücher und Aufzeichnungen zu führen, und diese Verpflichtung erfüllt wird. [3]In diesem Fall sowie bei Organgesellschaften außerhalb des Geltungsbereichs dieses Gesetzes müssen die Ergebnisse der dortigen Buchführung in die Buchführung des hiesigen Unternehmens übernommen werden, soweit sie für die Besteuerung von Bedeutung sind. [4]Dabei sind die erforderlichen Anpassungen an die steuerrechtlichen Vorschriften im Geltungsbereich dieses Gesetzes vorzunehmen und kenntlich zu machen.

(2a)[2] [1]Abweichend von Absatz 2 Satz 1 kann der Steuerpflichtige elektronische Bücher und sonstige erforderliche elektronische Aufzeichnungen oder Teile davon in einem anderen Mitgliedstaat oder in mehreren Mitgliedstaaten der Europäischen Union führen und aufbewahren. [2]Macht der Steuerpflichtige von dieser Befugnis Gebrauch, hat er sicherzustellen, dass der Datenzugriff nach § 146b Absatz 2 Satz 2, § 147 Absatz 6 und § 27b Absatz 2 Satz 2 und 3 des Umsatzsteuergesetzes in vollem Umfang möglich ist.

(2b)[3] [1]Abweichend von Absatz 2 Satz 1 kann die zuständige Finanzbehörde auf schriftlichen oder elektronischen Antrag des Steuerpflichtigen bewilligen, dass elektronische Bücher und sonstige erforderliche elektronische Aufzeichnungen oder Teile davon in einem Drittstaat oder in mehreren Drittstaaten geführt und aufbewahrt werden können. [2]Voraussetzung ist, dass

1. der Steuerpflichtige der zuständigen Finanzbehörde den Standort oder die Standorte des Datenverarbeitungssystems oder bei Beauftragung eines Dritten dessen Namen und Anschrift mitteilt,

2. der Steuerpflichtige seinen sich aus den §§ 90, 93, 97, 140 bis 147 und 200 Absatz 1 und 2 ergebenden Pflichten ordnungsgemäß nachgekommen ist,

---

[1] § 146 Abs. 1 Sätze 1 und 2 geänd., Sätze 3 und 4 angef. mWv 29.12.2016 durch G v. 22.12.2016 (BGBl. I S. 3152).
[2] § 146 Abs. 2a eingef. mWv 29.12.2020 durch G v. 21.12.2020 (BGBl. I S. 3096); Satz 1 geänd. durch G v. 20.12.2022 (BGBl. I S. 2730); zur Anwendung mWv 1.1.2023 siehe Art. 97 § 37 Abs. 1 EGAO (Nr. **800a**).
[3] § 146 früherer Abs. 2a eingef. mWv 25.12.2008 durch G v. 19.12.2008 (BGBl. I S. 2794) und neu gef. mWv 14.12.2010 durch G v. 8.12.2010 (BGBl. I S. 1768); Abs. 2a wird Abs. 2b und Satz 1 geänd., Satz 2 Nr. 3 neu gef. mWv 29.12.2020 durch G v. 21.12.2020 (BGBl. 1 S. 3096); Sätze 1 und 3 geänd., Satz 2 Nr. 1 geänd. durch G v. 20.12.2022 (BGBl. I S. 2730); zur Anwendung mWv 1.1.2023 siehe Art. 97 § 37 Abs. 1 EGAO (Nr. **800a**).

3. der Datenzugriff nach § 146b Absatz 2 Satz 2, § 147 Absatz 6 und § 27b Absatz 2 Satz 2 und 3 des Umsatzsteuergesetzes in vollem Umfang möglich ist und

4. die Besteuerung hierdurch nicht beeinträchtigt wird.

³Werden der Finanzbehörde Umstände bekannt, die zu einer Beeinträchtigung der Besteuerung führen, hat sie die Bewilligung zu widerrufen und die unverzügliche Rückverlagerung der elektronischen Bücher und sonstigen erforderlichen elektronischen Aufzeichnungen in einen oder mehrere Mitgliedstaaten der Europäischen Union zu verlangen. ⁴Eine Änderung der unter Satz 2 Nummer 1 benannten Umstände ist der zuständigen Finanzbehörde unverzüglich mitzuteilen.

(2c)¹⁾ Kommt der Steuerpflichtige der Aufforderung zur Rückverlagerung seiner elektronischen Buchführung oder seinen Pflichten nach Absatz 2b Satz 4, zur Einräumung des Datenzugriffs nach § 147 *Abs. 6, zur Erteilung von Auskünften oder zur Vorlage angeforderter Unterlagen im Sinne des § 200 Abs. 1 im Rahmen einer Außenprüfung innerhalb einer ihm bestimmten angemessenen Frist nach Bekanntgabe durch die zuständige Finanzbehörde [ab **1.1.2025:** Absatz 6]²⁾* nicht nach oder hat er seine elektronische Buchführung ohne Bewilligung der zuständigen Finanzbehörde in einen Drittstaat oder mehrere Drittstaaten verlagert, kann ein Verzögerungsgeld von 2500 Euro bis 250000 Euro festgesetzt werden.

(3) ¹Die Buchungen und die sonst erforderlichen Aufzeichnungen sind in einer lebenden Sprache vorzunehmen. ²Wird eine andere als die deutsche Sprache verwendet, so kann die Finanzbehörde Übersetzungen verlangen. ³Werden Abkürzungen, Ziffern, Buchstaben oder Symbole verwendet, muss im Einzelfall deren Bedeutung eindeutig festlegen.

(4) ¹Eine Buchung oder eine Aufzeichnung darf nicht in einer Weise verändert werden, dass der ursprüngliche Inhalt nicht mehr feststellbar ist. ²Auch solche Veränderungen dürfen nicht vorgenommen werden, deren Beschaffenheit es ungewiss lässt, ob sie ursprünglich oder erst später gemacht worden sind.

(5)³⁾ ¹Die Bücher und die sonst erforderlichen Aufzeichnungen können auch in der geordneten Ablage von Belegen bestehen oder auf Datenträgern geführt werden, soweit diese Formen der Buchführung einschließlich des dabei angewandten Verfahrens den Grundsätzen ordnungsmäßiger Buchführung entsprechen; bei Aufzeichnungen, die allein nach den Steuergesetzen vorzunehmen sind, bestimmt sich die Zulässigkeit des angewendeten Verfahrens nach dem Zweck, den die Aufzeichnungen für die Besteuerung erfüllen sol-

---

¹⁾ § 146 früherer Abs. 2b eingef. mWv 25.12.2008 durch G v. 19.12.2008 (BGBl. I S. 2794); Abs. 2b wird Abs. 2c und geänd. mWv 29.12.2020 durch G v. 21.12.2020 (BGBl. I S. 3096); geänd. durch G v. 20.12.2022 (BGBl. I S. 2730); zur Anwendung mWv 1.1.2023 siehe Art. 97 § 37 Abs. 1 und 4 EGAO (Nr. **800a**).
²⁾ § 146 Abs. 2c kursiver Satzteil aufgeh. durch G v. 20.12.2022 (BGBl. I S. 2730); zur Anwendung siehe Art. 97 § 37 Abs. 4 EGAO (Nr. **800a**).
³⁾ § 146 Abs. 5 Sätze 2 und 3 anzuwenden ab 1.1.2002 (Art. 97 § 19b Abs. 1 EGAO – Nr. **800a**); Abs. 5 Satz 3 geänd. mWv 29.12.2020 durch G v. 21.12.2020 (BGBl. I S. 3096).

len. [2] Bei der Führung der Bücher und der sonst erforderlichen Aufzeichnungen auf Datenträgern muss insbesondere sichergestellt sein, dass während der Dauer der Aufbewahrungsfrist die Daten jederzeit verfügbar sind und unverzüglich lesbar gemacht werden können. [3] Dies gilt auch für die Befugnisse der Finanzbehörde nach § 146b Absatz 2 Satz 2, § 147 Absatz 6 und § 27b Absatz 2 Satz 2 und 3 des Umsatzsteuergesetzes. [4] Absätze 1 bis 4 gelten sinngemäß.

(6) Die Ordnungsvorschriften gelten auch dann, wenn der Unternehmer Bücher und Aufzeichnungen, die für die Besteuerung von Bedeutung sind, führt, ohne hierzu verpflichtet zu sein.

§ 146a[1]) Ordnungsvorschrift für die Buchführung und für Aufzeichnungen mittels elektronischer Aufzeichnungssysteme; Verordnungsermächtigung. (1) [1] Wer aufzeichnungspflichtige Geschäftsvorfälle oder andere Vorgänge mit Hilfe eines elektronischen Aufzeichnungssystems erfasst, hat ein elektronisches Aufzeichnungssystem zu verwenden, das jeden aufzeichnungspflichtigen Geschäftsvorfall und anderen Vorgang einzeln, vollständig, richtig, zeitgerecht und geordnet aufzeichnet. [2] Das elektronische Aufzeichnungssystem und die digitalen Aufzeichnungen nach Satz 1 sind durch eine zertifizierte technische Sicherheitseinrichtung zu schützen. [3] Diese zertifizierte technische Sicherheitseinrichtung muss aus einem Sicherheitsmodul, einem Speichermedium und einer einheitlichen digitalen Schnittstelle bestehen. [4] Die digitalen Aufzeichnungen sind auf dem Speichermedium zu sichern und für Nachschauen sowie Außenprüfungen durch elektronische Aufbewahrung verfügbar zu halten. [5] Es ist verboten, innerhalb des Geltungsbereichs dieses Gesetzes solche elektronischen Aufzeichnungssysteme, Software für elektronische Aufzeichnungssysteme und zertifizierte technische Sicherheitseinrichtungen, die den in den Sätzen 1 bis 3 beschriebenen Anforderungen nicht entsprechen, zur Verwendung im Sinne der Sätze 1 bis 3 gewerbsmäßig zu bewerben oder gewerbsmäßig in den Verkehr zu bringen.

(2) [1] Wer aufzeichnungspflichtige Geschäftsvorfälle im Sinne des Absatzes 1 Satz 1 erfasst, hat dem an diesem Geschäftsvorfall Beteiligten in unmittelbarem zeitlichem Zusammenhang mit dem Geschäftsvorfall unbeschadet anderer gesetzlicher Vorschriften einen Beleg über den Geschäftsvorfall auszustellen und dem an diesem Geschäftsvorfall Beteiligten zur Verfügung zu stellen (Belegausgabepflicht). [2] Bei Verkauf von Waren an eine Vielzahl von nicht bekannten Personen können die Finanzbehörden nach § 148 aus Zumutbarkeitsgründen nach pflichtgemäßem Ermessen von einer Belegausgabepflicht nach Satz 1 befreien. [3] Die Befreiung kann widerrufen werden.

(3) [1] Das Bundesministerium der Finanzen wird ermächtigt, durch Rechtsverordnung mit Zustimmung des Bundestages und des Bundesrates und im Einvernehmen mit dem Bundesministerium des Innern, für Bau und Heimat und dem Bundesministerium für Wirtschaft und Energie Folgendes zu bestimmen:

---

[1]) § 146a eingef. mWv **Kj. 2020** durch G v. 22.12.2016 (BGBl. I S. 3152); zur Anwendung iE siehe Art. 97 § 30 Abs. 1 und 3 EGAO (Nr. **800a**); geänd. durch VO v. 19.6.2020 (BGBl. I S. 1328).

1. die elektronischen Aufzeichnungssysteme, die über eine zertifizierte technische Sicherheitseinrichtung verfügen müssen, und

2. die Anforderungen an

   a) das Sicherheitsmodul,

   b) das Speichermedium,

   c) die einheitliche digitale Schnittstelle,

   d) die elektronische Aufbewahrung der Aufzeichnungen,

   e) die Protokollierung von digitalen Grundaufzeichnungen zur Sicherstellung der Integrität und Authentizität sowie der Vollständigkeit der elektronischen Aufzeichnung,

   f) den Beleg und

   g) die Zertifizierung der technischen Sicherheitseinrichtung.

[2]Die Erfüllung der Anforderungen nach Satz 1 Nummer 2 Buchstabe a bis c ist durch eine Zertifizierung des Bundesamts für Sicherheit in der Informationstechnik nachzuweisen, die fortlaufend aufrechtzuerhalten ist. [3]Das Bundesamt für Sicherheit in der Informationstechnik kann mit der Festlegung von Anforderungen an die technische Sicherheitseinrichtung im Sinne des Satzes 1 Nummer 2 Buchstabe a bis c beauftragt werden. [4]Die Rechtsverordnung nach Satz 1 ist dem Bundestag zuzuleiten. [5]Die Zuleitung erfolgt vor der Zuleitung an den Bundesrat. [6]Der Bundestag kann der Rechtsverordnung durch Beschluss zustimmen oder sie durch Beschluss ablehnen. [7]Der Beschluss des Bundestages wird dem Bundesministerium der Finanzen zugeleitet. [8]Hat sich der Bundestag nach Ablauf von drei Sitzungswochen seit Eingang der Rechtsverordnung nicht mit ihr befasst, so gilt die Zustimmung nach Satz 1 als erteilt und die Rechtsverordnung wird dem Bundesrat zugeleitet.

(4)[1] [1]Wer aufzeichnungspflichtige Geschäftsvorfälle oder andere Vorgänge mit Hilfe eines elektronischen Aufzeichnungssystems im Sinne des Absatzes 1 erfasst, hat dem nach den §§ 18 bis 20 zuständigen Finanzamt nach amtlich vorgeschriebenen[2] Vordruck mitzuteilen:

1. Name des Steuerpflichtigen,

2. Steuernummer des Steuerpflichtigen,

3. Art der zertifizierten technischen Sicherheitseinrichtung,

4. Art des verwendeten elektronischen Aufzeichnungssystems,

5. Anzahl der verwendeten elektronischen Aufzeichnungssysteme,

6. Seriennummer des verwendeten elektronischen Aufzeichnungssystems,

7. Datum der Anschaffung des verwendeten elektronischen Aufzeichnungssystems,

8. Datum der Außerbetriebnahme des verwendeten elektronischen Aufzeichnungssystems.

[2]Die Mitteilung nach Satz 1 ist innerhalb eines Monats nach Anschaffung oder Außerbetriebnahme des elektronischen Aufzeichnungssystems zu erstatten.

---

[1] Zur Anwendung von Abs. 4 siehe Art. 97 § 30 Abs. 1 Satz 2 EGAO (Nr. **800a**).

[2] So BGBl.; müsste lauten „vorgeschriebenem".

§ 146b[1] Kassen-Nachschau. (1) [1]Zur Prüfung der Ordnungsmäßigkeit
der Aufzeichnungen und Buchungen von Kasseneinnahmen und Kassenausgaben können die damit betrauten Amtsträger der Finanzbehörde ohne vorherige Ankündigung und außerhalb einer Außenprüfung, während der üblichen
Geschäfts- und Arbeitszeiten Geschäftsgrundstücke oder Geschäftsräume von
Steuerpflichtigen betreten, um Sachverhalte festzustellen, die für die Besteuerung erheblich sein können (Kassen-Nachschau). [2]Der Kassen-Nachschau
unterliegt auch die Prüfung des ordnungsgemäßen Einsatzes des elektronischen Aufzeichnungssystems nach § 146a Absatz 1.[2] [3]Wohnräume dürfen gegen den Willen des Inhabers nur zur Verhütung dringender Gefahren für die
öffentliche Sicherheit und Ordnung betreten werden. [4]Das Grundrecht der
Unverletzlichkeit der Wohnung (Artikel 13 des Grundgesetzes) wird insoweit
eingeschränkt.

(2) [1]Die von der Kassen-Nachschau betroffenen Steuerpflichtigen haben
dem mit der Kassen-Nachschau betrauten Amtsträger auf Verlangen Aufzeichnungen, Bücher sowie die für die Kassenführung erheblichen sonstigen
Organisationsunterlagen über die der Kassen-Nachschau unterliegenden
Sachverhalte und Zeiträume vorzulegen und Auskünfte zu erteilen, soweit
dies zur Feststellung der Erheblichkeit nach Absatz 1 geboten ist. [2]Liegen
die in Satz 1 genannten Aufzeichnungen oder Bücher in elektronischer
Form vor, ist der Amtsträger berechtigt, diese einzusehen, die Übermittlung
von Daten über die einheitliche digitale Schnittstelle zu verlangen oder zu
verlangen, dass Buchungen und Aufzeichnungen auf einem maschinell auswertbaren Datenträger nach den Vorgaben der einheitlichen digitalen
Schnittstelle zur Verfügung gestellt werden.[3] [3]Die Kosten trägt der Steuerpflichtige.

(3) [1]Wenn die bei der Kassen-Nachschau getroffenen Feststellungen hierzu
Anlass geben, kann ohne vorherige Prüfungsanordnung zu einer Außenprüfung nach § 193 übergegangen werden. [2]Auf den Übergang zur Außenprüfung wird schriftlich hingewiesen.

**§ 147[4] Ordnungsvorschriften für die Aufbewahrung von Unterla-
gen.** (1) Die folgenden Unterlagen sind geordnet aufzubewahren:

1. Bücher und Aufzeichnungen, Inventare, Jahresabschlüsse, Lageberichte, die
   Eröffnungsbilanz sowie die zu ihrem Verständnis erforderlichen Arbeitsan-
   weisungen und sonstigen Organisationsunterlagen,

2. die empfangenen Handels- oder Geschäftsbriefe,

3. Wiedergaben der abgesandten Handels- oder Geschäftsbriefe,

4. Buchungsbelege,

---

[1] § 146b eingef. mWv Kj. 2018 durch G v. 22.12.2016 (BGBl. I S. 3152); zur Anwendung
iE siehe Art. 97 § 30 Abs. 2 EGAO (Nr. **800a**).
[2] Zur Anwendung von § 146b Abs. 1 Satz 2 siehe Art. 97 § 30 Abs. 2 Satz 3 EGAO
(Nr. **800a**).
[3] Vgl. hierzu Art. 97 § 30 Abs. 2 Satz 2 EGAO (Nr. **800a**).
[4] § 147 Abs. 2, 5 und 6 erstmals anzuwenden ab 1.1.2002 (Art. 97 § 193 EGAO –
Nr. **800a**).

4a.[1] Unterlagen nach Artikel 15 Absatz 1 und Artikel 163 des Zollkodex der Union,

5. sonstige Unterlagen, soweit sie für die Besteuerung von Bedeutung sind.

(2)[2] Mit Ausnahme der Jahresabschlüsse, der Eröffnungsbilanz und der Unterlagen nach Absatz 1 Nummer 4a, sofern es sich bei letztgenannten Unterlagen um amtliche Urkunden oder handschriftlich zu unterschreibende nicht förmliche Präferenznachweise handelt,[3] können die in Absatz 1 aufgeführten Unterlagen auch als Wiedergabe auf einem Bildträger oder auf anderen Datenträgern aufbewahrt werden, wenn dies den Grundsätzen ordnungsmäßiger Buchführung entspricht und sichergestellt ist, dass die Wiedergabe oder die Daten

1. mit den empfangenen Handels- oder Geschäftsbriefen und den Buchungsbelegen bildlich und mit den anderen Unterlagen inhaltlich übereinstimmen, wenn sie lesbar gemacht werden,

2. während der Dauer der Aufbewahrungsfrist jederzeit verfügbar sind, unverzüglich lesbar gemacht und maschinell ausgewertet werden können.

(3)[4] ¹Die in Absatz 1 Nr. 1, 4 und 4a[2] aufgeführten Unterlagen sind zehn Jahre, die sonstigen in Absatz 1 aufgeführten Unterlagen sechs Jahre aufzubewahren, sofern nicht in anderen Steuergesetzen kürzere Aufbewahrungsfristen zugelassen sind. ²Kürzere Aufbewahrungsfristen nach außersteuerlichen Gesetzen lassen die in Satz 1 bestimmte Frist unberührt. ³Bei empfangenen Lieferscheinen, die keine Buchungsbelege nach Absatz 1 Nummer 4 sind, endet die Aufbewahrungsfrist mit dem Erhalt der Rechnung. ⁴Für abgesandte Lieferscheine, die keine Buchungsbelege nach Absatz 1 Nummer 4 sind, endet die Aufbewahrungsfrist mit dem Versand der Rechnung. ⁵Die Aufbewahrungsfrist läuft jedoch nicht ab, soweit und solange die Unterlagen für Steuern von Bedeutung sind, für welche die Festsetzungsfrist noch nicht abgelaufen ist; § 169 Abs. 2 Satz 2 gilt nicht.

(4) Die Aufbewahrungsfrist beginnt mit dem Schluss des Kalenderjahrs, in dem die letzte Eintragung in das Buch gemacht, das Inventar, die Eröffnungsbilanz, der Jahresabschluss oder der Lagebericht aufgestellt, der Handels- oder Geschäftsbrief empfangen oder abgesandt worden oder der Buchungsbeleg entstanden ist, ferner die Aufzeichnung vorgenommen worden ist oder die sonstigen Unterlagen entstanden sind.

(5) Wer aufzubewahrende Unterlagen in der Form einer Wiedergabe auf einem Bildträger oder auf anderen Datenträgern vorlegt, ist verpflichtet, auf seine Kosten diejenigen Hilfsmittel zur Verfügung zu stellen, die erforderlich sind, um die Unterlagen lesbar zu machen; auf Verlangen der Finanzbehörde

---

1) § 147 Abs. 1 Nr. 4a eingef., mWv 20.12.2003 durch G v. 15.12.2003 (BGBl. I S. 2645).
2) § 147 Abs. 2 und Abs. 3 Satz 1 Zitat geänd. mWv 20.12.2003 durch G v. 15.12.2003 (BGBl. I S. 2645).
3) § 147 Abs. 2 geänd. mWv 1.5.2016 durch G v. 22.12.2014 (BGBl. I S. 2417).
4) § 147 Abs. 3 Satz 1 geänd. durch G v. 15.12.2003 (BGBl. I S. 2645); Sätze 3 und 4 eingef., bish. Satz 3 wird Satz 5 durch G v. 30.6.2017 (BGBl. I S. 2143); zur Anwendung siehe Art. 97 § 19a Satz 2 EGAO (Nr. **800a**).

hat er auf seine Kosten die Unterlagen unverzüglich ganz oder teilweise aus-
zudrucken oder ohne Hilfsmittel lesbare Reproduktionen beizubringen.

(6)[1] ¹Sind die Unterlagen nach Absatz 1 mit Hilfe eines Datenverarbeitungssystems erstellt worden,

1. hat die Finanzbehörde im Rahmen einer Außenprüfung das Recht, Einsicht in die gespeicherten Dasten zu nehmen und das Datenverarbeitungssystem zur Prüfung dieser Unterlagen zu nutzen,

2. kann die Finanzbehörde verlangen, dass die Daten nach ihren Vorgaben
maschinell ausgewertet zur Verfügung gestellt werden, oder

3. kann die Finanzbehörde verlangen, dass die Daten nach ihren Vorgaben in
einem maschinell auswertbaren Format an sie übertragen werden.

²Teilt der Steuerpflichtige der Finanzbehörde mit, dass sich seine Daten nach
Absatz 1 bei einem Dritten befinden, so hat der Dritte

1. der Finanzbehörde Einsicht in die für den Steuerpflichtigen gespeicherten
Daten zu gewähren oder

2. diese Daten nach den Vorgaben der Finanzbehörde maschinell auszuwerten
oder

3. ihr nach ihren Vorgaben die für den Steuerpflichtigen gespeicherten Daten
in einem maschinell auswertbaren Format zu übertragen.

³Die Kosten trägt der Steuerpflichtige. ⁴In Fällen des Satzes 3 hat der mit der
Außenprüfung betraute Amtsträger den in § 3 und § 4 Nummer 1 und 2 des
Steuerberatungsgesetzes bezeichneten Personen sein Erscheinen in angemessener Frist anzukündigen. ⁵Sofern noch nicht mit einer Außenprüfung begonnen wurde, ist es im Fall eines Wechsels des Datenverarbeitungssystems oder im
Fall der Auslagerung von aufzeichnungs- und aufbewahrungspflichtigen Daten
aus dem Produktivsystem in ein anderes Datenverarbeitungssystem ausreichend,
wenn der Steuerpflichtige nach Ablauf des fünften Kalenderjahres, das auf die
Umstellung oder Auslagerung folgt, diese Daten ausschließlich auf einem maschinell lesbaren und maschinell auswertbaren Datenträger vorhält.

(7)[2] ¹Die Verarbeitung und Aufbewahrung der nach Absatz 6 zur Verfügung gestellten Daten ist auch auf mobilen Datenverarbeitungssystemen der
Finanzbehörden unabhängig von deren Einsatzort zulässig, sofern diese unter
Berücksichtigung des Stands der Technik gegen unbefugten Zugriff gesichert
sind. ²Die Finanzbehörde darf die nach Absatz 6 zur Verfügung gestellten und
gespeicherten Daten bis zur Unanfechtbarkeit der die Daten betreffenden
Verwaltungsakte auch auf den mobilen Datenverarbeitungssystemen unabhängig von deren Einsatzort aufbewahren.

---

[1] § 147 Abs. 6 Satz 3 eingef., bish. Satz 3 wird Satz 4, Satz 5 angef. mWv 29.12.2016
durch G v. 22.12.2016 (BGBl. I S. 3152); Satz 6 angef. mWv 1.1.2020 (Art. 97 § 19b Abs. 2
EGAO – Nr. **800a**) durch G v. 22.11.2019 (BGBl. I S. 1746); Satz 1 neu gef., Satz 2 aufgeh.,
bish. Sätze 3 bis 6 werden Sätze 2 bis 5, neuer Satz 2 Nr. 3 neu gef. durch G v. 20.12.2022
(BGBl. I S. 2730); zur Anwendung mWv 1.1.2023 siehe Art. 97 § 37 Abs. 1 EGAO
(Nr. **800a**).
[2] § 147a Abs. 7 angef. durch G v. 20.12.2022 (BGBl. I S. 2730); zur Anwendung mWv
1.1.2023 siehe Art. 97 § 37 Abs. 1 EGAO (Nr. **800a**).

§ 147a[1] Vorschriften für die Aufbewahrung von Aufzeichnungen und Unterlagen bestimmter Steuerpflichtiger. (1)[2] [1]Steuerpflichtige, bei denen die Summe der positiven Einkünfte nach § 2 Absatz 1 Nummer 4 bis 7 des Einkommensteuergesetzes (Überschusseinkünfte) mehr als 500 000 Euro im Kalenderjahr beträgt, haben die Aufzeichnungen und Unterlagen über die den Überschusseinkünften zu Grunde liegenden Einnahmen und Werbungskosten sechs Jahre aufzubewahren. [2]Im Falle der Zusammenveranlagung sind für die Feststellung des Überschreitens des Betrags von 500 000 Euro die Summe der positiven Einkünfte nach Satz 1 eines jeden Ehegatten oder Lebenspartners maßgebend. [3]Die Verpflichtung nach Satz 1 ist vom Beginn des Kalenderjahrs an zu erfüllen, das auf das Kalenderjahr folgt, in dem die Summe der positiven Einkünfte im Sinne des Satzes 1 mehr als 500 000 Euro beträgt. [4]Die Verpflichtung nach Satz 1 endet mit Ablauf des fünften aufeinanderfolgenden Kalenderjahrs, in dem die Voraussetzungen des Satzes 1 nicht erfüllt sind. [5]§ 147 Absatz 2, Absatz 3 Satz 5 und Absatz 4 bis 7 gilt entsprechend. [6]Die Sätze 1 bis 3 und 5 gelten entsprechend in den Fällen, in denen die zuständige Finanzbehörde den Steuerpflichtigen für die Zukunft zur Aufbewahrung der in Satz 1 genannten Aufzeichnungen und Unterlagen verpflichtet, weil er seinen Mitwirkungspflichten nach § 12 Absatz 3 des Gesetzes zur Abwehr von Steuervermeidung und unfairem Steuerwettbewerb[3] nicht nachgekommen ist.

(2)[4] [1]Steuerpflichtige, die allein oder zusammen mit nahestehenden Personen im Sinne des § 1 Absatz 2 des Außensteuergesetzes unmittelbar oder mittelbar einen beherrschenden oder bestimmenden Einfluss auf die gesellschaftsrechtlichen, finanziellen oder geschäftlichen Angelegenheiten einer Drittstaat-Gesellschaft im Sinne des § 138 Absatz 3 ausüben können, haben die Aufzeichnungen und Unterlagen über diese Beziehung und alle damit verbundenen Einnahmen und Ausgaben sechs Jahre aufzubewahren. [2]Diese Aufbewahrungspflicht ist von dem Zeitpunkt an zu erfüllen, in dem der Sachverhalt erstmals verwirklicht worden ist, der den Tatbestand des Satzes 1 erfüllt. [3]Absatz 1 Satz 4 sowie § 147 Absatz 2, 3 Satz 3 und Absatz 5 bis 7 gelten entsprechend.

§ 147b[5] Verordnungsermächtigung zur Vereinheitlichung von digitalen Schnittstellen. [1]Das Bundesministerium der Finanzen kann durch

[1] § 147a eingef. durch G v. 29.7.2009 (BGBl. I S. 2302); zur erstmaligen Anwendung ab 1.1.2010 siehe Art. 97 § 22 Abs. 2 EGAO (Nr. **800a**) iVm § 5 Steuerhinterziehungsbekämpfungsverordnung (Nr. **12**).
[2] § 147a Abs. 1 Satz 2 geänd. durch G v. 18.7.2014 (BGBl. I S. 1042); zur Anwendung siehe Art. 97 § 1 Abs. 10 Satz 1 EGAO (Nr. **800a**); Satz 6 geänd. mWv 1.1.2022 (Art. 97 § 22 Abs. 4 EGAO = Nr. **800a**) durch G v. 25.6.2021 (BGBl. I S. 2056); Abs. 1 Satz 5 geänd. durch G v. 20.12.2022 (BGBl. I S. 2730); zur Anwendung mWv 1.1.2023 siehe Art. 97 § 37 Abs. 1 EGAO (Nr. **800a**).
[3] Siehe Nr. **12**.
[4] § 147a Abs. 2 angef. durch G v. 23.6.2017 (BGBl. I S. 1682); zur Anwendung siehe Art. 97 § 22 Abs. 3 EGAO (Nr. **800a**); Abs. 2 Satz 3 geänd. durch G v. 20.12.2022 (BGBl. I S. 2730); zur Anwendung mWv 1.1.2023 siehe Art. 97 § 37 Abs. 1 EGAO (Nr. **800a**).
[5] § 147b eingef. durch G v. 20.12.2022 (BGBl. I S. 2730); zur Anwendung mWv 1.1.2023 siehe Art. 97 § 37 Abs. 1 EGAO (Nr. **800a**).

Rechtsverordnung mit Zustimmung des Bundesrates einheitliche digitale Schnittstellen und Datensatzbeschreibungen für den standardisierten Export von Daten bestimmen, die mit einem Datenverarbeitungssystem erstellt worden und nach § 147 Absatz 1 aufzubewahren sind. ²In der Rechtsverordnung kann auch eine Pflicht zur Implementierung und Nutzung der jeweiligen einheitlichen digitalen Schnittstelle oder von Datensatzbeschreibungen für den standardisierten Export von Daten bestimmt werden.

§ 148 Bewilligung von Erleichterungen. ¹Die Finanzbehörden können für einzelne Fälle oder für bestimmte Gruppen von Fällen Erleichterungen bewilligen, wenn die Einhaltung der durch die Steuergesetze begründeten Buchführungs-, Aufzeichnungs- und Aufbewahrungspflichten Härten mit sich bringt und die Besteuerung durch die Erleichterung nicht beeinträchtigt wird. ²Erleichterungen nach Satz 1 können rückwirkend bewilligt werden. ³Die Bewilligung kann widerrufen werden.

2. Unterabschnitt: Steuererklärungen

§ 149¹⁾ Abgabe der Steuererklärungen. (1) ¹Die Steuergesetze bestimmen, wer zur Abgabe einer Steuererklärung verpflichtet ist. ²Zur Abgabe einer Steuererklärung ist auch verpflichtet, wer hierzu von der Finanzbehörde aufgefordert wird. ³Die Aufforderung kann durch öffentliche Bekanntmachung erfolgen. ⁴Die Verpflichtung zur Abgabe einer Steuererklärung bleibt auch dann bestehen, wenn die Finanzbehörde die Besteuerungsgrundlagen nach § 162 geschätzt hat.

(2) ¹Soweit die Steuergesetze nichts anderes bestimmen, sind Steuererklärungen, die sich auf ein Kalenderjahr oder auf einen gesetzlich bestimmten Zeitpunkt beziehen, spätestens sieben Monate²⁾ nach Ablauf des Kalenderjahres oder sieben Monate nach dem gesetzlich bestimmten Zeitpunkt abzugeben. ²Bei Steuerpflichtigen, die den Gewinn aus Land- und Forstwirtschaft nach einem vom Kalenderjahr abweichenden Wirtschaftsjahr ermitteln, endet die Frist nicht vor Ablauf des siebten Monats²⁾, der auf den Schluss des in dem Kalenderjahr begonnenen Wirtschaftsjahres folgt.

(3) Sofern Personen, Gesellschaften, Verbände, Vereinigungen, Behörden oder Körperschaften im Sinne der §§ 3 und 4 des Steuerberatungsgesetzes beauftragt sind mit der Erstellung von

1. Einkommensteuererklärungen nach § 25 Absatz 3 des Einkommensteuergesetzes mit Ausnahme der Einkommensteuererklärungen im Sinne des § 46 Absatz 2 Nummer 8 des Einkommensteuergesetzes,

2. Körperschaftsteuererklärungen nach § 31 Absatz 1 und 1a des Körperschaftsteuergesetzes, Feststellungserklärungen im Sinne des § 14 Absatz 5, § 27 Absatz 2 Satz 4, § 28 Absatz 1 Satz 4 oder § 38 Absatz 1 Satz 2 des Körperschaftsteuergesetzes oder Erklärungen zur Zerlegung der Körperschaftsteuer nach § 6 Absatz 7 des Zerlegungsgesetzes,

---

¹⁾ § 149 neu gef. durch G v. 18.7.2016 (BGBl. I S. 1679); zur Anwendung siehe Art. 97 § 10a Abs. 4 Satz 1 EGAO (Nr. **800a**).
²⁾ Siehe hierzu Art. 97 § 36 Abs. 3 Nr. 3 und 4 EGAO (Nr. **800a**).

3. Erklärungen zur Festsetzung des Gewerbesteuermessbetrags oder Zerlegungserklärungen nach § 14a des Gewerbesteuergesetzes,

4. Umsatzsteuererklärungen für das Kalenderjahr nach § 18 Absatz 3 des Umsatzsteuergesetzes,

5. Erklärungen zur gesonderten sowie zur gesonderten und einheitlichen Feststellung einkommensteuerpflichtiger oder körperschaftsteuerpflichtiger Einkünfte nach § 180 Absatz 1 Satz 1 Nummer 2 in Verbindung mit § 181 Absatz 1 und 2,

6. Erklärungen zur gesonderten Feststellung von Besteuerungsgrundlagen nach der Verordnung über die gesonderte Feststellung von Besteuerungsgrundlagen nach § 180 Abs. 2 der Abgabenordnung oder

7. Erklärungen zur gesonderten Feststellung von Besteuerungsgrundlagen nach § 18 des Außensteuergesetzes,

so sind diese Erklärungen vorbehaltlich des Absatzes 4 spätestens bis zum letzten Tag des Monats Februar[1]) und in den Fällen des Absatzes 2 Satz 2 bis zum 31. Juli[1]) des zweiten auf den Besteuerungszeitraum folgenden Kalenderjahres abzugeben.

(4) [1] Das Finanzamt kann anordnen, dass Erklärungen im Sinne des Absatzes 3 vor dem letzten Tag des Monats Februar[1]) des zweiten auf den Besteuerungszeitraum folgenden Kalenderjahres abzugeben sind, wenn

1. für den betroffenen Steuerpflichtigen

    a) für den vorangegangenen Besteuerungszeitraum Erklärungen nicht oder verspätet abgegeben wurden,

    b)[2]) für den vorangegangenen Besteuerungszeitraum innerhalb von drei Monaten vor Abgabe der Steuererklärung oder innerhalb von drei Monaten vor dem Beginn des Zinslaufs im Sinne des § 233a Absatz 2 Satz 1 und 2 nachträgliche Vorauszahlungen festgesetzt wurden,

    c) Vorauszahlungen für den Besteuerungszeitraum außerhalb einer Veranlagung herabgesetzt wurden,

    d) die Veranlagung für den vorangegangenen Veranlagungszeitraum zu einer Abschlusszahlung von mindestens 25 Prozent der festgesetzten Steuer oder mehr als 10 000 Euro geführt hat,

    e) die Steuerfestsetzung auf Grund einer Steuererklärung im Sinne des Absatzes 3 Nummer 1, 2 oder 4 voraussichtlich zu einer Abschlusszahlung von mehr als 10 000 Euro führen wird oder

    f) eine Außenprüfung vorgesehen ist,

2. der betroffene Steuerpflichtige im Besteuerungszeitraum einen Betrieb eröffnet oder eingestellt hat oder

3. für Beteiligte an Gesellschaften oder Gemeinschaften Verluste festzustellen sind.

---

[1]) Siehe hierzu Art. 97 § 36 Abs. 3 Nr. 5, 6 und 7.
[2]) § 149 Abs. 4 Satz 1 Nr. 1 Buchst. b geänd. durch G v. 12.12.2019 (BGBl. I S. 2451); zur Anwendung siehe Art. 97 § 1 Abs. 13 EGAO (Nr. **800a**).

[2]Für das Befolgen der Anordnung ist eine Frist von vier Monaten nach Bekanntgabe der Anordnung zu setzen. [3]Ferner dürfen die Finanzämter nach dem Ergebnis einer automationsgestützten Zufallsauswahl anordnen, dass Erklärungen im Sinne des Absatzes 3 vor dem letzten Tag des Monats Februar[1] des zweiten auf den Besteuerungszeitraum folgenden Kalenderjahres mit einer Frist von vier Monaten nach Bekanntgabe der Anordnung abzugeben sind. [4]In der Aufforderung nach Satz 3 ist darauf hinzuweisen, dass sie auf einer automationsgestützten Zufallsauswahl beruht; eine weitere Begründung ist nicht erforderlich. [5]In den Fällen des Absatzes 2 Satz 2 tritt an die Stelle des letzten Tages des Monats Februar der 31. Juli[1] des zweiten auf den Besteuerungszeitraum folgenden Kalenderjahres. [6]Eine Anordnung nach Satz 1 oder Satz 3 darf für die Abgabe der Erklärung keine kürzere als die in Absatz 2 bestimmte Frist setzen. [7]In den Fällen der Sätze 1 und 3 erstreckt sich eine Anordnung auf alle Erklärungen im Sinne des Absatzes 3, die vom betroffenen Steuerpflichtigen für den gleichen Besteuerungszeitraum oder Besteuerungszeitpunkt abzugeben sind.

(5) Absatz 3 gilt nicht für Umsatzsteuererklärungen für das Kalenderjahr, wenn die gewerbliche oder berufliche Tätigkeit vor oder mit dem Ablauf des Besteuerungszeitraums endete.

(6) [1]Die oberste Landesfinanzbehörde oder eine von ihr bestimmte Landesfinanzbehörde kann zulassen, dass Personen, Gesellschaften, Verbände, Vereinigungen, Behörden und Körperschaften im Sinne der §§ 3 und 4 des Steuerberatungsgesetzes bis zu bestimmten Stichtagen einen bestimmten prozentualen Anteil der Erklärungen im Sinne des Absatzes 3 einreichen. [2]Soweit Erklärungen im Sinne des Absatzes 3 in ein Verfahren nach Satz 1 einbezogen werden, ist Absatz 4 Satz 3 nicht anzuwenden. [3]Die Einrichtung eines Verfahrens nach Satz 1 steht im Ermessen der obersten Landesfinanzbehörden und ist nicht einklagbar.

§ 150[2] **Form und Inhalt der Steuererklärungen.** (1) [1]Eine Steuererklärung ist nach amtlich vorgeschriebenem Vordruck abzugeben, wenn

1. keine elektronische Steuererklärung vorgeschrieben ist,

2. nicht freiwillig eine gesetzlich oder amtlich zugelassene elektronische Steuererklärung abgegeben wird,

3. keine mündliche oder konkludente Steuererklärung zugelassen ist und

4. eine Aufnahme der Steuererklärung an Amtsstelle nach § 151 nicht in Betracht kommt.

[2]§ 87a Absatz 1 Satz 1 ist nur anzuwenden, soweit eine elektronische Steuererklärung vorgeschrieben oder zugelassen ist. [3]Der Steuerpflichtige hat in der Steuererklärung die Steuer selbst zu berechnen, soweit dies gesetzlich vorgeschrieben ist (Steueranmeldung).

---

[1] Siehe hierzu Art. 97 § 36 Abs. 3 Nr. 5, 6 und 7.
[2] § 150 Abs. 1 neu gef., Abs. 2 Satz 2 aufgeh., Abs. 5 Satz 1 neu gef. mWv 1.1.2017 durch G v. 18.7.2016 (BGBl. I S. 1679); zur Anwendung siehe auch Art. 97 § 1 Abs. 11 EGAO (Nr. **800a**).

(2) Die Angaben in den Steuererklärungen sind wahrheitsgemäß nach bestem Wissen und Gewissen zu machen.

(3) [1] Ordnen die Steuergesetze an, dass der Steuerpflichtige die Steuererklärung eigenhändig zu unterschreiben hat, so ist die Unterzeichnung durch einen Bevollmächtigten nur dann zulässig, wenn der Steuerpflichtige infolge seines körperlichen oder geistigen Zustands oder durch längere Abwesenheit an der Unterschrift gehindert ist. [2] Die eigenhändige Unterschrift kann nachträglich verlangt werden, wenn der Hinderungsgrund weggefallen ist.

(4) [1] Den Steuererklärungen müssen die Unterlagen beigefügt werden, die nach den Steuergesetzen vorzulegen sind. [2] Dritte Personen sind verpflichtet, hierfür erforderliche Bescheinigungen auszustellen.

(5) [1] In die Steuererklärungsformulare können auch Fragen aufgenommen werden, die zur Ergänzung der Besteuerungsunterlagen für Zwecke einer Statistik nach dem Gesetz über Steuerstatistiken erforderlich sind. [2] Die Finanzbehörden können ferner von Steuerpflichtigen Auskünfte verlangen, die für die Durchführung des Bundesausbildungsförderungsgesetzes erforderlich sind. [3] Die Finanzbehörden haben bei der Überprüfung der Angaben dieselben Befugnisse wie bei der Aufklärung der für die Besteuerung erheblichen Verhältnisse.

(6)[1] [1] Zur Erleichterung und Vereinfachung des automatisierten Besteuerungsverfahrens kann das Bundesministerium der Finanzen durch Rechtsverordnung mit Zustimmung des Bundesrates bestimmen, dass und unter welchen Voraussetzungen Steuererklärungen oder sonstige für das Besteuerungsverfahren erforderliche Daten ganz oder teilweise durch Datenfernübertragung oder auf maschinell verwertbaren Datenträgern übermittelt werden können. [2] In der Rechtsverordnung können von den §§ 72a und 87b bis 87d abweichende Regelungen getroffen werden. [3] Die Rechtsverordnung bedarf nicht der Zustimmung des Bundesrates, soweit die Kraftfahrzeugsteuer, die Luftverkehrsteuer, die Versicherungsteuer und Verbrauchsteuern, mit Ausnahme der Biersteuer, betroffen sind.

(7)[2] [1] Können Steuererklärungen, die nach amtlich vorgeschriebenem Vordruck abgegeben oder nach amtlich vorgeschriebenem Datensatz durch Datenfernübertragung übermittelt werden, nach § 155 Absatz 4 Satz 1 zu einer ausschließlich automationsgestützten Steuerfestsetzung führen, ist es dem Steuerpflichtigen zu ermöglichen, Angaben, die nach seiner Auffassung Anlass für eine Bearbeitung durch Amtsträger sind, in einem dafür vorgesehenen Abschnitt oder Datenfeld der Steuererklärung zu machen. [2] Daten, die von mitteilungspflichtigen Stellen nach Maßgabe des § 93c an die Finanzverwaltung übermittelt wurden, gelten als Angaben des Steuerpflichtigen, soweit sie in den Steuererklärungsformularen als eDaten gekennzeichnet sind oder bei nach amtlich vorgeschriebenem Datensatz durch Datenfernübertragung über-

---

[1] § 150 Abs. 6 neu gef. durch G v. 18.7.2016 (BGBl. I S. 1679); zur Anwendung siehe Art. 97 § 27 Abs. 1 sowie § 10a Abs. 4 Satz 2 EGAO (Nr. **800a**).
[2] § 150 Abs. 7 neu gef. durch G v. 18.7.2016 (BGBl. I S. 1679); zur Anwendung siehe Art. 97 § 27 Abs. 1 sowie § 10a Abs. 4 Satz 2 EGAO (Nr. **800a**); Satz 2 geänd. durch G v. 16.12.2022 (BGBl. I S. 2294); zur Anwendung siehe Art. 97 § 10a Abs. 5 EGAO (Nr. **800a**).

mittelten Steuererklärungen für den Belegabruf bereitgestellt werden und er nicht in einem dafür vorzusehenden Abschnitt oder Datenfeld der Steuererklärung abweichende Angaben macht.

(8) ¹Ordnen die Steuergesetze an, dass die Finanzbehörde auf Antrag zur Vermeidung unbilliger Härten auf eine Übermittlung der Steuererklärung nach amtlich vorgeschriebenem Datensatz durch Datenfernübertragung verzichten kann, ist einem solchen Antrag zu entsprechen, wenn eine Erklärungsabgabe nach amtlich vorgeschriebenem Datensatz durch Datenfernübertragung für den Steuerpflichtigen wirtschaftlich oder persönlich unzumutbar ist. ²Dies ist insbesondere der Fall, wenn die Schaffung der technischen Möglichkeiten für eine Datenfernübertragung des amtlich vorgeschriebenen Datensatzes nur mit einem nicht unerheblichen finanziellen Aufwand möglich wäre oder wenn der Steuerpflichtige nach seinen individuellen Kenntnissen und Fähigkeiten nicht oder nur eingeschränkt in der Lage ist, die Möglichkeiten der Datenfernübertragung zu nutzen.

§ 151¹⁾ Aufnahme der Steuererklärung an Amtsstelle. Eine Steuererklärung, die schriftlich oder elektronisch abzugeben ist, kann bei der zuständigen Finanzbehörde zur Niederschrift erklärt werden, wenn dem Steuerpflichtigen nach seinen persönlichen Verhältnissen weder die elektronische Übermittlung noch die Schriftform zuzumuten ist, insbesondere, wenn er nicht in der Lage ist, eine gesetzlich vorgeschriebene Selbstberechnung der Steuer vorzunehmen oder durch einen Dritten vornehmen zu lassen.

§ 152²⁾ · ³⁾ Verspätungszuschlag. (1) ¹Gegen denjenigen, der seiner Verpflichtung zur Abgabe einer Steuererklärung nicht oder nicht fristgemäß nachkommt, kann ein Verspätungszuschlag festgesetzt werden. ²Von der Festsetzung eines Verspätungszuschlags ist abzusehen, wenn der Erklärungspflichtige glaubhaft macht, dass die Verspätung entschuldbar ist; das Verschulden eines Vertreters oder eines Erfüllungsgehilfen ist dem Erklärungspflichtigen zuzurechnen.

(2)⁴⁾ Abweichend von Absatz 1 ist ein Verspätungszuschlag festzusetzen, wenn eine Steuererklärung, die sich auf ein Kalenderjahr oder auf einen gesetzlich bestimmten Zeitpunkt bezieht,

1. nicht binnen 14 Monaten nach Ablauf des Kalenderjahrs oder nicht binnen 14 Monaten nach dem Besteuerungszeitpunkt,
2. in den Fällen des § 149 Absatz 2 Satz 2 nicht binnen 19 Monaten nach Ablauf des Kalenderjahrs oder nicht binnen 19 Monaten nach dem Besteuerungszeitpunkt oder

---

¹⁾ § 151 neu gef. mWv 1.1.2017 durch G v. 18.7.2016 (BGBl. I S. 1679); zur Anwendung s. auch Art. 97 § 1 Abs. 11 EGAO (Nr. **800a**).
²⁾ Zur Anwendung in den neuen Bundesländern siehe Art. 97a § 2 Nr. 3 EGAO (Nr. **800a**).
³⁾ § 152 neu gef. durch G v. 18.7.2016 (BGBl. I S. 1679); zur Anwendung siehe Art. 97 § 8 Abs. 3 und 4 EGAO (Nr. **800a**).
⁴⁾ Zur Anwendung auf den Grundsteuerwert 2020 vgl. Art. 97 Abs. 5 EGAO (Nr. **800a**); zu Nr. 1 und 2 siehe Art. 97 § 36 Abs. 3 Nrn. 8 und 9.

3. in den Fällen des § 149 Absatz 4 nicht bis zu dem in der Anordnung bestimmten Zeitpunkt

abgegeben wurde.

(3) Absatz 2 gilt nicht,

1. wenn die Finanzbehörde die Frist für die Abgabe der Steuererklärung nach
§ 109 verlängert hat oder diese Frist rückwirkend verlängert,

2. wenn die Steuer auf null Euro oder auf einen negativen Betrag festgesetzt
wird,

3. wenn die festgesetzte Steuer die Summe der festgesetzten Vorauszahlungen
und der anzurechnenden Steuerabzugsbeträge nicht übersteigt oder

4.[1] bei jährlich abzugebenden Lohnsteueranmeldungen, bei Anmeldungen von
Umsatzsteuer-Sondervorauszahlungen nach § 48 Absatz 2 der Umsatzsteuer-Durchführungsverordnung sowie bei jährlich abzugebenden Versiche-
rungsteuer- und Feuerschutzsteueranmeldungen.

(4) [1]Sind mehrere Personen zur Abgabe einer Steuererklärung verpflichtet,
kann die Finanzbehörde nach ihrem Ermessen entscheiden, ob sie den Verspätungszuschlag gegen eine der erklärungspflichtigen Personen, gegen mehrere der erklärungspflichtigen Personen oder gegen alle erklärungspflichtigen Personen festsetzt. [2]Wird der Verspätungszuschlag gegen mehrere oder
gegen alle erklärungspflichtigen Personen festgesetzt, sind diese Personen Gesamtschuldner des Verspätungszuschlags. [3]In Fällen des § 180 Absatz 1 Satz 1
Nummer 2 Buchstabe a ist der Verspätungszuschlag vorrangig gegen die nach
§ 181 Absatz 2 Satz 2 Nummer 4 erklärungspflichtigen Personen festzusetzen.

(5) [1]Der Verspätungszuschlag beträgt vorbehaltlich des Satzes 2, der Absätze 8 und 13 Satz 2 für jeden angefangenen Monat der eingetretenen Verspätung 0,25 Prozent der festgesetzten Steuer, mindestens jedoch 10 Euro für
jeden angefangenen Monat der eingetretenen Verspätung. [2]Für Steuererklärungen, die sich auf ein Kalenderjahr oder auf einen gesetzlich bestimmten
Zeitpunkt beziehen, beträgt der Verspätungszuschlag für jeden angefangenen
Monat der eingetretenen Verspätung 0,25 Prozent der um die festgesetzten
Vorauszahlungen und die anzurechnenden Steuerabzugsbeträge verminderten
festgesetzten Steuer, mindestens jedoch 25 Euro für jeden angefangenen Monat der eingetretenen Verspätung. [3]Wurde ein Erklärungspflichtiger von der
Finanzbehörde erstmals nach Ablauf der gesetzlichen Erklärungsfrist zur Abgabe einer Steuererklärung innerhalb einer dort bezeichneten Frist aufgefordert
und konnte er bis zum Zugang dieser Aufforderung davon ausgehen, keine
Steuererklärung abgeben zu müssen, so ist der Verspätungszuschlag nur für
die Monate zu berechnen, die nach dem Ablauf der in der Aufforderung bezeichneten Erklärungsfrist begonnen haben.

(6) [1]Für Erklärungen zur gesonderten Feststellung von Besteuerungsgrundlagen, für Erklärungen zur Festsetzung des Gewerbesteuermessbetrags und für
Zerlegungserklärungen gelten vorbehaltlich des Absatzes 7 die Absätze 1 bis 3

---

[1]) § 152 Abs. 3 Nr. 4 neu gef. mWv 9.6.2021 durch G v. 2.6.2021 (BGBl. I S. 1259).

und Absatz 4 Satz 1 und 2 entsprechend. [2]Der Verspätungszuschlag beträgt für jeden angefangenen Monat der eingetretenen Verspätung 25 Euro.

(7) Für Erklärungen zu gesondert festzustellenden einkommensteuerpflichtigen oder körperschaftsteuerpflichtigen Einkünften beträgt der Verspätungszuschlag für jeden angefangenen Monat der eingetretenen Verspätung 0,0625 Prozent der positiven Summe der festgestellten Einkünfte, mindestens jedoch 25 Euro für jeden angefangenen Monat der eingetretenen Verspätung.

(8)[1] [1]Absatz 5 gilt nicht für

1. vierteljährlich oder monatlich abzugebende Steueranmeldungen,

2. nach § 41a Absatz 2 Satz 2 zweiter Halbsatz des Einkommensteuergesetzes jährlich abzugebende Lohnsteueranmeldungen,

3. nach § 8 Absatz 2 Satz 3 des Versicherungsteuergesetzes jährlich abzugebende Versicherungsteueranmeldungen,

4. nach § 8 Absatz 2 Satz 3 des Feuerschutzsteuergesetzes jährlich abzugebende Feuerschutzsteueranmeldungen und

5.[2] Anmeldungen der Umsatzsteuer-Sondervorauszahlung nach § 48 Absatz 2 der Umsatzsteuer-Durchführungsverordnung.

[2]In diesen Fällen sind bei der Bemessung des Verspätungszuschlags die Dauer und Häufigkeit der Fristüberschreitung sowie die Höhe der Steuer zu berücksichtigen.

(9) [1]Bei Nichtabgabe der Steuererklärung ist der Verspätungszuschlag für einen Zeitraum bis zum Ablauf desjenigen Tages zu berechnen, an dem die erstmalige Festsetzung der Steuer wirksam wird. [2]Gleiches gilt für die Nichtabgabe der Erklärung zur Festsetzung des Gewerbesteuermessbetrags, der Zerlegungserklärung oder der Erklärung zur gesonderten Feststellung von Besteuerungsgrundlagen.

(10) Der Verspätungszuschlag ist auf volle Euro abzurunden und darf höchstens 25 000 Euro betragen.

(11)[3] [1]Die Festsetzung des Verspätungszuschlags soll mit dem Steuerbescheid, dem Gewerbesteuermessbescheid oder dem Zerlegungsbescheid verbunden werden; in den Fällen des Absatzes 4 kann sie mit dem Feststellungsbescheid verbunden werden. [2]In den Fällen des Absatzes 2 kann die Festsetzung des Verspätungszuschlags ausschließlich automationsgestützt erfolgen.

(12) [1]Wird die Festsetzung der Steuer oder des Gewerbesteuermessbetrags oder der Zerlegungsbescheid oder die gesonderte Feststellung von Besteuerungsgrundlagen aufgehoben, so ist auch die Festsetzung eines Verspätungszuschlags aufzuheben. [2]Wird die Festsetzung der Steuer, die Anrechnung von Vorauszahlungen oder Steuerabzugsbeträgen auf die festgesetzte Steuer oder in den Fällen des Absatzes 7 die gesonderte Feststellung einkommensteuerpflichtiger oder körperschaftsteuerpflichtiger Einkünfte geändert, zurückgenom-

---

[1] § 152 Abs. 8 Satz 1 neu gef. mWv 29.12.2020 durch G v. 21.12.2020 (BGBl. I S. 3096).
[2] § 152 Abs. 3 Nr. 5 angef. mWv 9.6.2021 durch G v. 2.6.2021 (BGBl. I S. 1259).
[3] § 152 Abs. 11 Satz 2 angef. durch G v. 12.12.2019 (BGBl. I S. 2451); zur Anwendung siehe Art. 97 § 1 Abs. 13 EGAO (Nr. **800a**).

men, widerrufen oder nach § 129 berichtigt, so ist ein festgesetzter Verspätungszuschlag entsprechend zu ermäßigen oder zu erhöhen, soweit nicht auch nach der Änderung oder Berichtigung die Mindestbeträge anzusetzen sind. ³Ein Verlustrücktrag nach § 10d Absatz 1 des Einkommensteuergesetzes oder ein rückwirkendes Ereignis im Sinne des § 175 Absatz 1 Satz 1 Nummer 2 oder Absatz 2 sind hierbei nicht zu berücksichtigen.

(13) ¹Die Absätze 2, 4 Satz 2, Absatz 5 Satz 2 sowie Absatz 8 gelten vorbehaltlich des Satzes 2 nicht für Steuererklärungen, die gegenüber den Hauptzollämtern abzugeben sind. ²Für die Bemessung des Verspätungszuschlags zu Steuererklärungen zur Luftverkehrsteuer gilt Absatz 8 Satz 2 entsprechend.

§ 153 Berichtigung von Erklärungen. (1) ¹Erkennt ein Steuerpflichtiger nachträglich vor Ablauf der Festsetzungsfrist,

1. dass eine von ihm oder für ihn abgegebene Erklärung unrichtig oder unvollständig ist und dass es dadurch zu einer Verkürzung von Steuern kommen kann oder bereits gekommen ist oder

2. dass eine durch Verwendung von Steuerzeichen oder Steuerstemplern zu entrichtende Steuer nicht in der richtigen Höhe entrichtet worden ist,

so ist er verpflichtet, dies unverzüglich anzuzeigen und die erforderliche Richtigstellung vorzunehmen. ²Die Verpflichtung trifft auch den Gesamtrechtsnachfolger eines Steuerpflichtigen und die nach den §§ 34 und 35 für den Gesamtrechtsnachfolger oder den Steuerpflichtigen handelnden Personen.

(2) Die Anzeigepflicht besteht ferner, wenn die Voraussetzungen für eine Steuerbefreiung, Steuerermäßigung oder sonstige Steuervergünstigung nachträglich ganz oder teilweise wegfallen.

(3) Wer Waren, für die eine Steuervergünstigung unter einer Bedingung gewährt worden ist, in einer Weise verwenden will, die der Bedingung nicht entspricht, hat dies vorher der Finanzbehörde anzuzeigen.

[ab 1.1.2025 oder früher:]
(4)¹⁾ Die Anzeige- und Berichtigungspflicht besteht ferner, wenn Prüfungsfeststellungen einer Außenprüfung unanfechtbar in einem Steuerbescheid, einem Feststellungsbescheid nach § 180 Absatz 1 Satz 1 Nummer 2 oder einem Teilabschlussbescheid nach § 180 Absatz 1a umgesetzt worden sind und die den Prüfungsfeststellungen zugrunde liegenden Sachverhalte auch in einer anderen vom oder für den Steuerpflichtigen abgegebenen Erklärung, die nicht Gegenstand der Außenprüfung war, zu einer Änderung der Besteuerungsgrundlagen führt.]

3. Unterabschnitt: Kontenwahrheit

§ 154 Kontenwahrheit. (1) Niemand darf auf einen falschen oder erdichteten Namen für sich oder einen Dritten ein Konto errichten oder Buchungen vornehmen lassen, Wertsachen (Geld, Wertpapiere, Kostbarkeiten) in Verwahrung geben oder verpfänden oder sich ein Schließfach geben lassen.

---

¹⁾ § 153 Abs. 4 angef. durch G v. 20.12.2022 (BGBl. I S. 2730); zur Anwendung siehe Art. 97 § 37 Abs. 2 Satz 1 und 3 und Abs. 3 EGAO (Nr. **800a**).

(2)[1] [1]Wer ein Konto führt, Wertsachen verwahrt oder als Pfand nimmt oder ein Schließfach überlässt (Verpflichteter), hat

1. sich zuvor Gewissheit über die Person und Anschrift jedes Verfügungsberechtigten und jedes wirtschaftlich Berechtigten im Sinne des Geldwäschegesetzes zu verschaffen und

2. die entsprechenden Angaben in geeigneter Form, bei Konten auf dem Konto, festzuhalten.

[2]Für Verfügungsberechtigte sind § 11 Absatz 4 und 6, § 12 Absatz 1 und 2 und § 13 Absatz 1 des Geldwäschegesetzes sowie zu § 12 Absatz 3 und § 13 Absatz 2 des Geldwäschegesetzes ergangene Rechtsverordnungen, für wirtschaftlich Berechtigte der § 13 Absatz 1 des Geldwäschegesetzes sowie zu § 13 Absatz 2 des Geldwäschegesetztes ergangene Rechtsverordnungen entsprechend anzuwenden. [3]Der Verpflichtete hat sicherzustellen, dass er den Finanzbehörden jederzeit Auskunft darüber geben kann, über welche Konten oder Schließfächer eine Person verfügungsberechtigt ist oder welche Wertsachen eine Person zur Verwahrung gegeben oder als Pfand überlassen hat. [4]Die Geschäftsbeziehung ist kontinuierlich zu überwachen und die nach Satz 1 zu erhebenden Daten sind in angemessenem zeitlichen Abstand zu aktualisieren.

(2a)[2] [1]Kreditinstitute haben für jeden Kontoinhaber, jeden anderen Verfügungsberechtigten und jeden wirtschaftlich Berechtigten im Sinne des Geldwäschegesetzes außerdem folgende Daten zu erheben und aufzuzeichnen:

1. die Identifikationsnummer nach § 139b und

2. die Wirtschafts-Identifikationsnummer nach § 139c oder, wenn noch keine Wirtschafts-Identifikationsnummer vergeben wurde und es sich nicht um eine natürliche Person handelt, die für die Besteuerung nach dem Einkommen geltende Steuernummer.

[2]Der Vertragspartner sowie gegebenenfalls für ihn handelnde Personen haben dem Kreditinstitut die nach Satz 1 zu erhebenden Daten mitzuteilen und sich im Laufe der Geschäftsbeziehung ergebende Änderungen unverzüglich anzuzeigen. [3]Die Sätze 1 und 2 sind nicht anzuwenden bei Kreditkonten, wenn der Kredit ausschließlich der Finanzierung privater Konsumgüter dient und der Kreditrahmen einen Betrag von 12 000 Euro nicht übersteigt.

(2b)[2] [1]Teilen der Vertragspartner oder gegebenenfalls für ihn handelnde Personen dem Kreditinstitut die nach Absatz 2a Satz 1 Nummer 1 zu erfassende Identifikationsnummer einer betroffenen Person bis zur Begründung der Geschäftsbeziehung nicht mit und hat das Kreditinstitut die Identifikationsnummer dieser Person auch nicht aus anderem Anlass rechtmäßig erfasst, hat es sie bis zum Ablauf des dritten Monats nach Begründung der Geschäftsbeziehung in einem maschinellen Verfahren beim Bundeszentralamt für Steuern zu erfragen. [2]In der Anfrage dürfen nur die in § 139b Absatz 3 genannten Daten der betroffenen Person angegeben werden. [3]Das Bundeszentralamt für

---

[1] § 154 Abs. 2 ersetzt durch Absätze 2 bis 2c durch G v. 23.6.2017 (BGBl. I S. 1682); zur Anwendung siehe Art. 97 § 26 Abs. 4 und 5 (Nr. **800a**); Abs. 2 Satz 2 geänd. durch G v. 23.6.2017 (BGBl. I S. 1822) und neu gef. mWv 1.1.2020 durch G v. 12.12.2019 (BGBl. I S. 2602).
[2] Zur Anwendung siehe Art. 97 § 26 Abs. 4 EGAO (Nr. **800a**).

Steuern teilt dem Kreditinstitut die Identifikationsnummer der betroffenen Person mit, sofern die übermittelten Daten mit den bei ihm nach § 139b Absatz 3 gespeicherten Daten übereinstimmen.

(2c)[1] [1]Soweit das Kreditinstitut die nach Absatz 2a Satz 1 zu erhebenden Daten auf Grund unzureichender Mitwirkung des Vertragspartners und gegebenenfalls für ihn handelnder Personen nicht ermitteln kann, hat es dies auf dem Konto festzuhalten. [2]In diesem Fall hat das Kreditinstitut dem Bundeszentralamt für Steuern die betroffenen Konten sowie die hierzu nach Absatz 2 erhobenen Daten mitzuteilen; diese Daten sind für alle in einem Kalenderjahr eröffneten Konten bis Ende Februar des Folgejahrs zu übermitteln.

(2d)[2] Die Finanzbehörden können für einzelne Fälle oder für bestimmte Fallgruppen Erleichterungen zulassen, wenn die Einhaltung der Pflichten nach den Absätzen 2 bis 2c unverhältnismäßige Härten mit sich bringt und die Besteuerung durch die Erleichterung nicht beeinträchtigt wird.

(3) Ist gegen Absatz 1 verstoßen worden, so dürfen Guthaben, Wertsachen und der Inhalt eines Schließfachs nur mit Zustimmung des für die Einkommen- und Körperschaftsteuer des Verfügungsberechtigten zuständigen Finanzamts herausgegeben werden.

Dritter Abschnitt: Festsetzungs- und Feststellungsverfahren

1. Unterabschnitt: Steuerfestsetzung

I. Allgemeine Vorschriften

§ 155 Steuerfestsetzung. (1) [1]Die Steuern werden, soweit nichts anderes vorgeschrieben ist, von der Finanzbehörde durch Steuerbescheid festgesetzt. [2]Steuerbescheid ist der nach § 122 Abs. 1 bekannt gegebene Verwaltungsakt. [3]Dies gilt auch für die volle oder teilweise Freistellung von einer Steuer und für die Ablehnung eines Antrags auf Steuerfestsetzung.

(2) Ein Steuerbescheid kann erteilt werden, auch wenn ein Grundlagenbescheid noch nicht erlassen wurde.

(3) [1]Schulden mehrere Steuerpflichtige eine Steuer als Gesamtschuldner, so können gegen sie zusammengefasste Steuerbescheide ergehen. [2]Mit zusammengefassten Steuerbescheiden können Verwaltungsakte über steuerliche Nebenleistungen oder sonstige Ansprüche, auf die dieses Gesetz anzuwenden ist, gegen einen oder mehrere der Steuerpflichtigen verbunden werden. [3]Das gilt auch dann, wenn festgesetzte Steuern, steuerliche Nebenleistungen oder sonstige Ansprüche nach dem zwischen den Steuerpflichtigen bestehenden Rechtsverhältnis nicht von allen Beteiligten zu tragen sind.

(4)[3] [1]Die Finanzbehörden können Steuerfestsetzungen sowie Anrechnungen von Steuerabzugsbeträgen und Vorauszahlungen auf der Grundlage der

---

[1] Zur Anwendung siehe Art. 97 § 26 Abs. 4 EGAO (Nr. **800a**).
[2] § 154 Abs. 2d eingef. durch G v. 23.6.2017 (BGBl. I S. 1682); zur Anwendung s. auch Art. 97 § 1 Abs. 12 Satz 1 EGAO (Nr. **800a**).
[3] § 155 Abs. 4 ersetzt durch Abs. 4 und 5 mWv 1.1.2017 durch G v. 18.7.2016 (BGBl. I S. 1679); zur Anwendung s. auch Art. 97 § 1 Abs. 11 EGAO (Nr. **800a**).

ihnen vorliegenden Informationen und der Angaben des Steuerpflichtigen ausschließlich automationsgestützt vornehmen, berichtigen, zurücknehmen, widerrufen, aufheben oder ändern, soweit kein Anlass dazu besteht, den Einzelfall durch Amtsträger zu bearbeiten. ²Das gilt auch

1. für den Erlass, die Berichtigung, die Rücknahme, den Widerruf, die Aufhebung und die Änderung von mit den Steuerfestsetzungen sowie Anrechnungen von Steuerabzugsbeträgen und Vorauszahlungen verbundenen Verwaltungsakten sowie,

2. wenn die Steuerfestsetzungen sowie Anrechnungen von Steuerabzugsbeträgen und Vorauszahlungen mit Nebenbestimmungen nach § 120 versehen oder verbunden werden, soweit dies durch eine Verwaltungsanweisung des Bundesministeriums der Finanzen oder der obersten Landesfinanzbehörden allgemein angeordnet ist.

³Ein Anlass zur Bearbeitung durch Amtsträger liegt insbesondere vor, soweit der Steuerpflichtige in einem dafür vorgesehenen Abschnitt oder Datenfeld der Steuererklärung Angaben im Sinne des § 150 Absatz 7 gemacht hat. ⁴Bei vollständig automationsgestütztem Erlass eines Verwaltungsakts gilt die Willensbildung über seinen Erlass und über seine Bekanntgabe im Zeitpunkt des Abschlusses der maschinellen Verarbeitung als abgeschlossen.

(5)¹⁾ Die für die Steuerfestsetzung geltenden Vorschriften sind auf die Festsetzung einer Steuervergütung sinngemäß anzuwenden.

§ 156²⁾ Absehen von der Steuerfestsetzung. (1) ¹Das Bundesministerium der Finanzen kann zur Vereinfachung der Verwaltung durch Rechtsverordnung bestimmen, dass eine Steuer nicht festgesetzt wird, wenn der eigentlich festzusetzende Betrag den durch diese Rechtsverordnung zu bestimmenden Betrag voraussichtlich nicht übersteigt. ²Der nach Satz 1 zu bestimmende Betrag darf 25 Euro nicht übersteigen. ³Das Gleiche gilt für die Änderung einer Steuerfestsetzung, wenn der Betrag, der sich als Differenz zwischen der geänderten und der bisherigen Steuerfestsetzung ergeben würde, den in der Rechtsverordnung genannten Betrag nicht übersteigt. ⁴Die Rechtsverordnung bedarf nicht der Zustimmung des Bundesrates, soweit sie die Kraftfahrzeugsteuer, die Luftverkehrsteuer, die Versicherungsteuer, Einfuhr- und Ausfuhrabgaben oder Verbrauchsteuern, mit Ausnahme der Biersteuer, betrifft.

(2) ¹Die Festsetzung einer Steuer und einer steuerlichen Nebenleistung sowie deren Änderung kann, auch über einen Betrag von 25 Euro hinausgehend, unterbleiben, wenn zu erwarten ist, dass

1. die Erhebung keinen Erfolg haben wird oder

2. die Kosten der Festsetzung und die Kosten der Erhebung außer Verhältnis zu dem Betrag stehen werden.

---

¹⁾ § 155 Abs. 4 ersetzt durch Abs. 4 und 5 mWv 1.1.2017 durch G v. 18.7.2016 (BGBl. I S. 1679); zur Anwendung s. auch Art. 97 § 1 Abs. 11 EGAO (Nr. **800a**).
²⁾ § 156 neu gef. mWv 1.1.2017 durch G v. 18.7.2016 (BGBl. I S. 1679); zur Anwendung s. auch Art. 97 § 1 Abs. 11 EGAO (Nr. **800a**).

²Für bestimmte oder bestimmbare Fallgruppen können die obersten Finanzbehörden bundeseinheitliche Weisungen zur Anwendung von Satz 1 Nummer 2 erteilen. ³Diese Weisungen dürfen nicht veröffentlicht werden, soweit dies die Gleichmäßigkeit und Gesetzmäßigkeit der Besteuerung gefährden könnte. ⁴Auf dem Gebiet der von den Landesfinanzbehörden im Auftrag des Bundes verwalteten Steuern legen die obersten Finanzbehörden der Länder diese Weisungen zur Gewährleistung eines bundeseinheitlichen Vollzugs der Steuergesetze im Einvernehmen mit dem Bundesministerium der Finanzen fest.

§ 157¹⁾ Form und Inhalt der Steuerbescheide. (1) ¹Steuerbescheide sind schriftlich oder elektronisch zu erteilen, soweit nichts anderes bestimmt ist. ²Sie müssen die festgesetzte Steuer nach Art und Betrag bezeichnen und angeben, wer die Steuer schuldet. ³Ihnen ist außerdem eine Belehrung darüber beizufügen, welcher Rechtsbehelf zulässig ist und binnen welcher Frist und bei welcher Behörde er einzulegen ist.

(2) Die Feststellung der Besteuerungsgrundlagen bildet einen mit Rechtsbehelfen nicht selbständig anfechtbaren Teil des Steuerbescheids, soweit die Besteuerungsgrundlagen nicht gesondert festgestellt werden.

§ 158²⁾ Beweiskraft der Buchführung. (1) Die Buchführung und die Aufzeichnungen des Steuerpflichtigen, die den Vorschriften der §§ 140 bis 148 entsprechen, sind der Besteuerung zugrunde zu legen.

(2) Absatz 1 gilt nicht,

1. soweit nach den Umständen des Einzelfalls Anlass besteht, die sachliche Richtigkeit zu beanstanden oder

2. soweit die elektronischen Daten nicht nach der Vorgabe der einheitlichen digitalen Schnittstellen des § 41 Absatz 1 Satz 7 des Einkommensteuergesetzes in Verbindung mit § 4 Absatz 2a der Lohnsteuer-Durchführungsverordnung, des § 146a oder des § 147b in Verbindung mit der jeweiligen Rechtsverordnung zur Verfügung gestellt werden.

§ 159 Nachweis der Treuhänderschaft. (1) ¹Wer behauptet, dass er Rechte, die auf seinen Namen lauten, oder Sachen, die er besitzt, nur als Treuhänder, Vertreter eines anderen oder Pfandgläubiger innehabe oder besitze, hat auf Verlangen nachzuweisen, wem die Rechte oder Sachen gehören; anderenfalls sind sie ihm regelmäßig zuzurechnen. ²Das Recht der Finanzbehörde, den Sachverhalt zu ermitteln, wird dadurch nicht eingeschränkt.

(2) § 102 bleibt unberührt.

---

¹⁾ § 157 Abs. 1 neu gef. mWv 1.1.2017 durch G v. 18.7.2016 (BGBl. I S. 1679); zur Anwendung s. auch Art. 97 § 1 Abs. 11 EGAO (Nr. **800a**).
²⁾ § 158 neu gef. durch G v. 20.12.2022 (BGBl. I S. 2730); zur Anwendung mWv 1.1.2023 siehe Art. 97 § 37 Abs. 1 EGAO (Nr. **800a**).

§ 160 Benennung von Gläubigern und Zahlungsempfängern.

(1) [1]Schulden und andere Lasten, Betriebsausgaben, Werbungskosten und andere Ausgaben sind steuerlich regelmäßig nicht zu berücksichtigen, wenn der Steuerpflichtige dem Verlangen der Finanzbehörde nicht nachkommt, die Gläubiger oder die Empfänger genau zu benennen. [2]Das Recht der Finanzbehörde, den Sachverhalt zu ermitteln, bleibt unberührt.

(2) § 102 bleibt unberührt.

§ 161 Fehlmengen bei Bestandsaufnahmen.
[1]Ergeben sich bei einer vorgeschriebenen oder amtlich durchgeführten Bestandsaufnahme Fehlmengen an verbrauchsteuerpflichtigen Waren, so wird vermutet, dass hinsichtlich der Fehlmengen eine Verbrauchsteuer entstanden oder eine bedingt entstandene Verbrauchsteuer unbedingt geworden ist, soweit nicht glaubhaft gemacht wird, dass die Fehlmengen auf Umstände zurückzuführen sind, die eine Steuer nicht begründen oder eine bedingte Steuer nicht unbedingt werden lassen. [2]Die Steuer gilt im Zweifel im Zeitpunkt der Bestandsaufnahme als entstanden oder unbedingt geworden.

§ 162 Schätzung von Besteuerungsgrundlagen.
(1) [1]Soweit die Finanzbehörde die Besteuerungsgrundlagen nicht ermitteln oder berechnen kann, hat sie sie zu schätzen. [2]Dabei sind alle Umstände zu berücksichtigen, die für die Schätzung von Bedeutung sind.

(2)[1] [1]Zu schätzen ist insbesondere dann, wenn der Steuerpflichtige über seine Angaben keine ausreichenden Aufklärungen zu geben vermag oder weitere Auskunft oder eine Versicherung an Eides statt verweigert oder seine Mitwirkungspflicht nach § 90 Abs. 2 verletzt. [2]Das Gleiche gilt, wenn der Steuerpflichtige Bücher oder Aufzeichnungen, die er nach den Steuergesetzen zu führen hat, nicht vorlegen kann, wenn die Buchführung oder die Aufzeichnungen nach § 158 Absatz 2 nicht der Besteuerung zugrunde gelegt werden oder wenn tatsächliche Anhaltspunkte für die Unrichtigkeit oder Unvollständigkeit der vom Steuerpflichtigen gemachten Angaben zu steuerpflichtigen Einnahmen oder Betriebsvermögensmehrungen bestehen und der Steuerpflichtige die Zustimmung nach § 93 Abs. 7 Satz 1 Nr. 5 nicht erteilt. [3]Hat der Steuerpflichtige seine Mitwirkungspflichten nach § 12 des Gesetzes zur Abwehr von Steuervermeidung und unfairem Steuerwettbewerb verletzt, so wird widerlegbar vermutet, dass in Deutschland steuerpflichtige Einkünfte in Bezug zu Staaten oder Gebieten im Sinne des § 3 Absatz 1 des Gesetzes zur Abwehr von Steuervermeidung und unfairem Steuerwettbewerb

1. bisher nicht erklärt wurden, tatsächlich aber vorhanden sind, oder

2. bisher zwar erklärt wurden, tatsächlich aber höher sind als erklärt.

---

[1] § 162 Abs. 2 Satz 2 ergänzt mWv 1.1.2009 durch G v. 14.8.2007 (BGBl. I S. 1912); Satz 3 angef. durch G v. 29.7.2009 (BGBl. I S. 2302); zur erstmaligen Anwendung ab 1.1.2010 siehe Art. 97 § 22 Abs. 2 EGAO (Nr. **800a**); Satz 3 neu gef. durch G v. 25.6.2021 (BGBl. I S. 2056); zur Anwendung siehe Art. 97 § 22 Abs. 4 EGAO (Nr. **800a**) iVm StAbwG (Nr. **12**); Abs. 2 Satz 2 geänd. durch G v. 20.12.2022 (BGBl. I S. 2730); zur Anwendung siehe Art. 97 § 37 Abs. 1 EGAO (Nr. **800a**).

(3)[1] [1] Verletzt ein Steuerpflichtiger seine Mitwirkungspflichten nach § 90 Absatz 3 dadurch, dass er keine Aufzeichnungen über einen Geschäftsvorfall vorlegt, oder sind die über einen Geschäftsvorfall vorgelegten Aufzeichnungen im Wesentlichen unverwertbar oder wird festgestellt, dass der Steuerpflichtige Aufzeichnungen im Sinne des § 90 Absatz 3 Satz 8 *[künftig:* 5] nicht zeitnah erstellt hat, so wird widerlegbar vermutet, dass seine im Inland steuerpflichtigen Einkünfte, zu deren Ermittlung die Aufzeichnungen im Sinne des § 90 Absatz 3 dienen, höher als die von ihm erklärten Einkünfte sind. [2] Hat in solchen Fällen die Finanzbehörde eine Schätzung vorzunehmen und können diese Einkünfte nur innerhalb eines bestimmten Rahmens, insbesondere nur auf Grund von Preisspannen bestimmt werden, kann dieser Rahmen zu Lasten des Steuerpflichtigen ausgeschöpft werden. [3] Bestehen trotz Vorlage verwertbarer Aufzeichnungen durch den Steuerpflichtigen Anhaltspunkte dafür, dass seine Einkünfte bei Beachtung des Fremdvergleichsgrundsatzes höher wären als die auf Grund der Aufzeichnungen erklärten Einkünfte, und können entsprechende Zweifel deswegen nicht aufgeklärt werden, weil eine ausländische, nahe stehende Person ihre Mitwirkungspflichten nach § 90 Abs. 2 oder ihre Auskunftspflichten nach § 93 Abs. 1 nicht erfüllt, ist Satz 2 entsprechend anzuwenden.[2]

(4)[3] [1] Legt ein Steuerpflichtiger über einen Geschäftsvorfall keine Aufzeichnungen im Sinne des § 90 Absatz 3 vor oder sind die über einen Geschäftsvorfall vorgelegten Aufzeichnungen im Wesentlichen unverwertbar, ist ein Zuschlag von 5000 Euro festzusetzen. [2] Der Zuschlag beträgt mindestens 5 Prozent und höchstens 10 Prozent des Mehrbetrags der Einkünfte, der sich nach einer Berichtigung auf Grund der Anwendung des Absatzes 3 ergibt, wenn sich danach ein Zuschlag von mehr als 5000 Euro ergibt.

[Fassung bis 31.12.2024:][4]	*[Fassung ab 1.1.2025 oder früher:]*[5]
[3] Bei verspäteter Vorlage von verwertbaren Aufzeichnungen beträgt der Zuschlag bis zu 1 000 000 Euro, mindestens jedoch 100 Euro für jeden vollen Tag der Fristüberschreitung. [4] Soweit den Finanzbehörden	[3] Der Zuschlag ist regelmäßig nach Abschluss der Außenprüfung festzusetzen. [4] Bei verspäteter Vorlage von verwertbaren Aufzeichnungen beträgt der Zuschlag bis zu 1 000 000 Euro, mindestens jedoch

---

[1] § 162 Abs. 3 eingef. durch G v. 16.5.2003 (BGBl. I S. 660); zur erstmaligen Anwendung siehe Art. 97 § 22 Abs. 1 Satz 2 EGAO (Nr. **800a**); Satz 1 geänd. durch G v. 20.12.2016 (BGBl. I S. 3000); Satz 1 geänd. durch G v. 20.12.2022 (BGBl. I S. 2730); zur Anwendung siehe Art. 97 § 37 Abs. 2 und 3.

[2] § 162 Abs. 3 Satz 3 angef. mWv 18.8.2007 durch G v. 14.8.2007 (BGBl. I S. 1912).

[3] § 162 Abs. 4 eingef. durch G v. 16.5.2003 (BGBl. I S. 660); zur erstmaligen Anwendung siehe Art. 97 § 22 Abs. 1 Satz 2 EGAO (Nr. **800a**); Satz 1 neu gef. durch G v. 20.12.2016 (BGBl. I S. 3000); zur Anwendung von § 90 Abs. 3 siehe Art. 97 § 22 Satz 4 EGAO (Nr. **800a**).

[4] Vgl. hierzu Art. 97 § 37 Abs. 2 Satz 2 EGAO (Nr. **800a**).

[5] § 162 Abs. 4 Satz 3 eingef., bish. Satz 3 wird Satz 4 und 2. HS angef., bish. Satz 4 wird Satz 5 und neu gef., bish. Sätze 5 und 6 werden Sätze 6 und 7, bish. Satz 7 aufgeh. durch G v. 20.12.2022 (BGBl. I S. 2730); zur Anwendung siehe Art. 97 § 37 Abs. 2 und Abs. 3 EGAO (Nr. **800a**).

[Fassung bis 31.12.2024:] Ermessen hinsichtlich der Höhe des Zuschlags eingeräumt ist, sind neben dessen Zweck, den Steuerpflichtigen zur Erstellung und fristgerechte Vorlage der Aufzeichnungen im Sinne des § 90 Abs. 3 anzuhalten, insbesondere die von ihm gezogenen Vorteile und bei verspäteter Vorlage auch die Dauer der Fristüberschreitung zu berücksichtigen. ⁵Von der Festsetzung eines Zuschlags ist abzusehen, wenn die Nichterfüllung der Pflichten nach § 90 Abs. 3 entschuldbar erscheint oder ein Verschulden nur geringfügig ist. ⁶Das Verschulden eines gesetzlichen Vertreters oder eines Erfüllungsgehilfen steht dem eigenen Verschulden gleich. ⁷Der Zuschlag ist regelmäßig nach Abschluss der Außenprüfung festzusetzen.

*[Fassung ab 1.1.2025 oder früher:]*¹⁾ 100 Euro für jeden vollen Tag der Fristüberschreitung; er kann für volle Wochen und Monate der verspäteten Vorlage in Teilbeträgen festgesetzt werden. ⁵Soweit den Finanzbehörden Ermessen hinsichtlich der Höhe des jeweiligen Zuschlags eingeräumt ist, sind neben dem Zweck dieses Zuschlags, den Steuerpflichtigen zur Erstellung und fristgerechten Vorlage der Aufzeichnungen nach § 90 Absatz 3 anzuhalten, insbesondere die von ihm gezogenen Vorteile und bei verspäteter Vorlage auch die Dauer der Fristüberschreitung zu berücksichtigen. ⁶Von der Festsetzung eines Zuschlags ist abzusehen, wenn die Nichterfüllung der Pflichten nach § 90 Abs. 3 entschuldbar erscheint oder ein Verschulden nur geringfügig ist. ⁷Das Verschulden eines gesetzlichen Vertreters oder eines Erfüllungsgehilfen steht dem eigenen Verschulden gleich.

(4a)²⁾ ¹Verletzt der Steuerpflichtige seine Mitwirkungspflichten nach § 12 des Steueroasen-Abwehrgesetzes³⁾, ist Absatz 4 entsprechend anzuwenden. ²Von der Festsetzung eines Zuschlags ist abzusehen, wenn die Nichterfüllung der Mitwirkungspflichten entschuldbar erscheint oder das Verschulden nur geringfügig ist. ³Das Verschulden eines gesetzlichen Vertreters oder eines Erfüllungsgehilfen ist dem Steuerpflichtigen zuzurechnen.

(5)⁴⁾ In den Fällen des § 155 Abs. 2 können die in einem Grundlagenbescheid festzustellenden Besteuerungsgrundlagen geschätzt werden.

§ 163⁵⁾ **Abweichende Festsetzung von Steuern aus Billigkeitsgründen.** (1) ¹Steuern können niedriger festgesetzt werden und einzelne Besteuerungsgrundlagen, die die Steuern erhöhen, können bei der Festsetzung der

---

¹⁾ § 162 Abs. 4 Satz 3 eingef., bish. Satz 3 wird Satz 4 und 2. HS angef., bish. Satz 4 wird Satz 5 und neu gef., bish. Sätze 5 und 6 werden Sätze 6 und 7, bish. Satz 7 aufgeh. durch G v. 20.12.2022 (BGBl. I S. 2730); zur Anwendung siehe Art. 97 § 37 Abs. 2 und Abs. 3 EGAO (Nr. **800a**).

²⁾ § 162 Abs. 4a eingef. durch G v. 25.6.2021 (BGBl. I S. 2056); zur Anwendung siehe Art. 97 § 22 Abs. 4 EGAO (Nr. **800a**) iVm StAbwG (Nr. **12**); Satz 1 mWv 21.12.2022 geänd. durch G v. 16.12.2022 (BGBl. I S. 2294).

³⁾ Nr. **12**.

⁴⁾ § 162 bish. Abs. 3 wird Abs. 5 durch G v. 16.5.2003 (BGBl. I S. 660).

⁵⁾ § 163 neu gef. durch G v. 18.7.2016 (BGBl. I S. 1679); zur Anwendung siehe Art. 97 § 29 EGAO (Nr. **800a**).

Steuer unberücksichtigt bleiben, wenn die Erhebung der Steuer nach Lage des einzelnen Falls unbillig wäre. [2] Mit Zustimmung des Steuerpflichtigen kann bei Steuern vom Einkommen zugelassen werden, dass einzelne Besteuerungsgrundlagen, soweit sie die Steuer erhöhen, bei der Steuerfestsetzung erst zu einer späteren Zeit und, soweit sie die Steuer mindern, schon zu einer früheren Zeit berücksichtigt werden.

(2) Eine Billigkeitsmaßnahme nach Absatz 1 kann mit der Steuerfestsetzung verbunden werden, für die sie von Bedeutung ist.

(3) [1] Eine Billigkeitsmaßnahme nach Absatz 1 steht in den Fällen des Absatzes 2 stets unter Vorbehalt des Widerrufs, wenn sie

1. von der Finanzbehörde nicht ausdrücklich als eigenständige Billigkeitsentscheidung ausgesprochen worden ist,

2. mit einer Steuerfestsetzung unter Vorbehalt der Nachprüfung nach § 164 verbunden ist oder

3. mit einer vorläufigen Steuerfestsetzung nach § 165 verbunden ist und der Grund der Vorläufigkeit auch für die Entscheidung nach Absatz 1 von Bedeutung ist.

[2] In den Fällen von Satz 1 Nummer 1 entfällt der Vorbehalt des Widerrufs, wenn die Festsetzungsfrist für die Steuerfestsetzung abläuft, für die die Billigkeitsmaßnahme Grundlagenbescheid ist. [3] In den Fällen von Satz 1 Nummer 2 entfällt der Vorbehalt des Widerrufs mit Aufhebung oder Entfallen des Vorbehalts der Nachprüfung der Steuerfestsetzung, für die die Billigkeitsmaßnahme Grundlagenbescheid ist. [4] In den Fällen von Satz 1 Nummer 3 entfällt der Vorbehalt des Widerrufs mit Eintritt der Endgültigkeit der Steuerfestsetzung, für die die Billigkeitsmaßnahme Grundlagenbescheid ist.

(4) [1] Ist eine Billigkeitsmaßnahme nach Absatz 1, die nach Absatz 3 unter Vorbehalt des Widerrufs steht, rechtswidrig, ist sie mit Wirkung für die Vergangenheit zurückzunehmen. [2] § 130 Absatz 3 Satz 1 gilt in diesem Fall nicht.

§ 164 Steuerfestsetzung unter Vorbehalt der Nachprüfung. (1) [1] Die Steuern können, solange der Steuerfall nicht abschließend geprüft ist, allgemein oder im Einzelfall unter dem Vorbehalt der Nachprüfung festgesetzt werden, ohne dass dies einer Begründung bedarf. [2] Die Festsetzung einer Vorauszahlung ist stets eine Steuerfestsetzung unter Vorbehalt der Nachprüfung.

(2)[1)] [1] Solange der Vorbehalt wirksam ist, kann die Steuerfestsetzung aufgehoben oder geändert werden. [2] Der Steuerpflichtige kann die Aufhebung oder Änderung der Steuerfestsetzung jederzeit beantragen. [3] Die Entscheidung hierüber kann jedoch bis zur abschließenden Prüfung des Steuerfalls, die innerhalb angemessener Frist vorzunehmen ist, hinausgeschoben werden.

(3)[1)] [1] Der Vorbehalt der Nachprüfung kann jederzeit aufgehoben werden. [2] Die Aufhebung steht einer Steuerfestsetzung ohne Vorbehalt der Nachprüfung gleich; § 157 Abs. 1 Satz 1 und 3 gilt sinngemäß. [3] Nach einer Außen-

---

[1)] Zur Anwendung in den neuen Bundesländern siehe Art. 97a § 2 Nr. 4 EGAO (Nr. **800a**).

prüfung ist der Vorbehalt aufzuheben, wenn sich Änderungen gegenüber der Steuerfestsetzung unter Vorbehalt der Nachprüfung nicht ergeben.

(4)[1] [1]Der Vorbehalt der Nachprüfung entfällt, wenn die Festsetzungsfrist abläuft. [2]§ 169 Absatz 2 Satz 2, § 170 Absatz 6 und § 171 Absatz 7, 8 und 10 sind nicht anzuwenden.

§ 165[2] Vorläufige Steuerfestsetzung, Aussetzung der Steuerfestsetzung. (1) [1]Soweit ungewiss ist, ob die Voraussetzungen für die Entstehung einer Steuer eingetreten sind, kann sie vorläufig festgesetzt werden. [2]Diese Regelung ist auch anzuwenden, wenn

1. ungewiss ist, ob und wann Verträge mit anderen Staaten über die Besteuerung (§ 2), die sich zugunsten des Steuerpflichtigen auswirken, für die Steuerfestsetzung wirksam werden,

2. das Bundesverfassungsgericht die Unvereinbarkeit eines Steuergesetzes mit dem Grundgesetz festgestellt hat und der Gesetzgeber zu einer Neuregelung verpflichtet ist,

2a.[3] sich auf Grund einer Entscheidung des Gerichtshofes der Europäischen Union ein Bedarf für eine gesetzliche Neuregelung ergeben kann,

3.[4] die Vereinbarkeit eines Steuergesetzes mit höherrangigem Recht Gegenstand eines Verfahrens bei dem Gerichtshof der Europäischen Union, dem Bundesverfassungsgericht oder einem obersten Bundesgericht ist, oder

4.[5] die Auslegung eines Steuergesetzes Gegenstand eines Verfahrens bei dem Bundesfinanzhof ist.

[3]Umfang und Grund der Vorläufigkeit sind anzugeben. [4]Unter den Voraussetzungen der Sätze 1 oder 2 kann die Steuerfestsetzung auch gegen oder ohne Sicherheitsleistung ausgesetzt werden.

(2)[6] · [7] [1]Soweit die Finanzbehörde eine Steuer vorläufig festgesetzt hat, kann sie die Festsetzung aufheben oder ändern. [2]Wenn die Ungewissheit beseitigt ist, ist eine vorläufige Steuerfestsetzung aufzuheben, zu ändern oder für endgültig zu erklären; eine ausgesetzte Steuerfestsetzung ist nachzuholen. [3]In den Fällen des Absatzes 1 Satz 2 Nr. 4 endet die Ungewissheit, sobald feststeht, dass die Grundsätze der Entscheidung des Bundesfinanzhofs über den entschiedenen Einzelfall hinaus allgemein anzuwenden sind. [4]In den Fällen des Absatzes 1 Satz 2 muss eine vorläufige Steuerfestsetzung nach Satz 2 nur auf Antrag des Steuerpflichtigen für endgültig erklärt werden, wenn sie nicht aufzuheben oder zu ändern ist.

---

[1] § 164 Abs. 4 Satz 2 geänd. mWv 1.1.2015 durch G v. 22.12.2014 (BGBl. I S. 2415).

[2] Vgl. zu § 165 Abs. 1 Satz 2 Nr. 2, Satz 4, Abs. 2: Art. 97 § 15 Abs. 16 EGAO (Nr. **800a**).

[3] § 165 Abs. 1 Satz 2 Nr. 2a eingef. mWv 1.1.2017 durch G v. 18.7.2016 (BGBl. I S. 1679); zur Anwendung s. auch Art. 97 § 1 Abs. 11 EGAO (Nr. **800a**).

[4] § 165 Abs. 1 Satz 2 Nr. 3 geänd. durch G v. 26.6.2013 (BGBl. I S. 1809).

[5] § 165 Abs. 1 Satz 2 Nr. 4 angef. mWv 1.1.2009 durch G v. 20.12.2008 (BGBl. I S. 2850).

[6] § 165 Abs. 2 Satz 3 eingef. mWv 1.1.2009 durch G v. 20.12.2008 (BGBl. I S. 2850).

[7] Zur Anwendung in den neuen Bundesländern siehe Art. 97a § 2 Nr. 4 EGAO (Nr. **800a**).

(3) Die vorläufige Steuerfestsetzung kann mit einer Steuerfestsetzung unter Vorbehalt der Nachprüfung verbunden werden.

§ 166 Drittwirkung der Steuerfestsetzung. Ist die Steuer dem Steuerpflichtigen gegenüber unanfechtbar festgesetzt, so hat dies neben einem Gesamtrechtsnachfolger auch gegen sich gelten zu lassen, wer in der Lage gewesen wäre, den gegen den Steuerpflichtigen erlassenen Bescheid als dessen Vertreter, Bevollmächtigter oder kraft eigenen Rechts anzufechten.

§ 167 Steueranmeldung, Verwendung von Steuerzeichen oder Steuerstemplern. (1) ¹Ist eine Steuer auf Grund gesetzlicher Verpflichtung anzumelden (§ 150 Abs. 1 Satz 3)¹), so ist eine Festsetzung der Steuer nach § 155 nur erforderlich, wenn die Festsetzung zu einer abweichenden Steuer führt oder der Steuer- oder Haftungsschuldner die Steueranmeldung nicht abgibt. ²Satz 1 gilt sinngemäß, wenn die Steuer auf Grund gesetzlicher Verpflichtung durch Verwendung von Steuerzeichen oder Steuerstemplern zu entrichten ist. ³Erkennt der Steuer- oder Haftungsschuldner nach Abschluss einer Außenprüfung im Sinne des § 193 Abs. 2 Nr. 1 seine Zahlungsverpflichtung schriftlich an, steht das Anerkenntnis einer Steueranmeldung gleich.

(2) ¹Steueranmeldungen gelten auch dann als rechtzeitig abgegeben, wenn sie fristgerecht bei der zuständigen Kasse eingehen. ²Dies gilt nicht für Einfuhr- und Ausfuhrabgaben und Verbrauchsteuern.

§ 168²) Wirkung einer Steueranmeldung. ¹Eine Steueranmeldung steht einer Steuerfestsetzung unter Vorbehalt der Nachprüfung gleich. ²Führt die Steueranmeldung zu einer Herabsetzung der bisher zu entrichtenden Steuer oder zu einer Steuervergütung, so gilt Satz 1 erst, wenn die Finanzbehörde zustimmt. ³Die Zustimmung bedarf keiner Form.

II. Festsetzungsverjährung³)

§ 169 Festsetzungsfrist. (1) ¹Eine Steuerfestsetzung sowie ihre Aufhebung oder Änderung sind nicht mehr zulässig, wenn die Festsetzungsfrist abgelaufen ist. ²Dies gilt auch für die Berichtigung wegen offenbarer Unrichtigkeit nach § 129. ³Die Frist ist gewahrt, wenn vor Ablauf der Festsetzungsfrist

1.⁴) der Steuerbescheid oder im Fall des § 122a die elektronische Benachrichtigung den Bereich der für die Steuerfestsetzung zuständigen Finanzbehörde verlassen hat oder

2.⁴) bei öffentlicher Zustellung nach § 10 des Verwaltungszustellungsgesetzes⁵) die Benachrichtigung bekannt gemacht oder veröffentlicht wird.

---

¹⁾ § 167 Abs. 1 Satz 1 Zitat geänd. durch G v. 15.12.2003 (BGBl. I S. 2645).
²⁾ Zu § 168 siehe Art. 97 § 21 EGAO (Nr. **800a**).
³⁾ Zur Anwendung in den neuen Bundesländern siehe Art. 97a § 2 Nr. 5 EGAO (Nr. **800a**).
⁴⁾ § 169 Abs. 1 Satz 3 neu gef. durch G v. 18.7.2016 (BGBl. I S. 1679); zur Anwendung siehe Art. 97 § 28 EGAO (Nr. **800a**).
⁵⁾ Nr. **805**.

(2) [1]Die Festsetzungsfrist beträgt:

1. ein Jahr
   für Verbrauchsteuern und Verbrauchsteuervergütungen,

2. vier Jahre[1])
   für Steuern und Steuervergütungen, die keine Steuern oder Steuervergütungen im Sinne der Nummer 1 oder Einfuhr- und Ausfuhrabgaben nach Artikel 5 Nummer 20 und 21 des Zollkodex der Union[2]) sind.

[2]Die Festsetzungsfrist beträgt zehn Jahre, soweit eine Steuer hinterzogen, und fünf Jahre[1]), soweit sie leichtfertig verkürzt worden ist. [3]Dies gilt auch dann, wenn die Steuerhinterziehung oder leichtfertige Steuerverkürzung nicht durch den Steuerschuldner oder eine Person begangen worden ist, deren er sich zur Erfüllung seiner steuerlichen Pflichten bedient, es sei denn, der Steuerschuldner weist nach, dass er durch die Tat keinen Vermögensvorteil erlangt hat und dass sie auch nicht darauf beruht, dass er die im Verkehr erforderlichen Vorkehrungen zur Verhinderung von Steuerverkürzungen unterlassen hat.

§ 170 Beginn der Festsetzungsfrist. (1) Die Festsetzungsfrist beginnt mit Ablauf des Kalenderjahrs, in dem die Steuer entstanden ist oder eine bedingt entstandene Steuer unbedingt geworden ist.

(2) [1]Abweichend von Absatz 1 beginnt die Festsetzungsfrist, wenn

1. eine Steuererklärung oder eine Steueranmeldung einzureichen oder eine Anzeige zu erstatten ist, mit Ablauf des Kalenderjahrs, in dem die Steuererklärung, die Steueranmeldung oder die Anzeige eingereicht wird, spätestens jedoch mit Ablauf des dritten Kalenderjahrs, das auf das Kalenderjahr folgt, in dem die Steuer entstanden ist, es sei denn, dass die Festsetzungsfrist nach Absatz 1 später beginnt,

2. eine Steuer durch Verwendung von Steuerzeichen oder Steuerstemplern zu zahlen ist, mit Ablauf des Kalenderjahrs, in dem für den Steuerfall Steuerzeichen oder Steuerstempler verwendet worden sind, spätestens jedoch mit Ablauf des dritten Kalenderjahrs, das auf das Kalenderjahr folgt, in dem die Steuerzeichen oder Steuerstempler hätten verwendet werden müssen.

[2]Dies gilt nicht für Verbrauchsteuern, ausgenommen die Energiesteuer auf Erdgas und die Stromsteuer.[3])

(3) Wird eine Steuer oder eine Steuervergütung nur auf Antrag festgesetzt, so beginnt die Frist für die Aufhebung oder Änderung dieser Festsetzung oder ihrer Berichtigung nach § 129 nicht vor Ablauf des Kalenderjahrs, in dem der Antrag gestellt wird.

(4) Wird durch Anwendung des Absatzes 2 Nr. 1 auf die Vermögensteuer oder die Grundsteuer der Beginn der Festsetzungsfrist hinausgeschoben, so wird der Beginn der Festsetzungsfrist für die folgenden Kalenderjahre des Hauptveranlagungszeitraums jeweils um die gleiche Zeit hinausgeschoben.

---

[1]) Abweichend hiervon siehe Art. 97a § 3 Abs. 1 EGAO (Nr. **800a**).
[2]) Verweis geänd. mWv 1.5.2016 durch G v. 22.12.2014 (BGBl. I S. 2417).
[3]) § 170 Abs. 2 Satz 2 ergänzt durch G v. 8.12.2010 (BGBl. I S. 1768); zur Anwendung siehe Art. 97 § 10 Abs. 10 EGAO (Nr. **800a**).

(5) Für die Erbschaftsteuer (Schenkungsteuer) beginnt die Festsetzungsfrist nach den Absätzen 1 oder 2

1. bei einem Erwerb von Todes wegen nicht vor Ablauf des Kalenderjahrs, in dem der Erwerber Kenntnis von dem Erwerb erlangt hat,

2. bei einer Schenkung nicht vor Ablauf des Kalenderjahrs, in dem der Schenker gestorben ist oder die Finanzbehörde von der vollzogenen Schenkung Kenntnis erlangt hat,

3. bei einer Zweckzuwendung unter Lebenden nicht vor Ablauf des Kalenderjahrs, in dem die Verpflichtung erfüllt worden ist.

(6)[1] Für die Steuer, die auf Kapitalerträge entfällt, die

1. aus Staaten oder Territorien stammen, die nicht Mitglieder der Europäischen Union oder der Europäischen Freihandelsassoziation sind, und

2. nicht nach Verträgen im Sinne des § 2 Absatz 1 oder hierauf beruhenden Vereinbarungen automatisch mitgeteilt werden,

beginnt die Festsetzungsfrist frühestens mit Ablauf des Kalenderjahres, in dem diese Kapitalerträge der Finanzbehörde durch Erklärung des Steuerpflichtigen oder in sonstiger Weise bekannt geworden sind, spätestens jedoch zehn Jahre nach Ablauf des Kalenderjahres, in dem die Steuer entstanden ist.

(7)[2] Für Steuern auf Einkünfte oder Erträge, die in Zusammenhang stehen mit Beziehungen zu einer Drittstaat-Gesellschaft im Sinne des § 138 Absatz 3, auf die der Steuerpflichtige allein oder zusammen mit nahestehenden Personen im Sinne des § 1 Absatz 2 des Außensteuergesetzes unmittelbar oder mittelbar einen beherrschenden oder bestimmenden Einfluss ausüben kann, beginnt die Festsetzungsfrist frühestens mit Ablauf des Kalenderjahres, in dem diese Beziehungen durch Mitteilung des Steuerpflichtigen oder auf andere Weise bekannt geworden sind, spätestens jedoch zehn Jahre nach Ablauf des Kalenderjahres, in dem die Steuer entstanden ist.

§ 171 Ablaufhemmung. (1) Die Festsetzungsfrist läuft nicht ab, solange die Steuerfestsetzung wegen höherer Gewalt innerhalb der letzten sechs Monate des Fristlaufs nicht erfolgen kann.

(2)[3] [1] Ist beim Erlass eines Steuerbescheids eine offenbare Unrichtigkeit unterlaufen, so endet die Festsetzungsfrist insoweit nicht vor Ablauf eines Jahres nach Bekanntgabe dieses Steuerbescheids. [2] Das Gleiche gilt in den Fällen des § 173a.

(3) Wird vor Ablauf der Festsetzungsfrist außerhalb eines Einspruchs- oder Klageverfahrens ein Antrag auf Steuerfestsetzung oder auf Aufhebung oder Änderung einer Steuerfestsetzung oder ihrer Berichtigung nach § 129 gestellt, so läuft die Festsetzungsfrist insoweit nicht ab, bevor über den Antrag unanfechtbar entschieden worden ist.

---

[1] § 170 Abs. 6 neu gef. durch G v. 22.12.2014 (BGBl. I S. 2415); zur Anwendung siehe Art. 97 § 10 Abs. 13 EGAO (Nr. **800a**).
[2] § 170 Abs. 7 angef. durch G v. 23.6.2017 (BGBl. I S. 1682); zur Anwendung siehe Art. 97 § 10 Abs. 15 EGAO (Nr. **800a**).
[3] § 171 Abs. 2 Satz 2 angef. durch G v. 18.7.2016 (BGBl. I S. 1679); zur Anwendung siehe Art. 97 § 10 Abs. 14 EGAO (Nr. **800a**).

(3a) [1] Wird ein Steuerbescheid mit einem Einspruch oder einer Klage angefochten, so läuft die Festsetzungsfrist nicht ab, bevor über den Rechtsbehelf
unanfechtbar entschieden ist; dies gilt auch, wenn der Rechtsbehelf erst nach
Ablauf der Festsetzungsfrist eingelegt wird. [2] Der Ablauf der Festsetzungsfrist ist
hinsichtlich des gesamten Steueranspruchs gehemmt; dies gilt nicht, soweit der
Rechtsbehelf unzulässig ist. [3] In den Fällen des § 100 Abs. 1 Satz 1, Abs. 2
Satz 2, Abs. 3 Satz 1, § 101 der Finanzgerichtsordnung[1]) ist über den Rechtsbehelf erst dann unanfechtbar entschieden, wenn ein auf Grund der genannten
Vorschriften erlassener Steuerbescheid unanfechtbar geworden ist.

[Fassung bis 31.12.2024:]

(4)[3] [1] Wird vor Ablauf der Festsetzungsfrist mit einer Außenprüfung
begonnen oder wird deren Beginn
auf Antrag des Steuerpflichtigen
hinausgeschoben, so läuft die Festsetzungsfrist für die Steuern, auf die
sich die Außenprüfung erstreckt oder
im Fall der Hinausschiebung der Außenprüfung erstrecken sollte, nicht
ab, bevor die auf Grund der Außenprüfung zu erlassenden Steuerbescheide unanfechtbar geworden sind
oder nach Bekanntgabe der Mitteilung nach § 202 Abs. 1 Satz 3 drei
Monate verstrichen sind. [2] Dies gilt
nicht, wenn eine Außenprüfung unmittelbar nach ihrem Beginn für die
Dauer von mehr als sechs Monaten
aus Gründen unterbrochen wird, die
die Finanzbehörde zu vertreten hat.
[3] Die Festsetzungsfrist endet spätestens, wenn seit Ablauf des Kalenderjahrs, in dem die Schlussbesprechung
stattgefunden hat, oder, wenn sie
unterblieben ist, seit Ablauf des Kalenderjahrs, in dem die letzten Ermittlungen im Rahmen der Außenprüfung stattgefunden haben, die in
§ 169 Abs. 2 genannten Fristen verstrichen sind; eine Ablaufhemmung
nach anderen Vorschriften bleibt
unberührt.

[Fassung ab 1.1.2025 oder früher:][2])

(4) [1] Wird vor Ablauf der Festsetzungsfrist mit einer Außenprüfung
begonnen oder wird deren Beginn
auf Antrag des Steuerpflichtigen
hinausgeschoben, so läuft die Festsetzungsfrist für die Steuern, auf die
sich die Außenprüfung erstreckt oder
im Fall der Hinausschiebung der Außenprüfung erstrecken sollte, nicht
ab, bevor die aufgrund der Außenprüfung zu erlassenden Steuerbescheide unanfechtbar geworden sind
oder nach Bekanntgabe der Mitteilung nach § 202 Absatz 1 Satz 3 drei
Monate verstrichen sind. [2] Dies gilt
nicht, wenn eine Außenprüfung unmittelbar nach ihrem Beginn für die
Dauer von mehr als sechs Monaten
aus Gründen unterbrochen wird, die
die Finanzbehörde zu vertreten hat.
[3] Die Ablaufhemmung nach Satz 1
endet spätestens fünf Jahre nach Ablauf des Kalenderjahres, in dem die
Prüfungsanordnung bekanntgegeben
wurde; eine weitergehende Ablaufhemmung nach anderen Vorschriften
bleibt unberührt. [4] Wird auf Antrag
des Steuerpflichtigen der Beginn der
Außenprüfung verschoben oder die
Außenprüfung unterbrochen, so verlängert sich die Frist nach Satz 3
erster Halbsatz für die in Satz 1 ge-

---

1) Nr. **802**.
2) § 171 Abs. 4 neu gef. durch G v. 20.12.2022 (BGBl. I S. 2730); zur Anwendung siehe
Art. 97 § 37 Abs. 2 EGAO (Nr. **800a**).
3) Vgl. hierzu Art. 97 § 37 Abs. 2 Satz 2 EGAO (Nr. **800a**).

[Fassung ab 1.1.2025 oder früher:]

nannten Steuern um die Dauer des Hinausschiebens oder der Unterbrechung. [5] Nimmt die Finanzbehörde für die in Satz 1 genannten Steuern vor Ablauf der Frist nach Satz 3 erster Halbsatz zwischenstaatliche Amtshilfe in Anspruch, verlängert sich diese Frist um die Dauer der zwischenstaatlichen Amtshilfe, mindestens aber um ein Jahr. [6] Satz 5 gilt nur, sofern der Steuerpflichtige auf die Inanspruchnahme der zwischenstaatlichen Amtshilfe vor Ablauf der Frist nach Satz 3 erster Halbsatz hingewiesen wurde. [7] Wird dem Steuerpflichtigen vor Ablauf der Festsetzungsfrist die Einleitung eines Strafverfahrens für eine der in Satz 1 genannten Steuern bekanntgegeben und wird infolgedessen mit einer Außenprüfung nicht begonnen oder eine bereits begonnene Außenprüfung unterbrochen, ist Satz 3 nicht anzuwenden; die Absätze 5 und 6 bleiben unberührt. [8] § 200a Absatz 4 und 5 bleibt unberührt.

(5)[1] [1] Beginnen die Behörden des Zollfahndungsdienstes oder die mit der Steuerfahndung betrauten Dienststellen der Landesfinanzbehörden vor Ablauf der Festsetzungsfrist beim Steuerpflichtigen mit Ermittlungen der Besteuerungsgrundlagen, so läuft die Festsetzungsfrist insoweit nicht ab, bevor die auf Grund der Ermittlungen zu erlassenden Steuerbescheide unanfechtbar geworden sind; Absatz 4 Satz 2 gilt sinngemäß. [2] Das Gleiche gilt, wenn dem Steuerpflichtigen vor Ablauf der Festsetzungsfrist die Einleitung des Steuerstrafverfahrens oder des Bußgeldverfahrens wegen einer Steuerordnungswidrigkeit bekannt gegeben worden ist; § 169 Abs. 1 Satz 3 gilt sinngemäß.

(6) [1] Ist bei Steuerpflichtigen eine Außenprüfung im Geltungsbereich dieses Gesetzes nicht durchführbar, wird der Ablauf der Festsetzungsfrist auch durch sonstige Ermittlungshandlungen im Sinne des § 92 gehemmt, bis die auf Grund dieser Ermittlungen erlassenen Steuerbescheide unanfechtbar geworden sind. [2] Die Ablaufhemmung tritt jedoch nur dann ein, wenn der Steuerpflichtige vor Ablauf der Festsetzungsfrist auf den Beginn der Ermittlungen nach Satz 1 hingewiesen worden ist; § 169 Abs. 1 Satz 3 gilt sinngemäß.

---

[1] § 171 Abs. 5 Satz 1 neu gef. durch G v. 12.12.2019 (BGBl. I S. 2451); zur Anwendung siehe Art. 97 § 1 Abs. 13 EGAO (Nr. **800a**); geänd. mWv 29.12.2020 durch G v. 21.12.2020 (BGBl. I S. 3096).

(7) In den Fällen des § 169 Abs. 2 Satz 2 endet die Festsetzungsfrist nicht, bevor die Verfolgung der Steuerstraftat oder der Steuerordnungswidrigkeit verjährt ist.

(8)[1] [1]Ist die Festsetzung einer Steuer nach § 165 ausgesetzt oder die Steuer vorläufig festgesetzt worden, so endet die Festsetzungsfrist nicht vor dem Ablauf eines Jahres, nachdem die Ungewissheit beseitigt ist und die Finanzbehörde hiervon Kenntnis erhalten hat. [2]In den Fällen des § 165 Abs. 1 Satz 2 endet die Festsetzungsfrist nicht vor Ablauf von zwei Jahren, nachdem die Ungewissheit beseitigt ist und die Finanzbehörde hiervon Kenntnis erlangt hat.

(9) Erstattet der Steuerpflichtige vor Ablauf der Festsetzungsfrist eine Anzeige nach den §§ 153, 371 und 378 Abs. 3, so endet die Festsetzungsfrist nicht vor Ablauf eines Jahres nach Eingang der Anzeige.

(10)[2] [1]Soweit für die Festsetzung einer Steuer ein Feststellungsbescheid, ein Steuermessbescheid oder ein anderer Verwaltungsakt bindend ist (Grundlagenbescheid), endet die Festsetzungsfrist nicht vor Ablauf von zwei Jahren nach Bekanntgabe des Grundlagenbescheids. [2]Ist für den Erlass des Grundlagenbescheids eine Stelle zuständig, die keine Finanzbehörde im Sinne des § 6 Absatz 2 ist, endet die Festsetzungsfrist nicht vor Ablauf von zwei Jahren nach dem Zeitpunkt, in dem die für den Folgebescheid zuständige Finanzbehörde Kenntnis von der Entscheidung über den Erlass des Grundlagenbescheids erlangt hat. [3]Die Sätze 1 und 2 gelten für einen Grundlagenbescheid, auf den § 181 nicht anzuwenden ist, nur, sofern dieser Grundlagenbescheid vor Ablauf der für den Folgebescheid geltenden Festsetzungsfrist bei der zuständigen Behörde beantragt worden ist. [4]Ist der Ablauf der Festsetzungsfrist hinsichtlich des Teils der Steuer, für den der Grundlagenbescheid nicht bindend ist, nach Absatz 4 gehemmt, endet die Festsetzungsfrist für den Teil der Steuer, für den der Grundlagenbescheid bindend ist, nicht vor Ablauf der nach Absatz 4 gehemmten Frist.

(10a)[3] Soweit Daten eines Steuerpflichtigen im Sinne des § 93c innerhalb von sieben Kalenderjahren nach dem Besteuerungszeitraum oder dem Besteuerungszeitpunkt den Finanzbehörden zugegangen sind, endet die Festsetzungsfrist nicht vor Ablauf von zwei Jahren nach Zugang dieser Daten.

(11)[4] [1]Ist eine geschäftsunfähige oder in der Geschäftsfähigkeit beschränkte Person ohne gesetzlichen Vertreter, so endet die Festsetzungsfrist nicht vor Ablauf von sechs Monaten nach dem Zeitpunkt, in dem die Person unbeschränkt geschäftsfähig wird oder der Mangel der Vertretung aufhört. [2]Dies

(Fortsetzung nächstes Blatt)

---

[1] Vgl. hierzu Art. 97 § 15 Abs. 16 EGAO (Nr. **800a**).
[2] § 171 Abs. 10 neu gef. durch G v. 18.7.2016 (BGBl. I S. 1679); zur Anwendung siehe Art. 97 § 10 Abs. 14 EGAO (Nr. **800a**).
[3] § 171 Abs. 10a eingef. mWv 1.1.2017 durch G v. 18.7.2016 (BGBl. I S. 1679); zur Anwendung siehe Art. 97 § 27 Abs. 2 EGAO (Nr. **800a**).
[4] § 171 Abs. 11 Satz 2 geänd. mWv 1.1.2023 durch G v. 4.5.2021 (BGBl. I S. 882).

gilt auch, soweit für eine Person ein Betreuer bestellt und ein Einwilligungs-vorbehalt nach $\S$ 1825 des Bürgerlichen Gesetzbuchs angeordnet ist, der Be-treuer jedoch verstorben oder auf andere Weise weggefallen oder aus rechtli-chen Gründen an der Vertretung des Betreuten verhindert ist.

(12) Richtet sich die Steuer gegen einen Nachlass, so endet die Festset-zungsfrist nicht vor dem Ablauf von sechs Monaten nach dem Zeitpunkt, in dem die Erbschaft von dem Erben angenommen oder das Insolvenzverfahren über den Nachlass eröffnet wird oder von dem an die Steuer gegen einen Ver-treter festgesetzt werden kann.

(13) Wird vor Ablauf der Festsetzungsfrist eine noch nicht festgesetzte Steu-er im Insolvenzverfahren angemeldet, so läuft die Festsetzungsfrist insoweit nicht vor Ablauf von drei Monaten nach Beendigung des Insolvenzverfahrens ab.

(14) Die Festsetzungsfrist für einen Steueranspruch endet nicht, soweit ein damit zusammenhängender Erstattungsanspruch nach $\S$ 37 Abs. 2 noch nicht verjährt ist ($\S$ 228).

(15)[1] Soweit ein Dritter Steuern für Rechnung des Steuerschuldners einzu-behalten und abzuführen oder für Rechnung des Steuerschuldners zu entrich-ten hat, endet die Festsetzungsfrist gegenüber dem Steuerschuldner nicht vor Ablauf der gegenüber dem Steuerentrichtungspflichtigen geltenden Festset-zungsfrist.

III. Bestandskraft

$\S$ 172 Aufhebung und Änderung von Steuerbescheiden. (1) [1]Ein Steuerbescheid darf, soweit er nicht vorläufig oder unter dem Vorbehalt der Nachprüfung ergangen ist, nur aufgehoben oder geändert werden,

1. wenn er Verbrauchsteuern betrifft,

2. wenn er andere Steuern als Einfuhr- oder Ausfuhrabgaben nach Artikel 5 Nummer 20 und 21 des Zollkodex der Union[2] oder Verbrauchsteuern be-trifft,

   a) soweit der Steuerpflichtige zustimmt oder seinem Antrag der Sache nach entsprochen wird; dies gilt jedoch zugunsten des Steuerpflichtigen nur, soweit er vor Ablauf der Einspruchsfrist zugestimmt oder den Antrag ge-stellt hat oder soweit die Finanzbehörde einem Einspruch oder einer Klage abhilft,

   b) soweit er von einer sachlich unzuständigen Behörde erlassen worden ist,

   c) soweit er durch unlautere Mittel wie arglistige Täuschung, Drohung oder Bestechung erwirkt worden ist,

   d) soweit dies sonst gesetzlich zugelassen ist; die $\S\S$ 130 und 131 gelten nicht.

---

[1] $\S$ 171 Abs. 15 angef. durch G v. 26.6.2013 (BGBl. I S. 1809); zur Anwendung siehe Art. 97 $\S$ 10 Abs. 11 EGAO (Nr. **800a**).
[2] Verweis geänd. mWv 1.5.2016 durch G v. 22.12.2014 (BGBl. I S. 2417).

²Dies gilt auch dann, wenn der Steuerbescheid durch Einspruchsentscheidung bestätigt oder geändert worden ist. ³In den Fällen des Satzes 2 ist Satz 1 Nr. 2 Buchstabe a ebenfalls anzuwenden, wenn der Steuerpflichtige vor Ablauf der Klagefrist zugestimmt oder den Antrag gestellt hat; Erklärungen und Beweismittel, die nach § 364b Abs. 2 in der Einspruchsentscheidung nicht berücksichtigt wurden, dürfen hierbei nicht berücksichtigt werden.

(2) Absatz 1 gilt auch für einen Verwaltungsakt, durch den ein Antrag auf Erlass, Aufhebung oder Änderung eines Steuerbescheids ganz oder teilweise abgelehnt wird.

(3)[1] ¹Anhängige, außerhalb eines Einspruchs- oder Klageverfahrens gestellte Anträge auf Aufhebung oder Änderung einer Steuerfestsetzung, die eine vom Gerichtshof der Europäischen Union, vom Bundesverfassungsgericht oder vom Bundesfinanzhof entschiedene Rechtsfrage betreffen und denen nach dem Ausgang des Verfahrens vor diesen Gerichten nicht entsprochen werden kann, können durch Allgemeinverfügung insoweit zurückgewiesen werden. ²§ 367 Abs. 2b Satz 2 bis 6 gilt entsprechend.

§ 173 Aufhebung oder Änderung von Steuerbescheiden wegen neuer Tatsachen oder Beweismittel. (1) Steuerbescheide sind aufzuheben oder zu ändern,

1. soweit Tatsachen oder Beweismittel nachträglich bekannt werden, die zu einer höheren Steuer führen,

2. soweit Tatsachen oder Beweismittel nachträglich bekannt werden, die zu einer niedrigeren Steuer führen und den Steuerpflichtigen kein grobes Verschulden daran trifft, dass die Tatsachen oder Beweismittel erst nachträglich bekannt werden. ²Das Verschulden ist unbeachtlich, wenn die Tatsachen oder Beweismittel in einem unmittelbaren oder mittelbaren Zusammenhang mit Tatsachen oder Beweismitteln im Sinne der Nummer 1 stehen.

(2) ¹Abweichend von Absatz 1 können Steuerbescheide, soweit sie auf Grund einer Außenprüfung ergangen sind, nur aufgehoben oder geändert werden, wenn eine Steuerhinterziehung oder eine leichtfertige Steuerverkürzung vorliegt. ²Dies gilt auch in den Fällen, in denen eine Mitteilung nach § 202 Abs. 1 Satz 3 ergangen ist.

§ 173a[2] Schreib- oder Rechenfehler bei Erstellung einer Steuererklärung. Steuerbescheide sind aufzuheben oder zu ändern, soweit dem Steuerpflichtigen bei Erstellung seiner Steuererklärung Schreib- oder Rechenfehler unterlaufen sind und er deshalb der Finanzbehörde bestimmte, nach den Verhältnissen zum Zeitpunkt des Erlasses des Steuerbescheids rechtserhebliche Tatsachen unzutreffend mitgeteilt hat.

---

[1] § 172 Abs. 3 angef. durch G v. 13.12.2006 (BGBl. I S. 2878); zur Anwendung siehe Art. 97 § 18a Abs. 12 EGAO (Nr. **800a**); Satz 1 geänd. durch G v. 26.6.2013 (BGBl. I S. 1809).
[2] § 173a eingef. durch G v. 18.7.2016 (BGBl. I S. 1679); zur Anwendung ab 1.1.2017 siehe Art. 97 § 9 Abs. 4 EGAO (Nr. **800a**).

§ 174 Widerstreitende Steuerfestsetzungen. (1) ¹Ist ein bestimmter Sachverhalt in mehreren Steuerbescheiden zuungunsten eines oder mehrerer Steuerpflichtiger berücksichtigt worden, obwohl er nur einmal hätte berücksichtigt werden dürfen, so ist der fehlerhafte Steuerbescheid auf Antrag aufzuheben oder zu ändern. ²Ist die Festsetzungsfrist für diese Steuerfestsetzung bereits abgelaufen, so kann der Antrag noch bis zum Ablauf eines Jahres gestellt werden, nachdem der letzte der betroffenen Steuerbescheide unanfechtbar geworden ist. ³Wird der Antrag rechtzeitig gestellt, steht der Aufhebung oder Änderung des Steuerbescheids insoweit keine Frist entgegen.

(2) ¹Absatz 1 gilt sinngemäß, wenn ein bestimmter Sachverhalt in unvereinbarer Weise mehrfach zugunsten eines oder mehrerer Steuerpflichtiger berücksichtigt worden ist; ein Antrag ist nicht erforderlich. ²Der fehlerhafte Steuerbescheid darf jedoch nur dann geändert werden, wenn die Berücksichtigung des Sachverhalts auf einen Antrag oder eine Erklärung des Steuerpflichtigen zurückzuführen ist.

(3) ¹Ist ein bestimmter Sachverhalt in einem Steuerbescheid erkennbar in der Annahme nicht berücksichtigt worden, dass er in einem anderen Steuerbescheid zu berücksichtigen sei, und stellt sich diese Annahme als unrichtig heraus, so kann die Steuerfestsetzung, bei der die Berücksichtigung des Sachverhalts unterblieben ist, insoweit nachgeholt, aufgehoben oder geändert werden. ²Die Nachholung, Aufhebung oder Änderung ist nur zulässig bis zum Ablauf der für die andere Steuerfestsetzung geltenden Festsetzungsfrist.

(4) ¹Ist auf Grund irriger Beurteilung eines bestimmten Sachverhalts ein Steuerbescheid ergangen, der auf Grund eines Rechtsbehelfs oder sonst auf Antrag des Steuerpflichtigen durch die Finanzbehörde zu seinen Gunsten aufgehoben oder geändert wird, so können aus dem Sachverhalt nachträglich durch Erlass oder Änderung eines Steuerbescheids die richtigen steuerlichen Folgerungen gezogen werden. ²Dies gilt auch dann, wenn der Steuerbescheid durch das Gericht aufgehoben oder geändert wird. ³Der Ablauf der Festsetzungsfrist ist unbeachtlich, wenn die steuerlichen Folgerungen innerhalb eines Jahres nach Aufhebung oder Änderung des fehlerhaften Steuerbescheids gezogen werden. ⁴War die Festsetzungsfrist bereits abgelaufen, als der später aufgehobene oder geänderte Steuerbescheid erlassen wurde, gilt dies nur unter den Voraussetzungen des Absatzes 3 Satz 1.

(5) ¹Gegenüber Dritten gilt Absatz 4, wenn sie an dem Verfahren, das zur Aufhebung oder Änderung des fehlerhaften Steuerbescheids geführt hat, beteiligt waren. ²Ihre Hinzuziehung oder Beiladung zu diesem Verfahren ist zulässig.

§ 175¹⁾ Änderung von Steuerbescheiden auf Grund von Grundlagenbescheiden und bei rückwirkenden Ereignissen. (1)²⁾ ¹Ein Steuerbescheid ist zu erlassen, aufzuheben oder zu ändern,

---

¹⁾ § 175 Abs. 2 Satz 2 angef. durch G v. 9.12.2004 (BGBl. I S. 3310); zur erstmaligen Anwendung siehe Art. 97 § 9 Abs. 3 EGAO (Nr. **800a**); Überschr. neu gef. mWv 1.1.2017 durch G v. 18.7.2016 (BGBl. I S. 1679); zur Anwendung s. auch Art. 97 § 1 Abs. 11 EGAO (Nr. **800a**).
²⁾ Zu § 175 Abs. 1 Satz 1 Nr. 2 und Satz 2 s. auch Art. 97 § 9 Abs. 5 EGAO (Nr. **800a**).

1. soweit ein Grundlagenbescheid (§ 171 Abs. 10), dem Bindungswirkung für diesen Steuerbescheid zukommt, erlassen, aufgehoben oder geändert wird,

2. soweit ein Ereignis eintritt, das steuerliche Wirkung für die Vergangenheit hat (rückwirkendes Ereignis).

²In den Fällen des Satzes 1 Nr. 2 beginnt die Festsetzungsfrist mit Ablauf des Kalenderjahrs, in dem das Ereignis eintritt.

(2) ¹Als rückwirkendes Ereignis gilt auch der Wegfall einer Voraussetzung für eine Steuervergünstigung, wenn gesetzlich bestimmt ist, dass diese Voraussetzung für eine bestimmte Zeit gegeben sein muss, oder wenn durch Verwaltungsakt festgestellt worden ist, dass sie die Grundlage für die Gewährung der Steuervergünstigung bildet. ²Die nachträgliche Erteilung oder Vorlage einer Bescheinigung oder Bestätigung gilt nicht als rückwirkendes Ereignis.

§ 175a¹⁾ Umsetzung von Verständigungsvereinbarungen. ¹Ein Steuerbescheid ist zu erlassen, aufzuheben oder zu ändern, soweit dies zur Umsetzung einer Vorabverständigungsvereinbarung nach § 89a oder einer Verständigungsvereinbarung oder eines Schiedsspruchs nach einem Vertrag im Sinne des § 2 geboten ist. ²Die Festsetzungsfrist endet insoweit nicht vor Ablauf eines Jahres nach dem Wirksamwerden der Verständigungsvereinbarung oder des Schiedsspruchs oder der einvernehmlichen rückwirkenden Anwendung einer Vorabverständigungsvereinbarung.

§ 175b²⁾ Änderung von Steuerbescheiden bei Datenübermittlung durch Dritte. (1) Ein Steuerbescheid ist aufzuheben oder zu ändern, soweit von der mitteilungspflichtigen Stelle an die Finanzbehörden übermittelte Daten im Sinne des § 93c bei der Steuerfestsetzung nicht oder nicht zutreffend berücksichtigt wurden.

(2) Gelten Daten, die von mitteilungspflichtigen Stellen nach Maßgabe des § 93c an die Finanzverwaltung übermittelt wurden, nach § 150 Absatz 7 Satz 2 als Angaben des Steuerpflichtigen, ist der Steuerbescheid aufzuheben oder zu ändern, soweit diese Daten zu Ungunsten des Steuerpflichtigen unrichtig sind.

(3) Ist eine Einwilligung des Steuerpflichtigen in die Übermittlung von Daten im Sinne des § 93c an die Finanzbehörden Voraussetzung für die steuerliche Berücksichtigung der Daten, so ist ein Steuerbescheid aufzuheben oder zu ändern, soweit die Einwilligung nicht vorliegt.

(4)³⁾ Die Absätze 1 und 2 gelten nicht, wenn nachträglich übermittelte Daten im Sinne des § 93c Absatz 1 oder 3 nicht rechtserheblich sind.

---

¹⁾ § 175a geänd. mWv 9.6.2021 durch G v. 2.6.2021 (BGBl. I S. 1259); zur Anwendung von § 89a siehe Art. 97 § 34 Satz 1 EGAO (Nr. **800a**).
²⁾ § 175b eingef. durch G v. 18.7.2016 (BGBl. I S. 1679); zur Anwendung siehe Art. 97 § 27 Abs. 2 EGAO (Nr. **800a**).
³⁾ § 175b Abs. 4 angef. durch G v. 23.6.2017 (BGBl. I S. 1682); zur Anwendung siehe Art. 97 § 27 Abs. 3 EGAO (Nr. **800a**).

§ 176 Vertrauensschutz bei der Aufhebung und Änderung von Steuerbescheiden. (1) [1]Bei der Aufhebung oder Änderung eines Steuerbescheids darf nicht zuungunsten des Steuerpflichtigen berücksichtigt werden, dass

1. das Bundesverfassungsgericht die Nichtigkeit eines Gesetzes feststellt, auf dem die bisherige Steuerfestsetzung beruht,

2. ein oberster Gerichtshof des Bundes eine Norm, auf der die bisherige Steuerfestsetzung beruht, nicht anwendet, weil er sie für verfassungswidrig hält,

3. sich die Rechtsprechung eines obersten Gerichtshofes des Bundes geändert hat, die bei der bisherigen Steuerfestsetzung von der Finanzbehörde angewandt worden ist.

[2]Ist die bisherige Rechtsprechung bereits in einer Steuererklärung oder einer Steueranmeldung berücksichtigt worden, ohne dass das für die Finanzbehörde erkennbar war, so gilt Nummer 3 nur, wenn anzunehmen ist, dass die Finanzbehörde bei Kenntnis der Umstände die bisherige Rechtsprechung angewandt hätte.

(2) Bei der Aufhebung oder Änderung eines Steuerbescheids darf nicht zuungunsten des Steuerpflichtigen berücksichtigt werden, dass eine allgemeine Verwaltungsvorschrift der Bundesregierung, einer obersten Bundes- oder Landesbehörde von einem obersten Gerichtshof des Bundes als nicht mit dem geltenden Recht in Einklang stehend bezeichnet worden ist.

§ 177 Berichtigung von materiellen Fehlern. (1) Liegen die Voraussetzungen für die Aufhebung oder Änderung eines Steuerbescheids zuungunsten des Steuerpflichtigen vor, so sind, soweit die Änderung reicht, zugunsten und zuungunsten des Steuerpflichtigen solche materiellen Fehler zu berichtigen, die nicht Anlass der Aufhebung oder Änderung sind.

(2) Liegen die Voraussetzungen für die Aufhebung oder Änderung eines Steuerbescheids zugunsten des Steuerpflichtigen vor, so sind, soweit die Änderung reicht, zuungunsten und zugunsten des Steuerpflichtigen solche materiellen Fehler zu berichtigen, die nicht Anlass der Aufhebung oder Änderung sind.

(3) Materielle Fehler im Sinne der Absätze 1 und 2 sind alle Fehler einschließlich offenbarer Unrichtigkeiten im Sinne des § 129, die zur Festsetzung einer Steuer führen, die von der kraft Gesetzes entstandenen Steuer abweicht.

(4) § 164 Abs. 2, § 165 Abs. 2 und § 176 bleiben unberührt.

IV. Kosten

§ 178 Kosten bei besonderer Inanspruchnahme der Zollbehörden. (1) Die Behörden der Bundeszollverwaltung sowie die Behörden, denen die Wahrnehmung von Aufgaben der Bundeszollverwaltung übertragen worden ist, können für eine besondere Inanspruchnahme oder Leistung (kostenpflichtige Amtshandlung) Gebühren erheben und die Erstattung von Auslagen verlangen.

(2) Eine besondere Inanspruchnahme oder Leistung im Sinne des Absatzes 1 liegt insbesondere vor bei

1. Amtshandlungen außerhalb des Amtsplatzes und außerhalb der Öffnungszeiten, soweit es sich nicht um Maßnahmen der Steueraufsicht handelt,

2. Amtshandlungen, die zu einer Diensterschwernis führen, weil sie antragsgemäß zu einer bestimmten Zeit vorgenommen werden sollen,

3. Untersuchungen von Waren, wenn

   a) sie durch einen Antrag auf Erteilung einer verbindlichen Zolltarifauskunft, Gewährung einer Steuervergütung oder sonstigen Vergünstigungen veranlasst sind oder

   b) bei Untersuchungen von Amts wegen Angaben oder Einwendungen des Verfügungsberechtigten sich als unrichtig oder unbegründet erweisen oder

   c) die untersuchten Waren den an sie gestellten Anforderungen nicht entsprechen,

4. Überwachungsmaßnahmen in Betrieben und bei Betriebsvorgängen, wenn sie durch Zuwiderhandlungen gegen die zur Sicherung des Steueraufkommens erlassenen Rechtsvorschriften veranlasst sind,

5. amtlichen Bewachungen und Begleitungen von Beförderungsmitteln oder Waren,

6.[1]) Verwahrung von Nichtgemeinschaftswaren,

7.[2]) Fertigung von Schriftstücken, elektronischen Dokumenten, Abschriften und Ablichtungen sowie bei der elektronischen Übersendung oder dem Ausdruck von elektronischen Dokumenten und anderen Dateien, wenn diese Arbeiten auf Antrag erfolgen,

8.[1]) Vernichtung oder Zerstörung von Waren, die von Amts wegen oder auf Antrag vorgenommen wird.

(3) Das Bundesministerium der Finanzen wird ermächtigt, durch Rechtsverordnung, die der Zustimmung des Bundesrates nicht bedarf, die kostenpflichtigen Amtshandlungen näher festzulegen, die für sie zu erhebenden Kosten nach dem auf sie entfallenden durchschnittlichen Verwaltungsaufwand zu bemessen und zu pauschalieren sowie die Voraussetzungen zu bestimmen, unter denen von ihrer Erhebung wegen Geringfügigkeit, zur Vermeidung von Härten oder aus ähnlichen Gründen ganz oder teilweise abgesehen werden kann.

(4)[3] [1] Auf die Festsetzung der Kosten sind die für Verbrauchssteuern geltenden Vorschriften entsprechend anzuwenden. [2] Im Übrigen gilt für diese Kosten das Verwaltungskostengesetz in der bis zum 14. August 2013 geltenden Fassung. [3] Die §§ 18 bis 22 des Verwaltungskostengesetzes in der bis zum 14. August 2013 geltenden Fassung finden keine Anwendung.

---

[1]) § 178 Abs. 2 Nr. 6 neu gef. und Nr. 8 angef. mWv 20.12.2003 durch G v. 15.12.2003 (BGBl. I S. 2645).

[2]) § 178 Abs. 2 Nr. 7 neu gef. mWv 31.12.2014 durch G v. 22.12.2014 (BGBl. I S. 2417).

[3]) § 178 Abs. 4 neu gef. mWv 15.8.2013 durch G v. 7.8.2013 (BGBl. I S. 3154).

§ 178a[1] *(aufgehoben)*

2. Unterabschnitt: Gesonderte Feststellung von Besteuerungsgrundlagen, Festsetzung von Steuermessbeträgen

I. Gesonderte Feststellungen

§ 179 Feststellung von Besteuerungsgrundlagen. (1) Abweichend von § 157 Abs. 2 werden die Besteuerungsgrundlagen durch Feststellungsbescheid gesondert festgestellt, soweit dies in diesem Gesetz oder sonst in den Steuergesetzen bestimmt ist.

(2) [1]Ein Feststellungsbescheid richtet sich gegen den Steuerpflichtigen, dem der Gegenstand der Feststellung bei der Besteuerung zuzurechnen ist. [2]Die gesonderte Feststellung wird gegenüber mehreren Beteiligten einheitlich vorgenommen, wenn dies gesetzlich bestimmt ist oder der Gegenstand der Feststellung mehreren Personen zuzurechnen ist. [3]Ist eine dieser Personen an dem Gegenstand der Feststellung nur über eine andere Person beteiligt, so kann insoweit eine besondere gesonderte Feststellung vorgenommen werden.

(3) Soweit in einem Feststellungsbescheid eine notwendige Feststellung unterblieben ist, ist sie in einem Ergänzungsbescheid nachzuholen.

§ 180 Gesonderte Feststellung von Besteuerungsgrundlagen. (1)[2] [1]Gesondert festgestellt werden insbesondere:

[Fassung bis 31.12.2024:][3]

1. die Einheitswerte und die Grundsteuerwerte nach Maßgabe des Bewertungsgesetzes,

[Fassung ab 1.1 2025:][4]

1. die Grundsteuerwerte nach Maßgabe des Bewertungsgesetzes,

2. a)[5] die einkommensteuerpflichtigen und körperschaftsteuerpflichtigen Einkünfte und mit ihnen im Zusammenhang stehende andere Besteuerungsgrundlagen, wenn an den Einkünften mehrere Personen beteiligt sind und die Einkünfte diesen Personen steuerlich zuzurechnen sind,

   b) in anderen als den in Buchstabe a genannten Fällen die Einkünfte aus Land- und Forstwirtschaft, Gewerbebetrieb oder einer freiberuflichen Tätigkeit, wenn nach den Verhältnissen zum Schluss des Gewinnermittlungszeitraums das für die gesonderte Feststellung zuständige Finanzamt nicht auch für die Steuern vom Einkommen zuständig ist,

---

[1] § 178a eingef. mWv 19.12.2006 durch G v. 13.12.2006 (BGBl. I S. 2878) und aufgeh. durch G v. 2.6.2021 (BGBl. I S. 1259); zur letztmaligen Anwendung siehe Art. 97 § 34 Satz 2 EGAO (Nr. **800a**).
[2] § 180 Abs. 1 Satz 2 angef. durch G v. 22.12.2014 (BGBl. I S. 2417); zur Anwendung siehe Art. 97 § 10b Satz 2 EGAO (Nr. **800a**).
[3] § 180 Abs. 1 Satz 1 Nr. 1 geänd. mWv 1.1.2022 durch G v. 26.11.2019 (BGBl. I S. 1794).
[4] § 180 Abs. 1 Satz 1 Nr. 1 geänd. durch G v. 26.11.2019 (BGBl. I S. 1794); zur Anwendung siehe Art. 97 § 10b Satz 3 EGAO (Nr. **800a**).
[5] Siehe hierzu Art. 97a § 3 Abs. 2 EGAO (Nr. **800a**).

3. der Wert der vermögensteuerpflichtigen Wirtschaftsgüter *(§§ 114 bis 117a des Bewertungsgesetzes)*[1] und der Wert der Schulden und sonstigen Abzüge *(§ 118 des Bewertungsgesetzes)*[1], wenn die Wirtschaftsgüter, Schulden und sonstigen Abzüge mehreren Personen zuzurechnen sind und die Feststellungen für die Besteuerung von Bedeutung sind.

[2] Wenn sich in den Fällen von Satz 1 Nummer 2 Buchstabe b die für die örtliche Zuständigkeit maßgeblichen Verhältnisse nach Schluss des Gewinnermittlungszeitraums geändert haben, so richtet sich die örtliche Zuständigkeit auch für Feststellungszeiträume, die vor der Änderung der maßgeblichen Verhältnisse liegen, nach § 18 Absatz 1 Nummer 1 bis 3 in Verbindung mit § 26.

[ab 1.1.2025 oder früher:

(1a)[2] [1] Einzelne, im Rahmen einer Außenprüfung für den Prüfungszeitraum ermittelte und abgrenzbare Besteuerungsgrundlagen können gesondert festgestellt werden (Teilabschlussbescheid), solange noch kein Prüfungsbericht nach § 202 Absatz 1 ergangen ist. [2] Auf Antrag des Steuerpflichtigen soll ein Teilabschlussbescheid ergehen, wenn daran ein erhebliches Interesse besteht und dies vom Steuerpflichtigen glaubhaft gemacht wird.]

(2) [1] Zur Sicherstellung einer einheitlichen Rechtsanwendung bei gleichen Sachverhalten und zur Erleichterung des Besteuerungsverfahrens kann das Bundesministerium der Finanzen durch Rechtsverordnung[3] mit Zustimmung des Bundesrates bestimmen, dass in anderen als den in Absatz 1 genannten Fällen Besteuerungsgrundlagen gesondert und für mehrere Personen einheitlich festgestellt werden. [2] Dabei können insbesondere geregelt werden

1. der Gegenstand und der Umfang der gesonderten Feststellung,

2. die Voraussetzungen für das Feststellungsverfahren,

3. die örtliche Zuständigkeit der Finanzbehörden,

4. die Bestimmung der am Feststellungsverfahren beteiligten Personen (Verfahrensbeteiligte) und der Umfang ihrer steuerlichen Pflichten und Rechte einschließlich der Vertretung Beteiligter durch andere Beteiligte,

5. die Bekanntgabe von Verwaltungsakten an die Verfahrensbeteiligten und Empfangsbevollmächtigte,

6. die Zulässigkeit, der Umfang und die Durchführung von Außenprüfungen zur Ermittlung der Besteuerungsgrundlagen.

[3] Durch Rechtsverordnung kann das Bundesministerium der Finanzen mit Zustimmung des Bundesrates bestimmen, dass Besteuerungsgrundlagen, die sich erst später auswirken, zur Sicherung der späteren zutreffenden Besteuerung gesondert und für mehrere Personen einheitlich festgestellt werden; Satz 2 gilt entsprechend. [4] Die Rechtsverordnungen bedürfen nicht der Zu-

---

[1] §§ 114–117a, 118 BewG aufgeh. durch G v. 20.12.1996 (BGBl. I S. 2049) und v. 29.10.1997 (BGBl. I S. 2590).

[2] § 180 Abs. 1a eingef. durch G v. 20.12.2022 (BGBl. I S. 2730); zur Anwendung siehe Art. 97 § 37 Abs. 2 Satz 1 und 3 und Abs. 3 EGAO (Nr. **800a**).

[3] Vgl. hierzu VO über die gesonderte Feststellung von Besteuerungsgrundlagen nach § 180 Abs. 2 AO (Nr. **800 e**).

stimmung des Bundesrates, soweit sie Einfuhr- und Ausfuhrabgaben und Verbrauchsteuern, mit Ausnahme der Biersteuer, betreffen.

(3) [1]Absatz 1 Satz 1 Nummer 2[1) Buchstabe a gilt nicht, wenn

1. nur eine der an den Einkünften beteiligten Personen mit ihren Einkünften im Geltungsbereich dieses Gesetzes einkommensteuerpflichtig oder körperschaftsteuerpflichtig ist oder

2. es sich um einen Fall von geringer Bedeutung handelt, insbesondere weil die Höhe des festgestellten Betrags und die Aufteilung feststehen; dies gilt sinngemäß auch für die Fälle des Absatzes 1 Satz 1 Nummer 2[1) Buchstabe b und Nummer 3.

[2]Das nach § 18 Absatz 1 Nummer 4 zuständige Finanzamt kann durch Bescheid feststellen, dass eine gesonderte Feststellung nicht durchzuführen ist. [3]Der Bescheid gilt als Steuerbescheid.

(4) Absatz 1 Satz 1 Nummer 2[1) Buchstabe a gilt ferner nicht für Arbeitsgemeinschaften, deren alleiniger Zweck in der Erfüllung eines einzigen Werkvertrages oder Werklieferungsvertrages besteht.

(5) Absatz 1 Satz 1 Nummer 2 sowie die[1) Absätze 2 und 3 sind entsprechend anzuwenden, soweit

1. die nach einem Abkommen zur Vermeidung der Doppelbesteuerung von der Bemessungsgrundlage ausgenommene Einkünfte bei der Festsetzung der Steuern der beteiligten Personen von Bedeutung sind oder

2. Steuerabzugsbeträge und Körperschaftsteuer auf die festgesetzte Steuer anzurechnen sind.

§ 181 Verfahrensvorschriften für die gesonderte Feststellung, Feststellungsfrist, Erklärungspflicht. (1)[2) [1]Für die gesonderte Feststellung gelten die Vorschriften über die Durchführung der Besteuerung sinngemäß. [2]Steuererklärung im Sinne des § 170 Absatz 2 Satz 1 Nummer 1 ist die Erklärung zur gesonderten Feststellung. [3]Wird eine Erklärung zur gesonderten Feststellung nach § 180 Absatz 2 ohne Aufforderung durch die Finanzbehörde abgegeben, gilt § 170 Absatz 3 sinngemäß. [*ab 1.1.2025 oder früher:* [4]In den Fällen des § 180 Absatz 1a ist keine Erklärung zur gesonderten Feststellung abzugeben; als Steuererklärung nach § 170 Absatz 2 Satz 1 Nummer 1 gilt in diesem Fall die Steuererklärung, für deren Besteuerungszeitraum der Teilabschlussbescheid unmittelbar Bindungswirkung entfaltet.]

(2)[3) [1]Eine Erklärung zur gesonderten Feststellung hat derjenige abzugeben, dem der Gegenstand der Feststellung ganz oder teilweise zuzurechnen ist. [2]Erklärungspflichtig sind insbesondere

1. in den Fällen des § 180 Absatz 1 Satz 1 Nummer 2 Buchstabe a jeder Feststellungsbeteiligte, dem ein Anteil an den einkommensteuerpflichtigen oder körperschaftsteuerpflichtigen Einkünften zuzurechnen ist;

[1) Verweis geänd. mWv 1.1.2017 durch G v. 18.7.2016 (BGBl. I S. 1679); zur Anwendung s. auch Art. 97 § 1 Abs. 11 EGAO (Nr. **800a**).
[2) § 181 Abs. 1 Satz 2 geänd. mWv 1.1.2017 durch G v. 18.7.2016 (BGBl. I S. 1679); zur Anwendung s. auch Art. 97 § 1 Abs. 11 EGAO (Nr. **800a**); Satz 4 angef. durch G v. 20.12.2022 (BGBl. I S. 2730); zur Anwendung siehe Art. 97 § 37 Abs. 2 Satz 1 und 3 und Abs. 3 EGAO (Nr. **800a**).
[3) § 181 Abs. 2 geänd. mWv 1.1.2017 durch G v. 18.7.2016 (BGBl. I S. 1679); zur Anwendung s. auch Art. 97 § 1 Abs. 11 EGAO (Nr. **800a**).

2. in den Fällen des § 180 Absatz 1 Satz 1 Nummer 2 Buchstabe b der Unternehmer;

3. in den Fällen des § 180 Absatz 1 Satz 1 Nummer 3 jeder Feststellungsbeteiligte, dem ein Anteil an den Wirtschaftsgütern, Schulden oder sonstigen Abzügen zuzurechnen ist;

4. in den Fällen des § 180 Absatz 1 Satz 1 Nummer 2 Buchstabe a und Nummer 3 auch die in § 34 bezeichneten Personen.

³Hat ein Erklärungspflichtiger eine Erklärung zur gesonderten Feststellung abgegeben, sind andere Beteiligte insoweit von der Erklärungspflicht befreit.

(2a)[1] ¹Die Erklärung zur gesonderten Feststellung nach § 180 Absatz 1 Satz 1 Nummer 2 ist nach amtlich vorgeschriebenem Datensatz durch Datenfernübertragung zu übermitteln. ²Auf Antrag kann die Finanzbehörde zur Vermeidung unbilliger Härten auf eine elektronische Übermittlung verzichten; in diesem Fall ist die Erklärung zur gesonderten Feststellung nach amtlich vorgeschriebenem Vordruck abzugeben und vom Erklärungspflichtigen eigenhändig zu unterschreiben.

[Fassung Abs. 3 ab 1.1.2022:

(3)[2] ¹Die Frist für die gesonderte Feststellung von Einheitswerten oder von Grundsteuerwerten (Feststellungsfrist) beginnt mit Ablauf des Kalenderjahres, auf dessen Beginn die Hauptfeststellung, die Fortschreibung, die Nachfeststellung oder die Aufhebung eines Einheitswerts oder eines Grundsteuerwerts vorzunehmen ist. ²Ist eine Erklärung zur gesonderten Feststellung des Einheitswerts oder des Grundsteuerwerts abzugeben, beginnt die Feststellungsfrist mit Ablauf des Kalenderjahres, in dem die Erklärung eingereicht wird, spätestens jedoch mit Ablauf des dritten Kalenderjahres, das auf das Kalenderjahr folgt, auf dessen Beginn die Einheitswertfeststellung oder die Grundsteuerwertfeststellung vorzunehmen oder aufzuheben ist. ³Wird der Beginn der Feststellungsfrist nach Satz 2 hinausgeschoben, wird der Beginn der Feststellungsfrist für die weiteren Feststellungszeitpunkte des Hauptfeststellungszeitraums jeweils um die gleiche Zeit hinausgeschoben.]

[Fassung Abs. 3 ab 1.1.2025:

(3)[3] ¹Die Frist für die gesonderte Feststellung von Grundsteuerwerten (Feststellungsfrist) beginnt mit Ablauf des Kalenderjahres, auf dessen Beginn die Hauptfeststellung, die Fortschreibung, die Nachfeststellung oder die Aufhebung eines Grundsteuerwerts vorzunehmen ist. ²Ist eine Erklärung zur gesonderten Feststellung des Grundsteuerwerts abzugeben, beginnt die Feststellungsfrist mit Ablauf des Kalenderjahres, in dem die Erklärung eingereicht wird, spätestens jedoch mit Ablauf des dritten Kalenderjahres, das auf das Kalenderjahr folgt, auf dessen Beginn die Grundsteuerwertfeststellung vorzu-

---

[1] § 181 Abs. 2a eingef. mit erstmaliger Wirkung für nach dem 31.12.2010 beginnende Feststellungszeiträume (Art. 97 § 10a Abs. 2 EGAO – Nr. **800a**) durch G v. 20.12.2008 (BGBl. I S. 2850); geänd. mWv 1.1.2017 durch G v. 18.7.2016 (BGBl. I S. 1679); zur Anwendung s. auch Art. 97 § 1 Abs. 11 EGAO (Nr. **800a**).
[2] § 181 Abs. 3 Sätze 1 und 2 neu gef. mWv 1.1.2022 durch Art. 4 des G v. 26.11.2019 (BGBl. I S. 1794).
[3] § 181 Abs. 3 Sätze 1 und 2 neu gef. mWv 1.1.2025 durch Art. 5 des G v. 26.11.2019 (BGBl. I S. 1794).

nehmen oder aufzuheben ist. ³ Wird der Beginn der Feststellungsfrist nach Satz 2 hinausgeschoben, wird der Beginn der Feststellungsfrist für die weiteren Feststellungszeitpunkte des Hauptfeststellungszeitraums jeweils um die gleiche Zeit hinausgeschoben.]

(4) In den Fällen des Absatzes 3 beginnt die Feststellungsfrist nicht vor Ablauf des Kalenderjahrs, auf dessen Beginn *der Einheitswert oder der Grundsteuerwert*¹⁾ [*ab 1.1.2025:* der Grundsteuerwert]²⁾ erstmals steuerlich anzuwenden ist.

(5) ¹Eine gesonderte Feststellung kann auch nach Ablauf der für sie geltenden Feststellungsfrist insoweit erfolgen, als die gesonderte Feststellung für eine Steuerfestsetzung von Bedeutung ist, für die die Festsetzungsfrist im Zeitpunkt der gesonderten Feststellung noch nicht abgelaufen ist; hierbei bleibt § 171 Abs. 10 außer Betracht. ²Hierauf ist im Feststellungsbescheid hinzuweisen. ³ § 169 Abs. 1 Satz 3 gilt sinngemäß.

§ 182³⁾ **Wirkungen der gesonderten Feststellung.** (1) ¹Feststellungsbescheide sind, auch wenn sie noch nicht unanfechtbar sind, für andere Feststellungsbescheide, für Steuermessbescheide, für Steuerbescheide und für Steueranmeldungen (Folgebescheide) bindend, soweit die in den Feststellungsbescheiden getroffenen Feststellungen für diese Folgebescheide von Bedeutung sind. ²Dies gilt entsprechend bei Feststellungen nach § 180 Absatz 5 Nummer 2 für Verwaltungsakte, die die Verwirklichung der Ansprüche aus dem Steuerschuldverhältnis betreffen. ³ Wird ein Feststellungsbescheid nach § 180 Absatz 5 Nummer 2 erlassen, aufgehoben oder geändert, ist ein Verwaltungsakt, für den dieser Feststellungsbescheid Bindungswirkung entfaltet, in entsprechender Anwendung des § 175 Absatz 1 Satz 1 Nummer 1 zu korrigieren.

(2) ¹Ein Feststellungsbescheid über einen *Einheitswert oder einen Grundsteuerwert*⁴⁾ [*ab 1.1.2025:* Grundsteuerwert]⁵⁾ nach § 180 Absatz 1 Satz 1 Nummer 1 wirkt auch gegenüber dem Rechtsnachfolger, auf den der Gegenstand der Feststellung nach dem Feststellungszeitpunkt mit steuerlicher Wirkung übergeht. ²Tritt die Rechtsnachfolge jedoch ein, bevor der Feststellungsbescheid ergangen ist, so wirkt er gegen den Rechtsnachfolger nur dann, wenn er ihm bekannt gegeben wird. ³Die Sätze 1 und 2 gelten für gesonderte sowie gesonderte und einheitliche Feststellungen von Besteuerungsgrundlagen, die sich erst später auswirken, nach der Verordnung über die gesonderte Feststellung von Besteuerungsgrundlagen nach § 180 Abs. 2 der Abgabenordnung entsprechend.

(3) Erfolgt eine gesonderte Feststellung gegenüber mehreren Beteiligten nach § 179 Absatz 2 Satz 2 einheitlich und ist ein Beteiligter im Feststellungs-

---

¹⁾ § 181 Abs. 4 geänd. mWv 1.1.2022 durch G v. 26.11.2019 (BGBl. I S. 1794).
²⁾ § 181 Abs. 4 geänd. durch G v. 26.11.2019 (BGBl. I S. 1794); zur Anwendung vgl. Art. 97 § 10b Satz 3 EGAO (Nr. **800a**).
³⁾ § 182 Abs. 1 Satz 2 geänd., Satz 2 2. HS wird Satz 3, Abs. 2 Sätze 1 und 3 geänd., Abs. 3 geänd. mWv 1.1.2017 durch G v. 18.7.2016 (BGBl. I S. 1679); zur Anwendung s. auch Art. 97 § 1 Abs. 11 EGAO (Nr. **800a**).
⁴⁾ § 182 Abs. 2 Satz 1 geänd. mWv 1.1.2022 durch G v. 26.11.2019 (BGBl. I S. 1794).
⁵⁾ § 182 Abs. 2 Satz 1 geänd. durch G v. 26.11.2019 (BGBl. S. 1794); zur Anwendung vgl. Art. 97 § 10b Satz 3 EGAO (Nr. **800a**).

bescheid unrichtig bezeichnet worden, weil Rechtsnachfolge eingetreten ist, kann dies durch besonderen Bescheid gegenüber dem Rechtsnachfolger berichtigt werden.

§ 183 **Empfangsbevollmächtigte bei der einheitlichen Feststellung.**
(1) ¹Richtet sich ein Feststellungsbescheid gegen mehrere Personen, die an dem Gegenstand der Feststellung als Gesellschafter oder Gemeinschafter beteiligt sind (Feststellungsbeteiligte), so sollen sie einen gemeinsamen Empfangsbevollmächtigten bestellen, der ermächtigt ist, für sie alle Verwaltungsakte und Mitteilungen in Empfang zu nehmen, die mit dem Feststellungsverfahren und dem anschließenden Verfahren über einen Einspruch zusammenhängen. ²Ist ein gemeinsamer Empfangsbevollmächtigter nicht vorhanden, so gilt ein zur Vertretung der Gesellschaft oder der Feststellungsbeteiligten oder ein zur Verwaltung des Gegenstands der Feststellung Berechtigter als Empfangsbevollmächtigter. ³Anderenfalls kann die Finanzbehörde die Beteiligten auffordern, innerhalb einer bestimmten angemessenen Frist einen Empfangsbevollmächtigten zu benennen. ⁴Hierbei ist ein Beteiligter vorzuschlagen und darauf hinzuweisen, dass diesem die in Satz 1 genannten Verwaltungsakte und Mitteilungen mit Wirkung für und gegen alle Beteiligten bekannt gegeben werden, soweit nicht ein anderer Empfangsbevollmächtigter benannt wird. ⁵Bei der Bekanntgabe an den Empfangsbevollmächtigten ist darauf hinzuweisen, dass die Bekanntgabe mit Wirkung für und gegen alle Feststellungsbeteiligten erfolgt.

(2) ¹Absatz 1 ist insoweit nicht anzuwenden, als der Finanzbehörde bekannt ist, dass die Gesellschaft oder Gemeinschaft nicht mehr besteht, dass ein Beteiligter aus der Gesellschaft oder der Gemeinschaft ausgeschieden ist oder dass zwischen den Beteiligten ernstliche Meinungsverschiedenheiten bestehen. ²Ist nach Satz 1 Einzelbekanntgabe erforderlich, so sind dem Beteiligten der Gegenstand der Feststellung, die alle Beteiligten betreffenden Besteuerungsgrundlagen, sein Anteil, die Zahl der Beteiligten und die ihn persönlich betreffenden Besteuerungsgrundlagen bekannt zu geben. ³Bei berechtigtem Interesse ist dem Beteiligten der gesamte Inhalt des Feststellungsbescheids mitzuteilen.

(3) ¹Ist ein Empfangsbevollmächtigter nach Absatz 1 Satz 1 vorhanden, können Feststellungsbescheide ihm gegenüber auch mit Wirkung für einen in Absatz 2 Satz 1 genannten Beteiligten bekannt gegeben werden, soweit und solange dieser Beteiligte oder der Empfangsbevollmächtigte nicht widersprochen hat. ²Der Widerruf der Vollmacht wird der Finanzbehörde gegenüber erst wirksam, wenn er ihr zugeht.

(4)¹⁾ Wird eine wirtschaftliche Einheit
1. Ehegatten oder Lebenspartnern oder
2. Ehegatten mit ihren Kindern, Lebenspartnern mit ihren Kindern oder Alleinstehenden mit ihren Kindern

zugerechnet und haben die Beteiligten keinen gemeinsamen Empfangsbevollmächtigten bestellt, so gelten für die Bekanntgabe von Feststellungsbescheiden

---

¹⁾ § 183 Abs. 4 neu gef. durch G v. 18.7.2014 (BGBl. I S. 1042); zur Anwendung siehe Art. 97 § 1 Abs. 10 Satz 1 und 2 EGAO (Nr. **800a**).

über den *Einheitswert oder den Grundsteuerwert*[1] [*ab 1.1.2025:* Grundsteuerwert][2] die Regelungen über zusammengefasste Bescheide in § 122 Absatz 7 entsprechend.

II. Festsetzung von Steuermessbeträgen

§ 184 Festsetzung von Steuermessbeträgen. (1) [1]Steuermessbeträge, die nach den Steuergesetzen zu ermitteln sind, werden durch Steuermessbescheid festgesetzt. [2]Mit der Festsetzung der Steuermessbeträge wird auch über die persönliche und sachliche Steuerpflicht entschieden. [3]Die Vorschriften über die Durchführung der Besteuerung sind sinngemäß anzuwenden. [4]Ferner sind § 182 Abs. 1 und für Grundsteuermessbescheide auch Abs. 2 und § 183 sinngemäß anzuwenden.

(2)[3] [1]Die Befugnis, Realsteuermessbeträge festzusetzen, schließt auch die Befugnis zu Maßnahmen nach § 163 Absatz 1[4] Satz 1 ein, soweit für solche Maßnahmen in einer allgemeinen Verwaltungsvorschrift der Bundesregierung, der obersten Bundesfinanzbehörde oder einer obersten Landesfinanzbehörde Richtlinien aufgestellt worden sind. [2]Eine Maßnahme nach § 163 Absatz 1[4] Satz 2 wirkt, soweit sie die gewerblichen Einkünfte als Grundlage für die Festsetzung der Steuer vom Einkommen beeinflusst, auch für den Gewerbeertrag als Grundlage für die Festsetzung des Gewerbesteuermessbetrags.

(3)[5] [1]Die Finanzbehörden teilen den Inhalt des Steuermessbescheids sowie die nach Absatz 2 getroffenen Maßnahmen den Gemeinden mit, denen die Steuerfestsetzung (der Erlass des Realsteuerbescheids) obliegt. [*ab 1.1.2025:* [2]Die Mitteilungen an die Gemeinden erfolgen durch Bereitstellung zum Abruf; § 87a Absatz 8 und § 87b Absatz 1 gelten dabei entsprechend.]

3. Unterabschnitt: Zerlegung und Zuteilung

§ 185 Geltung der allgemeinen Vorschriften. Auf die in den Steuergesetzen vorgesehene Zerlegung von Steuermessbeträgen sind die für die Steuermessbeträge geltenden Vorschriften entsprechend anzuwenden, soweit im Folgenden nichts anderes bestimmt ist.

§ 186 Beteiligte. Am Zerlegungsverfahren sind beteiligt:
1. der Steuerpflichtige,
2. die Steuerberechtigten, denen ein Anteil an dem Steuermessbetrag zugeteilt worden ist oder die einen Anteil beanspruchen. [2]Soweit die Festsetzung der Steuer dem Steuerberechtigten nicht obliegt, tritt an seine Stelle die für die Festsetzung der Steuer zuständige Behörde.

---

[1] § 183 Abs. 4 geänd. mWv 1.1.2022 durch G v. 26.11.2019 (BGBl. I S. 1794).
[2] § 183 Abs. 4 geänd. durch G v. 26.11.2019 (BGBl. I S. 1794); zur Anwendung vgl. Art. 97 § 10b Satz 3 EGAO (Nr. **800a**).
[3] § 184 Abs. 2 Satz 1 geänd. durch G v. 22.12.2014 (BGBl. I S. 2417); zur Anwendung siehe Art. 97 § 10c EGAO (Nr. **800a**).
[4] Verweis geänd. mWv 1.1.2017 durch G v. 18.7.2016 (BGBl. I S. 1679).
[5] § 184 Abs. 3 Satz 2 angef. durch G v. 21.12.2020 (BGBl. I S. 3096); zur Anwendung siehe Art. 97 § 35 EGAO (Nr. **800a**).

§ 187 Akteneinsicht. Die beteiligten Steuerberechtigten können von der zuständigen Finanzbehörde Auskunft über die Zerlegungsgrundlagen verlangen und durch ihre Amtsträger Einsicht in die Zerlegungsunterlagen nehmen.

§ 188 Zerlegungsbescheid. (1)[1] [1]Über die Zerlegung ergeht ein schriftlicher oder elektronischer Bescheid (Zerlegungsbescheid), der den Beteiligten bekannt zu geben ist, soweit sie betroffen sind. [*ab 1.1.2025:* [2]Die Bekanntgabe an Gemeinden erfolgt durch Bereitstellung zum Abruf nach § 122a; eine Einwilligung der Gemeinde ist nicht erforderlich.]

(2) [1]Der Zerlegungsbescheid muss die Höhe des zu zerlegenden Steuermessbetrags angeben und bestimmen, welche Anteile den beteiligten Steuerberechtigten zugeteilt werden. [2]Er muss ferner die Zerlegungsgrundlagen angeben.

§ 189 Änderung der Zerlegung. [1]Ist der Anspruch eines Steuerberechtigten auf einen Anteil am Steuermessbetrag nicht berücksichtigt und auch nicht zurückgewiesen worden, so wird die Zerlegung von Amts wegen oder auf Antrag geändert oder nachgeholt. [2]Ist der bisherige Zerlegungsbescheid gegenüber denjenigen Steuerberechtigten, die an dem Zerlegungsverfahren bereits beteiligt waren, unanfechtbar geworden, so dürfen bei der Änderung der Zerlegung nur solche Änderungen vorgenommen werden, die sich aus der nachträglichen Berücksichtigung der bisher übergangenen Steuerberechtigten ergeben. [3]Eine Änderung oder Nachholung der Zerlegung unterbleibt, wenn ein Jahr vergangen ist, seitdem der Steuermessbescheid unanfechtbar geworden ist, es sei denn, dass der übergangene Steuerberechtigte die Änderung oder Nachholung der Zerlegung vor Ablauf des Jahres beantragt hatte.

§ 190 Zuteilungsverfahren. [1]Ist ein Steuermessbetrag in voller Höhe einem Steuerberechtigten zuzuteilen, besteht aber Streit darüber, welchem Steuerberechtigten der Steuermessbetrag zusteht, so entscheidet die Finanzbehörde auf Antrag eines Beteiligten durch Zuteilungsbescheid. [2]Die für das Zerlegungsverfahren geltenden Vorschriften sind entsprechend anzuwenden.

4. Unterabschnitt: Haftung

§ 191 Haftungsbescheide, Duldungsbescheide. (1)[2] [1]Wer kraft Gesetzes für eine Steuer haftet (Haftungsschuldner), kann durch Haftungsbescheid, wer kraft Gesetzes verpflichtet ist, die Vollstreckung zu dulden, kann durch Duldungsbescheid in Anspruch genommen werden. [2]Die Anfechtung wegen Ansprüchen aus dem Steuerschuldverhältnis außerhalb des Insolvenzverfahrens erfolgt durch Duldungsbescheid, soweit sie nicht im Wege der Einrede nach § 9 des Anfechtungsgesetzes geltend zu machen ist; bei der Berechnung von Fristen nach den §§ 3 und 4 des Anfechtungsgesetzes steht der Erlass eines Duldungsbescheids der gerichtlichen Geltendmachung der Anfechtung nach

---

[1] § 188 Abs. 1 Satz 2 angef. (zur Anwendung siehe Art. 97 § 35 EGAO [Nr. **800a**]), bish. Text wird Satz 1 und geänd. mWv 21.12.2022 durch G v. 16.12.2022 (BGBl. I S. 2294).
[2] § 191 Abs. 1 Satz 2 Verweis geänd. mWv 1.11.2008 durch G v. 23.10.2008 (BGBl. I S. 2026); Abs. 1 Satz 3 geänd. mWv 21.12.2022 durch G v. 16.12.2022 (BGBl. I S. 2294).

§ 7 Abs. 1 des Anfechtungsgesetzes gleich. ³Die Bescheide sind schriftlich oder elektronisch zu erteilen.

(2) Bevor gegen einen Rechtsanwalt, Patentanwalt, Notar, Steuerberater, Steuerbevollmächtigten, Wirtschaftsprüfer oder vereidigten Buchprüfer wegen einer Handlung im Sinne des § 69, die er in Ausübung seines Berufs vorgenommen hat, ein Haftungsbescheid erlassen wird, gibt die Finanzbehörde der zuständigen Berufskammer Gelegenheit, die Gesichtspunkte vorzubringen, die von ihrem Standpunkt für die Entscheidung von Bedeutung sind.

(3)[1)·2)] ¹Die Vorschriften über die Festsetzungsfrist sind auf den Erlass von Haftungsbescheiden entsprechend anzuwenden. ²Die Festsetzungsfrist beträgt vier Jahre, in den Fällen des § 70 bei Steuerhinterziehung zehn Jahre, bei leichtfertiger Steuerverkürzung fünf Jahre, in den Fällen des § 71 zehn Jahre. ³Die Festsetzungsfrist beginnt mit Ablauf des Kalenderjahrs, in dem der Tatbestand verwirklicht worden ist, an den das Gesetz die Haftungsfolge knüpft. ⁴Ist die Steuer, für die gehaftet wird, noch nicht festgesetzt worden, so endet die Festsetzungsfrist für den Haftungsbescheid nicht vor Ablauf der für die Steuerfestsetzung geltenden Festsetzungsfrist; andernfalls gilt § 171 Abs. 10 sinngemäß. ⁵In den Fällen der §§ 73 und 74 endet die Festsetzungsfrist nicht, bevor die gegen den Steuerschuldner festgesetzte Steuer verjährt (§ 228) ist.

(4)[1)] Ergibt sich die Haftung nicht aus den Steuergesetzen, so kann ein Haftungsbescheid ergehen, solange die Haftungsansprüche nach dem für sie maßgebenden Recht noch nicht verjährt sind.

(5)[1)] ¹Ein Haftungsbescheid kann nicht mehr ergehen,
1. soweit die Steuer gegen den Steuerschuldner nicht festgesetzt worden ist und wegen Ablaufs der Festsetzungsfrist auch nicht mehr festgesetzt werden kann,
2. soweit die gegen den Steuerschuldner festgesetzte Steuer verjährt ist oder die Steuer erlassen worden ist.
²Dies gilt nicht, wenn die Haftung darauf beruht, dass der Haftungsschuldner Steuerhinterziehung oder Steuerhehlerei begangen hat.

§ 192 Vertragliche Haftung. Wer sich auf Grund eines Vertrags verpflichtet hat, für die Steuer eines anderen einzustehen, kann nur nach den Vorschriften des bürgerlichen Rechts in Anspruch genommen werden.

Vierter Abschnitt: Außenprüfung

1. Unterabschnitt: Allgemeine Vorschriften

§ 193[3) Zulässigkeit einer Außenprüfung. (1) Eine Außenprüfung ist zulässig bei Steuerpflichtigen, die einen gewerblichen oder land- und forst-

---

¹⁾ Zur Anwendung in den neuen Bundesländern siehe Art. 97a § 2 Nr. 6 EGAO (Nr. **800a**).
²⁾ Zu § 191 Abs. 3 Satz 2 siehe Art. 97a § 3 EGAO (Nr. **800a**).
³⁾ § 193 Abs. 1 geänd., Abs. 2 Nr. 3 angef. durch G v. 29.7.2009 (BGBl. I S. 2302); zur erstmaligen Anwendung mWv 1.1.2010 siehe Art. 97 § 22 Abs. 2 EGAO (Nr. **800a**) iVm § 5 Satz 1 Steuerhinterziehungsbekämpfungsverordnung (Nr. **12**).

wirtschaftlichen Betrieb unterhalten, die freiberuflich tätig sind und bei Steuerpflichtigen im Sinne des § 147a.

(2)[1] Bei anderen als den in Absatz 1 bezeichneten Steuerpflichtigen ist eine Außenprüfung zulässig,

1. soweit sie die Verpflichtung dieser Steuerpflichtigen betrifft, für Rechnung eines anderen Steuern zu entrichten oder Steuern einzubehalten und abzuführen,

2. wenn die für die Besteuerung erheblichen Verhältnisse der Aufklärung bedürfen und eine Prüfung an Amtsstelle nach Art und Umfang des zu prüfenden Sachverhalts nicht zweckmäßig ist oder

3. wenn ein Steuerpflichtiger seinen Mitwirkungspflichten nach § 12 des Gesetzes zur Abwehr von Steuervermeidung und unfairem Steuerwettbewerb[2] nicht nachkommt.

§ 194 Sachlicher Umfang einer Außenprüfung. (1) [1]Die Außenprüfung dient der Ermittlung der steuerlichen Verhältnisse des Steuerpflichtigen. [2]Sie kann eine oder mehrere Steuerarten, einen oder mehrere Besteuerungszeiträume umfassen oder sich auf bestimmte Sachverhalte beschränken. [3]Die Außenprüfung bei einer Personengesellschaft umfasst die steuerlichen Verhältnisse der Gesellschafter insoweit, als diese Verhältnisse für die zu überprüfenden einheitlichen Feststellungen von Bedeutung sind. [4]Die steuerlichen Verhältnisse anderer Personen können insoweit geprüft werden, als der Steuerpflichtige verpflichtet war oder verpflichtet ist, für Rechnung dieser Personen Steuern zu entrichten oder Steuern einzubehalten und abzuführen; dies gilt auch dann, wenn etwaige Steuernachforderungen den anderen Personen gegenüber geltend zu machen sind.

(2) Die steuerlichen Verhältnisse von Gesellschaftern und Mitgliedern sowie von Mitgliedern der Überwachungsorgane können über die in Absatz 1 geregelten Fälle hinaus in die bei einer Gesellschaft durchzuführende Außenprüfung einbezogen werden, wenn dies im Einzelfall zweckmäßig ist.

(3) Werden anlässlich einer Außenprüfung Verhältnisse anderer als der in Absatz 1 genannten Personen festgestellt, so ist die Auswertung der Feststellungen insoweit zulässig, als ihre Kenntnis für die Besteuerung dieser anderen Personen von Bedeutung ist oder die Feststellungen eine unerlaubte Hilfeleistung in Steuersachen betreffen.

§ 195 Zuständigkeit. [1]Außenprüfungen werden von den für die Besteuerung zuständigen Finanzbehörden durchgeführt. [2]Sie können andere Finanzbehörden mit der Außenprüfung beauftragen. [3]Die beauftragte Finanzbehörde kann im Namen der zuständigen Finanzbehörde die Steuerfestsetzung vornehmen und verbindliche Zusagen (§§ 204 bis 207) erteilen.

---

[1] § 193 Abs. 2 Nr. 3 geänd. durch G v. 25.6.2021 (BGBl. I S. 2056); zur Anwendung siehe Art. 97 § 22 Abs. 4 EGAO.
[2] Nr. **12**.

§ 196¹⁾ Prüfungsanordnung. Die Finanzbehörde bestimmt den Umfang der Außenprüfung in einer schriftlich oder elektronisch zu erteilenden Prüfungsanordnung mit Rechtsbehelfsbelehrung nach § 356.

§ 197 Bekanntgabe der Prüfungsanordnung. (1) ¹Die Prüfungsanordnung sowie der voraussichtliche Prüfungsbeginn und die Namen der Prüfer sind dem Steuerpflichtigen, bei dem die Außenprüfung durchgeführt werden soll, angemessene Zeit vor Beginn der Prüfung bekannt zu geben, wenn der Prüfungszweck dadurch nicht gefährdet wird. ²Der Steuerpflichtige kann auf die Einhaltung der Frist verzichten. ³Soll die Prüfung nach § 194 Abs. 2 auf die steuerlichen Verhältnisse von Gesellschaftern und Mitgliedern sowie von Mitgliedern der Überwachungsorgane erstreckt werden, so ist die Prüfungsanordnung insoweit auch diesen Personen bekannt zu geben.

(2) Auf Antrag der Steuerpflichtigen soll der Beginn der Außenprüfung auf einen anderen Zeitpunkt verlegt werden, wenn dafür wichtige Gründe glaubhaft gemacht werden.

(3)²⁾ ¹Mit der Prüfungsanordnung kann die Vorlage von aufzeichnungs- oder aufbewahrungspflichtigen Unterlagen innerhalb einer angemessenen Frist verlangt werden. ²Sind diese Unterlagen mit Hilfe eines Datenverarbeitungssystems erstellt worden, sind die Daten in einem maschinell auswertbaren Format an die Finanzbehörde zu übertragen. ³Im Übrigen bleibt § 147 Absatz 6 unberührt.

(4)²⁾ ¹Sind Unterlagen nach Absatz 3 vorgelegt worden, sollen dem Steuerpflichtigen die beabsichtigten Prüfungsschwerpunkte der Außenprüfung mitgeteilt werden. ²Die Nennung von Prüfungsschwerpunkten stellt keine Einschränkung der Außenprüfung auf bestimmte Sachverhalte nach § 194 dar.

[ab 1.1.2025:
(5)³⁾ ¹Ist Grundlage der Außenprüfung ein Steuerbescheid, der aufgrund einer in § 149 Absatz 3 genannten Steuererklärung erlassen wurde, soll die Prüfungsanordnung bis zum Ablauf des Kalenderjahres erlassen werden, das auf das Kalenderjahr folgt, in dem der Steuerbescheid wirksam geworden ist. ²Wird die Prüfungsanordnung aus Gründen, die die Finanzbehörde zu vertreten hat, zu einem späteren Zeitpunkt bekanntgegeben, beginnt die Frist nach § 171 Absatz 4 Satz 3 erster Halbsatz mit Ablauf des Kalenderjahres, das auf das Kalenderjahr folgt, in dem der in Satz 1 bezeichnete Steuerbescheid wirksam geworden ist. ³Erstreckt sich die Außenprüfung zugleich auf mehrere Steuerbescheide, sind die Sätze 1 und 2 mit der Maßgabe anzuwenden, dass der Zeitpunkt des Wirksamwerdens des zuletzt ergangenen Steuerbescheids einheitlich maßgeblich ist.]*

---

¹⁾ § 196 geänd. mWv 1.1.2017 durch G v. 18.7.2016 (BGBl. I S. 1679); zur Anwendung s. auch Art. 97 § 1 Abs. 11 EGAO (Nr. **800a**).
²⁾ § 197 Abs. 3 und 4 angef. durch G v. 20.12.2022 (BGBl. I S. 2730); zur Anwendung mWv 1.1.2023 siehe Art. 97 § 37 Abs. 1 EGAO (Nr. **800a**).
³⁾ § 197 Abs. 5 angef. durch G v. 20.12.2022 (BGBl. I S. 2730); zur Anwendung siehe Art. 97 § 37 Abs. 2 Satz 1 und 3 EGAO (Nr. **800a**).

§ 198 Ausweispflicht, Beginn der Außenprüfung. [1] Die Prüfer haben sich bei Erscheinen unverzüglich auszuweisen. [2] Der Beginn der Außenprüfung ist unter Angabe von Datum und Uhrzeit aktenkundig zu machen.

§ 199 Prüfungsgrundsätze. (1) Der Außenprüfer hat die tatsächlichen und rechtlichen Verhältnisse, die für die Steuerpflicht und für die Bemessung der Steuer maßgebend sind (Besteuerungsgrundlagen), zugunsten wie zuungunsten des Steuerpflichtigen zu prüfen.

(2)[1] [1] Der Steuerpflichtige ist während der Außenprüfung über die festgestellten Sachverhalte und die möglichen steuerlichen Auswirkungen zu unterrichten, wenn dadurch Zweck und Ablauf der Prüfung nicht beeinträchtigt werden. [*ab 1.1.2025 oder früher:* [2] Die Finanzbehörde kann mit dem Steuerpflichtigen vereinbaren, in regelmäßigen Abständen Gespräche über die festgestellten Sachverhalte und die möglichen steuerlichen Auswirkungen zu führen. [3] Sie kann im Einvernehmen mit dem Steuerpflichtigen Rahmenbedingungen für die Mitwirkung nach § 200 festlegen; werden die Rahmenbedingungen vom Steuerpflichtigen erfüllt, unterbleibt ein qualifiziertes Mitwirkungsverlangen nach § 200a.]

§ 200 Mitwirkungspflichten des Steuerpflichtigen. (1)[2] [1] Der Steuerpflichtige hat bei der Feststellung der Sachverhalte, die für die Besteuerung erheblich sein können, mitzuwirken. [2] Er hat insbesondere Auskünfte zu erteilen, Aufzeichnungen, Bücher, Geschäftspapiere und andere Urkunden zur Einsicht und Prüfung vorzulegen, die zum Verständnis der Aufzeichnungen erforderlichen Erläuterungen zu geben und die Finanzbehörde bei Ausübung ihrer Befugnisse nach § 147 Abs. 6 zu unterstützen. [3] Sind der Steuerpflichtige oder die von ihm benannten Personen nicht in der Lage, Auskünfte zu erteilen, oder sind die Auskünfte zur Klärung des Sachverhalts unzureichend oder versprechen Auskünfte des Steuerpflichtigen keinen Erfolg, so kann der Außenprüfer auch andere Betriebsangehörige um Auskunft ersuchen. [4] § 93 Absatz 2 Satz 2 gilt nicht.

(2)[3] [1] Die in Absatz 1 genannten Unterlagen hat der Steuerpflichtige in seinen Geschäftsräumen oder, soweit ein zur Durchführung der Außenprüfung geeigneter Geschäftsraum nicht vorhanden ist, in seinen Wohnräumen oder an Amtsstelle vorzulegen. [2] Sind mobile Endgeräte der Außenprüfer unter Berücksichtigung des Stands der Technik gegen unbefugten Zugriff gesichert, gilt die ortsunabhängige Tätigkeit als an Amtsstelle ausgeübt. [3] Ein zur Durchführung der Außenprüfung geeigneter Raum oder Arbeitsplatz sowie die erforderlichen Hilfsmittel sind unentgeltlich zur Verfügung zu stellen. [4] § 147 Absatz 6 und 7 bleibt unberührt.

---

[1] § 199 Abs. 2 Sätze 2 und 3 angef., bish. Text wird Satz 1 durch G v. 20.12.2022 (BGBl. I S. 2730); zur Anwendung siehe Art. 97 § 37 Abs. 2 Satz 1 und 3 und Abs. 3 EGAO (Nr. **800a**).

[2] § 200 Abs. 1 Satz 2 anzuwenden ab 1.1.2002 (Art. 97 § 19b Abs. 1 EGAO – Nr. **800a**); Abs. 1 Satz 4 neu gef. mWv 30.6.2013 durch G v. 26.6.2013 (BGBl. I S. 1809).

[3] § 200 Abs. 2 Satz 2 eingef., bish. Satz 2 wird Satz 3, Satz 4 angef. durch G v. 20.12.2022 (BGBl. I S. 2730); zur Anwendung mWv 1.1.2023 siehe Art. 97 § 37 Abs. 1 EGAO (Nr. **800a**).

(3) ¹Die Außenprüfung findet während der üblichen Geschäfts- oder Arbeitszeit statt. ²Die Prüfer sind berechtigt, Grundstücke und Betriebsräume zu betreten und zu besichtigen. ³Bei der Betriebsbesichtigung soll der Betriebsinhaber oder sein Beauftragter hinzugezogen werden.

[*ab 1.1.2025:*
§ 200a¹⁾ Qualifiziertes Mitwirkungsverlangen. (1)²⁾ ¹Nach Ablauf von sechs Monaten seit Bekanntgabe der Prüfungsanordnung kann der Steuerpflichtige zur Mitwirkung nach § 200 Absatz 1 in einem schriftlich oder elektronisch zu erteilenden Mitwirkungsverlangen mit Rechtsbehelfsbelehrung nach § 356 aufgefordert werden (qualifiziertes Mitwirkungsverlangen). ²Hat die Finanzbehörde den Steuerpflichtigen auf die Möglichkeit eines qualifizierten Mitwirkungsverlangens hingewiesen und ist der Steuerpflichtige seinen Mitwirkungspflichten dennoch nicht oder nicht hinreichend nachgekommen, ist eine weitergehende Begründung nicht erforderlich. ³§ 200 Absatz 2 gilt entsprechend. ⁴Das qualifizierte Mitwirkungsverlangen ist innerhalb einer Frist von einem Monat nach Bekanntgabe zu erfüllen; in begründeten Einzelfällen kann die Frist verlängert werden.

(2)²⁾ ¹Kommt der Steuerpflichtige dem qualifizierten Mitwirkungsverlangen innerhalb der Frist nach Absatz 1 Satz 4 nicht oder nicht hinreichend nach (Mitwirkungsverzögerung), ist ein Mitwirkungsverzögerungsgeld festzusetzen. ²Das Mitwirkungsverzögerungsgeld beträgt 75 Euro für jeden vollen Kalendertag der Mitwirkungsverzögerung. ³Es ist höchstens für 150 Kalendertage festzusetzen. ⁴Die Festsetzung des Mitwirkungsverzögerungsgeldes kann für volle Wochen und Monate der Mitwirkungsverzögerung in Teilbeträgen erfolgen. ⁵Die Mitwirkungsverzögerung endet mit Ablauf des Tages, an dem das qualifizierte Mitwirkungsverlangen vollständig erfüllt wurde, spätestens mit Ablauf des Tages der Schlussbesprechung. ⁶Von der Festsetzung eines Mitwirkungsverzögerungsgeldes ist abzusehen, wenn der Steuerpflichtige glaubhaft macht, dass die Mitwirkungsverzögerung entschuldbar ist; das Verschulden eines Vertreters oder eines Erfüllungsgehilfen ist dem Steuerpflichtigen zuzurechnen.

(3)²⁾ ¹Liegt eine Mitwirkungsverzögerung vor, kann ein Zuschlag zum Mitwirkungsverzögerungsgeld festgesetzt werden, wenn

1. in den letzten fünf Jahren vor dem ersten Tag der Mitwirkungsverzögerung ein Mitwirkungsverzögerungsgeld festgesetzt wurde und zu befürchten ist, dass der Steuerpflichtige ohne einen Zuschlag zum Mitwirkungsverzögerungsgeld seiner aktuellen Verpflichtung nach Absatz 1 nicht nachkommt, oder

2. zu befürchten ist, dass der Steuerpflichtige aufgrund seiner wirtschaftlichen Leistungsfähigkeit ohne einen Zuschlag zum Mitwirkungsverzögerungsgeld seiner aktuellen Verpflichtung nach Absatz 1 nicht nachkommt. ²Dies ist insbesondere anzunehmen, wenn die Umsatzerlöse des Steuerpflichtigen in einem der von der Außenprüfung umfassten Kalenderjahre mindestens

---

¹⁾ § 200a eingef. durch G v. 20.12.2022 (BGBl. I S. 2730); zur Anwendung siehe Art. 97 § 37 Abs. 2 Satz 1 und 3 EGAO (Nr. **800a**).
²⁾ Siehe hierzu Art. 97 § 37 Abs. 3 EGAO (Nr. **800a**).

12 Millionen Euro betragen haben oder der Steuerpflichtige einem Konzern angehört, dessen im Konzernabschluss ausgewiesene konsolidierte Umsatzerlöse in einem der von der Außenprüfung umfassten Kalenderjahre mindestens 120 Millionen Euro betragen haben.

[2]Der Zuschlag zum Mitwirkungsverzögerungsgeld beträgt höchstens 25 000 Euro für jeden vollen Kalendertag der Mitwirkungsverzögerung und ist höchstens für 150 Kalendertage festzusetzen; er kann für volle Wochen und Monate der Mitwirkungsverzögerung in Teilbeträgen festgesetzt werden. [3]Absatz 2 Satz 5 und 6 gilt entsprechend.

(4) [1]Wurde wegen einer Mitwirkungsverzögerung ein Mitwirkungsverzögerungsgeld nach Absatz 2 festgesetzt, verlängert sich die Frist nach § 171 Absatz 4 Satz 3 erster Halbsatz für die Steuern, auf die sich die Außenprüfung erstreckt, um die Dauer der Mitwirkungsverzögerung, mindestens aber um ein Jahr. [2]Abweichend von Satz 1 gilt § 171 Absatz 4 Satz 3 erster Halbsatz für die Steuern, auf die sich die Außenprüfung erstreckt, nicht, wenn außerdem in den letzten fünf Jahren vor dem ersten Tag der Mitwirkungsverzögerung ein Mitwirkungsverzögerungsgeld nach Absatz 2 festgesetzt wurde. [3]Ist die Erfüllung der geforderten Mitwirkung unmöglich, gelten die Sätze 1 und 2 entsprechend, wenn der Steuerpflichtige auf die Unmöglichkeit nicht unverzüglich hingewiesen hat.

(5) Wird ein qualifiziertes Mitwirkungsverlangen nach Absatz 1, die Festsetzung eines Mitwirkungsverzögerungsgeldes nach Absatz 2 oder die Festsetzung eines Zuschlags zum Mitwirkungsverzögerungsgeld nach Absatz 3 mit einem Einspruch oder einer Klage angefochten, so läuft die Festsetzungsfrist für die Steuern, auf die sich die Außenprüfung erstreckt, nicht vor Ablauf eines Jahres nach der Unanfechtbarkeit der Entscheidung über den Rechtsbehelf ab.

(6)[1] Im qualifizierten Mitwirkungsverlangen ist auf die Möglichkeit der Festsetzung eines Mitwirkungsverzögerungsgeldes nach Absatz 2 und eines Zuschlags zum Mitwirkungsverzögerungsgeld nach Absatz 3 sowie auf die voraussichtliche Höhe des Zuschlags und auf die Rechtsfolgen nach den Absätzen 4 und 5 hinzuweisen.

(7) Die Betragsgrenzen nach Absatz 3 Satz 1 Nummer 2 sind mindestens alle drei Jahre und spätestens erstmals zum 1. Januar 2026 zu evaluieren.]

§ 201 Schlussbesprechung. (1)[2] [1]Über das Ergebnis der Außenprüfung ist eine Besprechung abzuhalten (Schlussbesprechung), es sei denn, dass sich nach dem Ergebnis der Außenprüfung keine Änderung der Besteuerungsgrundlagen ergibt oder dass der Steuerpflichtige auf die Besprechung verzichtet. [2]Bei der Schlussbesprechung sind insbesondere strittige Sachverhalte sowie die rechtliche Beurteilung der Prüfungsfeststellungen und ihre steuerlichen Auswirkungen zu erörtern. [3]Eine Schlussbesprechung kann mit Zustimmung des Steuerpflichtigen auch fernmündlich oder nach § 87a Absatz 1a elektronisch durchgeführt werden.

---

[1] Siehe hierzu Art. 97 § 37 Abs. 3 EGAO (Nr. **800a**).
[2] § 201 Abs. 1 Satz 3 angef. durch G v. 20.12.2022 (BGBl. I S. 2730); zur Anwendung mWv 1.1.2023 siehe Art. 97 § 37 Abs. 1 EGAO (Nr. **800a**).

(2) Besteht die Möglichkeit, dass auf Grund der Prüfungsfeststellungen ein Straf- oder Bußgeldverfahren durchgeführt werden muss, soll der Steuerpflichtige darauf hingewiesen werden, dass die straf- oder bußgeldrechtliche Würdigung einem besonderen Verfahren vorbehalten bleibt.

§ 202 Inhalt und Bekanntgabe des Prüfungsberichts. (1) [1]Über das Ergebnis der Außenprüfung ergeht ein schriftlicher oder elektronischer[1] Bericht (Prüfungsbericht). [2]Im Prüfungsbericht sind die für die Besteuerung erheblichen Prüfungsfeststellungen in tatsächlicher und rechtlicher Hinsicht sowie die Änderungen der Besteuerungsgrundlagen darzustellen. [3]Führt die Außenprüfung zu keiner Änderung der Besteuerungsgrundlagen, so genügt es, wenn dies dem Steuerpflichtigen schriftlich oder elektronisch[1] mitgeteilt wird. [*ab 1.1.2025 oder früher:* [4]Wurden Besteuerungsgrundlagen in einem Teilabschlussbescheid nach § 180 Absatz 1a gesondert festgestellt, ist im Prüfungsbericht darauf hinzuweisen.][2]

(2) Die Finanzbehörde hat dem Steuerpflichtigen auf Antrag den Prüfungsbericht vor seiner Auswertung zu übersenden und ihm Gelegenheit zu geben, in angemessener Zeit dazu Stellung zu nehmen.

[*ab 1.1.2025 oder früher:*
(3)[3] Sollen Besteuerungsgrundlagen in einem Teilabschlussbescheid nach § 180 Absatz 1a gesondert festgestellt werden, ergeht vor Erlass des Teilabschlussbescheids ein schriftlicher oder elektronischer Teilprüfungsbericht; Absatz 1 Satz 2 bis 4 und Absatz 2 gelten entsprechend.]

§ 203 Abgekürzte Außenprüfung. (1) [1]Bei Steuerpflichtigen, bei denen die Finanzbehörde eine Außenprüfung in regelmäßigen Zeitabständen nach den Umständen des Falls nicht für erforderlich hält, kann sie eine abgekürzte Außenprüfung durchführen. [2]Die Prüfung hat sich auf die wesentlichen Besteuerungsgrundlagen zu beschränken.

(2) [1]Der Steuerpflichtige ist vor Abschluss der Prüfung darauf hinzuweisen, inwieweit von den Steuererklärungen oder den Steuerfestsetzungen abgewichen werden soll. [2]Die steuerlich erheblichen Prüfungsfeststellungen sind dem Steuerpflichtigen spätestens mit den Steuerbescheiden schriftlich oder elektronisch[4] mitzuteilen. [3]§ 201 Abs. 1 und § 202 Abs. 2 gelten nicht.

§ 203a[5] Außenprüfung bei Datenübermittlung durch Dritte. (1) Bei einer mitteilungspflichtigen Stelle im Sinne des § 93c Absatz 1 ist eine Außenprüfung zulässig, um zu ermitteln, ob die mitteilungspflichtige Stelle

---

[1] § 202 Abs. 1 Sätze 1 und 3 geänd. durch G v. 20.12.2022 (BGBl. I S. 2730); zur Anwendung mWv 1.1.2023 siehe Art. 97 § 37 Abs. 1 EGAO (Nr. **800a**).
[2] § 202 Abs. 1 Satz 4 angef. durch G v. 20.12.2022 (BGBl. I S. 2730); zur Anwendung siehe Art. 97 § 37 Abs. 2 Satz 1 und 3 und Abs. 3 EGAO (Nr. **800a**).
[3] § 202 Abs. 3 angef. durch G v. 20.12.2022 (BGBl. I S. 2730); zur Anwendung siehe Art. 97 § 37 Abs. 2 Satz 1 und 3 und Abs. 3 EGAO (Nr. **800a**).
[4] § 203 Abs. 2 Satz 2 geänd. durch G v. 20.12.2022 (BGBl. I S. 2730); zur Anwendung mWv 1.1.2023 siehe Art. 97 § 37 Abs. 1 EGAO (Nr. **800a**).
[5] § 203a eingef. durch G v. 18.7.2016 (BGBl. I S. 1679); zur Anwendung siehe Art. 97 § 27 Abs. 2 EGAO (Nr. **800a**).

1. ihre Verpflichtung nach § 93c Absatz 1 Nummer 1, 2 und 4, Absatz 2 und 3 erfüllt und

2. den Inhalt des Datensatzes nach den Vorgaben des jeweiligen Steuergesetzes bestimmt hat.

(2) Die Außenprüfung wird von der für Ermittlungen nach § 93c Absatz 4 Satz 1 zuständigen Finanzbehörde durchgeführt.

(3) § 195 Satz 2 sowie die §§ 196 bis 203 gelten entsprechend.

2. Unterabschnitt: Verbindliche Zusagen auf Grund einer Außenprüfung[1]

§ 204[2] **Voraussetzung der verbindlichen Zusage.** (1) Im Anschluss an eine Außenprüfung soll die Finanzbehörde dem Steuerpflichtigen auf Antrag verbindlich zusagen, wie ein für die Vergangenheit geprüfter und im Prüfungsbericht dargestellter Sachverhalt in Zukunft steuerrechtlich behandelt wird, wenn die Kenntnis der künftigen steuerrechtlichen Behandlung für die geschäftlichen Maßnahmen des Steuerpflichtigen von Bedeutung ist.

[ab 1.1.2025 oder früher:

(2) Abweichend von Absatz 1 kann die Finanzverwaltung dem Steuerpflichtigen bereits nach Erlass eines Teilabschlussbescheids nach § 180 Absatz 1a auf Antrag verbindlich zusagen, wie ein für die Vergangenheit geprüfter und im Teilabschlussbericht dargestellter Sachverhalt in Zukunft steuerlich behandelt wird, wenn

1. die Kenntnis der künftigen steuerrechtlichen Behandlung für die geschäftlichen Maßnahmen des Steuerpflichtigen von Bedeutung ist und

2. ein besonderes Interesse des Steuerpflichtigen an einer Erteilung vor dem Abschluss der Außenprüfung besteht und dies glaubhaft gemacht wird.]

§ 205 Form der verbindlichen Zusage. (1) Die verbindliche Zusage wird schriftlich erteilt und als verbindlich gekennzeichnet.

(2) Die verbindliche Zusage muss enthalten:

1. den ihr zugrunde gelegten Sachverhalt; dabei kann auf den im Prüfungsbericht dargestellten Sachverhalt Bezug genommen werden,

2. die Entscheidung über den Antrag und die dafür maßgebenden Gründe,

3. eine Angabe darüber, für welche Steuern und für welchen Zeitraum die verbindliche Zusage gilt.

§ 206 Bindungswirkung. (1) Die verbindliche Zusage ist für die Besteuerung bindend, wenn sich der später verwirklichte Sachverhalt mit dem der verbindlichen Zusage zugrunde gelegten Sachverhalt deckt.

(2) Absatz 1 gilt nicht, wenn die verbindliche Zusage zuungunsten des Antragstellers dem geltenden Recht widerspricht.

---

[1] Zur Anwendung in den neuen Bundesländern siehe Art. 97a § 2 Nr. 8 EGAO (Nr. **800a**).
[2] § 204 Abs. 2 angef., bish. Wortlaut wird Abs. 1 durch G v. 20.12.2022 (BGBl. I S. 2730); zur Anwendung siehe Art. 97 § 37 Abs. 2 und 3 EGAO (Nr. **800a**).

§ 207 Außerkrafttreten, Aufhebung und Änderung der verbindlichen Zusage. (1) Die verbindliche Zusage tritt außer Kraft, wenn die Rechtsvorschriften, auf denen die Entscheidung beruht, geändert werden.

(2) Die Finanzbehörde kann die verbindliche Zusage mit Wirkung für die Zukunft aufheben oder ändern.

(3) Eine rückwirkende Aufhebung oder Änderung der verbindlichen Zusage ist nur zulässig, falls der Steuerpflichtige zustimmt oder wenn die Voraussetzungen des § 130 Abs. 2 Nr. 1 oder 2 vorliegen.

Fünfter Abschnitt: Steuerfahndung (Zollfahndung)

§ 208 Steuerfahndung (Zollfahndung). (1)[1] [1]Aufgabe der Steuerfahndung (Zollfahndung) ist

1. die Erforschung von Steuerstraftaten und Steuerordnungswidrigkeiten,
2. die Ermittlung der Besteuerungsgrundlagen in den in Nummer 1 bezeichneten Fällen,
3. die Aufdeckung und Ermittlung unbekannter Steuerfälle.

[2]Die mit der Steuerfahndung betrauten Dienststellen der Landesfinanzbehörden und die Behörden des Zollfahndungsdienstes[2] haben außer den Befugnissen nach § 404 Satz 2 erster Halbsatz auch die Ermittlungsbefugnisse, die den Finanzämtern (Hauptzollämtern) zustehen. [3]In den Fällen der Nummern 2 und 3 gelten die Einschränkungen des § 93 Abs. 1 Satz 3, Abs. 2 Satz 2 und des § 97 Absatz 2 nicht; § 200 Abs. 1 Satz 1 und 2, Abs. 2, Abs. 3 Satz 1 und 2 gilt sinngemäß, § 393 Abs. 1 bleibt unberührt.

(2) Unabhängig von Absatz 1 sind die mit der Steuerfahndung betrauten Dienststellen der Landesfinanzbehörden und die Behörden des Zollfahndungsdienstes[2] zuständig

1. für steuerliche Ermittlungen einschließlich der Außenprüfung auf Ersuchen der zuständigen Finanzbehörde,
2. für die ihnen sonst im Rahmen der Zuständigkeit der Finanzbehörden übertragenen Aufgaben.

(3) Die Aufgaben und Befugnisse der Finanzämter (Hauptzollämter) bleiben unberührt.

§ 208a[3] Steuerfahndung des Bundeszentralamts für Steuern.
(1) Dem Bundeszentralamt für Steuern obliegt, soweit Aufgaben der Steuerverwaltung übertragen wurden, die Aufgabe nach § 208 Absatz 1 Satz 1 Nummer 3.

(2) [1]Hierzu hat es die Ermittlungsbefugnisse, die den Finanzämtern (Hauptzollämtern) zustehen. [2]Die Einschränkungen des § 93 Absatz 1 Satz 3, Ab-

---

[1] § 208 Abs. 1 Satz 3 HS 1 geänd. mWv 30.6.2013 durch G v. 26.6.2013 (BGBl. I S. 1809).
[2] Bezeichnung geänd. durch G v. 12.12.2019 (BGBl. I S. 2451).
[3] § 208a eingef. mWv 29.12.2020 durch G v. 21.12.2020 (BGBl. I S. 3096).

satz 2 Satz 2 und des § 97 Absatz 2 gelten nicht; § 200 Absatz 1 Satz 1 und 2, Absatz 2 und 3 Satz 1 und 2 gilt sinngemäß, § 393 Absatz 1 bleibt unberührt.

(3) Die Aufgaben und Befugnisse des Bundeszentralamts für Steuern im Übrigen bleiben unberührt.

Sechster Abschnitt: Steueraufsicht in besonderen Fällen

§ 209 Gegenstand der Steueraufsicht. (1) Der Warenverkehr über die Grenze und in den Freizonen und Freilagern sowie die Gewinnung und Herstellung, Lagerung, Beförderung und gewerbliche Verwendung verbrauchsteuerpflichtiger Waren und der Handel mit verbrauchsteuerpflichtigen Waren unterliegen der zollamtlichen Überwachung (Steueraufsicht).

(2) Der Steueraufsicht unterliegen ferner:

1. der Versand, die Ausfuhr, Lagerung, Verwendung, Vernichtung, Veredelung, Umwandlung und sonstige Bearbeitung oder Verarbeitung von Waren in einem Verbrauchsteuerverfahren,

2. die Herstellung und Ausfuhr von Waren, für die ein Erlass, eine Erstattung oder Vergütung von Verbrauchsteuer beansprucht wird.

(3) Andere Sachverhalte unterliegen der Steueraufsicht, wenn es gesetzlich bestimmt ist.

§ 210 Befugnisse der Finanzbehörde. (1) Die von der Finanzbehörde mit der Steueraufsicht betrauten Amtsträger sind berechtigt, Grundstücke und Räume von Personen, die eine gewerbliche oder berufliche Tätigkeit selbständig ausüben und denen ein der Steueraufsicht unterliegender Sachverhalt zuzurechnen ist, während der Geschäfts- und Arbeitszeiten zu betreten, um Prüfungen vorzunehmen oder sonst Feststellungen zu treffen, die für die Besteuerung erheblich sein können (Nachschau).

(2) ¹Der Nachschau unterliegen ferner Grundstücke und Räume von Personen, denen ein der Steueraufsicht unterliegender Sachverhalt zuzurechnen ist ohne zeitliche Einschränkung, wenn Tatsachen die Annahme rechtfertigen, dass sich dort Schmuggelwaren oder nicht ordnungsgemäß versteuerte verbrauchsteuerpflichtige Waren befinden oder dort sonst gegen Vorschriften oder Anordnungen verstoßen wird, deren Einhaltung durch die Steueraufsicht gesichert werden soll. ²Bei Gefahr im Verzug ist eine Durchsuchung von Wohn- und Geschäftsräumen auch ohne richterliche Anordnung zulässig.

(3)[1] ¹Die von der Finanzbehörde mit der Steueraufsicht betrauten Amtsträger sind ferner berechtigt, im Rahmen von zeitlich und örtlich begrenzten Kontrollen, Schiffe und andere Fahrzeuge, die nach ihrer äußeren Erscheinung gewerblichen Zwecken dienen, anzuhalten. ²Die betroffenen Personen haben sich auszuweisen und Auskunft über die mitgeführten Waren zu geben; sie haben insbesondere Frachtbriefe und sonstige Beförderungspapiere, auch nicht steuerlicher Art, vorzulegen. ³Ergeben sich dadurch oder auf Grund sonstiger

---

[1] § 210 Abs. 3 Sätze 2 und 4 geänd. mWv 26.11.2019 durch G v. 20.11.2019 (BGBl. I S. 1626).

Tatsachen Anhaltspunkte, dass verbrauchsteuerpflichtige Waren mitgeführt werden, können die Amtsträger die mitgeführten Waren überprüfen und alle Feststellungen treffen, die für eine Besteuerung dieser Waren erheblich sein können. [4]Die betroffenen Personen haben die Herkunft der verbrauchsteuerpflichtigen Waren anzugeben, die Entnahme von unentgeltlichen Proben zu dulden und die erforderliche Hilfe zu leisten.

(4) [1]Wenn Feststellungen bei Ausübung der Steueraufsicht hierzu Anlass geben, kann ohne vorherige Prüfungsanordnung (§ 196) zu einer Außenprüfung nach § 193 übergegangen werden. [2]Auf den Übergang zur Außenprüfung wird schriftlich hingewiesen.

(5) [1]Wird eine Nachschau in einem Dienstgebäude oder einer nicht allgemein zugänglichen Einrichtung oder Anlage der Bundeswehr erforderlich, so wird die vorgesetzte Dienststelle der Bundeswehr um ihre Durchführung ersucht. [2]Die Finanzbehörde ist zur Mitwirkung berechtigt. [3]Ein Ersuchen ist nicht erforderlich, wenn die Nachschau in Räumen vorzunehmen ist, die ausschließlich von anderen Personen als Soldaten bewohnt werden.

§ 211[1]) **Pflichten der betroffenen Person.** (1) [1]Wer von einer Maßnahme der Steueraufsicht betroffen wird, hat den Amtsträgern auf Verlangen Aufzeichnungen, Bücher, Geschäftspapiere und andere Urkunden über die der Steueraufsicht unterliegenden Sachverhalte und über den Bezug und den Absatz verbrauchsteuerpflichtiger Waren vorzulegen, Auskünfte zu erteilen und die zur Durchführung der Steueraufsicht sonst erforderlichen Hilfsdienste zu leisten. [2]§ 200 Absatz 2 Satz 3 gilt sinngemäß.

(2) Die Pflichten nach Absatz 1 gelten auch dann, wenn bei einer gesetzlich vorgeschriebenen Nachversteuerung verbrauchsteuerpflichtiger Waren in einem der Steueraufsicht unterliegenden Betrieb oder Unternehmen festgestellt werden soll, an welche Empfänger und in welcher Menge nachsteuerpflichtige Waren geliefert worden sind.

(3) Vorkehrungen, die die Ausübung der Steueraufsicht hindern oder erschweren, sind unzulässig.

§ 212 Durchführungsvorschriften. (1) Das Bundesministerium der Finanzen kann durch Rechtsverordnung zur näheren Bestimmung der im Rahmen der Steueraufsicht zu erfüllenden Pflichten anordnen, dass

1. bestimmte Handlungen nur in Räumen vorgenommen werden dürfen, die der Finanzbehörde angemeldet sind oder deren Benutzung für diesen Zweck von der Finanzbehörde besonders genehmigt ist,

2. Räume, Fahrzeuge, Geräte, Gefäße und Leitungen, die der Herstellung, Bearbeitung, Verarbeitung, Lagerung, Beförderung oder Messung steuerpflichtiger Waren dienen oder dienen können, auf Kosten des Betriebsinhabers in bestimmter Weise einzurichten, herzurichten, zu kennzeichnen oder amtlich zu verschließen sind,

---

[1]) § 211 Überschr. geänd. mWv 26.11.2019 durch G v. 20.11.2019 (BGBl. I S. 1626); Abs. 1 Satz 2 Verweis geänd. durch G v. 20.12.2022 (BGBl. I S. 2730).

3. der Überwachung unterliegende Waren in bestimmter Weise behandelt, bezeichnet, gelagert, verpackt, versandt oder verwendet werden müssen,

4. der Handel mit steuerpflichtigen Waren besonders überwacht wird, wenn der Händler zugleich Hersteller der Waren ist,

5. über die Betriebsvorgänge und über die steuerpflichtigen Waren sowie über die zu ihrer Herstellung verwendeten Einsatzstoffe, Fertigungsstoffe, Hilfsstoffe und Zwischenerzeugnisse in bestimmter Weise Anschreibungen zu führen und die Bestände festzustellen sind,

6. Bücher, Aufzeichnungen und sonstige Unterlagen in bestimmter Weise aufzubewahren sind,

7. Vorgänge und Maßnahmen in Betrieben oder Unternehmen, die für die Besteuerung von Bedeutung sind, der Finanzbehörde anzumelden sind,

8. von steuerpflichtigen Waren, von Waren, für die ein Erlass, eine Erstattung oder Vergütung von Verbrauchsteuern beansprucht wird, von Stoffen, die zur Herstellung dieser Waren bestimmt sind, sowie von Umschließungen dieser Waren unentgeltlich Proben entnommen werden dürfen oder unentgeltlich Muster zu hinterlegen sind.

(2) Die Rechtsverordnung bedarf, außer wenn sie die Biersteuer betrifft, nicht der Zustimmung des Bundesrates.

§ 213 Besondere Aufsichtsmaßnahmen. [1]Betriebe oder Unternehmen, deren Inhaber oder deren leitende Angehörige wegen Steuerhinterziehung, versuchter Steuerhinterziehung oder wegen der Teilnahme an einer solchen Tat rechtskräftig bestraft worden sind, dürfen auf ihre Kosten besonderen Aufsichtsmaßnahmen unterworfen werden, wenn dies zur Gewährleistung einer wirksamen Steueraufsicht erforderlich ist. [2]Insbesondere dürfen zusätzliche Anschreibungen und Meldepflichten, der sichere Verschluss von Räumen, Behältnissen und Geräten sowie ähnliche Maßnahmen vorgeschrieben werden.

§ 214 Beauftragte. Wer sich zur Erfüllung steuerlicher Pflichten, die ihm auf Grund eines der Steueraufsicht unterliegenden Sachverhalts obliegen, durch einen mit der Wahrnehmung dieser Pflichten beauftragten Angehörigen seines Betriebs oder Unternehmens vertreten lässt, bedarf der Zustimmung der Finanzbehörde.[1)]

§ 215 Sicherstellung im Aufsichtsweg. (1) [1]Die Finanzbehörde kann durch Wegnahme, Anbringen von Siegeln oder durch Verfügungsverbot sicherstellen:

1. verbrauchsteuerpflichtige Waren, die ein Amtsträger vorfindet

a) in Herstellungsbetrieben oder anderen anmeldepflichtigen Räumen, die der Finanzbehörde nicht angemeldet sind,

b) im Handel ohne eine den Steuergesetzen entsprechende Verpackung, Bezeichnung, Kennzeichnung oder ohne vorschriftsmäßige Steuerzeichen,

---

[1)] § 214 Satz 2 aufgeh. mWv 1.5.2016 durch G v. 22.12.2014 (BGBl. I S. 2417).

2. Waren, die im grenznahen Raum oder in Gebieten, die der Grenzaufsicht unterliegen, aufgefunden werden, wenn sie weder offenbar Gemeinschaftswaren noch den Umständen nach in den zollrechtlich freien Verkehr überführt worden sind,

3. die Umschließungen der in den Nummern 1 und 2 genannten Waren,

4. Geräte, die zur Herstellung von verbrauchsteuerpflichtigen Waren bestimmt sind und die sich in einem der Finanzbehörde nicht angemeldeten Herstellungsbetrieb befinden.

²Die Sicherstellung ist auch zulässig, wenn die Sachen zunächst in einem Strafverfahren beschlagnahmt und dann der Finanzbehörde zur Verfügung gestellt worden sind.

(2) ¹Über die Sicherstellung ist eine Niederschrift aufzunehmen. ²Die Sicherstellung ist den betroffenen Personen (Eigentümer, Besitzer) mitzuteilen, soweit sie bekannt sind.

§ 216 Überführung in das Eigentum des Bundes. (1) ¹Nach § 215 sichergestellte Sachen sind in das Eigentum des Bundes überzuführen, sofern sie nicht nach § 375 Abs. 2 eingezogen werden. ²Für Fundgut gilt dies nur, wenn kein Eigentumsanspruch geltend gemacht wird.

(2) ¹Die Überführung sichergestellter Sachen in das Eigentum des Bundes ist den betroffenen Personen mitzuteilen. ²Ist eine betroffene Person nicht bekannt, so gilt § 10 Abs. 2¹⁾ des Verwaltungszustellungsgesetzes²⁾ sinngemäß.

(3) ¹Der Eigentumsübergang wird wirksam, sobald der von der Finanzbehörde erlassene Verwaltungsakt unanfechtbar ist. ²Bei Sachen, die mit dem Grund und Boden verbunden sind, geht das Eigentum unter der Voraussetzung des Satzes 1 mit der Trennung über. ³Rechte Dritter an einer sichergestellten Sache bleiben bestehen. ⁴Das Erlöschen dieser Rechte kann jedoch angeordnet werden, wenn der Dritte leichtfertig dazu beigetragen hat, dass die in das Eigentum des Bundes überführte Sache der Sicherstellung unterlag oder er sein Recht an der Sache in Kenntnis der Umstände erwarb, welche die Sicherstellung veranlasst haben.

(4) ¹Sichergestellte Sachen können schon vor der Überführung in das Eigentum des Bundes veräußert werden, wenn ihr Verderb oder eine wesentliche Minderung ihres Werts droht oder ihre Aufbewahrung, Pflege oder Erhaltung mit unverhältnismäßig großen Kosten oder Schwierigkeiten verbunden ist; zu diesem Zweck dürfen auch Sachen, die mit dem Grund und Boden verbunden sind, von diesem getrennt werden. ²Der Erlös tritt an die Stelle der Sachen. ³Die Notveräußerung wird nach den Vorschriften dieses Gesetzes über die Verwertung gepfändeter Sachen durchgeführt. ⁴Die betroffenen Personen sollen vor der Anordnung der Veräußerung gehört werden. ⁵Die Anordnung sowie Zeit und Ort der Veräußerung sind ihnen, soweit tunlich, mitzuteilen.

---

¹⁾ Verweis geänd. durch G v. 12.8.2005 (BGBl. I S. 2354).
²⁾ Nr. **805**.

(5)[1] ¹Sichergestellte oder bereits in das Eigentum des Bundes überführte Sachen werden zurückgegeben, wenn die Umstände, die die Sicherstellung veranlasst haben, dem Eigentümer nicht zuzurechnen sind oder wenn die Überführung in das Eigentum des Bundes als eine unbillige Härte für die betroffenen Personen erscheint. ²Gutgläubige Dritte, deren Rechte durch die Überführung in das Eigentum des Bundes erloschen oder beeinträchtigt sind, werden aus dem Erlös der Sachen angemessen entschädigt. ³Im Übrigen kann eine Entschädigung gewährt werden, soweit es eine unbillige Härte wäre, sie zu versagen.

§ 217 Steuerhilfspersonen. Zur Feststellung von Tatsachen, die zoll- oder verbrauchsteuerrechtlich erheblich sind, kann die Finanzbehörde Personen, die vom Ergebnis der Feststellung nicht selbst betroffen werden, als Steuerhilfspersonen bestellen.

Fünfter Teil. Erhebungsverfahren

Erster Abschnitt: Verwirklichung, Fälligkeit und Erlöschen von Ansprüchen aus dem Steuerschuldverhältnis

1. Unterabschnitt: Verwirklichung und Fälligkeit von Ansprüchen aus dem Steuerschuldverhältnis

§ 218 Verwirklichung von Ansprüchen aus dem Steuerschuldverhältnis. (1) ¹Grundlage für die Verwirklichung von Ansprüchen aus dem Steuerschuldverhältnis (§ 37) sind die Steuerbescheide, die Steuervergütungsbescheide, die Haftungsbescheide und die Verwaltungsakte, durch die steuerliche Nebenleistungen festgesetzt werden; bei den Säumniszuschlägen genügt die Verwirklichung des gesetzlichen Tatbestands (§ 240). ²Die Steueranmeldungen (§ 168) stehen den Steuerbescheiden gleich.

(2) ¹Über Streitigkeiten, die die Verwirklichung der Ansprüche im Sinne des Absatzes 1 betreffen, entscheidet die Finanzbehörde durch Abrechnungsbescheid[2]. ²Dies gilt auch, wenn die Streitigkeit einen Erstattungsanspruch (§ 37 Abs. 2) betrifft.

(3)[3] ¹Wird eine Anrechnungsverfügung oder ein Abrechnungsbescheid auf Grund eines Rechtsbehelfs oder auf Antrag des Steuerpflichtigen oder eines Dritten zurückgenommen und in dessen Folge ein für ihn günstigerer Verwaltungsakt erlassen, können nachträglich gegenüber dem Steuerpflichtigen oder einer anderen Person die entsprechenden steuerlichen Folgerungen gezogen werden. ²§ 174 Absatz 4 und 5 gilt entsprechend.

§ 219 Zahlungsaufforderung bei Haftungsbescheiden. ¹Wenn nichts anderes bestimmt ist, darf ein Haftungsschuldner auf Zahlung nur in Anspruch

---

[1] § 216 Abs. 5 Satz 1 geänd. mWv 26.11.2019 durch G v. 20.11.2019 (BGBl. I S. 1626).
[2] Bezeichnung geänd. mWv 31.12.2014 durch G v. 22.12.2014 (BGBl. I S. 2417).
[3] § 218 Abs. 3 angef. durch G v. 22.12.2014 (BGBl. I S. 2417); zur Anwendung siehe Art. 97 § 13a EGAO (Nr. **800a**).

genommen werden, soweit die Vollstreckung in das bewegliche Vermögen des Steuerschuldners ohne Erfolg geblieben oder anzunehmen ist, dass die Vollstreckung aussichtslos sein würde. ²Diese Einschränkung gilt nicht, wenn die Haftung darauf beruht, dass der Haftungsschuldner Steuerhinterziehung oder Steuerhehlerei begangen hat oder gesetzlich verpflichtet war, Steuern einzubehalten und abzuführen oder zu Lasten eines anderen zu entrichten.

§ 220 Fälligkeit. (1) Die Fälligkeit von Ansprüchen aus dem Steuerschuldverhältnis richtet sich nach den Vorschriften der Steuergesetze.

(2) ¹Fehlt es an einer besonderen gesetzlichen Regelung über die Fälligkeit, so wird der Anspruch mit seiner Entstehung fällig, es sei denn, dass in einem nach § 254 erforderlichen Leistungsgebot eine Zahlungsfrist eingeräumt worden ist. ²Ergibt sich der Anspruch in den Fällen des Satzes 1 aus der Festsetzung von Ansprüchen aus dem Steuerschuldverhältnis, so tritt die Fälligkeit nicht vor Bekanntgabe der Festsetzung ein.

§ 221 Abweichende Fälligkeitsbestimmung. ¹Hat ein Steuerpflichtiger eine Verbrauchsteuer oder die Umsatzsteuer mehrfach nicht rechtzeitig entrichtet, so kann die Finanzbehörde verlangen, dass die Steuer jeweils zu einem von der Finanzbehörde zu bestimmenden, vor der gesetzlichen Fälligkeit aber nach Entstehung der Steuer liegenden Zeitpunkt entrichtet wird. ²Das Gleiche gilt, wenn die Annahme begründet ist, dass der Eingang einer Verbrauchsteuer oder der Umsatzsteuer gefährdet ist; an Stelle der Vorverlegung der Fälligkeit kann auch Sicherheitsleistung verlangt werden. ³In den Fällen des Satzes 1 ist die Vorverlegung der Fälligkeit nur zulässig, wenn sie dem Steuerpflichtigen für den Fall erneuter nicht rechtzeitiger Entrichtung angekündigt worden ist.

§ 222 Stundung. ¹Die Finanzbehörden können Ansprüche aus dem Steuerschuldverhältnis ganz oder teilweise stunden, wenn die Einziehung bei Fälligkeit eine erhebliche Härte für den Schuldner bedeuten würde und der Anspruch durch die Stundung nicht gefährdet erscheint. ²Die Stundung soll in der Regel nur auf Antrag und gegen Sicherheitsleistung gewährt werden. ³Steueransprüche gegen den Steuerschuldner können nicht gestundet werden, soweit ein Dritter (Entrichtungspflichtiger) die Steuer für Rechnung des Steuerschuldners zu entrichten, insbesondere einzubehalten und abzuführen hat. ⁴Die Stundung des Haftungsanspruchs gegen den Entrichtungspflichtigen ist ausgeschlossen, soweit er Steuerabzugsbeträge einbehalten oder Beträge, die eine Steuer enthalten, eingenommen hat.

§ 223¹⁾ *(aufgehoben)*

2. Unterabschnitt: Zahlung, Aufrechnung, Erlass

§ 224 Leistungsort, Tag der Zahlung. (1) ¹Zahlungen an Finanzbehörden sind an die zuständige Kasse zu entrichten. ²Außerhalb des Kassenraums können Zahlungsmittel nur einem Amtsträger übergeben werden, der zur

---

¹⁾ § 223 aufgeh. mWv 31.12.2014 durch G v. 22.12.2014 (BGBl. I S. 2417).

Annahme von Zahlungsmitteln außerhalb des Kassenraums besonders ermächtigt worden ist und sich hierüber ausweisen kann.

(2) Eine wirksam geleistete Zahlung gilt als entrichtet:

1.[1] bei Übergabe oder Übersendung von Zahlungsmitteln am Tag des Eingangs, bei Hingabe oder Übersendung von Schecks jedoch drei Tage nach dem Tag des Eingangs,

2.[2] bei Überweisung oder Einzahlung auf ein Konto der Finanzbehörde und bei Einzahlung mit Zahlschein an dem Tag, an dem der Betrag der Finanzbehörde gutgeschrieben wird,

3.[3] bei Vorliegen eines SEPA-Lastschriftmandats am Fälligkeitstag.

(3) [1] Zahlungen der Finanzbehörden sind unbar zu leisten. [2] Das Bundesministerium der Finanzen und die für die Finanzverwaltung zuständigen obersten Landesbehörden können für ihre Geschäftsbereiche Ausnahmen zulassen. [3] Als Tag der Zahlung gilt bei Überweisung oder Zahlungsanweisung der dritte Tag nach der Hingabe oder Absendung des Auftrags an das Kreditinstitut oder, wenn der Betrag nicht sofort abgebucht werden soll, der dritte Tag nach der Abbuchung.

(4) [1] Die zuständige Kasse kann für die Übergabe von Zahlungsmitteln gegen Quittung geschlossen werden. [2] Absatz 2 Nr. 1 gilt entsprechend, wenn bei der Schließung von Kassen nach Satz 1 am Ort der Kasse eine oder mehrere Zweiganstalten der Deutschen Bundesbank oder, falls solche am Ort der Kasse nicht bestehen, ein oder mehrere Kreditinstitute ermächtigt werden, für die Kasse Zahlungsmittel gegen Quittung anzunehmen.

§ 224a Hingabe von Kunstgegenständen an Zahlungs statt.

(1) [1] Schuldet ein Steuerpflichtiger Erbschaft- oder Vermögensteuer, kann durch öffentlich-rechtlichen Vertrag zugelassen werden, dass an Zahlungs statt das Eigentum an Kunstgegenständen, Kunstsammlungen, wissenschaftlichen Sammlungen, Bibliotheken, Handschriften und Archiven dem Land, dem das Steueraufkommen zusteht, übertragen wird, wenn an deren Erwerb wegen ihrer Bedeutung für Kunst, Geschichte oder Wissenschaft ein öffentliches Interesse besteht. [2] Die Übertragung des Eigentums nach Satz 1 gilt nicht als Veräußerung im Sinne des § 13 Abs. 1 Nr. 2 Satz 2 des Erbschaftsteuergesetzes.

(2) [1] Der Vertrag nach Absatz 1 bedarf der Schriftform; die elektronische Form ist ausgeschlossen. [2] Der Steuerpflichtige hat das Vertragsangebot an die örtlich zuständige Finanzbehörde zu richten. [3] Zuständig für den Vertragsabschluss ist die oberste Finanzbehörde des Landes, dem das Steueraufkommen zusteht. [4] Der Vertrag wird erst mit der Zustimmung der für kulturelle Angelegenheiten zuständigen obersten Landesbehörde wirksam; diese Zustimmung wird von der obersten Finanzbehörde eingeholt.

(3) Kommt ein Vertrag zustande, erlischt die Steuerschuld in der im Vertrag vereinbarten Höhe am Tag der Übertragung des Eigentums an das Land, dem das Steueraufkommen zusteht.

---

[1] § 224 Abs. 2 Nr. 1 neu gef. durch G v. 13.12.2006 (BGBl. I S. 2878); zur erstmaligen Anwendung siehe Art. 97 § 6 EGAO (Nr. **800a**).
[2] § 224 Abs. 2 Nr. 2 geänd. mWv 30.6.2013 durch G v. 26.6.2013 (BGBl. I S. 1809).
[3] § 224 Abs. 2 Nr. 3 geänd. mWv 21.12.2022 durch G v. 16.12.2022 (BGBl. I S. 2294).

(4) [1] Solange nicht feststeht, ob ein Vertrag zustande kommt, kann der Steueranspruch nach § 222 gestundet werden. [2] Kommt ein Vertrag zustande, ist für die Dauer der Stundung auf die Erhebung von Stundungszinsen zu verzichten.

§ 225 Reihenfolge der Tilgung. (1) Schuldet ein Steuerpflichtiger mehrere Beträge und reicht bei freiwilliger Zahlung der gezahlte Betrag nicht zur Tilgung sämtlicher Schulden aus, so wird die Schuld getilgt, die der Steuerpflichtige bei der Zahlung bestimmt.

(2) [1] Trifft der Steuerpflichtige keine Bestimmung, so werden mit einer freiwilligen Zahlung, die nicht sämtliche Schulden deckt, zunächst die Geldbußen, sodann nacheinander die Zwangsgelder, die Steuerabzugsbeträge, die übrigen Steuern, die Kosten, die Verspätungszuschläge, die Zinsen und die Säumniszuschläge getilgt. [2] Innerhalb dieser Reihenfolge sind die einzelnen Schulden nach ihrer Fälligkeit zu ordnen; bei gleichzeitig fällig gewordenen Beträgen und bei den Säumniszuschlägen bestimmt die Finanzbehörde die Reihenfolge der Tilgung.

(3) Wird die Zahlung im Verwaltungsweg erzwungen (§ 249) und reicht der verfügbare Betrag nicht zur Tilgung aller Schulden aus, derentwegen die Vollstreckung oder die Verwertung der Sicherheiten erfolgt ist, so bestimmt die Finanzbehörde die Reihenfolge der Tilgung.

§ 226 Aufrechnung. (1) Für die Aufrechnung mit Ansprüchen aus dem Steuerschuldverhältnis sowie für die Aufrechnung gegen diese Ansprüche gelten sinngemäß die Vorschriften des bürgerlichen Rechts, soweit nichts anderes bestimmt ist.

(2) Mit Ansprüchen aus dem Steuerschuldverhältnis kann nicht aufgerechnet werden, wenn sie durch Verjährung oder Ablauf einer Ausschlussfrist erloschen sind.

(3) Die Steuerpflichtigen können gegen Ansprüche aus dem Steuerschuldverhältnis nur mit unbestrittenen oder rechtskräftig festgestellten Gegenansprüchen aufrechnen.

(4) Für die Aufrechnung gilt als Gläubiger oder Schuldner eines Anspruchs aus dem Steuerschuldverhältnis auch die Körperschaft, die die Steuer verwaltet.

§ 227 Erlass. Die Finanzbehörden können Ansprüche aus dem Steuerschuldverhältnis ganz oder zum Teil erlassen, wenn deren Einziehung nach Lage des einzelnen Falls unbillig wäre; unter den gleichen Voraussetzungen können bereits entrichtete Beträge erstattet oder angerechnet werden.

3. Unterabschnitt: Zahlungsverjährung[1)]

§ 228[2)] Gegenstand der Verjährung, Verjährungsfrist. [1] Ansprüche aus dem Steuerschuldverhältnis unterliegen einer besonderen Zahlungsverjährung.

[1)] Zur Anwendung in den neuen Bundesländern vgl. Art. 97a § 2 Nr. 9 EGAO (Nr. **800a**).
[2)] § 228 Satz 2 neu gef. durch G v. 23.6.2017 (BGBl. I S. 1682); zur Anwendung siehe Art. 97 § 14 Abs. 5 EGAO (Nr. **800a**).

[2]Die Verjährungsfrist beträgt fünf Jahre, in Fällen der §§ 370, 373 oder 374 zehn Jahre.

§ 229[1]) **Beginn der Verjährung.** (1) [1]Die Verjährung beginnt mit Ablauf des Kalenderjahrs, in dem der Anspruch erstmals fällig geworden ist. [2]Sie beginnt jedoch nicht vor Ablauf des Kalenderjahrs, in dem die Festsetzung eines Anspruchs aus dem Steuerschuldverhältnis, ihre Aufhebung, Änderung oder Berichtigung nach § 129 wirksam geworden ist, aus der sich der Anspruch ergibt; eine Steueranmeldung steht einer Steuerfestsetzung gleich. *[für offene Verjährungsfristen:* [3]Wird die Festsetzung oder Anmeldung eines Anspruchs aus dem Steuerschuldverhältnis aufgehoben, geändert oder nach § 129 berichtigt, so beginnt die Verjährung des gesamten Anspruchs erst mit Ablauf des Kalenderjahrs, in dem die Aufhebung, Änderung oder Berichtigung wirksam geworden ist.]

(2) Ist ein Haftungsbescheid ohne Zahlungsaufforderung ergangen, so beginnt die Verjährung mit Ablauf des Kalenderjahrs, in dem *[für offene Verjährungsfristen:* die Zahlungsaufforderung nachgeholt worden ist, spätestens aber fünf Jahre nach Ablauf des Kalenderjahrs, in dem] der Haftungsbescheid wirksam geworden ist.

§ 230[2]) **Hemmung der Verjährung.** (1) Die Verjährung ist gehemmt, solange der Anspruch wegen höherer Gewalt innerhalb der letzten sechs Monate der Verjährungsfrist nicht verfolgt werden kann.

[für offene Verjährungsfristen:

(2) [1]Die Verjährung ist gehemmt, solange die Festsetzungsfrist des Anspruchs noch nicht abgelaufen ist. [2]§ 171 Absatz 14 ist dabei nicht anzuwenden.]

§ 231 Unterbrechung der Verjährung. (1)[3] [1]Die Verjährung eines Anspruchs wird unterbrochen durch

1. Zahlungsaufschub, Stundung, Aussetzung der Vollziehung, Aussetzung der Verpflichtung des Zollschuldners zur Abgabenentrichtung oder Vollstreckungsaufschub,

2. Sicherheitsleistung,

3. eine Vollstreckungsmaßnahme,

4. Anmeldung im Insolvenzverfahren,

5. Eintritt des Vollstreckungsverbots nach § 210 oder § 294 Absatz 1 der Insolvenzordnung,

---

[1]) § 229 Abs. 1 Satz 3 angef., Abs. 2 geänd. durch G v. 16.12.2022 (BGBl. I S. 2294); zur Anwendung siehe Art. 97 § 14 Abs. 6 EGAO (Nr. **800a**).
[2]) § 230 Abs. 2 angef., bish. Text wird Abs. 1 durch G v. 16.12.2022 (BGBl. I S. 2294); zur Anwendung siehe Art. 97 § 14 Abs. 6 EGAO (Nr. **800a**).
[3]) § 231 Abs. 1 Satz 1 geänd. mWv 20.12.2003 durch G v. 15.12.2003 (BGBl. I S. 2645); Abs. 1 Satz 1 neu gef. durch G v. 23.6.2017 (BGBl. I S. 1682); zur Anwendung siehe Art. 97 § 14 Abs. 5 EGAO (Nr. **800a**); Abs. 1 Satz 1 Nr. 5 geänd. mWv 29.12.2020 durch G v. 21.12.2020 (BGBl. I S. 3096).

6. Aufnahme in einen Insolvenzplan oder einen gerichtlichen Schuldenbereinigungsplan,

7. Ermittlungen der Finanzbehörde nach dem Wohnsitz oder dem Aufenthaltsort des Zahlungspflichtigen und

8. schriftliche Geltendmachung des Anspruchs.

²§ 169 Abs. 1 Satz 3 gilt sinngemäß.

(2)¹⁾ ¹Die Unterbrechung der Verjährung dauert fort

1. in den Fällen des Absatzes 1 Satz 1 Nummer 1 bis zum Ablauf der Maßnahme,

2. im Fall des Absatzes 1 Satz 1 Nummer 2 bis zum Erlöschen der Sicherheit,

3. im Fall des Absatzes 1 Satz 1 Nummer 3 bis zum Erlöschen des Pfändungspfandrechts, der Zwangshypothek oder des sonstigen Vorzugsrechts auf Befriedigung,

4. im Fall des Absatzes 1 Satz 1 Nummer 4 bis zur Beendigung des Insolvenzverfahrens,

5. im Fall des Absatzes 1 Satz 1 Nummer 5 bis zum Wegfall des Vollstreckungsverbots nach § 210 oder § 294 Absatz 1 der Insolvenzordnung,

6. in den Fällen des Absatzes 1 Satz 1 Nummer 6, bis der Insolvenzplan oder der gerichtliche Schuldenbereinigungsplan erfüllt oder hinfällig wird.

²Wird gegen die Finanzbehörde ein Anspruch geltend gemacht, so endet die hierdurch eingetretene Unterbrechung der Verjährung nicht, bevor über den Anspruch rechtskräftig entschieden worden ist.

(3) Mit Ablauf des Kalenderjahrs, in dem die Unterbrechung geendet hat, beginnt eine neue Verjährungsfrist.

(4) Die Verjährung wird nur in Höhe des Betrags unterbrochen, auf den sich die Unterbrechungshandlung bezieht.

§ 232 Wirkung der Verjährung. Durch die Verjährung erlöschen der Anspruch aus dem Steuerschuldverhältnis und die von ihm abhängenden Zinsen.

Zweiter Abschnitt: Verzinsung, Säumniszuschläge

1. Unterabschnitt: Verzinsung

§ 233²⁾ Grundsatz. ¹Ansprüche aus dem Steuerschuldverhältnis (§ 37) werden nur verzinst, soweit dies *gesetzlich* [**ab 22.7.2022:** durch Bundesrecht oder Recht der Europäischen Union] vorgeschrieben ist. ²Ansprüche auf steuer-

---

¹⁾ § 231 Abs. 2 Satz 1 neu gef. mWv 20.12.2003 durch G v. 15.12.2003 (BGBl. I S. 2645); Satz 1 neu gef. durch G v. 23.6.2017 (BGBl. I S. 1682); zur Anwendung siehe Art. 97 § 14 Abs. 5 EGAO (Nr. **800a**); Abs. 2 Satz 1 Nr. 5 geänd. mWv 29.12.2020 durch G v. 21.12.2020 (BGBl. I S. 3096).

²⁾ § 233 Satz 1 geänd. durch G v. 12.7.2022 (BGBl. I S. 1142); zur Anwendung siehe Art. 97 § 15 Abs. 13 EGAO (Nr. **800a**).

liche Nebenleistungen (§ 3 Abs. 4) und die entsprechenden Erstattungsansprüche werden nicht verzinst.

§ 233a[1] Verzinsung von Steuernachforderungen und Steuererstattungen. (1) [1]Führt die Festsetzung der Einkommen-, Körperschaft-, Vermögen-, Umsatz- oder Gewerbesteuer zu einem Unterschiedsbetrag im Sinne des Absatzes 3, ist dieser zu verzinsen. [2]Dies gilt nicht für die Festsetzung von Vorauszahlungen und Steuerabzugsbeträgen.

(2)[2] [1]Der Zinslauf beginnt 15 Monate[3] nach Ablauf des Kalenderjahrs, in dem die Steuer entstanden ist. [2]Er beginnt für die Einkommen- und Körperschaftsteuer 23 Monate[3] nach diesem Zeitpunkt, wenn die Einkünfte aus Land- und Forstwirtschaft bei der erstmaligen Steuerfestsetzung die anderen Einkünfte überwiegen; [*ab 22.7.2022:* hierbei sind Kapitalerträge nach § 32d Absatz 1 und § 43 Absatz 5 des Einkommensteuergesetzes nicht zu berücksichtigen].[4] [3]Er endet mit Ablauf des Tages, an dem die Steuerfestsetzung wirksam wird.

(2a)[5] Soweit die Steuerfestsetzung auf der Berücksichtigung eines rückwirkenden Ereignisses (§ 175 Abs. 1 Satz 1 Nr. 2 und Abs. 2) oder auf einem Verlustabzug nach § 10d Abs. 1 des Einkommensteuergesetzes beruht, beginnt der Zinslauf abweichend von Absatz 2 Satz 1 und 2 15 Monate nach Ablauf des Kalenderjahres, in dem das rückwirkende Ereignis eingetreten oder der Verlust entstanden ist.

(3)[6] [1]Maßgebend für die Zinsberechnung ist die festgesetzte Steuer, vermindert um die anzurechnenden Steuerabzugsbeträge, um die anzurechnende Körperschaftsteuer und um die bis zum Beginn des Zinslaufs festgesetzten Vorauszahlungen (Unterschiedsbetrag). [2]Bei der Vermögensteuer ist als Unterschiedsbetrag für die Zinsberechnung die festgesetzte Steuer, vermindert um die festgesetzten Vorauszahlungen oder die bisher festgesetzte Jahressteuer, maßgebend. [3]Ein Unterschiedsbetrag zugunsten des Steuerpflichtigen ist nur bis zur Höhe des zu erstattenden Betrags zu verzinsen; die Verzinsung beginnt frühestens mit dem Tag der Zahlung. [*ab 22.7.2022:* [4]Besteht der Erstattungsbetrag aus mehreren Teil-Leistungen, richtet sich der Zinsberechnungszeitraum jeweils nach dem Zeitpunkt der einzelnen Leistung; die Leistungen sind in chronologischer Reihenfolge zu berücksichtigen, beginnend mit der jüngsten Leistung.]

---

[1] Siehe hierzu BVerfG v. 8.7.2021 (BGBl. I 2021 S. 4303) iVm Allgemeinverfügung der obersten Finanzbehörden der Länder v. 29.11.2021 (www.bundesfinanzministerium.de).
[2] Zur **Anwendung aufgrund der Corona-Pandemie** siehe **Sonderregelung** in Art. 97 § 36 EGAO (Nr. **800a**). Zur Anwendung in den neuen Bundesländern siehe Art. 97a § 2 Nr. 10 EGAO (Nr. **800a**).
[3] Zeitpunkt geänd. durch G v. 1.11.2011 (BGBl. I S. 2131); zur Anwendung siehe Art. 97 § 15 Abs. 11 und § 36 Abs. 3 Nrn. 7 und 8 EGAO (Nr. **800a**).
[4] § 233a Abs. 2 Satz 2 idF. angef. durch G v. 12.7.2022 (BGBl. I S. 1142); zur Anwendung siehe Art. 97 § 15 Abs. 13 EGAO (Nr. **800a**).
[5] In § 233a Abs. 2a s. auch Art. 97 § 9 Abs. 5 EGAO (Nr. **800a**).
[6] § 233a Abs. 3 Satz 4 angef. durch G v. 12.7.2022 (BGBl. I S. 1142); zur Anwendung siehe Art. 97 § 15 Abs. 13 EGAO (Nr. **800a**).

(4) Die Festsetzung der Zinsen soll mit der Steuerfestsetzung verbunden werden.

(5)[1] [1] Wird die Steuerfestsetzung aufgehoben, geändert oder nach § 129 berichtigt, ist eine bisherige Zinsfestsetzung zu ändern; Gleiches gilt, wenn die Anrechnung von Steuerbeträgen zurückgenommen, widerrufen oder nach § 129 berichtigt wird. [2] Maßgebend für die Zinsberechnung ist der Unterschiedsbetrag zwischen der festgesetzten Steuer und der vorher festgesetzten Steuer, jeweils vermindert um die anzurechnenden Steuerabzugsbeträge und um die anzurechnende Körperschaftsteuer. [3] Dem sich hiernach ergebenden Zinsbetrag sind bisher festzusetzende Zinsen hinzuzurechnen; bei einem Unterschiedsbetrag zugunsten des Steuerpflichtigen entfallen darauf festgesetzte Zinsen. [4] Im Übrigen gilt Absatz 3 Satz 3 [*ab 22.7.2022*: und 4] entsprechend.

(6) Die Absätze 1 bis 5 gelten bei der Durchführung des Lohnsteuer-Jahresausgleichs entsprechend.

(7) [1] Bei Anwendung des Absatzes 2a gelten die Absätze 3 und 5 mit der Maßgabe, dass der Unterschiedsbetrag in Teil-Unterschiedsbeträge mit jeweils gleichem Zinslaufbeginn aufzuteilen ist; für jeden Teil-Unterschiedsbetrag sind Zinsen gesondert und in der zeitlichen Reihenfolge der Teil-Unterschiedsbeträge zu berechnen, beginnend mit den Zinsen auf den Teil-Unterschiedsbetrag mit dem ältesten Zinslaufbeginn. [2] Ergibt sich ein Teil-Unterschiedsbetrag zugunsten des Steuerpflichtigen, entfallen auf diesen Betrag festgesetzte Zinsen frühestens ab Beginn des für diesen Teil-Unterschiedsbetrag maßgebenden Zinslaufs; Zinsen für den Zeitraum bis zum Beginn des Zinslaufs dieses Teil-Unterschiedsbetrags bleiben endgültig bestehen. [3] Dies gilt auch, wenn zuvor innerhalb derselben Zinsberechnung Zinsen auf einen Teil-Unterschiedsbetrag zuungunsten des Steuerpflichtigen berechnet worden sind.

(8)[2] [1] Zinsen auf einen Unterschiedsbetrag zuungunsten des Steuerpflichtigen (Nachzahlungszinsen) sind entweder nicht festzusetzen oder zu erlassen, soweit Zahlungen oder andere Leistungen auf eine später wirksam gewordene Steuerfestsetzung erbracht wurden, die Finanzbehörde diese Leistungen angenommen und auf die festgesetzte und zu entrichtende Steuer angerechnet hat. [2] Absatz 3 Satz 4 ist hierbei entsprechend anzuwenden. [3] Soweit Nachzahlungszinsen aufgrund einer Aufhebung, Änderung oder Berichtigung der Steuerfestsetzung nach Absatz 5 Satz 3 zweiter Halbsatz entfallen, mindert sich der Zinsverzicht nach Satz 1 entsprechend. [4] Die §§ 163 und 227 bleiben unberührt.

§ 234 Stundungszinsen. (1) [1] Für die Dauer einer gewährten Stundung von Ansprüchen aus dem Steuerschuldverhältnis werden Zinsen erhoben. [2] Wird der Steuerbescheid nach Ablauf der Stundung aufgehoben, geändert oder nach § 129 berichtigt, so bleiben die bis dahin entstandenen Zinsen unberührt.

---

[1] § 233a Abs. 5 Satz 4 geänd. durch G v. 12.7.2022 (BGBl. I S. 1142); zur Anwendung siehe Art. 97 § 15 Abs. 13 EGAO (Nr. **800a**).
[2] § 233a Abs. 8 angef. durch G v. 12.7.2022 (BGBl. I S. 1142); zur Anwendung siehe Art. 97 § 15 Abs. 14 EGAO (Nr. **800a**).

(2) Auf die Zinsen kann ganz oder teilweise verzichtet werden, wenn ihre Erhebung nach Lage des einzelnen Falls unbillig wäre.

(3) Zinsen nach § 233a, die für denselben Zeitraum festgesetzt wurden, sind anzurechnen.

§ 235 Verzinsung von hinterzogenen Steuern. (1) [1]Hinterzogene Steuern sind zu verzinsen. [2]Zinsschuldner ist derjenige, zu dessen Vorteil die Steuern hinterzogen worden sind. [3]Wird die Steuerhinterziehung dadurch begangen, dass ein anderer als der Steuerschuldner seine Verpflichtung, einbehaltene Steuern an die Finanzbehörde abzuführen oder Steuern zu Lasten eines anderen zu entrichten, nicht erfüllt, so ist dieser Zinsschuldner.

(2) [1]Der Zinslauf beginnt mit dem Eintritt der Verkürzung oder der Erlangung des Steuervorteils, es sei denn, dass die hinterzogenen Beträge ohne die Steuerhinterziehung erst später fällig geworden wären. [2]In diesem Fall ist der spätere Zeitpunkt maßgebend.

(3) [1]Der Zinslauf endet mit der Zahlung der hinterzogenen Steuern. [2]Für eine Zeit, für die ein Säumniszuschlag verwirkt, die Zahlung gestundet oder die Vollziehung ausgesetzt ist, werden Zinsen nach dieser Vorschrift nicht erhoben. [3]Wird der Steuerbescheid nach Ende des Zinslaufs aufgehoben, geändert oder nach § 129 berichtigt, so bleiben die bis dahin entstandenen Zinsen unberührt.

(4) Zinsen nach § 233a, die für denselben Zeitraum festgesetzt wurden, sind anzurechnen.

§ 236 Prozesszinsen auf Erstattungsbeträge. (1) [1]Wird durch eine rechtskräftige gerichtliche Entscheidung oder auf Grund einer solchen Entscheidung eine festgesetzte Steuer herabgesetzt oder eine Steuervergütung gewährt, so ist der zu erstattende oder zu vergütende Betrag vorbehaltlich des Absatzes 3 vom Tag der Rechtshängigkeit an bis zum Auszahlungstag zu verzinsen. [2]Ist der zu erstattende Betrag erst nach Eintritt der Rechtshängigkeit entrichtet worden, so beginnt die Verzinsung mit dem Tag der Zahlung.

(2) Absatz 1 ist entsprechend anzuwenden, wenn

1. sich der Rechtsstreit durch Aufhebung oder Änderung des angefochtenen Verwaltungsakts oder durch Erlass des beantragten Verwaltungsakts erledigt oder

2. eine rechtskräftige gerichtliche Entscheidung oder ein unanfechtbarer Verwaltungsakt, durch den sich der Rechtsstreit erledigt hat,

   a) zur Herabsetzung der in einem Folgebescheid festgesetzten Steuer,

   b) zur Herabsetzung der Gewerbesteuer nach Änderung des Gewerbesteuermessbetrags

   führt.

(3) Ein zu erstattender oder zu vergütender Betrag wird nicht verzinst, soweit dem Beteiligten die Kosten des Rechtsbehelfs nach § 137 Satz 1 der Finanzgerichtsordnung auferlegt worden sind.

(4) Zinsen nach § 233a, die für denselben Zeitraum festgesetzt wurden, sind anzurechnen.

(5) Ein Zinsbescheid ist nicht aufzuheben oder zu ändern, wenn der Steuerbescheid nach Abschluss des Rechtsbehelfsverfahrens aufgehoben, geändert oder nach § 129 berichtigt wird.

§ 237 Zinsen bei Aussetzung der Vollziehung. (1) [1]Soweit ein Einspruch oder eine Anfechtungsklage gegen einen Steuerbescheid, eine Steueranmeldung oder einen Verwaltungsakt, der einen Steuervergütungsbescheid aufhebt oder ändert, oder gegen eine Einspruchsentscheidung über einen dieser Verwaltungsakte endgültig keinen Erfolg gehabt hat, ist der geschuldete Betrag, hinsichtlich dessen die Vollziehung des angefochtenen Verwaltungsakts ausgesetzt wurde, zu verzinsen. [2]Satz 1 gilt entsprechend, wenn nach Einlegung eines förmlichen außergerichtlichen oder gerichtlichen Rechtsbehelfs gegen einen Grundlagenbescheid (§ 171 Abs. 10) oder eine Rechtsbehelfsentscheidung über einen Grundlagenbescheid die Vollziehung eines Folgebescheids ausgesetzt wurde.

(2) [1]Zinsen werden erhoben vom Tag des Eingangs des außergerichtlichen Rechtsbehelfs bei der Behörde, deren Verwaltungsakt angefochten wird, oder vom Tag der Rechtshängigkeit beim Gericht an bis zum Tag, an dem die Aussetzung der Vollziehung endet. [2]Ist die Vollziehung erst nach dem Eingang des außergerichtlichen Rechtsbehelfs oder erst nach der Rechtshängigkeit ausgesetzt worden, so beginnt die Verzinsung mit dem Tag, an dem die Wirkung der Aussetzung der Vollziehung beginnt.

(3) Absätze 1 und 2 sind entsprechend anzuwenden, wenn nach Aussetzung der Vollziehung des Einkommensteuerbescheids, des Körperschaftsteuerbescheids oder eines Feststellungsbescheids die Vollziehung eines Gewerbesteuermessbescheids oder Gewerbesteuerbescheids ausgesetzt wird.

(4) § 234 Abs. 2 und 3 gelten entsprechend.

(5) Ein Zinsbescheid ist nicht aufzuheben oder zu ändern, wenn der Steuerbescheid nach Abschluss des Rechtsbehelfsverfahrens aufgehoben, geändert oder nach § 129 berichtigt wird.

§ 238 Höhe und Berechnung der Zinsen. (1) [1]Die Zinsen betragen für jeden Monat einhalb Prozent. [2]Sie sind von dem Tag an, an dem der Zinslauf beginnt, nur für volle Monate zu zahlen; angefangene Monate bleiben außer Ansatz. [3]Erlischt der zu verzinsende Anspruch durch Aufrechnung, gilt der Tag, an dem die Schuld des Aufrechnenden fällig wird, als Tag der Zahlung.

(1a)[1]) In den Fällen des § 233a betragen die Zinsen abweichend von Absatz 1 Satz 1 ab dem 1. Januar 2019 0,15 Prozent für jeden Monat, das heißt 1,8 Prozent für jedes Jahr.

(1b)[1]) [1]Sind für einen Zinslauf unterschiedliche Zinssätze maßgeblich, ist der Zinslauf in Teilverzinsungszeiträume aufzuteilen. [2]Die Zinsen für die Teilverzinsungszeiträume sind jeweils tageweise zu berechnen. [3]Hierbei wird jeder Kalendermonat unabhängig von der tatsächlichen Anzahl der Kalendertage mit 30 Zinstagen und jedes Kalenderjahr mit 360 Tagen gerechnet.

---

[1]) § 238 Abs. 1a, 1b, 1c eingef. durch G v. 12.7.2022 (BGBl. I S. 1142); zur Anwendung siehe Art. 97 § 15 Abs. 14 EGAO (Nr. **800a**).

(1c)[1)] [1]Die Angemessenheit des Zinssatzes nach Absatz 1a ist unter Berücksichtigung der Entwicklung des Basiszinssatzes nach § 247 des Bürgerlichen Gesetzbuchs wenigstens alle zwei Jahre zu evaluieren. [2]Die erste Evaluierung erfolgt spätestens zum 1. Januar 2024.

(2)[2)] [1]Für die Berechnung der Zinsen wird der zu verzinsende Betrag jeder Steuerart auf den nächsten durch 50 Euro teilbaren Betrag abgerundet.

§ 239 Festsetzung der Zinsen. (1)[3)] [1]Auf die Zinsen sind die für die Steuern geltenden Vorschriften entsprechend anzuwenden, jedoch beträgt die Festsetzungsfrist *ein Jahr* [*n. F.:* zwei Jahre]. [2]Die Festsetzungsfrist beginnt:

1. in den Fällen des § 233a mit Ablauf des Kalenderjahrs, in dem die Steuer festgesetzt, aufgehoben, geändert oder nach § 129 berichtigt worden ist,

2. in den Fällen des § 234 mit Ablauf des Kalenderjahrs, in dem die Stundung geendet hat,

3. in den Fällen des § 235 mit Ablauf des Kalenderjahrs, in dem die Festsetzung der hinterzogenen Steuern unanfechtbar geworden ist, jedoch nicht vor Ablauf des Kalenderjahrs, in dem ein eingeleitetes Strafverfahren rechtskräftig abgeschlossen worden ist,

4. in den Fällen des § 236 mit Ablauf des Kalenderjahrs, in dem die Steuer erstattet oder die Steuervergütung ausgezahlt worden ist,

5. in den Fällen des § 237 mit Ablauf des Kalenderjahrs, in dem ein Einspruch oder eine Anfechtungsklage endgültig erfolglos geblieben ist und

6. in allen anderen Fällen mit Ablauf des Kalenderjahres, in dem der Zinslauf endet.

[3]Die Festsetzungsfrist läuft in den Fällen des § 233a nicht ab, solange die Steuerfestsetzung, ihre Aufhebung, ihre Änderung oder ihre Berichtigung nach § 129 noch zulässig ist.

(2)[4)] [1]Zinsen sind auf volle Euro zum Vorteil des Steuerpflichtigen gerundet festzusetzen. [2]Sie werden nur dann festgesetzt, wenn sie mindestens 10 Euro betragen.

(3)[5)] Werden Besteuerungsgrundlagen gesondert festgestellt oder wird ein Steuermessbetrag festgesetzt, sind die Grundlagen für eine Festsetzung von Zinsen

1. nach § 233a in den Fällen des § 233a Absatz 2a oder

2. nach § 235

[1)] § 238 Abs. 1a, 1b, 1c eingef. durch G v. 12.7.2022 (BGBl. I S. 1142); zur Anwendung siehe Art. 97 § 15 Abs. 14 EGAO (Nr. **800a**).
[2)] Zur erstmaligen Anwendung von § 238 Abs. 2 siehe Art. 97 § 15 Abs. 10 EGAO (Nr. **800a**).
[3)] § 239 Abs. 1 Satz 1 geänd., Satz 2 Nr. 6 angef. durch G v. 12.7.2022 (BGBl. I S. 1142); zur Anwendung siehe Art. 97 § 15 Abs. 15 EGAO (Nr. **800a**).
[4)] Zur erstmaligen Anwendung von § 239 Abs. 2 siehe Art. 97 § 15 Abs. 10 EGAO – Nr. **800a**.
[5)] § 239 Abs. 3 angef. durch G v. 18.7.2016 (BGBl. I S. 1679); zur Anwendung siehe Art. 97 § 15 Abs. 12 Satz 1 EGAO – Nr. **800a**.

gesondert festzustellen, soweit diese an Sachverhalte anknüpfen, die Gegenstand des Grundlagenbescheids sind.

(4)[1] Werden wegen einer Steueranmeldung, die nach § 168 Satz 1 einer Steuerfestsetzung unter Vorbehalt der Nachprüfung gleichsteht, Zinsen nach § 233a festgesetzt, so steht diese Zinsfestsetzung ebenfalls unter dem Vorbehalt der Nachprüfung.

(5)[2] Die Festsetzung von Zinsen nach § 233a hat Bindungswirkung für Zinsfestsetzungen nach den §§ 234, 235, 236 oder 237, soweit auf diese Zinsen nach § 233a festgesetzte Zinsen anzurechnen sind.

2. Unterabschnitt: Säumniszuschläge

§ 240 Säumniszuschläge. (1) [1] Wird eine Steuer nicht bis zum Ablauf des Fälligkeitstages entrichtet, so ist für jeden angefangenen Monat der Säumnis ein Säumniszuschlag von ein Prozent des abgerundeten rückständigen Steuerbetrags zu entrichten; abzurunden ist auf den nächsten durch 50 Euro teilbaren Betrag. [2] Das Gleiche gilt für zurückzuzahlende Steuervergütungen und Haftungsschulden, soweit sich die Haftung auf Steuern und zurückzuzahlende Steuervergütungen erstreckt. [3] Die Säumnis nach Satz 1 tritt nicht ein, bevor die Steuer festgesetzt oder angemeldet worden ist. [4] Wird die Festsetzung einer Steuer oder Steuervergütung aufgehoben, geändert oder nach § 129 berichtigt, so bleiben die bis dahin verwirkten Säumniszuschläge unberührt; das Gleiche gilt, wenn ein Haftungsbescheid zurückgenommen, widerrufen oder nach § 129 berichtigt wird. [5] Erlischt der Anspruch durch Aufrechnung, bleiben Säumniszuschläge unberührt, die bis zur Fälligkeit der Schuld des Aufrechnenden entstanden sind.

(2) Säumniszuschläge entstehen nicht bei steuerlichen Nebenleistungen.

(3) [1] Ein Säumniszuschlag wird bei einer Säumnis bis zu drei[3] Tagen nicht erhoben. [2] Dies gilt nicht bei Zahlung nach § 224 Abs. 2 Nr. 1.

(4) [1] In den Fällen der Gesamtschuld entstehen Säumniszuschläge gegenüber jedem säumigen Gesamtschuldner. [2] Insgesamt ist jedoch kein höherer Säumniszuschlag zu entrichten als verwirkt worden wäre, wenn die Säumnis nur bei einem Gesamtschuldner eingetreten wäre.

Dritter Abschnitt: Sicherheitsleistung

§ 241 Art der Sicherheitsleistung. (1) Wer nach den Steuergesetzen Sicherheit zu leisten hat, kann diese erbringen

1. durch Hinterlegung von im Geltungsbereich dieses Gesetzes umlaufenden Zahlungsmitteln bei der zuständigen Finanzbehörde,

---

[1] § 239 Abs. 4 angef. durch G v. 18.7.2016 (BGBl. I S. 1679); zur Anwendung siehe Art. 97 § 15 Abs. 12 Satz 2 EGAO – Nr. **800a**.

[2] § 239 Abs. 5 angef. durch G v. 12.7.2022 (BGBl. I S. 1142); zur Anwendung siehe Art. 97 § 15 Abs. 14 EGAO (Nr. **800a**).

[3] § 240 Abs. 3 Satz 1 geänd. durch G v. 15.12.2003 (BGBl. I S. 2645); zur erstmaligen Anwendung siehe Art. 97 § 16 Abs. 6 EGAO (Nr. **800a**).

2. durch Verpfändung der in Absatz 2 genannten Wertpapiere, die von dem zur Sicherheitsleistung Verpflichteten der Deutschen Bundesbank oder einem Kreditinstitut zur Verwahrung anvertraut worden sind, das zum Depotgeschäft zugelassen ist, wenn dem Pfandrecht keine anderen Rechte vorgehen. ²Die Haftung der Wertpapiere für Forderungen des Verwahrers für ihre Verwahrung und Verwaltung bleibt unberührt. ³Der Verpfändung von Wertpapieren steht die Verpfändung von Anteilen an einem Sammelbestand nach § 6 des Depotgesetzes in der im Bundesgesetzblatt Teil III, Gliederungsnummer 4130-1, veröffentlichten bereinigten Fassung, zuletzt geändert durch Artikel 1 des Gesetzes vom 17. Juli 1985 (BGBl. I S. 1507), gleich,

3. durch eine mit der Übergabe des Sparbuchs verbundene Verpfändung von Spareinlagen bei einem Kreditinstitut, das im Geltungsbereich dieses Gesetzes zum Einlagengeschäft zugelassen ist, wenn dem Pfandrecht keine anderen Rechte vorgehen,

4. durch Verpfändung von Forderungen, die in einem Schuldbuch des Bundes, eines Sondervermögens des Bundes oder eines Landes eingetragen sind, wenn dem Pfandrecht keine anderen Rechte vorgehen,

5. durch Bestellung von

   a) erstrangigen Hypotheken, Grund- oder Rentenschulden an Grundstücken oder Erbbaurechten, die im Geltungsbereich dieses Gesetzes belegen sind,

   b) erstrangigen Schiffshypotheken an Schiffen, Schiffsbauwerken oder Schwimmdocks, die in einem im Geltungsbereich dieses Gesetzes geführten Schiffsregister oder Schiffsbauregister eingetragen sind,

6. durch Verpfändung von Forderungen, für die eine erstrangige Verkehrshypothek an einem im Geltungsbereich dieses Gesetzes belegenen Grundstück oder Erbbaurecht besteht, oder durch Verpfändung von erstrangigen Grundschulden oder Rentenschulden an im Geltungsbereich dieses Gesetzes belegenen Grundstücken oder Erbbaurechten, wenn an den Forderungen, Grundschulden oder Rentenschulden keine vorgehenden Rechte bestehen,

7. durch Schuldversprechen, Bürgschaft oder Wechselverpflichtungen eines tauglichen Steuerbürgen (§ 244).

(2) Wertpapiere im Sinne von Absatz 1 Nr. 2 sind

1. Schuldverschreibungen des Bundes, eines Sondervermögens des Bundes, eines Landes, einer Gemeinde oder eines Gemeindeverbands,

2. Schuldverschreibungen zwischenstaatlicher Einrichtungen, denen der Bund Hoheitsrechte übertragen hat, wenn sie im Geltungsbereich dieses Gesetzes zum amtlichen Börsenhandel zugelassen sind,

3. Schuldverschreibungen der Deutschen Genossenschaftsbank, der Deutschen Siedlungs- und Landesrentenbank, der Deutschen Ausgleichsbank, der Kreditanstalt für Wiederaufbau und der Landwirtschaftlichen Rentenbank,

4. Pfandbriefe, Kommunalobligationen und verwandte Schuldverschreibungen,

5. Schuldverschreibungen, deren Verzinsung und Rückzahlung vom Bund oder von einem Land gewährleistet werden.

(3) Ein unter Steuerverschluss befindliches Lager steuerpflichtiger Waren gilt als ausreichende Sicherheit für die darauf lastende Steuer.

§ 242 Wirkung der Hinterlegung von Zahlungsmitteln. ¹Zahlungsmittel, die nach § 241 Abs. 1 Nr. 1 hinterlegt werden, gehen in das Eigentum der Körperschaft über, der die Finanzbehörde angehört, bei der sie hinterlegt worden sind. ²Die Forderung auf Rückzahlung ist nicht zu verzinsen. ³Mit der Hinterlegung erwirbt die Körperschaft, deren Forderung durch die Hinterlegung gesichert werden soll, ein Pfandrecht an der Forderung auf Rückerstattung der hinterlegten Zahlungsmittel.

§ 243 Verpfändung von Wertpapieren. ¹Die Sicherheitsleistung durch Verpfändung von Wertpapieren nach § 241 Abs. 1 Nr. 2 ist nur zulässig, wenn der Verwahrer die Gewähr für die Umlauffähigkeit übernimmt. ²Die Übernahme dieser Gewähr umfasst die Haftung dafür,

1. dass das Rückforderungsrecht des Hinterlegers durch gerichtliche Sperre und Beschlagnahme nicht beschränkt ist,

2. dass die anvertrauten Wertpapiere in den Sammellisten aufgerufener Wertpapiere nicht als gestohlen oder als verloren gemeldet und weder mit Zahlungssperre belegt noch zur Kraftloserklärung aufgeboten oder für kraftlos erklärt worden sind,

3. dass die Wertpapiere auf den Inhaber lauten, oder, falls sie auf den Namen ausgestellt sind, mit Blankoindossament versehen und auch sonst nicht gesperrt sind, und dass die Zinsscheine und die Erneuerungsscheine bei den Stücken sind.

§ 244 Taugliche Steuerbürgen. (1)¹⁾ ¹Schuldversprechen und Bürgschaften nach dem Bürgerlichen Gesetzbuch sowie Wechselverpflichtungen aus Artikel 28 oder 78 des Wechselgesetzes sind als Sicherheit nur geeignet, wenn sie von Personen abgegeben oder eingegangen worden sind, die

1. ein der Höhe der zu leistenden Sicherheit angemessenes Vermögen besitzen und

2. ihren allgemeinen oder einen vereinbarten Gerichtsstand im Geltungsbereich dieses Gesetzes haben.

²Bürgschaften müssen den Verzicht auf die Einrede der Vorausklage nach § 771 des Bürgerlichen Gesetzbuchs enthalten. ³Schuldversprechen und Bürgschaftserklärungen sind schriftlich zu erteilen; die elektronische Form ist ausgeschlossen. ⁴Sicherungsgeber und Sicherungsnehmer dürfen nicht wechselseitig füreinander Sicherheit leisten und auch nicht wirtschaftlich miteinander verflochten sein. ⁵Über die Annahme von Bürgschaftserklärungen in den Verfahren nach dem A.T.A.-Übereinkommen vom 6. Dezember 1961 (BGBl.

---

¹⁾ § 244 Abs. 1 Satz 6 neu gef. durch G v. 12.12.2019 (BGBl. I S. 2451); zur Anwendung siehe Art. 97 § 1 Abs. 13 EGAO (Nr. **800a**).

1965 II S. 948)[1]) und dem TIR-Übereinkommen vom 14. November 1975
(BGBl. 1979 II S. 445)[1]) in ihren jeweils gültigen Fassungen entscheidet die
Generalzolldirektion[2]). [6] Über die Annahme von Bürgschaftserklärungen über
Einzelsicherheiten in Form von Sicherheitstiteln nach dem Zollkodex der
Union mit der Delegierten Verordnung (EU) 2015/2446 der Kommission
vom 28. Juli 2015 zur Ergänzung der Verordnung (EU) Nr. 952/2013 des
Europäischen Parlaments und des Rates mit Einzelheiten zur Präzisierung von
Bestimmungen des Zollkodex der Union (ABl. L 343 vom 29.12.2015, S. 1)[3]
sowie nach der Durchführungsverordnung (EU) 2015/2447 der Kommission
vom 24. November 2015 mit Einzelheiten zur Umsetzung von Bestimmun-
gen der Verordnung (EU) Nr. 952/2013 des Europäischen Parlaments und des
Rates zur Festlegung des Zollkodex der Union (ABl. L 343 vom 29.12.2015,
S. 558) und nach dem Übereinkommen vom 20. Mai 1987 über ein gemeinsames Versandverfahren (ABl. EG Nr. L 226 S. 2) in ihren jeweils gültigen
Fassungen entscheidet die Generalzolldirektion.

(2)[4]) [1] Die Generalzolldirektion[4]) kann Kreditinstitute und geschäftsmäßig
für andere Sicherheit leistende Versicherungsunternehmen allgemein als Steuerbürge zulassen, wenn sie im Geltungsbereich dieses Gesetzes zum Geschäftsbetrieb befugt sind. [2] Bei der Zulassung ist ein Höchstbetrag festzusetzen
(Bürgschaftssumme). [3] Die gesamten Verbindlichkeiten aus Schuldversprechen,
Bürgschaften und Wechselverpflichtungen, die der Steuerbürge gegenüber der
Finanzverwaltung übernommen hat, dürfen nicht über die Bürgschaftssumme
hinausgehen.

(3)[5]) Das Bundesministerium der Finanzen wird ermächtigt, durch Rechtsverordnung mit Zustimmung des Bundesrates die Befugnisse nach Absatz 1
Satz 6 und Absatz 2 auf ein Hauptzollamt oder mehrere Hauptzollämter zu
übertragen.

§ 245 Sicherheitsleistung durch andere Werte. [1] Andere als die in § 241
bezeichneten Sicherheiten kann die Finanzbehörde nach ihrem Ermessen annehmen. [2] Vorzuziehen sind Vermögensgegenstände, die größere Sicherheit bieten oder bei Eintritt auch außerordentlicher Verhältnisse ohne
erhebliche Schwierigkeit und innerhalb angemessener Frist verwertet werden
können.

§ 246 Annahmewerte. [1] Die Finanzbehörde bestimmt nach ihrem Ermessen, zu welchen Werten Gegenstände als Sicherheit anzunehmen sind. [2] Der
Annahmewert darf jedoch den bei einer Verwertung zu erwartenden Erlös
abzüglich der Kosten der Verwertung nicht übersteigen. [3] Er darf bei den in
§ 241 Abs. 1 Nr. 2 und 4 aufgeführten Gegenständen und bei beweglichen
Sachen, die nach § 245 als Sicherheit angenommen werden, nicht unter den

---

[1]) **Zölle und Verbauchsteuern Nr. 161, Nr. 160, Nr. 11** und **Nr. 40.**
[2]) Geänd. mWv 1.1.2016 durch G v. 3.12.2015 (BGBl. I S. 2178).
[3]) **Zölle und Verbrauchsteuern** Nr. 4.
[4]) § 244 Abs. 2 Sätze 2 und 3 aufgeh., bish. Sätze 4 und 5 werden Sätze 2 und 3; Satz 1
geänd. mWv 1.1.2016 durch G v. 3.12.2015 (BGBl. I S. 2178).
[5]) § 244 Abs. 3 angef. mWv 1.1.2016 durch G v. 3.12.2015 (BGBl. I S. 2178).

in § 234 Abs. 3, § 236 und § 237 Satz 1 des Bürgerlichen Gesetzbuchs genannten Werten liegen.

§ 247 Austausch von Sicherheiten. Wer nach den §§ 241 bis 245 Sicherheit geleistet hat, ist berechtigt, die Sicherheit oder einen Teil davon durch eine andere nach den §§ 241 bis 244 geeignete Sicherheit zu ersetzen.

§ 248 Nachschusspflicht. Wird eine Sicherheit unzureichend, so ist sie zu ergänzen oder es ist anderweitige Sicherheit zu leisten.

Sechster Teil. Vollstreckung

Erster Abschnitt: Allgemeine Vorschriften

§ 249[1) Vollstreckungsbehörden. (1) [1]Die Finanzbehörden können Verwaltungsakte, mit denen eine Geldleistung, eine sonstige Handlung, eine Duldung oder Unterlassung gefordert wird, im Verwaltungsweg vollstrecken. [2]Dies gilt auch für Steueranmeldungen (§ 168). [3]Vollstreckungsbehörden sind die Finanzämter und die Hauptzollämter sowie die Landesfinanzbehörden, denen durch eine Rechtsverordnung nach § 17 Absatz 2 Satz 3 Nummer 3 des Finanzverwaltungsgesetzes die landesweite Zuständigkeit für Kassengeschäfte und das Erhebungsverfahren einschließlich der Vollstreckung übertragen worden ist; § 328 Absatz 1 Satz 3 bleibt unberührt.

(2) [1]Zur Vorbereitung der Vollstreckung können die Finanzbehörden die Vermögens- und Einkommensverhältnisse des Vollstreckungsschuldners ermitteln. [2]Die Finanzbehörde darf ihr bekannte, nach § 30 geschützte Daten, die sie bei der Vollstreckung wegen Steuern und steuerlicher Nebenleistungen verwenden darf, auch bei der Vollstreckung wegen anderer Geldleistungen als Steuern und steuerlicher Nebenleistungen verwenden.

(3) [1]Zur Durchführung von Vollstreckungsmaßnahmen können die Vollstreckungsbehörden Auskunfts- und Unterstützungsersuchen nach § 757a der Zivilprozessordnung stellen. [2]§ 757a Absatz 5 der Zivilprozessordnung ist dabei nicht anzuwenden.

§ 250 Vollstreckungsersuchen. (1) [1]Soweit eine Vollstreckungsbehörde auf Ersuchen einer anderen Vollstreckungsbehörde Vollstreckungsmaßnahmen ausführt, tritt sie an die Stelle der anderen Vollstreckungsbehörde. [2]Für die Vollstreckbarkeit des Anspruchs bleibt die ersuchende Vollstreckungsbehörde verantwortlich.

(2) [1]Hält sich die ersuchte Vollstreckungsbehörde für unzuständig oder hält sie die Handlung, um die sie ersucht worden ist, für unzulässig, so teilt sie ihre Bedenken der ersuchenden Vollstreckungsbehörde mit. [2]Besteht diese auf der

---

[1) § 249 Abs. 1 Satz 3 neu gef. mWv 6.11.2015 durch G v. 2.11.2015 (BGBl. I S. 1834); Abs. 3 angef. mWv 1.1.2022 durch G v. 7.5.2021 (BGBl. I S. 850); Abs. 3 Satz 2 angef. mWv 21.12.2022 durch G v. 16.12.2022 (BGBl. I S. 2294).

Ausführung des Ersuchens und lehnt die ersuchte Vollstreckungsbehörde die Ausführung ab, so entscheidet die Aufsichtsbehörde der ersuchten Vollstreckungsbehörde.

§ 251[1] **Vollstreckbare Verwaltungsakte.** (1) [1]Verwaltungsakte können vollstreckt werden, soweit nicht ihre Vollziehung ausgesetzt oder die Vollziehung durch Einlegung eines Rechtsbehelfs gehemmt ist (§ 361; § 69 der Finanzgerichtsordnung). [2]Einfuhr- und Ausfuhrabgabenbescheide können außerdem nur vollstreckt werden, soweit die Verpflichtung des Zollschuldners zur Abgabenentrichtung nicht ausgesetzt ist (Artikel 108 Absatz 3 des Zollkodex der Union[2]).

(2)[3] [1]Unberührt bleiben die Vorschriften der Insolvenzordnung sowie § 79 Abs. 2 des Bundesverfassungsgerichtsgesetzes. [2]Die Finanzbehörde ist berechtigt, in den Fällen des § 201 Abs. 2, §§ 257 und 308 Abs. 1 der Insolvenzordnung sowie des § 71 des Unternehmensstabilisierungs- und -restrukturierungsgesetzes gegen den Schuldner im Verwaltungsweg zu vollstrecken.

(3) Macht die Finanzbehörde im Insolvenzverfahren einen Anspruch aus dem Steuerschuldverhältnis als Insolvenzforderung geltend, so stellt sie erforderlichenfalls die Insolvenzforderung durch schriftlichen oder elektronischen Verwaltungsakt fest.

§ 252 Vollstreckungsgläubiger. Im Vollstreckungsverfahren gilt die Körperschaft als Gläubigerin der zu vollstreckenden Ansprüche, der die Vollstreckungsbehörde angehört.

§ 253 Vollstreckungsschuldner. Vollstreckungsschuldner ist derjenige, gegen den sich ein Vollstreckungsverfahren nach § 249 richtet.

§ 254 Voraussetzungen für den Beginn der Vollstreckung. (1) [1]Soweit nichts anderes bestimmt ist, darf die Vollstreckung erst beginnen, wenn die Leistung fällig ist und der Vollstreckungsschuldner zur Leistung oder Duldung oder Unterlassung aufgefordert worden ist (Leistungsgebot) und seit der Aufforderung mindestens eine Woche verstrichen ist. [2]Das Leistungsgebot kann mit dem zu vollstreckenden Verwaltungsakt verbunden werden. [3]Ein Leistungsgebot ist auch dann erforderlich, wenn der Verwaltungsakt gegen den Vollstreckungsschuldner wirkt, ohne ihm bekannt gegeben zu sein. [4]Soweit der Vollstreckungsschuldner eine von ihm auf Grund einer Steueranmeldung geschuldete Leistung nicht erbracht hat, bedarf es eines Leistungsgebots nicht.

(2)[4] [1]Eines Leistungsgebots wegen der Säumniszuschläge und Zinsen bedarf es nicht, wenn sie zusammen mit der Steuer beigetrieben werden. [2]Dies gilt sinngemäß für die Vollstreckungskosten, wenn sie zusammen mit dem Haupt-

---

[1] § 251 Abs. 1 Satz 2 angef. mWv 20.12.2003 durch G v. 15.12.2003 (BGBl. I S. 2645); Abs. 3 geänd. mWv 21.12.2022 durch G v. 16.12.2022 (BGBl. I S. 2294).
[2] Verweis geänd. mWv 1.5.2016 durch G v. 22.12.2014 (BGBl. I S. 2417).
[3] § 251 Abs. 2 Satz 2 geänd. mWv 9.6.2021 durch G v. 2.6.2021 (BGBl. I S. 1259).
[4] § 254 Abs. 2 Satz 3 angef. durch G v. 12.12.2019 (BGBl. I S. 2451); zur Anwendung siehe Art. 97 § 1 Abs. 13 EGAO (Nr. **800a**).

anspruch beigetrieben werden. [3]Die gesonderte Anforderung von Säumniszu-schlägen kann ausschließlich automationsgestützt erfolgen.

§ 255 Vollstreckung gegen juristische Personen des öffentlichen Rechts. (1) [1]Gegen den Bund oder ein Land ist die Vollstreckung nicht zuläs-sig. [2]Im Übrigen ist die Vollstreckung gegen juristische Personen des öffentli-chen Rechts, die der Staatsaufsicht unterliegen, nur mit Zustimmung der be-treffenden Aufsichtsbehörde zulässig. [3]Die Aufsichtsbehörde bestimmt den Zeitpunkt der Vollstreckung und die Vermögensgegenstände, in die vollstreckt werden kann.

(2) Gegenüber öffentlich-rechtlichen Kreditinstituten gelten die Beschrän-kungen des Absatzes 1 nicht.

§ 256 Einwendungen gegen die Vollstreckung. Einwendungen gegen den zu vollstreckenden Verwaltungsakt sind außerhalb des Vollstreckungsver-fahrens mit den hierfür zugelassenen Rechtsbehelfen zu verfolgen.

§ 257 Einstellung und Beschränkung der Vollstreckung. (1) Die Voll-streckung ist einzustellen oder zu beschränken, sobald

1. die Vollstreckbarkeitsvoraussetzungen des § 251 Abs. 1 weggefallen sind,
2. der Verwaltungsakt, aus dem vollstreckt wird, aufgehoben wird,
3. der Anspruch auf die Leistung erloschen ist,
4. die Leistung gestundet worden ist.

(2) [1]In den Fällen des Absatzes 1 Nr. 2 und 3 sind bereits getroffene Voll-streckungsmaßnahmen aufzuheben. [2]Ist der Verwaltungsakt durch eine ge-richtliche Entscheidung aufgehoben worden, so gilt dies nur, soweit die Ent-scheidung unanfechtbar geworden ist und nicht auf Grund der Entscheidung ein neuer Verwaltungsakt zu erlassen ist. [3]Im Übrigen bleiben die Vollstre-ckungsmaßnahmen bestehen, soweit nicht ihre Aufhebung ausdrücklich ange-ordnet worden ist.

§ 258 Einstweilige Einstellung oder Beschränkung der Vollstreckung. Soweit im Einzelfall die Vollstreckung unbillig ist, kann die Vollstreckungsbe-hörde sie einstweilen einstellen oder beschränken oder eine Vollstreckungs-maßnahme aufheben.

Zweiter Abschnitt: Vollstreckung wegen Geldforderungen

1. Unterabschnitt: Allgemeine Vorschriften

§ 259[1] Mahnung. [1]Der Vollstreckungsschuldner soll in der Regel vor Be-ginn der Vollstreckung mit einer Zahlungsfrist von einer Woche gemahnt werden. [2]Einer Mahnung bedarf es nicht, wenn der Vollstreckungsschuldner

---

[1] § 259 Satz 2 aufgeh., bish. Sätze 3 und 4 werden Sätze 2 und 3 mWv 30.6.2013 durch G v. 26.6.2013 (BGBl. I S. 1809).

vor Eintritt der Fälligkeit an die Zahlung erinnert wird. ³An die Zahlung kann auch durch öffentliche Bekanntmachung allgemein erinnert werden.

§ 260 Angabe des Schuldgrundes. Im Vollstreckungsauftrag oder in der Pfändungsverfügung ist für die beizutreibenden Geldbeträge der Schuldgrund anzugeben.

§ 261¹⁾ Niederschlagung. Ansprüche aus dem Steuerschuldverhältnis dürfen niedergeschlagen werden, wenn zu erwarten ist, dass

1. die Erhebung keinen Erfolg haben wird oder

2. die Kosten der Erhebung außer Verhältnis zu dem zu erhebenden Betrag stehen werden.

§ 262 Rechte Dritter. (1) ¹Behauptet ein Dritter, dass ihm am Gegenstand der Vollstreckung ein die Veräußerung hinderndes Recht zustehe, oder werden Einwendungen nach den §§ 772 bis 774 der Zivilprozessordnung erhoben, so ist der Widerspruch gegen die Vollstreckung erforderlichenfalls durch Klage vor den ordentlichen Gerichten geltend zu machen. ²Als Dritter gilt auch, wer zur Duldung der Vollstreckung in ein Vermögen, das von ihm verwaltet wird, verpflichtet ist, wenn er geltend macht, dass ihm gehörende Gegenstände von der Vollstreckung betroffen seien. ³Welche Rechte die Veräußerung hindern, bestimmt sich nach bürgerlichem Recht.

(2) Für die Einstellung der Vollstreckung und die Aufhebung von Vollstreckungsmaßnahmen gelten die §§ 769 und 770 der Zivilprozessordnung.

(3) ¹Die Klage ist ausschließlich bei dem Gericht zu erheben, in dessen Bezirk die Vollstreckung erfolgt. ²Wird die Klage gegen die Körperschaft, der die Vollstreckungsbehörde angehört, und gegen den Vollstreckungsschuldner gerichtet, so sind sie Streitgenossen.

§ 263²⁾ Vollstreckung gegen Ehegatten oder Lebenspartner. Für die Vollstreckung gegen Ehegatten oder Lebenspartner sind die Vorschriften der §§ 739, 740, 741, 743, 744a und 745 der Zivilprozessordnung entsprechend anzuwenden.

§ 264 Vollstreckung gegen Nießbraucher. Für die Vollstreckung in Gegenstände, die dem Nießbrauch an einem Vermögen unterliegen, ist die Vorschrift des § 737 der Zivilprozessordnung entsprechend anzuwenden.

§ 265 Vollstreckung gegen Erben. Für die Vollstreckung gegen Erben sind die Vorschriften der §§ 1958, 1960 Abs. 3, § 1961 des Bürgerlichen Gesetzbuchs sowie der §§ 747, 748, 778, 779, 781 bis 784 der Zivilprozessordnung entsprechend anzuwenden.

---

¹⁾ § 261 neu gef. mWv 1.1.2017 durch G v. 18.7.2016 (BGBl. I S. 1679); zur Anwendung s. auch Art. 97 § 1 Abs. 11 EGAO (Nr. **800a**).
²⁾ § 263 geänd. durch G v. 18.7.2014 (BGBl. I S. 1042); zur Anwendung siehe Art. 97 § 1 Abs. 10 Satz 1 und 3 EGAO (Nr. **800a**).

§ 266 Sonstige Fälle beschränkter Haftung. Die Vorschriften der §§ 781 bis 784 der Zivilprozessordnung sind auf die nach § 1489 des Bürgerlichen Gesetzbuchs eintretende beschränkte Haftung, die Vorschrift des § 781 der Zivilprozessordnung ist auf die nach den §§ 1480, 1504 und 2187 des Bürgerlichen Gesetzbuchs eintretende beschränkte Haftung entsprechend anzuwenden.

§ 267 Vollstreckungsverfahren gegen nicht rechtsfähige Personenvereinigungen. ¹Bei nicht rechtsfähigen Personenvereinigungen, die als solche steuerpflichtig sind, genügt für die Vollstreckung in deren Vermögen ein vollstreckbarer Verwaltungsakt gegen die Personenvereinigung. ²Dies gilt entsprechend für Zweckvermögen und sonstige einer juristischen Person ähnliche steuerpflichtige Gebilde.

2. Unterabschnitt: Aufteilung einer Gesamtschuld

§ 268 Grundsatz. Sind Personen Gesamtschuldner, weil sie zusammen zu einer Steuer vom Einkommen oder zur Vermögensteuer veranlagt worden sind, so kann jeder von ihnen beantragen, dass die Vollstreckung wegen dieser Steuern jeweils auf den Betrag beschränkt wird, der sich nach Maßgabe der §§ 269 bis 278 bei einer Aufteilung der Steuern ergibt.

§ 269 Antrag. (1)¹⁾ Der Antrag ist bei dem im Zeitpunkt der Antragstellung für die Besteuerung nach dem Einkommen oder dem Vermögen zuständigen Finanzamt schriftlich oder elektronisch zu stellen oder zur Niederschrift zu erklären.

(2) ¹Der Antrag kann frühestens nach Bekanntgabe des Leistungsgebots gestellt werden. ²Nach vollständiger Tilgung der rückständigen Steuer ist der Antrag nicht mehr zulässig. ³Der Antrag muss alle Angaben enthalten, die zur Aufteilung der Steuer erforderlich sind, soweit sich diese Angaben nicht aus der Steuererklärung ergeben.

§ 270 Allgemeiner Aufteilungsmaßstab. ¹Die rückständige Steuer ist nach dem Verhältnis der Beträge aufzuteilen, die sich bei Einzelveranlagung²⁾ nach Maßgabe des § 26a des Einkommensteuergesetzes und der §§ 271 bis 276 ergeben würden. ²Dabei sind die tatsächlichen und rechtlichen Feststellungen maßgebend, die der Steuerfestsetzung bei der Zusammenveranlagung zugrunde gelegt worden sind, soweit nicht die Anwendung der Vorschriften über die Einzelveranlagung²⁾ zu Abweichungen führt.

§ 271 Aufteilungsmaßstab für die Vermögensteuer. Die Vermögensteuer ist wie folgt aufzuteilen:

1. Für die Berechnung des Vermögens und der Vermögensteuer der einzelnen Gesamtschuldner ist vorbehaltlich der Abweichungen in den Nummern 2 und 3 von den Vorschriften des Bewertungsgesetzes und des Vermögensteu-

---

¹⁾ § 269 Abs. 1 geänd. durch G v. 18.7.2016 (BGBl. I S. 1679); zur Anwendung siehe Art. 97 § 17e Abs. 2 Satz 1 EGAO (Nr. **800a**).
²⁾ § 270 geänd. durch G v. 1.11.2011 (BGBl. I S. 2131); zur Anwendung siehe Art. 97 § 17e Abs. 1 EGAO (Nr. **800a**).

ergesetzes in der Fassung auszugehen, die der Zusammenveranlagung zugrunde gelegen hat.

2.[1]) Wirtschaftsgüter eines Ehegatten oder Lebenspartners, die bei der Zusammenveranlagung als land- und forstwirtschaftliches Vermögen oder als Betriebsvermögen dem anderen Ehegatten oder Lebenspartner zugerechnet worden sind, werden als eigenes land- und forstwirtschaftliches Vermögen oder als eigenes Betriebsvermögen behandelt.

3. Schulden, die nicht mit bestimmten, einem Gesamtschuldner zugerechneten Wirtschaftsgütern in wirtschaftlichem Zusammenhang stehen, werden bei den einzelnen Gesamtschuldnern nach gleichen Teilen abgesetzt, soweit sich ein bestimmter Schuldner nicht feststellen lässt.

§ 272 Aufteilungsmaßstab für Vorauszahlungen. (1) [1]Die rückständigen Vorauszahlungen sind im Verhältnis der Beträge aufzuteilen, die sich bei einer getrennten Festsetzung der Vorauszahlungen ergeben würden. [2]Ein Antrag auf Aufteilung von Vorauszahlungen gilt zugleich als Antrag auf Aufteilung der weiteren im gleichen Veranlagungszeitraum fällig werdenden Vorauszahlungen und einer etwaigen Abschlusszahlung. [3]Nach Durchführung der Veranlagung ist eine abschließende Aufteilung vorzunehmen. [4]Aufzuteilen ist die gesamte Steuer abzüglich der Beträge, die nicht in die Aufteilung der Vorauszahlungen einbezogen worden sind. [5]Dabei sind jedem Gesamtschuldner die von ihm auf die aufgeteilten Vorauszahlungen entrichteten Beträge anzurechnen. [6]Ergibt sich eine Überzahlung gegenüber dem Aufteilungsbetrag, so ist der überzahlte Betrag zu erstatten.

(2) Werden die Vorauszahlungen erst nach der Veranlagung aufgeteilt, so wird der für die veranlagte Steuer geltende Aufteilungsmaßstab angewendet.

§ 273 Aufteilungsmaßstab für Steuernachforderungen. (1) Führt die Änderung einer Steuerfestsetzung oder ihre Berichtigung nach § 129 zu einer Steuernachforderung, so ist die aus der Nachforderung herrührende rückständige Steuer im Verhältnis der Mehrbeträge aufzuteilen, die sich bei einem Vergleich der berichtigten Einzelveranlagungen[2]) mit den früheren Einzelveranlagungen[2]) ergeben.

(2) Der in Absatz 1 genannte Aufteilungsmaßstab ist nicht anzuwenden, wenn die bisher festgesetzte Steuer noch nicht getilgt ist.

§ 274 Besonderer Aufteilungsmaßstab. [1]Abweichend von den §§ 270 bis 273 kann die rückständige Steuer nach einem von den Gesamtschuldnern gemeinschaftlich vorgeschlagenen Maßstab aufgeteilt werden, wenn die Tilgung sichergestellt ist. [2]Der gemeinschaftliche Vorschlag ist schriftlich einzureichen oder zur Niederschrift zu erklären; er ist von allen Gesamtschuldnern zu unterschreiben.

---

[1]) § 271 Nr. 2 geänd. durch G v. 18.7.2014 (BGBl. I S. 1042); zur Anwendung siehe Art. 97 § 1 Abs. 10 Satz 1 EGAO (Nr. **800a**).
[2]) § 273 geänd. durch G v. 1.11.2011 (BGBl. I S. 2131); zur Anwendung siehe Art. 97 § 17e EGAO (Nr. **800a**).

§ 275.[1] *(aufgehoben)*

§ 276 Rückständige Steuer, Einleitung der Vollstreckung. (1) Wird der Antrag vor Einleitung der Vollstreckung bei der Finanzbehörde gestellt, so ist die im Zeitpunkt des Eingangs des Aufteilungsantrags geschuldete Steuer aufzuteilen.

(2) Wird der Antrag nach Einleitung der Vollstreckung gestellt, so ist die im Zeitpunkt der Einleitung der Vollstreckung geschuldete Steuer, derentwegen vollstreckt wird, aufzuteilen.

(3) Steuerabzugsbeträge und getrennt festgesetzte Vorauszahlungen sind in die Aufteilung auch dann einzubeziehen, wenn sie vor der Stellung des Antrags entrichtet worden sind.

(4) Zur rückständigen Steuer gehören auch Säumniszuschläge, Zinsen und Verspätungszuschläge.

(5) Die Vollstreckung gilt mit der Ausfertigung der Rückstandsanzeige als eingeleitet.

(6) [1] Zahlungen, die in den Fällen des Absatzes 1 nach Antragstellung, in den Fällen des Absatzes 2 nach Einleitung der Vollstreckung von einem Gesamtschuldner geleistet worden sind oder die nach Absatz 3 in die Aufteilung einzubeziehen sind, werden dem Schuldner angerechnet, der sie geleistet hat oder für den sie geleistet worden sind. [2] Ergibt sich dabei eine Überzahlung gegenüber dem Aufteilungsbetrag, so ist der überzahlte Betrag zu erstatten.

§ 277 Vollstreckung. Solange nicht über den Antrag auf Beschränkung der Vollstreckung unanfechtbar entschieden ist, dürfen Vollstreckungsmaßnahmen nur soweit durchgeführt werden, als dies zur Sicherung des Anspruchs erforderlich ist.

§ 278 Beschränkung der Vollstreckung. (1) Nach der Aufteilung darf die Vollstreckung nur nach Maßgabe der auf die einzelnen Schuldner entfallenden Beträge durchgeführt werden.

(2) [1] Werden einem Steuerschuldner von einer mit ihm zusammen veranlagten Person in oder nach dem Veranlagungszeitraum, für den noch Steuerrückstände bestehen, unentgeltlich Vermögensgegenstände zugewendet, so kann der Empfänger bis zum Ablauf des zehnten Kalenderjahres nach dem Zeitpunkt des Ergehens des Aufteilungsbescheids[2] über den sich nach Absatz 1 ergebenden Betrag hinaus bis zur Höhe des gemeinen Werts dieser Zuwendung für die Steuer in Anspruch genommen werden. [2] Dies gilt nicht für gebräuchliche Gelegenheitsgeschenke.

§ 279 Form und Inhalt des Aufteilungsbescheids. (1)[3] [1] Über den Antrag auf Beschränkung der Vollstreckung ist nach Einleitung der Vollstreckung

---

[1] § 275 aufgeh. mWv 30.6.2013 durch G v. 26.6.2013 (BGBl. I S. 1809).
[2] § 278 Abs. 2 Satz 1 ergänzt durch G v. 19.12.2008 (BGBl. I S. 2794).
[3] § 279 Abs. 1 geänd. durch G v. 18.7.2016 (BGBl. I S. 1679); zur Anwendung siehe Art. 97 § 17e Abs. 2 Satz 2 EGAO (Nr. **800a**).

durch schriftlich oder elektronisch zu erteilenden Aufteilungsbescheid gegenüber den Beteiligten einheitlich zu entscheiden. [2]Eine Entscheidung ist jedoch nicht erforderlich, wenn keine Vollstreckungsmaßnahmen ergriffen oder bereits ergriffene Vollstreckungsmaßnahmen wieder aufgehoben werden.

(2) [1]Der Aufteilungsbescheid hat die Höhe der auf jeden Gesamtschuldner entfallenden anteiligen Steuer zu enthalten; ihm ist eine Belehrung beizufügen, welcher Rechtsbehelf zulässig ist und binnen welcher Frist und bei welcher Behörde er einzulegen ist. [2]Er soll ferner enthalten:

1. die Höhe der aufzuteilenden Steuer,

2. den für die Berechnung der rückständigen Steuer maßgebenden Zeitpunkt,

3. die Höhe der Besteuerungsgrundlagen, die den einzelnen Gesamtschuldnern zugerechnet worden sind, wenn von den Angaben der Gesamtschuldner abgewichen ist,

4.[1]) die Höhe der bei Einzelveranlagung (§ 270) auf den einzelnen Gesamtschuldner entfallenden Steuer,

5. die Beträge, die auf die aufgeteilte Steuer des Gesamtschuldners anzurechnen sind.

§ 280 Änderung des Aufteilungsbescheids. (1) Der Aufteilungsbescheid kann außer in den Fällen des § 129 nur geändert werden, wenn

1. nachträglich bekannt wird, dass die Aufteilung auf unrichtigen Angaben beruht und die rückständige Steuer infolge falscher Aufteilung ganz oder teilweise nicht beigetrieben werden konnte,

2. sich die rückständige Steuer durch Aufhebung oder Änderung der Steuerfestsetzung oder ihre Berichtigung nach § 129 erhöht oder vermindert.

(2) Nach Beendigung der Vollstreckung ist eine Änderung des Aufteilungsbescheids oder seine Berichtigung nach § 129 nicht mehr zulässig.

3. Unterabschnitt: Vollstreckung in das bewegliche Vermögen

I. Allgemeines

§ 281 Pfändung. (1) Die Vollstreckung in das bewegliche Vermögen erfolgt durch Pfändung.

(2) Die Pfändung darf nicht weiter ausgedehnt werden, als es zur Deckung der beizutreibenden Geldbeträge und der Kosten der Vollstreckung erforderlich ist.

(3) Die Pfändung unterbleibt, wenn die Verwertung der pfändbaren Gegenstände einen Überschuss über die Kosten der Vollstreckung nicht erwarten lässt.

§ 282 Wirkung der Pfändung. (1) Durch die Pfändung erwirbt die Körperschaft, der die Vollstreckungsbehörde angehört, ein Pfandrecht an dem gepfändeten Gegenstand.

---

[1]) § 279 Abs. 2 Nr. 4 geänd. durch G v. 1.11.2011 (BGBl. I S. 2131); zur Anwendung siehe Art. 97 § 17e EGAO (Nr. **800a**).

(2) Das Pfandrecht gewährt ihr im Verhältnis zu anderen Gläubigern dieselben Rechte wie ein Pfandrecht im Sinne des Bürgerlichen Gesetzbuchs; es geht Pfand- und Vorzugsrechten vor, die im Insolvenzverfahren diesem Pfandrecht nicht gleichgestellt sind.

(3) Das durch eine frühere Pfändung begründete Pfandrecht geht demjenigen vor, das durch eine spätere Pfändung begründet wird.

§ 283 Ausschluss von Gewährleistungsansprüchen. Wird ein Gegenstand auf Grund der Pfändung veräußert, so steht dem Erwerber wegen eines Mangels im Recht oder wegen eines Mangels der veräußerten Sache ein Anspruch auf Gewährleistung nicht zu.

§ 284[1]) **Vermögensauskunft des Vollstreckungsschuldners.** (1) [1] Der Vollstreckungsschuldner muss der Vollstreckungsbehörde auf deren Verlangen für die Vollstreckung einer Forderung Auskunft über sein Vermögen nach Maßgabe der folgenden Vorschriften erteilen, wenn er die Forderung nicht binnen zwei Wochen begleicht, nachdem ihn die Vollstreckungsbehörde unter Hinweis auf die Verpflichtung zur Abgabe der Vermögensauskunft zur Zahlung aufgefordert hat. [2] Zusätzlich hat er seinen Geburtsnamen, sein Geburtsdatum und seinen Geburtsort anzugeben. [3] Handelt es sich bei dem Vollstreckungsschuldner um eine juristische Person oder um eine Personenvereinigung, so hat er seine Firma, die Nummer des Registerblatts im Handelsregister und seinen Sitz anzugeben.

(2)[2]) [1] Zur Auskunftserteilung hat der Vollstreckungsschuldner alle ihm gehörenden Vermögensgegenstände anzugeben. [2] Bei Forderungen sind Grund und Beweismittel zu bezeichnen. [3] Ferner sind anzugeben:

1. die entgeltlichen Veräußerungen des Vollstreckungsschuldners an eine nahestehende Person (§ 138 der Insolvenzordnung), die dieser in den letzten zwei Jahren vor dem Termin nach Absatz 7 und bis zur Abgabe der Vermögensauskunft vorgenommen hat;

2. die unentgeltlichen Leistungen des Vollstreckungsschuldners, die dieser in den letzten vier Jahren vor dem Termin nach Absatz 7 und bis zur Abgabe der Vermögensauskunft vorgenommen hat, sofern sie sich nicht auf gebräuchliche Gelegenheitsgeschenke geringen Werts richteten.

[4] Sachen, die nach § 811 Absatz 1 Nummer 1 Buchstabe a und Nummer 2 der Zivilprozessordnung der Pfändung offensichtlich nicht unterworfen sind, brauchen nicht angegeben zu werden, es sei denn, dass eine Austauschpfändung in Betracht kommt.

(3)[3]) [1] Der Vollstreckungsschuldner hat zu Protokoll an Eides statt zu versichern, dass er die Angaben nach den Absätzen 1 und 2 nach bestem Wissen und Gewissen richtig und vollständig gemacht habe. [2] Vor Abnahme der eidesstattlichen Versicherung ist der Vollstreckungsschuldner über die Bedeutung

---

[1]) § 284 neu gef. mWv 1.1.2013 durch G v. 29.7.2009 (BGBl. I S. 2258).
[2]) § 284 Abs. 2 Satz 4 geänd. mWv 1.1.2022 durch G v. 7.5.2021 (BGBl. I S. 850).
[3]) § 284 Abs. 3 Satz 1 geänd. mWv 1.1.2013 durch G v. 22.12.2011 (BGBl. I S. 3044).

der eidesstattlichen Versicherung, insbesondere über die strafrechtlichen Folgen einer unrichtigen oder unvollständigen eidesstattlichen Versicherung, zu belehren.

(4)[1] [1]Der Vollstreckungsschuldner ist innerhalb von zwei Jahren nach Abgabe der Vermögensauskunft nach dieser Vorschrift oder nach § 802c der Zivilprozessordnung nicht verpflichtet, eine weitere Vermögensauskunft abzugeben, es sei denn, es ist anzunehmen, dass sich die Vermögensverhältnisse des Vollstreckungsschuldners wesentlich geändert haben. [2]Die Vollstreckungsbehörde hat von Amts wegen festzustellen, ob beim zentralen Vollstreckungsgericht nach § 802k Absatz 1 der Zivilprozessordnung in den letzten zwei Jahren ein auf Grund einer Vermögensauskunft des Schuldners erstelltes Vermögensverzeichnis hinterlegt wurde.

(5) [1]Für die Abnahme der Vermögensauskunft ist die Vollstreckungsbehörde zuständig, in deren Bezirk sich der Wohnsitz oder der Aufenthaltsort des Vollstreckungsschuldners befindet. [2]Liegen diese Voraussetzungen bei der Vollstreckungsbehörde, die die Vollstreckung betreibt, nicht vor, so kann sie die Vermögensauskunft abnehmen, wenn der Vollstreckungsschuldner zu ihrer Abgabe bereit ist.

(6) [1]Die Ladung zu dem Termin zur Abgabe der Vermögensauskunft ist dem Vollstreckungsschuldner selbst zuzustellen; sie kann mit der Fristsetzung nach Absatz 1 Satz 1 verbunden werden. [2]Der Termin zur Abgabe der Vermögensauskunft soll nicht vor Ablauf eines Monats nach Zustellung der Ladung bestimmt werden. [3]Ein Rechtsbehelf gegen die Anordnung der Abgabe der Vermögensauskunft hat keine aufschiebende Wirkung. [4]Der Vollstreckungsschuldner hat die zur Vermögensauskunft erforderlichen Unterlagen im Termin vorzulegen. [5]Hierüber und über seine Rechte und Pflichten nach den Absätzen 2 und 3, über die Folgen einer unentschuldigten Terminssäumnis oder einer Verletzung seiner Auskunftspflichten sowie über die Möglichkeit der Eintragung in das Schuldnerverzeichnis bei Abgabe der Vermögensauskunft ist der Vollstreckungsschuldner bei der Ladung zu belehren.

(7) [1]Im Termin zur Abgabe der Vermögensauskunft erstellt die Vollstreckungsbehörde ein elektronisches Dokument mit den nach den Absätzen 1 und 2[2] erforderlichen Angaben (Vermögensverzeichnis). [2]Diese Angaben sind dem Vollstreckungsschuldner vor Abgabe der Versicherung nach Absatz 3 vorzulesen oder zur Durchsicht auf einem Bildschirm wiederzugeben. [3]Ihm ist auf Verlangen ein Ausdruck zu erteilen. [4]Die Vollstreckungsbehörde hinterlegt das Vermögensverzeichnis bei dem zentralen Vollstreckungsgericht nach § 802k Abs. 1 der Zivilprozessordnung. [5]Form, Aufnahme und Übermittlung des Vermögensverzeichnisses haben den Vorgaben der Verordnung nach § 802k Abs. 4 der Zivilprozessordnung zu entsprechen.

(8) [1]Ist der Vollstreckungsschuldner ohne ausreichende Entschuldigung in dem zur Abgabe der Vermögensauskunft anberaumten Termin vor der in Absatz 5 Satz 1 bezeichneten Vollstreckungsbehörde nicht erschienen oder verweigert er ohne Grund die Abgabe der Vermögensauskunft, so kann die Voll-

---

[1] § 284 Abs. 4 Satz 1 geänd. mWv 1.1.2022 durch G v. 7.5.2021 (BGBl. I S. 850).
[2] Verweis geänd. mWv 1.1.2013 durch G v. 22.12.2011 (BGBl. I S. 3044).

streckungsbehörde, die die Vollstreckung betreibt, die Anordnung der Haft zur Erzwingung der Abgabe beantragen. ²Zuständig für die Anordnung der Haft ist das Amtsgericht, in dessen Bezirk der Vollstreckungsschuldner im Zeitpunkt der Fristsetzung nach Absatz 1 Satz 1 seinen Wohnsitz oder in Ermangelung eines solchen seinen Aufenthaltsort hat. ³Die §§ 802g bis 802j der Zivilprozessordnung sind entsprechend anzuwenden. ⁴Die Verhaftung des Vollstreckungsschuldners erfolgt durch einen Gerichtsvollzieher. ⁵§ 292 dieses Gesetzes gilt entsprechend. ⁶Nach der Verhaftung des Vollstreckungsschuldners kann die Vermögensauskunft von dem nach § 802i der Zivilprozessordnung zuständigen Gerichtsvollzieher abgenommen werden, wenn sich der Sitz der in Absatz 5 bezeichneten Vollstreckungsbehörde nicht im Bezirk des für den Gerichtsvollzieher zuständigen Amtsgerichts befindet oder wenn die Abnahme der Vermögensauskunft durch die Vollstreckungsbehörde nicht möglich ist. ⁷Der Beschluss des Amtsgerichts, mit dem der Antrag der Vollstreckungsbehörde auf Anordnung der Haft abgelehnt wird, unterliegt der Beschwerde nach den §§ 567 bis 577 der Zivilprozessordnung.

(9) ¹Die Vollstreckungsbehörde kann die Eintragung des Vollstreckungsschuldners in das Schuldnerverzeichnis nach § 882h Abs. 1 der Zivilprozessordnung anordnen, wenn

1. der Vollstreckungsschuldner seiner Pflicht zur Abgabe der Vermögensauskunft nicht nachgekommen ist,

2. eine Vollstreckung nach dem Inhalt des Vermögensverzeichnisses offensichtlich nicht geeignet wäre, zu einer vollständigen Befriedigung der Forderung zu führen, wegen der die Vermögensauskunft verlangt wurde oder wegen der die Vollstreckungsbehörde vorbehaltlich der Fristsetzung nach Absatz 1 Satz 1 und der Sperrwirkung nach Absatz 4 eine Vermögensauskunft verlangen könnte, oder

3. der Vollstreckungsschuldner nicht innerhalb eines Monats nach Abgabe der Vermögensauskunft die Forderung, wegen der die Vermögensauskunft verlangt wurde, vollständig befriedigt. ²Gleiches gilt, wenn die Vollstreckungsbehörde vorbehaltlich der Fristsetzung nach Absatz 1 Satz 1 und der Sperrwirkung nach Absatz 4 eine Vermögensauskunft verlangen kann, sofern der Vollstreckungsschuldner die Forderung nicht innerhalb eines Monats befriedigt oder auf die Möglichkeit der Eintragung in das Schuldnerverzeichnis hingewiesen wurde.

²Die Eintragungsanordnung soll kurz begründet werden. ³Sie ist dem Vollstreckungsschuldner zuzustellen. ⁴§ 882c Abs. 3 der Zivilprozessordnung gilt entsprechend.

(10) ¹Ein Rechtsbehelf gegen die Eintragungsanordnung nach Absatz 9 hat keine aufschiebende Wirkung. ²Nach Ablauf eines Monats seit der Zustellung hat die Vollstreckungsbehörde die Eintragungsanordnung dem zentralen Vollstreckungsgericht nach § 882h Abs. 1 der Zivilprozessordnung mit den in § 882b Abs. 2 und 3 der Zivilprozessordnung genannten Daten elektronisch zu übermitteln. ³Dies gilt nicht, wenn Anträge auf Gewährung einer Aussetzung der Vollziehung der Eintragungsanordnung nach § 361 dieses Gesetzes oder § 69 der Finanzgerichtsordnung anhängig sind, die Aussicht auf Erfolg haben.

(11) ¹ Ist die Eintragung in das Schuldnerverzeichnis nach § 882h Abs. 1 der Zivilprozessordnung erfolgt, sind Entscheidungen über Rechtsbehelfe des Vollstreckungsschuldners gegen die Eintragungsanordnung durch die Vollstreckungsbehörde oder durch das Gericht dem zentralen Vollstreckungsgericht nach § 882h Abs. 1 der Zivilprozessordnung elektronisch zu übermitteln. ² Form und Übermittlung der Eintragungsanordnung nach Absatz 10 Satz 1 und 2 sowie der Entscheidung nach Satz 1 haben den Vorgaben der Verordnung nach § 882h Abs. 3 der Zivilprozessordnung zu entsprechen.

II. Vollstreckung in Sachen

§ 285 Vollziehungsbeamte. (1) Die Vollstreckungsbehörde führt die Vollstreckung in bewegliche Sachen durch Vollziehungsbeamte aus.

(2)¹⁾ Dem Vollstreckungsschuldner und Dritten gegenüber wird der Vollziehungsbeamte zur Vollstreckung durch schriftlichen oder elektronischen Auftrag der Vollstreckungsbehörde ermächtigt; der Auftrag ist auf Verlangen vorzuzeigen.

§ 286 Vollstreckung in Sachen. (1) Sachen, die im Gewahrsam des Vollstreckungsschuldners sind, pfändet der Vollziehungsbeamte dadurch, dass er sie in Besitz nimmt.

(2) ¹ Andere Sachen als Geld, Kostbarkeiten und Wertpapiere sind im Gewahrsam des Vollstreckungsschuldners zu lassen, wenn die Befriedigung hierdurch nicht gefährdet wird. ² Bleiben die Sachen im Gewahrsam des Vollstreckungsschuldners, so ist die Pfändung nur wirksam, wenn sie durch Anlegung von Siegeln oder in sonstiger Weise ersichtlich gemacht ist.

(3) Der Vollziehungsbeamte hat dem Vollstreckungsschuldner die Pfändung mitzuteilen.

(4) Diese Vorschriften gelten auch für die Pfändung von Sachen im Gewahrsam eines Dritten, der zu ihrer Herausgabe bereit ist.

§ 287 Befugnisse des Vollziehungsbeamten. (1) Der Vollziehungsbeamte ist befugt, die Wohn- und Geschäftsräume sowie die Behältnisse des Vollstreckungsschuldners zu durchsuchen, soweit dies der Zweck der Vollstreckung erfordert.

(2) Er ist befugt, verschlossene Türen und Behältnisse öffnen zu lassen.

(3) Wenn er Widerstand findet, kann er Gewalt anwenden und hierzu um Unterstützung durch Polizeibeamte nachsuchen.

(4) ¹ Die Wohn- und Geschäftsräume des Vollstreckungsschuldners dürfen ohne dessen Einwilligung nur auf Grund einer richterlichen Anordnung durchsucht werden. ² Dies gilt nicht, wenn die Einholung der Anordnung den Erfolg der Durchsuchung gefährden würde. ³ Für die richterliche Anordnung einer Durchsuchung ist das Amtsgericht zuständig, in dessen Bezirk die Durchsuchung vorgenommen werden soll.

---

¹⁾ § 285 Abs. 2 ergänzt durch G v. 19.12.2008 (BGBl. I S. 2794).

(5) ¹ Willigt der Vollstreckungsschuldner in die Durchsuchung ein oder ist eine Anordnung gegen ihn nach Absatz 4 Satz 1 ergangen oder nach Absatz 4 Satz 2 entbehrlich, so haben Personen, die Mitgewahrsam an den Wohn- oder Geschäftsräumen des Vollstreckungsschuldners haben, die Durchsuchung zu dulden. ² Unbillige Härten gegenüber Mitgewahrsaminhabern sind zu vermeiden.

(6) Die Anordnung nach Absatz 4 ist bei der Vollstreckung vorzuzeigen.

§ 288¹⁾ Zuziehung von Zeugen. Wird bei einer Vollstreckungshandlung Widerstand geleistet oder ist bei einer Vollstreckungshandlung in den Wohn- oder Geschäftsräumen des Vollstreckungsschuldners weder der Vollstreckungsschuldner noch ein erwachsener Familienangehöriger, ein erwachsener ständiger Mitbewohner oder eine beim Vollstreckungsschuldner beschäftigte Person gegenwärtig, so hat der Vollziehungsbeamte zwei Erwachsene oder einen Gemeinde- oder Polizeibeamten als Zeugen zuzuziehen.

§ 289²⁾ Zeit der Vollstreckung. (1) Zur Nachtzeit (§ 758a Absatz 4 Satz 2 der Zivilprozessordnung) sowie an Sonntagen und staatlich anerkannten allgemeinen Feiertagen darf eine Vollstreckungshandlung nur mit schriftlicher oder elektronischer Erlaubnis der Vollstreckungsbehörde vorgenommen werden.

(2) Die Erlaubnis ist auf Verlangen bei der Vollstreckungshandlung vorzuzeigen.

§ 290 Aufforderungen und Mitteilungen des Vollziehungsbeamten. Die Aufforderungen und die sonstigen Mitteilungen, die zu den Vollstreckungshandlungen gehören, sind vom Vollziehungsbeamten mündlich zu erlassen und vollständig in die Niederschrift aufzunehmen; können sie mündlich nicht erlassen werden, so hat die Vollstreckungsbehörde demjenigen, an den die Aufforderung oder Mitteilung zu richten ist, eine Abschrift der Niederschrift zu senden.

§ 291 Niederschrift. (1) Der Vollziehungsbeamte hat über jede Vollstreckungshandlung eine Niederschrift aufzunehmen.

(2) Die Niederschrift muss enthalten:

1. Ort und Zeit der Aufnahme,
2. den Gegenstand der Vollstreckungshandlung unter kurzer Erwähnung der Vorgänge,
3. die Namen der Personen, mit denen verhandelt worden ist,
4. die Unterschriften der Personen und die Bemerkung, dass nach Vorlesung oder Vorlegung zur Durchsicht und nach Genehmigung unterzeichnet sei,
5. die Unterschrift des Vollziehungsbeamten.

---

¹⁾ § 288 geänd. mWv 30.6.2013 durch G v. 26.6.2013 (BGBl. I S. 1809).
²⁾ § 289 geänd. bzw. ergänzt mWv 1.1.2009 durch G v. 19.12.2008 (BGBl. I S. 2794); Abs. 1 Verweis geänd. mWv 14.12.2010 durch G v. 8.12.2010 (BGBl. I S. 1768).

(3) Hat einem der Erfordernisse unter Absatz 2 Nr. 4 nicht genügt werden können, so ist der Grund anzugeben.

(4)[1] [1]Die Niederschrift kann auch elektronisch erstellt werden. [2]Absatz 2 Nr. 4 und 5 sowie § 87a Abs. 4 Satz 2 gelten nicht.

§ 292 Abwendung der Pfändung. (1) Der Vollstreckungsschuldner kann die Pfändung nur abwenden, wenn er den geschuldeten Betrag an den Vollziehungsbeamten zahlt oder nachweist, dass ihm eine Zahlungsfrist bewilligt worden ist oder dass die Schuld erloschen ist.

(2) Absatz 1 gilt entsprechend, wenn der Vollstreckungsschuldner eine Entscheidung vorlegt, aus der sich die Unzulässigkeit der vorzunehmenden Pfändung ergibt oder wenn er eine Post- oder Bankquittung vorlegt, aus der sich ergibt, dass er den geschuldeten Betrag eingezahlt hat.

§ 293 Pfand- und Vorzugsrechte Dritter. (1) [1]Der Pfändung einer Sache kann ein Dritter, der sich nicht im Besitz der Sache befindet, auf Grund eines Pfand- oder Vorzugsrechts nicht widersprechen. [2]Er kann jedoch vorzugsweise Befriedigung aus dem Erlös verlangen ohne Rücksicht darauf, ob seine Forderung fällig ist oder nicht.

(2) [1]Für eine Klage auf vorzugsweise Befriedigung ist ausschließlich zuständig das ordentliche Gericht, in dessen Bezirk gepfändet worden ist. [2]Wird die Klage gegen die Körperschaft, der die Vollstreckungsbehörde angehört, und gegen den Vollstreckungsschuldner gerichtet, so sind sie Streitgenossen.

§ 294 Ungetrennte Früchte. (1) [1]Früchte, die vom Boden noch nicht getrennt sind, können gepfändet werden, solange sie nicht durch Vollstreckung in das unbewegliche Vermögen in Beschlag genommen worden sind. [2]Sie dürfen nicht früher als einen Monat vor der gewöhnlichen Zeit der Reife gepfändet werden.

(2) Ein Gläubiger, der ein Recht auf Befriedigung aus dem Grundstück hat, kann der Pfändung nach § 262 widersprechen, wenn nicht für einen Anspruch gepfändet ist, der bei der Vollstreckung in das Grundstück vorgeht.

§ 295[2] Unpfändbarkeit von Sachen. [1]Die §§ 811 bis 811c, 813 Absatz 1 bis 3 und § 882a Absatz 4 der Zivilprozessordnung sowie die Beschränkungen und Verbote, die nach anderen gesetzlichen Vorschriften für die Pfändung von Sachen bestehen, gelten entsprechend. [2]An die Stelle des Vollstreckungsgerichts tritt die Vollstreckungsbehörde.

§ 296 Verwertung. (1)[3] [1]Die gepfändeten Sachen sind auf schriftliche Anordnung der Vollstreckungsbehörde öffentlich zu versteigern. [2]Eine öffentliche Versteigerung ist

---

[1] § 291 Abs. 4 angef. mWv 1.1.2009 durch G v. 19.12.2008 (BGBl. I S. 2794).
[2] § 295 Abs. 1 Satz 1 geänd. mWv 1.12.2021 durch G v. 22.11.2020 (BGBl. I S. 2466); geänd. mWv 1.1.2022 durch G v. 7.5.2021 (BGBl. I S. 850).
[3] § 296 Abs. 1 neu gef. mWv 5.8.2009 durch G v. 30.7.2009 (BGBl. I S. 2474).

1. die Versteigerung vor Ort oder

2. die allgemein zugängliche Versteigerung im Internet über die Plattform www.zoll-auktion.de.

[3]Die Versteigerung erfolgt in der Regel durch den Vollziehungsbeamten. [4]§ 292 gilt entsprechend.

(2) Bei Pfändung von Geld gilt die Wegnahme als Zahlung des Vollstreckungsschuldners.

§ 297 Aussetzung der Verwertung. Die Vollstreckungsbehörde kann die Verwertung gepfändeter Sachen unter Anordnung von Zahlungsfristen zeitweilig aussetzen, wenn die alsbaldige Verwertung unbillig wäre.

§ 298[1) Versteigerung. (1) Die gepfändeten Sachen dürfen nicht vor Ablauf einer Woche seit dem Tag der Pfändung versteigert werden, sofern sich nicht der Vollstreckungsschuldner mit einer früheren Versteigerung einverstanden erklärt oder diese erforderlich ist, um die Gefahr einer beträchtlichen Wertverringerung abzuwenden oder unverhältnismäßige Kosten längerer Aufbewahrung zu vermeiden.

(2) [1]Zeit und Ort der Versteigerung sind öffentlich bekannt zu machen; dabei sind die Sachen, die versteigert werden sollen, im Allgemeinen zu bezeichnen. [2]Auf Ersuchen der Vollstreckungsbehörde hat ein Gemeindebediensteter oder ein Polizeibeamter der Versteigerung beizuwohnen. [3]Die Sätze 1 und 2 gelten nicht für eine Versteigerung nach § 296 Absatz 1 Satz 2 Nummer 2.

(3) § 1239 Absatz 1 Satz 1 des Bürgerlichen Gesetzbuchs gilt entsprechend; bei der Versteigerung vor Ort (§ 296 Absatz 1 Satz 2 Nummer 1) ist auch § 1239 Absatz 2 des Bürgerlichen Gesetzbuchs entsprechend anzuwenden.

§ 299[2) Zuschlag. (1) [1]Bei der Versteigerung vor Ort (§ 296 Absatz 1 Satz 2 Nummer 1) soll dem Zuschlag an den Meistbietenden ein dreimaliger Aufruf vorausgehen. [2]Bei einer Versteigerung im Internet (§ 296 Absatz 1 Satz 2 Nummer 2) ist der Zuschlag der Person erteilt, die am Ende der Versteigerung das höchste Gebot abgegeben hat, es sei denn, die Versteigerung wird vorzeitig abgebrochen; sie ist von dem Zuschlag zu benachrichtigen. [3]§ 156 des Bürgerlichen Gesetzbuchs gilt entsprechend.

(2) [1]Die Aushändigung einer zugeschlagenen Sache darf nur gegen bare Zahlung geschehen. [2]Bei einer Versteigerung im Internet darf die zugeschlagene Sache auch ausgehändigt werden, wenn die Zahlung auf dem Konto der Finanzbehörde gutgeschrieben ist. [3]Wird die zugeschlagene Sache übersandt, so gilt die Aushändigung mit der Übergabe an die zur Ausführung der Versendung bestimmte Person als bewirkt.

[1) § 298 Abs. 2 Satz 3 angef., Abs. 3 neu gef. mWv 5.8.2009 durch G v. 30.7.2009 (BGBl. I S. 2474).

[2) § 299 Abs. 1 neu gef., Abs. 2 Sätze 2 bis 4 angef. mWv 5.8.2009 durch G v. 30.7.2009 (BGBl. I S. 2474); Abs. 2 Satz 1 (vom Gesetzgeber versehentlich doppelt eingefügt) aufgeh., bish. Sätze 2 bis 4 werden Sätze 1 bis 3 mWv 14.12.2010 durch G v. 8.12.2010 (BGBl. I S. 1768).

(3) ¹Hat der Meistbietende nicht zu der in den Versteigerungsbedingungen bestimmten Zeit oder in Ermangelung einer solchen Bestimmung nicht vor dem Schluss des Versteigerungstermins die Aushändigung gegen Zahlung des Kaufgeldes verlangt, so wird die Sache anderweitig versteigert. ²Der Meistbietende wird zu einem weiteren Gebot nicht zugelassen; er haftet für den Ausfall, auf den Mehrerlös hat er keinen Anspruch.

(4) ¹Wird der Zuschlag dem Gläubiger erteilt, so ist dieser von der Verpflichtung zur baren Zahlung so weit befreit, als der Erlös nach Abzug der Kosten der Vollstreckung zu seiner Befriedigung zu verwenden ist. ²Soweit der Gläubiger von der Verpflichtung zur baren Zahlung befreit ist, gilt der Betrag als von dem Schuldner an den Gläubiger gezahlt.

§ 300 Mindestgebot. (1) ¹Der Zuschlag darf nur auf ein Gebot erteilt werden, das mindestens die Hälfte des gewöhnlichen Verkaufswerts der Sache erreicht (Mindestgebot). ²Der gewöhnliche Verkaufswert und das Mindestgebot sollen bei dem Ausbieten bekannt gegeben werden.

(2) ¹Wird der Zuschlag nicht erteilt, weil ein das Mindestgebot erreichendes Gebot nicht abgegeben worden ist, so bleibt das Pfandrecht bestehen. ²Die Vollstreckungsbehörde kann jederzeit einen neuen Versteigerungstermin bestimmen oder eine anderweitige Verwertung der gepfändeten Sachen nach § 305 anordnen. ³Wird die anderweitige Verwertung angeordnet, so gilt Absatz 1 entsprechend.

(3) ¹Gold- und Silbersachen dürfen auch nicht unter ihrem Gold- oder Silberwert zugeschlagen werden. ²Wird ein den Zuschlag gestattendes Gebot nicht abgegeben, so können die Sachen auf Anordnung der Vollstreckungsbehörde aus freier Hand verkauft werden. ³Der Verkaufspreis darf den Gold- oder Silberwert und die Hälfte des gewöhnlichen Verkaufswerts nicht unterschreiten.

§ 301¹⁾ Einstellung der Versteigerung. (1) Die Versteigerung wird eingestellt, sobald der Erlös zur Deckung der beizutreibenden Beträge einschließlich der Kosten der Vollstreckung ausreicht.

(2) ¹Die Empfangnahme des Erlöses durch den versteigernden Beamten gilt als Zahlung des Vollstreckungsschuldners, es sei denn, dass der Erlös hinterlegt wird (§ 308 Abs. 4). ²Als Zahlung im Sinne von Satz 1 gilt bei einer Versteigerung im Internet auch der Eingang des Erlöses auf dem Konto der Finanzbehörde.

§ 302 Wertpapiere. Gepfändete Wertpapiere, die einen Börsen- oder Marktpreis haben, sind aus freier Hand zum Tageskurs zu verkaufen; andere Wertpapiere sind nach den allgemeinen Vorschriften zu versteigern.

§ 303 Namenspapiere. Lautet ein gepfändetes Wertpapier auf einen Namen, so ist die Vollstreckungsbehörde berechtigt, die Umschreibung auf den Namen des Käufers oder, wenn es sich um ein auf einen Namen umgeschrie-

---

¹⁾ § 301 Abs. 2 Satz 2 angef. mWv 5.8.2009 durch G v. 30.7.2009 (BGBl. I S. 2474).

benes Inhaberpapier handelt, die Rückverwandlung in ein Inhaberpapier zu erwirken und die hierzu erforderlichen Erklärungen an Stelle des Vollstreckungsschuldners abzugeben.

§ 304 Versteigerung ungetrennter Früchte. [1] Gepfändete Früchte, die vom Boden noch nicht getrennt sind, dürfen erst nach der Reife versteigert werden. [2] Der Vollziehungsbeamte hat sie abernten zu lassen, wenn er sie nicht vor der Trennung versteigert.

§ 305 Besondere Verwertung. Auf Antrag des Vollstreckungsschuldners oder aus besonderen Zweckmäßigkeitsgründen kann die Vollstreckungsbehörde anordnen, dass eine gepfändete Sache in anderer Weise oder an einem anderen Ort, als in den vorstehenden Paragraphen bestimmt ist, zu verwerten oder durch eine andere Person als den Vollziehungsbeamten zu versteigern sei.

§ 306 Vollstreckung in Ersatzteile von Luftfahrzeugen.[1] (1) Für die Vollstreckung in Ersatzteile, auf die sich ein Registerpfandrecht an einem Luftfahrzeug nach § 71 des Gesetzes über Rechte an Luftfahrzeugen erstreckt, gilt § 100 des Gesetzes über Rechte an Luftfahrzeugen; an die Stelle des Gerichtsvollziehers tritt der Vollziehungsbeamte.

(2) Absatz 1 gilt für die Vollstreckung in Ersatzteile, auf die sich das Recht an einem ausländischen Luftfahrzeug erstreckt, mit der Maßgabe, dass die Vorschriften des § 106 Abs. 1 Nr. 2 und Abs. 4 des Gesetzes über Rechte an Luftfahrzeugen zu berücksichtigen sind.

§ 307 Anschlusspfändung. (1) [1] Zur Pfändung bereits gepfändeter Sachen genügt die in die Niederschrift aufzunehmende Erklärung des Vollziehungsbeamten, dass er die Sache für die zu bezeichnende Forderung pfändet. [2] Dem Vollstreckungsschuldner ist die weitere Pfändung mitzuteilen.

(2) [1] Ist die erste Pfändung für eine andere Vollstreckungsbehörde oder durch einen Gerichtsvollzieher erfolgt, so ist dieser Vollstreckungsbehörde oder dem Gerichtsvollzieher eine Abschrift der Niederschrift zu übersenden. [2] Die gleiche Pflicht hat ein Gerichtsvollzieher, der eine Sache pfändet, die bereits im Auftrag einer Vollstreckungsbehörde gepfändet ist.

§ 308 Verwertung bei mehrfacher Pfändung. (1) Wird dieselbe Sache mehrfach durch Vollziehungsbeamte oder durch Vollziehungsbeamte und Gerichtsvollzieher gepfändet, so begründet ausschließlich die erste Pfändung die Zuständigkeit zur Versteigerung.

(2) Betreibt ein Gläubiger die Versteigerung, so wird für alle beteiligten Gläubiger versteigert.

(3) Der Erlös wird nach der Reihenfolge der Pfändungen oder nach abweichender Vereinbarung der beteiligten Gläubiger verteilt.

---

[1] Vgl. Gesetz über Rechte an Luftfahrzeugen v. 26.2.1959 (BGBl. I S. 57, 223), zuletzt geänd. durch G v. 11.8.2009 (BGBl. I S. 2713).

(4) [1] Reicht der Erlös zur Deckung der Forderungen nicht aus und verlangt ein Gläubiger, für den die zweite oder eine spätere Pfändung erfolgt ist, ohne Zustimmung der übrigen beteiligten Gläubiger eine andere Verteilung als nach der Reihenfolge der Pfändungen, so ist die Sachlage unter Hinterlegung des Erlöses dem Amtsgericht, in dessen Bezirk gepfändet ist, anzuzeigen. [2] Der Anzeige sind die Schriftstücke, die sich auf das Verfahren beziehen, beizufügen. [3] Für das Verteilungsverfahren gelten die §§ 873 bis 882 der Zivilprozessordnung.

(5) Wird für verschiedene Gläubiger gleichzeitig gepfändet, so finden die Vorschriften der Absätze 2 bis 4 mit der Maßgabe Anwendung, dass der Erlös nach dem Verhältnis der Forderungen verteilt wird.

III. Vollstreckung in Forderungen und andere Vermögensrechte

§ 309 Pfändung einer Geldforderung. (1) [1] Soll eine Geldforderung gepfändet werden, so hat die Vollstreckungsbehörde dem Drittschuldner schriftlich zu verbieten, an den Vollstreckungsschuldner zu zahlen, und dem Vollstreckungsschuldner schriftlich zu gebieten, sich jeder Verfügung über die Forderung, insbesondere ihrer Einziehung, zu enthalten (Pfändungsverfügung). [2] Die elektronische Form ist ausgeschlossen.

(2) [1] Die Pfändung ist bewirkt, wenn die Pfändungsverfügung dem Drittschuldner zugestellt ist. [2] Die an den Drittschuldner zuzustellende Pfändungsverfügung soll den beizutreibenden Geldbetrag nur in einer Summe, ohne Angabe der Steuerarten und der Zeiträume, für die er geschuldet wird, bezeichnen. [3] Die Zustellung ist dem Vollstreckungsschuldner mitzuteilen.

(3)[1)] Bei Pfändung des Guthabens eines Kontos des Vollstreckungsschuldners bei einem Kreditinstitut gelten die §§ 833a und 907 der Zivilprozessordnung entsprechend.

§ 310 Pfändung einer durch Hypothek gesicherten Forderung.

(1) [1] Zur Pfändung einer Forderung, für die eine Hypothek besteht, ist außer der Pfändungsverfügung die Aushändigung des Hypothekenbriefs an die Vollstreckungsbehörde erforderlich. [2] Die Übergabe gilt als erfolgt, wenn der Vollziehungsbeamte den Brief wegnimmt. [3] Ist die Erteilung des Hypothekenbriefs ausgeschlossen, so muss die Pfändung in das Grundbuch eingetragen werden; die Eintragung erfolgt auf Grund der Pfändungsverfügung auf Ersuchen der Vollstreckungsbehörde.

(2) Wird die Pfändungsverfügung vor der Übergabe des Hypothekenbriefs oder der Eintragung der Pfändung dem Drittschuldner zugestellt, so gilt die Pfändung diesem gegenüber mit der Zustellung als bewirkt.

(3) [1] Diese Vorschriften gelten nicht, soweit Ansprüche auf die in § 1159 des Bürgerlichen Gesetzbuchs[2)] bezeichneten Leistungen gepfändet werden. [2] Das

---

[1)] § 309 Abs. 3 neu gef. mWv 1.12.2021 durch G v. 22.11.2020 (BGBl. I S. 2466).
[2)] **Schönfelder Nr. 20.**

Gleiche gilt bei einer Sicherungshypothek im Fall des § 1187 des Bürgerlichen Gesetzbuchs von der Pfändung der Hauptforderung.

§ 311 Pfändung einer durch Schiffshypothek oder Registerpfandrecht an einem Luftfahrzeug gesicherten Forderung. (1) Die Pfändung einer Forderung, für die eine Schiffshypothek besteht, bedarf der Eintragung in das Schiffsregister oder das Schiffsbauregister.

(2) Die Pfändung einer Forderung, für die ein Registerpfandrecht an einem Luftfahrzeug besteht, bedarf der Eintragung in das Register für Pfandrechte an Luftfahrzeugen.

(3) [1] Die Pfändung nach den Absätzen 1 und 2 wird auf Grund der Pfändungsverfügung auf Ersuchen der Vollstreckungsbehörde eingetragen. [2] § 310 Abs. 2 gilt entsprechend.

(4) [1] Die Absätze 1 bis 3 sind nicht anzuwenden, soweit es sich um die Pfändung der Ansprüche auf die in § 53 des Gesetzes über Rechte an eingetragenen Schiffen und Schiffsbauwerken[1] und auf die in § 53 des Gesetzes über Rechte an Luftfahrzeugen[2] bezeichneten Leistungen handelt. [2] Das Gleiche gilt, wenn bei einer Schiffshypothek für eine Forderung aus einer Schuldverschreibung auf den Inhaber, aus einem Wechsel oder aus einem anderen durch Indossament übertragbaren Papier die Hauptforderung gepfändet ist.

(5) Für die Pfändung von Forderungen, für die ein Recht an einem ausländischen Luftfahrzeug besteht, gilt § 106 Abs. 1 Nr. 3 und Abs. 5 des Gesetzes über Rechte an Luftfahrzeugen.[2]

§ 312 Pfändung einer Forderung aus indossablen Papieren. Forderungen aus Wechseln und anderen Papieren, die durch Indossament übertragen werden können, werden dadurch gepfändet, dass der Vollziehungsbeamte die Papiere in Besitz nimmt.

§ 313 Pfändung fortlaufender Bezüge. (1) Das Pfandrecht, das durch die Pfändung einer Gehaltsforderung oder einer ähnlichen in fortlaufenden Bezügen bestehenden Forderung erworben wird, erstreckt sich auch auf die Beträge, die später fällig werden.

(2) [1] Die Pfändung eines Diensteinkommens trifft auch das Einkommen, das der Vollstreckungsschuldner bei Versetzung in ein anderes Amt, Übertragung eines neuen Amts oder einer Gehaltserhöhung zu beziehen hat. [2] Dies gilt nicht bei Wechsel des Dienstherrn.

(3) Endet das Arbeits- oder Dienstverhältnis und begründen Vollstreckungsschuldner und Drittschuldner innerhalb von neun Monaten ein solches neu, so erstreckt sich die Pfändung auf die Forderung aus dem neuen Arbeits- oder Dienstverhältnis.

---

[1] Gesetz über Rechte an eingetragenen Schiffen und Schiffsbauwerken v. 15.11.1940 (RGBl. I S. 1499), zuletzt geänd. durch G v. 21.1.2013 (BGBl. I S. 91).
[2] Gesetz über Rechte an Luftfahrzeugen v. 26.2.1959 (BGBl. I S. 57, 223), zuletzt geänd. durch G v. 11.8.2009 (BGBl. I S. 2713).

§ 314 **Einziehungsverfügung.** (1) [1]Die Vollstreckungsbehörde ordnet die Einziehung der gepfändeten Forderung an. [2]§ 309 Abs. 2 gilt entsprechend.

(2) Die Einziehungsverfügung kann mit der Pfändungsverfügung verbunden werden.

(3)[1] Wird die Einziehung eines bei einem Geldinstitut gepfändeten Guthabens eines Vollstreckungsschuldners, der eine natürliche Person ist, angeordnet, so gelten § 835 Absatz 3 Satz 2 und § 900 Absatz 1 der Zivilprozessordnung entsprechend.

(4)[2] Wird die Einziehung einer gepfändeten nicht wiederkehrend zahlbaren Vergütung eines Vollstreckungsschuldners, der eine natürliche Person ist, für persönlich geleistete Arbeiten oder Dienste oder sonstige Einkünfte, die kein Arbeitslohn sind, angeordnet, so gilt § 835 Absatz 4[3] der Zivilprozessordnung entsprechend.

§ 315 **Wirkung der Einziehungsverfügung.** (1) [1]Die Einziehungsverfügung ersetzt die förmlichen Erklärungen des Vollstreckungsschuldners, von denen nach bürgerlichem Recht die Berechtigung zur Einziehung abhängt. [2]Sie genügt auch bei einer Forderung, für die eine Hypothek, Schiffshypothek oder ein Registerpfandrecht an einem Luftfahrzeug besteht. [3]Zugunsten des Drittschuldners gilt eine zu Unrecht ergangene Einziehungsverfügung dem Vollstreckungsschuldner gegenüber solange als rechtmäßig, bis sie aufgehoben ist und der Drittschuldner hiervon erfährt.

(2) [1]Der Vollstreckungsschuldner ist verpflichtet, die zur Geltendmachung der Forderung nötige Auskunft zu erteilen und die über die Forderung vorhandenen Urkunden herauszugeben. [2]Erteilt der Vollstreckungsschuldner die Auskunft nicht, ist er auf Verlangen der Vollstreckungsbehörde verpflichtet, sie zu Protokoll zu geben und seine Angaben an Eides statt zu versichern. [3]Die Vollstreckungsbehörde kann die eidesstattliche Versicherung der Lage der Sache entsprechend ändern. [4]§ 284 Absatz 5, 6 und 8[4] gilt sinngemäß. [5]Die Vollstreckungsbehörde kann die Urkunden durch den Vollziehungsbeamten wegnehmen lassen oder ihre Herausgabe nach den §§ 328 bis 335 erzwingen.

(3) [1]Werden die Urkunden nicht vorgefunden, so hat der Vollstreckungsschuldner auf Verlangen der Vollstreckungsbehörde zu Protokoll an Eides statt zu versichern, dass er die Urkunden nicht besitze, auch nicht wisse, wo sie sich befinden. [2]Absatz 2 Satz 3 und 4 gilt entsprechend.

(4) Hat ein Dritter die Urkunde, so kann die Vollstreckungsbehörde auch den Anspruch des Vollstreckungsschuldners auf Herausgabe geltend machen.

§ 316 **Erklärungspflicht des Drittschuldners.** (1) [1]Auf Verlangen der Vollstreckungsbehörde hat ihr der Drittschuldner binnen zwei Wochen, von der Zustellung der Pfändungsverfügung an gerechnet, zu erklären:

---

[1] § 314 Abs. 3 geänd. mWv 1.12.2021 durch G v. 22.11.2020 (BGBl. I S. 2466).
[2] § 314 Abs. 4 angef. mWv 1.7.2010 durch G v. 7.7.2009 (BGBl. I S. 1707).
[3] Verweis geänd. mWv 16.4.2011 durch G v. 12.4.2011 (BGBl. I S. 615); geänd. mWv 1.12.2021 durch G v. 22.11.2020 (BGBl. I S. 2466).
[4] Verweis geänd. mWv 31.12.2014 durch G v. 22.12.2014 (BGBl. I S. 2417).

1. ob und inwieweit er die Forderung als begründet anerkenne und bereit sei zu zahlen,

2. ob und welche Ansprüche andere Personen an die Forderung erheben,

3. ob und wegen welcher Ansprüche die Forderung bereits für andere Gläubiger gepfändet sei;

4.[1)] ob innerhalb der letzten zwölf Monate im Hinblick auf das Konto, dessen Guthaben gepfändet worden ist, nach § 907 der Zivilprozessordnung die Unpfändbarkeit des Guthabens festgesetzt worden ist, und

5.[2)] ob es sich bei dem Konto, dessen Guthaben gepfändet worden ist, um ein Pfändungsschutzkonto im Sinne von § 850k der Zivilprozessordnung oder ein Gemeinschaftskonto im Sinne von § 850l der Zivilprozessordnung handelt; bei einem Gemeinschaftskonto ist zugleich anzugeben, ob der Schuldner nur gemeinsam mit einer anderen Person oder mehreren anderen Personen verfügungsbefugt ist.

[2]Die Erklärung des Drittschuldners zu Nummer 1 gilt nicht als Schuldanerkenntnis.

(2) [1]Die Aufforderung zur Abgabe dieser Erklärung kann in die Pfändungsverfügung aufgenommen werden. [2]Der Drittschuldner haftet der Vollstreckungsbehörde für den Schaden, der aus der Nichterfüllung seiner Verpflichtung entsteht. [3]Er kann zur Abgabe der Erklärung durch ein Zwangsgeld angehalten werden; § 334 ist nicht anzuwenden.

(3) Die §§ 841 bis 843 der Zivilprozessordnung sind anzuwenden.

§ 317 Andere Art der Verwertung. [1]Ist die gepfändete Forderung bedingt oder betagt oder ihre Einziehung schwierig, so kann die Vollstreckungsbehörde anordnen, dass sie in anderer Weise zu verwerten ist; § 315 Abs. 1 gilt entsprechend. [2]Der Vollstreckungsschuldner ist vorher zu hören, sofern nicht eine Bekanntgabe außerhalb des Geltungsbereichs des Gesetzes oder eine öffentliche Bekanntmachung erforderlich ist.

§ 318 Ansprüche auf Herausgabe oder Leistung von Sachen. (1) Für die Vollstreckung in Ansprüche auf Herausgabe oder Leistung von Sachen gelten außer den §§ 309 bis 317 die nachstehenden Vorschriften.

(2) [1]Bei der Pfändung eines Anspruchs, der eine bewegliche Sache betrifft, ordnet die Vollstreckungsbehörde an, dass die Sache an den Vollziehungsbeamten herauszugeben sei. [2]Die Sache wird wie eine gepfändete Sache verwertet.

(3) [1]Bei Pfändung eines Anspruchs, der eine unbewegliche Sache betrifft, ordnet die Vollstreckungsbehörde an, dass die Sache an einen Treuhänder herauszugeben sei, den das Amtsgericht der belegenen Sache auf Antrag der Vollstreckungsbehörde bestellt. [2]Ist der Anspruch auf Übertragung des Eigentums gerichtet, so ist dem Treuhänder als Vertreter des Vollstreckungsschuldners aufzulassen. [3]Mit dem Übergang des Eigentums auf den Vollstreckungsschuldner

---

[1)] § 316 Abs. 1 Nr. 4 angef. mWv 1.7.2010 durch G v. 7.7.2009 (BGBl. I S. 1707); geänd. mWv 1.12.2021 durch G v. 22.11.2020 (BGBl. I S. 2466).
[2)] § 316 Abs. 1 Nr. 5 neu gef. mWv 1.12.2021 durch G v. 22.11.2020 (BGBl. I S. 2466).

erlangt die Körperschaft, der die Vollstreckungsbehörde angehört, eine Sicherungshypothek für die Forderung. [4]Der Treuhänder hat die Eintragung der Sicherungshypothek zu bewilligen. [5]Die Vollstreckung in die herausgegebene Sache wird nach den Vorschriften über die Vollstreckung in unbewegliche Sachen bewirkt.

(4) Absatz 3 gilt entsprechend, wenn der Anspruch ein im Schiffsregister eingetragenes Schiff, ein Schiffsbauwerk oder Schwimmdock, das im Schiffsbauregister eingetragen ist oder in dieses Register eingetragen werden kann oder ein Luftfahrzeug betrifft, das in der Luftfahrzeugrolle eingetragen ist oder nach Löschung in der Luftfahrzeugrolle noch in dem Register für Pfandrechte an Luftfahrzeugen eingetragen ist.

(5)[1] [1]Dem Treuhänder ist auf Antrag eine Entschädigung zu gewähren. [2]Die Entschädigung darf die nach der Zwangsverwalterverordnung[2] festzusetzende Vergütung nicht übersteigen.

§ 319[3] **Unpfändbarkeit von Forderungen.** Beschränkungen und Verbote, die nach §§ 850 bis 852 und 899 bis 907 der Zivilprozessordnung und anderen gesetzlichen Bestimmungen für die Pfändung von Forderungen und Ansprüchen bestehen, gelten sinngemäß.

§ 320 Mehrfache Pfändung einer Forderung. (1) Ist eine Forderung durch mehrere Vollstreckungsbehörden oder durch eine Vollstreckungsbehörde und ein Gericht gepfändet, so sind die §§ 853 bis 856 der Zivilprozessordnung und § 99 Abs. 1 Satz 1 des Gesetzes über Rechte an Luftfahrzeugen[4] entsprechend anzuwenden.

(2) Fehlt es an einem Amtsgericht, das nach den §§ 853 und 854 der Zivilprozessordnung zuständig wäre, so ist bei dem Amtsgericht zu hinterlegen, in dessen Bezirk die Vollstreckungsbehörde ihren Sitz hat, deren Pfändungsverfügung dem Drittschuldner zuerst zugestellt worden ist.

§ 321 Vollstreckung in andere Vermögensrechte. (1) Für die Vollstreckung in andere Vermögensrechte, die nicht Gegenstand der Vollstreckung in das unbewegliche Vermögen sind, gelten die vorstehenden Vorschriften entsprechend.

(2) Ist kein Drittschuldner vorhanden, so ist die Pfändung bewirkt, wenn dem Vollstreckungsschuldner das Gebot, sich jeder Verfügung über das Recht zu enthalten, zugestellt ist.

(3) Ein unveräußerliches Recht ist, wenn nichts anderes bestimmt ist, insoweit pfändbar, als die Ausübung einem anderen überlassen werden kann.

(4) Die Vollstreckungsbehörde kann bei der Vollstreckung in unveräußerliche Rechte, deren Ausübung einem anderen überlassen werden kann, beson-

---

[1] § 318 Abs. 5 Satz 2 neu gef. mWv 16.12.2004 durch G v. 9.12.2004 (BGBl. I S. 3310).
[2] Red. ber. durch G v. 22.11.2020 (BGBl. I S. 2466).
[3] § 319 geänd. mWv 1.12.2021 durch G v. 22.11.2020 (BGBl. I S. 2466).
[4] Gesetz über Rechte an Luftfahrzeugen v. 26.2.1959 (BGBl. I S. 57, 223), in der jeweils aktuellen Fassung.

dere Anordnungen erlassen, insbesondere bei der Vollstreckung in Nutzungsrechte eine Verwaltung anordnen; in diesem Fall wird die Pfändung durch
Übergabe der zu benutzenden Sache an den Verwalter bewirkt, sofern sie
nicht durch Zustellung der Pfändungsverfügung schon vorher bewirkt ist.

(5) Ist die Veräußerung des Rechts zulässig, so kann die Vollstreckungsbehörde die Veräußerung anordnen.

(6) Für die Vollstreckung in eine Reallast, eine Grundschuld oder eine
Rentenschuld gelten die Vorschriften über die Vollstreckung in eine Forderung, für die eine Hypothek besteht.

(7) Die §§ 858 bis 863 der Zivilprozessordnung gelten sinngemäß.

4. Unterabschnitt: Vollstreckung in das unbewegliche Vermögen

§ 322 Verfahren. (1) [1] Der Vollstreckung in das unbewegliche Vermögen
unterliegen außer den Grundstücken die Berechtigungen, für welche die sich
auf Grundstücke beziehenden Vorschriften gelten, die im Schiffsregister eingetragenen Schiffe, die Schiffsbauwerke und Schwimmdocks, die im Schiffsbauregister eingetragen sind oder in dieses Register eingetragen werden können,
sowie die Luftfahrzeuge, die in der Luftfahrzeugrolle eingetragen sind oder
nach Löschung in der Luftfahrzeugrolle noch in dem Register für Pfandrechte an Luftfahrzeugen eingetragen sind. [2] Auf die Vollstreckung sind die für
die gerichtliche Zwangsvollstreckung geltenden Vorschriften, namentlich die
§§ 864 bis 871 der Zivilprozessordnung und das Gesetz über die Zwangsversteigerung und die Zwangsverwaltung[1]) anzuwenden. [3] Bei Stundung und Aussetzung der Vollziehung geht eine im Wege der Vollstreckung eingetragene
Sicherungshypothek jedoch nur dann nach § 868 der Zivilprozessordnung auf
den Eigentümer über und erlischt eine Schiffshypothek oder ein Registerpfandrecht an einem Luftfahrzeug jedoch nur dann nach § 870a Abs. 3 der
Zivilprozessordnung sowie § 99 Abs. 1 des Gesetzes über Rechte an Luftfahrzeugen[2]), wenn zugleich die Aufhebung der Vollstreckungsmaßnahme angeordnet wird.

(2) Für die Vollstreckung in ausländische Schiffe gilt § 171 des Gesetzes
über die Zwangsversteigerung und die Zwangsverwaltung,[1]) für die Vollstreckung in ausländische Luftfahrzeuge § 106 Abs. 1, 2 des Gesetzes über Rechte
an Luftfahrzeugen[2]) sowie die §§ 171h bis 171n des Gesetzes über die
Zwangsversteigerung und die Zwangsverwaltung.[1])

(3) [1] Die für die Vollstreckung in das unbewegliche Vermögen erforderlichen
Anträge des Gläubigers stellt die Vollstreckungsbehörde. [2] Sie hat hierbei zu
bestätigen, dass die gesetzlichen Voraussetzungen für die Vollstreckung vorliegen. [3] Diese Fragen unterliegen nicht der Beurteilung des Vollstreckungsgerichts
oder des Grundbuchamts. [4] Anträge auf Eintragung einer Sicherungshypothek,

---

[1]) Gesetz über die Zwangsversteigerung und die Zwangsverwaltung idF der Bek. v.
20.5.1898 (RGBl. S. 369, 713) **(Schönfelder Nr. 108)**.
[2]) Gesetz über Rechte an Luftfahrzeugen v. 26.2.1959 (BGBl. I S. 57, 223), in der jeweils
aktuellen Fassung.

einer Schiffshypothek oder eines Registerpfandrechts an einem Luftfahrzeug sind Ersuchen im Sinne des § 38 der Grundbuchordnung[1]) und des § 45 der Schiffsregisterordnung.[2])

(4) Zwangsversteigerung und Zwangsverwaltung soll die Vollstreckungsbehörde nur beantragen, wenn festgestellt ist, dass der Geldbetrag durch Vollstreckung in das bewegliche Vermögen nicht beigetrieben werden kann.

(5) Soweit der zu vollstreckende Anspruch gemäß § 10 Abs. 1 Nr. 3 des Gesetzes über die Zwangsversteigerung und die Zwangsverwaltung[3]) den Rechten am Grundstück im Rang vorgeht, kann eine Sicherungshypothek unter der aufschiebenden Bedingung in das Grundbuch eingetragen werden, dass das Vorrecht wegfällt.

§ 323 Vollstreckung gegen den Rechtsnachfolger. [1]Ist nach § 322 eine Sicherungshypothek, eine Schiffshypothek oder ein Registerpfandrecht an einem Luftfahrzeug eingetragen worden, so bedarf es zur Zwangsversteigerung aus diesem Recht nur dann eines Duldungsbescheids, wenn nach der Eintragung dieses Rechts ein Eigentumswechsel eingetreten ist. [2]Satz 1 gilt sinngemäß für die Zwangsverwaltung aus einer nach § 322 eingetragenen Sicherungshypothek.

5. Unterabschnitt: Arrest

§ 324 Dinglicher Arrest. (1) [1]Zur Sicherung der Vollstreckung von Geldforderungen nach den §§ 249 bis 323 kann die für die Steuerfestsetzung zuständige Finanzbehörde den Arrest in das bewegliche oder unbewegliche Vermögen anordnen, wenn zu befürchten ist, dass sonst die Beitreibung vereitelt oder wesentlich erschwert wird. [2]Sie kann den Arrest auch dann anordnen, wenn die Forderung noch nicht zahlenmäßig feststeht oder wenn sie bedingt oder betagt ist. [3]In der Arrestanordnung ist ein Geldbetrag zu bestimmen, bei dessen Hinterlegung die Vollziehung des Arrestes gehemmt und der vollzogene Arrest aufzuheben ist.

(2) [1]Die Arrestanordnung ist zuzustellen. [2]Sie muss begründet und von dem anordnenden Bediensteten unterschrieben sein. [3]Die elektronische Form ist ausgeschlossen.

(3) [1]Die Vollziehung der Arrestanordnung ist unzulässig, wenn seit dem Tag, an dem die Anordnung unterzeichnet worden ist, ein Monat verstrichen ist. [2]Die Vollziehung ist auch schon vor der Zustellung an den Arrestschuldner zulässig, sie ist jedoch ohne Wirkung, wenn die Zustellung nicht innerhalb einer Woche nach der Vollziehung und innerhalb eines Monats seit der Unterzeichnung erfolgt. [3]Bei Zustellung im Ausland und öffentlicher Zustellung gilt § 169 Abs. 1 Satz 3 entsprechend. [4]Auf die Vollziehung des Arrestes finden die §§ 930 bis 932 der Zivilprozessordnung sowie § 99 Abs. 2 und

---

[1]) GrundbuchO idF der Bek. v. 26.5.1994 (BGBl. I S. 1114) **(Schönfelder Nr. 114)**.
[2]) SchiffsregisterO idF der Bek. v. 26.5.1994 (BGBl. I S. 1133), in der jeweils aktuellen Fassung.
[3]) Gesetz über die Zwangsversteigerung und die Zwangsverwaltung idF der Bek. v. 20.5.1898 (RGBl. S. 369, 713) **(Schönfelder Nr. 108)**.

§ 106 Abs. 1, 3 und 5 des Gesetzes über Rechte an Luftfahrzeugen entsprechende Anwendung; an die Stelle des Arrestgerichts und des Vollstreckungsgerichts tritt die Vollstreckungsbehörde, an die Stelle des Gerichtsvollziehers der Vollziehungsbeamte. [5] Soweit auf die Vorschriften über die Pfändung verwiesen wird, sind die entsprechenden Vorschriften dieses Gesetzes anzuwenden.

§ 325 Aufhebung des dinglichen Arrestes. Die Arrestanordnung ist aufzuheben, wenn nach ihrem Erlass Umstände bekannt werden, die die Arrestanordnung nicht mehr gerechtfertigt erscheinen lassen.

§ 326 Persönlicher Sicherheitsarrest. (1) [1] Auf Antrag der für die Steuerfestsetzung zuständigen Finanzbehörde kann das Amtsgericht einen persönlichen Sicherheitsarrest anordnen, wenn er erforderlich ist, um die gefährdete Vollstreckung in das Vermögen des Pflichtigen zu sichern. [2] Zuständig ist das Amtsgericht, in dessen Bezirk die Finanzbehörde ihren Sitz hat oder sich der Pflichtige befindet.

(2) In dem Antrag hat die für die Steuerfestsetzung zuständige Finanzbehörde den Anspruch nach Art und Höhe sowie die Tatsachen anzugeben, die den Arrestgrund ergeben.

(3) [1] Für die Anordnung, Vollziehung und Aufhebung des persönlichen Sicherheitsarrestes gelten § 128 Abs. 4 und die §§ 922 bis 925, 927, 929, 933, 934 Abs. 1, 3 und 4 der Zivilprozessordnung sinngemäß. [2] § 802j Abs. 2[1]) der Zivilprozessordnung ist nicht anzuwenden.

(4) Für Zustellungen gelten die Vorschriften der Zivilprozessordnung.

6. Unterabschnitt: Verwertung von Sicherheiten

§ 327 Verwertung von Sicherheiten. [1] Werden Geldforderungen, die im Verwaltungsverfahren vollstreckbar sind (§ 251), bei Fälligkeit nicht erfüllt, kann sich die Vollstreckungsbehörde aus den Sicherheiten befriedigen, die sie zur Sicherung dieser Ansprüche erlangt hat. [2] Die Sicherheiten werden nach den Vorschriften dieses Abschnitts verwertet. [3] Die Verwertung darf erst erfolgen, wenn dem Vollstreckungsschuldner die Verwertungsabsicht bekannt gegeben und seit der Bekanntgabe mindestens eine Woche verstrichen ist.

Dritter Abschnitt: Vollstreckung wegen anderer Leistungen als Geldforderungen

1. Unterabschnitt: Vollstreckung wegen Handlungen, Duldungen oder Unterlassungen

§ 328 Zwangsmittel. (1) [1] Ein Verwaltungsakt, der auf Vornahme einer Handlung oder auf Duldung oder Unterlassung gerichtet ist, kann mit Zwangsmitteln (Zwangsgeld, Ersatzvornahme, unmittelbarer Zwang) durchge-

---

[1]) Verweis geänd. mWv 1.1.2013 durch G v. 29.7.2009 (BGBl. I S. 2258).

setzt werden. ²Für die Erzwingung von Sicherheiten gilt § 336. ³Vollstreckungsbehörde ist die Behörde, die den Verwaltungsakt erlassen hat.

(2) ¹Es ist dasjenige Zwangsmittel zu bestimmen, durch das der Pflichtige und die Allgemeinheit am wenigsten beeinträchtigt werden. ²Das Zwangsmittel muss in einem angemessenen Verhältnis zu seinem Zweck stehen.

§ 329 Zwangsgeld. Das einzelne Zwangsgeld darf 25 000 Euro nicht übersteigen.

§ 330 Ersatzvornahme. Wird die Verpflichtung, eine Handlung vorzunehmen, deren Vornahme durch einen anderen möglich ist (vertretbare Handlung), nicht erfüllt, so kann die Vollstreckungsbehörde einen anderen mit der Vornahme der Handlung auf Kosten des Pflichtigen beauftragen.

§ 331 Unmittelbarer Zwang. Führen das Zwangsgeld oder die Ersatzvornahme nicht zum Ziel oder sind sie untunlich, so kann die Finanzbehörde den Pflichtigen zur Handlung, Duldung oder Unterlassung zwingen oder die Handlung selbst vornehmen.

§ 332 Androhung der Zwangsmittel. (1) ¹Die Zwangsmittel müssen schriftlich angedroht werden. ²Wenn zu besorgen ist, dass dadurch der Vollzug des durchzusetzenden Verwaltungsakts vereitelt wird, genügt es, die Zwangsmittel mündlich oder auf andere nach der Lage gebotene Weise anzudrohen. ³Zur Erfüllung der Verpflichtung ist eine angemessene Frist zu bestimmen.

(2) ¹Die Androhung kann mit dem Verwaltungsakt verbunden werden, durch den die Handlung, Duldung oder Unterlassung aufgegeben wird. ²Sie muss sich auf ein bestimmtes Zwangsmittel beziehen und für jede einzelne Verpflichtung getrennt ergehen. ³Zwangsgeld ist in bestimmter Höhe anzudrohen.

(3) ¹Eine neue Androhung wegen derselben Verpflichtung ist erst dann zulässig, wenn das zunächst angedrohte Zwangsmittel erfolglos ist. ²Wird vom Pflichtigen ein Dulden oder Unterlassen gefordert, so kann das Zwangsmittel für jeden Fall der Zuwiderhandlung angedroht werden.

(4) Soll die Handlung durch Ersatzvornahme ausgeführt werden, so ist in der Androhung der Kostenbetrag vorläufig zu veranschlagen.

§ 333 Festsetzung der Zwangsmittel. Wird die Verpflichtung innerhalb der Frist, die in der Androhung bestimmt ist, nicht erfüllt oder handelt der Pflichtige der Verpflichtung zuwider, so setzt die Finanzbehörde das Zwangsmittel fest.

§ 334 Ersatzzwangshaft. (1) ¹Ist ein gegen eine natürliche Person festgesetztes Zwangsgeld uneinbringlich, so kann das Amtsgericht auf Antrag der Finanzbehörde nach Anhörung des Pflichtigen Ersatzzwangshaft anordnen, wenn bei Androhung des Zwangsgelds hierauf hingewiesen worden ist. ²Ordnet das Amtsgericht Ersatzzwangshaft an, so hat es einen Haftbefehl auszufertigen, in dem die antragstellende Behörde, der Pflichtige und der Grund der Verhaftung zu bezeichnen sind.

(2) ¹Das Amtsgericht entscheidet nach pflichtgemäßem Ermessen durch Beschluss. ²Örtlich zuständig ist das Amtsgericht, in dessen Bezirk der Pflichtige seinen Wohnsitz oder in Ermangelung eines Wohnsitzes seinen gewöhnlichen Aufenthalt hat. ³Der Beschluss des Amtsgerichts unterliegt der Beschwerde nach den §§ 567 bis 577 der Zivilprozessordnung.

(3)¹⁾ ¹Die Ersatzzwangshaft beträgt mindestens einen Tag, höchstens zwei Wochen. ²Die Vollziehung der Ersatzzwangshaft richtet sich nach den § 802g Abs. 2 und § 802h²⁾ der Zivilprozessordnung und den §§ 171 bis 175 und 179 bis 186 des Strafvollzugsgesetzes.

(4) Ist der Anspruch auf das Zwangsgeld verjährt, so darf die Haft nicht mehr vollstreckt werden.

§ 335 Beendigung des Zwangsverfahrens. Wird die Verpflichtung nach Festsetzung des Zwangsmittels erfüllt, so ist der Vollzug einzustellen.

2. Unterabschnitt: Erzwingung von Sicherheiten

§ 336 Erzwingung von Sicherheiten. (1) Wird die Verpflichtung zur Leistung von Sicherheiten nicht erfüllt, so kann die Finanzbehörde geeignete Sicherheiten pfänden.

(2) ¹Der Erzwingung der Sicherheit muss eine schriftliche Androhung vorausgehen. ²Die §§ 262 bis 323 sind entsprechend anzuwenden.

Vierter Abschnitt: Kosten

§ 337³⁾ Kosten der Vollstreckung. (1) ¹Im Vollstreckungsverfahren werden Kosten (Gebühren und Auslagen) erhoben. ²Schuldner dieser Kosten ist der Vollstreckungsschuldner.

(2)⁴⁾ Für das Mahnverfahren werden keine Kosten erhoben.

§ 338 Gebührenarten. Im Vollstreckungsverfahren werden Pfändungsgebühren (§ 339), Wegnahmegebühren (§ 340) und Verwertungsgebühren (§ 341) erhoben.

§ 339⁵⁾ Pfändungsgebühr. (1) Die Pfändungsgebühr wird erhoben für die Pfändung von beweglichen Sachen, von Tieren, von Früchten, die vom Boden noch nicht getrennt sind, von Forderungen und von anderen Vermögensrechten.

---

¹⁾ § 334 Abs. 3 Satz 2 geänd. durch G v. 20.11.2019 (BGBl. I S. 1724).
²⁾ Verweise geänd. mWv 1.1.2013 durch G v. 29.7.2009 (BGBl. I S. 2258).
³⁾ § 337 Abs. 1 neu gef. mWv 1.1.2005 durch G v. 9.12.2004 (BGBl. I S. 3310).
⁴⁾ § 337 Abs. 2 Satz 2 aufgeh. mWv 30.6.2013 durch G v. 26.6.2013 (BGBl. I S. 1809).
⁵⁾ § 339 neu gef. mWv 1.1.2005 durch G v. 9.12.2004 (BGBl. I S. 3310); Abs. 4 Satz 1 Nr. 4 geänd. mWv 1.1.2022 durch G v. 7.5.2021 (BGBl. I S. 850); siehe auch Art. 97 § 17a EGAO (Nr. 800a).

(2) Die Gebühr entsteht:

1. sobald der Vollziehungsbeamte Schritte zur Ausführung des Vollstreckungsauftrags unternommen hat,

2. mit der Zustellung der Verfügung, durch die eine Forderung oder ein anderes Vermögensrecht gepfändet werden soll.

(3) Die Gebühr beträgt 28,60[1] Euro.

(4) ¹Die Gebühr wird auch erhoben, wenn

1. die Pfändung durch Zahlung an den Vollziehungsbeamten abgewendet wird,

2. auf andere Weise Zahlung geleistet wird, nachdem sich der Vollziehungsbeamte an Ort und Stelle begeben hat,

3. ein Pfändungsversuch erfolglos geblieben ist, weil pfändbare Gegenstände nicht vorgefunden wurden, oder

4. die Pfändung in den Fällen des § 281 Abs. 3 dieses Gesetzes sowie der § 811 Absatz 4 und § 851b Absatz 1 der Zivilprozessordnung unterbleibt. ²Wird die Pfändung auf andere Weise abgewendet, wird keine Gebühr erhoben.

§ 340[2] Wegnahmegebühr. (1) ¹Die Wegnahmegebühr wird für die Wegnahme beweglicher Sachen einschließlich Urkunden in den Fällen der §§ 310, 315 Abs. 2 Satz 5, §§ 318, 321, 331 und 336 erhoben. ²Dies gilt auch dann, wenn der Vollstreckungsschuldner an den zur Vollstreckung erschienenen Vollziehungsbeamten freiwillig leistet.

(2) § 339 Abs. 2 Nr. 1 ist entsprechend anzuwenden.

(3) ¹Die Höhe der Wegnahmegebühr beträgt 28,60[1] Euro. ²Die Gebühr wird auch erhoben, wenn die in Absatz 1 bezeichneten Sachen nicht aufzufinden sind.

(4) (weggefallen)

§ 341[3] Verwertungsgebühr. (1) Die Verwertungsgebühr wird für die Versteigerung und andere Verwertung von Gegenständen erhoben.

(2) Die Gebühr entsteht, sobald der Vollziehungsbeamte oder ein anderer Beauftragter Schritte zur Ausführung des Verwertungsauftrags unternommen hat.

(3) Die Gebühr beträgt 57,20[1] Euro.

(4) Wird die Verwertung abgewendet (§ 296 Abs. 1 Satz 4), ist eine Gebühr von 28,60[1] Euro zu erheben.

---

[1] Betrag geänd. mWv 31.12.2014 durch G v. 22.12.2014 (BGBl. I S. 2417); geänd. mWv 1.11.2021 durch G v. 5.10.2021 (BGBl. I S. 4607).
[2] § 340 Abs. 3 neu gef., Abs. 4 aufgeh. mWv 1.1.2005 durch G v. 9.12.2004 (BGBl. I S. 3310).
[3] § 341 Abs. 3 und 4 neu gef. mWv 1.1.2005 durch G v. 9.12.2004 (BGBl. I S. 3310); Abs. 4 geänd. mWv 5.8.2009 durch G v. 30.7.2009 (BGBl. I S. 2474).

§ 342[1] **Mehrheit von Schuldnern.** (1) Wird gegen mehrere Schuldner vollstreckt, so sind die Gebühren, auch wenn der Vollziehungsbeamte bei derselben Gelegenheit mehrere Vollstreckungshandlungen vornimmt, von jedem Vollstreckungsschuldner zu erheben.

(2) [1] Wird gegen Gesamtschuldner wegen der Gesamtschuld bei derselben Gelegenheit vollstreckt, so werden Pfändungs-, Wegnahme- und Verwertungsgebühren nur einmal erhoben. [2] Die in Satz 1 bezeichneten Personen schulden die Gebühren als Gesamtschuldner.

§ 343. (weggefallen)

§ 344[2] **Auslagen.** (1) Als Auslagen werden erhoben:

1. [3] Schreibauslagen für nicht von Amts wegen zu erteilende oder per Telefax übermittelte Abschriften; die Schreibauslagen betragen unabhängig von der Art der Herstellung

 a) für die ersten 50 Seiten je Seite 0,50 Euro,

 b) für jede weitere Seite 0,15 Euro,

 c) für die ersten 50 Seiten in Farbe je Seite 1,00 Euro,

 d) für jede weitere Seite in Farbe 0,30 Euro.

 [2] Werden anstelle von Abschriften elektronisch gespeicherte Dateien überlassen, betragen die Auslagen 1,50 Euro je Datei. [3] Für die in einem Arbeitsgang überlassenen oder in einem Arbeitsgang auf einen Datenträger übertragenen Dokumente werden insgesamt höchstens 5 Euro erhoben. [4] Werden zum Zweck der Überlassung von elektronisch gespeicherten Dateien Dokumente zuvor auf Antrag von der Papierform in die elektronische Form übertragen, beträgt die Pauschale für Schreibauslagen nach Satz 2 nicht weniger, als die Pauschale im Fall von Satz 1 betragen würde,

2. Entgelte für Post- und Telekommunikationsdienstleistungen, ausgenommen die Entgelte für Telefondienstleistungen im Orts- und Nahbereich,

3. Entgelte für Zustellungen durch die Post mit Zustellungsurkunde; wird durch die Behörde zugestellt (§ 5 des Verwaltungszustellungsgesetzes), so werden 7,50 Euro erhoben,

4. Kosten, die durch öffentliche Bekanntmachung entstehen,

5. an die zum Öffnen von Türen und Behältnissen sowie an die zur Durchsuchung von Vollstreckungsschuldnern zugezogenen Personen zu zahlende Beträge,

6. Kosten für die Beförderung, Verwahrung und Beaufsichtigung gepfändeter Sachen, Kosten für die Aberntung gepfändeter Früchte und Kosten für die Verwahrung, Fütterung, Pflege und Beförderung gepfändeter Tiere,

7. Beträge, die in entsprechender Anwendung des Justizvergütungs- und -entschädigungsgesetzes an Auskunftspersonen und Sachverständige (§ 107) sowie Beträge, die an Treuhänder (§ 318 Abs. 5) zu zahlen sind,

---

[1] § 342 Abs. 2 bish. Satz 3 aufgeh. mWv 1.1.2005 durch G v. 9.12.2004 (BGBl. I S. 3310).
[2] § 344 neu gef. mWv 1.1.2005 durch G v. 9.12.2004 (BGBl. I S. 3310).
[3] § 344 Abs. 1 Nr. 1 neu gef. mWv 31.12.2014 durch G v. 22.12.2014 (BGBl. I S. 2417).

7a. Kosten, die von einem Kreditinstitut erhoben werden, weil ein Scheck des Vollstreckungsschuldners nicht eingelöst wurde,

7b. Kosten für die Umschreibung eines auf einen Namen lautenden Wertpapiers oder für die Wiederinkurssetzung eines Inhaberpapiers,

8. andere Beträge, die auf Grund von Vollstreckungsmaßnahmen an Dritte zu zahlen sind, insbesondere Beträge, die bei der Ersatzvornahme oder beim unmittelbaren Zwang an Beauftragte und an Hilfspersonen gezahlt werden, und sonstige durch Ausführung des unmittelbaren Zwanges oder Anwendung der Ersatzzwangshaft entstandene Kosten.

(2) Steuern, die die Finanzbehörde auf Grund von Vollstreckungsmaßnahmen schuldet, sind als Auslagen zu erheben.

(3) ¹Werden Sachen oder Tiere, die bei mehreren Vollstreckungsschuldnern gepfändet worden sind, in einem einheitlichen Verfahren abgeholt und verwertet, so werden die Auslagen, die in diesem Verfahren entstehen, auf die beteiligten Vollstreckungsschuldner verteilt. ²Dabei sind die besonderen Umstände des einzelnen Falls, vor allem Wert, Umfang und Gewicht der Gegenstände, zu berücksichtigen.

§ 345 Reisekosten und Aufwandsentschädigungen. Im Vollstreckungsverfahren sind die Reisekosten des Vollziehungsbeamten und Auslagen, die durch Aufwandsentschädigungen abgegolten werden, von dem Vollstreckungsschuldner nicht zu erstatten.

§ 346 Unrichtige Sachbehandlung, Festsetzungsfrist. (1) Kosten, die bei richtiger Behandlung der Sache nicht entstanden wären, sind nicht zu erheben.

(2) ¹Die Frist für den Ansatz der Kosten und für die Aufhebung und Änderung des Kostenansatzes beträgt ein Jahr. ²Sie beginnt mit Ablauf des Kalenderjahrs, in dem die Kosten entstanden sind. ³Einem vor Ablauf der Frist gestellten Antrag auf Aufhebung oder Änderung kann auch nach Ablauf der Frist entsprochen werden.

Siebenter Teil. Außergerichtliches Rechtsbehelfsverfahren[1]

Erster Abschnitt: Zulässigkeit

§ 347 Statthaftigkeit des Einspruchs. (1) ¹Gegen Verwaltungsakte

1. in Abgabenangelegenheiten, auf die dieses Gesetz Anwendung findet,

2. in Verfahren zur Vollstreckung von Verwaltungsakten in anderen als den in Nummer 1 bezeichneten Angelegenheiten, soweit die Verwaltungsakte durch Bundesfinanzbehörden oder Landesfinanzbehörden nach den Vorschriften dieses Gesetzes zu vollstrecken sind,

---

[1] Zu §§ 347 ff. siehe Übergangsvorschriften in Art. 97 § 18 Abs. 3 EGAO (Nr. **800a**).

3. in öffentlich-rechtlichen und berufsrechtlichen Angelegenheiten, auf die dieses Gesetz nach § 164a des Steuerberatungsgesetzes Anwendung findet,

4. in anderen durch die Finanzbehörden verwalteten Angelegenheiten, soweit die Vorschriften über die außergerichtlichen Rechtsbehelfe durch Gesetz für anwendbar erklärt worden sind oder erklärt werden,

ist als Rechtsbehelf der Einspruch statthaft. ²Der Einspruch ist außerdem statthaft, wenn geltend gemacht wird, dass in den in Satz 1 bezeichneten Angelegenheiten über einen vom Einspruchsführer gestellten Antrag auf Erlass eines Verwaltungsakts ohne Mitteilung eines zureichenden Grundes binnen angemessener Frist sachlich nicht entschieden worden ist.

(2) Abgabenangelegenheiten sind alle mit der Verwaltung der Abgaben einschließlich der Abgabenvergütungen oder sonst mit der Anwendung der abgabenrechtlichen Vorschriften durch die Finanzbehörden zusammenhängenden Angelegenheiten einschließlich der Maßnahmen der Bundesfinanzbehörden zur Beachtung der Verbote und Beschränkungen für den Warenverkehr über die Grenze; den Abgabenangelegenheiten stehen die Angelegenheiten der Verwaltung der Finanzmonopole gleich.

(3) Die Vorschriften des Siebenten Teils finden auf das Straf- und Bußgeldverfahren keine Anwendung.

§ 348 Ausschluss des Einspruchs. Der Einspruch ist nicht statthaft

1. gegen Einspruchsentscheidungen (§ 367),

2. bei Nichtentscheidung über einen Einspruch,

3. gegen Verwaltungsakte der obersten Finanzbehörden des Bundes und der Länder, außer wenn ein Gesetz das Einspruchsverfahren vorschreibt,

4.[1] gegen Entscheidungen in Angelegenheiten des Zweiten und Sechsten Abschnitts des Zweiten Teils des Steuerberatungsgesetzes,

5.[1] *(aufgehoben)*

6.[2] in den Fällen des § 172 Abs. 3.

§ 349 (weggefallen)

§ 350 Beschwer. Befugt, Einspruch einzulegen, ist nur, wer geltend macht, durch einen Verwaltungsakt oder dessen Unterlassung beschwert zu sein.

§ 351 Bindungswirkung anderer Verwaltungsakte. (1) Verwaltungsakte, die unanfechtbare Verwaltungsakte ändern, können nur insoweit angegriffen werden, als die Änderung reicht, es sei denn, dass sich aus den Vorschriften über die Aufhebung und Änderung von Verwaltungsakten etwas anderes ergibt.

---

[1] § 348 Nr. 4 geänd. und Nr. 5 aufgeh. mWv 12.4.2008 durch G v. 8.4.2008 (BGBl. I S. 666).

[2] § 348 Nr. 6 angef. mWv 19.12.2006 durch G v. 13.12.2006 (BGBl. I S. 2878).

(2) Entscheidungen in einem Grundlagenbescheid (§ 171 Abs. 10) können nur durch Anfechtung dieses Bescheids, nicht auch durch Anfechtung des Folgebescheids, angegriffen werden.

§ 352 Einspruchsbefugnis bei der einheitlichen Feststellung. (1) Gegen Bescheide über die einheitliche und gesonderte Feststellung von Besteuerungsgrundlagen können Einspruch einlegen:

1. zur Vertretung berufene Geschäftsführer oder, wenn solche nicht vorhanden sind, der Einspruchsbevollmächtigte im Sinne des Absatzes 2;

2. wenn Personen nach Nummer 1 nicht vorhanden sind, jeder Gesellschafter, Gemeinschafter oder Mitberechtigte, gegen den der Feststellungsbescheid ergangen ist oder zu ergehen hätte;

3. auch wenn Personen nach Nummer 1 vorhanden sind, ausgeschiedene Gesellschafter, Gemeinschafter oder Mitberechtigte, gegen die der Feststellungsbescheid ergangen ist oder zu ergehen hätte;

4. soweit es sich darum handelt, wer an dem festgestellten Betrag beteiligt ist und wie dieser sich auf die einzelnen Beteiligten verteilt, jeder, der durch die Feststellungen hierzu berührt wird;

5. soweit es sich um eine Frage handelt, die einen Beteiligten persönlich angeht, jeder, der durch die Feststellungen über die Frage berührt wird.

(2) [1]Einspruchsbefugt im Sinne des Absatzes 1 Nr. 1 ist der gemeinsame Empfangsbevollmächtigte im Sinne des § 183 Abs. 1 Satz 1 oder des § 6 Abs. 1 Satz 1 der Verordnung über die gesonderte Feststellung von Besteuerungsgrundlagen nach § 180 Abs. 2 der Abgabenordnung vom 19. Dezember 1986 (BGBl. I S. 2663)[1]. [2]Haben die Feststellungsbeteiligten keinen gemeinsamen Empfangsbevollmächtigten bestellt, ist einspruchsbefugt im Sinne des Absatzes 1 Nr. 1 der nach § 183 Abs. 1 Satz 2 fingierte oder der nach § 183 Abs. 1 Satz 3 bis 5 oder nach § 6 Abs. 1 Satz 3 bis 5 der Verordnung über die gesonderte Feststellung von Besteuerungsgrundlagen nach § 180 Abs. 2 der Abgabenordnung von der Finanzbehörde bestimmte Empfangsbevollmächtigte; dies gilt nicht für Feststellungsbeteiligte, die gegenüber der Finanzbehörde der Einspruchsbefugnis des Empfangsbevollmächtigten widersprechen. [3]Die Sätze 1 und 2 sind nur anwendbar, wenn die Beteiligten in der Feststellungserklärung oder in der Aufforderung zur Benennung eines Empfangsbevollmächtigten über die Einspruchsbefugnis des Empfangsbevollmächtigten belehrt worden sind.

§ 353 Einspruchsbefugnis des Rechtsnachfolgers. Wirkt ein Feststellungsbescheid, ein Grundsteuermessbescheid oder ein Zerlegungs- oder Zuteilungsbescheid über einen Grundsteuermessbetrag gegenüber dem Rechtsnachfolger, ohne dass er diesem bekannt gegeben worden ist (§ 182 Abs. 2, § 184 Abs. 1 Satz 4, §§ 185 und 190), so kann der Rechtsnachfolger nur innerhalb der für den Rechtsvorgänger maßgebenden Einspruchsfrist Einspruch einlegen.

---

[1] Nr. **800e**.

§ 354 Einspruchsverzicht. (1) ¹Auf Einlegung eines Einspruchs kann nach Erlass des Verwaltungsakts verzichtet werden. ²Der Verzicht kann auch bei Abgabe einer Steueranmeldung für den Fall ausgesprochen werden, dass die Steuer nicht abweichend von der Steueranmeldung festgesetzt wird. ³Durch den Verzicht wird der Einspruch unzulässig.

(1a) ¹Soweit Besteuerungsgrundlagen für ein Verständigungs- oder ein Schiedsverfahren nach einem Vertrag im Sinne des § 2 von Bedeutung sein können, kann auf die Einlegung eines Einspruchs insoweit verzichtet werden. ²Die Besteuerungsgrundlage, auf die sich der Verzicht beziehen soll, ist genau zu bezeichnen.

(1b)¹⁾ ¹Auf die Einlegung eines Einspruchs kann bereits vor Erlass des Verwaltungsakts verzichtet werden, soweit durch den Verwaltungsakt eine Verständigungsvereinbarung oder ein Schiedsspruch nach einem Vertrag im Sinne des § 2 zutreffend umgesetzt wird. ²§ 89a Absatz 3 Satz 1 Nummer 2 bleibt unberührt.

(2) ¹Der Verzicht ist gegenüber der zuständigen Finanzbehörde schriftlich oder zur Niederschrift zu erklären; er darf keine weiteren Erklärungen enthalten. ²Wird nachträglich die Unwirksamkeit des Verzichts geltend gemacht, so gilt § 110 Abs. 3 sinngemäß.

Zweiter Abschnitt: Verfahrensvorschriften

§ 355 Einspruchsfrist. (1) ¹Der Einspruch nach § 347 Abs. 1 Satz 1 ist innerhalb eines Monats nach Bekanntgabe des Verwaltungsakts einzulegen. ²Ein Einspruch gegen eine Steueranmeldung ist innerhalb eines Monats nach Eingang der Steueranmeldung bei der Finanzbehörde, in den Fällen des § 168 Satz 2 innerhalb eines Monats nach Bekanntwerden der Zustimmung, einzulegen.

(2) Der Einspruch nach § 347 Abs. 1 Satz 2 ist unbefristet.

§ 356 Rechtsbehelfsbelehrung. (1) Ergeht ein Verwaltungsakt schriftlich oder elektronisch, so beginnt die Frist für die Einlegung des Einspruchs nur, wenn der Beteiligte über den Einspruch und die Finanzbehörde, bei der er einzulegen ist, deren Sitz und die einzuhaltende Frist in der für den Verwaltungsakt verwendeten Form belehrt worden ist.

(2) ¹Ist die Belehrung unterblieben oder unrichtig erteilt, so ist die Einlegung des Einspruchs nur binnen eines Jahres seit Bekanntgabe des Verwaltungsakts zulässig, es sei denn, dass die Einlegung vor Ablauf der Jahresfrist infolge höherer Gewalt unmöglich war oder schriftlich oder elektronisch darüber belehrt wurde, dass ein Einspruch nicht gegeben sei. ²§ 110 Abs. 2 gilt für den Fall höherer Gewalt sinngemäß.

§ 357²⁾ Einlegung des Einspruchs. (1) ¹Der Einspruch ist schriftlich oder elektronisch einzureichen oder zur Niederschrift zu erklären. ²Es genügt,

---

¹⁾ § 354 Abs. 1b eingef. mWv 9.6.2021 durch G v. 2.6.2021 (BGBl. I S. 1259).
²⁾ § 357 Abs. 1 Satz 1 geänd., Satz 2 neu gef., Abs. 2 Satz 4 geänd. mWv 1.8.2013 (BGBl. I S. 2749); Abs. 1 Satz 3 aufgeh., bish. Satz 4 wird Satz 3 mWv 1.1.2017 durch G v. 18.7.2016 (BGBl. I S. 1679).

wenn aus dem Einspruch hervorgeht, wer ihn eingelegt hat. [3] Unrichtige Bezeichnung des Einspruchs schadet nicht.

(2) [1] Der Einspruch ist bei der Behörde anzubringen, deren Verwaltungsakt angefochten wird oder bei der ein Antrag auf Erlass eines Verwaltungsakts gestellt worden ist. [2] Ein Einspruch, der sich gegen die Feststellung von Besteuerungsgrundlagen oder gegen die Festsetzung eines Steuermessbetrags richtet, kann auch bei der zur Erteilung des Steuerbescheids zuständigen Behörde angebracht werden. [3] Ein Einspruch, der sich gegen einen Verwaltungsakt richtet, den eine Behörde auf Grund gesetzlicher Vorschrift für die zuständige Finanzbehörde erlassen hat, kann auch bei der zuständigen Finanzbehörde angebracht werden. [4] Die schriftliche oder elektronische Anbringung bei einer anderen Behörde ist unschädlich, wenn der Einspruch vor Ablauf der Einspruchsfrist einer der Behörden übermittelt wird, bei der er nach den Sätzen 1 bis 3 angebracht werden kann.

(3) [1] Bei der Einlegung soll der Verwaltungsakt bezeichnet werden, gegen den der Einspruch gerichtet ist. [2] Es soll angegeben werden, inwieweit der Verwaltungsakt angefochten und seine Aufhebung beantragt wird. [3] Ferner sollen die Tatsachen, die zur Begründung dienen, und die Beweismittel angeführt werden.

§ 358 Prüfung der Zulässigkeitsvoraussetzungen. [1] Die zur Entscheidung über den Einspruch berufene Finanzbehörde hat zu prüfen, ob der Einspruch zulässig, insbesondere in der vorgeschriebenen Form und Frist eingelegt ist. [2] Mangelt es an einem dieser Erfordernisse, so ist der Einspruch als unzulässig zu verwerfen.

§ 359 Beteiligte. Beteiligte am Verfahren sind:
1. wer den Einspruch eingelegt hat (Einspruchsführer),
2. wer zum Verfahren hinzugezogen worden ist.

§ 360 Hinzuziehung zum Verfahren. (1) [1] Die zur Entscheidung über den Einspruch berufene Finanzbehörde kann von Amts wegen oder auf Antrag andere hinzuziehen, deren rechtliche Interessen nach den Steuergesetzen durch die Entscheidung berührt werden, insbesondere solche, die nach den Steuergesetzen neben dem Steuerpflichtigen haften. [2] Vor der Hinzuziehung ist derjenige zu hören, der den Einspruch eingelegt hat.

(2) Wird eine Abgabe für einen anderen Abgabenberechtigten verwaltet, so kann dieser nicht deshalb hinzugezogen werden, weil seine Interessen als Abgabenberechtigter durch die Entscheidung berührt werden.

(3) [1] Sind an dem streitigen Rechtsverhältnis Dritte derart beteiligt, dass die Entscheidung auch ihnen gegenüber nur einheitlich ergehen kann, so sind sie hinzuzuziehen. [2] Dies gilt nicht für Mitberechtigte, die nach § 352 nicht befugt sind, Einspruch einzulegen.

(4) Wer zum Verfahren hinzugezogen worden ist, kann dieselben Rechte geltend machen, wie derjenige, der den Einspruch eingelegt hat.

(5)[1] [1] Kommt nach Absatz 3 die Hinzuziehung von mehr als 50 Personen in Betracht, kann die Finanzbehörde anordnen, dass nur solche Personen hinzugezogen werden, die dies innerhalb einer bestimmten Frist beantragen. [2] Von einer Einzelbekanntgabe der Anordnung kann abgesehen werden, wenn die Anordnung im Bundesanzeiger bekannt gemacht und außerdem in Tageszeitungen veröffentlicht wird, die in dem Bereich verbreitet sind, in dem sich die Entscheidung voraussichtlich auswirken wird. [3] Die Frist muss mindestens drei Monate seit Veröffentlichung im Bundesanzeiger betragen. [4] In der Veröffentlichung in Tageszeitungen ist mitzuteilen, an welchem Tage die Frist abläuft. [5] Für die Wiedereinsetzung in den vorigen Stand wegen Versäumung der Frist gilt § 110 entsprechend. [6] Die Finanzbehörde soll Personen, die von der Entscheidung erkennbar in besonderem Maße betroffen werden, auch ohne Antrag hinzuziehen.

§ 361[2] Aussetzung der Vollziehung.

(1) [1] Durch Einlegung des Einspruchs wird die Vollziehung des angefochtenen Verwaltungsakts vorbehaltlich des Absatzes 4 nicht gehemmt, insbesondere die Erhebung einer Abgabe nicht aufgehalten. [2] Entsprechendes gilt bei Anfechtung von Grundlagenbescheiden für die darauf beruhenden Folgebescheide.

(2) [1] Die Finanzbehörde, die den angefochtenen Verwaltungsakt erlassen hat, kann die Vollziehung ganz oder teilweise aussetzen; § 367 Abs. 1 Satz 2 gilt sinngemäß. [2] Auf Antrag soll die Aussetzung erfolgen, wenn ernstliche Zweifel an der Rechtmäßigkeit des angefochtenen Verwaltungsakts bestehen oder wenn die Vollziehung für die betroffene Person eine unbillige, nicht durch überwiegende öffentliche Interessen gebotene Härte zur Folge hätte. [3] Ist der Verwaltungsakt schon vollzogen, tritt an die Stelle der Aussetzung der Vollziehung die Aufhebung der Vollziehung. [4] Bei Steuerbescheiden sind die Aussetzung und die Aufhebung der Vollziehung auf die festgesetzte Steuer, vermindert um die anzurechnenden Steuerabzugsbeträge, um die anzurechnende Körperschaftsteuer und um die festgesetzten Vorauszahlungen, beschränkt; dies gilt nicht, wenn die Aussetzung oder Aufhebung der Vollziehung zur Abwendung wesentlicher Nachteile nötig erscheint. [5] Die Aussetzung kann von einer Sicherheitsleistung abhängig gemacht werden.

(3) [1] Soweit die Vollziehung eines Grundlagenbescheids ausgesetzt wird, ist auch die Vollziehung eines Folgebescheids auszusetzen. [2] Der Erlass eines Folgebescheids bleibt zulässig. [3] Über eine Sicherheitsleistung ist bei der Aussetzung eines Folgebescheids zu entscheiden, es sei denn, dass bei der Aussetzung der Vollziehung des Grundlagenbescheids die Sicherheitsleistung ausdrücklich ausgeschlossen worden ist.

(4) [1] Durch Einlegung eines Einspruchs gegen die Untersagung des Gewerbebetriebs oder der Berufsausübung wird die Vollziehung des angefochtenen Verwaltungsakts gehemmt. [2] Die Finanzbehörde, die den Verwaltungsakt erlassen hat, kann die hemmende Wirkung durch besondere Anordnung ganz oder

---

[1] § 360 Abs. 5 Sätze 2 und 3 geänd. mWv 1.4.2005 durch G v. 22.3.2005 (BGBl. I S. 837); geänd. mWv 1.4.2012 durch G v. 22.12.2011 (BGBl. I S. 3044).
[2] § 361 Abs. 2 Satz 2 geänd. mWv 26.11.2019 durch G v. 20.11.2019 (BGBl. I S. 1626).

zum Teil beseitigen, wenn sie es im öffentlichen Interesse für geboten hält; sie hat das öffentliche Interesse schriftlich zu begründen. ³ § 367 Abs. 1 Satz 2 gilt sinngemäß.

(5) Gegen die Ablehnung der Aussetzung der Vollziehung kann das Gericht nur nach § 69 Abs. 3 und 5 Satz 3 der Finanzgerichtsordnung angerufen werden.

§ 362 Rücknahme des Einspruchs. (1) ¹Der Einspruch kann bis zur Bekanntgabe der Entscheidung über den Einspruch zurückgenommen werden. ² § 357 Abs. 1 und 2 gilt sinngemäß.

(1a) ¹Soweit Besteuerungsgrundlagen für ein Verständigungs- oder ein Schiedsverfahren nach einem Vertrag im Sinne des § 2 von Bedeutung sein können, kann der Einspruch hierauf begrenzt zurückgenommen werden. ² § 354 Abs. 1a Satz 2 gilt entsprechend.

(2) ¹Die Rücknahme hat den Verlust des eingelegten Einspruchs zur Folge. ²Wird nachträglich die Unwirksamkeit der Rücknahme geltend gemacht, so gilt § 110 Abs. 3 sinngemäß.

§ 363 Aussetzung und Ruhen des Verfahrens. (1) Hängt die Entscheidung ganz oder zum Teil von dem Bestehen oder Nichtbestehen eines Rechtsverhältnisses ab, das den Gegenstand eines anhängigen Rechtsstreits bildet oder von einem Gericht oder einer Verwaltungsbehörde festzustellen ist, kann die Finanzbehörde die Entscheidung bis zur Erledigung des anderen Rechtsstreits oder bis zur Entscheidung des Gerichts oder der Verwaltungsbehörde aussetzen.

(2)¹⁾ ¹Die Finanzbehörde kann das Verfahren mit Zustimmung des Einspruchsführers ruhen lassen, wenn das aus wichtigen Gründen zweckmäßig erscheint. ²Ist wegen der Verfassungsmäßigkeit einer Rechtsnorm oder wegen einer Rechtsfrage ein Verfahren bei dem Gerichtshof der Europäischen Union, dem Bundesverfassungsgericht oder einem obersten Bundesgericht anhängig und wird der Einspruch hierauf gestützt, ruht das Einspruchsverfahren insoweit; dies gilt nicht, soweit nach § 165 Abs. 1 Satz 2 Nr. 3 oder Nr. 4²⁾ die Steuer vorläufig festgesetzt wurde. ³Mit Zustimmung der obersten Finanzbehörde kann durch öffentlich bekannt zu gebende Allgemeinverfügung für bestimmte Gruppen gleichgelagerter Fälle angeordnet werden, dass Einspruchsverfahren insoweit auch in anderen als den in den Sätzen 1 und 2 genannten Fällen ruhen. ⁴Das Einspruchsverfahren ist fortzusetzen, wenn der Einspruchsführer dies beantragt oder die Finanzbehörde dies dem Einspruchsführer mitteilt.

(3) Wird ein Antrag auf Aussetzung oder Ruhen des Verfahrens abgelehnt oder die Aussetzung oder das Ruhen des Verfahrens widerrufen, kann die Rechtswidrigkeit der Ablehnung oder des Widerrufs nur durch Klage gegen die Einspruchsentscheidung geltend gemacht werden.

---

¹⁾ § 363 Abs. 2 Satz 2 geänd. mWv 30.6.2013 durch G v. 26.6.2013 (BGBl. I S. 1809).
²⁾ § 363 Abs. 2 Satz 2 Verweis auf Nr. 4 eingef. mWv 1.1.2009 durch G v. 20.12.2008 (BGBl. I S. 2850).

§ 364[1] Offenlegung der Besteuerungsunterlagen. Den Beteiligten sind, soweit es noch nicht geschehen ist, die Unterlagen der Besteuerung auf Antrag oder, wenn die Begründung des Einspruchs dazu Anlass gibt, von Amts wegen offenzulegen.

§ 364a Erörterung des Sach- und Rechtsstands. (1) ¹Auf Antrag eines Einspruchsführers soll die Finanzbehörde vor Erlass einer Einspruchsentscheidung den Sach- und Rechtsstand erörtern. ²Weitere Beteiligte können hierzu geladen werden, wenn die Finanzbehörde dies für sachdienlich hält. ³Die Finanzbehörde kann auch ohne Antrag eines Einspruchsführers diesen und weitere Beteiligte zu einer Erörterung laden.

(2) ¹Von einer Erörterung mit mehr als zehn Beteiligten kann die Finanzbehörde absehen. ²Bestellen die Beteiligten innerhalb einer von der Finanzbehörde bestimmten angemessenen Frist einen gemeinsamen Vertreter, soll der Sach- und Rechtsstand mit diesem erörtert werden.

(3) ¹Die Beteiligten können sich durch einen Bevollmächtigten vertreten lassen. ²Sie können auch persönlich zur Erörterung geladen werden, wenn die Finanzbehörde dies für sachdienlich hält.

(4) Das Erscheinen kann nicht nach § 328 erzwungen werden.

§ 364b Fristsetzung. (1) Die Finanzbehörde kann dem Einspruchsführer eine Frist setzen

1. zur Angabe der Tatsachen, durch deren Berücksichtigung oder Nichtberücksichtigung er sich beschwert fühlt,
2. zur Erklärung über bestimmte klärungsbedürftige Punkte,
3. zur Bezeichnung von Beweismitteln oder zur Vorlage von Urkunden, soweit er dazu verpflichtet ist.

(2) ¹Erklärungen und Beweismittel, die erst nach Ablauf der nach Absatz 1 gesetzten Frist vorgebracht werden, sind nicht zu berücksichtigen. ²§ 367 Abs. 2 Satz 2 bleibt unberührt. ³Bei Überschreitung der Frist gilt § 110 entsprechend.

(3) Der Einspruchsführer ist mit der Fristsetzung über die Rechtsfolgen nach Absatz 2 zu belehren.

§ 365 Anwendung von Verfahrensvorschriften. (1) Für das Verfahren über den Einspruch gelten im Übrigen die Vorschriften sinngemäß, die für den Erlass des angefochtenen Verwaltungsakts gelten.

(2) In den Fällen des § 93 Abs. 5, des § 96 Abs. 7 Satz 2 und der §§ 98 bis 100 ist den Beteiligten und ihren Bevollmächtigten und Beiständen (§ 80) Gelegenheit zu geben, an der Beweisaufnahme teilzunehmen.

(3) ¹Wird der angefochtene Verwaltungsakt geändert oder ersetzt, so wird der neue Verwaltungsakt Gegenstand des Einspruchsverfahrens. ²Satz 1 gilt entsprechend, wenn

---

[1] § 364 Überschr. und Text geänd. mWv 26.11.2019 durch G v. 20.11.2019 (BGBl. I S. 1626).

1. ein Verwaltungsakt nach § 129 berichtigt wird oder
2. ein Verwaltungsakt an die Stelle eines angefochtenen unwirksamen Verwaltungsakts tritt.

§ 366[1]) **Form, Inhalt und Erteilung der Einspruchsentscheidung.** [1]Die Einspruchsentscheidung ist zu begründen, mit einer Rechtsbehelfsbelehrung zu versehen und den Beteiligten schriftlich oder elektronisch zu erteilen. [2]Betrifft die Einspruchsentscheidung eine gesonderte und einheitliche Feststellung im Sinne des § 180 Absatz 1 Satz 1 Nummer 2 Buchstabe a und sind mehr als 50 Personen gemäß § 359 am Verfahren beteiligt, so kann auf die Nennung sämtlicher Einspruchsführer und Hinzugezogenen im Rubrum der Einspruchsentscheidung verzichtet werden, wenn dort die Person, der diese Einspruchsentscheidung jeweils bekannt gegeben wird, und die Anzahl der übrigen nicht namentlich bezeichneten Beteiligten angegeben wird.

§ 367 Entscheidung über den Einspruch. (1) [1]Über den Einspruch entscheidet die Finanzbehörde, die den Verwaltungsakt erlassen hat, durch Einspruchsentscheidung. [2]Ist für den Steuerfall nachträglich eine andere Finanzbehörde zuständig geworden, so entscheidet diese Finanzbehörde; § 26 Satz 2 bleibt unberührt.

(2) [1]Die Finanzbehörde, die über den Einspruch entscheidet, hat die Sache in vollem Umfang erneut zu prüfen. [2]Der Verwaltungsakt kann auch zum Nachteil des Einspruchsführers geändert werden, wenn dieser auf die Möglichkeit einer verbösernden Entscheidung unter Angabe von Gründen hingewiesen und ihm Gelegenheit gegeben worden ist, sich hierzu zu äußern. [3]Einer Einspruchsentscheidung bedarf es nur insoweit, als die Finanzbehörde dem Einspruch nicht abhilft.

(2a)[2]) [1]Die Finanzbehörde kann vorab über Teile des Einspruchs entscheiden, wenn dies sachdienlich ist. [2]Sie hat in dieser Entscheidung zu bestimmen, hinsichtlich welcher Teile Bestandskraft nicht eintreten soll.

(2b)[2]) [1]Anhängige Einsprüche, die eine vom Gerichtshof der Europäischen Union, vom Bundesverfassungsgericht oder vom Bundesfinanzhof entschiedene Rechtsfrage betreffen und denen nach dem Ausgang des Verfahrens vor diesen Gerichten nicht abgeholfen werden kann, können durch Allgemeinverfügung insoweit zurückgewiesen werden. [2]Sachlich zuständig für den Erlass der Allgemeinverfügung ist die oberste Finanzbehörde. [3]Die Allgemeinverfügung ist im Bundessteuerblatt und auf den Internetseiten des Bundesministeriums der Finanzen zu veröffentlichen. [4]Sie gilt am Tag nach der Herausgabe des Bundessteuerblattes, in dem sie veröffentlicht wird, als bekannt gegeben. [5]Abweichend von § 47 Abs. 1 der Finanzgerichtsordnung endet die Klagefrist mit Ablauf eines Jahres nach dem Tag der Bekanntgabe. [6]§ 63 Abs. 1 Nr. 1

---

[1]) § 366 Überschr. geänd., Text geänd. mWv 1.1.2017 durch G v. 18.7.2016 (BGBl. I S. 1679); zur Anwendung s. auch Art. 97 § 1 Abs. 11 EGAO (Nr. **800a**); Satz 2 angef. mWv 29.12.2020 durch G v. 21.12.2020 (BGBl. I S. 3096).

[2]) § 367 Abs. 2a und 2b eingef. mWv 19.12.2006 durch G v. 13.12.2006 (BGBl. I S. 2878); zur Anwendung von Abs. 2b siehe Art. 97 § 18a Abs. 12 EGAO (Nr. **800a**); Abs. 2b Satz 1 geänd. durch G v. 26.6.2013 (BGBl. I S. 1809).

der Finanzgerichtsordnung gilt auch, soweit ein Einspruch durch eine Allgemeinverfügung nach Satz 1 zurückgewiesen wurde.

(3) ¹Richtet sich der Einspruch gegen einen Verwaltungsakt, den eine Behörde auf Grund gesetzlicher Vorschrift für die zuständige Finanzbehörde erlassen hat, so entscheidet die zuständige Finanzbehörde über den Einspruch. ²Auch die für die zuständige Finanzbehörde handelnde Behörde ist berechtigt, dem Einspruch abzuhelfen.

§ 368 (weggefallen)

Achter Teil. Straf- und Bußgeldvorschriften, Straf- und Bußgeldverfahren

Erster Abschnitt: Strafvorschriften

§ 369 Steuerstraftaten. (1) Steuerstraftaten (Zollstraftaten) sind:

1. Taten, die nach den Steuergesetzen strafbar sind,
2. der Bannbruch,
3. die Wertzeichenfälschung und deren Vorbereitung, soweit die Tat Steuerzeichen betrifft,
4. die Begünstigung einer Person, die eine Tat nach den Nummern 1 bis 3 begangen hat.

(2) Für Steuerstraftaten gelten die allgemeinen Gesetze über das Strafrecht, soweit die Strafvorschriften der Steuergesetze nichts anderes bestimmen.

§ 370 Steuerhinterziehung. (1) Mit Freiheitsstrafe bis zu fünf Jahren oder mit Geldstrafe wird bestraft, wer

1. den Finanzbehörden oder anderen Behörden über steuerlich erhebliche Tatsachen unrichtige oder unvollständige Angaben macht,
2. die Finanzbehörden pflichtwidrig über steuerlich erhebliche Tatsachen in Unkenntnis lässt oder
3. pflichtwidrig die Verwendung von Steuerzeichen oder Steuerstemplern unterlässt

und dadurch Steuern verkürzt oder für sich oder einen anderen nicht gerechtfertigte Steuervorteile erlangt.

(2) Der Versuch ist strafbar.

(3) ¹In besonders schweren Fällen ist die Strafe Freiheitsstrafe von sechs Monaten bis zu zehn Jahren. ²Ein besonders schwerer Fall liegt in der Regel vor, wenn der Täter

1.¹⁾ in großem Ausmaß Steuern verkürzt oder nicht gerechtfertigte Steuervorteile erlangt,

---

¹⁾ § 370 Abs. 3 Satz 2 Nr. 1 neu gef., Nr. 5 angef. mWv 1.1.2008 durch G v. 21.12.2007 (BGBl. I S. 3198).

2.[1] seine Befugnisse oder seine Stellung als Amtsträger oder Europäischer Amtsträger (§ 11 Absatz 1 Nummer 2a des Strafgesetzbuchs) missbraucht,

3.[1] die Mithilfe eines Amtsträgers oder Europäischen Amtsträgers (§ 11 Absatz 1 Nummer 2a des Strafgesetzbuchs) ausnutzt, der seine Befugnisse oder seine Stellung missbraucht,

4. unter Verwendung nachgemachter oder verfälschter Belege fortgesetzt Steuern verkürzt oder nicht gerechtfertigte Steuervorteile erlangt,

5.[2] als Mitglied einer Bande, die sich zur fortgesetzten Begehung von Taten nach Absatz 1 verbunden hat, Umsatz- oder Verbrauchssteuern verkürzt oder nicht gerechtfertigte Umsatz- oder Verbrauchssteuervorteile erlangt oder

6.[3] eine Drittstaat-Gesellschaft im Sinne des § 138 Absatz 3, auf die er alleine oder zusammen mit nahestehenden Personen im Sinne des § 1 Absatz 2 des Außensteuergesetzes unmittelbar oder mittelbar einen beherrschenden oder bestimmenden Einfluss ausüben kann, zur Verschleierung steuerlich erheblicher Tatsachen nutzt und auf diese Weise fortgesetzt Steuern verkürzt oder nicht gerechtfertigte Steuervorteile erlangt.

(4) [1]Steuern sind namentlich dann verkürzt, wenn sie nicht, nicht in voller Höhe oder nicht rechtzeitig festgesetzt werden; dies gilt auch dann, wenn die Steuer vorläufig oder unter Vorbehalt der Nachprüfung festgesetzt wird oder eine Steueranmeldung einer Steuerfestsetzung unter Vorbehalt der Nachprüfung gleichsteht. [2]Steuervorteile sind auch Steuervergütungen; nicht gerechtfertigte Steuervorteile sind erlangt, soweit sie zu Unrecht gewährt oder belassen werden. [3]Die Voraussetzungen der Sätze 1 und 2 sind auch dann erfüllt, wenn die Steuer, auf die sich die Tat bezieht, aus anderen Gründen hätte ermäßigt oder der Steuervorteil aus anderen Gründen hätte beansprucht werden können.

(5) Die Tat kann auch hinsichtlich solcher Waren begangen werden, deren Einfuhr, Ausfuhr oder Durchfuhr verboten ist.

(6)[4] [1]Die Absätze 1 bis 5 gelten auch dann, wenn sich die Tat auf Einfuhr- oder Ausfuhrabgaben bezieht, die von einem anderen Mitgliedstaat der Europäischen Union verwaltet werden oder die einem Mitgliedstaat der Europäischen Freihandelsassoziation oder einem mit dieser assoziierten Staat zustehen. [2]Das Gleiche gilt, wenn sich die Tat auf Umsatzsteuern oder auf die in Artikel 1 Absatz 1 der Richtlinie 2008/118/EG des Rates vom 16. Dezember 2008 über das allgemeine Verbrauchsteuersystem und zur Aufhebung der Richtlinie 92/12/EWG (ABl. L 9 vom 14.1.2009, S. 12) genannten harmonisierten Verbrauchsteuern bezieht, die von einem anderen Mitgliedstaat der Europäischen Union verwaltet werden.

---

[1] § 370 Abs. 3 Satz 2 Nrn. 2 und 3 geänd. mWv 26.11.2015 durch G v. 20.11.2015 (BGBl. I S. 2025).
[2] § 370 Abs. 3 Satz 2 Nr. 1 neu gef., Nr. 5 angef. mWv 1.1.2008 durch G v. 21.12.2007 (BGBl. I S. 3198).
[3] § 370 Abs. 3 Satz 2 Nr. 6 angef. mWv 25.6.2017 durch G v. 23.6.2017 (BGBl. I S. 1682); zur Anwendung siehe auch Art. 97 § 1 Abs. 12 Satz 1 EGAO (Nr. **800a**).
[4] § 370 Abs. 6 neu gef. durch G v. 7.12.2011 (BGBl. I S. 2592).

(7) Die Absätze 1 bis 6 gelten unabhängig von dem Recht des Tatortes auch für Taten, die außerhalb des Geltungsbereiches dieses Gesetzes begangen werden.

§ 370a[1] *(aufgehoben)*

§ 371[2] **Selbstanzeige bei Steuerhinterziehung.** (1) [1]Wer gegenüber der Finanzbehörde zu allen Steuerstraftaten einer Steuerart in vollem Umfang die unrichtigen Angaben berichtigt, die unvollständigen Angaben ergänzt oder die unterlassenen Angaben nachholt, wird wegen dieser Steuerstraftaten nicht nach § 370 bestraft. [2]Die Angaben müssen zu allen unverjährten Steuerstraftaten einer Steuerart, mindestens aber zu allen Steuerstraftaten einer Steuerart innerhalb der letzten zehn Kalenderjahre erfolgen.

(2) [1]Straffreiheit tritt nicht ein, wenn

1. bei einer der zur Selbstanzeige gebrachten unverjährten Steuerstraftaten vor der Berichtigung, Ergänzung oder Nachholung

    a) dem an der Tat Beteiligten, seinem Vertreter, dem Begünstigten im Sinne des § 370 Absatz 1 oder dessen Vertreter eine Prüfungsanordnung nach § 196 bekannt gegeben worden ist, beschränkt auf den sachlichen und zeitlichen Umfang der angekündigten Außenprüfung, oder

    b) dem an der Tat Beteiligten oder seinem Vertreter die Einleitung des Straf- oder Bußgeldverfahrens bekannt gegeben worden ist oder

    c) ein Amtsträger der Finanzbehörde zur steuerlichen Prüfung erschienen ist, beschränkt auf den sachlichen und zeitlichen Umfang der Außenprüfung, oder

    d) ein Amtsträger zur Ermittlung einer Steuerstraftat oder einer Steuerordnungswidrigkeit erschienen ist oder

    e) ein Amtsträger der Finanzbehörde zu einer Umsatzsteuer-Nachschau nach § 27b des Umsatzsteuergesetzes, einer Lohnsteuer-Nachschau nach § 42g des Einkommensteuergesetzes oder einer Nachschau nach anderen steuerrechtlichen Vorschriften erschienen ist und sich ausgewiesen hat oder

2. eine der Steuerstraftaten im Zeitpunkt der Berichtigung, Ergänzung oder Nachholung ganz oder zum Teil bereits entdeckt war und der Täter dies wusste oder bei verständiger Würdigung der Sachlage damit rechnen musste,

3. die nach § 370 Absatz 1 verkürzte Steuer oder der für sich oder einen anderen erlangte nicht gerechtfertigte Steuervorteil einen Betrag von 25 000 Euro je Tat übersteigt, oder

4. ein in § 370 Absatz 3 Satz 2 Nummer 2 bis 6[3] genannter besonders schwerer Fall vorliegt.

---

[1] § 370a aufgeh. mWv 1.1.2008 durch G v. 21.12.2007 (BGBl. I S. 3198); siehe nunmehr § 370 Abs. 3 Nr. 5.
[2] § 371 Abs. 1 und 2 ersetzt durch Abs. 1 bis 2a mWv 1.1.2015 durch G v. 22.12.2014 (BGBl. I S. 2415).
[3] Verweis geänd. durch G v. 23.6.2017 (BGBl. I S. 1682).

²Der Ausschluss der Straffreiheit nach Satz 1 Nummer 1 Buchstabe a und c hindert nicht die Abgabe einer Berichtigung nach Absatz 1 für die nicht unter Satz 1 Nummer 1 Buchstabe a und c fallenden Steuerstraftaten einer Steuerart.

(2a) ¹Soweit die Steuerhinterziehung durch Verletzung der Pflicht zur rechtzeitigen Abgabe einer vollständigen und richtigen Umsatzsteuervoranmeldung oder Lohnsteueranmeldung begangen worden ist, tritt Straffreiheit abweichend von den Absätzen 1 und 2 Satz 1 Nummer 3 bei Selbstanzeigen in dem Umfang ein, in dem der Täter gegenüber der zuständigen Finanzbehörde die unrichtigen Angaben berichtigt, die unvollständigen Angaben ergänzt oder die unterlassenen Angaben nachholt. ²Absatz 2 Satz 1 Nummer 2 gilt nicht, wenn die Entdeckung der Tat darauf beruht, dass eine Umsatzsteuervoranmeldung oder Lohnsteueranmeldung nachgeholt oder berichtigt wurde. ³Die Sätze 1 und 2 gelten nicht für Steueranmeldungen, die sich auf das Kalenderjahr beziehen. ⁴Für die Vollständigkeit der Selbstanzeige hinsichtlich einer auf das Kalenderjahr bezogenen Steueranmeldung ist die Berichtigung, Ergänzung oder Nachholung der Voranmeldungen, die dem Kalenderjahr nachfolgende Zeiträume betreffen, nicht erforderlich.

(3)¹⁾ ¹Sind Steuerverkürzungen bereits eingetreten oder Steuervorteile erlangt, so tritt für den an der Tat Beteiligten Straffreiheit nur ein, wenn er die aus der Tat zu seinen Gunsten hinterzogenen Steuern, die Hinterziehungszinsen nach § 235 und die Zinsen nach § 233a, soweit sie auf die Hinterziehungszinsen nach § 235 Absatz 4 angerechnet werden, sowie die Verzugszinsen nach Artikel 114 des Zollkodex der Union innerhalb der ihm bestimmten angemessenen Frist entrichtet. ²In den Fällen des Absatzes 2a Satz 1 gilt Satz 1 mit der Maßgabe, dass die fristgerechte Entrichtung von Zinsen nach § 233a oder § 235 unerheblich ist.

(4) ¹Wird die in § 153 vorgesehene Anzeige rechtzeitig und ordnungsmäßig erstattet, so wird ein Dritter, der die in § 153 bezeichneten Erklärungen abzugeben unterlassen oder unrichtig oder unvollständig abgegeben hat, strafrechtlich nicht verfolgt, es sei denn, dass ihm oder seinem Vertreter vorher die Einleitung eines Straf- oder Bußgeldverfahrens wegen der Tat bekannt gegeben worden ist. ²Hat der Dritte zum eigenen Vorteil gehandelt, so gilt Absatz 3 entsprechend.

§ 372 Bannbruch. (1) Bannbruch begeht, wer Gegenstände entgegen einem Verbot einführt, ausführt oder durchführt.

(2) Der Täter wird nach § 370 Absatz 1, 2 bestraft, wenn die Tat nicht in anderen Vorschriften als Zuwiderhandlung gegen ein Einfuhr-, Ausfuhr- oder Durchfuhrverbot mit Strafe oder mit Geldbuße bedroht ist.

§ 373²⁾ Gewerbsmäßiger, gewaltsamer und bandenmäßiger Schmuggel. (1) ¹Wer gewerbsmäßig Einfuhr- oder Ausfuhrabgaben hinterzieht oder

---

¹⁾ § 371 Abs. 3 Satz 1 geänd., Satz 2 angef. mWv 1.1.2015 durch G v. 22.12.2014 (BGBl. I S. 2415); Abs. 3 Satz 1 geänd. mWv 21.12.2022 durch G v. 16.12.2022 (BGBl. I S. 2294).
²⁾ § 373 Abs. 1 und Abs. 2 Nr. 3 neu gef., Abs. 3 und 4 angef. mWv 1.1.2008 durch G v. 21.12.2007 (BGBl. I S. 3198).

gewerbsmäßig durch Zuwiderhandlungen gegen Monopolvorschriften Bannbruch begeht, wird mit Freiheitsstrafe von sechs Monaten bis zu zehn Jahren bestraft. [2]In minder schweren Fällen ist die Strafe Freiheitsstrafe bis zu fünf Jahren oder Geldstrafe.

(2) Ebenso wird bestraft, wer

1. eine Hinterziehung von Einfuhr- oder Ausfuhrabgaben oder einen Bannbruch begeht, bei denen er oder ein anderer Beteiligter eine Schusswaffe bei sich führt,

2. eine Hinterziehung von Einfuhr- oder Ausfuhrabgaben oder einen Bannbruch begeht, bei denen er oder ein anderer Beteiligter eine Waffe oder sonst ein Werkzeug oder Mittel bei sich führt, um den Widerstand eines anderen durch Gewalt oder Drohung mit Gewalt zu verhindern oder zu überwinden, oder

3. als Mitglied einer Bande, die sich zur fortgesetzten Begehung der Hinterziehung von Einfuhr- oder Ausfuhrabgaben oder des Bannbruchs verbunden hat, eine solche Tat begeht.

(3) Der Versuch ist strafbar.

(4) § 370 Abs. 6 Satz 1 und Abs. 7 gilt entsprechend.

§ 374[1] Steuerhehlerei. (1) Wer Erzeugnisse oder Waren, hinsichtlich deren Verbrauchsteuern oder Einfuhr- und Ausfuhrabgaben nach Artikel 5 Nummer 20 und 21 des Zollkodex der Union[2] hinterzogen oder Bannbruch nach § 372 Abs. 2, § 373 begangen worden ist, ankauft oder sonst sich oder einem Dritten verschafft, sie absetzt oder abzusetzen hilft, um sich oder einen Dritten zu bereichern, wird mit Freiheitsstrafe bis zu fünf Jahren oder mit Geldstrafe bestraft.

(2) [1]Handelt der Täter gewerbsmäßig oder als Mitglied einer Bande, die sich zur fortgesetzten Begehung von Straftaten nach Absatz 1 verbunden hat, so ist die Strafe Freiheitsstrafe von sechs Monaten bis zu zehn Jahren. [2]In minder schweren Fällen ist die Strafe Freiheitsstrafe bis zu fünf Jahren oder Geldstrafe.

(3) Der Versuch ist strafbar.

(4)[3] § 370 Absatz 6 und 7 gilt entsprechend.

§ 375 Nebenfolgen. (1) Neben einer Freiheitsstrafe von mindestens einem Jahr wegen

1. Steuerhinterziehung,

2. Bannbruchs nach § 372 Abs. 2, § 373,

3. Steuerhehlerei oder

4. Begünstigung einer Person, die eine Tat nach den Nummern 1 bis 3 begangen hat,

---

[1] § 374 Abs. 1 geänd., Abs. 2 und 3 eingef., bish. Abs. 2 wird Abs. 4 und neu gef. mWv 1.1.2008 durch G v. 21.12.2007 (BGBl. I S. 3198).
[2] Verweis geänd. mWv 1.5.2016 durch G v. 22.12.2014 (BGBl. I S. 2417).
[3] § 374 Abs. 4 Verweis geänd. mWv 1.1.2015 durch G v. 22.12.2014 (BGBl. I S. 2415).

kann das Gericht die Fähigkeit, öffentliche Ämter zu bekleiden, und die Fähigkeit, Rechte aus öffentlichen Wahlen zu erlangen, aberkennen (§ 45 Abs. 2 des Strafgesetzbuchs).

(2) [1]Ist eine Steuerhinterziehung, ein Bannbruch nach § 372 Abs. 2, § 373 oder eine Steuerhehlerei begangen worden, so können

1. die Erzeugnisse, Waren und andere Sachen, auf die sich die Hinterziehung von Verbrauchsteuer oder Einfuhr- und Ausfuhrabgaben nach Artikel 5 Nummer 20 und 21 des Zollkodex der Union[1]), der Bannbruch oder die Steuerhehlerei bezieht, und

2. die Beförderungsmittel, die zur Tat benutzt worden sind,

eingezogen werden. [2]§ 74a des Strafgesetzbuchs ist anzuwenden.

§ 375a[2]) *(aufgehoben)*

§ 376[3]) **Verfolgungsverjährung.** (1)[4] In den in § 370 Absatz 3 Satz 2 Nummer 1 bis 6 genannten Fällen besonders schwerer Steuerhinterziehung beträgt die Verjährungsfrist 15[5]) Jahre; § 78b Absatz 4 des Strafgesetzbuches gilt entsprechend.

(2) Die Verjährung der Verfolgung einer Steuerstraftat wird auch dadurch unterbrochen, dass dem Beschuldigten die Einleitung des Bußgeldverfahrens bekannt gegeben oder diese Bekanntgabe angeordnet wird.

(3)[6] Abweichend von § 78c Absatz 3 Satz 2 des Strafgesetzbuches verjährt in den in § 370 Absatz 3 Satz 2 Nummer 1 bis 6 genannten Fällen besonders schwerer Steuerhinterziehung die Verfolgung spätestens, wenn seit dem in § 78a des Strafgesetzbuches bezeichneten Zeitpunkt das Zweieinhalbfache der gesetzlichen Verjährungsfrist verstrichen ist.

Zweiter Abschnitt: Bußgeldvorschriften

§ 377[7]) **Steuerordnungswidrigkeiten.** (1) Steuerordnungswidrigkeiten (Zollordnungswidrigkeiten) sind Zuwiderhandlungen, die nach diesem Gesetz oder den Steuergesetzen mit Geldbuße geahndet werden können.

(2) Für Steuerordnungswidrigkeiten gelten die Vorschriften des Ersten Teils des Gesetzes über Ordnungswidrigkeiten[8]), soweit die Bußgeldvorschriften dieses Gesetzes oder der Steuergesetze nichts anderes bestimmen.

---

[1]) Verweis geänd. mWv 1.5.2016 durch G v. 22.12.2014 (BGBl. I S. 2417).
[2]) § 375a eingef. durch G v. 29.6.2020 (BGBl. I S. 1512) und aufgeh. mWv 29.12.2020 durch G v. 21.12.2020 (BGBl. I S. 3036); vgl. auch Art. 97 § 34 EGAO aF (Nr. **800a**).
[3]) § 376 neu gef. durch G v. 19.12.2008 (BGBl. I S. 2794); zur Anwendung siehe Art. 97 § 23 EGAO (Nr. **800a**).
[4]) § 376 Abs. 1 geänd. durch G v. 23.6.2017 (BGBl. I S. 1682); geänd. mWv 1.7.2020 durch G v. 29.6.2020 (BGBl. I S. 1512).
[5]) Verjährungsfrist verlängert durch JStG 2020 v. 21.12.2020 (BGBl. I S. 3036).
[6]) § 376 Abs. 3 angef. mWv 1.7.2020 durch G v. 29.6.2020 (BGBl. I S. 1512).
[7]) § 377 Abs. 1 und 2 geänd. mWv 25.5.2018 durch G v. 17.7.2017 (BGBl. I S. 2541).
[8]) **Schönfelder Nr. 94.**

§ 378 Leichtfertige Steuerverkürzung. (1) [1]Ordnungswidrig handelt, wer als Steuerpflichtiger oder bei Wahrnehmung der Angelegenheiten eines Steuerpflichtigen eine der in § 370 Abs. 1 bezeichneten Taten leichtfertig begeht. [2]§ 370 Abs. 4 bis 7 gilt entsprechend.

(2) Die Ordnungswidrigkeit kann mit einer Geldbuße bis zu fünfzigtausend Euro geahndet werden.

(3)[1] [1]Eine Geldbuße wird nicht festgesetzt, soweit der Täter gegenüber der Finanzbehörde die unrichtigen Angaben berichtigt, die unvollständigen Angaben ergänzt oder die unterlassenen Angaben nachholt, bevor ihm oder seinem Vertreter die Einleitung eines Straf- oder Bußgeldverfahrens wegen der Tat bekannt gegeben worden ist. [2]Sind Steuerverkürzungen bereits eingetreten oder Steuervorteile erlangt, so wird eine Geldbuße nicht festgesetzt, wenn der Täter die aus der Tat zu seinen Gunsten verkürzten Steuern innerhalb der ihm bestimmten angemessenen Frist entrichtet. [3]§ 371 Absatz 4 gilt entsprechend.

§ 379 Steuergefährdung. (1)[2] [1]Ordnungswidrig handelt, wer vorsätzlich oder leichtfertig

1. Belege ausstellt, die in tatsächlicher Hinsicht unrichtig sind,

2. Belege gegen Entgelt in den Verkehr bringt,

3. nach Gesetz buchungs- oder aufzeichnungspflichtige Geschäftsvorfälle oder Betriebsvorgänge nicht oder in tatsächlicher Hinsicht unrichtig aufzeichnet oder aufzeichnen lässt, verbucht oder verbuchen lässt,

4. entgegen § 146a Absatz 1 Satz 1 ein dort genanntes System nicht oder nicht richtig verwendet,

5. entgegen § 146a Absatz 1 Satz 2 ein dort genanntes System nicht oder nicht richtig schützt,

6. entgegen § 146a Absatz 1 Satz 5 gewerbsmäßig ein dort genanntes System oder eine dort genannte Software bewirbt oder in den Verkehr bringt,

7. entgegen § 147 Absatz 1 Nummer 1 bis 3 oder 4 eine Unterlage nicht oder nicht für die vorgeschriebene Dauer aufbewahrt oder

8. entgegen § 147a Absatz 1 Satz 1 oder Absatz 2 Satz 1 eine Aufzeichnung oder eine Unterlage nicht oder nicht mindestens sechs Jahre aufbewahrt

und dadurch ermöglicht, Steuern zu verkürzen oder nicht gerechtfertigte Steuervorteile zu erlangen. [2]Satz 1 Nr. 1 gilt auch dann, wenn Einfuhr- und Ausfuhrabgaben verkürzt werden können, die von einem anderen Mitgliedstaat der Europäischen Union verwaltet werden oder die einem Staat zustehen, der für Waren aus der Europäischen Union auf Grund eines Assoziations- oder

---

[1] § 378 Abs. 3 Satz 1 neu gef. durch G v. 28.4.2011 (BGBl. I S. 676); zur Anwendung siehe Art. 97 § 24 Satz 2 iVm. Satz 1 EGAO (Nr. **800a**); Satz 2 eingef., bish. Satz 2 wird Satz 3 und neuer Satz 3 geänd. mWv 1.1.2015 durch G v. 22.12.2014 (BGBl. I S. 2415).

[2] § 379 Abs. 1 Satz 1 Nr. 2 eingef. mWv 6.5.2006 durch G v. 28.4.2006 (BGBl. I S. 1095; Sätze 2 und 3 geänd. durch G v. 26.6.2013 (BGBl. I S. 1809); Abs. 1 Satz 1 Nrn. 2 und 3 geänd., Nrn. 4 bis 6 eingef. durch G v. 22.12.2016 (BGBl. I S. 3152); zur Anwendung siehe Art. 97 § 30 Abs. 1 Satz 1 und 3 EGAO (Nr. **800a**); Abs. 1 Satz 1 Nrn. 7 und 8 angef. durch G v. 20.12.2022 (BGBl. I S. 2730); zur Anwendung mWv 1.1.2023 siehe Art. 97 § 37 Abs. 1 EGAO (Nr. **800a**).

Präferenzabkommens eine Vorzugsbehandlung gewährt; § 370 Abs. 7 gilt entsprechend. ³Das Gleiche gilt, wenn sich die Tat auf Umsatzsteuern bezieht,
die von einem anderen Mitgliedstaat der Europäischen Union verwaltet werden.

(2) Ordnungswidrig handelt, wer vorsätzlich oder leichtfertig

1. der Mitteilungspflicht nach § 138 Absatz 2 Satz 1[1] nicht, nicht vollständig
oder nicht rechtzeitig nachkommt,

1a.[2] entgegen § 144 Absatz 1 oder Absatz 2 Satz 1, jeweils auch in Verbindung mit Absatz 5, eine Aufzeichnung nicht, nicht richtig oder nicht vollständig erstellt,

1b.[3] einer Rechtsverordnung nach § 117c Absatz 1 oder einer vollziehbaren
Anordnung auf Grund einer solchen Rechtsverordnung zuwiderhandelt,
soweit die Rechtsverordnung für einen bestimmten Tatbestand auf diese
Bußgeldvorschrift verweist,

1c.[4] entgegen § 138a Absatz 1, 3 oder 4 eine Übermittlung des länderbezogenen Berichts oder entgegen § 138a Absatz 4 Satz 3 eine Mitteilung nicht,
nicht vollständig oder nicht rechtzeitig (§ 138a Absatz 6) macht,

1d.[5] der Mitteilungspflicht nach § 138b Absatz 1 bis 3 nicht, nicht vollständig
oder nicht rechtzeitig nachkommt,

1e.[6] entgegen § 138d Absatz 1, entgegen § 138f Absatz 1, 2, 3 Satz 1 Nummer 1 bis 7 sowie 9 und 10 oder entgegen § 138h Absatz 2 eine Mitteilung
über eine grenzüberschreitende Steuergestaltung nicht oder nicht rechtzeitig macht oder zur Verfügung stehende Angaben nicht vollständig mitteilt,

1f.[6] entgegen § 138g Absatz 1 Satz 1 oder entgegen § 138h Absatz 2 die Angaben nicht, nicht richtig, nicht vollständig oder nicht rechtzeitig mitteilt,

1g.[6] entgegen § 138k Satz 1 in der Steuererklärung die Angabe der von ihm
verwirklichten grenzüberschreitenden Steuergestaltung nicht, nicht richtig,
nicht vollständig oder nicht rechtzeitig macht,

1h.[7] einer vollziehbaren Anordnung nach § 147 Absatz 6 Satz 1 zuwiderhandelt,

1i.[7] entgegen § 147 Absatz 6 Satz 2 Nummer 1 Einsicht nicht, nicht richtig
oder nicht vollständig gewährt oder

2.[8] die Pflichten nach § 154 Absatz 1 bis 2c verletzt.

---

[1] Verweis geänd. durch G v. 23.6.2017 (BGBl. I S. 1682); zur Anwendung von § 138 Abs. 2 vgl. Art. 97 § 32 Abs. 2 EGAO (Nr. **800a**).
[2] § 379 Abs. 2 Nr. 1a eingef. mWv 14.12.2010 durch G v. 8.12.2010 (BGBl. I S. 1768).
[3] § 379 Abs. 2 Nr. 1b eingef. durch G v. 18.12.2013 (BGBl. I S. 4318).
[4] § 379 Abs. 2 Nr. 1c eingef. durch G v. 20.12.2016 (BGBl. I S. 3000); zur Anwendung von § 138a siehe Art. 97 § 31 EGAO (Nr. **800a**).
[5] § 379 Abs. 2 Nr. 1d eingef. durch G v. 23.6.2017 (BGBl. I S. 1682); zur Anwendung siehe Art. 97 § 32 Abs. 1 EGAO (Nr. **800a**).
[6] § 379 Abs. 2 Nrn. 1e bis 1g eingef. durch G v. 21.12.2019 (BGBl. I S. 2875); zur Anwendung siehe § 138f iVm Art. 97 § 33 Abs. 3 EGAO (Nr. **800a**).
[7] § 379 Abs. 2 Nrn. 1h und 1i angef. durch G v. 20.12.2022 (BGBl. I S. 2730); zur Anwendung mWv 1.1.2023 siehe Art. 97 § 37 Abs. 1 EGAO (Nr. **800a**).
[8] § 379 Abs. 2 Nr. 2 geänd. durch G v. 23.6.2017 (BGBl. I S. 1682); zur Anwendung siehe Art. 97 § 1 Abs. 12 Satz 1 EGAO (Nr. **800a**).

(3) Ordnungswidrig handelt, wer vorsätzlich oder fahrlässig einer Auflage nach § 120 Abs. 2 Nr. 4 zuwiderhandelt, die einem Verwaltungsakt für Zwecke der besonderen Steueraufsicht (§§ 209 bis 217) beigefügt worden ist.

(4)[1] Die Ordnungswidrigkeit nach Absatz 1 Satz 1 Nummer 1, 2 und 8, Absatz 2 Nummer 1a, 1b und 2 sowie Absatz 3 kann mit einer Geldbuße bis zu 5000 Euro geahndet werden, wenn die Handlung nicht nach § 378 geahndet werden kann.

(5)[2] Die Ordnungswidrigkeit nach Absatz 2 Nummer 1c kann mit einer Geldbuße bis zu 10 000 Euro geahndet werden, wenn die Handlung nicht nach § 378 geahndet werden kann.

(6)[2] Die Ordnungswidrigkeit nach Absatz 1 Satz 1 Nummer 3 bis 7 und Absatz 2 Nummer 1h und 1i kann mit einer Geldbuße bis zu 25 000 Euro geahndet werden, wenn die Handlung nicht nach § 378 geahndet werden kann.

(7)[3] Die Ordnungswidrigkeit nach Absatz 2 Nummer 1 und 1d bis 1g kann mit einer Geldbuße bis zu 25 000 Euro geahndet werden, wenn die Handlung nicht nach § 378 geahndet werden kann.

§ 380 Gefährdung der Abzugsteuern. (1) Ordnungswidrig handelt, wer vorsätzlich oder leichtfertig seiner Verpflichtung, Steuerabzugsbeträge einzubehalten und abzuführen, nicht, nicht vollständig oder nicht rechtzeitig nachkommt.

(2) Die Ordnungswidrigkeit kann mit einer Geldbuße bis zu fünfundzwanzigtausend Euro geahndet werden, wenn die Handlung nicht nach § 378 geahndet werden kann.

§ 381 Verbrauchsteuergefährdung. (1) Ordnungswidrig handelt, wer vorsätzlich oder leichtfertig Vorschriften der Verbrauchsteuergesetze oder der dazu erlassenen Rechtsverordnungen

1. über die zur Vorbereitung, Sicherung oder Nachprüfung der Besteuerung auferlegten Pflichten,

2. über Verpackung und Kennzeichnung verbrauchsteuerpflichtiger Erzeugnisse oder Waren, die solche Erzeugnisse enthalten, oder über Verkehrs- oder Verwendungsbeschränkungen für solche Erzeugnisse oder Waren oder

3. über den Verbrauch unversteuerter Waren in den Freihäfen

---

[1] § 379 Abs. 4 neu gef. durch G v. 23.6.2017 (BGBl. I S. 1682); zur Anwendung siehe Art. 97 § 1 Abs. 12 Satz 1 und § 30 Abs. 1 Satz 1 EGAO (Nr. **800a**); geänd. durch G v. 20.12.2022 (BGBl. I S. 2730); zur Anwendung mWv 1.1.2023 siehe Art. 97 Abs. 1 EGAO (Nr. **800a**).

[2] § 379 Abs. 5 und 6 eingef. durch G v. 23.6.2017 (BGBl. I S. 1682); zur Anwendung siehe Art. 97 § 30 Abs. 1 Satz 1 EGAO (Nr. **800a**); Abs. 6 geänd. durch G v. 20.12.2022 (BGBl. I S. 2730); zur Anwendung siehe Art. 97 § 37 Abs. 1 EGAO (Nr. **800a**).

[3] § 379 Abs. 7 angef. durch G v. 23.6.2017 (BGBl. I S. 1682); zur Anwendung von Abs. 2 Nr. 1d vgl. Art. 97 § 32 Abs. 1 EGAO (Nr. **800a**); zur Anwendung siehe im Übrigen Art. 97 § 1 Abs. 12 Satz 1 EGAO (Nr. **800a**); geänd. durch G v. 21.12.2019 (BGBl. I S. 2875); zur Anwendung siehe § 138f Abs. 2 iVm Art. 97 § 33 Abs. 3 EGAO (Nr. **800a**).

zuwiderhandelt, soweit die Verbrauchsteuergesetze oder die dazu erlassenen Rechtsverordnungen für einen bestimmten Tatbestand auf diese Bußgeldvorschrift verweisen.

(2) Die Ordnungswidrigkeit kann mit einer Geldbuße bis zu fünftausend Euro geahndet werden, wenn die Handlung nicht nach § 378 geahndet werden kann.

§ 382[1] Gefährdung der Einfuhr- und Ausfuhrabgaben. (1) Ordnungswidrig handelt, wer als Pflichtiger oder bei der Wahrnehmung der Angelegenheiten eines Pflichtigen vorsätzlich oder fahrlässig Zollvorschriften, den dazu erlassenen Rechtsverordnungen oder den Verordnungen des Rates der Europäischen Union oder der Europäischen Kommission zuwiderhandelt, die

1. für die zollamtliche Erfassung des Warenverkehrs über die Grenze des Zollgebiets der Europäischen Union sowie über die Freizonengrenzen,

2. für die Überführung von Waren in ein Zollverfahren und dessen Durchführung oder für die Erlangung einer sonstigen zollrechtlichen Bestimmung von Waren,

3. für die Freizonen, den grenznahen Raum sowie die darüber hinaus der Grenzaufsicht unterworfenen Gebiete

gelten, soweit die Zollvorschriften, die dazu oder die auf Grund von Absatz 4 erlassenen Rechtsverordnungen für einen bestimmten Tatbestand auf diese Bußgeldvorschrift verweisen.

(2) Absatz 1 ist auch anzuwenden, soweit die Zollvorschriften und die dazu erlassenen Rechtsverordnungen für Verbrauchsteuern sinngemäß gelten.

(3) Die Ordnungswidrigkeit kann mit einer Geldbuße bis zu fünftausend Euro geahndet werden, wenn die Handlung nicht nach § 378 geahndet werden kann.

(4) Das Bundesministerium der Finanzen kann durch Rechtsverordnungen die Tatbestände der Verordnungen des Rates der Europäischen Union oder der Europäischen Kommission, die nach den Absätzen 1 bis 3 als Ordnungswidrigkeiten mit Geldbuße geahndet werden können, bezeichnen, soweit dies zur Durchführung dieser Rechtsvorschriften erforderlich ist und die Tatbestände Pflichten zur Gestellung, Vorführung, Lagerung oder Behandlung von Waren, zur Abgabe von Erklärungen oder Anzeigen, zur Aufnahme von Niederschriften sowie zur Ausfüllung oder Vorlage von Zolldokumenten oder zur Aufnahme von Vermerken in solchen Dokumenten betreffen.

§ 383 Unzulässiger Erwerb von Steuererstattungs- und Vergütungsansprüchen. (1) Ordnungswidrig handelt, wer entgegen § 46 Abs. 4 Satz 1 Erstattungs- oder Vergütungsansprüche erwirbt.

(2) Die Ordnungswidrigkeit kann mit einer Geldbuße bis zu fünfzigtausend Euro geahndet werden.

§ 383a[2] *(aufgehoben)*

---

[1] § 382 Abs. 1 und Abs. 4 geänd. mWv 30.6.2013 durch G v. 26.6.2013 (BGBl. I S. 1809).
[2] § 383a aufgeh. mWv 25.5.2018 durch G v. 17.7.2017 (BGBl. I S. 2541).

§ 383b[1] Pflichtverletzung bei Übermittlung von Vollmachtsdaten.
(1) Ordnungswidrig handelt, wer den Finanzbehörden vorsätzlich oder leichtfertig

1. entgegen § 80a Absatz 1 Satz 3 unzutreffende Vollmachtsdaten übermittelt oder

2. entgegen § 80a Absatz 1 Satz 4 den Widerruf oder die Veränderung einer nach § 80a Absatz 1 übermittelten Vollmacht durch den Vollmachtgeber nicht unverzüglich mitteilt.

(2) Die Ordnungswidrigkeit kann mit einer Geldbuße bis zu zehntausend Euro geahndet werden.

§ 384 Verfolgungsverjährung. Die Verfolgung von Steuerordnungswidrigkeiten nach den §§ 378 bis 380 verjährt in fünf Jahren.

§ 384a[2] Verstöße nach Artikel 83 Absatz 4 bis 6 der Verordnung (EU) 2016/679. (1) Vorschriften dieses Gesetzes und der Steuergesetze über Steuerordnungswidrigkeiten finden keine Anwendung, soweit für eine Zuwiderhandlung zugleich Artikel 83 der Verordnung (EU) 2016/679 unmittelbar oder nach § 2a Absatz 5 entsprechend gilt.

(2) Für Verstöße nach Artikel 83 Absatz 4 bis 6 der Verordnung (EU) 2016/679 im Anwendungsbereich dieses Gesetzes gilt § 41 des Bundesdatenschutzgesetzes entsprechend.

(3) Eine Meldung nach Artikel 33 der Verordnung (EU) 2016/679 und eine Benachrichtigung nach Artikel 34 Absatz 1 der Verordnung (EU) 2016/679 dürfen in einem Straf- oder Bußgeldverfahren gegen die meldepflichtige Person oder einen ihrer in § 52 Absatz 1 der Strafprozessordnung bezeichneten Angehörigen nur mit Zustimmung der meldepflichtigen Person verwertet werden.

(4) Gegen Finanzbehörden und andere öffentliche Stellen werden im Anwendungsbereich dieses Gesetzes keine Geldbußen nach Artikel 83 Absatz 4 bis 6 der Verordnung (EU) 2016/679 verhängt.

Dritter Abschnitt: Strafverfahren

1. Unterabschnitt: Allgemeine Vorschriften

§ 385 Geltung von Verfahrensvorschriften. (1) Für das Strafverfahren wegen Steuerstraftaten gelten, soweit die folgenden Vorschriften nichts anderes bestimmen, die allgemeinen Gesetze über das Strafverfahren, namentlich die Strafprozessordnung, das Gerichtsverfassungsgesetz und das Jugendgerichtsgesetz.

(2) Die für Steuerstraftaten geltenden Vorschriften dieses Abschnitts, mit Ausnahme des § 386 Abs. 2 sowie der §§ 399 bis 401, sind bei dem Verdacht

---

[1] § 383b eingef. mWv 1.1.2017 durch G v. 18.7.2016 (BGBl. I S. 1679); zur Anwendung s. auch Art. 97 § 1 Abs. 11 EGAO (Nr. **800a**).
[2] § 384a eingef. mWv 25.5.2018 durch G v. 17.7.2017 (BGBl. I S. 2541).

einer Straftat, die unter Vorspiegelung eines steuerlich erheblichen Sachverhalts gegenüber der Finanzbehörde oder einer anderen Behörde auf die Erlangung von Vermögensvorteilen gerichtet ist und kein Steuerstrafgesetz verletzt, entsprechend anzuwenden.

§ 386 Zuständigkeit der Finanzbehörde bei Steuerstraftaten. (1) ¹Bei dem Verdacht einer Steuerstraftat ermittelt die Finanzbehörde den Sachverhalt. ²Finanzbehörde im Sinne dieses Abschnitts sind das Hauptzollamt, das Finanzamt, das Bundeszentralamt für Steuern¹⁾ und die Familienkasse.

(2) Die Finanzbehörde führt das Ermittlungsverfahren in den Grenzen des § 399 Abs. 1 und der §§ 400, 401 selbständig durch, wenn die Tat

1. ausschließlich eine Steuerstraftat darstellt oder

2. zugleich andere Strafgesetze verletzt und deren Verletzung Kirchensteuern oder andere öffentlich-rechtliche Abgaben betrifft, die an Besteuerungsgrundlagen, Steuermessbeträge oder Steuerbeträge anknüpfen.

(3) Absatz 2 gilt nicht, sobald gegen einen Beschuldigten wegen der Tat ein Haftbefehl oder ein Unterbringungsbefehl erlassen ist.

(4) ¹Die Finanzbehörde kann die Strafsache jederzeit an die Staatsanwaltschaft abgeben. ²Die Staatsanwaltschaft kann die Strafsache jederzeit an sich ziehen. ³In beiden Fällen kann die Staatsanwaltschaft im Einvernehmen mit der Finanzbehörde die Strafsache wieder an die Finanzbehörde abgeben.

§ 387 Sachlich zuständige Finanzbehörde. (1) Sachlich zuständig ist die Finanzbehörde, welche die betroffene Steuer verwaltet.

(2)²⁾ ¹Die Zuständigkeit nach Absatz 1 kann durch Rechtsverordnung einer Finanzbehörde für den Bereich mehrerer Finanzbehörden übertragen werden, soweit dies mit Rücksicht auf die Wirtschafts- oder Verkehrsverhältnisse, den Aufbau der Verwaltungsbehörden oder andere örtliche Bedürfnisse zweckmäßig erscheint. ²Die Rechtsverordnung erlässt, soweit die Finanzbehörde eine Landesbehörde ist, die Landesregierung, im Übrigen das Bundesministerium der Finanzen. ³Die Rechtsverordnung des Bundesministeriums der Finanzen bedarf nicht der Zustimmung des Bundesrates. ⁴Das Bundesministerium der Finanzen kann die Ermächtigung nach Satz 1 durch Rechtsverordnung, die nicht der Zustimmung des Bundesrates bedarf, auf eine Bundesoberbehörde übertragen. ⁵Die Landesregierung kann die Ermächtigung auf die für die Finanzverwaltung zuständige oberste Landesbehörde übertragen.

§ 388 Örtlich zuständige Finanzbehörde. (1) Örtlich zuständig ist die Finanzbehörde,

1. in deren Bezirk die Steuerstraftat begangen oder entdeckt worden ist,

2. die zur Zeit der Einleitung des Strafverfahrens für die Abgabenangelegenheiten zuständig ist oder

---

¹⁾ Bezeichnung geänd. durch G v. 22.9.2005 (BGBl. I S. 2809).
²⁾ § 387 Abs. 2 Satz 4 eingef., bish. Satz 4 wird Satz 5 mWv 1.1.2016 durch G v. 3.12.2015 (BGBl. I S. 2178).

3. in deren Bezirk der Beschuldigte zur Zeit der Einleitung des Strafverfahrens seinen Wohnsitz hat.

(2) ¹Ändert sich der Wohnsitz des Beschuldigten nach Einleitung des Strafverfahrens, so ist auch die Finanzbehörde örtlich zuständig, in deren Bezirk der neue Wohnsitz liegt. ²Entsprechendes gilt, wenn sich die Zuständigkeit der Finanzbehörde für die Abgabenangelegenheit ändert.

(3) Hat der Beschuldigte im räumlichen Geltungsbereich dieses Gesetzes keinen Wohnsitz, so wird die Zuständigkeit auch durch den gewöhnlichen Aufenthaltsort bestimmt.

§ 389 Zusammenhängende Strafsachen. ¹Für zusammenhängende Strafsachen, die einzeln nach § 388 zur Zuständigkeit verschiedener Finanzbehörden gehören würden, ist jede dieser Finanzbehörden zuständig. ²§ 3 der Strafprozessordnung gilt entsprechend.

§ 390 Mehrfache Zuständigkeit. (1) Sind nach den §§ 387 bis 389 mehrere Finanzbehörden zuständig, so gebührt der Vorzug der Finanzbehörde, die wegen der Tat zuerst ein Strafverfahren eingeleitet hat.

(2) ¹Auf Ersuchen dieser Finanzbehörde hat eine andere zuständige Finanzbehörde die Strafsache zu übernehmen, wenn dies für die Ermittlungen sachdienlich erscheint. ²In Zweifelsfällen entscheidet die Behörde, der die ersuchte Finanzbehörde untersteht.

§ 391 Zuständiges Gericht. (1) ¹Ist das Amtsgericht sachlich zuständig, so ist örtlich zuständig das Amtsgericht, in dessen Bezirk das Landgericht seinen Sitz hat. ²Im vorbereitenden Verfahren gilt dies, unbeschadet einer weitergehenden Regelung nach § 58 Abs. 1 des Gerichtsverfassungsgesetzes, nur für die Zustimmung des Gerichts nach § 153 Abs. 1 und § 153a Abs. 1 der Strafprozessordnung.

(2) ¹Die Landesregierung kann durch Rechtsverordnung die Zuständigkeit abweichend von Absatz 1 Satz 1 regeln, soweit dies mit Rücksicht auf die Wirtschafts- oder Verkehrsverhältnisse, den Aufbau der Verwaltungsbehörden oder andere örtliche Bedürfnisse zweckmäßig erscheint. ²Die Landesregierung kann diese Ermächtigung auf die Landesjustizverwaltung übertragen.

(3) Strafsachen wegen Steuerstraftaten sollen beim Amtsgericht einer bestimmten Abteilung zugewiesen werden.

(4) Die Absätze 1 bis 3 gelten auch, wenn das Verfahren nicht nur Steuerstraftaten zum Gegenstand hat; sie gelten jedoch nicht, wenn dieselbe Handlung eine Straftat nach dem Betäubungsmittelgesetz darstellt, und nicht für Steuerstraftaten, welche die Kraftfahrzeugsteuer betreffen.

§ 392¹⁾ Verteidigung. (1) Abweichend von § 138 Abs. 1 der Strafprozessordnung können auch Steuerberater, Steuerbevollmächtigte, Wirtschaftsprüfer und vereidigte Buchprüfer zu Verteidigern gewählt werden, soweit die Fi-

---

¹⁾ § 392 Abs. 1 HS 2 geänd. mWv 1.9.2004 durch G v. 24.8.2004 (BGBl. I S. 2198).

nanzbehörde das Strafverfahren selbständig durchführt; im Übrigen können sie die Verteidigung nur in Gemeinschaft mit einem Rechtsanwalt oder einem Rechtslehrer an einer deutschen Hochschule im Sinne des Hochschulrahmengesetzes mit Befähigung zum Richteramt führen.

(2) § 138 Abs. 2 der Strafprozessordnung bleibt unberührt.

§ 393 Verhältnis des Strafverfahrens zum Besteuerungsverfahren.

(1) ¹Die Rechte und Pflichten der Steuerpflichtigen und der Finanzbehörde im Besteuerungsverfahren und im Strafverfahren richten sich nach den für das jeweilige Verfahren geltenden Vorschriften. ²Im Besteuerungsverfahren sind jedoch Zwangsmittel (§ 328) gegen den Steuerpflichtigen unzulässig, wenn er dadurch gezwungen würde, sich selbst wegen einer von ihm begangenen Steuerstraftat oder Steuerordnungswidrigkeit zu belasten. ³Dies gilt stets, soweit gegen ihn wegen einer solchen Tat das Strafverfahren eingeleitet worden ist. ⁴Der Steuerpflichtige ist hierüber zu belehren, soweit dazu Anlass besteht.

(2) ¹Soweit der Staatsanwaltschaft oder dem Gericht in einem Strafverfahren aus den Steuerakten Tatsachen oder Beweismittel bekannt werden, die der Steuerpflichtige der Finanzbehörde vor Einleitung des Strafverfahrens oder in Unkenntnis der Einleitung des Strafverfahrens in Erfüllung steuerrechtlicher Pflichten offenbart hat, dürfen diese Kenntnisse gegen ihn nicht für die Verfolgung einer Tat verwendet werden, die keine Steuerstraftat ist. ²Dies gilt nicht für Straftaten, an deren Verfolgung ein zwingendes öffentliches Interesse (§ 30 Abs. 4 Nr. 5) besteht.

(3)[1] ¹Erkenntnisse, die die Finanzbehörde oder die Staatsanwaltschaft rechtmäßig im Rahmen strafrechtlicher Ermittlungen gewonnen hat, dürfen im Besteuerungsverfahren verwendet werden. ²Dies gilt auch für Erkenntnisse, die dem Brief-, Post- und Fernmeldegeheimnis unterliegen, soweit die Finanzbehörde diese rechtmäßig im Rahmen eigener strafrechtlicher Ermittlungen gewonnen hat oder soweit nach den Vorschriften der Strafprozessordnung Auskunft an die Finanzbehörden erteilt werden darf.

§ 394 Übergang des Eigentums.

¹Hat ein Unbekannter, der bei einer Steuerstraftat auf frischer Tat betroffen wurde, aber entkommen ist, Sachen zurückgelassen und sind diese Sachen beschlagnahmt oder sonst sichergestellt worden, weil sie eingezogen werden können, so gehen sie nach Ablauf eines Jahres in das Eigentum des Staates über, wenn der Eigentümer der Sachen unbekannt ist und die Finanzbehörde durch eine öffentliche Bekanntmachung auf den drohenden Verlust des Eigentums hingewiesen hat. ²§ 10 Abs. 2 Satz 1 des Verwaltungszustellungsgesetzes[2] ist mit der Maßgabe anzuwenden, dass anstelle einer Benachrichtigung der Hinweis nach Satz 1 bekannt gemacht oder veröffentlicht wird.[3] ³Die Frist beginnt mit dem Aushang der Bekanntmachung.

---

[1] § 393 Abs. 3 angef. mWv 29.12.2007 durch G v. 20.12.2007 (BGBl. I S. 3150).
[2] Nr. **805.**
[3] § 394 Satz 2 neu gef. durch G v. 12.8.2005 (BGBl. I S. 2354).

§ 395 **Akteneinsicht der Finanzbehörde.** [1]Die Finanzbehörde ist befugt, die Akten, die dem Gericht vorliegen oder im Fall der Erhebung der Anklage vorzulegen wären, einzusehen sowie beschlagnahmte oder sonst sichergestellte Gegenstände zu besichtigen. [2]Die Akten werden der Finanzbehörde auf Antrag zur Einsichtnahme übersandt.

§ 396 **Aussetzung des Verfahrens.** (1) Hängt die Beurteilung der Tat als Steuerhinterziehung davon ab, ob ein Steueranspruch besteht, ob Steuern verkürzt oder ob nicht gerechtfertigte Steuervorteile erlangt sind, so kann das Strafverfahren ausgesetzt werden, bis das Besteuerungsverfahren rechtskräftig abgeschlossen ist.

(2) Über die Aussetzung entscheidet im Ermittlungsverfahren die Staatsanwaltschaft, im Verfahren nach Erhebung der öffentlichen Klage das Gericht, das mit der Sache befasst ist.

(3) Während der Aussetzung des Verfahrens ruht die Verjährung.

2. Unterabschnitt: Ermittlungsverfahren

I. Allgemeines

§ 397[1]) **Einleitung des Strafverfahrens.** (1) Das Strafverfahren ist eingeleitet, sobald die Finanzbehörde, die Polizei, die Staatsanwaltschaft, eine ihrer Ermittlungspersonen oder der Strafrichter eine Maßnahme trifft, die erkennbar darauf abzielt, gegen jemanden wegen einer Steuerstraftat strafrechtlich vorzugehen.

(2) Die Maßnahme ist unter Angabe des Zeitpunkts unverzüglich in den Akten zu vermerken.

(3) Die Einleitung des Strafverfahrens ist dem Beschuldigten spätestens mitzuteilen, wenn er dazu aufgefordert wird, Tatsachen darzulegen oder Unterlagen vorzulegen, die im Zusammenhang mit der Straftat stehen, derer er verdächtig ist.

§ 398 **Einstellung wegen Geringfügigkeit.** [1]Die Staatsanwaltschaft kann von der Verfolgung einer Steuerhinterziehung, bei der nur eine geringwertige Steuerverkürzung eingetreten ist oder nur geringwertige Steuervorteile erlangt sind, auch ohne Zustimmung des für die Eröffnung des Hauptverfahrens zuständigen Gerichts absehen, wenn die Schuld des Täters als gering anzusehen wäre und kein öffentliches Interesse an der Verfolgung besteht. [2]Dies gilt für das Verfahren wegen einer Steuerhehlerei nach § 374 und einer Begünstigung einer Person, die eine der in § 375 Abs. 1 Nr. 1 bis 3 genannten Taten begangen hat, entsprechend.

§ 398a[2]) **Absehen von Verfolgung in besonderen Fällen.** (1) In Fällen, in denen Straffreiheit nur wegen § 371 Absatz 2 Satz 1 Nummer 3 oder 4

---

[1]) § 397 Abs. 1 geänd. mWv 1.9.2004 durch G v. 24.8.2004 (BGBl. I S. 2198).
[2]) § 398a neu gef. mWv 1.1.2015 durch G v. 22.12.2014 (BGBl. I S. 2415); Abs. 1 Nr. 1 geänd. mWv 21.12.2022 durch G v. 16.12.2022 (BGBl. I S. 2294).

nicht eintritt, wird von der Verfolgung einer Steuerstraftat abgesehen, wenn der an der Tat Beteiligte innerhalb einer ihm bestimmten angemessenen Frist

1. die aus der Tat zu seinen Gunsten hinterzogenen Steuern, die Hinterziehungszinsen nach § 235 und die Zinsen nach § 233a, soweit sie auf die Hinterziehungszinsen nach § 235 Absatz 4 angerechnet werden, sowie die Verzugszinsen nach Artikel 114 des Zollkodex der Union entrichtet und

2. einen Geldbetrag in folgender Höhe zugunsten der Staatskasse zahlt:

    a) 10 Prozent der hinterzogenen Steuer, wenn der Hinterziehungsbetrag 100 000 Euro nicht übersteigt,

    b) 15 Prozent der hinterzogenen Steuer, wenn der Hinterziehungsbetrag 100 000 Euro übersteigt und 1 000 000 Euro nicht übersteigt,

    c) 20 Prozent der hinterzogenen Steuer, wenn der Hinterziehungsbetrag 1 000 000 Euro übersteigt.

(2) Die Bemessung des Hinterziehungsbetrags richtet sich nach den Grundsätzen in § 370 Absatz 4.

(3) Die Wiederaufnahme eines nach Absatz 1 abgeschlossenen Verfahrens ist zulässig, wenn die Finanzbehörde erkennt, dass die Angaben im Rahmen einer Selbstanzeige unvollständig oder unrichtig waren.

(4) ¹Der nach Absatz 1 Nummer 2 gezahlte Geldbetrag wird nicht erstattet, wenn die Rechtsfolge des Absatzes 1 nicht eintritt. ²Das Gericht kann diesen Betrag jedoch auf eine wegen Steuerhinterziehung verhängte Geldstrafe anrechnen.

II. Verfahren der Finanzbehörde bei Steuerstraftaten

§ 399[1]) **Rechte und Pflichten der Finanzbehörde.** (1) Führt die Finanzbehörde das Ermittlungsverfahren auf Grund des § 386 Abs. 2 selbständig durch, so nimmt sie die Rechte und Pflichten wahr, die der Staatsanwaltschaft im Ermittlungsverfahren zustehen.

(2) ¹Ist einer Finanzbehörde nach § 387 Abs. 2 die Zuständigkeit für den Bereich mehrerer Finanzbehörden übertragen, so bleiben das Recht und die Pflicht dieser Finanzbehörden unberührt, bei dem Verdacht einer Steuerstraftat den Sachverhalt zu erforschen und alle unaufschiebbaren Anordnungen zu treffen, um die Verdunkelung der Sache zu verhüten. ²Sie können Beschlagnahmen, Notveräußerungen, Durchsuchungen, Untersuchungen und sonstige Maßnahmen nach den für Ermittlungspersonen der Staatsanwaltschaft geltenden Vorschriften der Strafprozessordnung anordnen.

§ 400 Antrag auf Erlass eines Strafbefehls. Bieten die Ermittlungen genügenden Anlass zur Erhebung der öffentlichen Klage, so beantragt die Finanzbehörde beim Richter den Erlass eines Strafbefehls, wenn die Strafsache

---

[1]) § 399 Abs. 2 Satz 2 geänd. mWv 1.9.2004 durch G v. 24.8.2004 (BGBl. I S. 2198).

zur Behandlung im Strafbefehlsverfahren geeignet erscheint; ist dies nicht der Fall, so legt die Finanzbehörde die Akten der Staatsanwaltschaft vor.

§ 401[1] **Antrag auf Anordnung von Nebenfolgen im selbständigen Verfahren.** Die Finanzbehörde kann den Antrag stellen, die Einziehung selbständig anzuordnen oder eine Geldbuße gegen eine juristische Person oder eine Personenvereinigung selbständig festzusetzen (§§ 435, 444 Abs. 3 der Strafprozessordnung).

III. Stellung der Finanzbehörde im Verfahren der Staatsanwaltschaft

§ 402 Allgemeine Rechte und Pflichten der Finanzbehörde. (1) Führt die Staatsanwaltschaft das Ermittlungsverfahren durch, so hat die sonst zuständige Finanzbehörde dieselben Rechte und Pflichten wie die Behörden des Polizeidienstes nach der Strafprozessordnung sowie die Befugnisse nach § 399 Abs. 2 Satz 2.

(2) Ist einer Finanzbehörde nach § 387 Abs. 2 die Zuständigkeit für den Bereich mehrerer Finanzbehörden übertragen, so gilt Absatz 1 für jede dieser Finanzbehörden.

§ 403 Beteiligung der Finanzbehörde. (1) [1] Führt die Staatsanwaltschaft oder die Polizei Ermittlungen durch, die Steuerstraftaten betreffen, so ist die sonst zuständige Finanzbehörde befugt, daran teilzunehmen. [2] Ort und Zeit der Ermittlungshandlungen sollen ihr rechtzeitig mitgeteilt werden. [3] Dem Vertreter der Finanzbehörde ist zu gestatten, Fragen an Beschuldigte, Zeugen und Sachverständige zu stellen.

(2) Absatz 1 gilt sinngemäß für solche richterlichen Verhandlungen, bei denen auch der Staatsanwaltschaft die Anwesenheit gestattet ist.

(3) Der sonst zuständigen Finanzbehörde sind die Anklageschrift und der Antrag auf Erlass eines Strafbefehls mitzuteilen.

(4) Erwägt die Staatsanwaltschaft, das Verfahren einzustellen, so hat sie die sonst zuständige Finanzbehörde zu hören.

IV. Steuer- und Zollfahndung

§ 404[2] **Steuer- und Zollfahndung.** [1] Die Behörden des Zollfahndungsdienstes und die mit der Steuerfahndung betrauten Dienststellen der Landesfinanzbehörden sowie ihre Beamten haben im Strafverfahren wegen Steuerstraftaten dieselben Rechte und Pflichten wie die Behörden und Beamten des Polizeidienstes nach den Vorschriften der Strafprozessordnung. [2] Die in Satz 1 bezeichneten Stellen haben die Befugnisse nach § 399 Abs. 2 Satz 2 sowie die Befugnis zur Durchsicht der Papiere des von der Durchsuchung Betroffenen (§ 110 Abs. 1 der Strafprozessordnung); ihre Beamten sind Ermittlungspersonen der Staatsanwaltschaft.

---

[1] § 401 geänd. mWv 1.7.2017 durch G v. 13.4.2017 (BGBl. I S. 872).
[2] § 404 Satz 2 HS 2 geänd. mWv 1.9.2004 durch G v. 24.8.2004 (BGBl. I S. 2198); Satz 1 geänd. durch G v. 12.12.2019 (BGBl. I S. 2451).

V. Entschädigung der Zeugen und der Sachverständigen

§ 405[1] **Entschädigung der Zeugen und der Sachverständigen.** [1]Werden Zeugen und Sachverständige von der Finanzbehörde zu Beweiszwecken herangezogen, so erhalten sie eine Entschädigung oder Vergütung nach dem Justizvergütungs- und -entschädigungsgesetz[2]. [2]Dies gilt auch in den Fällen des § 404.

3. Unterabschnitt: Gerichtliches Verfahren

§ 406 Mitwirkung der Finanzbehörde im Strafbefehlsverfahren und im selbständigen Verfahren. (1) Hat die Finanzbehörde den Erlass eines Strafbefehls beantragt, so nimmt sie die Rechte und Pflichten der Staatsanwaltschaft wahr, solange nicht nach § 408 Abs. 3 Satz 2 der Strafprozessordnung Hauptverhandlung anberaumt oder Einspruch gegen den Strafbefehl erhoben wird.

(2)[3] Hat die Finanzbehörde den Antrag gestellt, die Einziehung selbständig anzuordnen oder eine Geldbuße gegen eine juristische Person oder eine Personenvereinigung selbständig festzusetzen (§ 401), so nimmt sie die Rechte und Pflichten der Staatsanwaltschaft wahr, solange nicht mündliche Verhandlung beantragt oder vom Gericht angeordnet wird.

§ 407 Beteiligung der Finanzbehörde in sonstigen Fällen. (1) [1]Das Gericht gibt der Finanzbehörde Gelegenheit, die Gesichtspunkte vorzubringen, die von ihrem Standpunkt für die Entscheidung von Bedeutung sind. [2]Dies gilt auch, wenn das Gericht erwägt, das Verfahren einzustellen. [3]Der Termin zur Hauptverhandlung und der Termin zur Vernehmung durch einen beauftragten oder ersuchten Richter (§§ 223, 233 der Strafprozessordnung) werden der Finanzbehörde mitgeteilt. [4]Ihr Vertreter erhält in der Hauptverhandlung auf Verlangen das Wort. [5]Ihm ist zu gestatten, Fragen an Angeklagte, Zeugen und Sachverständige zu richten.

(2) Das Urteil und andere das Verfahren abschließende Entscheidungen sind der Finanzbehörde mitzuteilen.

4. Unterabschnitt: Kosten des Verfahrens

§ 408 Kosten des Verfahrens. [1]Notwendige Auslagen eines Beteiligten im Sinne des § 464a Abs. 2 Nr. 2 der Strafprozessordnung sind im Strafverfahren wegen einer Steuerstraftat auch die gesetzlichen Gebühren und Auslagen eines Steuerberaters, Steuerbevollmächtigten, Wirtschaftsprüfers oder vereidigten Buchprüfers. [2]Sind Gebühren und Auslagen gesetzlich nicht geregelt, so können sie bis zur Höhe der gesetzlichen Gebühren und Auslagen eines Rechtsanwalts erstattet werden.

---

[1] § 405 Satz 1 geänd. mWv 1.7.2004 durch G v. 5.5.2004 (BGBl. I S. 718).
[2] **Schönfelder Nr. 116.**
[3] § 406 Abs. 2 geänd. mWv 1.7.2017 durch G v. 13.4.2017 (BGBl. I S. 872).

Vierter Abschnitt: Bußgeldverfahren

§ 409 Zuständige Verwaltungsbehörde. [1]Bei Steuerordnungswidrigkeiten ist zuständige Verwaltungsbehörde im Sinne des § 36 Abs. 1 Nr. 1 des Gesetzes über Ordnungswidrigkeiten die nach § 387 Abs. 1 sachlich zuständige Finanzbehörde. [2]§ 387 Abs. 2 gilt entsprechend.

§ 410 Ergänzende Vorschriften für das Bußgeldverfahren. (1) Für das Bußgeldverfahren gelten außer den verfahrensrechtlichen Vorschriften des Gesetzes über Ordnungswidrigkeiten entsprechend:

1. die §§ 388 bis 390 über die Zuständigkeit der Finanzbehörde,
2. § 391 über die Zuständigkeit des Gerichts,
3. § 392 über die Verteidigung,
4. § 393 über das Verhältnis des Strafverfahrens zum Besteuerungsverfahren,
5. § 396 über die Aussetzung des Verfahrens,
6. § 397 über die Einleitung des Strafverfahrens,
7. § 399 Abs. 2 über die Rechte und Pflichten der Finanzbehörde,
8. die §§ 402, 403 Abs. 1, 3 und 4 über die Stellung der Finanzbehörde im Verfahren der Staatsanwaltschaft,
9. § 404 Satz 1 und Satz 2 erster Halbsatz über die Steuer- und Zollfahndung,
10. § 405 über die Entschädigung der Zeugen und der Sachverständigen,
11. § 407 über die Beteiligung der Finanzbehörde und
12. § 408 über die Kosten des Verfahrens.

(2) Verfolgt die Finanzbehörde eine Steuerstraftat, die mit einer Steuerordnungswidrigkeit zusammenhängt (§ 42 Abs. 1 Satz 2 des Gesetzes über Ordnungswidrigkeiten), so kann sie in den Fällen des § 400 beantragen, den Strafbefehl auf die Steuerordnungswidrigkeit zu erstrecken.

§ 411 Bußgeldverfahren gegen Rechtsanwälte, Steuerberater, Steuerbevollmächtigte, Wirtschaftsprüfer oder vereidigte Buchprüfer.
Bevor gegen einen Rechtsanwalt, Steuerberater, Steuerbevollmächtigten, Wirtschaftsprüfer oder vereidigten Buchprüfer wegen einer Steuerordnungswidrigkeit, die er in Ausübung seines Berufs bei der Beratung in Steuersachen begangen hat, ein Bußgeldbescheid erlassen wird, gibt die Finanzbehörde der zuständigen Berufskammer Gelegenheit, die Gesichtspunkte vorzubringen, die von ihrem Standpunkt für die Entscheidung von Bedeutung sind.

§ 412 Zustellung, Vollstreckung, Kosten. (1) [1]Für das Zustellungsverfahren gelten abweichend von § 51 Abs. 1 Satz 1 des Gesetzes über Ordnungswidrigkeiten die Vorschriften des Verwaltungszustellungsgesetzes auch dann, wenn eine Landesfinanzbehörde den Bescheid erlassen hat. [2]§ 51 Abs. 1 Satz 2 und Absatz 2 bis 5 des Gesetzes über Ordnungswidrigkeiten bleibt unberührt.

(2) ¹Für die Vollstreckung von Bescheiden der Finanzbehörden in Bußgeldverfahren gelten abweichend von § 90 Abs. 1 und 4, § 108 Abs. 2 des Gesetzes über Ordnungswidrigkeiten die Vorschriften des Sechsten Teils dieses Gesetzes. ²Die übrigen Vorschriften des Neunten Abschnitts des Zweiten Teils des Gesetzes über Ordnungswidrigkeiten bleiben unberührt.

(3)¹⁾ Für die Kosten des Bußgeldverfahrens gilt § 107 Absatz 4 des Gesetzes über Ordnungswidrigkeiten auch dann, wenn eine Landesfinanzbehörde den Bußgeldbescheid erlassen hat; an Stelle des § 19 des Verwaltungskostengesetzes in der bis zum 14. August 2013 geltenden Fassung gelten § 227 und § 261 dieses Gesetzes.

Neunter Teil. Schlussvorschriften

§ 413 Einschränkung von Grundrechten. Die Grundrechte auf körperliche Unversehrtheit und Freiheit der Person (Artikel 2 Abs. 2 des Grundgesetzes), des Briefgeheimnisses sowie des Post- und Fernmeldegeheimnisses (Artikel 10 des Grundgesetzes) und der Unverletzlichkeit der Wohnung (Artikel 13 des Grundgesetzes) werden nach Maßgabe dieses Gesetzes eingeschränkt.

§ 414 *(gegenstandslos)*

§ 415²⁾ **(Inkrafttreten)**

---

¹⁾ § 412 Abs. 3 neu gef. mWv 15.8.2013 durch G v. 7.8.2013 (BGBl. I S. 3154).
²⁾ Die AO in ihrer ursprünglichen Fassung ist am 1.1.1977 in Kraft getreten. Das Inkrafttreten der späteren Änderungen ergibt sich aus den jeweiligen Änderungsgesetzen.

Anlage 1
(zu § 60)

Mustersatzung[1]
für Vereine, Stiftungen, Betriebe gewerblicher Art von
juristischen Personen des öffentlichen Rechts,
geistliche Genossenschaften und Kapitalgesellschaften
(nur aus steuerlichen Gründen notwendige Bestimmungen)

§ 1

Der – Die – ... (Körperschaft) mit Sitz in ... verfolgt ausschließlich und unmittelbar – gemeinnützige – mildtätige – kirchliche – Zwecke (nicht verfolgte Zwecke streichen) im Sinne des Abschnitts „Steuerbegünstigte Zwecke" der Abgabenordnung.

Zweck der Körperschaft ist ... (z. B. die Förderung von Wissenschaft und Forschung, Jugend- und Altenhilfe, Erziehung, Volks- und Berufsbildung, Kunst und Kultur, Landschaftspflege, Umweltschutz, des öffentlichen Gesundheitswesens, des Sports, Unterstützung hilfsbedürftiger Personen).

Der Satzungszweck wird verwirklicht insbesondere durch ... (z. B. Durchführung wissenschaftlicher Veranstaltungen und Forschungsvorhaben, Vergabe von Forschungsaufträgen, Unterhaltung einer Schule, einer Erziehungsberatungsstelle, Pflege von Kunstsammlungen, Pflege des Liedgutes und des Chorgesanges, Errichtung von Naturschutzgebieten, Unterhaltung eines Kindergartens, Kinder-, Jugendheimes, Unterhaltung eines Altenheimes, eines Erholungsheimes, Bekämpfung des Drogenmissbrauchs, des Lärms, Förderung sportlicher Übungen und Leistungen).

§ 2

Die Körperschaft ist selbstlos tätig; sie verfolgt nicht in erster Linie eigenwirtschaftliche Zwecke.

§ 3

Mittel der Körperschaft dürfen nur für die satzungsmäßigen Zwecke verwendet werden. Die Mitglieder erhalten keine Zuwendungen aus Mitteln der Körperschaft.

§ 4

Es darf keine Person durch Ausgaben, die dem Zweck der Körperschaft fremd sind, oder durch unverhältnismäßig hohe Vergütungen begünstigt werden.

§ 5

Bei Auflösung oder Aufhebung der Körperschaft oder bei Wegfall steuerbegünstigter Zwecke fällt das Vermögen der Körperschaft

1. an – den – die – das – ... (Bezeichnung einer juristischen Person des öffentlichen Rechts oder einer anderen steuerbegünstigten Körperschaft), – der – die – das – es unmittelbar und ausschließlich für gemeinnützige, mildtätige oder kirchliche Zwecke zu verwenden hat.

   oder

2. an eine juristische Person des öffentlichen Rechts oder eine andere steuerbegünstigte Körperschaft zwecks Verwendung für ... (Angabe eines bestimmten gemeinnützigen, mildtätigen oder kirchlichen Zwecks, z. B. Förderung von Wissenschaft und Forschung, Erziehung, Volks- und Berufsbildung, der Unterstützung von Personen, die im Sinne von § 53 der Abgabenordnung wegen ... bedürftig sind, Unterhaltung des Gotteshauses in ...).

(Fortsetzung nächstes Blatt)

---

[1] Anlage 1 angef. durch G v. 19.12.2008 (BGBl. I S. 2794); zur Anwendung siehe Art. 97 § 1f Abs. 2 EGAO (Nr. **800a**).

Weitere Hinweise

Bei **Betrieben gewerblicher Art von juristischen Personen des öffentlichen Rechts, bei den von einer juristischen Person des öffentlichen Rechts verwalteten unselbständigen Stiftungen und bei geistlichen Genossenschaften** (Orden, Kongregationen) ist folgende Bestimmung aufzunehmen:

§ 3 Abs. 2:
„Der – die – das … erhält bei Auflösung oder Aufhebung der Körperschaft oder bei Wegfall steuerbegünstigter Zwecke nicht mehr als – seine – ihre – eingezahlten Kapitalanteile und den gemeinen Wert seiner – ihrer – geleisteten Sacheinlagen zurück."

Bei **Stiftungen** ist diese Bestimmung nur erforderlich, wenn die Satzung dem Stifter einen Anspruch auf Rückgewähr von Vermögen einräumt. Fehlt die Regelung, wird das eingebrachte Vermögen wie das übrige Vermögen behandelt.

Bei **Kapitalgesellschaften** sind folgende ergänzende Bestimmungen in die Satzung aufzunehmen:

1. § 3 Abs. 1 Satz 2:
„Die Gesellschafter dürfen keine Gewinnanteile und auch keine sonstigen Zuwendungen aus Mitteln der Körperschaft erhalten."

2. § 3 Abs. 2:
„Sie erhalten bei ihrem Ausscheiden oder bei Auflösung der Körperschaft oder bei Wegfall steuerbegünstigter Zwecke nicht mehr als ihre eingezahlten Kapitalanteile und den gemeinen Wert ihrer geleisteten Sacheinlagen zurück."

3. § 5:
„Bei Auflösung der Körperschaft oder bei Wegfall steuerbegünstigter Zwecke fällt das Vermögen der Körperschaft, soweit es die eingezahlten Kapitalanteile der Gesellschafter und den gemeinen Wert der von den Gesellschaftern geleisteten Sacheinlagen übersteigt, …"."

§ 3 Abs. 2 und der Satzteil „soweit es die eingezahlten Kapitalanteile der Gesellschafter und den gemeinen Wert der von den Gesellschaftern geleisteten Sacheinlagen übersteigt," in § 5 sind nur erforderlich, wenn die Satzung einen Anspruch auf Rückgewähr von Vermögen einräumt.

Anlage 2
(zu §§ 2a, 29b, c, 32a ff. AO)

Verordnung (EU) 2016/679
des Europäischen Parlaments und des Rates vom 27. April 2016
(ABl. Nr. L 119 S. 1, ber. Nr. L 314 S. 72) zum Schutz natürlicher
Personen bei der Verarbeitung personenbezogener Daten, zum freien
Datenverkehr und zur Aufhebung der Richtlinie 95/46/EG
(Datenschutz-Grundverordnung)

Vom 27. April 2016 (ABl. EU Nr. L 119 S. 1, ber. ABl. EU Nr. L 314 S. 72; ber. ABl. EU
2018 Nr. L 127 S. 2; ber. ABl. EU 2021 Nr. L 74 S. 35)

– Auszug –

Kapitel I. Allgemeine Bestimmungen

Art. 1–3 [...]

Art. 4 Begriffsbestimmungen. Im Sinne dieser Verordnung bezeichnet der Ausdruck:

1. „personenbezogene Daten" alle Informationen, die sich auf eine identifizierte oder identifizierbare natürliche Person (im Folgenden „betroffene Person") beziehen; als identifizierbar wird eine natürliche Person angesehen, die direkt oder indirekt, insbesondere mittels Zuordnung zu einer Kennung wie einem Namen, zu einer Kennnummer, zu Standortdaten, zu einer Online-Kennung oder zu einem oder mehreren besonderen Merkmalen, die Ausdruck der physischen, physiologischen, genetischen, psychischen, wirtschaftlichen, kulturellen oder sozialen Identität dieser natürlichen Person sind, identifiziert werden kann;

2. „Verarbeitung" jeden mit oder ohne Hilfe automatisierter Verfahren ausgeführten Vorgang oder jede solche Vorgangsreihe im Zusammenhang mit personenbezogenen Daten wie das Erheben, das Erfassen, die Organisation, das Ordnen, die Speicherung, die Anpassung oder Veränderung, das Auslesen, das Abfragen, die Verwendung, die Offenlegung durch Übermittlung, Verbreitung oder eine andere Form der Bereitstellung, den Abgleich oder die Verknüpfung, die Einschränkung, das Löschen oder die Vernichtung;

3. „Einschränkung der Verarbeitung" die Markierung gespeicherter personenbezogener Daten mit dem Ziel, ihre künftige Verarbeitung einzuschränken;

4. „Profiling" jede Art von automatisierter Verarbeitung personenbezogener Daten, die darin besteht, dass diese personenbezogenen Daten verwendet werden, um bestimmte persönliche Aspekte, die sich auf eine natürliche Person beziehen, zu bewerten, insbesondere um Aspekte bezüglich Arbeitsleistung, wirtschaftliche Lage, Gesundheit, persönliche Vorlieben, Interessen, Zuverlässigkeit, Verhalten, Aufenthaltsort oder Ortswechsel dieser natürlichen Person zu analysieren oder vorherzusagen;

5. „Pseudonymisierung" die Verarbeitung personenbezogener Daten in einer Weise, dass die personenbezogenen Daten ohne Hinzuziehung zusätzlicher Informationen nicht mehr einer spezifischen betroffenen Person zugeordnet werden können, sofern diese zusätzlichen Informationen gesondert aufbewahrt werden und technischen und organisatorischen Maßnahmen unterliegen, die gewährleisten, dass die personenbezogenen Daten nicht einer identifizierten oder identifizierbaren natürlichen Person zugewiesen werden;

6. „Dateisystem" jede strukturierte Sammlung personenbezogener Daten, die nach bestimmten Kriterien zugänglich sind, unabhängig davon, ob diese Sammlung zentral, dezentral oder nach funktionalen oder geografischen Gesichtspunkten geordnet geführt wird;

7. „Verantwortlicher" die natürliche oder juristische Person, Behörde, Einrichtung oder andere Stelle, die allein oder gemeinsam mit anderen über die Zwecke und Mittel der

Verarbeitung von personenbezogenen Daten entscheidet; sind die Zwecke und Mittel dieser Verarbeitung durch das Unionsrecht oder das Recht der Mitgliedstaaten vorgegeben, so kann der Verantwortliche beziehungsweise können die bestimmten Kriterien seiner Benennung nach dem Unionsrecht oder dem Recht der Mitgliedstaaten vorgesehen werden;

8. „Auftragsverarbeiter" eine natürliche oder juristische Person, Behörde, Einrichtung oder andere Stelle, die personenbezogene Daten im Auftrag des Verantwortlichen verarbeitet;

9. „Empfänger" eine natürliche oder juristische Person, Behörde, Einrichtung oder andere Stelle, der personenbezogene Daten offengelegt werden, unabhängig davon, ob es sich bei ihr um einen Dritten handelt oder nicht. Behörden, die im Rahmen eines bestimmten Untersuchungsauftrags nach dem Unionsrecht oder dem Recht der Mitgliedstaaten möglicherweise personenbezogene Daten erhalten, gelten jedoch nicht als Empfänger; die Verarbeitung dieser Daten durch die genannten Behörden erfolgt im Einklang mit den geltenden Datenschutzvorschriften gemäß den Zwecken der Verarbeitung;

10. „Dritter" eine natürliche oder juristische Person, Behörde, Einrichtung oder andere Stelle, außer der betroffenen Person, dem Verantwortlichen, dem Auftragsverarbeiter und den Personen, die unter der unmittelbaren Verantwortung des Verantwortlichen oder des Auftragsverarbeiters befugt sind, die personenbezogenen Daten zu verarbeiten;

11. „Einwilligung" der betroffenen Person jede freiwillig für den bestimmten Fall, in informierter Weise und unmissverständlich abgegebene Willensbekundung in Form einer Erklärung oder einer sonstigen eindeutigen bestätigenden Handlung, mit der die betroffene Person zu verstehen gibt, dass sie mit der Verarbeitung der sie betreffenden personenbezogenen Daten einverstanden ist;

12. „Verletzung des Schutzes personenbezogener Daten" eine Verletzung der Sicherheit, die, ob unbeabsichtigt oder unrechtmäßig, zur Vernichtung, zum Verlust, zur Veränderung, oder zur unbefugten Offenlegung von beziehungsweise zum unbefugten Zugang zu personenbezogenen Daten führt, die übermittelt, gespeichert oder auf sonstige Weise verarbeitet wurden;

13. „genetische Daten" personenbezogene Daten zu den ererbten oder erworbenen genetischen Eigenschaften einer natürlichen Person, die eindeutige Informationen über die Physiologie oder die Gesundheit dieser natürlichen Person liefern und insbesondere aus der Analyse einer biologischen Probe der betreffenden natürlichen Person gewonnen wurden;

14. „biometrische Daten" mit speziellen technischen Verfahren gewonnene personenbezogene Daten zu den physischen, physiologischen oder verhaltenstypischen Merkmalen einer natürlichen Person, die die eindeutige Identifizierung dieser natürlichen Person ermöglichen oder bestätigen, wie Gesichtsbilder oder daktyloskopische Daten;

15. „Gesundheitsdaten" personenbezogene Daten, die sich auf die körperliche oder geistige Gesundheit einer natürlichen Person, einschließlich der Erbringung von Gesundheitsdienstleistungen, beziehen und aus denen Informationen über deren Gesundheitszustand hervorgehen;

16. „Hauptniederlassung"

     a) im Falle eines Verantwortlichen mit Niederlassungen in mehr als einem Mitgliedstaat den Ort seiner Hauptverwaltung in der Union, es sei denn, die Entscheidungen hinsichtlich der Zwecke und Mittel der Verarbeitung personenbezogener Daten werden in einer anderen Niederlassung des Verantwortlichen in der Union getroffen und diese Niederlassung ist befugt, diese Entscheidungen umsetzen zu lassen; in diesem Fall gilt die Niederlassung, die derartige Entscheidungen trifft, als Hauptniederlassung;

     b) im Falle eines Auftragsverarbeiters mit Niederlassungen in mehr als einem Mitgliedstaat den Ort seiner Hauptverwaltung in der Union, sofern der Auftragsverarbeiter keine Hauptverwaltung in der Union hat, die Niederlassung des Auftragsverarbeiters in der Union, in der die Verarbeitungstätigkeiten im Rahmen der Tätigkeiten einer Niederlassung eines Auftragsverarbeiters hauptsächlich stattfinden, soweit der Auftragsverarbeiter spezifischen Pflichten aus dieser Verordnung unterliegt;

17. „Vertreter" eine in der Union niedergelassene natürliche oder juristische Person, die von dem Verantwortlichen oder Auftragsverarbeiter schriftlich gemäß Artikel 27 bestellt wurde und den Verantwortlichen oder Auftragsverarbeiter in Bezug auf die ihnen jeweils nach dieser Verordnung obliegenden Pflichten vertritt;

18. „Unternehmen" eine natürliche oder juristische Person, die eine wirtschaftliche Tätigkeit ausübt, unabhängig von ihrer Rechtsform, einschließlich Personengesellschaften oder Vereinigungen, die regelmäßig einer wirtschaftlichen Tätigkeit nachgehen;

19. „Unternehmensgruppe" eine Gruppe, die aus einem herrschenden Unternehmen und den von diesem abhängigen Unternehmen besteht;

20. „verbindliche interne Datenschutzvorschriften" Maßnahmen zum Schutz personenbezogener Daten, zu deren Einhaltung sich ein im Hoheitsgebiet eines Mitgliedstaats niedergelassener Verantwortlicher oder Auftragsverarbeiter verpflichtet im Hinblick auf Datenübermittlungen oder eine Kategorie von Datenübermittlungen personenbezogener Daten an einen Verantwortlichen oder Auftragsverarbeiter derselben Unternehmensgruppe oder derselben Gruppe von Unternehmen, die eine gemeinsame Wirtschaftstätigkeit ausüben, in einem oder mehreren Drittländern;

21. „Aufsichtsbehörde" eine von einem Mitgliedstaat gemäß Artikel 51 eingerichtete unabhängige staatliche Stelle;

22. „betroffene Aufsichtsbehörde" eine Aufsichtsbehörde, die von der Verarbeitung personenbezogener Daten betroffen ist, weil

   a) der Verantwortliche oder der Auftragsverarbeiter im Hoheitsgebiet des Mitgliedstaats dieser Aufsichtsbehörde niedergelassen ist,

   b) diese Verarbeitung erhebliche Auswirkungen auf betroffene Personen mit Wohnsitz im Mitgliedstaat dieser Aufsichtsbehörde hat oder haben kann oder

   c) eine Beschwerde bei dieser Aufsichtsbehörde eingereicht wurde;

23. „grenzüberschreitende Verarbeitung" entweder

   a) eine Verarbeitung personenbezogener Daten, die im Rahmen der Tätigkeiten von Niederlassungen eines Verantwortlichen oder eines Auftragsverarbeiters in der Union in mehr als einem Mitgliedstaat erfolgt, wenn der Verantwortliche oder Auftragsverarbeiter in mehr als einem Mitgliedstaat niedergelassen ist, oder

   b) eine Verarbeitung personenbezogener Daten, die im Rahmen der Tätigkeiten einer einzelnen Niederlassung eines Verantwortlichen oder eines Auftragsverarbeiters in der Union erfolgt, die jedoch erhebliche Auswirkungen auf betroffene Personen in mehr als einem Mitgliedstaat hat oder haben kann;

24. „maßgeblicher und begründeter Einspruch" einen Einspruch gegen einen Beschlussentwurf im Hinblick darauf, ob ein Verstoß gegen diese Verordnung vorliegt oder ob beabsichtigte Maßnahmen gegen den Verantwortlichen oder den Auftragsverarbeiter im Einklang mit dieser Verordnung steht, wobei aus diesem Einspruch die Tragweite der Risiken klar hervorgeht, die von dem Beschlussentwurf in Bezug auf die Grundrechte und Grundfreiheiten der betroffenen Personen und gegebenenfalls den freien Verkehr personenbezogener Daten in der Union ausgehen;

25. „Dienst der Informationsgesellschaft" eine Dienstleistung im Sinne des Artikels 1 Nummer 1 Buchstabe b der Richtlinie (EU) 2015/1535 des Europäischen Parlaments und des Rates;[1)]

26. „internationale Organisation" eine völkerrechtliche Organisation und ihre nachgeordneten Stellen oder jede sonstige Einrichtung, die durch eine zwischen zwei oder mehr Ländern geschlossene Übereinkunft oder auf der Grundlage einer solchen Übereinkunft geschaffen wurde.

[1)] **[Amtl. Anm.:]** Richtlinie (EU) 2015/1535 des Europäischen Parlaments und des Rates vom 9. September 2015 über ein Informationsverfahren auf dem Gebiet der technischen Vorschriften und der Vorschriften für die Dienste der Informationsgesellschaft (ABl. L 241 vom 17.9.2015, S. 1).

Kapitel II. Grundsätze

Art. 5 Grundsätze für die Verarbeitung personenbezogener Daten. (1) Personenbezogene Daten müssen

a) auf rechtmäßige Weise, nach Treu und Glauben und in einer für die betroffene Person nachvollziehbaren Weise verarbeitet werden („Rechtmäßigkeit, Verarbeitung nach Treu und Glauben, Transparenz");

b) für festgelegte, eindeutige und legitime Zwecke erhoben werden und dürfen nicht in einer mit diesen Zwecken nicht zu vereinbarenden Weise weiterverarbeitet werden; eine Weiterverarbeitung für im öffentlichen Interesse liegende Archivzwecke, für wissenschaftliche oder historische Forschungszwecke oder für statistische Zwecke gilt gemäß Artikel 89 Absatz 1 nicht als unvereinbar mit den ursprünglichen Zwecken („Zweckbindung");

c) dem Zweck angemessen und erheblich sowie auf das für die Zwecke der Verarbeitung notwendige Maß beschränkt sein („Datenminimierung");

d) sachlich richtig und erforderlichenfalls auf dem neuesten Stand sein; es sind alle angemessenen Maßnahmen zu treffen, damit personenbezogene Daten, die im Hinblick auf die Zwecke ihrer Verarbeitung unrichtig sind, unverzüglich gelöscht oder berichtigt werden („Richtigkeit");

e) in einer Form gespeichert werden, die die Identifizierung der betroffenen Personen nur so lange ermöglicht, wie es für die Zwecke, für die sie verarbeitet werden, erforderlich ist; personenbezogene Daten dürfen länger gespeichert werden, soweit die personenbezogenen Daten vorbehaltlich der Durchführung geeigneter technischer und organisatorischer Maßnahmen, die von dieser Verordnung zum Schutz der Rechte und Freiheiten der betroffenen Person gefordert werden, ausschließlich für im öffentlichen Interesse liegende Archivzwecke oder für wissenschaftliche und historische Forschungszwecke oder für statistische Zwecke gemäß Artikel 89 Absatz 1 verarbeitet werden („Speicherbegrenzung");

f) in einer Weise verarbeitet werden, die eine angemessene Sicherheit der personenbezogenen Daten gewährleistet, einschließlich Schutz vor unbefugter oder unrechtmäßiger Verarbeitung und vor unbeabsichtigtem Verlust, unbeabsichtigter Zerstörung oder unbeabsichtigter Schädigung durch geeignete technische und organisatorische Maßnahmen („Integrität und Vertraulichkeit");[1]

(2) Der Verantwortliche ist für die Einhaltung des Absatzes 1 verantwortlich und muss dessen Einhaltung nachweisen können („Rechenschaftspflicht").

Art. 6 Rechtmäßigkeit der Verarbeitung. (1) Die Verarbeitung ist nur rechtmäßig, wenn mindestens eine der nachstehenden Bedingungen erfüllt ist:

a) Die betroffene Person hat ihre Einwilligung zu der Verarbeitung der sie betreffenden personenbezogenen Daten für einen oder mehrere bestimmte Zwecke gegeben;

b) die Verarbeitung ist für die Erfüllung eines Vertrags, dessen Vertragspartei die betroffene Person ist, oder zur Durchführung vorvertraglicher Maßnahmen erforderlich, die auf Anfrage der betroffenen Person erfolgen;

c) die Verarbeitung ist zur Erfüllung einer rechtlichen Verpflichtung erforderlich, der der Verantwortliche unterliegt;

d) die Verarbeitung ist erforderlich, um lebenswichtige Interessen der betroffenen Person oder einer anderen natürlichen Person zu schützen;

e) die Verarbeitung ist für die Wahrnehmung einer Aufgabe erforderlich, die im öffentlichen Interesse liegt oder in Ausübung öffentlicher Gewalt erfolgt, die dem Verantwortlichen übertragen wurde;

f) die Verarbeitung ist zur Wahrung der berechtigten Interessen des Verantwortlichen oder eines Dritten erforderlich, sofern nicht die Interessen oder Grundrechte und Grundfreihei-

---

[1] Zeichensetzung amtlich.

ten der betroffenen Person, die den Schutz personenbezogener Daten erfordern, überwiegen, insbesondere dann, wenn es sich bei der betroffenen Person um ein Kind handelt.

Unterabsatz 1 Buchstabe f gilt nicht für die von Behörden in Erfüllung ihrer Aufgaben vorgenommene Verarbeitung.

(2) Die Mitgliedstaaten können spezifischere Bestimmungen zur Anpassung der Anwendung der Vorschriften dieser Verordnung in Bezug auf die Verarbeitung zur Erfüllung von Absatz 1 Buchstaben c und e beibehalten oder einführen, indem sie spezifische Anforderungen für die Verarbeitung sowie sonstige Maßnahmen präziser bestimmen, um eine rechtmäßig und nach Treu und Glauben erfolgende Verarbeitung zu gewährleisten, einschließlich für andere besondere Verarbeitungssituationen gemäß Kapitel IX.

(3) Die Rechtsgrundlage für die Verarbeitungen gemäß Absatz 1 Buchstaben c und e wird festgelegt durch

a) Unionsrecht oder

b) das Recht der Mitgliedstaaten, dem der Verantwortliche unterliegt.

Der Zweck der Verarbeitung muss in dieser Rechtsgrundlage festgelegt oder hinsichtlich der Verarbeitung gemäß Absatz 1 Buchstabe e für die Erfüllung einer Aufgabe erforderlich sein, die im öffentlichen Interesse liegt oder in Ausübung öffentlicher Gewalt erfolgt, die dem Verantwortlichen übertragen wurde. Diese Rechtsgrundlage kann spezifische Bestimmungen zur Anpassung der Anwendung der Vorschriften dieser Verordnung enthalten, unter anderem Bestimmungen darüber, welche allgemeinen Bedingungen für die Regelung der Rechtmäßigkeit der Verarbeitung durch den Verantwortlichen gelten, welche Arten von Daten verarbeitet werden, welche Personen betroffen sind, an welche Einrichtungen und für welche Zwecke die personenbezogenen Daten offengelegt werden dürfen, welcher Zweckbindung sie unterliegen, wie lange sie gespeichert werden dürfen und welche Verarbeitungsvorgänge und -verfahren angewandt werden dürfen, einschließlich Maßnahmen zur Gewährleistung einer rechtmäßig und nach Treu und Glauben erfolgenden Verarbeitung, wie solche für sonstige besondere Verarbeitungssituationen gemäß Kapitel IX. Das Unionsrecht oder das Recht der Mitgliedstaaten müssen ein im öffentlichen Interesse liegendes Ziel verfolgen und in einem angemessenen Verhältnis zu dem verfolgten legitimen Zweck stehen.

(4) Beruht die Verarbeitung zu einem anderen Zweck als zu demjenigen, zu dem die personenbezogenen Daten erhoben wurden, nicht auf der Einwilligung der betroffenen Person oder auf einer Rechtsvorschrift der Union oder der Mitgliedstaaten, die in einer demokratischen Gesellschaft eine notwendige und verhältnismäßige Maßnahme zum Schutz der in Artikel 23 Absatz 1 genannten Ziele darstellt, so berücksichtigt der Verantwortliche – um festzustellen, ob die Verarbeitung zu einem anderen Zweck mit demjenigen, zu dem die personenbezogenen Daten ursprünglich erhoben wurden, vereinbar ist – unter anderem

a) jede Verbindung zwischen den Zwecken, für die die personenbezogenen Daten erhoben wurden, und den Zwecken der beabsichtigten Weiterverarbeitung,

b) den Zusammenhang, in dem die personenbezogenen Daten erhoben wurden, insbesondere hinsichtlich des Verhältnisses zwischen den betroffenen Personen und dem Verantwortlichen,

c) die Art der personenbezogenen Daten, insbesondere ob besondere Kategorien personenbezogener Daten gemäß Artikel 9 verarbeitet werden oder ob personenbezogene Daten über strafrechtliche Verurteilungen und Straftaten gemäß Artikel 10 verarbeitet werden,

d) die möglichen Folgen der beabsichtigten Weiterverarbeitung für die betroffenen Personen,

e) das Vorhandensein geeigneter Garantien, wozu Verschlüsselung oder Pseudonymisierung gehören kann.

Art. 7 [...]

Art. 8 Bedingungen für die Einwilligung eines Kindes in Bezug auf Dienste der Informationsgesellschaft. (1) Gilt Artikel 6 Absatz 1 Buchstabe a bei einem Angebot von Diensten der Informationsgesellschaft, das einem Kind direkt gemacht wird, so ist die Verarbeitung der personenbezogenen Daten des Kindes rechtmäßig, wenn das Kind das sechzehnte

Lebensjahr vollendet hat. Hat das Kind noch nicht das sechzehnte Lebensjahr vollendet, so ist diese Verarbeitung nur rechtmäßig, sofern und soweit diese Einwilligung durch den Träger der elterlichen Verantwortung für das Kind oder mit dessen Zustimmung erteilt wird.

Die Mitgliedstaaten können durch Rechtsvorschriften zu diesen Zwecken eine niedrigere Altersgrenze vorsehen, die jedoch nicht unter dem vollendeten dreizehnten Lebensjahr liegen darf.

(2) Der Verantwortliche unternimmt unter Berücksichtigung der verfügbaren Technik angemessene Anstrengungen, um sich in solchen Fällen zu vergewissern, dass die Einwilligung durch den Träger der elterlichen Verantwortung für das Kind oder mit dessen Zustimmung erteilt wurde.

(3) Absatz 1 lässt das allgemeine Vertragsrecht der Mitgliedstaaten, wie etwa die Vorschriften zur Gültigkeit, zum Zustandekommen oder zu den Rechtsfolgen eines Vertrags in Bezug auf ein Kind, unberührt.

Art. 9 Verarbeitung besonderer Kategorien personenbezogener Daten. (1) Die Verarbeitung personenbezogener Daten, aus denen die rassische und ethnische Herkunft, politische Meinungen, religiöse oder weltanschauliche Überzeugungen oder die Gewerkschaftszugehörigkeit hervorgehen, sowie die Verarbeitung von genetischen Daten, biometrischen Daten zur eindeutigen Identifizierung einer natürlichen Person, Gesundheitsdaten oder Daten zum Sexualleben oder der sexuellen Orientierung einer natürlichen Person ist untersagt.

(2) Absatz 1 gilt nicht in folgenden Fällen:

a) Die betroffene Person hat in die Verarbeitung der genannten personenbezogenen Daten für einen oder mehrere festgelegte Zwecke ausdrücklich eingewilligt, es sei denn, nach Unionsrecht oder dem Recht der Mitgliedstaaten kann das Verbot nach Absatz 1 durch die Einwilligung der betroffenen Person nicht aufgehoben werden,

b) die Verarbeitung ist erforderlich, damit der Verantwortliche oder die betroffene Person die ihm bzw. ihr aus dem Arbeitsrecht und dem Recht der sozialen Sicherheit und des Sozialschutzes erwachsenden Rechte ausüben und seinen bzw. ihren diesbezüglichen Pflichten nachkommen kann, soweit dies nach Unionsrecht oder dem Recht der Mitgliedstaaten oder einer Kollektivvereinbarung nach dem Recht der Mitgliedstaaten, das geeignete Garantien für die Grundrechte und die Interessen der betroffenen Person vorsieht, zulässig ist,

c) die Verarbeitung ist zum Schutz lebenswichtiger Interessen der betroffenen Person oder einer anderen natürlichen Person erforderlich und die betroffene Person ist aus körperlichen oder rechtlichen Gründen außerstande, ihre Einwilligung zu geben,

d) die Verarbeitung erfolgt auf der Grundlage geeigneter Garantien durch eine politisch, weltanschaulich, religiös oder gewerkschaftlich ausgerichtete Stiftung, Vereinigung oder sonstige Organisation ohne Gewinnerzielungsabsicht im Rahmen ihrer rechtmäßigen Tätigkeiten und unter der Voraussetzung, dass sich die Verarbeitung ausschließlich auf die Mitglieder oder ehemalige Mitglieder der Organisation oder auf Personen, die im Zusammenhang mit deren Tätigkeitszweck regelmäßige Kontakte mit ihr unterhalten, bezieht und die personenbezogenen Daten nicht ohne Einwilligung der betroffenen Personen nach außen offengelegt werden,

e) die Verarbeitung bezieht sich auf personenbezogene Daten, die die betroffene Person offensichtlich öffentlich gemacht hat,

f) die Verarbeitung ist zur Geltendmachung, Ausübung oder Verteidigung von Rechtsansprüchen oder bei Handlungen der Gerichte im Rahmen ihrer justiziellen Tätigkeit erforderlich,

g) die Verarbeitung ist auf der Grundlage des Unionsrechts oder des Rechts eines Mitgliedstaats, das in angemessenem Verhältnis zu dem verfolgten Ziel steht, den Wesensgehalt des Rechts auf Datenschutz wahrt und angemessene und spezifische Maßnahmen zur Wahrung der Grundrechte und Interessen der betroffenen Person vorsieht, aus Gründen eines erheblichen öffentlichen Interesses erforderlich,

h) die Verarbeitung ist für Zwecke der Gesundheitsvorsorge oder der Arbeitsmedizin, für die Beurteilung der Arbeitsfähigkeit des Beschäftigten, für die medizinische Diagnostik, die Versorgung oder Behandlung im Gesundheits- oder Sozialbereich oder für die Verwaltung von Systemen und Diensten im Gesundheits- oder Sozialbereich auf der Grundlage des Unionsrechts oder des Rechts eines Mitgliedstaats oder aufgrund eines Vertrags mit einem Angehörigen eines Gesundheitsberufs und vorbehaltlich der in Absatz 3 genannten Bedingungen und Garantien erforderlich,

i) die Verarbeitung ist aus Gründen des öffentlichen Interesses im Bereich der öffentlichen Gesundheit, wie dem Schutz vor schwerwiegenden grenzüberschreitenden Gesundheitsgefahren oder zur Gewährleistung hoher Qualitäts- und Sicherheitsstandards bei der Gesundheitsversorgung und bei Arzneimitteln und Medizinprodukten, auf der Grundlage des Unionsrechts oder des Rechts eines Mitgliedstaats, das angemessene und spezifische Maßnahmen zur Wahrung der Rechte und Freiheiten der betroffenen Person, insbesondere des Berufsgeheimnisses, vorsieht, erforderlich, oder

j) die Verarbeitung ist auf der Grundlage des Unionsrechts oder des Rechts eines Mitgliedstaats, das in angemessenem Verhältnis zu dem verfolgten Ziel steht, den Wesensgehalt des Rechts auf Datenschutz wahrt und angemessene und spezifische Maßnahmen zur Wahrung der Grundrechte und Interessen der betroffenen Person vorsieht, für im öffentlichen Interesse liegende Archivzwecke, für wissenschaftliche oder historische Forschungszwecke oder für statistische Zwecke gemäß Artikel 89 Absatz 1 erforderlich.

(3) Die in Absatz 1 genannten personenbezogenen Daten dürfen zu den in Absatz 2 Buchstabe h genannten Zwecken verarbeitet werden, wenn diese Daten von Fachpersonal oder unter dessen Verantwortung verarbeitet werden und dieses Fachpersonal nach dem Unionsrecht oder dem Recht eines Mitgliedstaats oder den Vorschriften nationaler zuständiger Stellen dem Berufsgeheimnis unterliegt, oder wenn die Verarbeitung durch eine andere Person erfolgt, die ebenfalls nach dem Unionsrecht oder dem Recht eines Mitgliedstaats oder den Vorschriften nationaler zuständiger Stellen einer Geheimhaltungspflicht unterliegt.

(4) Die Mitgliedstaaten können zusätzliche Bedingungen, einschließlich Beschränkungen, einführen oder aufrechterhalten, soweit die Verarbeitung von genetischen, biometrischen oder Gesundheitsdaten betroffen ist.

Art. 10 Verarbeitung von personenbezogenen Daten über strafrechtliche Verurteilungen und Straftaten. Die Verarbeitung personenbezogener Daten über strafrechtliche Verurteilungen und Straftaten oder damit zusammenhängende Sicherungsmaßregeln aufgrund von Artikel 6 Absatz 1 darf nur unter behördlicher Aufsicht vorgenommen werden oder wenn dies nach dem Unionsrecht oder dem Recht der Mitgliedstaaten, das geeignete Garantien für die Rechte und Freiheiten der betroffenen Personen vorsieht, zulässig ist. Ein umfassendes Register der strafrechtlichen Verurteilungen darf nur unter behördlicher Aufsicht geführt werden.

Art. 11 Verarbeitung, für die eine Identifizierung der betroffenen Person nicht erforderlich ist. (1) Ist für die Zwecke, für die ein Verantwortlicher personenbezogene Daten verarbeitet, die Identifizierung der betroffenen Person durch den Verantwortlichen nicht oder nicht mehr erforderlich, so ist dieser nicht verpflichtet, zur bloßen Einhaltung dieser Verordnung zusätzliche Informationen aufzubewahren, einzuholen oder zu verarbeiten, um die betroffene Person zu identifizieren.

(2) Kann der Verantwortliche in Fällen gemäß Absatz 1 des vorliegenden Artikels nachweisen, dass er nicht in der Lage ist, die betroffene Person zu identifizieren, so unterrichtet er die betroffene Person hierüber, sofern möglich. In diesen Fällen finden die Artikel 15 bis 20 keine Anwendung, es sei denn, die betroffene Person stellt zur Ausübung ihrer in diesen Artikeln niedergelegten Rechte zusätzliche Informationen bereit, die ihre Identifizierung ermöglichen.

Kapitel III. Rechte der betroffenen Person

Abschnitt 1. Transparenz und Modalitäten

Art. 12 Transparente Information, Kommunikation und Modalitäten für die Ausübung der Rechte der betroffenen Person. (1) Der Verantwortliche trifft geeignete Maßnahmen, um der betroffenen Person alle Informationen gemäß den Artikeln 13 und 14 und alle Mitteilungen gemäß den Artikeln 15 bis 22 und Artikel 34, die sich auf die Verarbeitung beziehen, in präziser, transparenter, verständlicher und leicht zugänglicher Form in einer klaren und einfachen Sprache zu übermitteln; dies gilt insbesondere für Informationen, die sich speziell an Kinder richten. Die Übermittlung der Informationen erfolgt schriftlich oder in anderer Form, gegebenenfalls auch elektronisch. Falls von der betroffenen Person verlangt, kann die Information mündlich erteilt werden, sofern die Identität der betroffenen Person in anderer Form nachgewiesen wurde.

(2) Der Verantwortliche erleichtert der betroffenen Person die Ausübung ihrer Rechte gemäß den Artikeln 15 bis 22. In den in Artikel 11 Absatz 2 genannten Fällen darf sich der Verantwortliche nur dann weigern, aufgrund des Antrags der betroffenen Person auf Wahrnehmung ihrer Rechte gemäß den Artikeln 15 bis 22 tätig zu werden, wenn er glaubhaft macht, dass er nicht in der Lage ist, die betroffene Person zu identifizieren.

(3) Der Verantwortliche stellt der betroffenen Person Informationen über die auf Antrag gemäß den Artikeln 15 bis 22 ergriffenen Maßnahmen unverzüglich, in jedem Fall aber innerhalb eines Monats nach Eingang des Antrags zur Verfügung. Diese Frist kann um weitere zwei Monate verlängert werden, wenn dies unter Berücksichtigung der Komplexität und der Anzahl von Anträgen erforderlich ist. Der Verantwortliche unterrichtet die betroffene Person innerhalb eines Monats nach Eingang des Antrags über eine Fristverlängerung, zusammen mit den Gründen für die Verzögerung. Stellt die betroffene Person den Antrag elektronisch, so ist sie nach Möglichkeit auf elektronischem Weg zu unterrichten, sofern sie nichts anderes angibt.

(4) Wird der Verantwortliche auf den Antrag der betroffenen Person hin nicht tätig, so unterrichtet er die betroffene Person ohne Verzögerung, spätestens aber innerhalb eines Monats nach Eingang des Antrags über die Gründe hierfür und über die Möglichkeit, bei einer Aufsichtsbehörde Beschwerde einzulegen oder einen gerichtlichen Rechtsbehelf einzulegen.

(5) Informationen gemäß den Artikeln 13 und 14 sowie alle Mitteilungen und Maßnahmen gemäß den Artikeln 15 bis 22 und Artikel 34 werden unentgeltlich zur Verfügung gestellt. Bei offenkundig unbegründeten oder – insbesondere im Fall von häufiger Wiederholung – exzessiven Anträgen einer betroffenen Person kann der Verantwortliche entweder

a) ein angemessenes Entgelt verlangen, bei dem die Verwaltungskosten für die Unterrichtung oder die Mitteilung oder die Durchführung der beantragten Maßnahme berücksichtigt werden, oder

b) sich weigern, aufgrund des Antrags tätig zu werden.

Der Verantwortliche hat den Nachweis für den offenkundig unbegründeten oder exzessiven Charakter des Antrags zu erbringen.

(6) Hat der Verantwortliche begründete Zweifel an der Identität der natürlichen Person, die den Antrag gemäß den Artikeln 15 bis 21 stellt, so kann er unbeschadet des Artikels 11 zusätzliche Informationen anfordern, die zur Bestätigung der Identität der betroffenen Person erforderlich sind.

(7) Die Informationen, die den betroffenen Personen gemäß den Artikeln 13 und 14 bereitzustellen sind, können in Kombination mit standardisierten Bildsymbolen bereitgestellt werden, um in leicht wahrnehmbarer, verständlicher und klar nachvollziehbarer Form einen aussagekräftigen Überblick über die beabsichtigte Verarbeitung zu vermitteln. Werden die Bildsymbole in elektronischer Form dargestellt, müssen sie maschinenlesbar sein.

(8) Der Kommission wird die Befugnis übertragen, gemäß Artikel 92 delegierte Rechtsakte zur Bestimmung der Informationen, die durch Bildsymbole darzustellen sind, und der Verfahren für die Bereitstellung standardisierter Bildsymbole zu erlassen.

Abschnitt 2. Informationspflicht und
Recht auf Auskunft zu personenbezogenen Daten

Art. 13 Informationspflicht bei Erhebung von personenbezogenen Daten bei der betroffenen Person. (1) Werden personenbezogene Daten bei der betroffenen Person erhoben, so teilt der Verantwortliche der betroffenen Person zum Zeitpunkt der Erhebung dieser Daten Folgendes mit:

a) den Namen und die Kontaktdaten des Verantwortlichen sowie gegebenenfalls seines Vertreters;

b) gegebenenfalls die Kontaktdaten des Datenschutzbeauftragten;

c) die Zwecke, für die die personenbezogenen Daten verarbeitet werden sollen, sowie die Rechtsgrundlage für die Verarbeitung;

d) wenn die Verarbeitung auf Artikel 6 Absatz 1 Buchstabe f beruht, die berechtigten Interessen, die von dem Verantwortlichen oder einem Dritten verfolgt werden;

e) gegebenenfalls die Empfänger oder Kategorien von Empfängern der personenbezogenen Daten und

f) gegebenenfalls die Absicht des Verantwortlichen, die personenbezogenen Daten an ein Drittland oder eine internationale Organisation zu übermitteln, sowie das Vorhandensein oder das Fehlen eines Angemessenheitsbeschlusses der Kommission oder im Falle von Übermittlungen gemäß Artikel 46 oder Artikel 47 oder Artikel 49 Absatz 1 Unterabsatz 2 einen Verweis auf die geeigneten oder angemessenen Garantien und die Möglichkeit, wie eine Kopie von ihnen zu erhalten ist, oder wo sie verfügbar sind.

(2) Zusätzlich zu den Informationen gemäß Absatz 1 stellt der Verantwortliche der betroffenen Person zum Zeitpunkt der Erhebung dieser Daten folgende weitere Informationen zur Verfügung, die notwendig sind, um eine faire und transparente Verarbeitung zu gewährleisten:

a) die Dauer, für die die personenbezogenen Daten gespeichert werden oder, falls dies nicht möglich ist, die Kriterien für die Festlegung dieser Dauer;

b) das Bestehen eines Rechts auf Auskunft seitens des Verantwortlichen über die betreffenden personenbezogenen Daten sowie auf Berichtigung oder Löschung oder auf Einschränkung der Verarbeitung oder eines Widerspruchsrechts gegen die Verarbeitung sowie des Rechts auf Datenübertragbarkeit;

c) wenn die Verarbeitung auf Artikel 6 Absatz 1 Buchstabe a oder Artikel 9 Absatz 2 Buchstabe a beruht, das Bestehen eines Rechts, die Einwilligung jederzeit zu widerrufen, ohne dass die Rechtmäßigkeit der aufgrund der Einwilligung bis zum Widerruf erfolgten Verarbeitung berührt wird;

d) das Bestehen eines Beschwerderechts bei einer Aufsichtsbehörde;

e) ob die Bereitstellung der personenbezogenen Daten gesetzlich oder vertraglich vorgeschrieben oder für einen Vertragsabschluss erforderlich ist, ob die betroffene Person verpflichtet ist, die personenbezogenen Daten bereitzustellen, und welche mögliche[1]) Folgen die Nichtbereitstellung hätte und

f) das Bestehen einer automatisierten Entscheidungsfindung einschließlich Profiling gemäß Artikel 22 Absätze 1 und 4 und – zumindest in diesen Fällen – aussagekräftige Informationen über die involvierte Logik sowie die Tragweite und die angestrebten Auswirkungen einer derartigen Verarbeitung für die betroffene Person.

(3) Beabsichtigt der Verantwortliche, die personenbezogenen Daten für einen anderen Zweck weiterzuverarbeiten als den, für den die personenbezogenen Daten erhoben wurden, so stellt er der betroffenen Person vor dieser Weiterverarbeitung Informationen über diesen anderen Zweck und alle anderen maßgeblichen Informationen gemäß Absatz 2 zur Verfügung.

(4) Die Absätze 1, 2 und 3 finden keine Anwendung, wenn und soweit die betroffene Person bereits über die Informationen verfügt.

---

[1]) Richtig wohl: „möglichen".

Art. 14 Informationspflicht, wenn die personenbezogenen Daten nicht bei der betroffenen Person erhoben wurden. (1) Werden personenbezogene Daten nicht bei der betroffenen Person erhoben, so teilt der Verantwortliche der betroffenen Person Folgendes mit:

a) den Namen und die Kontaktdaten des Verantwortlichen sowie gegebenenfalls seines Vertreters;

b) zusätzlich die Kontaktdaten des Datenschutzbeauftragten;

c) die Zwecke, für die die personenbezogenen Daten verarbeitet werden sollen, sowie die Rechtsgrundlage für die Verarbeitung;

d) die Kategorien personenbezogener Daten, die verarbeitet werden;

e) gegebenenfalls die Empfänger oder Kategorien von Empfängern der personenbezogenen Daten;

f) gegebenenfalls die Absicht des Verantwortlichen, die personenbezogenen Daten an einen Empfänger in einem Drittland oder einer internationalen Organisation zu übermitteln, sowie das Vorhandensein oder das Fehlen eines Angemessenheitsbeschlusses der Kommission oder im Falle von Übermittlungen gemäß Artikel 46 oder Artikel 47 oder Artikel 49 Absatz 1 Unterabsatz 2 einen Verweis auf die geeigneten oder angemessenen Garantien und die Möglichkeit, eine Kopie von ihnen zu erhalten, oder wo sie verfügbar sind.

(2) Zusätzlich zu den Informationen gemäß Absatz 1 stellt der Verantwortliche der betroffenen Person die folgenden Informationen zur Verfügung, die erforderlich sind, um der betroffenen Person gegenüber eine faire und transparente Verarbeitung zu gewährleisten:

a) die Dauer, für die die personenbezogenen Daten gespeichert werden oder, falls dies nicht möglich ist, die Kriterien für die Festlegung dieser Dauer;

b) wenn die Verarbeitung auf Artikel 6 Absatz 1 Buchstabe f beruht, die berechtigten Interessen, die von dem Verantwortlichen oder einem Dritten verfolgt werden;

c) das Bestehen eines Rechts auf Auskunft seitens des Verantwortlichen über die betreffenden personenbezogenen Daten sowie auf Berichtigung oder Löschung oder auf Einschränkung der Verarbeitung und eines Widerspruchsrechts gegen die Verarbeitung sowie des Rechts auf Datenübertragbarkeit;

d) wenn die Verarbeitung auf Artikel 6 Absatz 1 Buchstabe a oder Artikel 9 Absatz 2 Buchstabe a beruht, das Bestehen eines Rechts, die Einwilligung jederzeit zu widerrufen, ohne dass die Rechtmäßigkeit der aufgrund der Einwilligung bis zum Widerruf erfolgten Verarbeitung berührt wird;

e) das Bestehen eines Beschwerderechts bei einer Aufsichtsbehörde;

f) aus welcher Quelle die personenbezogenen Daten stammen und gegebenenfalls ob sie aus öffentlich zugänglichen Quellen stammen;

g) das Bestehen einer automatisierten Entscheidungsfindung einschließlich Profiling gemäß Artikel 22 Absätze 1 und 4 und – zumindest in diesen Fällen – aussagekräftige Informationen über die involvierte Logik sowie die Tragweite und die angestrebten Auswirkungen einer derartigen Verarbeitung für die betroffene Person.

(3) Der Verantwortliche erteilt die Informationen gemäß den Absätzen 1 und 2

a) unter Berücksichtigung der spezifischen Umstände der Verarbeitung der personenbezogenen Daten innerhalb einer angemessenen Frist nach Erlangung der personenbezogenen Daten, längstens jedoch innerhalb eines Monats,

b) falls die personenbezogenen Daten zur Kommunikation mit der betroffenen Person verwendet werden sollen, spätestens zum Zeitpunkt der ersten Mitteilung an sie, oder,

c) falls die Offenlegung an einen anderen Empfänger beabsichtigt ist, spätestens zum Zeitpunkt der ersten Offenlegung.

(4) Beabsichtigt der Verantwortliche, die personenbezogenen Daten für einen anderen Zweck weiterzuverarbeiten als den, für den die personenbezogenen Daten erlangt wurden, so stellt er der betroffenen Person vor dieser Weiterverarbeitung Informationen über diesen anderen Zweck und alle anderen maßgeblichen Informationen gemäß Absatz 2 zur Verfügung.

(5) Die Absätze 1 bis 4 finden keine Anwendung, wenn und soweit

a) die betroffene Person bereits über die Informationen verfügt,

b) die Erteilung dieser Informationen sich als unmöglich erweist oder einen unverhältnismäßigen Aufwand erfordern würde; dies gilt insbesondere für die Verarbeitung für im öffentlichen Interesse liegende Archivzwecke, für wissenschaftliche oder historische Forschungszwecke oder für statistische Zwecke vorbehaltlich der in Artikel 89 Absatz 1 genannten
Bedingungen und Garantien oder soweit die in Absatz 1 des vorliegenden Artikels genannte Pflicht voraussichtlich die Verwirklichung der Ziele dieser Verarbeitung unmöglich
macht oder ernsthaft beeinträchtigt. In diesen Fällen ergreift der Verantwortliche geeignete
Maßnahmen zum Schutz der Rechte und Freiheiten sowie der berechtigten Interessen der
betroffenen Person, einschließlich der Bereitstellung dieser Informationen für die Öffentlichkeit,

c) die Erlangung oder Offenlegung durch Rechtsvorschriften der Union oder der Mitgliedstaaten, denen der Verantwortliche unterliegt und die geeignete Maßnahmen zum
Schutz der berechtigten Interessen der betroffenen Person vorsehen, ausdrücklich geregelt
ist oder

d) die personenbezogenen Daten gemäß dem Unionsrecht oder dem Recht der Mitgliedstaaten dem Berufsgeheimnis, einschließlich einer satzungsmäßigen Geheimhaltungspflicht,
unterliegen und daher vertraulich behandelt werden müssen.

Art. 15 Auskunftsrecht der betroffenen Person. (1) Die betroffene Person hat das
Recht, von dem Verantwortlichen eine Bestätigung darüber zu verlangen, ob sie betreffende
personenbezogene Daten verarbeitet werden; ist dies der Fall, so hat sie ein Recht auf Auskunft über diese personenbezogenen Daten und auf folgende Informationen:

a) die Verarbeitungszwecke;

b) die Kategorien personenbezogener Daten, die verarbeitet werden;

c) die Empfänger oder Kategorien von Empfängern, gegenüber denen die personenbezogenen Daten offengelegt worden sind oder noch offengelegt werden, insbesondere bei Empfängern in Drittländern oder bei internationalen Organisationen;

d) falls möglich die geplante Dauer, für die die personenbezogenen Daten gespeichert werden, oder, falls dies nicht möglich ist, die Kriterien für die Festlegung dieser Dauer;

e) das Bestehen eines Rechts auf Berichtigung oder Löschung der sie betreffenden personenbezogenen Daten oder auf Einschränkung der Verarbeitung durch den Verantwortlichen
oder eines Widerspruchsrechts gegen diese Verarbeitung;

f) das Bestehen eines Beschwerderechts bei einer Aufsichtsbehörde;

g) wenn die personenbezogenen Daten nicht bei der betroffenen Person erhoben werden, alle
verfügbaren Informationen über die Herkunft der Daten;

h) das Bestehen einer automatisierten Entscheidungsfindung einschließlich Profiling gemäß
Artikel 22 Absätze 1 und 4 und – zumindest in diesen Fällen – aussagekräftige Informationen über die involvierte Logik sowie die Tragweite und die angestrebten Auswirkungen
einer derartigen Verarbeitung für die betroffene Person.

(2) Werden personenbezogene Daten an ein Drittland oder an eine internationale Organisation übermittelt, so hat die betroffene Person das Recht, über die geeigneten Garantien gemäß Artikel 46 im Zusammenhang mit der Übermittlung unterrichtet zu werden.

(3) Der Verantwortliche stellt eine Kopie der personenbezogenen Daten, die Gegenstand
der Verarbeitung sind, zur Verfügung. Für alle weiteren Kopien, die die betroffene Person
beantragt, kann der Verantwortliche ein angemessenes Entgelt auf der Grundlage der Verwaltungskosten verlangen. Stellt die betroffene Person den Antrag elektronisch, so sind die Informationen in einem gängigen elektronischen Format zur Verfügung zu stellen, sofern sie
nichts anderes angibt.

(4) Das Recht auf Erhalt einer Kopie gemäß Absatz 3 darf die Rechte und Freiheiten anderer Personen nicht beeinträchtigen.

Abschnitt 3. Berichtigung und Löschung

Art. 16 Recht auf Berichtigung. Die betroffene Person hat das Recht, von dem Verantwortlichen unverzüglich die Berichtigung sie betreffender unrichtiger personenbezogener Daten zu verlangen. Unter Berücksichtigung der Zwecke der Verarbeitung hat die betroffene Person das Recht, die Vervollständigung unvollständiger personenbezogener Daten – auch mittels einer ergänzenden Erklärung – zu verlangen.

Art. 17 Recht auf Löschung („Recht auf Vergessenwerden"). (1) Die betroffene Person hat das Recht, von dem Verantwortlichen zu verlangen, dass sie betreffende personenbezogene Daten unverzüglich gelöscht werden, und der Verantwortliche ist verpflichtet, personenbezogene Daten unverzüglich zu löschen, sofern einer der folgenden Gründe zutrifft:

a) Die personenbezogenen Daten sind für die Zwecke, für die sie erhoben oder auf sonstige Weise verarbeitet wurden, nicht mehr notwendig.

b) Die betroffene Person widerruft ihre Einwilligung, auf die sich die Verarbeitung gemäß Artikel 6 Absatz 1 Buchstabe a oder Artikel 9 Absatz 2 Buchstabe a stützte, und es fehlt an einer anderweitigen Rechtsgrundlage für die Verarbeitung.

c) Die betroffene Person legt gemäß Artikel 21 Absatz 1 Widerspruch gegen die Verarbeitung ein und es liegen keine vorrangigen berechtigten Gründe für die Verarbeitung vor, oder die betroffene Person legt gemäß Artikel 21 Absatz 2 Widerspruch gegen die Verarbeitung ein.

d) Die personenbezogenen Daten wurden unrechtmäßig verarbeitet.

e) Die Löschung der personenbezogenen Daten ist zur Erfüllung einer rechtlichen Verpflichtung nach dem Unionsrecht oder dem Recht der Mitgliedstaaten erforderlich, dem der Verantwortliche unterliegt.

f) Die personenbezogenen Daten wurden in Bezug auf angebotene Dienste der Informationsgesellschaft gemäß Artikel 8 Absatz 1 erhoben.

(2) Hat der Verantwortliche die personenbezogenen Daten öffentlich gemacht und ist er gemäß Absatz 1 zu deren Löschung verpflichtet, so trifft er unter Berücksichtigung der verfügbaren Technologie und der Implementierungskosten angemessene Maßnahmen, auch technischer Art, um für die Datenverarbeitung Verantwortliche, die die personenbezogenen Daten verarbeiten, darüber zu informieren, dass eine betroffene Person von ihnen die Löschung aller Links zu diesen personenbezogenen Daten oder von Kopien oder Replikationen dieser personenbezogenen Daten verlangt hat.

(3) Die Absätze 1 und 2 gelten nicht, soweit die Verarbeitung erforderlich ist

a) zur Ausübung des Rechts auf freie Meinungsäußerung und Information;

b) zur Erfüllung einer rechtlichen Verpflichtung, die die Verarbeitung nach dem Recht der Union oder der Mitgliedstaaten, dem der Verantwortliche unterliegt, erfordert, oder zur Wahrnehmung einer Aufgabe, die im öffentlichen Interesse liegt oder in Ausübung öffentlicher Gewalt erfolgt, die dem Verantwortlichen übertragen wurde;

c) aus Gründen des öffentlichen Interesses im Bereich der öffentlichen Gesundheit gemäß Artikel 9 Absatz 2 Buchstabe h und i sowie Artikel 9 Absatz 3;

d) für im öffentlichen Interesse liegende Archivzwecke, wissenschaftliche oder historische Forschungszwecke oder für statistische Zwecke gemäß Artikel 89 Absatz 1, soweit das in Absatz 1 genannte Recht voraussichtlich die Verwirklichung der Ziele dieser Verarbeitung unmöglich macht oder ernsthaft beeinträchtigt, oder

e) zur Geltendmachung, Ausübung oder Verteidigung von Rechtsansprüchen.

Art. 18 Recht auf Einschränkung der Verarbeitung. (1) Die betroffene Person hat das Recht, von dem Verantwortlichen die Einschränkung der Verarbeitung zu verlangen, wenn eine der folgenden Voraussetzungen gegeben ist:

a) die Richtigkeit der personenbezogenen Daten von der betroffenen Person bestritten wird, und zwar für eine Dauer, die es dem Verantwortlichen ermöglicht, die Richtigkeit der personenbezogenen Daten zu überprüfen,

b) die Verarbeitung unrechtmäßig ist und die betroffene Person die Löschung der personenbezogenen Daten ablehnt und stattdessen die Einschränkung der Nutzung der personenbezogenen Daten verlangt;[1)]

c) der Verantwortliche die personenbezogenen Daten für die Zwecke der Verarbeitung nicht länger benötigt, die betroffene Person sie jedoch zur Geltendmachung, Ausübung oder Verteidigung von Rechtsansprüchen benötigt, oder

d) die betroffene Person Widerspruch gegen die Verarbeitung gemäß Artikel 21 Absatz 1 eingelegt hat, solange noch nicht feststeht, ob die berechtigten Gründe des Verantwortlichen gegenüber denen der betroffenen Person überwiegen.

(2) Wurde die Verarbeitung gemäß Absatz 1 eingeschränkt, so dürfen diese personenbezogenen Daten – von ihrer Speicherung abgesehen – nur mit Einwilligung der betroffenen Person oder zur Geltendmachung, Ausübung oder Verteidigung von Rechtsansprüchen oder zum Schutz der Rechte einer anderen natürlichen oder juristischen Person oder aus Gründen eines wichtigen öffentlichen Interesses der Union oder eines Mitgliedstaats verarbeitet werden.

(3) Eine betroffene Person, die eine Einschränkung der Verarbeitung gemäß Absatz 1 erwirkt hat, wird von dem Verantwortlichen unterrichtet, bevor die Einschränkung aufgehoben wird.

Art. 19 Mitteilungspflicht im Zusammenhang mit der Berichtigung oder Löschung personenbezogener Daten oder der Einschränkung der Verarbeitung. Der Verantwortliche teilt allen Empfängern, denen personenbezogene Daten offengelegt wurden, jede Berichtigung oder Löschung der personenbezogenen Daten oder eine Einschränkung der Verarbeitung nach Artikel 16, Artikel 17 Absatz 1 und Artikel 18 mit, es sei denn, dies erweist sich als unmöglich oder ist mit einem unverhältnismäßigen Aufwand verbunden. Der Verantwortliche unterrichtet die betroffene Person über diese Empfänger, wenn die betroffene Person dies verlangt.

Art. 20 Recht auf Datenübertragbarkeit. (1) Die betroffene Person hat das Recht, die sie betreffenden personenbezogenen Daten, die sie einem Verantwortlichen bereitgestellt hat, in einem strukturierten, gängigen und maschinenlesbaren Format zu erhalten, und sie hat das Recht, diese Daten einem anderen Verantwortlichen ohne Behinderung durch den Verantwortlichen, dem die personenbezogenen Daten bereitgestellt wurden, zu übermitteln, sofern

a) die Verarbeitung auf einer Einwilligung gemäß Artikel 6 Absatz 1 Buchstabe a oder Artikel 9 Absatz 2 Buchstabe a oder auf einem Vertrag gemäß Artikel 6 Absatz 1 Buchstabe b beruht und

b) die Verarbeitung mithilfe automatisierter Verfahren erfolgt.

(2) Bei der Ausübung ihres Rechts auf Datenübertragbarkeit gemäß Absatz 1 hat die betroffene Person das Recht, zu erwirken, dass die personenbezogenen Daten direkt von einem Verantwortlichen einem anderen Verantwortlichen übermittelt werden, soweit dies technisch machbar ist.

(3) Die Ausübung des Rechts nach Absatz 1 des vorliegenden Artikels lässt Artikel 17 unberührt. Dieses Recht gilt nicht für eine Verarbeitung, die für die Wahrnehmung einer Aufgabe erforderlich ist, die im öffentlichen Interesse liegt oder in Ausübung öffentlicher Gewalt erfolgt, die dem Verantwortlichen übertragen wurde.

(4) Das Recht gemäß Absatz 1 darf die Rechte und Freiheiten anderer Personen nicht beeinträchtigen.

Abschnitt 4. Widerspruchsrecht und automatisierte Entscheidungsfindung im Einzelfall

Art. 21 Widerspruchsrecht. (1) Die betroffene Person hat das Recht, aus Gründen, die sich aus ihrer besonderen Situation ergeben, jederzeit gegen die Verarbeitung sie betreffender personenbezogener Daten, die aufgrund von Artikel 6 Absatz 1 Buchstaben e oder f erfolgt,

---

[1)] Zeichensetzung amtlich.

Widerspruch einzulegen; dies gilt auch für ein auf diese Bestimmungen gestütztes Profiling. Der Verantwortliche verarbeitet die personenbezogenen Daten nicht mehr, es sei denn, er kann zwingende schutzwürdige Gründe für die Verarbeitung nachweisen, die die Interessen, Rechte und Freiheiten der betroffenen Person überwiegen, oder die Verarbeitung dient der Geltendmachung, Ausübung oder Verteidigung von Rechtsansprüchen.

(2) Werden personenbezogene Daten verarbeitet, um Direktwerbung zu betreiben, so hat die betroffene Person das Recht, jederzeit Widerspruch gegen die Verarbeitung sie betreffender personenbezogener Daten zum Zwecke derartiger Werbung einzulegen; dies gilt auch für das Profiling, soweit es mit solcher Direktwerbung in Verbindung steht.

(3) Widerspricht die betroffene Person der Verarbeitung für Zwecke der Direktwerbung, so werden die personenbezogenen Daten nicht mehr für diese Zwecke verarbeitet.

(4) Die betroffene Person muss spätestens zum Zeitpunkt der ersten Kommunikation mit ihr ausdrücklich auf das in den Absätzen 1 und 2 genannte Recht hingewiesen werden; dieser Hinweis hat in einer verständlichen und von anderen Informationen getrennten Form zu erfolgen.

(5) Im Zusammenhang mit der Nutzung von Diensten der Informationsgesellschaft kann die betroffene Person ungeachtet der Richtlinie 2002/58/EG ihr Widerspruchsrecht mittels automatisierter Verfahren ausüben, bei denen technische Spezifikationen verwendet werden.

(6) Die betroffene Person hat das Recht, aus Gründen, die sich aus ihrer besonderen Situation ergeben, gegen die sie betreffende Verarbeitung sie betreffender personenbezogener Daten, die zu wissenschaftlichen oder historischen Forschungszwecken oder zu statistischen Zwecken gemäß Artikel 89 Absatz 1 erfolgt, Widerspruch einzulegen, es sei denn, die Verarbeitung ist zur Erfüllung einer im öffentlichen Interesse liegenden Aufgabe erforderlich.

800a. Einführungsgesetz zur Abgabenordnung (EGAO)

Vom 14. Dezember 1976
(BGBl. I S. 3341, ber. 1977 I S. 667)

Geändert durch Grunderwerbsteuergesetz 1983 vom 17.12.1982 (BGBl. I S. 1777), Steuerbereinigungsgesetz 1986 vom 19.12.1985 (BGBl. I S. 2436), Steuerreformgesetz 1990 vom 25.7.1988 (BGBl. I S. 1093), Haushaltsbegleitgesetz 1989 vom 20.12.1988 (BGBl. I S. 2262), Vereinsförderungsgesetz vom 18.12.1989 (BGBl. I S. 2212), Wohnungsbauförderungsgesetz vom 22.12.1989 (BGBl. I S. 2408), Einigungsvertrag vom 31.8.1990 (BGBl. II S. 889, 968), Steueränderungsgesetz 1991 vom 24.6.1991 (BGBl. I S. 1322), Steueränderungsgesetz 1992 vom 25.2.1992 (BGBl. I S. 297), Gesetz zur Umsetzung des Föderalen Konsolidierungsprogramms vom 23.6.1993 (BGBl. I S. 944), Standortsicherungsgesetz vom 13.9.1993 (BGBl. I S. 1569), Mißbrauchsbekämpfungs- und Steuerbereinigungsgesetz vom 21.12.1993 (BGBl. I S. 2310), Grenzpendlergesetz vom 24.6.1994 (BGBl. I S. 1395), Jahressteuergesetz 1996 vom 11.10.1995 (BGBl. I S. 1250), Jahressteuer-Ergänzungsgesetz 1996 vom 18.12.1995 (BGBl. I S. 1959), Jahressteuergesetz 1997 vom 20.12.1996 (BGBl. I S. 2049), 2. Zwangsvollstreckungsnovelle vom 17.12.1997 (BGBl. I S. 3039), Gesetz zur Datenermittlung für den Verteilungsschlüssel des Gemeindeanteils am Umsatzsteueraufkommen und zur Änderung steuerlicher Vorschriften vom 23.6.1998 (BGBl. I S. 1496), Steueränderungsgesetz 1998 vom 19.12.1998 (BGBl. I S. 3816), Gesetz zur Änderung des Einführungsgesetzes zur Insolvenzordnung vom 19.12.1998 (BGBl. I S. 3836), Zweites Euro-Einführungsgesetz vom 24.3.1999 (BGBl. I S. 385), Steuerbereinigungsgesetz 1999 vom 22.12.1999 (BGBl. I S. 2601), Gesetz zur weiteren steuerlichen Förderung von Stiftungen vom 14.7.2000 (BGBl. I S. 1034), Steuersenkungsgesetz vom 23.10.2000 (BGBl. I S. 1433), Steuer-Euroglättungsgesetz vom 19.12.2000 (BGBl. I S. 1790), Gesetz zur Änderung des Investitionszulagengesetzes 1999 vom 20.12.2000 (BGBl. I S. 1850), Steueränderungsgesetz 2001 vom 20.12.2001 (BGBl. I S. 3794), Steuervergünstigungsabbaugesetz vom 16.5.2003 (BGBl. I S. 660), Kleinunternehmerförderungsgesetz vom 31.7.2003 (BGBl. I S. 1550), Steueränderungsgesetz 2003 vom 15.12.2003 (BGBl. I S. 2645), Gesetz zur Förderung der Ausbildung und Beschäftigung schwerbehinderter Menschen vom 23.4.2004 (BGBl. I S. 606), Kostenrechtsmodernisierungsgesetz vom 5.5.2004 (BGBl. I S. 718), Gesetz zur Änderung der Abgabenordnung und weiterer Gesetze vom 21.7.2004 (BGBl. I S. 1753), EU-Richtlinien-Umsetzungsgesetz vom 9.12.2004 (BGBl. I S. 3310), Erstes Gesetz zum Abbau bürokratischer Hemmnisse insbesondere in der mittelständischen Wirtschaft vom 22.8.2006 (BGBl. I S. 1970), Jahressteuergesetz 2007 vom 13.12.2006 (BGBl. I S. 2878), Zweites Gesetz zum Abbau bürokratischer Hemmnisse insbesondere in der mittelständischen Wirtschaft vom 7.9.2007 (BGBl. I S. 2246), Gesetz zur weiteren Stärkung des bürgerschaftlichen Engagements vom 10.10.2007 (BGBl. I S. 2332), Jahressteuergesetz 2008 vom 20.12.2007 (BGBl. I S. 3150), Jahressteuergesetz 2009 vom 19.12.2008 (BGBl. I S. 2794), Steuerbürokratieabbaugesetz vom 20.12.2008 (BGBl. I S. 2850), Steuerhinterziehungsbekämpfungsgesetz vom 29.7.2009 (BGBl. I S. 2302), Jahressteuergesetz 2010 (JStG 2010) vom 8.12.2010 (BGBl. I S. 1768), Schwarzgeldbekämpfungsgesetz vom 28.4.2011 (BGBl. I S. 676), Steuervereinfachungsgesetz 2011 vom 1.11.2011 (BGBl. I S. 2131), Amtshilferichtlinie-Umsetzungsgesetz (AmtshilfeRLUmsG) vom 26.6.2013 (BGBl. I S. 1809), Gesetz zur Anpassung steuerlicher Regelungen an die Rechtsprechung des Bundesverfassungsgerichts vom 18.7.2014 (BGBl. I S. 1042), Gesetz zur Änderung der Abgabenordnung und des Einführungsgesetzes zur Abgabenordnung vom 22.12.2014 (BGBl. I S. 2415), Gesetz zur Anpassung der Abgabenordnung an den Zollkodex der Union und zur Änderung weiterer steuerlicher Vorschriften vom 22.12.2014 (BGBl. I S. 2417), Gesetz zur Entlastung insbesondere der mittelständischen Wirtschaft von Bürokratie (Bürokratieentlastungsgesetz) vom 28.7.2015 (BGBl. I S. 1400), Gesetz zur Modernisierung des Besteuerungsverfahrens vom

18.7.2016 (BGBl. I S. 1679), Gesetz zur Umsetzung der Änderungen der EU-Amtshilferichtlinie und von weiteren Maßnahmen gegen Gewinnkürzungen und -verlagerungen vom
20.12.2016 (BGBl. I S. 3000), Gesetz zum Schutz vor Manipulationen an digitalen Grundaufzeichnungen vom 22.12.2016 (BGBl. I S. 3152), Gesetz zur Bekämpfung der Steuerumgehung und zur Änderung weiterer steuerlicher Vorschriften (Steuerumgehungsbekämpfungsgesetz – StUmgBG) vom 23.6.2017 (BGBl. I S. 1682), Zweites Gesetz zur Entlastung
insbesondere der mittelständischen Wirtschaft von Bürokratie (Zweites Bürokratieentlastungsgesetz) vom 30.6.2017 (BGBl. I S. 2143), Gesetz zur Vermeidung von Umsatzsteuerausfällen
beim Handel mit Waren im Internet und zur Änderung weiterer steuerlicher Vorschriften
vom 11.12.2018 (BGBl. I S. 2338), Zweites Gesetz zur Anpassung des Datenschutzrechts an
die Verordnung (EU) 2016/679 und zur Umsetzung der Richtlinie (EU) 2016/680 (Zweites
Datenschutz-Anpassungs- und Umsetzungsgesetz EU – 2. DSAnpUG-EU) vom 20.11.
2019 (BGBl. I S. 1626), Drittes Gesetz zur Entlastung insbesondere der mittelständischen
Wirtschaft von Bürokratie (Drittes Bürokratieentlastungsgesetz) vom 22.11.2019 (BGBl. I
S. 1746), Gesetz zur Reform des Grundsteuer- und Bewertungsrechts (Grundsteuer-
Reformgesetz – GrStRefG) vom 26.11.2019 (BGBl. I S. 1794), Gesetz zur weiteren steuerli-
chen Förderung der Elektromobilität und zur Änderung weiterer steuerlicher Vorschriften
vom 12.12.2019 (BGBl. I S. 2451), Gesetz zur Einführung einer Pflicht zur Mitteilung
grenzüberschreitender Steuergestaltungen vom 21.12.2019 (BGBl. I S. 2875), Gesetz zur
Umsetzung steuerlicher Hilfsmaßnahmen zur Bewältigung der Corona-Krise (Corona-Steuerhilfegesetz) vom 19.6.2020 (BGBl. I S. 1385), Zweites Gesetz zur Umsetzung steuerlicher
Hilfsmaßnahmen zur Bewältigung der Corona-Krise (Zweites Corona-Steuerhilfegesetz) vom
29.6.2020 (BGBl. I S. 1512), Jahressteuergesetz 2020 vom 21.12.2020 (BGBl. I S. 3096),
Gesetz zur Verlängerung der Aussetzung der Insolvenzantragspflicht und des Anfechtungs-
schutzes für pandemiebedingte Stundungen sowie zur Verlängerung der Steuererklärungsfrist
in beratenen Fällen und der zinsfreien Karenzzeit für den Veranlagungszeitraum 2019 vom
15.2.2021 (BGBl. I S. 237), Gesetz zur Modernisierung der Entlastung von Abzugsteuern
und der Bescheinigung der Kapitalertragsteuer (Abzugsteuerentlastungsmodernisierungsgesetz
– AbzStEntModG) vom 2.6.2021 (BGBl. I S. 1259) und Gesetz zur Umsetzung der Anti-
Steuervermeidungsrichtlinie (ATAD-Umsetzungsgesetz – ATADUmsG) vom 25.6.2021
(BGBl. I S. 2035), Gesetz zur Abwehr von Steuervermeidung und unfairem Steuerwettbe-
werb und zur Änderung weiterer Gesetze vom 25.6.2021 (BGBl. I S. 2056), Viertes Gesetz
zur Umsetzung steuerlicher Hilfsmaßnahmen zur Bewältigung der Corona-Krise (Viertes
Corona-Steuerhilfegesetz) vom 19.6.2022 (BGBl. I S. 911), Zweites Gesetz zur Änderung der
Abgabenordnung und des Einführungsgesetzes zur Abgabenordnung vom 12.7.2022 (BGBl. I
S. 1142), Jahressteuergesetz 2022 (JStG 2022) vom 16.12.2022 (BGBl. I S. 2294) und Gesetz
zur Umsetzung der Richtlinie (EU) 2021/514 des Rates vom 22. März 2021 zur Änderung
der Richtlinie 2011/16/EU über die Zusammenarbeit der Verwaltungsbehörden im Bereich
der Besteuerung und zur Modernisierung des Steuerverfahrensrechts vom 20.12.2022
(BGBl. I S. 2730)

BGBl. III/FNA 610-1-4

– Auszug –

Der Bundestag hat mit Zustimmung des Bundesrates das folgende Gesetz
beschlossen:

Erster Abschnitt. Änderung
von Gesetzen auf dem Gebiet des Finanzwesens

Art. 1 bis **Art. 6** ......

**Art. 7 Hauptfeststellung der Einheitswerte der Mineralgewinnungs-
rechte.** (1) Für Mineralgewinnungsrechte findet die nächste Hauptfeststellung
der Einheitswerte auf den 1. Januar 1977 statt (Hauptfeststellung 1977).

(2) Die Einheitswerte für Mineralgewinnungsrechte, denen die Wertverhältnisse vom 1. Januar 1977 zugrunde liegen, sind erstmals anzuwenden bei der Feststellung von Einheitswerten der gewerblichen Betriebe auf den 1. Januar 1977 und bei der Festsetzung von Steuern, bei denen die Steuer nach dem 31. Dezember 1976 entsteht.

(3)[1] Die Absätze 1 und 2 sind letztmals anzuwenden für gesonderte Feststellungen auf den 1. Januar 2024.

Art. 8 bis **Art. 38** ......

Zweiter Abschnitt. Anpassung weiterer Bundesgesetze

Erster Titel. Änderung von Gesetzen auf dem Gebiet des Rechts der Verwaltung

Art. 39 bis **Art. 52** ......

Zweiter Titel. Änderung von Gesetzen auf dem Gebiet der Rechtspflege, des Zivilrechts und des Strafrechts

Art. 53 bis **Art. 57** ......

Dritter Titel. Änderung von Gesetzen auf dem Gebiet des Verteidigungsrechts

Art. 58 ......

Vierter Titel. Änderung von Gesetzen auf dem Gebiet des Wirtschaftsrechts

Art. 59 bis **Art. 81** ......

Fünfter Titel. Änderung von Gesetzen auf dem Gebiet des Arbeitsrechts, der Sozialversicherung und der Kriegsopferversorgung

Art. 82 bis **Art. 90** ......

Sechster Titel. Änderung von Gesetzen auf dem Gebiet des Post- und Fernmeldewesens sowie des Verkehrswesens

Art. 91 bis **Art. 94** ......

Siebenter Titel. Änderung anderer Gesetze

Art. 95 ......

---

[1] Art. 7 Abs. 3 angef. durch G v. 26.11.2019 (BGBl. I S. 1794).

Achter Titel. Außerkrafttreten von Vorschriften

Art. 96 ......

Dritter Abschnitt. Schlußvorschriften

Art. **97** Übergangsvorschriften

§ 1[1] **Begonnene Verfahren.** (1) Verfahren, die am 1. Januar 1977 anhängig sind, werden nach den Vorschriften der Abgabenordnung zu Ende geführt, soweit in den nachfolgenden Vorschriften nichts anderes bestimmt ist.

(2) [1]Durch das Steuerbereinigungsgesetz 1986 vom 19. Dezember 1985 (BGBl. I S. 2436) geänderte oder eingefügte Vorschriften sowie die auf diesen Vorschriften beruhenden Rechtsverordnungen sind auf alle bei Inkrafttreten[2] dieser Vorschriften anhängigen Verfahren anzuwenden, soweit nichts anderes bestimmt ist. [2]Soweit die Vorschriften die Bekanntgabe von schriftlichen Verwaltungsakten regeln, gelten sie für alle nach dem Inkrafttreten der Vorschriften zur Post gegebenen Verwaltungsakte.

(3) Die durch Artikel 15 des Steuerreformgesetzes 1990 vom 25. Juli 1988 (BGBl. I S. 1093) geänderten Vorschriften sind auf alle bei Inkrafttreten[3] dieser Vorschriften anhängigen Verfahren anzuwenden, soweit nichts anderes bestimmt ist.

(4)[4] Die durch Artikel 26 des Gesetzes vom 21. Dezember 1993 (BGBl. I S. 2310) geänderten Vorschriften sind auf alle bei Inkrafttreten[5] dieser Vorschriften anhängigen Verfahren anzuwenden, soweit nichts anderes bestimmt ist.

(5)[6] Die durch Artikel 26 des Gesetzes vom 11. Oktober 1995 (BGBl. I S. 1250) geänderten Vorschriften sind auf alle bei Inkrafttreten[7] dieser Vorschriften anhängigen Verfahren anzuwenden, soweit nichts anderes bestimmt ist.

(6)[8] Die durch Artikel 18 des Gesetzes vom 20. Dezember 1996 (BGBl. I S. 2049) geänderten Vorschriften sind auf alle bei Inkrafttreten[9] dieser Vorschriften anhängigen Verfahren anzuwenden, soweit nichts anderes bestimmt ist.

(7)[10] Die durch Artikel 17 des Gesetzes vom 22. Dezember 1999 (BGBl. I S. 2601) geänderten Vorschriften sind auf alle bei Inkrafttreten[11] des Gesetzes anhängigen Verfahren anzuwenden, soweit nichts anderes bestimmt ist.

---

[1] Art. 97 § 1 Abs. 2 angef. durch G v. 19.12.1985 (BGBl. I S. 2436), Abs. 3 angef. durch G v. 25.7.1988 (BGBl. I S. 1093).
[2] In Kraft ab 25.12.1985.
[3] In Kraft ab 3.8.1988.
[4] Art. 97 § 1 Abs. 4 angef. durch G v. 21.12.1993 (BGBl. I S. 2310).
[5] In Kraft ab 30.12.1993.
[6] Art. 97 § 1 Abs. 5 angef. durch G v. 11.10.1995 (BGBl. I S. 1250).
[7] In Kraft ab 21.10.1995.
[8] Art. 97 § 1 Abs. 6 angef. durch G v. 20.12.1996 (BGBl. I S. 2049).
[9] In Kraft ab 28.12.1996.
[10] Art. 97 § 1 Abs. 7 angef. durch G v. 22.12.1999 (BGBl. I S. 2601).
[11] In Kraft ab 30.12.1999.

(8)¹⁾ Die durch Artikel 23 des Gesetzes vom 19. Dezember 2000 (BGBl. I S. 1790) geänderten Vorschriften sind auf alle bei Inkrafttreten²⁾ des Gesetzes anhängigen Verfahren anzuwenden, soweit nichts anderes bestimmt ist.

(9)³⁾ ¹Rechtsverordnungen auf Grund des § 2 Absatz 2 der Abgabenordnung in der Fassung des Artikels 9 des Gesetzes vom 8. Dezember 2010 (BGBl. I S. 1768) können mit Wirkung für den Veranlagungszeitraum 2010 erlassen werden, sofern die dem Bundesrat zugeleitete Rechtsverordnung vor dem 1. Januar 2011 als Bundesratsdrucksache veröffentlicht worden ist. ²Rechtsverordnungen, die dem Bundesrat nach diesem Zeitpunkt zugeleitet werden, können bestimmen, dass sie ab dem Zeitpunkt der Bekanntgabe der in § 2 Absatz 2 der Abgabenordnung genannten und nach dem 31. Dezember 2010 geschlossenen Konsultationsvereinbarung im Bundessteuerblatt gelten.

(10)⁴⁾ ¹Die durch Artikel 3 des Gesetzes vom 18. Juli 2014 (BGBl. I S. 1042) geänderten Vorschriften sind auf alle am 24. Juli 2014⁵⁾ anhängigen Verfahren anzuwenden, soweit nichts anderes bestimmt ist. ²§ 122 Absatz 7 Satz 1 und § 183 Absatz 4 in der Fassung des Artikels 3 des Gesetzes vom 18. Juli 2014 (BGBl. I S. 1042) gelten für alle nach dem 23. Juli 2014⁶⁾ erlassenen Verwaltungsakte. ³§ 15 und § 263 in der Fassung des Artikels 3 des Gesetzes vom 18. Juli 2014 (BGBl. I S. 1042) sind ab dem 24. Juli 2014⁷⁾ anzuwenden.

(11)⁸⁾ Durch das Gesetz vom 18. Juli 2016 (BGBl. I S. 1679) geänderte oder eingefügte Vorschriften der Abgabenordnung sind auf alle bei Inkrafttreten dieser Vorschriften anhängigen Verfahren anzuwenden, soweit nichts anderes bestimmt ist.

(12)⁹⁾ ¹Die durch das Gesetz vom 23. Juni 2017 (BGBl. I S. 1682) geänderten oder eingefügten Vorschriften der Abgabenordnung sind auf alle am 25. Juni 2017 anhängigen Verfahren anzuwenden, soweit nichts anderes bestimmt ist. ²§ 30a der Abgabenordnung in der am 24. Juni 2017 geltenden Fassung ist ab dem 25. Juni 2017 auch auf Sachverhalte, die vor diesem Zeitpunkt verwirklicht worden sind, nicht mehr anzuwenden.

(13)¹⁰⁾ Die durch Artikel 21 des Gesetzes vom 12. Dezember 2019 (BGBl. I S. 2451) geänderten Vorschriften der Abgabenordnung sind auf alle am 18. Dezember 2019 anhängigen Verfahren anzuwenden, soweit nichts anderes bestimmt ist.

(14)¹¹⁾ ¹§ 93a Absatz 1 Satz 1 Nummer 1 Buchstabe a, Absatz 2 Satz 2 und Absatz 4 der Abgabenordnung in der Fassung des Artikels 27 des Gesetzes vom 21. Dezember 2020 (BGBl. I S. 3096) ist vorbehaltlich des Satzes 2 erst-

---

¹⁾ Art. 97 § 1 Abs. 8 angef. durch G v. 19.12.2000 (BGBl. I S. 1790).
²⁾ In Kraft ab 1.1.2002.
³⁾ Art. 97 § 1 Abs. 9 angef. durch G v. 8.12.2010 (BGBl. I S. 1768).
⁴⁾ Art. 97 § 1 Abs. 10 angef. durch G v. 18.7.2014 (BGBl. I S. 1042).
⁵⁾ Tag nach der Verkündung des G v. 18.7.2014.
⁶⁾ Art. 97 § 1 Abs. 9 angef. durch G v. 8.12.2010 (BGBl. I S. 1768).
⁷⁾ Tag nach der Verkündung des G v. 18.7.2014.
⁸⁾ Art. 97 § 1 Abs. 11 angef. durch G v. 18.7.2016 (BGBl. I S. 1679).
⁹⁾ Art. 97 § 1 Abs. 12 angef. durch G v. 23.6.2017 (BGBl. I S. 1682).
¹⁰⁾ Art. 97 § 1 Abs. 13 angef. durch G v. 12.12.2019 (BGBl. I S. 2451).
¹¹⁾ Art. 97 § 1 Abs. 14 angef. durch G v. 21.12.2020 (BGBl. I S. 3096).

mals für nach dem 31. Dezember 2020 verwirklichte Sachverhalte anzuwenden. ²§ 93a Absatz 1 Satz 1 Nummer 1 Buchstabe a, Absatz 2 Satz 2 und Absatz 4 der Abgabenordnung in der Fassung des Artikels 27 des Gesetzes vom 21. Dezember 2020 (BGBl. I S. 3096) ist für im Kalenderjahr 2020 verwirklichte Sachverhalte anzuwenden, soweit eine Mitteilungspflicht nach der Mitteilungsverordnung nach dem 1. Januar 2020 begründet wurde. ³§ 93a Absatz 1 Satz 1 Nummer 1 Buchstabe e der Abgabenordnung in der Fassung des Artikels 27 des Gesetzes vom 21. Dezember 2020 (BGBl. I S. 3096) ist ab dem 1. Januar 2021 anzuwenden.

§ 1a¹) Steuerlich unschädliche Betätigungen. (1) § 58 Nr. 1 der Abgabenordnung in der Fassung des Artikels 1 des Gesetzes vom 21. Juli 2004 (BGBl. I S. 1753) ist ab dem 1. Januar 2001 anzuwenden.

(2) Die Vorschrift des § 58 Nr. 10 der Abgabenordnung über steuerlich unschädliche Betätigungen in der Fassung des Artikels 26 des Gesetzes vom 21. Dezember 1993 (BGBl. I S. 2310) ist erstmals ab dem 1. Januar 1993 anzuwenden.

(3) § 55 Abs. 1 Nr. 5, § 58 Nr. 7 Buchstabe a, Nr. 11 und 12 der Abgabenordnung in der Fassung des Gesetzes vom 14. Juli 2000 (BGBl. I S. 1034) sind ab dem 1. Januar 2000 anzuwenden.

§ 1b²) Steuerpflichtige wirtschaftliche Geschäftsbetriebe. § 64 Abs. 6 der Abgabenordnung in der Fassung des Artikels 5 des Gesetzes vom 20. Dezember 2000 (BGBl. I S. 1850) ist ab dem 1. Januar 2000 anzuwenden.

§ 1c³)·⁴) Krankenhäuser. (1) § 67 Abs. 1 der Abgabenordnung in der Fassung des Steuerbereinigungsgesetzes 1986 ist ab dem 1. Januar 1986 anzuwenden.

(2) ¹§ 67 Abs. 1 der Abgabenordnung in der Fassung des Gesetzes vom 20. Dezember 1996 (BGBl. I S. 2049) ist ab dem 1. Januar 1996 anzuwenden. ²Für Krankenhäuser, die mit Wirkung zum 1. Januar 1995 Fallpauschalen und Sonderentgelte nach § 11 Abs. 1 und 2 der Bundespflegesatzverordnung vom 26. September 1994 (BGBl. I S. 2750) angewandt haben, ist § 67 Abs. 1 der Abgabenordnung in der Fassung des in Satz 1 bezeichneten Gesetzes ab dem 1. Januar 1995 anzuwenden.

(3) § 67 der Abgabenordnung in der Fassung des Artikels 10 des Gesetzes vom 13. Dezember 2006 (BGBl. I S. 2878) st ab dem 1. Januar 2003 anzuwenden.

---

¹⁾ Art. 97 § 1a eingef. durch G v. 19.12.1985 (BGBl. I S. 2436), Abs. 2 angef. durch G v. 21.12.1993 (BGBl. I S. 2310), Abs. 3 angef. durch G v. 14.7.2000 (BGBl. I S. 1034), Abs. 1 neu gef. durch G v. 21.7.2004 (BGBl. I S. 1753).
²⁾ Art. 97 § 1b eingef. durch G v. 20.12.2000 (BGBl. I S. 1850).
³⁾ Art. 97 § 1b eingef. durch G v. 19.12.1985 (BGBl. I S. 2436) und neu gef. durch G v. 20.12.1996 (BGBl. I S. 2049), bish. § 1b wird § 1c durch G v. 20.12.2000 (BGBl. I S. 1850).
⁴⁾ Art. 97 § 1c Abs. 2 Satz 2 geänd., Abs. 3 angef. durch G v. 13.12.2006 (BGBl. I S. 2878).

§ 1d[1) Steuerbegünstigte Zwecke. (1) Die §§ 52, 58, 61, 64 und 67a der Abgabenordnung in der Fassung des Artikels 5 des Gesetzes vom 10. Oktober 2007 (BGBl. I S. 2332) sind ab 1. Januar 2007 anzuwenden.

(2) § 51 der Abgabenordnung in der Fassung des Artikels 10 des Gesetzes vom 19. Dezember 2008 (BGBl. I S. 2794) ist ab dem 1. Januar 2009 anzuwenden.

(3)[2) 1 § 55 Absatz 3 der Abgabenordnung in der Fassung des Artikels 9 des Gesetzes vom 8. Dezember 2010 (BGBl. I S. 1768) ist ab dem 1. Januar 2011 anzuwenden. 2 § 55 Absatz 1 Nummer 4 Satz 2 und § 58 Nummer 1 bis 4 der Abgabenordnung in der Fassung des Artikels 9 des Gesetzes vom 8. Dezember 2010 (BGBl. I S. 1768) sind auch für vor diesem Zeitraum beginnende Veranlagungszeiträume anzuwenden, soweit Steuerfestsetzungen noch nicht bestandskräftig sind oder unter dem Vorbehalt der Nachprüfung stehen.

§ 1e[3) Zweckbetriebe. (1) 1 § 68 *Abs. 6*[4) der Abgabenordnung in der Fassung des Artikels 5 des Gesetzes vom 20. Dezember 2000 (BGBl. I S. 1850) ist mit Wirkung vom 1. Januar 2000 anzuwenden. 2 Die Vorschrift ist auch für vor diesem Zeitraum beginnende Veranlagungszeiträume anzuwenden, soweit Steuerfestsetzungen noch nicht bestandskräftig sind oder unter dem Vorbehalt der Nachprüfung stehen.

(2) 1 Die Vorschrift des § 68 Nr. 9 der Abgabenordnung über die Zweckbetriebseigenschaft von Forschungseinrichtungen ist ab dem 1. Januar 1997 anzuwenden. 2 Sie ist auch für vor diesem Zeitpunkt beginnende Kalenderjahre anzuwenden, soweit Steuerfestsetzungen noch nicht bestandskräftig sind oder unter dem Vorbehalt der Nachprüfung stehen.

(3) 1 § 68 Nr. 3 der Abgabenordnung in der Fassung des Artikels 1a des Gesetzes vom 23. April 2004 (BGBl. I S. 606) ist ab dem 1. Januar 2003 anzuwenden. 2 § 68 Nr. 3 Buchstabe c der Abgabenordnung ist auch für vor diesem Zeitraum beginnende Veranlagungszeiträume anzuwenden, soweit Steuerfestsetzungen noch nicht bestandskräftig sind oder unter dem Vorbehalt der Nachprüfung stehen.

§ 1f[5) Satzung. (1) 1 § 62 der Abgabenordnung in der Fassung des Artikels 10 des Gesetzes vom 13. Dezember 2006 (BGBl. I S. 2878) gilt für alle staatlich beaufsichtigten Stiftungen, die nach dem Inkrafttreten[6) dieses Gesetzes errichtet werden. 2 § 62 der Abgabenordnung in der am 31. Dezember 2008 geltenden Fassung ist letztmals anzuwenden auf Betriebe gewerblicher Art von Kör-

---

[1) Art. 97 § 1d eingef. durch G v. 18.12.1989 (BGBl. I S. 2212), neu gef. durch G v. 10.10.2007 (BGBl. I S. 2332), Abs. 2 angef. durch G v. 19.12.2008 (BGBl. I S. 2794).
[2) Art. 97 § 1d Abs. 3 angef. durch G v. 8.12.2010 (BGBl. I S. 1768).
[3) Art. 97 § 1e eingef. durch G v. 20.12.1996 (BGBl. I S. 2049), Abs. 1 eingef., bish. Wortlaut wird Abs. 2 durch G v. 20.12.2000 (BGBl. I S. 1850), Abs. 3 angef. durch G v. 23.4.2004 (BGBl. I S. 606).
[4) Muss lauten „Nr. 6".
[5) Art. 97 § 1f eingef. durch G v. 13.12.2006 (BGBl. I S. 2878), Abs. 1 Satz 2 und Abs. 2 angef. durch G v. 19.12.2008 (BGBl. I S. 2794).
[6) In Kraft ab 19.12.2006.

perschaften des öffentlichen Rechts, bei den von einer Körperschaft des öffentlichen Rechts verwalteten unselbständigen Stiftungen und bei geistlichen Genossenschaften (Orden, Kongregationen), die vor dem 1. Januar 2009 errichtet wurden.

(2) § 60 Abs. 1 Satz 2 der Abgabenordnung in der Fassung des Artikels 10 des Gesetzes vom 19. Dezember 2008 (BGBl. I S. 2794) ist auf Körperschaften, die nach dem 31. Dezember 2008 gegründet werden, sowie auf Satzungsänderungen bestehender Körperschaften, die nach dem 31. Dezember 2008 wirksam werden, anzuwenden.

§ 2 Fristen. ¹Fristen, deren Lauf vor dem 1. Januar 1977 begonnen hat, werden nach den bisherigen Vorschriften berechnet, soweit in den nachfolgenden Vorschriften nichts anderes bestimmt ist. ²Dies gilt auch in den Fällen, in denen der Lauf einer Frist nur deshalb nicht vor dem 1. Januar 1977 begonnen hat, weil der Beginn der Frist nach § 84 der Reichsabgabenordnung hinausgeschoben worden ist.

§ 3¹⁾ Grunderwerbsteuer, Feuerschutzsteuer. (1) ¹Die Abgabenordnung und die Übergangsvorschriften dieses Artikels gelten auch für die Grunderwerbsteuer und die Feuerschutzsteuer; abweichende landesrechtliche Vorschriften bleiben unberührt. ²Soweit die Grunderwerbsteuer nicht von Landesfinanzbehörden verwaltet wird, gilt § 1 Abs. 2 der Abgabenordnung sinngemäß.

(2) *(aufgehoben)*

§ 4²⁾ Mitteilungsverordnung. § 7 Abs. 2 Satz 1 der Mitteilungsverordnung vom 7. September 1993 (BGBl. I S. 1554) in der Fassung des Artikels 25 des Gesetzes vom 19. Dezember 2000 (BGBl. I S. 1790) ist erstmals auf im Kalenderjahr 2002 geleistete Zahlungen anzuwenden.

§ 5³⁾ Zeitpunkt der Einführung des steuerlichen Identifikationsmerkmals.³⁾
¹Das Bundesministerium der Finanzen bestimmt durch Rechtsverordnung mit Zustimmung des Bundesrates den Zeitpunkt der Einführung des Identifikationsmerkmals nach § 139a Abs. 1 der Abgabenordnung. ²Die Festlegung der Zeitpunkte für die ausschließliche Verwendung des Identifikationsmerkmals im Bereich der Einfuhr- und Ausfuhrabgaben sowie der Verbrauchsteuern bedarf nicht der Zustimmung des Bundesrates.

§ 5a⁴⁾ Identifikationsnummer. ¹§ 139b Absatz 8 der Abgabenordnung in der Fassung des Artikels 26 des Gesetzes vom 16. Dezember 2022 (BGBl. I S. 2294) ist ab dem Tag anzuwenden, an dem das Bundesministerium des Innern und für Heimat nach Artikel 22 Satz 3 des Gesetzes vom 28. März 2021

---

¹⁾ Art. 97 § 3 Abs. 2 aufgeh. durch G v. 17.12.1982 (BGBl. I S. 1777).
²⁾ Art. 97 § 4 eingef. durch G v. 19.12.2000 (BGBl. I S. 1790).
³⁾ Art. 97 § 5 eingef. durch G. v. 15.12.2003 (BGBl. I S. 2645), Satz 1 geänd. durch G v. 13.12.2006 (BGBl. I S. 2878).
⁴⁾ Art. 97 § 5a eingef. durch G v. 16.12.2022 (BGBl. I S. 2294).

(BGBl. I S. 591) im Bundesgesetzblatt bekannt gibt, dass die technischen Voraussetzungen für die Verarbeitung der Identifikationsnummer nach Artikel 3 des Gesetzes vom 28. März 2021 (BGBl. I S. 591) vorliegen. [2]Für Identifikationsnummern nach § 139b der Abgabenordnung, die vom Bundeszentralamt für Steuern vor diesem Tag bereits zugeteilt wurden und für die durch die Meldebehörden vergebenen vorläufigen Bearbeitungsmerkmale wird das Datum nach § 139b Absatz 6 Satz 1 Nummer 11 der Abgabenordnung dem Bundeszentralamt für Steuern von den Meldebehörden im Rahmen einer Bestandsdatenlieferung einmalig mitgeteilt.

§ 6[1] Zahlungszeitpunkt bei Scheckzahlung. § 224 Abs. 2 Nr. 1 der Abgabenordnung in der Fassung des Artikels 10 des Gesetzes vom 13. Dezember 2006 (BGBl. I S. 2878) gilt erstmals, wenn ein Scheck nach dem 31. Dezember 2006 bei der Finanzbehörde eingegangen ist.

§ 7[2] Missbrauch von rechtlichen Gestaltungsmöglichkeiten. [1]§ 42 der Abgabenordnung in der Fassung des Artikels 14 des Gesetzes vom 20. Dezember 2007 (BGBl. I S. 3150) ist ab dem 1. Januar 2008 für Kalenderjahre, die nach dem 31. Dezember 2007 beginnen, anzuwenden. [2]Für Kalenderjahre, die vor dem 1. Januar 2008 liegen, ist § 42 der Abgabenordnung in der am 28. Dezember 2007 geltenden Fassung weiterhin anzuwenden.

§ 8[3] Verspätungszuschlag. (1) [1]Die Vorschriften des § 152 der Abgabenordnung über Verspätungszuschläge sind erstmals auf Steuererklärungen anzuwenden, die nach dem 31. Dezember 1976 einzureichen sind; eine Verlängerung der Steuererklärungsfrist ist hierbei nicht zu berücksichtigen. [2]Im übrigen gilt § 168 Abs. 2 der Reichsabgabenordnung mit der Maßgabe, daß ein nach dem 31. Dezember 1976 festgesetzter Verspätungszuschlag höchstens zehntausend Deutsche Mark betragen darf.

(2) § 152 Abs. 2 Satz 1 der Abgabenordnung in der Fassung des Artikels 17 des Gesetzes vom 22. Dezember 1999 (BGBl. I S. 2601) ist erstmals auf Steuererklärungen anzuwenden, die nach dem 31. Dezember 1999 einzureichen sind; eine Verlängerung der Steuererklärungsfrist ist hierbei nicht zu berücksichtigen.

(3) § 152 Abs. 2 Satz 1 der Abgabenordnung in der Fassung des Artikels 23 des Gesetzes vom 19. Dezember 2000 (BGBl. I S. 1790) ist erstmals auf Steuererklärungen anzuwenden, die Steuern betreffen, die nach dem 31. Dezember 2001 entstehen.

(4) [1]§ 152 der Abgabenordnung in der am 1. Januar 2017 geltenden Fassung ist vorbehaltlich des Satzes 4 erstmals auf Steuererklärungen anzuwenden, die nach dem 31. Dezember 2018 einzureichen sind. [2]Eine Verlängerung der

---

[1] Art. 97 § 6 eingef. durch G v. 13.12.2006 (BGBl. I S. 2878).
[2] Art. 97 § 7 eingef. durch G v. 20.12.2007 (BGBl. I S. 3150).
[3] Art. 97 § 8 Abs. 2 angef. durch G v. 22.12.1999 (BGBl. I S. 2601), Abs. 3 angef. durch G v. 19.12.2000 (BGBl. I S. 1790); Abs. 4 angef. durch G v. 18.7.2016 (BGBl. I S. 1679); Abs. 5 angef. mWv 1.1.2022 durch G v. 26.11.2019 (BGBl. I S. 1794); ber. durch G v. 16.12.2022 (BGBl. I S. 2294); Abs. 5 angef. durch G v. 21.12.2020 (BGBl. I S. 3096).

Steuererklärungsfrist ist hierbei nicht zu berücksichtigen. ³§ 152 der Abgabenordnung in der am 31. Dezember 2016 geltenden Fassung ist weiterhin anzuwenden auf

1. Steuererklärungen, die vor dem 1. Januar 2019 einzureichen sind, und
2. Umsatzsteuererklärungen für den kürzeren Besteuerungszeitraum nach § 18 Absatz 3 Satz 1 und 2 des Umsatzsteuergesetzes, wenn die gewerbliche oder berufliche Tätigkeit im Laufe des Kalenderjahres 2018 endet.

⁴Das Bundesministerium der Finanzen wird ermächtigt, mit Zustimmung des Bundesrates durch Rechtsverordnung einen abweichenden erstmaligen Anwendungszeitpunkt zu bestimmen, wenn bis zum 30. Juni 2018 erkennbar ist, dass die technischen oder organisatorischen Voraussetzungen für eine Anwendung des § 152 der Abgabenordnung in der am 1. Januar 2017 geltenden Fassung noch nicht erfüllt sind.

(5) ¹§ 152 Absatz 3 Nummer 4 und Absatz 8 Satz 1 der Abgabenordnung in der am 29. Dezember 2020 geltenden Fassung ist auf Versicherung- und Feuerschutzsteuer erstmals anzuwenden, soweit diese nach dem 31. Dezember 2020 anzumelden ist. ²Hinsichtlich anderer Steuern ist § 152 Absatz 3 Nummer 4 und Absatz 8 Satz 1 der Abgabenordnung in der am 29. Dezember 2020 geltenden Fassung in allen offenen Fällen anzuwenden.

(6) § 152 Absatz 2 der Abgabenordnung ist nicht auf Steuererklärungen zur gesonderten Feststellung des Grundsteuerwerts auf den 1. Januar 2022 anzuwenden.

§ 9[1) **Aufhebung und Änderung von Verwaltungsakten.** (1) ¹Die Vorschriften der Abgabenordnung über die Aufhebung und Änderung von Verwaltungsakten sind erstmals anzuwenden, wenn nach dem 31. Dezember 1976 ein Verwaltungsakt aufgehoben oder geändert wird. ²Dies gilt auch dann, wenn der aufzuhebende oder zu ändernde Verwaltungsakt vor dem 1. Januar 1977 erlassen worden ist. ³Auf vorläufige Steuerbescheide nach § 100 Abs. 1 der Reichsabgabenordnung ist § 165 Abs. 2 der Abgabenordnung, auf Steuerbescheide nach § 100 Abs. 2 der Reichsabgabenordnung und § 28 des Erbschaftsteuergesetzes in der vor dem 1. Januar 1974 geltenden Fassung ist § 164 Abs. 2 und 3 der Abgabenordnung anzuwenden.

(2) § 173 Abs. 1 der Abgabenordnung in der Fassung des Steuerbereinigungsgesetzes 1986 vom 19. Dezember 1985 (BGBl. I S. 2436) gilt weiter, soweit Tatsachen oder Beweismittel vor dem 1. Januar 1994 nachträglich bekannt geworden sind.

(3) ¹§ 175 Abs. 2 Satz 2 der Abgabenordnung in der Fassung des Artikels 8 des Gesetzes vom 9. Dezember 2004 (BGBl. I S. 3310) ist erstmals anzuwenden, wenn die Bescheinigung oder Bestätigung nach dem 28. Oktober 2004 vorgelegt oder erteilt wird. ²§ 175 Abs. 2 Satz 2 der Abgabenordnung in der

---

1) Art. 97 § 9 Abs. 2 angef. durch G v. 21.12.1993 (BGBl. I S. 2310), Abs. 3 angef. durch G v. 9.12.2004 (BGBl. I S. 3310); Abs. 4 angef. durch G v. 18.7.2016 (BGBl. I S. 1679); Abs. 5 angef. durch G v. 11.12.2018 (BGBl. I S. 2338).

in Satz 1 genannten Fassung ist nicht für die Bescheinigung der anrechenbaren Körperschaftsteuer bei verdeckten Gewinnausschüttungen anzuwenden.

(4) § 173a der Abgabenordnung in der am 1. Januar 2017 geltenden Fassung ist erstmals auf Verwaltungsakte anzuwenden, die nach dem 31. Dezember 2016 erlassen worden sind.

(5) Wurde eine Lebenspartnerschaft bis zum 31. Dezember 2019 gemäß § 20a des Lebenspartnerschaftsgesetzes in eine Ehe umgewandelt, sind § 175 Absatz 1 Satz 1 Nummer 2 und Satz 2 sowie § 233a Absatz 2a der Abgabenordnung entsprechend anzuwenden, soweit die Ehegatten bis zum 31. Dezember 2020 den Erlass, die Aufhebung oder Änderung eines Steuerbescheids zur nachträglichen Berücksichtigung an eine Ehe anknüpfender und bislang nicht berücksichtigter Rechtsfolgen beantragt haben.

§ 9a[1]) Absehen von Steuerfestsetzung, Abrundung. (1) [1]Die Vorschriften der Kleinbetragsverordnung vom 10. Dezember 1980 (BGBl. I S. 2255) in der Fassung des Artikels 26 des Gesetzes vom 19. Dezember 2000 (BGBl. I S. 1790) sind auf Steuern anzuwenden, die nach dem 31. Dezember 2001 entstehen. [2]Im Übrigen bleiben die Vorschriften der Kleinbetragsverordnung in der bis zum 31. Dezember 2001 geltenden Fassung vorbehaltlich des Absatzes 2 weiter anwendbar.

(2) § 8 Abs. 1 Satz 1 der Kleinbetragsverordnung vom 10. Dezember 1980 (BGBl. I S. 2255) in der bis zum 31. Dezember 2001 geltenden Fassung ist auf Zinsen letztmals anzuwenden, wenn die Zinsen vor dem 1. Januar 2002 festgesetzt werden.

(3) [1]Die Vorschriften der Kleinbetragsverordnung vom 19. Dezember 2000 (BGBl. I S. 1790, 1805) in der am 1. Januar 2017 geltenden Fassung sind auf Steuern anzuwenden, die nach dem 31. Dezember 2016 entstehen. [2]Für Steuern, die vor dem 1. Januar 2017 entstehen, sind die Vorschriften der Kleinbetragsverordnung in der am 31. Dezember 2016 geltenden Fassung weiter anzuwenden.

§ 10[2]) Festsetzungsverjährung. (1) [1]Die Vorschriften der Abgabenordnung über die Festsetzungsverjährung gelten erstmals für die Festsetzung sowie für die Aufhebung und Änderung der Festsetzung von Steuern, Steuervergütungen und – soweit für steuerliche Nebenleistungen eine Festsetzungsverjährung vorgesehen ist – von steuerlichen Nebenleistungen, die nach dem 31. Dezember 1976 entstehen. [2]Für vorher entstandene Ansprüche gelten die Vorschriften der Reichsabgabenordnung über die Verjährung und über die Ausschlußfristen weiter, soweit sie für die Festsetzung einer Steuer, Steuervergütung

---

[1]) Art. 97 § 9a eingef. durch G v. 19.12.2000 (BGBl. I S. 1790); Abs. 3 angef. durch G v. 18.7.2016 (BGBl. I S. 1679).
[2]) Art. 97 § 10 Abs. 3 und 4 angef. durch G v. 19.12.1985 (BGBl. I S. 2436), Abs. 5 angef. durch G v. 21.12.1993 (BGBl. I S. 2310), Abs. 6 angef. durch G v. 11.10.1995 (BGBl. I S. 1250), Abs. 7 angef. durch G v. 20.12.1996 (BGBl. I S. 2049), Abs. 8 angef. durch G v. 23.6.1998 (BGBl. I S. 1496), Abs. 6 aufgeh. und Abs. 9 angef. durch G v. 22.12.1999 (BGBl. I S. 2601); Abs. 14 angef. durch G v. 18.7.2016 (BGBl. I S. 1679).

oder steuerlichen Nebenleistung, für die Aufhebung oder Änderung einer solchen Festsetzung oder für die Geltendmachung von Erstattungsansprüchen von Bedeutung sind; § 14 Abs. 2 dieses Artikels bleibt unberührt.

(2)[1] [1]Absatz 1 gilt sinngemäß für die gesonderte Feststellung von Besteuerungsgrundlagen sowie für die Festsetzung, Zerlegung und Zuteilung von Steuermeßbeträgen. [2]Bei der Einheitsbewertung tritt an die Stelle des Zeitpunkts der Entstehung des Steueranspruchs der Zeitpunkt, auf den die Hauptfeststellung, die Fortschreibung, die Nachfeststellung oder die Aufhebung eines Einheitswertes vorzunehmen ist. [3]Satz 2 ist letztmals anzuwenden für gesonderte Feststellungen auf den 1. Januar 2024.

(3) Wenn die Schlußbesprechung oder die letzten Ermittlungen vor dem 1. Januar 1987 stattgefunden haben, beginnt der nach § 171 Abs. 4 Satz 3 der Abgabenordnung zu berechnende Zeitraum am 1. Januar 1987.

(4) Die Vorschrift des § 171 Abs. 14 der Abgabenordnung gilt für alle bei Inkrafttreten des Steuerbereinigungsgesetzes 1986 noch nicht abgelaufenen Festsetzungsfristen.

(5) § 170 Abs. 2 Satz 1 Nr. 1, Abs. 3 und 4, § 171 Abs. 3 Satz 1 und Abs. 8 Satz 2, § 175[5]a Satz 2, § 181 Abs. 1 Satz 3 und Abs. 3 sowie § 239 Abs. 1 der Abgabenordnung in der Fassung des Artikels 26 des Gesetzes vom 21. Dezember 1993 (BGBl. I S. 2310) gelten für alle bei Inkrafttreten dieses Gesetzes noch nicht abgelaufenen Festsetzungsfristen.

(6) *(aufgehoben)*

(7) § 171 Abs. 10 der Abgabenordnung in der Fassung des Gesetzes vom 20. Dezember 1996 (BGBl. I S. 2049) gilt für alle bei Inkrafttreten dieses Gesetzes noch nicht abgelaufenen Festsetzungsfristen.

(8) § 171 Abs. 10 Satz 2 der Abgabenordnung in der Fassung des Artikels 5 des Gesetzes vom 23. Juni 1998 (BGBl. I S. 1496) gilt für alle bei Inkrafttreten dieses Gesetzes noch nicht abgelaufenen Festsetzungsfristen.

(9) § 170 Abs. 2 Satz 2 und § 171 Abs. 3 und 3a der Abgabenordnung in der Fassung des Artikels 17 des Gesetzes vom 22. Dezember 1999 (BGBl. I S. 2601) gelten für alle bei Inkrafttreten dieses Gesetzes noch nicht abgelaufenen Festsetzungsfristen.

(10)[2] § 170 Absatz 2 Satz 2 der Abgabenordnung in der Fassung des Artikels 9 des Gesetzes vom 8. Dezember 2010 (BGBl. I S. 1768) gilt für die Energiesteuer auf Erdgas für alle am 14. Dezember 2010 noch nicht abgelaufenen Festsetzungsfristen.

(11)[3] § 171 Absatz 15 der Abgabenordnung in der Fassung des Artikels 11 des Gesetzes vom 26. Juni 2013 (BGBl. I S. 1809) gilt für alle am 30. Juni 2013 noch nicht abgelaufenen Festsetzungsfristen.

---

[1] Art. 97 § 10 Abs. 2 Satz 3 angef. durch G v. 26.11.2019 (BGBl. I S. 1794).
[2] Art. 97 § 10 Abs. 10 angef. durch G v. 8.12.2010 (BGBl. I S. 1768); Abs. 11 angef. durch G v. 26.6.2013 (BGBl. I S. 1809).
[3] Art. 97 § 10 Abs. 11 angef. durch G v. 26.6.2013 (BGBl. I S. 1809).

(12)[1]) § 171 Absatz 10 Satz 2 der Abgabenordnung in der Fassung des Artikels 1 des Gesetzes vom 22. Dezember 2014 (BGBl. I S. 2417) gilt für alle am 31. Dezember 2014 noch nicht abgelaufenen Festsetzungsfristen.

(13)[2]) § 170 Absatz 6 der Abgabenordnung in der Fassung des Artikels 1 des Gesetzes vom 22. Dezember 2014 (BGBl. I S. 2415) gilt für alle nach dem 31. Dezember 2014 beginnenden Festsetzungsfristen.

(14) § 171 Absatz 2 Satz 2 und Absatz 10 Satz 1 bis 3 der Abgabenordnung in der am 1. Januar 2017 geltenden Fassung gilt für alle am 31. Dezember 2016 noch nicht abgelaufenen Festsetzungsfristen.

(15)[3]) § 170 Absatz 7 der Abgabenordnung in der am 25. Juni 2017 geltenden Fassung gilt für alle nach dem 31. Dezember 2017 beginnenden Festsetzungsfristen.

§ 10a[4]) Erklärungspflicht. (1) § 150 Absatz 7 der Abgabenordnung in der Fassung des Artikels 3 des Gesetzes vom 1. November 2011 (BGBl. I S. 2131) ist erstmals für Besteuerungszeiträume anzuwenden, die nach dem 31. Dezember 2010 beginnen.

(2) § 181 Abs. 2a der Abgabenordnung in der Fassung des Artikels 10 des Gesetzes vom 20. Dezember 2008 (BGBl. I S. 2850) ist erstmals für Feststellungszeiträume anzuwenden, die nach dem 31. Dezember 2010 beginnen.

(3) § 149 Absatz 2 Satz 2 der Abgabenordnung in der Fassung des Artikels 3 des Gesetzes vom 1. November 2011 (BGBl. I S. 2131) ist erstmals für Besteuerungszeiträume anzuwenden, die nach dem 31. Dezember 2009 beginnen.

(4) ¹Die §§ 109 und 149 der Abgabenordnung in der am 1. Januar 2017 geltenden Fassung sind erstmals anzuwenden für Besteuerungszeiträume, die nach dem 31. Dezember 2017 beginnen, und Besteuerungszeitpunkte, die nach dem 31. Dezember 2017 liegen. ²§ 150 Absatz 7 der Abgabenordnung in der am 1. Januar 2017 geltenden Fassung ist erstmals anzuwenden für Besteuerungszeiträume, die nach dem 31. Dezember 2016 beginnen, und Besteuerungszeitpunkte, die nach dem 31. Dezember 2016 liegen. ³§ 8 Absatz 4 Satz 3 und 4 ist entsprechend anzuwenden.

(5)[5]) § 150 Absatz 7 Satz 2 der Abgabenordnung in der am 21. Dezember 2022 geltenden Fassung ist auf Steuererklärungen anzuwenden, die nach dem 21. Dezember 2022 abgegeben werden.

§ 10b[6]) Gesonderte Feststellungen. ¹§ 180 Abs. 1 Nr. 2 Buchstabe a, Abs. 4 und Abs. 5 der Abgabenordnung in der Fassung des Artikels 26 des Gesetzes

---

¹) Art. 97 § 10 Abs. 12 angef. durch G v. 22.12.2014 (BGBl. I S. 2417).
²) Art. 97 § 10 Abs. 13 angef. durch G v. 22.12.2014 (BGBl. I S. 2415).
³) Art. 97 § 10 Abs. 15 angef. durch G v. 23.6.2017 (BGBl. I S. 1682).
⁴) Art. 97 § 10a neu gef. durch G v. 20.12.2008 (BGBl. I S. 2850); Abs. 1 geänd., Abs. 3 angef. durch G v. 1.11.2011 (BGBl. I S. 2131); Abs. 4 angef. durch G v. 18.7.2016 (BGBl. I S. 1679); Abs. 4 Satz 3 neu gef. durch G v. 23.6.2017 (BGBl. I S. 1682).
⁵) Art. 97 § 10a Abs. 5 angef. durch G v. 16.12.2022 (BGBl. I S. 2294).
⁶) Art. 97 § 10b eingef. durch G v. 21.12.1993 (BGBl. I S. 2310); Satz 2 angef. durch G v. 22.12.2014 (BGBl. I S. 2417); Satz 3 angef. durch G v. 26.11.2019 (BGBl. I S. 1794).

vom 21. Dezember 1993 (BGBl. I S. 2310) ist erstmals auf Feststellungszeiträume anzuwenden, die nach dem 31. Dezember 1994 beginnen. ²§ 180 Absatz 1 Satz 2 der Abgabenordnung in der Fassung des Artikels 1 des Gesetzes
vom 22. Dezember 2014 (BGBl. I S. 2417) ist erstmals auf Feststellungszeiträume anzuwenden, die nach dem 31. Dezember 2014 beginnen. ³§ 180 Absatz 1 Satz 1 Nummer 1, § 183 Absatz 3 Satz 1 und 2 und Absatz 4, § 182
Absatz 2 Satz 1 und § 183 Absatz 4 der Abgabenordnung in der am 1. Januar
2025 geltenden Fassung sind erstmals auf Feststellungszeitpunkte nach dem
31. Dezember 2024 anzuwenden.

**§ 10c¹⁾ Billigkeitsmaßnahmen bei der Festsetzung des Gewerbesteuer-
messbetrags.** § 184 Absatz 2 der Abgabenordnung in der Fassung des Artikels 1 des Gesetzes vom 22. Dezember 2014 (BGBl. I S. 2417) ist auch für
nach dem 31. Dezember 2014 getroffene Maßnahmen nach § 163 Absatz 1
Satz 1 der Abgabenordnung anzuwenden, die Besteuerungszeiträume betreffen, die vor dem 1. Januar 2015 abgelaufen sind.

§ 11²⁾ Haftung. (1) Die Vorschriften der §§ 69 bis 76 und 191 Abs. 3 bis 5
der Abgabenordnung sind anzuwenden, wenn der haftungsbegründende Tatbestand nach dem 31. Dezember 1976 verwirklicht worden ist.

(2) Die Vorschriften der Abgabenordnung über die Haftung sind in der Fassung des Steuerbereinigungsgesetzes 1986 anzuwenden, wenn der haftungsbegründende Tatbestand nach dem 31. Dezember 1986 verwirklicht worden ist.

(3) § 71 der Abgabenordnung in der am 1. Januar 2017 geltenden Fassung
ist erstmals anzuwenden, wenn der haftungsbegründende Tatbestand nach
dem 31. Dezember 2016 verwirklicht worden ist.

(4) ¹§ 73 der Abgabenordnung in der am 18. Dezember 2019 geltenden
Fassung ist erstmals anzuwenden, wenn der haftungsbegründende Tatbestand
nach dem 17. Dezember 2019 verwirklicht worden ist. ²Haftungsbegrün-
dender Tatbestand im Sinne des Satzes 1 ist die Entstehung der Steuerschuld
oder des Anspruchs auf Erstattung einer Steuervergütung.

§ 11a³⁾ Insolvenzverfahren. ¹In einem Insolvenzverfahren, das nach dem
31. Dezember 1998 beantragt wird, gelten § 75 Abs. 2, § 171 Abs. 12 und
13, § 231 Abs. 1 Satz 1 und Abs. 2 Satz 1, § 251 Abs. 2 Satz 1 und Abs. 3,
§§ 266, 282 Abs. 2 und § 284 Abs. 2 Satz 1 der Abgabenordnung in der Fassung des Artikels 9 des Gesetzes vom 19. Dezember 1998 (BGBl. I S. 3836)
sowie § 251 Abs. 2 Satz 2 der Abgabenordnung in der Fassung des Artikels 17
des Gesetzes vom 22. Dezember 1999 (BGBl. I S. 2601) auch für Rechtsverhältnisse und Rechte, die vor dem 1. Januar 1999 begründet worden sind.

---

¹⁾ Art. 97 § 10c eingef. durch G v. 22.12.2014 (BGBl. I S. 2417); geänd. durch G v.
18.7.2016 (BGBl. I S. 1679).
²⁾ Art. 97 § 11 Abs. 2 angef. durch G v. 19.12.1985 (BGBl. I S. 2436); Abs. 3 angef. durch
G v. 18.7.2016 (BGBl. I S. 1679); Abs. 4 angef. durch G v. 12.12.2019 (BGBl. I S. 2451);
Abs. 4 Satz 2 angef., bish. Text wird Satz 1 durch G v. 21.12.2020 (BGBl. I S. 3096).
³⁾ Art. 97 § 11a eingef. durch G v. 19.12.1998 (BGBl. I S. 3836), Satz 1 neu gef. durch G v.
22.12.1999 (BGBl. I S. 2601).

² Auf Konkurs-, Vergleichs- und Gesamtvollstreckungsverfahren, die vor dem 1. Januar 1999 beantragt worden sind, und deren Wirkungen sind weiter die bisherigen gesetzlichen Vorschriften anzuwenden; gleiches gilt für Anschlußkonkursverfahren, bei denen der dem Verfahren vorausgehende Vergleichsantrag vor dem 1. Januar 1999 gestellt worden ist.

§ 11b¹⁾ Anfechtung außerhalb des Insolvenzverfahrens. ¹ § 191 Abs. 1 Satz 2 der Abgabenordnung in der Fassung des Artikels 17 des Gesetzes vom 22. Dezember 1999 (BGBl. I S. 2601) ist mit Wirkung vom 1. Januar 1999 anzuwenden. ² § 20 Abs. 2 Satz 2 des Anfechtungsgesetzes vom 5. Oktober 1994 (BGBl. I S. 2911) ist mit der Maßgabe anzuwenden, dass der Erlass eines Duldungsbescheides vor dem 1. Januar 1999 der gerichtlichen Geltendmachung vor dem 1. Januar 1999 gleichsteht.

§ 12 Verbindliche Zusagen auf Grund einer Außenprüfung. Die Vorschriften der Abgabenordnung über verbindliche Zusagen auf Grund einer Außenprüfung (§§ 204 bis 207) sind anzuwenden, wenn die Schlußbesprechung nach dem 31. Dezember 1976 stattfindet oder, falls eine solche nicht erforderlich ist, wenn dem Steuerpflichtigen der Prüfungsbericht nach dem 31. Dezember 1976 zugegangen ist.

§ 13 Sicherungsgeld. ¹ Die Vorschriften des § 203 der Reichsabgabenordnung sind auch nach dem 31. Dezember 1976 anzuwenden, soweit die dort genannten besonderen Bedingungen vor dem 1. Januar 1977 nicht eingehalten wurden. ² Auf die Verwaltungsakte, die ein Sicherungsgeld festsetzen, ist § 100 Abs. 2 der Finanzgerichtsordnung nicht anzuwenden.

§ 13a²⁾ Änderung widerstreitender Abrechnungsbescheide und Anrechnungsverfügungen. § 218 Absatz 3 der Abgabenordnung in der Fassung des Artikels 1 des Gesetzes vom 22. Dezember 2014 (BGBl. I S. 2417) gilt ab dem 31. Dezember 2014 auch für Abrechnungsbescheide und Anrechnungsverfügungen, die vor dem 31. Dezember 2014 erlassen worden sind.

§ 14³⁾ Zahlungsverjährung. (1) Die Vorschriften der Abgabenordnung über die Zahlungsverjährung gelten für alle Ansprüche im Sinne des § 228 Satz 1 der Abgabenordnung, deren Verjährung nach § 229 der Abgabenordnung nach dem 31. Dezember 1976 beginnt.

(2) ¹ Liegen die Voraussetzungen des Absatzes 1 nicht vor, so gelten für die Ansprüche weiterhin die bisherigen Vorschriften über Verjährung und Ausschlußfristen. ² Die Verjährung wird jedoch ab 1. Januar 1977 nur noch nach den §§ 230 und 231 der Abgabenordnung gehemmt und unterbrochen. ³ Auf die nach § 321 Abs. 3 der Abgabenordnung beginnende neue Verjährungsfrist sind die §§ 228 bis 232 der Abgabenordnung anzuwenden.

---

¹⁾ Art. 97 § 11b eingef. durch G v. 22.12.1999 (BGBl. I S. 2601).
²⁾ Art. 97 § 13a eingef. durch G v. 22.12.2014 (BGBl. I S. 2417).
³⁾ Art. 97 § 14 Abs. 3 angef. durch G v. 21.12.1993 (BGBl. I S. 2310); Abs. 4 angef. durch G v. 22.12.1999 (BGBl. I S. 2601); Abs. 5 angef. durch G v. 23.6.2017 (BGBl. I S. 1682).

(3) § 229 Abs. 1 Satz 2 der Abgabenordnung in der Fassung des Artikels 26 des Gesetzes vom 21. Dezember 1993 (BGBl. I S. 2310) gilt für alle bei Inkrafttreten[1] dieses Gesetzes noch nicht abgelaufenen Verjährungsfristen.

(4) § 231 Abs. 1 Satz 1 und Abs. 2 Satz 1 der Abgabenordnung in der Fassung des Artikels 17 des Gesetzes vom 22. Dezember 1999 (BGBl. I S. 2601) gilt für alle bei Inkrafttreten[2] dieses Gesetzes noch nicht abgelaufenen Verjährungsfristen.

(5) § 228 Satz 2 sowie § 231 Absatz 1 Satz 1 und Absatz 2 Satz 1 der Abgabenordnung in der am 25. Juni 2017 geltenden Fassung gelten für alle am 24. Juni 2017 noch nicht abgelaufenen Verjährungsfristen.

(6)[3] Die §§ 229 und 230 der Abgabenordnung in der am 21. Dezember 2022 geltenden Fassung gelten für alle am 21. Dezember 2022 noch nicht abgelaufenen Verjährungsfristen.

§ 15[4] Zinsen. (1) [1]Zinsen entstehen für die Zeit nach dem 31. Dezember 1976 nach den Vorschriften der Abgabenordnung. [2]Aussetzungszinsen entstehen nach § 237 der Abgabenordnung in der Fassung des Steuerbereinigungsgesetzes 1986 auch, soweit der Zinslauf vor dem 1. Januar 1987 begonnen hat.

(2) Ist eine Steuer über den 31. Dezember 1976 hinaus zinslos gestundet worden, so gilt dies als Verzicht auf Zinsen im Sinne des § 234 Abs. 2 der Abgabenordnung.

(3) Die Vorschriften des § 239 Abs. 1 der Abgabenordnung über die Festsetzungsfrist gelten in allen Fällen, in denen die Festsetzungsfrist auf Grund dieser Vorschrift nach dem 31. Dezember 1977 beginnt.

(4) Die Vorschriften der §§ 233a, 235, 236 und 239 der Abgabenordnung in der Fassung von Artikel 15 Nr. 3 bis 5 und 7 des Steuerreformgesetzes 1990 vom 25. Juli 1988 (BGBl. I S. 1093) und Artikel 9 des Wohnungsbauförderungsgesetzes vom 22. Dezember 1989 (BGBl. I S. 2408) gelten für alle Steuern, die nach dem 31. Dezember 1988 entstehen.

(5) § 233a Abs. 2 Satz 3 der Abgabenordnung in der Fassung des Artikels 4 Nr. 1 des Gesetzes vom 24. Juni 1994 (BGBl. I S. 1395) gilt in allen Fällen, in denen Zinsen nach dem 31. Dezember 1993 festgesetzt werden.

(6) § 233a Abs. 5 und §§ 234 bis 237 der Abgabenordnung in der Fassung des Artikels 26 des Gesetzes vom 21. Dezember 1993 (BGBl. I S. 2310) gelten in allen Fällen, in denen die Steuerfestsetzung nach Inkrafttreten[5] dieses Ge-

---

[1] In Kraft ab 30.12.1993.
[2] In Kraft ab 30.12.1999.
[3] Art. 97 § 14 Abs. 6 angef. durch G v. 16.12.2022 (BGBl. I S. 2294).
[4] Art. 97 § 15 Abs. 1 Satz 2 angef. durch G v. 19.12.1985 (BGBl. I S. 2436), Abs. 4 angef. durch G v. 25.7.1988 (BGBl. I S. 1093), geänd. durch G v. 20.12.1988 (BGBl. I S. 2262) und v. 22.12.1989 (BGBl. I S. 2408), Abs. 5 und 6 angef. durch G v. 21.12.1993 (BGBl. I S. 2310), Abs. 5 neugef. durch G v 24.6.1994 (BGBl. I S. 1395), Abs. 7 angef. durch G v. 11.10.1995 (BGBl. I S. 1250), Abs. 8 angef. durch G v. 20.12.1996 (BGBl. I S. 2049), Abs. 7 aufgeh. und Abs. 9 angef. durch G v. 22.12.1999 (BGBl. I S. 2601), Abs. 10 angef. durch G v. 19.12.2000 (BGBl. I S. 1790); Abs. 12 angef. durch G v. 18.7.2016 (BGBl. I S. 1679).
[5] In Kraft ab 30.12.1993.

setzes aufgehoben, geändert oder nach § 129 der Abgabenordnung berichtigt wird.

(7) *(aufgehoben)*

(8) § 233a Abs. 2a der Abgabenordnung in der Fassung des Gesetzes vom 20. Dezember 1996 (BGBl. I S. 2049) gilt in allen Fällen, in denen der Verlust nach dem 31. Dezember 1995 entstanden oder das rückwirkende Ereignis nach dem 31. Dezember 1995 eingetreten ist.

(9) § 233a Abs. 2 Satz 3 der Abgabenordnung in der Fassung des Artikels 17 des Gesetzes vom 22. Dezember 1999 (BGBl. I S. 2601) gilt für alle Steuern, die nach dem 31. Dezember 1993 entstehen.

(10) § 238 Abs. 2 und § 239 Abs. 2 der Abgabenordnung in der Fassung des Artikels 23 Nr. 7 und 8 des Gesetzes vom 19. Dezember 2000 (BGBl. I S. 1790) gilt in allen Fällen, in denen Zinsen nach dem 31. Dezember 2001 festgesetzt werden.

(11)[1] § 233a Absatz 2 Satz 2 der Abgabenordnung in der Fassung des Artikels 3 des Gesetzes vom 1. November 2011 (BGBl. I S. 2131) gilt für alle Steuern, die nach dem 31. Dezember 2009 entstehen.

(12) [1] § 239 Absatz 3 der Abgabenordnung in der am 1. Januar 2017 geltenden Fassung ist erstmals auf Feststellungszeiträume anzuwenden, die nach dem 31. Dezember 2016 beginnen. [2] § 239 Absatz 4 der Abgabenordnung in der am 1. Januar 2017 geltenden Fassung ist erstmals auf Zinsbescheide anzuwenden, die nach dem 31. Dezember 2016 erlassen worden sind.

(13)[2] Die §§ 233 und 233a Absatz 2 Satz 2 zweiter Halbsatz, Absatz 3 Satz 4 und Absatz 5 Satz 4 der Abgabenordnung in der Fassung des Artikels 1 des Gesetzes vom 12. Juli 2022 (BGBl. I S. 1142) gelten in allen Fällen, in denen Zinsen nach dem 21. Juli 2022 festgesetzt werden.

(14)[2] [1] § 233a Absatz 8, § 238 Absatz 1a bis 1c und § 239 Absatz 5 der Abgabenordnung in der Fassung des Artikels 1 des Gesetzes vom 12. Juli 2022 (BGBl. I S. 1142) sind vorbehaltlich des § 176 Absatz 1 Satz 1 Nummer 1 der Abgabenordnung und des Absatzes 16 in allen am 21. Juli 2022[3] anhängigen Verfahren anzuwenden. [2] Bei Anwendung des § 233a Absatz 5 Satz 3 zweiter Halbsatz der Abgabenordnung ist für die Minderung von Nachzahlungszinsen der Zinssatz maßgeblich, der bei der ursprünglichen Festsetzung der Nachzahlungszinsen zugrunde gelegt wurde. [3] § 176 Absatz 1 Satz 1 Nummer 1 der Abgabenordnung ist dabei mit der Maßgabe anzuwenden, dass die Zinsen, die sich aufgrund der Neuberechnung bisher festgesetzter Zinsen nach den Sätzen 1 und 2 ergeben, die vor Anwendung der Neuberechnung festgesetzten Zinsen nicht übersteigen dürfen.

(15)[2] § 239 Absatz 1 Satz 1 und 2 der Abgabenordnung in der Fassung des Artikels 1 des Gesetzes vom 12. Juli 2022 (BGBl. I S. 1142) gilt in allen Fällen, in denen die Festsetzungsfrist am 21. Juli 2022[3] noch nicht abgelaufen ist.

---

[1] Art. 97 § 15 Abs. 11 angef. durch G v. 1.11.2011 (BGBl. I S. 2131).
[2] Art. 97 § 15 Abs. 13 bis 16 angef. durch G v. 12.7.2022 (BGBl. I S. 1142).
[3] Datum des Tages der Verkündung des G v. 12.7.2022.

(16)[1] § 165 Absatz 1 Satz 2 Nummer 2, Satz 4 und Absatz 2 sowie § 171 Absatz 8 der Abgabenordnung sind auf nach dem 21. Juli 2022 erlassene Zinsfestsetzungen nach § 233a der Abgabenordnung für Verzinsungszeiträume ab dem 1. Januar 2019 entsprechend anzuwenden, solange die technischen und organisatorischen Voraussetzungen für die Anwendung des § 238 Absatz 1a der Abgabenordnung in der am 22. Juli 2022[2] geltenden Fassung noch nicht vorliegen.

§ 16[3] **Säumniszuschläge.** (1) Die Vorschriften des § 240 der Abgabenordnung über Säumniszuschläge sind erstmals auf Säumniszuschläge anzuwenden, die nach dem 31. Dezember 1976 verwirkt werden.

(2) Bis zum 31. Dezember 1980 gilt für die Anwendung des § 240 der Abgabenordnung bei den Finanzämtern, die von den obersten Finanzbehörden der Länder dazu bestimmt sind, Rationalisierungsversuche im Erhebungsverfahren durchzuführen, folgendes:

1. [1]Abweichend von § 240 Abs. 1 der Abgabenordnung tritt bei der Einkommensteuer, der Körperschaftsteuer, der Gewerbesteuer, der Vermögensteuer, der Grundsteuer, der Vermögensabgabe, der Kreditgewinnabgabe und der Umsatzsteuer für die Verwirkung des Säumniszuschlages an die Stelle des Fälligkeitstages jeweils der auf diesen folgende 20. eines Monats. [2]§ 240 Abs. 3 der Abgabenordnung gilt nicht.

2. Werden bei derselben Steuerart innerhalb eines Jahres Zahlungen wiederholt nach Ablauf des Fälligkeitstages entrichtet, so kann der Säumniszuschlag vom Ablauf des Fälligkeitstages an erhoben werden; dabei bleibt § 240 Abs. 3 der Abgabenordnung unberührt.

3. Für die Berechnung des Säumniszuschlages wird der rückständige Betrag jeder Steuerart zusammengerechnet und auf volle hundert Deutsche Mark nach unten abgerundet.

(3) Die Vorschrift des § 240 Abs. 3 der Abgabenordnung in der Fassung des Artikels 17 des Gesetzes vom 23. Juni 1993 (BGBl. I S. 944) ist erstmals auf Säumniszuschläge anzuwenden, die nach dem 31. Dezember 1993 verwirkt werden.

(4) § 240 Abs. 1 der Abgabenordnung in der Fassung des Artikels 5 des Gesetzes vom 23. Juni 1998 (BGBl. I S. 1496) ist erstmals auf Säumniszuschläge anzuwenden, die nach dem 31. Juli 1998 entstehen.

(5) § 240 Abs. 1 Satz 1 der Abgabenordnung in der Fassung von Artikel 23 Nr. 9 des Gesetzes vom 19. Dezember 2000 (BGBl. I S. 1790) gilt erstmals für Säumniszuschläge, die nach dem 31. Dezember 2001 entstehen.

(6) § 240 Abs. 3 Satz 1 der Abgabenordnung in der Fassung des Artikels 8 des Gesetzes vom 15. Dezember 2003 (BGBl. I S. 2645) gilt erstmals, wenn

---

[1] Art. 97 § 15 Abs. 13 bis 16 angef. durch G v. 12.7.2022 (BGBl. I S. 1142).
[2] Datum des Tages nach dem Tag der Verkündung des G v. 12.7.2022.
[3] Art. 97 § 16 Abs. 3 angef. durch G v. 23.6.1993 (BGBl. I S. 944), Abs. 4 angef. durch G v. 23.6.1998 (BGBl. I S. 1496), Abs. 5 angef. durch G v. 19.12.2000 (BGBl. I S. 1790), Abs. 6 angef. durch G v. 15.12.2003 (BGBl. I S. 2645).

die Steuer, die zurückzuzahlende Steuervergütung oder die Haftungsschuld nach dem 31. Dezember 2003 fällig geworden ist.

§ 17 Angabe des Schuldgrundes. Für die Anwendung des § 260 der Abgabenordnung auf Ansprüche, die bis zum 31. Dezember 1980 entstanden sind, gilt folgendes:

Hat die Vollstreckungsbehörde den Vollstreckungsschuldner durch Kontoauszüge über Entstehung, Fälligkeit und Tilgung seiner Schulden fortlaufend unterrichtet, so genügt es, wenn die Vollstreckungsbehörde die Art der Abgabe und die Höhe des beizutreibenden Betrages angibt und auf den Kontoauszug Bezug nimmt, der den Rückstand ausweist.

§ 17a[1] Kosten der Vollstreckung. Die Höhe der Gebühren und Auslagen im Vollstreckungsverfahren richtet sich nach dem Recht, das in dem Zeitpunkt gilt, in dem der Tatbestand verwirklicht ist, an den die Abgabenordnung die Entstehung der Gebühr oder der Auslage knüpft.

§ 17b[2] Eidesstattliche Versicherung. § 284 Abs. 1 Nr. 3 und 4 der Abgabenordnung in der Fassung des Artikels 2 Abs. 11 Nr. 1 Buchstabe a des Zweiten Gesetzes zur Änderung zwangsvollstreckungsrechtlicher Vorschriften vom 17. Dezember 1997 (BGBl. I S. 3039) gelten nicht für Verfahren, in denen der Vollziehungsbeamte die Vollstreckung vor dem Inkrafttreten[3] dieses Gesetzes versucht hat.

§ 17c[4] Pfändung fortlaufender Bezüge. § 313 Abs. 3 der Abgabenordnung in der Fassung des Artikels 2 Abs. 11 Nr. 3 des Zweiten Gesetzes zur Änderung zwangsvollstreckungsrechtlicher Vorschriften vom 17. Dezember 1997 (BGBl. I S. 3039) gilt nicht für Arbeits- und Dienstverhältnisse, die vor Inkrafttreten[3] dieses Gesetzes beendet waren.

§ 17d[5] Zwangsgeld. § 329 der Abgabenordnung in der Fassung des Artikels 17 des Gesetzes vom 22. Dezember 1999 (BGBl. I S. 2601) gilt in allen Fällen, in denen ein Zwangsgeld nach dem 31. Dezember 1999 angedroht wird.

§ 17e[6] Aufteilung einer Gesamtschuld bei Ehegatten oder Lebenspartnern. (1) Die §§ 270, 273 Absatz 1 und § 279 Absatz 2 Nummer 4 der Abgabenordnung in der Fassung des Artikels 3 des Gesetzes vom 1. November 2011 (BGBl. I S. 2131) sind erstmals für den Veranlagungszeitraum 2013 anzuwenden.

---

[1] Art. 97 § 17a neu gef. durch G v. 22.12.2014 (BGBl. I S. 2417).
[2] Art. 97 § 17b eingef. durch G v. 17.12.1997 (BGBl. I S. 3039).
[3] In Kraft ab 1.1.1999.
[4] Art. 97 § 17c eingef. durch G v. 17.12.1997 (BGBl. I S. 3039).
[5] Art. 97 § 17d eingef. durch G v. 22.12.1999 (BGBl. I S. 2601).
[6] Art. 97 § 17e eingef. durch G v. 1.11.2011 (BGBl. I S. 2131); Überschr. geänd. durch G v. 18.7.2014 (BGBl. I S. 1042); bish. Wortlaut wird Abs. 1, Abs. 2 angef. durch G v. 18.7.2016 (BGBl. I S. 1679).

(2) ¹§ 269 Absatz 1 der Abgabenordnung in der am 1. Januar 2017 geltenden Fassung ist ab dem 1. Januar 2017 anzuwenden. ²§ 279 Absatz 1 Satz 1 der Abgabenordnung in der am 1. Januar 2017 geltenden Fassung ist erstmals auf Aufteilungsbescheide anzuwenden, die nach dem 31. Dezember 2016 erlassen worden sind; § 8 Absatz 4 Satz 4 gilt entsprechend.

§ 18¹⁾ Außergerichtliche Rechtsbehelfe. (1) Wird ein Verwaltungsakt angefochten, der vor dem 1. Januar 1977 wirksam geworden ist, bestimmt sich die Zulässigkeit des außergerichtlichen Rechtsbehelfs nach den bisherigen Vorschriften; ist über den Rechtsbehelf nach dem 31. Dezember 1976 zu entscheiden, richten sich die Art des außergerichtlichen Rechtsbehelfs sowie das weitere Verfahren nach den neuen Vorschriften.

(2) Nach dem 31. Dezember 1976 ist eine Gebühr für einen außergerichtlichen Rechtsbehelf nur noch dann festzusetzen, wenn die Voraussetzungen für die Festsetzung einer Gebühr nach § 256 der Reichsabgabenordnung bereits vor dem 1. Januar 1977 eingetreten waren.

(3) ¹Wird ein Verwaltungsakt angefochten, der vor dem 1. Januar 1996 wirksam geworden ist, bestimmt sich die Zulässigkeit des Rechtsbehelfs nach den bis zum 31. Dezember 1995 geltenden Vorschriften der Abgabenordnung. ²Ist über den Rechtsbehelf nach dem 31. Dezember 1995 zu entscheiden, richten sich die Art des außergerichtlichen Rechtsbehelfs sowie das weitere Verfahren nach den ab 1. Januar 1996 geltenden Vorschriften der Abgabenordnung.

(4) § 365 Abs. 3 Satz 2 Nr. 1 der Abgabenordnung in der Fassung des Artikels 4 Nr. 11 Buchstabe b des Gesetzes vom 24. Juni 1994 (BGBl. I S. 1395) ist auf berichtigende Verwaltungsakte anzuwenden, die nach dem 31. Dezember 1995 bekanntgegeben werden.

§ 18a²⁾ Erledigung von Massenrechtsbehelfen und Massenanträgen.
(1) ¹Wurde mit einem vor dem 1. Januar 1995 eingelegten Einspruch die Verfassungswidrigkeit von Normen des Steuerrechts gerügt, derentwegen eine Entscheidung des Bundesverfassungsgerichts aussteht, gilt der Einspruch im Zeitpunkt der Veröffentlichung der Entscheidungsformel im Bundesgesetzblatt (§ 31 Abs. 2 des Gesetzes über das Bundesverfassungsgericht) ohne Einspruchsentscheidung als zurückgewiesen, soweit er nach dem Ausgang des Verfahrens vor dem Bundesverfassungsgericht als unbegründet abzuweisen wäre. ²Abweichend von § 47 Abs. 1 und § 55 der Finanzgerichtsordnung³⁾ endet die Klagefrist mit Ablauf eines Jahres nach dem Zeitpunkt der Veröffentlichung gemäß Satz 1. ³Die Sätze 1 und 2 sind auch anzuwenden, wenn der Einspruch unzulässig ist.

(2) Absatz 1 gilt für Anträge auf Aufhebung oder Änderung einer Steuerfestsetzung außerhalb des außergerichtlichen Rechtsbehelfsverfahrens sinngemäß.

---

¹⁾ Art. 97 § 18 Abs. 3 und 4 angef. durch G v. 24.6.1994 (BGBl. I S. 1395).
²⁾ Art. 97 § 18a eingef. durch G v. 21.12.1993 (BGBl. I S. 2310), Abs. 4 bis 10 angef. durch G v. 15.12.2003 (BGBl. I S. 2645), Abs. 11 und 12 angef. durch G v. 13.12.2006 (BGBl. I S. 2878).
³⁾ Nr. **802.**

(3) [1] Die Absätze 1 und 2 sind auch anzuwenden, wenn eine Entscheidung des Bundesverfassungsgerichts vor Inkrafttreten[1]) dieses Gesetzes ergangen ist. [2] In diesen Fällen endet die Klagefrist mit Ablauf des 31. Dezember 1994.

(4) [1] Wurde mit einem am 31. Dezember 2003 anhängigen Einspruch die Verfassungswidrigkeit der für Veranlagungszeiträume vor 2000 geltenden Regelungen des Einkommensteuergesetzes über die Abziehbarkeit von Kinderbetreuungskosten gerügt, gilt der Einspruch mit Wirkung vom 1. Januar 2004 ohne Einspruchsentscheidung insoweit als zurückgewiesen; dies gilt auch, wenn der Einspruch unzulässig ist. [2] Abweichend von § 47 Abs. 1 und § 55 der Finanzgerichtsordnung endet die Klagefrist mit Ablauf des 31. Dezember 2004. [3] Die Sätze 1 und 2 gelten nicht, soweit in der angefochtenen Steuerfestsetzung die Kinderbetreuungskosten um die zumutbare Belastung nach § 33 Abs. 3 des Einkommensteuergesetzes gekürzt worden sind.

(5) [1] Wurde mit einem am 31. Dezember 2003 anhängigen und außerhalb eines Einspruchs- oder Klageverfahrens gestellten Antrag auf Aufhebung oder Änderung einer Steuerfestsetzung die Verfassungswidrigkeit der für Veranlagungszeiträume vor 2000 geltenden Regelungen des Einkommensteuergesetzes über die Abziehbarkeit von Kinderbetreuungskosten gerügt, gilt der Antrag mit Wirkung vom 1. Januar 2004 insoweit als zurückgewiesen; dies gilt auch, wenn der Antrag unzulässig ist. [2] Abweichend von § 355 Abs. 1 Satz 1 der Abgabenordnung endet die Frist für einen Einspruch gegen die Zurückweisung des Antrags mit Ablauf des 31. Dezember 2004. [3] Die Sätze 1 und 2 gelten nicht, soweit in der Steuerfestsetzung, deren Aufhebung oder Änderung beantragt wurde, die Kinderbetreuungskosten um die zumutbare Belastung nach § 33 Abs. 3 des Einkommensteuergesetzes gekürzt worden sind.

(6) [1] Wurde mit einem am 31. Dezember 2003 anhängigen Einspruch die Verfassungswidrigkeit der für Veranlagungszeiträume vor 2002 geltenden Regelungen des Einkommensteuergesetzes über die Abziehbarkeit eines Haushaltsfreibetrages gerügt, gilt der Einspruch mit Wirkung vom 1. Januar 2004 ohne Einspruchsentscheidung insoweit als zurückgewiesen; dies gilt auch, wenn der Einspruch unzulässig ist. [2] Abweichend von § 47 Abs. 1 und § 55 der Finanzgerichtsordnung endet die Klagefrist mit Ablauf des 31. Dezember 2004.

(7) [1] Wurde mit einem am 31. Dezember 2003 anhängigen und außerhalb eines Einspruchs- oder Klageverfahrens gestellten Antrag auf Aufhebung oder Änderung einer Steuerfestsetzung die Verfassungswidrigkeit der für Veranlagungszeiträume vor 2002 geltenden Regelungen des Einkommensteuergesetzes über die Abziehbarkeit eines Haushaltsfreibetrages gerügt, gilt der Antrag mit Wirkung vom 1. Januar 2004 insoweit als zurückgewiesen; dies gilt auch, wenn der Antrag unzulässig ist. [2] Abweichend von § 355 Abs. 1 Satz 1 der Abgabenordnung endet die Frist für einen Einspruch gegen die Zurückweisung des Antrags mit Ablauf des 31. Dezember 2004.

(8) [1] Wurde mit einem am 31. Dezember 2003 anhängigen Einspruch die Verfassungswidrigkeit der für die Veranlagungszeiträume 1983 bis 1995 gelten-

---

[1]) In Kraft ab 30.12.1993.

den Regelungen des Einkommensteuergesetzes über die Abziehbarkeit eines Kinderfreibetrages gerügt, gilt der Einspruch mit Wirkung vom 1. Januar 2005 ohne Einspruchsentscheidung insoweit als zurückgewiesen, soweit nicht der Einspruchsführer nach dem 31. Dezember 2003 und vor dem 1. Januar 2005 ausdrücklich eine Entscheidung beantragt. ²Der Antrag auf Entscheidung ist schriftlich bei dem für die Besteuerung nach dem Einkommen zuständigen Finanzamt zu stellen. ³Ist nach Einspruchseinlegung ein anderes Finanzamt zuständig geworden, kann der Antrag auf Entscheidung fristwahrend auch bei dem Finanzamt gestellt werden, das den angefochtenen Steuerbescheid erlassen hat; Artikel 97a § 1 Abs. 1 bleibt unberührt. ⁴Die Sätze 1 bis 3 gelten auch, wenn der Einspruch unzulässig ist. ⁵Gilt nach Satz 1 der Einspruch als zurückgewiesen, endet abweichend von § 47 Abs. 1 und § 55 der Finanzgerichtsordnung die Klagefrist mit Ablauf des 31. Dezember 2005. ⁶Satz 1 gilt nicht, soweit eine Neufestsetzung nach § 53 des Einkommensteuergesetzes von der Frage abhängig ist, ob bei der nach dieser Regelung gebotenen Steuerfreistellung auf den Jahressockelbetrag des Kindergeldes oder auf das dem Steuerpflichtigen tatsächlich zustehende Kindergeld abzustellen ist.

(9) ¹Wurde mit einem am 31. Dezember 2003 anhängigen und außerhalb eines Einspruchs- oder Klageverfahrens gestellten Antrag auf Aufhebung oder Änderung einer Steuerfestsetzung die Verfassungswidrigkeit der für die Veranlagungszeiträume 1983 bis 1995 geltenden Regelungen des Einkommensteuergesetzes über die Abziehbarkeit eines Kinderfreibetrages gerügt, gilt der Antrag mit Wirkung vom 1. Januar 2005 insoweit als zurückgewiesen, soweit nicht der Steuerpflichtige nach dem 31. Dezember 2003 und vor dem 1. Januar 2005 ausdrücklich eine Entscheidung beantragt. ²Der Antrag auf Entscheidung ist schriftlich bei dem für die Besteuerung nach dem Einkommen zuständigen Finanzamt zu stellen. ³Ist nach Erlass des Steuerbescheides ein anderes Finanzamt zuständig geworden, kann der Antrag auf Entscheidung fristwahrend auch bei dem Finanzamt gestellt werden, das den Steuerbescheid erlassen hat, dessen Aufhebung oder Änderung begehrt wird; Artikel 97a § 1 Abs. 1 bleibt unberührt. ⁴Die Sätze 1 bis 3 gelten auch, wenn der Antrag auf Aufhebung oder Änderung der Steuerfestsetzung unzulässig ist. ⁵Gilt nach Satz 1 der Antrag auf Aufhebung oder Änderung einer Steuerfestsetzung als zurückgewiesen, endet abweichend von § 355 Abs. 1 Satz 1 der Abgabenordnung die Frist für einen Einspruch gegen die Zurückweisung des Antrags mit Ablauf des 31. Dezember 2005. ⁶Satz 1 gilt nicht, soweit eine Neufestsetzung nach § 53 des Einkommensteuergesetzes von der Frage abhängig ist, ob bei der nach dieser Regelung gebotenen Steuerfreistellung auf den Jahressockelbetrag des Kindergeldes oder auf das dem Steuerpflichtigen tatsächlich zustehende Kindergeld abzustellen ist.

(10) Die Absätze 5, 7 und 9 gelten sinngemäß für Anträge auf abweichende Festsetzung von Steuern aus Billigkeitsgründen (§ 163 der Abgabenordnung) und für Erlassanträge (§ 227 der Abgabenordnung).

(11) ¹Wurde mit einem am 31. Dezember 2006 anhängigen Einspruch gegen die Entscheidung über die Festsetzung von Kindergeld nach Abschnitt X des Einkommensteuergesetzes die Verfassungswidrigkeit der für die Jahre 1996

bis 2000 geltenden Regelungen zur Höhe des Kindergeldes gerügt, gilt der Einspruch mit Wirkung vom 1. Januar 2007 ohne Einspruchsentscheidung insoweit als zurückgewiesen; dies gilt auch, wenn der Einspruch unzulässig ist. ²Abweichend von § 47 Abs. 1 und § 55 der Finanzgerichtsordnung endet die Klagefrist mit Ablauf des 31. Dezember 2007.

(12) § 172 Abs. 3 und § 367 Abs. 2b der Abgabenordnung in der Fassung des Artikels 10 Nr. 12 und 16 des Gesetzes vom 13. Dezember 2006 (BGBl. I S. 2878) gelten auch, soweit Aufhebungs- oder Änderungsanträge oder Einsprüche vor dem 19. Dezember 2006 gestellt oder eingelegt wurden und die Allgemeinverfügung nach dem 19. Dezember 2006 im Bundessteuerblatt veröffentlicht wird.

§ 18b¹⁾ Zuständigkeit für Klagen nach § 32i Absatz 2 der Abgabenordnung. § 32i Absatz 5 Satz 2 der Abgabenordnung in der am 21. Dezember 2022 geltenden Fassung ist auf alle nach dem 20. Dezember 2022 anhängig gewordenen Klagen anzuwenden.

§ 19²⁾ [Buchführungspflicht bestimmter Steuerpflichtiger] (1) § 141 Abs. 1 Satz 1 Nr. 1 der Abgabenordnung in der Fassung des Artikels 6 des Gesetzes vom 31. Juli 2003 (BGBl. I S. 1550) ist auf Umsätze der Kalenderjahre anzuwenden, die nach dem 31. Dezember 2003 beginnen.

(2) § 141 Abs. 1 Satz 1 Nr. 3 der Abgabenordnung in der Fassung des Artikels 6 des Gesetzes vom 31. Juli 2003 (BGBl. I S. 1550) ist für Feststellungen anzuwenden, die nach dem 31. Dezember 2003 getroffen werden.

(3)³⁾ ¹§ 141 Abs. 1 Satz 1 Nr. 4 der Abgabenordnung in der Fassung des Artikels 6 des Gesetzes vom 31. Juli 2003 (BGBl. I S. 1550) ist auf Gewinne der Wirtschaftsjahre anzuwenden, die nach dem 31. Dezember 2003 beginnen. ²§ 141 Abs. 1 Satz 1 Nr. 4 der Abgabenordnung in der Fassung des Artikels 5 des Gesetzes vom 7. September 2007 (BGBl. I S. 2246) ist auf Gewinne der Wirtschaftsjahre anzuwenden, die nach dem 31. Dezember 2007 beginnen. ³§ 141 Absatz 1 Satz 1 Nummer 4 der Abgabenordnung in der am 1. Januar 2016 geltenden Fassung ist auf Gewinne der Wirtschaftsjahre anzuwenden, die nach dem 31. Dezember 2015 beginnen.

(4)³⁾ ¹§ 141 Abs. 1 Satz 1 Nr. 5 der Abgabenordnung in der Fassung des Artikels 6 des Gesetzes vom 31. Juli 2003 (BGBl. I S. 1550) ist auf Gewinne der Kalenderjahre anzuwenden, die nach dem 31. Dezember 2003 beginnen. ²§ 141 Abs. 1 Satz 1 Nr. 5 der Abgabenordnung in der Fassung des Artikels 5 des Gesetzes vom 7. September 2007 (BGBl. I S. 2246) ist auf Gewinne der Kalenderjahre anzuwenden, die nach dem 31. Dezember 2007 beginnen. ³§ 141 Absatz 1 Satz 1 Nummer 5 der Abgabenordnung in der am 1. Januar

---

¹⁾ Art. 97 § 18b eingef. durch G v. 16.12.2022 (BGBl. I S. 2294).
²⁾ Art. 97 § 19 neu gef. durch G v. 31.7.2003 (BGBl. I S. 1550), Abs. 6 angef. durch G v. 22.8.2006 (BGBl. I S. 1970), Abs. 3 Satz 2, Abs. 4 Satz 2 und Abs. 7 angef. durch G v. 7.9.2007 (BGBl. I S. 2246).
³⁾ Art. 97 § 19 Abs. 3 Satz 3 und Abs. 4 Satz 3 angef. durch G v. 28.7.2015 (BGBl. I S. 1400).

2016 geltenden Fassung ist auf Gewinne der Kalenderjahre anzuwenden, die nach dem 31. Dezember 2015 beginnen.

(5) [1]Eine Mitteilung über den Beginn der Buchführungspflicht ergeht nicht, wenn die Voraussetzungen des § 141 Abs. 1 der Abgabenordnung für Kalenderjahre, die vor dem 1. Januar 2004 liegen, erfüllt sind, jedoch nicht die Voraussetzungen des § 141 Abs. 1 der Abgabenordnung in der Fassung des Gesetzes vom 31. Juli 2003 (BGBl. I S. 1550) im Kalenderjahr 2004. [2]Entsprechendes gilt für Feststellungen, die vor dem 1. Januar 2004 getroffen werden, oder für Wirtschaftsjahre, die vor dem 1. Januar 2004 enden.

(6) [1]§ 141 Abs. 1 Satz 1 Nr. 1 der Abgabenordnung in der am 26. August 2006 geltenden Fassung ist auf Umsätze der Kalenderjahre anzuwenden, die nach dem 31. Dezember 2006 beginnen. [2]Eine Mitteilung über den Beginn der Buchführungspflicht ergeht nicht, wenn die Voraussetzungen des § 141 Abs. 1 Satz 1 Nr. 1 der Abgabenordnung in der am 25. August 2006 geltenden Fassung für Kalenderjahre, die vor dem 1. Januar 2007 liegen, erfüllt sind, jedoch im Kalenderjahr 2006 nicht die des § 141 Abs. 1 Satz 1 Nr. 1 der Abgabenordnung in der am 26. August 2006 geltenden Fassung.

(7) Eine Mitteilung über den Beginn der Buchführungspflicht ergeht nicht, wenn die Voraussetzungen des § 141 Abs. 1 Satz 1 Nr. 4 und Nr. 5 der Abgabenordnung in der am 13. September 2007 geltenden Fassung für Kalenderjahre, die vor dem 1. Januar 2008 liegen, erfüllt sind, jedoch im Kalenderjahr 2007 nicht die Voraussetzungen des § 141 Abs. 1 Satz 1 Nr. 4 und Nr. 5 der Abgabenordnung in der Fassung des Artikels 5 des Gesetzes vom 7. September 2007 (BGBl. I S. 2246).

(8)[1] [1]§ 141 Absatz 1 Satz 1 Nummer 1 der Abgabenordnung in der am 1. Januar 2016 geltenden Fassung ist auf Umsätze der Kalenderjahre anzuwenden, die nach dem 31. Dezember 2015 beginnen. [2]Eine Mitteilung über den Beginn der Buchführungspflicht ergeht nicht, wenn die Voraussetzungen des § 141 Absatz 1 Satz 1 Nummer 1 der Abgabenordnung in der am 31. Dezember 2015 geltenden Fassung für Kalenderjahre, die vor dem 1. Januar 2016 liegen, erfüllt sind, jedoch im Kalenderjahr 2015 die Voraussetzungen des § 141 Absatz 1 Satz 1 Nummer 1 der Abgabenordnung in der am 1. Januar 2016 geltenden Fassung nicht erfüllt sind.

(9)[1] Eine Mitteilung über den Beginn der Buchführungspflicht ergeht nicht, wenn die Voraussetzungen des § 141 Absatz 1 Satz 1 Nummer 4 und 5 der Abgabenordnung in der am 31. Dezember 2015 geltenden Fassung für Kalenderjahre, die vor dem 1. Januar 2016 liegen, erfüllt sind, jedoch im Kalenderjahr 2015 die Voraussetzungen des § 141 Absatz 1 Satz 1 Nummer 4 und 5 der Abgabenordnung in der am 1. Januar 2016 geltenden Fassung nicht erfüllt sind.

§ 19a[2] Aufbewahrungsfristen. [1]§ 147 Abs. 3 der Abgabenordnung in der Fassung des Artikels 2 des Gesetzes vom 19. Dezember 1998 (BGBl. I S. 3816)

---

[1] Art. 97 § 19 Abs. 8 und 9 angef. durch G v. 28.7.2015 (BGBl. I S. 1400).
[2] Art. 97 § 19a eingef. durch G v. 19.12.1998 (BGBl. I S. 3816); Satz 2 angef. durch G v. 30.6.2017 (BGBl. I S. 2143).

gilt erstmals für Unterlagen, deren Aufbewahrungsfrist nach § 147 Abs. 3 der Abgabenordnung in der bis zum 23. Dezember 1998 geltenden Fassung noch nicht abgelaufen ist. [2] § 147 Absatz 3 Satz 3 und 4 der Abgabenordnung in der am 1. Januar 2017 geltenden Fassung gilt für alle Lieferscheine, deren Aufbewahrungsfrist nach § 147 Absatz 3 der Abgabenordnung in der bis zum 31. Dezember 2016 geltenden Fassung noch nicht abgelaufen ist.

§ 19b[1]) Zugriff auf datenverarbeitungsgestützte Buchführungssysteme. (1) § 146 Abs. 5, § 147 Abs. 2, 5 und 6 sowie § 200 Abs. 1 der Abgabenordnung in der Fassung des Artikels 7 des Gesetzes vom 23. Oktober 2000 (BGBl. I S. 1433) sind ab dem 1. Januar 2002 anzuwenden.

(2) § 147 Absatz 6 Satz 6 der Abgabenordnung in der Fassung des Artikels 3 des Gesetzes vom 22. November 2019 (BGBl. I S. 1746) gilt für aufzeichnungs- und aufbewahrungspflichtige Daten, deren Aufbewahrungsfrist bis zum 1. Januar 2020 noch nicht abgelaufen ist.

§ 20 Verweisungserfordernis bei Blankettvorschriften. Die in § 381 Abs. 1, § 382 Abs. 1 der Abgabenordnung vorgeschriebene Verweisung ist nicht erforderlich, soweit die Vorschriften der dort genannten Gesetze und Rechtsverordnungen vor dem 1. Oktober 1968 erlassen sind.

§ 21[2]) Steueranmeldungen in Euro. Für Besteuerungszeiträume nach dem 31. Dezember 1998 und vor dem 1. Januar 2002 ist § 168 der Abgabenordnung mit folgender Maßgabe anzuwenden:
Wird eine Steueranmeldung nach dem vom Bundesministerium der Finanzen im Einvernehmen mit den obersten Finanzbehörden der Länder bestimmten Vordruck in Euro abgegeben, gilt die Steuer als zu dem vom Rat der Europäischen Union gemäß Artikel 109l Abs. 4 Satz 1 des EG-Vertrages unwiderruflich festgelegten Umrechnungskurs in Deutscher Mark berechnet. Betrifft die Anmeldung eine von Bundesfinanzbehörden verwaltete Steuer, ist bei der Bestimmung des Vordrucks das Einvernehmen mit den obersten Finanzbehörden der Länder nicht erforderlich.

§ 22[3]) Mitwirkungspflichten der Beteiligten; Schätzung von Besteuerungsgrundlagen. (1) [1] § 90 Abs. 3 der Abgabenordnung in der Fassung des Artikels 9 des Gesetzes vom 16. Mai 2003 (BGBl. I S. 660) ist erstmals für Wirtschaftsjahre anzuwenden, die nach dem 31. Dezember 2002 beginnen. [2] § 162 Abs. 3 und 4 der Abgabenordnung in der Fassung des Artikels 9 des Gesetzes vom 16. Mai 2003 (BGBl. I S. 660) ist erstmals für Wirtschaftsjahre anzuwenden, die nach dem 31. Dezember 2003 beginnen, frühestens sechs Monate

---

[1]) Art. 97 § 19b eingef. durch G v. 23.10.2000 (BGBl. I S. 1433); bish. Wortlaut wird Abs. 1 und Abs. 2 angef. durch G v. 22.11.2019 (BGBl. I S. 1746).
[2]) Art. 97 § 21 angef. durch G v. 24.3.1999 (BGBl. I S. 385).
[3]) Art. 97 § 22 angef. durch G v. 16.5.2003 (BGBl. I S. 660); Abs. 2 angef., bish. Wortlaut wird Abs. 1 durch G v. 29.7.2009 (BGBl. I S. 2302); Abs. 1 Satz 4 angef. durch G v. 20.12.2016 (BGBl. I S. 3000); Abs. 3 angef. durch G v. 23.6.2017 (BGBl. I S. 1682).

nach Inkrafttreten der Rechtsverordnung im Sinne des § 90 Abs. 3 der Abgabenordnung in der Fassung des Artikels 9 des Gesetzes vom 16. Mai 2003 (BGBl. I S. 660). [3] Gehören zu den Geschäftsbeziehungen im Sinne des § 90 Abs. 3 der Abgabenordnung in der Fassung des Artikels 9 des Gesetzes vom 16. Mai 2003 (BGBl. I S. 660) Dauerschuldverhältnisse, die als außergewöhnliche Geschäftsvorfälle im Sinne des § 90 Abs. 3 Satz 3 der Abgabenordnung in der Fassung des Artikels 9 des Gesetzes vom 16. Mai 2003 (BGBl. I S. 660) anzusehen sind und die vor Beginn der in Satz 1 bezeichneten Wirtschaftsjahre begründet wurden und bei Beginn dieser Wirtschaftsjahre noch bestehen, sind die Aufzeichnungen der sie betreffenden wirtschaftlichen und rechtlichen Grundlagen spätestens sechs Monate nach Inkrafttreten der Rechtsverordnung im Sinne des § 90 Abs. 3 der Abgabenordnung in der Fassung des Artikels 9 des Gesetzes vom 16. Mai 2003 (BGBl. I S. 660) zu erstellen. [4] § 90 Absatz 3 der Abgabenordnung in der am 24. Dezember 2016 geltenden Fassung ist erstmals für Wirtschaftsjahre anzuwenden, die nach dem 31. Dezember 2016 beginnen.

(2) Die Bundesregierung bestimmt durch Rechtsverordnung mit Zustimmung des Bundesrates den Zeitpunkt der erstmaligen Anwendung von § 90 Absatz 2 Satz 3, § 147a, § 162 Absatz 2 Satz 3 und § 193 Absatz 1 und Absatz 2 Nummer 3 in der Fassung des Artikels 3 des Gesetzes vom 29. Juli 2009 (BGBl. I S. 2302).

(3) § 147a Absatz 2 der Abgabenordnung in der am 25. Juni 2017 geltenden Fassung ist erstmals auf Besteuerungszeiträume anzuwenden, die nach dem 31. Dezember 2017 beginnen.

(4)[1] § 3 Absatz 4 Nummer 3, § 90 Absatz 2, § 147a Absatz 1 Satz 6, § 162 Absatz 2 Satz 3 und Absatz 4a sowie § 193 Absatz 2 Nummer 3 der Abgabenordnung in der ab 1. Juli 2021 geltenden Fassung sind erstmals auf Besteuerungszeiträume anzuwenden, die nach dem 31. Dezember 2021 beginnen.

§ 23[2] Verfolgungsverjährung. § 376 der Abgabenordnung in der Fassung des Artikels 10 des Gesetzes vom 19. Dezember 2008 (BGBl. I S. 2794) gilt für alle bei Inkrafttreten dieses Gesetzes noch nicht abgelaufenen Verjährungsfristen.

§ 24[3] Selbstanzeige bei Steuerhinterziehung und leichtfertiger Steuerverkürzung. [1] Bei Selbstanzeigen nach § 371 der Abgabenordnung, die bis zum 28. April 2011 bei der zuständigen Finanzbehörde eingegangen sind, ist § 371 der Abgabenordnung in der bis zu diesem Zeitpunkt geltenden Fassung mit der Maßgabe anzuwenden, dass im Umfang der gegenüber der zuständigen Finanzbehörde berichtigten, ergänzten oder nachgeholten Angaben Straffreiheit eintritt. [2] Das Gleiche gilt im Fall der leichtfertigen Steuerverkürzung für die Anwendung des § 378 Absatz 3 der Abgabenordnung.

---

[1] Art. 97 § 22 Abs. 4 angef. durch G v. 25.6.2021 (BGBl. I S. 2056).
[2] Art. 97 § 23 angef. durch G v. 19.12.2008 (BGBl. I S. 2794).
[3] Art. 97 § 24 angef. durch G v. 28.4.2011 (BGBl. I S. 676).

§ 25[1] Erteilung einer verbindlichen Auskunft. (1) § 89 Absatz 3 bis 7 der Abgabenordnung in der Fassung des Artikels 3 des Gesetzes vom 1. November 2011 (BGBl. I S. 2131) ist erstmals auf Anträge anzuwenden, die nach dem 4. November 2011[2] bei der zuständigen Finanzbehörde eingegangen sind.

(2) [1]§ 89 Absatz 2 Satz 4 in der am 1. Januar 2017 geltenden Fassung ist erstmals auf nach dem 31. Dezember 2016 bei der zuständigen Finanzbehörde eingegangene Anträge auf Erteilung einer verbindlichen Auskunft anzuwenden. [2]§ 89 Absatz 3 Satz 2 in der am 23. Juli 2016[3] geltenden Fassung ist erstmals auf nach dem 22. Juli 2016[3] bei der zuständigen Finanzbehörde eingegangene Anträge auf Erteilung einer einheitlichen verbindlichen Auskunft anzuwenden.

§ 26[4] Kontenabrufmöglichkeit und Kontenwahrheit. (1) § 93 Absatz 7 Satz 1 Nummer 2 der Abgabenordnung in der am 31. Dezember 2011 geltenden Fassung ist für Veranlagungszeiträume vor 2012 weiterhin anzuwenden.

(2) [1]§ 93 Absatz 7 Satz 1 Nummer 4 bis 4b und Satz 2 zweiter Halbsatz der Abgabenordnung in der am 25. Juni 2017 geltenden Fassung ist ab dem 1. Januar 2018 anzuwenden. [2]Bis zum 31. Dezember 2017 ist § 93 Absatz 7 der Abgabenordnung in der am 24. Juni 2017 geltenden Fassung weiter anzuwenden.

(3) [1]§ 93 Absatz 7 Satz 2 erster Halbsatz sowie § 93b Absatz 1a und 2 der Abgabenordnung in der am 25. Juni 2017 geltenden Fassung sind ab dem 1. Januar 2020 anzuwenden. [2]Bis zum 31. Dezember 2019 ist § 93 Absatz 7 Satz 2 Halbsatz 1 sowie § 93b Absatz 2 der Abgabenordnung in der am 24. Juni 2017 geltenden Fassung weiter anzuwenden.

(4) § 154 Absatz 2 bis 2c der Abgabenordnung in der am 25. Juni 2017 geltenden Fassung ist erstmals auf nach dem 31. Dezember 2017 begründete Geschäftsbeziehungen anzuwenden.

(5) Für Geschäftsbeziehungen zu Kreditinstituten im Sinne des § 154 Absatz 2 Satz 1 der Abgabenordnung in der am 25. Juni 2017 geltenden Fassung, die vor dem 1. Januar 2018 begründet worden sind und am 1. Januar 2018 noch bestehen, gilt Folgendes:

1. [1]Kreditinstitute haben bis zum 31. Dezember 2019 für den Kontoinhaber, jeden anderen Verfügungsberechtigten und jeden wirtschaftlich Berechtigten im Sinne des Geldwäschegesetzes

   a) die Adresse,

   b) bei natürlichen Personen das Geburtsdatum sowie

---

[1] Art. 97 § 25 eingef. durch G v. 1.11.2011 (BGBl. I S. 2131); bish. Wortlaut wird Abs. 1, Abs. 2 angef. durch G v. 18.7.2016 (BGBl. I S. 1679).
[2] Datum der Verkündung des G v. 1.11.2011.
[3] Datum der Verkündung des G v. 18.7.2016.
[4] Art. 97 § 26 eingef durch G v. 1.11.2011 (BGBl. I S. 2131); Überschr. neu gef., Abs. 2 bis 5 angef. durch G v. 23.6.2017 (BGBl. I S. 1682); Abs. 3 Sätze 1 und 2 geänd. durch G v. 20.11.2019 (BGBl. I S. 1626).

    c) die in § 154 Absatz 2a Satz 1 der Abgabenordnung in der am 25. Juni 2017 geltenden Fassung genannten Daten

in den Aufzeichnungen nach § 154 Absatz 2 bis 2c der Abgabenordnung in der am 25. Juni 2017 geltenden Fassung und in dem nach § 93b Absatz 1 und 1a der Abgabenordnung in der am 25. Juni 2017 geltenden Fassung zu führenden Dateisystem zu erfassen. [2] § 154 Absatz 2a Satz 3 der Abgabenordnung in der am 25. Juni 2017 geltenden Fassung ist entsprechend anzuwenden.

2. [1] Teilen der Vertragspartner oder gegebenenfalls für ihn handelnde Personen dem Kreditinstitut die nach § 154 Absatz 2a Satz 1 Nummer 1 der Abgabenordnung in der am 25. Juni 2017 geltenden Fassung zu erfassende Identifikationsnummer einer betroffenen Person bis zum 31. Dezember 2019 nicht mit und hat das Kreditinstitut die Identifikationsnummer dieser Person auch nicht aus anderem Anlass rechtmäßig erfasst, hat es sie bis zum 30. Juni 2020 in einem maschinellen Verfahren beim Bundeszentralamt für Steuern zu erfragen. [2] § 154 Absatz 2b Satz 2 und 3 der Abgabenordnung in der am 25. Juni 2017 geltenden Fassung gilt entsprechend.

3. [1] Soweit das Kreditinstitut die nach § 154 Absatz 2a der Abgabenordnung in der am 25. Juni 2017 geltenden Fassung zu erhebenden Daten auf Grund unzureichender Mitwirkung des Vertragspartners und gegebenenfalls für ihn handelnder Personen bis zum 30. Juni 2020 nicht ermitteln kann, hat es dies auf dem Konto festzuhalten. [2] In diesem Fall hat das Kreditinstitut dem Bundeszentralamt für Steuern die betroffenen Konten sowie die hierzu nach § 154 Absatz 2 der Abgabenordnung in der am 25. Juni 2017 geltenden Fassung erhobenen Daten bis zum 30. September 2020 mitzuteilen.

4. § 154 Absatz 2d der Abgabenordnung in der am 25. Juni 2017 geltenden Fassung bleibt unberührt.

§ 27[1)] **Elektronische Datenübermittlung an Finanzbehörden.** (1) [1] § 72a Absatz 1 bis 3, § 87a Absatz 6, die §§ 87b bis 87e und 150 Absatz 6 der Abgabenordnung in der am 1. Januar 2017 geltenden Fassung sind erstmals anzuwenden, wenn Daten nach dem 31. Dezember 2016 auf Grund gesetzlicher Vorschriften nach amtlich vorgeschriebenem Datensatz über amtlich bestimmte Schnittstellen an Finanzbehörden zu übermitteln sind oder freiwillig übermittelt werden. [2] Für Daten im Sinne des Satzes 1, die vor dem 1. Januar 2017 zu übermitteln sind oder freiwillig übermittelt werden, sind § 150 Absatz 6 und 7 der Abgabenordnung und die Vorschriften der Steuerdaten-Übermittlungsverordnung in der jeweils am 31. Dezember 2016 geltenden Fassung weiter anzuwenden.

(2) § 72a Absatz 4, die §§ 93c, 93d und 171 Absatz 10a sowie die §§ 175b und 203a der Abgabenordnung in der am 1. Januar 2017 geltenden Fassung sind erstmals anzuwenden, wenn steuerliche Daten eines Steuerpflichtigen für Besteuerungszeiträume nach 2016 oder Besteuerungszeitpunkte nach dem 31. Dezember 2016 auf Grund gesetzlicher Vorschriften von einem Dritten als

---

[1)] Art. 97 §§ 27–29 angef. durch G v. 18.7.2016 (BGBl. I S. 1679).

mitteilungspflichtiger Stelle elektronisch an Finanzbehörden zu übermitteln sind.

(3)[1] § 175b Absatz 4 der Abgabenordnung in der am 25. Juni 2017 geltenden Fassung ist erstmals anzuwenden, wenn Daten im Sinne des § 93c der Abgabenordnung der Finanzbehörde nach dem 24. Juni 2017 zugehen.

(4)[1] [1]Den Zeitpunkt der erstmaligen Anwendung des § 138 Absatz 1b Satz 2 der Abgabenordnung in der am 1. Janaur 2020 geltenden Fassung bestimmt das Bundesministerium der Finanzen im Einvernehmen mit den obersten Finanzbehörden der Länder durch ein im Bundessteuerblatt zu veröffentlichendes Schreiben. [2]Bis zu diesem Zeitpunkt sind die Auskünfte im Sinne des § 138 Absatz 1b Satz 1 der Abgabenordnung nach amtlich vorgeschriebenem Vordruck zu erteilen.

§ 28[2] Elektronische Bekanntgabe von Verwaltungsakten. [1]§ 87a Absatz 7 und 8, die §§ 122a und 169 Absatz 1 der Abgabenordnung in der am 1. Januar 2017 geltenden Fassung sind erstmals auf Verwaltungsakte anzuwenden, die nach dem 31. Dezember 2016 erlassen worden sind. [2]§ 8 Absatz 4 Satz 4 gilt entsprechend.

§ 29[2] Abweichende Festsetzung von Steuern aus Billigkeitsgründen. § 163 der Abgabenordnung in der am 1. Januar 2017 geltenden Fassung ist für nach dem 31. Dezember 2016 getroffene Billigkeitsmaßnahmen auch dann anzuwenden, wenn sie Besteuerungszeiträume oder Besteuerungszeitpunkte betreffen, die vor dem 1. Januar 2017 abgelaufen oder eingetreten sind.

§ 30[3] Ordnungsvorschrift für die Buchführung und für Aufzeichnungen mittels elektronischer Aufzeichnungssysteme. (1)[4] [1]Die §§ 146a und 379 Absatz 1 Satz 1 und Absatz 4 der Abgabenordnung in der am 29. Dezember 2016 geltenden Fassung sowie § 379 Absatz 5 und 6 der Abgabenordnung in der am 25. Juni 2017 geltenden Fassung sind erstmals für Kalenderjahre nach Ablauf des 31. Dezember 2019 anzuwenden. [2]Die Mitteilung nach § 146a Absatz 4 der Abgabenordnung in der am 29. Dezember 2016 geltenden Fassung ist für elektronische Aufzeichnungssysteme, die der Steuerpflichtige vor dem 1. Januar 2020 angeschafft hat, bis zum 31. Januar 2020 zu erstatten.

(2) [1]§ 146b der Abgabenordnung in der am 29. Dezember 2016 geltenden Fassung ist nach Ablauf des 31. Dezember 2017 anzuwenden. [2]§ 146b Absatz 2 Satz 2 der Abgabenordnung ist in der am 29. Dezember 2016 geltenden Fassung vor dem 1. Januar 2020 mit der Maßgabe anzuwenden, dass keine Datenübermittlung über die einheitliche Schnittstelle verlangt werden kann oder dass diese auf einem maschinell auswertbaren Datenträger nach den Vorgaben der einheitlichen Schnittstelle zur Verfügung gestellt werden muss. [3]§ 146b Absatz 1 Satz 2 der Abgabenordnung in der am 29. Dezember 2016

---

[1] Art. 97 § 27 Abs. 3 angef. durch G v. 23.6.2017 (BGBl. I S. 1682); Abs. 4 angef. durch G v. 22.11.2019 (BGBl. I S. 1746).
[2] Art. 97 §§ 27–29 angef. durch G v. 18.7.2016 (BGBl. I S. 1679).
[3] Art. 97 § 30 angef. durch G v. 22.12.2016 (BGBl. I S. 3152).
[4] Art. 97 § 30 Abs. 1 Satz 1 geänd. durch G v. 23.6.2017 (BGBl. I S. 1682).

geltenden Fassung ist erstmals für Kalenderjahre nach Ablauf des 31. Dezember 2019 anzuwenden.

(3) Wurden Registrierkassen nach dem 25. November 2010 und vor dem 1. Januar 2020 angeschafft, die den Anforderungen des BMF-Schreibens vom 26. November 2010 (BStBl. I S. 1342) entsprechen und die bauartbedingt nicht aufrüstbar sind, so dass sie die Anforderungen des § 146a der Abgabenordnung nicht erfüllen, dürfen diese Registrierkassen bis zum 31. Dezember 2022 abweichend von den § 146a und § 379 Absatz 1 Satz 1 und Absatz 4 der Abgabenordnung weiter verwendet werden.

§ 31[1] Länderbezogener Bericht multinationaler Unternehmensgruppen. [1]§ 138a Absatz 1, 2, 3, 6 und 7 der Abgabenordnung in der am 24. Dezember 2016 geltenden Fassung ist erstmals für Wirtschaftsjahre anzuwenden, die nach dem 31. Dezember 2015 beginnen. [2]§ 138a Absatz 4 und 5 der Abgabenordnung in der am 24. Dezember 2016 geltenden Fassung ist erstmals für Wirtschaftsjahre anzuwenden, die nach dem 31. Dezember 2016 beginnen. [3]§ 138a Absatz 2 der Abgabenordnung in der am 29. Dezember 2020 geltenden Fassung ist auf alle offenen Fälle anzuwenden.

§ 32[2] Mitteilungspflicht über Beziehungen zu Drittstaat-Gesellschaften. (1) [1]§ 138 Absatz 2 bis 5, § 138b und § 379 Absatz 2 Nummer 1d der Abgabenordnung in der am 25. Juni 2017 geltenden Fassung sind erstmals auf mitteilungspflichtige Sachverhalte anzuwenden, die nach dem 31. Dezember 2017 verwirklicht worden sind. [2]Auf Sachverhalte, die vor dem 1. Januar 2018 verwirklicht worden sind, ist § 138 Absatz 2 und 3 der Abgabenordnung in der am 24. Juni 2017 geltenden Fassung weiter anzuwenden.

(2) [1]Inländische Steuerpflichtige im Sinne des § 138 Absatz 2 Satz 1 der Abgabenordnung in der am 25. Juni 2017 geltenden Fassung, die vor dem 1. Januar 2018 erstmals unmittelbar oder mittelbar einen beherrschenden oder bestimmenden Einfluss auf die gesellschaftsrechtlichen, finanziellen oder geschäftlichen Angelegenheiten einer Drittstaat-Gesellschaft im Sinne des § 138 Absatz 3 der Abgabenordnung in der am 25. Juni 2017 geltenden Fassung ausüben konnten, haben dies dem für sie nach den §§ 18 bis 20 der Abgabenordnung zuständigen Finanzamt mitzuteilen, wenn dieser Einfluss auch noch am 1. Januar 2018 fortbesteht. [2]§ 138 Absatz 5 der Abgabenordnung in der am 25. Juni 2017 geltenden Fassung gilt in diesem Fall entsprechend.

(3) § 138 Absatz 2 und 5 der Abgabenordnung in der am 29. Dezember 2020 geltenden Fassung ist auf alle offenen Fälle anzuwenden.

§ 33[3] Mitteilungspflicht bei Steuergestaltungen. (1) § 102 Absatz 4 Satz 3 und die §§ 138d bis 138k der Abgabenordnung in der am 1. Januar 2020 gel-

---

[1] Art. 97 § 31 angef. durch G v. 20.12.2016 (BGBl. I S. 3000); Satz 3 angef. durch G v. 21.12.2020 (BGBl. I S. 3096).
[2] Art. 97 § 32 angef. durch G v. 23.6.2017 (BGBl. I S. 1682); Abs. 3 angef. durch G v. 21.12.2020 (BGBl. I S. 3096).
[3] Art. 97 § 33 angef. durch G v. 21.12.2019 (BGBl. I S. 2875); § 33 Abs. 5 angef. durch G v. 19.6.2020 (BGBl. I S. 1385); Abs. 6 angef. durch G v. 12.7.2022 (BGBl. I S. 1142).

tenden Fassung sind ab dem 1. Juli 2020 in allen Fällen anzuwenden, in denen das nach § 138f Absatz 2 der Abgabenordnung in der am 1. Januar 2020 geltenden Fassung maßgebliche Ereignis nach dem 30. Juni 2020 eingetreten ist.

(2) Wurde der erste Schritt einer mitteilungspflichtigen grenzüberschreitenden Steuergestaltung nach dem 24. Juni 2018 und vor dem 1. Juli 2020 umgesetzt, sind § 102 Absatz 4 Satz 3 und die §§ 138d bis 138k der Abgabenordnung in der am 1. Januar 2020 geltenden Fassung ab dem 1. Juli 2020 mit der Maßgabe anzuwenden, dass die Mitteilung abweichend von § 138f Absatz 2 der Abgabenordnung in der am 1. Januar 2020 geltenden Fassung innerhalb von zwei Monaten nach dem 30. Juni 2020 zu erstatten ist.

(3) § 379 Absatz 2 Nummer 1e bis 1g sowie Absatz 7 der Abgabenordnung in der am 1. Januar 2020 geltenden Fassung ist ab dem 1. Juli 2020 in allen Fällen anzuwenden, in denen das nach § 138f Absatz 2 der Abgabenordnung in der am 1. Januar 2020 geltenden Fassung maßgebliche Ereignis nach dem 30. Juni 2020 eingetreten ist.

(4) [1]Das Bundesministerium der Finanzen erstattet dem Finanzausschuss des Deutschen Bundestages jährlich zum 1. Juni, erstmals zum 1. Juni 2021, Bericht über

1. die Anzahl der im vorangegangen Kalenderjahr beim Bundeszentralamt für Steuern eingegangenen Mitteilungen über grenzüberschreitende Steuergestaltungen,

2. die Fallgestaltungen, deren Prüfung Anlass dafür war,

    a) dem Bundeskabinett im vorangegangenen Kalenderjahr eine Gesetzesinitiative vorzuschlagen,

    b) ein im Bundessteuerblatt zu veröffentlichendes Schreiben des Bundesministeriums der Finanzen oder einen im Bundessteuerblatt zu veröffentlichenden gleichlautenden Erlass der obersten Finanzbehörden der Länder im vorangegangenen Kalenderjahr zu erlassen oder zu ändern.

[2]In den Fällen von Satz 1 Nummer 2 ist die Fallgestaltung im Bericht abstrakt zu beschreiben.

(5) Das Bundesministerium der Finanzen wird ermächtigt, zur zeitnahen Umsetzung unionsrechtlicher Bestimmungen hinsichtlich der Fristen zur Mitteilung grenzüberschreitender Steuergestaltungen durch ein im Bundessteuerblatt zu veröffentlichendes Schreiben von den Absätzen 1 und 2 abweichende Bestimmungen zu treffen.

(6) § 138e Absatz 3 Satz 6 bis 8 und § 138h Absatz 2 Satz 1 der Abgabenordnung in der Fassung des Artikels 1 des Gesetzes vom 12. Juli 2022 (BGBl. I S. 1142) sind in allen bei Inkrafttreten dieser Vorschriften anhängigen Verfahren anzuwenden.

§ 34[1)] **Vorabverständigungsverfahren.** [1]§ 89a der Abgabenordnung in der am 9. Juni 2021 geltenden Fassung ist erstmals auf Anträge anzuwenden, die nach dem 8. Juni 2021 bei der zuständigen Behörde eingegangen sind.

[1)] Art. 97 § 34 neu gef. durch G v. 2.6.2021 (BGBl. I S. 1259).

[2] § 178a der Abgabenordnung in der Fassung des Gesetzes vom 13. Dezember 2006 (BGBl. I S. 2878) ist letztmals auf Anträge anzuwenden, die am 8. Juni 2021 bei der zuständigen Behörde eingegangen sind.

§ 35[1] Abrufverfahren von Steuermessbeträgen und Zerlegungsbescheiden. [1] § 184 Absatz 3 Satz 2 und § 188 Absatz 1 Satz 2 der Abgabenordnung finden erstmals für die Steuermessbeträge und Zerlegungsbescheide Anwendung, die für Realsteuern des Jahres 2025 maßgeblich sind. [2] Für Zwecke der Grundsteuer findet § 188 Absatz 1 Satz 2 der Abgabenordnung erst Anwendung, wenn die technischen und organisatorischen Voraussetzungen für den elektronischen Abruf erfüllt sind, spätestens aber ab dem 1. Januar 2025.

§ 36[2] Sonderregelungen auf Grund der Corona-Pandemie. (1) § 149 Absatz 3 der Abgabenordnung in der am 19. Februar 2021 geltenden Fassung ist für den Besteuerungszeitraum 2019 mit der Maßgabe anzuwenden, dass an die Stelle des letzten Tages des Monats Februar 2021 der 31. August 2021 und an die Stelle des 31. Juli 2021 der 31. Dezember 2021 tritt; § 149 Absatz 4 der Abgabenordnung bleibt unberührt.

(2) [1] Abweichend von § 233a Absatz 2 Satz 1 der Abgabenordnung in der am 19. Februar 2021 geltenden Fassung beginnt der Zinslauf für den Besteuerungszeitraum 2019 am 1. Oktober 2021. [2] In den Fällen des § 233a Absatz 2 Satz 2 der Abgabenordnung in der am 19. Februar 2021 geltenden Fassung beginnt der Zinslauf für den Besteuerungszeitraum 2019 am 1. Mai 2022.

(3)[3] Für die Besteuerungszeiträume 2020 bis 2024 sind die §§ 109, 149, 152 und 233a der Abgabenordnung in der am 23. Juni 2022 geltenden Fassung mit folgenden Maßgaben anzuwenden:

1. In § 109 Absatz 2 Satz 1 Nummer 1 und § 149 Absatz 3 und 4 Satz 1 und 3 der Abgabenordnung tritt jeweils an die Stelle des letzten Tags des Monats Februar des zweiten auf den Besteuerungszeitraum folgenden Kalenderjahres
   a) für den Besteuerungszeitraum 2020 der 31. August 2022,
   b) für den Besteuerungszeitraum 2021 der 31. August 2023,
   c) für den Besteuerungszeitraum 2022 der 31. Juli 2024,
   d) für den Besteuerungszeitraum 2023 der 31. Mai 2025 und
   e) für den Besteuerungszeitraum 2024 der 30. April 2026.

2. In § 109 Absatz 2 Satz 2 und § 149 Absatz 3 und 4 Satz 5 der Abgabenordnung tritt jeweils an die Stelle des 31. Juli des zweiten auf den Besteuerungszeitraum folgenden Kalenderjahres
   a) für den Besteuerungszeitraum 2020 der 31. Januar 2023,
   b) für den Besteuerungszeitraum 2021 der 31. Januar 2024,

---

[1] Art. 97 § 35 neu gef. durch G v. 16.12.2022 (BGBl. I S. 2294).
[2] Art. 97 § 36 angef. durch G v. 15.2.2021 (BGBl. I S. 237).
[3] Art. 97 § 36 Abs. 3 angef. durch G v. 25.6.2021 (BGBl. I S. 2035); neu gef. mWv 31.5.2022 durch G v. 19.6.2022 (BGBl. I S. 911).

    c) für den Besteuerungszeitraum 2022 der 31. Dezember 2024,

    d) für den Besteuerungszeitraum 2023 der 31. Oktober 2025 und

    e) für den Besteuerungszeitraum 2024 der 30. September 2026.

3. In § 149 Absatz 2 Satz 1 der Abgabenordnung tritt an die Stelle der Angabe „sieben Monate"

    a) für die Besteuerungszeiträume 2020 und 2021 die Angabe „zehn Monate",

    b) für den Besteuerungszeitraum 2022 die Angabe „neun Monate" und

    c) für den Besteuerungszeitraum 2023 die Angabe „acht Monate".

4. In § 149 Absatz 2 Satz 2 der Abgabenordnung tritt an die Stelle der Angabe „des siebten Monats"

    a) für die Besteuerungszeiträume 2020 und 2021 die Angabe „des zehnten Monats",

    b) für den Besteuerungszeitraum 2022 die Angabe „des neunten Monats" und

    c) für den Besteuerungszeitraum 2023 die Angabe „des achten Monats".

5. In § 152 Absatz 2 Nummer 1 der Abgabenordnung tritt an die Stelle der Angabe „14 Monaten"

    a) für die Besteuerungszeiträume 2020 und 2021 die Angabe „20 Monaten",

    b) für den Besteuerungszeitraum 2022 die Angabe „19 Monaten",

    c) für den Besteuerungszeitraum 2023 die Angabe „17 Monaten" und

    d) für den Besteuerungszeitraum 2024 die Angabe „16 Monaten".

6. In § 152 Absatz 2 Nummer 2 der Abgabenordnung tritt an die Stelle der Angabe „19 Monaten"

    a) für die Besteuerungszeiträume 2020 und 2021 die Angabe „25 Monaten",

    b) für den Besteuerungszeitraum 2022 die Angabe „24 Monaten",

    c) für den Besteuerungszeitraum 2023 die Angabe „22 Monaten" und

    d) für den Besteuerungszeitraum 2024 die Angabe „21 Monaten".

7. In § 233a Absatz 2 Satz 1 der Abgabenordnung tritt an die Stelle der Angabe „15 Monate"

    a) für die Besteuerungszeiträume 2020 und 2021 die Angabe „21 Monate",

    b) für den Besteuerungszeitraum 2022 die Angabe „20 Monate",

    c) für den Besteuerungszeitraum 2023 die Angabe „18 Monate" und

    d) für den Besteuerungszeitraum 2024 die Angabe „17 Monate".

8. In § 233a Absatz 2 Satz 2 der Abgabenordnung tritt an die Stelle der Angabe „23 Monate"

    a) für die Besteuerungszeiträume 2020 und 2021 die Angabe „29 Monate",

    b) für den Besteuerungszeitraum 2022 die Angabe „28 Monate",

    c) für den Besteuerungszeitraum 2023 die Angabe „26 Monate" und

    d) für den Besteuerungszeitraum 2024 die Angabe „25 Monate".

§ 37[1] Modernisierung der Außenprüfung. (1) Die durch Artikel 3 des Gesetzes vom 20. Dezember 2022 (BGBl. I S. 2730) geänderten Vorschriften der Abgabenordnung sind auf alle am 1. Januar 2023 anhängigen Verfahren anzuwenden, soweit in den Absätzen 2 bis 4 nichts anderes bestimmt ist.

(2) [1]§ 3 Absatz 4 Nummer 3a, § 18 Absatz 1 Nummer 5, § 90 Absatz 3 Satz 5 und 6 sowie Absatz 4 und 5, § 153 Absatz 4, § 162 Absatz 3 und 4, § 171 Absatz 4, § 180 Absatz 1a, § 181 Absatz 1 Satz 4, § 197 Absatz 5, § 199 Absatz 2 Satz 2 und 3, die §§ 200a, 202 Absatz 1 Satz 4 und Absatz 3 sowie § 204 Absatz 2 der Abgabenordnung in der am 1. Januar 2023 geltenden Fassung sind vorbehaltlich des Absatzes 3 erstmals auf Steuern und Steuervergütungen anzuwenden, die nach dem 31. Dezember 2024 entstehen. [2]Für Steuern und Steuervergütungen, die vor dem 1. Januar 2025 entstehen, sind § 90 Absatz 3 Satz 5 bis 11, § 162 Absatz 3 und 4, § 171 Absatz 4 sowie § 204 der Abgabenordnung in der am 31. Dezember 2022 geltenden Fassung vorbehaltlich des Absatzes 3 weiterhin anzuwenden. [3]Die Sätze 1 und 2 gelten für gesonderte Feststellungen von Besteuerungsgrundlagen entsprechend.

(3) [1]§ 3 Absatz 4 Nummer 3a, § 18 Absatz 1 Nummer 5, § 90 Absatz 3 Satz 5 und 6 sowie Absatz 4 und 5, § 153 Absatz 4, § 162 Absatz 3 und 4, § 180 Absatz 1a, § 181 Absatz 1 Satz 4, § 199 Absatz 2 Satz 2 und 3, § 200a Absatz 1 bis 3 und 6, § 202 Absatz 1 Satz 4 und Absatz 3 sowie § 204 Absatz 2 der Abgabenordnung in der am 1. Januar 2023 geltenden Fassung sind abweichend von Absatz 2 auch für Steuern und Steuervergütungen anzuwenden, die vor dem 1. Januar 2025 entstehen, wenn für diese Steuern und Steuervergütungen nach dem 31. Dezember 2024 eine Prüfungsanordnung nach § 196 der Abgabenordnung bekanntgegeben wurde. [2]Satz 1 gilt für gesonderte Feststellungen von Besteuerungsgrundlagen entsprechend.

(4) [1]§ 146 Absatz 2c der Abgabenordnung in der am 1. Januar 2025 geltenden Fassung ist vorbehaltlich des Satzes 3 erstmals auf Steuern und Steuervergütungen anzuwenden, die nach dem 31. Dezember 2024 entstehen. [2]Für Steuern und Steuervergütungen, die vor dem 1. Januar 2025 entstehen, ist § 146 Absatz 2c der Abgabenordnung in der am 1. Januar 2023 geltenden Fassung vorbehaltlich des Satzes 3 weiterhin anzuwenden. [3]§ 146 Absatz 2c der Abgabenordnung in der am 1. Januar 2025 geltenden Fassung ist für Steuern und Steuervergütungen, die vor dem 1. Januar 2025 entstehen, abweichend von Satz 2 auch für Steuern und Steuervergütungen anzuwenden, die vor dem 1. Januar 2025 entstehen, wenn für diese Steuern und Steuervergütungen nach dem 31. Dezember 2024 eine Prüfungsanordnung nach § 196 der Abgabenordnung bekanntgegeben wurde. [4]Die Sätze 1 bis 3 gelten für gesonderte Feststellungen von Besteuerungsgrundlagen entsprechend.

[1.1.2023–31.12.2029:]
§ 38[2] Erprobung alternativer Prüfungsmethoden. (1) [1]*Soweit im Rahmen einer Außenprüfung eines Steuerpflichtigen nach den §§ 193 bis 202 der Abga-*

---
[1] Art. 97 § 37 eingef. mWv 1.1.2023 durch G v. 20.12.2022 (BGB. I S. 2730).
[2] Art. 97 § 38 eingef. mWv 1.1.2023 durch Art. 5 des G v. 20.12.2022 (BGBl. I S. 2730); aufgeh. durch Art. 6 des G v. 20.12.2022 **mWv 1.1.2030.**

benordnung die Wirksamkeit eines von ihm eingesetzten Steuerkontrollsystems hinsichtlich der erfassten Steuerarten oder Sachverhalte überprüft wurde und kein oder nur ein unbeachtliches steuerliches Risiko für die in § 149 Absatz 3 der Abgabenordnung genannten Steuern und gesonderten Feststellungen besteht, kann die Finanzbehörde im Benehmen mit dem Bundeszentralamt für Steuern dem Steuerpflichtigen auf Antrag unter dem Vorbehalt des Widerrufs für die nächste Außenprüfung nach § 193 Absatz 1 der Abgabenordnung Beschränkungen von Art und Umfang der Ermittlungen unter der Voraussetzung verbindlich zusagen, dass keine Änderungen der Verhältnisse eintreten. ² Der Steuerpflichtige hat Veränderungen des Kontrollsystems zu dokumentieren und sie der Finanzbehörde unverzüglich schriftlich oder elektronisch mitzuteilen.

(2) ¹ Ein Steuerkontrollsystem umfasst alle innerbetrieblichen Maßnahmen, die gewährleisten, dass

1. die Besteuerungsgrundlagen zutreffend aufgezeichnet und berücksichtigt werden sowie

2. die hierauf entfallenden Steuern fristgerecht und vollständig abgeführt werden.

² Das Steuerkontrollsystem muss die steuerlichen Risiken laufend abbilden.

(3) ¹ Systemprüfungen von Steuerkontrollsystemen und daraufhin nach Absatz 1 Satz 1 zugesagte Erleichterungen sind von den Landesfinanzbehörden bis zum 30. April 2029 zu evaluieren. ² Die obersten Finanzbehörden der Länder haben die Ergebnisse der Evaluierung dem Bundesministerium der Finanzen bis zum 30. Juni 2029 mitzuteilen.

Art. **97a**[1]) Überleitungsregelungen aus Anlaß der Herstellung der Einheit Deutschlands

§ 1[2]) **Zuständigkeit.** (1) ¹ Für vor dem 1. Januar 1991 nach dem Recht der Bundesrepublik Deutschland oder der Deutschen Demokratischen Republik entstandene Besitz- und Verkehrsteuern, Zulagen und Prämien, auf die Abgabenrecht Anwendung findet, und dazugehörige steuerliche Nebenleistungen, bleiben die nach den bisher geltenden Vorschriften einschließlich der Vorschriften der Einzelsteuergesetze örtlich zuständigen Finanzbehörden weiterhin zuständig. ² Dies gilt auch für das Rechtsbehelfsverfahren.

(2) ¹ Würde durch einen Wechsel der örtlichen Zuständigkeit eine Finanzbehörde in dem in Artikel 3 des Einigungsvertrages genannten Gebiet für die gesonderte Feststellung nach § 180 Abs. 1 Nr. 1 der Abgabenordnung, für die gesonderte und einheitliche Feststellung nach der Anteilsbewertungsverordnung vom 19. Januar 1977 (BGBl. I S. 171) oder für die Besteuerung nach dem Vermögen zuständig, bleibt abweichend von § 26 Satz 1 der Abgabenordnung letztmals für Feststellungen zum 1. Januar 1998[3]) oder für die Vermögensteuer des Kalenderjahrs 1998 die nach den bisherigen Verhältnissen zuständige Finanzbehörde insoweit zuständig. ² Dies gilt auch für das Rechtsbehelfsverfahren.

---

¹) Art. 97a eingef. durch Vertrag v. 31.8.1990 (BGBl. II S. 889, 968).
²) Art. 97a § 1 Abs. 2 angef. durch G v. 24.6.1991 (BGBl. I S. 1322) und geänd. durch G v. 21.12.1993 (BGBl. I S. 2310).
³) Geänd. durch G v. 11.10.1995 (BGBl. I S. 1250).

§ 2 Überleitungsbestimmungen für die Anwendung der Abgabenordnung in dem in Artikel 3 des Einigungsvertrages genannten Gebiet. Für die Anwendung der Abgabenordnung in dem in Artikel 3 des Einigungsvertrages genannten Gebiet gilt folgendes:

1. Verfahren, die beim Wirksamwerden des Beitritts anhängig sind, werden nach den Vorschriften der Abgabenordnung zu Ende geführt, soweit in den nachfolgenden Vorschriften nichts anderes bestimmt ist.

2. Fristen, deren Lauf vor dem Wirksamwerden des Beitritts begonnen hat, werden nach den Vorschriften der Abgabenordnung der Deutschen Demokratischen Republik (AO 1990) vom 22. Juni 1990 (Sonderdruck Nr. 1428 des Gesetzblattes)[1] sowie des Einführungsgesetzes zur Abgabenordnung der Deutschen Demokratischen Republik vom 22. Juni 1990 (Sonderdruck Nr. 1428 des Gesetzblattes)[1] berechnet, soweit in den nachfolgenden Vorschriften nichts anderes bestimmt ist.

3. § 152 ist erstmals auf Steuererklärungen anzuwenden, die nach dem Wirksamwerden des Beitritts einzureichen sind; eine Verlängerung der Steuererklärungsfrist ist hierbei nicht zu berücksichtigen.

4. [1]Die Vorschriften über die Aufhebung und Änderung von Verwaltungsakten sind erstmals anzuwenden, wenn nach dem Wirksamwerden des Beitritts ein Verwaltungsakt aufgehoben oder geändert wird. [2]Dies gilt auch dann, wenn der aufzuhebende oder zu ändernde Verwaltungsakt vor dem Wirksamwerden des Beitritts erlassen worden ist. [3]Auf vorläufige Steuerbescheide nach § 100 Abs. 1 der Abgabenordnung (AO) der Deutschen Demokratischen Republik in der Fassung vom 18. September 1970 (Sonderdruck Nr. 681 des Gesetzblattes)[1] ist § 165 Abs. 2, auf Steuerbescheide nach § 100 Abs. 2 der Abgabenordnung (AO) der Deutschen Demokratischen Republik in der Fassung vom 18. September 1970 (Sonderdruck Nr. 681 des Gesetzblattes)[1] ist § 164 Abs. 2 und 3 anzuwenden.

5. [1]Die Vorschriften über die Festsetzungsverjährung gelten für die Festsetzung sowie für die Aufhebung und Änderung der Festsetzung von Steuern, Steuervergütungen und, soweit für steuerliche Nebenleistungen eine Festsetzungsverjährung vorgesehen ist, von steuerlichen Nebenleistungen, die nach dem Wirksamwerden des Beitritts entstehen. [2]Für vorher entstandene Ansprüche sind die Vorschriften der Abgabenordnung der Deutschen Demokratischen Republik (AO 1990) vom 22. Juni 1990 (Sonderdruck Nr. 1428 des Gesetzblattes)[1] sowie des Einführungsgesetzes zur Abgabenordnung der Deutschen Demokratischen Republik vom 22. Juni 1990 (Sonderdruck Nr. 1428 des Gesetzblattes)[1] über die Verjährung und über die Ausschlußfristen weiter anzuwenden, soweit sie für die Festsetzung einer Steuer, Steuervergütung oder steuerlichen Nebenleistung, für die Aufhebung oder Änderung einer solchen Festsetzung oder für die Geltendmachung von Erstattungsansprüchen von Bedeutung sind; Nummer 9 Satz 2 bis 4 bleibt unberührt. [3]Sätze 1 und 2 gelten sinngemäß für die ge-

---

[1] Gesetzblatt der DDR.

sonderte Feststellung von Besteuerungsgrundlagen sowie für die Festsetzung, Zerlegung und Zuteilung von Steuermeßbeträgen. [4]Bei der Einheitsbewertung tritt an die Stelle des Zeitpunkts der Entstehung des Steueranspruchs der Zeitpunkt, auf den die Hauptfeststellung, die Fortschreibung, die Nachfeststellung oder die Aufhebung eines Einheitswertes vorzunehmen ist.

6. §§ 69 bis 76 und 191 Abs. 3 bis 5 sind anzuwenden, wenn der haftungsbegründende Tatbestand nach dem Wirksamwerden des Beitritts verwirklicht worden ist.

7. [1]Bei der Anwendung des § 141 Abs. 1 Nr. 3 tritt an die Stelle des Wirtschaftswerts der Ersatzwirtschaftswert (§ 125 des Bewertungsgesetzes)[1]. [2]Satz 1 ist letztmals für gesonderte Feststellungen auf den 1. Januar 2024 anzuwenden.[2]

8. [1]Die Vorschriften über verbindliche Zusagen auf Grund einer Außenprüfung (§§ 204 bis 207) sind anzuwenden, wenn die Schlußbesprechung nach dem Wirksamwerden des Beitritts stattfindet oder, falls eine solche nicht erforderlich ist, wenn dem Steuerpflichtigen der Prüfungsbericht nach dem Wirksamwerden des Beitritts zugegangen ist. [2]Hat die Schlußbesprechung nach dem 30. Juni 1990 und vor dem Wirksamwerden des Beitritts stattgefunden oder war eine solche nicht erforderlich und ist der Prüfungsbericht dem Steuerpflichtigen nach dem 30. Juni 1990 und vor dem Wirksamwerden des Beitritts zugegangen, sind die bisherigen Vorschriften der Abgabenordnung der Deutschen Demokratischen Republik (AO 1990) vom 22. Juni 1990 (Sonderdruck Nr. 1428 des Gesetzblattes)[3] sowie des Einführungsgesetzes zur Abgabenordnung der Deutschen Demokratischen Republik vom 22. Juni 1990 (Sonderdruck Nr. 1428 des Gesetzblattes)[3] über verbindliche Zusagen auf Grund einer Außenprüfung weiter anzuwenden.

9. [1]Die Vorschriften über die Zahlungsverjährung gelten für alle Ansprüche im Sinne des § 228 Satz 1, deren Verjährung gemäß § 229 nach dem Wirksamwerden des Beitritts beginnt. [2]Liegen die Voraussetzungen des Satzes 1 nicht vor, so sind für die Ansprüche weiterhin die Vorschriften der Abgabenordnung der Deutschen Demokratischen Republik (AO 1990) vom 22. Juni 1990 (Sonderdruck Nr. 1428 des Gesetzblattes)[1] sowie des Einführungsgesetzes zur Abgabenordnung der Deutschen Demokratischen Republik vom 22. Juni 1990 (Sonderdruck Nr. 1428 des Gesetzblattes)[1] über die Verjährung und Ausschlußfristen anzuwenden. [3]Die Verjährung wird jedoch ab Wirksamwerden des Beitritts nur noch nach den §§ 230 und 231 gehemmt und unterbrochen. [4]Auf die nach § 231 Abs. 3 beginnende neue Verjährungsfrist sind die §§ 228 bis 232 anzuwenden.

10. [1]Zinsen entstehen für die Zeit nach dem Wirksamwerden des Beitritts nach den Vorschriften der Abgabenordnung. [2]Die Vorschriften des § 233a über die Verzinsung von Steuernachforderungen und Steuererstattungen

---

[1] Nr. **200.**
[2] Art. 97a § 2 Nr. 7 Satz 2 angef. durch G v. 26.11.2019 (BGBl. I S. 1794).
[3] Gesetzblatt der DDR.

sind erstmals für Steuern anzuwenden, die nach dem 31. Dezember 1990 entstehen. [3]Ist eine Steuer über den Tag des Wirksamwerdens des Beitritts hinaus zinslos gestundet worden, so gilt dies als Verzicht auf Zinsen im Sinne des § 234 Abs. 2. [4]Die Vorschriften des § 239 Abs. 1 über die Festsetzungsfrist gelten in allen Fällen, in denen die Festsetzungsfrist auf Grund dieser Vorschrift nach dem Wirksamwerden des Beitritts beginnt.

11. § 240 ist erstmals auf Säumniszuschläge anzuwenden, die nach dem Wirksamwerden des Beitritts verwirkt werden.

12. Wird ein Verwaltungsakt angefochten, der vor dem Wirksamwerden des Beitritts wirksam geworden ist, bestimmt sich die Zulässigkeit des außergerichtlichen Rechtsbehelfs nach den bisherigen Vorschriften; ist über den Rechtsbehelf nach dem Wirksamwerden des Beitritts zu entscheiden, richten sich die Art des außergerichtlichen Rechtsbehelfs sowie das weitere Verfahren nach den neuen Vorschriften.

13. [1]Eine vor dem Wirksamwerden des Beitritts begonnene Maßnahme der Zwangsvollstreckung ist nach dem bisherigen Recht zu erledigen. [2]Werden weitere selbständige Maßnahmen zur Fortsetzung der bereits begonnenen Zwangsvollstreckung nach dem Wirksamwerden des Beitritts eingeleitet, gelten die Vorschriften der Abgabenordnung. [3]Als selbständige Maßnahme gilt auch die Verwertung eines gepfändeten Gegenstandes.

§ 3[1] **Festsetzungsverjährung und D-Markbilanzgesetz.** (1) [1]Bei Steuerpflichtigen, die nach dem D-Markbilanzgesetz vom 31. August 1990 in der Fassung vom 28. Juli 1994 (BGBl. II S. 1842) eine Eröffnungsbilanz für den 1. Juli 1990 aufzustellen haben, beträgt die Festsetzungsfrist insoweit abweichend von § 169 Abs. 2 Satz 1 Nr. 2 der Abgabenordnung für Steuern vom Einkommen, die nach dem 30. Juni 1990 und vor dem 1. Januar 1993 entstehen, sechs Jahre. [2]Soweit diese Steuern leichtfertig verkürzt worden sind, beträgt die Festsetzungsfrist abweichend von § 169 Abs. 2 Satz 2 der Abgabenordnung sieben Jahre.

(2) Für Gesellschaften und Gemeinschaften, für die Einkünfte nach § 180 Abs. 1 Nr. 2 Buchstabe a der Abgabenordnung einheitlich und gesondert festzustellen sind, gilt Absatz 1 für die Feststellungsfrist sinngemäß.

(3) Die Festsetzungsfrist für Haftungsbescheide, denen die in den Absätzen 1 und 2 genannten Steueransprüche zugrunde liegen, beträgt abweichend von § 191 Abs. 3 Satz 2 der Abgabenordnung sechs Jahre, in den Fällen des § 70 der Abgabenordnung bei Steuerhinterziehung zehn Jahre, bei leichtfertiger Steuerverkürzung sieben Jahre, in den Fällen des § 71 der Abgabenordnung zehn Jahre.

§ 4[2] **Verrechnung der für das zweite Halbjahr 1990 gezahlten Vermögensteuer.** Die nach der Verordnung vom 27. Juni 1990 (GBl. I Nr. 41 S. 618)[3] in der zusammengefaßten Steuerrate für das zweite Halbjahr 1990

---

[1] Art. 97a § 3 eingef. durch G v. 18.12.1995 (BGBl. I S. 1959).
[2] Art. 97a § 4 angef. als § 3 durch G v. 24.6.1991 (BGBl. I S. 1322).
[3] Gesetzblatt der DDR.

gezahlte Vermögensteuer ist in der Jahreserklärung 1990 innerhalb der Steuerrate mit der Körperschaftsteuer und Gewerbesteuer der in Kapitalgesellschaften umgewandelten ehemaligen volkseigenen Kombinate, Betriebe und Einrichtungen zu verrechnen.

§ 5[1] *(aufgehoben)*

Art. 98 Verweisungen. Soweit in Rechtsvorschriften auf Vorschriften verwiesen wird, die durch dieses Gesetz aufgehoben werden, treten an deren Stelle die entsprechenden Vorschriften der Abgabenordnung.

Art. 99[2] **Ermächtigungen.** (1) Das Bundesministerium der Finanzen wird ermächtigt, durch Rechtsverordnung in den Fällen, in denen Verbrauchsteuergesetze für verbrauchsteuerpflichtige Waren Steuerbefreiungen, Steuerermäßigungen oder sonstige Steuervergünstigungen unter der Bedingung vorsehen, daß diese Waren einer besonderen Bestimmung zugeführt werden, zur Sicherung des Steueraufkommens und zur Vereinfachung des Verfahrens anzuordnen, daß

1. die Steuer nur bedingt entsteht; bei einer Steuerermäßigung gilt dies in Höhe des Unterschiedes zwischen dem vollen und dem ermäßigten Steuersatz,

2. eine bedingte Steuer außer in sonst gesetzlich bestimmten Fällen auch unbedingt wird, wenn

   a) die verbrauchsteuerpflichtige Ware entgegen Rechtsvorschriften über das Verfahren der Steueraufsicht vorenthalten oder entzogen wird,

   b) eine befristete Erlaubnis für die Inanspruchnahme einer Steuervergünstigung erlischt, hinsichtlich der in diesem Zeitpunkt beim Inhaber der Erlaubnis noch vorhandenen Bestände an von ihm steuerbegünstigt bezogenen verbrauchsteuerpflichtigen Waren.

(2) Rechtsverordnungen nach Absatz 1 und andere Rechtsverordnungen, die auf Grund der in diesem Gesetz enthaltenen Ermächtigungen auf dem Gebiet der Verbrauchsteuern und Finanzmonopole (Artikel 20 bis 32) erlassen werden, bedürfen, außer wenn sie die Biersteuer betreffen, nicht der Zustimmung des Bundesrates.

Art. 100[3] *(aufgehoben)*

Art. 101 Berlin-Klausel. *(gegenstandslos)*

Art. 102[4] **Inkrafttreten.** (1) Dieses Gesetz tritt am 1. Januar 1977 in Kraft, soweit nichts anderes bestimmt ist.

---

[1] Art. 97a § 5 eingef. durch G v. 20.12.2001 (BGBl. I S. 3794) und aufgeh. durch G v. 5.5.2004 (BGBl. I S. 718).
[2] Art. 99 Abs. 1 Einleitungssatz geänd. durch G v. 21.12.1993 (BGBl. I S. 2310).
[3] Art. 100 aufgeh. durch G v. 21.12.1993 (BGBl. I S. 2310).
[4] Art. 102 betrifft das Inkrafttreten in der ursprünglichen Fassung. Das Inkrafttreten der späteren Änderungen ergibt sich aus den jeweiligen Änderungsgesetzen.

(2) § 17 Abs. 3 des Finanzverwaltungsgesetzes in der Fassung des Artikels 1 Nr. 7 Buchstabe b, Artikel 11, Artikel 17 Nr. 13 Buchstabe c, Artikel 97 § 19 und Artikel 99 treten am Tage nach der Verkündung[1] in Kraft.

(3) Artikel 14 Nr. 1 Buchstabe a gilt erstmals für die Vermögensteuer des Kalenderjahres 1975.

---

[1] Verkündet am 17.12.1976.

800b. Verordnung zu Art, Inhalt und Umfang von Aufzeichnungen im Sinne des § 90 Absatz 3 der Abgabenordnung (Gewinnabgrenzungsaufzeichnungs–Verordnung – GAufzV)

Vom 12. Juli 2017 (BGBl. I S. 2367)

BGBl. III/FNA 610-1-15

Auf Grund des § 90 Absatz 3 Satz 11 der Abgabenordnung, der durch Artikel 1 Nummer 2 des Gesetzes vom 20. Dezember 2016 (BGBl. I S. 3000) neu gefasst worden ist, verordnet das Bundesministerium der Finanzen:

§ 1 Grundsätze der Aufzeichnungspflicht. (1) [1]Der Steuerpflichtige hat in den Aufzeichnungen, die über die Geschäftsbeziehungen im Sinne des § 1 Absatz 4 des Außensteuergesetzes zu erstellen sind, sämtliche Tatsachen anzugeben, die für die Vereinbarung von Bedingungen für Geschäftsvorfälle, insbesondere von Verrechnungspreisen, steuerliche Bedeutung haben. [2]Die Aufzeichnungspflicht beschränkt sich nicht auf die zivilrechtlichen Beziehungen. [3]Die Aufzeichnungspflicht bezieht sich auch auf Geschäftsvorfälle, die keinen Leistungsaustausch zum Gegenstand haben, wie Vereinbarungen über Arbeitnehmerentsendungen. [4]Aufzeichnungen, die im Wesentlichen unverwertbar sind (§ 162 Absatz 3 und 4 der Abgabenordnung), sind als nicht erstellt zu behandeln.

(2) Für die Sachverhaltsdokumentation nach § 90 Absatz 3 Satz 2 der Abgabenordnung sind Aufzeichnungen über die Art, den Umfang und die Abwicklung sowie über die wirtschaftlichen und die rechtlichen Rahmenbedingungen der Geschäftsvorfälle erforderlich.

(3) [1]Für die Angemessenheitsdokumentation nach § 90 Absatz 3 Satz 2 der Abgabenordnung hat der Steuerpflichtige für jeden Geschäftsvorfall entsprechend der von ihm gewählten Verrechnungspreismethode Aufzeichnungen zu erstellen und Vergleichsdaten heranzuziehen, soweit solche Daten im Zeitpunkt der Vereinbarung des jeweiligen Geschäftsvorfalls bei ihm oder bei ihm nahestehenden Personen vorhanden sind oder soweit er sich solche Daten mit zumutbarem Aufwand aus ihm frei zugänglichen Quellen beschaffen kann. [2]Zu den Vergleichsdaten im Sinne des Satzes 1 gehören insbesondere Daten zu vergleichbaren Geschäftsvorfällen, die der Steuerpflichtige oder eine ihm nahestehende Person mit fremden Dritten abgeschlossen hat, und zu vergleichbaren Geschäftsvorfällen zwischen fremden Dritten, zum Beispiel Preise und Geschäftsbedingungen, Kostenaufteilungen, Gewinnaufschläge, Bruttospannen, Nettospannen, Gewinnaufteilungen. [3]Zusätzlich sind Aufzeichnungen über innerbetriebliche Daten zu erstellen, die eine Plausibilitätskontrolle der vom Steuerpflichtigen vereinbarten Verrechnungspreise ermöglichen, wie

zum Beispiel Prognoserechnungen und Daten zur Absatz-, Gewinn- und Kostenplanung. [4]Hat der Steuerpflichtige die von ihm und den ihm nahestehenden Personen ausgeübten Funktionen, übernommenen Risiken und eingesetzten wesentlichen Vermögenswerte in ihrer Bedeutung für einen Geschäftsvorfall gewichtet, muss diese Gewichtung widerspruchsfrei sein; in solchen Fällen müssen für jeden am Geschäftsvorfall Beteiligten die ausgeübten Funktionen, das Ausmaß der tatsächlich übernommenen Risiken und die Höhe der tatsächlich eingesetzten wesentlichen Vermögenswerte quantitativ nachvollziehbar dargestellt werden.

§ 2 Art, Inhalt und Umfang der Aufzeichnungen. (1) [1]Aufzeichnungen über Geschäftsbeziehungen können in Papierform oder elektronisch erstellt werden. [2]Sie sind ordnungsmäßig zu führen und aufzubewahren. [3]Sie müssen das ernsthafte Bemühen des Steuerpflichtigen belegen, seine Geschäftsbeziehungen unter Beachtung des Fremdvergleichsgrundsatzes zu gestalten. [4]Die Aufzeichnungen müssen es daher einem sachverständigen Dritten ermöglichen, innerhalb einer angemessenen Frist festzustellen, welche Sachverhalte der Steuerpflichtige im Zusammenhang mit seinen Geschäftsbeziehungen verwirklicht hat und ob und inwieweit er dabei den Fremdvergleichsgrundsatz beachtet hat.

(2) [1]Art, Inhalt und Umfang der zu erstellenden Aufzeichnungen bestimmen sich nach den Umständen des Einzelfalls, insbesondere nach der vom Steuerpflichtigen angewandten Verrechnungspreismethode. [2]Der Steuerpflichtige ist nicht verpflichtet, Aufzeichnungen für mehr als eine geeignete Verrechnungspreismethode zu erstellen.

(3) [1]Aufzeichnungen sind grundsätzlich geschäftsvorfallbezogen zu erstellen. [2]Geschäftsvorfälle, die gemessen an Funktionen und Risiken wirtschaftlich vergleichbar sind, können für die Erstellung von Aufzeichnungen zu Gruppen zusammengefasst werden, wenn

1. die Gruppenbildung nach vorher festgelegten und nachvollziehbaren Regeln vorgenommen wurde und die Geschäftsvorfälle gleichartig oder gleichwertig sind oder

2. die Zusammenfassung auch bei Geschäftsvorfällen zwischen fremden Dritten üblich ist.

[3]Eine Zusammenfassung ist auch zulässig bei ursächlich zusammenhängenden Geschäftsvorfällen und bei Teilleistungen im Rahmen eines Gesamtgeschäfts, wenn es für die Prüfung der Angemessenheit weniger auf den einzelnen Geschäftsvorfall, sondern mehr auf die Beurteilung des Gesamtgeschäfts ankommt. [4]Werden Aufzeichnungen für Gruppen von Geschäftsvorfällen erstellt, sind die Regeln für deren Abwicklung und die Kriterien für die Gruppenbildung darzustellen. [5]Bestehen für eine Gruppe verbundener Unternehmen dem Fremdvergleichsgrundsatz genügende innerbetriebliche Verrechnungspreisrichtlinien, die für die einzelnen Unternehmen eine geeignete Verrechnungspreismethode oder mehrere geeignete Verrechnungspreismethoden vorgeben, können diese Verrechnungspreisrichtlinien als Bestandteil der Aufzeichnungen verwendet werden. [6]Soweit solche Verrechnungspreisrichtli-

nien die Preisermittlung regeln und tatsächlich befolgt werden, kann auf geschäftsvorfallbezogene Einzelaufzeichnungen im Sinne des Satzes 1 verzichtet
werden.

(4) [1]Ergibt sich bei Dauersachverhalten eine Änderung der Umstände, die
für die Angemessenheit vereinbarter Preise von wesentlicher Bedeutung ist,
hat der Steuerpflichtige auch nach dem Geschäftsabschluss Informationen zu
sammeln und aufzuzeichnen, die einer Finanzbehörde die Prüfung ermöglichen, ob und ab welchem Zeitpunkt fremde Dritte eine Anpassung der Geschäftsbedingungen für spätere Geschäftsvorfälle vereinbart hätten. [2]Dies gilt
insbesondere, wenn in einem Geschäftsbereich steuerliche Verluste erkennbar
werden, die ein fremder Dritter nicht hingenommen hätte, oder wenn Preisanpassungen zu Lasten des Steuerpflichtigen vorgenommen werden.

(5) [1]Aufzeichnungen sind grundsätzlich in deutscher Sprache zu erstellen.
[2]Die Finanzbehörde kann auf Antrag des Steuerpflichtigen Ausnahmen hiervon zulassen. [3]Der Antrag kann vor der Anfertigung der Aufzeichnungen
gestellt werden, er ist aber spätestens unverzüglich nach Anforderung der Aufzeichnungen durch die Finanzbehörde zu stellen. [4]Erforderliche Übersetzungen von Verträgen und ähnlichen Dokumenten im Sinne der §§ 4 und 5 gehören zu den Aufzeichnungen. [5]§ 87 Absatz 2 der Abgabenordnung bleibt
unberührt.

(6) [1]Aufzeichnungen sollen im Regelfall nur für die Zwecke der Durchführung einer Außenprüfung angefordert werden. [2]Die Anforderung soll die
Geschäftsbereiche und die Geschäftsbeziehungen des Steuerpflichtigen bezeichnen, die Gegenstand der Außenprüfung sein sollen. [3]In der Anforderung
sollen auch die Art und der Umfang der angeforderten Aufzeichnungen inhaltlich hinreichend bestimmt werden. [4]Die Anforderung kann zusammen mit
der Prüfungsanordnung erfolgen und jederzeit nachgeholt, ergänzt oder geändert werden (§ 90 Absatz 3 Satz 10 der Abgabenordnung).

**§ 3 Zeitnahe Erstellung von Aufzeichnungen bei außergewöhnlichen
Geschäftsvorfällen.** (1) [1]Aufzeichnungen über außergewöhnliche Geschäftsvorfälle im Sinne des § 90 Absatz 3 Satz 8 der Abgabenordnung sind zeitnah
erstellt, wenn sie im engen zeitlichen Zusammenhang mit dem Geschäftsvorfall gefertigt werden. [2]Sie gelten als noch zeitnah erstellt, wenn sie innerhalb
von sechs Monaten nach Ablauf des Wirtschaftsjahres gefertigt werden, in dem
sich der Geschäftsvorfall ereignet hat.

(2) Als außergewöhnliche Geschäftsvorfälle sind insbesondere anzusehen:

1. der Abschluss und die Änderung langfristiger Verträge, die sich erheblich
   auf die Höhe der Einkünfte des Steuerpflichtigen aus seinen Geschäftsbeziehungen auswirken,

2. Vermögensübertragungen im Zuge von Umstrukturierungsmaßnahmen,

3. die Übertragung und die Überlassung von Vermögenswerten im Zusammenhang mit wesentlichen Funktions- und Risikoänderungen im Unternehmen,

4. Geschäftsvorfälle im Zusammenhang mit einer für die Verrechnungspreisbildung erheblichen Änderung der Geschäftsstrategie sowie

5. der Abschluss von Umlageverträgen.

§ 4 Landesspezifische, unternehmensbezogene Dokumentation.
(1) Der Steuerpflichtige hat nach Maßgabe der §§ 1 bis 3 folgende Aufzeichnungen, soweit sie für die Prüfung von Geschäftsbeziehungen des Steuerpflichtigen im Sinne des § 90 Absatz 3 Satz 1 und 2 der Abgabenordnung steuerlich von Bedeutung sind, zu erstellen:

1. allgemeine Informationen über die Beteiligungsverhältnisse, den Geschäftsbetrieb und den Organisationsaufbau:

   a) die Darstellung der Beteiligungsverhältnisse zwischen dem Steuerpflichtigen und ihm nahestehenden Personen im Sinne des § 1 Absatz 2 Nummer 1 und 2 des Außensteuergesetzes, mit denen der Steuerpflichtige unmittelbar oder über Zwischenpersonen Geschäftsbeziehungen unterhält, zu Beginn des Prüfungszeitraums und die Darstellung der Veränderungen dieser Beteiligungsverhältnisse innerhalb des Prüfungszeitraums,

   b) die Darstellung der sonstigen Umstände, die das Nahestehen im Sinne des § 1 Absatz 2 Nummer 3 des Außensteuergesetzes begründen können,

   c) die Darstellung der organisatorischen und operativen Konzernstruktur, einschließlich Betriebsstätten und Beteiligungen an Personengesellschaften, zu Beginn des Prüfungszeitraums sowie die Darstellung der Veränderungen der Konzernstruktur innerhalb des Prüfungszeitraums,

   d) die Beschreibung der Managementstruktur sowie der Organisationsstruktur des inländischen Unternehmens des Steuerpflichtigen,

   e) die Beschreibung der Tätigkeitsbereiche des Steuerpflichtigen und der Geschäftsstrategie zu Beginn des Prüfungszeitraums sowie die Beschreibung der Veränderungen der Tätigkeitsbereiche und der Geschäftsstrategie innerhalb des Prüfungszeitraums;

2. Aufzeichnungen über Geschäftsbeziehungen des Steuerpflichtigen:

   a) die Darstellung der Geschäftsbeziehungen des Steuerpflichtigen, Übersicht über Art und Umfang dieser Geschäftsbeziehungen, zum Beispiel Wareneinkauf, Dienstleistungen, Darlehensverhältnisse und andere Nutzungsüberlassungen sowie Kostenumlagen, und Übersicht über die den Geschäftsbeziehungen zugrunde liegenden Verträge und der Veränderungen innerhalb des Prüfungszeitraums,

   b) die Auflistung der wesentlichen immateriellen Werte, die dem Steuerpflichtigen gehören und die er im Rahmen seiner Geschäftsbeziehungen nutzt oder zur Nutzung überlässt;

3. Funktions- und Risikoanalyse:

   a) Informationen über

      aa) die im Rahmen der Geschäftsbeziehungen ausgeübten Funktionen und übernommenen Risiken zu Beginn des Prüfungszeitraums sowie über die Veränderungen dieser Funktionen und Risiken innerhalb des Prüfungszeitraums,

bb) die eingesetzten wesentlichen Vermögenswerte,

cc) die vereinbarten Vertragsbedingungen,

dd) gewählte Geschäftsstrategien sowie

ee) die Markt- und Wettbewerbsverhältnisse, die für die Besteuerung von Bedeutung sind,

b) Beschreibung der Wertschöpfungskette und Darstellung der Wertschöpfungsbeiträge des Steuerpflichtigen; § 1 Absatz 3 Satz 4 ist zu beachten;

4. Verrechnungspreisanalyse:

a) Zeitpunkt der Verrechnungspreisbestimmung,

b) Aufzeichnung der im Zeitpunkt der Verrechnungspreisbestimmung verfügbaren und zur Preisbestimmung verwendeten Informationen, die für die Besteuerung von Bedeutung sind,

c) Darstellung der angewandten Verrechnungspreismethode,

d) Begründung der Auswahl und der Geeignetheit der angewandten Verrechnungspreismethode,

e) Unterlagen über die Berechnungen bei der Anwendung der gewählten Verrechnungspreismethode,

f) Auflistung und Beschreibung verwendeter vergleichbarer interner oder externer Geschäftsvorfälle.

(2) Zu den in Absatz 1 genannten Aufzeichnungen gehören nach den Verhältnissen des Einzelfalls folgende weitere Aufzeichnungen:

1. Informationen über Sonderumstände wie Maßnahmen zum Vorteilsausgleich, soweit sie die Bestimmung der Verrechnungspreise des Steuerpflichtigen beeinflussen können;

2. bei Umlagen die Verträge, gegebenenfalls in Verbindung mit den Anhängen, den Anlagen und den Zusatzvereinbarungen, die Unterlagen über die Anwendung des Aufteilungsschlüssels und über den erwarteten Nutzen für alle Beteiligten sowie die Unterlagen über die Art und den Umfang der Rechnungskontrolle, über die Anpassung an veränderte Verhältnisse, über die Zugriffsberechtigung auf die Unterlagen des leistungserbringenden Unternehmens und über die Zuordnung von Nutzungsrechten;

3. Informationen über beantragte oder abgeschlossene Verständigungs- oder Schiedsstellenverfahren anderer Staaten sowie über unilaterale Verrechnungspreiszusagen und sonstige steuerliche Vorabzusagen ausländischer Steuerverwaltungen, die die Geschäftsbeziehungen des Steuerpflichtigen berühren;

4. Aufzeichnungen über Preisanpassungen beim Steuerpflichtigen, auch wenn diese die Folge von Verrechnungspreiskorrekturen oder Vorabzusagen ausländischer Finanzbehörden bei dem Steuerpflichtigen nahestehenden Personen sind;

5. Aufzeichnungen über die Ursachen von Verlusten und über Vorkehrungen des Steuerpflichtigen oder ihm nahestehender Personen zur Beseitigung der Verlustsituation, wenn der Steuerpflichtige in mehr als drei aufeinander folgenden Wirtschaftsjahren aus Geschäftsbeziehungen einen steuerlichen Verlust ausweist;

6. in Fällen von Funktions- und Risikoänderungen im Sinne des § 3 Absatz 2 Aufzeichnungen über Forschungsvorhaben und laufende Forschungstätigkeiten, die im Zusammenhang mit einer Funktionsänderung stehen können und in den drei Jahren vor Durchführung der Funktionsänderung stattfanden oder abgeschlossen worden sind; die Aufzeichnungen müssen mindestens Angaben über den genauen Gegenstand der Forschungen und die insgesamt jeweils zuzuordnenden Kosten enthalten. ²Dies gilt nur, soweit ein Steuerpflichtiger Forschung und Entwicklung betreibt und Unterlagen über seine Forschungs- und Entwicklungsarbeiten erstellt, aus denen die genannten Aufzeichnungen abgeleitet werden können.

(3) ¹Verwendet der Steuerpflichtige für die Bestimmung seiner Verrechnungspreise Datenbanken, muss er die von ihm dabei verwendete Suchstrategie, die dabei verwendeten Suchkriterien, das Suchergebnis und den außerhalb der Datenbank durchgeführten weiteren Selektionsprozess (Suchprozess) umfassend offenlegen. ²Der gesamte Suchprozess des Steuerpflichtigen muss nachvollziehbar und zum Zeitpunkt der Außenprüfung prüfbar sein. ³Die Konfiguration der Datenbank, mit der der konkrete Suchprozess durchgeführt wurde, ist vollständig zu dokumentieren. ⁴§ 147 Absatz 6 der Abgabenordnung gilt sinngemäß.

§ 5 Stammdokumentation. (1) ¹Steuerpflichtige, die nach § 90 Absatz 3 Satz 3 und 4 der Abgabenordnung eine Stammdokumentation zu erstellen haben, haben die in der Anlage zu dieser Verordnung aufgeführten Aufzeichnungen zu erstellen und entsprechende Unterlagen vorzulegen, um der Finanzbehörde einen Überblick über die Art der weltweiten Geschäftstätigkeit der Unternehmensgruppe und über die Systematik der Verrechnungspreisbestimmung, die die Unternehmensgruppe anwendet, zu ermöglichen. ²Der Steuerpflichtige kann auch Aufzeichnungen verwenden, die von einem anderen Unternehmen derselben Unternehmensgruppe erstellt wurden. ³Soweit erforderlich, sind diese Aufzeichnungen um weitere Angaben entsprechend der Anlage zu dieser Verordnung zu ergänzen. ⁴§ 2 Absatz 5 bleibt unberührt.

(2) Der Steuerpflichtige soll bei der Erstellung der Stammdokumentation eine vernünftige kaufmännische Beurteilung zugrunde legen, um die mit der Stammdokumentation verbundenen Ziele mit angemessenem Aufwand zu erreichen.

§ 6 Anwendungsregelungen für kleinere Unternehmen und für Steuerpflichtige mit anderen als Gewinneinkünften. (1) ¹Für Steuerpflichtige, die aus Geschäftsbeziehungen andere Einkünfte als Gewinneinkünfte beziehen, und für kleinere Unternehmen gelten die in § 90 Absatz 3 Satz 1 bis 4 und 8 der Abgabenordnung und die in dieser Verordnung bezeichneten Aufzeichnungspflichten vorbehaltlich Satz 2 als erfüllt, soweit die gegenüber den

Finanzbehörden zu erteilenden Auskünfte den Anforderungen des § 2 Absatz 1 entsprechen und durch die Vorlage vorhandener Unterlagen auf Anforderung des Finanzamts belegt werden. [2]Die in § 90 Absatz 3 Satz 7 und 8 der Abgabenordnung genannten Fristen sind einzuhalten.

(2) [1]Kleinere Unternehmen im Sinne des Absatzes 1 sind Unternehmen, bei denen im laufenden Wirtschaftsjahr

1. die Summe der Entgelte für die Lieferung von Gütern oder Waren aus Geschäftsbeziehungen mit nahestehenden Personen im Sinne des § 1 Absatz 2 des Außensteuergesetzes sechs Millionen Euro nicht übersteigt und

2. die Summe der Vergütungen für andere Leistungen als die Lieferung von Gütern oder Waren aus Geschäftsbeziehungen mit nahestehenden Personen im Sinne des § 1 Absatz 2 des Außensteuergesetzes nicht mehr als 600 000 Euro beträgt.

[2]Werden die in Satz 1 genannten Beträge in einem Wirtschaftsjahr überschritten, ist Absatz 1 ab dem darauf folgenden Wirtschaftsjahr nicht mehr anzuwenden. [3]Unterschreitet ein Unternehmen, das nicht nach Absatz 1 begünstigt ist, die genannten Beträge in einem Wirtschaftsjahr, ist es im darauf folgenden Wirtschaftsjahr als kleineres Unternehmen im Sinne des Satzes 1 zu behandeln.

(3) Zusammenhängende inländische Unternehmen im Sinne der §§ 13, 18 und 19 der Betriebsprüfungsordnung vom 15. März 2000 (BStBl. I S. 368) in der jeweils geltenden Fassung und inländische Betriebsstätten von dem Steuerpflichtigen nahestehenden Personen sind für die Prüfung der Betragsgrenzen nach Absatz 2 zusammenzurechnen.

§ 7 Schlussvorschrift. Diese Verordnung ist erstmals für Wirtschaftsjahre anzuwenden, die nach dem 31. Dezember 2016 beginnen.

§ 8 Inkrafttreten, Außerkrafttreten. [1]Diese Verordnung tritt am Tag nach der Verkündung in Kraft. [2]Gleichzeitig tritt die Gewinnabgrenzungsaufzeichnungsverordnung vom 13. November 2003 (BGBl. I S. 2296), die zuletzt durch Artikel 7 des Gesetzes vom 26. Juni 2013 (BGBl. I S. 1809) geändert worden ist, außer Kraft.

Anlage
(zu § 5)

Umfang der Stammdokumentation

Die Stammdokumentation umfasst Folgendes:

1. grafische Darstellung des Organisationsaufbaus (Rechts- und Eigentümerstruktur) sowie der geografischen Verteilung der Gesellschaften und Betriebsstätten, die zur Unternehmensgruppe im Sinne des § 90 Absatz 3 der Abgabenordnung gehören;
2. Übersicht über bedeutende Faktoren für den Gesamtgewinn der Unternehmensgruppe;
3. Beschreibung der Lieferketten für die fünf Produkte oder Dienstleistungen der Unternehmensgruppe, die die höchsten Umsatzerlöse erzielen (eine aussagefähige Grafik oder ein entsprechendes Diagramm reicht aus);
4. Beschreibung der Lieferketten für alle weiteren Produkte oder Dienstleistungen, auf die jeweils mehr als 5 Prozent der Umsatzerlöse der Unternehmensgruppe entfallen (eine aussagefähige Grafik oder ein entsprechendes Diagramm reicht aus);
5. Auflistung und zusammenfassende Beschreibung wichtiger Dienstleistungsvereinbarungen zwischen Unternehmen der Unternehmensgruppe (ohne Forschungs- und Entwicklungsleistungen), einschließlich einer Beschreibung der Kapazitäten der Hauptstandorte, die bedeutende Dienstleistungen erbringen, sowie der Verrechnungspreispolitik für die Zuordnung der Dienstleistungskosten und für die Bestimmung der für konzerninterne Dienstleistungen zu zahlenden Preise;
6. Beschreibung der wichtigsten geografischen Märkte für die Produkte oder Dienstleistungen der Unternehmensgruppe (vgl. die Nummern 3 und 4);
7. zusammenfassende Funktionsanalyse, die die Hauptbeiträge beschreibt, die die einzelnen Unternehmen der Unternehmensgruppe zur Wertschöpfung leisten, das heißt die ausgeübten Schlüsselfunktionen, die wichtigen übernommenen Risiken und die wichtigen genutzten Vermögenswerte;
8. zusammenfassende Beschreibung bedeutender, während des Wirtschaftsjahres erfolgter Umstrukturierungen der Geschäftstätigkeit der Unternehmensgruppe sowie eine Auflistung und zusammenfassende Beschreibung der von der Unternehmensgruppe während des Wirtschaftsjahres vorgenommenen bedeutender Unternehmenskäufe und -verkaufe;
9. allgemeine Beschreibung der Gesamtstrategie der Unternehmensgruppe für immaterielle Werte (Entwicklung, Eigentum, Schutz und Verwertung), einschließlich einer Auflistung der Standorte der wichtigsten Forschungs- und Entwicklungseinrichtungen und der Standorte des Forschungs- und Entwicklungsmanagements;
10. Auflistung der immateriellen Werte oder der Gruppen immaterieller Werte der Unternehmensgruppe, die für die Verrechnungspreisbestimmung von Bedeutung sind, sowie der Unternehmen, der rechtliche Eigentümer oder Inhaber dieser immateriellen Werte sind;
11. Auflistung wichtiger Vereinbarungen zwischen den Unternehmen der Unternehmensgruppe mit Bezug zu den immateriellen Werten, einschließlich Kostenumlagevereinbarungen sowie wesentlicher Forschungsdienstleistungsvereinbarungen und Lizenzvereinbarungen;
12. allgemeine Beschreibung der Verrechnungspreispolitik der Unternehmensgruppe in Bezug auf Forschung und Entwicklung sowie auf immaterielle Werte;
13. allgemeine Beschreibung aller wichtigen Übertragungen von Rechten an immateriellen Werten zwischen den Unternehmen der Unternehmensgruppe während des betreffenden Wirtschaftsjahres, einschließlich der entsprechenden Unternehmen, Staaten und Vergütungen;
14. allgemeine Beschreibung, wie die Unternehmensgruppe finanziert wird, einschließlich der Darstellung bedeutender Finanzierungsbeziehungen zu fremden Dritten;
15. Angabe derjenigen Unternehmen der Unternehmensgruppe, die eine zentrale Finanzierungs-, Cashmanagement- oder Assetmanagementfunktion ausüben, mit der Angabe,

nach welchem Recht das jeweilige Unternehmen organisiert ist, und mit der Angabe des Orts der tatsächlichen Geschäftsleitung des jeweiligen Unternehmens;

16. allgemeine Beschreibung der Verrechnungspreisstrategie der Unternehmensgruppe in Bezug auf Finanzierungsbeziehungen innerhalb dieser Unternehmensgruppe;

17. Konzernabschluss der Unternehmensgruppe für das betreffende Wirtschaftsjahr, sofern ein solcher erstellt wurde;

18. Auflistung und kurze Beschreibung der bestehenden unilateralen Vorabverständigungen über die Verrechnungspreisgestaltung der Unternehmensgruppe sowie anderer Vorabzusagen im Zusammenhang mit der Aufteilung der Erträge zwischen den Staaten.

Soweit in Satz 1 unbestimmte Rechtsbegriffe verwendet werden, wird dem Unternehmen ein eigenständiger Beurteilungsspielraum eingeräumt unter der Voraussetzung, dass der Beurteilungsspielraum international einheitlich und nach offengelegten Kriterien sowie über das jeweilige Wirtschaftsjahr hinaus konsistent genutzt wird.

800 c. Kleinbetragsverordnung (KBV)[1]

Vom 19. Dezember 2000 (BGBl. I S. 1790, 1805)[2]

Zuletzt geändert durch Gesetz zur Modernisierung des Besteuerungsverfahrens vom 18. 7. 2016 (BGBl. I S. 1679)

§ 1 Änderung oder Berichtigung von Steuerfestsetzungen.
(1) [1] Festsetzungen der

1. Einkommensteuer,

2. Körperschaftsteuer,

3. Erbschaftsteuer (Schenkungsteuer),

4. Grunderwerbsteuer sowie

5. der Rennwett- und Lotteriesteuer

werden nur geändert oder berichtigt, wenn die Abweichung von der bisherigen Festsetzung *mindestens 10 Euro* [**Fassung ab 1. 1. 2017:** bei einer Änderung oder Berichtigung zugunsten des Steuerpflichtigen mindestens 10 Euro oder bei einer Änderung oder Berichtigung zuungunsten des Steuerpflichtigen mindestens 25 Euro][3] beträgt. [2] Bei der Einkommensteuer und bei der Körperschaftsteuer ist die jeweils nach Anrechnung von Steuerabzugsbeträgen *und von Körperschaftsteuer*[3] verbleibende Steuerschuld zu vergleichen.

(2) [1] Eine angemeldete Umsatzsteuervorauszahlung, eine für das Kalenderjahr angemeldete Umsatzsteuer, eine angemeldete Feuerschutzsteuer oder eine angemeldete Versicherungsteuer wird von der Finanzbehörde nur abweichend festgesetzt, geändert oder berichtigt, wenn die Abweichung von der angemeldeten Steuer *mindestens 10 Euro* [**Fassung ab 1. 1. 2017:** im Fall einer Abweichung zugunsten des Steuerpflichtigen mindestens 10 Euro oder im Fall einer Abweichung zuungunsten des Steuerpflichtigen mindestens 25 Euro][4] beträgt. [2] Dasselbe gilt, wenn diese Steuern durch Steuerbescheid festgesetzt worden sind.

(3) Ist Lohnsteuer durch Steuerbescheid festgesetzt oder ist eine durch Lohnsteuer-Anmeldung bewirkte Festsetzung unanfechtbar geworden, gilt Absatz 2 entsprechend.

§ 2 Änderung oder Berichtigung der Festsetzung eines Gewerbesteuermessbetrages. Die Festsetzung eines Gewerbesteuermessbetrages wird nur geändert oder berichtigt, wenn die Abweichung *zur bisherigen Festsetzung mindestens 2 Euro* [**Fassung ab 1.1. 2017:** von der bisherigen Festsetzung bei einer Änderung oder Berichtigung zugunsten des Steuerpflichtigen mindes-

---

[1] Die KBV ist als Art. 26 des G v. 19. 12. 2000 (BGBl. I S. 1790) verkündet worden.
[2] In Kraft ab 1. 1. 2002.
[3] § 1 Abs. 1 Satz 1 geänd., Satz 2 kursiver Satzteil aufgeh. durch G v. 18. 7. 2016 (BGBl. I S. 1679); zur Anwendung vgl. Art. 97 § 9 a Abs. 3 EGAO (Nr. **800 a**).
[4] § 1 Abs. 2 geänd. durch G v. 18. 7. 2016 (BGBl. I S. 1679); zur Anwendung vgl. Art. 97 § 9 a Abs. 3 EGAO (Nr. **800 a**).

tens 2 Euro und bei einer Änderung oder Berichtigung zuungunsten des Steuerpflichtigen mindestens 5 Euro][1] beträgt.

§ 3 Änderung oder Berichtigung der gesonderten Feststellung von Einkünften. (1) Bei gesonderten und einheitlichen Feststellungen von Einkünften wird die Feststellung zur Höhe der Einkünfte nur geändert oder berichtigt, wenn sich diese Einkünfte bei mindestens einem Beteiligten um mindestens *20 [ab 1. 1. 2017:* 25][2] Euro ermäßigen oder erhöhen.

(2) Bei gesonderten Feststellungen wird in den Fällen des § 180 *Abs. 1 Nr. 2 [ab 1. 1. 2017:* Absatz 1 Satz 1 Nummer 2][3] Buchstabe b der Abgabenordnung die Feststellung zur Höhe der Einkünfte nur geändert oder berichtigt, wenn sich diese Einkünfte um mindestens *20 [ab 1. 1. 2017:* 25][2] Euro ermäßigen oder erhöhen.

§ 4[4] *Änderung oder Berichtigung der Festsetzung einer Investitions- oder Eigenheimzulage.* *Investitions- oder Eigenheimzulagebescheide werden nur geändert oder berichtigt, wenn sich die Investitionszulage oder die Eigenheimzulage um mindestens 10 Euro ändert.*

§ 5 *[ab 1. 1. 2017:* § 4][4] **Rückforderung von Wohnungsbauprämien.** Wohnungsbauprämien werden nur zurückgefordert, wenn die Rückforderung mindestens *10 [ab 1. 1. 2017:* 25][2] Euro beträgt.

§ 6 *[ab 1. 1. 2017:* § 5][4] **Kraftfahrzeugsteuer bei Beendigung der Steuerpflicht.** [1]Bei Beendigung der Kraftfahrzeugsteuerpflicht wird die Steuer für den Entrichtungszeitraum, in den das Ende der Steuerpflicht fällt, auf null Euro festgesetzt, wenn der neu festzusetzende Betrag weniger als 5 Euro betragen würde. [2]Dies gilt nicht, wenn gleichzeitig für dasselbe Fahrzeug und denselben Steuerschuldner die Steuer in geänderter Höhe neu festgesetzt wird.

---

[1] § 2 geänd. durch G v. 18. 7. 2016 (BGBl. I S. 1679); zur Anwendung vgl. Art. 97 § 9 a Abs. 3 EGAO (Nr. **800 a**).
[2] Betrag geänd. durch G v. 18. 7. 2016 (BGBl. I S. 1679); zur Anwendung vgl. Art. 97 § 9 a Abs. 3 EGAO (Nr. **800 a**).
[3] Verweis geänd. mWv 1. 1. 2017 (Art. 97 § 9 a Abs. 3 EGAO – Nr. 800 a) durch G v. 18. 7. 2016 (BGBl. I S. 1679).
[4] § 4 aufgeh., bish. §§ 5 und 6 werden, §§ 4 und 5 durch G v. 18. 7. 2016 (BGBl. I S. 1679); zur Anwendung vgl. Art. 97 § 9 a Abs. 3 EGAO (Nr. **800 a**).

800d. Verordnung
über die technischen Rahmenbedingungen des elektronischen Rechtsverkehrs und über das besondere elektronische Behördenpostfach[1)]
(Elektronischer-Rechtsverkehr-Verordnung – ERVV)

Vom 24. November 2017

(BGBl. I S. 3803)

FNA 310-4-19

Geänd. durch Verordnung v. 9.2.2018 (BGBl. I S. 200) und Gesetz zum Ausbau des elektronischen Rechtsverkehrs mit den Gerichten und zur Änd. weiterer Vorschriften
v. 5.10.2021 (BGBl. I S. 4607)

Kapitel 1. Allgemeine Vorschrift

§ 1[2)] Anwendungsbereich. (1) [1]Diese Verordnung gilt für die Übermitt-
lung elektronischer Dokumente an die Gerichte der Länder und des Bundes
sowie die Bearbeitung elektronischer Dokumente durch diese Gerichte nach
§ 130a der Zivilprozessordnung, § 46c des Arbeitsgerichtsgesetzes, § 65a des
Sozialgerichtsgesetzes, § 55a der Verwaltungsgerichtsordnung und § 52a der
Finanzgerichtsordnung. [2]Sie gilt ferner nach Maßgabe des Kapitels 5 für die
Übermittlung elektronischer Dokumente an Strafverfolgungsbehörden und
Strafgerichte der Länder und des Bundes nach § 32a der Strafprozessordnung
sowie die Bearbeitung elektronischer Dokumente.

(2) Besondere bundesrechtliche Vorschriften über die Übermittlung elektronischer Dokumente und strukturierter maschinenlesbarer Datensätze bleiben
unberührt.

Kapitel 2. Technische Rahmenbedingungen des elektronischen Rechtsverkehrs

§ 2[3)] Anforderungen an elektronische Dokumente. (1) [1]Das elektronische Dokument ist im Dateiformat PDF zu übermitteln. [2]Wenn bildliche

---

[1)] **Amtl. Anm.:** Notifiziert gemäß der Richtlinie (EU) 2015/1535 des Europäischen Parlaments und des Rates vom 9. September 2015 über ein Informationsverfahren auf dem Gebiet der technischen Vorschriften und der Vorschriften für die Dienste der Informationsgesellschaft (ABl. L 241 vom 17.9.2015, S. 1).

[2)] § 1 Abs. 1 Satz 2 angef. mWv 16.2.2018 durch VO v. 9.2.2018 (BGBl. I S. 200); Abs. 1
Satz 2 geänd. mWv 1.1.2022 durch G v. 5.10.2021 (BGBl. I S. 4607).

[3)] § 2 Abs. 1 Satz 1 geänd., Abs. 2 neu gef. mWv 1.1.2022 durch G v. 5.10.2021 (BGBl. I
S. 4607).

Darstellungen im Dateiformat PDF nicht verlustfrei wiedergegeben werden können, darf das elektronische Dokument zusätzlich im Dateiformat TIFF übermittelt werden. [3]Die Dateiformate PDF und TIFF müssen den nach § 5 Absatz 1 Nummer 1 bekanntgemachten Versionen entsprechen.

(2) Das elektronische Dokument soll den nach § 5 Absatz 1 Nummer 1 und 6 bekanntgemachten technischen Standards entsprechen.

(3) Dem elektronischen Dokument soll ein strukturierter maschinenlesbarer Datensatz im Dateiformat XML beigefügt werden, der den nach § 5 Absatz 1 Nummer 2 bekanntgemachten Definitions- oder Schemadateien entspricht und mindestens enthält:

1. die Bezeichnung des Gerichts;

2. sofern bekannt, das Aktenzeichen des Verfahrens;

3. die Bezeichnung der Parteien oder Verfahrensbeteiligten;

4. die Angabe des Verfahrensgegenstandes;

5. sofern bekannt, das Aktenzeichen eines denselben Verfahrensgegenstand betreffenden Verfahrens und die Bezeichnung der die Akten führenden Stelle.

§ 3 Überschreitung der Höchstgrenzen. Wird glaubhaft gemacht, dass die nach § 5 Absatz 1 Nummer 3 bekanntgemachten Höchstgrenzen für die Anzahl oder das Volumen elektronischer Dokumente nicht eingehalten werden können, kann die Übermittlung als Schriftsatz nach den allgemeinen Vorschriften erfolgen, möglichst unter Beifügung des Schriftsatzes und der Anlagen als elektronische Dokumente auf einem nach § 5 Absatz 1 Nummer 4 bekanntgemachten zulässigen physischen Datenträger.

§ 4 Übermittlung elektronischer Dokumente mit qualifizierter elektronischer Signatur. (1) Ein elektronisches Dokument, das mit einer qualifizierten elektronischen Signatur der verantwortenden Person versehen ist, darf wie folgt übermittelt werden:

1. auf einem sicheren Übermittlungsweg oder

2. an das für den Empfang elektronischer Dokumente eingerichtete Elektronische Gerichts- und Verwaltungspostfach des Gerichts über eine Anwendung, die auf OSCI oder einem diesen ersetzenden, dem jeweiligen Stand der Technik entsprechenden Protokollstandard beruht.

(2) Mehrere elektronische Dokumente dürfen nicht mit einer gemeinsamen qualifizierten elektronischen Signatur übermittelt werden.

§ 5[1)] Bekanntmachung technischer Standards. (1) Die Bundesregierung macht folgende technische Standards für die Übermittlung und Eignung zur

---

[1)] § 5 Überschrift, Abs. 1 einl. Satzteil, Nr. 5 geänd., Nr. 6 angef., Abs. 2 Sätze 1 und 2 geänd. mWv 1.1.2022 durch G v. 5.10.2021 (BGBl. I S. 4607).

Bearbeitung elektronischer Dokumente im Bundesanzeiger[1] und auf der Internetseite www.justiz.de bekannt:

1. die Versionen der Dateiformate PDF und TIFF;
2. die Definitions- oder Schemadateien, die bei der Übermittlung eines strukturierten maschinenlesbaren Datensatzes im Format XML genutzt werden sollen;
3. die Höchstgrenzen für die Anzahl und das Volumen elektronischer Dokumente;
4. die zulässigen physischen Datenträger;
5. die Einzelheiten der Anbringung der qualifizierten elektronischen Signatur am elektronischen Dokument und
6. die technischen Eigenschaften der elektronischen Dokumente.

(2) [1]Die technischen Standards müssen den aktuellen Stand der Technik und die Barrierefreiheit im Sinne der Barrierefreie-Informationstechnik-Verordnung vom 12. September 2011 (BGBl. I S. 1843), die zuletzt durch Artikel 4 der Verordnung vom 25. November 2016 (BGBl. I S. 2659) geändert worden ist, in der jeweils geltenden Fassung, berücksichtigen und mit einer Mindestgültigkeitsdauer bekanntgemacht werden. [2]Die technischen Standards können mit einem Ablaufdatum nach der Mindestgültigkeitsdauer versehen werden, ab dem sie voraussichtlich durch neue bekanntgegebene Standards abgelöst sein müssen.

Kapitel 3. Besonderes elektronisches Behördenpostfach

§ 6[2] Besonderes elektronisches Behördenpostfach; Anforderungen.
(1) Die Behörden sowie juristischen Personen des öffentlichen Rechts können zur Übermittlung elektronischer Dokumente auf einem sicheren Übermittlungsweg ein besonderes elektronisches Behördenpostfach verwenden,

1. das auf dem Protokollstandard OSCI oder einem diesen ersetzenden, dem jeweiligen Stand der Technik entsprechenden Protokollstandard beruht,
2. bei dem die Identität des Postfachinhabers in einem Identifizierungsverfahren geprüft und bestätigt wurde,
3. bei dem der Postfachinhaber in ein sicheres elektronisches Verzeichnis eingetragen ist und
4. bei dem feststellbar ist, dass das elektronische Dokument vom Postfachinhaber versandt wurde.

(2) Das besondere elektronische Behördenpostfach muss

1. über eine Suchfunktion verfügen, die es ermöglicht, andere Inhaber von besonderen elektronischen Postfächern aufzufinden,

---

[1] Siehe hierzu ua die Elektronischer-Rechtsverkehr-Bek. 2018, die Elektronischer-Rechtsverkehr-Bek. 2019 und die Elektronischer-Rechtsverkehr-Bek. 2021.
[2] § 6 Abs. 1 einl. Satzteil, Abs. 2 Nr. 3 geänd., Abs. 3 angef. mWv 1.1.2022 durch G v. 5.10.2021 (BGBl. I S. 4607).

2. für andere Inhaber von besonderen elektronischen Postfächern adressierbar sein und

3. barrierefrei sein im Sinne der Barrierefreie-Informationstechnik-Verordnung.

(3) Das Elektronische Gerichts- und Verwaltungspostfach eines Gerichts, einer Staatsanwaltschaft, einer Amtsanwaltschaft, einer Justizvollzugsanstalt oder einer Jugendarrestanstalt steht einem besonderen elektronischen Behördenpostfach gleich, soweit diese Stelle Aufgaben einer Behörde nach Absatz 1 wahrnimmt; § 7 findet keine Anwendung.

§ 7 Identifizierungsverfahren. (1) ¹Die von den obersten Behörden des Bundes oder den Landesregierungen für ihren Bereich bestimmten öffentlich-rechtlichen Stellen prüfen die Identität der Behörden oder juristischen Personen des öffentlichen Rechts und bestätigen dies in einem sicheren elektronischen Verzeichnis. ²Die obersten Behörden des Bundes oder mehrere Landesregierungen können auch eine öffentlich-rechtliche Stelle gemeinsam für ihre Bereiche bestimmen.

(2) Bei der Prüfung der Identität ist zu ermitteln, ob

1. der Postfachinhaber eine inländische Behörde oder juristische Person des öffentlichen Rechts ist und

2. Name und Sitz des Postfachinhabers zutreffend bezeichnet sind.

§ 8 Zugang und Zugangsberechtigung; Verwaltung. (1) Der Postfachinhaber bestimmt die natürlichen Personen, die Zugang zum besonderen elektronischen Behördenpostfach erhalten sollen, und stellt ihnen das Zertifikat und das Zertifikats-Passwort zur Verfügung.

(2) ¹Der Zugang zum besonderen elektronischen Behördenpostfach erfolgt ausschließlich mithilfe des Zertifikats und des Zertifikats-Passworts des Postfachinhabers. ²Die Zugangsberechtigten dürfen das Zertifikat nicht an Unbefugte weitergeben und haben das Zertifikats-Passwort geheim zu halten.

(3) Der Postfachinhaber kann die Zugangsberechtigungen zum besonderen elektronischen Behördenpostfach jederzeit aufheben oder einschränken.

(4) ¹Der Postfachinhaber hat zu dokumentieren, wer zugangsberechtigt ist, wann das Zertifikat und das Zertifikats-Passwort zur Verfügung gestellt wurden und wann die Zugangsberechtigung aufgehoben wurde. ²Er stellt zugleich sicher, dass der Zugang zu seinem besonderen elektronischen Behördenpostfach nur den von ihm bestimmten Zugangsberechtigten möglich ist.

(5) Unbeschadet der Absätze 1, 3 und 4 kann die Verwaltung des besonderen elektronischen Behördenpostfachs behördenübergreifend automatisiert und an zentraler Stelle erfolgen.

§ 9 Änderung und Löschung. (1) Der Postfachinhaber hat Änderungen seines Namens oder Sitzes unverzüglich der nach § 7 Absatz 1 bestimmten Stelle anzuzeigen.

(2) [1] Der Postfachinhaber kann jederzeit die Löschung seines besonderen elektronischen Behördenpostfachs veranlassen. [2] Er hat die Löschung seines besonderen elektronischen Behördenpostfachs zu veranlassen, wenn seine Berechtigung zur Nutzung des besonderen elektronischen Behördenpostfachs endet.

Kapitel 4. Besonderes elektronisches Bürger- und Organisationenpostfach; Postfach- und Versanddienst eines Nutzerkontos[1)]

§ 10[1)] **Besonderes elektronisches Bürger- und Organisationenpostfach.** (1) Natürliche Personen, juristische Personen sowie sonstige Vereinigungen können zur Übermittlung elektronischer Dokumente auf einem sicheren Übermittlungsweg ein besonderes elektronisches Bürger- und Organisationenpostfach verwenden,

1. das auf dem Protokollstandard OSCI oder einem diesen ersetzenden, dem jeweiligen Stand der Technik entsprechenden Protokollstandard beruht,

2. bei dem die Identität des Postfachinhabers festgestellt worden ist,

3. bei dem der Postfachinhaber in ein sicheres elektronisches Verzeichnis eingetragen ist,

4. bei dem sich der Postfachinhaber beim Versand eines elektronischen Dokuments authentisiert und

5. bei dem feststellbar ist, dass das elektronische Dokument vom Postfachinhaber versandt wurde.

(2) Das besondere elektronische Bürger- und Organisationenpostfach muss

1. über eine Suchfunktion verfügen, die es ermöglicht, Inhaber eines besonderen elektronischen Anwaltspostfachs, eines besonderen elektronischen Notarpostfachs oder eines besonderen elektronischen Behördenpostfachs aufzufinden,

2. für Inhaber besonderer elektronischer Anwaltspostfächer, besonderer elektronischer Notarpostfächer oder besonderer elektronischer Behördenpostfächer adressierbar sein und

3. barrierefrei sein im Sinne der Barrierefreie-Informationstechnik-Verordnung.

(3) Wird für eine rechtlich unselbständige Untergliederung einer juristischen Person oder sonstigen Vereinigung ein besonderes elektronisches Bürger- und Organisationenpostfach eingerichtet, so muss der Postfachinhaber so bezeichnet sein, dass eine Verwechslung mit der übergeordneten Organisationseinheit ausgeschlossen ist.

[1)] Kapitel 4 (§§ 10–13) eingef. mWv 1.1.2022 durch G v. 5.10.2021 (BGBl. I S. 4607).

§ 11[1] Identifizierung und Authentisierung des Postfachinhabers.

(1) Die Länder oder mehrere Länder gemeinsam bestimmen jeweils für ihren Bereich eine öffentlich-rechtliche Stelle, die die Freischaltung eines besonderen elektronischen Bürger- und Organisationenpostfachs veranlasst.

(2) [1]Der Postfachinhaber hat im Rahmen der Identitätsfeststellung seinen Namen und seine Anschrift nachzuweisen. [2]Der Nachweis kann nur durch eines der folgenden Identifizierungsmittel erfolgen:

1. den elektronischen Identitätsnachweis nach § 18 des Personalausweisgesetzes, nach § 12 des eID-Karte-Gesetzes oder nach § 78 Absatz 5 des Aufenthaltsgesetzes,

2. ein qualifiziertes elektronisches Siegel nach Artikel 38 der Verordnung (EU) Nr. 910/2014 des Europäischen Parlaments und des Rates vom 23. Juli 2014 über elektronische Identifizierung und Vertrauensdienste für elektronische Transaktionen im Binnenmarkt und zur Aufhebung der Richtlinie 1999/93/EG (ABl. L 257 vom 28.8.2014, S. 73; L 23 vom 29.1.2015, S. 19; L 155 vom 14.6.2016, S. 44),

3. bei öffentlich bestellten oder beeidigten Personen, die Dolmetscher- oder Übersetzungsleistungen erbringen, eine Bestätigung der nach dem Gerichtsdolmetschergesetz oder dem jeweiligen Landesrecht für die öffentliche Bestellung und Beeidigung dieser Personen zuständigen Stelle, auch hinsichtlich der Angaben zu Berufsbezeichnung sowie zur Sprache, für die die Bestellung erfolgt,

4. bei Gerichtsvollziehern eine Bestätigung der für ihre Ernennung zuständigen Stelle, auch hinsichtlich der Dienstbezeichnung, oder

5. eine in öffentlich beglaubigter Form abgegebene Erklärung über den Namen und die Anschrift des Postfachinhabers sowie die eindeutige Bezeichnung des Postfachs.

[3]Eine nach Satz 2 Nummer 5 angegebene geschäftliche Anschrift ist durch eine Bescheinigung nach § 21 Absatz 1 der Bundesnotarordnung, einen amtlichen Registerausdruck oder eine beglaubigte Registerabschrift nachzuweisen. [4]Geht eine angegebene geschäftliche Anschrift nicht aus einem öffentlichen Register hervor, so stellt die Stelle nach Absatz 1 diese durch geeignete Maßnahmen fest. [5]Die Übermittlung von Daten nach Satz 2 Nummer 3 bis 5 an die in Absatz 1 genannte öffentlich-rechtliche Stelle erfolgt in strukturierter maschinenlesbarer Form. [6]Im Fall des Satzes 2 Nummer 5 ist der öffentlich-rechtlichen Stelle zusätzlich eine öffentlich beglaubigte elektronische Abschrift der Erklärung zu übermitteln.

(3) Der Postfachinhaber hat sich beim Versand eines elektronischen Dokuments zu authentisieren durch

1. den elektronischen Identitätsnachweis nach § 18 des Personalausweisgesetzes, nach § 12 des eID-Karte-Gesetzes oder nach § 78 Absatz 5 des Aufenthaltsgesetzes,

---

[1] Kapitel 4 (§§ 10–13) eingef. mWv 1.1.2022 durch G v. 5.10.2021 (BGBl. I S. 4607).

2. ein Authentisierungszertifikat, das auf einer qualifizierten elektronischen Signaturerstellungseinheit nach dem Anhang II der Verordnung (EU) Nr. 910/2014 gespeichert ist, oder

3. ein nichtqualifiziertes Authentisierungszertifikat, das über Dienste validierbar ist, die über das Internet erreichbar sind.

§ 12[1) Änderung von Angaben und Löschung des Postfachs. (1) [1]Bei Änderung seiner Daten hat der Postfachinhaber unverzüglich die Anpassung seines Postfachs bei der nach § 11 Absatz 1 bestimmten Stelle zu veranlassen. [2]Das betrifft insbesondere die Änderung seines Namens oder seiner Anschrift, bei juristischen Personen oder sonstigen Vereinigungen auch bei der Änderung des Sitzes.

(2) Der Postfachinhaber kann jederzeit die Löschung seines besonderen elektronischen Bürger- und Organisationenpostfachs veranlassen.

§ 13[1) Elektronische Kommunikation über den Postfach- und Versanddienst eines Nutzerkontos. (1) Zur Übermittlung elektronischer Dokumente auf einem sicheren Übermittlungsweg kann der Postfach- und Versanddienst eines Nutzerkontos im Sinne des § 2 Absatz 5 des Onlinezugangsgesetzes genutzt werden, wenn bei diesem Postfach- und Versanddienst

1. eine technische Vorrichtung besteht, die auf dem Protokollstandard OSCI oder einem diesen ersetzenden, dem jeweiligen Stand der Technik entsprechenden Protokollstandard beruht,

2. die Identität des Nutzers des Postfach- und Versanddienstes durch ein Identifizierungsmittel nach § 11 Absatz 2 Satz 2 Nummer 1 oder 2 festgestellt ist,

3. der Nutzer des Postfach- und Versanddienstes sich beim Versand eines elektronischen Dokuments entsprechend § 11 Absatz 3 authentisiert und

4. feststellbar ist, dass das elektronische Dokument von dem Nutzer des Postfach- und Versanddienstes versandt wurde.

(2) Der Postfach- und Versanddienst muss barrierefrei sein im Sinne der Barrierefreie-Informationstechnik-Verordnung.

Kapitel 5. Elektronischer Rechtsverkehr mit Strafverfolgungsbehörden und Strafgerichten[2)

§ 14[3) Schriftlich abzufassende, zu unterschreibende oder zu unterzeichnende Dokumente. Die Kapitel 2 bis 4 gelten im Bereich des elektronischen Rechtsverkehrs mit Strafverfolgungsbehörden und Strafgerichten für

---

[1] Kapitel 4 (§§ 10–13) eingef. mWv 1.1.2022 durch G v. 5.10.2021 (BGBl. I S. 4607).
[2] Früheres Kapitel 4 (§§ 10, 11) eingef. mWv 16.2.2018 durch VO v. 9.2.2018 (BGBl. I S. 200); Kapitel 5 (§ 12) aufgeh., bish. Kapitel 4 (§§ 10, 11) wird Kapitel 5 (§§ 14, 15) mWv 1.1.2022 durch G v. 5.10.2021 (BGBl. I S. 4607).
[3] Früherer § 10 eingef. mWv 16.2.2018 durch VO v. 9.2.2018 (BGBl. I S. 200); bish. § 10 wird § 14 und einl. Satzteil geänd. mWv 1.1.2022 durch G v. 5.10.2021 (BGBl. I S. 4607).

schriftlich abzufassende, zu unterschreibende oder zu unterzeichnende Dokumente, die gemäß § 32a Absatz 3 der Strafprozessordnung elektronisch eingereicht werden, mit der Maßgabe, dass der Datensatz nach § 2 Absatz 3 mindestens folgende Angaben enthält:

1. die Bezeichnung der Strafverfolgungsbehörde oder des Gerichts;
2. sofern bekannt, das Aktenzeichen des Verfahrens oder die Vorgangsnummer;
3. die Bezeichnung der beschuldigten Personen oder der Verfahrensbeteiligten; bei Verfahren gegen Unbekannt enthält der Datensatz anstelle der Bezeichnung der beschuldigten Personen die Bezeichnung „Unbekannt" sowie, sofern bekannt, die Bezeichnung der geschädigten Personen;
4. die Angabe der den beschuldigten Personen zur Last gelegten Straftat oder des Verfahrensgegenstandes;
5. sofern bekannt, das Aktenzeichen eines denselben Verfahrensgegenstand betreffenden Verfahrens und die Bezeichnung der die Akten führenden Stelle.

§ 15[1) Sonstige verfahrensbezogene elektronische Dokumente.
(1) [1]Sonstige verfahrensbezogene elektronische Dokumente, die an Strafverfolgungsbehörden oder Strafgerichte übermittelt werden, sollen den Anforderungen des § 2 entsprechen. [2]Entsprechen sie diesen Anforderungen nicht und sind sie zur Bearbeitung durch die Behörde oder das Gericht aufgrund der dortigen technischen Ausstattung oder der dort einzuhaltenden Sicherheitsstandards nicht geeignet, so liegt ein wirksamer Eingang nicht vor. [3]In der Mitteilung nach § 32a Absatz 6 Satz 1 der Strafprozessordnung ist auf die in § 2 geregelten technischen Rahmenbedingungen hinzuweisen.

(2) Die Übermittlung kann auch auf anderen als den in § 32a Absatz 4 der Strafprozessordnung genannten Übermittlungswegen erfolgen, wenn ein solcher Übermittlungsweg für die Entgegennahme verfahrensbezogener elektronischer Dokumente generell und ausdrücklich eröffnet ist.

[1) Früherer § 11 eingef. mWv 16.2.2018 durch VO v. 9.2.2018 (BGBl. I S. 200); bish. § 11 wird § 15 mWv 1.1.2022 durch G v. 5.10.2021 (BGBl. I S. 4607).

800 e. Verordnung über die gesonderte Feststellung von Besteuerungsgrundlagen nach § 180 Abs. 2 der Abgabenordnung (V zu § 180 Abs. 2 AO)

Vom 19. Dezember 1986 (BGBl. I S. 2663)

Geändert durch Verordnungen vom 22.10.1990 (BGBl. I S. 2275), vom 16.12.1994 (BGBl. I S. 3834), Gesetz vom 15.12.1995 (BGBl. I S. 1783), Steuerbereinigungsgesetz 1999 vom 22.12.1999 (BGBl. I S. 2601), Gesetz zur Änderung des Investitionszulagengesetzes 1999 vom 20.12.2000 (BGBl. I S. 1850), Alterseinkünftegesetz vom 5.7.2004 (BGBl. I S. 1427), Gesetz über steuerliche Begleitmaßnahmen zur Einführung der Europäischen Gesellschaft und zur Änderung weiterer steuerrechtlicher Vorschriften (SEStEG) vom 7.12.2006 (BGBl. I S. 2782), Steuerbürokratieabbaugesetz vom 20.12.2008 (BGBl. I S. 2850), Dritte Verordnung zur Änderung steuerlicher Verordnungen vom 18.7.2016 (BGBl. I S. 1722) und Sechste Verordnung zur Änderung steuerlicher Verordnungen vom 19.12.2022 (BGBl. I S. 2432)

BGBl. III/FNA 610-1-7

Auf Grund des § 180 Abs. 2 der Abgabenordnung vom 16. März 1976 (BGBl. I S. 613), der durch Artikel 1 Nr. 31 des Steuerbereinigungsgesetzes 1986 vom 19. Dezember 1985 (BGBl. I S. 2436) neu gefaßt worden ist, wird mit Zustimmung des Bundesrates verordnet:

§ 1[1] Gegenstand, Umfang und Voraussetzungen der Feststellung.
(1) [1]Besteuerungsgrundlagen, insbesondere einkommensteuerpflichtige oder körperschaftsteuerpflichtige Einkünfte, können ganz oder teilweise gesondert festgestellt werden, wenn der Einkunftserzielung dienende Wirtschaftsgüter, Anlagen oder Einrichtungen

1. von mehreren Personen betrieben, genutzt oder gehalten werden oder

2. mehreren Personen getrennt zuzurechnen sind, die bei der Planung, Herstellung, Erhaltung oder dem Erwerb dieser Wirtschaftsgüter, Anlagen oder Einrichtungen gleichartige Rechtsbeziehungen zu Dritten hergestellt oder unterhalten haben (Gesamtobjekt).

[2]Satz 1 Nummer 2 gilt entsprechend bei Wohneigentum, das nicht der Einkunftserzielung dient, und bei Mietwohngebäuden, wenn die Feststellung für die Besteuerung von Bedeutung ist.

(2) Absatz 1 gilt für die Umsatzsteuer nur, wenn mehrere Unternehmer im Rahmen eines Gesamtobjekts Umsätze ausführen oder empfangen.

(3) [1]Die Feststellung ist gegenüber den in Absatz 1 genannten Personen einheitlich vorzunehmen. [2]Sie kann auf bestimmte Personen beschränkt werden.

---

[1] § 1 Abs. 1 Satz 2 neu gef. durch VO v. 18.7.2016 (BGBl. I S. 1722); zur Anwendung siehe § 11 Satz 4 1. HS.

§ 2[1] Örtliche Zuständigkeit. (1) [1]Für Feststellungen in den Fällen des § 1 Abs. 1 Satz 1 Nr. 1 richtet sich die örtliche Zuständigkeit nach § 18 Abs. 1 Nr. 2 der Abgabenordnung. [2]Die Wirtschaftsgüter, Anlagen oder Einrichtungen gelten als gewerblicher Betrieb im Sinne dieser Vorschrift.

(2) Für Feststellungen in den Fällen des § 1 Abs. 1 Satz 1 Nr. 2 und Satz 2 ist das Finanzamt zuständig, das nach § 19 oder § 20 der Abgabenordnung für die Steuern vom Einkommen und Vermögen des Erklärungspflichtigen zuständig ist.

(3) Feststellungen nach § 1 Abs. 2 hat das für die Feststellungen nach § 1 Abs. 1 Satz 1 Nr. 2 zuständige Finanzamt zu treffen.

(4) § 18 Abs. 2 der Abgabenordnung gilt entsprechend.

§ 3[2] Erklärungspflicht. (1) [1]Eine Erklärung zur gesonderten Feststellung der Besteuerungsgrundlagen haben nach Aufforderung durch die Finanzbehörde abzugeben:

1. in den Fällen des § 1 Abs. 1 Satz 1 Nr. 1 die Personen, die im Feststellungszeitraum die Wirtschaftsgüter, Anlagen oder Einrichtungen betrieben, genutzt oder gehalten haben,

2. in den Fällen des § 1 Abs. 1 Satz 1 Nr. 2 und Satz 2 die Personen, die bei der Planung, Herstellung, Erhaltung, dem Erwerb, der Betreuung, Geschäftsführung oder Verwaltung des Gesamtobjektes für die Feststellungsbeteiligten im Feststellungszeitraum gehandelt haben; dies gilt in den Fällen des § 1 Abs. 2 entsprechend.

[2]§ 34 der Abgabenordnung bleibt unberührt.

(2)[3] [1]Die Erklärung ist nach amtlich vorgeschriebenem Vordruck abzugeben und von der zur Abgabe verpflichteten Person eigenhändig zu unterschreiben. [2]Name und Anschrift der Feststellungsbeteiligten sind anzugeben. [3]Der Erklärung ist eine Ermittlung der Besteuerungsgrundlagen beizufügen. [4]Ist Besteuerungsgrundlage ein nach § 4 Abs. 1 oder § 5 des Einkommensteuergesetzes zu ermittelnder Gewinn, gilt § 5b des Einkommensteuergesetzes entsprechend; die Beifügung der in Satz 3 genannten Unterlagen kann in den Fällen des § 5b Abs. 1 des Einkommensteuergesetzes unterbleiben.

(3) Die Finanzbehörde kann entsprechend der vorgesehenen Feststellung den Umfang der Erklärung und die zum Nachweis erforderlichen Unterlagen bestimmen.

(4) Hat ein Erklärungspflichtiger eine Erklärung zur gesonderten Feststellung der Besteuerungsgrundlagen abgegeben, sind andere Erklärungspflichtige insoweit von der Erklärungspflicht befreit.

§ 4 Einleitung des Feststellungsverfahrens. [1]Die Finanzbehörde entscheidet nach pflichtgemäßem Ermessen, ob und in welchem Umfang sie ein Feststellungsverfahren durchführt. [2]Hält sie eine gesonderte Feststellung nicht

---

[1] § 2 Zitate geänd. durch VO v. 22.10.1990 (BGBl. I S. 2275).
[2] § 3 Abs. 1 Zitate geänd. durch VO v. 22.10.1990 (BGBl. I S. 2275).
[3] § 3 Abs. 2 Satz 4 angef. mWv 1.1.2009 durch G v. 20.12.2008 (BGBl. I S. 2850).

für erforderlich, insbesondere weil das Feststellungsverfahren nicht der einheitlichen Rechtsanwendung und auch nicht der Erleichterung des Besteuerungsverfahrens dient, kann sie dies durch Bescheid feststellen. [3] Der Bescheid gilt als Steuerbescheid.

§ 5 Verfahrensbeteiligte. Als an dem Feststellungsverfahren Beteiligte gelten neben den Beteiligten nach § 78 der Abgabenordnung auch die in § 3 Abs. 1 Nr. 2 genannten Personen.

§ 6 Bekanntgabe. (1) [1] Die am Gegenstand der Feststellung beteiligten Personen sollen einen gemeinsamen Empfangsbevollmächtigten bestellen, der ermächtigt ist, für sie alle Verwaltungsakte und Mitteilungen in Empfang zu nehmen, die mit dem Feststellungsverfahren und dem anschließenden Verfahren über einen außergerichtlichen Rechtsbehelf zusammenhängen. [2] Ein Widerruf der Empfangsvollmacht wird der Finanzbehörde gegenüber erst wirksam, wenn er ihr zugeht. [3] Ist ein Empfangsbevollmächtigter nicht bestellt, kann die Finanzbehörde die Beteiligten auffordern, innerhalb einer angemessenen Frist einen Empfangsbevollmächtigten zu benennen. [4] Hierbei ist ein Beteiligter vorzuschlagen und darauf hinzuweisen, daß diesem die in Satz 1 genannten Verwaltungsakte und Mitteilungen mit Wirkung für und gegen alle Beteiligten bekanntgegeben werden, soweit nicht ein anderer Empfangsbevollmächtigter benannt wird. [5] Bei der Bekanntgabe an den Empfangsbevollmächtigten ist darauf hinzuweisen, daß die Bekanntgabe mit Wirkung für und gegen alle Feststellungsbeteiligten erfolgt.

(2) Der Feststellungsbescheid ist auch den in § 3 Abs. 1 Nr. 2 genannten Personen bekanntzugeben, wenn sie die Erklärung abgegeben haben, aber nicht zum Empfangsbevollmächtigten bestellt sind.

(3) Absatz 1 Sätze 3 und 4 ist insoweit nicht anzuwenden, als der Finanzbehörde bekannt ist, daß zwischen den Feststellungsbeteiligten und dem Empfangsbevollmächtigten ernstliche Meinungsverschiedenheiten bestehen.

(4) Ist Einzelbekanntgabe erforderlich, sind dem Beteiligten nur die ihn betreffenden Besteuerungsgrundlagen bekanntzugeben.

§ 7 Außenprüfung. (1) Eine Außenprüfung zur Ermittlung der Besteuerungsgrundlagen ist bei jedem Verfahrensbeteiligten zulässig.

(2) Die Prüfungsanordnung ist dem Verfahrensbeteiligten bekanntzugeben, bei dem die Außenprüfung durchgeführt werden soll.

§ 8[1] Feststellungsgegenstand beim Übergang zur Liebhaberei. [1] Dient ein Betrieb von einem bestimmten Zeitpunkt an nicht mehr der Erzielung von Einkünften im Sinne des § 2 Abs. 1 Nr. 1 bis 3 des Einkommensteuergesetzes und liegt deshalb ein Übergang zur Liebhaberei vor, so ist auf diesen Zeitpunkt unabhängig von der Gewinnermittlungsart für jedes Wirtschaftsgut des Anlagevermögens der Unterschiedsbetrag zwischen dem gemeinen Wert und dem Wert, der nach § 4 Abs. 1 oder nach § 5 des Einkommensteuerge-

---

[1] § 8 Satz 2 angef., bish. Text wird Satz 1 durch VO v. 19.12.2022 (BGBl. I S. 2432).

setzes anzusetzen wäre, gesondert und bei mehreren Beteiligten einheitlich festzustellen. ²Auf eine gesonderte Feststellung nach Satz 1 kann verzichtet werden, wenn es sich um einen Fall von geringer Bedeutung handelt.

§ 9¹⁾ **Feststellungsgegenstand bei Einsatz von Versicherungen auf den Erlebens- oder Todesfall zu Finanzierungszwecken.** ¹Das für die Besteuerung des Einkommens des Versicherungsnehmers zuständige Finanzamt stellt die Steuerpflicht der außerrechnungsmäßigen und rechnungsmäßigen Zinsen aus den in den Beiträgen zu Versicherungen auf den Erlebens- oder den Todesfall enthaltenen Sparanteilen (§ 20 Absatz 1 Nummer 6 in Verbindung mit § 10 Absatz 1 Nummer 2 Buchstabe b Doppelbuchstabe bb bis dd des Einkommensteuergesetzes in der am 31. Dezember 2004 geltenden Fassung) gesondert fest, wenn

1. die Ansprüche aus den Versicherungsverträgen während deren Dauer im Erlebensfall der Tilgung oder Sicherung eines Darlehens dienen, dessen Finanzierungskosten Betriebsausgaben oder Werbungskosten sind und

2. nicht die Voraussetzungen für den Sonderausgabenabzug nach § 10 Absatz 2 Satz 2 Buchstabe a oder Buchstabe b des Einkommensteuergesetzes in der am 31. Dezember 2004 geltenden Fassung erfüllt sind oder soweit bei Versicherungsbeiträgen Zinsen in Veranlagungszeiträumen gutgeschrieben werden, in denen die Beiträge nach § 10 Absatz 2 Satz 2 Buchstabe c des Einkommensteuergesetzes in der am 31. Dezember 2004 geltenden Fassung nicht abgezogen werden können.

²Versicherungen im Sinne des Satzes 1 sind solche, deren Versicherungsvertrag vor dem 1. Januar 2005 abgeschlossen worden ist.

§ 10²⁾ *(aufgehoben)*

§ 11³⁾ **Inkrafttreten, Anwendungsvorschriften.** ¹Diese Verordnung tritt am Tage nach der Verkündung⁴⁾ in Kraft. ²Sie tritt mit Wirkung vom 25. Dezember 1985 in Kraft, soweit einheitliche und gesonderte Feststellungen nach § 180 Abs. 2 der Abgabenordnung in der bis zum 24. Dezember 1985 geltenden Fassung zulässig waren. ³§ 10 ist für Anteile, bei denen hinsichtlich des Gewinns aus der Veräußerung der Anteile die Steuerfreistellung nach § 8b Abs. 4 des Körperschaftsteuergesetzes in der am 12. Dezember 2006 geltenden Fassung oder nach § 3 Nr. 40 Satz 3 und 4 des Einkommensteuergesetzes in der am 12. Dezember 2006 geltenden Fassung ausgeschlossen ist, weiterhin anzuwenden. ⁴§ 1 Absatz 1 Satz 2 in der am 23. Juli 2016 geltenden

---

¹⁾ § 9 neu gef. mWv 23.7.2016 durch VO v. 18.7.2016 (BGBl. I S. 1722).
²⁾ § 10 eingef. mWv 30.12.1999 durch G v. 22.12.1999 (BGBl. I S. 2601).
§ 10 aufgeh. mWv 13.12.2006 durch G v. 7.12.2006 (BGBl. I S. 2782); zur weiteren Anwendung siehe § 11 Satz 3.
³⁾ § 11 Satz 3 angef. durch G v. 7.12.2006 (BGBl. I S. 2782); Satz 4 angef. durch VO v. 18.7.2016 (BGBl. I S. 1722).
⁴⁾ Verkündet am 30.12.1986. Das Inkrafttreten der späteren Änderungen ergibt sich aus den jeweiligen Änderungsbestimmungen.

Fassung ist erstmals auf Feststellungszeiträume anzuwenden, die nach dem 31. Dezember 2015 beginnen; für Feststellungszeiträume, die vor dem 1. Januar 2016 geendet haben, ist § 1 Absatz 1 Satz 2 in der am 22. Juli 2016 geltenden Fassung weiterhin anzuwenden.

800f (a). Verordnung über Mitteilungen an die Finanzbehörden durch andere Behörden und öffentlich-rechtliche Rundfunkanstalten (Mitteilungsverordnung – MV)

Vom 7. September 1993 (BGBl. I S. 1554)

Geändert durch VO v. 19.12.1994 (BGBl. I S. 3848), VO v. 26.5.1999 (BGBl. I S. 1077), Gesetze vom 19.12.2000 (BGBl. I S. 1790), vom 23.12.2003 (BGBl. I S. 2848); durch Art. 1 der VO vom 18.11.2020 (BGBl. I S. 2449), durch Art. 1 der VO vom 12.1.2021 (BGBl. I S. 67), VO vom 23.9.2021 (BGBl. I S. 4386), Art. 1 der VO v. 25.5.2022 (BGBl. I S. 816)[1] und VO v. 19.12.2022 (BGBl. I S. 2432)

BGBl. III/FNA 610-1-8

Auf Grund des § 93a der Abgabenordnung vom 16. März 1976 (BGBl. I S. 613, 1977 I S. 269), der durch Artikel 1 Nr. 10 des Gesetzes vom 19. Dezember 1985 (BGBl. I S. 2436) eingefügt worden ist, verordnet die Bundesregierung:

1. Teil. Allgemeine Vorschriften

§ 1[2] Grundsätze. (1) [1]Behörden (§ 6 Abs. 1 der Abgabenordnung) und öffentlich-rechtliche Rundfunkanstalten sind verpflichtet, Mitteilungen an die Finanzbehörden nach Maßgabe der folgenden Vorschriften ohne Ersuchen zu übersenden. [2]Dies gilt nicht, wenn die Finanzbehörden bereits auf Grund anderer Vorschriften über diese Tatbestände Mitteilungen erhalten. [3]Eine Verpflichtung zur Mitteilung besteht auch dann nicht, wenn die Gefahr besteht, daß das Bekanntwerden des Inhalts der Mitteilung dem Wohl des Bundes oder eines deutschen Landes Nachteile bereiten würde. [4]Ist eine mitteilungspflichtige Behörde einer obersten Dienstbehörde nachgeordnet, muß die oberste Behörde dem Unterlassen der Mitteilung zustimmen; die Zustimmung kann für bestimmte Fallgruppen allgemein erteilt werden.

(2) Auf Grund dieser Verordnung sind personenbezogene Daten, die dem Sozialgeheimnis unterliegen (§ 35 des Ersten Buches Sozialgesetzbuch), und nach Landesrecht zu erbringende Sozialleistungen nicht mitzuteilen.

§ 2[3] Allgemeine Zahlungsmitteilungen. (1) [1]Die Behörden haben Zahlungen mitzuteilen, wenn der Zahlungsempfänger nicht im Rahmen einer land- und forstwirtschaftlichen, gewerblichen oder freiberuflichen Haupttätigkeit gehandelt hat, oder soweit die Zahlung nicht auf das Geschäftskonto des Zahlungsempfängers erfolgt. [2]Zahlungen sind auch mitzuteilen, wenn zweifelhaft ist, ob der Zahlungsempfänger im Rahmen der Haupttätigkeit gehan-

---

[1] Diese Fassung der MV gilt bis 31.12.2024; zur Fassung ab 1.1.2025 siehe Text hinter Seite 10a auf den Seiten 1 ff.
[2] § 1 Abs. 1 Satz 1 geänd. durch VO v. 26.5.1999 (BGBl. I S. 1077).
[3] § 2 neu gef. durch VO v. 26.5.1999 (BGBl. I S. 1077); Abs. 3 angef. mWv 29.9.2021 durch VO v. 23.9.2021 (BGBl. I S. 4386).

delt hat oder die Zahlung auf das Geschäftskonto erfolgt. ³Eine Mitteilungspflicht besteht nicht, wenn ein Steuerabzug durchgeführt wird.

(2) Die Finanzbehörden können Ausnahmen von der Mitteilungspflicht zulassen, wenn die Zahlungen geringe oder keine steuerliche Bedeutung haben.

(3) Absatz 1 gilt für die in § 93a Absatz 2 der Abgabenordnung bezeichneten öffentlichen Stellen erstmals für nach dem 31. Dezember 2023 geleistete
Zahlungen.

§ 3 Honorare der Rundfunkanstalten. (1) ¹Die öffentlich-rechtlichen
Rundfunkanstalten haben Honorare für Leistungen freier Mitarbeiter mitzuteilen, die in unmittelbarem Zusammenhang mit der Vorbereitung, Herstellung oder Verbreitung von Hörfunk- und Fernsehsendungen erbracht werden.
²Das gilt nicht, wenn die Besteuerung den Regeln eines Abzugsverfahrens
unterliegt oder wenn die Finanzbehörden auf Grund anderweitiger Regelungen Mitteilungen über die Honorare erhalten.

(2) Honorare im Sinne des Absatzes 1 sind alle Güter, die in Geld oder
Geldeswert bestehen und dem Steuerpflichtigen für eine persönliche Leistung
oder eine Verwertung im Sinne des Urheberrechtsgesetzes zufließen.

§ 4 Wegfall oder Einschränkung einer steuerlichen Vergünstigung.
Die Behörden haben Verwaltungsakte mitzuteilen, die den Wegfall oder die
Einschränkung einer steuerlichen Vergünstigung zur Folge haben können.

§ 4a¹⁾ Ordnungsgelder nach § 335 des Handelsgesetzbuchs. (1) Das
Bundesamt für Justiz hat als mitteilungspflichtige Stelle (§ 93c Absatz 1 der
Abgabenordnung) den Finanzbehörden die Adressaten und die Höhe von
nach dem 31. Dezember 2021 im Verfahren nach § 335 des Handelsgesetzbuchs festgesetzten Ordnungsgeldern mitzuteilen, sofern das festgesetzte Ordnungsgeld mindestens 5000 Euro beträgt.

(2) ¹Die in Absatz 1 bezeichneten Daten sind den Finanzbehörden nach Maßgabe des § 93c der Abgabenordnung nach amtlich vorgeschriebenem Datensatz
über die amtlich bestimmte Schnittstelle zu übermitteln. ²Die Mitteilung hat
abweichend von § 93c Absatz 1 Nummer 1 der Abgabenordnung spätestens bis
zum 31. März des auf die Festsetzung des Ordnungsgelds folgenden Kalenderjahres zu erfolgen. ³Das Bundesministerium der Finanzen kann im Einvernehmen
mit den obersten Finanzbehörden der Länder die Mitteilungsfrist nach Satz 2
durch ein im Bundessteuerblatt Teil I zu veröffentlichendes Schreiben verlängern, sofern die technischen Voraussetzungen für die Annahme der Mitteilungen
nicht rechtzeitig vorliegen. ⁴Die §§ 8 bis 12 sind nicht anzuwenden.

(3) ¹Sind dem Bundesamt für Justiz bei Festsetzung des Ordnungsgelds die
in § 93c Absatz 1 Nummer 2 Buchstabe c und d der Abgabenordnung bezeichneten Daten nicht bekannt, soll es den Finanzbehörden die Handelsregisternummer der Gesellschaft oder andere ihm bekannte und zur automationsgestützten Identifizierung des Adressaten der Ordnungsgeldfestsetzung
geeignete Daten übermitteln. ²Die den Finanzbehörden übermittelten Daten sind abweichend von § 93c Absatz 1 Nummer 4 der Abgabenordnung fünf

---

¹⁾ § 4a eingef. durch VO v. 26.5.1999 (BGBl. I S. 1077); neu gef. mWv 21.1.2021 bis
31.12.2024 durch VO v. 12.1.2021 (BGBl. I S. 67).

Jahre aufzubewahren; die Frist beginnt mit dem Tag der Festsetzung des Ordnungsgelds. [3] Weitergehende Aufbewahrungsbestimmungen aufgrund anderer Rechtsvorschriften bleiben unberührt. [4] Wird die Festsetzung eines Ordnungsgelds in einem späteren Kalenderjahr ganz oder teilweise widerrufen, zurückgenommen oder aufgehoben, ist § 93c Absatz 3 der Abgabenordnung nicht anzuwenden.

§ 5 Ausgleichs- und Abfindungszahlungen nach dem Flurbereinigungsgesetz. Die Flurbereinigungsbehörden haben Ausgleichs- und Abfindungszahlungen nach dem Flurbereinigungsgesetz mitzuteilen.

§ 6[1) Gewerberechtliche Erlaubnisse und Gestattungen. (1) Die Behörden haben mitzuteilen

1. die Erteilung von Reisegewerbekarten,
2. zeitlich befristete Erlaubnisse sowie Gestattungen nach dem Gaststättengesetz,
3. Bescheinigungen über die Geeignetheit der Aufstellungsorte für Spielgeräte (§ 33c der Gewerbeordnung),
4. Erlaubnisse zur Veranstaltung anderer Spiele mit Gewinnmöglichkeit (§ 33d der Gewerbeordnung),
5. Festsetzungen von Messen, Ausstellungen, Märkten und Volksfesten (§ 69 der Gewerbeordnung),
6. Genehmigungen nach dem Personenbeförderungsgesetz zur Beförderung von Personen mit Kraftfahrzeugen im Linienverkehr, die Unternehmern mit Wohnsitz oder Sitz außerhalb des Geltungsbereichs des Personenbeförderungsgesetzes erteilt werden, und
7. Erlaubnisse zur gewerbsmäßigen Arbeitnehmerüberlassung,
8. die gemäß der Verordnung (EWG) Nr. 2408/92 des Rates vom 23. Juli 1992 über den Zugang von Luftfahrtunternehmen der Gemeinschaft zu Strecken des innergemeinschaftlichen Flugverkehrs (ABl. EG Nr. L 240 S. 8) erteilten Genehmigungen, Verkehrsrechte auszuüben.

(2) Abweichend von § 1 Abs. 2 teilt die Bundesagentur[2)] für Arbeit nach Erteilung der erforderlichen Zusicherung folgende Daten der ausländischen Unternehmen mit, die auf Grund bilateraler Regierungsvereinbarungen über die Beschäftigung von Arbeitnehmern zur Ausführung von Werkverträgen tätig werden:

1. die Namen und Anschriften der ausländischen Vertragspartner des Werkvertrages,
2. den Beginn und die Ausführungsdauer des Werkvertrages und
3. den Ort der Durchführung des Werkvertrages.

§ 7 Ausnahmen von der Mitteilungspflicht über Zahlungen.
(1) [1] Zahlungen an Behörden, juristische Personen des öffentlichen Rechts, Betriebe gewerblicher Art von Körperschaften des öffentlichen Rechts oder

---

[1)] § 6 Abs. 1 Nr. 8 und Abs. 2 angef. durch VO v. 26.5.1999 (BGBl. I S. 1077).
[2)] Bezeichnung geänd. mWv 1.1.2004 durch G v. 23.12.2003 (BGBl. I S. 2848).

Körperschaften, die steuerbegünstigte Zwecke im Sinne des Zweiten Teils Dritter Abschnitt der Abgabenordnung verfolgen, sind nicht mitzuteilen; maßgebend sind die Verhältnisse zum Zeitpunkt der Zahlung. ²Das gilt auch für Mitteilungen über Leistungen, die von Körperschaften des öffentlichen Rechts im Rahmen ihrer Beteiligungen an Unternehmen oder Einrichtungen des privaten Rechts erbracht werden.

(2) ¹Mitteilungen nach dieser Verordnung über Zahlungen, mit Ausnahme von wiederkehrenden Bezügen, unterbleiben, wenn die an denselben Empfänger geleisteten Zahlungen im Kalenderjahr weniger als 1500 Euro¹⁾ betragen; wurden Vorauszahlungen geleistet, sind diese bei der Errechnung des maßgebenden Betrages zu berücksichtigen. ²Vorauszahlungen sind nicht gesondert mitzuteilen. ³In der Mitteilung über die abschließende Zahlung ist anzugeben, ob eine oder mehrere Vorauszahlungen geleistet wurden.

(3) Bei wiederkehrenden Bezügen brauchen nur die erste Zahlung, die Zahlungsweise und die voraussichtliche Dauer der Zahlungen mitgeteilt zu werden, wenn mitgeteilt wird, daß es sich um wiederkehrende Bezüge handelt.

2. Teil. Mitteilungen

§ 8²⁾ Form und Inhalt der Mitteilungen. (1) ¹Die Mitteilungen sollen schriftlich ergehen. ²Sie sind für jeden Betroffenen getrennt zu erstellen. ³Sie können auch auf maschinell verwertbaren Datenträgern oder durch Datenfernübertragung übermittelt werden; in diesen Fällen bedarf das Verfahren der Zustimmung der obersten Finanzbehörde des Landes, in dem die mitteilende Behörde oder Rundfunkanstalt ihren Sitz hat. ⁴Eine Übermittlung im automatisierten Abrufverfahren findet nicht statt.

(2) ¹In Mitteilungen über Zahlungen sind die anordnende Stelle, ihr Aktenzeichen, die Bezeichnung (Name, Vorname, Firma), die Anschrift des Zahlungsempfängers und, wenn bekannt, seine Steuernummer sowie sein Geburtsdatum, der Grund der Zahlung (Art des Anspruchs), die Höhe der Zahlung, der Tag der Zahlung oder der Zahlungsanordnung anzugeben. ²Als Zahlungsempfänger ist stets der ursprüngliche Gläubiger der Forderung zu benennen, auch wenn die Forderung abgetreten, verpfändet oder gepfändet ist.

(3) ¹In Mitteilungen über Verwaltungsakte sind die Behörde, die den Verwaltungsakt erlassen hat, das Aktenzeichen und das Datum des Verwaltungsakts sowie Gegenstand und Umfang der Genehmigung, Erlaubnis oder gewährten Leistung und die Bezeichnung (Name, Vorname, Firma), die Anschrift des Beteiligten und, wenn bekannt, seine Steuernummer sowie sein Geburtsdatum anzugeben. ²Die Mitteilungspflicht kann auch durch die Übersendung einer Mehrausfertigung oder eines Abdrucks des Bescheids erfüllt werden. ³In diesem Fall dürfen jedoch nicht mehr personenbezogene Daten übermittelt werden, als nach Satz 1 zulässig ist.

---

¹⁾ Betrag geänd. mWv 1.1.2002 durch G v. 19.12.2000 (BGBl. I S. 1790).
²⁾ § 8 Abs. 2 Satz 1 geänd., Abs. 3 Sätze 2 und 3 angef. durch G v. 19.12.1994 (BGBl. I S. 3848).

§ 9[1]) **Empfänger der Mitteilungen.** (1) [1]Die Mitteilungen sind an das Finanzamt zu richten, in dessen Bezirk der Zahlungsempfänger oder derjenige, für den ein Verwaltungsakt bestimmt ist, seinen Wohnsitz hat. [2]Bei Körperschaften, Personenvereinigungen und Vermögensmassen ist die Mitteilung dem Finanzamt zuzuleiten, in dessen Bezirk sich die Geschäftsleitung befindet. [3]Mitteilungen nach § 6 Abs. 2 sind an das für die Umsatzbesteuerung zuständige Finanzamt zu richten. [4]Bestehen Zweifel über die Zuständigkeit des Finanzamts, ist die Mitteilung an die Oberfinanzdirektionen zu senden, in deren Bezirk die Behörde oder Rundfunkanstalt ihren Sitz hat. [5]Die Oberfinanzdirektion, in deren Bezirk die mitteilungspflichtige Behörde oder Rundfunkanstalt ihren Sitz hat, kann ein Finanzamt bestimmen, an das die mitteilungspflichtige Behörde oder Rundfunkanstalt die Mitteilung zu übersenden hat.

(2) Werden Mitteilungen auf maschinell verwertbaren Datenträgern oder durch Datenfernübertragung übermittelt, kann die oberste Finanzbehörde des Landes, in dem die mitteilungspflichtige Behörde oder Rundfunkanstalt ihren Sitz hat, eine andere Landesfinanzbehörde oder mit Zustimmung des Bundesministeriums der Finanzen eine Finanzbehörde des Bundes als Empfänger der Mitteilungen bestimmen.

§ 10[2]) **[Zeitpunkt der Mitteilungen]** Die Mitteilungen nach § 6 Abs. 2 sind unverzüglich, die Mitteilungen nach den §§ 4 und 6 Abs. 1 sind mindestens vierteljährlich und die übrigen Mitteilungen mindestens einmal jährlich, spätestens bis zum 30. April des Folgejahres, zu übersenden.

3. Teil. Unterrichtung des Betroffenen

§ 11 Pflicht zur Unterrichtung. Die mitteilungspflichtige Behörde oder öffentlich-rechtliche Rundfunkanstalt hat den Betroffenen von ihrer Verpflichtung, Mitteilungen zu erstellen, spätestens bei Übersendung der ersten Mitteilung an die Finanzbehörde zu unterrichten.

§ 12 Inhalt der Unterrichtung. (1) [1]Der Betroffene ist darüber zu unterrichten, daß den Finanzbehörden die nach § 8 geforderten Angaben mitgeteilt werden, soweit sich diese Unterrichtung nicht aus dem Verwaltungsakt, dem Vertrag, der Genehmigung oder der Erlaubnis ergibt. [2]Der Betroffene ist hierbei in allgemeiner Form auf seine steuerlichen Aufzeichnungs- und Erklärungspflichten hinzuweisen.

(2) In den Fällen des § 2 Satz 2 und des § 3 ist dem Betroffenen eine Aufstellung der im Kalenderjahr geleisteten Zahlungen und ihrer Summe zu übersenden, soweit nicht über die einzelne Zahlung bereits eine Unterrichtung erfolgt ist.

---

[1]) § 9 Abs. 1 Satz 3 eingef., bisherige Sätze 3 und 4 werden Sätze 4 und 5 durch VO vom 26.5.1999 (BGBl. I S. 1077).
[2]) § 10 geänd. durch VOen v. 19.12.1994 (BGBl. I S. 3848) und vom 26.5.1999 (BGBl. I S. 1077).

4. Teil. Besondere Vorschriften[1)]

§ 13[2)] Mitteilungen über Billigkeitsleistungen des Bundes und der Länder anlässlich der Corona-Krise. (1) [1]Behörden und andere öffentliche Stellen des Bundes und der Länder haben als mitteilungspflichtige Stellen (§ 93c Absatz 1 der Abgabenordnung) den Finanzbehörden folgende als Subvention oder ähnliche Förderungsmaßnahme bewilligte Leistungen nach amtlich vorgeschriebenem Datensatz über die amtlich bestimmte Schnittstelle nach Maßgabe des § 93c der Abgabenordnung mitzuteilen:

1. Soforthilfen des Bundes für kleine Unternehmen, Soloselbstständige und Angehörige der Freien Berufe zur Milderung der finanziellen Notlagen dieser Unternehmen aufgrund der Corona-Krise,

2. Überbrückungshilfen des Bundes für kleine und mittelständische Unternehmen, Soloselbstständige und Angehörige der Freien Berufe, die ihren Geschäftsbetrieb im Zuge der Corona-Krise ganz oder zu wesentlichen Teilen einstellen müssen oder mussten, oder

3. andere Soforthilfen, Überbrückungshilfen oder vergleichbare Billigkeitsleistungen des Bundes oder der jeweiligen Landes für Unternehmen, Soloselbstständige und Angehörige der Freien Berufe anlässlich der Corona-Krise.

[2]Satz 1 Nummer 3 gilt nicht für aufgrund der Corona-Krise gewährte

1. Subventionen oder ähnliche Förderungsmaßnahmen der Gemeinden oder Gemeindeverbände,

2. Hilfsleistungen nach dem Fünften und Elften Buch Sozialgesetzbuch,

3. Hilfsleistungen nach der COVID-19-Versorgungsstrukturen-Schutzverordnung vom 30. April 2020 (BAnz. AT 4.5.2020 V1),

4. Leistungen nach dem Krankenhausfinanzierungsgesetz und

5. Leistungen nach dem Sozialdienstleister-Einsatzgesetz.

(2) [1]Zur Sicherstellung der Besteuerung sind neben den in § 93c Absatz 1 Nummer 2 der Abgabenordnung genannten Angaben folgende Angaben mitzuteilen:

1. die Art und Höhe der jeweils gewährten Zahlung,

2. das Datum, an dem die Zahlung bewilligt wurde,

3. das Datum der Zahlung oder der Zahlungsanordnung und

4. bei unbarer Zahlung die Bankverbindung für das Konto, auf das die Leistung erbracht wurde.

[2]Werden nach Satz 1 mitzuteilende Zahlungen in einem späteren Kalenderjahr ganz oder teilweise zurückerstattet, ist die Rückzahlung abweichend von

---

[1)] Überschrift neu gef. mWv 1.6.2022 durch VO v. 25.5.2022 (BGBl. I S. 816).

[2)] § 13 Abs. 1 Satz 2 Nr. 3 und 4 geänd., Nr. 5 angef., Abs. 2 Satz 1 Nr. 2 und 3 geänd., Nr. 4 und Satz 2 sowie Abs. 3 Satz 3 angef. mWv 21.1.2021 durch VO v. 12.1.2021 (BGBl. I S. 67); Abs. 3 Sätze 1 und 3 geänd. mWv 1.6.2022 durch VO v. 25.5.2022 (BGBl. I S. 816).

§ 93c Absatz 3 der Abgabenordnung von der mitteilungspflichtigen Stelle unter Angabe des Datums, an dem die Zahlung bei der mitteilungspflichtigen Stelle eingegangen ist, mitzuteilen.

(3) ¹Mitteilungen nach Absatz 1 sind abweichend von § 93c Absatz 1 Nummer 1 der Abgabenordnung nach Veröffentlichung des amtlich vorgeschriebenen Datensatzes und der Freigabe der amtlich bestimmten Schnittstelle bis zum 30. April des auf das Jahr der Auszahlung folgenden Jahres zu übermitteln. ²Das Bundesministerium der Finanzen kann im Einvernehmen mit den obersten Finanzbehörden der Länder die Frist nach Satz 1 durch ein im Bundessteuerblatt Teil I zu veröffentlichendes Schreiben verlängern, sofern die technischen Voraussetzungen für die Annahme der Mitteilungen nicht rechtzeitig vorliegen. ³Auf begründeten Antrag einer mitteilungspflichtigen Stelle kann die oberste Finanzbehörde desjenigen Landes, in dem die mitteilungspflichtige Stelle ihren Sitz hat, dieser die Frist nach Satz 1 oder Satz 2 für im Kalenderjahr 2020 ausgezahlte Leistungen um längstens vierzehn Monate und für im Kalenderjahr 2021 ausgezahlte Leistungen um längstens sechs Monate verlängern, sofern die technischen Voraussetzungen für die Übersendung der Mitteilungen bei der mitteilungspflichtigen Stelle nicht rechtzeitig vorliegen; das Bundesministerium der Finanzen ist über eine gewährte Fristverlängerung zu unterrichten.

(4) ¹Von den Absätzen 1 bis 3 abweichende Bestimmungen dieser Verordnung sind nicht anzuwenden. ²§ 1 Absatz 2 und § 2 Absatz 2 bleiben unberührt.

§ 13a¹⁾ Mitteilungen über Billigkeitsleistungen zur temporären Kostendämpfung des Erdgas- und Strompreisanstiegs nach dem Energiekostendämpfungsprogramm. (1) Das Bundesamt für Wirtschaft und Ausfuhrkontrolle hat als mitteilungspflichtige Stelle (§ 93c Absatz 1 der Abgabenordnung) den Finanzbehörden aus Anlass des Erdgas- und Strompreisanstiegs nach dem Energiekostendämpfungsprogramm bewilligte Leistungen nach amtlich vorgeschriebenem Datensatz über die amtlich bestimmte Schnittstelle nach Maßgabe des § 93c der Abgabenordnung mitzuteilen.

(2) ¹Zur Sicherstellung der Besteuerung sind neben den in § 93c Absatz 1 Nummer 2 der Abgabenordnung genannten Angaben folgende Angaben mitzuteilen:

1. die Art und die Höhe der jeweils gewährten Zahlung,

2. das Datum, an dem die Zahlung bewilligt wurde,

3. das Datum der Zahlung und

4. bei unbarer Zahlung die Bankverbindung für das Konto, auf das die Zahlungen geleistet wurden.

²Werden nach Satz 1 mitzuteilende Zahlungen in einem späteren Kalenderjahr ganz oder teilweise zurückerstattet, ist die Rückzahlung abweichend von § 93c

---

¹⁾ § 13a eingef. durch VO v. 19.12.2022 (BGBl. I S. 2432); nach Art. 11 Abs. 4 der VO tritt die **Vorschrift zum 1.1.2030 außer Kraft**.

Absatz 3 der Abgabenordnung vom Bundesamt für Wirtschaft und Ausfuhrkontrolle unter Angabe des Datums, an dem die Zahlung bei ihm eingegangen ist, mitzuteilen.

(3) [1]Mitteilungen über im Kalenderjahr 2022 ausgezahlte Leistungen sind abweichend von § 93c Absatz 1 Nummer 1 der Abgabenordnung nach Veröffentlichung des amtlich vorgeschriebenen Datensatzes und der Freigabe der amtlich bestimmten Schnittstelle bis zum 31. Dezember 2025 zu übermitteln. [2]Das Bundesministerium der Finanzen kann im Einvernehmen mit den obersten Finanzbehörden der Länder die Frist nach Satz 1 durch ein im Bundessteuerblatt Teil I zu veröffentlichendes Schreiben verlängern, sofern die technischen Voraussetzungen für die Annahme der Mitteilungen nicht rechtzeitig vorliegen. [3]Auf begründeten Antrag des Bundesamts für Wirtschaft und Ausfuhrkontrolle kann die oberste Finanzbehörde desjenigen Landes, in dem das Bundesamt für Wirtschaft und Ausfuhrkontrolle seinen Sitz hat, diesem die Frist nach den Sätzen 1 oder 2 um längstens zehn Monate verlängern, sofern die technischen Voraussetzungen für die Übersendung der Mitteilungen bei dem Bundesamt für Wirtschaft und Ausfuhrkontrolle nicht rechtzeitig vorliegen; das Bundesministerium der Finanzen ist über eine gewährte Fristverlängerung zu unterrichten.

(4) [1]Von den Absätzen 1 bis 3 abweichende Bestimmungen dieser Verordnung sind nicht anzuwenden. [2]§ 1 Absatz 2 und § 2 Absatz 2 bleiben unberührt. [3]Mitteilungspflichten über Leistungen im Sinne des Absatzes 1 Satz 1, die sich nach anderen Bestimmungen dieser Verordnung ergeben, sind nicht anzuwenden.]

§ 14[1]) **Mitteilung von Zahlungen der Kassenärztlichen Vereinigungen an die Anbieter von Leistungen nach der Coronavirus-Testverordnung.** (1) [1]Die Kassenärztlichen Vereinigungen haben als mitteilungspflichtige Stelle im Sinne des § 93c Absatz 1 der Abgabenordnung den Finanzbehörden die von ihnen nach dem 31. Dezember 2020 an Leistungserbringer geleisteten Zahlungen nach der Coronavirus-Testverordnung nach amtlich vorgeschriebenem Datensatz über die amtlich bestimmte Schnittstelle nach Maßgabe des § 93c der Abgabenordnung mitzuteilen. [2]Als Steuerpflichtiger im Sinne des § 93c Absatz 1 Nummer 2 Buchstabe c oder Buchstabe d der Abgabenordnung ist stets der Leistungserbringer zu benennen, auch wenn die Erstattungsforderung abgetreten, verpfändet oder gepfändet ist. [3]Von der Mitteilungpflicht ausgenommen sind Zahlungen nach Satz 1 an öffentliche Stellen des Bundes oder eines Landes im Sinne des § 6 Absatz 1a bis 1c der Abgabenordnung.

(2) [1]Zur Sicherstellung der Besteuerung sind neben den in § 93c Absatz 1 Nummer 2 der Abgabenordnung genannten Angaben folgende Angaben mitzuteilen:

1. die im jeweils vorangegangenen Kalenderjahr geleisteten Zahlungen im Sinne von Absatz 1 unter Angabe des jeweiligen Rechtsgrunds der Zahlung,

---

[1]) § 14 angef. mWv 29.9.2021 durch VO v. 23.9.2021 (BGBl. I S. 4386); Abs. 3 Sätze 1 und 3 geänd. mWv 1.6.2022 durch VO v. 25.5.2022 (BGBl. I S. 816).

2. das Datum der Zahlungen und

3. bei unbarer Zahlung die Bankverbindung für das Konto, auf das die Zahlungen geleistet wurden.

[2] Werden mitteilungspflichtige Zahlungen in einem späteren Kalenderjahr ganz oder teilweise zurückerstattet, ist die Rückzahlung abweichend von § 93c Absatz 3 der Abgabenordnung von der mitteilungspflichtigen Stelle unter Angabe des Datums, an dem die Zahlung bei der mitteilungspflichtigen Stelle eingegangen ist, mitzuteilen.

(3) [1] Mitteilungen nach Absatz 1 sind abweichend von § 93c Absatz 1 Nummer 1 der Abgabenordnung nach Veröffentlichung des amtlich vorgeschriebenen Datensatzes und der Freigabe der amtlich bestimmten Schnittstelle bis zum 30. April des auf das Jahr der Auszahlung folgenden Jahres zu übermitteln. [2] Das Bundesministerium der Finanzen kann im Einvernehmen mit den obersten Finanzbehörden der Länder die Frist nach Satz 1 durch ein im Bundessteuerblatt Teil I zu veröffentlichendes Schreiben verlängern, sofern die technischen Voraussetzungen für die Annahme der Mitteilungen nicht rechtzeitig vorliegen. [3] Auf begründeten Antrag einer mitteilungspflichtigen Stelle kann die oberste Finanzbehörde desjenigen Landes, in dem die mitteilungspflichtige Stelle ihren Sitz hat, dieser die Frist nach Satz 1 oder Satz 2 für im Kalenderjahr 2021 ausgezahlte Leistungen um längstens vierzehn Monate und für im Kalenderjahr 2022 ausgezahlte Leistungen um längstens sechs Monate verlängern, sofern die technischen Voraussetzungen für die Übersendung der Mitteilungen bei der mitteilungspflichtigen Stelle nicht rechtzeitig vorliegen; das Bundesministerium der Finanzen ist über eine gewährte Fristverlängerung zu unterrichten.

(4) [1] Von den Absätzen 1 bis 3 abweichende Bestimmungen dieser Verordnung sind nicht anzuwenden. [2] § 1 Absatz 2 und § 2 Absatz 2 bleiben hiervon unberührt.

§ 15[1]) **Mitteilungen über öffentliche Hilfsleistungen aus Anlass der Starkregen- und Hochwasserkatastrophe im Juli 2021.** (1) Behörden und andere öffentliche Stellen haben als mitteilungspflichtige Stellen (§ 93c Absatz 1 der Abgabenordnung) den Finanzbehörden aus Anlass der Starkregen- und Hochwasserkatastrophe im Juli 2021 als Aufbauhilfen des Bundes und der Länder aus den Mitteln des Fonds „Aufbauhilfe 2021" bewilligte Leistungen nach amtlich vorgeschriebenem Datensatz über die amtlich bestimmte Schnittstelle nach Maßgabe des § 93c der Abgabenordnung mitzuteilen; mitzuteilen sind Leistungen an

1. Privathaushalte,

2. gewerbliche Unternehmen, Selbständige und Angehörige der freien Berufe,

3. Wohnungsunternehmen und Vermieter von Wohnraum,

---

[1]) § 15 eingef. mWv 1.6.2022 durch VO v. 25.5.2022 (BGBl. I S. 816).

4. Vermieter und Verpächter von ganz oder teilweise für eine gewerbliche, selbständige oder freiberufliche Tätigkeit genutzten Gebäuden oder Gebäudeteilen,

5. Betriebe der Land- und Forstwirtschaft und ähnliche Betriebe, Betriebe der Fischerei und Aquakultur.

(2) ¹Zur Sicherstellung der Besteuerung sind neben den in § 93c Absatz 1 Nummer 2 der Abgabenordnung genannten Angaben folgende Angaben mitzuteilen:

1. die Art und die Höhe der im jeweils vorangegangenen Kalenderjahr gewährten Zahlung,

2. soweit vorhanden, das Objekt, für das die Zahlung bewilligt wurde,

3. das Datum, an dem die Zahlung bewilligt wurde,

4. das Datum der Zahlung und

5. bei unbarer Zahlung die Bankverbindung für das Konto, auf das die Zahlung geleistet wurde.

²Werden nach Satz 1 mitzuteilende Zahlungen in einem späteren Kalenderjahr ganz oder teilweise zurückerstattet, ist die Rückzahlung abweichend von § 93c Absatz 3 der Abgabenordnung von der mitteilungspflichtigen Stelle unter Angabe des Datums, an dem die Zahlung bei der mitteilungspflichtigen Stelle eingegangen ist, mitzuteilen.

(3) ¹Abweichend von § 93c Absatz 1 Nummer 1 der Abgabenordnung sind Mitteilungen nach Absatz 1 nach Veröffentlichung des amtlich vorgeschriebenen Datensatzes und der Freigabe der amtlich bestimmten Schnittstelle für im Kalenderjahr 2021 ausgezahlte Leistungen bis zum 31. Dezember 2022 sowie für in den Folgejahren ausgezahlte Leistungen bis zum 30. April des auf das Jahr der Auszahlung folgenden Jahres zu übermitteln. ²Das Bundesministerium der Finanzen kann im Einvernehmen mit den obersten Finanzbehörden der Länder die Frist nach Satz 1 durch ein im Bundessteuerblatt Teil I zu veröffentlichendes Schreiben verlängern, sofern die technischen Voraussetzungen für die Annahme der Mitteilungen nicht rechtzeitig vorliegen. ³Auf begründeten Antrag einer mitteilungspflichtigen Stelle kann die oberste Finanzbehörde desjenigen Landes, in dem die mitteilungspflichtige Stelle ihren Sitz hat, dieser die Frist nach Satz 1 oder Satz 2 für im Kalenderjahr 2021 ausgezahlte Leistungen um längstens zehn Monate und für im Kalenderjahr 2022 ausgezahlte Leistungen um längstens sechs Monate verlängern, sofern die technischen Voraussetzungen für die Übersendung der Mitteilungen bei der mitteilungspflichtigen Stelle nicht rechtzeitig vorliegen; das Bundesministerium der Finanzen ist über eine gewährte Fristverlängerung zu unterrichten.

(4) ¹Von den Absätzen 1 bis 3 abweichende Bestimmungen oder andere Mitteilungspflichten nach dieser Verordnung sind nicht anzuwenden. ²§ 1 Absatz 2 bleibt unberührt. ³Das Bundesministerium der Finanzen oder die obersten Finanzbehörden der Länder können Ausnahmen von der Mitteilungspflicht nach Absatz 1 zulassen.

800f. Verordnung über Mitteilungen an die Finanzbehörden durch andere Behörden und öffentlich-rechtliche Rundfunkanstalten (Mitteilungsverordnung – MV)

Vom 7. September 1993 (BGBl. I S. 1554)

Geändert durch Verordnungen vom 19. Dezember 1994 (BGBl. I S. 3848), vom 26.5.1999 (BGBl. I S. 1077), Gesetze vom 19.12.2000 (BGBl. I S. 1790), vom 23.12.2003 (BGBl. I S. 2848); durch Art. 2 der VO v. 18.11.2020 (BGBl. I S. 2449)[1]), Art. 2 der VO v. 12.1.2021 (BGBl. I S. 67), Art. 1 der VO v. 23.9.2021 (BGBl. I S. 4386), Art. 2 der VO v. 25.5.2022 (BGBl. I S. 816) und Sechste Verordnung zur Änderung steuerlicher Verordnungen vom 19.12.2022 (BGBl. I S. 2432)

BGBl. III/FNA 610-1-8

Auf Grund des § 93a der Abgabenordnung vom 16. März 1976 (BGBl. I S. 613, 1977 I S. 269), der durch Artikel 1 Nr. 10 des Gesetzes vom 19. Dezember 1985 (BGBl. I S. 2436) eingefügt worden ist, verordnet die Bundesregierung:

1. Teil. Allgemeine Vorschriften

§ 1[2]) Grundsätze. (1) ¹Behörden und andere öffentliche Stellen einschließlich öffentlich-rechtlicher Rundfunkanstalten (§ 6 Absatz 1 bis 1c der Abgabenordnung) sind verpflichtet, Mitteilungen an die Finanzbehörden nach Maßgabe der folgenden Vorschriften ohne Ersuchen zu übersenden. ²Dies gilt nicht, wenn die Finanzbehörden bereits auf Grund anderer Vorschriften über diese Tatbestände Mitteilungen erhalten. ³Eine Verpflichtung zur Mitteilung besteht auch dann nicht, wenn die Gefahr besteht, daß das Bekanntwerden des Inhalts der Mitteilung dem Wohl des Bundes oder eines deutschen Landes Nachteile bereiten würde. ⁴Ist eine mitteilungspflichtige Behörde einer obersten Dienstbehörde nachgeordnet, muß die oberste Behörde dem Unterlassen der Mitteilung zustimmen; die Zustimmung kann für bestimmte Fallgruppen allgemein erteilt werden.

(2) Auf Grund dieser Verordnung sind personenbezogene Daten, die dem Sozialgeheimnis unterliegen (§ 35 des Ersten Buches Sozialgesetzbuch), und nach Landesrecht zu erbringende Sozialleistungen nicht mitzuteilen.

§ 2[3]) Allgemeine Zahlungsmitteilungen. (1) ¹Behörden und andere öffentliche Stellen mit Ausnahme öffentlich-rechtlicher Rundfunkanstalten haben den Finanzbehörden alle Zahlungen mitzuteilen. ²Satz 1 gilt nicht, sofern

1. der Zahlungsempfänger zweifelsfrei im Rahmen einer land- und forstwirtschaftlichen, gewerblichen oder freiberuflichen Haupttätigkeit gehandelt hat

---

¹) Änderungen treten gem. Art. 3 Abs. 2 der VO mWv 1.1.2025 in Kraft.

²) § 1 Abs. 1 Satz 1 geänd. durch VO v. 26.5.1999 (BGBl. I S. 1077); geänd. mWv 1.1.2025 durch VO v. 18.11.2020 (BGBl. I S. 2449).

³) § 2 neu gef. durch VO v. 26.5.1999 (BGBl. I S. 1077); Abs. 1 neu gef. mWv 1.1.2025 durch VO v. 18.11.2020 (BGBl. I S. 2449); Abs. 2 Satz 2, 3 geänd. mWv 1.1.2025 durch VO v. 12.1.2021 (BGBl. I S. 67); Abs. 3 angef. mWv 29.9.2021 durch VO v. 23.9.2021 (BGBl. I S. 4386).

und die Zahlung zweifelsfrei auf das Geschäftskonto des Zahlungsempfängers erfolgt,

2. ein Steuerabzug durchgeführt wird oder

3. die Zahlungen aufgrund anderweitiger Rechtsvorschriften den Finanzbehörden mitzuteilen sind.

[3]Satz 2 Nummer 1 gilt nicht für Zahlungen an Berufsbetreuer im Sinne von § 292 des Gesetzes über das Verfahren in Familiensachen und in den Angelegenheiten der freiwilligen Gerichtsbarkeit sowie für Vergütungen an Sachverständige, Dolmetscher und Übersetzer im Sinne von Abschnitt 3 des Justizvergütungs- und -entschädigungsgesetzes.

(2) Die Finanzbehörden können Ausnahmen von der Mitteilungspflicht zulassen, wenn die Zahlungen geringe oder keine steuerliche Bedeutung haben.

(3) Absatz 1 gilt für die in § 93a Absatz 2 der Abgabenordnung bezeichneten öffentlichen Stellen erstmals für nach dem 31. Dezember 2023 geleistete Zahlungen.

§ 3 Honorare der Rundfunkanstalten. (1) [1]Die öffentlich-rechtlichen Rundfunkanstalten haben Honorare für Leistungen freier Mitarbeiter mitzuteilen, die in unmittelbarem Zusammenhang mit der Vorbereitung, Herstellung oder Verbreitung von Hörfunk- und Fernsehsendungen erbracht werden. [2]Das gilt nicht, wenn die Besteuerung den Regeln eines Abzugsverfahrens unterliegt oder wenn die Finanzbehörden auf Grund anderweitiger Regelungen Mitteilungen über die Honorare erhalten.

(2) Honorare im Sinne des Absatzes 1 sind alle Güter, die in Geld oder Geldeswert bestehen und dem Steuerpflichtigen für eine persönliche Leistung oder eine Verwertung im Sinne des Urheberrechtsgesetzes zufließen.

§ 4[1] Wegfall oder Einschränkung einer steuerlichen Vergünstigung. Behörden und andere öffentliche Stellen mit Ausnahme öffentlich-rechtlicher Rundfunkanstalten haben Verwaltungsakte mitzuteilen, die den Wegfall oder die Einschränkung einer steuerlichen Vergünstigung zur Folge haben können.

§ 4a[2] Ordnungsgelder nach § 335 des Handelsgesetzbuchs. (1) Das Bundesamt für Justiz hat als mitteilungspflichtige Stelle (§ 93c Absatz 1 der Abgabenordnung) den Finanzbehörden die Adressaten und die Höhe von nach dem 31. Dezember 2021 im Verfahren nach § 335 des Handelsgesetzbuchs festgesetzten Ordnungsgeldern mitzuteilen, sofern das festgesetzte Ordnungsgeld mindestens 5000 Euro beträgt.

(2) [1]Sind dem Bundesamt für Justiz bei Festsetzung des Ordnungsgelds die in § 93c Absatz 1 Nummer 2 Buchstabe c und d der Abgabenordnung bezeichneten Daten nicht bekannt, soll es den Finanzbehörden die Handelsregisternummer der Gesellschaft oder andere ihm bekannte und zur automationsgestützten Identifizierung des Adressaten der Ordnungsgeldfestsetzung geeignete Daten übermitteln. [2]Die den Finanzbehörden übermittelten Daten

---

[1] § 4 geänd. mWv 1.1.2025 durch VO v. 18.11.2020 (BGBl. I S. 2449).
[2] § 4a eingef. durch VO v. 26.5.1999 (BGBl. I S. 1077); neu gef. mWv 21.1.2021, Abs. 2 aufgeh., bish. Abs. 3 wird Abs. 2 mWv 1.1.2025 durch VO v. 12.1.2021 (BGBl. I S. 67).

sind abweichend von § 93c Absatz 1 Nummer 4 der Abgabenordnung fünf Jahre aufzubewahren; die Frist beginnt mit dem Tag der Festsetzung des Ordnungsgelds. [3] Weitergehende Aufbewahrungsbestimmungen aufgrund anderer Rechtsvorschriften bleiben unberührt. [4] Wird die Festsetzung eines Ordnungsgelds in einem späteren Kalenderjahr ganz oder teilweise widerrufen, zurückgenommen oder aufgehoben, ist § 93c Absatz 3 der Abgabenordnung nicht anzuwenden.

§ 5 Ausgleichs- und Abfindungszahlungen nach dem Flurbereinigungsgesetz. Die Flurbereinigungsbehörden haben Ausgleichs- und Abfindungszahlungen nach dem Flurbereinigungsgesetz mitzuteilen.

§ 6[1) Gewerberechtliche Erlaubnisse und Gestattungen. (1) Behörden und andere öffentliche Stellen mit Ausnahme öffentlich-rechtlicher Rundfunkanstalten haben mitzuteilen

1. die Erteilung von Reisegewerbekarten,
2. zeitlich befristete Erlaubnisse sowie Gestattungen nach dem Gaststättengesetz,
3. Bescheinigungen über die Geeignetheit der Aufstellungsorte für Spielgeräte (§ 33c der Gewerbeordnung),
4. Erlaubnisse zur Veranstaltung anderer Spiele mit Gewinnmöglichkeit (§ 33d der Gewerbeordnung),
5. Festsetzungen von Messen, Ausstellungen, Märkten und Volksfesten (§ 69 der Gewerbeordnung),
6. Genehmigungen nach dem Personenbeförderungsgesetz zur Beförderung von Personen mit Kraftfahrzeugen im Linienverkehr, die Unternehmern mit Wohnsitz oder Sitz außerhalb des Geltungsbereichs des Personenbeförderungsgesetzes erteilt werden, und
7. Erlaubnisse zur gewerbsmäßigen Arbeitnehmerüberlassung,
8. die gemäß der Verordnung (EWG) Nr. 2408/92 des Rates vom 23. Juli 1992 über den Zugang von Luftfahrtunternehmen der Gemeinschaft zu Strecken des innergemeinschaftlichen Flugverkehrs (ABl. EG Nr. L 240 S. 8) erteilten Genehmigungen, Verkehrsrechte auszuüben.

(2) Abweichend von § 1 Abs. 2 teilt die Bundesagentur[2) für Arbeit nach Erteilung der erforderlichen Zusicherung folgende Daten der ausländischen Unternehmen mit, die auf Grund bilateraler Regierungsvereinbarungen über die Beschäftigung von Arbeitnehmern zur Ausführung von Werkverträgen tätig werden:

1. die Namen und Anschriften der ausländischen Vertragspartner des Werkvertrages,
2. den Beginn und die Ausführungsdauer des Werkvertrages und
3. den Ort der Durchführung des Werkvertrages.

[1) § 6 Abs. 1 Nr. 8 und Abs. 2 angef. durch VO v. 26.5.1999 (BGBl. I S. 1077); Abs. 1 Satzteil vor Nr. 1 geänd. mWv 1.1.2025 durch VO v. 18.11.2020 (BGBl. I S. 2449).
[2) Bezeichnung geänd. mWv 1.1.2004 durch G v. 23.12.2003 (BGBl. I S. 2848).

§ 7[1] Ausnahmen von der Mitteilungspflicht über Zahlungen.
(1) [1]Zahlungen an Behörden und andere öffentliche Stellen, Betriebe gewerblicher Art von Körperschaften des öffentlichen Rechts oder Körperschaften, die steuerbegünstigte Zwecke im Sinne des Zweiten Teils Dritter Abschnitt der Abgabenordnung verfolgen, sind nicht mitzuteilen; maßgebend sind die Verhältnisse zum Zeitpunkt der Zahlung. [2]Das gilt auch für Mitteilungen über Leistungen, die von Körperschaften des öffentlichen Rechts im Rahmen ihrer Beteiligungen an Unternehmen oder Einrichtungen des privaten Rechts erbracht werden.

(2) [1]Mitteilungen über Zahlungen sind nicht zu übermitteln, wenn die an denselben Empfänger geleisteten Zahlungen im Kalenderjahr weniger als 1500 Euro betragen; wurden Vorauszahlungen geleistet, sind diese bei der Errechnung des maßgebenden Betrages zu berücksichtigen. [2]Vorauszahlungen sind nicht gesondert mitzuteilen. [3]In der Mitteilung über die abschließende Zahlung ist anzugeben, ob eine oder mehrere Vorauszahlungen geleistet wurden.

(3) *(aufgehoben)*

2. Teil. Mitteilungen

§ 8[2] Form, Inhalt und Zeitpunkt der Mitteilungen. (1) [1]Die Mitteilungen sind den Finanzbehörden nach Maßgabe des § 93c der Abgabenordnung nach amtlich vorgeschriebenem Datensatz über die amtlich bestimmte Schnittstelle zu übermitteln. [2]Zur Sicherstellung der Besteuerung sind neben den in § 93c Absatz 1 Nummer 2 der Abgabenordnung genannten Angaben auch folgende Angaben zu übermitteln:
1. bei Mitteilungen über Zahlungen:
   a) der Grund der Zahlung oder die Art des der Zahlung zugrundeliegenden Anspruchs,
   b) die Höhe der jeweils gewährten Zahlung,
   c) der Zeitraum oder Zeitpunkt, für den die Zahlung gewährt wird,
   d) das Datum der Zahlung oder der Zahlungsanordnung sowie
   e) bei unbarer Zahlung die Bankverbindung für das Konto, auf das die Leistung erbracht wurde.
2. bei Mitteilungen über Verwaltungsakte der Gegenstand und der Umfang der Genehmigung, Erlaubnis oder gewährten Leistung.

[3]Werden mitzuteilende Zahlungen in einem späteren Kalenderjahr ganz oder teilweise zurückerstattet, ist die Rückzahlung abweichend von § 93c Absatz 3 der Abgabenordnung eigenständig und unter Angabe des Datums, an dem die Zahlung bei der mitteilungspflichtigen Stelle eingegangen ist, mitzuteilen.

---

[1] § 7 Abs. 1 Satz 1, Abs. 2 Satz 1 HS 1 geänd., Abs. 3 aufgeh. mWv 1.1.2025 durch VO v. 18.11.2020 (BGBl. I S. 2449).
[2] § 8 neu gef. mWv 1.1.2025 durch VO v. 18.11.2020 (BGBl. I S. 2449); Abs. 1 Satz 2 Nr. 1 Buchst. c und d geänd., Buchst. e und Satz 3 angef. mWv 1.1.2025 durch VO v. 12.1.2021 (BGBl. I S. 67); zur Anwendung siehe § 13.

(2) ¹Mitteilungen nach § 6 Absatz 2 sind abweichend von § 93c Absatz 1 Nummer 1 der Abgabenordnung unverzüglich zu übermitteln. ²Mitteilungen nach den §§ 4 und 6 Absatz 1 sind abweichend von § 93c Absatz 1 Nummer 1 der Abgabenordnung mindestens vierteljährlich zu übermitteln.

(3) ¹Auf Antrag der mitteilungspflichtigen Stelle kann die oberste Finanzbehörde des Landes, in dem die mitteilungspflichtige Stelle ihren Sitz hat, zur Vermeidung unbilliger Härten auf eine elektronische Übermittlung nach Maßgabe des § 93c der Abgabenordnung verzichten. ²In diesem Fall sind die Mitteilungen nach amtlich vorgeschriebenem Formular an die oberste Landesfinanzbehörde oder die von ihr bestimmte Landesfinanzbehörde zu übersenden.

§ 9¹⁾ *Empfänger der Mitteilungen.* (1) *¹Die Mitteilungen sind an das Finanzamt zu richten, in dessen Bezirk der Zahlungsempfänger oder derjenige, für den ein Verwaltungsakt bestimmt ist, seinen Wohnsitz hat. ²Bei Körperschaften, Personenvereinigungen und Vermögensmassen ist die Mitteilung dem Finanzamt zuzuleiten, in dessen Bezirk sich die Geschäftsleitung befindet. ³Mitteilungen nach § 6 Abs. 2 sind an das für die Umsatzbesteuerung zuständige Finanzamt zu richten. ⁴Bestehen Zweifel über die Zuständigkeit des Finanzamts, ist die Mitteilung an die Oberfinanzdirektionen zu senden, in deren Bezirk die Behörde oder Rundfunkanstalt ihren Sitz hat. ⁵Die Oberfinanzdirektion, in deren Bezirk die mitteilungspflichtige Behörde oder Rundfunkanstalt ihren Sitz hat, kann ein Finanzamt bestimmen, an das die mitteilungspflichtige Behörde oder Rundfunkanstalt die Mitteilung zu übersenden hat.*

(2) Werden Mitteilungen auf maschinell verwertbaren Datenträgern oder durch Datenfernübertragung übermittelt, kann die oberste Finanzbehörde des Landes, in dem die mitteilungspflichtige Behörde oder Rundfunkanstalt ihren Sitz hat, eine andere Landesfinanzbehörde oder mit Zustimmung des Bundesministeriums der Finanzen eine Finanzbehörde des Bundes als Empfänger der Mitteilungen bestimmen.

§ 10¹⁾ *[Zeitpunkt der Mitteilungen]* *Die Mitteilungen nach § 6 Abs. 2 sind unverzüglich, die Mitteilungen nach den §§ 4 und 6 Abs. 1 sind mindestens vierteljährlich und die übrigen Mitteilungen mindestens einmal jährlich, spätestens bis zum 30. April des Folgejahres, zu übersenden.*

3. Teil. Unterrichtung des Betroffenen

§ 11¹⁾ *Pflicht zur Unterrichtung.* *Die mitteilungspflichtige Behörde oder öffentlich-rechtliche Rundfunkanstalt hat den Betroffenen von ihrer Verpflichtung, Mitteilungen zu erstellen, spätestens bei Übersendung der ersten Mitteilung an die Finanzbehörde zu unterrichten.*

§ 12¹⁾ *Inhalt der Unterrichtung.* (1) *¹Der Betroffene ist darüber zu unterrichten, daß den Finanzbehörden die nach § 8 geforderten Angaben mitgeteilt werden, soweit sich diese Unterrichtung nicht aus dem Verwaltungsakt, dem Vertrag, der Genehmigung*

---

¹⁾ §§ 9–12 aufgeh. mWv 1.1.2025 durch VO v. 18.11.2020 (BGBl. I S. 2449); zur Anwendung siehe § 13.

oder der Erlaubnis ergibt. ²*Der Betroffene ist hierbei in allgemeiner Form auf seine steuerlichen Aufzeichnungs- und Erklärungspflichten hinzuweisen.*

(2) In den Fällen des § 2 Satz 2 und des § 3 ist dem Betroffenen eine Aufstellung der im Kalenderjahr geleisteten Zahlungen und ihrer Summe zu übersenden, soweit nicht über die einzelne Zahlung bereits eine Unterrichtung erfolgt ist.

4. Teil. Anwendungsbestimmung und Besondere Vorschriften[1]

§ 13[1] **Anwendungszeitpunkt.** ¹Den Zeitpunkt der erstmaligen Anwendung des § 8 in der am 1. Januar 2025 geltenden Fassung bestimmt das Bundesministerium der Finanzen im Einvernehmen mit den obersten Finanzbehörden der Länder durch ein im Bundessteuerblatt zu veröffentlichendes Schreiben. ²Bis zu diesem Zeitpunkt sind die §§ 8 bis 12 in der am 31. Dezember 2024 geltenden Fassung weiter anzuwenden.

[*bis 31.12.2029:*
§ 13a[2] **Mitteilungen über Billigkeitsleistungen zur temporären Kostendämpfung des Erdgas- und Strompreisanstiegs nach dem Energiekostendämpfungsprogramm.** (1) Das Bundesamt für Wirtschaft und Ausfuhrkontrolle hat als mitteilungspflichtige Stelle (§ 93c Absatz 1 der Abgabenordnung) den Finanzbehörden aus Anlass des Erdgas- und Strompreisanstiegs nach dem Energiekostendämpfungsprogramm bewilligte Leistungen nach amtlich vorgeschriebenem Datensatz über die amtlich bestimmte Schnittstelle nach Maßgabe des § 93c der Abgabenordnung mitzuteilen.

(2) ¹Zur Sicherstellung der Besteuerung sind neben den in § 93c Absatz 1 Nummer 2 der Abgabenordnung genannten Angaben folgende Angaben mitzuteilen:

1. die Art und die Höhe der jeweils gewährten Zahlung,
2. das Datum, an dem die Zahlung bewilligt wurde,
3. das Datum der Zahlung und
4. bei unbarer Zahlung die Bankverbindung für das Konto, auf das die Zahlungen geleistet wurden.

²Werden nach Satz 1 mitzuteilende Zahlungen in einem späteren Kalenderjahr ganz oder teilweise zurückerstattet, ist die Rückzahlung abweichend von § 93c Absatz 3 der Abgabenordnung vom Bundesamt für Wirtschaft und Ausfuhrkontrolle unter Angabe des Datums, an dem die Zahlung bei ihm eingegangen ist, mitzuteilen.

(3) ¹Mitteilungen über im Kalenderjahr 2022 ausgezahlte Leistungen sind abweichend von § 93c Absatz 1 Nummer 1 der Abgabenordnung nach Veröf-

---

[1] Teil 4 (§ 13) neu gef. mWv 1.1.2025 durch VO v. 18.11.2020 (BGBl. I S. 2449); Überschr. geänd. durch VO v. 25.5.2022 (BGBl. I S. 816).
[2] § 13a eingef. durch VO v. 19.12.2022 (BGBl. I S. 2432); gem. Art. 11 Abs. 4 der VO tritt die **Vorschrift zum 1.1.2030 außer Kraft.**

fentlichung des amtlich vorgeschriebenen Datensatzes und der Freigabe der amtlich bestimmten Schnittstelle bis zum 31. Dezember 2025 zu übermitteln. [2] Das Bundesministerium der Finanzen kann im Einvernehmen mit den obersten Finanzbehörden der Länder die Frist nach Satz 1 durch ein im Bundessteuerblatt Teil I zu veröffentlichendes Schreiben verlängern, sofern die technischen Voraussetzungen für die Annahme der Mitteilungen nicht rechtzeitig vorliegen. [3] Auf begründeten Antrag des Bundesamts für Wirtschaft und Ausfuhrkontrolle kann die oberste Finanzbehörde desjenigen Landes, in dem das Bundesamt für Wirtschaft und Ausfuhrkontrolle seinen Sitz hat, diesem die Frist nach den Sätzen 1 oder 2 um längstens zehn Monate verlängern, sofern die technischen Voraussetzungen für die Übersendung der Mitteilungen bei dem Bundesamt für Wirtschaft und Ausfuhrkontrolle nicht rechtzeitig vorliegen; das Bundesministerium der Finanzen ist über eine gewährte Fristverlängerung zu unterrichten.

(4) [1] Von den Absätzen 1 bis 3 abweichende Bestimmungen dieser Verordnung sind nicht anzuwenden. [2] § 1 Absatz 2 und § 2 Absatz 2 bleiben unberührt. [3] Mitteilungspflichten über Leistungen im Sinne des Absatzes 1 Satz 1, die sich nach anderen Bestimmungen dieser Verordnung ergeben, sind nicht anzuwenden.]

§ 14[1] Mitteilungen über öffentliche Hilfsleistungen aus Anlass der Starkregen- und Hochwasserkatastrophe im Juli 2021. (1) Behörden und andere öffentliche Stellen haben als mitteilungspflichtige Stellen (§ 93c Absatz 1 der Abgabenordnung) den Finanzbehörden aus Anlass der Starkregen- und Hochwasserkatastrophe im Juli 2021 als Aufbauhilfen des Bundes und der Länder aus den Mitteln des Fonds „Aufbauhilfe 2021" bewilligte Leistungen nach amtlich vorgeschriebenem Datensatz über die amtlich bestimmte Schnittstelle nach Maßgabe des § 93c der Abgabenordnung mitzuteilen; mitzuteilen sind Leistungen an

1. Privathaushalte,

2. gewerbliche Unternehmen, Selbständige und Angehörige der freien Berufe,

3. Wohnungsunternehmen und Vermieter von Wohnraum,

4. Vermieter und Verpächter von ganz oder teilweise für eine gewerbliche, selbständige oder freiberufliche Tätigkeit genutzten Gebäuden oder Gebäudeteilen,

5. Betriebe der Land- und Forstwirtschaft und ähnliche Betriebe, Betriebe der Fischerei und Aquakultur.

(2) [1] Zur Sicherstellung der Besteuerung sind neben den in § 93c Absatz 1 Nummer 2 der Abgabenordnung genannten Angaben folgende Angaben mitzuteilen:

1. die Art und die Höhe der im jeweils vorangegangenen Kalenderjahr gewährten Zahlung,

2. soweit vorhanden, das Objekt, für das die Zahlung bewilligt wurde,

---

[1] § 14 eingef. durch VO v. 25.5.2022 (BGBl. I S. 816).

3. das Datum, an dem die Zahlung bewilligt wurde,

4. das Datum der Zahlung und

5. bei unbarer Zahlung die Bankverbindung für das Konto, auf das die Zahlung geleistet wurde.

²Werden nach Satz 1 mitzuteilende Zahlungen in einem späteren Kalenderjahr ganz oder teilweise zurückerstattet, ist die Rückzahlung abweichend von § 93c Absatz 3 der Abgabenordnung von der mitteilungspflichtigen Stelle unter Angabe des Datums, an dem die Zahlung bei der mitteilungspflichtigen Stelle eingegangen ist, mitzuteilen.

(3) ¹Abweichend von § 93c Absatz 1 Nummer 1 der Abgabenordnung sind Mitteilungen nach Absatz 1 nach Veröffentlichung des amtlich vorgeschriebenen Datensatzes und der Freigabe der amtlich bestimmten Schnittstelle für im Kalenderjahr 2021 ausgezahlte Leistungen bis zum 31. Dezember 2022 sowie für in den Folgejahren ausgezahlte Leistungen bis zum 30. April des auf das Jahr der Auszahlung folgenden Jahres zu übermitteln. ²Das Bundesministerium der Finanzen kann im Einvernehmen mit den obersten Finanzbehörden der Länder die Frist nach Satz 1 durch ein im Bundessteuerblatt Teil I zu veröffentlichendes Schreiben verlängern, sofern die technischen Voraussetzungen für die Annahme der Mitteilungen nicht rechtzeitig vorliegen. ³Auf begründeten Antrag einer mitteilungspflichtigen Stelle kann die oberste Finanzbehörde desjenigen Landes, in dem die mitteilungspflichtige Stelle ihren Sitz hat, dieser die Frist nach Satz 1 oder Satz 2 für im Kalenderjahr 2021 ausgezahlte Leistungen um längstens zehn Monate und für im Kalenderjahr 2022 ausgezahlte Leistungen um längstens sechs Monate verlängern, sofern die technischen Voraussetzungen für die Übersendung der Mitteilungen bei der mitteilungspflichtigen Stelle nicht rechtzeitig vorliegen; das Bundesministerium der Finanzen ist über eine gewährte Fristverlängerung zu unterrichten.

(4) ¹Von den Absätzen 1 bis 3 abweichende Bestimmungen oder andere Mitteilungspflichten nach dieser Verordnung sind nicht anzuwenden. ²§ 1 Absatz 2 bleibt unberührt. ³Das Bundesministerium der Finanzen oder die obersten Finanzbehörden der Länder können Ausnahmen von der Mitteilungspflicht nach Absatz 1 zulassen.

800g. Verordnung über den automatisierten Abruf von Steuerdaten (Steuerdaten-Abrufverordnung – StDAV)

Vom 13. Oktober 2005 (BGBl. I S. 3021)

Geändert durch Vierte Verordnung zur Änderung Steuerlicher Verordnungen vom 12.7.2017 (BGBl. I S. 2360)

BGBl. III/FNA 610-1-16

Auf Grund des § 30 Abs. 6 Satz 2 und 3 der Abgabenordnung in der Fassung der Bekanntmachung vom 1. Oktober 2002 (BGBl. I S. 3866, 2003 I S. 61) verordnet das Bundesministerium der Finanzen:

§ 1[1)] **Anwendungsbereich.** (1) Diese Verordnung regelt den automatisierten Abruf von nach § 30 der Abgabenordnung geschützten Daten (Abrufverfahren), die für eines der in § 30 Absatz 2 Nummer 1 der Abgabenordnung genannten Verfahren in einem automationsgestützten Dateisystem gespeichert sind.

(2) [1]Diese Verordnung gilt nicht für Abrufverfahren, die Verbrauchsteuern und Verbrauchsteuervergütungen oder Ein- und Ausfuhrabgaben nach Artikel 5 Nummer 20 und 21 des Zollkodex der Union betreffen. [2]Zollkodex der Union ist die Verordnung gemäß § 3 Absatz 3 der Abgabenordnung.

§ 2 Maßnahmen zur Wahrung des Steuergeheimnisses. (1) [1]Es sind angemessene organisatorische und dem jeweiligen Stand der Technik entsprechende technische Vorkehrungen zur Wahrung des Steuergeheimnisses zu treffen. [2]Hierzu zählen insbesondere Maßnahmen, die sicherstellen, dass

1. Unbefugten der Zutritt zu Datenverarbeitungsanlagen, mit denen die in § 1 Satz 1 bezeichneten Daten abgerufen werden können, verwehrt wird (Zutrittskontrolle),

2. Datenverarbeitungssysteme nicht unbefugt zum Abruf genutzt werden können (Zugangskontrolle),

3. die zur Benutzung eines Datenverarbeitungssystems zum Datenabruf Befugten ausschließlich auf die ihrer Zugriffsbefugnis unterliegenden Daten zugreifen können und dass die Daten während des Abrufs nicht unbefugt gelesen oder kopiert werden können (Zugriffskontrolle),

4. überprüft und festgestellt werden kann, wer personenbezogene Daten abrufen darf oder abgerufen hat (Weitergabekontrolle).

(2) Abrufverfahren zur Übermittlung von Daten an Empfänger außerhalb der für die Speicherung verantwortlichen Stelle sollen nur eingerichtet werden, wenn es wegen der Vielzahl der Übermittlungen oder wegen ihrer be-

---

[1)] § 1 neu gef. mWv 25.5.2018 durch VO v. 12.7.2017 (BGBl. I S. 2360).

sonderen Eilbedürftigkeit unter Berücksichtigung der schutzwürdigen Interessen der Betroffenen angemessen ist.

§ 3 Erteilung der Abrufbefugnis. Die Erteilung einer Abrufbefugnis kommt in Betracht bei

1. Amtsträgern (§ 7 der Abgabenordnung) oder gleichgestellten Personen (§ 30 Abs. 3 der Abgabenordnung), die in einem Verwaltungsverfahren, einem Rechnungsprüfungsverfahren oder gerichtlichen Verfahren in Steuersachen, in einem Strafverfahren wegen einer Steuerstraftat oder einem Bußgeldverfahren wegen einer Steuerordnungswidrigkeit tätig sind,

2. Amtsträgern oder gleichgestellten Personen, soweit die Abrufbefugnis zur Wahrnehmung der Dienst- und Fachaufsicht erforderlich ist,

3.[1] Amtsträgern oder gleichgestellten Personen, soweit die Abrufbefugnis erforderlich ist zur zulässigen Offenbarung geschützter Daten nach § 30 Absatz 4 oder Absatz 5 der Abgabenordnung[2],

4. Amtsträgern oder gleichgestellten Personen, die mit der Entwicklung oder Betreuung automatisierter Verfahren oder der dabei eingesetzten technischen Einrichtungen befasst sind, in denen die in § 1 bezeichneten Daten verarbeitet werden, wenn der Abruf allein der Beseitigung von Fehlern oder der Kontrolle der ordnungsgemäßen Arbeitsweise der Verfahren oder der technischen Einrichtungen dient und dies nicht mit vertretbarem Aufwand durch Zugriff auf anonymisierte oder pseudonymisierte Daten erreicht werden kann,

5.[3] Amtsträgern der Zollverwaltung oder gleichgestellten Personen, soweit die Abrufbefugnis für die Festsetzung oder Erhebung der Einfuhrumsatzsteuer erforderlich ist und die Daten beim *Bundesamt für Finanzen* [*ab 25.5.2018:* Bundeszentralamt für Steuern] gespeichert sind,

6. Amtsträgern der Gemeinden, soweit sie in einem Realsteuerverfahren in Ausübung der nach § 21 des Finanzverwaltungsgesetzes den Gemeinden zustehenden Rechte tätig sind.

§ 4 Umfang der Abrufbefugnis. (1) [1]Die Abrufbefugnis ist auf die Daten oder die Arten von Daten zu beschränken, die zur Erledigung der jeweiligen Aufgabe erforderlich sind. [2]Hiervon darf nur abgesehen werden, wenn der Aufwand für eine Beschränkung auf bestimmte Daten oder Arten von Daten unter Berücksichtigung der schutzwürdigen Interessen der Betroffenen außer Verhältnis zu dem angestrebten Zweck steht.

(2) [1]Die Abrufbefugnis ist zu befristen, wenn der Verwendungszweck zeitlich begrenzt ist. [2]Sie ist unverzüglich zu widerrufen, wenn der Anlass für ihre Erteilung weggefallen ist.

§ 5 Prüfung der Abrufbefugnis. (1) [1]Die Abrufbefugnis ist automatisiert zu prüfen

---

[1] § 3 Nr. 3 neu gef. mWv 25.5.2018 durch VO v. 12.7.2017 (BGBl. I S. 2360).
[2] Nr. **800**.
[3] § 3 Nr. 5 geänd. mWv 25.5.2018 durch VO v. 12.7.2017 (BGBl. I S. 2360).

1. bei jedem Aufbau einer Verbindung anhand eines Identifizierungsschlüssels (Benutzerkennung) und eines geheim zu haltenden Passwortes oder sonst zum hinreichend sicheren Nachweis von Benutzeridentität und Authentizität geeigneter Verfahren,

2. bei jedem Abruf anhand eines Verzeichnisses über den Umfang der dem Abrufenden eingeräumten Abrufbefugnis.

[2]Benutzerkennungen und Passwörter sind nach höchstens fünf aufeinander folgenden Fehlversuchen zum Aufbau einer Verbindung zu sperren.

(2) Die Passwörter nach Absatz 1 Satz 1 Nr. 1 sind spätestens nach 90 Tagen, bei Kenntnisnahme durch andere Personen unverzüglich, zu ändern.

(3) [1]Werden zur Authentifizierung automatisiert lesbare Ausweiskarten verwendet, so sind deren Bestand, Ausgabe und Einzug nachzuweisen und zu überwachen. [2]Abhanden gekommene Ausweiskarten sind unverzüglich zu sperren. [3]Der Inhaber darf die Ausweiskarte nicht weitergeben. [4]Er hat sie unter Verschluss aufzubewahren, wenn er sie nicht zum Datenabruf verwendet.

§ 6 Aufzeichnung der Abrufe.
(1) [1]Abrufe und Abrufversuche sind zur Prüfung der Zulässigkeit der Abrufe automatisiert aufzuzeichnen. [2]Die Aufzeichnungen umfassen mindestens die Benutzerkennung, das Datum, die Uhrzeit sowie die sonstigen zur Prüfung der Zulässigkeit der Abrufe erforderlichen Daten.

(2) [1]Die Aufzeichnungspflicht entfällt, soweit die Abrufbefugnis durch technische Maßnahmen auf die Daten oder Arten von Daten beschränkt worden ist, die zur Erledigung der jeweiligen Aufgabe erforderlich sind. [2]Unbeschadet des Satzes 1 können Aufzeichnungen anlassbezogen durchgeführt werden.

(3) Die Aufzeichnungen dürfen nur zur Prüfung der Zulässigkeit der Abrufe verwendet werden.

(4) Die Aufzeichnungen sind zwei Jahre aufzubewahren und danach unverzüglich zu löschen.

§ 7 Prüfung der Zulässigkeit der Abrufe.
[1]Anhand der Aufzeichnungen ist zeitnah und in angemessenem Umfang zu prüfen, ob der Abruf nach § 30 Abs. 6 Satz 1 der Abgabenordnung und nach dieser Verordnung zulässig war. [2]Unbeschadet des Satzes 1 können aufgezeichnete Abrufe anlassbezogen geprüft werden.

§ 8 Ergänzende Regelungen und Verfahrensdokumentation.
[1]Bei Einrichtung eines Abrufverfahrens sind von den beteiligten Stellen zu regeln und in einer für sachverständige Dritte verständlichen Weise zu dokumentieren

1. Anlass, Zweck und beteiligte Stellen des Abrufverfahrens,

2. die notwendigen technischen Voraussetzungen und die verwendeten Programme,

3. die zum Abruf bereitgehaltenen Daten,

4. auf welche Weise und zu welchem Zeitpunkt die verantwortlichen Stellen über die Abrufbefugnis anderer Behörden zu unterrichten sind,

5. die Gruppen der zum Abruf berechtigten Personen (§ 3) und der Umfang der Abrufbefugnisse (§ 4),

6. die protokollierende Stelle,

7. die zur Identifizierung, Authentisierung und Verschlüsselung verwendeten Verfahren,

8. die für die Vergabe und Verwaltung von Benutzerkennungen, Passwörtern und Ausweiskarten sowie die für die Prüfung der aufgezeichneten Abrufe und Stichproben zuständigen Stellen,

9. Art und Umfang der Maßnahmen zur nachträglichen Überprüfung eingeräumter Abrufbefugnisse sowie die Frist zur Aufbewahrung der revisionsfähigen Unterlagen,

10. die Einzelheiten des Prüfungsverfahrens nach § 7,

11. das Verfahren zur Erprobung und zur Qualitätssicherung der Programme vor dem Einsatz,

12. die Fristen, nach deren Ablauf Daten zum Abruf durch Abrufberechtigte außerhalb der für die Speicherung verantwortlichen Stelle nicht mehr für einen Datenabruf bereitgehalten werden dürfen,

13. die sonstigen zur Wahrung der schutzwürdigen Belange der Betroffenen sowie zur Gewährleistung von Datenschutz und Datensicherheit getroffenen technischen und organisatorischen Maßnahmen.

²Die Verfahrensdokumentation ist fortlaufend zu aktualisieren. ³Sie ist mindestens zwei Jahre über das Ende des Verfahrenseinsatzes hinaus aufzubewahren.

§ 9[1) Abrufe durch den Steuerpflichtigen. ¹Für Verfahren, die dem Steuerpflichtigen (§ 33 der Abgabenordnung) den Abruf ihn betreffender personenbezogener Daten ermöglichen, gelten die §§ 1 bis 8 entsprechend. ²Satz 1 ist auch anzuwenden, wenn anstelle des Steuerpflichtigen seinem gesetzlichen Vertreter, Vermögensverwalter, Verfügungsberechtigten, Bevollmächtigten oder Beistand eine Abrufberechtigung erteilt wird.

§ 10[2) *(aufgehoben)*

§ 11 Inkrafttreten. Diese Verordnung tritt am Tag nach der Verkündung[3) in Kraft.

[1) § 9 Satz 1 geänd. mWv 25.5.2018 durch VO v. 12.7.2017 (BGBl. I S. 2360).

[2) § 10 aufgeh. mWv 25.5.2018 durch VO v. 12.7.2017 (BGBl. I S. 2360).

[3) Verkündet am 26.10.2005.

800h. Verordnung zur Vergabe steuerlicher Identifikationsnummern (Steueridentifikationsnummerverordnung – StIdV)[1]

Vom 28. November 2006 (BGBl. I S. 2726)

Geändert durch VO vom 26.6.2007 (BGBl. I S. 1185), Gesetz zur Änderung von Vorschriften über Verkündung und Bekanntmachungen sowie der Zivilprozessordnung, des Gesetzes betreffend die Einführung der Zivilprozessordnung und der Abgabenordnung vom 22.12.2011 (BGBl. I S. 3044), Dritte Verordnung zur Änderung steuerlicher Verordnungen vom 18.7.2016 (BGBl. I S. 1722), eIDAS-Durchführungsgesetz vom 18.7.2017 (BGBl. I S. 2745) und Sechste Verordnung zur Änderung steuerlicher Verordnungen vom 19.12.2022 (BGBl. I S. 2432)

§ 1[2] **Aufbau der Identifikationsnummer.** Die Identifikationsnummer nach § 139b der Abgabenordnung besteht aus zehn Ziffern und einer Prüfziffer als elfter Ziffer.

§ 2[3] **Form und Verfahren der Datenübermittlungen.** (1) Für die Datenübermittlungen der Meldebehörden an das Bundeszentralamt für Steuern nach § 139b Absatz 6 Satz 1, 3, Absatz 7 Satz 1 und Absatz 8 der Abgabenordnung gelten die §§ 2 und 9 der Zweiten Bundesmeldedatenübermittlungsverordnung.

(2) [1]Die Datenübermittlungen des Bundeszentralamts für Steuern an die Meldebehörden nach § 139b Absatz 6 Satz 4 und Abs. 2 Satz 2 der Abgabenordnung erfolgen durch Datenübertragung über verwaltungseigene Kommunikationsnetze oder über das Internet. [2]Sie erfolgen unmittelbar oder über Vermittlungsstellen. [3]Die zu übermittelnden Daten sind mit einer fortgeschrittenen elektronischen Signatur zu versehen und nach dem Stand der Technik zu verschlüsseln. [4]Hierbei sind die Satzbeschreibung OSCI-XMeld (§ 3 Absatz 1 der Zweiten Bundesmeldedatenübermittlungsverordnung) und das Übermittlungsprotokoll OSCI-Transport (§ 3 Absatz 2 der Zweiten Bundesmeldedatenübermittlungsverordnung) in der im Bundesanzeiger bekannt gemachten jeweils geltenden Fassung zu Grunde zu legen.

§ 3[4] *(aufgehoben)*

---

[1] Die StIdV ist als Art. 1 der VO zur Einführung dauerhafter Identifikationsnummern in Besteuerungsverfahren und zur Änderung der Zweiten BundesmeldedatenübermittlungsVO v. 28.11.2006 verkündet worden.

[2] § 1 neu gef. durch VO v. 18.7.2016 (BGBl. I S. 1722).

[3] § 2 geänd. durch VO v. 26.6.2007 (BGBl. I S. 1185); Abs. 1 Satz 2 und Abs. 2 Satz 4 geänd. mWv 1.4.2012 durch G v. 22.12.2011 (BGBl. I S. 3044); Abs. 1 neu gef., Abs. 2 Satz 4 neu gef., Satz 5 aufgeh. durch VO v. 18.7.2016 (BGBl. I S. 1722); Abs. 2 Satz 3 geänd. mWv 29.7.2017 durch G v. 18.7.2017 (BGBl. I S. 2745); Abs. 2 Satz 1 geänd. durch VO v. 19.12.2022 (BGBl. I S. 2432).

[4] § 3 aufgeh. durch VO v. 18.7.2016 (BGBl. I S. 1722).

§ 4 Löschungsfrist. Die beim Bundeszentralamt für Steuern nach § 139b Abs. 3 der Abgabenordnung gespeicherten Daten sind zu löschen, wenn sie zur Erfüllung der gesetzlichen Aufgaben der Finanzbehörden nicht mehr erforderlich sind, spätestens jedoch 20 Jahre nach Ablauf des Kalenderjahres, in dem der Steuerpflichtige verstorben ist.

§ 5[1) Sicherheit und Funktionsfähigkeit des Verfahrens. [1]Das Bundeszentralamt für Steuern hat die Sicherheit und Funktionsfähigkeit des Verfahrens zu gewährleisten. [2]Anforderungen an die Sicherheit der elektronischen Übermittlung hat das Bundeszentralamt für Steuern im Benehmen mit dem Bundesamt für Sicherheit in der Informationstechnik festzulegen.

§ 6[2) Benachrichtigung des Betroffenen, Berichtigung unrichtiger Daten. (1) Das Bundeszentralamt für Steuern unterrichtet den Steuerpflichtigen unverzüglich über die ihm zugeteilte Identifikationsnummer *und über die Daten, die zu diesem Zeitpunkt beim Bundeszentralamt für Steuern zu seiner Identifikationsnummer nach § 139b Absatz 3 Nummer 3 bis 10, 12 und 14 der Abgabenordnung gespeichert sind.*

(2) [1]Stellen die Finanzbehörden Unrichtigkeiten der Daten im Sinne des § 139b Abs. 3 der Abgabenordnung fest, teilen sie dies dem Bundeszentralamt für Steuern mit. [2]Einzelheiten des Verfahrens bestimmt das Bundesministerium der Finanzen im Einvernehmen mit den obersten Finanzbehörden der Länder durch ein im Bundessteuerblatt zu veröffentlichendes Schreiben.

§ 7[3) *(aufgehoben)*

[1) § 5 neu gef. durch VO v. 26. 6 2007 (BGBl. I S. 1185).
[2) § 6 Abs. 1 neu gef. durch VO v. 18.7.2016 (BGBl. I S. 1722); Abs. 1 kursiver Satzteil aufgeh. **mWv 1.11.2023** durch VO v. 19.12.2022 (BGBl. I S. 2432).
[3) § 7 aufgeh. durch VO v. 18.7.2016 (BGBl. I S. 1722).

800i. Verordnung zur Durchführung von § 89 Abs. 2 der Abgabenordnung (Steuer-Auskunftsverordnung – StAuskV)

Vom 30. November 2007 (BGBl. I S. 2783)

Geändert durch Dritte Verordnung zur Änderung steuerlicher Verordnungen vom 18.7.2016 (BGBl. I S. 1722), Vierte Verordnung zur Änderung Steuerlicher Verordnungen vom 12.7.2017 (BGBl. I S. 2360) und Sechste Verordnung zur Änderung steuerlicher Verordnungen vom 19.12.2022 (BGBl. I S. 2432)

BGBl. III/FNA 610-1-20

Auf Grund des § 89 Abs. 2 Satz 4 der Abgabenordnung in der Fassung der Bekanntmachung vom 1. Oktober 2002 (BGBl. I S. 3866, 2003 I S. 61), der zuletzt durch Artikel 10 Nr. 9 des Gesetzes vom 13. Dezember 2006 (BGBl. I S. 2878) geändert worden ist, verordnet das Bundesministerium der Finanzen:

§ 1[1] **Form und Inhalt des Antrags auf Erteilung einer verbindlichen Auskunft.** (1) ¹Der Antrag auf Erteilung einer verbindlichen Auskunft ist schriftlich oder elektronisch bei der nach § 89 Absatz 2 Satz 2 oder Satz 3 der Abgabenordnung zuständigen Finanzbehörde zu stellen. ²Der Antrag hat Folgendes zu enthalten:

1. die genaue Bezeichnung des Antragstellers (Name, bei natürlichen Personen Wohnsitz oder gewöhnlicher Aufenthalt, bei Körperschaften, Personenvereinigungen und Vermögensmassen Sitz oder Ort der Geschäftsleitung, soweit vorhanden Steuernummer),

2. eine umfassende und in sich abgeschlossene Darstellung des zum Zeitpunkt der Antragstellung noch nicht verwirklichten Sachverhalts,

3. die Darlegung des besonderen steuerlichen Interesses des Antragstellers,

4. eine ausführliche Darlegung des Rechtsproblems mit eingehender Begründung des eigenen Rechtsstandpunktes des Antragstellers,

5. die Formulierung konkreter Rechtsfragen,

6. die Erklärung, dass über den zur Beurteilung gestellten Sachverhalt bei keiner anderen der in § 89 Abs. 2 Satz 2 und 3 der Abgabenordnung genannten Finanzbehörden (Finanzämter oder Bundeszentralamt für Steuern) eine verbindliche Auskunft beantragt wurde, sowie

7. die Versicherung, dass alle für die Erteilung der Auskunft und für die Beurteilung erforderlichen Angaben gemacht wurden und der Wahrheit entsprechen.

---

[1] § 1 Abs. 1 Satzteil vor Nr. 1 geänd. durch VO v. 18.7.2016 (BGBl. I S. 1722).

(2)[1] [1] Eine verbindliche Auskunft kann von allen Beteiligten nur gemeinsam beantragt werden, wenn sie sich auf einen Sachverhalt bezieht, der

1. mehreren Personen steuerlich zuzurechnen ist (§ 179 Absatz 2 Satz 2 der Abgabenordnung),

2. zur Begründung oder Beendigung einer Organschaft im Sinne

    a) des § 2 Absatz 2 Nummer 2 des Umsatzsteuergesetzes,

    b) der §§ 14 und 17 des Körperschaftsteuergesetzes oder

    c) des § 2 Absatz 2 Satz 2 des Gewerbesteuergesetzes

    führen kann,

3. von einer Organgesellschaft verwirklicht werden soll und über

    a) die gesonderte und einheitliche Feststellung nach § 14 Absatz 5 des Körperschaftsteuergesetzes oder

    b) den dem Organträger zuzurechnenden Gewerbeertrag

    Auswirkungen auf die Besteuerungsgrundlagen des Organträgers haben kann,

4. zur Verwirklichung eines Erwerbsvorgangs im Sinne von § 1 Absatz 3 Nummer 1 und 2 in Verbindung mit Absatz 4 Nummer 2 des Grunderwerbsteuergesetzes (grunderwerbsteuerliche Organschaft) führen kann oder

5.[2] sich nach den §§ 20, 21, 24 oder 25 des Umwandlungssteuergesetzes bei verschiedenen Rechtsträgern steuerlich auswirkt und der steuerliche Wertansatz beim einbringenden oder übertragenden Rechtsträger vom steuerlichen Wertansatz beim übernehmenden Rechtsträger abhängt.

[2] Die Beteiligten sollen einen gemeinsamen Empfangsbevollmächtigten bestellen, der ermächtigt ist, für sie alle Verwaltungsakte und Mitteilungen in Empfang zu nehmen.

(3)[3] Für die Erteilung der verbindlichen Auskunft nach Absatz 2 Satz 1 ist zuständig

1. nach Absatz 2 Satz 1 Nummer 1:
    das Finanzamt, das für die gesonderte und einheitliche Feststellung örtlich zuständig ist;

2. nach Absatz 2 Satz 1 Nummer 2 Buchstabe a:
    das Finanzamt, das für die Umsatzbesteuerung des Organträgers örtlich zuständig ist;

3. nach Absatz 2 Satz 1 Nummer 2 Buchstabe b und c sowie Nummer 3:
    das Finanzamt, das für die gesonderte und einheitliche Feststellung nach § 14 Absatz 5 des Körperschaftsteuergesetzes örtlich zuständig ist;

---

[1] § 1 Abs. 2 Satz 1 neu gef. mWv 20.7.2017 durch VO v. 12.7.2017 (BGBl. I S. 2360); zur Anwendung siehe § 3 Satz 2.
[2] § 1 Abs. 2 Satz 1 Nr. 5 angef. durch VO v. 19.12.2022 (BGBl. I S. 2432); zur Anwendung für Anträge ab 1.1.2023 siehe § 3 Satz 2.
[3] § 1 Abs. 3 eingef. mWv 20.7.2017 durch VO v. 12.7.2017 (BGBl. I S. 2360); zur Anwendung siehe § 3.

4. nach Absatz 2 Satz 1 Nummer 4:
   das Finanzamt, das für die Festsetzung der Grunderwerbsteuer zuständig ist; ist der verwirklichte Sachverhalt Gegenstand einer gesonderten Feststellung nach § 17 Absatz 3 Satz 1 Nummer 2 oder Satz 2 in Verbindung mit Absatz 2 des Grunderwerbsteuergesetzes, ist das Finanzamt zuständig, das für die gesonderte Feststellung zuständig ist;

5.[1] nach Absatz 2 Satz 1 Nummer 5:
   das Finanzamt, das nach § 18 oder § 20 der Abgabenordnung für den übernehmenden Rechtsträger örtlich zuständig ist. [2]In den Fällen des Absatzes 2 Satz 1 Nummer 2 wird für die Bestimmung der Zuständigkeit stets von einer bestehenden Organschaft ausgegangen. [3]In den Fällen des Absatzes 2 Satz 1 Nummer 4 wird für die Bestimmung der Zuständigkeit davon ausgegangen, dass ein Erwerbsvorgang im Sinne des § 1 Absatz 3 Nummer 1 und 2 in Verbindung mit Absatz 4 Nummer 2 des Grunderwerbsteuergesetzes verwirklicht wurde.

(4)[2] [1]Soll der dem Antrag zugrunde liegende Sachverhalt durch eine Person, Personenvereinigung oder Vermögensmasse verwirklicht werden, die im Zeitpunkt der Antragstellung noch nicht existiert, kann der Antrag auf Erteilung einer verbindlichen Auskunft auch durch einen Dritten gestellt werden, sofern er ebenfalls ein eigenes berechtigtes Interesse an der Auskunftserteilung darlegen kann. [2]In diesem Fall sind die in Absatz 1 Nr. 1 und 3 genannten Angaben auch hinsichtlich der Person, Personenvereinigung oder Vermögensmasse zu machen, die den der Auskunft zugrunde liegenden Sachverhalt verwirklichen soll.

§ 2 Bindung einer verbindlichen Auskunft.

(1)[3] [1]Die von der nach § 89 Abs. 2 Satz 2 und 3 der Abgabenordnung zuständigen Finanzbehörde erteilte verbindliche Auskunft ist für die Besteuerung des Antragstellers oder in den Fällen des § 1 Absatz 4 für die Besteuerung der Person, Personenvereinigung oder Vermögensmasse, die den Sachverhalt verwirklicht hat, bindend, wenn der später verwirklichte Sachverhalt von dem der Auskunft zugrunde gelegten Sachverhalt nicht oder nur unwesentlich abweicht. [2]Die verbindliche Auskunft ist nicht bindend, wenn sie zuungunsten des Steuerpflichtigen dem geltenden Recht widerspricht.

(2)[4] [1]Eine nach § 1 Absatz 3 erteilte verbindliche Auskunft ist für die Besteuerung aller Beteiligten einheitlich bindend, wenn der später verwirklichte Sachverhalt von dem Sachverhalt, der der Auskunft zugrunde gelegt wurde, nicht oder nur unwesentlich abweicht. [2]Widerspricht die einheitlich erteilte verbindliche Auskunft dem geltenden Recht und beruft sich mindestens ein Beteiligter hierauf, entfällt die Bindungswirkung der verbindlichen Auskunft einheitlich gegenüber allen Beteiligten.

---

[1] § 1 Abs. 3 Satz 1 Nr. 5 angef. durch VO v. 19.12.2022 (BGBl. I S. 2432); zur Anwendung für Anträge ab 1.1.2023 siehe § 3 Satz 2.
[2] § 1 Abs. 3 wird Abs. 4 durch VO v. 12.7.2017 (BGBl. I S. 2360).
[3] § 2 Abs. 1 Satz 1 geänd. mWv 20.7.2017 durch VO v. 12.7.2017 (BGBl. I S. 2360).
[4] § 2 Abs. 2 eingef. durch VO v. 12.7.2017 (BGBl. I S. 2360); zur Anwendung siehe § 3.

(3)[1] Die Bindungswirkung der verbindlichen Auskunft entfällt ab dem Zeitpunkt, in dem die Rechtsvorschriften, auf denen die Auskunft beruht, aufgehoben oder geändert werden.

(4)[1] Unbeschadet der §§ 129 bis 131 der Abgabenordnung kann eine verbindliche Auskunft mit Wirkung für die Zukunft aufgehoben oder geändert werden, wenn sich herausstellt, dass die erteilte Auskunft unrichtig war.

§ 3[2] Anwendungsvorschrift.

[1] § 1 Absatz 2 Satz 1, Absatz 3 und § 2 Absatz 2 in der am 20. Juli 2017 geltenden Fassung sind erstmals auf Anträge auf Erteilung einer verbindlichen Auskunft anzuwenden, die nach dem 1. September 2017 bei der zuständigen Finanzbehörde eingegangen sind. [2] § 1 Absatz 2 Satz 1 Nummer 3 bis 5 und Absatz 3 Satz 1 Nummer 4 und 5 in der am 23. Dezember 2022 geltenden Fassung ist erstmals auf Anträge auf Erteilung einer verbindlichen Auskunft anzuwenden, die nach dem 31. Dezember 2022 bei der zuständigen Finanzbehörde eingegangen sind.

---

[1] § 2 Abs. 2 eingef., bish. Abs. 2 und 3 werden Abs. 3 und 4 durch VO v. 12.7.2017 (BGBl. I S. 2360); zur Anwendung siehe § 3.

[2] § 3 neu gef. durch VO v. 12.7.2017 (BGBl. I S. 2360); Satz 2 angef. durch VO v. 19.12.2022 (BGBl. I S. 2432).

800j. Verordnung zur Bestimmung der technischen Anforderungen an elektronische Aufzeichnungs- und Sicherungssysteme im Geschäftsverkehr (Kassensicherungsverordnung – KassenSichV)[1), 2)]

Vom 26. September 2017 (BGBl. I S. 3515)

Geändert durch Verordnung zur Änderung der Kassensicherungsverordnung vom 30.7.2021 (BGBl. I S. 3295)

FNA 610-1-26

Auf Grund des § 146a Absatz 3 Satz 1 der Abgabenordnung, der durch Artikel 1 Nummer 3 des Gesetzes vom 22. Dezember 2016 (BGBl. I S. 3152) eingefügt worden ist, verordnet das Bundesministerium der Finanzen im Einvernehmen mit dem Bundesministerium des Innern und dem Bundesministerium für Wirtschaft und Energie und unter Wahrung der Rechte des Bundestages:

§ 1[3)] Elektronische Aufzeichnungssysteme. [1]Elektronische Aufzeichnungssysteme im Sinne des § 146a Absatz 1 Satz 1 der Abgabenordnung sind elektronische oder computergestützte Kassensysteme oder Registrierkassen. [2]Nicht als elektronische Aufzeichnungssysteme gelten

1. Fahrscheinautomaten und Fahrscheindrucker,
2. Kassen- und Parkscheinautomaten der Parkraumbewirtschaftung sowie Ladepunkte für Elektro- oder Hybridfahrzeuge,
3. elektronische Buchhaltungsprogramme,
4. Waren- und Dienstleistungsautomaten,
5. Taxameter und Wegstreckenzähler,
6. Geldautomaten sowie
7. Geld- und Warenspielgeräte.

§ 2 Protokollierung von digitalen Grundaufzeichnungen. [1]Für jede Aufzeichnung eines Geschäftsvorfalls oder anderen Vorgangs im Sinne des § 146a Absatz 1 Satz 1 der Abgabenordnung muss von einem elektronischen Aufzeichnungssystem unmittelbar eine neue Transaktion gestartet werden. [2]Die Transaktion hat zu enthalten:

1. den Zeitpunkt des Vorgangbeginns,
2. eine eindeutige und fortlaufende Transaktionsnummer,
3. die Art des Vorgangs,

[1)] **[Amtl. Anm.:]** Notifiziert gemäß der Richtlinie (EU) 2015/1535 des Europäischen Parlaments und des Rates vom 9. September 2015 über ein Informationsverfahren auf dem Gebiet der technischen Vorschriften und der Vorschriften für die Dienste der Informationsgesellschaft (ABl. L 241 vom 17.9.2015, S. 1).

[2)] Zur **Fassung ab 2024** siehe ab Seite 5.

[3)] § 1 neu gef. mWv 10.8.2021 durch VO v. 30.7.2021 (BGBl. I S. 3295).

4. die Daten des Vorgangs,
5. die Zahlungsart,
6. den Zeitpunkt der Vorgangsbeendigung oder des Vorgangsabbruchs,
7. einen Prüfwert sowie
8. die Seriennummer des elektronischen Aufzeichnungssystems oder die Seriennummer des Sicherheitsmoduls.

[3]Die Zeitpunkte nach Satz 2 Nummer 1 und 6, die Transaktionsnummer nach Satz 2 Nummer 2 und der Prüfwert nach Satz 2 Nummer 7 werden manipulationssicher durch das Sicherheitsmodul festgelegt. [4]Die Transaktionsnummer muss so zu beschaffen sein, dass Lücken in Transaktionsaufzeichnungen erkennbar sind.

§ 3 Speicherung der Grundaufzeichnungen. (1) Die Speicherung der laufenden Geschäftsvorfälle oder anderen Vorgänge im Sinne des § 146a Absatz 1 Satz 1 der Abgabenordnung muss vollständig, unverändert und manipulationssicher auf einem nichtflüchtigen Speichermedium erfolgen.

(2) Die gespeicherten Geschäftsvorfälle oder anderen Vorgänge im Sinne des § 146a Absatz 1 Satz 1 der Abgabenordnung müssen als Transaktionen so verkettet werden, dass Lücken in den Aufzeichnungen erkennbar sind.

(3) Werden die gespeicherten digitalen Grundaufzeichnungen ganz oder teilweise von einem elektronischen Aufzeichnungssystem in ein externes elektronisches Aufbewahrungssystem übertragen, so muss sichergestellt werden, dass die Verkettung aller Transaktionen nach Absatz 2 und die Anforderungen an die einheitliche digitale Schnittstelle nach § 4 erhalten bleiben.

(4) Eine Verdichtung von Grundaufzeichnungen in einem elektronischen Aufbewahrungssystem ist für die Dauer der Aufbewahrung nach § 147 Absatz 3 der Abgabenordnung unzulässig, wenn dadurch deren Lesbarkeit nicht mehr gewährleistet ist.

§ 4[1] Einheitliche digitale Schnittstelle. [1]Die einheitliche digitale Schnittstelle ist eine Datensatzbeschreibung für den standardisierten Datenexport aus dem Speichermedium nach § 3 Absatz 1, der Anbindung an das elektronische Aufzeichnungssystem und dem elektronischen Aufbewahrungssystem zur Übergabe an den mit der Kassen-Nachschau oder Außenprüfung betrauten Amtsträger der Finanzbehörde. [2]Sie stellt eine einheitliche Strukturierung und Bezeichnung der nach § 146a Absatz 1 der Abgabenordnung aufzuzeichnenden Daten in Datenschema und Datenfelderbeschreibung für die Protokollierung nach § 2 und die Speicherung nach § 3 sicher. [3]Dies gilt unabhängig vom Programm des Herstellers. [4]Die einheitliche digitale Schnittstelle für den standardisierten Export aus dem Speichermedium nach § 3 Absatz 1 und die einheitliche digitale Schnittstelle für den standardisierten Export aus dem elektronischen Aufzeichnungssystem können getrennt voneinander erstellt und veröffentlicht werden.

---

[1] § 4 Satz 1 geänd., Satz 4 angef. mWv 10.8.2021 durch VO v. 30.7.2021 (BGBl. I S. 3295).

§ 5[1] Anforderungen an die technische Sicherheitseinrichtung. [1]Das Bundesamt für Sicherheit in der Informationstechnik legt im Benehmen mit dem Bundesministerium der Finanzen in Technischen Richtlinien und Schutzprofilen die technischen Anforderungen fest an

1. die digitale Schnittstelle, soweit diese den standardisierten Export aus dem Speichermedium und die Anbindung der zertifizierten technischen Sicherheitseinrichtung an das elektronische Aufzeichnungssystem betreffen,
2. das Sicherheitsmodul und
3. das Speichermedium.

[2]Die jeweils aktuellen Versionen werden im Bundessteuerblatt Teil I und auf der Internetseite des Bundesamts für Sicherheit in der Informationstechnik veröffentlicht.

§ 6[2] Anforderungen an den Beleg. [1]Ein Beleg muss mindestens enthalten:

1. den vollständigen Namen und die vollständige Anschrift des leistenden Unternehmers,
2. das Datum der Belegausstellung und den Zeitpunkt des Vorgangbeginns im Sinne des § 2 Satz 2 Nummer 1 sowie den Zeitpunkt der Vorgangsbeendigung im Sinne des § 2 Satz 2 Nummer 6,
3. die Menge und die Art der gelieferten Gegenstände oder den Umfang und die Art der sonstigen Leistung,
4. die Transaktionsnummer im Sinne des § 2 Satz 2 Nummer 2,
5. das Entgelt und den darauf entfallenden Steuerbetrag für die Lieferung oder sonstige Leistung in einer Summe sowie den anzuwendenden Steuersatz oder im Fall einer Steuerbefreiung einen Hinweis darauf, dass für die Lieferung oder sonstige Leistung eine Steuerbefreiung gilt und
6. die Seriennummer des elektronischen Aufzeichnungssystems oder die Seriennummer des Sicherheitsmoduls.

[2]Die Angaben nach Satz 1 müssen

1. für jedermann ohne maschinelle Unterstützung lesbar oder
2. aus einem QR-Code auslesbar sein.

[3]Der QR-Code nach Satz 2 Nummer 2 hat der digitalen Schnittstelle der Finanzverwaltung (DSFinV), die für die jeweils zugehörige Art des Aufzeichnungssystems vorgeschrieben ist, zu entsprechen. [4]Die digitale Schnittstelle wird auf der Internetseite des Bundeszentralamtes für Steuern in der jeweils geltenden Fassung veröffentlicht. [5]Ein Beleg kann in Papierform oder mit Zustimmung des Belegempfängers elektronisch in einem standardisierten Datenformat ausgegeben werden.

---

[1] § 5 Überschr. geänd., Satz 1 neu gef. mWv 10.8.2021 durch VO v. 30.7.2021 (BGBl. I S. 3295).
[2] § 6 Satz 2 neu gef., Sätze 3 und 4 eingef., bish. Satz 3 wird Satz 5 mWv 10.8.2021 durch VO v. 30.7.2021 (BGBl. I S. 3295).

§ 7[1] Zertifizierung. (1) [1] Für die Zertifizierung technischer Sicherheitseinrichtungen gelten § 9 des BSI-Gesetzes sowie die BSI-Zertifizierungs- und -Anerkennungsverordnung vom 17. Dezember 2014 (BGBl. I S. 2231) in der jeweils geltenden Fassung. [2] Die Prüfung und Bewertung kann auch durch vom Bundesamt für Sicherheit in der Informationstechnik anerkannte sachverständige Stellen erfolgen, die zugleich gemäß der Verordnung (EG) Nr. 765/2008 des Europäischen Parlaments und des Rates vom 9. Juli 2008 über die Vorschriften für die Akkreditierung und Marktüberwachung im Zusammenhang mit der Vermarktung von Produkten und zur Aufhebung der Verordnung (EWG) Nr. 339/93 des Rates (ABl. L 218 vom 13.8.2008, S. 30) in der jeweils geltenden Fassung akkreditiert sind.

(2) [1] Die Kosten einer Zertifizierung trägt der Antragsteller. [2] Die Besondere Gebührenverordnung BMI vom 2. September 2019 (BGBl. I S. 1359) in der jeweils geltenden Fassung ist anzuwenden.

§ 8 Inkrafttreten. Diese Verordnung tritt am Tag nach der Verkündung[2] in Kraft.

---

[1] § 7 Abs. 2 Satz 2 neu gef. mWv 10.8.2021 durch VO v. 30.7.2021 (BGBl. I S. 3295).
[2] Dies ist der 7.10.2017.

Verordnung zur Bestimmung der technischen Anforderungen an elektronische Aufzeichnungs- und Sicherungssysteme im Geschäftsverkehr (Kassensicherungsverordnung – KassenSichV)[1)]

Vom 26. September 2017 (BGBl. I S. 3515)

Geändert durch Verordnung zur Änderung der Kassensicherungsverordnung vom 30.7.2021 (BGBl. I S. 3295)

FNA 610-1-26

Auf Grund des § 146a Absatz 3 Satz 1 der Abgabenordnung, der durch Artikel 1 Nummer 3 des Gesetzes vom 22. Dezember 2016 (BGBl. I S. 3152) eingefügt worden ist, verordnet das Bundesministerium der Finanzen im Einvernehmen mit dem Bundesministerium des Innern und dem Bundesministerium für Wirtschaft und Energie und unter Wahrung der Rechte des Bundestages:

§ 1[2)] **Elektronische Aufzeichnungssysteme.** (1) [1]Elektronische Aufzeichnungssysteme im Sinne des § 146a Absatz 1 Satz 1 der Abgabenordnung sind elektronische oder computergestützte Kassensysteme oder Registrierkassen. [2]Nicht als elektronische Aufzeichnungssysteme gelten

1. Fahrscheinautomaten und Fahrscheindrucker,

2. Kassen- und Parkscheinautomaten der Parkraumbewirtschaftung sowie Ladepunkte für Elektro- oder Hybridfahrzeuge,

3. elektronische Buchhaltungsprogramme,

4. Waren- und Dienstleistungsautomaten,

5. Geldautomaten sowie

6. Geld- und Warenspielgeräte.

(2) Als elektronische Aufzeichnungssysteme im Sinne des § 146a Absatz 1 Satz 1 der Abgabenordnung gelten ebenfalls

1. Taxameter im Sinne des Anhangs IX der Richtlinie 2014/32/EU des Europäischen Parlaments und des Rates vom 26. Februar 2014 zur Harmonisierung der Rechtsvorschriften der Mitgliedstaaten über die Bereitstellung von Messgeräten auf dem Markt (ABl. L 96 vom 29.3.2014, S. 149; L 13 vom 20.1.2016, S. 57), die durch die Richtlinie 2015/13 (ABl. L 3 vom 7.1.2015, S. 42) geändert worden ist, in der jeweils geltenden Fassung (EU-Taxameter) und

2. Wegstreckenzähler.

[1)] **Amtl. Anm.:** Notifiziert gemäß der Richtlinie (EU) 2015/1535 des Europäischen Parlaments und des Rates vom 9. September 2015 über ein Informationsverfahren auf dem Gebiet der technischen Vorschriften und der Vorschriften für die Dienste der Informationsgesellschaft (ABl. L 241 vom 17.9.2015, S. 1).

[2)] § 1 neu gef. mWv 10.8.2021, Abs. 1 Satz 2 Nr. 5 und 6 neu gef., Nr. 7 aufgeh., Abs. 2 angef. mWv 1.1.2024 durch VO v. 30.7.2021 (BGBl. I S. 3295).

§ 2[1]**) Protokollierung von digitalen Grundaufzeichnungen.** ¹Für jede Aufzeichnung eines Geschäftsvorfalls oder anderen Vorgangs im Sinne des § 146a Absatz 1 Satz 1 der Abgabenordnung muss von einem elektronischen Aufzeichnungssystem unmittelbar eine neue Transaktion gestartet werden. ²Die Transaktion hat zu enthalten:

1. den Zeitpunkt des Vorgangbeginns,
2. eine eindeutige und fortlaufende Transaktionsnummer,
3. die Art des Vorgangs,
4. die Daten des Vorgangs,
5. die Zahlungsarten,
6. den Zeitpunkt der Vorgangsbeendigung oder des Vorgangsabbruchs,
7. einen Prüfwert sowie
8. die Seriennummer des elektronischen Aufzeichnungssystems und die Seriennummer des Sicherheitsmoduls.

³Die Zeitpunkte nach Satz 2 Nummer 1 und 6, die Transaktionsnummer nach Satz 2 Nummer 2 und der Prüfwert nach Satz 2 Nummer 7 werden manipulationssicher durch das Sicherheitsmodul festgelegt. ⁴Die Transaktionsnummer muss so zu beschaffen sein, dass Lücken in Transaktionsaufzeichnungen erkennbar sind.

§ 3 Speicherung der Grundaufzeichnungen. (1) Die Speicherung der laufenden Geschäftsvorfälle oder anderen Vorgänge im Sinne des § 146a Absatz 1 Satz 1 der Abgabenordnung muss vollständig, unverändert und manipulationssicher auf einem nichtflüchtigen Speichermedium erfolgen.

(2) Die gespeicherten Geschäftsvorfälle oder anderen Vorgänge im Sinne des § 146a Absatz 1 Satz 1 der Abgabenordnung müssen als Transaktionen so verkettet werden, dass Lücken in den Aufzeichnungen erkennbar sind.

(3) Werden die gespeicherten digitalen Grundaufzeichnungen ganz oder teilweise von einem elektronischen Aufzeichnungssystem in ein externes elektronisches Aufbewahrungssystem übertragen, so muss sichergestellt werden, dass die Verkettung aller Transaktionen nach Absatz 2 und die Anforderungen an die einheitliche digitale Schnittstelle nach § 4 erhalten bleiben.

(4) Eine Verdichtung von Grundaufzeichnungen in einem elektronischen Aufbewahrungssystem ist für die Dauer der Aufbewahrung nach § 147 Absatz 3 der Abgabenordnung unzulässig, wenn dadurch deren Lesbarkeit nicht mehr gewährleistet ist.

§ 4[2]**) Einheitliche digitale Schnittstelle.** ¹Die einheitliche digitale Schnittstelle ist eine Datensatzbeschreibung für den standardisierten Datenexport aus dem Speichermedium nach § 3 Absatz 1, der Anbindung an das elektronische Aufzeichnungssystem und dem elektronischen Aufbewahrungssystem zur

---

¹⁾ § 2 Satz 2 Nr. 5 und 8 geänd. mWv 1.1.2024 durch VO v. 30.7.2021 (BGBl. I S. 3295).
²⁾ § 4 Satz 1 geänd., Satz 4 angef. mWv 10.8.2021 durch VO v. 30.7.2021 (BGBl. I S. 3295).

Übergabe an den mit der Kassen-Nachschau oder Außenprüfung betrauten Amtsträger der Finanzbehörde. [2]Sie stellt eine einheitliche Strukturierung und Bezeichnung der nach § 146a Absatz 1 der Abgabenordnung aufzuzeichnenden Daten in Datenschema und Datenfelderbeschreibung für die Protokollierung nach § 2 und die Speicherung nach § 3 sicher. [3]Dies gilt unabhängig vom Programm des Herstellers. [4]Die einheitliche digitale Schnittstelle für den standardisierten Export aus dem Speichermedium nach § 3 Absatz 1 und die einheitliche digitale Schnittstelle für den standardisierten Export aus dem elektronischen Aufzeichnungssystem können getrennt voneinander erstellt und veröffentlicht werden.

§ 5[1]) Anforderungen an die technische Sicherheitseinrichtung. [1]Das Bundesamt für Sicherheit in der Informationstechnik legt im Benehmen mit dem Bundesministerium der Finanzen in Technischen Richtlinien und Schutzprofilen die technischen Anforderungen fest an

1. die digitale Schnittstelle, soweit diese den standardisierten Export aus dem Speichermedium und die Anbindung der zertifizierten technischen Sicherheitseinrichtung an das elektronische Aufzeichnungssystem betreffen,

2. das Sicherheitsmodul und

3. das Speichermedium.

[2]Die jeweils aktuellen Versionen werden im Bundessteuerblatt Teil I und auf der Internetseite des Bundesamts für Sicherheit in der Informationstechnik veröffentlicht.

§ 6[2]) Anforderungen an den Beleg. [1]Ein Beleg muss mindestens enthalten:

1. den vollständigen Namen und die vollständige Anschrift des leistenden Unternehmers,

2. das Datum der Belegausstellung und den Zeitpunkt des Vorgangbeginns im Sinne des § 2 Satz 2 Nummer 1 sowie den Zeitpunkt der Vorgangsbeendigung im Sinne des § 2 Satz 2 Nummer 6,

3. die Menge und die Art der gelieferten Gegenstände oder den Umfang und die Art der sonstigen Leistung,

4. die Transaktionsnummer im Sinne des § 2 Satz 2 Nummer 2,

5. das Entgelt und den darauf entfallenden Steuerbetrag für die Lieferung oder sonstige Leistung in einer Summe sowie den anzuwendenden Steuersatz oder im Fall einer Steuerbefreiung einen Hinweis darauf, dass für die Lieferung oder sonstige Leistung eine Steuerbefreiung gilt,

6. die Seriennummer des elektronischen Aufzeichnungssystems sowie die Seriennummer des Sicherheitsmoduls und

---

[1]) § 5 Überschrift geänd., Satz 1 neu gef. mWv 10.8.2021 durch VO v. 30.7.2021 (BGBl. I S. 3295).
[2]) § 6 Satz 2 neu gef., Sätze 3 und 4 eingef., bish. Satz 3 wird Satz 5 mWv 10.8.2021, Satz 1 Nr. 5 und 6 geänd., Nr. 7 angef. mWv 1.1.2024 durch VO v. 30.7.2021 (BGBl. I S. 3295).

7. den Prüfwert im Sinne des § 2 Satz 2 Nummer 7 und den fortlaufenden Signaturzähler, der vom Sicherheitsmodul festgelegt wird.

²Die Angaben nach Satz 1 müssen

1. für jedermann ohne maschinelle Unterstützung lesbar oder

2. aus einem QR-Code auslesbar sein.

³Der QR-Code nach Satz 2 Nummer 2 hat der digitalen Schnittstelle der Finanzverwaltung (DSFinV), die für die jeweils zugehörige Art des Aufzeichnungssystems vorgeschrieben ist, zu entsprechen. ⁴Die digitale Schnittstelle wird auf der Internetseite des Bundeszentralamtes für Steuern in der jeweils geltenden Fassung veröffentlicht. ⁵Ein Beleg kann in Papierform oder mit Zustimmung des Belegempfängers elektronisch in einem standardisierten Datenformat ausgegeben werden.

§ 7¹⁾ Anforderungen an EU-Taxameter. (1) Die §§ 2 und 6 Satz 1 sind auf EU-Taxameter nicht anzuwenden.

(2) ¹Mit dem Umschalten von der Betriebseinstellung „Kasse" auf die Betriebseinstellung „Frei" muss unmittelbar eine neue Transaktion im Sicherheitsmodul gestartet werden. ²Die Transaktion bei EU-Taxametern hat zu enthalten:

1. die Zählwerksdaten, die allgemeinen Daten, die Preisdaten einer Fahrt und die Tarifdaten im Sinne des Anhangs IX Nummer 4 der Richtlinie 2014/32/EU,

2. den Zeitpunkt der Beendigung der Betriebseinstellung „Kasse",

3. eine eindeutige und fortlaufende Transaktionsnummer sowie

4. einen Prüfwert.

³Die Daten nach Satz 2 Nummer 2 bis 4 werden manipulationssicher durch das Sicherheitsmodul festgelegt. ⁴Die Transaktionsnummer muss so beschaffen sein, dass Lücken in den Transaktionsaufzeichnungen erkennbar sind.

(3) ¹Bei EU-Taxametern hat der Beleg mindestens zu enthalten:

1. die allgemeinen Daten und die Preisdaten einer Fahrt im Sinne des Anhangs IX Nummer 4 der Richtlinie 2014/32/EU,

2. den Zeitpunkt der Beendigung der Betriebseinstellung „Kasse" nach Absatz 2 Satz 2 Nummer 2,

3. die Transaktionsnummer nach Absatz 2 Satz 2 Nummer 3,

4. den Prüfwert nach Absatz 2 Satz 2 Nummer 4 und

5. die Seriennummer des Sicherheitsmoduls.

²§ 6 Satz 2 bis 4 gilt entsprechend. ³Ein Beleg kann in Papierform oder mit Zustimmung des Belegempfängers elektronisch in einem standardisierten Datenformat ausgegeben werden.

(4) ¹Verfügt ein EU-Taxameter nicht über einen Belegdrucker, so kann der Beleg außerhalb des EU-Taxameters in Papierform oder mit Zustimmung des

---

¹⁾ § 7 eingef. mWv 1.1.2024 durch VO v. 30.7.2021 (BGBl. I S. 3295).

Belegempfängers elektronisch in einem standardisierten Datenformat ausgegeben werden. [2]Die Ausstellung des Belegs kann zu einem späteren Zeitpunkt nach dem Geschäftsvorfall und gegenüber einem nicht an dem Geschäftsvorfall unmittelbar Beteiligten geschehen. [3]Die umsatzsteuerlichen Anforderungen an eine Rechnung bleiben unberührt.

§ 8[1) Anforderungen an Wegstreckenzähler. (1) Die §§ 2 und 6 Satz 1 sind auf Wegstreckenzähler nicht anzuwenden.

(2) [1]Die Transaktion bei Wegstreckenzählern hat
1. die Zählwerksdaten und die allgemeinen Daten nach § 7 Absatz 2 Satz 2 Nummer 1,
2. die Preisdaten einer Fahrt nach § 7 Absatz 2 Satz 2 Nummer 1,
3. eine eindeutige und fortlaufende Transaktionsnummer sowie
4. einen Prüfwert
zu enthalten.

[2]Die Daten nach Satz 1 Nummer 1 und 2 sind nur aufzuzeichnen, soweit diese durch den Wegstreckenzähler erzeugt werden. [3]Die Daten nach Satz 1 Nummer 3 und 4 werden manipulationssicher durch das Sicherheitsmodul festgelegt. [4]Die Transaktionsnummer muss so beschaffen sein, dass Lücken in den Transaktionsaufzeichnungen erkennbar sind.

(3) [1]Bei Wegstreckenzählern hat der Beleg mindestens zu enthalten:
1. die allgemeinen Daten und die Preisdaten einer Fahrt nach § 7 Absatz 3 Satz 1 Nummer 1, soweit diese durch den Wegstreckenzähler erzeugt werden,
2. die Transaktionsnummer nach Absatz 2 Satz 1 Nummer 3,
3. den Prüfwert nach Absatz 2 Satz 1 Nummer 4 und
4. die Seriennummer des Sicherheitsmoduls.

[2]§ 6 Satz 2 bis 4 gilt entsprechend. [3]Ein Beleg kann in Papierform oder mit Zustimmung des Belegempfängers elektronisch in einem standardisierten Datenformat ausgegeben werden.

(4) [1]Bei Wegstreckenzählern kann der Beleg durch eine dem Gesetz entsprechende Aufzeichnung des Geschäftsvorfalls ersetzt werden, wenn keine digitale Schnittstelle vorhanden ist. [2]Ist eine digitale Schnittstelle vorhanden, gilt § 7 Absatz 4 sinngemäß.

§ 9[2) Übergangsregelung für EU-Taxameter mit INSIKA-Technik. (1) Soweit ein EU-Taxameter vor dem 1. Januar 2021 mit der INSIKA-Technik ausgerüstet wurde, ist § 7 für dieses EU-Taxameter erst ab dem 1. Januar 2026 anzuwenden.

(2) Absatz 1 gilt nicht, sofern das EU-Taxameter aus dem Fahrzeug, in das es am 1. Januar 2021 eingebaut war, ausgebaut und in ein neues Fahrzeug eingebaut wird.

[1) § 8 eingef. mWv 1.1.2024 durch VO v. 30.7.2021 (BGBl. I S. 3295).
[2) § 9 eingef. mWv 1.1.2024 durch VO v. 30.7.2021 (BGBl. I S. 3295).

(3) ¹Das Vorliegen der Voraussetzungen nach den Absätzen 1 und 2 ist dem zuständigen Finanzamt bis zum 31. Januar 2024 mitzuteilen. ²Sofern ein Fall des Absatzes 2 nach dem 1. Januar 2024 vorliegt, ist dieser dem zuständigen Finanzamt innerhalb eines Monats mitzuteilen.

§ 10¹⁾ Anwendungszeitpunkt für Wegstreckenzähler. ¹Für Wegstreckenzähler ist § 8 ab dem Tag anzuwenden, an dem

1. mindestens drei voneinander unabhängige Unternehmen Wegstreckenzähler am Markt anbieten, die über eine geeignete digitale Schnittstelle im Sinne der Kassensicherungsverordnung verfügen, und

2. eine Konformitätsbewertungsstelle nach § 13 oder § 14 des Mess- und Eichgesetzes die Konformität der Wegstreckenzähler nach Nummer 1 mit den Anforderungen des Mess- und Eichgesetzes feststellt.

²Der Zeitpunkt nach Satz 1 ist durch das Bundesministerium der Finanzen im Bundessteuerblatt Teil I bekannt zu geben. ³Die Sätze 1 und 2 gelten für Wegstreckenzähler, die ab dem in Satz 1 veröffentlichten Zeitpunkt neu in den Verkehr gebracht werden.

§ 11²⁾ Zertifizierung. (1) ¹Für die Zertifizierung technischer Sicherheitseinrichtungen gelten § 9 des BSI-Gesetzes sowie die BSI-Zertifizierungs- und -Anerkennungsverordnung vom 17. Dezember 2014 (BGBl. I S. 2231) in der jeweils geltenden Fassung. ²Die Prüfung und Bewertung kann auch durch vom Bundesamt für Sicherheit in der Informationstechnik anerkannte sachverständige Stellen erfolgen, die zugleich gemäß der Verordnung (EG) Nr. 765/2008 des Europäischen Parlaments und des Rates vom 9. Juli 2008 über die Vorschriften für die Akkreditierung und Marktüberwachung im Zusammenhang mit der Vermarktung von Produkten und zur Aufhebung der Verordnung (EWG) Nr. 339/93 des Rates (ABl. L 218 vom 13.8.2008, S. 30) in der jeweils geltenden Fassung akkreditiert sind.

(2) ¹Die Kosten einer Zertifizierung trägt der Antragsteller. ²Die Besondere Gebührenverordnung BMI vom 2. September 2019 (BGBl. I S. 1359) in der jeweils geltenden Fassung ist anzuwenden.

§ 12 Inkrafttreten. Diese Verordnung tritt am Tag nach der Verkündung³⁾ in Kraft.

---

¹⁾ § 10 eingef. mWv 1.1.2024 durch VO v. 30.7.2021 (BGBl. I S. 3295).
²⁾ Früherer § 7 Abs. 2 Satz 2 neu gef. mWv 10.8.2021, bish. § 7 wird § 11 mWv 1.1.2024 durch VO v. 30.7.2021 (BGBl. I S. 3295).
³⁾ Verkündet am 6.10.2017.

800k. Gesetz zur Einführung und Verwendung einer Identifikationsnummer in der öffentlichen Verwaltung (Identifikationsnummerngesetz – IDNrG)[1]

Vom 28. März 2021 (BGBl. I S. 591)

Geändert durch Gesetz zur Regelung des Erscheinungsbilds von Beamtinnen und Beamten sowie zur Änderung weiterer dienstrechtlicher Vorschriften vom 28.6.2021 (BGBl. I S. 2250)

FNA 210–9

(mit Ausnahme von § 12 noch **nicht** in Kraft)

§ 1 Ziele des Gesetzes. Die Identifikationsnummer nach § 139b der Abgabenordnung (Identifikationsnummer) wird als zusätzliches Ordnungsmerkmal in die sich aus der Anlage zu diesem Gesetz ergebenden Register des Bundes und der Länder eingeführt, um

1. Daten einer natürlichen Person in einem Verwaltungsverfahren eindeutig zuzuordnen,
2. die Datenqualität der zu einer natürlichen Person gespeicherten Daten zu verbessern sowie
3. die erneute Beibringung von bei öffentlichen Stellen bereits vorhandenen Daten durch die betroffene Person zu verringern.

§ 2 Aufgaben registerführender Stellen. Öffentliche Stellen in Bund und Ländern, welche Register nach § 1 führen (registerführende Stellen), sind zur Erreichung der Ziele nach § 1 verpflichtet

1. bis spätestens zum Ablauf des fünften auf das Inkrafttreten dieses Gesetzes folgenden Kalenderjahres die Identifikationsnummer als zusätzliches Ordnungsmerkmal zu Personendaten in die sich aus der Anlage zu diesem Gesetz ergebenden Register zu speichern,
2. die in diesen Registern gespeicherten Daten, die den Datenkategorien in § 4 Absatz 2 und 3 entsprechen, durch die beim Bundeszentralamt für Steuern gespeicherten Daten nach § 4 Absatz 2 und 3 zu ersetzen und diese im Vergleich zu den beim Bundeszentralamt für Steuern gespeicherten Daten nach § 4 Absatz 2 und 3 nach fachlichem Bedarf aktuell zu halten; hierbei bleiben besondere Vorschriften über die Berichtigung von Daten unberührt; ein automatisierter Abgleich ist zulässig; sowie
3.[2] natürlichen Personen die Übermittlung ihrer Daten unter Verwendung der Identifikationsnummer digital über eine zentrale Stelle transparent zu machen (Datenschutzcockpit).

---

[1] § 12 dieses Gesetzes ist gem. Art. 22 Satz 1 G v. 28.3.2021 (BGBl. I S. 591) bereits am 7.4.2021 in Kraft getreten, bzgl. der weiteren §§ dieses Gesetzes gilt gem Art. 22 Satz 2 G v. 28.3.2021 (BGBl. I S. 591): **„Im Übrigen treten die Artikel 1 und 2 an dem Tag in Kraft, an dem das Bundesministerium des Innern, für Bau und Heimat im Bundesgesetzblatt bekannt gibt, dass die technischen Voraussetzungen für den Betrieb nach dem Identifikationsnummerngesetz gegeben sind.“**

[2] § 2 Nr. 3 geänd. durch G v. 28.6.2021 (BGBl. I S. 2250).

§ 3 Einrichtung und Aufgaben der Registermodernisierungsbehörde.
(1) [1]Die Registermodernisierungsbehörde hat folgende Aufgaben:

1. Erstellen einer Übersicht über bestehende Register,

2. Übermittlung der Identifikationsnummer sowie der übrigen Daten nach § 4 Absatz 2 und 3 an

   a) registerführende Stellen in Bund und Ländern zur Erfüllung der Aufgaben nach § 2 sowie

   b) öffentliche Stellen nach § 6 Absatz 2,

3. übergeordnete Steuerung

   a) der einzelnen Projekte zur Umsetzung dieses Gesetzes sowie

   b) von registerübergreifenden Maßnahmen zur Verbesserung der Datenqualität.

[2]Das Bundesverwaltungsamt nimmt die Aufgaben der Registermodernisierungsbehörde wahr.

(2) [1]Die Registermodernisierungsbehörde darf zur Aufgabenerfüllung nach Maßgabe dieses Gesetzes sowie in entsprechender Anwendung von § 30 Absatz 6 und 11 der Abgabenordnung und der Steuerdaten-Abrufverordnung in der jeweils geltenden Fassung beim Bundeszentralamt für Steuern nach § 139b Absatz 3 Nummer 1, 3 bis 10 und 12 bis 16 der Abgabenordnung gespeicherte Daten im automatisierten Verfahren abrufen und an

1. registerführende Stellen zur Erfüllung der Aufgaben nach § 2 sowie

2. öffentliche Stellen zum Zwecke der Erbringung von Verwaltungsleistungen nach dem Onlinezugangsgesetz

übermitteln. [2]Die Erfüllung der sonstigen Aufgaben des Bundesverwaltungsamts bleibt unberührt.

§ 4 Zu einer Person gespeicherte Daten. (1) Die Daten nach den Absätzen 2 und 3 einer natürlichen Person werden vom Bundeszentralamt für Steuern gespeichert, wenn diese Person eine Identifikationsnummer nach § 139b der Abgabenordnung erhalten hat.

(2) [1]Die zur Identifizierung einer natürlichen Person erforderlichen personenbezogenen Daten sind die Basisdaten. [2]Einer natürlichen Person werden folgende Daten als Basisdaten zugeordnet:

1. Identifikationsnummer,

2. Familienname,

3. frühere Namen,

4. Vornamen,

5. Doktorgrad,

6. Tag und Ort der Geburt,

7. Geschlecht,

8. Staatsangehörigkeiten,

9. gegenwärtige oder letzte bekannte Anschrift,
10. Sterbetag sowie
11. Tag des Einzugs und des Auszugs.

(3) Einer natürlichen Person werden zudem folgende weitere Daten zuge-ordnet:
1. Auskunftssperren nach dem Bundesmeldegesetz sowie
2. Datum des letzten Verwaltungskontakts (Monat, Jahr).

(4) Das Datum nach Absatz 3 Nummer 2 wird der Registermodernisie-rungsbehörde von gesetzlich bestimmten Registern bei Vorliegen eines Ver-waltungskontakts automatisiert übermittelt und an das Bundeszentralamt für Steuern weitergeleitet.

§ 5 Zweck und Vergabe der Identifikationsnummer. (1) [1]Die Identifi-kationsnummer dient im Rahmen dieses Gesetzes
1. der Zuordnung der Datensätze zu einer Person sowie
2. dem Abgleich von Datensätzen einer natürlichen Person, die den Datenka-tegorien in § 4 Absatz 2 und 3 entsprechen, in verschiedenen Registern untereinander, soweit eine andere gesetzliche Vorschrift dies erlaubt.

[2]Die Verarbeitung der Identifikationsnummer nach diesem Gesetz durch öf-fentliche und nicht-öffentliche Stellen zu anderen Zwecken ist außer zu Ver-arbeitungen zur Erbringung von Verwaltungsleistungen nach dem Onlinezu-gangsgesetz auf Grund von Rechtsvorschriften oder mit Einwilligung der betroffenen Person sowie zum Zwecke eines registerbasierten Zensus unzuläs-sig. [3]Die Verarbeitung der Identifikationsnummer nach § 139b der Abgaben-ordnung bleibt unberührt.

(2) Hinsichtlich der Vergabe der Identifikationsnummer durch das Bundes-zentralamt für Steuern gilt § 139b der Abgabenordnung in Verbindung mit der Steueridentifikationsnummerverordnung.

(3) Die Registermodernisierungsbehörde stellt sicher, dass bei einer Verar-beitung der Identifikationsnummer für Datenübermittlungen an die Regis-termodernisierungsbehörde oder bei Datenabrufen von der Registermoderni-sierungsbehörde fehlerhafte Angaben der Identifikationsnummer erkannt werden und in solchen Fällen keine weitere Datenverarbeitung erfolgt.

§ 6 Automatisierter Datenabruf bei der Registermodernisierungsbe-hörde. (1) [1]Registerführende Stellen rufen zur Erfüllung der Aufgaben nach § 2 die Daten nach § 4 Absatz 2 und 3 bei der Registermodernisierungsbe-hörde ab, es sei denn, dass der Abruf bei der Meldebehörde erfolgt. [2]Die re-gisterführenden Stellen dürfen die abgerufenen Daten zur Erfüllung der Auf-gaben nach § 2 Nummer 1 und 2 verarbeiten.

(2) [1]Die Daten nach § 4 Absatz 2 und 3 sollen von einer öffentlichen Stelle bei der Registermodernisierungsbehörde zum Zwecke der Erbringung von Verwaltungsleistungen nach dem Onlinezugangsgesetz abgerufen werden. [2]Die Verarbeitung erfolgt nach Maßgabe der für die öffentliche Stelle jeweils anwendbaren Rechtsgrundlage.

(3) Datenabrufe bei der Registermodernisierungsbehörde nach diesem Gesetz erfolgen ausschließlich im automatisierten Verfahren wie folgt:

1. Enthält das Datenabrufersuchen mindestens den Familiennamen, den Wohnort, die Postleitzahl sowie das Geburtsdatum der betroffenen Person, übermittelt die Registermodernisierungsbehörde der ersuchenden Stelle die Identifikationsnummer sowie die weiteren zur betroffenen Person gespeicherten Daten nach § 4 Absatz 2 und 3, soweit sie zur Erfüllung der Aufgaben der ersuchenden Stelle erforderlich sind.

2. Enthält das Datenabrufersuchen mindestens die Identifikationsnummer und das Geburtsdatum der betroffenen Person, übermittelt die Registermodernisierungsbehörde der ersuchenden Stelle die übrigen zur Person gespeicherten Daten nach § 4 Absatz 2 und 3, soweit sie zur Erfüllung der Aufgaben der ersuchenden Stelle erforderlich sind.

(4) [1]Daten dürfen von der Registermodernisierungsbehörde den ersuchenden Stellen nur übermittelt werden, wenn sichergestellt ist, dass die Voraussetzung zum Datenabruf vorliegt. [2]Das Datenabrufersuchen darf keine Daten enthalten, die nicht in § 4 Absatz 2 bezeichnet sind. [3]Ist eine eindeutige Identifizierung der betroffenen Person nicht möglich, teilt die Registermodernisierungsbehörde dies der ersuchenden Stelle mit und übermittelt keine Daten nach § 4 Absatz 2 und 3.

(5) [1]Liegt zu Daten einer Person eine Auskunftssperre nach dem Bundesmeldegesetz vor, übermittelt die Registermodernisierungsbehörde an registerführende Stellen die Daten ausschließlich im Rahmen der erstmaligen Datenübermittlung der Identifikationsnummer nach Absatz 1 in Verbindung mit § 2 Nummer 1 und 2. [2]Bei Abrufen zur Aktualisierung und übrigen Abrufen erhält die abrufende öffentliche Stelle von der Registermodernisierungsbehörde eine Mitteilung, die keine Rückschlüsse darauf zulassen darf, ob zu der betroffenen Person keine Daten vorhanden sind oder ob eine Auskunftssperre besteht.

§ 7 Verfahren der Datenübermittlungen mit der Registermodernisierungsbehörde und zwischen öffentlichen Stellen. (1) [1]Die Verfahren der Datenabrufe öffentlicher Stellen bei der Registermodernisierungsbehörde, Antworten der Registermodernisierungsbehörde an die ersuchenden Stellen sowie Datenersetzungen nach § 2 Nummer 2 sind elektronisch unter Nutzung eines vom Bundesministerium des Innern, für Bau und Heimat im Einvernehmen mit dem Bundesministerium der Finanzen im Bundesanzeiger bekannt zu machenden Datenaustauschstandards zu führen. [2]Die Registermodernisierungsbehörde führt eine automatisierte Prüfung der übermittelten Daten daraufhin durch, ob sie der richtigen Identifikationsnummer zugeordnet, vollständig und schlüssig sind und ob sie dem Datenaustauschstandard nach Satz 1 entsprechen. [3]Der elektronische Datenaustausch zwischen Bund und Ländern ist gemäß § 3 des Gesetzes über die Verbindung der informationstechnischen Netze des Bundes und der Länder – Gesetz zur Ausführung von Artikel 91c Absatz 4 des Grundgesetzes – vom 10. August 2009 (BGBl. I S. 2702, 2706), das durch Artikel 72 der Verordnung vom 19. Juni 2020 (BGBl. I S. 1328) geändert worden ist, ausschließlich über das Verbindungsnetz zu führen.

(2) [1]Datenübermittlungen unter Nutzung einer Identifikationsnummer nach diesem Gesetz zwischen öffentlichen Stellen verschiedener Bereiche erfolgen über Vermittlungsstellen verschlüsselt in gesicherten Verfahren, die dem aktuellen Stand von Sicherheit und Technik entsprechen müssen. [2]Es werden mindestens sechs Bereiche gebildet, die durch die Rechtsverordnung nach § 12 Absatz 1 Satz 1 näher bestimmt werden. [3]Die Vermittlungsstellen müssen öffentliche Stellen sein. [4]Sie sind für den sicheren, verlässlichen und nachvollziehbaren Transport elektronischer Nachrichten zuständig und müssen diese Aufgabe ohne Kenntnis der Nachrichteninhalte erbringen können. [5]Sie kontrollieren und protokollieren abstrakt die Übermittlungsberechtigung. [6]Liegt die Übermittlungsberechtigung abstrakt nicht vor, werden keine personenbezogenen Daten übermittelt. [7]Die bestehende Anwendung des Verfahrens nach Satz 1 innerhalb von Bereichen bleibt unberührt.

(3) Gemeinde und Gemeindeverbände sind zur Umsetzung der Verpflichtungen nach Absatz 2 bei Datenübermittlungen innerhalb einer Gemeinde oder eines Gemeindeverbands sieben Jahre nach Inkrafttreten dieses Gesetzes verpflichtet.

§ 8 Befugnisse und Verantwortlichkeiten. (1) Die datenschutzrechtliche Verantwortung des einzelnen Datenabrufs trägt die jeweilige abrufende Stelle.

(2) [1]Die Registermodernisierungsbehörde hat durch geeignete technische und organisatorische Maßnahmen nach den Artikeln 24, 25 und 32 der Verordnung (EU) 2016/679 des Europäischen Parlaments und des Rates vom 27. April 2016 zum Schutz natürlicher Personen bei der Verarbeitung personenbezogener Daten, zum freien Datenverkehr und zur Aufhebung der Richtlinie 95/46/EG (Datenschutz-Grundverordnung) (ABl. L 119 vom 4.5.2016, S. 1; L 314 vom 22.11.2016, S. 72; L 127 vom 23.5.2018, S. 2) sicherzustellen, dass die Daten nach § 4 Absatz 2 und 3 nicht unbefugt verarbeitet werden können. [2]Die abrufende Stelle hat bei Einrichtung eines automatisierten Abrufverfahrens durch geeignete technische und organisatorische Maßnahmen nach den Artikeln 24, 25 und 32 der Verordnung (EU) 2016/679 sicherzustellen, dass Daten nur von hierzu befugten Personen abgerufen werden können.

(3) [1]Bei Datenabrufen prüft die Registermodernisierungsbehörde automatisiert bei jedem Aufbau einer Verbindung anhand sicherer Authentifizierungsverfahren die Identität der abrufenden Stelle; über die Identität der abrufenden Stelle darf kein Zweifel bestehen. [2]Andernfalls werden keine personenbezogenen Daten übermittelt.

(4) [1]Die Registermodernisierungsbehörde überprüft die Zulässigkeit der Abrufe über Absatz 3 hinaus durch geeignete Stichprobenverfahren sowie wenn dazu Anlass besteht. [2]Die abrufende Stelle hat ein Berechtigungskonzept zu erstellen, welches mit dem jeweiligen Datenschutzbeauftragten der abrufenden Stelle abzustimmen ist.

§ 9 Protokollierung. (1) [1]Alle Datenübermittlungen zwischen öffentlichen Stellen unter Nutzung einer Identifikationsnummer nach diesem Gesetz sind durch die jeweiligen Stellen in einer Weise zu protokollieren, die die Kontrolle der Zulässigkeit von Datenabrufen technisch unterstützt. [2]Die Datenübermittlungen zwischen der Registermodernisierungsbehörde und dem Bundeszentralamt für Steuern sowie Datenabrufe bei der Registermodernisierungsbehörde werden bei der Registermodernisierungsbehörde protokolliert.

(2)[1] Die Protokolldaten nach Absatz 1 dürfen nur zur datenschutzrechtlichen Prüfung sowie zur Gewährleistung der datenschutzrechtlichen Rechte der betroffenen Person, einschließlich der Übermittlung an das Datenschutzcockpit der betroffenen Person nach § 10 des Onlinezugangsgesetzes, verwendet werden.

(3) [1] Die Protokolldaten sind zwei Jahre aufzubewahren und danach unverzüglich zu löschen, soweit ihre längere Aufbewahrung nicht zur Erfüllung eines Zwecks nach Absatz 2 erforderlich ist. [2] Ist eine längere Aufbewahrung erforderlich, so sind die Gründe der Erforderlichkeit zu dokumentieren. [3] Abweichende gesetzliche Regelungen bleiben unberührt.

§ 10 Qualitätssicherung. (1) Das Bundeszentralamt für Steuern ist für die Qualitätssicherung der nach § 4 Absatz 2 und 3 gespeicherten Daten verantwortlich.

(2) [1] Die Registermodernisierungsbehörde ist für die Koordinierung der registerübergreifenden Qualitätssicherung verantwortlich. [2] Hierzu etabliert sie Verfahren, eine hohe Aktualität, Validität und Konsistenz der Daten, einschließlich einer Bereinigung um Mehrfach-, Über- und Untererfassungen, gewährleisten, und wirkt mit registerführenden Stellen zusammen.

(3) Die Entscheidung über die Änderung eines Datums trifft

1. für Daten, die von einer inländischen Personenstandsbehörde beurkundet wurden, die zuständige Personenstandsbehörde,

2. hinsichtlich des Bestehens der deutschen Staatsangehörigkeit die zuständige Staatsangehörigkeitsbehörde,

3. für andere Daten einer im Inland gemeldeten Person die zuständige Meldebehörde, es sei denn, dass eine andere Behörde befugt ist, die Richtigkeit des Datums mit Wirkung für Dritte verbindlich festzustellen,

4. für andere Daten einer nicht im Inland gemeldeten Person die Behörde, die die Daten an das Bundeszentralamt für Steuern übermittelt hat, es sei denn, dass eine andere Behörde befugt ist, die Richtigkeit des Datums mit Wirkung für Dritte verbindlich festzustellen.

(4) [1] Jede nach § 6 Absatz 1 oder 2 zum Abruf von Daten berechtigte öffentliche Stelle, die konkrete Anhaltspunkte für die Unrichtigkeit oder Unvollständigkeit der Daten nach § 4 Absatz 2 und 3 erlangt hat, hat die Registermodernisierungsbehörde unverzüglich hierüber zu unterrichten. [2] Nach Überprüfung der Information nach Satz 1 hat die Registermodernisierungsbehörde das Bundeszentralamt für Steuern über das Prüfergebnis zu informieren. [3] Die Verfahren nach § 139b Absatz 8 und 9 der Abgabenordnung sowie nach § 139d der Abgabenordnung in Verbindung mit § 6 Absatz 2 der Steueridentifikationsnummerverordnung bleiben unberührt.

(5) Jede nach § 6 Absatz 1 oder 2 zum Abruf von Daten berechtigte öffentliche Stelle, in deren Dateisystemen oder Registern Daten nach § 4 Absatz 2

---

[1] § 9 Abs. 2 geänd. durch G v. 28.6.2021 (BGBl. I S. 2250).

und 3 zu einer natürlichen Person gespeichert sind, ist verpflichtet, auf Verlangen der Registermodernisierungsbehörde an der Aufklärung von Unrichtigkeiten oder Unvollständigkeiten dieser Daten in ihrem eigenen oder dem Datenbestand einer anderen öffentlichen Stelle mitzuwirken.

(6) ¹Jede öffentliche Stelle, die beim Abgleich der bei ihr gespeicherten Daten mit den von der Registermodernisierungsbehörde auf ihr Datenabrufersuchen übermittelten Daten eine Unrichtigkeit oder Unvollständigkeit in ihren Registern festgestellt hat, ist verpflichtet, ihren Datenbestand von Amts wegen zu berichtigen oder zu ergänzen. ²Besondere Vorschriften über die Berichtigung von Daten bleiben unberührt.

§ 11 Löschung. Die Registermodernisierungsbehörde hat die Daten nach § 4 Absatz 2 und 3 unverzüglich nach der Übermittlung und Protokollierung nach § 9 zu löschen.

§ 12¹⁾ Verordnungsermächtigung. (1) ¹Die Bundesregierung wird ermächtigt, durch Rechtsverordnung mit Zustimmung des Bundesrates die Anzahl und die Abgrenzung der Bereiche nach § 7 Absatz 2 Satz 2 zu bestimmen. ²Die Anzahl und die Abgrenzung der Bereiche hat dabei so zu erfolgen, dass das Risiko, bezogen auf die einzelne Person ein vollständiges Persönlichkeitsprofil durch Datenübermittlungen innerhalb eines Bereichs zu erstellen, wirksam begrenzt wird.

(2) Das Bundesministerium des Innern, für Bau und Heimat wird ermächtigt, im Einvernehmen mit dem Bundesministerium der Finanzen durch Rechtsverordnung mit Zustimmung des Bundesrates Näheres zu den technischen Verfahren der Datenübermittlungen nach § 7 Absatz 2 zu bestimmen.

(3) Das Bundesministerium des Innern, für Bau und Heimat wird ermächtigt, im Einvernehmen mit dem Bundesministerium der Finanzen und im Benehmen mit dem IT-Planungsrat durch Rechtsverordnung, die nicht der Zustimmung des Bundesrates bedarf, Näheres zu bestimmen

1. zu dem technischen Verfahren der Datenübermittlung zwischen der Registermodernisierungsbehörde und dem Bundeszentralamt für Steuern nach § 3,

2. zu dem technischen Format der Daten nach § 4 Absatz 2 und 3,

3. zu den technischen Verfahren der Datenübermittlung an und durch die Registermodernisierungsbehörde nach § 7 Absatz 1 und § 10 Absatz 4,

4. zu den spezifischen technischen und organisatorischen Maßnahmen der Registermodernisierungsbehörde nach den Artikeln 24, 25 und 32 der Verordnung (EU) 2016/679 und der Authentifizierungsverfahren nach § 8 Absatz 3 sowie

---

¹⁾ § 12 ist gem. Art. 22 Satz 1 G v. 28.3.2021 (BGBl. I S. 591) bereits am 7.4.2021 in Kraft getreten.

5. zu den technischen Standards und Verantwortlichkeiten der Protokollierung nach § 9 Absatz 1 Satz 2.

(4) Das jeweils zuständige Bundesministerium wird ermächtigt, die Anwendung des Verfahrens nach § 7 Absatz 2 auch innerhalb eines Verwaltungsbereichs durch Rechtsverordnung mit Zustimmung des Bundesrates zu bestimmen.

§ 13 Prüfung durch den oder die Bundesbeauftragten für den Datenschutz und die Informationsfreiheit. Der oder die Bundesbeauftragte für den Datenschutz und die Informationsfreiheit soll die Registermodernisierungsbehörde hinsichtlich der Datenverarbeitungen nach diesem Gesetz zwei Jahre nach Inkrafttreten dieses Gesetzes und dann erneut zweimal alle zwei Jahre prüfen.

§ 14 Verhältnis zu anderen Vorschriften. (1) Der Datenaustausch nach § 139b Absatz 6 bis 9 der Abgabenordnung bleibt unberührt.

(2) Andere gesetzliche Vorschriften zur Verarbeitung personenbezogener Daten bleiben unberührt.

§ 15 Ausschluss abweichenden Landesrechts. Von den in diesem Gesetz oder auf Grundlage dieses Gesetzes getroffenen Regelungen kann durch Landesrecht nicht abgewichen werden.

§ 16 Evaluierung. (1) [1]Das Bundesministerium des Innern, für Bau und Heimat berichtet dem Deutschen Bundestag im dritten Jahr nach Inkrafttreten dieses Gesetzes und dann fortlaufend alle drei Jahre jeweils über die Datenverarbeitungen durch die Registermodernisierungsbehörde. [2]Hierbei ist insbesondere über die Ergebnisse der Überprüfungen nach § 8 Absatz 4 zu berichten.

(2) [1]Das Bundesministerium des Innern, für Bau und Heimat berichtet dem Deutschen Bundestag unter Einbeziehung von wissenschaftlichem Sachverstand im fünften Jahr nach Inkrafttreten dieses Gesetzes über die Wirksamkeit der in diesem Gesetz enthaltenen Maßnahmen für die Erreichung der in § 1 genannten Ziele. [2]Der Bericht hat insbesondere Empfehlungen zu enthalten, ob

1. für andere Bereiche weitere, bereichsspezifische Identifikationsnummern eingeführt werden oder eine einheitliche Identifikationsnummer für alle Register umgesetzt wird und
2. das Verfahren nach § 7 Absatz 2 auch innerhalb von Verwaltungsbereichen Anwendung finden sollte.

§ 17 Strafvorschriften. (1) Mit Freiheitsstrafe bis zu einem Jahr oder mit Geldstrafe wird bestraft, wer die Identifikationsnummer

1. wissentlich, ohne hierzu berechtigt zu sein, erhebt, speichert, übermittelt oder verbreitet oder

2. ohne hierzu berechtigt zu sein, verwendet, um personenbezogene Daten, die nicht offenkundig sind, zu erheben, zu speichern oder zu übermitteln.

(2) [1]Die Tat wird nur auf Antrag verfolgt. [2]Antragsberechtigt sind die betroffene Person, der Verantwortliche und die Datenschutzaufsichtsbehörden.

Anlage
(zu § 1)

Register nach § 1 dieses Gesetzes

Register im Sinne des § 1 dieses Gesetzes sind:

1. Melderegister
2. elektronisch geführte Personenstandsregister
3. Ausländerzentralregister
4. Stammsatzdatei der Datenstelle der Rentenversicherung gemäß § 150 des Sechsten Buches Sozialgesetzbuch
5. Versichertenkonten der Rentenversicherungsträger gemäß § 149 des Sechsten Buches Sozialgesetzbuch
6. Rentenzahlbestandsregister des Renten-Services der Deutschen Post AG
7. die Stammsatzdatei der landwirtschaftlichen Sozialversicherung nach § 62 des Gesetzes über die Alterssicherung der Landwirte
8. bei den berufsständischen Versorgungswerken systematisch geführte personenbezogene Datenbestände zu Leistungsberechtigten
9. bei der Künstlersozialkasse systematisch geführte personenbezogene Datenbestände zu den nach näherer Bestimmung des Künstlersozialversicherungsgesetzes versicherten Künstlern und Publizisten
10. bei der Bundesagentur für Arbeit systematisch geführte personenbezogene Datenbestände nach dem Dritten Buch Sozialgesetzbuch
11. bei den Trägern der Grundsicherung für Arbeitsuchende systematisch geführte personenbezogene Datenbestände nach dem Zweiten Buch Sozialgesetzbuch
12. Dateisystem der Beschäftigungsbetriebe nach § 18i des Vierten Buches Sozialgesetzbuch
13. eID-Karte-Register
14. Zentrales Unternehmerverzeichnis der gesetzlichen Unfallversicherung
15. Zentrales Fahrzeugregister
16. Zentrales Fahrerlaubnisregister
17. Fahreignungsregister
18. Lehrlingsrolle gemäß § 28 der Handwerksordnung
19. Handwerksrolle gemäß § 6 der Handwerksordnung
20. Verzeichnis der Inhaber von Betrieben eines zulassungsfreien oder eines handwerksähnlichen Gewerbes gemäß § 19 der Handwerksordnung
21. Personalausweisregister
22. Passregister
23. Ausländerdateien nach § 62 der Aufenthaltsverordnung
24. Verzeichnis der Berufsausbildungsverhältnisse nach § 34 des Berufsbildungsgesetzes

25. bei den allgemeinbildenden und beruflichen Schulen, Schulbehörden, Bildungseinrichtungen nach § 2 des Hochschulstatistikgesetzes systematisch geführte personenbezogene Datenbestände zu Bildungsteilnehmenden

26. Versichertenverzeichnis der Krankenkassen

27. Bundeszentralregister

28. Nationales Waffenregister

29. bei den Elterngeldstellen nach § 12 des Bundeselterngeld- und Elternzeitgesetzes systematisch geführte personenbezogene Datenbestände zu Leistungsempfängern

30. Verzeichnis der gemäß § 14 der Gewerbeordnung angezeigten Gewerbebetriebe

31. Gewerbezentralregister

32. Versichertenverzeichnis der Pflegekassen

33. Register für Grundsicherung im Alter

34. Register für ergänzende Hilfe zum Lebensunterhalt

35. bei den Wohngeldbehörden nach § 24 des Wohngeldgesetzes systematisch geführte personenbezogene Datenbestände zu Leistungsempfängern

36. bei den Ämtern für Ausbildungsförderung und dem Bundesverwaltungsamt nach den §§ 39 und 40 des Bundesausbildungsförderungsgesetzes systematisch geführte personenbezogene Datenbestände zu Leistungsempfängern

37. Register der Versorgungsämter

38. bei den für die Durchführung des Asylbewerberleistungsgesetzes zuständigen Behörden nach den §§ 10 und 10a des Asylbewerberleistungsgesetzes systematisch geführte personenbezogene Datenbestände zu Leistungsempfängern

39. Vermittlerregister nach § 11a der Gewerbeordnung

40. Berufsregister der Steuerberater und Wirtschaftsprüfer

41. Register zum vorübergehenden Schutz nach § 91a des Aufenthaltsgesetzes

42. Beitragskontendatenbank

43. bei den öffentlichen Arbeitgebern in Bund, Ländern und Kommunen nach § 2 Absatz 1 des Finanz- und Personalstatistikgesetzes systematisch geführte personenbezogene Datenbestände über die Beschäftigten

44.[1] sämtliche von den Architekten- und Ingenieurkammern der Länder auf gesetzlicher Grundlage zu führenden Listen, Verzeichnisse oder Register

45. bei den Industrie- und Handelskammern geführten Verzeichnisse ihrer Mitglieder nach § 2 des Gesetzes zur vorläufigen Regelung des Rechts der Industrie- und Handelskammern

46. Krisenvorsorgeliste nach § 6 Absatz 3 des Konsulargesetzes

47. Zentrale Luftfahrerdatei

---

[1] Nr. 44 neu gef. durch G v. 28.6.2021 (BGBl. I S. 2250).

48. Register für Betreiber von unbemannten und zulassungspflichtigen Fluggeräten

49. Luftfahrzeugrolle nach § 64 Absatz 1 Nummer 1 des Luftverkehrsgesetzes

50. Zulassungsregister nach § 14 des Umweltauditgesetzes

51. Verzeichnis über die Bescheinigungen über die Fahrzeugführerschulung nach Abschnitt 8.2.2 der Vorschriften für die Ausbildung der Fahrzeugbesatzung (sog. ADR-Infodatenbank) gemäß § 14 Absatz 3 der Gefahrgutverordnung Straße, Eisenbahn und Binnenschifffahrt

Gesetz über die Meldepflicht und den automatischen Austausch von Informationen meldender Plattformbetreiber in Steuersachen (Plattformen-Steuertransparenzgesetz – PStTG)

Vom 20. Dezember 2022 (BGBl. I S. 2730)

FNA 610-1-31

Inhaltsübersicht

Abschnitt 1. Allgemeine Vorschriften[1]

Unterabschnitt 1. Anwendungsbereich

§ 1 Anwendungsbereich. (1) Dieses Gesetz regelt die Meldepflicht von Plattformbetreibern und den automatischen Informationsaustausch aufgrund der Richtlinie 2011/16/EU des Rates vom 15. Februar 2011 über die Zusammenarbeit der Verwaltungsbehörden im Bereich der Besteuerung und zur Aufhebung der Richtlinie 77/799/EWG (ABl. L 64 vom 11.3.2011, S. 1; Amtshilferichtlinie) in der Fassung der Richtlinie (EU) 2021/514 (ABl. L 104 vom 25.3.2021, S. 1).

(2) Es gelten die Vorschriften der Abgabenordnung, soweit dieses Gesetz nichts anderes bestimmt.

Unterabschnitt 2. Begriffsbestimmungen

§ 2 Begriffsbestimmungen. Für dieses Gesetz gelten die Begriffsbestimmungen der §§ 3 bis 7.

§ 3 Plattform; Plattformbetreiber. (1) [1]Eine Plattform ist jedes auf digitalen Technologien beruhende System, das es Nutzern ermöglicht, über das Internet mittels einer Software miteinander in Kontakt zu treten und Rechtsgeschäfte abzuschließen, die gerichtet sind auf

1. die Erbringung relevanter Tätigkeiten (§ 5) durch Anbieter für andere Nutzer oder
2. die Erhebung und Zahlung einer mit einer relevanten Tätigkeit zusammenhängenden Vergütung.

[2]Eine Plattform liegt auch vor, wenn der Betreiber des Systems mit Anbietern oder anderen Nutzern Rechtsgeschäfte abschließt, die auf die Nummern 1 oder 2 in Satz 1 gerichtet sind. [3]Unbeschadet der Sätze 1 und 2 handelt es sich unter anderem nicht um eine Plattform, wenn die Software ausschließlich ermöglicht:

1. die Verarbeitung von Zahlungen, die im Zusammenhang mit einer relevanten Tätigkeit erfolgen;
2. das Auflisten einer relevanten Tätigkeit oder die Werbung für eine relevante Tätigkeit durch Nutzer oder
3. die Umleitung oder Weiterleitung von Nutzern auf eine Plattform.

(2) Ein Plattformbetreiber ist jeder Rechtsträger, der sich verpflichtet, einem Anbieter eine Plattform ganz oder teilweise zur Verfügung zu stellen.

(3) Ein freigestellter Plattformbetreiber ist ein Plattformbetreiber, der

---

[1] Zur Anwendung vgl. auch BMF v. 2.2.2023 – IV B 6-S 1316/21/10019:025.

1. gegenüber dem Bundeszentralamt für Steuern nach § 11 oder

2. gegenüber der zuständigen Behörde eines anderen Mitgliedstaats der Europäischen Union im Einklang mit den dort geltenden Rechtsvorschriften

den Nachweis erbracht hat, dass die vom ihm betriebene Plattform nicht von meldepflichtigen Anbietern genutzt werden kann.

(4) Ein meldender Plattformbetreiber ist ein Plattformbetreiber, bei dem es sich nicht um einen freigestellten Plattformbetreiber handelt und der

1. seinen Sitz oder seine Geschäftsleitung
   a) im Inland hat;
   b) nicht im Inland hat, aber
      aa) nach dem Recht der Bundesrepublik Deutschland eingetragen ist oder,
      bb) eine Betriebsstätte im Inland hat und kein qualifizierter Plattformbetreiber (§ 7 Absatz 1) ist oder

2. kein qualifizierter Plattformbetreiber ist und
   a) in keinem anderen Mitgliedstaat der Europäischen Union nach den dort geltenden Rechtsvorschriften steuerlich ansässig ist,
   b) in keinem anderen Mitgliedstaat der Europäischen Union die Voraussetzungen entsprechend der Nummer 1 erfüllt und
   c) eine Plattform betreibt, die
      aa) die Erbringung relevanter Tätigkeiten durch meldepflichtige Anbieter ermöglicht oder
      bb) die Erbringung relevanter Tätigkeiten nach § 5 Absatz 1 Satz 1 Nummer 1 ermöglicht, wenn das unbewegliche Vermögen in einem Mitgliedstaat der Europäischen Union belegen ist.

§ 4 Nutzer; Anbieter. (1) [1]Ein Nutzer ist jede natürliche Person oder jeder Rechtsträger, die oder der eine Plattform in Anspruch nimmt. [2]Nutzer ist nicht der Plattformbetreiber.

(2) Ein Anbieter ist jeder Nutzer, der zu irgendeinem Zeitpunkt im Meldezeitraum auf einer Plattform registriert ist und eine relevante Tätigkeit anbieten kann.

(3) [1]Ein bestehender Anbieter ist jeder Anbieter, der auf einer Plattform am 1. Januar 2023 registriert ist. [2]Wird ein Rechtsträger zu einem Zeitpunkt nach dem 1. Januar 2023 erstmals meldender Plattformbetreiber, so gelten alle Anbieter, die zu diesem Zeitpunkt bereits registriert sind als bestehende Anbieter.

(4) Ein aktiver Anbieter ist ein Anbieter, der im Meldezeitraum eine relevante Tätigkeit erbringt oder dem im Meldezeitraum eine Vergütung gezahlt oder gutgeschrieben wird, die im Zusammenhang mit einer relevanten Tätigkeit steht.

(5) [1]Ein freigestellter Anbieter ist jeder Anbieter, der

1. ein staatlicher Rechtsträger ist,

2. ein Rechtsträger ist, dessen Aktien regelmäßig an einer anerkannten Wertpapierbörse gehandelt werden, oder ein verbundener Rechtsträger eines Rechtsträgers ist, dessen Aktien regelmäßig an einer anerkannten Wertpapierbörse gehandelt werden,

3. ein Rechtsträger ist, der im Meldezeitraum unter Inanspruchnahme derselben Plattform in mehr als 2000 Fällen relevante Tätigkeiten nach § 5 Absatz 1 Satz 1 Nummer 1 in Bezug auf eine inserierte Immobilieneinheit (§ 6 Absatz 7) erbracht hat oder

4. im Meldezeitraum unter Inanspruchnahme derselben Plattform in weniger als 30 Fällen relevante Tätigkeiten nach § 5 Absatz 1 Satz 1 Nummer 3 erbracht und dadurch insgesamt weniger als 2000 Euro als Vergütung gezahlt oder gutgeschrieben bekommen hat.

²Ein Anbieter, der ausschließlich die Voraussetzungen des Satzes 1 Nummer 3 oder Nummer 4 erfüllt, ist nur in Bezug auf die dort genannte relevante Tätigkeit ein freigestellter Anbieter.

(6) ¹Ein meldepflichtiger Anbieter ist ein aktiver Anbieter, bei dem es sich nicht um einen freigestellten Anbieter handelt und der

1. im Inland ansässig ist oder relevante Tätigkeiten nach § 5 Absatz 1 Satz 1 Nummer 1 in Bezug auf unbewegliches Vermögen erbracht hat, das im Inland belegen ist, oder

2. in einem anderen Mitgliedstaat der Europäischen Union ansässig ist oder relevante Tätigkeiten nach § 5 Absatz 1 Satz 1 Nummer 1 in Bezug auf unbewegliches Vermögen erbracht hat, das in einem anderen Mitgliedstaat der Europäischen Union belegen ist.

²Ein Anbieter gilt in dem Mitgliedstaat der Europäischen Union als ansässig, in dem er seinen Sitz oder, bei einer natürlichen Person, seinen Wohnsitz hat. ³Wurde die Steueridentifikationsnummer, die nach den §§ 17 und 18 bei dem Anbieter erhoben worden ist, von einem Mitgliedstaat der Europäischen Union erteilt, so gilt der Anbieter auch in dem Mitgliedstaat der Europäischen Union als ansässig, der die Steueridentifikationsnummer erteilt hat. ⁴Sofern bei dem Anbieter nach § 17 Absatz 2 Informationen zu einer Betriebsstätte erhoben worden sind, gilt der Anbieter auch in dem Mitgliedstaat der Europäischen Union als ansässig, in dem die Betriebsstätte gelegen ist. ⁵Ungeachtet der Sätze 2 bis 4 gilt ein Anbieter in jedem Mitgliedstaat der Europäischen Union als ansässig, der durch einen bereitgestellten Identifizierungsdienst nach § 17 Absatz 5 bestätigt wurde als Staat, in dem der Anbieter ansässig ist.

§ 5 Relevante Tätigkeit; Vergütung. (1) ¹Eine relevante Tätigkeit ist jede der folgenden Tätigkeiten, wenn sie gegen eine Vergütung erbracht wird:

1. die zeitlich begrenzte Überlassung von Nutzungen und anderen Rechten jeder Art an unbeweglichem Vermögen;

2. die Erbringung persönlicher Dienstleistungen;

3. der Verkauf von Waren;

4. die zeitlich begrenzte Überlassung von Nutzungen und anderen Rechten jeder Art an Verkehrsmitteln.

² Eine relevante Tätigkeit ist nicht die Tätigkeit eines Anbieters, der als nichtselbständig Beschäftigter des Plattformbetreibers oder eines mit dem Plattformbetreiber verbundenen Rechtsträgers handelt.

(2) ¹ Vergütung ist jegliche Form von Entgelt, die einem Anbieter im Zusammenhang mit einer relevanten Tätigkeit gezahlt oder gutgeschrieben wird, abzüglich aller vom Plattformbetreiber einbehaltenen oder erhobenen Gebühren, Provisionen oder Steuern. ² Die Höhe der Vergütung ist dem Plattformbetreiber bekannt oder müsste ihm bekannt sein; dem Plattformbetreiber ist das Wissen aller mit ihm verbundenen Rechtsträger und beauftragten Dienstleister zuzurechnen. ³ Für das Vorliegen einer Vergütung ist es unerheblich, von wem das Entgelt erbracht wird.

(3) ¹ Eine persönliche Dienstleistung ist jede zeitlich begrenzte oder auf eine bestimmte Aufgabe bezogene Tätigkeit, die von einer oder mehreren Personen entweder selbständig oder im Namen eines Rechtsträgers ausgeführt wird, nachdem sie von einem Nutzer angefordert worden ist. ² Es ist unerheblich, ob die Tätigkeit dem Nutzer virtuell oder an einem physischen Ort zur Verfügung gestellt wird. ³ Eine Tätigkeit, die in zeitlicher und inhaltlicher Hinsicht unabhängig davon erbracht wird, ob sie durch einen bestimmten Nutzer oder eine Gruppe bestimmter Nutzer angefordert worden ist, ist keine persönliche Dienstleistung.

(4) Waren sind alle körperlichen Gegenstände.

(5) Verkehrsmittel sind alle motorisierten und nicht motorisierten beweglichen Gegenstände, die die individuelle Beförderung von Personen oder Gütern zu Land, zu Wasser oder in der Luft ermöglichen.

§ 6 Sonstige Begriffsbestimmungen. (1) Ein Rechtsträger ist eine juristische Person, eine Personenvereinigung oder eine Vermögensmasse.

(2) ¹ Ein verbundener Rechtsträger ist mit einem anderen Rechtsträger verbunden, wenn

1. er den anderen Rechtsträger beherrscht oder von diesem beherrscht wird oder

2. beide Rechtsträger der gleichen Beherrschung unterliegen.

² Beherrschung liegt dann vor, wenn ein Rechtsträger oder eine natürliche Person unmittelbar oder mittelbar zu mehr als 50 Prozent am Kapital, an den Mitgliedschaftsrechten, an den Beteiligungsrechten oder an den Stimmrechten eines Rechtsträgers beteiligt ist, wobei mittelbare und unmittelbare Beteiligungen addiert werden. ³ Bei einer mittelbaren Beteiligung wird die Erfüllung der Anforderung, dass mehr als 50 Prozent der Rechte nach Satz 2 an einem anderen Rechtsträger gehalten werden, durch Multiplikation der Beteiligungsquoten an den nachgeordneten Rechtsträgern ermittelt. ⁴ Ein Rechtsträger oder eine natürliche Person mit einer Stimmrechtsbeteiligung von mehr als 50 Prozent gilt dabei als Halter von 100 Prozent der Stimmrechte.

(3) Ein staatlicher Rechtsträger ist die Regierung, eine Gebietskörperschaft oder eine Behörde eines Staates sowie eine Einrichtung, die sich unter der Kontrolle eines Staates oder einer oder mehrerer Gebietskörperschaften befindet.

(4) Eine Steueridentifikationsnummer ist

1. eine von einem Mitgliedstaat der Europäischen Union erteilte Identifikationsnummer eines Steuerpflichtigen oder eine funktionale Entsprechung, wenn keine Steueridentifikationsnummer vorhanden ist,

2. im Fall der Bundesrepublik Deutschland

   a) die Wirtschafts-Identifikationsnummer nach § 139c der Abgabenordnung,

   b) sofern die Wirtschafts-Identifikationsnummer nicht vergeben wurde, die Identifikationsnummer nach § 139b der Abgabenordnung oder

   c) sofern weder eine Wirtschafts-Identifikationsnummer noch eine Identifikationsnummer vergeben wurde, die vom örtlich zuständigen Finanzamt erteilte Steuernummer.

(5) [1]Eine Identifikationsnummer für Umsatzsteuerzwecke ist eine von einem Mitgliedstaat der Europäischen Union erteilte individuelle Mehrwertsteuer-Identifikationsnummer nach Artikel 214 der Richtlinie 2006/112/EG. [2]Im Fall der Bundesrepublik Deutschland ist die Identifikationsnummer für Umsatzsteuerzwecke die vom Bundeszentralamt für Steuern erteilte Umsatzsteuer-Identifikationsnummer nach § 27a des Umsatzsteuergesetzes.

(6) Der Meldezeitraum ist das Kalenderjahr, für das die Meldung gemäß Abschnitt 2 erfolgt.

(7) Eine inserierte Immobilieneinheit umfasst alle unbeweglichen Vermögen, die an derselben Anschrift gelegen sind, im Eigentum desselben Eigentümers stehen und von demselben Anbieter auf einer Plattform angeboten werden für die Erbringung relevanter Tätigkeiten nach § 5 Absatz 1 Satz 1 Nummer 1.

(8) Die Kennung des Finanzkontos ist die eindeutige, dem Plattformbetreiber vorliegende Kennnummer oder Referenz des jeweiligen Bankkontos oder eines ähnlichen Zahlungsdienstkontos, auf das die Vergütung gezahlt oder gutgeschrieben wird.

(9) Ein Identifizierungsdienst ist ein elektronisches Verfahren, das ein Mitgliedstaat der Europäischen Union oder die Europäische Union einem Plattformbetreiber zur direkten Bestätigung der Identität und steuerlichen Ansässigkeit eines Anbieters bereitstellt.

(10) Ein Drittstaat ist jeder Staat oder jedes Gebiet, der oder das nicht Mitgliedstaat der Europäischen Union ist.

§ 7 Qualifizierter Plattformbetreiber, qualifizierter Drittstaat, qualifizierte Vereinbarung, qualifizierte relevante Tätigkeit. (1) [1]Ein qualifizierter Plattformbetreiber ist ein Plattformbetreiber,

1. der in einem qualifizierten Drittstaat ansässig ist und

2. bei dem sämtliche relevante Tätigkeiten, deren Erbringung die von ihm betriebene Plattform ermöglicht, qualifizierte relevante Tätigkeiten sind.

[2]Eine Ansässigkeit in einem qualifizierten Drittstaat liegt vor, wenn der Plattformbetreiber in einem qualifizierten Drittstaat nach den dort geltenden Rechtsvorschriften

1. steuerlich ansässig ist, oder

2. steuerlich nicht ansässig ist aber

a) nach dem Recht des qualifizierten Drittstaats eingetragen ist oder

b) den Ort seiner tatsächlichen Geschäftsleitung in dem qualifizierten Drittstaat hat.

(2) Ein qualifizierter Drittstaat ist ein Drittstaat,

1. zwischen dem und allen Mitgliedstaaten der Europäischen Union eine qualifizierte Vereinbarung besteht und

2. der alle Mitgliedstaaten der Europäischen Union öffentlich als meldepflichtige Staaten benannt hat.

(3) [1] Eine qualifizierte Vereinbarung ist eine wirksame Vereinbarung zwischen den zuständigen Behörden eines Mitgliedstaats der Europäischen Union und eines Drittstaats, die den automatischen Austausch von Informationen an eine zuständige Behörde eines Mitgliedstaats der Europäischen Union vorschreibt, die den meldepflichtigen Informationen nach § 14 gleichwertig sind. [2] Die Gleichwertigkeit im Sinne von Satz 1 bestimmt sich nach den Feststellungen, die von der Europäischen Kommission im Wege von Durchführungsrechtsakten nach Artikel 8ac Absatz 7 der Amtshilferichtlinie getroffen werden.

(4) Eine qualifizierte relevante Tätigkeit ist jede relevante Tätigkeit, zu der gemäß einer qualifizierten Vereinbarung ein automatischer Austausch von Informationen vorgeschrieben ist.

Unterabschnitt 3. Verfahrensvorschriften

§ 8 Zuständige Behörde. Zuständige Behörde im Sinne dieses Gesetzes ist das Bundesministerium der Finanzen, soweit nicht die Zuständigkeit des Bundeszentralamts für Steuern nach § 5 Absatz 1 Satz 1 Nummer 5g des Finanzverwaltungsgesetzes[1]) gegeben ist oder sich aus diesem Gesetz etwas anderes ergibt.

§ 9 Aufgaben des Bundeszentralamts für Steuern. (1) Das Bundeszentralamt für Steuern nimmt Informationen entgegen, die ihm von meldenden Plattformbetreibern nach § 13 und von den zuständigen Behörden der anderen Mitgliedstaaten der Europäischen Union nach Artikel 8ac Absatz 2 der Amtshilferichtlinie übermittelt werden, und speichert diese Informationen.

(2) [1] Das Bundeszentralamt für Steuern übermittelt entgegengenommene Informationen zu meldepflichtigen Anbietern nach § 4 Absatz 6 Satz 1 Nummer 1 zur Durchführung des Besteuerungsverfahrens an die zuständige Landesfinanzbehörde weiter. [2] § 88 Absatz 4 Satz 1 der Abgabenordnung[2]) ist mit der Maßgabe anzuwenden, dass ein unverhältnismäßiger Aufwand bei der Zuordnung der Daten zu einem bestimmten Steuerpflichtigen oder einem bestimmten Finanzamt gegeben ist, wenn sich die Zuordnung nicht mittels verfügbarer automatisierter Verfahren vornehmen lässt. [3] § 88 Absatz 4 Satz 2 der Abgabenordnung ist nicht anzuwenden.

---

[1]) Nr. **803**.
[2]) Nr. **800**.

(3) [1]Das Bundeszentralamt für Steuern übermittelt entgegengenommene Informationen zu meldepflichtigen Anbietern nach § 4 Absatz 6 Satz 1 Nummer 2 an

1. die zuständigen Behörden aller Mitgliedstaaten der Europäischen Union, in denen der jeweilige meldepflichtige Anbieter als ansässig gilt, und

2. die zuständigen Behörden aller Mitgliedstaaten der Europäischen Union, in denen das unbewegliche Vermögen belegen ist, wenn der meldepflichtige Anbieter relevante Tätigkeiten nach § 5 Absatz 1 Satz 1 Nummer 1 erbracht hat.

[2]Die Übermittlung erfolgt mit Ablauf des zweiten Monats des Kalenderjahres, das auf den Meldezeitraum folgt. [3]Eine Anhörung der Beteiligten nach § 117 Absatz 4 Satz 3 der Abgabenordnung findet nicht statt.

(4) [1]Das Bundeszentralamt für Steuern ist berechtigt, die Informationen, die ihm nach Absatz 1 übermittelt worden sind, zur Erfüllung der ihm gesetzlich übertragenen Aufgaben auszuwerten. [2]Eine Auswertung der Informationen durch die jeweils zuständige Landesfinanzbehörde bleibt hiervon unberührt. [3]§ 19 Absatz 2 des EU-Amtshilfegesetzes bleibt unberührt.

(5) [1]Das Bundeszentralamt für Steuern bewahrt die Informationen, die ihm nach Absatz 1 übermittelt worden sind, ab dem Zeitpunkt der Entgegennahme 15 Jahre lang auf. [2]Nach Ablauf der Aufbewahrungsfrist hat das Bundeszentralamt für Steuern die Daten zum Jahresende zu löschen. [3]Nimmt das Bundeszentralamt für Steuern vor dem in Satz 2 genannten Zeitpunkt eine Änderungsmeldung entgegen, so beginnt die Frist nach Satz 1 mit dem Zeitpunkt, zu dem die Änderungsmeldung entgegengenommen worden ist.

(6) Das Bundeszentralamt für Steuern veröffentlicht auf seiner Internetseite

1. Mitteilungen der zuständigen Behörden anderer Mitgliedstaaten der Europäischen Union, die nach Artikel 8ac Absatz 2 Buchstabe h der Amtshilferichtlinie gemacht wurden. [2]Das Bundesministerium der Finanzen teilt nach Artikel 8ac Absatz 2 Buchstabe h der Amtshilferichtlinie den zuständigen Behörden aller anderen Mitgliedstaaten der Europäischen Union mit, dass die zuständige Behörde der Bundesrepublik Deutschland die Kennung des Finanzkontos nicht zu verwenden beabsichtigt;

2. Feststellungen der Europäischen Kommission nach § 7 Absatz 3 Satz 2;

3. eine Liste der Identifizierungsdienste, die von Mitgliedstaaten der Europäischen Union oder der Europäischen Union bereitgestellt sind, und

4. eine Liste der von Mitgliedstaaten der Europäischen Union und der Europäischen Union kostenlos zur Verfügung gestellten elektronischen Schnittstellen zur Überprüfung der Gültigkeit der Steueridentifikationsnummer oder der Identifikationsnummer für Umsatzsteuerzwecke.

(7) [1]Das Bundeszentralamt für Steuern führt das Verfahren zur Registrierung meldender Plattformbetreiber nach § 3 Absatz 4 Nummer 2 nach Maßgabe des § 12, einschließlich der damit verbundenen Mitteilungen an die Europäische Kommission und die zuständigen Behörden der anderen Mitgliedstaaten der Europäischen Union, durch. [2]Das Bundeszentralamt für Steu-

ern berücksichtigt dabei die Durchführungsrechtsakte der Europäischen Kommission nach Artikel 8ac Absatz 4 Unterabsatz 3 der Amtshilferichtlinie.

(8) Das Bundeszentralamt für Steuern unterrichtet die zuständigen Behörden aller anderen Mitgliedstaaten der Europäischen Union über jede Feststellung, die das Bundeszentralamt für Steuern nach § 11 in Bezug auf einen freigestellten Plattformbetreiber nach § 3 Absatz 3 getroffen hat, sowie über jede Änderung einer solchen Feststellung.

(9) Für die in den Absätzen 7 und 8 genannten Zwecke nutzt das Bundeszentralamt für Steuern das Zentralverzeichnis nach Artikel 8ac Absatz 6 der Amtshilferichtlinie.

(10) ¹Das Bundeszentralamt für Steuern prüft die Einhaltung der Melde- und Sorgfaltspflichten, die den meldenden Plattformbetreibern nach diesem Gesetz auferlegt werden. ²§ 147 Absatz 5 und 6 und die §§ 193 bis 203a der Abgabenordnung sowie § 12 des EU-Amtshilfegesetzes gelten entsprechend.

(11) Das Bundeszentralamt für Steuern ergreift nach den §§ 26 und 27 Maßnahmen zur Durchsetzung der Pflichten nach diesem Gesetz.

§ 10 Auskunft. (1) ¹Das Bundeszentralamt für Steuern kann auf Antrag auf Grundlage eines genau bestimmten Sachverhaltes eine Auskunft erteilen über

1. das Vorliegen der Voraussetzungen nach § 3 Absatz 1,

2. das Vorliegen der Voraussetzungen nach § 5 Absatz 1.

²Die Auskunft wird nur erteilt, wenn an ihr ein besonderes Interesse des Antragstellers besteht.

(2) ¹Der Antrag ist schriftlich oder elektronisch zu stellen. ²Der Antrag hat zu enthalten:

1. die genaue Bezeichnung des Antragstellers;

2. eine umfassende und in sich abgeschlossene Darstellung des Sachverhalts;

3. eine Darlegung des besonderen Interesses des Antragstellers;

4. eine ausführliche Darlegung des eigenen Rechtsstandpunktes;

5. die Formulierung konkreter Rechtsfragen;

6. eine Erklärung, ob und gegebenenfalls in welchen anderen Mitgliedstaaten der Europäischen Union der Antragsteller nach den dort geltenden Rechtsvorschriften eine entsprechende Auskunft beantrag hat sowie gegebenenfalls den Inhalt der ihm erteilten Auskunft;

7. die Versicherung, dass alle für die Erteilung der Auskunft und für die Beurteilung erforderlichen Angaben gemacht wurden und der Wahrheit entsprechen.

(3) Über den Antrag soll innerhalb von sechs Monaten ab Eingang des Antrags beim Bundeszentralamt für Steuern entschieden werden; kann das Bundeszentralamt für Steuern nicht innerhalb dieser Frist über den Antrag entscheiden, ist dies dem Antragsteller unter Angabe der Gründe mitzuteilen.

(4) ¹Die von dem Bundeszentralamt für Steuern erteilte Auskunft ist für die Frage, ob Pflichten nach diesem Gesetz bestehen, bindend, wenn der tatsächlich verwirklichte Sachverhalt von dem der Auskunft zugrunde gelegten Sach-

verhalt nicht abweicht. [2]Die Auskunft ist nicht bindend, wenn sie zuungunsten des Antragstellers dem geltenden Recht widerspricht. [3]Die Bindungswirkung der Auskunft entfällt ab dem Zeitpunkt, in dem die Rechtsvorschriften, auf denen die Auskunft beruht, aufgehoben oder geändert werden. [4]Unbeschadet der §§ 129 bis 131 der Abgabenordnung kann eine Auskunft mit Wirkung für die Zukunft aufgehoben oder geändert werden, wenn sich herausstellt, dass die erteilte Auskunft unrichtig war.

(5) [1]Das Bundeszentralamt für Steuern erhebt für die Bearbeitung eines Antrags eine Gebühr, die vor der Erteilung der Auskunft festzusetzen ist. [2]Die Gebühr ist vom Antragsteller innerhalb eines Monats nach Bekanntgabe ihrer Festsetzung zu entrichten. [3]Die Gebühr beträgt 5000 Euro. [4]Auf die Gebühr kann ganz oder teilweise verzichtet werden, wenn ihre Erhebung nach Lage des einzelnen Falls unbillig wäre. [5]Die Gebühr kann insbesondere ermäßigt werden, wenn ein Antrag auf Erteilung einer Auskunft vor ihrer Bekanntgabe zurückgenommen wird.

§ 11 Verfahren zur Feststellung eines freigestellten Plattformbetreibers. (1) [1]Das Bundeszentralamt für Steuern stellt auf Antrag eines Plattformbetreibers fest, dass es sich bei ihm um einen freigestellten Plattformbetreiber handelt, wenn der Plattformbetreiber den Nachweis erbracht hat, dass die von ihm betriebene Plattform nicht von meldepflichtigen Anbietern genutzt werden kann. [2]Die Feststellung kann nur für jeweils einen Meldezeitraum getroffen werden.

(2) Das Bundeszentralamt für Steuern verlängert eine Feststellung auf Antrag für einen sich anschließenden Meldezeitraum, wenn der Plattformbetreiber nachweist, dass die Verhältnisse, die der ursprünglichen Feststellung zugrunde gelegen haben, sich in der Zwischenzeit nicht geändert haben und sich im Verlauf des sich anschließenden Meldezeitraums voraussichtlich nicht ändern werden.

(3) [1]Berechtigt, einen Antrag auf Feststellung oder auf Verlängerung einer Feststellung zu stellen, sind Plattformbetreiber, die nach § 13 Absatz 1 bis 4 zur Meldung an das Bundeszentralamt für Steuern grundsätzlich verpflichtet wären. [2]Der Antrag nach Absatz 1 ist spätestens bis zum 31. Oktober eines Jahres für den laufenden Meldezeitraum und der Antrag nach Absatz 2 spätestens bis zum 31. Oktober eines Jahres für den folgenden Meldezeitraum schriftlich oder elektronisch zu stellen.

(4) [1]Der Antrag hat zu enthalten:

1. die genaue Bezeichnung des Antragstellers und gegebenenfalls aller anderen Plattformbetreiber derselben Plattform;

2. die Anschrift des Sitzes und die elektronischen Adressen, einschließlich der Internetadressen, des Antragstellers und gegebenenfalls aller anderen Plattformbetreiber derselben Plattform;

3. jede Steueridentifikationsnummer und Identifikationsnummer für Umsatzsteuerzwecke, die dem Plattformbetreiber erteilt wurde;

4. die Gründe für eine grundsätzliche Verpflichtung des Antragstellers zur Meldung an das Bundeszentralamt für Steuern;

5. eine Erklärung, ob und gegebenenfalls in welchen anderen Mitgliedstaaten der Europäischen Union der Antragsteller oder ein anderer Betreiber derselben Plattform nach den dort geltenden Rechtsvorschriften zu einer Meldung verpflichtet ist;

6. die Angabe des Meldezeitraums, für den die Feststellung oder die Verlängerung einer Feststellung beantragt wird;

7. eine Erklärung, ob und gegebenenfalls gegenüber welchen zuständigen Behörden anderer Mitgliedstaaten der Europäischen Union der Antragsteller oder ein anderer Betreiber derselben Plattform nach den dort geltenden Rechtsvorschriften für den nach Nummer 6 angegebenen Meldezeitraum den Nachweis erbracht hat, dass die von ihm betriebene Plattform nicht von meldepflichtigen Anbietern genutzt werden kann, oder die Erbringung eines solchen Nachweises beabsichtigt;

8. eine Darlegung der Umstände, einschließlich der vertraglichen, technischen und administrativen Vorkehrungen, die zuverlässig verhindern, dass die Plattform, die Gegenstand des Antrags ist, tatsächlich von meldepflichtigen Anbietern genutzt werden kann.

² Dem Antrag sind die erforderlichen Unterlagen beizufügen.

(5) Das Bundeszentralamt für Steuern kann mit den zuständigen Behörden anderer Mitgliedstaaten der Europäischen Union Informationen austauschen, die zur Ermittlung des Sachverhaltes und zur Entscheidung über den Antrag erforderlich sind; eine Anhörung des Antragstellers nach § 117 Absatz 4 Satz 3 der Abgabenordnung findet nicht statt.

(6) Das Bundeszentralamt für Steuern kann eine Feststellung oder die Verlängerung einer Feststellung zurücknehmen oder für die Zukunft widerrufen, wenn die Verhältnisse nach Absatz 1 oder 2 nicht oder nicht mehr erfüllt werden.

(7) ¹ Das Bundeszentralamt für Steuern erhebt für die Bearbeitung eines Antrags Gebühren, die vor der Erteilung oder Verlängerung der Feststellung festzusetzen sind. ² Die Gebühr ist vom Antragsteller innerhalb eines Monats nach Bekanntgabe ihrer Festsetzung zu entrichten. ³ Die Gebühr beträgt 5000 Euro für jeden Antrag auf Feststellung sowie 2500 Euro für jeden Antrag auf Verlängerung einer Feststellung.

(8) Ein freigestellter Plattformbetreiber, für den eine Feststellung oder die Verlängerung einer Feststellung getroffen worden ist, hat dem Bundeszentralamt für Steuern unverzüglich jede Änderung der Angaben nach Absatz 4 Satz 1 Nummer 1 bis 8 mitzuteilen.

§ 12 Registrierung. (1) Meldende Plattformbetreiber müssen sich unverzüglich nach Eintritt der Voraussetzungen des § 3 Absatz 4 Nummer 2 einmalig bei einer zuständigen Behörde eines Mitgliedstaats der Europäischen Union registrieren.

(2) ¹ Entscheidet ein meldender Plattformbetreiber, sich beim Bundeszentralamt für Steuern zu registrieren, hat er dem Bundeszentralamt für Steuern folgende Informationen elektronisch mitzuteilen:

1. die genaue Bezeichnung des meldenden Plattformbetreibers;

2. die Anschrift seines Sitzes;

3. die elektronischen Adressen, einschließlich der Internetadressen des meldenden Plattformbetreibers;

4. jede Steueridentifikationsnummer, die dem meldenden Plattformbetreiber erteilt wurde;

5. eine Erklärung mit Informationen über die Identifizierung des meldenden Plattformbetreibers für Umsatzsteuerzwecke gemäß den §§ 18i und 18j des Umsatzsteuergesetzes[1]) oder gemäß einer vergleichbaren Regelung eines anderen Mitgliedstaats der Europäischen Union nach Titel XII Kapitel 6 Abschnitt 2 und 3 der Richtlinie 2006/112/EG;

6. alle Mitgliedstaaten der Europäischen Union, in denen

   a) die meldepflichtigen Anbieter nach § 4 Absatz 6 als ansässig gelten, oder

   b) das unbewegliche Vermögen belegen ist, in Bezug auf das die meldepflichtigen Anbieter relevante Tätigkeiten nach § 5 Absatz 1 Nummer 1 über die Plattform erbracht haben.

[2]Das Bundeszentralamt für Steuern weist dem meldenden Plattformbetreiber vorbehaltlich des Absatzes 8 Satz 1 eine Registriernummer zu.

(3) Meldende Plattformbetreiber, denen das Bundeszentralamt für Steuern eine Registriernummer zugewiesen hat, haben dem Bundeszentralamt für Steuern jede Änderung der in Absatz 2 Satz 1 genannten Informationen unverzüglich mitzuteilen.

(4) Das Bundeszentralamt für Steuern teilt den zuständigen Behörden aller anderen Mitgliedstaaten der Europäischen Union die Registriernummer mit, die es einem meldenden Plattformbetreiber zugewiesen hat, sowie die in Absatz 2 Satz 1 genannten Informationen und alle Änderungen dieser Informationen.

(5) Das Bundeszentralamt für Steuern ersucht die Europäische Kommission, die Registrierung eines meldenden Plattformbetreibers, dem es eine Registriernummer erteilt hat, aus dem Zentralverzeichnis gemäß Artikel 8ac Absatz 5 der Amtshilferichtlinie zu löschen, wenn

1. der Plattformbetreiber dem Bundeszentralamt für Steuern mitteilt, dass die Voraussetzungen nach § 3 Absatz 4 Nummer 2 Buchstabe c nicht länger erfüllt sind,

2. das Bundeszentralamt für Steuern Grund zu der Annahme hat, dass die Voraussetzungen nach § 3 Absatz 4 Nummer 2 Buchstabe c nicht länger erfüllt sind, obwohl eine Mitteilung nach Nummer 1 unterblieben ist,

3. der Plattformbetreiber nicht länger die Voraussetzungen des § 3 Absatz 4 Nummer 2 erfüllt oder

4. das Bundeszentralamt für Steuern die Registrierung gemäß Absatz 7 widerrufen hat.

(6) Das Bundeszentralamt für Steuern unterrichtet die Europäische Kommission unverzüglich über jeden meldenden Plattformbetreiber, der die Voraussetzungen nach § 3 Absatz 4 Nummer 2 Buchstabe c erfüllt und nicht nach

---

[1]) Nr. **500**.

Absatz 1 beim Bundeszentralamt für Steuern oder einer anderen zuständigen Behörde eines Mitgliedstaats der Europäischen Union registriert ist.

(7) [1] Hat das Bundeszentralamt für Steuern einem meldenden Plattformbetreiber eine Registriernummer zugewiesen und kommt der meldende Plattformbetreiber seiner Meldepflicht nach § 13 Absatz 1 und 4 nicht nach, widerruft das Bundeszentralamt für Steuern die erteilte Registrierung. [2] Der Widerruf erfolgt frühestens nach Ablauf von 30 Tagen und spätestens nach Ablauf von 90 Tagen nachdem der meldende Plattformbetreiber das zweite Mal erfolglos an die Meldepflicht erinnert und ihm der Widerruf der Registrierung angekündigt worden ist. [3] Die §§ 25 bis 27 bleiben unberührt.

(8) [1] Hat das Bundeszentralamt für Steuern nach Absatz 7 oder eine andere zuständige Behörde eines Mitgliedstaats der Europäischen Union im Einklang mit den dort geltenden Rechtsvorschriften die Registrierung eines meldenden Plattformbetreibers widerrufen, so wird diesem vom Bundeszentralamt für Steuern auf Antrag eine Registriernummer nur zugewiesen, wenn er dem Bundeszentralamt für Steuern eine angemessene Sicherheitsleistung gewährt. [2] Die Sicherheitsleistung muss erwarten lassen, dass der meldende Plattformbetreiber seiner Meldepflicht, gegebenenfalls einschließlich noch unerfüllter Meldepflichten für zurückliegende Meldezeiträume, nachkommen wird. [3] Die §§ 241 bis 248 der Abgabenordnung gelten entsprechend. [4] Die Sicherheitsleistung ist dem meldenden Plattformbetreiber zurückzugewähren, sobald dieser der Meldepflicht für gegebenenfalls zurückliegende Meldezeiträume und den unmittelbar nächsten Meldezeitraum vollständig und richtig nachgekommen ist. [5] Die §§ 25 bis 27 bleiben unberührt.

Abschnitt 2. Meldepflichten

§ 13 Meldepflicht. (1) [1] Meldende Plattformbetreiber haben die in § 14 genannten Informationen in Bezug auf den Meldezeitraum gemäß den Vorgaben nach

1. § 15 Absatz 1 und

2. § 15 Absatz 2 bis 4

spätestens zum 31. Januar des Jahres, das auf das Kalenderjahr folgt, in dem der Anbieter als meldepflichtiger Anbieter identifiziert worden ist, dem Bundeszentralamt für Steuern zu melden. [2] Wird einem meldenden Plattformbetreiber bekannt, dass eine Meldung entgegen des Satzes 1 innerhalb der dort genannten Frist nicht, nicht richtig oder nicht vollständig übermittelt worden ist, ist die Meldung unverzüglich nach dem Zeitpunkt der Kenntniserlangung von einer unterbliebenen, unrichtigen oder unvollständigen Meldung durch den meldenden Plattformbetreiber nachzuholen, zu korrigieren oder zu vervollständigen; dies gilt auch, wenn der meldende Plattformbetreiber den Anbieter pflichtwidrig nicht oder nicht rechtzeitig als meldepflichtigen Anbieter identifiziert hat. [3] Ergänzend gelten

1. für meldende Plattformbetreiber nach § 3 Absatz 4 Nummer 1 die Absätze 2 und 3 und

2. für meldende Plattformbetreiber nach § 3 Absatz 4 Nummer 2 die Absätze 4 und 5.

(2) [1] Ein meldender Plattformbetreiber, der verpflichtet ist, die Informationen nach § 14 auch an die zuständige Behörde zumindest eines anderen Mitgliedstaats der Europäischen Union aufgrund der dort geltenden Rechtsvorschriften zu melden, hat zu entscheiden, an welche zuständige Behörde er die Informationen meldet. [2] Der meldende Plattformbetreiber hat spätestens bis zu dem in Absatz 1 Satz 1 genannten Zeitpunkt seine Entscheidung den zuständigen Behörden der anderen Mitgliedstaaten der Europäischen Union mitzuteilen. [3] Entscheidet ein meldender Plattformbetreiber nach Satz 2, die Informationen anstelle des Bundeszentralamts für Steuern an die zuständige Behörde eines anderen Mitgliedstaats der Europäischen Union zu melden, ist er von der Meldepflicht nach Absatz 1 Satz 1 befreit.

(3) [1] Mehrere Betreiber derselben Plattform sind nebeneinander als meldende Plattformbetreiber nach Absatz 1 Satz 1 verpflichtet. [2] Ein meldender Plattformbetreiber ist von der Meldepflicht befreit, wenn er nachweisen kann, dass ein anderer meldender Plattformbetreiber die Informationen nach § 14 dem Bundeszentralamt für Steuern oder der zuständigen Behörde eines anderen Mitgliedstaats der Europäischen Union im Einklang mit den dort geltenden Rechtsvorschriften gemeldet hat.

(4) Abweichend von Absatz 1 Satz 1 ist ein meldender Plattformbetreiber nur dann zur Meldung gegenüber dem Bundeszentralamt für Steuern verpflichtet, wenn er nach § 12 beim Bundeszentralamt für Steuern registriert ist.

(5) Ungeachtet des Absatzes 4 und abweichend von § 14 ist ein meldender Plattformbetreiber nicht verpflichtet, Informationen über qualifizierte relevante Tätigkeiten von meldepflichtigen Anbietern zu melden, wenn

1. der automatische Austausch gleichwertiger Informationen mit der zuständigen Behörde eines Mitgliedstaats der Europäischen Union gemäß einer qualifizierten Vereinbarung vorgeschrieben ist und

2. die meldepflichtigen Anbieter
   a) in jenem Mitgliedstaat der Europäischen Union als ansässig gelten oder
   b) relevante Tätigkeiten nach § 5 Absatz 1 Satz 1 Nummer 1 in Bezug auf unbewegliches Vermögen erbracht haben, welches in jenem Mitgliedstaat der Europäischen Union belegen ist.

§ 14 Meldepflichtige Informationen. (1) Meldende Plattformbetreiber haben die folgenden Informationen über sich und über die von ihnen betriebene Plattform zu melden:

1. den eingetragenen Namen des Plattformbetreibers;

2. die Anschrift des Sitzes des Plattformbetreibers;

3. die Steueridentifikationsnummer;[1]

4. die Registriernummer nach § 12 Absatz 2 Satz 2, sofern ihm diese zugewiesen wurde;

---

[1] Nr. **800h.**

5. sämtliche Firmenbezeichnungen der Plattform, bezüglich welcher der meldende Plattformbetreiber meldet.

(2) Meldende Plattformbetreiber haben für jeden meldepflichtigen Anbieter, der eine natürliche Person ist, die folgenden Informationen zu melden:

1. den Vor- und Nachnamen;

2. die Anschrift des Wohnsitzes;

3. jede Steueridentifikationsnummer, die dem Anbieter erteilt wurde, und den jeweiligen Mitgliedstaat der Europäischen Union, der sie erteilt hat, oder, sofern keine Steueridentifikationsnummer vorhanden ist, den Geburtsort;

4. sofern vorhanden, die Identifikationsnummer für Umsatzsteuerzwecke;

5. das Geburtsdatum;

6. sofern vorhanden, die Kennung des Finanzkontos, es sei denn, in einer auf der Internetseite des Bundeszentralamts für Steuern veröffentlichten Liste ist angegeben, dass die zuständige Behörde des Mitgliedstaats der Europäischen Union, in dem der Anbieter als ansässig gilt oder in dem das unbewegliche Vermögen belegen ist, in Bezug auf das der Anbieter relevante Tätigkeiten nach § 5 Absatz 1 Satz 1 Nummer 1 erbracht hat, die Kennung des Finanzkontos nicht zu verwenden beabsichtigt;

7. sofern vorhanden, den Namen des Inhabers des Finanzkontos, wenn er von dem Namen des Anbieters abweicht, sowie alle sonstigen der Identifizierung des Kontoinhabers dienlichen Informationen;

8. jeden Mitgliedstaat der Europäischen Union, in dem der Anbieter als ansässig gilt oder in dem das unbewegliche Vermögen belegen ist, in Bezug auf das der Anbieter relevante Tätigkeiten nach § 5 Absatz 1 Satz 1 Nummer 1 erbracht hat;

9. jegliche Gebühren, Provisionen oder Steuern, die in jedem Quartal des Meldezeitraums von dem Plattformbetreiber einbehalten oder berechnet wurden;

10. die in jedem Quartal des Meldezeitraums insgesamt gezahlte oder gutgeschriebene Vergütung;

11. die Zahl der relevanten Tätigkeiten, für die in jedem Quartal des Meldezeitraums eine Vergütung gezahlt oder gutgeschrieben wurde.

(3) Meldende Plattformbetreiber haben für jeden meldepflichtigen Anbieter, der ein Rechtsträger ist, die folgenden Informationen zu melden:

1. den eingetragenen Namen;

2. die Anschrift des Sitzes;

3. jede Steueridentifikationsnummer, die diesem Anbieter erteilt wurde, und den jeweiligen Mitgliedstaat der Europäischen Union, der sie erteilt hat;

4. sofern vorhanden, die Identifikationsnummer für Umsatzsteuerzwecke;

5. die Handelsregisternummer;

6. sofern vorhanden, das Bestehen einer Betriebsstätte in der Europäischen Union, über die relevante Tätigkeiten ausgeübt werden, und den jeweiligen Mitgliedstaat der Europäischen Union, in dem sich diese Betriebsstätte befindet;

7. die in Absatz 2 Nummer 6 bis 11 genannten Informationen.

(4) Meldende Plattformbetreiber haben für jeden meldepflichtigen Anbieter, der relevante Tätigkeiten nach § 5 Absatz 1 Satz 1 Nummer 1 erbracht hat, zusätzlich zu den Informationen nach den Absätzen 2 und 3 folgende Informationen zu melden:

1. die Anschrift jeder inserierten Immobilieneinheit;
2. die in jedem Quartal des Meldezeitraums insgesamt gezahlte oder gutgeschriebene Vergütung je inserierter Immobilieneinheit;
3. die Anzahl der relevanten Tätigkeiten je inserierter Immobilieneinheit;
4. sofern vorhanden, die Art jeder inserierten Immobilieneinheit;
5. sofern vorhanden, die Anzahl der Tage, an denen jede inserierte Immobilieneinheit während des Meldezeitraums zur Nutzung nach § 5 Absatz 1 Satz 1 Nummer 1 überlassen wurde;
6. sofern vorhanden, zu jeder inserierten Immobilieneinheit die Grundbuchnummer oder eine gleichwertige Angabe nach dem Recht des Mitgliedstaats der Europäischen Union, in dem das unbewegliche Vermögen belegen ist.

§ 15 Meldeverfahren. (1) [1]Die Meldung an das Bundeszentralamt für Steuern hat nach amtlich vorgeschriebenem Datensatz elektronisch im Wege der Datenfernübertragung über amtlich bestimmte Schnittstellen zu erfolgen. [2]Das Bundesministerium der Finanzen gibt den amtlich vorgeschriebenen Datensatz im Bundessteuerblatt bekannt.

(2) [1]Die Informationen über die Vergütung sind in der Währung zu melden, in der die Vergütung gezahlt oder gutgeschrieben wurde. [2]Wurde die Vergütung nicht in Fiat-Geld gezahlt oder gutgeschrieben, ist die Vergütung in einer von dem meldenden Plattformbetreiber einheitlich ausgeübten Weise zu bewerten oder umzurechnen und in der Landeswährung des Mitgliedstaats der Europäischen Union, in dem der meldepflichtige Anbieter als ansässig gilt, zu melden. [3]Gilt der meldepflichtige Anbieter in mehreren Mitgliedstaaten der Europäischen Union als ansässig und ist in einem dieser Mitgliedstaaten der Europäischen Union der Euro die Landeswährung, ist die Vergütung in Euro zu melden. [4]Ist im Fall des Satzes 2 in keinem der Mitgliedstaaten der Europäischen Union der Euro die Landeswährung, steht es dem meldenden Plattformbetreiber frei, in welcher Landeswährung er die Vergütung meldet.

(3) Die Informationen über die Vergütung und die anderen in § 5 Absatz 2 genannten Beträge sind für das Quartal des Meldezeitraums zu melden, in dem die Vergütung jeweils gezahlt oder gutgeschrieben wurde.

(4) [1]Umfasst eine Tätigkeit mehrere der in § 5 Absatz 1 Satz 1 Nummer 1 bis 4 genannten relevanten Tätigkeiten und lässt sich der wirtschaftliche Wert der Bestandteile der Tätigkeit bestimmen und einzelnen relevanten Tätigkeiten zuordnen, hat der meldende Plattformbetreiber jede relevante Tätigkeit mit ihrem entsprechenden Wertanteil zu melden. [2]Kann der wirtschaftliche Wert der einzelnen Bestandteile der Tätigkeit nicht bestimmt und nicht einzelnen relevanten Tätigkeiten zugeordnet werden, hat der meldende Plattformbetrei-

ber auf den Schwerpunkt abzustellen, den die Tätigkeit nach der Verkehrsanschauung hat; bei einer Tätigkeit, die ausschließlich relevante Tätigkeiten nach § 5 Absatz 1 Satz 1 Nummer 2 und 3 umfasst, ist im Zweifel eine relevante Tätigkeit nach § 5 Absatz 1 Satz 1 Nummer 2 zu melden. [3]Der meldende Plattformbetreiber hat bei der Anwendung der Sätze 1 und 2 die Ermittlung der Wertanteile sowie die Zuordnung von Tätigkeiten und ihrer Bestandteile zu relevanten Tätigkeiten für alle meldepflichtigen Anbieter einheitlich auszuüben.

Abschnitt 3. Sorgfaltspflichten

§ 16 Anwendung der Sorgfaltspflichten. Es steht meldenden Plattformbetreibern frei, die Verfahren zur Erfüllung der Sorgfaltspflichten nach den §§ 17 bis 20 nur in Bezug auf aktive Anbieter durchzuführen.

§ 17 Erhebung meldepflichtiger Informationen. (1) Für jeden Anbieter, der eine natürliche Person, aber kein freigestellter Anbieter ist, haben meldende Plattformbetreiber

1. Informationen nach § 14 Absatz 2 Nummer 1 bis 5 zu erheben und
2. die Ansässigkeit nach § 4 Absatz 6 Satz 2, 3 und 5 zu bestimmen.

(2) Für jeden Anbieter, der ein Rechtsträger, aber kein freigestellter Anbieter ist, haben meldende Plattformbetreiber

1. Informationen nach § 14 Absatz 3 Nummer 1 bis 6 zu erheben und
2. die Ansässigkeit nach § 4 Absatz 6 Satz 2 bis 5 zu bestimmen.

(3) Für jeden Anbieter, der kein freigestellter Anbieter ist und eine relevante Tätigkeit nach § 5 Absatz 1 Satz 1 Nummer 1 erbringt, haben meldende Plattformbetreiber zusätzlich zu den Informationen nach Absatz 1 oder 2 Informationen nach § 14 Absatz 4 Nummer 1 und 6 zu erheben.

(4) Abweichend von Absatz 1 Nummer 1 und Absatz 2 Nummer 1 ist ein meldender Plattformbetreiber nicht verpflichtet, die folgenden Informationen zu erheben:

1. nach § 14 Absatz 2 Nummer 3 und Absatz 3 Nummer 3 und 5, wenn der Mitgliedstaat der Europäischen Union, in dem der Anbieter als ansässig gilt, diese Informationen dem Anbieter nicht ausstellt und
2. nach § 14 Absatz 2 Nummer 3 und Absatz 3 Nummer 3, wenn der Mitgliedstaat der Europäischen Union, in dem der Anbieter als ansässig gilt, die Erhebung dieser Informationen nicht verlangt.

(5) Abweichend von den Absätzen 1 und 2 ist ein meldender Plattformbetreiber nicht verpflichtet, die Informationen nach § 14 Absatz 2 Nummer 2 bis 5 und Absatz 3 Nummer 2 bis 6 zu erheben und auch nicht verpflichtet, die Ansässigkeit nach § 4 Absatz 6 Satz 2 bis 4 zu bestimmen, sofern der meldende Plattformbetreiber zur Bestätigung der Identität und der steuerlichen Ansässigkeit des Anbieters einen Identifizierungsdienst verwendet.

(6) Abweichend von den Absätzen 1 bis 3 sind die Informationen nach § 14 Absatz 2 Nummer 4, Absatz 3 Nummer 4 und 6 und Absatz 4 Nummer 6 nur zu erheben, soweit der jeweilige Anbieter über diese verfügt.

§ 18 Überprüfung meldepflichtiger Informationen. (1) [1]Meldende Plattformbetreiber haben die Plausibilität der in § 14 Absatz 2 Nummer 1 bis 5 und Absatz 3 Nummer 1 bis 5 genannten Informationen anhand aller ihnen aus anderen Zusammenhängen zur Erfüllung vertraglicher Verpflichtungen oder fachgesetzlicher Vorgaben zur Verfügung stehenden Informationen und Unterlagen zu überprüfen; soweit erforderlich und angemessen, darf auch eine Weiterverarbeitung bereits erhobener Informationen zum Zweck der Überprüfung erfolgen. [2]Stellt ein Mitgliedstaat der Europäischen Union oder die Europäische Union kostenlos eine elektronische Schnittstelle zur Überprüfung der Gültigkeit einer Steueridentifikationsnummer oder einer Identifikationsnummer für Umsatzsteuerzwecke zur Verfügung, ist diese Schnittstelle von meldenden Plattformbetreibern zur Überprüfung der Gültigkeit der Steueridentifikationsnummer oder der Identifikationsnummer für Umsatzsteuerzwecke zu nutzen. [3]Ergibt die Überprüfung, dass Informationen nicht plausibel sind, hat der meldende Plattformbetreiber nach § 17 neue Informationen unverzüglich nach Abschluss der Überprüfung zu erheben.

(2) Meldenden Plattformbetreibern steht es frei, die Plausibilität der in § 14 Absatz 2 Nummer 1 bis 5 und Absatz 3 Nummer 1 bis 5 genannten Informationen zu bestehenden Anbietern abweichend von Absatz 1 anhand ihrer elektronisch durchsuchbaren Informationen und Unterlagen zu überprüfen.

(3) [1]Besteht Grund zu der Annahme, dass die von einem meldenden Plattformbetreiber erhobenen Informationen nach § 14 Absatz 2 Nummer 1 bis 5, Absatz 3 Nummer 1 bis 6 und Absatz 4 Nummer 1 und 6 unrichtig sind, fordert der meldende Plattformbetreiber auf Verlangen des Bundeszentralamts für Steuern ungeachtet der Absätze 1 und 2 den Anbieter unverzüglich auf, die als unrichtig erachteten Informationen zu berichtigen und durch Vorlage verlässlicher, aus unabhängiger Quelle stammender Belege zu bestätigen. [2]Belege im Sinne des vorstehenden Satzes sind insbesondere:

1. ein gültiges, von einer Behörde erteiltes Identifikationsdokument;

2. eine aktuelle steuerliche Ansässigkeitsbescheinigung.

[3]Grund zu der Annahme in Sinne des Satzes 1 besteht, wenn dem Bundeszentralamt für Steuern aufgrund eigener Ermittlungen, der Mitteilung einer zuständigen Landesfinanzbehörde oder der Mitteilung einer zuständigen Behörde eines anderen Mitgliedstaats der Europäischen Union Informationen bekannt werden, denen zufolge begründete Zweifel an der Richtigkeit gemeldeter oder übermittelter Informationen in Bezug auf einen Anbieter bestehen.

§ 19 Identifizierung freigestellter Anbieter. (1) [1]Zur Feststellung, ob ein Anbieter ein freigestellter Anbieter nach § 4 Absatz 5 Satz 1 Nummer 1 oder 2 ist, kann sich ein meldender Plattformbetreiber auf öffentlich zugängliche Informationen oder eine entsprechende Auskunft des Anbieters verlassen. [2]Zur Feststellung, ob ein Anbieter ein freigestellter Anbieter nach § 4 Absatz 5 Satz 1 Nummer 3 oder 4 ist, kann sich ein meldender Plattformbetreiber auf die in seinen Aufzeichnungen verfügbaren Informationen und Belege verlassen. [3]Die Überprüfung der Richtigkeit der Feststellungen nach den Sätzen 1 und 2 bestimmt sich nach § 18 Absatz 1 bis 3.

(2) [1] Hat ein Anbieter während des Meldezeitraums in mehr als 2000 Fällen relevante Tätigkeiten nach § 5 Absatz 1 Satz 1 Nummer 1 in Bezug auf eine inserierte Immobilieneinheit erbracht und handelt es sich bei diesem Anbieter um einen Rechtsträger, hat der meldende Plattformbetreiber abweichend von Absatz 1 Satz 2 anhand von Belegen oder anderen Informationen zu prüfen, ob die inserierte Immobilieneinheit im Eigentum desselben Eigentümers steht. [2] Kann nicht nachgewiesen werden, dass die inserierte Immobilieneinheit im Eigentum desselben Eigentümers steht, darf der Anbieter nicht als freigestellter Anbieter betrachtet werden.

§ 20 Frist zur Erfüllung der Sorgfaltspflichten. (1) [1] Meldende Plattformbetreiber haben die Verfahren nach den §§ 17, 18 Absatz 1 und 2 und § 19 bis zum 31. Dezember des Meldezeitraums abzuschließen. [2] Für bestehende Anbieter haben meldende Plattformbetreiber die Verfahren nach den §§ 17 bis 19 bis zum 31. Dezember des zweiten Meldezeitraums abzuschließen.

(2) Ein meldender Plattformbetreiber kann sich auf Verfahren zur Erfüllung der Sorgfaltspflichten verlassen, die für frühere Meldezeiträume durchgeführt wurden, sofern

1. die Informationen nach § 14 Absatz 2 Nummer 1 bis 5 und Absatz 3 Nummer 1 bis 6 vor nicht mehr als 36 Monaten erhoben und überprüft oder bestätigt wurden und

2. der meldende Plattformbetreiber keinen Grund zu der Annahme hat, dass die nach den §§ 17 bis 19 erhobenen Informationen nicht plausibel oder nicht zutreffend sind.

§ 21 Erfüllung der Sorgfaltspflichten durch Dritte. (1) Meldende Plattformbetreiber können zur Erfüllung der Verpflichtungen nach diesem Abschnitt Fremddienstleister in Anspruch nehmen.

(2) Meldende Plattformbetreiber können die Erfüllung der Verpflichtungen nach diesem Abschnitt auf andere Plattformbetreiber derselben Plattform übertragen.

(3) Die Verantwortung für die Erfüllung der Verpflichtungen nach diesem Abschnitt liegt in den Fällen der Absätze 1 und 2 weiterhin bei den meldenden Plattformbetreibern.

Abschnitt 4.
Sonstige Pflichten für meldende Plattformbetreiber

§ 22 Information der Anbieter. (1) Meldende Plattformbetreiber haben vor einer erstmaligen Meldung der Informationen nach § 13 Absatz 1 jedem meldepflichtigen Anbieter in allgemeiner Form mitzuteilen:

1. dass zu dem Anbieter nach diesem Gesetz Informationen für Zwecke der Durchführung des Besteuerungsverfahrens erhoben und dem Bundeszentralamt für Steuern zur Weiterleitung an die zuständigen Landesfinanzbehörden oder die zuständigen Behörden anderer Mitgliedstaaten der Europäischen Union gemeldet werden,

2. alle Informationen, auf die der Anbieter seitens des Datenverantwortlichen Anspruch hat, und zwar so rechtzeitig, dass der Anbieter seine Datenschutzrechte wahrnehmen kann.

(2) Meldende Plattformbetreiber haben jedem meldepflichtigen Anbieter die ihn jeweils betreffenden Informationen nach § 14 Absatz 2, 3 oder 4 bis zum 31. Januar des Jahres mitzuteilen, das auf den Meldezeitraum folgt, in dem der Anbieter als meldepflichtiger Anbieter identifiziert wurde.

§ 23 Durchsetzung von Mitwirkungspflichten. [1]Kommt ein Anbieter der Aufforderung eines meldenden Plattformbetreibers nicht nach, die nach den § 17 Absatz 1 Nummer 1, Absatz 2 Nummer 1, Absatz 3 und § 18 Absatz 3 Satz 1 zu erhebenden Informationen vorzulegen, hat der meldende Plattformbetreiber den Anbieter zwei Mal an die Vorlage zu erinnern. [2]Legt der Anbieter die ersuchten Informationen auch nach der zweiten Erinnerung nicht vor, hat der meldende Plattformbetreiber spätestens nach 180 Tagen, nicht aber vor Ablauf von 60 Tagen, seit der ursprünglichen Aufforderung

1. die weitere Nutzung der Plattform durch den Anbieter zu verhindern, indem er diesen sperrt oder dessen Registrierung löscht, und sicherzustellen, dass der Anbieter sich nicht erneut bei der Plattform registrieren kann, oder

2. Zahlungen der Vergütung an den Anbieter einzubehalten.

[3]Die Maßnahmen nach Satz 2 Nummer 1 oder 2 sind aufzuheben, sobald der Anbieter die ersuchten Informationen vorgelegt hat.

§ 24 Aufzeichnungen; Aufbewahrungsfristen. (1) Meldende Plattformbetreiber haben die folgenden Aufzeichnungen zu den in Absatz 2 genannten Zeitpunkten zu erstellen:

1. eine Beschreibung der Prozesse, einschließlich der automationstechnischen, operativen und organisatorischen Vorkehrungen, insbesondere der relevanten Geschäftsbeziehungen, Zuständigkeiten und Fristen, sowie aller Änderungen hierzu, die zur Erfüllung der Pflichten nach § 13 Absatz 1 Satz 1 und 2, Absatz 2 Satz 1 und 2, § 14 Absatz 1 bis 4, § 15 Absatz 1 Satz 1, Absatz 2 bis 4, § 17 Absatz 1 bis 3, § 18 Absatz 1, 3 Satz 1, § 20 Absatz 1, den §§ 22 und 23 auch unter Berücksichtigung der Vorgaben nach § 13 Absatz 3 bis 5, den §§ 16, 17 Absatz 4 bis 6, § 18 Absatz 2, § 19 Absatz 1 und 2, § 20 Absatz 2 und § 21 Absatz 1 und 2 in Bezug auf einen Meldezeitraum angewandt werden;

2. in Bezug auf jeden Anbieter die für die Anwendung der Sorgfaltspflichten nach den §§ 16, 17 Absatz 1 bis 3, 5, § 18 Absatz 1 bis 3 Satz 1, § 19 Absatz 1 und 2 verarbeiteten Informationen, den jeweiligen Zeitpunkt und das Ergebnis der Verarbeitung;

3. in Bezug auf jeden meldepflichtigen Anbieter die nach § 13 Absatz 1 Satz 1 und 2 gemeldeten Informationen, den jeweiligen Zeitpunkt einer Meldung sowie die maßgeblichen Informationen, die der Anwendung des Meldeverfahrens nach § 15 Absatz 2 Satz 2 bis 4, Absatz 4 zugrunde gelegen haben;

4. in Bezug auf jeden meldepflichtigen Anbieter den Inhalt und den Zeitpunkt der Mitteilungen nach § 22;

5. in Bezug auf jeden Anbieter, gegen den die Mitwirkungspflicht nach § 23 durchgesetzt wird, jeweils den Inhalt und den Zeitpunkt der Aufforderung, der Erinnerung, der Maßnahme sowie die der Aufhebung der Maßnahme zugrundeliegenden Informationen und den Zeitpunkt der Aufhebung.

(2) Die Aufzeichnungen nach Absatz 1 sind zu erstellen:

1. für Aufzeichnungen nach Absatz 1 Nummer 1 spätestens bis zum Ablauf des jeweiligen Meldezeitraums, auf den sich die Aufzeichnungen beziehen,

2. für Aufzeichnungen nach Absatz 1 Nummer 2 im Zeitpunkt der jeweiligen Verarbeitung,

3. für Aufzeichnungen nach Absatz 1 Nummer 3 und Nummer 4 bis zum 31. Januar des Kalenderjahres, das auf den jeweiligen Meldezeitraum folgt, auf den sich die Aufzeichnungen beziehen,

4. für Aufzeichnungen nach Absatz 1 Nummer 5 im Zeitpunkt, in dem jeweils die Anforderung, die Erinnerung, die Maßnahme oder deren Aufhebung erfolgt.

(3) ^{1}Die Aufzeichnungen nach Absatz 1 müssen für die Dauer von zehn Jahren aufbewahrt werden. ^{2}Die Aufzeichnungen nach Absatz 1 Nummer 2 bis Nummer 5 sind nach Ablauf dieser Frist zu löschen. ^{3}Die Frist zur Aufbewahrung beginnt mit Ablauf des Kalenderjahres, in dem die Aufzeichnungen erstellt worden sind.

Abschnitt 5. Bußgeldvorschriften und weitere Maßnahmen

§ 25 Bußgeldvorschriften. (1) Ordnungswidrig handelt, wer vorsätzlich oder leichtfertig

1. entgegen § 12 Absatz 1 sich nicht, nicht richtig, nicht vollständig oder nicht rechtzeitig registriert,

2. entgegen § 12 Absatz 2 Satz 1 Nummer 1 bis 4 oder 6 eine Mitteilung nicht richtig oder nicht vollständig macht,

3. entgegen

   a) § 12 Absatz 3 in Verbindung mit § 12 Absatz 2 Satz 1 Nummer 1 bis 4 oder 6 oder

   b) § 22

   eine Mitteilung nicht, nicht richtig, nicht vollständig oder nicht rechtzeitig macht,

4. entgegen § 13 Absatz 1 Satz 1 Nummer 2 eine Meldung nicht, nicht richtig, nicht vollständig, nicht rechtzeitig oder nicht in der vorgeschriebenen Weise macht,

5. entgegen § 13 Absatz 1 Satz 2 eine Meldung nicht, nicht richtig, nicht vollständig oder nicht rechtzeitig nachholt, nicht, nicht richtig, nicht vollständig oder nicht rechtzeitig korrigiert und nicht, nicht richtig, nicht vollständig oder nicht rechtzeitig vervollständigt,

6. entgegen § 23 Satz 2 eine dort genannten Maßnahmen nicht, nicht richtig oder nicht rechtzeitig ergreift,

7. entgegen § 24 Absatz 1 eine Aufzeichnung nicht, nicht richtig, nicht vollständig oder nicht rechtzeitig erstellt,

8. entgegen § 24 Absatz 3 Satz 1 eine Aufzeichnung nicht oder nicht mindestens zehn Jahre aufbewahrt oder

9. entgegen § 24 Absatz 3 Satz 2 eine Aufzeichnung nicht oder nicht rechtzeitig löscht.

(2) Die Ordnungswidrigkeit kann in den Fällen des Absatzes 1 Nummer 1 bis 2 und 3 Buchstabe a mit einer Geldbuße bis zu fünfzigtausend Euro, in den Fällen des Absatzes 1 Nummer 4 bis 6 mit einer Geldbuße bis zu dreißigtausend Euro und in den übrigen Fällen mit einer Geldbuße bis zu fünftausend Euro geahndet werden.

(3) Verwaltungsbehörde im Sinne des § 36 Absatz 1 Nummer 1 des Gesetzes über Ordnungswidrigkeiten ist das Bundeszentralamt für Steuern.

(4) Für das Bußgeldverfahren gelten die §§ 389, 390 und 410 Absatz 1 Nummer 2 und 6 bis 12 der Abgabenordnung entsprechend.

§ 26 Weitere Maßnahmen. (1) Wird dem Bundeszentralamt für Steuern ein Verstoß gegen § 12 Absatz 1 bis 3 bekannt, kann es im Rahmen der ihm gesetzlich zugewiesenen Aufgaben die geeigneten und erforderlichen Maßnahmen treffen, um die Einhaltung der in diesem Gesetz festgelegten Anforderungen sicherzustellen.

(2) [1]Sofern ein Plattformbetreiber seiner Registrierungspflicht nach § 12 Absatz 1 und 2 trotz zweifacher Mahnung nicht nachkommt oder eine Registrierung nach § 12 Absatz 7 widerrufen wurde, kann das Bundeszentralamt für Steuern Plattformbetreibern insbesondere den Betrieb der Plattform untersagen und deren Sperrung anordnen. [2]Die Untersagung und Sperrung dürfen nicht erfolgen, wenn die Maßnahme außer Verhältnis zur Bedeutung der Plattform für den Plattformbetreiber und die Allgemeinheit steht. [3]Eine Untersagung und Sperrung dürfen nur erfolgen, wenn ihr Zweck nicht in anderer Weise erreicht werden kann. [4]Die Untersagung und Sperrung sind, soweit ihr Zweck dadurch erreicht werden kann, auf bestimmte Arten und Teile von Plattformen oder zeitlich zu beschränken.

(3) Das Bundeszentralamt für Steuern ist berechtigt, meldende Plattformbetreiber aufzufordern, Meldungen vorzunehmen, zu denen ein meldender Plattformbetreiber nach Maßgabe des § 13 verpflichtet ist.

§ 27 Koordination. [1]Das Bundeszentralamt für Steuern arbeitet im Rahmen der gegenseitigen Amtshilfe mit den zuständigen Behörden der anderen Mitgliedstaaten der Europäischen Union sowie mit der Europäischen Kommission zusammen, um eine einheitliche und effiziente Anwendung von Bußgeldvorschriften und weiteren Maßnahmen in Fällen der Zuwiderhandlung meldender Plattformbetreiber nach § 3 Absatz 4 Nummer 2 zu unterstützen und die Wahrung der Verhältnismäßigkeit der Maßnahmen zu gewährleisten. [2]Zu diesem Zweck informiert das Bundeszentralamt für Steuern die zuständigen Behörden anderer Mitgliedstaaten der Europäischen Union über Ermittlungen und Entscheidungen in Anwendung der §§ 25 und 26 und berücksichtigt Informationen anderer zuständiger Behörden der Mitgliedstaaten der Europäischen Union bei der Anwendung der §§ 25 und 26.

Abschnitt 6. Rechtsweg und Anwendungsbestimmungen

§ 28 **Rechtsweg.** (1) Gegen Maßnahmen der Finanzbehörden nach diesem Gesetz ist der Finanzrechtsweg gegeben.

(2) Absatz 1 ist auf das Bußgeldverfahren nicht anzuwenden.

§ 29 **Anwendungsbestimmungen.** Die Pflichten nach den Abschnitten 2 und 3 sind erstmals für den Meldezeitraum zu beachten, der dem Kalenderjahr 2023 entspricht.

801. Gesetz über die Durchführung der gegenseitigen Amtshilfe in Steuersachen zwischen den Mitgliedstaaten der Europäischen Union (EU-Amtshilfegesetz – EUAHiG)[1)]

Vom 26. Juni 2013 (BGBl. I S. 1809)

Geändert durch Gesetz zum automatischen Austausch von Informationen über Finanzkonten in Steuersachen und zur Änderung weiterer Gesetze vom 21.12.2015 (BGBl. I S. 2531), Gesetz zur Umsetzung der Änderung der EU-AmtshilfeRL und von weiteren Maßnahmen gegen Gewinnkürzungen und -verlagerungen vom 20.12.2016 (BGBl. I S. 3000), Gesetz zur Einführung einer Pflicht zur Mitteilung grenzüberschreitender Steuergestaltungen vom 21.12.2019 (BGBl. I S. 2875) und Gesetz zur Umsetzung der Richtlinie (EU) 2021/514 des Rates vom 22. März 2021 zur Änderung der Richtlinie 2011/16/EU über die Zusammenarbeit der Verwaltungsbehörden im Bereich der Besteuerung und zur Modernisierung des Steuerverfahrensrechts vom 20.12.2022 (BGBl. I S. 2730)

FNA 611-9-29

Inhaltsübersicht[2)]

[1)] Verkündet als Art. 1 Gesetz zur Umsetzung der Amtshilferichtlinie sowie zur Änderung steuerlicher Vorschriften v. 26.6.2013 (BGBl. I S. 1809); Inkrafttreten gem. Art. 31 dieses Gesetzes am 1.1.2013.

Art. 1 dieses Gesetzes dient der Umsetzung der Richtlinie 2011/16/EU des Rates vom 15. Februar 2011 über die Zusammenarbeit der Verwaltungsbehörden im Bereich der Besteuerung und zur Aufhebung der Richtlinie 77/799/EWG (ABl. L 64 vom 11.3.2011, S. 1).

[2)] Inhaltsübersicht geänd. mWv 24.12.2016 durch G v. 20.12.2016 (BGBl. I S. 3000); geänd. mWv 1.1.2020 durch G v. 21.12.2019 (BGBl. I S. 2875); geänd. mWv 1.1.2023 durch G v. 20.12.2022 (BGBl. I S. 2730).

Abschnitt 1. Allgemeine Bestimmungen

§ 1 Anwendungsbereich und anzuwendendes Recht. (1) ¹Dieses Gesetz regelt den Austausch von voraussichtlich erheblichen Informationen in Steuersachen zwischen Deutschland und den anderen Mitgliedstaaten der Europäischen Union (Mitgliedstaaten). ²Es ist anzuwenden für jede Art von Steuern, die von einem oder für einen Mitgliedstaat oder dessen Gebiets- oder Verwaltungseinheiten einschließlich der örtlichen Behörden erhoben werden.

(2) Dieses Gesetz ist nicht anzuwenden auf

1. die Umsatzsteuer, einschließlich der Einfuhrumsatzsteuer,
2. Zölle,
3. harmonisierte Verbrauchsteuern, sofern diese in Artikel 1 Absatz 1 der Richtlinie 2008/118/EG des Rates vom 16. Dezember 2008 über das allgemeine Verbrauchsteuersystem und zur Aufhebung der Richtlinie 92/12/EWG (ABl. L 9 vom 14.1.2009, S. 12), die zuletzt durch die Richtlinie 2010/12/EU (ABl. L 50 vom 27.2.2010, S. 1) geändert worden ist, in der jeweils geltenden Fassung genannt werden,
4. Beiträge und Umlagen sowie damit verbundene Abgaben und Gebühren nach dem Sozialgesetzbuch, den in § 68 des Ersten Buches Sozialgesetzbuch genannten Gesetzen, dem Aufwendungsausgleichsgesetz und
5. Gebühren.

(3) Dieses Gesetz berührt nicht

1. die Vorschriften über die Rechtshilfe in Strafsachen und
2. die Wahrnehmung der Rechte und die Erfüllung der Pflichten, die Deutschland in Bezug auf eine umfassendere Zusammenarbeit der Verwaltungen aus anderen Rechtsinstrumenten erwachsen, einschließlich bi- oder multilateraler Abkommen.

(4) Für die Amtshilfe nach diesem Gesetz gelten die Vorschriften der Abgabenordnung entsprechend, soweit dieses Gesetz nichts anderes bestimmt.

§ 2[1] Begriffsbestimmungen. (1) Person im Sinne dieses Gesetzes ist

1. eine natürliche Person,

2. eine juristische Person,

3. eine Personenvereinigung, der die Rechtsfähigkeit zuerkannt wurde, die aber nicht über die Rechtsstellung einer juristischen Person verfügt oder

4. jede andere Rechtsform gleich welcher Art, mit oder ohne allgemeine Rechtsfähigkeit, die Vermögensgegenstände besitzt oder verwaltet, welche einschließlich der daraus erzielten Einkünfte einer der von § 1 erfassten Steuern unterliegen.

(2) Automatischer Austausch im Sinne dieses Gesetzes ist die systematische Übermittlung zuvor festgelegter Informationen an einen anderen Mitgliedstaat der Europäischen Union ohne dessen vorheriges Ersuchen in regelmäßigen, im Voraus bestimmten Abständen; für die Zwecke des § 7 Absatz 1 sind verfügbare Informationen solche Informationen, die in den Steuerakten über Personen, die in anderen Mitgliedstaaten der Europäischen Union ansässig sind, enthalten sind und die im Einklang mit den Verfahren für die Erhebung und Verarbeitung von Informationen abgerufen werden können.

(3) [1]Ein grenzüberschreitender Vorbescheid im Sinne dieses Gesetzes ist eine Vereinbarung, eine Mitteilung oder eine andere Maßnahme mit ähnlicher Wirkung, die

1. von oder im Namen der Bundesrepublik Deutschland, einer zuständigen Landesfinanzbehörde oder von Gemeinden oder Gemeindeverbänden erteilt, geändert oder erneuert werden, unabhängig davon, ob die grenzüberschreitenden Vorbescheide tatsächlich verwendet werden,

2. für eine bestimmte Person oder eine Gruppe von Personen erteilt, geändert oder erneuert wird und sofern sich diese Person oder Gruppe von Personen darauf berufen kann,

3. die Auslegung oder Anwendung einer Rechts- oder Verwaltungsvorschrift der Steuergesetze der Bundesrepublik Deutschland, eines Landes oder entsprechender Regelungen einer Gemeinde oder eines Gemeindeverbandes betrifft,

4. sich auf eine grenzüberschreitende Transaktion oder auf die Frage bezieht, ob durch die Tätigkeiten, denen eine Person nicht im Inland nachgeht, eine Betriebsstätte begründet wird oder nicht, und

5. vor den Transaktionen oder den Tätigkeiten im Ausland, die möglicherweise als Gründung einer Betriebsstätte zu betrachten sind, oder vor Abgabe der Steuererklärung für den Zeitraum, in dem die Transaktion oder die Tätigkeiten erfolgten, erteilt wird.

[2]Dies gilt auch, wenn der Vorbescheid im Zuge einer Außenprüfung erteilt oder geändert wird. [3]Die grenzüberschreitende Transaktion kann unter anderem Investitionen, die Bereitstellung von Waren, Dienstleistungen oder Kapital

---

[1] § 2 Abs. 2–10 eingef., bish. Abs. 2 und 3 werden Abs. 11 und 12 mWv 24.12.2016 durch G v. 20.12.2016 (BGBl. I S. 3000); Abs. 2 neu gef. mWv 1.1.2020 durch G v. 21.12.2019 (BGBl. I S. 2875).

oder den Einsatz materieller oder immaterieller Güter umfassen, wobei der Empfänger des grenzüberschreitenden Vorbescheids daran nicht unmittelbar beteiligt sein muss.

(4) ¹Eine Vorabverständigung über die Verrechnungspreisgestaltung im Sinne dieses Gesetzes ist eine Vereinbarung, eine Mitteilung oder eine andere Maßnahme mit ähnlicher Wirkung, die

1. im Namen der Bundesrepublik Deutschland, einer zuständigen Landesfinanzbehörde oder einer Gemeinde oder eines Gemeindeverbandes getroffen, geändert oder erneuert wird, unabhängig davon, ob sie tatsächlich verwendet wird oder nicht,

2. für eine bestimmte Person oder eine Gruppe von Personen getroffen, geändert oder erneuert wird, und sofern sich diese Person oder Gruppe von Personen darauf berufen kann, und

3. im Vorfeld grenzüberschreitender Transaktionen zwischen verbundenen Unternehmen

   a) geeignete Kriterien zur Bestimmung der Verrechnungspreise für die betreffenden Transaktionen festlegt oder

   b) die Zuweisung von Gewinnen an eine Betriebstätte regelt.

²Dies gilt auch, wenn der Vorbescheid im Zuge einer Außenprüfung erteilt oder geändert wird.

(5) Ein Unternehmen ist ein verbundenes Unternehmen im Sinne dieses Gesetzes, wenn es unmittelbar oder mittelbar an der Geschäftsleitung, der Kontrolle oder dem Kapital eines anderen Unternehmens beteiligt ist oder wenn ein und dieselben Personen unmittelbar oder mittelbar an der Geschäftsleitung, der Kontrolle oder dem Kapital beider Unternehmen beteiligt sind.

(6) Verrechnungspreise im Sinne dieses Gesetzes sind die Preise, zu denen ein Unternehmen materielle oder immaterielle Güter auf ein verbundenes Unternehmen überträgt oder Dienstleistungen für ein verbundenes Unternehmen erbringt.

(7) Eine grenzüberschreitende Transaktion im Sinne von Absatz 3 ist eine Transaktion oder eine Reihe von Transaktionen, bei der

1. nicht alle an der Transaktion oder an der Reihe von Transaktionen Beteiligten in der Bundesrepublik Deutschland, in der der grenzüberschreitende Vorbescheid erteilt oder geändert oder erneuert wird, steuerlich ansässig sind,

2. einer der an der Transaktion oder an der Reihe von Transaktionen Beteiligten gleichzeitig in mehreren Staaten oder Gebieten steuerlich ansässig ist,

3. einer der an der Transaktion oder an der Reihe von Transaktionen Beteiligten über eine Betriebstätte Geschäftstätigkeiten in einem anderen Staat oder Gebiet nachgeht und bei der die Transaktion oder Reihe von Transaktionen Teil der Geschäftstätigkeiten der Betriebstätte ist oder deren gesamte Geschäftstätigkeiten ausmachen. ²Bei einer grenzüberschreitenden Transaktion oder einer Reihe von grenzüberschreitenden Transaktionen kann es sich auch um Maßnahmen handeln, die von einer Person in Bezug auf Ge-

schäftstätigkeiten in einem anderen Staat oder Gebiet getroffen werden, denen sie über eine Betriebstätte nachgeht, oder

4. es sich um eine Transaktion oder eine Reihe von Transaktionen handelt, die grenzüberschreitende Auswirkungen hat.

(8) Eine grenzüberschreitende Transaktion im Sinne von Absatz 4 ist eine Transaktion oder eine Reihe von Transaktionen, an denen verbundene Unternehmen beteiligt sind, die nicht im Gebiet ein und desselben Staates oder ein und desselben Gebietes steuerlich ansässig sind, oder die grenzüberschreitende Auswirkungen haben.

(9) Unternehmen im Sinne der Absätze 4 und 5 ist jede Form von Geschäftstätigkeit.

(10) Länderbezogener Bericht im Sinne von § 7 Absatz 10 bis 12 ist ein länderbezogener Bericht im Sinne von § 138a Absatz 2 der Abgabenordnung.

(11) [1] Amtshilferichtlinie im Sinne dieses Gesetzes sowie des Einkommensteuergesetzes, der Abgabenordnung, des Außensteuergesetzes, des Körperschaftsteuergesetzes, des Gewerbesteuergesetzes, des Investmentsteuergesetzes und sonstiger Steuergesetze bezeichnet die Richtlinie 2011/16/EU des Rates vom 15. Februar 2011 über die Zusammenarbeit der Verwaltungsbehörden im Bereich der Besteuerung und zur Aufhebung der Richtlinie 77/799/EWG (ABl. L 64 vom 11.3.2011, S. 1) in der jeweils geltenden Fassung. [2] Die auf Grund der Amtshilferichtlinie erlassenen europarechtlichen Durchführungsbestimmungen gelten in der im jeweiligen Besteuerungszeitraum aktuellen Fassung.

(12) Auf elektronischem Weg im Sinne dieses Gesetzes bezeichnet die Verwendung elektronischer Anlagen zur Übermittlung, Verarbeitung von Daten, einschließlich der Datenkomprimierung, und zum Speichern von Daten unter Einsatz von Draht, Funk, optischen Technologien oder anderen elektromagnetischen Verfahren.

§ 3[1] **Zuständigkeit und Prüfungsbefugnisse.** (1) Zuständige Behörde im Sinne von Artikel 4 Absatz 1 der Amtshilferichtlinie ist das Bundesministerium der Finanzen.

(2) [1] Zentrales Verbindungsbüro im Sinne von Artikel 4 Absatz 2 UnterAbsatz 1 der Amtshilferichtlinie ist in den Fällen des § 5 Absatz 1 Nummer 5 des Finanzverwaltungsgesetzes das Bundeszentralamt für Steuern. [2] Das Bundesministerium der Finanzen kann durch Schreiben weitere Verbindungsstellen im Sinne von Artikel 4 Absatz 3 und zuständige Bedienstete im Sinne von Artikel 4 Absatz 4 der Amtshilferichtlinie benennen.

(3) [1] Das zentrale Verbindungsbüro übernimmt die Kommunikation mit den anderen Mitgliedstaaten und prüft eingehende und ausgehende Ersuchen auf Zulässigkeit nach diesem Gesetz. [2] Eingehende zulässige Ersuchen und Infor-

---

[1] § 3 Satz 2 neu gef., Abs. 4 eingef., bish. Abs. 4 und 5 werden Abs. 5 und 6 mWv 24.12.2016 durch G v. 20.12.2016 (BGBl. I S. 3000).

mationen werden vom zentralen Verbindungsbüro entgegengenommen, gespeichert und zur Durchführung des Besteuerungsverfahrens an die zuständigen Finanzbehörden weitergeleitet. ³Zulässige Ersuchen und Informationen der Finanzbehörden werden vom zentralen Verbindungsbüro an die anderen Mitgliedstaaten weitergeleitet.

(4) ¹Die im Zusammenhang mit den Ersuchen und Informationen beim Bundeszentralamt für Steuern gespeicherten Daten werden mit Ablauf des 15. Jahres, das dem Jahr der Weiterleitung folgt, gelöscht, soweit in diesem Gesetz keine anderen Vorgaben zur Speicherung und Löschung von Informationen geregelt sind. ²Geht zu einer gespeicherten Meldung eine Änderungsmitteilung ein, so ist die Ursprungsmeldung für 15 Jahre ab dem Zeitpunkt des Eingangs der Änderungsmitteilung vorzuhalten.

(5) Gehen Ersuchen nach diesem Gesetz bei einer anderen Stelle als dem zentralen Verbindungsbüro ein, so sind diese Ersuchen letzterem unverzüglich zuzuleiten.

(6) ¹Die Gemeinden und Gemeindeverbände können Amtshilfe nach Maßgabe dieses Gesetzes in Anspruch nehmen. ²Sie gelten insoweit als Finanzbehörden im Sinne dieses Gesetzes.

§ 3a¹⁾ Automatisierter Abruf von Kontoinformationen. (1) ¹Das zentrale Verbindungsbüro nach § 3 Absatz 2 darf das Bundeszentralamt für Steuern ersuchen, bei den Kreditinstituten die in § 93b Absatz 1 und 1a der Abgabenordnung bezeichneten Daten abzurufen (§ 93 Absatz 7 Satz 1 Nummer 4c der Abgabenordnung), wenn der Abruf erforderlich ist zur Anwendung und Durchsetzung

1. dieses Gesetzes;

2. des Gesetzes zum automatischen Austausch von Informationen über Finanzkonten in Steuersachen in Bezug auf den automatischen Austausch von Informationen nach § 1 Absatz 1 Nummer 1 des Gesetzes zum automatischen Austausch von Informationen über Finanzkonten in Steuersachen oder

3. des Plattformen-Steuertransparenzgesetzes.

²Ist eine andere Finanzbehörde für die Anwendung und Durchsetzung der in Satz 1 Nummer 1 bis 3 genannten Gesetze zuständig, darf auch diese ein Ersuchen nach Satz 1 stellen.

(2) ¹§ 93 Absatz 9 der Abgabenordnung findet mit der Maßgabe Anwendung, dass ein Hinweis nach § 93 Absatz 9 Satz 1 erster Halbsatz der Abgabenordnung und eine Benachrichtigung nach § 93 Absatz 9 Satz 2 der Abgabenordnung unterbleiben, wenn eine Anhörung Beteiligter nach § 117 Absatz 4 Satz 3 zweiter Halbsatz der Abgabenordnung nicht erfolgt. ²§ 93b Absatz 2 Satz 2 der Abgabenordnung findet mit der Maßgabe Anwendung, dass als Finanzbehörde auch die zuständige Behörde eines anderen Mitgliedstaats gilt.

---

¹⁾ § 3a eingef. mWv 1.1.2023 durch G v. 20.12.2022 (BGBl. I S. 2730).

Abschnitt 2. Übermittlung
von Informationen auf Ersuchen

§ 4[1] **Ersuchen von anderen Mitgliedstaaten.** (1) [1]Auf Ersuchen erstellt die zuständige Finanzbehörde alle Antworten, die für die Festsetzung von Steuern nach § 1 voraussichtlich erheblich nach § 6a Absatz 1 sind. [2]Die Antworten werden durch das zentrale Verbindungsbüro an den anderen Mitgliedstaat weitergeleitet. [3]Die zuständige Finanzbehörde erstellt die Antworten nach Maßgabe dieses Gesetzes und unter Berücksichtigung des § 117 Absatz 4 der Abgabenordnung. [4]Verfügt die Finanzbehörde nicht über die betreffenden Informationen, so führt sie nach pflichtgemäßem Ermessen alle nach der Abgabenordnung vorgesehenen behördlichen Ermittlungen durch.

(2) [1]Absatz 1 gilt auch für Ersuchen um Durchführung behördlicher Ermittlungen. [2]Ist die Finanzbehörde der Auffassung, dass keine behördliche Ermittlung erforderlich ist, so teilt sie dies unverzüglich dem zentralen Verbindungsbüro mit. [3]Originaldokumente sind auf Ersuchen des anderen Mitgliedstaats zu übermitteln, soweit dies nach deutschem Recht zulässig ist.

(3) Das zentrale Verbindungsbüro übermittelt keine Informationen, wenn

1. die Durchführung erforderlicher Ermittlungen oder die Beschaffung der betreffenden Informationen nach deutschem Recht nicht möglich ist,

2. der andere Mitgliedstaat die üblichen Informationsquellen nicht ausgeschöpft hat, die ihm zur Erlangung der erbetenen Informationen zur Verfügung stehen, ohne dabei die Erreichung des Ziels zu gefährden,

3. ein Handels-, Gewerbe- oder Berufsgeheimnis oder ein Geschäftsverfahren preisgegeben werden würde oder

4. die öffentliche Ordnung verletzt werden würde.

(4) Das zentrale Verbindungsbüro kann die Übermittlung von Informationen zudem ablehnen, wenn der andere Mitgliedstaat seinerseits aus rechtlichen Gründen nicht zur Übermittlung entsprechender Informationen in der Lage ist.

(5) Absatz 3 Nummer 1, 3 und 4 ist in keinem Fall so auszulegen, dass die Übermittlung von Informationen nur deshalb abgelehnt werden kann, weil die betreffenden Informationen sich bei einer Bank, einem sonstigen Finanzinstitut, einem Bevollmächtigten, Vertreter oder Treuhänder befinden oder sich auf Eigentumsanteile an einer Person beziehen.

(6) [1]Ein Ersuchen kann nicht aus dem Grund abgelehnt werden, dass die zu übermittelnden Informationen nach deutschem Recht nicht für steuerliche Zwecke benötigt werden. [2]Lehnt das zentrale Verbindungsbüro ein Ersuchen aus anderen Gründen ab, so sind dem anderen Mitgliedstaat die Gründe hierfür mitzuteilen.

---

[1] § 4 Abs. 1 Satz 1 neu gef., Abs. 2 Satz 1 geänd. mWv 1.1.2023 durch G v. 20.12.2022 (BGBl. I S. 2730).

§ 5[1] Fristen. (1) [1]Das zentrale Verbindungsbüro übermittelt die Informationen nach § 4 unverzüglich, spätestens jedoch drei Monate, nachdem es das Ersuchen erhalten hat. [2]Ist die Finanzbehörde bereits im Besitz der entsprechenden Informationen, verkürzt sich die Frist auf zwei Monate. [3]In besonders gelagerten Fällen können das zentrale Verbindungsbüro und der andere Mitgliedstaat abweichende Fristen vereinbaren.

(2) Der Informationsaustausch nach § 7 erfolgt

1. in Bezug auf die gemäß § 7 Absatz 3 auszutauschenden Informationen unverzüglich, nachdem die grenzüberschreitenden Vorbescheide oder die Vorabverständigungen über die Verrechnungspreisgestaltung erteilt, getroffen, geändert oder erneuert worden sind und spätestens drei Monate nach Ablauf des Kalenderhalbjahres, in dem die grenzüberschreitenden Vorbescheide oder Vorabverständigungen über die Verrechnungspreisgestaltung erteilt, getroffen, geändert oder erneuert wurden;

2. in Bezug auf die gemäß § 7 Absatz 4 auszutauschenden Informationen vor dem 1. Januar 2018.

(3) [1]Das zentrale Verbindungsbüro bestätigt der zuständigen Behörde des anderen Mitgliedstaats, die die Informationen nach § 7 Absatz 7 Nummer 10 übermittelt hat, unverzüglich, spätestens jedoch innerhalb von sieben Arbeitstagen den Erhalt der Informationen. [2]Die Bestätigung erfolgt möglichst auf elektronischem Weg. [3]Die Bestätigung ist so lange erforderlich, bis das Zentralverzeichnis einsatzbereit ist, das in Artikel 21 Absatz 5 der Amtshilferichtlinie genannt ist.

(4) Das zentrale Verbindungsbüro bestätigt dem anderen Mitgliedstaat unverzüglich, spätestens jedoch sieben Arbeitstage, nachdem es das Ersuchen erhalten hat, möglichst auf elektronischem Weg den Erhalt dieses Ersuchens.

(5) [1]Weist das Ersuchen Mängel auf, so unterrichtet das zentrale Verbindungsbüro den anderen Mitgliedstaat darüber innerhalb eines Monats, nachdem es das Ersuchen erhalten hat, und fordert gegebenenfalls zusätzliche Hintergrundinformationen an. [2]Die Fristen nach Absatz 1 beginnen am Tag nach dem Eingang der angeforderten zusätzlichen Hintergrundinformationen.

(6) [1]Ist die Finanzbehörde nicht in der Lage, auf ein Ersuchen fristgerecht zu antworten, so teilt das zentrale Verbindungsbüro dies dem anderen Mitgliedstaat unverzüglich, spätestens jedoch drei Monate, nachdem das zentrale Verbindungsbüro das Ersuchen erhalten hat, unter Nennung der Gründe und des voraussichtlichen Erledigungsdatums mit. [2]In diesem Fall erfolgt die Erledigung innerhalb von sechs Monaten, nachdem das zentrale Verbindungsbüro das Ersuchen erhalten hat.

(7) Ist die Finanzbehörde nicht im Besitz der erbetenen Informationen oder lehnt sie das Ersuchen aus den in § 4 Absatz 3 oder 4 genannten Gründen ab, so teilt das zentrale Verbindungsbüro dies dem anderen Mitgliedstaat unver-

---

[1] § 5 Abs. 2 und 3 eingef., bish. Abs. 2–5 werden Abs. 4–7 mWv 24.12.2016 durch G v. 20.12.2016 (BGBl. I S. 3000); Abs. 3 Satz 3 geänd. mWv 1.1.2020 durch G v. 21.12.2019 (BGBl. I S. 2875); Abs. 1 Satz 1 geänd., Abs. 2 Nr. 1 neu gef., Abs. 6 Satz 2 angef. mWv 1.1.2023 durch G v. 20.12.2022 (BGBl. I S. 2730).

züglich, spätestens jedoch innerhalb eines Monats, nachdem das zentrale Verbindungsbüro das Ersuchen erhalten hat, unter Nennung der Gründe mit.

§ 6[1] Ersuchen an andere Mitgliedstaaten. (1) [1]Die Finanzbehörde ist befugt, ein Ersuchen zu stellen, welches das zentrale Verbindungsbüro dem anderen Mitgliedstaat nach den Vorschriften dieses Gesetzes weiterleitet. [2]Darin kann um sachdienliche behördliche Ermittlungen ersucht werden. [3]Originaldokumente können erbeten werden, soweit sie für das weitere Verfahren notwendig sind.

(2) [1]Die Finanzbehörde ist befugt, ein Ersuchen um Übermittlung zusätzlicher Informationen, einschließlich des vollständigen Wortlauts eines grenzüberschreitenden Vorbescheids oder einer Vorabverständigung über die Verrechnungspreisgestaltung, zu stellen. [2]Das zentrale Verbindungsbüro leitet das Ersuchen dem anderen Mitgliedstaat nach den Vorschriften dieses Gesetzes weiter.

(3) Bevor die Finanzbehörde ein Ersuchen stellt, hat sie alle nach der Abgabenordnung vorgesehenen Ermittlungsmöglichkeiten auszuschöpfen, es sei denn, die Durchführung der Ermittlungen wäre mit unverhältnismäßig großen Schwierigkeiten verbunden oder stellt sich als nicht Erfolg versprechend dar.

§ 6a[2] Voraussichtliche Erheblichkeit. (1) Für die Zwecke eines Ersuchens nach den §§ 4 und 6 sind Informationen voraussichtlich erheblich, wenn die zuständige Behörde des Mitgliedstaats, die um ihre Übermittlung ersucht, zum Zeitpunkt des Ersuchens der Auffassung ist, dass unter Berücksichtigung ihres nationalen Rechts die realistische Möglichkeit besteht, dass die Informationen für die Steuerangelegenheiten eines oder mehrerer Steuerpflichtiger erheblich und ihre Erhebung für Zwecke der Ermittlung gerechtfertigt sein werden.

(2) Zum Nachweis der voraussichtlichen Erheblichkeit muss die zuständige Behörde, die um Informationen ersucht, zumindest die folgenden Angaben mitteilen:

1. den steuerlichen Zweck, zu dem die Informationen beantragt werden, und

2. eine Spezifizierung der für Verwaltungszwecke oder die Durchsetzung des nationalen Rechts erforderlichen Informationen.

§ 6b[3] Gruppenersuchen. Bezieht sich ein Ersuchen nach den §§ 4 und 6 auf eine Gruppe von Steuerpflichtigen, die nicht einzeln identifiziert werden können, muss die zuständige Behörde, die um Informationen ersucht, abweichend von § 6a Absatz 2 und unbeschadet des § 6a Absatz 1 zum Nachweis der voraussichtlichen Erheblichkeit zumindest die folgenden Angaben mitteilen:

1. eine ausführliche Beschreibung der Gruppe;

---

[1]) § 6 Abs. 2 eingef., bish. Abs. 2 wird Abs. 3 mWv 24.12.2016 durch G v. 20.12.2016 (BGBl. I S. 3000).

[2]) § 6a eingef. mWv 1.1.2023 durch G v. 20.12.2022 (BGBl. I S. 2730).

[3]) § 6b eingef. mWv 1.1.2023 durch G v. 20.12.2022 (BGBl. I S. 2730).

2. eine Erläuterung der steuerlichen Vorschriften und des Sachverhalts, die Anlass zu der Vermutung gibt, dass die Steuerpflichtigen dieser Gruppe die steuerlichen Vorschriften nicht eingehalten haben;

3. eine Erläuterung, wie die ersuchten Informationen dazu beitragen würden, die Einhaltung der steuerlichen Vorschriften durch die Steuerpflichtigen der Gruppe festzustellen und,

4. sofern relevant, eine Erläuterung des Sachverhalts und der Umstände in Bezug auf die Beteiligung eines Dritten, der aktiv zur potenziellen Nichteinhaltung der steuerlichen Vorschriften durch die Steuerpflichtigen der Gruppe beigetragen hat.

Abschnitt 3. Weitere Übermittlung von Informationen

§ 7[1]·[2] **Automatische Übermittlung von Informationen.** (1)[3] ¹Das zentrale Verbindungsbüro übermittelt an andere Mitgliedstaaten systematisch auf elektronischem Weg, ohne vorheriges Ersuchen, alle verfügbaren Informationen über in anderen Mitgliedstaaten ansässige Personen zu

1. Vergütungen aus unselbständiger Arbeit,

2. Aufsichtsrats- oder Verwaltungsratsvergütungen,

3. Lebensversicherungsprodukten, die nicht von anderen Rechtsakten der Europäischen Union über den Austausch von Informationen oder vergleichbaren Maßnahmen erfasst sind,

4. Ruhegehältern, Renten und ähnlichen Zahlungen,

5. Eigentum an unbeweglichem Vermögen und Einkünften daraus und

6. Lizenzgebühren.

²Das zentrale Verbindungsbüro soll unbeschadet des § 2 Absatz 2 zweiter Teilsatz bei der Übermittlung der Informationen nach Satz 1 die Steueridentifikationsnummern übermitteln, die den in anderen Mitgliedstaaten ansässigen Personen durch die jeweiligen Mitgliedstaaten zugewiesen worden sind. ³Das zentrale Verbindungsbüro nimmt Informationen im Sinne von Satz 1 Nummer 1 bis 6, die ihm von anderen Mitgliedstaaten systematisch auf elektronischem Weg, ohne vorheriges Ersuchen übermittelt wurden, entgegen, speichert sie und leitet sie zur Durchführung des Besteuerungsverfahrens nach Maßgabe des § 88 Absatz 3 und 4 der Abgabenordnung an die zuständige Finanzbehörde weiter.

---

¹⁾ § 7 Abs. 2 eingef. bish. Abs. 2 und 3 werden Abs. 3 und 4, neuer Abs. 3 neu gef. mWv 31.12.2015 durch G v. 21.12.2015 (BGBl. I S. 2531); Abs. 1 Satz 2 angef., Abs. 3 und 4 neu gef., Abs. 5–14 angef. mWv 24.12.2016 durch G v. 20.12.2016 (BGBl. I S. 3000); Abs. 3, Abs. 4 Satz 1 und Abs. 7 Sätze 2–4 geänd., Abs. 8 und 9 neu gef., Abs. 12 Satz 1 geänd., Satz 3 aufgeh., Abs. 13 und 14 neu gef., Abs. 15 angef. mWv 1.1.2020 durch G v. 21.12.2019 (BGBl. I S. 2875); Abs. 1 Satz 1 einl. Satzteil und Nr. 3 geänd., Nrn. 4 und 5 neu gef., Nr. 6 angef., Satz 2 eingef., bish. Satz 2 wird Satz 3 und geänd., Abs. 7 Satz 1 Nr. 2 neu gef., Abs. 8 geänd., Abs. 14a eingef., Abs. 15 Satz 1 geänd. mWv 1.1.2023 durch G v. 20.12.2022 (BGBl. I S. 2730).
²⁾ Siehe auch §§ 20, 21.
³⁾ Zur Anwendung siehe § 21 Abs. 1 und Abs. 1a.

(2)[1] Das zentrale Verbindungsbüro übermittelt an andere Mitgliedstaaten systematisch auf elektronischem Weg, ohne vorheriges Ersuchen, die Informationen über Finanzkonten gemäß § 2 des Gesetzes zum automatischen Austausch von Informationen über Finanzkonten in Steuersachen.

(3)[2] Das zentrale Verbindungsbüro übermittelt zu nach dem 31. Dezember 2016 erteilten, getroffen, geänderten oder erneuerten grenzüberschreitenden Vorbescheiden und zu nach dem 31. Dezember 2016 erteilten, getroffenen, geänderten oder erneuerten Vorabverständigungen über die Verrechnungspreisgestaltung im Weg des automatischen Austauschs die Informationen nach Absatz 7 an die zuständigen Behörden aller anderen Mitgliedstaaten sowie der Europäischen Kommission mit der Einschränkung, die für die Fälle nach Artikel 8a Absatz 8 der Amtshilferichtlinie[3] gilt.

(4)[2] [1]Das zentrale Verbindungsbüro übermittelt den zuständigen Behörden aller anderen Mitgliedstaaten sowie der Europäischen Kommission, unter Berücksichtigung der Einschränkung, die für die Fälle nach Artikel 8a Absatz 8 der Amtshilferichtlinie gilt, Informationen über grenzüberschreitende Vorbescheide und Vorabverständigungen über die Verrechnungspreisgestaltung, die zwischen dem 1. Januar 2012 und dem 31. Dezember 2016 erteilt, getroffen, geändert oder erneuert wurden. [2]Dabei gilt Folgendes:

1. zu grenzüberschreitenden Vorbescheiden und Vorabverständigungen über die Verrechnungspreisgestaltung, die in der Zeit zwischen dem 1. Januar 2012 und dem 31. Dezember 2013 erteilt, getroffen, geändert oder erneuert wurden und die am 1. Januar 2014 noch gültig waren, erfolgt die Informationsübermittlung nach Satz 1,

2. zu grenzüberschreitenden Vorbescheiden und Vorabverständigungen über die Verrechnungspreisgestaltung, die in der Zeit zwischen dem 1. Januar 2014 und dem 31. Dezember 2016 erteilt, getroffen, geändert oder erneuert wurden, erfolgt die Informationsübermittlung nach Satz 1, unabhängig davon, ob sie noch gültig sind oder nicht.

[3]Ausgenommen von der genannten Übermittlung sind Informationen über grenzüberschreitende Vorbescheide und Vorabverständigungen über die Verrechnungspreisgestaltung, die vor dem 1. April 2016 für eine bestimmte Person oder für eine Gruppe von Personen erteilt, getroffen, geändert oder erneuert wurden, und deren gruppenweiter Jahresnettoumsatzerlös im Sinne von Artikel 2 Absatz 5 der Richtlinie 2013/34/EU des Europäischen Parlaments und des Rates vom 26. Juni 2013 über den Jahresabschluss, den konsolidierten Abschluss und damit verbundene Berichte von Unternehmen bestimmter Rechtsformen und zur Änderung der Richtlinie 2006/43/EG des Europäischen Parlaments und des Rates und zur Aufhebung der Richtlinien 78/660/EWG und 83/349/EWG des Rates (ABl. L 182 vom 29.6.2013, S. 19, L 369 vom 24.12.2014, S. 79), die zuletzt durch die Richtlinie 2014/102/EU (ABl. L 334 vom 21.11.2014, S. 86) geändert worden ist, in dem Geschäftsjahr, das vor dem Zeitpunkt liegt, zu dem der grenzüberschreitende Vorbescheid oder die Vorabverständigung über die Verrechnungspreisgestal-

---

[1] Zur Anwendung siehe § 21 Abs. 2.
[2] Zur Anwendung siehe § 21 Abs. 3.
[3] Bezeichnung geänd. durch G v. 21.12.2019 (BGBl. I S. 2875).

tung erteilt, getroffen, geändert oder erneuert wird, weniger als 40 Millionen Euro oder dem entsprechenden Betrag in einer anderen Währung betragen hat. [4]Satz 3 gilt nicht für eine bestimmte Person oder für eine Gruppe von Personen, die hauptsächlich Finanz- und Investitionstätigkeiten ausüben.

(5) [1]Bilaterale oder multilaterale Vorabverständigungen über die Verrechnungspreisgestaltung mit Drittstaaten sind vom Geltungsbereich des automatischen Informationsaustauschs gemäß § 7 ausgenommen, sofern das internationale Steuerabkommen, in dessen Rahmen die Vorabverständigung über die Verrechnungspreisgestaltung ausgehandelt wurde, eine Weitergabe an Dritte nicht erlaubt. [2]Solche bilateralen oder multilateralen Vorabverständigungen über die Verrechnungspreisgestaltung werden nach § 8 ausgetauscht, sofern

1. das internationale Steuerabkommen, in dessen Rahmen die Vorabverständigung über die Verrechnungspreisgestaltung ausgehandelt wurde, eine Weitergabe erlaubt und

2. die zuständige Behörde des Drittstaates die Weitergabe der Informationen genehmigt.

[3]Wenn bilaterale oder multilaterale Vorabverständigungen über die Verrechnungspreisgestaltung vom automatischen Informationsaustausch gemäß Satz 1 ausgenommen sind, werden stattdessen die Informationen nach Absatz 7, die in dem Antrag aufgeführt sind, der zu einer solchen bilateralen oder multilateralen Vorabverständigung über die Verrechnungspreisgestaltung geführt hat, nach den Absätzen 3 und 4 ausgetauscht.

(6) Die Absätze 3 und 4 gelten nicht in Fällen, in denen ein grenzüberschreitender Vorbescheid ausschließlich die Steuerangelegenheiten einer oder mehrerer natürlicher Personen betrifft.

(7) [1]Die vom zentralen Verbindungsbüro gemäß den Absätzen 3 und 4 zu übermittelnden Informationen müssen Folgendes enthalten:

1. Angaben zu der Person, mit Ausnahme von natürlichen Personen, und gegebenenfalls Angaben zu der Gruppe von Personen, der sie angehört;

2. eine Zusammenfassung des Inhalts des grenzüberschreitenden Vorbescheids oder der Vorabverständigung über die Verrechnungspreisgestaltung, einschließlich einer Beschreibung der relevanten Geschäftstätigkeiten oder Transaktionen oder Reihen von Transaktionen und aller anderen Informationen, die der zuständigen Behörde bei der Bewertung eines potenziellen Steuerrisikos behilflich sein könnten, sofern dies nicht

   a) zur Preisgabe eines Handels-, Gewerbe- oder Berufsgeheimnisses oder eines Geschäftsverfahrens führt oder

   b) zur Preisgabe von Informationen führt, die die öffentliche Ordnung verletzen würden;

3. das jeweilige Datum der Erteilung oder des Abschlusses, der Änderung oder der Erneuerung des grenzüberschreitenden Vorbescheids oder der Vorabverständigung über die Verrechnungspreisgestaltung;

4. den Tag des Beginns der Geltungsdauer des grenzüberschreitenden Vorbescheids oder der Vorabverständigung über die Verrechnungspreisgestaltung, falls angegeben;

5. den Tag des Ablaufs der Geltungsdauer des grenzüberschreitenden Vorbescheids oder der Vorabverständigung über die Verrechnungspreisgestaltung, falls angegeben;

6. die Art des grenzüberschreitenden Vorbescheids oder der Vorabverständigung über die Verrechnungspreisgestaltung;

7. den Betrag der Transaktion oder Reihe von Transaktionen des grenzüberschreitenden Vorbescheids oder der Vorabverständigung über die Verrechnungspreisgestaltung, sofern ein solcher angegeben ist;

8. im Falle einer Vorabverständigung über die Verrechnungspreisgestaltung den Verrechnungspreis oder eine Beschreibung der bei der Festlegung der Verrechnungspreise zugrunde gelegten Kriterien;

9. im Falle einer Vorabverständigung über die Verrechnungspreisgestaltung Angaben zu dem der Festlegung der Verrechnungspreise zugrunde gelegten Verfahren oder den Verrechnungspreis;

10. gegebenenfalls Angaben dazu, welche anderen Mitgliedstaaten wahrscheinlich von dem grenzüberschreitenden Vorbescheid oder der Vorabverständigung über die Verrechnungspreisgestaltung betroffen sind;

11. gegebenenfalls Identifizierungsangaben zu allen Personen in den anderen Mitgliedstaaten, mit Ausnahme von natürlichen Personen, die wahrscheinlich von dem grenzüberschreitenden Vorbescheid oder der Vorabverständigung über die Verrechnungspreisgestaltung betroffen sind, sowie Angaben dazu, zu welchen Mitgliedstaaten die betreffenden Personen in Beziehung stehen, und

12. Angaben dazu, ob die übermittelten Informationen

   a) auf dem grenzüberschreitenden Vorbescheid oder der Vorabverständigung über die Verrechnungspreisgestaltung selbst beruhen oder

   b) auf einem Antrag gemäß Absatz 5 Satz 3 beruhen.

[2] Auf die praktischen Regelungen, die zur Erleichterung des Austauschs der in diesem Absatz aufgezählten Informationen von der Europäischen Kommission zur Umsetzung von Artikel 8a der Amtshilferichtlinie erlassen worden sind, wird verwiesen. [3] Hierzu zählen auch Maßnahmen zur standardisierten Übermittlung der in diesem Absatz genannten Informationen als Teil des Verfahrens zur Festlegung des Standardformblatts, das gemäß Artikel 20 Absatz 5 der Amtshilferichtlinie vorgesehen ist. [4] Ab dem Zeitpunkt seiner Bereitstellung ist das Zentralverzeichnis der Mitgliedstaaten gemäß Artikel 21 Absatz 5 der Amtshilferichtlinie zu nutzen.

(8) In den Fällen der Absätze 1 bis 5 und 9 bis 14a ist gemäß § 117 Absatz 4 Satz 3 der Abgabenordnung keine Anhörung der Beteiligten erforderlich.

(9) [1] Das zentrale Verbindungsbüro nimmt die ihm von den zuständigen Behörden aller anderen Mitgliedstaaten der Europäischen Union gemäß Artikel 8a der Amtshilferichtlinie übermittelten Informationen entgegen; ab dem Zeitpunkt seiner Bereitstellung ist das Zentralverzeichnis der Mitgliedstaaten der Europäischen Union gemäß Artikel 21 Absatz 5 der Amtshilferichtlinie zu nutzen. [2] Das zentrale Verbindungsbüro leitet die Informationen zur Durchführung des Besteuerungsverfahrens nach Maßgabe des § 88 Absatz 3 und 4 der Abgabenordnung an die jeweils zuständige Landesfinanzbehörde weiter.

³Unbeschadet des Satzes 2 greifen die zuständigen Stellen auf die Informationen nach Satz 1 zu; hierzu werden gemäß § 3 Absatz 2 Satz 2 Verbindungsstellen im Sinne des Artikels 4 Absatz 3 und zuständige Bedienstete im Sinne des Artikels 4 Absatz 4 der Amtshilferichtlinie unter Berücksichtigung der in Artikel 21 der Amtshilferichtlinie enthaltenen Regelungen zur Anwendung der dort genannten technischen Verfahren benannt.

(10)[1] ¹Das zentrale Verbindungsbüro übermittelt im Weg des automatischen Austauschs die ihm gemäß § 138a Absatz 6 der Abgabenordnung übermittelten länderbezogenen Berichte an die zuständigen Behörden der anderen Mitgliedstaaten, für die in dem länderbezogenen Bericht Angaben im Sinne des § 138a Absatz 2 der Abgabenordnung enthalten sind. ²Die Übermittlung erfolgt auf elektronischem Weg. ³Auf die von der Europäischen Kommission im Weg von Durchführungsrechtsakten erlassenen praktischen Regelungen wird verwiesen.

(11)[1] In den Fällen des § 138a Absatz 4 Satz 1 der Abgabenordnung teilt das zentrale Verbindungsbüro den anderen Mitgliedstaaten zusätzlich automatisch mit, wenn sich die ausländische Konzernobergesellschaft der einbezogenen inländischen Konzerngesellschaft geweigert hat, die erforderlichen Informationen zur Erstellung des länderbezogenen Berichts bereitzustellen.

(12)[1] ¹Das zentrale Verbindungsbüro nimmt die Informationen im Sinne der Absätze 10 und 11 entgegen, die ihm von den anderen Mitgliedstaaten gemäß Artikel 8aa der Amtshilferichtlinie übermittelt wurden. ²Es übermittelt die Informationen an die zuständige Landesfinanzbehörde.

(13)[2] ¹Das zentrale Verbindungsbüro übermittelt im Weg des automatischen Austauschs die dem Bundeszentralamt für Steuern nach den §§ 138f bis 138h der Abgabenordnung übermittelten Informationen über grenzüberschreitende Steuergestaltungen im Sinne des § 138d der Abgabenordnung den zuständigen Behörden der anderen Mitgliedstaaten der Europäischen Union. ²Die Übermittlung erfolgt innerhalb eines Monats nach Ablauf des Quartals, in dem die Informationen vorgelegt wurden, erstmals bis zum 31. Oktober 2020. ³Die praktischen Regelungen gemäß Artikel 20 Absatz 5 der Amtshilferichtlinie, die der Erleichterung des Austausches der in § 138f Absatz 3 der Abgabenordnung bezeichneten Informationen dienen, sind zu beachten. ⁴Für die Zwecke der Übermittlung an die zuständigen Behörden der anderen Mitgliedstaaten der Europäischen Union durch das zentrale Verbindungsbüro gelten die in § 138f Absatz 3 der Abgabenordnung bezeichneten Informationen als dem Bundeszentralamt für Steuern von einem Intermediär offengelegt, es sei denn, es liegt ein Fall des § 138d Absatz 6 oder des § 138g Absatz 1 Satz 1 der Abgabenordnung vor; in diesen Fällen gelten die Informationen von einem Steuerpflichtigen offengelegt. ⁵Ab dem Zeitpunkt seiner Bereitstellung ist für die Übermittlung das Zentralverzeichnis der Mitgliedstaaten der Europäischen Union gemäß Artikel 21 Absatz 5 der Amtshilferichtlinie zu nutzen.

(14)[1] ¹Das zentrale Verbindungsbüro nimmt die ihm von den zuständigen Behörden aller anderen Mitgliedstaaten der Europäischen Union gemäß Arti-

---

[1] Zur Anwendung siehe § 7 Abs. 4.
[2] Zur Anwendung siehe § 7 Abs. 5.

kel 8ab der Amtshilferichtlinie übermittelten Informationen entgegen; ab dem Zeitpunkt seiner Bereitstellung ist das Zentralverzeichnis der Mitgliedstaaten der Europäischen Union gemäß Artikel 21 Absatz 5 der Amtshilferichtlinie zu nutzen. [2]Das zentrale Verbindungsbüro stellt die Informationen dem Bundeszentralamt für Steuern zur weiteren Aufgabenerledigung zur Verfügung; § 88 Absatz 3 und 4 und § 138i der Abgabenordnung gelten entsprechend. [3]Unbeschadet des Satzes 2 greifen die zuständigen Stellen auf die Informationen nach Satz 1 zu; hierzu werden gemäß § 3 Absatz 2 Satz 2 Verbindungsstellen im Sinne des Artikels 4 Absatz 3 und zuständige Bedienstete im Sinne des Artikels 4 Absatz 4 der Amtshilferichtlinie unter Berücksichtigung der in Artikel 21 der Amtshilferichtlinie enthaltenen Regelungen zur Anwendung der dort genannten technischen Verfahren benannt. [4]Das Bundesministerium der Finanzen legt im Einvernehmen mit den obersten Finanzbehörden der Länder die Einzelheiten zu dem Verfahren nach Satz 3 in einem Schreiben fest. [5]Dieses Schreiben ist im Bundessteuerblatt zu veröffentlichen.

(14a)[1] [1]Das zentrale Verbindungsbüro übermittelt im Wege des automatischen Austauschs die ihm gemäß § 12 des Plattformen-Steuertransparenzgesetzes gemeldeten Informationen an:

1. die zuständigen Behörden aller Mitgliedstaaten, in denen der jeweilige meldepflichtige Anbieter als ansässig gilt, und

2. die zuständigen Behörden aller Mitgliedstaaten, in denen das unbewegliche Vermögen belegen ist, sofern der jeweilige meldepflichtige Anbieter relevante Tätigkeiten nach § 5 Absatz 1 Satz 1 Nummer 1 des Plattformen-Steuertransparenzgesetzes erbracht hat.

[2]Die Übermittlung erfolgt auf elektronischem Weg. [3]Auf die praktischen Regelungen, die zur Erleichterung des Austauschs der in Satz 1 genannten Informationen von der Europäischen Kommission zur Umsetzung von Artikel 8ac der Amtshilferichtlinie erlassen worden sind, wird verwiesen. [4]Hierzu zählen auch Maßnahmen zur standardisierten Übermittlung der in Satz 1 genannten Informationen als Teil des Verfahrens zur Festlegung des Standardformats, das gemäß Artikel 20 Absatz 4 der Amtshilferichtlinie vorgesehen ist.

(15) [1]Das Bundeszentralamt für Steuern ist berechtigt, die Informationen gemäß den Absätzen 1 bis 5, 7 und 9 bis 14a zur Erfüllung der ihm gesetzlich übertragenen Aufgaben auszuwerten. [2]Auswertungen der Informationen nach Satz 1 durch die jeweils zuständige Landesfinanzbehörde bleiben hiervon unberührt. [3]Für Informationen gemäß Absatz 14 Satz 2 finden § 138j der Abgabenordnung und § 21a Absatz 5 des Finanzverwaltungsgesetzes entsprechende Anwendung.

§ 8 Spontane Übermittlung von Informationen an andere Mitgliedstaaten. (1) [1]Die Finanzbehörde kann nach pflichtgemäßem Ermessen ohne Ersuchen alle Informationen an das zentrale Verbindungsbüro übermitteln, die für die anderen Mitgliedstaaten von Nutzen sein können. [2]Das zentrale Verbindungsbüro entscheidet nach pflichtgemäßem Ermessen über die Übermittlung der Informationen an die anderen Mitgliedstaaten.

---

[1] Zur Anwendung siehe § 21 Abs. 6.

(2) Informationen nach § 1 Absatz 1 sind zu übermitteln, wenn

1. Gründe für die Vermutung einer Steuerverkürzung in dem anderen Mitgliedstaat vorliegen,

2. ein Sachverhalt vorliegt, auf Grund dessen eine Steuerermäßigung oder Steuerbefreiung gewährt worden ist und die zu übermittelnden Informationen für den Steuerpflichtigen zu einer Besteuerung oder Steuererhöhung im anderen Mitgliedstaat führen könnten,

3. Geschäftsbeziehungen zwischen einem in Deutschland Steuerpflichtigen und einem in einem anderen Mitgliedstaat Steuerpflichtigen über ein oder mehrere weitere Staaten in einer Weise geleitet werden, die in einem oder beiden Mitgliedstaaten zur Steuerersparnis führen kann,

4. Gründe für die Vermutung vorliegen, dass durch künstliche Gewinnverlagerungen zwischen verbundenen Unternehmen eine Steuerersparnis eintritt, oder

5. ein Sachverhalt, der im Zusammenhang mit der Informationserteilung eines anderen Mitgliedstaats ermittelt wurde, auch für die zutreffende Steuerfestsetzung in einem weiteren Mitgliedstaat erheblich sein könnte.

(3) Die Übermittlung nach Absatz 2 soll unverzüglich erfolgen, spätestens jedoch einen Monat, nachdem die Informationen verfügbar geworden sind.

§ 9 Spontane Übermittlung von Informationen durch andere Mitgliedstaaten. [1]Das zentrale Verbindungsbüro leitet Informationen, die andere Mitgliedstaaten spontan übermittelt haben, den Finanzbehörden zur Auswertung weiter. [2]Es bestätigt unverzüglich, spätestens jedoch sieben Arbeitstage nach Eingang der Informationen, dem anderen Mitgliedstaat möglichst auf elektronischem Weg deren Erhalt.

Abschnitt 4. Sonstige Formen der Verwaltungszusammenarbeit

§ 10[1]) Anwesenheit von Bediensteten anderer Mitgliedstaaten im Inland. (1) [1]Auf Ersuchen der zuständigen Behörde eines anderen Mitgliedstaats kann das zentrale Verbindungsbüro gestatten, dass unter den von ihm festgelegten Voraussetzungen befugte Bedienstete des anderen Mitgliedstaats für Zwecke des Informationsaustauschs

1. in den Amtsräumen zugegen sein dürfen, in denen deutsche Finanzbehörden ihre Tätigkeit ausüben,

2. bei den behördlichen Ermittlungen zugegen sein dürfen, die auf deutschem Hoheitsgebiet durchgeführt werden, und

3. unter Einhaltung der nationalen Verfahrensregelungen Einzelpersonen befragen und Aufzeichnungen prüfen.

---

[1]) § 10 neu gef. mWv 1.1.2023 durch G v. 20.12.2022 (BGBl. I S. 2730).

²Sofern angezeigt, ist die Teilnahme an behördlichen Ermittlungen, einschließlich der Befragung von Einzelpersonen und der Prüfung von Aufzeichnungen, mittels elektronischer Kommunikationsmittel zu gestatten; § 87a Absatz 1 Satz 3 der Abgabenordnung gilt entsprechend. ³Das zentrale Verbindungsbüro bestätigt dem anderen Mitgliedstaat sein Einverständnis zu Ersuchen nach den vorstehenden Sätzen innerhalb von 60 Tagen nach Erhalt des Ersuchens. ⁴Lehnt es das Ersuchen ab, sind dem anderen Mitgliedstaat die Gründe hierfür mitzuteilen.

(2) ¹Bei dem Informationsaustausch gemäß Absatz 1 stellt die Finanzbehörde sicher, dass Bediensteten der anderen Mitgliedstaaten nur solche Informationen offenbart werden, die nach § 4 übermittelt werden dürfen. ²Sind die erbetenen Informationen in den Unterlagen enthalten, zu denen die Finanzbehörde Zugang hat, so werden den Bediensteten des anderen Mitgliedstaats Kopien dieser Unterlagen ausgehändigt.

(3) Verweigert eine Person in Fällen des Absatzes 1 Satz 1 Nummer 3 die Mitwirkung, gilt diese Verweigerung wie eine Verweigerung gegenüber inländischen Bediensteten.

(4) Befugte Bedienstete des anderen Mitgliedstaats müssen, wenn sie sich nach Absatz 1 auf deutschem Hoheitsgebiet aufhalten, jederzeit eine schriftliche Vollmacht vorlegen können, aus der ihre Identität und dienstliche Stellung hervorgehen.

§ 11 Anwesenheit von inländischen Bediensteten in anderen Mitgliedstaaten. ¹Sofern die Komplexität eines Ersuchens es erfordert, können bevollmächtigte inländische Bedienstete in andere Mitgliedstaaten entsandt werden. ²§ 10 gilt sinngemäß.

§ 12¹⁾ Gleichzeitige Prüfung. (1) ¹Auf Vorschlag der Finanzbehörde kann das zentrale Verbindungsbüro mit einem oder mehreren Mitgliedstaaten vereinbaren, im jeweils eigenen Hoheitsgebiet eine gleichzeitige Prüfung einer oder mehrerer Personen von gemeinsamem oder ergänzendem Interesse durchzuführen. ²Soweit dies nach § 4 zulässig ist, sind die hierbei erlangten Informationen sowie die für die Vereinbarung der Prüfung im Vorfeld erforderlichen Kenntnisse auszutauschen.

(2) ¹Die Finanzbehörde bestimmt, welche Person oder welche Personen sie für eine gleichzeitige Prüfung vorschlägt. ²Das zentrale Verbindungsbüro unterrichtet die betroffenen Mitgliedstaaten darüber, begründet die Auswahl und gibt den Zeitraum an, in welchem die gleichzeitige Prüfung durchgeführt werden soll.

(3) ¹Schlägt ein anderer Mitgliedstaat eine gleichzeitige Prüfung vor, so entscheidet die Finanzbehörde, ob sie an der gleichzeitigen Prüfung teilnehmen wird. ²Das zentrale Verbindungsbüro teilt dem anderen Mitgliedstaat innerhalb von 60 Tagen nach Erhalt des Vorschlags das Einverständnis oder die begründete Ablehnung mit.

---

¹⁾ § 12 Abs. 3 Satz 2 neu gef. mWv 1.1.2023 durch G v. 20.12.2022 (BGBl. I S. 2730).

(4) Das zentrale Verbindungsbüro benennt einen Bediensteten, der für die Beaufsichtigung und die Koordinierung der gleichzeitigen Prüfung verantwortlich ist.

(5) Von der Anhörung des Steuerpflichtigen kann bis zur Bekanntgabe der Prüfungsanordnung abgesehen werden, wenn sonst der Prüfungserfolg gefährdet werden würde.

§ 13 Zustellungsersuchen an andere Mitgliedstaaten. (1) Auf Ersuchen der zuständigen Finanzbehörde beantragt das zentrale Verbindungsbüro bei einem anderen Mitgliedstaat die Zustellung von Dokumenten und Entscheidungen der Finanzbehörde, die mit einer Steuer nach § 1 zusammenhängen.

(2) Ein Zustellungsersuchen ist nur dann zulässig, wenn

1. die Finanzbehörde nicht in der Lage ist, die Zustellung nach den Vorschriften des Verwaltungszustellungsgesetzes im anderen Mitgliedstaat vorzunehmen, oder

2. die Zustellung mit unverhältnismäßig großen Schwierigkeiten verbunden wäre.

(3) Im Zustellungsersuchen ist Folgendes anzugeben:

1. der Gegenstand des zuzustellenden Dokuments oder der zuzustellenden Entscheidung,

2. der Name und die Anschrift des Adressaten sowie

3. alle weiteren Informationen, die die Identifizierung des Adressaten erleichtern können.

(4) Einer in einem anderen Mitgliedstaat ansässigen Person kann jedes Dokument per Einschreiben oder auf elektronischem Weg direkt zugestellt werden.

(5) Das zentrale Verbindungsbüro leitet Informationen über veranlasste Zustellungen anderer Mitgliedstaaten den Finanzbehörden, die die Informationen verwenden, weiter.

§ 14 Zustellungsersuchen von anderen Mitgliedstaaten. (1) [1]Auf Ersuchen werden alle Dokumente zugestellt, die mit einer Steuer gemäß § 1 zusammenhängen, einschließlich der gerichtlichen Dokumente, die aus dem anderen Mitgliedstaat stammen. [2]Das zentrale Verbindungsbüro leitet hierzu der Finanzbehörde das Ersuchen zwecks Zustellung zu. [3]Die Zustellung richtet sich nach den Vorschriften des Verwaltungszustellungsgesetzes.

(2) [1]Das zentrale Verbindungsbüro teilt dem anderen Mitgliedstaat unverzüglich mit, welche Maßnahme auf Grund des Zustellungsersuchens veranlasst wurde. [2]Diese Mitteilung beinhaltet insbesondere die Angabe, an welchem Tag und an welche Anschrift dem Empfänger das Dokument zugestellt worden ist.

Abschnitt 5. Weitere Vorschriften

§ 15 Verwendung von Informationen und Dokumenten. (1) Übermittelt das zentrale Verbindungsbüro einem anderen Mitgliedstaat Informationen, so gestattet es diesem auf Anfrage, die Informationen für andere als die in § 19 Absatz 2 Satz 1 genannten Zwecke zu verwenden, wenn die Verwendung für einen vergleichbaren Zweck nach deutschem Recht unter Beachtung der §§ 30, 31, 31a und 31b der Abgabenordnung zulässig ist.

(2) Ist das zentrale Verbindungsbüro der Ansicht, dass Informationen und Dokumente von einem anderen Mitgliedstaat einem dritten Mitgliedstaat für die in § 19 Absatz 2 Satz 1 genannten Zwecke von Nutzen sein könnten, so kann es diese Informationen und Dokumente weitergeben, wenn

1. die Weitergabe im Einklang mit den in diesem Gesetz festgelegten Regeln und Verfahren steht,

2. es dem Mitgliedstaat, von dem die Informationen und Dokumente stammen, seine Absicht mitteilt, diese einem dritten Mitgliedstaat weiterzugeben, und

3. der Mitgliedstaat, von dem die Informationen stammen, nicht innerhalb von zehn Arbeitstagen nach Eingang der Mitteilung nach Nummer 2 der Weitergabe widerspricht.

(3) [1]Sollen Informationen und Dokumente für andere als die in § 19 Absatz 2 Satz 1 genannten Zwecke nach Absatz 2 weitergegeben oder verwendet werden, so muss hierfür die Einwilligung jenes Mitgliedstaats eingeholt werden, von dem die Informationen und Dokumente stammen. [2]Die Weitergabe darf nur erfolgen, wenn die Verwendung für einen vergleichbaren Zweck nach deutschem Recht unter Beachtung der §§ 30, 31, 31a und 31b der Abgabenordnung zulässig ist.

(4) Sämtliche Informationen und Dokumente, die im Rahmen dieses Gesetzes erlangt werden, können von den Behörden, die die Informationen verwenden, wie vergleichbare inländische Informationen und Dokumente angeführt oder als Beweismittel verwendet werden.

(5) Von der Berichtigung übermittelter unrichtiger Daten und der Löschung oder Sperrung unzulässig gespeicherter oder unzulässig übermittelter Daten sind alle Mitgliedstaaten, die diese Daten im Rahmen einer Auskunft erhalten haben, durch das zentrale Verbindungsbüro unverzüglich zu unterrichten und anzuhalten, ebenfalls die Berichtigung, Sperrung oder Löschung dieser Daten vorzunehmen.

§ 16 Rückmeldungen. (1) In den Fällen der §§ 4 und 8 kann das zentrale Verbindungsbüro den anderen Mitgliedstaat um Rückmeldung über die Verwendung der erbetenen Information bitten.

(2) [1]Bittet in den Fällen der §§ 6 und 9 der andere Mitgliedstaat um Rückmeldung, so übermittelt das zentrale Verbindungsbüro dem anderen Mitgliedstaat die Rückmeldung unverzüglich, spätestens jedoch drei Monate, nachdem das Ergebnis über die Verwendung der erbetenen Information bekannt geworden ist. [2]Eine Übermittlung ist nur zulässig, wenn ihr die Vorschriften zum Datenschutz und zum Schutz des Steuergeheimnisses insbesondere nach § 30 der Abgabenordnung nicht entgegenstehen. [3]Die zuständige Finanzbehörde teilt dem zentralen Verbindungsbüro die erforderlichen Angaben mit.

§ 17 Standardformblätter und Kommunikationsmittel. (1) Ersuchen nach § 4 Absatz 1 und 2 und § 6 Absatz 1, spontane Übermittlungen von Informationen nach § 8 Absatz 1 und 2 und § 9, Zustellungsersuchen nach § 13 Absatz 1 und § 14 Absatz 1, Rückmeldungen nach § 16 sowie sonstige Mitteilungen werden jeweils mittels eines zwischen den Mitgliedstaaten abgestimmten Standardformblatts auf elektronischem Weg übermittelt.

(2) Den Standardformblättern können Berichte, Bescheinigungen und andere Dokumente oder beglaubigte Kopien oder Auszüge daraus beigefügt werden.

(3) Die Absätze 1 und 2 gelten nicht für Informationen und Unterlagen, die nach den §§ 10 und 11 erlangt werden.

(4) Erfolgt die Übermittlung nicht auf elektronischem Weg durch Standardformblätter, so berührt dies nicht die Gültigkeit der erhaltenen Informationen oder der im Rahmen eines Ersuchens um Amtshilfe ergriffenen Maßnahmen.

§ 18 Informationsübermittlung an Drittstaaten. (1) Erhält das zentrale Verbindungsbüro von einem Drittstaat Informationen, die für die Anwendung und Durchsetzung des deutschen Rechts über die in § 1 genannten Steuern voraussichtlich erheblich sind, kann das zentrale Verbindungsbüro diese Informationen an andere Mitgliedstaaten, für die diese Informationen von Nutzen sein können, und an alle ersuchenden Behörden weitergeben, sofern dies auf Grund einer Vereinbarung mit dem Drittstaat zulässig ist.

(2) Das zentrale Verbindungsbüro kann die im Einklang mit diesem Gesetz erhaltenen Informationen an einen Drittstaat weitergeben, wenn

1. die Weitergabe im Einklang mit den deutschen Bestimmungen über die Weitergabe personenbezogener Daten an Drittstaaten steht,

2. die Informationen für die zutreffende Steuerfestsetzung in diesem Drittstaat erheblich sein können,

3. der Mitgliedstaat, von dem die Informationen stammen, mit der Weitergabe einverstanden ist und

4. sich der Drittstaat zum Informationsaustausch verpflichtet hat.

§ 19[1]) Datenschutz und Zweckbestimmung. (1) Die Informationen, die im Rahmen dieses Gesetzes an Deutschland übermittelt werden, unterliegen dem Steuergeheimnis und genießen den Schutz, den die Abgabenordnung für Informationen dieser Art gewährt.

(2) [1] Diese Informationen können für folgende Zwecke verwendet werden:

1. zur Bewertung, Anwendung und Durchsetzung des nationalen Steuerrechts über die in § 1 genannten Steuern sowie die Umsatzsteuer und andere indirekte Steuern,

2. zur Wahrnehmung gesetzlicher Kontroll- und Aufsichtsbefugnisse,

---

[1]) § 19 Abs. 2 Satz 1 Nr. 1 neu gef., Satz 3 angef. mWv 1.1.2023 durch G v. 20.12.2022 (BGBl. I S. 2730).

3. zur Festsetzung und Beitreibung anderer Steuern und Abgaben nach § 1 des EU-Beitreibungsgesetzes sowie

4. zur Verwertung im Zusammenhang mit Gerichts- und Verwaltungsverfahren, die Sanktionen wegen Nichtbeachtung des Steuerrechts zur Folge haben können; hierbei sind die allgemeinen Regelungen und Vorschriften über die Rechte der Personen, gegen die sich das jeweilige Verfahren richtet, und Zeugen in solchen Verfahren zu beachten.

[2]Sollen Informationen für einen anderen Zweck verwendet werden, ist die Einwilligung des anderen Mitgliedstaats einzuholen. [3]Eine Einwilligung ist entbehrlich, wenn der andere Mitgliedstaat der zuständigen Behörde eine Liste mit anderen als den in Satz 1 genannten Zwecken, für die Informationen und Schriftstücke gemäß seinem nationalen Recht verwendet werden dürfen, übermittelt hat und die beabsichtigte Verwendung von den in der Liste genannten Zwecken umfasst ist.

§ 19a[1]) Verletzung des Schutzes personenbezogener Daten.

(1) [1]Kommt es in Bezug auf Informationen, die im Rahmen dieses Gesetzes verarbeitet werden, zu einer Verletzung des Datenschutzes, unterrichtet das zentrale Verbindungsbüro unverzüglich die Europäische Kommission hierüber und über alle getroffenen Abhilfemaßnahmen. [2]Das zentrale Verbindungsbüro veranlasst alles, um die Ursachen und die Auswirkungen der Verletzung des Datenschutzes zu ermitteln und einzudämmen sowie um notwendige Abhilfe zu schaffen. [3]Sofern die Verletzung des Datenschutzes nicht umgehend und angemessen eingedämmt werden kann, beantragt das zentrale Verbindungsbüro schriftlich gegenüber der Europäischen Kommission, seinen Zugang zum CCN-Netz nach Artikel 3 Nummer 13 der Amtshilferichtlinie für die Zwecke der Anwendung dieses Gesetzes auszusetzen. [4]Das zentrale Verbindungsbüro unterrichtet die Europäische Kommission unverzüglich, sobald die Verletzung des Datenschutzes behoben worden ist und beantragt die Wiederherstellung seines Zugangs zum CCN-Netz.

(2) [1]Benachrichtigt die Europäische Kommission das zentrale Verbindungsbüro über eine Verletzung des Datenschutzes, die sich in einem anderen Mitgliedstaat ereignet hat, kann das zentrale Verbindungsbüro den Informationsaustausch mit diesem Mitgliedstaat aussetzen. [2]Die Aussetzung ist der Europäischen Kommission und den zuständigen Behörden aller anderen Mitgliedstaaten[2]) schriftlich mitzuteilen. [3]Wurde der Zugang der zuständigen Behörde des anderen Mitgliedstaats zum CCN-Netz ausgesetzt, kann das zentrale Verbindungsbüro die Europäische Kommission ersuchen, die Behebung der Verletzung des Datenschutzes in dem anderen Mitgliedstaat zu überprüfen.

(3) Das zentrale Verbindungsbüro berücksichtigt bei der Anwendung der Absätze 1 und 2 Vereinbarungen, die die Mitgliedstaaten gemäß Artikel 25 Absatz 7 der Amtshilferichtlinie getroffen haben.

---

[1]) § 19a eingef. mWv 1.1.2023 durch G v. 20.12.2022 (BGBl. I S. 2730).
[2]) Richtig wohl: „Mitgliedstaaten".

(4) Pflichten nach anderen Gesetzen, insbesondere die Meldeverpflichtung nach den Artikeln 33 und 34 der Verordnung (EU) 2016/679 des Europäischen Parlaments und des Rates vom 27. April 2016 zum Schutz natürlicher Personen bei der Verarbeitung personenbezogener Daten, zum freien Datenverkehr und zur Aufhebung der Richtlinie 95/46/EG (Datenschutz-Grundverordnung) (ABl. L 119 vom 4.5.2016, S. 1; L 314 vom 22.11.2016, S. 72; L 127 vom 23.5.2018, S. 2) in ihrer jeweils geltenden Fassung, bleiben unberührt.

§ 20[1]) **Statistiken und Bewertungen.** (1) [1]Die zuständige Behörde übermittelt

1. der Europäischen Kommission

  a) jährlich Statistiken zum Umfang des automatischen Informationsaustauschs gemäß § 7 Absatz 1, 2, 10, 11 und 14a und Angaben zu den administrativen und anderen einschlägigen Kosten und Nutzen des erfolgten Austauschs und zu allen möglichen Änderungen, sowohl für die Steuerverwaltung als auch für Dritte,

  b) eine jährliche Bewertung der Wirksamkeit des automatischen Austauschs von Informationen gemäß den Artikeln 8, 8a, 8aa, 8ab und 8ac der Amtshilferichtlinie sowie einen Überblick über die erreichten praktischen Ergebnisse,

  c) alle sachdienlichen Informationen, die für die Bewertung der Wirksamkeit der Zusammenarbeit der Verwaltungsbehörden gemäß der Amtshilferichtlinie bei der Bekämpfung von Steuerhinterziehung und -umgehung notwendig sind,

  d) statistische Angaben, die der Bewertung der Amtshilferichtlinie dienen;

2. den anderen betroffenen Mitgliedstaaten der Europäischen Union einmal jährlich eine Rückmeldung zum automatischen Austausch von Informationen.

[2]Bei der Übermittlung ist die Durchführungsverordnung (EU) 2015/2378 der Kommission vom 15. Dezember 2015 zur Festlegung von Durchführungsbestimmungen zu bestimmten Artikeln der Richtlinie 2011/16/EU des Rates über die Zusammenarbeit der Verwaltungsbehörden im Bereich der Besteuerung und zur Aufhebung der Durchführungsverordnung (EU) Nr. 1156/2012 (ABl. L 332 vom 18.12.2015, S. 19) zu berücksichtigen.

(2) [1]Das Bundesministerium der Finanzen legt im Einvernehmen mit den obersten Finanzbehörden der Länder die Einzelheiten zur Übermittlung im Sinne des Absatzes 1 in einem Schreiben fest. [2]Dieses Schreiben ist im Bundessteuerblatt zu veröffentlichen.

§ 21[2]) **Übergangsvorschriften.** (1) [1]Die automatische Übermittlung von Informationen gemäß § 7 Absatz 1 ist ab dem 1. Januar 2015 vorzunehmen

---

[1]) § 20 neu gef. mWv 1.1.2020 durch G v. 21.12.2019 (BGBl. I S. 2875); Abs. 1 Satz 1 Nr. 1 Buchst. a–c neu gef., Buchst. d angef. mWv 1.1.2023 durch G v. 20.12.2022 (BGBl. I S. 2730).
[2]) § 21 angef. mWv 24.12.2016 durch G v. 20.12.2016 (BGBl. I S. 3000); Abs. 1 Satz 2 angef., Abs. 1a eingef., Abs. 6 angef. mWv 1.1.2023 durch G v. 20.12.2022 (BGBl. I S. 2730).

und erstmals auf Informationen der Besteuerungszeiträume ab dem 1. Januar 2014 anzuwenden. ²§ 7 Absatz 1 Satz 2 ist auf Besteuerungszeiträume anzuwenden, die am oder nach dem 1. Januar 2024 beginnen.

(1a) ¹Ungeachtet des § 2 Absatz 2 zweiter Teilsatz unterrichtet das zentrale Verbindungsbüro die Europäische Kommission jährlich, beginnend ab dem 1. Januar 2023, über zwei oder mehr der in § 7 Absatz 1 Satz 1 Nummer 1 bis 6 genannten Kategorien, zu denen es Informationen an zuständige Behörden anderer Mitgliedstaaten übermittelt. ²Abweichend von Satz 1 unterrichtet das zentrale Verbindungsbüro die Europäische Kommission vor dem 1. Januar 2024 über vier oder mehr der in § 7 Absatz 1 Satz 1 Nummer 1 bis 6 genannten Kategorien, zu denen es Informationen für Besteuerungszeiträume, die am oder nach dem 1. Januar 2025 beginnen, an zuständige Behörden anderer Mitgliedstaaten übermittelt.

(2) Die automatische Übermittlung von Informationen gemäß § 7 Absatz 2 ist ab dem 30. September 2017 vorzunehmen und für zum 31. Dezember 2015 bestehende Konten und nach dem 31. Dezember 2015 neu eröffnete Konten im Sinne der in § 7 Absatz 2 angeführten Melde- und Sorgfaltspflichten und ergänzenden Melde- und Sorgfaltsvorschriften erstmals auf Informationen der Besteuerungszeiträume ab dem 1. Januar 2016 anzuwenden.

(3) Die automatische Übermittlung von Informationen gemäß § 7 Absatz 3 und 4 erfolgt erstmals ab dem 1. Januar 2017.

(4) § 7 Absatz 10 bis 12 und 14 ist erstmals ab dem 1. Januar 2017 anzuwenden.

(5) § 7 Absatz 13 ist erstmals ab dem 1. Januar 2018 anzuwenden.

(6) § 7 Absatz 14a ist erstmals ab dem 1. Januar 2023 anzuwenden.

801 a. Gesetz über die Durchführung der Amtshilfe bei der Beitreibung von Forderungen in Bezug auf bestimmte Steuern, Abgaben und sonstige Maßnahmen zwischen den Mitgliedstaaten der Europäischen Union (EU-Beitreibungsgesetz – EUBeitrG)[1]

Vom 7. Dezember 2011
(BGBl. I S. 2592)

Geändert durch Amtshilferichtlinie-Umsetzungsgesetz (AmtshilfeRLUmsG) vom 26. 6. 2013
(BGBl. I S. 1809)

BGBl. III/FNA 610-1-23

Inhaltsübersicht

---

[1] Verkündet als Art. 1 des G v. 7. 12. 2011 (BGBl. I S. 2592); Inkrafttreten gem. Art. 25 Abs. 1 dieses G am 1. 1. 2012. Das G dient der Umsetzung der Richtlinie 2010/24/EU des Rates vom 16. März 2010 über die Amtshilfe bei der Beitreibung von Forderungen in Bezug auf bestimmte Steuern, Abgaben und sonstige Maßnahmen (ABl. L 84 vom 31. 3. 2010, S. 1).

Abschnitt 1. Allgemeine Bestimmungen

§ 1 Anwendungsbereich und anzuwendendes Recht. (1) [1]Dieses Gesetz regelt die Einzelheiten der Amtshilfe zwischen Deutschland und den anderen Mitgliedstaaten der Europäischen Union (Mitgliedstaaten) zur Geltendmachung von in den Mitgliedstaaten entstandenen Forderungen. [2]Forderungen im Sinne dieses Gesetzes sind

1. Steuern und Abgaben aller Art, die erhoben werden

   a) von einem oder für einen Mitgliedstaat oder dessen Gebiets- oder Verwaltungseinheiten einschließlich der lokalen Behörden oder

   b) für die Europäische Union;

2. Erstattungen, Interventionen und andere Maßnahmen, die Bestandteil des Systems der vollständigen Finanzierung oder Teilfinanzierung des Europäischen Garantiefonds für die Landwirtschaft oder des Europäischen Landwirtschaftsfonds für die Entwicklung des ländlichen Raums sind, einschließlich der im Rahmen dieser Aktionen zu erhebenden Beiträge;

3. Abschöpfungen und andere Abgaben im Rahmen der gemeinsamen Organisation der Agrarmärkte für den Sektor Zucker.

   (2) Der Anwendungsbereich dieses Gesetzes umfasst auch

1. Geldstrafen, Geldbußen, Gebühren und Zuschläge in Bezug auf Forderungen,

   a) für deren Beitreibung gemäß Absatz 1 um Amtshilfe ersucht werden kann und

   b) die von den Behörden, die für die Erhebung der betreffenden Steuern oder Abgaben oder die Durchführung der dafür erforderlichen behördlichen Ermittlungen zuständig sind, verhängt wurden oder von Verwaltungsorganen oder Gerichten auf Antrag dieser Behörden bestätigt wurden;

2. Gebühren für Bescheinigungen und ähnliche Dokumente, die im Zusammenhang mit Verwaltungsverfahren in Bezug auf Steuern oder Abgaben ausgestellt werden;

3. Zinsen und Kosten im Zusammenhang mit Forderungen, für deren Beitreibung gemäß Absatz 1 oder gemäß den Nummern 1 und 2 um Amtshilfe ersucht werden kann.

   (3)[1] Der Anwendungsbereich dieses Gesetzes umfasst nicht

1. Beiträge und Umlagen sowie damit verbundene Abgaben und Gebühren nach dem Sozialgesetzbuch, den in § 68 des Ersten Buches Sozialgesetzbuch genannten Gesetzen und dem Aufwendungsausgleichsgesetz;

2. andere als die in Absatz 2 genannten Gebühren;

---

[1] § 1 Abs. 3 Nr. 1 neu gef. mWv 1. 1. 2013 durch G v. 26. 6. 2013 (BGBl. I S. 1809).

3. vertragliche Gebühren, wie Zahlungen an öffentliche Versorgungsbetriebe;

4. strafrechtliche Sanktionen, die auf der Grundlage einer Anklageerhebung im Strafverfahren verhängt werden, oder andere strafrechtliche Sanktionen, die nicht von Absatz 2 Nummer 1 erfasst sind.

(Fortsetzung nächstes Blatt)

(4) [1] Für Ersuchen nach diesem Gesetz gelten die Vorschriften der Abgabenordnung entsprechend, soweit dieses Gesetz nicht etwas anderes bestimmt. [2] Zur Ausführung der Abgabenordnung hat das Bundesministerium der Finanzen Verwaltungsvorschriften erlassen.

§ 2 Begriffsbestimmungen. (1) „Person" ist

1. eine natürliche Person,

2. eine juristische Person,

3. eine Personenvereinigung, der die Rechtsfähigkeit zuerkannt wurde, die aber nicht über die Rechtsstellung einer juristischen Person verfügt, oder

4. jede andere Rechtsform gleich welcher Art, mit oder ohne allgemeine Rechtsfähigkeit, die Vermögensgegenstände besitzt oder verwaltet, welche einschließlich der daraus erzielten Einkünfte einer der in § 1 erfassten Steuern unterliegen.

(2) Beitreibungsrichtlinie im Sinne dieses Gesetzes sowie des Einkommensteuergesetzes, des Körperschaftsteuergesetzes und des Gewerbesteuergesetzes bezeichnet die Richtlinie 2010/24/EU des Rates vom 16. März 2010 über die Amtshilfe bei der Beitreibung von Forderungen in Bezug auf bestimmte Steuern, Abgaben und sonstige Maßnahmen (ABl. L 84 vom 31. 3. 2010, S. 1) in der jeweils geltenden Fassung.

§ 3 Zuständigkeit und Prüfungsbefugnisse für Ersuchen. (1) [1] Das Bundesministerium der Finanzen ist zuständige Behörde ausschließlich im Sinne von Artikel 4 Absatz 1 der Beitreibungsrichtlinie und zentrales Verbindungsbüro im Sinne von Artikel 4 Absatz 2 der Beitreibungsrichtlinie. [2] Für die Prüfung und Bearbeitung von Ersuchen werden die folgenden Verbindungsbüros benannt:

1. in den Fällen des § 5 Absatz 1 Nummer 5 des Finanzverwaltungsgesetzes das Bundeszentralamt für Steuern,

2. für den Bereich der Zollverwaltung gemäß § 12 Absatz 2 des Finanzverwaltungsgesetzes die Bundesstelle Vollstreckung Zoll beim Hauptzollamt Hannover.

[3] Die Verbindungsbüros übernehmen die Kommunikation mit den ersuchenden Behörden, den anderen Verbindungsbüros oder der Europäischen Kommission. [4] Die Verbindungsbüros prüfen Ersuchen auf ihre Zulässigkeit nach diesem Gesetz und bearbeiten diese. [5] Ihnen obliegt außerdem die Prüfung, ob die Amtshilfe gemäß § 14 Absatz 2 zu unterbleiben hat.

(2) [1] Eingehende Ersuchen werden nach entsprechender Prüfung gemäß Absatz 1 Satz 4 und 5 von den Verbindungsbüros an die für die Durchführung der Amtshilfe in § 4 Absatz 1 genannten Vollstreckungsbehörden weitergeleitet. [2] Ausgehende Ersuchen werden von den in § 4 Absatz 1 oder Absatz 2 genannten Vollstreckungsbehörden erstellt und über die Verbindungsbüros nach entsprechender Prüfung gemäß Absatz 1 Satz 4 an die zuständige ausländische Behörde geleitet.

§ 4 Zuständigkeit für die Vollstreckung eingehender Ersuchen.
(1) [1]Folgende Behörden nehmen nach Maßgabe dieses Gesetzes Amtshilfe in Anspruch und leisten danach Amtshilfe (Vollstreckungsbehörden):

1. die Finanzämter für Forderungen

    a) von Steuern vom Einkommen, Ertrag oder Vermögen,

    b) von Umsatzsteuern, soweit diese nicht als Einfuhrabgaben geschuldet werden,

    c) von sonstigen Steuern und Abgaben im Sinne des § 1 Absatz 1 Nummer 1, soweit nicht die Hauptzollämter zuständig sind,

    d) gemäß § 1 Absatz 2, soweit sie mit den in den Buchstaben a bis c genannten Steuern zusammenhängen;

2. die Hauptzollämter für

    a) Erstattungen, Interventionen und andere Maßnahmen des Europäischen Garantiefonds für die Landwirtschaft und des Europäischen Landwirtschaftsfonds für die Entwicklung des ländlichen Raums nach den Verordnungen (EG) Nr. 1290/2005 des Rates vom 21. Juni 2005 über die Finanzierung der Gemeinsamen Agrarpolitik (ABl. L 209 vom 11. 8. 2005, S. 1), die zuletzt durch die Verordnung (EG) Nr. 473/2009 (ABl. L 144 vom 9. 6. 2009, S. 3) geändert worden ist, und (EG) Nr. 1698/2005 des Rates vom 20. September 2005 über die Förderung der Entwicklung des ländlichen Raums durch den Europäischen Landwirtschaftsfonds für die Entwicklung des ländlichen Raums (ABl. L 277 vom 21. 10. 2005, S. 1, L 67 vom 11. 3. 2008, S. 22), die zuletzt durch die Verordnung (EG) Nr. 473/2009 (ABl. L 144 vom 9. 6. 2009, S. 3) geändert worden ist, in der jeweils geltenden Fassung,

    b) Abschöpfungen und andere Abgaben im Sektor Zucker nach der Verordnung (EG) Nr. 1234/2007 des Rates vom 22. Oktober 2007 über eine gemeinsame Organisation der Agrarmärkte und mit Sondervorschriften für bestimmte landwirtschaftliche Erzeugnisse (ABl. L 299 vom 16. 11. 2007, S. 1) in der jeweils geltenden Fassung,

    c) Einfuhr- und Ausfuhrabgaben,

    d) Verbrauchsteuern,

    e) sonstige Steuern, deren Festsetzung, Erhebung oder Vollstreckung ebenfalls in die Zuständigkeit der Zollverwaltung fallen,

    f) Forderungen gemäß § 1 Absatz 2, soweit sie mit den in den Buchstaben a bis e genannten Abgaben und Steuern zusammenhängen.

[2]Die örtliche Zuständigkeit richtet sich nach dem Dritten Abschnitt des Ersten Teils der Abgabenordnung entsprechend.

(2) [1]Die Gemeinden und Gemeindeverbände können Amtshilfe nach Maßgabe dieses Gesetzes in Anspruch nehmen. [2]Sie gelten insoweit als Vollstreckungsbehörde im Sinne dieses Gesetzes.

(3) [1]Das Bundesministerium der Finanzen kann mit Zustimmung der zuständigen obersten Landesbehörden die Amtshilfe bei der Vollstreckung auf

weitere als die in Absatz 1 Nummer 1 genannten Landesbehörden übertragen. [2]Die Übertragung ist im Bundessteuerblatt zu veröffentlichen.

Abschnitt 2. Erteilen von Auskünften

§ 5 Erteilen von Auskünften an andere Mitgliedstaaten auf Ersuchen. (1) [1]Auf Ersuchen teilt das Verbindungsbüro dem Mitgliedstaat alle Auskünfte mit, die bei der Beitreibung einer Forderung gemäß § 1 voraussichtlich erheblich sein werden. [2]Zur Beschaffung dieser Auskünfte veranlasst die Vollstreckungsbehörde alle dafür erforderlichen behördlichen Ermittlungen, die nach der Abgabenordnung in vergleichbaren Fällen vorgesehen sind.

(2) Das Verbindungsbüro erteilt keine Auskünfte,

1. die für die Beitreibung derartiger Forderungen nicht beschafft werden könnten, wenn sie in Deutschland entstanden wären;

2. mit denen ein Handels-, Gewerbe- oder Berufsgeheimnis preisgegeben würde;

3. die die Sicherheit oder die öffentliche Ordnung des Bundes oder eines Landes verletzen würden.

(3) Absatz 2 ist in keinem Fall so auszulegen, dass die Erteilung von Auskünften nur deshalb abgelehnt werden kann, weil die betreffenden Informationen sich bei einer Bank, einem sonstigen Finanzinstitut, einem Bevollmächtigten, Vertreter oder Treuhänder befinden oder sich auf Eigentumsanteile an einer Person beziehen.

(4) Kann das Verbindungsbüro dem Auskunftsersuchen nicht stattgeben, so sind dem anderen Mitgliedstaat die Gründe hierfür mitzuteilen.

§ 6 Erteilen von Auskünften an andere Mitgliedstaaten ohne Ersuchen. (1) [1]Bei einer Erstattung von Steuern oder Abgaben an eine Person, die in einem anderen Mitgliedstaat niedergelassen oder wohnhaft ist, kann die Vollstreckungsbehörde, die die Erstattung vornehmen soll, den Mitgliedstaat der Niederlassung oder des Wohnsitzes durch das Verbindungsbüro über die bevorstehende Erstattung informieren. [2]Dies gilt nicht für die Umsatzsteuer, mit Ausnahme der Einfuhrumsatzsteuer.

(2) Das Verbindungsbüro muss die anderen Mitgliedstaaten informieren, soweit Steuern und Abgaben im Sinne des § 4 Absatz 1 Nummer 2 betroffen sind.

(3) Im Falle einer Informationserteilung nach Absatz 1 oder Absatz 2 wird die Erstattung nicht fällig vor dem Ablauf von zehn Arbeitstagen nach Übermittlung der Information an den anderen Mitgliedstaat.

Abschnitt 3. Zustellung von Dokumenten

§ 7 Zustellungsersuchen von anderen Mitgliedstaaten. (1) [1]Auf Ersuchen veranlasst die Vollstreckungsbehörde die Zustellung aller Dokumente, die mit einer Forderung gemäß § 1 oder mit deren Vollstreckung zusammenhängen, einschließlich der gerichtlichen Dokumente, die aus dem anderen Mitgliedstaat stammen. [2]Die Zustellung richtet sich nach den Vorschriften des Verwaltungszustellungsgesetzes. [3]Dem Ersuchen muss ein Standardformblatt beigefügt sein. [4]Eine Ausfertigung des Standardformblatts mit den zuzustellenden Dokumenten ist dem Empfänger auszuhändigen.

(2) [1]Unverzüglich nachdem die Vollstreckungsbehörde auf Grund des Zustellungsersuchens tätig geworden ist, teilt sie dem anderen Mitgliedstaat über das Verbindungsbüro das Veranlasste mit. [2]Diese Mitteilung beinhaltet insbesondere die Angabe, an welchem Tag und an welche Anschrift dem Empfänger das Dokument zugestellt worden ist.

§ 8 Zustellungsersuchen in andere Mitgliedstaaten. (1) [1]Das Verbindungsbüro kann um die Zustellung aller Dokumente ersuchen, die mit einer Forderung gemäß § 1 oder mit deren Vollstreckung zusammenhängen, einschließlich der Dokumente, die von deutschen Gerichten stammen. [2]Dem Zustellungsersuchen ist ein Standardformblatt beizufügen.

(2) Ein Zustellungsersuchen darf nur dann nach dieser Vorschrift erfolgen, wenn es der Vollstreckungsbehörde nicht möglich ist, das betreffende Dokument gemäß den Vorschriften des Verwaltungszustellungsgesetzes zuzustellen oder wenn eine solche Zustellung mit unverhältnismäßigen Schwierigkeiten verbunden wäre.

Abschnitt 4. Beitreibungs- und Sicherungsmaßnahmen

§ 9 Beitreibungsersuchen von anderen Mitgliedstaaten. (1) [1]Auf Ersuchen nimmt die Vollstreckungsbehörde die Vollstreckung von Forderungen vor, für die in einem anderen Mitgliedstaat ein Vollstreckungstitel besteht. [2]Die Forderung wird wie eine inländische Forderung behandelt. [3]Als vollstreckbarer Verwaltungsakt gilt der dem Ersuchen beigefügte einheitliche Vollstreckungstitel.

(2) [1]Die Vollstreckung erfolgt nach den Vorschriften, die für Forderungen aus gleichen oder, in Ermangelung gleicher, aus vergleichbaren Steuern oder Abgaben vorgesehen sind. [2]Ist das Verbindungsbüro der Auffassung, dass in Deutschland keine gleichen oder vergleichbaren Steuern oder Abgaben erhoben werden, so handelt die Vollstreckungsbehörde nach den Vorschriften, die für die Vollstreckung von Einkommensteuerforderungen gelten. [3]Die Forderungen werden in Euro vollstreckt.

(3) Das Verbindungsbüro teilt dem anderen Mitgliedstaat die Maßnahmen mit, die die Vollstreckungsbehörde in Bezug auf das Beitreibungsersuchen ergriffen hat.

(4) [1]§ 240 der Abgabenordnung gilt entsprechend. [2]Fälligkeitstag ist der Tag, an dem das Ersuchen bei einem Verbindungsbüro im Sinne des § 3 Absatz 1 eingeht, so dass Säumniszuschläge ab diesem Tag berechnet werden können. [3]Wenn die Vollstreckungsbehörde dem Schuldner eine Zahlungsfrist

einräumt oder Ratenzahlung gewährt, unterrichtet das Verbindungsbüro den anderen Mitgliedstaat hiervon.

(5) ¹Die Vollstreckungsbehörde überweist die im Zusammenhang mit der Forderung beigetriebenen Beträge sowie die Säumniszuschläge und gegebenenfalls entstehende Zinsen. ²Die in § 16 Absatz 1 genannten Kosten können vorher einbehalten werden.

§ 10 Beitreibungsersuchen in andere Mitgliedstaaten. (1) ¹Ein Verbindungsbüro kann Beitreibungsersuchen in einen anderen Mitgliedstaat stellen, wenn

1. die Voraussetzungen für die Vollstreckung gegeben sind und

2. die Forderung nicht angefochten ist oder nicht mehr angefochten werden kann.

²Satz 1 Nummer 2 gilt nicht, sofern der Einspruch offensichtlich aussichtslos ist beziehungsweise nicht in angemessener Zeit begründet wird und lediglich der Verzögerung der Vollstreckung dient. ³Ersuchen um Beitreibung angefochtener Forderungen sind nur ausnahmsweise zu stellen und auch nur zulässig, sofern die geltenden Rechts- und Verwaltungsvorschriften und die Verwaltungspraxis des ersuchten Mitgliedstaates dies zulassen; ein solches Ersuchen ist zu begründen.

(2) Die Vollstreckungsbehörde muss zuvor alle nach der Abgabenordnung vorgesehenen Vollstreckungsmöglichkeiten ausgeschöpft haben, es sei denn,

1. es ist offensichtlich, dass

   a) keine Vermögensgegenstände für die Vollstreckung in Deutschland vorhanden sind oder

   b) Vollstreckungsverfahren in Deutschland nicht zur vollständigen Begleichung der Forderung führen,

   und der Vollstreckungsbehörde oder dem Verbindungsbüro konkrete Informationen vorliegen, wonach Vermögensgegenstände der betreffenden Person im ersuchten Mitgliedstaat vorhanden sind;

2. die Durchführung solcher Vollstreckungsmaßnahmen wäre in Deutschland mit unverhältnismäßigen Schwierigkeiten verbunden.

(3) ¹Jedem Beitreibungsersuchen ist der für alle Mitgliedstaaten einheitliche Vollstreckungstitel, dessen Inhalt im Wesentlichen dem des ursprünglichen Vollstreckungstitels entspricht, beizufügen, der die alleinige Grundlage für die im anderen Mitgliedstaat zu ergreifenden Beitreibungs- und Sicherungsmaßnahmen ist. ²Er muss im anderen Mitgliedstaat weder durch einen besonderen Akt anerkannt noch ergänzt oder ersetzt werden. ³Dem Beitreibungsersuchen können weitere Dokumente, die im Zusammenhang mit der Forderung stehen, beigefügt werden.

(4) Erlangt die Vollstreckungsbehörde im Zusammenhang mit der Angelegenheit, die dem Beitreibungsersuchen zu Grunde liegt, zweckdienliche Informationen, so teilt sie diese dem Verbindungsbüro zur unverzüglichen Weiterleitung an den anderen Mitgliedstaat mit.

§ 11 Änderung oder Rücknahme des Beitreibungsersuchens. (1) [1]Das Verbindungsbüro teilt unverzüglich nach entsprechender Erstellung durch die Vollstreckungsbehörde dem anderen Mitgliedstaat jede Änderung oder Rücknahme ihres Beitreibungsersuchens mit. [2]Dabei sind die Gründe für die Änderung oder Rücknahme anzugeben. [3]Bei Änderungen übersendet sie zusätzlich eine entsprechend geänderte Fassung des einheitlichen Vollstreckungstitels.

(2) [1]Geht die Änderung oder Rücknahme des Ersuchens auf eine Rechtsbehelfsentscheidung gemäß § 13 Absatz 1 zurück, so teilt die Vollstreckungsbehörde diese Entscheidung dem Verbindungsbüro mit. [2]Bei Änderungen übersendet sie zusätzlich eine entsprechend geänderte Fassung des einheitlichen Vollstreckungstitels. [3]Das Verbindungsbüro sendet die Unterlagen an die ersuchte Behörde.

(3) Wird ein gemäß § 13 Absatz 1 geänderter einheitlicher Vollstreckungstitel an ein Verbindungsbüro als ersuchte Behörde übermittelt, ergreift die mit der Durchführung der Amtshilfe beauftragte Vollstreckungsbehörde weitere Beitreibungsmaßnahmen auf der Grundlage dieses Vollstreckungstitels.

(4) Beitreibungs- und Sicherungsmaßnahmen, die bereits auf der Grundlage des ursprünglichen einheitlichen Vollstreckungstitels ergriffen wurden, können auf Grund des geänderten einheitlichen Vollstreckungstitels fortgeführt werden, sofern die Änderung des Ersuchens nicht darauf zurückzuführen ist, dass der ursprüngliche Vollstreckungstitel oder der ursprüngliche einheitliche Vollstreckungstitel unwirksam ist.

(5) Für die neue Fassung des Vollstreckungstitels gelten § 10 Absatz 3 und 4 sowie § 13 entsprechend.

§ 12 Ersuchen um Sicherungsmaßnahmen. (1) [1]Um die Vollstreckung sicherzustellen, führt die Vollstreckungsbehörde auf Ersuchen des anderen Mitgliedstaates Sicherungsmaßnahmen durch, sofern und soweit diese nach dem Sechsten Teil der Abgabenordnung zulässig sind. [2]Hierfür ist Voraussetzung, dass Sicherungsmaßnahmen sowohl des Mitgliedstaates der ersuchenden als auch der ersuchten deutschen Behörde in einer vergleichbaren Situation getroffen werden können.

(2) Das Verbindungsbüro kann nach entsprechender Erstellung durch die Vollstreckungsbehörde ein Ersuchen um Sicherungsmaßnahmen stellen, wenn

1. die Forderung oder der Vollstreckungstitel zum Zeitpunkt der Stellung des Ersuchens angefochten ist oder

2. ein Ersuchen um Beitreibung aus anderen Gründen noch nicht gestellt werden kann.

(3) [1]Einem ausgehenden Ersuchen um Sicherungsmaßnahmen ist das Dokument, das in Deutschland Sicherungsmaßnahmen in Bezug auf die Forderung ermöglicht, beizufügen. [2]Dem Ersuchen können weitere in Deutschland ausgestellte Dokumente beigefügt werden.

(4) § 9 Absatz 1 bis 3, § 10 Absatz 4 sowie die §§ 11 und 13 gelten entsprechend.

§ 13 Streitigkeiten. (1) [1]Stellt das Verbindungsbüro ein Ersuchen, so sind die nach dem Dritten Abschnitt des Ersten Teils der Abgabenordnung zuständigen Behörden oder die nach Abschnitt V des Ersten Teils der Finanzgerichtsordnung zuständigen Gerichte zuständig für

1. Rechtsbehelfe in Bezug auf
   a) die Forderung,
   b) den ursprünglichen Vollstreckungstitel für die Vollstreckung in Deutschland und
   c) den einheitlichen Vollstreckungstitel für die Vollstreckung im anderen Mitgliedstaat;
2. Streitigkeiten in Bezug auf die Gültigkeit einer Zustellung durch eine zuständige deutsche Behörde.

[2]Dies gilt auch für Streitigkeiten bei in Deutschland ergriffenen Vollstreckungsmaßnahmen oder Auseinandersetzungen im Zusammenhang mit der Gültigkeit einer Zustellungshilfe durch eine zuständige deutsche Behörde. [3]Wurde ein Rechtsbehelf eingelegt, teilt das Verbindungsbüro dies nach Mitteilung durch die Vollstreckungsbehörde dem anderen Mitgliedstaat mit. [4]Hierbei hat es insbesondere mitzuteilen, in welchem Umfang die Forderung nicht angefochten wird.

(2) [1]Ist Deutschland der ersuchte Mitgliedstaat und werden im Verlauf des Beitreibungsverfahrens die Forderung, der ursprüngliche Vollstreckungstitel oder der einheitliche Vollstreckungstitel von einer betroffenen Partei durch Rechtsbehelf angegriffen, so unterrichtet das Verbindungsbüro nach Mitteilung durch die Vollstreckungsbehörde diese Partei darüber, dass sie den Rechtsbehelf bei der zuständigen Instanz des anderen Mitgliedstaates nach dessen Recht einzulegen hat. [2]Wurde von der ersuchenden Behörde eine Mitteilung entsprechend Absatz 1 Satz 3 erteilt, setzt die Vollstreckungsbehörde das Beitreibungsverfahren für den angefochtenen Teilbetrag der Forderung bis zur Entscheidung über den jeweiligen Rechtsbehelf aus. [3]Satz 2 gilt nicht, wenn die ersuchende Behörde im Einklang mit Absatz 3 ein anderes Vorgehen wünscht. [4]Die Vollstreckungsbehörde kann selbständig oder auf Ersuchen Maßnahmen für die Sicherstellung der Beitreibung treffen, soweit dies zulässig ist. [5]Die Regelungen des § 12 bleiben unberührt.

(3) [1]Eingehende Beitreibungsersuchen aus anderen Mitgliedstaaten können auch die Beitreibung einer angefochtenen Forderung oder eines angefochtenen Teilbetrags einer Forderung beinhalten. [2]Ein solches Ersuchen ist durch die ersuchende Behörde zu begründen. [3]Wird dem Rechtsbehelf später stattgegeben, haftet die ersuchende ausländische Behörde für die Erstattung bereits beigetriebener Beträge samt etwaig geschuldeter Entschädigungsleistungen.

(4) [1]Durch die Einleitung eines Verständigungsverfahrens, das auf die Höhe der beizutreibenden Forderung Auswirkungen haben kann, werden die Beitreibungsmaßnahmen bis zum Abschluss dieses Verfahrens unterbrochen. [2]§ 231 Absatz 3 und 4 der Abgabenordnung gilt entsprechend. [3]Dies gilt nicht, wenn auf Grund von Betrug oder Insolvenz unmittelbare Dringlichkeit gegeben ist. [4]Werden die Beitreibungsmaßnahmen unterbrochen, so ist Absatz 2 Satz 4 und 5 anzuwenden.

§ 14 Ablehnungsgründe. (1) Die in den §§ 9 bis 13 vorgesehene Amtshilfe wird nicht geleistet, wenn die Vollstreckung oder die Anordnung von Sicherungsmaßnahmen unbillig wäre oder die Forderungen insgesamt weniger als 1500 Euro betragen.

(2) ¹Die in den §§ 5 bis 13, 17 und 18 vorgesehene Amtshilfe wird nicht geleistet, wenn

1. sich das ursprüngliche Ersuchen um Amtshilfe auf Forderungen bezieht, die älter als fünf Jahre waren;

2. die Forderungen älter als zehn Jahre sind. Die Frist wird ab dem Zeitpunkt der Fälligkeit gerechnet.

²Die Frist nach Nummer 1 beginnt ab dem Zeitpunkt, zu dem die Forderung in dem Mitgliedstaat der ersuchenden Behörde fällig wurde, und endet zu dem Zeitpunkt, in dem das ursprüngliche Amtshilfeersuchen gestellt wurde. ³Wird gegen die Forderung oder den ursprünglichen Vollstreckungstitel ein Rechtsbehelf eingelegt, beginnt für die Vollstreckung im Mitgliedstaat der ersuchenden Behörde die Fünfjahresfrist ab dem Zeitpunkt, zu dem festgestellt wird, dass eine Anfechtung der Forderung oder des Vollstreckungstitels nicht mehr möglich ist. ⁴Gewähren die zuständigen Behörden des Mitgliedstaates der ersuchenden Behörde einen Zahlungsaufschub oder einen Aufschub des Ratenzahlungsplans, beginnt die Fünfjahresfrist mit Ablauf der gesamten Zahlungsfrist.

(3) Gründe für die Ablehnung eines Ersuchens um Amtshilfe teilt das Verbindungsbüro dem anderen Mitgliedstaat mit.

§ 15 Verjährung. (1) Für die Verjährung von Forderungen, hinsichtlich derer um Amtshilfe ersucht wird, sind die §§ 228 bis 232 der Abgabenordnung entsprechend anzuwenden.

(2) Führt eine Behörde eines anderen Mitgliedstaates auf Grund eines deutschen Ersuchens Beitreibungsmaßnahmen durch oder lässt diese in ihrem Namen durchführen und bewirken die Beitreibungsmaßnahmen nach dem Recht dieses Mitgliedstaates eine Hemmung oder Unterbrechung der Verjährung oder Verlängerung der Verjährungsfrist, so gelten die Beitreibungsmaßnahmen im Hinblick auf die Hemmung oder Unterbrechung der Verjährung oder Verlängerung der Verjährungsfrist als Maßnahmen, die in Deutschland dieselbe Wirkung entfalten, sofern die §§ 228 bis 232 der Abgabenordnung die entsprechende Wirkung vorsehen.

(3) Ist nach dem Recht des Mitgliedstaates der ersuchten Behörde die Hemmung oder Unterbrechung der Verjährung oder Verlängerung der Verjährungsfrist nicht zulässig, so gelten die Beitreibungsmaßnahmen als von Deutschland vorgenommen, sofern diese

1. die ersuchte Behörde durchgeführt hat oder in ihrem Namen hat durchführen lassen und

2. im Fall der Durchführung eine Hemmung oder Unterbrechung der Verjährung nach den §§ 230, 231 der Abgabenordnung bewirkt hätten.

(4) Die nach § 231 der Abgabenordnung zulässigen rechtlichen Maßnahmen zur Unterbrechung der Verjährung bleiben unberührt.

(5) Die Vollstreckungsbehörden teilen über das Verbindungsbüro dem anderen Mitgliedstaat jede Maßnahme mit, die die Verjährung der Forderung, hinsichtlich derer um Beitreibung oder Sicherungsmaßnahmen ersucht wurde, unterbricht oder hemmt.

§ 16 Kosten. (1) Die Vollstreckungsbehörde bemüht sich bei den betreffenden Personen, neben den in § 9 Absatz 5 genannten Beträgen auch die ihr nach den §§ 337 bis 346 der Abgabenordnung entstandenen Kosten beizutreiben, und behält diese ein.

(2) ¹Deutschland verzichtet gegenüber dem ersuchenden Mitgliedstaat auf jegliche Erstattung der Kosten der Amtshilfe nach diesem Gesetz. ²In den Fällen, in denen die Beitreibung besondere Probleme bereitet, sehr hohe Kosten verursacht oder im Rahmen der Bekämpfung der organisierten Kriminalität erfolgt, kann das in § 3 Absatz 1 genannte Verbindungsbüro mit der entsprechenden Behörde des anderen Mitgliedstaates einzelfallbezogen eine Erstattung vereinbaren.

(3) Deutschland haftet einem ersuchten Mitgliedstaat für alle Schäden aus Handlungen, die im Hinblick auf die tatsächliche Begründetheit der Forderung oder auf die Wirksamkeit des von der ersuchenden Behörde ausgestellten Vollstreckungstitels oder des Titels, der zur Ergreifung von Sicherungsmaßnahmen ermächtigt, für nicht angemessen befunden werden.

Abschnitt 5. Allgemeine Vorschriften

§ 17 Anwesenheit von Bediensteten anderer Mitgliedstaaten im Inland. (1) ¹Die Verbindungsbüros können zur Förderung der Amtshilfe gemäß der Beitreibungsrichtlinie vereinbaren, dass unter den von ihr festgelegten Voraussetzungen befugte Bedienstete des anderen Mitgliedstaates

1. in den Amtsräumen anwesend sein dürfen, in denen die deutsche Vollstreckungsbehörde ihre Tätigkeit ausübt;

2. bei den behördlichen Ermittlungen anwesend sein dürfen, die auf deutschem Hoheitsgebiet geführt werden;

3. Gerichtsverfahren, die auf deutschem Hoheitsgebiet geführt werden, unterstützen dürfen.

²Dabei stellt das Verbindungsbüro sicher, dass dem befugten Bediensteten der ersuchenden Behörde nur solche Informationen offenbart werden, die nach § 5 Absatz 1 erteilt werden dürfen und nicht unter § 5 Absatz 2 fallen.

(2) ¹Zur Ausübung der Möglichkeiten nach Absatz 1 ist die jederzeitige Vorlage einer schriftlichen Vollmacht notwendig. ²Aus der Vollmacht müssen die Identität und dienstliche Stellung des Bediensteten der ersuchenden Behörde hervorgehen.

§ 18 Anwesenheit von deutschen Bediensteten in anderen Mitgliedstaaten. ¹Sofern die Komplexität eines Ersuchens es erfordert, können ordnungsgemäß bevollmächtigte deutsche Bedienstete in andere Mitgliedstaaten entsandt werden. [2] Die Voraussetzungen und Bedingungen des § 17 gelten sinngemäß.

§ 19 Standardformblätter und Kommunikationsmittel. (1) [1] Ersuchen um Auskünfte gemäß § 5 Absatz 1, um Zustellung gemäß § 7 Absatz 1 und § 8 Absatz 1, um Beitreibung gemäß § 9 Absatz 1 und § 10 Absatz 1 oder um Sicherungsmaßnahmen gemäß § 12 Absatz 1 und 3 werden jeweils mittels eines Standardformblatts auf elektronischem Weg übermittelt. [2] Diese Formblätter werden, soweit möglich, auch für jede weitere Mitteilung im Zusammenhang mit dem Ersuchen verwendet.

(2) Der einheitliche Vollstreckungstitel für die Vollstreckung im Mitgliedstaat der ersuchten Behörde und das Dokument für das Ergreifen von Sicherungsmaßnahmen im Mitgliedstaat der ersuchenden Behörde sowie die anderen in § 10 Absatz 3 und 4 sowie den §§ 12 bis 15 genannten Dokumente sind ebenfalls auf elektronischem Weg zu übermitteln.

(3) [1] Den Standardformblättern können gegebenenfalls Berichte, Bescheinigungen und andere Dokumente oder beglaubigte Kopien oder Auszüge daraus beigefügt werden, die ebenfalls auf elektronischem Weg zu übermitteln sind. [2] Auch der Informationsaustausch gemäß § 6 hat auf Standardformblättern und in elektronischer Form zu erfolgen.

(4) Die Absätze 1 bis 3 gelten nicht für Auskünfte und Unterlagen, die auf Grund der Anwesenheit in den Amtsräumen in einem anderen Mitgliedstaat oder auf Grund der Teilnahme an behördlichen Ermittlungen in einem anderen Mitgliedstaat gemäß § 18 erlangt werden.

(5) Erfolgt die Übermittlung nicht auf elektronischem Weg oder auf Standardformblättern, so berührt dies nicht die Gültigkeit der erhaltenen Auskünfte oder der im Rahmen eines Ersuchens um Amtshilfe ergriffenen Maßnahmen.

§ 20 Sprachen. (1) [1] Alle Ersuchen um Amtshilfe, Standardformblätter für die Zustellung sowie einheitliche Vollstreckungstitel für die Vollstreckung werden entweder in der Amtssprache oder einer der Amtssprachen des Mitgliedstaates der ersuchten Behörde übermittelt oder es wird ihnen eine Übersetzung in der entsprechenden Amtssprache beigefügt. [2] Der Umstand, dass bestimmte Teile davon in einer Sprache verfasst sind, die nicht Amtssprache oder eine der Amtssprachen des Mitgliedstaates der ersuchten Behörde ist, berührt nicht deren Gültigkeit oder die Gültigkeit des Verfahrens, sofern es sich bei dieser anderen Sprache um eine zwischen den betroffenen Mitgliedstaaten vereinbarte Sprache handelt.

(2) Die Dokumente, um deren Zustellung gemäß § 8 in einem anderen Mitgliedstaat ersucht wird, können in einer der Amtssprachen des ersuchenden Mitgliedstaates übermittelt werden.

(3) Legt die deutsche Behörde dem Ersuchen andere Dokumente, als die in den Absätzen 1 und 2 genannten bei, so hat sie auf Verlangen der ersuchten Behörde die Übersetzung in die Amtssprache, in eine der Amtssprachen oder in eine zwischen beiden Staaten vereinbarte Sprache beizufügen.

§ 21 Weiterleitung von Auskünften und Dokumenten. (1) [1]Die Auskünfte, die im Rahmen der Durchführung dieses Gesetzes an Deutschland übermittelt werden, unterliegen dem Steuergeheimnis und genießen den Schutz, den die Abgabenordnung für Auskünfte dieser Art gewährt. [2]Solche Auskünfte können für Vollstreckungs- und Sicherungsmaßnahmen mit Bezug auf Forderungen, die unter dieses Gesetz fallen, verwendet werden. [3]Eine Verwendung für einen anderen Zweck ist nur mit Einwilligung des Mitgliedstaates, von dem die Auskünfte stammen, zulässig.

(2) Erteilt Deutschland einem anderen Mitgliedstaat Auskünfte, so gestattet es diesem auf Anfrage, die Auskünfte für andere als die in Absatz 1 genannten Zwecke zu verwenden, wenn die Verwendung für einen vergleichbaren Zweck nach deutschem Recht unter Beachtung der §§ 30, 31, 31a und 31b der Abgabenordnung zulässig ist.

(3) [1]Ist die zuständige Behörde der Auffassung, dass auf Grund dieses Gesetzes erhaltene Auskünfte einem dritten Mitgliedstaat für die Zwecke des Absatzes 1 nützlich sein könnten, so kann sie diese Auskünfte an den dritten Mitgliedstaat unter der Voraussetzung weiterleiten, dass die Weiterleitung im Einklang mit diesem Gesetz erfolgt. [2]Sie teilt dem Mitgliedstaat, von dem die Auskünfte stammen, ihre Weiterleitungsabsicht mit. [3]Stammen die Auskünfte aus Deutschland, so kann die Vollstreckungsbehörde innerhalb von zehn Arbeitstagen über das Verbindungsbüro mitteilen, dass sie dieser Weiterleitung nicht zustimmt. [4]Diese Frist beginnt mit dem Tag, an dem die Mitteilung über die beabsichtigte Weiterleitung bei einem Verbindungsbüro eingeht.

(4) Die Einwilligung der Verwendung von Auskünften gemäß Absatz 2, die nach Absatz 3 weitergeleitet worden sind, darf nur durch den Mitgliedstaat erteilt werden, aus dem die Auskünfte stammen.

(5) Auskünfte, die in jedweder Form im Rahmen dieses Gesetzes übermittelt werden, können von allen Behörden des Mitgliedstaates, die die Auskünfte erhalten, auf der gleichen Grundlage wie vergleichbare Auskünfte, die in diesem Staat erlangt wurden, angeführt oder als Beweismittel verwendet werden.

Abschnitt 6. Schlussbestimmungen

§ 22 Anwendung anderer Abkommen zur Unterstützung bei der Beitreibung. (1) [1]Dieses Gesetz gilt unbeschadet der Erfüllung von Verpflichtungen zur Leistung von Amtshilfe in größerem Umfang, die sich aus bilateralen oder multilateralen Übereinkünften oder Vereinbarungen ergeben. [2]Das gilt auch für die Zustellung gerichtlicher oder sonstiger Dokumente.

(2) Auch in diesen Fällen können das elektronische Kommunikationsnetz und die Standardformblätter im Sinne des § 19 genutzt werden.

802. Finanzgerichtsordnung (FGO)[1]

In der Fassung der Bekanntmachung vom 28. März 2001
(BGBl. I S. 442, ber. S. 2262, I 2002 S. 679)

Geändert durch Zustellungsreformgesetz vom 25.6.2001 (BGBl. I S. 1206), Gesetz zur Anpassung der Formvorschriften an den modernen Rechtsgeschäftsverkehr vom 13.7.2001 (BGBl. I S. 1542), Gesetz zur Änderung des Finanzverwaltungsgesetzes und anderer Gesetze vom 14.12.2001 (BGBl. I S. 3714), Steueränderungsgesetz 2001 vom 20.12.2001 (BGBl. I S. 3794), Steuerverkürzungsbekämpfungsgesetz vom 19.12.2001 (BGBl. I S. 3922), Kostenrechtsmodernisierungsgesetz vom 5.5.2004 (BGBl. I S. 718), 1. Justizmodernisierungsgesetz vom 24.8.2004 (BGBl. I S. 2198), Anhörungsrügengesetz vom 9.12.2004 (BGBl. I S. 3220), Gesetz zur Vereinfachung und Vereinheitlichung der Verfahrensvorschriften zur Wahl und Berufung ehrenamtlicher Richter vom 21.12.2004 (BGBl. I S. 3599), Justizkommunikationsgesetz vom 22.3.2005 (BGBl. I S. 837, ber. 2022), Föderalismusreform-Begleitgesetz vom 5.9.2006 (BGBl. I S. 2098), Gesetz zur Neuregelung des Rechtsberatungsrechts vom 12.12.2007 (BGBl. I S. 2840), Gesetz zur Modernisierung von Verfahren im anwaltlichen und notariellen Berufsrecht vom 30.7.2009 (BGBl. I S. 2449), Gesetz über den Rechtsschutz bei überlangen Gerichtsverfahren und strafrechtlichen Ermittlungsverfahren vom 24.11.2011 (BGBl. I S. 2302), Gesetz zur Änderung von Vorschriften über Verkündung und Bekanntmachungen sowie der Zivilprozessordnung, des Gesetzes betreffend die Einführung der Zivilprozessordnung und der Abgabenordnung vom 22.12.2011 (BGBl. I S. 3044), Gesetz zur Förderung der Mediation und anderer Verfahren der außergerichtlichen Konfliktbeilegung vom 21.7.2012 (BGBl. I S. 1577), Gesetz zur Einführung von Kostenhilfe für Drittbetroffene in Verfahren vor dem Europäischen Gerichtshof für Menschenrechte sowie zur Änderung der Finanzgerichtsordnung vom 20.4.2013 (BGBl. I S. 829), Gesetz zur Intensivierung des Einsatzes von Videokonferenztechnik in gerichtlichen und staatsanwaltschaftlichen Verfahren vom 25.4.2013 (BGBl. I S. 935), Amtshilferichtlinie-Umsetzungsgesetz (AmtshilfeRLUmsG) vom 26.6.2013 (BGBl. I S. 1809), Gesetz zur Änderung des Prozesskostenhilfe- und Beratungshilferechts vom 31.8.2013 (BGBl. I S. 3533; ber. BGBl. I 2016 S. 121), Gesetz zur Förderung des elektronischen Rechtsverkehrs mit den Gerichten vom 10.10.2013 (BGBl. I S. 3786), Gesetz zur Durchführung der Verordnung (EU) Nr. 1215/2012 sowie zur Änderung sonstiger Vorschriften vom 8.7.2014 (BGBl. I S. 890), Zehnte Zuständigkeitsanpassungsverordnung vom 31.8.2015 (BGBl. I S. 1474), Gesetz zur Neuordnung des Rechts der Syndikusanwälte und zur Änderung der Finanzgerichtsordnung vom 21.12.2015 (BGBl. I S. 2517), Gesetz zur Modernisierung des Besteuerungsverfahrens vom 18.7.2016 (BGBl. I S. 1679), Gesetz zur Änderung des Sachverständigenrechts und zur weiteren Änderung des Gesetzes über das Verfahren in Familiensachen und in den Angelegenheiten der freiwilligen Gerichtsbarkeit sowie zur Änderung des Sozialgerichtsgesetzes, der Verwaltungsgerichtsordnung, der Finanzgerichtsordnung und des Gerichtskostengesetzes vom 11.10.2016 (BGBl. I S. 2222), Gesetz zur Einführung der elektronischen Akte in der Justiz und zur weiteren Förderung des elektronischen Rechtsverkehrs vom 5.7.2017 (BGBl. I S. 2208), Gesetz zur Durchführung der Verordnung (EU) Nr. 910/2014 des Europäischen Parlaments und des Rates vom 23. Juli 2014 über elektronische Identifizierung und Vertrauensdienste für elektronische Transaktionen im Binnenmarkt und zur Aufhebung der Richtlinie 1999/93 EG (eIDAS-Durchführungsgesetz) vom 18.7.2017 (BGBl. I S. 2745), Gesetz zur Erweiterung der Medienöffentlichkeit in Gerichtsverfahren und zur Verbesserung der Kommunikationshilfen für Menschen mit Sprach- und Hörbehinderungen (Gesetz über die Erweiterung der Medienöffentlichkeit in Gerichtsverfahren – EMöGG) vom 8.10.2017 (BGBl. I S. 3546), Gesetz zur Einführung einer zivilprozessualen Musterfestsetzungsklage vom 12.7.2018 (BGBl. I S. 1151), Gesetz zur Einführung einer Karte für Unionsbürger und Angehörige des Europäischen Wirtschaftsraums vom 21.6.2019 (BGBl. I S. 846), *Zweites Gesetz zur Anpassung des Datenschutzrechts*

---

[1] Die Neubekanntmachung der Finanzgerichtsordnung vom 6.10.1965 (BGBl. I S. 1477) auf Grund des Art. 5 des G v. 19.12.2000 (BGBl. I S. 1757) in der ab 1.1.2001 geltenden Fassung.

an die Verordnung (EU) 2016/679 und zur Umsetzung der Richtlinie (EU) 2016/680 (Zweites Datenschutz-Anpassungs- und Umsetzungsgesetz EU − 2. DSAnpUG-EU) vom 20.11.2019 (BGBl. I S. 1626)[1], Gesetz zur Regelung der Wertgrenze für die Nichtzulassungsbeschwerde in Zivilsachen, zum Ausbau der Spezialisierung bei den Gerichten sowie zur Änderung weiterer prozessrechtlicher Vorschriften vom 12.12.2019 (BGBl. I S. 2633), Gesetz zur Reform des Vormundschafts- und Betreuungsrechts vom 4.5.2021 (BGBl. I S. 882), Gesetz zur Fortentwicklung der Strafprozessordnung und zur Änderung weiterer Vorschriften vom 25.6.2021 (BGBl. I S. 2099), Gesetz zur Neuregelung des Berufsrechts der anwaltlichen und steuerberatenden Berufsausübungsgesellschaften sowie zur Änderung weiterer Vorschriften im Bereich der rechtsberatenden Berufe vom 7.7.2021 (BGBl. I S. 2363) und Gesetz zum Ausbau des elektronischen Rechtsverkehrs mit den Gerichten und zur Änderung weiterer Vorschriften vom 5.10.2021 (BGBl. I S. 4607)

BGBl. III/FNA 350-1

Nichtamtliche Inhaltsübersicht

Erster Teil. Gerichtsverfassung

Abschnitt I. Gerichte

---

[1] **[Amtl. und red. Anm.:]** Die mittelbare Änderung durch Art. 154a Nr. 3 Buchst. a G v. 20.11.2019 I 1626 ist nicht ausführbar, da das geänderte G v. 21.6.2019 I 846 zum Zeitpunkt des Inkrafttretens des mittelbaren Änderungsgesetzes bereits zum 1.11.2019 in Kraft getreten war. An einer Korrektur wird gearbeitet.

(Fortsetzung nächste Seite)

**Abschnitt IV. Urteile und andere
Entscheidungen**

Abschnitt V. Rechtsmittel und Wiederaufnahme des Verfahrens

Unterabschnitt 1. Revision

Unterabschnitt 2. Beschwerde, Erinnerung, Anhörungsrüge

Unterabschnitt 3. Wiederaufnahme des Verfahrens

Dritter Teil. Kosten und Vollstreckung

Abschnitt I. Kosten

Abschnitt II. Vollstreckung

Erster Teil. Gerichtsverfassung

Abschnitt I. Gerichte

§ 1 [Unabhängigkeit der Gerichte] Die Finanzgerichtsbarkeit wird durch unabhängige, von den Verwaltungsbehörden getrennte, besondere Verwaltungsgerichte ausgeübt.

§ 2 [Arten der Gerichte] Gerichte der Finanzgerichtsbarkeit sind

in den Ländern die Finanzgerichte als obere Landesgerichte,

im Bund der Bundesfinanzhof mit dem Sitz in München.

§ 3 [Errichtung und Aufhebung von Finanzgerichten] (1) Durch Gesetz werden angeordnet

1. die Errichtung und Aufhebung eines Finanzgerichts,

2. die Verlegung eines Gerichtssitzes,

3. Änderungen in der Abgrenzung der Gerichtsbezirke,

4. die Zuweisung einzelner Sachgebiete an ein Finanzgericht für die Bezirke mehrerer Finanzgerichte,

5. die Errichtung einzelner Senate des Finanzgerichts an anderen Orten,

6. der Übergang anhängiger Verfahren auf ein anderes Gericht bei Maßnahmen nach den Nummern 1, 3 und 4, wenn sich die Zuständigkeit nicht nach den bisher geltenden Vorschriften richten soll.

(2) Mehrere Länder können die Errichtung eines gemeinsamen Finanzgerichts oder gemeinsamer Senate eines Finanzgerichts oder die Ausdehnung von Gerichtsbezirken über die Landesgrenzen hinaus, auch für einzelne Sachgebiete, vereinbaren.

§ 4 [Anwendung des Gerichtsverfassungsgesetzes] Für die Gerichte der Finanzgerichtsbarkeit gelten die Vorschriften des Zweiten Titels des Gerichtsverfassungsgesetzes entsprechend.

§ 5 [Verfassung der Finanzgerichte] (1) ¹Das Finanzgericht besteht aus dem Präsidenten, den Vorsitzenden Richtern und weiteren Richtern in erforderlicher Anzahl. ²Von der Ernennung eines Vorsitzenden Richters kann abgesehen werden, wenn bei einem Gericht nur ein Senat besteht.

(2) [1]Bei den Finanzgerichten werden Senate gebildet. [2]Zoll-, Verbrauchsteuer- und Finanzmonopolsachen sind in besonderen Senaten zusammenzufassen.

(3) [1]Die Senate entscheiden in der Besetzung mit drei Richtern und zwei ehrenamtlichen Richtern, soweit nicht ein Einzelrichter entscheidet. [2]Bei Beschlüssen außerhalb der mündlichen Verhandlung und bei Gerichtsbescheiden (§ 90 a) wirken die ehrenamtlichen Richter nicht mit.

(4) [1]Die Länder können durch Gesetz die Mitwirkung von zwei ehrenamtlichen Richtern an den Entscheidungen des Einzelrichters vorsehen. [2]Absatz 3 Satz 2 bleibt unberührt.

§ 6 [Übertragung des Rechtsstreits auf Einzelrichter] (1) Der Senat kann den Rechtsstreit einem seiner Mitglieder als Einzelrichter zur Entscheidung übertragen, wenn

1. die Sache keine besonderen Schwierigkeiten tatsächlicher oder rechtlicher Art aufweist und

2. die Rechtssache keine grundsätzliche Bedeutung hat.

(2) Der Rechtsstreit darf dem Einzelrichter nicht übertragen werden, wenn bereits vor dem Senat mündlich verhandelt worden ist, es sei denn, dass inzwischen ein Vorbehalts-, Teil- oder Zwischenurteil ergangen ist.

(3) [1]Der Einzelrichter kann nach Anhörung der Beteiligten den Rechtsstreit auf den Senat zurückübertragen, wenn sich aus einer wesentlichen Änderung der Prozesslage ergibt, dass die Rechtssache grundsätzliche Bedeutung hat oder die Sache besondere Schwierigkeiten tatsächlicher oder rechtlicher Art aufweist. [2]Eine erneute Übertragung auf den Einzelrichter ist ausgeschlossen.

(4) [1]Beschlüsse nach den Absätzen 1 und 3 sind unanfechtbar. [2]Auf eine unterlassene Übertragung kann die Revision nicht gestützt werden.

§§ 7 bis 9. (weggefallen)

§ 10 [Verfassung des Bundesfinanzhofs] (1) Der Bundesfinanzhof besteht aus dem Präsidenten und aus den Vorsitzenden Richtern und weiteren Richtern in erforderlicher Anzahl.

(2) [1]Beim Bundesfinanzhof werden Senate gebildet. [2]§ 5 Abs. 2 Satz 2 gilt sinngemäß.

(3) Die Senate des Bundesfinanzhofs entscheiden in der Besetzung von fünf Richtern, bei Beschlüssen außerhalb der mündlichen Verhandlung in der Besetzung von drei Richtern.

§ 11 [Zuständigkeit des Großen Senats] (1) Bei dem Bundesfinanzhof wird ein Großer Senat gebildet.

(2) Der Große Senat entscheidet, wenn ein Senat in einer Rechtsfrage von der Entscheidung eines anderen Senats oder des Großen Senats abweichen will.

(3) [1]Eine Vorlage an den Großen Senat ist nur zulässig, wenn der Senat, von dessen Entscheidung abgewichen werden soll, auf Anfrage des erken-

nenden Senats erklärt hat, dass er an seiner Rechtsauffassung festhält. [2] Kann der Senat, von dessen Entscheidung abgewichen werden soll, wegen einer Änderung des Geschäftsverteilungsplanes mit der Rechtsfrage nicht mehr befasst werden, tritt der Senat an seine Stelle, der nach dem Geschäftsverteilungsplan für den Fall, in dem abweichend entschieden wurde, nunmehr zuständig wäre. [3] Über die Anfrage und die Antwort entscheidet der jeweilige Senat durch Beschluss in der für Urteile erforderlichen Besetzung.

(4) Der erkennende Senat kann eine Frage von grundsätzlicher Bedeutung dem Großen Senat zur Entscheidung vorlegen, wenn das nach seiner Auffassung zur Fortbildung des Rechts oder zur Sicherung einer einheitlichen Rechtsprechung erforderlich ist.

(5) [1] Der Große Senat besteht aus dem Präsidenten und je einem Richter der Senate, in denen der Präsident nicht den Vorsitz führt. [2] Bei einer Verhinderung des Präsidenten tritt ein Richter aus dem Senat, dem er angehört, an seine Stelle.

(6) [1] Die Mitglieder und die Vertreter werden durch das Präsidium für ein Geschäftsjahr bestellt. [2] Den Vorsitz im Großen Senat führt der Präsident, bei Verhinderung das dienstälteste Mitglied. [3] Bei Stimmengleichheit gibt die Stimme des Vorsitzenden den Ausschlag.

(7) [1] Der Große Senat entscheidet nur über die Rechtsfrage. [2] Er kann ohne mündliche Verhandlung entscheiden. [3] Seine Entscheidung ist in der vorliegenden Sache für den erkennenden Senat bindend.

§ 12 [Geschäftsstelle] [1] Bei jedem Gericht wird eine Geschäftsstelle eingerichtet. [2] Sie wird mit der erforderlichen Anzahl von Urkundsbeamten besetzt.

§ 13 [Rechts- und Amtshilfe] Alle Gerichte und Verwaltungsbehörden leisten den Gerichten der Finanzgerichtsbarkeit Rechts- und Amtshilfe.

Abschnitt II. Richter

§ 14 [Richter auf Lebenszeit] (1) Die Richter werden auf Lebenszeit ernannt, soweit nicht in § 15 Abweichendes bestimmt ist.

(2) Die Richter des Bundesfinanzhofs müssen das 35. Lebensjahr vollendet haben.

§ 15 [Richter auf Probe] Bei den Finanzgerichten können Richter auf Probe oder Richter kraft Auftrags verwendet werden.

Abschnitt III. Ehrenamtliche Richter

§ 16 [Stellung] Der ehrenamtliche Richter wirkt bei der mündlichen Verhandlung und der Urteilsfindung mit gleichen Rechten wie der Richter mit.

§ 17[1] [Voraussetzungen für die Berufung] [1]Der ehrenamtliche Richter muss Deutscher sein. [2]Er soll das 25. Lebensjahr vollendet und seinen Wohnsitz oder seine gewerbliche oder berufliche Niederlassung innerhalb des Gerichtsbezirks haben.

§ 18 [Ausschlussgründe] (1) Vom Amt des ehrenamtlichen Richters sind ausgeschlossen

1. Personen, die infolge Richterspruchs die Fähigkeit zur Bekleidung öffentlicher Ämter nicht besitzen oder wegen einer vorsätzlichen Tat zu einer Freiheitsstrafe von mehr als sechs Monaten oder innerhalb der letzten zehn Jahre wegen einer Steuer- oder Monopolstraftat verurteilt worden sind, soweit es sich nicht um eine Tat handelt, für die das nach der Verurteilung geltende Gesetz nur noch Geldbuße androht,

2. Personen, gegen die Anklage wegen einer Tat erhoben ist, die den Verlust der Fähigkeit zur Bekleidung öffentlicher Ämter zur Folge haben kann,

3. Personen, die nicht das Wahlrecht zu den gesetzgebenden Körperschaften des Landes besitzen.

(2) Personen, die in Vermögensverfall geraten sind, sollen nicht zu ehrenamtlichen Richtern berufen werden.

§ 19 [Unvereinbarkeit] Zum ehrenamtlichen Richter können nicht berufen werden

1. Mitglieder des Bundestages, des Europäischen Parlaments, der gesetzgebenden Körperschaften eines Landes, der Bundesregierung oder einer Landesregierung,

2. Richter,

3. Beamte und Angestellte der Steuerverwaltungen des Bundes und der Länder,

4. Berufssoldaten und Soldaten auf Zeit,

5.[2] Rechtsanwälte, Notare, Patentanwälte, Steuerberater, *Vorstandsmitglieder von Steuerberatungsgesellschaften, die nicht Steuerberater sind [ab 1.8.2022:* Mitglieder Geschäftsführungs- und Aufsichtsorgane von Berufsausübungsgesellschaften im Sinne der Bundesrechtsanwaltsordnung, der Patentanwaltsordnung und des Steuerberatungsgesetzes], ferner Steuerbevollmächtigte, Wirtschaftsprüfer, vereidigte Buchprüfer und Personen, die fremde Rechtsangelegenheiten geschäftsmäßig besorgen.

§ 20 [Recht zur Ablehnung der Berufung] (1) Die Berufung zum Amt des ehrenamtlichen Richters dürfen ablehnen

1. Geistliche und Religionsdiener,

2. Schöffen und andere ehrenamtliche Richter,

3.[3] Personen, die zwei Amtsperioden lang als ehrenamtliche Richter beim Finanzgericht tätig gewesen sind,

---

[1] § 17 Satz 2 geänd. mWv 1.1.2005 durch G v. 21.12.2004 (BGBl. I S. 3599).
[2] § 19 Nr. 5 geänd. mWv 1.8.2022 durch G v. 7.7.2021 (BGBl. I S. 2363).
[3] § 20 Abs. 1 Nr. 3 geänd. mWv 1.1.2005 durch G v. 21.12.2004 (BGBl. I S. 3599).

4. Ärzte, Krankenpfleger, Hebammen,

5. Apothekenleiter, die kein pharmazeutisches Personal beschäftigen,

6.[1] Personen, die die Regelaltersgrenze nach dem Sechsten Buch Sozialgesetzbuch erreicht haben.

(2) In besonderen Härtefällen kann außerdem auf Antrag von der Übernahme des Amtes befreit werden.

§ 21 [Gründe für Amtsentbindung] (1) Ein ehrenamtlicher Richter ist von seinem Amt zu entbinden, wenn er

1. nach den §§ 17 bis 19 nicht berufen werden konnte oder nicht mehr berufen werden kann oder

2. einen Ablehnungsgrund nach § 20 Abs. 1 geltend macht oder

3. seine Amtspflichten gröblich verletzt hat oder

4. die zur Ausübung seines Amtes erforderlichen geistigen oder körperlichen Fähigkeiten nicht mehr besitzt oder

5. seinen Wohnsitz oder seine gewerbliche oder berufliche Niederlassung im Gerichtsbezirk aufgibt.

(2) In besonderen Härtefällen kann außerdem auf Antrag von der weiteren Ausübung des Amtes entbunden werden.

(3) ¹Die Entscheidung trifft der vom Präsidium für jedes Geschäftsjahr im Voraus bestimmte Senat in den Fällen des Absatzes 1 Nr. 1, 3 und 4 auf Antrag des Präsidenten des Finanzgerichts, in den Fällen des Absatzes 1 Nr. 2 und 5 und des Absatzes 2 auf Antrag des ehrenamtlichen Richters. ²Die Entscheidung ergeht durch Beschluss nach Anhörung des ehrenamtlichen Richters.

(4) Absatz 3 gilt sinngemäß in den Fällen des § 20 Abs. 2.

(5) Auf Antrag des ehrenamtlichen Richters ist die Entscheidung nach Absatz 3 aufzuheben, wenn Anklage nach § 18 Nr. 2 erhoben war und der Angeschuldigte rechtskräftig außer Verfolgung gesetzt oder freigesprochen worden ist.

§ 22 [Wahl] Die ehrenamtlichen Richter werden für jedes Finanzgericht auf fünf Jahre[2] durch einen Wahlausschuss nach Vorschlagslisten (§ 25) gewählt.

§ 23[3] [Wahlausschuss] (1) Bei jedem Finanzgericht wird ein Ausschuss zur Wahl der ehrenamtlichen Richter bestellt.

(2) ¹Der Ausschuss besteht aus dem Präsidenten des Finanzgerichts als Vorsitzendem, einem durch die Oberfinanzdirektion zu bestimmenden Beamten der Landesfinanzverwaltung und sieben Vertrauensleuten, die die Voraussetzungen zur Berufung als ehrenamtlicher Richter erfüllen.

---

[1] § 20 Abs. 1 Nr. 6 geänd. mWv 5. 8. 2009 durch G v. 30. 7. 2009 (BGBl. I S. 2449).
[2] § 22 geänd. mWv 1. 1. 2005 durch G v. 21. 12. 2004 (BGBl. I S. 3599).
[3] § 23 Abs. 2 Satz 5 angef. mWv 21. 12. 2001 durch G v. 14. 12. 2001 (BGBl. I S. 3714).

²Die Vertrauensleute, ferner sieben Vertreter werden auf fünf Jahre¹⁾ vom Landtag oder von einem durch ihn bestimmten Landtagsausschuss oder nach Maßgabe der Landesgesetze gewählt. ³In den Fällen des § 3 Abs. 2 und bei Bestehen eines Finanzgerichts für die Bezirke mehrerer Oberfinanzdirektionen innerhalb eines Landes richtet sich die Zuständigkeit der Oberfinanzdirektion für die Bestellung des Beamten der Landesfinanzverwaltung sowie des Landes für die Wahl der Vertrauensleute nach dem Sitz des Finanzgerichts. ⁴Die Landesgesetzgebung kann in diesen Fällen vorsehen, dass jede beteiligte Oberfinanzdirektion einen Beamten der Finanzverwaltung in den Ausschuss entsendet und dass jedes beteiligte Land mindestens zwei Vertrauensleute bestellt. ⁵In Fällen, in denen ein Land nach § 2a Abs. 1 des Finanzverwaltungsgesetzes auf Mittelbehörden verzichtet hat, ist für die Bestellung des Beamten der Landesfinanzverwaltung die oberste Landesbehörde im Sinne des § 2 Abs. 1 Nr. 1 des Finanzverwaltungsgesetzes zuständig.

(3) Der Ausschuss ist beschlussfähig, wenn wenigstens der Vorsitzende, ein Vertreter der Finanzverwaltung und drei Vertrauensleute anwesend sind.

§ 24 [**Bestimmung der Anzahl**] Die für jedes Finanzgericht erforderliche Anzahl von ehrenamtlichen Richtern wird durch den Präsidenten so bestimmt, dass voraussichtlich jeder zu höchstens zwölf ordentlichen Sitzungstagen im Jahre herangezogen wird.

§ 25²⁾ [**Vorschlagsliste**] ¹Die Vorschlagsliste der ehrenamtlichen Richter wird in jedem fünften Jahr durch den Präsidenten des Finanzgerichts aufgestellt. ²Er soll zuvor die Berufsvertretungen hören. ³In die Vorschlagsliste soll die doppelte Anzahl der nach § 24 zu wählenden ehrenamtlichen Richter aufgenommen werden.

§ 26 [**Wahlverfahren**] (1) Der Ausschuss wählt aus den Vorschlagslisten mit einer Mehrheit von mindestens zwei Dritteln der Stimmen die erforderliche Anzahl von ehrenamtlichen Richtern.

(2) Bis zur Neuwahl bleiben die bisherigen ehrenamtlichen Richter im Amt.

§ 27 [**Liste und Hilfsliste**] (1) ¹Das Präsidium des Finanzgerichts bestimmt vor Beginn des Geschäftsjahrs durch Aufstellung einer Liste die Reihenfolge, in der die ehrenamtlichen Richter heranzuziehen sind. ²Für jeden Senat ist eine Liste aufzustellen, die mindestens zwölf Namen enthalten muss.

(2) Für die Heranziehung von Vertretern bei unvorhergesehener Verhinderung kann eine Hilfsliste ehrenamtlicher Richter aufgestellt werden, die am Gerichtssitz oder in seiner Nähe wohnen.

---

¹⁾ § 23 Abs. 2 Satz 2 geänd. mWv 1. 1. 2005 durch G v. 21. 12. 2004 (BGBl. I S. 3599).
²⁾ § 25 Sätze 1 und 3 geänd. mWv 1. 1. 2005 durch G v. 21. 12. 2004 (BGBl. I S. 3599).

§ 28. (weggefallen)

§ 29 [Entschädigung] Der ehrenamtliche Richter und der Vertrauensmann (§ 23) erhalten eine Entschädigung nach dem Justizvergütungs- und -entschädigungsgesetz.[1] · [2]

§ 30 [Ordnungsstrafen] (1) [1] Gegen einen ehrenamtlichen Richter, der sich ohne genügende Entschuldigung zu einer Sitzung nicht rechtzeitig einfindet oder der sich seinen Pflichten auf andere Weise entzieht, kann ein Ordnungsgeld festgesetzt werden. [2] Zugleich können ihm die durch sein Verhalten verursachten Kosten auferlegt werden.

(2) [1] Die Entscheidung trifft der Vorsitzende. [2] Er kann sie bei nachträglicher Entschuldigung ganz oder zum Teil aufheben.

Abschnitt IV. Gerichtsverwaltung

§ 31 [Dienstaufsicht] Der Präsident des Gerichts übt die Dienstaufsicht über die Richter, Beamten, Angestellten und Arbeiter aus.

§ 32 [Verbot der Übertragung von Verwaltungsgeschäften] Dem Gericht dürfen keine Verwaltungsgeschäfte außerhalb der Gerichtsverwaltung übertragen werden.

Abschnitt V. Finanzrechtsweg und Zuständigkeit

Unterabschnitt 1. Finanzrechtsweg

§ 33 [Zulässigkeit des Rechtswegs] (1) Der Finanzrechtsweg ist gegeben

1. in öffentlich-rechtlichen Streitigkeiten über Abgabenangelegenheiten, soweit die Abgaben der Gesetzgebung des Bundes unterliegen und durch Bundesfinanzbehörden oder Landesfinanzbehörden verwaltet werden,

2. in öffentlich-rechtlichen Streitigkeiten über die Vollziehung von Verwaltungsakten in anderen als den in Nummer 1 bezeichneten Angelegenheiten, soweit die Verwaltungsakte durch Bundesfinanzbehörden oder Landesfinanzbehörden nach den Vorschriften der Abgabenordnung zu vollziehen sind,

3. in öffentlich-rechtlichen und berufsrechtlichen Streitigkeiten über Angelegenheiten, die durch den Ersten Teil, den Zweiten und den Sechsten Abschnitt des Zweiten Teils und den Ersten Abschnitt des Dritten Teils des Steuerberatungsgesetzes geregelt werden,

4. in anderen als den in den Nummern 1 bis 3 bezeichneten öffentlichrechtlichen Streitigkeiten, soweit für diese durch Bundesgesetz oder Landesgesetz der Finanzrechtsweg eröffnet ist.

---

[1] Bezeichnung geänd. mWv 1. 7. 2004 durch G v. 5. 5. 2004 (BGBl. I S. 718).
[2] **Schönfelder Nr. 116.**

(2) Abgabenangelegenheiten im Sinne dieses Gesetzes sind alle mit der Verwaltung der Abgaben einschließlich der Abgabenvergütungen oder sonst mit der Anwendung der abgabenrechtlichen Vorschriften durch die Finanzbehörden zusammenhängenden Angelegenheiten einschließlich der Maßnahmen der Bundesfinanzbehörden zur Beachtung der Verbote und Beschränkungen für den Warenverkehr über die Grenze; den Abgabenangelegenheiten stehen die Angelegenheiten der Verwaltung der Finanzmonopole gleich.

(3) Die Vorschriften dieses Gesetzes finden auf das Straf- und Bußgeldverfahren keine Anwendung.

§ 34. (weggefallen)

Unterabschnitt 2. Sachliche Zuständigkeit

§ 35 [Zuständigkeit der Finanzgerichte] Das Finanzgericht entscheidet im ersten Rechtszug über alle Streitigkeiten, für die der Finanzrechtsweg gegeben ist.

§ 36 [Zuständigkeit des Bundesfinanzhofs] Der Bundesfinanzhof entscheidet über das Rechtsmittel

1. der Revision gegen Urteile des Finanzgerichts und gegen Entscheidungen, die Urteilen des Finanzgerichts gleichstehen,

2. der Beschwerde gegen andere Entscheidungen des Finanzgerichts, des Vorsitzenden oder des Berichterstatters.

§ 37. (weggefallen)

Unterabschnitt 3. Örtliche Zuständigkeit

§ 38 [Örtliche Zuständigkeit des Finanzgerichts] (1) Örtlich zuständig ist das Finanzgericht, in dessen Bezirk die Behörde, gegen welche die Klage gerichtet ist, ihren Sitz hat.

(2) [1]Ist die in Absatz 1 bezeichnete Behörde eine oberste Finanzbehörde, so ist das Finanzgericht zuständig, in dessen Bezirk der Kläger seinen Wohnsitz, seine Geschäftsleitung oder seinen gewöhnlichen Aufenthalt hat; bei Zöllen, Verbrauchsteuern und Monopolabgaben ist das Finanzgericht zuständig, in dessen Bezirk ein Tatbestand verwirklicht wird, an den das Gesetz die Abgabe knüpft. [2]Hat der Kläger im Bezirk der obersten Finanzbehörde keinen Wohnsitz, keine Geschäftsleitung und keinen gewöhnlichen Aufenthalt, so findet Absatz 1 Anwendung.

(2a)[1] [1]In Angelegenheiten des Familienleistungsausgleichs nach Maßgabe der §§ 62 bis 78 des Einkommensteuergesetzes ist das Finanzgericht zuständig, in dessen Bezirk der Kläger seinen Wohnsitz oder seinen gewöhnlichen Aufenthalt hat. [2]Hat der Kläger im Inland keinen Wohnsitz und keinen gewöhnlichen Aufenthalt, ist das Finanzgericht zuständig, in dessen Bezirk die Behörde, gegen welche die Klage gerichtet ist, ihren Sitz hat.

---

[1] § 38 Abs. 2a Satz 3 aufgeh. mWv 31. 12. 2015 durch G v. 21. 12. 2015 (BGBl. I S. 2517).

(3) Befindet sich der Sitz einer Finanzbehörde außerhalb ihres Bezirks, so richtet sich die örtliche Zuständigkeit abweichend von Absatz 1 nach der Lage des Bezirks.

§ 39 [Bestimmung des Gerichts durch den Bundesfinanzhof] (1) Das zuständige Finanzgericht wird durch den Bundesfinanzhof bestimmt,

1. wenn das an sich zuständige Finanzgericht in einem einzelnen Fall an der Ausübung der Gerichtsbarkeit rechtlich oder tatsächlich verhindert ist,
2. wenn es wegen der Grenzen verschiedener Gerichtsbezirke ungewiss ist, welches Finanzgericht für den Rechtsstreit zuständig ist,
3. wenn verschiedene Finanzgerichte sich rechtskräftig für zuständig erklärt haben,
4. wenn verschiedene Finanzgerichte, von denen eines für den Rechtsstreit zuständig ist, sich rechtskräftig für unzuständig erklärt haben,
5. wenn eine örtliche Zuständigkeit nach § 38 nicht gegeben ist.

(2) ¹Jeder am Rechtsstreit Beteiligte und jedes mit dem Rechtsstreit befasste Finanzgericht kann den Bundesfinanzhof anrufen. ²Dieser kann ohne mündliche Verhandlung entscheiden.

Zweiter Teil. Verfahren

Abschnitt I. Klagearten, Klagebefugnis, Klagevoraussetzungen, Klageverzicht

§ 40 [Anfechtungs- und Verpflichtungsklage] (1) Durch Klage kann die Aufhebung, in den Fällen des § 100 Abs. 2 auch die Änderung eines Verwaltungsakts (Anfechtungsklage) sowie die Verurteilung zum Erlass eines abgelehnten oder unterlassenen Verwaltungsakts (Verpflichtungsklage) oder zu einer anderen Leistung begehrt werden.

(Fortsetzung nächstes Blatt)

(2) Soweit gesetzlich nichts anderes bestimmt ist, ist die Klage nur zulässig, wenn der Kläger geltend macht, durch den Verwaltungsakt oder durch die Ablehnung oder Unterlassung eines Verwaltungsakts oder einer anderen Leistung in seinen Rechten verletzt zu sein.

(3) Verwaltet eine Finanzbehörde des Bundes oder eines Landes eine Abgabe ganz oder teilweise für andere Abgabenberechtigte, so können diese in den Fällen Klage erheben, in denen der Bund oder das Land die Abgabe oder einen Teil der Abgabe unmittelbar oder mittelbar schulden würde.

§ 41 [Feststellungsklage] (1) Durch Klage kann die Feststellung des Bestehens oder Nichtbestehens eines Rechtsverhältnisses oder der Nichtigkeit eines Verwaltungsakts begehrt werden, wenn der Kläger ein berechtigtes Interesse an der baldigen Feststellung hat (Feststellungsklage).

(2) [1]Die Feststellung kann nicht begehrt werden, soweit der Kläger seine Rechte durch Gestaltungs- oder Leistungsklage verfolgen kann oder hätte verfolgen können. [2]Dies gilt nicht, wenn die Feststellung der Nichtigkeit eines Verwaltungsakts begehrt wird.

§ 42 [Umfang der Anfechtbarkeit] Auf Grund der Abgabenordnung erlassene Änderungs- und Folgebescheide können nicht in weiterem Umfang angegriffen werden, als sie in dem außergerichtlichen Vorverfahren angefochten werden können.

§ 43 [Verbindung von Klagen] Mehrere Klagebegehren können vom Kläger in einer Klage zusammen verfolgt werden, wenn sie sich gegen denselben Beklagten richten, im Zusammenhang stehen und dasselbe Gericht zuständig ist.

§ 44 [Außergerichtlicher Rechtsbehelf] (1) In den Fällen, in denen ein außergerichtlicher Rechtsbehelf gegeben ist, ist die Klage vorbehaltlich der §§ 45 und 46 nur zulässig, wenn das Vorverfahren über den außergerichtlichen Rechtsbehelf ganz oder zum Teil erfolglos geblieben ist.

(2) Gegenstand der Anfechtungsklage nach einem Vorverfahren ist der ursprüngliche Verwaltungsakt in der Gestalt, die er durch die Entscheidung über den außergerichtlichen Rechtsbehelf gefunden hat.

§ 45 [Sprungklage] (1) [1]Die Klage ist ohne Vorverfahren zulässig, wenn die Behörde, die über den außergerichtlichen Rechtsbehelf zu entscheiden hat, innerhalb eines Monats nach Zustellung der Klageschrift dem Gericht gegenüber zustimmt. [2]Hat von mehreren Berechtigten einer einen außergerichtlichen Rechtsbehelf eingelegt, ein anderer unmittelbar Klage erhoben, ist zunächst über den außergerichtlichen Rechtsbehelf zu entscheiden.

(2) [1]Das Gericht kann eine Klage, die nach Absatz 1 ohne Vorverfahren erhoben worden ist, innerhalb von drei Monaten nach Eingang der Akten der Behörde bei Gericht, spätestens innerhalb von sechs Monaten nach Klagezustellung, durch Beschluss an die zuständige Behörde zur Durchführung des Vorverfahrens abgeben, wenn eine weitere Sachaufklärung notwendig ist, die

nach Art oder Umfang erhebliche Ermittlungen erfordert, und die Abgabe auch unter Berücksichtigung der Belange der Beteiligten sachdienlich ist. ²Der Beschluss ist unanfechtbar.

(3) Stimmt die Behörde im Fall des Absatzes 1 nicht zu oder gibt das Gericht die Klage nach Absatz 2 ab, ist die Klage als außergerichtlicher Rechtsbehelf zu behandeln.

(4) Die Klage ist außerdem ohne Vorverfahren zulässig, wenn die Rechtswidrigkeit der Anordnung eines dinglichen Arrests geltend gemacht wird.

§ 46 [Untätigkeitsklage] (1) ¹Ist über einen außergerichtlichen Rechtsbehelf ohne Mitteilung eines zureichenden Grundes in angemessener Frist sachlich nicht entschieden worden, so ist die Klage abweichend von § 44 ohne vorherigen Abschluss des Vorverfahrens zulässig. ²Die Klage kann nicht vor Ablauf von sechs Monaten seit Einlegung des außergerichtlichen Rechtsbehelfs erhoben werden, es sei denn, dass wegen besonderer Umstände des Falles eine kürzere Frist geboten ist. ³Das Gericht kann das Verfahren bis zum Ablauf einer von ihm bestimmten Frist, die verlängert werden kann, aussetzen; wird dem außergerichtlichen Rechtsbehelf innerhalb dieser Frist stattgegeben oder der beantragte Verwaltungsakt innerhalb dieser Frist erlassen, so ist der Rechtsstreit in der Hauptsache als erledigt anzusehen.

(2) Absatz 1 Satz 2 und 3 gilt für die Fälle sinngemäß, in denen geltend gemacht wird, dass eine der in § 348 Nr. 3 und 4 der Abgabenordnung genannten Stellen über einen Antrag auf Vornahme eines Verwaltungsakts ohne Mitteilung eines zureichenden Grundes in angemessener Frist sachlich nicht entschieden hat.

§ 47[1] [Frist zur Erhebung der Anfechtungsklage] (1)[2] ¹Die Frist für die Erhebung der Anfechtungsklage beträgt einen Monat; sie beginnt mit der Bekanntgabe der Entscheidung über den außergerichtlichen Rechtsbehelf, in den Fällen des § 45 und in den Fällen, in denen ein außergerichtlicher Rechtsbehelf nicht gegeben ist, mit der Bekanntgabe des Verwaltungsakts. ²Dies gilt für die Verpflichtungsklage sinngemäß, wenn der Antrag auf Vornahme des Verwaltungsakts abgelehnt worden ist.

(2) ¹Die Frist für die Erhebung der Klage gilt als gewahrt, wenn die Klage bei der Behörde, die den angefochtenen Verwaltungsakt oder die angefochtene Entscheidung erlassen oder den Beteiligten bekannt gegeben hat oder die nachträglich für den Steuerfall zuständig geworden ist, innerhalb der Frist angebracht oder zu Protokoll gegeben wird. ²Die Behörde hat die Klageschrift in diesem Fall unverzüglich dem Gericht zu übermitteln.

(3) Absatz 2 gilt sinngemäß bei einer Klage, die sich gegen die Feststellung von Besteuerungsgrundlagen oder gegen die Festsetzung eines Steuermessbetrags richtet, wenn sie bei der Stelle angebracht wird, die zur Erteilung des Steuerbescheids zuständig ist.

---

[1] § 47 Abs. 2 Satz 2 geänd. mWv 1.4.2005 durch G v. 22.3.2005 (BGBl. I S. 837); Abs. 2 Satz 1 geänd. mWv 1.1.2018 durch G v. 5.7.2017 (BGBl. I S. 2208).
[2] Abweichend hierzu siehe Art. 97 § 18a EGAO (Nr. **800a**).

§ 48 **[Klagebefugnis]** (1) Gegen Bescheide über die einheitliche und gesonderte Feststellung von Besteuerungsgrundlagen können Klage erheben:

1. zur Vertretung berufene Geschäftsführer oder, wenn solche nicht vorhanden sind, der Klagebevollmächtigte im Sinne des Absatzes 2;

2. wenn Personen nach Nummer 1 nicht vorhanden sind, jeder Gesellschafter, Gemeinschafter oder Mitberechtigte, gegen den der Feststellungsbescheid ergangen ist oder zu ergehen hätte;

3. auch wenn Personen nach Nummer 1 vorhanden sind, ausgeschiedene Gesellschafter, Gemeinschafter oder Mitberechtigte, gegen die der Feststellungsbescheid ergangen ist oder zu ergehen hätte;

4. soweit es sich darum handelt, wer an dem festgestellten Betrag beteiligt ist und wie dieser sich auf die einzelnen Beteiligten verteilt, jeder, der durch die Feststellungen hierzu berührt wird;

5. soweit es sich um eine Frage handelt, die einen Beteiligten persönlich angeht, jeder, der durch die Feststellungen über die Frage berührt wird.

(2) ¹Klagebefugt im Sinne des Absatzes 1 Nr. 1 ist der gemeinsame Empfangsbevollmächtigte im Sinne des § 183 Abs. 1 Satz 1 der Abgabenordnung oder des § 6 Abs. 1 Satz 1 der Verordnung über die gesonderte Feststellung von Besteuerungsgrundlagen nach § 180 Abs. 2 der Abgabenordnung vom 19. Dezember 1986 (BGBl. I S. 2663). ²Haben die Feststellungsbeteiligten keinen gemeinsamen Empfangsbevollmächtigten bestellt, ist klagebefugt im Sinne des Absatzes 1 Nr. 1 der nach § 183 Abs. 1 Satz 2 der Abgabenordnung fingierte oder der nach § 183 Abs. 1 Satz 3 bis 5 der Abgabenordnung oder nach § 6 Abs. 1 Satz 3 bis 5 der Verordnung über die gesonderte Feststellung von Besteuerungsgrundlagen nach § 180 Abs. 2 der Abgabenordnung von der Finanzbehörde bestimmte Empfangsbevollmächtigte; dies gilt nicht für Feststellungsbeteiligte, die gegenüber der Finanzbehörde der Klagebefugnis des Empfangsbevollmächtigten widersprechen. ³Die Sätze 1 und 2 sind nur anwendbar, wenn die Beteiligten spätestens bei Erlass der Einspruchsentscheidung über die Klagebefugnis des Empfangsbevollmächtigten belehrt worden sind.

§ 49. (weggefallen)

§ 50¹⁾ **[Klageverzicht]** (1) ¹Auf die Erhebung der Klage kann nach Erlass des Verwaltungsakts verzichtet werden. ²Der Verzicht kann auch bei Abgabe einer Steueranmeldung ausgesprochen werden, wenn er auf den Fall beschränkt wird, dass die Steuer nicht abweichend von der Steueranmeldung festgesetzt wird. ³Eine trotz des Verzichts erhobene Klage ist unzulässig.

(1a) ¹Soweit Besteuerungsgrundlagen für ein Verständigungs- oder ein Schiedsverfahren nach einem Vertrag im Sinne des § 2 der Abgabenordnung von Bedeutung sein können, kann auf die Erhebung der Klage insoweit verzichtet werden. ²Die Besteuerungsgrundlage, auf die sich der Verzicht beziehen soll, ist genau zu bezeichnen.

---

¹⁾ § 50 Abs. 2 Satz 1 geänd. mWv 1.1.2018 durch G v. 5.7.2017 (BGBl. I S. 2208).

(2) ¹Der Verzicht ist gegenüber der zuständigen Behörde schriftlich oder zu Protokoll zu erklären; er darf keine weiteren Erklärungen enthalten. ²Wird nachträglich die Unwirksamkeit des Verzichts geltend gemacht, so gilt § 56 Abs. 3 sinngemäß.

Abschnitt II. Allgemeine Verfahrensvorschriften

§ 51 [Ausschließung und Ablehnung der Gerichtspersonen]

(1) ¹Für die Ausschließung und Ablehnung der Gerichtspersonen gelten die §§ 41 bis 49 der Zivilprozessordnung sinngemäß. ²Gerichtspersonen können auch abgelehnt werden, wenn von ihrer Mitwirkung die Verletzung eines Geschäfts- oder Betriebsgeheimnisses oder Schaden für die geschäftliche Tätigkeit eines Beteiligten zu besorgen ist.

(2) Von der Ausübung des Amtes als Richter, als ehrenamtlicher Richter oder als Urkundsbeamter ist auch ausgeschlossen, wer bei dem vorausgegangenen Verwaltungsverfahren mitgewirkt hat.

(3) Besorgnis der Befangenheit nach § 42 der Zivilprozessordnung¹⁾ ist stets dann begründet, wenn der Richter oder ehrenamtliche Richter der Vertretung einer Körperschaft angehört oder angehört hat, deren Interessen durch das Verfahren berührt werden.

§ 52 [Sitzungspolizei usw.]

(1) Die §§ 169, 171b bis 197 des Gerichtsverfassungsgesetzes²⁾ über die Öffentlichkeit, Sitzungspolizei, Gerichtssprache, Beratung und Abstimmung gelten sinngemäß.

(2) Die Öffentlichkeit ist auch auszuschließen, wenn ein Beteiligter, der nicht Finanzbehörde ist, es beantragt.

(3) Bei der Abstimmung und Beratung dürfen auch die zu ihrer steuerrechtlichen Ausbildung beschäftigten Personen zugegen sein, soweit sie die Befähigung zum Richteramt besitzen und soweit der Vorsitzende ihre Anwesenheit gestattet.

§ 52a³⁾ [Elektronische Dokumente]

(1)⁴⁾ Vorbereitende Schriftsätze und deren Anlagen, schriftlich einzureichende Anträge und Erklärungen der Beteiligten sowie schriftlich einzureichende Auskünfte, Aussagen, Gutachten, Übersetzungen und Erklärungen Dritter können nach Maßgabe der Absätze 2 bis 6 als elektronische Dokumente bei Gericht eingereicht werden.

(2) ¹Das elektronische Dokument muss für die Bearbeitung durch das Gericht geeignet sein. ²Die Bundesregierung bestimmt durch Rechtsverordnung mit Zustimmung des Bundesrates *die für die Übermittlung und Bearbeitung geeig-*

---

¹⁾ **Schönfelder Nr. 100.**
²⁾ **Schönfelder Nr. 95.**
³⁾ § 52a neu gef. mWv 1.1.2018 durch G v. 10.10.2013 (BGBl. I S. 3786); Abs. 7 Satz 2 angef. durch G v. 5.7.2017 (BGBl. I S. 2208); Abs. 2 Satz 2 neu gef., Abs. 6 Satz 1 geänd. mWv 1.1.2022 durch G v. 5.10.2021 (BGBl. I S. 4607).
⁴⁾ § 52a Abs. 1 geänd. mWv 1.1.2020 durch G v. 12.12.2019 (BGBl. I S. 2633).

neten technischen [*ab 1.1.2022:* technische Rahmenbedingungen für die Übermittlung und die Eignung zur Bearbeitung durch das Gericht.]

(3)[1] [1]Das elektronische Dokument muss mit einer qualifizierten elektronischen Signatur der verantwortenden Person versehen sein oder von der verantwortenden Person signiert und auf einem sicheren Übermittlungsweg eingereicht werden. [2]Satz 1 gilt nicht für Anlagen, die vorbereitenden Schriftsätzen beigefügt sind.

(4)[2] [1]Sichere Übermittlungswege sind

1. der Postfach- und Versanddienst eines De-Mail-Kontos, wenn der Absender bei Versand der Nachricht sicher im Sinne des § 4 Absatz 1 Satz 2 des De-Mail-Gesetzes angemeldet ist und er sich die sichere Anmeldung gemäß § 5 Absatz 5 des De-Mail-Gesetzes bestätigen lässt,

[Fassung bis 31.7.2022:]

2. der Übermittlungsweg zwischen dem besonderen elektronischen Anwaltspostfach nach § 31a der Bundesrechtsanwaltsordnung oder einem entsprechenden, auf gesetzlicher Grundlage errichteten elektronischen Postfach und der elektronischen Poststelle des Gerichts,

[Fassung ab 1.8.2022:]

2. der Übermittlungsweg zwischen den besonderen elektronischen Anwaltspostfächern nach den §§ 31a und 31b der Bundesrechtsanwaltsordnung oder einem entsprechenden, auf gesetzlicher Grundlage errichteten elektronischen Postfach und der elektronischen Poststelle des Gerichts,

3. der Übermittlungsweg zwischen einem nach Durchführung eines Identifizierungsverfahrens eingerichteten Postfach einer Behörde oder einer juristischen Person des öffentlichen Rechts und der elektronischen Poststelle des Gerichts; *das Nähere regelt die Verordnung nach Absatz 2 Satz 2,*

[ab 1.1.2022:

4. der Übermittlungsweg zwischen einem nach Durchführung eines Identifizierungsverfahrens eingerichteten elektronischen Postfach einer natürlichen oder juristischen Person oder einer sonstigen Vereinigung und der elektronischen Poststelle des Gerichts,

5. der Übermittlungsweg zwischen einem nach Durchführung eines Identifizierungsverfahrens genutzten Postfach- und Versanddienst eines Nutzerkontos im Sinne des § 2 Absatz 5 des Onlinezugangsgesetzes und der elektronischen Poststelle des Gerichts,]

6. sonstige bundeseinheitliche Übermittlungswege, die durch Rechtsverordnung der Bundesregierung mit Zustimmung des Bundesrates festgelegt werden, bei denen die Authentizität und Integrität der Daten sowie die Barrierefreiheit gewährleistet sind.

[ab 1.1.2022: [2]Das Nähere zu den Übermittlungswegen gemäß Satz 1 Nummer 3 bis 5 regelt die Rechtsverordnung nach Absatz 2 Satz 2.]

---

[1] § 52a Abs. 3 Satz 2 angef. mWv 1.1.2020 durch G v. 12.12.2019 (BGBl. I S. 2633).
[2] § 52a Abs. 4 Nr. 2 neu gef. mWv 1.8.2022 durch G v. 7.7.2021 (BGBl. I S. 2363); Nr. 3 geänd.; Nrn. 4 und 5 eingef., bish. Nr. 4 wird Nr. 6, Satz 2 angef., bish. Wortlaut von Abs. 4 wird Satz 1 mWv 1.1.2022 durch G v. 5.10.2021 (BGBl. I S. 4607).

(5) ¹Ein elektronisches Dokument ist eingegangen, sobald es auf der für den Empfang bestimmten Einrichtung des Gerichts gespeichert ist. ²Dem Absender ist eine automatisierte Bestätigung über den Zeitpunkt des Eingangs zu erteilen. ³Die Vorschriften dieses Gesetzes über die Beifügung von Abschriften für die übrigen Beteiligten finden keine Anwendung.

(6) ¹Ist ein elektronisches Dokument für das Gericht zur Bearbeitung nicht geeignet, ist dies dem Absender unter Hinweis auf die Unwirksamkeit des Eingangs unverzüglich mitzuteilen. ²Das Dokument gilt als zum Zeitpunkt der früheren Einreichung eingegangen, sofern der Absender es unverzüglich in einer für das Gericht zur Bearbeitung geeigneten Form nachreicht und glaubhaft macht, dass es mit dem zuerst eingereichten Dokument inhaltlich übereinstimmt.

(7) ¹Soweit eine handschriftliche Unterzeichnung durch den Richter oder den Urkundsbeamten der Geschäftsstelle vorgeschrieben ist, genügt dieser Form die Aufzeichnung als elektronisches Dokument, wenn die verantwortenden Personen am Ende des Dokuments ihren Namen hinzufügen und das Dokument mit einer qualifizierten elektronischen Signatur versehen ist. ²Der in Satz 1 genannten Form genügt auch ein elektronisches Dokument, in welches das handschriftlich unterzeichnete Schriftstück gemäß § 52b Absatz 6 Satz 4 übertragen worden ist.

§ 52b [Elektronisch geführte Prozessakten]
[Fassung ab 13.7.2017:]¹⁾

(1) ¹Die Prozessakten können elektronisch geführt werden. ²Die Bundesregierung und die Landesregierungen bestimmen jeweils für ihren Bereich durch Rechtsverordnung²⁾ den Zeitpunkt, von dem an die Prozessakten elektronisch geführt werden. ³In der Rechtsverordnung²⁾ sind die organisatorisch-technischen Rahmenbedingungen für die Bildung, Führung und Verwahrung der elektronischen Akten festzulegen. ⁴Die Landesregierungen können die Ermächtigung auf die für die Finanzgerichtsbarkeit zuständigen obersten Landesbehörden übertragen. ⁵Die Zulassung der elektronischen Akte kann auf einzelne Gerichte oder Verfahren beschränkt werden; wird von dieser Möglichkeit Gebrauch gemacht, kann in der Rechtsverord-

---

¹⁾ § 52b Abs. 1 Satz 5 Hs. 2 angef. mWv 13.7.2017, Abs. 1a eingef. mWv 1.1.2018 durch G v. 5.7.2017 (BGBl. I S. 2208).
²⁾ Nr. **802a**.

[Fassung ab 13.7.2017:][1)]
nung[2)] bestimmt werden, dass durch
Verwaltungsvorschrift, die öffentlich
bekanntzumachen ist, geregelt wird,
in welchen Verfahren die Prozessakten elektronisch zu führen sind. [6]Die
Rechtsverordnung[2)] der Bundesregierung bedarf nicht der Zustimmung des Bundesrates.

[ab 1.1.2018–31.12.2025:][3)]

(1a) [1]Die Prozessakten werden ab
dem 1. Januar 2026 elektronisch geführt. [2]Die Bundesregierung und die
Landesregierungen bestimmen jeweils
für ihren Bereich durch Rechtsverordnung[2)] die organisatorischen und
dem Stand der Technik entsprechenden technischen Rahmenbedingungen für die Bildung, Führung und
Verwahrung der elektronischen Akten
einschließlich der einzuhaltenden Anforderungen der Barrierefreiheit. [3]Die
Bundesregierung und die Landesregierungen können jeweils für ihren
Bereich durch Rechtsverordnung[2)]
bestimmen, dass Akten, die in Papierform angelegt wurden, in Papierform weitergeführt werden. [4]Die Landesregierungen können die Ermächtigungen nach den Sätzen 2 und 3 auf die
für die Finanzgerichtsbarkeit zuständigen obersten Landesbehörden übertragen. [5]Die Rechtsverordnungen der
Bundesregierung bedürfen nicht der
Zustimmung des Bundesrates.

[Fassung ab 1.1.2026:][3)]

(1) [1]Die Prozessakten werden
elektronisch geführt. [2]Die Bundesregierung und die Landesregierungen
bestimmen jeweils für ihren Bereich
durch Rechtsverordnung[2)] die organisatorischen und dem Stand der
Technik entsprechenden technischen
Rahmenbedingungen für die Bildung, Führung und Verwahrung der
elektronischen Akten einschließlich
der einzuhaltenden Anforderungen
der Barrierefreiheit. [3]Die Bundesregierung und die Landesregierungen
können jeweils für ihren Bereich
durch Rechtsverordnung[2)] bestimmen, dass Akten, die in Papierform
angelegt wurden, in Papierform weitergeführt werden. [4]Die Landesregierungen können die Ermächtigungen
nach den Sätzen 2 und 3 auf die für
die Finanzgerichtsbarkeit zuständigen
obersten Landesbehörden übertragen. [5]Die Rechtsverordnungen der
Bundesregierung bedürfen nicht der
Zustimmung des Bundesrates.

(2)[4)] [1]Werden die Akten in Papierform geführt, ist von einem elektronischen Dokument ein Ausdruck für die Akten zu fertigen. [2]Kann dies bei Anlagen zu vorbereitenden Schriftsätzen nicht oder nur mit unverhältnismäßigem

---

[1)] § 52b Abs. 1 Satz 5 Hs. 2 angef. mWv 13.7.2017, Abs. 1a eingef. mWv 1.1.2018 durch
G v. 5.7.2017 (BGBl. I S. 2208).
[2)] Nr. **802a**.
[3)] § 52b Abs. 1 aufgeh., bish. Abs. 1a wird Abs. 1 und Satz 1 geänd. mWv 1.1.2026 durch
G v. 5.7.2017 (BGBl. I S. 2208).
[4)] § 52b Abs. 2 bis 6 neu gef. mWv 1.1.2018 durch G v. 10.10.2013 (BGBl. I S. 3786);
Abs. 6 neu gef. mWv 1.1.2018 durch G v. 5.7.2017 (BGBl. I S. 2208).

Aufwand erfolgen, so kann ein Ausdruck unterbleiben. ³Die Daten sind in diesem Fall dauerhaft zu speichern; der Speicherort ist aktenkundig zu machen.

(3)¹⁾ Ist das elektronische Dokument auf einem sicheren Übermittlungsweg eingereicht, so ist dies aktenkundig zu machen.

(4)¹⁾ Wird das elektronische Dokument mit einer qualifizierten elektronischen Signatur versehen und nicht auf einem sicheren Übermittlungsweg eingereicht, muss der Ausdruck einen Vermerk darüber enthalten,

1. welches Ergebnis die Integritätsprüfung des Dokumentes ausweist,

2. wen die Signaturprüfung als Inhaber der Signatur ausweist,

3. welchen Zeitpunkt die Signaturprüfung für die Anbringung der Signatur ausweist.

(5)¹⁾ Ein eingereichtes elektronisches Dokument kann im Falle von Absatz 2 nach Ablauf von sechs Monaten gelöscht werden.

(6)¹⁾ ¹Werden die Prozessakten elektronisch geführt, sind in Papierform vorliegende Schriftstücke und sonstige Unterlagen nach dem Stand der Technik zur Ersetzung der Urschrift in ein elektronisches Dokument zu übertragen. ²Es ist sicherzustellen, dass das elektronische Dokument mit den vorliegenden Schriftstücken und sonstigen Unterlagen bildlich und inhaltlich übereinstimmt. ³Das elektronische Dokument ist mit einem Übertragungsnachweis zu versehen, der das bei der Übertragung angewandte Verfahren und die bildliche und inhaltliche Übereinstimmung dokumentiert. ⁴Wird ein von den verantwortenden Personen handschriftlich unterzeichnetes gerichtliches Schriftstück übertragen, ist der Übertragungsnachweis mit einer qualifizierten elektronischen Signatur des Urkundsbeamten der Geschäftsstelle zu versehen. ⁵Die in Papierform vorliegenden Schriftstücke und sonstigen Unterlagen können sechs Monate nach der Übertragung vernichtet werden, sofern sie nicht rückgabepflichtig sind.

§ 52c²⁾ Formulare; Verordnungsermächtigung.

¹Das Bundesministerium der Justiz und für Verbraucherschutz³⁾ kann durch Rechtsverordnung mit Zustimmung des Bundesrates elektronische Formulare einführen. ²Die Rechtsverordnung kann bestimmen, dass die in den Formularen enthaltenen Angaben ganz oder teilweise in strukturierter maschinenlesbarer Form zu übermitteln sind. ³Die Formulare sind auf einer in der Rechtsverordnung zu bestimmenden Kommunikationsplattform im Internet zur Nutzung bereitzustellen. ⁴Die Rechtsverordnung kann bestimmen, dass eine Identifikation des Formularverwenders abweichend von § 52a Absatz 3 auch durch Nutzung des elektronischen Identitätsnachweises nach § 18 des Personal-

---

¹⁾ § 52b Abs. 2 bis 6 neu gef. mWv 1.1.2018 durch G v. 10.10.2013 (BGBl. I S. 3786); Abs. 6 neu gef. mWv 1.1.2018 durch G v. 5.7.2017 (BGBl. I S. 2208).
²⁾ § 52c eingef. mWv 1.7.2014 durch G v. 10.10.2013 (BGBl. I S. 3786); Satz 4 geänd. mWv 1.11.2019 durch G v. 21.6.2019 (BGBl. I S. 846).
³⁾ Bezeichnung geänd. durch VO v. 31.8.2015 (BGBl. I S. 1474).

ausweisgesetzes [*künftige Fassung:* , § 12 des eID-Karte-Gesetzes][1] oder § 78 Absatz 5 des Aufenthaltsgesetzes erfolgen kann.

[*ab 1.1.2022:*

§ 52d[2] **Nutzungspflicht für Rechtsanwälte, Behörden und vertretungsberechtigte** *Personen* **(*ab 1.1.2026:* Bevollmächtigte).** [1] Vorbereitende Schriftsätze und deren Anlagen sowie schriftlich einzureichende Anträge und Erklärungen, die durch einen Rechtsanwalt, durch eine Behörde oder durch eine juristische Person des öffentlichen Rechts einschließlich der von ihr zur Erfüllung ihrer öffentlichen Aufgaben gebildeten Zusammenschlüsse eingereicht werden, sind als elektronisches Dokument zu übermitteln. [2] Gleiches gilt für die nach diesem Gesetz vertretungsberechtigten Personen (*ab 1.1.2026:* und Bevollmächtigten), für die ein sicherer Übermittlungsweg nach § 52a Absatz 4 Satz 1 Nummer 2 (*ab 1.1.2026:* oder Nummer 4) zur Verfügung steht (*ab 1.1.2026:* ; ausgenommen sind nach § 62 Absatz 2 Satz 2 Nummer 1 Halbsatz 1 oder Nummer 2 vertretungsbefugte Personen). [3] Ist eine Übermittlung aus technischen Gründen vorübergehend nicht möglich, bleibt die Übermittlung nach den allgemeinen Vorschriften zulässig. [4] Die vorübergehende Unmöglichkeit ist bei der Ersatzeinreichung oder unverzüglich danach glaubhaft zu machen; auf Anforderung ist ein elektronisches Dokument nachzureichen.]

§ 53 **[Zustellung]** (1) Anordnungen und Entscheidungen, durch die eine Frist in Lauf gesetzt wird, sowie Terminbestimmungen und Ladungen sind den Beteiligten zuzustellen, bei Verkündung jedoch nur, wenn es ausdrücklich vorgeschrieben ist.

(2) Zugestellt wird von Amts wegen nach den Vorschriften der Zivilprozessordnung[3].

(3) [1] Wer seinen Wohnsitz oder seinen Sitz nicht im Geltungsbereich dieses Gesetzes hat, hat auf Verlangen einen Zustellungsbevollmächtigten zu bestellen. [2] Geschieht dies nicht, so gilt eine Sendung mit der Aufgabe zur Post als zugestellt, selbst wenn sie als unbestellbar zurückkommt.

§ 54 **[Beginn des Laufs von Fristen]** (1) Der Lauf einer Frist beginnt, soweit nichts anderes bestimmt ist, mit der Bekanntgabe des Verwaltungsakts oder der Entscheidung oder mit dem Zeitpunkt, an dem die Bekanntgabe als bewirkt gilt.

---

[1] **[Amtl. und red. Anm.:]** Die Änderung d. Art. 6 Abs. 1 G v. 21.6.2019 I 846 (Verschiebung d. Inkrafttretens zum 1.11.2020) durch Art. 154a Nr. 3 Buchst. a G v. 20.11.2019 I 1626 mWv 26.11.2019 ist nicht ausführbar, da Art. 5 d. G v. 21.6.2019 I 846 zum Zeitpunkt d. Inkrafttretens d. G v. 20.11.2019 I 1626 bereits mWv 1.11.2019 in Kraft getreten war. An einer Korrektur wird gearbeitet.
[2] § 52d eingef. **mWv 1.1.2022** durch G v. 10.10.2013 (BGBl. I S. 3786); Satz 2 Verweis geänd. mWv 1.1.2022, Überschrift und Satz 2 geänd. und 2. HS angef. mWv 1.1.2026 durch G v. 5.10.2021 (BGBl. I S. 4607).
[3] § 53 Abs. 2 Verweis geänd. mWv 1.7.2002 durch G v. 25.6.2001 (BGBl. I S. 1206).

(2) Für die Fristen gelten die Vorschriften der §§ 222, 224 Abs. 2 und 3, §§ 225 und 226 der Zivilprozessordnung[1].

§ 55[2) · 3)] **[Belehrung über Frist]** (1) Die Frist für einen Rechtsbehelf beginnt nur zu laufen, wenn der Beteiligte über den Rechtsbehelf, die Behörde oder das Gericht, bei denen der Rechtsbehelf anzubringen ist, den Sitz und die einzuhaltende Frist schriftlich oder elektronisch belehrt worden ist.

(2) [1] Ist die Belehrung unterblieben oder unrichtig erteilt, so ist die Einlegung des Rechtsbehelfs nur innerhalb eines Jahres seit Bekanntgabe im Sinne des § 54 Abs. 1 zulässig, es sei denn, dass die Einlegung vor Ablauf der Jahresfrist infolge höherer Gewalt unmöglich war oder eine schriftliche oder elektronische Belehrung dahin erfolgt ist, dass ein Rechtsbehelf nicht gegeben sei. [2] § 56 Abs. 2 gilt für den Fall höherer Gewalt sinngemäß.

§ 56[4)] **[Wiedereinsetzung in den vorigen Stand]** (1) Wenn jemand ohne Verschulden verhindert war, eine gesetzliche Frist einzuhalten, so ist ihm auf Antrag Wiedereinsetzung in den vorigen Stand zu gewähren.

(2) [1] Der Antrag ist binnen zwei Wochen nach Wegfall des Hindernisses zu stellen; bei Versäumung der Frist zur Begründung der Revision oder der Nichtzulassungsbeschwerde beträgt die Frist einen Monat. [2] Die Tatsachen zur Begründung des Antrags sind bei der Antragstellung oder im Verfahren über den Antrag glaubhaft zu machen. [3] Innerhalb der Antragsfrist ist die versäumte Rechtshandlung nachzuholen. [4] Ist dies geschehen, so kann Wiedereinsetzung auch ohne Antrag gewährt werden.

(3) Nach einem Jahr seit dem Ende der versäumten Frist kann Wiedereinsetzung nicht mehr beantragt oder ohne Antrag bewilligt werden, außer wenn der Antrag vor Ablauf der Jahresfrist infolge höherer Gewalt unmöglich war.

(4) Über den Antrag auf Wiedereinsetzung entscheidet das Gericht, das über die versäumte Rechtshandlung zu befinden hat.

(5) Die Wiedereinsetzung ist unanfechtbar.

§ 57 **[Am Verfahren Beteiligte]** Beteiligte am Verfahren sind
1. der Kläger,
2. der Beklagte,
3. der Beigeladene,
4. die Behörde, die dem Verfahren beigetreten ist (§ 122 Abs. 2).

[1)] **Schönfelder** Nr. **100**.
[2)] Abweichend hierzu siehe Art. 97 § 18 a EGAO (Nr. **800a**).
[3)] § 55 Abs. 1 neu gef., Abs. 2 Satz 1 ergänzt mWv 1.4.2005 durch G v. 22.3.2005 (BGBl. I S. 837).
[4)] § 56 Abs. 2 Satz 1 HS 2 eingef. mWv 1.9.2004 durch G v. 24.8.2004 (BGBl. I S. 2198).

§ 58 [Prozessfähigkeit] (1) Fähig zur Vornahme von Verfahrenshandlungen sind

1. die nach dem bürgerlichen Recht Geschäftsfähigen,
2. die nach dem bürgerlichen Recht in der Geschäftsfähigkeit Beschränkten, soweit sie durch Vorschriften des bürgerlichen oder öffentlichen Rechts für den Gegenstand des Verfahrens als geschäftsfähig anerkannt sind.

(2) ¹Für rechtsfähige und nichtrechtsfähige Personenvereinigungen, für Personen, die geschäftsunfähig oder in der Geschäftsfähigkeit beschränkt sind, für alle Fälle der Vermögensverwaltung und für andere einer juristischen Person ähnliche Gebilde, die als solche der Besteuerung unterliegen, sowie bei Wegfall eines Steuerpflichtigen handeln die nach dem bürgerlichen Recht dazu befugten Personen. ²Die §§ 53 bis 58 der Zivilprozessordnung¹⁾ gelten sinngemäß.

(3)²⁾ Betrifft ein Einwilligungsvorbehalt nach *§ 1903* [*ab 1.1.2023:* § 1825] des Bürgerlichen Gesetzbuchs³⁾ den Gegenstand des Verfahrens, so ist ein geschäftsfähiger Betreuter nur insoweit zur Vornahme von Verfahrenshandlungen fähig, als er nach den Vorschriften des bürgerlichen Rechts ohne Einwilligung des Betreuers handeln kann oder durch Vorschriften des öffentlichen Rechts als handlungsfähig anerkannt ist.

§ 59 [Streitgenossenschaft] Die Vorschriften der §§ 59 bis 63 der Zivilprozessordnung¹⁾ über die Streitgenossenschaft sind sinngemäß anzuwenden.

§ 60 [Beiladungen] (1) ¹Das Finanzgericht kann von Amts wegen oder auf Antrag andere beiladen, deren rechtliche Interessen nach den Steuergesetzen durch die Entscheidung berührt werden, insbesondere solche, die nach den Steuergesetzen neben dem Steuerpflichtigen haften. ²Vor der Beiladung ist der Steuerpflichtige zu hören, wenn er am Verfahren beteiligt ist.

(2) Wird eine Abgabe für einen anderen Abgabenberechtigten verwaltet, so kann dieser nicht deshalb beigeladen werden, weil seine Interessen als Abgabenberechtigter durch die Entscheidung berührt werden.

(3) ¹Sind an dem streitigen Rechtsverhältnis Dritte derart beteiligt, dass die Entscheidung auch ihnen gegenüber nur einheitlich ergehen kann, so sind sie beizuladen (notwendige Beiladung). ²Dies gilt nicht für Mitberechtigte, die nach § 48 nicht klagebefugt sind.

(4) ¹Der Beiladungsbeschluss ist allen Beteiligten zuzustellen. ²Dabei sollen der Stand der Sache und der Grund der Beiladung angegeben werden.

(5) Die als Mitberechtigte Beigeladenen können aufgefordert werden, einen gemeinsamen Zustellungsbevollmächtigten zu benennen.

---

¹⁾ **Schönfelder** Nr. 100.
²⁾ § 58 Abs. 3 geänd. mWv 1.1.2023 durch G v. 4.5.2021 (BGBl. I S. 882).
³⁾ **Schönfelder** Nr. 20.

(6) [1]Der Beigeladene kann innerhalb der Anträge eines als Kläger oder Beklagter Beteiligten selbständig Angriffs- und Verteidigungsmittel geltend machen und alle Verfahrenshandlungen wirksam vornehmen. [2]Abweichende Sachanträge kann er nur stellen, wenn eine notwendige Beiladung vorliegt.

§ 60a[1]) **[Begrenzung der Beiladung]** [1]Kommt nach § 60 Abs. 3 die Beiladung von mehr als 50 Personen in Betracht, kann das Gericht durch Beschluss anordnen, dass nur solche Personen beigeladen werden, die dies innerhalb einer bestimmten Frist beantragen. [2]Der Beschluss ist unanfechtbar. [3]Er ist im Bundesanzeiger bekannt zu machen. [4]Er muss außerdem in Tageszeitungen veröffentlicht werden, die in dem Bereich verbreitet sind, in dem sich die Entscheidung voraussichtlich auswirken wird. [5]Die Bekanntmachung kann zusätzlich in einem von dem Gericht für Bekanntmachungen bestimmten Informations- und Kommunikationssystem erfolgen. [6]Die Frist muss mindestens drei Monate seit Veröffentlichung im Bundesanzeiger betragen. [7]In der Veröffentlichung in Tageszeitungen ist mitzuteilen, an welchem Tage die Frist abläuft. [8]Für die Wiedereinsetzung in den vorigen Stand wegen Versäumung der Frist gilt § 56 entsprechend. [9]Das Gericht soll Personen, die von der Entscheidung erkennbar in besonderem Maße betroffen werden, auch ohne Antrag beiladen.

§ 61. (weggefallen)

§ 62[2]) **[Bevollmächtigte und Beistände]** (1) Die Beteiligten können vor dem Finanzgericht den Rechtsstreit selbst führen.

(2)[3]) [1]Die Beteiligten können sich durch einen Rechtsanwalt, Steuerberater, Steuerbevollmächtigten, Wirtschaftsprüfer oder vereidigten Buchprüfer als Bevollmächtigten vertreten lassen; zur Vertretung berechtigt sind auch Gesellschaften im Sinne des § 3 Nr. 2 und 3 des Steuerberatungsgesetzes,[4]) die durch solche Personen handeln. [2]Darüber hinaus sind als Bevollmächtigte vor dem Finanzgericht vertretungsbefugt nur

1. Beschäftigte des Beteiligten oder eines mit ihm verbundenen Unternehmens (§ 15 des Aktiengesetzes); Behörden und juristische Personen des öffentlichen Rechts einschließlich der von ihnen zur Erfüllung ihrer öffentlichen Aufgaben gebildeten Zusammenschlüsse können sich auch durch Beschäftigte anderer Behörden oder juristischer Personen des öffentlichen Rechts einschließlich der von ihnen zur Erfüllung ihrer öffentlichen Aufgaben gebildeten Zusammenschlüsse vertreten lassen.

2. volljährige Familienangehörige (§ 15 der Abgabenordnung, § 11 des Lebenspartnerschaftsgesetzes), Personen mit Befähigung zum Richteramt und

---

[1]) § 60a Sätze 3 und 6 geänd., Satz 5 eingef. mWv 1.4.2005 durch G v. 22.3.2005 (BGBl. I S. 837, ber. 2022).
[2]) § 62 neu gef. durch G v. 12.12.2007 (BGBl. I S. 2840).
[3]) § 62 Abs. 2 Satz 2 Nr. 3 Verweis geänd. mWv 5.8.2009 durch G v. 30.7.2009 (BGBl. I S. 2449); Abs. 2 Satz 2 Nr. 3a eingef. mWv 1.8.2022 durch G v. 7.7.2021 (BGBl. I S. 2363).
[4]) Nr. **840**.

Streitgenossen, wenn die Vertretung nicht im Zusammenhang mit einer entgeltlichen Tätigkeit steht,

3.[1] Personen und Vereinigungen im Sinne des § 3a des Steuerberatungsgesetzes[2] im Rahmen ihrer Befugnisse nach § 3a des Steuerberatungsgesetzes,

[*ab 1.8.2022:*

3a.[3] zu beschränkter geschäftsmäßiger Hilfeleistung in Steuersachen nach den §§ 3d und 3e des Steuerberatungsgesetzes berechtigte Personen im Rahmen dieser Befugnisse,]

4. landwirtschaftliche Buchstellen im Rahmen ihrer Befugnisse nach § 4 Nr. 8 des Steuerberatungsgesetzes,

5. Lohnsteuerhilfevereine im Rahmen ihrer Befugnisse nach § 4 Nr. 11 des Steuerberatungsgesetzes,

6. Gewerkschaften und Vereinigungen von Arbeitgebern sowie Zusammenschlüsse solcher Verbände für ihre Mitglieder oder für andere Verbände oder Zusammenschlüsse mit vergleichbarer Ausrichtung und deren Mitglieder,

7. juristische Personen, deren Anteile sämtlich im wirtschaftlichen Eigentum einer der in Nummer 6 bezeichneten Organisationen stehen, wenn die juristische Person ausschließlich die Rechtsberatung und Prozessvertretung dieser Organisation und ihrer Mitglieder oder anderer Verbände oder Zusammenschlüsse mit vergleichbarer Ausrichtung und deren Mitglieder entsprechend deren Satzung durchführt, und wenn die Organisation für die Tätigkeit der Bevollmächtigten haftet.

³Bevollmächtigte, die keine natürlichen Personen sind, handeln durch ihre Organe und mit der Prozessvertretung beauftragten Vertreter.

(3) ¹Das Gericht weist Bevollmächtigte, die nicht nach Maßgabe des Absatzes 2 vertretungsbefugt sind, durch unanfechtbaren Beschluss zurück. ²Prozesshandlungen eines nicht vertretungsbefugten Bevollmächtigten und Zustellungen oder Mitteilungen an diesen Bevollmächtigten sind bis zu seiner Zurückweisung wirksam. ³Das Gericht kann den in Absatz 2 Satz 2 bezeichneten Bevollmächtigten durch unanfechtbaren Beschluss die weitere Vertretung untersagen, wenn sie nicht in der Lage sind, das Sach- und Streitverhältnis sachgerecht darzustellen.

(4) ¹Vor dem Bundesfinanzhof müssen sich die Beteiligten durch Prozessbevollmächtigte vertreten lassen. ²Dies gilt auch für Prozesshandlungen, durch die ein Verfahren vor dem Bundesfinanzhof eingeleitet wird. ³Als Bevollmächtigte sind nur die in Absatz 2 Satz 1 bezeichneten Personen und Gesellschaften zugelassen. ⁴Behörden und juristische Personen des öffentlichen Rechts einschließlich der von ihnen zur Erfüllung ihrer öffentlichen Aufgaben gebildeten Zusammenschlüsse können sich durch eigene Beschäftigte mit Be-

---

1) § 62 Abs. 2 Satz 2 Nr. 3 Verweis geänd. mWv 5.8.2009 durch G v. 30.7.2009 (BGBl. I S. 2449).

2) Nr. **840**.

3) § 62 Abs. 2 Satz 2 Nr. 3a eingef. mWv 1.8.2022 durch G v. 7.7.2021 (BGBl. I S. 2363).

fähigung zum Richteramt oder durch Beschäftigte mit Befähigung zum Richteramt anderer Behörden oder juristischer Personen des öffentlichen Rechts einschließlich der von ihnen zur Erfüllung ihrer öffentlichen Aufgaben gebildeten Zusammenschlüsse vertreten lassen. [5] Ein Beteiligter, der nach Maßgabe des Satzes 3 zur Vertretung berechtigt ist, kann sich selbst vertreten.

(5) [1] Richter dürfen nicht als Bevollmächtigte vor dem Gericht auftreten, dem sie angehören. [2] Ehrenamtliche Richter dürfen, außer in den Fällen des Absatzes 2 Satz 2 Nr. 1, nicht vor einem Spruchkörper auftreten, dem sie angehören. [3] Absatz 3 Satz 1 und 2 gilt entsprechend.

(6) [1] Die Vollmacht ist schriftlich zu den Gerichtsakten einzureichen. [2] Sie kann nachgereicht werden; hierfür kann das Gericht eine Frist bestimmen. [3] Der Mangel der Vollmacht kann in jeder Lage des Verfahrens geltend gemacht werden. [4] Das Gericht hat den Mangel der Vollmacht von Amts wegen

(Fortsetzung nächste Seite)

zu berücksichtigen, wenn nicht als Bevollmächtigter eine in Absatz 2 Satz 1 bezeichnete Person oder Gesellschaft auftritt. [5] Ist ein Bevollmächtigter bestellt, sind die Zustellungen oder Mitteilungen des Gerichts an ihn zu richten.

(7) [1] In der Verhandlung können die Beteiligten mit Beiständen erscheinen. [2] Beistand kann sein, wer in Verfahren, in denen die Beteiligten den Rechtsstreit selbst führen können, als Bevollmächtigter zur Vertretung in der Verhandlung befugt ist. [3] Das Gericht kann andere Personen als Beistand zulassen, wenn dies sachdienlich ist und hierfür nach den Umständen des Einzelfalls ein Bedürfnis besteht. [4] Absatz 3 Satz 1 und 3 und Absatz 5 gelten entsprechend. [5] Das von dem Beistand Vorgetragene gelten[1] als von dem Beteiligten vorgebracht, soweit es nicht von diesem sofort widerrufen oder berichtigt wird.

§ 62a[2] *(aufgehoben)*

Abschnitt III. Verfahren im ersten Rechtszug

§ 63 **[Passivlegitimation]** (1) Die Klage ist gegen die Behörde zu richten,

1. die den ursprünglichen Verwaltungsakt erlassen oder

2. die den beantragten Verwaltungsakt oder die andere Leistung unterlassen oder abgelehnt hat oder

3. der gegenüber die Feststellung des Bestehens oder Nichtbestehens eines Rechtsverhältnisses oder der Nichtigkeit eines Verwaltungsakts begehrt wird.

(2) Ist vor Erlass der Entscheidung über den Einspruch eine andere als die ursprünglich zuständige Behörde für den Steuerfall örtlich zuständig geworden, so ist die Klage zu richten

1. gegen die Behörde, welche die Einspruchsentscheidung erlassen hat,

2. wenn über einen Einspruch ohne Mitteilung eines zureichenden Grundes in angemessener Frist sachlich nicht entschieden worden ist (§ 46), gegen die Behörde, die im Zeitpunkt der Klageerhebung für den Steuerfall örtlich zuständig ist.

(3) Hat eine Behörde, die auf Grund gesetzlicher Vorschrift berechtigt ist, für die zuständige Behörde zu handeln, den ursprünglichen Verwaltungsakt erlassen oder den beantragten Verwaltungsakt oder die andere Leistung unterlassen oder abgelehnt, so ist die Klage gegen die zuständige Behörde zu richten.

§ 64[3] **[Form der Klageerhebung]** (1) Die Klage ist bei dem Gericht schriftlich oder zu Protokoll des Urkundsbeamten der Geschäftsstelle zu erheben.

---

[1] Müsste lauten „gilt".
[2] § 62a aufgeh. mWv 1.7.2008 durch G v. 12.12.2007 (BGBl. I S. 2840).
[3] § 64 Abs. 1 geänd. mWv 1.1.2018 durch G v. 5.7.2017 (BGBl. I S. 2208).

(2) Der Klage sollen Abschriften für die übrigen Beteiligten beigefügt werden; § 77 Abs. 2 gilt sinngemäß.

§ 65[1] [Notwendiger Inhalt der Klage] (1)[2] [1] Die Klage muss den Kläger, den Beklagten, den Gegenstand des Klagebegehrens, bei Anfechtungsklagen auch den Verwaltungsakt und die Entscheidung über den außergerichtlichen Rechtsbehelf bezeichnen. [2] Sie soll einen bestimmten Antrag enthalten. [3] Die zur Begründung dienenden Tatsachen und Beweismittel sollen angegeben werden. [4] Der Klage soll eine Abschrift des angefochtenen Verwaltungsakts und der Einspruchsentscheidung beigefügt werden.

(2) [1] Entspricht die Klage diesen Anforderungen nicht, hat der Vorsitzende oder der nach § 21g des Gerichtsverfassungsgesetzes[3] zuständige Berufsrichter (Berichterstatter) den Kläger zu der erforderlichen Ergänzung innerhalb einer bestimmten Frist aufzufordern. [2] Er kann dem Kläger für die Ergänzung eine Frist mit ausschließender Wirkung setzen, wenn es an einem der in Absatz 1 Satz 1 genannten Erfordernisse fehlt. [3] Für die Wiedereinsetzung in den vorigen Stand wegen Versäumung der Frist gilt § 56 entsprechend.

§ 66[4] [Rechtshängigkeit] [1] Durch Erhebung der Klage wird die Streitsache rechtshängig. [2] In Verfahren nach dem Siebzehnten Titel des Gerichtsverfassungsgesetzes wegen eines überlangen Gerichtsverfahrens wird die Streitsache erst mit Zustellung der Klage rechtshängig.

§ 67 [Klageänderung] (1) Eine Änderung der Klage ist zulässig, wenn die übrigen Beteiligten einwilligen oder das Gericht die Änderung für sachdienlich hält; § 68 bleibt unberührt.

(2) Die Einwilligung des Beklagten in die Änderung der Klage ist anzunehmen, wenn er sich, ohne ihr zu widersprechen, in einem Schriftsatz oder in einer mündlichen Verhandlung auf die geänderte Klage eingelassen hat.

(3) Die Entscheidung, dass eine Änderung der Klage nicht vorliegt oder zuzulassen ist, ist nicht selbständig anfechtbar.

§ 68[1] [Änderung des angefochtenen Verwaltungsakts] [1] Wird der angefochtene Verwaltungsakt nach Bekanntgabe der Einspruchsentscheidung geändert oder ersetzt, so wird der neue Verwaltungsakt Gegenstand des Verfahrens. [2] Ein Einspruch gegen den neuen Verwaltungsakt ist insoweit ausgeschlossen. [3] Die Finanzbehörde hat dem Gericht, bei dem das Verfahren anhängig ist, eine Abschrift des neuen Verwaltungsakts zu übermitteln. [4] Satz 1 gilt entsprechend, wenn

[1] § 65 Abs. 2 Satz 1 geänd. mWv 1.4.2005 durch G v. 22.3.2005 (BGBl. I S. 837).
[2] § 65 Abs. 1 Satz 4 geänd. mWv 1.7.2014 durch G v. 10.10.2013 (BGBl. I S. 3786).
[3] **Schönfelder** Nr. **95.**
[4] § 66 Satz 2 angef. durch G v. 11.10.2016 (BGBl. I S. 2222).
[5] § 68 Satz 3 geänd. mWv 1.4.2005 durch G v. 22.3.2005 (BGBl. I S. 837).

1. ein Verwaltungsakt nach § 129 der Abgabenordnung berichtigt wird oder

2. ein Verwaltungsakt an die Stelle eines angefochtenen unwirksamen Verwaltungsakts tritt.

§ 69 **[Aussetzung der Vollziehung]** (1) [1] Durch Erhebung der Klage wird die Vollziehung des angefochtenen Verwaltungsakts vorbehaltlich des Absatzes 5 nicht gehemmt, insbesondere die Erhebung einer Abgabe nicht aufgehalten. [2] Entsprechendes gilt bei Anfechtung von Grundlagenbescheiden für die darauf beruhenden Folgebescheide.

(2) [1] Die zuständige Finanzbehörde kann die Vollziehung ganz oder teilweise aussetzen. [2] Auf Antrag soll die Aussetzung erfolgen, wenn ernstliche Zweifel an der Rechtmäßigkeit des angefochtenen Verwaltungsakts bestehen oder wenn die Vollziehung für den Betroffenen eine unbillige, nicht durch überwiegende öffentliche Interessen gebotene Härte zur Folge hätte. [3] Die Aussetzung kann von einer Sicherheitsleistung abhängig gemacht werden. [4] Soweit die Vollziehung eines Grundlagenbescheides ausgesetzt wird, ist auch die Vollziehung eines Folgebescheides auszusetzen. [5] Der Erlass eines Folgebescheides bleibt zulässig. [6] Über eine Sicherheitsleistung ist bei der Aussetzung eines Folgebescheides zu entscheiden, es sei denn, dass bei der Aussetzung der Vollziehung des Grundlagenbescheides die Sicherheitsleistung ausdrücklich ausgeschlossen worden ist. [7] Ist der Verwaltungsakt schon vollzogen, tritt an die Stelle der Aussetzung der Vollziehung die Aufhebung der Vollziehung. [8] Bei Steuerbescheiden sind die Aussetzung und die Aufhebung der Vollziehung auf die festgesetzte Steuer, vermindert um die anzurechnenden Steuerabzugsbeträge, um die anzurechnende Körperschaftsteuer und um die festgesetzten Vorauszahlungen, beschränkt; dies gilt nicht, wenn die Aussetzung oder Aufhebung der Vollziehung zur Abwendung wesentlicher Nachteile nötig erscheint.

(3) [1] Auf Antrag kann das Gericht der Hauptsache die Vollziehung ganz oder teilweise aussetzen; Absatz 2 Satz 2 bis 6 und § 100 Abs. 2 Satz 2 gelten sinngemäß. [2] Der Antrag kann schon vor Erhebung der Klage gestellt werden. [3] Ist der Verwaltungsakt im Zeitpunkt der Entscheidung schon vollzogen, kann das Gericht ganz oder teilweise die Aufhebung der Vollziehung, auch gegen Sicherheit, anordnen. [4] Absatz 2 Satz 8 gilt entsprechend. [5] In dringenden Fällen kann der Vorsitzende entscheiden.

(4) [1] Der Antrag nach Absatz 3 ist nur zulässig, wenn die Behörde einen Antrag auf Aussetzung der Vollziehung ganz oder zum Teil abgelehnt hat. [2] Das gilt nicht, wenn

1. die Finanzbehörde über den Antrag ohne Mitteilung eines zureichenden Grundes in angemessener Frist sachlich nicht entschieden hat oder

2. eine Vollstreckung droht.

(5) [1] Durch Erhebung der Klage gegen die Untersagung des Gewerbebetriebes oder der Berufsausübung wird die Vollziehung des angefochtenen Verwaltungsakts gehemmt. [2] Die Behörde, die den Verwaltungsakt erlassen hat, kann die hemmende Wirkung durch besondere Anordnung ganz oder zum Teil beseitigen, wenn sie es im öffentlichen Interesse für geboten hält; sie hat das öffentliche Interesse schriftlich zu begründen. [3] Auf Antrag kann das Gericht

der Hauptsache die hemmende Wirkung wiederherstellen, wenn ernstliche Zweifel an der Rechtmäßigkeit des Verwaltungsakts bestehen. [4]In dringenden Fällen kann der Vorsitzende entscheiden.

(6) [1]Das Gericht der Hauptsache kann Beschlüsse über Anträge nach den Absätzen 3 und 5 Satz 3 jederzeit ändern oder aufheben. [2]Jeder Beteiligte kann die Änderung oder Aufhebung wegen veränderter oder im ursprünglichen Verfahren ohne Verschulden nicht geltend gemachter Umstände beantragen.

(7) Lehnt die Behörde die Aussetzung der Vollziehung ab, kann das Gericht nur nach den Absätzen 3 und 5 Satz 3 angerufen werden.

§ 70 [Wirkungen der Rechtshängigkeit; Entscheidung über die Zulässigkeit des Rechtsweges] [1]Für die sachliche und örtliche Zuständigkeit gelten die §§ 17 bis 17b des Gerichtsverfassungsgesetzes[1]) entsprechend. [2]Beschlüsse entsprechend § 17a Abs. 2 und 3 des Gerichtsverfassungsgesetzes sind unanfechtbar.

§ 71[2]) [Zustellung der Klageschrift] (1) [1]Die Klageschrift ist dem Beklagten von Amts wegen zuzustellen. [2]Zugleich mit der Zustellung der Klage ist der Beklagte aufzufordern, sich schriftlich oder zu Protokoll des Urkundsbeamten der Geschäftsstelle zu äußern. [3]Hierfür kann eine Frist gesetzt werden.

(2) Die beteiligte Finanzbehörde hat die den Streitfall betreffenden Akten nach Empfang der Klageschrift an das Gericht zu übermitteln.

§ 72[3]) [Zurücknahme der Klage] (1) [1]Der Kläger kann seine Klage bis zur Rechtskraft des Urteils zurücknehmen. [2]Nach Schluss der mündlichen Verhandlung, bei Verzicht auf die mündliche Verhandlung und nach Ergehen eines Gerichtsbescheides ist die Rücknahme nur mit Einwilligung des Beklagten möglich. [3]Die Einwilligung gilt als erteilt, wenn der Klagerücknahme nicht innerhalb von zwei Wochen seit Zustellung des die Rücknahme enthaltenden Schriftsatzes widersprochen wird; das Gericht hat auf diese Folge hinzuweisen.

(1a) [1]Soweit Besteuerungsgrundlagen für ein Verständigungs- oder ein Schiedsverfahren nach einem Vertrag im Sinne des § 2 der Abgabenordnung von Bedeutung sein können, kann die Klage hierauf begrenzt zurückgenommen werden. [2]§ 50 Abs. 1a Satz 2 gilt entsprechend.

(2) [1]Die Rücknahme hat bei Klagen, deren Erhebung an eine Frist gebunden ist, den Verlust der Klage zur Folge. [2]Wird die Klage zurückgenommen, so stellt das Gericht das Verfahren durch Beschluss ein. [3]Wird nachträglich die Unwirksamkeit der Klagerücknahme geltend gemacht, so gilt § 56 Abs. 3 sinngemäß.

---

[1]) **Schönfelder** Nr. **95**.
[2]) § 71 Abs. 2 geänd. mWv 1.4.2005 durch G v. 22.3.2005 (BGBl. I S. 837); Abs. 1 Satz 2 geänd. mWv 1.1.2018 durch G v. 5.7.2017 (BGBl. I S. 2208).
[3]) § 72 Abs. 1 Satz 3 angef. mWv 1.9.2004 durch G v. 24.8.2004 (BGBl. I S. 2198).

§ 73 [Verbindung/Trennung mehrerer Verfahren] (1) [1] Das Gericht kann durch Beschluss mehrere bei ihm anhängige Verfahren zu gemeinsamer Verhandlung und Entscheidung verbinden und wieder trennen. [2] Es kann anordnen, dass mehrere in einem Verfahren zusammengefasste Klagegegenstände in getrennten Verfahren verhandelt und entschieden werden.

(2) Ist die Klage von jemandem erhoben, der wegen dieses Klagegegenstandes nach § 60 Abs. 3 zu einem anderen Verfahren beizuladen wäre, so wird die notwendige Beiladung des Klägers dadurch ersetzt, dass die beiden Verfahren zu gemeinsamer Verhandlung und einheitlicher Entscheidung verbunden werden.

§ 74 [Aussetzung der Verhandlung] Das Gericht kann, wenn die Entscheidung des Rechtsstreits ganz oder zum Teil von dem Bestehen oder Nichtbestehen eines Rechtsverhältnisses abhängt, das den Gegenstand eines anderen anhängigen Rechtsstreits bildet oder von einer Verwaltungsbehörde festzustellen ist, anordnen, dass die Verhandlung bis zur Erledigung des anderen Rechtsstreits oder bis zur Entscheidung der Verwaltungsbehörde auszusetzen sei.

§ 75 [Mitteilung der Besteuerungsgrundlagen] Den Beteiligten sind, soweit es noch nicht geschehen ist, die Unterlagen der Besteuerung auf Antrag oder, wenn der Inhalt der Klageschrift dazu Anlass gibt, von Amts wegen mitzuteilen.

§ 76 [Erforschung des Sachverhalts durch das Gericht] (1)[1] [1] Das Gericht erforscht den Sachverhalt von Amts wegen. [2] Die Beteiligten sind dabei heranzuziehen. [3] Sie haben ihre Erklärungen über tatsächliche Umstände vollständig und der Wahrheit gemäß abzugeben und sich auf Anforderung des Gerichts zu den von den anderen Beteiligten vorgebrachten Tatsachen zu erklären. [4] § 90 Abs. 2, § 93 Abs. 3 Satz 2, § 97, §§ 99, 100 der Abgabenordnung[2] gelten sinngemäß. [5] Das Gericht ist an das Vorbringen und an die Beweisanträge der Beteiligten nicht gebunden.

(2) Der Vorsitzende hat darauf hinzuwirken, dass Formfehler beseitigt, sachdienliche Anträge gestellt, unklare Anträge erläutert, ungenügende tatsächliche Angaben ergänzt, ferner alle für die Feststellung und Beurteilung des Sachverhalts wesentlichen Erklärungen abgegeben werden.

(3) [1] Erklärungen und Beweismittel, die erst nach Ablauf der von der Finanzbehörde nach § 364b Abs. 1 der Abgabenordnung[2] gesetzten Frist im Einspruchsverfahren oder im finanzgerichtlichen Verfahren vorgebracht werden, kann das Gericht zurückweisen und ohne weitere Ermittlungen entscheiden. [2] § 79b Abs. 3 gilt entsprechend.

(4) Die Verpflichtung der Finanzbehörde zur Ermittlung des Sachverhalts (§§ 88, 89 Abs. 1[3] der Abgabenordnung[2]) wird durch das finanzgerichtliche Verfahren nicht berührt.

---

[1] § 76 Abs. 1 Satz 4 geänd. mWv 30.6.2013 durch G v. 26.6.2013 (BGBl. I S. 1809).
[2] Nr. **800**.
[3] Verweis geänd. durch G. v. 5.9.2006 (BGBl. I S. 2098).

§ 77[1] [Schriftsätze] (1) [1]Die Beteiligten sollen zur Vorbereitung der mündlichen Verhandlung Schriftsätze einreichen. [2]Hierzu kann der Vorsitzende sie unter Fristsetzung auffordern. [3]Den Schriftsätzen sollen Abschriften für die übrigen Beteiligten beigefügt werden. [4]Die Schriftsätze sind den Beteiligten von Amts wegen zu übermitteln.

(2)[2] [1]Den Schriftsätzen sind die Urkunden oder elektronischen Dokumente, auf die Bezug genommen wird, in Abschrift ganz oder im Auszug beizufügen. [2]Sind die Urkunden dem Gegner bereits bekannt oder sehr umfangreich, so genügt die genaue Bezeichnung mit dem Anerbieten, Einsicht bei Gericht zu gewähren.

§ 77a.[3] *(aufgehoben)*

§ 78[4] [Akteneinsicht] (1) [1]Die Beteiligten können die Gerichtsakte und die dem Gericht vorgelegten Akten einsehen. [2]Beteiligte können sich auf ihre Kosten durch die Geschäftsstelle Ausfertigungen, Auszüge, Ausdrucke und Abschriften erteilen lassen.

(2)[5] [1]Werden die Prozessakten elektronisch geführt, wird Akteneinsicht durch Bereitstellung des Inhalts der Akten zum Abruf oder durch Übermittlung des Inhalts der Akten auf einem sicheren Übermittlungsweg gewährt. [2]Auf besonderen Antrag wird Akteneinsicht durch Einsichtnahme in die Akten in Diensträumen gewährt. [3]Ein Aktenausdruck oder ein Datenträger mit dem Inhalt der Akten wird auf besonders zu begründenden Antrag nur übermittelt, wenn der Antragsteller hieran ein berechtigtes Interesse darlegt. [4]Stehen der Akteneinsicht in der nach Satz 1 vorgesehenen Form wichtige Gründe entgegen, kann die Akteneinsicht in der nach den Sätzen 2 und 3 vorgesehenen Form auch ohne Antrag gewährt werden. [5]Über einen Antrag nach Satz 3 entscheidet der Vorsitzende; die Entscheidung ist unanfechtbar. [6]§ 79a Absatz 4 gilt entsprechend.

(3)[5] [1]Werden die Prozessakten in Papierform geführt, wird Akteneinsicht durch Einsichtnahme in die Akten in Diensträumen gewährt. [2]Die Akteneinsicht kann, soweit nicht wichtige Gründe entgegenstehen, auch durch Bereitstellung des Inhalts der Akten zum Abruf oder durch Übermittlung des Inhalts der Akten auf einem sicheren Übermittlungsweg gewährt werden.

---

[1] § 77 Abs. 1 Satz 4 geänd. mWv 1.4.2005 durch G v. 22.3.2005 (BGBl. I S. 837).
[2] § 77 Abs. 2 Satz 1 geänd. mWv 1.7.2014 durch G v. 10.10.2013 (BGBl. I S. 3786); geänd. mWv 1.1.2018 durch G v. 5.7.2017 (BGBl. I S. 2208).
[3] § 77a eingef. mWv 1.8.2001 durch G v. 13.7.2001 (BGBl. I S. 1542) und aufgeh. mWv 1.4.2005 durch G v. 22.3.2005 (BGBl. I S. 837).
[4] § 78 Abs. 1 neu gef., Abs. 2 eingef., bish. Abs. 2 wird Abs. 3 und geänd. mWv 1.4.2005 durch G v. 22.3.2005 (BGBl. I S. 837); Abs. 1 Satz 2 angef. mWv 1.1.2018 durch G v. 5.7.2017 (BGBl. I S. 2208).
[5] § 78 Abs. 2 ersetzt durch Abs. 2 und 3, bish. Abs. 3 wird Abs. 4 mWv 1.1.2018 durch G v. 5.7.2017 (BGBl. I S. 2208); Abs. 2 Satz 1 und Abs. 3 Satz 2 geänd. mWv 1.7.2021 durch G v. 25.6.2021 (BGBl. I S. 2099).

(4) Die Entwürfe zu Urteilen, Beschlüssen und Verfügungen, die Arbeiten zu ihrer Vorbereitung, ferner die Dokumente, die Abstimmungen oder Ordnungsstrafen des Gerichts betreffen, werden weder vorgelegt noch abschriftlich mitgeteilt.

§ 79[1) [Vorbereitung der mündlichen Verhandlung] (1) [1]Der Vorsitzende oder der Berichterstatter hat schon vor der mündlichen Verhandlung alle Anordnungen zu treffen, die notwendig sind, um den Rechtsstreit möglichst in einer mündlichen Verhandlung zu erledigen. [2]Er kann insbesondere

1. die Beteiligten zur Erörterung des Sach- und Streitstandes und zur gütlichen Beilegung des Rechtsstreits laden;
2. den Beteiligten die Ergänzung oder Erläuterung ihrer vorbereitenden Schriftsätze, die Vorlegung von Urkunden, die Übermittlung von elektronischen Dokumenten und die Vorlegung von anderen zur Niederlegung bei Gericht geeigneten Gegenständen aufgeben, insbesondere eine Frist zur Erklärung über bestimmte klärungsbedürftige Punkte setzen;
3. Auskünfte einholen;
4. die Vorlage von Urkunden oder die Übermittlung von elektronischen Dokumenten anordnen;
5. das persönliche Erscheinen der Beteiligten anordnen; § 80 gilt entsprechend;
6. Zeugen und Sachverständige zur mündlichen Verhandlung laden.

(2) Die Beteiligten sind von jeder Anordnung zu benachrichtigen.

(3) [1]Der Vorsitzende oder der Berichterstatter kann einzelne Beweise erheben. [2]Dies darf nur insoweit geschehen, als es zur Vereinfachung der Verhandlung vor dem Gericht sachdienlich und von vornherein anzunehmen ist, dass das Gericht das Beweisergebnis auch ohne unmittelbaren Eindruck von dem Verlauf der Beweisaufnahme sachgemäß zu würdigen vermag.

§ 79 a[2) [Entscheidung im vorbereitenden Verfahren] (1) Der Vorsitzende entscheidet, wenn die Entscheidung im vorbereitenden Verfahren ergeht,

1. über die Aussetzung und das Ruhen des Verfahrens;
2. bei Zurücknahme der Klage, auch über einen Antrag auf Prozesskostenhilfe;
3. bei Erledigung des Rechtsstreits in der Hauptsache, auch über einen Antrag auf Prozesskostenhilfe;
4. über den Streitwert;
5. über Kosten;
6. über die Beiladung.

[1) § 79 Abs. 1 Satz 2 Nr. 2 neu gef., Nr. 4 geänd. mWv 1.4.2005 durch G v. 22.3.2005 (BGBl. I S. 837).
[2) § 79a Abs. 1 Nrn. 2 und 3 ergänzt, Nr. 6 angef. mWv 1.9.2004 durch G v. 24.8.2004 (BGBl. I S. 2198).

(2) ¹Der Vorsitzende kann ohne mündliche Verhandlung durch Gerichtsbescheid (§ 90a) entscheiden. ²Dagegen ist nur der Antrag auf mündliche Verhandlung innerhalb eines Monats nach Zustellung des Gerichtsbescheides gegeben.

(3) Im Einverständnis der Beteiligten kann der Vorsitzende auch sonst anstelle des Senats entscheiden.

(4) Ist ein Berichterstatter bestellt, so entscheidet dieser anstelle des Vorsitzenden.

§ 79b¹⁾ [Fristsetzung] (1) ¹Der Vorsitzende oder der Berichterstatter kann dem Kläger eine Frist setzen zur Angabe der Tatsachen, durch deren Berücksichtigung oder Nichtberücksichtigung im Verwaltungsverfahren er sich beschwert fühlt. ²Die Fristsetzung nach Satz 1 kann mit der Fristsetzung nach § 65 Abs. 2 Satz 2 verbunden werden.

(2) Der Vorsitzende oder der Berichterstatter kann einem Beteiligten unter Fristsetzung aufgeben, zu bestimmten Vorgängen

1. Tatsachen anzugeben oder Beweismittel zu bezeichnen,

2. Urkunden oder andere bewegliche Sachen vorzulegen oder elektronische Dokumente zu übermitteln, soweit der Beteiligte dazu verpflichtet ist.

(3) ¹Das Gericht kann Erklärungen und Beweismittel, die erst nach Ablauf einer nach den Absätzen 1 und 2 gesetzten Frist vorgebracht werden, zurückweisen und ohne weitere Ermittlungen entscheiden, wenn

1. ihre Zulassung nach der freien Überzeugung des Gerichts die Erledigung des Rechtsstreits verzögern würde und

2. der Beteiligte die Verspätung nicht genügend entschuldigt und

3. der Beteiligte über die Folgen einer Fristversäumung belehrt worden ist.

²Der Entschuldigungsgrund ist auf Verlangen des Gerichts glaubhaft zu machen. ³Satz 1 gilt nicht, wenn es mit geringem Aufwand möglich ist, den Sachverhalt auch ohne Mitwirkung des Beteiligten zu ermitteln.

§ 80 [Persönliches Erscheinen] (1) ¹Das Gericht kann das persönliche Erscheinen eines Beteiligten anordnen. ²Für den Fall des Ausbleibens kann es Ordnungsgeld wie gegen einen im Vernehmungstermin nicht erschienenen Zeugen androhen. ³Bei schuldhaftem Ausbleiben setzt das Gericht durch Beschluss das angedrohte Ordnungsgeld fest. ⁴Androhung und Festsetzung des Ordnungsgelds können wiederholt werden.

(2) Ist Beteiligter eine juristische Person oder eine Vereinigung, so ist das Ordnungsgeld dem nach Gesetz oder Satzung Vertretungsberechtigten anzudrohen und gegen ihn festzusetzen.

(3) Das Gericht kann einer beteiligten öffentlich-rechtlichen Körperschaft oder Behörde aufgeben, zur mündlichen Verhandlung einen Beamten oder Angestellten zu entsenden, der mit einem schriftlichen Nachweis über die

---

1) § 79b Abs. 2 Nr. 2 geänd. mWv 1.4.2005 durch G v. 22.3.2005 (BGBl. I S. 837).

Vertretungsbefugnis versehen und über die Sach- und Rechtslage ausreichend unterrichtet ist.

§ 81 [Beweiserhebung] (1) ¹Das Gericht erhebt Beweis in der mündlichen Verhandlung. ²Es kann insbesondere Augenschein einnehmen, Zeugen, Sachverständige und Beteiligte vernehmen und Urkunden heranziehen.

(2) Das Gericht kann in geeigneten Fällen schon vor der mündlichen Verhandlung durch eines seiner Mitglieder als beauftragten Richter Beweis erheben lassen oder durch Bezeichnung der einzelnen Beweisfragen ein anderes Gericht um die Beweisaufnahme ersuchen.

§ 82¹⁾ [Verfahren bei der Beweisaufnahme] Soweit die §§ 83 bis 89 nicht abweichende Vorschriften enthalten, sind auf die Beweisaufnahme die §§ 358 bis 371, 372 bis 377, 380 bis 382, 386 bis 414 und 450 bis 494 der Zivilprozessordnung²⁾ sinngemäß anzuwenden.

§ 83 [Beweistermin; Teilnahme] ¹Die Beteiligten werden von allen Beweisterminen benachrichtigt und können der Beweisaufnahme beiwohnen. ²Sie können an Zeugen und Sachverständige sachdienliche Fragen richten. ³Wird eine Frage beanstandet, so entscheidet das Gericht.

§ 84 [Zeugnisverweigerungsrecht] (1) Für das Recht zur Verweigerung des Zeugnisses und die Pflicht zur Belehrung über das Zeugnisverweigerungsrecht gelten die §§ 101 bis 103 der Abgabenordnung³⁾ sinngemäß.

(2) Wer als Angehöriger zur Verweigerung des Zeugnisses berechtigt ist, kann die Ableistung des Eides verweigern.

§ 85⁴⁾ [Hilfspflichten der Zeugen] ¹Zeugen, die nicht aus dem Gedächtnis aussagen können, haben Dokumente und Geschäftsbücher, die ihnen zur Verfügung stehen, einzusehen und, soweit nötig, Aufzeichnungen daraus zu entnehmen. ²Die Vorschriften der § 97, §§ 99, 100, 104 der Abgabenordnung³⁾ gelten sinngemäß.

§ 86⁵⁾ [Aktenvorlage und Auskunftserteilung] (1) Behörden sind zur Vorlage von Urkunden und Akten zur Übermittlung elektronischer Dokumente und zu Auskünften verpflichtet, soweit nicht durch das Steuergeheimnis (§ 30 der Abgabenordnung)³⁾ geschützte Verhältnisse Dritter unbefugt offenbart werden.

---

¹⁾ § 82 geänd. durch G v. 22.3.2005 (BGBl. I S. 837).
²⁾ **Schönfelder** Nr. **100.**
³⁾ Nr. **800.**
⁴⁾ § 85 geänd. mWv 1.4.2005 durch G v. 22.3.2005 (BGBl. I S. 837); Satz 2 geänd. mWv 30.6.2013 durch G v. 26.6.2013 (BGBl. I S. 1809).
⁵⁾ § 86 Abs. 1 und 2 geänd., Abs. 3 neu gef. mWv 1. 4. 2005 durch G v. 22.3.2005 (BGBl. I S. 837).

(2)[1] [1]Wenn das Bekanntwerden von Urkunden, elektronischer Dokumente oder Akten oder von Auskünften dem Wohle des Bundes oder eines deutschen Landes Nachteile bereiten würde oder wenn die Vorgänge aus anderen Gründen als nach Absatz 1 nach einem Gesetz oder ihrem Wesen nach geheimgehalten werden müssen, kann die zuständige oberste Aufsichtsbehörde die Vorlage von Urkunden oder Akten, die Übermittlung elektronischer Dokumente und die Erteilung der Auskünfte verweigern. [2]Satz 1 gilt in den Fällen des § 88 Absatz 3 Satz 3 und Absatz 5 Satz 4 sowie des § 156 Absatz 2 Satz 3 der Abgabenordnung entsprechend.

(3) [1]Auf Antrag eines Beteiligten stellt der Bundesfinanzhof in den Fällen der Absätze 1 und 2 ohne mündliche Verhandlung durch Beschluss fest, ob die Verweigerung der Vorlage der Urkunden oder Akten, der Übermittlung elektronischer Dokumente oder die Verweigerung der Erteilung von Auskünften rechtmäßig ist. [2]Der Antrag ist bei dem für die Hauptsache zuständigen Gericht zu stellen. [3]Auf Aufforderung des Bundesfinanzhofs hat die oberste Aufsichtsbehörde die verweigerten Dokumente oder Akten vorzulegen oder zu übermitteln oder ihm die verweigerten Auskünfte zu erteilen. [4]Sie ist zu diesem Verfahren beizuladen. [5]Das Verfahren unterliegt den Vorschriften des materiellen Geheimschutzes. [6]Können diese nicht eingehalten werden oder macht die zuständige oberste Aufsichtsbehörde geltend, dass besondere Gründe der Geheimhaltung oder des Geheimschutzes einer Übergabe oder Übermittlung der Dokumente oder der Akten an den Bundesfinanzhof entgegenstehen, wird die Vorlage nach Satz 3 dadurch bewirkt, dass die Dokumente oder Akten dem Bundesfinanzhof in von der obersten Aufsichtsbehörde bestimmten Räumlichkeiten zur Verfügung gestellt werden. [7]Für die nach Satz 3 vorgelegten oder übermittelten Dokumente oder Akten und für die gemäß Satz 6 geltend gemachten besonderen Gründe gilt § 78 nicht. [8]Die Mitglieder des Bundesfinanzhofs sind zur Geheimhaltung verpflichtet; die Entscheidungsgründe dürfen Art und Inhalt der geheim gehaltenen Dokumente oder Akten und Auskünfte nicht erkennen lassen. [9]Für das nichtrichterliche Personal gelten die Regelungen des personellen Geheimschutzes.

§ 87 [Zeugnis von Behörden] Wenn von Behörden, von Verbänden und Vertretungen von Betriebs- oder Berufszweigen, von geschäftlichen oder gewerblichen Unternehmungen, Gesellschaften oder Anstalten Zeugnis begehrt wird, ist das Ersuchen, falls nicht bestimmte Personen als Zeugen in Betracht kommen, an den Vorstand oder an die Geschäfts- oder Betriebsleitung zu richten.

§ 88 [Weiterer Grund für Ablehnung von Sachverständigen] Die Beteiligten können Sachverständige auch ablehnen, wenn von deren Heranziehung eine Verletzung eines Geschäfts- oder Betriebsgeheimnisses oder Schaden für ihre geschäftliche Tätigkeit zu befürchten ist.

---

[1] § 86 Abs. 2 Satz 2 angef., bish. Text wird Satz 1 mWv 1. 1. 2017 durch G v. 18. 7. 2016 (BGBl. I S. 1679).

§ 89[1] **[Erzwingung der Vorlage von Urkunden]** Für die Erzwingung einer gesetzlich vorgeschriebenen Vorlage von Urkunden und elektronischen Dokumenten gelten § 380 der Zivilprozessordnung[2] und § 255 der Abgabenordnung[3] sinngemäß.

§ 90 [Entscheidung grundsätzlich auf Grund mündlicher Verhandlung] (1) [1]Das Gericht entscheidet, soweit nichts anderes bestimmt ist, auf Grund mündlicher Verhandlung. [2]Entscheidungen des Gerichts, die nicht Urteile sind, können ohne mündliche Verhandlung ergehen.

(2) Mit Einverständnis der Beteiligten kann das Gericht ohne mündliche Verhandlung entscheiden.

§ 90a [Entscheidung ohne mündliche Verhandlung; Gerichtsbescheid] (1) Das Gericht kann in geeigneten Fällen ohne mündliche Verhandlung durch Gerichtsbescheid entscheiden.

(2) [1]Die Beteiligten können innerhalb eines Monats nach Zustellung des Gerichtsbescheides mündliche Verhandlung beantragen. [2]Hat das Finanzgericht in dem Gerichtsbescheid die Revision zugelassen, können sie auch Revision einlegen. [3]Wird von beiden Rechtsbehelfen Gebrauch gemacht, findet mündliche Verhandlung statt.

(3) Der Gerichtsbescheid wirkt als Urteil; wird rechtzeitig mündliche Verhandlung beantragt, gilt er als nicht ergangen.

(4) Wird mündliche Verhandlung beantragt, kann das Gericht in dem Urteil von einer weiteren Darstellung des Tatbestands und der Entscheidungsgründe absehen, soweit es der Begründung des Gerichtsbescheides folgt und dies in seiner Entscheidung feststellt.

§ 91 [Ladung der Beteiligten] (1) [1]Sobald der Termin zur mündlichen Verhandlung bestimmt ist, sind die Beteiligten mit einer Ladungsfrist von mindestens zwei Wochen, beim Bundesfinanzhof von mindestens vier Wochen, zu laden. [2]In dringenden Fällen kann der Vorsitzende die Frist abkürzen.

(2) Bei der Ladung ist darauf hinzuweisen, dass beim Ausbleiben eines Beteiligten auch ohne ihn verhandelt und entschieden werden kann.

(3) Das Gericht kann Sitzungen auch außerhalb des Gerichtssitzes abhalten, wenn dies zur sachdienlichen Erledigung notwendig ist.

(4) § 227 Abs. 3 Satz 1 der Zivilprozessordnung[2] ist nicht anzuwenden.

§ 91a[4] **[Übertragung der mündlichen Verhandlung]** (1) [1]Das Gericht kann den Beteiligten, ihren Bevollmächtigten und Beiständen auf Antrag oder von Amts wegen gestatten, sich während einer mündlichen Verhandlung an einem anderen Ort aufzuhalten und dort Verfahrenshandlungen vorzuneh-

---

[1] § 89 geänd. mWv 1. 4. 2005 durch G v. 22.3.2005 (BGBl. I S. 837).
[2] **Schönfelder** Nr. **100.**
[3] Nr. **800.**
[4] § 91a neu gef. mWv 1.11.2013 durch G v. 25.4.2013 (BGBl. I S. 935).

men. ²Die Verhandlung wird zeitgleich in Bild und Ton an diesen Ort und in das Sitzungszimmer übertragen.

(2) ¹Das Gericht kann auf Antrag gestatten, dass sich ein Zeuge, ein Sachverständiger oder ein Beteiligter während einer Vernehmung an einem anderen Ort aufhält. ²Die Vernehmung wird zeitgleich in Bild und Ton an diesen Ort und in das Sitzungszimmer übertragen. ³Ist Beteiligten, Bevollmächtigten und Beiständen nach Absatz 1 Satz 1 gestattet worden, sich an einem anderen Ort aufzuhalten, so wird die Vernehmung auch an diesen Ort übertragen.

(3) ¹Die Übertragung wird nicht aufgezeichnet. ²Entscheidungen nach Absatz 1 Satz 1 und Absatz 2 Satz 1 sind unanfechtbar.

(4) Die Absätze 1 und 3 gelten entsprechend für Erörterungstermine (§ 79 Absatz 1 Satz 2 Nummer 1).

§ 92 [Gang der Verhandlung] (1) Der Vorsitzende eröffnet und leitet die mündliche Verhandlung.

(2) Nach Aufruf der Sache trägt der Vorsitzende oder der Berichterstatter den wesentlichen Inhalt der Akten vor.

(3) Hierauf erhalten die Beteiligten das Wort, um ihre Anträge zu stellen und zu begründen.

§ 93 [Erörterung der Streitsache] (1) Der Vorsitzende hat die Streitsache mit den Beteiligten tatsächlich und rechtlich zu erörtern.

(2) ¹Der Vorsitzende hat jedem Mitglied des Gerichts auf Verlangen zu gestatten, Fragen zu stellen. ²Wird eine Frage beanstandet, so entscheidet das Gericht.

(3) ¹Nach Erörterung der Streitsache erklärt der Vorsitzende die mündliche Verhandlung für geschlossen. ²Das Gericht kann die Wiedereröffnung beschließen.

§ 93a¹⁾ *(aufgehoben)*

§ 94²⁾ [Niederschrift] Für das Protokoll gelten die §§ 159 bis 165 der Zivilprozessordnung³⁾ entsprechend.

§ 94a [Verfahren nach billigem Ermessen] ¹Das Gericht kann sein Verfahren nach billigem Ermessen bestimmen, wenn der Streitwert bei einer Klage, die eine Geldleistung oder einen hierauf gerichteten Verwaltungsakt betrifft, fünfhundert Euro⁴⁾ nicht übersteigt. ²Auf Antrag eines Beteiligten muss mündlich verhandelt werden. ³Das Gericht entscheidet über die Klage durch Urteil; § 76 über den Untersuchungsgrundsatz und § 79a Abs. 2, § 90a über den Gerichtsbescheid bleiben unberührt.

---

¹⁾ § 93a aufgeh. mWv 1.11.2013 durch G v. 25.4.2013 (BGBl. I S. 935).
²⁾ § 94 geänd. mWv 1.1.2018 durch G v. 5.7.2017 (BGBl. I S. 2208).
³⁾ **Schönfelder** Nr. **100.**
⁴⁾ Betrag geänd. mWv 1.1.2002 durch G v. 19.12.2000 (BGBl. I S. 1757).

Abschnitt IV. Urteile und andere Entscheidungen

§ 95 [Urteil] Über die Klage wird, soweit nichts anderes bestimmt ist, durch Urteil entschieden.

§ 96 [Freie Beweiswürdigung, notwendiger Inhalt des Urteils]
(1) [1]Das Gericht entscheidet nach seiner freien, aus dem Gesamtergebnis des Verfahrens gewonnenen Überzeugung; die §§ 158, 160, 162 der Abgabenordnung[1]) gelten sinngemäß. [2]Das Gericht darf über das Klagebegehren nicht hinausgehen, ist aber an die Fassung der Anträge nicht gebunden. [3]In dem Urteil sind die Gründe anzugeben, die für die richterliche Überzeugung leitend gewesen sind.

(2) Das Urteil darf nur auf Tatsachen und Beweisergebnisse gestützt werden, zu denen die Beteiligten sich äußern konnten.

§ 97 [Zwischenurteil über Zulässigkeit der Klage] Über die Zulässigkeit der Klage kann durch Zwischenurteil vorab entschieden werden.

§ 98 [Teilurteil] Ist nur ein Teil des Streitgegenstands zur Entscheidung reif, so kann das Gericht ein Teilurteil erlassen.

§ 99 [Vorabentscheidung über den Grund] (1) Ist bei einer Leistungsklage oder einer Anfechtungsklage gegen einen Verwaltungsakt ein Anspruch nach Grund und Betrag strittig, so kann das Gericht durch Zwischenurteil über den Grund vorab entscheiden.

(2) Das Gericht kann durch Zwischenurteil über eine entscheidungserhebliche Sach- oder Rechtsfrage vorab entscheiden, wenn dies sachdienlich ist und nicht der Kläger oder der Beklagte widerspricht.

§ 100 [Aufhebung angefochtener Verwaltungsakte durch Urteil]
(1) [1]Soweit ein angefochtener Verwaltungsakt rechtswidrig und der Kläger dadurch in seinen Rechten verletzt ist, hebt das Gericht den Verwaltungsakt und die etwaige Entscheidung über den außergerichtlichen Rechtsbehelf auf; die Finanzbehörde ist an die rechtliche Beurteilung gebunden, die der Aufhebung zugrunde liegt, an die tatsächliche so weit, als nicht neu bekannt werdende Tatsachen und Beweismittel eine andere Beurteilung rechtfertigen. [2]Ist der Verwaltungsakt schon vollzogen, so kann das Gericht auf Antrag auch aussprechen, dass und wie die Finanzbehörde die Vollziehung rückgängig zu machen hat. [3]Dieser Ausspruch ist nur zulässig, wenn die Behörde dazu in der Lage und diese Frage spruchreif ist. [4]Hat sich der Verwaltungsakt vorher durch Zurücknahme oder anders erledigt, so spricht das Gericht auf Antrag durch Urteil aus, dass der Verwaltungsakt rechtswidrig gewesen ist, wenn der Kläger ein berechtigtes Interesse an dieser Feststellung hat.

---

[1]) Nr. **800**.

(2) ¹Begehrt der Kläger die Änderung eines Verwaltungsakts, der einen Geldbetrag festsetzt oder eine darauf bezogene Feststellung trifft, kann das Gericht den Betrag in anderer Höhe festsetzen oder die Feststellung durch eine andere ersetzen. ²Erfordert die Ermittlung des festzusetzenden oder festzustellenden Betrags einen nicht unerheblichen Aufwand, kann das Gericht die Änderung des Verwaltungsakts durch Angabe der zu Unrecht berücksichtigten oder nicht berücksichtigten tatsächlichen oder rechtlichen Verhältnisse so bestimmen, dass die Behörde den Betrag auf Grund der Entscheidung errechnen kann. ³Die Behörde teilt den Beteiligten das Ergebnis der Neuberechnung unverzüglich formlos mit; nach Rechtskraft der Entscheidung ist der Verwaltungsakt mit dem geänderten Inhalt neu bekannt zu geben.

(3) ¹Hält das Gericht eine weitere Sachaufklärung für erforderlich, kann es, ohne in der Sache selbst zu entscheiden, den Verwaltungsakt und die Entscheidung über den außergerichtlichen Rechtsbehelf aufheben, soweit nach Art oder Umfang die noch erforderlichen Ermittlungen erheblich sind und die Aufhebung auch unter Berücksichtigung der Belange der Beteiligten sachdienlich ist. ²Satz 1 gilt nicht, soweit der Steuerpflichtige seiner Erklärungspflicht nicht nachgekommen ist und deshalb die Besteuerungsgrundlagen geschätzt worden sind. ³Auf Antrag kann das Gericht bis zum Erlass des neuen Verwaltungsakts eine einstweilige Regelung treffen, insbesondere bestimmen, dass Sicherheiten geleistet werden oder ganz oder zum Teil bestehen bleiben und Leistungen zunächst nicht zurückgewährt werden müssen. ⁴Der Beschluss kann jederzeit geändert oder aufgehoben werden. ⁵Eine Entscheidung nach Satz 1 kann nur binnen sechs Monaten seit Eingang der Akten der Behörde bei Gericht ergehen.

(4) Kann neben der Aufhebung eines Verwaltungsakts eine Leistung verlangt werden, so ist im gleichen Verfahren auch die Verurteilung zur Leistung zulässig.

§ 101 [Urteil auf Erlass eines Verwaltungsakts] ¹Soweit die Ablehnung oder Unterlassung eines Verwaltungsakts rechtswidrig und der Kläger dadurch in seinen Rechten verletzt ist, spricht das Gericht die Verpflichtung der Finanzbehörde aus, den begehrten Verwaltungsakt zu erlassen, wenn die Sache spruchreif ist. ²Andernfalls spricht es die Verpflichtung aus, den Kläger unter Beachtung der Rechtsauffassung des Gerichts zu bescheiden.

§ 102¹⁾ [Nachprüfung des Ermessensgebrauchs] ¹Soweit die Finanzbehörde ermächtigt ist, nach ihrem Ermessen zu handeln oder zu entscheiden, prüft das Gericht auch, ob der Verwaltungsakt oder die Ablehnung oder Unterlassung des Verwaltungsakts rechtswidrig ist, weil die gesetzlichen Grenzen des Ermessens überschritten sind oder von dem Ermessen in einer dem Zweck der Ermächtigung nicht entsprechenden Weise Gebrauch gemacht ist. ²Die Finanzbehörde kann ihre Ermessenserwägungen hinsichtlich des Verwaltungsaktes bis zum Abschluss der Tatsacheninstanz eines finanzgerichtlichen Verfahrens ergänzen.

---

¹⁾ § 102 Satz 2 angef. mWv 23.12.2001 durch G v. 20.12.2001 (BGBl. I S. 3794).

§ 103 [Am Urteil beteiligte Richter] Das Urteil kann nur von den Richtern und ehrenamtlichen Richtern gefällt werden, die an der dem Urteil zugrunde liegenden Verhandlung teilgenommen haben.

§ 104[1] [Verkündung und Zustellung des Urteils] (1) [1]Das Urteil wird, wenn eine mündliche Verhandlung stattgefunden hat, in der Regel in dem Termin, in dem die mündliche Verhandlung geschlossen wird, verkündet, in besonderen Fällen in einem sofort anzuberaumenden Termin, der nicht über zwei Wochen hinaus angesetzt werden soll. [2]Das Urteil wird durch Verlesung der Formel verkündet; es ist den Beteiligten zuzustellen.

(2) Statt der Verkündung ist die Zustellung des Urteils zulässig; dann ist das Urteil binnen zwei Wochen nach der mündlichen Verhandlung der Geschäftsstelle zu übermitteln.

(3) Entscheidet das Gericht ohne mündliche Verhandlung, so wird die Verkündung durch Zustellung an die Beteiligten ersetzt.

§ 105[2] [Urteilsform] (1) [1]Das Urteil ergeht im Namen des Volkes. [2]Es ist schriftlich abzufassen und von den Richtern, die bei der Entscheidung mitgewirkt haben, zu unterzeichnen. [3]Ist ein Richter verhindert, seine Unterschrift beizufügen, so wird dies mit dem Hinderungsgrund vom Vorsitzenden oder, wenn er verhindert ist, vom dienstältesten beisitzenden Richter unter dem Urteil vermerkt. [4]Der Unterschrift der ehrenamtlichen Richter bedarf es nicht.

(2) Das Urteil enthält

1. die Bezeichnung der Beteiligten, ihrer gesetzlichen Vertreter und der Bevollmächtigten nach Namen, Beruf, Wohnort und ihrer Stellung im Verfahren,

2. die Bezeichnung des Gerichts und die Namen der Mitglieder, die bei der Entscheidung mitgewirkt haben,

3. die Urteilsformel,

4. den Tatbestand,

5. die Entscheidungsgründe,

6. die Rechtsmittelbelehrung.

(3) [1]Im Tatbestand ist der Sach- und Streitstand unter Hervorhebung der gestellten Anträge seinem wesentlichen Inhalt nach gedrängt darzustellen. [2]Wegen der Einzelheiten soll auf Schriftsätze, Protokolle und andere Unterlagen verwiesen werden, soweit sich aus ihnen der Sach- und Streitstand ausreichend ergibt.

(4) [1]Ein Urteil, das bei der Verkündung noch nicht vollständig abgefasst war, ist vor Ablauf von zwei Wochen, vom Tag der Verkündung an gerechnet, vollständig abgefasst der Geschäftsstelle zu übermitteln. [2]Kann dies ausnahms-

---

[1] § 104 Abs. 2 geänd. mWv 1.4.2005 durch G v. 22.3.2005 (BGBl. I S. 837).
[2] § 105 Abs. 4 geänd., Abs. 6 Sätze 2 und 3 angef. mWv 1.4.2005 durch G v. 22.3.2005 (BGBl. I S. 837).

weise nicht geschehen, so ist innerhalb dieser zwei Wochen das von den Richtern unterschriebene Urteil ohne Tatbestand, Entscheidungsgründe und Rechtsmittelbelehrung der Geschäftsstelle zu übermitteln. ³Tatbestand, Entscheidungsgründe und Rechtsmittelbelehrung sind alsbald nachträglich niederzulegen, von den Richtern besonders zu unterschreiben und der Geschäftsstelle zu übermitteln.

(5) Das Gericht kann von einer weiteren Darstellung der Entscheidungsgründe absehen, soweit es der Begründung des Verwaltungsakts oder der Entscheidung über den außergerichtlichen Rechtsbehelf folgt und dies in seiner Entscheidung feststellt.

(6) ¹Der Urkundsbeamte der Geschäftsstelle hat auf dem Urteil den Tag der Zustellung und im Fall des § 104 Abs. 1 Satz 1 den Tag der Verkündung zu vermerken und diesen Vermerk zu unterschreiben. ²Werden die Akten elektronisch geführt, hat der Urkundsbeamte der Geschäftsstelle den Vermerk in einem gesonderten Dokument festzuhalten. ³Das Dokument ist mit dem Urteil untrennbar zu verbinden.

§ 106 [Gerichtsbescheide] Die §§ 104 und 105 gelten für Gerichtsbescheide sinngemäß.

§ 107¹⁾ [Berichtigung des Urteils] (1) Schreibfehler, Rechenfehler und ähnliche offenbare Unrichtigkeiten im Urteil sind jederzeit vom Gericht zu berichtigen.

(2) ¹Über die Berichtigung kann ohne mündliche Verhandlung entschieden werden. ²Der Berichtigungsbeschluss wird auf dem Urteil und den Ausfertigungen vermerkt. ³Ist das Urteil elektronisch abgefasst, ist auch der Beschluss elektronisch abzufassen und mit dem Urteil untrennbar zu verbinden.

§ 108¹⁾ [Berichtigung des Tatbestands] (1) Enthält der Tatbestand des Urteils andere Unrichtigkeiten oder Unklarheiten, so kann die Berichtigung binnen zwei Wochen nach Zustellung des Urteils beantragt werden.

(2) ¹Das Gericht entscheidet ohne Beweisaufnahme durch Beschluss. ²Der Beschluss ist unanfechtbar. ³Bei der Entscheidung wirken nur die Richter mit, die beim Urteil mitgewirkt haben. ⁴Ist ein Richter verhindert, so gibt bei Stimmengleichheit die Stimme des Vorsitzenden den Ausschlag. ⁵Der Berichtigungsbeschluss wird auf dem Urteil und den Ausfertigungen vermerkt. ⁶Ist das Urteil elektronisch abgefasst, ist auch der Beschluss elektronisch abzufassen und mit dem Urteil untrennbar zu verbinden.

§ 109 [Nachträgliche Ergänzung eines Urteils] (1) Wenn ein nach dem Tatbestand von einem Beteiligten gestellter Antrag oder die Kostenfolge bei der Entscheidung ganz oder zum Teil übergangen ist, so ist auf Antrag das Urteil durch nachträgliche Entscheidung zu ergänzen.

---

¹⁾ §§ 107 Abs. 2 Satz 3, 108 angef. mWv 1.4.2005 durch G v. 22.3.2005 (BGBl. I S. 837).

(2)[1] [1]Die Entscheidung muss binnen zwei Wochen nach Zustellung des Urteils beantragt werden. [2]Die mündliche Verhandlung hat nur den nicht erledigten Teil des Rechtsstreits zum Gegenstand. [3]Von der Durchführung einer mündlichen Verhandlung kann abgesehen werden, wenn mit der Ergänzung des Urteils nur über einen Nebenanspruch oder über die Kosten entschieden werden soll und wenn die Bedeutung der Sache keine mündliche Verhandlung erfordert.

(Fortsetzung nächstes Blatt)

---

[1] § 109 Abs. 2 Satz 3 angef. mWv 1.1.2020 durch G v. 12.12.2019 (BGBl. I S. 2633).

§ 110 [Rechtskraftwirkung der Urteile] (1) ¹Rechtskräftige Urteile binden, soweit über den Streitgegenstand entschieden worden ist,

1. die Beteiligten und ihre Rechtsnachfolger,

2. in den Fällen des § 48 Abs. 1 Nr. 1 die nicht klageberechtigten Gesellschafter oder Gemeinschafter und

3. im Fall des § 60a die Personen, die einen Antrag auf Beiladung nicht oder nicht fristgemäß gestellt haben.

²Die gegen eine Finanzbehörde ergangenen Urteile wirken auch gegenüber der öffentlich-rechtlichen Körperschaft, der die beteiligte Finanzbehörde angehört.

(2) Die Vorschriften der Abgabenordnung und anderer Steuergesetze über die Rücknahme, Widerruf, Aufhebung und Änderung von Verwaltungsakten sowie über die Nachforderung von Steuern bleiben unberührt, soweit sich aus Absatz 1 Satz 1 nichts anderes ergibt.

§§ 111 und 112. (weggefallen)

§ 113 [Beschlüsse] (1) Für Beschlüsse gelten § 96 Abs. 1 Satz 1 und 2, § 105 Abs. 2 Nr. 6, §§ 107 bis 109 sinngemäß.

(2) ¹Beschlüsse sind zu begründen, wenn sie durch Rechtsmittel angefochten werden können oder über einen Rechtsbehelf entscheiden. ²Beschlüsse über die Aussetzung der Vollziehung (§ 69 Abs. 3 und 5) und über einstweilige Anordnungen (§ 114 Abs. 1), Beschlüsse nach Erledigung des Rechtsstreits in der Hauptsache (§ 138) sowie Beschlüsse, in denen ein Antrag auf Bewilligung von Prozesskostenhilfe zurückgewiesen wird (§ 142), sind stets zu begründen. ³Beschlüsse, die über ein Rechtsmittel entscheiden, bedürfen keiner weiteren Begründung, soweit das Gericht das Rechtsmittel aus den Gründen der angefochtenen Entscheidung als unbegründet zurückweist.

§ 114 [Einstweilige Anordnungen] (1) ¹Auf Antrag kann das Gericht, auch schon vor Klageerhebung, eine einstweilige Anordnung in Bezug auf den Streitgegenstand treffen, wenn die Gefahr besteht, dass durch eine Veränderung des bestehenden Zustands die Verwirklichung eines Rechts des Antragstellers vereitelt oder wesentlich erschwert werden könnte. ²Einstweilige Anordnungen sind auch zur Regelung eines vorläufigen Zustands in Bezug auf ein streitiges Rechtsverhältnis zulässig, wenn diese Regelung, vor allem bei dauernden Rechtsverhältnissen, um wesentliche Nachteile abzuwenden oder drohende Gewalt zu verhindern oder aus anderen Gründen nötig erscheint.

(2) ¹Für den Erlass einstweiliger Anordnungen ist das Gericht der Hauptsache zuständig. ²Dies ist das Gericht des ersten Rechtszugs. ³In dringenden Fällen kann der Vorsitzende entscheiden.

(3) Für den Erlass einstweiliger Anordnungen gelten die §§ 920, 921, 923, 926, 928 bis 932, 938, 939, 941 und 945 der Zivilprozessordnung¹⁾ sinngemäß.

---

¹⁾ **Schönfelder** Nr. 100.

(4) Das Gericht entscheidet durch Beschluss.

(5) Die Vorschriften der Absätze 1 bis 3 gelten nicht für die Fälle des § 69.

Abschnitt V. Rechtsmittel und Wiederaufnahme des Verfahrens

Unterabschnitt 1. Revision

§ 115 [Zulassung der Revision] (1) Gegen das Urteil des Finanzgerichts (§ 36 Nr. 1) steht den Beteiligten die Revision an den Bundesfinanzhof zu, wenn das Finanzgericht oder auf Beschwerde gegen die Nichtzulassung der Bundesfinanzhof sie zugelassen hat.

(2) Die Revision ist nur zuzulassen, wenn

1. die Rechtssache grundsätzliche Bedeutung hat,

2. die Fortbildung des Rechts oder die Sicherung einer einheitlichen Rechtsprechung eine Entscheidung des Bundesfinanzhofs erfordert oder

3. ein Verfahrensmangel geltend gemacht wird und vorliegt, auf dem die Entscheidung beruhen kann.

(3) Der Bundesfinanzhof ist an die Zulassung gebunden.

§ 116 [Nichtzulassungsbeschwerde] (1) Die Nichtzulassung der Revision kann durch Beschwerde angefochten werden.

(2)[1] [1]Die Beschwerde ist innerhalb eines Monats nach Zustellung des vollständigen Urteils bei dem Bundesfinanzhof einzulegen. [2]Sie muss das angefochtene Urteil bezeichnen. [3]Der Beschwerdeschrift soll eine Ausfertigung oder Abschrift des Urteils, gegen das Revision eingelegt werden soll, beigefügt werden. [4]Satz 3 gilt nicht im Falle der elektronischen Beschwerdeeinlegung.

(3) [1]Die Beschwerde ist innerhalb von zwei Monaten nach der Zustellung des vollständigen Urteils zu begründen. [2]Die Begründung ist bei dem Bundesfinanzhof einzureichen. [3]In der Begründung müssen die Voraussetzungen des § 115 Abs. 2 dargelegt werden. [4]Die Begründungsfrist kann von dem Vorsitzenden auf einen vor ihrem Ablauf gestellten Antrag um einen weiteren Monat verlängert werden.

(4) Die Einlegung der Beschwerde hemmt die Rechtskraft des Urteils.

(5) [1]Der Bundesfinanzhof entscheidet über die Beschwerde durch Beschluss. [2]Der Beschluss soll kurz begründet werden; von einer Begründung kann abgesehen werden, wenn sie nicht geeignet ist, zur Klärung der Voraussetzungen beizutragen, unter denen eine Revision zuzulassen ist, oder wenn der Beschwerde stattgegeben wird. [3]Mit der Ablehnung der Beschwerde durch den Bundesfinanzhof wird das Urteil rechtskräftig.

---

[1] § 116 Abs. 2 Satz 4 angef. mWv 1.1.2018 durch G v. 5.7.2017 (BGBl. I S. 2208).

(6) Liegen die Voraussetzungen des § 115 Abs. 2 Nr. 3 vor, kann der Bundesfinanzhof in dem Beschluss das angefochtene Urteil aufheben und den Rechtsstreit zur anderweitigen Verhandlung und Entscheidung zurückverweisen.

(7) [1] Wird der Beschwerde gegen die Nichtzulassung der Revision stattgegeben, so wird das Beschwerdeverfahren als Revisionsverfahren fortgesetzt, wenn nicht der Bundesfinanzhof das angefochtene Urteil nach Absatz 6 aufhebt; der Einlegung einer Revision durch den Beschwerdeführer bedarf es nicht. [2] Mit der Zustellung der Entscheidung beginnt für den Beschwerdeführer die Revisionsbegründungsfrist, für die übrigen Beteiligten die Revisions- und die Revisionsbegründungsfrist. [3] Auf Satz 1 und 2 ist in dem Beschluss hinzuweisen.

§ 117 (weggefallen)

§ 118 [Revisionsgründe]
(1) [1] Die Revision kann nur darauf gestützt werden, dass das angefochtene Urteil auf der Verletzung von Bundesrecht beruhe. [2] Soweit im Fall des § 33 Abs. 1 Nr. 4 die Vorschriften dieses Unterabschnitts durch Landesgesetz für anwendbar erklärt werden, kann die Revision auch darauf gestützt werden, dass das angefochtene Urteil auf der Verletzung von Landesrecht beruhe.

(2) Der Bundesfinanzhof ist an die in dem angefochtenen Urteil getroffenen tatsächlichen Feststellungen gebunden, es sei denn, dass in bezug auf diese Feststellungen zulässige und begründete Revisionsgründe vorgebracht sind.

(3) [1] Wird die Revision auf Verfahrensmängel gestützt und liegt nicht zugleich eine der Voraussetzungen des § 115 Abs. 2 Nr. 1 und 2 vor, so ist nur über die geltend gemachten Verfahrensmängel zu entscheiden. [2] Im Übrigen ist der Bundesfinanzhof an die geltend gemachten Revisionsgründe nicht gebunden.

§ 119 [Fälle der Verletzung von Bundesrecht]
Ein Urteil ist stets als auf der Verletzung von Bundesrecht beruhend anzusehen, wenn
1. das erkennende Gericht nicht vorschriftsmäßig besetzt war,
2. bei der Entscheidung ein Richter mitgewirkt hat, der von der Ausübung des Richteramts kraft Gesetzes ausgeschlossen oder wegen Besorgnis der Befangenheit mit Erfolg abgelehnt war,
3. einem Beteiligten das rechtliche Gehör versagt war,
4. ein Beteiligter im Verfahren nicht nach Vorschrift des Gesetzes vertreten war, außer wenn er der Prozessführung ausdrücklich oder stillschweigend zugestimmt hat,
5. das Urteil auf eine mündliche Verhandlung ergangen ist, bei der die Vorschriften über die Öffentlichkeit des Verfahrens verletzt worden sind, oder
6. die Entscheidung nicht mit Gründen versehen ist.

§ 120[1] [Einlegung der Revision]
(1) [1] Die Revision ist bei dem Bundesfinanzhof innerhalb eines Monats nach Zustellung des vollständigen Urteils schriftlich einzulegen. [2] Die Revision muss das angefochtene Urteil bezeich-

---

[1] § 120 Abs. 1 Satz 4 angef. mWv 1.4.2005 durch G v. 22.3.2005 (BGBl. I S. 837).

nen. [3] Eine Ausfertigung oder Abschrift des Urteils soll beigefügt werden, sofern dies nicht schon nach § 116 Abs. 2 Satz 3 geschehen ist. [4] Satz 3 gilt nicht im Falle der elektronischen Revisionseinlegung.

(2) [1] Die Revision ist innerhalb von zwei Monaten nach Zustellung des vollständigen Urteils zu begründen; im Fall des § 116 Abs. 7 beträgt die Begründungsfrist für den Beschwerdeführer einen Monat nach Zustellung des Beschlusses über die Zulassung der Revision. [2] Die Begründung ist bei dem Bundesfinanzhof einzureichen. [3] Die Frist kann auf einen vor ihrem Ablauf gestellten Antrag von dem Vorsitzenden verlängert werden.

(3) Die Begründung muss enthalten:

1. die Erklärung, inwieweit das Urteil angefochten und dessen

   Aufhebung beantragt wird (Revisionsanträge);

2. die Angabe der Revisionsgründe, und zwar

   a) die bestimmte Bezeichnung der Umstände, aus denen sich die Rechtsverletzung ergibt;

   b) soweit die Revision darauf gestützt wird, dass das Gesetz in Bezug auf das Verfahren verletzt sei, die Bezeichnung der Tatsachen, die den Mangel ergeben.

§ 121 **[Verfahrensvorschriften]** [1] Für das Revisionsverfahren gelten die Vorschriften über das Verfahren im ersten Rechtszug und die Vorschriften über Urteile und andere Entscheidungen entsprechend, soweit sich aus den Vorschriften über die Revision nichts anderes ergibt. [2] § 79a über die Entscheidung durch den vorbereitenden Richter und § 94a über das Verfahren nach billigem Ermessen sind nicht anzuwenden. [3] Erklärungen und Beweismittel, die das Finanzgericht nach § 79b zu Recht zurückgewiesen hat, bleiben auch im Revisionsverfahren ausgeschlossen.

§ 122 **[Beteiligte am Revisionsverfahren]** (1) Beteiligter am Verfahren über die Revision ist, wer am Verfahren über die Klage beteiligt war.

(2) [1] Betrifft das Verfahren eine auf Bundesrecht beruhende Abgabe oder eine Rechtsstreitigkeit über Bundesrecht, so kann das Bundesministerium der Finanzen dem Verfahren beitreten. [2] Betrifft das Verfahren eine von den Landesfinanzbehörden verwaltete Abgabe oder eine Rechtsstreitigkeit über Landesrecht, so steht dieses Recht auch der zuständigen obersten Landesbehörde zu. [3] Der Senat kann die zuständigen Stellen zum Beitritt auffordern. [4] Mit ihrem Beitritt erlangt die Behörde die Rechtsstellung eines Beteiligten.

§ 123 **[Unzulässigkeit der Klageänderung]** (1) [1] Klageänderungen und Beiladungen sind im Revisionsverfahren unzulässig. [2] Das gilt nicht für Beiladungen nach § 60 Abs. 3 Satz 1.

(2) [1] Ein im Revisionsverfahren nach § 60 Abs. 3 Satz 1 Beigeladener kann Verfahrensmängel nur innerhalb von zwei Monaten nach Zustellung des Beiladungsbeschlusses rügen. [2] Die Frist kann auf einen vor ihrem Ablauf gestellten Antrag von dem Vorsitzenden verlängert werden.

§ 124 [**Prüfung der Zulässigkeit der Revision**] (1) [1] Der Bundesfinanzhof prüft, ob die Revision statthaft und ob sie in der gesetzlichen Form und Frist eingelegt und begründet worden ist. [2] Mangelt es an einem dieser Erfordernisse, so ist die Revision unzulässig.

(2) Der Beurteilung der Revision unterliegen auch diejenigen Entscheidungen, die dem Endurteil vorausgegangen sind, sofern sie nicht nach den Vorschriften dieses Gesetzes unanfechtbar sind.

§ 125 [**Rücknahme der Revision**] (1) [1] Die Revision kann bis zur Rechtskraft des Urteils zurückgenommen werden. [2] Nach Schluss der mündlichen Verhandlung, bei Verzicht auf die mündliche Verhandlung und nach Ergehen eines Gerichtsbescheides ist die Rücknahme nur mit Einwilligung des Revisionsbeklagten möglich.

(2) Die Zurücknahme bewirkt den Verlust des eingelegten Rechtsmittels.

§ 126 [**Entscheidung über die Revision**] (1) Ist die Revision unzulässig, so verwirft der Bundesfinanzhof sie durch Beschluss.

(2) Ist die Revision unbegründet, so weist der Bundesfinanzhof sie zurück.

(3) [1] Ist die Revision begründet, so kann der Bundesfinanzhof

1. in der Sache selbst entscheiden oder

2. das angefochtene Urteil aufheben und die Sache zur anderweitigen Verhandlung und Entscheidung zurückverweisen.

[2] Der Bundesfinanzhof verweist den Rechtsstreit zurück, wenn der in dem Revisionsverfahren nach § 123 Abs. 1 Satz 2 Beigeladene ein berechtigtes Interesse daran hat.

(4) Ergeben die Entscheidungsgründe zwar eine Verletzung des bestehenden Rechts, stellt sich die Entscheidung selbst aber aus anderen Gründen als richtig dar, so ist die Revision zurückzuweisen.

(5) Das Gericht, an das die Sache zur anderweitigen Verhandlung und Entscheidung zurückverwiesen ist, hat seiner Entscheidung die rechtliche Beurteilung des Bundesfinanzhofs zugrunde zu legen.

(6) [1] Die Entscheidung über die Revision bedarf keiner Begründung, soweit der Bundesfinanzhof Rügen von Verfahrensmängeln nicht für durchgreifend erachtet. [2] Das gilt nicht für Rügen nach § 119 und, wenn mit der Revision ausschließlich Verfahrensmängel geltend gemacht werden, für Rügen, auf denen die Zulassung der Revision beruht.

§ 126a [**Unbegründete Revision**] [1] Der Bundesfinanzhof kann über die Revision in der Besetzung von fünf Richtern durch Beschluss entscheiden, wenn er einstimmig die Revision für unbegründet und eine mündliche Verhandlung nicht für erforderlich hält. [2] Die Beteiligten sind vorher zu hören. [3] Der Beschluss soll eine kurze Begründung enthalten; dabei sind die Voraussetzungen dieses Verfahrens festzustellen. [4] § 126 Abs. 6 gilt entsprechend.

§ 127 [**Zurückverweisung**] Ist während des Revisionsverfahrens ein neuer oder geänderter Verwaltungsakt Gegenstand des Verfahrens geworden (§§ 68,

123 Satz 2), so kann der Bundesfinanzhof das angefochtene Urteil aufheben und die Sache zur anderweitigen Verhandlung und Entscheidung an das Finanzgericht zurückverweisen.

Unterabschnitt 2. Beschwerde, Erinnerung, Anhörungsrüge[1]

§ 128 [Statthaftigkeit der Beschwerde] (1) Gegen die Entscheidungen des Finanzgerichts, des Vorsitzenden oder des Berichterstatters, die nicht Urteile oder Gerichtsbescheide sind, steht den Beteiligten und den sonst von der Entscheidung Betroffenen die Beschwerde an den Bundesfinanzhof zu, soweit nicht in diesem Gesetz etwas anderes bestimmt ist.

(2) Prozessleitende Verfügungen, Aufklärungsanordnungen, Beschlüsse über die Vertagung oder die Bestimmung einer Frist, Beweisbeschlüsse, Beschlüsse nach den §§ 91a und 93a, Beschlüsse über die Ablehnung von Beweisanträgen, über Verbindung und Trennung von Verfahren und Ansprüchen und über die Ablehnung von Gerichtspersonen, Sachverständigen und Dolmetschern, Einstellungsbeschlüsse nach Klagerücknahme sowie Beschlüsse im Verfahren der Prozesskostenhilfe können nicht mit der Beschwerde angefochten werden.

(3) [1]Gegen die Entscheidung über die Aussetzung der Vollziehung nach § 69 Abs. 3 und 5 und über einstweilige Anordnungen nach § 114 Abs. 1 steht den Beteiligten die Beschwerde nur zu, wenn sie in der Entscheidung zugelassen worden ist. [2]Für die Zulassung gilt § 115 Abs. 2 entsprechend.

(4) [1]In Streitigkeiten über Kosten ist die Beschwerde nicht gegeben. [2]Das gilt nicht für die Beschwerde gegen die Nichtzulassung der Revision.

§ 129[2] [Einlegung der Beschwerde] (1) Die Beschwerde ist beim Finanzgericht schriftlich oder zu Protokoll des Urkundsbeamten der Geschäftsstelle innerhalb von zwei Wochen nach Bekanntgabe der Entscheidung einzulegen.

(2) Die Beschwerdefrist ist auch gewahrt, wenn die Beschwerde innerhalb der Frist beim Bundesfinanzhof eingeht.

§ 130 [Abhilfe oder Vorlage beim BFH] (1) Hält das Finanzgericht, der Vorsitzende oder der Berichterstatter, dessen Entscheidung angefochten wird, die Beschwerde für begründet, so ist ihr abzuhelfen; sonst ist sie unverzüglich dem Bundesfinanzhof vorzulegen.

(2) Das Finanzgericht soll die Beteiligten von der Vorlage der Beschwerde in Kenntnis setzen.

§ 131 [Aufschiebende Wirkung der Beschwerde] (1) [1]Die Beschwerde hat nur dann aufschiebende Wirkung, wenn sie die Festsetzung eines Ordnungs- oder Zwangsmittels zum Gegenstand hat. [2]Das Finanzgericht, der Vorsitzende oder der Berichterstatter, dessen Entscheidung angefochten wird, kann auch sonst bestimmen, dass die Vollziehung der angefochtenen Entscheidung einstweilen auszusetzen ist.

---

[1] Überschrift neu gef. durch G v. 9.12.2004 (BGBl. I S. 3220).
[2] § 129 Abs. 1 geänd. mWv 1.1.2018 durch G v. 5.7.2017 (BGBl. I S. 2208).

(2) Die §§ 178 und 181 Abs. 2 des Gerichtsverfassungsgesetzes[1]) bleiben unberührt.

§ 132 [Entscheidung über die Beschwerde] Über die Beschwerde entscheidet der Bundesfinanzhof durch Beschluss.

§ 133[2]) **[Antrag auf Entscheidung des Gerichts]** (1) [1]Gegen die Entscheidung des beauftragten oder ersuchten Richters oder des Urkundsbeamten kann innerhalb von zwei Wochen nach Bekanntgabe die Entscheidung des Finanzgerichts beantragt werden. [2]Der Antrag ist schriftlich oder zu Protokoll des Urkundsbeamten der Geschäftsstelle des Gerichts zu stellen. [3]Die §§ 129 bis 131 gelten sinngemäß.

(2) Im Verfahren vor dem Bundesfinanzhof gilt Absatz 1 für Entscheidungen des beauftragten oder ersuchten Richters oder des Urkundsbeamten der Geschäftsstelle sinngemäß.

§ 133a[3]) **[Anhörungsrüge]** (1) [1]Auf die Rüge eines durch eine gerichtliche Entscheidung beschwerten Beteiligten ist das Verfahren fortzuführen, wenn
1. ein Rechtsmittel oder ein anderer Rechtsbehelf gegen die Entscheidung nicht gegeben ist und
2. das Gericht den Anspruch dieses Beteiligten auf rechtliches Gehör in entscheidungserheblicher Weise verletzt hat.

[2]Gegen eine der Endentscheidung vorausgehende Entscheidung findet die Rüge nicht statt.

(2)[4]) [1]Die Rüge ist innerhalb von zwei Wochen nach Kenntnis von der Verletzung des rechtlichen Gehörs zu erheben; der Zeitpunkt der Kenntniserlangung ist glaubhaft zu machen. [2]Nach Ablauf eines Jahres seit Bekanntgabe der angegriffenen Entscheidung kann die Rüge nicht mehr erhoben werden. [3]Formlos mitgeteilte Entscheidungen gelten mit dem dritten Tage nach Aufgabe zur Post als bekannt gegeben. [4]Die Rüge ist schriftlich oder zu Protokoll des Urkundsbeamten der Geschäftsstelle bei dem Gericht zu erheben, dessen Entscheidung angegriffen wird. [5]Die Rüge muss die angegriffene Entscheidung bezeichnen und das Vorliegen der in Absatz 1 Satz 1 Nr. 2 genannten Voraussetzungen darlegen.

(3) Den übrigen Beteiligten ist, soweit erforderlich, Gelegenheit zur Stellungnahme zu geben.

(4) [1]Ist die Rüge nicht statthaft oder nicht in der gesetzlichen Form oder Frist erhoben, so ist sie als unzulässig zu verwerfen. [2]Ist die Rüge unbegründet, weist das Gericht sie zurück. [3]Die Entscheidung ergeht durch unanfechtbaren Beschluss. [4]Der Beschluss soll kurz begründet werden.

(5) [1]Ist die Rüge begründet, so hilft ihr das Gericht ab, indem es das Verfahren fortführt, soweit dies aufgrund der Rüge geboten ist. [2]Das Verfahren wird in die Lage zurückversetzt, in der es sich vor dem Schluss der mündlichen Verhandlung befand. [3]In schriftlichen Verfahren tritt an die Stelle des

---

[1]) **Schönfelder** Nr. 95.
[2]) § 133 Abs. 1 Satz 2 geänd. mWv 1.1.2018 durch G v. 5.7.2017 (BGBl. I S. 2208).
[3]) § 133a eingef. mWv 1.1.2005 durch G v. 9.12.2004 (BGBl. I S. 3220).
[4]) § 133a Abs. 2 Satz 5 aufgeh. mWv 1.7.2008 durch G v. 12.12.2007 (BGBl. I S. 2840); Satz 4 geänd. mWv 1.1.2018 durch G v. 5.7.2017 (BGBl. I S. 2208).

Schlusses der mündlichen Verhandlung der Zeitpunkt, bis zu dem Schriftsätze eingereicht werden können. [4]Für den Ausspruch des Gerichts ist § 343 der Zivilprozessordnung[1)] entsprechend anzuwenden.

(6) § 131 Abs. 1 Satz 2 ist entsprechend anzuwenden.

Unterabschnitt 3. Wiederaufnahme des Verfahrens

§ 134 [Anwendbarkeit der ZPO] Ein rechtskräftig beendetes Verfahren kann nach den Vorschriften des Vierten Buchs der Zivilprozessordnung[1)] wieder aufgenommen werden.

Dritter Teil. Kosten und Vollstreckung

Abschnitt I. Kosten[2)]

§ 135 [Kostenpflichtige] (1) Der unterliegende Beteiligte trägt die Kosten des Verfahrens.

(2) Die Kosten eines ohne Erfolg eingelegten Rechtsmittels fallen demjenigen zur Last, der das Rechtsmittel eingelegt hat.

(3) Dem Beigeladenen können Kosten nur auferlegt werden, soweit er Anträge gestellt oder Rechtsmittel eingelegt hat.

(4) Die Kosten des erfolgreichen Wiederaufnahmeverfahrens können der Staatskasse auferlegt werden, soweit sie nicht durch das Verschulden eines Beteiligten entstanden sind.

(5) [1]Besteht der kostenpflichtige Teil aus mehreren Personen, so haften diese nach Kopfteilen. [2]Bei erheblicher Verschiedenheit ihrer Beteiligung kann nach Ermessen des Gerichts die Beteiligung zum Maßstab genommen werden.

§ 136 [Kompensation der Kosten] (1) [1]Wenn ein Beteiligter teils obsiegt, teils unterliegt, so sind die Kosten gegeneinander aufzuheben oder verhältnismäßig zu teilen. [2]Sind die Kosten gegeneinander aufgehoben, so fallen die Gerichtskosten jedem Teil zur Hälfte zur Last. [3]Einem Beteiligten können die Kosten ganz auferlegt werden, wenn der andere nur zu einem geringen Teil unterlegen ist.

(2) Wer einen Antrag, eine Klage, ein Rechtsmittel oder einen anderen Rechtsbehelf zurücknimmt, hat die Kosten zu tragen.

(3) Kosten, die durch einen Antrag auf Wiedereinsetzung in den vorigen Stand entstehen, fallen dem Antragsteller zur Last.

§ 137[3)] [Anderweitige Auferlegung der Kosten] [1]Einem Beteiligten können die Kosten ganz oder teilweise auch dann auferlegt werden, wenn er obsiegt hat, die Entscheidung aber auf Tatsachen beruht, die er früher hätte geltend machen oder beweisen können und sollen. [2]Kosten, die durch Verschulden eines Beteiligten entstanden sind, können diesem auferlegt werden.

[1)] **Schönfelder** Nr. 100.
[2)] Wegen der Berechnung der Kosten siehe §§ 3 und 34 Gerichtskostengesetz sowie Anlagen 1 und 2; abgedr. im Anschluss an die FGO.
[3)] § 137 Satz 3 angef. mWv 28.12.2001 durch G v. 19.12.2001 (BGBl. I S. 3922).

3 Berücksichtigt das Gericht nach § 76 Abs. 3 Erklärungen und Beweismittel, die im Einspruchsverfahren nach § 364 b der Abgabenordnung rechtmäßig zurückgewiesen wurden, sind dem Kläger insoweit die Kosten aufzuerlegen.

§ 138[1) [Kostenentscheidung durch Beschluss] (1) Ist der Rechtsstreit in der Hauptsache erledigt, so entscheidet das Gericht nach billigem Ermessen über die Kosten des Verfahrens durch Beschluss; der bisherige Sach- und Streitstand ist zu berücksichtigen.

(2) 1 Soweit ein Rechtsstreit dadurch erledigt wird, dass dem Antrag des Steuerpflichtigen durch Rücknahme oder Änderung des angefochtenen Verwaltungsakts stattgegeben oder dass im Fall der Untätigkeitsklage gemäß § 46 Abs. 1 Satz 3 Halbsatz 2 innerhalb der gesetzten Frist dem außergerichtlichen Rechtsbehelf stattgegeben oder der beantragte Verwaltungsakt erlassen wird, sind die Kosten der Behörde aufzuerlegen. 2 § 137 gilt sinngemäß.

(3) Der Rechtsstreit ist auch in der Hauptsache erledigt, wenn der Beklagte der Erledigungserklärung des Klägers nicht innerhalb von zwei Wochen seit Zustellung des die Erledigungserklärung enthaltenden Schriftsatzes widerspricht und er vom Gericht auf diese Folge hingewiesen worden ist.

§ 139 [Erstattungsfähige Kosten] (1) Kosten sind die Gerichtskosten (Gebühren und Auslagen) und die zur zweckentsprechenden Rechtsverfolgung oder Rechtsverteidigung notwendigen Aufwendungen der Beteiligten einschließlich der Kosten des Vorverfahrens.

(2) Die Aufwendungen der Finanzbehörden sind nicht zu erstatten.

(3) 1 Gesetzlich vorgesehene Gebühren und Auslagen eines Bevollmächtigten oder Beistands, der nach den Vorschriften des Steuerberatungsgesetzes zur geschäftsmäßigen Hilfeleistung in Steuersachen befugt ist, sind stets erstattungsfähig. 2 Aufwendungen für einen Bevollmächtigten oder Beistand, für den Gebühren und Auslagen gesetzlich nicht vorgesehen sind, können bis zur Höhe der gesetzlichen Gebühren und Auslagen der Rechtsanwälte erstattet werden. 3 Soweit ein Vorverfahren geschwebt hat, sind die Gebühren und Auslagen erstattungsfähig, wenn das Gericht die Zuziehung eines Bevollmächtigten oder Beistands für das Vorverfahren für notwendig erklärt. 4 Steht der Bevollmächtigte oder Beistand in einem Angestelltenverhältnis zu einem Beteiligten, so werden die durch seine Zuziehung entstandenen Gebühren nicht erstattet.

(4) Die außergerichtlichen Kosten des Beigeladenen sind nur erstattungsfähig, wenn das Gericht sie aus Billigkeit der unterliegenden Partei oder der Staatskasse auferlegt.

§§ 140 und 141. (weggefallen)

---

1) § 138 Abs. 3 angef. mWv 1.9.2004 durch G v. 24.8.2004 (BGBl. I S. 2198).

§ 142[1] **[Prozesskostenhilfe]** (1) Die Vorschriften der Zivilprozessordnung[2] über die Prozesskostenhilfe gelten sinngemäß.

(2) [1] Einem Beteiligten, dem Prozesskostenhilfe bewilligt worden ist, kann auch ein Steuerberater, Steuerbevollmächtigter, Wirtschaftsprüfer oder vereidigter Buchprüfer beigeordnet werden. [2] Die Vergütung richtet sich nach den für den beigeordneten Rechtsanwalt geltenden Vorschriften des Rechtsanwaltsvergütungsgesetzes.

(3) [1] Die Prüfung der persönlichen und wirtschaftlichen Verhältnisse nach den §§ 114 bis 116 der Zivilprozessordnung einschließlich der in § 118 Absatz 2 der Zivilprozessordnung bezeichneten Maßnahmen und der Entscheidungen nach § 118 Absatz 2 Satz 4 der Zivilprozessordnung obliegt dem Urkundsbeamten der Geschäftsstelle des jeweiligen Rechtszugs, wenn der Vorsitzende ihm das Verfahren insoweit überträgt. [2] Liegen die Voraussetzungen für die Bewilligung der Prozesskostenhilfe hiernach nicht vor, erlässt der Urkundsbeamte die den Antrag ablehnende Entscheidung; anderenfalls vermerkt der Urkundsbeamte in den Prozessakten, dass dem Antragsteller nach seinen persönlichen und wirtschaftlichen Verhältnissen Prozesskostenhilfe gewährt werden kann und in welcher Höhe gegebenenfalls Monatsraten oder Beträge aus dem Vermögen zu zahlen sind.

(4) Dem Urkundsbeamten obliegen im Verfahren über die Prozesskostenhilfe ferner die Bestimmung des Zeitpunkts für die Einstellung und eine Wiederaufnahme der Zahlungen nach § 120 Absatz 3 der Zivilprozessordnung sowie die Änderung und die Aufhebung der Bewilligung der Prozesskostenhilfe nach den §§ 120 a und 124 Absatz 1 Nummer 2 bis 5 der Zivilprozessordnung.

(5)[3] [1] Der Vorsitzende kann Aufgaben nach den Absätzen 3 und 4 zu jedem Zeitpunkt an sich ziehen. [2] § 5 Absatz 1 Nummer 1, die §§ 6, 7, 8 Absatz 1 bis 4 und § 9 des Rechtspflegergesetzes gelten entsprechend mit der Maßgabe, dass an die Stelle des Rechtspflegers der Urkundsbeamte der Geschäftsstelle tritt.

(6) § 79 a Absatz 4 gilt entsprechend.

(7) [1] Gegen Entscheidungen des Urkundsbeamten nach den Absätzen 3 und 4 ist die Erinnerung an das Gericht gegeben. [2] Die Frist für die Einlegung der Erinnerung beträgt zwei Wochen. [3] Über die Erinnerung entscheidet das Gericht durch Beschluss.

(8) Durch Landesgesetz kann bestimmt werden, dass die Absätze 3 bis 7 für die Gerichte des jeweiligen Landes nicht anzuwenden sind.

§ 143 **[Kostenentscheidung]** (1) Das Gericht hat im Urteil oder, wenn das Verfahren in anderer Weise beendet worden ist, durch Beschluss über die Kosten zu entscheiden.

---

[1] § 142 Abs. 2 Satz 1 geänd., Satz 2 angef., Abs. 3 bis 8 angef. mWv 1.1.2014 durch G v. 31.8.2013 (BGBl. I S. 3533); Abs. 3 neu gef. mWv 16.7.2014 durch G v. 8.7.2014 (BGBl. I S. 890).
[2] **Schönfelder** Nr. **100.**
[3] Red. Fehler des Gesetzgebers bei der Absatzzählung berichtigt in BGBl. I 2016 S. 121.

(2) Wird eine Sache vom Bundesfinanzhof an das Finanzgericht zurückverwiesen, so kann diesem die Entscheidung über die Kosten des Verfahrens übertragen werden.

§ 144 [Kostenentscheidung bei Rücknahme eines Rechtsbehelfs] Ist ein Rechtsbehelf seinem vollen Umfang nach zurückgenommen worden, so wird über die Kosten des Verfahrens nur entschieden, wenn ein Beteiligter Kostenerstattung beantragt.

§ 145 [Anfechtung der Kostenentscheidung] Die Anfechtung der Entscheidung über die Kosten ist unzulässig, wenn nicht gegen die Entscheidung in der Hauptsache ein Rechtsmittel eingelegt wird.

§§ 146 bis 148. (weggefallen)

§ 149 [Festsetzung der zu erstattenden Aufwendungen] (1) Die den Beteiligten zu erstattenden Aufwendungen werden auf Antrag von dem Urkundsbeamten des Gerichts des ersten Rechtszugs festgesetzt.

(2) [1] Gegen die Festsetzung ist die Erinnerung an das Gericht gegeben. [2] Die Frist für die Einlegung der Erinnerung beträgt zwei Wochen. [3] Über die Zulässigkeit der Erinnerung sind die Beteiligten zu belehren.

(3) Der Vorsitzende des Gerichts oder das Gericht können anordnen, dass die Vollstreckung einstweilen auszusetzen ist.

(4) Über die Erinnerung entscheidet das Gericht durch Beschluss.

Abschnitt II. Vollstreckung

§ 150[1) [Anwendung der Bestimmungen der AO] [1] Soll zugunsten des Bundes, eines Landes, eines Gemeindeverbands, einer Gemeinde oder einer Körperschaft, Anstalt oder Stiftung des öffentlichen Rechts als Abgabenberechtigte vollstreckt werden, so richtet sich die Vollstreckung nach den Bestimmungen der Abgabenordnung, soweit nicht durch Gesetz etwas anderes bestimmt ist. [2] Vollstreckungsbehörden sind die Finanzämter und Hauptzollämter. [3] Für die Vollstreckung gilt § 69 sinngemäß.

§ 151 [Anwendung der Bestimmungen der ZPO] (1) [1] Soll gegen den Bund, ein Land, einen Gemeindeverband, eine Gemeinde, eine Körperschaft, eine Anstalt oder Stiftung des öffentlichen Rechts vollstreckt werden, so gilt für die Zwangsvollstreckung das Achte Buch der Zivilprozessordnung[2) sinngemäß; § 150 bleibt unberührt. [2] Vollstreckungsgericht ist das Finanzgericht.

(2) Vollstreckt wird

1. aus rechtskräftigen und aus vorläufig vollstreckbaren gerichtlichen Entscheidungen,

---

[1) § 150 Satz 2 geänd. mWv 1. 4. 2005 durch G v. 22.3.2005 (BGBl. I S. 837).
[2) **Schönfelder** Nr. 100.

2. aus einstweiligen Anordnungen,

3. aus Kostenfestsetzungsbeschlüssen.

(3) Urteile auf Anfechtungs- und Verpflichtungsklagen können nur wegen der Kosten für vorläufig vollstreckbar erklärt werden.

(4) Für die Vollstreckung können den Beteiligten auf ihren Antrag Ausfertigungen des Urteils ohne Tatbestand und ohne Entscheidungsgründe erteilt werden, deren Zustellung in den Wirkungen der Zustellung eines vollständigen Urteils gleichsteht.

§ 152 [Vollstreckung wegen Geldforderungen] (1) [1]Soll im Fall des § 151 wegen einer Geldforderung vollstreckt werden, so verfügt das Vollstreckungsgericht auf Antrag des Gläubigers die Vollstreckung. [2]Es bestimmt die vorzunehmenden Vollstreckungsmaßnahmen und ersucht die zuständigen Stellen um deren Vornahme. [3]Die ersuchte Stelle ist verpflichtet, dem Ersuchen nach den für sie geltenden Vollstreckungsvorschriften nachzukommen.

(2) [1]Das Gericht hat vor Erlass der Vollstreckungsverfügung die Behörde oder bei Körperschaften, Anstalten und Stiftungen des öffentlichen Rechts, gegen die vollstreckt werden soll, die gesetzlichen Vertreter von der beabsichtigten Vollstreckung zu benachrichtigen mit der Aufforderung, die Vollstreckung innerhalb einer vom Gericht zu bemessenden Frist abzuwenden. [2]Die Frist darf einen Monat nicht übersteigen.

(3) [1]Die Vollstreckung ist unzulässig in Sachen, die für die Erfüllung öffentlicher Aufgaben unentbehrlich sind oder deren Veräußerung ein öffentliches Interesse entgegensteht. [2]Über Einwendungen entscheidet das Gericht nach Anhörung der zuständigen Aufsichtsbehörde oder bei obersten Bundes- oder Landesbehörden des zuständigen Ministers.

(4) Für öffentlich-rechtliche Kreditinstitute gelten die Absätze 1 bis 3 nicht.

(5) Der Ankündigung der Vollstreckung und der Einhaltung einer Wartefrist bedarf es nicht, wenn es sich um den Vollzug einer einstweiligen Anordnung handelt.

§ 153 [Vollstreckung ohne Vollstreckungsklausel] In den Fällen der §§ 150, 152 Abs. 1 bis 3 bedarf es einer Vollstreckungsklausel nicht.

§ 154 [Androhung eines Zwangsgeldes] [1]Kommt die Finanzbehörde in den Fällen des § 100 Abs. 1 Satz 2 und der §§ 101 und 114 der ihr im Urteil oder in der einstweiligen Anordnung auferlegten Verpflichtung nicht nach, so kann das Gericht des ersten Rechtszugs auf Antrag unter Fristsetzung gegen sie ein Zwangsgeld bis *zweitausend Deutsche Mark* eintausend Euro durch Beschluss androhen, nach fruchtlosem Fristablauf festsetzen und von Amts wegen vollstrecken. [2]Das Zwangsgeld kann wiederholt angedroht, festgesetzt und vollstreckt werden.

Vierter Teil. Übergangs- und Schlussbestimmungen

§ 155[1] **[Anwendung von GVG und von ZPO]** [1] Soweit dieses Gesetz keine Bestimmungen über das Verfahren enthält, sind das Gerichtsverfassungsgesetz und, soweit die grundsätzlichen Unterschiede der beiden Verfahrensarten es nicht ausschließen, die Zivilprozessordnung einschließlich § 278 Absatz 5 und § 278a sinngemäß anzuwenden; Buch 6 der Zivilprozessordnung ist nicht anzuwenden. [2] Die Vorschriften des Siebzehnten Titels des Gerichtsverfassungsgesetzes sind mit der Maßgabe entsprechend anzuwenden, dass an die Stelle des Oberlandesgerichts und des Bundesgerichtshofs der Bundesfinanzhof und an die Stelle der Zivilprozessordnung die Finanzgerichtsordnung tritt; die Vorschriften über das Verfahren im ersten Rechtszug sind entsprechend anzuwenden.

§ 156[2] **[Anwendung von § 6 EGGVG]** § 6 des Einführungsgesetzes zum Gerichtsverfassungsgesetz gilt entsprechend.

§ 157 [Folgen der Nichtigkeitserklärung von landesrechtlichen Vorschriften] [1] Hat das Verfassungsgericht eines Landes die Nichtigkeit von Landesrecht festgestellt oder Vorschriften des Landesrechts für nichtig erklärt, so bleiben vorbehaltlich einer besonderen gesetzlichen Regelung durch das Land die nicht mehr anfechtbaren Entscheidungen der Gerichte der Finanzgerichtsbarkeit, die auf der für nichtig erklärten Norm beruhen, unberührt. [2] Die Vollstreckung aus einer solchen Entscheidung ist unzulässig. [3] § 767 der Zivilprozessordnung[3] gilt sinngemäß.

§ 158 [Eidliche Vernehmung, Beeidigung] [1] Die eidliche Vernehmung eines Auskunftspflichtigen nach § 94 der Abgabenordnung[4] oder die Beeidigung eines Sachverständigen nach § 96 Abs. 7 Satz 5 der Abgabenordnung[4] durch das Finanzgericht findet vor dem dafür im Geschäftsverteilungsplan bestimmten Richter statt. [2] Über die Rechtmäßigkeit einer Verweigerung des Zeugnisses, des Gutachtens oder der Eidesleistung entscheidet das Finanzgericht durch Beschluss.

§ 159[5] **[Anwendung des EGGVG]** § 43 des Einführungsgesetzes zum Gerichtsverfassungsgesetz gilt entsprechend.

§ 160 [Beteiligung und Beiladung] Soweit der Finanzrechtsweg auf Grund des § 33 Abs. 1 Nr. 4 eröffnet wird, können die Beteiligung am Verfahren und die Beiladung durch Gesetz abweichend von den Vorschriften dieses Gesetzes geregelt werden.

---

[1] § 155 Satz 2 angef. durch G v. 24. 11. 2011 (BGBl. I S. 2302); Satz 1 geänd. durch G v. 21. 7. 2012 (BGBl. I S. 1577); Satz 1 HS 2 angef. mWv 1.11.2018 durch G v. 12.7.2018 (BGBl. I S. 1151).
[2] § 156 eingef. mWv 1. 1. 2005 durch G v. 21.12.2004 (BGBl. I S. 3599).
[3] **Schönfelder** Nr. **100.**
[4] Nr. **800.**
[5] § 159 eingef. mWv 19.10.2017 durch G v. 8.10.2017 (BGBl. I S. 3546).

§ 161. (Aufhebung von Vorschriften)

§§ 162 bis 183. (weggefallen)

§ 184. (1) (Inkrafttreten)[1]
(2) (Überleitungsvorschriften)

---

[1] Das Gesetz in seiner ursprünglichen Fassung ist am 1. 1. 1966 in Kraft getreten. Das Inkrafttreten der späteren Änderungen ergibt sich aus den jeweiligen Änderungsgesetzen.

Anhang

(zu §§ 135 ff. FGO, Kosten)
§§ 1, 3, 34, 52 des Gerichtskostengesetzes

In der Fassung der Bekanntmachung vom 27. Februar 2014 (BGBl. I S. 154)
Zuletzt geändert durch Gesetz vom 7.11.2022 (BGBl. I S. 1982)

§ 1 Geltungsbereich. (1) [1] Für Verfahren vor den ordentlichen Gerichten
1.–22. ...
werden Kosten (Gebühren und Auslagen) nur nach diesem Gesetz erhoben.

(2) Dieses Gesetz ist ferner anzuwenden für Verfahren
1. ...
2. vor den Gerichten der Finanzgerichtsbarkeit nach der Finanzgerichtsordnung;
3.–5. ...

(3) ...

(4) Kosten nach diesem Gesetz werden auch erhoben für Verfahren über eine Beschwerde, die mit einem der in den Abätzen 1 bis 3 genannten Verfahren im Zusammenhang steht.

(5) Die Vorschriften dieses Gesetzes über die Erinnerung und die Beschwerde gehen den Regelungen der für das zugrunde liegende Verfahren geltenden Verfahrensvorschriften vor.

§ 3 Höhe der Kosten. (1) Die Gebühren richten sich nach dem Wert des Streitgegenstands (Streitwert), soweit nichts anderes bestimmt ist.

(2) Kosten werden nach dem Kostenverzeichnis der Anlage 1 zu diesem Gesetz erhoben.

§ 34 Wertgebühren. (1) Wenn sich die Gebühren nach dem Streitwert richten, beträgt die Gebühr bei einem Streitwert bis 500 Euro 35 Euro. Die Gebühr erhöht sich bei einem

Streitwert bis ... Euro	für jeden angefangenen Betrag von weiteren ... Euro	um ... Euro
2 000	500	18
10 000	1 000	19
25 000	3 000	26
50 000	5 000	35
200 000	15 000	120
500 000	30 000	179
über 500 000	50 000	180.

Eine Gebührentabelle für Streitwerte bis 500 000 Euro ist diesem Gesetz als Anlage 2[1] beigefügt.

(2) Der Mindestbetrag einer Gebühr ist 15 Euro.

§ 52 Verfahren vor Gerichten der Verwaltungs-, Finanz- und Sozialgerichtsbarkeit. (1) In Verfahren vor den Gerichten der Verwaltungs-, Finanz- und Sozialgerichtsbarkeit ist, soweit nichts anderes bestimmt ist, der Streitwert nach der sich aus dem Antrag des Klägers für ihn ergebenden Bedeutung der Sache nach Ermessen zu bestimmen.

---

[1] Im Anschluss abgedruckt.

(2) Bietet der Sach- und Streitstand für die Bestimmung des Streitwerts keine genügenden Anhaltspunkte, ist ein Streitwert von 5000 Euro anzunehmen.

(3)[1] Betrifft der Antrag des Klägers eine bezifferte Geldleistung oder einen hierauf bezogenen Verwaltungsakt, ist deren Höhe maßgebend. Hat der Antrag des Klägers offensichtlich absehbare Auswirkungen auf künftige Geldleistungen oder auf noch zu erlassende, auf derartige Geldleistungen bezogene Verwaltungsakte, ist die Höhe des sich aus Satz 1 ergebenden Streitwerts um den Betrag der offensichtlich absehbaren zukünftigen Auswirkungen für den Kläger anzuheben, wobei die Summe das Dreifache des Werts nach Satz 1 nicht übersteigen darf. In Verfahren in Kindergeldangelegenheiten vor den Gerichten der Finanzgerichtsbarkeit ist § 42 Absatz 1 Satz 1 und Absatz 3 entsprechend anzuwenden; an die Stelle des dreifachen Jahresbetrags tritt der einfache Jahresbetrag.

(4)[2] In Verfahren

1. vor den Gerichten der Finanzgerichtsbarkeit, mit Ausnahme der Verfahren nach § 155 Satz 2 der Finanzgerichtsordnung und der Verfahren in Kindergeldangelegenheiten, darf der Streitwert nicht unter 1500 Euro,

2. vor den Gerichten der Sozialgerichtsbarkeit und bei Rechtsstreitigkeiten nach dem Krankenhausfinanzierungsgesetz nicht über 2 500 000 Euro,

3. vor den Gerichten der Verwaltungsgerichtsbarkeit über Ansprüche nach dem Vermögensgesetz nicht über 500 000 Euro und

4. bei Rechtsstreitigkeiten nach § 36 Absatz 6 Satz 1 des Pflegeberufegesetzes nicht über 1 500 000 Euro

angenommen werden.

(5)[3] Solange in Verfahren vor den Gerichten der Finanzgerichtsbarkeit der Wert nicht festgesetzt ist und sich der nach den Absätzen 3 und 4 Nummer 1 maßgebende Wert auch nicht unmittelbar aus den gerichtlichen Verfahrensakten ergibt, sind die Gebühren vorläufig nach dem in Absatz 4 Nummer 1 bestimmten Mindestwert zu bemessen.

(6)[3] In Verfahren, die die Begründung, die Umwandlung, das Bestehen, das Nichtbestehen oder die Beendigung eines besoldeten öffentlich-rechtlichen Dienst- oder Amtsverhältnisses betreffen, ist Streitwert

1. die Summe der für ein Kalenderjahr zu zahlenden Bezüge mit Ausnahme nicht ruhegehaltsfähiger Zulagen, wenn Gegenstand des Verfahrens ein Dienst- oder Amtsverhältnis auf Lebenszeit ist,

2. im Übrigen die Hälfte der für ein Kalenderjahr zu zahlenden Bezüge mit Ausnahme nicht ruhegehaltsfähiger Zulagen.

Maßgebend für die Berechnung ist das laufende Kalenderjahr. Bezügebestandteile, die vom Familienstand oder von Unterhaltsverpflichtungen abhängig sind, bleiben außer Betracht. Betrifft das Verfahren die Verleihung eines anderen Amts oder den Zeitpunkt einer Versetzung in den Ruhestand, ist Streitwert die Hälfte des sich nach den Sätzen 1 bis 3 ergebenden Betrags.

(7)[3] · [4] Ist mit einem in Verfahren nach Absatz 6 verfolgten Klagebegehren ein aus ihm hergeleiteter vermögensrechtlicher Anspruch verbunden, ist nur ein Klagebegehren, und zwar das wertmäßig höhere, maßgebend.

(8)[3] Dem Kläger steht gleich, wer sonst das Verfahren des ersten Rechtszugs beantragt hat.

---

[1] § 52 Abs. 3 Satz 3 angef. mWv 16.7.2014 durch G v. 8.7.2014 (BGBl. I S. 890).
[2] § 52 Abs. 4 Nr. 2 und 3 geänd., Nr. 4 angef. mWv 1.1.2019 durch G v. 9.8.2019 (BGBl. I S. 1202).
[3] § 52 Abs. 5 eingef., bish. Abs. 5 bis 7 werden Absätze 6 bis 8 mWv 16.7.2014 durch G v. 8.7.2014 (BGBl. I S. 890).
[4] § 52 Abs. 7 geänd. mWv 4.7.2015 durch G v. 29.6.2015 (BGBl. I S. 1042).

Anlage 1 (zu § 3 Absatz 2 GKG)

Teil 6. Verfahren vor den Gerichten der Finanzgerichtsbarkeit

Nr.	Gebührentatbestand	Gebühr oder Satz der Gebühr nach § 34 GKG
	Hauptabschnitt 1. Prozessverfahren	
	Abschnitt 1. Erster Rechtszug	
	Unterabschnitt 1. Verfahren vor dem Finanzgericht	
6110	Verfahren im Allgemeinen, soweit es sich nicht nach § 45 Abs. 3 FGO erledigt	4,0
6111	Beendigung des gesamten Verfahrens durch 1. Zurücknahme der Klage a) vor dem Schluss der mündlichen Verhandlung oder, b) wenn eine solche nicht stattfindet, vor Ablauf des Tages, an dem das Urteil oder der Gerichtsbescheid der Geschäftsstelle übermittelt wird, oder 2. Beschluss in den Fällen des § 138 FGO, es sei denn, dass bereits ein Urteil oder ein Gerichtsbescheid vorausgegangen ist: Die Gebühr 6110 ermäßigt sich auf .... Die Gebühr ermäßigt sich auch, wenn mehrere Ermäßigungstatbestände erfüllt sind.	2,0
	Unterabschnitt 2. Verfahren vor dem Bundesfinanzhof	
6112	Verfahren im Allgemeinen	5,0
6113	Beendigung des gesamten Verfahrens durch 1. Zurücknahme der Klage a) vor dem Schluss der mündlichen Verhandlung oder, b) wenn eine solche nicht stattfindet, vor Ablauf des Tages, an dem das Urteil oder der Gerichtsbescheid der Geschäftsstelle übermittelt wird, oder 2. Beschluss in den Fällen des § 138 FGO, es sei denn, dass bereits ein Urteil oder ein Gerichtsbescheid vorausgegangen ist: Die Gebühr 6112 ermäßigt sich auf .... Die Gebühr ermäßigt sich auch, wenn mehrere Ermäßigungstatbestände erfüllt sind.	3,0
	Abschnitt 2. Revision	
6120	Verfahren im Allgemeinen	5,0
6121	Beendigung des gesamten Verfahrens durch Zurücknahme der Revision oder der Klage, bevor die Schrift zur Begründung der Revision bei Gericht eingegangen ist: Die Gebühr 6120 ermäßigt sich auf	1,0

Nr.	Gebührentatbestand	Gebühr oder Satz der Gebühr nach § 34 GKG
6122	Erledigungen in den Fällen des § 138 FGO stehen der Zurücknahme gleich. Beendigung des gesamten Verfahrens, wenn nicht Nummer 6121 erfüllt ist, durch 1. Zurücknahme der Revision oder der Klage a) vor dem Schluss der mündlichen Verhandlung oder, b) wenn eine solche nicht stattfindet, vor Ablauf des Tages, an dem das Urteil, der Gerichtsbescheid oder der Beschluss in der Hauptsache der Geschäftsstelle übermittelt wird, oder 2. Beschluss in den Fällen des § 138 FGO, es sei denn, dass bereits ein Urteil, ein Gerichtsbescheid oder ein Beschluss in der Hauptsache vorausgegangen ist: Die Gebühr 6120 ermäßigt sich auf .... Die Gebühr ermäßigt sich auch, wenn mehrere Ermäßigungstatbestände erfüllt sind.	3,0

Hauptabschnitt 2. Vorläufiger Rechtsschutz

Vorbemerkung 6.2:

(1) Die Vorschriften dieses Hauptabschnitts gelten für einstweilige Anordnungen und für Verfahren nach § 69 Abs. 3 und 5 FGO.

(2) Im Verfahren über den Antrag auf Erlass und im Verfahren über den Antrag auf Aufhebung einer einstweiligen Anordnung werden die Gebühren jeweils gesondert erhoben. Mehrere Verfahren nach § 69 Abs. 3 und 5 FGO gelten innerhalb eines Rechtszugs als ein Verfahren.

Nr.	Gebührentatbestand	Gebühr oder Satz der Gebühr nach § 34 GKG
	Abschnitt 1. Erster Rechtszug	
6210	Verfahren im Allgemeinen	2,0
6211	Beendigung des gesamten Verfahrens durch 1. Zurücknahme des Antrags a) vor dem Schluss der mündlichen Verhandlung oder, b) wenn eine solche nicht stattfindet, vor Ablauf des Tages, an dem der Beschluss (§ 114 Abs. 4 FGO) der Geschäftsstelle übermittelt wird, oder 2. Beschluss in den Fällen des § 138 FGO, es sei denn, dass bereits ein Beschluss nach § 114 Abs. 4 FGO vorausgegangen ist: Die Gebühr 6210 ermäßigt sich auf .... Die Gebühr ermäßigt sich auch, wenn mehrere Ermäßigungstatbestände erfüllt sind.	0,75

Nr.	Gebührentatbestand	Gebühr oder Satz der Gebühr nach § 34 GKG

Abschnitt 2. Beschwerde

Vorbemerkung 6.2.2:

Die Vorschriften dieses Abschnitts gelten für Beschwerden gegen Beschlüsse über einstweilige Anordnungen (§ 114 FGO) und über die Aussetzung der Vollziehung (§ 69 Abs. 3 und 5 FGO).

| 6220 | Verfahren über die Beschwerde .... | 2,0 |
| 6221 | Beendigung des gesamten Verfahrens durch Zurücknahme der Beschwerde: Die Gebühr 6220 ermäßigt sich auf .... | 1,0 |

Hauptabschnitt 3. Besondere Verfahren

| 6300 | Selbstständiges Beweisverfahren .... | 1,0 |
| 6301 | Verfahren über Anträge auf gerichtliche Handlungen der Zwangsvollstreckung gemäß § 152 FGO .... | 20,00 EUR |

Hauptabschnitt 4. Rüge wegen Verletzung des Anspruchs auf rechtliches Gehör

| 6400 | Verfahren über die Rüge wegen Verletzung des Anspruchs auf rechtliches Gehör (§ 133 a FGO): Die Rüge wird in vollem Umfang verworfen oder zurückgewiesen .... | 60,00 EUR |

Hauptabschnitt 5. Sonstige Beschwerden

6500	Verfahren über die Beschwerde gegen die Nichtzulassung der Revision: Soweit die Beschwerde verworfen oder zurückgewiesen wird	2,0
6501	Verfahren über die Beschwerde gegen die Nichtzulassung der Revision: Soweit die Beschwerde zurückgenommen oder das Verfahren durch anderweitige Erledigung beendet wird ...... Die Gebühr entsteht nicht, soweit die Revision zugelassen wird.	1,0
6502	Verfahren über nicht besonders aufgeführte Beschwerden, die nicht nach anderen Vorschriften gebührenfrei sind: Die Beschwerde wird verworfen oder zurückgewiesen Wird die Beschwerde nur teilweise verworfen oder zurückgewiesen, kann das Gericht die Gebühr nach billigem Ermessen auf die Hälfte ermäßigen oder bestimmen, dass eine Gebühr nicht zu erheben ist.	60,00 EUR

Nr.	Gebührentatbestand	Gebühr oder Satz der Gebühr nach § 34 GKG

Hauptabschnitt 6. Besondere Gebühr

6600	Auferlegung einer Gebühr nach § 38 GKG wegen Verzögerung des Rechtsstreits	wie vom Gericht bestimmt

Teil 9. Auslagen

Nr.	Auslagentatbestand	Höhe

Vorbemerkung 9:

(1) Auslagen, die durch eine für begründet befundene Beschwerde entstanden sind, werden nicht erhoben, soweit das Beschwerdeverfahren gebührenfrei ist; dies gilt jedoch nicht, soweit das Beschwerdegericht die Kosten dem Gegner des Beschwerdeführers auferlegt hat.

(2) Sind Auslagen durch verschiedene Rechtssachen veranlasst, werden sie auf die mehreren Rechtssachen angemessen verteilt.

9000	Pauschale für die Herstellung und Überlassung von Dokumenten:	
	1. Ausfertigungen, Kopien und Ausdrucke bis zur Größe von DIN A3, die	
	a) auf Antrag angefertigt oder auf Antrag per Telefax übermittelt worden sind oder	
	b) angefertigt worden sind, weil die Partei oder ein Beteiligter es unterlassen hat, die erforderliche Zahl von Mehrfertigungen beizufügen; der Anfertigung steht es gleich, wenn per Telefax übermittelte Mehrfertigungen von der Empfangseinrichtung des Gerichts ausgedruckt werden:	
	für die ersten 50 Seiten je Seite	0,50 €
	für jede weitere Seite	0,15 €
	für die ersten 50 Seiten in Farbe je Seite	1,00 €
	für jede weitere Seite in Farbe	0,30 €
	2. Entgelte für die Herstellung und Überlassung der in Nummer 1 genannten Kopien oder Ausdrucke in einer Größe von mehr als DIN A3	in voller Höhe
	oder pauschal je Seite	3,00 €
	oder pauschal je Seite in Farbe	6,00 €
	3. Überlassung von elektronisch gespeicherten Dateien oder deren Bereitstellung zum Abruf anstelle der in den Nummern 1 und 2 genannten Ausfertigungen, Kopien und Ausdrucke:	
	je Datei	1,50 €
	für die in einem Arbeitsgang überlassenen, bereitgestellten oder in einem Arbeitsgang auf denselben Datenträger übertragenen Dokumente insgesamt höchstens	5,00 €

Nr.	Auslagentatbestand	Höhe
	(1) Die Höhe der Dokumentenpauschale nach Nummer 1 ist in jedem Rechtszug und für jeden Kostenschuldner nach § 28 Abs. 1 GKG gesondert zu berechnen; Gesamtschuldner gelten als ein Schuldner. Die Dokumentenpauschale ist auch im erstinstanzlichen Musterverfahren nach dem KapMuG gesondert zu berechnen.	
	(2) Werden zum Zweck der Überlassung von elektronisch gespeicherten Dateien Dokumente zuvor auf Antrag von der Papierform in die elektronische Form übertragen, beträgt die Dokumentenpauschale nach Nummer 2 nicht weniger, als die Dokumentenpauschale im Fall der Nummer 1 betragen würde.	
	(3) Frei von der Dokumentenpauschale sind für jede Partei, jeden Beteiligten, jeden Beschuldigten und deren bevollmächtigte Vertreter jeweils	
	1. eine vollständige Ausfertigung oder Kopie oder ein vollständiger Ausdruck jeder gerichtlichen Entscheidung und jedes vor Gericht abgeschlossenen Vergleichs,	
	2. eine Ausfertigung ohne Tatbestand und Entscheidungsgründe und	
	3. eine Kopie oder ein Ausdruck jeder Niederschrift über eine Sitzung.	
	§ 191a Abs. 1 Satz 2 GVG bleibt unberührt.	
	(4)[1] Bei der Gewährung der Einsicht in Akten wird eine Dokumentenpauschale nur erhoben, wenn auf besonderen Antrag ein Ausdruck einer elektronischen Akte oder ein Datenträger mit dem Inhalt einer elektronischen Akte übermittelt wird.	
9001	Auslagen für Telegramme	in voller Höhe
9002[2]	Pauschale für Zustellungen mit Zustellungsurkunde, Einschreiben gegen Rückschein oder durch Justizbedienstete nach § 168 Abs. 1 ZPO je Zustellung	3,50 €
	Neben Gebühren, die sich nach dem Streitwert richten, mit Ausnahme der Gebühr 3700, wird die Zustellungspauschale nur erhoben, soweit in einem Rechtszug mehr als 10 Zustellungen anfallen. Im erstinstanzlichen Musterverfahren nach dem KapMuG wird die Zustellungspauschale für sämtliche Zustellungen erhoben.	
9003[3]	Pauschale für die bei der Versendung von Akten auf Antrag anfallenden Auslagen an Transport- und Verpackungskosten je Sendung	12,00 €

[1] Abs. 4 angef. mWv 1.1.2018 durch G v. 5.7.2017 (BGBl. I S. 2208).
[2] Nummer 9002 neu gef. mWv 1.1.2008 durch G v. 22.12.2006 (BGBl. I S. 3416); geänd. mWv 1.8.2013 durch G v. 23.7.2013 (BGBl. I S. 2586).
[3] Nummer 9003 neu gef. mWv 1.4.2005 durch G v. 22.3.2005 (BGBl. I S. 837), Anmerkung Abs. 1 und 2 geänd. mWv 31.12.2006 durch G v. 22.12.2006 (BGBl. I S. 3416); geänd. mWv 1.8.2013 durch G v. 23.7.2013 (BGBl. I S. 2586).

Nr.	Auslagentatbestand	Höhe
	(1) Die Hin- und Rücksendung der Akten durch Gerichte oder Staatsanwaltschaften gelten zusammen als eine Sendung.	
	(2) Die Auslagen werden von demjenigen Kostenschuldner nicht erhoben, von dem die Gebühr 2116 zu erheben ist.	
9004[1)]	Auslagen für öffentliche Bekanntmachungen	in voller Höhe
	(1) Auslagen werden nicht erhoben für die Bekanntmachung in einem elektronischen Informations- und Kommunikationssystem, wenn das Entgelt nicht für den Einzelfall oder nicht für ein einzelnes Verfahren berechnet wird. Nicht erhoben werden ferner Auslagen für die Bekanntmachung eines besonderen Prüfungstermins (§ 177 InsO, § 18 SVertO).	
	(2) Die Auslagen für die Bekanntmachung eines Vorlagebeschlusses gemäß § 6 Abs. 4 KapMuG gelten als Auslagen des Musterverfahrens.	
9005[2)]	Nach dem JVEG zu zahlende Beträge	in voller Höhe
	(1) Nicht erhoben werden Beträge, die an ehrenamtliche Richter (§ 1 Abs. 1 Satz 1 Nr. 2 JVEG) gezahlt werden.	
	(2) Die Beträge werden auch erhoben, wenn aus Gründen der Gegenseitigkeit, der Verwaltungsvereinfachung oder aus vergleichbaren Gründen keine Zahlungen zu leisten sind. Ist aufgrund des § 1 Abs. 2 Satz 2 JVEG keine Vergütung zu zahlen, ist der Betrag zu erheben, der ohne diese Vorschrift zu zahlen wäre.	
	(3) Auslagen für Übersetzer, die zur Erfüllung der Rechte blinder oder sehbehinderter Personen herangezogen werden (§ 191a Abs. 1 GVG), werden nicht, Auslagen für Gebärdensprachdolmetscher (§ 186 Abs. 1 GVG) werden nur nach Maßgabe des Absatzes 4 erhoben.	
	(4) Ist für einen Beschuldigten oder Betroffenen, der der deutschen Sprache nicht mächtig, hör- oder sprachbehindert ist, im Strafverfahren oder im gerichtlichen Verfahren nach dem OWiG ein Dolmetscher oder Übersetzer herangezogen worden, um Erklärungen oder Schriftstücke zu übertragen, auf deren Verständnis der Beschuldigte oder Betroffene zu seiner Verteidigung angewiesen oder soweit dies zur Ausübung seiner strafprozessualen Rechte erforderlich war, werden von diesem die dadurch entstandenen Auslagen nur erhoben, wenn das Gericht ihm diese nach § 464 c StPO oder die Kosten nach § 467 Abs. 2 Satz 1 StPO, auch i. V. m. § 467a Abs. 1 Satz 2 StPO, auferlegt hat; dies gilt auch jeweils i. V. m. § 46 Abs. 1 OWiG.	
	(5) Im Verfahren vor den Gerichten für Arbeitssachen werden Kosten für vom Gericht herangezogene Dol-	

[1)] Nummer 9004 Satz 4 angef. mWv 1.1.2014 durch G v. 5.12.2012 (BGBl. I S. 2418); geänd. mWv 1.8.2013 durch G v. 23.7.2013 (BGBl. I S. 2586).

[2)] Nummer 9005 Abs. 4 geänd. mWv 1.9.2004 durch G v. 24.6.2004 (BGBl. I S. 1354); Abs. 6 angef. mWv 17.12.2019 durch G v. 9.12.2019 (BGBl. I S. 2146).

Nr.	Auslagentatbestand	Höhe
	metscher und Übersetzer nicht erhoben, wenn ein Ausländer Partei und die Gegenseitigkeit verbürgt ist oder ein Staatenloser Partei ist.	
	(6) Auslagen für Sachverständige, die durch die Untersuchung eines Beschuldigten nach § 43 Abs. 2 JGG entstanden sind, werden nicht erhoben.	
9006[1]	Bei Geschäften außerhalb der Gerichtsstelle	
	1. die den Gerichtspersonen aufgrund gesetzlicher Vorschriften gewährte Vergütung (Reisekosten, Auslagenersatz) und die Auslagen für die Bereitstellung von Räumen	in voller Höhe
	2. für den Einsatz von Dienstkraftfahrzeugen für jeden gefahrenen Kilometer	0,30 €
9007	An Rechtsanwälte zu zahlende Beträge mit Ausnahme der nach § 59 RVG auf die Staatskasse übergegangenen Ansprüche	in voller Höhe
9008	Auslagen für	
	1. die Beförderung von Personen	in voller Höhe
	2. Zahlungen an mittellose Personen für die Reise zum Ort einer Verhandlung, Vernehmung oder Untersuchung und für die Rückreise	bis zur Höhe der nach dem JVEG an Zeugen zu zahlenden Beträge
9009	An Dritte zu zahlende Beträge für	
	1. die Beförderung von Tieren und Sachen mit Ausnahme der für Postdienstleistungen zu zahlenden Entgelte, die Verwahrung von Tieren und Sachen sowie die Fütterung von Tieren	in voller Höhe
	2. die Beförderung und die Verwahrung von Leichen ...	in voller Höhe
	3. die Durchsuchung oder Untersuchung von Räumen und Sachen einschließlich der Durchsuchung oder Untersuchung vorbereitenden Maßnahmen	in voller Höhe
	4. die Bewachung von Schiffen und Luftfahrzeugen	in voller Höhe
9010	Kosten einer Zwangshaft, auch aufgrund eines Haftbefehls nach § 802 g ZPO	in Höhe des Haftkostenbeitrags
	Maßgebend ist die Höhe des Haftkostenbeitrags, der nach Landesrecht von einem Gefangenen zu erheben ist.	
9011[2]	Kosten einer Haft außer Zwangshaft, Kosten einer einstweiligen Unterbringung (§ 126 a StPO), einer Unterbringung zur Beobachtung (§ 81 StPO) und einer einstweiligen Unterbringung in einem Heim der Jugendhilfe (§ 71 Abs. 2, § 72 Abs. 4 JGG)	in Höhe des Haftkostenbeitrags
	Maßgebend ist die Höhe des Haftkostenbeitrags, der nach Landesrecht von einem Gefangenen zu erheben	

[1] Nummer 9006 geänd. mWv 1.8.2013 durch G v. 23.7.2013 (BGBl. I S. 2586).
[2] Nummer 9011 geänd. mWv 17.12.2019 durch G v. 9.12.2019 (BGBl. I S. 2146).

Nr.	Auslagentatbestand	Höhe
	ist. Diese Kosten werden nur angesetzt, wenn der Haftkostenbeitrag auch von einem Gefangenen im Strafvollzug zu erheben wäre.	
9012[1]	Nach *dem Auslandskostengesetz* [*ab 1.10.2021:* § 12 BGebG, dem 5. Abschnitt des Konsulargesetzes und der Besonderen Gebührenverordnung des Auswärtigen Amts nach § 22 Abs. 4 BGebG] zu zahlende Beträge	in voller Höhe
9013[2]	An deutsche Behörden für die Erfüllung von deren eigenen Aufgaben zu zahlende Gebühren sowie diejenigen Beträge, die diesen Behörden, öffentlichen Einrichtungen oder deren Bediensteten als Ersatz für Auslagen der in den Nummern 9000 bis 9011 bezeichneten Art zustehen	in voller Höhe, die Auslagen begrenzt durch die Höchstsätze für die Auslagen 9000 bis 9011
	Die als Ersatz für Auslagen angefallenen Beträge werden auch erhoben, wenn aus Gründen der Gegenseitigkeit, der Verwaltungsvereinfachung oder aus vergleichbaren Gründen keine Zahlungen zu leisten sind.	
9014	Beträge, die ausländischen Behörden, Einrichtungen oder Personen im Ausland zustehen, sowie Kosten des Rechtshilfeverkehrs mit dem Ausland	in voller Höhe
	Die Beträge werden auch erhoben, wenn aus Gründen der Gegenseitigkeit, der Verwaltungsvereinfachung oder aus vergleichbaren Gründen keine Zahlungen zu leisten sind.	
9015	Auslagen der in den Nummern 9000 bis 9014 bezeichneten Art, soweit sie durch die Vorbereitung der öffentlichen Klage entstanden sind	begrenzt durch die Höchstsätze für die Auslagen 9000 bis 9013
9016	Auslagen der in den Nummern 9000 bis 9014 bezeichneten Art, soweit sie durch das dem gerichtlichen Verfahren vorausgegangene Bußgeldverfahren entstanden sind	begrenzt durch die Höchstsätze für die Auslagen 9000 bis 9013
	Absatz 3 der Anmerkung zu Nummer 9005 ist nicht anzuwenden.	
9017[3]	An den vorläufigen Insolvenzverwalter, den Insolvenzverwalter, die Mitglieder des Gläubigerausschusses oder die Treuhänder auf der Grundlage der Insolvenzrechtlichen Vergütungsverordnung aufgrund einer Stundung nach § 4a InsO zu zahlende Beträge	in voller Höhe
9018[3],[4]	Im ersten Rechtszug des Prozessverfahrens: Auslagen des erstinstanzlichen Musterverfahrens nach dem KapMuG zuzüglich Zinsen	anteilig
	(1) Die im erstinstanzlichen Musterverfahren entstehenden Auslagen nach Nummer 9005 werden vom Tag	

---

[1] Nr. 9012 geänd. mWv 1.10.2021 durch G v. 18.7.2016 (BGBl. I S. 1666).
[2] Nr. 9013 neu gef. mWv 1.8.2013 durch G v. 23.7.2013 (BGBl. I S. 2586).
[3] Nummer 9017 aufgeh. mWv 1.9.2009, bish. Nummern 9018 und 9019 werden Nummern 9017 und 9018 durch G v. 17.12.2008 (BGBl. I S. 2586, 2709).
[4] Nummer 9018 angef. als Nummer 9019 mWv 1.11.2005 durch G v. 16.8.2005 (BGBl. I S. 2437); geänd. durch G v. 19.10.2012 (BGBl. I S. 2182).

Nr.	Auslagentatbestand	Höhe
	nach der Auszahlung bis zum rechtskräftigen Abschluss des Musterverfahrens mit 5 Prozentpunkten über dem Basiszinssatz nach § 247 BGB verzinst.	
	(2) Auslagen und Zinsen werden nur erhoben, wenn der Kläger nicht innerhalb von einem Monat ab Zustellung des Aussetzungsbeschlusses nach § 8 KapMuG seine Klage in der Hauptsache zurücknimmt.	
	(3) Der Anteil bestimmt sich nach dem Verhältnis der Höhe des von dem Kläger geltend gemachten Anspruchs, soweit dieser von den Feststellungszielen des Musterverfahrens betroffen ist, zu der Gesamthöhe der vom Musterkläger und den Beigeladenen des Musterverfahrens in den Prozessverfahren geltend gemachten Ansprüche, soweit diese Gegenstand des Musterverfahrens sind. Der Anspruch des Musterklägers oder eines Beigeladenen ist hierbei nicht zu berücksichtigen, wenn er innerhalb von einem Monat ab Zustellung des Aussetzungsbeschlusses nach § 8 KapMuG seine Klage in der Hauptsache zurücknimmt.	
9019	Pauschale für die Inanspruchnahme von Videokonferenzverbindungen: je Verfahren für jede angefangene halbe Stunde	15,00 EUR
9020[1]	Umsatzsteuer auf die Kosten .... Dies gilt nicht, wenn die Umsatzsteuer nach § 19 Abs. 1 UStG unerhoben bleibt.	in voller Höhe

Anlage 2 (zu § 34 Absatz 1 Satz 3 GKG)

Streitwert bis ... €	Gebühr ... €	Streitwert bis ... €	Gebühr ... €
500	35,00	50 000	546,00
1 000	53,00	65 000	666,00
1 500	71,00	80 000	786,00
2 000	89,00	95 000	906,00
3 000	108,00	110 000	1026,00
4 000	127,00	125 000	1146,00
5 000	146,00	140 000	1266,00
6 000	165,00	155 000	1386,00
7 000	184,00	170 000	1506,00
8 000	203,00	185 000	1626,00
9 000	222,00	200 000	1746,00
10 000	241,00	230 000	1925,00
13 000	267,00	260 000	2104,00
16 000	293,00	290 000	2283,00
19 000	319,00	320 000	2462,00
22 000	345,00	350 000	2641,00
25 000	371,00	380 000	2820,00
30 000	406,00	410 000	2999,00
35 000	441,00	440 000	3178,00
40 000	476,00	470 000	3357,00
45 000	511,00	500 000	3536,00

[1] Nummer 9020 angef. mWv 23.10.2020 durch G v. 16.10.2020 (BGBl. I S. 2187).

802a. Verordnung über die elektronische Aktenführung bei den obersten Gerichten des Bundes in der Zivilgerichtsbarkeit und in den Fachgerichtsbarkeiten (Bundesgerichte-Aktenführungsverordnung – BGAktFV)

Vom 27. März 2020 (BGBl. I S. 745)

FNA 310-4-21

§ 1 Anwendungsbereich. Diese Verordnung gilt für die Führung von elektronischen Prozess- und Verfahrensakten bei den obersten Gerichten des Bundes nach § 298a der Zivilprozessordnung, § 14 des Gesetzes über das Verfahren in Familiensachen und in den Angelegenheiten der freiwilligen Gerichtsbarkeit, § 46e des Arbeitsgerichtsgesetzes, § 65b des Sozialgerichtsgesetzes, § 55b der Verwaltungsgerichtsordnung sowie § 52b der Finanzgerichtsordnung.

[bis 31.12.2025:]

§ 2 Einführung der elektronischen Akte. [1] Die Akten können ab dem 2. April 2020 elektronisch geführt werden. [2] Die Präsidentin oder der Präsident des jeweiligen Gerichts bestimmt durch Verwaltungsanordnung die Verfahren, in denen die Akten elektronisch geführt werden. [3] Die Verwaltungsanordnung ist im Bundesanzeiger bekannt zu machen sowie auf der Internetseite des jeweiligen Gerichts zu veröffentlichen.

[ab 1.1.2026:]

§ 2[1) In Papierform angelegte Akten. Akten, die in Papierform angelegt wurden, können in Papierform weitergeführt werden.

§ 3 Struktur und Format der elektronischen Akten; Repräsentat.

(1) [1] In der elektronischen Akte werden zur Akte gebrachte elektronische Dokumente einschließlich zugehöriger Signaturdateien sowie sonstige zur Akte gebrachte Dateien und Informationen gespeichert. [2] Elektronische Empfangsbekenntnisse sowie elektronische Formulare, die als strukturierte maschinenlesbare Datensätze übermittelt worden sind (§ 130c der Zivilprozessordnung, § 14a des Gesetzes über das Verfahren in Familiensachen und in den Angelegenheiten der freiwilligen Gerichtsbarkeit, § 46f des Arbeitsgerichtsgesetzes, § 65c des Sozialgerichtsgesetzes, § 55c der Verwaltungsgerichtsordnung, § 52c der Finanzgerichtsordnung), werden als Datensätze in der elektronischen Akte gespeichert.

[1)] § 2 neu gef. mWv 1.1.2026 durch Art. 2 der VO vom 27.3.2020 (BGBl. I S. 745).

(2) [1]Die nach Absatz 1 in der elektronischen Akte gespeicherten Inhalte müssen jederzeit zusätzlich als elektronische Dokumente im Format PDF/A wiedergegeben werden können; diese Dokumente bilden das Repräsentat. [2]Das Repräsentat muss den gesamten zur Akte gebrachten Inhalt mit Ausnahme der nur für die Datenverarbeitung notwendigen Struktur-, Definitions- und Schemadateien wiedergeben. [3]Soweit die Wiedergabe eines Inhalts technisch nicht möglich ist, ist ein entsprechender Hinweis in das Repräsentat aufzunehmen. [4]An die Stelle von Signaturdateien treten im Repräsentat Vermerke über das Ergebnis der Signaturprüfung. [5]Das Repräsentat muss druckbar, kopierbar und, soweit technisch möglich, durchsuchbar sein. [6]Die Seiten des Repräsentats sind so zu nummerieren, dass sie eindeutig zitiert werden können.

(3) [1]Bei der elektronischen Aktenführung sind alle Daten vorzuhalten, die erforderlich sind, um bei der elektronischen Übermittlung von elektronischen Akten einen strukturierten maschinenlesbaren Datensatz im Dateiformat XML beizufügen, der den nach § 7 bekanntgemachten Definitions- oder Schemadateien entspricht. [2]Der Datensatz enthält mindestens Folgendes:

1. die Bezeichnung des Gerichts;

2. das Aktenzeichen des Verfahrens;

3. die Bezeichnung der Parteien oder Verfahrensbeteiligten;

4. die Angabe des Verfahrensgegenstandes;

5. sofern bekannt, das Aktenzeichen eines denselben Verfahrensgegenstand betreffenden Verfahrens und die Bezeichnung der die Akten führenden Stelle;

6. die Information darüber, ob und in welchem Umfang die Aktenführung oder die Bearbeitungsbefugnis an die empfangende Stelle abgegeben werden soll oder ob nur ein Repräsentat der elektronischen Akte übersandt wird.

§ 4 Bearbeitung der elektronischen Akte. (1) Elektronische Dokumente sowie sonstige Dateien und Informationen gelten als zur Akte genommen, wenn sie bewusst und dauerhaft in der elektronischen Akte gespeichert worden sind.

(2) [1]Es ist sicherzustellen, dass in der elektronischen Akte alle Bearbeitungsvorgänge nachvollzogen werden können. [2]Es ist insbesondere sicherzustellen, dass nachvollzogen werden kann, welche Stelle die Akte zu welchem Zeitpunkt bearbeitet hat.

(3) [1]Es ist sicherzustellen, dass die elektronische Akte nur von der jeweils lese- und schreibberechtigten Stelle eingesehen und bearbeitet werden kann. [2]Dies gilt auch, wenn die Lese- und Schreibrechte nur teilweise auf eine andere Stelle übergehen.

§ 5 Barrierefreiheit. [1]Elektronische Akten und Verfahren zur elektronischen Aktenführung und -bearbeitung sollen technisch so gestaltet werden, dass sie, soweit technisch möglich, barrierefrei zugänglich und nutzbar sind.

[2] Hierzu sollen die Anforderungen an die Barrierefreiheit im Sinne der Barrierefreie-Informationstechnik-Verordnung vom 12. September 2011 (BGBl. I S. 1843), die zuletzt durch Artikel 1 der Verordnung vom 21. Mai 2019 (BGBl. I S. 738) geändert worden ist, in der jeweils geltenden Fassung bereits bei der Planung, Entwicklung, Ausschreibung und Beschaffung beachtet werden.

§ 6 Ersatzmaßnahmen. [1] Im Fall technischer Störungen der elektronischen Aktenführung kann angeordnet werden, dass eine Ersatzakte in Papierform geführt wird. [2] Diese ist in die elektronische Form zu übertragen, sobald die Störung behoben ist. [3] Art und Dauer der Störung sind zu dokumentieren. [4] Bei anhaltenden technischen Störungen ist das zuständige Bundesministerium zu unterrichten.

§ 7 Bekanntmachung technischer Anforderungen. [1] Die Bundesregierung macht im Bundesanzeiger und auf der Internetseite www.justiz.de die Definitions- oder Schemadateien bekannt, die für die Erzeugung eines strukturierten maschinenlesbaren Datensatzes nach § 3 Absatz 3 genutzt werden sollen. [2] Die technischen Anforderungen an die Definitions- oder Schemadateien können mit einer Mindestgültigkeitsdauer und einem Ablaufdatum versehen werden.

803. Gesetz über die Finanzverwaltung (Finanzverwaltungsgesetz – FVG)[1)]

In der Fassung der Bekanntmachung vom 4. April 2006
(BGBl. I S. 846, ber. S. 1202)

Geändert durch Bundesschuldenwesenmodernisierungsgesetz vom 12.7.2006 (BGBl. I S. 1466), Föderalismusreform-Begleitgesetz vom 5.9.2006 (BGBl. I S. 2098), Gesetz über steuerliche Begleitmaßnahmen zur Einführung der Europäischen Gesellschaft und zur Änderung weiterer steuerrechtlicher Vorschriften (SEStEG) vom 7.12.2006 (BGBl. I S. 2782), Jahressteuergesetz 2007 vom 13.12.2006 (BGBl. I S. 2878), Gesetz zur Schaffung deutscher Immobilien-Aktiengesellschaften mit börsennotierten Anteilen vom 28.5.2007 (BGBl. I S. 914), Unternehmensteuerreformgesetz 2008 vom 14.8.2007 (BGBl. I S. 1912), Zweites Gesetz zur Änderung des Finanzverwaltungsgesetzes und anderer Gesetze vom 13.12.2007 (BGBl. I S. 2897), Jahressteuergesetz 2008 vom 20.12.2007 (BGBl. I S. 3150), Gesetz zur Änderung der Organisation des Bundesausgleichsamtes vom 5.3.2008 (BGBl. I S. 282), Jahressteuergesetz 2009 vom 19.12.2008 (BGBl. I S. 2794), Steuerbürokratieabbaugesetz vom 20.12.2008 (BGBl. I S. 2850), Gesetz zur Neuregelung der Kraftfahrzeugsteuer und Änderung anderer Gesetze vom 29.5.2009 (BGBl. I S. 1170), Bürgerentlastungsgesetz Krankenversicherung von 16.7.2009 (BGBl. I S. 1959), Begleitgesetz zur zweiten Föderalismusreform vom 10.8.2009 (BGBl. I S. 2702), Gesetz zur Umsetzung steuerlicher EU-Vorgaben sowie zur Änderung steuerlicher Vorschriften vom 8.4.2010 (BGBl. I S. 386), Gesetz zu dem Staatsvertrag vom 16.12.2009 und 26.1.2010 über die Verteilung von Versorgungslasten bei bund- und länderübergreifenden Dienstherrenwechseln vom 5.9.2010 (BGBl. I S. 1288),[2)] Jahressteuergesetz 2010 (JStG 2010) vom 8.12.2010 (BGBl. I S. 1768), Gesetz zur Umsetzung des EuGH-Urteils vom 20. Oktober 2011 in der Rechtssache C-284/09 vom 21.3.2013 (BGBl. I S. 561), Amtshilferichtlinie-Umsetzungsgesetz (Amtshilfe-RLUmsG) vom 26.6.2013 (BGBl. I S. 1809), Gesetz zur Anpassung des Investmentsteuergesetzes und anderer Gesetze an das AIFM-Umsetzungsgesetz (AIFM-Steuer-Anpassungsgesetz – AIFM-StAnpG) vom 18.12.2013 (BGBl. I S. 4318), Gesetz zur Anpassung des nationalen Steuerrechts an den Beitritt Kroatiens zur EU und zur Änderung weiterer steuerlicher Vorschriften vom 25.7.2014 (BGBl. I S. 1266), Gesetz zur Anpassung der Abgabenordnung an den Zollkodex der Union und zur Änderung weiterer steuerlicher Vorschriften vom 22.12.2014 (BGBl. I S. 2417), Steueränderungsgesetz 2015 vom 2.11.2015 (BGBl. I S. 1834), Gesetz zur Neuorganisation der Zollverwaltung vom 3.12.2015 (BGBl. I S. 2178), Gesetz zum automatischen Austausch von Informationen über Finanzkonten in Steuersachen und zur Änderung weiterer Gesetze vom 21.12.2015 (BGBl. I S. 2531), Gesetz zur Modernisierung des Besteuerungsverfahrens vom 18.7.2016 (BGBl. I S. 1679), Gesetz zur Reform der Investmentbesteuerung (Investmentsteuerreformgesetz – InvStRefG) vom 19.7.2016 (BGBl. I S. 1730), Gesetz zur Beendigung der Sonderzuständigkeit der Familienkassen des öffentlichen Dienstes im Bereich des Bundes vom 8.12.2016 (BGBl. I S. 2835), Gesetz zur Umsetzung der Änderungen der EU-Amtshilferichtlinie und von weiteren Maßnahmen gegen Gewinnkürzungen und -verlagerungen vom 20.12.2016 (BGBl. I S. 3000), Gesetz zur Auflösung der Bundesmonopolverwaltung für Branntwein und zur Änderung weiterer Gesetze (Branntweinmonopolverwaltung-Auflösungsgesetz – BfBAG) vom 10.3.2017 (BGBl. I S. 420), Gesetz zur Umsetzung der Vierten EU-Geldwäscherichtlinie, zur Ausführung der EU-Geldtransferverordnung und zur Neuorganisation der Zentralstelle für Finanztransaktionsuntersuchungen vom 23.6.2017 (BGBl. I S. 1822), Gesetz zur Änderung des Bundesversorgungsgesetzes und anderen Vorschriften vom 17.7.2017 (BGBl. I S. 2541), Gesetz zur Neuregelung des bundesstaatlichen Finanzausgleichssystems ab

---

[1)] Neubekanntmachung des FVG v. 30.8.1971 (BGBl. I S. 1426, 1427) auf Grund Art. 4 des Gesetzes zur Änderung des Gemeindefinanzreformgesetzes und anderer Gesetze v. 6.9.2005 (BGBl. I S. 2725) in der ab 1.1.2006 geltenden Fassung.

[2)] Gem. dessen Art. 6 Abs. 2 Satz 2 in Kraft getreten am 1.1.2011, lt. Bek. v. 8.10.2010 (BGBl. I S. 1404).

dem Jahr 2020 und zur Änderung haushaltsrechtlicher Vorschriften vom 14.8.2017 (BGBl. I S. 3122), Gesetz zur Vermeidung von Umsatzsteuerausfällen beim Handel mit Waren im Internet und zur Änderung weiterer steuerlicher Vorschriften vom 11.12.2018 (BGBl. I S. 2338), Gesetz zur fortgesetzten Beteiligung des Bundes an den Integrationskosten der Länder und Kommunen und zur Regelung der Folgen der Abfinanzierung des Fonds „Deutsche Einheit" vom 17.12.2018 (BGBl. I S. 2522), Zweites Gesetz zur Anpassung des Datenschutzrechts an die Verordnung (EU) 2016/679 und zur Umsetzung der Richtlinie (EU) 2016/680 (Zweites Datenschutz-Anpassungs- und Umsetzungsgesetz EU − 2. DSAnpUG EU) vom 20.11.2019 (BGBl. I S. 1626), Gesetz zur Umsetzung der Richtlinie (EU) 2017/1852 des Rates vom 10. Oktober 2017 über Verfahren zur Beilegung von Besteuerungsstreitigkeiten in der Europäischen Union vom 10.12.2019 (BGBl. I S. 2103), Gesetz zur weiteren steuerlichen Förderung der Elektromobilität und zur Änderung weiterer steuerlicher Vorschriften vom 12.12.2019 (BGBl. I S. 2451), Gesetz zur Einführung einer Pflicht zur Mitteilung grenzüberschreitender Steuergestaltungen vom 21.12.2019 (BGBl. I S. 2875) und Gesetz zur Einführung der Grundrente für langjährige Versicherung der gesetzlichen Rentenversicherung mit unterdurchschnittlichem Einkommen; für weitere Maßnahmen zur Erhöhung der Alterseinkommen (Grundrentengesetz) vom 12.8.2020 (BGBl. I S. 1879), Gesetz über die Umwandlung des Informationstechnikzentrums Bund in eine nichtrechtsfähige Anstalt des öffentlichen Rechts und zur Änderung weiterer Vorschriften vom 7.12.2020 (BGBl. I S. 2756), Jahressteuergesetz 2020 (JStG 2020) vom 21.12.2020 (BGBl. I S. 3096), Gesetz zur Verbesserung der Transparenz in der Alterssicherung und der Rehabilitation sowie zur Modernisierung der Sozialversicherungswahlen und zur Änderung anderer Gesetze (Gesetz Digitale Rentenübersicht) vom 11.2.2021 (BGBl. I S. 154), Siebtes Gesetz zur Änderung von Verbrauchsteuergesetzen vom 30.3.2021 (BGBl. I S. 607), Gesetz zur Modernisierung der Entlastung von Abzugsteuern und der Bescheinigung der Kapitalertragsteuer (Abzugsteuerentlastungsmodernisierungsgesetz – AbzStEntModG) vom 2.6.2021 (BGBl. I S. 1259), Gesetz zur Modernisierung des Körperschaftsteuerrechts vom 25.6.2021 (BGBl. I S. 2050), Gesetz zur Abwehr von Steuervermeidung und unfairem Steuerwettbewerb und zur Änderung weiterer Gesetze vom 25.6.2021 (BGBl. I S. 2056), Gesetz zur Regelung eines Sofortzuschlages und einer Einmalzahlung in den sozialen Mindestsicherungssystemen sowie zur Änderung des Finanzausgleichsgesetzes und weiterer Gesetze vom 23.5.2022 (BGBl. I S. 760), Jahressteuergesetz 2022 (JStG 2022) vom 16.12.2022 (BGBl. I S. 2294), Zweites Gesetz zur effektiveren Durchsetzung von Sanktionen (Sanktionsdurchsetzungsgesetz II) vom 19.12.2022 (BGBl. I S. 2606) und Gesetz zur Umsetzung der Richtlinie (EU) 2021/514 des Rates vom 22. März 2021 zur Änderung der Richtlinie 2011/16/EU über die Zusammenarbeit der Verwaltungsbehörden im Bereich der Besteuerung und zur Modernisierung des Steuerverfahrensrechts vom 20.12.2022 (BGBl. I S. 2730)

BGBl. III/FNA 600-1

Abschnitt I. Allgemeine Vorschriften

§ 1 Bundesfinanzbehörden. Bundesfinanzbehörden sind

1. als oberste Behörde:
   das Bundesministerium der Finanzen;

2.[1]) als Oberbehörden:
   das Bundeszentralamt für Steuern [*ab 1.1.2021:* , das Informationstechnikzentrum Bund] und die Generalzolldirektion;

---

[1]) § 1 Nr. 2 geänd. mWv 1.8.2006 durch G v. 12.7.2006 (BGBl. I S. 1466); geänd. mWv 13.3.2008 durch G v. 5.3.2008 (BGBl. I S. 282); geänd. mWv 1.1.2016 durch G v. 3.12.2015 (BGBl. I S. 2178); geänd. mWv 1.1.2017 durch G v. 8.12.2016 (BGBl. I S. 2835); geänd. mWv 1.1.2019 durch G v. 10.3.2017 (BGBl. I S. 420); geänd. mWv 1.1.2021 durch G v. 7.12.2020 (BGBl. I S. 2756).

3. [1)] als örtliche Behörden:
die Hauptzollämter einschließlich ihrer Dienststellen (Zollämter) und die Zollfahndungsämter.

§ 2 [2)] **Landesfinanzbehörden.** (1) Landesfinanzbehörden sind

1. als oberste Behörde:
die für die Finanzverwaltung zuständige oberste Landesbehörde;

2. Oberbehörden, soweit nach diesem Gesetz oder nach Landesrecht als Landesfinanzbehörden eingerichtet;

3. als Mittelbehörden, soweit eingerichtet:
die Oberfinanzdirektionen; anstelle der Oberfinanzdirektionen können Oberbehörden nach Nummer 2 oder andere nach Landesrecht eingerichtete Mittelbehörden treten;

4. als örtliche Behörden:
die Finanzämter.

(2) [1]Durch Rechtsverordnung der zuständigen Landesregierung kann ein Rechenzentrum der Landesfinanzverwaltung als Teil der für die Finanzverwaltung zuständigen obersten Landesbehörde, als Oberbehörde oder als Teil einer Oberbehörde, die nach Landesrecht als Landesfinanzbehörde nach Absatz 1 Nr. 2 oder 3 eingerichtet ist, als Teil einer Mittelbehörde, als Finanzamt oder als Teil eines Finanzamtes eingerichtet werden. [2]Die Landesregierung kann die Ermächtigung durch Rechtsverordnung auf die für die Finanzverwaltung zuständige oberste Landesbehörde übertragen. [3]Soweit ein Rechenzentrum der Finanzverwaltung eingerichtet ist, können ihm weitere Aufgaben, auch aus dem Geschäftsbereich einer anderen obersten Landesbehörde, übertragen werden.

(3) [1]Durch Rechtsverordnung der zuständigen Landesregierung können für Kassengeschäfte andere örtliche Landesbehörden zu Landesfinanzbehörden bestimmt werden (besondere Landesfinanzbehörden). [2]Absatz 2 Satz 2 ist anzuwenden.

§ 2a [3)] **Verzicht auf Mittelbehörden, Aufgabenwahrnehmung durch andere Finanzbehörden.** (1) [1]Durch Rechtsverordnung kann auf Mittelbehörden verzichtet werden. [2]Die Rechtsverordnung erlässt für den Bereich von Aufgaben des Landes die zuständige Landesregierung. [3]Die Landesregierung kann die Ermächtigung durch Rechtsverordnung auf die für die Finanzverwaltung zuständige oberste Landesbehörde übertragen.

(2) [1]Wird auf Mittelbehörden verzichtet, gehen diesen zugewiesenen Aufgaben der Landesfinanzverwaltung auf die oberste Behörde nach § 2 Abs. 1 Nr. 1 über. [2]Durch Rechtsverordnung der zuständigen Landesregierung kön-

---

[1)] § 1 Nr. 3 aufgeh., bish. Nr. 4 wird Nr. 3 mWv 1.1.2016 durch G v. 3.12.2015 (BGBl. I S. 2178).

[2)] § 2 Abs. 1 Nr. 3, Abs. 2 Satz 1 geänd. mWv 29.12.2020 durch G v. 21.12.2020 (BGBl. I S. 3096).

[3)] § 2a Abs. 2 Satz 1 neu gef. mWv 1.1.2008 durch G v. 13.12.2007 (BGBl. I S. 2897); Abs. 2 Satz 1 geänd., Satz 2 aufgeh. mWv 1.1.2016 durch G v. 3.12.2015 (BGBl. I S. 2178); Abs. 2 Satz 1 geänd. mWv 29.12.2020 durch G v. 21.12.2020 (BGBl. I S. 3096).

nen Landesaufgaben nach Satz 1 einer anderen Landesfinanzbehörde übertragen werden. ³Die Landesregierung kann die Ermächtigung durch Rechtsverordnung auf die für die Finanzverwaltung zuständige oberste Landesbehörde übertragen.

§ 2b. (weggefallen)

§ 3 Leitung der Finanzverwaltung. (1)¹⁾ ¹Das Bundesministerium der Finanzen leitet die Bundesfinanzverwaltung. ²Soweit die Bundesfinanzbehörden Aufgaben aus dem Geschäftsbereich eines anderen Bundesministeriums zu erledigen haben, erteilt dieses die fachlichen Weisungen. ³Fachliche Weisungen, die wesentliche organisatorische Auswirkungen haben, ergehen im Benehmen mit dem Bundesministerium der Finanzen.

(2) ¹Die für die Finanzverwaltung zuständige oberste Landesbehörde leitet die Landesfinanzverwaltung. ²Soweit Landesfinanzbehörden Aufgaben aus dem Geschäftsbereich einer anderen obersten Landesbehörde zu erledi-gen haben, erteilt diese die fachlichen Weisungen. ³Fachliche Weisungen, die wesentliche organisatorische Auswirkungen haben, ergehen im Benehmen mit der für die Finanzverwaltung zuständigen obersten Landesbehörde.

Abschnitt II. Oberbehörden

§ 4 Sitz und Aufgaben der Bundesoberbehörden. (1) Das Bundesministerium der Finanzen bestimmt den Sitz der Bundesoberbehörden, soweit durch Gesetz nichts anderes bestimmt ist.

(2)²⁾ Die Bundesoberbehörden erledigen in eigener Zuständigkeit Aufgaben, die ihnen durch dieses Gesetz, durch andere oder aufgrund anderer Bundesgesetze zugewiesen werden.

(3) Die Bundesoberbehörden erledigen als beauftragte Behörden Aufgaben des Bundes, mit deren Durchführung sie vom Bundesministerium der Finanzen oder mit dessen Zustimmung von dem fachlich zuständigen Bundesministerium beauftragt werden.

§ 5 Aufgaben des Bundeszentralamtes für Steuern. (1)³⁾ ¹Das Bundeszentralamt für Steuern hat unbeschadet des § 4 Abs. 2 und 3 folgende Aufgaben:

1. die Mitwirkung an Außenprüfungen (§ 19);
2.⁴⁾ die Erstattung von Kapitalertragsteuer und von im Wege des Steuerabzugs nach § 50a des Einkommensteuergesetzes erhobener Steuer an beschränkt Steuerpflichtige, soweit die Einkommensteuer oder die Körperschaftsteuer mit dem Steuerabzug abgegolten ist und die beschränkte Steuerpflicht nicht auf § 2 Nummer 2 des Körperschaftsteuergesetzes beruht;

---

¹⁾ § 3 Abs. 1 Satz 2 eingef. mWv 13.3.2008 durch G v. 5.3.2008 (BGBl. I S. 282) und aufgeh. mWv 1.1.2017 durch G v. 8.12.2016 (BGBl. I S. 2835).
²⁾ § 4 Abs. 2 geänd. mWv 1.1.2016 durch G v. 3.12.2015 (BGBl. I S. 2178).
³⁾ § 5 Abs. 1 bish. Text wird Satz 1, neuer Satz 2 angef. mWv 1.1.2017 durch G v. 18.7.2016 (BGBl. I S. 1679).
⁴⁾ § 5 Abs. 1 Satz 1 Nr. 2 neu gef. mWv 9.6.2021 durch G v. 2.6.2021 (BGBl. I S. 1259).

2a.[1] die Entgegennahme der Anträge nach § 1a Absatz 1 Satz 4 des Körperschaftsteuergesetzes und Berücksichtigung des Status der optierenden Gesellschaft in den Verfahren zur Entlastung von deutschen Abzugsteuern (Erstattungen und Freistellungen) auf Grund von Abkommen zur Vermeidung der Doppelbesteuerung;

3.[2] die Entlastung bei deutschen Besitz- oder Verkehrsteuern gegenüber internationalen Organisationen, amtlichen zwischenstaatlichen Einrichtungen, ausländischen Missionen, berufskonsularischen Vertretungen und deren Mitgliedern auf Grund völkerrechtlicher Vereinbarung oder besonderer gesetzlicher Regelung nach näherer Weisung des Bundesministeriums der Finanzen sowie die Durchführung des Besteuerungsverfahrens nach § 18 Absatz 5a des Umsatzsteuergesetzes einschließlich der damit im Zusammenhang stehenden Tätigkeiten für ausländische Missionen, berufskonsularische Vertretungen und deren Mitglieder;

4.[3] die Besteuerung von Investmentfonds und Spezial-Investmentfonds sowie die Feststellung der Besteuerungsgrundlagen von Spezial-Investmentfonds, soweit es nach § 4 Absatz 2 Nummer 2 des Investmentsteuergesetzes[4] zuständig ist. [2]Daneben stellt das Bundeszentralamt für Steuern auf Anforderung den für die Besteuerung von Investmentfonds, Spezial-Investmentfonds oder deren Anlegern zuständigen Landesfinanzbehörden seine Erkenntnisse über ausländische Rechtsformen und ausländisches Recht zur Verfügung;

5.[5] die Ausübung der Funktion der zuständigen Behörde auf dem Gebiet der steuerlichen Rechts- und Amtshilfe und bei der Durchführung von Verständigungs- und Schiedsverfahren im Einvernehmen mit der zuständigen obersten Landesfinanzbehörde oder mit der von dieser beauftragten Behörde nach den Doppelbesteuerungsabkommen, dem Übereinkommen Nr. 90/436/EWG über die Beseitigung der Doppelbesteuerung im Falle von Gewinnberichtigungen zwischen verbundenen Unternehmen (ABl. L 225 vom 20.8.1990, S. 10) in der jeweils geltenden Fassung und dem EU-Doppelbesteuerungsabkommen-Streitbeilegungsgesetz vom 10. Dezember 2019 (BGBl. I S. 2103) in der jeweils geltenden Fassung und bei der Durchführung von Vorabverständigungsverfahren nach § 89a der Abgabenordnung[6], soweit das zuständige Bundesministerium seine Befugnisse in diesem Bereich delegiert;

5a.[7] die Entgegennahme und Weiterleitung von Meldungen nach auf der Grundlage von § 117c der Abgabenordnung ergangenen Rechtsverordnungen und die Durchführung von Bußgeldverfahren in den Fällen des § 379 Absatz 2 Nummer 1b der Abgabenordnung sowie die Auswertung

---

[1] § 5 Abs. 1 Satz 1 Nr. 2a eingef. mWv 1.7.2021 durch G v. 25.6.2021 (BGBl. I S. 2050).
[2] § 5 Abs. 1 Satz 1 Nr. 3 neu gef. mWv 1.1.2022 durch G v. 2.6.2021 (BGBl. I S. 1295).
[3] § 5 Abs. 1 Satz 1 Nr. 4 neu gef. mWv 1.1.2018 durch G v. 19.7.2016 (BGBl. I S. 1730).
[4] Nr. **120a.**
[5] § 5 Abs. 1 Satz 1 Nr. 5 neu gef. mWv 13.12.2019 durch G v. 10.12.2019 (BGBl. I S. 2103); geänd mWv 9.6.2021 durch G v. 2.6.2021 (BGBl. I S. 1259).
[6] Nr. **800.**
[7] § 5 Abs. 1 Satz 1 Nr. 5a eingef. mWv 24.12.2013 durch G v. 18.12.2013 (BGBl. I S. 4318); geänd. mWv 24.12.2016 durch G v. 20.12.2016 (BGBl. I S. 3000).

dieser Meldungen im Rahmen der dem Bundeszentralamt für Steuern gesetzlich übertragenen Aufgaben;

5b.[1] die Entgegennahme und Weiterleitung von Meldungen und Auswertungen im Rahmen der nach § 2 des Gesetzes zum automatischen Austausch von Informationen über Finanzkonten in Steuersachen auszutauschenden Informationen und die Durchführung von Bußgeldverfahren nach § 28 des vorgenannten Gesetzes;

5c.[2] die Einstellung von Informationen zu grenzüberschreitenden Vorbescheiden oder Vorabverständigungen über die Verrechnungspreisgestaltung gemäß § 7 Absatz 3 bis 5 des EU-Amtshilfegesetzes in das Zentralverzeichnis der Mitgliedstaaten der Europäischen Union gemäß Artikel 21 Absatz 5 der Richtlinie 2011/16/EU des Rates vom 15. Februar 2011 über die Zusammenarbeit der Verwaltungsbehörden im Bereich der Besteuerung und zur Aufhebung der Richtlinie 77/799/EWG (ABl. L 64 vom 11.3.2011, S. 1) in der jeweils geltenden Fassung sowie die Entgegennahme der von den anderen Mitgliedstaaten der Europäischen Union in das Zentralverzeichnis eingestellten Informationen im Sinne des Artikels 8a der Richtlinie 2011/16/EU und ihre Weiterleitung an die jeweils zuständige Landesfinanzbehörde nach Maßgabe des § 7 Absatz 9 des EU-Amtshilfegesetzes;

5d.[3] die automatische Übermittlung der länderbezogenen Berichte, die dem Bundeszentralamt für Steuern hierzu von den Unternehmen nach § 138a Absatz 6 der Abgabenordnung übermittelt worden sind, an

a) die jeweils zuständige Landesfinanzbehörde,

b) die zuständigen Behörden der Vertragsstaaten der am 27. Januar 2016 unterzeichneten „Mehrseitigen Vereinbarung zwischen den zuständigen Behörden über den Austausch länderbezogener Berichte" (BGBl. 2016 II S. 1178, 1179),

c) die zuständigen Behörden der anderen Mitgliedstaaten gemäß Artikel 8aa der Richtlinie 2011/16/EU sowie

d) die zuständigen Behörden der Drittstaaten, mit denen die Bundesrepublik Deutschland ein Abkommen über den steuerlichen Informationsaustausch geschlossen hat, nach dem ein automatischer Austausch von Informationen vereinbart werden kann;

5e.[4] die Entgegennahme und Weiterleitung

a) der länderbezogenen Berichte, die dem zentralen Verbindungsbüro von den zuständigen Behörden der anderen Mitgliedstaaten gemäß Artikel 8aa der Richtlinie 2011/16/EU übersandt wurden, an die zuständigen Landesfinanzbehörden,

---

[1] § 5 Abs. 1 Satz 1 Nr. 5b eingef. mWv 31.12.2015 durch G v. 21.12.2015 (BGBl. I S. 2531).
[2] § 5 Abs. 1 Satz 1 Nr. 5c neu gef. mWv 1.1.2020 durch G v. 21.12.2019 (BGBl. I S. 2875).
[3] § 5 Abs. 1 Satz 1 Nr. 5d eingef. mWv 24.12.2016 durch G v. 20.12.2016 (BGBl. I S. 3000); Nr. 5d Buchst. d eingef. mWv 31.3.2020 durch G v. 12.12.2019 (BGBl. I S. 2451).
[4] § 5 Abs. 1 Satz 1 Nr. 5e eingef. mWv 24.12.2016 durch G v. 20.12.2016 (BGBl. I S. 3000).

b) der länderbezogenen Berichte im Sinne des § 138a Absatz 2 der Abgabenordnung, die dem zentralen Verbindungsbüro von den zuständigen Behörden der Vertragsstaaten der am 27. Januar 2016 unterzeichneten „Mehrseitigen Vereinbarung zwischen den zuständigen Behörden über den Austausch länderbezogener Berichte" (BGBl. 2016 II S. 1178, 1179) übermittelt wurden, an die jeweils zuständige Landesfinanzbehörde sowie

c)[1] der länderbezogenen Berichte im Sinne des § 138a Absatz 2 der Abgabenordnung, die dem zentralen Verbindungsbüro von den zuständigen Behörden der Drittstaaten, mit denen die Bundesrepublik Deutschland ein Abkommen über den steuerlichen Informationsaustausch geschlossen hat, nach dem ein automatischer Austausch von Informationen vereinbart werden kann, übermittelt wurden, an die jeweils zuständige Landesfinanzbehörde;

5f.[2] die automatische Übermittlung von Informationen zu grenzüberschreitenden Steuergestaltungen gemäß § 7 Absatz 13 des EU-Amtshilfegesetzes sowie die Entgegennahme von Informationen im Sinne des Artikels 8ab der Richtlinie 2011/16/EU gemäß § 7 Absatz 14 des EU-Amtshilfegesetzes;

5g.[3] die Entgegennahme, die Weiterleitung und die Übermittlung von Informationen nach § 9 Absatz 1 bis 3 und die Durchführung der Verfahren gemäß den §§ 10 bis 12 und 25 bis 27 des Plattformen-Steuertransparenzgesetzes;

5h.[4] die Auswertung der Informationen nach den Nummern 5c, 5d, 5e, 5f und 5g im Rahmen der dem Bundeszentralamt für Steuern gesetzlich übertragenen Aufgaben; Auswertungen der Informationen nach den Nummern 5c, 5d, 5e, 5f und 5g durch die jeweils zuständige Landesfinanzbehörde bleiben hiervon unberührt;

6. die zentrale Sammlung und Auswertung von Unterlagen über steuerliche Auslandsbeziehungen nach näherer Weisung des Bundesministeriums der Finanzen;

7. bei Personen, die nicht im Geltungsbereich dieses Gesetzes ansässig sind, die Bestimmung des für die Besteuerung örtlich zuständigen Finanzamts, wenn sich mehrere Finanzämter für örtlich zuständig oder für örtlich unzuständig halten oder wenn sonst Zweifel über die örtliche Zuständigkeit bestehen;

8.[5] die Vergütung der Vorsteuerbeträge in dem besonderen Verfahren nach § 18 Abs. 9 des Umsatzsteuergesetzes;

---

[1] § 5 Abs. 1 Satz 1 Nr. 5e Buchst. c eingef. mWv 31.3.2020 durch G v. 12.12.2019 (BGBl. I S. 2451).
[2] § 5 Abs. 1 Satz 1 Nr. 5f neu gef. mWv 1.1.2020 durch G v. 21.12.2019 (BGBl. I S. 2875).
[3] § 5 Abs. 1 Satz 1 Nr. 5g eingef. mWv 1.1.2020 durch G v. 21.12.2019 (BGBl. I S. 2875) und neu gef. mWv. 1.1.2023 durch G v. 20.12.2022 (BGBl. I S. 2730).
[4] § 5 Abs. 1 Satz 1 Nr. 5h eingef. mWv 1.1.2023 durch G v. 20.12.2022 (BGBl. I S. 2730).
[5] § 5 Abs. 1 Satz 1 Nr. 8 Satz 2 aufgeh. mWv 1.1.2010 durch G v. 19.12.2008 (BGBl. I S. 2794).

9.[1] auf Grund der Verordnung (EU) Nr. 904/2010 des Rates vom 7. Oktober 2010 über die Zusammenarbeit der Verwaltungsbehörden und die Betrugsbekämpfung auf dem Gebiet der Mehrwertsteuer (ABl. L 268 vom 12.10.2010, S. 1)

   a) die Vergabe der Umsatzsteuer-Identifikationsnummer (§ 27a des Umsatzsteuergesetzes)[2],

   b) die Entgegennahme der Zusammenfassenden Meldungen (§ 18a des Umsatzsteuergesetzes) und Speicherung der Daten,

   c) den Austausch von gespeicherten Informationen mit anderen Mitgliedstaaten;

10.[3] die Erteilung von Bescheinigungen in Anwendung des Artikels 151 der Richtlinie 2006/112/EG des Rates vom 28. November 2006 über das gemeinsame Mehrwertsteuersystem (ABl. L 347 vom 11.12.2006, S. 1, L 335 vom 20.12.2007, S. 60), die zuletzt durch die Richtlinie 2013/61/EU (ABl. L 353 vom 28.12.2013, S. 5) geändert worden ist, in der jeweils geltenden Fassung zum Nachweis der Umsatzsteuerbefreiung der Umsätze, die in anderen Mitgliedstaaten der Europäischen Union an im Geltungsbereich dieses Gesetzes ansässige zwischenstaatliche Einrichtungen, ständige diplomatische Missionen und berufskonsularische Vertretungen sowie deren Mitglieder ausgeführt werden;

11.[4] die Durchführung des Familienleistungsausgleichs nach Maßgabe der §§ 31, 62 bis 78 des Einkommensteuergesetzes. ²Die Bundesagentur für Arbeit stellt dem Bundeszentralamt für Steuern zur Durchführung dieser Aufgaben ihre Dienststellen als Familienkassen zur Verfügung. ³Das Nähere, insbesondere die Höhe der Verwaltungskostenerstattung, wird durch Verwaltungsvereinbarung geregelt. ⁴Der Vorstand der Bundesagentur für Arbeit kann innerhalb seines Zuständigkeitsbereichs abweichend von den Vorschriften der Abgabenordnung über die örtliche Zuständigkeit von Finanzbehörden die Entscheidung über den Anspruch auf Kindergeld für bestimmte Bezirke oder Gruppen von Berechtigten einer anderen Familienkasse übertragen. ⁵Für die besonderen Belange der Personen, die in einem öffentlich-rechtlichen Dienst-, Amts- oder Ausbildungsverhältnis zum Bund stehen oder Versorgungsbezüge nach bundesbeamten- oder soldatenrechtlichen Vorschriften oder Grundsätzen erhalten oder Arbeitnehmer des Bundes oder einer sonstigen Körperschaft, einer Anstalt oder einer Stiftung des öffentlichen Rechts im Bereich des Bundes sind, benennt die Bundesagentur für Arbeit als Familienkasse zentrale Ansprechpartner.

---

[1] § 5 Abs. 1 Satz 1 Nr. 9 geänd. mWv 30.6.2013 durch G v. 26.6.2013 (BGBl. I S. 1809).
[2] Nr. **500.**
[3] § 5 Abs. 1 Satz 1 Nr. 10 geänd. mWv 30.6.2013 durch G v. 26.6.2013 (BGBl. I S. 1809); geänd. durch G v. 25.7.2014 (BGBl. I S. 1266).
[4] § 5 Abs. 1 Satz 1 Nr. 11 Satz 5 eingef., bish. Sätze 5 bis 10 werden Sätze 6 bis 11, Satz 10 geänd. und Satz 12 angef. mWv 14.12.2016 durch G v. 8.12.2016 (BGBl. I S. 2835); Satz 6 neu gef. mWv 1.1.2022 durch G v. 8.12.2016 (BGBl. I S. 2835).

[Fassung bis 28.2.2023:]

⁶ Das Bundesministerium der Finanzen wird ermächtigt, durch Rechtsverordnung ohne Zustimmung des Bundesrates Bundesfamilienkassen zur Wahrnehmung der Aufgaben der Familienkassen nach § 72 Absatz 1 des Einkommensteuergesetzes für die in § 72 Absatz 3 Nummer 3 des Einkommensteuergesetzes ausgenommenen Behörden, Körperschaften, Anstalten oder Stiftungen des öffentlichen Rechts im Bereich des Bundes einzurichten. ⁷ Diese können auch Aufgaben im Auftrag der mittelbaren Verwaltung wahrnehmen. ⁸ Die Landesregierungen werden ermächtigt, durch Rechtsverordnung Landesfamilienkassen zur Wahrnehmung der Aufgaben nach § 72 Abs. 1 des Einkommensteuergesetzes einzurichten. ⁹ Diese können auch Aufgaben der mittelbaren Verwaltung wahrnehmen. ¹⁰ Die Ermächtigung kann durch Rechtsverordnung auf die zuständigen obersten Landesbehörden übertragen werden. ¹¹ Die Familienkassen gelten als Bundesfinanzbehörden, soweit sie den Familienleistungsausgleich durchführen, und unterliegen insoweit der Fachaufsicht des Bundeszentralamtes für Steuern. ¹² Das Bundeszentralamt für Steuern erteilt diesen Familienkassen ein Merkmal zur Identifizierung (Familienkassenschlüssel) und veröffentlicht die Namen und die Anschriften dieser Familienkassen jeweils zu Beginn eines Kalenderjahres im Bundessteuerblatt;

*[Fassung ab 1.3.2023–31.12.2023:]*¹⁾

⁶ Die Landesregierungen werden ermächtigt, durch Rechtsverordnung Landesfamilienkassen zur Wahrnehmung der Aufgaben nach § 72 Abs. 1 des Einkommensteuergesetzes einzurichten. ⁷ Diese können auch Aufgaben der mittelbaren Verwaltung wahrnehmen. ⁸ Die Ermächtigung kann durch Rechtsverordnung auf die zuständigen obersten Landesbehörden übertragen werden. ⁹ Die Familienkassen gelten als Bundesfinanzbehörden, soweit sie den Familienleistungsausgleich durchführen, und unterliegen insoweit der Fachaufsicht des Bundeszentralamtes für Steuern. ¹⁰ Das Bundeszentralamt für Steuern erteilt diesen Familienkassen ein Merkmal zur Identifizierung (Familienkassenschlüssel) und veröffentlicht die Namen und die Anschriften dieser Familienkassen jeweils zu Beginn eines Kalenderjahres im Bundessteuerblatt;

*[Fassung ab 1.1.2024:]*¹⁾

⁶ Die Familienkassen gelten als Bundesfinanzbehörden, soweit sie den Familienleistungsausgleich durchfüh-

---

¹⁾ § 5 Abs. 1 Satz 1 Nr. 11 Sätze 6 und 7 aufgeh. mWv 1.3.2023, Sätze 6 bis 8 und 10 aufgeh. mWv 1.1.2024 durch G v. 16.12.2022 (BGBl. I S. 2294).

[Fassung ab 1.1.2024:]

ren, und unterliegen insoweit der Fachaufsicht des Bundeszentralamtes für Steuern;

12.[1] die Durchführung der Veranlagung nach § 50 Absatz 2 Satz 2 Nummer 5 des Einkommensteuergesetzes und § 32 Absatz 2 Nummer 2 des Körperschaftsteuergesetzes sowie die Durchführung des Steuerabzugsverfahrens nach § 50a Absatz 1 des Einkommensteuergesetzes und nach § 10 des Steueroasen-Abwehrgesetzes; einschließlich des Erlasses von Haftungs- und Nachforderungsbescheiden und deren Vollstreckung;

13. die zentrale Sammlung und Auswertung der von den Finanzbehörden der Länder übermittelten Informationen über Betrugsfälle im Bereich der Umsatzsteuer;

14.[2] die Sammlung, Auswertung und Weitergabe der Daten, die nach § 45d des Einkommensteuergesetzes in den dort genannten Fällen zu übermitteln sind sowie die Übermittlung der Identifikationsnummer (§ 139b der Abgabenordnung) in dem Anfrageverfahren nach § 44a Absatz 2a Satz 3 bis 7 des Einkommensteuergesetzes;

14a.[3] Die Sammlung, Auswertung und Bereitstellung der Daten, die nach den §§ 45b und 45c des Einkommensteuergesetzes in den dort genannten Fällen zu übermitteln sind; das Bundeszentralamt für Steuern unterrichtet die Finanzbehörden der Länder über die Ergebnisse der Datenauswertung und stellt den Finanzbehörden der Länder Daten für die Verwendung in Besteuerungsverfahren zur Verfügung;

15. die Koordinierung von Umsatzsteuerprüfungen der Landesfinanzbehörden in grenz- und länderübergreifenden Fällen;

16. das Zusammenführen und Auswerten von umsatzsteuerlich erheblichen Informationen zur Identifizierung prüfungswürdiger Sachverhalte;

17. die Beobachtung von elektronisch angebotenen Dienstleistungen zur Unterstützung der Landesfinanzverwaltungen bei der Umsatzbesteuerung des elektronischen Handels;

18.[4] a) die Weiterleitung der Daten, die nach § 10 Absatz 2a, 2b und 4b des Einkommensteuergesetzes in den dort genannten Fällen zu übermitteln sind,

b) die Sammlung, Auswertung und Weitergabe der Daten, die nach § 10a Absatz 5 Satz 4 des Einkommensteuergesetzes in den dort genannten Fällen zu übermitteln sind,

---

[1] § 5 Abs. 1 Satz 1 Nr. 12 neu gef. mWv 18.8.2009 durch G v. 10.8.2009 (BGBl. I S. 2702); neu gef. mWv 1.7.2021 durch G v. 25.6.2021 (BGBl. I S. 2056).
[2] § 5 Abs. 1 Satz 1 Nr. 14 neu gef. mWv 14.12.2010 durch G v. 8.12.2010 (BGBl. I S. 1768).
[3] § 5 Abs. 1 Satz 1 Nr. 14a eingef. mWv 9.6.2021 durch G v. 2.6.2021 (BGBl. I S. 1259).
[4] § 5 Abs. 1 Satz 1 Nr. 18 neu gef. mWv 1.1.2009 durch G v. 20.12.2008 (BGBl. I S. 2850); Buchst. b Verweis geänd., Buchst. a Verweis geänd., Buchst. e neu gef. mWv 23.7.2009 durch G v. 16.7.2009 (BGBl. I S. 1959); Buchst. d neu gef. und Buchst. g angef. mWv 14.12.2010 durch G v. 8.12.2010 (BGBl. I S. 1768); Buchst. a Verweis geänd. durch G v. 26.6.2013 (BGBl. I S. 1809); Buchst. e geänd. durch G v. 25.7.2014 (BGBl. I S. 1266); Buchst. d neu gef. mWv 1.1.2017 durch G v. 18.7.2016 (BGBl. I S. 1679); Buchst. a und e Verweis geänd. mWv 1.1.2019 durch G v. 20.11.2019 (BGBl. I S. 1626).

c) die Sammlung, Auswertung und Weitergabe der Daten, die nach § 22a des Einkommensteuergesetzes in den dort genannten Fällen zu übermitteln sind,

d) bei einer Datenübermittlung nach § 22a Absatz 1 des Einkommensteuergesetzes die Prüfung nach § 93c Absatz 4 Satz 1 der Abgabenordnung und die Erhebung des Verspätungsgeldes nach § 22a Absatz 5 des Einkommensteuergesetzes,

e) die Übermittlung der Identifikationsnummer (§ 139b der Abgabenordnung) im Anfrageverfahren nach § 22a Absatz 2 in Verbindung mit § 10 Absatz 2a, 2b und 4b, § 10a Absatz 5 und § 32b Absatz 3 Satz 1 des Einkommensteuergesetzes,

f) die Gewährung der Altersvorsorgezulage nach Abschnitt XI des Einkommensteuergesetzes sowie

g) die Durchführung von Bußgeldverfahren nach § 50f des Einkommensteuergesetzes.

²Das Bundeszentralamt für Steuern bedient sich zur Durchführung dieser Aufgaben der Deutschen Rentenversicherung Bund, soweit diese zentrale Stelle im Sinne des § 81 des Einkommensteuergesetzes ist, im Wege der Organleihe. ³Die Deutsche Rentenversicherung Bund unterliegt insoweit der Fachaufsicht des Bundeszentralamtes für Steuern. ⁴Das Nähere, insbesondere die Höhe der Verwaltungskostenerstattung, wird durch Verwaltungsvereinbarung geregelt;

19. die zentrale Sammlung der von den Finanzbehörden übermittelten Angaben über erteilte Freistellungsbescheinigungen nach § 48b des Einkommensteuergesetzes und die Erteilung von Auskünften im Wege einer elektronischen Abfrage an den Leistungsempfänger im Sinne des § 48 Abs. 1 Satz 1 des Einkommensteuergesetzes über die übermittelten Freistellungsbescheinigungen;

20.¹⁾ den Einzug der einheitlichen Pauschsteuer nach § 40a Abs. 2 des Einkommensteuergesetzes. ²Das Bundeszentralamt für Steuern bedient sich zur Durchführung dieser Aufgabe der Deutschen Rentenversicherung Knappschaft-Bahn-See als Träger der knappschaftlichen Rentenversicherung im Wege der Organleihe. ³Das Nähere, insbesondere die Höhe der Verwaltungskostenerstattung, wird durch Verwaltungsvereinbarung geregelt. ⁴Die Deutsche Rentenversicherung Knappschaft-Bahn-See als Träger der knappschaftlichen Rentenversicherung gilt für die Durchführung dieser Aufgabe als Bundesfinanzbehörde und unterliegt insoweit der Fachaufsicht des Bundeszentralamtes für Steuern;

21.²⁾ für vor dem 1. Juli 2021 ausgeführte Umsätze die Durchführung des Besteuerungsverfahrens nach § 18 Absatz 4c des Umsatzsteuergesetzes in der bis zum 30. Juni 2021 geltenden Fassung einschließlich der damit im Zusammenhang stehenden Tätigkeiten auf Grund von Kapitel XI Ab-

---

¹⁾ § 5 Abs. 1 Satz 1 Nr. 20 Sätze 2 und 4 geänd. mWv 30.6.2013 durch G v. 26.6.2013 (BGBl. I S. 1809).
²⁾ § 5 Abs. 1 Satz 1 Nr. 21 neu gef. mWv 1.4.2021 durch G v. 21.12.2020 (BGBl. I S. 3096).

schnitt 1 und 2 der Verordnung (EU) Nr. 904/2010 des Rates vom 7. Oktober 2010 über die Zusammenarbeit der Verwaltungsbehörden und die Betrugsbekämpfung auf dem Gebiet der Mehrwertsteuer (ABl. L 268 vom 12.10.2010, S. 1) sowie für nach dem 30. Juni 2021 ausgeführte Umsätze die Entgegennahme und Weiterleitung von Anzeigen, Umsatzsteuererklärungen und Zahlungen von nicht im Gemeinschaftsgebiet ansässigen Unternehmern in Anwendung der Artikel 360 bis 367 und 369 der Richtlinie 2006/112/EG des Rates in der Fassung von Artikel 2 Nummer 17 bis 19 der Richtlinie (EU) 2017/2455 des Rates vom 5. Dezember 2017 zur Änderung der Richtlinie 2006/112/EG und der Richtlinie 2009/132/EG in Bezug auf bestimmte mehrwertsteuerliche Pflichten für die Erbringung von Dienstleistungen und für Fernverkäufe von Gegenständen (ABl. L 348 vom 29.12.2017, S. 7) einschließlich der mit der Durchführung des Besteuerungsverfahrens nach § 18i des Umsatzsteuergesetzes zusammenhängenden Tätigkeiten auf Grund der Kapitel V und XI der Verordnung (EU) Nr. 904/2010 des Rates in der Fassung von Artikel 1 der Verordnung (EU) 2017/2454 des Rates vom 5. Dezember 2017 zur Änderung der Verordnung (EU) Nr. 904/2010 des Rates über die Zusammenarbeit der Verwaltungsbehörden und die Betrugsbekämpfung auf dem Gebiet der Mehrwertsteuer (ABl. L 348 vom 29.12.2017, S. 1);

22. die Vergabe und die Verwaltung des Identifikationsmerkmals nach den §§ 139a bis 139d der Abgabenordnung;

23. die Bestätigungen nach § 18e des Umsatzsteuergesetzes 1999;

24. den Abruf von Daten aus den nach § 93b der Abgabenordnung in Verbindung mit § 24c Abs. 1 Satz 1 des Kreditwesengesetzes von den Kreditinstituten geführten Dateien und die Weiterleitung der abgerufenen Daten an die zuständigen Finanzbehörden;

25.[1] die Verwaltung der Versicherung- und Feuerschutzsteuer und die zentrale Sammlung und Auswertung der Informationen für die Verwaltung der Versicherung- und Feuerschutzsteuer;

26. Entgegennahme von Meldungen und Zahlungen von Zinsabschlag nach der Zinsinformationsverordnung und deren Weiterleitung;

27.[2] die Erteilung von verbindlichen Auskünften nach § 89 Abs. 2 Satz 3 der Abgabenordnung;

28.[2] die Unterstützung der Finanzbehörden der Länder bei der Verhütung und Verfolgung von Steuerstraftaten mit länderübergreifender, internationaler oder erheblicher Bedeutung sowie bei Anzeigen nach § 116 Abs. 1 der Abgabenordnung. [2]Das Bundeszentralamt für Steuern hat zur Wahrnehmung dieser Aufgabe alle hierfür erforderlichen Informationen zu sammeln und auszuwerten und die Behörden der Länder über die sie betreffenden Informationen und die in Erfahrung gebrachten Zusammenhänge von Straftaten zu unterrichten;

---

[1] § 5 Abs. 1 Satz 1 Nr. 25 neu gef. mWv 1.7.2010 durch G v. 10.8.2009 (BGBl. I S. 2702).
[2] § 5 Abs. 1 Satz 1 Nrn. 27 und 28 angef. mWv 12.9.2006 durch G v. 5.9.2006 (BGBl. I S. 2098).

28a.[1] die Weiterleitung von Mitteilungen nach § 116 Abs. 1 der Abgabenordnung an die zuständigen Finanzbehörden der Zollverwaltung;

28b.[2] die Unterstützung der Finanzbehörden der Länder bei der Ermittlung von Steuergestaltungen, die die Erlangung eines Steuervorteils aus der Erhebung oder Entlastung von Kapitalertragsteuer mit länderübergreifender, internationaler oder erheblicher Bedeutung zum Gegenstand haben; das Bundeszentralamt für Steuern hat zur Wahrnehmung dieser Aufgabe alle hierfür erforderlichen Informationen zu sammeln und auszuwerten und die Behörden der Länder über die sie betreffenden Informationen zu unterrichten;

29.[3] die Durchführung der gesonderten Feststellung der Einlagenrückgewähr nach § 27 Absatz 8 des Körperschaftsteuergesetzes;

29a.[4] Entgegennahme, Verarbeitung und Weiterleitung der Versicherungsdaten bei privaten Krankenversicherungen und privaten Pflege-Pflichtversicherungen nach § 39 Absatz 4a des Einkommensteuergesetzes;

30.[5] die Bildung, Speicherung und Bereitstellung elektronischer Lohnsteuerabzugsmerkmale;

31.[6] die zentrale Sammlung der von den Finanzbehörden der Länder übermittelten Daten zu Konzernübersichten (Konzernverzeichnis) sowie die Erteilung von Auskünften daraus im Wege einer elektronischen Abfrage durch die Finanzbehörden der Länder;

32.[6] die zentrale Sammlung der von den Finanzbehörden der Länder übermittelten branchenbezogenen Kennzahlen sowie die Erteilung von Auskünften daraus im Wege einer elektronischen Abfrage durch die Finanzbehörden der Länder;

33.[7] die Registrierung eines Vor-REIT nach § 2 des REIT-Gesetzes;

34.[8] die Zertifizierung von Altersvorsorge- und Basisrentenverträgen nach dem Altersvorsorgeverträge-Zertifizierungsgesetz und die Durchführung von Bußgeldverfahren nach § 13 des Altersvorsorgeverträge-Zertifizierungsgesetzes;

35.[9] die Prüfung der Vollständigkeit und Zulässigkeit von Anträgen auf Vorsteuer-Vergütung für im Inland ansässige Unternehmer in Anwendung von Artikel 18 der Richtlinie 2008/9/EG[10] des Rates vom 12. Februar 2008

---

[1] § 5 Abs. 1 Satz 1 Nr. 28a eingef. mWv 29.12.2007 durch G v. 20.12.2007 (BGBl. I S. 3150).
[2] § 5 Abs. 1 Satz 1 Nr. 28b eingef. mWv 9.6.2021 durch G v. 2.6.2021 (BGBl. I S. 1259).
[3] § 5 Abs. 1 Satz 1 Nr. 29 angef. mWv 13.12.2006 durch G v. 7.12.2006 (BGBl. I S. 2782); geänd. mWv 1.1.2023 durch G v. 16.12.2022 (BGBl. I S. 2294).
[4] § 5 Abs. 1 Satz 1 Nr. 29a eingef. mWv 1.1.2023 durch G v. 21.12.2020 (BGBl. I S. 3096).
[5] § 5 Abs. 1 Satz 1 Nr. 30 eingef. mWv 29.12.2007 durch G v. 20.12.2007 (BGBl. I S. 3150).
[6] § 5 Abs. 1 Satz 1 Nrn. 31 und 32 angef. mWv 19.12.2006 durch G v. 13.12.2006 (BGBl. I S. 2878).
[7] § 5 Abs. 1 Satz 1 Nr. 33 angef. mWv 1.1.2007 durch G v. 28.5.2007 (BGBl. I S. 914).
[8] § 5 Abs. 1 Satz 1 Nr. 34 neu gef. mWv 15.12.2018 durch G v. 11.12.2018 (BGBl. I S. 2338).
[9] § 5 Abs. 1 Satz 1 Nr. 35 angef. mWv 1.1.2010 durch G v. 19.12.2008 (BGBl. I S. 2794).
[10] Nr. **550b.**

zur Regelung der Erstattung der Mehrwertsteuer gemäß der Richtlinie 2006/112/EG an nicht im Mitgliedstaat der Erstattung, sondern in einem anderen Mitgliedstaat ansässige Steuerpflichtige (ABl. EU Nr. L 44 S. 23);

36.[1] die Prüfung nach § 93c Absatz 4 Satz 1 der Abgabenordnung der nach § 10 Absatz 2b des Einkommensteuergesetzes zu übermittelnden Daten sowie bei dieser Datenübermittlung die Festsetzung und Erhebung des Haftungsbetrages nach § 72a Absatz 4 der Abgabenordnung;

37.[2] Ausstellung der Bescheinigung an Unternehmer über die Erfüllung der Voraussetzungen des § 4 Nummer 11b des Umsatzsteuergesetzes;

38.[3] ab 14. Dezember 2010 die Weiterleitung von Anzeigen nach § 9 der Erbschaftsteuer-Durchführungsverordnung an die zuständigen Finanzbehörden der Länder;

39.[4] *(aufgehoben)*

40.[5] für vor dem 1. Juli 2021 ausgeführte Umsätze die mit der Durchführung des Besteuerungsverfahrens nach § 18 Absatz 4e des Umsatzsteuergesetzes in Zusammenhang stehenden Tätigkeiten auf Grund der Kapitel V und XI Abschnitt 2 der Verordnung (EU) Nr. 904/2010 des Rates vom 7. Oktober 2010 über die Zusammenarbeit der Verwaltungsbehörden und die Betrugsbekämpfung auf dem Gebiet der Mehrwertsteuer (ABl. L 268 vom 12.10.2010, S. 1) und die Entgegennahme und Weiterleitung von Anzeigen und Umsatzsteuererklärungen für im Inland ansässige Unternehmer in Anwendung der Artikel 369c bis 369i der Richtlinie 2006/112/EG des Rates in der Fassung des Artikels 5 Nummer 15 der Richtlinie 2008/8/EG des Rates vom 12. Februar 2008 zur Änderung der Richtlinie 2006/112/EG bezüglich des Ortes der Dienstleistung (ABl. L 44 vom 20.2.2008, S. 11) einschließlich der damit zusammenhängenden Tätigkeiten auf Grund von Artikel 17 Absatz 1 Buchstabe d und Artikel 21 Absatz 1 sowie Kapitel XI Abschnitt 2 der Verordnung (EU) Nr. 904/2010 des Rates vom 7. Oktober 2010 über die Zusammenarbeit der Verwaltungsbehörden und die Betrugsbekämpfung auf dem Gebiet der Mehrwertsteuer (ABl. L 268 vom 12.10.2010, S. 1) sowie für nach dem 30. Juni 2021 ausgeführte Umsätze die Entgegennahme und Weiterleitung von Anzeigen, Umsatzsteuererklärungen und Zahlungen von im Inland oder nicht im Gemeinschaftsgebiet ansässigen Unternehmern in Anwendung der Artikel 369c bis 369i und 369k der Richtlinie 2006/112/EG des Rates in der Fassung von Artikel 1 Nummer 11 bis 13 der Richtlinie (EU) 2019/1995 des Rates vom 21. November 2019 zur Änderung der

---

[1] § 5 Abs. 1 Satz 1 Nr. 36 neu gef. mWv 1.1.2017 durch G v. 18.7.2016 (BGBl. I S. 1679); geänd. mWv 1.1.2019 durch G v. 20.11.2019 (BGBl. S. 1626).
[2] § 5 Abs. 1 Satz 1 Nr. 37 angef. mWv 15.4.2010 durch G v. 8.4.2010 (BGBl. I S. 386).
[3] § 5 Abs. 1 Satz 1 Nr. 38 angef. mWv 14.12.2010 durch G v. 8.12.2010 (BGBl. I S. 1768).
[4] § 5 Abs. 1 Satz 1 Nr. 39 angef. mWv 29.3.2013 durch G v. 21.3.2013 (BGBl. I S. 561); aufgeh. mWv 9.6.2021 durch G v. 2.6.2021 (BGBl. I S. 1259).
[5] § 5 Abs. 1 Satz 1 Nrn. 40 und 41 neu gef. mWv 1.4.2021 durch G v. 21.12.2020 (BGBl. I S. 3096).

Richtlinie 2006/112/EG des Rates vom 28. November 2006 in Bezug auf Vorschriften für Fernverkäufe von Gegenständen und bestimmte inländische Lieferungen von Gegenständen (ABl. L 310 vom 2.12.2019, S. 1) einschließlich der mit der Durchführung des Besteuerungsverfahrens nach § 18j des Umsatzsteuergesetzes zusammenhängenden Tätigkeiten auf Grund der Kapitel V und XI Abschnitt 2 und 3 der Verordnung (EU) Nr. 904/2010 des Rates in der Fassung von Artikel 1 der Verordnung (EU) 2017/2454 des Rates vom 5. Dezember 2017 zur Änderung der Verordnung (EU) Nr. 904/2010 des Rates über die Zusammenarbeit der Verwaltungsbehörden und die Betrugsbekämpfung auf dem Gebiet der Mehrwertsteuer (ABl. L 348 vom 29.12.2017, S. 1);

41.[1]) die Entgegennahme und Weiterleitung von Anzeigen, Umsatzsteuererklärungen und Zahlungen von im Inland oder nicht im Gemeinschaftsgebiet ansässigen Unternehmern oder von im Auftrag handelnden im Inland ansässigen Vertretern in Anwendung der Artikel 369o bis 369v und 369x der Richtlinie 2006/112/EG des Rates in der Fassung von Artikel 2 Nummer 30 der Richtlinie (EU) 2017/2455 des Rates vom 5. Dezember 2017 zur Änderung der Richtlinie 2006/112/EG und der Richtlinie 2009/132/EG in Bezug auf bestimmte mehrwertsteuerliche Pflichten für die Erbringung von Dienstleistungen und für Fernverkäufe von Gegenständen (ABl. L 348 vom 29.12.2017, S. 7) einschließlich der mit der Durchführung des Besteuerungsverfahrens nach § 18k des Umsatzsteuergesetzes zusammenhängenden Tätigkeiten auf Grund der Kapitel V und XI Abschnitt 3 der Verordnung (EU) Nr. 904/2010 des Rates in der Fassung von Artikel 1 der Verordnung (EU) 2017/2454 des Rates vom 5. Dezember 2017 zur Änderung der Verordnung (EU) Nr. 904/2010 des Rates über die Zusammenarbeit der Verwaltungsbehörden und die Betrugsbekämpfung auf dem Gebiet der Mehrwertsteuer (ABl. L 348 vom 29.12.2017, S. 1);

42.[2]) die Einrichtung und Pflege des Online-Zugriffs der Finanzämter auf ATLAS-Ein- und Ausfuhrdaten;

43.[3]) die Unterstützung des Bundesministeriums der Finanzen bei der Gesetzesfolgenabschätzung im Steuerrecht;

44.[4]) die Sammlung, Sortierung, Zuordnung und Auswertung der ihm nach den §§ 138d bis 138h der Abgabenordnung und § 7 Absatz 14 Satz 2 des EU-Amtshilfegesetzes zugegangenen Mitteilungen über grenzüberschreitende Steuergestaltungen, ihre Weiterleitung an die Generalzolldirektion nach § 138j Absatz 1 Satz 2 der Abgabenordnung, die Information der Landesfinanzbehörden nach § 138i und § 138j Absatz 3 der Abgabenordnung sowie die Unterrichtung des Bundesministeriums der Finanzen über die Ergebnisse der Auswertung nach § 138j Absatz 1 der Abgabenordnung;

---

[1]) § 5 Abs. 1 Satz 1 Nrn. 40 und 41 neu gef. mWv 1.4.2021 durch G v. 21.12.2020 (BGBl. I S. 3096).
[2]) § 5 Abs. 1 Satz 1 Nr. 42 angef. mWv 31.12.2014 durch G v. 22.12.2014 (BGBl. I S. 2417).
[3]) § 5 Abs. 1 Satz 1 Nr. 43 angef. mWv 18.12.2019 durch G v. 12.12.2019 (BGBl. I S. 2451).
[4]) § 5 Abs. 1 Satz 1 Nr. 44 angef. mWv 1.1.2020 durch G v. 21.12.2019 (BGBl. I S. 2875).

45.[1] die Übermittlung von Daten im Rahmen des automatisierten Datenabrufverfahrens mit den Trägern der gesetzlichen Rentenversicherung in den in § 151b Absatz 2 Satz 2 und § 151c Absatz 1 des Sechsten Buches Sozialgesetzbuch genannten Fällen;

45a.[2] die Durchführung des Besteuerungsverfahrens nach dem Gesetz zur Einführung eines EU-Energiekrisenbeitrags nach der Verordnung (EU) 2022/1854;

46.[3] Mitwirkung bei der Festlegung der Einzelheiten der Risikomanagementsysteme zur Gewährleistung eines bundeseinheitlichen Vollzugs auf dem Gebiet der Steuern, die von den Landesfinanzbehörden im Auftrag des Bundes verwaltet werden;

46a.[4] die Prüfung nach § 7 Absatz 1 Satz 1 und 2 des Gesetzes über steuerrechtliche Maßnahmen bei Erhöhung des Nennkapitals aus Gesellschaftsmitteln, wenn im Zeitpunkt der Antragstellung keine Finanzbehörde nach § 20 der Abgabenordnung für die Besteuerung der ausländischen Gesellschaft nach dem Einkommen örtlich zuständig ist.

[ab 1.1.2024:

47.[5] a) die zentrale Sammlung der von den Finanzbehörden der Länder nach § 60b der Abgabenordnung übermittelten Daten zu nach § 5 Absatz 1 Nummer 9 des Körperschaftsteuergesetzes steuerbefreiten Körperschaften, Personenvereinigungen oder Vermögensmassen (Zuwendungsempfängerregister) sowie die Erteilung von Auskünften daraus im Wege einer elektronischen Abfrage durch die Finanzbehörden der Länder und durch Dritte,

b) die Feststellung, ob Körperschaften ohne Sitz im Geltungsbereich des Grundgesetzes, die nachweislich Zuwendungen von Spendern mit Wohnsitz, Aufenthalt oder Sitz im Geltungsbereich dieses Gesetzes erhalten haben, für Zwecke des § 50 Absatz 1 der Einkommensteuer-Durchführungsverordnung, die Voraussetzungen der §§ 51 bis 68 der Abgabenordnung erfüllen,

c) die über Buchstabe a hinausgehende Aufnahme eines Zuwendungsempfängers im Sinne des § 10b Absatz 1 Satz 2 Nummer 1 und 3 des Einkommensteuergesetzes auf Antrag des Zuwendungsempfängers in das Zuwendungsempfängerregister, wenn der Zuwendungsempfänger unmittelbar steuerbegünstigte Zwecke im Sinne der §§ 52 bis 54 der Abgabenordnung verwirklicht und die Voraussetzungen des § 51 der Abgabenordnung und des § 10b Absatz 1 Satz 3 bis 6 des Einkommensteuergesetzes erfüllt sowie die Aufnahme eines Zuwendungsempfängers im Sinne des § 34g des Einkommensteuergesetzes, wenn der

---

[1] § 5 Abs. 1 Satz 1 Nr. 45 angef. mWv 1.1.2021 durch G v. 12.8.2020 (BGBl. I S. 1879).
[2] § 5 Abs. 1 Satz 1 Nr. 45a eingef. mWv 21.12.2022 durch G v. 16.12.2022 (BGBl. I S. 2294).
[3] § 5 Abs. 1 Satz 1 Nr. 46 angef. mWv 1.1.2021 durch G v. 21.12.2020 (BGBl. I S. 3096).
[4] § 5 Abs. 1 Satz 1 Nr. 46a eingef. mWv 21.12.2022 durch G v. 16.12.2022 (BGBl. I S. 2294).
[5] § 5 Abs. 1 Satz 1 Nr. 47 angef. mWv 1.1.2024 durch G v. 21.12.2020 (BGBl. I S. 3096).

Zuwendungsempfänger die Voraussetzungen des § 34g des Einkommensteuergesetzes erfüllt,

d) der Abgleich der in den Verfassungsschutzberichten des Bundes und der Länder als „extremistisch" eingestuften Organisationen mit den im Zuwendungsempfängerregister aufgeführten Körperschaften auf die Voraussetzungen des § 51 Absatz 3 der Abgabenordnung und die Mitteilung des Ergebnisses der Prüfung an die zuständige Landesfinanzbehörde,

e) die Bereitstellung für Zwecke des Sonderausgabenabzugs nach § 10b des Einkommensteuergesetzes von Name, Anschrift, Wirtschaftsidentifikationsnummer, satzungsgemäßen Zwecken nach § 52 Absatz 2 der Abgabenordnung, zuständigem Finanzamt, Datum des Freistellungsbescheides, Bankverbindung sowie Datum der gesonderten Feststellung der satzungsmäßigen Gemeinnützigkeit nach § 60a der Abgabenordnung als automatisiert abrufbare Merkmale der im Zuwendungsempfängerregister geführten Körperschaften, Personenvereinigungen, Vermögensmassen, juristische Personen des öffentlichen Rechts oder öffentlichen Dienststellen für die Finanzbehörden der Länder und für Dritte,

f) die Entgegennahme und Weiterleitung von Änderungsanträgen zum Registerinhalt einer im Zuwendungsempfängerregister geführten Körperschaft, Personenvereinigung, Vermögensmasse, juristischen Person des öffentlichen Rechts oder öffentlichen Dienststelle an die zuständige Finanzbehörde.]

²Das Bundeszentralamt für Steuern hat Daten, die von ihm oder der zentralen Stelle im Sinne des § 81 des Einkommensteuergesetzes nach § 88 Absatz 4 der Abgabenordnung nicht an die Landesfinanzbehörden weitergeleitet wurden, bis zum Ablauf des 15. Jahres nach dem Jahr des Zugangs der Daten zur Durchführung von Verfahren im Sinne des § 30 Absatz 2 Nummer 1 Buchstabe a und b der Abgabenordnung sowie zur Datenschutzkontrolle zu speichern.

(1a)[1] ¹Soweit durch Absatz 1 Aufgaben der Steuerverwaltung übertragen wurden, ist hiervon auch die Durchführung von Vorfeldermittlungen nach § 208 Absatz 1 Satz 1 Nummer 3 der Abgabenordnung umfasst. ²Dies gilt nicht für Fälle des Absatzes 1 Satz 1 Nummer 1, 5, 5c bis 5f, 6, 7, 9, 10, 13 bis 17, 19, 22 bis 24, 26, 28, 28a, 28b, 29a bis 34, 36, 38 und 42 bis 46.

(2)[2] ¹Die vom Bundeszentralamt für Steuern auf Grund gesetzlicher Vorschriften gewährten Steuererstattungen und Steuervergütungen sowie die nach § 44b Absatz 6 Satz 1 bis 3 des Einkommensteuergesetzes erstattete Kapitalertragsteuer werden von den Ländern in dem Verhältnis getragen, in dem sie an dem Aufkommen der betreffenden Steuern beteiligt sind. ²Kapitalertragsteuer, die das Bundeszentralamt für Steuern anlässlich der Vergütung von Körperschaftsteuer vereinnahmt hat, steht den Ländern in demselben Verhältnis zu. ³Für die Aufteilung ist das Aufkommen an den betreffenden Steuern in den einzelnen Ländern maßgebend, das sich ohne Berücksichtigung der in den

---

¹⁾ § 5 Abs. 1a eingef. mWv 29.12.2020, Satz 2 geänd. mWv 1.1.2023 durch G v. 21.12.2020 (BGBl. I S. 3096); Satz 2 geänd. mWv 9.6.2021 durch G v. 2.6.2021 (BGBl. I S. 1259); Verweis geänd. mWv 1.1.2023 durch G v. 20.12.2022 (BGBl. I S. 2730).
²⁾ § 5 Abs. 2 Satz 1 geänd. mWv 23.7.2009 durch G v. 16.7.2009 (BGBl. I S. 1959).

Sätzen 1 und 2 bezeichneten Steuerbeträge für das Vorjahr ergibt. [4]Das Nähere bestimmt das Bundesministerium der Finanzen durch Rechtsverordnung, die der Zustimmung des Bundesrates bedarf.

(3) [1]Die von den Familienkassen bei der Durchführung des Familienleistungsausgleichs nach Absatz 1 Nr. 11 ausgezahlten Steuervergütungen im Sinne des § 31 des Einkommensteuergesetzes werden jeweils von den Ländern und Gemeinden, in denen der Gläubiger der Steuervergütung seinen Wohnsitz hat, nach den für die Verteilung des Aufkommens der Einkommensteuer maßgebenden Vorschriften mitgetragen. [2]Das Bundeszentralamt für Steuern stellt nach Ablauf eines jeden Monats die Anteile der einzelnen Länder einschließlich ihrer Gemeinden an den gewährten Leistungen fest. [3]Die nach Satz 2 festgestellten Anteile sind dem Bund von den Ländern bis zum 15. des Zahlungsmonat folgenden Monats zu erstatten. [4]Für den Monat Dezember ist dem Bund von den Ländern ein Abschlag auf der Basis der Abrechnung des Vormonats zu leisten. [5]Die Abrechnung für den Monat Dezember hat bis zum 15. Januar des Folgejahres zu erfolgen. [6]Das Bundesministerium der Finanzen wird ermächtigt, durch Rechtsverordnung[1]) mit Zustimmung des Bundesrates das Nähere zu bestimmen.

(4)[2]) [1]Die von der zentralen Stelle (§ 81 des Einkommensteuergesetzes) veranlassten Auszahlungen von Altersvorsorgezulagen (§ 83 des Einkommensteuergesetzes) werden nach den für die Verteilung des Aufkommens der Einkommensteuer maßgebenden Vorschriften von den Ländern und Gemeinden mitgetragen, in denen der Gläubiger der Steuervergütung seinen inländischen Wohnsitz hat; bei Gläubigern mit ausländischem Wohnsitz wird der letzte bekannte inländische Wohnsitz zugrunde gelegt. [2]Die sich aus Satz 1 ergebenden Finanzierungsanteile gelten auch, wenn der Wohnsitz nicht nach Satz 1 zugeordnet werden kann. [3]Die zentrale Stelle stellt nach Ablauf des dem Kalendervierteljahr folgenden Monats die Anteile der einzelnen Länder einschließlich ihrer Gemeinden an den zu gewährenden Leistungen fest. [4]Die nach Satz 2 festgestellten Anteile sind dem Bund von den Ländern bis zum 15. des zweiten, dem Kalendervierteljahr folgenden Monats zu erstatten. [5]Das Bundesministerium der Finanzen wird ermächtigt, durch Rechtsverordnung mit Zustimmung des Bundesrates das Nähere zu bestimmen.

(5) [1]An dem Aufkommen der von der vereinnahmten pauschalen Lohnsteuer (§ 40a Abs. 6 des Einkommensteuergesetzes) sind die Länder und Gemeinden, in denen die Steuerpflichtigen ihren Wohnsitz haben, nach den für die Verteilung des Aufkommens der Einkommensteuer maßgebenden Vorschriften zu beteiligen. [2]Nach Ablauf eines jeden Monats werden die Anteile der einzelnen Länder einschließlich ihrer Gemeinden an der vereinnahmten pauschalen Lohnsteuer festgestellt. [3]Die nach Satz 2 festgestellten Anteile sind an die Länder bis zum 15. des darauf folgenden Monats auszuzahlen. [4]Das Bundesministerium der Finanzen wird ermächtigt, durch Rechtsverordnung mit Zustimmung des Bundesrates das Nähere zur Verwaltung und Auszahlung der einheitlichen Pauschsteuer zu bestimmen.

---

[1]) Siehe VO zur Durchführung von § 5 Abs. 3 FVG v. 19.12.1995 (BGBl. I S. 2086).
[2]) § 5 Abs. 4 Satz 1 neu gef., Satz 2 eingef., bish. Sätze 2 bis 4 werden Sätze 3 bis 5 mWv 15.4.2010 durch G v. 21.12.2015 (BGBl. I S. 2531).

(6)[1] [1] An dem Aufkommen der nach der Richtlinie 2003/48/EG des Rates vom 3. Juni 2003 im Bereich der Besteuerung von Zinserträgen (ABl. EU Nr. L 157 S. 38, 2005 Nr. L 103 S. 41), zuletzt geändert durch die Richtlinie 2006/98/EG des Rates vom 20. November 2006 (ABl. EU Nr. L 363 S. 129), in der jeweils geltenden Fassung von den berechtigten Mitgliedstaaten sowie von den in Artikel 17 dieser Richtlinie genannten Staaten und abhängigen Gebieten erhobenen Quellensteuer sind die Länder und Gemeinden entsprechend ihrem Anteil an der Kapitalertragsteuer nach § 43 Abs. 1 Satz 1 Nr. 6, 7 und 8 bis 12 sowie Satz 2 des Einkommensteuergesetzes zu beteiligen. [2] Die Verteilung des Länder- und Gemeindeanteils auf die einzelnen Länder erfolgt nach den Anteilen an der Kapitalertragsteuer nach § 43 Abs. 1 Satz 1 Nr. 6, 7 und 8 bis 12 sowie Satz 2 des Einkommensteuergesetzes vom Vorjahr, die den Ländern und Gemeinden nach Zerlegung (§ 8 des Zerlegungsgesetzes) zustehen; für 2009 sind die Anteile der Länder und Gemeinden am Zinsabschlagaufkommen des Jahres 2008 nach Zerlegung maßgeblich. [3] Das Bundeszentralamt für Steuern stellt jeweils nach Ablauf eines Monats die Anteile der Länder einschließlich ihrer Gemeinden fest und zahlt sie an die Länder bis zum 15. des dem Abrechnungsmonat folgenden Monats aus. [4] Das Bundesministerium der Finanzen wird ermächtigt, durch Rechtsverordnung mit Zustimmung des Bundesrates das Nähere zur Verwaltung und Auszahlung dieser Quellensteuer zu bestimmen.

(7)[2] [1] Das Aufkommen der in Ausübung der Aufgaben nach Absatz 1 Nummer 12 zugeflossenen Einkommen- und Körperschaftsteuer steht den Ländern und Gemeinden nach den für die Verteilung des Aufkommens der Einkommen- und Körperschaftsteuer maßgebenden Vorschriften zu. [2] Nach Ablauf eines jeden Monats werden die Anteile der einzelnen Länder einschließlich ihrer Gemeinden an den Einnahmen durch das Bundeszentralamt für Steuern festgestellt. [3] Die nach Satz 2 festgestellten Anteile sind an die Länder bis zum 15. des darauf folgenden Monats auszuzahlen. [4] Das Bundesministerium der Finanzen wird ermächtigt, durch Rechtsverordnung mit Zustimmung des Bundesrates das Nähere zur Verwaltung und Auszahlung der Einnahmen in Ausübung der Aufgaben nach Absatz 1 Nummer 12 zu bestimmen.

§ 5a[3] Aufgaben und Gliederung der Generalzolldirektion. (1) [1] Unbeschadet des § 4 Absatz 2 und 3 leitet die Generalzolldirektion bundesweit die Durchführung der Aufgaben der Zollverwaltung. [2] Sie übt die Dienst- und Fachaufsicht über die Hauptzollämter und Zollfahndungsämter aus. [3] Sie wertet die ihr nach § 138j Absatz 1 Satz 2 der Abgabenordnung vom Bundeszentralamt

---

[1] § 5 Abs. 6 bisch. Satz 1 ersetzt durch Sätze 1 und 2 mWv 1.1.2009 durch G v. 14.8.2007 (BGBl. I S. 1912).
[2] § 5 Abs. 7 angef., Satz 2 eingf., bisch. Sätze 2 bis 4 werden Sätze 3 bis 5 mWv 18.8.2009 durch G v. 10.8.2009 (BGBl. I S. 2702).
[3] § 5a eingef. mWv 1.1.2016 durch G v. 3.12.2015 (BGBl. I S. 2178); Abs. 2 Satz 3 eingef., bisch. Satz 3 wird Satz 4, Abs. 3 Satz 2 2. HS angef. mWv 26.6.2017 durch G v. 23.6.2017 (BGBl. I S. 1822); Abs. 4 aufgeh. mWv 21.12.2018 durch G v. 17.12.2018 (BGBl. I S. 2522); Abs. 1 Satz 3 eingef.; bisch. Satz 3 wird Satz 4 mWv 1.1.2020 durch G v. 21.12.2019 (BGBl. I S. 2875); Abs. 2 Satz 2 neu gef., Satz 3 aufgeh., bisch. Satz 4 wird Satz 3, Abs. 3 Satz 2 2. HS aufgeh. mWv 1.4.2021 durch G v. 30.3.2021 (BGBl. I S. 607); Abs. 2 Satz 3 eingef., bisch. Satz 3 wird Satz 4 mWv 28.12.2022 durch G v. 19.12.2022 (BGBl. I S. 2606).

für Steuern übermittelten Daten über grenzüberschreitende Steuergestaltungen aus, unterrichtet nach § 138j Absatz 2 der Abgabenordnung das Bundesministerium der Finanzen über die Ergebnisse der Auswertung und stellt dem zuständigen Hauptzollamt die zur Durchführung des Besteuerungsverfahrens und des Bußgeldverfahrens erforderlichen Informationen zur Verfügung. ⁴Außerdem nimmt die Generalzolldirektion die ihr sonst übertragenen Aufgaben wahr.

(2) ¹Die Generalzolldirektion gliedert sich in Direktionen. ²Es wird neben der für den Zollfahndungsdienst zuständigen Direktion (Zollkriminalamt) eine für die Aufgaben nach dem Gesetz über das Aufspüren von Gewinnen aus schweren Straftaten (Geldwäschegesetz) zuständige Direktion (Zentralstelle für Finanztransaktionsuntersuchungen) eingerichtet. ³Für die Aufgaben nach § 1 des Sanktionsdurchsetzungsgesetzes wird eine zuständige Direktion (Zentralstelle für Sanktionsdurchsetzung) eingerichtet. ⁴Andere Organisationseinheiten können eingerichtet werden.

(3) ¹Die Zuständigkeiten und Aufgaben der Direktionen und der anderen Organisationseinheiten bestimmt das Bundesministerium der Finanzen. ²Aufgaben des Zollfahndungsdienstes werden durch das Zollkriminalamt wahrgenommen.

(4) *(aufgehoben)*

§ 5b¹) Übertragung von Bauaufgaben. ¹Durch Verwaltungsvereinbarung mit dem jeweiligen Land kann der Bund die Leitung und Erledigung seiner Bauaufgaben im Wege der Organleihe Landesbehörden sowie Landesbetrieben, Sondervermögen des Landes und landesunmittelbaren juristischen Personen des öffentlichen Rechts übertragen. ²Die Verwaltungsvereinbarung muss vorsehen, dass die Landesbehörden die Anordnungen der fachlich zuständigen Bundesbehörde zu befolgen haben.

§ 6 Sitz und Aufgaben der Landesoberbehörde. (1) Die für die Finanzverwaltung zuständige oberste Landesbehörde bestimmt den Sitz der Landesoberbehörde, soweit durch Gesetz nichts anderes bestimmt ist.

(2) Die Landesoberbehörde erledigt Aufgaben, die ihr nach Maßgabe des § 17 Abs. 3 Satz 1 zugewiesen werden und die ihr sonst übertragenen Aufgaben.

(3) Für die Ernennung und Entlassung des Leiters einer Oberbehörde, die nach § 2 Abs. 1 Nr. 3 anstelle einer Mittelbehörde tritt, gilt § 9a Satz 3 entsprechend.

Abschnitt III. Mittelbehörden

§ 7²) Bezirk und Sitz. Die obersten Landesbehörden bestimmen den Bezirk und Sitz der Mittelbehörde, die ihnen jeweils untersteht.

§ 8.²) *(aufgehoben)*

---

¹⁾ § 5b eingef. mWv 1.1.2016 durch G v. 3.12.2015 (BGBl. I S. 2178); Satz 2 geänd. mWv 28.5.2022 durch G v. 23.5.2022 (BGBl. I S. 760).
²⁾ § 7 Abs. 1 und § 8 aufgeh. mWv 1.1.2016 durch G v. 3.12.2015 (BGBl. I S. 2178); geänd. mWv 29.12.2020 durch G v. 21.12.2020 (BGBl. I S. 3096).

§ 8a[1] Aufgaben und Gliederung. (1) [1]Die Mittelbehörden leiten die Finanzverwaltung des jeweiligen Landes in ihrem Bezirk. [2]Einer Mittelbehörde kann auch die Leitung der Finanzverwaltung eines Landes für mehrere Oberfinanzbezirke übertragen werden. [3]Die Mittelbehörden können weitere Aufgaben erledigen.

(2) [1]Die Mittelbehörden können sich in eine Besitz- und Verkehrsteuerabteilung und eine Landesbauabteilung oder Landesvermögens- und Bauabteilung gliedern. [2]Außerdem können weitere Landesabteilungen oder andere Organisationseinheiten des Landes eingerichtet werden.

(3) [1]Durch Rechtsverordnung können Aufgaben einer Mittelbehörde für den ganzen Bezirk oder einen Teil davon auf andere Mittelbehörden übertragen werden, wenn dadurch der Vollzug der Aufgaben verbessert oder erleichtert wird. [2]Die Rechtsverordnung erlässt die zuständige Landesregierung. [3]Die Landesregierung kann die Ermächtigung auf die für die Finanzverwaltung zuständige oberste Landesbehörde übertragen.

(4) [1]Die Besitz- und Verkehrsteuerabteilung leitet die Durchführung der Aufgaben, für deren Erledigung die Finanzämter zuständig sind. [2]Außerdem erledigt sie die ihr sonst übertragenen Aufgaben.

§ 9.[2] *(aufgehoben)*

§ 9a[3] Leitung. [1]Der Präsident oder die Präsidentin leitet die jeweilige Mittelbehörde. [2]Ihm oder ihr kann auch die Leitung einer Abteilung übertragen werden. [3]Er oder sie wird auf Vorschlag der für die Finanzverwaltung zuständigen obersten Landesbehörde im Einvernehmen mit der Bundesregierung durch die zuständige Stelle des Landes ernannt und entlassen.

§ 10.[4] *(aufgehoben)*

§ 10a[5] Landeskassen. [1]Werden oder sind bei einer Mittelbehörde eine oder mehrere Landeskassen errichtet, so kann eine Landeskasse Kassengeschäfte für mehrere Bezirke oder für Teile davon wahrnehmen. [2]Die Landeskassen können unmittelbar dem zuständigen Präsidenten oder der zuständigen Präsidentin unterstellt werden.

§ 11.[6] *(aufgehoben)*

---

[1] § 8a eingef. mWv 1.1.2008 durch G v. 13.12.2007 (BGBl. I S. 2897); Überschr., Abs. 1 bis 3 geänd. mWv 29.12.2020 durch G v. 21.12.2020 (BGBl. I S. 3096).
[2] § 9 aufgeh. mWv 1.1.2016 durch G v. 3.12.2015 (BGBl. I S. 2178).
[3] § 9a eingef. mWv 1.1.2008 durch G v. 13.12.2007 (BGBl. I S. 2897); Überschr., Satz 1 geänd. mWv 29.12.2020 durch G v. 21.12.2020 (BGBl. I S. 3096).
[4] § 10 aufgeh. mWv 1.1.2016 durch G v. 3.12.2015 (BGBl. I S. 2178).
[5] § 10a eingef. mWv 1.1.2008 durch G v. 13.12.2007 (BGBl. I S. 2897); geänd. mWv 29.12.2020 durch G v. 21.12.2020 (BGBl. I S. 3096).
[6] § 11 aufgeh. mWv 1.1.2008 durch G v. 13.12.2007 (BGBl. I S. 2897).

Abschnitt IV. Örtliche Behörden

§ 12[1]) **Bezirk und Sitz der Hauptzollämter und Zollfahndungsämter sowie Aufgaben der Hauptzollämter.** (1) Die Generalzolldirektion bestimmt den Bezirk und den Sitz der Hauptzollämter und der Zollfahndungsämter.

(2) Die Hauptzollämter sind als örtliche Bundesbehörden für die Verwaltung der Zölle, der bundesgesetzlich geregelten Verbrauchsteuern einschließlich der Einfuhrumsatzsteuer und der Biersteuer, der Luftverkehrsteuer, der Kraftfahrzeugsteuer, der Abgaben im Rahmen der Europäischen Gemeinschaften, für die zollamtliche Überwachung des Warenverkehrs über die Grenze, für die Grenzaufsicht, für die Bekämpfung der Schwarzarbeit und der illegalen Beschäftigung und für die ihnen sonst übertragenen Aufgaben zuständig.

(3) [1]Das Bundesministerium der Finanzen kann durch Rechtsverordnung ohne Zustimmung des Bundesrates die Zuständigkeit eines Hauptzollamts nach Absatz 2 auf einzelne Aufgaben beschränken oder Zuständigkeiten nach Absatz 2 einem Hauptzollamt für den Bereich mehrerer Hauptzollämter übertragen, wenn dadurch der Vollzug der Aufgaben verbessert oder erleichtert wird. [2]Das Bundesministerium der Finanzen kann die Ermächtigung nach Satz 1 durch Rechtsverordnung auf die Generalzolldirektion übertragen.

§§ 12a–12d.[2]) (weggefallen)

§ 13 Beistandspflicht der Ortsbehörden. (1) Die Gemeindebehörden, die Ortspolizeibehörden und die sonstigen Ortsbehörden haben den Hauptzollämtern auch neben der in § 111 der Abgabenordnung vorgesehenen Beistandspflicht Hilfe zu leisten, soweit dies wegen ihrer Kenntnis der örtlichen Verhältnisse oder zur Ersparung von Kosten oder Zeit zweckmäßig ist.

(2) Für Hilfeleistungen nach Absatz 1 werden Entschädigungen nicht gewährt.

§§ 14–16. (weggefallen)

§ 17[3]) **Bezirk, Sitz und Aufgaben der Finanzämter.** (1) Die für die Finanzverwaltung zuständige oberste Landesbehörde bestimmt den Bezirk und den Sitz der Finanzämter.

(2) [1]Die Finanzämter sind als örtliche Landesbehörden für die Verwaltung der Steuern mit Ausnahme der Kraftfahrzeugsteuer, der sonstigen auf motorisierte

---

[1]) § 12 Abs. 2 geänd. mWv 1.1.2008 durch G v. 13.12.2007 (BGBl. I S. 2897); Abs. 2 geänd. mWv 30.6.2013, Abs. 2 geänd. mWv 1.7.2014, Abs. 4 angef. mWv 30.6.2013 und wieder aufgeh. mWv 1.7.2014 durch G v. 26.6.2013 (BGBl. I S. 1809); Abs. 1 geänd., Abs. 3 Satz 2 angef. mWv 1.1.2016 durch G v. 3.12.2015 (BGBl. I S. 2178).
[2]) Siehe nunmehr §§ 12a–12c und § 31a ZollVG **(Zölle und Verbrauchsteuern Nr. 100).**
[3]) § 17 Abs. 2 Satz 1 neu gef. mWv 1.7.2009 durch G v. 29.5.2009 (BGBl. I S. 1170); Abs. 2 Satz 3 neu gef. mWv 6.11.2015 durch G v. 2.11.2015 (BGBl. I S. 1834); Abs. 5 angef. mWv 18.8.2017 durch G v. 14.8.2017 (BGBl. I S. 3122).

Verkehrsmittel bezogenen Verkehrsteuern, der Zölle und der bundesgesetzlich geregelten Verbrauchsteuern (§ 12) zuständig, soweit die Verwaltung nicht auf Grund des Artikels 108 Absatz 4 Satz 1 des Grundgesetzes den Bundesfinanzbehörden oder auf Grund des Artikels 108 Absatz 4 Satz 2 des Grundgesetzes den Gemeinden (Gemeindeverbänden) übertragen worden ist. [2]Sie sind ferner für die ihnen sonst übertragenen Aufgaben zuständig. [3]Soweit es sich um Aufgaben der Finanzverwaltung handelt und der Vollzug der Aufgaben verbessert oder erleichtert wird, kann die zuständige Landesregierung durch Rechtsverordnung

1. die Zuständigkeit eines Finanzamts oder einer besonderen Landesfinanzbehörde (§ 2 Absatz 3) auf einzelne Aufgaben beschränken,

2. einem Finanzamt oder einer besonderen Landesfinanzbehörde (§ 2 Absatz 3) Zuständigkeiten für die Bezirke mehrerer Finanzämter übertragen oder

3. einer Landesoberbehörde (§ 6) die landesweite Zuständigkeit für Kassengeschäfte und das Erhebungsverfahren einschließlich der Vollstreckung übertragen.

[4]Die Landesregierung kann die Ermächtigung durch Rechtsverordnung auf die für die Finanzverwaltung zuständige oberste Landesbehörde übertragen.

(3) [1]Wenn im Besteuerungsverfahren automatische Einrichtungen eingesetzt werden, können durch Rechtsverordnung der zuständigen Landesregierung damit zusammenhängende Steuerverwaltungstätigkeiten auf ein nach § 2 Abs. 2 eingerichtetes Rechenzentrum übertragen werden. [2]Dieses handelt insoweit für das jeweils örtlich zuständige Finanzamt. [3]Absatz 2 Satz 4 gilt entsprechend.

(4) Auf Grund eines Staatsvertrages zwischen mehreren Ländern können Zuständigkeiten nach Absatz 2 Satz 1 und 2 auf ein Finanzamt, ein nach § 2 Abs. 2 eingerichtetes Rechenzentrum der Landesfinanzverwaltung oder eine besondere Landesfinanzbehörde (§ 2 Abs. 3) außerhalb des Landes übertragen werden.

(5) [1]Das Bundesministerium der Finanzen kann zur Effizienzsteigerung im Verwaltungsvollzug auf Antrag von und im Einvernehmen mit allen unmittelbar betroffenen Ländern durch Rechtsverordnung mit Zustimmung des Bundesrates jeweils Zuständigkeiten nach Absatz 2 Satz 1 eines Landes oder mehrerer Länder auf ein Finanzamt, ein nach § 2 Absatz 2 eingerichtetes Rechenzentrum der Landesfinanzverwaltung oder eine besondere Landesfinanzbehörde (§ 2 Absatz 3) eines anderen Landes übertragen. [2]Absatz 4 bleibt unberührt. [3]Durch die Rechtsverordnung nach Satz 1 kann zugleich die Kostentragung geregelt werden.

Abschnitt V. Zusammenwirken von Bundes- und Landesfinanzbehörden

§ 18[1) **Verwaltung der Umsatzsteuer.** [1]Die Hauptzollämter und ihre Dienststellen wirken bei der Verwaltung der Umsatzsteuer nach Maßgabe der für diese Steuer geltenden Vorschriften mit. [2]Sie handeln hierbei für die Finanzbehörde, die für die Besteuerung *jeweils* örtlich zuständig ist.

[1) § 18 neu gef. mWv 1.7.2009 durch G v. 29.5.2009 (BGBl. I S. 1170); kursive Satzteile aufgeh. u. geänd. mWv 1.7.2014 durch G v. 26.6.2013 (BGBl. I S. 1809).

§ 18a.[1) *(aufgehoben)*

§ 19 Mitwirkung des Bundeszentralamtes für Steuern an Außenprüfungen. (1) ¹Das Bundeszentralamt für Steuern ist zur Mitwirkung an Außenprüfungen berechtigt, die durch Landesfinanzbehörden durchgeführt werden. ²Es kann verlangen, dass bestimmte von ihm namhaft gemachte Betriebe zu einem bestimmten Zeitpunkt geprüft werden.

(2)[2) ¹Das Bundeszentralamt für Steuern bestimmt Art und Umfang seiner Mitwirkung. ²Die Landesfinanzbehörden machen dem Bundeszentralamt für Steuern auf Anforderung alle den Prüfungsfall betreffenden Unterlagen zugänglich und erteilen die erforderlichen Auskünfte.

(3) ¹Im Einvernehmen mit den zuständigen Landesfinanzbehörden kann das Bundeszentralamt für Steuern im Auftrag des zuständigen Finanzamtes Außenprüfungen durchführen. ²Das gilt insbesondere bei Prüfungen von Auslandsbeziehungen und bei Prüfungen, die sich über das Gebiet eines Landes hinaus erstrecken.

(4)[3) ¹Ist bei der Auswertung des Prüfungsberichts oder im Rechtsbehelfsverfahren beabsichtigt, von den Feststellungen des Bundeszentralamts für Steuern abzuweichen, so ist hierüber Einvernehmen mit dem Bundeszentralamt für Steuern zu erzielen. ²Dies gilt auch für die in diesen Fällen zu erteilenden verbindlichen Zusagen nach § 204 der Abgabenordnung. ³Wird kein Einvernehmen erzielt, kann die Frage dem Bundesministerium der Finanzen zur Entscheidung vorgelegt werden.

(5)[4) ¹Das Bundeszentralamt für Steuern kann verlangen, dass bestimmte von ihm namhaft gemachte Steuerpflichtige, die nach § 193 der Abgabenordnung oder § 5 des Investmentsteuergesetzes der Außenprüfung unterliegen, geprüft werden und Regelungen zur Durchführung und zu Inhalten der Außenprüfung dieser Steuerpflichtigen festlegen. ²Es wirkt in diesen Fällen an der jeweiligen Außenprüfung mit. ³Dies gilt insbesondere in Fällen, in denen die Gleichmäßigkeit der Rechtsanwendung in mehreren Betrieben sicherzustellen ist, sowie in den Fällen des Absatzes 3 Satz 2.

§ 20 Einsatz von automatischen Einrichtungen. (1)[5) Die für die Finanzverwaltung zuständigen obersten Landesbehörden bestimmen Art, Umfang und Organisation des Einsatzes der automatischen Einrichtungen für die Festsetzung und Erhebung von Steuern, die von den Landesfinanzbehörden verwaltet werden; zur Gewährleistung gleicher Programmergebnisse und eines

---

[1) § 18a eingef. mWv 1.7.2009 durch G v. 29.5.2009 (BGBl. I S. 1170) und aufgeh. mWv 1.1.2016 durch G v. 3.12.2015 (BGBl. I S. 2178).
[2) § 19 Abs. 2 Satz 1 mWv 18.8.2009 durch G v. 10.8.2009 (BGBl. I S. 2702).
[3) § 19 Abs. 4 angef. mWv 12.9.2006 durch G v. 5.9.2006 (BGBl. I S. 2098), Abs. 4 neu gef. mWv 18.8.2009 durch G v. 10.8.2009 (BGBl. I S. 2702).
[4) § 19 Abs. 5 angef. mWv 12.9.2006 durch G v. 5.9.2006 (BGBl. I S. 2098), Satz 1 geänd. mWv 18.8.2009 durch G v. 10.8.2009 (BGBl. I S. 2702); Satz 1 geänd. mWv 18.12.2019 durch G v. 12.12.2019 (BGBl. I S. 2451).
[5) § 20 Abs. 1 Sätze 2 und 3 angef. mWv 12.9.2006 durch G v. 5.9.2006 (BGBl. I S. 2098); Sätze 2 und 3 aufgeh. mWv 18.8.2017 durch G v. 14.8.2017 (BGBl. I S. 3122).

ausgewogenen Leistungsstandes ist Einvernehmen mit dem Bundesministerium der Finanzen herbeizuführen.

(2)[1] [1] Werden Steuern von den Landesfinanzbehörden im Auftrag des Bundes verwaltet, wirken die obersten Finanzbehörden des Bundes und der Länder zur Verbesserung oder Erleichterung des gleichmäßigen Vollzugs der Steuergesetze zusammen. [2] Art, Umfang und Organisation des Einsatzes der automatischen Einrichtung für die Festsetzung und Erhebung der Steuern bedürfen des Einvernehmens des Bundesministeriums der Finanzen. [3] Wird dieses nicht erzielt, kann das Bundesministerium der Finanzen Vorgaben hierzu erlassen, wenn nicht mindestens elf Länder widersprechen. [4] Im Falle von Vorgaben sind die Länder verpflichtet, die für die Umsetzung erforderlichen Voraussetzungen zu schaffen.

(3)[2] [1] Die für die Finanzverwaltung zuständigen obersten Landesbehörden können technische Hilfstätigkeiten durch automatische Einrichtungen der Finanzbehörden des Bundes, eines anderen Landes oder anderer Verwaltungsträger verrichten lassen. [2] Das Bundesministerium der Finanzen kann technische Hilfstätigkeiten durch automatische Einrichtungen der Finanzbehörden eines Landes oder anderer Verwaltungsträger verrichten lassen. [3] Technische Hilfstätigkeiten sind unterstützende Dienstleistungen, insbesondere die Entgegennahme elektronischer Steuererklärungen einschließlich der Authentifizierung des Datenübermittlers, die Bereitstellung des Zugangs zum Abruf von Steuerdaten durch die Steuerpflichtigen, die elektronische Übermittlung von Steuerverwaltungsakten und anderer Mitteilungen und die elektronische Übermittlung von Daten innerhalb der Finanzverwaltung. [4] Die technischen Hilfstätigkeiten der beauftragten Stelle oder Einrichtung sind der sachlich und örtlich zuständigen Finanzbehörde zuzurechnen. [5] In diesen Fällen ist sicherzustellen, dass die technischen Hilfstätigkeiten entsprechend den fachlichen Weisungen der für die Finanzverwaltung zuständigen obersten Behörde oder der von ihr bestimmten Finanzbehörde der Gebietskörperschaft verrichtet werden, die die Aufgabenwahrnehmung übertragen hat.

(4)[3] Das Bundesministerium der Finanzen erstattet dem haushalts- und dem Finanzausschuss des Deutschen Bundestages jährlich zum 1. März Bericht über den aktuellen Stand und die Fortschritte des Zusammenwirkens von Bund und Ländern nach Absatz 2.

§ 20a[4] Druckdienstleistungen für Bundes- oder Landesfinanzbehörden.

(1) [1] Das Bundesministerium der Finanzen darf sich zum Drucken und Kuvertieren von schriftlichen Verwaltungsakten im Sinne des § 118 der Abga-

---

[1] § 20 Abs. 2 eingef. mWv 18.8.2017 durch G v. 14.8.2017 (BGBl. I S. 3122).
[2] § 20 Abs. 2 (jetzt Abs. 3) neu gef. mWv 1.1.2009 durch G v. 19.12.2008 (BGBl. I S. 2794); Abs. 2 (jetzt Abs. 3) Sätze 3 und 4 eingef., bish. Satz 3 wird Satz 5 mWv 23.7.2016 durch G v. 18.7.2016 (BGBl. I S. 1679).
[3] § 20 Abs. 4 angef. mWv 18.8.2017 durch G v. 14.8.2017 (BGBl. I S. 3122).
[4] § 20a neu gef. mWv 25.5.2018 durch G v. 17.7.2017 (BGBl. I S. 2541); Abs. 1 geänd. durch G v. 20.11.2019 (BGBl. I S. 1626); Überschr. geänd., Abs. 1 Satz 2 angef., bish. Text wird Satz 1, einl. Satzteil und Nr. 5 geänd. mWv 1.1.2023 durch G v. 16.12.2022 (BGBl. I S. 2294).

benordnung und sonstigen Schreiben im Verwaltungsverfahren nach der Abgabenordnung der Bundesfinanzbehörden und zu deren anschließenden verschlossenen Übergabe an einen Postdienstleister (Druckdienstleistung) nur dann einer nicht öffentlichen Stelle als Auftragsverarbeiter im Sinne des Artikels 4 Nummer 8 der Verordnung (EU) 2016/679 des Europäischen Parlaments und des Rates vom 27. April 2016 zum Schutz natürlicher Personen bei der Verarbeitung personenbezogener Daten, zum freien Datenverkehr und zur Aufhebung der Richtlinie 95/46/EG (Datenschutz-Grundverordnung) (ABl. L 119 vom 4.5.2016, S. 1; L 314 vom 22.11.2016, S. 72; L 127 vom 23.5.2018, S. 2; L 47 vom 4.3.2021, S. 35) in der jeweils geltenden Fassung im Rahmen eines Vertrages bedienen, wenn

1. die Druckdienstleistung insoweit weder von der Bundesverwaltung noch durch automatische Einrichtungen der Behörden eines Landes oder eines anderen Verwaltungsträgers in wirtschaftlich vertretbarer Weise geleistet werden kann,

2. geschützte Daten im Sinne des § 30 der Abgabenordnung ausschließlich durch Amtsträger oder nach § 11 Absatz 1 Nummer 4 des Strafgesetzbuchs für den öffentlichen Dienst besonders verpflichtete Personen verarbeitet werden,

3. die zur Erbringung der Druckdienstleistung überlassenen Daten sowie die Protokolldaten nicht für andere Zwecke verarbeitet werden,

4. die Druckdienstleistung im Inland stattfindet,

5. der Auftragsverarbeiter im Rahmen der Artikel 25 und 32 der Verordnung (EU) 2016/679 ein vom Bundesministerium der Finanzen freizugebendes IT-Sicherheitskonzept nach dem Standard des aktuellen IT-Grundschutzkompendiums des Bundesamtes für Sicherheit in der Informationstechnik erstellt hat,

6. der Auftragsverarbeiter die überlassenen Daten entsprechend der vertraglich festgelegten Frist nach Abschluss der Druckdienstleistung löscht und

7. das Ergebnis der Druckdienstleistung vom Auftragsverarbeiter protokolliert und diese Protokolldaten entsprechend der vertraglich festgelegten Frist an die vom Auftraggeber benannte Stelle übermittelt werden.

²Satz 1 gilt für die obersten Finanzbehörden der Länder entsprechend.

(2) Absatz 1 gilt entsprechend, wenn der Auftragsverarbeiter sich eines weiteren Auftragsverarbeiters bedienen will.

§ 21 Auskunfts- und Teilnahmerechte. (1) ¹Soweit die den Ländern zustehenden Steuern von Bundesfinanzbehörden verwaltet werden, haben die für die Finanzverwaltung zuständigen obersten Landesbehörden das Recht, sich über die für diese Steuern erheblichen Vorgänge bei den zuständigen Bundesfinanzbehörden zu unterrichten. ²Zu diesem Zweck steht ihnen das Recht auf Akteneinsicht und auf mündliche und schriftliche Auskunft zu.

(2) Die für die Finanzverwaltung zuständigen obersten Landesbehörden sind berechtigt, durch Landesbedienstete an Außenprüfungen teilzunehmen, die

durch Bundesfinanzbehörden durchgeführt werden und die in Absatz 1 genannten Steuern betreffen.

(3) ¹Die in den Absätzen 1 und 2 genannten Rechte stehen den Gemeinden hinsichtlich der Realsteuern insoweit zu, als diese von den Landesfinanzbehörden verwaltet werden. ²Die Gemeinden sind jedoch abweichend von Absatz 2 nur dann berechtigt, durch Gemeindebedienstete an Außenprüfungen bei Steuerpflichtigen teilzunehmen, wenn diese in der Gemeinde eine Betriebstätte unterhalten oder Grundbesitz haben und die Außenprüfungen im Gemeindebezirk erfolgen.

(4) Das Bundeszentralamt für Steuern, die Familienkassen, soweit sie den Familienleistungsausgleich nach Maßgabe der §§ 31 und 62 bis 78 des Einkommensteuergesetzes durchführen, und die Landesfinanzbehörden stellen sich gegenseitig die für die Durchführung des § 31 des Einkommensteuergesetzes erforderlichen Daten und Auskünfte zur Verfügung.

(5)¹⁾ Das Bundeszentralamt für Steuern, die Deutsche Rentenversicherung Knappschaft-Bahn-See als Träger der knappschaftlichen Rentenversicherung, soweit sie den Einzug der einheitlichen Pauschalsteuer nach § 40a Abs. 2 des Einkommensteuergesetzes durchführt, und die Landesfinanzbehörden stellen sich gegenseitig die für die Durchführung des § 40a Abs. 6 des Einkommensteuergesetzes erforderlichen Daten und Auskünfte zur Verfügung.

(6)²⁾ ¹Soweit die dem Bund ganz oder zum Teil zufließenden Steuern von Landesfinanzbehörden verwaltet werden, stellen die Länder den Bundesfinanzbehörden Daten des Steuervollzugs zur eigenständigen Auswertung, insbesondere für Zwecke der Gesetzesfolgenabschätzung, zur Verfügung. ²Dies gilt unter den Voraussetzungen des § 29c Absatz 1 Satz 1 Nummer 5 der Abgabenordnung auch für nach § 30 der Abgabenordnung geschützte Daten.

(7)³⁾ ¹Zur Durchführung der Verpflichtungen des Bundeszentralamtes für Steuern nach § 7 Absatz 3 bis 5 des EU-Amtshilfegesetzes stellen die zuständigen Landesfinanzbehörden dem Bundeszentralamt für Steuern die erforderlichen Informationen nach Maßgabe der in § 7 Absatz 7 Satz 2 des EU-Amtshilfegesetzes angeführten Regelungen der Europäischen Kommission zur Verfügung. ²Hierzu nutzen die Landesfinanzbehörden das Zentralverzeichnis der Mitgliedstaaten der Europäischen Kommission gemäß Artikel 21 Absatz 5 der Richtlinie 2011/16/EU ab dem Zeitpunkt seiner Bereitstellung.

§ 21a⁴⁾ Allgemeine Verfahrensgrundsätze. (1)⁵⁾ ¹Zur Verbesserung und Erleichterung des Vollzugs von Steuergesetzen und im Interesse des Zieles der

---

¹⁾ § 21 Abs. 5 geänd. mWv 30.6.2013 durch G v. 26.6.2013 (BGBl. I S. 1809).
²⁾ § 21 Abs. 6 angef. mWv 18.8.2009 durch G v. 10.8.2009 (BGBl. I S. 2702) und neu gef. mWv 25.5.2018 durch G v. 17.7.2017 (BGBl. I S. 2541).
³⁾ § 21 Abs. 7 angef. mWv 24.12.2016 durch G v. 20.12.2016 (BGBl. I S. 3000).
⁴⁾ § 21a eingef. mWv 12.9.2006 durch G v. 5.9.2006 (BGBl. I S. 2098), neu gef. mWv 18.8.2009 durch G v. 10.8.2009 (BGBl. I S. 2702).
⁵⁾ § 21a Abs. 1 Satz 2 geänd. mWv 18.8.2017 durch G v. 14.8.2017 (BGBl. I S. 3122); Sätze 4 und 5 angef. mWv 18.12.2019 durch G v. 12.12.2019 (BGBl. I S. 2451).

Gleichmäßigkeit der Besteuerung bestimmt das Bundesministerium der Finanzen mit Zustimmung der obersten Finanzbehörden der Länder einheitliche Verwaltungsgrundsätze, Regelungen zur Zusammenarbeit des Bundes mit den Ländern und erteilt allgemeine fachliche Weisungen. [2]Die Zustimmung gilt als erteilt, wenn nicht mindestens elf Länder widersprechen. [3]Initiativen zur Festlegung der Angelegenheiten des Satzes 1 kann das Bundesministerium der Finanzen allein oder auf gemeinsame Veranlassung von mindestens vier Ländern ergreifen. [4]Die Vertraulichkeit der Sitzungen ist zu wahren, wenn nicht im Einzelfall einstimmig etwas anderes beschlossen wurde. [5]Für Beratungen im schriftlichen Verfahren gilt Entsprechendes.

(2) [1]Die oberste Finanzbehörde jedes Landes vereinbart mit dem Bundesministerium der Finanzen bilateral Vollzugsziele für die Steuerverwaltung des Landes auf der Grundlage eines vom Bundesministerium der Finanzen mit Zustimmung der obersten Finanzbehörden der Länder bestimmten Rahmenkatalogs maßgebender Leistungskennzahlen. [2]Die Zustimmung gilt als erteilt, wenn eine Mehrheit der Länder nicht widerspricht.

(3) [1]Die obersten Finanzbehörden des Bundes und der Länder überprüfen regelmäßig die Erfüllung der vereinbarten Vollzugsziele. [2]Hierzu übermitteln die obersten Finanzbehörden der Länder dem Bundesministerium der Finanzen die erforderlichen Daten.

(4) Vereinbarungen nach Absatz 2 sind für die obersten Finanzbehörden des Bundes und der Länder verbindlich.

(5)[1)] Die Finanzbehörden der Länder wirken bei der Auswertung von Mitteilungen über grenzüberschreitende Steuergestaltungen nach § 138j Absatz 1 Satz 1 der Abgabenordnung durch das Bundeszentralamt für Steuern mit, soweit Steuern betroffen sind, die von den Ländern oder Gemeinden verwaltet werden.

(Fortsetzung nächstes Blatt)

[1)] § 21a Abs. 5 angef. mWv 1.1.2020 durch G v. 21.12.2019 (BGBl. I S. 2875).

Abschnitt VI. Übergangsregelungen aus Anlass des Zweiten Gesetzes zur Änderung des Finanzverwaltungsgesetzes und anderer Gesetze vom 13. Dezember 2007

§ 22[1) Dienstrechtliche Folgen und Regelung der Versorgungslasten.
(1) [1] Für die am 31. Dezember 2007 vorhandenen Oberfinanzpräsidenten und Oberfinanzpräsidentinnen der Oberfinanzdirektionen Chemnitz, Hannover, Karlsruhe und Koblenz endet das Beamtenverhältnis zur Bundesrepublik Deutschland mit Ablauf dieses Tages. [2] § 107b des Beamtenversorgungsgesetzes in der Fassung der Bekanntmachung vom 24. Februar 2010 (BGBl. I S. 150) gilt entsprechend mit der Maßgabe, dass der in § 107b Absatz 1 Satz 1 des Beamtenversorgungsgesetzes genannte Dienstherrenwechsel sowie der dort genannte Zeitraum von mindestens fünf Jahren unberücksichtigt bleiben und dass abgeleistete ruhegehaltfähige Dienstzeiten, in denen die Oberfinanzpräsidenten oder Oberfinanzpräsidentinnen sowohl beim Bund als auch beim Land beamtet waren, vom Bund und vom Land je zur Hälfte getragen werden. [3] Für die Zeit ab 1. Januar 2008 trägt das jeweilige Bundesland, dem die genannte Oberfinanzdirektion untersteht, die vollen Versorgungslasten.

(2) Für die übrigen Personen, die

1. das Amt des Oberfinanzpräsidenten oder der Oberfinanzpräsidentin am oder vor dem 31. Dezember 2007 innehatten und

2. an diesem Tag noch nicht im Ruhestand waren,

gilt Absatz 1 Satz 2 entsprechend.

§ 23[2) Übergangsregelung Kosten der Oberfinanzdirektion. Die Kosten der Oberfinanzdirektion werden vom Bund getragen, soweit sie auf den Bund entfallen.

Abschnitt VII. Überleitungs- und Übergangsregelungen aus Anlass des Gesetzes zur Neuorganisation der Zollverwaltung vom 3. Dezember 2015 (BGBl. I S. 2178)[3)

§ 24[4) Überleitung der Beschäftigten der Bundesfinanzdirektionen, des Zollkriminalamtes und des Bildungs- und Wissenschaftszentrums der Bundesfinanzverwaltung. [1] Auf Grund der mit Inkrafttreten des Gesetzes zur Neuorganisation der Zollverwaltung vom 3. Dezember 2015 (BGBl. I S. 2178)

(Fortsetzung nächstes Blatt)

---

[1]) § 22 Abs. 1 Satz 2 geänd., Abs. 2 neu gef. mWv 1.1.2011 (Art. 6 Abs. 2 Satz 2 des G v. 5.9.2010 iVm Bek. v. 8.10.2010, BGBl. I S. 1404) durch G v. 5.9.2010 (BGBl. I S. 1288).
[2]) § 23 neu gef. mWv 1.1.2016 durch G v. 3.12.2015 (BGBl. I S. 2178).
[3]) Überschr. eingef. mWv 1.1.2016 durch G v. 3.12.2015 (BGBl. I S. 2178).
[4]) § 24 neu gef. mWv 1.1.2016 durch G v. 3.12.2015 (BGBl. I S. 2178).

vollzogenen Überführung der Bundesfinanzdirektionen Nord, Mitte, West, Südwest und Südost, des Zollkriminalamtes und des Bildungs- und Wissenschaftszentrums der Bundesfinanzverwaltung in die Generalzolldirektion sind die Beamtinnen und Beamten sowie die Arbeitnehmerinnen und Arbeitnehmer, die bei diesen Bundesfinanzdirektionen, dem Zollkriminalamt oder dem Bildungs- und Wissenschaftszentrum der Bundesfinanzverwaltung am 31. Dezember 2015 beschäftigt waren, ab dem 1. Januar 2016 Beschäftigte der Generalzolldirektion. [2] Satz 1 gilt für die Auszubildenden bei den zuvor genannten Behörden entsprechend.

§ 25[1]) **Übergangsregelung Personalvertretung, Jugend- und Auszubildendenvertretung.** (1) [1] Die erstmaligen Wahlen zu den Personalvertretungen finden bei der Generalzolldirektion spätestens bis zum 31. Mai 2016 statt. [2] Bis zu diesen Wahlen werden die Personalratsaufgaben des örtlichen Personalrats und des Bezirkspersonalrats übergangsweise vom Hauptpersonalrat beim Bundesministerium der Finanzen wahrgenommen.

(2) Die am 31. Dezember 2015 bestehenden Dienstvereinbarungen zwischen den aufgelösten Dienststellen und den dort gebildeten Personalvertretungen gelten bis zum Abschluss neuer Dienstvereinbarungen fort, längstens aber für die Dauer von 18 Monaten.

(3) [1] Für die Jugend- und Auszubildendenvertretungen bei der Generalzolldirektion gelten die Absätze 1 und 2 entsprechend. [2] Bis zu den erstmaligen Wahlen werden die Aufgaben der örtlichen Jugend und Auszubildendenvertretung und der Bezirksjugend- und Auszubildendenvertretung übergangsweise von der Hauptjugend- und Auszubildendenvertretung beim Bundesministerium der Finanzen wahrgenommen.

§ 26[2]) **Übergangsregelung Schwerbehindertenvertretung.** (1) [1] Die erstmaligen Wahlen zur örtlichen Schwerbehindertenvertretung nach dem Neunten Buch Sozialgesetzbuch finden in der Generalzolldirektion spätestens bis zum 30. Juni 2016 statt. [2] Bis die Schwerbehindertenvertretung ihre Tätigkeit aufnimmt, werden deren Aufgaben übergangsweise von den Hauptschwerbehindertenvertretung im Geschäftsbereich des Bundesministeriums der Finanzen wahrgenommen. [3] Die Hauptvertrauensperson der schwerbehinderten Menschen in der Bundesfinanzverwaltung bestellt unter Beachtung der gesetzlichen Bestimmungen unverzüglich den Wahlvorstand für die erstmaligen Wahlen nach Satz 1.

(2) [1] Die erstmalige Wahl zur Bezirksschwerbehindertenvertretung nach dem Neunten Buch Sozialgesetzbuch findet in der Generalzolldirektion zeitnah nach den Wahlen zur örtlichen Schwerbehindertenvertretung, spätestens bis zum 30. September 2016 statt. [2] Bis die Bezirksschwerbehindertenvertretung ihre Tätigkeit aufnimmt, werden deren Aufgaben übergangsweise von der Hauptschwerbehindertenvertretung im Geschäftsbereich des Bundesministeriums der Finanzen wahrgenommen. [3] Die Hauptvertrauensperson der

---

[1]) § 25 neu gef. mWv 1.1.2016 durch G v. 3.12.2015 (BGBl. I S. 2178).
[2]) § 26 neu gef. mWv 1.1.2016 durch G v. 3.12.2015 (BGBl. I S. 2178).

schwerbehinderten Menschen in der Bundesfinanzverwaltung bestellt unverzüglich den Wahlvorstand für die erstmalige Wahl nach Satz 1.

§ 27[1] Übergangsregelung Gleichstellungsbeauftragte. (1) Die erstmalige Wahl der Gleichstellungsbeauftragten der Generalzolldirektion sowie der Stellvertreterinnen findet spätestens bis zum 31. März 2016 statt.

(2) [1] Bis zur erstmaligen Wahl führen die bisherigen Gleichstellungsbeauftragten der Bundesfinanzdirektionen, des Zollkriminalamtes und des Bildungs- und Wissenschaftszentrums der Bundesfinanzverwaltung sowie die Stellvertreterinnen ihr Amt bei der Generalzolldirektion fort. [2] Bis zur erstmaligen Wahl bleiben sie für die Beschäftigten derjenigen Dienststellen zuständig, für die sie vor der Einrichtung der Generalzolldirektion zuständig waren. [3] Sofern Entscheidungen getroffen und Maßnahmen durchgeführt werden, die die gesamte Generalzolldirektion betreffen, sind bis zur erstmaligen Wahl alle bisherigen Gleichstellungsbeauftragten zu beteiligen.

---

[1] § 27 neu gef. mWv 1.1.2016 durch G v. 3.12.2015 (BGBl. I S. 2178).

805. Verwaltungszustellungsgesetz (VwZG)

Vom 12. August 2005 (BGBl. I S. 2354)[1)·2)]

Geändert durch Gesetz zur Modernisierung des GmbH-Rechts und zur Bekämpfung von Missbräuchen vom 23.10.2008 (BGBl. I S. 2026), Viertes Gesetz zur Änderung verwaltungsverfahrensrechtlicher Vorschriften vom 11.12.2008 (BGBl. I S. 2418), Gesetz zur Regelung von De-Mail-Diensten und zur Änderung weiterer Vorschriften vom 28.4.2011 (BGBl. I S. 666), Gesetz zur Änderung von Vorschriften über Verkündung und Bekanntmachungen sowie der Zivilprozessordnung, des Gesetzes betreffend die Einführung der Zivilprozessordnung und der Abgabenordnung vom 22.12.2011 (BGBl. I S. 3044), Gesetz zur Förderung des elektronischen Rechtsverkehrs mit den Gerichten vom 10.10.2013 (BGBl. I S. 3786), Gesetz zur Durchführung der Verordnung (EU) Nr. 910/2014 des Europäischen Parlaments und des Rates vom 23. Juli 2014 über elektronische Identifizierung und Vertrauensdienste für elektronische Transaktionen im Binnenmarkt und zur Aufhebung der Richtlinie 1999/93/EG (eIDAS-Durchführungsgesetz) vom 18.7.2017 (BGBl. I S. 2745), Gesetz zur Reform des Vormundschafts- und Betreuungsrechts vom 4.5.2021 (BGBl. I S. 882), Gesetz zur Neuregelung des Berufsrechts der anwaltlichen und steuerberatenden Berufsausübungsgesellschaften sowie zur Änderung weiterer Vorschriften im Bereich der rechtsberatenden Berufe vom 7.7.2021 (BGBl. I S. 2363) und Gesetz zur Modernisierung des Personengesellschaftsrechts (Personengesellschaftsrechtsmodernsierungsgesetz – MoPeG) vom 10.8.2021 (BGBl. I S. 3436)

BGBl. III/FNA 201-9

§ 1 Anwendungsbereich. (1) Die Vorschriften dieses Gesetzes gelten für das Zustellungsverfahren der Bundesbehörden, der bundesunmittelbaren Körperschaften, Anstalten und Stiftungen des öffentlichen Rechts und der Landesfinanzbehörden.

(2) Zugestellt wird, soweit dies durch Rechtsvorschrift oder behördliche Anordnung bestimmt ist.

§ 2[3)] Allgemeines. (1) Zustellung ist die Bekanntgabe eines schriftlichen oder elektronischen Dokuments in der in diesem Gesetz bestimmten Form.

(2) [1]Die Zustellung wird durch einen Erbringer von Postdienstleistungen (Post), einem nach § 17 des De-Mail-Gesetzes akkreditierten Diensteanbieter oder durch die Behörde ausgeführt. [2]Daneben gelten die in den §§ 9 und 10 geregelten Sonderarten der Zustellung.

(3) [1]Die Behörde hat die Wahl zwischen den einzelnen Zustellungsarten. [2]§ 5 Absatz 5 Satz 2 bleibt unberührt.

§ 3 Zustellung durch die Post mit Zustellungsurkunde. (1) Soll durch die Post mit Zustellungsurkunde zugestellt werden, übergibt die Behörde der Post den Zustellungsauftrag, das zuzustellende Dokument in einem verschlossenen Umschlag und einen vorbereiteten Vordruck einer Zustellungsurkunde.

(2) [1]Für die Ausführung der Zustellung gelten die §§ 177 bis 182 der Zivilprozessordnung entsprechend. [2]Im Fall des § 181 Abs. 1 der Zivilprozessord-

---

[1)] Das Verwaltungszustellungsgesetz ist als Art. 1 des Gesetzes zur Novellierung des Verwaltungszustellungsrechts v. 12.8.2005 (BGBl. I S. 2354) verkündet worden.
[2)] **In Kraft ab 1.2.2006.**
[3)] § 2 Abs. 3 Satz 2 angef. mWv 18.12.2008 durch G v. 11.12.2008 (BGBl. I S. 2418); Abs. 2 Satz 1 geänd., Abs. 3 Satz 2 neu gef. mWv 3.5.2011 durch G v. 28.4.2011 (BGBl. I S. 666).

nung kann das zuzustellende Dokument bei einer von der Post dafür bestimmten Stelle am Ort der Zustellung oder am Ort des Amtsgerichts, in dessen Bezirk der Ort der Zustellung liegt, niedergelegt werden oder bei der Behörde, die den Zustellungsauftrag erteilt hat, wenn sie ihren Sitz an einem der vorbezeichneten Orte hat. ³Für die Zustellungsurkunde, den Zustellungsauftrag, den verschlossenen Umschlag nach Absatz 1 und die schriftliche Mitteilung nach § 181 Abs. 1 Satz 3 der Zivilprozessordnung sind die Vordrucke nach der Zustellungsvordruckverordnung zu verwenden.

§ 4 Zustellung durch die Post mittels Einschreiben. (1) Ein Dokument kann durch die Post mittels Einschreiben durch Übergabe oder mittels Einschreiben mit Rückschein zugestellt werden.

(2) ¹Zum Nachweis der Zustellung genügt der Rückschein. ²Im Übrigen gilt das Dokument am dritten Tag nach der Aufgabe zur Post als zugestellt, es sei denn, dass es nicht oder zu einem späteren Zeitpunkt zugegangen ist. ³Im Zweifel hat die Behörde den Zugang und dessen Zeitpunkt nachzuweisen. ⁴Der Tag der Aufgabe zur Post ist in den Akten zu vermerken.

§ 5¹⁾ Zustellung durch die Behörde gegen Empfangsbekenntnis; elektronische Zustellung. (1) ¹Bei der Zustellung durch die Behörde händigt der zustellende Bedienstete das Dokument dem Empfänger in einem verschlossenen Umschlag aus. ²Das Dokument kann auch offen ausgehändigt werden, wenn keine schutzwürdigen Interessen des Empfängers entgegenstehen. ³Der Empfänger hat ein mit dem Datum der Aushändigung versehenes Empfangsbekenntnis zu unterschreiben. ⁴Der Bedienstete vermerkt das Datum der Zustellung auf dem Umschlag des auszuhändigenden Dokuments oder bei offener Aushändigung auf dem Dokument selbst.

(2) ¹Die §§ 177 bis 181 der Zivilprozessordnung sind anzuwenden. ²Zum Nachweis der Zustellung ist in den Akten zu vermerken:

1. im Fall der Ersatzzustellung in der Wohnung, in Geschäftsräumen und Einrichtungen nach § 178 der Zivilprozessordnung der Grund, der diese Art der Zustellung rechtfertigt,

2. im Fall der Zustellung bei verweigerter Annahme nach § 179 der Zivilprozessordnung, wer die Annahme verweigert hat und dass das Dokument am Ort der Zustellung zurückgelassen oder an den Absender zurückgesandt wurde sowie der Zeitpunkt und der Ort der verweigerten Annahme,

3. in den Fällen der Ersatzzustellung nach den §§ 180 und 181 der Zivilprozessordnung der Grund der Ersatzzustellung sowie wann und wo das Dokument in einen Briefkasten eingelegt oder sonst niedergelegt und in welcher Weise die Niederlegung schriftlich mitgeteilt wurde.

³Im Fall des § 181 Abs. 1 der Zivilprozessordnung kann das zuzustellende Dokument bei der Behörde, die den Zustellungsauftrag erteilt hat, niedergelegt werden, wenn diese Behörde ihren Sitz am Ort der Zustellung oder am Ort des Amtsgerichts hat, in dessen Bezirk der Ort der Zustellung liegt.

---

¹⁾ § 5 Überschr. geänd. mWv 3.5.2011 durch G v. 28.4.2011 (BGBl. I S. 666).

(3) [1] Zur Nachtzeit, an Sonntagen und allgemeinen Feiertagen darf nach den Absätzen 1 und 2 im Inland nur mit schriftlicher oder elektronischer Erlaubnis des Behördenleiters zugestellt werden. [2] Die Nachtzeit umfasst die Stunden von 21 bis 6 Uhr. [3] Die Erlaubnis ist bei der Zustellung abschriftlich mitzuteilen. [4] Eine Zustellung, bei der diese Vorschriften nicht beachtet sind, ist wirksam, wenn die Annahme nicht verweigert wird.

(4)[1] Das Dokument kann an Behörden, Körperschaften, Anstalten und Stiftungen des öffentlichen Rechts, an Rechtsanwälte, Patentanwälte, Notare, Steuerberater, Steuerbevollmächtigte, Wirtschaftsprüfer, vereidigte Buchprüfer, *Steuerberatungsgesellschaften* [*ab 1.8.2022:* Berufsausübungsgesellschaften im Sinne der Bundesrechtsanwaltsordnung, der Patentanwaltsordnung und des Steuerberatungsgesetzes], Wirtschaftsprüfungsgesellschaften und Buchprüfunggesellschaften auch auf andere Weise, auch elektronisch, gegen Empfangsbekenntnis zugestellt werden.

(5)[2] [1] Ein elektronisches Dokument kann im Übrigen unbeschadet des Absatzes 4 elektronisch zugestellt werden, soweit der Empfänger hierfür einen Zugang eröffnet. [2] Es ist elektronisch zuzustellen, wenn auf Grund einer Rechtsvorschrift ein Verfahren auf Verlangen des Empfängers in elektronischer Form abgewickelt wird. [3] Für die Übermittlung ist das Dokument mit einer qualifizierten elektronischen Signatur zu versehen und gegen unbefugte Kenntnisnahme Dritter zu schützen.

(6)[2] [1] Bei der elektronischen Zustellung ist die Übermittlung mit dem Hinweis „Zustellung gegen Empfangsbekenntnis" einzuleiten. [2] Die Übermittlung muss die absendende Behörde, den Namen und die Anschrift des Zustellungsadressaten sowie den Namen des Bediensteten erkennen lassen, der das Dokument zur Übermittlung aufgegeben hat.

(7)[2] [1] Zum Nachweis der Zustellung nach den Absätzen 4 und 5 genügt das mit Datum und Unterschrift versehene Empfangsbekenntnis, das an die Behörde durch die Post oder elektronisch zurückzusenden ist. [2] Ein elektronisches Dokument gilt in den Fällen des Absatzes 5 Satz 2 am dritten Tag nach der Absendung an den vom Empfänger hierfür eröffneten Zugang als zugestellt, wenn der Behörde nicht spätestens an diesem Tag ein Empfangsbekenntnis nach Satz 1 zugeht. [3] Satz 2 gilt nicht, wenn der Empfänger nachweist, dass das Dokument nicht oder zu einem späteren Zeitpunkt zugegangen ist. [4] Der Empfänger ist in den Fällen des Absatzes 5 Satz 2 vor der Übermittlung über die Rechtsfolgen nach den Sätzen 2 und 3 zu belehren. [5] Zum Nachweis der Zustellung ist von der absendenden Behörde in den Akten zu vermerken, zu welchem Zeitpunkt und an welchen Zugang das Dokument gesendet wurde. [6] Der Empfänger ist über den Eintritt der Zustellungsfiktion nach Satz 2 zu benachrichtigen.

---

[1] § 5 Abs. 4 bish. Satz 2 aufgeh. mWv 18.12.2008 durch G v. 11.12.2008 (BGBl. I S. 2418); geänd. mWv 1.8.2022 durch G v. 7.7.2021 (BGBl. I S. 2363).
[2] § 5 Abs. 5 neu gef., Abs. 6 und 7 angef. mWv 18.12.2008 durch G v. 11.12.2008 (BGBl. I S. 2418); Abs. 5 neu gef., Abs. 7 Sätze 2, 3 und 4 geänd. mWv 3.5.2011 durch G v. 28.4.2011 (BGBl. I S. 666); Abs. 5 Satz 3 geänd. mWv 29.7.2017 durch G v. 18.7.2017 (BGBl. I S. 2745).

§ 5a¹⁾ Elektronische Zustellung gegen Abholbestätigung über De-Mail-Dienste. (1) ¹Die elektronische Zustellung kann unbeschadet des § 5 Absatz 4 und 5 Satz 1 und 2 durch Übermittlung der nach § 17 des De-Mail-Gesetzes akkreditierten Diensteanbieter gegen Abholbestätigung nach § 5 Absatz 9 des De-Mail-Gesetzes an das De-Mail-Postfach des Empfängers erfolgen. ²Für die Zustellung nach Satz 1 ist § 5 Absatz 4 und 6 mit der Maßgabe anzuwenden, dass an die Stelle des Empfangsbekenntnisses die Abholbestätigung tritt.

(2) ¹Der nach § 17 des De-Mail-Gesetzes akkreditierte Diensteanbieter hat eine Versandbestätigung nach § 5 Absatz 7 des De-Mail-Gesetzes und eine Abholbestätigung nach § 5 Absatz 9 des De-Mail-Gesetzes zu erzeugen. ²Er hat diese Bestätigungen unverzüglich der absendenden Behörde zu übermitteln.

(3) ¹Zum Nachweis der elektronischen Zustellung genügt die Abholbestätigung nach § 5 Absatz 9 des De-Mail-Gesetzes. ²Für diese gelten § 371 Absatz 1 Satz 2 und § 371a Absatz 3²⁾ der Zivilprozessordnung.

(4) ¹Ein elektronisches Dokument gilt in den Fällen des § 5 Absatz 5 Satz 2 am dritten Tag nach der Absendung an das De-Mail-Postfach des Empfängers als zugestellt, wenn er dieses Postfach als Zugang eröffnet hat und der Behörde nicht spätestens an diesem Tag eine elektronische Abholbestätigung nach § 5 Absatz 9 des De-Mail-Gesetzes zugeht. ²Satz 1 gilt nicht, wenn der Empfänger nachweist, dass das Dokument nicht oder zu einem späteren Zeitpunkt zugegangen ist. ³Der Empfänger ist in den Fällen des § 5 Absatz 5 Satz 2 vor der Übermittlung über die Rechtsfolgen nach den Sätzen 1 und 2 zu belehren. ⁴Als Nachweis der Zustellung nach Satz 1 dient die Versandbestätigung nach § 5 Absatz 7 des De-Mail-Gesetzes oder ein Vermerk der absendenden Behörde in den Akten, zu welchem Zeitpunkt und an welches De-Mail-Postfach das Dokument gesendet wurde. ⁵Der Empfänger ist über den Eintritt der Zustellungsfiktion nach Satz 1 elektronisch zu benachrichtigen.

§ 6 Zustellung an gesetzliche Vertreter. (1)³⁾ ¹Bei Geschäftsunfähigen oder beschränkt Geschäftsfähigen ist an ihre gesetzlichen Vertreter zuzustellen. ²Gleiches gilt bei Personen, für die ein Betreuer bestellt ist, soweit der Aufgabenkreis des Betreuers reicht. [*ab 1.1.2023:* ³Das zugestellte Dokument ist der betreuten Personen nach Wahl der Behörde abschriftlich mitzuteilen oder elektronisch zu übermitteln.]

(2) ¹Bei Behörden wird an den Behördenleiter, bei juristischen Personen, nicht rechtsfähigen Personenvereinigungen und Zweckvermögen an ihre gesetzlichen Vertreter zugestellt. ²§ 34 Abs. 2 der Abgabenordnung bleibt unberührt.

(3) Bei mehreren gesetzlichen Vertretern oder Behördenleitern genügt die Zustellung an einen von ihnen.

(4) Der zustellende Bedienstete braucht nicht zu prüfen, ob die Anschrift den Vorschriften der Absätze 1 bis 3 entspricht.

---

¹⁾ § 5a eingef. mWv 3.5.2011 durch G v. 28.4.2011 (BGBl. I S. 666).
²⁾ Verweis geänd. mWv 1.7.2014 durch G v. 10.10.2013 (BGBl. I S. 3786).
³⁾ § 6 Abs. 1 Satz 3 angef. mWv 1.1.2023 durch G v. 4.5.2021 (BGBl. I S. 882).

§ 7 Zustellung an Bevollmächtigte. (1) [1]Zustellungen können an den allgemeinen oder für bestimmte Angelegenheiten bestellten Bevollmächtigten gerichtet werden. [2]Sie sind an ihn zu richten, wenn er schriftliche Vollmacht vorgelegt hat. [3]Ist ein Bevollmächtigter für mehrere Beteiligte bestellt, so genügt die Zustellung eines Dokuments an ihn für alle Beteiligten.

(2) Einem Zustellungsbevollmächtigten mehrerer Beteiligter sind so viele Ausfertigungen oder Abschriften zuzustellen, als Beteiligte vorhanden sind.

(3) Auf § 180 Abs. 2 der Abgabenordnung beruhende Regelungen und § 183 der Abgabenordnung bleiben unberührt.

§ 8 Heilung von Zustellungsmängeln. Lässt sich die formgerechte Zustellung eines Dokuments nicht nachweisen oder ist es unter Verletzung zwingender Zustellungsvorschriften zugegangen, gilt es als in dem Zeitpunkt zugestellt, in dem es dem Empfangsberechtigten tatsächlich zugegangen ist, im Fall des § 5 Abs. 5 in dem Zeitpunkt, in dem der Empfänger das Empfangsbekenntnis zurückgesendet hat.

§ 9[1]) Zustellung im Ausland. (1) Eine Zustellung im Ausland erfolgt
1. durch Einschreiben mit Rückschein, soweit die Zustellung von Dokumenten unmittelbar durch die Post völkerrechtlich zulässig ist,
2. auf Ersuchen der Behörde durch die Behörden des fremden Staates oder durch die zuständige diplomatische oder konsularische Vertretung der Bundesrepublik Deutschland,
3. auf Ersuchen der Behörde durch das Auswärtige Amt an eine Person, die das Recht der Immunität genießt und zu einer Vertretung der Bundesrepublik Deutschland im Ausland gehört, sowie an Familienangehörige einer solchen Person, wenn diese das Recht der Immunität genießen, oder
4. durch Übermittlung elektronischer Dokumente, soweit dies völkerrechtlich zulässig ist.

(2) [1]Zum Nachweis der Zustellung nach Absatz 1 Nr. 1 genügt der Rückschein. [2]Die Zustellung nach Absatz 1 Nr. 2 und 3 wird durch das Zeugnis der ersuchten Behörde nachgewiesen. [3]Der Nachweis der Zustellung gemäß Absatz 1 Nr. 4 richtet sich nach § 5 Abs. 7 Satz 1 bis 3 und 5 sowie nach § 5a Absatz 3 und 4 Satz 1, 2 und 4.

(3) [1]Die Behörde kann bei der Zustellung nach Absatz 1 Nr. 2 und 3 anordnen, dass die Person, an die zugestellt werden soll, innerhalb einer angemessenen Frist einen Zustellungsbevollmächtigten benennt, der im Inland wohnt oder dort einen Geschäftsraum hat. [2]Wird kein Zustellungs- bevollmächtigter benannt, können spätere Zustellungen bis zur nachträg-lichen Benennung dadurch bewirkt werden, dass das Dokument unter der Anschrift der Person, an die zugestellt werden soll, zur Post gegeben wird. [3]Das Dokument gilt am siebenten Tag nach Aufgabe zur Post als zugestellt, wenn nicht fest-

---

[1]) § 9 Abs. 2 Satz 3 neu gef. mWv 18.12.2008 durch G v. 11.12.2008 (BGBl. I S. 2418); Abs. 1 Nr. 4 geänd., Abs. 2 Satz 3 geänd., Abs. 3 Satz 7 angef. mWv 3.5.2011 durch G v. 28.4.2011 (BGBl. I S. 666).

steht, dass es den Empfänger nicht oder zu einem späteren Zeitpunkt erreicht hat. ⁴Die Behörde kann eine längere Frist bestimmen. ⁵In der Anordnung nach Satz 1 ist auf diese Rechtsfolgen hinzuweisen. ⁶Zum Nachweis der Zustellung ist in den Akten zu vermerken, zu welcher Zeit und unter welcher Anschrift das Dokument zur Post gegeben wurde. ⁷Ist durch Rechtsvorschrift angeordnet, dass ein Verwaltungsverfahren über eine einheitliche Stelle nach den Vorschriften des Verwaltungsverfahrensgesetzes abgewickelt werden kann, finden die Sätze 1 bis 6 keine Anwendung.

§ 10 Öffentliche Zustellung. (1) ¹Die Zustellung kann durch öffentliche Bekanntmachung erfolgen, wenn

1. der Aufenthaltsort des Empfängers unbekannt ist und eine Zustellung an einen Vertreter oder Zustellungsbevollmächtigten nicht möglich ist,

[Fassung bis 31.12.2023:]

2.²⁾ bei juristischen Personen, die zur Anmeldung einer inländischen Geschäftsanschrift zum Handelsregister verpflichtet sind, eine Zustellung weder unter der eingetragenen Anschrift noch unter einer im Handelsregister eingetragenen Anschrift einer für Zustellungen empfangsberechtigten Person oder einer ohne Ermittlungen bekannten anderen inländischen Anschrift möglich ist oder

*[Fassung ab 1.1.2024:]*¹⁾

2. bei juristischen Personen, die zur Anmeldung einer inländischen Geschäftsanschrift zum Handelsregister verpflichtet sind, eine Zustellung weder unter der eingetragenen Anschrift noch unter einer im Handelsregister eingetragenen Anschrift einer für Zustellungen empfangsberechtigten Person oder einer ohne Ermittlungen bekannten anderen inländischen Anschrift möglich ist,

3. bei eingetragenen Personengesellschaften eine Zustellung weder unter der eingetragenen Anschrift noch unter einer im Handels- oder Gesellschaftsregister eingetragenen Anschrift einer für Zustellungen empfangsberechtigten Person oder einer ohne Ermittlungen bekannten anderen Anschrift innerhalb eines Mitgliedstaates der Europäischen Union möglich ist oder

3.¹⁾ sie im Fall des § 9 nicht möglich ist oder keinen Erfolg verspricht.

4. sie im Fall des § 9 nicht möglich ist oder keinen Erfolg verspricht.

²Die Anordnung über die öffentliche Zustellung trifft ein zeichnungsberechtigter Bediensteter.

---

¹⁾ § 10 Abs. 1 Satz 1 Nr. 2 neu gef., Nr. 3 eingef., bish. Nr. 3 wird Nr. 4 mWv 1.1.2024 durch G v. 10.8.2021 (BGBl. I S. 3436).
²⁾ § 10 Abs. 1 Nr. 2 eingef. bish. Nr. 2 wird Nr. 3 mWv 1.11.2008 durch G v. 23.10.2008 (BGBl. I S. 2026).

(2)[1] [1] Die öffentliche Zustellung erfolgt durch Bekanntmachung einer Benachrichtigung an der Stelle, die von der Behörde hierfür allgemein bestimmt ist, oder durch Veröffentlichung einer Benachrichtigung im Bundesanzeiger. [2] Die Benachrichtigung muss

1. die Behörde, für die zugestellt wird,

2. den Namen und die letzte bekannte Anschrift des Zustellungsadressaten,

3. das Datum und das Aktenzeichen des Dokuments sowie

4. die Stelle, wo das Dokument eingesehen werden kann,

erkennen lassen. [3] Die Benachrichtigung muss den Hinweis enthalten, dass das Dokument öffentlich zugestellt wird und Fristen in Gang gesetzt werden können, nach deren Ablauf Rechtsverluste drohen können. [4] Bei der Zustellung einer Ladung muss die Benachrichtigung den Hinweis enthalten, dass das Dokument eine Ladung zu einem Termin enthält, dessen Versäumung Rechtsnachteile zur Folge haben kann. [5] In den Akten ist zu vermerken, wann und wie die Benachrichtigung bekannt gemacht wurde. [6] Das Dokument gilt als zugestellt, wenn seit dem Tag der Bekanntmachung der Benachrichtigung zwei Wochen vergangen sind.

---

[1] § 10 Abs. 2 Satz 1 geänd. mWv 1.4.2012 durch G v. 22.12.2011 (BGBl. I S. 3044).

806. Gesetz zum automatischen Austausch von Informationen über Finanzkonten in Steuersachen (Finanzkonten-Informationsaustauschgesetz – FKAustG)[1]

Vom 21. Dezember 2015 (BGBl. I S. 2531)

Geändert durch Gesetz zur Umsetzung der Änderungen der EU-Amtshilferichtlinie und von weiteren Maßnahmen gegen Gewinnkürzungen und –verlagerungen vom 20.12.2016 (BGBl. I S. 3000), Gesetz zur weiteren steuerlichen Förderung der Elektromobilität und zur Änderung weiterer steuerlicher Vorschriften vom 12.12.2019 (BGBl. I S. 2451) und Gesetz zur Abwehr von Steuervermeidung und unfairem Steuerwettbewerb und zur Änderung weiterer Gesetze vom 25.6.2021 (BGBl. I S. 2056)

BGBl. III/FNA 611-9-34

Inhaltsübersicht

---

[1] Verkündet als Art. 1 Gesetz zum automatischen Austausch von Informationen über Finanzkonten in Steuersachen und zur Änderung weiterer Gesetze v. 21.12.2015 (BGBl. I S. 2531); Inkrafttreten gem. Art. 8 dieses Gesetzes am 31.12.2015.

Art. 1 dieses Gesetz dient der Umsetzung der Richtlinie 2011/16/EU des Rates vom 15. Februar 2011 über die Zusammenarbeit der Verwaltungsbehörden im Bereich der Besteuerung und zur Aufhebung der Richtlinie 77/799/EWG (ABl. L 64 vom 11.3.2011, S. 1; Amtshilferichtlinie) in der Fassung der Richtlinie 2014/107/EU (ABl. L 359 vom 16.12.2014, S. 1) sowie der Umsetzung des Gesetzes zu der Mehrseitigen Vereinbarung vom 29. Oktober 2014 zwischen den zuständigen Behörden über den automatischen Austausch von Informationen über Finanzkonten (CRS-MCAA) vom 21. Dezember 2015 (BGBl. 2015 II S. 1630).

Abschnitt 1. Allgemeine Bestimmungen

§ 1 Anwendungsbereich. (1)[1] Dieses Gesetz gilt für den automatischen Austausch von Informationen über Finanzkonten in Steuersachen mit

1. Mitgliedstaaten der Europäischen Union aufgrund der Richtlinie 2011/16/EU des Rates vom 15. Februar 2011 über die Zusammenarbeit der Verwaltungsbehörden im Bereich der Besteuerung und zur Aufhebung der Richtlinie 77/799/EWG (ABl. L 64 vom 11.3.2011, S. 1; Amtshilferichtlinie) in der Fassung der Richtlinie 2014/107/EU (ABl. L 359 vom 16.12.2014, S. 1),

2. Drittstaaten, die Vertragsparteien der von der Bundesrepublik Deutschland in Berlin unterzeichneten Mehrseitigen Vereinbarung vom 29. Oktober 2014 zwischen den zuständigen Behörden über den automatischen Austausch von Informationen über Finanzkonten (BGBl. 2015 II S. 1630, 1632) sind und diese in ihr nationales Recht verpflichtend aufgenommen haben sowie Vertragsparteien des Übereinkommens über die gegenseitige Amtshilfe in Steuersachen (BGBl. 2015 II S. 966, 967) sind und die gewährleisten, dass sie die Voraussetzungen des § 7 Absatz 1, insbesondere Buchstabe e der Mehrseitigen Vereinbarung vom 29. Oktober 2014 zwischen den zuständigen Behörden über den automatischen Austausch von Informationen über Finanzkonten erfüllen sowie

3.[2] Drittstaaten, die Verträge mit der Europäischen Union zur Vereinbarung des automatischen Austauschs von Informationen über Finanzkonten im Sinne der unter Nummer 1 angeführten Richtlinie 2014/107/EU (ABl. L 359 vom 16.12.2014, S. 1) geschlossen haben, sowie

4.[2] Drittstaaten, mit denen die Bundesrepublik Deutschland ein Abkommen über den steuerlichen Informationsaustausch geschlossen hat, nach dem ein automatischer Austausch von Informationen vereinbart werden kann.

(2) Für die Durchführung der Melde- und Sorgfaltspflichten gelten die in § 19 angeführten Begriffsbestimmungen und die sonstigen Begriffsbestimmungen nach § 20.

§ 2 Gemeinsamer Meldestandard. Gemäß den geltenden Melde- und Sorgfaltspflichten und ergänzenden Melde- und Sorgfaltsvorschriften tauscht

---

[1] Finale Staatenaustauschliste bis 31.12.2020 abgedruckt in Anlage zu § 1 am Ende des Gesetzes.
[2] § 1 Abs. 1 Nrn. 3 und 4 angef. durch G v. 20.12.2016 (BGBl. I S. 3000).

das Bundeszentralamt für Steuern innerhalb der festgelegten Frist nach § 5 Absatz 2 in Verbindung mit § 27 mit der zuständigen Behörde jedes anderen meldepflichtigen Staates die ihm hierzu von den Finanzinstituten nach diesem Gesetz übermittelten Daten aus; diese sind:

1. der Name, die Anschrift, die Steueridentifikationsnummer oder -nummern sowie bei natürlichen Personen das Geburtsdatum und der Geburtsort jeder meldepflichtigen Person, die Inhaber eines meldepflichtigen Kontos ist, sowie bei einem Rechtsträger, der Kontoinhaber ist und für den nach Anwendung von Verfahren zur Erfüllung der Sorgfaltspflichten gemäß dem Gemeinsamen Meldestandard eine oder mehrere beherrschende Personen ermittelt wurden, die meldepflichtige Personen sind, der Name, die Anschrift und die Steueridentifikationsnummer oder -nummern des Rechtsträgers sowie der Name, die Anschrift, die Steueridentifikationsnummer oder -nummern, das Geburtsdatum und der Geburtsort jeder meldepflichtigen Person;

2. die Kontonummer oder funktionale Entsprechung, wenn keine Kontonummer vorhanden ist;

3. der Name und gegebenenfalls die Identifikationsnummer des meldenden Finanzinstituts;

4. der Kontosaldo oder Kontowert einschließlich des Barwerts oder Rückkaufwerts bei rückkaufsfähigen Versicherungs- oder Rentenversicherungsverträgen zum Ende des betreffenden Kalenderjahrs oder eines anderen geeigneten Meldezeitraums oder, wenn das Konto im Laufe des Jahres beziehungsweise Zeitraums aufgelöst wurde, die Auflösung des Kontos;

5. bei Verwahrkonten

   a) der Gesamtbruttobetrag der Zinsen, der Gesamtbruttobetrag der Dividenden und der Gesamtbruttobetrag anderer Einkünfte, die mittels der auf dem Konto vorhandenen Vermögenswerte erzielt und jeweils auf das Konto oder in Bezug auf das Konto im Laufe des Kalenderjahrs oder eines anderen geeigneten Meldezeitraums eingezahlt oder dem Konto gutgeschrieben wurden, sowie

   b) die Gesamtbruttoerlöse aus der Veräußerung oder dem Rückkauf von Finanzvermögen, die während des Kalenderjahrs oder eines anderen geeigneten Meldezeitraums auf das Konto eingezahlt oder dem Konto gutgeschrieben wurden und für die das meldende Finanzinstitut als Verwahrstelle, Makler, Bevollmächtigter oder anderweitig als Vertreter für den Kontoinhaber tätig war;

6. bei Einlagenkonten der Gesamtbruttobetrag der Zinsen, die während des Kalenderjahrs oder eines anderen geeigneten Meldezeitraums auf das Konto eingezahlt oder dem Konto gutgeschrieben wurden, und

7. bei allen anderen Konten, die nicht Verwahrkonten oder Einlagekonten sind, der Gesamtbruttobetrag, der in Bezug auf das Konto während des Kalenderjahrs oder eines anderen geeigneten Meldezeitraums an den Kontoinhaber gezahlt oder ihm gutgeschrieben wurde und für den das meldende Finanzinstitut Schuldner ist, einschließlich der Gesamthöhe aller Einlö-

sungsbeträge, die während des Kalenderjahrs oder eines anderen geeigneten Meldezeitraums an den Kontoinhaber geleistet wurden.

§ 3 Pflichten der Finanzinstitute. (1) Die durch dieses Gesetz verpflichteten Finanzinstitute haben bei der Beschaffung und der Weiterleitung der Informationen im Sinne von § 8 die in diesem Gesetz bestimmten Melde- und Sorgfaltspflichten und ergänzenden Melde- und Sorgfaltsvorschriften einzuhalten.

(2) Die durch dieses Gesetz verpflichteten Finanzinstitute haben die Daten und Informationen zu erheben, zu speichern und zu verarbeiten soweit dies zur Erfüllung ihrer Pflichten nach Absatz 1 erforderlich ist.

(3) ¹Die Finanzinstitute nach Absatz 1 haben die bei der Erfüllung der Pflichten nach Absatz 1 erstellten Unterlagen zehn Jahre aufzubewahren. ²Die Frist zur Aufbewahrung beginnt mit Ablauf des Jahres,

1. in dem die Finanzinstitute oder Dienstleister im Sinne des § 9 Absatz 4 die Informationen nach Absatz 2 erhoben haben, oder

2. in dem das Konto aufgelöst wird, soweit die Unterlagen nach Satz 1 für die weitere Erfüllung der Pflichten nach Absatz 1 benötigt werden.

§ 3a¹⁾ Pflichten der Kontoinhaber und der Antragsteller. (1) Natürliche Personen und Rechtsträger, die bei einem meldenden Finanzinstitut entweder für sich selbst oder zugunsten oder für Rechnung einer anderen Person die Eröffnung eines Finanzkontos beantragen, sowie Kontoinhaber haben die nachfolgenden Pflichten zu beachten.

(2) Hat nach diesem Gesetz ein meldendes Finanzinstitut Selbstauskünfte oder Belege einzuholen, so sind diese Informationen oder Unterlagen vollständig und richtig zu erteilen oder herauszugeben.

(3) Wer einem meldenden Finanzinstitut eine Selbstauskunft erteilt hat, muss dem Finanzinstitut bei einer Änderung der Gegebenheiten die neu zutreffenden Angaben bis zum letzten Tag des maßgeblichen Kalenderjahres oder eines anderen geeigneten Meldezeitraums oder 90 Kalendertage nach dem Eintritt der Änderung der Gegebenheiten, je nachdem, welches Datum später ist, mit einer Selbstauskunft richtig und vollständig mitteilen.

§ 4 Zuständige Behörde. Zuständige Behörde im Sinne dieses Gesetzes ist das Bundesministerium der Finanzen, soweit nicht die Zuständigkeit des Bundeszentralamts für Steuern nach § 5 Absatz 1 Nummer 5b des Finanzverwaltungsgesetzes gegeben ist.

§ 5²⁾ Aufgaben des Bundeszentralamts für Steuern. (1) ¹Dem Bundeszentralamt für Steuern sind als zuständiger Behörde im Sinne des § 4 von den meldenden Finanzinstituten die Daten nach § 8 nach amtlich vorgeschriebenem Datensatz elektronisch im Wege der Datenfernübertragung erstmals zum

---

¹⁾ § 3a eingef. mWv 1.7.2021 durch G v. 25.6.2021 (BGBl. I S. 2056).
²⁾ § 5 Abs. 3 geänd., Abs. 8 angef. durch G v. 20.12.2016 (BGBl. I S. 3000).

31. Juli 2017 zu übermitteln. ²Das Bundesministerium der Finanzen gibt den amtlich vorgeschriebenen Datensatz im Bundessteuerblatt bekannt.

(2) ¹Das Bundeszentralamt für Steuern übermittelt die ihm von den Finanzinstituten nach Absatz 1 übermittelten Daten an die zuständige Behörde des jeweils anderen Staates im Sinne des § 1 Absatz 1. ²Das Bundeszentralamt für Steuern speichert zudem die übermittelten Daten.

(3) Das Bundeszentralamt für Steuern nimmt die von einer anderen zuständigen Behörde eines Staates im Sinne des § 1 Absatz 1 übermittelten Daten entgegen, speichert sie und leitet sie zur Durchführung des Besteuerungsverfahrens nach Maßgabe des § 88 Absatz 3 und 4 der Abgabenordnung an die zuständige Landesfinanzbehörde weiter.

(4) ¹Das Bundeszentralamt für Steuern ist berechtigt, eine Auswertung der ihm nach den Absätzen 2 und 3 übermittelten Daten zur Erfüllung der dem Bundeszentralamt für Steuern gesetzlich übertragenen Aufgaben vorzunehmen. ²Eine Auswertung der Daten durch die jeweils zuständige Landesfinanzbehörde bleibt hiervon unberührt.

(5) ¹Die nach den Absätzen 2 und 3 beim Bundeszentralamt für Steuern gespeicherten Daten werden ab dem Zeitpunkt der Übermittlung nach Absatz 2 Satz 1 15 Jahre lang aufbewahrt. ²Mit Ablauf eines Jahres der Aufbewahrung nach Satz 1 werden die Daten gelöscht. ³Geht vor dem in Satz 2 genannten Zeitpunkt eine Änderungsmeldung ein, so beginnt die Frist nach Satz 1 mit dem Zeitpunkt, zu dem die Änderungsmeldung eingegangen ist.

(6) ¹Das Bundeszentralamt für Steuern ist für die Prüfung der Einhaltung der den Finanzinstituten nach diesem Gesetz auferlegten Melde- und Sorgfaltspflichten, besonderen Sorgfaltspflichten sowie ergänzenden Melde- und Sorgfaltsvorschriften für Informationen über Finanzkonten zuständig. ²Die §§ 193 bis 203 der Abgabenordnung gelten entsprechend.

(7) Die aufgrund dieses Gesetzes vom Bundeszentralamt für Steuern als zuständige Behörde erhobenen und gespeicherten Daten dürfen nur für die in den zugrunde liegenden Regelungen gemäß § 1 Absatz 1 festgelegten Zwecke verwendet werden.

(8) Bei der Übermittlung von Informationen durch das Bundeszentralamt für Steuern an die zuständigen Behörden der Vertragsstaaten der in § 1 Absatz 1 Nummer 2 genannten Vereinbarung vom 29. Oktober 2014 findet keine Anhörung der Beteiligten nach § 117 Absatz 4 Satz 3 der Abgabenordnung statt.

(Fortsetzung nächstes Blatt)

§ 6 Ansässigkeit; Zeitpunkt der Erstanwendung. (1) [1]Finanzinstitute haben zur Wahrung der Melde- und Sorgfaltspflichten nach diesem Gesetz zu den von ihnen geführten Konten die steuerliche Ansässigkeit des Konteninhabers zu erheben und seinem Konto zuzuordnen, unabhängig davon, ob es sich bei dem Kontoinhaber oder dem sonstigen Kunden um eine meldepflichtige Person im Sinne der Melde- und Sorgfaltspflichten nach diesem Gesetz handelt. [2]Bei der Erhebung der steuerlichen Ansässigkeit nach Satz 1 gelten die von den Finanzinstituten geführten Konten insoweit als Konten, für die die Melde- und Sorgfaltspflichten nach diesem Gesetz einzuhalten sind; dies schließt auch die Erhebung der Steueridentifikationsnummer ein.

(2) Jedes meldende Finanzinstitut teilt vor einer erstmaligen Übermittlung von Daten nach § 8 jeder betroffenen Person in allgemeiner Form mit oder macht dieser zugänglich, dass die nach diesem Gesetz ermittelten Daten, soweit aufgrund dieses Gesetzes erforderlich, an das Bundeszentralamt für Steuern für Zwecke der Übermittlung an den Ansässigkeitsstaat des Kontoinhabers übermittelt werden.

(3) Meldende Finanzinstitute haben die nach diesem Gesetz zu erhebenden Daten erstmals für das Steuerjahr 2016 bis zum 31. Juli 2017 dem Bundeszentralamt für Steuern und in den Folgejahren jeweils bis zum 31. Juli eines Folgejahres zu übermitteln.

Abschnitt 2. Melde- und Sorgfaltspflichten für Informationen über Finanzkonten

§ 7 Melde- und Sorgfaltspflichten für Informationen über Finanzkonten. Die §§ 8 bis 26 legen die allgemeinen Melde- und Sorgfaltspflichten, die besonderen Sorgfaltsvorschriften und ergänzenden Melde- und Sorgfaltsvorschriften fest, die von meldenden Finanzinstituten zu beachten sind, damit das Bundeszentralamt für Steuern die Daten im Sinne des § 2 im Wege des automatischen Informationsaustauschs an die jeweils zuständige Behörde des anderen Staates im Sinne des § 1 Absatz 1 übermitteln kann.

§ 8 Allgemeine Meldepflichten. (1) [1]Vorbehaltlich der Absätze 2, 3 und 4 muss jedes meldende Finanzinstitut für jedes meldepflichtige Konto dieses meldenden Finanzinstituts dem Bundeszentralamt für Steuern folgende von ihnen nach diesem Gesetz erhobene Informationen gemäß § 5 Absatz 1 melden:

1. den Namen, die Anschrift, den oder die Ansässigkeitsstaat oder -staaten im Sinne des § 1 Absatz 1, die Steueridentifikationsnummer oder -nummern sowie bei natürlichen Personen das Geburtsdatum und den Geburtsort jeder meldepflichtigen Person, die Inhaber eines meldepflichtigen Kontos ist, sowie bei einem Rechtsträger, der Kontoinhaber ist und für den nach Anwendung der Verfahren zur Erfüllung der Sorgfaltspflichten nach den §§ 13, 14 bis 17 eine oder mehrere beherrschende Personen ermittelt wurden, die meldepflichtige Personen sind, der Name, die Anschrift, den oder die Ansässigkeitsstaat oder -staaten und die Steueridentifikationsnummer des

Rechtsträgers sowie den Namen, die Anschrift, den oder die Ansässigkeits-staat oder -staaten und die Steueridentifikationsnummer oder -nummern, das Geburtsdatum und den Geburtsort jeder meldepflichtigen Person;

2. die Kontonummer oder funktionale Entsprechung, wenn keine Kontonummer vorhanden ist;

3. den Namen und gegebenenfalls die Identifikationsnummer des meldenden Finanzinstituts;

4. den Kontosaldo oder Kontowert einschließlich des Barwerts oder Rückkaufwerts bei rückkaufsfähigen Versicherungs- oder Rentenversicherungsverträgen zum Ende des betreffenden Kalenderjahrs oder eines anderen geeigneten Meldezeitraums oder, wenn das Konto im Laufe des Jahres beziehungsweise Zeitraums aufgelöst wurde, die Auflösung des Kontos;

5. bei Verwahrkonten:

   a) den Gesamtbruttobetrag der Zinsen, den Gesamtbruttobetrag der Dividenden und den Gesamtbruttobetrag anderer Einkünfte, die mittels der auf dem Konto vorhandenen Vermögenswerte erzielt und jeweils auf das Konto oder in Bezug auf das Konto im Laufe des Kalenderjahrs oder eines anderen geeigneten Meldezeitraums eingezahlt oder dem Konto gutgeschrieben wurden, sowie

   b) die Gesamtbruttoerlöse aus der Veräußerung oder dem Rückkauf von Finanzvermögen, die während des Kalenderjahrs oder eines anderen geeigneten Meldezeitraums auf das Konto eingezahlt oder dem Konto gutgeschrieben wurden und für die das meldende Finanzinstitut als Verwahrstelle, Makler, Bevollmächtigter oder anderweitig als Vertreter für den Kontoinhaber tätig war;

6. bei Einlagenkonten den Gesamtbruttobetrag der Zinsen, die während des Kalenderjahrs oder eines anderen geeigneten Meldezeitraums auf das Konto eingezahlt oder dem Konto gutgeschrieben wurden, und

7. bei allen anderen Konten, die nicht unter Nummer 5 oder Nummer 6 fallen, den Gesamtbruttobetrag, der in Bezug auf das Konto während des Kalenderjahrs oder eines anderen geeigneten Meldezeitraums an den Kontoinhaber gezahlt oder ihm gutgeschrieben wurde und für den das meldende Finanzinstitut Schuldner ist, einschließlich der Gesamthöhe aller Einlösungsbeträge, die während des Kalenderjahrs oder eines anderen geeigneten Meldezeitraums an den Kontoinhaber geleistet wurden.

[2]Zu den nach Satz 1 Nummer 4 bis 7 gemeldeten Daten muss die Währung genannt werden, auf die die Beträge lauten.

(2) [1]Die Steueridentifikationsnummer oder -nummern und das Geburtsdatum müssen in Bezug auf meldepflichtige Konten, die bestehende Konten sind, nicht gemeldet werden, wenn diese Steueridentifikationsnummer oder -nummern beziehungsweise dieses Geburtsdatum nicht in den Unterlagen des meldenden Finanzinstituts enthalten sind und nicht nach innerstaatlichem Recht oder anderen Rechtsinstrumenten der Europäischen Union von diesem meldenden Finanzinstitut zu erfassen sind. [2]Ein meldendes Finanzinstitut ist jedoch verpflichtet, angemessene Anstrengungen zu unternehmen, um bei

bestehenden Konten die Steueridentifikationsnummer und das Geburtsdatum bis zum Ende des zweiten Kalenderjahrs, das dem Jahr folgt, in dem bestehende Konten als meldepflichtige Konten identifiziert wurden, zu beschaffen.

(3) Die Steueridentifikationsnummer ist nicht zu melden, wenn vom betreffenden Staat keine Steueridentifikationsnummer ausgegeben wird.

(4) Der Geburtsort ist nicht zu melden, es sei denn,

1. das meldende Finanzinstitut hat oder hatte ihn nach innerstaatlichem Recht zu beschaffen und zu melden oder das meldende Finanzinstitut hat oder hatte ihn nach einem geltenden oder am 5. Januar 2015 geltenden Rechtsinstrument der Europäischen Union zu beschaffen und zu melden und

2. er ist in den elektronisch durchsuchbaren Daten des meldenden Finanzinstituts verfügbar.

(5) Bei der Meldung der Daten gemäß Absatz 1 sind geeignete Schutzmaßnahmen gegen unbefugten Zugang, unbefugte Veränderung und unbefugte Bekanntgabe nach Stand der Technik von den Finanzinstituten zu gewährleisten.

§ 9 Allgemeine Sorgfaltspflichten. (1) [1]Ein Konto gilt ab dem Tag als meldepflichtiges Konto, an dem es nach den Verfahren zur Erfüllung der Sorgfaltspflichten gemäß den §§ 9 bis 18 als solches identifiziert wird. [2]Sofern nichts anderes vorgesehen ist, müssen die Daten in Bezug auf ein meldepflichtiges Konto jährlich in dem Kalenderjahr gemeldet werden, das dem Jahr folgt, auf das sich die Daten beziehen.

(2) Der Saldo oder der Wert eines Kontos wird zum letzten Tag des Kalenderjahrs oder eines anderen geeigneten Meldezeitraums ermittelt.

(3) Ist eine Saldo- oder Wertgrenze zum letzten Tag eines Kalenderjahrs zu ermitteln, so muss der betreffende Saldo oder der Wert zum letzten Tag des Meldezeitraums ermittelt werden, der mit diesem Kalenderjahr oder innerhalb dieses Kalenderjahrs endet.

(4) Meldende Finanzinstitute können zur Erfüllung der ihnen nach diesem Gesetz auferlegten Melde- und Sorgfaltspflichten Dienstleister in Anspruch nehmen, wobei die Verantwortung für die Erfüllung dieser Pflichten weiterhin bei dem meldenden Finanzinstitut liegt.

(5) [1]Meldende Finanzinstitute können die für Neukonten geltenden Verfahren zur Erfüllung der Sorgfaltspflichten auf bestehende Konten anwenden und die für Konten von hohem Wert geltenden Verfahren zur Erfüllung der Sorgfaltspflichten auf Konten von geringerem Wert anwenden. [2]Wendet ein meldendes Finanzinstitut die für Neukonten geltenden Verfahren zur Erfüllung der Sorgfaltspflichten auf bestehende Konten an, finden die ansonsten geltenden Vorschriften für bestehende Konten weiterhin Anwendung.

§ 10 Sorgfaltspflichten bei bestehenden Konten natürlicher Personen. (1) Die Identifizierung meldepflichtiger Konten unter den bestehenden Konten natürlicher Personen richtet sich nach den §§ 11 und 12.

(2) Ein bestehendes Konto natürlicher Personen, das nach den §§ 11 und 12 als meldepflichtiges Konto identifiziert wurde, gilt in allen Folgejahren als meldepflichtiges Konto, es sei denn, der Kontoinhaber ist keine meldepflichtige Person mehr.

§ 11 Konten von geringerem Wert. (1) [1]Für Konten von geringerem Wert gilt:

1. Hausanschrift: liegt dem meldenden Finanzinstitut anhand der erfassten Belege eine aktuelle Hausanschrift der natürlichen Person vor, die Kontoinhaber ist, kann das meldende Finanzinstitut die natürliche Person, die Kontoinhaber ist, zur Feststellung, ob diese Person, die Kontoinhaber ist, eine meldepflichtige Person ist, als in dem Staat steuerlich ansässig behandeln, in dem die Anschrift liegt;

2. Suche in elektronischen Datensätzen: verlässt sich das meldende Finanzinstitut hinsichtlich einer aktuellen Hausanschrift der natürlichen Person, die Kontoinhaber ist, nicht auf erfasste Belege nach Nummer 1, muss das meldende Finanzinstitut seine elektronisch durchsuchbaren Daten auf folgende Indizien überprüfen und die Absätze 2 und 3 anwenden:

    a) die Identifizierung des Kontoinhabers als Ansässiger eines meldepflichtigen Staates im Sinne des § 1 Absatz 1,

    b) die aktuelle Post- oder die Hausanschrift einschließlich einer Postfachanschrift in einem meldepflichtigen Staat im Sinne des § 1 Absatz 1,

    c) eine oder mehrere Telefonnummern in einem meldepflichtigen Staat und keine Telefonnummer in der Bundesrepublik Deutschland,

    d) ein Dauerauftrag, ausgenommen bei Einlagenkonten, für Überweisungen auf ein in einem meldepflichtigen Staat im Sinne des § 1 Absatz 1 geführtes Konto,

    e) eine aktuell gültige, an eine Person mit einer Anschrift in einem meldepflichtigen Staat im Sinne des § 1 Absatz 1 erteilte Vollmacht oder Zeichnungsberechtigung oder

    f) ein Postlagerungsauftrag oder eine c/o-Anschrift in einem meldepflichtigen Staat im Sinne des § 1 Absatz 1, sofern dem meldenden Finanzinstitut keine andere Anschrift des Kontoinhabers vorliegt.

[2]Werden bei der elektronischen Suche keine Indizien im Sinne des Satzes 1 Nummer 2 festgestellt, sind keine weiteren Maßnahmen erforderlich, bis eine Änderung der Gegebenheiten eintritt, die dazu führt, dass dem Konto ein oder mehrere Indizien zugeordnet werden können oder das Konto zu einem Konto von hohem Wert wird. [3]Werden bei der elektronischen Suche Indizien im Sinne des Satzes 1 Nummer 2 Buchstabe a bis e festgestellt oder tritt eine Änderung der Gegebenheiten ein, die dazu führt, dass dem Konto ein oder mehrere Indizien zugeordnet werden können, muss das meldende Finanzinstitut den Kontoinhaber als steuerlich ansässige Person in jedem meldepflichtigen Staat im Sinne des § 1 Absatz 1, für den ein Indiz identifiziert wird, betrachten, es sei denn, das meldende Finanzinstitut entscheidet sich für die Anwendung des Absatzes 3 und eine der dort genannten Ausnahmen trifft auf dieses Konto zu.

(2) [1] Werden bei der elektronischen Suche nach Absatz 1 Satz 1 Nummer 2 ein Postlagerungsauftrag oder eine c/o-Anschrift und keine andere Anschrift und keine der in Absatz 1 Satz 1 Nummer 2 Buchstabe a bis e aufgeführten Indizien für den Kontoinhaber festgestellt, muss das meldende Finanzinstitut in der jeweils geeignetsten Reihenfolge die in § 12 Absatz 1 Satz 1 Nummer 2 beschriebene Suche in Papierunterlagen anwenden oder versuchen, vom Kontoinhaber eine Selbstauskunft oder Belege zu beschaffen, um die steuerliche Ansässigkeit oder steuerlichen Ansässigkeiten des Kontoinhabers festzustellen. [2] Wird bei der Suche in Papierunterlagen kein Indiz festgestellt und ist der Versuch, eine Selbstauskunft oder Belege zu beschaffen, erfolglos, muss das meldende Finanzinstitut dem Bundeszentralamt für Steuern das Konto als nicht dokumentiertes Konto melden.

(3) Ungeachtet der Feststellung von Indizien nach Absatz 1 Satz 1 Nummer 2 muss ein meldendes Finanzinstitut einen Kontoinhaber in den folgenden Fällen nicht als in einem meldepflichtigen Staat im Sinne des § 1 Absatz 1 ansässige Person betrachten:

1. die Daten des Kontoinhabers enthalten eine aktuelle Post- oder eine Hausanschrift in jenem meldepflichtigen Staat im Sinne des § 1 Absatz 1, eine oder mehrere Telefonnummern in jenem meldepflichtigen Staat im Sinne des § 1 Absatz 1 und keine Telefonnummer in der Bundesrepublik Deutschland oder einen Dauerauftrag, bei Finanzkonten mit Ausnahme von Einlagenkonten, für Überweisungen auf ein in einem meldepflichtigen Staat im Sinne des § 1 Absatz 1 geführtes Konto und das meldende Finanzinstitut beschafft die nachstehenden Dokumente oder hat diese bereits geprüft und erfasst:

   a) eine Selbstauskunft des Kontoinhabers über seinen Ansässigkeitsstaat oder seine Ansässigkeitsstaaten, die jenen meldepflichtigen Staat nicht umfassen, und

   b) Belege für den nicht meldepflichtigen Status des Kontoinhabers;

2. die Daten des Kontoinhabers beinhalten eine aktuell gültige, an eine Person mit Anschrift in jenem Staat erteilte Vollmacht oder Zeichnungsberechtigung und das meldende Finanzinstitut beschafft die nachstehenden Dokumente oder hat diese bereits geprüft und erfasst:

   a) eine Selbstauskunft des Kontoinhabers über seinen Ansässigkeitsstaat oder seine Ansässigkeitsstaaten, die nicht meldepflichtige Staaten umfassen, oder

   b) Belege für den nicht meldepflichtigen Status des Kontoinhabers.

(4) Die Überprüfung von bestehenden Konten von geringerem Wert natürlicher Personen muss bis zum 31. Dezember 2017 abgeschlossen sein.

§ 12 Konten von hohem Wert. (1) [1] Für Konten von hohem Wert gelten die folgenden erweiterten Überprüfungsverfahren:

1. Suche in elektronischen Datensätzen: das meldende Finanzinstitut muss seine elektronisch durchsuchbaren Daten auf die in § 11 Absatz 1 Satz 1 Nummer 2 aufgeführten Indizien überprüfen;

2. Suche in Papierunterlagen: enthalten die elektronisch durchsuchbaren Datenbanken des meldenden Finanzinstituts Felder für alle in Nummer 3 genannten Daten und erfassen diese, ist keine weitere Suche in den Papierunterlagen erforderlich. [2]Sind in den elektronischen Datenbanken nicht alle diese Daten erfasst, so muss das meldende Finanzinstitut bei Konten von hohem Wert auch die aktuelle Kundenstammakte und, soweit die Informationen dort nicht enthalten sind, die folgenden kontobezogenen, vom meldenden Finanzinstitut innerhalb der letzten fünf Jahre beschafften Unterlagen auf die in § 11 Absatz 1 Satz 1 Nummer 2 genannten Indizien überprüfen:

a) die neuesten für dieses Konto erfassten Belege,

b) den neuesten Kontoeröffnungsvertrag beziehungsweise die neuesten Kontoeröffnungsunterlagen,

c) die neuesten vom meldenden Finanzinstitut, aufgrund von Verfahren zur Bekämpfung der Geldwäsche und Kundensorgfaltspflichten (AML/KYC – Anti-Money Laundering/Know-your-Customer) oder für sonstige aufsichtsrechtliche Zwecke beschafften Unterlagen,

d) eine derzeit gültige Vollmacht oder eine Zeichnungsberechtigung und

e) einen derzeit gültigen Dauerauftrag für Überweisungen, ausgenommen bei Einlagenkonten;

3. ein meldendes Finanzinstitut ist nicht zu der in Satz 1 Nummer 2 beschriebenen Suche in Papierunterlagen verpflichtet, soweit seine elektronisch durchsuchbaren Informationen Folgendes enthalten:

a) den Ansässigkeitsstatus des Kontoinhabers,

b) die derzeit beim meldenden Finanzinstitut hinterlegte Haus- und Postanschrift des Kontoinhabers,

c) gegebenenfalls die derzeit beim meldenden Finanzinstitut hinterlegte Telefonnummer oder hinterlegten Telefonnummern des Kontoinhabers,

d) im Fall von Finanzkonten, bei denen es sich nicht um Einlagenkonten handelt, Angaben dazu, ob Daueraufträge für Überweisungen von diesem Konto auf ein anderes Konto vorliegen – einschließlich eines Kontos bei einer anderen Zweigniederlassung des meldenden Finanzinstituts oder einem anderen Finanzinstitut,

e) Angaben dazu, ob für den Kontoinhaber aktuell ein Postlagerungsauftrag oder eine c/o-Anschrift vorliegt, und

f) Angaben dazu, ob eine Vollmacht oder Zeichnungsberechtigung für das Konto vorliegt.

[2]Zusätzlich zur Suche in elektronischen Datensätzen und Papierunterlagen, wie in Satz 1 Nummer 1 und 2 beschrieben, muss ein meldendes Finanzinstitut das einem Kundenbetreuer zugewiesene Konto von hohem Wert, einschließlich der mit diesem Konto von hohem Wert zusammengefassten Finanzkonten, als meldepflichtiges Konto betrachten, wenn dem Kundenbetreuer tatsächlich bekannt ist, dass der Kontoinhaber eine meldepflichtige Person ist.

(2) Werden bei der in Absatz 1 beschriebenen erweiterten Überprüfung von Konten von hohem Wert keine der in § 11 Absatz 1 Satz 1 Nummer 2 aufgeführten Indizien festgestellt und wird das Konto nicht nach Absatz 1 Satz 2 als Konto einer meldepflichtigen Person identifiziert, sind keine weiteren Maßnahmen erforderlich, bis eine Änderung der Gegebenheiten eintritt, die dazu führt, dass dem Konto ein oder mehrere Indizien zugeordnet werden.

(3) Werden bei der in Absatz 1 beschriebenen erweiterten Überprüfung von Konten von hohem Wert Indizien nach § 11 Absatz 1 Satz 1 Nummer 2 Buchstabe a bis e festgestellt oder tritt anschließend eine Änderung der Gegebenheiten ein, die dazu führt, dass dem Konto ein oder mehrere Indizien zugeordnet werden, so muss das meldende Finanzinstitut das Konto für jeden Staat, für den ein Indiz festgestellt wird, als meldepflichtiges Konto betrachten, es sei denn, es entscheidet sich für die Anwendung von § 11 Absatz 3 und eine der dort genannten Ausnahmen trifft auf dieses Konto zu.

(4) [1] Werden bei der in Absatz 1 beschriebenen erweiterten Überprüfung von Konten von hohem Wert ein Postlagerungsauftrag oder eine c/o-Anschrift festgestellt und keine andere Anschrift und keine der in § 11 Absatz 1 Satz 1 Nummer 2 Buchstabe a bis e aufgeführten Indizien für den Kontoinhaber festgestellt, muss das meldende Finanzinstitut vom Kontoinhaber eine Selbstauskunft oder Belege beschaffen, um die steuerliche Ansässigkeit oder steuerlichen Ansässigkeiten des Kontoinhabers festzustellen. [2] Kann das meldende Finanzinstitut keine Selbstauskunft oder Belege beschaffen, muss es das Konto dem Bundeszentralamt für Steuern als nicht dokumentiertes Konto melden.

(5) [1] Bei einem bestehenden Konto natürlicher Personen, das zum 31. Dezember 2015 kein Konto von hohem Wert ist, zum letzten Tag eines darauffolgenden Kalenderjahrs jedoch ein Konto von hohem Wert ist, muss das meldende Finanzinstitut die in Absatz 1 beschriebenen erweiterten Überprüfungsverfahren für dieses Konto innerhalb des auf das Kalenderjahr, in dem das Konto ein Konto von hohem Wert wird, folgenden Kalenderjahrs abschließen. [2] Wird das Konto aufgrund dieser Überprüfung als meldepflichtiges Konto identifiziert, so muss das meldende Finanzinstitut die erforderlichen kontobezogenen Informationen für das Jahr, in dem das Konto als meldepflichtiges Konto identifiziert wird, und für die Folgejahre jährlich melden, es sei denn, der Kontoinhaber ist keine meldepflichtige Person mehr.

(6) Führt ein meldendes Finanzinstitut die in Absatz 1 angeführten erweiterten Überprüfungsverfahren für ein Konto von hohem Wert durch, so ist es in den Folgejahren nicht verpflichtet, für dasselbe Konto von hohem Wert diese Verfahren erneut durchzuführen, abgesehen von der Nachfrage beim Kundenbetreuer nach Absatz 1 Satz 2, es sei denn, es handelt sich um ein nicht dokumentiertes Konto, bei dem das meldende Finanzinstitut diese Verfahren jährlich erneut durchführen muss, bis das Konto nicht mehr undokumentiert ist.

(7) Tritt bei einem Konto von hohem Wert eine Änderung der Gegebenheiten ein, die dazu führt, dass dem Konto ein oder mehrere der in § 11 Absatz 1 Satz 1 Nummer 2 beschriebenen Indizien zugeordnet werden, so muss

das meldende Finanzinstitut das Konto für jeden meldepflichtigen Staat, für den ein Indiz festgestellt wird, als meldepflichtiges Konto betrachten, es sei denn, es entscheidet sich für die Anwendung von § 11 Absatz 3 und eine der in jenem Absatz genannten Ausnahmen trifft auf dieses Konto zu.

(8) [1] Ein meldendes Finanzinstitut muss Verfahren einrichten, mit denen sichergestellt wird, dass die Kundenbetreuer Änderungen der Gegebenheiten bei einem Konto erkennen. [2] Wird ein Kundenbetreuer beispielsweise benachrichtigt, dass der Kontoinhaber eine neue Postanschrift in einem meldepflichtigen Staat im Sinne des § 1 Absatz 1 hat, so muss das meldende Finanzinstitut die neue Anschrift als eine Änderung der Gegebenheiten betrachten und ist, sofern es sich für die Anwendung von § 11 Absatz 3 entscheidet, dazu verpflichtet, die entsprechenden Unterlagen vom Kontoinhaber zu beschaffen.

(9) Die Überprüfung bestehender Konten von hohem Wert natürlicher Personen muss bis zum 31. Dezember 2016 abgeschlossen sein.

§ 13 Sorgfaltspflichten bei Neukonten natürlicher Personen. (1) Die Identifizierung meldepflichtiger Konten unter den Neukonten natürlicher Personen richtet sich nach den folgenden Absätzen.

(2) Bei Neukonten natürlicher Personen muss das meldende Finanzinstitut bei Kontoeröffnung eine Selbstauskunft beschaffen, die Bestandteil der Kontoeröffnungsunterlagen sein kann und anhand derer das meldende Finanzinstitut die steuerliche Ansässigkeit oder steuerlichen Ansässigkeiten des Kontoinhabers feststellen kann, sowie die Plausibilität dieser Selbstauskunft anhand der vom meldenden Finanzinstitut bei Kontoeröffnung beschafften Informationen, einschließlich der aufgrund von Verfahren zur Bekämpfung der Geldwäsche und Kundensorgfaltspflichten (AML/KYC – Anti-Money Laundering/Know-your-Customer) erfassten Unterlagen, bestätigen.

(2a)[1] [1] Abweichend von Absatz 2 kann die Beschaffung der Selbstauskunft oder die Bestätigung ihrer Plausibilität auch unverzüglich nach der Kontoeröffnung erfolgen, wenn das meldende Finanzinstitut nachweisen kann, dass

1. die Beschaffung der Selbstauskunft bei Kontoeröffnung aus rechtlichen oder tatsächlichen Gründen unmöglich ist; oder

2. die Bestätigung der Plausibilität bei Kontoeröffnung in begründeten Ausnahmefällen unzumutbar ist.

[2] Im Fall des Satzes 1 muss sichergestellt sein, dass vor der Beschaffung der Selbstauskunft oder der Bestätigung ihrer Plausibilität keine Gelder von dem Konto abverfügt werden können. [3] Für den Fall einer Rückzahlung eingegangener Gelder dürfen diese nur an den Einzahler ausgezahlt werden. [4] Kann die Selbstauskunft innerhalb von 90 Kalendertagen seit der Kontoeröffnung nicht beschafft oder ihre Plausibilität nicht bestätigt werden, muss das meldende Finanzinstitut dies dem Bundeszentralamt für Steuern unverzüglich unter Angabe aller zur Identifizierung des Kontoinhabers zur Verfügung stehenden Angaben mitteilen.

---

[1] § 13 Abs. 2a eingef. mWv 1.7.2021 durch G v. 25.6.2021 (BGBl. I S. 2056).

(3) Geht aus der Selbstauskunft nach Absatz 2 hervor, dass der Kontoinhaber in einem meldepflichtigen Staat steuerlich ansässig ist, so muss das meldende Finanzinstitut das Konto als meldepflichtiges Konto betrachten und die Selbstauskunft auch die Steueridentifikationsnummer des Kontoinhabers in dem meldepflichtigen Staat vorbehaltlich des § 8 Absatz 3 sowie das Geburtsdatum enthalten.

(4) Tritt bei einem Neukonto natürlicher Personen eine Änderung der Gegebenheiten ein, aufgrund derer dem meldenden Finanzinstitut bekannt ist oder bekannt sein müsste, dass die ursprüngliche Selbstauskunft nicht zutreffend oder unglaubwürdig ist, so darf es sich nicht auf die ursprüngliche Selbstauskunft verlassen und muss eine gültige Selbstauskunft beschaffen, aus der die steuerliche Ansässigkeit oder steuerlichen Ansässigkeiten des Kontoinhabers hervorgeht oder hervorgehen.

§ 14 Sorgfaltspflichten bei bestehenden Konten von Rechtsträgern.

(1) Die Identifizierung meldepflichtiger Konten unter den bestehenden Konten von Rechtsträgern richtet sich nach den folgenden Absätzen.

(2) Für nicht überprüfungs-, identifizierungs- oder meldepflichtige Konten von Rechtsträgern gilt: Sofern sich das meldende Finanzinstitut nicht entweder für alle bestehenden Konten von Rechtsträgern oder jeweils für eine eindeutig identifizierte Gruppe dieser Konten anderweitig entscheidet, muss ein bestehendes Konto von Rechtsträgern, das zum 31. Dezember 2015 einen Gesamtkontosaldo oder Gesamtkontowert von höchstens 250 000 US-Dollar aufweist, nicht als meldepflichtiges Konto überprüft, identifiziert oder gemeldet werden, bis der Gesamtkontosaldo oder der Gesamtkontowert zum letzten Tag eines darauffolgenden Kalenderjahrs diesen Betrag übersteigt.

(3) Für überprüfungspflichtige Konten von Rechtsträgern gilt: Ein bestehendes Konto von Rechtsträgern mit einem Gesamtkontosaldo oder Gesamtkontowert von mehr als 250 000 US-Dollar zum 31. Dezember 2015 und ein bestehendes Konto von Rechtsträgern, dessen Gesamtkontosaldo oder Gesamtkontowert am 31. Dezember 2015 diesen Betrag nicht übersteigt, zum letzten Tag eines darauffolgenden Kalenderjahrs jedoch diesen Betrag übersteigt, muss nach dem in Absatz 5 festgelegten Verfahren überprüft werden.

(4) Für meldepflichtige Konten von Rechtsträgern gilt: Von den in Absatz 3 beschriebenen bestehenden Konten von Rechtsträgern gelten nur diejenigen Konten als meldepflichtige Konten, die von einem oder von mehreren Rechtsträgern gehalten werden, die meldepflichtige Personen sind, oder von passiven NFEs mit einer oder mehreren beherrschenden Personen, die meldepflichtige Personen sind.

(5) Bei den in Absatz 3 beschriebenen bestehenden Konten von Rechtsträgern muss ein meldendes Finanzinstitut die folgenden Überprüfungsverfahren durchführen, um festzustellen, ob eine meldepflichtige Person oder mehrere meldepflichtige Personen oder passive NFEs mit einer oder mehreren beherrschenden Personen, die meldepflichtige Personen sind, Inhaber des Kontos ist oder sind:

1. Zur Feststellung, ob der Rechtsträger eine meldepflichtige Person ist, ist zu beachten:

a) die Überprüfung der zu aufsichtsrechtlichen Zwecken oder für die Kundenbetreuung verwahrten Informationen einschließlich der aufgrund von Verfahren zur Bekämpfung der Geldwäsche und Kundensorgfaltspflichten (AML/KYC – Anti-Money Laundering/Know-your-Customer) erhobenen Informationen auf Hinweise, dass der Kontoinhaber in einem meldepflichtigen Staat ansässig ist. ²Für diesen Zweck gilt ein Gründungsort, ein Sitz oder eine Anschrift in einem meldepflichtigen Staat als Hinweis, dass der Kontoinhaber in einem meldepflichtigen Staat ansässig ist;

b) weisen die Informationen darauf hin, dass der Kontoinhaber in einem meldepflichtigen Staat ansässig ist, so muss das meldende Finanzinstitut das Konto als meldepflichtiges Konto betrachten, es sei denn, das meldende Finanzinstitut beschafft vom Kontoinhaber eine Selbstauskunft oder stellt anhand von in seinem Besitz befindlichen oder öffentlich verfügbaren Informationen in vertretbarer Weise fest, dass es sich bei dem Kontoinhaber nicht um eine meldepflichtige Person handelt.

2. ¹Zur Feststellung, ob der Rechtsträger ein passiver NFE mit einer oder mehreren beherrschenden Personen ist, bei denen es sich um meldepflichtige Personen handelt, gilt: Bei einem Kontoinhaber eines bestehenden Kontos von Rechtsträgern, einschließlich eines Rechtsträgers, der eine meldepflichtige Person ist, muss das meldende Finanzinstitut feststellen, ob der Kontoinhaber ein passiver NFE mit einer oder mehreren beherrschenden Personen ist, bei denen es sich um meldepflichtige Personen handelt. ²Handelt es sich bei einer beherrschenden Person eines passiven NFE um eine meldepflichtige Person, so ist das Konto als meldepflichtiges Konto zu betrachten. ³Bei diesen Feststellungen soll das meldende Finanzinstitut die unter den nachfolgenden Buchstaben a bis c aufgeführten Leitlinien in der jeweils geeignetsten Reihenfolge befolgen:

a) zur Feststellung, ob der Kontoinhaber ein passiver NFE ist, muss das meldende Finanzinstitut eine Selbstauskunft des Kontoinhabers zum Nachweis seines Status beschaffen, es sei denn, das meldende Finanzinstitut kann anhand von in seinem Besitz befindlichen oder öffentlich verfügbaren Informationen in vertretbarer Weise feststellen, dass der Kontoinhaber ein aktiver NFE ist oder ein anderes Finanzinstitut als ein unter § 19 Nummer 6 Buchstabe b beschriebenes Investmentunternehmen, bei dem es sich nicht um ein Finanzinstitut eines teilnehmenden Staates handelt;

b) zur Feststellung der beherrschenden Person eines Kontoinhabers kann sich ein meldendes Finanzinstitut auf die aufgrund von Verfahren zur Bekämpfung der Geldwäsche und Kundensorgfaltspflichten (AML/KYC – Anti-Money Laundering/Know-your-Customer) erhobenen und verwahrten Informationen verlassen;

c) zur Feststellung, ob eine beherrschende Person eines passiven NFE eine meldepflichtige Person ist, kann sich ein meldendes Finanzinstitut auf Folgendes verlassen:

    aa) bei einem bestehenden Konto von Rechtsträgern, dessen Inhaber ein NFE oder mehrere NFEs ist oder sind und dessen Gesamtkontosaldo oder Gesamtkontowert 1 000 000 US-Dollar nicht übersteigt, auf die aufgrund von Verfahren zur Bekämpfung der Geldwäsche und Kundensorgfaltspflichten (AML/KYC — Anti-Money Laundering/Know-your-Customer) erfassten und verwahrten Informationen oder

bb) auf eine Selbstauskunft des Kontoinhabers oder dieser beherrschenden Person aus dem meldepflichtigen Staat oder den meldepflichtigen Staaten im Sinne des § 1 Absatz 1 oder anderen Staat oder Staaten, in dem oder in denen die beherrschende Person steuerlich ansässig ist.

§ 15 Überprüfungszeitraum und zusätzliche Verfahren für bestehende Konten von Rechtsträgern. (1) Die Überprüfung bestehender Konten von Rechtsträgern mit einem Gesamtkontosaldo oder Gesamtkontowert von mehr als 250 000 US-Dollar zum 31. Dezember 2015 muss bis zum 31. Dezember 2017 abgeschlossen sein.

(2) Die Überprüfung bestehender Konten von Rechtsträgern, deren Gesamtkontosaldo oder Gesamtkontowert zum 31. Dezember 2015 250 000 US-Dollar nicht übersteigt, zum 31. Dezember eines Folgejahres jedoch diesen Betrag übersteigt, muss innerhalb des Kalenderjahrs nach dem Jahr, in dem der Gesamtkontosaldo oder Gesamtkontowert diesen Betrag übersteigt, abgeschlossen sein.

(3) Tritt bei einem bestehenden Konto von Rechtsträgern eine Änderung der Gegebenheiten ein, aufgrund derer dem meldenden Finanzinstitut bekannt ist oder bekannt sein müsste, dass die Selbstauskunft oder andere kontobezogene Unterlagen nicht zutreffend oder unglaubwürdig sind, so muss es den Status des Kontos nach dem in § 14 Absatz 5 festgelegten Verfahren neu bestimmen.

§ 16 Sorgfaltspflichten bei Neukonten von Rechtsträgern. (1) Die Identifizierung meldepflichtiger Konten unter den Neukonten von Rechtsträgern richtet sich nach den folgenden Absätzen.

(2) Bei Neukonten von Rechtsträgern muss ein meldendes Finanzinstitut die folgenden Überprüfungsverfahren durchführen, um festzustellen, ob das Konto von einer meldepflichtigen Person oder mehreren meldepflichtigen Personen oder von passiven NFEs mit einer oder mehreren beherrschenden Personen, die meldepflichtige Personen sind, gehalten wird:

1.[1] 1 Feststellung, ob der Rechtsträger eine meldepflichtige Person ist:

a) Beschaffung einer Selbstauskunft, die Bestandteil der Kontoeröffnungsunterlagen sein kann und anhand derer das meldende Finanzinstitut die steuerliche Ansässigkeit oder steuerlichen Ansässigkeiten des Kontoinhabers ermitteln kann, sowie Bestätigung der Plausibilität dieser Selbstauskunft anhand der vom meldenden Finanzinstitut bei Kontoeröffnung beschafften Informationen, einschließlich aufgrund von Verfahren zur Bekämpfung der Geldwäsche und Kundensorgfaltspflichten (AML/KYC – Anti-Money Laundering/Know-your-Customer) erfassten Unterlagen; erklärt der

---

[1] § 16 Abs. 2 Nr. 1 Satz 4 geänd. mWv 18.12.2019 durch G v. 12.12.2019 (BGBl. I S. 2451).

Rechtsträger, es liege keine steuerliche Ansässigkeit vor, so kann sich das meldende Finanzinstitut zur Bestimmung der Ansässigkeit des Kontoinhabers auf die Anschrift des Hauptsitzes des Rechtsträgers verlassen;

b) enthält die Selbstauskunft Hinweise darauf, dass der Kontoinhaber in einem meldepflichtigen Staat ansässig ist, so muss das meldende Finanzinstitut das Konto als meldepflichtiges Konto betrachten, es sei denn, das meldende Finanzinstitut stellt anhand der in seinem Besitz befindlichen oder öffentlich verfügbaren Informationen in vertretbarer Weise fest, dass es sich bei dem Kontoinhaber nicht um eine meldepflichtige Person in Bezug auf diesen meldepflichtigen Staat handelt.

[2]Zur Feststellung, ob der Rechtsträger ein passiver NFE mit einer oder mehreren beherrschenden Personen ist, bei denen es sich um meldepflichtige Personen handelt, ist Folgendes zu beachten: Bei einem Kontoinhaber eines Neukontos von Rechtsträgern einschließlich eines Rechtsträgers, der eine meldepflichtige Person ist, muss das meldende Finanzinstitut feststellen, ob der Kontoinhaber ein passiver NFE mit einer oder mehreren beherrschenden Personen ist, bei denen es sich um meldepflichtige Personen handelt. [3]Handelt es sich bei einer beherrschenden Person eines passiven NFE um eine meldepflichtige Person, so ist das Konto als meldepflichtiges Konto zu betrachten. [4]Bei diesen Feststellungen soll das meldende Finanzinstitut die in Nummer 2, in Absatz 3 und in Absatz 4 aufgeführten Leitlinien in der jeweils geeignetsten Reihenfolge befolgen.

2. Zur Feststellung, ob der Kontoinhaber ein passiver NFE ist, muss sich das meldende Finanzinstitut auf eine Selbstauskunft des Kontoinhabers zum Nachweis seines Status verlassen, es sei denn, das meldende Finanzinstitut kann anhand von in seinem Besitz befindlichen oder öffentlich verfügbaren Informationen in vertretbarer Weise feststellen, dass der Kontoinhaber ein aktiver NFE ist oder ein anderes Finanzinstitut als ein unter § 19 Nummer 6 Buchstabe b beschriebenes Investmentunternehmen, bei dem es sich nicht um ein Finanzinstitut eines teilnehmenden Staates handelt.

(2a)[1] [1]Abweichend von Absatz 2 Nummer 1 Buchstabe a kann die Beschaffung der Selbstauskunft oder die Bestätigung ihrer Plausibilität auch unverzüglich nach der Kontoeröffnung erfolgen, wenn das meldende Finanzinstitut nachweisen kann, dass

1. die Beschaffung der Selbstauskunft bei Kontoeröffnung aus rechtlichen oder tatsächlichen Gründen unmöglich ist; oder

2. die Bestätigung der Plausibilität bei Kontoeröffnung in begründeten Ausnahmefällen unzumutbar ist.

[2]Im Fall des Satzes 1 muss sichergestellt sein, dass vor der Beschaffung der Selbstauskunft oder der Bestätigung ihrer Plausibilität keine Gelder von dem Konto abverfügt werden können. [3]Für den Fall einer Rückzahlung eingegangener Gelder dürfen diese nur an den Einzahler ausgezahlt werden. [4]Kann die Selbstauskunft innerhalb von 90 Kalendertagen seit der Kontoeröffnung nicht beschafft oder ihre Plausibilität nicht bestätigt werden, muss das meldende

---

[1] § 16 Abs. 2a eingef. mWv 1.7.2021 durch G v. 25.6.2021 (BGBl. I S. 2056).

Finanzinstitut dies dem Bundeszentralamt für Steuern unverzüglich unter Angabe aller zur Identifizierung des Kontoinhaber zur Verfügung stehenden Angaben mitteilen.

(3) Zur Feststellung der beherrschenden Personen eines Kontoinhabers kann sich ein meldendes Finanzinstitut auf die aufgrund von Verfahren zur Bekämpfung der Geldwäsche und Kundensorgfaltspflichten (AML/KYC – Anti-Money Laundering/Know-your-Customer) erhobenen und verwahrten Informationen verlassen.

(4) Zur Feststellung, ob eine beherrschende Person eines passiven NFE eine meldepflichtige Person ist, kann sich ein meldendes Finanzinstitut auf eine Selbstauskunft des Kontoinhabers oder dieser beherrschenden Person verlassen.

§ 17 Besondere Sorgfaltsvorschriften. (1) Ein meldendes Finanzinstitut darf sich nicht auf eine Selbstauskunft oder auf Belege verlassen, wenn ihm bekannt ist oder bekannt sein müsste, dass die Selbstauskunft oder die Belege nicht zutreffend oder unglaubwürdig sind.

(2) Für Finanzkonten begünstigter natürlicher Personen eines rückkaufsfähigen Versicherungsvertrags oder Rentenversicherungsvertrags und für rückkaufsfähige Gruppenversicherungsverträge oder Gruppenrentenversicherungsverträge gilt:

1. ein meldendes Finanzinstitut kann davon ausgehen, dass eine begünstigte natürliche Person, mit Ausnahme des Eigentümers, eines rückkaufsfähigen Versicherungsvertrags oder eines Rentenversicherungsvertrags, die eine Todesfallleistung erhält, keine meldepflichtige Person ist und dieses Finanzkonto als ein nicht meldepflichtiges Konto betrachten, es sei denn, dem meldenden Finanzinstitut ist bekannt oder müsste bekannt sein, dass der Begünstigte eine meldepflichtige Person ist. [2] Einem meldenden Finanzinstitut müsste bekannt sein, dass ein Begünstigter eines rückkaufsfähigen Versicherungsvertrags oder eines Rentenversicherungsvertrags eine meldepflichtige Person ist, wenn die vom meldenden Finanzinstitut erhobenen und dem Begünstigten zugeordneten Informationen Indizien im Sinne des § 11 enthalten. [3] Ist einem meldenden Finanzinstitut tatsächlich bekannt oder müsste ihm bekannt sein, dass der Begünstigte eine meldepflichtige Person ist, so muss das meldende Finanzinstitut die Verfahren nach § 11 einhalten;

2. ein meldendes Finanzinstitut kann ein Finanzkonto, das den Anteil eines Mitglieds an einem rückkaufsfähigen Gruppenversicherungsvertrag oder

(Fortsetzung nächstes Blatt)

einem Gruppenrentenversicherungsvertrag darstellt, bis zu dem Zeitpunkt, zu dem die Zahlung eines Betrags an den Arbeitnehmer oder den Inhaber des Versicherungsscheins oder Begünstigten fällig wird, als ein nicht meldepflichtiges Konto behandeln, sofern das Finanzkonto, das den Anteil eines Mitglieds an einem rückkaufsfähigen Gruppenversicherungsvertrag oder einem Gruppenrentenversicherungsvertrag darstellt, die folgenden Anforderungen erfüllt:

a) der rückkaufsfähige Gruppenversicherungsvertrag oder der Gruppenrentenversicherungsvertrag ist auf einen Arbeitgeber ausgestellt und erstreckt sich auf mindestens 25 Arbeitnehmer oder mindestens 25 Versicherungsscheininhaber,

b) die Arbeitnehmer oder die Versicherungsscheininhaber haben Anspruch auf einen ihrem Anteil entsprechenden Vertragswert und dürfen Begünstigte benennen, an die die Leistungen im Fall des Ablebens des Arbeitnehmers zu zahlen sind, und

c) der an einen Arbeitnehmer oder einen Versicherungsscheininhaber oder Begünstigten zu zahlende Gesamtbetrag beträgt höchstens 1 000 000 US-Dollar.

(3) Der Ausdruck rückkaufsfähiger Gruppenversicherungsvertrag bezeichnet einen rückkaufsfähigen Versicherungsvertrag:

1. der eine Deckung für natürliche Personen vorsieht, die über einen Arbeitgeber, einen Berufsverband, eine Arbeitnehmerorganisation oder eine andere Vereinigung oder Gruppe angeschlossen sind, und

2. der für jedes Mitglied der Gruppe oder Mitglied einer Kategorie innerhalb dieser Gruppe die Zahlung eines Versicherungsbeitrags vorsieht, der unabhängig von den Gesundheitsmerkmalen der natürlichen Person – mit Ausnahme von Alter, Geschlecht und Tabakkonsum des Mitglieds oder der Mitgliederkategorie der Gruppe – festgelegt wird.

(4) Der Ausdruck Gruppenrentenversicherungsvertrag bezeichnet einen Rentenversicherungsvertrag, bei dem die Anspruchsberechtigten natürliche Personen sind, die über einen Arbeitgeber, einen Berufsverband, eine Arbeitnehmerorganisation oder eine andere Vereinigung oder Gruppe angeschlossen sind.

§ 18 Zusammenfassung von Kontosalden und Währungen.

(1) [1]Für Zwecke der Bestimmung des Gesamtsaldos oder des Gesamtwerts von Finanzkonten einer natürlichen Person muss ein meldendes Finanzinstitut alle von ihm oder einem verbundenen Rechtsträger geführten Finanzkonten zusammenfassen, jedoch nur insoweit, als die computergestützten Systeme des meldenden Finanzinstituts die Finanzkonten durch Verweis auf ein Datenelement wie eine Kundennummer oder Steueridentifikationsnummer miteinander verknüpfen und eine Zusammenfassung der Kontosalden oder Kontowerte ermöglichen. [2]Für die Zwecke der Anwendung der beschriebenen Zusammenfassungsvorschriften wird jedem Inhaber eines gemeinsamen Finanzkontos der gesamte Saldo oder Wert des gemeinsamen Finanzkontos zugerechnet.

(2) [1] Für Zwecke der Bestimmung des Gesamtsaldos oder des Gesamtwerts von Finanzkonten von Rechtsträgern muss ein meldendes Finanzinstitut alle von ihm oder einem verbundenen Rechtsträger geführten Finanzkonten berücksichtigen, jedoch nur insoweit, als die computergestützten Systeme des meldenden Finanzinstituts die Finanzkonten durch Verweis auf ein Datenelement wie eine Kundennummer oder Steueridentifikationsnummer miteinander verknüpfen und eine Zusammenfassung der Kontosalden oder Kontowerte ermöglichen. [2] Für die Zwecke der Anwendung der beschriebenen Zusammenfassungsvorschriften wird jedem Inhaber eines gemeinsamen Finanzkontos der gesamte Saldo oder Wert des gemeinsamen Finanzkontos zugerechnet.

(3) Für Zwecke der Bestimmung des Gesamtsaldos oder des Gesamtwerts von Finanzkonten einer Person zur Feststellung, ob es sich bei einem Finanzkonto um ein Konto von hohem Wert handelt, ist ein meldendes Finanzinstitut im Fall von Finanzkonten, bei denen einem Kundenbetreuer bekannt ist oder bekannt sein müsste, dass sie unmittelbar oder mittelbar derselben Person gehören, dieselbe Person über sie verfügt oder sie von derselben Person außer in treuhänderischer Eigenschaft eröffnet wurden, auch verpflichtet, alle diese Konten zusammenzufassen.

(4) Alle auf Euro lautenden Beträge umfassen den Gegenwert in anderen Währungen nach innerstaatlichem Recht.

§ 19 Begriffsbestimmungen. Im Sinne dieses Gesetzes ist oder sind:

1. meldendes Finanzinstitut: ein Finanzinstitut eines teilnehmenden Staates, bei dem es sich nicht um ein nicht meldendes Finanzinstitut handelt;

2. Finanzinstitut eines teilnehmenden Staates ist

   a) ein in einem teilnehmenden Staat ansässiges Finanzinstitut, jedoch nicht Zweigniederlassungen dieses Finanzinstituts, die sich außerhalb dieses teilnehmenden Staates befinden, oder

   b) eine Zweigniederlassung eines nicht in einem teilnehmenden Staat ansässigen Finanzinstituts, wenn diese sich in diesem teilnehmenden Staat befindet;

3. Finanzinstitut: bedeutet ein Verwahrinstitut, ein Einlageninstitut, ein Investmentunternehmen oder eine spezifizierte Versicherungsgesellschaft;

4. Verwahrinstitut bedeutet einen Rechtsträger, dessen Geschäftstätigkeit im Wesentlichen darin besteht, für fremde Rechnung Finanzvermögen zu verwahren. [2] Die Geschäftstätigkeit eines Rechtsträgers besteht im Wesentlichen darin, für fremde Rechnung Finanzvermögen zu verwahren, wenn die dem Verwahren von Finanzvermögen und damit zusammenhängenden Finanzdienstleistungen zuzurechnenden Bruttoeinkünfte des Rechtsträgers mindestens 20 Prozent der Bruttoeinkünfte des Rechtsträgers entsprechen, und zwar entweder:

   a) während des dreijährigen Zeitraums, der am 31. Dezember oder am letzten Tag eines nicht einem Kalenderjahr entsprechenden Abrechnungszeitraums vor dem Bestimmungsjahr endet, oder

b) während des Zeitraums des Bestehens des Rechtsträgers, je nachdem, welcher Zeitraum kürzer ist;

5. Einlageninstitut ein Rechtsträger, der im Rahmen gewöhnlicher Bankgeschäfte oder einer ähnlichen Geschäftstätigkeit Einlagen entgegennimmt;

6. [1] Investmentunternehmen: ein Rechtsträger,

    a) der gewerblich vorwiegend eine oder mehrere der folgenden Tätigkeiten für einen Kunden ausübt:

        aa) den Handel mit Geldmarktinstrumenten (zum Beispiel Schecks, Wechsel, Einlagenzertifikate, Derivate), Devisen, Wechselkursinstrumenten, Zinsinstrumenten und Indexinstrumenten, übertragbaren Wertpapieren oder die Vornahme von Warentermingeschäften,

        bb) die individuelle und kollektive Vermögensverwaltung oder

        cc) sonstige Arten der Anlage oder Verwaltung von Finanzvermögen oder Kapital im Auftrag Dritter oder

    b) dessen Bruttoeinkünfte vorwiegend der Anlage oder der Wiederanlage von oder dem Handel mit Finanzvermögen zuzurechnen sind, wenn der Rechtsträger von einem Einlageninstitut, einem Verwahrinstitut, einer spezifizierten Versicherungsgesellschaft oder einem Rechtsträger im Sinne des Buchstaben a verwaltet wird.

[2] Ein Rechtsträger übt gewerblich vorwiegend eine oder mehrere der in Satz 1 Buchstabe a beschriebenen Tätigkeiten aus beziehungsweise die Bruttoeinkünfte eines Rechtsträgers sind vorwiegend der Anlage oder Wiederanlage von Finanzvermögen oder dem Handel damit im Sinne von Satz 1 Buchstabe b zuzurechnen, wenn die den entsprechenden Tätigkeiten zuzurechnenden Bruttoeinkünfte des Rechtsträgers mindestens 50 Prozent der Bruttoeinkünfte des Rechtsträgers entsprechen, und zwar entweder

    a) während des dreijährigen Zeitraums, der am 31. Dezember des Jahres vor dem Bestimmungsjahr endet, oder

    b) während des Zeitraums des Bestehens des Rechtsträgers, je nachdem, welcher Zeitraum kürzer ist.

[3] Der Ausdruck Investmentunternehmen umfasst nicht einen Rechtsträger, bei dem es sich aufgrund der Erfüllung der Kriterien in Nummer 42 Buchstabe d bis g um einen aktiven NFE handelt.

[4] Diese Nummer ist auf eine Weise auszulegen, die mit dem ähnlichen Wortlaut der Definition von Finanzinstituten in den Empfehlungen der Arbeitsgruppe finanzielle Maßnahmen gegen Geldwäsche (Financial Action Task Force – FATF – on-Money Laundering) vereinbar ist.

7. [1] Der Ausdruck Finanzvermögen umfasst Wertpapiere zum Beispiel Anteile am Aktienkapital einer Kapitalgesellschaft, Beteiligungen oder wirtschaftliches Eigentum an den Beteiligungen an einer in Streubesitz befindlichen oder börsennotierten Personengesellschaft oder einem Trust, sowie Obligationen, Anleihen, Schuldverschreibungen oder sonstige Schuldurkunden, Beteiligungen an Personengesellschaften, Warengeschäfte, Swaps, zum Beispiel Zinsswaps, Währungsswaps, Basisswaps, Zinscaps, Zinsfloors,

Warenswaps, Aktienswaps, Aktienindexswaps und ähnliche Vereinbarungen, Versicherungs- oder Rentenversicherungsverträge oder Beteiligungen, darunter börsengehandelte und nicht börsengehandelte Termingeschäfte und Optionen an Wertpapieren, Beteiligungen an Personengesellschaften, Warengeschäfte, Swaps oder Versicherungs- oder Rentenversicherungsverträgen. [2]Der Ausdruck Finanzvermögen umfasst keine nicht fremdfinanzierten unmittelbaren Immobilienbeteiligungen;

8. spezifizierte Versicherungsgesellschaft: ein Rechtsträger, bei dem es sich um eine Versicherungsgesellschaft oder die Holdinggesellschaft einer Versicherungsgesellschaft handelt, die einen rückkaufsfähigen Versicherungsvertrag oder einen Rentenversicherungsvertrag abschließt oder zur Leistung von Zahlungen in Bezug auf einen solchen Vertrag verpflichtet ist;

9. nicht meldendes Finanzinstitut: ein Finanzinstitut, bei dem es sich handelt um

   a) einen staatlichen Rechtsträger, eine internationale Organisation oder eine Zentralbank, außer bei Zahlungen, die aus einer Verpflichtung in Zusammenhang mit gewerblichen Finanzaktivitäten stammen, die denen einer spezifizierten Versicherungsgesellschaft, eines Verwahr- oder eines Einlageninstituts entsprechen,

   b) einen Altersvorsorgefonds mit breiter Beteiligung, einen Altersvorsorgefonds mit geringer Beteiligung, einen Pensionsfonds eines staatlichen Rechtsträgers, einer internationalen Organisation oder einer Zentralbank oder einen qualifizierten Kreditkartenanbieter,

   c) einen sonstigen Rechtsträger, bei dem ein geringes Risiko besteht, dass er zur Steuerhinterziehung missbraucht wird, der im Wesentlichen ähnliche Eigenschaften wie die in den Buchstaben a und b genannten Rechtsträger aufweist und der in der Liste der nicht meldenden Finanzinstitute nach Artikel 8 Absatz 7 a der Richtlinie 2014/107/EU enthalten ist, sofern sein Status als nicht meldendes Finanzinstitut dem Zweck dieses Gesetzes nicht entgegensteht, dies gilt auch im Verhältnis zu Drittstaaten. [2]Die Liste der Drittstaaten und Änderungen hierzu werden durch das Bundesministerium der Finanzen in einem gesonderten Schreiben im Bundessteuerblatt Teil I bekannt gegeben,

   d) einen ausgenommenen Organismus für gemeinsame Anlagen oder

   e) einen Trust, soweit der Treuhänder des Trusts ein meldendes Finanzinstitut ist und sämtliche nach § 8 zu meldenden Informationen zu sämtlichen meldepflichtigen Konten des Trusts meldet;

10. staatlicher Rechtsträger: die Regierung eines Staates, eine Gebietskörperschaft eines Staates, wobei es sich, um Zweifel auszuräumen, unter anderem um einen Gliedstaat, einen Landkreis oder eine Gemeinde handeln kann, oder eine Behörde oder Einrichtung, die sich im Alleineigentum eines meldepflichtigen Staates oder eines anderen Staates oder einer oder mehrerer Gebietskörperschaften befindet, jeweils ein staatlicher Rechtsträger. [2]Ein staatlicher Rechtsträger besteht aus

    a) den wesentlichen Instanzen,

b) den beherrschten Rechtsträgern und

c) den Gebietskörperschaften

eines Staates. [3] Eine wesentliche Instanz eines meldepflichtigen Staates bedeutet unabhängig von ihrer Bezeichnung eine Person, eine Organisation, eine Behörde, ein Amt, einen Fonds, eine Einrichtung oder eine sonstige Stelle, die eine Regierungsbehörde eines Staates darstellt. [4] Die Nettoeinkünfte der Regierungsbehörde müssen ihrem eigenen Konto oder sonstigen Konten des Staates gutgeschrieben werden, ohne dass ein Teil davon einer Privatperson zugutekommt. [5] Eine wesentliche Instanz umfasst nicht eine natürliche Person, bei der es sich um einen in seiner Eigenschaft als Privatperson handelnden Regierungsvertreter, Beamten oder Verwalter handelt. [6] Ein beherrschter Rechtsträger bedeutet einen Rechtsträger, der formal von dem Staat getrennt ist oder auf andere Weise eine eigenständige juristische Person darstellt, sofern

a) der Rechtsträger sich unmittelbar oder über einen oder mehrere beherrschte Rechtsträger im Alleineigentum und unter der Beherrschung eines oder mehrerer staatlicher Rechtsträger befindet,

b) die Nettoeinkünfte des Rechtsträgers seinem eigenen Konto oder den Konten eines oder mehrerer staatlicher Rechtsträger gutgeschrieben werden, ohne dass ein Teil seiner Einkünfte einer Privatperson zugutekommt,

c) die Vermögenswerte des Rechtsträgers bei seiner Auflösung einem oder mehreren staatlichen Rechtsträgern zufallen.

[7] Einkünfte kommen nicht Privatpersonen zugute, wenn es sich bei diesen Personen um die vorgesehenen Begünstigten eines Regierungsprogramms handelt und die Programmaktivitäten für die Allgemeinheit im Interesse des Gemeinwohls ausgeübt werden oder sich auf die Verwaltung eines Regierungsbereichs beziehen. [8] Ungeachtet der vorstehenden Bestimmungen gelten Einkünfte jedoch als Einkünfte, die Privatpersonen zugutekommen, wenn sie aus über einen staatlichen Rechtsträger ausgeübten gewerblichen Tätigkeiten, wie zum Beispiel Geschäftsbankengeschäften, stammen, bei denen Finanzdienstleistungen an Privatpersonen erbracht werden;

11. internationale Organisation: eine internationale Organisation oder eine in ihrem Alleineigentum stehende Behörde oder Einrichtung. [2] Eine internationale Organisation umfasst eine zwischenstaatliche Organisation, einschließlich einer übernationalen Organisation, die

a) hauptsächlich aus Regierungen besteht,

b) mit dem Staat ein Sitzabkommen oder im Wesentlichen ähnliches Abkommen geschlossen hat und

c) deren Einkünfte nicht Privatpersonen zugutekommen;

12. [1] Zentralbank: ein Institut, das aufgrund eines Gesetzes oder staatlicher Genehmigung neben der Regierung des Staates die oberste Behörde für die Ausgabe von als Währung vorgesehenen Zahlungsmitteln darstellt. [2] Dieses Institut kann eine von der Regierung des Staats getrennte Einrichtung umfassen, die ganz oder teilweise im Eigentum des Staats stehen kann;

13. Altersvorsorgefonds mit breiter Beteiligung: ein Fonds zur Gewährung von Altersvorsorge- und Invaliditätsleistungen sowie Leistungen im Todesfall oder einer Kombination dieser Leistungen als Gegenleistung für erbrachte Leistungen an Begünstigte, die derzeitige oder ehemalige Arbeitnehmer oder von ihnen bestimmte Personen eines Arbeitgebers oder mehrerer Arbeitgeber sind, sofern der Fonds

  a) nicht einen einzigen Begünstigten hat, der Anspruch auf mehr als 5 Prozent der Vermögenswerte des Fonds hat,

  b) staatlicher Regelung unterliegt und Informationen an die Steuerbehörden übermittelt und

  c) mindestens eine der folgenden Voraussetzungen erfüllt:

    aa) der Fonds ist aufgrund seines Status als Altersvorsorgeplan grundsätzlich von der Ertragsteuer auf Kapitaleinkünfte befreit oder die Besteuerung entsprechender Erträge erfolgt nachgelagert beziehungsweise zu einem ermäßigten Satz,

    bb) der Fonds bezieht mindestens 50 Prozent seiner Gesamtbeiträge mit Ausnahme von Vermögensübertragungen von in den Nummern 13 bis 15 genannten Plänen oder in Nummer 34 Buchstabe a genannten Altersvorsorgekonten von den Arbeitgebern,

    cc) Ausschüttungen oder Entnahmen aus dem Fonds dürfen nur bei Eintritt konkreter Ereignisse im Zusammenhang mit dem Ruhestand, der Invalidität oder dem Tod vorgenommen werden, mit Ausnahme von aus einem Altersvorsorgeplan an andere in den Nummern 13 bis 15 genannte Altersvorsorgefonds oder in Nummer 34 Buchstabe a genannte Altersvorsorgekonten übertragene Ausschüttungen, andernfalls finden Sanktionen Anwendung, oder

    dd) die Arbeitnehmerbeiträge an den Fonds, mit Ausnahme bestimmter zugelassener Ausgleichsbeiträge, werden durch das Erwerbseinkommen des Arbeitnehmers begrenzt oder dürfen unter Anwendung der in § 18 genannten Vorschriften für die Zusammenfassung von Konten und die Währungsumrechnung jährlich einen Betrag von 50 000 US-Dollar nicht übersteigen;

14. Altersvorsorgefonds mit geringer Beteiligung: ein Fonds zur Gewährung von Altersvorsorge- und Invaliditätsleistungen sowie Leistungen im Todesfall als Gegenleistung für erbrachte Leistungen an Begünstigte, die derzeitige oder ehemalige Arbeitnehmer oder von ihnen bestimmte Personen eines Arbeitgebers oder mehrerer Arbeitgeber sind, sofern

  a) weniger als 50 Personen am Fonds beteiligt sind,

  b) ein oder mehrere Arbeitgeber in den Fonds einzahlen, bei denen es sich nicht um Investmentunternehmen oder passive NFEs handelt,

  c) die Arbeitnehmer- und Arbeitgeberbeiträge an den Fonds, mit Ausnahme von Vermögensübertragungen von in Nummer 34 Buchstabe a genannten Altersvorsorgekonten, durch das Erwerbseinkommen beziehungsweise die Vergütung des Arbeitnehmers begrenzt werden,

d) nicht im Gründungsstaat des Fonds ansässige Beteiligte auf höchstens 20 Prozent der Vermögenswerte des Fonds Anspruch haben und

e) der Fonds staatlicher Regelung unterliegt und Informationen an die Steuerbehörden übermittelt;

15. Pensionsfonds eines staatlichen Rechtsträgers, einer internationalen Organisation oder einer Zentralbank: ein von einem staatlichen Rechtsträger, einer internationalen Organisation oder einer Zentralbank errichteter Fonds zur Gewährung von Altersvorsorge- und Invaliditätsleistungen sowie Leistungen im Todesfall an Begünstigte oder Beteiligte, bei denen es sich um derzeitige oder ehemalige Arbeitnehmer oder von ihnen bestimmte Personen oder um Personen handeln kann, die keine derzeitigen oder ehemaligen Arbeitnehmer sind, falls die Leistungen diesen Begünstigten und Beteiligten als Gegenleistung für ihre dem staatlichen Rechtsträger, der internationalen Organisation oder der Zentralbank persönlich geleisteten Dienste gewährt werden;

16. qualifizierter Kreditkartenanbieter: ein Finanzinstitut, das

a) nur als Finanzinstitut gilt, weil es ein Kreditkartenanbieter ist, der Einlagen nur akzeptiert, wenn ein Kunde eine Zahlung leistet, die einen in Bezug auf die Karte fälligen Saldo übersteigt, und die Überzahlung nicht unverzüglich an den Kunden zurücküberwiesen wird;

b) spätestens ab dem 1. Januar 2016 Maßnahmen und Verfahren umsetzt, die entweder verhindern, dass ein Kunde eine Überzahlung in Höhe von mehr als 50 000 US-Dollar leistet, oder sicherstellen, dass jede Überzahlung eines Kunden, die über diesen Betrag liegt, dem Kunden innerhalb von 60 Tagen zurückerstattet wird, wobei in beiden Fällen die Vorschriften für die Zusammenfassung von Konten und die Währungsumrechnung nach § 18 gelten. [2] Überzahlungen von Kunden in diesem Sinne umfassen nicht Guthaben im Zusammenhang mit strittigen Abbuchungen, schließen jedoch Guthaben infolge der Rückgabe von Waren ein;

17. ausgenommener Organismus für gemeinsame Anlagen: ein Investmentunternehmen, das als Organismus für gemeinsame Anlagen der Aufsicht untersteht, sofern sämtliche Beteiligungen an dem Organismus für gemeinsame Anlagen von natürlichen Personen oder Rechtsträgern, die keine meldepflichtigen Personen sind, oder über diese gehalten werden, mit Ausnahme eines passiven NFE mit beherrschenden Personen, die meldepflichtige Personen sind. [2] Ein Investmentunternehmen, das als Organismus für gemeinsame Anlagen der Aufsicht untersteht, gilt auch dann als nach dieser Nummer ausgenommener Organismus für gemeinsame Anlagen, wenn der Organismus für gemeinsame Anlagen effektive Inhaberanteile ausgibt, sofern

a) der Organismus für gemeinsame Anlagen nach dem 31. Dezember 2015 keine effektiven Inhaberanteile ausgegeben hat oder ausgibt,

b) der Organismus für gemeinsame Anlagen bei Rückkauf alle nicht in Sammelverwahrung befindlichen Anteilscheine einzieht,

c) der Organismus für gemeinsame Anlagen die in den §§ 9 bis 18 aufgeführten Verfahren zur Erfüllung der Sorgfaltspflichten durchführt und
alle meldepflichtigen Informationen zu Inhaberanteilscheinen und dazugehörigen Gewinnanteilscheinen meldet, wenn diese zum Einlösen
oder zu sonstiger Zahlung vorgelegt werden, und

d) der Organismus für gemeinsame Anlagen über Maßnahmen und Verfahren verfügt, um sicherzustellen, dass nicht in Sammelverwahrung
befindliche Inhaberanteilscheine und zugehörige noch nicht fällige
Gewinnanteilscheine so bald wie möglich und auf jeden Fall vor dem
1. Januar 2017 in Sammelverwahrung gegeben werden oder als Wertpapiere nicht mehr verkehrsfähig sind;

18. [1] Finanzkonto: ein von einem Finanzinstitut geführtes Konto. [2] Ein Finanzkonto umfasst ein Einlagenkonto, ein Verwahrkonto und

a) im Fall eines Investmentunternehmens Eigen- und Fremdkapitalbeteiligungen an dem Finanzinstitut.
[2] Ungeachtet der vorstehenden Bestimmung umfasst der Ausdruck Finanzkonto keine Eigen- und Fremdkapitalbeteiligungen an einem
Rechtsträger, der nur als Investmentunternehmen gilt, weil er für den
Zweck der Anlage oder die Verwaltung von Finanzvermögen, das bei
einem anderen Finanzinstitut als diesem Rechtsträger im Namen eines
Kunden eingezahlt wurde, für oder im Auftrag dieses Kunden

aa) Anlageberatung erbringt oder

bb) Vermögenswerte verwaltet,

b) im Fall eines nicht unter Buchstabe a beschriebenen Finanzinstituts
Eigen- und Fremdkapitalbeteiligungen an dem Finanzinstitut, sofern
die Beteiligungskategorie zur Vermeidung der Meldepflicht nach § 8
eingeführt wurde, sowie

c) von einem Finanzinstitut ausgestellte oder verwaltete rückkaufsfähige
Versicherungsverträge und Rentenversicherungsverträge, mit Ausnahme von nicht mit einer Kapitalanlage verbundenen und nicht übertragbaren sofortigen Leibrenten, die auf natürliche Personen lauten und
eine Altersvorsorge- oder Invaliditätsleistung monetisieren, die aufgrund eines Kontos erbracht wird, bei dem es sich um ein ausgenommenes Konto handelt.

[3] Der Ausdruck Finanzkonto umfasst keine Konten, bei denen es sich um
ausgenommene Konten handelt;

19. [1] Einlagenkonten: Geschäfts-, Giro-, Spar- und Terminkonten sowie
Konten, die durch Einlagenzertifikate, Sparbriefe, Investmentzertifikate,
Schuldtitel oder vergleichbare Instrumente verbrieft sind, die von einem
Finanzinstitut im Rahmen gewöhnlicher Bankgeschäfte oder einer ähnlichen Geschäftstätigkeit geführt werden. [2] Ein Einlagenkonto umfasst
auch Beträge, die von einer Versicherungsgesellschaft aufgrund eines
garantierten Kapitalanlagevertrags oder einer ähnlichen Vereinbarung
zur Zahlung oder Gutschrift von Zinsen auf diese Beträge gehalten werden;

20. Verwahrkonto: ein Konto, nicht jedoch ein Versicherungsvertrag oder Rentenversicherungsvertrag, in dem Finanzvermögen zugunsten eines Dritten verwahrt wird;

21. [1]Eigenkapitalbeteiligung: Eigenkapitalbeteiligung bedeutet im Fall einer Personengesellschaft, die ein Finanzinstitut ist, entweder eine Kapital- oder eine Gewinnbeteiligung an der Personengesellschaft. [2]Im Fall eines Trusts, der ein Finanzinstitut ist, gilt eine Eigenkapitalbeteiligung als von einer Person gehalten, die als Treugeber oder Begünstigter des gesamten oder eines Teils des Trusts betrachtet wird, oder von einer sonstigen natürlichen Person, die den Trust tatsächlich beherrscht. [3]Eine meldepflichtige Person gilt als Begünstigter eines Trusts, wenn sie berechtigt ist, unmittelbar oder mittelbar, zum Beispiel durch einen Bevollmächtigten, eine Pflichtausschüttung aus dem Trust zu erhalten oder unmittelbar oder mittelbar eine freiwillige Ausschüttung aus dem Trust erhalten kann;

22. Versicherungsvertrag: ein Vertrag, nicht jedoch ein Rentenversicherungsvertrag, bei dem sich der Versicherungsgeber bereit erklärt, bei Eintritt eines konkreten Ereignisses im Zusammenhang mit einem Todesfall-, einem Krankheits-, Unfall-, Haftungs- oder Sachschadenrisiko einen Betrag zu zahlen;

23. [1]Rentenversicherungsvertrag: ein Vertrag, bei dem sich der Versicherungsgeber bereit erklärt, für einen vollständig oder teilweise anhand der Lebenserwartung einer oder mehrerer natürlicher Personen ermittelten Zeitraum Zahlungen zu leisten. [2]Der Ausdruck umfasst auch einen Vertrag, der nach dem Recht, den Vorschriften oder der Rechtsübung des anderen Staates, in dem er ausgestellt wurde, als Rentenversicherungsvertrag gilt und bei dem sich der Versicherungsgeber bereit erklärt, für eine bestimmte Anzahl von Jahren Zahlungen zu leisten;

24. rückkaufsfähiger Versicherungsvertrag: ein Versicherungsvertrag, nicht jedoch ein Rückversicherungsvertrag, zwischen zwei Versicherungsgesellschaften mit einem Barwert;

25. [1]Barwert: als Barwert gilt

   a) der Betrag, zu dessen Erhalt der Versicherungsnehmer nach Rückkauf oder Kündigung des Vertrags berechtigt ist, der ohne Minderung wegen einer Rückkaufgebühr oder eines Policendarlehens zu ermitteln ist, oder

   b) der Betrag, den der Versicherungsnehmer im Rahmen des Vertrags oder in Bezug auf den Vertrag als Darlehen aufnehmen kann, je nachdem, welcher Betrag höher ist.

   [2]Ungeachtet des Satzes 1 umfasst der Ausdruck Barwert nicht einen aufgrund eines Versicherungsvertrags wie folgt zahlbaren Betrag:

   a) ausschließlich aufgrund des Todes einer natürlichen Person, die über einen Lebensversicherungsvertrag verfügt,

   b) in Form einer Leistung bei Personenschaden oder Krankheit oder einer sonstigen Leistung zur Entschädigung für einen bei Eintritt des Versicherungsfalls erlittenen wirtschaftlichen Verlust,

c) in Form einer Rückerstattung einer aufgrund eines Versicherungsvertrags, nicht jedoch eines an Kapitalanlagen gebundenen Lebens-
oder Rentenversicherungsvertrags, bereits gezahlten Prämie (abzüglich
Versicherungsgebühren unabhängig von deren tatsächlicher Erhebung)
bei Vertragsaufhebung oder -kündigung, Verringerung des Risiko-
potenzials während der Vertragslaufzeit oder Berichtigung einer Fehl-
buchung oder eines vergleichbaren Fehlers in Bezug auf die Vertrags-
prämie,

d) in Form einer an den Versicherungsnehmer zahlbaren Dividende, nicht
jedoch eines Schlussüberschussanteils, sofern die Dividende aus einem
Versicherungsvertrag stammt, bei dem nur Leistungen nach Buchstabe
b zu zahlen sind, oder

e) in Form einer Rückerstattung einer Prämienvorauszahlung oder eines
Prämiendepots für einen Versicherungsvertrag mit mindestens jährlich
fälliger Prämienzahlung, sofern die Höhe der Prämienvorauszahlung
oder des Prämiendepots die nächste vertragsgemäß fällige Jahresprämie
nicht übersteigt;

26. bestehendes Konto: ein bestehendes Konto ist

a) ein Finanzkonto, das zum 31. Dezember 2015 von einem meldenden
Finanzinstitut geführt wird,

b) jedes Finanzkonto eines Kontoinhabers, ungeachtet des Zeitpunkts der
Eröffnung dieses Finanzkontos, wenn

aa) der Kontoinhaber auch Inhaber eines Finanzkontos bei dem meldenden Finanzinstitut oder einem verbundenen Rechtsträger in
demselben Staat wie das meldende Finanzinstitut ist, das ein bestehendes Konto nach Buchstabe a ist;

bb) das meldende Finanzinstitut und gegebenenfalls der verbundene
Rechtsträger in demselben Staat wie das meldende Finanzinstitut
diese beiden Finanzkonten und alle weiteren Finanzkonten des
Kontoinhabers, die als bestehende Konten nach Buchstabe b behandelt werden, für die Zwecke der Erfüllung der in § 17 Absatz 1
genannten Anforderungen in Bezug auf den Kenntnisstand und
für die Zwecke der Ermittlung des Saldos oder Werts eines der
Finanzkonten bei der Anwendung eines der kontospezifischen
Schwellenwerte als ein einziges Finanzkonto behandelt,

cc) das meldende Finanzinstitut in Bezug auf ein Finanzkonto, das den
Verfahren zur Bekämpfung der Geldwäsche und Kundensorgfaltspflichten (AML/KYC – Anti-Money Laundering/Know-your-
Customer) unterliegt, die Anforderungen dieser Verfahren in Bezug auf das Finanzkonto erfüllen darf, indem es sich auf die vorgenannten Verfahren verlässt, die für das in Buchstabe a beschriebene
bestehende Konto durchgeführt wurden, und

dd) die Eröffnung des Finanzkontos außer für die Zwecke dieses Gesetzes keine Bereitstellung neuer, zusätzlicher oder geänderter
Kundeninformationen durch den Kontoinhaber erfordert;

27. Neukonto: ein von einem meldenden Finanzinstitut geführtes Finanzkonto, das am oder nach dem 1. Januar 2016 eröffnet wird, sofern es nicht als bestehendes Konto nach Nummer 26 Buchstabe b behandelt wird;

28. bestehendes Konto natürlicher Personen: ein bestehendes Konto, dessen Inhaber eine natürliche Person oder mehrere natürliche Personen ist oder sind;

29. Neukonto natürlicher Personen: ein Neukonto, dessen Inhaber eine natürliche Person oder mehrere natürliche Personen ist oder sind;

30. bestehendes Konto von Rechtsträgern: ein bestehendes Konto, dessen Inhaber ein oder mehrere Rechtsträger ist oder sind;

31. Konto von geringerem Wert: ein bestehendes Konto natürlicher Personen mit einem Gesamtsaldo oder Gesamtwert von höchstens 1 000 000 US-Dollar zum 31. Dezember 2015;

32. Konto von hohem Wert: ein bestehendes Konto natürlicher Personen mit einem Gesamtsaldo oder Gesamtwert von mehr als 1 000 000 US-Dollar zum 31. Dezember 2015 oder 31. Dezember eines Folgejahres;

33. Neukonto von Rechtsträgern: ein Neukonto, dessen Inhaber ein oder mehrere Rechtsträger ist oder sind;

34. ausgenommenes Konto: eines der folgenden Konten:

   a) ein Altersvorsorgekonto, das folgende Voraussetzungen erfüllt:

      aa) das Konto untersteht als persönliches Altersvorsorgekonto der Aufsicht oder ist Teil eines registrierten oder der Aufsicht unterstehenden Altersvorsorgeplans für die Gewährung von Renten- und Pensionsleistungen einschließlich Invaliditätsleistungen und Leistungen im Todesfall,

      bb) das Konto ist steuerbegünstigt, das heißt, auf das Konto eingezahlte Beiträge, die andernfalls steuerpflichtig wären, sind von den Bruttoeinkünften des Kontoinhabers abziehbar oder ausgenommen oder werden mit einem ermäßigten Steuersatz besteuert, oder die mit dem Konto erzielten Kapitalerträge werden nachgelagert oder mit einem ermäßigten Steuersatz besteuert,

      cc) in Bezug auf das Konto besteht eine Pflicht zur Informationsübermittlung an die Steuerbehörden,

      dd) Entnahmen sind an das Erreichen eines bestimmten Ruhestandsalters, Invalidität oder den Todesfall geknüpft oder es werden bei Entnahmen vor Eintritt dieser Ereignisse Vorschusszinsen fällig,

      ee) entweder

         aaa) die jährlichen Beiträge sind auf höchstens 50 000 US-Dollar begrenzt oder

         bbb) für das Konto gilt eine auf die gesamte Lebenszeit bezogene Beitragsgrenze in Höhe von höchstens 1 000 000 US-Dollar, wobei in beiden Fällen die Vorschriften für die Zusammenfassung von Konten und die Währungsumrechnung nach § 18 gelten.

[2] Ein Finanzkonto, das die in Nummer 34 Buchstabe a Doppelbuchstabe ee genannte Voraussetzung grundsätzlich erfüllt, wird diese auch dann erfüllen, wenn auf das Finanzkonto Vermögenswerte oder Geldbeträge von einem oder mehreren Finanzkonten, die die Voraussetzungen nach Nummer 34 Buchstabe a oder b erfüllen, oder von einem oder mehreren Altersvorsorge- oder Pensionsfonds, die die Voraussetzungen nach den Nummern 13 bis 15 erfüllen, übertragen werden können;

b) ein Konto, das folgende Voraussetzungen erfüllt:

    aa) das Konto untersteht als Anlageinstrument für andere Zwecke als die Altersvorsorge der Aufsicht und wird regelmäßig an einer anerkannten Börse gehandelt oder das Konto untersteht als Sparinstrument für andere Zwecke als die Altersvorsorge der Aufsicht,

    bb) das Konto ist steuerbegünstigt; auf das Konto eingezahlte Beiträge, die andernfalls steuerpflichtig wären, sind somit von den Bruttoeinkünften des Kontoinhabers abziehbar oder ausgenommen oder werden mit einem ermäßigten Steuersatz besteuert, oder die mit dem Konto erzielten Kapitalerträge werden nachgelagert oder mit einem ermäßigten Steuersatz besteuert,

    cc) Entnahmen sind an die Erfüllung bestimmter Kriterien geknüpft, die in Zusammenhang mit dem Zweck des Anlage- oder Sparkontos (zum Beispiel die Gewährung von ausbildungsbezogenen oder medizinischen Leistungen) stehen, oder es werden bei Entnahmen vor Erfüllung dieser Kriterien Vorschusszinsen fällig,

    dd) die jährlichen Beiträge sind auf höchstens 50 000 US-Dollar begrenzt, wobei die Vorschriften für die Zusammenfassung von Konten und die Währungsumrechnung nach § 18 gelten.

[2] Ein Finanzkonto, das die in Nummer 34 Buchstabe b Doppelbuchstabe dd genannte Voraussetzung grundsätzlich erfüllt, wird diese auch dann erfüllen, wenn auf das Finanzkonto Vermögenswerte oder Geldbeträge von einem oder mehreren Finanzkonten, die die Voraussetzungen nach Nummer 34 Buchstabe a oder b erfüllen, oder von einem oder mehreren Altersvorsorge- oder Pensionsfonds, die die Voraussetzungen nach den Nummern 13 bis 15 erfüllen, übertragen werden können;

c) ein Lebensversicherungsvertrag mit einer Versicherungszeit, die vor Vollendung des 90. Lebensjahres der versicherten natürlichen Person endet, sofern der Vertrag folgende Voraussetzungen erfüllt:

    aa) während der Vertragslaufzeit oder bis zur Vollendung des 90. Lebensjahres des Versicherten, je nachdem, welcher Zeitraum kürzer ist, sind mindestens jährlich regelmäßige Prämien fällig, die im Laufe der Zeit nicht sinken,

    bb) der Vertrag besitzt keinen Vertragswert, auf den eine Person ohne Kündigung des Vertrags durch Entnahme, Beleihung oder auf andere Weise zugreifen kann,

    cc) der bei Vertragsaufhebung oder Vertragskündigung auszahlbare Betrag, mit Ausnahme einer Leistung im Todesfall, kann die Gesamthöhe der für den Vertrag gezahlten Prämien abzüglich der Summe aus den Gebühren für das Todesfall- und das Krankheitsrisiko und Aufwendungen, unabhängig von deren tatsächlicher Erhebung, für die Vertragslaufzeit oder Vertragslaufzeiten, sowie sämtlichen, vor der Vertragsaufhebung oder der Vertragskündigung ausgezahlter Beträge nicht übersteigen,

    dd) der Inhaber des Vertrags ist kein entgeltlicher Erwerber;

d) ein Konto, dessen ausschließlicher Inhaber ein Nachlass ist, sofern die Unterlagen zu diesem Konto eine Kopie des Testaments oder der Sterbeurkunde des Verstorbenen enthalten,

e) ein Konto, das eingerichtet wird im Zusammenhang mit

    aa) einer gerichtlichen Verfügung oder einem Gerichtsurteil,

    bb) einem Verkauf, einem Tausch oder einer Vermietung eines unbeweglichen oder beweglichen Vermögensgegenstands, sofern das Konto folgende Voraussetzungen erfüllt:

       aaa) das Konto wird ausschließlich mit einer Anzahlung, einer Einlage in einer zur Sicherung einer unmittelbar mit der Transaktion verbundenen Verpflichtung angemessenen Höhe oder einer ähnlichen Zahlung finanziert oder mit Finanzvermögen, das im Zusammenhang mit dem Verkauf, dem Tausch oder der Vermietung des Vermögensgegenstands auf das Konto eingezahlt wird,

       bbb) das Konto wird nur zur Sicherung der Verpflichtung des Käufers zur Zahlung des Kaufpreises für den Vermögensgegenstand, der Verpflichtung des Verkäufers zur Begleichung von Eventualverbindlichkeiten beziehungsweise der Verpflichtung des Vermieters oder Mieters zur Begleichung von Schäden im Zusammenhang mit dem Mietobjekt nach dem Mietvertrag eingerichtet und genutzt,

       ccc) die Vermögenswerte des Kontos, einschließlich der daraus erzielten Einkünfte, werden bei Verkauf, Tausch oder Übertragung des Vermögensgegenstands beziehungsweise Ende des Mietvertrags zugunsten des Käufers, Verkäufers, Vermieters oder Mieters ausgezahlt oder auf andere Weise verteilt, auch zur Erfüllung einer Verpflichtung einer dieser Personen,

       ddd) das Konto ist nicht ein im Zusammenhang mit einem Verkauf oder einem Tausch von Finanzvermögen eingerichtetes Margin-Konto oder ähnliches Konto,

       eee) das Konto steht nicht in Verbindung mit einem Konto nach Nummer 34 Buchstabe f,

    cc) einer Verpflichtung eines Finanzinstituts, das ein durch Immobilien besichertes Darlehen verwaltet, zur Zurücklegung eines Teils einer Zahlung ausschließlich zur Ermöglichung der Entrichtung von Steuern oder Versicherungsbeiträgen im Zusammenhang mit den Immobilien zu einem späteren Zeitpunkt oder dd) einer Verpflichtung eines Finanzinstituts ausschließlich zur Ermöglichung der Entrichtung von Steuern zu einem späteren Zeitpunkt,

f) ein Einlagenkonto, das folgende Voraussetzungen erfüllt:

aa) das Konto besteht ausschließlich, weil ein Kunde eine Zahlung leistet, die einen in Bezug auf eine Kreditkarte oder eine sonstige revolvierende Kreditfazilität fälligen Saldo übersteigt, und die Überzahlung nicht unverzüglich an den Kunden zurücküberwiesen wird,

bb) spätestens ab dem 1. Januar 2016 setzt das Finanzinstitut Maßnahmen und Verfahren um, die entweder verhindern, dass ein Kunde eine Überzahlung in Höhe von mehr als 50 000 US-Dollar leistet, oder sicherstellen, dass jede Überzahlung eines Kunden, die über diesem Betrag liegt, dem Kunden innerhalb von 60 Tagen zurückerstattet wird, wobei in beiden Fällen die Vorschriften für die Währungsumrechnung nach § 18 gelten. [2]Überzahlungen von Kunden in diesem Sinne umfassen nicht Guthaben im Zusammenhang mit strittigen Abbuchungen, schließen jedoch Guthaben infolge der Rückgabe von Waren ein,

g) ein sonstiges Konto, bei dem ein geringes Risiko besteht, dass es zur Steuerhinterziehung missbraucht wird, das im Wesentlichen ähnliche Eigenschaften wie die in den Buchstaben a bis f beschriebenen Konten aufweist und das in der Liste der ausgenommenen Konten nach Artikel 8 Absatz 7 a der Richtlinie 2014/107/EU enthalten ist, sofern sein Status als ausgenommenes Konto dem Zweck dieses Gesetzes nicht entgegensteht. [2]Diese Liste gilt auch im Verhältnis zu Drittstaaten. [3]Die Liste der Drittstaaten und Änderungen hierzu werden durch das Bundesministerium der Finanzen in einem gesonderten Schreiben im Bundessteuerblatt Teil I bekannt gegeben;

35. meldepflichtiges Konto: ein von einem meldenden Finanzinstitut eines Staates geführtes Finanzkonto, dessen Inhaber eine meldepflichtige Person oder mehrere meldepflichtige Personen oder ein passiver NFE, der von einer oder mehreren meldepflichtigen Personen beherrscht wird, ist oder sind, sofern es nach den in den §§ 9 bis 18 beschriebenen Verfahren zur Erfüllung der Sorgfaltspflichten als solches identifiziert wurde;

36. meldepflichtige Person: eine Person eines meldepflichtigen Staates, jedoch nicht:

a) eine Kapitalgesellschaft, deren Aktien regelmäßig an einer oder mehreren anerkannten Wertpapierbörsen gehandelt werden,

b) eine Kapitalgesellschaft, die ein verbundener Rechtsträger einer Kapitalgesellschaft nach Buchstabe a ist,

c) ein staatlicher Rechtsträger,

d) eine internationale Organisation,

e) eine Zentralbank oder

f) ein Finanzinstitut;

37. Person eines meldepflichtigen Staates in Bezug auf jeden meldepflichtigen Staat: eine natürliche Person oder ein Rechtsträger, die oder der nach dem Steuerrecht eines beliebigen anderen meldepflichtigen Staates in diesem ansässig ist, oder ein Nachlass eines Erblassers, der in einem beliebigen anderen meldepflichtigen Staat ansässig war. ²In diesem Sinne gilt ein Rechtsträger, bei dem keine steuerliche Ansässigkeit vorliegt, beispielsweise eine Personengesellschaft, eine Limited Liability Partnership oder ein ähnliches Rechtsgebilde, als in dem Staat ansässig, in dem sich der Ort seiner tatsächlichen Geschäftsleitung befindet;

38. teilnehmender Staat: teilnehmender Staat umfasst:

    a) einen anderen Mitgliedstaat der Europäischen Union,

    b) einen anderen Staat,

       aa) mit dem die Bundesrepublik Deutschland ein Abkommen oder eine Vereinbarung geschlossen hat, wonach der andere Staat die in § 8 genannten Informationen übermittelt, und

       bb) der in einer von der Bundesrepublik Deutschland veröffentlichten und der Europäischen Kommission mitgeteilten Liste aufgeführt ist,

    cc) einen anderen Staat,

       aaa) mit dem die Europäische Union ein Abkommen geschlossen hat, wonach der andere Staat die in § 8 genannten Informationen übermittelt, und

       bbb) der in einer von der Europäischen Kommission veröffentlichten Liste aufgeführt ist;

39. beherrschende Personen: die natürlichen Personen, die einen Rechtsträger beherrschen. ²Im Fall eines Trusts bedeutet dieser Ausdruck den oder die Treugeber, den oder die Treuhänder, gegebenenfalls den Protektor oder die Protektoren, den oder die Begünstigten oder die Begünstigtenkategorie oder den Begünstigtenkategorien sowie jede sonstige natürliche Person oder alle sonstigen natürlichen Personen, die den Trust tatsächlich beherrscht oder beherrschen, und im Fall eines Rechtsgebildes, das kein Trust ist, bedeutet dieser Ausdruck Personen in gleichwertigen oder ähnlichen Positionen. ³Der Ausdruck beherrschende Personen ist auf eine Weise auszulegen, die mit den FATF-Empfehlungen, veröffentlicht auf der Webseite der Bundesanstalt für Finanzdienstleistungen, vereinbar ist;

40. NFE: ein Rechtsträger, der kein Finanzinstitut ist;

41. passiver NFE: ein passiver NFE ist

    a) ein NFE, der kein aktiver NFE ist, oder

    b) ein Investmentunternehmen nach Nummer 6 Satz 1 Buchstabe b, das kein Finanzinstitut eines teilnehmenden Staates ist;

42. aktiver NFE: ein NFE, der mindestens eins der folgenden Kriterien erfüllt:

    a) weniger als 50 Prozent der Bruttoeinkünfte des NFE im vorangegangenen Kalenderjahr oder einem anderen geeigneten Meldezeitraum sind passive Einkünfte und weniger als 50 Prozent der Vermögenswerte, die sich während des vorangegangenen Kalenderjahrs oder eines anderen geeigneten Meldezeitraums im Besitz des NFE befanden, sind Vermögenswerte, mit denen passive Einkünfte erzielt werden oder erzielt werden sollen,

b) die Aktien des NFE werden regelmäßig an einer anerkannten Wertpapierbörse gehandelt oder der NFE ist ein verbundener Rechtsträger eines Rechtsträgers, dessen Aktien regelmäßig an einer anerkannten Wertpapierbörse gehandelt werden,

c) der NFE ist ein staatlicher Rechtsträger, eine internationale Organisation, eine Zentralbank oder ein Rechtsträger, der im Alleineigentum einer oder mehrerer der vorgenannten Institutionen steht,

d) im Wesentlichen alle Tätigkeiten des NFE bestehen im vollständigen oder teilweisen Besitzen der ausgegebenen Aktien einer Tochtergesellschaft oder mehrerer Tochtergesellschaften, die eine andere Geschäftstätigkeit als die eines Finanzinstituts ausüben, sowie in der Finanzierung und Erbringung von Dienstleistungen für diese Tochtergesellschaften mit der Ausnahme, dass ein Rechtsträger nicht die Kriterien für diesen Status erfüllt, wenn er als Anlagefonds tätig ist oder sich als solchen bezeichnet, wie zum Beispiel ein Beteiligungskapitalfonds, ein Wagniskapitalfonds, ein Fonds für fremdfinanzierte Übernahmen (Leveraged-Buyout-Fonds) oder ein Anlageinstrument, dessen Zweck darin besteht, Gesellschaften zu erwerben oder zu finanzieren und anschließend Anteile an diesen Gesellschaften als Anlagevermögen zu halten,

e) der NFE betreibt noch kein Geschäft und hat auch in der Vergangenheit kein Geschäft betrieben, legt jedoch Kapital in Vermögenswerten an mit der Absicht, ein anderes Geschäft als das eines Finanzinstituts zu betreiben; der NFE fällt jedoch nach dem Tag, der auf einen Zeitraum von 24 Monaten nach dem Gründungsdatum des NFE folgt, nicht unter diese Ausnahmeregelung,

f) der NFE war in den vergangenen fünf Jahren kein Finanzinstitut und veräußert derzeit seine Vermögenswerte oder führt eine Umstrukturierung durch mit der Absicht, eine andere Tätigkeit als die eines Finanzinstituts fortzusetzen oder wieder aufzunehmen,

g) die Tätigkeit des NFE besteht vorwiegend in der Finanzierung und Absicherung von Transaktionen mit oder für verbundene Rechtsträger, die kein Finanzinstitut sind, und er erbringt keine Finanzierungs- oder Absicherungsleistungen für Rechtsträger, die keine verbundenen Rechtsträger sind, mit der Maßgabe, dass der Konzern dieser verbundenen Rechtsträger vorwiegend eine andere Geschäftstätigkeit als die eines Finanzinstituts ausübt,

h) der NFE erfüllt alle folgenden Anforderungen:

aa) er wird in seinem Ansässigkeitsstaat ausschließlich für religiöse, gemeinnützige, wissenschaftliche, künstlerische, kulturelle, sportliche oder erzieherische Zwecke errichtet und betrieben, oder er wird in seinem Ansässigkeitsstaat errichtet und betrieben und ist ein Berufsverband, eine Vereinigung von Geschäftsleuten, eine Handelskammer, ein Arbeitnehmerverband, ein Landwirtschafts- oder Gartenbauverband, eine Bürgervereinigung oder eine Organisation, die ausschließlich zur Wohlfahrtsförderung betrieben wird,

bb) er ist in seinem Ansässigkeitsstaat von der Einkommensteuer befreit,

cc) er hat keine Anteilseigner oder Mitglieder, die Eigentums- oder Nutzungsrechte an seinen Einkünften oder Vermögenswerten haben,

dd) nach dem geltenden Recht des Ansässigkeitsstaats oder den Gründungsunterlagen des NFE dürfen seine Einkünfte und Vermögenswerte nicht an eine Privatperson oder einen nicht gemeinnützigen Rechtsträger ausgeschüttet oder zu deren Gunsten verwendet werden, außer in Übereinstimmung mit der Ausübung der gemeinnützigen Tätigkeit des NFE, als Zahlung einer angemessenen Vergütung für erbrachte Leistungen oder als Zahlung in Höhe des Marktwerts eines vom NFE erworbenen Vermögensgegenstands,

ee) nach dem geltenden Recht des Ansässigkeitsstaats oder den Gründungsunterlagen des NFE müssen bei seiner Abwicklung oder Auflösung alle seine Vermögenswerte an einen staatlichen Rechtsträger oder eine andere gemeinnützige Organisation verteilt werden oder fallen der Regierung des Ansässigkeitsstaats des NFE oder einer seiner Gebietskörperschaften anheim;

43. Informationsaustausch im Sinne dieses Gesetzes ist die systematische Übermittlung zuvor festgelegter Informationen über in anderen meldepflichtigen Staaten ansässige Personen an den entsprechenden Ansässigkeitsstaat ohne dessen vorheriges Ersuchen in regelmäßigen, im Voraus bestimmten Abständen.

§ 20 Sonstige Begriffsbestimmungen. Im Sinne dieses Gesetzes ist oder sind:

1. ¹Kontoinhaber: die Person, die vom kontoführenden Finanzinstitut als Inhaber eines Finanzkontos geführt oder identifiziert wird. ²Eine Person, die kein Finanzinstitut ist und als Vertreter, Verwahrer, Bevollmächtigter, Unterzeichner, Anlageberater oder Intermediär zugunsten oder für Rechnung einer anderen Person ein Finanzkonto unterhält, gilt nicht als Kontoinhaber im Sinne dieses Gesetzes, stattdessen gilt die andere Person als Kontoinhaber. ³Im Fall eines rückkaufsfähigen Versicherungsvertrags oder eines Rentenversicherungsvertrags ist der Kontoinhaber jede Person, die berechtigt ist, auf den Barwert zuzugreifen oder den Begünstigten des Vertrags zu ändern. ⁴Kann niemand auf den Barwert zugreifen oder den Begünstigten des Vertrags ändern, so ist der Kontoinhaber jede Person, die im Vertrag als Eigentümer genannt ist, und jede Person, die nach den Vertragsbedingungen einen unverfallbaren Zahlungsanspruch hat. ⁵Bei Fälligkeit eines rückkaufsfähigen Versicherungsvertrags oder eines Rentenversicherungsvertrags gilt jede Person, die vertragsgemäß einen Anspruch auf Erhalt einer Zahlung hat, als Kontoinhaber;

2. Verfahren zur Bekämpfung der Geldwäsche und Kundensorgfaltspflichten (AML/KYC – Anti-Money Laundering/Know-your-Customer): die Verfahren eines meldenden Finanzinstituts zur Erfüllung der Sorgfaltspflichten gegenüber Kunden nach den Auflagen zur Geldwäschebekämpfung und ähnlichen Vorschriften, denen dieses meldende Finanzinstitut unterliegt;

3. Rechtsträger: eine juristische Person oder ein Rechtsgebilde wie zum Beispiel eine Kapitalgesellschaft, eine Personengesellschaft, ein Trust oder eine Stiftung;

4. ein Rechtsträger: ein verbundener Rechtsträger eines anderen Rechtsträgers, wenn

   a) einer der beiden Rechtsträger den anderen beherrscht,

   b) die beiden Rechtsträger der gleichen Beherrschung unterliegen oder

   c) die beiden Rechtsträger Investmentunternehmen im Sinne des § 19 Nummer 6 Satz 1 Buchstabe b sind, eine gemeinsame Geschäftsleitung haben und diese Geschäftsleitung die Sorgfaltspflichten solcher Investmentunternehmen einhält. ²Für diesen Zweck umfasst Beherrschung unmittelbares oder mittelbares Eigentum an mehr als 50 Prozent der Stimmrechte und des Wertes eines Rechtsträgers;

5. Steueridentifikationsnummer: die Identifikationsnummer eines Steuerpflichtigen oder die funktionale Entsprechung, wenn keine Steueridentifikationsnummer vorhanden ist;

6. ¹Belege: umfassen folgende Dokumente:

   a) eine Ansässigkeitsbescheinigung, ausgestellt von einer autorisierten staatlichen Stelle, wie beispielsweise einer Regierung oder einer ihrer Behörden oder einer Gemeinde des Staates, in dem der Zahlungsempfänger ansässig zu sein behauptet,

   b) bei einer natürlichen Person einen von einer autorisierten staatlichen Stelle (zum Beispiel einer Regierung oder einer ihrer Behörden oder einer Gemeinde) ausgestellten gültigen Ausweis, der den Namen der natürlichen Person enthält und normalerweise zur Feststellung der Identität verwendet wird,

   c) bei einem Rechtsträger ein von einer autorisierten staatlichen Stelle (zum Beispiel einer Regierung oder einer ihrer Behörden oder einer Gemeinde) ausgestelltes amtliches Dokument, das den Namen des Rechtsträgers enthält sowie entweder die Anschrift seines Hauptsitzes in dem Staat, in dem er ansässig zu sein behauptet, oder den Staat, in dem der Rechtsträger eingetragen oder gegründet wurde,

   d) ein geprüfter Jahresabschluss, eine Kreditauskunft eines Dritten, ein Insolvenzantrag oder ein Bericht der Börsenaufsichtsbehörde.

²Bei bestehenden Konten von Rechtsträgern kann ein meldendes Finanzinstitut als Beleg jede Einstufung in seinen Unterlagen in Bezug auf den Kontoinhaber verwenden, die auf der Grundlage eines standardisierten Branchenkodierungssystems ermittelt wurde, welches das meldende Finanzinstitut im Einklang mit seiner üblichen Geschäftspraxis für die Zwe-

cke von Verfahren zur Bekämpfung der Geldwäsche und Kundensorgfaltspflichten (AML/KYC – Anti-Money Laundering/Know-your-Customer) oder zu anderen gesetzlichen Zwecken (außer zu Steuerzwecken) dokumentiert und vor dem Datum eingeführt hat, an dem das Finanzkonto als bestehendes Konto eingestuft wurde, sofern dem meldenden Finanzinstitut nicht bekannt ist oder nicht bekannt sein müsste, dass diese Einstufung nicht zutreffend oder unglaubwürdig ist. [3] Der Ausdruck standardisiertes Branchenkodierungssystem bedeutet ein Kodierungssystem, das zur Einstufung von Einrichtungen nach Art der Geschäftstätigkeit zu anderen Zwecken als zu Steuerzwecken verwendet wird.

Abschnitt 3. Ergänzende Melde- und Sorgfaltsvorschriften für Informationen über Finanzkonten

§ 21 Änderung der Gegebenheiten. (1) [1] Eine Änderung der Gegebenheiten umfasst jede Änderung, die die Aufnahme neuer für den Status einer Person relevanter Informationen zur Folge hat oder in anderer Weise im Widerspruch zum Status dieser Person steht. [2] Zudem umfasst eine Änderung der Gegebenheiten jede Änderung oder Aufnahme von Informationen zum Konto des Kontoinhabers, einschließlich der Aufnahme, Ersetzung oder jeder anderen Änderung eines Kontoinhabers, oder jede Änderung oder Aufnahme von Informationen zu jedem mit einem solchen Konto verbundenen Konto unter Anwendung der Vorschriften für die Zusammenfassung von Konten nach § 18, wenn sich diese Änderung oder Aufnahme von Informationen auf den Status des Kontoinhabers auswirkt.

(2) [1] Hat sich ein meldendes Finanzinstitut auf die in § 11 Absatz 1 Satz 1 Nummer 1 beschriebene Überprüfung der Hausanschrift verlassen und tritt eine Änderung der Gegebenheiten ein, aufgrund derer dem meldenden Finanzinstitut bekannt ist oder bekannt sein müsste, dass die ursprünglichen Belege oder andere gleichwertige Dokumente nicht zutreffend oder unglaubwürdig sind, so muss das meldende Finanzinstitut entweder bis zum letzten Tag des maßgeblichen Kalenderjahres oder eines anderen geeigneten Meldezeitraums oder 90 Kalendertage nach Mitteilung oder Feststellung einer solchen Änderung der Gegebenheiten, je nachdem, welches Datum später ist, eine Selbstauskunft und neue Belege beschaffen, um die steuerliche Ansässigkeit oder steuerlichen Ansässigkeiten des Kontoinhabers festzustellen. [2] Kann das meldende Finanzinstitut bis zu diesem Datum keine Selbstauskunft und keine neuen Belege beschaffen, so muss es die in § 11 Absatz 1 Satz 1 Nummer 2 und in den Absätzen 2 und 3 beschriebene Suche in elektronischen Datensätzen durchführen.

§ 22 Selbstauskunft bei Neukonten von Rechtsträgern. Bei Neukonten von Rechtsträgern kann sich ein meldendes Finanzinstitut zur Feststellung, ob eine beherrschende Person eines passiven NFE eine meldepflichtige Person ist, nur auf eine Selbstauskunft entweder des Kontoinhabers oder dieser beherrschenden Person verlassen.

§ 23 Ansässigkeit eines Finanzinstituts. (1) ¹Ein Finanzinstitut ist in einem meldepflichtigen Staat ansässig, wenn es der Hoheitsgewalt dieses Staates untersteht. ²Der Hoheitsgewalt untersteht ein Finanzinstitut in dem Staat, der die Meldepflichten des Finanzinstituts durchsetzen kann. ³Im Allgemeinen untersteht ein Finanzinstitut, wenn es in einem meldepflichtigen Staat steuerlich ansässig ist, der Hoheitsgewalt dieses Staats und ist somit ein Finanzinstitut eines meldepflichtigen Staats.

(2) ¹Ein Trust, der ein Finanzinstitut ist, gilt, unabhängig davon, ob er in einem meldepflichtigen Staat steuerlich ansässig ist, als der Hoheitsgewalt eines meldepflichtigen Staats unterstehend, wenn einer oder mehrere seiner Treuhänder in diesem Staat ansässig sind, es sei denn, der Trust meldet alle gemäß der Richtlinie 2014/107/EU oder gemäß dem CRS-MCAA meldepflichtigen Informationen über von dem Trust geführte meldepflichtige Konten an einen anderen meldepflichtigen Staat, weil er in diesem anderen Staat steuerlich ansässig ist. ²Hat ein Finanzinstitut, mit Ausnahme von Trusts, jedoch keine steuerliche Ansässigkeit (zum Beispiel weil es als steuerlich transparent gilt oder in einem Staat niedergelassen ist, der keine Einkommensteuer erhebt), so gilt es als der Hoheitsgewalt eines meldepflichtigen Staats unterstehend und ist somit ein Finanzinstitut eines meldepflichtigen Staats, wenn folgende Voraussetzungen erfüllt sind:

1. es ist nach dem Recht des meldepflichtigen Staats eingetragen,
2. es hat den Ort seiner Geschäftsleitung einschließlich der tatsächlichen Geschäftsleitung in dem meldepflichtigen Staat oder
3. es unterliegt der Finanzaufsicht in dem meldepflichtigen Staat.

(3) Ist ein Finanzinstitut mit Ausnahme von Trusts in zwei oder mehr meldepflichtigen Staaten ansässig, so gelten die Melde- und Sorgfaltspflichten des Staates, in dem es die Finanzkonten führt.

§ 24 Geführte Konten. Im Allgemeinen ist davon auszugehen, dass Konten von folgenden Finanzinstituten geführt werden:

1. Verwahrkonten von dem Finanzinstitut, das das Vermögen auf dem Konto verwahrt, einschließlich Finanzinstituten, die Vermögen als Makler für einen Kontoinhaber bei diesem Institut verwahren,
2. Einlagenkonten von dem Finanzinstitut, das verpflichtet ist, Zahlungen in Bezug auf das Konto zu leisten, mit Ausnahme von Vertretern von Finanzinstituten, unabhängig davon, ob dieser Vertreter ein Finanzinstitut ist,
3. Eigen- oder Fremdkapitalbeteiligungen an einem Finanzinstitut in Form eines Finanzkontos von diesem Finanzinstitut,
4. rückkaufsfähige Versicherungsverträge oder Rentenversicherungsverträge von dem Finanzinstitut, das verpflichtet ist, Zahlungen in Bezug auf den Vertrag zu leisten.

§ 25 Trusts, die passive NFEs sind. (1) ¹Ein Rechtsträger, wie eine Personengesellschaft, eine Limited Liability Partnership oder ein ähnliches Rechtsgebilde, bei dem keine steuerliche Ansässigkeit nach § 19 Nummer 37 vorliegt, gilt als in dem Staat ansässig, in dem sich der Ort seiner tatsächlichen Geschäftsleitung befindet. [2] Zu diesem Zweck gelten juristische Personen oder Rechtsgebilde als einer Personengesellschaft und einer Limited Liability Partnership ähnlich, wenn sie in einem meldepflichtigen Staat nach dessen Steuerrecht nicht als steuerpflichtige Rechtsträger behandelt werden.

(2) Um jedoch aufgrund des breiten Geltungsbereichs des Begriffs beherrschende Personen bei Trusts Doppelmeldungen zu vermeiden, kann ein Trust, der ein passiver NFE ist, nicht als ähnliches Rechtsgebilde gelten.

§ 26 Anschrift des Hauptsitzes eines Rechtsträgers. [1] Gemäß § 20 Nummer 6 Buchstabe c müssen amtliche Dokumente in Bezug auf einen Rechtsträger entweder die Anschrift des Hauptsitzes des Rechtsträgers in dem Staat umfassen, in dem er ansässig zu sein behauptet, oder den Staat, in dem der Rechtsträger eingetragen oder gegründet wurde. [2] Die Anschrift des Hauptsitzes des Rechtsträgers ist im Allgemeinen der Ort, an dem sich seine tatsächliche Geschäftsleitung befindet. [3] Die Anschrift des Finanzinstituts, bei dem der Rechtsträger ein Konto führt, ein Postfach oder eine reine Postanschrift, ist nicht die Anschrift des Hauptsitzes des Rechtsträgers, es sei denn, diese Anschrift ist die einzige, die von dem Rechtsträger verwendet wird, und erscheint als eingetragene Anschrift des Rechtsträgers in dessen Geschäftsdokumenten. [4] Ferner ist eine Anschrift, die mit der Anweisung angegeben wird, den gesamten Schriftverkehr postlagernd an diese Anschrift zu richten, nicht die Anschrift des Hauptsitzes des Rechtsträgers.

§ 27 Anwendungsbestimmung. (1) Das Bundeszentralamt für Steuern führt als zuständige Behörde die automatische Übermittlung von Informationen nach § 1 in Verbindung mit den §§ 2 und 4 jeweils zum 30. September eines Jahres für das vorhergehende Kalenderjahr durch; beginnend zum 30. September 2017 für 2016.

(2) Die Finanzinstitute haben dem Bundeszentralamt für Steuern die Daten nach § 8 nach amtlich vorgeschriebenem Datensatz elektronisch im Wege der Datenfernübertragung jeweils zum 31. Juli eines Jahres für das vorhergehende Kalenderjahr zu übermitteln; beginnend zum 31. Juli 2017 für 2016.

§ 28 Bußgeldvorschriften. (1)[1] Ordnungswidrig handelt, wer vorsätzlich oder leichtfertig

1. entgegen § 3a Absatz 2 eine Selbstauskunft oder einen Beleg nicht richtig oder nicht vollständig erteilt;

2. entgegen § 3a Absatz 3 eine Mitteilung nicht, nicht richtig, nicht vollständig oder nicht rechtzeitig macht; oder

3. entgegen § 8 Absatz 1 Satz 1 eine Meldung nicht, nicht richtig, nicht vollständig oder nicht rechtzeitig macht.

(1a)[1] Die Ordnungswidrigkeit kann in den Fällen des Absatzes 1 Nummer 3 mit einer Geldbuße bis zu fünfzigtausend Euro, in den übrigen Fällen mit einer Geldbuße bis zu zehntausend Euro geahndet werden.

---

[1] § 28 Abs. 1 neu gef., Abs. 1a eingef. mWv 1.7.2021 durch G v. 25.6.2021 (BGBl. I S. 2056).

(2) Verwaltungsbehörde im Sinne des § 36 Absatz 1 Nummer 1 des Gesetzes über Ordnungswidrigkeiten ist das Bundeszentralamt für Steuern.

(Fortsetzung nächstes Blatt)

Schreiben betr. Automatischer Austausch von Informationen über Finanzkonten in Steuersachen nach dem Finanzkonten-Informationsaustauschgesetz – FKAustG; Bekanntmachung einer finalen Staatenaustauschliste 2022 im Sinne des § 1 Absatz 1 FKAustG für den automatischen Austausch von Informationen über Finanzkonten in Steuersachen zum 30. September 2022

Vom 4. Juli 2022
BMF IV B 6 – S 1315/19/10030 :044; DOK 2022/0474579

Nach den Vorgaben des Gesetzes zum automatischen Austausch von Informationen über Finanzkonten in Steuersachen (Finanzkonten-Informationsaustauschgesetz – FKAustG) werden Informationen über Finanzkonten in Steuersachen zwischen dem Bundeszentralamt für Steuern (BZSt) und der zuständigen Behörde des jeweils anderen Staates im Sinne des § 1 Absatz 1 FKAustG automatisch ausgetauscht (§ 27 Absatz 1 FKAustG).

Dem BZSt sind hierfür von den meldenden Finanzinstituten die Finanzkontendaten zu den meldepflichtigen Konten nach amtlich vorgeschriebenem Datensatz elektronisch im Wege der Datenfernübertragung zum 31. Juli 2022 zu übermitteln (§ 27 Absatz 2 FKAustG).

Zu den Staaten im Sinne des § 1 Absatz 1 FKAustG, mit denen der automatische Austausch von Informationen über Finanzkonten in Steuersachen erfolgt, zählen

1. Mitgliedstaaten der Europäischen Union aufgrund der Richtlinie 2011/16/EU des Rates vom 15. Februar 2011 über die Zusammenarbeit der Verwaltungsbehörden im Bereich der Besteuerung und zur Aufhebung der Richtlinie 77/799/EWG (ABl. L 64 vom 11. März 2011, Seite 1; Amtshilferichtlinie) in der Fassung der Richtlinie 2014/107/EU (ABl. L 359 vom 16. Dezember 2014, Seite 1),

2. Drittstaaten, die Vertragsparteien der von der Bundesrepublik Deutschland in Berlin unterzeichneten Mehrseitigen Vereinbarung vom 29. Oktober 2014 zwischen den zuständigen Behörden über den automatischen Austausch von Informationen über Finanzkonten (BGBl. 2015 II Seiten 1630, 1632) sind und diese in ihr nationales Recht verpflichtend aufgenommen haben sowie Vertragsparteien des Übereinkommens über die gegenseitige Amtshilfe in Steuersachen (BGBl. 2015 II Seiten 966, 967) sind und die gewährleisten, dass sie die Voraussetzungen des § 7 Absatz 1, insbesondere Buchstabe e der Mehrseitigen Vereinbarung vom 29. Oktober 2014 zwischen den zuständigen Behörden über den automatischen Austausch von Informationen über Finanzkonten erfüllen,

3. Drittstaaten, die Verträge mit der Europäischen Union zur Vereinbarung des automatischen Austauschs von Informationen über Finanzkonten im Sinne der unter Nummer 1 angeführten Richtlinie 2014/107/EU (ABl. L 359 vom 16. Dezember 2014, Seite 1) geschlossen haben, sowie

4. Drittstaaten, mit denen die Bundesrepublik Deutschland ein Abkommen über den steuerlichen Informationsaustausch geschlossen hat, nach dem ein automatischer Austausch von Informationen vereinbart werden kann.

Hiermit werden die Staaten im Sinne des § 1 Absatz 1 FKAustG bekannt gegeben, bei denen die Voraussetzungen für den automatischen Austausch von Informationen über Finanzkonten mit Stand vom 4. Mai 2022 vorliegen, mit denen der automatische Datenaustausch zum 30. September 2022 erfolgt und für welche die meldenden Finanzinstitute Finanzkontendaten zum 31. Juli 2022 dem BZSt zu übermitteln haben (finale FKAustG-Staatenaustauschliste 2022).

Für den Datenaustausch zum 30. September 2023 wird eine neue FKAustG-Staatenaustauschliste 2023 im Rahmen eines weiteren BMF-Schreibens bekannt gegeben.

Die finale FKAustG-Staatenaustauschliste 2022 wird nachfolgend dargestellt und steht auf der Internetseite des BZSt unter www.bzst.bund.de zur Ansicht und zum Abruf bereit.

Finale FKAustG–Staatenaustauschliste 2022

Nr.	Staaten nach § 1 Absatz 1 FKAustG mit automatischem Informationsaustausch zum 30. September 2022	Rechtsgrundlage nach § 1 Absatz 1 FKAustG
1.	Albanien	§ 1 Absatz 1 Nummer 2 FKAustG
2.	Andorra	§ 1 Absatz 1 Nummer 3 FKAustG
3.	Anguilla[1]	§ 1 Absatz 1 Nummer 2 FKAustG
4.	Antigua und Barbuda	§ 1 Absatz 1 Nummer 2 FKAustG
5.	Argentinien	§ 1 Absatz 1 Nummer 2 FKAustG
6.	Aruba[1]	§ 1 Absatz 1 Nummer 2 FKAustG
7.	Aserbaidschan	§ 1 Absatz 1 Nummer 2 FKAustG
8.	Australien	§ 1 Absatz 1 Nummer 2 FKAustG
9.	Bahamas[1]	§ 1 Absatz 1 Nummer 2 FKAustG
10.	Bahrain[1]	§ 1 Absatz 1 Nummer 2 FKAustG
11.	Barbados	§ 1 Absatz 1 Nummer 2 FKAustG
12.	Belgien	§ 1 Absatz 1 Nummer 1 FKAustG
13.	Belize[1]	§ 1 Absatz 1 Nummer 2 FKAustG
14.	Bermuda[1]	§ 1 Absatz 1 Nummer 2 FKAustG
15.	Brasilien	§ 1 Absatz 1 Nummer 2 FKAustG
16.	Britische Jungferninseln[1]	§ 1 Absatz 1 Nummer 2 FKAustG
17.	Brunei Darussalam[1]	§ 1 Absatz 1 Nummer 2 FKAustG
18.	Bulgarien	§ 1 Absatz 1 Nummer 1 FKAustG
19.	Chile	§ 1 Absatz 1 Nummer 2 FKAustG
20.	China	§ 1 Absatz 1 Nummer 2 FKAustG
21.	Cookinseln	§ 1 Absatz 1 Nummer 2 FKAustG
22.	Costa Rica	§ 1 Absatz 1 Nummer 2 FKAustG
23.	Curaçao	§ 1 Absatz 1 Nummer 2 FKAustG
24.	Dänemark	§ 1 Absatz 1 Nummer 1 FKAustG
25.	Dominica[1]	§ 1 Absatz 1 Nummer 2 FKAustG
26.	**Ecuador**	§ 1 Absatz 1 Nummer 2 FKAustG
27.	Estland	§ 1 Absatz 1 Nummer 1 FKAustG
28.	Färöer	§ 1 Absatz 1 Nummer 2 FKAustG
29.	Finnland	§ 1 Absatz 1 Nummer 1 FKAustG
30.	Frankreich[2]	§ 1 Absatz 1 Nummer 1 FKAustG
31.	Ghana[1]	§ 1 Absatz 1 Nummer 2 FKAustG
32.	Gibraltar	§ 1 Absatz 1 Nummer 2 FKAustG
33.	Grenada	§ 1 Absatz 1 Nummer 2 FKAustG
34.	Griechenland	§ 1 Absatz 1 Nummer 1 FKAustG
35.	Grönland	§ 1 Absatz 1 Nummer 2 FKAustG
36.	Guernsey	§ 1 Absatz 1 Nummer 2 FKAustG
37.	Hongkong	§ 1 Absatz 1 Nummer 2 FKAustG
38.	Indien	§ 1 Absatz 1 Nummer 2 FKAustG
39.	Indonesien	§ 1 Absatz 1 Nummer 2 FKAustG

Nr.	Staaten nach § 1 Absatz 1 FKAustG mit automatischem Informationsaustausch zum 30. September 2022	Rechtsgrundlage nach § 1 Absatz 1 FKAustG
40.	Irland	§ 1 Absatz 1 Nummer 1 FKAustG
41.	Island	§ 1 Absatz 1 Nummer 2 FKAustG
42.	Isle of Man	§ 1 Absatz 1 Nummer 2 FKAustG
43.	Israel	§ 1 Absatz 1 Nummer 2 FKAustG
44.	Italien	§ 1 Absatz 1 Nummer 1 FKAustG
45.	Japan	§ 1 Absatz 1 Nummer 2 FKAustG
46.	Jersey	§ 1 Absatz 1 Nummer 2 FKAustG
47.	Kaimaninseln[1]	§ 1 Absatz 1 Nummer 2 FKAustG
48.	Kanada	§ 1 Absatz 1 Nummer 2 FKAustG
49.	**Kasachstan**	§ 1 Absatz 1 Nummer 2 FKAustG
50.	Katar[1]	§ 1 Absatz 1 Nummer 2 FKAustG
51.	Kolumbien	§ 1 Absatz 1 Nummer 2 FKAustG
52.	Korea, Republik	§ 1 Absatz 1 Nummer 2 FKAustG
53.	Kroatien	§ 1 Absatz 1 Nummer 1 FKAustG
54.	Kuwait[1]	§ 1 Absatz 1 Nummer 2 FKAustG
55.	Lettland	§ 1 Absatz 1 Nummer 1 FKAustG
56.	Libanon[1]	§ 1 Absatz 1 Nummer 2 FKAustG
57.	Liechtenstein	§ 1 Absatz 1 Nummer 3 FKAustG
58.	Litauen	§ 1 Absatz 1 Nummer 1 FKAustG
59.	Luxemburg	§ 1 Absatz 1 Nummer 1 FKAustG
60.	Macau[1]	§ 1 Absatz 1 Nummer 2 FKAustG
61.	Malaysia	§ 1 Absatz 1 Nummer 2 FKAustG
62.	**Malediven[1]**	§ 1 Absatz 1 Nummer 2 FKAustG
63.	Malta	§ 1 Absatz 1 Nummer 1 FKAustG
64.	Marshallinseln[1]	§ 1 Absatz 1 Nummer 2 FKAustG
65.	Mauritius	§ 1 Absatz 1 Nummer 2 FKAustG
66.	Mexiko	§ 1 Absatz 1 Nummer 2 FKAustG
67.	Monaco	§ 1 Absatz 1 Nummer 3 FKAustG
68.	Montserrat[1]	§ 1 Absatz 1 Nummer 2 FKAustG
69.	Nauru[1]	§ 1 Absatz 1 Nummer 2 FKAustG
70.	Neukaledonien[1]	§ 1 Absatz 1 Nummer 2 FKAustG
71.	Neuseeland	§ 1 Absatz 1 Nummer 2 FKAustG
72.	Niederlande[3]	§ 1 Absatz 1 Nummer 1 FKAustG
73.	Nigeria	§ 1 Absatz 1 Nummer 2 FKAustG
74.	Niue[1]	§ 1 Absatz 1 Nummer 2 FKAustG
75.	Norwegen	§ 1 Absatz 1 Nummer 2 FKAustG
76.	Österreich	§ 1 Absatz 1 Nummer 1 FKAustG
77.	Oman[1]	§ 1 Absatz 1 Nummer 2 FKAustG
78.	Pakistan	§ 1 Absatz 1 Nummer 2 FKAustG
79.	Panama	§ 1 Absatz 1 Nummer 2 FKAustG
80.	Peru	§ 1 Absatz 1 Nummer 2 FKAustG

Nr.	Staaten nach § 1 Absatz 1 FKAustG mit automatischem Informationsaustausch zum 30. September 2022	Rechtsgrundlage nach § 1 Absatz 1 FKAustG
81.	Polen	§ 1 Absatz 1 Nummer 1 FKAustG
82.	Portugal	§ 1 Absatz 1 Nummer 1 FKAustG
83.	Rumänien	§ 1 Absatz 1 Nummer 1 FKAustG
84.	Russische Föderation[4]	§ 1 Absatz 1 Nummer 2 FKAustG
85.	Samoa[1]	§ 1 Absatz 1 Nummer 2 FKAustG
86.	San Marino	§ 1 Absatz 1 Nummer 3 FKAustG
87.	Saudi-Arabien	§ 1 Absatz 1 Nummer 2 FKAustG
88.	Schweden	§ 1 Absatz 1 Nummer 1 FKAustG
89.	Schweiz	§ 1 Absatz 1 Nummer 3 FKAustG
90.	Seychellen	§ 1 Absatz 1 Nummer 2 FKAustG
91.	Singapur	§ 1 Absatz 1 Nummer 2 FKAustG
92.	Slowakei	§ 1 Absatz 1 Nummer 1 FKAustG
93.	Slowenien	§ 1 Absatz 1 Nummer 1 FKAustG
94.	Spanien	§ 1 Absatz 1 Nummer 1 FKAustG
95.	St. Kitts und Nevis[1]	§ 1 Absatz 1 Nummer 2 FKAustG
96.	St. Lucia	§ 1 Absatz 1 Nummer 2 FKAustG
97.	St. Vincent und die Grenadinen[1]	§ 1 Absatz 1 Nummer 2 FKAustG
98.	Südafrika	§ 1 Absatz 1 Nummer 2 FKAustG
99.	Tschechien	§ 1 Absatz 1 Nummer 1 FKAustG
100.	Türkei	§ 1 Absatz 1 Nummer 2 FKAustG
101.	Turks- und Caicosinseln[1]	§ 1 Absatz 1 Nummer 2 FKAustG
102.	Ungarn	§ 1 Absatz 1 Nummer 1 FKAustG
103.	Uruguay	§ 1 Absatz 1 Nummer 2 FKAustG
104.	Vanuatu[1]	§ 1 Absatz 1 Nummer 2 FKAustG
105.	Vereinigte Arabische Emirate[1]	§ 1 Absatz 1 Nummer 2 FKAustG
106.	Vereinigtes Königreich	§ 1 Absatz 1 Nummer 2 FKAustG
107.	Zypern	§ 1 Absatz 1 Nummer 1 FKAustG

[1] **[Amtl. Anm.:]** Aufgrund einer Notifikation dieses Staates gemäß § 7 Absatz 1 Buchstabe b der Mehrseitigen Vereinbarung vom 29. Oktober 2014 zwischen den zuständigen Behörden über den automatischen Austausch von Informationen über Finanzkonten übermittelt die Bundesrepublik Deutschland nach § 2 Absatz 1.2 dieser Mehrseitigen Vereinbarung keine Finanzkonteninformationen an diesen Staat, erhält jedoch Finanzkonteninformationen von diesem. Deshalb sind auch in diesem Fall bis auf weiteres keine Finanzkontendaten durch meldende Finanzinstitute dem BZSt gemäß § 5 Absatz 1 FKAustG zu übermitteln.

[2] **[Amtl. Anm.:]** Hierzu zählen auch Französisch-Guayana, Guadeloupe, Martinique, Mayotte, Réunion und Saint-Barthélemy.

[3] **[Amtl. Anm.:]** Hierzu zählen auch Bonaire, Sint Eustatius und Saba.

[4] **[Amtl. Anm.:]** Die Datenübermittlung an die Russische Föderation ist aktuell ausgesetzt.

807. Zerlegungsgesetz (ZerlG)[1]

Vom 6. August 1998 (BGBl. I S. 1998)

Geändert durch Steuer-Euroglättungsgesetz vom 19.12.2000 (BGBl. I S. 1790), Steueränderungsgesetz 2003 vom 15.12.2003 (BGBl. I S. 2645), Gesetz über steuerliche Begleitmaßnahmen zur Einführung der Europäischen Gesellschaft und zur Änderung weiterer steuerrechtlicher Vorschriften (SEStEG) vom 7.12.2006 (BGBl. I S. 2782), Unternehmensteuerreformgesetz 2008 vom 14.8.2007 (BGBl. I S. 1912), Jahressteuergesetz 2008 vom 20.12.2007 (BGBl. I S. 3150), Jahressteuergesetz 2009 vom 19.12.2008 (BGBl. I S. 2794), Steuerbürokratieabbaugesetz vom 20.12.2008 (BGBl. I S. 2850), Jahressteuergesetz 2010 (JStG 2010) vom 8.12.2010 (BGBl. I S. 1768), OGAW-IV-Umsetzungsgesetz vom 22.6.2011 (BGBl. I S. 1126), Steuervereinfachungsgesetz 2011 vom 1.11.2011 (BGBl. I S. 2131), Beitreibungsrichtlinie-Umsetzungsgesetz (BeitrRLUmsG) vom 7.12.2011 (BGBl. I S. 2592), Amtshilferichtlinie-Umsetzungsgesetz (AmtshilfeRLUmsG) vom 26.6.2013 (BGBl. I S. 1809), Gesetz zur Anpassung des nationalen Steuerrechts an den Beitritt Kroatiens zur EU und zur Änderung weiterer steuerlicher Vorschriften vom 25.7.2014 (BGBl. I S. 1266), Gesetz zur Anpassung der Abgabenordnung an den Zollkodex der Union und zur Änderung weiterer steuerlicher Vorschriften vom 22.12.2014 (BGBl. I S. 2417), Gesetz zum automatischen Austausch von Informationen über Finanzkonten in Steuersachen und zur Änderung weiterer Gesetze vom 21.12.2015 (BGBl. I S. 2531), Gesetz zur Reform der Investmentbesteuerung (Investmentsteuerreformgesetz − InvStRefG) vom 19.7.2016 (BGBl. I S. 1730), Gesetz zur Umsetzung der Änderungen der EU-Amtshilferichtlinie und von weiteren Maßnahmen gegen Gewinnkürzungen und -verlagerungen vom 20.12.2016 (BGBl. I S. 3000) und Gesetz zur Vermeidung von Umsatzsteuerausfällen beim Handel mit Waren im Internet und zur Änderung weiterer steuerlicher Vorschriften vom 11.12.2018 (BGBl. I S. 2338)

BGBl. III/FNA 604-2

Abschnitt 1. Unmittelbare Steuerberechtigung

§ 1 Unmittelbare Steuerberechtigung. (1)[2] [1] Der Anspruch auf die Einkommensteuer oder die Körperschaftsteuer für ein Kalenderjahr steht unmittelbar dem Lande zu, in dem der Steuerpflichtige mit Ablauf des 10. Oktober dieses Jahres seinen Wohnsitz oder den Ort der Leitung hat. [2] § 19 Absatz 1 und 2 sowie § 20 der Abgabenordnung gelten sinngemäß. [3] Auszahlungsbeträge des Körperschaftsteuerguthabens mindern und Körperschaftsteuererhöhungsbeträge erhöhen die Körperschaftsteuer im Sinne des Satzes 1.

(2) [1] Wird eine Steuerfestsetzung aufgehoben, geändert oder wegen einer offenbaren Unrichtigkeit berichtigt, so steht ein zusätzlicher Zahlungsanspruch, der sich aus der Aufhebung, Änderung oder Berichtigung ergibt, abweichend von Absatz 1 dem Lande zu, dessen Finanzamt die Aufhebung, Änderung oder Berichtigung vorgenommen hat. [2] Entsprechendes gilt für eine Erstattungsverpflichtung.

(3) [1] Die Vorschriften der Abgabenordnung über die örtliche Zuständigkeit für die Besteuerung bleiben unberührt. [2] Ist ein Steuerbetrag einem Lande zugeflossen, dem der Steueranspruch nach den Vorschriften dieses Gesetzes nicht zusteht, so ist er an das steuerberechtigte Land zu überweisen; bei Erstattungen

---

[1] Das Zerlegungsgesetz ist als Art. 1 des Zerlegungs- und Kraftfahrzeugsteueränderungsgesetzes verkündet worden.

[2] § 1 Abs. 1 Satz 3 angef. durch G v. 8.12.2010 (BGBl. I S. 1768).

1

ist sinngemäß zu verfahren. ³Die Überweisung unterbleibt, wenn der für ein Kalenderjahr zu überweisende Betrag 25 000 Euro[1] nicht übersteigt oder soweit der zu überweisende Betrag nach den §§ 2 bis 6 zerlegt worden ist.

(3a)[2] Ist ein Steuerbetrag im Sinne des § 43 Absatz 1 Satz 1 Nummer 1a oder Nummer 2 Satz 4 des Einkommensteuergesetzes einem Land zugeflossen, in dem sich der Ort der Leitung des Schuldners der Kapitalerträge nicht befindet, hat das Land den Steuerbetrag an das Land zu überweisen, in dem sich der Ort der Leitung des Schuldners der Kapitalerträge befindet.

(4) Die Vorschriften über die Zerlegung der Körperschaftsteuer (§§ 2 bis 6) und über die Zerlegung der Lohnsteuer (§ 7) bleiben unberührt.

§ 1a[3] Unmittelbare Steuerberechtigung für die Einkommensteuer auf Einkünfte im Sinne des § 49 Abs. 1 Nr. 7 und 10 des Einkommensteuergesetzes nach Maßgabe der zu § 19 Abs. 6 der Abgabenordnung erlassenen Rechtsverordnung. (1) Der Anspruch auf die Einkommensteuer auf Einkünfte im Sinne des § 49 Absatz 1 Nummer 7 und 10 des Einkommensteuergesetzes, soweit durch Rechtsverordnung zu § 19 Abs. 6 der Abgabenordnung für die Einkommensbesteuerung von Personen, die beschränkt steuerpflichtig oder nach § 1 Absatz 3 des Einkommensteuergesetzes unbeschränkt steuerpflichtig sind und ausschließlich mit Einkünften im Sinne des § 49 Absatz 1 Nummer 7 und 10 des Einkommensteuergesetzes zu veranlagen sind, einer Finanzbehörde die örtliche Zuständigkeit übertragen worden ist, steht unmittelbar dem Land zu, in dem der Steuerpflichtige seinen letzten inländischen Wohnsitz, sofern kein letzter inländischer Wohnsitz feststellbar ist, den letzten inländischen Tätigkeitsort hatte.

(2) ¹§ 1 Absatz 3 Satz 1 und 2 und § 8a Absatz 4 gelten entsprechend. ²Die Überweisungen erfolgen monatlich und sind am 15. des Folgemonats zuleisten.

Abschnitt 2. Zerlegung der Körperschaftsteuer

§ 2 Grundlagen der Zerlegung der Körperschaftsteuer. (1)[4] ¹Bei Körperschaften, Personenvereinigungen und Vermögensmassen im Sinne der §§ 1 und 2 Nr. 1 des Körperschaftsteuergesetzes (Körperschaften), die im Veranlagungszeitraum im Geltungsbereich dieses Gesetzes außerhalb des nach § 1 Absatz 1 steuerberechtigten Landes eine Betriebsstätte, mehrere Betriebsstätten oder Teile von Betriebsstätten unterhalten haben, ist die auf die Einkünfte aus Gewerbebetrieb entfallende nach Abzug anzurechnender Steuerabzugsbeträge und anzurechnender Körperschaftsteuer verbleibende Körperschaftsteuer durch

---

[1] Betrag geänd. mWv VZ 2002 durch G v. 19.12.2000 (BGBl. I S. 1790).
[2] § 1 Abs. 3a eingef. durch G v. 22.6.2011 (BGBl. I S. 1126); geänd. mWv 1.1.2013 durch G v. 26.6.2013 (BGBl. I S. 1809).
[3] § 1a eingef. mWv 25.12.2008 durch G v. 19.12.2008 (BGBl. I S. 2794); Abs. 1 geänd. durch G v. 8.12.2010 (BGBl. I S. 1768).
[4] § 2 Abs. 1 Satz 4 angef. durch G v. 7.12.2006 (BGBl. I S. 2782), Satz 4 ersetzt durch Sätze 4 bis 6 durch G v. 20.12.2007 (BGBl. I S. 3150); Abs. 1 Satz 6 Zitat geänd. durch G v. 8.12.2010 (BGBl. I S. 1768).

das für die Veranlagung zuständige Finanzamt (Erhebungsfinanzamt) auf die beteiligten Länder zu zerlegen, wenn sie mindestens einen absoluten Betrag von 500 000 Euro[1] erreicht. [2]Dabei sind die Vorschriften der §§ 28 bis 31 und des § 33 des Gewerbesteuergesetzes entsprechend anzuwenden. [3]Die Zerlegungsmaßstäbe sind als Prozentsätze, die auf drei Stellen hinter dem Komma zu runden sind, zu berechnen. [4]In den Fällen des § 37 Absatz 5 und des § 38 Absatz 5 bis 9 des Körperschaftsteuergesetzes in der jeweils geltenden Fassung ist die verbleibende Körperschaftsteuer im Sinne des Satzes 1 um einen Auszahlungsbetrag gemindert und um einen Körperschaftsteuererhöhungsbetrag erhöht. [5]Maßgeblich ist die verbleibende Körperschaftsteuer, die für den Veranlagungszeitraum festgesetzt wird, in dem der Auszahlungsbetrag nach § 37 Absatz 5 Satz 4 des Körperschaftsteuergesetzes zu erstatten ist und der Körperschaftssteuererhöhungsbetrag nach § 38 Absatz 6 bis 10 des Körperschaftsteuergesetzes zu entrichten ist. [6]Ein Betrag nach § 37 Absatz 6 Satz 3 des Körperschaftsteuergesetzes erhöht und ein Betrag nach § 38 Absatz 10 des Körperschaftsteuergesetzes vermindert die verbleibende Körperschaftsteuer im Sinne des Satzes 1; Satz 5 gilt insoweit entsprechend.

(2) Sind in dem veranlagten Einkommen außer den Einkünften aus Gewerbebetrieb auch andere Einkünfte enthalten, so ist die auf die Einkünfte aus Gewerbebetrieb entfallende Körperschaftsteuer im Sinne des Absatzes 1 mit dem Teilbetrag anzusetzen, der dem Verhältnis der Einkünfte aus Gewerbebetrieb zum Gesamtbetrag der Einkünfte entspricht.

(3)[2] In den Fällen der §§ 14 und 17 des Körperschaftsteuergesetzes gelten Organgesellschaften und deren Betriebsstätten als Betriebsstätten des Organträgers.

(4) Ist die Körperschaft Gesellschafterin einer Personengesellschaft im Sinne des § 15 Absatz 1 Satz 1 Nummer 2 des Einkommensteuergesetzes, so gelten die Personengesellschaft und deren Betriebsstätten anteilig als Betriebsstätten der Körperschaft.

(5)[3] [1]Ist in den Fällen des Absatzes 1 Satz 4 bis 6 für die Körperschaft, Personenvereinigung oder Vermögensmasse wegen Ausscheidens aus der Körperschaftsteuerpflicht Absatz 1 nicht mehr anzuwenden, gelten für noch ausstehende Auszahlungsbeträge und Körperschaftsteuererhöhungsbeträge Absatz 1 sowie § 3 Abs. 5, § 5 und § 6 entsprechend. [2]Maßgeblich ist der Zerlegungsmaßstab, der der Zerlegung für den letzten unter die Körperschaftsteuerpflicht fallenden Veranlagungszeitraum zu Grunde liegt. [3]Das Erhebungsfinanzamt zerlegt die Beträge im Sinne des Satzes 1 unverzüglich nach dem Zeitpunkt der Zahlung und setzt die Zerlegungsanteile der einzelnen Länder fest.

§ 3 Zerlegung der verbleibenden Körperschaftsteuer. (1) Das Erhebungsfinanzamt zerlegt die verbleibende Körperschaftsteuer auf die beteiligten Länder, sobald die erste Steuerfestsetzung für den Veranlagungszeitraum durchgeführt worden ist, und setzt die Zerlegungsanteile der einzelnen Länder fest.

---

[1] Betrag geänd. mWv VZ 2002 durch G v. 19.12.2000 (BGBl. I S. 1790).
[2] § 2 Abs. 3 Zitat geänd. durch G v. 25.7.2014 (BGBl. I S. 1266); zur Anwendung siehe § 12 Abs. 2.
[3] § 2 Abs. 5 angef. durch G v. 20.12.2007 (BGBl. I S. 3150).

(2) ¹Die Zerlegung der verbleibenden Körperschaftsteuer ist aufzuheben oder zu ändern, soweit die zugrunde liegende Steuerfestsetzung aufgehoben, geändert oder wegen einer offenbaren Unrichtigkeit berichtigt wird und die Änderung der verbleibenden Körperschaftsteuer bezogen auf die bei der letzten Zerlegung der Körperschaftsteuer zugrunde gelegte verbleibende Körperschaftsteuer mindestens 500 000 Euro¹⁾ beträgt. ²Satz 1 gilt entsprechend, wenn die Anrechnung von Steuerabzugsbeträgen oder von Körperschaftsteuer geändert, zurückgenommen, widerrufen oder wegen einer offenbaren Unrichtigkeit berichtigt wird.

(3) Ergibt sich bei der ersten Steuerfestsetzung oder nach einer Auf-hebung, Änderung oder Berichtigung des Steuerbescheids wegen einer offenbaren Unrichtigkeit oder nach einer Änderung, einer Rücknahme, einem Widerruf oder einer Berichtigung der Anrechnung von Steuerbeträgen wegen einer offenbaren Unrichtigkeit, daß die Voraussetzungen für die Zerlegung der Körperschaftsteuer gemäß § 2 Abs. 1 nicht vorliegen oder weggefallen sind, so ist die Zerlegung der Körperschaftsteuer-Vorauszahlungen (§ 4) oder der verbleibenden Körperschaftsteuer aufzuheben.

(4) Liegen nach einer Aufhebung, Änderung oder Berichtigung des Steuerbescheids wegen einer offenbaren Unrichtigkeit oder nach einer Änderung, einer Rücknahme, einem Widerruf oder einer Berichtigung der Anrechnung von Steuerbeträgen wegen einer offenbaren Unrichtigkeit die Voraussetzungen für die Zerlegung der Körperschaftsteuer erstmals vor, ist Absatz 1 sinngemäß anzuwenden.

(5) Stellt sich nachträglich heraus, daß ein Land bei der Zerlegung nicht oder mit einem unzutreffenden Zerlegungsmaßstab berücksichtigt worden ist, oder ist bei der Zerlegung der verbleibenden Körperschaftsteuer ein Fehler unterlaufen, so ist die Zerlegung der verbleibenden Körperschaftsteuer zu ändern.

§ 4 Zerlegung der Körperschaftsteuer-Vorauszahlungen. (1)² Sofern die Voraussetzungen für eine Zerlegung der Körperschaftsteuer vorliegen, zerlegt das *Erhebungsfinanzamt die im Kalendervierteljahr eingehenden Körperschaftsteuer-Vorauszahlungen auf die beteiligten Länder und teilt die jeweiligen Zerlegungsanteile dem beauftragten Finanzamt seines Landes (§ 6 Abs. 1) mit [ab Kj. 2019:* beauftragte Finanzamt (§ 6 Absatz 1) die im Kalendervierteljahr eingehenden Körperschaftsteuer-Vorauszahlungen auf die beteiligten Länder].

(2) ¹Zerlegungsmaßstab ist grundsätzlich das Verhältnis der Zerlegungsanteile, die in dem letzten Zerlegungsbescheid festgesetzt worden sind. ²Liegt ein Zerlegungsbescheid noch nicht vor, so sind die Zerlegungsanteile auf Grund der letzten Zerlegungserklärung (§ 6 Abs. 7) oder auf Grund einer für diese Zwecke anzufordernden Zerlegungserklärung zu berechnen. ³Sollte das nach den vorstehenden Grundsätzen ermittelte Verhältnis der Zerlegungsan-

---

¹⁾ Betrag geänd. mWv VZ 2002 durch G v. 19.12.2000 (BGBl. I S. 1790).
²⁾ § 4 Abs. 1 geänd. durch G v. 20.12.2016 (BGBl. I S. 3000); zur Anwendung siehe § 12 Abs. 3.

teile offensichtlich zu einem unzutreffenden Ergebnis führen, ist ein geeigneterer Zerlegungsmaßstab zu wählen.

(3) ¹Ist eine Körperschaftsteuer-Vorauszahlung erstattet worden, so ist der Erstattungsbetrag mit den in demselben Kalendervierteljahr eingegangenen Körperschaftsteuer-Vorauszahlungen für denselben Veranlagungszeitraum zu verrechnen. ²Der sich als Saldo ergebende Betrag ist nach den vorstehenden Grundsätzen zu zerlegen.

§ 5 Abrechnung der Zerlegung. (1)¹⁾ ¹Das *Erhebungsfinanzamt [ab Kj. 2019:* beauftragte Finanzamt] rechnet mit Ablauf des Kalendervierteljahres, in dem die verbleibende Körperschaftsteuer abzüglich etwaiger niedergeschlagener oder erlassener Beträge getilgt oder erstattet worden ist, die Zerlegungsanteile ab. ²Der Zahlungs- oder Erstattungsanspruch gegenüber den anderen Ländern ergibt sich aus dem Unterschied zwischen dem jeweiligen Zerlegungsanteil und den Zahlungen oder Erstattungen auf Grund der Zerlegung der Körperschaftsteuer-Vorauszahlungen. ³Etwaige erlassene oder niedergeschlagene Beträge sind im Verhältnis der Zerlegungsanteile wie Vorauszahlungen abzurechnen.

(2) ¹Auf Teilzahlungen auf die verbleibende Körperschaftsteuer findet § 4 entsprechend Anwendung, sobald die Zahlungen mindestens 500 000 Euro²⁾ betragen. ²Die Teilzahlungen werden bei der Abrechnung gemäß Absatz 1 wie Vorauszahlungen berücksichtigt.

(3) In den Fällen, in denen die Zerlegung aufgehoben oder geändert wird, gilt Absatz 1 entsprechend.

§ 6 Verfahrensrechtliche Vorschriften. (1) Die oberste Finanzbehörde des Landes beauftragt ein Finanzamt mit der Wahrnehmung der Rechte des Landes an der Zerlegung (beauftragtes Finanzamt).

(2) Die Zerlegung der Körperschaftsteuer wird im Rahmen eines Clearingverfahrens über die beauftragten Finanzämter abgewickelt.

(3) Soweit dieses Gesetz nichts anderes bestimmt, gelten für das Verfahren bei der Zerlegung der Körperschaftsteuer die §§ 185 bis 188 der Abgabenordnung sinngemäß mit der Maßgabe, daß die Körperschaft am Zerlegungsverfahren nicht beteiligt ist und die Vorschriften der Abgabenordnung über das außergerichtliche Rechtsbehelfsverfahren nicht anzuwenden sind.

(4) ¹Bestehen zwischen den beteiligten Finanzämtern Meinungsverschiedenheiten über die Zerlegung und kann eine Einigung nicht erzielt werden, so wird auf Vorlage des Erhebungsfinanzamtes oder auf Antrag der obersten Finanzbehörde des anderen Landes die oberste Finanzbehörde des Landes des Erhebungsfinanzamtes mit der Angelegenheit befaßt. ²Können sich die obersten Finanzbehörden der an der Zerlegung beteiligten Länder nicht einigen, entscheidet die oberste Finanzbehörde des Landes des Erhebungsfinanzamtes

---

¹⁾ § 5 Abs. 1 Satz 1 geänd. durch G v. 20. 12. 2016 (BGBl. I S. 3000); zur Anwendung siehe § 12 Abs. 3.
²⁾ Betrag geänd. mWv VZ 2002 durch G v. 19. 12. 2000 (BGBl. I S. 1790).

durch Zerlegungsbescheid. ³Dieser tritt an die Stelle des bisherigen Zerlegungsbescheids. ⁴Der Zerlegungsbescheid der obersten Finanzbehörde ist an die anderen beteiligten obersten Finanzbehörden zu richten.

(5) Ansprüche aus der Zerlegung der Körperschaftsteuer verjähren zehn Jahre nach Bestandskraft des letzten für den Veranlagungszeitraum erteilten Steuerbescheids.

(6) ¹Ansprüche auf Abrechnung und aus der Abrechnung nach § 4 Abs. 1 verjähren zehn Jahre nach Bestandskraft des letzten für den Veranlagungszeitraum erteilten Steuerbescheids. ²Sie verjähren nicht vor Ablauf von fünf Jahren nach der letzten Zahlung oder Erstattung auf die verbleibende Körperschaftsteuer.

(7)¹⁾ ¹Körperschaften im Sinne des § 2 Absatz 1 haben für jeden Veranlagungszeitraum eine Erklärung zur Zerlegung der Körperschaftsteuer nach amtlich vorgeschriebenem Datensatz durch Datenfernübertragung zu übermitteln. ²Auf Antrag kann die Finanzbehörde zur Vermeidung unbilliger Härten auf eine elektronische Übermittlung verzichten. ³In diesem Fall ist die Erklärung nach amtlich vorgeschriebenem Vordruck abzugeben und vom gesetzlichen Vertreter des Steuerpflichtigen eigenhändig zu unterschreiben. ⁴Eine Körperschaft ist auch dann verpflichtet eine Erklärung zur Zerlegung der Körperschaftsteuer zu übermitteln, wenn sie hierzu vom zuständigen Finanzamt aufgefordert wird.

Abschnitt 3. Zerlegung der Lohnsteuer

§ 7 Zerlegung der Lohnsteuer. (1)²⁾ ¹Die von einem Land vereinnahmte Lohnsteuer wird insoweit zerlegt, als sie von den Bezügen der in den anderen Ländern ansässigen unbeschränkt steuerpflichtigen Arbeitnehmer insgesamt einbehalten worden ist. ²Die Zerlegungsanteile der einzelnen Länder bemessen sich nach Prozentsätzen der vereinnahmten Lohnsteuer. ³Die Prozentsätze sind nach den Verhältnissen im Feststellungszeitraum festzusetzen. ⁴Feststellungszeitraum ist jeweils das Kalenderjahr.

(2)³⁾ ¹Der Festsetzung der Prozentsätze sind die Verhältnisse zugrunde zu legen, die sich aus den Daten der elektronischen Lohnsteuerbescheinigung ergeben. ²Dabei gilt ein Arbeitnehmer, der für den Feststellungszeitraum zur Einkommensteuer zu veranlagen ist, als in dem Land ansässig, in dem das für die Einkommensteuerveranlagung örtlich zuständige Finanzamt belegen ist (Wohnsitzland); in den übrigen Fällen gilt als Wohnsitzland das Land, in dem der Arbeitnehmer zu dem nach § 1 Absatz 1 Satz 1 maßgeblichen Zeitpunkt seinen Wohnsitz hat. ³Der Wohnsitz wird der nach § 139 b Absatz 3 Nummer 10 der Abgabenordnung zu diesem Stichtag gespeicherten Anschrift entnommen.

---

¹⁾ § 6 Abs. 7 neu gef. mWv VZ 2014 durch G v. 1. 11. 2011 (BGBl. I S. 2131).
²⁾ § 7 Abs. 1 Satz 4 geänd. durch G v. 20. 12. 2007 (BGBl. I S. 3150); erstmals anzuwenden für Kj. 2010 nach den Verhältnissen im Kj. 2007.
³⁾ § 7 Abs. 2 neu gef. mWv 1. 1. 2012 durch G v. 7. 12. 2011 (BGBl. I S. 2592).

⁴ Die nach den Angaben der Arbeitgeber in der elektronischen Lohnsteuerbescheinigung einbehaltene Lohnsteuer gilt als von dem Land vereinnahmt, zu dem das Finanzamt gehört, an das die Lohnsteuer nach den Angaben in der elektronischen Lohnsteuerbescheinigung abgeführt worden ist (Einnahmeland).

(3)¹⁾˙²⁾ ¹ Für die Ermittlung der Verhältnisse im Feststellungszeitraum sind die für die Zerlegung maßgebenden Daten aus den elektronischen Lohnsteuerbescheinigungen für den Feststellungszeitraum oder die bei Durchführung der maschinellen Veranlagung zur Einkommensteuer auf den Feststellungszeitraum erstellten maschinell verwertbaren Datenträger, auf denen die für die Zerlegung maßgebenden Daten gespeichert sind, mit Stand 28. Februar des dritten Folgejahres, das dem Feststellungszeitraum folgt, an das Statistische Landesamt des Wohnsitzlandes zu leiten. ² Das Statistische Landesamt des Wohnsitzlandes hat anhand der Daten aus den elektronischen Lohnsteuerbescheinigungen und der maschinellen Datenträger, die ihm zugeleitet worden sind, die Lohnsteuer, die nicht vom Wohnsitzland vereinnahmt worden ist, zu ermitteln, die hiervon auf die Einnahmeländer entfallenden Beträge festzustellen und diese bis zum 30. Juni des dritten Kalenderjahres, das dem Feststellungszeitraum folgt, den obersten Finanzbehörden der Einnahmeländer mitzuteilen. ³ Die sich aus den Daten ergebenden Centbeträge der Lohnsteuer sind nicht zu berücksichtigen.

(4)³⁾ ¹ Die obersten Finanzbehörden der Einnahmeländer stellen nach den von den Statistischen Landesämtern der Wohnsitzländer mitgeteilten Beträgen fest, in welchem Verhältnis – ausgedrückt in Prozentsätzen – jeder der Beträge zu der im Feststellungszeitraum von ihnen vereinnahmten individuellen Lohnsteuer steht. ² Als vereinnahmte individuelle Lohnsteuer gilt die Differenz aus der insgesamt vereinnahmten Lohnsteuer und der für den Feststellungszeitraum bis zum 28. Februar des dritten Folgejahres angemeldeten pauschalen Lohnsteuer der Einnahmeländer. ³ Die Prozentsätze sind auf drei Stellen hinter dem Komma zu runden und den obersten Finanzbehörden der anderen Länder sowie dem Bundesministerium der Finanzen einschließlich der Berechnungsgrundlagen bis zum 15. August des dritten Kalenderjahres, das dem Feststellungszeitraum folgt, mitzuteilen.

(5) Die Prozentsätze gelten für die Zerlegung der Lohnsteuer im dritten Kalenderjahr, das dem Feststellungszeitraum folgt⁴⁾.

(6) Auf Grund der nach Absatz 4 festgestellten Prozentsätze haben die obersten Finanzbehörden der Einnahmeländer

1.⁵⁾ für jedes Kalendervierteljahr des Kalenderjahres, für das die Prozentsätze gelten (Absatz 5), die Zerlegungsanteile der Wohnsitzländer an der von ihnen in diesem Kalendervierteljahr vereinnahmten Lohnsteuer zu ermitteln sowie

---

¹⁾ § 7 Abs. 3 neu gef. durch G v. 15. 12. 2003 (BGBl. I S. 2645), Satz 1 geänd. durch G v. 20. 12. 2007 (BGBl. I S. 3150); erstmals anzuwenden für Kj. 2007 nach den Verhältnissen im Kj. 2004.
²⁾ § 7 Abs. 3 Sätze 1 und 2 geänd. mWv 1. 1. 2012 durch G v. 7. 12. 2011 (BGBl. I S. 2592).
³⁾ § 7 Abs. 4 neu gef. durch G v. 19. 12. 2008 (BGBl. I S. 2794); erstmals anzuwenden für Kj. 2010 nach den Verhältnissen im Kj. 2007 (§ 12 Abs. 3 Satz 1).
⁴⁾ § 7 Abs. 5 geänd. durch G v. 20. 12. 2007 (BGBl. I S. 3150); erstmals anzuwenden für Kj. 2010 nach den Verhältnissen im Kj. 2007.
⁵⁾ § 7 Abs. 6 Nr. 1 geänd. durch G v. 20. 12. 2007 (BGBl. I S. 3150); erstmals anzuwenden für Kj. 2010 nach den Verhältnissen im Kj. 2007.

2. für die folgenden Kalendervierteljahre Vorauszahlungen auf die Zerlegungs-anteile der Wohnsitzländer an der von ihnen in diesem Kalendervierteljahr vereinnahmten Lohnsteuer zu ermitteln, bis die für diese Zeiträume maß-gebenden Prozentsätze mitgeteilt worden sind.

(7) ¹Die Zerlegungsanteile und die Vorauszahlungen auf Zerlegungsanteile sind mit Ablauf der jeweiligen Kalendervierteljahre gegenüber den obersten Finanzbehörden der Wohnsitzländer abzurechnen. ²Vorauszahlungen auf Zerle-gungsanteile sind auf die jeweiligen Zerlegungsanteile anzurechnen. ³Die Ab-rechnung und Zahlung erfolgt in einem Clearingverfahren.

(7 a)¹⁾ ¹Die Absätze 1 bis 7 sind für die Zerlegung der Lohnsteuer für das Jahr 2015 und 2016 mit der Maßgabe anzuwenden, dass die Zerlegung vorläu-fig nach den für das Jahr 2011 ermittelten Prozentsätzen erfolgt; sie sind ferner für die Zerlegung der Lohnsteuer für das Jahr 2017 mit der Maßgabe anzu-wenden, dass die Zerlegung vorläufig nach den für das Jahr 2013 ermittelten Prozentsätzen erfolgt. ²Die endgültige Zerlegung der Lohnsteuer für die Jahre 2015, 2016 und 2017 erfolgt, wenn die hierzu erforderlichen Datengrundla-gen zur Verfügung stehen. ³Für die endgültige Zerlegung der Lohnsteuer für die Jahre 2015, 2016 und 2017 sind die Prozentsätze nach den Verhältnissen im jeweiligen Feststellungszeitraum gemäß den Absätzen 1 bis 3 festzusetzen; dabei dürfen die Prozentsätze für das Jahr 2013 vor den Prozentsätzen für das Jahr 2012 festgestellt werden.

(8) Die Vorschriften der §§ 185 bis 189 der Abgabenordnung sind auf das Verfahren bei der Zerlegung der Lohnsteuer nicht anzuwenden.

Abschnitt 4. Zerlegung des Zinsabschlags

§ 8²⁾ Zerlegung der Kapitalertragsteuer. (1)³⁾ ¹Der Länder- und Ge-meindeanteil am Aufkommen der Kapitalertragsteuer nach § 43 *Abs. 1 Satz 1 Nr. 6, [ab 1. 1. 2018:* Absatz 1 Satz 1 Nummer 5 bis] 7 und 8 bis 12 so-wie Satz 2 des Einkommensteuergesetzes werden kalendervierteljährlich zer-legt. ²Die Zerlegungsanteile bemessen sich nach Prozentsätzen des nach Wohnsitz oder Sitz des Steuerschuldners auf das jeweilige Land entfallen-den Anteils am Aufkommen nach Satz 1. ³Zur Ermittlung der Prozent-sätze hat die die Kapitalerträge auszahlende Stelle (Zahlstelle) anhand der ihr vorliegenden Unterlagen unter Anwendung der Postleitzahlen des Wohn-sitzes oder Sitzes die auf die einzelnen Länder entfallende Kapitalertragsteuer festzustellen. ⁴Bei Personenhandelsgesellschaften ist für die Zuordnung auf den Sitz der Gesellschaft, bei sonstigen Personenmehrheiten auf die von der Zahl-stelle geführte Anschrift abzustellen. ⁵Die Zahlstelle hat die festgestellten Da-ten bis zum zehnten des auf den Zufluss der Kapitalerträge folgenden Monats an das nach § 44 Abs. 1 Satz 5 des Einkommensteuergesetzes zuständige Fi-

---

¹⁾ § 7 Abs. 7a eingef. mWv 31. 12. 2014 durch G v. 22. 12. 2014 (BGBl. I S. 2417) und neu gef. mWv 31. 12. 2015 durch G v. 21. 12. 2015 (BGBl. I S. 2531).
²⁾ § 8 neu gef. mW für das Kj. 2009 durch G v. 14. 8. 2007 (BGBl. I S. 1912).
³⁾ § 8 Abs. 1 Satz 1 Verweis geänd. mWv 1. 1. 2018 durch G v. 19. 7. 2016 (BGBl. I S. 1730).

nanzamt entsprechend den Maßgaben des § 45 a Abs. 1 Satz 1 und 4 des Einkommensteuergesetzes zu übermitteln.[1)]

(2) [1]Die obersten Finanzbehörden der Länder haben für jedes Kalendervierteljahr das Aufkommen nach Absatz 1 Satz 1 und die nach Ländern zusammengefassten Mitteilungen nach Absatz 1 Satz 5 bis zum zehnten des Folgemonats eines Kalendervierteljahres dem Bundesministerium der Finanzen mitzuteilen. [2]Dieses stellt die Anteile der einzelnen Länder am Aufkommen nach Absatz 1 fest. [3]Die Abrechnung erfolgt im Rahmen eines Clearingverfahrens.

Abschnitt 4 a.[2)] Zerlegung der Einkommensteuer auf Einkünfte im Sinne des § 49 Abs. 1 Nr. 7 und 10 des Einkommensteuergesetzes, soweit durch Rechtsverordnung zu § 19 Abs. 6 der Abgabenordnung für die Einkommensbesteuerung von Personen, die beschränkt steuerpflichtig oder nach § 1 Abs. 3 des Einkommensteuergesetzes unbeschränkt steuerpflichtig sind und ausschließlich mit Einkünften im Sinne des § 49 Abs. 1 Nr. 7 und 10 des Einkommensteuergesetzes zu veranlagen sind, einer Finanzbehörde die örtliche Zuständigkeit übertragen wird

§ 8 a[2)] **Zerlegung der Einkommensteuer auf Einkünfte im Sinne des § 49 Abs. 1 Nr. 7 und 10 des Einkommensteuergesetzes nach Maßgabe der zu § 19 Abs. 6 der Abgabenordnung erlassenen Rechtsverordnung.** (1) Der Länder- und Gemeindeanteil am Aufkommen der Einkommensteuer auf Einkünfte im Sinne des § 49 Abs. 1 Nr. 7 und 10 des Einkommensteuergesetzes wird nach den Absätzen 2 bis 5 zerlegt, soweit durch Rechtsverordnung zu § 19 Abs. 6 der Abgabenordnung für die Einkommensbesteuerung von Personen, die beschränkt steuerpflichtig oder nach § 1 Abs. 3 des Einkommensteuergesetzes unbeschränkt steuerpflichtig sind und ausschließlich mit Einkünften im Sinne des § 49 Abs. 1 Nr. 7 und 10 des Einkommensteuergesetzes zu veranlagen sind, einer Finanzbehörde die örtliche Zuständigkeit übertragen worden ist und eine unmittelbare Zuordnung nach § 1 a nicht möglich ist.

(2) [1]Die Zerlegungsanteile der einzelnen Länder am Aufkommen nach Absatz 1 bemessen sich nach den Verhältnissen der Anzahl der entsprechenden Personen, die beschränkt steuerpflichtig oder nach § 1 Abs. 3 des Einkommensteuergesetzes unbeschränkt steuerpflichtig sind und ausschließlich mit Einkünften im Sinne des § 49 Abs. 1 Nr. 7 und 10 des Einkommensteuergesetzes zu veranlagen sind, die dort ihren letzten inländischen Wohnsitz hatten,

---

[1)] § 8 Abs. 1 Satz 5 ergänzt mW für Kj. 2009 durch G v. 20. 12. 2008 (BGBl. I S. 2850).
[2)] § 8 a eingef. mWv 25. 12. 2008 durch G v. 19. 12. 2008 (BGBl. I S. 2794).

sofern kein letzter inländischer Wohnsitz feststellbar ist, den letzten inländischen Tätigkeitsort hatten; sie werden jährlich neu bestimmt. [2]Für die Ermittlung der Zerlegungsanteile werden jeweils die festgestellten inländischen Wohnsitze bzw. inländischen Tätigkeitsorte für das dem Zerlegungsjahr vorausgehende Jahr zu Grunde gelegt.

(3) [1]Die Zerlegung wird monatlich durchgeführt. [2]Dabei wird der Länder- und Gemeindeanteil am Aufkommen nach Absatz 1 des jeweiligen Monats auf die einzelnen Länder nach den Zerlegungsanteilen nach Absatz 2 aufgeteilt; die obersten Finanzbehörden der Länder sind über die Berechnungsgrundlagen zu unterrichten. [3]Die so bestimmten Zahlungen sind am 15. des Folgemonats zu leisten. [4]Für jedes Zerlegungsjahr sind bis zum 15. Januar die in dem Zerlegungsjahr geltenden Zerlegungsanteile den obersten Finanzbehörden der Länder mitzuteilen.

(4) Die Feststellung des jeweiligen letzten inländischen Wohnsitzes bzw. Tätigkeitsortes der entsprechenden Personen, die beschränkt steuerpflichtig oder nach § 1 Abs. 3 des Einkommensteuergesetzes unbeschränkt steuerpflichtig sind und ausschließlich mit Einkünften im Sinne des § 49 Abs. 1 Nr. 7 und 10 des Einkommensteuergesetzes zu veranlagen sind, und die Bestimmung der Zerlegungsanteile sowie die Durchführung der Zerlegung einschließlich des Zahlungsverkehrs obliegen dem Land Mecklenburg-Vorpommern.

(5) [1]Abweichend von Absatz 2 werden in den Jahren 2009 bis 2011 folgende Zerlegungsanteile vorläufig zu Grunde gelegt:

Baden-Württemberg	23,52%
Bayern	18,39%
Berlin	5,65%
Brandenburg	1,38%
Bremen	0,86%
Hamburg	2,92%
Hessen	10,73%
Mecklenburg-Vorpommern	0,25%
Niedersachsen	8,40%
Nordrhein-Westfalen	19,19%
Rheinland-Pfalz	4,41%
Saarland	0,81%
Sachsen	0,82%
Sachsen-Anhalt	0,51%
Schleswig-Holstein	1,93%
Thüringen	0,23%.

[2]2012 erfolgt die endgültige Zerlegung für die Jahre 2009 bis 2011. [3]Hierbei werden die nach Absatz 2 ermittelten Zerlegungsanteile für das Jahr 2012 auch für die Jahre 2009 bis 2011 zu Grunde gelegt. [4]Die Abweichungsbeträge zu den Zahlungen auf der Grundlage der vorläufigen Zerlegungen für die Jahre 2009 bis 2011 sind am 15. Januar 2012 auszugleichen.

Abschnitt 5. Gemeinsame Vorschriften

§ 9 Zahlungen im Clearingverfahren. Die sich im Rahmen der Clearingverfahren ergebenden Zahlungen sind von den zahlungspflichtigen Ländern bis zum Ende des auf das jeweilige Kalendervierteljahr folgenden Monats an die obersten Finanzbehörden der empfangsberechtigten Länder zu überweisen.

§ 10 Erlöschen der Ansprüche. (1) Die Ansprüche nach den §§ 1 und 8 erlöschen, wenn sie nicht bis zum Ablauf des dritten auf die Vereinnahmung der Steuer folgenden Kalenderjahres geltend gemacht werden.

(2) Die Ansprüche nach § 7 erlöschen, wenn sie nicht bis zum Ablauf des vierten auf die Vereinnahmung der Steuer folgenden Kalenderjahres geltend gemacht werden.

§ 11 Rechtsweg. Für die Entscheidung von Rechtsstreitigkeiten auf Grund dieses Gesetzes ist der Finanzrechtsweg gegeben.

§ 12[1] Anwendung. (1) [1]Die vorstehende Fassung dieses Gesetzes ist, soweit in Satz 2 und in Absatz 2 nichts anderes geregelt ist, erstmals für den Veranlagungszeitraum 2015 anzuwenden. [2]Für die Zerlegung der Lohnsteuer und des Zinsabschlags ist die vorstehende Fassung dieses Gesetzes erstmals für das Kalenderjahr 2015 anzuwenden.

(2) § 2 Absatz 3 in der am 31. Juli 2014[2] geltenden Fassung ist erstmals für den Veranlagungszeitraum 2012 anzuwenden.

(3)[3] § 4 Absatz 1 und § 5 Absatz 1 Satz 1 in der Fassung des Artikels 17 des Gesetzes vom 20. Dezember 2016 (BGBl. I S. 3000) sind erstmals für die Zerlegung des ersten Kalendervierteljahres 2019 anzuwenden.

---

[1] § 12 neu gef. durch G v. 25. 7. 2014 (BGBl. I S. 1266).
[2] Datum des Tags nach der Verkündung des G v. 25. 7. 2014 (BGBl. I S. 1266).
[3] § 12 Abs. 3 angef. durch G v. 20. 12. 2016 (BGBl. I S. 3000).

808. Gesetz über den Finanzausgleich zwischen Bund und Ländern (Finanzausgleichsgesetz – FAG)[1)]

Vom 20. Dezember 2001 (BGBl. I S. 3955)

Geändert durch Viertes Gesetz für moderne Dienstleistungen am Arbeitsmarkt vom 24.12.2003 (BGBl. I S. 2954), Gesetz zur Neuorganisation der Bundesfinanzverwaltung und zur Schaffung eines Refinanzierungsregisters vom 22.9.2005 (BGBl. I S. 2809), Haushaltsbegleitgesetz 2006 vom 29.6.2006 (BGBl. I S. 1402), Föderalismusreform-Begleitgesetz vom 5.9.2006 (BGBl. I S. 2098), Gesetz zur Änderung des Zweiten Buches Sozialgesetzbuch und des Finanzausgleichsgesetzes vom 22.12.2006 (BGBl. I S. 3376), Achtes Gesetz zur Änderung des Gemeindefinanzreformgesetzes vom 31.7.2008 (BGBl. I S. 1626), Kinderförderungsgesetz vom 10.12.2008 (BGBl. I S. 2403), Jahressteuergesetz 2009 vom 19.12.2008 (BGBl. I S. 2794), Gesetz zur Umsetzung steuerrechtlicher Regelungen des Maßnahmenpakets „Beschäftigungssicherung durch Wachstumsstärkung" vom 21.12.2008 (BGBl. I S. 2896), Familienleistungsgesetz vom 22.12.2008 (BGBl. I S. 2955), Gesetz zur Sicherung der Beschäftigung und Stabilität in Deutschland vom 2.3.2009 (BGBl. I S. 416), Gesetz zur Neuregelung der Kraftfahrzeugsteuer und Änderung anderer Gesetze vom 29.5.2009 (BGBl. I S. 1170), Begleitgesetz zur zweiten Föderalismusreform vom 10.8.2009 (BGBl. I S. 2702), Wachstumsbeschleunigungsgesetz vom 22.12.2009 (BGBl. I S. 3950), Gesetz zur Abschaffung des Finanzplanungsrates und zur Übertragung der fortzuführenden Aufgaben auf den Stabilitätsrat sowie zur Änderung weiterer Gesetze vom 27.5.2010 (BGBl. I S. 671), Steuervereinfachungsgesetz 2011 vom 1.11.2011 (BGBl. I S. 2131), Gesetz zur Stärkung der Finanzkraft der Kommunen vom 6.12.2011 (BGBl. I S. 2563), Beitreibungsrichtlinie-Umsetzungsgesetz (BeitrRLUmsG) vom 7.12.2011 (BGBl. I S. 2592), Gesetz zur Besteuerung von Sportwetten vom 29.6.2012 (BGBl. I S. 1424), Gesetz zur zusätzlichen Förderung von Kindern unter drei Jahren in Tageseinrichtungen und in Kindertagespflege vom 15.2.2013 (BGBl. I S. 250), Gesetz zur Änderung des Finanzausgleichsgesetzes und der Bundeshaushaltsordnung vom 15.7.2013 (BGBl. I S. 2395), Gesetz zur innerstaatlichen Umsetzung des Fiskalvertrags vom 15.7.2013 (BGBl. I S. 2398), Aufbauhilfegesetz vom 15.7.2013 (BGBl. I S. 2401), Gesetz zur weiteren Entlastung von Ländern und Kommunen ab 2015 und zum quantitativen und qualitativen Ausbau der Kindertagesbetreuung sowie zur Änderung des Lastenausgleichsgesetzes vom 22.12.2014 (BGBl. I S. 2411), Gesetz zur Förderung von Investitionen finanzschwacher Kommunen und zur Entlastung von Ländern und Kommunen bei der Aufnahme und Unterbringung von Asylbewerbern vom 24.6.2015 (BGBl. I S. 974), Asylverfahrensbeschleunigungsgesetz vom 20.10.2015 (BGBl. I S. 1722), Gesetz zur Änderung des Kommunalinvestitionsförderungsgesetzes und zur Änderung weiterer Gesetze vom 21.11.2016 (BGBl. I S. 2613), Gesetz zur Beteiligung des Bundes an den Kosten der Integration und zur weiteren Entlastung von Ländern und Kommunen vom 1.12.2016 (BGBl. I S. 2755), Gesetz zur Neuregelung des bundesstaatlichen Finanzausgleichssystems ab dem Jahr 2020 und zur Änderung rechtlicher Vorschriften vom 14.8.2017 (BGBl. I S. 3122), Gesetz zur fortgesetzten Beteiligung des Bundes an den Integrationskosten der Länder und zur Regelung der Folgen der Abfinanzierung des Fonds „Deutsche Einheit" vom 17.12.2018 (BGBl. I S. 2522), Gesetz zur Weiterentwicklung der Qualität und zur Teilhabe in der Kindertagesbetreuung vom 19.12.2018 (BGBl. I S. 2696), Gesetz zur Reform des Grundsteuer- und Bewertungsrechts (Grundsteuer-Reformgesetz – GrStRefG) vom 26.11.2019 (BGBl. I S. 1794), Gesetz zur Beteiligung des Bundes an den Integrationskosten der Länder und Kommunen in den Jahren 2020 und 2021 vom 9.12.2019 (BGBl. I S. 2051), Gesetz zur Umsetzung des Klimaschutzprogramms 2030 im Steuerrecht vom 21.12.2019 (BGBl. I S. 2886), Zweites Gesetz zur Umsetzung steuerlicher Hilfsmaßnahmen zur Bewältigung der

---

[1)] Das FAG ist als Art. 5 des Solidarpaktfortführungsgesetzes v. 20.12.2001 verkündet worden. Es tritt mWv 1.1.2005 in Kraft. Gleichzeitig tritt das FAG v. 23.6.1993 außer Kraft.

Corona-Krise (Zweites Corona-Steuerhilfegesetz) vom 29.6.2020 (BGBl. I S. 1512), Gesetz zur Anpassung der Ergänzungszuweisungen des Bundes nach § 11 Absatz 4 des Finanzausgleichsgesetzes und zur Beteiligung des Bundes an den flüchtlingsbezogenen Kosten der Länder vom 3.12.2020 (BGBl. I S. 2657), Gesetz zur Änderung des Rennwett- und Lotteriegesetzes und der Ausführungsbestimmungen zum Rennwett- und Lotteriegesetz vom 25.6.2021 (BGBl. I S. 2065), Gesetz zur erleichterten Umsetzung der Reform der Grundsteuer und Änderung weiterer steuerrechtlicher Vorschriften (Grundsteuerreform-Umsetzungsgesetz – GrStRefUG) vom 16.7.2021 (BGBl. I S. 2931), Aufbauhilfegesetz 2021 (AufbhG 2021) vom 10.9.2021 (BGBl. I S. 4147), Ganztagsförderungsgesetz (GaFöG) vom 2.10.2021 (BGBl. I S. 4602), Gesetz zur Regelung eines Sofortzuschlages und einer Einmalzahlung in den sozialen Mindestsicherungssystemen sowie zur Änderung des Finanzausgleichsgesetzes und weiterer Gesetze vom 23.5.2022 (BGBl. I S. 760), Gesetz zur Änderung des Finanzausgleichsgesetzes, des Stabilitätsratsgesetzes sowie weiterer Gesetze vom 4.12.2022 (BGBl. I S. 2142) und KiTa-Qualitätsgesetz vom 20.12.2022 (BGBl. I S. 2791)

BGBl. III/FNA 603–12

Erster Abschnitt. Steuerverteilung zwischen Bund und Ländern sowie unter den Ländern

§ 1[1]**) Anteile von Bund und Ländern an der Umsatzsteuer.** (1) Das Aufkommen der Umsatzsteuer wird auf Bund, Länder und Gemeinden nach folgenden Prozentsätzen aufgeteilt:

	Bund	Länder	Gemeinden
ab 2020	52,81398351	45,19007254	1,99594395.

(2) Die im Folgenden genannten Beträge verändern die Anteile des Bundes, der Länder und Gemeinden nach Absatz 1:

Kalender-jahr	Bund	Länder	Gemeinden
2020	minus 20 533 717 472 Euro	15 858 934 915 Euro	4 674 782 557 Euro
2021	minus 17 142 407 683 Euro	12 988 407 683 Euro	4 154 000 000 Euro
2022	minus 15 008 682 590 Euro	12 608 682 590 Euro	2 400 000 000 Euro
2023	minus 9 892 407 683 Euro	7 492 407 683 Euro	2 400 000 000 Euro
2024	minus 10 080 407 683 Euro	7 680 407 683 Euro	2 400 000 000 Euro

---

[1]) § 1 neu gef. mWv 1.1.2020 durch G v. 14.8.2017 (BGBl. I S. 3122); Abs. 2 neu gef. mWv 1.1.2020 durch G v. 17.12.2018 (BGBl. I S. 2522); Abs. 1 geänd., Abs. 2 neu gef., Abs. 4 aufgeh. mWv 1.1.2020 durch G v. 9.12.2019 (BGBl. I S. 2051); Abs. 2 neu gef. mWv 1.1.2020 durch G v. 21.12.2019 (BGBl. I S. 2886); Abs. 2 geänd. durch G v. 29.6.2020 (BGBl. I S. 1512); Abs. 2 geänd. durch G v. 3.12.2020 (BGBl. I S. 2657); Abs. 2 geänd., Abs. 6 angef. durch G v. 16.7.2021 (BGBl. I S. 2931); Abs. 2 geänd. durch G v. 23.5.2022 (BGBl. I S. 760); Abs. 2 geänd. durch G v. 4.12.2022 (BGBl. I S. 2142).

Kalender- jahr	Bund	Länder	Gemeinden
2025	minus 9 705 407 683 Euro	7 305 407 683 Euro	2 400 000 000 Euro
2026	minus 9 705 407 683 Euro	7 305 407 683 Euro	2 400 000 000 Euro
ab 2027	minus 9 517 407 683 Euro	7 117 407 683 Euro	2 400 000 000 Euro.

(2a)[1] Zur finanziellen Beteiligung der Länder an der Bekämpfung der durch die Starkregenfälle und das Hochwasser im Juli 2021 verursachten Schäden und dem Wiederaufbau erhöhen sich die in Absatz 2 genannten Beträge für den Bund um jeweils 233 333 333 Euro in den Jahren von 2021 bis 2050; die in Absatz 2 genannten Beträge für die Länder verringern sich entsprechend umd jeweils 233 333 333 Euro in den Jahren von 2021 bis 2050.

(3) Diese Aufteilung der Umsatzsteuer gilt jeweils für alle Beträge, die während der Geltungsdauer des Beteiligungsverhältnisses vereinnahmt oder erstattet werden.

[Abs. 5 aktuelle Fassung:]

(5)[3] Zum Ausgleich für Belastungen der Länder aus dem Ki-Ta-Qualitäts- und -Teilhabeverbesserungsgesetz vom 19. Dezember 2018 (BGBl. I S. 2696) und aus der Änderung des Achten Buches Sozialgesetzbuch durch die Artikel 1 und 2 des Gesetzes vom 19. Dezember 2018 (BGBl. I S. 2696) verringern sich die in Absatz 2 genannten Beträge für den Bund im Jahr 2020 um 993 Millionen Euro und in den Jahren 2021 und 2022 um jeweils 1993 Millionen Euro; die in Absatz 2 genannten Beträge für die Länder erhöhen sich entsprechend im Jahr 2020 um 993 Millionen Euro und in den Jahren 2021 und 2022 um jeweils 1993 Millionen Euro.

[ab 1.1.2026:][2]

(4) Zum anteiligen Ausgleich für laufende Belastungen der Länder, die diesen aus der stufenweisen Einführung eines Anspruchs auf ganztägige Förderung für Grundschulkinder durch Artikel 1 Nummer 2 und 3 des Ganztagsförderungsgesetzes vom 2. Oktober 2021 (BGBl. I S. 4602) entstehen, verringern sich die in Absatz 2 genannten Beträge für den Bund im Jahr 2026 um 135 Millionen Euro, im Jahr 2027 um 460 Millionen Euro, im Jahr 2028 um 785 Millionen Euro, im Jahr 2029 um 1110 Millionen Euro und in den Jahren ab 2030 um jeweils 1 300 Millionen Euro; die in Absatz 2 genannten Beträge für die Länder erhöhen sich entsprechend im Jahr 2026 um 135 Millionen Euro, im

---

[1] § 1 Abs. 2a eingef. durch AufbhG 2021 vom 10.9.2021 (BGBl. I S. 4147).

[2] § 1 Abs. 4 eingef. mWv 1.1.2026 durch G v. 2.10.2021 (BGBL. I S. 4602); gleichzeitig tritt Abs. 5 außer Kraft.

[3] § 1 Abs. 5 angef. durch G v. 19.12.2018 (BGBl. I S. 2696); zum Inkrafttreten siehe BGBl. I S. 1868.

[Abs. 5 neue Fassung ab unbestimmt:]

(5)[1] Zum Ausgleich für Belastungen der Länder aus dem KiTa-Qualitäts- und -Teilhabeverbesserungsgesetz vom 19. Dezember 2018 (BGBl. I S. 2696) und aus der Änderung des Achten Buches Sozialgesetzbuch durch die Artikel 1 und 2 des Gesetzes vom 19. Dezember 2018 (BGBl. I S. 2696) verringern sich die in Absatz 2 genannten Beträge für den Bund im Jahr 2020 um 993 Millionen Euro, in den Jahren 2021 und 2022 um jeweils 1993 Millionen Euro, im Jahr 2023 um 1884 Millionen Euro und im Jahr 2024 um 1993 Millionen Euro; die in Absatz 2 genannten Beträge für die Länder erhöhen sich entsprechend im Jahr 2020 um 993 Millionen Euro, in den Jahren 2021 und 2022 um jeweils 1993 Millionen Euro, im Jahr 2023 um 1884 Millionen Euro und im Jahr 2024 um 1993 Millionen Euro.

[ab 1.1.2026:]

im Jahr 2027 um 460 Millionen Euro, im Jahr 2028 um 785 Millionen Euro, im Jahr 2029 um 1110 Millionen Euro und in den Jahren ab 2030 um jeweils 1300 Millionen Euro.

(5) *(aufgehoben)*

(6) Um den finanziellen Lasten der Länder, die ihnen aus der Umsetzung des Aktionsprogramms „Aufholen nach Corona für Kinder und Jugendliche für die Jahre 2021 und 2022" im eigenen Zuständigkeitsbereich entstehen, Rechnung zu tragen, verringern sich die in Absatz 2 genannten Beträge für den Bund im Jahr 2021 um weitere 430 Millionen Euro und im Jahr 2022 um weitere 860 Millionen Euro; die in Absatz 2 genannten Beträge für die Länder erhöhen sich entsprechend im Jahr 2021 um weitere 430 Millionen Euro und im Jahr 2022 um weitere 860 Millionen Euro.

§ 2[2] **Verteilung der Umsatzsteuer unter den Ländern.** [1]Der Länderanteil an der Umsatzsteuer wird vorbehaltlich des gemäß § 4 durchzuführenden Finanzkraftausgleichs nach dem Verhältnis ihrer Einwohnerzahlen auf die Länder verteilt. [2]Hierbei sind die Einwohnerzahlen zugrunde zu legen, die das Statistische Bundesamt zum 30. Juni des Kalenderjahres, für das der Ausgleich durchgeführt wird (Ausgleichsjahr), festgestellt hat.

[1] § 1 Abs. 5 neu gef. durch G v. 20.12.2022 (BGBL. I S. 2791); zum Inkrafttreten vgl. Art. 3 Abs. 2 des G v. 20.12.2022:
„(2) [1]Artikel 2 tritt in Kraft, sobald alle Länder und die Bundesrepublik Deutschland die Verträge nach § 4 Absatz 2 des KiTa-Qualitäts- und -Teilhabeverbesserungsgesetzes geändert haben. [2]Der Bundesminister der Finanzen gibt den Tag des Inkrafttretens im Bundesgesetzblatt bekannt."
[2] § 2 neu gef. mWv 1.1.2020 durch G v. 14.8.2017 (BGBl. I S. 3122).

§ 3 Verteilung der Gewerbesteuerumlage unter den Ländern. Die Gewerbesteuerumlage steht den Ländern insoweit zu, als die Gewerbesteuer in dem Gebiet des einzelnen Landes vereinnahmt wird.

Zweiter Abschnitt. Angemessener Ausgleich der unterschiedlichen Finanzkraft[1)]

§ 4[2)] Finanzkraftausgleich. [1]Der Verteilung der Umsatzsteuer unter den Ländern ist ein angemessener Ausgleich der unterschiedlichen Finanzkraftverhältnisse hinzuzurechnen. [2]Zu diesem Zweck erfolgt die Verteilung der Umsatzsteuer gemäß § 2 nach der Hinzurechnung von Zuschlägen zu und Abschlägen von der Finanzkraft.

§ 5[3)] Abschläge und Zuschläge zum Zweck des Finanzkraftausgleichs. (1) Abschläge werden von den Ländern erhoben, deren Finanzkraftmesszahl im Ausgleichsjahr ihre Ausgleichsmesszahl übersteigt.

(2) Zuschläge werden den Ländern gewährt, deren Finanzkraftmesszahl im Ausgleichsjahr ihre Ausgleichsmesszahl nicht erreicht.

§ 6 Finanzkraftmesszahl, Ausgleichsmesszahl. (1) Die Finanzkraftmesszahl eines Landes ist die Summe der Einnahmen des Landes nach § 7 und der Steuereinnahmen seiner Gemeinden nach § 8.

(2) [1]Die Ausgleichsmesszahl eines Landes ist die Summe der beiden Messzahlen, die zum Ausgleich der Einnahmen der Länder nach § 7 und zum Ausgleich der Steuereinnahmen der Gemeinden nach § 8 getrennt festgestellt werden. [2]Die Messzahlen ergeben sich aus den auszugleichenden Einnahmen je Einwohner der Ländergesamtheit, vervielfacht mit der Einwohnerzahl des Landes; hierbei sind die nach § 9 gewerteten Einwohnerzahlen zugrunde zu legen.

§ 7[4)] Einnahmen der Länder aus Steuern und Förderabgabe. (1) [1]Als Steuereinnahmen eines Landes gelten die ihm im Ausgleichsjahr zugeflossenen Einnahmen

1. aus seinem Anteil an der Einkommensteuer und der Körperschaftsteuer;

2. aus seinem Anteil an der Gewerbesteuerumlage nach § 6 des Gemeindefinanzreformgesetzes;

3. aus der Vermögensteuer, der Erbschaftsteuer, der Biersteuer, der Steuern nach dem Rennwett- und Lotteriegesetz mit Ausnahme der Totalisatorsteu-

---

[1)] Überschr. neu gef. mWv 1.1.2020 durch G v. 14.8.2017 (BGBl. I S. 3122).
[2)] § 4 neu gef. mWv 1.1.2020 durch G v. 14.8.2017 (BGBl. I S. 3122).
[3)] § 5 Überschr. und Abs. 1 neu gef., Abs. 2 geänd. mWv 1.1.2020 durch G v. 14.8.2017 (BGBl. I S. 3122).
[4)] § 7 Abs. 1, 2 und 3 geänd. mWv 1.1.2020 durch G v. 14.8.2017 (BGBl. I S. 3122); Abs. 1 Satz 1 Nr. 3 geänd. mWv 1.7.2021 durch G v. 25.6.2021 (BGBl. I S. 2065).

er, der Feuerschutzsteuer und der Spielbankabgabe mit Ausnahme der Sonderabgabe und der Troncabgabe;

4. nach dem Gesetz zur Regelung der finanziellen Kompensation zugunsten der Länder infolge der Übertragung der Ertragshoheit der Kraftfahrzeugsteuer auf den Bund.

[2]Als Steuereinnahme eines Landes gilt ebenfalls seine Steuerkraftzahl der Grunderwerbsteuer im Ausgleichsjahr. [3]Als Steuerkraftzahlen werden für die einzelnen Länder die Beträge angesetzt, die sich ergeben, wenn die im Bundesgebiet insgesamt im Ausgleichsjahr aufgekommene Grunderwerbsteuer im Verhältnis der dem Aufkommen zu Grunde liegenden länderweisen Steuerbemessungsgrundlagen der Grunderwerbsteuer verteilt wird. [4]Für Fälle der Pauschalbesteuerung nach § 12 des Grunderwerbsteuergesetzes ist zur Ermittlung der Steuerbemessungsgrundlage der Pauschalbetrag durch den Steuersatz zu dividieren, der zum Zeitpunkt des pauschaliert besteuerten Rechtsvorgangs gültig war. [5]Als Steuereinnahmen eines Landes gelten ferner die sich nach § 2 entsprechend seinem Einwohneranteil für das Ausgleichsjahr ergebenden Anteile der Umsatzsteuer.

(2) Den Steuereinnahmen der Länder nach Absatz 1 werden 33 Prozent des Aufkommens aus der Förderabgabe nach § 31 des Bundesberggesetzes hinzugesetzt.

(3) [1]Die Einnahmen nach den Absätzen 1 und 2 werden in den Ländern gekürzt, in denen die Veränderungsrate der Steuereinnahmen nach Absatz 1 Satz 1 bis 4[1] je Einwohner im Ausgleichsjahr gegenüber dem dem Ausgleichsjahr vorausgehenden Kalenderjahr die entsprechende Veränderungsrate der Ländergesamtheit übersteigt. [2]Dabei sind die Einwohnerzahlen maßgebend, die das Statistische Bundesamt jeweils zum 30. Juni des Ausgleichsjahres und des dem Ausgleichsjahr vorausgehenden Kalenderjahres festgestellt hat. [3]Der Kürzungsbetrag wird auf 12 Prozent des Betrages festgesetzt, der sich ergibt, wenn die Veränderungsrate der Steuereinnahmen eines Landes nach Absatz 1 Satz 1 bis 4[1] je Einwohner im Ausgleichsjahr, soweit sie die entsprechende Veränderungsrate der Ländergesamtheit übersteigt, vervielfacht wird mit den Steuereinnahmen des Landes nach Absatz 1 Satz 1 bis 4[1] je Einwohner des dem Ausgleichsjahr vorausgehenden Kalenderjahres sowie mit der Einwohnerzahl des Ausgleichsjahres.

§ 8 Steuereinnahmen der Gemeinden. (1) [1]Als Steuereinnahmen der Gemeinden eines Landes gelten nach Maßgabe des Absatzes 3

1. die Gemeindeanteile an der Umsatzsteuer und an der Einkommensteuer im Ausgleichsjahr,

2. die Steuerkraftzahlen der Grundsteuern und der Gewerbesteuer nach Absatz 2, vermindert um die im Ausgleichsjahr geleistete Gewerbesteuerumlage.

[2]Für die von den Gemeinden geleistete Gewerbesteuerumlage sind die Feststellungen der Länder maßgebend.

---

[1] Verweis geänd. durch G v. 5.9.2006 (BGBl. I S. 2098).

[Fassung bis 31.12.2024:]

(2) ¹ Als Steuerkraftzahlen der Grundsteuer von den land- und forstwirtschaftlichen Betrieben, der Grundsteuer von den Grundstücken und der Gewerbesteuer werden jeweils für die einzelnen Länder die Beträge angesetzt, die sich ergeben, wenn die im Bundesgebiet insgesamt im Ausgleichsjahr aufgekommenen einzelnen Realsteuern im Verhältnis der länderweisen Grundbeträge dieser Steuern in dem dem Ausgleichsjahr vorausgehenden Kalenderjahr verteilt werden. ² Dabei sind die Grundbeträge maßgebend, die das Statistische Bundesamt nach dem Ergebnis der Gemeindefinanzstatistik festgestellt hat.

[Fassung ab 1.1.2025:]

(2)¹⁾ ¹ Als Steuerkraftzahlen der Gewerbesteuer werden jeweils für die einzelnen Länder die Beträge angesetzt, die sich ergeben, wenn die im Bundesgebiet insgesamt im Ausgleichsjahr aufgekommene Gewerbesteuer im Verhältnis der länderweisen Grundbeträge dieser Steuern in dem dem Ausgleichsjahr vorausgehenden Kalenderjahr verteilt werden. ² Dabei sind die Grundbeträge maßgebend, die das Statistische Bundesamt nach dem Ergebnis der Gemeindefinanzstatistik festgestellt hat. ³ Als Steuerkraftzahlen der Grundsteuer von den land- und forstwirtschaftlichen Betrieben und der Grundsteuer von den Grundstücken werden für die einzelnen Länder jeweils die Beträge angesetzt, die sich ergeben, wenn die im Bundesgebiet insgesamt im Ausgleichsjahr aufgekommen Grundsteuern jeweils im Verhältnis der Summen der nach bundesgesetzlich normiertem Bewertungsrecht berechneten Grundsteuermessbeträge, die die Länder für das dem Ausgleichsjahr vorausgehende Kalenderjahr für ihr Gebiet festzustellen haben, verteilt werden; dies gilt nicht, soweit das Statistische Bundesamt für alle Länder in bundeseinheitlicher Abgrenzung Grundbeträge der Grundsteuern festgestellt hat. ⁴ Bei der Ermittlung der Summen nach Satz 3 ist unverhältnismäßiger Verwaltungsaufwand zu vermeiden. ⁵ Für die Steuerpflichtigen darf durch das Verfahren zur Normierung des Grundsteueraufkommens keine gesonderte Erklärungspflicht entstehen.

(3) Die Steuereinnahmen der Gemeinden eines Landes nach Absatz 1 werden je für sich auf 75 Prozent²⁾ herabgesetzt.

---

¹⁾ § 8 Abs. 2 neu gef. mWv 1.1.2025 durch G v. 26.11.2019 (BGBl. I S. 1794).
²⁾ Prozentsatz geänd. mWv 1.1.2020 durch G v. 14.8.2017 (BGBl. I S. 3122).

[Fassung ab 1.1.2025:

(4)[1] Für die Ausgleichsjahre 2025 bis 2027 werden bei der Ermittlung der Steuerkraftzahlen der Grundsteuer von den land- und fortwirtschaftlichen Betrieben und der Grundsteuer von den Grundstücken abweichend von den Regelungen in Absatz 2 jeweils die vom Statistischen Bundesamt festgestellten Grundbeträge des Jahres 2024 angesetzt.

(5)[1] Für die Ausgleichsjahre 2028 und 2029 werden bei der Ermittlung der Steuerkraftzahlen der Grundsteuer von den land- und forstwirtschaftlichen Betrieben und der Grundsteuer von den Grundstücken abweichend von den Regelungen in Absatz 2 jeweils die Steuerkraftzahlen für jedes Land ermittelt, indem jeweils anteilig

1. die Grundbeträge nach Absatz 4
   im Jahr 2028 zu 67 Prozent und
   im Jahr 2029 zu 33 Prozent sowie

2. die für das dem Ausgleichsjahr vorangehende Kalenderjahr ermittelten Beträge gemäß Absatz 2
   im Jahr 2028 zu 33 Prozent und
   im Jahr 2029 zu 67 Prozent

zugrunde gelegt werden.

(6)[1] Das Bundesministerium der Finanzen kann in der Verordnung nach § 14 Absatz 4 für die Ausgleichsjahre 2025 bis 2029 bei den Grundsteuern in Anlehnung an die Festlegungen in Absatz 4 von § 13 Nummer 2 abweichende Festlegungen treffen.]

§ 9 Einwohnerzahl. (1) Der Ausgleichsmesszahl eines Landes wird die Einwohnerzahl (Wohnbevölkerung) zugrunde gelegt, die das Statistische Bundesamt zum 30. Juni des Ausgleichsjahres festgestellt hat.

(2) Bei der Ermittlung der Messzahlen zum Ausgleich der Einnahmen der Länder nach § 7 werden die Einwohnerzahlen der Länder Berlin, Bremen und Hamburg mit 135 Prozent und die Einwohnerzahlen der übrigen Länder mit 100 Prozent gewertet.

(3) Bei der Ermittlung der Messzahlen zum Ausgleich der Steuereinnahmen der Gemeinden nach § 8 werden die Einwohnerzahlen der Länder Berlin, Bremen und Hamburg mit 135 Prozent, die Einwohnerzahl des Landes Mecklenburg-Vorpommern mit 105 Prozent, die Einwohnerzahl des Landes Brandenburg mit 103 Prozent, die Einwohnerzahl des Landes Sachsen-Anhalt mit 102 Prozent und die Einwohnerzahlen der übrigen Länder mit 100 Prozent gewertet.

§ 10[2] Bemessung der Zu- und Abschläge. (1) Die Höhe des Zuschlags, der einem Land zu gewähren ist, beträgt 63 Prozent des Betrags, um den die Ausgleichsmesszahl dieses Landes seine Finanzkraftmesszahl übersteigt.

---

[1] § 8 Abs. 4 bis 6 angef. mWv 1.1.2025 durch G v. 26.11.2019 (BGBl. I S. 1794).
[2] § 10 neu gef. mWv 1.1.2020 durch G v. 14.8.2017 (BGBl. I S. 3122).

(2) [1]Die Höhe des Abschlags, der von einem Land zu erheben ist, beträgt 63 Prozent des Betrags, um den die Finanzkraftmesszahl dieses Landes seine Ausgleichsmesszahl übersteigt. [2]Soweit die Höhe des Abschlags eines Landes seinen nach § 2 ermittelten Anteil übersteigt, ist der Unterschiedsbetrag von diesem Land aufzubringen.

Dritter Abschnitt. Bundesergänzungszuweisungen

§ 11[1]) Bundesergänzungszuweisungen. (1) Der Bund gewährt aus seinen Mitteln leistungsschwachen Ländern Bundesergänzungszuweisungen zur ergänzenden Deckung ihres allgemeinen Finanzbedarfs sowie zum Ausgleich von Sonderlasten nach Maßgabe der Absätze 2 bis 6.

(2) [1]Zur ergänzenden Deckung ihres allgemeinen Finanzbedarfs erhalten leistungsschwache Länder allgemeine Bundesergänzungszuweisungen. [2]Leistungsschwach im Sinne von Satz 1 ist ein Land, dessen Summe aus Finanzkraftmesszahl und Zuschlag nach § 10 Fehlbeträge an 99,75 Prozent der Ausgleichsmesszahl des Ausgleichsjahres aufweist. [3]Ein leistungsschwaches Land erhält 80 Prozent dieser Fehlbeträge als allgemeine Bundesergänzungszuweisungen.

(3) [1]Zum Ausgleich von Sonderlasten durch die strukturelle Arbeitslosigkeit und der daraus entstehenden überproportionalen Lasten bei der Zusammenführung von Arbeitslosenhilfe und Sozialhilfe für Erwerbsfähige erhalten nachstehende Länder jährlich folgende Sonderbedarfs-Bundesergänzungszuweisungen:

Brandenburg	15 580 000 Euro,
Mecklenburg-Vorpommern	10 496 000 Euro,
Sachsen	26 158 000 Euro,
Sachsen-Anhalt	15 334 000 Euro,
Thüringen	14 432 000 Euro.

[2]Bund und Länder überprüfen gemeinsam in einem Abstand von drei Jahren, beginnend im Jahr 2022, in welcher Höhe die Sonderlasten dieser Länder ab dem jeweils folgenden Jahr auszugleichen sind. [3]Die Sonderlasten sind entsprechend den im Jahr vor der Überprüfung gegebenen einwohnerbezogenen Verhältnissen der Bedarfsgemeinschaften und der Entwicklung der Kosten der Unterkunft im Durchschnitt der Länder Brandenburg, Mecklenburg-Vorpommern, Sachsen, Sachsen-Anhalt und Thüringen im Verhältnis zum Durchschnitt der Länder Baden-Württemberg, Bayern, Hessen, Niedersachsen, Nordrhein-Westfalen, Rheinland-Pfalz, Saarland und Schleswig-Holstein in Bezug zum Ausgangsjahr 2005 zu ermitteln.

(4) [1]Wegen überdurchschnittlich hoher Kosten politischer Führung erhalten nachstehende Länder jährlich folgende Sonderbedarfs-Bundesergänzungszuweisungen:

Berlin	58 671 000 Euro,

---

[1]) § 11 neu gef. mWv 1.1.2020 durch G v. 14.8.2017 (BGBl. I S. 3122); Abs. 3 Satz 1 geänd. mWv 1.1.2020 durch G v. 9.12.2019 (BGBl. I S. 2051); Abs. 4 Satz 1 neu gef. durch G. v. 3.12.2020 (BGBl. I S. 2657); Abs. 3 Satz 1 geänd. mWv 1.1.2023 durch G v. 4.12.2022 (BGBl. I S. 2142).

Brandenburg	80 674 000 Euro,
Bremen	60 332 000 Euro,
Mecklenburg-Vorpommern	71 959 000 Euro,
Rheinland-Pfalz	48 337 000 Euro,
Saarland	66 309 000 Euro,
Sachsen	47 371 000 Euro,
Sachsen-Anhalt	70 993 000 Euro,
Schleswig-Holstein	66 308 000 Euro,
Thüringen	71 432 000 Euro.

²Bund und Länder überprüfen gemeinsam die Voraussetzungen der Vergabe in einem Abstand von fünf Jahren, erstmals im Jahr 2023, im Hinblick auf die Vergabe im jeweils übernächsten Jahr.

(5) ¹Leistungsschwache Länder, in denen die kommunalen Steuereinnahmen gemäß § 8 Absatz 1 und 2 im Ausgleichsjahr je Einwohner weniger als 80 Prozent des Durchschnitts aller gemäß § 8 Absatz 1 und 2 ermittelten Steuereinnahmen der Gemeinden betragen, erhalten Bundesergänzungszuweisungen zum Ausgleich besonders geringer kommunaler Steuerkraft. ²Die Zuweisungen erfolgen in Höhe von 53,5 Prozent des zu 80 Prozent des Durchschnitts bestehenden Fehlbetrages. ³Für die Berechnung der Zuweisungen sind die nach § 9 Absatz 1 ermittelten Einwohnerzahlen maßgebend. ⁴Absatz 2 Satz 2 gilt entsprechend.

(6) ¹Zuweisungen werden leistungsschwachen Ländern gewährt, die aus Mitteln der Forschungsförderung nach Artikel 91b des Grundgesetzes einen Forschungsnettozufluss in Höhe von weniger als 95 Prozent des den Ländern durchschnittlich gewährten Forschungsnettozuflusses erhalten haben. ²Diese Länder erhalten pro Einwohner Ergänzungszuweisungen des Bundes in Höhe von 35 Prozent des zu 95 Prozent des durchschnittlich von den Ländern vereinnahmten Forschungsnettozuflusses bestehenden Fehlbetrages. ³Forschungsnettozufluss ist der Nettozufluss pro Einwohner in der von der Gemeinsamen Wissenschaftskonferenz für das dem Ausgleichsjahr sieben Jahre vorausgehende Jahr festgestellten Höhe. ⁴Absatz 2 Satz 2 gilt entsprechend.

(7) Die Bundesergänzungszuweisungen nach § 11 sind abweichend von § 10 Abs. 3, § 12 Abs. 1 und 4 des Haushaltsgrundsätzegesetzes sowie von § 13 Abs. 3, § 15 Abs. 1 und § 17 Abs. 1 der Bundeshaushaltsordnung bei den Einnahmen darzustellen.

Vierter Abschnitt. Vollzug und Abrechnung der Umsatzsteuerverteilung, des Finanzkraftausgleichs und der Bundesergänzungszuweisungen¹⁾

§ 12²⁾ Feststellung der Umsatzsteueranteile. Das Bundesministerium der Finanzen stellt nach Ablauf des Ausgleichsjahres die endgültige Höhe der

---

¹⁾ Überschr. geänd. mWv 1.1.2020 durch G v. 14.8.2017 (BGBl. I S. 3122).
²⁾ § 12 Überschr. und Wortlaut geänd. mWv 1.1.2020 durch G v. 14.8.2017 (BGBl. I S. 3122).

Länderanteile an der Umsatzsteuer durch Rechtsverordnung fest, die der Zustimmung des Bundesrates bedarf.

§ 12a[1] Abweichende Bestimmungen für die Ausgleichsjahre 2022 und 2023. Für die Ausgleichsjahre 2022 und 2023 sind in der Rechtsverordnung nach § 12 die Unterschiede zwischen den fortgeschriebenen Einwohnerzahlen der Länder auf der Grundlage des Zensus 2022 einerseits und den fortgeschriebenen Einwohnerzahlen der Länder auf der Grundlage des Zensus 2011 andererseits wie folgt zu berücksichtigen: Die Einwohnerzahlen der Länder nach den §§ 2, 7 Absatz 3 und § 9 Absatz 1 werden ermittelt, indem den Einwohnerzahlen der Länder auf der Grundlage des Zensus 2011 für das Ausgleichsjahr 2022 ein Drittel und für das Ausgleichsjahr 2023 zwei Drittel der Unterschiede nach Satz 1 hinzugerechnet werden.

§ 13[2] Verteilung der Umsatzsteuer und Vollzug des Finanzkraftausgleichs während des Ausgleichsjahres. [1]Die Verteilung der Umsatzsteuer und der Finanzkraftausgleich werden während des Ausgleichsjahres aufgrund vorläufiger Bemessungsgrundlagen vorgenommen. [2]Die vorläufigen Anteile an der Umsatzsteuer sowie die vorläufigen Zuschläge zu und Abschläge von der Finanzkraft werden nach den §§ 2 sowie 4 bis 10 ermittelt; jedoch werden zugrunde gelegt

1. die Einnahmen der Länder nach § 7 Abs. 1 und 2 sowie die Gemeindeanteile an der Umsatzsteuer und an der Einkommensteuer und die Gewerbesteuerumlage nach § 8 in dem Jahreszeitraum, der am 30. September des vorausgehenden Jahres endet;

2. die Steuerkraftzahlen der Grundsteuern und der Gewerbesteuer der Gemeinden gemäß § 8 nach den Grundbeträgen, die das Statistische Bundesamt zuletzt festgestellt hat, und nach ihrem Aufkommen in dem Jahreszeitraum, der am 30. Juni des vorausgehenden Jahres endet;

3. die Einwohnerzahlen nach § 9 Abs. 1, die das Statistische Bundesamt zum 30. Juni des Jahres festgestellt hat, das dem Ausgleichsjahr vorausgeht; sind diese nicht rechtzeitig verfügbar, die vom Statistischen Bundesamt zuletzt festgestellten Einwohnerzahlen.

§ 14[3] Zahlungsverkehr zum Vollzug der Umsatzsteuerverteilung und des Finanzkraftausgleichs. (1) [1]Der Zahlungsverkehr wird während des Ausgleichsjahres in der Weise abgewickelt, dass die Ablieferung des Bundesanteils an der durch Landesfinanzbehörden verwalteten Umsatzsteuer um die Beträge erhöht oder ermäßigt wird, die nach der vorläufigen Bemessung der nach dem Verhältnis der Einwohnerzahlen der Länder verteilten Länder-

---

[1] § 12a eingef. durch G v. 4.12.2022 (BGBl. I S. 2142).
[2] § 13 Überschr. und Wortlaut vor Nr. 1 neu gef. mWv 1.1.2020 durch G v. 14.8.2017 (BGBl. I S. 3122).
[3] § 14 Abs. 1 Satz 1 und 4 neu gef., Abs. 3 geänd. mWv 1.1.2020 durch G v. 14.8.2017 (BGBl. I S. 3122).

anteile an der Umsatzsteuer nach § 2 Satz 1 sowie der vorläufig erhobenen Abschläge und der vorläufig gewährten Zuschläge nach § 10 zu verrechnen sind. ²Soweit der Anspruch eines Landes aus diesen Verrechnungen durch den Bundesanteil an der Umsatzsteuer nicht voll gedeckt wird, überweist das Bundesministerium der Finanzen diesem Land den nicht gedeckten Teil des vorläufigen Ausgleichsanspruchs in monatlichen Teilbeträgen. ³Soweit die Verpflichtung eines Landes aus diesen Verrechnungen über dem Aufkommen der von Landesfinanzbehörden verwalteten Umsatzsteuer liegt, ist der darüber liegende Teil von dem Land dem Bundesministerium der Finanzen in monatlichen Teilbeträgen zu überweisen. ⁴Die für die Aufteilung des Umsatzsteueraufkommens auf Bund, Länder und Gemeinden in § 1 Absatz 2 genannten Beträge werden gesondert im Rahmen des Zahlungsverkehrs der Einfuhrumsatzsteuer nach Absatz 2 berücksichtigt; Entsprechendes gilt für unterjährige Gesetzesänderungen mit Auswirkungen auf die Umsatzsteueranteile nach § 1 Absatz 1 im laufenden Ausgleichsjahr.

(2) Der Länderanteil an der durch Bundesfinanzbehörden verwalteten Einfuhrumsatzsteuer wird auf die Länder nach der Einwohnerzahl verteilt und in monatlichen Teilbeträgen überwiesen.

(3) Die Differenzen der vorläufigen Umsatzsteueranteile, Zuschläge und Abschläge nach § 13 zu den auf der Grundlage der tatsächlichen Entwicklung der Bemessungsgrundlagen bestimmten Umsatzsteueranteilen, Zuschlägen und Abschlägen des Ausgleichsjahres werden vierteljährlich vorläufig abgerechnet.

(4) Das Nähere bestimmt das Bundesministerium der Finanzen jährlich in einer Rechtsverordnung, die der Zustimmung des Bundesrates bedarf.

§ 15¹⁾ Endgültige Abrechnung der Umsatzsteuerverteilung und des Finanzkraftausgleichs. ¹Unterschiede zwischen den vorläufig gezahlten und den endgültig festgestellten Ausgleichszahlungen werden durch Überweisungen ausgeglichen, die mit dem Inkrafttreten der in § 12 vorgesehenen Rechtsverordnung fällig werden. ²Das Bundesministerium der Finanzen trifft die für den Überweisungsverkehr erforderlichen Anordnungen.

§ 16²⁾ Zahlungsverkehr zum Vollzug der Bundesergänzungszuweisungen. (1) ¹Auf die Bundesergänzungszuweisungen nach § 11 Absatz 2 und 5 werden am 15. März, 15. Juni, 15. September und 15. Dezember Abschlagszahlungen nach Maßgabe der Verhältnisse des jeweils vorhergehenden Abrechnungszeitraums entrichtet. ²Gleichzeitig werden die mit der Abschlagszahlung des vorausgegangenen Zahlungstermins zu viel oder zu wenig gezahlten Beträge verrechnet. ³Für die endgültige Abrechnung der Bundesergänzungszuweisungen gilt § 15 entsprechend.

---

¹⁾ § 15 Überschr. geänd. mWv 1.1.2020 durch G v. 14.8.2017 (BGBl. I S. 3122).
²⁾ § 16 Abs. 1 Satz 1 u. Abs. 2 geänd. mWv 1.1.2020 durch G v. 14.8.2017 (BGBl. I S. 3122).

(2) Die Bundesergänzungszuweisungen nach § 11 Absatz 3, 4 und 6 sind mit je einem Viertel ihres Betrages am 15. März, 15. Juni, 15. September und 15. Dezember fällig.

§ 17 Vollzug der Verteilung des Gemeindeanteils an der Umsatz-steuer. (1)[1] [1]Die Höhe des Gemeindeanteils am Aufkommen der durch Bundesfinanzbehörden und Landesfinanzbehörden verwalteten Umsatzsteuer und seine Verteilung nach Ländern nach § 5a des Gemeindefinanzreformgesetzes werden beim Bundesministerium der Finanzen jeweils nach Ablauf eines Monats berechnet. [2]Der Gemeindeanteil an der durch Bundesfinanzbehörden verwalteten Einfuhrumsatzsteuer wird den Ländern zusammen mit dem Länderanteil an der Einfuhrumsatzsteuer nach § 14 Abs. 2 in monatlichen Teilbeträgen überwiesen. [3]Dabei wird er dergestalt länderweise verteilt, dass bei dem einzelnen Land zusammen mit dem Gemeindeanteil an der durch Landesfinanzbehörden verwalteten Umsatzsteuer der insgesamt seinen Gemeinden zustehende Anteil erreicht wird. [4]Ist der Gemeindeanteil an der durch Landesfinanzbehörden verwalteten Umsatzsteuer bei dem einzelnen Land höher als der seinen Gemeinden insgesamt zustehende Anteil an der Umsatzsteuer, wird der darüber hinausgehende Betrag mit dem Anteil des Landes an der Einfuhrumsatzsteuer verrechnet. [5]§ 14 Absatz 1 Satz 4 bleibt unberührt.

(2) Näheres kann das Bundesministerium der Finanzen durch Rechtsverordnung bestimmen, die der Zustimmung des Bundesrates bedarf.

§ 18[2] Berichts- und Auskunftspflichten. (1) Über Struktur und Höhe des Finanzkraftausgleichs sowie der Zuweisungen gemäß § 11 im Ausgleichsjahr unterrichtet die Bundesregierung im Folgejahr den Bundestag und den Bundesrat.

(2) [1]Die zuständigen Landesbehörden sind verpflichtet, dem Bundesministerium der Finanzen alle zur Durchführung dieses Gesetzes angeforderten Auskünfte zu erteilen. [2]Die oberste Rechnungsprüfungsbehörde des Landes hat die sachliche Richtigkeit der zur Feststellung der Finanzkraft des Landes erforderlichen Angaben zu bestätigen.

§ 19[3] Vollzug und Abrechnung der Ausgleichsjahre vor dem 1. Januar 2020. Für den Vollzug und die Abrechnung der Umsatzsteuerverteilung, des Finanzausgleichs und der Bundesergänzungszuweisungen für die vor dem 1. Januar 2020 liegenden Ausgleichsjahre findet das Gesetz über den Finanzausgleich zwischen Bund und Ländern vom 20. Dezember 2001 (BGBl. I S. 3955, 3956) in der am 31. Dezember des jeweiligen Ausgleichsjahres geltenden Fassung weiterhin Anwendung.

§ 20[4] *(aufgehoben)*

---

[1] § 17 Abs. 1 Satz 1 Verweis geänd. mWv 1.1.2009 durch G v. 31.7.2008 (BGBl. I S. 1626); geänd. mWv 1.1.2018 durch G v. 21.11.2016 (BGBl. I S. 2613); Satz 5 angef. mWv 1.1.2020 durch G v. 14.8.2017 (BGBl. I S. 3122).
[2] § 18 neu gef. mWv 1.1.2020 durch G v. 14.8.2017 (BGBl. I S. 3122).
[3] § 19 geänd. mWv 1.1.2020 durch G v. 14.8.2017 (BGBl. I S. 3122).
[4] § 20 aufgeh. mWv 1.1.2020 durch G v. 14.8.2017 (BGBl. I S. 3122).

809a. Gesetz über verfassungskonkretisierende allgemeine Maßstäbe für die Verteilung des Umsatzsteueraufkommens, für den Finanzkraftausgleich sowie für die Gewährung von Bundesergänzungszuweisungen (Maßstäbegesetz – MaßstG)

Vom 9. September 2001 (BGBl. I S. 2302)

Geändert durch Föderalismusreform–Begleitgesetz vom 5.9.2006 (BGBl. I S. 2098), Jahressteuergesetz 2009 vom 19.12.2008 (BGBl. I S. 2794), Gesetz zur Neuregelung der Kraftfahrzeugsteuer und Änderung anderer Gesetze vom 29.5.2009 (BGBl. I S. 1170) und Gesetz zur Neuregelung des bundesstaatlichen Finanzausgleichssystems ab dem Jahr 2020 und zur Änderung haushaltsrechtlicher Vorschriften vom 14.8.2017 (BGBl. I S. 3122) und Gesetz zur fortgesetzten Beteiligung des Bundes an den Integrationskosten der Länder und Kommunen und zur Regelung der Folgen der Abfinanzierung des Fonds „Deutsche Einheit" vom 17.12.2018 (BGBl. I S. 2522)

BGBl. III/FNA 603–11

Der Bundestag hat mit Zustimmung des Bundesrates das folgende Gesetz beschlossen:

Abschnitt 1. Allgemeine Bestimmungen

§ 1 Grundsätze der Maßstabsbildung. (1)[1] Dieses Gesetz benennt Maßstäbe für die Festsetzung der Anteile von Bund und Ländern an der Umsatzsteuer (vertikale Umsatzsteuerverteilung) nach Artikel 106 Absatz 3 Satz 4 und Absatz 4 Satz 1 des Grundgesetzes, für die Festsetzung der Anteile der einzelnen Länder an den dem Ländern insgesamt zustehenden Anteil an der Umsatzsteuer und für den Finanzkraftausgleich (horizontale Umsatzsteuerverteilung) nach Artikel 107 Absatz 1 Satz 4 und Absatz 2 Satz 1 bis 4 des Grundgesetzes sowie für die Gewährung von Zuweisungen nach Artikel 107 Absatz 2 Satz 5 und 6 des Grundgesetzes.

(2) [1]Die Maßstäbe konkretisieren die in Absatz 1 genannten Normen des Grundgesetzes. [2]Die Anwendung der Maßstäbe stellt sicher, dass Bund und Länder die verfassungsrechtlich vorgegebenen Ausgangstatbestände in gleicher Weise interpretieren und ihnen dieselben Indikatoren zugrunde legen. [3]Sie gewährleistet auch haushaltswirtschaftliche Planbarkeit und Voraussehbarkeit der finanzwirtschaftlichen Grundlagen sowie Transparenz der Mittelverteilung im Gesamtstaat.

§ 2[2] Bindungswirkung der Maßstäbe. (1) Das Finanzausgleichsgesetz dient der Ableitung der konkreten jährlichen Zuteilungsfolgen im Regelungsbereich des § 1 Abs. 1.

---

[1] § 1 Abs. 1 neu gef. mWv 1.1.2020 durch G v. 14.8.2017 (BGBl. I S. 3122).

[2] § 2 Abs. 1 geänd., Abs. 3 aufgeh. mWv 1.1.2020 durch G v. 14.8.2017 (BGBl. I S. 3122).

(2) ¹Das Finanzausgleichsgesetz hat den finanzwirtschaftlichen Verhältnissen Rechnung zu tragen. ²Möglichkeiten der Anpassung an finanzwirtschaftliche Veränderungen sind sicherzustellen.

(3) *(aufgehoben)*

§ 3 Sicherung des Eigenbehalts. Von Mehr- oder Mindereinnahmen gegenüber den länderdurchschnittlichen Einnahmen sowie von überdurchschnittlichen Mehreinnahmen oder unterdurchschnittlichen Mindereinnahmen je Einwohner gegenüber dem Vorjahr muss dem betreffenden Land ein Eigenbehalt verbleiben.

Abschnitt 2. Vertikale Umsatzsteuerverteilung
(Artikel 106 Abs. 3 Satz 4 und Abs. 4 Satz 1 GG)

§ 4 Vertikale Umsatzsteuerverteilung. (1) Die vertikale Umsatzsteuerverteilung zwischen Bund und Ländern wird auf der Grundlage des Deckungsquotenprinzips festgesetzt.

(2) Zusätzlich werden in die Festsetzung der Anteile von Bund und Ländern an der Umsatzsteuer Steuermindereinnahmen einbezogen, die den Ländern ab 1. Januar 1996 aus der Berücksichtigung von Kindern im Einkommensteuerrecht entstehen.

(3)¹⁾ *(aufgehoben)*

Abschnitt 3. Horizontale Umsatzsteuerverteilung
(Artikel 107 Absatz 1 Satz 4 und Absatz 2 Satz 1 bis 4 GG)²⁾

§ 5³⁾ Grundsätze für die horizontale Umsatzsteuerverteilung.
(1) Der Länderanteil am Aufkommen der Umsatzsteuer ist grundsätzlich so auf die Länder zu verteilen, dass auf jeden Einwohner der gleiche Anteil entfällt.

(2) ¹Abweichend hiervon ist durch einen angemessenen Ausgleich der Finanzkraft sicherzustellen, dass die unterschiedlichen Finanzkraftverhältnisse in den Ländern einander angenähert werden. ²Dabei sind die Eigenstaatlichkeit der Länder einerseits und ihre Einbindung in die bundesstaatliche Solidargemeinschaft andererseits zu berücksichtigen. ³Ländern mit unterdurchschnittlicher Finanzkraft werden Zuschläge gewährt, die ihre Finanzkraft erhöhen; von Ländern mit überdurchschnittlicher Finanzkraft werden Abschläge erhoben, die ihre Finanzkraft verringern.

---

¹⁾ § 4 Abs. 3 aufgeh. mWv 1.1.2020 durch G v. 14.8.2017 (BGBl. I S. 3122).
²⁾ Überschr. geänd. mWv 1.1.2020 durch G v. 14.8.2017 (BGBl. I S. 3122).
³⁾ § 6 wird § 5 und neu gef. mWv 1.1.2020 durch G v. 14.8.2017 (BGBl. I S. 3122).

§ 6[1) Finanzkraft. (1) [1]Die Finanzkraft bemisst sich nach den ausgleichserheblichen Einnahmen. [2]Grundsätzlich sind alle Einnahmen von Ländern und Gemeinden sowie Gemeindeverbänden zu berücksichtigen. [3]Nicht ausgleichserheblich sind solche Einnahmen, deren Volumen unerheblich ist, die in allen Ländern verhältnismäßig je Einwohner gleich anfallen, die als Entgelte oder entgeltähnliche Abgaben lediglich Leistungen des Landes oder seiner Gemeinden und Gemeindeverbände ausgleichen oder bei denen der Aufwand für die Ermittlung der auszugleichenden Einnahmen zur möglichen Ausgleichswirkung außer Verhältnis steht.

(2) Die ausgleichserheblichen Einnahmen nach Absatz 1 sind vorbehaltlich § 7 Absatz 4 und 5[2) in voller Höhe zu berücksichtigen.

§ 7[3) · 4) Vergleichbarkeit der Finanzkraft, Berücksichtigung des kommunalen Finanzbedarfs, Einwohnergewichtung und Förderabgabe.

(1) [1]Um die Finanzkraft der Länder vergleichbar zu machen, ist als abstraktes Bedarfskriterium die jeweilige Einwohnerzahl eines Landes zugrunde zu legen. [2]Die Einwohnerzahl nach Satz 1 ist für Zwecke eines angemessenen Ausgleichs zu modifizieren, wenn strukturelle Eigenarten der Länder und ihrer Gemeinden abstrakte Mehrbedarfe begründen. [3]Im Ansatz der abstrakten Mehrbedarfe findet auch der Finanzbedarf der Gemeinden und Gemeindeverbände Berücksichtigung.

(2) [1]Die Berücksichtigung eines abstrakten Mehrbedarfs eines Landes und seiner Gemeinden und Gemeindeverbände setzt die Einbeziehung vergleichbarer abstrakter Mehrbedarfe anderer Länder und deren Gemeinden und Gemeindeverbände voraus. [2]Die Höhe eines abstrakten Mehrbedarfs ist anhand objektivierbarer Indikatoren zu bestimmen.

(3) [1]Um die Finanzkraft der Stadtstaaten einerseits und die der Flächenländer andererseits vergleichen zu können, ist den abstrakten Mehrbedarfen der Stadtstaaten durch eine Modifizierung der Einwohnerzahl Rechnung zu tragen; ferner kann die Berücksichtigung abstrakter Mehrbedarfe besonders dünn besiedelter Flächenländer notwendig werden (Einwohnergewichtung).

(4) Sofern eine umfassende Abbildung des kommunalen Finanzbedarfs nach Maßgabe der vorstehenden Absätze nicht möglich ist, muss dem insoweit nicht berücksichtigten abstrakten Mehrbedarf durch einen Abschlag von den nach § 6[2) ausgleichserheblichen Einnahmen der Gemeinden und Gemeindeverbände Rechnung getragen werden.

(5) Die Einnahmen aus der bergrechtlichen Förderabgabe werden lediglich anteilig berücksichtigt.

§ 8[5) Ausgleichshöhe. [1]Der angemessene Ausgleich erfordert eine den ländereigenen Aufgaben entsprechende hinreichende Annäherung der Finanz-

---

[1) § 7 wird § 6 mWv 1.1.2020 durch G v. 14.8.2017 (BGBl. I S. 3122).
[2) Verweis geänd. mWv 1.1.2020 durch G v. 14.8.2017 (BGBl. I S. 3122).
[3) § 8 wird § 7 mWv 1.1.2020 durch G v. 14.8.2017 (BGBl. I S. 3122).
[4) § 8 Überschr., Abs. 1 Satz 2, Abs. 3 geänd., Abs. 5 angef. mWv 1.1.2020 durch G v. 14.8.2017 (BGBl. I S. 3122).
[5) § 9 wird § 8 mWv 1.1.2020 durch G v. 14.8.2017 (BGBl. I S. 3122).

kraft der Länder. [2]Diese ist erreicht, wenn die Eigenstaatlichkeit der Länder und ihre Einbindung in die bundesstaatliche Solidargemeinschaft zugleich berücksichtigt sind. [3]Auszuschließen sind sowohl eine entscheidende Schwächung der Leistungsfähigkeit der ausgleichspflichtigen Länder als auch eine Nivellierung der Finanzkraft der Länder. [4]Der Finanzkraftausgleich[1] darf weder die Finanzkraftabstände zwischen einzelnen Ländern aufheben, noch zu einer Verkehrung der Finanzkraftreihenfolge unter den Ländern führen und ist nicht durch die Verteilung des Länderanteils am Aufkommen der Umsatzsteuer nach § 5 Absatz 1 begrenzt.[1]

Abschnitt 4. Bundesergänzungszuweisungen
(Artikel 107 Absatz 2 Satz 5 und 6 GG)[2]

§ 9[3] · [4] **Funktion der Bundesergänzungszuweisungen.** (1) [1]Bundesergänzungszuweisungen dienen dem ergänzenden Ausgleich im Anschluss an den Finanzkraftausgleich. [2]Die Vergabe von Bundesergänzungszuweisungen setzt eine Leistungsschwäche des Empfängerlandes voraus. [3]Leistungsschwach sind grundsätzlich nur Länder, denen im Rahmen des Finanzkraftausgleichs Zuschläge gewährt werden. [4]Die Leistungsschwäche ist anhand des Verhältnisses von Finanzaufkommen und Ausgabenlasten zu bestimmen.

(2) [1]Der Bund kann die Finanzkraft leistungsschwacher Länder allgemein anheben (allgemeine Bundesergänzungszuweisungen) und Sonderlasten leistungsschwacher Länder mitfinanzieren (Sonderbedarfs-Bundesergänzungszuweisungen). [2]Er kann zudem die Finanzkraft solcher leistungsschwacher Länder erhöhen, deren Gemeinden (Gemeindeverbände) eine besonders geringe Steuerkraft aufweisen, sowie außerdem solcher leistungsschwacher Länder, deren Anteile an den Fördermitteln nach Artikel 91b des Grundgesetzes ihre Einwohneranteile unterschreiten (Zuweisungen nach Artikel 107 Absatz 2 Satz 6 des Grundgesetzes).

(3) [1]Bundesergänzungszuweisungen stellen eine nachrangige und ergänzende Korrektur des Finanzkraftausgleichs dar. [2]Dem ist bei der Bemessung des Gesamtumfangs der Bundesergänzungszuweisungen Rechnung zu tragen. [3]Dieser darf daher im Verhältnis zum Gesamtvolumen des Finanzkraftausgleichs nicht beträchtlich sein. [4]Abweichungen von Satz 3 sind aus besonderen Gründen und vorübergehend zulässig.

§ 10[3] · [5] **Allgemeine Bundesergänzungszuweisungen.** (1) [1]Bei der Gewährung von allgemeinen Bundesergänzungszuweisungen bestimmt sich die Leistungsschwäche eines Landes danach, ob dessen Finanzkraft im Anschluss an den Finanzkraftausgleich nach dem bundesstaatlichen Prinzip des solidarischen

---

[1] Satz 4 geänd. mWv 1.1.2020 durch G v. 14.8.2017 (BGBl. I S. 3122).
[2] Überschr. geänd. mWv 1.1.2020 durch G v. 14.8.2017 (BGBl. I S. 3122).
[3] § 10 wird § 9, § 11 wird § 10 mWv 1.1.2020 durch G v. 14.8.2017 (BGBl. I S. 3122).
[4] § 10 Abs. 1, 2 und 3 geänd. mWv 1.1.2020 durch G v. 14.8.2017 (BGBl. I S. 3122).
[5] § 11 geänd. mWv 1.1.2020 durch G v. 14.8.2017 (BGBl. I S. 3122).

Einstehens füreinander noch unangemessen im Verhältnis zur länderdurchschnittlichen Finanzkraft ist. ²Die Finanzkraft eines Landes ist unangemessen im Sinne des Satzes 1, wenn sie erkennbar unterhalb der länderdurchschnittlichen Finanzkraft liegt.

(2) ¹Eine Nivellierung der Finanzkraft der Länder durch allgemeine Bundesergänzungszuweisungen ist auszuschließen. ²§ 8 Satz 4 gilt entsprechend.

§ 11[1] Zuweisungen nach Artikel 107 Absatz 2 Satz 6 des Grundgesetzes. (1) Eine am Länderdurchschnitt je Einwohner gemessene kommunale Steuerkraftschwäche kann Bundesergänzungszuweisungen begründen, sofern diese Steuerkraftschwäche besonders ausgeprägt ist.

(2) Eine im Vergleich zum Einwohneranteil unterdurchschnittliche Teilhabe von Ländern an Nettozuflüssen aus der Forschungsförderung nach Artikel 91b des Grundgesetzes kann Bundesergänzungszuweisungen begründen.

(3) Die Gewährung von Zuweisungen nach Artikel 107 Absatz 2 Satz 6 des Grundgesetzes darf die Finanzkraftabstände zwischen den einzelnen Ländern aufheben und auch zu einer Verkehrung der Finanzkraftreihenfolge unter den Ländern führen.

§ 12 Sonderbedarfs-Bundesergänzungszuweisungen. (1) ¹Die Gewährung von Sonderbedarfs-Bundesergänzungszuweisungen setzt voraus, dass die Sonderlasten benannt und begründet werden. ²Nur aus besonderen Gründen können Sonderlasten berücksichtigt werden. ³Sonderbedarfs-Bundesergänzungszuweisungen dienen nicht dazu, aktuelle Vorhaben zu finanzieren oder finanziellen Schwächen abzuhelfen, die eine unmittelbare und voraussehbare Folge von politischen Entscheidungen eines Landes bilden. ⁴Auch kurzfristige Finanzschwächen können Sonderbedarfs-Bundesergänzungszuweisungen nicht rechtfertigen. ⁵Die benannten und begründeten Sonderlasten müssen bei allen Ländern berücksichtigt werden, bei denen sie vorliegen.

(2) Ausnahmsweise kann die Gewährung von Sonderbedarfs-Bundesergänzungszuweisungen dazu führen, dass die Finanzkraft des Empfängerlandes die länderdurchschnittliche Finanzkraft übersteigt.

(3) ¹Die Vergabe von Sonderbedarfs-Bundesergänzungszuweisungen ist zu befristen. ²Auch sollen Sonderbedarfs-Bundesergänzungszuweisungen im Regelfall degressiv ausgestaltet werden. ³Die Voraussetzungen für die Vergabe von Sonderbedarfs-Bundesergänzungszuweisungen sind in angemessenem Zeitabstand zu überprüfen.

(4) ¹Soweit Sonderbedarfs-Bundesergänzungszuweisungen als ein Instrument zur Sanierung des Haushaltes eines Landes aufgrund einer extremen Haushaltsnotlage in Betracht kommen, setzt ihre Gewährung angesichts der nur in Ausnahmefällen gegebenen Hilfeleistungspflicht der bundesstaatlichen Gemeinschaft zusätzlich voraus, dass das betreffende Land ausreichende Eigenanstrengungen unternommen hat, um eine drohende Haushaltsnotlage abzuwenden oder sich aus ihr zu befreien. ²Es dürfen keine ausgabenseitigen

---

[1] § 11 eingef. mWv 1.1.2020 durch G v. 14.8.2017 (BGBl. I S. 3122).

Sonderbedarfe als Ursache für eine Haushaltsnotsituation geltend gemacht werden, die bereits im Wege anderer Hilfen abgegolten worden sind. [3] Hilfen zur Haushaltssanierung sind mit strengen Auflagen und einem verbindlichen Sanierungsprogramm zu verknüpfen.

(5)[1] [1] Kosten politischer Führung können Sonderbedarfs-Bundesergänzungszuweisungen begründen, sofern ein Land im Hinblick auf seine Einwohnerzahl mit solchen Kosten überproportional belastet ist. [2] Sonderlasten durch die strukturelle Arbeitslosigkeit und daraus entstehende überproportionale Lasten bei der Zusammenführung von Arbeitslosenhilfe und Sozialhilfe für Erwerbsfähige können Sonderbedarfs-Bundesergänzungszuweisungen begründen. [3] Absatz 3 Satz 1 gilt nicht.

---

[1] § 12 Abs. 5 aufgeh., bish. Abs. 6 wird Abs. 5 mWv 1.1.2020 durch G v. 14.8.2017 (BGBl. I S. 3122).

810. Gesetz zur Neuordnung der Gemeindefinanzen (Gemeindefinanzreformgesetz)

In der Fassung der Bekanntmachung vom 10. März 2009 (BGBl. I S. 502)[1]

Geändert durch Gesetz zur Änderung des Gemeindefinanzreformgesetzes und von steuerlichen Vorschriften vom 8.5.2012 (BGBl. I S. 1030), Gesetz zur Reform der Investmentbesteuerung (Investmentsteuerreformgesetz – InvStRefG) vom 19.7.2016 (BGBl. I S. 1730), Gesetz zur Änderung des Kommunalinvestitionsförderungsgesetzes und zur Änderung weiterer Gesetze vom 21.11.2016 (BGBl. I S. 2613), Gesetz zur fortgesetzten Beteiligung des Bundes an den Integrationskosten der Länder und Kommunen und zur Regelung der Folgen der Abfinanzierung des Fonds „Deutsche Einheit" vom 17.12.2018 (BGBl. I S. 2522), Gesetz zur Beteiligung des Bundes an den Integrationskosten der Länder und Kommunen in den Jahren 2020 und 2021 vom 9.12.2019 (BGBl. I S. 2051) sowie Gesetz zur Änderung des Finanzausgleichsgesetzes, des Stabilitätsgesetzes sowie weiterer Gesetze vom 4.12.2022 (BGBl. I S. 2142)

BGBl. III/FNA 605-1

§ 1 Gemeindeanteil an der Einkommensteuer.[2] ¹Die Gemeinden erhalten 15 Prozent des Aufkommens an Lohnsteuer und an veranlagter Einkommensteuer sowie 12 Prozent des Aufkommens an Kapitalertragsteuer nach § 43 Absatz 1 Satz 1 Nummer 5 bis 7 und 8 bis 12 sowie Satz 2 des Einkommensteuergesetzes (Gemeindeanteil an der Einkommensteuer). ²Der Gemeindeanteil an der Einkommensteuer wird für jedes Land nach den Steuerbeträgen bemessen, die von den Finanzbehörden im Gebiet des Landes unter Berücksichtigung der Zerlegung nach Artikel 107 Absatz 1 des Grundgesetzes vereinnahmt werden.

§ 2 Aufteilung des Gemeindeanteils an der Einkommensteuer.
Der Gemeindeanteil an der Einkommensteuer wird nach einem Schlüssel auf die Gemeinden aufgeteilt, der von den Ländern auf Grund der Bundesstatistiken über die Lohnsteuer und die veranlagte Einkommensteuer nach § 1 des Gesetzes über Steuerstatistiken ermittelt und durch Rechtsverordnung der Landesregierung festgesetzt wird.

§ 3 Verteilungsschlüssel für den Gemeindeanteil. (1)[3] ¹Der Schlüssel für die Aufteilung des Gemeindeanteils an der Einkommensteuer wird wie folgt ermittelt. ²Für jede Gemeinde wird eine Schlüsselzahl festgestellt. ³Sie ist der in einer Dezimalzahl ausgedrückte Anteil der Gemeinde an dem nach § 1 auf die Gemeinden eines Landes entfallenden Steueraufkommen. ⁴Die Schlüsselzahl ergibt sich aus dem Anteil der Gemeinde an der Summe der durch die Bundesstatistiken über die veranlagte Einkommensteuer und über die Lohnsteuer ermittelten Einkommensteuerbeträge, die auf die zu versteuernden Einkommensbeträge bis zu 35 000 Euro jährlich, in den Fällen des § 32a Absatz 5 oder

---

[1] Neubekanntmachung des Gemeindefinanzreformgesetzes idF der Bek. v. 4.4.2001 (BGBl. I S. 482) auf Grund Art. 11 Nr. 5 des Gesetzes vom 14.8.2007 (BGBl. I S. 1912) in der ab 1.1.2009 geltenden Fassung.
[2] § 1 Satz 1 Verweis geänd. mWv 1.1.2018 durch G v. 19.7.2016 (BGBl. I S. 1730).
[3] § 3 Abs. 1 Satz 4 neu gef. mWv 1.1.2012 durch G v. 8.5.2012 (BGBl. I S. 1030).

des § 32a Absatz 6 des Einkommensteuergesetzes in der jeweils am letzten Tag des für die Bundesstatistik maßgebenden Veranlagungszeitraumes geltenden Fassung auf die zu versteuernden Einkommensbeträge bis zu 70 000 Euro jährlich entfallen. [5]Für die Zurechnung der Steuerbeträge an die Gemeinden ist der in der Bundesstatistik zugrunde gelegte Wohnsitz der Steuerpflichtigen maßgebend.

(2) (weggefallen)

(3) [1]Das Bundesministerium der Finanzen wird ermächtigt, nähere Bestimmungen über die Ermittlung der Schlüsselzahlen durch Rechtsverordnung mit Zustimmung des Bundesrates zu treffen. [2]In der Rechtsverordnung ist zu bestimmen, welche Bundesstatistiken über die veranlagte Einkommensteuer und über die Lohnsteuer für die Ermittlung des Schlüssels jeweils maßgebend sind.

§ 4 Berichtigung von Fehlern. (1) [1]Werden innerhalb von sechs Monaten nach der Festsetzung des Schlüssels Fehler bei der Ermittlung der Schlüsselzahl einer Gemeinde festgestellt, so ist für die Zeit bis zur Neufestsetzung des Schlüssels ein Ausgleich für diese Gemeinde vorzunehmen. [2]Die hierzu erforderlichen Ausgleichsbeträge sind aus dem Gesamtbetrag des Gemeindeanteils des Landes vor der Aufteilung zu entnehmen, zurückzuzahlende Beträge diesem Gesamtbetrag zuzuführen.

(2) Die Landesregierungen können zur Verwaltungsvereinfachung durch Rechtsverordnung bestimmen, dass ein Ausgleich unterbleibt, wenn der Ausgleichsbetrag einen bestimmten Betrag nicht überschreitet.

§ 5 Überweisung des Gemeindeanteils an der Einkommensteuer.
Die Landesregierungen regeln durch Rechtsverordnung die Termine und das Verfahren für die Überweisung des Gemeindeanteils an der Einkommensteuer.

§ 5a[1] Verteilungsschlüssel für den Gemeindeanteil an der Umsatzsteuer. (1)[2] [1]Der Gemeindeanteil an der Umsatzsteuer nach § 1 Absatz 1 und 2 des Finanzausgleichsgesetzes wird auf die einzelnen Länder nach Schlüsseln verteilt. [2]Die Schlüssel bemessen sich nach der Summe der nach Absatz 2 Satz 2 und 3 ermittelten Gemeindeschlüssel je Land.

(2) [1]Der Anteil an der Umsatzsteuer nach Absatz 1 Satz 1 wird auf die einzelnen Gemeinden verteilt, indem eine in einer Dezimalzahl ausgedrückte Schlüsselzahl festgesetzt wird. [2]Die Schlüsselzahl setzt sich zusammen

1. zu 25 Prozent aus dem Anteil der einzelnen Gemeinde an dem Gewerbesteueraufkommen, das als Summe der Jahre 2010 bis 2015 auf Grundlage des Realsteuervergleichs nach § 4 Nummer 2 des Finanz- und Personalstatistikgesetzes ermittelt wurde;

2. zu 50 Prozent aus dem Anteil der einzelnen Gemeinde an der Anzahl der sozialversicherungspflichtig Beschäftigten am Arbeitsort ohne Beschäftigte

---

[1] § 5a aufgeh., bish. § 5b wird § 5a und neu gef. mWv 1.1.2018 durch G v. 21.11.2016 (BGBl. I S. 2613).
[2] § 5a Abs. 1 Satz 1 geänd. durch G v. 4.12.2022 (BGBl. I S. 2142).

von Gebietskörperschaften und Sozialversicherungen sowie deren Einrichtungen, die als Summe für die Jahre 2013 bis 2015 der Beschäftigten- und Entgeltstatistik mit Stand 30. Juni des jeweiligen Jahres ermittelt wurde;

3. zu 25 Prozent aus dem Anteil der einzelnen Gemeinde an der Summe der sozialversicherungspflichtigen Entgelte am Arbeitsort ohne Entgelte von Beschäftigten von Gebietskörperschaften und Sozialversicherungen sowie deren Einrichtungen, die als Summe für die Jahre 2012 bis 2014 der Beschäftigten- und Entgeltstatistik ermittelt wurde.

³Die Merkmale nach Satz 2 Nummer 2 und 3 werden mit dem gewogenen durchschnittlichen örtlichen Gewerbesteuer-Hebesatz der jeweiligen Erfassungszeiträume gewichtet. ⁴Nach erfolgter erstmaliger Festsetzung des Verteilungsschlüssels wird der Schlüssel unter Beibehaltung der in der Satz 2 Nummer 1, 2 und 3 festgelegten Anzahl von Jahren alle drei Jahre, erstmals zum 1. Januar 2021, aktualisiert. ⁵Die Aktualisierung erfolgt auf der Grundlage der Datenbasis, die beim Statistischen Bundesamt zum 1. April des dem Jahr der Aktualisierung vorangehenden Jahres verfügbar ist.

(3) ¹Die sich aus den Verteilungsschlüsseln nach Absatz 2 ergebenden Anteile an der Umsatzsteuer werden auf die einzelnen Länder jeweils nach Schlüsseln verteilt, die vom Bundesministerium der Finanzen durch Rechtsverordnung mit Zustimmung des Bundesrates festgesetzt werden. ²Die Länder stellen dem Bundesministerium der Finanzen die für die Ermittlung der Schlüssel notwendigen Daten zur Verfügung. ³Die Anteile an der Umsatzsteuer nach Absatz 2 werden jeweils nach Schlüsseln auf die Gemeinden aufgeteilt, die von den Ländern nach Absatz 2 ermittelt und durch Rechtsverordnung der jeweiligen Landesregierung festgesetzt werden. ⁴Die Länder ermitteln die Schlüsselzahlen ihrer Gemeinden auf der Grundlage von Schlüsselzahlen, die aus Bundessummen abgeleitet und durch die Länder auf Eins normiert werden.

§ 5b¹⁾ Übermittlung statistischer Ergebnisse. ¹Zur Festsetzung der Verteilungsschlüssel nach § 5a, jedoch nicht für die Regelung von Einzelfällen, dürfen das Statistische Bundesamt und die statistischen Ämter der Länder den Gemeinden und ihren Spitzenverbänden auf Landes- und Bundesebene auf Ersuchen die dafür erforderlichen Tabellen mit Ergebnissen der hierzu vom Statistischen Bundesamt und den statistischen Ämtern der Länder durchgeführten Berechnungen übermitteln, auch soweit Tabellenfelder nur einen einzigen Fall ausweisen. ²Die Tabellen dürfen nur für die Zwecke, für die sie übermittelt worden sind, nur durch Amtsträger, für den öffentlichen Dienst besonders Verpflichtete oder Personen, die entsprechend § 1 Absatz 2, 3 und 4 Nummer 2 des Verpflichtungsgesetzes auf die gewissenhafte Erfüllung ihrer Geheimhaltungspflicht förmlich verpflichtet worden sind, und nur räumlich, organisatorisch und personell getrennt von der Erfüllung solcher Verwaltungsaufgaben verwendet werden, für die sie gleichfalls von Bedeutung sein können. ³Sie sind von den Gemeinden und ihren Spitzenverbänden geheim

---

¹⁾ § 5c aufgeh., bish. § 5d wird § 5b und Satz 1 geänd. mWv 1.1.2018 durch G v. 21.11.2016 (BGBl. I S. 2613).

zu halten und vier Jahre nach Festsetzung des Verteilungsschlüssels zu löschen. [4] Werden innerhalb dieser Frist Einwendungen gegen die Berechnung des Verteilungsschlüssels erhoben, dürfen die Daten bis zur abschließenden Klärung der Einwendungen aufbewahrt werden, soweit sie für die Klärung erforderlich sind. [5] § 16 Absatz 9 des Bundesstatistikgesetzes gilt entsprechend.

§ 5c[1]) Rechtsverordnungsermächtigung.

Das Bundesministerium der Finanzen wird ermächtigt, nähere Bestimmungen über die Ermittlung der Schlüsselzahlen nach § 5a durch Rechtsverordnung mit Zustimmung des Bundesrates zu treffen.

§ 5d[2]) Überweisung des Gemeindeanteils an der Umsatzsteuer.

(1) [1] Die Verteilung des Gemeindeanteils an der Umsatzsteuer auf die Länder wird nach § 17 des Finanzausgleichsgesetzes[3]) vom Bundesministerium der Finanzen vorgenommen. [2] Die Weiterverteilung auf die Gemeinden obliegt den Ländern.

(2) Die Landesregierungen regeln durch Rechtsverordnung das Verfahren für die Überweisung des Gemeindeanteils an der Umsatzsteuer an die Gemeinden.

(3) Für die Berichtigung von Fehlern gilt § 4 entsprechend.

§ 6 Umlage nach Maßgabe des Gewerbesteueraufkommens.

(1) [1] Die Gemeinden führen nach den folgenden Vorschriften eine Umlage an das für sie zuständige Finanzamt ab. [2] Die Umlage ist entsprechend dem Verhältnis von Bundes- und Landesvervielfältiger auf den Bund und das Land aufzuteilen.

(2) [1] Die Umlage wird in der Weise ermittelt, dass das Istaufkommen der Gewerbesteuer im Erhebungsjahr durch den von der Gemeinde für dieses Jahr festgesetzten Hebesatz der Steuer geteilt und mit dem Vervielfältiger nach Absatz 3 multipliziert wird. [2] Das Istaufkommen entspricht den Isteinnahmen nach der Jahresrechnung gemäß § 3 Absatz 2 Nummer 1 des Finanz- und Personalstatistikgesetzes.

(3)[4]) [1] Der Vervielfältiger ist die Summe eines Bundes- und Landesvervielfältigers für das jeweilige Land. [2] Der Bundesvervielfältiger beträgt 14,5 Prozent. [3] Der Landesvervielfältiger beträgt 20,5 Prozent. [4] Die Feinabstimmung der Finanzierungsbeteiligung der Gemeinden bis zur Höhe ihres jeweiligen Anteils an den Gesamtsteuereinnahmen, einschließlich der Zuweisungen im Rahmen der Steuerverbünde, in den einzelnen Ländern bleibt der Landesgesetzgebung vorbehalten.

---

[1]) § 5e wird § 5c und geänd. mWv 1.1.2018 durch G v. 21.11.2016 (BGBl. I S. 2613).
[2]) § 5f wird § 5d mWv 1.1.2018 durch G v. 21.11.2016 (BGBl. I S. 2613).
[3]) Nr. **808**.
[4]) § 6 Abs. 3 neu gef. mWv 1.1.2020 durch G v. 9.12.2019 (BGBl. I S. 2051).

(4)[1] *(aufgehoben)*

(5)[2] *(aufgehoben)*

(6) [1] Übersteigen in einer Gemeinde die Erstattungen an Gewerbesteuer in einem Jahr die Einnahmen aus dieser Steuer, so erstattet das Finanzamt der Gemeinde einen Betrag, der sich durch Anwendung der Bemessungsgrundlagen des Absatzes 2 auf den Unterschiedsbetrag ergibt. [2] Ist für das Erhebungsjahr der Hebesatz gegenüber dem Vorjahr um mehr als 10 Prozent abgesenkt, ist abweichend von Absatz 2 der Hebesatz des Vorjahres anzusetzen; mindestens ist aber der Durchschnitt der Hebesätze für die letzten drei vorangegangenen Jahre zugrunde zu legen, in denen die Erstattungen an Gewerbesteuer die Einnahmen aus dieser Steuer nicht überstiegen haben.

(7) [1] Die Umlage ist jährlich bis zum 1. Februar des auf das Erhebungsjahr folgenden Jahres an das Finanzamt abzuführen. [2] Bis zum 1. Mai, 1. August und 1. November des Erhebungsjahres sind Abschlagszahlungen für das vorhergehende Kalendervierteljahr nach dem Istaufkommen in dem Vierteljahr zu leisten. [3] Absatz 6 gilt für die Abschlagszahlungen entsprechend.

(8)[3] Die Landesregierungen können durch Rechtsverordnung nähere Bestimmungen über die Festsetzung und Abführung der Umlage einschließlich der Festlegung des zuständigen Finanzamts oder sonstiger zuständiger Landesbehörden treffen.

§ 7 Sondervorschriften für Berlin und Hamburg. [1] In Berlin und Hamburg stehen der Gemeindeanteil an der Einkommensteuer und der Gemeindeanteil an der Umsatzsteuer dem Land zu. [2] Die Länder Berlin und Hamburg führen den Bundesanteil an der Umlage nach § 6 an den Bund ab. [3] Im Übrigen finden die §§ 2 bis 5 und 6 in Berlin und Hamburg keine Anwendung.

§ 8 Subdelegation. Soweit dieses Gesetz die Landesregierungen zum Erlass von Rechtsverordnungen ermächtigt, können die Landesregierungen die Ermächtigung durch Rechtsverordnung auf die oberste Finanzbehörde des Landes übertragen.

§ 9 Ermächtigung. Das Bundesministerium der Finanzen kann dieses Gesetz und die auf Grund dieses Gesetzes erlassenen Rechtsverordnungen in der jeweils geltenden Fassung mit neuem Datum und unter neuer Überschrift im Bundesgesetzblatt bekannt machen.

---

[1] § 6 Abs. 4 aufgeh. mWv 1.1.2020 durch G v. 9.12.2019 (BGBl. I S. 2051).
[2] § 6 Abs. 5 aufgeh. mWv 1.1.2019 durch G v. 17.12.2018 (BGBl. I S. 2522).
[3] § 6 Abs. 8 neu gef. durch G v. 4..12.2022 (BGBl. I S. 2142).

835. Zivilprozessordnung

In der Fassung der Bekanntmachung vom 5. Dezember 2005
(BGBl. I S. 3202)[1]
Zuletzt geändert durch Gesetz vom 7.11.2022 (BGBl. I S. 1982)

BGBl. III/FNA 310-4

– Auszug –

– Pfändungsschutzbestimmungen (§§ 850 bis 852) –

§ 850 Pfändungsschutz für Arbeitseinkommen. (1) Arbeitseinkommen, das in Geld zahlbar ist, kann nur nach Maßgabe der §§ 850a bis 850i gepfändet werden.

(2) Arbeitseinkommen im Sinne dieser Vorschrift sind die Dienst- und Versorgungsbezüge der Beamten, Arbeits- und Dienstlöhne, Ruhegelder und ähnliche nach dem einstweiligen oder dauernden Ausscheiden aus dem Dienst- oder Arbeitsverhältnis gewährte fortlaufende Einkünfte, ferner Hinterbliebenenbezüge sowie sonstige Vergütungen für Dienstleistungen aller Art, die die Erwerbstätigkeit des Schuldners vollständig oder zu einem wesentlichen Teil in Anspruch nehmen.

(3) Arbeitseinkommen sind auch die folgenden Bezüge, soweit sie in Geld zahlbar sind:

a) Bezüge, die ein Arbeitnehmer zum Ausgleich für Wettbewerbsbeschränkungen für die Zeit nach Beendigung seines Dienstverhältnisses beanspruchen kann;

b) Renten, die auf Grund von Versicherungsverträgen gewährt werden, wenn diese Verträge zur Versorgung des Versicherungsnehmers oder seiner unterhaltsberechtigten Angehörigen eingegangen sind.

(4) Die Pfändung des in Geld zahlbaren Arbeitseinkommens erfasst alle Vergütungen, die dem Schuldner aus der Arbeits- oder Dienstleistung zustehen, ohne Rücksicht auf ihre Benennung oder Berechnungsart.

§ 850a Unpfändbare Bezüge. Unpfändbar sind

1. zur Hälfte die für die Leistung von Mehrarbeitsstunden gezahlten Teile des Arbeitseinkommens;

2. die für die Dauer eines Urlaubs über das Arbeitseinkommen hinaus gewährten Bezüge, Zuwendungen aus Anlass eines besonderen Betriebsereignisses und Treugelder, soweit sie den Rahmen des Üblichen nicht übersteigen;

---

[1] Neubekanntmachung der Zivilprozessordnung in der im Bundesgesetzblatt Teil III, Gliederungsnummer 310-4, veröffentlichten bereinigten Fassung auf Grund des Art. 2a des EG-Vollstreckungs-Durchführungsgesetzes v. 18.8.2005 (BGBl. I S. 2477) in der ab 21.10.2005 geltenden Fassung.

3. Aufwandsentschädigungen, Auslösungsgelder und sonstige soziale Zulagen für auswärtige Beschäftigungen, das Entgelt für selbstgestelltes Arbeitsmaterial, Gefahrenzulagen sowie Schmutz- und Erschwerniszulagen, soweit diese Bezüge den Rahmen des Üblichen nicht übersteigen;

4.[1] Weihnachtsvergütungen bis *zum Betrag der Hälfte des monatlichen Arbeitseinkommens, höchstens aber bis zum Betrag von 500 Euro [ab 1.1.2022:* zu der Hälfte des Betrags, dessen Höhe sich nach Aufrundung des monatlichen Freibetrages nach § 850c Absatz 1 in Verbindung mit Absatz 4 auf den nächsten vollen 10-Euro-Betrag ergibt];

5.[2] Geburtsbeihilfen sowie Beihilfen aus Anlass der Eingehung einer Ehe oder Begründung einer Lebenspartnerschaft, sofern die Vollstreckung wegen anderer als der aus Anlass der Geburt, der Eingehung einer Ehe oder der Begründung einer Lebenspartnerschaft entstandenen Ansprüche betrieben wird;

6. Erziehungsgelder, Studienbeihilfen und ähnliche Bezüge;

7. Sterbe- und Gnadenbezüge aus Arbeits- oder Dienstverhältnissen;

8. Blindenzulagen.

§ 850b Bedingt pfändbare Bezüge. (1) Unpfändbar sind ferner

1. Renten, die wegen einer Verletzung des Körpers oder der Gesundheit zu entrichten sind;

2. Unterhaltsrenten, die auf gesetzlicher Vorschrift beruhen, sowie die wegen Entziehung einer solchen Forderung zu entrichtenden Renten;

3. fortlaufende Einkünfte, die ein Schuldner aus Stiftungen oder sonst auf Grund der Fürsorge und Freigebigkeit eines Dritten oder auf Grund eines Altenteils oder Auszugsvertrags bezieht;

4.[3] Bezüge aus Witwen-, Waisen-, Hilfs- und Krankenkassen, die ausschließlich oder zu einem wesentlichen Teil zu Unterstützungszwecken gewährt werden, ferner Ansprüche aus Lebensversicherungen, die nur auf den Todesfall des Versicherungsnehmers abgeschlossen sind, wenn die Versicherungssumme *3579 [ab 1.1.2022:* 5400] Euro nicht übersteigt.

(2) Diese Bezüge können nach den für Arbeitseinkommen geltenden Vorschriften gepfändet werden, wenn die Vollstreckung in das sonstige bewegliche Vermögen des Schuldners zu einer vollständigen Befriedigung des Gläubigers nicht geführt hat oder voraussichtlich nicht führen wird und wenn nach den Umständen des Falles, insbesondere nach der Art des beizutreibenden Anspruchs und der Höhe der Bezüge, die Pfändung der Billigkeit entspricht.

(3) Das Vollstreckungsgericht soll vor seiner Entscheidung die Beteiligten hören.

---

[1] § 850a Nr. 4 neu gef. mWv 1.1.2022 durch G v. 7.5.2021 (BGBl. I S. 850).
[2] § 850a Nr. 5 geänd. durch G v. 20.11.2015 (BGBl. I S. 2010).
[3] § 850b Abs. 1 Nr. 1 Betrag geänd. mWv 1.1.2022 durch G v. 7.5.2021 (BGBl. I S. 850).

§ 850c Pfändungsgrenzen für Arbeitseinkommen.

[Fassung bis 7.5.2021:]

(1)[2] [1]Arbeitseinkommen ist unpfändbar, wenn es, je nach dem Zeitraum, für den es gezahlt wird, nicht mehr als

930 [1178,59] Euro monatlich,
217,50 [271,24] Euro wöchentlich
oder
43,50 [54,25] Euro täglich

beträgt. [2]Gewährt der Schuldner auf Grund einer gesetzlichen Verpflichtung seinem Ehegatten, einem früheren Ehegatten, seinem Lebenspartner, einem früheren Lebenspartner oder einem Verwandten oder nach §§ 1615l, 1615n des Bürgerlichen Gesetzbuchs einem Elternteil Unterhalt, so erhöht sich der Betrag, bis zu dessen Höhe Arbeitseinkommen unpfändbar ist, auf bis zu

2060 [2610,63] Euro monatlich,
478,50 [600,80] Euro wöchentlich
oder
96,50 [120,16] Euro täglich,

und zwar um

350 [443,57] Euro monatlich,
81 [102,08] Euro wöchentlich
oder
17 [20,42] Euro täglich

für die erste Person, der Unterhalt gewährt wird, und um je

195 [247,12] Euro monatlich,
45 [56,87] Euro wöchentlich
oder
9 [11,37] Euro täglich

für die zweite bis fünfte Person.

[Fassung ab 8.5.2021:][1]*

(1) Arbeitseinkommen ist unpfändbar, wenn es, je nach dem Zeitraum, für den es gezahlt wird, nicht mehr als

1. *1178,59* [1330,16]* Euro monatlich,
2. *271,24* [306,12]* Euro wöchentlich oder
3. *54,25* [61,22]* Euro täglich

beträgt.

(2) [1]Gewährt der Schuldner auf Grund einer gesetzlichen Verpflichtung seinem Ehegatten, einem früheren Ehegatten, seinem Lebenspartner, einem früheren Lebenspartner, einem Verwandten oder nach den §§ 1615l und 1615n des Bürgerlichen Gesetzbuchs einem Elternteil Unterhalt, so erhöht sich der Betrag nach Absatz 1 für die erste Person, der Unterhalt gewährt wird, und zwar um

1. *443,57* [500,62]* Euro monatlich,
2. *102,08* [115,21]* Euro wöchentlich oder
3. *20,42* [23,04]* Euro täglich.

[2]Für die zweite bis fünfte Person, der Unterhalt gewährt wird, erhöht sich der Betrag nach Absatz 1 um je

1. *247,12* [278,90]* Euro monatlich,
2. *56,87* [64,19]* Euro wöchentlich oder
3. *11,37* [12,84]* Euro täglich.

---

[1] § 850c neu gef. mWv 8.5.2021 durch G v. 22.11.2020 (BGBl. I S. 2466); geänd. durch G v. 7.5.2021 (BGBl. I S. 850).

* Die unpfändbaren Beträge nach Absatz 1 und Absatz 2 Satz 2 sind durch Bekanntmachung zu den §§ 850c und 850f der Zivilprozessordnung (Pfändungsfreigrenzenbekanntmachung 2022) vom 25.5.2022 (BGBl. I S. 825) zum **1.7.2022** geändert worden.

[2] Die Beträge in Klammern sind die durch VO von 4.4.2019 (BGBl. I S. 443) zum **1.7.2019** geänderten Werte.

[Fassung bis 7.5.2021:]

(2) [1] Übersteigt das Arbeitseinkommen den Betrag, bis zu dessen Höhe es je nach der Zahl der Personen, denen der Schuldner Unterhalt gewährt, nach Absatz 1 unpfändbar ist, so ist es hinsichtlich des überschießenden Betrages zu einem Teil unpfändbar, und zwar in Höhe von drei Zehnteln, wenn der Schuldner keiner der in Absatz 1 genannten Personen Unterhalt gewährt, zwei weiteren Zehnteln für die erste Person, der Unterhalt gewährt wird, und je einem weiteren Zehntel für die zweite bis fünfte Person. [2] Der Teil des Arbeitseinkommens, der *2851* [3613,08] Euro monatlich (*658* [831,50] Euro wöchentlich, *131,58* [166,30] Euro täglich) übersteigt, bleibt bei der Berechnung des unpfändbaren Betrages unberücksichtigt.

(2a) [1] Die unpfändbaren Beträge nach Absatz 1 und Absatz 2 Satz 2 ändern sich jeweils zum 1. Juli eines jeden zweiten Jahres, erstmalig zum 1. Juli 2003, entsprechend der im Vergleich zum jeweiligen Vorjahreszeitraum sich ergebenden prozentualen Entwicklung des Grundfreibetrages nach § 32a Abs. 1 Nr. 1 des Einkommensteuergesetzes; der Berechnung ist die am 1. Januar des jeweiligen Jahres geltende Fassung des § 32a Abs. 1 Nr. 1 des Einkommensteuergesetzes zugrunde zu legen. [2] Das Bundesministerium der Justiz und für Verbraucherschutz[1] gibt die maßgebenden Beträge rechtzeitig im Bundesgesetzblatt bekannt.

(3) [1] Bei der Berechnung des nach Absatz 2 pfändbaren Teils des Arbeitseinkommens ist das Arbeitsein-

[Fassung ab 8.5.2021:]

(3) [1] Übersteigt das Arbeitseinkommen den Betrag nach Absatz 1, so ist es hinsichtlich des überschießenden Teils in Höhe von drei Zehnteln unpfändbar. [2] Gewährt der Schuldner nach Absatz 2 Unterhalt, so sind für die erste Person weitere zwei Zehntel und für die zweite bis fünfte Person jeweils ein weiteres Zehntel unpfändbar. [3] Der Teil des Arbeitseinkommens, der

1. *3613,08* [4077,72]* Euro monatlich,

2. *831,50* [938,43]* Euro wöchentlich oder

3. *166,30* [187,69]* Euro täglich

übersteigt, bleibt bei der Berechnung des unpfändbaren Betrages unberücksichtigt.

(4) [1] Das Bundesministerium der Justiz und für Verbraucherschutz macht im Bundesgesetzblatt Folgendes bekannt (Pfändungsfreigrenzenbekanntmachung):[2]

1. die Höhe des unpfändbaren Arbeitseinkommens nach Absatz 1,

2. die Höhe der Erhöhungsbeträge nach Absatz 2,

3. die Höhe der in Absatz 3 Satz 3 genannten Höchstbeträge.

[2] Die Beträge werden jeweils zum 1. Juli eines Jahres entsprechend der im Vergleich zum jeweiligen Vorjahreszeitraum sich ergebenden prozentualen Entwicklung des Grundfreibetrages nach § 32a Absatz 1 Satz 2 Nummer 1 des Einkommensteuergesetzes angepasst; der Berechnung ist die am 1. Januar des jeweiligen Jahres

---

[1] Bezeichnung geänd. durch VO v. 31.8.2015 (BGBl. I S. 1474).
[2] Nachstehend abgedruckt.
* Zuletzt Bek. v. 25.5.2022, BGBl. I S. 825 (Pfändungsfreigrenzenbekanntmachung 2022).

[Fassung bis 7.5.2021:]

kommen, gegebenenfalls nach Abzug des nach Absatz 2 Satz 2 pfändbaren Betrages, wie aus der Tabelle ersichtlich, die diesem Gesetz als Anlage beigefügt ist, nach unten abzurunden, und zwar bei Auszahlung für Monate auf einen durch 10 Euro, bei Auszahlung für Wochen auf einen durch 2,50 Euro oder bei Auszahlung für Tage auf einen durch 50 Cent teilbaren Betrag. ²Im Pfändungsbeschluss genügt die Bezugnahme auf die Tabelle.

(4) Hat eine Person, welcher der Schuldner auf Grund gesetzlicher Verpflichtung Unterhalt gewährt, eigene Einkünfte, so kann das Vollstreckungsgericht auf Antrag des Gläubigers nach billigem Ermessen bestimmen, dass diese Person bei der Berechnung des unpfändbaren Teils des Arbeitseinkommens ganz oder teilweise unberücksichtigt bleibt; soll die Person nur teilweise berücksichtigt werden, so ist Absatz 3 Satz 2 nicht anzuwenden.

[Fassung ab 8.5.2021:]

geltende Fassung des § 32a Absatz 1 Satz 2 Nummer 1 des Einkommensteuergesetzes zugrunde zu legen.

(5) ¹Um den nach Absatz 3 pfändbaren Teil des Arbeitseinkommens zu berechnen, ist das Arbeitseinkommen, gegebenenfalls nach Abzug des nach Absatz 3 Satz 3 pfändbaren Betrages, auf eine Zahl abzurunden, die bei einer Auszahlung für

1. Monate bei einer Teilung durch 10 eine natürliche Zahl ergibt,
2. Wochen bei einer Teilung durch 2,5 eine natürliche Zahl ergibt,
3. Tage bei einer Teilung durch 0,5 eine natürliche Zahl ergibt.

²Die sich aus der Berechnung nach Satz 1 ergebenden Beträge sind in der Pfändungsfreigrenzenbekanntmachung als Tabelle enthalten. ³Im Pfändungsbeschluss genügt die Bezugnahme auf die Tabelle.

(6) Hat eine Person, welcher der Schuldner auf Grund gesetzlicher Verpflichtung Unterhalt gewährt, eigene Einkünfte, so kann das Vollstreckungsgericht auf Antrag des Gläubigers nach billigem Ermessen bestimmen, dass diese Person bei der Berechnung des unpfändbaren Teils des Arbeitseinkommens ganz oder teilweise unberücksichtigt bleibt; soll die Person nur teilweise berücksichtigt werden, so ist Absatz 5 Satz 3 nicht anzuwenden.

§ 850d Pfändbarkeit bei Unterhaltsansprüchen. (1) ¹Wegen der Unterhaltsansprüche, die kraft Gesetzes einem Verwandten, dem Ehegatten, einem früheren Ehegatten, dem Lebenspartner, einem früheren Lebenspartner oder nach §§ 1615l, 1615n des Bürgerlichen Gesetzbuchs¹⁾ einem Elternteil zustehen, sind das Arbeitseinkommen und die in § 850a Nr. 1, 2 und 4 genannten Bezüge ohne die in § 850c bezeichneten Beschränkungen pfändbar. ²Dem Schuldner ist jedoch so viel zu belassen, als er für seinen notwendigen Unterhalt und zur Erfüllung seiner laufenden gesetzlichen Unterhaltspflichten gegenüber den dem Gläubiger vorgehenden Berechtigten oder zur gleichmä-

---

¹⁾ **Schönfelder Nr. 20.**

ßigen Befriedigung der dem Gläubiger gleichstehenden Berechtigten bedarf; von den in § 850a Nr. 1, 2 und 4 genannten Bezügen hat ihm mindestens die Hälfte des nach § 850a unpfändbaren Betrages zu verbleiben. [3]Der dem Schuldner hiernach verbleibende Teil seines Arbeitseinkommens darf den Betrag nicht übersteigen, der ihm nach den Vorschriften des § 850c gegenüber nicht bevorrechtigten Gläubigern zu verbleiben hätte. [4]Für die Pfändung wegen der Rückstände, die länger als ein Jahr vor dem Antrag auf Erlass des Pfändungsbeschlusses fällig geworden sind, gelten die Vorschriften dieses Absatzes insoweit nicht, als nach Lage der Verhältnisse nicht anzunehmen ist, dass der Schuldner sich seiner Zahlungspflicht absichtlich entzogen hat.

(2)[1] Mehrere Berechtigte sind mit ihren Ansprüchen in der Reihenfolge nach § 1609 des Bürgerlichen Gesetzbuchs und § 16 des Lebenspartnerschaftsgesetzes zu berücksichtigen, wobei mehrere gleich nahe Berechtigte untereinander den gleichen Rang haben.

(3) Bei der Vollstreckung wegen der in Absatz 1 bezeichneten Ansprüche sowie wegen der aus Anlass einer Verletzung des Körpers oder der Gesundheit zu zahlenden Renten kann zugleich mit der Pfändung wegen fälliger Ansprüche auch künftig fällig werdendes Arbeitseinkommen wegen der dann jeweils fällig werdenden Ansprüche gepfändet und überwiesen werden.

§ 850e Berechnung des pfändbaren Arbeitseinkommens. Für die Berechnung des pfändbaren Arbeitseinkommens gilt Folgendes:

1. [1]Nicht mitzurechnen sind die nach § 850a der Pfändung entzogenen Bezüge, ferner Beträge, die unmittelbar auf Grund steuerrechtlicher oder sozialrechtlicher Vorschriften zur Erfüllung gesetzlicher Verpflichtungen des Schuldners abzuführen sind. [2]Diesen Beträgen stehen gleich die auf den Auszahlungszeitraum entfallenden Beträge, die der Schuldner

   a) nach den Vorschriften der Sozialversicherungsgesetze zur Weiterversicherung entrichtet oder

   b) an eine Ersatzkasse oder an ein Unternehmen der privaten Krankenversicherung leistet, soweit sie den Rahmen des Üblichen nicht übersteigen.

2. [1]Mehrere Arbeitseinkommen sind auf Antrag vom Vollstreckungsgericht bei der Pfändung zusammenzurechnen. [2]Der unpfändbare Grundbetrag ist in erster Linie dem Arbeitseinkommen zu entnehmen, das die wesentliche Grundlage der Lebenshaltung des Schuldners bildet.

2a. [1]Mit Arbeitseinkommen sind auf Antrag auch Ansprüche auf laufende Geldleistungen nach dem Sozialgesetzbuch zusammenzurechnen, soweit diese der Pfändung unterworfen sind. [2]Der unpfändbare Grundbetrag ist, soweit die Pfändung nicht wegen gesetzlicher Unterhaltsansprüche erfolgt, in erster Linie den laufenden Geldleistungen nach dem Sozialgesetzbuch zu entnehmen. [3]Ansprüche auf Geldleistungen für Kinder dürfen mit Arbeitseinkommen nur zusammengerechnet werden, soweit sie nach § 76 des Einkommensteuergesetzes oder nach § 54 Abs. 5 des Ersten Buches Sozialgesetzbuch[2] gepfändet werden können.

---

[1] § 850d Abs. 2 neu gef. mWv 1.1.2008 durch G v. 21.12.2007 (BGBl. I S. 3189).
[2] Loseblatt-Textsammlung **Aichberger SGB RVO Nr. 1.**

3. ¹Erhält der Schuldner neben seinem in Geld zahlbaren Einkommen auch Naturalleistungen, so sind Geld- und Naturalleistungen zusammenzurechnen. ²In diesem Fall ist der in Geld zahlbare Betrag insoweit pfändbar, als der nach § 850c unpfändbare Teil des Gesamteinkommens durch den Wert der dem Schuldner verbleibenden Naturalleistungen gedeckt ist.

4. ¹Trifft eine Pfändung, eine Abtretung oder eine sonstige Verfügung wegen eines der in § 850d bezeichneten Ansprüche mit einer Pfändung wegen eines sonstigen Anspruchs zusammen, so sind auf die Unterhaltsansprüche zunächst die gemäß § 850d der Pfändung in erweitertem Umfang unterliegenden Teile des Arbeitseinkommens zu verrechnen. ²Die Verrechnung nimmt auf Antrag eines Beteiligten das Vollstreckungsgericht vor. ³Der Drittschuldner kann, solange ihm eine Entscheidung des Vollstreckungsgerichts nicht zugestellt ist, nach dem Inhalt der ihm bekannten Pfändungsbeschlüsse, Abtretungen und sonstigen Verfügungen mit befreiender Wirkung leisten.

§ 850f¹⁾ **Änderung des unpfändbaren Betrages.** (1) Das Vollstreckungsgericht kann dem Schuldner auf Antrag von dem nach den Bestimmungen der §§ 850c, 850d und 850i pfändbaren Teil seines Arbeitseinkommens einen Teil belassen, wenn

[Fassung bis 7.5.2021:]

a) der Schuldner nachweist, dass bei Anwendung der Pfändungsfreigrenzen entsprechend der Anlage zu diesem Gesetz (zu § 850c) der notwendige Lebensunterhalt im Sinne des Dritten, Vierten und Elften Kapitels des Zwölften Buches Sozialgesetzbuch oder nach Kapitel 3 Abschnitt 2 des Zweiten Buches Sozialgesetzbuch für sich und für die Personen, denen er Unterhalt zu gewähren hat, nicht gedeckt ist,

b) besondere Bedürfnisse des Schuldners aus persönlichen oder beruflichen Gründen oder

c) der besondere Umfang der gesetzlichen Unterhaltspflichten des Schuldners, insbesondere die Zahl der Unterhaltsberechtigten, dies erfordern

[Fassung ab 8.5.2021:]

1. der Schuldner nachweist, dass bei Anwendung der Pfändungsfreigrenzen entsprechend § 850c der notwendige Lebensunterhalt im Sinne des Dritten und Vierten Kapitels des Zwölften Buches Sozialgesetzbuch oder nach Kapitel 3 Abschnitt 2 des Zweiten Buches Sozialgesetzbuch für sich und für die Personen, denen er gesetzlich zum Unterhalt verpflichtet ist, nicht gedeckt ist,

2. besondere Bedürfnisse des Schuldners aus persönlichen oder beruflichen Gründen oder

3. der besondere Umfang der gesetzlichen Unterhaltspflichten des Schuldners, insbesondere die Zahl der Unterhaltsberechtigten, dies erfordern

und überwiegende Belange des Gläubigers nicht entgegenstehen.

---

¹⁾ § 850f Abs. 1 Buchst. a geänd. durch G v. 21.11.2016 (BGBl. I S. 2591); Abs. 1 Buchst. a bis c werden Nrn. 1 bis 3 und Nr. 1 neu gef., Abs. 3 aufgeh. mWv 8.5.2021 durch G v. 22.11.2020 (BGBl. I S. 2466; geänd. durch G v. 7.5.2021, BGBl. I S. 850).

(2) Wird die Zwangsvollstreckung wegen einer Forderung aus einer vorsätzlich begangenen unerlaubten Handlung betrieben, so kann das Vollstreckungsgericht auf Antrag des Gläubigers den pfändbaren Teil des Arbeitseinkommens ohne Rücksicht auf die in § 850c vorgesehenen Beschränkungen bestimmen; dem Schuldner ist jedoch so viel zu belassen, wie er für seinen notwendigen Unterhalt und zur Erfüllung seiner laufenden gesetzlichen Unterhaltspflichten bedarf.

§ 850g Änderung der Unpfändbarkeitsvoraussetzungen. [1]Ändern sich die Voraussetzungen für die Bemessung des unpfändbaren Teils des Arbeitseinkommens, so hat das Vollstreckungsgericht auf Antrag des Schuldners oder des Gläubigers den Pfändungsbeschluss entsprechend zu ändern. [2]Antragsberechtigt ist auch ein Dritter, dem der Schuldner kraft Gesetzes Unterhalt zu gewähren hat. [3]Der Drittschuldner kann nach dem Inhalt des früheren Pfändungsbeschlusses mit befreiender Wirkung leisten, bis ihm der Änderungsbeschluss zugestellt wird.

§ 850h Verschleiertes Arbeitseinkommen. (1) [1]Hat sich der Empfänger der vom Schuldner geleisteten Arbeiten oder Dienste verpflichtet, Leistungen an einen Dritten zu bewirken, die nach Lage der Verhältnisse ganz oder teilweise eine Vergütung für die Leistung des Schuldners darstellen, so kann der Anspruch des Drittberechtigten insoweit auf Grund des Schuldtitels gegen den Schuldner gepfändet werden, wie wenn der Anspruch dem Schuldner zustände. [2]Die Pfändung des Vergütungsanspruchs des Schuldners umfasst ohne weiteres den Anspruch des Drittberechtigten. [3]Der Pfändungsbeschluss ist dem Drittberechtigten ebenso wie dem Schuldner zuzustellen.

(2) [1]Leistet der Schuldner einem Dritten in einem ständigen Verhältnis Arbeiten oder Dienste, die nach Art und Umfang üblicherweise vergütet werden, unentgeltlich oder gegen eine unverhältnismäßig geringe Vergütung, so gilt im Verhältnis des Gläubigers zu dem Empfänger der Arbeits- und Dienstleistungen eine angemessene Vergütung als geschuldet. [2]Bei der Prüfung, ob diese Voraussetzungen vorliegen, sowie bei der Bemessung der Vergütung ist auf alle Umstände des Einzelfalles, insbesondere die Art der Arbeits- und Dienstleistung, die verwandtschaftlichen oder sonstigen Beziehungen zwischen dem Dienstberechtigten und dem Dienstverpflichteten und die wirtschaftliche Leistungsfähigkeit des Dienstberechtigten Rücksicht zu nehmen.

§ 850i[1]) Pfändungsschutz für sonstige Einkünfte. (1) [1]Werden nicht wiederkehrend zahlbare Vergütungen für persönlich geleistete Arbeiten oder Dienste oder sonstige Einkünfte, die kein Arbeitseinkommen sind, gepfändet, so hat das Gericht dem Schuldner auf Antrag während eines angemessenen Zeitraums so viel zu belassen, als ihm nach freier Schätzung des Gerichts verbleiben würde, wenn sein Einkommen aus laufendem Arbeits- oder Dienstlohn bestünde. [2]Bei der Entscheidung sind die wirtschaftlichen Verhältnisse

---

[1]) § 850i Überschrift geänd., Abs. 1 neu gef. mWv 1.7.2010 durch G v. 7.7.2009 (BGBl. I S. 1707).

des Schuldners, insbesondere seine sonstigen Verdienstmöglichkeiten, frei zu würdigen. ³Der Antrag des Schuldners ist insoweit abzulehnen, als überwiegende Belange des Gläubigers entgegenstehen.

(2)¹⁾ Die Vorschriften des § 27 des Heimarbeitsgesetzes vom 14. März 1951 (BGBl. I S. 191)²⁾ bleiben unberührt.

(3)³⁾ Die Bestimmungen der Versicherungs-, Versorgungs- und sonstigen gesetzlichen Vorschriften über die Pfändung von Ansprüchen bestimmter Art bleiben unberührt.

*[Fassung bis 30.11.2021:*⁴⁾

§ 850k⁵⁾ **Pfändungsschutzkonto.** (1) ¹Wird das Guthaben auf dem Pfändungsschutzkonto des Schuldners bei einem Kreditinstitut gepfändet, kann der Schuldner jeweils bis zum Ende des Kalendermonats über Guthaben in Höhe des monatlichen Freibetrages nach § 850c Abs. 1 Satz 1 in Verbindung mit § 850c Abs. 2a verfügen; insoweit wird es nicht von der Pfändung erfasst. ²Zum Guthaben im Sinne des Satzes 1 gehört auch das Guthaben, das bis zum Ablauf der Frist des § 835 Absatz 4 nicht an den Gläubiger geleistet oder hinterlegt werden darf. ³Soweit der Schuldner in dem jeweiligen Kalendermonat nicht über Guthaben in Höhe des nach Satz 1 pfändungsfreien Betrages verfügt hat, wird dieses Guthaben in dem folgenden Kalendermonat zusätzlich zu dem nach Satz 1 geschützten Guthaben nicht von der Pfändung erfasst. ⁴Die Sätze 1 bis 3 gelten entsprechend, wenn das Guthaben auf einem Girokonto des Schuldners gepfändet ist, das vor Ablauf von vier Wochen seit der Zustellung des Überweisungsbeschlusses an den Drittschuldner in ein Pfändungsschutzkonto umgewandelt wird.

(2) ¹Die Pfändung des Guthabens gilt im Übrigen als mit der Maßgabe ausgesprochen, dass in Erhöhung des Freibetrages nach Absatz 1 folgende Beträge nicht von der Pfändung erfasst sind:

1. die pfändungsfreien Beträge nach § 850c Abs. 1 Satz 2 in Verbindung mit § 850c Abs. 2a Satz 1, wenn

   a) der Schuldner einer oder mehreren Personen aufgrund gesetzlicher Verpflichtung Unterhalt gewährt oder

---

¹⁾ § 850i Abs. 2 aufgeh., bish. Abs. 3 und 4 werden Abs. 2 und 3 mWv 1.7.2010 durch G v. 7.7.2009 (BGBl. I S. 1707).

²⁾ § 27 des Heimarbeitsgesetzes v. 14.3.1951 (BGBl. I S. 191) lautet:
„**§ 27 Pfändungsschutz.** Für das Entgelt, das den in Heimarbeit Beschäftigten oder den Gleichgestellten gewährt wird, gelten die Vorschriften über den Pfändungsschutz für Vergütungen, die auf Grund eines Arbeits- oder Dienstverhältnisses geschuldet werden, entsprechend."

³⁾ § 850i Abs. 2 aufgeh., bish. Abs. 3 und 4 werden Abs. 2 und 3 mWv 1.7.2010 durch G v. 7.7.2009 (BGBl. I S. 1707).

⁴⁾ Fassung **ab 1.12.2021** nachfolgend abgedruckt.

⁵⁾ § 850k eingef. mWv 1.7.2010 durch G v. 7.7.2009 (BGBl. I S. 1707); Abs. 1 Satz 2 eingef., bish. Sätze 2 und 3 werden Sätze 3 und 4, neuer Satz 4 geänd., Abs. 2 Satz 2 geänd. mWv 16.4.2011 durch G v. 12.4.2011 (BGBl. I S. 615); Abs. 2 Satz 1 Nr. 1 Buchst. b geänd. durch G v. 21.11.2016 (BGBl. I S. 2591).

b) der Schuldner Geldleistungen nach dem Zweiten oder Zwölften Buch Sozialgesetzbuch für mit ihm in einer Gemeinschaft im Sinne des § 7 Abs. 3 des Zweiten Buches Sozialgesetzbuch oder der §§ 19, 20, 39 Satz 1 oder 43 des Zwölften Buches Sozialgesetzbuch lebende Personen, denen er nicht aufgrund gesetzlicher Vorschriften zum Unterhalt verpflichtet ist, entgegennimmt;

2. einmalige Geldleistungen im Sinne des § 54 Abs. 2 des Ersten Buches Sozialgesetzbuch und Geldleistungen zum Ausgleich des durch einen Körper- oder Gesundheitsschaden bedingten Mehraufwandes im Sinne des § 54 Abs. 3 Nr. 3 des Ersten Buches Sozialgesetzbuch;

3. das Kindergeld oder andere Geldleistungen für Kinder, es sei denn, dass wegen einer Unterhaltsforderung eines Kindes, für das die Leistungen gewährt oder bei dem es berücksichtigt wird, gepfändet wird. [2]Für die Beträge nach Satz 1 gilt Absatz 1 Satz 3 entsprechend.

(3) An die Stelle der nach Absatz 1 und Absatz 2 Satz 1 Nr. 1 pfändungsfreien Beträge tritt der vom Vollstreckungsgericht im Pfändungsbeschluss belassene Betrag, wenn das Guthaben wegen der in § 850d bezeichneten Forderungen gepfändet wird.

(4) [1]Das Vollstreckungsgericht kann auf Antrag einen von den Absätzen 1, 2 Satz 1 Nr. 1 und Absatz 3 abweichenden pfändungsfreien Betrag festsetzen. [2]Die §§ 850a, 850b, 850c, 850d Abs. 1 und 2, die §§ 850e, 850f, 850g und 850i sowie die §§ 851c und 851d dieses Gesetzes sowie § 54 Abs. 2, Abs. 3 Nr. 1, 2 und 3, Abs. 4 und 5 des Ersten Buches Sozialgesetzbuch, § 17 Abs. 1 Satz 2 des Zwölften Buches Sozialgesetzbuch und § 76 des Einkommensteuergesetzes sind entsprechend anzuwenden. [3]Im Übrigen ist das Vollstreckungsgericht befugt, die in § 732 Abs. 2 bezeichneten Anordnungen zu erlassen.

(5) [1]Das Kreditinstitut ist dem Schuldner zur Leistung aus dem nach Absatz 1 und 3 nicht von der Pfändung erfassten Guthaben im Rahmen des vertraglich Vereinbarten verpflichtet. [2]Dies gilt für die nach Absatz 2 nicht von der Pfändung erfassten Beträge nur insoweit, als der Schuldner durch eine Bescheinigung des Arbeitgebers, der Familienkasse, des Sozialleistungsträgers oder einer geeigneten Person oder Stelle im Sinne von § 305 Abs. 1 Nr. 1 der Insolvenzordnung nachweist, dass das Guthaben nicht von der Pfändung erfasst ist. [3]Die Leistung des Kreditinstituts an den Schuldner hat befreiende Wirkung, wenn ihm die Unrichtigkeit einer Bescheinigung nach Satz 2 weder bekannt noch infolge grober Fahrlässigkeit unbekannt ist. [4]Kann der Schuldner den Nachweis nach Satz 2 nicht führen, so hat das Vollstreckungsgericht auf Antrag die Beträge nach Absatz 2 zu bestimmen. [5]Die Sätze 1 bis 4 gelten auch für eine Hinterlegung.

(6) [1]Wird einem Pfändungsschutzkonto eine Geldleistung nach dem Sozialgesetzbuch oder Kindergeld gutgeschrieben, darf das Kreditinstitut die Forderung, die durch die Gutschrift entsteht, für die Dauer von 14 Tagen seit der Gutschrift nur mit solchen Forderungen verrechnen und hiergegen nur mit solchen Forderungen aufrechnen, die ihm als Entgelt für die Kontoführung oder aufgrund von Kontoverfügungen des Berechtigten innerhalb dieses Zeitraums zustehen. [2]Bis zur Höhe des danach verbleibenden Betrages der Gut-

schrift ist das Kreditinstitut innerhalb von 14 Tagen seit der Gutschrift nicht berechtigt, die Ausführung von Zahlungsvorgängen wegen fehlender Deckung abzulehnen, wenn der Berechtigte nachweist oder dem Kreditinstitut sonst bekannt ist, dass es sich um die Gutschrift einer Geldleistung nach dem Sozialgesetzbuch oder von Kindergeld handelt. ³Das Entgelt des Kreditinstituts für die Kontoführung kann auch mit Beträgen nach den Absätzen 1 bis 4 verrechnet werden.

(7) ¹In einem der Führung eines Girokontos zugrunde liegenden Vertrag können der Kunde, der eine natürliche Person ist, oder dessen gesetzlicher Vertreter und das Kreditinstitut vereinbaren, dass das Girokonto als Pfändungsschutzkonto geführt wird. ²Der Kunde kann jederzeit verlangen, dass das Kreditinstitut sein Girokonto als Pfändungsschutzkonto führt. ³Ist das Guthaben des Girokontos bereits gepfändet worden, so kann der Schuldner die Führung als Pfändungsschutzkonto zum Beginn des vierten auf seine Erklärung folgenden Geschäftstages verlangen.

(8)¹⁾ ¹Jede Person darf nur ein Pfändungsschutzkonto unterhalten. ²Bei der Abrede hat der Kunde gegenüber dem Kreditinstitut zu versichern, dass er kein weiteres Pfändungsschutzkonto unterhält. ³Das Kreditinstitut darf Auskunfteien mitteilen, dass es für den Kunden ein Pfändungsschutzkonto führt. ⁴Die Auskunfteien dürfen diese Angabe nur verwenden, um Kreditinstituten auf Anfrage zum Zwecke der Überprüfung der Richtigkeit der Versicherung nach Satz 2 Auskunft darüber zu erteilen, ob die betroffene Person ein Pfändungsschutzkonto unterhält. ⁵Die Verarbeitung zu einem anderen als dem in Satz 4 genannten Zweck ist auch mit Einwilligung der betroffenen Person unzulässig.

(9)²⁾ ¹Unterhält ein Schuldner entgegen Absatz 8 Satz 1 mehrere Girokonten als Pfändungsschutzkonten, ordnet das Vollstreckungsgericht auf Antrag eines Gläubigers an, dass nur das von dem Gläubiger in dem Antrag bezeichnete Girokonto dem Schuldner als Pfändungsschutzkonto verbleibt. ²Der Gläubiger hat die Voraussetzungen nach Satz 1 durch Vorlage entsprechender Erklärungen der Drittschuldner glaubhaft zu machen. ³Eine Anhörung des Schuldners unterbleibt. ⁴Die Entscheidung ist allen Drittschuldnern zuzustellen. ⁵Mit der Zustellung der Entscheidung an diejenigen Kreditinstitute, deren Girokonten nicht zum Pfändungsschutzkonto bestimmt sind, entfallen die Wirkungen nach den Absätzen 1 bis 6.]

[*Fassung ab 1.12.2021:*

§ 850k³⁾ Einrichtung und Beendigung des Pfändungsschutz Kontos.

(1) ¹Eine natürliche Person kann jederzeit von dem Kreditinstitut verlangen, dass ein von ihr dort geführtes Zahlungskonto als Pfändungsschutzkonto geführt wird. ²Satz 1 gilt auch, wenn das Zahlungskonto zum Zeitpunkt des Verlangens einen negativen Saldo aufweist. ³Ein Pfändungsschutzkonto darf jedoch ausschließlich auf Guthabenbasis geführt werden.

---

¹⁾ § 850k Abs. 8 neu gef. mWv 28.12.2010 durch G v. 22.12.2010 (BGBl. I S. 2248); geänd. durch G v. 20.11.2019 (BGBl. I S. 1724).
²⁾ § 850k Abs. 9 Satz 1 geänd. mWv 28.12.2010 durch G v. 22.12.2010 (BGBl. I S. 2248).
³⁾ § 850k neu gef. mWv 1.12.2021 durch G v. 22.11.2020 (BGBl. I S. 2466).

(2) ¹Ist Guthaben auf dem Zahlungskonto bereits gepfändet worden, kann der Schuldner die Führung dieses Kontos als Pfändungsschutzkonto zum Beginn des vierten auf sein Verlangen folgenden Geschäftstages fordern. ²Das Vertragsverhältnis zwischen dem Kontoinhaber und dem Kreditinstitut bleibt im Übrigen unberührt.

(3) ¹Jede Person darf nur ein Pfändungsschutzkonto unterhalten. ²Bei dem Verlangen nach Absatz 1 hat der Kunde gegenüber dem Kreditinstitut zu versichern, dass er kein weiteres Pfändungsschutzkonto unterhält.

(4) ¹Unterhält ein Schuldner entgegen Absatz 3 Satz 1 mehrere Zahlungskonten als Pfändungsschutzkonten, ordnet das Vollstreckungsgericht auf Antrag des Gläubigers an, dass nur das von dem Gläubiger in seinem Antrag bezeichnete Zahlungskonto dem Schuldner als Pfändungsschutzkonto verbleibt. ²Der Gläubiger hat den Umstand, dass ein Schuldner entgegen Satz 1 mehrere Zahlungskonten als Pfändungsschutzkonten unterhält, durch Vorlage entsprechender Erklärungen der Drittschuldner glaubhaft zu machen. ³Eine Anhörung des Schuldners durch das Vollstreckungsgericht unterbleibt. ⁴Die Anordnung nach Satz 1 ist allen Drittschuldnern zuzustellen. ⁵Mit der Zustellung der Anordnung an diejenigen Kreditinstitute, deren Zahlungskonten nicht zum Pfändungsschutzkonto bestimmt sind, entfallen die Wirkungen dieser Pfändungsschutzkonten.

(5) ¹Der Kontoinhaber kann mit einer Frist von mindestens vier Geschäftstagen zum Monatsende von dem Kreditinstitut verlangen, dass das dort geführte Pfändungsschutzkonto als Zahlungskonto ohne Pfändungsschutz geführt wird. ²Absatz 2 Satz 2 gilt entsprechend.]

[Fassung bis 30.11.2021:¹⁾

§ 850l²⁾ Anordnung der Unpfändbarkeit von Kontoguthaben auf dem Pfändungsschutzkonto. ¹Auf Antrag des Schuldners kann das Vollstreckungsgericht anordnen, dass das Guthaben auf dem Pfändungsschutzkonto für die Dauer von bis zu zwölf Monaten der Pfändung nicht unterworfen ist, wenn der Schuldner nachweist, dass dem Konto in den letzten sechs Monaten vor Antragstellung ganz überwiegend nur unpfändbare Beträge gutgeschrieben worden sind, und er glaubhaft macht, dass innerhalb der nächsten zwölf Monate nur ganz überwiegend nicht pfändbare Beträge zu erwarten sind. ²Die Anordnung kann versagt werden, wenn überwiegende Belange des Gläubigers entgegenstehen. ³Sie ist auf Antrag eines Gläubigers aufzuheben, wenn ihre Voraussetzungen nicht mehr vorliegen oder die Anordnung den überwiegenden Belangen dieses Gläubigers entgegensteht.]

[Fassung ab 1.12.2021:

§ 850l³⁾ Pfändung des Gemeinschaftskontos. (1) ¹Unterhält der Schuldner, der eine natürliche Person ist, mit einer anderen natürlichen oder mit einer juristischen Person oder mit einer Mehrheit von Personen ein Gemein-

---

¹⁾ Fassung **ab 1.12.2021** nachfolgend abgedruckt.
²⁾ § 850l neu gef. mWv 1.1.2012 durch G v. 7.7.2009 (BGBl. I S. 1707).
³⁾ § 850l neu gef. mWv 1.12.2021 durch G v. 22.11.2020 (BGBl. I S. 2466).

schaftskonto und wird Guthaben auf diesem Konto gepfändet, so darf das Kreditinstitut erst nach Ablauf von einem Monat nach Zustellung des Überweisungsbeschlusses aus dem Guthaben an den Gläubiger leisten oder den Betrag hinterlegen. ²Satz 1 gilt auch für künftiges Guthaben.

(2)¹⁾ ¹Ist der Schuldner eine natürliche Person, kann er innerhalb des Zeitraums nach Absatz 1 Satz 1 von dem Kreditinstitut verlangen, bestehendes oder künftiges Guthaben von dem Gemeinschaftskonto auf ein bei dem Kreditinstitut allein auf seinen Namen lautendes Zahlungskonto zu übertragen. ²Wird Guthaben nach Satz 1 übertragen und verlangt der Schuldner innerhalb des Zeitraums nach Absatz 1 Satz 1, dass das Zahlungskonto als Pfändungsschutzkonto geführt wird, so *ist auf das übertragene Guthaben § 899 Absatz 1 Satz 1 und 3 entsprechend anzuwenden* [*ab 1.1.2022:* gelten für die Einrichtung des Pfändungsschutzkontos § 850k und für das übertragene Guthaben die Regelungen des Buches 8 Abschnitt 4.] ³Für die Übertragung nach Satz 1 ist eine Mitwirkung anderer Kontoinhaber oder des Gläubigers nicht erforderlich. ⁴Der Übertragungsbetrag beläuft sich auf den Kopfteil des Schuldners an dem Guthaben. ⁵Sämtliche Kontoinhaber und der Gläubiger können sich auf eine von Satz 4 abweichende Aufteilung des Übertragungsbetrages einigen; die Vereinbarung ist dem Kreditinstitut in Textform mitzuteilen.

(3) Absatz 2 Satz 1 und 3 bis 5 ist auf natürliche Personen, mit denen der Schuldner das Gemeinschaftskonto unterhält, entsprechend anzuwenden.

(4) Die Wirkungen von Pfändung und Überweisung von Guthaben auf dem Gemeinschaftskonto setzen sich an dem nach Absatz 2 Satz 1 auf ein Einzelkonto des Schuldners übertragenen Guthaben fort; sie setzen sich nicht an dem Guthaben fort, das nach Absatz 3 übertragen wird.]

§ 851 Nicht übertragbare Forderungen. (1) Eine Forderung ist in Ermangelung besonderer Vorschriften der Pfändung nur insoweit unterworfen, als sie übertragbar ist.

(2) Eine nach § 399 des Bürgerlichen Gesetzbuchs²⁾ nicht übertragbare Forderung kann insoweit gepfändet und zur Einziehung überwiesen werden, als der geschuldete Gegenstand der Pfändung unterworfen ist.

§ 851a Pfändungsschutz für Landwirte. (1) Die Pfändung von Forderungen, die einem die Landwirtschaft betreibenden Schuldner aus dem Verkauf von landwirtschaftlichen Erzeugnissen zustehen, ist auf seinen Antrag vom Vollstreckungsgericht insoweit aufzuheben, als die Einkünfte zum Unterhalt des Schuldners, seiner Familie und seiner Arbeitnehmer oder zur Aufrechterhaltung einer geordneten Wirtschaftsführung unentbehrlich sind.

---

¹⁾ § 850l Abs. 2 Satz 2 geänd. mWv 1.1.2022 durch G v. 7.5.2021 (BGBl. I S. 850).
²⁾ **Schönfelder Nr. 20.**

(2) Die Pfändung soll unterbleiben, wenn offenkundig ist, dass die Voraussetzungen für die Aufhebung der Zwangsvollstreckung nach Absatz 1 vorliegen.

§ 851b Pfändungsschutz bei Miet- und Pachtzinsen. (1) [1]Die Pfändung von Miete und Pacht ist auf Antrag des Schuldners vom Vollstreckungsgericht insoweit aufzuheben, als diese Einkünfte für den Schuldner zur laufenden Unterhaltung des Grundstücks, zur Vornahme notwendiger Instandsetzungsarbeiten und zur Befriedigung von Ansprüchen unentbehrlich sind, die bei einer Zwangsvollstreckung in das Grundstück dem Anspruch des Gläubigers nach § 10 des Gesetzes über die Zwangsversteigerung und die Zwangsverwaltung[1] vorgehen würden. [2]Das Gleiche gilt von der Pfändung von Barmitteln und Guthaben, die aus Miet- oder Pachtzahlungen herrühren und zu den in Satz 1 bezeichneten Zwecken unentbehrlich sind.

(2)[2] [1]Wird der Antrag nicht binnen einer Frist von zwei Wochen gestellt, so ist er ohne sachliche Prüfung zurückzuweisen, wenn das Vollstreckungsgericht der Überzeugung ist, dass der Schuldner den Antrag in der Absicht der Verschleppung oder aus grober Nachlässigkeit nicht früher gestellt hat. [2]Die Frist beginnt mit der Pfändung.

(3)[3] Anordnungen nach Absatz 1 können mehrmals ergehen und, soweit es nach Lage der Verhältnisse geboten ist, auf Antrag aufgehoben oder abgeändert werden.

(4)[3] [1]Vor den in den Absätzen 1 und 3 bezeichneten Entscheidungen ist, soweit dies ohne erhebliche Verzögerung möglich ist, der Gläubiger zu hören. [2]Die für die Entscheidung wesentlichen tatsächlichen Verhältnisse sind glaubhaft zu machen. [3]Die Pfändung soll unterbleiben, wenn offenkundig ist, dass die Voraussetzungen für die Aufhebung der Zwangsvollstreckung nach Absatz 1 vorliegen.

§ 851c[4] Pfändungsschutz bei Altersrenten. (1) Ansprüche auf Leistungen, die auf Grund von Verträgen gewährt werden, dürfen nur wie Arbeitseinkommen gepfändet werden, wenn

1. die Leistung in regelmäßigen Zeitabständen lebenslang und nicht vor Vollendung des 60. Lebensjahres oder nur bei Eintritt der Berufsunfähigkeit gewährt wird,

2. über die Ansprüche aus dem Vertrag nicht verfügt werden darf,

3. die Bestimmung von Dritten mit Ausnahme von Hinterbliebenen als Berechtigte ausgeschlossen ist und

4. die Zahlung einer Kapitalleistung, ausgenommen eine Zahlung für den Todesfall, nicht vereinbart wurde.

---

[1] **Schönfelder Nr. 108.**
[2] § 851b Abs. 2 neu gef. mWv 1.1.2013 durch G v. 29.7.2009 (BGBl. I S. 2258).
[3] § 851b Abs. 3 und 4 angef. mWv 1.1.2013 durch G v. 29.7.2009 (BGBl. I S. 2258).
[4] § 851c eingef. mWv 31.3.2007 durch G v. 26.3.2007 (BGBl. I S. 368).

[Fassung bis 31.12.2021:]

(2) ¹Um dem Schuldner den Aufbau einer angemessenen Alterssicherung zu ermöglichen, kann er unter Berücksichtigung der Entwicklung auf dem Kapitalmarkt, des Sterblichkeitsrisikos und der Höhe der Pfändungsfreigrenze, nach seinem Lebensalter gestaffelt, jährlich einen bestimmten Betrag unpfändbar auf der Grundlage eines in Absatz 1 bezeichneten Vertrags bis zu einer Gesamtsumme von 256 000²⁾ Euro ansammeln. ²Der Schuldner darf vom 18. bis zum vollendeten 29. Lebensjahr 2000 Euro, vom 30. bis zum vollendeten 39. Lebensjahr 4000 Euro, vom 40. bis zum vollendeten 47. Lebensjahr 4500 Euro, vom 48. bis zum vollendeten 53. Lebensjahr 6000 Euro, vom 54. bis zum vollendeten 59. Lebensjahr 8000 Euro und vom 60. bis zum vollendeten 67. Lebensjahr 9000 Euro jährlich ansammeln.

[Fassung bis 1.1.2022:]¹⁾

(2)¹ Beträge, die der Schuldner anspart, um in Erfüllung eines Vertrages nach Absatz 1 eine angemessene Alterssicherung aufzubauen, unterliegen nicht der Pfändung, soweit sie

1. jährlich nicht mehr betragen als

   a) 6000 Euro bei einem Schuldner vom 18. bis zum vollendeten 27. Lebensjahr

   und

   b) 7000 Euro bei einem Schuldner vom 28. bis zum vollendeten 67. Lebensjahr

   und

2. einen Gesamtbetrag von 340 000 Euro nicht übersteigen.

²Die in Satz 1 genannten Beträge werden jeweils zum 1. Juli eines jeden fünften Jahres entsprechend der Entwicklung auf dem Kapitalmarkt, des Sterblichkeitsrisikos und der Höhe der Pfändungsfreigrenze angepasst und die angepassten Beträge vom Bundesministerium der Justiz und für Verbraucherschutz in der Pfändungsfreigrenzenbekanntmachung im Sinne des § 850c Absatz 4 Satz 1 bekannt gemacht.

³Übersteigt der Rückkaufwert der Alterssicherung den unpfändbaren Betrag, sind drei Zehntel des überschießenden Betrags unpfändbar. ⁴Satz 3 gilt nicht für den Teil des Rückkaufwerts, der den dreifachen Wert des in Satz 1 **[ab 1.1.2022:** Nummer 2**]** genannten Betrags übersteigt.

(3) § 850e Nr. 2 und 2a gilt entsprechend.

§ 851d³⁾ Pfändungsschutz bei steuerlich gefördertem Altersvorsorgevermögen. Monatliche Leistungen in Form einer lebenslangen Rente oder monatlicher Ratenzahlungen im Rahmen eines Auszahlungsplans nach § 1

¹⁾ § 851c Abs. 2 Sätze 1 und 2 neu gef., Satz 4 geänd. mWv 1.1.2022 durch G v. 7.5.2021 (BGBl. I S. 850).
²⁾ Geänd. mWv 1.1.2013 durch G v. 5.12.2012 (BGBl. I S. 2418).
³⁾ § 851d eingef. mWv 31.3.2007 durch G v. 26.3.2007 (BGBl. I S. 368).

Abs. 1 Satz 1 Nr. 4 des Altersvorsorgeverträge-Zertifizierungsgesetzes aus steuerlich gefördertem Altersvorsorgevermögen sind wie Arbeitseinkommen pfändbar.

§ 852 Beschränkt pfändbare Forderungen. (1) Der Pflichtteilsanspruch ist der Pfändung nur unterworfen, wenn er durch Vertrag anerkannt oder rechtshängig geworden ist.

(2)[1] Das Gleiche gilt für den nach § 528 des Bürgerlichen Gesetzbuchs[2] dem Schenker zustehenden Anspruch auf Herausgabe des Geschenkes sowie für den Anspruch eines Ehegatten oder Lebenspartners auf den Ausgleich des Zugewinns.

(Fortsetzung nächste Seite)

---

[1] § 852 Abs. 2 geänd. durch G v. 20.11.2015 (BGBl. I S. 2010).
[2] **Schönfelder Nr. 20.**

Anlage[1]
(zu § 850c)

Auszahlung für Monate

Euro	Pfändbarer Betrag bei Unterhaltspflicht für ... Personen					
Nettolohn monatlich	0	1	2	3	4	5 und mehr
bis 1 339,99	–	–	–	–	–	–
1 340,00 bis 1 349,99	6,89	–	–	–	–	–
1 350,00 bis 1 359,99	13,89	–	–	–	–	–
1 360,00 bis 1 369,99	20,89	–	–	–	–	–
1 370,00 bis 1 379,99	27,89	–	–	–	–	–
1 380,00 bis 1 389,99	34,89	–	–	–	–	–
1 390,00 bis 1 399,99	41,89	–	–	–	–	–
1 400,00 bis 1 409,99	48,89	–	–	–	–	–
1 410,00 bis 1 419,99	55,89	–	–	–	–	–
1 420,00 bis 1 429,99	62,89	–	–	–	–	–
1 430,00 bis 1 439,99	69,89	–	–	–	–	–
1 440,00 bis 1 449,99	76,89	–	–	–	–	–
1 450,00 bis 1 459,99	83,89	–	–	–	–	–
1 460,00 bis 1 469,99	90,89	–	–	–	–	–
1 470,00 bis 1 479,99	97,89	–	–	–	–	–
1 480,00 bis 1 489,99	104,89	–	–	–	–	–
1 490,00 bis 1 499,99	111,89	–	–	–	–	–
1 500,00 bis 1 509,99	118,89	–	–	–	–	–
1 510,00 bis 1 519,99	125,89	–	–	–	–	–
1 520,00 bis 1 529,99	132,89	–	–	–	–	–
1 530,00 bis 1 539,99	139,89	–	–	–	–	–
1 540,00 bis 1 549,99	146,89	–	–	–	–	–
1 550,00 bis 1 559,99	153,89	–	–	–	–	–
1 560,00 bis 1 569,99	160,89	–	–	–	–	–
1 570,00 bis 1 579,99	167,89	–	–	–	–	–
1 580,00 bis 1 589,99	174,89	–	–	–	–	–
1 590,00 bis 1 599,99	181,89	–	–	–	–	–
1 600,00 bis 1 609,99	188,89	–	–	–	–	–
1 610,00 bis 1 619,99	195,89	–	–	–	–	–
1 620,00 bis 1 629,99	202,89	–	–	–	–	–
1 630,00 bis 1 639,99	209,89	–	–	–	–	–

[1] Pfändungsfreibeträge in der **ab 1.7.2022** geltenden Fassung (Anhang der Pfändungs-freigrenzenbekanntmachung 2022 v. 25.5.2022, BGBl. I S. 825).

Auszahlung für Monate

Euro	Pfändbarer Betrag bei Unterhaltspflicht für ... Personen					
Nettolohn monatlich	0	1	2	3	4	5 und mehr
1 640,00 bis 1 649,99	216,89	–	–	–	–	–
1 650,00 bis 1 659,99	223,89	–	–	–	–	–
1 660,00 bis 1 669,99	230,89	–	–	–	–	–
1 670,00 bis 1 679,99	237,89	–	–	–	–	–
1 680,00 bis 1 689,99	244,89	–	–	–	–	–
1 690,00 bis 1 699,99	251,89	–	–	–	–	–
1 700,00 bis 1 709,99	258,89	–	–	–	–	–
1 710,00 bis 1 719,99	265,89	–	–	–	–	–
1 720,00 bis 1 729,99	272,89	–	–	–	–	–
1 730,00 bis 1 739,99	279,89	–	–	–	–	–
1 740,00 bis 1 749,99	286,89	–	–	–	–	–
1 750,00 bis 1 759,99	293,89	–	–	–	–	–
1 760,00 bis 1 769,99	300,89	–	–	–	–	–
1 770,00 bis 1 779,99	307,89	–	–	–	–	–
1 780,00 bis 1 789,99	314,89	–	–	–	–	–
1 790,00 bis 1 799,99	321,89	–	–	–	–	–
1 800,00 bis 1 809,99	328,89	–	–	–	–	–
1 810,00 bis 1 819,99	335,89	–	–	–	–	–
1 820,00 bis 1 829,99	342,89	–	–	–	–	–
1 830,00 bis 1 839,99	349,89	–	–	–	–	–
1 840,00 bis 1 849,99	356,89	4,61	–	–	–	–
1 850,00 bis 1 859,99	363,89	9,61	–	–	–	–
1 860,00 bis 1 869,99	370,89	14,61	–	–	–	–
1 870,00 bis 1 879,99	377,89	19,61	–	–	–	–
1 880,00 bis 1 889,99	384,89	24,61	–	–	–	–
1 890,00 bis 1 899,99	391,89	29,61	–	–	–	–
1 900,00 bis 1 909,99	398,89	34,61	–	–	–	–
1 910,00 bis 1 919,99	405,89	39,61	–	–	–	–
1 920,00 bis 1 929,99	412,89	44,61	–	–	–	–
1 930,00 bis 1 939,99	419,89	49,61	–	–	–	–
1 940,00 bis 1 949,99	426,89	54,61	–	–	–	–
1 950,00 bis 1 959,99	433,89	59,61	–	–	–	–
1 960,00 bis 1 969,99	440,89	64,61	–	–	–	–
1 970,00 bis 1 979,99	447,89	69,61	–	–	–	–
1 980,00 bis 1 989,99	454,89	74,61	–	–	–	–
1 990,00 bis 1 999,99	461,89	79,61	–	–	–	–

Auszahlung für Monate

Euro	Pfändbarer Betrag bei Unterhaltspflicht für ... Personen					
Nettolohn monatlich	0	1	2	3	4	5 und mehr
2 000,00 bis 2 009,99	468,89	84,61	–	–	–	–
2 010,00 bis 2 019,99	475,89	89,61	–	–	–	–
2 020,00 bis 2 029,99	482,89	94,61	–	–	–	–
2 030,00 bis 2 039,99	489,89	99,61	–	–	–	–
2 040,00 bis 2 049,99	496,89	104,61	–	–	–	–
2 050,00 bis 2 059,99	503,89	109,61	–	–	–	–
2 060,00 bis 2 069,99	510,89	114,61	–	–	–	–
2 070,00 bis 2 079,99	517,89	119,61	–	–	–	–
2 080,00 bis 2 089,99	524,89	124,61	–	–	–	–
2 090,00 bis 2 099,99	531,89	129,61	–	–	–	–
2 100,00 bis 2 109,99	538,89	134,61	–	–	–	–
2 110,00 bis 2 119,99	545,89	139,61	0,13	–	–	–
2 120,00 bis 2 129,99	552,89	144,61	4,13	–	–	–
2 130,00 bis 2 139,99	559,89	149,61	8,13	–	–	–
2 140,00 bis 2 149,99	566,89	154,61	12,13	–	–	–
2 150,00 bis 2 159,99	573,89	159,61	16,13	–	–	–
2 160,00 bis 2 169,99	580,89	164,61	20,13	–	–	–
2 170,00 bis 2 179,99	587,89	169,61	24,13	–	–	–
2 180,00 bis 2 189,99	594,89	174,61	28,13	–	–	–
2 190,00 bis 2 199,99	601,89	179,61	32,13	–	–	–
2 200,00 bis 2 209,99	608,89	184,61	36,13	–	–	–
2 210,00 bis 2 219,99	615,89	189,61	40,13	–	–	–
2 220,00 bis 2 229,99	622,89	194,61	44,13	–	–	–
2 230,00 bis 2 239,99	629,89	199,61	48,13	–	–	–
2 240,00 bis 2 249,99	636,89	204,61	52,13	–	–	–
2 250,00 bis 2 259,99	643,89	209,61	56,13	–	–	–
2 260,00 bis 2 269,99	650,89	214,61	60,13	–	–	–
2 270,00 bis 2 279,99	657,89	219,61	64,13	–	–	–
2 280,00 bis 2 289,99	664,89	224,61	68,13	–	–	–
2 290,00 bis 2 299,99	671,89	229,61	72,13	–	–	–
2 300,00 bis 2 309,99	678,89	234,61	76,13	–	–	–
2 310,00 bis 2 319,99	685,89	239,61	80,13	–	–	–
2 320,00 bis 2 329,99	692,89	244,61	84,13	–	–	–
2 330,00 bis 2 339,99	699,89	249,61	88,13	–	–	–
2 340,00 bis 2 349,99	706,89	254,61	92,13	–	–	–
2 350,00 bis 2 359,99	713,89	259,61	96,13	–	–	–

Auszahlung für Monate

Euro	Pfändbarer Betrag bei Unterhaltspflicht für ... Personen					
Nettolohn monatlich	0	1	2	3	4	5 und mehr
2 360,00 bis 2 369,99	720,89	264,61	100,13	–	–	–
2 370,00 bis 2 379,99	727,89	269,61	104,13	–	–	–
2 380,00 bis 2 389,99	734,89	274,61	108,13	–	–	–
2 390,00 bis 2 399,99	741,89	279,61	112,13	0,43	–	–
2 400,00 bis 2 409,99	748,89	284,61	116,13	3,43	–	–
2 410,00 bis 2 419,99	755,89	289,61	120,13	6,43	–	–
2 420,00 bis 2 429,99	762,89	294,61	124,13	9,43	–	–
2 430,00 bis 2 439,99	769,89	299,61	128,13	12,43	–	–
2 440,00 bis 2 449,99	776,89	304,61	132,13	15,43	–	–
2 450,00 bis 2 459,99	783,89	309,61	136,13	18,43	–	–
2 460,00 bis 2 469,99	790,89	314,61	140,13	21,43	–	–
2 470,00 bis 2 479,99	797,89	319,61	144,13	24,43	–	–
2 480,00 bis 2 489,99	804,89	324,61	148,13	27,43	–	–
2 490,00 bis 2 499,99	811,89	329,61	152,13	30,43	–	–
2 500,00 bis 2 509,99	818,89	334,61	156,13	33,43	–	–
2 510,00 bis 2 519,99	825,89	339,61	160,13	36,43	–	–
2 520,00 bis 2 529,99	832,89	344,61	164,13	39,43	–	–
2 530,00 bis 2 539,99	839,89	349,61	168,13	42,43	–	–
2 540,00 bis 2 549,99	846,89	354,61	172,13	45,43	–	–
2 550,00 bis 2 559,99	853,89	359,61	176,13	48,43	–	–
2 560,00 bis 2 569,99	860,89	364,61	180,13	51,43	–	–
2 570,00 bis 2 579,99	867,89	369,61	184,13	54,43	–	–
2 580,00 bis 2 589,99	874,89	374,61	188,13	57,43	–	–
2 590,00 bis 2 599,99	881,89	379,61	192,13	60,43	–	–
2 600,00 bis 2 609,99	888,89	384,61	196,13	63,43	–	–
2 610,00 bis 2 619,99	895,89	389,61	200,13	66,43	–	–
2 620,00 bis 2 629,99	902,89	394,61	204,13	69,43	–	–
2 630,00 bis 2 639,99	909,89	399,61	208,13	72,43	–	–
2 640,00 bis 2 649,99	916,89	404,61	212,13	75,43	–	–
2 650,00 bis 2 659,99	923,89	409,61	216,13	78,43	–	–
2 660,00 bis 2 669,99	930,89	414,61	220,13	81,43	–	–
2 670,00 bis 2 679,99	937,89	419,61	224,13	84,43	0,50	–
2 680,00 bis 2 689,99	944,89	424,61	228,13	87,43	2,50	–
2 690,00 bis 2 699,99	951,89	429,61	232,13	90,43	4,50	–
2 700,00 bis 2 709,99	958,89	434,61	236,13	93,43	6,50	–
2 710,00 bis 2 719,99	965,89	439,61	240,13	96,43	8,50	–

Auszahlung für Monate

Euro	Pfändbarer Betrag bei Unterhaltspflicht für ... Personen					
Nettolohn monatlich	0	1	2	3	4	5 und mehr
2 720,00 bis 2 729,99	972,89	444,61	244,13	99,43	10,50	–
2 730,00 bis 2 739,99	979,89	449,61	248,13	102,43	12,50	–
2 740,00 bis 2 749,99	986,89	454,61	252,13	105,43	14,50	–
2 750,00 bis 2 759,99	993,89	459,61	256,13	108,43	16,50	–
2 760,00 bis 2 769,99	1 000,89	464,61	260,13	111,43	18,50	–
2 770,00 bis 2 779,99	1 007,89	469,61	264,13	114,43	20,50	–
2 780,00 bis 2 789,99	1 014,89	474,61	268,13	117,43	22,50	–
2 790,00 bis 2 799,99	1 021,89	479,61	272,13	120,43	24,50	–
2 800,00 bis 2 809,99	1 028,89	484,61	276,13	123,43	26,50	–
2 810,00 bis 2 819,99	1 035,89	489,61	280,13	126,43	28,50	–
2 820,00 bis 2 829,99	1 042,89	494,61	284,13	129,43	30,50	–
2 830,00 bis 2 839,99	1 049,89	499,61	288,13	132,43	32,50	–
2 840,00 bis 2 849,99	1 056,89	504,61	292,13	135,43	34,50	–
2 850,00 bis 2 859,99	1 063,89	509,61	296,13	138,43	36,50	–
2 860,00 bis 2 869,99	1 070,89	514,61	300,13	141,43	38,50	–
2 870,00 bis 2 879,99	1 077,89	519,61	304,13	144,43	40,50	–
2 880,00 bis 2 889,99	1 084,89	524,61	308,13	147,43	42,50	–
2 890,00 bis 2 899,99	1 091,89	529,61	312,13	150,43	44,50	–
2 900,00 bis 2 909,99	1 098,89	534,61	316,13	153,43	46,50	–
2 910,00 bis 2 919,99	1 105,89	539,61	320,13	156,43	48,50	–
2 920,00 bis 2 929,99	1 112,89	544,61	324,13	159,43	50,50	–
2 930,00 bis 2 939,99	1 119,89	549,61	328,13	162,43	52,50	–
2 940,00 bis 2 949,99	1 126,89	554,61	332,13	165,43	54,50	–
2 950,00 bis 2 959,99	1 133,89	559,61	336,13	168,43	56,50	0,36
2 960,00 bis 2 969,99	1 140,89	564,61	340,13	171,43	58,50	1,36
2 970,00 bis 2 979,99	1 147,89	569,61	344,13	174,43	60,50	2,36
2 980,00 bis 2 989,99	1 154,89	574,61	348,13	177,43	62,50	3,36
2 990,00 bis 2 999,99	1 161,89	579,61	352,13	180,43	64,50	4,36
3 000,00 bis 3 009,99	1 168,89	584,61	356,13	183,43	66,50	5,36
3 010,00 bis 3 019,99	1 175,89	589,61	360,13	186,43	68,50	6,36
3 020,00 bis 3 029,99	1 182,89	594,61	364,13	189,43	70,50	7,36
3 030,00 bis 3 039,99	1 189,89	599,61	368,13	192,43	72,50	8,36
3 040,00 bis 3 049,99	1 196,89	604,61	372,13	195,43	74,50	9,36
3 050,00 bis 3 059,99	1 203,89	609,61	376,13	198,43	76,50	10,36
3 060,00 bis 3 069,99	1 210,89	614,61	380,13	201,43	78,50	11,36
3 070,00 bis 3 079,99	1 217,89	619,61	384,13	204,43	80,50	12,36

Auszahlung für Monate

Euro	Pfändbarer Betrag bei Unterhaltspflicht für ... Personen					
Nettolohn monatlich	0	1	2	3	4	5 und mehr
3 080,00 bis 3 089,99	1 224,89	624,61	388,13	207,43	82,50	13,36
3 090,00 bis 3 099,99	1 231,89	629,61	392,13	210,43	84,50	14,36
3 100,00 bis 3 109,99	1 238,89	634,61	396,13	213,43	86,50	15,36
3 110,00 bis 3 119,99	1 245,89	639,61	400,13	216,43	88,50	16,36
3 120,00 bis 3 129,99	1 252,89	644,61	404,13	219,43	90,50	17,36
3 130,00 bis 3 139,99	1 259,89	649,61	408,13	222,43	92,50	18,36
3 140,00 bis 3 149,99	1 266,89	654,61	412,13	225,43	94,50	19,36
3 150,00 bis 3 159,99	1 273,89	659,61	416,13	228,43	96,50	20,36
3 160,00 bis 3 169,99	1 280,89	664,61	420,13	231,43	98,50	21,36
3 170,00 bis 3 179,99	1 287,89	669,61	424,13	234,43	100,50	22,36
3 180,00 bis 3 189,99	1 294,89	674,61	428,13	237,43	102,50	23,36
3 190,00 bis 3 199,99	1 301,89	679,61	432,13	240,43	104,50	24,36
3 200,00 bis 3 209,99	1 308,89	684,61	436,13	243,43	106,50	25,36
3 210,00 bis 3 219,99	1 315,89	689,61	440,13	246,43	108,50	26,36
3 220,00 bis 3 229,99	1 322,89	694,61	444,13	249,43	110,50	27,36
3 230,00 bis 3 239,99	1 329,89	699,61	448,13	252,43	112,50	28,36
3 240,00 bis 3 249,99	1 336,89	704,61	452,13	255,43	114,50	29,36
3 250,00 bis 3 259,99	1 343,89	709,61	456,13	258,43	116,50	30,36
3 260,00 bis 3 269,99	1 350,89	714,61	460,13	261,43	118,50	31,36
3 270,00 bis 3 279,99	1 357,89	719,61	464,13	264,43	120,50	32,36
3 280,00 bis 3 289,99	1 364,89	724,61	468,13	267,43	122,50	33,36
3 290,00 bis 3 299,99	1 371,89	729,61	472,13	270,43	124,50	34,36
3 300,00 bis 3 309,99	1 378,89	734,61	476,13	273,43	126,50	35,36
3 310,00 bis 3 319,99	1 385,89	739,61	480,13	276,43	128,50	36,36
3 320,00 bis 3 329,99	1 392,89	744,61	484,13	279,43	130,50	37,36
3 330,00 bis 3 339,99	1 399,89	749,61	488,13	282,43	132,50	38,36
3 340,00 bis 3 349,99	1 406,89	754,61	492,13	285,43	134,50	39,36
3 350,00 bis 3 359,99	1 413,89	759,61	496,13	288,43	136,50	40,36
3 360,00 bis 3 369,99	1 420,89	764,61	500,13	291,43	138,50	41,36
3 370,00 bis 3 379,99	1 427,89	769,61	504,13	294,43	140,50	42,36
3 380,00 bis 3 389,99	1 434,89	774,61	508,13	297,43	142,50	43,36
3 390,00 bis 3 399,99	1 441,89	779,61	512,13	300,43	144,50	44,36
3 400,00 bis 3 409,99	1 448,89	784,61	516,13	303,43	146,50	45,36
3 410,00 bis 3 419,99	1 455,89	789,61	520,13	306,43	148,50	46,36
3 420,00 bis 3 429,99	1 462,89	794,61	524,13	309,43	150,50	47,36
3 430,00 bis 3 439,99	1 469,89	799,61	528,13	312,43	152,50	48,36

Auszahlung für Monate

Euro	Pfändbarer Betrag bei Unterhaltspflicht für ... Personen					
Nettolohn monatlich	0	1	2	3	4	5 und mehr
3 440,00 bis 3 449,99	1 476,89	804,61	532,13	315,43	154,50	49,36
3 450,00 bis 3 459,99	1 483,89	809,61	536,13	318,43	156,50	50,36
3 460,00 bis 3 469,99	1 490,89	814,61	540,13	321,43	158,50	51,36
3 470,00 bis 3 479,99	1 497,89	819,61	544,13	324,43	160,50	52,36
3 480,00 bis 3 489,99	1 504,89	824,61	548,13	327,43	162,50	53,36
3 490,00 bis 3 499,99	1 511,89	829,61	552,13	330,43	164,50	54,36
3 500,00 bis 3 509,99	1 518,89	834,61	556,13	333,43	166,50	55,36
3 510,00 bis 3 519,99	1 525,89	839,61	560,13	336,43	168,50	56,36
3 520,00 bis 3 529,99	1 532,89	844,61	564,13	339,43	170,50	57,36
3 530,00 bis 3 539,99	1 539,89	849,61	568,13	342,43	172,50	58,36
3 540,00 bis 3 549,99	1 546,89	854,61	572,13	345,43	174,50	59,36
3 550,00 bis 3 559,99	1 553,89	859,61	576,13	348,43	176,50	60,36
3 560,00 bis 3 569,99	1 560,89	864,61	580,13	351,43	178,50	61,36
3 570,00 bis 3 579,99	1 567,89	869,61	584,13	354,43	180,50	62,36
3 580,00 bis 3 589,99	1 574,89	874,61	588,13	357,43	182,50	63,36
3 590,00 bis 3 599,99	1 581,89	879,61	592,13	360,43	184,50	64,36
3 600,00 bis 3 609,99	1 588,89	884,61	596,13	363,43	186,50	65,36
3 610,00 bis 3 619,99	1 595,89	889,61	600,13	366,43	188,50	66,36
3 620,00 bis 3 629,99	1 602,89	894,61	604,13	369,43	190,50	67,36
3 630,00 bis 3 639,99	1 609,89	899,61	608,13	372,43	192,50	68,36
3 640,00 bis 3 649,99	1 616,89	904,61	612,13	375,43	194,50	69,36
3 650,00 bis 3 659,99	1 623,89	909,61	616,13	378,43	196,50	70,36
3 660,00 bis 3 669,99	1 630,89	914,61	620,13	381,43	198,50	71,36
3 670,00 bis 3 679,99	1 637,89	919,61	624,13	384,43	200,50	72,36
3 680,00 bis 3 689,99	1 644,89	924,61	628,13	387,43	202,50	73,36
3 690,00 bis 3 699,99	1 651,89	929,61	632,13	390,43	204,50	74,36
3 700,00 bis 3 709,99	1 658,89	934,61	636,13	393,43	206,50	75,36
3 710,00 bis 3 719,99	1 665,89	939,61	640,13	396,43	208,50	76,36
3 720,00 bis 3 729,99	1 672,89	944,61	644,13	399,43	210,50	77,36
3 730,00 bis 3 739,99	1 679,89	949,61	648,13	402,43	212,50	78,36
3 740,00 bis 3 749,99	1 686,89	954,61	652,13	405,43	214,50	79,36
3 750,00 bis 3 759,99	1 693,89	959,61	656,13	408,43	216,50	80,36
3 760,00 bis 3 769,99	1 700,89	964,61	660,13	411,43	218,50	81,36
3 770,00 bis 3 779,99	1 707,89	969,61	664,13	414,43	220,50	82,36
3 780,00 bis 3 789,99	1 714,89	974,61	668,13	417,43	222,50	83,36
3 790,00 bis 3 799,99	1 721,89	979,61	672,13	420,43	224,50	84,36

Auszahlung für Monate

Euro	Pfändbarer Betrag bei Unterhaltspflicht für ... Personen					
Nettolohn monatlich	0	1	2	3	4	5 und mehr
3 800,00 bis 3 809,99	1 728,89	984,61	676,13	423,43	226,50	85,36
3 810,00 bis 3 819,99	1 735,89	989,61	680,13	426,43	228,50	86,36
3 820,00 bis 3 829,99	1 742,89	994,61	684,13	429,43	230,50	87,36
3 830,00 bis 3 839,99	1 749,89	999,61	688,13	432,43	232,50	88,36
3 840,00 bis 3 849,99	1 756,89	1 004,61	692,13	435,43	234,50	89,36
3 850,00 bis 3 859,99	1 763,89	1 009,61	696,13	438,43	236,50	90,36
3 860,00 bis 3 869,99	1 770,89	1 014,61	700,13	441,43	238,50	91,36
3 870,00 bis 3 879,99	1 777,89	1 019,61	704,13	444,43	240,50	92,36
3 880,00 bis 3 889,99	1 784,89	1 024,61	708,13	447,43	242,50	93,36
3 890,00 bis 3 899,99	1 791,89	1 029,61	712,13	450,43	244,50	94,36
3 900,00 bis 3 909,99	1 798,89	1 034,61	716,13	453,43	246,50	95,36
3 910,00 bis 3 919,99	1 805,89	1 039,61	720,13	456,43	248,50	96,36
3 920,00 bis 3 929,99	1 812,89	1 044,61	724,13	459,43	250,50	97,36
3 930,00 bis 3 939,99	1 819,89	1 049,61	728,13	462,43	252,50	98,36
3 940,00 bis 3 949,99	1 826,89	1 054,61	732,13	465,43	254,50	99,36
3 950,00 bis 3 959,99	1 833,89	1 059,61	736,13	468,43	256,50	100,36
3 960,00 bis 3 969,99	1 840,89	1 064,61	740,13	471,43	258,50	101,36
3 970,00 bis 3 979,99	1 847,89	1 069,61	744,13	474,43	260,50	102,36
3 980,00 bis 3 989,99	1 854,89	1 074,61	748,13	477,43	262,50	103,36
3 990,00 bis 3 999,99	1 861,89	1 079,61	752,13	480,43	264,50	104,36
4 000,00 bis 4 009,99	1 868,89	1 084,61	756,13	483,43	266,50	105,36
4 010,00 bis 4 019,99	1 875,89	1 089,61	760,13	486,43	268,50	106,36
4 020,00 bis 4 029,99	1 882,89	1 094,61	764,13	489,43	270,50	107,36
4 030,00 bis 4 039,99	1 889,89	1 099,61	768,13	492,43	272,50	108,36
4 040,00 bis 4 049,99	1 896,89	1 104,61	772,13	495,43	274,50	109,36
4 050,00 bis 4 059,99	1 903,89	1 109,61	776,13	498,43	276,50	110,36
4 060,00 bis 4 069,99	1 910,89	1 114,61	780,13	501,43	278,50	111,36
4 070,00 bis 4 077,72	1 917,89	1 119,61	784,13	504,43	280,50	112,36

Der Mehrbetrag über 4 077,72 Euro ist voll pfändbar.

Auszahlung für Wochen

Euro	Pfändbarer Betrag bei Unterhaltspflicht für ... Personen					
Nettolohn wöchentlich	0	1	2	3	4	5 und mehr
bis 307,49	–	–	–	–	–	–
307,50 bis 309,99	0,97	–	–	–	–	–
310,00 bis 312,49	2,72	–	–	–	–	–
312,50 bis 314,99	4,47	–	–	–	–	–
315,00 bis 317,49	6,22	–	–	–	–	–
317,50 bis 319,99	7,97	–	–	–	–	–
320,00 bis 322,49	9,72	–	–	–	–	–
322,50 bis 324,99	11,47	–	–	–	–	–
325,00 bis 327,49	13,22	–	–	–	–	–
327,50 bis 329,99	14,97	–	–	–	–	–
330,00 bis 332,49	16,72	–	–	–	–	–
332,50 bis 334,99	18,47	–	–	–	–	–
335,00 bis 337,49	20,22	–	–	–	–	–
337,50 bis 339,99	21,97	–	–	–	–	–
340,00 bis 342,49	23,72	–	–	–	–	–
342,50 bis 344,99	25,47	–	–	–	–	–
345,00 bis 347,49	27,22	–	–	–	–	–
347,50 bis 349,99	28,97	–	–	–	–	–
350,00 bis 352,49	30,72	–	–	–	–	–
352,50 bis 354,99	32,47	–	–	–	–	–
355,00 bis 357,49	34,22	–	–	–	–	–
357,50 bis 359,99	35,97	–	–	–	–	–
360,00 bis 362,49	37,72	–	–	–	–	–
362,50 bis 364,99	39,47	–	–	–	–	–
365,00 bis 367,49	41,22	–	–	–	–	–
367,50 bis 369,99	42,97	–	–	–	–	–
370,00 bis 372,49	44,72	–	–	–	–	–
372,50 bis 374,99	46,47	–	–	–	–	–
375,00 bis 377,49	48,22	–	–	–	–	–
377,50 bis 379,99	49,97	–	–	–	–	–
380,00 bis 382,49	51,72	–	–	–	–	–
382,50 bis 384,99	53,47	–	–	–	–	–
385,00 bis 387,49	55,22	–	–	–	–	–
387,50 bis 389,99	56,97	–	–	–	–	–
390,00 bis 392,49	58,72	–	–	–	–	–
392,50 bis 394,99	60,47	–	–	–	–	–

Auszahlung für Wochen

Euro	Pfändbarer Betrag bei Unterhaltspflicht für ... Personen					
Nettolohn wöchentlich	0	1	2	3	4	5 und mehr
395,00 bis 397,49	62,22	–	–	–	–	–
397,50 bis 399,99	63,97	–	–	–	–	–
400,00 bis 402,49	65,72	–	–	–	–	–
402,50 bis 404,99	67,47	–	–	–	–	–
405,00 bis 407,49	69,22	–	–	–	–	–
407,50 bis 409,99	70,97	–	–	–	–	–
410,00 bis 412,49	72,72	–	–	–	–	–
412,50 bis 414,99	74,47	–	–	–	–	–
415,00 bis 417,49	76,22	–	–	–	–	–
417,50 bis 419,99	77,97	–	–	–	–	–
420,00 bis 422,49	79,72	–	–	–	–	–
422,50 bis 424,99	81,47	0,59	–	–	–	–
425,00 bis 427,49	83,22	1,84	–	–	–	–
427,50 bis 429,99	84,97	3,09	–	–	–	–
430,00 bis 432,49	86,72	4,34	–	–	–	–
432,50 bis 434,99	88,47	5,59	–	–	–	–
435,00 bis 437,49	90,22	6,84	–	–	–	–
437,50 bis 439,99	91,97	8,09	–	–	–	–
440,00 bis 442,49	93,72	9,34	–	–	–	–
442,50 bis 444,99	95,47	10,59	–	–	–	–
445,00 bis 447,49	97,22	11,84	–	–	–	–
447,50 bis 449,99	98,97	13,09	–	–	–	–
450,00 bis 452,49	100,72	14,34	–	–	–	–
452,50 bis 454,99	102,47	15,59	–	–	–	–
455,00 bis 457,49	104,22	16,84	–	–	–	–
457,50 bis 459,99	105,97	18,09	–	–	–	–
460,00 bis 462,49	107,72	19,34	–	–	–	–
462,50 bis 464,99	109,47	20,59	–	–	–	–
465,00 bis 467,49	111,22	21,84	–	–	–	–
467,50 bis 469,99	112,97	23,09	–	–	–	–
470,00 bis 472,49	114,72	24,34	–	–	–	–
472,50 bis 474,99	116,47	25,59	–	–	–	–
475,00 bis 477,49	118,22	26,84	–	–	–	–
477,50 bis 479,99	119,97	28,09	–	–	–	–
480,00 bis 482,49	121,72	29,34	–	–	–	–
482,50 bis 484,99	123,47	30,59	–	–	–	–

Auszahlung für Wochen

Euro	Pfändbarer Betrag bei Unterhaltspflicht für ... Personen					
Nettolohn wöchentlich	0	1	2	3	4	5 und mehr
485,00 bis 487,49	125,22	31,84	–	–	–	–
487,50 bis 489,99	126,97	33,09	0,79	–	–	–
490,00 bis 492,49	128,72	34,34	1,79	–	–	–
492,50 bis 494,99	130,47	35,59	2,79	–	–	–
495,00 bis 497,49	132,22	36,84	3,79	–	–	–
497,50 bis 499,99	133,97	38,09	4,79	–	–	–
500,00 bis 502,49	135,72	39,34	5,79	–	–	–
502,50 bis 504,99	137,47	40,59	6,79	–	–	–
505,00 bis 507,49	139,22	41,84	7,79	–	–	–
507,50 bis 509,99	140,97	43,09	8,79	–	–	–
510,00 bis 512,49	142,72	44,34	9,79	–	–	–
512,50 bis 514,99	144,47	45,59	10,79	–	–	–
515,00 bis 517,49	146,22	46,84	11,79	–	–	–
517,50 bis 519,99	147,97	48,09	12,79	–	–	–
520,00 bis 522,49	149,72	49,34	13,79	–	–	–
522,50 bis 524,99	151,47	50,59	14,79	–	–	–
525,00 bis 527,49	153,22	51,84	15,79	–	–	–
527,50 bis 529,99	154,97	53,09	16,79	–	–	–
530,00 bis 532,49	156,72	54,34	17,79	–	–	–
532,50 bis 534,99	158,47	55,59	18,79	–	–	–
535,00 bis 537,49	160,22	56,84	19,79	–	–	–
537,50 bis 539,99	161,97	58,09	20,79	–	–	–
540,00 bis 542,49	163,72	59,34	21,79	–	–	–
542,50 bis 544,99	165,47	60,59	22,79	–	–	–
545,00 bis 547,49	167,22	61,84	23,79	–	–	–
547,50 bis 549,99	168,97	63,09	24,79	–	–	–
550,00 bis 552,49	170,72	64,34	25,79	0,09	–	–
552,50 bis 554,99	172,47	65,59	26,79	0,84	–	–
555,00 bis 557,49	174,22	66,84	27,79	1,59	–	–
557,50 bis 559,99	175,97	68,09	28,79	2,34	–	–
560,00 bis 562,49	177,72	69,34	29,79	3,09	–	–
562,50 bis 564,99	179,47	70,59	30,79	3,84	–	–
565,00 bis 567,49	181,22	71,84	31,79	4,59	–	–
567,50 bis 569,99	182,97	73,09	32,79	5,34	–	–
570,00 bis 572,49	184,72	74,34	33,79	6,09	–	–
572,50 bis 574,99	186,47	75,59	34,79	6,84	–	–

Auszahlung für Wochen

Euro	Pfändbarer Betrag bei Unterhaltspflicht für ... Personen					
Nettolohn wöchentlich	0	1	2	3	4	5 und mehr
575,00 bis 577,49	188,22	76,84	35,79	7,59	–	–
577,50 bis 579,99	189,97	78,09	36,79	8,34	–	–
580,00 bis 582,49	191,72	79,34	37,79	9,09	–	–
582,50 bis 584,99	193,47	80,59	38,79	9,84	–	–
585,00 bis 587,49	195,22	81,84	39,79	10,59	–	–
587,50 bis 589,99	196,97	83,09	40,79	11,34	–	–
590,00 bis 592,49	198,72	84,34	41,79	12,09	–	–
592,50 bis 594,99	200,47	85,59	42,79	12,84	–	–
595,00 bis 597,49	202,22	86,84	43,79	13,59	–	–
597,50 bis 599,99	203,97	88,09	44,79	14,34	–	–
600,00 bis 602,49	205,72	89,34	45,79	15,09	–	–
602,50 bis 604,99	207,47	90,59	46,79	15,84	–	–
605,00 bis 607,49	209,22	91,84	47,79	16,59	–	–
607,50 bis 609,99	210,97	93,09	48,79	17,34	–	–
610,00 bis 612,49	212,72	94,34	49,79	18,09	–	–
612,50 bis 614,99	214,47	95,59	50,79	18,84	–	–
615,00 bis 617,49	216,22	96,84	51,79	19,59	0,22	–
617,50 bis 619,99	217,97	98,09	52,79	20,34	0,72	–
620,00 bis 622,49	219,72	99,34	53,79	21,09	1,22	–
622,50 bis 624,99	221,47	100,59	54,79	21,84	1,72	–
625,00 bis 627,49	223,22	101,84	55,79	22,59	2,22	–
627,50 bis 629,99	224,97	103,09	56,79	23,34	2,72	–
630,00 bis 632,49	226,72	104,34	57,79	24,09	3,22	–
632,50 bis 634,99	228,47	105,59	58,79	24,84	3,72	–
635,00 bis 637,49	230,22	106,84	59,79	25,59	4,22	–
637,50 bis 639,99	231,97	108,09	60,79	26,34	4,72	–
640,00 bis 642,49	233,72	109,34	61,79	27,09	5,22	–
642,50 bis 644,99	235,47	110,59	62,79	27,84	5,72	–
645,00 bis 647,49	237,22	111,84	63,79	28,59	6,22	–
647,50 bis 649,99	238,97	113,09	64,79	29,34	6,72	–
650,00 bis 652,49	240,72	114,34	65,79	30,09	7,22	–
652,50 bis 654,99	242,47	115,59	66,79	30,84	7,72	–
655,00 bis 657,49	244,22	116,84	67,79	31,59	8,22	–
657,50 bis 659,99	245,97	118,09	68,79	32,34	8,72	–
660,00 bis 662,49	247,72	119,34	69,79	33,09	9,22	–
662,50 bis 664,99	249,47	120,59	70,79	33,84	9,72	–

Auszahlung für Wochen

Euro	Pfändbarer Betrag bei Unterhaltspflicht für ... Personen					
Nettolohn wöchentlich	0	1	2	3	4	5 und mehr
665,00 bis 667,49	251,22	121,84	71,79	34,59	10,22	–
667,50 bis 669,99	252,97	123,09	72,79	35,34	10,72	–
670,00 bis 672,49	254,72	124,34	73,79	36,09	11,22	–
672,50 bis 674,99	256,47	125,59	74,79	36,84	11,72	–
675,00 bis 677,49	258,22	126,84	75,79	37,59	12,22	–
677,50 bis 679,99	259,97	128,09	76,79	38,34	12,72	–
680,00 bis 682,49	261,72	129,34	77,79	39,09	13,22	0,19
682,50 bis 684,99	263,47	130,59	78,79	39,84	13,72	0,44
685,00 bis 687,49	265,22	131,84	79,79	40,59	14,22	0,69
687,50 bis 689,99	266,97	133,09	80,79	41,34	14,72	0,94
690,00 bis 692,49	268,72	134,34	81,79	42,09	15,22	1,19
692,50 bis 694,99	270,47	135,59	82,79	42,84	15,72	1,44
695,00 bis 697,49	272,22	136,84	83,79	43,59	16,22	1,69
697,50 bis 699,99	273,97	138,09	84,79	44,34	16,72	1,94
700,00 bis 702,49	275,72	139,34	85,79	45,09	17,22	2,19
702,50 bis 704,99	277,47	140,59	86,79	45,84	17,72	2,44
705,00 bis 707,49	279,22	141,84	87,79	46,59	18,22	2,69
707,50 bis 709,99	280,97	143,09	88,79	47,34	18,72	2,94
710,00 bis 712,49	282,72	144,34	89,79	48,09	19,22	3,19
712,50 bis 714,99	284,47	145,59	90,79	48,84	19,72	3,44
715,00 bis 717,49	286,22	146,84	91,79	49,59	20,22	3,69
717,50 bis 719,99	287,97	148,09	92,79	50,34	20,72	3,94
720,00 bis 722,49	289,72	149,34	93,79	51,09	21,22	4,19
722,50 bis 724,99	291,47	150,59	94,79	51,84	21,72	4,44
725,00 bis 727,49	293,22	151,84	95,79	52,59	22,22	4,69
727,50 bis 729,99	294,97	153,09	96,79	53,34	22,72	4,94
730,00 bis 732,49	296,72	154,34	97,79	54,09	23,22	5,19
732,50 bis 734,99	298,47	155,59	98,79	54,84	23,72	5,44
735,00 bis 737,49	300,22	156,84	99,79	55,59	24,22	5,69
737,50 bis 739,99	301,97	158,09	100,79	56,34	24,72	5,94
740,00 bis 742,49	303,72	159,34	101,79	57,09	25,22	6,19
742,50 bis 744,99	305,47	160,59	102,79	57,84	25,72	6,44
745,00 bis 747,49	307,22	161,84	103,79	58,59	26,22	6,69
747,50 bis 749,99	308,97	163,09	104,79	59,34	26,72	6,94
750,00 bis 752,49	310,72	164,34	105,79	60,09	27,22	7,19
752,50 bis 754,99	312,47	165,59	106,79	60,84	27,72	7,44

Auszahlung für Wochen

Euro	Pfändbarer Betrag bei Unterhaltspflicht für ... Personen					
Nettolohn wöchentlich	0	1	2	3	4	5 und mehr
755,00 bis 757,49	314,22	166,84	107,79	61,59	28,22	7,69
757,50 bis 759,99	315,97	168,09	108,79	62,34	28,72	7,94
760,00 bis 762,49	317,72	169,34	109,79	63,09	29,22	8,19
762,50 bis 764,99	319,47	170,59	110,79	63,84	29,72	8,44
765,00 bis 767,49	321,22	171,84	111,79	64,59	30,22	8,69
767,50 bis 769,99	322,97	173,09	112,79	65,34	30,72	8,94
770,00 bis 772,49	324,72	174,34	113,79	66,09	31,22	9,19
772,50 bis 774,99	326,47	175,59	114,79	66,84	31,72	9,44
775,00 bis 777,49	328,22	176,84	115,79	67,59	32,22	9,69
777,50 bis 779,99	329,97	178,09	116,79	68,34	32,72	9,94
780,00 bis 782,49	331,72	179,34	117,79	69,09	33,22	10,19
782,50 bis 784,99	333,47	180,59	118,79	69,84	33,72	10,44
785,00 bis 787,49	335,22	181,84	119,79	70,59	34,22	10,69
787,50 bis 789,99	336,97	183,09	120,79	71,34	34,72	10,94
790,00 bis 792,49	338,72	184,34	121,79	72,09	35,22	11,19
792,50 bis 794,99	340,47	185,59	122,79	72,84	35,72	11,44
795,00 bis 797,49	342,22	186,84	123,79	73,59	36,22	11,69
797,50 bis 799,99	343,97	188,09	124,79	74,34	36,72	11,94
800,00 bis 802,49	345,72	189,34	125,79	75,09	37,22	12,19
802,50 bis 804,99	347,47	190,59	126,79	75,84	37,72	12,44
805,00 bis 807,49	349,22	191,84	127,79	76,59	38,22	12,69
807,50 bis 809,99	350,97	193,09	128,79	77,34	38,72	12,94
810,00 bis 812,49	352,72	194,34	129,79	78,09	39,22	13,19
812,50 bis 814,99	354,47	195,59	130,79	78,84	39,72	13,44
815,00 bis 817,49	356,22	196,84	131,79	79,59	40,22	13,69
817,50 bis 819,99	357,97	198,09	132,79	80,34	40,72	13,94
820,00 bis 822,49	359,72	199,34	133,79	81,09	41,22	14,19
822,50 bis 824,99	361,47	200,59	134,79	81,84	41,72	14,44
825,00 bis 827,49	363,22	201,84	135,79	82,59	42,22	14,69
827,50 bis 829,99	364,97	203,09	136,79	83,34	42,72	14,94
830,00 bis 832,49	366,72	204,34	137,79	84,09	43,22	15,19
832,50 bis 834,99	368,47	205,59	138,79	84,84	43,72	15,44
835,00 bis 837,49	370,22	206,84	139,79	85,59	44,22	15,69
837,50 bis 839,99	371,97	208,09	140,79	86,34	44,72	15,94
840,00 bis 842,49	373,72	209,34	141,79	87,09	45,22	16,19
842,50 bis 844,99	375,47	210,59	142,79	87,84	45,72	16,44

Auszahlung für Wochen

Euro	Pfändbarer Betrag bei Unterhaltspflicht für ... Personen					
Nettolohn wöchentlich	0	1	2	3	4	5 und mehr
845,00 bis 847,49	377,22	211,84	143,79	88,59	46,22	16,69
847,50 bis 849,99	378,97	213,09	144,79	89,34	46,72	16,94
850,00 bis 852,49	380,72	214,34	145,79	90,09	47,22	17,19
852,50 bis 854,99	382,47	215,59	146,79	90,84	47,72	17,44
855,00 bis 857,49	384,22	216,84	147,79	91,59	48,22	17,69
857,50 bis 859,99	385,97	218,09	148,79	92,34	48,72	17,94
860,00 bis 862,49	387,72	219,34	149,79	93,09	49,22	18,19
862,50 bis 864,99	389,47	220,59	150,79	93,84	49,72	18,44
865,00 bis 867,49	391,22	221,84	151,79	94,59	50,22	18,69
867,50 bis 869,99	392,97	223,09	152,79	95,34	50,72	18,94
870,00 bis 872,49	394,72	224,34	153,79	96,09	51,22	19,19
872,50 bis 874,99	396,47	225,59	154,79	96,84	51,72	19,44
875,00 bis 877,49	398,22	226,84	155,79	97,59	52,22	19,69
877,50 bis 879,99	399,97	228,09	156,79	98,34	52,72	19,94
880,00 bis 882,49	401,72	229,34	157,79	99,09	53,22	20,19
882,50 bis 884,99	403,47	230,59	158,79	99,84	53,72	20,44
885,00 bis 887,49	405,22	231,84	159,79	100,59	54,22	20,69
887,50 bis 889,99	406,97	233,09	160,79	101,34	54,72	20,94
890,00 bis 892,49	408,72	234,34	161,79	102,09	55,22	21,19
892,50 bis 894,99	410,47	235,59	162,79	102,84	55,72	21,44
895,00 bis 897,49	412,22	236,84	163,79	103,59	56,22	21,69
897,50 bis 899,99	413,97	238,09	164,79	104,34	56,72	21,94
900,00 bis 902,49	415,72	239,34	165,79	105,09	57,22	22,19
902,50 bis 904,99	417,47	240,59	166,79	105,84	57,72	22,44
905,00 bis 907,49	419,22	241,84	167,79	106,59	58,22	22,69
907,50 bis 909,99	420,97	243,09	168,79	107,34	58,72	22,94
910,00 bis 912,49	422,72	244,34	169,79	108,09	59,22	23,19
912,50 bis 914,99	424,47	245,59	170,79	108,84	59,72	23,44
915,00 bis 917,49	426,22	246,84	171,79	109,59	60,22	23,69
917,50 bis 919,99	427,97	248,09	172,79	110,34	60,72	23,94
920,00 bis 922,49	429,72	249,34	173,79	111,09	61,22	24,19
922,50 bis 924,99	431,47	250,59	174,79	111,84	61,72	24,44
925,00 bis 927,49	433,22	251,84	175,79	112,59	62,22	24,69
927,50 bis 929,99	434,97	253,09	176,79	113,34	62,72	24,94
930,00 bis 932,49	436,72	254,34	177,79	114,09	63,22	25,19
932,50 bis 934,99	438,47	255,59	178,79	114,84	63,72	25,44

Auszahlung für Wochen

Euro	Pfändbarer Betrag bei Unterhaltspflicht für ... Personen					
Nettolohn wöchentlich	0	1	2	3	4	5 und mehr
935,00 bis 937,49	440,22	256,84	179,79	115,59	64,22	25,69
937,50 bis 938,43	441,97	258,09	180,79	116,34	64,72	25,94
Der Mehrbetrag über 938,43 Euro ist voll pfändbar.						

Auszahlung für Tage

Euro	Pfändbarer Betrag bei Unterhaltpflicht für ... Personen					
Nettolohn täglich	0	1	2	3	4	5 und mehr
bis 61,49	–	–	–	–	–	–
61,50 bis 61,99	0,20	–	–	–	–	–
62,00 bis 62,49	0,55	–	–	–	–	–
62,50 bis 62,99	0,90	–	–	–	–	–
63,00 bis 63,49	1,25	–	–	–	–	–
63,50 bis 63,99	1,60	–	–	–	–	–
64,00 bis 64,49	1,95	–	–	–	–	–
64,50 bis 64,99	2,30	–	–	–	–	–
65,00 bis 65,49	2,65	–	–	–	–	–
65,50 bis 65,99	3,00	–	–	–	–	–
66,00 bis 66,49	3,35	–	–	–	–	–
66,50 bis 66,99	3,70	–	–	–	–	–
67,00 bis 67,49	4,05	–	–	–	–	–
67,50 bis 67,99	4,40	–	–	–	–	–
68,00 bis 68,49	4,75	–	–	–	–	–
68,50 bis 68,99	5,10	–	–	–	–	–
69,00 bis 69,49	5,45	–	–	–	–	–
69,50 bis 69,99	5,80	–	–	–	–	–
70,00 bis 70,49	6,15	–	–	–	–	–
70,50 bis 70,99	6,50	–	–	–	–	–
71,00 bis 71,49	6,85	–	–	–	–	–
71,50 bis 71,99	7,20	–	–	–	–	–
72,00 bis 72,49	7,55	–	–	–	–	–
72,50 bis 72,99	7,90	–	–	–	–	–
73,00 bis 73,49	8,25	–	–	–	–	–
73,50 bis 73,99	8,60	–	–	–	–	–
74,00 bis 74,49	8,95	–	–	–	–	–
74,50 bis 74,99	9,30	–	–	–	–	–
75,00 bis 75,49	9,65	–	–	–	–	–
75,50 bis 75,99	10,00	–	–	–	–	–
76,00 bis 76,49	10,35	–	–	–	–	–
76,50 bis 76,99	10,70	–	–	–	–	–
77,00 bis 77,49	11,05	–	–	–	–	–
77,50 bis 77,99	11,40	–	–	–	–	–
78,00 bis 78,49	11,75	–	–	–	–	–
78,50 bis 78,99	12,10	–	–	–	–	–

Auszahlung für Tage

Euro	Pfändbarer Betrag bei Unterhaltspflicht für ... Personen					
Nettolohn täglich	0	1	2	3	4	5 und mehr
79,00 bis 79,49	12,45	–	–	–	–	–
79,50 bis 79,99	12,80	–	–	–	–	–
80,00 bis 80,49	13,15	–	–	–	–	–
80,50 bis 80,99	13,50	–	–	–	–	–
81,00 bis 81,49	13,85	–	–	–	–	–
81,50 bis 81,99	14,20	–	–	–	–	–
82,00 bis 82,49	14,55	–	–	–	–	–
82,50 bis 82,99	14,90	–	–	–	–	–
83,00 bis 83,49	15,25	–	–	–	–	–
83,50 bis 83,99	15,60	–	–	–	–	–
84,00 bis 84,49	15,95	–	–	–	–	–
84,50 bis 84,99	16,30	0,12	–	–	–	–
85,00 bis 85,49	16,65	0,37	–	–	–	–
85,50 bis 85,99	17,00	0,62	–	–	–	–
86,00 bis 86,49	17,35	0,87	–	–	–	–
86,50 bis 86,99	17,70	1,12	–	–	–	–
87,00 bis 87,49	18,05	1,37	–	–	–	–
87,50 bis 87,99	18,40	1,62	–	–	–	–
88,00 bis 88,49	18,75	1,87	–	–	–	–
88,50 bis 88,99	19,10	2,12	–	–	–	–
89,00 bis 89,49	19,45	2,37	–	–	–	–
89,50 bis 89,99	19,80	2,62	–	–	–	–
90,00 bis 90,49	20,15	2,87	–	–	–	–
90,50 bis 90,99	20,50	3,12	–	–	–	–
91,00 bis 91,49	20,85	3,37	–	–	–	–
91,50 bis 91,99	21,20	3,62	–	–	–	–
92,00 bis 92,49	21,55	3,87	–	–	–	–
92,50 bis 92,99	21,90	4,12	–	–	–	–
93,00 bis 93,49	22,25	4,37	–	–	–	–
93,50 bis 93,99	22,60	4,62	–	–	–	–
94,00 bis 94,49	22,95	4,87	–	–	–	–
94,50 bis 94,99	23,30	5,12	–	–	–	–
95,00 bis 95,49	23,65	5,37	–	–	–	–
95,50 bis 95,99	24,00	5,62	–	–	–	–
96,00 bis 96,49	24,35	5,87	–	–	–	–
96,50 bis 96,99	24,70	6,12	–	–	–	–

Auszahlung für Tage

Euro	Pfändbarer Betrag bei Unterhaltspflicht für ... Personen					
Nettolohn täglich	0	1	2	3	4	5 und mehr
97,00 bis 97,49	25,05	6,37	–	–	–	–
97,50 bis 97,99	25,40	6,62	0,16	–	–	–
98,00 bis 98,49	25,75	6,87	0,36	–	–	–
98,50 bis 98,99	26,10	7,12	0,56	–	–	–
99,00 bis 99,49	26,45	7,37	0,76	–	–	–
99,50 bis 99,99	26,80	7,62	0,96	–	–	–
100,00 bis 100,49	27,15	7,87	1,16	–	–	–
100,50 bis 100,99	27,50	8,12	1,36	–	–	–
101,00 bis 101,49	27,85	8,37	1,56	–	–	–
101,50 bis 101,99	28,20	8,62	1,76	–	–	–
102,00 bis 102,49	28,55	8,87	1,96	–	–	–
102,50 bis 102,99	28,90	9,12	2,16	–	–	–
103,00 bis 103,49	29,25	9,37	2,36	–	–	–
103,50 bis 103,99	29,60	9,62	2,56	–	–	–
104,00 bis 104,49	29,95	9,87	2,76	–	–	–
104,50 bis 104,99	30,30	10,12	2,96	–	–	–
105,00 bis 105,49	30,65	10,37	3,16	–	–	–
105,50 bis 105,99	31,00	10,62	3,36	–	–	–
106,00 bis 106,49	31,35	10,87	3,56	–	–	–
106,50 bis 106,99	31,70	11,12	3,76	–	–	–
107,00 bis 107,49	32,05	11,37	3,96	–	–	–
107,50 bis 107,99	32,40	11,62	4,16	–	–	–
108,00 bis 108,49	32,75	11,87	4,36	–	–	–
108,50 bis 108,99	33,10	12,12	4,56	–	–	–
109,00 bis 109,49	33,45	12,37	4,76	–	–	–
109,50 bis 109,99	33,80	12,62	4,96	–	–	–
110,00 bis 110,49	34,15	12,87	5,16	0,02	–	–
110,50 bis 110,99	34,50	13,12	5,36	0,17	–	–
111,00 bis 111,49	34,85	13,37	5,56	0,32	–	–
111,50 bis 111,99	35,20	13,62	5,76	0,47	–	–
112,00 bis 112,49	35,55	13,87	5,96	0,62	–	–
112,50 bis 112,99	35,90	14,12	6,16	0,77	–	–
113,00 bis 113,49	36,25	14,37	6,36	0,92	–	–
113,50 bis 113,99	36,60	14,62	6,56	1,07	–	–
114,00 bis 114,49	36,95	14,87	6,76	1,22	–	–
114,50 bis 114,99	37,30	15,12	6,96	1,37	–	–

Auszahlung für Tage

Euro	Pfändbarer Betrag bei					
	Unterhaltspflicht für ... Personen					
Nettolohn täglich	0	1	2	3	4	5 und mehr
115,00 bis 115,49	37,65	15,37	7,16	1,52	–	–
115,50 bis 115,99	38,00	15,62	7,36	1,67	–	–
116,00 bis 116,49	38,35	15,87	7,56	1,82	–	–
116,50 bis 116,99	38,70	16,12	7,76	1,97	–	–
117,00 bis 117,49	39,05	16,37	7,96	2,12	–	–
117,50 bis 117,99	39,40	16,62	8,16	2,27	–	–
118,00 bis 118,49	39,75	16,87	8,36	2,42	–	–
118,50 bis 118,99	40,10	17,12	8,56	2,57	–	–
119,00 bis 119,49	40,45	17,37	8,76	2,72	–	–
119,50 bis 119,99	40,80	17,62	8,96	2,87	–	–
120,00 bis 120,49	41,15	17,87	9,16	3,02	–	–
120,50 bis 120,99	41,50	18,12	9,36	3,17	–	–
121,00 bis 121,49	41,85	18,37	9,56	3,32	–	–
121,50 bis 121,99	42,20	18,62	9,76	3,47	–	–
122,00 bis 122,49	42,55	18,87	9,96	3,62	–	–
122,50 bis 122,99	42,90	19,12	10,16	3,77	–	–
123,00 bis 123,49	43,25	19,37	10,36	3,92	0,04	–
123,50 bis 123,99	43,60	19,62	10,56	4,07	0,14	–
124,00 bis 124,49	43,95	19,87	10,76	4,22	0,24	–
124,50 bis 124,99	44,30	20,12	10,96	4,37	0,34	–
125,00 bis 125,49	44,65	20,37	11,16	4,52	0,44	–
125,50 bis 125,99	45,00	20,62	11,36	4,67	0,54	–
126,00 bis 126,49	45,35	20,87	11,56	4,82	0,64	–
126,50 bis 126,99	45,70	21,12	11,76	4,97	0,74	–
127,00 bis 127,49	46,05	21,37	11,96	5,12	0,84	–
127,50 bis 127,99	46,40	21,62	12,16	5,27	0,94	–
128,00 bis 128,49	46,75	21,87	12,36	5,42	1,04	–
128,50 bis 128,99	47,10	22,12	12,56	5,57	1,14	–
129,00 bis 129,49	47,45	22,37	12,76	5,72	1,24	–
129,50 bis 129,99	47,80	22,62	12,96	5,87	1,34	–
130,00 bis 130,49	48,15	22,87	13,16	6,02	1,44	–
130,50 bis 130,99	48,50	23,12	13,36	6,17	1,54	–
131,00 bis 131,49	48,85	23,37	13,56	6,32	1,64	–
131,50 bis 131,99	49,20	23,62	13,76	6,47	1,74	–
132,00 bis 132,49	49,55	23,87	13,96	6,62	1,84	–
132,50 bis 132,99	49,90	24,12	14,16	6,77	1,94	–

Auszahlung für Tage

Euro	Pfändbarer Betrag bei Unterhaltspflicht für ... Personen					
Nettolohn täglich	0	1	2	3	4	5 und mehr
133,00 bis 133,49	50,25	24,37	14,36	6,92	2,04	–
133,50 bis 133,99	50,60	24,62	14,56	7,07	2,14	–
134,00 bis 134,49	50,95	24,87	14,76	7,22	2,24	–
134,50 bis 134,99	51,30	25,12	14,96	7,37	2,34	–
135,00 bis 135,49	51,65	25,37	15,16	7,52	2,44	–
135,50 bis 135,99	52,00	25,62	15,36	7,67	2,54	–
136,00 bis 136,49	52,35	25,87	15,56	7,82	2,64	0,04
136,50 bis 136,99	52,70	26,12	15,76	7,97	2,74	0,09
137,00 bis 137,49	53,05	26,37	15,96	8,12	2,84	0,14
137,50 bis 137,99	53,40	26,62	16,16	8,27	2,94	0,19
138,00 bis 138,49	53,75	26,87	16,36	8,42	3,04	0,24
138,50 bis 138,99	54,10	27,12	16,56	8,57	3,14	0,29
139,00 bis 139,49	54,45	27,37	16,76	8,72	3,24	0,34
139,50 bis 139,99	54,80	27,62	16,96	8,87	3,34	0,39
140,00 bis 140,49	55,15	27,87	17,16	9,02	3,44	0,44
140,50 bis 140,99	55,50	28,12	17,36	9,17	3,54	0,49
141,00 bis 141,49	55,85	28,37	17,56	9,32	3,64	0,54
141,50 bis 141,99	56,20	28,62	17,76	9,47	3,74	0,59
142,00 bis 142,49	56,55	28,87	17,96	9,62	3,84	0,64
142,50 bis 142,99	56,90	29,12	18,16	9,77	3,94	0,69
143,00 bis 143,49	57,25	29,37	18,36	9,92	4,04	0,74
143,50 bis 143,99	57,60	29,62	18,56	10,07	4,14	0,79
144,00 bis 144,49	57,95	29,87	18,76	10,22	4,24	0,84
144,50 bis 144,99	58,30	30,12	18,96	10,37	4,34	0,89
145,00 bis 145,49	58,65	30,37	19,16	10,52	4,44	0,94
145,50 bis 145,99	59,00	30,62	19,36	10,67	4,54	0,99
146,00 bis 146,49	59,35	30,87	19,56	10,82	4,64	1,04
146,50 bis 146,99	59,70	31,12	19,76	10,97	4,74	1,09
147,00 bis 147,49	60,05	31,37	19,96	11,12	4,84	1,14
147,50 bis 147,99	60,40	31,62	20,16	11,27	4,94	1,19
148,00 bis 148,49	60,75	31,87	20,36	11,42	5,04	1,24
148,50 bis 148,99	61,10	32,12	20,56	11,57	5,14	1,29
149,00 bis 149,49	61,45	32,37	20,76	11,72	5,24	1,34
149,50 bis 149,99	61,80	32,62	20,96	11,87	5,34	1,39
150,00 bis 150,49	62,15	32,87	21,16	12,02	5,44	1,44
150,50 bis 150,99	62,50	33,12	21,36	12,17	5,54	1,49

Auszahlung für Tage

Euro	Pfändbarer Betrag bei Unterhaltspflicht für ... Personen					
Nettolohn täglich	0	1	2	3	4	5 und mehr
151,00 bis 151,49	62,85	33,37	21,56	12,32	5,64	1,54
151,50 bis 151,99	63,20	33,62	21,76	12,47	5,74	1,59
152,00 bis 152,49	63,55	33,87	21,96	12,62	5,84	1,64
152,50 bis 152,99	63,90	34,12	22,16	12,77	5,94	1,69
153,00 bis 153,49	64,25	34,37	22,36	12,92	6,04	1,74
153,50 bis 153,99	64,60	34,62	22,56	13,07	6,14	1,79
154,00 bis 154,49	64,95	34,87	22,76	13,22	6,24	1,84
154,50 bis 154,99	65,30	35,12	22,96	13,37	6,34	1,89
155,00 bis 155,49	65,65	35,37	23,16	13,52	6,44	1,94
155,50 bis 155,99	66,00	35,62	23,36	13,67	6,54	1,99
156,00 bis 156,49	66,35	35,87	23,56	13,82	6,64	2,04
156,50 bis 156,99	66,70	36,12	23,76	13,97	6,74	2,09
157,00 bis 157,49	67,05	36,37	23,96	14,12	6,84	2,14
157,50 bis 157,99	67,40	36,62	24,16	14,27	6,94	2,19
158,00 bis 158,49	67,75	36,87	24,36	14,42	7,04	2,24
158,50 bis 158,99	68,10	37,12	24,56	14,57	7,14	2,29
159,00 bis 159,49	68,45	37,37	24,76	14,72	7,24	2,34
159,50 bis 159,99	68,80	37,62	24,96	14,87	7,34	2,39
160,00 bis 160,49	69,15	37,87	25,16	15,02	7,44	2,44
160,50 bis 160,99	69,50	38,12	25,36	15,17	7,54	2,49
161,00 bis 161,49	69,85	38,37	25,56	15,32	7,64	2,54
161,50 bis 161,99	70,20	38,62	25,76	15,47	7,74	2,59
162,00 bis 162,49	70,55	38,87	25,96	15,62	7,84	2,64
162,50 bis 162,99	70,90	39,12	26,16	15,77	7,94	2,69
163,00 bis 163,49	71,25	39,37	26,36	15,92	8,04	2,74
163,50 bis 163,99	71,60	39,62	26,56	16,07	8,14	2,79
164,00 bis 164,49	71,95	39,87	26,76	16,22	8,24	2,84
164,50 bis 164,99	72,30	40,12	26,96	16,37	8,34	2,89
165,00 bis 165,49	72,65	40,37	27,16	16,52	8,44	2,94
165,50 bis 165,99	73,00	40,62	27,36	16,67	8,54	2,99
166,00 bis 166,49	73,35	40,87	27,56	16,82	8,64	3,04
166,50 bis 166,99	73,70	41,12	27,76	16,97	8,74	3,09
167,00 bis 167,49	74,05	41,37	27,96	17,12	8,84	3,14
167,50 bis 167,99	74,40	41,62	28,16	17,27	8,94	3,19
168,00 bis 168,49	74,75	41,87	28,36	17,42	9,04	3,24
168,50 bis 168,99	75,10	42,12	28,56	17,57	9,14	3,29

Auszahlung für Tage

Euro	Pfändbarer Betrag bei Unterhaltspflicht für ... Personen					
Nettolohn täglich	0	1	2	3	4	5 und mehr
169,00 bis 169,49	75,45	42,37	28,76	17,72	9,24	3,34
169,50 bis 169,99	75,80	42,62	28,96	17,87	9,34	3,39
170,00 bis 170,49	76,15	42,87	29,16	18,02	9,44	3,44
170,50 bis 170,99	76,50	43,12	29,36	18,17	9,54	3,49
171,00 bis 171,49	76,85	43,37	29,56	18,32	9,64	3,54
171,50 bis 171,99	77,20	43,62	29,76	18,47	9,74	3,59
172,00 bis 172,49	77,55	43,87	29,96	18,62	9,84	3,64
172,50 bis 172,99	77,90	44,12	30,16	18,77	9,94	3,69
173,00 bis 173,49	78,25	44,37	30,36	18,92	10,04	3,74
173,50 bis 173,99	78,60	44,62	30,56	19,07	10,14	3,79
174,00 bis 174,49	78,95	44,87	30,76	19,22	10,24	3,84
174,50 bis 174,99	79,30	45,12	30,96	19,37	10,34	3,89
175,00 bis 175,49	79,65	45,37	31,16	19,52	10,44	3,94
175,50 bis 175,99	80,00	45,62	31,36	19,67	10,54	3,99
176,00 bis 176,49	80,35	45,87	31,56	19,82	10,64	4,04
176,50 bis 176,99	80,70	46,12	31,76	19,97	10,74	4,09
177,00 bis 177,49	81,05	46,37	31,96	20,12	10,84	4,14
177,50 bis 177,99	81,40	46,62	32,16	20,27	10,94	4,19
178,00 bis 178,49	81,75	46,87	32,36	20,42	11,04	4,24
178,50 bis 178,99	82,10	47,12	32,56	20,57	11,14	4,29
179,00 bis 179,49	82,45	47,37	32,76	20,72	11,24	4,34
179,50 bis 179,99	82,80	47,62	32,96	20,87	11,34	4,39
180,00 bis 180,49	83,15	47,87	33,16	21,02	11,44	4,44
180,50 bis 180,99	83,50	48,12	33,36	21,17	11,54	4,49
181,00 bis 181,49	83,85	48,37	33,56	21,32	11,64	4,54
181,50 bis 181,99	84,20	48,62	33,76	21,47	11,74	4,59
182,00 bis 182,49	84,55	48,87	33,96	21,62	11,84	4,64
182,50 bis 182,99	84,90	49,12	34,16	21,77	11,94	4,69
183,00 bis 183,49	85,25	49,37	34,36	21,92	12,04	4,74
183,50 bis 183,99	85,60	49,62	34,56	22,07	12,14	4,79
184,00 bis 184,49	85,95	49,87	34,76	22,22	12,24	4,84
184,50 bis 184,99	86,30	50,12	34,96	22,37	12,34	4,89
185,00 bis 185,49	86,65	50,37	35,16	22,52	12,44	4,94
185,50 bis 185,99	87,00	50,62	35,36	22,67	12,54	4,99
186,00 bis 186,49	87,35	50,87	35,56	22,82	12,64	5,04
186,50 bis 186,99	87,70	51,12	35,76	22,97	12,74	5,09

Auszahlung für Tage

Euro	Pfändbarer Betrag bei Unterhaltspflicht für ... Personen					
Nettolohn täglich	0	1	2	3	4	5 und mehr
187,00 bis 187,49	88,05	51,37	35,96	23,12	12,84	5,14
187,50 bis 187,69	88,40	51,62	36,16	23,27	12,94	5,19
Der Mehrbetrag über 187,69 Euro ist voll pfändbar.						

Steuerberatungsgesetz (StBerG)

In der Fassung der Bekanntmachung vom 4. November 1975[1]
(BGBl. I S. 2735)

Geändert durch Einführungsgesetz zur Abgabenordnung vom 14.12.1976 (BGBl. I S. 3341), Gesetz zur Änderung und Vereinfachung des EStG und anderer Gesetze vom 18.8.1980 (BGBl. I S. 1537), Viertes Gesetz zur Änderung des Steuerberatungsgesetzes vom 9.6.1989 (BGBl. I S. 1062), DDR-Vertragsgesetz vom 25.6.1990 (BGBl. II S. 518), Einigungsvertrag vom 31.8.1990 (BGBl. II S. 889, 970), Fünftes Gesetz zur Änderung des Steuerberatungsgesetzes vom 13.12.1990 (BGBl. I S. 2756), Steueränderungsgesetz 1992 vom 25.2.1992 (BGBl. I S. 297), FGO-Änderungsgesetz vom 21.12.1992 (BGBl. I S. 2109), Verbrauchsteuer-Binnenmarktgesetz vom 21.12.1992 (BGBl. I S. 2150), EWR-Ausführungsgesetz vom 27.4.1993 (BGBl. I S. 512, 2436, geänd. durch Gesetz vom 27.9.1993, BGBl. I S. 1666, 2436), Sechstes Gesetz zur Änderung des Steuerberatungsgesetzes vom 24.6.1994 (BGBl. I S. 1387), Gesetz zur Schaffung von Partnerschaftsgesellschaften und zur Änderung anderer Gesetze vom 25.7. 1994 (BGBl. I S. 1744), Einführungsgesetz zur Insolvenzordnung vom 5.10.1994 (BGBl. I S. 2911), Jahressteuergesetz 1996 vom 11.10.1995 (BGBl. I S. 1250), Jahressteuer-Ergänzungsgesetz 1996 vom 18.12.1995 (BGBl. I S. 1959), Umsatzsteuer-Änderungsgesetz 1997 vom 12.12.1996 (BGBl. I S. 1851), 2. Zwangsvollstreckungsgesetz vom 17.12.1997 (BGBl. I S. 3039), Gesetz zur Datenermittlung für den Verteilungsschlüssel des Gemeindeanteils am Umsatzsteueraufkommen und zur Änderung steuerlicher Vorschriften vom 23.6.1998 (BGBl. I S. 1496), Gesetz zur Änderung der Bundesrechtsanwaltsordnung, der Patentanwaltsordnung und anderer Gesetze vom 31.8.1998 (BGBl. I S. 2600), Gesetz zur Änderung des Einführungsgesetzes zur Insolvenzordnung und anderer Gesetze vom 19.12.1998 (BGBl. I S. 3836), Gesetz zur Änderung von Vorschriften über die Tätigkeit der Steuerberater vom 24.6.2000 (BGBl. I S. 874), Altersvermögensgesetz vom 26.6.2001 (BGBl. I S. 1310), Steueränderungsgesetz 2001 vom 20.12.2001 (BGBl. I S. 3794), Gesetz zur Gleichstellung behinderter Menschen und zur Änderung anderer Gesetze vom 27.4.2002 (BGBl. I S. 1467), Gesetz zur Änderung des Gesetzes über die Tätigkeit europäischer Rechtsanwälte in Deutschland und weiterer berufsrechtlicher Vorschriften für Rechts- und Patentanwälte, Steuerberater und Wirtschaftsprüfer vom 26.10.2003 (BGBl. I S. 2074), Steueränderungsgesetz 2003 vom 15.12.2003 (BGBl. I S. 2645), Kostenrechtsmodernisierungsgesetz vom 5.5.2004 (BGBl. I S. 718), Alterseinkünftegesetz vom 5.7.2004 (BGBl. I S. 1427), Gesetz zur Anpassung von Verjährungsvorschriften an das Gesetz zur Modernisierung des Schuldrechts vom 9.12.2004 (BGBl. I S. 3214), Richtlinien-Umsetzungsgesetz (EURLUmsG) vom 9.12.2004 (BGBl. I S. 3310), Gesetz zur Vereinfachung und Vereinheitlichung der Verfahrensvorschriften zur Wahl und Berufung ehrenamtlicher Richter vom 21.12.2004 (BGBl. I S. 3599), 2. Justizmodernisierungsgesetz vom 22.12.2006 (BGBl. I S. 3416), Gesetz zur Reform des Versicherungsvertragsrechts vom 23.11.2007 (BGBl. I S. 2631), Achtes Gesetz zur Änderung des Steuerberatungsgesetzes vom 8.4.2008 (BGBl. I S. 666), Gesetz zur Neuregelung des Verbots der Vereinbarung von Erfolgshonoraren vom 12.6.2008 (BGBl. I S. 1000), 4. Gesetz zur Änderung verwaltungsverfahrensrechtlicher Vorschriften vom 11.12.2008 (BGBl. I S. 2418), Jahressteuergesetz 2009 vom 19.12.2008 (BGBl. I S. 2794), Familienleistungsgesetz vom 22.12.2008 (BGBl. I S. 2955), Bürgerentlastungsgesetz Krankenversicherung vom 16.7.2009 (BGBl. I S. 1959), Gesetz zur Reform der Sachaufklärung im Zwangsvollstreckung vom 29.7.2009 (BGBl. I S. 2258), Gesetz zur Änderung des Untersuchungshaftrechts vom 29.7.2009 (BGBl. I S. 2274), Gesetz zur Modernisierung von Verfahren im anwaltlichen und notariellen Berufsrecht vom 30.7.2009 (BGBl. I S. 2449), Jahressteuergesetz 2010 (JStG 2010) vom 8.12.2010 (BGBl. I S. 1768), Gesetz zur Umsetzung der Dienstleistungsrichtlinie in der Justiz und zur Änderung weiterer Vorschriften vom 22.12.2010 (BGBl. I S. 2248), Gesetz zur Verbesserung der Feststellung und Anerkennung im Ausland erworbener Berufsqualifikationen vom 6.12.2011 (BGBl. I S. 2515), Gesetz zur Stärkung der Rechte von Opfern sexuellen Missbrauchs (StORMG) vom 26.6.2013 (BGBl. I S. 1805), Amtshilferichtlinie-Umsetzungsgesetz

---

[1] Neubekanntmachung des StBerG v. 16.8.1961 (BGBl. I S. 1301) in der ab 29.6.1975 geltenden Fassung.

(AmtshilfeRLUmsG) vom 26.6.2013 (BGBl. I S. 1809), Gesetz zur Einführung einer Partnergesellschaft mit beschränkter Berufshaftung und zur Änderung des Berufsrechts der Rechtsanwälte, Patentanwälte, Steuerberater und Wirtschaftsprüfer vom 15.7.2013 (BGBl. I S. 2386), Gesetz zur Strukturreform des Gebührenrechts des Bundes vom 7.8.2013 (BGBl. I S. 3154), Gesetz zur Änderung des Prozesskostenhilfe- und Beratungshilferechts vom 31.8.2013 (BGBl. I S. 3533), Gesetz zur Anpassung des nationalen Steuerrechts an den Beitritt Kroatiens zur EU und zur Änderung weiterer steuerlicher Vorschriften vom 25.7.2014 (BGBl. I S. 1266), Gesetz zur Stärkung des Rechts des Angeklagten auf Vertretung in der Berufungsverhandlung und über die Anerkennung von Abwesenheitsentscheidungen in der Rechtshilfe vom 17.7.2015 (BGBl. I S. 1332), Zehnte Zuständigkeitsanpassungsverordnung vom 31.8.2015 (BGBl. I S. 1474), Steueränderungsgesetz 2015 vom 2.11.2015 (BGBl. I S. 1834), Abschlussprüferaufsichtsreformgesetz (APAReG) vom 31.3.2016 (BGBl. I S. 518), Gesetz zur Umsetzung der Richtlinie 2013/55/EU des Europäischen Parlaments und des Rates vom 20. November 2013 zur Änderung der Richtlinie 2005/36/EG über die Anerkennung von Berufsqualifikationen und der Verordnung (EU) Nr. 1024/2012 über die Verwaltungszusammenarbeit mit Hilfe des Binnenmarkt-Informationssystems („IMI-Verordnung") für bundesrechtlich geregelte Heilberufe und andere Berufe vom 18.4.2016 (BGBl. I S. 886), Gesetz zur Modernisierung des Besteuerungsverfahrens vom 18.7.2016 (BGBl. I S. 1679), Gesetz zur Bekämpfung der Steuerumgehung und zur Änderung weiterer steuerlicher Vorschriften (Steuerumgehungsbekämpfungsgesetz – StUmgBG) vom 23.6.2017 (BGBl. I S. 1682), Gesetz zur Neuregelung des Schutzes von Geheimnissen bei der Mitwirkung Dritter an der Berufsausübung schweigepflichtiger Personen vom 30.10.2017 (BGBl. I S. 3618), Zweites Gesetz zur Anpassung des Datenschutzrechts an die Verordnung (EU) 2016/679 und zur Umsetzung der Richtlinie (EU) 2016/680 (Zweites Datenschutz-Anpassungs- und Umsetzungsgesetz EU – 2. DSAnpUG-EU) vom 20.11.2019 (BGBl. I S. 1626), Drittes Gesetz zur Entlastung insbesondere der mittelständischen Wirtschaft von Bürokratie (Drittes Bürokratieentlastungsgesetz) vom 22.11.2019 (BGBl. I S. 1746), Gesetz zur weiteren steuerlichen Förderung der Elektromobilität und zur Änderung weiterer steuerlicher Vorschriften vom 12.12.2019 (BGBl. I S. 2451), Gesetz zur Umsetzung der Änderungsrichtlinie zur Vierten EU-Geldwäscherichtlinie vom 12.12.2019 (BGBl. I S. 2602), Gesetz zur Einführung einer Pflicht zur Mitteilung grenzüberschreitender Steuergestaltungen vom 21.12.2019 (BGBl. I S. 2875), Gesetz zur Umsetzung der Verhältnismäßigkeitsrichtlinie (Richtlinie (EU) 2018/958) im Bereich öffentlich-rechtlicher Körperschaften vom 19.6.2020 (BGBl. I S. 1403), Jahressteuergesetz 2020 (JStG 2020) vom 21.12.2020 (BGBl. I S. 3096), Gesetz zur Modernisierung des notariellen Berufsrechts und zur Änderung weiterer Vorschriften vom 25.6.2021 (BGBl. I S. 2154), Gesetz zur Neuregelung des Berufsrechts der anwaltlichen und steuerberatenden Berufsausübungsgesellschaften sowie zur Änderung weiterer Vorschriften im Bereich der rechtsberatenden Berufe vom 7.7.2021 (BGBl. I S. 2363), Gesetz zur Förderung verbrauchergerechter Angebote im Rechtsdienstleistungsmarkt vom 10.8.2021 (BGBl. I S. 3415), Gesetz zur Modernisierung des Personengesellschaftsrechts (Personengesellschaftsrechtsmodernisierungsgesetz – MoPeG) vom 10.8.2021 (BGBl. I S. 3436) und Jahressteuergesetz 2022 (JStG 2022) vom 16.12.2022 (BGBl. I S. 2294)

BGBl. III/FNA 610-10

Inhaltsübersicht[1)]

Erster Teil. Vorschriften über die Hilfeleistung in Steuersachen

Erster Abschnitt. Ausübung der Hilfe in Steuersachen

Erster Unterabschnitt. Anwendungsbereich   §§

[1)] Inhaltsübersicht neu gef. mWv 18.12.2019 durch G v. 12.12.2019 (BGBl. I S. 2451); geänd. mWv 29.12.2020 durch G v. 21.12.2020 (BGBl. I S. 3096); geänd. mWv 1.8.2021 durch G v. 25.6.2021 (BGBl. I S. 2154); geänd. mWv 1.8.2022 durch G v. 7.7.2021 (BGBl. I S. 2363).

§§

Fünfter Abschnitt. Berufsgerichtsbarkeit

Erster Unterabschnitt. Die berufsgerichtliche Ahndung von Pflichtverletzungen

Zweiter Unterabschnitt. Die Gerichte

Dritter Unterabschnitt. Verfahrensvorschriften

Erster Teilabschnitt. Allgemeines

Erster Teil. Vorschriften über die Hilfeleistung in Steuersachen

Erster Abschnitt. Ausübung der Hilfe in Steuersachen

Erster Unterabschnitt. Anwendungsbereich

§ 1[1] **Anwendungsbereich.** (1) Dieses Gesetz ist anzuwenden auf die Hilfeleistung

1. in Angelegenheiten, die durch Bundesrecht, Recht der Europäischen Union oder der Vertragsstaaten des Abkommens über den Europäischen Wirtschaftsraum geregelte Steuern und Vergütungen betreffen, soweit diese durch Bundesfinanzbehörden oder durch Landesfinanzbehörden verwaltet werden,

2. in Angelegenheiten, die die Realsteuern oder die Grunderwerbsteuer betreffen,

3. in Angelegenheiten, die durch Landesrecht oder auf Grund einer landesrechtlichen Ermächtigung geregelte Steuern betreffen,

4. in Monopolsachen,

5. in sonstigen von Bundesfinanzbehörden oder Landesfinanzbehörden verwalteten Angelegenheiten, soweit für diese durch Bundesgesetz oder Landesgesetz der Finanzrechtsweg eröffnet ist.

(2) Die Hilfeleistung in Steuersachen umfaßt auch

1. die Hilfeleistung in Steuerstrafsachen und in Bußgeldsachen wegen einer Steuerordnungswidrigkeit,

2. die Hilfeleistung bei der Führung von Büchern und Aufzeichnungen sowie bei der Aufstellung von Abschlüssen, die für die Besteuerung von Bedeutung sind,

3. die Hilfeleistung bei der Einziehung von Steuererstattungs- oder Vergütungsansprüchen.

(3) Die Vorschriften der einzelnen Verfahrensordnungen über die Zulassung von Bevollmächtigten und Beiständen bleiben unberührt.

(4) Das Berufsqualifikationsfeststellungsgesetz findet mit Ausnahme des § 17 keine Anwendung.

Zweiter Unterabschnitt. Befugnis

§ 2[2] **Geschäftsmäßige Hilfeleistung.** (1) ¹Die Hilfeleistung in Steuersachen darf geschäftsmäßig nur von Personen und Vereinigungen ausgeübt wer-

---

[1] § 1 Abs. 1 Nr. 2 geänd. durch G v. 9.6.1989 (BGBl. I S. 1062), Nr. 1 geänd. mWv 1.1.1994 (BGBl. 1993 I S. 2436) durch G v. 27.4.1993 (BGBl. I S. 512); Abs. 4 angef. mWv 1.4.2012 durch G v. 6.12.2011 (BGBl. I S. 2515); Abs. 1 Nr. 1 geänd. mWv 30.6.2013 durch G v. 26.6.2013 (BGBl. I S. 1809).
[2] § 2 neu gef. mWv 1.8.2022 durch G v. 7.7.2021 (BGBl. I S. 2363).

den, die hierzu befugt sind. [2]Dies gilt ohne Unterschied für hauptberufliche, nebenberufliche, entgeltliche oder unentgeltliche Tätigkeiten und dient dem Schutz der Rechtsuchenden, des Rechtsverkehrs und der Rechtsordnung vor unqualifizierter Hilfeleistung in Steuersachen.

(2) Geschäftsmäßige Hilfeleistung in Steuersachen ist jede Tätigkeit in fremden Angelegenheiten im Anwendungsbereich dieses Gesetzes, sobald sie eine rechtliche Prüfung des Einzelfalls erfordert.

§ 3[1] Befugnis zu unbeschränkter Hilfeleistung in Steuersachen. Zur geschäftsmäßigen Hilfeleistung in Steuersachen sind befugt:
1. Steuerberater, Steuerbevollmächtigte, Rechtsanwälte, niedergelassene europäische Rechtsanwälte, Wirtschaftsprüfer und vereidigte Buchprüfer,
2. Berufsausübungsgesellschaften nach den §§ 49 und 50 und im Sinne der Bundesrechtsanwaltsordnung,
3. Gesellschaften nach § 44b Absatz 1 der Wirtschaftsprüferordnung[2], deren Gesellschafter oder Partner ausschließlich Wirtschaftsprüfer oder vereidigte Buchprüfer sind, sowie Wirtschaftsprüfungsgesellschaften und Buchprüfungsgesellschaften.

§ 3a[3] Befugnis zu vorübergehender und gelegentlicher Hilfeleistung in Steuersachen. (1) [1]Personen, die in einem anderen Mitgliedstaat der Europäischen Union oder in einem anderen Vertragsstaat des Abkommens über den Europäischen Wirtschaftsraum oder in der Schweiz beruflich niedergelassen sind und dort befugt geschäftsmäßig Hilfe in Steuersachen nach dem Recht des Niederlassungsstaates leisten, sind zur vorübergehenden und gelegentlichen geschäftsmäßigen Hilfeleistung in Steuersachen im Anwendungsbereich dieses Gesetzes befugt. [2]Die vorübergehende und gelegentliche geschäftsmäßige Hilfeleistung in Steuersachen kann vom Staat der Niederlassung aus erfolgen. [3]Der Umfang der Befugnis zur Hilfeleistung in Steuersachen im Inland richtet sich nach dem Umfang dieser Befugnis im Niederlassungsstaat. [4]Bei ihrer Tätigkeit im Inland unterliegen sie denselben Berufsregeln wie die in § 3 genannten Personen. [5]Wenn weder der Beruf noch die Ausbildung zu diesem Beruf im Staat der Niederlassung reglementiert ist, gilt die Befugnis

---

[1] § 3 Abs. 2 aufgeh. mWv 1.7.1994 durch G v. 24.6.1994 (BGBl. I S. 1387), Nr. 2 geänd. mWv 1.3.1999 durch G v. 31.8.1998 (BGBl. I S. 2600), neu gef. mWv 1.7.2000 durch G v. 24.6.2000 (BGBl. I S. 874); Nr. 4 geänd. mWv 1.11.2003 durch G v. 26.10.2003 (BGBl. I S. 874); Nr. 3 geänd., Nr. 4 aufgeh. mWv 12.4.2008 durch G v. 8.4.2008 (BGBl. I S. 666); Nr. 2 geänd. mWv 19.7.2013 durch G v. 15.7.2013 (BGBl. I S. 2386); Nr. 2 und 3 neu gef. mWv 1.8.2022 durch G v. 7.7.2021 (BGBl. I S. 2363).
[2] Nr. **850.**
[3] § 3a eingef. mWv 12.4.2008 durch G v. 8.4.2008 (BGBl. I S. 666); Abs. 1 Satz 4 neu gef., Abs. 2 Sätze 1 und 2 Nr. 9 geänd., Satz 3 Nr. 7 neu gef., Satz 6 angef., Abs. 7 Satz 2 neu gef., Satz 3 angef. mWv 23.4.2016 durch G v. 18.4.2016 (BGBl. I S. 886); Abs. 6 Satz 2 angef. mWv 1.1.2017 durch G v. 18.7.2016 (BGBl. I S. 1679); Abs. 1 Satz 1 geänd., Satz 2 eingef., bish. Sätze 2–5 werden Sätze 3–6 mWv 25.6.2017 durch G v. 23.6.2017 (BGBl. I S. 1682); Abs. 6 Satz 1 neu gef., Satz 3 angef. mWv 29.12.2020, Abs. 2 Satz 2 Nr. 10 aufgeh., bish. Nr. 11–21 werden Nr. 10–20 mWv 1.1.2021 durch G v. 21.12.2020 (BGBl. I S. 3096); Abs. 2 Satz 7 angef., Abs. 7 Satz 3 geänd. mWv 1.8.2021 durch G v. 25.6.2021 (BGBl. I S. 2154).

zur geschäftsmäßigen Hilfeleistung in Steuersachen im Inland nur, wenn die Person den Beruf in einem oder in mehreren Mitgliedstaaten oder Vertragsstaaten oder der Schweiz während der vorhergehenden zehn Jahre mindestens ein Jahr lang ausgeübt hat. [6]Ob die geschäftsmäßige Hilfeleistung in Steuersachen vorübergehend und gelegentlich erfolgt, ist insbesondere anhand ihrer Dauer, Häufigkeit, regelmäßiger Wiederkehr und Kontinuität zu beurteilen.

(2) [1]Die geschäftsmäßige Hilfeleistung in Steuersachen nach Absatz 1 ist nur zulässig, wenn die Person vor der ersten Erbringung im Inland der zuständigen Stelle schriftlich oder elektronisch Meldung erstattet. [2]Zuständige Stelle ist für Personen aus:

1. Finnland die Steuerberaterkammer Berlin,
2. Polen die Steuerberaterkammer Brandenburg,
3. Zypern die Steuerberaterkammer Bremen,
4. den Niederlanden und Bulgarien die Steuerberaterkammer Düsseldorf,
5. Schweden und Island die Steuerberaterkammer Hamburg,
6. Portugal und Spanien die Steuerberaterkammer Hessen,
7. Belgien die Steuerberaterkammer Köln,
8. Estland, Lettland, Litauen die Steuerberaterkammer Mecklenburg-Vorpommern,
9. Italien, Kroatien und Österreich die Steuerberaterkammer München,
10. Rumänien und Liechtenstein die Steuerberaterkammer Nordbaden,
11. Tschechien die Steuerberaterkammer Nürnberg,
12. Frankreich die Steuerberaterkammer Rheinland-Pfalz,
13. Luxemburg die Steuerberaterkammer Saarland,
14. Ungarn die Steuerberaterkammer des Freistaates Sachsen,
15. der Slowakei die Steuerberaterkammer Sachsen-Anhalt,
16. Dänemark und Norwegen die Steuerberaterkammer Schleswig-Holstein,
17. Griechenland die Steuerberaterkammer Stuttgart,
18. der Schweiz die Steuerberaterkammer Südbaden,
19. Malta und Slowenien die Steuerberaterkammer Thüringen,
20. Irland die Steuerberaterkammer Westfalen-Lippe.

[3]Die Meldung der Person muss enthalten:

1. den Familiennamen und die Vornamen, den Namen oder die Firma einschließlich der gesetzlichen Vertreter,
2. das Geburts- oder Gründungsjahr,
3. die Geschäftsanschrift einschließlich der Anschriften aller Zweigstellen,
4. die Berufsbezeichnung, unter der die Tätigkeit im Inland zu erbringen ist,
5. eine Bescheinigung darüber, dass die Person in einem Mitgliedstaat der Europäischen Union, in einem anderen Vertragsstaat des Abkommens über

den Europäischen Wirtschaftsraum oder in der Schweiz rechtmäßig zur geschäftsmäßigen Hilfeleistung in Steuersachen niedergelassen ist und dass ihr die Ausübung dieser Tätigkeit zum Zeitpunkt der Vorlage der Bescheinigung nicht, auch nicht vorübergehend, untersagt ist,

6. einen Nachweis über die Berufsqualifikation,

7. einen Nachweis darüber, dass die Person den Beruf in einem oder in mehreren Mitgliedstaaten oder Vertragsstaaten oder der Schweiz während der vorhergehenden zehn Jahre mindestens ein Jahr lang ausgeübt hat, wenn weder der Beruf noch die Ausbildung zu diesem Beruf im Staat der Niederlassung reglementiert ist,

8. eine Information über Einzelheiten zur Berufshaftpflichtversicherung oder eines anderen individuellen oder kollektiven Schutzes in Bezug auf die Berufshaftpflicht.

^{4} Die Meldung ist jährlich zu wiederholen, wenn die Person nach Ablauf eines Kalenderjahres erneut nach Absatz 1 geschäftsmäßig Hilfeleistung in Steuersachen im Inland erbringen will. ^{5} In diesem Fall sind die Bescheinigung nach Satz 3 Nr. 5 und die Information nach Satz 3 Nr. 8 erneut vorzulegen. ^{6} Die Meldung berechtigt die Person zur geschäftsmäßigen Hilfeleistung in Steuersachen nach Absatz 1 im gesamten Hoheitsgebiet der Bundesrepublik Deutschland. ^{7} § 74a gilt entsprechend.

(3) ^{1} Sobald die Meldung nach Absatz 2 vollständig vorliegt, veranlasst die zuständige Stelle eine vorübergehende Eintragung der Angaben nach Absatz 2 Satz 3 Nr. 1 bis 4 im Berufsregister oder ihre Verlängerung um ein Jahr. ^{2} Die jeweilige Eintragung erfolgt unter Angabe der zuständigen Stelle und des Datums der Eintragung. ^{3} Das Verfahren ist kostenfrei.

(4) Registrierte Personen nach Absatz 3 oder ihre Rechtsnachfolger müssen der zuständigen Stelle alle Änderungen der Angaben nach Absatz 2 Satz 3 Nr. 1 bis 4 unverzüglich schriftlich mitteilen.

(5) ^{1} Personen, die nach Absatz 1 geschäftsmäßig Hilfeleistung in Steuersachen im Inland erbringen, dürfen dabei nur unter der Berufsbezeichnung in den Amtssprachen des Niederlassungsstaates tätig werden, unter der sie ihre Dienste im Niederlassungsstaat anbieten. ^{2} Wer danach berechtigt ist, die Berufsbezeichnung „Steuerberater"/„Steuerberaterin", „Steuerbevollmächtigter"/„Steuerbevollmächtigte" oder „Steuerberatungsgesellschaft" zu führen, hat zusätzlich die Berufsorganisation, der er im Niederlassungsstaat angehört, sowie den Niederlassungsstaat anzugeben. ^{3} Eine Verwechslung mit den genannten Berufsbezeichnungen muss ausgeschlossen sein.

(6) ^{1} Die zuständige Stelle kann einer nach Absatz 1 geschäftsmäßig Hilfe in Steuersachen leistenden Person die weitere Erbringung ihrer Dienste im Inland untersagen, wenn

1. die Person im Staat der Niederlassung nicht mehr rechtmäßig niedergelassen ist oder ihr die Ausübung der Tätigkeit dort untersagt wird,

2. sie nicht über die für die Ausübung der Berufstätigkeit im Inland erforderlichen deutschen Sprachkenntnisse verfügt,

3. sie wiederholt eine unrichtige Berufsbezeichnung führt oder

4. sie die Befugnis zu vorübergehender und gelegentlicher geschäftsmäßigen[1] Hilfeleistung in Steuersachen überschreitet.

[2]Die vorübergehende Eintragung im Berufsregister gemäß Absatz 3 Satz 1 wird gelöscht, wenn die Untersagungsverfügung nach Satz 1 unanfechtbar geworden ist. [3]Über die Löschung aus dem Berufsregister wegen Überschreitens der Befugnis zu vorübergehender und gelegentlicher geschäftsmäßigen[1] Hilfeleistung in Steuersachen sind diejenigen Finanzbehörden zu unterrichten, die eine Mitteilung nach § 5 Absatz 4 erstattet haben.

(7) [1]Die zuständigen Stellen arbeiten mit den zuständigen Stellen in den anderen Mitgliedstaaten der Europäischen Union, in den anderen Vertragsstaaten des Abkommens über den Europäischen Wirtschaftsraum und in der Schweiz zusammen und übermitteln auf Anfrage:

1. Informationen über die Rechtmäßigkeit der Niederlassung und die gute Führung des Dienstleisters;

2. Informationen darüber, dass keine berufsbezogenen disziplinarischen oder strafrechtlichen Sanktionen vorliegen;

3. Informationen, die im Falle von Beschwerden eines Dienstleistungsempfängers gegen einen Dienstleister für ein ordnungsgemäßes Beschwerdeverfahren erforderlich sind.

[2]Die zuständigen Stellen können bei berechtigten Zweifeln an der Rechtmäßigkeit der Niederlassung des Dienstleisters in einem anderen Staat, an seiner guten Führung oder daran, dass keine berufsbezogenen disziplinarischen oder strafrechtlichen Sanktionen vorliegen, alle aus ihrer Sicht zur Beurteilung des Sachverhalts erforderlichen Informationen bei den zuständigen Stellen des anderen Staates anfordern. [3]§ 30 der Abgabenordnung[2] steht den Sätzen 1 und 2 nicht entgegen.

§ 3b[3] Verzeichnis der nach § 3a zur vorübergehenden und gelegentlichen Hilfeleistung in Steuersachen befugten Personen. (1) [1]Die Bundessteuerberaterkammer führt ein elektronisches Verzeichnis aller Personen, die gemäß § 3a Absatz 3 Satz 1 als zur vorübergehenden und gelegentlichen Hilfeleistung in Steuersachen befugt vorübergehend im Berufsregister der zuständigen Steuerberaterkammer eingetragen sind. [2]Das Verzeichnis dient der Information der Behörden und Gerichte, der Rechtsuchenden sowie anderer am Rechtsverkehr Beteiligter. [3]Die Steuerberaterkammern geben die im Berufsregister gemäß § 3a Absatz 3 Satz 1 vorübergehend gespeicherten Daten im automatisierten Verfahren in das von der Bundessteuerberaterkammer geführte Verzeichnis ein. [4]Die zuständige Steuerberaterkammer trägt die datenschutzrechtliche Verantwortung für die von ihr in das Verzeichnis eingegebenen Daten, insbesondere für die Rechtmäßigkeit der Erhebung, die Vollständigkeit und die Richtigkeit der Daten. [5]Der Abruf einzelner Daten aus dem Gesamtverzeichnis steht jedem unentgeltlich zu.

---

[1] Richtig wohl: „geschäftsmäßiger".
[2] Nr. **800**.
[3] § 3b eingef. mWv 1.1.2017 durch G v. 18.7.2016 (BGBl. I S. 1679).

(2) In das Verzeichnis sind einzutragen:

1. bei natürlichen Personen der Familienname und die Vornamen, das Geburtsjahr, die Geschäftsanschrift einschließlich der Anschriften aller Zweigstellen, die Berufsbezeichnung, unter der die Tätigkeit nach § 3a Absatz 5 im Inland zu erbringen ist, sowie der Name und die Anschrift der nach § 3a Absatz 2 Satz 2 zuständigen Steuerberaterkammer;

2. bei juristischen Personen und Personengesellschaften der Name oder die Firma, das Gründungsjahr, die Geschäftsanschrift einschließlich der Anschriften aller Zweigstellen, der Familienname und die Vornamen der gesetzlichen Vertreter, die Berufsbezeichnung, unter der die Tätigkeit nach § 3a Absatz 5 im Inland zu erbringen ist, der Name und die Anschrift der nach § 3a Absatz 2 Satz 2 zuständigen Steuerberaterkammer.

§ 3c[1]) Befugnis juristischer Personen und Vereinigungen zu vorübergehender und gelegentlicher Hilfeleistung in Steuersachen. Die §§ 3a und 3b gelten entsprechend für juristische Personen und Vereinigungen.

§ 3d[2]) Partieller Zugang, Voraussetzungen und Antrag. (1) [1]Eine Erlaubnis zu beschränkter geschäftsmäßiger Hilfeleistung in Steuersachen (partieller Zugang) wird im Einzelfall auf Antrag erteilt, wenn

1. der Antragsteller in einem anderen Mitgliedstaat der Europäischen Union oder in einem anderen Vertragsstaat des Abkommens über den Europäischen Wirtschaftsraum oder in der Schweiz (Herkunftsmitgliedstaat) zur Ausübung der beantragten Hilfeleistung in Steuersachen uneingeschränkt qualifiziert ist,

2. die Unterschiede zwischen der Tätigkeit des Antragstellers und der Tätigkeit eines Steuerberaters oder Steuerbevollmächtigten im Sinne des § 3 so groß sind, dass deren Ausgleich der Anforderung gleichkäme, die Befähigung für den Beruf des Steuerberaters nach § 37 zu erwerben und

3. die Tätigkeit des Antragstellers sich von den anderen Tätigkeiten, die von einem Steuerberater oder Steuerbevollmächtigten im Sinne des § 3 zu erbringen sind, objektiv trennen lässt.

[2]Für die Prüfung der Trennbarkeit der Tätigkeiten nach Satz 1 Nummer 3 berücksichtigt die zuständige Stelle, ob die Tätigkeit im Herkunftsmitgliedstaat eigenständig ausgeübt werden kann.

(2) [1]Der partielle Zugang ist bei der zuständigen Stelle zu beantragen. [2]Die zuständige Stelle bestimmt sich nach Maßgabe des § 3a Absatz 2 Satz 2. [3]Im Einvernehmen mit dieser, kann eine andere Steuerberaterkammer über die Gewährung des partiellen Zugangs entscheiden. [4]Das Einvernehmen ist in die Satzungen der beteiligten Steuerberaterkammern aufzunehmen.

(3) Der Antrag nach Absatz 1 muss enthalten:

1. den Familiennamen und den oder die Vornamen des Antragstellers,

2. das Geburtsdatum,

---

[1]) § 3c eingef. mWv 25.6.2017 durch G v. 23.6.2017 (BGBl. I S. 1682).
[2]) § 3d eingef. mWv 1.8.2022 durch G v. 7.7.2021 (BGBl. I S. 2363).

3. die Anschrift der beruflichen Niederlassung,

4. die Berufsbezeichnung, unter der die Tätigkeit im Inland erbracht werden soll,

5. die Tätigkeiten oder Tätigkeitsbereiche, die im Inland erbracht werden sollen,

6. einen Nachweis über die Berufsqualifikation,

7. eine Information über Einzelheiten zur Berufshaftpflichtversicherung oder eines anderen individuellen oder kollektiven Schutzes in Bezug auf die Berufshaftpflicht.

§ 3e[1]) Erlaubnis zum partiellen Zugang. (1) [1]Die Gewährung des partiellen Zugangs berechtigt die Person zur geschäftsmäßigen Hilfeleistung in Steuersachen im gesamten Hoheitsgebiet der Bundesrepublik Deutschland, beschränkt auf die Tätigkeit, für die partieller Zugang gewährt wurde. [2]Der Umfang der Befugnis zur Hilfeleistung in Steuersachen in dem betreffenden Teilbereich im Inland richtet sich nach dem Umfang dieser Befugnis im Herkunftsmitgliedstaat. [3]Bei der Ausübung der Tätigkeit sind die Berufsbezeichnung des Herkunftsmitgliedstaates und der Herkunftsmitgliedstaat anzugeben. [4]Eine Verwechslung mit der Berufsbezeichnung nach § 43 muss ausgeschlossen sein. [5]Dem Auftraggeber ist der Umfang des Tätigkeitsbereichs vor Leistungsbeginn in Textform mitzuteilen. [6]Im Übrigen gelten die Vorschriften des Dritten Abschnitts des Zweiten Teils.

(2) [1]Die nach § 3d Absatz 2 Satz 2 zuständige Stelle kann alle aus ihrer Sicht zur Beurteilung des Antrags auf partiellen Zugang erforderlichen Informationen bei den zuständigen Stellen im Herkunftsmitgliedstaat einholen bei berechtigten Zweifeln

1. an der Befugnis des Antragstellers zur Hilfeleistung in Steuersachen im Herkunftsmitgliedstaat (§ 3d Absatz 1 Nummer 1),

2. an der guten Führung des Antragstellers oder

3. daran, dass keine berufsbezogenen disziplinarischen oder strafrechtlichen Sanktionen gegen den Antragsteller vorliegen.

[2]§ 30 der Abgabenordnung[2]) steht Satz 1 nicht entgegen.

(3) Der partielle Zugang kann verweigert werden, wenn die Verweigerung

1. durch zwingende Gründe des Allgemeininteresses gerechtfertigt ist,

2. geeignet ist, die Erreichung des verfolgten Ziels nach § 2 Absatz 1 Satz 2 zu gewährleisten, und

3. nicht über das hinausgeht, was zur Erreichung dieses Ziels erforderlich ist.

(4) [1]Die partiell zugelassene Person ist mit den Angaben nach § 3d Absatz 3 Nummer 1 bis 4, der zuständigen Stelle und dem Datum der Erteilung des partiellen Zugangs in das Berufsregister einzutragen. [2]Änderungen der Angaben nach § 3d Absatz 3 Nummer 1, 3 bis 5 und 7 sind der zuständigen Stelle unverzüglich schriftlich oder elektronisch mitzuteilen. [3]Die Eintragung der

---

[1]) § 3e eingef. mWv 1.8.2022 durch G v. 7.7.2021 (BGBl. I S. 2363).
[2]) Nr. **800**.

partiell zugelassenen Person ist zu löschen, wenn die partiell zugelassene Person auf diese Erlaubnis verzichtet oder der partielle Zugang unanfechtbar untersagt worden ist.

(5) Das Verfahren ist gebührenfrei.

§ 3f[1] **Untersagung des partiellen Zugangs.** Die zuständige Stelle kann einer partiell zugelassenen Person die weitere Hilfeleistung in Steuersachen untersagen, wenn

1. der Person im Herkunftsmitgliedstaat die Ausübung der Tätigkeit untersagt wurde,

2. die Person im Einzelfall nicht über die für die konkrete Ausübung der Berufstätigkeit im Inland erforderlichen deutschen Sprachkenntnisse verfügt,

3. die Person wiederholt eine unrichtige Berufsbezeichnung führt,

4. die Person die Befugnis zu beschränkter geschäftsmäßiger Hilfeleistung in Steuersachen nach § 3e Absatz 1 Satz 1 und 2 überschreitet oder

5. die Person besonders schwerwiegend oder wiederholt gegen die Pflichten nach § 3e Absatz 1 Satz 3 bis 6 verstößt.

§ 3g[2] **Elektronisches Verzeichnis der partiell zugelassenen Personen.** (1) [1]Die Bundessteuerberaterkammer führt ein elektronisches Verzeichnis aller Personen, denen nach § 3d Absatz 1 ein partieller Zugang erteilt worden ist und die nach § 3e Absatz 4 in das Berufsregister eingetragen sind. [2]Das Verzeichnis dient der Information der Behörden und Gerichte, der Rechtsuchenden sowie anderer am Rechtsverkehr Beteiligter. [3]Die Steuerberaterkammern geben die im Berufsregister nach § 3e Absatz 4 gespeicherten Daten im automatisierten Verfahren in das von der Bundessteuerberaterkammer geführte Verzeichnis ein. [4]Die zuständige Steuerberaterkammer trägt die datenschutzrechtliche Verantwortung für die von ihr in das Verzeichnis eingegebenen Daten, insbesondere für die Rechtmäßigkeit der Erhebung, die Vollständigkeit und die Richtigkeit der Daten. [5]Der Abruf einzelner Daten aus dem Gesamtverzeichnis steht jedermann unentgeltlich zu.

(2) In das elektronische Verzeichnis sind einzutragen:

1. bei natürlichen Personen der Familienname und den oder die Vornamen, das Geburtsdatum, die Anschrift der beruflichen Niederlassung einschließlich der Anschriften aller Beratungsstellen, die Berufsbezeichnung, unter der die Tätigkeit nach § 3e Absatz 1 Satz 2 im Inland zu erbringen ist, sowie der Name und die Anschrift der nach § 3d Absatz 2 Satz 2 zuständigen Steuerberaterkammer;

2. bei juristischen Personen und Personengesellschaften der Name oder die Firma, das Gründungsjahr, die Anschrift einschließlich der Anschriften aller weiterer Beratungsstellen, der Familienname, den oder die Vornamen der gesetzlichen Vertreter, die Berufsbezeichnung, unter der die Tätigkeit nach

---

[1] § 3f eingef. mWv 1.8.2022 durch G v. 7.7.2021 (BGBl. I S. 2363).
[2] § 3g eingef. mWv 1.8.2022 durch G v. 7.7.2021 (BGBl. I S. 2363).

§ 3e Absatz 1 Satz 2 im Inland zu erbringen ist, sowie der Name und die Anschrift der nach § 3d Absatz 2 Satz 2 zuständigen Steuerberaterkammer.

§ 4[1] Befugnis zu beschränkter Hilfeleistung in Steuersachen. [1] Zur geschäftsmäßigen Hilfeleistung in Steuersachen sind ferner befugt:

1. Notare im Rahmen ihrer Befugnisse nach der Bundesnotarordnung,

2. Patentanwälte und Patentanwaltsgesellschaften im Rahmen ihrer Befugnisse nach der Patentanwaltsordnung,

3. Behörden und Körperschaften des öffentlichen Rechts sowie die überörtlichen Prüfungseinrichtungen für Körperschaften und Anstalten des öffentlichen Rechts im Rahmen ihrer Zuständigkeit,

4. Verwahrer und Verwalter fremden oder zu treuen Händen oder zu Sicherungszwecken übereigneten Vermögens, soweit sie hinsichtlich dieses Vermögens Hilfe in Steuersachen leisten,

5. Unternehmer, die ein Handelsgewerbe betreiben, soweit sie in unmittelbarem Zusammenhang mit einem Geschäft, das zu ihrem Handelsgewerbe gehört, ihren Kunden Hilfe in Steuersachen leisten,

6. genossenschaftliche Prüfungs- und Spitzenverbände und genossenschaftliche Treuhandstellen, soweit sie im Rahmen ihres Aufgabenbereichs den Mitgliedern der Prüfungs- und Spitzenverbände Hilfe in Steuersachen leisten,

7. als Berufsvertretung oder auf ähnlicher Grundlage gebildete Vereinigungen, soweit sie im Rahmen ihres Aufgabenbereichs ihren Mitgliedern Hilfe in Steuersachen leisten; § 95 des Bundesvertriebenengesetzes bleibt unberührt,

8. als Berufsvertretung oder auf ähnlicher Grundlage gebildete Vereine von Land- und Forstwirten, zu deren satzungsmäßiger Aufgabe die Hilfeleistung für land- und forstwirtschaftliche Betriebe im Sinne des Bewertungsgesetzes gehört, soweit sie diese Hilfe durch Personen leisten, die berechtigt sind, die Bezeichnung „Landwirtschaftliche Buchstelle" zu führen, und die Hilfe nicht die Ermittlung der Einkünfte aus selbständiger Arbeit

---

[1] § 4 Nrn. 8, 11 neu gef., Nrn. 12, 13 angef. durch G v. 9.6.1989 (BGBl. I S. 1062), Nr. 9 Buchst. a geänd. durch G v. 21.12.1992 (BGBl. I S. 2150), Nr. 11 Buchst. c neu gef. mWv 1.7.1994 durch G v. 24.6.1994 (BGBl. I S. 1387), Nr. 10 und 11 neu gef. mWv 1.1.1996 durch G v. 18.12.1995 (BGBl. I S. 1959), Nr. 9 Buchst. c angef. durch G v. 12.12.1996 (BGBl. I S. 1852), Nr. 2 geänd. mWv 1.3.1999 durch G v. 31.8.1998 (BGBl. I S. 2600), Nr. 15 angef. durch G v. 19.12.1998 (BGBl. I S. 3836), Nr. 9 Buchst. a geänd., Nrn 10 und 11 neu gef. mWv 1.7.2000, Nr. 11 geänd. mWv 1.1.2002 durch G v. 24.6.2000 (BGBl. I S. 874), Nr. 11 Satz 3, Nr. 15 geänd., Nr. 16 angef. mWv 30.6.2001 durch G v. 26.6.2001 (BGBl. I S. 1310); Nr. 11 Satz 3 geänd. mWv 23.12.2001 durch G v. 20.12.2001 (BGBl. I S. 3794); Nr. 16 neu gef. mWv 1.1.2004 durch G v. 5.7.2004 (BGBl. I S. 1427); Nr. 11 Satz 1 Buchst. a neu gef. mWv 1.1.2005 durch G v. 5.7.2004 (BGBl. I S. 1427); Nr. 11 Satz 1 Buchst. b neu gef., Nr. 11 Satz 3 geänd. mWv 16.12.2004 durch G v. 9.12.2004 (BGBl. I S. 3310); Nr. 11 Satz 1 Buchst. b geänd., Buchst. c Satz 3, Nr. 12 neu gef., Nr. 12a eingef. mWv 12.4.2008 durch G v. 8.4.2008 (BGBl. I S. 666); Nr. 16 Buchst. a geänd. mWv 1.11.2008 durch G v. 19.12.2008 (BGBl. I S. 2794); Nr. 11 Satz 3 geänd. mWv 1.1.2009 durch G v. 22.12.2008 (BGBl. I S. 2955); Nr. 11 Satz 1 Buchst. a Satz 2 angef. mWv 14.12.2010 durch G v. 8.12.2010 (BGBl. I S. 1768); Nr. 11 Satz 3 geänd. mWv 30.6.2013 durch G v. 26.6.2013 (BGBl. I S. 1809); Nr. 11 Satz 1 Buchst. b und c geänd. mWv 1.1.2020 durch G v. 22.11.2019 (BGBl. I S. 1746).

oder aus Gewerbebetrieb betrifft, es sei denn, daß es sich hierbei um Nebeneinkünfte handelt, die üblicherweise bei Landwirten vorkommen,

9. a) Speditionsunternehmen, soweit sie Hilfe in Eingangsabgabensachen oder bei der verbrauchsteuerlichen Behandlung von Waren im Warenverkehr mit anderen Mitgliedstaaten der Europäischen Union leisten,

b) sonstige gewerbliche Unternehmen, soweit sie im Zusammenhang mit der Zollbehandlung Hilfe in Eingangsabgabensachen leisten,

c) die in den Buchstaben a und b genannten Unternehmen, soweit sie für Unternehmer im Sinne des § 22a des Umsatzsteuergesetzes Hilfe in Steuersachen nach § 22b des Umsatzsteuergesetzes leisten und im Geltungsbereich dieses Gesetzes ansässig sind, nicht Kleinunternehmer im Sinne des § 19 des Umsatzsteuergesetzes und nicht von der Fiskalvertretung nach § 22e des Umsatzsteuergesetzes ausgeschlossen sind,

10. Arbeitgeber, soweit sie für ihre Arbeitnehmer Hilfe bei lohnsteuerlichen Sachverhalten oder bei Sachverhalten des Familienleistungsausgleichs im Sinne des Einkommensteuergesetzes leisten,

11.[1] Lohnsteuerhilfevereine, soweit sie für ihre Mitglieder Hilfe in Steuersachen leisten, wenn diese

a) Einkünfte aus nichtselbständiger Arbeit, sonstige Einkünfte aus wiederkehrenden Bezügen (§ 22 Nr. 1 des Einkommensteuergesetzes), Einkünfte aus Unterhaltsleistungen (§ 22 Nr. 1a des Einkommensteuergesetzes) oder Einkünfte aus Leistungen nach § 22 Nr. 5 des Einkommensteuergesetzes erzielen,

b) keine Einkünfte aus Land- und Forstwirtschaft, aus Gewerbebetrieb oder aus selbständiger Arbeit erzielen oder umsatzsteuerpflichtige Umsätze ausführen, es sei denn, die den Einkünften zugrunde liegenden Einnahmen sind nach § 3 Nummer 12, 26, 26a, 26b oder 72 des Einkommensteuergesetzes in voller Höhe steuerfrei, und

c) Einnahmen aus anderen Einkunftsarten haben, die insgesamt die Höhe von achtzehntausend Euro, im Falle der Zusammenveranlagung von sechsunddreißigtausend Euro, nicht übersteigen und im Veranlagungsverfahren zu erklären sind oder auf Grund eines Antrags des Steuerpflichtigen erklärt werden. [2]An die Stelle der Einnahmen tritt in Fällen des § 20 Absatz 2 des Einkommensteuergesetzes der Gewinn im Sinne des § 20 Absatz 4 des Einkommensteuergesetzes und in den Fällen des § 23 Absatz 1 des Einkommensteuergesetzes der Gewinn im Sinne des § 23 Absatz 3 Satz 1 des Einkommensteuergesetzes; Verluste bleiben unberücksichtigt.

[2]Die Befugnis erstreckt sich nur auf die Hilfeleistung bei der Einkommensteuer und ihren Zuschlagsteuern. [3]Soweit zulässig, berechtigt sie auch zur Hilfeleistung bei der Eigenheimzulage und der Investitionszulage nach den §§ 3 bis 4 des Investitionszulagengesetzes 1999, bei mit Kinderbetreuungskosten im Sinne von § 10 Absatz 1 Nummer 5 des Einkommensteuergesetzes sowie bei mit haushaltsnahen Beschäftigungsverhältnissen im Sinne

---

[1] § 4 Nr. 11 Satz 1 Buchst. b geänd. mWv 21.12.2022 durch G v. 16.12.2022 (BGBl. I S. 2294).

des § 35a des Einkommensteuergesetzes zusammenhängenden Arbeitgeberaufgaben sowie zur Hilfe bei Sachverhalten des Familienleistungsausgleichs im Sinne des Einkommensteuergesetzes und der sonstigen Zulagen und Prämien, auf die die Vorschriften der Abgabenordnung[1]) anzuwenden sind. [4] Mitglieder, die arbeitslos geworden sind, dürfen weiterhin beraten werden.

12.[2]) Kreditinstitute, soweit sie in Vertretung der Gläubiger von Kapitalerträgen Anträge auf Erstattung von Kapitalertragsteuer nach § 44a Absatz 9 oder § 50c des Einkommensteuergesetzes oder nach § 11 Absatz 1 des Investmentsteuergesetzes stellen,

13. öffentlich bestellte versicherungsmathematische Sachverständige, soweit sie in unmittelbarem Zusammenhang mit der Berechnung von Pensionsrückstellungen, versicherungstechnischen Rückstellungen und Zuführungen zu Pensions- und Unterstützungskassen ihren Auftraggebern Hilfe in Steuersachen leisten,

14. diejenigen, die Verträge im Sinne des § 2 Abs. 1 Wohnungsbau-Prämiengesetz schließen oder vermitteln, soweit sie bei der Ausfüllung von Anträgen auf Wohnungsbauprämie Hilfe leisten,

15. Stellen, die durch Landesrecht als geeignet im Sinne des § 305 Abs. 1 Nr. 1 der Insolvenzordnung anerkannt sind, im Rahmen ihres Aufgabenbereichs,

16. a) diejenigen, die Verträge im Sinne des § 1 Abs. 1 und 1a des Altersvorsorgeverträge-Zertifizierungsgesetzes schließen oder vermitteln,

b) die in § 82 Abs. 2 Satz 1 Buchstabe a des Einkommensteuergesetzes genannten Versorgungseinrichtungen,

soweit sie im Rahmen des Vertragsabschlusses, der Durchführung des Vertrages oder der Antragstellung nach § 89 des Einkommensteuergesetzes Hilfe leisten.

Dritter Unterabschnitt. Verbot und Untersagung

§ 5[3]) Verbot der unbefugten Hilfeleistung in Steuersachen, Missbrauch von Berufsbezeichnungen. (1) [1] Andere als die in den §§ 3, 3a, 3d und 4 bezeichneten Personen und Vereinigungen dürfen nicht geschäftsmäßig Hilfe in Steuersachen leisten, insbesondere nicht geschäftsmäßig Rat in Steuersachen erteilen. [2] Die in den §§ 3a, 3d und 4 bezeichneten Personen und

---

[1]) Nr. **800**.

[2]) § 4 Nr. 12 neu gef., Nr. 12a aufgeh. mWv 21.12.2022 durch G v. 16.12.2022 (BGBl. I S. 2294).

[3]) § 5 Abs. 2 angef. durch G v. 9.6.1989 (BGBl. I S. 1062), Abs. 2 neu gef. mWv 1.7.2000 durch G v. 24.6.2000 (BGBl. I S. 874); Überschr. neu gef., Abs. 1 Satz 1 geänd., Abs. 3 angef. mWv 12.4.2008 durch G v. 8.4.2008 (BGBl. I S. 666); Abs. 3 neu gef. mWv 19.7.2013 durch G v. 15.7.2013 (BGBl. I S. 2386); Abs. 1 Satz 2 neu gef., Abs. 2 Satz 2 angef., Abs. 3 Satz 2 aufgeh., Abs. 4 und 5 angef. mWv 29.12.2020 durch G v. 21.12.2020 (BGBl. I S. 3096); Abs. 5 geänd. mWv 1.8.2021 durch G v. 25.6.2021 (BGBl. I S. 2154); Abs. 1 Sätze 1 und 2 geänd., Abs. 4 Satz 2 angef. mWv 1.8.2022 durch G v. 7.7.2021 (BGBl. I S. 2363); Abs. 3 Nr. 2 geänd. mWv 1.1.2024 durch G v. 10.8.2021 (BGBl. I S. 3436).

Vereinigungen dürfen nur im Rahmen ihrer Befugnis geschäftsmäßig Hilfe in Steuersachen leisten.

(2) ¹ Werden den Finanzbehörden oder den Steuerberaterkammern Tatsachen bekannt, die den Verdacht begründen, dass eine Person oder Vereinigung entgegen Absatz 1 geschäftsmäßig Hilfe in Steuersachen leistet, so haben sie diese Tatsachen der für das Bußgeldverfahren zuständigen Stelle mitzuteilen. ² Werden den Finanzbehörden Tatsachen bekannt, die darauf hinweisen, dass eine Person oder Vereinigung entgegen Absatz 1 geschäftsmäßig Hilfe in Steuersachen leistet, so können sie diese Tatsachen der zuständigen Steuerberaterkammer zum Zwecke der Prüfung der Geltendmachung von Ansprüchen nach den Vorschriften des Gesetzes gegen den unlauteren Wettbewerb (§ 76 Absatz 11) mitteilen.

(3) Die Finanzbehörden oder die Steuerberaterkammern haben der für das Strafverfahren, das Bußgeldverfahren oder ein berufsaufsichtliches Verfahren zuständigen Stelle ihnen bekannte Tatsachen mitzuteilen, die den Verdacht begründen, dass

1. Personen, die geschäftsmäßig Hilfe in Steuersachen leisten, entgegen § 132a Absatz 1 Nummer 2 des Strafgesetzbuches die Berufsbezeichnungen „Steuerberater", „Steuerbevollmächtigter", „Rechtsanwalt", „Wirtschaftsprüfer" oder „vereidigter Buchprüfer" führen,

2. Vereinigungen, die geschäftsmäßig Hilfe in Steuersachen leisten, entgegen § 161 dieses Gesetzes unbefugt die Bezeichnungen „Steuerberatungsgesellschaft", „Lohnsteuerhilfeverein", „Landwirtschaftliche Buchstelle" oder unbefugt den Zusatz „und Partner", „Partnerschaft" (§ 2 Absatz 1 [*bis 31.12.2023:* Satz 1] des Partnerschaftsgesellschaftsgesetzes), „mit beschränkter Berufshaftung" oder jeweilige Abkürzungen (§ 8 Absatz 4 des Partnerschaftsgesellschaftsgesetzes) oder entgegen § 133 der Wirtschaftsprüferordnung[1]) die Bezeichnungen „Wirtschaftsprüfungsgesellschaft" oder „Buchprüfungsgesellschaft" führen.

(4) ¹ Werden den Finanzbehörden Tatsachen bekannt, die darauf hinweisen, dass Personen oder Vereinigungen die ihnen nach § 3a zustehende Befugnis zu vorübergehender und gelegentlicher geschäftsmäßiger Hilfeleistung in Steuersachen überschreiten, so haben die Finanzbehörden diese Tatsachen der zuständigen Steuerberaterkammer mitzuteilen. ² Satz 1 gilt entsprechend, wenn den Finanzbehörden Tatsachen bekannt werden, die darauf hinweisen, dass Personen oder Vereinigungen die ihnen erteilte Erlaubnis zum partiellen Zugang nach § 3d überschreiten.

(5) § 30 der Abgabenordnung[2]) steht den Mitteilungen nach den Absätzen 2, 3 und 4 nicht entgegen.

§ 6[3]) **Ausnahmen vom Verbot der unbefugten Hilfeleistung in Steuersachen.** Das Verbot des § 5 gilt nicht für

---

[1]) Nr. **850**.
[2]) Nr. **800**.
[3]) § 6 Nr. 2 geänd. durch G v. 14.12.1976 (BGBl. I S. 3341), Nr. 4 angef. durch G v. 9.6.1989 (BGBl. I S. 1062), Nr. 4 geänd. mWv 1.7.2000 durch G v. 24.6.2000 (BGBl. I S. 874).

1. die Erstattung wissenschaftlich begründeter Gutachten,
2. die unentgeltliche Hilfeleistung in Steuersachen für Angehörige im Sinne des § 15 der Abgabenordnung,
3. die Durchführung mechanischer Arbeitsgänge bei der Führung von Büchern und Aufzeichnungen, die für die Besteuerung von Bedeutung sind; hierzu gehören nicht das Kontieren von Belegen und das Erteilen von Buchungsanweisungen,
4. das Buchen laufender Geschäftsvorfälle, die laufende Lohnabrechnung und das Fertigen der Lohnsteuer-Anmeldungen, soweit diese Tätigkeiten verantwortlich durch Personen erbracht werden, die nach Bestehen der Abschlußprüfung in einem kaufmännischen Ausbildungsberuf oder nach Erwerb einer gleichwertigen Vorbildung mindestens drei Jahre auf dem Gebiet des Buchhaltungswesens in einem Umfang von mindestens 16 Wochenstunden praktisch tätig gewesen sind.

§ 7[1] Untersagung der Hilfeleistung in Steuersachen. (1) Das Finanzamt kann die Hilfeleistung in Steuersachen untersagen,

1. wenn die Tätigkeit durch eine Person oder Vereinigung ausgeübt wird, die nicht unter die §§ 3, 3a, 3d oder 4 fällt,
2. wenn bei einer Tätigkeit nach den §§ 3a, 3d, 4 oder 6 die jeweiligen Befugnisse überschritten werden,
3. wenn eine Tätigkeit als Arbeitnehmer zur Umgehung des Verbots nach § 5 missbraucht wird.

(2) [1]Die für die Finanzverwaltung zuständige oberste Landesbehörde kann den in § 4 Nr. 7 bezeichneten Vereinigungen im Einvernehmen mit den fachlich beteiligten obersten Landesbehörden die Hilfeleistung in Steuersachen ganz oder teilweise untersagen, wenn eine sachgemäße Tätigkeit nicht gewährleistet ist. [2]Dies gilt nicht, wenn eine der in 3 Nr. 1 aufgeführten Personen die Hilfeleistung in Steuersachen leitet.

(3) [1]Diejenige Finanzbehörde, in deren Zuständigkeitsbereich die nach Absatz 1 zu untersagende Hilfeleistung in Steuersachen geleistet wird, kann diese Hilfeleistung in Steuersachen in ihrem Zuständigkeitsbereich untersagen. [2]Die Finanzbehörde ist befugt, andere Finanzbehörden über die Untersagung nach Satz 1 zu unterrichten. [3]§ 30 der Abgabenordnung steht[2] dem nicht entgegen.

Vierter Unterabschnitt. Sonstige Vorschriften

§ 8[3] Werbung. (1) Auf eigene Dienste oder Dienste Dritter zur geschäftsmäßigen Hilfeleistung in Steuersachen darf hingewiesen werden,

---

[1] § 7 Abs. 2 Satz 1 geänd. durch G v. 9.6.1989 (BGBl. I S. 1062), Abs. 1 Nr. 3 angef., Abs. 2 Satz 2 geänd. mWv 1.7.2000 durch G v. 24.6.2000 (BGBl. I S. 874); Abs. 1 Nr. 1 und 2 geänd., Nr. 3 aufgeh. mWv 12.4.2008 durch G v. 8.4.2008 (BGBl. I S. 666); Abs. 3 Satz 2 angef. mWv 31.7.2014 durch G v. 25.7.2014 (BGBl. I S. 1266); Abs. 1 Nr. 2 neu gef., Nr. 3 angef., Abs. 3 neu gef. mWv 29.12.2020 durch G v. 21.12.2020 (BGBl. I S. 3096); Abs. 1 Nr. 1 und 2 geänd. mWv 1.8.2022 durch G v. 7.7.2021 (BGBl. I S. 2363).
[2] Nr. **800**.
[3] § 8 Abs. 1 Satz 2 angef. durch G v. 9.6.1989 (BGBl. I S. 1062), Abs. 3 angef. mWv 1.7.1994 durch G v. 24.6.1994 (BGBl. I S. 1387), neu gef. mWv 1.7.2000 durch G v. 24.6.2000 (BGBl. I S. 874); Abs. 4 neu gef. mWv 12.4.2008 durch G v. 8.4.2008 (BGBl. I S. 666).

soweit über die Tätigkeit in Form und Inhalt sachlich unterrichtet wird.

(2) ¹Werbung, die auf die Erteilung eines Auftrags zur geschäftsmäßigen Hilfeleistung in Steuersachen im Einzelfall gerichtet ist, ist verboten. ²Dies gilt nicht für die Durchführung der Tätigkeiten nach § 6 Nr. 3 und 4.

(3) Die in § 3 Nr. 1 bis 3 bezeichneten Personen und Gesellschaften dürfen auf ihre Befugnis zur Hilfeleistung in Steuersachen nach den für sie geltenden berufsrechtlichen Vorschriften hinweisen.

(4) ¹Die in § 6 Nr. 4 bezeichneten Personen dürfen auf ihre Befugnisse zur Hilfeleistung in Steuersachen hinweisen und sich als Buchhalter bezeichnen. ²Personen, die den anerkannten Abschluss „Geprüfter Bilanzbuchhalter/Geprüfte Bilanzbuchhalterin" oder „Steuerfachwirt/Steuerfachwirtin" erworben haben, dürfen unter dieser Bezeichnung werben. ³Die genannten Personen dürfen dabei nicht gegen das Gesetz gegen den unlauteren Wettbewerb verstoßen.

§ 9¹⁾ Vergütung. Die Abgabe oder Entgegennahme eines Teils der Gebühren oder sonstiger Vorteile für die Vermittlung von Aufträgen, gleichviel ob im Verhältnis zu einem Steuerberater oder Steuerbevollmächtigten oder zu einem Dritten gleich welcher Art, ist unzulässig.

§ 9a²⁾ Erfolgshonorar. (1) ¹Vereinbarungen, durch die eine Vergütung für eine Hilfeleistung in Steuersachen oder ihre Höhe vom Ausgang der Sache oder vom Erfolg der Tätigkeit abhängig gemacht wird oder nach denen der Steuerberater oder Steuerbevollmächtigte einen Teil der zu erzielenden Steuerermäßigung, Steuerersparnis oder Steuervergütung als Honorar erhält (Erfolgshonorar), sind unzulässig, soweit nachfolgend nichts anderes bestimmt ist. ²Vereinbarungen, durch die der Steuerberater oder Steuerbevollmächtigte sich verpflichtet, Gerichtskosten, Verwaltungskosten oder Kosten anderer Beteiligter zu tragen, sind unzulässig.

(2) ¹Ein Erfolgshonorar darf nur für den Einzelfall und nur dann vereinbart werden, wenn der Auftraggeber bei verständiger Betrachtung ohne die Vereinbarung eines Erfolgshonorars von der Rechtsverfolgung abgehalten würde. ²Dabei darf für den Fall des Misserfolgs vereinbart werden, dass keine oder eine geringere als die gesetzliche Vergütung zu zahlen ist, wenn für den Erfolgsfall ein angemessener Zuschlag auf die gesetzliche Vergütung vereinbart wird.

(3) ¹Die Vereinbarung bedarf der Textform. ²Sie muss als Vergütungsvereinbarung oder in vergleichbarer Weise bezeichnet werden, von anderen Vereinbarungen deutlich abgesetzt sein und darf nicht in der Vollmacht enthalten sein. ³Die Vereinbarung muss enthalten:

---

¹⁾ § 9 neu gef. mWv 1.7.1994 durch G v. 24.6.1994 (BGBl. I S. 1387); Abs. 1 aufgeh., bish. Abs. 2 wird alleiniger Wortlaut mWv 1.7.2008 durch G v. 12.6.2008 (BGBl. I S. 1000).
²⁾ § 9a eingef. mWv 1.7.2008 durch G v. 12.6.2008 (BGBl. I S. 1000); Abs. 2 Satz 1 geänd. mWv 1.10.2021 durch G v. 10.8.2021 (BGBl. I S. 3415).

1. die voraussichtliche gesetzliche Vergütung und gegebenenfalls die erfolgsunabhängige vertragliche Vergütung, zu der der Steuerberater oder Steuerbevollmächtigte bereit wäre, den Auftrag zu übernehmen, sowie

2. die Angabe, welche Vergütung bei Eintritt welcher Bedingungen verdient sein soll.

(4) ¹In der Vereinbarung sind außerdem die wesentlichen Gründe anzugeben, die für die Bemessung des Erfolgshonorars bestimmend sind. ²Ferner ist ein Hinweis aufzunehmen, dass die Vereinbarung keinen Einfluss auf die gegebenenfalls vom Auftraggeber zu zahlenden Gerichtskosten, Verwaltungskosten und die von ihm zu erstattenden Kosten anderer Beteiligter hat.

(5) ¹Aus einer Vergütungsvereinbarung, die nicht den Anforderungen der Absätze 2 und 3 entspricht, kann der Steuerberater oder Steuerbevollmächtigte keine höhere als die gesetzliche Vergütung fordern. ²Die Vorschriften des bürgerlichen Rechts über die ungerechtfertigte Bereicherung bleiben unberührt.

§ 10¹⁾ Übermittlung von Daten. (1) Gerichte und Behörden einschließlich der Berufskammern übermitteln der für die Entscheidung zuständigen Stelle diejenigen Daten über Personen und Berufsausübungsgesellschaften, deren Kenntnis aus Sicht der übermittelnden Stelle erforderlich ist für

1. die Zulassung zur Prüfung oder die Befreiung von der Prüfung zum Steuerberater,

2. die Bestellung oder Wiederbestellung oder die Rücknahme oder den Widerruf der Bestellung als Steuerberater oder Steuerbevollmächtigter,

3. die Anerkennung, die Rücknahme oder den Widerruf der Anerkennung als Berufsausübungsgesellschaft oder als Lohnsteuerhilfeverein,

4. die Einleitung oder Durchführung eines berufsaufsichtlichen Verfahrens,

5. die Überprüfung der Voraussetzungen für die Bestellung eines Beratungsstellenleiters im Sinne des § 23 Absatz 3 oder

6. eine Untersagung nach § 3f.

(2) ¹Die Übermittlung nach Absatz 1 unterbleibt,

1. soweit sie schutzwürdige Interessen einer betroffenen Person beeinträchtigen würde und das Informationsinteresse des Empfängers das Interesse der betroffenen Person an dem Unterbleiben der Übermittlung nicht überwiegt oder

2. soweit besondere gesetzliche Verwendungsregelungen entgegenstehen.

²Satz 1 Nummer 2 gilt nicht für die Verschwiegenheitspflichten der für eine Berufskammer eines freien Berufs im Geltungsbereich dieses Gesetzes tätigen Personen und für das Steuergeheimnis nach § 30 der Abgabenordnung.

§ 10a²⁾ Mitteilung über den Ausgang eines Bußgeldverfahrens wegen unbefugter Hilfeleistung in Steuersachen. (1) ¹Liegen tatsächliche Anhaltspunkte dafür vor, das die unbefugte Hilfeleistung in Steuersachen fortge-

---

¹⁾ § 10 neu gef. mWv 1.8.2022 durch G v. 7.7.2021 (BGBl. I S. 2363).
²⁾ § 10a eingef. mWv 31.7.2014 durch G v. 25.7.2014 (BGBl. I S. 1266).

setzt wird, sind die Finanzbehörden verpflichtet, die Steuerberaterkammer, in deren Bezirk die Person Hilfe in Steuersachen geleistet hat, über den Ausgang eines nach § 160 eingeleiteten Bußgeldverfahrens zu unterrichten und ihr die Tatsachen mitzuteilen, die für die Geltendmachung von Ansprüchen nach den Vorschriften des Gesetzes gegen den unlauteren Wettbewerb erforderlich sind. ²§ 30 der Abgabenordnung[1] steht dem nicht entgegen.

(2) ¹Wird die Hilfe in Steuersachen in verschiedenen Kammerbezirken geleistet, ist die Mitteilung an die Steuerberaterkammer zu richten, in deren Bezirk die Person ihre Geschäftsleitung unterhält, hilfsweise in deren Bezirk die Tätigkeit vorwiegend ausgeübt wird. ²Ergibt sich die örtliche Zuständigkeit einer Steuerberaterkammer nicht aus Absatz 1 Satz 1 oder Absatz 2 Satz 1, ist die Steuerberaterkammer zuständig, in deren Kammerbezirk die Finanzbehörde, die das Bußgeldverfahren nach § 160 eingeleitet hat, ihren Sitz hat.

§ 10b[2] Vorwarnmechanismus. (1) ¹Wird bei einer Person, die die Anerkennung einer Berufsqualifikation nach der Richtlinie 2005/36/EG des Europäischen Parlaments und des Rates vom 7. September 2005 über die Anerkennung von Berufsqualifikationen (ABl. L 255 vom 30.9.2005, S. 22) in der jeweils geltenden Fassung beantragt hat, gerichtlich festgestellt, dass sie dabei gefälschte Berufsqualifikationsnachweise verwendet hat, unterrichtet die zuständige Steuerberaterkammer, soweit die Unterrichtung nicht bereits durch das zuständige Gericht erfolgt ist, die zuständigen Behörden der anderen Mitgliedstaaten der Europäischen Union, der anderen Vertragsstaaten des Abkommens über den Europäischen Wirtschaftsraum oder der Schweiz über die Identität dieser Person, insbesondere über Name, Vorname, Geburtsdatum und Geburtsort, und den Umstand, dass diese Person gefälschte Berufsqualifikationsnachweise verwendet hat (Warnmitteilung). ²Die Warnmitteilung erfolgt unverzüglich, spätestens jedoch drei Tage nach Unanfechtbarkeit der Feststellung. ³Sie ist über das durch die Verordnung (EU) Nr. 1024/2012 des Europäischen Parlaments und des Rates vom 25. Oktober 2012 über die Verwaltungszusammenarbeit mit Hilfe des Binnenmarkt-Informationssystems und zur Aufhebung der Entscheidung 2008/49/EG der Kommission (ABl. L 316 vom 14.11.2012, S. 1) eingerichtete Binnenmarkt-Informationssystem zu übermitteln.

(2) ¹Zeitgleich mit der Warnmitteilung nach Absatz 1 Satz 1 unterrichtet die zuständige Stelle, die die Warnmitteilung getätigt hat, die betroffene Person über die Warnmitteilung und ihren Inhalt schriftlich unter Beifügung einer Rechtsbehelfsbelehrung. ²Wird ein Rechtsbehelf gegen die Warnmitteilung eingelegt, ergänzt die Stelle, die die Warnmitteilung getätigt hat, die Warnmitteilung um einen entsprechenden Hinweis.

§ 11[3] Verarbeitung personenbezogener Daten. (1) ¹Soweit es zur Erfüllung der Aufgaben nach diesem Gesetz erforderlich ist, dürfen personenbezogene Daten verarbeitet werden. ²Personenbezogene Daten dürfen auch für

---

[1] Nr. **800**.

[2] § 10b eingef. mWv 23.4.2016 durch G v. 18.4.2016 (BGBl. I S. 886).

[3] § 11 neu gef. mWv 18.12.2019 durch G v. 12.12.2019 (BGBl. I S. 2451); Abs. 3 geänd. mWv 1.8.2021 durch G v. 25.6.2021 (BGBl. I S. 2154).

Zwecke künftiger Verfahren nach diesem Gesetz verarbeitet werden. [3] Besondere Kategorien personenbezogener Daten gemäß Artikel 9 Absatz 1 der Verordnung (EU) 2016/679 des Europäischen Parlaments und des Rates vom 27. April 2016 zum Schutz natürlicher Personen bei der Verarbeitung personenbezogener Daten, zum freien Datenverkehr und zur Aufhebung der Richtlinie 95/46/EG (Datenschutz-Grundverordnung) (ABl. L 119 vom 4.5.2016, S. 1; L 314 vom 22.11.2016, S. 72) dürfen gemäß Artikel 9 Absatz 2 Buchstabe g der Datenschutz-Grundverordnung (EU) 2016/679 in diesem Rahmen verarbeitet werden.

(2) [1] Die Verarbeitung personenbezogener Daten durch Personen und Gesellschaften nach § 3 erfolgt unter Beachtung der für sie geltenden Berufspflichten weisungsfrei. [2] Die Personen und Gesellschaften nach § 3 sind bei Verarbeitung sämtlicher personenbezogener Daten ihrer Mandanten Verantwortliche gemäß Artikel 4 Nummer 7 der Datenschutz-Grundverordnung (EU) 2016/679. [3] Besondere Kategorien personenbezogener Daten gemäß Artikel 9 Absatz 1 der Verordnung (EU) 2016/679 dürfen gemäß Artikel 9 Absatz 2 Buchstabe g der Datenschutz-Grundverordnung (EU) 2016/679 in diesem Rahmen verarbeitet werden.

(3) § 30 der Abgabenordnung steht dem nicht entgegen.

§ 12[1]**) Hilfeleistung im Abgabenrecht fremder Staaten.** [1] Personen und Vereinigungen im Sinne des § 3 Nr. 1 bis 3 sind in Angelegenheiten, die das Abgabenrecht fremder Staaten betreffen, zur geschäftsmäßigen Hilfe in Steuersachen befugt. [2] Die entsprechenden Befugnisse Dritter auf Grund anderer Rechtsvorschriften bleiben unberührt.

Zweiter Abschnitt. Lohnsteuerhilfevereine

Erster Unterabschnitt. Aufgaben

§ 13[2]**) Zweck und Tätigkeitsbereich.** (1) Lohnsteuerhilfevereine sind Selbsthilfeeinrichtungen von Arbeitnehmern zur Hilfeleistung in Steuersachen im Rahmen der Befugnis nach § 4 Nr. 11 für ihre Mitglieder.

(2) Lohnsteuerhilfevereine bedürfen für ihre Tätigkeit der Anerkennung.

Zweiter Unterabschnitt. Anerkennung

§ 14[3]**) Voraussetzungen für die Anerkennung, Aufnahme der Tätigkeit.** (1) [1] Ein rechtsfähiger Verein kann als Lohnsteuerhilfeverein anerkannt werden, wenn nach der Satzung

---

[1]) § 12a eingef. durch G v. 13.12.1990 (BGBl. I S. 2756), Satz 1 geänd. mWv 1.7.1994 durch G v. 24.6.1994 (BGBl. I S. 1387), bish. § 12a wird § 12 und neu gef. mWv 1.7.2000 durch G v. 24.6.2000 (BGBl. I S. 874).

[2]) § 13 Abs. 2 geänd. mWv 1.1.1996 durch G v. 18.12.1995 (BGBl. I S. 1959), Abs. 1 geänd., Abs. 2 aufgeh., bish. Abs. 3 wird Abs. 2 mWv 1.7.2000 durch G v. 24.6.2000 (BGBl. I S. 874).

[3]) § 14 Abs. 1 Nrn. 2 und 7 eingef. durch G v. 9.6.1989 (BGBl. I S. 1062), Satz 3 angef. durch G v. 13.12.1990 (BGBl. I S. 2756), Abs. 1 Nr. 1, 4, 5 und 7 sowie Abs. 2 und 3 geänd. mWv 1.7.2000 durch G v. 24.6.2000 (BGBl. I S. 874); Abs. 1 Satz 1 Nr. 2 geänd. mWv 12.4.2008 durch G v. 8.4.2008 (BGBl. I S. 666); Abs. 1 Satz 1 Nr. 6 geänd. mWv 1.1.2015 durch G v. 2.11.2015 (BGBl. I S. 1834).

1. seine Aufgabe ausschließlich die Hilfeleistung in Steuersachen im Rahmen der Befugnis nach § 4 Nr. 11 für seine Mitglieder ist;
2. der Sitz und die Geschäftsleitung des Vereins sich in demselben Bezirk der Aufsichtsbehörde befinden;
3. der Name des Vereins keinen Bestandteil mit besonderem Werbecharakter enthält;
4. eine sachgemäße Ausübung der Hilfeleistung in Steuersachen im Rahmen der Befugnis nach § 4 Nr. 11 sichergestellt ist;
5. für die Hilfeleistung in Steuersachen im Rahmen der Befugnis nach § 4 Nr. 11 neben dem Mitgliedsbeitrag kein besonderes Entgelt erhoben wird;
6. die Anwendung der Vorschriften des § 27 Absatz 1 und 3 Satz 1 sowie der §§ 32 und 33 des Bürgerlichen Gesetzbuches nicht ausgeschlossen ist;
7. Verträge des Vereins mit Mitgliedern des Vorstands oder deren Angehörigen der Zustimmung oder Genehmigung der Mitgliederversammlung bedürfen;
8. innerhalb von drei Monaten nach Bekanntgabe des wesentlichen Inhalts der Prüfungsfeststellungen an die Mitglieder (§ 22 Abs. 7 Nr. 2) eine Mitgliederversammlung stattfinden muß, in der insbesondere eine Aussprache über das Ergebnis der Geschäftsprüfung durchzuführen und über die Entlastung des Vorstands wegen seiner Geschäftsführung während des geprüften Geschäftsjahres zu befinden ist.

²An die Stelle der Mitgliederversammlung kann eine Vertreterversammlung treten, sofern durch sie eine ausreichende Wahrnehmung der Interessen der Mitglieder gewährleistet ist. ³Die Vorschriften über Mitgliederversammlungen gelten für Vertreterversammlungen sinngemäß.

(2) Die Anerkennung darf nur ausgesprochen werden, wenn das Bestehen einer Versicherung gegen die sich aus der Hilfeleistung in Steuersachen im Rahmen der Befugnis nach § 4 Nr. 11 ergebenden Haftpflichtgefahren (§ 25 Abs. 2) nachgewiesen wird.

(3) Die Hilfeleistung in Steuersachen im Rahmen der Befugnis nach § 4 Nr. 11 darf erst nach der Anerkennung als Lohnsteuerhilfeverein aufgenommen werden.

§ 15¹) Anerkennungsbehörde, Satzung. (1) Für die Entscheidung über den Antrag auf Anerkennung als Lohnsteuerhilfeverein ist die Aufsichtsbehörde zuständig, in deren Bezirk der Verein seinen Sitz hat.

(2) Dem Antrag auf Anerkennung als Lohnsteuerhilfeverein ist eine öffentlich beglaubigte Abschrift der Satzung beizufügen.

(3) ¹Der Lohnsteuerhilfeverein hat jede Satzungsänderung der für den Sitz des Vereins zuständigen Aufsichtsbehörde innerhalb eines Monats nach der Beschlußfassung anzuzeigen. ²Der Änderungsanzeige ist eine öffentlich beglaubigte Abschrift der jeweiligen Urkunde beizufügen.

---

¹) § 15 Abs. 3 Satz 2 angef. mWv 1.7.2000 durch G v. 24.6.2000 (BGBl. I S. 874); Abs. 1 und 3 Satz 1 geänd. mWv 12.4.2008 durch G v. 8.4.2008 (BGBl. I S. 666).

§ 16¹⁾ Gebühren für die Anerkennung. Für die Bearbeitung des Antrags auf Anerkennung als Lohnsteuerhilfeverein hat der Verein eine Gebühr von dreihundert Euro an die Aufsichtsbehörde zu zahlen.

§ 17²⁾ Urkunde. Über die Anerkennung als Lohnsteuerhilfeverein stellt die Aufsichtsbehörde eine Urkunde aus.

§ 18 Bezeichnung „Lohnsteuerhilfeverein". Der Verein ist verpflichtet, die Bezeichnung „Lohnsteuerhilfeverein" in den Namen des Vereins aufzunehmen.

§ 19³⁾ Erlöschen der Anerkennung. (1) Die Anerkennung erlischt durch

1. Auflösung des Vereins;
2. Verzicht auf die Anerkennung;
3. Verlust der Rechtsfähigkeit.

(2) Der Verzicht ist schriftlich gegenüber der Aufsichtsbehörde zu erklären.

§ 20⁴⁾ Rücknahme und Widerruf der Anerkennung. (1) Die Aufsichtsbehörde hat die Anerkennung zurückzunehmen, wenn sich nach der Anerkennung ergibt, daß sie hätte versagt werden müssen.

(2) Die Aufsichtsbehörde hat die Anerkennung zu widerrufen,

1. wenn die Voraussetzungen für die Anerkennung als Lohnsteuerhilfeverein nachträglich fortfallen, es sei denn, daß der Verein innerhalb einer angemessenen, von der Aufsichtsbehörde zu bestimmenden Frist den dem Gesetz entsprechenden Zustand herbeiführt;
2. wenn die tatsächliche Geschäftsführung des Lohnsteuerhilfevereins nicht mit den in § 14 bezeichneten Anforderungen an die Satzung übereinstimmt;
3. wenn eine sachgemäße Ausübung der Hilfeleistung in Steuersachen im Rahmen der Befugnis nach § 4 Nr. 11 oder eine ordnungsgemäße Geschäftsführung nicht gewährleistet ist; eine ordnungsgemäße Geschäftsführung liegt insbesondere nicht vor, wenn
   a) gegen Pflichten nach diesem Gesetz in nachhaltiger Weise verstoßen wurde oder
   b) der Lohnsteuerhilfeverein in Vermögensverfall geraten ist; ein Vermögensverfall wird vermutet, wenn ein Insolvenzverfahren über das Vermögen des Lohnsteuerhilfevereins eröffnet oder der Lohnsteuerhilfeverein in

---

¹⁾ § 16 Satz 1 geänd., bish. Satz 2 aufgeh. mWv 1.7.1994 durch G v. 24.6.1994 (BGBl. I S. 1387), geänd. mWv 1.1.2002 durch G v. 24.6.2000 (BGBl. I S. 874); geänd. mWv 12.4.2008 durch G v. 8.4.2008 (BGBl. I S. 666).
²⁾ § 17 geänd. mWv 12.4.2008 durch G v. 8.4.2008 (BGBl. I S. 666).
³⁾ § 19 Abs 2 geänd. mWv 12.4.2008 durch G v. 8.4.2008 (BGBl. I S. 666).
⁴⁾ § 20 Abs. 2 Nr. 3 geänd. mWv 1.7.2000 durch G v. 24.6.2000 (BGBl. I S. 874); Abs. 1, Abs. 2 einl. Satzteil, Nr. 1 und 3 geänd. mWv 12.4.2008 durch G v. 8.4.2008 (BGBl. I S. 666); Abs. 2 Nr. 3 Buchst. b geänd. mWv 1.1.2013 durch G v. 29.7.2009 (BGBl. I S. 2258); Abs. 2 Nr. 3 Buchst. b geänd. mWv 1.8.2021 durch G v. 25.6.2021 (BGBl. I S. 2154).

das Schuldnerverzeichnis (§ 882b der Zivilprozessordnung) eingetragen ist.

(3) Vor der Rücknahme oder dem Widerruf ist der Lohnsteuerhilfeverein zu hören.

Dritter Unterabschnitt. Pflichten

§ 21 Aufzeichnungspflicht. (1) ¹Der Lohnsteuerhilfeverein hat sämtliche Einnahmen und Ausgaben fortlaufend und vollständig aufzuzeichnen. ²Die Aufzeichnungen sind unverzüglich und in deutscher Sprache vorzunehmen.

(2) Für einzelne Mitglieder des Lohnsteuerhilfevereins empfangene Beträge sind vom Vereinsvermögen getrennt zu erfassen und gesondert zu verwalten.

(3) Der Lohnsteuerhilfeverein hat bei Beginn seiner Tätigkeit und am Ende eines jeden Geschäftsjahres auf Grund einer für diesen Zeitpunkt vorgenommenen Bestandsaufnahme seine Vermögenswerte und Schulden aufzuzeichnen und in einer Vermögensübersicht zusammenzustellen.

(4) ¹Die Belege und sonstigen Unterlagen sind geordnet zu sammeln und sechs Jahre aufzubewahren. ²Die Aufzeichnungen der Einnahmen und Ausgaben und die Vermögensübersichten sind zehn Jahre aufzubewahren. ³Im übrigen gelten für die Aufbewahrung der Belege, sonstigen Unterlagen, Aufzeichnungen und Vermögensübersichten die Vorschriften des Handelsgesetzbuches über die Aufbewahrung von Bilanzen, Inventaren, Belegen und sonstigen Unterlagen entsprechend.

(5) Sonstige Vorschriften über Aufzeichnungs- und Buchführungspflichten bleiben unberührt.

§ 22[1) Geschäftsprüfung. (1) Der Lohnsteuerhilfeverein hat die Vollständigkeit und Richtigkeit der Aufzeichnungen und der Vermögensübersicht (§ 21 Abs. 1 bis 3) sowie die Übereinstimmung der tatsächlichen Geschäftsführung mit den satzungsmäßigen Aufgaben des Lohnsteuerhilfevereins jährlich innerhalb von sechs Monaten nach Beendigung des Geschäftsjahres durch einen oder mehrere Geschäftsprüfer prüfen zu lassen.

(2) Zu Geschäftsprüfern können nur bestellt werden

1. Personen und Gesellschaften, die nach § 3 zu unbeschränkter Hilfeleistung in Steuersachen befugt sind,

2. Prüfungsverbände, zu deren satzungsmäßigem Zweck die regelmäßige oder außerordentliche Prüfung der Mitglieder gehört, wenn mindestens ein gesetzlicher Vertreter des Verbandes Steuerberater, Steuerbevollmächtigter, Rechtsanwalt, niedergelassener europäischer Rechtsanwalt, Wirtschaftsprüfer oder vereidigter Buchprüfer ist.

[1) § 22 Abs. 3 neu gef. durch G v. 9.6.1989 (BGBl. I S. 1062), Abs. 7 Nr. 1 geänd. durch G v. 13.12.1990 (BGBl. I S. 2756), Abs. 2 Nr. 2 geänd. mWv 1.7.2000 durch G v. 24.6.2000 (BGBl. I S. 874); Abs. 7 Nr. 1 geänd. mWv 12.4.2008 durch G v. 8.4.2008 (BGBl. I S. 666).

(3) Als Geschäftsprüfer dürfen keine Personen tätig sein, bei denen die Besorgnis der Befangenheit besteht, insbesondere weil sie Vorstandsmitglied, besonderer Vertreter oder Angestellter des zu prüfenden Lohnsteuerhilfevereins sind.

(4) ¹Den Geschäftsprüfern ist Einsicht in die Bücher und Aufzeichnungen sowie den Schriftwechsel des Vereins zu gewähren und eine Untersuchung des Kassenbestandes und der Bestände an sonstigen Vermögenswerten zu gestatten. ²Ihnen sind alle Aufklärungen und Nachweise zu geben, die für die Durchführung einer sorgfältigen Prüfung notwendig sind.

(5) ¹Die Geschäftsprüfer sind zu gewissenhafter und unparteiischer Prüfung und zur Verschwiegenheit verpflichtet. ²Sie dürfen Geschäftsgeheimnisse, die sie bei der Wahrnehmung ihrer Obliegenheiten erfahren haben, nicht unbefugt verwerten. ³Wer seine Obliegenheiten vorsätzlich oder grob fahrlässig verletzt, haftet dem Lohnsteuerhilfeverein für den daraus entstehenden Schaden. ⁴Mehrere Personen haften als Gesamtschuldner.

(6) Die Geschäftsprüfer haben über das Ergebnis der Prüfung dem Vorstand des Lohnsteuerhilfevereins unverzüglich schriftlich zu berichten.

(7) Der Lohnsteuerhilfeverein hat

1. innerhalb eines Monats nach Erhalt des Prüfungsberichts, spätestens jedoch neun Monate nach Beendigung des Geschäftsjahres, eine Abschrift hiervon der zuständigen Aufsichtsbehörde zuzuleiten;

2. innerhalb von sechs Monaten nach Erhalt des Prüfungsberichts den wesentlichen Inhalt der Prüfungsfeststellungen den Mitgliedern schriftlich bekanntzugeben.

§ 23¹⁾ Ausübung der Hilfeleistung in Steuersachen im Rahmen der Befugnis nach § 4 Nummer 11, Beratungsstellen. (1) ¹Die Hilfeleistung in Steuersachen im Rahmen der Befugnis nach § 4 Nr. 11 darf nur durch Personen ausgeübt werden, die einer Beratungsstelle angehören. ²Für jede Beratungsstelle ist ein Leiter zu bestellen. ³Er darf gleichzeitig nur eine weitere Beratungsstelle leiten.

(2) ¹Der Lohnsteuerhilfeverein muß in dem Bezirk der Aufsichtsbehörde, in dem er seinen Sitz hat, mindestens eine Beratungsstelle unterhalten. ²Die Unterhaltung von Beratungsstellen in Bezirken anderer Aufsichtsbehörden ist zulässig.

(3) ¹Der Lohnsteuerhilfeverein darf zum Leiter einer Beratungsstelle nur Personen bestellen, die

---

¹⁾ § 23 Abs. 1 Sätze 2 und 3, Abs. 3 Satz 2 und Abs. 6 angef., Abs. 5 geänd. durch G v. 9.6.1989 (BGBl. I S. 1062), Abs. 3 Satz 1 ersetzt durch Sätze 1 und 2 sowie Abs. 4 und 5 geänd. durch G v. 13.12.1990 (BGBl. I S. 2756), Abs. 3 Satz 1 Nr. 2 und Abs. 6 neu gef. sowie Abs. 3 Satz 2 geänd. mWv 1.7.1994 durch G v. 24.6.1994 (BGBl. I S. 1387), Überschrift, Abs. 1, Abs. 3 Nrn 1, 2 und 3 sowie Abs. 4 Nr. 3 geänd., Abs. 3 Satz 2 aufgeh., bish. Abs. 3 Satz 3 wird Abs. 3 Satz 2 mWv 1.7.2000 durch G v. 24.6.2000 (BGBl. I S. 874); Abs. 2 Sätze 1 und 2, Abs. 4 einl. Satzteil geänd. mWv 12.4.2008 durch G v. 8.4.2008 (BGBl. I S. 666); Abs. 4 Nr. 1 neu gef. mWv 1.1.2020 durch G v. 22.11.2019 (BGBl. I S. 1746); Überschrift geänd. mWv 18.12.2019 durch G v. 12.12.2019 (BGBl. I S. 2451).

1. zu dem in § 3 Nr. 1 bezeichneten Personenkreis gehören oder
2. eine Abschlußprüfung in einem kaufmännischen Ausbildungsberuf bestanden haben oder eine andere gleichwertige Vorbildung besitzen und nach Abschluß der Ausbildung drei Jahre in einem Umfang von mindestens 16 Wochenstunden auf dem Gebiet der von den Bundes- oder Landesfinanzbehörden verwalteten Steuern praktisch tätig gewesen sind oder
3. mindestens drei Jahre auf den für die Beratungsbefugnis nach § 4 Nr. 11 einschlägigen Gebieten des Einkommensteuerrechts in einem Umfang von mindestens 16 Wochenstunden praktisch tätig gewesen sind; auf die mindestens dreijährige Tätigkeit können Ausbildungszeiten nicht angerechnet werden.

²Zum Leiter einer Beratungsstelle darf nicht bestellt werden, wer sich so verhalten hat, daß die Besorgnis begründet ist, er werde die Pflichten des Lohnsteuerhilfevereins nicht erfüllen.

(4) Der Lohnsteuerhilfeverein hat der für den Sitz der Beratungsstelle zuständigen Aufsichtsbehörde mitzuteilen

1. die Eröffnung, die Schließung sowie die Änderung der Anschrift einer Beratungsstelle;
2. die Bestellung oder Abberufung des Leiters einer Beratungsstelle;
3. die Personen, deren sich der Verein bei der Hilfeleistung in Steuersachen im Rahmen der Befugnis nach § 4 Nr. 11 bedient.

(5) Der Mitteilung über die Bestellung des Leiters einer Beratungsstelle ist ein Nachweis darüber beizufügen, daß die Voraussetzungen des Absatzes 3 erfüllt sind.

(6) Eine Beratungsstelle darf ihre Tätigkeit nur ausüben, wenn sie und der Beratungsstellenleiter nach Überprüfung der in Absatz 3 genannten Voraussetzungen bei der zuständigen Aufsichtsbehörde (§ 27 Abs. 2) im Verzeichnis der Lohnsteuerhilfevereine eingetragen sind.

§ 24¹⁾ Abwicklung der schwebenden Steuersachen im Rahmen der Befugnis nach § 4 Nummer 11. (1) Ist die Anerkennung als Lohnsteuerhilfeverein erloschen, zurückgenommen oder widerrufen worden, so kann die Aufsichtsbehörde auf Antrag erlauben, daß der Verein einen Beauftragten zur Abwicklung der schwebenden Steuersachen im Rahmen der Befugnis nach § 4 Nr. 11 bestellt.

(2) Zum Beauftragten darf nur bestellt werden, wer die in § 23 Abs. 3 bezeichneten Voraussetzungen erfüllt.

(3) Die Erlaubnis nach Absatz 1 darf längstens für die Dauer von sechs Monaten erteilt werden; sie kann jederzeit widerrufen werden.

(4) § 70 Abs. 2 und 3 gilt sinngemäß.

---

¹⁾ § 24 Abs. 4 angef. mWv 1.7.1994 durch G v. 24.6.1994 (BGBl. I S. 1387), Überschrift und Abs. 1 geänd. mWv 1.7.2000 durch G v. 24.6.2000 (BGBl. I S. 874); Abs. 1 geänd. mWv 12.4.2008 durch G v. 8.4.2008 (BGBl. I S. 666); Überschrift geänd. mWv 18.12.2019 durch G v. 12.12.2019 (BGBl. I S. 2451).

§ 25[1] Haftungsausschluss, Haftpflichtversicherung. (1) Bei der Hilfeleistung in Steuersachen im Rahmen der Befugnis nach § 4 Nr. 11 für die Mitglieder kann die Haftung des Vereins für das Verschulden seiner Organe und Angestellten nicht ausgeschlossen werden.

(2) [1]Die Lohnsteuerhilfevereine müssen gegen die sich aus der Hilfeleistung in Steuersachen im Rahmen der Befugnis nach § 4 Nr. 11 ergebenden Haftpflichtgefahren angemessen versichert sein. [2]Zuständige Stelle im Sinne des § 117 Abs. 2 des Versicherungsvertragsgesetzes ist die Aufsichtsbehörde.

§ 26[2] Allgemeine Pflichten der Lohnsteuerhilfevereine. (1) Die Hilfeleistung in Steuersachen im Rahmen der Befugnis nach § 4 Nr. 11 ist sachgemäß, gewissenhaft, verschwiegen und unter Beachtung der Regelungen zur Werbung (§ 8) auszuüben.

(2) Die Ausübung einer anderen wirtschaftlichen Tätigkeit in Verbindung mit der Hilfeleistung in Steuersachen im Rahmen der Befugnis nach § 4 Nr. 11 ist nicht zulässig.

(3) Alle Personen, deren sich der Verein bei der Hilfeleistung in Steuersachen im Rahmen der Befugnis nach § 4 Nr. 11 bedient, sind zur Einhaltung der in den Absätzen 1 und 2 bezeichneten Pflichten anzuhalten.

(4) [1]Die Handakten über die Hilfeleistung in Steuersachen im Rahmen der Befugnis nach § 4 Nr. 11 sind auf die Dauer von zehn Jahren nach Abschluß der Tätigkeit des Vereins in der Steuersache des Mitgliedes aufzubewahren. [2]§ 66 ist sinngemäß anzuwenden.

Vierter Unterabschnitt. Aufsicht

§ 27[3] Aufsichtsbehörde. (1) [1]Aufsichtsbehörde ist die Oberfinanzdirektion oder die durch die Landesregierung bestimmte Landesfinanzbehörde. [2]Sie führt die Aufsicht über die Lohnsteuerhilfevereine, die ihren Sitz im Bezirk der Aufsichtsbehörde haben.

(2) [1]Der Aufsicht durch die Aufsichtsbehörde unterliegen auch alle im Bezirk der Aufsichtsbehörde bestehenden Beratungsstellen. [2]Die im Wege der Aufsicht getroffenen Feststellungen sind der für den Sitz des Lohnsteuerhilfevereins zuständigen Aufsichtsbehörde mitzuteilen.

(3) Die Finanzbehörden teilen der zuständigen Aufsichtsbehörde die ihnen bekannten Tatsachen mit, die den Verdacht begründen, daß ein Lohnsteuerhilfeverein gegen Vorschriften dieses Gesetzes verstoßen hat.

---

[1] § 25 Abs. 3 angef. durch G v. 13.12.1990 (BGBl. I S. 2756), Abs. 1 und 2 geänd. mWv 1.7.2000 durch G v. 24.6.2000 (BGBl. I S. 874); Abs. 2 Satz 2 geänd. mWv 1.1.2008 durch G v. 23.11.2007 (BGBl. I S. 2631); Abs. 2 Satz 2 geänd., Abs. 3 aufgeh. mWv 12.4.2008 durch G v. 8.4.2008 (BGBl. I S. 666); Überschrift geänd. mWv 18.12.2019 durch G v. 12.12.2019 (BGBl. I S. 2451).

[2] § 26 Überschrift sowie Abs. 1, 2, 3 und 4 geänd. mWv 1.7.2000 durch G v. 24.6.2000 (BGBl. I S. 874); Abs. 4 Satz 1 geänd. mWv 12.4.2008 durch G v. 8.4.2008 (BGBl. I S. 666).

[3] § 27 Abs. 3 neu gef. durch G v. 9.6.1989 (BGBl. I S. 1062); Abs. 1 und 2 neu gef. mWv 12.4.2008 durch G v. 8.4.2008 (BGBl. I S. 666).

§ 28[1]) **Pflicht zum Erscheinen vor der Aufsichtsbehörde, Befugnisse der Aufsichtsbehörde.** (1) Die Mitglieder des Vorstandes eines Lohnsteuerhilfevereins und die Personen, deren sich der Verein bei der Hilfeleistung in Steuersachen im Rahmen der Befugnis nach § 4 Nr. 11 bedient, haben auf Verlangen vor der Aufsichtsbehörde zu erscheinen, Auskunft zu geben sowie Handakten und Geschäftsunterlagen vorzulegen.

(2) Die mit der Aufsicht betrauten Amtsträger sind berechtigt, die Geschäftsräume der Lohnsteuerhilfevereine und der in Absatz 1 bezeichneten Personen während der Geschäfts- und Arbeitszeiten zu betreten, um Prüfungen vorzunehmen oder sonst Feststellungen zu treffen, die zur Ausübung der Aufsicht für erforderlich gehalten werden.

(3) ¹Liegen der zuständigen Aufsichtsbehörde Hinweise vor, die ernsthafte Zweifel begründen, dass die zum Leiter der Beratungsstelle bestellte Person nicht die in § 23 Absatz 3 bezeichneten Voraussetzungen erfüllt oder dass in einer Beratungsstelle die Einhaltung der in § 26 bezeichneten Pflichten nicht gewährleistet ist, sind Beratungsstellenleitung und Lohnsteuerhilfeverein hierzu zu hören. ²Ihnen ist die Möglichkeit zu gewähren, innerhalb einer angemessenen, von der Aufsichtsbehörde zu bestimmenden Frist den dem Gesetz entsprechenden Zustand herbeizuführen.

(4) Ist für eine Beratungsstelle ein Leiter nicht vorhanden, ist der betreffende Lohnsteuerhilfeverein zu hören und ihm die Möglichkeit zu gewähren, innerhalb einer angemessenen, von der Aufsichtsbehörde zu bestimmenden Frist eine natürliche Person, die die Voraussetzungen des § 23 Absatz 3 erfüllt, als Leiter zu bestellen.

(5) Ist für eine Beratungsstelle ein Leiter nicht vorhanden oder erfüllt die zum Leiter bestellte Person nicht die in § 23 Absatz 3 bezeichneten Voraussetzungen oder ist in einer Beratungsstelle die Einhaltung der in § 26 bezeichneten Pflichten nicht gewährleistet, so kann die Aufsichtsbehörde die Schließung dieser Beratungsstelle anordnen.

§ 29[2]) **Teilnahme der Aufsichtsbehörde an Mitgliederversammlungen.** (1) Von bevorstehenden Mitgliederversammlungen ist die Aufsichtsbehörde spätestens zwei Wochen vorher zu unterrichten.

(2) Die Aufsichtsbehörde ist berechtigt, zur Teilnahme an der Mitgliederversammlung Vertreter zu entsenden.

§ 30[3]) **Verzeichnis der Lohnsteuerhilfevereine.** (1) Die Aufsichtsbehörden führen ein Verzeichnis über

---

[1]) § 28 Abs. 3 neu gef. durch G v. 9.6.1989 (BGBl. I S. 1062), Abs. 1 geänd. mWv 1.7.2000 durch G v. 24.6.2000 (BGBl. I S. 874); Abs. 2 geänd. mWv 12.4.2008 durch G v. 8.4.2008 (BGBl. I S. 666); Abs. 3 neu gef., Abs. 4 und 5 angef. mWv 29.12.2020 durch G v. 21.12.2020 (BGBl. I S. 3096).
[2]) § 29 Abs. 1 neu gef. durch G v. 9.6.1989 (BGBl. I S. 1062).
[3]) § 30 Abs. 2 neu gef. mWv 1.7.2000 durch G v. 24.6.2000 (BGBl. I S. 874); Abs. 1 neu gef. mWv 12.4.2008 durch G v. 8.4.2008 (BGBl. I S. 666).

1. die Lohnsteuerhilfevereine, die im Bezirk der Aufsichtsbehörde ihren Sitz haben;

2. die im Bezirk der Aufsichtsbehörde bestehenden Beratungsstellen.

(2) Die Einsicht in das Verzeichnis ist jedem gestattet, der ein berechtigtes Interesse darlegt.

Fünfter Unterabschnitt. Verordnungsermächtigung

§ 31[1]) **Durchführungsbestimmungen zu den Vorschriften über die Lohnsteuerhilfevereine.** (1) Das Bundesministerium der Finanzen wird ermächtigt, durch Rechtsverordnung mit Zustimmung des Bundesrates Bestimmungen zu erlassen

1. über das Verfahren bei der Anerkennung als Lohnsteuerhilfeverein,

2. über Einrichtung und Führung des Verzeichnisses nach § 30 Abs. 1 sowie über die sich auf die Eintragung beziehenden Meldepflichten der Lohnsteuerhilfevereine,

3. über die Verfahren bei der Eröffnung, der Schließung sowie der Änderung einer Anschrift von Beratungsstellen und bei der Bestellung von Beratungsstellenleitern,

4. über die zur Bestellung eines Beratungsstellenleiters erforderlichen Erklärungen und Nachweise;

5. über den Abschluss und die Aufrechterhaltung der Haftpflichtversicherung, den Inhalt, den Umfang und die Ausschlüsse des Versicherungsvertrages sowie über die Höhe der Mindestdeckungssummen.

(2) ¹Die Landesregierungen werden ermächtigt, die den Oberfinanzdirektionen nach dem Zweiten Abschnitt des Ersten Teils zugewiesenen Aufgaben auf eine andere Landesfinanzbehörde zu übertragen. ²Diese Aufgaben können durch Vereinbarung auch auf eine Landesfinanzbehörde eines anderen Landes übertragen werden. ³Die Landesregierungen können die Ermächtigung durch Rechtsverordnung auf die jeweils für die Finanzverwaltung zuständige oberste Landesbehörde übertragen.

Zweiter Teil. Steuerberaterordnung

Erster Abschnitt. Allgemeine Vorschriften

§ 32[2]) **Steuerberater, Steuerbevollmächtigte und Berufsausübungsgesellschaften.** (1) Steuerberater, Steuerbevollmächtigte und Berufsausübungs-

---

¹⁾ § 31 Nr. 3 angef. durch G v. 13.12.1990 (BGBl. I S. 2756), Nr. 4 angef. mWv 1.7.1994 durch G v. 24.6.1994 (BGBl. I S. 1387), bish. Wortlaut wird Abs. 1, Abs. 2 angef. mWv 1.7.2000 durch G v. 24.6.2000 (BGBl. I S. 874); Abs. 2 neu gef. mWv 20.12.2003 durch G v. 15.12.2003 (BGBl. I S. 2645); Abs. 2 Satz 3 angef. mWv 12.4.2008 durch G v. 8.4.2008 (BGBl. I S. 666); Abs. 1 Nr. 4 geänd., Nr. 5 angef. mWv 5.8.2009 durch G v. 30.7.2009 (BGBl. I S. 2449); Abs. 1 Nr. 3 geänd. mWv 1.1.2020 durch G v. 22.11.2019 (BGBl. I S. 1746).
²⁾ § 32 Abs. 1 geänd., Abs. 2 Satz 1 neu gef. mWv 1.7.2000 durch G v. 24.6.2000 (BGBl. I S. 874); Abs. 2 neu gef. mWv 18.12.2019 durch G v. 12.12.2019 (BGBl. I S. 2451); Überschrift und Abs. 1 geänd., Abs. 3 neu gef. mWv 1.8.2022 durch G v. 7.7.2021 (BGBl. I S. 2363).

gesellschaften leisten geschäftsmäßig Hilfe in Steuersachen nach den Vorschriften dieses Gesetzes.

(2) [1]Steuerberater und Steuerbevollmächtigte sind ein unabhängiges Organ der Steuerrechtspflege. [2]Sie bedürfen der Bestellung. [3]Sie üben einen freien Beruf aus. [4]Ihre Tätigkeit ist kein Gewerbe.

(3) [1]Berufsausübungsgesellschaften bedürfen der Anerkennung nach § 53. [2]Die Ausnahme von der Anerkennungspflicht nach § 53 Absatz 1 Satz 2 bleibt unberührt.

§ 33[1] Inhalt der Tätigkeit.

[1]Steuerberater, Steuerbevollmächtigte und Berufsausübungsgesellschaften haben die Aufgabe, im Rahmen ihres Auftrags ihre Auftraggeber in Steuersachen zu beraten, sie zu vertreten und ihnen bei der Bearbeitung ihrer Steuerangelegenheiten und bei der Erfüllung ihrer steuerlichen Pflichten Hilfe zu leisten. [2]Dazu gehören auch die Hilfeleistung in Steuerstrafsachen und in Bußgeldsachen wegen einer Steuerordnungswidrigkeit sowie die Hilfeleistung bei der Erfüllung von Buchführungspflichten, die auf Grund von Steuergesetzen bestehen, insbesondere die Aufstellung von Abschlüssen, die für die Besteuerung von Bedeutung sind, und deren steuerrechtliche Beurteilung.

§ 34[2] Berufliche Niederlassung, weitere Beratungsstellen.

(1) [1]Steuerberater und Steuerbevollmächtigte müssen unmittelbar nach der Bestellung eine berufliche Niederlassung begründen und eine solche unterhalten. [2]Berufliche Niederlassung eines selbständigen Steuerberaters oder Steuerbevollmächtigten ist die eigene Praxis, von der aus er seinen Beruf überwiegend ausübt. [3]Als berufliche Niederlassung eines ausschließlich nach § 58 angestellten Steuerberaters oder Steuerbevollmächtigten gilt seine regelmäßige, bei mehreren Anstellungsverhältnissen seine zuerst begründete Arbeitsstätte.

(2) [1]Weitere Beratungsstellen können unterhalten werden, soweit dadurch die Erfüllung der Berufspflichten nicht beeinträchtigt wird. [2]Leiter der weiteren Beratungsstelle muss jeweils ein anderer Steuerberater oder Steuerbevollmächtigter sein, der seine berufliche Niederlassung am Ort der Beratungsstelle oder in deren Nahbereich hat. [3]Satz 2 gilt nicht, wenn die weitere Beratungsstelle in einem anderen Mitgliedstaat der Europäischen Union oder in einem anderen Vertragsstaat des Abkommens über den Europäischen Wirtschaftsraum oder in der Schweiz liegt. [4]Die für die berufliche Niederlassung zuständige

---

[1] § 33 Satz 1 geänd. mWv 1.7.2000 durch G v. 24.6.2000 (BGBl. I S. 874); Satz 2 geänd. mWv 18.12.2019 durch G v. 12.12.2019 (BGBl. I S. 2451); Satz 1 geänd. mWv 1.8.2022 durch G v. 7.7.2021 (BGBl. I S. 2363).

[2] § 34 neu gef. durch G v. 9.6.1989 (BGBl. I S. 1062), Abs. 1 Satz 2 und Abs. 2 Satz 2 neu gef. sowie Sätze 3 und 4 angef. durch G v. 13.12.1990 (BGBl. I S. 2756), Abs. 1 Satz 2 angef. durch G v. 25.2.1992 (BGBl. I S. 297), Abs. 2 Satz 3 geänd. mWv 1.1.1994 (BGBl. 1993 I S. 2436) durch G v. 27.4.1993 (BGBl. I S. 512); Überschrift, Abs. 1 Satz 1 und Abs. 2 Satz 1 bis 3 geänd. mWv 1.7.1994, bish. Satz 4 ersetzt durch Sätze 4 bis 7 mWv 1.1.1994 durch G v. 24.6.1994 (BGBl. I S. 1387), Abs. 2 Satz 2 neu gef., Satz 3 geänd., bish. Sätze 4 bis 7 ersetzt durch Sätze 4 bis 6 mWv 1.7.2000 durch G v. 24.6.2000 (BGBl. I S. 874); Abs. 2 Satz 3 geänd. mWv 1.11.2003 durch G v. 26.10.2003 (BGBl. I S. 2074); Abs. 1 neu gef. mWv 12.4.2008 durch G v. 8.4.2008 (BGBl. I S. 666).

Steuerberaterkammer kann auf Antrag eine Ausnahme von Satz 2 zulassen. [5] Liegt die weitere Beratungsstelle in einem anderen Kammerbezirk, ist vor der Erteilung der Ausnahmegenehmigung die für die weitere Beratungsstelle zuständige Steuerberaterkammer zu hören. [6] Eine Ausnahmegenehmigung ist nur für eine weitere Beratungsstelle des Steuerberaters oder Steuerbevollmächtigten zulässig.

Zweiter Abschnitt. Voraussetzungen für die Berufsausübung

Erster Unterabschnitt. Persönliche Voraussetzungen

§ 35[1]**) Zulassung zur Prüfung, Befreiung von der Prüfung, organisatorische Durchführung der Prüfung, Abnahme der Prüfung, Wiederholung der Prüfung und Besetzung des Prüfungsausschusses.** (1) [1] Als Steuerberater darf nur bestellt werden, wer die Prüfung als Steuerberater bestanden hat oder von dieser Prüfung befreit worden ist. [2] Die Prüfung muss vor einem Prüfungsausschuss abgelegt werden, der bei der für die Finanzverwaltung zuständigen obersten Landesbehörde zu bilden ist. [3] Diesem gehören drei Beamte des höheren Dienstes oder vergleichbare Angestellte der Finanzverwaltung an, davon einer als Vorsitzender, sowie drei Steuerberater oder zwei Steuerberater und ein Vertreter der Wirtschaft.

(2) Die Teilnahme an der Prüfung bedarf der Zulassung.

(3) [1] Das Ergebnis der Prüfung wird dem Bewerber von der für die Finanzverwaltung zuständigen obersten Landesbehörde bekannt gegeben. [2] Das Bestehen der Prüfung ist von der für die Finanzverwaltung zuständigen obersten Landesbehörde, die Befreiung von der Prüfung ist von der zuständigen Steuerberaterkammer schriftlich zu bescheinigen.

(4) Die Prüfung kann zweimal wiederholt werden.

(5) [1] Die Zulassung zur Prüfung, die Befreiung von der Prüfung und die organisatorische Durchführung der Prüfung sind Aufgaben der zuständigen Steuerberaterkammer. [2] Die Abnahme der Prüfung ist Aufgabe des Prüfungsausschusses.

§ 36[2]**) Voraussetzungen für die Zulassung zur Prüfung.** (1) [1] Die Zulassung zur Steuerberaterprüfung setzt voraus, dass der Bewerber,

1. ein wirtschaftswissenschaftliches oder rechtswissenschaftliches Hochschulstudium oder ein anderes Hochschulstudium mit wirtschaftswissenschaftlicher Fachrichtung erfolgreich abgeschlossen hat und

2. danach praktisch tätig gewesen ist.

---

[1]) § 35 neu gef. mWv 12.4.2008 durch G v. 8.4.2008 (BGBl. I S. 666).
[2]) § 36 neu gef. durch G v. 9.6.1989 (BGBl. I S. 1062), Abs. 1 Nrn. 1 und 2 und Abs. 2 Nrn. 1 und 2 geänd., Abs. 3 und 4 angef. durch G v. 13.12.1990 (BGBl. I S. 2756), Abs. 3 und 4 geänd. mWv 1.1.1994 (BGBl. 1993 I S. 2436) durch G v. 27.4.1993 (BGBl. I S. 512), neuer Abs. 3 eingef., bish. Abs. 3 und 4 werden Abs. 4 und 5 sowie Abs. 5 Satz 2 geänd. mWv 1.7.1994 durch G v. 24.6.1994 (BGBl. I S. 1387), neu gef. mWv 1.7.2000 durch G v. 24.6.2000 (BGBl. I S. 874); Abs. 1 neu gef. mWv 12.4.2008 durch G v. 8.4.2008 (BGBl. I S. 666); Abs. 2 Nr. 1 und 2 geänd. mWv 1.1.2020 durch G v. 22.11.2019 (BGBl. I S. 1746).

² Die praktische Tätigkeit muss über einen Zeitraum von mindestens drei Jahren ausgeübt worden sein, wenn die Regelstudienzeit des Hochschulstudiums nach Satz 1 Nr. 1 weniger als vier Jahre beträgt, sonst über einen Zeitraum von mindestens zwei Jahren. ³ Wurde in einem Hochschulstudium nach Satz 1 Nr. 1 ein erster berufsqualifizierender Abschluss und in einem, einen solchen ersten Abschluss voraussetzenden, weiteren Hochschulstudium nach Satz 1 Nr. 1 ein weiterer berufsqualifizierender Abschluss erworben, werden die Regelstudienzeiten beider Studiengänge zusammengerechnet; Zeiten der praktischen Tätigkeit werden berücksichtigt, soweit sie nach dem Erwerb des ersten berufsqualifizierenden Abschlusses liegen.

(2)¹⁾ Ein Bewerber ist zur Steuerberaterprüfung auch zuzulassen, wenn er

1. eine Abschlussprüfung in einem kaufmännischen Ausbildungsberuf bestanden hat oder eine andere gleichwertige Vorbildung besitzt und nach Abschluss der Ausbildung acht Jahre oder im Falle der erfolgreich abgelegten Prüfung zum geprüften Bilanzbuchhalter oder Steuerfachwirt sechs Jahre praktisch tätig gewesen ist oder

2. der Finanzverwaltung als Beamter des gehobenen Dienstes oder als vergleichbarer Angestellter angehört oder angehört hat und bei ihr mindestens sechs Jahre als Sachbearbeiter oder in mindestens gleichwertiger Stellung praktisch tätig gewesen ist.

(3) Die in den Absätzen 1 und 2 geforderte praktische Tätigkeit muss sich in einem Umfang von mindestens 16 Wochenstunden auf das Gebiet der von den Bundes- oder Landesfinanzbehörden verwalteten Steuern erstrecken.

(4) ¹ Nachweise über das Vorliegen der in den Absätzen 1 bis 3 genannten Voraussetzungen sind nach Maßgabe der Bestimmungen des amtlichen Vordrucks zu erbringen, der gemäß § 158 Nr. 1 Buchstabe a eingeführt worden ist. ² Der Bewerber hat diese Unterlagen seinem Antrag auf Zulassung zur Prüfung beizufügen.

§ 37²⁾ Steuerberaterprüfung. (1) Mit der Prüfung hat der Bewerber darzutun, daß er in der Lage ist, den Beruf eines Steuerberaters ordnungsgemäß auszuüben.

(2) ¹ Die Prüfung gliedert sich in einen schriftlichen Teil aus drei Aufsichtsarbeiten und eine mündliche Prüfung. ² Die schriftliche Prüfung kann auch elektronisch durchgeführt werden. ³ Der Zeitpunkt der Durchführung des schriftlichen Teils der Prüfung, die Prüfungsaufgaben der Aufsichtsarbeiten, die Bearbeitungszeit und die zum schriftlichen Teil der Prüfung zugelassenen Hilfsmittel sollen von den für die Finanzverwaltung zuständigen obersten Finanzbehörden der Länder bundeseinheitlich bestimmt werden.

---

¹⁾ Siehe hierzu § 157c.
²⁾ Früherer § 37a eingef. durch G v. 13.12.1990 (BGBl. I S. 2756), Abs. 3 Nr. 2 bis 4 neu gef. sowie Abs. 3 Satz 2 angef. mWv 1.7.1994 durch G v. 24.6.1994 (BGBl. I S. 1387), bish. § 37 aufgeh., § 37a wird § 37 und geänd. mWv 1.7.2000 durch G v. 24.6.2000 (BGBl. I S. 874); Abs. 2 Satz 2 angef., Abs. 3 Satz 1 Nr. 1 neu gef. mWv 12.4.2008 durch G v. 8.4.2008 (BGBl. I S. 666); Abs. 3 Satz 1 Nr. 5 geänd. mWv 30.6.2013 durch G v. 26.6.2013 (BGBl. I S. 1809); Abs. 2 Satz 2 eingef., bish. Satz 2 wird Satz 3 mWv 1.8.2021 durch G v. 25.6.2021 (BGBl. I S. 2154).

(3) ¹Prüfungsgebiete der Steuerberaterprüfung sind

1. Steuerliches Verfahrensrecht sowie Steuerstraf- und Steuerordnungswidrigkeitenrecht,
2. Steuern vom Einkommen und Ertrag,
3. Bewertungsrecht, Erbschaftsteuer und Grundsteuer,
4. Verbrauch- und Verkehrsteuern, Grundzüge des Zollrechts,
5. Handelsrecht sowie Grundzüge des Bürgerlichen Rechts, des Gesellschaftsrechts, des Insolvenzrechts und des Rechts der Europäischen Union,
6. Betriebswirtschaft und Rechnungswesen,
7. Volkswirtschaft,
8. Berufsrecht.

²Nicht erforderlich ist, dass sämtliche Gebiete Gegenstand der Prüfung sind.

§ 37a¹⁾ Prüfung in Sonderfällen.

(1) ¹Wirtschaftsprüfer und vereidigte Buchprüfer sowie Bewerber, die die Prüfung als Wirtschaftsprüfer oder vereidigter Buchprüfer bestanden haben, können auf Antrag die Steuerberaterprüfung in verkürzter Form ablegen. ²Dabei entfallen die in § 37 Absatz 3 Satz 1 Nummer 5 bis 7 genannten Prüfungsgebiete. ³Die Prüfung gliedert sich in einen schriftlichen Teil aus zwei Aufsichtsarbeiten und eine mündliche Prüfung.

(2) ¹Bewerber mit einem Befähigungs- oder Ausbildungsnachweis, der in einem anderen Mitgliedstaat der Europäischen Union oder Vertragsstaat des Abkommens über den Europäischen Wirtschaftsraum oder in der Schweiz zur selbständigen Hilfe in Steuersachen berechtigt, können auf Antrag eine Eignungsprüfung im Sinne des Artikels 14 Absatz 1 in Verbindung mit Absatz 3 der Richtlinie 2005/36/EG ablegen. ²Mit der erfolgreich abgelegten Eignungsprüfung werden dieselben Rechte erworben wie durch die erfolgreich abgelegte Steuerberaterprüfung.

(3) ¹Die Befähigungs- und Ausbildungsnachweise im Sinne von Absatz 2 müssen in einem Mitgliedstaat oder Vertragsstaat oder der Schweiz von einer nach den dortigen Rechts- und Verwaltungsvorschriften zuständigen Behörde ausgestellt worden sein. ²Sie müssen bescheinigen, dass der Inhaber in dem Staat, in dem er die Berufsqualifikation erworben hat, zur Hilfe in Steuersachen berechtigt ist. ³Nachweisen nach Satz 2 gleichgestellt sind Ausbildungsnachweise, die

---

¹⁾ Früherer § 37b eingef. durch G v. 13.12.1990 (BGBl. I S. 2756), Abs. 2 Satz 1 geänd. mWv 1.7.1994 durch G v. 24.6.1994 (BGBl. I S. 1387), bish. § 37b wird § 37a und neu gef. mWv 1.7.2000 (BGBl. I S. 874); Abs. 2 Satz 1, Abs. 3 Sätze 1 und 2 geänd., Satz 3 angef., Abs. 4 Satz 4 neu gef., Sätze 5 bis 7 angef. mWv 1.11.2003 durch G v. 26.10.2003 (BGBl. I S. 2074); Abs. 2 und 3 neu gef., Abs. 3a, 4a eingef. mWv 12.4.2008 durch G v. 8.4.2008 (BGBl. I S. 666); Abs. 2 Satz 1, Abs. 3 Satz 5 neu gef., Abs. 3 Satz 7 geänd. mWv 1.4.2012 durch G v. 6.12.2011 (BGBl. I S. 2515); Abs. 2 Satz 1, Abs. 3 Sätze 1 und 5 geänd., Sätze 2–4 und 7 neu gef., Abs. 3a neu gef., Abs. 4 Satz 4 neu gef., Sätze 8 und 9 angef. mWv 23.4.2016 durch G v. 18.4.2016 (BGBl. I S. 886); Abs. 1 Satz 2 und Abs. 4a Satz 2 geänd. mWv 1.8.2021 durch G v. 25.6.2021 (BGBl. I S. 2154).

1. den erfolgreichen Abschluss einer in einem anderen Mitgliedstaat oder Vertragsstaat oder der Schweiz auf Voll- oder Teilzeitbasis im Rahmen formaler oder nicht formaler Ausbildungsprogramme absolvierten Ausbildung bescheinigen,

2. von dem sie ausstellenden anderen Mitgliedstaat oder Vertragsstaat oder der Schweiz als den Nachweisen nach Satz 2 gleichwertig anerkannt wurden und

3. in Bezug auf die Aufnahme oder Ausübung des Berufs des Steuerberaters dieselben Rechte verleihen oder auf die Ausübung des Berufs des Steuerberaters vorbereiten.

[4] Nachweisen nach Satz 2 gleichgestellt sind ferner solche, die Berufsqualifikationen bescheinigen, die zwar nicht den Erfordernissen der Rechts- und Verwaltungsvorschriften des Herkunftsmitgliedstaates für die Aufnahme und Ausübung des Berufs des Steuerberaters entsprechen, ihrem Inhaber jedoch nach dem Recht des Herkunftsmitgliedstaates erworbene Rechte nach den dort maßgeblichen Vorschriften verleihen. [5] Bewerber aus Staaten, in denen der Beruf des Steuerberaters nicht reglementiert ist, müssen diesen Beruf zusätzlich in den vorhergehenden zehn Jahren mindestens ein Jahr in einem Umfang von mindestens 16 Wochenstunden in einem Mitgliedstaat oder Vertragsstaat oder der Schweiz ausgeübt haben. [6] Die zuständige Behörde nach Satz 1 muss bescheinigen, dass der Inhaber auf die Ausübung des Berufs vorbereitet wurde. [7] Die Pflicht zum Nachweis der einjährigen Berufserfahrung entfällt, wenn durch den Ausbildungsnachweis ein reglementierter Ausbildungsgang bestätigt wird.

(3a) [1] Die zuständige Behörde hat dem Bewerber den Empfang der Unterlagen innerhalb eines Monats zu bestätigen und gegebenenfalls mitzuteilen, welche Unterlagen fehlen. [2] Die Eignungsprüfung ist spätestens sechs Monate nach der Entscheidung über die Zulassung zur Eignungsprüfung anzusetzen.

(4) [1] Bewerber mit den in Absatz 2 genannten Voraussetzungen sollen mit der Eignungsprüfung ihre Befähigung nachweisen, den Beruf eines Steuerberaters auch im Inland ordnungsgemäß ausüben zu können. [2] Die Eignungsprüfung umfasst die zur Berufsausübung notwendigen Kenntnisse aus den in § 37 Abs. 3 genannten Gebieten. [3] Die Eignungsprüfung gliedert sich in einen schriftlichen Teil aus höchstens zwei Aufsichtsarbeiten aus unterschiedlichen Prüfungsgebieten und eine mündliche Prüfung. [4] Die Prüfung entfällt insgesamt oder in einem der in § 37 Absatz 3 genannten Prüfungsgebiete, soweit der Bewerber nachweist, dass er im Rahmen seiner bisherigen Ausbildung, durch Fortbildung oder im Rahmen seiner bisherigen Berufstätigkeit einen wesentlichen Teil der Kenntnisse, Fähigkeiten und Kompetenzen erlangt hat, die in der Prüfung insgesamt oder in einem der in § 37 Absatz 3 genannten Prüfungsgebiete gefordert werden und die von einer zuständigen Stelle formell anerkannt wurden. [5] Der Nachweis der im Rahmen der bisherigen Ausbildung erworbenen Kenntnisse ist durch Diplome oder gleichwertige Prüfungszeugnisse einer staatlichen oder staatlich anerkannten Universität oder einer Hochschule oder einer anderen Ausbildungseinrichtung zu führen. [6] Zum Nachweis der im Rahmen der bisherigen beruflichen Tätigkeit erwor-

benen Kenntnisse sind Falllisten vorzulegen, die regelmäßig folgende Angaben enthalten müssen: Akten- oder Geschäftszeichen, Gegenstand, Zeitraum, Art und Umfang der Tätigkeit, Sachstand. [7] Ferner sind auf Verlangen der für die Prüfung zuständigen Stelle anonymisierte Arbeitsproben vorzulegen. [8] Soweit die zuständige Behörde das Entfallen der Prüfung insgesamt oder das Entfallen bestimmter Prüfungsgebiete nach Satz 1 ablehnt, hat sie die Entscheidung zu begründen. [9] Hinsichtlich der nicht entfallenen Prüfung oder der nicht entfallenden Prüfungsgebiete sind die wesentlichen Unterschiede zwischen der bisherigen Ausbildung des Bewerbers und der im Inland geforderten Ausbildung sowie die Gründe, aus denen diese Unterschiede nicht durch bereits beim Bewerber erworbene Kenntnisse, Fähigkeiten und Kompetenzen ausgeglichen werden können, mitzuteilen.

(4a) [1] Die zuständigen Behörden im Sinne von Absatz 3 arbeiten mit den zuständigen Behörden in anderen Mitgliedstaaten der Europäischen Union, in den Vertragsstaaten des Abkommens über den Europäischen Wirtschaftsraum und der Schweiz zusammen und tauschen Informationen über das Vorliegen von disziplinar- oder strafrechtlichen oder sonstigen schwerwiegenden Sachverhalten aus, wenn sie Auswirkungen auf die Berufsausübung der Betroffenen haben. [2] § 30 der Abgabenordnung[1]) steht dem nicht entgegen.

(5) Für die Prüfung in verkürzter Form und für die Eignungsprüfung gelten im Übrigen die Vorschriften für die Steuerberaterprüfung.

§ 37b[2]) Zuständigkeit für die Zulassung zur Prüfung, für die Befreiung von der Prüfung, für die organisatorische Durchführung der Prüfung, für die Abnahme der Prüfung und für die Berufung und Abberufung des Prüfungsausschusses. (1) [1] Für die Zulassung zur Prüfung, für die Befreiung von der Prüfung und für die organisatorische Durchführung der Prüfung ist die Steuerberaterkammer zuständig, in deren Bezirk der Bewerber im Zeitpunkt der Antragstellung vorwiegend beruflich tätig ist oder, sofern der Bewerber keine Tätigkeit ausübt, er seinen Wohnsitz hat. [2] Bei mehreren Wohnsitzen ist der Wohnsitz maßgebend, an dem sich der Bewerber vorwiegend aufhält.

(2) [1] Befindet sich der nach Absatz 1 maßgebliche Ort im Ausland, so ist die Steuerberaterkammer zuständig, in deren Bezirk sich der Ort der beabsichtigten beruflichen Niederlassung im Inland befindet. [2] Befindet sich der Ort der beabsichtigten beruflichen Niederlassung im Ausland, so ist die Steuerberaterkammer zuständig, bei der die Zulassung zur Prüfung beantragt wurde.

(3) [1] Zur Erfüllung der Aufgaben nach Absatz 1 kann eine Steuerberaterkammer durch Vereinbarung, die der Genehmigung der für die Finanzverwaltung zuständigen obersten Landesbehörde bedarf, mit einer anderen Steuerberaterkammer eine gemeinsame Stelle bilden. [2] Dies gilt auch über Landesgrenzen hinweg, wenn die jeweils für die Finanzverwaltung zuständigen obersten Landesbehörden dies genehmigen. [3] Die gemeinsame Stelle handelt für diejenige Steuerberaterkammer, die für den Bewerber örtlich zuständig ist. [4] Gibt es in

---

[1]) Nr. **800**.

[2]) § 37b neu gef. mWv 12.4.2008 durch G v. 8.4.2008 (BGBl. I S. 666).

einem Land mehrere Steuerberaterkammern, bestimmt die für die Finanzverwaltung zuständige oberste Landesbehörde nach Anhörung der Steuerberaterkammern, ob eine, mehrere gemeinsam oder jede Steuerberaterkammer für sich die Aufgaben wahrnimmt.

(4) ¹Für die Abnahme der Prüfung ist der Prüfungsausschuss bei der für die Finanzverwaltung zuständigen obersten Landesbehörde zuständig, in deren Bereich der Bewerber zur Prüfung zugelassen wurde. ²Die Zuständigkeit kann auf einen Prüfungsausschuss bei einer anderen für die Finanzverwaltung zuständigen obersten Landesbehörde einvernehmlich übertragen werden.

(5) ¹Die Berufung und Abberufung des Vorsitzenden, der übrigen Mitglieder des Prüfungsausschusses und ihrer Stellvertreter erfolgt durch die für die Finanzverwaltung zuständige oberste Landesbehörde. ²Es können mehrere Prüfungsausschüsse gebildet werden.

§ 37c¹⁾ *(aufgehoben)*

§ 37d²⁾ *(aufgehoben)*

§ 38³⁾ Voraussetzungen für die Befreiung von der Prüfung. (1) Von der Steuerberaterprüfung sind zu befreien

1. Professoren, die an einer deutschen Hochschule mindestens zehn Jahre auf dem Gebiet der von den Bundes- oder Landesfinanzbehörden verwalteten Steuern als Professor gelehrt haben;

2. ehemalige Finanzrichter, die mindestens zehn Jahre auf dem Gebiet der von den Bundes- oder Landesfinanzbehörden verwalteten Steuern tätig gewesen sind;

3. ehemalige Beamte des höheren Dienstes und vergleichbare Angestellte

   a) der Finanzverwaltung, die im höheren Dienst oder als Angestellter in vergleichbaren Vergütungsgruppen mindestens zehn Jahre auf dem Gebiet der von den Bundes- oder Landesfinanzbehörden verwalteten Steuern als Sachgebietsleiter oder mindestens in gleichwertiger Stellung tätig gewesen sind,

   b) der gesetzgebenden Körperschaften, der Gerichte der Finanzgerichtsbarkeit sowie der obersten Behörden und der Rechnungsprüfungsbehörden des Bundes und der Länder, die im höheren Dienst oder als Angestellter in vergleichbaren Vergütungsgruppen mindestens zehn Jahre überwiegend auf dem Gebiet der von den Bundes- oder Landesfinanzbehörden

---

¹⁾ § 37c eingef. durch G v. 13.12.1990 (BGBl. I S. 2756), Abs. 2 Nrn. 1 und 2 geänd. sowie Nrn. 9 und 10 eingef., bish. Nr. 9 wird Nr. 11 mWv 1.1.1994 durch G v. 27.4.1993 (BGBl. I S. 512, geänd. durch G v. 27.9.1993, BGBl. I S. 1666), aufgeh. mWv 1.7.2000 durch G v. 24.6.2000 (BGBl. I S. 874).

²⁾ § 37d eingef. durch G v. 13.12.1990 (BGBl. I S. 2756), aufgeh. mWv 1.7.2000 durch G v. 24.6.2000 (BGBl. I S. 874).

³⁾ § 38 Abs. 1 Nr. 1 und Abs. 2 Satz 2 neu gef. durch G v. 9.6.1989 (BGBl. I S. 1062), Abs. 1 und Abs. 2 Satz 1 geänd. durch G v. 13.12.1990 (BGBl. I S. 2756), Abs. 2 Satz 1 geänd. mWv 1.7.1994 durch G v. 24.6.1994 (BGBl. I S. 1387), Abs. 1 Nrn. 1, 3 und 4 geänd., Abs. 2 neu gef. mWv 1.7.2000 durch G v. 24.6.2000 (BGBl. I S. 874); Abs. 1 Nr. 3 Buchst. a, b, Nr. 4 Buchst. a, b geänd. mWv 12.4.2008 durch G v. 8.4.2008 (BGBl. I S. 666).

verwalteten Steuern als Sachgebietsleiter oder mindestens in gleichwertiger Stellung tätig gewesen sind; die Angestellten der Fraktionen des Deutschen Bundestages gelten als Bedienstete der gesetzgebenden Körperschaften im Sinne dieser Vorschrift;

4. ehemalige Beamte des gehobenen Dienstes und vergleichbare Angestellte

a) der Finanzverwaltung, die im gehobenen oder höheren Dienst oder als Angestellter in vergleichbaren Vergütungsgruppen mindestens fünfzehn Jahre auf dem Gebiet der von den Bundes- oder Landesfinanzbehörden verwalteten Steuern als Sachbearbeiter oder mindestens in gleichwertiger Stellung tätig gewesen sind,

b) der gesetzgebenden Körperschaften, der Gerichte der Finanzgerichtsbarkeit sowie der obersten Behörden und der Rechnungsprüfungsbehörden des Bundes und der Länder, die im gehobenen oder höheren Dienst oder als Angestellter in vergleichbaren Vergütungsgruppen mindestens fünfzehn Jahre überwiegend auf dem Gebiet der von den Bundes- oder Landesfinanzbehörden verwalteten Steuern als Sachbearbeiter oder mindestens in gleichwertiger Stellung tätig gewesen sind; die Angestellten der Fraktionen des Deutschen Bundestages gelten als Bedienstete der gesetzgebenden Körperschaften im Sinne dieser Vorschrift.

(2) ¹ § 36 Abs. 3 und 4 gilt auch für die Befreiung von der Prüfung. ² Personen, die unter Absatz 1 Nr. 2 bis 4 fallen, sowie Professoren an staatlichen verwaltungsinternen Fachhochschulen mit Ausbildungsgängen für den öffentlichen Dienst können erst nach dem Ausscheiden aus dem öffentlichen Dienst oder dem Dienstverhältnis als Angestellter einer Fraktion des Deutschen Bundestages von der Prüfung befreit werden.

§ 38a[1]) Verbindliche Auskunft.

(1) Auf Antrag erteilt die zuständige Steuerberaterkammer eine verbindliche Auskunft über die Erfüllung einzelner Voraussetzungen für die Zulassung zur Prüfung oder für die Befreiung von der Prüfung.

(2) Für die örtliche Zuständigkeit gilt § 37b Abs. 1 bis 3 entsprechend.

§ 39[2]) Gebühren für Zulassung, Prüfung, Befreiung und verbindliche Auskunft, Kostenerstattung.

(1) Für die Bearbeitung des Antrags auf Zulassung zur Prüfung, auf Befreiung von der Prüfung oder auf Erteilung einer verbindlichen Auskunft über die Erfüllung einzelner Voraussetzungen für die Zulassung zur Prüfung oder über die Befreiung von der Prüfung hat der Bewerber eine Gebühr von zweihundert Euro an die zuständige Steuerberaterkammer zu zahlen.

(2) ¹ Für die Prüfung hat der Bewerber bis zu einem von der zuständigen Steuerberaterkammer zu bestimmenden Zeitpunkt eine Gebühr von eintausend Euro an die zuständige Steuerberaterkammer zu zahlen. ² Zahlt der Be-

---

¹) § 38a eingef. mWv 1.7.2000 durch G v. 24.6.2000 (BGBl. I S. 874); Abs. 1 und 2 geänd. mWv 12.4.2008 durch G v. 8.4.2008 (BGBl. I S. 666).
²) § 39 neu gef. mWv 12.4.2008 durch G v. 8.4.2008 (BGBl. I S. 666).

werber die Gebühr nicht rechtzeitig, so gilt dies als Verzicht auf die Zulassung zur Prüfung. ³Tritt der Bewerber bis zu dem von der zuständigen Steuerberaterkammer zu bestimmenden Zeitpunkt von der Prüfung zurück, so wird die Gebühr nicht erhoben. ⁴Tritt der Bewerber bis zum Ende der Bearbeitungszeit für die letzte Aufsichtsarbeit zurück, so ist die Gebühr zur Hälfte zu erstatten.

(3) In einer Gebührenordnung nach § 79 Abs. 2 können der Höhe nach andere als die in den Absätzen 1 und 2 genannten Gebühren bestimmt werden.

(4) ¹Die zuständige Steuerberaterkammer hat die für die Erstellung der Prüfungsaufgaben der Aufsichtsarbeiten entstandenen Kosten der für die Finanzverwaltung zuständigen obersten Landesbehörde zu erstatten. ²Die Vergütungen und sonstigen Aufwendungen für die Mitglieder des Prüfungsausschusses werden von der zuständigen Steuerberaterkammer unmittelbar an die Mitglieder des Prüfungsausschusses gezahlt. ³Die für die Finanzverwaltung zuständige oberste Landesbehörde wird insoweit von ihrer Zahlungsverpflichtung gegenüber den Mitgliedern des Prüfungsausschusses befreit. ⁴Für die Zahlungen nach den Sätzen 1 und 2 kann die zuständige Steuerberaterkammer keinen Ersatz von der für die Finanzverwaltung zuständigen obersten Landesbehörde verlangen.

§ 39a¹⁾ Rücknahme von Entscheidungen. (1) ¹Die Zulassung zur Prüfung oder die Befreiung von der Prüfung ist von der zuständigen Steuerberaterkammer, die Prüfungsentscheidung ist von der für die Finanzverwaltung zuständigen obersten Landesbehörde, vertreten durch die zuständige Steuerberaterkammer, zurückzunehmen, wenn

1. sie durch unlautere Mittel wie arglistige Täuschung, Drohung oder Bestechung erwirkt worden ist,
2. sie der Begünstigte durch Angaben erwirkt hat, die in wesentlicher Beziehung unrichtig oder unvollständig waren,
3. ihre Rechtswidrigkeit dem Begünstigten bekannt oder infolge grober Fahrlässigkeit nicht bekannt war.

²Erstrecken sich die Rücknahmegründe nach Satz 1 nur auf die Zulassung zur Prüfung, ist auch die Prüfungsentscheidung zurückzunehmen. ³Nach einer Rücknahme gemäß Satz 1 oder Satz 2 gilt die Steuerberaterprüfung als nicht bestanden.

(2) ¹Die für die Finanzverwaltung zuständigen obersten Landesbehörden und die Steuerberaterkammern haben Tatsachen im Sinne des Absatzes 1 Satz 1 Nr. 1 bis 3 der zuständigen Steuerberaterkammer unverzüglich mitzuteilen. ²§ 30 der Abgabenordnung²⁾ steht diesen Mitteilungen nicht entgegen. ³Werden Tatsachen nach Absatz 1 Satz 1 Nr. 1 bis 3 während des Bestellungsverfahrens der zuständigen Steuerberaterkammer bekannt, so ruht dieses bis zum Ausgang des Verfahrens.

(3) Vor der Rücknahme ist der Betroffene zu hören.

---

¹⁾ § 39a neu gef. mWv 12.4.2008 durch G v. 8.4.2008 (BGBl. I S. 666); Abs. 2 Satz 2 geänd. mWv 1.8.2021 durch G v. 25.6.2021 (BGBl. I S. 2154).
²⁾ Nr. **800**.

Zweiter Unterabschnitt. Bestellung

§ 40[1] Bestellende Steuerberaterkammer, Bestellungsverfahren.

(1) [1] Nach bestandener Prüfung oder nach der Befreiung von der Prüfung ist der Bewerber auf Antrag durch die zuständige Steuerberaterkammer als Steuerberater zu bestellen. [2] Die örtliche Zuständigkeit der bestellenden Steuerberaterkammer richtet sich nach der beabsichtigten beruflichen Niederlassung des Bewerbers. [3] Bei beabsichtigter beruflicher Niederlassung im Ausland ist für die Bestellung die Steuerberaterkammer zuständig, die den Bewerber von der Prüfung befreit hat oder die Steuerberaterkammer, in deren Kammerbezirk der Bewerber geprüft worden ist.

(2) [1] Vor der Bestellung hat die Steuerberaterkammer zu prüfen, ob der Bewerber persönlich geeignet ist. [2] Die Bestellung ist zu versagen, wenn der Bewerber

1. nicht in geordneten wirtschaftlichen Verhältnissen lebt;

2. infolge strafgerichtlicher Verurteilung die Fähigkeit zur Bekleidung öffentlicher Ämter nicht besitzt;

3. aus gesundheitlichen Gründen nicht nur vorübergehend unfähig ist, den Beruf des Steuerberaters ordnungsgemäß auszuüben;

4. sich so verhalten hat, dass die Besorgnis begründet ist, er werde den Berufspflichten als Steuerberater nicht genügen.

(3) Die Bestellung ist auch zu versagen,

1. wenn eine Entscheidung nach § 39a Abs. 1 ergangen ist;

2. solange der Bewerber eine Tätigkeit ausübt, die mit dem Beruf unvereinbar ist (§ 57 Abs. 4);

3. solange nicht die vorläufige Deckungszusage auf den Antrag zum Abschluss einer Berufshaftpflichtversicherung oder der Nachweis der Mitversicherung bei einem Arbeitgeber vorliegt.

(4) [1] Wenn es zur Entscheidung über den Versagungsgrund des Absatzes 2 Satz 2 Nummer 3 erforderlich ist, gibt die zuständige Steuerberaterkammer dem Bewerber schriftlich auf, innerhalb einer von ihr zu bestimmenden angemessenen Frist das Gutachten eines von ihr bestimmten Arztes über seinen Gesundheitszustand vorzulegen. [2] Das Gutachten muss auf einer Untersuchung des Bewerbers und, wenn dies ein Arzt für notwendig hält, auch auf einer klinischen Beobachtung des Bewerbers beruhen. [3] Die Kosten des Gutachtens hat der Bewerber zu tragen. [4] Kommt der Bewerber ohne zureichenden Grund der Anordnung der Steuerberaterkammer innerhalb der gesetzten Frist nicht nach, gilt der Antrag auf Bestellung als zurückgenommen.

---

[1] § 40 neu gef. durch G v. 9.6.1989 (BGBl. I S. 1062), Abs. 1 Satz 3 geänd. mWv 1.1.1994 (BGBl. 1993 I S. 2436) durch G v. 27.4.1993 (BGBl. I S. 512), Überschrift und Abs. 1 Satz 2 geänd., Abs. 1 Sätze 1 und 3 sowie Abs. 2 bis 4 und 6 neu gef. mWv 1.7.2000, Abs. 6 geänd. mWv 1.1.2002 durch G v. 24.6.2000 (BGBl. I S. 874), Abs. 2 Nr. 3 neu gef. mWv 1.5.2002 durch G v. 27.4.2002 (BGBl. I S. 1467); Abs. 1 Satz 3 neu gef., Abs. 3 Nr. 1, Abs. 4 Satz 2 geänd. mWv 12.4.2008 durch G v. 8.4.2008 (BGBl. I S. 666); Abs. 4 Satz 1 geänd. mWv 1.8.2021 durch G v. 25.6.2021 (BGBl. I S. 2154).

(5) ¹Vor der Versagung der Bestellung ist der Bewerber zu hören. ²Wird die Bestellung versagt, so ist ein schriftlicher Bescheid zu erteilen.

(6) Für die Bearbeitung des Antrags auf Bestellung hat der Bewerber eine Gebühr von fünfzig Euro an die zuständige Steuerberaterkammer zu zahlen, soweit nicht durch eine Gebührenordnung nach § 79 Abs. 2 etwas anderes bestimmt ist.

§ 40a¹⁾ Aussetzung des Bestellungsverfahrens. Die Entscheidung über den Antrag auf Bestellung zum Steuerberater kann ausgesetzt werden, wenn gegen die antragstellende Person ein Verfahren wegen des Verdachts einer Straftat anhängig ist, in dem der Tatvorwurf eine Verurteilung erwarten lässt, die eine Versagung der Bestellung zur Folge haben würde.

§ 41²⁾ Bestellung. (1) Die Bestellung zum Steuerberater wird mit der Aushändigung einer von der Steuerberaterkammer ausgestellten Urkunde wirksam.

(2) Die Urkunde darf erst ausgehändigt werden, wenn der Bewerber gegenüber der Steuerberaterkammer die Versicherung abgegeben hat, dass er die insbesondere aus § 57 Absatz 1 bis 2a folgenden Pflichten eines Steuerberaters erfüllen wird.

(3) Mit der Bestellung wird der Steuerberater Mitglied der bestellenden Steuerberaterkammer.

§ 42³⁾ Steuerbevollmächtigter. ¹Steuerbevollmächtigter ist, wer nach den Vorschriften dieses Gesetzes als solcher bestellt ist. ²Die Vorschriften für die Bestellung als Steuerberater sind bei der Bestellung als Steuerbevollmächtigter sinngemäß anzuwenden.

§ 43⁴⁾ Berufsbezeichnung. (1) ¹Die Berufsbezeichnung lautet „Steuerberater" oder „Steuerbevollmächtigter". ²Frauen können die Berufsbezeichnung „Steuerberaterin" oder „Steuerbevollmächtigte" wählen. ³Die Berufsangehörigen haben im beruflichen Verkehr die Berufsbezeichnung zu führen.

(2) ¹Die Führung weiterer Berufsbezeichnungen ist nur gestattet, wenn sie amtlich verliehen worden sind. ²Andere Zusätze und der Hinweis auf eine ehemalige Beamteneigenschaft sind im beruflichen Verkehr unzulässig.

(3) Zusätze, die auf einen akademischen Grad oder eine staatlich verliehene Graduierung hinweisen, sind erlaubt.

(4) ¹Die Bezeichnung „Steuerberater", „Steuerbevollmächtigter" oder „Steuerberatungsgesellschaft" darf nur führen, wer nach diesem Gesetz dazu berechtigt ist. ²Es ist unzulässig, zum Hinweis auf eine steuerberatende Tätigkeit andere Bezeichnungen zu verwenden. ³Satz 2 findet auf Rechtsanwälte,

---

¹⁾ § 40a eingef. mWv 1.8.2021 durch G v. 25.6.2021 (BGBl. I S. 2154).
²⁾ § 41 neu gef. mWv 1.8.2021 durch G v. 25.6.2021 (BGBl. I S. 2154).
³⁾ § 42 Satz 2 angef. mWv 1.7.2000 durch G v. 24.6.2000 (BGBl. I S. 874).
⁴⁾ § 43 Abs. 1 Satz 2 eingef. durch G v. 9.6.1989 (BGBl. I S. 1062), Abs. 4 Satz 3 geänd. mWv 1.3.1999 durch G v. 31.8.1998 (BGBl. I S. 2600), Abs. 4 Satz 3 geänd. mWv 1.7.2000 durch G v. 24.6.2000 (BGBl. I S. 874).

niedergelassene europäische Rechtsanwälte und Rechtsanwaltsgesellschaften keine Anwendung.

§ 44[1) Bezeichnung „Landwirtschaftliche Buchstelle". (1) [1]Steuerberatern, Steuerbevollmächtigten, Rechtsanwälten und niedergelassenen europäischen Rechtsanwälten, die eine besondere Sachkunde auf dem Gebiet der Hilfeleistung in Steuersachen für land- und forstwirtschaftliche Betriebe im Sinne des Bewertungsgesetzes nachweisen, kann auf Antrag die Berechtigung verliehen werden, als Zusatz zur Berufsbezeichnung die Bezeichnung „Landwirtschaftliche Buchstelle" zu führen. [2]Die Verleihung erfolgt durch die Steuerberaterkammer, in deren Kammerbezirk der Antragsteller seine berufliche Niederlassung hat.

(2) [1]Die besondere Sachkunde im Sinne des Absatzes 1 Satz 1 ist durch eine mündliche Prüfung vor einem Sachkunde-Ausschuss nachzuweisen, der bei der Steuerberaterkammer zu bilden ist. [2]Personen, die ihre besondere Sachkunde durch eine einschlägige Ausbildung nachweisen und mindestens drei Jahre buchführende land- und forstwirtschaftliche Betriebe steuerlich beraten haben, können auf Antrag von der mündlichen Prüfung befreit werden. [3]Über den Antrag auf Befreiung entscheidet die zuständige Steuerberaterkammer im Benehmen mit der für die Landwirtschaft zuständigen obersten Landesbehörde oder der von ihr benannten Behörde und, soweit der Antragsteller Rechtsanwalt oder niedergelassener europäischer Rechtsanwalt ist, im Benehmen mit der für die berufliche Niederlassung des Antragstellers zuständigen Rechtsanwaltskammer.

(2a) Partnerschaftsgesellschaften sind befugt, die Bezeichnung „Landwirtschaftliche Buchstelle" als Zusatz zum Namen zu führen, wenn mindestens ein Partner berechtigt ist, die Bezeichnung „Landwirtschaftliche Buchstelle" als Zusatz zur Berufsbezeichnung zu führen.

(3) Berufsausübungsgesellschaften sind befugt, die Bezeichnung „Landwirtschaftliche Buchstelle" als Zusatz zur Firma oder zum Namen zu führen, wenn mindestens ein gesetzlicher Vertreter berechtigt ist, diese Bezeichnung als Zusatz zur Berufsbezeichnung zu führen.

(4) Vereine im Sinne des § 4 Nr. 8 sind befugt, als Zusatz zum Namen des Vereins die Bezeichnung „Landwirtschaftliche Buchstelle" zu führen.

(5) Körperschaften des öffentlichen Rechts (§ 4 Nr. 3) und Personenvereinigungen im Sinne des § 4 Nr. 7, die eine Buchstelle für land- und forstwirtschaftliche Betriebe unterhalten, dürfen für diese Buchstelle die Bezeichnung „Landwirtschaftliche Buchstelle" benutzen, wenn der Leiter der Buchstelle berechtigt ist, diese Bezeichnung als Zusatz zur Berufsbezeichnung zu führen.

---

[1] § 44 Abs. 1 Satz 2 und Abs. 4 neu gef., Abs. 2 eingef., bish. Abs. 2 wird Abs. 9 und geänd. durch G v. 9.6.1989 (BGBl. I S. 1062), Abs. 1 Satz 1 und Abs. 9 Satz 1 geänd. sowie Abs. 9 Satz 2 aufgeh. mWv 1.7.1994 durch G v. 24.6.1994 (BGBl. I S. 1387), Abs. 1 und 2 neu gef., Abs. 6 aufgeh., bish. Abs. 7 wird Abs. 6 und geänd., bish. Abs. 8 wird Abs. 7, bish. Abs. 9 wird Abs. 8 und neu gef. mWv 1.7.2000, Abs. 8 geänd. mWv 1.1.2002 durch G v. 24.6.2000 (BGBl. I S. 874); Abs. 2a eingef., Abs. 3 geänd. mWv 12.4.2008 durch G v. 8.4.2008 (BGBl. I S. 666); Abs. 2a und 3 geänd., Abs. 6 Satz 2 angef. mWv 1.8.2022 durch G v. 7.7.2021 (BGBl. I S. 2363).

(6) ¹Die Befugnis zur Führung der Bezeichnung „Landwirtschaftliche Buchstelle" erlischt mit dem Erlöschen, der Rücknahme oder dem Widerruf der Bestellung als Steuerberater oder Steuerbevollmächtigter bzw. mit dem Erlöschen oder der Rücknahme der Zulassung als Rechtsanwalt oder niedergelassener europäischer Rechtsanwalt. ²Ist diese Person ein gesetzlicher Vertreter einer Berufsausübungsgesellschaft, erlischt die Befugnis der Berufsausübungsgesellschaft zur Führung der Bezeichnung „Landwirtschaftliche Buchstelle", wenn kein anderer gesetzlicher Vertreter berechtigt ist, diese Bezeichnung als Zusatz zur Berufsbezeichnung zu führen.

(7) Die Befugnis zur Führung der Bezeichnung „Landwirtschaftliche Buchstelle" ist in das Berufsregister einzutragen.

(8) Für die Bearbeitung des Antrags auf Verleihung der Bezeichnung „Landwirtschaftliche Buchstelle" ist eine Gebühr von einhundertfünfzig Euro an die zuständige Steuerberaterkammer zu zahlen, soweit nicht durch eine Gebührenordnung nach § 79 Abs. 2 etwas anderes bestimmt ist.

§ 45[1] **Erlöschen der Bestellung.** (1) ¹Die Bestellung als Steuerberater oder Steuerbevollmächtigter erlischt durch

1. Tod,
2. Verzicht gegenüber der zuständigen Steuerberaterkammer;
3. rechtskräftige Ausschließung aus dem Beruf,
4. rechtskräftige Rücknahme der Prüfungsentscheidung oder der Entscheidung über die Befreiung von der Prüfung nach § 39a Abs. 1.

²Der Verzicht nach Nummer 2 ist zu Protokoll oder schriftlich gegenüber der Steuerberaterkammer zu erklären, die für die berufliche Niederlassung des Steuerberaters oder Steuerbevollmächtigten örtlich zuständig ist. ³Ein im berufsgerichtlichen Verfahren gegenüber dem Berufsgericht erklärter Verzicht gilt als gegenüber der zuständigen Steuerberaterkammer abgegeben.

(2) Die Bestellung als Steuerbevollmächtigter erlischt ferner durch die Bestellung als Steuerberater.

§ 46[2] **Rücknahme und Widerruf der Bestellung.** (1) Die Bestellung ist zurückzunehmen, wenn der Steuerberater oder Steuerbevollmächtigte die

---

[1] § 45 Abs. 1 Nr. 2 neu gef. durch G v. 9.6.1989 (BGBl. I S. 1062), Abs. 1 Nr. 2 neu gef., Nr. 4 und Sätze 2 und 3 angef. mWv 1.7.2000 durch G v. 24.6.2000 (BGBl. I S. 874).

[2] § 46 Abs. 3 und Abs. 4 neu gef., Abs. 2 Nrn. 4 bis 7 angef. und Abs. 5 aufgeh. durch G v. 9.6.1989 (BGBl. I S. 1062), Abs. 1 Satz 2 angef. durch G v. 25.2.1992 (BGBl. I S. 297), Abs. 4 Satz 4 geänd. mWv 1.1.1994 durch G v. 27.4.1993 (BGBl. I S. 512), Abs. 2 bish. Nr. 1 aufgeh., bish. Nrn. 2 bis 7 werden Nrn. 1 bis 6 sowie neue Nr. 6 neu gef. mWv 1.7.1994 durch G v. 24.6.1994 (BGBl. I S. 1387), Abs. 2 Nr. 4 aufgeh., bish. Nrn. 5 und 6 werden 4 und 5, neue Nr. 4 eingef. durch G v. 5.10.1994 (BGBl. I S. 2911), Abs. 1, Abs. 2 Nr. 1, Abs. 3 und 4 neu gef., Abs. 2 Nr. 5 geänd., Abs. 2 Nr. 6 und 7 angef. mWv 1.7.2000 durch G v. 24.6.2000 (BGBl. I S. 874), Abs. 2 Nr. 7 neu gef. mWv 2.5.2002 durch G v. 27.4.2002 (BGBl. I S. 1467); Abs. 2 Nr. 6 neu gef. mWv 12.4.2008 durch G v. 8.4.2008 (BGBl. I S. 666); Abs. 2 Nr. 4 Halbs. 2 geänd. mWv 1.1.2013 durch G v. 29.7.2009 (BGBl. I S. 2258); Abs. 2 Nr. 4 geänd. mWv 1.8.2021 durch G v. 25.6.2021 (BGBl. I S. 2154).

Bestellung durch arglistige Täuschung, Drohung oder Bestechung oder durch Angaben erwirkt hat, die in wesentlicher Beziehung unrichtig oder unvollständig waren.

(2) Die Bestellung ist zu widerrufen, wenn der Steuerberater oder Steuerbevollmächtigte

1. eine gewerbliche Tätigkeit oder eine Tätigkeit als Arbeitnehmer ausübt, die mit seinem Beruf nicht vereinbar ist (§ 57 Abs. 4);

2. infolge strafgerichtlicher Verurteilung die Fähigkeit zur Bekleidung öffentlicher Ämter verloren hat;

3. nicht die vorgeschriebene Haftpflichtversicherung gegen die Haftpflichtgefahren aus seiner Berufstätigkeit unterhält;

4. in Vermögensverfall geraten ist, es sei denn, daß dadurch die Interessen der Auftraggeber nicht gefährdet sind; ein Vermögensverfall wird vermutet, wenn ein Insolvenzverfahren über das Vermögen des Steuerberaters oder Steuerbevollmächtigten eröffnet oder der Steuerberater oder Steuerbevollmächtigte in das Schuldnerverzeichnis (§ 882b der Zivilprozessordnung) eingetragen ist;

5. seine berufliche Niederlassung in das Ausland verlegt, ohne daß ein Zustellungsbevollmächtigter mit Wohnsitz im Inland benannt worden ist. [2]Name und Anschrift sowie jede Änderung der Person oder der Anschrift des Zustellungsbevollmächtigten sind der zuständigen Steuerberaterkammer unverzüglich mitzuteilen. [3]Der Steuerberater oder Steuerbevollmächtigte bleibt Mitglied der Steuerberaterkammer, der er bisher angehört hat;

6. eine berufliche Niederlassung nicht unterhält oder

7. aus gesundheitlichen Gründen nicht nur vorübergehend unfähig ist, seinen Beruf ordnungsgemäß auszuüben.

(3) [1]In Verfahren wegen des Widerrufs der Bestellung nach Absatz 2 Nr. 7 ist § 40 Abs. 4 entsprechend anzuwenden. [2]Wird das Gutachten ohne zureichenden Grund nicht innerhalb der von der zuständigen Steuerberaterkammer gesetzten Frist vorgelegt, so wird vermutet, dass der Steuerberater oder Steuerbevollmächtigte aus einem Grund des Absatzes 2 Nr. 7, der durch das Gutachten geklärt werden soll, nicht nur vorübergehend unfähig ist, seinen Beruf ordnungsgemäß auszuüben.

(4) [1]Die Bestellung als Steuerberater und als Steuerbevollmächtigter wird durch die Steuerberaterkammer zurückgenommen oder widerrufen. [2]Die örtliche Zuständigkeit richtet sich nach der beruflichen Niederlassung, in den Fällen des Absatzes 2 Nr. 6 nach der beabsichtigten beruflichen Niederlassung gemäß § 40 Abs. 1 Satz 2. [3]§ 40 Abs. 1 Satz 3 gilt entsprechend. [4]Bei beruflicher Niederlassung im Ausland richtet sich die örtliche Zuständigkeit nach der letzten beruflichen Niederlassung im Geltungsbereich dieses Gesetzes; ist eine solche nicht vorhanden, so ist die Steuerberaterkammer zuständig, in deren Bezirk der Steuerberater oder Steuerbevollmächtigte bestellt wurde. [5]Vor der Rücknahme oder dem Widerruf ist der Betroffene zu hören.

(5) *(aufgehoben)*

§ 47[1]) Erlöschen der Befugnis zur Führung der Berufsbezeichnung.
(1) [1]Mit dem Erlöschen, der Rücknahme oder dem Widerruf der Bestellung erlischt die Befugnis, die Berufsbezeichnung „Steuerberater" oder „Steuerbevollmächtigter" zu führen. [2]Die Bezeichnung darf auch nicht mit einem Zusatz, der auf die frühere Berechtigung hinweist, geführt werden.

(2) Die zuständige Steuerberaterkammer kann einem Steuerberater oder Steuerbevollmächtigten, der wegen hohen Alters oder aus gesundheitlichen Gründen auf die Rechte aus der Bestellung verzichtet, auf Antrag die Erlaubnis erteilen, seine Berufsbezeichnung mit dem Zusatz „im Ruhestand" weiterzuführen, der auch „i. R." abgekürzt werden kann.

(3) Die Steuerberaterkammer kann eine nach Absatz 2 erteilte Erlaubnis

1. zurücknehmen, wenn nachträglich Umstände bekanntwerden, die zur Versagung der Erlaubnis geführt hätten, oder

2. widerrufen, wenn nachträglich Umstände eintreten, die bei einem Steuerberater oder Steuerbevollmächtigten das Erlöschen oder nach § 46 Absatz 2 Nummer 2 den Widerruf der Bestellung nach sich ziehen würden.

§ 48[2]) Wiederbestellung. (1) Ehemalige Steuerberater und Steuerbevollmächtigte können wiederbestellt werden,

1. wenn die Bestellung nach § 45 Absatz 1 Satz 1 Nummer 2 erloschen ist; wurde auf die Bestellung nach Einleitung eines berufsgerichtlichen Verfahrens (§ 114) verzichtet, kann die Wiederbestellung nicht vor Ablauf von acht Jahren erfolgen, es sei denn, dass eine Ausschließung aus dem Beruf nicht zu erwarten war;

2. wenn im Falle des Erlöschens der Bestellung nach § 45 Absatz 1 Satz 1 Nummer 3 die rechtskräftige Ausschließung aus dem Beruf im Gnadenwege aufgehoben worden ist oder seit der rechtskräftigen Ausschließung mindestens acht Jahre verstrichen sind;

3. wenn die Bestellung nach § 46 widerrufen ist und die Gründe, die für den Widerruf maßgeblich gewesen sind, nicht mehr bestehen.

(2) Die Vorschriften des § 40 gelten vorbehaltlich des Absatzes 3 entsprechend für die Wiederbestellung.

(3) Für die Bearbeitung des Antrags auf Wiederbestellung hat der Bewerber eine Gebühr von einhundertfünfundzwanzig Euro an die zuständige Steuerbe-

---

[1]) § 47 Abs. 2 und Abs. 3 neu gef. durch G v. 9.6.1989 (BGBl. I S. 1062), Abs. 2 Satz 2 geänd., Satz 3 aufgeh., Abs. 3 Satz 1 Halbsatz 2 angef. mWv 1.7.1994 durch G v. 24.6.1994 (BGBl. I S. 1387), Abs. 2 und Abs. 3 Satz 2 neu gef., Abs. 3 Satz 1 geänd. mWv 1.7.2000 durch G v. 24.6.2000 (BGBl. I S. 874); Abs. 2 geänd., Abs. 3 neu gef. mWv 1.8.2021 durch G v. 25.6.2021 (BGBl. I S. 2154).
[2]) § 48 Abs. 1 Nr. 2 und Abs. 2 neu gef., Abs. 3 angef. durch G v. 9.6.1989 (BGBl. I S. 1062), Abs. 1 Satz 2 angef. durch G v. 25.2.1992 (BGBl. I S. 297), Abs. 1 Satz 1 Nr. 1 Halbsatz 2 angef. sowie Abs. 3 neu gef. mWv 1.7.1994 durch G v. 24.6.1994 (BGBl. I S. 1387), Abs. 1 Satz 1 Nr. 1 und Abs. 3 neu gef., Abs. 1 Satz 1 Nr. 3 geänd., Abs. 1 Satz 2 aufgeh. mWv 1.7.2000, Abs. 3 geänd. mWv 1.1.2002 durch G v. 24.6.2000 (BGBl. I S. 874); Abs. 1 Nr. 1 und 2 geänd. mWv 1.8.2021 durch G v. 25.6.2021 (BGBl. I S. 2154).

raterkammer zu zahlen, soweit nicht durch eine Gebührenordnung nach § 79 Abs. 2 etwas anderes bestimmt ist.

Dritter Unterabschnitt.[1] Berufsausübungsgesellschaften

§ 49[1] Berufsausübungsgesellschaften. (1) [1]Steuerberater und Steuerbevollmächtigte dürfen sich zu Berufsausübungsgesellschaften verbinden. [2]Sie dürfen sich zur Ausübung ihres Berufs auch in Berufsausübungsgesellschaften organisieren, deren einziger Gesellschafter sie sind.

(2) Berufsausübungsgesellschaften zur gemeinschaftlichen Berufsausübung in der Bundesrepublik Deutschland können die folgenden Rechtsformen haben:

1. Gesellschaften nach deutschem Recht einschließlich der Handelsgesellschaften,
2. Europäische Gesellschaften und
3. Gesellschaften, die zulässig sind nach dem Recht
   a) eines Mitgliedstaats der Europäischen Union oder
   b) eines Vertragsstaats des Abkommens über den Europäischen Wirtschaftsraum.

§ 50[1] Berufsausübungsgesellschaften mit Angehörigen anderer Berufe. (1) [1]Die Verbindung zu einer Berufsausübungsgesellschaft nach § 49 ist Steuerberatern und Steuerbevollmächtigten auch gestattet

1. mit Mitgliedern einer Steuerberaterkammer, einer Rechtsanwaltskammer oder der Patentanwaltskammer sowie mit Wirtschaftsprüfern und vereidigten Buchprüfern,
2. mit Angehörigen ausländischer Berufe, die im Ausland einen Beruf ausüben, der in Bezug auf die Ausbildung zum Beruf und die Befugnisse des Berufsträgers dem Beruf des Steuerberaters oder des Steuerbevollmächtigten vergleichbar ist und bei dem die Voraussetzungen für die Berufsausübung den Anforderungen dieses Gesetzes im Wesentlichen entsprechen,
3. mit Rechtsanwälten, Patentanwälten, Wirtschaftsprüfern und vereidigten Buchprüfern anderer Staaten, die nach der Bundesrechtsanwaltsordnung, der Patentanwaltsordnung oder der Wirtschaftsprüferordnung[2] ihren Beruf mit Rechtsanwälten, Patentanwälten, Wirtschaftsprüfern oder vereidigten Buchprüfern im Geltungsbereich dieses Gesetzes gemeinschaftlich ausüben dürfen,
4. mit Personen, die in der Berufsausübungsgesellschaft einen freien Beruf nach § 1 Absatz 2 des Partnerschaftsgesellschaftsgesetzes ausüben, es sei denn, dass die Verbindung mit dem Beruf des Steuerberaters oder Steuerbevollmächtigten, insbesondere seiner Stellung als unabhängigem Organ der Steuerrechtspflege, nicht vereinbar ist oder das Vertrauen in seine Unabhängigkeit gefährden kann.

---

[1] Dritter UAbschnitt (§§ 49–55h) neu gef. mWv 1.8.2022 durch G v. 7.7.2021 (BGBl. I S. 2363).
[2] Nr. **850**.

²Eine Verbindung nach Satz 1 Nummer 4 kann insbesondere dann ausgeschlossen sein, wenn in der anderen Person ein Grund vorliegt, der bei einem Steuerberater oder Steuerbevollmächtigten nach § 40 Absatz 2 zur Versagung der Bestellung führen würde.

(2) Steuerberatern und Steuerbevollmächtigten ist eine Beteiligung an Berufsausübungsgesellschaften aus Staaten, die nicht Mitgliedstaat der Europäischen Union oder Vertragsstaat des Abkommens über den Europäischen Wirtschaftsraum sind, gestattet, wenn diese nach § 207a der Bundesrechtsanwaltsordnung oder § 159 der Patentanwaltsordnung im Inland zugelassen sind.

(3) ¹Unternehmensgegenstand der Berufsausübungsgesellschaft nach Absatz 1 ist insbesondere die geschäftsmäßige Hilfeleistung in Steuersachen. ²Daneben kann die Ausübung des jeweiligen nichtsteuerberatenden Berufs treten. ³Die §§ 51 bis 55h gelten nur für Berufsausübungsgesellschaften, die der Ausübung des Berufs des Steuerberaters oder Steuerbevollmächtigten dienen.

§ 51¹⁾ Berufspflichten bei beruflicher Zusammenarbeit. (1) ¹Gesellschafter, die Angehörige eines in § 50 Absatz 1 Satz 1 genannten Berufs sind, haben bei ihrer Tätigkeit für die Berufsausübungsgesellschaft die in diesem Gesetz und die in der Berufsordnung nach § 86 Absatz 2 Nummer 2 bestimmten Pflichten der in der Berufsausübungsgesellschaft tätigen Steuerberater oder Steuerbevollmächtigten sowie der Berufsausübungsgesellschaft zu beachten. ²Sie sind insbesondere verpflichtet, die berufliche Unabhängigkeit der in der Berufsausübungsgesellschaft tätigen Steuerberater und Steuerbevollmächtigten sowie der Berufsausübungsgesellschaft zu wahren.

(2) ¹Gesellschafter, die Angehörige eines in § 50 Absatz 1 Satz 1 genannten Berufs sind, sind zur Verschwiegenheit verpflichtet. ²Diese Pflicht bezieht sich auf alles, was ihnen bei ihrer Tätigkeit für die Berufsausübungsgesellschaft im Zusammenhang mit der Beratung und Vertretung in Steuerrechtsangelegenheiten bekannt geworden ist. ³Nicht unter die Verschwiegenheitspflicht fallen Tatsachen, die offenkundig sind oder ihrer Bedeutung nach keiner Geheimhaltung bedürfen.

(3) § 57 Absatz 1a bis 1c und 4 gilt für Gesellschafter, die Angehörige eines in § 50 Absatz 1 Satz 1 genannten Berufs sind, entsprechend.

(4) Steuerberater und Steuerbevollmächtigte dürfen ihren Beruf nicht mit anderen Personen ausüben, wenn diese in schwerwiegender Weise oder wiederholt gegen Pflichten, die in diesem Gesetz oder in der Berufsordnung nach § 86 Absatz 2 Nummer 2 bestimmt sind, verstoßen.

(5) Im Gesellschaftsvertrag ist der Ausschluss von Gesellschaftern vorzusehen, die in schwerwiegender Weise oder wiederholt gegen Pflichten, die in diesem Gesetz oder in der Berufsordnung nach § 86 Absatz 2 Nummer 2 bestimmt sind, verstoßen.

---

¹⁾ Dritter UAbschnitt (§§ 49–55h) neu gef. mWv 1.8.2022 durch G v. 7.7.2021 (BGBl. I S. 2363).

§ 52[1] Berufspflichten der Berufsausübungsgesellschaft. (1) Die §§ 57 und 57a, 62, 62a, 63 bis 66, 69 bis 71 sowie 80 Absatz 1 Satz 1 und 2 gelten für Berufsausübungsgesellschaften sinngemäß.

(2) [1] Die Berufsausübungsgesellschaft hat durch geeignete Maßnahmen sicherzustellen, dass berufsrechtliche Verstöße frühzeitig erkannt und abgestellt werden. [2] Wenn an der Berufsausübungsgesellschaft Personen beteiligt sind, die Angehörige eines in § 50 Absatz 1 Satz 1 genannten Berufs sind, ist durch geeignete gesellschaftsvertragliche Vereinbarungen sicherzustellen, dass die Berufsausübungsgesellschaft für die Erfüllung der Berufspflichten sorgen kann.

(3) Werden in der Berufsausübungsgesellschaft auch nichtsteuerberatende Berufe ausgeübt, so gelten die Absätze 1 und 2 nur, soweit ein Bezug zur geschäftsmäßigen Hilfeleistung in Steuersachen besteht.

(4) Die persönliche berufsrechtliche Verantwortlichkeit der Gesellschafter, Organmitglieder und sonstigen Mitarbeiter der Berufsausübungsgesellschaft bleibt unberührt.

§ 53[1] · [2] Anerkennung. (1) [1] Berufsausübungsgesellschaften bedürfen der Anerkennung durch die Steuerberaterkammer, in deren Kammerbezirk die Berufsausübungsgesellschaft ihren Sitz hat. [2] Keiner Anerkennung nach Satz 1 bedürfen Personengesellschaften, bei denen keine Beschränkung der Haftung der natürlichen Personen vorliegt und denen als Gesellschafter und als Mitglieder der Geschäftsführungs- und Aufsichtsorgane ausschließlich Steuerberater und Steuerbevollmächtigte oder Angehörige eines in § 50 Absatz 1 Satz 1 Nummer 1 genannten Berufs angehören, sowie Wirtschaftsprüfungsgesellschaften und Buchprüfungsgesellschaften. [3] Unberührt von Satz 2 bleibt der freiwillige Antrag auf eine Anerkennung. [4] Für Berufsausübungsgesellschaften, die ihren Sitz nicht im Inland haben, ist die Steuerberaterkammer des Kammerbezirks zuständig, in der die weitere Beratungsstelle unterhalten wird oder der Zustellungsbevollmächtigte ansässig ist.

(2) [1] Die Anerkennung ist zu erteilen, wenn

1. die Berufsausübungsgesellschaft, ihre Gesellschafter und die Mitglieder der Geschäftsführungs- und Aufsichtsorgane die Voraussetzungen der §§ 49, 50, des § 51 Absatz 5, der §§ 55a und 55b erfüllen,

2. die Berufsausübungsgesellschaft sich nicht in Vermögensverfall befindet und

3. der Abschluss der Berufshaftpflichtversicherung nachgewiesen ist oder eine vorläufige Deckungszusage vorliegt.

[2] Ein Vermögensverfall nach Satz 1 Nummer 2 wird vermutet, wenn ein Insolvenzverfahren über das Vermögen der Berufsausübungsgesellschaft eröffnet ist oder die Berufsausübungsgesellschaft in das Schuldnerverzeichnis (§ 882b der Zivilprozessordnung) eingetragen ist.

(3) Mit der Anerkennung wird die Berufsausübungsgesellschaft Mitglied der anerkennenden Steuerberaterkammer.

---

[1] Dritter UAbschnitt (§§ 49–55h) neu gef. mWv 1.8.2022 durch G v. 7.7.2021 (BGBl. I S. 2363).
[2] Vgl. hierzu § 157d.

§ 54¹⁾ Anerkennungsverfahren; Gebühr; Anzeigepflicht. (1) ¹Der Antrag auf Anerkennung muss folgende Angaben enthalten:

1. Rechtsform, Name, Sitz und Gegenstand der Berufsausübungsgesellschaft,

2. die Geschäftsanschriften der Niederlassungen der Berufsausübungsgesellschaft sowie

3. Namen und Berufe der Gesellschafter, der Mitglieder der Geschäftsführungs- und Aufsichtsorgane sowie aller mittelbar beteiligten Personen.

²Die zuständige Steuerberaterkammer kann zur Prüfung der Voraussetzungen des § 53 Absatz 2 die Vorlage geeigneter Nachweise einschließlich des Gesellschaftsvertrags oder der Satzung verlangen.

(2) Die Entscheidung über den Antrag auf Anerkennung kann ausgesetzt werden, wenn gegen einen Gesellschafter oder ein Mitglied eines Geschäftsführungs- oder Aufsichtsorgans ein auf Rücknahme oder Widerruf seiner Bestellung gerichtetes Verfahren betrieben wird oder ein vorläufiges Berufs- oder Vertretungsverbot erlassen worden ist.

(3) Für die Bearbeitung des Antrags auf Anerkennung als Berufsausübungsgesellschaft hat die Gesellschaft eine Gebühr von fünfhundert Euro an die zuständige Steuerberaterkammer zu zahlen, sofern nicht durch eine Gebührenordnung nach § 79 Absatz 2 etwas anderes bestimmt ist.

(4) Die Anerkennung wird wirksam mit der Aushändigung einer von der zuständigen Steuerberaterkammer ausgestellten Urkunde.

(5) ¹Die anerkannte Berufsausübungsgesellschaft hat der zuständigen Steuerberaterkammer jede Änderung der nach Absatz 1 Satz 1 anzugebenden Verhältnisse unverzüglich anzuzeigen. ²Absatz 1 Satz 2 gilt entsprechend.

§ 55¹⁾ Erlöschen, Rücknahme und Widerruf der Anerkennung; Abwickler. (1) Die Anerkennung erlischt durch

1. Auflösung der Berufsausübungsgesellschaft oder

2. schriftlichen Verzicht auf die Rechte aus der Anerkennung gegenüber der zuständigen Steuerberaterkammer.

(2) ¹Die Anerkennung ist mit Wirkung für die Zukunft zurückzunehmen, wenn sich ergibt, dass die Anerkennung hätte versagt werden müssen. ²Von der Rücknahme der Anerkennung kann abweichend von Satz 1 abgesehen werden, wenn die Gründe, aus denen die Anerkennung hätte versagt werden müssen, nicht mehr bestehen.

(3) ¹Die Anerkennung ist zu widerrufen, wenn die Berufsausübungsgesellschaft

1. die Voraussetzungen des § 49 Absatz 1 und 2, der §§ 50, 51 Absatz 5, der §§ 55a, 55b oder des § 55f nicht mehr erfüllt, es sei denn, dass sie innerhalb einer von der Steuerberaterkammer zu bestimmenden angemessenen Frist einen den genannten Vorschriften entsprechenden Zustand herbeiführt,

---

¹⁾ Dritter UAbschnitt (§§ 49–55h) neu gef. mWv 1.8.2022 durch G v. 7.7.2021 (BGBl. I S. 2363).

2. in Vermögensverfall geraten ist, es sei denn, dass dadurch die Interessen der Personen, die Hilfeleistung in Steuersachen suchen, nicht gefährdet sind.

[2] Ein Vermögensverfall nach Satz 1 Nummer 2 wird vermutet, wenn ein Insolvenzverfahren über das Vermögen der Berufsausübungsgesellschaft eröffnet ist oder die Berufsausübungsgesellschaft in das Schuldnerverzeichnis (§ 882b der Zivilprozessordnung) eingetragen ist.

(4) Die Anerkennung kann widerrufen werden, wenn die Berufsausübungsgesellschaft nicht innerhalb von drei Monaten nach der Anerkennung im Bezirk der Steuerberaterkammer nach § 55e Absatz 1 eine berufliche Niederlassung einrichtet.

(5) [1] Ordnet die zuständige Steuerberaterkammer die sofortige Vollziehung der Verfügung an, sind § 139 Absatz 2, 4 und 5, § 140 Absatz 2 sowie § 145 entsprechend anzuwenden. [2] Wird die Anerkennung widerrufen, weil die Berufsausübungsgesellschaft die vorgeschriebene Berufshaftpflichtversicherung nicht unterhält, ist die Anordnung der sofortigen Vollziehung in der Regel zu treffen.

(6) [1] Hat die Berufsausübungsgesellschaft die Anerkennung verloren, kann für sie ein Abwickler bestellt werden, wenn die zur gesetzlichen Vertretung bestellten Personen keine hinreichende Gewähr zur ordnungsgemäßen Abwicklung der schwebenden Angelegenheiten bieten. [2] § 70 ist entsprechend anzuwenden. [3] Für die festgesetzte Vergütung des Abwicklers haften die Gesellschafter als Gesamtschuldner.

§ 55a[1] Gesellschafter- und Kapitalstruktur von Berufsausübungsgesellschaften. (1) [1] Gesellschafter einer Berufsausübungsgesellschaft können auch sein:

1. anerkannte Berufsausübungsgesellschaften,

2. zugelassene Berufsausübungsgesellschaften im Sinne der Bundesrechtsanwaltsordnung,

3. anerkannte Wirtschaftsprüfungsgesellschaften und

4. anerkannte Buchprüfungsgesellschaften.

[2] Bei gesetzlichen Voraussetzungen, die in der Person der Gesellschafter oder der Mitglieder der Geschäftsführung erfüllt sein müssen, kommt es in den Fällen des Satzes 1 auf die Gesellschafter und die Geschäftsführung der beteiligten Berufsausübungsgesellschaft an. [3] Haben sich Steuerberater und Steuerbevollmächtigte, Angehörige eines der in § 50 Absatz 1 Satz 1 genannten Berufe sowie Berufsausübungsgesellschaften, die die Voraussetzungen dieses Unterabschnitts erfüllen, zu einer Gesellschaft bürgerlichen Rechts zusammengeschlossen, deren Zweck ausschließlich das Halten von Anteilen an einer anerkannten Berufsausübungsgesellschaft ist, so werden ihnen die Anteile an der Berufsausübungsgesellschaft im Verhältnis ihrer Beteiligung an der Gesellschaft bürgerlichen Rechts zugerechnet.

---

[1] Dritter UAbschnitt (§§ 49–55h) neu gef. mWv 1.8.2022 durch G v. 7.7.2021 (BGBl. I S. 2363).

(2) ¹Die Übertragung von Gesellschaftsanteilen muss an die Zustimmung der Gesellschafterversammlung gebunden sein. ²Bei Aktiengesellschaften oder Kommanditgesellschaften auf Aktien müssen die Aktien auf Namen lauten.

(3) ¹Anteile an der Berufsausübungsgesellschaft dürfen nicht für Rechnung Dritter gehalten werden. ²Dritte dürfen nicht am Gewinn der Berufsausübungsgesellschaft beteiligt werden.

(4) Sofern Gesellschafter die Voraussetzungen des § 50 Absatz 1 nicht erfüllen, haben sie kein Stimmrecht.

(5) Gesellschafter können nur stimmberechtigte Gesellschafter zur Ausübung von Gesellschafterrechten bevollmächtigen.

§ 55b[1] Geschäftsführungsorgane; Aufsichtsorgane. (1) ¹Nur Steuerberater, Steuerbevollmächtigte oder Angehörige eines der in § 50 Absatz 1 Satz 1 genannten Berufe können Mitglieder des Geschäftsführungs- oder Aufsichtsorgans einer anerkannten Berufsausübungsgesellschaft sein. ²Mitbestimmungsrechtliche Regelungen bleiben unberührt. ³Bei der geschäftsmäßigen Hilfeleistung in Steuersachen sind Weisungen von Personen, die nicht den in § 3 Nummer 1 genannten Berufen angehören, gegenüber Personen, die den Berufen nach § 3 Nummer 1 angehören, unzulässig.

(2) Von der Mitgliedschaft in einem Geschäftsführungs- oder Aufsichtsorgan ist ausgeschlossen, wer einen der Versagungstatbestände des § 40 Absatz 2 erfüllt oder gegen wen eine der in Absatz 5 Satz 3 genannten Maßnahmen verhängt wurde.

(3) Dem Geschäftsführungsorgan der Berufsausübungsgesellschaft müssen Steuerberater oder Steuerbevollmächtigte in vertretungsberechtigter Zahl angehören.

(4) Die Mitglieder des Geschäftsführungs- und Aufsichtsorgans sind verpflichtet, für die Einhaltung des Berufsrechts in der Berufsausübungsgesellschaft zu sorgen.

(5) ¹Für diejenigen Mitglieder des Geschäftsführungs- und Aufsichtsorgans der Berufsausübungsgesellschaft, die keine Gesellschafter sind, gelten die Berufspflichten nach § 51 Absatz 1 bis 3 und § 52 entsprechend. ²Die §§ 81 und 82 sowie die Vorschriften des Ersten bis Vierten Unterabschnitts des Fünften Abschnitts sind entsprechend anzuwenden. ³An die Stelle der Ausschließung aus dem Beruf (§ 90 Absatz 1 Nummer 5) tritt

1. bei Mitgliedern eines Geschäftsführungsorgans, die nicht Steuerberater oder Steuerbevollmächtigte sind, die Aberkennung der Eignung, eine Berufsausübungsgesellschaft zu vertreten und ihre Geschäfte zu führen, und

2. bei Mitgliedern eines Aufsichtsorgans, die nicht Steuerberater oder Steuerbevollmächtigte sind, die Aberkennung der Eignung, Aufsichtsfunktionen einer Berufsausübungsgesellschaft wahrzunehmen.

---

[1] Dritter UAbschnitt (§§ 49–55h) neu gef. mWv 1.8.2022 durch G v. 7.7.2021 (BGBl. I S. 2363).

(6) [1] Die Unabhängigkeit der Steuerberater und Steuerbevollmächtigten, die dem Geschäftsführungsorgan der Berufsausübungsgesellschaften angehören oder in sonstiger Weise die Vertretung der Berufsausübungsgesellschaft wahrnehmen, bei der Ausübung ihres Berufs ist zu gewährleisten. [2] Einflussnahmen durch die Gesellschafter, insbesondere durch Weisungen oder vertragliche Bindungen, sind unzulässig.

(7) Auf Prokuristen und Handlungsbevollmächtigte zum gesamten Geschäftsbetrieb sind die Absätze 1, 5 und 6 entsprechend anzuwenden.

§ 55c[1]) **Befugnis zur geschäftsmäßigen Hilfeleistung in Steuersachen.** [1] Berufsausübungsgesellschaften sind befugt, geschäftsmäßig Hilfeleistung in Steuersachen nach § 2 zu erbringen. [2] Sie handeln durch ihre Gesellschafter und Vertreter, in deren Person die für die Erbringung der geschäftsmäßigen Hilfeleistung in Steuersachen gesetzlich vorgeschriebenen Voraussetzungen im Einzelfall vorliegen müssen.

§ 55d[1]) **Vertretung vor Gerichten und Behörden.** (1) [1] Berufsausübungsgesellschaften können als Prozess- und Verfahrensbevollmächtigte beauftragt werden. [2] Sie haben in diesem Fall die Rechte und Pflichten eines Steuerberaters.

(2) Berufsausübungsgesellschaften handeln durch ihre Gesellschafter und Vertreter, in deren Person die für die Erbringung der Hilfeleistung in Steuersachen gesetzlich vorgeschriebenen Voraussetzungen im Einzelfall vorliegen müssen.

§ 55e[1]) **Berufliche Niederlassung der Berufsausübungsgesellschaft.** (1) Die Berufsausübungsgesellschaft muss an ihrem Sitz eine berufliche Niederlassung unterhalten, in der oder in deren Nahbereich zumindest ein geschäftsführender Steuerberater oder Steuerbevollmächtigter tätig ist.

(2) Berufsausübungsgesellschaften, die keinen Sitz im Inland haben, sind verpflichtet, eine weitere Beratungsstelle im Inland zu unterhalten oder einen Zustellungsbevollmächtigten mit Sitz im Inland zu benennen.

(3) § 34 Absatz 2 ist entsprechend anzuwenden.

§ 55f[1]) **Berufshaftpflichtversicherung.** (1) Berufsausübungsgesellschaften sind verpflichtet, eine Berufshaftpflichtversicherung abzuschließen und während der Dauer ihrer Betätigung aufrechtzuerhalten.

(2) [1] Die Berufshaftpflichtversicherung muss die Haftpflichtgefahren für Vermögensschäden decken, die sich aus der Berufstätigkeit nach den §§ 33 und 57 Absatz 3 Nummer 2 und 3 ergeben. [2] § 67 Absatz 2 und 3 sowie § 67a Absatz 1 sind entsprechend anzuwenden.

(3) Für Berufsausübungsgesellschaften, bei denen rechtsformbedingt für Verbindlichkeiten der Berufsausübungsgesellschaft aus Schäden wegen fehlerhafter Berufsausübung keine natürliche Person haftet oder bei denen die Haf-

---

[1]) Dritter UAbschnitt (§§ 49–55h) neu gef. mWv 1.8.2022 durch G v. 7.7.2021 (BGBl. I S. 2363).

tung der natürlichen Personen beschränkt wird, beträgt die Mindestversicherungssumme der Berufshaftpflichtversicherung eine Million Euro für jeden Versicherungsfall.

(4) Für Berufsausübungsgesellschaften, die keinen rechtsformbedingten Ausschluss der Haftung und keine Beschränkung der Haftung der natürlichen Personen vorsehen, beträgt die Mindestversicherungssumme 500 000 Euro für jeden Versicherungsfall.

(5) ¹Die Leistungen des Versicherers für alle innerhalb eines Versicherungsjahres verursachten Schäden können auf den Betrag der jeweiligen Mindestversicherungssumme, vervielfacht mit der Zahl der Gesellschafter und mit der Zahl der Geschäftsführer, die nicht Gesellschafter sind, begrenzt werden. ²Ist eine Berufsausübungsgesellschaft Gesellschafter, so ist bei der Berechnung der Jahreshöchstleistung nicht die beteiligte Berufsausübungsgesellschaft, sondern die Zahl ihrer Gesellschafter und der Geschäftsführer, die nicht Gesellschafter sind, maßgeblich. ³Die Jahreshöchstleistung muss sich jedoch in jedem Fall mindestens auf den vierfachen Betrag der Mindestversicherungssumme belaufen.

§ 55g¹⁾ Steuerberatungsgesellschaft. Berufsausübungsgesellschaften, bei denen Steuerberater und Steuerbevollmächtigte die Mehrheit der Stimmrechte innehaben und bei denen die Mehrheit der Mitglieder des Geschäftsführungsorgans Steuerberater oder Steuerbevollmächtigte sind, dürfen die Bezeichnung „Steuerberatungsgesellschaft" führen.

§ 55h¹⁾ Bürogemeinschaft. (1) Steuerberater oder Steuerbevollmächtigte können sich zu einer Gesellschaft verbinden, die der gemeinschaftlichen Organisation der Berufstätigkeit der Gesellschafter unter gemeinschaftlicher Nutzung von Betriebsmitteln dient, jedoch nicht selbst als Vertragspartner von steuerberatenden Mandatsverträgen auftreten soll (Bürogemeinschaft).

(2) ¹Eine Bürogemeinschaft können Steuerberater oder Steuerbevollmächtigte auch mit Personen eingehen, die nicht Steuerberater oder Steuerbevollmächtigte sind, es sei denn, die Verbindung ist mit dem Beruf des Steuerberaters oder Steuerbevollmächtigten, insbesondere seiner Stellung als unabhängigem Organ der Steuerrechtspflege nicht vereinbar, und kann das Vertrauen in seine Unabhängigkeit gefährden. ²Eine Bürogemeinschaft nach Satz 1 kann insbesondere dann ausgeschlossen sein, wenn in der anderen Person ein Grund vorliegt, der bei einem Steuerberater nach § 40 Absatz 2 Nummer 2 zur Versagung der Bestellung führen würde.

(3) Die in der Bürogemeinschaft tätigen Steuerberater und Steuerbevollmächtigten sind verpflichtet, angemessene organisatorische, personelle und technische Maßnahmen zu treffen, die die Einhaltung ihrer Berufspflichten gewährleisten.

(4) § 51 Absatz 1, 2, 4 und 5 gilt für die Gesellschafter der Bürogemeinschaft nach Absatz 2 entsprechend.

---

¹⁾ Dritter UAbschnitt (§§ 49–55h) neu gef. mWv 1.8.2022 durch G v. 7.7.2021 (BGBl. I S. 2363).

Dritter Abschnitt. Rechte und Pflichten

§ 56[1]) *(aufgehoben)*

§ 57[2]) **Allgemeine Berufspflichten.** (1) [1]Steuerberater und Steuerbevollmächtigte haben ihren Beruf unabhängig, eigenverantwortlich, gewissenhaft, verschwiegen und unter Verzicht auf berufswidrige Werbung auszuüben. [2]Die Verschwiegenheitspflicht bezieht sich auf alles, was in Ausübung des Berufs bekannt geworden ist. [3]Sie gilt nicht für Tatsachen, die offenkundig sind oder ihrer Bedeutung nach keiner Geheimhaltung bedürfen.

(1a) Steuerberater und Steuerbevollmächtigte dürfen nicht tätig werden, wenn eine Kollision mit eigenen Interessen gegeben ist.

(1b) Berät oder vertritt ein Steuerberater oder Steuerbevollmächtigter mehrere Auftraggeber in derselben Sache, ist er bei Interessenkollisionen verpflichtet, auf die widerstreitenden Interessen der Auftraggeber ausdrücklich hinzuweisen und darf nur vermittelnd tätig werden.

(1c) [1]Die Absätze 1a und 1b gelten auch für Steuerberater und Steuerbevollmächtigte, die ihren Beruf gemeinschaftlich mit einem Steuerberater oder Steuerbevollmächtigten ausüben, der einem Tätigkeitsverbot nach Absatz 1a unterliegt oder der nach Absatz 1b nur vermittelnd tätig werden darf. [2]Ein Tätigkeitsverbot nach Satz 1 bleibt bestehen, wenn der dem Tätigkeitsverbot unterliegende Steuerberater oder Steuerbevollmächtigte die gemeinschaftliche Berufsausübung beendet. [3]Die Sätze 1 und 2 sind nicht anzuwenden, wenn die betroffenen Auftraggeber der Tätigkeit nach umfassender Information in Textform zugestimmt haben und geeignete Vorkehrungen die Einhaltung der Verschwiegenheit sicherstellen. [4]Ein Tätigkeitsverbot nach Absatz 1a oder Absatz 1b, das gegenüber einer Berufsausübungsgesellschaft besteht, entfällt, wenn die Voraussetzungen des Satzes 3 erfüllt sind. [5]Soweit es für die Prüfung eines Tätigkeitsverbots oder einer Beschränkung auf vermittelnde Tätigkeit erforderlich ist, dürfen der Verschwiegenheitspflicht unterliegende Tatsachen einem Steuerberater oder Steuerbevollmächtigten auch ohne Einwilligung des Auftraggebers offenbart werden.

(2) [1]Steuerberater und Steuerbevollmächtigte haben sich jeder Tätigkeit zu enthalten, die mit ihrem Beruf oder mit dem Ansehen des Berufs nicht vereinbar ist. [2]Sie haben sich auch außerhalb der Berufstätigkeit des Vertrauens und der Achtung würdig zu erweisen, die ihr Beruf erfordert.

(2a) Steuerberater und Steuerbevollmächtigte sind verpflichtet, sich fortzubilden.

---

[1]) § 56 aufgeh. mWv 1.8.2022 durch G v. 7.7.2021 (BGBl. I S. 2363).
[2]) § 57 Abs. 4 Nr. 2 geänd. durch G v. 18.8.1980 (BGBl. I S. 1537), Abs. 3 Nr. 4 angef. durch G v. 9.6.1989 (BGBl. I S. 1062), Abs. 3 Nrn. 1, 4 und 5 geänd., Abs. 3 Nr. 6 angef. mWv 1.7.2000 durch G v. 24.6.2000 (BGBl. I S. 874); Abs. 2a eingef., Abs. 4 Nr. 1 neu gef., Nr. 2 geänd. mWv 12.4.2008 durch G v. 8.4.2008 (BGBl. I S. 666); Abs. 3 Nr. 4 neu gef. mWv 18.12.2019 durch G v. 12.12.2019 (BGBl. I S. 2451); Abs. 1 Sätze 2 und 3 angef., Abs. 1a–1c eingef. mWv 1.8.2022 durch G v. 7.7.2021 (BGBl. I S. 2363).

(3) Mit dem Beruf eines Steuerberaters oder eines Steuerbevollmächtigten sind insbesondere vereinbar

1. die Tätigkeit als Wirtschaftsprüfer, Rechtsanwalt, niedergelassener europäischer Rechtsanwalt oder vereidigter Buchprüfer;

2. eine freiberufliche Tätigkeit, die die Wahrnehmung fremder Interessen einschließlich der Beratung zum Gegenstand hat;

3. eine wirtschaftsberatende, gutachtliche oder treuhänderische Tätigkeit sowie die Erteilung von Bescheinigungen über die Beachtung steuerrechtlicher Vorschriften in Vermögensübersichten und Erfolgsrechnungen;

4. die Tätigkeit eines Lehrers oder eines wissenschaftlichen Mitarbeiters an Hochschulen und wissenschaftlichen Instituten, sofern der wissenschaftliche Mitarbeiter ihm übertragene Aufgaben in Forschung und Lehre überwiegend selbständig erfüllt; nicht vereinbar hingegen ist die Tätigkeit eines Lehrers oder eines wissenschaftlichen Mitarbeiters an staatlichen verwaltungsinternen Fachhochschulen mit Ausbildungsgängen für den öffentlichen Dienst;

5. eine freie schriftstellerische Tätigkeit sowie eine freie Vortrags- und Lehrtätigkeit;

6. die Durchführung von Lehr- und Vortragsveranstaltungen zur Vorbereitung auf die Steuerberaterprüfung sowie die Prüfung als Wirtschaftsprüfer und vereidigter Buchprüfer und zur Fortbildung der Mitglieder der Steuerberaterkammern und deren Mitarbeiter.

(4) Als Tätigkeiten, die mit dem Beruf des Steuerberaters und des Steuerbevollmächtigten nicht vereinbar sind, gelten insbesondere

1. eine gewerbliche Tätigkeit; die zuständige Steuerberaterkammer kann von diesem Verbot Ausnahmen zulassen, soweit durch die Tätigkeit eine Verletzung von Berufspflichten nicht zu erwarten ist;

2. eine Tätigkeit als Arbeitnehmer mit Ausnahme der Fälle des Absatzes 3 Nr. 4 sowie der §§ 58 und 59. Eine Tätigkeit als Angestellter der Finanzverwaltung ist stets mit dem Beruf des Steuerberaters oder Steuerbevollmächtigten unvereinbar.

§ 57a[1] Werbung. Werbung ist nur erlaubt, soweit sie über die berufliche Tätigkeit in Form und Inhalt sachlich unterrichtet und nicht auf die Erteilung eines Auftrags im Einzelfall gerichtet ist.

§ 58[2] Tätigkeit als Angestellter. [1]Steuerberater und Steuerbevollmächtigte dürfen ihren Beruf als Angestellte einer Person oder Vereinigung im Sinne des § 3 Nr. 1 bis 3 ausüben. [2]Sie dürfen ferner tätig werden

---

[1] § 57a eingef. mWv 1.7.1994 durch G v. 24.6.1994 (BGBl. I S. 1387).
[2] § 58 Abs. 2 Nr. 5 und 6 angef. durch G v. 18.8.1980 (BGBl. I S. 1537), Abs. 2 Nr. 7 und 8 angef. mWv 1.7.1994 durch G v. 24.6.1994 (BGBl. I S. 1387); Abs. 2 Nr. 1 geänd. mWv 1.3.1999 durch G v. 31.8.1998 (BGBl. I S. 2600); Abs. 1, Abs. 2 Absatzbezeichnung und Nr. 1 aufgeh., Abs. 2 Einleitungssatz, bish. Nrn. 4 und 7 geänd., bish. Nrn. 2 bis 8 werden Nrn. 1 bis 7 mWv 1.7.2000 durch G v. 24.6.2000 (BGBl. I S. 874); Satz 2 Nr. 5 neu gef., Nr. 5a eingef. mWv 12.4.2008 durch G v. 8.4.2008 (BGBl. I S. 666); Satz 2 Nr. 7 geänd.; Nr. 8 angef. mWv 17.6.2016 durch G v. 31.3.2016 (BGBl. I S. 518); Satz 2 Nr. 5 und 6 geänd. mWv 1.8.2022 durch G v. 7.7.2021 (BGBl. I S. 2363).

1. als Leiter oder als Angestellte von genossenschaftlichen Prüfungsverbänden, genossenschaftlichen Treuhandstellen oder überörtlichen Prüfungseinrichtungen für Körperschaften und Anstalten des öffentlichen Rechts,

2. als Leiter von Buchstellen oder von Beratungsstellen der Lohnsteuerhilfevereine,

3. als Angestellte von Buchstellen oder von Beratungsstellen der Lohnsteuerhilfevereine, wenn die Buchstelle, die jeweilige Geschäftsstelle der Buchstelle oder die Beratungsstelle von einem Steuerberater oder Steuerbevollmächtigten geleitet wird,

4. als Angestellte von Genossenschaften oder anderen Personenvereinigungen,

   a) deren Mitglieder ausschließlich Personen und Gesellschaften im Sinne des § 3 sind und

   b) deren Zweck ausschließlich der Betrieb von Einrichtungen zur Unterstützung der Mitglieder bei der Ausübung ihres Berufes ist,

5. als Angestellte von Berufskammern der in § 50 Absatz 1 Satz 1 genannten Berufe,

5a. als Angestellte, wenn sie im Rahmen des Angestelltenverhältnisses Tätigkeiten im Sinne des § 33 wahrnehmen. ²Dies gilt nicht, wenn hierdurch die Pflicht zur unabhängigen und eigenverantwortlichen Berufsausübung beeinträchtigt wird. ³Der Steuerberater oder Steuerbevollmächtigte darf für einen Auftraggeber, dem er auf Grund eines ständigen Dienst- oder ähnlichen Beschäftigungsverhältnisses seine Arbeitszeit und -kraft zur Verfügung stellen muss, nicht in seiner Eigenschaft als Steuerberater oder Steuerbevollmächtigter tätig werden. ⁴Bei Mandatsübernahme hat der Steuerberater oder Steuerbevollmächtigte den Mandanten auf seine Angestelltentätigkeit hinzuweisen. ⁵§ 57 Abs. 4 Nr. 2 Satz 2 bleibt unberührt,

6. als Angestellte von ausländischen Berufsangehörigen, die ihre berufliche Niederlassung im Ausland haben, wenn diese den in § 50 Absatz 1 Satz 1 genannten vergleichbar sind und die Voraussetzungen für die Berufsausübung den Anforderungen dieses Gesetzes im wesentlichen entsprechen; für Angestellte von Vereinigungen mit Sitz im Ausland gilt dies nur, soweit es sich um Vereinigungen handelt, deren Vorstandsmitglieder, Geschäftsführer, persönlich haftende Gesellschafter, Mitglieder oder sonstige Anteilseigner mehrheitlich Personen sind, die im Ausland einen den in § 3 Nr. 1 genannten Berufen in der Ausbildung und den Befugnissen vergleichbaren Beruf ausüben und bei denen die Voraussetzungen für die Berufsausübung den Anforderungen dieses Gesetzes im Wesentlichen entsprechen,

7. als Geschäftsführer oder als Angestellte einer europäischen wirtschaftlichen Interessenvereinigung, wenn alle Geschäftsführer und alle Mitglieder Angehörige europäischer steuerberatender, wirtschaftsprüfender oder rechtsberatender Berufe sind,

8. als Angestellte des Bundesamts für Wirtschaft und Ausfuhrkontrolle, soweit es sich um eine Tätigkeit bei der Abschlussprüferaufsichtsstelle handelt. ²§ 59 steht dem nicht entgegen.

§ 59[1] Steuerberater oder Steuerbevollmächtigte im öffentlich-rechtlichen Dienst- oder Amtsverhältnis. [1]Ist ein Steuerberater oder Steuerbevollmächtigter ein öffentlich-rechtliches Dienstverhältnis als Wahlbeamter auf Zeit oder ein öffentlich-rechtliches Amtsverhältnis eingegangen, so darf er seinen Beruf als Steuerberater oder Steuerbevollmächtigter nicht ausüben, es sei denn, daß er die ihm übertragene Aufgabe ehrenamtlich wahrnimmt. [2]Die zuständige Steuerberaterkammer kann dem Steuerberater oder Steuerbevollmächtigten auf seinen Antrag einen Vertreter bestellen oder ihm gestatten, seinen Beruf selbst auszuüben, wenn die Einhaltung der allgemeinen Berufspflichten dadurch nicht gefährdet wird.

§ 60[2] Eigenverantwortlichkeit. (1) Eigenverantwortliche Tätigkeit nach § 57 Abs. 1 üben nur aus

1. selbständige Steuerberater oder Steuerbevollmächtigte,

2. zeichnungsberechtigte Vertreter eines Steuerberaters, eines Steuerbevollmächtigten oder einer Berufsausübungsgesellschaft,

3. Angestellte, die nach § 58 mit dem Recht der Zeichnung Hilfe in Steuersachen leisten.

(2) Eine eigenverantwortliche Tätigkeit in den Fällen des Absatzes 1 Nr. 2 und 3 übt nicht aus, wer sich als zeichnungsberechtigter Vertreter oder als Angestellter an Weisungen zu halten hat, durch die ihm die Freiheit zu pflichtmäßigem Handeln (§ 57) genommen wird.

§ 61 Ehemalige Angehörige der Finanzverwaltung. Ehemalige Beamte und Angestellte der Finanzverwaltung dürfen während eines Zeitraumes von drei Jahren nach dem Ausscheiden aus dem öffentlichen Dienst nicht für Auftraggeber tätig werden, mit deren Steuerangelegenheiten sie innerhalb der letzten drei Jahre vor dem Ausscheiden materiell befaßt waren.

§ 62[3] Verschwiegenheitspflicht beschäftigter Personen. [1]Steuerberater und Steuerbevollmächtigte haben die von ihnen beschäftigten Personen in Textform zur Verschwiegenheit zu verpflichten und sie dabei über die strafrechtlichen Folgen einer Pflichtverletzung zu belehren. [2]Zudem haben sie bei ihnen in geeigneter Weise auf die Einhaltung der Verschwiegenheitspflicht hinzuwirken. [3]Den von dem Steuerberater oder Steuerbevollmächtigten beschäftigten Personen stehen die Personen gleich, die im Rahmen einer berufsvorbereitenden Tätigkeit oder einer sonstigen Hilfstätigkeit an seiner beruflichen Tätigkeit mitwirken. [4]Satz 1 gilt nicht für angestellte Personen, die im Hinblick auf die Verschwiegenheitspflicht den gleichen Anforderungen wie der Steuerberater oder Steuerbevollmächtigte unterliegen. [5]Hat sich ein Steuerberater oder Steuerbevollmächtigter mit anderen Personen, die im Hinblick auf die Verschwiegenheitspflicht den gleichen Anforderungen unterliegen wie

---

[1] § 59 Satz 2 geänd. mWv 1.7.2000 durch G v. 24.6.2000 (BGBl. I S. 874).
[2] § 60 Abs. 1 Nr. 2 geänd. mWv 1.8.2022 durch G v. 7.7.2021 (BGBl. I S. 2363).
[3] § 62 neu gef. mWv 9.11.2017 durch G v. 30.10.2017 (BGBl. I S. 3618); Satz 1 geänd. mWv 1.8.2021 durch G v. 25.6.2021 (BGBl. I S. 2154).

er, zur gemeinschaftlichen Berufsausübung zusammengeschlossen und besteht zu den beschäftigten Personen ein einheitliches Beschäftigungsverhältnis, so genügt auch der Nachweis, dass eine andere dieser Personen die Verpflichtung nach Satz 1 vorgenommen hat.

§ 62a[1]) Inanspruchnahme von Dienstleistungen. (1) [1]Steuerberater und Steuerbevollmächtigte dürfen Dienstleistern den Zugang zu Tatsachen eröffnen, auf die sich die Verpflichtung zur Verschwiegenheit gemäß § 57 Absatz 1 bezieht, soweit dies für die Inanspruchnahme der Dienstleistung erforderlich ist. [2]Dienstleister ist eine andere Person oder Stelle, die vom Steuerberater oder vom Steuerbevollmächtigten im Rahmen seiner Berufsausübung mit Dienstleistungen beauftragt wird.

(2) [1]Steuerberater und Steuerbevollmächtigte sind verpflichtet, den Dienstleister sorgfältig auszuwählen. [2]Die Zusammenarbeit muss unverzüglich beendet werden, wenn die Einhaltung der dem Dienstleister gemäß Absatz 3 zu machenden Vorgaben nicht gewährleistet ist.

(3) [1]Der Vertrag mit dem Dienstleister bedarf der Textform. [2]In ihm ist

1. der Dienstleister unter Belehrung über die strafrechtlichen Folgen einer Pflichtverletzung zur Verschwiegenheit zu verpflichten,

2. der Dienstleister zu verpflichten, sich nur insoweit Kenntnis von fremden Geheimnissen zu verschaffen, als dies zur Vertragserfüllung erforderlich ist, und

3. festzulegen, ob der Dienstleister befugt ist, weitere Personen zur Erfüllung des Vertrags heranzuziehen; für diesen Fall ist dem Dienstleister aufzuerlegen, diese Personen in Textform zur Verschwiegenheit zu verpflichten.

(4) Bei der Inanspruchnahme von Dienstleistungen, die im Ausland erbracht werden, darf der Steuerberater und der Steuerbevollmächtigte dem Dienstleister den Zugang zu fremden Geheimnissen unbeschadet der übrigen Voraussetzungen dieser Vorschrift nur dann eröffnen, wenn der dort bestehende Schutz der Geheimnisse dem Schutz im Inland vergleichbar ist, es sei denn, dass der Schutz der Geheimnisse dies nicht gebietet.

(5) Bei der Inanspruchnahme von Dienstleistungen, die unmittelbar einem einzelnen Mandat dienen, darf der Steuerberater und der Steuerbevollmächtigte dem Dienstleister den Zugang zu fremden Geheimnissen nur dann eröffnen, wenn der Mandant darin eingewilligt hat.

(6) Die Absätze 2 und 3 gelten auch im Fall der Inanspruchnahme von Dienstleistungen, in die der Mandant eingewilligt hat, sofern der Mandant nicht ausdrücklich auf die Einhaltung der in den Absätzen 2 und 3 genannten Anforderungen verzichtet hat.

(7) [1]Die Absätze 1 bis 6 gelten nicht, soweit Dienstleistungen auf Grund besonderer gesetzlicher Vorschriften in Anspruch genommen werden. [2]Ab-

---

[1]) § 62a eingef. mWv 9.11.2017 durch G v. 30.10.2017 (BGBl. I S. 3618).

satz 3 Satz 2 gilt nicht, soweit der Dienstleister hinsichtlich der zu erbringen-den Dienstleistung gesetzlich zur Verschwiegenheit verpflichtet ist.

(8) Die Vorschriften zum Schutz personenbezogener Daten bleiben unbe-rührt.

§ 63 Mitteilung der Ablehnung eines Auftrags. [1] Steuerberater und Steuerbevollmächtigte, die in ihrem Beruf in Anspruch genommen werden und den Auftrag nicht annehmen wollen, haben die Ablehnung unverzüglich zu erklären. [2] Sie haben den Schaden zu ersetzen, der aus einer schuldhaften Verzögerung dieser Erklärung entsteht.

§ 64[1) Gebührenordnung. (1) [1] Steuerberater, Steuerbevollmächtigte und Berufsausübungsgesellschaften sind an eine Gebührenordnung gebunden, die das Bundesministerium der Finanzen durch Rechtsverordnung mit Zustim-mung des Bundesrates erläßt. [2] Das Bundesministerium der Finanzen hat vor-her die Bundessteuerberaterkammer zu hören. [3] Die Höhe der Gebühren darf den Rahmen des Angemessenen nicht übersteigen und hat sich nach

1. Zeitaufwand,
2. Wert des Objekts und
3. Art der Aufgabe

zu richten.

(2) [1] Die Abtretung von Gebührenforderungen oder die Übertragung ihrer Einziehung an Personen und Vereinigungen im Sinne des § 3 Nr. 1 bis 3 ist auch ohne Zustimmung des Mandanten zulässig. [2] Im Übrigen sind Abtretung oder Übertragung nur zulässig, wenn eine ausdrückliche, schriftliche Einwilli-gung des Mandanten vorliegt oder die Forderung rechtskräftig festgestellt ist. [3] Vor der Einwilligung ist der Mandant über die Informationspflicht des Steu-erberaters oder Steuerbevollmächtigten gegenüber dem neuen Gläubiger oder Einziehungsermächtigten aufzuklären. [4] Der neue Gläubiger oder Einzie-hungsermächtigte ist in gleicher Weise zur Verschwiegenheit verpflichtet wie der beauftragte Steuerberater oder Steuerbevollmächtigte.

§ 65[2) Pflicht zur Übernahme einer Prozessvertretung. [1] Steuerberater haben im Verfahren vor den Gerichten der Finanzgerichtsbarkeit die Vertre-tung eines Beteiligten zu übernehmen, wenn sie diesem zur vorläufig unent-geltlichen Wahrnehmung der Rechte auf Grund des § 142 der Finanzge-richtsordnung[3) beigeordnet sind. [2] Der Steuerberater kann beantragen, die Beiordnung aufzuheben, wenn hierfür wichtige Gründe vorliegen.

§ 65a[4) Pflicht zur Übernahme der Beratungshilfe. [1] Steuerberater und Steuerbevollmächtigte sind verpflichtet, die in dem Beratungshilfegesetz vor-

---

[1) § 64 Abs. 2 angef. mWv 1.7.1994 durch G v. 24.6.1994 (BGBl. I S. 1387); Abs. 2 neu gef. mWv 12.4.2008 durch G v. 8.4.2008 (BGBl. I S. 666); Abs. 1 Satz 1 und Abs. 2 Satz 1 geänd. mWv 1.8.2022 durch G v. 7.7.2021 (BGBl. I S. 2363).
[2) § 65 Überschrift geänd. mWv 18.12.2019 durch G v. 12.12.2019 (BGBl. I S. 2451).
[3) Nr. **802**.
[4) § 65a eingef. mWv 1.1.2014 durch G v. 31.8.2013 (BGBl. I S. 3533).

gesehen Beratungshilfe zu übernehmen. ²Sie können die Beratungshilfe im Einzelfall aus wichtigem Grund ablehnen.

§ 66[1] **Handakten.** (1) ¹Der Steuerberater oder Steuerbevollmächtigte muss durch das Führen von Handakten ein geordnetes und zutreffendes Bild über die Bearbeitung seiner Aufträge geben können. ²Er hat die Handakten für die Dauer von zehn Jahren aufzubewahren. ³Die Frist beginnt mit Ablauf des Kalenderjahres, in dem der Auftrag beendet wurde.

(2) ¹Dokumente, die der Steuerberater oder Steuerbevollmächtigte aus Anlass seiner beruflichen Tätigkeit von dem Auftraggeber oder für ihn erhalten hat, hat der Steuerberater oder Steuerbevollmächtigte seinem Auftraggeber auf Verlangen herauszugeben. ²Macht der Auftraggeber kein Herausgabeverlangen geltend, so hat der Steuerberater oder Steuerbevollmächtigte die Dokumente für die Dauer der Frist nach Absatz 1 Satz 2 und 3 aufzubewahren. ³Diese Aufbewahrungspflicht gilt nicht, wenn der Steuerberater oder Steuerbevollmächtigte den Auftraggeber aufgefordert hat, die Dokumente in Empfang zu nehmen, und der Auftraggeber dieser Aufforderung binnen sechs Monaten nach Zugang nicht nachgekommen ist. ⁴Die Sätze 1 bis 3 gelten nicht für

1. die Korrespondenz zwischen dem Steuerberater oder Steuerbevollmächtigten und seinem Auftraggeber,

2. die Dokumente, die der Auftraggeber bereits in Urschrift oder Abschrift erhalten hat, sowie

3. die zu internen Zwecken gefertigten Arbeitspapiere.

(3) ¹Der Steuerberater oder Steuerbevollmächtigte kann seinem Auftraggeber die Herausgabe der Dokumente nach Absatz 2 Satz 1 verweigern, bis er hinsichtlich seiner von diesem Auftraggeber geschuldeten Gebühren und Auslagen befriedigt ist. ²Dies gilt nicht, soweit der Vorenthalt unangemessen ist.

(4) ¹Die Absätze 1 bis 3 gelten entsprechend, soweit sich der Steuerberater oder Steuerbevollmächtigte zum Führen von Handakten oder zur Verwahrung von Dokumenten der elektronischen Datenverarbeitung bedient. ²Die in anderen Gesetzen getroffenen Regelungen über die Pflicht zur Aufbewahrung von Geschäftsunterlagen bleiben unberührt.

§ 67[2] **Berufshaftpflichtversicherung.** (1) Selbständige Steuerberater und Steuerbevollmächtigte sind verpflichtet, sich gegen die sich aus ihrer Berufstätigkeit nach den §§ 33 und 57 Absatz 3 Nummer 2 und 3 ergebenden Haftpflichtgefahren für Vermögensschäden zu versichern und diese Berufshaftpflichtversicherung während der Dauer ihrer Bestellung aufrechtzuerhalten.

---

[1] § 66 neu gef. mWv 12.4.2008 durch G v. 8.4.2008 (BGBl. I S. 666); Abs. 1 Satz 1 neu gef., Sätze 2 und 3 eingef., bish. Satz 2 wird Satz 4 mWv 18.12.2019 durch G v. 12.12.2019 (BGBl. I S. 2451); Abs. 1 Satz 4 aufgeh., Abs. 2 und 3 neu gef., Abs. 4 Satz 1 geänd. mWv 1.8.2022 durch G v. 7.7.2021 (BGBl. I S. 2363).
[2] § 67 neu gef. mWv 19.7.2013 durch G v. 15.7.2013 (BGBl. I S. 2386); Abs. 1 neu gef., Abs. 2 aufgeh., bish. Abs. 3 wird Abs. 2, bish. Abs. 4 wird Abs. 3 und neu gef. mWv 1.8.2022 durch G v. 7.7.2021 (BGBl. I S. 2363).

(2) Zuständige Stelle im Sinne des § 117 Absatz 2 des Versicherungsvertragsgesetzes ist die Steuerberaterkammer.

(3) ¹Die Steuerberaterkammer erteilt Dritten zur Geltendmachung von Schadenersatzansprüchen auf Antrag Auskunft über folgende Daten der Berufshaftpflichtversicherung des Steuerberaters, Steuerbevollmächtigten oder der Berufsausübungsgesellschaft:

1. den Namen,

2. die Adresse und

3. die Versicherungsnummer.

²Satz 1 gilt nicht, soweit der Steuerberater, Steuerbevollmächtigte oder die Berufsausübungsgesellschaft ein überwiegendes schutzwürdiges Interesse an der Nichterteilung der Auskunft hat.

§ 67a¹⁾ Vertragliche Begrenzung von Ersatzansprüchen. (1) ¹Der Anspruch des Auftraggebers aus dem zwischen ihm und dem Steuerberater oder Steuerbevollmächtigten bestehenden Vertragsverhältnis auf Ersatz eines fahrlässig verursachten Schadens kann beschränkt werden:

1. durch schriftliche Vereinbarung im Einzelfall bis zur Höhe der Mindestversicherungssumme;

2. durch vorformulierte Vertragsbedingungen auf den vierfachen Betrag der Mindestversicherungssumme, wenn insoweit Versicherungsschutz besteht.

²Für Berufsausübungsgesellschaften gilt Satz 1 entsprechend.

(2) ¹Die persönliche Haftung auf Schadensersatz kann durch vorformulierte Vertragsbedingungen beschränkt werden auf die Mitglieder einer Berufsausübungsgesellschaft ohne Haftungsbeschränkung, die das Mandat im Rahmen ihrer eigenen beruflichen Befugnisse bearbeiten und namentlich bezeichnet sind. ²Die Zustimmungserklärung zu einer solchen Beschränkung darf keine anderen Erklärungen enthalten und muß vom Auftraggeber unterschrieben sein.

§ 68²⁾ *(aufgehoben)*

§ 69³⁾ Bestellung eines allgemeinen Vertreters. (1) ¹Steuerberater und Steuerbevollmächtigte müssen einen allgemeinen Vertreter bestellen, wenn sie länger als einen Monat daran gehindert sind, ihren Beruf auszuüben; die Bestellung ist der zuständigen Steuerberaterkammer unverzüglich anzuzeigen. ²Auf Antrag des Steuerberaters oder Steuerbevollmächtigten bestellt die zu-

---

¹⁾ § 67a eingef. mWv 1.7.1994 durch G v. 24.6.1994 (BGBl. I S. 1387); Abs. 1 Satz 2 angef. mWv 19.7.2013 durch G v. 15.7.2013 (BGBl. I S. 2386); Abs. 2 Satz 1 geänd. mWv 1.8.2022 durch G v. 7.7.2021 (BGBl. I S. 2363).

²⁾ § 68 aufgeh. mWv 15.12.2004 durch G v. 9.12.2004 (BGBl. I S. 3214).

³⁾ § 69 neu gef. mWv 1.7.1994 durch G v. 24.6.1994 (BGBl. I S. 1387), ABs. 1 Sätze 1, 2 und 3, Abs. 3 Satz 1 und 4, Abs. 4 Satz 5 und 7 geänd., Abs. 5 Satz 2 eingef., bish. Abs. 5 Satz 2 wird Satz 3 mWv 1.7.2000 durch G v. 24.6.2000 (BGBl. I S. 874); Abs. 7 angef. mWv 12.4.2008 durch G v. 8.4.2008 (BGBl. I S. 666).

ständige Steuerberaterkammer den Vertreter. [3] Der Vertreter muß ein Steuerberater oder Steuerbevollmächtigter (§§ 40, 42) sein.

(2) [1] Dem Vertreter stehen im Rahmen der eigenen Befugnisse die rechtlichen Befugnisse des Steuerberaters oder Steuerbevollmächtigten zu, den er vertritt. [2] Der Vertreter wird in eigener Verantwortung, jedoch im Interesse, für Rechnung und auf Kosten des Vertretenen tätig. [3] Die §§ 666, 667 und 670 des Bürgerlichen Gesetzbuches gelten entsprechend.

(3) [1] Die zuständige Steuerberaterkammer kann den Vertreter von Amts wegen bestellen, wenn der Steuerberater oder Steuerbevollmächtigte es unterlassen hat, eine Maßnahme nach Absatz 1 Satz 1 zu treffen oder die Bestellung eines Vertreters nach Absatz 1 Satz 2 zu beantragen. [2] Der Vertreter soll jedoch erst bestellt werden, wenn der Steuerberater oder Steuerbevollmächtigte vorher aufgefordert worden ist, den Vertreter selbst zu bestellen oder einen Antrag nach Absatz 1 Satz 2 einzureichen, und die ihm hierfür gesetzte Frist fruchtlos verstrichen ist. [3] Der Steuerberater oder Steuerbevollmächtigte, der von Amts wegen als Vertreter bestellt wird, kann die Vertretung nur aus einem wichtigen Grund ablehnen. [4] Über die Zulässigkeit der Ablehnung entscheidet die zuständige Steuerberaterkammer.

(4) [1] Der von Amts wegen bestellte Vertreter ist berechtigt, die Praxisräume zu betreten und die zur Praxis gehörenden Gegenstände einschließlich des dem Steuerberater oder Steuerbevollmächtigten zur Verwahrung unterliegenden Treugutes in Besitz zu nehmen, herauszuverlangen und hierüber zu verfügen. [2] An Weisungen des Vertretenen ist er nicht gebunden. [3] Der Vertretene darf die Tätigkeit des Vertreters nicht beeinträchtigen. [4] Er hat dem von Amts wegen bestellten Vertreter eine angemessene Vergütung zu zahlen, für die Sicherheit zu leisten ist, wenn die Umstände es erfordern. [5] Können sich die Beteiligten über die Höhe der Vergütung oder über die Sicherheit nicht einigen oder wird die geschuldete Sicherheit nicht geleistet, setzt die Steuerberaterkammer auf Antrag des Vertretenen oder des Vertreters die Vergütung fest. [6] Der Vertreter ist befugt, Vorschüsse auf die vereinbarte oder festgesetzte Vergütung zu entnehmen. [7] Für die festgesetzte Vergütung haftet die Steuerberaterkammer wie ein Bürge.

(5) [1] Der Vertreter wird für einen bestimmten Zeitraum, längstens jedoch für die Dauer von zwei Jahren bestellt. [2] In den Fällen des § 59 erfolgt die Bestellung des Vertreters für die Dauer des Dienst- oder Amtsverhältnisses. [3] Die Bestellung kann jederzeit widerrufen werden.

(6) Der von Amts wegen bestellte Vertreter darf für die Dauer von zwei Jahren nach Ablauf der Bestellung nicht für Auftraggeber tätig werden, die er in seiner Eigenschaft als Vertreter für den Vertretenen betreut hat.

(7) [1] Ist ein Steuerberater oder Steuerbevollmächtigter, für den ein Vertreter bestellt ist, gestorben, so sind Rechtshandlungen, die der Vertreter vor Eintragung der Löschung des verstorbenen Berufsangehörigen in das Berufsregister vorgenommen hat, nicht deshalb unwirksam, weil der Berufsangehörige zur Zeit der Bestellung des Vertreters oder zur Zeit der Vornahme der Handlung nicht mehr gelebt hat. [2] Das Gleiche gilt für Rechtshandlungen, die vor Eintragung der Löschung des verstorbenen Berufsangehörigen in das Berufsregister dem Vertreter gegenüber noch vorgenommen worden sind.

§ 70[1]) Bestellung eines Praxisabwickler. (1) [1]Ist ein Steuerberater oder Steuerbevollmächtigter gestorben, kann die zuständige Steuerberaterkammer einen anderen Steuerberater oder Steuerbevollmächtigten zum Abwickler der Praxis bestellen. [2]Ein Abwickler kann auch für die Praxis eines früheren Steuerberaters oder Steuerbevollmächtigten bestellt werden, dessen Bestellung erloschen, zurückgenommen oder widerrufen worden ist.

(2) [1]Der Abwickler ist in der Regel nicht länger als für die Dauer eines Jahres zu bestellen. [2]Auf Antrag des Abwicklers ist die Bestellung jeweils höchstens um ein Jahr zu verlängern, wenn er glaubhaft macht, dass schwebende Angelegenheiten noch nicht zu Ende geführt werden konnten.

(3) [1]Dem Abwickler obliegt es, die schwebenden Angelegenheiten abzuwickeln. [2]Er führt die laufenden Aufträge fort; innerhalb der ersten sechs Monate ist er auch berechtigt, neue Aufträge anzunehmen. [3]Ihm stehen die gleichen Befugnisse zu, die der verstorbene oder frühere Steuerberater oder Steuerbevollmächtigte hatte. [4]Der Abwickler gilt für die schwebenden Angelegenheiten als von der Partei bevollmächtigt, sofern diese nicht für die Wahrnehmung ihrer Rechte in anderer Weise gesorgt hat.

(4) [1]Der Steuerberater oder Steuerbevollmächtigte, der von Amts wegen zum Abwickler bestellt worden ist, kann die Abwicklung nur aus einem wichtigen Grund ablehnen. [2]Über die Zulässigkeit der Ablehnung entscheidet die zuständige Steuerberaterkammer.

(5) § 69 Abs. 2 und 4 gilt entsprechend.

(6) Der Abwickler ist berechtigt, jedoch außer im Rahmen eines Kostenfestsetzungsverfahrens nicht verpflichtet, Gebührenansprüche und Kostenforderungen des verstorbenen oder früheren Steuerberaters oder Steuerbevollmächtigten im eigenen Namen geltend zu machen, im Falle des verstorbenen Steuerberaters oder Steuerbevollmächtigten allerdings nur für Rechnung der Erben.

(7) Die Bestellung kann widerrufen werden.

(8) § 69 Abs. 6 gilt entsprechend, es sei denn, es liegt eine schriftliche Einwilligung der Erben oder des früheren Steuerberaters oder Steuerbevollmächtigten vor.

§ 71[2]) Bestellung eines Praxistreuhänders. (1) [1]Soll die Praxis eines verstorbenen Steuerberaters oder Steuerbevollmächtigten auf eine bestimmte Person übertragen werden, die im Zeitpunkt des Todes des verstorbenen Berufsangehörigen noch nicht zur Hilfeleistung in Steuersachen befugt ist, so kann auf Antrag der Erben die zuständige Steuerberaterkammer für einen Zeitraum bis zu drei Jahren einen Steuerberater oder Steuerbevollmächtigten zum Treuhänder bestellen. [2]In Ausnahmefällen kann der Zeitraum um ein weiteres Jahr verlängert werden.

---

[1]) § 70 neu gef. mWv 12.4.2008 durch G v. 8.4.2008 (BGBl. I S. 666).
[2]) § 71 Abs. 4 geänd. durch G v. 9.6.1989 (BGBl. I S. 1062), Abs. 5 angef. mWv 1.7.1994 durch G v. 24.6.1994 (BGBl. I S. 1387), Abs. 1 Satz 1 geänd., Abs. 4 neu gef. mWv 1.7.2000 durch G v. 24.6.2000 (BGBl. I S. 874).

(2) ¹Der Treuhänder führt sein Amt unter eigener Verantwortung jedoch für Rechnung und auf Kosten der Erben des verstorbenen Steuerberaters oder Steuerbevollmächtigten. ²Er hat Anspruch auf eine angemessene Vergütung.

(3) Die Bestellung kann jederzeit widerrufen werden.

(4) Absatz 1 gilt entsprechend für die Praxis eines früheren Steuerberaters oder Steuerbevollmächtigten, dessen Bestellung wegen nicht nur vorübergehender Berufsunfähigkeit widerrufen ist (§ 46 Abs. 2 Nr. 7) oder der aus den in § 57 Abs. 4 genannten Gründen auf seine Bestellung verzichtet hat.

(5) § 69 Abs. 6 gilt entsprechend.

§ 72¹⁾ *(aufgehoben)*

Vierter Abschnitt. Organisation des Berufs

§ 73²⁾ Steuerberaterkammer. (1) ¹Die Steuerberater und Steuerbevollmächtigten, die in einem Oberfinanzbezirk oder durch die Landesregierung bestimmten Kammerbezirk ihre berufliche Niederlassung haben, bilden eine Berufskammer. ²Diese führt die Bezeichnung „Steuerberaterkammer".

(2) ¹Die Steuerberaterkammer hat ihren Sitz im Kammerbezirk. ²Sie ist eine Körperschaft des öffentlichen Rechts.

(3) ¹Werden Oberfinanzdirektionen aufgelöst oder zusammengelegt, bleiben die bisher gebildeten Kammern bestehen. ²Der vormalige Geschäftsbereich einer aufgelösten Oberfinanzdirektion gilt als Kammerbezirk fort, soweit die Landesregierung nichts anderes bestimmt.

§ 74³⁾ Mitgliedschaft. (1) ¹Mitglieder der Steuerberaterkammer sind außer Steuerberatern und Steuerbevollmächtigten die anerkannten Berufsausübungsgesellschaften, die ihren Sitz im Kammerbezirk haben. ²Steuerberater und Steuerbevollmächtigte, die im Geltungsbereich dieses Gesetzes keine berufliche Niederlassung begründet haben, sind Mitglieder der Steuerberaterkammer, in deren Bezirk sie bestellt worden sind. ³ § 46 Abs. 2 Nr. 6 bleibt unberührt.

(2) Mitglieder der Steuerberaterkammer sind außerdem, soweit sie nicht Steuerberater oder Steuerbevollmächtigte sind, die Mitglieder des Geschäftsführungs- oder Aufsichtsorgans einer anerkannten Berufsausübungsgesellschaft, die ihren Sitz im Kammerbezirk hat.

(3) Anerkannte Berufsausübungsgesellschaften, die keinen Sitz im Inland haben, sind Mitglieder der Steuerberaterkammer, die sie anerkannt hat.

---

¹⁾ § 72 aufgeh. mWv 1.8.2022 durch G v. 7.7.2021 (BGBl. I S. 2363).
²⁾ § 73 neu gef. mWv 12.4.2008 durch G v. 8.4.2008 (BGBl. I S. 666); Abs. 4 angef. mWv 25.6.2017 durch G v. 23.6.2017 (BGBl. I S. 1682); Abs. 4 aufgeh. mWv 1.8.2022 durch G v. 7.7.2021 (BGBl. I S. 2363).
³⁾ § 74 Abs. 1 Satz 3 angef. und Abs. 2 geänd. durch G v. 9.6.1989 (BGBl. I S. 1062), Abs. 1 Satz 2 geänd. durch G v. 13.12.1990 (BGBl. I S. 2756), Abs. 1 Sätze 1, 2 und 3 sowie Abs. 2 geänd. mWv 1.7.2000 durch G v. 24.6.2000 (BGBl. I S. 874); Abs. 1 Sätze 1 und 2 sowie Abs. 2 geänd. mWv 12.4.2008 durch G v. 8.4.2008 (BGBl. I S. 666); Abs. 1 Satz 1 und Abs. 2 geänd., Abs. 3 angef. mWv 1.8.2022 durch G v. 7.7.2021 (BGBl. I S. 2363).

§ 74a[1] Mitgliederakten. (1) [1]Die Steuerberaterkammern führen zur Erfüllung ihrer Aufgaben Akten über ihre Mitglieder (§ 74). [2]Mitgliederakten können teilweise oder vollständig elektronisch geführt werden. [3]Zu den Mitgliederakten sind insbesondere die Dokumente zu nehmen, die im Zusammenhang mit der Bestellung oder Anerkennung, der Mitgliedschaft oder der Qualifikation des Mitglieds stehen oder die in Bezug auf das Mitglied geführte berufsaufsichtliche Verfahren betreffen.

(2) [1]Die Mitglieder der Steuerberaterkammern haben das Recht, die über sie geführten Akten einzusehen. [2]Bei einer Einsichtnahme dürfen Aufzeichnungen über den Inhalt der Akten oder Kopien der Dokumente gefertigt werden. [3]Bei einer elektronischen Aktenführung hat die Steuerberaterkammer den Inhalt elektronisch oder durch Ausdrucke zugänglich zu machen. [4]Die Akteneinsicht kann verweigert werden, solange die in § 29 Absatz 1 Satz 2 und Absatz 2 des Verwaltungsverfahrensgesetzes und § 147 Absatz 2 Satz 1 der Strafprozessordnung genannten Gründe vorliegen.

(3) [1]Wird die Mitgliedschaft in einer anderen Steuerberaterkammer begründet, übersendet die abgebende Kammer der anderen Kammer die Mitgliederakte. [2]Hat die andere Kammer die Daten des Mitglieds erfasst, löscht die abgebende Kammer alle personenbezogenen Daten des Mitglieds mit Ausnahme des Hinweises auf den Wechsel und eventueller weiterer zu ihrer Aufgabenerfüllung noch erforderlicher Daten.

(4) [1]Mitgliederakten sind dreißig Jahre nach dem Ende des Jahres, in dem die Mitgliedschaft in der Steuerberaterkammer erloschen war, zu vernichten. [2]Davon abweichende Pflichten, Aktenbestandteile früher zu vernichten, bleiben unberührt. [3]Satz 1 gilt nicht, wenn das Mitglied in eine längere Aufbewahrung eingewilligt hat oder die Akte einem öffentlichen Archiv angeboten wird. [4]Wurde die Bestellung des Mitglieds wegen Unzuverlässigkeit, Ungeeignetheit oder Unwürdigkeit zurückgenommen oder widerrufen oder wurde das Mitglied aus dem Beruf ausgeschlossen, darf die Akte nicht vernichtet werden, bevor die entsprechende Eintragung im Bundeszentralregister entfernt wurde. [5]Satz 4 gilt auch, wenn das Mitglied während eines Rücknahme- oder Widerrufsverfahrens wegen Unzuverlässigkeit, Ungeeignetheit oder Unwürdigkeit auf die Bestellung verzichtet hat. [6]Bei einer elektronischen Aktenführung tritt an die Stelle der Vernichtung der Akten die Löschung der Daten.

(5) Nach dem Tod eines Mitglieds kann die Steuerberaterkammer zu Zwecken wissenschaftlicher Forschung Einsicht in die Mitgliederakte gewähren, soweit das wissenschaftliche Interesse die Persönlichkeitsrechte und Interessen der von einer Einsicht betroffenen Personen überwiegt und der Zweck der Forschung auf andere Weise nicht oder nur mit unverhältnismäßigem Aufwand erreicht werden kann.

(6) [1]Auf Personen, die einen Antrag auf Bestellung zum Steuerberater oder Steuerbevollmächtigten oder auf Anerkennung als Berufsausübungsgesellschaft gestellt haben, sind die Absätze 1, 2, 4 und 5 entsprechend anzuwenden. [2]Absatz 2 gilt auch für frühere Mitglieder.

---

[1] § 74a eingef. mWv 1.8.2021 durch G v. 25.6.2021 (BGBl. I S. 2154); Abs. 6 Satz 1 geänd. mWv 1.8.2022 durch G v. 7.7.2021 (BGBl. I S. 2363).

§ 75[1] Gemeinsame Steuerberaterkammer. (1) [1]Die Steuerberaterkammern können sich durch einen übereinstimmenden Beschluß der beteiligten Kammern für den Bereich eines oder mehrerer Kammerbezirke oder mehrerer Länder zu einer gemeinsamen Steuerberaterkammer zusammenschließen. [2]Die einzelnen für den Kammerbezirk gebildeten Steuerberaterkammern werden damit aufgelöst.

(2) Ein Zusammenschluß für mehrere Länder ist zulässig, wenn eine Vereinbarung der beteiligten Länder vorliegt.

§ 76[2] Aufgaben der Steuerberaterkammer. (1) Die Steuerberaterkammer hat die Aufgabe, die beruflichen Belange der Gesamtheit der Mitglieder zu wahren und die Erfüllung der beruflichen Pflichten zu überwachen.

(2) Der Steuerberaterkammer obliegt insbesondere,

1. die Mitglieder der Kammer in Fragen der Berufspflichten (§ 57) zu beraten und zu belehren;
2. auf Antrag bei Streitigkeiten unter den Mitgliedern der Kammer zu vermitteln;
3. auf Antrag bei Streitigkeiten zwischen Mitgliedern der Kammer und ihren Auftraggebern zu vermitteln;
4. die Erfüllung der den Mitgliedern obliegenden Pflichten (§ 57) zu überwachen und das Recht der Rüge (§ 81) zu handhaben;
5. die Vorschlagslisten der ehrenamtlichen Beisitzer bei den Berufsgerichten den Landesjustizverwaltungen einzureichen (§ 99 Abs. 3);
6. Fürsorgeeinrichtungen für Steuerberater und Steuerbevollmächtigte sowie deren Hinterbliebene zu schaffen;
7. Gutachten zu erstatten, die ein Gericht, eine Landesfinanzbehörde oder eine andere Verwaltungsbehörde des Landes anfordert;
8. die durch Gesetz zugewiesenen Aufgaben im Bereich der Berufsbildung wahrzunehmen;
9. die berufsständischen Mitglieder der Prüfungsausschüsse für die steuerberatenden Berufe vorzuschlagen;
10. die Wahrnehmung der den Steuerberaterkammern zugewiesenen Aufgaben des Zweiten und Sechsten Abschnitts des Zweiten Teils dieses Gesetzes;
11. die Erfüllung der den Steuerberaterkammern nach § 80a Absatz 2 der Abgabenordnung[3] zugewiesenen Pflichten.

---

[1] § 75 Abs. 1 Satz 1 geänd. durch G v. 23.6.1998 (BGBl. I S. 1496), Überschrift, Abs. 1 Sätze 1 und 2 geänd. mWv 1.7.2000 durch G v. 24.6.2000 (BGBl. I S. 874); Abs. 1 Sätze 1 und 2 geänd. mWv 12.4.2008 durch G v. 8.4.2008 (BGBl. I S. 666).

[2] § 76 Abs. 5 angef. durch G v. 9.6.1989 (BGBl. I S. 1062), Abs. 3 neu gef. mWv 1.7.1994 durch G v. 24.6.1994 (BGBl. I S. 1387), Überschrift, Abs. 1, Abs. 2 und Abs. 2 Nr. 9, Abs. 3 Satz 1, bish. Abs. 4 und 5 geänd., Abs. 2 Nr. 10 angef., neuer Abs. 4 eingef., bish. Abs. 4–5 werden Abs. 5 und 6 mWv 1.7.2000 durch G v. 24.6.2000 (BGBl. I S. 874); Abs. 7 angef. mWv 18.12.2008 durch G v. 11.12.2008 (BGBl. I S. 2418); Abs. 8–10 angef. mWv 28.12.2010 durch G v. 22.12.2010 (BGBl. I S. 2248); Abs. 11 angef. mWv 31.7.2014 durch G v. 25.7.2014 (BGBl. I S. 1266); Abs. 2 Nr. 10 geänd., Nr. 11 angef. mWv 1.1.2017 durch G v. 18.7.2016 (BGBl. I S. 1679); Abs. 8 geänd. mWv 1.1.2020 durch G v. 12.12.2019 (BGBl. I S. 2602); Abs. 5 neu gef. mWv 1.8.2022 durch G v. 7.7.2021 (BGBl. I S. 2363).

[3] Nr. **800.**

(3) ¹Die Steuerberaterkammer kann die in Absatz 2 Nr. 1 bis 3 bezeichneten Aufgaben einzelnen Mitgliedern des Vorstandes übertragen; weitere Aufgaben können Abteilungen im Sinne des § 77a übertragen werden. ²Im Fall des Absatzes 2 Nr. 4 zweite Alternative kann der Betroffene eine Entscheidung des Vorstandes verlangen.

(4) ¹Im Einvernehmen mit der Steuerberaterkammer, die nach den Vorschriften dieses Gesetzes für die Wahrnehmung der ihr nach Absatz 2 Nr. 10 obliegenden Aufgaben örtlich zuständig ist, kann eine andere Steuerberaterkammer diese Aufgaben übernehmen. ²Diese Vereinbarung ist in die Satzungen der beteiligten Steuerberaterkammern aufzunehmen.

(5) ¹Die Steuerberaterkammer hat die Aufgabe, das Berufsregister ihres Bezirks zu führen. ²Die Steuerberaterkammern können sich bei der Führung des Berufsregisters einer nach § 84 gebildeten Arbeitsgemeinschaft bedienen.

(6) Die Steuerberaterkammer ist berechtigt, die Ausbildung des Berufsnachwuchses zu fördern.

(7) ¹Die Länder können durch Gesetz den Steuerberaterkammern allein oder gemeinsam mit anderen Stellen die Aufgaben einer einheitlichen Stelle im Sinne des Verwaltungsverfahrensgesetzes übertragen. ²Das Gesetz regelt die Aufsicht und kann vorsehen, dass die Steuerberaterkammern auch für Antragsteller tätig werden, die nicht als Steuerberater tätig werden wollen.

(8) Die Steuerberaterkammer ist im Sinne des § 36 Absatz 1 Nummer 1 des Gesetzes über Ordnungswidrigkeiten Verwaltungsbehörde für Ordnungswidrigkeiten nach § 6 der Dienstleistungs-Informationspflichten-Verordnung und nach § 56 des Geldwäschegesetzes, die durch ihre Mitglieder begangen werden.

(9) Die Geldbußen aus der Ahndung von Ordnungswidrigkeiten nach Absatz 8 fließen in die Kasse der Verwaltungsbehörde, die den Bußgeldbescheid erlassen hat.

(10) ¹Die nach Absatz 9 zuständige Kasse trägt abweichend von § 105 Absatz 2 des Gesetzes über Ordnungswidrigkeiten die notwendigen Auslagen. ²Sie ist auch ersatzpflichtig im Sinne des § 110 Absatz 4 des Gesetzes über Ordnungswidrigkeiten.

(11) Die Steuerberaterkammer hat die Aufgabe, in den Fällen des § 160 Absatz 1 Ansprüche nach den Vorschriften des Gesetzes gegen den unlauteren Wettbewerb geltend zu machen, wenn Anhaltspunkte dafür vorliegen, dass die unbefugte Hilfeleistung in Steuersachen fortgesetzt wird.

§ 76a¹⁾ Eintragung in das Berufsregister. (1) In das Berufsregister sind einzutragen:

1. für Steuerberater und Steuerbevollmächtigte, die in dem Bezirk der zuständigen Steuerberaterkammer (Registerbezirk) bestellt werden oder ihre berufliche Niederlassung in diesen verlegen:

    a) der Familienname, der Vorname oder die Vornamen, das Geburtsdatum und der Geburtsort des Steuerberaters oder Steuerbevollmächtigten,

---

¹⁾ § 76a eingef. mWv 1.8.2022 durch G v. 7.7.2021 (BGBl. I S. 2363).

b) das Datum der Bestellung und der Behörde oder der Steuerberaterkammer, die die Bestellung vorgenommen hat,

c) die Befugnis zum Führen der Bezeichnung „Landwirtschaftliche Buchstelle" und der Bezeichnungen nach der Fachberaterordnung,

d) die Anschrift der beruflichen Niederlassung, die Telekommunikationsdaten, einschließlich der geschäftlichen E-Mail-Adresse, und die geschäftliche Internetadresse,

e) berufliche Zusammenschlüsse im Sinne der §§ 49, 50 und 55h,

f) die Anschrift der weiteren Beratungsstellen, der Familienname, der Vorname oder die Vornamen und die Anschrift der die weiteren Beratungsstellen leitenden Personen,

g) der Familienname, der Vorname oder die Vornamen und die Anschrift des Vertreters oder Zustellungsbevollmächtigten, sofern ein solcher bestellt oder benannt worden ist,

h) das Bestehen eines Berufs- oder Vertretungsverbots im Sinne des § 90 Absatz 1 Nummer 4 oder des § 134,

i) die Bezeichnung des besonderen elektronischen Steuerberaterpostfachs sowie

j) alle Veränderungen der Angaben zu den Buchstaben a und c bis i;

2. für Berufsausübungsgesellschaften, die in dem Registerbezirk anerkannt werden oder die nach der Anerkennung ihren Sitz in diesen verlegen:

a) der Name oder die Firma und die Rechtsform,

b) das Datum der Anerkennung als Berufsausübungsgesellschaft und der Name der Behörde oder der Steuerberaterkammer, die die Anerkennung vorgenommen hat,

c) die Befugnis zum Führen der Bezeichnung „Landwirtschaftliche Buchstelle",

d) die Anschrift der beruflichen Niederlassung, die Telekommunikationsdaten, einschließlich der geschäftlichen E-Mail-Adresse, und die geschäftliche Internetadresse,

e) berufliche Zusammenschlüsse im Sinne der §§ 49, 50 und 55h,

f) folgende Angaben zu den Gesellschaftern:

aa) bei natürlichen Personen: der Familienname, der Vorname oder die Vornamen und der in der Berufsausübungsgesellschaft ausgeübte Beruf,

bb) bei juristischen Personen und rechtsfähigen Personengesellschaften: deren Name oder Firma, deren Sitz und, sofern gesetzlich vorgesehen, das für sie zuständige Register und die Registernummer,

g) bei juristischen Personen: zu jedem Mitglied des zur gesetzlichen Vertretung berufenen Organs der Familienname, der Vorname oder die Vornamen und der Beruf,

h) bei rechtsfähigen Personengesellschaften: die vertretungsberechtigten Gesellschafter und deren Beruf,

   i) der Familienname, der Vorname oder die Vornamen und der Beruf der angestellten Steuerberater, Steuerbevollmächtigten, Rechtsanwälte, Wirtschaftsprüfer und vereidigten Buchprüfer, die zur Vertretung der Berufsausübungsgesellschaft berechtigt sind, sofern die Eintragung in das Berufsregister von der Berufsausübungsgesellschaft beantragt wird,

   j) die Anschrift der weiteren Beratungsstellen, der Familienname, der Vorname oder die Vornamen und die Anschrift der die weiteren Beratungsstellen leitenden Personen,

   k) der Familienname, der Vorname oder die Vornamen und die Anschrift des Vertreters oder Zustellungsbevollmächtigten, sofern ein solcher bestellt oder benannt worden ist,

   l) bei anerkannten Berufsausübungsgesellschaften: das Bestehen eines Berufs- oder Vertretungsverbots im Sinne des § 90 Absatz 2 Nummer 4 oder des § 134,

   m) die Bezeichnung des besonderen elektronischen Steuerberaterpostfachs der Berufsausübungsgesellschaft sowie

   n) alle Veränderungen der Angaben zu den Buchstaben a und c bis m;

3. für weitere Beratungsstellen von Steuerberatern und Steuerbevollmächtigten, wenn sie im Registerbezirk errichtet werden:

   a) der Familienname, der Vorname oder die Vornamen und die Anschrift des Steuerberaters oder Steuerbevollmächtigten,

   b) die Befugnis zum Führen der Bezeichnung „Landwirtschaftliche Buchstelle",

   c) die Anschrift der weiteren Beratungsstellen,

   d) der Familienname, der Vorname oder die Vornamen und die Anschrift der die weiteren Beratungsstellen leitenden Personen sowie

   e) alle Veränderungen der Angaben zu den Buchstaben a bis d;

4. für weitere Beratungsstellen von anerkannten Berufsausübungsgesellschaften, wenn sie im Registerbezirk errichtet werden:

   a) der Name oder die Firma und die Rechtsform,

   b) die Befugnis zum Führen der Bezeichnung „Landwirtschaftliche Buchstelle",

   c) die Anschrift der weiteren Beratungsstellen,

   d) der Familienname, der Vorname oder die Vornamen und die Anschrift der die weiteren Beratungsstellen leitenden Personen sowie

   e) alle Veränderungen der Angaben zu den Buchstaben a bis d.

(2) [1] Für Berufsausübungsgesellschaften, die nach § 53 Absatz 1 Satz 2 nicht anerkennungspflichtig sind, gilt Absatz 1 Nummer 2 und 4 mit der Maßgabe entsprechend, dass anstelle des Datums der Anerkennung der Tag der Registrierung im Berufsregister einzutragen ist. [2] Abweichend von Satz 1 ist bei Berufsausübungsgesellschaften in der Rechtsform der Partnerschaftsgesellschaft der Tag der Eintragung im Partnerschaftsregister einzutragen.

(3) [1] Die zuständige Steuerberaterkammer nimmt Neueintragungen in das Berufsregister nach Absatz 1 Nummer 1 und 2 nur nach Durchführung eines

Identifizierungsverfahrens vor. ²In den Fällen des Absatzes 1 Nummer 2 sind die Mitglieder des zur gesetzlichen Vertretung berufenen Organs oder die vertretungsberechtigten Gesellschafter und Partner zu identifizieren.

(4) Für Berufsausübungsgesellschaften, die ihren Sitz nicht im Inland haben, gilt Absatz 1 Nummer 2 mit der Maßgabe, dass die Steuerberaterkammer des Registerbezirks zuständig ist, in dem die weitere Beratungsstelle unterhalten wird oder der Zustellungsbevollmächtigte ansässig ist.

§ 76b¹⁾ Löschung aus dem Berufsregister. (1) Aus dem Berufsregister sind zu löschen

1. Steuerberater und Steuerbevollmächtigte, wenn

    a) die Bestellung erloschen, vollziehbar zurückgenommen oder widerrufen ist oder

    b) die berufliche Niederlassung aus dem Registerbezirk verlegt wird;

2. Berufsausübungsgesellschaften, wenn

    a) die Anerkennung erloschen, vollziehbar zurückgenommen oder widerrufen ist oder

    b) der Sitz aus dem Registerbezirk verlegt wird;

3. weitere Beratungsstellen, wenn die Beratungsstelle aufgelöst ist.

(2) ¹Die Eintragung über die Befugnis zum Führen der Bezeichnung „Landwirtschaftliche Buchstelle" ist zu löschen, wenn bei einer Berufsausübungsgesellschaft die in § 44 Absatz 3 bezeichneten Voraussetzungen weggefallen sind. ²Die Eintragung von Bezeichnungen nach der Fachberaterordnung ist zu löschen, wenn die Bezeichnung nicht mehr geführt werden darf.

§ 76c²⁾ Mitteilungspflichten; Einsicht in das Berufsregister. (1) Die in das Berufsregister einzutragenden Tatsachen sind der zuständigen Steuerberaterkammer von folgenden Personen mitzuteilen:

1. im Fall des § 76a Absatz 1 Nummer 1 von dem einzutragenden Steuerberater oder Steuerbevollmächtigten;

2. im Fall des § 76a Absatz 1 Nummer 2 von den Mitgliedern des zur gesetzlichen Vertretung berufenen Organs oder den vertretungsberechtigten Gesellschaftern der einzutragenden Berufsausübungsgesellschaft;

3. im Fall des § 76a Absatz 1 Nummer 3 von dem Steuerberater oder Steuerbevollmächtigten, der die weitere Beratungsstelle errichtet hat;

4. im Fall des § 76a Absatz 1 Nummer 4 von den Mitgliedern des zur gesetzlichen Vertretung berufenen Organs oder den vertretungsberechtigten Gesellschaftern der Berufsausübungsgesellschaft, die die weitere Beratungsstelle errichtet haben.

(2) Die im Berufsregister zu löschenden Tatsachen sind der zuständigen Steuerberaterkammer von folgenden Personen mitzuteilen:

---

¹⁾ § 76b eingef. mWv 1.8.2022 durch G v. 7.7.2021 (BGBl. I S. 2363).
²⁾ § 76c eingef. mWv 1.8.2022 durch G v. 7.7.2021 (BGBl. I S. 2363).

1. im Fall des § 76b Absatz 1 Nummer 1 Buchstabe b von dem Steuerberater oder Steuerbevollmächtigten, der seine berufliche Niederlassung verlegt;
2. in den Fällen des § 76b Absatz 1 Nummer 2 Buchstabe b von den Mitgliedern des zur gesetzlichen Vertretung berufenen Organs oder den vertretungsberechtigten Gesellschaftern der Berufsausübungsgesellschaft;
3. in den Fällen des § 76b Absatz 1 Nummer 3 von den in Absatz 1 Nummer 3 oder 4 genannten Personen;
4. in den Fällen des § 76b Absatz 2 von den Mitgliedern des zur gesetzlichen Vertretung berufenen Organs oder den vertretungsberechtigten Gesellschaftern der Berufsausübungsgesellschaft.

(3) [1] Alle Eintragungen und Löschungen im Berufsregister sind den Beteiligten mitzuteilen. [2] Die Löschung von Berufsausübungsgesellschaften ist ferner dem zuständigen Registergericht mitzuteilen.

(4) Die Einsicht in das Berufsregister soll gewährt werden, soweit die die Einsicht begehrende Person hierfür ein berechtigtes Interesse darlegt.

§ 76d[1) Weitere Eintragungen in das Berufsregister. (1) In das Berufsregister sind ferner einzutragen:

1. Vereine, die nach § 44 Absatz 4 befugt sind, die Bezeichnung „Landwirtschaftliche Buchstelle" als Zusatz zum Namen zu führen, wenn sie ihren Sitz im Registerbezirk haben,
2. Buchstellen von Körperschaften des öffentlichen Rechts und Personenvereinigungen, für die nach § 44 Absatz 5 die Bezeichnung „Landwirtschaftliche Buchstelle" geführt werden darf, wenn die Buchstellen im Registerbezirk gelegen sind.

(2) Die Eintragung nach Absatz 1 ist zu löschen, wenn

1. der Verein im Sinne des § 44 Absatz 4 oder die Buchstelle der Personenvereinigung oder Körperschaft im Sinne des § 44 Absatz 5 aufgelöst ist,
2. die in § 44 Absatz 4 oder 5 bezeichneten Voraussetzungen weggefallen sind oder
3. der Sitz des Vereins im Sinne des § 44 Absatz 4 oder der Sitz der Buchstelle der Personenvereinigung oder Körperschaft im Sinne des § 44 Absatz 5 aus dem Registerbezirk verlegt wird.

(3) [1] Die Eintragung oder Löschung ist von den jeweiligen Vertretungsberechtigten des Vereins, der Personenvereinigung oder der Körperschaft zu beantragen. [2] Die Löschung kann auch von Amts wegen vorgenommen werden.

§ 76e[2) Anzeigepflichten. (1) [1] Im Januar eines jeden Kalenderjahres haben die Mitglieder des zur gesetzlichen Vertretung berufenen Organs oder die vertretungsberechtigten Gesellschafter einer Berufsausübungsgesellschaft sowie die Gesellschafter einer Gesellschaft bürgerlichen Rechts im Sinne des § 55a Absatz 1 Satz 3 eine von ihnen unterschriebene Liste der Gesellschafter bei der

---

[1) § 76d eingef. mWv 1.8.2022 durch G v. 7.7.2021 (BGBl. I S. 2363).
[2) § 76e eingef. mWv 1.8.2022 durch G v. 7.7.2021 (BGBl. I S. 2363).

zuständigen Steuerberaterkammer einzureichen. [2] Aus dieser Liste müssen Name, Vornamen, Beruf, Wohnort und berufliche Niederlassung der Gesellschafter, ihre Aktien, Stammeinlagen oder Beteiligungsverhältnisse ersichtlich sein. [3] Sind seit Einreichung der letzten Liste keine Veränderungen hinsichtlich der Person oder des Berufs der Gesellschafter und des Umfangs der Beteiligung eingetreten, so genügt die Einreichung einer entsprechenden Erklärung.

(2) Absatz 1 gilt in den Fällen des § 154 Absatz 2 Satz 1 entsprechend.

§ 77[1] **Wahl des Vorstands.** (1) Der Vorstand der Steuerberaterkammer wird von den Mitgliedern gewählt.

(2) Zum Mitglied des Vorstands kann nur gewählt werden, wer als Steuerberater oder Steuerbevollmächtigter persönliches Mitglied der Kammer ist.

(3) Zum Mitglied des Vorstands kann nicht gewählt werden,

1. gegen wen ein Berufs- oder Vertretungsverbot verhängt ist,

2. gegen wen die sofortige Vollziehung der Rücknahme oder des Widerrufs der Bestellung angeordnet ist,

3. gegen wen in den letzten fünf Jahren ein Verweis (§ 90 Absatz 1 Nummer 2) oder eine Geldbuße (§ 90 Absatz 1 Nummer 3) verhängt wurde,

4. gegen wen in den letzten zehn Jahren ein Berufsverbot (§ 90 Absatz 1 Nummer 4) verhängt wurde,

5. wer in den letzten 15 Jahren aus dem Beruf ausgeschlossen wurde (§ 90 Absatz 1 Nummer 5) oder

6. bei wem in den letzten fünf Jahren nach § 92 von einer berufsgerichtlichen Maßnahme abgesehen wurde, sofern ohne die anderweitige Ahndung voraussichtlich ein Verweis oder eine Geldbuße verhängt worden wäre.

(4) Die Satzung der Steuerberaterkammer kann weitere Ausschlussgründe vorsehen.

§ 77a[2] **Abteilungen des Vorstandes.** (1) [1] Der Vorstand kann mehrere Abteilungen bilden, wenn die Satzung der Steuerberaterkammer es zuläßt. [2] Er überträgt den Abteilungen die Geschäfte, die sie selbständig führen.

(2) [1] Jede Abteilung muß aus mindestens drei Mitgliedern des Vorstandes bestehen. [2] Die Mitglieder der Abteilung wählen aus ihren Reihen einen Abteilungsvorsitzenden, einen Abteilungsschriftführer und deren Stellvertreter.

(3) [1] Der Vorstand setzt die Zahl der Abteilungen und ihrer Mitglieder fest, überträgt den Abteilungen die Geschäfte und bestimmt die Mitglieder der einzelnen Abteilungen. [2] Jedes Mitglied des Vorstandes kann mehreren Abteilungen angehören.

(4) Der Vorstand kann die Abteilungen ermächtigen, ihre Sitzung außerhalb des Sitzes der Steuerberaterkammer abzuhalten.

---

[1] § 77 neu gef. mWv 1.8.2022 durch G v. 7.7.2021 (BGBl. I S. 2363).
[2] § 77a eingef. mWv 1.7.1994 durch G v. 24.6.1994 (BGBl. I S. 1387), Abs. 1 und 4 geänd. mWv 1.7.2000 durch G v. 24.6.2000 (BGBl. I S. 874); Abs. 3 neu gef. mWv 12.4.2008 durch G v. 8.4.2008 (BGBl. I S. 666).

(5) Die Abteilungen besitzen innerhalb ihrer Zuständigkeit die Rechte und Pflichten des Vorstandes.

(6) Anstelle der Abteilung entscheidet der Vorstand, wenn er es für angemessen hält oder wenn die Abteilung oder ihr Vorsitzender es beantragt.

§ 77b[1]) Ehrenamtliche Tätigkeit. [1] Die Mitglieder eines Organs oder eines Ausschusses der Steuerberaterkammer üben ihre Tätigkeit ehrenamtlich aus. [2] Sie können jedoch eine angemessene auch pauschalisierte Entschädigung für den mit ihrer Tätigkeit verbundenen Aufwand, auch für Zeitaufwand und Verdienstausfall, sowie eine Reisekostenvergütung erhalten. [3] Die Richtlinien für die Aufwandsentschädigung und die Reisekostenvergütung werden von der Mitgliederversammlung beschlossen.

§ 77c[2]) Vorzeitiges Ausscheiden eines Vorstandsmitglieds. (1) Ist ein Mitglied des Vorstands nicht mehr Mitglied der Steuerberaterkammer oder verliert es seine Wählbarkeit aus den in § 77 Absatz 3 Nummer 3, 4 und 6 genannten Gründen, scheidet es aus dem Vorstand aus.

(2) Wird gegen ein Mitglied des Vorstands eine der in § 77 Absatz 3 Nummer 1 oder 2 genannten Maßnahmen verhängt oder angeordnet, ruht seine Mitgliedschaft für die Dauer der Maßnahme.

(3) Die Satzung der Steuerberaterkammer kann weitere Gründe vorsehen, die zum Ausscheiden aus dem Vorstand oder zum Ruhen der dortigen Mitgliedschaft führen.

§ 78[3]) Satzung. [1] Jede Steuerberaterkammer gibt sich ihre Satzung selbst. [2] Die Satzung bedarf der Genehmigung der Aufsichtsbehörde. [3] Die Satzung und deren Änderungen werden von der Mitgliederversammlung beschlossen.

§ 79[4]) Beiträge und Gebühren. (1) [1] Die Mitglieder sind verpflichtet, Beiträge nach Maßgabe einer Beitragsordnung zu leisten. [2] Die Beitragsordnung bedarf der Genehmigung durch die Aufsichtsbehörde. [3] Die Höhe der Beiträge bestimmt die Mitgliederversammlung. [4] Für die Verjährung des Anspruchs der Steuerberaterkammer auf Zahlung von Beiträgen sind die für die Gebühren geltenden Vorschriften entsprechend anzuwenden. [5] Wird die berufliche Niederlassung in den Bezirk einer anderen Steuerberaterkammer verlegt, ist für

---

[1]) § 77b eingef. mWv 25.6.2017 durch G v. 23.6.2017 (BGBl. I S. 1682); Satz 3 angef. mWv 1.1.2021 durch G v. 12.12.2019 (BGBl. I S. 2451); Satz 2 neu gef. mWv 1.1.2020 durch G v. 21.12.2019 (BGBl. I S. 2875); Überschrift und Satz 1 neu gef. mWv 29.12.2020 durch G v. 21.12.2020 (BGBl. I S. 3096).
[2]) § 77c eingef. mWv 1.8.2022 durch G v. 7.7.2021 (BGBl. I S. 2363).
[3]) § 78 Satz 1 geänd. mWv 1.7.2000 durch G v. 24.6.2000 (BGBl. I S. 874); Satz 3 angef. mWv 18.12.2019 durch G v. 12.12.2019 (BGBl. I S. 2451).
[4]) § 79 Abs. 2 Satz 1 und Abs. 3 Satz 1 geänd. mWv 1.7.2000 durch G v. 24.6.2000 (BGBl. I S. 874); Abs. 1 Satz 4, Abs. 2 Sätze 3 bis 5 angef., Abs. 3 aufgeh. mWv 12.4.2008 durch G v. 8.4.2008 (BGBl. I S. 666); Abs. 2 Satz 4 geänd. mWv 15.8.2013 durch G v. 7.8.2013 (BGBl. I S. 3154); Abs. 1 Satz 5 angef. mWv 18.12.2019 durch G v. 12.12.2019 (BGBl. I S. 2451).

die Beitragspflicht der Zeitpunkt der Mitteilung der Verlegung der beruflichen Niederlassung an die aufnehmende Steuerberaterkammer maßgebend.

(2) ¹Die Steuerberaterkammer kann für die Inanspruchnahme von besonderen Einrichtungen oder Tätigkeiten oder für Amtshandlungen nach dem Zweiten und Sechsten Abschnitt des Zweiten Teils dieses Gesetzes Gebühren nach Maßgabe einer Gebührenordnung erheben. ²Die Gebührenordnung bedarf der Genehmigung der Aufsichtsbehörde. ³Die Gebühren entstehen mit Inanspruchnahme der besonderen Einrichtung oder Tätigkeit, bei Amtshandlungen, die einen Antrag voraussetzen, mit dessen Eingang bei der Steuerberaterkammer, bei anderen Amtshandlungen mit der Beendigung der Amtshandlung. ⁴Der 2. Abschnitt des Verwaltungskostengesetzes in der bis zum 14. August 2013 geltenden Fassung ist entsprechend anzuwenden. ⁵Im Übrigen gilt das jeweilige Verwaltungsgebührenrecht des Landes.

(3) *(aufgehoben)*

§ 80¹) Pflicht zum Erscheinen vor der Steuerberaterkammer. (1) ¹In Aufsichts- und Beschwerdesachen haben Mitglieder der Steuerberaterkammer dem Vorstand oder dem durch die Satzung bestimmten Organ der zuständigen Steuerberaterkammer oder einem Beauftragten des Vorstandes oder des Organs Auskunft zu geben sowie auf Verlangen ihre Handakten vorzulegen oder vor der zuständigen Steuerberaterkammer zu erscheinen. ²Das gilt nicht, wenn und soweit der Steuerberater oder Steuerbevollmächtigte dadurch seine Verpflichtung zur Verschwiegenheit verletzen oder sich durch wahrheitsgemäße Beantwortung oder Vorlage seiner Handakten die Gefahr zuziehen würde, wegen einer Straftat, einer Ordnungswidrigkeit oder einer Berufspflichtverletzung verfolgt zu werden und er sich hierauf beruft. ³Der Steuerberater oder Steuerbevollmächtigte ist auf das Recht zur Auskunftsverweigerung hinzuweisen.

(2) Sofern Berufsausübungsgesellschaften, die ihren Sitz im Kammerbezirk haben, nicht oder nicht mehr durch persönliche Mitglieder der Steuerberaterkammer vertreten sind, gilt Absatz 1 auch für deren gesetzliche Vertreter, die keine persönlichen Mitglieder sind.

§ 80a²) Zwangsgeld bei Verletzung von Mitwirkungspflichten. (1) ¹Um ein Mitglied der Steuerberaterkammer zur Erfüllung seiner Pflichten nach § 80 anzuhalten, kann die für die Aufsichts- und Beschwerdesache zuständige Steuerberaterkammer gegen dieses Mitglied ein Zwangsgeld festsetzen. ²Das Zwangsgeld kann wiederholt festgesetzt werden. ³Das einzelne Zwangsgeld darf eintausend Euro nicht übersteigen.

---

¹⁾ § 80 bish. Wortlaut wird Abs. 1, Überschrift und Abs. 1 geänd., Abs. 2 angef. mWv 1.7.2000 durch G v. 24.6.2000 (BGBl. I S. 874); Abs. 1 neu gef. mWv 12.4.2008 durch G v. 8.4.2008 (BGBl. I S. 666); Abs. 2 geänd. mWv 1.8.2022 durch G v. 7.7.2021 (BGBl. I S. 2363).
²⁾ § 80a eingef. mWv 12.4.2008 durch G v. 8.4.2008 (BGBl. I S. 666); Abs. 1 Satz 1 neu gef., Abs. 2 eingef., bish. Abs. 2–4 werden Abs. 3–5 und Abs. 3 Satz 2 neu gef. mWv 29.12.2020 durch G v. 21.12.2020 (BGBl. I S. 3096); Abs. 1 Satz 1 neu gef., Satz 2 eingef., bish. Satz 2 wird Satz 3 mWv 1.8.2022 durch G v. 7.7.2021 (BGBl. I S. 2363).

(2) Ein Zwangsgeld kann auch gegen die in § 80 Absatz 2 bezeichneten Personen festgesetzt werden.

(3) ¹Das Zwangsgeld muss vorher schriftlich angedroht werden. ²Die Androhung und die Festsetzung des Zwangsgelds sind den in den Absätzen 1 und 2 genannten Personen zuzustellen.

(4) ¹Gegen die Androhung und gegen die Festsetzung des Zwangsgeldes kann innerhalb eines Monats nach der Zustellung die Entscheidung des Oberlandesgerichts beantragt werden. ²Zuständig ist das Oberlandesgericht, in dessen Bezirk die Steuerberaterkammer ihren Sitz hat. ³Der Antrag ist bei der zuständigen Steuerberaterkammer schriftlich einzureichen. ⁴Erachtet die zuständige Steuerberaterkammer den Antrag für begründet, so hat sie ihm abzuhelfen; andernfalls ist der Antrag unverzüglich dem Oberlandesgericht vorzulegen. ⁵Die Vorschriften der Strafprozessordnung über die Beschwerde sind sinngemäß anzuwenden. ⁶Die Gegenerklärung (§ 308 Abs. 1 der Strafprozessordnung) wird von der zuständigen Steuerberaterkammer abgegeben. ⁷Die Staatsanwaltschaft ist an dem Verfahren nicht beteiligt. ⁸Der Beschluss des Oberlandesgerichts kann nicht angefochten werden.

(5) ¹Das Zwangsgeld fließt der zuständigen Steuerberaterkammer zu. ²Es wird auf Grund einer von ihr erteilten, mit der Bescheinigung der Vollstreckbarkeit versehenen beglaubigten Abschrift des Festsetzungsbescheides nach den Vorschriften beigetrieben, die für die Vollstreckung von Urteilen in bürgerlichen Rechtsstreitigkeiten gelten.

§ 81¹⁾ Rügerecht des Vorstandes. (1) ¹Der Vorstand kann das Verhalten eines Mitglieds der Steuerberaterkammer, durch das dieses ihm obliegende Pflichten verletzt hat, rügen, wenn die Schuld des Mitglieds gering ist und ein Antrag auf Einleitung eines berufsgerichtlichen Verfahrens nicht erforderlich erscheint. ²§ 89 Absatz 2 und 3, die §§ 92 und 109 Absatz 1 und 2 sowie die §§ 110 und 111 gelten entsprechend. ³Für die Verjährung und deren Ruhen gilt § 93 Absatz 1 Satz 1 und 3 und Absatz 2. ⁴Die erste Anhörung des Mitglieds der Steuerberaterkammer unterbricht die Verjährung ebenso wie die erste Vernehmung durch die Staatsanwaltschaft im berufsgerichtlichen Verfahren.

(2) Eine Rüge darf nicht erteilt werden,

1. wenn gegen das Mitglied der Steuerberaterkammer ein berufsgerichtliches Verfahren eingeleitet wurde oder

2. während ein Verfahren nach § 116 anhängig ist.

(3) Für anerkannte Berufsausübungsgesellschaften sind § 89 Absatz 5, die §§ 89b und 111a Absatz 2 sowie die §§ 111b bis 111d entsprechend anzuwenden.

(4) Bevor die Rüge erteilt wird, ist das Mitglied zu hören.

---

¹⁾ § 81 Abs. 1 Satz 1, Abs. 2 Satz 1 und Abs. 4 Satz 3 geänd. mWv 1.7.2000 durch G v. 24.6.2000 (BGBl. I S. 874); Abs. 1 Satz 2 neu gef., Sätze 3 und 4 angef., Abs. 2 neu gef., Abs. 3 eingef., bish. Abs. 3–5 werden Abs. 4–6 mWv 1.8.2022 durch G v. 7.7.2021 (BGBl. I S. 2363).

(5) ¹Der Bescheid des Vorstandes, durch den das Verhalten des Mitglieds gerügt wird, ist zu begründen. ²Er ist dem Mitglied zuzustellen. ³Eine Abschrift des Bescheides ist der Staatsanwaltschaft bei dem für den Sitz der Steuerberaterkammer zuständigen Oberlandesgericht mitzuteilen, bei dem der Senat für Steuerberater- und Steuerbevollmächtigtensachen besteht (§ 96).

(6) ¹Gegen den Bescheid kann das Mitglied binnen eines Monats nach der Zustellung bei dem Vorstand Einspruch erheben. ²Über den Einspruch entscheidet der Vorstand; Absatz 4 ist entsprechend anzuwenden.

§ 82¹⁾ Antrag auf berufsgerichtliche Entscheidung. (1) ¹Wird der Einspruch gegen den Rügebescheid durch den Vorstand der Steuerberaterkammer zurückgewiesen, so kann das Mitglied der Steuerberaterkammer innerhalb eines Monats nach der Zustellung die Entscheidung des Landgerichts (Kammer für Steuerberater- und Steuerbevollmächtigtensachen) beantragen. ²Zuständig ist das Landgericht, in dessen Bezirk die Steuerberaterkammer, deren Vorstand die Rüge erteilt hat, ihren Sitz hat.

(2) ¹Der Antrag ist bei dem Landgericht schriftlich einzureichen. ²Auf das Verfahren sind die Vorschriften der Strafprozeßordnung über die Beschwerde sinngemäß anzuwenden. ³Die Gegenerklärung (§ 308 Abs. 1 der Strafprozeßordnung) wird von dem Vorstand der Steuerberaterkammer abgegeben. ⁴Die Staatsanwaltschaft ist an dem Verfahren nicht beteiligt. ⁵Eine mündliche Verhandlung findet statt, wenn sie das Mitglied der Steuerberaterkammer beantragt oder das Landgericht für erforderlich hält. ⁶Von Zeit und Ort der mündlichen Verhandlung sind der Vorstand der Steuerberaterkammer, das Mitglied der Steuerberaterkammer und sein Verteidiger zu benachrichtigen. ⁷Art und Umfang der Beweisaufnahme bestimmt das Landgericht. ⁸Es hat jedoch zur Erforschung der Wahrheit die Beweisaufnahme von Amts wegen auf alle Tatsachen und Beweismittel zu erstrecken, die für die Entscheidung von Bedeutung sind.

(3) ¹Der Rügebescheid kann nicht deshalb aufgehoben werden, weil der Vorstand der Steuerberaterkammer zu Unrecht angenommen hat, die Schuld des Mitgliedes der Steuerberaterkammer sei gering und der Antrag auf Einleitung des berufsgerichtlichen Verfahrens nicht erforderlich. ²Treten die Voraussetzungen, unter denen nach § 92 von einer berufsgerichtlichen Ahndung abzusehen ist oder nach § 109 Abs. 2 ein berufsgerichtliches Verfahren nicht eingeleitet oder fortgesetzt werden darf, erst ein, nachdem der Vorstand die Rüge erteilt hat, so hebt das Landgericht den Rügebescheid auf. ³Der Beschluß ist mit Gründen zu versehen. ⁴Er kann nicht angefochten werden.

(4) ¹Das Landgericht, bei dem ein Antrag auf berufsgerichtliche Entscheidung eingelegt wird, teilt unverzüglich der Staatsanwaltschaft bei dem Oberlandesgericht eine Abschrift des Antrags mit. ²Der Staatsanwaltschaft ist auch

---

¹⁾ § 82 Abs. 1 Sätze 1 und 2, Abs. 2 Sätze 3, 5 und 6, Abs. 3 Satz 1 und Abs. 5 Satz 1 geänd. mWv 1.7.2000 durch G v. 24.6.2000 (BGBl. I S. 874); Abs. 6 und 7 angef. mWv 1.8.2022 durch G v. 7.7.2021 (BGBl. I S. 2363).

eine Abschrift des Beschlusses mitzuteilen, mit dem über den Antrag entschieden wird.

(5) ¹Leitet die Staatsanwaltschaft wegen desselben Verhaltens, das der Vorstand der Steuerberaterkammer gerügt hat, ein berufsgerichtliches Verfahren gegen das Mitglied der Steuerberaterkammer ein, bevor die Entscheidung über den Antrag auf berufsgerichtliche Entscheidung gegen den Rügebescheid ergangen ist, so wird das Verfahren über den Antrag bis zum rechtskräftigen Abschluß des berufsgerichtlichen Verfahrens ausgesetzt. ²In den Fällen des § 91 Abs. 2 stellt das Landgericht nach Beendigung der Aussetzung fest, daß die Rüge unwirksam ist.

(6) ¹Die Absätze 1 bis 5 sind auf anerkannte Berufsausübungsgesellschaften entsprechend anzuwenden. ²Die §§ 89b und 111a Absatz 2 sowie die §§ 111b bis 111e gelten entsprechend.

(7) § 153 Absatz 2 gilt entsprechend.

§ 83¹⁾ Verschwiegenheitspflicht; Inanspruchnahme von Dienstleistungen. (1) ¹Die Mitglieder des Vorstands haben über die Angelegenheiten, die ihnen bei ihrer Tätigkeit im Vorstand über Steuerberater, Steuerbevollmächtigte und andere Personen bekannt werden, Verschwiegenheit zu bewahren. ²Dies gilt auch nach ihrem Ausscheiden aus dem Vorstand. ³Die Verschwiegenheitspflicht gilt nicht für Tatsachen,

1. deren Weitergabe zur Erfüllung ihrer Aufgaben erforderlich ist,
2. in deren Weitergabe die Betroffenen eingewilligt haben,
3. die offenkundig sind oder
4. die ihrer Bedeutung nach keiner Geheimhaltung bedürfen.

⁴Die Sätze 1 bis 3 gelten auch für Angestellte der Steuerberaterkammern und für Personen, die von den Steuerberaterkammern oder den Mitgliedern ihres Vorstands zur Mitarbeit herangezogen werden. ⁵Die in Satz 4 genannten Personen sind in Textform über ihre Verschwiegenheitspflicht zu belehren.

(2) ¹In Verfahren vor Gerichten und Behörden dürfen die in Absatz 1 genannten Personen über Angelegenheiten, die ihrer Verschwiegenheitspflicht unterliegen, ohne Genehmigung nicht aussagen. ²Die Genehmigung zur Aussage erteilt der Vorstand der Steuerberaterkammer nach pflichtgemäßem Ermessen. ³Die Genehmigung soll nur versagt werden, wenn dies mit Rücksicht auf die Stellung oder die Aufgaben der Steuerberaterkammer oder berechtigte Belange der Personen, über welche die Tatsachen bekannt geworden sind, unabweisbar erforderlich ist. ⁴§ 28 Absatz 2 des Bundesverfassungsgerichtsgesetzes bleibt unberührt.

(3) Für die Inanspruchnahme von Dienstleistungen durch Steuerberaterkammern gilt in Bezug auf Angelegenheiten, die der Verschwiegenheitspflicht des Steuerberaters oder Steuerbevollmächtigten nach § 57 Absatz 1 unterliegen, § 62a Absatz 1 bis 4, 7 und 8 sinngemäß.

---

¹⁾ § 83 neu gef. mWv 1.8.2021 durch G v. 25.6.2021 (BGBl. I S. 2154).

§ 84[1]) Arbeitsgemeinschaft. (1) [1]Mehrere Steuerberaterkammern können sich zu einer nicht rechtsfähigen Arbeitsgemeinschaft zusammenschließen, wenn die Satzungen der Kammern dies vorsehen. [2]Der Arbeitsgemeinschaft können jedoch nicht Aufsichtsbefugnisse oder andere Aufgaben übertragen werden, für die gesetzlich die Zuständigkeit der einzelnen Steuerberaterkammern begründet ist.

(2) § 83 Absatz 1 und 2 gilt sinngemäß für die Personen, die für die Arbeitsgemeinschaft tätig werden.

§ 85[2]) Bundessteuerberaterkammer. (1) [1]Die Steuerberaterkammern bilden eine Bundeskammer. [2]Diese führt die Bezeichnung „Bundessteuerberaterkammer".

(2) [1]Die Bundessteuerberaterkammer ist eine Körperschaft des öffentlichen Rechts. [2]Ihr Sitz bestimmt sich nach ihrer Satzung.

(3) [1]Der Vorstand der Bundessteuerberaterkammer wird von den Steuerberaterkammern gewählt; § 77 Absatz 3 und 4 und § 77c gelten mit der Maßgabe entsprechend, dass an die Stelle der Satzung der Steuerberaterkammer die der Bundessteuerberaterkammer tritt. [2]Im übrigen gibt sich die Bundessteuerberaterkammer ihre Satzung selbst. [3]Die Satzung bedarf der Genehmigung der Aufsichtsbehörde.

(4) Für die Verschwiegenheitspflicht der Mitglieder des Präsidiums und der Angestellten der Bundessteuerberaterkammer sowie der Personen, die von der Bundessteuerberaterkammer oder den Mitgliedern ihres Präsidiums zur Mitarbeit herangezogen werden, gilt § 83 Absatz 1 und 2 entsprechend.

(5) [1]Die Mitglieder eines Organs oder eines Ausschusses der Bundessteuerberaterkammer üben ihre Tätigkeit ehrenamtlich aus. [2]Sie können jedoch eine angemessene auch pauschalisierte Entschädigung für den mit dieser Tätigkeiten verbundenen Aufwand, auch für Zeitaufwand und Verdienstausfall, sowie eine Reisekostenvergütung erhalten.

(6) Für die Inanspruchnahme von Dienstleistungen durch die Bundessteuerberaterkammer gilt in Bezug auf Angelegenheiten, die der Verschwiegenheitspflicht des Steuerberaters oder Steuerbevollmächtigten nach § 57 Absatz 1 unterliegen, § 62a Absatz 1 bis 4, 7 und 8 sinngemäß.

§ 86[3]) Aufgaben der Bundessteuerberaterkammer. (1) Die Bundessteuerberaterkammer hat die ihr durch Gesetz zugewiesenen Aufgaben zu erfüllen.

---

[1]) § 84 Abs. 1 Sätze 1 und 2, Abs. 2 Satz 1 geänd. mWv 1.7.2000 durch G v. 24.6.2000 (BGBl. I S. 874); Abs. 2 Satz 1 aufgeh., bish. Satz 2 geänd. mWv 1.8.2021 durch G v. 25.6.2021 (BGBl. I S. 2154).

[2]) § 85 Überschrift, Abs. 1 Satz 1 und Abs. 3 Satz 1 geänd. mWv 1.7.2000 durch G v. 24.6.2000 (BGBl. I S. 874); Abs. 5 angef. mWv 25.6.2017 durch G v. 23.6.2017 (BGBl. I S. 1682); Abs. 5 neu gef. mWv 29.12.2020 durch G v. 21.12.2020 (BGBl. I S. 3096); Abs. 4 neu gef., Abs. 6 angef. mWv 1.8.2021 durch G v. 25.6.2021 (BGBl. I S. 2154); Abs. 3 Satz 1 geänd. mWv 1.8.2022 durch G v. 7.7.2021 (BGBl. I S. 2363).

[3]) § 86 Abs. 2 Nr. 2 neu gef. sowie Abs. 3 und 4 angef. mWv 1.7.1994 durch G v. 24.6.1994 (BGBl. I S. 1387), Abs. 2 geänd., Abs. 3 Satz 2 neu gef., Abs. 3 Sätze 3 bis 5 angef.

(FN-Fortsetzung nächste Seite)

(2) Der Bundessteuerberaterkammer obliegt insbesondere,

1. in Fragen, welche die Gesamtheit der Steuerberaterkammern angehen, die Auffassung der einzelnen Kammern zu ermitteln und im Wege gemeinschaftlicher Aussprache die Auffassung der Mehrheit festzustellen;

2. die Berufsordnung als Satzung zu erlassen und zu ändern;

3. Richtlinien für die Fürsorgeeinrichtungen der Steuerberaterkammern (§ 76 Abs. 2 Nr. 6) aufzustellen;

4. in allen die Gesamtheit der Steuerberaterkammern berührenden Angelegenheiten die Auffassung der Bundessteuerberaterkammer den zuständigen Gerichten und Behörden gegenüber zur Geltung zu bringen;

5. die Gesamtheit der Steuerberaterkammern gegenüber Behörden und Organisationen zu vertreten;

6. Gutachten zu erstatten, die eine an der Gesetzgebung beteiligte Behörde oder Körperschaft des Bundes oder ein Bundesgericht anfordert;

7. die berufliche Fortbildung in den steuerberatenden Berufen zu fördern; sie kann den Berufsangehörigen unverbindliche Fortbildungsempfehlungen erteilen;

8. die Verzeichnisse nach den §§ 3b und 3g zu führen;

9. das Verzeichnis nach § 86b zu führen;

10.[1] eine Steuerberaterplattform nach § 86c einzurichten, die der elektronischen Kommunikation und der elektronischen Zusammenarbeit dient und die einen sicheren Austausch von Daten und Dokumenten ermöglicht zwischen den

   a) Mitgliedern der Steuerberaterkammern sowie den im Berufsregister eingetragenen Berufsausübungsgesellschaften,

   b) Mitgliedern der Steuerberaterkammern, den im Berufsregister eingetragenen Berufsausübungsgesellschaften und ihren jeweiligen Auftraggebern,

   c) Mitgliedern der Steuerberaterkammern, den im Berufsregister eingetragenen Berufsausübungsgesellschaften und den Gerichten, Behörden, Kammern und sonstigen Dritten,

   d) Steuerberaterkammern und der Bundessteuerberaterkammer sowie den Steuerberaterkammern untereinander,

   e) Steuerberaterkammern, der Bundessteuerberaterkammer und den Gerichten, Behörden, Kammern und sonstigen Dritten;

(FN-Forts. vorh. Seite)

mWv 1.7.2000 durch G v. 24.6.2000 (BGBl. I S. 874); Abs. 2 Nr. 7 geänd. mWv 12.4.2008 durch G v. 8.4.2008 (BGBl. I S. 666); Abs. 4 Nr. 10 geänd. mWv 1.1.2014 durch G v. 31.8.2013 (BGBl. I S. 3533); Abs. 2 Nr. 7 geänd., Nr. 8 und 9 angef. mWv 1.1.2017 durch G v. 18.7.2016 (BGBl. I S. 1679); Abs. 2 Nr. 9 geänd., Nr. 10 angef. mWv 18.12.2019 durch G v. 12.12.2019 (BGBl. I S. 2451); Abs. 3 neu gef., Abs. 3a eingef., Abs. 5 und 6 angef. mWv 30.7.2020 durch G v. 19.6.2020 (BGBl. I S. 1403); Abs. 5 Satz 5 und Abs. 6 Satz 4 geänd. mWv 1.8.2021 durch G v. 25.6.2021 (BGBl. I S. 2154); Abs. 2 Nr. 8 neu gef., Nr. 10 und 11 eingef., bish. Nr. 10 wird Nr. 12 und geänd., Abs. 4 Nr. 14 neu gef., Nr. 15 geänd. mWv 1.8.2022 durch G v. 7.7.2021 (BGBl. I S. 2363).

[1] Siehe hierzu § 157e.

11.[1] die besonderen elektronischen Steuerberaterpostfächer nach den §§ 86d und 86e einzurichten;

12. die Einrichtung und der Betrieb einer Datenbank zur Verwaltung von Vollmachtsdaten im Sinne des § 80a der Abgabenordnung[2] und zu deren Übermittlung an die Landesfinanzbehörden.

(3) [1]Die Satzung im Sinne des Absatzes 2 Nummer 2 und deren Änderungen werden durch die Satzungsversammlung als Organ der Bundessteuerberaterkammer beschlossen. [2]Die Vorschriften der Satzung müssen im Einklang mit den Vorgaben des auf sie anzuwendenden europäischen Rechts stehen. [3]Insbesondere sind bei neuen oder zu ändernden Vorschriften, die dem Anwendungsbereich der Richtlinie 2005/36/EG in der jeweils geltenden Fassung unterfallen, die Vorgaben der Richtlinie (EU) 2018/958 des Europäischen Parlaments und des Rates vom 28. Juni 2018 über eine Verhältnismäßigkeitsprüfung vor Erlass neuer Berufsreglementierungen (ABl. L 173 vom 9.7.2018, S. 25) in der jeweils geltenden Fassung einzuhalten.

(3a) [1]Eine Vorschrift im Sinne des Absatzes 3 Satz 3 ist anhand der in den Artikeln 5 bis 7 der Richtlinie (EU) 2018/958 festgelegten Kriterien auf ihre Verhältnismäßigkeit zu prüfen. [2]Der Umfang der Prüfung muss im Verhältnis zu der Art, dem Inhalt und den Auswirkungen der Vorschrift stehen. [3]Die Vorschrift ist so ausführlich zu erläutern, dass ihre Übereinstimmung mit dem Verhältnismäßigkeitsgrundsatz bewertet werden kann. [4]Die Gründe, aus denen sich ergibt, dass sie gerechtfertigt und verhältnismäßig ist, sind durch qualitative und, soweit möglich und relevant, quantitative Elemente zu substantiieren. [5]Mindestens zwei Wochen vor der Beschlussfassung der Satzungsversammlung über die Vorschrift ist auf der Internetseite der Bundessteuerberaterkammer ein Entwurf mit der Gelegenheit zur Stellungnahme zu veröffentlichen. [6]Nach dem Erlass der Vorschrift ist ihre Übereinstimmung mit dem Verhältnismäßigkeitsgrundsatz zu überwachen und bei einer Änderung der Umstände zu prüfen, ob die Vorschrift anzupassen ist.

(4) Die Satzung kann zur Ausführung der gesetzlichen Vorschriften nähere Regelungen enthalten, insbesondere hinsichtlich

1. der unabhängigen, eigenverantwortlichen und gewissenhaften Berufsausübung;

2. der Verschwiegenheitspflicht;

3. der zulässigen und der berufswidrigen Werbung;

4. des Verbotes der Mitwirkung bei unbefugter Hilfeleistung in Steuersachen;

5. des berufsmäßigen Verhaltens gegenüber Mandanten, Kollegen, Gerichten, Behörden und Steuerberaterkammern sowie gegenüber Personen, Gesellschaften und Einrichtungen im Sinne der §§ 4 und 6;

6. der vereinbaren und nichtvereinbaren Tätigkeiten;

7. der Berufshaftpflichtversicherung sowie der Haftungsausschlüsse und Haftungsbeschränkungen;

---

[1] Siehe hierzu § 157e.
[2] Nr. **800**.

8. der besonderen Pflichten gegenüber Auftraggebern, insbesondere in Zusammenhang mit dem Umgang mit fremden Vermögenswerten;

9. der Vereinbarung, Berechnung, Sicherung und Beitreibung von Gebühren und Auslagen;

10. der Pflichten in Prozesskostenhilfe- und Beratungshilfesachen;

11. der Voraussetzung des Führens von Bezeichnungen, die auf besondere Kenntnis bestimmter Steuerrechtsgebiete hinweisen;

12. der Gründung von beruflichen Niederlassungen und weiterer Beratungsstellen;

13. dem Verhalten bei grenzüberschreitender Tätigkeit;

14. der besonderen Pflichten bei der Verbindung zu einer Bürogemeinschaft;

15. der besonderen Pflichten bei der Errichtung, Ausgestaltung und Tätigkeit von Berufsausübungsgesellschaften;

16. der Abwicklung und der Übertragung der Praxis;

17. der Ausbildung von Steuerfachgehilfen.

(5) [1] Die Satzung im Sinne des Absatzes 2 Nummer 2 und deren Änderungen sind dem Bundesministerium der Finanzen zuzuleiten. [2] Das Bundesministerium der Finanzen hat im Rahmen der Aufsicht zu prüfen, ob die Vorgaben der Richtlinie (EU) 2018/958 in der jeweils geltenden Fassung eingehalten wurden. [3] Zu diesem Zweck hat ihm die Bundessteuerberaterkammer die Unterlagen zuzuleiten, aus denen sich die Einhaltung der Vorgaben ergibt. [4] Insbesondere sind die Gründe zu übermitteln, auf Grund derer die Satzungsversammlung die Satzung im Sinne des Absatzes 2 Nummer 2 oder deren Änderungen als gerechtfertigt, notwendig und verhältnismäßig beurteilt hat. [5] Soweit nicht das Bundesministerium der Finanzen die Satzung im Sinne des Absatzes 2 Nummer 2 oder deren Änderungen im Ganzen oder in Teilen binnen drei Monaten nach Übermittlung aufhebt, ist sie unter Angabe des Datums ihres Inkrafttretens dauerhaft auf der Internetseite der Bundessteuerberaterkammer zu veröffentlichen.

(6) [1] Die Satzung im Sinne des Absatzes 2 Nummer 2 und deren Änderungen treten am ersten Tag des Monats in Kraft, der auf die Veröffentlichung im Sinne des Absatzes 5 Satz 5 folgt. [2] Stellt sich nach Inkrafttreten der Satzung heraus, dass sie ganz oder in Teilen höherrangigem Recht widerspricht, kann das Bundesministerium der Finanzen die Satzung insoweit aufheben. [3] Beabsichtigt es eine Aufhebung, soll es der Bundessteuerberaterkammer zuvor Gelegenheit zur Stellungnahme geben. [4] Aufhebungen sind unter Angabe ihres Datums dauerhaft auf der Internetseite der Bundessteuerberaterkammer zu veröffentlichen.

§ 86a[1] Zusammensetzung und Arbeitsweise der Satzungsversammlung. (1) [1] Der Satzungsversammlung gehören als Mitglieder an: der Präsident der Bundessteuerberaterkammer, die Präsidenten der Steuerberaterkammern sowie weitere Mitglieder (Delegierte). [2] Die Bundessteuerberaterkammer führt die Geschäfte der Satzungsversammlung.

---

[1] § 86a eingef. mWv 1.7.1994 durch G v. 24.6.1994 (BGBl. I S. 1387), Abs. 1 Satz 1, Abs. 2 Sätze 1, 2 und 4, Abs. 2 Satz 1 und Abs. 4 Satz 2 geänd., Abs. 8 aufgeh., bish. Abs. 9 wird Abs. 8 mWv 1.7.2000 durch G v. 24.6.2000 (BGBl. I S. 874).

(2) ¹Die Delegierten werden von den Mitgliedern der einzelnen Steuerberaterkammern in Kammerversammlungen unmittelbar gewählt. ²Wählbar ist nur, wer persönliches Mitglied der Steuerberaterkammer ist. ³Die Zahl der Delegierten bemißt sich nach der Zahl der Kammermitglieder. ⁴Je angefangene eintausendfünfhundert Mitglieder der Steuerberaterkammer sind ein Delegierter und ein Stellvertreter, für die einzelne Steuerberaterkammer jedoch mindestens zwei Delegierte und Stellvertreter, zu wählen. ⁵Maßgebend ist die Zahl der Kammermitglieder am 1. Januar des Jahres, in dem die Satzungsversammlung einberufen wird.

(3) Jedes Mitglied der Satzungsversammlung ist unabhängig und verfügt in der Satzungsversammlung über eine Stimme.

(4) ¹Die Satzungsversammlung wird durch den Präsidenten der Bundessteuerberaterkammer mit einer Frist von sechs Wochen schriftlich einberufen. ²Der Präsident der Bundessteuerberaterkammer muß die Satzungsversammlung innerhalb von sechs Wochen einberufen, wenn mindestens fünf Steuerberaterkammern oder ein Viertel der Mitglieder der Satzungsversammlung es schriftlich beantragen und hierbei den Gegenstand angeben, über den in der Satzungsversammlung beschlossen werden soll.

(5) Den Vorsitz in der Satzungsversammlung führt der Präsident der Bundessteuerberaterkammer, bei seiner Verhinderung sein Vertreter im Amt, soweit die Geschäftsordnung nichts anderes vorsieht.

(6) ¹Die Satzungsversammlung ist beschlußfähig, wenn mindestens zwei Drittel ihrer Mitglieder anwesend sind. ²Beschlüsse der Satzungsversammlung, die den Erlaß oder die Änderung der Berufsordnung betreffen, werden mit der Mehrheit aller Mitglieder der Satzungsversammlung gefaßt, sonstige Beschlüsse mit einfacher Mehrheit der anwesenden Mitglieder.

(7) Der Wortlaut der von der Satzungsversammlung gefaßten Beschlüsse ist in einer Niederschrift festzuhalten, die vom Vorsitzenden und von einem von der Satzungsversammlung zu bestimmenden Schriftführer zu unterzeichnen und bei der Geschäftsstelle der Bundessteuerberaterkammer zu verwahren ist.

(8) Die Satzungsversammlung kann weitere Einzelheiten des Verfahrens in einer Geschäftsordnung regeln.

§ 86b¹⁾ Steuerberaterverzeichnis. (1) ¹Die Bundessteuerberaterkammer führt ein elektronisches Gesamtverzeichnis aller Mitglieder der Steuerberaterkammern nach § 74 Absatz 1 sowie aller nach § 76a Absatz 2 in das Berufsregister eingetragenen Berufsausübungsgesellschaften. ²Das Verzeichnis dient der Information der Behörden und Gerichte, der Rechtsuchenden sowie anderer am Rechtsverkehr Beteiligter. ³Die Steuerberaterkammern geben die im Berufsregister gespeicherten Daten im automatisierten Verfahren in das von der Bundessteuerberaterkammer geführte Gesamtverzeichnis ein. ⁴Die zuständige Steuerberaterkammer trägt die datenschutzrechtliche Verantwortung für die von ihr in das Gesamtverzeichnis eingegebenen Daten, insbesondere für die

---

¹⁾ § 86b eingef. mWv 1.1.2017 durch G v. 18.7.2016 (BGBl. I S. 1679); Abs. 1 Satz 1 und Abs. 2 neu gef., Abs. 3 angef. mWv 1.8.2022 durch G v. 7.7.2021 (BGBl. I S. 2363).

Rechtmäßigkeit der Erhebung, die Vollständigkeit und die Richtigkeit der Daten. [5] Der Abruf einzelner Daten aus dem Gesamtverzeichnis steht jedem unentgeltlich zu.

(2) In das Gesamtverzeichnis sind einzutragen:

1. bei Steuerberatern und Steuerbevollmächtigten:
   a) der Familienname und der Vorname oder die Vornamen,
   b) der Zeitpunkt der Bestellung,
   c) der Name und die Anschrift der zuständigen Steuerberaterkammer,
   d) die Anschrift der beruflichen Niederlassung,
   e) die geschäftlichen Telekommunikationsdaten, einschließlich der E-Mail-adresse, und die geschäftliche Internetadresse,
   f) die Berufsbezeichnung,
   g) bestehende Berufs- und Vertretungsverbote sowie
   h) sofern ein Vertreter bestellt ist, die Vertreterbestellung unter Angabe von Familiennamen und Vorname oder Vornamen und Anschrift des Vertreters;

2. bei Berufsausübungsgesellschaften:
   a) der Name oder die Firma und die Rechtsform,
   b) der Zeitpunkt der Anerkennung als Berufsausübungsgesellschaft oder der Registrierung,
   c) der Name und die Anschrift der zuständigen Steuerberaterkammer,
   d) die Anschrift der Berufsausübungsgesellschaft und die Anschriften ihrer weiteren Beratungsstellen,
   e) die geschäftlichen Telekommunikationsdaten, einschließlich der E-Mail-adresse, und die geschäftliche Internetadresse der Berufsausübungsgesellschaft und die der weiteren Beratungsstellen,
   f) folgende Angaben zu den Gesellschaftern:
      aa) bei natürlichen Personen: der Familienname, der Vorname oder die Vornamen und der in der Berufsausübungsgesellschaft ausgeübte Beruf,
      bb) bei juristischen Personen und rechtsfähigen Personengesellschaften: deren Name oder Firma, deren Sitz und, sofern gesetzlich vorgesehen, das für sie zuständige Register und die Registernummer,
   g) bei juristischen Personen: zu jedem Mitglied des zur gesetzlichen Vertretung berufenen Organs der Familienname, der Vorname oder die Vornamen und der Beruf,
   h) bei rechtsfähigen Personengesellschaften: die vertretungsberechtigten Gesellschafter und deren Beruf,
   i) bei ausländischen Berufsausübungsgesellschaften: der Sitz, der Ort der Hauptniederlassung und, sofern nach dem Recht des Staats ihres Sitzes vorgesehen, das für sie zuständige Register und die Registernummer,

j) bei anerkannten Berufsausübungsgesellschaften: bestehende Berufs- und Vertretungsverbote,

k) sofern ein Vertreter bestellt ist, die Angabe von Familienname, Vorname oder Vornamen und Anschrift des Vertreters.

(3)[1] [1]Die Bundessteuerberaterkammer hat in das Gesamtverzeichnis zusätzlich die Bezeichnung des besonderen elektronischen Steuerberaterpostfachs einzutragen. [2]Sie trägt die datenschutzrechtliche Verantwortung für diese Daten.

§ 86c[2] Steuerberaterplattform. (1) Die Mitglieder der Steuerberaterkammern sowie die nach § 76a Absatz 2 in das Berufsregister eingetragenen Berufsausübungsgesellschaften sind verpflichtet, sich bei der Steuerberaterplattform mit dem für sie eingerichteten Nutzerkonto zu registrieren.

(2) [1]Die Bundessteuerberaterkammer prüft die Identität des Steuerberaters, des Steuerbevollmächtigten oder der Leitungspersonen einer Berufsausübungsgesellschaft im Sinne des § 89a Nummer 1 oder 2 anhand eines elektronischen Identitätsnachweises nach § 18 des Personalausweisgesetzes oder eines gleichwertigen Verfahrens. [2]Die Bundessteuerberaterkammer greift zur Prüfung der Identität und der Berufsträgereigenschaft auf die von den Steuerberaterkammern im Berufsregister gespeicherten Daten zu.

(3) Die Bundessteuerberaterkammer hat sicherzustellen, dass der Zugang zur Steuerberaterplattform nur durch ein sicheres Verfahren mit zwei voneinander unabhängigen Sicherungsmitteln möglich ist.

(4) Die Bundessteuerberaterkammer ist befugt, eine digitale Schnittstelle zwischen der Steuerberaterplattform und der Vollmachtsdatenbank nach § 86 Absatz 2 Nummer 12 einzurichten.

(5) Die Bundessteuerberaterkammer kann von Fachsoftwareanbietern für die Nutzung der Steuerberaterplattform Nutzungsentgelte oder Lizenzgebühren verlangen.

(6) [1]Die Bundessteuerberaterkammer ist für die Einhaltung der technischen und datenschutzrechtlichen Vorgaben nach § 86f verantwortlich. [2]Sie kann gegenüber Dritten, die die Steuerberaterplattform nutzen, die Einhaltung technischer und datenschutzrechtlicher Standards vorgeben.

§ 86d[3] Besonderes elektronisches Steuerberaterpostfach. (1) [1]Die Bundessteuerberaterkammer richtet über die Steuerberaterplattform für jeden Steuerberater und Steuerbevollmächtigten ein besonderes elektronisches Steuerberaterpostfach empfangsbereit ein. [2]Nach Einrichtung eines besonderen elektronischen Steuerberaterpostfachs übermittelt die Bundessteuerberaterkammer dessen Bezeichnung an die zuständige Steuerberaterkammer zur Speicherung im Berufsregister.

(2) [1]Zum Zweck der Einrichtung des besonderen elektronischen Steuerberaterpostfachs übermittelt die Steuerberaterkammer den Familiennamen und

---

[1] Siehe hierzu § 157e.
[2] § 86c eingef. mWv 1.8.2022 durch G v. 7.7.2021 (BGBl. I S. 2363).
[3] § 86d eingef. mWv 1.8.2022 durch G v. 7.7.2021 (BGBl. I S. 2363).

den oder die Vornamen sowie eine zustellfähige Anschrift der Personen, die einen Antrag auf Aufnahme in die Steuerberaterkammer gestellt haben, an die Bundessteuerberaterkammer. [2] Die übermittelten Angaben sind zu löschen, wenn der Antrag zurückgenommen oder die Aufnahme in die Steuerberaterkammer unanfechtbar versagt wurde.

(3) [1] Die Bundessteuerberaterkammer hat sicherzustellen, dass der Zugang zu dem besonderen elektronischen Steuerberaterpostfach nur durch ein sicheres Verfahren mit zwei voneinander unabhängigen Sicherungsmitteln möglich ist. [2] Sie hat auch Vertretern, Praxisabwicklern, Praxistreuhändern und Zustellungsbevollmächtigten die Nutzung des besonderen elektronischen Steuerberaterpostfachs zu ermöglichen; Absatz 2 gilt insoweit sinngemäß. [3] Die Bundessteuerberaterkammer kann unterschiedlich ausgestaltete Zugangsberechtigungen für Kammermitglieder und andere Personen vorsehen. [4] Sie ist berechtigt, die in dem besonderen elektronischen Steuerberaterpostfach gespeicherten Nachrichten nach angemessener Zeit zu löschen. [5] Das besondere elektronische Steuerberaterpostfach soll barrierefrei ausgestaltet sein.

(4) [1] Sobald die Mitgliedschaft in der Steuerberaterkammer aus anderen Gründen als dem Wechsel der Steuerberaterkammer erlischt, hebt die Bundessteuerberaterkammer die Zugangsberechtigung zu dem besonderen elektronischen Steuerberaterpostfach auf. [2] Die Bundessteuerberaterkammer löscht das besondere elektronische Steuerberaterpostfach, sobald es nicht mehr benötigt wird.

(5) [1] Die Bundessteuerberaterkammer kann auch für sich und für die Steuerberaterkammern besondere elektronische Steuerberaterpostfächer einrichten. [2] Absatz 3 Satz 1 und 5 ist anzuwenden.

(6) Der Inhaber des besonderen elektronischen Steuerberaterpostfachs ist verpflichtet, die für dessen Nutzung erforderlichen technischen Einrichtungen vorzuhalten sowie Zustellungen und den Zugang von Mitteilungen über das besondere elektronische Steuerberaterpostfach zur Kenntnis zu nehmen.

§ 86e[1] Besonderes elektronisches Steuerberaterpostfach für Berufsausübungsgesellschaften. (1) Die Bundessteuerberaterkammer richtet für jede im Steuerberaterverzeichnis eingetragene Berufsausübungsgesellschaft ein besonderes elektronisches Steuerberaterpostfach empfangsbereit ein.

(2) [1] Die Steuerberaterkammer übermittelt der Bundessteuerberaterkammer zum Zweck der Einrichtung des besonderen elektronischen Steuerberaterpostfachs den Namen oder die Firma, die Rechtsform und eine zustellungsfähige Anschrift der Berufsausübungsgesellschaft sowie die Familiennamen und den oder die Vornamen und die Berufe der gesetzlich vertretungsberechtigten Steuerberater, Steuerbevollmächtigten, Rechtsanwälte, Wirtschaftsprüfer und vereidigten Buchprüfer, die befugt sind, für Berufsausübungsgesellschaften Dokumente mit einer nicht-qualifizierten elektronischen Signatur auf einem sicheren Übermittlungsweg zu versenden. [2] Satz 1 gilt entsprechend für die

---

[1] § 86e eingef. mWv 1.8.2022 durch G v. 7.7.2021 (BGBl. I S. 2363); siehe auch § 157e.

nach § 76a Absatz 1 Nummer 2 Buchstabe i in das Berufsregister eingetragenen Personen.

(3) Die Bundessteuerberaterkammer hebt die Zugangsberechtigung zu einem nach Absatz 1 eingerichteten besonderen elektronischen Steuerberaterpostfach auf, wenn die Registrierung oder die Anerkennung als Berufsausübungsgesellschaft aus einem anderen Grund als dem Wechsel der Steuerberaterkammer erlischt.

(4) Im Übrigen gilt für nach Absatz 1 eingerichtete besondere elektronische Steuerberaterpostfächer § 86d Absatz 1 Satz 2, Absatz 2 Satz 2, Absatz 3 und 4 Satz 2 sowie Absatz 6 entsprechend.

§ 86f[1]) **Verordnungsermächtigung.** Das Bundesministerium der Finanzen wird ermächtigt, durch Rechtsverordnung nach Anhörung der Bundessteuerberaterkammer und mit Zustimmung des Bundesrates die Einzelheiten zu regeln

1. der Steuerberaterplattform, insbesondere
   a) ihrer Einrichtung und der hierzu erforderlichen Datenübermittlung,
   b) ihrer technischen Ausgestaltung einschließlich ihrer Barrierefreiheit,
   c) der Einrichtung von Nutzerkonten und der Ausgestaltung des Registrierungsverfahrens,
   d) der Verwendung der Nutzerkonten,
   e) der Ausgestaltung eines föderierten Ansatzes für das Identitätsmanagement und
   f) der Löschung von Nutzerkonten;

2. der besonderen elektronischen Steuerberaterpostfächer, insbesondere:
   a) ihrer Einrichtung und der hierzu erforderlichen Datenübermittlung,
   b) ihrer technischen Ausgestaltung einschließlich ihrer Barrierefreiheit,
   c) ihrer Führung,
   d) der Zugangsberechtigung und der Nutzung,
   e) des Löschens von Nachrichten und
   f) ihrer Löschung.

§ 86g[2]) **Ersetzung der Schriftform.** [1]Ist nach diesem Gesetz oder einer auf Grund dieses Gesetzes erlassenen Rechtsverordnung für die Abgabe einer Erklärung die Schriftform vorgeschrieben, so kann die Erklärung auch über das besondere elektronische Steuerberaterpostfach abgegeben werden, wenn Erklärender und Empfänger über ein solches verfügen. [2]Ist die Erklärung von einer natürlichen Person abzugeben, so ist das Dokument mit einer qualifizierten elektronischen Signatur zu versehen oder von ihr zu signieren und selbst zu versenden.

---

[1]) § 86f eingef. mWv 1.8.2022 durch G v. 7.7.2021 (BGBl. I S. 2363); siehe auch § 157e.
[2]) § 86g eingef. mWv 1.8.2022 durch G v. 7.7.2021 (BGBl. I S. 2363); siehe auch § 157e.

§ 87 Beiträge zur Bundessteuerberaterkammer. [1]Die Bundessteuerberaterkammer erhebt von den Steuerberaterkammern Beiträge nach Maßgabe einer Beitragsordnung. [2]Die Beitragsordnung bedarf der Genehmigung durch die Aufsichtsbehörde. [3]Die Höhe der Beiträge wird von der Mitgliederversammlung festgesetzt.

§ 87a[1]) Wirtschaftsplan, Rechnungslegung. (1) Die Bundessteuerberaterkammer ist berechtigt, abweichend von den Bestimmungen der Bundeshaushaltsordnung einen Wirtschaftsplan aufzustellen, die Bücher nach den Regeln der kaufmännischen Buchführung zu führen und einen Jahresabschluss sowie einen Lagebericht nach handelsrechtlichen Grundsätzen zu erstellen.

(2) [1]Näheres regelt die Satzung der Bundessteuerberaterkammer. [2]§ 109 Abs. 2 der Bundeshaushaltsordnung ist anzuwenden.

(3) [1]Die §§ 7, 9 und 24 der Bundeshaushaltsordnung sowie die Vorschriften des Teils III der Bundeshaushaltsordnung gelten entsprechend mit Ausnahme der §§ 38 und 45 sowie der Bestimmungen, die eine Buchung nach Einnahmen und Ausgaben voraussetzen. [2]Das Bundesministerium der Finanzen wird ermächtigt, weitere Ausnahmen von der Anwendung der Vorschriften der Bundeshaushaltsordnung zuzulassen.

(4) Für das Prüfungsrecht des Bundesrechnungshofes gilt § 111 Abs. 1 der Bundeshaushaltsordnung.

§ 88[2]) Staatsaufsicht. (1) Die für die Finanzverwaltung zuständige oberste Landesbehörde führt die Aufsicht über die Steuerberaterkammern, die den Sitz im Lande haben.

(2) Das Bundesministerium der Finanzen führt die Aufsicht über die Bundessteuerberaterkammer.

(3) [1]Die Aufsicht beschränkt sich darauf, dass Gesetz und Satzung beachtet, insbesondere die den Steuerberaterkammern übertragenen Aufgaben erfüllt werden. [2]Die Aufsichtsbehörden können die hierzu erforderlichen Anordnungen und Maßnahmen treffen.

Fünfter Abschnitt. Berufsgerichtsbarkeit

Erster Unterabschnitt. Die berufsgerichtliche Ahndung von Pflichtverletzungen

§ 89[3]) Ahndung einer Pflichtverletzung. (1) Gegen einen Steuerberater oder Steuerbevollmächtigten, der schuldhaft gegen Pflichten verstößt, die in diesem Gesetz oder in der Berufsordnung nach § 86 Absatz 2 Nummer 2 bestimmt sind, wird eine berufsgerichtliche Maßnahme verhängt.

---

[1]) § 87a eingef. mWv 12.4.2008 durch G v. 8.4.2008 (BGBl. I S. 666).
[2]) § 88 Abs. 1 geänd. durch G v. 9.6.1989 (BGBl. I S. 1062), Abs. 1 geänd., Abs. 3 neu gef. mWv 1.7.2000 durch G v. 24.6.2000 (BGBl. I S. 874).
[3]) § 89 Abs. 2 geänd. mWv 1.7.1994 durch G v. 24.6.1994 (BGBl. I S. 1387); Abs. 1 und 3 neu gef., Abs. 4 und 5 angef. mWv 1.8.2022 durch G v. 7.7.2021 (BGBl. I S. 2363).

(2) Ein außerhalb des Berufs liegendes Verhalten eines Steuerberaters oder Steuerbevollmächtigten, das eine rechtswidrige Tat oder eine mit Geldbuße bedrohte Handlung darstellt, ist eine berufsgerichtlich zu ahndende Pflichtverletzung, wenn es nach den Umständen des Einzelfalls in besonderem Maße geeignet ist, Achtung und Vertrauen in einer für die Ausübung der Berufstätigkeit oder für das Ansehen des Berufs bedeutsamen Weise zu beeinträchtigen.

(3) Gegen eine anerkannte Berufsausübungsgesellschaft wird eine berufsgerichtliche Maßnahme verhängt, wenn

1. eine Leitungsperson der Berufsausübungsgesellschaft schuldhaft gegen Pflichten verstößt, die in diesem Gesetz oder in der Berufsordnung nach § 86 Absatz 2 Nummer 2 bestimmt sind, oder

2. eine Person, die nicht Leitungsperson ist, in Wahrnehmung der Angelegenheiten der Berufsausübungsgesellschaft gegen Pflichten verstößt, die in diesem Gesetz oder in der Berufsordnung nach § 86 Absatz 2 Nummer 2 bestimmt sind, wenn die Pflichtverletzung durch angemessene organisatorische, personelle oder technische Maßnahmen hätte verhindert oder wesentlich erschwert werden können.

(4) Eine berufsgerichtliche Maßnahme kann nicht verhängt werden, wenn der Steuerberater, der Steuerbevollmächtigte oder die Berufsausübungsgesellschaft zur Zeit der Tat nicht der Berufsgerichtbarkeit unterstand.

(5) Berufsgerichtliche Maßnahmen gegen einen Steuerberater oder Steuerbevollmächtigten und gegen die Berufsausübungsgesellschaft, der dieser angehört, können nebeneinander verhängt werden.

§ 89a[1] Leitungspersonen. Leitungspersonen einer Berufsausübungsgesellschaft sind

1. die Mitglieder eines vertretungsberechtigten Organs einer juristischen Person,

2. die vertretungsberechtigten Gesellschafter einer rechtsfähigen Personengesellschaft,

3. die Generalbevollmächtigten,

4. die Prokuristen und Handlungsbevollmächtigten, soweit sie eine leitende Stellung innehaben, sowie

5. nicht in den Nummern 1 bis 4 genannte Personen, die für die Leitung der Berufsausübungsgesellschaft verantwortlich handeln, wozu auch die Überwachung der Geschäftsführung oder die sonstige Ausübung von Kontrollbefugnissen in leitender Stellung gehört.

§ 89b[2] Rechtsnachfolger. Im Fall einer Gesamtrechtsnachfolge oder einer partiellen Gesamtrechtsnachfolge durch Aufspaltung (§ 123 Absatz 1 des Umwandlungsgesetzes) können berufsgerichtliche Maßnahmen gegen den oder die Rechtsnachfolger verhängt werden.

---

[1] § 89a eingef. mWv 1.8.2022 durch G v. 7.7.2021 (BGBl. I S. 2363).
[2] § 89b eingef. mWv 1.8.2022 durch G v. 7.7.2021 (BGBl. I S. 2363).

§ 90[1] Berufsgerichtliche Maßnahmen. (1) Die berufsgerichtlichen Maßnahmen sind bei Verfahren gegen Steuerberater oder Steuerbevollmächtigte

1. Warnung,

2. Verweis,

3. Geldbuße bis zu fünfzigtausend Euro,

4. Berufsverbot für die Dauer von einem bis zu fünf Jahren,

5. Ausschließung aus dem Beruf.

(2) Berufsgerichtliche Maßnahmen bei Verfahren gegen Berufsausübungsgesellschaften sind

1. Warnung,

2. Verweis,

3. Geldbuße bis zu fünfhunderttausend Euro,

4. Berufsverbot für die Dauer von einem Jahr bis zu fünf Jahren,

5. Aberkennung der Befugnis zur geschäftsmäßigen Hilfeleistung in Steuersachen.

(3) Die berufsgerichtlichen Maßnahmen des Verweises und der Geldbuße können nebeneinander verhängt werden.

§ 91[2] Rüge und berufsgerichtliche Maßnahme. (1) [1]Der Einleitung eines berufsgerichtlichen Verfahrens steht es nicht entgegen, daß der Vorstand der Steuerberaterkammer bereits wegen desselben Verhaltens eine Rüge erteilt hat (§ 81). [2]Hat das Landgericht den Rügebescheid aufgehoben (§ 82), weil es eine Pflichtverletzung nach § 89 Absatz 1 bis 3 nicht festgestellt hat, so kann ein berufsgerichtliches Verfahren wegen desselben Verhaltens nur auf Grund solcher Tatsachen oder Beweismittel eingeleitet werden, die dem Landgericht bei seiner Entscheidung nicht bekannt waren.

(2) [1]Die Rüge wird mit der Rechtskraft eines berufsgerichtlichen Urteils unwirksam, das wegen desselben Verhaltens gegen das Mitglied der Steuerberaterkammer ergeht und auf Freispruch oder eine berufsgerichtliche Maßnahme lautet. [2]Die Rüge wird auch unwirksam, wenn rechtskräftig die Eröffnung des Hauptverfahrens abgelehnt ist, weil eine Pflichtverletzung nach § 89 Absatz 1 bis 3 nicht festzustellen ist.

§ 92[3] Anderweitige Ahndung. [1]Von einer berufsgerichtlichen Ahndung ist abzusehen, wenn

1. durch ein Gericht oder eine Behörde wegen desselben Verhaltens bereits eine Strafe oder eine Geldbuße nach dem Gesetz über Ordnungswidrigkeiten oder eine berufsaufsichtliche Maßnahme verhängt worden ist oder

---

[1] § 90 Abs. 1 Nr. 3 Betrag geänd. mWv 1.7.1994 durch G v. 24.6.1994 (BGBl. I S. 1387), Abs. 1 Nr. 3 geänd. mWv 1.1.2002 durch G v. 24.6.2000 (BGBl. I S. 874); Abs. 1 neu gef. mWv 12.4.2008 durch G v. 8.4.2008 (BGBl. I S. 666); Abs. 1 einl. Satzteil geänd., Abs. 2 eingef., bish. Abs. 2 wird Abs. 3 mWv 1.8.2022 durch G v. 7.7.2021 (BGBl. I S. 2363).
[2] § 91 Abs. 1 Satz 1 geänd. mWv 1.7.2000 durch G v. 24.6.2000 (BGBl. I S. 874); Abs. 1 Sätze 1 und 2 und Abs. 2 Sätze 1 und 2 geänd. mWv 1.8.2022 durch G v. 7.7.2021 (BGBl. I S. 2363).
[3] § 92 neu gef. mWv 1.8.2022 durch G v. 7.7.2021 (BGBl. I S. 2363).

2. das Verhalten nach § 153a Absatz 1 Satz 5, auch in Verbindung mit Absatz 2 Satz 2, der Strafprozessordnung nicht mehr als Vergehen verfolgt werden kann.

²Satz 1 gilt nicht, wenn eine berufsgerichtliche Maßnahme zusätzlich erforderlich ist, um den Steuerberater, Steuerbevollmächtigten oder die Berufsausübungsgesellschaft zur Erfüllung seiner oder ihrer Pflichten anzuhalten oder um das Ansehen des Berufs zu wahren. ³Die Erforderlichkeit einer Maßnahme nach § 90 Absatz 1 Nummer 4 oder 5 oder Absatz 2 Nummer 4 und 5 bleibt durch eine anderweitige Ahndung unberührt.

§ 93¹) Verjährung von Pflichtverletzungen. (1) ¹Die Verfolgung einer Pflichtverletzung verjährt nach fünf Jahren. ²Abweichend davon verjährt sie

1. nach zehn Jahren, wenn die Pflichtverletzung eine Maßnahme nach § 90 Absatz 1 Nummer 4 oder Absatz 2 Nummer 4 rechtfertigt,

2. nach 20 Jahren, wenn die Pflichtverletzung eine Maßnahme nach § 90 Absatz 1 Nummer 5 oder Absatz 2 Nummer 5 rechtfertigt.

³Die Verjährung beginnt, sobald die Tat beendet ist.

(2) ¹Für das Ruhen der Verjährung gilt § 78b Absatz 1 bis 3 des Strafgesetzbuches entsprechend. ²Die Verjährung ruht zudem für die Dauer

1. eines wegen desselben Verhaltens eingeleiteten Straf- oder Bußgeldverfahrens,

2. eines wegen desselben Verhaltens eingeleiteten vorrangigen berufsaufsichtlichen Verfahrens und

3. einer Aussetzung des Verfahrens nach § 111.

(3) Für die Unterbrechung der Verjährung gilt § 78c Absatz 1 bis 4 des Strafgesetzbuches entsprechend.

§ 94²) *(aufgehoben)*

Zweiter Unterabschnitt. Die Gerichte

§ 95³) Kammer für Steuerberater- und Steuerbevollmächtigtensachen beim Landgericht. (1) In dem berufsgerichtlichen Verfahren entscheidet im ersten Rechtszug eine Kammer des Landgerichts (Kammer für Steuerberater- und Steuerbevollmächtigtensachen), das für den Sitz der Steuerberaterkammer zuständig ist.

(2) ¹Bestehen in einem Land mehrere Steuerberaterkammern, so kann die Landesregierung durch Rechtsverordnung die Steuerberater- und Steuerbevollmächtigtensachen einem oder einigen der Landgerichte zuweisen, wenn eine solche Zusammenfassung der Rechtspflege in Steuerberater- und Steuerbevollmächtigtensachen, insbesondere der Sicherung einer einheitlichen

---

¹) § 93 neu gef. mWv 1.8.2022 durch G v. 7.7.2021 (BGBl. I S. 2363).
²) § 94 aufgeh. mWv 1.8.2022 durch G v. 7.7.2021 (BGBl. I S. 2363).
³) § 95 Abs. 4 Satz 2 geänd. durch G v. 9.6.1989 (BGBl. I S. 1062); Abs. 1 und Abs. 2 Sätze 1 und 2 geänd. mWv 1.7.2000 durch G v. 24.6.2000 (BGBl. I S. 874).

Rechtsprechung, dienlich ist. ²Die Vorstände der beteiligten Steuerberaterkammern sind vorher zu hören.

(3) Durch Vereinbarung der beteiligten Länder können die Aufgaben, für die nach diesem Gesetz das Landgericht eines Landes zuständig ist, einem Landgericht des anderen Landes übertragen werden.

(4) ¹Die Kammer für Steuerberater- und Steuerbevollmächtigtensachen entscheidet außerhalb der Hauptverhandlung in der Besetzung von drei Mitgliedern des Landgerichts mit Einschluß des Vorsitzenden. ²In der Hauptverhandlung ist sie mit dem Vorsitzenden und zwei Steuerberatern oder Steuerbevollmächtigten als Beisitzern besetzt.

§ 96¹⁾ Senat für Steuerberater- und Steuerbevollmächtigtensachen beim Oberlandesgericht. (1) In dem berufsgerichtlichen Verfahren entscheidet im zweiten Rechtszug ein Senat des Oberlandesgerichts (Senat für Steuerberater- und Steuerbevollmächtigtensachen beim Oberlandesgericht).

(2) ¹§ 95 Abs. 2 und 3 findet entsprechende Anwendung. ²Die Steuerberater- und Steuerbevollmächtigtensachen können auch dem obersten Landesgericht zugewiesen oder übertragen werden.

(3) ¹Der Senat für Steuerberater- und Steuerbevollmächtigtensachen entscheidet außerhalb der Hauptverhandlung in der Besetzung von drei Mitgliedern des Oberlandesgerichts mit Einschluß des Vorsitzenden. ²In der Hauptverhandlung wirken außerdem als Beisitzer zwei Steuerberater oder Steuerbevollmächtigte mit.

§ 97²⁾ Senat für Steuerberater- und Steuerbevollmächtigtensachen beim Bundesgerichtshof. (1) In dem berufsgerichtlichen Verfahren entscheidet im dritten Rechtszug ein Senat des Bundesgerichtshofs (Senat für Steuerberater- und Steuerbevollmächtigtensachen beim Bundesgerichtshof).

(2) Der Senat für Steuerberater- und Steuerbevollmächtigtensachen besteht aus einem Vorsitzenden sowie zwei Mitgliedern des Bundesgerichtshofs und zwei Steuerberatern oder Steuerbevollmächtigten als Beisitzern.

§ 98³⁾ *(aufgehoben)*

§ 99⁴⁾ Steuerberater oder Steuerbevollmächtigte als Beisitzer. (1) Die Beisitzer aus den Reihen der Steuerberater oder Steuerbevollmächtigten sind ehrenamtliche Richter.

---

¹⁾ § 96 Abs. 3 Satz 2 geänd. durch G v. 9.6.1989 (BGBl. I S. 1062).
²⁾ § 97 Abs. 2 neu gef. mWv 1.7.1994 durch G v. 24.6.1994 (BGBl. I S. 1387).
³⁾ § 98 aufgeh. durch G v. 9.6.1989 (BGBl. I S. 1062).
⁴⁾ § 99 Abs. 3 Sätze 1 und 2 und Abs. 5 geänd., Abs. 6 angef. mWv 1.7.2000 durch G v. 24.6.2000 (BGBl. I S. 874); Abs. 2 Satz 1 geänd., Abs. 5 eingef., bish. Abs. 5 wird Abs. 6 und geänd., bish. Abs. 6 wird Abs. 7 mWv 1.1.2005 durch G v. 21.12.2004 (BGBl. I S. 3599); Abs. 6 geänd. mWv 8.9.2015 durch VO v. 31.8.2015 (BGBl. I S. 1474); Abs. 7 neu gef. mWv 6.11.2015 durch G v. 2.11.2015 (BGBl. I S. 1834); Abs. 5 aufgeh., bish. Abs. 6 und 7 werden Abs. 5 und 6 und neuer Abs. 5 geänd. mWv 1.8.2021 durch G v. 25.6.2021 (BGBl. I S. 2154).

(2) ¹Die ehrenamtlichen Richter werden für die Gerichte des ersten und zweiten Rechtszugs von der Landesjustizverwaltung auf die Dauer von fünf Jahren berufen. ²Sie können nach Ablauf ihrer Amtszeit wiederberufen werden.

(3) ¹Die ehrenamtlichen Richter werden den Vorschlagslisten entnommen, die die Vorstände der Steuerberaterkammern der Landesjustizverwaltung einreichen. ²Die Landesjustizverwaltung bestimmt, welche Zahl von ehrenamtlichen Richtern für jedes Gericht erforderlich ist; sie hat vorher die Vorstände der Steuerberaterkammern zu hören. ³Jede Vorschlagsliste soll mindestens die doppelte Zahl der zu berufenden Steuerberater oder Steuerbevollmächtigten enthalten.

(4) Scheidet ein ehrenamtlicher Richter vorzeitig aus, so wird für den Rest seiner Amtszeit ein Nachfolger berufen.

(5) Die Absätze 1 bis 4 finden auf die ehrenamtlichen Richter des Senats für Steuerberater- und Steuerbevollmächtigtensachen beim Bundesgerichtshof mit der Maßgabe Anwendung, daß an Stelle der Steuerberaterkammern die Bundessteuerberaterkammer und an Stelle der Landesjustizverwaltung das Bundesministerium der Justiz und für Verbraucherschutz treten.

(6) ¹Die Landesregierungen werden ermächtigt, die Aufgaben und Befugnisse, die den Landesjustizverwaltungen nach den Absätzen 2 und 3 zustehen, durch Rechtsverordnung auf diesen nachgeordnete Behörden zu übertragen. ²Die Landesregierungen können diese Ermächtigung durch Rechtsverordnung auf die Landesjustizverwaltungen übertragen.

§ 100¹⁾ Voraussetzungen für die Berufung zum Beisitzer und Recht zur Ablehnung. (1) ¹Zum ehrenamtlichen Richter kann nur ein Steuerberater oder Steuerbevollmächtigter berufen werden, der in den Vorstand der Steuerberaterkammer gewählt werden kann (§ 77). ²Er darf als Beisitzer nur für die Kammer für Steuerberater- und Steuerbevollmächtigtensachen beim Landgericht oder den Senat für Steuerberater- und Steuerbevollmächtigtensachen beim Oberlandesgericht oder den Senat für Steuerberater- und Steuerbevollmächtigtensachen beim Bundesgerichtshof berufen werden.

(2) Die ehrenamtlichen Richter dürfen nicht gleichzeitig dem Vorstand der Steuerberaterkammer angehören oder bei ihr im Haupt- oder Nebenberuf tätig sein.

(3) Die Übernahme des Beisitzeramtes kann ablehnen,

1. wer das 65. Lebensjahr vollendet hat;

2. wer in den letzten vier Jahren Mitglied des Vorstandes gewesen ist;

3. wer in gesundheitlicher Hinsicht beeinträchtigt ist.

§ 101²⁾ Enthebung vom Amt des Beisitzers. (1) Ein Steuerberater oder Steuerbevollmächtigter ist in den Fällen der §§ 95 und 96 auf Antrag der für

---

¹⁾ § 100 Abs. 1 Satz 1 und Abs. 2 geänd. mWv 1.7.2000 durch G v. 24.6.2000 (BGBl. I S. 874), Abs. 3 Nr. 3 neu gef. mWv 1.5.2002 durch G v. 27.4.2002 (BGBl. I S. 1467).
²⁾ § 101 Abs. 1 geänd. mWv 1.7.2000 durch G v. 24.6.2000 (BGBl. I S. 874); Abs. 1 einl. Satzteil geänd. mWv 8.9.2015 durch VO v. 31.8.2015 (BGBl. I S. 1474).

die Ernennung zuständigen Behörde, im Falle des § 97 auf Antrag des Bundesministeriums der Justiz und für Verbraucherschutz seines Amtes als Beisitzer zu entheben,

1. wenn nachträglich bekannt wird, daß er nicht hätte zum Beisitzer berufen werden dürfen;
2. wenn nachträglich ein Umstand eintritt, welcher der Berufung zum Beisitzer entgegensteht;
3. wenn der Steuerberater oder Steuerbevollmächtigte seine Amtspflicht als Beisitzer grob verletzt.

(2) ¹Über den Antrag entscheidet in den Fällen der §§ 95 und 96 ein Zivilsenat des Oberlandesgerichts, im Falle des § 97 ein Zivilsenat des Bundesgerichtshofs. ²Bei der Entscheidung dürfen die Mitglieder der Senate für Steuerberater- und Steuerbevollmächtigtensachen nicht mitwirken.

(3) Vor der Entscheidung ist der Steuerberater oder Steuerbevollmächtigte zu hören.

§ 102[1) Stellung der ehrenamtlichen Richter und Pflicht zur Verschwiegenheit. (1) Die Steuerberater oder Steuerbevollmächtigten haben in der Sitzung, zu der sie als ehrenamtliche Richter herangezogen werden, die Stellung eines Berufsrichters.

(2) ¹Die Steuerberater und Steuerbevollmächtigten haben über Angelegenheiten, die ihnen bei ihrer Tätigkeit als ehrenamtliche Richter bekanntwerden, Verschwiegenheit zu bewahren. ²§ 83 Absatz 1 und 2 ist entsprechend anzuwenden. ³Die Genehmigung zur Aussage erteilt der Präsident des Gerichts.

§ 103[2) Reihenfolge der Teilnahme an den Sitzungen. Die ehrenamtlichen Richter sind zu den einzelnen Sitzungen in der Reihenfolge einer Liste heranzuziehen, die der Präsident des Gerichts nach Anhörung der beiden ältesten ehrenamtlichen Richter vor Beginn des Geschäftsjahres aufstellt.

§ 104[3) Entschädigung der ehrenamtlichen Richter. Die ehrenamtlichen Richter erhalten eine Entschädigung nach dem Justizvergütungs- und -entschädigungsgesetz.

Dritter Unterabschnitt. Verfahrensvorschriften

Erster Teilabschnitt.[4) Allgemeines

§ 105 Vorschriften für das Verfahren. Für das berufsgerichtliche Verfahren gelten die nachstehenden Vorschriften.

[1) § 102 Abs. 2 Sätze 1 und 2 geänd. mWv 1.8.2021 durch G v. 25.6.2021 (BGBl. I S. 2154).
[2) § 103 neu gef. durch G v. 9.6.1989 (BGBl. I S. 1062).
[3) § 104 geänd. mWv 1.7.2004 durch G v. 5.5.2004 (BGBl. I S. 718).
[4) Überschrift geänd. mWv 18.12.2019 durch G v. 12.12.2019 (BGBl. I S. 2451).

§ 106 Keine Verhaftung des Steuerberaters oder Steuerbevollmächtigten. [1] Der Steuerberater oder Steuerbevollmächtigte darf zur Durchführung des berufsgerichtlichen Verfahrens weder vorläufig festgenommen noch verhaftet oder vorgeführt werden. [2] Er kann nicht zur Vorbereitung eines Gutachtens über seinen psychischen Zustand in ein psychiatrisches Krankenhaus gebracht werden.

§ 107[1] Verteidigung. (1) Zu Verteidigern im berufsgerichtlichen Verfahren vor dem Landgericht und vor dem Oberlandesgericht können außer den in § 138 Abs. 1 der Strafprozeßordnung genannten Personen auch Steuerberater oder Steuerbevollmächtigte gewählt werden.

(2) § 140 Abs. 1 Nr. 1 bis 3, 6, 7 und 9 der Strafprozeßordnung ist auf die Verteidigung im berufsgerichtlichen Verfahren nicht anzuwenden.

§ 108[2] Akteneinsicht. [1] Der Vorstand der Steuerberaterkammer und das Mitglied der Steuerberaterkammer sind befugt, die Akten, die dem Gericht vorliegen oder diesem im Falle der Einreichung einer Anschuldigungsschrift vorzulegen wären, einzusehen sowie amtlich verwahrte Beweisstücke zu besichtigen. [2] § 147 Abs. 2 Satz 1, Abs. 3, 5 und 6 der Strafprozeßordnung ist insoweit entsprechend anzuwenden.

§ 109[3] Verhältnis des berufsgerichtlichen Verfahrens zum Straf- oder Bußgeldverfahren. (1) [1] Ist gegen ein Mitglied der Steuerberaterkammer, das einer Verletzung seiner Pflichten beschuldigt wird, wegen desselben Verhaltens die öffentliche Klage im Strafverfahren erhoben oder ein Bußgeldbescheid erlassen, so kann gegen das Mitglied ein berufsgerichtliches Verfahren eingeleitet werden, das aber bis zur Beendigung des Straf- oder Bußgeldverfahrens ausgesetzt werden muss. [2] Ebenso muss ein bereits eingeleitetes berufsgerichtliches Verfahren ausgesetzt werden, wenn während seines Laufes die öffentliche Klage im Strafverfahren erhoben oder ein Bußgeldbescheid erlassen wird. [3] In den Fällen der Sätze 1 und 2 ist das berufsgerichtliche Verfahren vor der Beendigung des Straf- oder Bußgeldverfahrens fortzusetzen, wenn die Sachaufklärung so gesichert erscheint, dass sich widersprechende Entscheidungen nicht zu erwarten sind, oder wenn im Straf- oder Bußgeldverfahren aus Gründen nicht verhandelt werden kann, die in der Person des Mitglieds der Steuerberaterkammer liegen.

(2) Wird das Mitglied der Steuerberaterkammer im gerichtlichen Verfahren wegen einer Straftat oder einer Ordnungswidrigkeit freigesprochen, so kann wegen der Tatsachen, die Gegenstand der gerichtlichen Entscheidung waren,

---

[1] § 107 Abs. 2 geänd. mWv 1.9.2013 durch G v. 26.6.2013 (BGBl. I S. 1805).
[2] § 108 Satz 1 neu gef. mWv 1.7.1994 durch G v. 24.6.1994 (BGBl. I S. 1387); Satz 1 geänd. mWv 1.7.2000 durch G v. 24.6.2000 (BGBl. I S. 874); Satz 2 geänd. mWv 1.1.2010 durch G v. 29.7.2009 (BGBl. I S. 2274); Überschrift und Satz 1 geänd. mWv 1.8.2022 durch G v. 7.7.2021 (BGBl. I S. 2363).
[3] § 109 Abs. 1 Satz 3 neu gef. sowie Abs. 4 angef. mWv 1.7.1994 durch G v. 24.6.1994 (BGBl. I S. 1387); Abs. 1 neu gef., Abs. 2 geänd., Abs. 4 neu gef. mWv 1.8.2022 durch G v. 7.7.2021 (BGBl. I S. 2363).

ein berufsgerichtliches Verfahren nur dann eingeleitet oder fortgesetzt werden, wenn diese Tatsachen, ohne den Tatbestand einer Strafvorschrift oder einer Bußgeldvorschrift zu erfüllen, eine Verletzung der Pflichten des Mitglieds der Steuerberaterkammer enthalten.

(3) ¹Für die Entscheidung im berufsgerichtlichen Verfahren sind die tatsächlichen Feststellungen des Urteils im Straf- oder Bußgeldverfahren bindend, auf denen die Entscheidung des Gerichts beruht. ²In dem berufsgerichtlichen Verfahren kann ein Gericht jedoch die nochmalige Prüfung solcher Feststellungen beschließen, deren Richtigkeit seine Mitglieder mit Stimmenmehrheit bezweifeln; dies ist in den Gründen der berufsgerichtlichen Entscheidung zum Ausdruck zu bringen.

(4) ¹Wird ein berufsgerichtliches Verfahren nach Absatz 1 Satz 3 fortgesetzt, ist die Wiederaufnahme des rechtskräftig abgeschlossenen berufsgerichtlichen Verfahrens auch zulässig, wenn die tatsächlichen Feststellungen, auf denen die Verurteilung oder der Freispruch im berufsgerichtlichen Verfahren beruht, den Feststellungen im Straf- oder Bußgeldverfahren widersprechen. ²Den Antrag auf Wiederaufnahme des Verfahrens kann die Staatsanwaltschaft oder das Mitglied der Steuerberaterkammer binnen eines Monats nach Rechtskraft des Urteils im Straf- oder Bußgeldverfahren stellen.

§ 110¹⁾ Verhältnis des berufsgerichtlichen Verfahrens zu berufsaufsichtlichen Verfahren nach anderen Berufsgesetzen. (1) ¹Über eine Pflichtverletzung eines Mitglieds einer Steuerberatungskammer, die zugleich Pflichten eines anderen Berufs verletzt, dessen Berufsaufsicht das Mitglied untersteht, ist zunächst im berufsgerichtlichen Verfahren nach diesem Gesetz zu entscheiden, wenn die Pflichtverletzung überwiegend mit der Ausübung des Berufs des Steuerberaters oder Steuerbevollmächtigten in Zusammenhang steht. ²Ist kein Schwerpunkt der Pflichtverletzung erkennbar oder besteht kein Zusammenhang der Pflichtverletzung mit der Ausübung eines Berufs, ist zunächst im berufsgerichtlichen Verfahren nach diesem Gesetz zu entscheiden, wenn das Mitglied hauptsächlich als Steuerberater oder Steuerbevollmächtigter tätig ist.

(2) Kommt eine Maßnahme nach § 90 Absatz 1 Nummer 4 oder 5 oder nach Absatz 2 Nummer 4 oder 5 in Betracht, ist stets im berufsgerichtlichen Verfahren nach diesem Gesetz zu entscheiden.

(3) Gegenstand der Entscheidung im berufsgerichtlichen Verfahren nach diesem Gesetz ist nur die Verletzung der dem Mitglied obliegenden Pflichten.

§ 111 Aussetzung des berufsgerichtlichen Verfahrens. Das berufsgerichtliche Verfahren kann ausgesetzt werden, wenn in einem anderen gesetzlich geordneten Verfahren über eine Frage zu entscheiden ist, deren Beurteilung für die Entscheidung im berufsgerichtlichen Verfahren von wesentlicher Bedeutung ist.

---

¹⁾ § 110 neu gef. mWv 1.8.2022 durch G v. 7.7.2021 (BGBl. I S. 2363).

§ 111a[1] Berufsgerichtliches Verfahren gegen Leitungspersonen und Berufsausübungsgesellschaften. (1) Das berufsgerichtliche Verfahren gegen eine Leitungsperson und das berufsgerichtliche Verfahren gegen eine Berufsausübungsgesellschaft wegen Pflichtverletzungen können miteinander verbunden werden.

(2) Von berufsgerichtlichen Maßnahmen gegen eine Berufsausübungsgesellschaft kann abgesehen werden, wenn sie unter Berücksichtigung aller Umstände des Einzelfalls, insbesondere der Art der Pflichtverletzung, deren Häufigkeit und Gleichförmigkeit und des Schwerpunkts der Vorwerfbarkeit, neben der Verhängung einer berufsgerichtlichen Maßnahme gegen die Leitungsperson nicht erforderlich erscheinen.

§ 111b[2] Vertretung von Berufsausübungsgesellschaften. (1) Die Berufsausübungsgesellschaft wird vorbehaltlich des § 111c Absatz 1 Satz 2 im berufsgerichtlichen Verfahren durch ihre gesetzlichen Vertreter vertreten.

(2) Von der Vertretung ausgeschlossen sind Personen, die einer Berufspflichtverletzung beschuldigt sind.

(3) § 51 Absatz 2 der Zivilprozessordnung gilt entsprechend.

§ 111c[3] Besonderer Vertreter. (1) [1]Hat die Berufsausübungsgesellschaft keinen gesetzlichen Vertreter oder sind alle gesetzlichen Vertreter der Berufsausübungsgesellschaft von der Vertretung ausgeschlossen, so bestellt der Vorsitzende des Gerichts, das mit der Sache befasst ist, für die Berufsausübungsgesellschaft einen besonderen Vertreter. [2]Der besondere Vertreter hat bis zum Eintritt eines gesetzlichen Vertreters im Verfahren die Stellung eines gesetzlichen Vertreters.

(2) [1]Vor Einreichung der Anschuldigungsschrift erfolgt die Bestellung des besonderen Vertreters auf Antrag der Staatsanwaltschaft. [2]Für die Bestellung ist der Vorsitzende der Kammer für Steuerberater- und Steuerbevollmächtigtensachen beim Landgericht nach § 95 Absatz 1 zuständig.

§ 111d[4] Verfahrenseintritt von Rechtsnachfolgern. Im Fall einer Rechtsnachfolge (§ 89b) treten Rechtsnachfolger der Berufsausübungsgesellschaft in diejenige Lage des Verfahrens ein, in der sich die Berufsausübungsgesellschaft zum Zeitpunkt des Wirksamwerdens der Rechtsnachfolge befunden hat.

§ 111e[5] Vernehmung des gesetzlichen Vertreters. (1) [1]Dem gesetzlichen Vertreter der Berufsausübungsgesellschaft steht es im berufsgerichtlichen Verfahren frei, sich zu äußern oder nicht zur Sache auszusagen. [2]§ 133 Absatz 1 sowie die §§ 136 und 136a der Strafprozessordnung gelten für die Vernehmung des gesetzlichen Vertreters der Berufsausübungsgesellschaft entsprechend.

---

[1] § 111a eingef. mWv 1.8.2022 durch G v. 7.7.2021 (BGBl. I S. 2363).
[2] § 111b eingef. mWv 1.8.2022 durch G v. 7.7.2021 (BGBl. I S. 2363).
[3] § 111c eingef. mWv 1.8.2022 durch G v. 7.7.2021 (BGBl. I S. 2363).
[4] § 111d eingef. mWv 1.8.2022 durch G v. 7.7.2021 (BGBl. I S. 2363).
[5] § 111e eingef. mWv 1.8.2022 durch G v. 7.7.2021 (BGBl. I S. 2363).

(2) ¹In anderen Verfahren kann der gesetzliche Vertreter der Berufsausübungsgesellschaft als Zeuge auch die Auskunft auf solche Fragen verweigern, deren Beantwortung der Berufsausübungsgesellschaft die Gefahr zuziehen würde, für eine Berufspflichtverletzung verantwortlich gemacht zu werden. ²§ 55 Absatz 2 und § 56 der Strafprozessordnung gelten entsprechend.

§ 111f¹⁾ Berufs- und Vertretungsverbot. In § 129 Absatz 1, § 134 Absatz 1, § 140 Absatz 1 und § 142 Nummer 1 tritt an die Stelle der Ausschließung aus dem Beruf die Aberkennung der Befugnis zur geschäftsmäßigen Hilfeleistung in Steuersachen.

Zweiter Teilabschnitt.²⁾ Das Verfahren im ersten Rechtszug

§ 112³⁾ Örtliche Zuständigkeit. ¹Die örtliche Zuständigkeit des Landgerichts bestimmt sich nach dem Sitz der Steuerberaterkammer, welcher das Mitglied der Steuerberaterkammer im Zeitpunkt der Beantragung der Einleitung des Verfahrens angehört. ²Die Verlegung der beruflichen Niederlassung nach diesem Zeitpunkt in einen anderen Kammerbezirk führt nicht zu einem Wechsel der Zuständigkeit.

§ 113 Mitwirkung der Staatsanwaltschaft. Die Staatsanwaltschaft bei dem Oberlandesgericht, bei dem der Senat für Steuerberater- und Steuerbevollmächtigtensachen besteht, nimmt in den Verfahren vor der Kammer für Steuerberater- und Steuerbevollmächtigtensachen die Aufgaben der Staatsanwaltschaft wahr.

§ 114 Einleitung des berufsgerichtlichen Verfahrens. Das berufsgerichtliche Verfahren wird dadurch eingeleitet, daß die Staatsanwaltschaft eine Anschuldigungsschrift bei dem Landgericht einreicht.

§ 115⁴⁾ Gerichtliche Entscheidung über die Einleitung des Verfahrens. (1) Gibt die Staatsanwaltschaft einem Antrag des Vorstandes der Steuerberaterkammer, gegen ein Mitglied der Steuerberaterkammer das berufsgerichtliche Verfahren einzuleiten, keine Folge oder verfügt sie die Einstellung des Verfahrens, so hat sie ihre Entschließung dem Vorstand der Steuerberaterkammer unter Angabe der Gründe mitzuteilen.

(2) ¹Der Vorstand der Steuerberaterkammer kann gegen den Bescheid der Staatsanwaltschaft binnen eines Monats nach der Bekanntmachung bei dem Oberlandesgericht die gerichtliche Entscheidung beantragen. ²Der Antrag muß die Tatsachen, welche die Einleitung des berufsgerichtlichen Verfahrens begründen sollen, und die Beweismittel angeben. ³Satz 1 gilt nicht, wenn der Senat für Steuerberater- und Steuerbevollmächtigtensachen der Einstellung zugestimmt hatte.

---

¹⁾ § 111f eingef. mWv 1.8.2022 durch G v. 7.7.2021 (BGBl. I S. 2363).
²⁾ Überschrift geänd. mWv 18.12.2019 durch G v. 12.12.2019 (BGBl. I S. 2451).
³⁾ § 112 geänd., Satz 2 angef. mWv 1.7.2000 durch G v. 24.6.2000 (BGBl. I S. 874); Satz 1 geänd. mWv 1.8.2022 durch G v. 7.7.2021 (BGBl. I S. 2363).
⁴⁾ § 115 Abs. 1 und 2 Satz 1 geänd. mWv 1.7.2000 durch G v. 24.6.2000 (BGBl. I S. 874); Abs. 1 geänd., Abs. 2 Satz 3 angef. mWv 1.8.2022 durch G v. 7.7.2021 (BGBl. I S. 2363).

(3) Auf das Verfahren nach Absatz 2 sind die §§ 173 bis 175 der Strafprozeßordnung entsprechend anzuwenden.

(4) § 172 der Strafprozeßordnung ist nicht anzuwenden.

§ 116[1]) **Antrag des Mitglieds der Steuerberaterkammer auf Einleitung des berufsgerichtlichen Verfahrens.** (1) [1] Will sich das Mitglied der Steuerberaterkammer von dem Verdacht einer Pflichtverletzung befreien, so muss es bei der Staatsanwaltschaft beantragen, das berufsgerichtliche Verfahren gegen sich einzuleiten. [2] Wegen eines Verhaltens, das der Vorstand der Steuerberaterkammer gerügt hat (§ 81), kann das Mitglied den Antrag nicht stellen.

(2) [1] Gibt die Staatsanwaltschaft dem Antrag des Mitglieds der Steuerberaterkammer keine Folge oder verfügt sie die Einstellung des Verfahrens, so hat sie ihre Entschließung dem Antragsteller unter Angabe der Gründe mitzuteilen. [2] Das Mitglied kann bei dem Oberlandesgericht die gerichtliche Entscheidung beantragen, wenn in den Gründen

1. eine Pflichtverletzung nach § 89 Absatz 1 bis 3 festgestellt, das berufsgerichtliche Verfahren aber nicht eingeleitet wird, oder

2. offengelassen wird, ob eine Pflichtverletzung nach § 89 Absatz 1 bis 3 vorliegt.

[3] Der Antrag ist binnen eines Monats nach der Bekanntmachung der Entschließung der Staatsanwaltschaft zu stellen.

(3) [1] Auf das Verfahren vor dem Senat für Steuerberater- und Steuerbevollmächtigtensachen beim Oberlandesgericht ist § 173 Abs. 1 und 3 der Strafprozeßordnung entsprechend anzuwenden. [2] Das Oberlandesgericht entscheidet durch Beschluß, ob eine Pflichtverletzung nach § 89 Absatz 1 bis 3 des Mitglieds der Steuerberaterkammer festzustellen ist. [3] Der Beschluß ist mit Gründen zu versehen. [4] Erachtet das Oberlandesgericht das Mitglied der Steuerberaterkammer einer berufsgerichtlich zu ahndenden Pflichtverletzung für hinreichend verdächtig, so beschließt es die Einleitung des berufsgerichtlichen Verfahrens. [5] Die Durchführung dieses Beschlusses obliegt der Staatsanwaltschaft.

(4) Erachtet das Oberlandesgericht eine Pflichtverletzung nach § 89 Absatz 1 bis 3 nicht für gegeben, so kann nur auf Grund neuer Tatsachen oder Beweismittel wegen desselben Verhaltens ein Antrag auf Einleitung des berufsgerichtlichen Verfahrens gestellt oder eine Rüge durch den Vorstand der Steuerberaterkammer erteilt werden.

§ 117[2]) **Inhalt der Anschuldigungsschrift.** [1] In der Anschuldigungsschrift (§ 114 dieses Gesetzes sowie § 207 Abs. 3 der Strafprozeßordnung) ist die dem Mitglied der Steuerberaterkammer zur Last gelegte Pflichtverletzung unter Anführung der sie begründenden Tatsache zu bezeichnen (Anschuldigungs-

---

[1]) § 116 Abs. 1 neu gef., Abs. 4 geänd. mWv 1.7.2000 durch G v. 24.6.2000 (BGBl. I S. 874); Überschrift geänd., Abs. 1 Satz 1 neu gef., Satz 2 und Abs. 2 Satz 1 geänd., Satz 2 neu gef., Abs. 3 Sätze 2 und 4 und Abs. 4 geänd. mWv 1.8.2022 durch G v. 7.7.2021 (BGBl. I S. 2363).

[2]) § 117 Satz 1 geänd. mWv 1.8.2022 durch G v. 7.7.2021 (BGBl. I S. 2363).

satz). [2] Ferner sind die Beweismittel anzugeben, wenn in der Hauptverhandlung Beweise erhoben werden sollen. [3] Die Anschuldigungsschrift enthält den Antrag, das Hauptverfahren vor der Kammer für Steuerberater- und Steuerbevollmächtigtensachen beim Landgericht zu eröffnen.

§ 118[1) Entscheidung über die Eröffnung des Hauptverfahrens. (1) In dem Beschluß, durch den das Hauptverfahren eröffnet wird, läßt die Kammer für Steuerberater- und Steuerbevollmächtigtensachen beim Landgericht die Anschuldigung zur Hauptverhandlung zu.

(2) Der Beschluß, durch den das Hauptverfahren eröffnet worden ist, kann von dem Mitglied der Steuerberaterkammer nicht angefochten werden.

(3) [1] Der Beschluß, durch den die Eröffnung des Hauptverfahrens abgelehnt wird, ist zu begründen. [2] Gegen den Beschluß steht der Staatsanwaltschaft die sofortige Beschwerde zu.

§ 119 Rechtskraftwirkung eines ablehnenden Beschlusses. Ist die Eröffnung des Hauptverfahrens durch einen nicht mehr anfechtbaren Beschluß abgelehnt, so kann der Antrag auf Einleitung des berufsgerichtlichen Verfahrens nur auf Grund neuer Tatsachen oder Beweismittel und nur innerhalb von fünf Jahren, seitdem der Beschluß rechtskräftig geworden ist, erneut gestellt werden.

§ 120[2) Zustellung des Eröffnungsbeschlusses. [1] Der Beschluß über die Eröffnung des Hauptverfahrens ist dem Mitglied der Steuerberaterkammer spätestens mit der Ladung zuzustellen. [2] Entsprechendes gilt in den Fällen des § 207 Abs. 3 der Strafprozeßordnung für die nachgereichte Anschuldigungsschrift.

§ 121[3) Hauptverhandlung trotz Ausbleibens des Mitglieds der Steuerberaterkammer. [1] Die Hauptverhandlung kann gegen ein Mitglied der Steuerberaterkammer, das nicht erschienen ist, durchgeführt werden, wenn es ordnungsmäßig geladen und in der Ladung darauf hingewiesen ist, daß in seiner Abwesenheit verhandelt werden kann. [2] Eine öffentliche Ladung ist nicht zulässig.

§ 122[4) *(aufgehoben)*

§ 123[5) Beweisaufnahme durch einen ersuchten Richter. [1] Die Kammer für Steuerberater- und Steuerbevollmächtigtensachen beim Landgericht kann ein Amtsgericht um die Vernehmung von Zeugen oder Sachverständigen ersuchen. [2] Zeugen oder Sachverständige sind jedoch auf Antrag der

---

[1] § 118 Abs. 2 geänd. mWv 1.8.2022 durch G v. 7.7.2021 (BGBl. I S. 2363).
[2] § 120 Satz 1 geänd. mWv 1.8.2022 durch G v. 7.7.2021 (BGBl. I S. 2363).
[3] § 121 Überschrift und Satz 1 geänd. mWv 1.8.2022 durch G v. 7.7.2021 (BGBl. I S. 2363).
[4] § 122 aufgeh. mWv 1.8.2022 durch G v. 7.7.2021 (BGBl. I S. 2363).
[5] § 123 Satz 2 neu gef. mWv 1.8.2022 durch G v. 7.7.2021 (BGBl. I S. 2363).

Staatsanwaltschaft oder des Mitglieds der Steuerberaterkammer in der Hauptverhandlung zu vernehmen, es sei denn, dass sie voraussichtlich am Erscheinen in der Hauptverhandlung gehindert sind oder ihnen das Erscheinen wegen großer Entfernung nicht zugemutet werden kann.

§ 124[1] Verlesen von Protokollen. (1) Die Kammer für Steuerberater- und Steuerbevollmächtigtensachen beim Landgericht beschließt nach pflichtmäßigem Ermessen, ob die Aussagen von Zeugen oder Sachverständigen, die bereits in dem berufsgerichtlichen oder in einem anderen gesetzlich geordneten Verfahren vernommen worden sind, zu verlesen sind.

(2) [1]Bevor der Gerichtsbeschluss ergeht, kann die Staatsanwaltschaft oder das Mitglied der Steuerberaterkammer beantragen, Zeugen oder Sachverständige in der Hauptverhandlung zu vernehmen. [2]Einem solchen Antrag ist zu entsprechen, es sei denn, dass die Zeugen oder Sachverständigen voraussichtlich am Erscheinen in der Hauptverhandlung gehindert sind oder ihnen das Erscheinen wegen großer Entfernung nicht zugemutet werden kann. [3]Wird dem Antrag stattgegeben, so darf das Protokoll über die frühere Vernehmung nicht verlesen werden.

(3) [1]Sind Zeugen oder Sachverständige durch einen ersuchten Richter vernommen worden (§ 123), so kann der Verlesung des Protokolls nicht widersprochen werden. [2]Die Staatsanwaltschaft oder das Mitglied der Steuerberaterkammer kann jedoch der Verlesung widersprechen, wenn ein Antrag gemäß § 123 Satz 2 abgelehnt worden ist und Gründe für die Ablehnung des Antrags jetzt nicht mehr bestehen.

§ 125[2] Entscheidung. (1) Die Hauptverhandlung schließt mit der auf die Beratung folgenden Verkündung des Urteils.

(2) Das Urteil lautet auf Freisprechung, Verurteilung oder Einstellung des Verfahrens.

(3) Das berufsgerichtliche Verfahren ist, abgesehen von dem Fall des § 260 Abs. 3 der Strafprozeßordnung, einzustellen,

1. wenn die Bestellung zum Steuerberater oder die Anerkennung als Berufsausübungsgesellschaft erloschen, zurückgenommen oder widerrufen ist;

2. wenn nach § 92 von einer berufsgerichtlichen Ahndung abzusehen ist.

Dritter Teilabschnitt.[3] Rechtsmittel

§ 126 Beschwerde. Für die Verhandlungen und Entscheidungen über Beschwerden ist der Senat für Steuerberater- und Steuerbevollmächtigtensachen beim Oberlandesgericht zuständig.

---

[1] § 124 Abs. 1 geänd., Abs. 2 Satz 1 neu gef., Satz 2 und Abs. 3 Sätze 1 und 2 geänd. mWv 1.8.2022 durch G v. 7.7.2021 (BGBl. I S. 2363).
[2] § 125 Abs. 3 Nr. 1 neu gef. mWv 1.8.2022 durch G v. 7.7.2021 (BGBl. I S. 2363).
[3] Überschrift geänd. mWv 18.12.2019 durch G v. 12.12.2019 (BGBl. I S. 2451).

§ 127¹⁾ Berufung. (1) Gegen das Urteil der Kammer für Steuerberater- und Steuerbevollmächtigtensachen beim Landgericht ist die Berufung an den Senat für Steuerberater- und Steuerbevollmächtigtensachen beim Oberlandesgericht zulässig.

(2) ¹Die Berufung muß binnen einer Woche nach Verkündung des Urteils bei der Kammer für Steuerberater- und Steuerbevollmächtigtensachen beim Landgericht schriftlich eingelegt werden. ²Ist das Urteil nicht in Anwesenheit des Mitglieds der Steuerberaterkammer verkündet worden, so beginnt für dieses die Frist mit der Zustellung.

(3) Die Berufung kann nur schriftlich gerechtfertigt werden.

(4) Die §§ 121 und 123 bis 125 sind auf das Berufungsverfahren sinngemäß anzuwenden; hierbei lässt § 121 die sinngemäße Anwendung des § 329 Absatz 1 der Strafprozessordnung unberührt.

§ 128 Mitwirkung der Staatsanwaltschaft im zweiten Rechtszug. Die Aufgaben der Staatsanwaltschaft im zweiten Rechtszug werden von der Staatsanwaltschaft bei dem Oberlandesgericht wahrgenommen, bei dem der Senat für Steuerberater- und Steuerbevollmächtigtensachen besteht.

§ 129²⁾ Revision. (1) Gegen das Urteil des Senats für Steuerberater- und Steuerbevollmächtigtensachen beim Oberlandesgericht ist die Revision an den Bundesgerichtshof zulässig,

1. wenn das Urteil auf eine Maßnahme nach § 90 Absatz 1 Nummer 4 oder 5 oder Absatz 2 Nummer 4 oder 5 lautet;

2. wenn der Senat für Steuerberater- und Steuerbevollmächtigtensachen beim Oberlandesgericht entgegen einem Antrag der Staatsanwaltschaft nicht auf eine Maßnahme nach § 90 Absatz 1 Nummer 4 oder 5 oder Absatz 2 Nummer 4 oder 5 erkannt hat;

3. wenn der Senat für Steuerberater- und Steuerbevollmächtigtensachen beim Oberlandesgericht sie in dem Urteil zugelassen hat.

(2) Der Senat für Steuerberater- und Steuerbevollmächtigtensachen beim Oberlandesgericht darf die Revision nur zulassen, wenn er über Rechtsfragen oder Fragen der Berufspflichten entschieden hat, die von grundsätzlicher Bedeutung sind.

(3) ¹Die Nichtzulassung der Revision kann selbständig durch Beschwerde innerhalb eines Monats nach Zustellung des Urteils angefochten werden. ²Die Beschwerde ist bei dem Oberlandesgericht einzulegen. ³In der Beschwerdeschrift muß die grundsätzliche Rechtsfrage ausdrücklich bezeichnet werden.

(4) Die Beschwerde hemmt die Rechtskraft des Urteils.

(5) ¹Wird der Beschwerde nicht abgeholfen, so entscheidet der Bundesgerichtshof durch Beschluß. ²Der Beschluß bedarf keiner Begründung, wenn die

---

¹⁾ § 127 Abs. 4 Satz 2 angef. mWv 20.12.2003 durch G v. 15.12.2003 (BGBl. I S. 2645); Abs. 4 Satz 2 geänd. mWv 25.7.2015 durch G v. 17.7.2015 (BGBl. I S. 1332); Abs. 2 Satz 2 geänd., Abs. 4 neu gef. mWv 1.8.2022 durch G v. 7.7.2021 (BGBl. I S. 2363).
²⁾ § 129 Abs. 1 Nr. 1 und 2 neu gef. mWv 1.8.2022 durch G v. 7.7.2021 (BGBl. I S. 2363).

Beschwerde einstimmig verworfen oder zurückgewiesen wird. ³Mit Ablehnung der Beschwerde durch den Bundesgerichtshof wird das Urteil rechtskräftig. ⁴Wird der Beschwerde stattgegeben, so beginnt mit Zustellung des Beschwerdebescheides die Revisionsfrist.

§ 130¹⁾ Einlegung der Revision und Verfahren. (1) ¹Die Revision ist binnen einer Woche bei dem Oberlandesgericht schriftlich einzulegen. ²Die Frist beginnt mit der Verkündung des Urteils. ³Ist das Urteil nicht in Anwesenheit des Mitglieds der Steuerberaterkammer verkündet worden, so beginnt für dieses die Frist mit der Zustellung.

(2) Seitens des Mitglieds der Steuerberaterkammer können die Revisionsanträge und deren Begründung nur schriftlich angebracht werden.

(3) ¹§ 125 Absatz 3 ist auf das Verfahren vor dem Bundesgerichtshof sinngemäß anzuwenden. ²In den Fällen des § 354 Absatz 2 der Strafprozessordnung kann die Sache auch an das Oberlandesgericht eines anderen Landes zurückverwiesen werden.

§ 131 Mitwirkung der Staatsanwaltschaft vor dem Bundesgerichtshof. Die Aufgaben der Staatsanwaltschaft in den Verfahren vor dem Bundesgerichtshof werden von dem Generalbundesanwalt wahrgenommen.

Vierter Teilabschnitt.²⁾ Die Sicherung von Beweisen

§ 132³⁾ Anordnung der Beweissicherung. (1) ¹Wird ein berufsgerichtliches Verfahren gegen ein Mitglied der Steuerberaterkammer eingestellt, weil seine Bestellung zum Steuerberater oder die Anerkennung als Berufsausübungsgesellschaft erloschen, zurückgenommen oder widerrufen ist, so kann in der Entscheidung auf Antrag der Staatsanwaltschaft zugleich die Sicherung der Beweise angeordnet werden, wenn dringende Gründe für die Annahme vorhanden sind, dass auf Ausschließung aus dem Beruf oder auf Aberkennung der Befugnis zur geschäftsmäßigen Hilfeleistung in Steuersachen erkannt worden wäre. ²Die Anordnung kann nicht angefochten werden.

(2) ¹Die Beweise werden von der Kammer für Steuerberater- und Steuerbevollmächtigtensachen beim Landgericht aufgenommen. ²Die Kammer für Steuerberater- und Steuerbevollmächtigtensachen kann eines ihrer berufsrichterlichen Mitglieder mit der Beweisaufnahme beauftragen.

§ 133⁴⁾ Verfahren. (1) ¹Die Kammer für Steuerberater- und Steuerbevollmächtigtensachen beim Landgericht hat von Amts wegen alle Beweise zu erheben, die eine Entscheidung darüber begründen können, ob das eingestellte Verfahren zur Ausschließung aus dem Beruf oder Aberkennung der Befugnis

---

¹⁾ § 130 Abs. 1 Satz 3 und Abs. 2 geänd., Abs. 3 neu gef. mWv 1.8.2022 durch G v. 7.7.2021 (BGBl. I S. 2363).
²⁾ Überschrift geänd. mWv 18.12.2019 durch G v. 12.12.2019 (BGBl. I S. 2451).
³⁾ § 132 Abs. 1 Satz 1 neu gef. mWv 1.8.2022 durch G v. 7.7.2021 (BGBl. I S. 2363).
⁴⁾ § 133 Abs. 1 Satz 1, Abs. 3 Sätze 1 und 2 geänd. mWv 1.8.2022 durch G v. 7.7.2021 (BGBl. I S. 2363).

zur geschäftsmäßigen Hilfeleistung in Steuersachen geführt hätte. ²Den Umfang des Verfahrens bestimmt die Kammer für Steuerberater- und Steuerbevollmächtigtensachen nach pflichtmäßigem Ermessen, ohne an Anträge gebunden zu sein; ihre Verfügungen können insoweit nicht angefochten werden.

(2) Zeugen sind, soweit nicht Ausnahmen vorgeschrieben oder zugelassen sind, eidlich zu vernehmen.

(3) ¹Die Staatsanwaltschaft und das frühere Mitglied der Steuerberaterkammer sind an dem Verfahren zu beteiligen. ²Ein Anspruch auf Benachrichtigung von den Terminen, die zum Zwecke der Beweissicherung anberaumt werden, steht dem früheren Mitglied der Steuerberaterkammer nur zu, wenn es sich im Inland aufhält und seine Anschrift dem Landgericht angezeigt hat.

Fünfter Teilabschnitt.[1] Das Berufs- und Vertretungsverbot

§ 134[2] Voraussetzung des Verbots. (1) ¹Liegen dringende Gründe für die Annahme vor, dass gegen ein Mitglied der Steuerberaterkammer auf Ausschließung aus dem Beruf oder Aberkennung der Befugnis zur geschäftsmäßigen Hilfeleistung in Steuersachen erkannt werden wird, kann gegen das Mitglied durch Beschluss ein vorläufiges Berufs- oder Vertretungsverbot verhängt werden. ²§ 109 Absatz 1 Satz 1 und 2 ist nicht anzuwenden.

(2) ¹Die Staatsanwaltschaft kann vor Einleitung des berufsgerichtlichen Verfahrens den Antrag auf Verhängung eines Berufs- oder Vertretungsverbots stellen. ²In dem Antrag sind die Pflichtverletzung, die dem Mitglied der Steuerberaterkammer zur Last gelegt wird, sowie die Beweismittel anzugeben.

(3) Für die Verhandlung und Entscheidung ist das Gericht zuständig, das über die Eröffnung des Hauptverfahrens gegen das Mitglied der Steuerberaterkammer zu entscheiden hat oder vor dem das berufsgerichtliche Verfahren anhängig ist.

§ 135[3] Mündliche Verhandlung. (1) Der Beschluß, durch den ein Berufs- oder Vertretungsverbot verhängt wird, kann nur auf Grund mündlicher Verhandlung ergehen.

(2) Auf die Besetzung des Gerichts, die Ladung und die mündliche Verhandlung sind die Vorschriften entsprechend anzuwenden, die für die Hauptverhandlung vor dem erkennenden Gericht maßgebend sind, soweit sich nicht aus den folgenden Vorschriften etwas anderes ergibt.

(3) ¹In der Ladung ist die dem Mitglied der Steuerberaterkammer zur Last gelegte Pflichtverletzung durch Anführung der sie begründenden Tatsachen zu bezeichnen; ferner sind die Beweismittel anzugeben. ²Dies ist jedoch nicht erforderlich, wenn dem Mitglied der Steuerberaterkammer die Anschuldigungsschrift bereits mitgeteilt worden ist.

---

[1] Überschrift geänd. mWv 18.12.2019 durch G v. 12.12.2019 (BGBl. I S. 2451).
[2] § 134 Abs. 1 neu gef., Abs. 2 Satz 2 und Abs. 3 geänd. mWv 1.8.2022 durch G v. 7.7.2021 (BGBl. I S. 2363).
[3] § 135 Abs. 3 Sätze 1 und 2 und Abs. 4 geänd. mWv 1.8.2022 durch G v. 7.7.2021 (BGBl. I S. 2363).

(4) Den Umfang der Beweisaufnahme bestimmt das Gericht nach pflichtmäßigem Ermessen, ohne an Anträge der Staatsanwaltschaft oder des Mitglieds der Steuerberaterkammer gebunden zu sein.

§ 136 Abstimmung über das Verbot. Zur Verhängung des Berufs- oder Vertretungsverbots ist eine Mehrheit von zwei Dritteln der Stimmen erforderlich.

§ 137[1) Verbot im Anschluss an die Hauptverhandlung. [1] Hat das Gericht auf die Ausschließung aus dem Beruf oder Aberkennung der Befugnis zur geschäftsmäßigen Hilfeleistung in Steuersachen erkannt, so kann es im unmittelbaren Anschluß an die Hauptverhandlung über die Verhängung des Berufs- oder Vertretungsverbots verhandeln und entscheiden. [2] Dies gilt auch dann, wenn das Mitglied der Steuerberaterkammer zu der Hauptverhandlung nicht erschienen ist.

§ 138[2) Zustellung des Beschlusses. [1] Der Beschluß ist mit Gründen zu versehen. [2] Er ist dem Mitglied der Steuerberaterkammer zuzustellen. [3] War das Mitglied der Steuerberaterkammer bei der Verkündung des Beschlusses nicht anwesend, ist ihm unverzüglich nach der Verkündung zusätzlich der Beschluss ohne Gründe zuzustellen.

§ 139[3) Wirkungen des Verbots. (1) Der Beschluß wird mit der Verkündung wirksam.

(2) [1] Der Steuerberater oder Steuerbevollmächtigte, gegen den ein Berufsverbot verhängt ist, darf seinen Beruf nicht ausüben. [2] Die Berufsausübungsgesellschaft, gegen die ein Berufsverbot verhängt ist, darf keine geschäftsmäßige Hilfeleistung in Steuersachen erbringen.

(3) Das Mitglied der Steuerberaterkammer, gegen das ein Vertretungsverbot (§ 134 Absatz 1) verhängt ist, darf weder als Vertreter oder Beistand vor einem Gericht, vor Behörden, vor einem Schiedsgericht oder gegenüber anderen Personen tätig werden noch Vollmachten oder Untervollmachten erteilen.

(4) Das Mitglied der Steuerberaterkammer, gegen das ein Berufs- oder Vertretungsverbot verhängt ist, darf jedoch seine eigenen Angelegenheiten und die Angelegenheiten seiner Angehörigen im Sinne des § 15 der Abgabenordnung[4) wahrnehmen.

(5) [1] Die Wirksamkeit von Rechtshandlungen des Mitglieds der Steuerberaterkammer wird durch das Berufs- oder Vertretungsverbot nicht berührt. [2] Das gleiche gilt für Rechtshandlungen, die ihm gegenüber vorgenommen werden.

[1)] § 137 Überschrift geänd. mWv 18.12.2019 durch G v. 12.12.2019 (BGBl. I S. 2451); Sätze 1 und 2 geänd. mWv 1.8.2022 durch G v. 7.7.2021 (BGBl. I S. 2363).
[2)] § 138 Satz 2 geänd., Satz 3 angef. mWv 1.8.2022 durch G v. 7.7.2021 (BGBl. I S. 2363).
[3)] § 139 Abs. 4 geänd. durch G v. 14.12.1976 (BGBl. I S. 3341); Abs. 2 Satz 2 angef., Abs. 3 neu gef., Abs. 4 und 5 Satz 1 geänd. mWv 1.8.2022 durch G v. 7.7.2021 (BGBl. I S. 2363).
[4)] Nr. **800**.

§ 140[1] Zuwiderhandlungen gegen das Verbot. (1) Gegen ein Mitglied der Steuerberaterkammer, das einem gegen sich ergangenen Berufs- oder Vertretungsverbot wissentlich zuwiderhandelt, wird eine Maßnahme nach § 90 Absatz 1 Nummer 5 oder Absatz 2 Nummer 5 verhängt, sofern nicht wegen besonderer Umstände eine mildere anwaltsgerichtliche Maßnahme ausreichend erscheint.

(2) Gerichte oder Behörden haben ein Mitglied der Steuerberaterkammer, das entgegen einem Berufs- oder Vertretungsverbot vor ihnen auftritt, zurückzuweisen.

§ 141 Beschwerde. (1) ¹Gegen den Beschluß, durch den das Landgericht oder das Oberlandesgericht ein Berufs- oder Vertretungsverbot verhängt, ist die sofortige Beschwerde zulässig. ²Die Beschwerde hat keine aufschiebende Wirkung.

(2) Gegen den Beschluß, durch den das Landgericht oder das Oberlandesgericht es ablehnt, ein Berufs- oder Vertretungsverbot zu verhängen, steht der Staatsanwaltschaft die sofortige Beschwerde zu.

(3) ¹Über die sofortige Beschwerde entscheidet, sofern der angefochtene Beschluß von dem Landgericht erlassen ist, das Oberlandesgericht und, sofern er von dem Oberlandesgericht erlassen ist, der Bundesgerichtshof. ²Für das Verfahren gelten neben den Vorschriften der Strafprozeßordnung über die Beschwerde § 135 Abs. 1, 2 und 4 sowie die §§ 136 und 138 dieses Gesetzes entsprechend.

§ 142[2] Außerkrafttreten des Verbots. Das Berufs- oder Vertretungsverbot tritt außer Kraft,

1. wenn ein nicht auf eine Maßnahme nach § 90 Absatz 1 Nummer 5 oder Absatz 2 Nummer 5 lautendes Urteil ergeht oder

2. wenn die Eröffnung des Hauptverfahrens vor der Kammer für Steuerberater- und Steuerbevollmächtigtensachen abgelehnt wird.

§ 143[3] Aufhebung des Verbots. (1) Das Berufs- oder Vertretungsverbot wird aufgehoben, wenn sich ergibt, daß die Voraussetzungen für seine Verhängung nicht oder nicht mehr vorliegen.

(2) Über die Aufhebung entscheidet das nach § 134 Abs. 3 zuständige Gericht.

(3) ¹Beantragt das Mitglied der Steuerberaterkammer, das Verbot aufzuheben, so kann eine erneute mündliche Verhandlung angeordnet werden. ²Der Antrag kann nicht gestellt werden, solange über eine sofortige Beschwerde des Beschuldigten nach § 141 Abs. 1 noch nicht entschieden ist. ³Gegen den Beschluß, durch den der Antrag abgelehnt wird, ist eine Beschwerde nicht zulässig.

---

1) § 140 Abs. 1 und 2 neu gef. mWv 1.8.2022 durch G v. 7.7.2021 (BGBl. I S. 2363).
2) § 142 Nr. 1 neu gef. mWv 1.8.2022 durch G v. 7.7.2021 (BGBl. I S. 2363).
3) § 143 Abs. 3 Satz 1 geänd. mWv 1.8.2022 durch G v. 7.7.2021 (BGBl. I S. 2363).

108 September 2021 EL 207

§ 144[1]) **Mitteilung des Verbots.** (1) Der Beschluß, durch den ein Berufs- oder Vertretungsverbot verhängt wird, ist alsbald dem Präsidenten der zuständigen Steuerberaterkammer in beglaubigter Abschrift mitzuteilen.

(2) Tritt das Berufs- oder Vertretungsverbot außer Kraft oder wird es aufgehoben oder abgeändert, so ist Absatz 1 entsprechend anzuwenden.

§ 145[2]) **Bestellung eines Vertreters.** (1) [1]Für das Mitglied der Steuerberaterkammer, gegen das ein Berufs- oder Vertretungsverbot verhängt ist, wird im Fall des Bedürfnisses von der zuständigen Steuerberaterkammer ein Vertreter bestellt. [2]Das Mitglied der Steuerberaterkammer ist vor der Bestellung zu hören; es kann einen geeigneten Vertreter vorschlagen.

(2) Der Vertreter muß Mitglied einer Steuerberaterkammer sein.

(3) Ein Mitglied einer Steuerberaterkammer, dem die Vertretung übertragen wird, kann sie nur aus einem wichtigen Grund ablehnen.

(4) § 69 Abs. 2 bis 4 ist entsprechend anzuwenden.

(5) *(aufgehoben)*

Vierter Unterabschnitt. Die Kosten in dem berufsgerichtlichen Verfahren und in dem Verfahren bei Anträgen auf berufsgerichtliche Entscheidung über die Rüge. Die Vollstreckung der berufsgerichtlichen Maßnahmen und der Kosten. Die Tilgung

§ 146[3]) **Gerichtskosten.** [1]Im berufsgerichtlichen Verfahren und im Verfahren über den Antrag auf Entscheidung des Landgerichts über die Rüge (§ 82 Abs. 1) werden Gebühren nach dem Gebührenverzeichnis der Anlage zu diesem Gesetz erhoben. [2]Im Übrigen sind die für Kosten in Strafsachen geltenden Vorschriften des Gerichtskostengesetzes entsprechend anzuwenden.

§ 147[4]) **Kosten bei Anträgen auf Einleitung des berufsgerichtlichen Verfahrens.** (1) Einem Mitglied der Steuerberaterkammer, das einen Antrag auf gerichtliche Entscheidung über die Entschließung der Staatsanwaltschaft (§ 116 Abs. 2) zurücknimmt, sind die durch dieses Verfahren entstandenen Kosten aufzuerlegen.

(2) Wird ein Antrag des Vorstandes der Steuerberaterkammer auf gerichtliche Entscheidung in dem Fall des § 115 Abs. 2 verworfen, so sind die durch das Verfahren über den Antrag veranlaßten Kosten der Steuerberaterkammer aufzuerlegen.

---

[1]) § 144 Abs. 1 geänd. mWv 1.7.2000 durch G v. 24.6.2000 (BGBl. I S. 874).
[2]) § 145 Abs. 4 neu gef., Abs. 5 aufgeh. mWv 1.7.1994 durch G v. 24.6.1994 (BGBl. I S. 1387), Abs. 1 Satz 1 geänd. mWv 1.7.2000 durch G v. 24.6.2000 (BGBl. I S. 874); Abs. 1 Sätze 1 und 2, Abs. 2 und 3 geänd. mWv 1.8.2022 durch G v. 7.7.2021 (BGBl. I S. 2363).
[3]) § 146 neu gef. mWv 31.12.2006 durch G v. 22.12.2006 (BGBl. I S. 3416).
[4]) § 147 Abs. 2 geänd. mWv 1.7.2000 durch G v. 24.6.2000 (BGBl. I S. 874); Abs. 1 geänd. mWv 1.8.2022 durch G v. 7.7.2021 (BGBl. I S. 2363).

§ 148[1] Kostenpflicht des Verurteilten. (1) [1]Dem Mitglied der Steuerberaterkammer, das in dem berufsgerichtlichen Verfahren verurteilt wird, sind zugleich die in dem Verfahren entstandenen Kosten ganz oder teilweise aufzuerlegen. [2]Dasselbe gilt, wenn das berufsgerichtliche Verfahren wegen Erlöschens, Rücknahme oder Widerruf der Bestellung eingestellt wird und nach dem Ergebnis des bisherigen Verfahrens die Verhängung einer berufsgerichtlichen Maßnahme gerechtfertigt gewesen wäre; zu den Kosten des berufsgerichtlichen Verfahrens gehören in diesem Fall auch diejenigen, die in einem anschließenden Verfahren zum Zwecke der Beweissicherung (§§ 132 und 133) entstehen.

(2) [1]Dem Mitglied der Steuerberaterkammer, das in dem berufsgerichtlichen Verfahren ein Rechtsmittel zurückgenommen oder ohne Erfolg eingelegt hat, sind zugleich die durch dieses Verfahren entstandenen Kosten aufzuerlegen. [2]Hatte das Rechtsmittel teilweise Erfolg, so kann dem Mitglied der Steuerberaterkammer ein angemessener Teil dieser Kosten auferlegt werden.

(3) Für die Kosten, die durch einen Antrag auf Wiederaufnahme des durch ein rechtskräftiges Urteil abgeschlossenen Verfahrens verursacht worden sind, ist Absatz 2 entsprechend anzuwenden.

§ 149[2] Kostenpflicht in dem Verfahren bei Anträgen auf berufsgerichtliche Entscheidung über die Rüge. (1) [1]Wird der Antrag auf berufsgerichtliche Entscheidung über die Rüge als unbegründet zurückgewiesen, so ist § 148 Abs. 1 Satz 1 entsprechend anzuwenden. [2]Stellt das Landgericht fest, daß die Rüge wegen der Verhängung einer berufsgerichtlichen Maßnahme unwirksam ist (§ 82 Abs. 5 Satz 2), oder hebt es den Rügebescheid gemäß § 82 Abs. 3 Satz 2 auf, so kann es dem Mitglied der Steuerberaterkammer die in dem Verfahren entstandenen Kosten ganz oder teilweise auferlegen, wenn es dies für angemessen erachtet.

(2) Nimmt das Mitglied der Steuerberaterkammer den Antrag auf berufsgerichtliche Entscheidung zurück oder wird der Antrag als unzulässig verworfen, so gilt § 148 Abs. 2 Satz 1 entsprechend.

(3) Wird der Rügebescheid, den Fall des § 82 Abs. 3 Satz 2 ausgenommen, aufgehoben oder wird die Unwirksamkeit der Rüge wegen eines Freispruchs des Mitglieds der Steuerberaterkammer im berufsgerichtlichen Verfahren oder aus den Gründen des § 91 Abs. 2 Satz 2 festgestellt (§ 82 Abs. 5 Satz 2), so sind die notwendigen Auslagen des Steuerberaters oder Steuerbevollmächtigten der Steuerberaterkammer aufzuerlegen.

§ 150[3] Haftung der Steuerberaterkammer. Auslagen, die weder dem Mitglied der Steuerberaterkammer noch einem Dritten auferlegt noch von

---

[1] § 148 Abs. 1 Satz 2 erster Halbs. geänd. mWv 12.4.2008 durch G v. 8.4.2008 (BGBl. I S. 666); Abs. 1 Satz 1, Abs. 2 Sätze 1 und 2 geänd. mWv 1.8.2022 durch G v. 7.7.2021 (BGBl. I S. 2363).
[2] § 149 Abs. 3 geänd. mWv 1.7.2000 durch G v. 24.6.2000 (BGBl. I S. 874); Abs. 1 Satz 2, Abs. 2 und 3 geänd. mWv 1.8.2022 durch G v. 7.7.2021 (BGBl. I S. 2363).
[3] § 150 neu gef. mWv 1.8.2022 durch G v. 7.7.2021 (BGBl. I S. 2363).

dem Mitglied der Steuerberaterkammer eingezogen werden können, fallen der Steuerberaterkammer zur Last, welcher das Mitglied der Steuerberaterkammer angehört.

§ 151[1]) **Vollstreckung der berufsgerichtlichen Maßnahmen und der Kosten.** (1) ¹Die Ausschließung aus dem Beruf (§ 90 Absatz 1 Nummer 5) und die Aberkennung der Befugnis zur geschäftsmäßigen Hilfeleistung in Steuersachen (§ 90 Absatz 2 Nummer 5) werden mit der Rechtskraft des Urteils wirksam. ²Der Verurteilte wird auf Grund einer beglaubigten Abschrift der Urteilsformel, die mit der Bescheinigung der Rechtskraft versehen ist, im Verzeichnis der Mitglieder der Steuerberaterkammern gelöscht.

(2) Warnung und Verweis (§ 90 Absatz 1 Nummer 1 und 2, Absatz 2 Nummer 1 und 2) gelten mit der Rechtskraft des Urteils als vollstreckt.

(3) ¹Die Vollstreckung der Geldbuße und die Beitreibung der Kosten werden nicht dadurch gehindert, daß das Mitglied der Steuerberaterkammer nach rechtskräftigem Abschluß des Verfahrens aus dem Beruf ausgeschieden oder die Anerkennung als Berufsausübungsgesellschaft erloschen, zurückgenommen oder widerrufen ist. ²Werden zusammen mit einer Geldbuße die Kosten beigetrieben, so gelten auch für die Kosten die Vorschriften über die Vollstreckung der Geldbuße.

§ 152[2]) **Tilgung.** (1) ¹Eintragungen in den über das Mitglied der Steuerberaterkammer geführten Akten über die in den Sätzen 4 und 5 genannten Maßnahmen und Entscheidungen sind nach Ablauf der dort bestimmten Fristen zu tilgen. ²Dabei sind die über diese Maßnahmen und Entscheidungen entstandenen Vorgänge aus den Mitgliederakten zu entfernen und zu vernichten. ³Die Sätze 1 und 2 gelten sinngemäß, wenn die Mitgliederakten über das Mitglied der Steuerberaterkammer elektronisch geführt werden. ⁴Die Fristen betragen

1. fünf Jahre bei

   a) Warnungen,

   b) Rügen,

   c) Belehrungen,

   d) Entscheidungen in Verfahren wegen der Verletzung von Berufspflichten nach diesem Gesetz, die nicht zu einer berufsgerichtlichen Maßnahme oder Rüge geführt haben,

   e) Entscheidungen und nicht Satz 5 unterfallende Maßnahmen in Verfahren wegen Straftaten oder Ordnungswidrigkeiten oder in berufsaufsichtlichen Verfahren anderer Berufe;

---

[1]) § 151 Abs. 1 Satz 1 geänd. mWv 29.12.2020 durch G v. 21.12.2020 (BGBl. I S. 3096); Abs. 1 Sätze 1 und 2, Abs. 2 und Abs. 3 Satz 1 geänd. mWv 1.8.2022 durch G v. 7.7.2021 (BGBl. I S. 2363).
[2]) § 152 neu gef. mWv 1.8.2022 durch G v. 7.7.2021 (BGBl. I S. 2363).

2. zehn Jahre bei Verweisen und Geldbußen, auch wenn sie nebeneinander verhängt werden;

3. 20 Jahre bei Berufsverboten (§ 90 Absatz 1 Nummer 4 und Absatz 2 Nummer 4) und bei einer Ausschließung aus dem Beruf oder der Aberkennung der Befugnis zur geschäftsmäßigen Hilfeleistung in Steuersachen, nach der das Mitglied der Steuerberaterkammer erneut bestellt wurde.

⁵Für Maßnahmen, die in Verfahren wegen Straftaten oder Ordnungswidrigkeiten oder in berufsaufsichtlichen Verfahren anderer Berufe getroffen wurden und bei denen das zugrundeliegende Verhalten zugleich die Berufspflichten nach diesem Gesetz verletzt hat, gelten die für die Tilgung der jeweiligen Maßnahmen geltenden Fristen entsprechend.

(2) ¹Die Frist beginnt mit dem Tag, an dem die Maßnahme oder Entscheidung unanfechtbar geworden ist. ²Im Fall der Wiederbestellung nach einer Ausschließung oder einer Aberkennung der Befugnis zur geschäftsmäßigen Hilfeleistung in Steuersachen beginnt die Frist mit der Wiederbestellung. ³Nach Fristablauf kann die Entfernung und Vernichtung nach Absatz 1 Satz 2 bis zum Ende des Kalenderjahres aufgeschoben werden.

(3) Die Frist endet mit Ausnahme der Fälle des Absatzes 1 Satz 4 Nummer 1 Buchstabe d und e nicht, solange

1. eine andere Eintragung über eine strafrechtliche Verurteilung, eine Ordnungswidrigkeit oder eine berufsaufsichtliche Maßnahme berücksichtigt werden darf,

2. ein Verfahren anhängig ist, das eine in Nummer 1 bezeichnete Eintragung zur Folge haben kann, oder

3. ein auf Geldbuße lautendes berufsgerichtliches Urteil noch nicht vollstreckt ist.

(4) Nach Ablauf der Frist gilt das Mitglied der Steuerberaterkammer als von den Maßnahmen oder Entscheidungen nach Absatz 1 nicht betroffen.

Fünfter Unterabschnitt.¹⁾ Für die Berufsgerichtsbarkeit anzuwendende Vorschriften

§ 153²⁾ [Für die Berufsgerichtsbarkeit anzuwendende Vorschriften]

(1) Für die Berufsgerichtsbarkeit sind ergänzend das Gerichtsverfassungsgesetz und die Strafprozeßordnung sinngemäß anzuwenden.

(2) Auf den Rechtsschutz bei überlangen Gerichtsverfahren sind die Vorschriften des Siebzehnten Titels des Gerichtsverfassungsgesetzes anzuwenden.

---

¹⁾ Fünfter UAbsch. Überschrift neu gef. durch Vertrag v. 31.8.1990 (BGBl. II S. 889, 970), Überschrift geänd. mWv 1.7.2000 durch G v. 24.6.2000 (BGBl. I S. 874).
²⁾ § 153 Abs. 2 angef. durch Vertrag v. 31.8.1990 (BGBl. II S. 889, 970), Abs. 2 aufgeh., Absatzbezeichnung (1) aufgeh. mWv 1.7.2000 durch G v. 24.6.2000 (BGBl. I S. 874); geänd. mWv 31.12.2006 durch G v. 22.12.2006 (BGBl. I S. 3416); Abs. 2 angef., bish. Wortlaut wird Abs. 1 mWv 1.8.2022 durch G v. 7.7.2021 (BGBl. I S. 2363).

Sechster Abschnitt.[1] Übergangsvorschriften

§ 154[2] **Bestehende Gesellschaften.** (1) ¹Steuerberatungsgesellschaften, die am 16. Juni 1989 anerkannt sind, bleiben anerkannt. ²Dies gilt auch, wenn die Gesellschaft zur Übernahme der Mandanten einer Einrichtung gemäß § 4 Nr. 3, 7 und 8 gegründet wurde oder später die Mandanten einer solchen Einrichtung übernommen hat. ³Verändert sich nach dem 31. Dezember 1990 der Bestand der Gesellschafter oder das Verhältnis ihrer Beteiligungen oder Stimmrechte durch Rechtsgeschäft oder Erbfall und geht der Anteil oder das Stimmrecht nicht auf einen Gesellschafter über, der die Voraussetzungen des[3] §§ 49 und 50 erfüllt, so hat die zuständige Steuerberaterkammer nach § 55 Absatz 3 zu verfahren. ⁴Sie kann vom Widerruf der Anerkennung absehen, wenn Anteile von einer Körperschaft des öffentlichen Rechts im Zusammenhang mit der Übertragung von Aufgaben auf eine andere Körperschaft des öffentlichen Rechts übergehen.

(2) ¹Absatz 1 Satz 3 und 4 gilt auch für unmittelbar oder mittelbar an Berufsausübungsgesellschaften beteiligte Gesellschaften, wenn sie nicht die Kapitalbindungsvorschriften des[3] §§ 49 und 50 dieses Gesetzes oder des § 28 Abs. 4 der Wirtschaftsprüferordnung[4] erfüllen. ²Auf Antrag kann auf Grund einer von der zuständigen Steuerberaterkammer erteilten Ausnahmegenehmigung von der Anwendung des Satzes 1 abgesehen werden, wenn

1. sich der Bestand der Gesellschafter einer beteiligten Gesellschaft und das Verhältnis ihrer Beteiligungen oder Stimmrechte dadurch ändert, dass ein Gesellschafter aus der beteiligten Gesellschaft ausscheidet und infolgedessen sein Anteil oder Stimmrecht auf einen Gesellschafter übergeht, der vor dem 19. Mai 1994 Gesellschafter der beteiligten Gesellschaft war, und die beteiligte Gesellschaft, bei der die Änderung eintritt, vor der Änderung von Berufsvertretungen desselben Berufs gebildet wurde, oder

2.[5] sich der Bestand der Gesellschafter einer beteiligten Gesellschaft und das Verhältnis ihrer Beteiligungen oder Stimmrechte in den vorangegangenen Jahren jeweils nur geringfügig geändert hat, oder

3. sich der Bestand der Gesellschafter einer beteiligten Gesellschaft und das Verhältnis ihrer Beteiligungen oder Stimmrechte ändert und dies auf einen Strukturwandel im landwirtschaftlichen Bereich zurückzuführen ist.

§ 155[6] **Übergangsvorschriften aus Anlass des Vierten Gesetzes zur Änderung des Steuerberatungsgesetzes.** (1) ¹Gesellschaften und Perso-

---

[1] Sechster Abschnitt Überschrift geänd. mWv 1.7.2000 durch G v. 24.6.2000 (BGBl. I S. 874).
[2] § 154 neu gef. mWv 1.7.2000 durch G v. 24.6.2000 (BGBl. I S. 874); Abs. 2 Satz 2 Nr. 2 eingef., bish. Nr. 2 wird Nr. 3 mWv 23.7.2009 durch G v. 16.7.2009 (BGBl. I S. 1959); Abs. 1 Satz 3 und Abs. 2 Satz 1 geänd. mWv 1.8.2022 durch G v. 7.7.2021 (BGBl. I S. 2363).
[3] Richtig wohl: „der".
[4] Nr. **850**.
[5] Siehe hierzu § 157b.
[6] § 155 Abs. 2 Satz 3 und Abs. 3 Satz 4 geänd., Abs. 4 neu gef. durch G v. 9.6.1989 (BGBl. I S. 1062); Abs. 4 Satz 2 eingef. durch G v. 13.12.1990 (BGBl. I S. 2756); Abs. 5 angef. mWv 1.7.1994 durch G v. 24.6.1994 (BGBl. I S. 1387); neu gef. mWv 1.7.2000 durch G v. 24.6.2000 (BGBl. I S. 874); Abs. 3 geänd. mWv 1.8.2021 durch G v. 25.6.2021 (BGBl. I S. 2154).

nenvereinigungen, die nach § 4 Nr. 8 in der am 15. Juni 1989 geltenden Fassung zur geschäftsmäßigen Hilfeleistung in Steuersachen befugt waren, behalten diese Befugnis, soweit diese Hilfe durch gesetzliche Vertreter oder leitende Angestellte geleistet wird, die unter § 3 fallen, und die Hilfe nicht die Ermittlung der Einkünfte aus selbständiger Arbeit oder aus Gewerbebetrieb betrifft, es sei denn, dass es sich hierbei um Nebeneinkünfte handelt, die üblicherweise bei Landwirten vorkommen. ²Die Befugnis zur geschäftsmäßigen Hilfeleistung in Steuersachen erlischt, wenn sie nicht nach dem 16. Juni 1999 durch Personen geleistet wird, die berechtigt sind, die Bezeichnung „Landwirtschaftliche Buchstelle" zu führen. ³Die für die Finanzverwaltung zuständige oberste Landesbehörde kann die Frist um bis zu zwei Jahre verlängern, wenn dies nach Lage des einzelnen Falles angemessen ist.

(2) Vereinigungen im Sinne des Absatzes 1, die am 16. Juni 1989 befugt waren, die Bezeichnung „Landwirtschaftliche Buchstelle" zu führen, dürfen diese Bezeichnung als Zusatz zum Namen der Vereinigung weiter führen, wenn mindestens ein leitender Angestellter berechtigt ist, diese Bezeichnung als Zusatz zur Berufsbezeichnung zu führen.

(3) Die in § 36 Absatz 1 Satz 1 Nummer 2 und Absatz 2 Nummer 1 bestimmte Reihenfolge der Vorbildungsvoraussetzungen gilt nicht für Tätigkeiten, die vor dem 16. Juni 1989 ausgeübt worden sind.

§ 156[1] Übergangsvorschriften aus Anlass des Sechsten Gesetzes zur Änderung des Steuerberatungsgesetzes.

§ 36 Absatz 1 Satz 1 Nummer 2 und Absatz 3 gilt für Bewerber, die in dem in Artikel 3 des Einigungsvertrages genannten Gebiet einen Fachschulabschluss erworben und mit der Fachschulausbildung vor dem 1. Januar 1991 begonnen haben, mit der Maßgabe, dass sie nach dem Fachschulabschluss vier Jahre praktisch tätig gewesen sind.

§ 157[2] Übergangsvorschriften aus Anlass des Gesetzes zur Änderung von Vorschriften über die Tätigkeit der Steuerberater.

(1) Prozessagenten im Sinne des § 11 in der bis zum 30. Juni 2000 geltenden Fassung sind weiterhin zur geschäftsmäßigen Hilfeleistung in Steuersachen befugt.

(2) Stundenbuchhalter im Sinne von § 12 Abs. 2 in der bis zum 30. Juni 2000 geltenden Fassung sind weiterhin zur beschränkten geschäftsmäßigen Hilfe in Steuersachen befugt.

(3) ¹Die vorläufige Bestellung von Steuerberatern und Steuerbevollmächtigten, deren Bestellung nach Maßgabe des § 40a Abs. 1 Satz 6 in der bis zum 30. Juni 2000 geltenden Fassung nicht mit Ablauf des 31. Dezember 1997 erloschen ist, gilt weiter und erlischt erst mit Eintritt der Bestandskraft der Rücknahmeentscheidung nach § 46 Abs. 1 Satz 2 in der bis zum

---

[1] § 156 neu gef. mWv 1.7.2000 durch G v. 24.6.2000 (BGBl. I S. 874); geänd. mWv 1.8.2021 durch G v. 25.6.2021 (BGBl. I S. 2154).
[2] § 157 Abs. 8 neu gef. durch G v. 18.8.1980 (BGBl. I S. 1537), Abs. 2 Satz 1 Nr. 1, Abs. 6 Satz 1 und Abs. 8 Satz 1 neu gef. durch G v. 9.6.1989 (BGBl. I S. 1062), Abs. 9 aufgeh. mWv 1.7.1994 durch G v. 24.6.1994 (BGBl. I S. 1387), neu gef. mWv 1.7.2000 durch G v. 24.6.2000 (BGBl. I S. 874); Abs. 7 aufgeh. mWv 12.4.2008 durch G v. 8.4.2008 (BGBl. I S. 666).

30. Juni 2000 geltenden Fassung. [2]Soweit in diesen Fällen auf Grund rechtskräftiger Gerichtsentscheidungen endgültige Bestellungen vorzunehmen sind, gilt § 40a Abs. 1 Satz 3 bis 5 in der bis zum 30. Juni 2000 geltenden Fassung weiter.

(4) Die Vorschriften dieses Gesetzes über die Zulassung zur Prüfung in der ab dem 1. Juli 2000 geltenden Fassung sind erstmals auf die Zulassung zur Prüfung im Jahr 2001 anzuwenden.

(5) Auf Prüfungen, die vor dem 1. November 2000 begonnen haben, sind die Vorschriften dieses Gesetzes in der bis zum 30. Juni 2000 geltenden Fassung weiter anzuwenden.

(6) Die den Steuerberaterkammern zugewiesenen Aufgaben des Ersten und Zweiten Unterabschnitts des Zweiten Abschnitts des Zweiten Teils dieses Gesetzes in der ab dem 1. Juli 2000 geltenden Fassung werden bis zum 31. Dezember 2000 von den bisher zuständigen Behörden der Finanzverwaltung wahrgenommen.

(7) *(aufgehoben)*

§ 157a[1]) **Übergangsvorschriften anlässlich des Achten Gesetzes zur Änderung des Steuerberatungsgesetzes.** (1) [1]Die Vorschriften dieses Gesetzes in der ab 12. April 2008 geltenden Fassung über die Zulassung zur Prüfung, die Befreiung von der Prüfung, die organisatorische Durchführung der Prüfung und die Abnahme der Prüfung sind erstmals für Prüfungen anzuwenden, die nach dem 31. Dezember 2008 beginnen und für Anträge auf Befreiung von der Prüfung oder auf Erteilung einer verbindlichen Auskunft über die Erfüllung einzelner Voraussetzungen für die Zulassung zur Prüfung oder über die Befreiung von der Prüfung, die nach dem 31. Dezember 2008 gestellt werden. [2]Das gilt nicht für § 36 Abs. 1, § 37 Abs. 3, § 37a Abs. 2 bis 4a, § 38 Abs. 1 und die in § 39 Abs. 1 für die Bearbeitung eines Antrags auf Befreiung von der Prüfung oder auf Erteilung einer verbindlichen Auskunft nach § 38a bestimmte Gebührenhöhe. [3]Die in § 39 Abs. 2 bestimmte Höhe der Gebühr gilt für Prüfungen, die nach dem 31. Dezember 2007 beginnen.

(2) Auf Prüfungen, die vor dem 1. November 2007 begonnen haben, sind die Vorschriften dieses Gesetzes in der bis zum 11. April 2008 geltenden Fassung weiter anzuwenden.

(3) Unabhängig von den Absätzen 1 und 2 geht am 1. Juli 2009 in den zu diesem Zeitpunkt anhängigen Rechtsstreitigkeiten wegen der Zulassung zur Prüfung, der Befreiung von der Prüfung oder der Erteilung verbindlicher Auskünfte gemäß § 38a und Überdenkungsverfahren die Zuständigkeit von der für die Finanzverwaltung zuständigen obersten Landesbehörde auf die zuständige Steuerberaterkammer über.

(4) Unabhängig von den Absätzen 1 und 2 wird ab dem 1. Juli 2009 in den zu diesem Zeitpunkt anhängigen Rechtsstreitigkeiten wegen Prüfungsentscheidungen die für die Finanzverwaltung zuständige oberste Landesbehörde durch die zuständige Steuerberaterkammer vertreten.

---

[1]) § 157a eingef. mWv 12.4.2008 durch G v. 8.4.2008 (BGBl. I S. 666).

§ 157b[1]) Anwendungsvorschrift. § 154 Absatz 2 Satz 2 Nummer 2 in der Fassung des Artikels 14 des Gesetzes vom 16. Juli 2009 (BGBl. I S. 1959) ist auf alle bei Inkrafttreten dieser Vorschrift nicht bestandskräftig abgeschlossenen Verfahren anzuwenden.

§ 157c[2]) Anwendungsvorschrift zu § 36 Absatz 2. § 36 Absatz 2 in der Fassung des Artikels 5 des Gesetzes vom 22. November 2019 (BGBl. I S. 1746) ist erstmals auf Prüfungen anzuwenden, die nach dem 31. Dezember 2020 beginnen.

§ 157d[3]) Anwendungsvorschrift aus Anlass des Gesetzes zur Neuregelung des Berufsrechts der anwaltlichen und steuerberatenden Berufsausübungsgesellschaften sowie zur Änderung weiterer Vorschriften im Bereich der rechtsberatenden Berufe. (1) Wenn eine Gesellschaft vor dem 1. August 2022 als Steuerberatungsgesellschaft anerkannt wurde, gilt diese Anerkennung als Anerkennung der Berufsausübungsgesellschaft im Sinne des § 53.

(2) ¹Berufsausübungsgesellschaften, die

1. am 1. August 2022 bestanden,

2. nach § 53 Absatz 1 anerkennungsbedürftig sind und

3. nicht nach Absatz 1 als anerkannt gelten,

müssen bis zum 1. November 2022 ihre Anerkennung beantragen. ²Ihnen stehen bis zur Entscheidung der zuständigen Steuerberaterkammer über den Antrag auf Anerkennung die Befugnisse nach den §§ 55c und 55d zu.

§ 157e[4]) Anwendungsvorschrift zur Steuerberaterplattform und zu den besonderen elektronischen Steuerberaterpostfächern. § 86 Absatz 2 Nummer 10 und 11, § 86b Absatz 3 und die §§ 86c bis 86g in der am 1. August 2022 geltenden Fassung sind erstmals nach Ablauf des 31. Dezember 2022 anzuwenden.

Siebenter Abschnitt. Verordnungsermächtigung

§ 158[5]) Durchführungsbestimmungen zu den Vorschriften über Steuerberater, Steuerbevollmächtigte und Berufsausübungsgesellschaften. Die Bundesregierung wird ermächtigt, nach Anhören der Bundessteuerberaterkammer mit Zustimmung des Bundesrates durch Rechtsverordnung Bestimmungen zu erlassen

1. über

   a) das Verfahren bei der Zulassung zur Prüfung, der Befreiung von der Prüfung und der Erteilung verbindlicher Auskünfte, insbesondere über

---

[1]) § 157b eingef. mWv 23.7.2009 durch G v. 16.7.2009 (BGBl. I S. 1959).
[2]) § 157c eingef. mWv 1.1.2020 durch G v. 22.11.2019 (BGBl. I S. 1746).
[3]) § 157d eingef. mWv 1.8.2022 durch G v. 7.7.2021 (BGBl. I S. 2363).
[4]) § 157e eingef. mWv 1.8.2022 durch G v. 7.7.2021 (BGBl. I S. 2363).
[5]) § 158 neu gef. mWv 12.4.2008 durch G v. 8.4.2008 (BGBl. I S. 666); Überschrift und Nr. 3 geänd. mWv 1.8.2022 durch G v. 7.7.2021 (BGBl. I S. 2363).

die Einführung von Vordrucken zur Erhebung der gemäß den §§ 36, 37a, 38 und 38a erforderlichen Angaben und Nachweise,

b) die Durchführung der Prüfung, insbesondere die Prüfungsgebiete, die schriftliche und mündliche Prüfung, das Überdenken der Prüfungsbewertung,

c) das Verfahren bei der Wiederholung der Prüfung,

d) das Verfahren der Berufung und Abberufung der Mitglieder des Prüfungsausschusses und ihrer Stellvertreter;

2. über die Bestellung;

3. über das Verfahren bei der Anerkennung als Berufsausübungsgesellschaft;

4. über die mündliche Prüfung im Sinne des § 44, insbesondere über die Prüfungsgebiete, die Befreiung von der Prüfung und das Verfahren bei der Erteilung der Bezeichnung „Landwirtschaftliche Buchstelle";

5. über Einrichtung und Führung des Berufsregisters sowie über Meldepflichten;

6. über den Abschluss und die Aufrechterhaltung der Haftpflichtversicherung, den Inhalt, den Umfang und die Ausschlüsse des Versicherungsvertrages sowie über die Mindesthöhe der Deckungssummen.

Dritter Teil. Zwangsmittel, Ordnungswidrigkeiten

Erster Abschnitt. Vollstreckung wegen Handlungen und Unterlassungen

§ 159[1]) **Zwangsmittel.** Die Anwendung von Zwangsmitteln richtet sich nach der Abgabenordnung[2]).

Zweiter Abschnitt. Ordnungswidrigkeiten

§ 160[3]) **Unbefugte Hilfeleistung in Steuersachen.** (1) Ordnungswidrig handelt, wer entgegen § 5 Abs. 1 oder entgegen einer vollziehbaren Untersagung nach § 7 geschäftsmäßig Hilfe in Steuersachen leistet.

(2) Die Ordnungswidrigkeit kann mit einer Geldbuße bis zu fünftausend Euro geahndet werden.

§ 161[4]) **Schutz der Bezeichnungen „Steuerberatungsgesellschaft", „Lohnsteuerhilfeverein" und „Landwirtschaftliche Buchstelle".**

(1) Ordnungswidrig handelt, wer unbefugt die Bezeichnung „Steuerberatungsgesellschaft", „Lohnsteuerhilfeverein", „Landwirtschaftliche Buchstelle" oder eine einer solchen zum Verwechseln ähnliche Bezeichnung benutzt.

---

[1]) § 159 neu gef. durch G v. 9.6.1989 (BGBl. I S. 1062).

[2]) Nr. **800**.

[3]) § 160 Abs. 1 Nr. 1 geänd. durch G v. 9.6.1989 (BGBl. I S. 1062); Abs. 1 neu gef. mWv 1.7.2000; Abs. 2 geänd. mWv 1.1.2002 durch G v. 24.6.2000 (BGBl. I S. 874).

[4]) § 161 Abs. 2 geänd. mWv 1.1.2002 durch G v. 24.6.2000 (BGBl. I S. 874).

(2) Die Ordnungswidrigkeit kann mit einer Geldbuße bis zu fünftausend Euro geahndet werden.

§ 162[1] Verletzung der den Lohnsteuerhilfevereinen obliegenden Pflichten. (1) Ordnungswidrig handelt, wer

1. entgegen § 14 Absatz 1 Satz 1 Nummer 8 eine Mitgliederversammlung oder eine Vertreterversammlung nicht durchführt,

2. entgegen § 15 Abs. 3 eine Satzungsänderung der zuständigen Aufsichtsbehörde nicht oder nicht rechtzeitig anzeigt,

3. entgegen § 22 Abs. 1 die jährliche Geschäftsprüfung nicht oder nicht rechtzeitig durchführen läßt,

4. entgegen § 22 Abs. 7 Nr. 1 die Abschrift des Berichts über die Geschäftsprüfung der zuständigen Aufsichtsbehörde nicht oder nicht rechtzeitig zuleitet,

5. entgegen § 22 Abs. 7 Nr. 2 den Mitgliedern des Lohnsteuerhilfevereins den wesentlichen Inhalt der Prüfungsfeststellungen nicht oder nicht rechtzeitig bekanntgibt,

6. entgegen § 23 Abs. 3 Satz 1 zur Leitung einer Beratungsstelle eine Person bestellt, die nicht die dort bezeichneten Voraussetzungen erfüllt,

7. entgegen § 23 Abs. 4 der zuständigen Aufsichtsbehörde die Eröffnung, die Schließung oder die Änderung der Anschrift einer Beratungsstelle, die Bestellung oder Abberufung des Leiters einer Beratungsstelle oder die Personen, deren sich der Verein bei der Hilfeleistung in Steuersachen im Rahmen der Befugnis nach § 4 Nr. 11 bedient, nicht mitteilt oder

8. entgegen § 25 Abs. 2 Satz 1 nicht angemessen versichert ist oder

9. entgegen § 29 Abs. 1 die Aufsichtsbehörde nicht oder nicht rechtzeitig von Mitgliederversammlungen oder Vertreterversammlungen unterrichtet.

(2) Die Ordnungswidrigkeit nach Absatz 1 Nr. 1, 3 bis 6 und 8 kann mit einer Geldbuße bis zu fünftausend Euro, die Ordnungswidrigkeit nach Absatz 1 Nr. 2, 7 und 9 mit einer Geldbuße bis zu eintausend Euro geahndet werden.

§ 163[2] Pflichtverletzung von Personen, deren sich der Verein bei der Hilfeleistung in Steuersachen im Rahmen der Befugnis nach § 4 Nummer 11 bedient. (1) Ordnungswidrig handelt, wer entgegen § 26

---

[1] § 162 geänd. durch G v. 9.6.1989 (BGBl. I S. 1062) und v. 13.12.1990 (BGBl. I S. 2756); Abs. 1 Nr. 7 eingef., bish. Nr. 7 wird Nr. 8 sowie Abs. 2 geänd. mWv 1.7.1994 durch G v. 24.6.1994 (BGBl. I S. 1387); Abs. 1 neue Nr. 1 eingef., Abs. 1 bish. Nr. 6 und Abs. 2 geänd., Abs. 1 bish. Nrn. 1 bis 8 werden Nrn. 2 bis 9 mWv 1.7.2000, Abs. 2 geänd. mWv 1.1.2002 durch G v. 24.6.2000 (BGBl. I S. 874); Abs. 1 Nr. 2, 4 und 7 geänd. mWv 12.4.2008 durch G v. 8.4.2008 (BGBl. I S. 666); Abs. 1 Nr. 7 geänd. mWv 1.1.2020 durch G v. 22.11.2019 (BGBl. I S. 1746); Abs. 1 Nr. 1 geänd. mWv 1.8.2021 durch G v. 25.6.2021 (BGBl. I S. 2154).
[2] § 163 Abs. 2 geänd. durch G v. 9.6.1989 (BGBl. I S. 1062), Überschrift und Abs. 1 geänd. mWv 1.7.2000, Abs. 2 geänd. mWv 1.1.2002 durch G v. 24.6.2000 (BGBl. I S. 874); Überschrift geänd. mWv 18.12.2019 durch G v. 12.12.2019 (BGBl. I S. 2451).

Abs. 2 in Verbindung mit der Hilfeleistung in Steuersachen im Rahmen der Befugnis nach § 4 Nr. 11 eine andere wirtschaftliche Tätigkeit ausübt.

(2) Die Ordnungswidrigkeit kann mit einer Geldbuße bis zu fünfundzwanzigtausend Euro geahndet werden.

§ 164[1]) **Verfahren.** [1]Verwaltungsbehörde im Sinne des § 36 Abs. 1 Nr. 1 des Gesetzes über Ordnungswidrigkeiten ist das Finanzamt, § 387 Abs. 2 der Abgabenordnung ist entsprechend anzuwenden. [2]Im übrigen gelten für das Bußgeldverfahren § 410 Abs. 1 Nr. 1, 2, 6 bis 11 und Abs. 2 sowie § 412 der Abgabenordnung entsprechend.

Vierter Teil.[2]) Schlussvorschriften

§ 164a[3]) **Verwaltungsverfahren und finanzgerichtliches Verfahren.** (1) [1]Die Durchführung des Verwaltungsverfahrens in öffentlich-rechtlichen und berufsrechtlichen Angelegenheiten, die durch den Ersten Teil, den Zweiten und Sechsten Abschnitt des Zweiten Teils und den Ersten Abschnitt des Dritten Teils dieses Gesetzes geregelt werden, richtet sich nach der Abgabenordnung[4]). [2]Das Verfahren kann über eine einheitliche Stelle abgewickelt werden. [3]Dafür gelten die Vorschriften des Verwaltungsverfahrensgesetzes entsprechend.

(2) [1]Die Vollziehung der Rücknahme oder des Widerrufs der Anerkennung als Lohnsteuerhilfeverein (§ 20), der Anordnung der Schließung einer Beratungsstelle (§ 28 Abs. 3), der Rücknahme oder des Widerrufs der Bestellung als Steuerberater oder Steuerbevollmächtigter (§ 46) oder der Anerkennung als Berufsausübungsgesellschaft (§ 53) ist bis zum Eintritt der Unanfechtbarkeit gehemmt; § 361 Abs. 4 Sätze 2 und 3 der Abgabenordnung[4]) und § 69 Abs. 5 Sätze 2 bis 4 der Finanzgerichtsordnung[5]) bleiben unberührt. [2]In den Fällen des Satzes 1 kann daneben die Ausübung der Hilfeleistung in Steuersachen mit sofortiger Wirkung untersagt werden, wenn es das öffentliche Interesse erfordert.

(3) [1]In finanzgerichtlichen Verfahren in Angelegenheiten der §§ 37, 37a und 39a wird die für die Finanzverwaltung zuständige oberste Landesbehörde durch die zuständige Steuerberaterkammer vertreten. [2]Die der für die Finanzverwaltung zuständigen obersten Landesbehörde in Verfahren nach Satz 1 auferlegten Kosten werden von der zuständigen Steuerberaterkammer unmit-

---

[1]) § 164 neu gef. durch G v. 14.12.1976 (BGBl. I S. 3341); Satz 1 zweiter Halbsatz angef. durch G v. 18.8.1980 (BGBl. I S. 1537).
[2]) Vierter Teil Überschrift geänd. mWv 18.12.2019 durch G v. 12.12.2019 (BGBl. I S. 2451).
[3]) § 164a eingef. durch G v. 14.12.1976 (BGBl. I S. 3341); Abs. 2 angef. durch G v. 9.6.1989 (BGBl. I S. 1062); Abs. 2 Satz 1 geänd. durch G v. 21.12.1992 (BGBl. I S. 2109); Abs. 2 neu gef. mWv 1.7.2000 durch G v. 24.6.2000 (BGBl. I S. 874); Überschrift neu gef., Abs. 3 angef. mWv 12.4.2008 durch G v. 8.4.2008 (BGBl. I S. 666); Abs. 1 Sätze 2 und 3 angef., bish. Wortlaut wird Satz 1 mWv 18.12.2008 durch G v. 11.12.2008 (BGBl. I S. 2418); Abs. 3 Sätze 2–4 angef. mWv 14.12.2010 durch G v. 8.12.2010 (BGBl. I S. 1768); Abs. 2 Satz 1 geänd. mWv 1.8.2022 durch G v. 7.7.2021 (BGBl. I S. 2363).
[4]) Nr. **800.**
[5]) Nr. **802.**

telbar an den Kostengläubiger gezahlt. ³Die für die Finanzverwaltung zuständige oberste Landesbehörde wird insoweit von ihrer Zahlungsverpflichtung gegenüber dem Kostengläubiger befreit. ⁴Die zuständige Steuerberaterkammer kann für eigene Aufwendungen in Verfahren nach Satz 1 und für die Zahlung nach Satz 2 keinen Ersatz von der für die Finanzverwaltung zuständigen obersten Landesbehörde verlangen.

§ 164b¹⁾ Gebühren. (1) Soweit dieses Gesetz für die Bearbeitung von Anträgen Gebühren vorsieht, sind diese bei der Antragstellung zu entrichten.

(2) Wird ein Antrag vor der Entscheidung zurückgenommen, ist die Gebühr zur Hälfte zu erstatten.

§ 164c²⁾ Laufbahngruppenregelungen der Länder. ¹Soweit in diesem Gesetz die Bezeichnung gehobener und höherer Dienst verwendet wird, richtet sich die Zuordnung der Beamten zu einer dieser Laufbahngruppen in den Ländern, die durch landesrechtliche Regelungen die zuvor bezeichneten Laufbahngruppen zusammengefasst oder abweichend bezeichnet haben, nach den Zugangsvoraussetzungen für die Einstellung als Inspektor oder Regierungsrat. ²Beamte, die durch eine Qualifizierungsmaßnahme die Voraussetzungen für die Verleihung des Amtes eines Oberinspektors erfüllen oder denen auf Grund einer Qualifizierungsmaßnahme ein Amt verliehen worden ist, das vor Verleihung des Amtes eines Oberinspektors durchlaufen werden muss, sind dem gehobenen Dienst, Beamte, die durch eine Qualifizierungsmaßnahme die Voraussetzungen für die Verleihung des Amtes eines Oberregierungsrates erfüllen, sind dem höheren Dienst zuzuordnen.

§ 165 Ermächtigung. Das Bundesministerium der Finanzen wird ermächtigt, den Wortlaut dieses Gesetzes und der zu diesem Gesetz erlassenen Durchführungsverordnungen in der jeweils geltenden Fassung mit neuem Datum und in neuer Paragraphenfolge bekanntzumachen und dabei Unstimmigkeiten des Wortlauts zu beseitigen.

§ 166³⁾ Fortgeltung bisheriger Vorschriften. ¹Das Versorgungswerk der Kammer der Steuerberater und Helfer in Steuersachen für das Saarland bleibt aufrechterhalten. ²Die Regierung des Saarlandes wird ermächtigt, durch Rechtsverordnung die erforderlichen Vorschriften über die Beibehaltung des Versorgungswerkes, insbesondere in der Form einer Körperschaft des öffentlichen Rechts, über die Mitgliedschaft der Steuerberater und Steuerbevollmächtigten, über die Satzung und über die Dienstaufsicht zu erlassen.

§ 167⁴⁾ Freie und Hansestadt Hamburg. Der Senat der Freien und Hansestadt Hamburg wird ermächtigt, die Vorschriften dieses Gesetzes über

---

¹⁾ § 164b eingef. mWv 1.7.1994 durch G v. 24.6.1994 (BGBl. I S. 1387).
²⁾ § 164c eingef. mWv 30.6.2013 durch G v. 26.6.2013 (BGBl. I S. 1809).
³⁾ § 166 Überschrift neu gef., Abs. 1 und Abs. 2 Satz 1 sowie Absatzbezeichnung (2) aufgeh. mWv 1.7.2000 durch G v. 24.6.2000 (BGBl. I S. 874).
⁴⁾ § 167 bish. Abs. 1 (Berlin-Klausel) aufgeh. durch G v. 25.2.1992 (BGBl. I S. 297).

die Zuständigkeit der Behörden dem besonderen Verwaltungsaufbau in Hamburg anzupassen.

§ 168[1]) **Inkrafttreten des Gesetzes.** (1) Dieses Gesetz tritt mit Ausnahme des § 166 Abs. 2 am ersten Kalendertage des dritten Kalendermonats nach seiner Verkündung in Kraft.

(2) § 166 Abs. 2 tritt am Tage nach der Verkündung[2]) des Gesetzes in Kraft.

---

[1]) **Amtl. Anm.:** Die Vorschrift betrifft das Inkrafttreten des Gesetzes in der ursprünglichen Fassung vom 16.8.1961.

[2]) Verkündet am 23.8.1961.

Anlage[1])
(zu § 146 Satz 1)

Gebührenverzeichnis

Gliederung

Abschnitt 1
Verfahren vor dem Landgericht
Unterabschnitt 1. Berufsgerichtliches Verfahren erster Instanz
Unterabschnitt 2. Antrag auf gerichtliche Entscheidung über die Rüge

Abschnitt 2
Verfahren vor dem Oberlandesgericht
Unterabschnitt 1. Berufung
Unterabschnitt 2. Beschwerde

Abschnitt 3
Verfahren vor dem Bundesgerichtshof
Unterabschnitt 1. Revision
Unterabschnitt 2. Beschwerde

Abschnitt 4
Rüge wegen Verletzung des Anspruchs auf rechtliches Gehör

Nr.	Gebührentatbestand	Gebührenbetrag oder Satz der jeweiligen Gebühr 110 bis 112
Vorbemerkung:		

(1) Im berufsgerichtlichen Verfahren bemessen sich die Gerichtsgebühren vorbehaltlich des Absatzes 2 für alle Rechtszüge nach der rechtskräftig verhängten Maßnahme.

(2) Wird ein Rechtsmittel oder ein Antrag auf berufsgerichtliche Entscheidung nur teilweise verworfen oder zurückgewiesen, so hat das Gericht die Gebühr zu ermäßigen, soweit es unbillig wäre, das Mitglied der Steuerberaterkammer damit zu belasten.

(3) Im Verfahren nach Wiederaufnahme werden die gleichen Gebühren wie für das wiederaufgenommene Verfahren erhoben. Wird jedoch nach Anordnung der Wiederaufnahme des Verfahrens das frühere Urteil aufgehoben, gilt für die Gebührenerhebung jeder Rechtszug des neuen Verfahrens mit dem jeweiligen Rechtszug des früheren Verfahrens zusammen als ein Rechtszug. Gebühren werden auch für Rechtszüge erhoben, die nur im früheren Verfahren stattgefunden haben.

Abschnitt 1. Verfahren vor dem Landgericht

Unterabschnitt 1. Berufsgerichtliches Verfahren erster Instanz

110	Verfahren mit Urteil bei Verhängung einer oder mehrerer der folgenden Maßnahmen:	
	1. einer Warnung,	
	2. eines Verweises,	
	3. einer Geldbuße,	
	4. eines befristeten Berufsverbots	240,00 EUR

---

[1]) Anl. angef. mWv 31.12.2006 durch G v. 22.12.2006 (BGBl. I S. 3416); geänd. mWv 31.7.2014 durch G v. 25.7.2014 (BGBl. I S. 1266); geänd. mWv 1.8.2022 durch G v. 7.7.2021 (BGBl. I S. 2363).

Nr.	Gebührentatbestand	Gebührenbetrag oder Satz der jeweiligen Gebühr 110 bis 112
112	Verfahren mit Urteil bei Ausschließung aus dem Beruf oder der Aberkennung der Befugnis zur geschäftsmäßigen Hilfeleistung in Steuersachen	480,00 EUR

Unterabschnitt 2. Antrag auf gerichtliche Entscheidung über die Rüge

120	Verfahren über den Antrag auf gerichtliche Entscheidung über die Rüge nach § 82 Abs. 1 StBerG:	
	Der Antrag wird verworfen oder zurückgewiesen..................	160,00 EUR

Abschnitt 2. Verfahren vor dem Oberlandesgericht

Unterabschnitt 1. Berufung

210	Berufungsverfahren mit Urteil	1,5
211	Erledigung des Berufungsverfahrens ohne Urteil	0,5
	Die Gebühr entfällt bei Zurücknahme der Berufung vor Ablauf der Begründungsfrist.	

Unterabschnitt 2. Beschwerde

220	Verfahren über Beschwerden im berufsgerichtlichen Verfahren, die nicht nach anderen Vorschriften gebührenfrei sind:	
	Die Beschwerde wird verworfen oder zurückgewiesen	50,00 EUR
	Von dem Mitglied der Steuerberaterkammer wird eine Gebühr nur erhoben, wenn gegen es rechtskräftig eine berufsgerichtliche Maßnahme verhängt worden ist.	

Abschnitt 3. Verfahren vor dem Bundesgerichtshof

Unterabschnitt 1. Revision

310	Revisionsverfahren mit Urteil oder mit Beschluss nach § 153 StBerG i. V. m. § 349 Abs. 2 oder Abs. 4 StPO	2,0
311	Erledigung des Revisionsverfahrens ohne Urteil und ohne Beschluss nach § 153 StBerG i. V. m. § 349 Abs. 2 oder Abs. 4 StPO	1,0
	Die Gebühr entfällt bei Zurücknahme der Revision vor Ablauf der Begründungsfrist.	

Unterabschnitt 2. Beschwerde

320	Verfahren über die Beschwerde gegen die Nichtzulassung der Revision:	
	Die Beschwerde wird verworfen oder zurückgewiesen	1,0
321	Verfahren über sonstige Beschwerden im berufsgerichtlichen Verfahren, die nicht nach anderen Vorschriften gebührenfrei sind:	
	Die Beschwerde wird verworfen oder zurückgewiesen	50,00 EUR

Nr.	Gebührentatbestand	Gebührenbetrag oder Satz der jeweiligen Gebühr 110 bis 112
	Von dem Mitglied der Steuerberaterkammer wird eine Gebühr nur erhoben, wenn gegen es rechtskräftig eine berufsgerichtliche Maßnahme verhängt worden ist.	
	Abschnitt 4. Rüge wegen Verletzung des Anspruchs auf rechtliches Gehör	
400	Verfahren über die Rüge wegen Verletzung des Anspruchs auf rechtliches Gehör:	
	Die Rüge wird in vollem Umfang verworfen oder zurückgewiesen	50,00 EUR

840a. Vergütungsverordnung für Steuerberater, Steuerbevollmächtigte und *Steuerberatungsgesellschaften* [*ab 1.8.2022:* Berufsausübungsgesellschaften] (Steuerberatervergütungsverordnung – StBVV)[1]

Vom 17. Dezember 1981 (BGBl. I S. 1442)

Geändert durch Erste Verordnung zur Änderung der Steuerberatergebührenverordnung vom 20.6.1988 (BGBl. I S. 841), Zweite Verordnung zur Änderung der Steuerberatergebührenverordnung vom 21.6.1991 (BGBl. I S. 1370), Dritte Verordnung zur Änderung der Steuerberatergebührenverordnung vom 20.8.1998 (BGBl. I S. 2369), Gesetz zur Umstellung des Kostenrechts und der Steuerberatergebührenverordnung auf Euro vom 27.4.2001 (BGBl. I S. 751), Kostenrechtsmodernisierungsgesetz vom 5.5.2004 (BGBl. I S. 718), Jahressteuergesetz 2007 vom 13.12.2006 (BGBl. I S. 2878), Achtes Gesetz zur Änderung des Steuerberatungsgesetzes vom 8.4.2008 (BGBl. I S. 666), Verordnung zum Erlass und zur Änderung steuerlicher Verordnungen vom 11.2.2012 (BGBl. I S. 2637), Dritte Verordnung zur Änderung steuerlicher Verordnungen vom 18.7.2016 (BGBl. I S. 1722), Vierte Verordnung zur Änderung Steuerlicher Verordnungen vom 12.7.2017 (BGBl. I S. 2360), Fünfte Verordnung zur Änderung steuerlicher Verordnungen vom 25.6.2020 (BGBl. I S. 1495), Gesetz zur Neuregelung des Berufsrechts der anwaltlichen und steuerberatenden Berufsausübungsgesellschaften sowie zur Änderung weiterer Vorschriften im Bereich der rechtsberatenden Berufe vom 7.7.2021 (BGBl. I S. 2363) und Vierte Verordnung zur Änderung der Steuerberatervergütungsverordnung vom 10.6.2022 (BGBl. I S. 877)

BGBl. III/FNA 610-10-7

Auf Grund des § 64 des Steuerberatungsgesetzes[2] in der Fassung der Bekanntmachung vom 4. November 1975 (BGBl. I S. 2735) wird nach Anhörung der Bundessteuerberaterkammer mit Zustimmung des Bundesrates verordnet:

Erster Abschnitt.
Allgemeine Vorschriften

§ 1[3] **Anwendungsbereich.** (1) [1]Die Vergütung (Gebühren und Auslagenersatz) des Steuerberaters mit Sitz im Inland für seine im Inland selbständig ausgeübte Berufstätigkeit (§ 33 des Steuerberatungsgesetzes) bemisst sich nach dieser Verordnung. [2]Dies gilt für die Höhe der Vergütung nur, soweit nicht etwas anderes vereinbart wird.

(2) Für die Vergütung der Steuerbevollmächtigten und der *Steuerberatungsgesellschaften* [*ab 1.8.2022:* Berufsausübungsgesellschaften] gelten die Vorschriften über die Vergütung der Steuerberater entsprechend.

---

[1] Titel geänd. mWv 1.8.2022 durch G v. 7.7.2021 (BGBl. I S. 2363).
[2] Nr. **840**.
[3] § 1 Abs. 1 neu gef. durch VO v. 18.7.2016 (BGBl. I S. 1722); Abs. 2 geänd. mWv 1.8.2022 durch G v. 7.7.2021 (BGBl. I S. 2363).

§ 2 Sinngemäße Anwendung der Verordnung. Ist in dieser Verordnung über die Gebühren für eine Berufstätigkeit des Steuerberaters nichts bestimmt, so sind die Gebühren in sinngemäßer Anwendung der Vorschriften dieser Verordnung zu bemessen.

§ 3[1) Auslagen. (1) Mit den Gebühren werden auch die allgemeinen Geschäftskosten entgolten.

(2) Der Anspruch auf Zahlung der auf die Vergütung entfallenden Umsatzsteuer und auf Ersatz für Post- und Telekommunikationsdienstleistungen zu zahlende Entgelte, der Dokumentenpauschale und der Reisekosten bestimmt sich nach den §§ 15 bis 20.

§ 4[2) Vereinbarung der Vergütung. (1) [1]Aus einer Vereinbarung kann der Steuerberater eine höhere als die gesetzliche Vergütung nur fordern, wenn die Erklärung des Auftraggebers in Textform abgegeben ist. [2]Ist das Schriftstück nicht vom Auftraggeber verfasst, muss

1. das Schriftstück als Vergütungsvereinbarung oder in vergleichbarer Weise bezeichnet sein,

2. das Schriftstück von anderen Vereinbarungen mit Ausnahme der Auftragserteilung deutlich abgesetzt sein und darf nicht in der Vollmacht enthalten sein.

[3]Art und Umfang des Auftrags nach Satz 2 sind zu bezeichnen. [4]Hat der Auftraggeber freiwillig und ohne Vorbehalt geleistet, kann er das Geleistete nicht deshalb zurückfordern, weil seine Erklärung den Vorschriften der Sätze 1 bis 3 nicht entspricht.

(2) Ist eine vereinbarte Vergütung unter Berücksichtigung aller Umstände unangemessen hoch, so kann sie im Rechtsstreit auf den angemessenen Betrag bis zur Höhe der sich aus dieser Verordnung ergebenden Vergütung herabgesetzt werden.

(3) [1]In außergerichtlichen Angelegenheiten kann eine niedrigere als die gesetzliche Vergütung unter den Formerfordernissen des Absatzes 1 vereinbart werden. [2]Sie muss in einem angemessenen Verhältnis zu der Leistung, der Verantwortung und dem Haftungsrisiko des Steuerberaters stehen.

(4) Der Steuerberater hat den Auftraggeber in Textform darauf hinzuweisen, dass eine höhere oder niedrigere als die gesetzliche Vergütung in Textform vereinbart werden kann.

§ 5 Mehrere Steuerberater. Ist die Angelegenheit mehreren Steuerberatern zur gemeinschaftlichen Erledigung übertragen, so erhält jeder Steuerberater für seine Tätigkeit die volle Vergütung.

---

[1] § 3 Abs. 3 geänd. mWv 28.8.1998 durch VO v. 20.8.1998 (BGBl. I S. 2369) und mWv 1.1.2007 durch G v. 13.12.2006 (BGBl. I S. 2878); Überschr. geänd., Abs. 1 aufgeh., bish. Abs. 2 und 3 werden Abs. 1 und 2 durch VO v. 18.7.2016 (BGBl. I S. 1722).

[2] § 4 Abs. 1 neu gef., mWv 1.1.2007 durch G v. 13.12.2006 (BGBl. I S. 2878); Abs. 1 neu gef., Abs. 3 und 4 angef. durch VO v. 18.7.2016 (BGBl. I S. 1722).

§ 6 Mehrere Auftraggeber. (1) Wird der Steuerberater in derselben Angelegenheit für mehrere Auftraggeber tätig, so erhält er die Gebühren nur einmal.

(2)[1] [1]Jeder Auftraggeber schuldet dem Steuerberater die Gebühren und Auslagen, die er schulden würde, wenn der Steuerberater nur in seinem Auftrag tätig geworden wäre. [2]Der Steuerberater kann aber insgesamt nicht mehr *als die Gebühr nach Absatz 1 fordern, die in den Fällen des § 40 Abs. 5 nach Maßgabe dieser Vorschrift zu berechnen ist; die Auslagen kann er nur einmal fordern* [*ab 1.8.2022:* fordern als die nach Absatz 1 berechneten Gebühren und die insgesamt entstandenen Auslagen.]

§ 7 Fälligkeit. Die Vergütung des Steuerberaters wird fällig, wenn der Auftrag erledigt oder die Angelegenheit beendigt ist.

§ 8 Vorschuß. Der Steuerberater kann von seinem Auftraggeber für die entstandenen und die voraussichtlich entstehenden Gebühren und Auslagen einen angemessenen Vorschuß fordern.

§ 9[2] Berechnung. (1) [1]Der Steuerberater kann die Vergütung nur auf Grund einer dem Auftraggeber mitgeteilten Berechnung einfordern. [2]Die Berechnung ist von dem Steuerberater zu unterzeichnen oder vorbehaltlich der Zustimmung des Auftraggebers in Textform zu erstellen. [3]Die Zustimmung muss nicht für jede Berechnung einzeln erteilt werden. [4]Der Lauf der Verjährungsfrist ist von der Mitteilung der Berechnung nicht abhängig.

(2) [1]In der Berechnung sind die Beträge der einzelnen Gebühren und Auslagen, die Vorschüsse, eine kurze Bezeichnung des jeweiligen Gebührentatbestands, die Bezeichnung der Auslagen sowie die angewandten Vorschriften dieser Gebührenverordnung und bei Wertgebühren auch der Gegenstandswert anzugeben. [2]Nach demselben Stundensatz berechnete Zeitgebühren können zusammengefaßt werden. [3]Bei Entgelten für Post- und Telekommunikationsdienstleistungen genügt die Angabe des Gesamtbetrages.

(3) Hat der Auftraggeber die Vergütung gezahlt, ohne die Berechnung erhalten zu haben, so kann er die Mitteilung der Berechnung noch fordern, solange der Steuerberater zur Aufbewahrung der Handakten [*ab 1.8.2022:* nach § 66 des Steuerberatungsgesetzes[3]] verpflichtet ist.

Zweiter Abschnitt. Gebührenberechnung

§ 10 Wertgebühren. (1)[4] [1]Die Wertgebühren bestimmen sich nach den dieser Verordnung als Anlage beigefügten Tabellen A bis D. [2]Sie werden nach dem

---

[1] § 6 Abs. 2 Satz 2 neu gef. mWv 1.8.2022 durch G v. 7.7.2021 (BGBl. I S. 2363).

[2] § 9 Abs. 2 Sätze 1 und 3 geänd. mWv 28.8.1998 durch VO v. 20.8.1998 (BGBl. I S. 2369); Abs. 1 Satz 2 angef. mWv 1.1.2007 durch G v. 13.12.2007 (BGBl. I S. 2878); Abs. 1 neu gef. mWv 1.7.2020 durch VO v. 25.6.2020 (BGBl. S. 1495); Abs. 3 geänd. mWv 1.8.2022 durch G v. 7.7.2021 (BGBl. I S. 2363).

[3] Nr. **840**.

[4] § 10 Abs. 1 Satz 1 geänd. mWv 1.7.2020 durch VO v. 25.6.2020 (BGBl. I S. 1495).

Wert berechnet, den der Gegenstand der beruflichen Tätigkeit hat. ³Maßgebend ist, soweit diese Verordnung nichts anderes bestimmt, der Wert des Interesses.

(2) In derselben Angelegenheit werden die Werte mehrerer Gegenstände zusammengerechnet; dies gilt nicht für die in den §§ 24 bis 27, 30, 35 und 37 bezeichneten Tätigkeiten.

§ 11¹⁾ Rahmengebühren. ¹Ist für die Gebühren ein Rahmen vorgesehen, so bestimmt der Steuerberater die Gebühr im Einzelfall unter Berücksichtigung aller Umstände, vor allem des Umfangs und der Schwierigkeit der beruflichen Tätigkeit, der Bedeutung der Angelegenheit sowie der Einkommens- und Vermögensverhältnisse des Auftraggebers, nach billigem Ermessen. ²Ein besonderes Haftungsrisiko des Steuerberaters kann bei der Bemessung herangezogen werden. ³Bei Rahmengebühren, die sich nicht nach dem Gegenstandswert richten, ist das Haftungsrisiko zu berücksichtigen. ⁴Ist die Gebühr von einem Dritten zu ersetzen, ist die von dem Steuerberater getroffene Bestimmung nicht verbindlich, wenn sie unbillig ist.

§ 12²⁾ Abgeltungsbereich der Gebühren. (1) Die Gebühren entgelten, soweit diese Verordnung nichts anderes bestimmt, die gesamte Tätigkeit des Steuerberaters vom Auftrag bis zur Erledigung der Angelegenheit.

(2) Der Steuerberater kann die Gebühren in derselben Angelegenheit nur einmal fordern.

(3) Sind für Teile des Gegenstandes verschiedene Gebührensätze anzuwenden, so erhält der Steuerberater für die Teile gesondert berechnete Gebühren, jedoch nicht mehr als die aus dem Gesamtbetrag der Wertteile nach dem höchsten Gebührensatz berechnete Gebühr.

(4) Auf bereits entstandene Gebühren ist es, soweit diese Verordnung nichts anderes bestimmt, ohne Einfluß, wenn sich die Angelegenheit vorzeitig erledigt oder der Auftrag endigt, bevor die Angelegenheit erledigt ist.

(5) ¹Wird der Steuerberater, nachdem er in einer Angelegenheit tätig geworden war, beauftragt, in derselben Angelegenheit weiter tätig zu werden, so erhält er nicht mehr an Gebühren, als er erhalten würde, wenn er von vornherein hiermit beauftragt worden wäre. ²Ist der frühere Auftrag seit mehr als zwei Kalenderjahren erledigt, gilt die weitere Tätigkeit als neue Angelegenheit.

(6) Ist der Steuerberater nur mit einzelnen Handlungen beauftragt, so erhält er nicht mehr an Gebühren, als der mit der gesamten Angelegenheit beauftragte Steuerberater für die gleiche Tätigkeit erhalten würde.

§ 13 Zeitgebühr. ¹Die Zeitgebühr ist zu berechnen
1. in den Fällen, in denen diese Verordnung dies vorsieht,
2. wenn keine genügenden Anhaltspunkte für eine Schätzung des Gegenstandswerts vorliegen; dies gilt nicht für Tätigkeiten nach § 23 sowie für die Vertretung im außergerichtlichen Rechtsbehelfsverfahren (§ 40)³⁾, im Ver-

---

¹⁾ § 11 neu gef. mWv 1.1.2007 durch G v. 13.12.2006 (BGBl. I S. 2878).
²⁾ § 12 Abs. 5 Satz 2 angef. mWv 28.8.1998 durch VO v. 20.8.1998 (BGBl. I S. 2369).
³⁾ Zitat geänd. durch G v. 13.12.2006 (BGBl. I S. 2878).

waltungsvollstreckungsverfahren (§ 44) und in gerichtlichen und anderen Verfahren (§§ 45, 46). [2] Sie beträgt 30 bis 75 Euro[1] je angefangene halbe Stunde.

§ 14 Pauschalvergütung. (1)[2] [1] Für einzelne oder mehrere für denselben Auftraggeber laufend auszuführende Tätigkeiten kann der Steuerberater eine Pauschalvergütung vereinbaren. [2] Die Vereinbarung ist in Textform und für einen Zeitraum von mindestens einem Jahr zu treffen. [3] In der Vereinbarung sind die vom Steuerberater zu übernehmenden Tätigkeiten und die Zeiträume, für die sie geleistet werden, im einzelnen aufzuführen.

(2) Die Vereinbarung einer Pauschalvergütung ist ausgeschlossen für

1. die Anfertigung nicht mindestens jährlich wiederkehrender Steuererklärungen;

2. die Ausarbeitung von schriftlichen Gutachten (§ 22);

3. die in § 23 genannten Tätigkeiten;

4. die Teilnahme an Prüfungen (§ 29);

5. die Beratung und Vertretung im außergerichtlichen Rechtsbehelfsverfahren (§ 40)[3], im Verwaltungsvollstreckungsverfahren (§ 44) und in gerichtlichen und anderen Verfahren (§ 45).

(3) Der Gebührenanteil der Pauschalvergütung muß in einem angemessenen Verhältnis zur Leistung des Steuerberaters stehen.

Dritter Abschnitt. Umsatzsteuer, Ersatz von Auslagen

§ 15 Umsatzsteuer. [1] Der Vergütung ist die Umsatzsteuer hinzuzurechnen, die nach § 12 des Umsatzsteuergesetzes auf die Tätigkeit entfällt. [2] Dies gilt nicht, wenn die Umsatzsteuer nach § 19 Abs. 1 des Umsatzsteuergesetzes unerhoben bleibt.

§ 16[4] Entgelte für Post- und Telekommunikationsdienstleistungen. [1] Der Steuerberater hat Anspruch auf Ersatz der bei der Ausführung des Auftrags für Post- und Telekommunikationsdienstleistungen zu zahlenden Entgelte. [2] Er kann nach seiner Wahl an Stelle der tatsächlich entstandenen Kosten einen Pauschsatz fordern, der 20 Prozent der sich nach dieser Verordnung ergebenden Gebühren beträgt, in derselben Angelegenheit jedoch höchstens 20 Euro.

---

[1] Beträge geänd. mWv 1.1.2002 durch G v. 27.4.2001 (BGBl. I S. 751); geänd. mWv 20.12.2012 durch VO v. 11.12.2012 (BGBl. I S. 2637); geänd. mWv 1.7.2020 durch VO v. 25.6.2020 (BGBl. I S. 1495).
[2] § 14 Abs. 1 Satz 2 geänd. mWv 20.7.2017 durch VO v. 12.7.2017 (BGBl. I S. 2360).
[3] Zitat geänd. durch G v. 13.12.2006 (BGBl. I S. 2878).
[4] § 16 Überschrift neu gef., Satz 1 geänd. mWv 28.8.1998 durch VO v. 20.8.1998 (BGBl. I S. 2369), Satz 2 neu gef. mWv 1.1.2007 durch G v. 13.12.2006 (BGBl. I S. 2878).

§ 17[1] Dokumentenpauschale. (1) [1]Der Steuerberater erhält eine Dokumentenpauschale

1. für Ablichtungen

    a) aus Behörden- und Gerichtsakten, soweit deren Herstellung zur sachgerechten Bearbeitung der Angelegenheit geboten war,

    b) zur Mitteilung an Gegner oder Beteiligte und Verfahrensbevollmächtigte auf Grund einer Rechtsvorschrift oder nach Aufforderung durch das Gericht, die Behörde oder die sonst das Verfahren führende Stelle, soweit hierfür mehr als 100 Ablichtungen zu fertigen waren,

    c) zur notwendigen Unterrichtung des Auftraggebers, soweit hierfür mehr als 100 Ablichtungen zu fertigen waren,

    d) in sonstigen Fällen nur, wenn sie im Einverständnis mit dem Auftraggeber zusätzlich, auch zur Unterrichtung Dritter, angefertigt worden sind und

2. für die Überlassung elektronischer Dokumente an Stelle der in Nummer 1 Buchstabe d genannten Ablichtungen.

[2]Eine Übermittlung durch den Steuerberater per Telefax steht der Herstellung einer Ablichtung gleich.

(2) [1]Die Höhe der Dokumentenpauschale bemisst sich nach den für die Dokumentenpauschale im Vergütungsverzeichnis zum Rechtsanwaltsvergütungsgesetz bestimmten Beträgen. [2]Die Höhe der Dokumentenpauschale nach Absatz 1 Nr. 1 ist in derselben Angelegenheit und in gerichtlichen Verfahren in demselben Rechtszug einheitlich zu berechnen.

§ 18[2] Geschäftsreisen. (1) [1]Für Geschäftsreisen sind dem Steuerberater als Reisekosten die Fahrtkosten und die Übernachtungskosten zu erstatten; ferner erhält er ein Tage- und Abwesenheitsgeld. [2]Eine Geschäftsreise liegt vor, wenn das Reiseziel außerhalb der Gemeinde liegt, in der sich die Kanzlei oder die Wohnung des Steuerberaters befindet.

(2) Als Fahrtkosten sind zu erstatten:

1. bei Benutzung eines eigenen Kraftfahrzeugs zur Abgeltung der Anschaffungs-, Unterhaltungs- und Betriebskosten sowie der Abnutzung des Kraftfahrzeugs 0,42 Euro[3] für jeden gefahrenen Kilometer zuzüglich der durch die Benutzung des Kraftfahrzeugs aus Anlaß der Geschäftsreise regelmäßig anfallenden baren Auslagen, insbesondere der Parkgebühren,

2. bei Benutzung anderer Verkehrsmittel die tatsächlichen Aufwendungen, soweit sie angemessen sind.

(3) [1]Als Tage- und Abwesenheitsgeld erhält der Steuerberater bei einer Geschäftsreise von nicht mehr als 4 Stunden 25 Euro[3], von mehr als 4 bis 8 Stunden 40 Euro[3] und von mehr als 8 Stunden 70 Euro[3]; bei Auslandsreisen

---

[1] § 17 neu gef. mWv 1.1.2007 durch G v. 13.12.2006 (BGBl. I S. 2878).
[2] § 18 Abs. 1 neu gef., Abs. 2 eingef., Abs. 3 Satz 1 geänd. und Satz 2 neu gef. mWv 28.8.1998 durch VO v. 20.8.1998 (BGBl. I S. 2369).
[3] Beträge geänd. mWv 1.1.2007 durch G v. 13.12.2006 (BGBl. I S. 2878); geänd. mWv 1.7.2020 durch VO v. 25.6.2020 (BGBl. I S. 1495).

kann zu diesen Beträgen ein Zuschlag von 50 Prozent berechnet werden. ²Die Übernachtungskosten sind in Höhe der tatsächlichen Aufwendungen zu erstatten, soweit sie angemessen sind.

§ 19 Reisen zur Ausführung mehrerer Geschäfte. Dient eine Reise der Ausführung mehrerer Geschäfte, so sind die entstandenen Reisekosten und Abwesenheitsgelder nach dem Verhältnis der Kosten zu verteilen, die bei gesonderter Ausführung der einzelnen Geschäfte entstanden wären.

§ 20 Verlegung der beruflichen Niederlassung. Ein Steuerberater, der seine berufliche Niederlassung nach einem anderen Ort verlegt, kann bei Fortführung eines ihm vorher erteilten Auftrags Reisekosten und Abwesenheitsgelder nur insoweit verlangen, als sie auch von seiner bisherigen beruflichen Niederlassung aus entstanden wären.

Vierter Abschnitt. Gebühren für die Beratung und für die Hilfeleistung bei der Erfüllung allgemeiner Steuerpflichten

§ 21¹⁾ Rat, Auskunft, Erstberatung. (1) ¹Für einen mündlichen oder schriftlichen Rat oder eine Auskunft, die nicht mit einer anderen gebührenpflichtigen Tätigkeit zusammenhängt, erhält der Steuerberater eine Gebühr in Höhe von 1 Zehntel bis 10 Zehntel der vollen Gebühr nach Tabelle A (Anlage 1). ²Beschränkt sich die Tätigkeit nach Satz 1 auf ein erstes Beratungsgespräch und ist der Auftraggeber Verbraucher, so kann der Steuerberater, der erstmals von diesem Ratsuchenden in Anspruch genommen wird, keine höhere Gebühr als 190 Euro fordern. ³Die Gebühr ist auf eine Gebühr anzurechnen, die der Steuerberater für eine sonstige Tätigkeit erhält, die mit der Raterteilung oder Auskunft zusammenhängt.

(2)²⁾ ¹Wird ein Steuerberater, *der mit der Angelegenheit noch nicht befasst gewesen ist,* mit der Prüfung der Erfolgsaussicht eines Rechtsmittels beauftragt, [so] ist für die Vergütung das Rechtsanwaltsvergütungsgesetz sinngemäß anzuwenden. ²Die Gebühren bestimmen sich nach Teil 2 Abschnitt 1 des Vergütungsverzeichnisses zum Rechtsanwaltsvergütungsgesetz.

§ 22 Gutachten. Für die Ausarbeitung eines schriftlichen Gutachtens mit eingehender Begründung erhält der Steuerberater eine Gebühr von 10 Zehnteln bis 30 Zehntel der vollen Gebühr nach Tabelle A (Anlage 1).

---

¹⁾ § 21 Überschrift geänd., Abs. 1 Satz 2 eingef., Satz 3 Betrag geänd., Abs. 2 Satz 2 geänd. mWv 28.8.1998 durch VO v. 20.8.1998 (BGBl. I S. 2369), Abs. 1 Satz 2 neu gef. mWv 1.1.2007 durch G v. 13.12.2006 (BGBl. I S. 2878); Abs. 1 Satz 2 Betrag geänd., Satz 3 aufgeh., bish. Satz 4 wird Satz 3 mWv 20.12.2012 durch VO v. 11.12.2012 (BGBl. I S. 2637).
²⁾ § 21 Abs. 2 neu gef. mWv 1.7.2020 durch VO v. 25.6.2020 (BGBl. I S. 1495); kursiver Satzteil aufgeh., Klammerzusatz eingef. mWv 1.8.2022 durch G v. 7.7.2021 (BGBl. I S. 2363).

§ 23[1) Sonstige Einzeltätigkeiten. [1]Die Gebühr beträgt für

1. die Berichtigung einer Erklärung $2/_{10}$ bis $10/_{10}$
2. einen Antrag auf Stundung $2/_{10}$ bis $8/_{10}$
3. einen Antrag auf Anpassung der Vorauszahlungen $2/_{10}$ bis $8/_{10}$
4. einen Antrag auf abweichende Steuerfestsetzung aus Billigkeitsgründen $2/_{10}$ bis $8/_{10}$
5. einen Antrag auf Erlaß von Ansprüchen aus dem Steuerschuldverhältnis oder aus zollrechtlichen Bestimmungen $2/_{10}$ bis $8/_{10}$
6. einen Antrag auf Erstattung (§ 37 Abs. 2 der Abgabenordnung) $2/_{10}$ bis $8/_{10}$
7. einen Antrag auf Aufhebung oder Änderung eines Steuerbescheides oder einer Steueranmeldung $2/_{10}$ bis $10/_{10}$
8. einen Antrag auf volle oder teilweise Rücknahme oder auf vollen oder teilweisen Widerruf eines Verwaltungsaktes $4/_{10}$ bis $10/_{10}$
9. einen Antrag auf Wiedereinsetzung in den vorigen Stand außerhalb eines Rechtsbehelfsverfahrens $4/_{10}$ bis $10/_{10}$
10. sonstige Anträge, soweit sie nicht in Steuererklärungen gestellt werden $2/_{10}$ bis $10/_{10}$

einer vollen Gebühr nach Tabelle A (Anlage 1). [2]Soweit Tätigkeiten nach den Nummern 1 bis 10 denselben Gegenstand betreffen, ist nur eine Tätigkeit maßgebend, und zwar die mit dem höchsten oberen Gebührenrahmen.

§ 24 Steuererklärungen. (1) Der Steuerberater erhält für die Anfertigung

1. der Einkommensteuererklärung ohne Ermittlung der einzelnen Einkünfte $1/_{10}$ bis $6/_{10}$
einer vollen Gebühr nach Tabelle A (Anlage 1); Gegenstandswert ist die Summe der positiven Einkünfte, jedoch mindestens 8000 Euro[2);

2. der Erklärung zur gesonderten Feststellung der Einkünfte ohne Ermittlung der Einkünfte $1/_{10}$ bis $5/_{10}$
einer vollen Gebühr nach Tabelle A (Anlage 1); Gegenstandswert ist die Summe der positiven Einkünfte, jedoch mindestens 8000 Euro[2);

3.[3) der Körperschaftsteuererklärung $2/_{10}$ bis $8/_{10}$
einer vollen Gebühr nach Tabelle A (Anlage 1); Gegenstandswert ist das Einkommen vor Berücksichtigung eines Verlustabzugs, jedoch mindestens 16000 Euro; bei

---

[1) § 23 Nrn. 1 und 5 geänd. mWv 1.1.2007 durch G v. 13.12.2006 (BGBl. I S. 2878); Nr. 7 geänd. mWv 20.12.2012 durch VO v. 11.12.2012 (BGBl. I S. 2637).
[2) Beträge geänd. mWv 1.1.2002 durch G v. 27.4.2001 (BGBl. I S. 751); geänd. mWv 20.12.2012 durch VO v. 11.12.2012 (BGBl. I S. 2637).
[3) § 24 Abs. 1 Nr. 3 neu gef. mWv 1.1.2007 durch G v. 13.12.2006 (BGBl. I S. 2878); geänd. mWv 20.12.2012 durch VO v. 11.12.2012 (BGBl. I S. 2637); Nr. 3 Text geänd. durch VO v. 18.7.2016 (BGBl. I S. 1722).

der Anfertigung einer Körperschaftsteuererklärung für eine Organgesellschaft ist das Einkommen der Organgesellschaft vor Zurechnung maßgebend; das entsprechende Einkommen ist bei der Gegenstandswertberechnung des Organträgers zu kürzen;

4.[1] *(aufgehoben)*

(Fortsetzung nächstes Blatt)

---

[1] § 24 Nr. 4 aufgeh. mWv 20.12.2012 durch VO v. 11.12.2012 (BGBl. I S. 2637).

5.[1] der Erklärung zur Gewerbesteuer $^1/_{10}$ bis $^6/_{10}$
einer vollen Gebühr nach Tabelle A (Anlage 1); Gegen-
standswert ist der Gewerbeertrag vor Berücksichtigung des
Freibetrags und eines Gewerbeverlustes, jedoch mindestens 8000 Euro[2];

6.[3] der Gewerbesteuerzerlegungserklärung $^1/_{10}$ bis $^6/_{10}$
einer vollen Gebühr nach Tabelle A (Anlage 1); Gegen-
standswert sind 10 Prozent der als Zerlegungsmaßstab erklärten Arbeitslöhne, jedoch mindestens 4000 Euro[2];

7.[1] der Umsatzsteuer-Voranmeldung sowie hierzu ergänzender Anträge und Meldungen $^1/_{10}$ bis $^6/_{10}$
einer vollen Gebühr nach Tabelle A (Anlage 1); Gegenstandswert sind 10 Prozent der Summe aus dem Gesamtbetrag der Entgelte und der Entgelte, für die der Leistungsempfänger Steuerschuldner ist, jedoch mindestens
650 Euro;

8.[4] der Umsatzsteuererklärung für das Kalenderjahr einschließlich ergänzender Anträge und Meldungen $^1/_{10}$ bis $^8/_{10}$
einer vollen Gebühr nach Tabelle A (Anlage 1); Gegenstandswert sind 10 Prozent der Summe aus dem Gesamtbetrag der Entgelte und der Entgelte, für die der Leistungsempfänger Steuerschuldner ist, jedoch mindestens
8000 Euro[2];

9.[5] *(aufgehoben)*

10. der Vermögensteuererklärung oder der Erklärung zur ge-
sonderten Feststellung des Vermögens von Gemeinschaften $^1/_{20}$ bis $^{18}/_{20}$
einer vollen Gebühr nach Tabelle A (Anlage 1); Gegen-
standswert ist das Rohvermögen, jedoch bei natürlichen
Personen mindestens 12 500 Euro[2] und bei Körperschaften, Personenvereinigungen und Vermögensmassen mindestens 25 000 Euro[2];

11.[6] der Erklärung zur Feststellung nach dem Bewertungsgesetz oder dem Erbschaftsteuer- und Schenkungsteuerge-
setz, vorbehaltlich der Nummer 11a, $^1/_{20}$ bis $^{18}/_{20}$

---

[1] § 24 Abs. 1 Nrn. 5 und 7 neu gef. mWv 1.1.2007 durch G v. 13.12.2006
(BGBl. I S. 2878); Nr. 7 neu gef. mWv 20.12.2012 durch VO v. 11.12.2012 (BGBl. I
S. 2637).
[2] Beträge geänd. mWv 1.1.2002 durch G v. 27.4.2001 (BGBl. I S. 751); geänd. mWv
20.12.2012 durch VO v. 11.12.2012 (BGBl. I S. 2637).
[3] § 24 Nr. 6 geänd. mWv 20.12.2012 durch VO v. 11.12.2012 (BGBl. I S. 2637).
[4] § 24 Abs. 1 Nr. 8 neu gef. mWv 1.1.2007 durch G v. 13.12.2006 (BGBl. I
S. 2878).
[5] § 24 Abs. 1 Nr. 9 geänd. mWv 28.8.1998 durch VO v. 20.8.1998 (BGBl. I S. 2369) und
aufgeh. mWv 18.7.2022 durch VO v. 10.6.2022 (BGBl. I S. 877).
[6] § 24 Abs. 1 Nr. 11 neu gef. mWv 18.6.2022 durch VO v. 10.6.2022 (BGBl. I
S. 877).

einer vollen Gebühr nach Tabelle A (Anlage 1); Gegenstandswert ist der erklärte Wert, jedoch mindestens 25 000 Euro;

11a.[1] der Erklärung zur Feststellung oder Festsetzung für Zwecke der Grundsteuer im Rahmen des ab dem Jahr 2025 anzuwendenden Grundsteuerrechts
einer vollen Gebühr nach Tabelle A (Anlage 1); Gegenstandswert ist der Grundsteuerwert oder, sofern dessen Feststellung nicht vorgesehen ist, der jeweilige Grundsteuermessbetrag dividiert durch die Grundsteuermesszahl nach § 15 Absatz 1 Nummer 2 Buchstabe a des Grundsteuergesetzes, jedoch jeweils mindestens 25 000 Euro; $1/20$ bis $9/20$

12.[2] der Erbschaftsteuererklärung ohne Ermittlung der Zugewinnausgleichsforderung nach § 5 des Erbschaftsteuer- und Schenkungsteuergesetzes
einer vollen Gebühr nach Tabelle A (Anlage 1); Gegenstandswert ist der Wert des Erwerbs von Todes wegen vor Abzug der Schulden und Lasten, jedoch mindestens 16 000 Euro[3]; $2/10$ bis $10/10$

13. der Schenkungsteuererklärung
einer vollen Gebühr nach Tabelle A (Anlage 1); Gegenstandswert ist der Rohwert der Schenkung, jedoch mindestens 16 000 Euro[3]; $2/10$ bis $10/10$

14.[4] der Kapitalertragsteueranmeldung sowie für jede weitere Erklärung in Zusammenhang mit Kapitalerträgen
einer vollen Gebühr nach Tabelle A (Anlage 1); Gegenstandswert ist die Summe der kapitalertragsteuerpflichtigen Kapitalerträge, jedoch mindestens 4000 Euro; $1/20$ bis $6/20$

15.[5] der Lohnsteuer-Anmeldung
einer vollen Gebühr nach Tabelle A (Anlage 1); Gegenstandswert sind 20 Prozent der Arbeitslöhne einschließlich sonstiger Bezüge, jedoch mindestens 1000 Euro[3]; $1/20$ bis $6/20$

16.[5] von Steuererklärungen auf dem Gebiet der Einfuhr- und Ausfuhrabgaben und der Verbrauchsteuern, die als Einfuhrabgaben erhoben werden,
einer vollen Gebühr nach Tabelle A (Anlage 1); Gegenstandswert ist der Betrag, der sich bei Anwendung der höchsten in Betracht kommenden Abgabensätze auf die den Gegenstand der Erklärung bildenden Waren ergibt, jedoch mindestens 1000 Euro[3]; $1/10$ bis $3/10$

---

[1] § 24 Abs. 1 Nr. 11a eingef. mWv 18.6.2022 durch VO v. 10.6.2022 (BGBl. I S. 877).
[2] § 24 Abs. 1 Nr. 12 geänd. durch VO v. 18.7.2016 (BGBl. I S. 1722).
[3] Beträge geänd. mWv 1.1.2002 durch G v. 27.4.2001 (BGBl. I S. 751).
[4] § 24 Abs. 1 Nr. 14 neu gef. mWv 20.12.2012 durch VO v. 11.12.2012 (BGBl. I S. 2637).
[5] § 24 Abs. 1 Nrn. 15 und 16 geänd. mWv 1.1.2007 durch G v. 13.12.2006 (BGBl. I S. 2878).

17.[1] von Anmeldungen oder Erklärungen auf dem Gebiete
der Verbrauchsteuern, die nicht als Einfuhrabgaben ge-
schuldet werden, $1/_{10}$ bis $3/_{10}$
einer vollen Gebühr nach Tabelle A (Anlage 1); Gegen-
standswert ist für eine Steueranmeldung der angemeldete
Betrag und für eine Steuererklärung der festgesetzte Betrag,
jedoch mindestens 1000 Euro[2];

(Fortsetzung nächstes Blatt)

---

[1] § 24 Abs. 1 Nr. 17 geänd. mWv 20.12.2012 durch VO v. 11.12.2012 (BGBl. I S. 2637).
[2] Beträge geänd. mWv 1.1.2002 durch G v. 27.4.2001 (BGBl. I S. 751).

18. von Anträgen auf Gewährung einer Verbrauchsteuerver-
gütung oder einer einzelgesetzlich geregelten Ver-
brauchsteuererstattung, sofern letztere nicht in der monatlichen Steuererklärung oder Steueranmeldung geltend zu
machen ist, $1/_{10}$ bis $3/_{10}$
einer vollen Gebühr nach Tabelle A (Anlage 1); Gegen-
standswert ist die beantragte Vergütung oder Erstattung,
jedoch mindestens 1000 Euro[1]);

19. von Anträgen auf Gewährung einer Investitionszulage $1/_{10}$ bis $6/_{10}$
einer vollen Gebühr nach Tabelle A (Anlage 1); Gegen-
standswert ist die Bemessungsgrundlage;

20.[2]) von Anträgen auf Steuervergütung nach § 4a des Umsatzsteuergesetzes $1/_{10}$ bis $6/_{10}$
einer vollen Gebühr nach Tabelle A (Anlage 1); Gegen-
standswert ist die beantragte Vergütung;

21.[3]) von Anträgen auf Vergütung der abziehbaren Vorsteuer-
beträge $1/_{10}$ bis $6/_{10}$
einer vollen Gebühr nach Tabelle A (Anlage 1); Gegen-
standswert ist die beantragte Vergütung, jedoch mindestens 1300 Euro[1]);

22. von Anträgen auf Erstattung von Kapitalertragsteuer und
Vergütung der anrechenbaren Körperschaftsteuer $1/_{10}$ bis $6/_{10}$
einer vollen Gebühr nach Tabelle A (Anlage 1); Gegen-
standswert ist die beantragte Erstattung, jedoch mindestens
1000 Euro[1]);

23.[4]) von Anträgen nach Abschnitt X des Einkommensteuer-
gesetzes $2/_{10}$ bis $10/_{10}$
einer vollen Gebühr nach Tabelle A (Anlage 1); Gegen-
standswert ist das beantragte Jahreskindergeld;

24.[5]) *(aufgehoben)*

25.[6]) der Anmeldung über den Steuerabzug von Bauleistungen $1/_{10}$ bis $6/_{10}$
einer vollen Gebühr nach Tabelle A (Anlage 1); Gegen-
standswert ist der angemeldete Steuerabzugsbetrag
(§§ 48 ff. des Einkommensteuergesetzes), jedoch mindestens 1000 Euro;

---

[1]) Beträge geänd. mWv 1. 1. 2002 durch G v. 27. 4. 2001 (BGBl. I S. 751).
[2]) § 24 Abs. 1 Nr. 20 neu gef. mWv 1. 1. 2007 durch G v. 13. 12. 2006 (BGBl. I S. 2878).
[3]) § 24 Abs. 1 Nr. 21 geänd. mWv 20. 12. 2012 durch VO v. 11. 12. 2012 (BGBl. I S. 2637).
[4]) § 24 Abs. 1 Nr. 23 angef. mWv 28. 8. 1998 durch VO v. 20. 8. 1998 (BGBl. I S. 2369).
[5]) § 24 Abs. 1 Nr. 24 aufgeh. mWv 20. 12. 2012 durch VO v. 11. 12. 2012 (BGBl. I S. 2637).
[6]) § 24 Abs. 1 Nr. 25 angef. mWv 1. 1. 2007 durch G v. 13. 12. 2006 (BGBl. I S. 2878).

26.[1] sonstiger Steuererklärungen $^{1}/_{10}$ bis $^{6}/_{10}$ einer vollen Gebühr nach Tabelle A (Anlage 1); Gegenstandswert ist die jeweilige Bemessungsgrundlage, jedoch mindestens 8000 Euro.

(2)[2] Für die Ermittlung der Zugewinnausgleichsforderung nach § 5 des Erbschaftsteuer- und Schenkungsteuergesetzes erhält der Steuerberater 5 Zehntel bis 15 Zehntel einer vollen Gebühr nach Tabelle A (Anlage 1); Gegenstandswert ist der ermittelte Betrag, jedoch mindestens 12 500 Euro.

(3)[3] Für einen Antrag auf Lohnsteuer-Ermäßigung (Antrag auf Eintragung von Freibeträgen) erhält der Steuerberater $^{1}/_{20}$ bis $^{4}/_{20}$ einer vollen Gebühr nach Tabelle A (Anlage 1); Gegenstandswert ist der voraussichtliche Jahresarbeitslohn; er beträgt mindestens 4500 Euro[4].

(4)[3] Der Steuerberater erhält die Zeitgebühr

1. *(aufgehoben)*

2. für Arbeiten zur Feststellung des verrechenbaren Verlustes gemäß § 15 a des Einkommensteuergesetzes;

3. für die Anfertigung einer Meldung über die Beteiligung an ausländischen Körperschaften, Vermögensmassen und Personenvereinigungen und an ausländischen Personengesellschaften;

4. *(aufgehoben)*

5. für sonstige Anträge und Meldungen nach dem Einkommensteuergesetz;

6.–12. *(aufgehoben)*

13.[5] für die Überwachung und Meldung der Lohnsumme sowie der Behaltensfrist im Sinne von § 13 a Absatz 1 in Verbindung mit Absatz 6 Satz 1, Absatz 5 in Verbindung mit Absatz 6 Satz 2 des Erbschaftsteuer- und Schenkungsteuergesetzes;

14.[5] für die Berechnung des Begünstigungsgewinnes im Sinne von § 34 a Absatz 1 Satz 1 des Einkommensteuergesetzes (Begünstigung der nicht entnommenen Gewinne).

§ 25[6] **Ermittlung des Überschusses der Betriebseinnahmen über die Betriebsausgaben.** (1) [1]Die Gebühr für die Ermittlung des Überschusses der Betriebseinnahmen über die Betriebsausgaben bei den Einkünften aus Land-

---

[1] Nr. 26 angef. mWv 20. 12. 2012 durch VO v. 11. 12. 2012 (BGBl. I S. 2637); geänd. durch VO v. 18. 7. 2016 (BGBl. I S. 1722).

[2] § 24 Abs. 2 Beträge geänd. mWv 1. 1. 2002 durch G v. 27. 4. 2001 (BGBl. I S. 751); Text geänd. durch VO v. 18. 7. 2016 (BGBl. I S. 1722).

[3] § 24 Abs. 3 neu gef., Abs. 4 Nr. 1 geänd., Nrn. 3, 4 und 5 angef. mWv 28. 8. 1998 durch VO v. 20. 8. 1998 (BGBl. I S. 2369); Abs. 4 Nrn. 1 und 4 geänd., Abs. 4 Nr. 6 bis 12 angef. mWv 1. 1. 2007 durch G v. 13. 12. 2006 (BGBl. I S. 2878); Abs. 4 Nrn. 1 und 4 aufgeh., Nr. 5 neu gef., Nrn. 6 bis 10 aufgeh. mWv 20. 12. 2012 durch VO v. 11. 12. 2012 (BGBl. I S. 2637).

[4] Beträge geänd. mWv 1. 1. 2002 durch G v. 27. 4. 2001 (BGBl. I S. 751).

[5] § 24 Abs. 1 Nrn. 13 und 14 angef. (als Nrn. 11 und 12; ber. durch VO v. 18. 7. 2016, BGBl. I S. 1722); mWv 20. 12. 2012 durch VO v. 11. 12. 2012 (BGBl. I S. 2637).

[6] § 25 Abs. 4 angef. mWv 1. 1. 2007 durch G v. 13. 12. 2006 (BGBl. I S. 2878).

und Forstwirtschaft, Gewerbebetrieb oder selbständiger Arbeit beträgt 5 bis 30 Zehntel[1]) einer vollen Gebühr nach Tabelle B (Anlage 2). [2]Gegenstandswert ist der jeweils höhere Betrag, der sich aus der Summe der Betriebseinnahmen oder der Summe der Betriebsausgaben ergibt, jedoch mindestens 17 500 Euro[1]).

(2) Für Vorarbeiten, die über das übliche Maß erheblich hinausgehen, erhält der Steuerberater die Zeitgebühr.

(3) Sind bei mehreren Einkünften aus derselben Einkunftsart die Überschüsse getrennt zu ermitteln, so erhält der Steuerberater die Gebühr nach Absatz 1 für jede Überschußrechnung.

(4) [1]Für die Aufstellung eines schriftlichen Erläuterungsberichts zur Ermittlung des Überschusses der Betriebseinnahmen über die Betriebsausgaben erhält der Steuerberater $^2/_{10}$ bis $^{12}/_{10}$ einer vollen Gebühr nach Tabelle B (Anlage 2). [2]Der Gegenstandswert bemisst sich nach Absatz 1 Satz 2.

§ 26[2]) Ermittlung des Gewinns aus Land- und Forstwirtschaft nach Durchschnittssätzen. (1) [1]Die Gebühr für die Ermittlung des Gewinns nach Durchschnittssätzen beträgt 5 Zehntel bis 20 Zehntel einer vollen Gebühr nach Tabelle B (Anlage 2). [2]Gegenstandswert ist der Durchschnittssatzgewinn nach § 13a Abs. 3 Satz 1 des Einkommensteuergesetzes.

(2) Sind für mehrere land- und forstwirtschaftliche Betriebe desselben Auftraggebers die Gewinne nach Durchschnittssätzen getrennt zu ermitteln, so erhält der Steuerberater die Gebühr nach Absatz 1 für jede Gewinnermittlung.

§ 27[3]) Ermittlung des Überschusses der Einnahmen über die Werbungskosten. (1) [1]Die Gebühr für die Ermittlung des Überschusses der Einnahmen über die Werbungskosten bei den Einkünften aus nichtselbständiger Arbeit, Kapitalvermögen, Vermietung und Verpachtung oder sonstigen Einkünften beträgt 1 Zwanzigstel bis 12 Zwanzigstel einer vollen Gebühr nach Tabelle A (Anlage 1). [2]Gegenstandswert ist der jeweils höhere Betrag, der sich aus der Summe der Einnahmen oder der Summe der Werbungskosten ergibt, jedoch mindestens 8000 Euro[4]).

(2) Beziehen sich die Einkünfte aus Vermietung und Verpachtung auf mehrere Grundstücke oder sonstige Wirtschaftsgüter und ist der Überschuß der Einnahmen über die Werbungskosten jeweils getrennt zu ermitteln, so erhält der Steuerberater die Gebühr nach Absatz 1 für jede Überschußrechnung.

(3) Für Vorarbeiten, die über das übliche Maß erheblich hinausgehen, erhält der Steuerberater die Zeitgebühr.

§ 28 Prüfung von Steuerbescheiden. Für die Prüfung eines Steuerbescheids erhält der Steuerberater die Zeitgebühr.

---

[1]) Beträge geänd. mWv 1.1.2002 durch G v. 27.4.2001 (BGBl. I S. 751); geänd. mWv 1.7.2020 durch VO v. 25.6.2020 (BGBl. I S. 1495).
[2]) § 26 Abs. 1 Satz 2 neu gef. mWv 1.1.2007 durch G v. 13.12.2006 (BGBl. I S. 2878).
[3]) § 27 Abs. 3 angef. mWv 20.12.2012 durch VO v. 11.12.2012 (BGBl. I S. 2637).
[4]) Beträge geänd. mWv 1.1.2002 durch G v. 27.4.2001 (BGBl. I S. 751); geänd. mWv 20.12.2012 durch VO v. 11.12.2012 (BGBl. I S. 2637).

§ 29[1) Teilnahme an Prüfungen und Nachschauen. Der Steuerberater erhält

1. für die Teilnahme an einer Prüfung, insbesondere an einer Außenprüfung, einer Zollprüfung oder einer Nachschau einschließlich der Schlussbesprechung und der Prüfung des Prüfungsberichts, für die Teilnahme an einer Ermittlung der Besteuerungsgrundlagen (§ 208 der Abgabenordnung) oder für die Teilnahme an einer Maßnahme der Steueraufsicht (§§ 209 bis 217 der Abgabenordnung) die Zeitgebühr;

2. für schriftliche Einwendungen gegen den Prüfungsbericht 5 Zehntel bis 10 Zehntel einer vollen Gebühr nach Tabelle A (Anlage 1).

§ 30[2) Selbstanzeige. (1) Für die Tätigkeit im Verfahren der Selbstanzeige (§§ 371 und 378 Absatz 3 der Abgabenordnung) einschließlich der Ermittlungen zur Berichtigung, Ergänzung oder Nachholung der Angaben erhält der Steuerberater $^{10}/_{10}$ bis $^{30}/_{10}$ einer vollen Gebühr nach Tabelle A (Anlage 1).

(2) Der Gegenstandswert bestimmt sich nach der Summe der berichtigten, ergänzten und nachgeholten Angaben, er beträgt jedoch mindestens 8000 Euro.

§ 31[3) Besprechungen. (1) Für Besprechungen mit Behörden oder mit Dritten in abgaberechtlichen Sachen erhält der Steuerberater $^{5}/_{10}$ bis $^{10}/_{10}$ einer vollen Gebühr nach Tabelle A (Anlage 1).

(2) ¹Die Besprechungsgebühr entsteht, wenn der Steuerberater an einer Besprechung über tatsächliche oder rechtliche Fragen mitwirkt, die von der Behörde angeordnet ist oder im Einverständnis mit dem Auftraggeber mit der Behörde oder mit einem Dritten geführt wird. ²Der Steuerberater erhält diese Gebühr nicht für die Beantwortung einer mündlichen oder fernmündlichen Nachfrage der Behörde.

Fünfter Abschnitt. Gebühren für die Hilfeleistung bei der Erfüllung steuerlicher Buchführungs- und Aufzeichnungspflichten

§ 32[4) Einrichtung einer Buchführung. Für die Hilfeleistung bei der Einrichtung einer Buchführung im Sinne der §§ 33 und 34 erhält der Steuerberater die Zeitgebühr.

---

¹⁾ § 29 Nr. 1 neu gef. mWv 20.7.2017 durch VO v. 12.7.2017 (BGBl. I S. 2360); Überschrift und Nr. 1 geänd. mWv 1.7.2020 durch VO v. 25.6.2020 (BGBl. I S. 1495).
²⁾ § 30 neu gef. mWv 20.12.2012 durch VO v. 11.12.2012 (BGBl. I S. 2637).
³⁾ § 31 neu gef. mWv 1.1.2007 durch G v. 13.12.2006 (BGBl. I S. 2878).
⁴⁾ § 32 Überschr. geänd. mWv 20.12.2012 durch VO v. 11.12.2012 (BGBl. I S. 2637).

§ 33[1] Buchführung. (1 Für die Buchführung oder das Führen steuerlicher Aufzeichnungen einschließlich des Kontierens der Belege beträgt die Monatsgebühr einer vollen Gebühr nach Tabelle C (Anlage 3). $2/_{10}$ bis $12/_{10}$

(2) Für das Kontieren der Belege beträgt die Monatsgebühr einer vollen Gebühr nach Tabelle C (Anlage 3). $1/_{10}$ bis $6/_{10}$

(3) Für die Buchführung oder das Führen steuerlicher Aufzeichnungen nach vom Auftraggeber kontierten Belegen oder erstellten Kontierungsunterlagen beträgt die Monatsgebühr einer vollen Gebühr nach Tabelle C (Anlage 3). $1/_{10}$ bis $6/_{10}$

(4) Für die Buchführung oder das Führen steuerlicher Aufzeichnungen nach vom Auftraggeber erstellten Eingaben für die Datenverarbeitung und mit beim Auftraggeber eingesetzten Datenverarbeitungsprogrammen des Steuerberaters erhält der Steuerberater neben der Vergütung für die Datenverarbeitung und für den Einsatz der Datenverarbeitungsprogramme eine Monatsgebühr von $1/_{20}$ bis $10/_{20}$
einer vollen Gebühr nach Tabelle C (Anlage 3).

(5) Für die laufende Überwachung der Buchführung oder der steuerlichen Aufzeichnungen des Auftraggebers beträgt die Monatsgebühr $1/_{10}$ bis $6/_{10}$
einer vollen Gebühr nach Tabelle C (Anlage 3).

(6) Gegenstandswert ist der jeweils höchste Betrag, der sich aus dem Jahresumsatz oder aus der Summe des Aufwandes ergibt.

(7) Für die Hilfeleistung bei sonstigen Tätigkeiten im Zusammenhang mit der Buchführung oder dem Führen steuerlicher Aufzeichnungen erhält der Steuerberater die Zeitgebühr.

(8) Mit der Gebühr nach den Absätzen 1, 3 und 4 sind die Gebühren für die Umsatzsteuervoranmeldung (§ 24 Abs. 1 Nr. 7) abgegolten.

§ 34 Lohnbuchführung. (1) Für die erstmalige Einrichtung von Lohnkonten und die Aufnahme der Stammdaten erhält der Steuerberater eine Gebühr von 5 bis 18 Euro[2] je Arbeitnehmer.

(2) Für die Führung von Lohnkonten und die Anfertigung der Lohnabrechnung erhält der Steuerberater eine Gebühr von 5 bis 28 Euro[2] je Arbeitnehmer und Abrechnungszeitraum.

---

[1] § 33 Abs. 4 und 6 neu gef. mWv 28.8.1998 durch VO v. 20.8.1998 (BGBl. I S. 2369); Abs. 1, 3, 4, 5 und 7 geänd. mWv 20.12.2012 durch VO v. 11.12.2012 (BGBl. I S. 2637); Abs. 7 geänd. durch VO v. 18.7.2016 (BGBl. I S. 1722).
[2] Beträge geänd. mWv 1.1.2002 durch G v. 27.4.2001 (BGBl. I S. 751); geänd. mWv 20.12.2012 durch VO v. 11.12.2012 (BGBl. I S. 2637); geänd. mWv 1.7.2020 durch VO v. 25.6.2020 (BGBl. I S. 1495).

(3) Für die Führung von Lohnkonten und die Anfertigung der Lohnabrechnung nach vom Auftraggeber erstellten Buchungsunterlagen erhält der Steuerberater eine Gebühr von 2 bis 9 Euro[1]) je Arbeitnehmer und Abrechnungszeitraum.

(4) Für die Führung von Lohnkonten und die Anfertigung der Lohnabrechnung nach vom Auftraggeber erstellten Eingaben für die Datenverarbeitung und mit beim Auftraggeber eingesetzten Datenverarbeitungsprogrammen des Steuerberaters erhält der Steuerberater neben der Vergütung für die Datenverarbeitung und für den Einsatz der Datenverarbeitungsprogramme eine Gebühr von 1 bis 4 Euro[1]) je Arbeitnehmer und Abrechnungszeitraum.

(5) Für die Hilfeleistung bei sonstigen Tätigkeiten im Zusammenhang mit dem Lohnsteuerabzug und der Lohnbuchführung erhält der Steuerberater die Zeitgebühr.

(6) Mit der Gebühr nach den Absätzen 2 bis 4 sind die Gebühren für die Lohnsteueranmeldung (§ 24 Abs. 1 Nr. 15) abgegolten.

§ 35[2]) Abschlußarbeiten. (1) Die Gebühr beträgt für

1. a) die Aufstellung eines Jahresabschlusses (Bilanz und Gewinn- und Verlustrechnung) $^{10}/_{10}$ bis $^{40}/_{10}$

    b) die Erstellung eines Anhangs $^{2}/_{10}$ bis $^{12}/_{10}$

    c) *(aufgehoben)*

2. die Aufstellung eines Zwischenabschlusses oder eines vorläufigen Abschlusses (Bilanz und Gewinn- und Verlustrechnung) $^{10}/_{10}$ bis $^{40}/_{10}$

3. a) die Ableitung des steuerlichen Ergebnisses aus dem Handelsbilanzergebnis $^{2}/_{10}$ bis $^{10}/_{10}$

    b) die Entwicklung einer Steuerbilanz aus der Handelsbilanz $^{5}/_{10}$ bis $^{12}/_{10}$

4. die Aufstellung einer Eröffnungsbilanz $^{5}/_{10}$ bis $^{12}/_{10}$

5. die Aufstellung einer Auseinandersetzungsbilanz $^{5}/_{10}$ bis $^{20}/_{10}$

6. den schriftlichen Erläuterungsbericht zu Tätigkeiten nach den Nummern 1 bis 5 $^{2}/_{10}$ bis $^{12}/_{10}$

7. a) die beratende Mitwirkung bei der Aufstellung eines Jahresabschlusses (Bilanz und Gewinn- und Verlustrechnung) $^{2}/_{10}$ bis $^{10}/_{10}$

    b) die beratende Mitwirkung bei der Erstellung eines Anhangs $^{2}/_{10}$ bis $^{4}/_{10}$

---

[1]) Beträge geänd. mWv 1.1.2002 durch G v. 27.4.2001 (BGBl. I S. 751); geänd. mWv 20.12.2012 durch VO v. 11.12.2012 (BGBl. I S. 2637).
[2]) § 35 Abs. 1 Nr. 1, Nr. 7 und Abs. 2 neu gef. mWv 1.7.1988 durch VO v. 20.6.1988 (BGBl. I S. 841), Abs. 1 Nr. 1 Buchst. a geänd. und Abs. 2 neu gef. mWv 28.8.1998 durch VO v. 20.8.1998 (BGBl. I S. 2369), Abs. 1 Nr. 3 neu gef. mWv 1.1.2007 durch G v. 13.12.2006 (BGBl. I S. 2878); Abs. 1 Nr. 1 Buchst. c aufgeh., Nr. 2 geänd., Nr. 8 aufgeh. mWv 20.12.2012 durch VO v. 11.12.2012 (BGBl. I S. 2637).

   c) die beratende Mitwirkung bei der Erstellung eines Lage-
      berichts	$^2/_{10}$ bis $^4/_{10}$

8. *(aufgehoben)*

einer vollen Gebühr nach Tabelle B (Anlage 2).

   (2) ^{1}Gegenstandswert ist

1. in den Fällen des Absatzes 1 Nummer 1 bis 3 und 7[1] das Mittel zwischen der berichtigten Bilanzsumme und der betrieblichen Jahresleistung;

2. in den Fällen des Absatzes 1 Nr. 4 und 5 die berichtigte Bilanzsumme;

3. in den Fällen des Absatzes 1 Nr. 6 der Gegenstandswert, der für die dem Erläuterungsbericht zugrunde liegenden Abschlußarbeiten maßgeblich ist.

^{2}Die berichtigte Bilanzsumme ergibt sich aus der Summe der Posten der Aktiv-seite der Bilanz zuzüglich Privatentnahmen und offener Ausschüttungen, abzüg-lich Privateinlagen, Kapitalerhöhungen durch Einlagen und Wertberichtigun-gen. ^{3}Die betriebliche Jahresleistung umfaßt Umsatzerlöse, sonstige betriebliche Erträge, Erträge aus Beteiligungen, Erträge aus anderen Wertpapieren und Aus-leihungen des Finanzanlagevermögens, sonstige Zinsen und ähnliche Erträge,

(Fortsetzung nächstes Blatt)

---

[1] Zitat geänd. durch VO v. 11. 12. 2012 (BGBl. I S. 2637).

Veränderungen des Bestands an fertigen und unfertigen Erzeugnissen, andere aktivierte Eigenleistungen sowie außerordentliche Erträge. ⁴Ist der betriebliche Jahresaufwand höher als die betriebliche Jahresleistung, so ist dieser der Berechnung des Gegenstandswerts zugrunde zu legen. ⁵Betrieblicher Jahresaufwand ist die Summe der Betriebsausgaben einschließlich der Abschreibungen. ⁶Bei der Berechnung des Gegenstandswerts ist eine negative berichtigte Bilanzsumme als positiver Wert anzusetzen. ⁷Übersteigen die betriebliche Jahresleistung oder der höhere betriebliche Jahresaufwand das 5fache der berichtigten Bilanzsumme, so bleibt der übersteigende Betrag bei der Ermittlung des Gegenstandswerts außer Ansatz. ⁸Der Gegenstandswert besteht nur aus der berichtigten Bilanzsumme, wenn die betriebliche Jahresleistung geringer als 3000 Euro¹⁾ ist. ⁹Der Gegenstandswert besteht nur aus der betrieblichen Jahresleistung, wenn die berichtigte Bilanzsumme geringer als 3000 Euro¹⁾ ist.

(3) Für die Anfertigung oder Berichtigung von Inventurunterlagen und für sonstige Abschlußvorarbeiten bis zur abgestimmten Saldenbilanz erhält der Steuerberater die Zeitgebühr.

§ 36²⁾ Steuerliches Revisionswesen. (1) Der Steuerberater erhält für die Prüfung einer Buchführung, einzelner Konten, einzelner Posten des Jahresabschlusses, eines Inventars, einer Überschussrechnung oder von Bescheinigungen für steuerliche Zwecke und für die Berichterstattung hierüber die Zeitgebühr.

(2) Der Steuerberater erhält

1. für die Prüfung einer Bilanz, einer Gewinn- und Verlustrechnung, eines Anhangs, eines Lageberichts oder einer sonstigen Vermögensrechnung für steuerliche Zwecke $^2/_{10}$ bis $^{10}/_{10}$ einer vollen Gebühr nach Tabelle B (Anlage 2) sowie die Zeitgebühr; der Gegenstandswert bemisst sich nach § 35 Absatz 2;

2. für die Berichterstattung über eine Tätigkeit nach Nummer 1 die Zeitgebühr.

§ 37 Vermögensstatus, Finanzstatus für steuerliche Zwecke. ¹Die Gebühr beträgt für

1. die Erstellung eines Vermögensstatus oder Finanzstatus $^5/_{10}$ bis $^{15}/_{10}$

2. die Erstellung eines Vermögensstatus oder Finanzstatus aus übergebenen Endzahlen (ohne Vornahme von Prüfungsarbeiten) $^2/_{10}$ bis $^6/_{10}$

3. den schriftlichen Erläuterungsbericht zu den Tätigkeiten nach Nummer 1 $^1/_{10}$ bis $^6/_{10}$

---

¹⁾ Beträge geänd. mWv 1.1.2002 durch G v. 27.4.2001 (BGBl. I S. 751).
²⁾ § 36 Abs. 2 Nr. 1 neu gef. mWv 1.1.1988 durch VO v. 20.6.1988 (BGBl. I S. 841), Nrn. 1 und 2 geänd. mWv 28.8.1998 durch VO v. 20.8.1998 (BGBl. I S. 2369), Abs. 1 neu gef. mWv 1.1.2007 durch G v. 13.12.2006 (BGBl. I S. 2878); Abs. 2 Nr. 1 und Nr. 2 geänd. mWv 20.12.2012 durch VO v. 11.12.2012 (BGBl. I S. 2637).

einer vollen Gebühr nach Tabelle B (Anlage 2). ²Gegenstandswert ist für die Erstellung eines Vermögensstatus die Summe der Vermögenswerte, für die Erstellung eines Finanzstatus die Summe der Finanzwerte.

§ 38¹⁾ Erteilung von Bescheinigungen. (1) ¹Der Steuerberater erhält für die Erteilung einer Bescheinigung über die Beachtung steuerrechtlicher Vorschriften in Vermögensübersichten und Erfolgsrechnungen 1 Zehntel bis 6 Zehntel einer vollen Gebühr nach Tabelle B (Anlage 2). ²Der Gegenstandswert bemißt sich nach § 35 Abs. 2.

(2) Der Steuerberater erhält für die Mitwirkung an der Erteilung von Steuerbescheinigungen die Zeitgebühr.

§ 39²⁾ Buchführungs- und Abschlußarbeiten für land- und forstwirtschaftliche Betriebe. (1) Für Angelegenheiten, die sich auf land- und forstwirtschaftliche Betriebe beziehen, gelten abweichend von den §§ 32, 33, 35 und 36 die Absätze 2 bis 7.

(2) ¹Die Gebühr beträgt für

1. laufende Buchführungsarbeiten oder für das Führen steuerlicher Aufzeichnungen einschließlich Kontieren der Belege jährlich $3/10$ bis $20/10$

2. die Buchführung oder für das Führen steuerlicher Aufzeichnungen nach vom Auftraggeber kontierten Belegen oder erstellten Kontierungsunterlagen jährlich $3/20$ bis $20/20$

3. die Buchführung oder für das Führen steuerlicher Aufzeichnungen nach vom Auftraggeber erstellten Datenträgern oder anderen Eingabemitteln für die Datenverarbeitung neben der Vergütung für die Datenverarbeitung und für den Einsatz der Datenverarbeitungsprogramme jährlich $1/20$ bis $16/20$

4. die laufende Überwachung der Buchführung oder für das Führen steuerlicher Aufzeichnungen jährlich $1/10$ bis $6/10$

einer vollen Gebühr nach Tabelle D (Anlage 4). ²Die volle Gebühr ist die Summe der Gebühren nach Tabelle D Teil a und Tabelle D Teil b.

(3) ¹Die Gebühr beträgt für

1. die Abschlußvorarbeiten $1/10$ bis $5/10$

2. die Aufstellung eines Abschlusses $3/10$ bis $10/10$

3. die Entwicklung eines steuerlichen Abschlusses aus dem betriebswirtschaftlichen Abschluß oder aus der Handelsbilanz oder die Ableitung des steuerlichen Ergebnisses vom Ergebnis des betriebswirtschaftlichen Abschlusses oder der Handelsbilanz $3/20$ bis $10/20$

---

¹⁾ § 38 neu gef. vWv 1.1.1988 durch VO v. 20.6.1988 (BGBl. I S. 841).
²⁾ § 39 Abs. 2 Nr. 3 geänd. mWv 28.8.1998 durch VO v. 20.8.1998 (BGBl. I S. 2369); Abs. 2 Nrn. 1 bis 4 geänd. mWv 1.7.2020 durch VO v. 25.6.2020 (BGBl. I S. 1495).

4. die beratende Mitwirkung bei der Erstellung eines Abschlusses $^1/_{20}$ bis $^{10}/_{20}$

5. die Prüfung eines Abschlusses für steuerliche Zwecke $^1/_{10}$ bis $^8/_{10}$

6. den schriftlichen Erläuterungsbericht zum Abschluß $^1/_{10}$ bis $^8/_{10}$

einer vollen Gebühr nach Tabelle D (Anlage 4). ^{2}Die volle Gebühr ist die Summe der Gebühren nach Tabelle D Teil a und Tabelle D Teil b.

(4)^1 Die Gebühr beträgt für

1. die Hilfeleistung bei der Einrichtung einer Buchführung $^1/_{10}$ bis $^6/_{10}$ oder dem Führen steuerlicher Aufzeichnungen

2. die Erfassung der Anfangswerte bei Buchführungsbeginn $^3/_{10}$ bis $^{15}/_{10}$

einer vollen Gebühr nach Tabelle D Teil a (Anlage 4).

(5) ^{1}Gegenstandswert ist für die Anwendung der Tabelle D Teil a die Betriebsfläche. ^{2}Gegenstandswert für die Anwendung der Tabelle D Teil b ist der Jahresumsatz zuzüglich der Privateinlagen, mindestens jedoch die Höhe der Aufwendungen zuzüglich der Privatentnahmen. ^{3}Im Falle des Absatzes 3 vermindert sich der 100 000 Euro^2) übersteigende Betrag auf die Hälfte.

(6) Bei der Errechnung der Betriebsfläche (Absatz 5) ist

1. bei einem Jahresumsatz bis zu 1000 Euro^1) je Hektar das Einfache,

2. bei einem Jahresumsatz über 1000 Euro^1) je Hektar das Vielfache, das sich aus dem durch 1000^1) geteilten Betrag des Jahresumsatzes je Hektar ergibt,

3. bei forstwirtschaftlich genutzten Flächen die Hälfte,

4. bei Flächen mit bewirtschafteten Teichen die Hälfte,

5. bei durch Verpachtung genutzten Flächen ein Viertel

der tatsächlich genutzten Flächen anzusetzen.

(7) Mit der Gebühr nach Absatz 2 Nr. 1, 2 und 3 ist die Gebühr für die Umsatzsteuervoranmeldungen (§ 24 Abs. 1 Nr. 7) abgegolten.

Sechster Abschnitt. Gebühren für die Vertretung im außergerichtlichen Rechtsbehelfsverfahren und im Verwaltungsvollstreckungsverfahren

§ 40^3) **Verfahren vor den Verwaltungsbehörden.** Auf die Vergütung des Steuerberaters für Verfahren vor den Verwaltungsbehörden sind die Vorschriften des Rechtsanwaltsvergütungsgesetzes sinngemäß anzuwenden.

§§ 41 bis 43.^{4}) *(aufgehoben)*

---

^{1}) § 39 Abs. 4 Nr. 1 geänd. mWv 1.7.2020 durch VO v. 25.6.2020 (BGBl. I S. 1495).
^{2}) Geänd. mWv 1.1.2002 durch G v. 27.4.2001 (BGBl. I S. 751).
^{3}) § 40 neu gef. mWv 1.7.2020 durch VO v. 25.6.2020 (BGBl. I S. 1495).
^{4}) §§ 41 bis 43 aufgeh. mWv 1.1.2007 durch G v. 13.12.2006 (BGBl. I S. 2878).

§ 44[1] Verwaltungsvollstreckungsverfahren. Auf die Vergütung des Steuerberaters im Verwaltungsvollstreckungsverfahren sind die Vorschriften des Rechtsanwaltsvergütungsgesetzes sinngemäß anzuwenden.

Siebenter Abschnitt. Gerichtliche und andere Verfahren

§ 45[2] Vergütung in gerichtlichen und anderen Verfahren. Auf die Vergütung des Steuerberaters im Verfahren vor den Gerichten der Finanzge-

---

[1] § 44 geänd. mWv 1.7.2020 durch VO v. 25.6.2020 (BGBl. I S. 1495).
[2] § 45 geänd. mWv 20.12.2012 durch VO v. 11.12.2012 (BGBl. I S. 2637).

richtsbarkeit, der Sozialgerichtsbarkeit und der Verwaltungsgerichtsbarkeit, im Strafverfahren, berufsgerichtlichen Verfahren, Bußgeldverfahren und in Gnadensachen sind die Vorschriften des Rechtsanwaltsvergütungsgesetzes[1] · [2] sinngemäß anzuwenden.

§ 46 Vergütung bei Prozeßkostenhilfe. Für die Vergütung des im Wege der Prozeßkostenhilfe beigeordneten Steuerberaters gelten die Vorschriften des Rechtsanwaltsvergütungsgesetzes[1] · [2] sinngemäß.

Achter Abschnitt. Übergangs- und Schlußvorschriften

§ 47 Anwendung. (1) Diese Verordnung ist erstmals anzuwenden auf

1. Angelegenheiten, mit deren Bearbeitung nach dem Inkrafttreten dieser Verordnung begonnen wird,
2. die Vertretung in Verfahren vor Verwaltungsbehörden, wenn das Verfahren nach Inkrafttreten dieser Verordnung beginnt.

(2) Hat der Steuerberater vor der Verkündung der Verordnung mit dem Auftraggeber schriftliche Vereinbarungen getroffen, die den Vorschriften dieser Verordnung nicht entsprechen, so ist insoweit diese Verordnung spätestens zwei Jahre nach ihrem Inkrafttreten anzuwenden.

§ 47a[3] Übergangsvorschrift für Änderungen dieser Verordnung. [1] Die Vergütung ist nach bisherigem Recht zu berechnen, wenn der Auftrag zur Erledigung der Angelegenheit vor dem Inkrafttreten einer Änderung der Verordnung erteilt worden ist. [2] Hat der Steuerberater mit dem Auftraggeber schriftliche Vereinbarungen über auszuführende Tätigkeiten mit einer Geltungsdauer von mindestens einem Jahr getroffen oder eine Pauschalvergütung im Sinne des § 14 vereinbart und tritt während der Geltungsdauer dieser Vereinbarung eine Änderung der Verordnung in Kraft, so ist die Vergütung bis zum Ablauf des Jahres, in dem eine Änderung der Verordnung in Kraft tritt, nach bisherigem Recht zu berechnen. [3] Die Sätze 1 und 2 gelten auch, wenn Vorschriften geändert werden, auf die diese Verordnung verweist.

§ 48[4] Berlin-Klausel. *(aufgehoben)*

§ 49[5] Inkrafttreten. Diese Verordnung tritt am 1. April 1982 in Kraft.

---

[1] Verweis geänd. mWv 1. 7. 2004 durch G v. 5. 5. 2004 (BGBl. I S. 718).
[2] **Schönfelder Nr. 117.**
[3] § 47a eingef. durch VO v. 20. 6. 1988 (BGBl. I S. 841).
[4] § 48 aufgeh. durch VO v. 21. 6. 1991 (BGBl. I S. 1370).
[5] § 49 betrifft das Inkrafttreten in der ursprünglichen Fassung. Das Inkrafttreten der späteren Änderungen ergibt sich aus den jeweiligen Änderungsverordnungen.

Anlage 1[1]

Tabelle A
(Beratungstabelle)

Gegenstandswert bis ... Euro	volle Gebühr ($^{10}/_{10}$) Euro
300	29
600	53
900	76
1 200	100
1 500	123
2 000	157
2 500	189
3 000	222
3 500	255
4 000	288
4 500	321
5 000	354
6 000	398
7 000	441
8 000	485
9 000	528
10 000	571
13 000	618
16 000	665
19 000	712
22 000	759
25 000	806
30 000	892
35 000	977
40 000	1 061
45 000	1 146
50 000	1 230
65 000	1 320
80 000	1 411
95 000	1 502
110 000	1 593
125 000	1 683
140 000	1 773
155 000	1 864
170 000	1 954

[1] Anlage 1 neu gef. mWv 1.7.2020 durch VO v. 25.6.2020 (BGBl. I S. 1495).

Gegenstandswert bis … Euro	volle Gebühr ($^{10}/_{10}$) Euro
185 000	2 045
200 000	2 136
230 000	2 275
260 000	2 414
290 000	2 552
320 000	2 697
350 000	2 760
380 000	2 821
410 000	2 882
440 000	2 939
470 000	2 995
500 000	3 051
550 000	3 132
600 000	3 211

vom Mehrbetrag bis
5 000 000 Euro
je angefangene
50 000 Euro   141

vom Mehrbetrag über
5 000 000 Euro
bis 25 000 000 Euro
je angefangene
50 000 Euro   106

vom Mehrbetrag über
25 000 000 Euro
je angefangene
50 000 Euro   83

Anlage 2[1)]

Tabelle B
(Abschlusstabelle)

Gegenstandswert bis ... Euro	volle Gebühr ($^{10}/_{10}$) Euro
3 000	46
3 500	54
4 000	64
4 500	72
5 000	81
6 000	91
7 000	99
8 000	109
9 000	114
10 000	120
12 500	126
15 000	142
17 500	157
20 000	168
22 500	180
25 000	190
37 500	203
50 000	248
62 500	286
75 000	319
87 500	333
100 000	348
125 000	399
150 000	444
175 000	483
200 000	517
225 000	549
250 000	578
300 000	605
350 000	657
400 000	704
450 000	746
500 000	785
625 000	822
750 000	913

[1)] Anlage 2 neu gef. mWv 1.7.2020 durch VO v. 25.6.2020 (BGBl. I S. 1495).

Gegenstandswert bis ... Euro	volle Gebühr ($^{10}/_{10}$) Euro
875 000	991
1 000 000	1 062
1 250 000	1 126
1 500 000	1 249
1 750 000	1 357
2 000 000	1 455
2 250 000	1 542
2 500 000	1 621
3 000 000	1 695
3 500 000	1 841
4 000 000	1 971
4 500 000	2 089
5 000 000	2 196
7 500 000	2 566
10 000 000	2 983
12 500 000	3 321
15 000 000	3 603
17 500 000	3 843
20 000 000	4 050
22 500 000	4 314
25 000 000	4 558
30 000 000	5 014
35 000 000	5 433
40 000 000	5 823
45 000 000	6 187
50 000 000	6 532
vom Mehrbetrag bis 125 000 000 Euro je angefangene 5 000 000 Euro	258
vom Mehrbetrag über 125 000 000 Euro bis 250 000 000 Euro je angefangene 12 500 000 Euro	450
vom Mehrbetrag über 250 000 000 Euro je angefangene 25 000 000 Euro	642

Anlage 3[1]

Tabelle C
(Buchführungstabelle)

Gegenstandswert bis ... Euro	volle Gebühr ($^{10}/_{10}$) Euro
15 000	68
17 500	75
20 000	83
22 500	88
25 000	95
30 000	102
35 000	110
40 000	115
45 000	122
50 000	130
62 500	137
75 000	149
87 500	164
100 000	177
125 000	197
150 000	217
200 000	259
250 000	299
300 000	339
350 000	381
400 000	416
450 000	448
500 000	483
vom Mehrbetrag über 500 000 Euro je angefangene 50 000 Euro	34

[1] Anlage 3 neu gef. mWv 1.7.2020 durch VO v. 25.6.2020 (BGBl. I S. 1495).

Anlage 4[1]

Tabelle D
Teil a (Landwirtschaftliche Tabelle – Betriebsfläche)

Betriebsfläche bis ... Hektar	volle Gebühr ($^{10}/_{10}$) Euro
40	348
45	373
50	396
55	419
60	441
65	461
70	479
75	497
80	514
85	530
90	543
95	556
100	567
110	595
120	622
130	648
140	674
150	700
160	725
170	748
180	772
190	794
200	816
210	838
220	859
230	879
240	898
250	917
260	936
270	954
280	970
290	987
300	1 002
320	1 035
340	1 067

[1] Anlage 4 neu gef. mWv. 1.7.2020 durch VO v. 25.6.2020 (BGBl. I S. 1495).

Betriebsfläche bis ... Hektar	Volle Gebühr ($^{10}/_{10}$) Euro
360	1 100
380	1 130
400	1 160
420	1 191
440	1 220
460	1 248
480	1 275
500	1 301
520	1 329
540	1 355
560	1 380
580	1 404
600	1 429
620	1 453
640	1 475
660	1 497
680	1 519
700	1 538
750	1 586
800	1 628
850	1 664
900	1 695
950	1 719
1 000	1 738
2 000 je ha	1,59 mehr
3 000 je ha	1,44 mehr
4 000 je ha	1,30 mehr
5 000 je ha	1,15 mehr
6 000 je ha	1,01 mehr
7 000 je ha	0,87 mehr
8 000 je ha	0,72 mehr
9 000 je ha	0,57 mehr
10 000 je ha	0,43 mehr
11 000 je ha	0,28 mehr
12 000 je ha	0,15 mehr
ab 12 000 je ha	0,15 mehr

Tabelle D
Teil b (Landwirtschaftliche Tabelle – Jahresumsatz)

Jahresumsatz im Sinne von § 39 Absatz 5 bis ... Euro	volle Gebühr ($^{10}/_{10}$) Euro
40 000	362
42 500	380
45 000	398
47 500	417
50 000	433
55 000	469
60 000	503
65 000	539
70 000	571
75 000	606
80 000	640
85 000	673
90 000	706
95 000	738
100 000	771
105 000	802
110 000	833
115 000	866
120 000	897
125 000	927
130 000	959
135 000	989
140 000	1 020
145 000	1 051
150 000	1 081
155 000	1 111
160 000	1 141
165 000	1 172
170 000	1 201
175 000	1 230
180 000	1 260
185 000	1 289
190 000	1 318
195 000	1 347
200 000	1 376
205 000	1 406
210 000	1 434
215 000	1 462
220 000	1 491

Jahresumsatz im Sinne von § 39 Absatz 5 bis ... Euro	volle Gebühr ($^{10}/_{10}$) Euro
225 000	1 520
230 000	1 547
235 000	1 575
240 000	1 603
245 000	1 630
250 000	1 656
255 000	1 684
260 000	1 712
265 000	1 738
270 000	1 765
275 000	1 791
280 000	1 817
285 000	1 842
290 000	1 868
295 000	1 894
300 000	1 919
305 000	1 943
310 000	1 968
315 000	1 991
320 000	2 015
325 000	2 038
330 000	2 062
335 000	2 084
340 000	2 107
345 000	2 129
350 000	2 149
355 000	2 172
360 000	2 193
365 000	2 213
370 000	2 234
375 000	2 255
380 000	2 268
385 000	2 295
390 000	2 313
395 000	2 332
400 000	2 351
410 000	2 388
420 000	2 424
430 000	2 461
440 000	2 495
450 000	2 530
460 000	2 564
470 000	2 596

Jahresumsatz im Sinne von § 39 Absatz 5 bis ... Euro	volle Gebühr ($^{10}/_{10}$) Euro
480 000	2 629
490 000	2 658
500 000	2 687
vom Mehrbetrag über 500 000 Euro je angefangene 50 000 Euro	156

Anlage 5[1)]

[1)] Anlage 5 (Tabelle E) aufgeh. mWv 1.7.2020 durch VO v. 25.6.2020 (BGBl. I S. 1495).

841. Verordnung über die Steuerberaterplattform und die besonderen elektronischen Steuerberaterpostfächer (Steuerberaterplattform- und -postfachverordnung – StBPPV)

Vom 25. November 2022 (BGBl. I S. 2105)

Auf Grund des § 86f des Steuerberatungsgesetzes, der durch Artikel 4 Nummer 35 des Gesetzes vom 7. Juli 2021 (BGBl. I S. 2363) eingefügt worden ist, verordnet das Bundesministerium der Finanzen nach Anhörung der Bundessteuerberaterkammer:

Inhaltsübersicht

Abschnitt 1. Steuerberaterplattform

§ 1 Führung der Steuerberaterplattform. (1) Die Bundessteuerberaterkammer hat die Steuerberaterplattform auf der Grundlage des Protokollstandards „Online Services Computer Interface – OSCI" oder eines künftig nach dem Stand der Technik an dessen Stelle tretenden Standards sowie der IT-Sicherheitsverordnung Portalverbund vom 6. Januar 2022 (BGBl. I S. 18) in der jeweils geltenden Fassung zu betreiben.

(2) ¹Die Steuerberaterplattform ist in ein Informationssicherheitsmanagementsystem einzubinden, das den Standards des Bundesamts für Sicherheit in der Informationstechnik entspricht. ²Dabei hat die Bundessteuerberaterkammer insbesondere sicherzustellen, dass die aktuellen Standards der Informationssicherheit, der Betriebssicherheit, der Kryptographie einschließlich des Schlüsselmanagements sowie der Vorfalls- und Management-Anforderungen eingehalten werden. ³Zudem hat sie die Vorgaben der Technischen Richtlinie BSI TR-03116-4 des Bundesamts für Sicherheit in der Informationstechnik in der jeweils geltenden Fassung zu beachten.

(3) ¹Die für die genutzten IT-Komponenten verantwortlichen Stellen haben ein IT-Sicherheitskonzept zu erstellen und umzusetzen, das den Standards 200-1, 200-2 und 200-3 des Bundesamtes für Sicherheit in der Informationstechnik oder den Vorgaben der ISO/IEC 27001 in der jeweils geltenden Fassung entspricht. ²Als Mindestanforderung ist die Standard-Absicherung nach dem Standard 200-2 des Bundesamts für Sicherheit in der Informationstechnik umzusetzen. ³Vor der erstmaligen Inbetriebnahme der Steuerberaterplattform ist die Umsetzung des IT-Sicherheitskonzepts durch eine Zertifizierung nach dem Standard „ISO 27001 auf der Basis von IT-Grundschutz" des Bundesamts für Sicherheit in der Informationstechnik nachzuweisen. ⁴Die Zertifizierung ist über die gesamte Betriebsdauer der Steuerberaterplattform aufrecht zu erhalten. ⁵Das Zertifikat ist zu veröffentlichen.

§ 2 Einrichtung der Nutzerkonten. (1) Die Bundessteuerberaterkammer richtet den Steuerberatern, den Steuerbevollmächtigten und den Berufsausübungsgesellschaften im Sinne der §§ 49 und 50 des Steuerberatungsgesetzes sowie den Steuerberaterkammern und sich selbst Nutzerkonten auf der Steuerberaterplattform ein.

(2) ¹Die Steuerberaterkammern unterrichten die Bundessteuerberaterkammer über die Eintragung einer Person oder einer Berufsausübungsgesellschaft in das Berufsregister. ²Die Bundessteuerberaterkammer richtet unverzüglich nach der Unterrichtung über die Eintragung einer Person oder einer Berufsausübungsgesellschaft in das Berufsregister für diese ein Nutzerkonto auf der Steuerberaterplattform ein.

(3) Absatz 2 gilt nicht, wenn die betreffende Person oder Berufsausübungsgesellschaft von einer Steuerberaterkammer in eine andere wechselt.

(4) Die Bundessteuerberaterkammer informiert die Steuerberater, Steuerbevollmächtigten und Berufsausübungsgesellschaften im Sinne der §§ 49 und 50

des Steuerberatungsgesetzes darüber, dass sie nach § 86c Absatz 1 des Steuerberatungsgesetzes verpflichtet sind, sich bei der Steuerberaterplattform mit dem für sie eingerichteten Nutzerkonto zu registrieren

§ 3 Registrierung bei der Steuerberaterplattform und Erstanmeldung am besonderen elektronischen Steuerberaterpostfach. (1) Die Registrierung bei der Steuerberaterplattform und die Erstanmeldung am besonderen elektronischen Steuerberaterpostfach nach § 15 erfolgen in einem einheitlichen Vorgang.

(2) Für die Registrierung bei der Steuerberaterplattform ist eine Identifizierung und Authentisierung erforderlich.

§ 4 Identifizierung und Authentisierung bei der Registrierung. (1) Die Identifizierung und Authentisierung des Steuerberaters, des Steuerbevollmächtigten oder der Leitungspersonen einer Berufsausübungsgesellschaft im Sinne des § 89a Nummer 1 oder 2 des Steuerberatungsgesetzes erfolgt durch

1. eine der folgenden Identifizierungsmittel:

    a) einen elektronischen Identitätsnachweis nach § 18 des Personalausweisgesetzes, nach § 12 des eID-Karte-Gesetzes oder nach § 78 Absatz 5 des Aufenthaltsgesetzes oder

    b) ein anderes elektronisches Identifizierungsmittel, das nach Artikel 6 der Verordnung (EU) Nr. 910/2014 des Europäischen Parlaments und des Rates vom 23. Juli 2014 über elektronische Identifizierung und Vertrauensdienste für elektronische Transaktionen im Binnenmarkt und zur Aufhebung der Richtlinie 1999/93/EG (ABl. L 257 vom 28.8.2014, S. 73; L 23 vom 29.1.2015, S. 19; L 155 vom 14.6.2016, S. 44) mit dem Sicherheitsniveau „hoch" im Sinne des Artikels 8 Absatz 2 Buchstabe c der Verordnung notifiziert worden ist, sowie

2. einen Abgleich mit den im Berufsregister enthaltenen Daten.

(2) Steht aus Rechtsgründen keines der in Absatz 1 genannten Identifizierungsmittel zur Verfügung, so kann der im Rahmen der Registrierung gegenüber der Bundessteuerberaterkammer zu erbringende Identitätsnachweis auch durch eine in öffentlich beglaubigter Form abgegebene Erklärung über den Namen und die Anschrift des Inhabers des Nutzerkontos und des besonderen elektronischen Steuerberaterpostfachs erbracht werden, die die eindeutige Bezeichnung des besonderen elektronischen Steuerberaterpostfachs enthält.

(3) Für die Registrierung der Steuerberaterkammern und der Bundessteuerberaterkammer bei der Steuerberaterplattform gelten Absatz 1 Nummer 1 und Absatz 2 mit der Maßgabe entsprechend, dass eine vertretungsberechtigte Person zu identifizieren und zu authentisieren ist.

§ 5 Digitale Steuerberateridentität. (1) Steuerberater, Steuerbevollmächtigte und Berufsausübungsgesellschaften erhalten auf der Steuerberaterplattform ein Nutzerkonto, über das ihre Identität und ihre Berufsträgereigenschaft bereitgestellt wird (digitale Steuerberateridentität).

(2) Die digitale Steuerberateridentität wird für die besonderen elektronischen Steuerberaterpostfächer und die weiteren an die Steuerberaterplattform angeschlossenen Dienste bereitgestellt.

§ 6 Nutzung für hoheitliche elektronische Verwaltungsleistungen. [1] Die Bundessteuerberaterkammer und die Steuerberaterkammern können die Steuerberaterplattform für die Erfüllung ihrer Aufgaben nach dem Onlinezugangsgesetz nutzen. [2] Zu diesem Zweck können sie auch auf die digitale Steuerberateridentität zurückgreifen.

§ 7 Weitere Zugangsberechtigungen für das Nutzerkonto. (1) Wird für einen Steuerberater, einen Steuerbevollmächtigten oder eine Berufsausübungsgesellschaft ein Praxisabwickler, Praxistreuhänder oder Vertreter bestellt oder ein Zustellungsbevollmächtigter benannt, so räumt die Bundessteuerberaterkammer dieser Person für die Dauer ihrer Bestellung oder Benennung auf der Steuerberaterplattform einen Zugang zum Nutzerkonto der Person oder der Berufsausübungsgesellschaft ein, für die sie bestellt oder durch die sie benannt wurde.

(2) Zur Gewährung des Zugangs zum Nutzerkonto übermittelt die Steuerberaterkammer den Familiennamen und den oder die Vornamen sowie eine zustellungsfähige Anschrift des Praxisabwicklers, Praxistreuhänders, Vertreters oder Zustellungsbevollmächtigten an die Bundessteuerberaterkammer.

§ 8 Datensicherheit; unbefugter Zugriff. (1) Der Inhaber eines Nutzerkontos darf dieses keiner weiteren Person überlassen und hat die für ihn erstellten Zugangsdaten geheim zu halten.

(2) Der Inhaber eines Nutzerkontos hat unverzüglich alle erforderlichen Maßnahmen zu ergreifen, um einen unbefugten Zugriff auf sein Nutzerkonto zu verhindern, sofern Anhaltspunkte dafür bestehen, dass
1. Authentisierungsmittel in den Besitz einer unbefugten Person gelangt sind oder
2. einer unbefugten Person Zugangsdaten bekannt geworden sind.

(3) Die Bundessteuerberaterkammer hat einen Handlungsleitfaden für Fälle des unbefugten Zugriffs auf das Nutzerkonto zu erstellen und dauerhaft auf ihrer Internetseite zu veröffentlichen.

§ 9 Sperrung eines Nutzerkontos. (1) Sobald der Eintrag zu einer Person oder einer Berufsausübungsgesellschaft aus dem Berufsregister gelöscht wurde, übermittelt die Steuerberaterkammer der Bundessteuerberaterkammer unverzüglich
1. den Familiennamen und den oder die Vornamen sowie eine zustellungsfähige Anschrift dieser Person oder
2. den Namen oder die Firma sowie die Rechtsform und eine zustellungsfähige Anschrift dieser Berufsausübungsgesellschaft.

(2) [1] Die Bundessteuerberaterkammer sperrt in den Fällen des Absatzes 1 das Nutzerkonto der betreffenden Person oder Berufsausübungsgesellschaft auf der

Steuerberaterplattform. ²Nach der Sperrung des Nutzerkontos besteht zu diesem kein Zugang mehr. ³Die Zugangsberechtigung für Praxisabwickler und Praxistreuhänder nach § 7 bleibt unberührt.

(3) Die Absätze 1 und 2 gelten nicht, wenn der Inhaber eines Nutzerkontos von einer Steuerberaterkammer in eine andere wechselt.

§ 10 Löschung eines Nutzerkontos. (1) Gesperrte Nutzerkonten auf der Steuerberaterplattform werden nach Ablauf von sechs Monaten nach der Sperrung gelöscht.

(2) Ist für einen Steuerberater, einen Steuerbevollmächtigten oder eine Berufsausübungsgesellschaft ein Praxisabwickler oder Praxistreuhänder bestellt worden, so darf das gesperrte Nutzerkonto dieses Steuerberaters, dieses Steuerbevollmächtigten oder dieser Berufsausübungsgesellschaft nicht vor der Beendigung der Abwicklung oder des Treuhandverhältnisses gelöscht werden.

Abschnitt 2. Besonderes elektronisches Steuerberaterpostfach

§ 11 Zweck. (1) ¹Das besondere elektronische Steuerberaterpostfach dient der elektronischen Kommunikation der in das Steuerberaterverzeichnis eingetragenen Mitglieder der Steuerberaterkammern, der Steuerberaterkammern und der Bundessteuerberaterkammer mit den Gerichten auf einem sicheren Übermittlungsweg. ²Ebenso dient es der elektronischen Kommunikation der Mitglieder der Steuerberaterkammern, der Steuerberaterkammern und der Bundessteuerberaterkammer untereinander.

(2) ¹Das besondere elektronische Steuerberaterpostfach kann auch zur elektronischen Kommunikation mit anderen Personen oder Stellen verwendet werden, soweit diese anderen Personen oder Stellen hierfür einen Zugang eröffnet haben. ²Dies gilt nicht für die Kommunikation mit der Finanzverwaltung, soweit diese ein anderes sicheres elektronisches Verfahren für die Übermittlung von Nachrichten und Dokumenten zur Verfügung stellt.

(3) Die nach § 76a Absatz 2 des Steuerberatungsgesetzes in das Berufsregister eingetragenen Berufsausübungsgesellschaften stehen den Mitgliedern der Steuerberaterkammern gleich.

§ 12 Elektronische Adressatensuche. (1) Die Bundessteuerberaterkammer hat den Mitgliedern der Steuerberaterkammern, den nach § 76a Absatz 2 des Steuerberatungsgesetzes in das Berufsregister eingetragenen Berufsausübungsgesellschaften, den Steuerberaterkammern und sich selbst zum Zweck des Versendens von Nachrichten über das besondere elektronische Steuerberaterpostfach die elektronische Suche nach allen Personen und Stellen zu ermöglichen, die über das besondere elektronische Steuerberaterpostfach erreichbar sind.

(2) Die Bundessteuerberaterkammer hat zudem die Daten, die eine Suche im Sinne des Absatzes 1 ermöglichen, auch den Gerichten zugänglich zu machen.

(3) Die Bundessteuerberaterkammer kann die Daten auch anderen Personen und Stellen zugänglich machen, mit denen nach § 11 Absatz 2 eine Kommunikation ermöglicht wird.

§ 13 Führung der besonderen elektronischen Steuerberaterpostfächer. (1) ¹Die Bundessteuerberaterkammer hat die besonderen elektronischen Steuerberaterpostfächer auf der Grundlage des Protokollstandards „Online Services Computer Interface – OSCI" oder eines künftig nach dem Stand der Technik an dessen Stelle tretenden Standards zu betreiben. ²Die Bundessteuerberaterkammer hat fortlaufend zu gewährleisten, dass die in § 11 Absatz 1 und 3 genannten Personen und Stellen miteinander sicher elektronisch kommunizieren können.

(2) Der Zugang zum besonderen elektronischen Steuerberaterpostfach soll barrierefrei im Sinne der Barrierefreie-Informationstechnik-Verordnung sein.

(3) Die Bundessteuerberaterkammer hat zu gewährleisten, dass

1. bei der Übermittlung eines Dokuments mit einer nicht-qualifizierten elektronischen Signatur auf einem sicheren Übermittlungsweg durch einen Steuerberater oder Steuerbevollmächtigten für den Empfänger feststellbar ist, dass die Nachricht von dem Steuerberater oder Steuerbevollmächtigten selbst versandt worden ist,

2. bei der Übermittlung eines Dokuments mit einer nicht-qualifizierten elektronischen Signatur auf einem sicheren Übermittlungsweg durch eine Berufsausübungsgesellschaft für den Empfänger feststellbar ist, dass die Nachricht durch einen Steuerberater, Steuerbevollmächtigten, Rechtsanwalt, Patentanwalt, Wirtschaftsprüfer oder vereidigten Buchprüfer versandt worden ist, der zur Vertretung der Berufsausübungsgesellschaft berechtigt ist, und

3. die besonderen elektronischen Steuerberaterpostfächer in ein Informationssicherheitsmanagementsystem eingebunden sind, das den Standards des Bundesamts für Sicherheit in der Informationstechnik entspricht, wobei sie insbesondere die aktuellen Standards der Informationssicherheit, der Betriebssicherheit, der Kryptographie einschließlich des Schlüsselmanagements sowie der Vorfalls- und Management-Anforderungen einzuhalten und die Vorgaben der Technischen Richtlinie BSI TR-03116-4 des Bundesamts für Sicherheit in der Informationstechnik in der jeweils geltenden Fassung zu beachten hat.

(4) § 1 Absatz 3 gilt entsprechend.

§ 14 Einrichtung eines besonderen elektronischen Steuerberaterpostfachs. (1) ¹Die Bundessteuerberaterkammer richtet unverzüglich nach der Unterrichtung über die Eintragung einer Person oder einer Berufsausübungsgesellschaft in das Berufsregister für diese ein besonderes elektronisches Steuerberaterpostfach ein. ²Sie informiert die Steuerberater, Steuerbevollmächtigten und Berufsausübungsgesellschaften über die Einrichtung des besonderen elektronischen Steuerberaterpostfachs.

(2) Absatz 1 gilt nicht, wenn die eingetragene Person oder Berufsausübungsgesellschaft von einer Steuerberaterkammer in eine andere wechselt.

(3) [1] Wird ein besonderes elektronisches Steuerberaterpostfach für eine Berufsausübungsgesellschaft eingerichtet, so hat die Berufsausübungsgesellschaft der Steuerberaterkammer die Familiennamen und Vornamen der vertretungsberechtigten Steuerberater, Steuerbevollmächtigten, Rechtsanwälte, Patentanwälte, Wirtschaftsprüfer und vereidigten Buchprüfer mitzuteilen, die befugt sein sollen, für die Berufsausübungsgesellschaft Dokumente mit einer nicht-qualifizierten elektronischen Signatur auf einem sicheren Übermittlungsweg zu versenden. [2] Die Berufsausübungsgesellschaft hat der Steuerberaterkammer unverzüglich jede Änderung der Vertretungsberechtigungen sowie der Namen der Vertretungsberechtigten mitzuteilen.

(4) Die Bundessteuerberaterkammer richtet für die Steuerberaterkammern und für sich besondere elektronische Steuerberaterpostfachfächer ein.

§ 15 Erstanmeldung am besonderen elektronischen Steuerberaterpostfach. (1) Die Erstanmeldung am besonderen elektronischen Steuerberaterpostfach erfolgt mittels

1. einer Identifizierung und Authentisierung im Sinne des § 4 Absatz 1 sowie

2. eines Registrierungstokens, den der Postfachinhaber von der Bundessteuerberaterkammer oder einer von ihr bestimmten Stelle erhält.

(2) [1] Der Postfachinhaber erzeugt bei der Erstanmeldung einen öffentlichen und einen privaten Schlüssel. [2] Der öffentliche Schlüssel wird in einem Verzeichnis der Bundessteuerberaterkammer abgelegt. [3] Der private Schlüssel ist vom Postfachinhaber eigenständig abzulegen. [4] Der private Schlüssel ist vom Postfachinhaber mit einem Passwort vor einer unbefugten Verwendung zu schützen (Zertifikats-Passwort).

(3) § 4 Absatz 2 gilt entsprechend.

§ 16 Weitere Zugangsberechtigungen für das besondere elektronische Steuerberaterpostfach. (1) [1] Der Postfachinhaber kann Dritten Zugang zu seinem besonderen elektronischen Steuerberaterpostfach gewähren, indem er ihnen den privaten Schlüssel und das Zertifikats-Passwort zur Verfügung stellt. [2] Das Zertifikats-Passwort darf nicht im Klartext überlassen werden.

(2) [1] Das Recht, Dokumente mit einer nicht-qualifizierten elektronischen Signatur auf einem sicheren Übermittlungsweg zu versenden, kann nicht auf andere Personen übertragen werden. [2] Dies gilt nicht für die Befugnis von Vertretern und Zustellungsbevollmächtigten, elektronische Empfangsbekenntnisse abzugeben. [3] Handelt es sich bei dem Postfachinhaber um eine Berufsausübungsgesellschaft, steht das Recht, Dokumente mit einer nicht-qualifizierten elektronischen Signatur für die Berufsausübungsgesellschaft auf einem sicheren Übermittlungsweg zu versenden, nur den vertretungsberechtigten Steuerberatern, Steuerbevollmächtigten, Rechtsanwälten, Patentanwälten, Wirtschaftsprüfern und vereidigten Buchprüfern zu und kann nicht auf andere Personen übertragen werden.

(3) Der Postfachinhaber kann die Zugangsberechtigungen für das besondere elektronische Steuerberaterpostfach jederzeit aufheben oder einschränken.

(4) Der Postfachinhaber hat durch geeignete technisch-organisatorische Maßnahmen sicherzustellen, dass der Zugang zu seinem besonderen elektronischen Steuerberaterpostfach nur den von ihm bestimmten Zugangsberechtigten in dem von ihm bestimmten Umfang möglich ist.

(5) [1]Der Postfachinhaber hat zu dokumentieren, welchen Personen er zu welchen Zeitpunkten Zugangsberechtigungen erteilt und entzogen hat. [2]Diese Dokumentation kann auch in einer sicheren, computergenerierten und zeitgestempelten elektronischen Aufzeichnung (Audit-Trail) eines Berechtigungsmanagementsystems einer Fachsoftware erfolgen, in die der private Schlüssel importiert wurde.

§ 17 Zugangsberechtigung für die besonderen elektronischen Steuerberaterpostfächer der Steuerberaterkammern und der Bundessteuerberaterkammer. (1) Die Steuerberaterkammern und die Bundessteuerberaterkammer bestimmen die natürlichen Personen, die Zugang zu ihrem besonderen elektronischen Steuerberaterpostfach erhalten sollen, und stellen diesen Personen den privaten Schlüssel und das Zertifikats-Passwort zur Verfügung.

(2) [1]Der Zugang zu den besonderen elektronischen Steuerberaterpostfächern der Steuerberaterkammern und der Bundessteuerberaterkammer erfolgt ausschließlich mithilfe des privaten Schlüssels und des Zertifikats-Passworts des Postfachinhabers. [2]§ 16 Absatz 1 Satz 2 und Absatz 3 bis 5 gilt entsprechend.

§ 18 Anmeldung am besonderen elektronischen Steuerberaterpostfach; Übermittlung von Dokumenten mit nicht-qualifizierter Signatur. (1) Die Anmeldung des Postfachinhabers an seinem besonderen elektronischen Steuerberaterpostfach erfolgt mit dem privaten Schlüssel, der seinem besonderen elektronischen Steuerberaterpostfach zugeordnet ist, und dem zugehörigen Zertifikats-Passwort.

(2) [1]Personen, die zur Übermittlung von Dokumenten mit einer nicht-qualifizierten elektronischen Signatur auf sicheren Übermittlungsweg berechtigt sind, müssen sich beim Übermittlungsvorgang mittels des bei der Erstanmeldung nach § 15 Absatz 1 Nummer 1 genutzten Identifizierungsverfahrens authentisieren. [2]Bis zum 31. Dezember 2024 kann zur Authentisierung auch der Mitgliedsausweis der zuständigen Steuerberaterkammer genutzt werden.

§ 19 Praxisabwickler, Praxistreuhänder, Vertreter und Zustellungsbevollmächtigte. (1) [1]Wird für einen Steuerberater, einen Steuerbevollmächtigten oder eine Berufsausübungsgesellschaft ein Praxisabwickler oder Praxistreuhänder bestellt, übermittelt die Steuerberaterkammer der Bundessteuerberaterkammer unverzüglich dessen Familiennamen und den oder die Vornamen sowie seine zustellungsfähige Anschrift. [2]Die Bundessteuerberaterkammer räumt dieser Person für die Dauer ihrer Bestellung einen auf die Übersicht der eingegangenen Nachrichten beschränkten Zugang zum besonderen elektronischen Steuerberaterpostfach der Person oder der Berufsausübungsgesellschaft ein, für die sie bestellt wurde. [3]Dabei müssen für den Praxisabwickler oder Praxistreuhänder der Absender und der Eingangszeitpunkt der Nachricht einsehbar sein; der Betreff, der Text und die Anhänge der Nachricht dürfen nicht einsehbar sein. [4]Die Steuerberaterkammer unterrichtet die Bundessteuerberaterkammer unverzüglich über die Beendigung der Bestellung eines Praxisabwicklers oder Praxistreuhänders.

(2) [1]Hat es ein Steuerberater oder Steuerbevollmächtigter unterlassen, einem von ihm bestellten Vertreter oder einem von ihm benannten Zustellungsbevollmächtigten einen Zugang zu seinem besonderen elektronischen Steuerberaterpostfach einzuräumen, so hat die Bundessteuerberaterkammer dieser Person, wenn sie in das Berufsregister eingetragen ist, für die Dauer ihrer Bestellung oder Benennung auf Antrag einen auf die Übersicht der eingegangenen Nachrichten beschränkten Zugang zum besonderen elektronischen Steuerberaterpostfach des Steuerberaters oder Steuerbevollmächtigten einzuräumen, für den sie bestellt oder benannt wurde. [2]Wurde einer Person ein Zugang nach Satz 1 eingeräumt, so hat die Steuerberaterkammer die Bundessteuerberaterkammer unverzüglich über die Löschung der Eintragung der Person im Berufsregister zu informieren.

(3) Hat es eine Berufsausübungsgesellschaft unterlassen, einem von ihr benannten Zustellungsbevollmächtigten oder einem von ihr bestellten Vertreter einen Zugang zu ihrem besonderen elektronischen Steuerberaterpostfach einzuräumen, so gilt Absatz 2 entsprechend.

§ 20 Datensicherheit; unbefugter Zugriff. (1) Der Postfachinhaber darf den von ihm erzeugten privaten Schlüssel keiner unbefugten Person weitergeben und hat das dem privaten Schlüssel zugehörige Zertifikats-Passwort geheim zu halten.

(2) [1]Zugangsberechtigte, an die der private Schlüssel weitergegeben wird, dürfen diesen ihrerseits nicht weitergeben. [2]Der Postfachinhaber hat diejenigen Personen, denen er seinen privaten Schlüssel überlässt, hierüber zu belehren.

(3) [1]Der Postfachinhaber hat unverzüglich alle erforderlichen Maßnahmen zu ergreifen, um einen unbefugten Zugriff auf sein Postfach zu verhindern, sofern Anhaltspunkte dafür bestehen, dass

1. der von ihm erzeugte private Schlüssel in den Besitz einer unbefugten Person gelangt ist,
2. das dem privaten Schlüssel zugehörige Zertifikats-Passwort einer unbefugten Person bekannt geworden ist oder
3. sonst von einer Person auf das besondere elektronische Steuerberaterpostfach unbefugt zugegriffen werden könnte.

[2]Eine Maßnahme nach Satz 1 kann insbesondere die Beantragung der Sperrung des Postfachs bei der Bundessteuerberaterkammer sein.

(4) § 8 Absatz 3 gilt entsprechend.

§ 21 Automatisches Löschen von Nachrichten. (1) [1]Noch nicht abgerufene Nachrichten dürfen frühestens 90 Tage nach ihrem Eingang automatisch in den Papierkorb des besonderen elektronischen Steuerberaterpostfachs verschoben werden. ²Abgerufene Nachrichten dürfen frühestens sieben Tage nach ihrem Abruf automatisch in den Papierkorb des besonderen elektronischen Steuerberaterpostfachs verschoben werden.

(2) Im Papierkorb des besonderen elektronischen Steuerberaterpostfachs befindliche Nachrichten dürfen frühestens nach 30 Tagen automatisch gelöscht werden.

§ 22 Sperrung des besonderen elektronischen Steuerberaterpostfachs. (1) ¹Die Bundessteuerberaterkammer sperrt ein besonderes elektronisches Steuerberaterpostfach, sobald

1. der Eintrag zum Postfachinhaber im Berufsregister gelöscht wurde oder

2. der Postfachinhaber die Sperrung beantragt hat.

²Die Steuerberaterkammer unterrichtet die Bundessteuerberaterkammer unverzüglich über die Löschung des Postfachinhabers aus dem Berufsregister. ³Satz 1 Nummer 1 und Satz 2 gilt nicht, wenn der Postfachinhaber von einer Steuerberaterkammer in eine andere wechselt.

(2) ¹Nach der Sperrung des besonderen elektronischen Steuerberaterpostfachs besteht zu diesem kein Zugang mehr. ²Die Zugangsberechtigung für Praxisabwickler und Praxistreuhänder nach § 19 Absatz 1 bleibt unberührt.

(3) Gesperrte besondere elektronische Steuerberaterpostfächer dürfen nicht adressierbar sein.

(4) Sofern die Sperrung aufgrund eines Antrags des Postfachinhabers erfolgt ist, ist sie auf dessen Antrag wieder aufzuheben.

§ 23 Löschung des besonderen elektronischen Steuerberaterpostfachs. (1) Gesperrte besondere elektronische Steuerberaterpostfächer werden einschließlich der darin gespeicherten Nachrichten nach Ablauf von sechs Monaten nach der Sperrung gelöscht.

(2) Ist für einen Steuerberater, einen Steuerbevollmächtigten oder eine Berufsausübungsgesellschaft ein Praxisabwickler oder Praxistreuhänder bestellt worden, so darf das gesperrte besondere elektronische Steuerberaterpostfach dieses Steuerberaters, dieses Steuerbevollmächtigten oder dieser Berufsausübungsgesellschaft nicht vor der Beendigung der Abwicklung oder des Treuhandverhältnisses gelöscht werden.

Abschnitt 3. Inkrafttreten

§ 24 Inkrafttreten. Diese Verordnung tritt am 1. Januar 2023 in Kraft.

845. Verordnung zur Durchführung der Vorschriften über Steuerberater, Steuerbevollmächtigte und Berufsausübungsgesellschaften (DVStB)[1)]

Vom 12. November 1979 (BGBl. I S. 1922)

Geändert durch Verordnung vom 19.8.1991 (BGBl. I S. 1797), EWR-Ausführungsgesetz vom 27.4.1993 (BGBl. I S. 512, 2436), Zweite Verordnung vom 25.7.1996 (BGBl. I S. 1168), 7. Steuerberatungsänderungsgesetz vom 24.6.2000 (BGBl. I S. 874, 1389), Gesetz zur Änderung des Gesetzes über die Tätigkeit europäischer Rechtsanwälte in Deutschland und weiterer berufsrechtlicher Vorschriften für Rechts- und Patentanwälte, Steuerberater und Wirtschaftsprüfer vom 26.10.2003 (BGBl. I S. 2074), Steueränderungsgesetz 2003 vom 15.12.2003 (BGBl. I S. 2645), Achtes Gesetz zur Änderung des Steuerberatungsgesetzes vom 8.4.2008 (BGBl. I S. 666), Jahressteuergesetz 2009 vom 19.12.2008 (BGBl. I S. 2794), Verordnung zur Änderung steuerlicher Verordnungen vom 17.11.2010 (BGBl. I S. 1544), Gesetz zur Verbesserung der Feststellung und Anerkennung im Ausland erworbener Berufsqualifikationen vom 6.12.2011 (BGBl. I S. 2515), Verordnung zum Erlass und zur Änderung steuerlicher Verordnungen vom 11.12.2012 (BGBl. I S. 2637), Gesetz zur Einführung einer Partnerschaftsgesellschaft mit beschränkter Berufshaftung und zur Änderung des Berufsrechts der Rechtsanwälte, Patentanwälte, Steuerberater, Wirtschaftsprüfer vom 15.7.2013 (BGBl. I S. 2386), Abschlussprüferaufsichtsreformgesetz (APAReG) vom 31.3.2016 (BGBl. I S. 518), Gesetz zur Umsetzung der Richtlinie 2013/55/EU des Europäischen Parlaments und des Rates vom 20. November 2013 zur Änderung der Richtlinie 2005/36/EG über die Anerkennung von Berufsqualifikationen und der Verordnung (EU) Nr. 1024/2012 über die Verwaltungszusammenarbeit mit Hilfe des Binnenmarkt-Informationssystems („IMI-Verordnung") für bundesrechtlich geregelte Heilberufe und andere Berufe vom 18.4.2016 (BGBl. I S. 886), Gesetz zur Modernisierung des Besteuerungsverfahrens vom 18.7.2016 (BGBl. I S. 1679) und Gesetz zur Neuregelung des Berufsrechts der anwaltlichen und steuerberatenden Berufsausübungsgesellschaften sowie zur Änderung weiterer Vorschriften im Bereich der rechtsberatenden Berufe vom 7.7.2021 (BGBl. I S. 2363)

BGBl. III/FNA 610-10-6

Nichtamtliche Inhaltsübersicht

[1)] Titel geänd. mWv 1.8.2022 durch G v. 7.7.2021 (BGBl. I S. 2363).

Auf Grund des § 158 des Steuerberatungsgesetzes[2] in der Fassung der Bekanntmachung vom 4. November 1975 (BGBl. I S. 2735) verordnet die Bundesregierung nach Anhören der Bundessteuerberaterkammer mit Zustimmung des Bundesrates:

---

[2] Nr. **840**.

Erster Teil. Prüfungsordnung für Steuerberater und Steuerbevollmächtigte

§ 1[1]) **Zulassungsverfahren.** (1) Über die Anträge auf Zulassung zur Steuerberaterprüfung entscheidet die zuständige Steuerberaterkammer.

(2) [1]Die Anträge auf Zulassung zur Prüfung sind bis zu einem von der zuständigen Steuerberaterkammer zu bestimmenden Zeitpunkt einzureichen. [2]Der Antrag kann nur für die Teilnahme an der nächsten Prüfung gestellt werden.

(3) [1]Die zuständige Steuerberaterkammer prüft die Angaben der Bewerber auf Vollständigkeit und Richtigkeit. [2]Sie kann vor einer Entscheidung erforderlichenfalls weitere Ermittlungen anstellen.

(4) Über die Entscheidung hat die zuständige Steuerberaterkammer einen schriftlichen Bescheid zu erteilen.

§§ 2[2]) **und 3**[3]). *(aufgehoben)*

§ 4[4]) **Antrag auf Zulassung zur Prüfung.** (1) Der Antrag auf Zulassung zur Prüfung ist nach amtlich vorgeschriebenem Vordruck zu stellen.

(2) Der Bewerber muß in dem Antrag angeben

1. Namen, Wohnsitz oder vorwiegenden Aufenthalt und Anschrift sowie Beruf und Ort der vorwiegend beruflichen Tätigkeit,

2. den Ort der beabsichtigten beruflichen Niederlassung,

3. ob und bei welcher Stelle er bereits früher einen Antrag auf Zulassung zur Prüfung eingereicht hat,

4. welche Staatsangehörigkeit er besitzt.

(3) Dem Antrag sind beizufügen

1. ein Lebenslauf mit genauen Angaben über die Person und den beruflichen Werdegang,

2. beglaubigte Abschrift der Prüfungszeugnisse, Diplome und Befähigungsnachweise über die gesetzlichen Vorbildungsvoraussetzungen für die Prüfung als Steuerberater,

3. beglaubigte Abschrift der Zeugnisse über die bisherige berufliche Tätigkeit des Bewerbers, insbesondere mit Angaben über Art und Umfang der Tätig-

---

[1]) § 1 Abs. 3 Satz 2 neugef. durch VO v. 19. 8. 1991 (BGBl. I S. 1797), Abs. 2 Satz 2 angef. durch VO v. 25. 7. 1996 (BGBl. I S. 1168), Abs. 1 und 3 neugef., Abs. 4 angef. mWv 1. 7. 2000 durch G v. 24. 6. 2000 (BGBl. I S. 874), Abs. 1, Abs. 2 Satz 1, Abs. 3 Satz 1 und Abs. 4 geänd. mWv 12. 4. 2008 durch G v. 8. 4. 2008 (BGBl. I S. 666).

[2]) § 2 aufgeh. mWv 1. 7. 2000 durch G v. 24. 6. 2000 (BGBl. I S. 874).

[3]) § 3 aufgeh. durch VO v. 19. 8. 1991 (BGBl. I S. 1797).

[4]) § 4 Abs. 1 neugef., Abs. 3 Nrn. 1, 2, 3 u. 4 geänd. sowie Abs. 5 angef. durch VO v. 19. 8. 1991 (BGBl. I S. 1797), Abs. 2 Nr. 8 und Abs. 3 Nr. 3 Halbsatz 2 angef., bish. Nr. 4 aufgeh., bish. Nr. 5 wird Nr. 4 durch VO v. 25. 7. 1996 (BGBl. I S. 1168); Abs. 1, Abs. 2 Nr. 1 und Abs. 3 Nr. 3 geänd., Abs. 2 bish. Nrn. 4 und 6 bis 8 aufgeh., bish. Nr. 5 wird Nr. 4, Abs. 4 und 5 aufgeh. mWv 1. 7. 2000 durch G v. 24. 6. 2000 (BGBl. I S. 874).

keit auf dem Gebiet der von den Bundes- oder Landesfinanzbehörden verwalteten Steuern, und über bisher von ihm abgelegte einschlägige Prüfungen; Nachweise über die Arbeitszeit,

4. ein Paßbild.

(4), (5) *(aufgehoben)*

§ 5[1]) **Sonstige Nachweise.** (1) In den Fällen des § 37 a Abs. 1 des Gesetzes ist dem Antrag eine Bescheinigung der nach den Vorschriften der Wirtschaftsprüferordnung[2]) zuständigen Stelle darüber beizufügen, dass der Bewerber Wirtschaftsprüfer oder vereidigter Buchprüfer ist oder die Prüfung als Wirtschaftsprüfer oder vereidigter Buchprüfer bestanden hat.

(2) [1]In den Fällen des § 37 a Abs. 2 des Gesetzes sind dem Antrag zusätzlich zu den in § 4 Absatz 3 Nummer 1, 2 und 4 genannten Unterlagen beizufügen

1.[3]) *(aufgehoben)*

2.[4]) eine Bescheinigung der zuständigen Stelle eines Mitgliedstaats der Europäischen Union oder eines Vertragsstaats des Abkommens über den Europäischen Wirtschaftsraum (Mitgliedstaat oder Vertragsstaat) oder der Schweiz, durch die nachgewiesen wird, dass der Bewerber ein Diplom erlangt hat, mit dem er in diesem Mitgliedstaat oder Vertragsstaat oder der Schweiz zur Hilfe in Steuersachen berechtigt ist, oder eine Bescheinigung im Sinne des § 37 a Absatz 3 Satz 3 und 4 des Gesetzes,

3.[5]) soweit erforderlich ein Nachweis über die einjährige Tätigkeit in einem Umfang von mindestens 16 Wochenstunden im steuerberatenden Beruf sowie ein oder mehrere Ausbildungsnachweise im Sinne des Artikels 7 Abs. 2 Buchstabe c der Richtlinie 2005/36/EG des Europäischen Parlaments und des Rates vom 7. September 2005 über die Anerkennung von Berufsqualifikationen (ABl. EU Nr. L 255 S. 22) in der jeweils geltenden Fassung,

4.[6]) eine Bescheinigung über eine mindestens dreijährige Berufsausübung in einem Umfang von mindestens 16 Wochenstunden in einem Mitgliedstaat oder Vertragsstaat oder in der Schweiz, sofern dieser Staat ein Diplom, ein Prüfungszeugnis oder einen sonstigen Befähigungsnachweis eines Drittlandes anerkannt hat,

---

[1]) § 5 Abs. 1 und bish. Abs. 2 geänd. sowie bish. Abs. 3 angef. durch VO v. 19. 8. 1991 (BGBl. I S. 1797), bish. Abs. 2 aufgeh., Abs. 3 wird neuer Abs. 2 durch VO v. 25. 7. 1996 (BGBl. I S. 1168); Abs. 1, Abs. 2 Nrn. 1, 2 und 4 neugef., Abs. 2 Sätze 1 und 2 sowie Nrn. 3 und 5 geänd. mWv 1. 7. 2000 durch G v. 24. 6. 2000 (BGBl. I S. 874); Abs. 2 Nr. 1, 2 und 3 geänd., Nr. 4 neugef. mWv 1. 11. 2003 durch G v. 26. 10. 2003 (BGBl. I S. 2074); Abs. 1 geänd., Abs. 2 Nrn. 3 und 4 neu gef. mWv 12. 4. 2008 durch G v. 8. 4. 2008 (BGBl. I S. 666); Abs. 2 Satz 1 Satzteil vor Nr. 1 geänd., Nrn. 2 und 3 geänd. mWv 23. 4. 2016 durch G v. 18. 4. 2016 (BGBl. I S. 886).
[2]) Nr. **850.**
[3]) § 5 Abs. 2 Satz 1 Nr. 1 aufgeh. mWv 1. 4. 2012 durch G v. 6. 12. 2011 (BGBl. I S. 2515).
[4]) § 5 Abs. 2 Satz 1 Nr. 2 neu gef. mWv 1. 4. 2012 durch G v. 6. 12. 2011 (BGBl. I S. 2515).
[5]) § 5 Abs. 2 Satz 1 Nr. 3 geänd. mWv 1. 4. 2012 durch G v. 6. 12. 2011 (BGBl. I S. 2515).
[6]) § 5 Abs. 2 Satz 1 Nr. 4 geänd. mWv 1. 4. 2012 durch G v. 6. 12. 2011 (BGBl. I S. 2515).

5. die Bestimmung der Prüfungsgebiete, die bei der Prüfung gemäß § 37a Abs. 4 Satz 4 des Gesetzes entfallen sollen, sowie ein Nachweis über die für diese Prüfungsgebiete erlangten Kenntnisse.

[2]Der Antrag und die beizufügenden Unterlagen, soweit sie vom Bewerber stammen, sind in deutscher Sprache einzureichen; sonstige Unterlagen sind mit einer beglaubigten Übersetzung vorzulegen.

(Fortsetzung nächstes Blatt)

§ 6[1] **Zulassung zur Prüfung.** (1) [1]Die Zulassung gilt nur für die Teilnahme an der nächsten Prüfung. [2]Für eine spätere Prüfung bedarf es einer erneuten Zulassung.

(2) [1]Hat der Bewerber die Zulassungsvoraussetzung einer mehrjährigen praktischen Tätigkeit auf dem Gebiet der von den Bundes- oder Landesfinanzbehörden verwalteten Steuern im Zeitpunkt der Entscheidung noch nicht voll erfüllt, so kann die Zulassung unter der Bedingung ausgesprochen werden, daß der Bewerber diese Zulassungsvoraussetzung spätestens bei Beginn der schriftlichen Prüfung erfüllt hat. [2]Der Nachweis ist bis zu dem von der zuständigen Steuerberaterkammer zu bestimmenden Zeitpunkt zu erbringen.

§ 7[2] **Antrag auf Erteilung einer verbindlichen Auskunft.** (1) Der Antrag auf Erteilung einer verbindlichen Auskunft ist nach amtlich vorgeschriebenem Vordruck zu stellen.

(2) [1]Die verbindliche Auskunft bedarf der Schriftform. [2]In die Auskunft ist ein Hinweis auf die mögliche Rechtsfolge nach Absatz 4 aufzunehmen.

(3) Betrifft die Auskunft eine noch nicht erfüllte Voraussetzung, so ist sie nur dann verbindlich, wenn sich der später verwirklichte Sachverhalt mit dem der Auskunft zugrunde gelegten deckt.

(4) Die Auskunft verliert ihre Verbindlichkeit, wenn die Rechtsvorschriften, auf denen sie beruht, geändert werden.

(5) Für das Verfahren sind die §§ 1, 4, 5 und 8 entsprechend anzuwenden.

§ 8[3] **Antrag auf Befreiung von der Prüfung.** (1) § 1 Abs. 1 und § 4 gelten sinngemäß für einen Antrag auf Befreiung von der Prüfung nach § 38 des Gesetzes mit der Maßgabe, daß der Bewerber in der Erklärung nach § 4 Abs. 2 Nr. 3 über etwaige frühere Anträge auf Zulassung zur Prüfung oder auf Befreiung von der Prüfung Auskunft zu geben hat.

(2) Der Bewerber hat dem Antrag auf Befreiung von der Prüfung an Stelle der in § 4 Abs. 3 Nr. 2 und 3 genannten Nachweise beizufügen

1. in den Fällen des § 38 Abs. 1 Nr. 1 des Gesetzes die Bescheinigung einer deutschen Hochschule, der er angehört oder angehört hat, über Art und Dauer seiner Lehrtätigkeit auf dem Gebiet der von den Bundes- oder Landesfinanzbehörden verwalteten Steuern;

2. in den Fällen des § 38 Abs. 1 Nr. 2 bis 4 des Gesetzes eine Bescheinigung

   a) der letzten Dienstbehörde oder

---

[1] § 6 Abs. 2 Satz 1 geänd. durch VO v. 19. 8. 1991 (BGBl. I S. 1797), Abs. 2 Sätze 1 und 2 geänd. mWv 1. 7. 2000 durch G v. 24. 6. 2000 (BGBl. I S. 874), Abs. 2 Satz 2 geänd. mWv 12. 4. 2008 durch G v. 8. 4. 2008 (BGBl. I S. 666).
[2] § 7 neugef. mWv 1. 7. 2000 durch G v. 24. 6. 2000 (BGBl. I S. 874).
[3] § 8 Abs. 2 Nrn. 1 und 2 geänd. durch VO v. 19. 8. 1991 (BGBl. I S. 1797), Abs. 1 und Abs. 2 Nr. 1 geänd., Nr. 2 neugef., Abs. 2 bish. Satz 2 aufgeh. mWv 1. 7. 2000 durch G v. 24. 6. 2000 (BGBl. I S. 874).

b) des Fraktionsvorstands, wenn er bei einer Fraktion des Deutschen
   Bundestages angestellt gewesen ist,

über Art und Dauer seiner Tätigkeit auf dem Gebiet der von den Bundes- oder Landesfinanzbehörden verwalteten Steuern.

§ 9.[1] *(aufgehoben)*

§ 10[2] **Prüfungsausschuß.** (1) [1]Die Mitglieder des Prüfungsausschusses und ihre Stellvertreter sind durch die für die Finanzverwaltung zuständige oberste Landesbehörde grundsätzlich für drei Jahre zu berufen. [2]Sie können nur aus wichtigem Grund abberufen werden. [3]Im Falle des vorzeitigen Ausscheidens oder der Abberufung wird der Nachfolger nur für den Rest der Amtszeit des ausgeschiedenen oder abberufenen Mitglieds oder Stellvertreters berufen. [4]Vor der Berufung oder Abberufung von Steuerberatern ist die Steuerberaterkammer zu hören, deren Mitglied der jeweilige Steuerberater ist; vor der Berufung oder Abberufung eines Vertreters der Wirtschaft ist die für die Wirtschaft zuständige oberste Landesbehörde zu hören. [5]Bei der Berufung von Stellvertretern ist eine Einzelzuordnung zwischen Stellvertreter und Mitglied des Prüfungsausschusses nicht erforderlich. [6]Mitglieder und Stellvertreter können während ihrer Amtszeit begonnene Verfahren auch nach Ablauf ihrer Amtszeit fortführen.

(2) [1]Der Ausschuß entscheidet mit Stimmenmehrheit. [2]Bei Stimmengleichheit ist die Stimme des Vorsitzenden entscheidend.

(3) [1]Die Mitglieder des Prüfungsausschusses haben das Recht, die Zulassungs- und Prüfungsunterlagen einzusehen. [2]Sie haben über die Tatsachen, die ihnen bei ihrer Tätigkeit bekannt geworden sind, Verschwiegenheit zu wahren.

(4) Die Mitglieder des Prüfungsausschusses, die nicht Beamte oder Angestellte der Finanzverwaltung sind, sind vom Vorsitzenden des Ausschusses auf gewissenhafte Erfüllung ihrer Obliegenheit zu verpflichten.

(5) [1]Die Mitglieder des Prüfungsausschusses sind nicht weisungsgebunden. [2]Sie sind aus dem Gebührenaufkommen zu entschädigen.

§§ 11 bis 13.[3] *(aufgehoben)*

§ 14[4] **Durchführung der Prüfungen.** (1) Die für die Finanzverwaltung zuständige oberste Landesbehörde setzt, in der Regel jährlich einmal,

---

[1] § 9 aufgeh. mWv 1. 7. 2000 durch G v. 24. 6. 2000 (BGBl. I S. 874).

[2] § 10 Abs. 2 Satz 2 geänd., Abs. 3 Nr. 2 neugef. und Abs. 4 Satz 4 angef. durch VO v. 19. 8. 1991 (BGBl. I S. 1797), Abs. 2 Satz 2 geänd., Abs. 3 und Abs. 6 neugef. durch VO v. 25. 7. 1996 (BGBl. I S. 1168);
bish. Abs. 1, 2 und 6 aufgeh., bish. Abs. 3 bis 5 werden Abs. 1 bis 3, neuer Abs. 2 geänd., Abs. 4 bis 6 angef. mWv 1. 7. 2000 durch G v. 24. 6. 2000 (BGBl. I S. 874);
bish. Abs. 1 aufgeh., bish. Abs. 2 bis 6 werden Abs. 1 bis 5, Abs. 1 neugef. mWv 12. 4. 2008 durch G v. 8. 4. 2008 (BGBl. I S. 666).

[3] §§ 11 bis 13 aufgeh. durch VO v. 19. 8. 1991 (BGBl. I S. 1797).

[4] § 14 Abs. 2 Sätze 2 und 3 neugef. durch VO v. 19. 8. 1991 (BGBl. I S. 1797), Abs. 1 und Abs. 2 Satz 2 geänd. mWv 1. 7. 2000 durch G v. 24. 6. 2000 (BGBl. I S. 874), § 14 neugef. mWv 12. 4. 2008 durch G v. 8. 4. 2008 (BGBl. I S. 666).

die Prüfung der zugelassenen Bewerber durch den Prüfungsausschuss im Einvernehmen mit den übrigen für die Finanzverwaltung zuständigen obersten Landesbehörden an.

(2) ¹Die Prüfungen und die Beratungen des Prüfungsausschusses sind nicht öffentlich. ²An der mündlichen Prüfung können Vertreter der für die Finanzverwaltung zuständigen obersten Landesbehörde und des Vorstandes der zuständigen Steuerberaterkammer teilnehmen. ³Anderen Personen kann der Vorsitzende des Prüfungsausschusses die Anwesenheit gestatten.

§ 15¹⁾ Prüfungsnoten, Gesamtnoten. (1) ¹Für die Bewertung der einzelnen Prüfungsleistungen werden sechs Notenstufen gebildet. ²Es bedeuten

Note 1	sehr gut	eine hervorragende Leistung,
Note 2	gut	eine erheblich über dem Durchschnitt liegende Leistung,
Note 3	befriedigend	eine Leistung, die in jeder Hinsicht durchschnittlichen Anforderungen gerecht wird,
Note 4	ausreichend	eine Leistung, die, abgesehen von einzelnen Mängeln, durchschnittlichen Anforderungen entspricht,
Note 5	mangelhaft	eine an erheblichen Mängeln leidende, im ganzen nicht mehr brauchbare Leistung,
Note 6	ungenügend	eine völlig unbrauchbare Leistung.

³Die Bewertung mit halben Zwischennoten ist zulässig.

(2) ¹Gesamtnoten errechnen sich aus der Summe der einzelnen Noten, geteilt durch deren Zahl. ²Das Ergebnis ist auf zwei Dezimalstellen zu berechnen; die dritte Dezimalstelle bleibt unberücksichtigt.

§ 16²⁾ Schriftliche Prüfung. (1) Die schriftliche Prüfung besteht aus drei Aufsichtsarbeiten.

(2) ¹Zwei Aufsichtsarbeiten sind den Prüfungsgebieten nach § 37 Abs. 3 Nr. 1 bis 4 des Gesetzes und eine Aufsichtsarbeit den Gebieten der Buchführung und des Bilanzwesens zu entnehmen. ²Die Aufsichtsarbeiten können sich daneben jeweils auch auf andere Prüfungsgebiete erstrecken.

(3) ¹In der Steuerberaterprüfung in Sonderfällen (§ 37a des Gesetzes) sind die Aufsichtsarbeiten den Prüfungsgebieten nach § 37 Abs. 3 Nr. 1 bis 4 des Gesetzes zu entnehmen. ²Absatz 2 Satz 2 gilt entsprechend.

---

¹⁾ § 15 Abs. 2 bish. Satz 3 angef. durch VO v. 19. 8. 1991 (BGBl. I S. 1797), Satz 3 aufgeh. durch VO v. 25. 7. 1996 (BGBl. I S. 1168).
²⁾ § 16 Abs. 1, Abs. 2 und Abs. 3 Sätze 1 und 2 neugef. durch VO v. 19. 8. 1991 (BGBl. I S. 1797), Abs. 2 Satz 1 geänd. und Abs. 3 neugef. mWv 1. 7. 2000 durch G v. 24. 6. 2000 (BGBl. I S. 874).

§ 17[1) Ladung zur schriftlichen Prüfung. Die zuständige Steuerberaterkammer lädt die Bewerber, die Aufsichtsarbeiten zu fertigen haben, spätestens einen Monat vor dem Tag der ersten Aufsichtsarbeit.

§ 18[2) Fertigung der Aufsichtsarbeiten. (1) [1]Die Prüfungsaufgaben der Aufsichtsarbeiten werden von der für die Finanzverwaltung zuständigen obersten Landesbehörde im Einvernehmen mit den übrigen für die Finanzverwaltung zuständigen obersten Landesbehörden gestellt. [2]Sie bestimmt die zulässigen Hilfsmittel und die Bearbeitungszeit. [3]Die Bearbeitungszeit soll für jede Arbeit mindestens vier und höchstens sechs Stunden betragen. [4]Die zuständige Steuerberaterkammer bestimmt in der Ladung zur schriftlichen Prüfung, ob die Arbeiten mit der Anschrift und der Unterschrift des Bewerbers oder mit der zugeteilten Kennzahl zu versehen sind.

(2) [1]Die Prüfungsaufgaben sind geheim zu halten. [2]Sie sind von der zuständigen Steuerberaterkammer an den jeweiligen Prüfungstagen dem Aufsichtsführenden in der erforderlichen Anzahl zur Verteilung an die erschienenen Bewerber auszuhändigen.

(3) [1]Auf Antrag hat die zuständige Steuerberaterkammer körperbehinderten Personen für die Fertigung der Aufsichtsarbeiten der Behinderung entsprechende Erleichterungen zu gewähren. [2]Der Antrag soll mit dem Antrag auf Zulassung zur Prüfung gestellt werden. [3]Die zuständige Steuerberaterkammer kann die Vorlage eines amtsärztlichen Zeugnisses verlangen.

§ 19[3) Aufsicht. (1) Die zuständige Steuerberaterkammer veranlaßt, daß die Aufsichtsarbeiten unter ständiger Aufsicht angefertigt werden.

(2) [1]Der Aufsichtführende stellt am Prüfungstag die Personalien der erschienenen Bewerber fest. [2]Sodann gibt er an jeden Bewerber die Prüfungsaufgabe aus. [3]Er gibt den Beginn und das Ende der Bearbeitungszeit bekannt und hat darauf zu achten, daß die Arbeit spätestens am Ende der Bearbeitungszeit abgegeben wird und daß sie mit der Anschrift und der Unterschrift des Bewerbers oder mit der Kennzahl versehen ist.

(3) Der Aufsichtführende hat darauf zu achten, daß Bewerber sich nicht unerlaubter Hilfsmittel bedienen oder eines sonstigen Täuschungsversuchs schuldig machen.

(4) [1]Der Aufsichtführende kann Bewerber wegen ungebührlichen Verhaltens aus dem Prüfungsraum weisen. [2]Der Bewerber ist von der Fortsetzung der an diesem Prüfungstag anzufertigenden Aufsichtsarbeit ausgeschlossen.

(5) *(aufgehoben)*

[1) § 17 geänd. durch VO v. 25. 7. 1996 (BGBl. I S. 1168) und geänd. mWv 12. 4. 2008 durch G v. 8. 4. 2008 (BGBl. I S. 666).
[2) § 18 neugef. mWv 12. 4. 2008 durch G v. 8. 4. 2008 (BGBl. I S. 666).
[3) § 19 Abs. 2 Satz 2 neugef. und Abs. 5 aufgeh. durch VO v. 25. 7. 1996 (BGBl. I S. 1168), Abs. 1 geänd. mWv 12. 4. 2008 durch G v. 8. 4. 2008 (BGBl. I S. 666).

§ 20[1]) **Verhalten während der schriftlichen Prüfung.** (1) [1]Die Bewerber haben die Aufsichtsarbeiten selbständig zu fertigen. [2]Während der Bearbeitungszeit dürfen sie mit anderen Bewerbern nicht sprechen oder sich mit ihnen in anderer Weise verständigen. [3]Sie dürfen nur die von der für die Finanzverwaltung zuständigen obersten Landesbehörde zugelassenen Hilfsmittel benutzen. [4]Die zuständige Steuerberaterkammer kann anordnen, dass nur von ihr zur Verfügung gestellte Ausgaben der zugelassenen Hilfsmittel benutzt werden dürfen.

(2) [1]Am Ende der Bearbeitungszeit haben die Bewerber die Arbeit abzugeben, auch wenn sie unvollendet ist. [2]Die Arbeit ist mit der Anschrift und der Unterschrift des Bewerbers oder mit der Kennzahl zu versehen.

(3) Die Bewerber haben Anordnungen des Aufsichtführenden, die sich auf das Verhalten während der Prüfung beziehen, nachzukommen.

(4) Einwendungen gegen den Ablauf der Prüfung wegen Störungen, die durch äußere Einwirkungen verursacht worden sind, sind unverzüglich, spätestens bis zum Ende der Bearbeitungszeit der jeweiligen Aufsichtsarbeit durch Erklärung gegenüber dem Aufsichtführenden geltend zu machen.

§ 21[2]) **Rücktritt von der Prüfung.** (1) [1]Der Bewerber kann bis zum Ende der Bearbeitungszeit der letzten Aufsichtsarbeit durch Erklärung gegenüber der zuständigen Steuerberaterkammer oder dem Aufsichtführenden von der Prüfung zurücktreten. [2]Als Rücktritt gilt auch, wenn der Bewerber zu einer der Aufsichtsarbeiten nicht erscheint. [3]In diesem Fall gilt die Prüfung als nicht abgelegt.

(2) Im Falle des Rücktritts ist die gesamte Prüfung erneut abzulegen.

§ 22[3]) **Niederschrift über die Aufsichtsarbeit.** Der Aufsichtführende hat an jedem Prüfungstag jeweils eine Niederschrift zu fertigen, in der insbesondere zu vermerken sind

1. der Beginn und das Ende der Bearbeitungszeit,
2. etwa beobachtete Täuschungsversuche und sonstige Unregelmäßigkeiten,
3. die Namen der Bewerber, die nicht erschienen sind, wegen ungebührlichen Verhaltens aus dem Prüfungsraum gewiesen worden sind oder keine Arbeit abgegeben haben,
4. etwaige Einwendungen wegen Störung des Prüfungsablaufs (§ 20 Abs. 4) und eine Stellungnahme hierzu,
5. etwaige Rücktritte von Bewerbern.

---

[1]) § 20 Abs. 2 Satz 3 aufgeh. mWv 1. 7. 2000 durch G v. 24. 6. 2000 (BGBl. I S. 874), Abs. 1 Satz 3 neugef. und Satz 4 angef. mWv 12. 4. 2008 durch G v. 8. 4. 2008 (BGBl. I S. 666).
[2]) § 21 Abs. 1 neugef. mWv 12. 4. 2008 durch G v. 8. 4. 2008 (BGBl. I S. 666), Satz 2 eingef. mWv 25. 12. 2008 durch G v. 19. 12. 2008 (BGBl. I S. 2794).
[3]) § 22 bish. Nrn. 1 und 7 aufgeh. durch VO v. 25. 7. 1996 (BGBl. I S. 1168).

§ 23[1) Täuschungsversuche, Ordnungsverstöße. (1) [1]Unternimmt es ein Bewerber, das Ergebnis einer schriftlichen Arbeit durch Täuschung oder Benutzung nicht zugelassener Hilfsmittel zu beeinflussen, so kann der Prüfungsausschuß die Arbeit mit ungenügend bewerten. [2]In schweren Fällen kann er den Bewerber von der Prüfung ausschließen.

(2) In Fällen schweren ungebührlichen Verhaltens kann der Prüfungsausschuß den Bewerber von der Prüfung ausschließen.

(3) Im Falle des Ausschlusses gilt die Prüfung als nicht bestanden, auch wenn der Bewerber von der Prüfung zurückgetreten ist.

§ 24[2) Bewertung der Aufsichtsarbeiten. (1) Für die Bewertung der Aufsichtsarbeiten kann der Prüfungsausschuß mit Stimmenmehrheit auch Prüfer bestimmen, die stellvertretende Mitglieder des Prüfungsausschusses sind.

(2) [1]Jede Aufsichtsarbeit ist von mindestens zwei Prüfern (Erst- und Zweitprüfer) persönlich zu bewerten. [2]Dem Zweitprüfer kann die Bewertung des Erstprüfers mitgeteilt werden; dies gilt entsprechend, wenn weitere Prüfer bestimmt sind.

(3) [1]Weichen die Bewertungen einer Arbeit nicht voneinander ab, gilt der von den Prüfern übereinstimmend ermittelte Notenvorschlag als Note des Prüfungsausschusses. [2]Bei Abweichungen sind die Prüfer gehalten, sich auf übereinstimmende Notenvorschläge zu einigen.

(4) Können sich die Prüfer nicht auf einen gemeinsamen Notenvorschlag einigen, setzt der Prüfungsausschuß die Note fest.

(5) Abweichend von den Absätzen 3 und 4 kann der Prüfungsausschuß in allen Fällen die Note festsetzen.

(6) Eine vom Bewerber nicht abgegebene Arbeit ist mit „ungenügend" zu bewerten.

§ 25[3) Ergebnis der schriftlichen Prüfung, Ausschluß von der mündlichen Prüfung. (1) Für die schriftliche Prüfung wird eine Gesamtnote gebildet.

(2) Der Bewerber ist von der mündlichen Prüfung ausgeschlossen, wenn die Gesamtnote für die schriftliche Prüfung die Zahl 4,5 übersteigt; er hat die Prüfung nicht bestanden.

(3) Die für die Finanzverwaltung zuständige oberste Landesbehörde, vertreten durch die zuständige Steuerberaterkammer, hat Bewerber, die die Prüfung nach Absatz 2 nicht bestanden haben, schriftlich zu bescheiden.

[1) § 23 Abs. 3 neugef. durch VO v. 19. 8. 1991 (BGBl. I S. 1797).

[2) § 24 Abs. 1 geänd. mWv 12. 4. 2008 durch G v. 8. 4. 2008 (BGBl. I S. 666).

[3) § 25 Abs. 2 geänd., Abs. 3 eingef. und bish. Abs. 3 wird Abs. 4 durch VO v. 19. 8. 1991 (BGBl. I S. 1797), Abs. 4 geänd. durch VO v. 25. 7. 1996 (BGBl. I S. 1168), Abs. 2 geänd., bish. Abs. 3 aufgeh., bish. Abs. 4 wird Abs. 3 und geänd. mWv 1. 7. 2000 durch G v. 24. 6. 2000 (BGBl. I S. 874), Abs. 3 neugef. mWv 12. 4. 2008 durch G v. 8. 4. 2008 (BGBl. I S. 666).

§ 26[1] Mündliche Prüfung. (1) [1]Die zuständige Steuerberaterkammer hat die Bewerber, die an der mündlichen Prüfung teilnehmen, hierzu spätestens zwei Wochen vorher zu laden. [2]Mit der Ladung können die Teilnoten der schriftlichen Prüfung mitgeteilt werden.

(2) [1]Der Vorsitzende des Prüfungsausschusses leitet die mündliche Prüfung. [2]Er ist berechtigt, jederzeit in die Prüfung einzugreifen.

(3) [1]Die mündliche Prüfung besteht aus einem kurzen Vortrag des Bewerbers über einen Gegenstand der in § 37 Abs. 3 des Gesetzes genannten Prüfungsgebiete und aus sechs Prüfungsabschnitten. [2]In den Prüfungsabschnitten sind an den Bewerber Fragen aus den Prüfungsgebieten zu stellen. [3]Prüfungsabschnitt ist jeweils die gesamte Prüfungstätigkeit eines Mitglieds des Prüfungsausschusses während der mündlichen Prüfung.

(4) In der Steuerberaterprüfung in verkürzter Form (§ 37 a Abs. 1 des Gesetzes) sind der Gegenstand des Vortrags und die Fragen an die Bewerber den in § 37 Abs. 3 Nr. 1 bis 4 und 8 des Gesetzes genannten Prüfungsgebieten zu entnehmen.

(5) In der Eignungsprüfung (§ 37 a Abs. 2 des Gesetzes) sind der Gegenstand des Vortrags und die Fragen an den Bewerber den in § 37 Abs. 3 des Gesetzes genannten Prüfungsgebieten zu entnehmen, soweit sie nicht gemäß § 37 a Abs. 4 Satz 4 des Gesetzes entfallen.

(6) Für den Vortrag über den Fachgegenstand werden dem Bewerber eine halbe Stunde vor Beginn der Prüfung drei Themen zur Wahl gestellt.

(7) Die auf jeden Bewerber entfallende Prüfungszeit soll neunzig Minuten nicht überschreiten.

(8) [1]Einwendungen gegen den Ablauf der Vorbereitung auf den Vortrag oder der mündlichen Prüfung wegen Störungen, die durch äußere Einwirkungen verursacht worden sind, sind unverzüglich, spätestens bis zum Ende der mündlichen Prüfung, durch Erklärung gegenüber dem Aufsichtführenden oder dem Vorsitzenden des Prüfungsausschusses geltend zu machen. [2]§ 23 ist auf die mündliche Prüfung entsprechend anzuwenden.

§ 27 Bewertung der mündlichen Prüfung. (1) In der mündlichen Prüfung werden der Vortrag und jeder Prüfungsabschnitt gesondert bewertet.

(2) Die Noten werden vom Prüfungsausschuß festgesetzt.

(3) Für die mündliche Prüfung wird eine Gesamtnote gebildet.

§ 28[2] Ergebnis der Prüfung, Wiederholung der Prüfung. (1) [1]Im unmittelbaren Anschluß an die mündliche Prüfung berät der Prüfungsaus-

---

[1]) § 26 Abs. 3 Satz 1 geänd., Abs. 4 neugef. und Abs. 5 eingef., bish. Abs. 5 bis 7 werden Abs. 6 bis 8 durch VO v. 19. 8. 1991 (BGBl. I S. 1797), Abs. 1 geänd. durch VO v. 25. 7. 1996 (BGBl. I S. 1168), Abs. 1 Satz 2 angef., Abs. 3 Satz 1 und Abs. 4 geänd., Abs. 5 neugef. mWv 1. 7. 2000 durch G v. 24. 6. 2000 (BGBl. I S. 874), Abs. 1 Satz 1 geänd. mWv 12. 4. 2008 durch G v. 8. 4. 2008 (BGBl. I S. 666).
[2]) § 28 Abs. 1 Satz 3 Halbsatz 2 angef., Abs. 2 neugef. mWv 1. 7. 2000 durch G v. 24. 6. 2000 (BGBl. I S. 874), Abs. 1 Satz 3 geänd. mWv 12. 4. 2008 durch G v. 8. 4. 2008 (BGBl. I S. 666).

schuß über das Ergebnis der Prüfung. [2]Die Prüfung ist bestanden, wenn die durch zwei geteilte Summe aus den Gesamtnoten für die schriftliche und die mündliche Prüfung die Zahl 4,15 nicht übersteigt. [3]Der Vorsitzende eröffnet hierauf den Bewerbern, ob sie die Prüfung nach der Entscheidung des Prüfungsausschusses bestanden haben; er handelt insoweit als Vertreter der für die Finanzverwaltung zuständigen obersten Landesbehörde. [4]Noten werden nicht erteilt.

(2) Hat der Bewerber die Prüfung nicht bestanden, kann er eine Bekanntgabe der tragenden Gründe der Entscheidung verlangen.

(3) Für die Wiederholung bedarf es einer erneuten Zulassung.

§ 29[1]) **Überdenken der Prüfungsbewertung.** (1) [1]Die Prüfer sind verpflichtet, ihre Bewertung der Prüfungsleistungen zu überdenken, wenn dies von einem Bewerber, der die Prüfung nicht bestanden hat, mit begründeten Einwendungen bei der zuständigen Steuerberaterkammer schriftlich beantragt wird und die Entscheidung über das Ergebnis der Prüfung noch nicht bestandskräftig ist. [2]Die Frist zur Erhebung einer Anfechtungsklage nach § 47 der Finanzgerichtsordnung wird dadurch nicht berührt.

(2) Das Ergebnis des Überdenkens teilt die zuständige Steuerberaterkammer dem Antragsteller schriftlich mit.

§ 30[2]) **Nichtteilnahme an der mündlichen Prüfung.** (1) [1]Die mündliche Prüfung gilt als nicht abgelegt, wenn der Bewerber aus einem von ihm nicht zu vertretenden Grund an der Ablegung der Prüfung verhindert ist. [2]Eine Erkrankung ist auf Verlangen durch ein amtsärztliches Zeugnis nachzuweisen.

(2) Hat ein Bewerber aus einem von ihm nicht zu vertretenden Grund nicht an der mündlichen Prüfung teilgenommen, so kann sie nachgeholt werden.

(3) Versäumt ein Bewerber die mündliche Prüfung ohne ausreichende Entschuldigung, so gilt die Prüfung als nicht bestanden.

§ 31[3]) **Niederschrift über die mündliche Prüfung.** (1) [1]Über die Prüfung ist eine Niederschrift zu fertigen. [2]Aus ihr müssen ersichtlich sein

1. die Namen der Beteiligten,
2. das Ergebnis der Prüfung und seine Bekanntgabe an die Bewerber,
3. ein Begehren nach § 28 Abs. 2 und die Behandlung des Begehrens durch den Prüfungsausschuss,
4. besondere Vorkommnisse.

---

  [1]) § 29 eingef. mWv 1. 7. 2000 durch G v. 24. 6. 2000 (BGBl. I S. 874), Abs. 1 Satz 1 und Abs. 2 geänd. mWv 12. 4. 2008 durch G v. 8. 4. 2008 (BGBl. I S. 666).
  [2]) Bish. § 29 wird § 30 durch G v. 24. 6. 2000 (BGBl. I S. 874).
  [3]) Bish. § 30 wird § 31, Abs. 1 Nr. 3 eingef., bish. Nr. 3 wird Nr. 4 mWv 1. 7. 2000 durch G v. 24. 6. 2000 (BGBl. I S. 874).

(2) Ein Auszug aus der Niederschrift ist zu den Akten des Bewerbers zu nehmen.

§ 32[1] **Aufbewahrungsfristen.** (1) [1]Die Aufsichtsarbeiten sind bei der zuständigen Steuerberaterkammer für die Dauer von mindestens zwei Jahren nach Eintritt der Bestandskraft der Prüfungsentscheidung aufzubewahren. [2]In den Fällen des § 21 Absatz 1 besteht keine Aufbewahrungspflicht.

(2) Die Anträge auf Zulassung, auf Befreiung, auf verbindliche Auskunft, die Prüfungsunterlagen der einzelnen Bewerber und die Unterlagen zu den Entscheidungen über die Anträge und Prüfungen sind bei der zuständigen Steuerberaterkammer für die Dauer von mindestens zehn Jahren nach Eintritt der Bestandskraft der Verwaltungsentscheidung aufzubewahren.

(3) Ein Nachweis über das Bestehen oder über die Befreiung von der Prüfung ist bei der zuständigen Steuerberaterkammer für die Dauer von mindestens 50 Jahren nach Eintritt der Bestandskraft der Verwaltungsentscheidung aufzubewahren.

(4) Unterlagen können auch in elektronischer Form aufbewahrt werden.

§ 33[2]. *(aufgehoben)*

Zweiter Teil. Bestellung als Steuerberater oder Steuerbevollmächtigter

§ 34[3] **Bestellungsverfahren.** (1) Über den Antrag auf Bestellung als Steuerberater entscheidet die zuständige Steuerberaterkammer.

(2) Der Antrag auf Bestellung ist nach amtlich vorgeschriebenem Vordruck zu stellen.

(3) [1]Der Bewerber muss in dem Antrag angeben:

1. Name, Wohnsitz oder vorwiegenden Aufenthalt und Anschrift sowie Beruf und Ort der beruflichen Tätigkeit,

2. den Ort der beabsichtigten beruflichen Niederlassung,

3. wann und bei welcher Stelle er die Steuerberaterprüfung bestanden hat bzw. von der Prüfung befreit wurde,

4. ob und bei welcher Stelle er bereits früher einen Antrag auf Bestellung eingereicht hat,

5. ob er sich in geordneten wirtschaftlichen Verhältnissen befindet,

6. ob er innerhalb der letzten zwölf Monate strafgerichtlich verurteilt worden ist und ob gegen ihn ein gerichtliches Strafverfahren oder ein Ermittlungs-

---

[1] Bish. § 31 wird § 32 und neu gef. mWv 1. 7. 2000 durch G v. 24. 6. 2000 (BGBl. I S. 874), Satz 1 geänd. mWv 12. 4. 2008 durch G v. 8. 4. 2008 (BGBl. I S. 666); neu gef. mWv 23. 11. 2010 durch VO v. 17. 11. 2010 (BGBl. I S. 1544).
[2] § 33 aufgeh. durch VO v. 19. 8. 1991 (BGBl. I S. 1797).
[3] § 34 neugef. mWv 1. 7. 2000 durch G v. 24. 6. 2000 (BGBl. I S. 874), Abs. 3 Nr. 3 und Abs. 4 Nr. 1 geänd. mWv 12. 4. 2008 durch G v. 8. 4. 2008 (BGBl. I S. 666).

verfahren anhängig ist; Entsprechendes gilt für berufsgerichtliche Verfahren sowie für Bußgeldverfahren nach der Abgabenordnung und nach dem Steuerberatungsgesetz,

7. ob und gegebenenfalls welche Tätigkeit er nach seiner Bestellung neben dem Beruf als Steuerberater weiter ausüben oder übernehmen will,

8. dass er bei der Meldebehörde die Erteilung eines Führungszeugnisses zur Vorlage bei der zuständigen Steuerberaterkammer beantragt hat.

²Ein Bewerber, der nach § 38 Abs. 1 des Gesetzes von der Prüfung befreit wurde, muss außerdem eine Erklärung darüber abgeben, ob innerhalb der letzten zwölf Monate disziplinarrechtliche Maßnahmen gegen ihn verhängt worden sind und ob disziplinarrechtliche Ermittlungen gegen ihn anhängig sind oder innerhalb der letzten zwölf Monate anhängig waren.

(4) ¹Dem Antrag sind beizufügen:

1. eine beglaubigte Abschrift der Bescheinigung der zuständigen Stelle über die erfolgreich abgelegte Steuerberaterprüfung oder die Befreiung von dieser Prüfung,

2. ein Passbild.

²Ist der Bewerber Rechtsanwalt, niedergelassener europäischer Rechtsanwalt, Wirtschaftsprüfer oder vereidigter Buchprüfer, so hat er außerdem eine Bescheinigung der für ihn zuständigen Berufsorganisation oder sonst zuständigen Stelle beizufügen, dass keine Tatsachen bekannt sind, die die Rücknahme oder den Widerruf der Zulassung oder Bestellung oder die Einleitung eines berufsgerichtlichen Verfahrens gegen ihn rechtfertigen.

(5) ¹Die Steuerberaterkammer prüft die Angaben des Bewerbers auf Vollständigkeit und Richtigkeit. ²Sie kann vor einer Entscheidung erforderlichenfalls weitere Ermittlungen anstellen.

§ 35¹⁾ Berufsurkunde. ¹Die Berufsurkunde enthält

1. die Bezeichnung der bestellenden Steuerberaterkammer,
2. Ort und Datum der Ausstellung,
3. Namen, Geburtsort und Geburtsdatum des Bewerbers,
4. die Erklärung, daß der Bewerber als Steuerberater oder Steuerbevollmächtigter bestellt wird,
5. Dienstsiegel und
6. Unterschrift.

²Weitere Berufsbezeichnungen des Bewerbers sind in die Berufsurkunde nicht aufzunehmen. ³Akademische Grade oder staatlich verliehene Graduierungen sind nur aufzunehmen, wenn sie nachgewiesen worden sind.

§§ 36 und 37²⁾. *(aufgehoben)*

---

¹⁾ § 35 bish. Abs. 2 aufgeh. durch VO v. 19. 8. 1991 (BGBl. I S. 1797), Nrn. 1 und 2 geänd. mWv 1. 7. 2000 durch G v. 24. 6. 2000 (BGBl. I S. 874).
²⁾ §§ 36 und 37 aufgeh. mWv 1. 7. 2000 durch G v. 24. 6. 2000 (BGBl. I S. 874).

§ 38[1] **Wiederbestellung.** (1) Über den Antrag auf Wiederbestellung als Steuerberater oder Steuerbevollmächtigter entscheidet die zuständige Steuerberaterkammer.

(2) [1]Der Antrag auf Wiederbestellung ist nach amtlich vorgeschriebenem Vordruck zu stellen. [2]§ 34 Abs. 3 bis 5 gilt entsprechend.

(3) [1]Die bestellende Steuerberaterkammer prüft, ob die Voraussetzungen des § 40 Abs. 2 und 3 des Gesetzes gegeben sind. [2]Vor der Entscheidung ist die Steuerberaterkammer zu hören, der der Bewerber im Zeitpunkt des Erlöschens oder des Widerrufs der Bestellung angehört hat. [3]§ 40 Abs. 4 des Gesetzes ist sinngemäß anzuwenden.

(Fortsetzung nächstes Blatt)

---

[1] § 38 neugef. mWv 1. 7. 2000 durch G v. 24. 6. 2000 (BGBl. I S. 874).

(4) Unter den Voraussetzungen des § 48 des Gesetzes können auch Personen wiederbestellt werden, die ohne nochmalige Bestellung die Eigenschaft als Steuerberater oder Steuerbevollmächtigter erlangt hatten (§ 154 Abs. 1 und 3 des Gesetzes in der bis zum 30. Juni 2000 geltenden Fassung).

§ 39[1]. *(aufgehoben)*

Dritter Teil. Anerkennung als Steuerberatungsgesellschaft [*ab 1.8.2022*: Berufsausübungsgesellschaft]

§ 40 Verfahren.

[Fassung bis 31.7.2022:][2]

(1)[1]Der Antrag auf Anerkennung als Steuerberatungsgesellschaft ist schriftlich bei der Steuerberaterkammer einzureichen, in deren Kammerbezirk die Gesellschaft ihren Sitz hat. [2]In dem Antrag sind Name, Beruf und berufliche Niederlassung der Personen anzugeben, die die Gesellschaft verantwortlich führen (§ 32 Abs. 3 Satz 2 des Gesetzes) sowie Name, Beruf und berufliche Niederlassung der sonst zur Vertretung berechtigten Personen (§ 50 Abs. 2 und 3 des Gesetzes).

(2) Die zuständige Steuerberaterkammer prüft anhand des Gesellschaftsvertrages oder der Satzung, ob der Nachweis der verantwortlichen Führung der Gesellschaft durch Steuerberater nach § 32 Abs. 3 Satz 2 des Gesetzes erbracht ist und ob die Voraussetzungen der §§ 49 bis 53 des Gesetzes für die Anerkennung als Steuerberatungsgesellschaft gegeben sind.

(3) [1]Liegen die Voraussetzungen für die Anerkennung vor, hat die zuständige Steuerberaterkammer die

[Fassung ab 1.8.2022:][3]

(1) [1]Der Antrag auf Anerkennung als Berufsausübungsgesellschaft ist schriftlich bei der Steuerberaterkammer einzureichen, in deren Kammerbezirk die Berufsausübungsgesellschaft ihren Sitz hat. [2]In dem Antrag sind anzugeben:

1. Name, Beruf und berufliche Niederlassung der Personen, die die Berufsausübungsgesellschaft verantwortlich führen (§ 55b des Steuerberatungsgesetzes), sowie
2. Name, Beruf und berufliche Niederlassung der Gesellschafter der Berufsausübungsgesellschaft (§ 50 Absatz 1 des Steuerberatungsgesetzes).

(2) Die zuständige Steuerberaterkammer prüft anhand des Gesellschaftsvertrages oder der Satzung, ob die Voraussetzungen nach § 53 Absatz 2 des Steuerberatungsgesetzes erfüllt sind.

(3) [1]Liegen die Voraussetzungen für die Anerkennung vor, hat die zuständige Steuerberaterkammer die Berufsausübungsgesellschaft durch

---

[1] § 39 aufgeh. mWv 1.7.2000 durch G v. 24.6.2000 (BGBl. I S. 874).
[2] § 40 neu gef. durch VO v. 19.8.1991 (BGBl. I S. 1797), Abs. 1 Satz 1 neu gef., Abs. 3 bish. Satz 1 aufgeh., Abs. 1 Satz 2, Abs. 2 und Abs. 3 Sätze 1 und 2 geänd. mWv 1.7.2000 durch G v. 24.6.2000 (BGBl. I S. 874).
[3] § 40 neu gef. mWv 1.8.2022 durch G v. 7.7.2021 (BGBl. I S. 2363).

[Fassung bis 31.7.2022:]
Gesellschaft durch Ausstellung einer Urkunde nach § 41 als Steuerberatungsgesellschaft anzuerkennen. ²Vor Eintragung in das Handels- oder Partnerschaftsregister kann die zuständige Steuerberaterkammer bereits bestätigen, daß bis auf die Eintragung in das Handels- oder Partnerschaftsregister alle Voraussetzungen für die Anerkennung vorliegen. ³Über die Ablehnung des Antrags auf Anerkennung ist ein schriftlicher Bescheid zu erteilen.

[Fassung ab 1.8.2022:]
Ausstellung einer Urkunde nach § 54 Absatz 4 des Steuerberatungsgesetzes als Berufsausübungsgesellschaft anzuerkennen. ²Vor Eintragung in das Handels- und Partnerschaftsregister kann die zuständige Steuerberaterkammer bereits bestätigen, dass bis auf die Eintragung in das Handels- und Partnerschaftsregister alle Voraussetzungen für die Anerkennung vorliegen.

(4) Über die Ablehnung des Antrags ist ein schriftlicher Bescheid zu erteilen.

§ 41[1] **Anerkennungsurkunde.** ¹Die Anerkennungsurkunde enthält

1. die Bezeichnung der anerkennenden Steuerberaterkammer,

2. Ort und Datum der Anerkennung,

3. Firma oder Name der *Gesellschaft* [*ab 1.8.2022:* Berufsausübungsgesellschaft],

4. die Anerkennung als *Steuerberatungsgesellschaft* [*ab 1.8.2022:* Berufsausübungsgesellschaft],

5. Dienstsiegel und

6. Unterschrift.

²Außer der Firma oder dem Namen sind keine weiteren Bezeichnungen der *Gesellschaft* [*ab 1.8.2022:* Berufsausübungsgesellschaft] in die Anerkennungsurkunde aufzunehmen.

Vierter Teil. Verleihung der Berechtigung zur Führung der Bezeichnung „Landwirtschaftliche Buchstelle"

§ 42[2] **Nachweis der besonderen Sachkunde.** (1) Der Antrag auf Verleihung der Berechtigung zur Führung der Bezeichnung „Landwirtschaftliche Buchstelle" ist bei der Steuerberaterkammer zu stellen, in deren Kammerbezirk sich die berufliche Niederlassung des Antragstellers befindet.

---

[1] § 41 bish. Abs. 2 aufgeh. durch VO v. 19.8.1991 (BGBl. I S. 1797), Satz 1 Nr. 3 und Satz 2 geänd. durch VO v. 25.7.1996 (BGBl. I S. 1168), Nrn. 1 und 3 geänd. mWv 1.7.2000 durch G v. 24.6.2000 (BGBl. I S. 874); Satz 1 Nrn. 3 und 4 und Satz 2 geänd. mWv 1.8.2022 durch G v. 7.7.2021 (BGBl. I S. 2363).
[2] Bish. § 42 aufgeh., neuer § 42 einge f. mWv 1.7.2000 durch G v. 24.6.2000 (BGBl. I S. 874).

(2) [1] Der Antrag muss genaue Angaben über den beruflichen Werdegang und die bisherige berufliche Tätigkeit des Antragstellers enthalten. [2] In dem Antrag ist anzugeben, ob der Antragsteller die besondere Sachkunde durch eine mündliche Prüfung vor dem Sachkunde-Ausschuss nachweisen oder von dieser Prüfung befreit werden will; erforderliche Nachweise sind dem Antrag beizufügen.

(3) [1] Die mündliche Prüfung erstreckt sich auf folgende Gebiete:
1. steuerliche Besonderheiten der Land- und Forstwirtschaft,
2. Höferecht (Anerbenrecht) bzw. erbrechtliche Bestimmungen des Bürgerlichen Gesetzbuchs,
3. Landpachtrecht,
4. Grundstücksverkehrsrecht,
5. Grundlagen des Agrarkreditwesens,
6. landwirtschaftliche Betriebswirtschaft einschließlich Rechnungswesen und Statistik.

[2] Nicht erforderlich ist, dass alle Gebiete Gegenstand der Prüfung sind. [3] Die auf jeden Antragsteller entfallende Prüfungszeit soll sechzig Minuten nicht übersteigen.

(4) Die Steuerberaterkammer hat die Antragsteller, die an der mündlichen Prüfung teilnehmen, hierzu spätestens zwei Wochen vorher zu laden.

(5) [1] Die mündliche Prüfung wird vom Vorsitzenden des Sachkunde-Ausschusses geleitet. [2] Er ist berechtigt, jederzeit in die Prüfung einzugreifen. [3] Im unmittelbaren Anschluss an die mündliche Prüfung berät der Sachkunde-Ausschuss über das Ergebnis der Prüfung. [4] Der Vorsitzende eröffnet hierauf den Antragstellern, ob sie die Prüfung nach der Entscheidung des Sachkunde-Ausschusses bestanden haben; eine Note wird nicht erteilt.

(6) [1] Für die Befreiung von der mündlichen Prüfung hat der Antragsteller neben einer einschlägigen Ausbildung nachzuweisen, dass er vor der Antragstellung mindestens fünf buchführende land- und forstwirtschaftliche Betriebe drei Jahre lang steuerlich beraten hat. [2] Die steuerliche Beratung kann auch im Rahmen einer Tätigkeit als Angestellter nach § 58 des Gesetzes erfolgt sein.

(7) [1] Einschlägig im Sinne des § 44 Abs. 2 Satz 2 des Gesetzes ist eine Ausbildung, die Kenntnisse auf den in Absatz 3 genannten Gebieten vermittelt. [2] Dazu rechnen insbesondere
1. ein erfolgreich abgeschlossenes Hochschulstudium der Agrarwissenschaften oder
2. sonstige Ausbildungsgänge im Sinne des Satzes 1, die mit einer Prüfung abgeschlossen werden.

[3] Die Teilnahme an einem fachbezogenen Seminar bzw. Lehrgang ohne Abschlussprüfung oder sonstigen Leistungsnachweis der einzelnen Teilnehmer reicht nicht aus.

(8) [1] Nachweise über eine einschlägige Ausbildung und über die praktische Tätigkeit im Sinne des § 44 Abs. 2 Satz 2 des Gesetzes sind dem Antrag beizufügen. [2] Antrag und Nachweise hat die Steuerberaterkammer der für die Land-

wirtschaft zuständigen obersten Landesbehörde oder der von ihr benannten Behörde und, soweit der Antragsteller Rechtsanwalt oder niedergelassener europäischer Rechtsanwalt ist, der für die berufliche Niederlassung zuständigen Rechtsanwaltskammer zur Stellungnahme zuzuleiten.

(9) Über die Ablehnung eines Antrags auf Befreiung von der mündlichen Prüfung ist ein schriftlicher Bescheid zu erteilen.

§ 43[1)] **Sachkunde-Ausschuss.** (1) Die mündliche Prüfung wird vor einem Sachkunde-Ausschuss abgelegt, der bei der Steuerberaterkammer zu bilden ist.

(2) [1]Die Prüfung kann auch einem Sachkunde-Ausschuss übertragen werden, der bei einer anderen Steuerberaterkammer besteht. [2]Die mit der Abnahme der mündlichen Prüfung verbundenen Aufgaben werden im Falle der Übertragung nach Satz 1 von der anderen Steuerberaterkammer wahrgenommen. [3]Diese erhält auch die Gebühr nach § 44 Abs. 8 des Gesetzes.

(3) Dem Sachkunde-Ausschuss gehören an

1. zwei Vertreter der Steuerberaterkammer, davon einer als Vorsitzender,
2. ein Vertreter der für die Landwirtschaft zuständigen obersten Landesbehörde oder einer von ihr benannten Behörde.

(4) [1]Die Steuerberaterkammer beruft die Mitglieder des Sachkunde-Ausschusses und ihre Stellvertreter grundsätzlich für drei Jahre; sie können aus wichtigem Grund abberufen werden. [2]Im Falle des vorzeitigen Ausscheidens oder der Abberufung wird der Nachfolger nur für den Rest der Amtszeit des ausgeschiedenen oder abberufenen Mitglieds oder Vertreters berufen. [3]Vor der Berufung oder Abberufung ist bei dem Vertreter der für die Landwirtschaft zuständigen obersten Landesbehörde diese oder die von ihr benannte Behörde zu hören. [4]§ 10 Abs. 4 bis 6 gilt sinngemäß.

(5) Der Ausschuss entscheidet mit Stimmenmehrheit.

§ 44[2)] **Verleihung, Verleihungsurkunde.** (1) Über die Verleihung der Berechtigung zur Führung der Bezeichnung „Landwirtschaftliche Buchstelle" ist eine Urkunde auszustellen.

(2) Die Urkunde enthält

1. die Bezeichnung der verleihenden Steuerberaterkammer,
2. Namen und Berufsbezeichnung des Empfängers der Urkunde,
3. die Erklärung, daß dem in der Urkunde Bezeichneten die Berechtigung verliehen wird, als Zusatz zur Berufsbezeichnung die Bezeichnung „Landwirtschaftliche Buchstelle" zu führen.
4. Ort und Datum der Verleihung,
5. Dienstsiegel und
6. Unterschrift.

(3) *(aufgehoben)*

[1)] § 43 neu gef. mWv 1.7.2000 durch G v. 24.6.2000 (BGBl. I S. 874).
[2)] § 44 Abs. 3 aufgeh. durch VO v. 19.8.1991 (BGBl. I S. 1797), Abs. 2 Nr. 1 geänd. mWv 1.7.2000 durch G v. 24.6.2000 (BGBl. I S. 874).

Fünfter Teil. Berufsregister[1]

§ 45 Registerführende Stelle. *(1)* [1]*Das Berufsregister wird durch die zuständige Steuerberaterkammer geführt.* [2]*Die Steuerberaterkammern können sich bei der Führung des Berufsregisters einer nach § 84 des Gesetzes gebildeten Arbeitsgemeinschaft bedienen.*

(2) [1]*Alle Eintragungen und Löschungen im Berufsregister sind den Beteiligten mitzuteilen.* [2]*Die Löschung von Steuerberatungsgesellschaften ist ferner dem zuständigen Registergericht mitzuteilen.*

(3) Die Einsicht in das Berufsregister ist jedem gestattet, der ein berechtigtes Interesse darlegt.

§ 46 Eintragung. *In das Berufsregister sind einzutragen:*

1. *Steuerberater und Steuerbevollmächtigte, wenn sie in dem Bezirk, für den das Register geführt wird (Registerbezirk), bestellt werden oder wenn sie ihre berufliche Niederlassung in den Registerbezirk verlegen, und zwar*

    a) Name, Vorname, Geburtstag, Geburtsort,

    b) Tag der Bestellung und die Behörde oder die Steuerberaterkammer, die die Bestellung vorgenommen hat,

    c) Befugnis zur Führung der Bezeichnung „Landwirtschaftliche Buchstelle" und von Bezeichnungen nach der Fachberaterordnung,

    d) Anschrift der beruflichen Niederlassung und die geschäftliche E-Mail-Adresse,

    e) berufliche Zusammenschlüsse im Sinne von § 56 Abs. 1 bis 3 des Gesetzes,

    f) sämtliche weiteren Beratungsstellen und die Namen der die weiteren Beratungsstellen leitenden Personen,

    g) Name und Anschrift des Zustellungsbevollmächtigten im Sinne von § 46 Abs. 2 Nr. 5 des Gesetzes,

    h) Bestehen eines Berufs- oder Vertretungsverbotes im Sinne von § 90 Absatz 1 Nummer 4 oder § 134 des Gesetzes und, sofern ein Vertreter bestellt ist, die Vertreterbestellung unter Angabe von Familiennamen und Vornamen des Vertreters

    sowie alle Veränderungen zu den Buchstaben a und c bis h;

2. *Steuerberatungsgesellschaften, wenn sie im Registerbezirk anerkannt werden oder wenn sie ihren Sitz in den Registerbezirk verlegen, und zwar*

    a) Firma oder Name und Rechtsform,

    b) Tag der Anerkennung als Steuerberatungsgesellschaft und die für die Finanzverwaltung zuständige oberste Landesbehörde oder die Steuerberaterkammer, die die Anerkennung ausgesprochen hat,

    c) Befugnis zur Führung der Bezeichnung „Landwirtschaftliche Buchstelle",

---

[1] **Fünfter Teil aufgeh. mWv 1.8.2022** durch G v. 7.7.2021 (BGBl. I S. 2363).

d) Sitz und Anschrift und die geschäftliche E-Mail-Adresse,

e) berufliche Zusammenschlüsse im Sinne von § 56 Abs. 2 des Gesetzes,

f) Namen der Mitglieder des zur gesetzlichen Vertretung berufenen Organs sowie der vertretungsberechtigten Gesellschafter und Partner,

g) sämtliche weiteren Beratungsstellen und die Namen der die weiteren Beratungsstellen leitenden Personen

sowie alle Veränderungen zu den Buchstaben a und c bis g;

3. weitere Beratungsstellen von Steuerberatern und Steuerbevollmächtigten, wenn sie im Registerbezirk errichtet werden, und zwar

a) Namen und Ort der beruflichen Niederlassung des Steuerberaters oder Steuerbevollmächtigten,

b) Befugnis zur Führung der Bezeichnung „Landwirtschaftliche Buchstelle",

c) Anschrift der weiteren Beratungsstelle,

d) Namen der die weitere Beratungsstelle leitenden Person

sowie alle Veränderungen zu den Buchstaben a bis d;

4. weitere Beratungsstellen von Steuerberatungsgesellschaften, wenn sie im Registerbezirk errichtet werden, und zwar

a) Firma, Sitz und Rechtsform der Steuerberatungsgesellschaft,

b) Befugnis zur Führung der Bezeichnung „Landwirtschaftliche Buchstelle",

c) Anschrift der weiteren Beratungsstelle,

d) Namen der die weitere Beratungsstelle leitenden Person

sowie alle Veränderungen zu den Buchstaben a bis d.

§ 47 Löschung. *(1) Im Berufsregister sind zu löschen*

1. Steuerberater und Steuerbevollmächtigte,

a) wenn die Bestellung erloschen oder vollziehbar zurückgenommen oder widerrufen ist,

b) wenn die berufliche Niederlassung aus dem Registerbezirk verlegt wird;

2. Steuerberatungsgesellschaften,

a) wenn die Anerkennung erloschen oder vollziehbar zurückgenommen oder widerrufen ist,

b) wenn der Sitz aus dem Registerbezirk verlegt wird;

3. weitere Beratungsstellen, wenn die Beratungsstelle aufgelöst ist.

(2) [1]Die Eintragung über die Befugnis zur Führung der Bezeichnung „Landwirtschaftliche Buchstelle" ist zu löschen, wenn bei einer Steuerberatungsgesellschaft die in § 44 Abs. 3 des Gesetzes bezeichneten Voraussetzungen weggefallen sind. [2]Die Eintragung von Bezeichnungen nach der Fachberaterordnung ist zu löschen, wenn die Bezeichnung nicht mehr geführt werden darf.

§ 48 *Mitteilungspflichten. (1) Die in das Berufsregister einzutragenden Tatsachen sind der zuständigen Steuerberaterkammer mitzuteilen*

1. *in Fällen des § 46 Nr. 1 von dem einzutragenden Steuerberater oder Steuerbevollmächtigten;*

2. *im Falle des § 46 Nr. 2 von den Mitgliedern des zur gesetzlichen Vertretung berufenen Organs oder den vertretungsberechtigten Gesellschaftern der einzutragenden Steuerberatungsgesellschaft;*

3. *im Falle des § 46 Nr. 3 von dem Steuerberater oder Steuerbevollmächtigten, der die weitere Beratungsstelle errichtet hat;*

4. *im Falle des § 46 Nr. 4 von den Mitgliedern des zur gesetzlichen Vertretung berufenen Organs oder den vertretungsberechtigten Gesellschaftern der Steuerberatungsgesellschaft, die die auswärtige Beratungsstelle errichtet hat.*

(2) Die im Berufsregister zu löschenden Tatsachen sind der zuständigen Steuerberaterkammer mitzuteilen

1. *im Falle des § 47 Abs. 1 Nr. 1 Buchstabe b von dem Steuerberater oder Steuerbevollmächtigten, der seine berufliche Niederlassung verlegt;*

2. *in den Fällen des § 47 Abs. 1 Nr. 2 Buchstabe b von den Mitgliedern des zur gesetzlichen Vertretung berufenen Organs oder den vertretungsberechtigten Gesellschaftern der Steuerberatungsgesellschaft;*

3. *in den Fällen des § 47 Abs. 1 Nr. 3 von den in Absatz 1 Nr. 3 oder 4 genannten Personen;*

4. *in den Fällen des § 47 Abs. 2 von den Mitgliedern des zur gesetzlichen Vertretung berufenen Organs oder den vertretungsberechtigten Gesellschaftern der Steuerberatungsgesellschaft.*

§ 49 *Vereine, Personenvereinigungen und Körperschaften, die zur Führung der Bezeichnung „Landwirtschaftliche Buchstelle" befugt sind. (1) In das Berufsregister sind ferner einzutragen*

1. *Vereine, die nach § 44 Abs. 4 des Gesetzes befugt sind, die Bezeichnung „Landwirtschaftliche Buchstelle" als Zusatz zum Namen zu führen, wenn sie ihren Sitz im Registerbezirk haben,*

2. *Buchstellen von Körperschaften des öffentlichen Rechts und Personenvereinigungen, für die nach § 44 Abs. 5 des Gesetzes die Bezeichnung „Landwirtschaftliche Buchstelle" geführt werden darf, wenn die Buchstellen im Registerbezirk gelegen sind.*

(2) Die Eintragung nach Absatz 1 ist zu löschen,

a) *wenn der Verein im Sinne des § 44 Abs. 4 des Gesetzes oder die Buchstelle der Personenvereinigung oder Körperschaft im Sinne des § 44 Abs. 5 des Gesetzes aufgelöst ist,*

b) *wenn die in § 44 Abs. 4 oder 5 des Gesetzes bezeichneten Voraussetzungen weggefallen sind,*

c) *wenn der Sitz des Vereins im Sinne des § 44 Abs. 4 des Gesetzes oder die Buchstelle der Personenvereinigung oder Körperschaft im Sinne des § 44 Abs. 5 des Gesetzes aus dem Registerbezirk verlegt wird.*

(3) ¹Die Eintragung oder Löschung ist von den Vertretungsberechtigten des Vereins, Personenvereinigung oder Körperschaft zu beantragen. ²Die Löschung kann auch von Amts wegen vorgenommen werden.

§ 50 *Anzeigepflichten. (1) ¹Alljährlich im Monat Januar haben die Mitglieder des zur gesetzlichen Vertretung berufenen Organs oder die vertretungsberechtigten Gesellschafter einer Steuerberatungsgesellschaft sowie die Gesellschafter einer Gesellschaft bürgerlichen Rechts im Sinne des § 50a Abs. 2 Satz 1 des Gesetzes eine von ihnen unterschriebene Liste der Gesellschafter, aus welcher Name, Vorname, Beruf, Wohnort und berufliche Niederlassung der Gesellschafter, ihre Aktien, Stammeinlagen oder Beteiligungsverhältnisse zu ersehen sind, bei der zuständigen Steuerberaterkammer einzureichen. ²Sind seit Einreichung der letzten Liste Veränderungen hinsichtlich der Person oder des Berufs der Gesellschafter und des Umfangs der Beteiligung nicht eingetreten, so genügt die Einreichung einer entsprechenden Erklärung.*

(2) Absatz 1 gilt entsprechend in den Fällen des § 154 Abs. 2 Satz 1 des Gesetzes.

Sechster Teil.¹⁾ Berufshaftpflichtversicherung

§ 51¹⁾·²⁾ **Versicherungspflicht. (1)** ¹Selbständige Steuerberater und Steuerbevollmächtigte sowie *Steuerberatungsgesellschaften* [**ab 1.8.2022:** Berufsausübungsgesellschaften] sind verpflichtet, sich gegen die sich aus ihrer Berufstätigkeit (§§ 33, 57 Absatz 3 Nummer 2 und 3 des Gesetzes) ergebenden Haftpflichtgefahren für Vermögensschäden zu versichern und die Versicherung während der Dauer ihrer Bestellung oder Anerkennung aufrechtzuerhalten. ²*Satz 1 gilt sinngemäß für Partnerschaftsgesellschaften, auch solche mit beschränkter Berufshaftung nach § 8 Absatz 4 des Partnerschaftsgesellschaftsgesetzes.* ²Der Versicherungsschutz muss sich auch auf solche Vermögensschäden erstrecken, für die der Versicherungsnehmer nach § 278 oder § 831 des Bürgerlichen Gesetzbuchs einzustehen hat.

(2) ¹Selbständige Steuerberater und Steuerbevollmächtigte, die ausschließlich als freie Mitarbeiter für Auftraggeber, die die Voraussetzungen des § 3 des Gesetzes erfüllen, tätig sind, genügen der Versicherungspflicht nach Absatz 1, wenn die sich aus der freien Mitarbeit sowie aus § 63 des Gesetzes ergebenden Haftpflichtgefahren für Vermögensschäden durch die beim Auftraggeber bestehende Versicherung gedeckt sind. ²Der entsprechende Versicherungsschutz ist durch eine Bestätigung der Versicherung des Auftraggebers nachzuweisen. ³Satz 1 gilt nicht, wenn neben der freien Mitarbeit eigene Mandate betreut werden.

---

¹⁾ Sechster Teil (§§ 51–57) eingef. durch VO v. 19.8.1991 (BGBl. I S. 1797).
²⁾ § 51 Abs. 2 geänd. mWv 1.1.1994 (BGBl. I 1993 S. 2436) durch G v. 27.4.1993 (BGBl. I S. 512), Abs. 2 eingef., Abs. 3 neu gef. durch VO v. 25.7.1996 (BGBl. I S. 1168), Abs. 3 eingef., bish. Abs. 3 wird Abs. 4 mWv 1.7.2000 durch G v. 24.6.2000 (BGBl. I S. 874); Abs. 1 und 3 neu gef. mWv 19.7.2013 durch G v. 15.7.2013 (BGBl. I S. 2386); Abs. 1 Satz 1 geänd., Satz 2 aufgeh., bish. Satz 3 wird Satz 2 mWv 1.8.2022 durch G v. 7.7.2021 (BGBl. I S. 2363).

(3) Absatz 2 gilt sinngemäß auch für Steuerberater und Steuerbevollmächtigte, die ausschließlich als Angestellte nach § 58 des Gesetzes tätig sind, sowie für Partner einer Partnerschaftsgesellschaft mit beschränkter Berufshaftung nach § 8 Absatz 4 des Partnerschaftsgesellschaftsgesetzes, die ausschließlich für die Partnerschaftsgesellschaft tätig sind.

(4) Die Versicherung muß bei einem im Inland zum Geschäftsbetrieb befugten Versicherungsunternehmen zu den nach Maßgabe des Versicherungsaufsichtsgesetzes eingereichten allgemeinen Versicherungsbedingungen genommen werden.

§ 52[1) Mindestversicherungssumme. (1) Die Mindestversicherungssumme muß für den einzelnen Versicherungsfall zweihundertfünfzigtausend Euro[2) betragen.

(2)[2) [1]Ein Selbstbehalt von eintausendfünfhundert Euro ist zulässig. [2]Der Selbstbehalt ist auszuschließen für den Fall, daß bei Geltendmachung des Schadens durch einen Dritten die Bestellung des Steuerberaters oder Steuerbevollmächtigten oder die Anerkennung der *Steuerberatungsgesellschaft [ab 1.8.2022:* Berufsausübungsgesellschaft] erloschen ist.

(3) Wird eine Jahreshöchstleistung für alle in einem Versicherungsjahr verursachten Schäden vereinbart, muß sie mindestens eine Million Euro[2) betragen.

[Fassung bis 31.7.2022:]

(4)[3) Die Absätze 1 und 3 gelten für Partnerschaftsgesellschaften mit beschränkter Berufshaftung nach § 8 Absatz 4 des Partnerschaftsgesellschaftsgesetzes mit der Maßgabe, dass die Mindestversicherungssumme für den einzelnen Versicherungsfall eine Million Euro und die Jahreshöchstleistung für alle in einem Versicherungsjahr verursachten Schäden mindestens vier Millionen Euro betragen muss.

[Fassung ab 1.8.2022:]

(4)[4) Die Absätze 1 bis 3 gelten für Berufsausübungsgesellschaften mit der Maßgabe, dass die Mindestversicherungssumme in den Fällen des § 55f Absatz 3 des Steuerberatungsgesetzes eine Million Euro und in den Fällen des § 55f Absatz 4 des Steuerberatungsgesetzes fünfhunderttausend Euro sowie die Jahreshöchstleistung für alle in einem Versicherungsjahr verursachten Schäden mindestens den vierfachen Betrag der Mindestversicherungssumme betragen muss.

§ 53[1) · 5) Weiterer Inhalt des Versicherungsvertrages. (1) Der Versicherungsvertrag muß vorsehen, daß
1. Versicherungsschutz für jede einzelne, während der Geltung des Versicherungsvertrages begangene Pflichtverletzung besteht, die gesetzliche Haftpflichtansprüche privatrechtlichen Inhalts zur Folge haben könnte,

---

[1) Sechster Teil (§§ 51–57) eingef. durch VO v. 19.8.1991 (BGBl. I S. 1797).
[2) § 52 Abs. 1, Abs. 2 Satz 1 und Abs. 3 Beträge bzw. Bezeichnung geänd. mWv 1.1.2002 durch G v. 24.6.2000 (BGBl. I S. 874); Abs. 2 Satz 2 geänd. mWv 1.8.2022 durch G v. 7.7.2021 (BGBl. I S. 2363).
[3) § 52 Abs. 4 angef. mWv 19.7.2013 durch G v. 15.7.2013 (BGBl. I S. 2386).
[4) § 52 Abs. 4 neu gef. mWv 1.8.2022 durch G v. 7.7.2021 (BGBl. I S. 2363).
[5) § 53 neu gef. durch VO v. 25.7.1996 (BGBl. I S. 1168).

2. der Versicherungsschutz für einen allgemeinen Vertreter, einen Praxisabwickler oder einen Praxistreuhänder für die Dauer ihrer Bestellung sowie für einen Vertreter während der Dauer eines Berufs- oder Vertretungsverbots aufrechterhalten bleibt, soweit die Mitversicherten nicht durch eine eigene Versicherung Deckung erhalten, und

3. die Leistungen des Versicherers für das mitversicherte Auslandsrisiko im Inland in Euro[1] zu erbringen sind.

(2) Im Versicherungsvertrag ist der Versicherer zu verpflichten, der zuständigen Steuerberaterkammer den Beginn und die Beendigung oder Kündigung des Versicherungsvertrages sowie jede Änderung des Versicherungsvertrages, die den vorgeschriebenen Versicherungsschutz beeinträchtigt, unverzüglich mitzuteilen.

(3) Der Versicherungsvertrag kann vorsehen, daß die Versicherungssumme den Höchstbetrag der dem Versicherer in jedem einzelnen Schadenfall obliegenden Leistung darstellt, und zwar mit der Maßgabe, daß nur eine einmalige Leistung der Versicherungssumme in Frage kommt,

a) gegenüber mehreren entschädigungspflichtigen Personen, auf welche sich der Versicherungsschutz erstreckt,

b) bezüglich eines aus mehreren Verstößen stammenden einheitlichen Schadens,

c) bezüglich sämtlicher Folgen eines Verstoßes. ²Dabei gilt mehrfaches, auf gleicher oder gleichartiger Fehlerquelle beruhendes Tun oder Unterlassen als einheitlicher Verstoß, wenn die betreffenden Angelegenheiten miteinander in rechtlichem oder wirtschaftlichem Zusammenhang stehen. ³In diesem Fall kann die Leistung des Versicherers auf das Fünffache der Mindestversicherungssumme begrenzt werden.

§ 53a[2] Ausschlüsse. (1) Von der Versicherung kann die Haftung ausgeschlossen werden für

1. Ersatzansprüche wegen wissentlicher Pflichtverletzung,

2. Ersatzansprüche wegen Schäden, die durch Fehlbeträge bei der Kassenführung, durch Verstöße beim Zahlungsakt oder durch Veruntreuung durch das Personal, Angehörige oder Sozien des Versicherungsnehmers entstehen,

3. Ersatzansprüche, die aus Tätigkeiten entstehen, die über Niederlassungen, Zweigniederlassungen oder weitere Beratungsstellen im Ausland ausgeübt werden,

4. Ersatzansprüche wegen Verletzung oder Nichtbeachtung des Rechts außereuropäischer Staaten mit Ausnahme der Türkei,

5. Ersatzansprüche, die vor Gerichten in den Ländern Albanien, Armenien, Aserbaidschan, Bosnien-Herzegowina, Bulgarien, Estland, Georgien, Jugoslawien (Serbien und Montenegro), Kroatien, Lettland, Litauen, Mazedo-

---

[1] § 53 Abs. 1 Nr. 3 Betrag bzw. Bereicherung geänd. mWv 1.1.2002 durch G v. 24.6.2000 (BGBl. I S. 874).
[2] § 53a eingef. durch VO v. 25.7.1996 (BGBl. I S. 1168), Abs. 1 Nr. 2 neu gef. mWv 20.12.2012 durch VO v. 11.12.2012 (BGBl. I S. 2637).

nien, Moldau, Polen[1]), Rumänien, Russische Föderation, Slowakische Republik, Slowenien, Tschechische Republik, Ukraine und Weißrußland sowie vor Gerichten in außereuropäischen Ländern mit Ausnahme der Türkei geltend gemacht werden.

(2) Von der Versicherung kann die Haftung für Ersatzansprüche wegen Verletzung oder Nichtbeachtung des Rechts der Länder Albanien, Armenien, Aserbaidschan, Bosnien-Herzegowina, Bulgarien, Estland, Georgien, Jugoslawien (Serbien und Montenegro), Kroatien, Lettland, Litauen, Mazedonien, Moldau, Polen[1]), Rumänien, Russische Föderation, Slowakische Republik, Slowenien, Tschechische Republik, Ukraine und Weißrußland nur insoweit ausgeschlossen werden, als die Ansprüche nicht bei der das Abgabenrecht dieser Staaten betreffenden geschäftsmäßigen Hilfeleistung in Steuersachen entstehen.

§ 54[2]) Anerkennung anderer Berufshaftpflichtversicherungen.

[Fassung bis 31.7.2022:]

(1)[3] Ist eine versicherungspflichtige Person zugleich als Rechtsanwalt, niedergelassener europäischer Rechtsanwalt, Wirtschaftsprüfer oder vereidigter Buchprüfer bestellt oder ist eine versicherungspflichtige Gesellschaft zugleich als Rechtsanwaltsgesellschaft, Wirtschaftsprüfungsgesellschaft oder Buchprüfungsgesellschaft anerkannt, wird der Versicherungspflicht auch mit einer diesen Berufen vorgeschriebenen Berufshaftpflichtversicherung genügt, sofern der Versicherungsvertrag die Voraussetzungen der §§ 52 bis 53a erfüllt.

[Fassung ab 1.8.2022:]

(1)[4] Ist eine versicherungspflichtige Person zugleich als Rechtsanwalt, niedergelassener europäischer Rechtsanwalt, Wirtschaftsprüfer oder vereidigter Buchprüfer bestellt oder ist eine versicherungspflichtige Berufsausübungsgesellschaft zugleich als Berufsausübungsgesellschaft im Sinne der Bundesrechtsanwaltsordnung, Wirtschaftsprüfungsgesellschaft oder Buchprüfungsgesellschaft anerkannt, wird der Versicherungspflicht auch mit einer diesen Berufen vorgeschriebenen Berufshaftpflichtversicherung genügt, sofern der Versicherungsvertrag die Voraussetzungen der §§ 52 und 53a erfüllt.

(2) ¹Erfolgt die Bestellung zum Steuerberater auf Grund des Bestehens einer Eignungsprüfung im Sinne des § 37a Abs. 2 des Gesetzes, so sind Bescheinigungen über eine abgeschlossene Berufshaftpflichtversicherung, die von den Versicherungsunternehmen eines anderen Mitgliedstaates der Europäischen Union oder eines Vertragsstaates des Abkommens über den Europäischen Wirtschaftsraum oder der Schweiz ausgestellt worden sind, als gleichwertig mit den in Deutschland ausgestellten Bescheinigungen anzuerkennen, sofern sie in Bezug auf Deckungsbedingungen und -umfang den in Deutschland geltenden Rechts- und Verwaltungsvorschriften genügen. ²Die zum

---

[1]) Polen eingef. mWv 1.7.2000 durch G v. 24.6.2000 (BGBl. I S. 874).
[2]) Sechster Teil (§§ 51–57) eingef. durch VO v. 19.8.1991 (BGBl. I S. 1797).
[3]) § 54 Abs. 1 geänd. mWv 17.6.2016 durch G v. 31.3.2016 (BGBl. I S. 518).
[4]) § 54 Abs. 1 neu gef. mWv 1.8.2022 durch G v. 7.7.2021 (BGBl. I S. 2363).

Nachweis vorgelegten Unterlagen sind mit einer beglaubigten Übersetzung vorzulegen, wenn sie nicht in deutscher Sprache abgefasst sind. ³Die Bescheinigungen dürfen bei ihrer Vorlage nicht älter als drei Monate sein.

(3) Ist im Falle des Absatzes 2 die Erfüllung der Verpflichtung des § 53 Abs. 2 durch das Versicherungsunternehmen nicht sichergestellt, so haben die in Deutschland beruflich niedergelassenen selbständigen Steuerberater der zuständigen Steuerberaterkammer jährlich eine Bescheinigung des Versicherers vorzulegen, aus der sich die Versicherungsbedingungen und der Deckungsumfang ergeben.

§ 55[1]·[2] **Nachweis des Versicherungsabschlusses.** (1) ¹Bewerber, die ihre Bestellung zum Steuerberater oder zum Steuerbevollmächtigten beantragen und den Beruf selbständig ausüben wollen, müssen der bestellenden Steuerberaterkammer den Abschluß einer dieser Verordnung entsprechenden Berufshaftpflichtversicherung durch eine Bestätigung des Versicherers nachweisen oder eine entsprechende vorläufige Deckungszusage vorlegen, in der sich der Versicherer verpflichtet, den Widerruf der Deckungszusage unverzüglich der zuständigen Steuerberaterkammer mitzuteilen. ²Bei Vorlage einer vorläufigen Deckungszusage ist nach der Bestellung der zuständigen Steuerberaterkammer unverzüglich der Abschluß der Berufshaftpflichtversicherung durch eine Bestätigung des Versicherers oder eine beglaubigte Abschrift des Versicherungsscheines nachzuweisen.

(2) Absatz 1 gilt sinngemäß für die Anerkennung als *Steuerberatungsgesellschaft* [*ab 1.8.2022:* Berufsausübungsgesellschaft].

[Fassung bis 31.7.2022:]

(3) Absatz 1 gilt sinngemäß für Partnerschaftsgesellschaften mit der Maßgabe, dass eine entsprechende Versicherungsbescheinigung mit der Anmeldung zum Partnerschaftsregister der Steuerberaterkammer, in deren Bezirk die Partnerschaftsgesellschaft ihren Sitz hat, vorzulegen ist.

[Fassung ab 1.8.2022:]

(3) Absatz 1 gilt sinngemäß für Berufsausübungsgesellschaften, die nach § 53 Absatz 1 Satz 2 des Steuerberatungsgesetzes nicht anerkennungspflichtig sind, mit der Maßgabe, dass eine entsprechende Versicherungsbescheinigung mit der Übermittlung der Daten für das Verzeichnis nach § 86b des Steuerberatungsgesetzes der Steuerberaterkammer, in deren Bezirk die Berufsausübungsgesellschaft ihren Sitz hat, vorzulegen ist.

§ 56[1]·[3] **Anzeige von Veränderungen.** (1) Die Beendigung oder Kündigung des Versicherungsvertrages, jede Änderung des Versicherungsvertrages, die

---

[1] Sechster Teil (§§ 51–57) eingef. durch VO v. 19.8.1991 (BGBl. I S. 1797).
[2] § 55 Abs. 1 Satz 1 geänd. mWv 1.7.2000 durch G v. 24.6.2000 (BGBl. I S. 874); Abs. 3 angef. mWv 19.7.2013 durch G v. 15.7.2013 (BGBl. I S. 2386); Abs. 2 geänd., Abs. 3 neu gef. mWv 1.8.2022 durch G v. 7.7.2021 (BGBl. I S. 2363).
[3] § 56 Abs. 2 angef. mWv 12.4.2008 durch G v. 8.4.2008 (BGBl. I S. 666).

den nach dieser Verordnung vorgeschriebenen Versicherungsschutz beeinträchtigt, der Wechsel des Versicherers, der Beginn und die Beendigung der Versicherungspflicht infolge einer Änderung der Form der beruflichen Tätigkeit und der Widerruf einer vorläufigen Deckungszusage sind der gemäß § 67 des Gesetzes zuständigen Steuerberaterkammer von dem Versicherungspflichtigen unverzüglich anzuzeigen.

(2) ¹Der Versicherer ist befugt, der zuständigen Steuerberaterkammer Beginn und Ende des Versicherungsvertrags, jede Änderung des Versicherungsvertrags, die den nach dieser Verordnung vorgeschriebenen Versicherungsschutz beeinträchtigt, und den Widerruf einer vorläufigen Deckungszusage mitzuteilen. ²Die zuständige Steuerberaterkammer ist berechtigt, entsprechende Auskünfte bei dem Versicherer einzuholen.

§ 57.¹⁾ *(aufgehoben)*

Siebter Teil. Übergangs- und Schlußvorschriften²⁾

§ 58³⁾ **Übergangsregelung.** (1) Die Vorschriften dieser Verordnung über die Zulassung zur Prüfung in der ab dem 1. Juli 2000 geltenden Fassung sind erstmals auf die Zulassung zur Prüfung im Jahre 2001 anzuwenden.

(2) Auf Prüfungen, die vor dem 1. November 2000 begonnen haben, sind die Vorschriften dieser Verordnung in der bis zum 30. Juni 2000 geltenden Fassung weiter anzuwenden.

(3) Die den Steuerberatungskammern zugewiesenen Aufgaben des Zweiten und Vierten Teils dieser Verordnung in der ab dem 1. Juli 2000 geltenden Fassung werden bis zum 31. Dezember 2000 von den bisher zuständigen Behörden der Finanzverwaltung wahrgenommen.

(4) Die Vorschriften dieser Verordnung in der ab 12. April 2008 geltenden Fassung über die Zulassung zur Prüfung, die Befreiung von der Prüfung, die organisatorische Durchführung der Prüfung und die Abnahme der Prüfung sind erstmals für Prüfungen anzuwenden, die nach dem 31. Dezember 2008 beginnen und für Anträge auf Befreiung von der Prüfung oder auf Erteilung einer verbindlichen Auskunft über die Erfüllung einzelner Voraussetzungen für die Zulassung zur Prüfung oder über die Befreiung von der Prüfung, die nach dem 31. Dezember 2008 gestellt werden.

§ 59.⁴⁾ *(aufgehoben)*

---

¹⁾ § 57 aufgeh. mWv 1.7.2000 durch G v. 24.6.2000 (BGBl. I S. 874).
²⁾ Bish. Sechster Teil wird Siebter Teil, bish. §§ 51 und 53 werden §§ 58 und 59, bish. § 52 (Berlin-Klausel) aufgeh. durch VO v. 19.8.1991 (BGBl. I S. 1797).
³⁾ § 58 neu gef. durch G v. 24.6.2000 (BGBl. I S. 874), Abs. 4 angef. durch G v. 8.4.2008 (BGBl. I S. 666).
⁴⁾ § 59 aufgeh. durch G v. 24.6.2000 (BGBl. I S. 874).

847. Verordnung zur Durchführung der Vorschriften über die Lohnsteuerhilfevereine (DVLStHV)

Vom 15. Juli 1975 (BGBl. I S. 1906)

Geändert durch Verordnung vom 28.5.1991 (BGBl. I S. 1202), durch Gesetze vom 24.6.2000 (BGBl. I S. 874), vom 8.4.2008 (BGBl. I S. 666), Verordnung vom 17. 11. 2010 BGBl. I S. 1544), Gesetz vom 8.12.2010 (BGBl. I S. 1864), Gesetz vom 22.6.2011 (BGBl. I S. 1126) und Vierte Verordnung zur Änderung Steuerlicher Veordnungen vom 12.7.2017 (BGBl. I S 2360)

BGBl. III/FNA 610-10-4

Auf Grund des § 31 des Steuerberatungsgesetzes[1] vom 16. August 1961 (Bundesgesetzbl. I S. 1301) in der Fassung des Dritten Gesetzes zur Änderung des Steuerberatungsgesetzes vom 24. Juni 1975 (Bundesgesetzbl. I S. 1509) wird mit Zustimmung des Bundesrates verordnet:

Erster Teil. Anerkennung als Lohnsteuerhilfeverein

§ 1[2] Antrag. Der Antrag auf Anerkennung als Lohnsteuerhilfeverein ist schriftlich bei der zuständigen Aufsichtsbehörde einzureichen, in deren Bezirk der Verein seinen Sitz und seine Geschäftsleitung hat.

§ 2[3] Nachweise. Dem Antrag auf Anerkennung als Lohnsteuerhilfeverein sind neben der öffentlich beglaubigten Abschrift der Satzung (§ 15 Abs. 2 des Gesetzes) beizufügen

1. der Nachweis über den Erwerb der Rechtsfähigkeit,
2. eine Liste mit den Namen und den Anschriften der Mitglieder des Vorstands,
3.[4] der Nachweis über das Bestehen einer Versicherung gegen die sich aus der Hilfeleistung in Steuersachen im Rahmen der Befugnis nach § 4 Nr. 11 des Steuerberatungsgesetzes ergebenden Haftpflichtgefahren,
4. ein Verzeichnis der Beratungsstellen, deren Eröffnung im Bezirk der für die Anerkennung zuständigen Aufsichtsbehörde (§ 1) beabsichtigt ist, sowie die nach den §§ 4a und 4b erforderlichen Mitteilungen nebst Erklärungen und Nachweisen,
5. eine Abschrift der nicht in der Satzung enthaltenen Regelungen über die Erhebung von Beiträgen.

---

[1] Nr. **840**.
[2] § 1 geänd. durch VO v. 28.5.1991 (BGBl. I S. 1202) und durch G v. 8.4.2008 (BGBl. I S. 666).
[3] § 2 Nr. 2 geänd., Nr. 4 und Nr. 5 neugef. durch VO v. 28.5.1991 (BGBl. I S. 1202), Nr. 4 geänd. durch G v. 8.4.2008 (BGBl. I S. 666).
[4] § 2 Nr. 3 geänd. mWv 1.7.2000 durch G v. 24.6.2000 (BGBl. I S. 874).

§ 3[1]) Anerkennungsurkunde. Die Anerkennungsurkunde (§ 17 des Gesetzes) enthält
1. die Bezeichnung der anerkennenden Behörde,
2. Ort und Datum der Anerkennung,
3. Namen und Sitz des Vereins,
4. die Anerkennung als Lohnsteuerhilfeverein,
5. Dienstsiegel und
6. Unterschrift.

§ 4[2]) Ablehnung der Anerkennung. Über eine Ablehnung des Antrags auf Anerkennung als Lohnsteuerhilfeverein ist ein schriftlicher Bescheid zu erteilen.

Zweiter Teil. Beratungsstellen, Beratungsstellenleiter

§ 4 a[3]) Eröffnung und Verlegung einer Beratungsstelle. Die Mitteilung über die Eröffnung oder die Verlegung einer Beratungsstelle (§ 23 Absatz 4 Nummer 1 des Gesetzes) muss folgende Angaben enthalten:
1. die Anschrift der Beratungsstelle und im Fall ihrer Verlegung die bisherige und die neue Anschrift der Beratungsstelle,
2. ob und gegebenenfalls welche räumlichen, personellen und organisatorischen Verflechtungen mit anderen wirtschaftlichen Unternehmen bestehen.

§ 4 b[4]) Bestellung eines Beratungsstellenleiters. (1) Die Mitteilung über die Bestellung des Leiters einer Beratungsstelle (§ 23 Abs. 4 Nr. 2 des Gesetzes) muß die Anschrift der übernommenen Beratungsstelle sowie folgende Angaben über den Beratungsstellenleiter enthalten:
1. Name, Anschrift und Beruf,
2. ob und gegebenenfalls bei welchem Lohnsteuerhilfeverein er bereits früher Hilfe in Steuersachen im Rahmen der Befugnis nach § 4 Nr. 11 des Steuerberatungsgesetzes geleistet hat,
3. ob und gegebenenfalls welche andere Beratungsstelle eines Lohnsteuerhilfevereins er weiterhin leitet.

(2) Der Mitteilung nach Absatz 1 sind beizufügen:
1. Bescheinigungen über die bisherige berufliche Tätigkeit, insbesondere mit Angaben über Art und Umfang der Tätigkeit, als Nachweis darüber, daß die Voraussetzungen des § 23 Abs. 3 Satz 1 des Gesetzes erfüllt sind,
2. eine Erklärung des Beratungsstellenleiters,

---

[1]) § 3 Abs. 2 aufgeh. durch VO v. 28.5.1991 (BGBl. I S. 1202).
[2]) § 4 neu gef. durch VO v. 28.5.1991 (BGBl. I S. 1202).
[3]) § 4a neu gef. mWv 20.7.2017 durch VO v. 12.7.2017 (BGBl. I S. 2360).
[4]) § 4b eingef. durch VO v. 28.5.1991 (BGBl. I S. 1202), § 4b Abs. 1 Nr. 2 geänd. mWv 1.7.2000 durch G v. 24.6.2000 (BGBl. I S. 874).

a) daß er sich in geordneten wirtschaftlichen Verhältnissen befindet,

b) ob er innerhalb der letzten zwölf Monate strafgerichtlich verurteilt worden ist und ob gegen ihn ein gerichtliches Strafverfahren oder ein Ermittlungsverfahren anhängig ist; entsprechendes gilt für berufsgerichtliche Verfahren sowie für Bußgeldverfahren nach der Abgabenordnung und dem Steuerberatungsgesetz,

c) daß er bei der Meldebehörde die Erteilung eines Führungszeugnisses zur Vorlage bei der zuständigen Behörde beantragt hat.

Dritter Teil. Verzeichnis der Lohnsteuerhilfevereine

§ 5[1) Eintragung. In das Verzeichnis der Lohnsteuerhilfevereine sind einzutragen

1. Lohnsteuerhilfevereine, die im Bezirk der Aufsichtsbehörde ihren Sitz und ihre Geschäftsleitung haben, und zwar

   a) der Name, der Sitz und die Anschrift der Geschäftsleitung des Vereins,

   b) der Tag der Anerkennung als Lohnsteuerhilfeverein und die Aufsichtsbehörde, die die Anerkennung ausgesprochen hat,

   c) die Namen und die Anschriften der Mitglieder des Vorstands,

   d) sämtliche Beratungsstellen des Vereins

   sowie alle Veränderungen zu den Buchstaben a, c und d;

2. im Bezirk der Aufsichtsbehörde bestehende Beratungsstellen, und zwar

   a) der Name, der Sitz und die Anschrift der Geschäftsleitung des Vereins,

   b) die Anschrift der Beratungsstelle,

   c) der Name und die Anschrift des Leiters der Beratungsstelle,

   d) *(aufgehoben)*

   sowie alle Veränderungen zu den Buchstaben a bis c.

§ 5a[2) Ablehnung der Eintragung. Wird die Eintragung einer Beratungsstelle oder eines Beratungsstellenleiters in das Verzeichnis der Lohnsteuerhilfevereine abgelehnt, gilt § 4 entsprechend.

§ 6[3) Löschung. Im Verzeichnis der Lohnsteuerhilfevereine sind zu löschen

1. Lohnsteuerhilfevereine,

   a) wenn die Anerkennung als Lohnsteuerhilfeverein erloschen oder unanfechtbar zurückgenommen oder widerrufen ist,

---

[1) § 5 Nr. 1 geänd., Nr. 2 Buchst. d aufgeh. durch VO v. 28.5.1991 (BGBl. I S. 1202), Nr. 1 und Nr. 2 geänd. durch G v. 8.4.2008 (BGBl. I S. 666).

[2) § 5a eingef. durch VO v. 28.5.1991 (BGBl. I S. 1202).

[3) § 6 Nr. 1 Buchst. b geänd. durch VO v. 28.5.1991 (BGBl. I S. 1202) und durch G v. 8.4.2008 (BGBl. I S. 666); Nr. 3 angef. mWv 20.7.2017 durch VO v. 12.7.2017 (BGBl. I S. 2360).

b) wenn der Sitz und die Geschäftsleitung aus dem Bezirk der Aufsichtsbehörde verlegt wird;
2. Beratungsstellen, wenn die Beratungsstelle geschlossen ist;
3. Beratungsstellen, wenn deren Sitz in den Bezirk einer anderen Aufsichtsbehörde verlegt wird.

§ 7[1) Meldepflichten. [1]Die Vertretungsberechtigten des Vereins haben der das Verzeichnis führenden Aufsichtsbehörde die für die Eintragung oder Löschung nach § 5 Nr. 1 Buchstaben a und c, Nr. 2, § 6 Nr. 1 Buchstabe b und Nr. 2 erforderlichen Angaben innerhalb von zwei Wochen nach Eintritt des Ereignisses, das eine Eintragung oder Löschung notwendig macht, mitzuteilen. [2]Mitteilungen nach § 23 Abs. 4 des Gesetzes gelten gleichzeitig als Mitteilungen im Sinne dieser Vorschrift.

§ 8[2) Mitteilung über Eintragung und Löschung. (1) [1]Die das Verzeichnis führende Behörde hat dem Verein Eintragungen, die für das Tätigwerden einer Beratungsstelle Voraussetzung sind (§ 23 Abs. 6 des Gesetzes), mitzuteilen. [2]Hat der Verein seinen Sitz und seine Geschäftsleitung im Bezirk einer anderen Aufsichtsbehörde, so sind auch dieser Mitteilungen zu übersenden.

(2) Wird der Verein im Verzeichnis gelöscht, so ist dies allen Aufsichtsbehörden, in deren Verzeichnissen Beratungsstellen des Vereins eingetragen sind, sowie dem zuständigen Registergericht mitzuteilen.

Vierter Teil. Haftpflichtversicherung[3)

§ 9[4) Versicherungspflicht. (1) [1]Lohnsteuerhilfevereine sind verpflichtet, sich gegen die aus ihrer Tätigkeit (§ 4 Nummer 11 des Gesetzes) ergebenden Haftpflichtgefahren für Vermögensschäden zu versichern und die Versicherung während der Dauer ihrer Anerkennung aufrechtzuerhalten. [2]Der Versicherungsschutz muss sich auch auf solche Vermögensschäden erstrecken, für die der Versicherungsnehmer nach § 278 oder § 831 des Bürgerlichen Gesetzbuchs einzustehen hat.

(2) Die Versicherung muss bei einem im Inland zum Geschäftsbetrieb befugten Versicherungsunternehmen zu den nach Maßgabe des Versicherungsaufsichtsgesetzes eingereichten allgemeinen Versicherungsbedingungen genommen werden.

§ 10 Mindestversicherungssumme. (1) Die Mindestversicherungssumme muss für den einzelnen Versicherungsfall 50 000 Euro betragen.

[1) § 7 neu gef. durch VO v. 28.5.1991 (BGBl. I S. 1202) und geänd. durch G v. 8.4.2008 (BGBl. I S. 666).
[2) § 8 neu gef. durch VO v. 28.5.1991 (BGBl. I S. 1202) und geänd. durch G v. 8.4.2008 (BGBl. I S. 666).
[3) 4. Teil eingef. mWv 23.11.2010 durch VO v. 17.11.2010 (BGBl. I S. 1544).
[4) § 9 aufgeh. mWv 15.12.2010 durch G v. 8.12.2010 (BGBl. I S. 1864) und wieder eingef. mWv 1.1.2011 durch G v. 22.6.2011 (BGBl. I S. 1126).

(2) ¹Eine Selbstbeteiligung von bis zu 300 Euro ist zulässig. ²Die Selbstbeteiligung ist auszuschließen für den Fall, dass bei Geltendmachung des Schadens durch einen Dritten die Anerkennung als Lohnsteuerhilfeverein erloschen ist.

(3) Wird eine Jahreshöchstleistung für alle im Versicherungsjahr verursachten Schäden vereinbart, muss sie mindestens 200 000 Euro betragen.

§ 11 Sonstige Inhalte des Versicherungsvertrags. (1) Der Versicherungsvertrag muss vorsehen, dass Versicherungsschutz für jede einzelne, während der Geltung des Versicherungsvertrags begangene Pflichtverletzung besteht, die gesetzliche Haftpflichtansprüche privatrechtlichen Inhalts zur Folge haben könnte.

(2) ¹Im Versicherungsvertrag ist der Versicherer zu verpflichten, der zuständigen Aufsichtsbehörde den Beginn und die Beendigung oder Kündigung des Versicherungsvertrags sowie jede Änderung des Versicherungsvertrags, die den vorgeschriebenen Versicherungsschutz beeinträchtigt, unverzüglich mitzuteilen. ²Die Aufsichtsbehörde (§ 27 des Gesetzes) erteilt Dritten zur Geltendmachung von Schadensersatzansprüchen auf Antrag Auskunft über den Namen und die Adresse der Berufshaftpflichtversicherung des Lohnsteuerhilfevereins sowie die Versicherungsnummer, soweit der Lohnsteuerhilfeverein kein überwiegendes schutzwürdiges Interesse an der Nichterteilung der Auskunft hat.

(3) Der Versicherungsvertrag kann vorsehen, dass die Versicherungssumme den Höchstbetrag der dem Versicherer in jedem einzelnen Schadensfall obliegenden Leistung darstellt, und zwar mit der Maßgabe, dass nur eine einmalige Leistung der Versicherungssumme in Frage kommt

1. gegenüber mehreren entschädigungspflichtigen Personen, auf welche sich der Versicherungsschutz erstreckt,
2. bezüglich eines aus mehreren Verstößen stammenden einheitlichen Schadens,
3. bezüglich sämtlicher Folgen eines Verstoßes. ²Dabei gilt mehrfaches, auf gleicher oder gleichartiger Fehlerquelle beruhendes Tun oder Unterlassen als einheitlicher Verstoß, wenn die betreffenden Angelegenheiten miteinander in rechtlichem oder wirtschaftlichem Zusammenhang stehen. ³In diesem Fall kann die Leistung des Versicherers auf das Fünffache der Mindestversicherungssumme begrenzt werden.

§ 12 Ausschlüsse. Von der Versicherung kann die Haftung ausgeschlossen werden für

1. Ersatzansprüche wegen wissentlicher Pflichtverletzung und
2. Ersatzansprüche wegen Schäden, die durch fehlerhafte Kassenführung, durch Verstöße beim Zahlungsakt oder durch Veruntreuung durch das Personal des Versicherungsnehmers entstehen.

§ 13 Nachweis des Versicherungsabschlusses vor der Anerkennung. ¹Der Lohnsteuerhilfeverein, der die Anerkennung beantragt, muss der anerkennenden Aufsichtsbehörde (§ 27 des Gesetzes) den Abschluss einer dieser

Verordnung entsprechenden Berufshaftpflichtversicherung durch eine Bestätigung des Versicherers nachweisen oder eine entsprechende vorläufige Deckungszusage vorlegen, in der sich der Versicherer verpflichtet, den Widerruf der Deckungszusage unverzüglich der zuständigen Aufsichtsbehörde mitzuteilen. ²Bei Vorlage einer vorläufigen Deckungszusage ist nach der Anerkennung der zuständigen Aufsichtsbehörde unverzüglich der Abschluss der Berufshaftpflichtversicherung durch eine Bestätigung des Versicherers oder eine beglaubigte Abschrift des Versicherungsscheins nachzuweisen.

§ 14 Anzeige von Veränderungen. (1) Die Beendigung oder Kündigung des Versicherungsvertrags, jede Änderung des Versicherungsvertrags, die den nach dieser Verordnung vorgeschriebenen Versicherungsschutz beeinträchtigt, der Wechsel des Versicherers und der Widerruf einer vorläufigen Deckungszusage sind der gemäß § 25 Absatz 2 des Gesetzes zuständigen Aufsichtsbehörde von dem Versicherungspflichtigen unverzüglich anzuzeigen.

(2) Die zuständige Aufsichtsbehörde ist berechtigt, Auskünfte über den Beginn und über die in Absatz 1 aufgeführten Veränderungen des Versicherungsvertrags beim Versicherer einzuholen.

849. Verordnung über die Berufsausbildung zum Steuerfachangestellten und zur Steuerfachangestellten (StFachAngAusbV)[1),2)]

Vom 3. August 2022

(BGBl. I S. 1390)

FNA 806-22-1–144

Auf Grund des § 4 Absatz 1 des Berufsbildungsgesetzes in der Fassung der Bekanntmachung vom 4. Mai 2020 (BGBl. I S. 920) verordnet das Bundesministerium der Finanzen im Einvernehmen mit dem Bundesministerium für Bildung und Forschung:

Inhaltsübersicht

---

[1] **Amtl. Anm.:** Diese Rechtsverordnung ist eine Ausbildungsordnung im Sinne des § 4 des Berufsbildungsgesetzes. Die Ausbildungsordnung und der damit abgestimmte, von der Ständigen Konferenz der Kultusminister der Länder in der Bundesrepublik Deutschland beschlossene Rahmenlehrplan für die Berufsschule werden demnächst im amtlichen Teil des Bundesanzeigers veröffentlicht.

[2] **Anm. d. Red.:** In Kraft mWv 1.8.2023. Zur bis 31.7.2023 geltenden Fassung siehe **Nr. 849a** (im Anschluss abgedruckt).

Abschnitt 1. Gegenstand, Dauer und Gliederung der Berufsausbildung

§ 1 Staatliche Anerkennung des Ausbildungsberufes. Der Ausbildungsberuf mit der Berufsbezeichnung des Steuerfachangestellten und der Steuerfachangestellten wird nach § 4 Absatz 1 des Berufsbildungsgesetzes staatlich anerkannt.

§ 2 Dauer der Berufsausbildung. Die Berufsausbildung dauert drei Jahre.

§ 3 Gegenstand der Berufsausbildung und Ausbildungsrahmenplan.

(1) Gegenstand der Berufsausbildung sind mindestens die im Ausbildungsrahmenplan (Anlage) genannten Fertigkeiten, Kenntnisse und Fähigkeiten.

(2) Von der Organisation der Berufsausbildung, wie sie im Ausbildungsrahmenplan vorgegeben ist, darf von den Ausbildenden abgewichen werden, wenn und soweit betriebspraktische Besonderheiten oder Gründe, die in der Person des oder der Auszubildenden liegen, die Abweichung erfordern.

(3) ¹Die im Ausbildungsrahmenplan genannten Fertigkeiten, Kenntnisse und Fähigkeiten sollen von den Ausbildenden so vermittelt werden, dass die Auszubildenden die berufliche Handlungsfähigkeit nach § 1 Absatz 3 des Berufsbildungsgesetzes erlangen. ²Die berufliche Handlungsfähigkeit schließt insbesondere selbständiges Planen, Durchführen und Kontrollieren bei der Ausübung der beruflichen Aufgaben ein.

§ 4 Struktur der Berufsausbildung und Ausbildungsberufsbild.

(1) ¹Die Berufsausbildung gliedert sich in:

1. berufsprofilgebende Fertigkeiten, Kenntnisse und Fähigkeiten sowie
2. integrativ zu vermittelnde Fertigkeiten, Kenntnisse und Fähigkeiten.

²Die Fertigkeiten, Kenntnisse und Fähigkeiten sind in Berufsbildpositionen gebündelt.

(2) Die Berufsbildpositionen der berufsprofilgebenden Fertigkeiten, Kenntnisse und Fähigkeiten sind:

1. Arbeitsprozesse organisieren,
2. Buchführungen und Aufzeichnungen erstellen und auswerten,
3. Entgeltabrechnungen durchführen,
4. Jahresabschlüsse vorbereiten und erstellen sowie Einnahmenüberschussrechnungen erstellen,
5. die Beratung von Mandantinnen und Mandaten in betriebswirtschaftlichen Angelegenheiten vorbereiten und unterstützen,
6. Verwaltungsakte prüfen und Rechtsbehelfe vorbereiten,
7. Steuererklärungen erstellen sowie steuerliche Anträge vorbereiten und übermitteln und
8. mit internen und externen Ansprechpartnerinnen und Ansprechpartnern kommunizieren und kooperieren.

(3) Die Berufsbildpositionen der integrativ zu vermittelnden Fertigkeiten, Kenntnisse und Fähigkeiten sind:

1. Organisation des Ausbildungsbetriebes, Berufsbildung sowie Arbeits- und Tarifrecht,
2. Sicherheit und Gesundheit bei der Arbeit,
3. Umweltschutz und Nachhaltigkeit,
4. digitalisierte Arbeitswelt,
5. digitale Geschäftsprozesse umsetzen und
6. Verschwiegenheitspflichten und berufsrechtliche Vorgaben erkennen und einhalten.

§ 5 Ausbildungsplan. Die Ausbildenden haben spätestens zu Beginn der Ausbildung auf der Grundlage des Ausbildungsrahmenplans für jeden Auszubildenden und für jede Auszubildende einen Ausbildungsplan zu erstellen.

Abschnitt 2. Zwischenprüfung

§ 6 Zeitpunkt. (1) Die Zwischenprüfung soll im vierten Ausbildungshalbjahr stattfinden.

(2) Den jeweiligen Zeitpunkt legt die zuständige Stelle fest.

§ 7 Inhalt. Die Zwischenprüfung erstreckt sich auf

1. die im Ausbildungsrahmenplan für die ersten 15 Monate genannten Fertigkeiten, Kenntnisse und Fähigkeiten sowie
2. den im Berufsschulunterricht zu vermittelnden Lehrstoff, soweit er den im Ausbildungsrahmenplan genannten Fertigkeiten, Kenntnissen und Fähigkeiten entspricht.

§ 8 Prüfungsbereiche. Die Zwischenprüfung findet in den folgenden Prüfungsbereichen statt:

1. „Arbeitsabläufe organisieren" und
2. „Steuererklärungen vorbereiten und Buchhaltungen bearbeiten".

§ 9 Prüfungsbereich „Arbeitsabläufe organisieren". (1) Im Prüfungsbereich „Arbeitsabläufe organisieren" hat der Prüfling nachzuweisen, dass er in der Lage ist,

1. Arbeitsaufgaben zu planen, durchzuführen und zu kontrollieren,
2. rechtliche Regelungen zur Verschwiegenheit, zum Datenschutz und zur Datensicherheit einzuhalten,
3. Wege der Informationsbeschaffung und den Umgang mit Informationen darzustellen,
4. Vorgänge unter Berücksichtigung von Zeichnungs- und Weisungsbefugnissen zu bearbeiten,

5. Fristen zu überwachen und

6. Arbeitsprozesse zu reflektieren und Maßnahmen zu deren Verbesserung unter Berücksichtigung digitaler Möglichkeiten vorzuschlagen.

(2) ¹Die Prüfungsaufgaben müssen praxisbezogen sein. ²Der Prüfling hat die Aufgaben schriftlich zu bearbeiten.

(3) Die Prüfungszeit beträgt 45 Minuten.

§ 10 Prüfungsbereich „Steuererklärungen vorbereiten und Buchhaltungen bearbeiten". (1) Im Prüfungsbereich „Steuererklärungen vorbereiten und Buchhaltungen bearbeiten" hat der Prüfling nachzuweisen, dass er in der Lage ist,

1. Belege, auch digital, zu beschaffen, zu sichten und zu beurteilen,

2. Einkünfte aus nichtselbständiger Tätigkeit zur Abgabe von Steuererklärungen an das Finanzamt zu ermitteln,

3. laufende monatliche Buchhaltungen zu bearbeiten und

4. betriebliche Kennzahlen für die betriebswirtschaftliche Beratung von Mandantinnen und Mandanten zu ermitteln und auszuwerten.

(2) ¹Die Prüfungsaufgaben müssen praxisbezogen sein. ²Der Prüfling hat die Aufgaben schriftlich zu bearbeiten.

(3) Die Prüfungszeit beträgt 75 Minuten.

Abschnitt 3. Abschlussprüfung

§ 11 Zeitpunkt. (1) Die Abschlussprüfung findet am Ende der Berufsausbildung statt.

(2) Den Zeitpunkt legt die zuständige Stelle fest.

§ 12 Inhalt. Die Abschlussprüfung erstreckt sich auf

1. die im Ausbildungsrahmenplan genannten Fertigkeiten, Kenntnisse und Fähigkeiten sowie

2. den im Berufsschulunterricht zu vermittelnden Lehrstoff, soweit er den im Ausbildungsrahmenplan genannten Fertigkeiten, Kenntnissen und Fähigkeiten entspricht.

§ 13 Prüfungsbereich. Die Abschlussprüfung findet in den folgenden Prüfungsbereichen statt:

1. „Sachverhalte steuerrechtlich beurteilen und in Steuererklärungen bearbeiten",

2. „Sachverhalte im Zusammenhang mit Finanzbuchhaltungen, Entgeltabrechnungen und Jahresabschlüssen bearbeiten",

3. „Mandantinnen- und Mandantenberatung mitgestalten" sowie

4. „Wirtschafts- und Sozialkunde".

§ 14 Prüfungsbereich „Sachverhalte steuerrechtlich beurteilen und in Steuererklärungen bearbeiten". (1) Im Prüfungsbereich „Sachverhalte steuerrechtlich beurteilen und in Steuererklärungen bearbeiten" hat der Prüfling nachzuweisen, dass er in der Lage ist,

1. Anliegen von Mandantinnen und Mandanten aufzunehmen,
2. Sachverhalte unter Berücksichtigung steuerrechtlicher und handelsrechtlicher Regelungen einzuordnen,
3. steuerliche Grunddaten von Mandantinnen und Mandanten zu erfassen und zu verarbeiten,
4. die eingereichten Unterlagen den Steuerarten zuzuordnen,
5. den Gewinn einer Einkunftsart durch eine Einnahmenüberschussrechnung zu ermitteln,
6. Bemessungsgrundlagen zu ermitteln und Steuern einschließlich der steuerlichen Nebenleistungen zu berechnen,
7. Steuererklärungen vorzubereiten und
8. steuer- und verfahrensrechtliche Regelungen unter Berücksichtigung von Fristen einzuhalten.

(2) ¹Die Prüfungsaufgaben müssen praxisbezogen sein. ²Der Prüfling hat die Aufgaben schriftlich zu bearbeiten.

(3) Die Prüfungszeit beträgt 130 Minuten.

§ 15 Prüfungsbereich „Sachverhalte im Zusammenhang mit Finanzbuchhaltungen, Entgeltabrechnungen und Jahresabschlüssen bearbeiten". (1) Im Prüfungsbereich „Sachverhalte im Zusammenhang mit Finanzbuchhaltungen, Entgeltabrechnungen und Jahresabschlüssen bearbeiten" hat der Prüfling nachzuweisen, dass er in der Lage ist,

1. die für die Finanzbuchhaltung und Jahresabschlusserstellung erforderlichen Stammdaten von Mandantinnen und Mandanten zu erheben, einzuordnen und zu erfassen,
2. Entgeltabrechnungen durchzuführen und die Ergebnisse in die Finanzbuchhaltung zu integrieren,
3. laufende Geschäftsvorfälle handels- und steuerrechtlich zu beurteilen und zu buchen,
4. das Anlage- und Umlaufvermögen abzugrenzen und zu bewerten,
5. Berechnungen und Jahresabschlussbuchungen durchzuführen und handels- und steuerrechtliche Jahresabschlüsse zu erstellen und
6. Auswertungen zu erstellen und mandats- und anlassbezogen betriebswirtschaftlich zu analysieren.

(2) ¹Die Prüfungsaufgaben müssen praxisbezogen sein. ²Der Prüfling hat die Aufgaben schriftlich zu bearbeiten.

(3) Die Prüfungszeit beträgt 110 Minuten.

§ 16 Prüfungsbereich „Mandantinnen- und Mandantenberatung mitgestalten". (1) Im Prüfungsbereich „Mandantinnen- und Mandantenberatung mitgestalten" hat der Prüfling nachzuweisen, dass er in der Lage ist,

1. Beratungsgespräche systematisch, situationsgerecht und zielorientiert zu unterstützen,

2. sich mandantinnen- und mandantenorientiert zu verhalten,

3. fachliche Hintergründe sowie Zusammenhänge zu berücksichtigen,

4. Probleme und Vorgehensweisen zu erörtern,

5. Mandantinnen und Mandanten über steuerrechtliche Regelungen zu informieren sowie rechtliche Regelungen einzuhalten,

6. einen Lösungsweg auch unter Berücksichtigung von digitalen Geschäftsprozessen zu entwickeln,

7. auf Mandantinnen- und Mandantenfragen und -einwände fachgerecht einzugehen,

8. analoge oder digitale beratungsunterstützende Hilfsmittel einzusetzen und

9. über den Gesprächsanlass hinausgehende Mandantinnen- und Mandantenbedarfe zu erkennen und anzusprechen.

(2) Für den Nachweis nach Absatz 1 sind folgende Tätigkeiten zugrunde zu legen:

1. Buchführungen anfertigen,

2. Entgeltabrechnungen durchführen,

3. Jahresabschlusserstellung vorbereiten,

4. betriebswirtschaftliche und wirtschaftsrechtliche Angelegenheiten unterstützen und

5. Steuererklärungen erstellen.

(3) Mit dem Prüfling wird eine Gesprächssimulation durchgeführt.

(4) ¹Für die Gesprächssimulation stellt der Prüfungsausschuss dem Prüfling zwei praxisbezogene Aufgaben aus unterschiedlichen Tätigkeiten nach Absatz 2 zur Auswahl. ²Der Prüfling hat eine der Aufgaben auszuwählen. ³Für die Auswahl der Aufgabe und die Vorbereitung auf die Gesprächssimulation stehen ihm insgesamt 15 Minuten zur Verfügung.

(5) Die Gesprächssimulation dauert höchstens 30 Minuten.

§ 17 Prüfungsbereich „Wirtschafts- und Sozialkunde". (1) Im Prüfungsbereich „Wirtschafts- und Sozialkunde" hat der Prüfling nachzuweisen, dass er in der Lage ist, allgemeine wirtschaftliche und gesellschaftliche Zusammenhänge der Berufs- und Arbeitswelt darzustellen und zu beurteilen.

(2) ¹Die Aufgaben müssen praxisbezogen sein. ²Der Prüfling hat die Aufgaben schriftlich zu bearbeiten.

(3) Die Prüfungszeit beträgt 60 Minuten.

§ 18 Gewichtung der Prüfungsbereiche und Anforderungen für das Bestehen der Abschlussprüfung. (1) Die Bewertungen der einzelnen Prüfungsbereiche sind wie folgt zu gewichten:

1. „Sachverhalte steuerrechtlich beurteilen und in Steuererklärungen bearbeiten" mit 35 Prozent,

2. „Sachverhalte im Zusammenhang mit Finanzbuchhaltungen, Entgeltabrechnungen und Jahresabschlüssen" bearbeiten mit 30 Prozent,

3. „Mandantinnen- und Mandantenberatung mitgestalten" mit 25 Prozent sowie

4. „Wirtschafts- und Sozialkunde" mit 10 Prozent.

(2) [1]Die Abschlussprüfung ist bestanden, wenn die Prüfungsleistungen – auch unter Berücksichtigung einer mündlichen Ergänzungsprüfung nach § 19 – wie folgt bewertet worden sind:

1. im Gesamtergebnis mit mindestens „ausreichend",

2. im Prüfungsbereich „Sachverhalte steuerrechtlich beurteilen und in Steuererklärungen bearbeiten" mit mindestens „ausreichend",

3. in mindestens zwei weiteren Prüfungsbereichen mit mindestens „ausreichend" und

4. in keinem Prüfungsbereich mit „ungenügend".

[2]Über das Bestehen ist ein Beschluss nach § 42 Absatz 1 Nummer 3 des Berufsbildungsgesetzes zu fassen.

§ 19 Mündliche Ergänzungsprüfung. (1) Der Prüfling kann in einem Prüfungsbereich eine mündliche Ergänzungsprüfung beantragen.

(2) [1]Dem Antrag ist stattzugeben,

1. wenn er für einen der folgenden Prüfungsbereiche gestellt worden ist:

   a) „Sachverhalte steuerrechtlich beurteilen und in Steuererklärungen bearbeiten",

   b) „Sachverhalte im Zusammenhang mit Finanzbuchhaltungen, Entgeltabrechnungen und Jahresabschlüssen bearbeiten" oder

   c) „Wirtschafts- und Sozialkunde",

2. wenn der benannte Prüfungsbereich schlechter als mit „ausreichend" bewertet worden ist und

3. wenn die mündliche Ergänzungsprüfung für das Bestehen der Abschlussprüfung den Ausschlag geben kann.

[2]Die mündliche Ergänzungsprüfung darf nur in einem einzigen Prüfungsbereich durchgeführt werden.

(3) Die mündliche Ergänzungsprüfung soll 15 Minuten dauern.

(4) Bei der Ermittlung des Ergebnisses für den Prüfungsbereich sind das bisherige Ergebnis und das Ergebnis der mündlichen Ergänzungsprüfung im Verhältnis 2:1 zu gewichten.

Abschnitt 4. Schlussvorschrift

§ 20 Inkrafttreten, Außerkrafttreten. [1]Diese Verordnung tritt am 1. August 2023 in Kraft. [2]Gleichzeitig tritt die Verordnung über die Berufsausbildung zum Steuerfachangestellten/zur Steuerfachangestellten vom 9. Mai 1996 (BGBl. I S. 672) außer Kraft.

Anlage 1
(zu § 3 Absatz 1)

Ausbildungsrahmenplan für die Berufsausbildung zum Steuerfachangestellten und zur Steuerfachangestellten

Abschnitt A: berufsprofilgebende Fertigkeiten, Kenntnisse und Fähigkeiten

Lfd. Nr.	Berufsbild-positionen	Fertigkeiten, Kenntnisse und Fähigkeiten	Zeitliche Richt-werte in Wochen im	
			1. bis 15. Monat	16. bis 36. Monat
1	2	3	4	
1	Arbeitsprozesse organisieren (§ 4 Absatz 2 Nummer 1)	a) Aufgaben im eigenen Arbeitsbereich selbstverantwortlich und ergebnisorientiert planen, steuern und durchführen b) Zuständigkeiten, insbesondere Zeichnungs- und Vertretungsregelungen, sowie Weisungsbefugnisse beachten c) Posteingang und -ausgang bearbeiten d) Vorgänge bearbeiten und dokumentieren, insbesondere betriebliches Dokumentenmanagementsystem nutzen e) Fristen nach ihrer Rechtsnatur unterscheiden, berechnen, erfassen und überwachen f) Korrespondenz selbstständig erfassen g) berufsspezifische Informationen aufgabenbezogen in Fachdatenbanken recherchieren, aufbereiten und nutzen, Fachbegriffe, auch in einer Fremdsprache, anwenden h) Arbeits- und Verfahrensanweisungen nach betrieblichen Vorgaben zur Einhaltung qualitätssichernder Maßnahmen einhalten i) Arbeitsprozesse bewerten und reflektieren sowie Maßnahmen zur Verbesserung vorschlagen j) Informations- und Kommunikationstechniken nutzen k) Präsentationstechniken, insbesondere durch den Einsatz digitaler Medien, mandantinnen- und mandantenorientiert einsetzen	9	

Lfd. Nr.	Berufsbild-positionen	Fertigkeiten, Kenntnisse und Fähigkeiten	Zeitliche Richt-werte in Wochen im	
			1. bis 15. Mo-nat	16. bis 36. Mo-nat
1	2	3	4	
		l) die Gegenstandswerte für die laufende monatliche Buchhaltung und für Lohnab-rechnungen sowie für die jährlichen Ab-schlussarbeiten und Steuererklärungen er-mitteln		2
		m) Honorarrechnungen für Mandantinnen und Mandanten vorbereiten		
		n) Honorarrechnungen gegenüber Mandan-tinnen und Mandanten erläutern		
2	Buchführungen und Aufzeich-nungen erstellen und auswerten (§ 4 Absatz 2 Nummer 2)	a) Buchführungspflichten nach Handels- und Steuerrecht sowie die Grundsätze ord-nungsmäßiger Buchführung einhalten	10	
		b) Aufzeichnungspflichten nach Steuerrecht einhalten und von den Buchführungs-pflichten unterscheiden		
		c) unter Beachtung von Kontenrahmen und Steuertaxonomien Konten eröffnen, Ge-schäftsvorfälle wirtschaftlich und rechtlich beurteilen und buchen sowie Konten ab-stimmen und abschließen		
		d) Nebenbücher, insbesondere Anlagenver-zeichnisse, erstellen und pflegen		
		e) Übernahme digitaler Daten prüfen, Schnittstellen nutzen sowie Belege digital oder analog verarbeiten		15
		f) Daten und Konten auf Plausibilität und Konsistenz prüfen, bei Abweichungen Maßnahmen ergreifen		
		g) Nachweise, Anträge und Meldungen im Zusammenhang mit der Buchführung erstellen und übermitteln		
		h) Auswertungen situations- und mandatsbe-zogen erstellen		
3	Entgeltabrech-nungen durch-führen (§ 4 Absatz 2 Nummer 3)	a) Daten für die Erstellung von Entgeltab-rechnungen beschaffen, rechtlich und sachlich prüfen sowie pflegen	8	
		b) bei der Entgeltabrechnung steuer- und sozialversicherungsrechtliche Vorschriften einhalten		
		c) bei der Entgeltabrechnung lohnsteuer- und sozialversicherungsrechtliche Aspekte be-urteilen sowie Möglichkeiten zur Lohnsteuerermäßigung aufzeigen		
		d) Entgeltabrechnungen erstellen und prüfen		

Lfd. Nr.	Berufsbild-positionen	Fertigkeiten, Kenntnisse und Fähigkeiten	Zeitliche Richt-werte in Wochen im	
			1. bis 15. Monat	16. bis 36. Monat
1	2	3	4	
		e) Entgeltabrechnungen in die Buchführung übertragen und verarbeiten f) Nachweise, Anträge und Meldungen im Zusammenhang mit der Entgeltabrechnung digital erstellen und übermitteln g) Auswertungen aus dem Entgeltabrechnungssystem situations- und mandatsbezogen erstellen h) an der mandatsbezogenen Beratung mitwirken		11
4	Jahresabschlüsse vorbereiten und erstellen sowie Einnahmenüberschussrechnungen erstellen (§ 4 Absatz 2 Nummer 4)	a) rechtliche Vorschriften, insbesondere handels- und steuerrechtliche Vorschriften, einhalten b) Eröffnungsbilanz erstellen, Bilanz sowie Gewinn- und Verlustrechnung für den Jahresabschluss aus der Buchführung entwickeln c) die Auswirkungen unterschiedlicher Wertansätze in der Handels- und Steuerbilanz bei der Erstellung der Jahresabschlüsse berücksichtigen d) Unterschiede und Auswirkungen der Gesellschaftsformen bei der Erstellung von Jahresabschlüssen berücksichtigen e) Jahresabschlüsse mit ihren jeweiligen Bestandteilen erstellen und digital übermitteln f) Voraussetzungen der Einnahmenüberschussrechnung prüfen, Gewinn ermitteln und Einnahmenüberschussrechnung erstellen g) Unterschiede und Gemeinsamkeiten zwischen Jahresabschluss sowie Einnahmenüberschussrechnung der Mandantin oder dem Mandanten gegenüber erläutern		25
5	Die Beratung von Mandantinnen und Mandanten in betriebswirtschaftlichen Angelegenheiten vorbereiten und unterstützen (§ 4 Absatz 2 Nummer 5)	a) betriebswirtschaftliche Auswertungen mandatsbezogen auswählen, auf Plausibilität prüfen und Positionen gegenüber den Mandantinnen und Mandanten erläutern b) betriebliche Kennzahlen ermitteln und im Rahmen innerer und äußerer Betriebsvergleiche auswerten, Mandantinnen und Mandanten informieren	5	
		c) Vermögens- und Kapitalstrukturen ermitteln, Mandantinnen und Mandanten informieren		

Lfd. Nr.	Berufsbildpositionen	Fertigkeiten, Kenntnisse und Fähigkeiten	Zeitliche Richtwerte in Wochen im	
			1. bis 15. Monat	16. bis 36. Monat
1	2	3	4	
		d) Möglichkeiten der Finanzierung, insbesondere der Eigen- und Fremdfinanzierung sowie der Außen- und Innenfinanzierung, gegenüber den Mandantinnen und Mandanten erläutern e) Kennzahlen mandatsbezogen überwachen und bei Veränderungen Mandantinnen und Mandanten informieren		10
6	Verwaltungsakte prüfen und Rechtsbehelfe vorbereiten (§ 4 Absatz 2 Nummer 6)	a) steuer- und verfahrensrechtliche Vorschriften einhalten, insbesondere Rechte und Pflichten der Beteiligten, ihrer gesetzlichen Vertreterinnen und Vertreter sowie der Finanzbehörden im Besteuerungsverfahren einordnen b) Mandantinnen und Mandanten über Vorschriften der Entstehung und der Festsetzung der Steuer sowie deren Fälligkeit informieren und auf Gesetzesverstöße hinweisen c) Einspruchsfrist und Festsetzungsverjährungsfrist berechnen und beachten d) Anträge auf Fristverlängerung entwerfen e) Anspruchsvoraussetzungen auf Stundung prüfen und Anträge vorbereiten f) Verwaltungsakte prüfen, insbesondere Steuerbescheid mit Steuererklärung abgleichen g) Zulässigkeit und Einleitung des außergerichtlichen Rechtsbehelfsverfahrens prüfen, Mandantinnen und Mandanten über Instanzen der Finanzgerichtsbarkeit informieren h) Einsprüche und Anträge bezüglich Aufhebung oder Änderung von Steuerbescheiden entwerfen i) Anträge auf Aussetzung der Vollziehung und Erlass entwerfen		13
7	Steuererklärungen erstellen sowie steuerliche Anträge vorbereiten und übermitteln (§ 4 Absatz 2 Nummer 7)	a) steuerrechtliche Vorschriften einhalten b) steuerrechtliche Sachverhalte und Bemessungsgrundlagen ermitteln, digitale Daten bei Finanzbehörden abrufen und überprüfen c) Steuerpflicht prüfen d) Einkommensteuererklärungen erstellen,	10	

Lfd. Nr.	Berufsbild-positionen	Fertigkeiten, Kenntnisse und Fähigkeiten	Zeitliche Richt-werte in Wochen im	
			1. bis 15. Mo-nat	16. bis 36. Mo-nat
1	2	3	4	
		dabei das zu versteuernde Einkommen ermitteln		
		e) Erklärungen zur gesonderten Feststellung von Besteuerungsgrundlagen erstellen		
		f) Umsatzsteuererklärungen erstellen und Umsatzsteuerverprobungen durchführen		
		g) Gewerbesteuererklärungen, einschließlich Zerlegungserklärungen, erstellen		
		h) Körperschaftsteuererklärungen erstellen, dabei das zu versteuernde Einkommen ermitteln, Körperschaftsteuertarife anwenden		15
		i) Anträge, insbesondere auf Lohnsteuerermäßigung, vorbereiten		
		j) digitale Übertragung an die Finanzbehörden veranlassen		
8	Mit internen und externen Ansprechpartnerinnen und Ansprechpartnern kommunizieren und kooperieren (§ 4 Absatz 2 Nummer 8)	a) situations- und adressatengerecht sowie zielorientiert kommunizieren, Wertschätzung, Respekt und Vertrauen, auch im Hinblick auf soziokulturelle Unterschiede, als Grundlage erfolgreichen Handelns berücksichtigen	8	
		b) Ursachen von Konflikten und Kommunikationsstörungen erkennen und zu deren Lösung beitragen		
		c) betriebliche Kommunikationsregeln, insbesondere im Umgang mit Mandantinnen und Mandanten und Finanzbehörden beachten, Kommunikationskanäle auswählen und verwenden		
		d) Informationen einholen und Anliegen aufnehmen, auch in einer Fremdsprache		
		e) Aufgaben im Team planen und bearbeiten sowie Ergebnisse abstimmen, dokumentieren und auswerten		

Abschnitt B: integrativ zu vermittelnde Fertigkeiten, Kenntnisse und Fähigkeiten

Lfd. Nr.	Berufsbildpositionen	Fertigkeiten, Kenntnisse und Fähigkeiten	Zeitliche Richtwerte in Wochen im	
			1. bis 15. Monat	16. bis 36. Monat
1	2	3	4	
1	Organisation des Ausbildungsbetriebes, Berufsbildung sowie Arbeits- und Tarifrecht (§ 4 Absatz 3 Nummer 1)	a) den Aufbau und die grundlegenden Arbeits- und Geschäftsprozesse des Ausbildungsbetriebes erläutern b) Rechte und Pflichten aus dem Ausbildungsvertrag sowie Dauer und Beendigung des Ausbildungsverhältnisses erläutern und Aufgaben der im System der dualen Berufsausbildung Beteiligten beschreiben c) die Bedeutung, die Funktion und die Inhalte der Ausbildungsordnung und des betrieblichen Ausbildungsplans erläutern sowie zu deren Umsetzung beitragen d) die für den Ausbildungsbetrieb geltenden arbeits-, sozial-, tarif- und mitbestimmungsrechtlichen Vorschriften erläutern e) Grundlagen, Aufgaben und Arbeitsweise der betriebsverfassungs- oder personalvertretungsrechtlichen Organe des Ausbildungsbetriebes erläutern f) Beziehungen des Ausbildungsbetriebes und seiner Beschäftigten zu Wirtschaftsorganisationen und Gewerkschaften erläutern g) Positionen der eigenen Entgeltabrechnung erläutern h) wesentliche Inhalte von Arbeitsverträgen erläutern i) Möglichkeiten des beruflichen Aufstiegs und der beruflichen Weiterentwicklung erläutern		Während der gesamten Ausbildung
2	Sicherheit und Gesundheit bei der Arbeit (§ 4 Absatz 3 Nummer 2)	a) Rechte und Pflichten aus den berufsbezogenen Arbeitsschutz- und Unfallverhütungsvorschriften kennen und diese Vorschriften anwenden b) Gefährdungen von Sicherheit und Gesundheit am Arbeitsplatz und auf dem Arbeitsweg prüfen und beurteilen c) sicheres und gesundheitsgerechtes Arbeiten erläutern d) technische und organisatorische Maßnahmen zur Vermeidung von Gefährdungen sowie von psychischen und physischen Be-		

Lfd. Nr.	Berufsbildpositio- nen	Fertigkeiten, Kenntnisse und Fähigkeiten	Zeitliche Richt- werte in Wochen im	
			1. bis 15. Mo- nat	16. bis 36. Mo- nat
1	2	3	4	
		lastungen für sich und andere, auch prä- ventiv, ergreifen		
		e) ergonomische Arbeitsweisen beachten und anwenden		
		f) Verhaltensweisen bei Unfällen beschreiben und erste Maßnahmen bei Unfällen einlei- ten		
		g) betriebsbezogene Vorschriften des vorbeu- genden Brandschutzes anwenden, Verhal- tensweisen bei Bränden beschreiben und erste Maßnahmen zur Brandbekämpfung ergreifen		
3	Umweltschutz und Nachhaltig- keit (§ 4 Absatz 3 Nummer 3)	a) Möglichkeiten zur Vermeidung betriebs- bedingter Belastungen für Umwelt und Gesellschaft im eigenen Aufgabenbereich erkennen und zu deren Weiterentwicklung beitragen	Während der gesamten Ausbildung	
		b) bei Arbeitsprozessen und im Hinblick auf Produkte, Waren oder Dienstleistungen Materialien und Energie unter wirtschaftli- chen, umweltverträglichen und sozialen Gesichtspunkten der Nachhaltigkeit nut- zen		
		c) für den Ausbildungsbetrieb geltende Re- gelungen des Umweltschutzes einhalten		
		d) Abfälle vermeiden sowie Stoffe und Mate- rialien einer umweltschonenden Wieder- verwertung oder Entsorgung zuführen		
		e) Vorschläge für nachhaltiges Handeln für den eigenen Arbeitsbereich entwickeln		
		f) unter Einhaltung betrieblicher Regelungen im Sinne einer ökonomischen, ökologi- schen und sozial nachhaltigen Entwicklung zusammenarbeiten und adressatengerecht kommunizieren		
4	Digitalisierte Arbeitswelt (§ 4 Absatz 3 Nummer 4)	a) mit eigenen und betriebsbezogenen Daten sowie mit Daten Dritter umgehen und da- bei die Vorschriften zum Datenschutz und zur Datensicherheit einhalten		
		b) Risiken bei der Nutzung von digitalen Medien und informationstechnischen Sys- temen einschätzen und bei deren Nutzung betriebliche Regelungen einhalten		

Lfd. Nr.	Berufsbildpositionen	Fertigkeiten, Kenntnisse und Fähigkeiten	Zeitliche Richtwerte in Wochen im	
			1. bis 15. Monat	16. bis 36. Monat
1	2	3	4	
		c) ressourcenschonend, adressatengerecht und effizient kommunizieren sowie Kommunikationsergebnisse dokumentieren	Während der gesamten Ausbildung	
		d) Störungen in Kommunikationsprozessen erkennen und zu ihrer Lösung beitragen		
		e) Informationen in digitalen Netzen recherchieren und aus digitalen Netzen beschaffen sowie Informationen, auch fremde, prüfen, bewerten und auswählen		
		f) Lern- und Arbeitstechniken sowie Methoden des selbstgesteuerten Lernens anwenden, digitale Lernmedien nutzen und Erfordernisse des lebensbegleitenden Lernens erkennen und ableiten		
		g) Aufgaben zusammen mit Beteiligten, einschließlich der Beteiligten anderer Arbeits- und Geschäftsbereiche, auch unter Nutzung digitaler Medien, planen, bearbeiten und gestalten		
		h) Wertschätzung anderer unter Berücksichtigung gesellschaftlicher Vielfalt praktizieren		
5	Digitale Geschäftsprozesse umsetzen (§ 4 Absatz 3 Nummer 5)	a) technische Entwicklungen verfolgen und Auswirkungen auf die steuerliche und wirtschaftliche Beratung sowie die digitalen Arbeitsabläufe ableiten, die damit verbundenen Datenflüsse und Schnittstellen beachten und dabei die Ordnungsmäßigkeit einhalten	8	
		b) Störungen im Prozess der Leistungserstellung, insbesondere im Hinblick auf wirtschaftliche und organisatorische Auswirkungen erkennen und Maßnahmen zu ihrer Behebung einleiten		
		c) an der Optimierung von digitalen Geschäftsabläufen mitwirken, Maßnahmen zur Verbesserung vorschlagen		
6	Verschwiegenheitspflichten und berufsrechtliche Vorgaben erkennen und einhalten (§ 4 Absatz 3 Nummer 6)	a) die Stellung des Berufsträgers und der Berufsträgerin als unabhängiges Organ der Steuerrechtspflege bei Arbeitsprozessen beachten	7	
		b) Vorschriften des Berufsrechts, insbesondere zu Verschwiegenheitspflichten und Zeugnisverweigerungsrechten einhalten		

Lfd. Nr.	Berufsbildpositio- nen	Fertigkeiten, Kenntnisse und Fähigkeiten	Zeitliche Richt- werte in Wochen im	
			1. bis 15. Mo- nat	16. bis 36. Mo- nat
1	2	3	4	
		c) den Berufsträger und die Berufsträgerin bei der Erfüllung der Pflichten zur Geld- wäscheprävention unterstützen		

[Fassung bis 31.7.2023:]
849a. Verordnung über die Berufsausbildung zum Steuerfachangestellten/zur Steuerfachangestellten[1]

Vom 9. Mai 1996

(BGBl. I S. 672)

BGBl. III/FNA 806–21–1–204

Auf Grund des § 25 des Berufsbildungsgesetzes vom 14. August 1969 (BGBl. I S. 1112), der zuletzt durch § 24 Nr. 1 des Gesetzes vom 24. August 1976 (BGBl. I S. 2525) geändert worden ist, in Verbindung mit Artikel 56 des Zuständigkeitsanpassungs-Gesetzes vom 18. März 1975 (BGBl. I S. 705) und dem Organisationserlaß vom 17. November 1994 (BGBl. I S. 3667) verordnen das Bundesministerium der Finanzen und das Bundesministerium für Wirtschaft im Einvernehmen mit dem Bundesministerium für Bildung, Wissenschaft, Forschung und Technologie:

§ 1 Staatliche Anerkennung des Ausbildungsberufes. *Der Ausbildungsberuf Steuerfachangestellter/Steuerfachangestellte wird staatlich anerkannt.*

§ 2 Ausbildungsdauer. *Die Ausbildung dauert drei Jahre.*

§ 3 Ausbildungsberufsbild. *Gegenstand der Berufsausbildung sind mindestens die folgenden Fertigkeiten und Kenntnisse:*

1. *Ausbildungspraxis:*
1.1 *Bedeutung, Stellung und gesetzliche Grundlagen der steuerberatenden und wirtschaftsprüfenden Berufe,*
1.2 *Personalwesen, arbeits- und sozialrechtliche Grundlagen,*
1.3 *Berufsbildung,*
1.4 *Arbeitssicherheit, Umweltschutz und rationelle Energieverwendung;*
2. *Praxis- und Arbeitsorganisation:*
2.1 *Inhalt und Organisation der Arbeitsabläufe,*
2.2 *Kooperation und Kommunikation;*
3. *Anwenden von Informations- und Kommunikationstechniken;*
4. *Rechnungswesen:*
4.1 *Buchführungs- und Bilanzierungsvorschriften,*
4.2 *Buchführungs- und Abschlußtechnik,*
4.3 *Lohn- und Gehaltsabrechnung,*
4.4 *Erstellen von Abschlüssen;*
5. *betriebswirtschaftliche Facharbeit:*
5.1 *Auswerten der Rechnungslegung,*
5.2 *Finanzierung;*

---

[1] **Verordnung aufgeh. mWv 1.8.2023 durch VO v. 3.8.2022 (BGBl. I S. 1390).**

6. *steuerliche Facharbeit:*

6.1 *Abgabenordnung,*

6.2 *Umsatzsteuer,*

6.3 *Einkommensteuer,*

6.4 *Körperschaftsteuer,*

6.5 *Gewerbesteuer,*

6.6 *Bewertungsgesetz,*

6.7 *Vermögensteuer.*

§ 4 Ausbildungsrahmenplan. *(1)* ¹*Die Fertigkeiten und Kenntnisse nach § 3 sollen nach den in den Anlagen I und II enthaltenen Anleitungen zur sachlichen und zeitlichen Gliederung der Berufsausbildung (Ausbildungsrahmenplan) vermittelt werden.* ²*Eine von dem Ausbildungsrahmenplan abweichende sachliche und zeitliche Gliederung des Ausbildungsinhaltes ist insbesondere zulässig, soweit betriebspraktische Besonderheiten die Abweichung erfordern.*

(2) ¹*Die in dieser Verordnung genannten Fertigkeiten und Kenntnisse sollen so vermittelt werden, daß der Auszubildende zur Ausübung einer qualifizierten beruflichen Tätigkeit im Sinne des § 1 Abs. 2 des Berufsbildungsgesetzes befähigt wird, die insbesondere selbständiges Planen, Durchführen und Kontrollieren einschließt.* ²*Diese Befähigung ist auch in den Prüfungen nach den §§ 7 und 8 nachzuweisen.*

§ 5 Ausbildungsplan. *Der Ausbildende hat unter Zugrundelegung des Ausbildungsrahmenplanes für den Auszubildenden einen Ausbildungsplan zu erstellen.*

§ 6 Berichtsheft. ¹*Der Auszubildende hat ein Berichtsheft in Form eines Ausbildungsnachweises zu führen.* ²*Ihm ist Gelegenheit zu geben, das Berichtsheft während der Ausbildungszeit zu führen.* ³*Der Ausbildende hat das Berichtsheft regelmäßig durchzusehen.*

§ 7 Zwischenprüfung. *(1)* ¹*Zur Ermittlung des Ausbildungsstandes ist eine Zwischenprüfung durchzuführen.* ²*Sie soll vor dem Ende des zweiten Ausbildungsjahres stattfinden.*

(2) Die Zwischenprüfung erstreckt sich auf die in den Anlagen I und II für das erste Ausbildungsjahr und die für das zweite Ausbildungsjahr unter laufender Nummer 4.2 Buchstabe d und laufender Nummer 4.3 aufgeführten Fertigkeiten und Kenntnisse sowie auf den im Berufsschulunterricht entsprechend dem Rahmenlehrplan zu vermittelnden Lehrstoff, soweit er für die Berufsausbildung wesentlich ist.

(3) Die Zwischenprüfung ist schriftlich anhand praxisbezogener Fälle oder Aufgaben in insgesamt höchstens 180 Minuten in folgenden Prüfungsfächern durchzuführen:

1. *Steuerwesen,*

2. *Rechnungswesen,*

3. *Wirtschafts- und Sozialkunde.*

(4) Die in Absatz 3 genannte Prüfungsdauer kann insbesondere unterschritten werden, soweit die Prüfung in programmierter Form durchgeführt wird.

§ 8 Abschlußprüfung. *(1) Die Abschlußprüfung erstreckt sich auf die in der Anlage I aufgeführten Fertigkeiten und Kenntnisse sowie auf den im Berufsschulunterricht vermittelten Lehrstoff, soweit er für die Berufsausbildung wesentlich ist.*

(2) Die Prüfung ist schriftlich in den Prüfungsfächern Steuerwesen, Rechnungswesen, Wirtschafts- und Sozialkunde und mündlich im Prüfungsfach Mandantenorientierte Sachbearbeitung durchzuführen.

(3) In der schriftlichen Prüfung soll der Prüfling in den nachstehend genannten Prüfungsfächern je eine Arbeit anfertigen:

1. *Prüfungsfach Steuerwesen:*
   ¹ In 150 Minuten soll der Prüfling praxisbezogene Fälle oder Aufgaben bearbeiten und dabei zeigen, daß er Fertigkeiten und Kenntnisse steuerlicher Facharbeit erworben hat und wirtschafts- und steuerrechtliche Zusammenhänge versteht. ² Hierfür kommen insbesondere folgende Gebiete in Betracht:

   a) *Steuern vom Einkommen und Ertrag,*

   b) *Steuern vom Vermögen,*

   c) *Steuern vom Umsatz,*

   d) *Abgabenordnung;*

2. *Prüfungsfach Rechnungswesen:*
   In 120 Minuten soll der Prüfling praxisbezogene Aufgaben oder Fälle insbesondere aus den folgenden Gebieten bearbeiten und dabei zeigen, daß er Fertigkeiten und Kenntnisse dieser Gebiete erworben hat und Zusammenhänge versteht:

   a) *Buchführung,*

   b) *Jahresabschluß;*

3. *Prüfungsfach Wirtschafts- und Sozialkunde:*
   ¹ In 90 Minuten soll der Prüfling praxisbezogene Aufgaben oder Fälle bearbeiten und dabei zeigen, daß er wirtschaftliche, rechtliche und gesellschaftliche Zusammenhänge der Berufs- und Arbeitswelt darstellen und beurteilen kann. ² Hierfür kommen insbesondere folgende Gebiete in Betracht:

   a) *Arbeitsrecht und soziale Sicherung,*

   b) *Schuld- und Sachenrecht,*

   c) *Handels- und Gesellschaftsrecht,*

   d) *Finanzierung.*

(4) Die in Absatz 3 genannte Prüfungsdauer kann insbesondere unterschritten werden, soweit die Prüfung in programmierter Form durchgeführt wird.

(5) ¹ Das Prüfungsfach Mandantenorientierte Sachbearbeitung besteht aus einem Prüfungsgespräch. ² Der Prüfling soll ausgehend von einer von zwei ihm mit einer Vorbereitungszeit von höchstens zehn Minuten zur Wahl gestellten Aufgaben zeigen, daß er berufspraktische Vorgänge und Problemstellungen bearbeiten und Lösungen darstellen kann. ³ Für das Prüfungsgespräch kommen insbesondere folgende Gebiete in Betracht:

   a) *allgemeines Steuer- und Wirtschaftsrecht,*

   b) *Einzelsteuerrecht,*

   c) *Buchführungs- und Bilanzierungsgrundsätze,*

   d) *Rechnungslegung.*

[4] *Das Prüfungsgespräch soll für den einzelnen Prüfling nicht länger als 30 Minuten dauern.*

(6) [1] Sind in der schriftlichen Prüfung die Prüfungsleistungen in bis zu zwei Prüfungsfächern mit „mangelhaft" und in dem weiteren Prüfungsfach mit mindestens „ausreichend" bewertet worden, so ist auf Antrag des Prüflings oder nach Ermessen des Prüfungsausschusses in einem der mit „mangelhaft" bewerteten Prüfungsfächer die schriftliche Prüfung durch eine mündliche Prüfung von etwa 15 Minuten zu ergänzen, wenn diese für das Bestehen der Prüfung den Ausschlag geben kann. [2] Das Prüfungsfach ist vom Prüfling zu bestimmen. [3] Bei der Ermittlung des Ergebnisses für dieses Prüfungsfach sind die Ergebnisse der schriftlichen Arbeit und der mündlichen Ergänzungsprüfung im Verhältnis 2 : 1 zu gewichten.

(7) Bei der Ermittlung des Gesamtergebnisses haben die Prüfungsfächer das gleiche Gewicht.

(8) [1] Zum Bestehen der Abschlußprüfung müssen im Gesamtergebnis, im Prüfungsfach Steuerwesen und in mindestens zwei weiteren der vier in Absatz 2 genannten Prüfungsfächer mindestens ausreichende Leistungen erbracht werden. [2] Werden die Prüfungsleistungen in einem Prüfungsfach mit „ungenügend" bewertet, ist die Prüfung nicht bestanden.

§ 9 *Übergangsregelung. Auf Berufsausbildungsverhältnisse, die bei Inkrafttreten dieser Verordnung bestehen, sind die bisherigen Vorschriften weiter anzuwenden, es sei denn, die Vertragsparteien vereinbaren die Anwendung der Vorschriften dieser Verordnung.*

§ 10 *Inkrafttreten, Außerkrafttreten. [1] Diese Verordnung tritt am 1. August 1996 in Kraft. [2] Gleichzeitig tritt die Verordnung über die Berufsausbildung zum Fachgehilfen in steuer- und wirtschaftsberatenden Berufen vom 15. Februar 1978 (BGBl. I S. 269) außer Kraft.*

Ausbildungsrahmenplan
für die Berufsausbildung zum
Steuerfachangestellten/zur Steuerfachangestellten

− *Sachliche Gliederung* −

Lfd. Nr.	Teil des Ausbildungsberufsbildes	Zu vermittelnde Fertigkeiten und Kenntnisse
1	2	3
1.	Ausbildungspraxis (§ 3 Nr. 1)	
1.1	Bedeutung, Stellung und gesetzliche Grundlagen der steuerberatenden und wirtschaftsprüfenden Berufe (§ 3 Nr. 1.1)	a) die Ausbildungspraxis und ihre Aufgaben in den gesamtwirtschaftlichen Zusammenhang einordnen b) Aufgaben der für die Ausbildungspraxis wichtigen Organisationen der Arbeitgeber und der Arbeitnehmer sowie der Finanzbehörden darstellen c) Aufgaben der steuerberatenden und wirtschaftsprüfenden Berufe erklären d) wesentliche Vorschriften des Berufsrechts der Steuerberater und Steuerbevollmächtigten sowie der Wirtschaftsprüfer und vereidigten Buchprüfer erläutern e) Vorschriften über Verschwiegenheitspflichten und Auskunftsverweigerungsrechte beachten sowie die Folgen ihrer Verletzung beschreiben
1.2	Personalwesen, arbeits- und sozialrechtliche Grundlagen (§ 3 Nr. 1.2)	a) für das Ausbildungs- und Arbeitsverhältnis in Betracht kommende Vorschriften des Arbeits- und Sozialrechts erläutern b) die für das Ausbildungs- und Arbeitsverhältnis wichtigen Nachweise erklären c) Personaleinsatzplanung an praktischen Beispielen erläutern d) Anforderungen an handlungskompetente Mitarbeiter in der Ausbildungspraxis beschreiben e) die durch das Berufsrecht gesetzten Grenzen des selbständigen Handelns bei der eigenen Arbeit beachten
1.3	Berufsbildung (§ 3 Nr. 1.3)	a) rechtliche Vorschriften der Berufsbildung erklä-ren b) Inhalte des Berufsausbildungsvertrages, insbesondere die Rechte und Pflichten des Auszubildenden und des Ausbildenden, erläutern c) den betrieblichen Ausbildungsplan mit der Ausbildungsordnung vergleichen und zu seiner Umsetzung beitragen d) berufliche Fortbildungsmöglichkeiten und ihren Nutzen darstellen
1.4	Arbeitssicherheit, Umweltschutz und rationelle Energieverwendung (§ 3 Nr. 1.4)	a) berufsbezogene Arbeitsschutz- und Unfallverhütungsvorschriften einhalten und sich bei Unfällen situationsgerecht verhalten b) zur Vermeidung betriebsbedingter Umweltbelastungen im beruflichen Einwirkungsbereich beitragen c) zu sparsamen Material- und Energieverwendung im beruflichen Einwirkungsbereich beitragen

Lfd. Nr.	Teil des Ausbildungsberufsbildes	Zu vermittelnde Fertigkeiten und Kenntnisse
1	2	3
2.	Praxis- und Arbeitsorganisation (§ 3 Nr. 2)	
2.1	Inhalt und Organisation der Arbeitsabläufe (§ 3 Nr. 2.1)	a) Organisation der Ausbildungspraxis in Aufbau und Ablauf dastellen b) Zeichnungs- und Vertretungsregelung sowie Weisungsbefugnisse beachten c) Posteingang und Postausgang bearbeiten d) Termine planen und bei Fristenkontrolle mitwirken e) Aktenvermerke verfassen, Schriftstücke entwerfen und gestalten f) Registratur- und Fachbibliotheksarbeiten durchführen g) Vorgänge des Zahlungsverkehrs bearbeiten h) Möglichkeiten humaner Arbeitsgestaltung an Beispielen der Ausbildungspraxis erläutern i) Vorschriften für Büroarbeitsplätze beachten und den eigenen Arbeitsplatz sachgerecht gestalten k) den eigenen Aufgabenbereich selbstverantwortlich und zeitökonomisch gestalten
2.2	Kooperation und Kommunikation (§ 3 Nr. 2.2)	a) Möglichkeiten der gegenseitigen Information und der Kooperation innerhalb der Ausbildungspraxis nutzen b) Gespräche und Korrespondenz mandantenorientiert führen
3.	Anwenden von Informations- und Kommunikationstechniken (§ 3 Nr. 3)	a) die in der Ausbildungspraxis für unterschiedliche Arbeitsaufgaben, insbesondere für die Finanzbuchhaltung, eingesetzten Datenverarbeitungsanwendungen nutzen b) Handbücher, Dokumentationen und andere Hilfsmittel nutzen c) Schutzvorschriften und Regelungen für Bildschirmarbeitsplätze beachten d) die in der Ausbildungspraxis eingesetzten Informations- und Kommunikationstechniken nutzen e) Vorschriften des Datenschutzes beachten f) betriebliche Regelungen zur Datensicherheit anwenden
4.	Rechnungswesen (§ 3 Nr. 4)	
4.1	Buchführungs- und Bilanzierungsvorschriften (§ 3 Nr. 4.1)	a) Buchführungspflichten nach Handels- und Steuerrecht sowie Grundsätze ordnungsmäßiger Buchführung beachten b) Aufzeichnungspflichten nach Steuerrecht beachten und von den Buchführungspflichten unterscheiden c) Vorschriften über die Eröffnungsbilanz und den Jahresabschluß anwenden d) Vorschriften über die Aufbewahrungsfristen beachten
4.2	Buchführungs- und Abschlußtechnik (§ 3 Nr. 4.2)	a) die verschiedenen Buchungstechniken nach ihren Einsatzmöglichkeiten unterscheiden b) Kontenrahmen auswählen und Kontenpläne aufstellen c) Konten eröffnen, Geschäftsvorfälle kontieren und buchen sowie Konten abschließen d) Nebenbücher führen und abschließen e) Anlagenverzeichnisse führen

Lfd. Nr.	Teil des Ausbildungsberufsbildes	Zu vermittelnde Fertigkeiten und Kenntnisse
1	2	3
4.3	Lohn- und Gehaltsabrechnung (§ 3 Nr. 4.3)	a) steuer- und sozialversicherungsrechtliche Vorschriften für die Lohn- und Gehaltsabrechnung anwenden b) Lohn- und Gehaltsabrechnungen erstellen c) Lohn- und Gehaltskonten führen d) die im Rahmen der Lohn- und Gehaltsbuchführung notwendigen Nachweise und Anmeldungen erstellen e) die Ergebnisse der Lohn- und Gehaltsabrechnung in die Finanzbuchhaltung übernehmen
4.4	Erstellen von Abschlüssen (§ 3 Nr. 4.4)	a) Einnahme-Überschußrechnung erstellen b) Bilanz sowie Gewinn- und Verlustrechnung aus der Buchführung entwickeln
5.	Betriebswirtschaftliche Facharbeit (§ 3 Nr. 5)	
5.1	Auswerten der Rechnungs- legung (§ 3 Nr. 5.1)	a) Zielsetzung innerer und äußerer Betriebsvergleiche darstellen b) betriebliche Kennziffern ermitteln und auswerten c) Vermögens- und Kapitalstrukturen ermitteln d) Kosten und Erlöse im Mehrjahresvergleich gegenüberstellen e) Richtsatzvergleiche durchführen
5.2	Finanzierung (§ 3 Nr. 5.2)	a) Finanzierungsregeln unterscheiden b) Eigen- und Fremdfinanzierung; Außen- und Innenfinanzierung an Beispielen erläutern
6.	Steuerliche Facharbeit (§ 3 Nr. 6)	
6.1	Abgabenordnung (§ 3 Nr. 6.1)	a) mit steuerlichen Vorschriften, Richtlinien, Rechtsprechung und Fachliteratur umgehen b) Rechte und Pflichten der Beteiligten, ihrer gesetzlichen Vertreter sowie der Finanzbehörden im Besteuerungsverfahren unterscheiden c) Vorschriften über die Entstehung und Festsetzung der Steuer sowie über die Fälligkeit beachten d) Anträge auf Stundung, Aussetzung der Vollziehung und Erlaß sowie Aufrechnungserklärungen entwerfen e) Fristen und Termine berechnen, Verjährungsfristen beachten und Anträge auf Fristverlängerung entwerfen f) über die Zulässigkeit und Durchführung des außergerichtlichen Rechtsbehelfsverfahrens sowie über die Aufhebung und Änderung von Steuerbescheiden Auskunft geben g) Einsprüche und Anträge auf Aufhebung und Änderung von Steuerbescheiden entwerfen h) Tatbestände der Steuerhinterziehung, der leichtfertigen Steuerverkürzung und der Steuergefährdung unterscheiden i) über den Ablauf des finanzgerichtlichen Verfahrens Auskunft geben

Lfd. Nr.	Teil des Ausbildungsberufsbildes	Zu vermittelnde Fertigkeiten und Kenntnisse
1	2	3
6.2	Umsatzsteuer (§ 3 Nr. 6.2)	a) Umsatzsteuer-Voranmeldungen und Zusammenfassende Meldungen erstellen b) Umsatzsteuererklärungen erstellen und Umsatzverprobungen durchführen c) Umsatzsteuerbescheide prüfen
6.3	Einkommensteuer (§ 3 Nr. 6.3)	a) Besteuerungsgrundlagen ermitteln b) Einkommensteuererklärungen erstellen c) Erklärungen zur gesonderten Feststellung der Einkünfte erstellen d) das zu versteuernde Einkommen ermitteln e) tarifliche und festzusetzende Einkommensteuer berechnen f) Einkommensteuer- und Feststellungsbescheide prüfen g) Anträge auf Lohnsteuerermäßigung stellen und Eintragungen auf der Lohnsteuerkarte prüfen
6.4	Körperschaftsteuer (§ 3 Nr. 6.4)	a) Körperschaftsteuerpflicht prüfen b) steuerpflichtiges Einkommen nach dem Einkommensteuergesetz und nach dem Körperschaftsteuergesetz unterscheiden c) Körperschaftsteuertarife, Ausschüttungsbelastung und Anrechnungsverfahren erklären
6.5	Gewerbesteuer (§ 3 Nr. 6.5)	a) Gewerbesteuerrückstellungen berechnen b) Gewerbesteuererklärungen einschließlich Zerlegungserklärungen erstellen c) Gewerbesteuermeßbescheide, Zerlegungsbescheide und Gewerbesteuerbescheide prüfen
6.6	Bewertungsgesetz (§ 3 Nr. 6.6)	a) Vermögensarten und die Bewertung der zu ihnen gehörenden Wirtschaftsgüter sowie der Schulden und Abzüge erläutern b) Vermögensaufstellungen erstellen c) Wertfortschreibungsgrenzen prüfen d) Einheitswertbescheide für Betriebsvermögen und das einem freien Beruf dienende Vermögen prüfen
6.7	Vermögensteuer (§ 3 Nr. 6.7)	a) Vermögensteuererklärungen erstellen b) Vermögensteuerbelastung errechnen c) Neuveranlagungsgrenzen prüfen d) Vermögensteuerbescheide prüfen

Anlage II
(zu § 4)

Ausbildungsrahmenplan für die Berufsausbildung
zum Steuerfachangestellten/zur Steuerfachangestellten
– Zeitliche Gliederung –

A.

Die Fertigkeiten und Kenntnisse zu den Berufsbildpositionen 1.4, 2.1, Lernziele h, i, k, und 2.2 sind während der gesamten Ausbildungsdauer zu vermitteln. Ihre Vermittlung soll insbesondere in Zusammenhang mit den Berufsbildpositionen 4 und 6 erfolgen.

B.

1. Ausbildungsjahr

(1) In einem Zeitraum von insgesamt vier bis sechs Monaten sind schwerpunktmäßig die Fertigkeiten und Kenntnisse der Berufsbildpositionen
4.2 Buchführungs- und Abschlußtechnik, Lernziele a bis c,
6.1 Abgabenordnung, Lernziele a und e,
6.2 Umsatzsteuer, Lernziel a,
zu vermitteln.

(2) In einem Zeitraum von insgesamt drei bis fünf Monaten sind schwerpunktmäßig die Fertigkeiten und Kenntnisse der Berufsbildpositionen
2.1 Inhalt und Organisation der Arbeitsabläufe, Lernziele a, b, c, d, f und g,
4.1 Buchführungs- und Bilanzierungsvorschriften, Lernziele a, b und d,
zu vermitteln.

(3) In einem Zeitraum von insgesamt zwei bis vier Monaten sind schwerpunktmäßig die Fertigkeiten und Kenntnisse der Berufsbildpositionen
1.1 Bedeutung, Stellung und gesetzliche Grundlagen der steuerberatenden und wirtschaftsprüfenden Berufe,
1.2 Personalwesen, arbeits- und sozialrechtliche Grundlagen, Lernziele a, b und e,
1.3 Berufsbildung, Lernziele a bis c,
3. Anwenden von Informations- und Kommunikationstechniken, Lernziele d und e,
6.3 Einkommensteuer, Lernziele a und b,
zu vermitteln.

2. Ausbildungsjahr

(1) In einem Zeitraum von insgesamt vier bis sechs Monaten sind schwerpunktmäßig die Fertigkeiten und Kenntnisse der Berufsbildpositionen
6.1 Abgabenordnung, Lernziele c und g,
6.2 Umsatzsteuer, Lernziele b und c,
6.3 Einkommensteuer, Lernziele c bis g,
6.5 Gewerbesteuer
zu vermitteln sowie in Verbindung damit die Fertigkeiten und Kenntnisse der Berufsbildpositionen
6.1 Abgabenordnung, Lernziele a und e,
6.2 Umsatzsteuer, Lernziel a,
6.3 Einkommensteuer, Lernziele a und b,
zu vertiefen.

(2) In einem Zeitraum von insgesamt drei bis fünf Monaten sind schwerpunktmäßig die Fertigkeiten und Kenntnisse der Berufsbildpositionen
4.2 Buchführungs- und Abschlußtechnik, Lernziele d und e,
4.4 Erstellen von Abschlüssen, Lernziel a,
und in Verbindung damit die Fertigkeiten und Kenntnisse der Berufsbildposition

3.   *Anwenden von Informations- und Kommunikationstechniken, Lernziele a, b, c und f,*
zu vermitteln sowie die Fertigkeiten und Kenntnisse der Berufsbildpositionen
4.1 Buchführungs- und Bilanzierungsvorschriften, Lernziele a, b und d,
4.2 Buchführungs- und Abschlußtechnik, Lernziele a bis c,
3.   *Anwenden von Informations- und Kommunikationstechniken, Lernziele d und e,*
zu vertiefen.

   (3) In einem Zeitraum von insgesamt zwei bis vier Monaten sind schwerpunktmäßig die Fertigkeiten und Kenntnisse der Berufsbildpositionen
1.2 Personalwesen, arbeits- und sozialrechtliche Grundlagen, Lernziele c und d,
2.1 Inhalt und Organisation der Arbeitsabläufe, Lernziel e,
4.3 Lohn- und Gehaltsabrechnung
zu vermitteln.

3. Ausbildungsjahr

   (1) In einem Zeitraum von insgesamt vier bis sechs Monaten sind schwerpunktmäßig die Fertigkeiten und Kenntnisse der Berufsbildpositionen
6.1 Abgabenordnung, Lernziele b, d, f, h und i,
6.4 Körperschaftsteuer,
6.6 Bewertungsgesetz,
6.7 Vermögensteuer
zu vermitteln sowie die Fertigkeiten und Kenntnisse der Berufsbildpositionen
6.1 Abgabenordnung, Lernziele a, c und g,
6.2 Umsatzsteuer,
6.3 Einkommensteuer,
6.5 Gewerbesteuer
zu vertiefen.

   (2) In einem Zeitraum von insgesamt drei bis fünf Monaten sind schwerpunktmäßig die Fertigkeiten und Kenntnisse der Berufsbildpositionen
4.1 Buchführungs- und Bilanzierungsvorschriften, Lernziel c,
4.4 Erstellen von Abschlüssen, Lernziel b,
zu vermitteln sowie in Verbindung damit die Fertigkeiten und Kenntnisse der Berufsbildpositionen
3.   *Anwenden von Informations- und Kommunikationstechniken,*
4.2 Buchführungs- und Abschlußtechnik, Lernziele c und e,
4.3 Lohn- und Gehaltsabrechnung,
4.4 Erstellen von Abschlüssen, Lernziel a,
zu vertiefen.

   (3) In einem Zeitraum von insgesamt zwei bis vier Monaten sind schwerpunktmäßig die Fertigkeiten und Kenntnisse der Berufsbildpositionen
1.3 Berufsbildung, Lernziel d,
5.   Betriebswirtschaftliche Facharbeit
zu vermitteln sowie die Fertigkeiten und Kenntnisse der Berufsbildposition
2.1 Inhalt und Organisation der Arbeitsabläufe, Lernziel e,
zu vertiefen.

850. Gesetz über eine Berufsordnung der Wirtschaftsprüfer (Wirtschaftsprüferordnung – WPO)[1]

In der Fassung der Bekanntmachung vom 5. November 1975
(BGBl. I S. 2803)

Geändert durch Gesetz zur Bereinigung wirtschaftsrechtlicher Vorschriften vom 27.2.1985 (BGBl. I S. 457), Bilanzrichtlinien-Gesetz vom 19.12.1985 (BGBl. I S. 2355), Erstes Gesetz zur Bereinigung des Verwaltungsverfahrensrechts vom 18.2.1986 (BGBl. I S. 265), Erstes Rechtsbereinigungsgesetz vom 24.4.1986 (BGBl. I S. 560), Zweites Gesetz zur Änderung der Wirtschaftsprüferordnung vom 20.7.1990 (BGBl. I S. 1462), Einigungsvertrag vom 31.8.1990 (BGBl. II S. 889, 998), Rechtspflege-Vereinfachungsgesetz vom 17.12.1990 (BGBl. I S. 2847), EWR-Ausführungsgesetz vom 27.4.1993 (BGBl. I S. 512, 2436), Drittes Gesetz zur Änderung der Wirtschaftsprüferordnung vom 15.7.1994 (BGBl. I S. 1569), Erstes Gesetz zur Schaffung von Partnerschaftsgesellschaften und zur Änderung anderer Gesetze vom 25.7.1994 (BGBl. I S. 1744), Gesetz zu dem Übereinkommen vom 15. April 1994 zur Errichtung der Welthandelsorganisation vom 30.8.1994 (BGBl. II S. 1438), Einführungsgesetz zur Insolvenzordnung vom 5.10.1994 (BGBl. I S. 2911, geänd. durch Gesetz zur Änderung des Einführungsgesetzes zur Insolvenzordnung und anderer Gesetze vom 19.12.1998, BGBl. I S. 3836), Gesetz zur Kontrolle und Transparenz im Unternehmensbereich vom 27.4.1998 (BGBl. I S. 786), Drittes Gesetz zur Änderung der Bundesnotarordnung und anderer Gesetze vom 31.8.1998 (BGBl. I S. 2585), Gesetz zur Änderung der Bundesrechtsanwaltsordnung, der Patentanwaltsordnung und anderer Gesetze vom 31.8.1998 (BGBl. I S. 2600), Kapitalgesellschaften- und Co-Richtlinie-Gesetz vom 24.2.2000 (BGBl. I S. 154), Wirtschaftsprüferordnungs-Änderungsgesetz vom 19.12.2000 (BGBl. I S. 1769), Gesetz zur Beendigung der Diskriminierung gleichgeschlechtlicher Gemeinschaften vom 16.2.2001 (BGBl. I S. 266), Euro-Bilanzgesetz vom 10.12.2001 (BGBl. I S. 3414), Gesetz zur Änderung der Strafprozessordnung vom 15.2.2002 (BGBl. I S. 682), Gesetz zur Gleichstellung behinderter Menschen und zur Änderung anderer Gesetze vom 27.4.2002 (BGBl. I S. 1467), Drittes Gesetz zur Änderung verwaltungsverfahrensrechtlicher Vorschriften vom 21.8.2002 (BGBl. I S. 3322), Gesetz zur Änderung über die Tätigkeit europäischer Rechtsanwälte in Deutschland und weiterer berufsrechtlicher Vorschriften für Rechts- und Patentanwälte, Steuerberater und Wirtschaftsprüfer vom 26.10.2003 (BGBl. I S. 2074), Achte Zuständigkeitsanpassungsverordnung vom 25.11.2003 (BGBl. I S. 2304), Wirtschaftsprüfungsexamens-Reformgesetz vom 1.12.2003 (BGBl. I S. 2446)[2], Kostenrechtsmodernisierungsgesetz vom 5.5.2004 (BGBl. I S. 718), Kommunales Optionsgesetz vom 30.7.2004 (BGBl. I S. 2014), Bilanzkontrollgesetz vom 15.12.2004 (BGBl. I S. 3408), Gesetz zur Vereinfachung und Vereinheitlichung der Verfahrensvorschriften zur Wahl und Berufung ehrenamtlicher Richter vom 21.12.2004 (BGBl. I S. 3599), Abschlussprüferaufsichtsgesetz vom 27.12.2004 (BGBl. I S. 3846), Neunte Zuständigkeitsanpassungsverordnung vom 31.10.2006 (BGBl. I S. 2407), 2. Justizmodernisierungsgesetz vom 22.12.2006 (BGBl. I S. 3416), Berufsaufsichtsreformgesetz vom 3.9.2007 (BGBl. I S. 2178), Gesetz zur Reform des Versicherungsvertragsrechts vom 23.11.2007 (BGBl. I S. 2631), Gesetz zur Neuregelung des Verbots der Vereinbarung von Erfolgshonoraren vom 12.6.2008 (BGBl. I S. 1000), FGG-Reformgesetz vom 17.12.2008 (BGBl. I S. 2586), Bilanzrechtsmodernisierungsgesetz vom 25.5.2009 (BGBl. I S. 1102), Gesetz zur Umsetzung der Dienstleistungsrichtlinie im Gewerberecht und in weiteren Rechtsvorschriften vom 17.7.2009 (BGBl. I S. 2091), Gesetz zur Reform der Sachaufklärung in der Zwangsvollstreckung vom 29.7.2009 (BGBl. I S. 2258), Gesetz zur Änderung des Untersuchungshaftrechts vom 29.7.2009 (BGBl. I S. 2274), Viertes Gesetz zur Änderung der Wirtschaftsprüferordnung vom 2.12.2010 (BGBl. I S. 1746), Gesetz zur Umsetzung der Dienstleistungsrichtlinie in der Justiz und zur Änderung weiterer Vorschriften vom 22.12.2010 (BGBl. I

---

[1] Neubekanntmachung der Wirtschaftsprüferordnung v. 24.7.1961 auf Grund des Artikels 6 des G zur Änderung der Wirtschaftsprüferordnung und anderer G v. 20.8.1975 (BGBl. I S. 2258) unter Berücksichtigung des G v. 24.7.1961 (BGBl. I S. 1049).

[2] In Kraft ab 1.1.2004. Siehe Übergangsregelungen in §§ 134 ff.

S. 2248), Gesetz zur Verbesserung der Feststellung und Anerkennung im Ausland erworbener Berufsqualifikationen vom 6.12.2011 (BGBl. I S. 2515), Gesetz zur Stärkung der Rechte von Opfern sexuellen Missbrauchs (StORMG) vom 26.6.2013 (BGBl. I S. 1805), Gesetz zur Einführung einer Partnerschaftsgesellschaft mit beschränkter Berufshaftung und zur Änderung des Berufsrechts der Rechtsanwälte, Patentanwälte, Steuerberater und Wirtschaftsprüfer vom 15.7.2013 (BGBl. I S. 2386), Gesetz zur Strukturreform des Gebührenrechts des Bundes vom 7.8.2013 (BGBl. I S. 3154), Gesetz zur Änderung des Prozesskostenhilfe- und Beratungshilferechts vom 31.8.2013 (BGBl. I S. 3533), Zehnte Zuständigkeitsanpassungsverordnung vom 31.8.2015 (BGBl. I S. 1474), Abschlussprüferaufsichtsreformgesetz (APAReG) vom 31.3.2016 (BGBl. I S. 518)[1], Abschlussprüfungsreformgesetz (AReG) vom 10.5.2016 (BGBl. I S. 1142), Zweites Gesetz zur Novellierung von Finanzmarktvorschriften auf Grund europäischer Rechtsakte (Zweites Finanzmarktnovellierungsgesetz − 2. FiMaNoG) vom 23.6.2017 (BGBl. I S. 1693), Gesetz zur Umsetzung der Vierten EU−Geldwäscherichtlinie, zur Ausführung der EU-Geldtransferverordnung und zur Neuorganisation der Zentralstelle für Finanztransaktionsuntersuchungen vom 23.6.2017 (BGBl. I S. 1822), Gesetz zur Umsetzung der Zweiten Zahlungsdiensterichtlinie vom 17.7.2017 (BGBl. I S. 2446), Gesetz zur Neuregelung des Schutzes von Geheimnissen bei der Mitwirkung Dritter an der Berufsausübung schweigepflichtiger Personen vom 30.10.2017 (BGBl. I S. 3618), Zweites Gesetz zur Anpassung des Datenschutzrechts an die Verordnung (EU) 2016/679 und zur Umsetzung der Richtlinie (EU) 2016/680 (Zweites Datenschutz-Anpassungs- und Umsetzungsgesetz EU − 2. DSAnp-UG-EU) vom 20.11.2019 (BGBl. I S. 1626), Gesetz zur Umsetzung der Verhältnismäßigkeitsrichtlinie (Richtlinie (EU) 2018/958) im Bereich öffentlich-rechtlicher Körperschaften vom 19.6.2020 (BGBl. I S. 1403), Gesetz zur Reform des Vormundschafts- und Betreuungsrechts vom 4.5.2021 (BGBl. I S. 882) und Finanzmarktintegritätsstärkungsgesetz (FISG) vom 3.6.2021 (BGBl. I S. 1534), Gesetz zur Modernisierung des notariellen Berufsrechts und zur Änderung weiterer Vorschriften vom 25.6.2021 (BGBl. I S. 2154), Gesetz zur Neuregelung des Berufsrechts der anwaltlichen und steuerberatenden Berufsausübungsgesellschaften sowie zur Änderung weiterer Vorschriften im Bereich der rechtsberatenden Berufe vom 7.7.2021 (BGBl. I S. 2363), Gesetz zur Förderung verbrauchergerechter Angebote im Rechtsdienstleistungsmarkt vom 10.8.2021 (BGBl. I S. 3415) und Gesetz zur Modernisierung des Personengesellschaftsrechts (Personengesellschaftsrechtsmodernisierungsgesetz − MoPeG) vom 10.8.2021 (BGBl. I S. 3436)

BGBl. III/FNA 702-1

Inhaltsübersicht

Erster Teil. Allgemeine Vorschriften

---

[1] **[Amtl. Anm.:]** Dieses Gesetz dient der Umsetzung der Richtlinie 2014/56/EU des Europäischen Parlaments und des Rates vom 16. April 2014 zur Änderung der Richtlinie 2006/43/EG über Abschlussprüfungen von Jahresabschlüssen und konsolidierten Abschlüssen (ABl. L 158 vom 27.5.2014, S. 196) sowie der Ausführung der Verordnung (EU) Nr. 537/2014 des Europäischen Parlaments und des Rates vom 16. April 2014 über spezifische Anforderungen an die Abschlussprüfung bei Unternehmen von öffentlichem Interesse und zur Aufhebung des Beschlusses 2005/909/EG der Kommission (ABl. L 158 vom 27.5.2014, S. 77).

Erster Teil. Allgemeine Vorschriften

§ 1[1]) Wirtschaftsprüfer und Wirtschaftsprüfungsgesellschaften.

(1) [1]Wirtschaftsprüfer oder Wirtschaftsprüferinnen (Berufsangehörige) sind Personen, die als solche öffentlich bestellt sind. [2]Die Bestellung setzt den Nachweis der persönlichen und fachlichen Eignung im Zulassungs- und staatlichen Prüfungsverfahren voraus.

(2) [1]Der Wirtschaftsprüfer übt einen freien Beruf aus. [2]Seine Tätigkeit ist kein Gewerbe.

(3) [1]Wirtschaftsprüfungsgesellschaften bedürfen der Anerkennung. [2]Die Anerkennung setzt den Nachweis voraus, daß die Gesellschaft von Wirtschaftsprüfern verantwortlich geführt wird.

---

[1]) § 1 Abs. 1 Satz 3 aufgeh. mWv 1.1.2001 durch G v. 19.12.2000 (BGBl. I S. 1769); Abs. 1 neu gef. mWv 1.1.2004 durch G v. 1.12.2003 (BGBl. I S. 2446).

§ 2[1)] **Inhalt der Tätigkeit.** (1) Wirtschaftsprüfer haben die berufliche Aufgabe, betriebswirtschaftliche Prüfungen, insbesondere solche von Jahresabschlüssen wirtschaftlicher Unternehmen, durchzuführen und Bestätigungsvermerke über die Vornahme und das Ergebnis solcher Prüfungen zu erteilen.

(2) Wirtschaftsprüfer sind befugt, ihre Auftraggeber in steuerlichen Angelegenheiten nach Maßgabe der bestehenden Vorschriften zu beraten und zu vertreten.

(3) Wirtschaftsprüfer sind weiter nach Maßgabe der bestehenden Vorschriften befugt

1. unter Berufung auf ihren Berufseid auf den Gebieten der wirtschaftlichen Betriebsführung als Sachverständige aufzutreten;

2. in wirtschaftlichen Angelegenheiten zu beraten und fremde Interessen zu wahren;

3. zur treuhänderischen Verwaltung.

§ 3[2)] **Berufliche Niederlassung.** (1) [1]Berufsangehörige müssen unmittelbar nach der Bestellung eine berufliche Niederlassung begründen und eine solche unterhalten; wird die Niederlassung in einem Staat begründet, der nicht Mitgliedstaat der Europäischen Union oder Vertragsstaat des Abkommens über den europäischen Wirtschaftsraum (Drittstaat) oder die Schweiz ist, muss eine zustellungsfähige Anschrift im Inland unterhalten werden. [2]Berufliche Niederlassung eines Berufsangehörigen ist die Praxis, von der aus er seinen Beruf überwiegend ausübt.

(2) Bei Wirtschaftsprüfungsgesellschaften ist Sitz der Hauptniederlassung der Verwaltungssitz der Gesellschaft.

(3) Berufsangehörige und Wirtschaftsprüfungsgesellschaften dürfen Zweigniederlassungen nach den Vorschriften dieses Gesetzes begründen.

§ 4[3)] **Wirtschaftsprüferkammer.** (1) [1]Zur Erfüllung der beruflichen Selbstverwaltungsaufgaben wird eine Kammer der Wirtschaftsprüfer gebildet; diese wird bei der Prüfung und der Eignungsprüfung, der Bestellung, der Anerkennung, dem Widerruf und der Registrierung, der Beaufsichtigung der kontinuierlichen Fortbildung, der Berufsaufsicht und der Qualitätskontrolle sowie bei dem Erlass von Berufsausübungsregelungen (§ 57 Abs. 3, § 57c) in mittelbarer Staatsverwaltung tätig; die Zuständigkeit der Abschlussprüferaufsichtsstelle beim Bundesamt für Wirtschaft und Ausfuhrkontrolle (Abschlussprüferauf-

---

[1)] § 2 Abs. 3 neu gef. mWv 1.1.1995 durch G v. 15.7.1994 (BGBl. I S. 1569); Abs. 3 geänd. mWv 17.6.2016 durch G v. 31.3.2016 (BGBl. I S. 518).
[2)] § 3 neu gef. mWv 1.1.1995 durch G v. 15.7.1994 (BGBl. I S. 1569), Abs. 1 Satz 3 geänd. mWv 1.1.2001 durch G v. 19.12.2000 (BGBl. I S. 1769); Abs. 1 Satz 1 neu gef. mWv 1.1.2004 durch G v. 1.12.2003 (BGBl. I S. 2446); Abs. 1 Satz 1 neu gef. mWv 6.9.2007 durch G v. 3.9.2007 (BGBl. I S. 2178); Abs. 1 Satz 1 Halbs. 2 neu gef. mWv 29.5.2009 durch G v. 25.5.2009 (BGBl. I S. 1102); Abs. 1 Satz 2 geänd., Satz 3 aufgeh., Abs. 2 und 4 geänd. mWv 17.6.2016 durch G v. 31.3.2016 (BGBl. I S. 518).
[3)] § 4 Abs. 1 Satz 1 neu gef. mWv 1.1.2005 durch G v. 27.12.2004 (BGBl. I S. 3846); Abs. 1 Satz 1 HS 2 geänd. mWv 6.9.2007 durch G v. 3.9.2007 (BGBl. I S. 2178); Abs. 1 Satz 1 geänd. mWv 17.6.2016 durch G v. 31.3.2016 (BGBl. I S. 518).

sichtsstelle) bleibt unberührt. ²Sie führt die Bezeichnung „Wirtschaftsprüferkammer".

(2) ¹Die Wirtschaftsprüferkammer ist eine Körperschaft des öffentlichen Rechts. ²Ihr Sitz bestimmt sich nach ihrer Satzung.

(3) Die Wirtschaftsprüferkammer kann Landesgeschäftsstellen errichten.

§ 4a¹) Verfahren über eine einheitliche Stelle. Die Verwaltungsverfahren in öffentlich-rechtlichen und berufsrechtlichen Angelegenheiten, die in diesem Gesetz oder in einer auf Grund dieses Gesetzes erlassenen Rechtsverordnung geregelt werden, können über eine einheitliche Stelle nach den Vorschriften des Verwaltungsverfahrensgesetzes abgewickelt werden.

§ 4b²) Frist für den Erlass von Verwaltungsakten. ¹Über Anträge auf Erteilung eines Verwaltungsaktes durch die Wirtschaftsprüferkammer ist innerhalb einer Frist von drei Monaten zu entscheiden, soweit keine kürzere Frist vorgesehen ist; § 42a Absatz 2 Satz 2 bis 4 des Verwaltungsverfahrensgesetzes gilt entsprechend. ²In den Fällen des § 16a und des § 20a beginnt die Frist erst mit der Vorlage des ärztlichen Gutachtens.

Zweiter Teil.
Voraussetzungen für die Berufsausübung
Erster Abschnitt. Zulassung zur Prüfung

§ 5³) Prüfungsstelle, Rechtsschutz. (1) Die Wirtschaftsprüferkammer richtet zur Erfüllung der ihr nach dem Zweiten und Neunten Teil dieses Gesetzes obliegenden Aufgaben für das Zulassungs- und staatliche Prüfungsverfahren eine „Prüfungsstelle für das Wirtschaftsprüfungsexamen bei der Wirtschaftsprüferkammer" (Prüfungsstelle) ein.

(2) ¹Die Prüfungsstelle ist eine selbstständige Verwaltungseinheit bei der Wirtschaftsprüferkammer. ²Die Prüfungsstelle wird von einer Person geleitet, welche die Befähigung zum Richteramt haben muss (Leitung der Prüfungsstelle). ³Die Prüfungsstelle ist bei der Erfüllung ihrer Aufgaben an Weisungen nicht gebunden.

(3) Die Prüfungsstelle kann bei der Durchführung ihrer Aufgaben die Landesgeschäftsstellen der Wirtschaftsprüferkammer einbeziehen.

(4) Die Prüfungsstelle unterstützt die Aufgabenkommission, die Prüfungskommission und die Widerspruchskommission.

(5) Über den Widerspruch gegen Bescheide, die im Rahmen des Zulassungs- und Prüfungsverfahrens erlassen worden sind, entscheidet die Widerspruchskommission.

---

¹⁾ § 4a eingef. mWv 28.12.2009 durch G v. 17.7.2009 (BGBl. I S. 2091).
²⁾ § 4b eingef. mWv 28.12.2010 durch G v. 22.12.2010 (BGBl. I S. 2248).
³⁾ § 5 neu gef. mWv 1.1.2004 durch G v. 1.12.2003 (BGBl. I S. 2446); Abs. 1 geänd. mWv 6.9.2007 durch G v. 3.9.2007 (BGBl. I S. 2178).

§ 6[1]) **Verbindliche Auskunft.** Auf Antrag erteilt die Prüfungsstelle eine verbindliche Auskunft über die Erfüllung einzelner Voraussetzungen für die Zulassung zur Prüfung, für die Befreiung von Zulassungsvoraussetzungen und für die Anrechnung von Prüfungsleistungen.

§ 7[2]) **Antrag auf Zulassung zur Prüfung.** Der Antrag auf Zulassung zur Prüfung ist schriftlich oder elektronisch an die Prüfungsstelle zu richten.

§ 8[3]) **Voraussetzungen für die Zulassung (Vorbildung).** (1) Die Zulassung setzt den Nachweis einer abgeschlossenen Hochschulausbildung voraus.

(2) Auf den Nachweis einer abgeschlossenen Hochschulausbildung kann verzichtet werden, wenn die Bewerbenden

1. sich in mindestens zehnjähriger Tätigkeit als Beschäftigte bei Berufsangehörigen, einer Wirtschaftsprüfungsgesellschaft, vereidigten Buchprüfern oder vereidigten Buchprüferinnen, einer Buchprüfungsgesellschaft, einem genossenschaftlichen Prüfungsverband oder der Prüfungsstelle eines Sparkassen- und Giroverbandes oder einer überörtlichen Prüfungseinrichtung für Körperschaften und Anstalten des öffentlichen Rechts bewährt haben;

2. mindestens fünf Jahre den Beruf als vereidigter Buchprüfer oder vereidigte Buchprüferin oder als Steuerberater oder Steuerberaterin ausgeübt haben.

(3) Wurde die Hochschulausbildung außerhalb des Geltungsbereiches dieses Gesetzes abgeschlossen, so muss das Abschlusszeugnis gleichwertig sein.

§ 8a[4]) **Anerkannte Hochschulausbildungsgänge; Verordnungsermächtigung.** (1) Hochschulausbildungsgänge,

1. die alle Wissensgebiete nach § 4 der Wirtschaftsprüferprüfungsverordnung umfassen,

2. die mit einer Hochschulprüfung oder einer staatlichen Prüfung abschließen und

3. in denen Prüfungen einzelner Wissensgebiete, für die ein Leistungsnachweis ausgestellt wird, in Inhalt, Form und Umfang einer Prüfung im Wirtschaftsprüfungsexamen entsprechen,

können auf Antrag der Hochschule von der in der Rechtsverordnung nach Absatz 3 bestimmten Stelle als zur Ausbildung von Berufsangehörigen besonders geeignet anerkannt werden.

(2) ¹Leistungsnachweise, die in Prüfungen nach Absatz 1 Nr. 3 erbracht wurden, ersetzen die entsprechenden Prüfungen im Wirtschaftsprüfungsexamen. ²Die Leistungsnachweise sind der Prüfungsstelle vorzulegen.

---

[1]) § 6 neu gef. mWv 1.1.2004 durch G v. 1.12.2003 (BGBl. I S. 2446).
[2]) § 7 neu gef. mWv 1.1.2004 durch G v. 1.12.2003 (BGBl. I S. 2446); geänd. mWv 17.6.2016 durch G v. 31.3.2016 (BGBl. I S. 518).
[3]) § 8 neu gef. mWv 1.1.2004 durch G v. 1.12.2003 (BGBl. I S. 2446).
[4]) § 8a eingef. mWv 1.1.2004 durch G v. 1.12.2003 (BGBl. I S. 2446); Abs. 1 Nr. 1 und Abs. 3 Satz 2 Nr. 1 geänd. mWv 1.1.2005 durch G v. 27.12.2004 (BGBl. I S. 3846); Abs. 3 Satz 1 geänd. mWv 8.11.2006 durch VO v. 31.10.2006 (BGBl. I S. 2407); Abs. 3 Satz 1 geänd. mWv 8.9.2015 durch VO v. 31.8.2015 (BGBl. I S. 1474); Abs. 3 Satz 2 Nr. 3 geänd. mWv 17.6.2016 durch G v. 31.3.2016 (BGBl. I S. 518); Überschrift geänd. mWv 1.8.2021 durch G v. 25.6.2021 (BGBl. I S. 2154).

(3) [1]Das Bundesministerium für Wirtschaft und Energie bestimmt durch Rechtsverordnung mit Zustimmung des Bundesrates die für die Anerkennung zuständige Stelle. [2]In der Rechtsverordnung kann es ferner

1. die Voraussetzungen der Anerkennung näher bestimmen, insbesondere das Verfahren zur Feststellung, ob Wissensgebiete des Hochschulausbildungsgangs denen nach § 4 der Wirtschaftsprüferprüfungsverordnung entsprechen,

2. Einzelheiten des Anerkennungsverfahrens, insbesondere die dem Antrag beizufügenden Unterlagen, und die Bekanntmachung der Anerkennung regeln sowie

3. die Voraussetzungen der frühzeitigen Zulassung zur Prüfung nach § 9 Abs. 6, insbesondere die dem Antrag beizufügenden Unterlagen, bestimmen.

§ 9[1]) **Voraussetzungen für die Zulassung (Prüfungstätigkeit); Verordnungsermächtigung.** (1) [1]Die Zulassung setzt eine für die Ausübung des Berufes genügende praktische Ausbildung (Tätigkeit) voraus. [2]Bewerbende mit abgeschlossener Hochschulausbildung haben eine wenigstens dreijährige Tätigkeit bei einer in § 8 Abs. 2 Nr. 1 genannten Stelle nachzuweisen. [3]Beträgt die Regelstudienzeit der Hochschulausbildung weniger als acht Semester, verlängert sich die Tätigkeit auf vier Jahre; eine darüber hinausgehende Tätigkeit wird nicht gefordert. [4]Die Tätigkeit muss nach Erwerb des ersten berufsqualifizierenden Hochschulabschlusses erbracht werden; Absatz 6 bleibt unberührt.

(2) [1]Von ihrer gesamten Tätigkeit müssen die Bewerbenden wenigstens während der Dauer zweier Jahre überwiegend an Abschlussprüfungen teilgenommen und bei der Abfassung der Prüfungsberichte mitgewirkt haben (Prüfungstätigkeit). [2]Sie sollen während dieser Zeit insbesondere an gesetzlich vorgeschriebenen Abschlussprüfungen teilgenommen und an der Abfassung der Prüfungsberichte hierüber mitgewirkt haben. [3]Die Prüfungstätigkeit muss

1. im Falle des § 8 Abs. 2 Nr. 1 nach dem fünften Jahr der Mitarbeit abgeleistet werden;

2. im Falle des § 8 Abs. 2 Nr. 2 während oder nach der beruflichen Tätigkeit als vereidigter Buchprüfer oder vereidigte Buchprüferin oder als Steuerberater oder Steuerberaterin abgeleistet werden.

[4]Das Erfordernis der Prüfungstätigkeit ist erfüllt, wenn die Bewerbenden nachweislich in fremden Unternehmen materielle Buch- und Bilanzprüfungen nach betriebswirtschaftlichen Grundsätzen durchgeführt haben. [5]Als fremd gilt ein Unternehmen, mit dem die Bewerbenden weder in einem Leitungs- noch in einem Anstellungsverhältnis stehen oder gestanden haben.

(3) Die Prüfungstätigkeit muss ausgeübt worden sein in Mitarbeit bei

1. Berufsangehörigen,

2. Wirtschaftsprüfungsgesellschaften,

3. vereidigten Buchprüfern oder vereidigten Buchprüferinnen,

---

[1]) § 9 neu gef. mWv 1.1.2004 durch G v. 1.12.2003 (BGBl. I S. 2446); Abs. 1 Satz 4 HS 1 geänd. mWv 6.9.2007 durch G v. 3.9.2007 (BGBl. I S. 2178); Abs. 1 Satz 4, Abs. 5 Satz 1 geänd., Abs. 3 und 6 neu gef. mWv 17.6.2016 durch G v. 31.3.2016 (BGBl. I S. 518); Überschrift geänd. mWv 1.8.2021 durch G v. 25.6.2021 (BGBl. I S. 2154).

4. Buchprüfungsgesellschaften,

5. genossenschaftlichen Prüfungsverbänden, in denen ein Berufsangehöriger tätig ist,

6. Prüfungsstellen von Sparkassen- und Giroverbänden, in denen ein Berufsangehöriger tätig ist,

7. überörtlichen Prüfungseinrichtungen für Körperschaften und Anstalten des öffentlichen Rechts, in denen ein Berufsangehöriger tätig ist, oder

8. in einem anderen Mitgliedstaat der Europäischen Union oder in einem anderen Vertragsstaat des Abkommens über den Europäischen Wirtschaftsraum zugelassenen Abschlussprüfern oder Abschlussprüferinnen (EU- oder EWR-Abschlussprüfern) oder dort zugelassenen Prüfungsgesellschaften (EU- oder EWR-Abschlussprüfungsgesellschaften).

(4) Der Nachweis der Tätigkeit wie auch der Prüfungstätigkeit entfällt für Bewerbende, die seit mindestens 15 Jahren den Beruf als Steuerberater oder Steuerberaterin oder als vereidigter Buchprüfer oder vereidigte Buchprüferin ausgeübt haben; dabei sind bis zu zehn Jahre Berufstätigkeit als Steuerbevollmächtigter oder Steuerbevollmächtigte anzurechnen.

(5) ¹Eine Revisorentätigkeit in größeren Unternehmen oder eine Tätigkeit als Steuerberater oder Steuerberaterin oder in einem Prüfungsverband nach § 26 Abs. 2 des Kreditwesengesetzes oder eine mit der Prüfungstätigkeit in Zusammenhang stehende Tätigkeit bei der Wirtschaftprüferkammer, bei der Abschlussprüferaufsichtsstelle oder bei einer Personenvereinigung nach § 43a Absatz 1 Nummer 9 kann bis zur Höchstdauer von einem Jahr auf die Tätigkeit nach Absatz 1 angerechnet werden. ²Dasselbe gilt für prüfende Personen im öffentlichen Dienst, sofern sie nachweislich selbstständig Prüfungen von größeren Betrieben durchgeführt haben. ³Eine Tätigkeit im Ausland ist auf die Tätigkeit nach Absatz 1 anzurechnen, wenn sie bei einer Person, die in dem ausländischen Staat als sachverständiger Prüfer ermächtigt oder bestellt ist, abgeleistet wurde und wenn die Voraussetzungen für die Ermächtigung oder Bestellung den Vorschriften dieses Gesetzes im Wesentlichen entsprechen.

(6)¹⁾ Bewerbende, die einen nach § 8a anerkannten Hochschulausbildungsgang abgeschlossen haben, können ohne Nachweis der Tätigkeit nach Absatz 1 und der Prüfungstätigkeit nach Absatz 2 bereits zu einem früheren Zeitpunkt zur Prüfung zugelassen werden.

(7)¹⁾ ¹Bewerbende können zur Ablegung einzelner Teile der Prüfung zugelassen werden, wenn sie eine Tätigkeit nach Absatz 1 von wenigstens sechs Monaten nachweisen. ²Das Bundesministerium für Wirtschaft und Energie wird ermächtigt, durch Rechtsverordnung, die nicht der Zustimmung des Bundesrats bedarf, einzelne Prüfungsgebiete von der Regelung des Satzes 1 auszunehmen.

§§ 10 und 11.²⁾ (weggefallen)

---

¹⁾ § 9 Abs. 6 geänd., Abs. 7 angef. mWv 1.8.2021 durch G v. 25.6.2021 (BGBl. I S. 2154).
²⁾ §§ 10 und 11 aufgeh. mWv 6.9.2007 durch G v. 3.9.2007 (BGBl. I S. 2178).

Zweiter Abschnitt. Prüfung

§ 12¹⁾ Prüfungskommission und Gliederung der Prüfung. (1) Die Prüfung wird vor der Prüfungskommission abgelegt.

(2) Die Prüfung gliedert sich in eine schriftliche und eine mündliche Prüfung.

(3) An alle Bewerber sind ohne Rücksicht auf ihren beruflichen Werdegang gleiche Anforderungen zu stellen.

§ 13²⁾ Verkürzte Prüfung für Steuerberater. ¹Steuerberater und Bewerber, die die Prüfung als Steuerberater bestanden haben, können die Prüfung in verkürzter Form ablegen. ²Bei der Prüfung in verkürzter Form entfällt die schriftliche und mündliche Prüfung im Steuerrecht.

§ 13a³⁾ Verkürzte Prüfung für vereidigte Buchprüfer. (1) Vereidigte Buchprüfer und vereidigte Buchprüferinnen können die Prüfung in verkürzter Form ablegen.

(2) ¹Bei der verkürzten Prüfung entfällt die schriftliche und mündliche Prüfung in

1. Angewandter Betriebswirtschaftslehre und Volkswirtschaftslehre sowie

2. in jenen Bereichen der Gebiete Wirtschaftliches Prüfungswesen, Unternehmensbewertung und Berufsrecht sowie Wirtschaftsrecht, die bereits Gegenstand des Buchprüferexamens nach § 131a Absatz 2 dieses Gesetzes in der Fassung des Artikels 6 Nummer 16 des Bilanzrichtliniengesetzes vom 19. Dezember 1985 (BGBl. I S. 2355) waren.

²Für vereidigte Buchprüfer und vereidigte Buchprüferinnen, die Steuerberater oder Steuerberaterinnen sind, entfällt über Satz 1 hinaus die schriftliche und mündliche Prüfung im Steuerrecht. ³Für vereidigte Buchprüfer und vereidigte Buchprüferinnen, die Rechtsanwälte oder Rechtsanwältinnen sind, entfällt über Satz 1 hinaus die vollständige schriftliche und mündliche Prüfung im Wirtschaftsrecht.

§ 13b⁴⁾ Verkürzte Prüfung nach Anrechnung gleichwertiger Prüfungsleistungen; Verordnungsermächtigung. ¹Prüfungsleistungen, die im Rahmen einer Hochschulausbildung erbracht werden, werden angerechnet, wenn ihre Gleichwertigkeit in Inhalt, Form und Umfang mit den in § 4 der

---

¹⁾ § 12 Überschrift geänd., Abs. 1 neu gef. mWv 1.1.2004 durch G v. 1.12.2003 (BGBl. I S. 2446).
²⁾ § 13 Satz 1 geänd. mWv 1.1.2001 durch G v. 19.12.2000 (BGBl. I S. 1769).
³⁾ § 13a neu gef. mWv 1.1.2004 durch G v. 1.12.2003 (BGBl. I S. 2446); Abs. 2 Satz 3 geänd. mWv 1.1.2005 durch G v. 27.12.2004 (BGBl. I S. 3846); Abs. 1 Satz 2 aufgeh., Abs. 2 neu gef. mWv 17.6.2016 durch G v. 31.3.2016 (BGBl. I S. 518).
⁴⁾ § 13b eingef. mWv 1.1.2004 durch G v. 1.12.2003 (BGBl. I S. 2446); Satz 1 geänd. mWv 1.1.2005 durch G v. 27.12.2004 (BGBl. I S. 3846); Satz 3 geänd. mWv 8.11.2006 durch VO v. 31.10.2006 (BGBl. I S. 2407); Satz 3 geänd. mWv 8.9.2015 durch VO v. 31.8.2015 (BGBl. I S. 1474); Überschrift geänd. mWv 1.8.2021 durch G v. 25.6.2021 (BGBl. I S. 2154).

Wirtschaftsprüferprüfungsverordnung aufgeführten Anforderungen der Prüfungsgebiete Angewandte Betriebswirtschaftslehre, Volkswirtschaftslehre oder Wirtschaftsrecht im Zulassungsverfahren durch die Prüfungsstelle festgestellt wird. ²Bei der Prüfung in verkürzter Form entfällt die schriftliche und mündliche Prüfung in dem entsprechenden Prüfungsgebiet. ³Das Bundesministerium für Wirtschaft und Energie wird ermächtigt, durch Rechtsverordnung mit Zustimmung des Bundesrates die inhaltlichen und formalen Voraussetzungen für die Feststellung der Gleichwertigkeit und das Verfahren festzulegen.

§ 14¹⁾ Verordnungsermächtigung zu Einzelheiten des Prüfungsverfahrens. ¹Das Bundesministerium für Wirtschaft und Energie regelt durch Rechtsverordnung

1. die Einrichtung der Prüfungskommission, der Aufgabenkommission und der Widerspruchskommission, in denen jeweils eine Person, die eine für die Wirtschaft zuständige oder eine andere oberste Landesbehörde vertritt, den Vorsitz hat, die Zusammensetzung und die Berufung ihrer Mitglieder;

2. die Einzelheiten der Prüfungsaufgabenfindung, der Prüfung und des Prüfungsverfahrens, insbesondere die dem Antrag auf Zulassung zur Prüfung beizufügenden Unterlagen, und die Prüfungsgebiete;

3. die schriftliche und mündliche Prüfung, Rücktritt und Ausschluss von der Prüfung, Prüfungsergebnis, Ergänzungsprüfung, Wiederholung der Prüfung und die Mitteilung des Prüfungsergebnisses.

²Die Rechtsverordnung bedarf nicht der Zustimmung des Bundesrates.

§ 14a²⁾ Zulassungs- und Prüfungsgebühren. ¹Für alle Zulassungs- und Prüfungsverfahren und für erfolglose Widerspruchsverfahren sind Gebühren an die Wirtschaftsprüferkammer zu zahlen; die Wirtschaftsprüferkammer kann die Erhebung der Gebühren sowie deren Höhe und Fälligkeit bestimmen. ²Näheres regelt die Gebührenordnung der Wirtschaftsprüferkammer (§ 61 Abs. 2).

Dritter Abschnitt. Bestellung

§ 15³⁾ Bestellungsbehörde. ¹Nach bestandener Prüfung wird der Bewerber auf Antrag durch Aushändigung einer von der Wirtschaftsprüferkammer aus-

¹⁾ § 14 neu gef. mWv 1.1.2004 durch G v. 1.12.2003 (BGBl. I S. 2446); Satz 1 geänd. mWv 8.11.2006 durch VO v. 31.10.2006 (BGBl. I S. 2407); Satz 1 geänd. mWv 8.9.2015 durch VO v. 31.8.2015 (BGBl. I S. 1474); Überschrift geänd. mWv 1.8.2021 durch G v. 25.6.2021 (BGBl. I S. 2154).
²⁾ § 14a neu gef. mWv 1.1.2004 durch G v. 1.12.2003 (BGBl. I S. 2446); Überschrift geänd. mWv 1.8.2021 durch G v. 25.6.2021 (BGBl. I S. 2154).
³⁾ § 15 Abs. 1 Satz 2 geänd., Abs. 2 neu gef. mWv 1.1.1995 durch G v. 15.7.1994 (BGBl. I S. 1569); Abs. 1 Sätze 1 und 4 geänd., Satz 2 neu gef., Satz 3 sowie Abs. 2 aufgeh. mWv 1.1.2002 durch G v. 19.12.2000 (BGBl. I S. 1769); Abs. 1 Satz 2 eingef., bish. Satz 2 wird Satz 3 mWv 1.2.2003 durch G v. 21.8.2002 (BGBl. I S. 3322); Satz 5 angef. mWv 1.1.2004 durch G v. 1.12.2003 (BGBl. I S. 2446); Satz 2 aufgeh., bish. Sätze 3 bis 5 werden Sätze 2 bis 4 mWv 28.12.2009 durch G v. 17.7.2009 (BGBl. I S. 2091); Überschrift und Satz 4 geänd. mWv 17.6.2016 durch G v. 31.3.2016 (BGBl. I S. 518).

gestellten Urkunde als Wirtschaftsprüfer bestellt. [2] Zuständig ist die Wirtschaftsprüferkammer. [3] Wird der Antrag auf Bestellung als Wirtschaftsprüfer nicht innerhalb von fünf Jahren nach bestandener Prüfung gestellt, so finden auf die Bestellung die Vorschriften des § 23 Abs. 2 und 3 entsprechende Anwendung. [4] Wer gemäß § 9 Abs. 6 zugelassen wurde, hat vor der Bestellung den Nachweis der insgesamt dreijährigen Tätigkeit nach § 9 Abs. 1, einschließlich der Prüfungstätigkeit nach § 9 Abs. 2, vorzulegen.

§ 16[1] **Versagung der Bestellung.** (1) Die Bestellung ist zu versagen,

1. wenn nach der Entscheidung des Bundesverfassungsgerichts ein Grundrecht verwirkt wurde;

2. wenn infolge strafgerichtlicher Verurteilung die Fähigkeit zur Bekleidung öffentlicher Ämter nicht gegeben ist;

3. solange kein Nachweis über den Abschluss einer nach § 54 Absatz 1 notwendigen Versicherung vorliegt;

4. wenn sich der Bewerber oder die Bewerberin eines Verhaltens schuldig gemacht hat, das die Ausschließung aus dem Beruf rechtfertigen würde;

5. wenn der Bewerber oder die Bewerberin aus gesundheitlichen oder anderen Gründen nicht nur vorübergehend nicht in der Lage ist, den Beruf ordnungsgemäß auszuüben;

6. solange eine Tätigkeit ausgeübt wird, die mit dem Beruf nach § 43 Absatz 2 Satz 1, § 43a Absatz 3 Satz 1 oder § 44a Satz 1 unvereinbar und nicht nach § 43a Absatz 3 Satz 2 oder 3 oder § 44a Satz 2 genehmigungsfähig ist;

7. wenn sich der Bewerber oder die Bewerberin in nicht geordneten wirtschaftlichen Verhältnissen, insbesondere in Vermögensverfall befindet; ein Vermögensverfall wird vermutet, wenn ein Insolvenzverfahren über das Vermögen eröffnet oder eine Eintragung in das vom Vollstreckungsgericht zu führende Verzeichnis (§ 26 Abs. 2 der Insolvenzordnung, § 882b der Zivilprozessordnung) vorliegt.

(2) Die Bestellung kann versagt werden, wenn der Bewerber sich so verhalten hat, dass die Besorgnis begründet ist, er werde den Berufspflichten als Wirtschaftsprüfer nicht genügen.

(3) Über die Versagung der Bestellung entscheidet die Wirtschaftsprüferkammer.

---

[1] § 16 Abs. 1 Nr. 3 geänd., Abs. 2 neu gef., Abs. 4 Satz 4 angef. mWv 1.1.1995 durch G v. 15.7.1994 (BGBl. I S. 1569); Abs. 1 Nr. 1 sowie Abs. 2 neu gef., Abs. 4 Satz 3 aufgeh. mWv 1.1.2001 durch G v. 19.12.2000 (BGBl. I S. 1769); Abs. 3, Abs 4 Satz 2 aufgeh., bish. Abs. 4 wird Abs. 3 sowie neuer Abs. 3 Satz 1 geänd. mWv 1.1.2002 durch G v. 19.12.2000 (BGBl. I S. 1769); Abs. 1 Nr. 2 neu gef., Nr. 3 geänd., Nr. 4 angef. mWv 1.1.2004 durch G v. 1.12.2003 (BGBl. I S. 2446); Abs. 1 neu gef. mWv 6.9.2007 durch G v. 3.9.2007 (BGBl. I S. 2178); Abs. 1 Nr. 7 geänd. mWv 1.1.2013 durch G v. 29.7.2009 (BGBl. I S. 2258); Abs. 1 Nr. 3 neu gef., Nr. 6 geänd. mWv 17.6.2016 durch G v. 31.3.2016 (BGBl. I S. 518).

§ 16a[1] Ärztliches Gutachten im Bestellungsverfahren.

(1) [1]Wenn es zur Entscheidung über den Versagungsgrund des § 16 Abs. 1 Nr. 5 erforderlich ist, gibt die Wirtschaftsprüferkammer dem Bewerber oder der Bewerberin auf, innerhalb einer bestimmten angemessenen Frist ein Gutachten eines bestimmten Arztes oder einer bestimmten Ärztin über den Gesundheitszustand des Bewerbers oder der Bewerberin vorzulegen. [2]Das Gutachten muss auf einer Untersuchung und, wenn dies ein Amtsarzt oder eine Amtsärztin für notwendig hält, auch auf einer klinischen Beobachtung des Bewerbers oder der Bewerberin beruhen. [3]Die Kosten des Gutachtens hat der Bewerber oder die Bewerberin zu tragen.

(2) [1]Anordnungen nach Absatz 1 sind mit Gründen zu versehen und dem Bewerber oder der Bewerberin zuzustellen. [2]Gegen die Anordnungen kann innerhalb eines Monats nach der Zustellung ein Antrag auf gerichtliche Entscheidung gestellt werden.

(3) Kommt der Bewerber oder die Bewerberin ohne ausreichenden Grund der Anordnung der Wirtschaftsprüferkammer nicht nach, gilt der Antrag auf Bestellung als zurückgenommen.

§ 16b[2] Aussetzung des Bestellungsverfahrens.

Die Entscheidung über den Antrag auf Bestellung kann ausgesetzt werden, wenn gegen die antragstellende Person ein Verfahren wegen des Verdachts einer Straftat anhängig ist, in dem der Tatvorwurf eine Verurteilung erwarten lässt, die eine Versagung der Bestellung zur Folge haben würde.

§ 17[3] Berufsurkunde und Berufseid.

(1) [1]Bewerber haben vor Aushändigung der Urkunde den Berufseid vor der Wirtschaftsprüferkammer oder einer von ihr im Einzelfall beauftragten Stelle zu leisten. [2]Die Eidesformel lautet:

„Ich schwöre, daß ich die Pflichten eines Wirtschaftsprüfers verantwortungsbewußt und sorgfältig erfüllen, insbesondere Verschwiegenheit bewahren und Prüfungsberichte und Gutachten gewissenhaft und unparteiisch erstatten werde, so wahr mir Gott helfe."

(2) Der Eid kann auch ohne religiöse Beteuerung geleistet werden.

(3) Gestattet ein Gesetz den Mitgliedern einer Religionsgesellschaft an Stelle des Eides andere Beteuerungsformeln zu gebrauchen, so kann der Bewerber, der Mitglied einer solchen Religionsgesellschaft ist, diese Beteuerungsformel sprechen.

(4) [1]Über die Bestellung ist ein Protokoll aufzunehmen. [2]Das Protokoll ist von dem Wirtschaftsprüfer und der den Eid abnehmenden Person zu unterschreiben. [3]Es ist zu der Mitgliederakte des Wirtschaftsprüfers zu nehmen.

---

[1] § 16a eingef. mWv 6.9.2007 durch G v. 3.9.2007 (BGBl. I S. 2178); Abs. 1 Satz 1 geänd. mWv 17.6.2016 durch G v. 31.3.2016 (BGBl. I S. 518).
[2] § 16b eingef. mWv 1.8.2021 durch G v. 25.6.2021 (BGBl. I S. 2154).
[3] § 17 Abs. 1 Satz 1 geänd. mWv 1.1.2002 durch G v. 19.12.2000 (BGBl. I S. 1769); Abs. 1 Satz 2 geänd. mWv 6.9.2007 durch G v. 3.9.2007 (BGBl. I S. 2178); Abs. 4 angef. mWv 1.8.2021 durch G v. 25.6.2021 (BGBl. I S. 2154).

§ 18¹⁾ Berufsbezeichnung. (1) ¹Wirtschaftsprüfer haben im beruflichen Verkehr die Berufsbezeichnung „Wirtschaftsprüfer" zu führen. ²Frauen können die Berufsbezeichnung „Wirtschaftsprüferin" führen. ³Werden Erklärungen im Rahmen von Tätigkeiten nach § 2 Abs. 1, die Berufsangehörigen gesetzlich vorbehalten sind, abgegeben, so dürfen diese Erklärungen unter Verwendung nur der Berufsbezeichnung und zusätzlich mit einem amtlich verliehenen ausländischen Prüfertitel unterzeichnet werden.

(2) ¹Akademische Grade und Titel und Zusätze, die auf eine staatlich verliehene Graduierung hinweisen, können neben der Berufsbezeichnung geführt werden. ²Amts- und Berufsbezeichnungen sind zusätzlich gestattet, wenn sie amtlich verliehen worden sind und es sich um Bezeichnungen für eine Tätigkeit handelt, die neben der Tätigkeit des Wirtschaftsprüfers ausgeübt werden darf (§ 43a); zulässig sind auch Fachanwaltsbezeichnungen. ³Zusätzlich gestattet sind auch in anderen Staaten zu Recht geführte Berufsbezeichnungen für die Tätigkeit als gesetzlicher Abschlußprüfer oder für eine Tätigkeit, die neben der Tätigkeit als Wirtschaftsprüfer ausgeübt werden darf.

(3) ¹Mit dem Erlöschen, der Rücknahme oder dem Widerruf der Bestellung oder während einer Beurlaubung erlischt die Befugnis, die Berufsbezeichnung zu führen. ²Die Berufsbezeichnung darf auch nicht mit einem Zusatz, der auf die frühere Berechtigung hinweist, geführt werden.

(4) ¹Die Wirtschaftsprüferkammer kann Berufsangehörigen, die wegen hohen Alters oder aus gesundheitlichen Gründen auf die Rechte aus der Bestellung verzichten und keine berufliche Tätigkeit mehr ausüben, auf Antrag die Erlaubnis erteilen, weiterhin die Berufsbezeichnung zu führen. ²Die Wirtschaftsprüferkammer kann diese Erlaubnis zurücknehmen oder widerrufen, wenn nachträglich Umstände bekannt werden oder eintreten, die das Erlöschen, die Rücknahme oder den Widerruf der Bestellung nach sich ziehen würden oder zur Ablehnung der Erlaubnis hätten führen können. ³Vor der Rücknahme oder dem Widerruf der Erlaubnis ist der oder die Betroffene zu hören.

§ 19²⁾ Erlöschen der Bestellung. (1) Die Bestellung erlischt durch

1. Tod,

2. Verzicht,

3. unanfechtbare Ausschließung aus dem Beruf.

(2) ¹Der Verzicht ist schriftlich gegenüber der Wirtschaftsprüferkammer zu erklären.

---

¹⁾ § 18 Abs. 1 Satz 2 angef. sowie Abs. 2 Satz 2 geänd. mWv 1.1.1995 durch G v. 15.7. 1994 (BGBl. I S. 1569); Abs. 1 Satz 3, Abs. 3 und 4 angef. mWv 6.9.2007 durch G v. 3.9.2007 (BGBl. I S. 2178); Abs. 3 Satz 1 geänd. mWv 17.6.2016 durch G v. 31.3.2016 (BGBl. I S. 518); Abs. 4 Satz 1 geänd. mWv 1.8.2021 durch G v. 25.6.2021 (BGBl. I S. 2154).
²⁾ § 19 Abs. 2 Satz 1 geänd. und Satz 2 aufgeh. mWv 1.1.2002 durch G v. 19.12.2000 (BGBl. I S. 1769); Abs. 1 Nr. 3 geänd. mWv 17.6.2016 durch G v. 31.3.2016 (BGBl. I S. 518).

§ 20[1]**) Rücknahme und Widerruf der Bestellung.** (1) Die Bestellung ist mit Wirkung für die Zukunft zurückzunehmen, wenn nachträglich Tatsachen bekanntwerden, bei deren Kenntnis die Bestellung hätte versagt werden müssen.

(2) Die Bestellung ist zu widerrufen, wenn Berufsangehörige

1. nicht eigenverantwortlich tätig sind oder eine Tätigkeit ausüben, die mit dem Beruf nach § 43 Absatz 2 Satz 1, § 43a Absatz 3 Satz 1 oder § 44a Satz 1 unvereinbar ist und nicht nach § 43a Absatz 3 Satz 2 oder 3 oder § 44a Satz 2 genehmigt ist;

2. infolge strafgerichtlicher Verurteilung die Fähigkeit zur Bekleidung öffentlicher Ämter verloren haben;

3. aus gesundheitlichen oder anderen Gründen nicht nur vorübergehend nicht in der Lage sind, den Beruf ordnungsgemäß auszuüben;

4. nicht den nach § 54 Absatz 1 notwendigen Versicherungsschutz unterhalten oder diesen innerhalb der letzten fünf Jahre wiederholt mit nennenswerter Dauer nicht aufrechterhalten haben und diese Unterlassung auch zukünftig zu befürchten ist;

5. sich nicht in geordneten wirtschaftlichen Verhältnissen, insbesondere in Vermögensverfall (§ 16 Abs. 1 Nr. 7) befinden;

6. keine berufliche Niederlassung nach § 3 Absatz 1 Satz 1 unterhalten;

7. nach der Entscheidung des Bundesverfassungsgerichts ein Grundrecht verwirkt haben.

(3) [1]Berufsangehörige, die eine unvereinbare Tätigkeit nach § 43a Absatz 3 Satz 1 oder § 44a Satz 1 ausüben, haben dies der Wirtschaftsprüferkammer unverzüglich anzuzeigen. [2]Der Wirtschaftsprüferkammer sind auf Verlangen die Unterlagen über ein Anstellungsverhältnis vorzulegen.

(4) [1]In den Fällen des Absatzes 2 Nummer 1 und 4 ist von einem Widerruf abzusehen, wenn anzunehmen ist, dass die Berufsangehörigen künftig eigenverantwortlich tätig sein, die nach § 43 Absatz 2 Satz 1, § 43a Absatz 3 Satz 1 oder § 44a Satz 1 unvereinbare Tätigkeit dauernd aufgeben oder die vorgeschriebene Haftpflichtversicherung künftig laufend unterhalten werden. [2]Den Berufsangehörigen kann hierfür eine angemessene Frist gesetzt werden. [3]Kommen sie ihrer Verpflichtung innerhalb der gesetzten Frist nicht nach, so ist der Widerruf der Bestellung auszusprechen. [4]Von einem Widerruf in den Fällen des Absatzes 2 Nr. 5 kann abgesehen werden, wenn der Wirtschaftsprüferkammer nachgewiesen wird, dass durch die nicht geordneten wirtschaftlichen Verhältnisse die Interessen Dritter nicht gefährdet sind.

---

[1]) § 20 Abs. 1, Abs. 2 Nr. 3, Abs. 3 und Abs. 6 neu gef., Abs. 2 Nr. 1 und Abs. 4 Satz 1 geänd. sowie Abs. 2 Nr. 5, Abs. 7 und Abs. 8 angef. mWv 1.1.1995 durch G v. 15.7.1994 (BGBl. I S. 1569), Abs. 6 aufgeh., bish. Abs. 7 und 8 werden Abs. 6 und 7, neuer Abs. 6 Satz 1 geänd. mWv 1.1.2002 durch G v. 19.12.2000 (BGBl. I S. 1769), Abs. 2 Nr. 3 neu gef. mWv. 1.5.2002 durch G v. 27.4.2002 (BGBl. I S. 1467); Abs. 2 Nr. 4 neu gef., Nr. 5 geänd., Nr. 6 angef., Abs. 3 und 5 aufgeh., Abs. 7 neu gef. mWv 1.1.2004 durch G v. 1.12.2003 (BGBl. I S. 2446); Abs. 2 und 3 neu gef., Abs. 4 Satz 4 angef. mWv 6.9.2007 durch G v. 3.9.2007 (BGBl. I S. 2178); Abs. 6 Satz 1 geänd. mWv 1.9.2009 durch G v. 17.12.2008 (BGBl. I S. 2586); Abs. 2 einl. Satzteil, Nr. 2, 3, 5 und 7, Abs. 4 Sätze 2 und 3, Abs. 6 Sätze 1 und 2 geänd., Abs. 2 Nr. 1, 4 und 6, Abs. 3 Satz 1 und Abs. 4 Satz 1 neu gef. mWv 17.6.2016 durch G v. 31.3.2016 (BGBl. I S. 518).

(5) *(aufgehoben)*

(6)[1] [1] Sind Berufsangehörige wegen einer psychischen Krankheit oder einer körperlichen, geistigen oder seelischen Behinderung zur Wahrnehmung ihrer Rechte in dem Verfahren nicht in der Lage, bestellt das Betreuungsgericht auf Antrag der Wirtschaftsprüferkammer einen Betreuer als gesetzlichen Vertreter in dem Verfahren; die Vorschriften des Gesetzes über das Verfahren in Familiensachen und in den Angelegenheiten der freiwilligen Gerichtsbarkeit bei der Anordnung einer Betreuung nach den *§§ 1896 ff.* [*ab 1.1.2023:* *§§ 1814 bis 1881*] des Bürgerlichen Gesetzbuches sind entsprechend anzuwenden. [2] Zum Betreuer soll ein Berufsangehöriger oder eine Berufsangehörige bestellt werden.

(7) [1] Entfällt die aufschiebende Wirkung einer Anfechtungsklage, sind § 116 Abs. 2 bis 4, § 117 Abs. 2 und § 121 entsprechend anzuwenden. [2] Die Anfechtungsklage gegen einen Widerruf aus den Gründen des Absatzes 2 Nr. 4 hat keine aufschiebende Wirkung.

§ 20a[2] Ärztliches Gutachten im Widerrufsverfahren. [1] Im Verfahren wegen des Widerrufs der Bestellung nach § 20 Abs. 2 Nr. 3 ist § 16a Abs. 1 und 2 entsprechend anzuwenden. [2] Wird das Gutachten ohne zureichenden Grund nicht innerhalb der von der Wirtschaftsprüferkammer gesetzten Frist vorgelegt, wird vermutet, daß der oder die Berufsangehörige aus dem Grund des § 20 Abs. 2 Nr. 3, der durch das Gutachten geklärt werden soll, nicht nur vorübergehend unfähig ist, seinen Beruf ordnungsgemäß auszuüben.

§ 21[3] Zuständigkeit. Über die Rücknahme und den Widerruf der Bestellung entscheidet die Wirtschaftsprüferkammer.

§ 22.[4] (weggefallen)

§ 23[5] Wiederbestellung. (1) Ein ehemaliger Wirtschaftsprüfer kann wiederbestellt werden, wenn

1. die Bestellung nach § 19 Abs. 1 Nr. 2 erloschen ist;

2. im Falle des Erlöschens der Bestellung nach § 19 Abs. 1 Nr. 3 die unanfechtbare Ausschließung aus dem Beruf im Gnadenwege aufgehoben worden ist oder seit der unanfechtbaren Ausschließung mindestens acht Jahre verstrichen sind;

---

[1] § 20 Abs. 6 Satz 1 geänd. mWv 1.1.2023 durch G v. 4.5.2021 (BGBl. I S. 882).
[2] § 20a eingef. mWv 1.1.1995 durch G v. 15.7.1994 (BGBl. I S. 1569); Satz 2 geänd. mWv 1.1.2002 durch G v. 19.12.2000 (BGBl. I S. 1769); Satz 1 Verweis geänd. mWv 6.9.2007 durch G v. 3.9.2007 (BGBl. I S. 2178); Satz 2 geänd. mWv 17.6.2016 durch G v. 31.3.2016 (BGBl. I S. 518).
[3] § 21 neu gef. mWv 1.1.2002 durch G v. 19.12.2000 (BGBl. I S. 1769).
[4] § 22 aufgeh. mWv 1.1.2002 durch G v. 19.12.2000 (BGBl. I S. 1769).
[5] § 23 Abs. 3 Satz 3 angef., Abs. 4 Satz 1 geänd. mWv 1.1.2001 durch G v. 19.12.2000 (BGBl. I S. 1769); Abs. 2 aufgeh., bish. Abs. 3 und 4 werden Abs. 2 und 3, neuer Abs. 3 Sätze 2 und 3 geänd. und Satz 4 angef., neuer Abs. 3 Satz 2 aufgeh. mWv 1.1.2002 durch G v. 19.12.2000 (BGBl. I S. 1769); Abs. 1 Nr. 3 geänd., Abs. 2 Satz 3 aufgeh., bish. Satz 4 wird Satz 3 mWv 1.1.2004 durch G v. 1.12.2003 (BGBl. I S. 2446); Abs. 1 Nr. 2 geänd. mWv 17.6.2016 durch G v. 31.3.2016 (BGBl. I S. 518).

3. die Bestellung zurückgenommen oder widerrufen ist und die Gründe, die für die Rücknahme oder den Widerruf maßgeblich gewesen sind, nicht mehr bestehen.

(2) ¹Eine erneute Prüfung ist nicht erforderlich. ²Die Wirtschaftsprüferkammer kann im Einzelfall anordnen, daß sich der Bewerber der Prüfung oder Teilen derselben zu unterziehen hat, wenn die pflichtgemäße Ausübung des Berufes sonst nicht gewährleistet erscheint. ³Für das Prüfungsverfahren gelten die §§ 7 und 12 sinngemäß.

(3) Die Wiederbestellung ist zu versagen, wenn die Voraussetzungen für die Wiederbestellung unter sinngemäßer Anwendung des § 16 nicht vorliegen.

§ 24.¹⁾ (weggefallen)

Vierter Abschnitt.²⁾ (weggefallen)

§§ 25 und 26.³⁾ (weggefallen)

Fünfter Abschnitt. Wirtschaftsprüfungsgesellschaften

§ 27⁴⁾ **Rechtsform.** Europäische Gesellschaften, Gesellschaften nach deutschem Recht oder Gesellschaften in einer nach dem Recht eines Mitgliedstaats der Europäischen Union oder eines Vertragsstaats des Abkommens über den Europäischen Wirtschaftsraum zulässigen Rechtsform können nach Maßgabe der Vorschriften dieses Abschnitts als Wirtschaftsprüfungsgesellschaften anerkannt werden.

[*bis 31.7.2022:*

(2) Offene Handelsgesellschaften und Kommanditgesellschaften können als Wirtschaftsprüfungsgesellschaften anerkannt werden, wenn sie wegen ihrer Treuhandtätigkeit als Handelsgesellschaften in das Handelsregister eingetragen worden sind.]

§ 28⁵⁾ **Voraussetzungen für die Anerkennung.** (1) ¹Voraussetzung für die Anerkennung ist, dass die Mehrheit der Mitglieder des Vorstandes, der

---

¹⁾ § 24 aufgeh. mWv 1.1.2002 durch G v. 19.12.2000 (BGBl. I S. 1769).
²⁾ Vierter Abschnitt aufgeh. mWv 1.1.2001 durch G v. 19.12.2000 (BGBl. I S. 1769).
³⁾ §§ 25, 26 aufgeh. mWv 1.1.2001 durch G v. 19.12.2000 (BGBl. I S. 1769).
⁴⁾ § 27 Abs. 1 geänd. durch G v. 25.7.1994 (BGBl. I S. 1744); Abs. 1 geänd. mWv 6.9.2007 durch G v. 3.9.2007 (BGBl. I S. 2178); Abs. 1 neu gef. mWv 17.6.2016 durch G v. 31.3.2016 (BGBl. I S. 518); Abs. 2 aufgeh., Abs. 1 Absatzzählung gestrichen mWv 1.8.2022 durch G v. 7.7.2021 (BGBl. I S. 2363).
⁵⁾ § 28 Abs. 1 Satz 2 und Abs. 2 neu gef. mWv 1.1.1995 durch G v. 15.7.1994 (BGBl. I S. 1569), Abs. 1 Sätze 1 und 2, Abs. 3 Satz 1, Abs. 4 Satz 1 Nr. 1 und Abs. 6 geänd. geänd., Abs. 2, Abs. 3 Satz 2 und Abs. 6 Satz 2 neu gef., Abs. 3 Satz 4 angef. mWv 1.1.2001 durch G v. 19.12.2000 (BGBl. I S. 1769); Abs. 2 Satz 2, Abs. 3 Satz 1 geänd. mWv 1.1.2002 durch G v. 19.12.2000 (BGBl. I S. 1769); Abs. 2 Satz 2 geänd., Abs. 4 Satz 1 Nr. 1 neu gef., Nrn. 1a und 3a eingef. mWv 1.1.2004 durch G v. 1.12.2003 (BGBl. I S. 2446); Abs. 1 bis 3 neu gef., Abs. 4 Satz 1 Nrn. 1, 3 bis 6 geänd. mWv 6.9.2007 durch G v. 3.9.2007 (BGBl. I S. 2178); Abs. 1 Sätze 1–3, Abs. 2 Satz 1, Abs. 3 Satz 1, Abs. 4 Satz 1 Nr. 1, 3, 4–6 geänd. mWv 29.5.2009 durch G v. 25.5.2009 (BGBl. I S. 1102); Abs. 1 Sätze 1–3, Abs. 2 Satz 1, Abs. 3 Satz 1, Abs. 4 Satz 1 Nr. 1, 3–6 geänd. mWv 17.6.2016 durch G v. 31.3.2016 (BGBl. I S. 518).

Geschäftsführer und Geschäftsführerinnen, der persönlich haftenden Gesellschafter und Gesellschafterinnen, der geschäftsführenden Direktoren und Direktorinnen oder der Partner und Partnerinnen (gesetzliche Vertreter) Berufsangehörige oder EU- oder EWR-Abschlussprüfer sind. [2] Persönlich haftende Gesellschafter und Gesellschafterinnen können auch Wirtschaftsprüfungsgesellschaften oder EU- oder EWR-Abschlussprüfungsgesellschaften sein. [3] Hat die Gesellschaft nur zwei gesetzliche Vertreter, so muss einer von ihnen Berufsangehöriger oder EU- oder EWR-Abschlussprüfer sein. [4] Mindestens eine in den Sätzen 1 bis 3 genannte Person oder Gesellschaft muss ihre berufliche Niederlassung am Sitz der Gesellschaft haben.

(2) [1] Neben Berufsangehörigen, Wirtschaftsprüfungsgesellschaften, EU- oder EWR-Abschlussprüfern und EU- oder EWR-Abschlussprüfungsgesellschaften sind vereidigte Buchprüfer und vereidigte Buchprüferinnen, Steuerberater und Steuerberaterinnen sowie Rechtsanwälte und Rechtsanwältinnen berechtigt, gesetzliche Vertreter von Wirtschaftsprüfungsgesellschaften zu sein. [2] Dieselbe Berechtigung kann die Wirtschaftsprüferkammer besonders befähigten Personen, die nicht in Satz 1 genannt werden und die einen mit dem Beruf des Wirtschaftsprüfers und der Wirtschaftsprüferin zu vereinbarenden Beruf ausüben, auf Antrag erteilen.

(3) [1] Die Wirtschaftsprüferkammer kann genehmigen, dass Personen, die in einem Drittstaat als sachverständige Prüfer oder Prüferinnen ermächtigt oder bestellt sind, neben Berufsangehörigen und EU- oder EWR-Abschlussprüfern gesetzliche Vertreter von Wirtschaftsprüfungsgesellschaften sein können, wenn die Voraussetzungen für ihre Ermächtigung oder Bestellung den Vorschriften dieses Gesetzes im Wesentlichen entsprechen. [2] Diejenigen sachverständigen, in einem Drittstaat ermächtigten oder bestellten Prüfer und Prüferinnen, die als persönlich haftende Gesellschafter oder Gesellschafterinnen von der Geschäftsführung ausgeschlossen sind, bleiben unberücksichtigt. [3] Die Sätze 1 und 2 gelten entsprechend für Rechtsanwälte und Rechtsanwältinnen, Patentanwälte und Patentanwältinnen sowie Steuerberater und Steuerberaterinnen anderer Staaten, wenn diese einen nach Ausbildung und Befugnissen der Bundesrechtsanwaltsordnung, der Patentanwaltsordnung oder des Steuerberatungsgesetzes entsprechenden Beruf ausüben.

(4) [1] Voraussetzung für die Anerkennung ist ferner, daß

1. Gesellschafter ausschließlich Berufsangehörige, Wirtschaftsprüfungsgesellschaften, welche die Voraussetzungen dieses Absatzes erfüllen, EU- oder EWR-Abschlussprüfer, EU- oder EWR-Abschlussprüfungsgesellschaften oder Personen nach Nummer 1a sind;

1a. Gesellschafter vereidigte Buchprüfer oder vereidigte Buchprüferinnen, Steuerberater oder Steuerberaterinnen, Steuerbevollmächtigte, Rechtsanwälte oder Rechtsanwältinnen, Personen, mit denen eine gemeinsame Berufsausübung nach § 44b Abs. 2 zulässig ist, oder Personen sind, deren Tätigkeit als Vorstandsmitglied, Geschäftsführer oder Geschäftsführerin, Partner oder Partnerin oder persönlich haftender Gesellschafter oder persönlich haftende Gesellschafterin nach Absatz 2 oder 3 genehmigt worden ist, und mindestens die Hälfte der Anzahl der in dieser Nummer genannten Personen in der Gesellschaft tätig ist;

2. die Anteile an der Wirtschaftsprüfungsgesellschaft nicht für Rechnung eines Dritten gehalten werden;

3. bei Kapitalgesellschaften die Mehrheit der Anteile Wirtschaftsprüfern oder Wirtschaftsprüfungsgesellschaften, die die Voraussetzungen dieses Absatzes erfüllen, EU- oder EWR-Abschlussprüfern oder EU- oder EWR-Abschlussprüfungsgesellschaften gehört;

3a. bei Kapitalgesellschaften, Kommanditgesellschaften und Kommanditgesellschaften auf Aktien denjenigen Personen nach Nummer 1a, die nicht in der Gesellschaft tätig sind, weniger als ein Viertel der Anteile am Nennkapital oder der im Handelsregister eingetragenen Einlagen der Kommanditisten gehören (einfache Minderheitenbeteiligung);

4. bei Kommanditgesellschaften die Mehrheit der im Handelsregister eingetragenen Einlagen der Kommanditisten von Wirtschaftsprüfern oder Wirtschaftsprüfungsgesellschaften, die die Voraussetzungen dieses Absatzes erfüllen, von EU- oder EWR-Abschlussprüfern oder EU- oder EWR-Abschlussprüfungsgesellschaften übernommen worden ist;

5. Wirtschaftsprüfern oder Wirtschaftsprüfungsgesellschaften, die die Voraussetzungen dieses Absatzes erfüllen, EU- oder EWR-Abschlussprüfern oder EU- oder EWR-Abschlussprüfungsgesellschaften zusammen die Mehrheit der Stimmrechte der Aktionäre, Kommanditaktionäre, Gesellschafter einer Gesellschaft mit beschränkter Haftung oder Kommanditisten zusteht und

6. im Gesellschaftsvertrag bestimmt ist, daß zur Ausübung von Gesellschafterrechten nur Gesellschafter bevollmächtigt werden können, die Berufsangehörige oder EU- oder EWR-Abschlussprüfer sind.

[2] Haben sich Berufsangehörige im Sinne von Satz 1 Nr. 1 zu einer *Gesellschaft bürgerlichen Rechts* [*ab 1.1.2024:* rechtsfähigen Personengesellschaft[1]] zusammengeschlossen, deren Zweck ausschließlich das Halten von Anteilen an einer Wirtschaftsprüfungsgesellschaft ist, so werden ihnen die Anteile an der Wirtschaftsprüfungsgesellschaft im Verhältnis ihrer Beteiligung an der *Gesellschaft bürgerlichen Rechts* [*ab 1.1.2024:* rechtsfähigen Personengesellschaft][1] zugerechnet. [3] Stiftungen und eingetragene Vereine gelten als Berufsangehörige im Sinne von Satz 1 Nr. 1, wenn

a) sie ausschließlich der Altersversorgung von in der Wirtschaftsprüfungsgesellschaft tätigen Personen und deren Hinterbliebenen dienen oder ausschließlich die Berufsausbildung, Berufsfortbildung oder die Wissenschaft fördern und

b) die zur gesetzlichen Vertretung berufenen Organe mehrheitlich aus Wirtschaftsprüfern bestehen.

(5) [1] Bei Aktiengesellschaften und Kommanditgesellschaften auf Aktien müssen die Aktien auf Namen lauten. [2] Die Übertragung muß an die Zustimmung der Gesellschaft gebunden sein. [3] Dasselbe gilt für die Übertragung von Geschäftsanteilen an einer Gesellschaft mit beschränkter Haftung.

---

[1] Geänd. **mWv 1.1.2024 durch MoPeG** v. 10.8.2021 (BGBl. I S. 3436).

(6) ¹Bei Gesellschaften mit beschränkter Haftung muß das Stammkapital mindestens fünfundzwanzigtausend Euro betragen. ²Bei Aktiengesellschaften, Kommanditgesellschaften auf Aktien und Gesellschaften mit beschränkter Haftung muss bei Antragstellung nachgewiesen werden, dass der Wert der einzelnen Vermögensgegenstände abzüglich der Schulden mindestens dem gesetzlichen Mindestbetrag des Grund- oder Stammkapitals entspricht.

(7) Die Anerkennung muß versagt werden, solange nicht die vorläufige Deckungszusage auf den Antrag zum Abschluß einer Berufshaftpflichtversicherung vorliegt.

§ 29¹⁾ Zuständigkeit und Verfahren. (1) Zuständig für die Anerkennung als Wirtschaftsprüfungsgesellschaft ist die Wirtschaftsprüferkammer.

(2) Die Wirtschaftsprüferkammer kann als Nachweis der Anerkennungsvoraussetzungen geeignete Belege, Ausfertigungen oder öffentlich beglaubigte Abschriften anfordern.

(3) Über die Anerkennung als Wirtschaftsprüfungsgesellschaft wird eine Urkunde ausgestellt.

§ 30²⁾ Änderungsanzeige. ¹Jede Änderung des Gesellschaftsvertrages oder der Satzung oder in der Person der gesetzlichen Vertreter ist der Wirtschaftsprüferkammer unverzüglich anzuzeigen. ²Die Wirtschaftsprüferkammer kann als Nachweis der Änderung geeignete Belege, Ausfertigungen oder öffentlich beglaubigte Abschriften anfordern. ³Wird die Änderung im Handelsregister oder Partnerschaftsregister eingetragen, ist eine öffentlich beglaubigte Abschrift der Eintragung nachzureichen.

§ 31³⁾ Bezeichnung „Wirtschaftsprüfungsgesellschaft". Die anerkannte Gesellschaft ist verpflichtet, die Bezeichnung „Wirtschaftsprüfungsgesellschaft" in die Firma oder den Namen aufzunehmen und im beruflichen Verkehr zu führen. [*bis 31.12.2023:* ²*Für eine Partnerschaftsgesellschaft entfällt die Pflicht nach § 2 Abs. 1 des Partnerschaftsgesellschaftsgesetzes vom 25. Juli 1994 (BGBl. I S. 1744), zusätzlich die Berufsbezeichnungen aller in der Partnerschaft vertretenen Berufe in den Namen aufzunehmen.*]

§ 32⁴⁾ Bestätigungsvermerke. ¹Erteilen Wirtschaftsprüfungsgesellschaften gesetzlich vorgeschriebene Bestätigungsvermerke, so dürfen diese nur von Wirtschaftsprüfern unterzeichnet werden; sie dürfen auch von vereidigten Buchprüfern unterzeichnet werden, soweit diese gesetzlich befugt sind, Be-

---

¹⁾ § 29 neu gef. mWv. 1.1.2002 durch G v. 19.12.2000 (BGBl. I S. 1769); Abs. 3 Satz 2 angef. mWv 1.2.2003 durch G v. 21.8.2002 (BGBl. I S. 3322); Abs. 2 neu gef., Abs. 3 Satz 2 aufgeh. mWv 17.6.2016 durch G v. 31.3.2016 (BGBl. I S. 518).
²⁾ § 30 neu gef. mWv 1.1.2002 durch G v. 19.12.2000 (BGBl. I S. 1769); Satz 2 neu gef. mWv 17.6.2016 durch G v. 31.3.2016 (BGBl. I S. 518).
³⁾ § 31 Satz 2 aufgeh., bish. Satz 1 wird § 31 **mWv 1.1.2024 durch MoPeG** v. 10.8.2021 (BGBl. I S. 3436).
⁴⁾ § 32 neu gef. mWv 1.1.1995 durch G v. 15.7.1994 (BGBl. I S. 1569); Satz 2 angef., bish. Wortlaut wird Satz 1 mWv 6.9.2007 durch G v. 3.9.2007 (BGBl. I S. 2178).

stätigungsvermerke zu erteilen. ²Gleiches gilt für sonstige Erklärungen im Rahmen von Tätigkeiten, die den Berufsangehörigen gesetzlich vorbehalten sind.

§ 33¹⁾ Erlöschen der Anerkennung. (1) Die Anerkennung erlischt durch

1. Auflösung der Gesellschaft,
2. Verzicht auf die Anerkennung.

(2) ¹Der Verzicht ist schriftlich gegenüber der Wirtschaftsprüferkammer zu erklären. ²Die Auflösung der Gesellschaft ist der Wirtschaftsprüferkammer unverzüglich anzuzeigen.

§ 34²⁾ Rücknahme und Widerruf der Anerkennung. (1) Die Anerkennung ist zurückzunehmen oder zu widerrufen, wenn

1. für die Person eines Vorstandsmitgliedes, Geschäftsführers, persönlich haftenden Gesellschafters oder Partners die Bestellung zurückgenommen oder widerrufen ist, es sei denn, daß jede Vertretungs- und Geschäftsführungsbefugnis dieser Person unverzüglich widerrufen oder entzogen ist;

2. sich nach der Anerkennung ergibt, daß sie hätte versagt werden müssen, oder wenn die Voraussetzungen für die Anerkennung der Gesellschaft, auch bezogen auf § 54 Abs. 1, nachträglich fortfallen, es sei denn, daß die Gesellschaft innerhalb einer angemessenen, von der Wirtschaftsprüferkammer zu bestimmenden Frist, die bei Fortfall der in § 28 Abs. 2 Satz 3 und Abs. 3 Satz 2 genannten Voraussetzungen höchstens zwei Jahre betragen darf, den dem Gesetz entsprechenden Zustand herbeiführt; bei Fortfall der in § 28 Abs. 4 genannten Voraussetzungen wegen eines Erbfalls muß die Frist mindestens fünf Jahre betragen;

3. ein Mitglied des Vorstandes, ein Geschäftsführer, ein persönlich haftender Gesellschafter oder ein Partner durch eine unanfechtbare Entscheidung aus dem Beruf ausgeschlossen ist oder einer der in § 28 Abs. 2 Sätze 1, 2 und Abs. 3 genannten Personen die Eignung zur Vertretung und Geschäftsführung einer Wirtschaftsprüfungsgesellschaft aberkannt ist, es sei denn, daß die Wirtschaftsprüfungsgesellschaft der Wirtschaftsprüferkammer nachweist, daß jede Vertretungs- und Geschäftsführungsbefugnis *des Verurteilten* [*ab 1.8.2022:* der Person] unverzüglich widerrufen oder entzogen ist.

(2) Die Anerkennung ist zu widerrufen, wenn die Gesellschaft in nicht geordnete wirtschaftliche Verhältnisse, insbesondere in Vermögensverfall, geraten

---

¹⁾ § 33 Abs. 2 Satz 2 angef. mWv 1.1.1995 durch G v. 15.7.1994 (BGBl. I S. 1569), Abs. 2 geänd. mWv 1.1.2002 durch G v. 19.12.2000 (BGBl. I S. 1769).
²⁾ § 34 Abs. 1 Nr. 3 geänd. sowie Abs. 2 neu gef. mWv 1.1.1995 durch G v. 15.7.1994 (BGBl. I S. 1569); Abs. 1 Nr. 1 und 3 geänd. mWv 1.1.2001 durch G v. 19.12.2000 (BGBl. I S. 1769); Abs. 1 Nrn. 1 und 3 geänd., Abs. 3 neu gef. mWv 1.1.2002 durch G v. 19.12.2000 (BGBl. I S. 1769); Abs. 1 Nr. 1 geänd. mWv 1.1.2004 durch G v. 1.12.2003 (BGBl. I S. 2446); Abs. 1 Nr. 2 HS 1 geänd. mWv 6.9.2007 durch G v. 3.9.2007 (BGBl. I S. 2178); Abs. 1 Nr. 3 und Abs. 2 geänd. mWv 17.6.2016 durch G v. 31.3.2016 (BGBl. I S. 518); Abs. 1 Nr. 3 geänd. mWv 1.8.2022 durch G v. 7.7.2021 (BGBl. I S. 2363).

ist, es sei denn, daß dadurch die Interessen der Auftraggeber oder anderer Personen nicht gefährdet sind.

(3) Über die Rücknahme und den Widerruf der Anerkennung entscheidet die Wirtschaftsprüferkammer.

§§ 35 und 36.[1] (weggefallen)

Sechster Abschnitt. Allgemeine Vorschriften für das Verwaltungsverfahren[2]

§ 36 a[3] Untersuchungsgrundsatz; Mitwirkungspflicht; Datenübermittlung. (1) Die Wirtschaftsprüferkammer ermittelt den Sachverhalt von Amts wegen.

(2) [1]Die am Verfahren beteiligten Bewerber, Wirtschaftsprüfer oder Gesellschaften sollen bei der Ermittlung des Sachverhalts mitwirken und, soweit es dessen bedarf, ihr Einverständnis mit der Verwendung von Beweismitteln erklären. [2]Ihr Antrag auf Gewährung von Rechtsvorteilen ist zurückzuweisen, wenn die für die Entscheidung zuständige Stelle infolge ihrer Verweigerung der Mitwirkung den Sachverhalt nicht hinreichend klären kann. [3]Der Bewerber, Wirtschaftsprüfer oder die Gesellschaft ist auf diese Rechtsfolge hinzuweisen.

[Fassung bis 31.7.2022:]

(3) [1]Es übermitteln

1. die Wirtschaftsprüferkammer, Gerichte und Behörden Daten über natürliche und juristische Personen, die aus der Sicht der übermittelnden Stelle für die Zulassung zur oder die Durchführung der Prüfung und Eignungsprüfung, für die Erteilung einer Ausnahmegenehmigung nach § 28 Abs. 2 oder 3 oder für die Rücknahme oder den Widerruf dieser

[Fassung ab 1.8.2022:][4]

(3) [1]Es übermitteln

1. die Wirtschaftsprüferkammer, Gerichte und Behörden an die für die Entscheidung zuständige Stelle: Diejenigen Daten über natürliche und juristische Personen sowie rechtsfähige Personengesellschaften, deren Kenntnis aus Sicht der übermittelnden Stelle für die Zulassung zur oder die Durchführung der Prüfung oder Eignungsprüfung, für die Erteilung einer

---

[1] §§ 35, 36 aufgeh. mWv 1.1.2002 durch G v. 19.12.2000 (BGBl. I S. 1769).
[2] Sechster Abschnitt (§§ 36a, 36b) eingef. mWv 1.1.1995 durch G v. 15.7.1994 (BGBl. I S. 1569); Überschrift neu gef. mWv 1.1.2001 durch G v. 19.12.2000 (BGBl. I S. 1769).
[3] § 36a neu gef. mWv 1.1.2001 durch G v. 19.12.2000 (BGBl. I S. 1769), Abs. 1 geänd. mWv 1.1.2002 durch G v. 19.12.2000 (BGBl. I S. 1769); Abs. 1 und 4 geänd., Abs. 3 neu gef. mWv 1.1.2004 durch G v. 1.12.2003 (BGBl. I S. 2446); Abs. 3 neu gef. mWv 6.9.2007 durch G v. 3.9.2007 (BGBl. I S. 2178); Abs. 3 Satz 2 geänd. mWv 3.1.2021 durch G v. 23.6.2017 (BGBl. I S. 1693); Überschr. neu gef. mWv 26.11.2019 durch G v. 20.11.2019 (BGBl. I S. 1626); Abs. 3 Satz 2 geänd. (kursiver Satzteil aufgeh.) mWv 1.1.2022 durch G v. 3.6.2021 (BGBl. I S. 1534); geänd. mWv 1.8.2021 durch G v. 25.6.2021 (BGBl. I S. 2154).
[4] § 36a Abs. 3 und 4 neu gef. mWv 1.8.2022 durch G v. 7.7.2021 (BGBl. I S. 2363).

[Fassung bis 31.7.2022:]

Entscheidung erforderlich sind, an die für die Entscheidung zuständige Stelle,

2. Gerichte und Behörden Daten über natürliche und juristische Personen, die aus Sicht der übermittelnden Stelle für die Bestellung oder Wiederbestellung, die Anerkennung oder die Rücknahme oder den Widerruf dieser Entscheidung erforderlich sind oder die den Verdacht einer Berufspflichtverletzung begründen können, an die Wirtschaftsprüferkammer,

soweit hierdurch schutzwürdige Interessen des oder der Betroffenen nicht beeinträchtigt werden oder das öffentliche Interesse das Geheimhaltungsinteresse der Beteiligten überwiegt. ²Die Übermittlung unterbleibt, wenn besondere gesetzliche Verwendungsregelungen entgegenstehen; dies gilt nicht für das Steuergeheimnis nach § 30 der Abgabenordnung, die Verschwiegenheitspflicht nach § 59c, die Verschwiegenheitspflicht der Organmitglieder, Beauftragten und Angestellten der Berufskammer eines anderen freien Berufs im Geltungsbereich dieses Gesetzes und die Verschwiegenheitspflicht der in § 9 Abs. 1 des Kreditwesengesetzes und in § 21 des Wertpapierhandelsgesetzes *sowie der in § 342c des Handelsgesetzbuchs* benannten Personen und Stellen.

[Fassung ab 1.8.2022:][1]

Ausnahmegenehmigung nach § 28 Absatz 2 oder 3 oder für die Rücknahme oder den Widerruf dieser Entscheidung erforderlich ist,

2. Gerichte und Behörden einschließlich der Berufskammern an die Wirtschaftsprüferkammer oder die für die Entscheidung zuständige Stelle: Diejenigen Daten über natürliche und juristische Personen sowie rechtsfähige Personengesellschaften, deren Kenntnis aus Sicht der übermittelnden Stelle für die Bestellung, die Wiederbestellung oder die Anerkennung, für die Rücknahme oder den Widerruf einer solchen Entscheidung oder für die Einleitung oder Durchführung eines berufsaufsichtlichen Verfahrens erforderlich ist.

---

[1] § 36a Abs. 3 und 4 neu gef. mWv 1.8.2022 durch G v. 7.7.2021 (BGBl. I S. 2363).

[Fassung bis 31.7.2022:]

(4) Soweit natürliche oder juristische Personen Mitglieder einer Berufskammer eines anderen freien Berufs im Geltungsbereich dieses Gesetzes sind, darf die Wirtschaftsprüferkammer Daten im Sinne des Absatzes 3 und nach Maßgabe dieser Vorschrift auch an andere zuständige Stellen übermitteln, soweit ihre Kenntnis aus der Sicht der übermittelnden Stelle für die Verwirklichung der Rechtsfolge erforderlich ist.

[Fassung ab 1.8.2022:][1]

(4) [1] Die Übermittlung nach Absatz 3 unterbleibt, soweit

1. sie schutzwürdige Interessen einer betroffenen Person beeinträchtigen würde und das Informationsinteresse des Empfängers das Interesse der betroffenen Person an dem Unterbleiben der Übermittlung nicht überwiegt oder

2. besondere gesetzliche Verwendungsregelungen entgegenstehen.

[2] Satz 1 Nummer 2 gilt nicht für die Verschwiegenheitspflichten der für eine Berufskammer eines freien Berufs im Geltungsbereich dieses Gesetzes tätigen Personen, für das Steuergeheimnis nach § 30 der Abgabenordnung und für die Verschwiegenheitspflichten der in § 66b Absatz 1 Satz 1 dieses Gesetzes, in § 9 Absatz 1 des Kreditwesengesetzes, in § 21 des Wertpapierhandelsgesetzes sowie in § 342c des Handelsgesetzbuchs benannten Personen und Stellen.

(5) Die Wirtschaftsprüferkammer darf personenbezogene Daten ihrer Mitglieder an die Versorgungswerke der Wirtschaftsprüfer und der vereidigten Buchprüfer übermitteln, soweit sie für die Feststellung der Mitgliedschaft sowie von Art und Umfang der Beitragspflicht oder der Versorgungsleistung erforderlich sind.

Siebenter Abschnitt. Berufsregister[2]

§ 37[3] **Registerführende Stelle.** (1) [1] Die Wirtschaftsprüferkammer führt ein Berufsregister für Wirtschaftsprüfer und Wirtschaftsprüfungsgesellschaften.

---

[1] § 36a Abs. 3 und 4 neu gef. mWv 1.8.2022 durch G v. 7.7.2021 (BGBl. I S. 2363).
[2] Überschrift neu gef. mWv 1.1.1995 durch G v. 15.7.1994 (BGBl. I S. 1569).
[3] § 37 Abs. 3 Sätze 2 und 3 sowie Abs. 4 angef. mWv 1.1.1995 durch G v. 15.7.1994 (BGBl. I S. 1569); Abs. 2 aufgeh., bish. Abs. 3 und 4 werden Abs. 2 und 3 mWv 1.1.2002 durch G v. 19.12.2000 (BGBl. I S. 1769); Abs. 2 Satz 2 neu gef. mWv 1.1.2004 durch G v. 1.12.2003 (BGBl. I S. 2446); Abs. 1 Sätze 2 und 3 angef., bish. Wortlaut wird Satz 1, Abs. 2 neu gef. mWv 6.9.2007 durch G v. 3.9.2007 (BGBl. I S. 2178); Abs. 1 Satz 3 geänd. mWv 28.12.2010 durch G v. 22.12.2010 (BGBl. I S. 2248); Abs. 1 Satz 3 geänd., Satz 4 angef. mWv 17.6.2016 durch G v. 31.3.2016 (BGBl. I S. 518).

² Alle einzutragenden Berufsangehörigen und Wirtschaftsprüfungsgesellschaften erhalten jeweils eine Registernummer. ³ Das Berufsregister wird in deutscher Sprache elektronisch geführt und ist der Öffentlichkeit mit den aktuellen Daten mit Ausnahme des Geburtstags und des Geburtsortes elektronisch zugänglich. ⁴ Liegt einer Eintragung eine Urkunde in einer anderen Sprache zugrunde, muss sich aus dem Berufsregister ergeben, ob es sich um eine beglaubigte Übersetzung handelt oder nicht.

(2) Die Wirtschaftsprüferkammer kann ein Mitgliederverzeichnis veröffentlichen, das weitere, über § 38 hinausgehende freiwillige Angaben der Berufsangehörigen und der Berufsgesellschaften enthalten kann.

(3) ¹ Auf Verlangen des Mitgliedes muß die Eintragung in das Mitgliederverzeichnis unterbleiben. ² Das Mitglied ist von der Wirtschaftsprüferkammer auf sein Widerspruchsrecht hinzuweisen.

§ 38¹⁾ Eintragung. In das Berufsregister sind einleitend die für alle Berufsangehörigen und Wirtschaftsprüfungsgesellschaften verantwortlichen Stellen für die Zulassung, die Qualitätskontrolle, die Berufsaufsicht und die öffentliche Aufsicht nach § 66a (Bezeichnungen, Anschriften) und darauf folgend im Einzelnen neben der jeweiligen Registernummer einzutragen

1. Berufsangehörige, und zwar

   a) Name, Vorname, Geburtstag und Geburtsort,

   b) Tag der Bestellung und die Behörde, die die Bestellung vorgenommen hat,

   c) Datum der Begründung der beruflichen Niederlassung, deren Anschrift, in den Fällen des § 3 Abs. 1 Satz 1 Halbsatz 2 die inländische Zustellungsanschrift und , sofern der Berufsangehörige in ein Netzwerk eingebunden ist, Namen, Firmen und Anschriften der anderen Mitglieder des Netzwerks und der mit diesen durch gemeinsames Eigentum, gemeinsame Kontrolle oder gemeinsame Geschäftsführung verbundenen Unternehmen oder ein Hinweis darauf, wo diese Angaben öffentlich zugänglich sind,

   d) Art der beruflichen Tätigkeit nach § 43a Absatz 1 unter Angabe der Praxis,

   e) Name, Vorname, Berufe oder Firma und die Anschriften der beruflichen Niederlassungen der Gesellschafter einer [**ab 1.1.2024:** rechtsfähigen]²⁾

---

¹⁾ § 38 Abs. 1 Nr. 1 Buchstabe b, Nr. 2 Buchst. b geänd. mWv 1.1.2002 durch G v. 19.12.2000 (BGBl. I S. 1769); Nr. 1 Buchst. c neu gef., Buchstaben d, e, g, h sowie Nrn. 2 und 3 geänd. mWv 1.1.2004 durch G v. 1.12.2003 (BGBl. I S. 2446); Nr. 1 Buchst. h und Nr. 2 Buchst. f geänd. mWv 1.1.2005 durch G v. 27.12.2004 (BGBl. I S. 3846); einl. Satzteil, Nr. 1 Buchstaben d, f und Nr. 2 Buchstabe c neu gef., Nr. 1 Buchstaben j, k und Nr. 4 angef., Nr. 2 Buchstabe h eingef., Nr. 1 Buchst. c, Nr. 2 abschließender Satzteil geänd. mWv 6.9.2007 durch G v. 3.9.2007 (BGBl. I S. 2178); Nr. 1 einl. Satzteil, Buchst. a, c, d und k, Nr. 2 Buchst. a, c, d und h, Nr. 2 abschl. Satzteil und Nr. 3 geänd., Nr. 1 Buchst. g aufgeh., Nr. 1 Buchst. e, f und h, Nr. 2 Buchst. f neu gef., Nr. 1 Buchst l und m sowie abschl. Satzteil, Nr. 2 Buchst. i und j angef., Nr. 4 eingef., bish. Nr. 4 wird Nr. 5 und geänd. mWv 17.6.2016 durch G v. 31.3.2016 (BGBl. I S. 518).
²⁾ Eingef. **mWv 1.1.2024 durch MoPeG** v. 10.8.2021 (BGBl. I S. 3436).

Personengesellschaft im Sinne des § 44b und Name oder Firma der [*ab 1.1.2024:* rechtsfähigen][1] Personengesellschaft; dies gilt entsprechend im Fall der Kundmachung einer [*ab 1.1.2024:* rechtsfähigen][1] Personengesellschaft, auch wenn die Voraussetzungen nach § 44b Absatz 1 Satz 1 und Absatz 2 nicht vorliegen,

f) Firma, Anschrift, Internetadresse und Registernummer der Prüfungsgesellschaft, bei welcher die Berufsangehörigen angestellt oder in anderer Weise tätig sind oder der sie als Partner oder Partnerin angehören oder in ähnlicher Weise verbunden sind,

g) (aufgehoben)

h) Anzeige der Tätigkeit als gesetzlicher Abschlussprüfer nach § 57a Absatz 1 Satz 2,

i) Registrierung als Prüfer für Qualitätskontrolle nach § 57a Abs. 3,

j) alle anderen Registrierungen bei zuständigen Stellen anderer Staaten unter Angabe des Namens der betreffenden Registerstelle sowie der Registernummer,

k) berufsaufsichtlich festgesetzte, auch vorläufige Tätigkeits- und Berufsverbote und bei Tätigkeitsverboten das Tätigkeitsgebiet, jeweils unter Angabe des Beginns und der Dauer,

l) die sofort vollziehbare Aufhebung der Bestellung unter Angabe des Datums,

m) die Beurlaubung

sowie alle Veränderungen zu den Buchstaben a, c, d, e, f, h, i, j und m unter Angabe des Datums;

2. Wirtschaftsprüfungsgesellschaften, und zwar

a) Name, Firma und Rechtsform,

b) Tag der Anerkennung als Wirtschaftsprüfungsgesellschaft und die Behörde, die die Anerkennung ausgesprochen hat,

c) Anschrift der Hauptniederlassung, Kontaktmöglichkeiten einschließlich einer Kontaktperson, Internetadresse und, sofern die Wirtschaftsprüfungsgesellschaft in ein Netzwerk eingebunden ist, Namen, Firmen und Anschriften der anderen Mitglieder des Netzwerks und der mit diesen durch gemeinsames Eigentum, gemeinsame Kontrolle oder gemeinsame Geschäftsführung verbundenen Unternehmen oder ein Hinweis darauf, wo diese Angaben öffentlich zugänglich sind,

d) Namen, Berufe, Geburtsdaten und Anschriften der Gesellschafter und der Mitglieder des zur gesetzlichen Vertretung berufenen Organs einer juristischen Person und die Höhe ihrer Anteile sowie Namen, Berufe, Geburtsdaten und Anschriften der vertretungsberechtigten und der übrigen Gesellschafter einer [*ab 1.1.2024:* rechtsfähigen][1] Personengesellschaft und die Höhe der im Handelsregister eingetragenen Einlagen der Kommanditisten,

---

[1] Eingef. **mWv 1.1.2024 durch MoPeG** v. 10.8.2021 (BGBl. I S. 3436).

e) Namen, Geschäftsanschriften und Registernummern der im Namen der Gesellschaft tätigen Wirtschaftsprüfer,

f) Anzeige der Tätigkeit als gesetzlicher Abschlussprüfer nach § 57a Absatz 1 Satz 2,

g) Registrierung als Prüfer für Qualitätskontrolle nach § 57a Abs. 3,

h) alle anderen Registrierungen bei zuständigen Stellen anderer Staaten unter Angabe des Namens der Registerstelle sowie der Registernummer,

i) berufsaufsichtlich festgesetzte, auch vorläufige Tätigkeits- und Berufsverbote und bei Tätigkeitsverboten das Tätigkeitsgebiet, jeweils unter Angabe des Beginns und der Dauer,

j) die sofort vollziehbare Aufhebung der Anerkennung unter Angabe des Datums

sowie alle Veränderungen zu Buchstaben a, c, d, e, f, g, h und i unter Angabe des Datums;

3. Zweigniederlassungen von Wirtschaftsprüfern und Wirtschaftsprüfungsgesellschaften, und zwar

a) Name,

b) Anschrift der Zweigniederlassung,

c) Namen und Anschriften der die Zweigniederlassung leitenden Personen

sowie alle Veränderungen zu Buchstaben a bis c unter Angabe des Datums;

4. EU- und EWR-Abschlussprüfungsgesellschaften gemäß § 131; die Nummern 2 und 3 gelten entsprechend mit der Maßgabe, dass nur EU- und EWR-Abschlussprüfer und Niederlassungen, die im Geltungsbereich dieses Gesetzes tätig werden, einzutragen sind;

5. Drittstaatsprüfer und Drittstaatsprüfungsgesellschaften gemäß § 134; die Nummern 1 bis 3 gelten entsprechend.

§ 39[1]) **Löschung.** (1) Im Berufsregister sind zu löschen

1. Berufsangehörige, wenn die Bestellung als Wirtschaftsprüfer erloschen oder unanfechtbar zurückgenommen oder widerrufen ist;

2. Wirtschaftsprüfungsgesellschaften, wenn die Anerkennung als Wirtschaftsprüfungsgesellschaft erloschen oder unanfechtbar zurückgenommen oder widerrufen ist;

3. Zweigniederlassungen,

a) wenn die Zweigniederlassung aufgehoben ist oder

b) wenn die Zweigniederlassung nicht mehr von einem Berufsangehörigen verantwortlich geleitet wird und eine Ausnahmegenehmigung der Wirtschaftsprüferkammer nicht vorliegt;

---

[1]) § 39 bish. Wortlaut wird Abs. 1, Abs. 2 und 3 angef. mWv 1.1.2001 durch G v. 19.12.2000 (BGBl. I S. 1769); Abs. 2 Satz 2 geänd. mWv 1.1.2004 durch G v. 1.12.2003 (BGBl. I S. 2446); Abs. 2 Satz 2 und Abs. 3 geänd. mWv 1.1.2005 durch G v. 27.12.2004 (BGBl. I S. 3846); Abs. 3 Satz 2 angef., bish. Wortlaut wird Satz 1 mWv 6.9.2007 durch G v. 3.9.2007 (BGBl. I S. 2178); Abs. 1 Nr. 1, Abs. 2 und 3 neu gef., Abs. 1 Nr. 3 Buchst. a und b geänd., Nr. 4 angef. mWv 17.6.2016 durch G v. 31.3.2016 (BGBl. I S. 518).

4. EU- und EWR-Abschlussprüfungsgesellschaften gemäß § 131, wenn

a) die Zulassung der Prüfungsgesellschaft in dem Herkunftsmitgliedstaat erloschen ist oder unanfechtbar zurückgenommen, widerrufen oder in sonstiger Weise aufgehoben wurde oder

b) die Prüfungsgesellschaft in dem Herkunftsmitgliedstaat nicht mehr registriert ist.

(2) ¹Die Angaben nach § 38 Nummer 1 Buchstabe h und Nummer 2 Buchstabe f sind zu löschen, wenn die Kommission für Qualitätskontrolle auf die Löschung der Eintragung als gesetzlicher Abschlussprüfer entschieden hat oder wenn die eingetragenen Berufsangehörigen oder Wirtschaftsprüfungsgesellschaften auf die Durchführung gesetzlicher Abschlussprüfungen verzichtet haben. ²Die Angaben nach § 38 Nummer 1 Buchstabe i und Nummer 2 Buchstabe g sind zu löschen, wenn die Registrierung als Prüfer für Qualitätskontrolle unanfechtbar zurückgenommen oder widerrufen worden ist. ³Die Angaben nach § 38 Nummer 1 Buchstabe k und i sind zu löschen, wenn die Tätigkeits- oder Berufsverbote erloschen sind.

(3) Die Berufsangehörigen haben ihre Auftraggeber während eines laufenden Mandats unverzüglich über die Löschung der Eintragung im Berufsregister nach Absatz 2 Satz 1 zu informieren.

§ 40[1] Verfahren. (1) Eintragungen und Löschungen werden von der Wirtschaftsprüferkammer unverzüglich von Amts wegen vorgenommen.

(2) ¹Die Mitglieder der Wirtschaftsprüferkammer sind verpflichtet, die Tatsachen, die eine Eintragung, ihre Veränderung oder eine Löschung erforderlich machen, der Wirtschaftsprüferkammer unverzüglich in einer den §§ 126, 126a des Bürgerlichen Gesetzbuchs entsprechenden Form mitzuteilen. ²§ 62a gilt entsprechend.

(3) Auf Antrag der Berufsangehörigen oder der Wirtschaftsprüfungsgesellschaften stellt die Wirtschaftsprüferkammer einen Registerauszug über die jeweilige Eintragung nach § 38 Nummer 1 Buchstabe h oder Nummer 2 Buchstabe f zur Verfügung.

§ 40a[2] Register für genossenschaftliche Prüfungsverbände und Prüfungsstellen der Sparkassen- und Giroverbände. (1) ¹Bei der Wirtschaftsprüferkammer werden auch die genossenschaftlichen Prüfungsverbände eingetragen, die gesetzlich vorgeschriebene Abschlussprüfungen im Sinne des § 53 Absatz 2 des Genossenschaftsgesetzes, des § 340k Abs. 2 Satz 1 des Handelsgesetzbuchs oder des Artikels 25 Abs. 1 Satz 1 des Einführungsgesetzes zum Handelsgesetzbuch durchführen, sowie die Prüfungsstellen der Sparkas-

---

[1] § 40 neu gef. mWv 1.1.2002 durch G v. 19.12.2000 (BGBl. I S. 1769); Abs. 2 Satz 1 geänd., Satz 2 angef. mWv 1.1.2004 durch G v. 1.12.2003 (BGBl. I S. 2446); Abs. 2 Satz 1 geänd. mWv 6.9.2007 durch G v. 3.9.2007 (BGBl. I S. 2178); Abs. 1 geänd., Abs. 3 angef. mWv 17.6.2016 durch G v. 31.3.2016 (BGBl. I S. 518).

[2] § 40a eingef. mWv 29.5.2009 durch G v. 25.5.2009 (BGBl. I S. 1102); Abs. 1 Satz 1, Abs. 2 Nr. 3, Abs. 4 Satz 1 geänd., Abs. 1 Satz 3, Abs. 5 und 6 angef. mWv 17.6.2016 durch G v. 31.3.2016 (BGBl. I S. 518).

sen- und Giroverbände. ²§ 37 Abs. 1 gilt entsprechend. ³Auf Antrag des Prüfungsverbands oder der Prüfungsstelle stellt die Wirtschaftsprüferkammer einen Registerauszug über die jeweilige Eintragung zur Verfügung.

(2) In das Register sind im Einzelnen neben der jeweiligen Registernummer einzutragen:

1. Name und Rechtsform des Prüfungsverbands oder Name der Prüfungsstelle sowie Name und Rechtsform des Trägers der Prüfungsstelle;

2. Tag der Verleihung des Prüfungsrechts und die Behörde, die das Recht verliehen hat oder gesetzliche Ermächtigung der Prüfungsstelle;

3. Anschrift des Hauptbüros sowie Kontaktmöglichkeiten einschließlich einer Kontaktperson, Internetadresse und, sofern der Prüfungsverband oder die Prüfungsstelle Mitglied in einem Netzwerk ist, Namen und Anschriften aller Mitglieder des Netzwerkes und der mit diesen durch gemeinsames Eigentum, gemeinsame Kontrolle oder gemeinsame Geschäftsführung verbundenen Unternehmen oder ein Hinweis darauf, wo diese Informationen öffentlich zugänglich sind;

4. Anschriften von weiteren Büros in Deutschland;

5. Namen und Geschäftsadressen aller Mitglieder des Vorstands des Prüfungsverbands oder des Leiters der Prüfungsstelle;

6. Namen und Registernummern der im Namen des Prüfungsverbands oder der Prüfungsstelle tätigen Wirtschaftsprüfer;

7. alle anderen Registrierungen bei zuständigen Stellen anderer Staaten unter Angabe des Namens der Registerstelle sowie der Registernummer;

8. Name und Anschrift der zuständigen Aufsichtsbehörde.

(3) ¹Die in Absatz 1 genannten Prüfungsverbände und Prüfungsstellen sind verpflichtet, der Wirtschaftsprüferkammer die in Absatz 2 genannten Tatsachen sowie jede Änderung dieser Tatsachen mitzuteilen. ²Die Wirtschaftsprüferkammer hat die mitgeteilten Tatsachen sowie Änderungen einzutragen.

(4) ¹Die in Absatz 1 genannten genossenschaftlichen Prüfungsverbände sind verpflichtet, der Wirtschaftsprüferkammer Mitteilung zu machen, wenn sie keine gesetzlich vorgeschriebenen Abschlussprüfungen im Sinne des § 53 Absatz 2 des Genossenschaftsgesetzes, des § 340k Abs. 2 Satz 1 des Handelsgesetzbuchs oder des Artikels 25 Abs. 1 Satz 1 des Einführungsgesetzes zum Handelsgesetzbuch mehr durchführen oder wenn ihr Prüfungsrecht unanfechtbar entzogen worden ist. ²Die in Absatz 1 genannten Prüfungsstellen der Sparkassen- und Giroverbände sind verpflichtet der Wirtschaftsprüferkammer mitzuteilen, wenn ihr Prüfungsrecht unanfechtbar entzogen worden ist. ³In diesen Fällen hat die Wirtschaftsprüferkammer die Eintragung zu löschen.

(5) ¹Die Eintragung eines in Absatz 1 Satz 1 genannten genossenschaftlichen Prüfungsverbands wird gelöscht, wenn

1. die Qualitätskontrolle

   a) nicht innerhalb der nach § 63e Absatz 1 des Genossenschaftsgesetzes vorgegebenen Frist durchgeführt worden ist oder

b) unter Verstoß gegen § 63f Absatz 1 des Genossenschaftsgesetzes in Verbindung mit § 57a Absatz 3 Satz 1 und 5 der Wirtschaftsprüferordnung, gegen § 63f Absatz 2 Satz 2 des Genossenschaftsgesetzes oder gegen § 63f Absatz 3 des Genossenschaftsgesetzes in Verbindung mit § 57a Absatz 4 der Wirtschaftsprüferordnung durchgeführt worden ist,

2. wesentliche Prüfungshemmnisse festgestellt worden sind oder

3. wesentliche Mängel im Qualitätssicherungssystem festgestellt worden sind, die das Qualitätssicherungssystem als unangemessen oder unwirksam erscheinen lassen.

²Erkennt die Wirtschaftsprüferkammer, dass die Eintragung zu löschen ist, so ist der Vorgang vor der Entscheidung der nach § 63 des Genossenschaftsgesetzes zuständigen Aufsichtsbehörde vorzulegen.

(6) ¹Ein genossenschaftlicher Prüfungsverband, der erstmalig eine gesetzlich vorgeschriebene Abschlussprüfung durchführt, hat dies der Wirtschaftsprüferkammer spätestens zwei Wochen nach Beginn dieser Prüfung anzuzeigen. ²Er ist mit dem Zusatz „(vorläufige Eintragung bis zur erstmaligen Durchführung der Qualitätskontrolle)" einzutragen. ³Der Zusatz ist nach Durchführung der Qualitätskontrolle zu löschen.

Achter Abschnitt. Verwaltungsgerichtliches Verfahren[1]

§ 41[2] **Unmittelbare Klage gegen Bescheide der Wirtschaftsprüferkammer.** Vor Erhebung einer Klage gegen Bescheide der Wirtschaftsprüferkammer, die aufgrund von Vorschriften des Dritten und Fünften Abschnitts des Zweiten Teils und § 134a Abs. 1 und 2 dieses Gesetzes erlassen worden sind, bedarf es keiner Nachprüfung in einem Vorverfahren.

§ 42. (weggefallen)

Dritter Teil. Rechte und Pflichten der Wirtschaftsprüfer

§ 43[3] **Allgemeine Berufspflichten.** (1) ¹Berufsangehörige haben ihren Beruf unabhängig, gewissenhaft, verschwiegen und eigenverantwortlich auszuüben. ²Sie haben sich insbesondere bei der Erstattung von Prüfungsberichten und Gutachten unparteiisch zu verhalten.

(2) ¹Berufsangehörige haben sich jeder Tätigkeit zu enthalten, die mit ihrem Beruf oder mit dem Ansehen des Berufs unvereinbar ist. ²Sie haben sich der besonderen Berufspflichten bewusst zu sein, die ihnen aus der Befugnis erwachsen, gesetzlich vorgeschriebene Bestätigungsvermerke zu erteilen. ³Sie haben sich auch außerhalb der Berufstätigkeit des Vertrauens und der Achtung würdig zu erweisen, die der Beruf erfordert. ⁴Sie sind verpflichtet, sich fortzubilden.

---

1) Abschnittsüberschrift eingef. mWv 1.1.2002 durch G v. 10.12.2001 (BGBl. I S. 3414).
2) § 41 neu gef. mWv 1.1.2002 durch G v. 10.12.2001 (BGBl. I S. 3414).
3) § 43 neu gef. mWv 17.6.2016 durch G v. 31.3.2016 (BGBl. I S. 518).

(3)[1] [1] Wer Abschlussprüfer eines Unternehmens von öffentlichem Interesse nach § 316a Satz 2 des Handelsgesetzbuchs war oder wer als verantwortlicher Prüfungspartner im Sinne der Sätze 3 oder 4 bei der Abschlussprüfung eines solchen Unternehmens tätig war, darf dort innerhalb von zwei Jahren nach der Beendigung der Prüfungstätigkeit keine wichtige Führungstätigkeit ausüben und nicht Mitglied des Aufsichtsrats, des Prüfungsausschusses des Aufsichtsrats oder des Verwaltungsrats sein. [2] Satz 1 gilt mit der Maßgabe, dass die Frist ein Jahr beträgt, entsprechend für

1. Personen, die als Abschlussprüfer oder verantwortliche Prüfungspartner gesetzliche Abschlussprüfungen eines sonstigen Unternehmens durchgeführt haben,

2. Partner und Mitarbeiter des Abschlussprüfers, die zwar nicht selbst als Abschlussprüfer oder verantwortlicher Prüfungspartner tätig, aber unmittelbar am Prüfungsauftrag beteiligt waren und die als Wirtschaftsprüfer, vereidigter Buchprüfer oder EU- oder EWR-Abschlussprüfer zugelassen sind, und

3. alle anderen Berufsangehörigen, vereidigten Buchprüfer oder EU- oder EWR-Abschlussprüfer, deren Leistungen der Abschlussprüfer des Unternehmens in Anspruch nehmen oder kontrollieren kann und die unmittelbar am Prüfungsauftrag beteiligt waren.

[3] Verantwortlicher Prüfungspartner ist, wer den Bestätigungsvermerk nach § 322 des Handelsgesetzbuchs unterzeichnet oder als Wirtschaftsprüfer von einer Wirtschaftsprüfungsgesellschaft als für die Durchführung einer Abschlussprüfung vorrangig verantwortlich bestimmt worden ist. [4] Als verantwortlicher Prüfungspartner gilt auf Konzernebene auch, wer als Wirtschaftsprüfer auf der Ebene bedeutender Tochterunternehmen als für die Durchführung von deren Abschlussprüfung vorrangig verantwortlich bestimmt worden ist.

(4)[2] [1] Berufsangehörige haben während der gesamten Prüfung eine kritische Grundhaltung zu wahren. [2] Dazu gehört es,

1. Angaben zu hinterfragen,

2. ungeachtet ihrer bisherigen Erfahrung mit der Aufrichtigkeit und Integrität des Führungspersonals des geprüften Unternehmens und der mit der Unternehmensüberwachung betrauten Personen die Möglichkeit in Betracht zu ziehen, dass es auf Grund von Sachverhalten oder Verhaltensweisen, die auf Unregelmäßigkeiten wie Betrug oder Unrichtigkeiten hindeuten, zu einer wesentlichen falschen Darstellung gekommen sein könnte,

3. auf Gegebenheiten zu achten, die auf eine falsche Darstellung hindeuten könnten, und

4. die Prüfungsnachweise kritisch zu beurteilen.

[3] Ihre kritische Grundhaltung haben Berufsangehörige insbesondere bei der Beurteilung der Schätzungen des Unternehmens in Bezug auf Zeitwertangaben, Wertminderungen von Vermögensgegenständen, Rückstellungen und künftige

---

[1] § 43 Abs. 3 Satz 1 geänd., Sätze 3 und 4 angef. mWv 1.7.2021 durch G v. 3.6.2021 (BGBl. I S. 1534).

[2] § 43 Abs. 4 Satz 2 neu gef., Satz 3 angef. mWv 1.7.2021 durch G v. 3.6.2021 (BGBl. I S. 1534).

Cashflows, die für die Beurteilung der Fähigkeit des Unternehmens zur Fortführung der Unternehmenstätigkeit von Bedeutung sind, beizubehalten.

(5) Berufsangehörige haben bei der Durchführung von Abschlussprüfungen ausreichend Zeit für den Auftrag aufzuwenden und die zur angemessenen Wahrnehmung der Aufgaben erforderlichen Mittel, insbesondere – soweit erforderlich – Personal mit den notwendigen Kenntnissen und Fähigkeiten, einzusetzen.

(6)[1] [1] Wirtschaftsprüfungsgesellschaften haben darüber hinaus bei Durchführung der Abschlussprüfung

1. den verantwortlichen Prüfungspartner insbesondere anhand der Kriterien der Prüfungsqualität, Unabhängigkeit und Kompetenz auszuwählen,

2. dem verantwortlichen Prüfungspartner die zur angemessenen Wahrnehmung der Aufgaben erforderlichen Mittel, insbesondere Personal mit den notwendigen Kenntnissen und Fähigkeiten, zur Verfügung zu stellen und

3. den verantwortlichen Prüfungspartner aktiv an der Durchführung der Abschlussprüfung zu beteiligen.

[2] *[für AP ab 1.1.2022:* Die für die Durchführung einer gesetzlichen Abschlussprüfung bei einem Unternehmen von öffentlichem Interesse nach § 316a Satz 2 des Handelsgesetzbuchs verantwortlichen Prüfungspartner beenden ihre Teilnahme an der Abschlussprüfung des geprüften Unternehmens abweichend von Artikel 17 Absatz 7 Unterabsatz 1 Satz 1 der Verordnung (EU) Nr. 537/2014 des Europäischen Parlaments und des Rates vom 16. April 2014 über spezifische Anforderungen an die Abschlussprüfung bei Unternehmen von öffentlichem Interesse und zur Aufhebung des Beschlusses 2005/909/EG der Kommission (ABl. L 158 vom 27.5.2014, S. 77; L 170 vom 11.6.2014, S. 66) spätestens fünf Jahre nach dem Datum ihrer Bestellung.]

§ 43a[2] Regeln der Berufsausübung. (1) Berufsangehörige üben ihren Beruf aus

1. in eigener Praxis oder in gemeinsamer Berufsausübung gemäß § 44b,

2. als Vorstandsmitglieder, Geschäftsführer, persönlich haftende oder nach dem Partnerschaftsgesellschaftsgesetz verbundene Personen von Wirtschaftsprüfungsgesellschaften,

3. als zeichnungsberechtigte Vertreter oder zeichnungsberechtigte Angestellte bei Berufsangehörigen, Wirtschaftsprüfungsgesellschaften, [*ab 1.1.2024:* rechtsfähigen][3] Personengesellschaften nach § 44b Absatz 1, EU- oder EWR-Abschlussprüfern, EU- oder EWR-Abschlussprüfungsgesellschaften, genossenschaftlichen Prüfungsverbänden, Prüfungsstellen von Sparkassen- und Giroverbänden oder überörtlichen Prüfungseinrichtungen für Körperschaften und Anstalten des öffentlichen Rechts,

---

[1] § 43 Abs. 6 Satz 2 angef., bish. Text wird Satz 1 mWv 1.7.2021 durch G v. 3.6.2021 (BGBl. I S. 1534); **zur Anwendung siehe § 135 Satz 1.**

[2] § 43a neu gef. mWv 17.6.2016 durch G v. 31.3.2016 (BGBl. I S. 518); Abs. 1 Nr. 4 geänd. mWv 1.8.2022 durch G v. 7.7.2021 (BGBl. I S. 2363).

[3] Eingef. **mWv 1.1.2024 durch MoPeG** v. 10.8.2021 (BGBl. I S. 3436).

4. als Vorstandsmitglieder, Geschäftsführer, persönlich haftende oder nach dem Partnerschaftsgesellschaftsgesetz verbundene Personen einer Buchprüfungsgesellschaft, einer *Rechtsanwaltsgesellschaft oder einer Steuerberatungsgesellschaft* [*ab 1.8.2022:* Berufsausübungsgesellschaft nach der Bundesrechtsanwaltsordnung oder einer Berufsausübungsgesellschaft nach dem Steuerberatungsgesetz],

5. als zeichnungsberechtigte Vertreter oder zeichnungsberechtigte Angestellte bei einem Angehörigen eines ausländischen Prüferberufs oder einer ausländischen Prüfungsgesellschaft oder als gesetzliche Vertreter oder Mitglieder des zur gesetzlichen Vertretung berufenen Organs einer ausländischen Prüfungsgesellschaft, wenn die Voraussetzungen für deren Berufsausübung den Vorschriften dieses Gesetzes im Wesentlichen entsprechen,

6. als gesetzliche Vertreter oder Mitglieder des zur gesetzlichen Vertretung berufenen Organs einer ausländischen Rechtsberatungsgesellschaft oder Steuerberatungsgesellschaft, wenn die Voraussetzungen für deren Berufsausübung den Vorschriften der Bundesrechtsanwaltsordnung oder des Steuerberatungsgesetzes im Wesentlichen entsprechen,

7. als Angestellte der Wirtschaftsprüferkammer,

8. als Angestellte des Bundesamts für Wirtschaft und Ausfuhrkontrolle, soweit es sich um eine Tätigkeit bei der Abschlussprüferaufsichtsstelle handelt,

9.[1)] als Angestellte einer

a) nach § 342 Absatz 1 des Handelsgesetzbuchs vom Bundesministerium der Justiz und für Verbraucherschutz durch Vertrag anerkannten Einrichtung oder

[Fassung bis 31.12.2021:]	*[Fassung ab 1.1.2022:]*
b) nach § 342b Absatz 1 des Handelsgesetzbuchs vom Bundesministerium der Justiz und für Verbraucherschutz im Einvernehmen mit dem Bundesministerium der Finanzen durch Vertrag anerkannten Prüfstelle oder	b) nicht gewerblich tätigen Personenvereinigung,
c) nicht gewerblich tätigen Personenvereinigung,	
aa) deren ordentliche Mitglieder Berufsangehörige, Wirtschaftsprüfungsgesellschaften, vereidigte Buchprüfer oder Buchprüfungsgesellschaften oder Personen oder Personengesellschaften sind, die die Vorausset-	aa) deren ordentliche Mitglieder Berufsangehörige, Wirtschaftsprüfungsgesellschaften, vereidigte Buchprüfer oder Buchprüfungsgesellschaften oder Personen oder [*ab 1.1.2024:* rechtsfähige][2)] Personengesellschaften sind, die

---

[1)] § 43a Abs. 1 Nr. 9 neu gef. mWv 1.1.2022 durch G v. 3.6.2021 (BGBl. I S. 1534).
[2)] Eingef. **mWv 1.1.2024 durch MoPeG** v. 10.8.2021 (BGBl. I S. 3436).

[Fassung bis 31.12.2021:]   *[Fassung ab 1.1.2022:]*

zungen des § 44b Absatz 2 Satz 1 erfüllen,

  bb) deren ausschließlicher Zweck die Vertretung der beruflichen Belange der Wirtschaftsprüfer oder vereidigten Buchprüfer ist und

  cc) in der Berufsangehörige, Wirtschaftsprüfungsgesellschaften, vereidigte Buchprüfer oder Buchprüfungsgesellschaften die Mehrheit haben,

die Voraussetzungen des § 44b Absatz 2 Satz 1 erfüllen,

  bb) deren ausschließlicher Zweck die Vertretung der beruflichen Belange der Wirtschaftsprüfer oder vereidigten Buchprüfer ist und

  cc) in der Berufsangehörige, Wirtschaftsprüfungsgesellschaften, vereidigte Buchprüfer oder Buchprüfungsgesellschaften die Mehrheit haben,

10. als Angestellte der Bundesanstalt für Finanzdienstleistungsaufsicht, wenn es sich um eine Tätigkeit

  a) nach Abschnitt 16[1] des Wertpapierhandelsgesetzes oder

  b) zur Vorbereitung, Durchführung und Analyse von Prüfungen bei einem von einer Aufsichtsbehörde beaufsichtigten Unternehmen

handelt, oder

11. als Angestellte eines Prüfungsverbands nach § 26 Absatz 2 des Gesetzes über das Kreditwesen.

(2) Vereinbar mit dem Beruf des Wirtschaftsprüfers ist

1. die Ausübung eines freien Berufs auf dem Gebiet der Technik und des Rechtswesens sowie eines Berufs, mit dem die gemeinsame Berufsausübung im Sinne des § 44b zulässig ist,

2. die Tätigkeit als Lehrer oder wissenschaftlicher Mitarbeiter an wissenschaftlichen Instituten oder Hochschulen,

3. die Tätigkeit als Geschäftsführer einer Europäischen wirtschaftlichen Interessenvereinigung, deren Mitglieder ausschließlich Personen sind, mit denen die gemeinsame Berufsausübung im Sinne des § 44b zulässig ist,

4. die Durchführung von Lehr- und Vortragsveranstaltungen zur Vorbereitung auf die Prüfungen zum Wirtschaftsprüfer, zum vereidigten Buchprüfer oder zum Steuerberater sowie zur Fortbildung der Mitglieder der Wirtschaftsprüferkammer und

5. die freie schriftstellerische, wissenschaftliche und künstlerische Tätigkeit sowie die freie Vortragstätigkeit.

(3) [1]Berufsangehörige dürfen keine der folgenden Tätigkeiten ausüben:

1. gewerbliche Tätigkeiten;

2. Tätigkeiten in einem Anstellungsverhältnis mit Ausnahme der in den Absätzen 1 und 2 genannten Fälle;

---

[1] Verweis geänd. mWv 3.1.2018 durch G v. 23.6.2017 (BGBl. I S. 1693).

3. Tätigkeiten in einem Beamtenverhältnis oder einem nicht ehrenamtlich ausgeübten Richterverhältnis mit Ausnahme des in Absatz 2 Nummer 2 genannten Falls; § 44a bleibt unberührt.

2 Auf Antrag kann die Wirtschaftsprüferkammer Berufsangehörigen genehmigen, eine Tätigkeit nach Satz 1 auszuüben, wenn diese einer der Tätigkeiten nach Absatz 1 oder 2 vergleichbar ist und durch die Tätigkeit das Vertrauen in die Einhaltung der Berufspflichten nicht gefährdet werden kann. 3 Auf Antrag kann die Wirtschaftsprüferkammer die Eingehung eines außerberuflichen Anstellungsverhältnisses vorübergehend genehmigen, wenn es der Übernahme einer Notgeschäftsführung oder der Sanierung einer gewerblichen Gesellschaft dient.

§ 44 [1]) **Eigenverantwortliche Tätigkeit.** (1) 1 Eine eigenverantwortliche Tätigkeit übt nicht aus, wer sich als zeichnungsberechtigter Vertreter oder als zeichnungsberechtigter Angestellter an Weisungen zu halten hat, die ihn verpflichten, Prüfungsberichte und Gutachten auch dann zu unterzeichnen, wenn ihr Inhalt sich mit seiner Überzeugung nicht deckt. 2 Weisungen, die solche Verpflichtungen enthalten, sind unzulässig. 3 Anteilseigner einer Wirtschaftsprüfungsgesellschaft und Mitglieder der Verwaltungs-, Leitungs- und Aufsichtsorgane dieser oder einer verbundenen Wirtschaftsprüfungsgesellschaft dürfen auf die Durchführung von Abschlussprüfungen nicht in einer Weise Einfluss nehmen, die die Unabhängigkeit der verantwortlichen Berufsangehörigen beeinträchtigt.

(2) Die Eigenverantwortlichkeit wird nicht schon dadurch ausgeschlossen, daß für gesetzliche Vertreter von Wirtschaftsprüfungsgesellschaften und für bei Wirtschaftsprüfern oder Wirtschaftsprüfungsgesellschaften angestellte Wirtschaftsprüfer eine Mitzeichnung durch einen anderen Wirtschaftsprüfer oder bei genossenschaftlichen Prüfungsverbänden, Prüfungsstellen von Sparkassen- und Giroverbänden oder überörtlichen Prüfungseinrichtungen für Körperschaften und Anstalten des öffentlichen Rechts durch einen zeichnungsberechtigten Vertreter des Prüfungsverbandes, der Prüfungsstelle oder der Prüfungseinrichtung vereinbart ist.

§ 44a [2]) **Wirtschaftsprüfer im öffentlich-rechtlichen Dienst- oder Amtsverhältnis.** 1 Ist ein Wirtschaftsprüfer ein öffentlich-rechtliches Dienstverhältnis als Wahlbeamter auf Zeit oder ein öffentlich-rechtliches Amtsverhältnis eingegangen, so darf er seinen Beruf als Wirtschaftsprüfer nicht ausüben, es sei denn, daß er die ihm übertragene Aufgabe ehrenamtlich wahrnimmt. 2 Die Wirtschaftsprüferkammer kann dem Wirtschaftsprüfer auf seinen Antrag einen Vertreter bestellen oder ihm gestatten, seinen Beruf selbst auszuüben, wenn die Einhaltung der allgemeinen Berufspflichten dadurch nicht gefährdet wird.

---

[1]) § 44 neu gef. mWv 1.1.1995 durch G v. 15.7.1994 (BGBl. I S. 1569); Abs. 1 Satz 3 neu gef. mWv 17.6.2016 durch G v. 31.3.2016 (BGBl. I S. 518).
[2]) § 44a Satz 3 aufgeh. mWv 1.1.2002 durch G v. 19.12.2000 (BGBl. I S. 1769).

§ 44b[1] **Gemeinsame Berufsausübung.** (1) Wirtschaftsprüfer dürfen ihren Beruf mit natürlichen und juristischen Personen sowie mit [*ab 1.1.2024:* rechtsfähigen][2] Personengesellschaften, die der Berufsaufsicht einer Berufskammer eines freien Berufes im Geltungsbereich dieses Gesetzes unterliegen und ein Zeugnisverweigerungsrecht nach § 53 Abs. 1 Satz 1 Nr. 3 der Strafprozeßordnung haben, örtlich und überörtlich in [*ab 1.1.2024:* rechtsfähigen][2] Personengesellschaften gemeinsam ausüben. [2] *Mit Rechtsanwälten, die zugleich Notare sind, darf eine solche Personengesellschaft nur bezogen auf die anwaltliche Berufsausübung eingegangen werden.* [3] *Im Übrigen richtet sich die Verbindung mit Rechtsanwälten, die zugleich Notare sind, nach den Bestimmungen und Anforderungen des notariellen Berufsrechts.*

(2) [1] Eine gemeinsame Berufsausübung mit natürlichen und juristischen Personen sowie mit [*ab 1.1.2024:* rechtsfähigen][2] Personengesellschaften, die in einem ausländischen Staat als sachverständige Prüfer ermächtigt oder bestellt sind, ist zulässig, wenn die Voraussetzungen für ihre Ermächtigung oder Bestellung den Vorschriften dieses Gesetzes im wesentlichen entsprechen und sie in dem ausländischen Staat ihren Beruf gemeinsam mit Wirtschaftsprüfern ausüben dürfen. [2] Eine gemeinsame Berufsausübung ist weiter zulässig mit Rechtsanwälten, Patentanwälten und Steuerberatern anderer Staaten, wenn diese einen nach Ausbildung und Befugnissen der Bundesrechtsanwaltsordnung, der Patentanwaltsordnung oder dem Steuerberatungsgesetz entsprechenden Beruf ausüben und mit Rechtsanwälten, Patentanwälten oder Steuerberatern im Geltungsbereich dieses Gesetzes ihren Beruf ausüben dürfen. [3] Absatz 1 Satz 2 und 3 gilt entsprechend.

(3) [1] Die Wirtschaftsprüferkammer hat ein Einsichtsrecht in die Verträge über die gemeinsame Berufsausübung. [2] Erforderliche Auskünfte sind auf Verlangen zu erteilen.

(4) Berufsangehörige dürfen ihren Beruf in [*ab 1.1.2024:* rechtsfähigen][2] Personengesellschaften mit Personen im Sinne von Absatz 1 Satz 1, die selbst nicht als Berufsangehörige oder als vereidigte Buchprüfer oder vereidigte Buchprüferin bestellt oder als Wirtschaftsprüfungsgesellschaft oder Buchprüfungsgesellschaft anerkannt sind, nur dann gemeinsam ausüben, wenn sie der Wirtschaftsprüferkammer bei Aufnahme einer solchen Tätigkeit nachweisen, dass ihnen auch bei gesamtschuldnerischer Inanspruchnahme der nach § 54 vorgeschriebene Versicherungsschutz für jeden Versicherungsfall uneingeschränkt zur Verfügung steht.

(5) Wirtschaftsprüfer haben die gemeinsame Berufsausübung unverzüglich zu beenden, wenn sie auf Grund des Verhaltens eines Mitglieds der

---

[1] § 44b eingef. mWv 1.1.1995 durch G v. 15.7.1994 (BGBl. I S. 1569), Abs. 1 geänd. mWv 8.9.1998 durch G v. 31.8.1998 (BGBl. I S. 2585), Abs. 1, 4 und 5 geänd. mWv 1.1.2001 durch G v. 19.12.2000 (BGBl. I S. 1769), Abs. 1 geänd. mWv 23.2.2002 durch G v. 15.2.2002 (BGBl. I S. 682); Überschrift geänd., Abs. 1 Sätze 2 und 3, Abs. 2 Satz 3, Abs. 6 angef., Abs. 4 neu gef. mWv 1.1.2004 durch G v. 1.12.2003 (BGBl. I S. 2446); Überschrift, Abs. 1 Sätze und 2, Abs. 2 Satz 2, Abs. 4 und 5 geänd. mWv 17.6.2016 durch G v. 31.3.2016 (BGBl. I S. 518); Abs. 1 Sätze 2 und 3 aufgeh., bish. Satz 1 wird Abs. 1 mWv 1.8.2022 durch G v. 7.7.2021 (BGBl. I S. 2363).

[2] Eingef. **mWv 1.1.2024 durch MoPeG** v. 10.8.2021 (BGBl. I S. 3436).

[ab 1.1.2024: rechtsfähigen]¹⁾ Personengesellschaft ihren beruflichen Pflichten nicht mehr uneingeschränkt nachkommen können.

(6) Wird eine gemeinsame Berufsausübung im Sinne des Absatzes 1 kundgemacht, sind die Vorschriften der Absätze 4 und 5 entsprechend anzuwenden.

§ 45²⁾ Prokuristen. ¹Wirtschaftsprüfer sollen als Angestellte von Wirtschaftsprüfungsgesellschaften die Rechtsstellung von Prokuristen haben. ²Angestellte Wirtschaftsprüfer gelten als leitende Angestellte im Sinne des § 5 Abs. 3 des Betriebsverfassungsgesetzes.

§ 46³⁾ Beurlaubung. (1) Wirtschaftsprüfer, die vorübergehend eine mit dem Beruf unvereinbare Tätigkeit aufnehmen oder aufgrund besonderer Umstände, insbesondere um Kinder zu erziehen oder Angehörige zu pflegen, nicht den Beruf des Wirtschaftsprüfers ausüben wollen, können auf Antrag von der Wirtschaftsprüfertätigkeit beurlaubt werden.

(2) ¹Sie dürfen während der Zeit ihrer Beurlaubung die Tätigkeit als Wirtschaftsprüfer nicht ausüben. ²Die Gesamtzeit der Beurlaubung soll fünf aufeinanderfolgende Jahre nicht überschreiten.

§ 47⁴⁾ Zweigniederlassungen. ¹Zweigniederlassungen müssen jeweils von wenigstens einem Berufsangehörigen oder EU- oder EWR-Abschlussprüfer geleitet werden, der seine berufliche Niederlassung am Ort der Zweigniederlassung hat. ²Für Zweigniederlassungen von in eigener Praxis tätigen Berufsangehörigen kann die Wirtschaftsprüferkammer Ausnahmen zulassen.

§ 48⁵⁾ Siegel. (1) ¹Wirtschaftsprüfer und Wirtschaftsprüfungsgesellschaften sind verpflichtet, ein Siegel zu benutzen, wenn sie Erklärungen abgeben, die den Berufsangehörigen gesetzlich vorbehalten sind. ²Sie können ein Siegel führen, wenn sie in ihrer Berufseigenschaft Erklärungen über Prüfungsergebnisse abgeben oder Gutachten erstatten.

(2) Die Wirtschaftsprüferkammer trifft im Rahmen der Berufssatzung die näheren Bestimmungen über die Gestaltung des Siegels und die Führung des Siegels.

---

¹⁾ Eingef. **mWv 1.1.2024 durch MoPeG** v. 10.8.2021 (BGBl. I S. 3436).
²⁾ § 45 Satz 2 angef., bish. Wortlaut wird Satz 1 mWv 6.9.2007 durch G v. 3.9.2007 (BGBl. I S. 2178).
³⁾ § 46 Abs. 2 Satz 2 aufgeh. und Satz 3 geänd. mWv 1.1.2002 durch G v. 19.12.2000 (BGBl. I S. 1769); Abs. 1, Abs. 2 Satz 1 geänd., Abs. 2 Satz 2 aufgeh., bish. Satz 3 wird Satz 2 und geänd. mWv 17.6.2016 durch G v. 31.3.2016 (BGBl. I S. 518).
⁴⁾ § 47 neu gef. mWv 1.1.1995 durch G v. 15.7.1994 (BGBl. I S. 1569); Sätze 1 und 2 geänd. mWv 17.6.2016 durch G v. 31.3.2016 (BGBl. I S. 518).
⁵⁾ § 48 Abs. 2 geänd. mWv 1.1.1995 durch G v. 15.7.1995 (BGBl. I S. 1569) und mWv 1.1.2001 durch G v. 19.12.2000 (BGBl. I S. 1769); Abs. 2 geänd. mWv 28.11.2003 durch VO v. 25.11.2003 (BGBl. I S. 2304); Abs. 2 neu gef. mWv 6.8.2004 durch G v. 30.7.2004 (BGBl. I S. 2014); Abs. 2 Satz 1 geänd. mWv 8.11.2006 durch VO v. 31.10.2006 (BGBl. I S. 2407); Abs. 1 Satz 1 geänd., Abs. 2 neu gef. mWv 6.9.2007 durch G v. 3.9.2007 (BGBl. I S. 2178).

§ 49 Versagung der Tätigkeit. Der Wirtschaftsprüfer hat seine Tätigkeit zu versagen, wenn sie für eine pflichtwidrige Handlung in Anspruch genommen werden soll oder die Besorgnis der Befangenheit bei der Durchführung eines Auftrages besteht.

§ 50[1]) Verschwiegenheitspflicht beschäftigter Personen. [1]Der Wirtschaftsprüfer hat die von ihm beschäftigten Personen in Textform zur Verschwiegenheit zu verpflichten und sie dabei über die strafrechtlichen Folgen einer Pflichtverletzung zu belehren. [2]Zudem hat er bei ihnen in geeigneter Weise auf die Einhaltung der Verschwiegenheitspflicht hinzuwirken. [3]Den vom Wirtschaftsprüfer beschäftigten Personen stehen die Personen gleich, die im Rahmen einer berufsvorbereitenden Tätigkeit oder einer sonstigen Hilfstätigkeit an seiner beruflichen Tätigkeit mitwirken. [4]Satz 1 gilt nicht für angestellte Personen, die im Hinblick auf die Verschwiegenheitspflicht den gleichen Anforderungen wie der Wirtschaftsprüfer unterliegen. [5]Hat sich ein Wirtschaftsprüfer mit anderen Personen, die im Hinblick auf die Verschwiegenheitspflicht den gleichen Anforderungen unterliegen wie er, zur gemeinschaftlichen Berufsausübung zusammengeschlossen und besteht zu den beschäftigten Personen ein einheitliches Beschäftigungsverhältnis, so genügt auch der Nachweis, dass eine andere dieser Personen die Verpflichtung nach Satz 1 vorgenommen hat.

§ 50a[2]) Inanspruchnahme von Dienstleistungen. (1) [1]Der Wirtschaftsprüfer darf Dienstleistern den Zugang zu Tatsachen eröffnen, auf die sich die Verpflichtung zur Verschwiegenheit gemäß § 43 bezieht, soweit dies für die Inanspruchnahme der Dienstleistung erforderlich ist. [2]Dienstleister ist eine andere Person oder Stelle, die vom Wirtschaftsprüfer im Rahmen seiner Berufsausübung mit Dienstleistungen beauftragt wird.

(2) [1]Der Wirtschaftsprüfer ist verpflichtet, den Dienstleister sorgfältig auszuwählen. [2]Die Zusammenarbeit muss unverzüglich beendet werden, wenn die Einhaltung der dem Dienstleister gemäß Absatz 3 zu machenden Vorgaben nicht gewährleistet ist.

(3) [1]Der Vertrag mit dem Dienstleister bedarf der Textform. [2]In ihm ist

1. der Dienstleister unter Belehrung über die strafrechtlichen Folgen einer Pflichtverletzung zur Verschwiegenheit zu verpflichten,

2. der Dienstleister zu verpflichten, sich nur insoweit Kenntnis von fremden Geheimnissen zu verschaffen, als dies zur Vertragserfüllung erforderlich ist, und

3. festzulegen, ob der Dienstleister befugt ist, weitere Personen zur Erfüllung des Vertrags heranzuziehen; für diesen Fall ist dem Dienstleister aufzuerlegen, diese Personen in Textform zur Verschwiegenheit zu verpflichten.

(4) Bei der Inanspruchnahme von Dienstleistungen, die im Ausland erbracht werden, darf der Wirtschaftsprüfer dem Dienstleister den Zugang zu fremden Geheimnissen unbeschadet der übrigen Voraussetzungen dieser Vor-

---

[1]) § 50 neu gef. mWv 9.11.2017 durch G v. 30.10.2017 (BGBl. I S. 3618); Satz 1 geänd. mWv 1.8.2021 durch G v. 25.6.2021 (BGBl. I S. 2154).
[2]) § 50a eingef. mWv 9.11.2017 durch G v. 30.10.2017 (BGBl. I S. 3618).

schrift nur dann eröffnen, wenn der dort bestehende Schutz der Geheimnisse dem Schutz im Inland vergleichbar ist, es sei denn, dass der Schutz der Geheimnisse dies nicht gebietet.

(5) Bei der Inanspruchnahme von Dienstleistungen, die unmittelbar einem einzelnen Mandat dienen, darf der Wirtschaftsprüfer dem Dienstleister den Zugang zu fremden Geheimnissen nur dann eröffnen, wenn der Mandant darin eingewilligt hat.

(6) Die Absätze 2 und 3 gelten auch im Fall der Inanspruchnahme von Dienstleistungen, in die der Mandant eingewilligt hat, sofern der Mandant nicht ausdrücklich auf die Einhaltung der in den Absätzen 2 und 3 genannten Anforderungen verzichtet hat.

(7) [1] Die Absätze 1 bis 6 gelten nicht, soweit Dienstleistungen aufgrund besonderer gesetzlicher Vorschriften in Anspruch genommen werden. [2] Absatz 3 Satz 2 gilt nicht, soweit der Dienstleister hinsichtlich der zu erbringenden Dienstleistung gesetzlich zur Verschwiegenheit verpflichtet ist.

(8) Die Vorschriften zum Schutz personenbezogener Daten bleiben unberührt.

§ 51 Mitteilung der Ablehnung eines Auftrages. [1] Der Wirtschaftsprüfer, der einen Auftrag nicht annehmen will, hat die Ablehnung unverzüglich zu erklären. [2] Er hat den Schaden zu ersetzen, der aus einer schuldhaften Verzögerung dieser Erklärung entsteht.

§ 51 a[1]) Pflicht zur Übernahme der Beratungshilfe. [1] Wirtschaftsprüfer und vereidigte Buchprüfer sind verpflichtet, die in dem Beratungshilfegesetz vorgesehene Beratungshilfe zu übernehmen. [2] Sie können die Beratungshilfe im Einzelfall aus wichtigem Grund ablehnen.

§ 51 b[2]) Handakten. (1) Berufsangehörige müssen durch Anlegung von Handakten ein zutreffendes Bild über die von ihnen entfaltete Tätigkeit geben können.

(2) [1] Berufsangehörige haben ihre Handakten für die Dauer von zehn Jahren nach Beendigung des Auftrags aufzubewahren. [2] Diese Verpflichtung erlischt jedoch schon vor Beendigung dieses Zeitraums, wenn die Berufsangehörigen ihre Auftraggeber aufgefordert haben, die Handakten in Empfang zu nehmen, und die Auftraggeber dieser Aufforderung binnen sechs Monaten, nachdem sie sie erhalten haben, nicht nachgekommen sind.

(3) [1] Berufsangehörige können ihren Auftraggebern die Herausgabe der Handakten verweigern, bis sie wegen ihrer Vergütung und Auslagen befriedigt sind. [2] Dies gilt nicht, soweit die Vorenthaltung der Handakten oder einzelner Schriftstücke nach den Umständen unangemessen wäre.

(4) Handakten im Sinne der Absätze 2 und 3 sind nur solche Schriftstücke, die Berufsangehörige aus Anlass ihrer beruflichen Tätigkeit von ihren Auftrag-

---

[1]) § 51a neu gef. mWv 1.1.2014 durch G v. 31.8.2013 (BGBl. I S. 3533).
[2]) § 51b neu gef. mWv 17.6.2016 durch G v. 31.3.2016 (BGBl. I S. 518).

gebern oder für diese erhalten haben, nicht aber die Briefwechsel zwischen den Berufsangehörigen und ihren Auftraggebern, die Schriftstücke, die die Auftraggeber bereits in Urschrift oder Abschrift erhalten haben, sowie die zu internen Zwecken gefertigten Arbeitspapiere.

(5)[1] [1]Bei gesetzlichen Abschlussprüfungen nach § 316 des Handelsgesetzbuchs ist für jede Abschlussprüfung eine Handakte nach Absatz 1 (Prüfungsakte) anzulegen, die spätestens 60 Tage nach Unterzeichnung des Bestätigungsvermerks im Sinne des § 322 des Handelsgesetzbuchs zu schließen ist. [2]Berufsangehörige haben in der Prüfungsakte auch zu dokumentieren,

1. ob sie die Anforderungen an ihre Unabhängigkeit im Sinne des § 319 Absatz 2 bis 5 des Handelsgesetzbuchs erfüllen, ob ihre Unabhängigkeit gefährdende Umstände vorliegen und welche Schutzmaßnahmen sie gegebenenfalls zur Verminderung dieser Gefahren ergriffen haben,

2. ob sie über die Zeit, das Personal und die sonstigen Mittel verfügen, die nach § 43 Absatz 5 zur angemessenen Durchführung der Abschlussprüfung erforderlich sind,

3. wenn sie den Rat externer Sachverständiger einholen, die entsprechenden Anfragen und die erhaltenen Antworten.

[3]Wirtschaftsprüfungsgesellschaften haben darüber hinaus den verantwortlichen Prüfungspartner zu benennen und zu dokumentieren, dass dieser nach dem Zweiten oder Neunten Teil zugelassen ist. [4]Die Berufsangehörigen haben alle Informationen und Unterlagen aufzubewahren, die zur Begründung des Bestätigungsvermerks im Sinne des § 322 des Handelsgesetzbuchs, des Prüfungsberichts im Sinne des § 321 des Handelsgesetzbuchs oder zur Kontrolle der Einhaltung von Berufspflichten von Bedeutung sind oder die schriftliche Beschwerden über die Durchführung der Abschlussprüfungen beinhalten. [5]Die Dokumentationspflichten nach den Artikeln 6 bis 8 der Verordnung (EU) Nr. 537/2014 in der jeweils geltenden Fassung und die Aufbewahrungspflicht nach Artikel 15 der Verordnung (EU) Nr. 537/2014 bleiben unberührt.

(6) [1]Berufsangehörige, die eine Konzernabschlussprüfung durchführen, haben der Wirtschaftsprüferkammer auf deren schriftliche oder elektronische Aufforderung die Unterlagen über die Arbeit von Drittstaatsprüfern und Drittstaatsprüfungsgesellschaften, die in den Konzernabschluss einbezogene Tochterunternehmen prüfen, zu übergeben, soweit diese nicht gemäß § 134 Absatz 1 eingetragen sind und keine Vereinbarung zur Zusammenarbeit gemäß § 57 Absatz 9 Satz 5 Nummer 3 besteht. [2]Erhalten Berufsangehörige keinen Zugang zu den Unterlagen über die Arbeit von Drittstaatsprüfern und Drittstaatsprüfungsgesellschaften, so haben sie den Versuch ihrer Erlangung und die Hindernisse zu dokumentieren und der Wirtschaftsprüferkammer auf deren schriftliche oder elektronische Aufforderung die Gründe dafür mitzuteilen.

---

[1] § 51b Abs. 5 Sätze 1, 2 Nr. 1, 4 und 5 geänd. mWv 1.7.2021 durch G v. 3.6.2021 (BGBl. I S. 1534).

(7) ¹Die Absätze 1 bis 6 gelten entsprechend, soweit sich Berufsangehörige zum Führen von Handakten der elektronischen Datenverarbeitung bedienen. ²In anderen Gesetzen getroffene Regelungen über die Pflichten zur Aufbewahrung von Geschäftsunterlagen bleiben unberührt.

§ 51c¹⁾ Auftragsdatei. Berufsangehörige müssen für gesetzlich vorgeschriebene Abschlussprüfungen nach § 316 des Handelsgesetzbuchs eine Auftragsdatei führen, die für jeden ihrer Auftraggeber folgende Angaben enthält:

1. Name, Anschrift und Ort,
2. bei Wirtschaftsprüfungsgesellschaften die Namen der jeweils verantwortlichen Prüfungspartner und
3. für jedes Geschäftsjahr die für die Abschlussprüfung und für andere Leistungen in Rechnung gestellten Honorare.

§ 52²⁾ Werbung. Werbung ist zulässig, es sei denn, sie ist unlauter.

§ 53³⁾ Wechsel des Auftraggebers. Berufsangehörige dürfen keine widerstreitenden Interessen vertreten; sie dürfen insbesondere in einer Sache, in der sie oder eine Person oder eine [*ab 1.1.2024:* rechtsfähige] Personengesellschaft, mit der sie ihren Beruf gemeinsam ausüben, bereits tätig waren, für andere Auftraggebende nur tätig werden, wenn die bisherigen und die neuen Auftraggebenden einverstanden sind.

§ 54⁴⁾ Berufshaftpflichtversicherung. (1) ¹Berufsangehörige, die ihren Beruf nach § 43a Absatz 1 Nummer 1 ausüben, und Wirtschaftsprüfungsgesellschaften sind verpflichtet, eine Berufshaftpflichtversicherung zur Deckung der sich aus ihrer Berufstätigkeit ergebenden Haftpflichtgefahren für Vermögensschäden zu unterhalten. ²Die Berufshaftpflichtversicherung einer Partnerschaft mit beschränkter Berufshaftung nach § 8 Absatz 4 des Partnerschaftsgesellschaftsgesetzes, die nicht selbst als Wirtschaftsprüfungsgesellschaft zugelassen ist, muss die Haftpflichtgefahren für Vermögensschäden decken, die sich aus ihrer Berufstätigkeit im Sinne der §§ 2 oder 129 ergeben. ³Die Versicherung muss sich auch auf solche Vermögensschäden erstrecken, für die ein Berufsangehöriger nach den §§ 278 oder 831 des Bürgerlichen Gesetzbuchs einzustehen hat.

(2) ¹Der Versicherungsvertrag muss vorsehen, dass Versicherungsschutz für jede einzelne während der Geltung des Versicherungsvertrages begangene Pflichtverletzung zu gewähren ist, die gesetzliche Haftpflichtansprüche privat-

---

¹⁾ § 51c eingef. mWv 17.6.2016 durch G v. 31.3.2016 (BGBl. I S. 518).
²⁾ § 52 neu gef. mWv 6.9.2007 durch G v. 3.9.2007 (BGBl. I S. 2178).
³⁾ § 53 neu gef. mWv 6.9.2007 durch G v. 3.9.2007 (BGBl. I S. 2178); geänd. **mWv 1.1.2024 durch MoPeG** v. 10.8.2021 (BGBl. I S. 3436).
⁴⁾ § 54 neu gef. mWv 17.6.2016 durch G v. 31.3.2016 (BGBl. I S. 518).

rechtlichen Inhalts gegen den Versicherungsnehmer zur Folge haben könnte. [2] Der Versicherungsvertrag kann vorsehen, dass die Versicherungssumme den Höchstbetrag der dem Versicherer in jedem einzelnen Schadensfall obliegenden Leistung darstellt, und zwar mit der Maßgabe, dass nur eine einmalige Leistung der Versicherungssumme in Frage kommt

1. gegenüber mehreren entschädigungspflichtigen Personen, auf welche sich der Versicherungsschutz erstreckt,

2. bezüglich eines aus mehreren Pflichtverletzungen stammenden einheitlichen Schadens,

3. bezüglich sämtlicher Folgen einer Pflichtverletzung ohne Rücksicht darauf, ob Schäden in einem oder in mehreren aufeinanderfolgenden Jahren entstanden sind.

[3] Im Fall des Satzes 2 Nummer 3 gilt mehrfaches auf gleicher oder gleichartiger Fehlerquelle beruhendes Tun oder Unterlassen als einheitliche Pflichtverletzung, wenn die betreffenden Angelegenheiten miteinander in rechtlichem oder wirtschaftlichem Zusammenhang stehen. [4] In diesem Fall kann die Leistung des Versicherers auf das Fünffache der Mindestversicherungssumme nach Absatz 4 Satz 1 begrenzt werden, soweit es sich nicht um gesetzlich vorgeschriebene Pflichtprüfungen handelt.

(3) Von der Versicherung kann der Versicherungsschutz ausgeschlossen werden für

1. Ersatzansprüche wegen wissentlicher Pflichtverletzung,

2. Ersatzansprüche wegen Schäden, die durch Fehlbeträge bei der Kassenführung, durch Pflichtverletzungen beim Zahlungsakt oder durch Veruntreuung durch das Personal des Versicherungsnehmers entstehen,

3. Ersatzansprüche, die vor Gerichten in Drittstaaten geltend gemacht werden, und

4. Ersatzansprüche wegen Verletzung oder Nichtbeachtung des Rechts von Drittstaaten, soweit die Ansprüche nicht bei der das Abgabenrecht dieser Staaten betreffenden geschäftsmäßigen Hilfeleistung in Steuersachen entstehen und soweit das den Ersatzansprüchen zugrunde liegende Auftragsverhältnis zwischen Versicherungsnehmer und Auftraggeber nicht deutschem Recht unterliegt.

[alte Fassung:] *[neue Fassung:]*

(4) [1] Die Mindestversicherungssumme für den einzelnen Versicherungsfall muss den in § 323 Absatz 2 Satz 1 des Handelsgesetzbuchs bezeichneten Umfang betragen. [2] Die Vereinbarung eines Selbstbehalts bis

(4)[1] [1] Die Mindestversicherungssumme für den einzelnen Versicherungsfall beträgt 1 Million Euro. [2] Die Leistungen des Versicherers für alle innerhalb eines Versicherungsjahres verursachten Schäden können

---

[1] § 54 Abs. 4 Satz 1 geänd., Sätze 2 und 3 eingef., bish. Sätze 2 und 3 werden Sätze 4 und 5 durch G v. 3.6.2021 (BGBl. I S. 1534); **zur Anwendung siehe § 135 Sätze 1 und 2.**

[alte Fassung:]

zur Höhe von 1 Prozent der Mindestversicherungssumme ist zulässig. ³ Zuständige Stelle im Sinne des § 117 Absatz 2 des Versicherungsvertragsgesetzes ist die Wirtschaftsprüferkammer.

[neue Fassung:]

bei Berufsangehörigen auf den vierfachen Betrag der Mindestversicherungssumme begrenzt werden. ³ Bei Wirtschaftsprüfungsgesellschaften können die Leistungen des Versicherers für alle innerhalb eines Versicherungsjahres verursachten Schäden auf den Betrag der Mindestversicherungssumme, vervielfacht mit der Zahl der Gesellschafter, der Partner und der Geschäftsführer, die nicht Gesellschafter sind, begrenzt werden, wobei sich die Jahreshöchstleistung jedoch mindestens auf den vierfachen Betrag der Mindestversicherungssumme belaufen muss. ⁴ Die Vereinbarung eines Selbstbehalts bis zur Höhe von 1 Prozent der Mindestversicherungssumme ist zulässig. ⁵ Zuständige Stelle im Sinne des § 117 Absatz 2 des Versicherungsvertragsgesetzes ist die Wirtschaftsprüferkammer.

(5) Die Wirtschaftsprüferkammer erteilt Dritten zur Geltendmachung von Schadensersatzansprüchen auf Antrag Auskunft über den Namen, die Adresse und die Versicherungsnummer der Berufshaftpflichtversicherung der Berufsangehörigen, der Wirtschaftsprüfungsgesellschaften oder der Partnerschaften mit beschränkter Berufshaftung, soweit diese kein überwiegendes schutzwürdiges Interesse an der Nichterteilung der Auskunft haben.

(6) Die Wirtschaftsprüferkammer trifft im Rahmen der Berufssatzung die näheren Bestimmungen über den Versicherungsinhalt, den Versicherungsnachweis, das Anzeigeverfahren und die Überwachung der Versicherungspflicht.

§ 54a¹⁾ Vertragliche Begrenzung von Ersatzansprüchen. (1) Der Anspruch der Auftraggeber aus den zwischen ihnen und den Berufsangehörigen bestehenden Vertragsverhältnissen auf Ersatz eines fahrlässig verursachten Schadens kann beschränkt werden

1. durch schriftliche Vereinbarung im Einzelfall bis zur Mindesthöhe der Dekungssumme nach § 54 Absatz 4 Satz 1 oder

---

¹⁾ § 54a eingef. mWv 1.1.1995 durch G v. 15.7.1994 (BGBl. I S. 1569); Abs. 1 Nrn. 1 und 2 mWv 1.5.1998 geänd. durch G v. 27.4.1998 (BGBl. I S. 786); Abs. 2 geänd. mWv 1.1.2001 durch G v. 19.12.2000 (BGBl. I S. 1769); Abs. 1 neu gef., Abs. 2 geänd., Abs. 3 angef. mWv 17.6.2016 durch G v. 31.3.2016 (BGBl. I S. 518).

2. durch vorformulierte Vertragsbedingungen auf den vierfachen Betrag der Mindesthöhe der Deckungssumme nach § 54 Absatz 4 Satz 1, wenn insoweit Versicherungsschutz besteht.

(2) Die persönliche Haftung von Mitgliedern einer [*ab 1.1.2024:* rechtsfähigen][1) Personengesellschaft (§ 44b) auf Schadensersatz kann auch durch vorformulierte Vertragsbedingungen auf einzelne namentlich bezeichnete Mitglieder der [*ab 1.1.2024:* rechtsfähigen][1) Personengesellschaft beschränkt werden, die die vertragliche Leistung erbringen sollen.

(3) Werden im Rahmen der gesetzlichen Abschlussprüfung Prüfungstätigkeiten durch Berufsangehörige auf Dritte übertragen, so bleibt die Pflichtenstellung der Berufsangehörigen gegenüber ihren Auftraggebern hiervon unberührt.

§ 55[2) **Vergütung.** (1) [1]Unbeschadet des Artikels 4 der Verordnung (EU) Nr. 537/2014 dürfen Berufsangehörige für Tätigkeiten nach § 2 Abs. 1 und 3 Nr. 1 und 3 keine Vereinbarung schließen, durch welche die Höhe der Vergütung vom Ergebnis ihrer Tätigkeit als Wirtschaftsprüfer abhängig gemacht wird. [2]Für Tätigkeiten nach § 2 Abs. 2 gilt dies, soweit § 55a nichts anderes bestimmt. [3]Die Vergütung für gesetzlich vorgeschriebene Abschlussprüfungen darf über Satz 1 hinaus nicht an weitere Bedingungen geknüpft sein und sie darf auch nicht von der Erbringung zusätzlicher Leistungen für das geprüfte Unternehmen beeinflusst oder bestimmt sein. [4]Satz 3 gilt entsprechend für die Vergütung oder Leistungsbewertung von Personen, die an der Abschlussprüfung beteiligt sind oder auf andere Weise in der Lage sind, das Ergebnis der Abschlussprüfung zu beeinflussen. [5]Besteht zwischen der erbrachten Leistung und der vereinbarten Vergütung ein erhebliches Missverhältnis, muss der Wirtschaftsprüferkammer oder der Abschlussprüferaufsichtsstelle auf Verlangen nachgewiesen werden können, dass für die Prüfung eine angemessene Zeit aufgewandt und qualifiziertes Personal eingesetzt wurde.

(2) Die Abgabe und Entgegennahme eines Teils der Vergütung oder sonstiger Vorteile für die Vermittlung von Aufträgen, gleichviel ob im Verhältnis zu Berufsangehörigen oder Dritten, ist unzulässig.

(3) [1]Die Abtretung von Vergütungsforderungen oder die Übertragung ihrer Einziehung an Berufsangehörige, an Berufsgesellschaften oder an Berufsausübungsgemeinschaften ist auch ohne Zustimmung der auftraggebenden Person zulässig; diese sind in gleicher Weise zur Verschwiegenheit verpflichtet wie die beauftragte Person. [2]Satz 1 gilt auch bei einer Abtretung oder Übertragung an Berufsangehörige anderer freier Berufe, die einer entsprechenden gesetzlichen Verschwiegenheitspflicht unterliegen. [3]Die Abtretung von Vergütungsforde-

---

[1) Eingef. **mWv 1.1.2024 durch MoPeG** v. 10.8.2021 (BGBl. I S. 3436).
[2) § 55a eingef. mWv 1.1.1995 durch G v. 15.7.1994 (BGBl. I S. 1569); Abs. 1 Satz 1 geänd., Sätze 2 und 3 angef., Abs. 3 neu gef. mWv 6.9.2007 durch G v. 3.9.2007 (BGBl. I S. 2178); bish. § 55a wird § 55 und Abs. 1 Satz 1 angef., Abs. 3 Satz 2 eingef., bish. Sätze 2 und 3 werden Sätze 3 und 4 mWv 1.7.2008 durch G v. 12.6.2008 (BGBl. I S. 1000); Abs. 1 Satz 1 geänd., Satz 4 eingef., bish. Satz 4 wird Satz 5 und geänd., Abs. 2 geänd. mWv 17.6.2016 durch G v. 31.3.2016 (BGBl. I S. 518).

rungen oder die Übertragung ihrer Einziehung an andere Personen ist entweder bei rechtskräftiger Feststellung der Vergütungsforderung oder mit Zustimmung der auftraggebenden Person zulässig.

§ 55a[1]) Erfolgshonorar für Hilfeleistung in Steuersachen. (1) [1]Vereinbarungen, durch die eine Vergütung für eine Hilfeleistung in Steuersachen oder ihre Höhe vom Ausgang der Sache oder vom Erfolg der Tätigkeit des Wirtschaftsprüfers abhängig gemacht wird oder nach denen der Wirtschaftsprüfer einen Teil der zu erzielenden Steuerermäßigung, Steuerersparnis oder Steuervergütung als Honorar erhält (Erfolgshonorar), sind unzulässig, soweit nachfolgend nichts anderes bestimmt ist. [2]Vereinbarungen, durch die der Wirtschaftsprüfer sich verpflichtet, Gerichtskosten, Verwaltungskosten oder Kosten anderer Beteiligter zu tragen, sind unzulässig.

(2) Ein Erfolgshonorar darf nur für den Einzelfall und nur dann vereinbart werden, wenn der Auftraggeber bei verständiger Betrachtung ohne die Vereinbarung eines Erfolgshonorars von der Rechtsverfolgung abgehalten würde.

(3) [1]Die Vereinbarung bedarf der Textform. [2]Sie muss als Vergütungsvereinbarung oder in vergleichbarer Weise bezeichnet werden, von anderen Vereinbarungen mit Ausnahme der Auftragserteilung deutlich abgesetzt sein und darf nicht in der Vollmacht enthalten sein. [3]Die Vereinbarung muss enthalten:

1. die erfolgsunabhängige Vergütung, zu der der Wirtschaftsprüfer bereit wäre, den Auftrag zu übernehmen, sowie

2. die Angabe, welche Vergütung bei Eintritt welcher Bedingungen verdient sein soll.

(4) [1]In der Vereinbarung sind außerdem die wesentlichen Gründe anzugeben, die für die Bemessung des Erfolgshonorars bestimmend sind. [2]Ferner ist ein Hinweis aufzunehmen, dass die Vereinbarung keinen Einfluss auf die gegebenenfalls vom Auftraggeber zu zahlenden Gerichtskosten, Verwaltungskosten und die von ihm zu erstattenden Kosten anderer Beteiligter hat.

(5) [1]Aus einer Vergütungsvereinbarung, die nicht den Anforderungen der Absätze 2 und 3 entspricht, erhält der Wirtschaftsprüfer keine höhere als eine nach den Vorschriften des bürgerlichen Rechts bemessene Vergütung. [2]Die Vorschriften des bürgerlichen Rechts über die ungerechtfertigte Bereicherung bleiben unberührt.

§ 55b[2]) Internes Qualitätssicherungssystem. (1) [1]Berufsangehörige haben für ihre Praxis Regelungen zu schaffen, die die Einhaltung ihrer Berufspflichten

---

[1]) § 55a eingef. mWv 1.7.2008 durch G v. 12.6.2008 (BGBl. I S. 1000); Abs. 2 geänd. mWv 1.10.2021 durch G v. 10.8.2021 (BGBl. I S. 3415).
[2]) § 55b neu gef. mWv 17.6.2016 durch G v. 31.3.2016 (BGBl. I S. 518); Abs. 2 Satz 2 Nr. 3 geänd. mWv 1.7.2021 durch G v. 3.6.2021 (BGBl. I S. 1534).

gewährleisten, und deren Anwendung zu überwachen und durchzusetzen (internes Qualitätssicherungssystem). ²Das interne Qualitätssicherungssystem soll in einem angemessenen Verhältnis zum Umfang und zur Komplexität der beruflichen Tätigkeit stehen. ³Das interne Qualitätssicherungssystem ist zu dokumentieren und den Mitarbeitern der Berufsangehörigen zur Kenntnis zu geben.

(2) ¹Bei Berufsangehörigen, die Abschlussprüfungen nach § 316 des Handelsgesetzbuchs durchführen, haben die Regelungen nach Absatz 1 angemessene Grundsätze und Verfahren zur ordnungsgemäßen Durchführung und Sicherung der Qualität der Abschlussprüfung zu umfassen. ²Dazu gehören zumindest

1. solide Verwaltungs- und Rechnungslegungsverfahren, interne Qualitätssicherungsmechanismen, wirksame Verfahren zur Risikobewertung sowie wirksame Kontroll- und Sicherheitsvorkehrungen für Datenverarbeitungssysteme,

2. Vorkehrungen zum Einsatz angemessener und wirksamer Systeme und Verfahren sowie der zur angemessenen Wahrnehmung der Aufgaben erforderlichen Mittel und des dafür erforderlichen Personals,

3. Grundsätze und Verfahren, die die Einhaltung der Anforderungen an die Eigenverantwortlichkeit des verantwortlichen Abschlussprüfers nach § 44 Absatz 1 Satz 3 dieses Gesetzes und an die Unabhängigkeit nach den §§ 319 und 319b des Handelsgesetzbuchs sowie nach den Artikeln 4 und 5 der Verordnung (EU) Nr. 537/2014 gewährleisten,

4. Grundsätze und Verfahren, die sicherstellen, dass Mitarbeiter sowie sonstige unmittelbar an den Prüfungstätigkeiten beteiligte Personen über angemessene Kenntnisse und Erfahrungen für die ihnen zugewiesenen Aufgaben verfügen sowie fortgebildet, angeleitet und kontrolliert werden,

5. die Führung von Prüfungsakten nach § 51b Absatz 5,

6. organisatorische und administrative Vorkehrungen für den Umgang mit Vorfällen, die die ordnungsmäßige Durchführung der Prüfungstätigkeiten beeinträchtigen können, und für die Dokumentation dieser Vorfälle,

7. Verfahren, die es den Mitarbeitern unter Wahrung der Vertraulichkeit ihrer Identität ermöglichen, potenzielle oder tatsächliche Verstöße gegen die Verordnung (EU) Nr. 537/2014 oder gegen Berufspflichten sowie etwaige strafbare Handlungen oder Ordnungswidrigkeiten innerhalb der Praxis an geeignete Stellen zu berichten,

8. Grundsätze der Vergütung und Gewinnbeteiligung nach § 55 und

9. Grundsätze und Verfahren, die gewährleisten, dass im Fall der Auslagerung wichtiger Prüfungstätigkeiten die interne Qualitätssicherung und die Berufsaufsicht nicht beeinträchtigt werden.

(3) ¹Im Rahmen der Überwachung nach Absatz 1 Satz 1 haben Berufsangehörige, die Abschlussprüfungen nach § 316 des Handelsgesetzbuchs durchführen, das interne Qualitätssicherungssystem zumindest hinsichtlich der Grundsätze und Verfahren für die Abschlussprüfung, für die Fortbildung, An-

leitung und Kontrolle der Mitarbeiter sowie für die Handakte einmal jährlich zu bewerten. ²Im Fall von Mängeln des internen Qualitätssicherungssystems haben sie die zu deren Behebung erforderlichen Maßnahmen zu ergreifen. ³Die Berufsangehörigen haben einmal jährlich in einem Bericht zu dokumentieren:

1. die Ergebnisse der Bewertung nach Satz 1,

2. Maßnahmen, die nach Satz 2 ergriffen oder vorgeschlagen wurden,

3. Verstöße gegen Berufspflichten oder gegen die Verordnung (EU) Nr. 537/2014, soweit diese nicht nur geringfügig sind, sowie

4. die aus Verstößen nach Nummer 3 erwachsenden Folgen und die zur Behebung der Verstöße ergriffenen Maßnahmen.

(4) Bei Wirtschaftsprüfungsgesellschaften, die gesetzlich vorgeschriebene Abschlussprüfungen durchführen, liegt die Verantwortung für das interne Qualitätssicherungssystem bei Berufsangehörigen, vereidigten Buchprüfern oder vereidigten Buchprüferinnen oder EU- oder EWR-Abschlussprüfern.

§ 55c[1]) Bestellung eines Praxisabwicklers.

(1) ¹Ist ein Berufsangehöriger oder eine Berufsangehörige verstorben, kann die Wirtschaftsprüferkammer einen anderen Berufsangehörigen oder eine andere Berufsangehörige zum Abwickler der Praxis bestellen. ²Ein Abwickler kann auch für die Praxis früherer Berufsangehöriger bestellt werden, deren Bestellung erloschen, zurückgenommen oder widerrufen worden ist. ³Die Bestellung erstreckt sich nicht auf Aufträge zur Durchführung gesetzlich vorgeschriebener Abschlussprüfungen nach § 316 des Handelsgesetzbuchs.

(2) ¹Der Abwickler ist in der Regel nicht länger als für die Dauer eines Jahres zu bestellen. ²Auf Antrag des Abwicklers ist die Bestellung jeweils höchstens um ein Jahr zu verlängern, wenn er glaubhaft macht, dass schwebende Angelegenheiten noch nicht zu Ende geführt werden konnten.

(3) ¹Dem Abwickler obliegt es, die schwebenden Angelegenheiten abzuwickeln. ²Er führt die laufenden Aufträge fort; innerhalb der ersten sechs Monate ist er auch berechtigt, neue Aufträge anzunehmen. ³Ihm stehen die gleichen Befugnisse zu, die die ehemaligen Berufsangehörigen hatten. ⁴Der Abwickler gilt für die schwebenden Angelegenheiten als von der Partei bevollmächtigt, sofern diese nicht für die Wahrnehmung ihrer Rechte in anderer Weise gesorgt hat.

(4) ¹Berufsangehörige, die zum Abwickler bestellt werden sollen, können die Abwicklung nur aus einem wichtigen Grund ablehnen. ²Über die Zulässigkeit der Ablehnung entscheidet die Wirtschaftsprüferkammer.

(5) ¹Dem Abwickler stehen im Rahmen der eigenen Befugnisse die rechtlichen Befugnisse der Berufsangehörigen zu, deren Praxis er abwickelt. ²Der Abwickler wird in eigener Verantwortung, jedoch im Interesse, für Rechnung

---

[1]) § 55c neu gef. mWv 17.6.2016 durch G v. 31.3.2016 (BGBl. I S. 518).

und auf Kosten der abzuwickelnden Praxis tätig. ³Die §§ 666, 667 und 670 des Bürgerlichen Gesetzbuchs gelten entsprechend.

(6) ¹Der Abwickler ist berechtigt, die Praxisräume zu betreten und die zur Praxis gehörenden Gegenstände einschließlich des den ehemaligen Berufsangehörigen zur Verwahrung unterliegenden Treugutes in Besitz zu nehmen, herauszuverlangen und hierüber zu verfügen. ²An Weisungen der ehemaligen Berufsangehörigen oder deren Erben ist er nicht gebunden. ³Die ehemaligen Berufsangehörigen oder deren Erben dürfen die Tätigkeit des Abwicklers nicht beeinträchtigen. ⁴Die ehemaligen Berufsangehörigen oder deren Erben haben dem Abwickler eine angemessene Vergütung zu zahlen, für die Sicherheit zu leisten ist, wenn die Umstände es erfordern. ⁵Können sich die Beteiligten über die Höhe der Vergütung oder über die Sicherheit nicht einigen oder wird die geschuldete Sicherheit nicht geleistet, setzt der Vorstand der Wirtschaftsprüferkammer auf Antrag der ehemaligen Berufsangehörigen oder deren Erben oder des Abwicklers die Vergütung fest. ⁶Der Abwickler ist befugt, Vorschüsse auf die vereinbarte oder festgesetzte Vergütung zu entnehmen. ⁷Für die festgesetzte Vergütung haftet die Wirtschaftsprüferkammer wie ein Ausfallbürge.

(7) Der Abwickler ist berechtigt, jedoch außer im Rahmen eines Kostenfestsetzungsverfahrens nicht verpflichtet, Gebührenansprüche und Kostenforderungen der ehemaligen Berufsangehörigen im eigenen Namen geltend zu machen, im Falle verstorbener Berufsangehöriger allerdings nur für Rechnung der Erben.

(8) Die Bestellung kann widerrufen werden.

(9) Der Abwickler darf für die Dauer von zwei Jahren nach Ablauf der Bestellung nicht für Auftraggeber tätig werden, die er in seiner Eigenschaft als Abwickler betreut hat, es sei denn, es liegt eine schriftliche Einwilligung der ehemaligen Berufsangehörigen oder deren Erben vor.

§ 56¹⁾ Anwendung der Vorschriften über die Rechte und Pflichten der Wirtschaftsprüfer auf Wirtschaftsprüfungsgesellschaften.

(1) Die §§ 43, 43a Absatz 2 und 3, §§ 44b, 49 bis 53, 54a und 55 bis 55c gelten sinngemäß für Wirtschaftsprüfungsgesellschaften sowie für Vorstandsmitglieder, Geschäftsführer, Partner und persönlich haftende Gesellschafter einer Wirtschaftsprüfungsgesellschaft, die nicht Wirtschaftsprüfer sind.

(2) Die Mitglieder der durch Gesetz, Satzung oder Gesellschaftsvertrag vorgesehenen Aufsichtsorgane der Gesellschaften sind zur Verschwiegenheit verpflichtet.

---

¹⁾ § 56 Abs. 1 geänd. mWv 1.1.1995 durch G v. 15.7.1994 (BGBl. I S. 1569); Abs. 1 geänd. mWv 1.1.2005 durch G v. 27.12.2004 (BGBl. I S. 3846); Abs. 1 geänd. mWv 6.9.2007 durch G v. 3.9.2007 (BGBl. I S. 2178); Abs. 1 geänd. mWv 17.6.2016 durch G v. 31.3.2016 (BGBl. I S. 518).

Vierter Teil. Organisation des Berufs

§ 57[1] Aufgaben der Wirtschaftsprüferkammer. (1) Die Wirtschaftsprüferkammer erfüllt die ihr durch Gesetz zugewiesenen Aufgaben; sie hat die beruflichen Belange der Gesamtheit ihrer Mitglieder zu wahren und die Erfüllung der beruflichen Pflichten zu überwachen.

(2) Der Wirtschaftsprüferkammer obliegt insbesondere:

1. die Mitglieder in Fragen der Berufspflichten zu beraten und zu belehren;

2. auf Antrag bei Streitigkeiten unter den Mitgliedern zu vermitteln;

3. auf Antrag bei Streitigkeiten zwischen Mitgliedern und ihren Auftraggebern zu vermitteln;

4. die Erfüllung der den Mitgliedern obliegenden Pflichten zu überwachen und unbeschadet des § 66a Absatz 4 Satz 2 und Absatz 6 berufsaufsichtliche Maßnahmen zu verhängen;

5. (aufgehoben)

6. in allen die Gesamtheit der Mitglieder berührenden Angelegenheiten die Auffassung der Wirtschaftsprüferkammer den zuständigen Gerichten, Behörden und Organisationen gegenüber zur Geltung zu bringen;

7. Gutachten zu erstatten, die ein Gericht oder eine Verwaltungsbehörde oder eine an der Gesetzgebung beteiligte Körperschaft des Bundes oder Landes anfordert;

8. die durch Gesetz zugewiesenen Aufgaben im Bereich der Berufsbildung wahrzunehmen;

9. (aufgehoben)

10. die berufliche Fortbildung der Mitglieder und Ausbildung des Berufsnachwuchses zu fördern;

11. die Vorschlagsliste der ehrenamtlichen Beisitzer bei den Berufsgerichten der Landesjustizverwaltungen und dem Bundesministerium der Justiz und für Verbraucherschutz einzureichen;

---

[1] § 57 Abs. 2 Nr. 11 geänd., Abs. 2 Nr. 13 sowie Abs. 3 und Abs. 4 angef. mWv 1.1.1995 durch G v. 15.7.1994 (BGBl. I S. 1569), Abs. 3 Satz 2 geänd., Abs. 2 Nr. 14 angef. mWv 1.1.2001 und Nr. 15 angef. mWv 1.1.2002 durch G v. 19.12.2000 (BGBl. I S. 1769); Abs. 5 angef. mWv 1.1.2002 durch G v. 10.12.2001 (BGBl. I S. 3414); Abs. 2 Nr. 15 geänd., Nrn. 16 und 17 angef., Abs. 3 Satz 2 geänd. mWv 1.1.2004 durch G v. 1.12.2003 (BGBl. I S. 2446); Abs. 1 neu gef., Abs. 2 Nr. 9 aufgeh., Abs. 3 Satz 1 Halbs. 1 und Abs. 4 Nr. 5 geänd. mWv 1.1.2005 durch G v. 27.12.2004 (BGBl. I S. 3846); Abs. 3 Satz 2 geänd. mWv 8.11.2006 durch VO v. 31.10.2006 (BGBl. I S. 2407); Abs. 2 Nr. 5 aufgeh., Abs. 3 Satz 1 und Satz 2 geänd., Abs. 4 Nr. 1 Buchst. e und i und Nr. 4 neu gef., Abs. 3 Satz 3, Abs. 4 Nr. 1 Buchstabe l und Abs. 6 bis 9 angef. mWv 6.9.2007 durch G v. 3.9.2007 (BGBl. I S. 2178); Abs. 6 Satz 1 geänd., Abs. 9 Satz 5 neu gef. mWv 29.5.2009 durch G v. 25.5.2009 (BGBl. I S. 1102); Abs. 4 Nr. 3 Buchst. f geänd., Buchst. g angef. mWv 1.1.2014 durch G v. 31.8.2013 (BGBl. I S. 3533); Abs. 2 Nr. 11 und Abs. 3 Satz 2 geänd. mWv 8.9.2015 durch VO v. 31.8.2015 (BGBl. I S. 1474); Abs. 2 Nr. 4, Abs. 3 Satz 1, Abs. 4 Nr. 1 Buchst e, Abs. 5 Satz 2, Abs. 6 Satz 1, Abs. 8 Satz 1, Abs. 9 Satz 5 Nr. 2 geänd., Abs. 4 Nr. 4 neu gef. mWv 17.6.2016 durch G v. 31.3.2016 (BGBl. I S. 518).

12. das Berufsregister zu führen;

13. Fürsorgeeinrichtungen für Wirtschaftsprüfer und vereidigte Buchprüfer sowie deren Hinterbliebene zu schaffen;

14. ein System der Qualitätskontrolle zu betreiben;

15. Wirtschaftsprüfer sowie vereidigte Buchprüfer zu bestellen, Wirtschaftsprüfungsgesellschaften sowie Buchprüfungsgesellschaften anzuerkennen und Bestellungen sowie Anerkennungen zurückzunehmen oder zu widerrufen;

16. eine selbstständige Prüfungsstelle einzurichten und zu unterhalten;

17. die ihr als Bundesberufskammer gesetzlich eingeräumten Befugnisse im Rahmen der Geldwäschebekämpfung wahrzunehmen.

(3)[1] [1] Die Wirtschaftsprüferkammer kann eine Satzung über die Rechte und Pflichten bei der Ausübung der Berufe des Wirtschaftsprüfers und des vereidigten Buchprüfers (Berufssatzung) erlassen; die Berufssatzung wird vom Beirat der Wirtschaftsprüferkammer beschlossen. [2] Die Satzung und deren Änderungen müssen im Einklang mit den Vorgaben des auf sie anzuwendenden europäischen Rechts stehen. [3] Insbesondere sind bei neuen oder zu ändernden Vorschriften, die dem Anwendungsbereich der Richtlinie 2005/36/EG des Europäischen Parlaments und des Rates vom 7. September 2005 über die Anerkennung von Berufsqualifikationen (ABl. L 255 vom 30.9.2005, S. 22; L 271 vom 16.10.2007, S. 18; L 93 vom 4.4.2008, S. 28; L 33 vom 3.2.2009, S. 49; L 305 vom 24.10.2014, S. 115), die zuletzt durch die Richtlinie 2013/55/EU (ABl. L 354 vom 28.12.2013, S. 132; L 268 vom 15.10.2015, S. 35; L 95 vom 9.4.2016, S. 20) geändert worden ist, in der jeweils geltenden Fassung unterfallen, die Vorgaben der Richtlinie (EU) 2018/958 des Europäischen Parlaments und des Rates vom 28. Juni 2018 über eine Verhältnismäßigkeitsprüfung vor Erlass neuer Berufsreglementierungen (ABl. L 173 vom 9.7.2018, S. 25) in der jeweils geltenden Fassung einzuhalten.

(3a)[2] [1] Eine Vorschrift im Sinne des Absatzes 3 Satz 3 ist anhand der in den Artikeln 5 bis 7 der Richtlinie (EU) 2018/958 festgelegten Kriterien auf ihre Verhältnismäßigkeit zu prüfen. [2] Der Umfang der Prüfung muss im Verhältnis zu der Art, dem Inhalt und den Auswirkungen der Vorschrift stehen. [3] Die Vorschrift ist so ausführlich zu erläutern, dass ihre Übereinstimmung mit dem Verhältnismäßigkeitsgrundsatz bewertet werden kann. [4] Die Gründe, aus denen sich ergibt, dass sie gerechtfertigt und verhältnismäßig ist, sind durch qualitative und, soweit möglich und relevant, quantitative Elemente zu substantiieren. [5] Mindestens zwei Wochen vor der Beschlussfassung im Beirat über die Vorschrift ist auf der Internetseite der Wirtschaftsprüferkammer ein Entwurf mit der Gelegenheit zur Stellungnahme zu veröffentlichen. [6] Nach dem Erlass der Vorschrift ist ihre Übereinstimmung mit dem Verhältnismäßigkeitsgrundsatz zu überwachen und bei einer Änderung der Umstände zu prüfen, ob die Vorschrift anzupassen ist.

---

[1] § 57 Abs. 3 Sätze 2 und 3 neu gef. mWv 30.7.2020 durch G v. 19.6.2020 (BGBl. I S. 1403).
[2] § 57 Abs. 3a eingef. mWv 30.7.2020 durch G v. 19.6.2020 (BGBl. I S. 1403).

(3b)[1] [1]Die Satzung und deren Änderungen bedürfen zu ihrer Wirksamkeit der Genehmigung des Bundesministeriums für Wirtschaft und Energie. [2]Dieses hat bei der Genehmigung zu prüfen, ob die Vorgaben der Richtlinie (EU) 2018/958 in der jeweils geltenden Fassung eingehalten wurden. [3]Zu diesem Zweck hat ihm die Wirtschaftsprüferkammer die Unterlagen zuzuleiten, aus denen sich die Einhaltung der Vorgaben ergibt. [4]Insbesondere sind die Gründe zu übermitteln, auf Grund derer der Beirat der Wirtschaftsprüferkammer die Satzung oder deren Änderungen als gerechtfertigt, notwendig und verhältnismäßig beurteilt hat. [5]Nach der Genehmiguung sind die Satzung und deren Änderungen unter Angabe des Datums ihres Inkrafttretens dauerhaft auf der Internetseite der Wirtschaftsprüferkammer zu veröffentlichen.

(4) Die Berufssatzung kann im Rahmen der Vorschriften dieses Gesetzes näher regeln:

1. Allgemeine Berufspflichten

 a) Unabhängigkeit, Gewissenhaftigkeit, Verschwiegenheit, Eigenverantwortlichkeit;

 b) berufswürdiges Verhalten;

 c) Wechsel des Auftraggebers und Verbot der Vertretung widerstreitender Interessen;

 d) vereinbare und unvereinbare Tätigkeiten;

 e) Inhalt, Umfang und Nachweis der Berufshaftpflichtversicherung nach § 54 Absatz 6;

 f) Vereinbarung und Abrechnung der Vergütung der beruflichen Tätigkeit und deren Beitreibung;

 g) Umgang mit fremden Vermögenswerten;

 h) Ausbildung des Berufsnachwuchses sowie der Fachgehilfen in steuer- und wirtschaftsberatenden Berufen;

 i) Siegelgestaltung (Form, Größe, Art und Beschriftung) und Siegelführung nach § 48 Abs. 2;

 j) Verbot der Mitwirkung bei unbefugter Hilfeleistung in Steuersachen;

 k) Verbot der Verwertung von Berufsgeheimnissen;

 l) Art, Umfang und Nachweis der allgemeinen Fortbildungspflicht nach § 43 Abs. 2 Satz 4, wobei der Umfang der vorgeschriebenen Teilnahme an Fortbildungsveranstaltungen 20 Stunden im Jahr nicht überschreiten darf.

2. Besondere Berufspflichten bei der Durchführung von Prüfungen und der Erstattung von Gutachten

 a) Unbefangenheit, Unparteilichkeit und Versagung der Tätigkeit;

 b) Ausschluß als Prüfer oder Gutachter.

---

[1] § 57 Abs. 3b eingef. mWv 30.7.2020 durch G v. 19.6.2020 (BGBl. I S. 1403); Satz 5 angef. mWv 1.8.2021 durch G v. 25.6.2021 (BGBl. I S. 2154).

3. Besondere Berufspflichten

a) im Zusammenhang mit der Annahme, Wahrnehmung und Beendigung eines Auftrags und bei der Nachfolge im Mandat;

b) bei der Führung von Handakten;

c) bei der gemeinsamen Berufsausübung;

d) bei der Errichtung und Tätigkeit von Berufsgesellschaften;

e) bei grenzüberschreitender Tätigkeit;

f) gegenüber Gerichten, Behörden, der Wirtschaftsprüferkammer und anderen Mitgliedern der Wirtschaftsprüferkammer;

g) im Zusammenhang mit der Beratungshilfe.

4. Durchführungsvorschriften zu den Kriterien zur Beschreibung der Vergütungsgrundlagen im Sinne von Artikel 13 Absatz 2 Buchstabe i der Verordnung (EU) Nr. 537/2014.

5. Besondere Berufspflichten zur Sicherung der Qualität der Berufsarbeit (§ 55b).

(5) ¹Die Wirtschaftsprüferkammer kann die in Absatz 2 Nr. 1 bis 3 bezeichneten Aufgaben einzelnen Mitgliedern des Vorstandes übertragen; weitere Aufgaben können Abteilungen im Sinne des § 59a übertragen werden. ²Im Falle des Absatzes 2 Nr. 4 zweite Alternative entscheidet der Vorstand über den Einspruch (§ 68 Absatz 5 Satz 2).

(6)¹⁾ ¹Soweit nicht die Zuständigkeit der der Abschlussprüferaufsichtsstelle nach § 66c Absatz 2 gegeben ist, leistet die Wirtschaftsprüferkammer einer für die Bestellung, Anerkennung, Berufsaufsicht und Qualitätskontrolle zuständigen Stelle in einem anderen Mitgliedstaat der Europäischen Union oder Vertragsstaat des Abkommens über den Europäischen Wirtschaftsraum Amtshilfe, soweit dies für die Wahrnehmung der genannten Aufgaben der zuständigen Stelle im Einzelfall erforderlich ist. ²Ist die Erledigung einer Anfrage innerhalb einer angemessenen Frist nicht möglich, teilt die Wirtschaftsprüferkammer dies unter Angabe von Gründen mit. ³Die Wirtschaftsprüferkammer lehnt es ab, auf eine Anfrage eigene Ermittlungen durchzuführen, wenn

1. aufgrund derselben Handlung und gegen dieselbe Person in Deutschland bereits ein *berufsgerichtliches* [*ab 1.8.2022:* berufsaufsichtliches] Verfahren anhängig ist oder

2. gegen die betreffende Person aufgrund derselben Handlung in Deutschland bereits *ein rechtskräftiges Urteil* [*ab 1.8.2022:* eine rechtskräftige Entscheidung] ergangen ist.

⁴Macht die Wirtschaftsprüferkammer von ihrem Recht nach Satz 3 Gebrauch, so teilt sie dies unverzüglich der ersuchenden Stelle unter Angabe der Gründe mit und übermittelt genaue Informationen über das *berufsgerichtliche Verfahren oder das rechtskräftige Urteil* [*ab 1.8.2022:* berufsaufsichtliche Verfahren oder die rechtskräftige Entscheidung].

---

¹⁾ § 57 Abs. 6 Satz 3 Nrn. 1 und 2, Satz 4 geänd. mWv 1.8.2022 durch G v. 7.7.2021 (BGBl. I S. 2363).

(7) [1]Die Wirtschaftsprüferkammer darf Informationen, einschließlich personenbezogener Daten, an die in Absatz 6 Satz 1 genannten Stellen auf Ersuchen übermitteln, soweit die Kenntnis der Informationen zur Wahrnehmung der in Absatz 6 Satz 1 genannten Aufgaben der zuständigen Stelle im Einzelfall erforderlich ist. [2]Informationen, die einer Geheimhaltungspflicht unterliegen, dürfen nur übermittelt werden, wenn zusätzlich sichergestellt ist, dass sie bei diesen Stellen in gleicher Weise geheim gehalten werden. [3]Bei der Übermittlung personenbezogener Daten ist auf den Zweck hinzuweisen, für den die Daten übermittelt werden. [4]Die Übermittlung von Informationen einschließlich personenbezogener Daten unterbleibt, soweit hierdurch die öffentliche Sicherheit oder Ordnung beeinträchtigt werden könnte.

(8) [1]Soweit nicht die Zuständigkeit der Abschlussprüferaufsichtsstelle nach § 66c Absatz 5 gegeben ist, arbeitet die Wirtschaftsprüferkammer mit den für die Bestellung, Anerkennung, Berufsaufsicht und Qualitätskontrolle zuständigen Stellen anderer als der in Absatz 6 Satz 1 genannten Staaten zusammen, soweit dies für die Wahrnehmung der jeweiligen Aufgabe der zuständigen Stelle im Einzelfall erforderlich ist. [2]Absatz 6 Satz 2 bis 4 gilt entsprechend.

(9)[1]) [1]Die Wirtschaftsprüferkammer darf Informationen, einschließlich personenbezogener Daten, an die in Absatz 8 Satz 1 genannten Stellen auf Ersuchen übermitteln, soweit die Kenntnis der Informationen zur Wahrnehmung der in Absatz 8 Satz 1 genannten Aufgaben der zuständigen Stelle im Einzelfall erforderlich ist. [2]Informationen, die einer Geheimhaltungspflicht unterliegen, dürfen nur übermittelt werden, wenn zusätzlich sichergestellt ist, dass sie bei diesen Stellen in gleicher Weise geheim gehalten werden. [3]Die Übermittlung personenbezogener Daten muss im Einklang stehen mit

1. Kapitel V der Verordnung (EU) 2016/679 der Europäischen Parlaments und des Rates vom 27. April 2016 zum Schutz natürlicher Personen bei der Verarbeitung personenbezogener Daten, zum freien Datenverkehr und zur Aufhebung der Richtlinie 95/46/EG (Datenschutz-Grundverordnung) (ABl. L 119 vom 4.5.2016, S. 1; L 314 vom 22.11.2016, S. 72; L 127 vom 23.5.2018, S. 2) in der jeweils geltenden Fassung und

2. den sonstigen allgemeinen datenschutzrechtlichen Vorschriften.

[4]Die Übermittlung von Informationen, einschließlich personenbezogener Daten, unterbleibt, soweit hierdurch die öffentliche Sicherheit oder Ordnung beeinträchtigt werden könnte. [5]Legt die zuständige Stelle begründet dar, dass sie mit der Erledigung durch die Wirtschaftsprüferkammer nicht einverstanden ist, kann die Wirtschaftsprüferkammer unter den Voraussetzungen der Sätze 1 bis 4 Arbeitsunterlagen und andere Dokumente auf Anforderung der zuständigen Stelle an diese herausgeben, wenn

1. diese Arbeitsunterlagen oder Dokumente sich auf Prüfungen von Unternehmen beziehen, die Wertpapiere in diesem Drittstaat ausgegeben haben oder Teile eines Konzerns sind, der in diesem Staat einen Konzernabschluss vorlegt,

---

[1]) § 57 Abs. 9 Satz 3 neu gef. mWv 26.11.2019 durch G v. 20.11.2019 (BGBl. I S. 1626).

2. die zuständige Stelle die Anforderungen erfüllt, auf die in Artikel 47 Abs. 3 der Richtlinie 2006/43/EG Bezug genommen wird und die von der Kommission der Europäischen Gemeinschaften als angemessen erklärt wurden,

3. auf der Grundlage der Gegenseitigkeit eine Vereinbarung zur Zusammenarbeit zwischen der Wirtschaftsprüferkammer und der jeweiligen Stelle getroffen wurde.

§ 57a[1] Qualitätskontrolle. (1) [1]Berufsangehörige in eigener Praxis und Wirtschaftsprüfungsgesellschaften sind verpflichtet, sich einer Qualitätskontrolle zu unterziehen, wenn sie gesetzlich vorgeschriebene Abschlussprüfungen nach § 316 des Handelsgesetzbuchs durchführen. [2]Sie sind verpflichtet, dies bei der Wirtschaftsprüferkammer spätestens zwei Wochen nach Annahme eines Prüfungsauftrages anzuzeigen. [3]Mit der Anzeige sind Art und Umfang der Tätigkeit mitzuteilen. [4]Wesentliche Änderungen von Art und Umfang der Prüfungstätigkeit sind ebenfalls mitzuteilen.

(2) [1]Die Qualitätskontrolle dient der Überwachung, ob die Regelungen zur Qualitätssicherung nach Maßgabe der gesetzlichen Vorschriften und der Berufssatzung insgesamt und bei der Durchführung einzelner Aufträge eingehalten werden. [2]Sie erstreckt sich auf Abschlussprüfungen nach § 316 des Handelsgesetzbuchs und auf betriebswirtschaftliche Prüfungen, die von der Bundesanstalt für Finanzdienstleistungsaufsicht beauftragt werden. [3]Sie umfasst auf der Grundlage einer angemessenen Überprüfung ausgewählter Prüfungsunterlagen eine Beurteilung der Angemessenheit und Wirksamkeit des Qualitätssicherungssystems nach § 55b, insbesondere bezogen auf die Einhaltung der einschlägigen Berufsausübungsregelungen, die Unabhängigkeitsanforderungen, die Quantität und Qualität der eingesetzten Mittel und des Personals sowie die berechnete Vergütung. [4]Die Qualitätskontrolle findet auf der Grundlage einer Risikoanalyse mindestens alle sechs Jahre statt. [5]Haben zu Prüfende erstmals nach Absatz 1 Satz 2 angezeigt, gesetzlich vorgeschriebene Abschlussprüfungen nach § 316 des Handelsgesetzbuchs durchzuführen, hat die Qualitätskontrolle spätestens drei Jahre nach Beginn der ersten derartigen Prüfung stattzufinden. [6]Die Entscheidung über den Zeitpunkt der Qualitätskontrolle und die Anordnung gegenüber den zu Prüfenden trifft die Kommission für Qualitätskontrolle.

(3) [1]Die Qualitätskontrolle wird durch bei der Wirtschaftsprüferkammer registrierte Berufsangehörige in eigener Praxis oder durch Wirtschaftsprüfungsgesellschaften (Prüfer für Qualitätskontrolle) durchgeführt. [2]Berufsangehörige sind auf Antrag zu registrieren, wenn

1. sie seit mindestens drei Jahren als Wirtschaftsprüfer bestellt und dabei im Bereich der gesetzlichen Abschlussprüfung tätig sind;

2. sie eine spezielle Ausbildung in der Qualitätskontrolle absolviert haben und

3. gegen sie in den letzten fünf Jahren keine berufsaufsichtliche Maßnahme nach § 68 Absatz 1 Satz 2 Nummer 2 bis 6 wegen der Verletzung einer Be-

---

[1] § 57a neu gef. mWv 17.6.2016 durch G v. 31.3.2016 (BGBl. I S. 518).

rufspflicht verhängt worden ist, die ihre Eignung als Prüfer für Qualitätskontrolle ausschließt.

[3]Die Registrierung setzt für Berufsangehörige in eigener Praxis voraus, dass sie nach § 38 Nummer 1 Buchstabe h als gesetzlicher Abschlussprüfer eingetragen sind. [4]Wirtschaftsprüfungsgesellschaften sind auf Antrag zu registrieren, wenn mindestens ein gesetzlicher Vertreter oder ein Mitglied des zur gesetzlichen Vertretung berufenen Organs nach Satz 2 registriert ist, sie nach § 38 Nummer 2 Buchstabe f als gesetzliche Abschlussprüfer eingetragen sind und sie die Anforderungen nach Satz 2 Nummer 3 erfüllen. [5]Wird einer Wirtschaftsprüfungsgesellschaft der Auftrag zur Durchführung einer Qualitätskontrolle erteilt, so müssen die für die Qualitätskontrolle verantwortlichen Berufsangehörigen entweder dem Personenkreis nach Satz 4 angehören oder Gesellschafter der Wirtschaftsprüfungsgesellschaft und nach Satz 2 registriert sein. [6]Sind als Prüfer für Qualitätskontrolle registrierte Berufsangehörige, welche die Voraussetzung von Satz 3 nicht erfüllen, in eigener Praxis und in sonstiger Weise tätig, dürfen sie keine Qualitätskontrolle in eigener Praxis durchführen.

(3a) [1]Die Registrierung als Prüfer für Qualitätskontrolle ist zu widerrufen, wenn die Voraussetzungen für die Registrierung als Prüfer für Qualitätskontrolle entfallen sind. [2]Sie ist insbesondere zu widerrufen, wenn

1. die Eintragung als gesetzlicher Abschlussprüfer gemäß Absatz 6a Satz 2 gelöscht worden ist,

2. der Prüfer für Qualitätskontrolle in den letzten drei Jahren nicht mehr im Bereich der gesetzlichen Abschlussprüfungen tätig gewesen ist,

3. gegen den Prüfer für Qualitätskontrolle eine unanfechtbare berufsaufsichtliche Maßnahme nach § 68 Absatz 1 Satz 2 Nummer 2 bis 6 verhängt worden ist, die seine Eignung als Prüfer für Qualitätskontrolle ausschließt, oder

4. der Prüfer für Qualitätskontrolle in den letzten drei Jahren keine spezielle Fortbildung in der Qualitätskontrolle nachweisen kann.

[3]Die Registrierung einer als Prüfer für Qualitätskontrolle registrierten Wirtschaftsprüfungsgesellschaft ist zu widerrufen, wenn sie die Voraussetzungen nach Absatz 3 Satz 4 nicht mehr erfüllt.

(4) [1]Berufsangehörige oder Wirtschaftsprüfungsgesellschaften dürfen nicht als Prüfer für Qualitätskontrolle tätig werden, wenn kapitalmäßige, finanzielle oder persönliche Bindungen, insbesondere als Teilhaber oder Mitarbeiter, zu den zu prüfenden Berufsangehörigen oder Wirtschaftsprüfungsgesellschaften oder sonstige Umstände, welche die Besorgnis der Befangenheit begründen, bestehen oder in den letzten drei Jahren vor ihrer Beauftragung bestanden haben. [2]Ferner sind wechselseitige Qualitätskontrollen ausgeschlossen. [3]Prüfer für Qualitätskontrolle haben zu erklären, dass keine Ausschlussgründe oder sonstigen Interessenkonflikte zwischen ihnen und den zu Prüfenden bestehen.

(5) [1]Prüfer für Qualitätskontrolle haben das Ergebnis der Qualitätskontrolle in einem Bericht (Qualitätskontrollbericht) zusammenzufassen. [2]Der Qualitätskontrollbericht hat zu enthalten:

1. die Nennung der Kommission für Qualitätskontrolle und der Geprüften als Empfänger oder Empfängerinnen des Berichts,

2. eine Beschreibung von Gegenstand, Art und Umfang der Prüfung, einschließlich einer Beschreibung des Qualitätssicherungssystems nach § 55b,

3. eine nach Prüfungsart gegliederte Angabe der Stundenanzahl,

4. die Zusammensetzung und Qualifikation der Prüfer für Qualitätskontrolle und

5. eine Beurteilung des Prüfungsergebnisses nach Absatz 2 Satz 3.

[3]Zum Inhalt und zur Vereinheitlichung des Aufbaus des Qualitätskontrollberichts nach § 57c Absatz 2 Nummer 6 getroffene weitere Bestimmungen sind zu beachten. [4]Sind von den Prüfern für Qualitätskontrolle keine wesentlichen Mängel im Qualitätssicherungssystem festgestellt worden, haben sie zu erklären, dass ihnen keine Sachverhalte bekannt geworden sind, die gegen die Annahme sprechen, dass das Qualitätssicherungssystem der Praxis in Einklang mit den gesetzlichen oder satzungsmäßigen Anforderungen steht und mit hinreichender Sicherheit eine ordnungsgemäße Abwicklung von Abschlussprüfungen nach § 316 des Handelsgesetzbuchs und von betriebswirtschaftlichen Prüfungen, die von der Bundesanstalt für Finanzdienstleistungsaufsicht beauftragt werden, gewährleistet. [5]Sind Mängel im Qualitätssicherungssystem oder Prüfungshemmnisse festgestellt worden, so haben die Prüfer für Qualitätskontrolle diese zu benennen, Empfehlungen zur Beseitigung der Mängel zu geben und, sofern die festgestellten Mängel wesentlich sind, ihre Erklärung nach Satz 4 einzuschränken oder zu versagen. [6]Eine Einschränkung oder Versagung ist zu begründen.

(5a)[1] [1]Bei Berufsangehörigen, die gesetzlich vorgeschriebene Abschlussprüfungen bei Unternehmen von öffentlichem Interesse nach § 316a Satz 2 des Handelsgesetzbuchs durchführen, sind im Rahmen der Qualitätskontrolle die Ergebnisse der Inspektion nach Artikel 26 der Verordnung (EU) Nr. 537/2014 zu berücksichtigen. [2]Die Qualitätskontrolle und der Qualitätskontrollbericht haben nicht die in Artikel 26 Absatz 6 der Verordnung (EU) Nr. 537/2014 genannten Bereiche zu betreffen. [3]Auf der Grundlage des aktuellen Inspektionsberichts beurteilen die Prüfer für Qualitätskontrolle ausschließlich die Wirksamkeit des Qualitätssicherungssystems bei gesetzlich vorgeschriebenen Abschlussprüfungen von Unternehmen, die nicht von öffentlichem Interesse im Sinne des § 316a Satz 2 des Handelsgesetzbuchs sind, und bei betriebswirtschaftlichen Prüfungen, die von der Bundesanstalt für Finanzdienstleistungsaufsicht beauftragt werden, und benennen gegebenenfalls festgestellte Mängel in Bezug auf diese Prüfungen. [4]Der Qualitätskontrollbericht ist der Kommission für Qualitätskontrolle, den Geprüften und der Abschlussprüferaufsichtsstelle zu übermitteln. [5]Im Übrigen gilt Absatz 5 entsprechend.

(5b) [1]Die Qualitätskontrolle muss im Hinblick auf den Umfang und die Komplexität der Tätigkeit der Geprüften geeignet und angemessen sein. [2]Dies

---

[1] § 57a Abs. 5a Satz 1 und 3 geänd. mWv 1.7.2021 durch G v. 3.6.2021 (BGBl. I S. 1534).

ist insbesondere bei der gesetzlichen Abschlussprüfung von mittleren und kleinen Unternehmen nach § 267 Absatz 1 und 2 des Handelsgesetzbuchs zu berücksichtigen, wobei der Art, der Anzahl der Mandate und der Größe der Praxis des Geprüften besondere Bedeutung zukommt.

(6) ¹Die zu Prüfenden haben bei der Kommission für Qualitätskontrolle bis zu drei Vorschläge für mögliche Prüfer für Qualitätskontrolle einzureichen. ²Die eingereichten Vorschläge müssen jeweils um eine Unabhängigkeitsbestätigung der Prüfer für Qualitätskontrolle nach Maßgabe der Satzung für Qualitätskontrolle ergänzt sein (§ 57c Absatz 2 Nummer 7). ³Von den Vorschlägen kann die Kommission für Qualitätskontrolle unter Angabe der Gründe einzelne oder alle ablehnen; dies ist den zu Prüfenden innerhalb von vier Wochen seit Einreichung der Vorschläge mitzuteilen, ansonsten gelten die Vorschläge als anerkannt. ⁴Bei Ablehnung aller Vorschläge können die zu Prüfenden bis zu drei neue Vorschläge einreichen; die Sätze 2 und 3 finden Anwendung. ⁵Im Fall der erneuten Ablehnung aller Vorschläge hat die Kommission für Qualitätskontrolle einen zu beauftragenden Prüfer für Qualitätskontrolle zu benennen. ⁶Die Prüfer für Qualitätskontrolle sind von den zu Prüfenden eigenverantwortlich zu beauftragen.

(6a) ¹Nach Abschluss der Prüfung leiten die Prüfer für Qualitätskontrolle eine Ausfertigung des Qualitätskontrollberichts unverzüglich und möglichst elektronisch der Wirtschaftsprüferkammer zu. ²Die Kommission für Qualitätskontrolle entscheidet auf Löschung der Eintragung nach § 38 Nummer 1 Buchstabe h oder Nummer 2 Buchstabe f, wenn

1. die Qualitätskontrolle nicht innerhalb der von der Kommission für Qualitätskontrolle vorgegebenen Frist oder unter Verstoß gegen Absatz 3 Satz 1 und 5 oder Absatz 4 durchgeführt worden ist,

2. wesentliche Prüfungshemmnisse festgestellt worden sind oder

3. wesentliche Mängel im Qualitätssicherungssystem festgestellt worden sind, die das Qualitätssicherungssystem als unangemessen oder unwirksam erscheinen lassen.

(7) ¹Aufträge zur Durchführung der Qualitätskontrolle können nur aus wichtigem Grund gekündigt werden. ²Meinungsverschiedenheiten über den Inhalt des Qualitätskontrollberichts gelten nicht als wichtiger Grund. ³Prüfer für Qualitätskontrolle haben der Kommission für Qualitätskontrolle über das Ergebnis ihrer bisherigen Prüfung und den Kündigungsgrund zu berichten. ⁴Der Bericht ist von den zu Prüfenden im Fall einer späteren Qualitätskontrolle den nächsten Prüfern für Qualitätskontrolle vorzulegen.

(8)¹⁾ ¹Die Wirtschaftsprüferkammer hat den Qualitätskontrollbericht und den damit in Zusammenhang stehenden Vorgang sieben Jahre nach Eingang des Berichts aufzubewahren und anschließend zu vernichten. ²Im Fall eines anhängigen Rechtsstreits über Maßnahmen der Kommission für Qualitätskontrolle verlängert sich die Frist bis zur Rechtskraft des Urteils.

---

¹⁾ § 57a Abs. 8 Satz 1 geänd. mWv 1.8.2021 durch G v. 25.6.2021 (BGBl. I S. 2154).

§ 57b[1]) **Verschwiegenheitspflicht und Verantwortlichkeit.** (1) Der Prüfer für Qualitätskontrolle und seine Gehilfen, die Mitglieder der Kommission für Qualitätskontrolle (§ 57e) und die Bediensteten der Wirtschaftsprüferkammer sind, auch nach Beendigung ihrer Tätigkeit, verpflichtet, über die ihnen im Rahmen der Qualitätskontrolle bekannt gewordenen Angelegenheiten Verschwiegenheit zu bewahren.

(2) [1]Für die Mitglieder der Kommission für Qualitätskontrolle und die Bediensteten der Wirtschaftsprüferkammer gilt § 59c Absatz 4 Satz 1 entsprechend. [2]Der Genehmigung bedarf auch die Vorlegung oder Auslieferung von Schriftstücken durch die Wirtschaftsprüferkammer an Gerichte oder Behörden. [3]Die Genehmigung erteilt in den Fällen der Sätze 1 und 2 die Kommission für Qualitätskontrolle. [4]Sie kann nur erteilt werden, wenn der Beschuldigte den geprüften Wirtschaftsprüfer, die geprüfte Wirtschaftsprüfungsgesellschaft oder den Prüfer für Qualitätskontrolle von der Pflicht zur Verschwiegenheit entbunden hat.

(3) Soweit dies zur Durchführung der Qualitätskontrolle erforderlich ist, ist die Pflicht zur Verschwiegenheit nach Absatz 1, § 43 Abs. 1 Satz 1, § 59c Absatz 1 und 2 Satz 1 Nummer 1 dieses Gesetzes und § 323 Abs. 1 Satz 1 des Handelsgesetzbuchs sowie die Pflicht zur Verschwiegenheit der Personen, die den Beruf gemeinsam mit dem Wirtschaftsprüfer in eigener Praxis ausüben, eingeschränkt.

(4) § 323 des Handelsgesetzbuchs gilt vorbehaltlich des Absatzes 3 entsprechend.

§ 57c[2]) **Satzung für Qualitätskontrolle.** (1) [1]Die Wirtschaftsprüferkammer erlässt eine Satzung für Qualitätskontrolle; die Satzung wird vom Beirat der Wirtschaftsprüferkammer beschlossen. [2]Die Satzung und deren Änderungen müssen im Einklang mit den Vorgaben des auf sie anzuwendenden europäischen Rechts stehen. [3]Insbesondere sind bei neuen oder zu ändernden Vorschriften, die dem Anwendungsbereich der Richtlinie 2005/36/EG in der jeweils geltenden Fassung unterfallen, die Vorgaben der Richtlinie (EU) 2018/958 in der jeweils geltenden Fassung einzuhalten. [4]§ 57 Absatz 3a gilt entsprechend. [5]Die Satzung und deren Änderungen bedürfen zu ihrer Wirksamkeit der Genehmigung des Bundesministeriums für Wirtschaft und Ener-

---

[1]) § 57b eingef. mWv 1.1.2001 durch G v. 19.12.2000 (BGBl. I S. 1769); Abs. 1 und Abs. 2 Satz 1 geänd. mWv 6.9.2007 durch G v. 3.9.2007 (BGBl. I S. 2178); Abs. 2 Satz 1 und Abs. 3 geänd. mWv 1.8.2021 durch G v. 25.6.2021 (BGBl. I S. 2154).

[2]) § 57c eingef. mWv 1.1.2001 durch G v. 19.12.2000 (BGBl. I S. 1769); Abs. 2 Nr. 1 geänd. mWv 11.12.2001 durch G v. 10.12.1002 (BGBl. I S. 3414); Abs. 1 Satz 2 geänd. mWv 1.1.2004 durch G v. 1.12.2003 (BGBl. I S. 2446); Abs. 2 Nr. 5 geänd., Nr. 6 und 7 geänd. mWv 1.1.2005 durch G v. 27.12.2004 (BGBl. I S. 3846); Abs. 1 Satz 2 geänd. mWv 8.11.2006 durch VO v. 31.10.2006 (BGBl. I S. 2407); Abs. 2 Nr. 4, Nr. 6 neu gef., Nr. 7 eingef., bish. Nr. 7 wird neue Nr. 8 mWv 6.9.2007 durch G v. 3.9.2007 (BGBl. I S. 2178); Abs. 1 Satz 2 geänd. mWv 8.9.2015 durch VO v. 31.8.2015 (BGBl. I S. 1474); Abs. 2 Nr. 1 geänd., Nr. 4 und 8 neu gef. mWv 17.6.2016 durch G v. 31.3.2016 (BGBl. I S. 518). Abs. 1 neu gef. mWv 30.7.2020 durch G v. 19.6.2020 (BGBl. I S. 1403); Abs. 1 Satz 9 angef. mWv 1.8.2021 durch G v. 25.6.2021 (BGBl. I S. 2154).

gie im Einvernehmen mit dem Bundesministerium der Justiz und für Verbraucherschutz. [6]Das Bundesministerium für Wirtschaft und Energie hat bei der Genehmigung zu prüfen, ob die Vorgaben der Richtlinie (EU) 2018/958 in der jeweils geltenden Fassung eingehalten wurden. [7]Zu diesem Zweck hat ihm die Wirtschaftsprüferkammer die Unterlagen zuzuleiten, aus denen sich die Einhaltung der Vorgaben ergibt. [8]Insbesondere sind die Gründe zu übermitteln, auf Grund derer der Beirat der Wirtschaftsprüferkammer die Satzung oder deren Änderungen als gerechtfertigt, notwendig und verhältnismäßig beurteilt hat. [9]Nach der Genehmigung sind die Satzung und deren Änderungen unter Angabe des Datums ihres Inkrafttretens dauerhaft auf der Internetseite der Wirtschaftsprüferkammer zu veröffentlichen.

(2) Die Satzung für Qualitätskontrolle hat im Rahmen der Vorschriften dieses Gesetzes näher zu regeln:

1. die Voraussetzungen und das Verfahren der Registrierung der Prüfer für Qualitätskontrolle sowie des Widerrufs der Registrierung nach § 57a Absatz 3 und 3a sowie nach § 63f Abs. 2 des Gesetzes betreffend die Erwerbs- und Wirtschaftsgenossenschaften;

2. Ausschlussgründe des Prüfers für Qualitätskontrolle nach § 57a Abs. 4;

3. das Verfahren nach den §§ 57a ff. innerhalb der Wirtschaftsprüferkammer;

4. die Mitteilungspflichten nach § 57a Absatz 1 Satz 3 und 4, die Risikoanalyse nach § 57a Absatz 2 Satz 4 und die Anordnung der Qualitätskontrolle nach § 57a Absatz 2 Satz 6;

5. die Maßnahmen der Kommission für Qualitätskontrolle;

6. Umfang und Inhalt der Qualitätskontrolle nach § 57a Absatz 2 Satz 3 und des Qualitätskontrollberichts nach § 57a Absatz 5;

7. Bestimmungen zu Inhalt und Aufbau der Unabhängigkeitsbestätigung nach § 57a Abs. 6 Satz 2;

8. Umfang und Inhalt der speziellen Ausbildungsverpflichtung nach § 57a Absatz 3 Satz 2 Nummer 2, der in § 57a Absatz 3a genannten speziellen Fortbildung sowie den entsprechenden Aus- oder Fortbildungsnachweis.

§ 57d[1]) Mitwirkungspflichten. [1]Wirtschaftsprüfer in eigener Praxis, Wirtschaftsprüfungsgesellschaften sowie die Personen, die den Beruf gemeinsam mit diesen ausüben, sind verpflichtet, dem Prüfer Zutritt zu den Praxisräumen zu gewähren, Aufklärungen zu geben sowie die verlangten Nachweise vorzulegen, soweit dies für eine sorgfältige Prüfung erforderlich ist. [2]§ 62 Absatz 2 und 3 gilt entsprechend. [3]Die Mitwirkung kann nicht im Wege des Verwaltungszwangs nach § 57e Abs. 3 erzwungen werden.

---

[1]) § 57d eingef. mWv 1.1.2001 durch G v. 19.12.2000 (BGBl. I S. 1769); Satz 2 eingef., bish. Satz 2 wird Satz 3 mWv 17.6.2016 durch G v. 31.3.2016 (BGBl. I S. 518).

§ 57e¹⁾ Kommission für Qualitätskontrolle. (1) ¹In der Wirtschaftsprüferkammer wird eine Kommission für Qualitätskontrolle eingerichtet. ²Mitglieder der Kommission für Qualitätskontrolle sind Berufsangehörige und vereidigte Buchprüfer, die auf Vorschlag des Vorstands vom Beirat gewählt werden; mindestens ein Mitglied soll im genossenschaftlichen Prüfungswesen erfahren und tätig sein. ³Sie sind unabhängig und nicht weisungsgebunden. ⁴Die Kommission für Qualitätskontrolle ist innerhalb der Wirtschaftsprüferkammer zuständig für alle Angelegenheiten der Qualitätskontrolle im Sinne von § 57a, soweit nicht die Abschlussprüferaufsichtsstelle zuständig ist. ⁵Ihr obliegt insbesondere:

1. Anordnungen zur Durchführung einer Qualitätskontrolle nach § 57a Absatz 2 Satz 6 zu treffen;

2. Prüfer für Qualitätskontrolle nach § 57a Abs. 3 zu registrieren;

3. Qualitätskontrollberichte entgegenzunehmen und auszuwerten;

4. die Aufsicht über die Prüfer für Qualitätskontrolle nach Absatz 7 sowie Entscheidungen über die Rücknahme oder den Widerruf der Registrierung als Prüfer für Qualitätskontrolle zu treffen;

5. über Maßnahmen nach den Absätzen 2 und 3 und die Löschung der Eintragung nach § 57a Absatz 6a Satz 2 zu entscheiden;

6. Widersprüche gegen Entscheidungen im Zusammenhang mit der Qualitätskontrolle zu bescheiden.

⁶Die Kommission für Qualitätskontrolle kann im Einvernehmen mit der Abschlussprüferaufsichtsstelle an Qualitätskontrollen teilnehmen und sich Arbeitsunterlagen des Prüfers für Qualitätskontrolle vorlegen lassen.

(2) ¹Liegen bei Berufsangehörigen in eigener Praxis oder bei Wirtschaftsprüfungsgesellschaften Mängel vor, wurden Verletzungen von Berufsrecht, die auf Mängeln des Qualitätssicherungssystems beruhen, festgestellt oder wurde die Qualitätskontrolle nicht nach Maßgabe der §§ 57a bis 57d und der Satzung für Qualitätskontrolle durchgeführt, kann die Kommission für Qualitätskontrolle Auflagen zur Beseitigung der Mängel erteilen oder eine Sonderprüfung anordnen. ²Werden Auflagen erteilt, haben die Geprüften diese in einer von der Kommission für Qualitätskontrolle vorgegebenen Frist umzusetzen und hierüber unverzüglich einen Bericht vorzulegen. ³Die Kommission für Qualitätskontrolle kann bestimmen, dass mit der Sonderprüfung ein anderer Prüfer für Qualitätskontrolle beauftragt wird. ⁴Sind die Voraussetzungen des § 57a Absatz 6a Satz 2 gegeben, entscheidet die Kommission für Qualitätskontrolle über die Löschung der Eintragung. ⁵Die Berufsangehörigen oder Wirtschaftsprüfungsgesellschaften sind vor dem Erlass der Maßnahmen

---

¹⁾ § 57e eingef. mWv 1.1.2001, Abs. 3 Satz 1 geänd. mWv 1.1.2002 durch G v. 19.12.2000 (BGBl. I S. 1769); Abs. 1 Satz 2 geänd. mWv 15.12.2001 durch G v. 10.12.2001 (BGBl. I S. 3414); Abs. 1 Satz 4, Abs. 3 Satz 1 und 2, Abs. 4 Satz 2 geänd., Abs. 2 neu gef. mWv 1.1.2005 durch G v. 27.12.2004 (BGBl. I S. 3846); Abs. 2 Satz 1, Abs. 3 Satz 2 neu gef., Abs. 6 angef. mWv 6.9.2007 durch G v. 3.9.2007 (BGBl. I S. 2178); Abs. 1 Sätze 2, 4 und 5 Nr. 3, Abs. 3 Satz 2, Abs. 4 Satz 1 und Abs. 6 geänd., Abs. 1 Satz 5 Nr. 1, 4 und 5, Abs. 2, Abs. 3 Satz 1 und Abs. 5 neu gef., Abs. 4 Satz 2 aufgeh., Abs. 1 Sätze 6 und Abs. 7 angef. mWv 17.6.2016 durch G v. 31.3.2016 (BGBl. I S. 518).

nach den Sätzen 1 bis 4 anzuhören. ⁶Beabsichtigt die Wirtschaftsprüferkammer, eine Eintragung nach § 57a Absatz 6a Satz 2 zu löschen, hat sie den Vorgang zuvor der Abschlussprüferaufsichtsstelle vorzulegen. ⁷Für Maßnahmen nach den Sätzen 1 bis 4 gegenüber Berufsangehörigen, die gesetzlich vorgeschriebene Abschlussprüfungen bei Unternehmen von öffentlichem Interesse nach § 316a Satz 2¹⁾ des Handelsgesetzbuchs durchführen, bleibt die Zuständigkeit der Abschlussprüferaufsichtsstelle nach § 66a Absatz 6 unberührt.

(3) ¹Befolgen Berufsangehörige oder Wirtschaftsprüfungsgesellschaften Maßnahmen nach Absatz 2 nicht, kann die Kommission für Qualitätskontrolle ein Zwangsgeld bis zu 25 000 Euro verhängen. ²Werden trotz wiederholter Festsetzung eines Zwangsgeldes Auflagen und sonstige Maßnahmen nach Absatz 2 nicht fristgerecht oder nicht vollständig umgesetzt, ist die Eintragung der Anzeige nach § 38 Nummer 1 Buchstabe h oder Nummer 2 Buchstabe f zu löschen.

(4) Die Kommission für Qualitätskontrolle hat den Vorstand der Wirtschaftsprüferkammer zu unterrichten, wenn ein Widerruf der Bestellung als Wirtschaftsprüfer oder der Anerkennung als Wirtschaftsprüfungsgesellschaft oder die Einleitung eines berufsaufsichtlichen Verfahrens in Betracht zu ziehen ist.

(5) ¹Die im Rahmen der Qualitätskontrolle nach § 57d oder bei Maßnahmen nach den Absätzen 2 und 3 erteilten Auskünfte und übermittelten Unterlagen und Daten dürfen auch für solche Aufsichtsverfahren verwendet werden, die sonst von der Wirtschaftsprüferkammer oder der Abschlussprüferaufsichtsstelle eingeleitet oder geführt werden. ²Sobald die Unterlagen oder Daten nicht mehr erforderlich sind, sind sie unverzüglich zurückzugeben oder zu löschen.

(6) ¹Die Absätze 2 bis 4 gelten entsprechend, wenn sich außerhalb einer Qualitätskontrolle im Sinne des § 57a Anhaltspunkte für Mängel im Qualitätssicherungssystem von Berufsangehörigen oder Wirtschaftsprüfungsgesellschaften ergeben. ²Die Kommission für Qualitätskontrolle ist dabei an die im Verfahren nach § 62b getroffenen Feststellungen gebunden.

(7) ¹Die Kommission für Qualitätskontrolle untersucht bei Prüfern für Qualitätskontrolle (§ 57a Absatz 3), ob diese bei den Qualitätskontrollen die gesetzlichen Anforderungen und die Berufsausübungsregelungen eingehalten haben. ²Absatz 2 Satz 1 bis 4 und 7, Absatz 3 Satz 1 und die Absätze 4 und 5 gelten entsprechend.

§ 57f.²⁾ (weggefallen)

§ 57g³⁾ Freiwillige Qualitätskontrolle. § 57a Absatz 2 bis 6a und die §§ 57b bis 57e gelten entsprechend für die freiwillige Durchführung einer Qualitätskontrolle bei Wirtschaftsprüfern in eigener Praxis und Wirtschaftsprüfungsgesellschaften.

---

¹⁾ Verweis geänd. mWv 1.7.2021 durch G v. 3.6.2021 (BGBl. I S. 1534).
²⁾ § 57f aufgeh. mWv 6.9.2007 durch G v. 3.9.2007 (BGBl. I S. 2178).
³⁾ § 57g eingef. mWv 1.1.2001 durch G v. 19.12.2000 (BGBl. I S. 1769); geänd. mWv 17.6.2016 durch G v. 31.3.2016 (BGBl. I S. 518).

§ 57h[1]**) Qualitätskontrolle bei Prüfungsstellen der Sparkassen- und Giroverbände.** (1) [1] § 57a Absatz 1 Satz 1, Absatz 3 bis 5 und 5b bis 8, die §§ 57b bis 57d und 66a Absatz 1 Satz 1, Absatz 3 Satz 1 bis 3, Absatz 5 Satz 1 und Absatz 8, § 66b und § 136 gelten entsprechend für die Qualitätskontrolle bei Prüfungsstellen der Sparkassen- und Giroverbände, soweit diese Mitglieder der Wirtschaftsprüferkammer sind und das Landesrecht hinsichtlich der Verpflichtung zur Durchführung der Qualitätskontrolle nichts anderes vorsieht. [2] Maßstab, Reichweite und Zeitpunkt der Qualitätskontrolle werden in entsprechender Anwendung von § 57a Abs. 2 durch die nach Landesrecht zuständige Aufsichtsbehörde bestimmt. [3] § 57e Abs. 2 findet mit der Maßgabe entsprechende Anwendung, dass die Kommission für Qualitätskontrolle nicht über belastende Maßnahmen gegenüber den Prüfungsstellen entscheidet, sondern der nach Landesrecht zuständigen Aufsichtsbehörde unverzüglich die Tatsachen und Schlussfolgerungen mitteilt, die Grundlage solcher Maßnahmen sein können. [4] Erkennt die Wirtschaftsprüferkammer, dass eine Eintragung nach § 57a Absatz 6a Satz 2 zu löschen ist, so ist § 57e Absatz 2 Satz 4 mit der Maßgabe anzuwenden, dass der Vorgang der nach Landesrecht zuständigen Aufsichtsbehörde zur Entscheidung vorzulegen ist.

(2) [1] Prüfer für Qualitätskontrolle können im Falle des Absatzes 1 auch Prüfungsstellen der Sparkassen- und Giroverbände sein. [2] Eine Prüfungsstelle ist auf Antrag nach § 57a Abs. 3 zu registrieren, wenn der Leiter der Prüfungsstelle nach § 57a Abs. 3 Satz 2 registriert ist und die Prüfungsstelle die Voraussetzung nach § 57a Abs. 3 Satz 3 erfüllt. [3] Wird einer Prüfungsstelle eines Sparkassen- und Giroverbandes der Auftrag zur Durchführung einer Qualitätskontrolle erteilt, so muss die für die Qualitätskontrolle nach § 57a Abs. 3 Satz 5 verantwortliche berufsangehörige Person der Leiter oder die Leiterin der Prüfungsstelle des Sparkassen- und Giroverbandes sein und nach § 57a Abs. 3 Satz 2 registriert sein.

(3) [1] Artikel 26 der Verordnung (EU) Nr. 537/2014 findet keine Anwendung auf die Prüfungsstellen der Sparkassen- und Giroverbände, soweit Landesrecht nichts anderes vorsieht. [2] Gehört die zu prüfende Sparkasse zu den in § 316a Satz 2 des Handelsgesetzbuchs genannten Unternehmen und hat sie eine Bilanzsumme von mehr als 3 Milliarden Euro, hat, soweit Landesrecht nichts anderes vorsieht, in entsprechender Anwendung des Artikels 8 der Verordnung (EU) Nr. 537/2014 eine prüfungsbegleitende Qualitätssicherung stattzufinden. [3] Die prüfungsbegleitende Qualitätssicherung darf nur von solchen fachlich und persönlich geeigneten Personen wahrgenommen werden, die an der Durchführung der Prüfung nicht beteiligt sind.

---

[1]) § 57h eingef. mWv 1.1.2001 durch G v. 19.12.2000 (BGBl. I S. 1769); Abs. 1 Satz 1 geänd. mWv 15.12.2001 durch G v. 10.12.2001 (BGBl. I S. 3414); Abs. 2 Satz 3 angef. mWv 1.1.2004 durch G v. 1.12.2003 (BGBl. I S. 2446); Abs. 1 Satz 1 geänd. und Satz 4 angef. mWv 1.1.2005 durch G v. 27.12.2004 (BGBl. I S. 3846); Abs. 1 Satz 1 geänd. mWv 6.9.2007 durch G v. 3.9.2007 (BGBl. I S. 2178); Abs. 1 Satz 1 geänd. mWv 29.5.2009 durch G v. 25.5.2009 (BGBl. I S. 1102); Abs. 1 Sätze 1 und 2 geänd., Satz 4 neu gef., Abs. 3 angef. mWv 17.6.2016 durch G v. 31.3.2016 (BGBl. I S. 518); Abs. 3 Satz 2 geänd. mWv 1.7.2021 durch G v. 3.6.2021 (BGBl. I S. 1534).

§ 58[1] Mitgliedschaft. (1) [1]Mitglieder der Wirtschaftsprüferkammer sind die Wirtschaftsprüfer, die nach diesem Gesetz bestellt sind, und Mitglieder des Vorstandes, nach dem Partnerschaftsgesellschaftsgesetz verbundene Personen, Geschäftsführer oder persönlich haftende Gesellschafter von Wirtschaftsprüfungsgesellschaften, die nicht Wirtschaftsprüfer sind, sowie die anerkannten Wirtschaftsprüfungsgesellschaften. [2]Für beurlaubte Wirtschaftsprüfer ruht die Mitgliedschaft während der Dauer ihrer Beurlaubung. [3]Sie bleiben der *Berufsgerichtsbarkeit* [*ab 1.8.2022:* Berufsaufsicht] unterworfen.

(2) [1]Die genossenschaftlichen Prüfungsverbände, die Sparkassen- und Giroverbände für ihre Prüfungsstellen sowie die überörtlichen Prüfungseinrichtungen für öffentliche Körperschaften können die Mitgliedschaft bei der Wirtschaftsprüferkammer erwerben. [2]Die Vorschriften des § 57 Abs. 1 bis 4 sind auf diese Mitglieder nicht anzuwenden.

§ 58a[2] Mitgliederakten. (1) [1]Die Wirtschaftsprüferkammer führt zur Erfüllung ihrer Aufgaben Akten über ihre Mitglieder (§ 58). [2]Mitgliederakten können teilweise oder vollständig elektronisch geführt werden. [3]Zu den Mitgliederakten sind insbesondere die Dokumente zu nehmen, die im Zusammenhang mit der Bestellung oder Anerkennung, der Mitgliedschaft oder der Qualifikation des Mitglieds stehen oder die in Bezug auf das Mitglied geführte berufsaufsichtliche Verfahren betreffen.

(2) [1]Die Mitglieder der Wirtschaftsprüferkammer haben das Recht, die über sie geführten Akten einzusehen. [2]Bei einer Einsichtnahme dürfen Aufzeichnungen über den Inhalt der Akten oder Kopien der Dokumente gefertigt werden. [3]Bei einer elektronischen Aktenführung hat die Wirtschaftsprüferkammer den Inhalt elektronisch oder durch Ausdrucke zugänglich zu machen. [4]Die Akteneinsicht kann verweigert werden, solange die in § 29 Absatz 1 Satz 2 und Absatz 2 des Verwaltungsverfahrensgesetzes und § 147 Absatz 2 Satz 1 der Strafprozessordnung genannten Gründe vorliegen.

(3) [1]Mitgliederakten sind dreißig Jahre nach dem Ende des Jahres, in dem die Mitgliedschaft in der Wirtschaftsprüferkammer erloschen war, zu vernichten. [2]Davon abweichende Pflichten, Aktenbestandteile früher zu vernichten, bleiben unberührt. [3]Satz 1 gilt nicht, wenn das Mitglied in eine längere Aufbewahrung eingewilligt hat oder die Akte einem öffentlichen Archiv angeboten wird. [4]Wurde die Bestellung oder Anerkennung des Mitglieds wegen Unzuverlässigkeit, Ungeeignetheit oder Unwürdigkeit zurückgenommen oder widerrufen oder wurde das Mitglied aus dem Beruf ausgeschlossen, darf die Akte nicht vernichtet werden, bevor die entsprechende Eintragung im Bundeszentralregister entfernt wurde. [5]Satz 4 gilt auch, wenn das Mitglied während eines Rücknahme- oder Widerrufsverfahrens wegen Unzuverlässigkeit, Ungeeignetheit oder Unwürdigkeit auf die Bestellung verzichtet hat. [6]Bei

---

[1] § 58 Abs. 1 Satz 1 geänd. mWv 1.1.1995 durch G v. 15.7.1994 (BGBl. I S. 1569); Abs. 1 Satz 1 geänd. mWv 1.1.2004 durch G v. 1.12.2003 (BGBl. I S. 2446); Abs. 2 Satz 2 neu gef. mWv 6.9.2007 durch G v. 3.9.2007 (BGBl. I S. 2178); Abs. 1 Satz 1 geänd. mWv 17.6.2016 durch G v. 31.3.2016 (BGBl. I S. 518); Abs. 1 Satz 3 geänd. mWv 1.8.2022 durch G v. 7.7.2021 (BGBl. I S. 2363).

[2] § 58a eingef. mWv 1.8.2021 durch G v. 25.6.2021 (BGBl. I S. 2154).

einer elektronischen Aktenführung tritt an die Stelle der Vernichtung der Akten die Löschung der Daten.

(4) Nach dem Tod eines Mitglieds kann die Wirtschaftsprüferkammer zu Zwecken wissenschaftlicher Forschung Einsicht in die Mitgliederakte gewähren, soweit das wissenschaftliche Interesse die Persönlichkeitsrechte und Interessen der von einer Einsicht betroffenen Personen überwiegt und der Zweck der Forschung auf andere Weise nicht oder nur mit unverhältnismäßigem Aufwand erreicht werden kann.

(5) ¹Auf Personen, die einen Antrag auf Bestellung oder Anerkennung durch die Wirtschaftsprüferkammer gestellt haben, sind die Absätze 1 bis 4 entsprechend anzuwenden. ²Absatz 2 gilt auch für frühere Mitglieder.

§ 59¹⁾ Organe; Kammerversammlungen. (1) Organe der Wirtschaftsprüferkammer sind

1. der Beirat,

2. der Vorstand,

3. der Präsident,

4. die Kommission für Qualitätskontrolle.

(2) ¹Die Beiratsmitglieder werden von den Mitgliedern der Wirtschaftsprüferkammer in unmittelbarer, freier und geheimer Briefwahl gewählt. ²Der Vorstand wird vom Beirat gewählt. ³Werden die Vorstandsmitglieder aus der Mitte des Beirats gewählt, so scheiden sie aus dem Beirat aus; wird der Beirat durch personalisierte Verhältniswahl gewählt, rücken Mitglieder der jeweiligen Listen als Beiratsmitglieder nach. ⁴Zum Mitglied des Beirates und des Vorstandes kann nur gewählt werden, wer persönlich Mitglied der Wirtschaftsprüferkammer ist.

(3) ¹Die Wahl der Beiratsmitglieder erfolgt getrennt nach Gruppen. ²Die Gruppe der Wirtschaftsprüfer und Wirtschaftsprüfungsgesellschaften wählt entsprechend der Zahl der Mitglieder der Wirtschaftsprüferkammer, die dieser Gruppe nach dem öffentlichen Berufsregister am 1. Dezember des dem Wahltag vorangehenden Kalenderjahres angehören, eine in der Satzung bestimmte Anzahl von Beiratsmitgliedern. ³Die Gruppe der anderen stimmberechtigten Mitglieder wählt eine Anzahl von Beiratsmitgliedern, die sich nach der Zahl der stimmberechtigten Mitglieder der Wirtschaftsprüferkammer, die dieser Gruppe an dem in Satz 2 bezeichneten Tag angehören, bemißt. ⁴Mindestens eine Zahl von einem Beiratsmitglied mehr als die Hälfte der Zahl aller Beiratsmitglieder muß jedoch von der Gruppe der Wirtschaftsprüfer und Wirtschaftsprüfungsgesellschaften gewählt werden. ⁵Satz 1 bis 4

---

¹⁾ § 59 Abs. 1 Nr. 4 angef., Abs. 2 Satz 3 aufgeh., Abs. 3 Satz 2 geänd. mWv 1.1.2001 durch G v. 19.12.2000 (BGBl. I S. 1769); Abs. 4 angef. mWv 1.1.2004 durch G v. 1.12.2003 (BGBl. I S. 2446); Abs. 4 aufgeh. mWv 1.1.2005 durch G v. 27.12.2004 (BGBl. I S. 3846); Überschrift geänd., Abs. 1 Nr. 1 aufgeh., bish. Nr. 2–4 werden Nr. 1–3, Abs. 2 Satz 1 neu gef., Satz 2 eingef., bish. Satz 2 wird Satz 3, Abs. 4 neu gef., Abs. 5 angef. mWv 9.12.2010 durch G v. 2.12.2010 (BGBl. I S. 1746); Abs. 1 Nr. 3 eingef., bish. Nr. 3 wird Nr. 4, Abs. 2 Satz 3 eingef., bish. Satz 3 wird Satz 4 mWv 17.6.2016 durch G v. 31.3.2016 (BGBl. I S. 518).

finden auf die Wahl der Vorstandsmitglieder entsprechende Anwendung; die Wahl des Präsidenten der Wirtschaftsprüferkammer erfolgt durch den gesamten Beirat.

(4) ¹Beirat und Vorstand erstatten den Mitgliedern jährlich Bericht. ²Dazu kann die Wirtschaftsprüferkammer regionale Kammerversammlungen ausrichten. ³Auf Verlangen des Beirats oder wenn mindestens ein Zwanzigstel der Mitglieder dies schriftlich unter Angabe des zu behandelnden Gegenstandes beantragt, richtet die Wirtschaftsprüferkammer eine Kammerversammlung aus, zu der alle Mitglieder eingeladen werden.

(5) Das Nähere regelt die Wirtschaftsprüferkammer in der Satzung und in der Wahlordnung gemäß § 60 Absatz 1.

§ 59a¹⁾ Abteilungen des Vorstandes und der Kommission für Qualitätskontrolle. (1) ¹Der Vorstand kann mehrere Abteilungen bilden, wenn die Satzung der Wirtschaftsprüferkammer es zuläßt. ²Er überträgt den Abteilungen die Geschäfte, die sie selbständig führen.

(2) ¹Jede Abteilung muss aus mindestens drei Mitgliedern des Vorstandes bestehen. ²Die Mitglieder der Abteilung wählen aus ihren Reihen einen Abteilungsvorsitzenden und einen Stellvertreter.

(3) ¹Der Vorstand setzt die Zahl der Abteilungen und ihrer Mitglieder fest, überträgt den Abteilungen die Geschäfte und bestimmt die Mitglieder der einzelnen Abteilungen. ²Jedes Mitglied des Vorstandes kann mehreren Abteilungen angehören. ³Die Anordnungen können im Laufe der Amtsperiode nur getroffen oder geändert werden, wenn dies wegen Überlastung des Vorstandes, der Abteilung oder infolge Wechsels oder dauernder Verhinderung einzelner Mitglieder der Abteilung erforderlich wird.

(4) Die Abteilungen besitzen innerhalb ihrer Zuständigkeit die Rechte und Pflichten des Vorstandes.

(5) Anstelle der Abteilung entscheidet der Vorstand, wenn er es für angemessen hält oder wenn die Abteilung oder ihr Vorsitzender es beantragt.

(6) ¹Die Kommission für Qualitätskontrolle kann Abteilungen bilden. ²Die Zuständigkeiten der Abteilungen sind in der Geschäftsordnung der Kommission für Qualitätskontrolle zu regeln. ³Absatz 1 Satz 2 und die Absätze 2 bis 5 gelten entsprechend. ⁴Über Widersprüche (§ 57e Abs. 1 Satz 5 Nr. 6) gegen Beschlüsse von Abteilungen entscheidet die Kommission für Qualitätskontrolle.

§ 59b²⁾ Ehrenamtliche Tätigkeit. ¹Die Mitglieder der Organe der Wirtschaftsprüferkammer (§ 59 Absatz 1) und der Aufgabenkommission, der Prü-

---

¹⁾ § 59a eingef. mWv 1.1.2002 durch G v. 10.12.2001 (BGBl. I S. 3414); Abs. 3 Sätze 1 und 3 geänd. mWv 1.1.2004 durch G v. 1.12.2003 (BGBl. I S. 2446); Überschrift und Abs. 3 neu gef., Abs. 6 angef. mWv 1.1.2005 durch G v. 27.12.2004 (BGBl. I S. 3846).
²⁾ § 59b eingef. mWv 30.7.2020 durch G v. 19.6.2020 (BGBl. I S. 1403).

fungskommission und der Widerspruchskommission sowie die von der Wirtschaftsprüferkammer Beauftragten üben ihre Tätigkeit ehrenamtlich aus. ²Die ehrenamtlich Tätigen können eine angemessene, auch pauschalisierte Entschädigung für den mit ihrer Tätigkeit verbundenen Aufwand, auch für Zeitaufwand und Verdienstausfall, sowie eine Erstattung von Reisekosten erhalten. ³Die Richtlinien für die Aufwandsentschädigung und die Erstattung von Reisekosten werden vom Beirat der Wirtschaftsprüferkammer beschlossen. ⁴Die Sätze 1 bis 3 gelten entsprechend für

1. Mitglieder von Gremien, die nach der Satzung oder Wahlordnung nach § 60 Absatz 1 gebildet wurden,

2. Leiter von Landesvertretungen der Wirtschaftsprüferkammer (Landespräsidenten) und

3. Mitglieder von Ausschüssen, die nach dem Berufsbildungsgesetz bei der Wirtschaftsprüferkammer eingerichtet wurden.

§ 59c¹⁾ Verschwiegenheitspflicht; Inanspruchnahme von Dienstleistungen. (1) ¹Die Mitglieder des Vorstands, des Beirats und der Ausschüsse haben über die Angelegenheiten, die ihnen bei ihrer jeweiligen Tätigkeit über Mitglieder der Wirtschaftsprüferkammer und andere Personen bekannt werden, Verschwiegenheit zu bewahren. ²Dies gilt auch nach ihrem Ausscheiden aus dem Vorstand, dem Beirat oder dem Ausschuss. ³Die Verschwiegenheitspflicht gilt nicht für Tatsachen,

1. deren Weitergabe zur Erfüllung ihrer Aufgaben erforderlich ist,

2. in deren Weitergabe die Betroffenen eingewilligt haben,

3. die offenkundig sind oder

4. die ihrer Bedeutung nach keiner Geheimhaltung bedürfen.

(2) ¹Absatz 1 gilt auch für

1. Angestellte der Wirtschaftsprüferkammer,

2. Mitglieder der Wirtschaftsprüferkammer, die von der Wirtschaftsprüferkammer zur Mitarbeit im Vorstand, im Beirat oder in den Ausschüssen herangezogen werden, und

3. Mitglieder der Wirtschaftsprüferkammer, die
   a) im Verfahren nach § 62 zur Anhörung geladen werden oder
   b) im Rahmen einer Aufsichts- oder Beschwerdesache oder eines Widerrufsverfahrens um Auskunft gebeten werden.

c)²⁾ an einer nichtöffentlichen Verhandlung nach § 99 teilgenommen haben.

²Die in Satz 1 Nummer 1 und 2 genannten Personen sind in Textform über ihre Verschwiegenheitspflicht zu belehren.

(3) ¹Wurde im Rahmen eines Vertretungsverhältnisses eine Berufspflichtverletzung begangen, dürfen die in den Absätzen 1 und 2 Satz 1 Nummer 1

---

¹⁾ § 59c eingef. mWv 1.8.2021 durch G v. 25.6.2021 (BGBl. I S. 2154).
²⁾ § 59c Abs. 2 Satz 1 Nr. 3 Buchst. c **aufgeh. mWv 1.8.2022** durch G v. 7.7.2021 (BGBl. I S. 2363).

und 2 bezeichneten Personen den Vertretenen über ein gegen ein Mitglied der Wirtschaftsprüferkammer geführtes berufsaufsichtliches Verfahren unterrichten. ²Abweichend von Absatz 1 dürfen die in den Absätzen 1 und 2 Satz 1 Nummer 1 und 2 bezeichneten Personen in Fällen von öffentlichem Interesse, die mögliche Pflichtverletzungen im Zusammenhang mit gesetzlichen Abschlussprüfungen betreffen, auf Anfrage darüber Auskunft geben, ob berufsaufsichtliche Verfahren eingeleitet wurden und ob diese noch andauern oder bereits abgeschlossen wurden. ³Die Auskunft darf keine personenbezogenen Daten enthalten. ⁴§ 69 bleibt unberührt.

(4) ¹In Verfahren vor Gerichten und Behörden dürfen die in Absatz 1 und 2 Satz 1 Nummer 1 und 2 genannten Personen über Angelegenheiten, die ihrer Verschwiegenheitspflicht unterliegen, ohne Genehmigung nicht aussagen. ²Die Genehmigung zur Aussage erteilt der Vorstand der Wirtschaftsprüferkammer nach pflichtgemäßem Ermessen. ³Die Genehmigung soll nur versagt werden, wenn dies mit Rücksicht auf die Stellung oder die Aufgaben der Wirtschaftsprüferkammer oder berechtigte Belange der Personen, über welche die Tatsachen bekannt geworden sind, unabweisbar erforderlich ist. ⁴§ 28 Absatz 2 des Bundesverfassungsgerichtsgesetzes bleibt unberührt.

(5) Für die Inanspruchnahme von Dienstleistungen durch die Wirtschaftsprüferkammer gilt in Bezug auf Angelegenheiten, die der Verschwiegenheitspflicht der Wirtschaftsprüfer nach § 43 Absatz 1 unterliegen, § 50a Absatz 1 bis 4, 7 und 8 sinngemäß.

§ 60¹⁾ Satzung; Wirtschaftsplan. (1) ¹Die Organisation und Verwaltung der Wirtschaftsprüferkammer, insbesondere die Einrichtung von Landesgeschäftsstellen, werden in der Satzung der Wirtschaftsprüferkammer geregelt, die vom Beirat der Wirtschaftsprüferkammer beschlossen wird. ²Die Satzung, die Wahlordnung und deren Änderungen bedürfen zu ihrer Wirksamkeit der Genehmigung des Bundesministeriums für Wirtschaft und Energie. ³§ 57 Absatz 3b Satz 5 gilt entsprechend.

(2) ¹Die Wirtschaftsprüferkammer legt jährlich ihren Wirtschaftsplan für das darauffolgende Kalenderjahr vor Feststellung dem Bundesministerium für Wirtschaft und Energie vor. ²Die auf die Qualitätskontrolle und die Arbeit der Berufsaufsicht bezogenen Teile des Wirtschaftsplans bedürfen der Genehmigung des Bundesministeriums für Wirtschaft und Energie.

---

¹⁾ § 60 Satz 2 geänd. mWv 1.1.1995 durch G v. 15.7.1995 (BGBl. I S. 1569); Satz 1 und 2 geänd. mWv 1.1.2001 durch G v. 19.12.2000 (BGBl. I S. 1769); Sätze 1 und 2 geänd. mWv 1.1.2004 durch G v. 1.12.2003 (BGBl. I S. 2446); Überschrift neu gef., Abs. 2 angef., bish. Wortlaut wird Abs. 1 mWv 1.1.2005 durch G v. 27.12.2004 (BGBl. I S. 3846); Abs. 1 Satz 2, Abs. 2 Sätze 1 und 2 geänd. mWv 8.11.2006 durch VO v. 31.10.2006 (BGBl. I S. 2407); Abs. 1 Satz 1 geänd. mWv 6.9.2007 durch G v. 3.9.2007 (BGBl. I S. 2178); Abs. 1 Sätze 1 und 2 geänd. mWv 9.12.2010 durch G v. 2.12.2010 (BGBl. I S. 1746); Abs. 1 Satz 2 und Abs. 2 Sätze 1 und 2 geänd. mWv 8.9.2015 durch VO v. 31.8.2015 (BGBl. I S. 1474); Abs. 2 Satz 2 geänd. mWv 17.6.2016 durch G v. 31.3.2016 (BGBl. I S. 518); Abs. 1 Satz 3 angef. mWv 1.8.2021 durch G v. 25.6.2021 (BGBl. I S. 2154).

§ 61[1]) **Beiträge und Gebühren.** (1) [1]Die Mitglieder sind verpflichtet, die Beiträge nach Maßgabe der Beitragsordnung zu leisten; die Beitragsordnung kann je nach Tätigkeitsfeld des Mitglieds verschiedene Beiträge vorsehen. [2]Der 2. Abschnitt des Verwaltungskostengesetzes in der bis zum 14. August 2013 geltenden Fassung ist entsprechend anzuwenden. [3]Die Beitragsordnung sowie deren Änderungen bedürfen zu ihrer Wirksamkeit der Genehmigung des Bundesministeriums für Wirtschaft und Energie. [4]Die Höhe der Beiträge bestimmt der Beirat der Wirtschaftsprüferkammer. [5]Der Anspruch der Wirtschaftsprüferkammer auf Zahlung von Beiträgen unterliegt der Verjährung. [6]§ 20 des Verwaltungskostengesetzes in der bis zum 14. August 2013 geltenden Fassung ist sinngemäß anzuwenden.

(2) [1]Die Wirtschaftsprüferkammer kann für die Inanspruchnahme von besonderen Einrichtungen oder Tätigkeiten, insbesondere im Zulassungs-, Prüfungs- und Widerspruchsverfahren sowie im Qualitätskontroll- und Berufsaufsichtsverfahren, für die Bestellung und Wiederbestellung als Wirtschaftsprüfer, die Anerkennung als Wirtschaftsprüfungsgesellschaft und die Erteilung von Ausnahmegenehmigungen nach § 28 Abs. 2 und 3, Gebühren nach Maßgabe einer Gebührenordnung erheben. [2]Die Gebührenordnung und deren Änderungen bedürfen der Genehmigung des Bundesministeriums für Wirtschaft und Energie. [3]Die §§ 3 bis 7 und 9 bis 21 des Bundesgebührengesetzes sind entsprechend anzuwenden.

(3) Beiträge und Gebühren werden nach Maßgabe der Vorschriften des Verwaltungsvollstreckungsgesetzes beigetrieben.

Fünfter Teil. Berufsaufsicht[2])

§ 61a[3]) **Zuständigkeit.** [1]Für die Berufsaufsicht ist unbeschadet des § 66a die Wirtschaftsprüferkammer zuständig. [2]Liegen konkrete Anhaltspunkte für einen Verstoß gegen Berufspflichten vor, ermittelt sie den Sachverhalt und entscheidet, ob berufsaufsichtliche Maßnahmen nach § 68 veranlasst sind. [3]Beabsichtigt die Wirtschaftsprüferkammer, ein nach Satz 2 eingeleitetes Verfahren einzustellen, weil eine Berufspflichtverletzung nicht feststellbar ist oder keiner Sanktion bedarf, hat sie den Vorgang zuvor der Abschlussprüferaufsichtsstelle vorzule-

---

[1]) § 61 Abs. 1 Satz 1, Abs. 2 Satz 2 zuletzt geänd. mWv 1.1.2001, Abs. 2 Satz 1 geänd. mWv 1.1.2002 durch G v. 19.12.2000 (BGBl. I S. 1769); Abs. 1, Abs. 2 Satz 2 neu gef., Satz 1 geänd., Abs. 3 Satz 3 angef. mWv 1.1.2004 durch G v. 1.12.2003 (BGBl. I S. 2446); Abs. 2 Satz 1 geänd. mWv 1.1.2005 durch G v. 27.12.2004 (BGBl. I S. 3846); Abs. 1 Satz 2 und Abs. 2 Satz 2 geänd. mWv 8.11.2006 durch VO v. 31.10.2006 (BGBl. I S. 2407); Abs. 1 Satz 1 neu gef. mWv 6.9.2007 durch G v. 3.9.2007 (BGBl. I S. 2178); Abs. 1 Satz 2 eingef., bish. Sätze 2 und 3 werden Sätze 3 und 4, Abs. 3 Satz 2 geänd. mWv 15.8.2013 durch G v. 7.8.2013 (BGBl. I S. 3154); Abs. 1 Satz 3 und Abs. 2 Satz 2 geänd. mWv 8.9.2015 durch VO v. 31.8.2015 (BGBl. I S. 1474); Abs. 1 Sätze 5 und 6, Abs. 2 Satz 3 angef., Abs. 3 Sätze 1 und 2 aufgeh. mWv 17.6.2016 durch G v. 31.3.2016 (BGBl. I S. 518).

[2]) 5. Teil (§§ 61a–66b) Überschrift vor § 61a eingef. mWv 1.1.2005 durch G v. 27.12.2004 (BGBl. I S. 3846); 5. Teil (§§ 61a–71) geänd. mWv 17.6.2016 durch G v. 31.3.2016 (BGBl. I S. 518).

[3]) § 61a neu gef. mWv 17.6.2016 durch G v. 31.3.2016 (BGBl. I S. 518).

gen. [4]Wenn Berufsangehörige, die bei der Abschlussprüferaufsichtsstelle angestellt sind, für diese tätig sind, gelten die Sätze 1 bis 3 nicht.

§ 62[1]) Pflicht zum Erscheinen vor der Wirtschaftsprüferkammer; Auskunfts- und Vorlagepflichten; Betretens- und Einsichtsrecht. (1) [1]Persönliche Mitglieder der Wirtschaftsprüferkammer haben in Aufsichts- und Beschwerdesachen vor der Wirtschaftsprüferkammer zu erscheinen, wenn sie zur Anhörung geladen werden. [2]Sie haben dem Vorstand, einer Abteilung im Sinne des § 59a, dem Beirat oder einem Beauftragten des Vorstandes, des Beirates oder eines Ausschusses auf Verlangen Auskunft zu geben und ihre Handakten oder sonstige Unterlagen, die für das Aufsichts- und Beschwerdeverfahren von Bedeutung sein können, vorzulegen. [3]Sind die Unterlagen nach Satz 2 mit Hilfe eines Datenverarbeitungssystems elektronisch gespeichert worden, sind sie auf einem maschinell verwertbaren Datenträger zur Verfügung zu stellen. [4]Die Sätze 1 bis 3 gelten sinngemäß für sonstige Mitglieder der Wirtschaftsprüferkammer, soweit die Anhörung, das Auskunftsverlangen oder die Aufforderung zur Vorlage von Unterlagen die gesetzlich vorgeschriebene Abschlussprüfung betreffen.

(2) [1]Die Auskunft und die Vorlage von Unterlagen können verweigert werden, wenn und soweit dadurch die Pflicht zur Verschwiegenheit verletzt würde. [2]Die Auskunft kann verweigert werden, wenn und soweit sich dadurch die Gefahr ergäbe, wegen einer Straftat, einer Ordnungswidrigkeit oder einer Berufspflichtverletzung verfolgt zu werden, und sich das Mitglied hierauf beruft. [3]Auf ein Recht zur Auskunftsverweigerung ist hinzuweisen. [4]Wenn die Auskunft oder die Vorlage von Unterlagen nicht verweigert wurde, besteht die Verpflichtung, richtige und vollständige Auskünfte zu erteilen und richtige und vollständige Unterlagen vorzulegen.

(3) [1]Die richtige und vollständige Auskunft und Vorlage von Unterlagen können nicht von denjenigen Mitgliedern der Wirtschaftsprüferkammer verweigert werden, die zur Durchführung gesetzlich vorgeschriebener Abschlussprüfungen befugt sind oder solche ohne diese Befugnis tatsächlich durchführen, wenn die Auskunft und die Vorlage von Unterlagen im Zusammenhang mit der Prüfung eines der gesetzlichen Pflicht zur Abschlussprüfung unterliegenden Unternehmens stehen. [2]Satz 1 gilt auch für Prüfer für Qualitätskontrolle für Auskünfte und die Vorlage von Unterlagen, die mit dieser Tätigkeit im Zusammenhang stehen. [3]Absatz 2 Satz 2 und 3 gilt entsprechend.

(4) [1]Die Angestellten der Wirtschaftsprüferkammer sowie die sonstigen Personen, derer sich die Wirtschaftsprüferkammer bei der Berufsaufsicht bedient, können die Grundstücke und Geschäftsräume von Berufsangehörigen und Wirtschaftsprüfungsgesellschaften sowie von Personen, die den Beruf gemeinsam mit diesen ausüben, innerhalb der üblichen Betriebs- und Geschäftszeiten betreten und besichtigen, Einsicht in Unterlagen nehmen und hieraus Abschriften und Ablichtungen anfertigen. [2]Sind die Unterlagen mit Hilfe eines Daten-

---

[1]) § 62 neu gef. mWv 6.9.2007 durch G v. 3.9.2007 (BGBl. I S. 2178); Abs. 1 Sätze 3 und 4 angef., Abs. 3 Satz 1 geänd., Satz 2 eingef., bish. Satz 2 wird Satz 3, Abs. 4 und 5 neu gef. mWv 17.6.2016 durch G v. 31.3.2016 (BGBl. I S. 518).

verarbeitungssystems elektronisch gespeichert, haben die in Satz 1 genannten Angestellten und Personen das Recht, Einsicht in die gespeicherten Daten zu nehmen, das Datenverarbeitungssystem zur Prüfung dieser Unterlagen zu nutzen und Kopien elektronischer Daten anzufertigen. ³Die betroffenen Berufsangehörigen und Wirtschaftsprüfungsgesellschaften sowie die Personen, die den Beruf gemeinsam mit diesen ausüben, haben diese Maßnahmen zu dulden.

(5) ¹Die bei Maßnahmen nach den Absätzen 1 bis 4 gegebenen Auskünfte und übermittelten Unterlagen und Daten dürfen auch für solche Aufsichtsverfahren verwendet werden, die sonst von der Wirtschaftsprüferkammer oder der Abschlussprüferaufsichtsstelle eingeleitet oder geführt werden. ²Sobald die Unterlagen oder Daten nicht mehr erforderlich sind, sind sie unverzüglich zurückzugeben oder zu löschen.

§ 62a¹⁾ Zwangsgeld bei Verletzung von Mitwirkungspflichten.

(1) ¹Um Mitglieder der Wirtschaftsprüferkammer zur Erfüllung ihrer Pflichten nach § 62 Abs. 1 bis 3 anzuhalten, kann die Wirtschaftsprüferkammer gegen sie, auch mehrfach, ein Zwangsgeld festsetzen. ²Das einzelne Zwangsgeld darf 1000 Euro nicht übersteigen.

(2) ¹Das Zwangsgeld muss vorher schriftlich angedroht werden. ²Die Androhung und die Festsetzung des Zwangsgeldes sind den Betroffenen zuzustellen.

(3) ¹Gegen die Androhung und gegen die Festsetzung des Zwangsgeldes kann innerhalb eines Monats nach der Zustellung die Entscheidung des Gerichts (§ 72 Abs. 1) beantragt werden. ²Der Antrag ist bei der Wirtschaftsprüferkammer schriftlich einzureichen. ³Erachtet die Wirtschaftsprüferkammer den Antrag für begründet, so hat sie ihm abzuhelfen; anderenfalls hat die Wirtschaftsprüferkammer den Antrag unter Beachtung des § 66a Abs. 5 Satz 2 unverzüglich dem Gericht vorzulegen. ⁴Die Vorschriften der Strafprozessordnung über die Beschwerde sind sinngemäß anzuwenden. ⁵Die Gegenerklärung wird von der Wirtschaftsprüferkammer abgegeben. ⁶Die Staatsanwaltschaft ist an dem Verfahren nicht beteiligt. ⁷Der Beschluss des Gerichts kann nicht angefochten werden.

(4) ¹Das Zwangsgeld fließt dem Haushalt der Wirtschaftsprüferkammer zu. ²Es wird auf Grund einer von ihr erteilten, mit der Bescheinigung der Vollstreckbarkeit versehenen beglaubigten Abschrift des Festsetzungsbescheids entsprechend § 61 Abs. 3 Satz 3 beigetrieben.

§ 62b²⁾ Inspektionen.
(1) ¹Berufsangehörige in eigener Praxis und Wirtschaftsprüfungsgesellschaften sind verpflichtet, sich einer Inspektion durch die Abschlussprüferaufsichtsstelle nach Artikel 26 der Verordnung (EU) Nr. 537/2014 zu unterziehen, wenn sie gesetzlich vorgeschriebene Abschlussprüfungen bei Unternehmen von öffentlichem Interesse nach § 316a Satz 2 des Handelsgesetzbuchs oder Abschlussprüfungen im Sinne von § 134 Absatz 1 dieses

---

¹⁾ § 62a eingef. mWv 1.1.2004 durch G v. 1.12.2003 (BGBl. I S. 2446); Abs. 1 Satz 1 und Abs. 3 neu gef., Abs. 4 Satz 1 geänd. mWv 6.9.2007 durch G v. 3.9.2007 (BGBl. I S. 2178); Abs. 1 Satz 1 geänd. mWv 17.6.2016 durch G v. 31.3.2016 (BGBl. I S. 518).
²⁾ § 62b neu gef. mWv 17.6.2016 durch G v. 31.3.2016 (BGBl. I S. 518); Abs. 1 Satz 1 geänd. mWv 1.7.2021 durch G v. 3.6.2021 (BGBl. I S. 1534).

Gesetzes durchführen. ²Im Fall von Beanstandungen können in die Inspektionen andere gesetzlich vorgeschriebene Abschlussprüfungen einbezogen werden. ³Wird im Zusammenhang mit einer Anfrage zur internationalen Zusammenarbeit gemäß § 66c eine Inspektion durchgeführt, können andere Prüfungen bei den in § 57 Absatz 9 Satz 5 Nummer 1 genannten Unternehmen in die Inspektion nach Satz 1 einbezogen werden.

(2) Soweit Artikel 26 der Verordnung (EU) Nr. 537/2014 nichts anderes regelt, gelten § 62 Absatz 1 bis 5 und § 62a entsprechend.

(3) ¹Erkenntnisse aus den Inspektionen werden zur Entlastung der Qualitätskontrollen nach den von der Wirtschaftsprüferkammer im Einvernehmen mit der Abschlussprüferaufsichtsstelle festgelegten Grundsätzen berücksichtigt. ²Die Abschlussprüferaufsichtsstelle übermittelt der geprüften Praxis den Inspektionsbericht. ³Für den Inspektionsbericht gilt unbeschadet des Artikels 26 Absatz 8 und 9 der Verordnung (EU) Nr. 537/2014 § 57a Absatz 5 entsprechend.

§ 63.¹⁾ (weggefallen)

[Fassung bis 31.7.2021:]

§ 64²⁾ Pflicht der Mitglieder des Vorstandes, des Beirates und der Ausschüsse zur Verschwiegenheit.

(1) ¹Die Mitglieder des Vorstandes, des Beirates, der Abteilungen und der Ausschüsse haben – auch nach dem Ausscheiden aus dem Vorstand, dem Beirat, der Abteilung oder dem Ausschuß – über die Angelegenheiten, die ihnen bei ihrer Tätigkeit im Vorstand, im Beirat, in der Abteilung oder im Ausschuß über Mitglieder der Wirtschaftsprüferkammer, Bewerber oder andere Personen bekanntwerden, Verschwiegenheit gegen jedermann zu bewahren. ²Das gleiche gilt für Mitglieder, die zur Mitarbeit im Vorstand, im Beirat, in den Abteilungen oder in den Ausschüssen herangezogen werden, für Mitglieder, die im Verfahren nach § 62 zur Anhörung geladen werden, im Rahmen einer Aufsichts- und Beschwerdesache so-

[Fassung ab 1.8.2021:]

§ 64³⁾ Auskünfte von Nichtkammerangehörigen.

¹Zur Durchführung von Ermittlungen in Aufsichts- und Beschwerdesachen sowie in Widerrufsverfahren sind die in § 59c Absatz 1 Satz 1 und Absatz 2 Satz 1 Nummer 1 und 2 genannten Personen berechtigt, Nichtkammerangehörige um Auskunft zu bitten. ²Nichtkammerangehörige sind nicht zur Auskunft verpflichtet, es sei denn, die Auskunft bezieht sich auf gesetzlich vorgeschriebene Abschlussprüfungen bei Unternehmen von öffentlichem Interesse nach § 316a Satz 2 des Handelsgesetzbuchs und die Nichtkammerangehörigen fallen unter Artikel 23 Absatz 3 Unterabsatz 2 Buchstabe b bis e der Verordnung (EU) Nr. 537/2014.

---

¹⁾ § 63 aufgeh. mWv 17.6.2016 durch G v. 31.3.2016 (BGBl. I S. 518).
²⁾ § 64 Abs. 1 Sätze 1 und 2 geänd., Abs. 4 angef. mWv 1.1.2004 durch G v. 1.12.2003 (BGBl. I S. 2446); Abs. 1 Sätze 1 und 2, Abs. 2 geänd. mWv 1.1.2005 durch G v. 27.12.2004 (BGBl. I S. 3846); Abs. 4 Satz 1 geänd., Satz 2 angef., Abs. 5 angef. mWv 17.6.2016 durch G v. 31.3.2016 (BGBl. I S. 518); Abs. 4 Satz 2 geänd., Abs. 6 angef. mWv 1.7.2021 durch G v. 3.6.2021 (BGBl. I S. 1534).
³⁾ § 64 neu gef. mWv 1.8.2021 durch G v. 25.6.2021 (BGBl. I S. 2154).

[Fassung bis 31.7.2021:]

wie eines Widerrufsverfahrens um Auskunft gebeten werden oder an einer nichtöffentlichen Verhandlung nach § 99 teilgenommen haben, sowie für Angestellte und sonstige Beauftragte der Wirtschaftsprüferkammer.

(2) In gerichtlichen Verfahren und vor Behörden dürfen die in Absatz 1 bezeichneten Personen über solche Angelegenheiten, die ihnen bei ihrer Tätigkeit im Vorstand, im Beirat, in Abteilungen oder in Ausschüssen über Mitglieder der Wirtschaftsprüferkammer, Bewerber oder andere Personen bekannt geworden sind, ohne Genehmigung nicht aussagen oder Auskunft geben.

(3) ¹Die Genehmigung erteilt der Vorstand der Wirtschaftsprüferkammer nach pflichtmäßigem Ermessen. ²Die Genehmigung soll nur versagt werden, wenn Rücksichten auf die Stellung oder die Aufgaben der Wirtschaftsprüferkammer oder berechtigte Belange der Personen, über welche die Tatsachen bekanntgeworden sind, es unabweisbar erfordern. ³§ 28 Abs. 2 des Gesetzes über das Bundesverfassungsgericht bleibt unberührt.

(4) ¹Zur Durchführung von Ermittlungen in Aufsichts- und Beschwerdesachen sowie in Widerrufsverfahren sind die in Absatz 1 genannten ehren- und hauptamtlich für die Wirtschaftsprüferkammer tätigen Personen berechtigt, Nichtkammerangehörige um Auskunft zu bitten. ²Nichtkammerangehörige sind nicht zur Auskunft verpflichtet, es sei denn, die Auskunft bezieht sich auf gesetzlich vorgeschriebene Abschlussprüfungen bei Unternehmen von öffentlichem Interesse nach § 316a Satz 2 des Handelsgesetzbuchs und die Nichtkammerangehörigen fallen un-

[Fassung bis 31.7.2021:]

ter Artikel 23 Absatz 3 Unterabsatz 2 Buchstabe b bis e der Verordnung (EU) Nr. 537/2014.

(5) Wurde im Rahmen eines Vertretungsverhältnisses eine Berufspflichtverletzung begangen, dürfen die in Absatz 1 bezeichneten Personen den Vertretenen über ein gegen ein Mitglied der Wirtschaftsprüferkammer geführtes berufsaufsichtliches Verfahren unterrichten.

(6) ¹Abweichend von Absatz 1 dürfen die in Absatz 1 bezeichneten Personen in Fällen von öffentlichem Interesse, die mögliche Pflichtverletzungen im Zusammenhang mit gesetzlichen Abschlussprüfungen betreffen, auf Anfrage darüber Auskunft geben, ob berufsaufsichtliche Verfahren eingeleitet wurden und ob diese noch andauern oder bereits abgeschlossen wurden. ²Die Auskunft darf keine personenbezogenen Daten enthalten. ³Die Absätze 4 und 5 sowie § 69 bleiben unberührt.

§ 65¹⁾ Unterrichtung der Staatsanwaltschaft. (1) ¹Erhalten die Wirtschaftsprüferkammer oder die Abschlussprüferaufsichtsstelle Kenntnis von Tatsachen, die den Verdacht begründen, dass Berufsangehörige Straftaten im Zusammenhang mit der Berufsausübung begangen haben, teilen sie die Tatsachen der zuständigen Staatsanwaltschaft unverzüglich oder nach Ermittlung (§ 61a Satz 2) mit. ²Der Mitteilung kann eine fachliche Bewertung beigefügt werden.

(2) ¹Erhält die Staatsanwaltschaft Kenntnis von Tatsachen, die den Verdacht einer schuldhaften, eine berufsaufsichtliche Maßnahme nach § 68 Absatz 1 rechtfertigenden Pflichtverletzung eines Mitglieds der Wirtschaftsprüferkammer begründen, teilt sie die Tatsachen der Abschlussprüferaufsichtsstelle mit. ²Soweit die Mitteilung den Zuständigkeitsbereich der Wirtschaftsprüferkammer betrifft, leitet die Abschlussprüferaufsichtsstelle die Mitteilung an die Wirtschaftsprüferkammer weiter.

§ 66²⁾ Rechtsaufsicht. (1) ¹Das Bundesministerium für Wirtschaft und Energie führt die Rechtsaufsicht über die Wirtschaftsprüferkammer ein-

---

¹⁾ § 65 neu gef. mWv 17.6.2016 durch G v. 31.3.2016 (BGBl. I S. 518).
²⁾ § 66 neu gef. mWv 17.6.2016 durch G v. 31.3.2016 (BGBl. I S. 518).

schließlich der Prüfungsstelle, soweit diese nicht nach § 66a Absatz 1 Satz 1 von der Abschlussprüferaufsichtsstelle überwacht werden. [2] Insoweit hat es darüber zu wachen, dass die Aufgaben im Rahmen der geltenden Gesetze und Satzungen erfüllt werden. [3] Es kann unter anderem den Erlass der Satzungen nach § 57 Absatz 3 und § 57c Absatz 1 oder Änderungen dieser Satzungen anordnen und, wenn die Wirtschaftsprüferkammer dieser Anordnung nicht innerhalb einer angemessenen Frist nachkommt, im Wege der Ersatzvornahme die Satzungen oder Änderungen der Satzungen anstelle der Wirtschaftsprüferkammer erlassen.

(2) [1] Das Bundesministerium für Wirtschaft und Energie führt darüber hinaus die Rechtsaufsicht über die Abschlussprüferaufsichtsstelle; Absatz 1 Satz 2 gilt entsprechend. [2] Im Übrigen bleibt die Aufsicht des Bundesministeriums für Wirtschaft und Energie über das Bundesamt für Wirtschaft und Ausfuhrkontrolle unberührt.

§ 66a[1]) Abschlussprüferaufsicht. (1) [1] Die Abschlussprüferaufsichtsstelle führt eine öffentliche fachbezogene Aufsicht über die Wirtschaftsprüferkammer, soweit diese Aufgaben nach § 4 Absatz 1 Satz 1 erfüllt, die gegenüber Berufsangehörigen und Gesellschaften wahrzunehmen sind, die zur Durchführung gesetzlich vorgeschriebener Abschlussprüfungen befugt sind oder solche ohne diese Befugnis tatsächlich durchführen; § 61a Satz 3 bleibt unberührt. [2] Die Wirtschaftsprüferkammer hat vor dem Erlass und vor Änderungen von Berufsausübungsregelungen (§ 57 Absatz 3 und § 57c) die Stellungnahme der Abschlussprüferaufsichtsstelle einzuholen und dem Bundesministerium für Wirtschaft und Energie vorzulegen.

(2) Die Abschlussprüferaufsichtsstelle ist zuständige Behörde im Sinne des Artikels 13 Absatz 1 Unterabsatz 3, der Artikel 14 und 17 Absatz 8 Unterabsatz 3 sowie des Artikels 20 Absatz 1 der Verordnung (EU) Nr. 537/2014.

(3) [1] Die Abschlussprüferaufsichtsstelle beaufsichtigt die Wirtschaftsprüferkammer, ob diese ihre in Absatz 1 Satz 1 genannten Aufgaben geeignet, angemessen und verhältnismäßig erfüllt. [2] Die Abschlussprüferaufsichtsstelle kann hierzu an Sitzungen der Wirtschaftsprüferkammer teilnehmen und hat ein Informations- und Einsichtsrecht. [3] Die Abschlussprüferaufsichtsstelle kann an Qualitätskontrollen teilnehmen. [4] Die Abschlussprüferaufsichtsstelle kann die Wirtschaftsprüferkammer beauftragen, bei Hinweisen auf Berufspflichtverletzungen und bei Anfragen im Rahmen der Zusammenarbeit nach § 66c berufsaufsichtliche Ermittlungen nach § 61a Satz 2 durchzuführen. [5] Die Abschlussprüferaufsichtsstelle kann an Ermittlungen der Wirtschaftsprüferkammer teilnehmen. [6] Zur Ausführung ihrer Aufgaben kann die Abschlussprüferaufsichtsstelle Vertreter oder Vertreterinnen der Wirtschaftsprüferkammer, Berufsangehörige und Dritte als Sachverständige fallweise zur Beratung heranziehen. [7] Soweit die Abschlussprüferaufsichtsstelle Aufträge von sachverständigen Dritten ausführen lässt, stellt sie sicher, dass bei diesen im Hinblick auf die zu Prüfenden keine Interessenkonflikte bestehen und dass die sachverständigen

---

[1]) § 66a neu gef. mWv 17.6.2016 durch G v. 31.3.2016 (BGBl. I S. 518).

Dritten über eine angemessene Ausbildung sowie angemessene Kenntnisse und Erfahrungen verfügen.

(4) ¹Die Abschlussprüferaufsichtsstelle kann Entscheidungen der Wirtschaftsprüferkammer unter Angabe der Gründe zur nochmaligen Prüfung an diese zurückverweisen (Zweitprüfung). ²Ändert die Wirtschaftsprüferkammer beanstandete Entscheidungen nicht ab, kann die Abschlussprüferaufsichtsstelle die Entscheidungen der Wirtschaftsprüferkammer aufheben und ihr Weisungen erteilen oder selbst im Wege der Ersatzvornahme Entscheidungen treffen und die erforderlichen Maßnahmen erlassen (Letztentscheidung). ³Die Wirtschaftsprüferkammer ist verpflichtet, Vorgänge in Umsetzung der Weisungen abzuschließen. ⁴Hält sie Weisungen oder Ersatzvornahmen der Abschlussprüferaufsichtsstelle für rechtswidrig, hat sie die Vorgänge dem Bundesministerium für Wirtschaft und Energie vorzulegen.

(5) ¹Die Wirtschaftsprüferkammer ist verpflichtet, auf Anforderung der Abschlussprüferaufsichtsstelle im Einzelfall oder von sich aus aufgrund genereller von der Abschlussprüferaufsichtsstelle festgelegter Kriterien über einzelne aufsichtsrelevante Vorgänge nach Sachverhaltsaufklärung zeitnah und in angemessener Form zu berichten. ²Aufsichtsrelevant ist ein Vorgang insbesondere dann, wenn er von der Wirtschaftsprüferkammer abschließend bearbeitet wurde und eine Entscheidung mit unmittelbarer Rechtswirkung nach außen ergehen soll. ³Ein unmittelbarer oder mittelbarer Bezug zur Durchführung einer gesetzlich vorgeschriebenen Abschlussprüfung ist nicht erforderlich.

(6)¹⁾ ¹Die Abschlussprüferaufsichtsstelle ermittelt bei Berufsangehörigen und Wirtschaftsprüfungsgesellschaften, die gesetzlich vorgeschriebene Abschlussprüfungen bei Unternehmen von öffentlichem Interesse nach § 316a Satz 2 des Handelsgesetzbuchs durchgeführt haben,

1. ohne besonderen Anlass gemäß Artikel 26 der Verordnung (EU) Nr. 537/2014,

2. soweit sich aus den unter Nummer 1 genannten Inspektionen oder sonstigen Umständen konkrete Anhaltspunkte für Verstöße gegen Berufspflichten bei der Durchführung von gesetzlich vorgeschriebenen Abschlussprüfungen bei Unternehmen von öffentlichem Interesse nach § 319a Absatz 1 Satz 1 des Handelsgesetzbuchs ergeben,

3. aufgrund von Mitteilungen *der Prüfstelle nach § 342b Absatz 8 Satz 2 des Handelsgesetzbuchs,* der Bundesanstalt für Finanzdienstleistungsaufsicht nach § 110 Absatz 2 Satz 1 des Wertpapierhandelsgesetzes oder einer anderen nationalen oder internationalen Stelle.

²Werden bei den Ermittlungen nach Satz 1 Verletzungen von Berufsrecht festgestellt, kann die Abschlussprüferaufsichtsstelle Auflagen zur Beseitigung der Mängel erteilen oder eine Sonderprüfung anordnen; § 57e Absatz 2, 3 und 5 gilt entsprechend. ³Die Abschlussprüferaufsichtsstelle entscheidet auch

---

¹⁾ § 66a Abs. 6 Satz 1 Nr. 3 geänd. mWv 3.1.2018 durch G v. 23.6.2017 (BGBl. I S. 1693), Satzteil vor Nr. 1 geänd. mWv 1.7.2021, Nr. 3 kursiver Satzteil aufgeh. mWv 1.1.2022 durch G v. 3.6.2021 (BGBl. I S. 1534).

über die Verhängung von berufsaufsichtlichen Maßnahmen, Untersagungsverfügungen sowie vorläufigen Untersagungsverfügungen; die §§ 67 bis 68a, 68b Satz 1, 3 und 4, die §§ 68c sowie 69a bis 71 gelten entsprechend, § 68 Absatz 7 mit der Maßgabe, dass die Geldbußen, die nicht berufsgerichtlich überprüft werden, dem Bundeshaushalt zufließen, § 68c Absatz 3 in Verbindung mit § 62a Absatz 4 Satz 1 mit der Maßgabe, dass die Ordnungsgelder dem Bundeshaushalt zufließen.

(7) [1]Soweit Artikel 23 Absatz 3 und Artikel 26 der Verordnung (EU) Nr. 537/2014 nichts anderes regeln, gelten die §§ 62 und 62a im Inspektions- und Berufsaufsichtsverfahren entsprechend, § 62a Absatz 4 mit der Maßgabe, dass die Zwangsgelder dem Bundeshaushalt zufließen. [2]Ermittlungsmaßnahmen in Bezug auf Abschlussprüfungen von Unternehmen von öffentlichem Interesse nach § 316a Satz 2[1)] des Handelsgesetzbuchs dürfen auch gegenüber den in Artikel 23 Absatz 3 Unterabsatz 2 Buchstabe b bis e der Verordnung (EU) Nr. 537/2014 Genannten ausgeübt werden. [3]Die Abschlussprüferaufsichtsstelle kann unbeschadet des Artikels 26 Absatz 5 Unterabsatz 2 der Verordnung (EU) Nr. 537/2014 bei Tätigkeiten nach diesem Gesetz Überprüfungen oder Untersuchungen durch solche Sachverständige vornehmen lassen, die in die Entscheidungsprozesse der Abschlussprüferaufsichtsstelle nicht eingebunden sind.

(8) Die Abschlussprüferaufsichtsstelle veröffentlicht jährlich ein Arbeitsprogramm und einen Tätigkeitsbericht.

§ 66b[2)] Verschwiegenheit; Schutz von Privatgeheimnissen. (1) [1]Beamte und Angestellte, die in der Abschlussprüferaufsichtsstelle tätig sind, Mitglieder des bei ihr eingerichteten Fachbeirats und sonstige von ihr Beauftragte sind zur Verschwiegenheit verpflichtet; die Artikel 31 bis 34 der Verordnung (EU) Nr. 537/2014 und § 66c Absatz 4 und 6 bleiben unberührt. [2]Die §§ 59c und 64 gelten sinngemäß; eine erforderliche Genehmigung nach § 59c Absatz 4 erteilt das Bundesministerium für Wirtschaft und Energie.

(2) Die in Absatz 1 Satz 1 genannten Personen dürfen, auch nach Beendigung ihrer Tätigkeit, ein fremdes Geheimnis, namentlich ein Geschäfts- oder Betriebsgeheimnis, das ihnen bei ihrer Tätigkeit bekannt geworden ist, nicht offenbaren und nicht verwerten.

§ 66c[3)] Zusammenarbeit mit anderen Stellen und internationale Zusammenarbeit. (1) [1]Die Abschlussprüferaufsichtsstelle *kann [ab 1.1.2022:* übermittelt] den folgenden Stellen, soweit es zur Erfüllung der jeweiligen Aufgaben dieser Stellen erforderlich ist, vertrauliche Informationen übermitteln:

[1)] Verweis geänd. mWv 1.7.2021 durch G v 3.6.2021 (BGBl. I S. 1534).
[2)] § 66b neu gef. mWv 17.6.2016 durch G v. 31.3.2016 (BGBl. I S. 518); Abs. 1 Satz 2 geänd. mWv 1.8.2021 durch G v. 25.6.2021 (BGBl. I S. 2154).
[3)] § 66c eingef. mWv 17.6.2016 durch G v. 31.3.2016 (BGBl. I S. 518); Abs. 1 Satz 1 Nr. 2a eingef. mWv 17.6.2016 durch G v. 10.5.2016 (BGBl. I S. 1142); Abs. 1 Satz 1 Text vor Nr. 1 geänd., kursiver Satzteil aufgeh., Nr. 1 neu gef., Satz 2 neu gef. mWv 1.1.2022 durch G v. 3.6.2021 (BGBl. I S. 1534).

1. *der Prüfstelle nach § 342b Absatz 1 des Handelsgesetzbuchs* [*ab 1.1.2022:* den Strafverfolgungsbehörden],

2. der Bundesanstalt für Finanzdienstleistungsaufsicht,

2a. dem Bundesamt für Justiz,

3. den Aufsichtsbehörden über die genossenschaftlichen Prüfungsverbände,

4. den Aufsichtsbehörden über die Prüfungsstellen der Sparkassen- und Giroverbände,

5. der Deutschen Bundesbank,

6. der Europäischen Zentralbank,

7. den Zentralbanken der Mitgliedstaaten der Europäischen Union sowie

8. dem Europäischen Ausschuss für Systemrisiken.

[2] *An die in Satz 1 Nummer 1 genannte Stelle übermittelt die Abschlussprüferaufsichts-stelle Informationen nur, soweit konkrete Anhaltspunkte für einen Verstoß gegen Rech-nungslegungsvorschriften vorliegen.* [*ab 1.1.2022:* [2] Für den Informationsaustausch zwischen der Abschlussprüferaufsichtsstelle und der Bundesanstalt für Finanz-dienstleistungsaufsicht gilt § 109a des Wertpapierhandelsgesetzes.] [3] Die in Satz 1 Nummer 1 bis 5 genannten Stellen können der Abschlussprüferauf-sichtsstelle Informationen übermitteln, soweit dies zur Erfüllung der Aufgaben der Abschlussprüferaufsichtsstelle erforderlich ist.

(2) [1] Unbeschadet der Artikel 31 bis 33 der Verordnung (EU) Nr. 537/2014 hat die Abschlussprüferaufsichtsstelle in Bezug auf die in § 66a genannten Aufgaben mit den entsprechend zuständigen Stellen der Mitgliedstaaten der Europäischen Union und der Vertragsstaaten des Europäischen Wirtschafts-raums sowie den europäischen Aufsichtsbehörden zusammenzuarbeiten, soweit dies für die Wahrnehmung der jeweiligen Aufgaben der zuständigen Stellen im Einzelfall erforderlich ist. [2] In diesem Rahmen leisten die Stellen sich ins-besondere Amtshilfe, tauschen Informationen aus und arbeiten bei Untersu-chungen zusammen. [3] § 57 Absatz 6 Satz 2 bis 4 gilt entsprechend.

(3) [1] Die Zusammenarbeit der zuständigen Stellen der Mitgliedstaaten findet insbesondere im Rahmen des Ausschusses der Aufsichtsstellen nach Artikel 30 der Verordnung (EU) Nr. 537/2014 statt. [2] Sie erstreckt sich auch auf die Be-reiche der Angleichung

1. der theoretischen und praktischen Ausbildung von Wirtschaftsprüfern so-wie der Prüfungsanforderungen nach dem Zweiten Teil und

2. der Anforderungen in Bezug auf die Eignungsprüfung nach dem Neunten Teil.

(4) [1] Hat die Abschlussprüferaufsichtsstelle konkrete Hinweise darauf, dass Berufsangehörige aus anderen Mitglied- oder Vertragsstaaten gegen das Recht der Europäischen Union über die Abschlussprüfungen von Jahresabschlüssen und Konzernabschlüssen verstoßen, hat sie diese der zuständigen Stelle des anderen Mitglied- oder Vertragsstaats mitzuteilen. [2] Erhält die Abschlussprüfer-aufsichtsstelle entsprechende Hinweise von der zuständigen Stelle eines ande-ren Mitglied- oder Vertragsstaats in Bezug auf deutsche Berufsangehörige, hat sie geeignete Maßnahmen zu treffen und kann der zuständigen Stelle des an-

deren Mitglied- oder Vertragsstaats das Ergebnis mitteilen. ³Darüber hinaus kann die zuständige Stelle eines anderen Mitglied- oder Vertragsstaats über die Abschlussprüferaufsichtsstelle Ermittlungen verlangen, an denen Vertreter der zuständigen Stelle teilnehmen dürfen, wenn diese zur Verschwiegenheit verpflichtet sind. ⁴Sind Berufsangehörige oder Wirtschaftsprüfungsgesellschaften auch in einem anderen Mitglied- oder Vertragsstaat registriert, informiert die Abschlussprüferaufsichtsstelle von Amts wegen die zuständigen Behörden des anderen Mitglied- oder Vertragsstaats über das Erlöschen, die unanfechtbare Rücknahme oder den unanfechtbaren Widerruf der Bestellung der Berufsangehörigen oder die Löschung der Wirtschaftsprüfungsgesellschaften einschließlich der Gründe hierfür. ⁵ § 57 Absatz 7 Satz 2 bis 4 gilt entsprechend.

(5) ¹Unbeschadet der Artikel 36 bis 38 der Verordnung (EU) Nr. 537/2014 hat die Abschlussprüferaufsichtsstelle in Bezug auf die in § 66a Absatz 1 Satz 1 genannten Aufgaben mit den entsprechend zuständigen Stellen anderer als in Absatz 2 Satz 1 genannter Staaten zusammenzuarbeiten, soweit dies für die Wahrnehmung der jeweiligen Aufgaben der zuständigen Stellen im Einzelfall erforderlich ist oder wenn von diesen Stellen Sonderuntersuchungen oder Ermittlungen erbeten werden. ² § 57 Absatz 6 Satz 2 bis 4 gilt entsprechend.

(6) ¹ § 57 Absatz 9 gilt entsprechend. ²Abweichend von § 57 Absatz 9 Satz 5 können Berufsangehörige und Prüfungsgesellschaften unter den Voraussetzungen des § 57 Absatz 9 Satz 1 bis 4 selbst Arbeitsunterlagen und andere Dokumente auf Anforderung der zuständigen Stellen an diese herausgeben, wenn sie zuvor die Abschlussprüferaufsichtsstelle über die Anfrage informiert haben und die in § 57 Absatz 9 Satz 5 genannten Bedingungen erfüllt sind.

§ 67[1]) **Ahndung einer Pflichtverletzung.** (1) Gegen einen Wirtschaftsprüfer, der seine Pflichten schuldhaft verletzt, wird eine berufsaufsichtliche Maßnahme verhängt.

(2) Ein außerhalb des Berufs liegendes Verhalten eines Wirtschaftsprüfers ist eine berufsaufsichtlich zu ahndende Pflichtverletzung, wenn es nach den Umständen des Einzelfalls in besonderem Maße geeignet ist, Achtung und Vertrauen in einer für die Ausübung der Berufstätigkeit oder für das Ansehen des Berufs bedeutsamen Weise zu beeinträchtigen.

(3) Eine berufsaufsichtliche Maßnahme kann nicht verhängt werden, wenn der Wirtschaftsprüfer zur Zeit der Tat der Berufsaufsicht nicht unterstand.

§ 68[2]) **Berufsaufsichtliche Maßnahmen.** (1) ¹Der Vorstand der Wirtschaftsprüferkammer kann gegen Berufsangehörige berufsaufsichtliche Maß-

---

[1]) § 67 Abs. 1 bis 3 geänd. mWv 17.6.2016 durch G v. 31.3.2016 (BGBl. I S. 518).
[2]) § 68 neu gef. mWv 17.6.2016 durch G v. 31.3.2016 (BGBl. I S. 518); Abs. 1 Satz 2 Nrn. 2 und 4 geänd. mWv 1.7.2021 durch G v. 3.6.2021 (BGBl. I S. 1534); Abs. 1 Satz 2 Nr. 2 geänd. durch G v. 7.7.2021 (BGBl. I S. 2363).

nahmen verhängen, wenn diese mit ihrem Verhalten ihnen obliegende Pflichten verletzt haben. [2]Berufsaufsichtliche Maßnahmen sind:

1. Rüge,
2. Geldbuße bis zu fünfhunderttausend Euro, bei einer berufsaufsichtlichen Maßnahme gegen eine Wirtschaftsprüfungsgesellschaft bis zu einer Million Euro,
3. Verbot, auf bestimmten Tätigkeitsgebieten für die Dauer von einem Jahr bis zu fünf Jahren tätig zu werden,
4. Verbot, bei Unternehmen von öffentlichem Interesse nach § 316a Satz 2 des Handelsgesetzbuchs für die Dauer von einem Jahr bis zu drei Jahren tätig zu werden,
5. Berufsverbot von einem Jahr bis zu fünf Jahren,
6. Ausschließung aus dem Beruf und
7. Feststellung, dass der Bestätigungsvermerk nicht die Anforderungen des § 322 des Handelsgesetzbuchs und, soweit Unternehmen von öffentlichem Interesse nach § 319a Absatz 1 Satz 1 des Handelsgesetzbuchs betroffen sind, des Artikels 10 der Verordnung (EU) Nr. 537/2014 erfüllt.

(2) [1]Die berufsaufsichtlichen Maßnahmen nach Absatz 1 können nebeneinander verhängt werden. [2]Der Vorstand der Wirtschaftsprüferkammer soll in die Entscheidung über die Verhängung berufsaufsichtlicher Maßnahmen alle Pflichtverletzungen einbeziehen, die ihm im Zeitpunkt der Verhängung der Maßnahme bekannt sind.

(3) [1]Bei der Festlegung der Art und der Höhe der Maßnahme hat der Vorstand der Wirtschaftsprüferkammer alle relevanten Umstände zu berücksichtigen. [2]Dazu gehören insbesondere die Art, die Schwere und die Dauer der Pflichtverletzung, die Verantwortung der Berufsangehörigen für die Pflichtverletzung, die Höhe etwaiger durch die Pflichtverletzung erzielter Mehrerlöse oder verhinderter Verluste, das Vorliegen früherer Verstöße und die Finanzkraft der Berufsangehörigen. [3]Zugunsten der Berufsangehörigen ist zudem zu berücksichtigen, wenn sie an der Aufklärung der Pflichtverletzung mitgewirkt haben. [4]Eine Rüge für einen fahrlässig begangenen fachlichen Fehler kann in der Regel nur verhängt werden, wenn der Fehler von einigem Gewicht ist.

(4) [1]Bevor Maßnahmen verhängt werden, sind die Berufsangehörigen anzuhören. [2]Bescheide, durch die Maßnahmen verhängt werden, sind zu begründen. [3]Sie sind mit einer Rechtsbehelfsbelehrung zu versehen und den Berufsangehörigen zuzustellen.

(5) [1]Gegen einen Bescheid nach Absatz 4 können Berufsangehörige binnen eines Monats nach der Zustellung beim Vorstand der Wirtschaftsprüferkammer Einspruch erheben. [2]Über den Einspruch entscheidet der Vorstand; Absatz 4 Satz 2 und 3 ist entsprechend anzuwenden.

(6) [1]Soweit der Einspruch nach Absatz 5 gegen eine berufsaufsichtliche Maßnahme nach Absatz 1 Satz 2 Nummer 2 bis 7 erfolgreich ist, sind die Aufwendungen für einen Rechtsanwalt oder einen sonstigen Bevollmächtigten erstattungsfähig, wenn dessen Zuziehung notwendig war. [2]Die Aufwendungen

sind von der Wirtschaftsprüferkammer zu tragen. ³Die Wirtschaftsprüferkammer bestimmt auf Antrag der Berufsangehörigen, ob die Zuziehung eines Bevollmächtigten notwendig war, und setzt die Höhe der zu erstattenden Auslagen fest. ⁴Gegen die Entscheidung nach Satz 3 kann innerhalb eines Monats nach der Zustellung die Entscheidung des Gerichts beantragt werden. ⁵§ 62a Absatz 3 gilt entsprechend.

(7) ¹Geldbußen, die nicht berufsgerichtlich überprüft werden, fließen unbeschadet des § 66a Absatz 6 Satz 3 dem Haushalt der Wirtschaftsprüferkammer zu. ²§ 61 Absatz 3 gilt entsprechend.

§ 68a¹⁾ Untersagungsverfügung. ¹Wird gegen Berufsangehörige eine berufsaufsichtliche Maßnahme wegen einer Pflichtverletzung, die im Zeitpunkt der Verhängung der Maßnahme noch nicht abgeschlossen ist, verhängt, so kann die Wirtschaftsprüferkammer neben der Verhängung der Maßnahme die Aufrechterhaltung des pflichtwidrigen Verhaltens untersagen. ²Im Fall einer im Zeitpunkt der Verhängung der Maßnahme bereits abgeschlossenen Pflichtverletzung kann die Wirtschaftsprüferkammer die künftige Vornahme einer gleichgearteten Pflichtverletzung untersagen, wenn gegen die betreffenden Berufsangehörigen wegen einer solchen Pflichtverletzung bereits zuvor eine berufsaufsichtliche Maßnahme verhängt worden war oder sie von der Wirtschaftsprüferkammer über die Pflichtwidrigkeit ihres Verhaltens belehrt worden waren.

§ 68b²⁾ Vorläufige Untersagungsverfügung. ¹Wird gegen Berufsangehörige eine Untersagungsverfügung nach § 68a erlassen, so kann die Wirtschaftsprüferkammer zusammen mit dem Erlass oder bis zur Einleitung des berufsgerichtlichen Verfahrens gegen die Untersagungsverfügung eine vorläufige Untersagungsverfügung verhängen. ²Zur Verhängung der vorläufigen Untersagungsverfügung ist eine Mehrheit von zwei Dritteln der Stimmen des Vorstands der Wirtschaftsprüferkammer erforderlich. ³Vorläufige Untersagungsverfügungen werden mit ihrer Zustellung wirksam. ⁴§ 62a Absatz 3, § 68 Absatz 4 sowie die §§ 119 und 120 Absatz 1 gelten entsprechend.

§ 68c³⁾ Ordnungsgeld. (1) ¹Handeln Berufsangehörige einem Tätigkeits- oder Berufsverbot (§ 68 Absatz 1 Satz 2 Nummer 3 bis 5), einer Untersagungsverfügung (§ 68a) oder einer vorläufigen Untersagungsverfügung (§ 68b) wissentlich zuwider, so kann gegen sie wegen einer jeden Zuwiderhandlung von der Wirtschaftsprüferkammer ein Ordnungsgeld verhängt werden. ²Das einzelne Ordnungsgeld darf den Betrag von 100 000 Euro nicht übersteigen. ³§ 68 Absatz 4 gilt entsprechend.

(2) Im Fall der Verhängung eines Ordnungsgelds gilt § 62a Absatz 3 entsprechend.

(3) § 62a Absatz 4 gilt entsprechend.

---

¹⁾ § 68a neu gef. mWv 17.6.2016 durch G v. 31.3.2016 (BGBl. I S. 518).
²⁾ § 68b einef. mWv 17.6.2016 durch G v. 31.3.2016 (BGBl. I S. 518).
³⁾ § 68c einef. mWv 17.6.2016 durch G v. 31.3.2016 (BGBl. I S. 518).

§ 69[1]) Bekanntmachung von Maßnahmen, Bußgeldentscheidungen und strafrechtlichen Verurteilungen. (1) [1]Die Wirtschaftsprüferkammer und die Abschlussprüferaufsichtsstelle machen jede ihrer unanfechtbaren berufsaufsichtlichen Maßnahmen unverzüglich auf ihren Internetseiten öffentlich bekannt und teilen dabei auch Informationen zu Art und Charakter des Verstoßes mit. [2]Bei berufsaufsichtlichen Maßnahmen nach § 68 Absatz 1 Satz 2 Nummer 2 bis 7 gegen Berufsangehörige ist in der Bekanntmachung der Name des Berufsangehörigen und die Wirtschaftsprüfungsgesellschaft zu nennen, für die der Berufsangehörige bei der Verwirklichung der Berufspflichtverletzung gehandelt hat. [3]Bei berufsaufsichtlichen Maßnahmen nach § 68 Absatz 1 Satz 2 Nummer 1 bis 7 gegen eine Wirtschaftsprüfungsgesellschaft ist die Wirtschaftsprüfungsgesellschaft in der Bekanntmachung zu nennen. [4]Wenn der Berufsangehörige oder die Wirtschaftsprüfungsgesellschaft eine Stellungnahme zu der unanfechtbaren berufsaufsichtlichen Maßnahme abgegeben hat, ist diese in der Bekanntmachung mit zu veröffentlichen. [5]Darüber hinausgehende personenbezogene Daten darf die Bekanntmachung nicht enthalten.

(1a) [1]Die Abschlussprüferaufsichtsstelle soll neben der Bekanntmachung nach Absatz 1 unverzüglich auf ihrer Internetseite öffentlich bekannt machen:

1. jede rechtskräftige Bußgeldentscheidung nach § 334 Absatz 2 und 2a, § 340n Absatz 2 und 2a und § 341n Absatz 2 und 2a des Handelsgesetzbuchs, § 20 Absatz 2 bis 2c des Publizitätsgesetzes, § 405 Absatz 3b und 3c des Aktiengesetzes, § 87 Absatz 1 bis 3 des Gesetzes betreffend die Gesellschaften mit beschränkter Haftung, § 152 Absatz 1a des Genossenschaftsgesetzes und § 332 Absatz 4a und 4b des Versicherungsaufsichtsgesetzes sowie

2. jede rechtskräftige Verurteilung wegen einer Straftat nach den §§ 332, 333, jeweils auch in Verbindung mit § 340m Absatz 1 Satz 1 oder § 341m Absatz 1 Satz 1, nach den §§ 333a, 340m Absatz 2 und nach § 341m Absatz 2 des Handelsgesetzbuchs, nach den §§ 18 bis 19a des Publizitätsgesetzes, § 404a des Aktiengesetzes, § 86 des Gesetzes betreffend die Gesellschaften mit beschränkter Haftung, § 151a des Genossenschaftsgesetzes und § 331 Absatz 2a des Versicherungsaufsichtsgesetzes.

[2]Bei der Bekanntmachung nach Satz 1 sollen auch Informationen zu Art und Charakter des Verstoßes mitgeteilt werden. [3]Absatz 1 Satz 2 bis 5 gilt entsprechend.

(2) [1]Maßnahmen, Bußgeldentscheidungen und strafrechtliche Verurteilungen werden anonymisiert bekannt gemacht, wenn im Fall einer Bekanntmachung nach Absatz 1 oder Absatz 1a die Stabilität der Finanzmärkte oder laufende strafrechtliche Ermittlungen erheblich gefährdet oder den Beteiligten ein unverhältnismäßig großer Schaden zugefügt würde. [2]Gegen Berufsangehörige verhängte Maßnahmen sowie Bußgeldentscheidungen und strafrecht-

---

[1]) § 69 neu gef. mWv 17.6.2016 durch G v. 31.3.2016 (BGBl. I S. 518); Überschrift, Abs. 2 und 3 geänd., Abs. 1a eingef., Abs. 4 Satz 2 neu gef. mWv 17.6.2016 durch G v. 10.5.2016 (BGBl. I S. 1142); Abs. 1a Satz 1 Nr. 1 und Abs. 4 Satz 2 Nr. 2 Verweis geänd. mWv 22.7.2017 durch G v. 17.7.2017 (BGBl. I S. 2446); Abs. 1 Satz 1 geänd., Satz 2 ersetzt durch Sätze 2 bis 5, Abs. 1a Satz 1 Nrn. 1 und 2 sowie Satz 3 geänd., Abs. 2 Satz 2 angef., bish. Text wird Satz 1 und geänd., Abs. 3 neu gef., Abs. 4 Satz 2 Nrn. 2 und 3 geänd. mWv 1.7.2021 durch G v. 3.6.2021 (BGBl. I S. 1534).

liche Verurteilungen werden anonymisiert bekannt gemacht, wenn eine öffentliche Bekanntmachung der personenbezogenen Daten unverhältnismäßig wäre.

(3) Eine Bekanntmachung nach den Absätzen 1 und 1a ist fünf Jahre nach ihrer Veröffentlichung zu löschen.

(4) ¹Die Abschlussprüferaufsichtsstelle unterrichtet den Ausschuss der Aufsichtsstellen (Artikel 30 der Verordnung (EU) Nr. 537/2014) unverzüglich über alle berufsaufsichtlichen Maßnahmen nach § 68 Absatz 1 Satz 2 Nummer 3 bis 6. ²Die Abschlussprüferaufsichtsstelle übermittelt dem Ausschuss der Aufsichtsstellen jährlich aggregierte Informationen über

1. alle berufsaufsichtlichen Maßnahmen,
2. alle Bußgeldentscheidungen nach § 334 Absatz 2 und 2a, § 340n Absatz 2 und 2a und § 341n Absatz 2 und 2a des Handelsgesetzbuchs, § 20 Absatz 2 bis 2c des Publizitätsgesetzes, § 405 Absatz 3b und 3c des Aktiengesetzes, § 87 Absatz 1 bis 3 des Gesetzes betreffend die Gesellschaften mit beschränkter Haftung, § 152 Absatz 1a des Genossenschaftsgesetzes und § 332 Absatz 4a und 4b des Versicherungsaufsichtsgesetzes sowie
3. alle Verurteilungen wegen einer Straftat nach den §§ 333a, 340m Absatz 2 und nach § 341m Absatz 2 des Handelsgesetzbuchs, § 19a des Publizitätsgesetzes, § 404a des Aktiengesetzes, § 86 des Gesetzes betreffend die Gesellschaften mit beschränkter Haftung, § 151a des Genossenschaftsgesetzes und § 331 Absatz 2a und 2b des Versicherungsaufsichtsgesetzes.

(5) ¹Wird in einem Beschwerdeverfahren eine Maßnahme nach § 68 Absatz 1 verhängt und nach Absatz 1 veröffentlicht, so ist dies dem Beschwerdeführer mitzuteilen. ²Die Mitteilung ist nicht anfechtbar.

§ **69**a Anderweitige Ahndung.

*[Fassung bis 31.7.2022:]*¹⁾

(1) ¹Ist durch ein Gericht oder eine Behörde eine Strafe, eine Disziplinarmaßnahme, eine anderweitige berufsgerichtliche Maßnahme oder eine Ordnungsmaßnahme verhängt worden, so ist von einer berufsaufsichtlichen Ahndung wegen desselben Verhaltens abzusehen, wenn nicht eine berufsaufsichtliche Maßnahme zusätzlich erforderlich ist, um den Berufsangehörigen oder die Berufsangehörige zur Erfüllung seiner oder ihrer Pflichten anzuhalten und das Ansehen des Berufs zu wahren. ²Einer Maßnahme nach § 68 Absatz 1 Satz 2 Nummer 3 bis 6 steht eine anderweitig verhängte

*[Fassung ab 1.8.2022:]*²⁾

(1) ¹Von einer berufsaufsichtlichen Ahndung ist abzusehen, wenn

1. durch ein Gericht oder eine Behörde wegen desselben Verhaltens bereits eine Strafe, eine Geldbuße nach dem Gesetz über Ordnungswidrigkeiten oder eine berufsaufsichtliche Maßnahme verhängt worden ist oder
2. das Verhalten nach § 153a Absatz 1 Satz 5, auch in Verbindung mit Absatz 2 Satz 2, der Strafprozessordnung nicht mehr als Vergehen verfolgt werden kann.

²Satz 1 gilt nicht, wenn eine berufsaufsichtliche Maßnahme zusätzlich

---

¹⁾ § 69a neu gef. mWv 17.6.2016 durch G v. 31.3.2016 (BGBl. I S. 518).
²⁾ § 69a neu gef. mWv 1.8.2022 durch G v. 7.7.2021 (BGBl. I S. 2363).

[Fassung bis 31.7.2022:][1)]   *[Fassung ab 1.8.2022:]*[2)]

Strafe oder Maßnahme nicht entgegen.   erforderlich ist, um den Berufsangehörigen zur Erfüllung seiner Pflichten anzuhalten. [3]Die Erforderlichkeit einer Maßnahme nach § 68 Absatz 1 Satz 2 Nummer 3 bis 6 bleibt durch eine anderweitige Ahndung unberührt.

(2) § 83 gilt sinngemäß.

(3) [1]Über Pflichtverletzungen von Berufsangehörigen, die zugleich der Disziplinar- oder Berufsgerichtsbarkeit eines anderen Berufs unterstehen, wird im berufsaufsichtlichen Verfahren dann nicht entschieden, wenn die Pflichtverletzung überwiegend mit der Ausübung des anderen Berufs im Zusammenhang steht. [2]Dies gilt nicht, wenn wegen der Schwere der Pflichtverletzung die Verhängung einer Maßnahme nach § 68 Absatz 1 Satz 2 Nummer 3 bis 6 in Betracht kommt.

(2) § 83 gilt sinngemäß.

(3) [1]Über eine Pflichtverletzung eines Berufsangehörigen, die zugleich Pflichten eines anderen Berufs verletzt, dessen Berufsaufsicht er untersteht, ist zunächst im berufsaufsichtlichen Verfahren nach diesem Gesetz zu entscheiden, wenn die Pflichtverletzung überwiegend mit dem nach diesem Gesetz ausgeübten Beruf des Berufsangehörigen in Zusammenhang steht. [2]Ist kein Schwerpunkt der Pflichtverletzung erkennbar oder besteht kein Zusammenhang der Pflichtverletzung mit der Ausübung eines Berufs, ist zunächst im berufsaufsichtlichen Verfahren nach diesem Gesetz zu entscheiden, wenn der Berufsangehörige hauptsächlich in dem nach diesem Gesetz ausgeübten Beruf tätig ist.

(4) [1]Die Wirtschaftsprüferkammer und die Abschlussprüferaufsichtsstelle sowie die für die Einleitung anderer disziplinar- oder berufsgerichtlicher Verfahren zuständigen Stellen unterrichten sich gegenseitig über die Einleitung von Verfahren gegen Berufsangehörige, die zugleich der Disziplinar- oder Berufsgerichtsbarkeit eines anderen Berufs unterstehen. [2]Hat sich das Gericht einer Disziplinar- oder Berufsgerichtsbarkeit zuvor rechtskräftig für zuständig oder unzuständig erklärt, über die Pflichtverletzung eines oder einer Berufsange-

(4) Kommt eine Maßnahme nach § 68 Absatz 1 Satz 2 Nummer 3 bis 6 in Betracht, ist stets im berufsaufsichtlichen Verfahren nach diesem Gesetz zu entscheiden.

[1)] § 69a neu gef. mWv 17.6.2016 durch G v. 31.3.2016 (BGBl. I S. 518).
[2)] § 69a neu gef. mWv 1.8.2022 durch G v. 7.7.2021 (BGBl. I S. 2363).

[Fassung bis 31.7.2022:][1] hörigen, der oder die zugleich der Disziplinar- oder Berufsgerichtsbarkeit eines anderen Berufs untersteht, zu entscheiden, so sind die anderen Gerichte an diese Entscheidung gebunden.

(5) Die Absätze 3 bis 4 sind auf Berufsangehörige, die in einem öffentlich-rechtlichen Dienst- oder Amtsverhältnis stehen und ihren Beruf als Wirtschaftsprüfer nicht ausüben dürfen (§ 44a), nicht anzuwenden.

[Fassung bis 31.7.2022:]
§ 70[3] **Verjährung der Verfolgung einer Pflichtverletzung.**
(1) [1]Die Verfolgung einer Pflichtverletzung, die nicht eine Maßnahme gemäß § 68 Absatz 1 Satz 2 Nummer 3 bis 6 rechtfertigt, verjährt in fünf Jahren. [2]§ 78 Abs. 1, § 78a Satz 1 sowie die §§ 78b und 78c Abs. 1 bis 4 des Strafgesetzbuches gelten entsprechend; der Vernehmung nach § 78c Abs. 1 Satz 1 Nr. 1 des Strafgesetzbuchs steht die erste Anhörung durch die Wirtschaftsprüferkammer (§ 68 Absatz 4 Satz 1) oder die Abschlussprüferaufsichtsstelle gleich.

(2) Ist vor Ablauf der Verjährungsfrist nach Absatz 1 Satz 1 wegen desselben Sachverhalts ein Strafverfahren eingeleitet worden, ist der Ablauf der Verjährungsfrist für die Dauer des Strafverfahrens gehemmt.

[Fassung ab 1.8.2022:][2]

(5) Gegenstand der Entscheidung im berufsaufsichtlichen Verfahren nach diesem Gesetz ist nur die Verletzung der dem Berufsangehörigen nach diesem Gesetz obliegenden Pflichten.

[Fassung ab 1.8.2022:]
§ 70[4] **Verjährung von Pflichtverletzungen.** (1) [1]Die Verfolgung einer Pflichtverletzung verjährt nach fünf Jahren. [2]Abweichend davon verjährt sie

1. nach zehn Jahren, wenn die Pflichtverletzung eine Maßnahme nach § 68 Absatz 1 Satz 2 Nummer 3 bis 5 rechtfertigt,
2. nach 20 Jahren, wenn die Pflichtverletzung eine Maßnahme nach § 68 Absatz 1 Satz 2 Nummer 6 rechtfertigt.

[3]Die Verjährung beginnt, sobald die Tat beendet ist.

(2) [1]Für das Ruhen der Verjährung gilt § 78b Absatz 1 bis 3 des Strafgesetzbuches entsprechend. [2]Die Verjährung ruht zudem für die Dauer

1. eines wegen desselben Verhaltens eingeleiteten Straf- oder Bußgeldverfahrens,

---

[1] § 69a neu gef. mWv 17.6.2016 durch G v. 31.3.2016 (BGBl. I S. 518).
[2] § 69a neu gef. mWv 1.8.2022 durch G v. 7.7.2021 (BGBl. I S. 2363).
[3] § 70 bish. Wortlaut wird Abs. 1, Abs. 2 angef. mWv 1.1.2001 durch G v. 19.12.2000 (BGBl. I S. 1769); Abs. 1 Satz 1 neu gef. mWv 1.1.2004 durch G v. 1.12.2003 (BGBl. I S. 2446); Abs. 1 Satz 1 geänd., Satz 2 HS 2 angef. mWv 6.9.2007 durch G v. 3.9.2007 (BGBl. I S. 2178); Abs. 1 Sätze 1 und 2 geänd. mWv 17.6.2016 durch G v. 31.3.2016 (BGBl. I S. 518).
[4] § 70 neu gef. mWv 1.8.2022 durch G v. 7.7.2021 (BGBl. I S. 2363).

[Fassung ab 1.8.2022:]

2. eines wegen desselben Verhaltens eingeleiteten vorrangigen berufsaufsichtlichen Verfahrens und

3. einer Aussetzung des Verfahrens nach § 83b Nummer 2 oder 3.

(3) ¹Für die Unterbrechung der Verjährung gilt § 78c Absatz 1 bis 4 des Strafgesetzbuches entsprechend. ²Der Vernehmung nach § 78c Absatz 1 Satz 1 Nummer 1 des Strafgesetzbuches steht die erste Anhörung durch die Wirtschaftsprüferkammer (§ 68 Absatz 4 Satz 1) oder die Abschlussprüferaufsichtsstelle gleich.

§ 71[1] Vorschriften für Mitglieder der Wirtschaftsprüferkammer, die nicht Wirtschaftsprüfer sind, und Wirtschaftsprüfungsgesellschaften.

(1) ¹Die Vorschriften des Fünften und Sechsten Teils gelten entsprechend für Vorstandsmitglieder, Geschäftsführer oder persönlich haftende Gesellschafter einer Wirtschaftsprüfungsgesellschaft, die nicht Wirtschaftsprüfer sind. ²An die Stelle der Ausschließung aus dem Beruf tritt die Aberkennung der Eignung, eine Wirtschaftsprüfungsgesellschaft zu vertreten und ihre Geschäfte zu führen.

(2) ¹Die Vorschriften des Fünften und Sechsten Teils gelten entsprechend für Wirtschaftsprüfungsgesellschaften, wenn jemand

1. als vertretungsberechtigtes Organ der Wirtschaftsprüfungsgesellschaft oder als Mitglied eines solchen Organs,

2. als vertretungsberechtigter Gesellschafter der Wirtschaftsprüfungsgesellschaft,

3. als Generalbevollmächtigter oder in leitender Stellung als Prokurist oder Handlungsbevollmächtigter der Wirtschaftsprüfungsgesellschaft,

4. als verantwortlicher Prüfungspartner nach § 43 Absatz 3 Satz 3 und 4 oder

5. als sonstige Person, die für die Leitung der Wirtschaftsprüfungsgesellschaft verantwortlich handelt, wozu auch die Überwachung der Geschäftsführung oder die sonstige Ausübung von Kontrollbefugnissen in leitender Stellung gehört,

Berufspflichten der Wirtschaftsprüfungsgesellschaft betreffend die Durchführung von gesetzlichen Abschlussprüfungen verletzt hat. ²Bei der Entscheidung, ob berufsaufsichtliche Maßnahmen gegen eine Wirtschaftsprüfungsgesellschaft verhängt werden und ob diese zusätzlich zu berufsaufsichtlichen

---

[1] § 71 Satz 1 geänd. mWv 1.1.2005 durch G v. 27.12.2004 (BGBl. I S. 3846) und geänd. mWv 6.9.2007 durch G v. 3.9.2007 (BGBl. I S. 2178); Überschrift geänd., Abs. 2 angef. mWv 17.6.2016 durch G v. 31.3.2016 (BGBl. I S. 518); Abs. 2 Satz 1 Nr. 4 geänd., Satz 3 aufgeh., bish. Satz 4 wird Satz 3 mWv 1.7.2021 durch G v. 3.6.2021 (BGBl. I S. 1534).

Maßnahmen gegen die die Gesellschaft vertretenden Berufsangehörigen verhängt werden, hat der Vorstand der Wirtschaftsprüferkammer alle relevanten Umstände zu berücksichtigen. [3] § 68 Absatz 1 Satz 2 Nummer 4 und 6 findet keine Anwendung.

Sechster Teil.[1)] Berufsgerichtsbarkeit

Erster Abschnitt.[1)] Berufsgerichtliche Entscheidung

§ 71a[1)] Antrag auf berufsgerichtliche Entscheidung. Wird der Einspruch gegen eine berufsaufsichtliche Maßnahme zurückgewiesen, so können Berufsangehörige innerhalb eines Monats nach der Zustellung schriftlich die berufsgerichtliche Entscheidung beantragen.

Zweiter Abschnitt. Gerichte

§ 72[2)] Kammer für Wirtschaftsprüfersachen. (1) In dem berufsgerichtlichen Verfahren entscheidet im ersten Rechtszug eine Kammer des Landgerichts (Kammer für Wirtschaftsprüfersachen), in dessen Bezirk die Wirtschaftsprüferkammer ihren Sitz hat.

(2) [1] Die Kammer für Wirtschaftsprüfersachen entscheidet außerhalb der Hauptverhandlung in der Besetzung von drei Mitgliedern mit Einschluß des Vorsitzenden. [2] In der Hauptverhandlung ist sie mit dem Vorsitzenden und zwei Berufsangehörigen als Beisitzern besetzt.

§ 73[3)] Senat für Wirtschaftsprüfersachen beim Oberlandesgericht.
(1) In dem berufsgerichtlichen Verfahren entscheidet im zweiten Rechtszug ein Senat des Oberlandesgerichts (Senat für Wirtschaftsprüfersachen beim Oberlandesgericht).

(2) [1] Der Senat für Wirtschaftsprüfersachen beim Oberlandesgericht entscheidet außerhalb der Hauptverhandlung in der Besetzung von drei Mitgliedern mit Einschluß des Vorsitzenden. [2] In der Hauptverhandlung wirken außerdem als Beisitzer zwei Berufsangehörige mit.

§ 74[4)] Senat für Wirtschaftsprüfersachen beim Bundesgerichtshof.
(1) [1] In dem berufsgerichtlichen Verfahren entscheidet im dritten Rechtszug ein Senat des Bundesgerichtshofes (Senat für Wirtschaftsprüfersachen beim Bundesgerichtshof). [2] Er gilt als Strafsenat im Sinne des § 132 des Gerichtsverfassungsgesetzes.

[1)] Überschrift 6. Teil (§§ 71a–127) und 1. Abschnitt (§ 71a) neu gef. mWv 17.6.2016 durch G v. 31.3.2016 (BGBl. I S. 518).
[2)] § 72 Abs. 2 Satz 2 geänd. mWv 17.6.2016 durch G v. 31.3.2016 (BGBl. I S. 518).
[3)] § 73 Abs. 2 Satz 2 geänd. mWv 17.6.2016 durch G v. 31.3.2016 (BGBl. I S. 518).
[4)] § 74 Abs. 2 neu gef. mWv 1.1.1995 durch G v. 15.7.1994 (BGBl. I S. 1569); Abs. 2 geänd. mWv 17.6.2016 durch G v. 31.3.2016 (BGBl. I S. 518).

(2) Der Senat für Wirtschaftsprüfersachen beim Bundesgerichtshof besteht aus einem Vorsitzenden sowie zwei Mitgliedern des Bundesgerichtshofs und zwei Berufsangehörigen als Beisitzern.

§ 75[1] Berufsangehörige als Beisitzer. (1) Die Beisitzer aus den Reihen der Berufsangehörigen sind ehrenamtliche Richter.

(2) [1]Die ehrenamtlichen Richter werden für die Gerichte des ersten und zweiten Rechtszuges von der Landesjustizverwaltung und für den Bundesgerichtshof von dem Bundesministerium der Justiz und für Verbraucherschutz auf die Dauer von fünf Jahren berufen. [2]Sie können nach Ablauf ihrer Amtszeit wieder berufen werden.

(3) [1]Die ehrenamtlichen Richter werden den Vorschlagslisten entnommen, die der Vorstand der Wirtschaftsprüferkammer im Einvernehmen mit der Abschlussprüferaufsichtsstelle der Landesjustizverwaltung für die Gerichte des ersten und zweiten Rechtszuges und dem Bundesministerium der Justiz und für Verbraucherschutz für den Bundesgerichtshof einreicht. [2]Die Landesjustizverwaltung und das Bundesministerium der Justiz und für Verbraucherschutz bestimmen, welche Zahl von Beisitzern für jedes Gericht erforderlich ist; sie haben vorher den Vorstand der Wirtschaftsprüferkammer zu hören. [3]Jede Vorschlagsliste soll mindestens die doppelte Zahl der zu berufenden Berufsangehörigen enthalten.

(4) Scheidet ein ehrenamtlicher Richter vorzeitig aus, so wird für den Rest seiner Amtszeit ein Nachfolger berufen.

(5) Die Landesjustizverwaltung und das Bundesministerium der Justiz und für Verbraucherschutz können einen von ihnen berufenen ehrenamtlichen Richter auf seinen Antrag aus dem Amt entlassen, wenn er aus gesundheitlichen Gründen auf nicht absehbare Zeit gehindert ist, sein Amt ordnungsgemäß auszuüben.

(6) Das Amt eines ehrenamtlichen Richters, der zum ehrenamtlichen Richter bei einem Gericht des höheren Rechtszuges berufen wird, endet mit seiner Ernennung.

§ 76[2] Voraussetzungen für die Berufung zum Beisitzer und Recht zur Ablehnung. (1) [1]Zu ehrenamtlichen Richtern können nur Berufsangehörige berufen werden, die in den Vorstand der Wirtschaftsprüferkammer gewählt werden können. [2]Sie dürfen als Beisitzer nur für die Kammer für Wirtschaftsprüfersachen, den Senat für Wirtschaftsprüfersachen beim Ober-

---

[1] § 75 Abs. 2 Satz 1, Abs. 3 Satz 1 und 2 geänd., Abs. 5 und Abs. 6 angef. mWv 1.1.1995 durch G v. 15.7.1994 (BGBl. I S. 1569), Abs. 5 geänd. mWv. 1.5.2002 durch G v. 27.4.2002 (BGBl. I S. 1467); Abs. 2 Satz 1 geänd., Abs. 5 eingef., bish. Abs. 5 und 6 werden Abs. 6 und 7 mWv 1.1.2005 durch G v. 21.12.2004 (BGBl. I S. 3599); Abs. 2 Satz 1, Abs. 3 Sätze 1 und 2 und Abs. 6 geänd. mWv 8.9.2015 durch VO v. 31.8.2015 (BGBl. I S. 1474); Überschrift und Abs. 1, Abs. 3 Sätze1 und 3 geänd. mWv 17.6.2016 durch G v. 31.3.2016 (BGBl. I S. 518); Abs. 5 aufgeh., bish. Abs. 6 und 7 werden Abs. 5 und 6 mWv 1.8.2021 durch G v. 25.6.2021 (BGBl. I S. 2154).
[2] § 76 Abs. 3 Nr. 3 neu gef. mWv 1.5.2002 durch G v. 27.4.2002 (BGBl. I S. 1467); Abs. 1 neu gef. mWv 17.6.2016 durch G v. 31.3.2016 (BGBl. I S. 518).

landesgericht oder den Senat für Wirtschaftsprüfersachen beim Bundesgerichtshof berufen werden.

(2) Die ehrenamtlichen Richter dürfen nicht gleichzeitig dem Vorstand oder dem Beirat der Wirtschaftsprüferkammer angehören oder bei der Wirtschaftsprüferkammer im Haupt- oder Nebenberuf tätig sein.

(3) Die Übernahme des Beisitzeramtes kann ablehnen,

1. wer das fünfundsechzigste Lebensjahr vollendet hat;
2. wer in den letzten vier Jahren Mitglied des Vorstandes der Wirtschaftsprüferkammer gewesen ist;
3. wer in gesundheitlicher Hinsicht beeinträchtigt ist.

§ 77[1] Enthebung vom Amt des Beisitzers. (1) Ein ehrenamtlicher Richter ist auf Antrag der Justizverwaltung, die ihn berufen hat, seines Amtes zu entheben,

1. wenn nachträglich bekannt wird, daß er nicht hätte zum Beisitzer berufen werden dürfen;
2. wenn nachträglich ein Umstand eintritt, welcher der Berufung zum Beisitzer entgegensteht;
3. wenn der oder die Berufsangehörige seine oder ihre Amtspflicht als Beisitzer grob verletzt.

(2) [1]Über den Antrag der Landesjustizverwaltung entscheidet ein Zivilsenat des Oberlandesgerichts, über den Antrag des Bundesministeriums der Justiz und für Verbraucherschutz ein Zivilsenat des Bundesgerichtshofes. [2]Bei der Entscheidung dürfen die Mitglieder der Senate für Wirtschaftsprüfersachen nicht mitwirken.

(3) [1]Vor der Entscheidung ist der ehrenamtliche Richter zu hören. [2]Die Entscheidung ist endgültig.

§ 78[2] Stellung der ehrenamtlichen Richter und Pflicht zur Verschwiegenheit. (1) Die ehrenamtlichen Richter haben in der Sitzung, zu der sie herangezogen werden, die Stellung eines Berufsrichters.

(2) [1]Die ehrenamtlichen Richter haben über Angelegenheiten, die ihnen bei ihrer Tätigkeit bekannt werden, Verschwiegenheit zu bewahren. [2]§ 59c Absatz 1 Satz 2 und 3 und Absatz 4 ist entsprechend anzuwenden. [3]Die Genehmigung zur Aussage erteilt der Präsident des Gerichts.

§ 79 Reihenfolge der Teilnahme an den Sitzungen. (1) Die ehrenamtlichen Richter sind zu den einzelnen Sitzungen in der Reihenfolge einer Liste heranzuziehen, die der Vorsitzende nach Anhörung der beiden ältesten der berufenen ehrenamtlichen Richter vor Beginn des Geschäftsjahres aufstellt.

---

[1] § 77 Abs. 2 Satz 1 geänd. mWv 1.1.1995 durch G v. 15.7.1995 (BGBl. I S. 1569); Abs. 2 Satz 1 geänd. mWv 8.9.2015 durch VO v. 31.8.2015 (BGBl. I S. 1474); Abs. 1 Nr. 3 geänd. mWv 17.6.2016 durch G v. 31.3.2016 (BGBl. I S. 518).
[2] § 78 Abs. 2 Satz 1 und 2 geänd. mWv 1.8.2021 durch G v. 25.6.2021 (BGBl. I S. 2154).

(2) Für die Entbindung eines ehrenamtlichen Richters von der Dienstleistung an bestimmten Sitzungstagen gilt § 54 des Gerichtsverfassungsgesetzes sinngemäß.

§ 80[1] **Entschädigung der ehrenamtlichen Richter.** Die ehrenamtlichen Richter erhalten eine Entschädigung nach dem Justizvergütungs- und -entschädigungsgesetz.

Dritter Abschnitt. Verfahrensvorschriften

Erster Unterabschnitt. Allgemeines

§ 81[2] **Vorschriften für das Verfahren.** Für das berufsgerichtliche Verfahren gelten die nachstehenden Vorschriften sowie § 62 entsprechend.

§ 82[3] **Keine Verhaftung von Berufsangehörigen.** [1] Berufsangehörige dürfen zur Durchführung des berufsgerichtlichen Verfahrens weder vorläufig festgenommen noch verhaftet oder vorgeführt werden. [2] Sie dürfen zudem nicht zur Vorbereitung eines Gutachtens über ihren psychischen Zustand in ein psychiatrisches Krankenhaus gebracht werden.

§ 82a[4] **Verteidigung.** (1) Zu Verteidigern im berufsgerichtlichen Verfahren vor dem Landgericht und vor dem Oberlandesgericht können außer den in § 138 Abs. 1 der Strafprozeßordnung genannten Personen auch Berufsangehörige gewählt werden.

(2) § 140 Abs. 1 Nr. 1 bis 3, 6, 7 und 9 der Strafprozeßordnung ist auf die Verteidigung im berufsgerichtlichen Verfahren nicht anzuwenden.

§ 82b[5] **Akteneinsicht; Beteiligung der Wirtschaftsprüferkammer und der Abschlussprüferaufsichtsstelle.** (1) [1] Die Wirtschaftsprüferkammer, die Abschlussprüferaufsichtsstelle und die betroffenen Berufsangehörigen sind befugt, die Akten, die dem Gericht vorliegen, einzusehen sowie amtlich verwahrte Beweisstücke zu besichtigen. [2] § 147 Absatz 2 Satz 1, Absatz 3, 5 und 6 der Strafprozessordnung ist insoweit entsprechend anzuwenden.

(2)[6] [1] Der Wirtschaftsprüferkammer und der Abschlussprüferaufsichtsstelle sind Ort und Zeit der Hauptverhandlung mitzuteilen; die von dort entsandten Personen erhalten auf Verlangen das Wort. [*bis 31.7.2022:* [2] *§ 99 Absatz 2 Satz 1 bleibt unberührt.*] [2] Einstellungen nach den §§ 153 bis 153b und 154 der Strafpro-

---

[1] § 80 geänd. mWv 1.1.2004 durch G v. 1.12.2003 (BGBl. I S. 2446); geänd. mWv 1.7.2004 durch G v. 5.5.2004 (BGBl. I S. 718).
[2] § 81 geänd. mWv 6.9.2007 durch G v. 3.9.2007 (BGBl. I S. 2178).
[3] § 82 Überschrift, Sätze 1 und 2 geänd. mWv 17.6.2016 durch G v. 31.3.2016 (BGBl. I S. 518).
[4] § 82a Abs. 2 geänd. mWv 1.9.2013 durch G v. 26.6.2013 (BGBl. I S. 1805); Abs. 1 geänd. mWv 17.6.2016 durch G v. 31.3.2016 (BGBl. I S. 518).
[5] § 82b neu gef. mWv 17.6.2016 durch G v. 31.3.2016 (BGBl. I S. 518).
[6] § 82b Abs. 2 Satz 2 aufgeh., bish. Sätze 3 bis 5 werden Sätze 2 bis 4 **mWv 1.8.2022** durch G v. 7.7.2021 (BGBl. I S. 2363).

zessordnung bedürfen zusätzlich der Zustimmung der Abschlussprüferaufsichtsstelle. [3] Entsprechendes gilt für den Fall, dass nach § 154a der Strafprozessordnung von der Verfolgung von Teilen einer Tat abgesehen werden soll. [4] Erfolgt die Einstellung oder das Absehen von der Verfolgung in der Hauptverhandlung, gelten die Sätze 3 und 4 nur, wenn ein Vertreter der Abschlussprüferaufsichtsstelle an der Hauptverhandlung teilnimmt.

§ 83[1]) **Verhältnis des berufsgerichtlichen Verfahrens zum Straf- oder Bußgeldverfahren.** [1] Werden Berufsangehörige im gerichtlichen Verfahren wegen einer Straftat oder einer Ordnungswidrigkeit verurteilt oder freigesprochen, so sind für die Entscheidung im berufsgerichtlichen Verfahren die tatsächlichen Feststellungen des Urteils im Strafverfahren oder Bußgeldverfahren bindend, auf denen die Entscheidung des Gerichts beruht. [2] In dem berufsgerichtlichen Verfahren kann ein Gericht jedoch die nochmalige Prüfung solcher Feststellungen beschließen, deren Richtigkeit seine Mitglieder mit Stimmenmehrheit bezweifeln; dies ist in den Gründen der berufsgerichtlichen Entscheidung zum Ausdruck zu bringen.

§ 83a.[2]) (weggefallen)

§ 83b[3]) **Aussetzung des berufsgerichtlichen Verfahrens.** Das berufsgerichtliche Verfahren kann ausgesetzt werden, wenn

1. gegen den Berufsangehörigen oder die Berufsangehörige in einem anderen berufsaufsichtlichen Verfahren der Wirtschaftsprüferkammer oder der Abschlussprüferaufsichtsstelle wegen weiterer Berufspflichtverletzungen ermittelt wird und für den Fall, dass in dem anderen berufsaufsichtlichen Verfahren ein Antrag auf berufsgerichtliche Entscheidung gestellt wird, eine Verbindung beider Verfahren zweckmäßig wäre,

2. in einem anderen gesetzlich geregelten Verfahren ein Sachverhalt aufzuklären oder eine Rechtsfrage zu entscheiden ist, ohne deren Beurteilung eine Entscheidung im berufsgerichtlichen Verfahren nicht möglich oder nicht zweckmäßig ist oder

3. der rechtskräftige Abschluss eines anderen gesetzlich geregelten Verfahrens, in dem über einen Sachverhalt oder eine Rechtsfrage zu entscheiden ist, deren Beurteilung für die Entscheidung im berufsgerichtlichen Verfahren von Bedeutung ist, innerhalb von sechs Monaten zu erwarten ist.

§ 83c[4]) **Wiederaufnahme des berufsgerichtlichen Verfahrens.** [1] Die Wiederaufnahme eines rechtskräftig abgeschlossenen berufsgerichtlichen Ver-

---

[1]) § 83 neu gef. mWv 17.6.2016 durch G v. 31.3.2016 (BGBl. I S. 518).
[2]) § 83a aufgeh. mWv 17.6.2016 durch G v. 31.3.2016 (BGBl. I S. 518).
[3]) § 83b neu gef. mWv 1.1.2004 durch G v. 1.12.2003 (BGBl. I S. 2446); Nr. 1 geänd. mWv 6.9.2007 durch G v. 3.9.2007 (BGBl. I S. 2178); einl. Satzteil geänd., Nr. 1 eingef., bish. Nr. 1 und 2 werden Nr. 2 und 3 mWv 17.6.2016 durch G v. 31.3.2016 (BGBl. I S. 518).
[4]) § 83c eingef. mWv 1.1.2004 durch G v. 1.12.2003 (BGBl. I S. 2446).

fahrens ist zulässig, wenn die tatsächlichen Feststellungen, auf denen die Verurteilung oder der Freispruch im berufsgerichtlichen Verfahren beruht, den Feststellungen in einem strafgerichtlichen Verfahren wegen desselben Verhaltens widersprechen. ²Den Antrag auf Wiederaufnahme des Verfahrens können die Staatsanwaltschaft oder die betroffenen Berufsangehörigen binnen eines Monats nach Rechtskraft des Urteils im strafgerichtlichen Verfahren stellen.

Zweiter Unterabschnitt. Verfahren im ersten Rechtszug

§ 84 Mitwirkung der Staatsanwaltschaft. Die Staatsanwaltschaft bei dem Oberlandesgericht, bei dem der Senat für Wirtschaftsprüfersachen besteht, nimmt in den Verfahren vor der Kammer für Wirtschaftsprüfersachen die Aufgaben der Staatsanwaltschaft wahr.

§ 85[1] Einleitung des berufsgerichtlichen Verfahrens. Das berufsgerichtliche Verfahren wird dadurch eingeleitet, dass der oder die Berufsangehörige den Antrag nach § 71a schriftlich bei dem Landgericht einreicht.

§ 86[2] Verfahren. (1) Ist der Antrag auf berufsgerichtliche Entscheidung verspätet eingelegt oder sonst unzulässig, verwirft ihn das Landgericht ohne Hauptverhandlung durch Beschluss; gegen den Beschluss ist sofortige Beschwerde zulässig.

(2) ¹Anderenfalls beraumt das Landgericht eine Hauptverhandlung an. ²Für diese gelten die Vorschriften der Strafprozessordnung sinngemäß, soweit dieses Gesetz nichts anderes bestimmt.

§§ 87 bis 93. (weggefallen)

§ 94[3] Verlesung der berufsaufsichtlichen Entscheidung. In der Hauptverhandlung tritt an die Stelle der Verlesung des Anklagesatzes nach § 243 Absatz 3 der Strafprozessordnung die Verlesung des Tenors der angefochtenen Entscheidung über die Verhängung der berufsaufsichtlichen Maßnahme.

§§ 95 bis 97.[4] (weggefallen)

§ 98[5] Hauptverhandlung trotz Ausbleibens der Berufsangehörigen.
¹Die Hauptverhandlung kann gegen Berufsangehörige, die nicht erschienen sind, durchgeführt werden, wenn diese ordnungsmäßig geladen wurden und in der Ladung darauf hingewiesen wurde, dass in ihrer Abwesenheit verhandelt werden kann. ²Eine öffentliche Ladung ist nicht zulässig.

---

[1] § 85 neu gef. mWv 17.6.2016 durch G v. 31.3.2016 (BGBl. I S. 518).
[2] § 86 neu gef. mWv 17.6.2016 durch G v. 31.3.2016 (BGBl. I S. 518).
[3] § 94 neu gef. mWv 17.6.2016 durch G v. 31.3.2016 (BGBl. I S. 518).
[4] §§ 95–97 aufgeh. mWv 17.6.2016 durch G v. 31.3.2016 (BGBl. I S. 518).
[5] § 98 neu gef. mWv 17.6.2016 durch G v. 31.3.2016 (BGBl. I S. 518).

§ 99[1]) **Nichtöffentliche Hauptverhandlung.** (1) ¹ *Die Hauptverhandlung ist nicht öffentlich.* ² *Auf Antrag der Staatsanwaltschaft kann, auf Antrag der betroffenen Berufsangehörigen muss die Öffentlichkeit hergestellt werden.* ³ *Ferner ist die Hauptverhandlung immer dann öffentlich, wenn die vorgeworfene Pflichtverletzung im Zusammenhang mit der Durchführung einer Prüfung nach § 316 des Handelsgesetzbuchs steht.* ⁴ *In den Fällen einer öffentlichen Verhandlung nach Satz 2 oder 3 sind die Vorschriften des Gerichtsverfassungsgesetzes über die Öffentlichkeit sinngemäß anzuwenden.*

(2) ¹ *Zu nichtöffentlichen Verhandlungen ist Vertretern der Landesjustizverwaltung, dem Präsidenten des Oberlandesgerichts oder seinem Beauftragten, den Beamten der Staatsanwaltschaft bei dem Oberlandesgericht, Vertretern des Bundesministeriums für Wirtschaft und Energie, Vertretern der Abschlussprüferaufsichtsstelle, Vertretern der Wirtschaftsprüferkammer und den Wirtschaftsprüfern der Zutritt gestattet.* ² *Die Kammer für Wirtschaftsprüfersachen kann nach Anhörung der Beteiligten auch andere Personen als Zuhörer zulassen.*

§ 100. (weggefallen)

§ 101[2]) **Beweisaufnahme durch einen ersuchten Richter.** ¹ Die Kammer für Wirtschaftsprüfersachen kann ein Amtsgericht um die Vernehmung von Zeugen oder Sachverständigen ersuchen. ² Der Zeuge oder Sachverständige ist jedoch auf Antrag der Staatsanwaltschaft oder der Berufsangehörigen in der Hauptverhandlung zu vernehmen, es sei denn, daß er voraussichtlich am Erscheinen in der Hauptverhandlung verhindert ist oder ihm das Erscheinen wegen großer Entfernung nicht zugemutet werden kann.

§ 102[3]) **Verlesen von Protokollen.** (1) Die Kammer für Wirtschaftsprüfersachen beschließt nach pflichtmäßigem Ermessen, ob die Aussage eines Zeugen oder eines Sachverständigen, der bereits in dem berufsgerichtlichen oder in einem anderen gesetzlich geordneten Verfahren vernommen worden ist, zu verlesen sei.

(2) ¹ Bevor der Gerichtsbeschluß ergeht, können die Staatsanwaltschaft oder die Berufsangehörigen beantragen, den Zeugen oder Sachverständigen in der Hauptverhandlung zu vernehmen. ² Einem solchen Antrag ist zu entsprechen, es sei denn, daß der Zeuge oder Sachverständige voraussichtlich am Erscheinen in der Hauptverhandlung verhindert ist oder ihm das Erscheinen wegen großer Entfernung nicht zugemutet werden kann. ³ Wird dem Antrag stattgegeben, so darf das Protokoll über die frühere Vernehmung nicht verlesen werden.

(3) ¹ Ist ein Zeuge oder Sachverständiger durch einen ersuchten Richter vernommen worden (§ 101), so kann der Verlesung des Protokolls nicht widersprochen werden. ² Die Staatsanwaltschaft oder die Berufsangehörigen können jedoch der Verlesung widersprechen, wenn ein Antrag gemäß § 101

---

[1]) § 99 **aufgeh. mWv** 1.8.2022 durch G v. 7.7.2021 (BGBl. I S. 2363).
[2]) § 101 Satz 2 geänd. mWv 17.6.2016 durch G v. 31.3.2016 (BGBl. I S. 518).
[3]) § 102 Abs. 2 Satz 1, Abs. 3 Satz 2 geänd. mWv 17.6.2016 durch G v. 31.3.2016 (BGBl. I S. 518).

Satz 2 abgelehnt worden ist und Gründe für eine Ablehnung des Antrags jetzt nicht mehr bestehen.

§ 103[1] Entscheidung. (1) Die mündliche Verhandlung schließt mit der auf die Beratung folgenden Verkündung des Urteils.

(2) [1]Das Gericht entscheidet in der Sache selbst über alle Berufspflichtverletzungen, die Gegenstand der angefochtenen berufsaufsichtlichen Entscheidung nach § 68 sind. [2]Es entscheidet auf Zurückweisung des Antrags auf berufsgerichtliche Entscheidung oder unter Aufhebung der angefochtenen Entscheidung auf Verurteilung zu einer oder mehreren der in § 68 Absatz 1 und § 68a genannten Maßnahmen, auf Freisprechung oder auf Einstellung des Verfahrens nach Absatz 3.

(3) Das berufsgerichtliche Verfahren ist, abgesehen von dem Fall des § 260 Absatz 3 der Strafprozessordnung, einzustellen,

1. wenn die Bestellung als Wirtschaftsprüfer oder die Anerkennung als Wirtschaftsprüfungsgesellschaft erloschen, zurückgenommen oder widerrufen ist (§§ 19, 20, 33, 34) oder

2. wenn nach § 69a Absatz 1 von einer berufsgerichtlichen Ahndung abzusehen ist.

Dritter Unterabschnitt. Rechtsmittel

§ 104 Beschwerde. Für die Verhandlung und Entscheidung über Beschwerden ist der Senat für Wirtschaftsprüfersachen beim Oberlandesgericht zuständig.

§ 105[2] Berufung. (1) Gegen das Urteil der Kammer für Wirtschaftsprüfersachen ist die Berufung an den Senat für Wirtschaftsprüfersachen zulässig.

(2) [1]Die Berufung muß binnen einer Woche nach Verkündung des Urteils bei der Kammer für Wirtschaftsprüfersachen schriftlich eingelegt werden. [2]Ist das Urteil nicht in Anwesenheit des oder der Berufsangehörigen verkündet worden, so beginnt für diesen oder diese die Frist mit der Zustellung.

(3) Die Berufung kann nur schriftlich gerechtfertigt werden.

[Fassung bis 31.7.2022:]

(4) Auf das Verfahren sind im übrigen neben den Vorschriften der Strafprozeßordnung über die Berufung die §§ 98 bis 103 dieses Gesetzes sinngemäß anzuwenden.

[Fassung ab 1.8.2022:]

(4) Die §§ 98 und 101 bis 103 sind auf das Berufungsverfahren sinngemäß anzuwenden; hierbei lässt die sinngemäße Anwendung des § 98 die sinngemäße Anwendung des § 329 Absatz 1 der Strafprozessordnung unberührt.

---

[1] § 103 neu gef. mWv 17.6.2016 durch G v. 31.3.2016 (BGBl. I S. 518).
[2] § 105 Abs. 2 Satz 2 und Abs. 4 geänd. mWv 17.6.2016 durch G v. 31.3.2016 (BGBl. I S. 518); Abs. 4 neu gef. mWv 1.8.2022 durch G v. 7.7.2021 (BGBl. I S. 2363).

§ 106 Mitwirkung der Staatsanwaltschaft vor dem Senat für Wirtschaftsprüfersachen. Die Aufgaben der Staatsanwaltschaft in dem Verfahren vor dem Senat für Wirtschaftsprüfersachen werden von der Staatsanwaltschaft bei dem Oberlandesgericht wahrgenommen, bei dem der Senat besteht.

§ 107 Revision. (1) Gegen ein Urteil des Senats für Wirtschaftsprüfersachen bei dem Oberlandesgericht ist die Revision an den Bundesgerichtshof zulässig,

1. wenn das Urteil auf Ausschließung aus dem Beruf lautet;
2. wenn der Senat für Wirtschaftsprüfersachen bei dem Oberlandesgericht entgegen einem Antrag der Staatsanwaltschaft nicht auf Ausschließung erkannt hat;
3. wenn der Senat für Wirtschaftsprüfersachen beim Oberlandesgericht sie in dem Urteil zugelassen hat.

(2) Der Senat für Wirtschaftsprüfersachen beim Oberlandesgericht darf die Revision nur zulassen, wenn er über Rechtsfragen oder Fragen der Berufspflichten entschieden hat, die von grundsätzlicher Bedeutung sind.

(3) ¹Die Nichtzulassung der Revision kann selbständig durch Beschwerde innerhalb eines Monats nach Zustellung des Urteils angefochten werden. ²Die Beschwerde ist bei dem Oberlandesgericht einzulegen. ³In der Beschwerdeschrift muß die grundsätzliche Rechtsfrage ausdrücklich bezeichnet werden.

(4) Die Beschwerde hemmt die Rechtskraft des Urteils.

(5) ¹Wird der Beschwerde nicht abgeholfen, so entscheidet der Bundesgerichtshof durch Beschluß. ²Der Beschluß bedarf keiner Begründung, wenn die Beschwerde einstimmig verworfen oder zurückgewiesen wird. ³Mit Ablehnung der Beschwerde durch den Bundesgerichtshof wird das Urteil rechtskräftig. ⁴Wird der Beschwerde stattgegeben, so beginnt mit Zustellung des Beschwerdebescheids die Revisionsfrist.

§ 107a[1] Einlegung der Revision und Verfahren. (1) ¹Die Revision ist binnen einer Woche bei dem Oberlandesgericht schriftlich einzulegen. ²Die Frist beginnt mit der Verkündung des Urteils. ³Ist das Urteil nicht in Anwesenheit der Berufsangehörigen verkündet worden, so beginnt für diesen oder diese die Frist mit der Zustellung.

(2) Berufsangehörige können die Revisionsanträge und deren Begründung nur schriftlich anbringen.

[Fassung bis 31.7.2022:]

(3) ¹Auf das Verfahren vor dem Bundesgerichtshof sind im übrigen neben den Vorschriften der Strafprozeßordnung über die Revision § 99 und § 103 Abs. 3 dieses Gesetzes sinngemäß anzuwenden. ²In den Fällen des § 354 Abs. 2 der Strafprozeßordnung ist an den nach § 73

[Fassung ab 1.8.2022:]

(3) ¹§ 103 Absatz 3 ist auf das Verfahren vor dem Bundesgerichtshof sinngemäß anzuwenden. ²In den Fällen des § 354 Absatz 2 der Strafprozessordnung ist an den nach § 73 zuständigen Senat für Wirtschaftsprüfersachen beim Oberlandesgericht zurückzuverweisen.

---

[1] § 107a Abs. 1 Satz 3 und Abs. 2 geänd. mWv 17.6.2016 durch G v. 31.3.2016 (BGBl. I S. 518); Abs. 3 neu gef. mWv 1.8.2022 durch G v. 7.7.2021 (BGBl. I S. 2363).

[Fassung bis 31.7.2022:]
zuständigen Senat für Wirtschaftsprüfersachen beim Oberlandesgericht
zurückzuverweisen.

§ 108 **Mitwirkung der Staatsanwaltschaft vor dem Bundesgerichtshof.** Die Aufgaben der Staatsanwaltschaft in den Verfahren vor dem Bundesgerichtshof werden von dem Generalbundesanwalt wahrgenommen.

Vierter Unterabschnitt. Sicherung von Beweisen

§ 109[1)] **Anordnung der Beweissicherung.** (1) [1]Wird ein berufsgerichtliches Verfahren eingestellt, weil die Bestellung als Wirtschaftsprüfer erloschen
oder zurückgenommen ist, so kann in der Entscheidung zugleich auf Antrag
der Staatsanwaltschaft die Sicherung der Beweise angeordnet werden, wenn zu
erwarten ist, daß auf Ausschließung aus dem Beruf erkannt worden wäre. [2]Die
Anordnung kann nicht angefochten werden.

(2) [1]Die Beweise werden von der Kammer für Wirtschaftsprüfersachen
beim Landgericht aufgenommen. [2]Die Kammer kann eines ihrer berufsrichterlichen Mitglieder mit der Beweisaufnahme beauftragen.

§ 110[2)] **Verfahren.** (1) [1]Die Kammer für Wirtschaftsprüfersachen beim
Landgericht hat vom Amts wegen alle Beweise zu erheben, die eine Entscheidung darüber begründen können, ob das eingestellte Verfahren zur Ausschließung aus dem Beruf geführt hätte. [2]Den Umfang des Verfahrens bestimmt die
Kammer für Wirtschaftsprüfersachen beim Landgericht nach pflichtmäßigem
Ermessen, ohne an Anträge gebunden zu sein; ihre Verfügungen können insoweit nicht angefochten werden.

(2) Zeugen sind, soweit nicht Ausnahmen vorgeschrieben oder zugelassen
sind, eidlich zu vernehmen.

(3) [1]Die Staatsanwaltschaft und der oder die frühere Berufsangehörige sind
an dem Verfahren zu beteiligen. [2]Ein Anspruch auf Benachrichtigung von den
Terminen, die zum Zwecke der Beweissicherung anberaumt werden, steht
den früheren Berufsangehörigen zu, wenn sie sich im Inland aufhalten
und sie ihre Anschrift dem Landgericht angezeigt haben.

Fünfter Unterabschnitt. Vorläufiges Tätigkeits- und Berufsverbot[3)]

§ 111[4)] **Voraussetzung des Verbots.** (1) Sind dringende Gründe für die
Annahme vorhanden, dass gegen Berufsangehörige auf Ausschließung aus dem
Beruf erkannt werden wird, so kann durch Beschluss ein vorläufiges Tätig-
keits- oder Berufsverbot verhängt werden.

[1)] § 109 Abs. 1 Satz 1 geänd. mWv 17.6.2016 durch G v. 31.3.2016 (BGBl. I S. 518).
[2)] § 110 Abs. 3 neu gef. mWv 17.6.2016 durch G v. 31.3.2016 (BGBl. I S. 518).
[3)] Überschrift neu gef. mWv 6.9.2007 durch G v. 3.9.2007 (BGBl. I S. 2178).
[4)] § 111 Abs. 1 neu gef. mWv 1.1.1995 durch G v. 15.7.1994 (BGBl. I S. 1569); Abs. 1
Satz 2 aufgeh. mWv 1.1.2004 durch G v. 1.12.2003 (BGBl. I S. 2446); Abs. 1 neu gef., Abs. 2
Satz 1 geänd. mWv 6.9.2007 durch G v. 3.9.2007 (BGBl. I S. 2178); Abs. 1, Abs. 2 Sätze 1
und 2 und Abs. 3 geänd. mWv 17.6.2016 durch G v. 31.3.2016 (BGBl. I S. 518).

(2) ¹Die Wirtschaftsprüferkammer oder die Abschlussprüferaufsichtsstelle kann in ihren jeweiligen Zuständigkeitsbereichen vor Einleitung des berufsgerichtlichen Verfahrens den Antrag auf Verhängung eines vorläufigen Tätigkeits- oder Berufsverbots stellen. ²In dem Antrag sind die Pflichtverletzung, die dem oder der Berufsangehörigen zur Last gelegt wird, sowie die Beweismittel anzugeben.

(3) Für die Verhandlung und Entscheidung ist das Gericht zuständig, das im berufsgerichtlichen Verfahren gegen die Berufsangehörigen zu entscheiden hat oder vor dem das berufsgerichtliche Verfahren anhängig ist.

§ 112¹⁾ Mündliche Verhandlung. (1) Der Beschluß, durch den ein vorläufiges Tätigkeits- oder Berufsverbot verhängt wird, kann nur auf Grund mündlicher Verhandlung ergehen.

(2) Auf die Besetzung des Gerichts, die Ladung und die mündliche Verhandlung sind die Vorschriften entsprechend anzuwenden, die für die Hauptverhandlung vor dem erkennenden Gericht maßgebend sind, soweit sich nicht aus den folgenden Vorschriften etwas anderes ergibt.

(3) ¹In der ersten Ladung ist die den Berufsangehörigen zur Last gelegte Pflichtverletzung durch Anführung der sie begründenden Tatsachen zu bezeichnen; ferner sind die Beweismittel anzugeben. ²Dies ist jedoch nicht erforderlich, wenn den Berufsangehörigen die Anschuldigungsschrift bereits mitgeteilt worden ist.

(4) Den Umfang der Beweisaufnahme bestimmt das Gericht nach pflichtmäßigem Ermessen, ohne an Anträge der Staatsanwaltschaft oder der Berufsangehörigen gebunden zu sein.

§ 113²⁾ Abstimmung über das Verbot. Zur Verhängung des vorläufigen Tätigkeits- oder Berufsverbots ist eine Mehrheit von zwei Dritteln der Stimmen erforderlich.

§ 114³⁾ Verbot im Anschluss an die Hauptverhandlung. ¹Hat das Gericht auf Ausschließung aus dem Beruf erkannt, so kann es im unmittelbaren Anschluß an die Hauptverhandlung über die Verhängung des vorläufigen Tätigkeits- oder Berufsverbots verhandeln und entscheiden. ²Dies gilt auch dann, wenn die Berufsangehörigen zu der Hauptverhandlung nicht erschienen sind.

§ 115⁴⁾ Zustellung des Beschlusses. ¹Der Beschluß ist mit Gründen zu versehen. ²Er ist den Berufsangehörigen zuzustellen. ³Waren die Berufsangehörigen bei der Verkündung des Beschlusses nicht anwesend, ist ihnen zusätzlich der Beschluß ohne Gründe unverzüglich nach der Verkündung zuzustellen.

---

¹⁾ § 112 Abs. 3 Satz 1 neu gef. mWv 1.1.1995 durch G v. 15.7.1994 (BGBl. I S. 1569); Abs. 1 geänd. mWv 6.9.2007 durch G v. 3.9.2007 (BGBl. I S. 2178); Abs. 3 Sätze 1 und 2 und Abs. 4 geänd. mWv 17.6.2016 durch G v. 31.3.2016 (BGBl. I S. 518).
²⁾ § 113 geänd. mWv 6.9.2007 durch G v. 3.9.2007 (BGBl. I S. 2178).
³⁾ § 114 Satz 1 geänd. mWv 6.9.2007 durch G v. 3.9.2007 (BGBl. I S. 2178); Satz 2 geänd. mWv 17.6.2016 durch G v. 31.3.2016 (BGBl. I S. 518).
⁴⁾ § 115 Satz 3 angef. mWv 1.1.1995 durch G v. 15.7.1994 (BGBl. I S. 1569); Satz 2 und 3 geänd. mWv 17.6.2016 durch G v. 31.3.2016 (BGBl. I S. 518).

§ 116[1] Wirkungen des Verbots. (1) Der Beschluß wird mit der Verkündung wirksam.

(2) [1]Berufsangehörige, gegen die ein vorläufiges Tätigkeitsverbot verhängt ist, dürfen die in der Entscheidung genannten Tätigkeiten nicht ausüben. [2]Berufsangehörige, gegen die ein vorläufiges Berufsverbot verhängt ist, dürfen ihren Beruf nicht ausüben.

(3) Berufsangehörige, gegen die ein vorläufiges Tätigkeits- oder Berufsverbot verhängt ist, dürfen jedoch ihre eigenen Angelegenheiten sowie die Angelegenheiten ihrer Ehegatten, Lebenspartner und minderjährigen Kinder wahrnehmen, soweit es sich nicht um die Erteilung von Prüfungsvermerken handelt.

(4) [1]Die Wirksamkeit von Rechtshandlungen, die Berufsangehörige vornehmen, wird durch vorläufige Tätigkeits- oder Berufsverbote nicht berührt. [2]Das Gleiche gilt für Rechtshandlungen, die ihnen gegenüber vorgenommen werden.

§ 117[2] Zuwiderhandlungen gegen das Verbot. (1) Berufsangehörige, die gegen sie ergangene vorläufige Tätigkeits- oder Berufsverbote wissentlich zuwiderhandeln, werden aus dem Beruf ausgeschlossen, sofern nicht wegen besonderer Umstände eine mildere berufsgerichtliche Maßnahme ausreichend erscheint.

(2) Gerichte und Behörden sollen Berufsangehörige, die entgegen einem vorläufigen Tätigkeits- oder Berufsverbot vor ihnen auftreten, zurückweisen.

§ 118[3] Beschwerde. (1) [1]Gegen den Beschluß, durch den das Landgericht oder das Oberlandesgericht ein vorläufige Tätigkeits- oder Berufsverbot verhängt, ist die sofortige Beschwerde zulässig. [2]Die Beschwerde hat keine aufschiebende Wirkung.

(2) Gegen den Beschluß, durch den das Landgericht oder das Oberlandesgericht es ablehnt, ein vorläufige Tätigkeits- oder Berufsverbot zu verhängen, steht der Staatsanwaltschaft die sofortige Beschwerde zu.

(3) [1]Über die sofortige Beschwerde entscheidet, sofern der angefochtene Beschluß von dem Landgericht erlassen ist, das Oberlandesgericht und, wenn er vor dem Oberlandesgericht ergangen ist, der Bundesgerichtshof. [2]Für das Verfahren gelten neben den Vorschriften der Strafprozeßordnung über die Beschwerde § 112 Abs. 1, 2 und 4 sowie §§ 113 und 115 dieses Gesetzes entsprechend.

§ 119[4] Außerkrafttreten des Verbots. [1]Vorläufige Tätigkeits- und Berufsverbote treten außer Kraft, wenn das ihrer Verhängung zugrundeliegende berufsgerichtliche Verfahren eingestellt oder rechtskräftig abgeschlossen wird.

---

[1] § 116 Abs. 3 geänd. mWv 1.8.2001 durch G v. 16.2.2001 (BGBl I S. 266); Abs. 2 bis 4 Satz 1 geänd. mWv 6.9.2007 durch G v. 3.9.2007 (BGBl. I S. 2178); Abs. 2 bis 4 neu gef. mWv 17.6.2016 durch G v. 31.3.2016 (BGBl. I S. 518).
[2] § 117 neu gef. mWv 17.6.2016 durch G v. 31.3.2016 (BGBl. I S. 518).
[3] § 118 Abs. 1 Satz 1 und Abs. 2 geänd. mWv 6.9.2007 durch G v. 3.9.2007 (BGBl. I S. 2178).
[4] § 119 neu gef. mWv 17.6.2016 durch G v. 31.3.2016 (BGBl. I S. 518).

² Ein vorläufiges Berufsverbot tritt über Satz 1 hinaus außer Kraft, wenn ein Urteil ergeht, in dem nicht auf eine Ausschließung aus dem Beruf oder ein Berufsverbot erkannt wird. ³ Ein vorläufiges Tätigkeitsverbot tritt über Satz 1 hinaus außer Kraft, wenn ein Urteil ergeht, in dem weder auf eine Ausschließung aus dem Beruf oder ein Berufsverbot noch ein dem vorläufigen entsprechendes Tätigkeitsverbot erkannt wird.

§ 120[1]) **Aufhebung des Verbots.** (1) Das vorläufige Tätigkeits- oder Berufsverbot wird aufgehoben, wenn sich ergibt, daß die Voraussetzungen für seine Verhängung nicht oder nicht mehr vorliegen.

(2) Über die Aufhebung entscheidet das nach § 111 Abs. 3 zuständige Gericht.

(3) ¹ Auf Antrag der Berufsangehörigen, das Verbot aufzuheben, kann eine erneute mündliche Verhandlung angeordnet werden. ² Der Antrag kann nicht gestellt werden, solange über eine sofortige Beschwerde von Berufsangehörigen nach § 118 Abs. 1 noch nicht entschieden ist. ³ Gegen den Beschluß, durch den der Antrag abgelehnt wird, ist eine Beschwerde nicht zulässig.

§ 120a[2]) **Mitteilung des Verbots.** (1) Der Beschluß, durch den ein vorläufiges Tätigkeits- oder Berufsverbot verhängt wird, ist alsbald der Wirtschaftsprüferkammer in beglaubigter Abschrift mitzuteilen.

(2) Tritt das vorläufige Tätigkeits- oder Berufsverbot außer Kraft oder wird es aufgehoben, so gilt Absatz 1 entsprechend.

§ 121[3]) **Bestellung eines Vertreters.** (1) ¹ Für Berufsangehörige, gegen die ein vorläufiges Tätigkeits- oder Berufsverbot verhängt ist, wird im Fall des Bedürfnisses von der Wirtschaftsprüferkammer ein Vertreter bestellt. ² Vor der Bestellung sind die vom vorläufigen Tätigkeits- oder Berufsverbot betroffenen Berufsangehörigen zu hören; sie können geeignete Vertreter vorschlagen.

(2) Die Vertreter müssen Berufsangehörige sein.

(3) ¹ Berufsangehörige, denen die Vertretung übertragen wird, können sie nur aus einem wichtigen Grund ablehnen. ² Über die Ablehnung entscheidet die Wirtschaftsprüferkammer.

(4) ¹ Die Vertreter führen ihr Amt unter eigener Verantwortung, jedoch für Rechnung und auf Kosten der Vertretenen. ² An Weisungen der Vertretenen sind sie nicht gebunden.

(5) ¹ Die Vertretenen haben den Vertretern eine angemessene Vergütung zu zahlen. ² Auf Antrag der Vertretenen oder der Vertreter setzt der Vorstand der Wirtschaftsprüferkammer die Vergütung fest. ³ Die Vertreter sind befugt, Vor-

---

[1]) § 120 Abs. 1 geänd. mWv 6.9.2007 durch G v. 3.9.2007 (BGBl. I S. 2178); Abs. 3 Sätze 1 und 2 geänd. mWv 17.6.2016 durch G v. 31.3.2016 (BGBl. I S. 518).
[2]) § 120a Abs. 1 geänd. mWv 1.1.2002 durch G v. 19.12.2000 (BGBl. I S. 1769); Abs. 1 und 2 geänd. mWv 6.9.2007 durch G v. 3.9.2007 (BGBl. I S. 2178).
[3]) § 121 neu gef. mWv 17.6.2016 durch G v. 31.3.2016 (BGBl. I S. 518).

schüsse auf die vereinbarte oder festgesetzte Vergütung zu entnehmen. ⁴Für die festgesetzte Vergütung haftet die Wirtschaftsprüferkammer wie ein Bürge.

Sechster Unterabschnitt. Vorläufige Untersagung[1]

§ 121 a[2] Voraussetzung des Verfahrens. (1) Sind dringende Gründe für die Annahme vorhanden, dass den betroffenen Berufsangehörigen die Aufrechterhaltung oder Vornahme eines pflichtwidrigen Verhaltens untersagt werden wird, so kann gegen sie durch Beschluss eine vorläufige Untersagung ausgesprochen werden.

(2) Für das weitere Verfahren gelten § 111 Abs. 2 bis § 120a sinngemäß.

Vierter Abschnitt. Kosten des berufsgerichtlichen Verfahrens; Vollstreckung der *berufsgerichtlichen* [ab 1.8.2022: berufsaufsichtlichen] Maßnahmen und der Kosten; Tilgung[3]

§ 122[4] Gerichtskosten. ¹In gerichtlichen Verfahren nach diesem Gesetz werden Gebühren nach dem Gebührenverzeichnis der Anlage zu diesem Gesetz erhoben. ²Im Übrigen sind die für Kosten in Strafsachen geltenden Vorschriften des Gerichtskostengesetzes entsprechend anzuwenden.

§ 123.[5] (weggefallen)

§ 124[6] Kostenpflicht. (1) ¹Berufsangehörigen, die ihren Antrag auf berufsgerichtliche Entscheidung zurücknehmen, deren Antrag auf berufsgerichtliche Entscheidung zurückgewiesen wird oder die in dem berufsgerichtlichen Verfahren verurteilt werden, sind die in dem Verfahren entstandenen Kosten ganz oder teilweise aufzuerlegen. ²Dasselbe gilt, wenn das berufsgerichtliche Verfahren wegen Erlöschens, Rücknahme oder Widerrufs der Bestellung eingestellt wird und nach dem Ergebnis des bisherigen Verfahrens die Verhängung einer berufsaufsichtlichen Maßnahme gerechtfertigt war; zu den Kosten des berufsgerichtlichen Verfahrens gehören in diesem Fall auch diejenigen, die in einem anschließenden Verfahren zum Zwecke der Beweissicherung (§§ 109 und 110) entstehen. ³Wird das Verfahren nach § 103 Absatz 3 Nummer 2 eingestellt, kann das Gericht den Berufsangehörigen die in dem Verfahren entstandenen Kosten ganz oder teilweise auferlegen, wenn es dies für angemessen erachtet.

(2) ¹Den Berufsangehörigen, die in dem berufsgerichtlichen Verfahren ein Rechtsmittel zurückgenommen oder ohne Erfolg eingelegt haben, sind die durch dieses Verfahren entstandenen Kosten aufzuerlegen. ²Hatte das Rechtsmittel teilweise Erfolg, so kann den Berufsangehörigen ein angemessener Teil dieser Kosten auferlegt werden.

---

[1] 6. Unterabschnitt eingef. mWv 1.1.2004 durch G v. 1.12.2003 (BGBl. I S. 2446).
[2] § 121a eingef. mWv 1.1.2004 durch G v. 1.12.2003 (BGBl. I S. 2446).
[3] Überschrift 4. Abschn. geänd. mWv 17.6.2016 durch G v. 31.3.2016 (BGBl. I S. 518); geänd. mWv 1.8.2022 durch G v. 7.7.2021 (BGBl. I S. 2363).
[4] § 122 neu gef. mWv 17.6.2016 durch G v. 31.3.2016 (BGBl. I S. 518).
[5] § 123 aufgeh. mWv 17.6.2016 durch G v. 31.3.2016 (BGBl. I S. 518).
[6] § 124 neu gef. mWv 17.6.2016 durch G v. 31.3.2016 (BGBl. I S. 518).

(3) Für die Kosten, die durch einen Antrag auf Wiederaufnahme des durch ein rechtskräftiges Urteil abgeschlossenen Verfahrens verursacht worden sind, ist Absatz 2 entsprechend anzuwenden.

(4) ¹Werden Berufsangehörige unter Aufhebung der angefochtenen Entscheidung freigesprochen, so sind die notwendigen Auslagen der Berufsangehörigen der Staatskasse aufzuerlegen. ²Auslagen, die weder den Berufsangehörigen noch Dritten auferlegt oder die von den Berufsangehörigen nicht eingezogen werden können, fallen der Staatskasse zur Last.

§ 125.¹⁾ (weggefallen)

§ 126²⁾ **Vollstreckung der** *berufsgerichtlichen* **[ab 1.8.2022: berufsaufsichtlichen] Maßnahmen und der Kosten.** (1) Die Ausschließung aus dem Beruf wird mit der Unanfechtbarkeit der Entscheidung über die berufsaufsichtliche Maßnahme wirksam.

(2) ¹Die Vollstreckung einer Geldbuße und eines Tätigkeitsverbots nach § 68 Absatz 1 Satz 2 Nummer 4 sowie die Beitreibung der Kosten werden nicht dadurch gehindert, dass der oder die Berufsangehörige nach rechtskräftigem Abschluss des Verfahrens aus dem Beruf ausgeschieden ist. ²Werden zusammen mit einer Geldbuße die Kosten des Verfahrens beigetrieben, so gelten auch für die Kosten die Vorschriften über die Vollstreckung der Geldbuße.

§ 126a Tilgung.

[Fassung bis 31.7.2022:]³⁾

(1) ¹Eintragungen in den über Berufsangehörige geführten Akten über berufsaufsichtliche Maßnahmen nach § 68 Absatz 1 Satz 2 sind nach zehn Jahren zu tilgen. ²Die Frist beträgt nur fünf Jahre für

1. Rügen nach § 68 Absatz 1 Satz 2 Nummer 1,

2. Geldbußen nach § 68 Absatz 1 Satz 2 Nummer 2 bis zu 10 000 Euro und

3. Feststellungen nach § 68 Absatz 1 Satz 2 Nummer 7.

³Die über berufsaufsichtliche Maßnahmen entstandenen Vorgänge sind bei Fristablauf aus den über Berufsangehörige geführten Akten zu ent-

[Fassung ab 1.8.2022:]⁴⁾

(1) ¹Eintragungen in den über Berufsangehörige geführten Akten über die in den Sätzen 4 und 5 genannten Maßnahmen und Entscheidungen sind nach Ablauf der dort bestimmten Fristen zu tilgen. ²Dabei sind die über diese Maßnahmen und Entscheidungen entstandenen Vorgänge aus den Akten zu entfernen und zu vernichten. ³Die Sätze 1 und 2 gelten sinngemäß, wenn die Akten über Berufsangehörige elektronisch geführt werden. ⁴Die Fristen betragen

1. fünf Jahre bei

   a) Rügen,

   b) Belehrungen,

---

¹⁾ § 125 aufgeh. mWv 17.6.2016 durch G v. 31.3.2016 (BGBl. I S. 518).
²⁾ § 126 neu gef. mWv 17.6.2016 durch G v. 31.3.2016 (BGBl. I S. 518); Überschr. geänd. mWv 1.8.2022 durch G v. 7.7.2021 (BGBl. I S. 2363).
³⁾ § 126a neu gef. mWv 17.6.2016 durch G v. 31.3.2016 (BGBl. I S. 518).
⁴⁾ § 126a neu gef. mWv 1.8.2022 durch G v. 7.7.2021 (BGBl. I S. 2363).

[Fassung bis 31.7.2022:][1)]

fernen und zu vernichten. ⁴Nach
Ablauf der Frist dürfen diese Maßnahmen bei weiteren berufsaufsichtlichen Maßnahmen nicht mehr berücksichtigt werden.

[Fassung ab 1.8.2022:][2)]

c) Geldbußen nach § 68 Absatz 1
Satz 2 Nummer 2 bis zu zehntausend Euro,

d) Feststellungen nach § 68 Absatz 1 Satz 2 Nummer 7,

e) Entscheidungen in Verfahren
wegen der Verletzung von Berufspflichten nach diesem Gesetz, die nicht zu einer Maßnahme nach § 68 Absatz 1
Satz 2 geführt haben,

f) Entscheidungen und nicht
Satz 5 unterfallende Maßnahmen in Verfahren wegen Straftaten oder Ordnungswidrigkeiten oder in
berufsaufsichtlichen Verfahren
anderer Berufe;

2. zehn Jahre bei Geldbußen nach
§ 68 Absatz 1 Satz 2 Nummer 2
über zehntausend Euro und Verboten nach § 68 Absatz 1 Satz 2
Nummer 3 und 4;

3. 20 Jahre bei Berufsverboten nach
§ 68 Absatz 1 Satz 2 Nummer 5
und bei einer Ausschließung aus
dem Beruf, nach der eine Wiederbestellung erfolgt ist.

⁵Für Maßnahmen, die in Verfahren
wegen Straftaten oder Ordnungswidrigkeiten oder in berufsaufsichtlichen Verfahren anderer Berufe getroffen wurden und bei denen das
zugrundeliegende Verhalten zugleich
die Berufspflichten nach diesem
Gesetz verletzt hat, gelten die für die
Tilgung der jeweiligen Maßnahmen
geltenden Fristen entsprechend.

(2) ¹Die Frist beginnt mit dem
Tag, an dem die berufsaufsichtliche
Maßnahme unanfechtbar geworden
ist. ²Für die Entfernung und Ver-

(2) ¹Die Frist beginnt mit dem
Tag, an dem die Maßnahme oder
Entscheidung unanfechtbar gewor-
den ist. ²Im Fall der Wiederbestel-

---

¹) § 126a neu gef. mWv 17.6.2016 durch G v. 31.3.2016 (BGBl. I S. 518).
²) § 126a neu gef. mWv 1.8.2022 durch G v. 7.7.2021 (BGBl. I S. 2363).

[Fassung bis 31.7.2022:][1]

nichtung beginnt die Frist mit dem auf das Jahr, in dem die berufsaufsichtliche Maßnahme unanfechtbar geworden ist, folgenden Jahr.

(3) Die Frist endet nicht, solange gegen die Berufsangehörigen ein Strafverfahren, ein berufsaufsichtliches Verfahren oder ein Disziplinarverfahren schwebt, eine andere berufsaufsichtliche Maßnahme berücksichtigt werden darf oder ein auf Geldbuße lautendes Urteil noch nicht vollstreckt ist.

(4) Nach Ablauf der Frist gelten Berufsangehörige als von berufsaufsichtlichen Maßnahmen nicht betroffen.

(5) [1] Eintragungen über strafgerichtliche Verurteilungen oder über andere Entscheidungen in Verfahren wegen Straftaten, Ordnungswidrigkeiten oder der Verletzung von Berufspflichten, die nicht zu einer berufsaufsichtlichen Maßnahme geführt haben, sowie über Belehrungen der Wirtschaftsprüferkammer sind nach fünf Jahren zu tilgen. [2] Absatz 1 Satz 3 und die Absätze 2 und 3 gelten entsprechend.

[Fassung ab 1.8.2022:][2]

lung nach einer Ausschließung beginnt die Frist mit der Wiederbestellung. [3] Nach Fristablauf kann die Entfernung und Vernichtung nach Absatz 1 Satz 2 bis zum Ende des Kalenderjahres aufgeschoben werden.

(3) Die Frist endet mit Ausnahme der Fälle des Absatzes 1 Satz 4 Nummer 1 Buchstabe e und f nicht, solange

1. eine andere Eintragung über eine strafrechtliche Verurteilung, eine Ordnungswidrigkeit oder eine berufsaufsichtliche Maßnahme berücksichtigt werden darf,

2. ein Verfahren anhängig ist, das eine in Nummer 1 bezeichnete Eintragung zur Folge haben kann, oder

3. eine Geldbuße nach § 68 Absatz 1 Satz 2 Nummer 2 noch nicht vollstreckt ist.

(4) Nach Ablauf der Frist gelten Berufsangehörige als von den Maßnahmen oder Entscheidungen nach Absatz 1 nicht betroffen.

---

[1] § 126a neu gef. mWv 17.6.2016 durch G v. 31.3.2016 (BGBl. I S. 518).
[2] § 126a neu gef.mWv 1.8.2022 durch G v. 7.7.2021 (BGBl. I S. 2363).

Fünfter Abschnitt. Anzuwendende Vorschriften

§ 127[1] Anzuwendende Vorschriften. Für die Berufsgerichtsbarkeit sind ergänzend das Gerichtsverfassungsgesetz und die Strafprozeßordnung sinngemäß anzuwenden.

Siebenter Teil. Vereidigte Buchprüfer und Buchprüfungsgesellschaften[2]

§ 128[3] Berufszugehörigkeit und Berufsbezeichnung. (1) [1]Vereidigter Buchprüfer ist, wer nach den Vorschriften dieses Gesetzes als solcher anerkannt oder bestellt ist; wird ein vereidigter Buchprüfer zum Wirtschaftsprüfer bestellt, so erlischt die Bestellung als vereidigter Buchprüfer. [2]Buchprüfungsgesellschaften sind die nach den Vorschriften dieses Gesetzes anerkannten Buchprüfungsgesellschaften; wird eine Buchprüfungsgesellschaft als Wirtschaftsprüfungsgesellschaft anerkannt, so erlischt die Anerkennung als Buchprüfungsgesellschaft.

(2) [1]Vereidigte Buchprüfer haben im beruflichen Verkehr die Berufsbezeichnung „vereidigter Buchprüfer", Buchprüfungsgesellschaften die Bezeichnung „Buchprüfungsgesellschaft" zu führen. [2]Frauen können die Berufsbezeichnung „vereidigte Buchprüferin" führen.

(3) [1]Vereidigte Buchprüfer und Buchprüfungsgesellschaften sind Mitglieder der Wirtschaftsprüferkammer. [2]Im übrigen gilt § 58 Abs. 1 entsprechend.

§ 129[4] Inhalt der Tätigkeit. (1) [1]Vereidigte Buchprüfer haben die berufliche Aufgabe, Prüfungen auf dem Gebiete des betrieblichen Rechnungswesens, insbesondere Buch- und Bilanzprüfungen, durchzuführen. [2]Sie können über das Ergebnis ihrer Prüfungen Prüfungsvermerke erteilen. [3]Zu den Prüfungsvermerken gehören auch Bestätigungen und Feststellungen, die vereidigte Buchprüfer auf Grund gesetzlicher Vorschriften vornehmen. [4]Zu den beruflichen Aufgaben des vereidigten Buchprüfers gehört es insbesondere, die Prüfung des Jahresabschlusses von mittelgroßen Gesellschaften mit beschränkter Haftung und Personenhandelsgesellschaften im Sinne des § 264a des Handelsgesetzbuchs (§ 267 Abs. 2des Handelsgesetzbuchs) nach § 316 Abs. 1 Satz 1 des Handelsgesetzbuchs durchzuführen.

---

[1] § 127 geänd. mWv 31.12.2006 durch G v. 22.12.2006 (BGBl. I S. 3416).
[2] Bish. 6. Teil wird 7. Teil mWv 1.1.2005 durch G v. 27.12.2004 (BGBl. I S. 3846).
[3] § 128 Abs. 2 Satz 2 angef. mWv 1.1.1995 durch G v. 15.7.1994 (BGBl. I S. 1569).
[4] § 129 Abs. 2 und 3 neu gef. mWv 1.1.1995 durch G v. 15.7.1994 (BGBl. I S. 1569); Abs. 1 Satz 4 geänd. mWv 9.3.2000 durch G v. 24.2.2000 (BGBl. I S. 154).

(2) ¹Vereidigte Buchprüfer sind befugt, ihre Auftraggeber in steuerlichen Angelegenheiten nach Maßgabe der bestehenden Vorschriften zu beraten und zu vertreten. ²In Angelegenheiten, die das Abgabenrecht fremder Staaten betreffen, sind sie zur geschäftsmäßigen Hilfe in Steuersachen befugt; die entsprechenden Befugnisse Dritter bleiben unberührt.

(3) Vereidigte Buchprüfer sind weiter befugt

1. unter Berufung auf ihren Berufseid auf den Gebieten des betrieblichen Rechnungswesens als Sachverständige aufzutreten;

2. in wirtschaftlichen Angelegenheiten zu beraten und fremde Interessen zu wahren;

3. zur treuhänderischen Verwaltung.

§ 130¹⁾ Anwendung von Vorschriften des Gesetzes. (1) ¹Auf vereidigte Buchprüfer finden § 1 Abs. 2 und § 3 sowie die Bestimmungen des Dritten, Sechsten, Siebenten und Achten Abschnitts des Zweiten Teils und des Dritten, Fünften und Sechsten Teils entsprechende Anwendung. ²Im berufsgerichtlichen Verfahren gegen vereidigte Buchprüfer können vereidigte Buchprüfer und Wirtschaftsprüfer als Beisitzer berufen werden.

(2) ¹Auf Buchprüfungsgesellschaften finden § 1 Absatz 3, § 3, die Bestimmungen des Dritten, Fünften, Sechsten, Siebten und Achten Abschnitts des Zweiten Teils und die Bestimmungen des Dritten Teils sowie § 71 Absatz 2 entsprechende Anwendung. ²Sobald die Zahl der gesetzlichen Vertreter (§ 28 Abs. 1), die Berufsangehörige sind, die Zahl der gesetzlichen Vertreter, die vereidigte Buchprüfer oder vereidigte Buchprüferinnen sind, übersteigt, ist der Antrag auf Anerkennung als Wirtschaftsprüfungsgesellschaft zu stellen, sofern die übrigen Anerkennungsvoraussetzungen insbesondere nach § 28 vorliegen. ³Die Anerkennung als Buchprüfungsgesellschaft ist zurückzunehmen oder zu widerrufen, wenn bei Vorliegen der Voraussetzungen des Absatzes 2 Satz 2 ein Antrag auf Anerkennung als Wirtschaftsprüfungsgesellschaft unterbleibt.

(3) ¹Die §§ 57a bis 57g gelten für die Qualitätskontrolle bei vereidigten Buchprüfern in eigener Praxis und Buchprüfungsgesellschaften entsprechend. ²Prüfer für Qualitätskontrolle können auch vereidigte Buchprüfer oder Buchprüfungsgesellschaften sein; sie können Qualitätskontrollen nur bei vereidigten Buchprüfern und Buchprüfungsgesellschaften durchführen. ³Für die Registrierung von vereidigten Buchprüfern oder Buchprüfungsgesellschaften gilt § 57a Abs. 3 entsprechend.

---

¹⁾ § 130 Abs. 1 Satz 1 geänd. sowie Abs. 2 neu gef. mWv 1.1.1995 durch G v. 15.7.1994 (BGBl. I S. 1569); Abs. 3 angef. mWv 1.1.2001 durch G v. 19.12.2000 (BGBl. I S. 1769); Abs. 1 Satz 1 und Abs. 2 Satz 1 geänd. mWv 1.1.2002 durch G v. 10.12.2001 (BGBl. I S. 3414); Abs. 1 geänd., Abs. 2 neu gef. mWv 1.1.2004 durch G v. 1.12.2003 (BGBl. I S. 2446); Abs. 1 Satz 1 geänd. mWv 1.1.2005 durch G v. 27.12.2004 (BGBl. I S. 3846); Abs. 2 Satz 2 neu gef., Abs. 3 Satz 2 HS 2 angef. mWv 6.9.2007 durch G v. 3.9.2007 (BGBl. I S. 2178); Abs. 2 Satz 1 geänd. mWv 17.6.2016 durch G v. 31.3.2016 (BGBl. I S. 518).

Achter Teil.
EU- und EWR-Abschlussprüfungsgesellschaften[1]

§ 131[1]·[2] Prüfungstätigkeit von EU- und EWR-Abschlussprüfungsgesellschaften. [1]Eine EU- oder EWR-Abschlussprüfungsgesellschaft darf unter der Berufsbezeichnung ihres Herkunftsstaats Abschlussprüfungen nach § 316 des Handelsgesetzbuchs durchführen, wenn der für die jeweilige Prüfung verantwortliche Prüfungspartner im Sinne des § 43 Absatz 3 Satz 3 und 4 gemäß den Vorgaben des Zweiten Abschnitts des Zweiten Teils oder dem Neunten Teil zugelassen ist. [2]Entsprechendes gilt für sonstige Tätigkeiten nach § 2 Absatz 1 und 3 und Aufgaben, die Wirtschaftsprüfern oder Buchprüfern vorbehalten sind. [3]Die EU- oder EWR-Abschlussprüfungsgesellschaft ist verpflichtet, sich nach § 131a registrieren zu lassen; soweit Abschlussprüfungen nach § 316 des Handelsgesetzbuchs durchgeführt werden, ist sie auch verpflichtet, ihre Tätigkeit nach § 57a Absatz 1 Satz 2 anzuzeigen.

§ 131a[1] Registrierungsverfahren. [1]EU- und EWR-Abschlussprüfungsgesellschaften, die nach § 131 tätig werden wollen, haben der Wirtschaftsprüferkammer zum Zwecke ihrer Registrierung die in § 38 Nummer 4 in Verbindung mit den Nummern 2 und 3 genannten Angaben mitzuteilen sowie eine Bescheinigung der zuständigen Stelle des Herkunftsstaats über ihre dortige Zulassung und Registrierung vorzulegen. [2]Die Bescheinigung darf nicht älter als drei Monate sein. [3]Die Wirtschaftsprüferkammer erkundigt sich bei der zuständigen Stelle des Herkunftsstaats, ob die Abschlussprüfungsgesellschaft dort zugelassen und registriert ist. [4]Die Wirtschaftsprüferkammer informiert die zuständige Stelle des Herkunftsstaats über die Eintragung nach § 38 Nummer 4.

§ 131b[1] Überwachung der EU- und EWR-Abschlussprüfungsgesellschaften. [1]Soweit nichts anderes geregelt ist, unterliegen EU- und EWR-Abschlussprüfungsgesellschaften im Hinblick auf ihre Tätigkeiten nach § 131 Satz 1 und 2 den Vorschriften dieses Gesetzes, insbesondere denjenigen der Berufsaufsicht (§§ 61a bis 71) und der Berufsgerichtsbarkeit (§§ 71a bis 127). [2]Hinsichtlich der Inspektionen und der sonstigen Qualitätssicherungsprüfungen im Sinne des Artikels 29 der Richtlinie 2006/43/EG unterliegen sie der Aufsicht des Herkunftsstaats. [3]Die Abschlussprüferaufsichtsstelle arbeitet nach § 66c mit den zuständigen Stellen der Herkunftsstaaten und gegebenenfalls anderer Aufnahmestaaten zusammen.

§§ 131c bis 131f. (weggefallen)

---

[1] 8. Teil (§§ 131 bis 131b neu gef. mWv 17.6.2016 durch G v. 31.3.2016 (BGBl. I S. 518).
[2] § 131 Satz 1 geänd. mWv 1.7.2021 durch G v. 3.6.2021 (BGBl. I S. 1534).

Neunter Teil. Eignungsprüfung als Wirtschaftsprüfer[1]

§ 131g[2] · [3] **Zulassung zur Eignungsprüfung als Wirtschaftsprüfer.**
(1) Eine Person, die in einem Mitgliedstaat oder in einem anderen Vertragsstaat des Abkommens über den Europäischen Wirtschaftsraum oder der Schweiz außerhalb des Geltungsbereichs dieses Gesetzes als Abschlussprüfer zugelassen ist, kann abweichend von den Vorschriften des Ersten und Zweiten Abschnitts des Zweiten Teils als Wirtschaftsprüfer bestellt werden, wenn sie eine Eignungsprüfung als Wirtschaftsprüfer abgelegt hat.

(2) [1] Über die Zulassung zur Eignungsprüfung entscheidet die Prüfungsstelle; der Antrag ist schriftlich oder elektronisch einzureichen. [2] Die §§ 13 bis 13b finden entsprechende Anwendung.

§ 131h[4] **Eignungsprüfung als Wirtschaftsprüfer.** (1) Bewerber und Bewerberinnen, die zugelassen worden sind, legen die Eignungsprüfung vor der Prüfungskommission ab.

(2) [1] Bei der Eignungsprüfung wird überprüft, ob der Bewerber oder die Bewerberin über angemessene Kenntnisse der für die Abschlussprüfung relevanten Rechtsvorschriften der Bundesrepublik Deutschland verfügt. [2] Die Eignungsprüfung muss dem Umstand Rechnung tragen, dass der Bewerber oder die Bewerberin in einem Mitgliedstaat der Europäischen Union oder in einem anderen Vertragsstaat des Abkommens über den Europäischen Wirtschaftsraum oder in der Schweiz über die beruflichen Voraussetzungen verfügt, die für die

---

[1] Überschrift geänd. mWv 1.1.2004 durch G v. 1.12.2003 (BGBl. I S. 2446); bish. 8. Teil wird 9. Teil mWv 1.1.2005 durch G v. 27.12.2004 (BGBl. I S. 3846).
[2] § 131g Abs. 3 Satz 7 geänd. mWv 1.1.2002 durch G v. 19.12.2000 (BGBl. I S. 1769); Abs. 3 Satz 2 geänd. mWv 1.2.2003 durch G v. 21.8.2002 (BGBl. I S. 3322); Abs. 1 und Abs. 2 Satz 2 geänd. mWv 1.11.2003 durch G v. 26.10.2003 (BGBl. I S. 2074); Abs. 3 neu gef. mWv 1.1.2004 durch G v. 1.12.2003 (BGBl. I S. 2446); Abs. 1 und 2 Satz 2 geänd. mWv 6.9.2007 durch G v. 3.9.2007 (BGBl. I S. 2178); Abs. 1 Satz 1 und Abs. 2 Satz 2 geänd. mWv 29.5.2009 durch G v. 25.5.2009 (BGBl. I S. 1102); Abs. 1 geänd. mWv 1.4.2012 durch G v. 6.12.2011 (BGBl. I S. 2515); Abs. 1 geänd., Abs. 2 aufgeh., bish. Abs. 3 wird Abs. 2 und Satz 1 geänd. mWv 17.6.2016 durch G v. 31.3.2016 (BGBl. I S. 518).
[3] Siehe dazu auch Art. 115 Nr. 7 des ÄndG v. 27.4.1993:
„7. Artikel 50 Nr. 3 Buchstabe a [= Änderungen des § 131g Abs. 1] ist auf in der Schweiz, Liechtenstein, Finnland, Island, Norwegen, Österreich oder Schweden ausgestellte Diplome im Sinne von § 131g Abs. 1 und 2 der Wirtschaftsprüferordnung mit Beginn des Tages anwendbar, an dem der jeweilige Vertragsstaat die Achte Richtlinie 84/253/EWG des Rates vom 10. April 1984 auf Grund von Artikel 54 Abs. 3 Buchstabe g des Vertrages über die Zulassung der mit der Pflichtprüfung der Rechnungslegungsunterlagen beauftragten Personen vollständig durchgeführt hat, im Fall der Schweiz und Liechtensteins spätestens am 1. Januar 1996, im Fall von Finnland, Island, Norwegen, Österreich und Schweden spätestens am 1. Januar 1995. Der Bundesminister für Wirtschaft gibt diesen Tag jeweils im Bundesgesetzblatt bekannt."
[4] § 131h Abs. 4 angef. mWv 1.1.1995 durch G v. 15.7.1994 (BGBl I S. 1569); Abs. 2 Satz 2 geänd. mWv 1.11.2003 durch G v. 26.10.2003 (BGBl. I S. 2074); Abs. 1 neu gef., Abs. 4 aufgeh.. mWv 1.1.2004 durch G v. 1.12.2003 (BGBl. I S. 2446); Abs. 2 Satz 2 neu gef. mWv 6.9.2007 durch G v. 3.9.2007 (BGBl. I S. 2178); Abs. 1 geänd., Abs. 2 Satz 1 neu gef. mWv 17.6.2016 durch G v. 31.3.2016 (BGBl. I S. 518).

Zulassung zur Pflichtprüfung von Jahresabschlüssen und anderer Rechnungs-
unterlagen in diesem Staat erforderlich sind.

(3) ¹Die Prüfung gliedert sich in eine schriftliche und eine mündliche Prüfung. ²Sie wird in deutscher Sprache abgelegt. ³Prüfungsgebiete sind durch
Rechtsverordnung näher zu bestimmende Bereiche des Wirtschaftlichen Prü-
fungswesens (rechtliche Vorschriften), des Wirtschaftsrechts, des Steuerrechts
und das Berufsrecht der Wirtschaftsprüfer.

§ 131i¹⁾ Anwendung des Berufsqualifikationsfeststellungsgesetzes.

Das Berufsqualifikationsfeststellungsgesetz findet mit Ausnahme des § 17
keine Anwendung.

§ 131j.²⁾ (weggefallen)

§ 131k³⁾ Bestellung.

Auf die Bestellung der Personen, die die Prüfung
nach § 131h bestanden haben, als Wirtschaftsprüfer findet der Dritte Abschnitt
des Zweiten Teils entsprechende Anwendung.

§ 131l⁴⁾ Verordnungsermächtigung.

¹Das Bundesministerium für Wirt-
schaft und Energie wird ermächtigt, durch Rechtsverordnung für die Prüfung
nach § 131h Bestimmungen zu erlassen über die Zusammensetzung der Prüfungskommission und die Berufung ihrer Mitglieder, die Einzelheiten der
Prüfung, der Prüfungsgebiete und des Prüfungsverfahrens, insbesondere über
die in § 14 bezeichneten Angelegenheiten, den Erlass von Prüfungsleistungen
sowie die Zulassung zur Eignungsprüfung von Bewerbenden, welche die Voraussetzungen des Artikels 13 Absatz 2 der Richtlinie 2005/36/EG in der jeweils geltenden Fassung erfüllen. ²Die Rechtsverordnung bedarf nicht der
Zustimmung des Bundesrates.

§ 131m⁵⁾ Bescheinigungen des Herkunftsmitgliedstaats.

Soweit es für
die Entscheidung über die Bestellung als Wirtschaftsprüfer der Vorlage oder
Anforderung von

1. Bescheinigungen oder Urkunden darüber, daß keine schwerwiegenden
   beruflichen Verfehlungen, Straftaten oder sonstige, die Eignung des Bewerbers für den Beruf des Wirtschaftsprüfers in Frage stellende Umstände bekannt sind,

---

¹⁾ § 131i eingef. mWv 1.4.2012 durch G v. 6.12.2011 (BGBl. I S. 2515).
²⁾ § 131j aufgeh. mWv 1.1.2004 durch G v. 1.12.2003 (BGBl. I S. 2446).
³⁾ § 131k Satz 2 geänd. sowie Satz 3 angef. mWv 1.1.1995 durch G v. 15.7.1994 (BGBl. I
S. 1569); Satz 2 geänd. mWv 1.1.2001 durch G v. 19.12.2000 (BGBl. I S. 1769); Satz 1 geänd. mWv 1.1.2004 durch G v. 1.12.2003 (BGBl. I S. 2446); Sätze 2 und 3 aufgeh., bish.
Satz 1 wird alleiniger Wortlaut mWv 6.9.2007 durch G v. 3.9.2007 (BGBl. I S. 2178).
⁴⁾ § 131l neu gef. mWv 1.1.2004 durch G v. 1.12.2003 (BGBl. I S. 2446; Satz 1 geänd.
mWv 8.11.2006 durch VO v. 31.10.2006 (BGBl. I S. 2407); Satz 1 geänd. mWv 8.9.2015
durch VO v. 31.8.2015 (BGBl. I S. 1474); Satz 1 geänd. mWv 17.6.2016 durch G v.
31.3.2016 (BGBl. I S. 518); Satz 1 geänd. mWv 30.7.2020 durch G v. 19.6.2020 (BGBl. I
S. 1403).
⁵⁾ § 131m geänd. mWv 1.1.2004 durch G v. 1.12.2003 (BGBl. I S. 2446); Überschrift und
abschl. Satzteil geänd. mWv 17.6.2016 durch G v. 31.3.2016 (BGBl. I S. 518).

2. Bescheinigungen oder Urkunden darüber, daß sich der Bewerber nicht im Konkurs befindet,

3. Bescheinigungen über die körperliche oder geistige Gesundheit,

4. Führungszeugnissen

des Herkunftsmitgliedstaats bedarf, genügt eine Bescheinigung oder Urkunde im Sinne des Artikels 50 Absatz 1 in Verbindung mit Anhang VII Nummer 1 Buchstabe d und e der Richtlinie 2005/36/EG.

Zehnter Teil. Straf- und Bußgeldvorschriften[1]

§ 132[2] **Verbot verwechslungsfähiger Berufsbezeichnungen; Siegelimitate.** (1) Untersagt ist

1. das Führen der Berufsbezeichnung „Buchprüfer", „Bücherrevisor" oder „Wirtschaftstreuhänder" oder

2. das nach dem Recht eines anderen Staates berechtigte Führen der Berufsbezeichnungen „Wirtschaftsprüfer", „Wirtschaftsprüferin", „vereidigter Buchprüfer" oder „vereidigte Buchprüferin", ohne dass der andere Staat angegeben wird.

(2) Siegel dürfen nur im geschäftlichen Verkehr verwendet werden, wenn sie den Bestimmungen über die Gestaltung des Siegels nach Maßgabe der Berufssatzung nach § 48 Abs. 2 entsprechen.

(3) Ordnungswidrig handelt, wer

1. entgegen Absatz 1 Nr. 1 oder 2 eine Berufsbezeichnung führt oder

2. entgegen Absatz 2 ein Siegel verwendet.

(4) Die Ordnungswidrigkeit kann mit einer Geldbuße bis zu 5000 Euro geahndet werden.

§ 133[3] **Schutz der Bezeichnung „Wirtschaftsprüfungsgesellschaft" und „Buchprüfungsgesellschaft".** (1) Ordnungswidrig handelt, wer die Bezeichnung „Wirtschaftsprüfungsgesellschaft" oder „Buchprüfungsgesellschaft" oder eine einer solchen zum Verwechseln ähnliche Bezeichnung für eine Gesellschaft gebraucht, obwohl diese nicht als solche anerkannt ist.

(2) Die Ordnungswidrigkeit kann mit einer Geldbuße bis zu 10000 Euro geahndet werden.

---

[1] 9. Teil Überschrift geänd. mWv 1.1.2001 durch G v. 19.12.2000 (BGBl. I S. 1769); bish. 9. Teil wird 10. Teil mWv 1.1.2005 durch G v. 27.12.2004 (BGBl. I S. 3846).
[2] § 132 neu gef. mWv 6.9.2007 durch G v. 3.9.2007 (BGBl. I S. 2178); Abs. 4 Satz 2 aufgeh. mWv 9.12.2010 durch G v. 2.12.2010 (BGBl. I S. 1746).
[3] § 133 Abs. 1 neu gef. sowie Abs. 2 geänd. mWv 1.1.1995 durch G v. 15.7.1994 (BGBl. I S. 1569); Abs. 2 Satz 1 geänd., Abs. 3 angef. mWv 1.1.2002 durch G v. 19.12.2000 (BGBl. I S. 1769); Abs. 3 neu gef. mWv 1.1.2004 durch G v. 1.12.2003 (BGBl. I S. 2446); Abs. 2 Satz 2 angef., Abs. 3 aufgeh. mWv 29.5.2009 durch G v. 25.5.2009 (BGBl. I S. 1102); Abs. 2 Satz 2 aufgeh. mWv 9.12.2010 durch G v. 2.12.2010 (BGBl. I S. 1746).

§ 133a[1] Unbefugte Ausübung einer Führungsposition bei dem geprüften Unternehmen. (1) Ordnungswidrig handelt, wer entgegen § 43 Abs. 3 eine wichtige Führungsposition ausübt.

(2) Die Ordnungswidrigkeit kann mit einer Geldbuße bis zu fünfzigtausend Euro geahndet werden.

§ 133b[2] Unbefugte Verwertung fremder Betriebs- oder Geschäftsgeheimnisse. (1) Mit Freiheitsstrafe bis zu zwei Jahren oder mit Geldstrafe wird bestraft, wer entgegen § 66b Abs. 2 ein fremdes Geheimnis verwertet.

(2) Die Tat wird nur auf Antrag verfolgt.

§ 133c[3] Unbefugte Offenbarung fremder Betriebs- oder Geschäftsgeheimnisse. (1) Mit Freiheitsstrafe bis zu einem Jahr oder mit Geldstrafe wird bestraft, wer entgegen § 66b Abs. 2 ein fremdes Geheimnis offenbart.

(2) Handelt der Täter gegen Entgelt oder in der Absicht, sich oder einen anderen zu bereichern oder einen anderen zu schädigen, ist die Strafe Freiheitsstrafe bis zu zwei Jahren oder Geldstrafe.

(3) Die Tat wird nur auf Antrag verfolgt.

§ 133d[4] Verwaltungsbehörde. 1 Verwaltungsbehörde im Sinne des § 36 Absatz 1 Nummer 1 des Gesetzes über Ordnungswidrigkeiten ist für Ordnungswidrigkeiten nach § 132 Absatz 3, § 133 Absatz 1 und § 133a Absatz 1 die Wirtschaftsprüferkammer. 2 Das Gleiche gilt für durch Mitglieder der Wirtschaftsprüferkammer im Sinne des § 58 Absatz 1 Satz 1 begangene Ordnungswidrigkeiten nach § 56 des Geldwäschegesetzes und nach § 6 der Dienstleistungs-Informationspflichten-Verordnung.

§ 133e[5] Verwendung der Geldbußen. (1) Die Geldbußen fließen in den Fällen von § 132 Absatz 3, § 133 Absatz 1, § 133a Absatz 1 sowie § 56 des Geldwäschegesetzes und § 6 der Dienstleistungs-Informationspflichten-Verordnung in die Kasse der Verwaltungsbehörde, die den Bußgeldbescheid erlassen hat.

(2) 1 Die nach Absatz 1 zuständige Kasse trägt abweichend von § 105 Absatz 2 des Gesetzes über Ordnungswidrigkeiten die notwendigen Auslagen. 2 Sie ist auch ersatzpflichtig im Sinne des § 110 Absatz 4 des Gesetzes über Ordnungswidrigkeiten.

---

[1] § 133a eingef. mWv 29.5.2009 durch G v. 25.5.2009 (BGBl. I S. 1102); Abs. 2 Satz 2 aufgeh. mWv 9.12.2010 durch G v. 2.12.2010 (BGBl. I S. 1746).
[2] Bish. § 133a wird § 133b mWv 29.5.2009 durch G v. 25.5.2009 (BGBl. I S. 1102).
[3] Bish. § 133b wird § 133c mWv 29.5.2009 durch G v. 25.5.2009 (BGBl. I S. 1102).
[4] § 133d neu gef. mWv 9.12.2010 durch G v. 2.12.2010 (BGBl. I S. 1746); Satz 2 Verweis geänd. mWv 26.6.2017 durch G v. 23.6.2017 (BGBl. I S. 1822).
[5] § 133e eingef. mWv 9.12.2010 durch G v. 2.12.2010 (BGBl. I S. 1746); Abs. 1 Verweis geänd. mWv 26.6.2017 durch G v. 23.6.2017 (BGBl. I S. 1822).

Elfter Teil. Übergangs- und Schlussvorschriften[1]

§ 134[2] **Anwendung von Vorschriften dieses Gesetzes auf Abschlussprüfer, Abschlussprüferinnen und Abschlussprüfungsgesellschaften aus Drittstaaten.** (1) ¹Abschlussprüfer, Abschlussprüferinnen und Abschlussprüfungsgesellschaften aus Drittstaaten, bei denen keine Bestellung oder Anerkennung nach diesem Gesetz oder dem Recht eines anderen Mitgliedstaats der Europäischen Union oder eines anderen Vertragsstaats des Abkommens über den Europäischen Wirtschaftsraum vorliegt (Drittstaatsprüfer und Drittstaatsprüfungsgesellschaften), sind verpflichtet, sich nach den Vorschriften des Siebten Abschnitts des Zweiten Teils eintragen zu lassen, wenn sie beabsichtigen, den Bestätigungsvermerk für einen gesetzlich vorgeschriebenen Jahresabschluss oder Konzernabschluss einer Gesellschaft mit Sitz außerhalb der Europäischen Union und des Europäischen Wirtschaftsraums zu erteilen, deren übertragbare Wertpapiere zum Handel an einem geregelten Markt im Sinne von Artikel 4 Absatz 1 Nummer 14 der Richtlinie 2004/39/EG des Europäischen Parlaments und des Rates vom 21. April 2004 über Märkte für Finanzinstrumente, zur Änderung der Richtlinien 85/611/EWG und 93/6/EWG des Rates und der Richtlinie 2000/12/EG des Europäischen Parlaments und des Rates und zur Aufhebung der Richtlinie 93/22/EWG des Rates (ABl. L 145 vom 30.4.2004, S. 1) in der jeweils geltenden Fassung in Deutschland zugelassen sind. ²Die Pflicht, sich eintragen zu lassen, gilt nicht bei Bestätigungsvermerken für Gesellschaften, die ausschließlich zum Handel an einem geregelten Markt eines Mitgliedstaats der Europäischen Union zugelassene Schuldtitel im Sinne des Artikels 2 Absatz 1 Buchstabe b der Richtlinie 2004/109/EG des Europäischen Parlaments und des Rates vom 15. Dezember 2004 zur Harmonisierung der Transparenzanforderungen in Bezug auf Informationen über Emittenten, deren Wertpapiere zum Handel auf einem geregelten Markt zugelassen sind, und zur Änderung der Richtlinie 2001/34/EG (ABl. L 390 vom 31.12.2004, S. 38) in der jeweils geltenden Fassung begeben, wenn diese Schuldtitel

1. eine Mindeststückelung zu je 100 000 Euro oder einen am Ausgabetag entsprechenden Gegenwert einer anderen Währung aufweisen oder

2. eine Mindeststückelung zu je 50 000 Euro oder einen am Ausgabetag entsprechenden Gegenwert einer anderen Währung aufweisen und vor dem 31. Dezember 2010 begeben worden sind.

(2) ¹Drittstaatsprüfungsgesellschaften können nur eingetragen werden, wenn

1. sie die Voraussetzungen erfüllen, die denen des Fünften Abschnitts des Zweiten Teils gleichwertig sind,

[1] Bish. 10. Teil wird 11. Teil mWv 1.1.2005 durch G v. 27.12.2004 (BGBl. I S. 3846).
[2] § 134 neu eingef. mWv 6.9.2007 durch G v. 3.9.2007 (BGBl. I S. 2178); Abs. 2a eingef., Abs. 4 neu gef. mWv 29.5.2009 durch G v. 25.5.2009 (BGBl. I S. 1102); Abs. 4 Sätze 3, 5 und 6 geänd. mWv 8.9.2015 durch VO v. 31.8.2015 (BGBl. I S. 1474); Abs. 1 und 3 Satz 1 neu gef., Abs. 2 Satz 2 angef., Satz 1 einl. Satzteil und Nr. 4 geänd., Abs. 3 Sätze 2 und 3, Abs. 4 Sätze 1, 4, 7 und 8 geänd. mWv 17.6.2016 durch G v. 31.3.2016 (BGBl. I S. 518).

2. die Person, welche die Prüfung im Namen der Drittstaatsprüfungsgesellschaft durchführt, diejenigen Voraussetzungen erfüllt, die denen des Ersten Abschnitts des Zweiten Teils gleichwertig sind,

3. die Prüfungen nach den internationalen Prüfungsstandards und den Anforderungen an die Unabhängigkeit oder nach gleichwertigen Standards und Anforderungen durchgeführt werden und

4. sie auf ihrer Website einen jährlichen Transparenzbericht veröffentlichen, der die in Artikel 13 der Verordnung (EU) Nr. 537/2014 genannten Informationen enthält, oder sie gleichwertige Bekanntmachungsanforderungen erfüllen.

²Entsprechendes gilt für Drittstaatsprüfer, wenn die Voraussetzungen entsprechend Absatz 1 und den Nummern 2 bis 4 vorliegen.

(2a) Liegen die Voraussetzungen des Absatzes 1 und 2 vor, erteilt die Wirtschaftsprüferkammer dem eingetragenen Abschlussprüfer, der Abschlussprüferin oder der Abschlussprüfungsgesellschaft eine Eintragungsbescheinigung.

(3) ¹Die nach den Absätzen 1 und 2 eingetragenen Drittstaatsprüfer und Drittstaatsprüfungsgesellschaften unterliegen im Hinblick auf ihre Tätigkeit nach Absatz 1 den Vorschriften der Qualitätskontrolle (§§ 57a bis 57g), der Berufsaufsicht (§§ 61a bis 71) sowie der Berufsgerichtsbarkeit (§§ 71a bis 127). ²Von der Durchführung einer Qualitätskontrolle kann abgesehen werden, wenn in einem anderen Mitgliedstaat der Europäischen Union in den vorausgegangenen drei Jahren bereits eine Qualitätskontrolle bei dem Drittstaatsprüfer oder bei der Drittstaatsprüfungsgesellschaft durchgeführt worden ist. ³Satz 2 gilt entsprechend, wenn in einem Drittstaat in den vorangegangenen drei Jahren bereits eine Qualitätskontrolle bei dem Drittstaatsprüfer oder bei der Drittstaatsprüfungsgesellschaft durchgeführt worden ist, wenn die dortige Qualitätskontrolle aufgrund der Bewertung gemäß Absatz 4 als gleichwertig anerkannt wurde.

(4) ¹Von der Eintragung und deren Folgen nach Absatz 3 ist auf der Grundlage der Gegenseitigkeit abzusehen, wenn die in Absatz 1 Satz 1 genannten Personen und Gesellschaften in ihrem jeweiligen Drittstaat einer öffentlichen Aufsicht, einer Qualitätskontrolle sowie einer Berufsaufsicht unterliegen, die Anforderungen erfüllen, welche denen der in Absatz 3 genannten Vorschriften gleichwertig sind oder wenn die Europäische Kommission dies für eine Übergangsfrist nach Artikel 46 Abs. 2 Satz 5 der Richtlinie 2006/43/EG vorsieht. ²Die in Satz 1 genannte Gleichwertigkeit wird von der Kommission der Europäischen Gemeinschaften in Zusammenarbeit mit den Mitgliedstaaten bewertet und festgestellt. ³Solange die Kommission der Europäischen Gemeinschaften noch keine Übergangsentscheidung nach Satz 1 oder Feststellung nach Satz 2 getroffen hat, kann das Bundesministerium für Wirtschaft und Energie die Gleichwertigkeit selbst bewerten und feststellen. ⁴Es wird bei der Bewertung die Bewertungen und Feststellungen anderer Mitgliedstaaten sowie diejenigen Kriterien berücksichtigen, die die Europäische Kommission auf der Grundlage des Artikels 46 Absatz 2 Unterabsatz 2 der Richtlinie 2006/43/EG in delegierten Rechtsakten bestimmt. ⁵Trifft das Bundesministerium für Wirtschaft und Energie eine solche Feststellung, macht es diese durch Veröffent-

lichung im Bundesanzeiger bekannt. [6] Lehnt das Bundesministerium für Wirtschaft und Energie die Gleichwertigkeit im Sinn des Satzes 1 ab, kann es den in Absatz 1 Satz 1 genannten Personen und Gesellschaften für einen angemessenen Übergangszeitraum die Fortführung ihrer Prüfungstätigkeit im Einklang mit den einschlägigen deutschen Vorschriften gestatten. [7] Die Feststellung und die Ablehnung der Gleichwertigkeit wird der Abschlussprüferaufsichtsstelle mitgeteilt, damit sie diese Entscheidung gemäß § 66c Abs. 6 berücksichtigen kann. [8] Erfolgt nach Maßgabe dieses Absatzes keine Eintragung gemäß Absatz 1, so bestätigt die Wirtschaftsprüferkammer dies dem Abschlussprüfer, der Abschlussprüferin oder der Abschlussprüfungsgesellschaft auf Antrag schriftlich oder elektronisch.

(5) Liegen die Voraussetzungen einer Eintragung im Sinne der Absätze 1 und 2 nicht mehr vor, erfolgt eine Löschung der Eintragung von Amts wegen.

§ 134 a[1)] **Übergangsregelung.** (1) [1] Wirtschaftsprüfer und vereidigte Buchprüfer, die am 31. Dezember 1989 bestellt sind, behalten ihre Bestellung, auch wenn sie die Voraussetzungen der am 1. Januar 1990 in Kraft tretenden Vorschriften des Artikels 6 des Bilanzrichtlinien-Gesetzes vom 19. Dezember 1985 (BGBl. I S. 2355) nicht erfüllen. [2] Entsprechendes gilt für Wirtschaftsprüfungsgesellschaften und Buchprüfungsgesellschaften, die am 31. Dezember 1989 anerkannt sind. [3] Die Anerkennung einer Wirtschaftsprüfungsgesellschaft und einer Buchprüfungsgesellschaft ist jedoch zu widerrufen, wenn sie nach dem 31. Dezember 1994 die Voraussetzungen des § 28 Abs. 2 und 3 in der ab 1. Januar 1990 geltenden Fassung nicht erfüllt.

(2) [1] Wirtschaftsprüfungsgesellschaften und Buchprüfungsgesellschaften, die im Zeitpunkt des Inkrafttretens des Artikels 6 Nr. 6 Buchstabe b des Bilanzrichtlinien-Gesetzes anerkannt sind, bleiben anerkannt. [2] Die Anerkennung einer solchen Wirtschaftsprüfungsgesellschaft oder Buchprüfungsgesellschaft ist von der Wirtschaftsprüferkammer zu widerrufen, wenn nach dem 31. Dezember 1987 bei der Wirtschaftsprüfungsgesellschaft oder Buchprüfungsgesellschaft der Bestand der Gesellschafter oder das Verhältnis ihrer Beteiligungen oder Stimmrechte durch Rechtsgeschäft oder auf Grund Erbfalls verändert und dabei § 28 Abs. 4 nicht beachtet wird. [3] § 34 Abs. 1 Nr. 2 ist entsprechend anzuwenden.

§ 135[2)] **Übergangsvorschrift zum Finanzmarktintegritätsstärkungsgesetz.** [1] § 43 Absatz 6 Satz 2 und § 54 in der ab dem 1. Juli 2021 geltenden

---

[1)] § 134a Abs. 5 Satz 2 und 4 geänd. sowie Abs. 6 angef. mWv 1.1.1995 durch G v. 15.7.1994 (BGBl. I S. 1569); Abs. 3 und 4 aufgeh., bish. Abs. 5 wird Abs. 3, neuer Abs. 3 Satz 2 und 4 geänd., Satz 6 angef., bish. Abs. 6 wird Abs. 4 mWv 1.1.2001 durch G v. 19.12.2000 (BGBl. I S. 1769); Abs. 2 Satz 2 und Abs. 3 Satz 2 geänd. mWv 1.1.2002 durch G v. 19.12.2000 (BGBl. I S. 1769); Abs. 3 und 4 aufgeh. mWv 1.1.2004 durch G v. 1.12.2003 (BGBl. I S. 2446).
[2)] § 135 eingef. durch G v. 3.6.2021 (BGBl. I S. 1534); Satz 1 geänd. durch G v. 25.6.2021 (BGBl. I S. 2154).

Fassung sind erstmals auf alle gesetzlich vorgeschriebenen Abschlussprüfungen für das nach dem 31. Dezember 2021 beginnende Geschäftsjahr anzuwenden. ²§ 54 in der bis einschließlich 30. Juni 2021 geltenden Fassung ist letztmals anzuwenden auf alle gesetzlich vorgeschriebenen Abschlussprüfungen für das vor dem 1. Januar 2022 beginnende Geschäftsjahr.

§§ 136 bis 139a.¹⁾ (weggefallen)

§ 139b²⁾ Übergangsregelung für den bis zum 31. Dezember 2003 geltenden § 51a.
(1) Die regelmäßige Verjährungsfrist nach § 195 des Bürgerlichen Gesetzbuchs findet auf die am 1. Januar 2004 bestehenden und noch nicht verjährten Ansprüche des Auftraggebers auf Schadensersatz aus dem zwischen ihm und dem Wirtschaftsprüfer bestehenden Vertragsverhältnis Anwendung.

(2) ¹Die regelmäßige Verjährungsfrist nach § 195 des Bürgerlichen Gesetzbuchs wird vom 1. Januar 2004 an berechnet. ²Läuft jedoch die bis zu diesem Tag geltende Verjährungsfrist des § 51a früher als die regelmäßige Verjährungsfrist nach § 195 des Bürgerlichen Gesetzbuchs ab, so ist die Verjährung mit dem Ablauf der bis zu diesem Tag geltenden Verjährungsfrist des § 51a vollendet.

§ 140.³⁾ (weggefallen)

§ 141⁴⁾ Inkrafttreten.
(1) Dieses Gesetz tritt am ersten Kalendertage des vierten auf seine Verkündung⁵⁾ folgenden Kalendermonats in Kraft.

(2) Die §§ 14, 48, 54, 131 Abs. 4 treten am Tage der Verkündung in Kraft.

---

¹⁾ §§ 136 bis 139a aufgeh. mWv 1.8.2021 durch G v. 25.6.2021 (BGBl. I S. 2154).
²⁾ § 139b neu gef. mWv 1.1.2004 durch G v. 1.12.2003 (BGBl. I S. 2446).
³⁾ § 140 aufgeh. mWv 17.6.2016 durch G v. 31.3.2016 (BGBl. I S. 518).
⁴⁾ § 141 betrifft das Inkrafttreten des G in der ursprünglichen Fassung. Das Inkrafttreten der späteren Änderungen ergibt sich aus den jeweiligen Änderungsgesetzen.
⁵⁾ Verkündet am 29.7.1961.

Anlage[1])
(zu § 122 Satz 1)

Gebührenverzeichnis

Abschnitt 1. Verfahren vor dem Landgericht
   Unterabschnitt 1. Verfahren über Anträge auf berufsgerichtliche Entscheidung
   Unterabschnitt 2. Verfahren über Anträge auf Entscheidung des Gerichts

Abschnitt 2. Verfahren vor dem Oberlandesgericht
   Unterabschnitt 1. Berufung
   Unterabschnitt 2. Beschwerde

Abschnitt 3. Verfahren vor dem Bundesgerichtshof
   Unterabschnitt 1. Revision
   Unterabschnitt 2 .Beschwerde

Abschnitt 4. Rüge wegen Verletzung des Anspruchs auf rechtliches Gehör

Abschnitt 5. Verfahren über den Antrag auf Aufhebung eines vorläufigen Tätigkeits- oder Berufsverbots nach § 120 WPO

Nr.	Gebührentatbestand	Gebührenbetrag oder Satz der jeweiligen Gebühr 110 bis 114

Vorbemerkung:

(1) In Verfahren über Anträge auf berufsgerichtliche Entscheidung werden, soweit nichts anderes bestimmt ist, Gebühren nur erhoben, soweit auf Zurückweisung des Antrags auf berufsgerichtliche Entscheidung oder auf Verurteilung zu einer oder mehrerer der in § 68 Abs. 1 und § 68a WPO genannten Maßnahmen entschieden wird. Die Gebühren bemessen sich nach der rechtskräftig verhängten Maßnahme, wenn die Gegenstand der Entscheidung im Sinne des Satzes 1 ist. Maßgeblich ist die Maßnahme, für die die höchste Gebühr bestimmt ist.

(2) Im Rechtsmittelverfahren ist Absatz 1 entsprechend anzuwenden.

(3) Wird ein Antrag auf berufsgerichtliche Entscheidung, ein Antrag auf Entscheidung des Gerichts oder ein Rechtsmittel nur teilweise verworfen oder zurückgewiesen, so hat das Gericht die Gebühr zu ermäßigen, soweit es unbillig wäre, den Berufsangehörigen damit zu belasten.

(4) Im Verfahren nach Wiederaufnahme werden die gleichen Gebühren wie für das wiederaufgenommene Verfahren erhoben. Wird jedoch nach Anordnung der Wiederaufnahme des Verfahrens das frühere Urteil aufgehoben, gilt für die Gebührenerhebung jeder Rechtszug des neuen Verfahrens mit dem jeweiligen Rechtszug des früheren Verfahrens zusammen als ein Rechtszug. Gebühren werden auch für Rechtszüge erhoben, die nur im früheren Verfahren stattgefunden haben.

Abschnitt 1. Verfahren vor dem Landgericht
Unterabschnitt 1. Verfahren über Anträge auf berufsgerichtliche Entscheidung

Nr.	Gebührentatbestand	Betrag
	Verfahren mit Urteil bei	
110	– Erteilung einer Rüge nach § 68 Abs. 1 Satz 2 Nr. 1 oder einer Feststellung nach § 68 Abs. 1 Satz 2 Nr. 7 WPO jeweils	160,00 EUR
111	– Verhängung einer Geldbuße nach § 68 Abs. 1 Satz 2 Nr. 2 WPO	240,00 EUR

---

[1]) Anl. neu gef. mWv 17.6.2016 durch G v. 31.3.2016 (BGBl. I S. 518) und geänd. mWv 1.8.2021 (BGBl. I S. 2154).

Nr.	Gebührentatbestand	Gebührenbetrag oder Satz der jeweiligen Gebühr 110 bis 114
112	– Verhängung eines Tätigkeitsverbots nach § 68 Abs. 1 Satz 2 Nr. 3 oder Nr. 4 oder eines Berufsverbots nach § 68 Abs. 1 Satz 2 Nr. 5 WPO jeweils	360,00 EUR
113	– Ausschließung aus dem Beruf nach § 68 Abs. 1 Satz 2 Nr. 6 WPO	480,00 EUR
114	– Erlass einer Untersagungsverfügung nach § 68a WPO	60,00 EUR
115	Zurückweisung des Antrags auf berufsgerichtliche Entscheidung durch Beschluss nach § 86 Abs. 1 WPO	0,5
116	Zurücknahme des Antrags auf berufsgerichtliche Entscheidung vor Beginn der Hauptverhandlung Die Gebühr bemisst sich nach der Maßnahme, die Gegenstand des Verfahrens war. Maßgeblich ist die Maßnahme, für die die höchste Gebühr bestimmt ist.	0,25
117	Zurücknahme des Antrags auf berufsgerichtliche Entscheidung nach Beginn der Hauptverhandlung Die Gebühr bemisst sich nach der Maßnahme, die Gegenstand des Verfahrens war. Maßgeblich ist die Maßnahme, für die die höchste Gebühr bestimmt ist.	0,5

Unterabschnitt 2. Verfahren über Anträge auf Entscheidung des Gerichts

Vorbemerkung 1.2:

(1) Die Gebühren entstehen für jedes Verfahren gesondert.

(2) Ist in den Fällen der Nummern 120 und 123 das Zwangs- oder Ordnungsgeld geringer als die Gebühr, so ermäßigt sich die Gebühr auf die Höhe des Zwangs- oder Ordnungsgeldes.

120	Verfahren über einen Antrag auf Entscheidung des Gerichts über die Androhung oder die Festsetzung eines Zwangsgeldes nach § 62a Abs. 3 Satz 1 WPO: Der Antrag wird verworfen oder zurückgewiesen	160,00 EUR
121	Verfahren über einen Antrag auf Entscheidung des Gerichts über eine vorläufige Untersagungsverfügung nach § 68b Satz 4 i. V. m. § 62a Abs. 3 Satz 1 WPO: Der Antrag wird verworfen oder zurückgewiesen	100,00 EUR
122	Verfahren über einen Antrag auf Entscheidung des Gerichts über die Verhängung eines Ordnungsgeldes nach § 68c Abs. 2 i. V. m. § 62a Abs. 3 Satz 1 WPO: Der Antrag wird verworfen oder zurückgewiesen	360,00 EUR
123	Verfahren über einen Antrag auf Entscheidung des Gerichts über die Notwendigkeit der Zuziehung eines Bevollmächtigten nach § 68 Abs. 6 Satz 4 WPO: Der Antrag wird verworfen oder zurückgewiesen	100,00 EUR

Nr.	Gebührentatbestand	Gebührenbetrag oder Satz der jeweiligen Gebühr 110 bis 114

Abschnitt 2. Verfahren vor dem Oberlandesgericht
Unterabschnitt 1. Berufung

210	Berufungsverfahren mit Urteil	1,5
211	Erledigung des Berufungsverfahrens ohne Urteil	0,5

Die Gebühr bemisst sich nach der Maßnahme, die Gegenstand des Verfahrens war. Maßgeblich ist die Maßnahme, für die die höchste Gebühr bestimmt ist. Die Gebühr entfällt bei Zurücknahme der Berufung vor Ablauf der Begründungsfrist.

Unterabschnitt 2. Beschwerde

220	Verfahren über eine Beschwerde gegen die Verwerfung eines Antrags auf berufsgerichtliche Entscheidung (§ 86 Abs. 1 WPO): Die Beschwerde wird verworfen oder zurückgewiesen	1,0
221	Verfahren über eine Beschwerde gegen den Beschluss, durch den ein vorläufiges Tätigkeits- oder Berufsverbot verhängt wurde, nach § 118 Abs. 1 WPO: Die Beschwerde wird verworfen oder zurückgewiesen	250,00 EUR
222	Verfahren über sonstige Beschwerden im berufsgerichtlichen Verfahren, die nicht nach anderen Vorschriften gebührenfrei sind: Die Beschwerde wird verworfen oder zurückgewiesen	50,00 EUR

Von dem Berufsangehörigen wird eine Gebühr nur erhoben, wenn gegen ihn rechtskräftig eine der in § 68 Abs. 1 und § 68a WPO genannten Maßnahmen verhängt worden ist.

Abschnitt 3. Verfahren vor dem Bundesgerichtshof
Unterabschnitt 1. Revision

310	Revisionsverfahren mit Urteil oder mit Beschluss nach § 107a Abs. 3 Satz 1 [*ab 1.8.2022:* § 127][1] WPO i. V. m. § 349 Abs. 2 oder Abs. 4 StPO	2,0
311	Erledigung des Revisionsverfahrens ohne Urteil und ohne Beschluss nach § 107a Abs. 3 Satz 1 [*ab 1.8.2022:* § 127][1] WPO i. V. m. § 349 Abs. 2 oder Abs. 4 StPO	1,0

---

[1] Verweis geänd. mWv 1.8.2022 durch G v. 7.7.2021 (BGBl. I S. 2363).

Nr.	Gebührentatbestand	Gebührenbetrag oder Satz der jeweiligen Gebühr 110 bis 114
	Die Gebühr bemisst sich nach der Maßnahme, die Gegenstand des Verfahrens war. Maßgeblich ist die Maßnahme, für die die höchste Gebühr bestimmt ist. Die Gebühr entfällt, wenn die Revision vor Ablauf der Begründungsfrist zurückgenommen wird.	

Unterabschnitt 2. Beschwerde

320	Verfahren über die Beschwerde gegen die Nichtzulassung der Revision nach § 107 Abs. 3 Satz 1 WPO: Die Beschwerde wird verworfen oder zurückgewiesen	1,0
321	Verfahren über eine Beschwerde gegen den Beschluss, durch den ein vorläufiges Tätigkeits- oder Berufsverbot verhängt wurde, nach § 118 Abs. 1 WPO: Die Beschwerde wird verworfen oder zurückgewiesen	300,00 EUR
322	Verfahren über sonstige Beschwerden im berufsgerichtlichen Verfahren, die nicht nach anderen Vorschriften gebührenfrei sind: Die Beschwerde wird verworfen oder zurückgewiesen Von dem Berufsangehörigen wird eine Gebühr nur erhoben, wenn gegen ihn rechtskräftig eine der in § 68 Abs. 1 und § 68a WPO genannten Maßnahmen verhängt worden ist.	50,00 EUR

Abschnitt 4.
Rüge wegen Verletzung des Anspruchs auf rechtliches Gehör

400	Verfahren über die Rüge wegen Verletzung des Anspruchs auf rechtliches Gehör: Die Rüge wird in vollem Umfang verworfen oder zurückgewiesen	50,00 EUR

Abschnitt 5.
Verfahren über den Antrag auf Aufhebung eines vorläufigen Tätigkeits- oder Berufsverbots nach § 120 WPO

500	Verfahren über den Antrag auf Aufhebung eines vorläufigen Tätigkeits- oder Berufsverbots nach § 120 Abs. 3 Satz 1 WPO: Der Antrag wird in vollem Umfang verworfen oder zurückgewiesen	50,00 EUR

vor T 1–T 3
Einkommensteuertabellen 2023
Lohnsteuertabellen Dezember 2023
Übergangstabellen Solidaritätszuschlag 2023

Die in dieser Sammlung enthaltenen Einkommensteuertabellen wurden nach den in § 32a EStG i. d. F. des Inflationsausgleichgesetzes 2022 vorgegebenen Berechnungsgrundlagen ermittelt. Für die Berechnung der Einkommensteuer kommt der stufenlose Steuertarif zur Anwendung. Zur Anwendung der Tabellen siehe die Vorbemerkungen zu T 1.

Die in dieser Sammlung enthaltenen Lohnsteuertabellen beruhen auf den in § 39b EStG vorgeschriebenen Berechnungsgrundlagen und sind auf Basis des vom BMF am 18.11.2022 bekannt gemachten geänderten Programmablaufplans für die Erstellung von **Lohnsteuertabellen 2023** erstellt worden.

Zur Anwendung der Tabellen siehe die Vorbemerkungen zu T 2.

Hinweis: *Die Zahlen der Tabellen sind nach amtlichen Unterlagen ermittelt. Ihre Wiedergabe erfolgt ohne Gewähr.*

Vorbemerkung

Die Berechnung der Einkommensteuer erfolgt nach einem stufenlosen Steuertarif. Dies bedeutet, dass die Einkommensteuer exakt für den sich bei der Steuerveranlagung jeweils ergebenden Einzelwert berechnet wird. Eine jeden Einzelwert berücksichtigende Einkommensteuertabelle ist somit aus Umfangsgründen nicht mehr möglich, so dass die nach der Einkommensteuertabelle manuell abgelesene Einkommensteuer mit Ausnahme des ausgewiesenen zu versteuernden Einkommens grundsätzlich höher ist als die aufgrund eines Tabellenberechnungsprogramms nach den Formeltarifen elektronisch errechnete Einkommensteuer. Die genaue Berechnung der Einkommensteuer kann deshalb nur mit Hilfe des online zur Verfügung stehenden Berechnungsprogramms vorgenommen werden. Die nachstehenden Einkommensteuer-, Grund- und Splittingtabellen geben Ihnen für die zwischen den ausgewiesenen zu versteuernden Einkommen liegenden Werte nur Annäherungswerte. Den Wert Ihrer Einkommensteuer können Sie aber, soweit Sie keine elektronische Berechnung vornehmen, innerhalb der ausgewiesenen zu versteuernden Einkommen zumindest annäherungsweise schätzen.

Die Höhe der **Einkommensteuer** bestimmt sich für 2023 allgemein nach dem **Einkommensteuertarif,** der in § 32a EStG i. d. F. des Inflationsausgleichsgesetzes 2022 vorgeschrieben ist.

Dieser Einkommensteuertarif hat folgenden **Aufbau:**

a) Null-Zone (Grundfreibetrag) für zu versteuernde Einkommen von 0 bis 10 908 Euro,

b) Untere Zone mit einem ansteigenden Steuersatz von 14 v. H. bis 23,97 v. H. für zu versteuernde Einkommen von 10 909 bis 15 999 Euro,

c) Progressionszone mit einem ansteigenden Steuersatz von 23,97 v. H. bis 42 v. H. für zu versteuernde Einkommen von 16 000 bis 62 809 Euro,

d) Proportionalzone mit einem Steuersatz von 42 v. H. für zu versteuernde Einkommen von 62 810 bis 277 825 Euro und einem Steuersatz von 45 v. H. für zu versteuernde Einkommen von 277 826 Euro an.

Dieser Einkommensteuertarif gilt für alle Personen, für die nicht das Splitting-Verfahren anzuwenden ist, d. h. grundsätzlich für alle nicht verheirateten Personen, für die getrennt lebenden und für die getrennt zu veranlagenden Ehegatten.

Ehegatten können zwischen der Einzelveranlagung (§ 26a EStG) und der Zusammenveranlagung (§ 26b EStG) wählen, wenn beide unbeschränkt einkommensteuerpflichtig sind und nicht dauernd getrennt

T 1 Vorbem.

leben, diese Voraussetzungen zu Beginn des Veranlagungszeitraums vorgelegen haben oder im Laufe des Veranlagungszeitraums eingetreten sind und keiner der Ehegatten die Einzelveranlagung wählt. Ehegatten werden zusammen veranlagt, wenn beide Ehegatten die Zusammenveranlagung wählen. Die Wahl wird für den betreffenden Veranlagungszeitraum durch Angabe in der Steuererklärung getroffen.

Bei der Zusammenveranlagung wird das Splitting-Verfahren angewendet. Die Einkünfte der Ehegatten werden zusammengerechnet, den Ehegatten gemeinsam zugerechnet und die Ehegatten sodann gemeinsam als Steuerpflichtige behandelt.

Bei dem Splitting-Verfahren wird die Einkommensteuer für die Hälfte des gemeinsam zu versteuernden Einkommens beider Ehegatten nach dem Einkommensteuertarif gem. § 32a EStG berechnet und der ermittelte Steuerbetrag sodann verdoppelt.

Das **Splitting-Verfahren** ist auch anzuwenden

a) bei einem verwitweten Steuerpflichtigen für den Veranlagungszeitraum, der dem Kalenderjahr folgt, in dem sein Ehegatte verstorben ist, wenn der Steuerpflichtige und sein verstorbener Ehegatte im Zeitpunkt seines Todes die Voraussetzungen des § 26 Absatz 1 Satz 1 erfüllt haben.

b) bei einem Steuerpflichtigen, dessen Ehe in dem Kalenderjahr, in dem er sein Einkommen bezogen hat, aufgelöst worden ist, wenn in diesem Kalenderjahr
   – der Steuerpflichtige und sein bisheriger Ehegatte die Voraussetzungen des § 26 Absatz 1 Satz 1 erfüllt haben,
   – der bisherige Ehegatte wieder geheiratet hat und er sowie sein neuer Ehegatte ebenfalls die Voraussetzungen des § 26 Absatz 1 Satz 1 erfüllen.

In den Fällen zu b) ist das Splitting-Verfahren allerdings dann nicht anzuwenden, wenn der Steuerpflichtige selber wieder geheiratet hat und getrennt oder wie ein Unverheirateter zur Einkommensteuer veranlagt wird.

Bemessungsgrundlage für die tarifliche Einkommensteuer ist das zu versteuernde Einkommen. Das zu versteuernde Einkommen ist wie folgt zu ermitteln:

c) der bisherige Ehegatte und dessen neuer Ehegatte ebenfalls die Voraussetzungen des § 26 Absatz 1 Satz 1 erfüllen.

Voraussetzung für die Anwendung des Satzes 1 ist, dass der Steuerpflichtige nicht nach den §§ 26, 26a einzeln zur Einkommensteuer veranlagt wird.

T 1 Vorbem.

ESt-Grundtabelle T 1a

laufende Nummer	zu versteuerndes Einkommen* in €	tarifliche Einkommen- steuer* in €	laufende Nummer	zu versteuerndes Einkommen* in €	tarifliche Einkommen- steuer* in €
1	10 908		61	13 068	348
2	10 944	5	62	13 104	354
3	10 980	10	63	13 140	361
4	11 016	15	64	13 176	367
5	11 052	20	65	13 212	374
6	11 088	25	66	13 248	381
7	11 124	30	67	13 284	387
8	11 160	35	68	13 320	394
9	11 196	41	69	13 356	401
10	11 232	46	70	13 392	408
11	11 268	51	71	13 428	414
12	11 304	56	72	13 464	421
13	11 340	62	73	13 500	428
14	11 376	67	74	13 536	435
15	11 412	73	75	13 572	442
16	11 448	78	76	13 608	449
17	11 484	83	77	13 644	456
18	11 520	89	78	13 680	463
19	11 556	94	79	13 716	470
20	11 592	100	80	13 752	477
21	11 628	105	81	13 788	484
22	11 664	111	82	13 824	491
23	11 700	117	83	13 860	498
24	11 736	122	84	13 896	505
25	11 772	128	85	13 932	512
26	11 808	133	86	13 968	520
27	11 844	139	87	14 004	527
28	11 880	145	88	14 040	534
29	11 916	151	89	14 076	541
30	11 952	156	90	14 112	549
31	11 988	162	91	14 148	556
32	12 024	168	92	14 184	563
33	12 060	174	93	14 220	571
34	12 096	180	94	14 256	578
35	12 132	186	95	14 292	585
36	12 168	191	96	14 328	593
37	12 204	197	97	14 364	600
38	12 240	203	98	14 400	608
39	12 276	209	99	14 436	615
40	12 312	215	100	14 472	623
41	12 348	221	101	14 508	630
42	12 384	227	102	14 544	638
43	12 420	234	103	14 580	646
44	12 456	240	104	14 616	653
45	12 492	246	105	14 652	661
46	12 528	252	106	14 688	669
47	12 564	258	107	14 724	676
48	12 600	264	108	14 760	684
49	12 636	271	109	14 796	692
50	12 672	277	110	14 832	700
51	12 708	283	111	14 868	707
52	12 744	290	112	14 904	715
53	12 780	296	113	14 940	723
54	12 816	302	114	14 976	731
55	12 852	309	115	15 012	739
56	12 888	315	116	15 048	747
57	12 924	322	117	15 084	755
58	12 960	328	118	15 120	763
59	12 996	335	119	15 156	771
60	13 032	341	120	15 192	779

* Die Einkommensteuer gilt nur für den ausgewiesenen Wert, Zwischenwerte sind zu schätzen — s. Vorbemerkungen

laufende Nummer	zu versteuerndes Einkommen* in €	tarifliche Einkommensteuer* in €	laufende Nummer	zu versteuerndes Einkommen* in €	tarifliche Einkommensteuer* in €
121	15 228	787	181	17 388	1 303
122	15 264	795	182	17 424	1 312
123	15 300	803	183	17 460	1 320
124	15 336	811	184	17 496	1 329
125	15 372	820	185	17 532	1 338
126	15 408	828	186	17 568	1 347
127	15 444	836	187	17 604	1 356
128	15 480	844	188	17 640	1 365
129	15 516	853	189	17 676	1 373
130	15 552	861	190	17 712	1 382
131	15 588	869	191	17 748	1 391
132	15 624	878	192	17 784	1 400
133	15 660	886	193	17 820	1 409
134	15 696	894	194	17 856	1 418
135	15 732	903	195	17 892	1 427
136	15 768	911	196	17 928	1 436
137	15 804	920	197	17 964	1 444
138	15 840	928	198	18 000	1 453
139	15 876	937	199	18 036	1 462
140	15 912	945	200	18 072	1 471
141	15 948	954	201	18 108	1 480
142	15 984	962	202	18 144	1 489
143	16 020	971	203	18 180	1 498
144	16 056	980	204	18 216	1 507
145	16 092	988	205	18 252	1 516
146	16 128	997	206	18 288	1 525
147	16 164	1 006	207	18 324	1 534
148	16 200	1 014	208	18 360	1 543
149	16 236	1 023	209	18 396	1 552
150	16 272	1 032	210	18 432	1 561
151	16 308	1 040	211	18 468	1 570
152	16 344	1 049	212	18 504	1 579
153	16 380	1 058	213	18 540	1 588
154	16 416	1 066	214	18 576	1 597
155	16 452	1 075	215	18 612	1 606
156	16 488	1 084	216	18 648	1 615
157	16 524	1 092	217	18 684	1 624
158	16 560	1 101	218	18 720	1 633
159	16 596	1 110	219	18 756	1 642
160	16 632	1 119	220	18 792	1 651
161	16 668	1 127	221	18 828	1 660
162	16 704	1 136	222	18 864	1 669
163	16 740	1 145	223	18 900	1 678
164	16 776	1 153	224	18 936	1 687
165	16 812	1 162	225	18 972	1 696
166	16 848	1 171	226	19 008	1 705
167	16 884	1 180	227	19 044	1 714
168	16 920	1 188	228	19 080	1 723
169	16 956	1 197	229	19 116	1 732
170	16 992	1 206	230	19 152	1 741
171	17 028	1 215	231	19 188	1 750
172	17 064	1 223	232	19 224	1 759
173	17 100	1 232	233	19 260	1 768
174	17 136	1 241	234	19 296	1 777
175	17 332	1 250	235	19 332	1 786
176	17 208	1 259	236	19 368	1 795
177	17 244	1 267	237	19 404	1 805
178	17 280	1 276	238	19 440	1 814
179	17 316	1 285	239	19 476	1 823
180	17 352	1 294	240	19 512	1 832

* Die Einkommensteuer gilt nur für den ausgewiesenen Wert, Zwischenwerte sind zu schätzen — s. Vorbemerkungen

ESt-Grundtabelle T 1a

laufende Nummer	zu versteuerndes Einkommen* in €	tarifliche Einkommen- steuer* in €	laufende Nummer	zu versteuerndes Einkommen* in €	tarifliche Einkommen- steuer* in €
241	19 548	1 841	301	21 708	2 397
242	19 584	1 850	302	21 744	2 407
243	19 620	1 859	303	21 780	2 416
244	19 656	1 868	304	21 816	2 426
245	19 692	1 878	305	21 852	2 435
246	19 728	1 887	306	21 888	2 444
247	19 764	1 896	307	21 924	2 454
248	19 800	1 905	308	21 960	2 463
249	19 836	1 914	309	21 996	2 473
250	19 872	1 923	310	22 032	2 482
251	19 908	1 932	311	22 068	2 492
252	19 944	1 942	312	22 104	2 501
253	19 980	1 951	313	22 140	2 511
254	20 016	1 960	314	22 176	2 520
255	20 052	1 969	315	22 212	2 530
256	20 088	1 978	316	22 248	2 539
257	20 124	1 988	317	22 284	2 549
258	20 160	1 997	318	22 320	2 558
259	20 196	2 006	319	22 356	2 568
260	20 232	2 015	320	22 392	2 577
261	20 268	2 024	321	22 428	2 587
262	20 304	2 034	322	22 464	2 596
263	20 340	2 043	323	22 500	2 606
264	20 376	2 052	324	22 536	2 615
265	20 412	2 061	325	22 572	2 625
266	20 448	2 071	326	22 608	2 634
267	20 484	2 080	327	22 644	2 644
268	20 520	2 089	328	22 680	2 653
269	20 556	2 098	329	22 716	2 663
270	20 592	2 108	330	22 752	2 673
271	20 628	2 117	331	22 788	2 682
272	20 664	2 126	332	22 824	2 692
273	20 700	2 135	333	22 860	2 701
274	20 736	2 145	334	22 896	2 711
275	20 772	2 154	335	22 932	2 720
276	20 808	2 163	336	22 968	2 730
277	20 844	2 173	337	23 004	2 740
278	20 880	2 182	338	23 040	2 749
279	20 916	2 191	339	23 076	2 759
280	20 952	2 201	340	23 112	2 768
281	20 988	2 210	341	23 148	2 778
282	21 024	2 219	342	23 184	2 788
283	21 060	2 228	343	23 220	2 797
284	21 096	2 238	344	23 256	2 807
285	21 132	2 247	345	23 292	2 817
286	21 168	2 256	346	23 328	2 826
287	21 204	2 266	347	23 364	2 836
288	21 240	2 275	348	23 400	2 846
289	21 276	2 285	349	23 436	2 855
290	21 312	2 294	350	23 472	2 865
291	21 348	2 303	351	23 508	2 875
292	21 384	2 313	352	23 544	2 884
293	21 420	2 322	353	23 580	2 894
294	21 456	2 331	354	23 616	2 904
295	21 492	2 341	355	23 652	2 913
296	21 528	2 350	356	23 688	2 923
297	21 564	2 360	357	23 724	2 933
298	21 600	2 369	358	23 760	2 942
299	21 636	2 378	359	23 796	2 952
300	21 672	2 388	360	23 832	2 962

* Die Einkommensteuer gilt nur für den ausgewiesenen Wert, Zwischenwerte sind zu schätzen — s. Vorbemerkungen

laufende Nummer	zu versteuerndes Einkommen* in €	tarifliche Einkommen-steuer* in €	laufende Nummer	zu versteuerndes Einkommen* in €	tarifliche Einkommen-steuer* in €
361	23 868	2 971	421	26 028	3 564
362	23 904	2 981	422	26 064	3 574
363	23 940	2 991	423	26 100	3 584
364	23 976	3 001	424	26 136	3 594
365	24 012	3 010	425	26 172	3 604
366	24 048	3 020	426	26 208	3 614
367	24 084	3 030	427	26 244	3 624
368	24 120	3 040	428	26 280	3 634
369	24 156	3 049	429	26 316	3 644
370	24 192	3 059	430	26 352	3 654
371	24 228	3 069	431	26 388	3 664
372	24 264	3 079	432	26 424	3 674
373	24 300	3 088	433	26 460	3 684
374	24 336	3 098	434	26 496	3 694
375	24 372	3 108	435	26 532	3 704
376	24 408	3 118	436	26 568	3 715
377	24 444	3 128	437	26 604	3 725
378	24 480	3 137	438	26 640	3 735
379	24 516	3 147	439	26 676	3 745
380	24 552	3 157	440	26 712	3 755
381	24 588	3 167	441	26 748	3 765
382	24 624	3 177	442	26 784	3 775
383	24 660	3 187	443	26 820	3 785
384	24 696	3 196	444	26 856	3 795
385	24 732	3 206	445	26 892	3 806
386	24 768	3 216	446	26 928	3 816
387	24 804	3 226	447	26 964	3 826
388	24 840	3 236	448	27 000	3 836
389	24 876	3 246	449	27 036	3 846
390	24 912	3 255	450	27 072	3 856
391	24 948	3 265	451	27 108	3 867
392	24 984	3 275	452	27 144	3 877
393	25 020	3 285	453	27 180	3 887
394	25 056	3 295	454	27 216	3 897
395	25 092	3 305	455	27 252	3 907
396	25 128	3 315	456	27 288	3 917
397	25 164	3 325	457	27 324	3 928
398	25 200	3 335	458	27 360	3 938
399	25 236	3 344	459	27 396	3 948
400	25 272	3 354	460	27 432	3 958
401	25 308	3 364	461	27 468	3 968
402	25 344	3 374	462	27 504	3 979
403	25 380	3 384	463	27 540	3 989
404	25 416	3 394	464	27 576	3 999
405	25 452	3 404	465	27 612	4 009
406	25 488	3 414	466	27 648	4 020
407	25 524	3 424	467	27 684	4 030
408	25 560	3 434	468	27 720	4 040
409	25 596	3 444	469	27 756	4 050
410	25 632	3 454	470	27 792	4 061
411	25 668	3 464	471	27 828	4 071
412	25 704	3 474	472	27 864	4 081
413	25 740	3 484	473	27 900	4 091
414	25 776	3 494	474	27 936	4 102
415	25 812	3 504	475	27 972	4 112
416	25 848	3 514	476	28 008	4 122
417	25 884	3 524	477	28 044	4 133
418	25 920	3 534	478	28 080	4 143
419	25 956	3 544	479	28 116	4 153
420	25 992	3 554	480	28 152	4 164

* Die Einkommensteuer gilt nur für den ausgewiesenen Wert, Zwischenwerte sind zu schätzen – s. Vorbemerkungen

ESt-Grundtabelle T 1a

laufende Nummer	zu versteuerndes Einkommen* in €	tarifliche Einkommensteuer* in €	laufende Nummer	zu versteuerndes Einkommen* in €	tarifliche Einkommensteuer* in €
481	28 188	4 174	541	30 348	4 802
482	28 224	4 184	542	30 384	4 813
483	28 260	4 195	543	30 420	4 823
484	28 296	4 205	544	30 456	4 834
485	28 332	4 215	545	30 492	4 845
486	28 368	4 226	546	30 528	4 855
487	28 404	4 236	547	30 564	4 866
488	28 440	4 246	548	30 600	4 876
489	28 476	4 257	549	30 636	4 887
490	28 512	4 267	550	30 672	4 898
491	28 548	4 277	551	30 708	4 908
492	28 584	4 288	552	30 744	4 919
493	28 620	4 298	553	30 780	4 930
494	28 656	4 308	554	30 816	4 940
495	28 692	4 319	555	30 852	4 951
496	28 728	4 329	556	30 888	4 962
497	28 764	4 340	557	30 924	4 973
498	28 800	4 350	558	30 960	4 983
499	28 836	4 360	559	30 996	4 994
500	28 872	4 371	560	31 032	5 005
501	28 908	4 381	561	31 068	5 015
502	28 944	4 392	562	31 104	5 026
503	28 980	4 402	563	31 140	5 037
504	29 016	4 413	564	31 176	5 048
505	29 052	4 423	565	31 212	5 058
506	29 088	4 433	566	31 248	5 069
507	29 124	4 444	567	31 284	5 080
508	29 160	4 454	568	31 320	5 091
509	29 196	4 465	569	31 356	5 101
510	29 232	4 475	570	31 392	5 112
511	29 268	4 486	571	31 428	5 123
512	29 304	4 496	572	31 464	5 134
513	29 340	4 507	573	31 500	5 144
514	29 376	4 517	574	31 536	5 155
515	29 412	4 528	575	31 572	5 166
516	29 448	4 538	576	31 608	5 177
517	29 484	4 549	577	31 644	5 188
518	29 520	4 559	578	31 680	5 198
519	29 556	4 570	579	31 716	5 209
520	29 592	4 580	580	31 752	5 220
521	29 628	4 591	581	31 788	5 231
522	29 664	4 601	582	31 824	5 242
523	29 700	4 612	583	31 860	5 252
524	29 736	4 622	584	31 896	5 263
525	29 772	4 633	585	31 932	5 274
526	29 808	4 643	586	31 968	5 285
527	29 844	4 654	587	32 004	5 296
528	29 880	4 664	588	32 040	5 307
529	29 916	4 675	589	32 076	5 317
530	29 952	4 686	590	32 112	5 328
531	29 988	4 696	591	32 148	5 339
532	30 024	4 707	592	32 184	5 350
533	30 060	4 717	593	32 220	5 361
534	30 096	4 728	594	32 256	5 372
535	30 132	4 738	595	32 292	5 383
536	30 168	4 749	596	32 328	5 394
537	30 204	4 760	597	32 364	5 405
538	30 240	4 770	598	32 400	5 415
539	30 276	4 781	599	32 436	5 426
540	30 312	4 791	600	32 472	5 437

* Die Einkommensteuer gilt nur für den ausgewiesenen Wert, Zwischenwerte sind zu schätzen — s. Vorbemerkungen

laufende Nummer	zu versteuerndes Einkommen* in €	tarifliche Einkommensteuer* in €	laufende Nummer	zu versteuerndes Einkommen* in €	tarifliche Einkommensteuer* in €
601	32 508	5 448	661	34 668	6 112
602	32 544	5 459	662	34 704	6 123
603	32 580	5 470	663	34 740	6 135
604	32 616	5 481	664	34 776	6 146
605	32 652	5 492	665	34 812	6 157
606	32 688	5 503	666	34 848	6 168
607	32 724	5 514	667	34 884	6 180
608	32 760	5 525	668	34 920	6 191
609	32 796	5 536	669	34 956	6 202
610	32 832	5 547	670	34 992	6 213
611	32 868	5 558	671	35 028	6 225
612	32 904	5 569	672	35 064	6 236
613	32 940	5 580	673	35 100	6 247
614	32 976	5 590	674	35 136	6 258
615	33 012	5 601	675	35 172	6 270
616	33 048	5 612	676	35 208	6 281
617	33 084	5 623	677	35 244	6 292
618	33 120	5 634	678	35 280	6 304
619	33 156	5 645	679	35 316	6 315
620	33 192	5 656	680	35 352	6 326
621	33 228	5 668	681	35 388	6 338
622	33 264	5 679	682	35 424	6 349
623	33 300	5 690	683	35 460	6 360
624	33 336	5 701	684	35 496	6 372
625	33 372	5 712	685	35 532	6 383
626	33 408	5 723	686	35 568	6 394
627	33 444	5 734	687	35 604	6 406
628	33 480	5 745	688	35 640	6 417
629	33 516	5 756	689	35 676	6 428
630	33 552	5 767	690	35 712	6 440
631	33 588	5 778	691	35 748	6 451
632	33 624	5 789	692	35 784	6 462
633	33 660	5 800	693	35 820	6 474
634	33 696	5 811	694	35 856	6 485
635	33 732	5 822	695	35 892	6 497
636	33 768	5 833	696	35 928	6 508
637	33 804	5 844	697	35 964	6 519
638	33 840	5 856	698	36 000	6 531
639	33 876	5 867	699	36 036	6 542
640	33 912	5 878	700	36 072	6 554
641	33 948	5 889	701	36 108	6 565
642	33 984	5 900	702	36 144	6 576
643	34 020	5 911	703	36 180	6 588
644	34 056	5 922	704	36 216	6 599
645	34 092	5 933	705	36 252	6 611
646	34 128	5 945	706	36 288	6 622
647	34 164	5 956	707	36 324	6 634
648	34 200	5 967	708	36 360	6 645
649	34 236	5 978	709	36 396	6 656
650	34 272	5 989	710	36 432	6 668
651	34 308	6 000	711	36 468	6 679
652	34 344	6 011	712	36 504	6 691
653	34 380	6 023	713	36 540	6 702
654	34 416	6 034	714	36 576	6 714
655	34 452	6 045	715	36 612	6 725
656	34 488	6 056	716	36 648	6 737
657	34 524	6 067	717	36 684	6 748
658	34 560	6 079	718	36 720	6 760
659	34 596	6 090	719	36 756	6 771
660	34 632	6 101	720	36 792	6 783

* Die Einkommensteuer gilt nur für den ausgewiesenen Wert, Zwischenwerte sind zu schätzen — s. Vorbemerkungen

laufende Nummer	zu versteuerndes Einkommen* in €	tarifliche Einkommen- steuer* in €	laufende Nummer	zu versteuerndes Einkommen* in €	tarifliche Einkommen- steuer* in €
961	45 468	9 702	1 021	47 628	10 474
962	45 504	9 715	1 022	47 664	10 487
963	45 540	9 728	1 023	47 700	10 500
964	45 576	9 740	1 024	47 736	10 513
965	45 612	9 753	1 025	47 772	10 526
966	45 648	9 766	1 026	47 808	10 539
967	45 684	9 779	1 027	47 844	10 552
968	45 720	9 791	1 028	47 880	10 565
969	45 756	9 804	1 029	47 916	10 578
970	45 792	9 817	1 030	47 952	10 591
971	45 828	9 830	1 031	47 988	10 605
972	45 864	9 842	1 032	48 024	10 618
973	45 900	9 855	1 033	48 060	10 631
974	45 936	9 868	1 034	48 096	10 644
975	45 972	9 881	1 035	48 132	10 657
976	46 008	9 894	1 036	48 168	10 670
977	46 044	9 906	1 037	48 204	10 683
978	46 080	9 919	1 038	48 240	10 696
979	46 116	9 932	1 039	48 276	10 709
980	46 152	9 945	1 040	48 312	10 722
981	46 188	9 958	1 041	48 348	10 735
982	46 224	9 970	1 042	48 384	10 749
983	46 260	9 983	1 043	48 420	10 762
984	46 296	9 996	1 044	48 456	10 775
985	46 332	10 009	1 045	48 492	10 788
986	46 368	10 022	1 046	48 528	10 801
987	46 404	10 035	1 047	48 564	10 814
988	46 440	10 047	1 048	48 600	10 827
989	46 476	10 060	1 049	48 636	10 841
990	46 512	10 073	1 050	48 672	10 854
991	46 548	10 086	1 051	48 708	10 867
992	46 584	10 099	1 052	48 744	10 880
993	46 620	10 112	1 053	48 780	10 893
994	46 656	10 125	1 054	48 816	10 906
995	46 692	10 137	1 055	48 852	10 920
996	46 728	10 150	1 056	48 888	10 933
997	46 764	10 163	1 057	48 924	10 946
998	46 800	10 176	1 058	48 960	10 959
999	46 836	10 189	1 059	48 996	10 972
1 000	46 872	10 202	1 060	49 032	10 986
1 001	46 908	10 215	1 061	49 068	10 999
1 002	46 944	10 228	1 062	49 104	11 012
1 003	46 980	10 241	1 063	49 140	11 025
1 004	47 016	10 254	1 064	49 176	11 038
1 005	47 052	10 267	1 065	49 212	11 052
1 006	47 088	10 279	1 066	49 248	11 065
1 007	47 124	10 292	1 067	49 284	11 078
1 008	47 160	10 305	1 068	49 320	11 091
1 009	47 196	10 318	1 069	49 356	11 105
1 010	47 232	10 331	1 070	49 392	11 118
1 011	47 268	10 344	1 071	49 428	11 131
1 012	47 304	10 357	1 072	49 464	11 144
1 013	47 340	10 370	1 073	49 500	11 158
1 014	47 376	10 383	1 074	49 536	11 171
1 015	47 412	10 396	1 075	49 572	11 184
1 016	47 448	10 409	1 076	49 608	11 198
1 017	47 484	10 422	1 077	49 644	11 211
1 018	47 520	10 435	1 078	49 680	11 224
1 019	47 556	10 448	1 079	49 716	11 237
1 020	47 592	10 461	1 080	49 752	11 251

* Die Einkommensteuer gilt nur für den ausgewiesenen Wert, Zwischenwerte sind zu schätzen — s. Vorbemerkungen

laufende Nummer	zu versteuerndes Einkommen* in €	tarifliche Einkommen-steuer* in €	laufende Nummer	zu versteuerndes Einkommen* in €	tarifliche Einkommen-steuer* in €
1 081	49 788	11 264	1 141	51 948	12 072
1 082	49 824	11 277	1 142	51 984	12 086
1 083	49 860	11 291	1 143	52 020	12 099
1 084	49 896	11 304	1 144	52 056	12 113
1 085	49 932	11 317	1 145	52 092	12 126
1 086	49 968	11 331	1 146	52 128	12 140
1 087	50 004	11 344	1 147	52 164	12 154
1 088	50 040	11 357	1 148	52 200	12 167
1 089	50 076	11 371	1 149	52 236	12 181
1 090	50 112	11 384	1 150	52 272	12 195
1 091	50 148	11 397	1 151	52 308	12 208
1 092	50 184	11 411	1 152	52 344	12 222
1 093	50 220	11 424	1 153	52 380	12 236
1 094	50 256	11 438	1 154	52 416	12 249
1 095	50 292	11 451	1 155	52 452	12 263
1 096	50 328	11 464	1 156	52 488	12 277
1 097	50 364	11 478	1 157	52 524	12 290
1 098	50 400	11 491	1 158	52 560	12 304
1 099	50 436	11 505	1 159	52 596	12 318
1 100	50 472	11 518	1 160	52 632	12 331
1 101	50 508	11 531	1 161	52 668	12 345
1 102	50 544	11 545	1 162	52 704	12 359
1 103	50 580	11 558	1 163	52 740	12 373
1 104	50 616	11 572	1 164	52 776	12 386
1 105	50 652	11 585	1 165	52 812	12 400
1 106	50 688	11 598	1 166	52 848	12 414
1 107	50 724	11 612	1 167	52 884	12 428
1 108	50 760	11 625	1 168	52 920	12 441
1 109	50 796	11 639	1 169	52 956	12 455
1 110	50 832	11 652	1 170	52 992	12 469
1 111	50 868	11 666	1 171	53 028	12 483
1 112	50 904	11 679	1 172	53 064	12 496
1 113	50 940	11 693	1 173	53 100	12 510
1 114	50 976	11 706	1 174	53 136	12 524
1 115	51 012	11 720	1 175	53 172	12 538
1 116	51 048	11 733	1 176	53 208	12 551
1 117	51 084	11 747	1 177	53 244	12 565
1 118	51 120	11 760	1 178	53 280	12 579
1 119	51 156	11 774	1 179	53 316	12 593
1 120	51 192	11 787	1 180	53 352	12 607
1 121	51 228	11 801	1 181	53 388	12 620
1 122	51 264	11 814	1 182	53 424	12 634
1 123	51 300	11 828	1 183	53 460	12 648
1 124	51 336	11 841	1 184	53 496	12 662
1 125	51 372	11 855	1 185	53 532	12 676
1 126	51 408	11 868	1 186	53 568	12 690
1 127	51 444	11 882	1 187	53 604	12 703
1 128	51 480	11 895	1 188	53 640	12 717
1 129	51 516	11 909	1 189	53 676	12 731
1 130	51 552	11 922	1 190	53 712	12 745
1 131	51 588	11 936	1 191	53 748	12 759
1 132	51 624	11 950	1 192	53 784	12 773
1 133	51 660	11 963	1 193	53 820	12 787
1 134	51 696	11 977	1 194	53 856	12 800
1 135	51 732	11 990	1 195	53 892	12 814
1 136	51 768	12 004	1 196	53 928	12 828
1 137	51 804	12 017	1 197	53 964	12 842
1 138	51 840	12 031	1 198	54 000	12 856
1 139	51 876	12 045	1 199	54 036	12 870
1 140	51 912	12 058	1 200	54 072	12 884

* Die Einkommensteuer gilt nur für den ausgewiesenen Wert, Zwischenwerte sind zu schätzen — s. Vorbemerkungen

ESt-Grundtabelle T 1a

laufende Nummer	zu versteuerndes Einkommen* in €	tarifliche Einkommensteuer* in €	laufende Nummer	zu versteuerndes Einkommen* in €	tarifliche Einkommensteuer* in €
1 201	54 108	12 898	1 261	56 268	13 742
1 202	54 144	12 912	1 262	56 304	13 756
1 203	54 180	12 926	1 263	56 340	13 770
1 204	54 216	12 939	1 264	56 376	13 784
1 205	54 252	12 953	1 265	56 412	13 798
1 206	54 288	12 967	1 266	56 448	13 813
1 207	54 324	12 981	1 267	56 484	13 827
1 208	54 360	12 995	1 268	56 520	13 841
1 209	54 396	13 009	1 269	56 556	13 855
1 210	54 432	13 023	1 270	56 592	13 870
1 211	54 468	13 037	1 271	56 628	13 884
1 212	54 504	13 051	1 272	56 664	13 898
1 213	54 540	13 065	1 273	56 700	13 912
1 214	54 576	13 079	1 274	56 736	13 927
1 215	54 612	13 093	1 275	56 772	13 941
1 216	54 648	13 107	1 276	56 808	13 955
1 217	54 684	13 121	1 277	56 844	13 970
1 218	54 720	13 135	1 278	56 880	13 984
1 219	54 756	13 149	1 279	56 916	13 998
1 220	54 792	13 163	1 280	56 952	14 012
1 221	54 828	13 177	1 281	56 988	14 027
1 222	54 864	13 191	1 282	57 024	14 041
1 223	54 900	13 205	1 283	57 060	14 055
1 224	54 936	13 219	1 284	57 096	14 070
1 225	54 972	13 233	1 285	57 132	14 084
1 226	55 008	13 247	1 286	57 168	14 098
1 227	55 044	13 261	1 287	57 204	14 113
1 228	55 080	13 275	1 288	57 240	14 127
1 229	55 116	13 289	1 289	57 276	14 141
1 230	55 152	13 303	1 290	57 312	14 156
1 231	55 188	13 317	1 291	57 348	14 170
1 232	55 224	13 331	1 292	57 384	14 185
1 233	55 260	13 346	1 293	57 420	14 199
1 234	55 296	13 360	1 294	57 456	14 213
1 235	55 332	13 374	1 295	57 492	14 228
1 236	55 368	13 388	1 296	57 528	14 242
1 237	55 404	13 402	1 297	57 564	14 256
1 238	55 440	13 416	1 298	57 600	14 271
1 239	55 476	13 430	1 299	57 636	14 285
1 240	55 512	13 444	1 300	57 672	14 300
1 241	55 548	13 458	1 301	57 708	14 314
1 242	55 584	13 472	1 302	57 744	14 328
1 243	55 620	13 487	1 303	57 780	14 343
1 244	55 656	13 501	1 304	57 816	14 357
1 245	55 692	13 515	1 305	57 852	14 372
1 246	55 728	13 529	1 306	57 888	14 386
1 247	55 764	13 543	1 307	57 924	14 401
1 248	55 800	13 557	1 308	57 960	14 415
1 249	55 836	13 571	1 309	57 996	14 430
1 250	55 872	13 585	1 310	58 032	14 444
1 251	55 908	13 600	1 311	58 068	14 458
1 252	55 944	13 614	1 312	58 104	14 473
1 253	55 980	13 628	1 313	58 140	14 487
1 254	56 016	13 642	1 314	58 176	14 502
1 255	56 052	13 656	1 315	58 212	14 516
1 256	56 088	13 671	1 316	58 248	14 531
1 257	56 124	13 685	1 317	58 284	14 545
1 258	56 160	13 699	1 318	58 320	14 560
1 259	56 196	13 713	1 319	58 356	14 574
1 260	56 232	13 727	1 320	58 392	14 589

* Die Einkommensteuer gilt nur für den ausgewiesenen Wert, Zwischenwerte sind zu schätzen – s. Vorbemerkungen

laufende Nummer	zu versteuerndes Einkommen* in €	tarifliche Einkommen- steuer* in €	laufende Nummer	zu versteuerndes Einkommen* in €	tarifliche Einkommen- steuer* in €
1 321	58 428	14 603	1 381	60 588	15 483
1 322	58 464	14 618	1 382	60 624	15 498
1 323	58 500	14 632	1 383	60 660	15 513
1 324	58 536	14 647	1 384	60 696	15 528
1 325	58 572	14 661	1 385	60 732	15 542
1 326	58 608	14 676	1 386	60 768	15 557
1 327	58 644	14 690	1 387	60 804	15 572
1 328	58 680	14 705	1 388	60 840	15 587
1 329	58 716	14 720	1 389	60 876	15 602
1 330	58 752	14 734	1 390	60 912	15 617
1 331	58 788	14 749	1 391	60 948	15 631
1 332	58 824	14 763	1 392	60 984	15 646
1 333	58 860	14 778	1 393	61 020	15 661
1 334	58 896	14 792	1 394	61 056	15 676
1 335	58 932	14 807	1 395	61 092	15 691
1 336	58 968	14 822	1 396	61 128	15 706
1 337	59 004	14 836	1 397	61 164	15 721
1 338	59 040	14 851	1 398	61 200	15 736
1 339	59 076	14 865	1 399	61 236	15 750
1 340	59 112	14 880	1 400	61 272	15 765
1 341	59 148	14 895	1 401	61 308	15 780
1 342	59 184	14 909	1 402	61 344	15 795
1 343	59 220	14 924	1 403	61 380	15 810
1 344	59 256	14 938	1 404	61 416	15 825
1 345	59 292	14 953	1 405	61 452	15 840
1 346	59 328	14 968	1 406	61 488	15 855
1 347	59 364	14 982	1 407	61 524	15 870
1 348	59 400	14 997	1 408	61 560	15 885
1 349	59 436	15 012	1 409	61 596	15 900
1 350	59 472	15 026	1 410	61 632	15 915
1 351	59 508	15 041	1 411	61 668	15 930
1 352	59 544	15 056	1 412	61 704	15 945
1 353	59 580	15 070	1 413	61 740	15 960
1 354	59 616	15 085	1 414	61 776	15 975
1 355	59 652	15 100	1 415	61 812	15 990
1 356	59 688	15 114	1 416	61 848	16 005
1 357	59 724	15 129	1 417	61 884	16 020
1 358	59 760	15 144	1 418	61 920	16 035
1 359	59 796	15 158	1 419	61 956	16 050
1 360	59 832	15 173	1 420	61 992	16 065
1 361	59 868	15 188	1 421	62 028	16 080
1 362	59 904	15 203	1 422	62 064	16 095
1 363	59 940	15 217	1 423	62 100	16 110
1 364	59 976	15 232	1 424	62 136	16 125
1 365	60 012	15 247	1 425	62 172	16 140
1 366	60 048	15 261	1 426	62 208	16 155
1 367	60 084	15 276	1 427	62 244	16 170
1 368	60 120	15 291	1 428	62 280	16 185
1 369	60 156	15 306	1 429	62 316	16 200
1 370	60 192	15 320	1 430	62 352	16 215
1 371	60 228	15 335	1 431	62 388	16 230
1 372	60 264	15 350	1 432	62 424	16 245
1 373	60 300	15 365	1 433	62 460	16 260
1 374	60 336	15 379	1 434	62 496	16 275
1 375	60 372	15 394	1 435	62 532	16 290
1 376	60 408	15 409	1 436	62 568	16 305
1 377	60 444	15 424	1 437	62 604	16 320
1 378	60 480	15 439	1 438	62 640	16 335
1 379	60 516	15 453	1 439	62 676	16 351
1 380	60 552	15 468	1 440	62 712	16 366

* Die Einkommensteuer gilt nur für den ausgewiesenen Wert, Zwischenwerte sind zu schätzen — s. Vorbemerkungen

ESt-Grundtabelle T 1a

laufende Nummer	zu versteuerndes Einkommen* in €	tarifliche Einkommen- steuer* in €	laufende Nummer	zu versteuerndes Einkommen* in €	tarifliche Einkommen- steuer* in €
1441	62 748	16 381	1501	64 908	17 288
1442	62 784	16 396	1502	64 944	17 303
1443	62 820	16 411	1503	64 980	17 318
1444	62 856	16 426	1504	65 016	17 333
1445	62 892	16 441	1505	65 052	17 348
1446	62 928	16 456	1506	65 088	17 363
1447	62 964	16 471	1507	65 124	17 379
1448	63 000	16 487	1508	65 160	17 394
1449	63 036	16 502	1509	65 196	17 409
1450	63 072	16 517	1510	65 232	17 424
1451	63 108	16 532	1511	65 268	17 439
1452	63 144	16 547	1512	65 304	17 454
1453	63 180	16 562	1513	65 340	17 469
1454	63 216	16 577	1514	65 376	17 484
1455	63 252	16 592	1515	65 412	17 500
1456	63 288	16 607	1516	65 448	17 515
1457	63 324	16 623	1517	65 484	17 530
1458	63 360	16 638	1518	65 520	17 545
1459	63 396	16 653	1519	65 556	17 560
1460	63 432	16 668	1520	65 592	17 575
1461	63 468	16 683	1521	65 628	17 590
1462	63 504	16 698	1522	65 664	17 605
1463	63 540	16 713	1523	65 700	17 621
1464	63 576	16 728	1524	65 736	17 636
1465	63 612	16 744	1525	65 772	17 651
1466	63 648	16 759	1526	65 808	17 666
1467	63 684	16 774	1527	65 844	17 681
1468	63 720	16 789	1528	65 880	17 696
1469	63 756	16 804	1529	65 916	17 711
1470	63 792	16 819	1530	65 952	17 726
1471	63 828	16 834	1531	65 988	17 741
1472	63 864	16 849	1532	66 024	17 757
1473	63 900	16 865	1533	66 060	17 772
1474	63 936	16 880	1534	66 096	17 787
1475	63 972	16 895	1535	66 132	17 802
1476	64 008	16 910	1536	66 168	17 817
1477	64 044	16 925	1537	66 204	17 832
1478	64 080	16 940	1538	66 240	17 847
1479	64 116	16 955	1539	66 276	17 862
1480	64 152	16 970	1540	66 312	17 878
1481	64 188	16 985	1541	66 348	17 893
1482	64 224	17 001	1542	66 384	17 908
1483	64 260	17 016	1543	66 420	17 923
1484	64 296	17 031	1544	66 456	17 938
1485	64 332	17 046	1545	66 492	17 953
1486	64 368	17 061	1546	66 528	17 968
1487	64 404	17 076	1547	66 564	17 983
1488	64 440	17 091	1548	66 600	17 999
1489	64 476	17 106	1549	66 636	18 014
1490	64 512	17 122	1550	66 672	18 029
1491	64 548	17 137	1551	66 708	18 044
1492	64 584	17 152	1552	66 744	18 059
1493	64 620	17 167	1553	66 780	18 074
1494	64 656	17 182	1554	66 816	18 089
1495	64 692	17 197	1555	66 852	18 104
1496	64 728	17 212	1556	66 888	18 119
1497	64 764	17 227	1557	66 924	18 135
1498	64 800	17 243	1558	66 960	18 150
1499	64 836	17 258	1559	66 996	18 165
1500	64 872	17 273	1560	67 032	18 180

* Die Einkommensteuer gilt nur für den ausgewiesenen Wert, Zwischenwerte sind zu schätzen — s. Vorbemerkungen

laufende Nummer	zu versteuerndes Einkommen* in €	tarifliche Einkommen- steuer* in €	laufende Nummer	zu versteuerndes Einkommen* in €	tarifliche Einkommen- steuer* in €
1561	67 068	18 195	1621	69 228	19 102
1562	67 104	18 210	1622	69 264	19 117
1563	67 140	18 225	1623	69 300	19 133
1564	67 176	18 240	1624	69 336	19 148
1565	67 212	18 256	1625	69 372	19 163
1566	67 248	18 271	1626	69 408	19 178
1567	67 284	18 286	1627	69 444	19 193
1568	67 320	18 301	1628	69 480	19 208
1569	67 356	18 316	1629	69 516	19 223
1570	67 392	18 331	1630	69 552	19 238
1571	67 428	18 346	1631	69 588	19 253
1572	67 464	18 361	1632	69 624	19 269
1573	67 500	18 377	1633	69 660	19 284
1574	67 536	18 392	1634	69 696	19 299
1575	67 572	18 407	1635	69 732	19 314
1576	67 608	18 422	1636	69 768	19 329
1577	67 644	18 437	1637	69 804	19 344
1578	67 680	18 452	1638	69 840	19 359
1579	67 716	18 467	1639	69 876	19 374
1580	67 752	18 482	1640	69 912	19 390
1581	67 788	18 497	1641	69 948	19 405
1582	67 824	18 513	1642	69 984	19 420
1583	67 860	18 528	1643	70 020	19 435
1584	67 896	18 543	1644	70 056	19 450
1585	67 932	18 558	1645	70 092	19 465
1586	67 968	18 573	1646	70 128	19 480
1587	68 004	18 588	1647	70 164	19 495
1588	68 040	18 603	1648	70 200	19 511
1589	68 076	18 618	1649	70 236	19 526
1590	68 112	18 634	1650	70 272	19 541
1591	68 148	18 649	1651	70 308	19 556
1592	68 184	18 664	1652	70 344	19 571
1593	68 220	18 679	1653	70 380	19 586
1594	68 256	18 694	1654	70 416	19 601
1595	68 292	18 709	1655	70 452	19 616
1596	68 328	18 724	1656	70 488	19 631
1597	68 364	18 739	1657	70 524	19 647
1598	68 400	18 755	1658	70 560	19 662
1599	68 436	18 770	1659	70 596	19 677
1600	68 472	18 785	1660	70 632	19 692
1601	68 508	18 800	1661	70 668	19 707
1602	68 544	18 815	1662	70 704	19 722
1603	68 580	18 830	1663	70 740	19 737
1604	68 616	18 845	1664	70 776	19 752
1605	68 652	18 860	1665	70 812	19 768
1606	68 688	18 875	1666	70 848	19 783
1607	68 724	18 891	1667	70 884	19 798
1608	68 760	18 906	1668	70 920	19 813
1609	68 796	18 921	1669	70 956	19 828
1610	68 832	18 936	1670	70 992	19 843
1611	68 868	18 951	1671	71 028	19 858
1612	68 904	18 966	1672	71 064	19 873
1613	68 940	18 981	1673	71 100	19 889
1614	68 976	18 996	1674	71 136	19 904
1615	69 012	19 012	1675	71 172	19 919
1616	69 048	19 027	1676	71 208	19 934
1617	69 084	19 042	1677	71 244	19 949
1618	69 120	19 057	1678	71 280	19 964
1619	69 156	19 072	1679	71 316	19 979
1620	69 192	19 087	1680	71 352	19 994

* Die Einkommensteuer gilt nur für den ausgewiesenen Wert, Zwischenwerte sind zu schätzen — s. Vorbemerkungen

ESt-Grundtabelle T 1a

laufende Nummer	zu versteuerndes Einkommen* in €	tarifliche Einkommen-steuer* in €	laufende Nummer	zu versteuerndes Einkommen* in €	tarifliche Einkommen-steuer* in €
1681	71 388	20 009	1741	73 548	20 917
1682	71 424	20 025	1742	73 584	20 932
1683	71 460	20 040	1743	73 620	20 947
1684	71 496	20 055	1744	73 656	20 962
1685	71 532	20 070	1745	73 692	20 977
1686	71 568	20 085	1746	73 728	20 992
1687	71 604	20 100	1747	73 764	21 007
1688	71 640	20 115	1748	73 800	21 023
1689	71 676	20 130	1749	73 836	21 038
1690	71 712	20 146	1750	73 872	21 053
1691	71 748	20 161	1751	73 908	21 068
1692	71 784	20 176	1752	73 944	21 083
1693	71 820	20 191	1753	73 980	21 098
1694	71 856	20 206	1754	74 016	21 113
1695	71 892	20 221	1755	74 052	21 128
1696	71 928	20 236	1756	74 088	21 143
1697	71 964	20 251	1757	74 124	21 159
1698	72 000	20 267	1758	74 160	21 174
1699	72 036	20 282	1759	74 196	21 189
1700	72 072	20 297	1760	74 232	21 204
1701	72 108	20 312	1761	74 268	21 219
1702	72 144	20 327	1762	74 304	21 234
1703	72 180	20 342	1763	74 340	21 249
1704	72 216	20 357	1764	74 376	21 264
1705	72 252	20 372	1765	74 412	21 280
1706	72 288	20 387	1766	74 448	21 295
1707	72 324	20 403	1767	74 484	21 310
1708	72 360	20 418	1768	74 520	21 325
1709	72 396	20 433	1769	74 556	21 340
1710	72 432	20 448	1770	74 592	21 355
1711	72 468	20 463	1771	74 628	21 370
1712	72 504	20 478	1772	74 664	21 385
1713	72 540	20 493	1773	74 700	21 401
1714	72 576	20 508	1774	74 736	21 416
1715	72 612	20 524	1775	74 772	21 431
1716	72 648	20 539	1776	74 808	21 446
1717	72 684	20 554	1777	74 844	21 461
1718	72 720	20 569	1778	74 880	21 476
1719	72 756	20 584	1779	74 916	21 491
1720	72 792	20 599	1780	74 952	21 506
1721	72 828	20 614	1781	74 988	21 521
1722	72 864	20 629	1782	75 024	21 537
1723	72 900	20 645	1783	75 060	21 552
1724	72 936	20 660	1784	75 096	21 567
1725	72 972	20 675	1785	75 132	21 582
1726	73 008	20 690	1786	75 168	21 597
1727	73 044	20 705	1787	75 204	21 612
1728	73 080	20 720	1788	75 240	21 627
1729	73 116	20 735	1789	75 276	21 642
1730	73 152	20 750	1790	75 312	21 658
1731	73 188	20 765	1791	75 348	21 673
1732	73 224	20 781	1792	75 384	21 688
1733	73 260	20 796	1793	75 420	21 703
1734	73 296	20 811	1794	75 456	21 718
1735	73 332	20 826	1795	75 492	21 733
1736	73 368	20 841	1796	75 528	21 748
1737	73 404	20 856	1797	75 564	21 763
1738	73 440	20 871	1798	75 600	21 779
1739	73 476	20 886	1799	75 636	21 794
1740	73 512	20 902	1800	75 672	21 809

* Die Einkommensteuer gilt nur für den ausgewiesenen Wert, Zwischenwerte sind zu schätzen – s. Vorbemerkungen

laufende Nummer	zu versteuerndes Einkommen* in €	tarifliche Einkommen- steuer* in €	laufende Nummer	zu versteuerndes Einkommen* in €	tarifliche Einkommen- steuer* in €
1801	75 708	21 824	1861	77 868	22 731
1802	75 744	21 839	1862	77 904	22 746
1803	75 780	21 854	1863	77 940	22 761
1804	75 816	21 869	1864	77 976	22 776
1805	75 852	21 884	1865	78 012	22 792
1806	75 888	21 899	1866	78 048	22 807
1807	75 924	21 915	1867	78 084	22 822
1808	75 960	21 930	1868	78 120	22 837
1809	75 996	21 945	1869	78 156	22 852
1810	76 032	21 960	1870	78 192	22 867
1811	76 068	21 975	1871	78 228	22 882
1812	76 104	21 990	1872	78 264	22 897
1813	76 140	22 005	1873	78 300	22 913
1814	76 176	22 020	1874	78 336	22 928
1815	76 212	22 036	1875	78 372	22 943
1816	76 248	22 051	1876	78 408	22 958
1817	76 284	22 066	1877	78 444	22 973
1818	76 320	22 081	1878	78 480	22 988
1819	76 356	22 096	1879	78 516	23 003
1820	76 392	22 111	1880	78 552	23 018
1821	76 428	22 126	1881	78 588	23 033
1822	76 464	22 141	1882	78 624	23 049
1823	76 500	22 157	1883	78 660	23 064
1824	76 536	22 172	1884	78 696	23 079
1825	76 572	22 187	1885	78 732	23 094
1826	76 608	22 202	1886	78 768	23 109
1827	76 644	22 217	1887	78 804	23 124
1828	76 680	22 232	1888	78 840	23 139
1829	76 716	22 247	1889	78 876	23 154
1830	76 752	22 262	1890	78 912	23 170
1831	76 788	22 277	1891	78 948	23 185
1832	76 824	22 293	1892	78 984	23 200
1833	76 860	22 308	1893	79 020	23 215
1834	76 896	22 323	1894	79 056	23 230
1835	76 932	22 338	1895	79 092	23 245
1836	76 968	22 353	1896	79 128	23 260
1837	77 004	22 368	1897	79 164	23 275
1838	77 040	22 383	1898	79 200	23 291
1839	77 076	22 398	1899	79 236	23 306
1840	77 112	22 414	1900	79 272	23 321
1841	77 148	22 429	1901	79 308	23 336
1842	77 184	22 444	1902	79 344	23 351
1843	77 220	22 459	1903	79 380	23 366
1844	77 256	22 474	1904	79 416	23 381
1845	77 292	22 489	1905	79 452	23 396
1846	77 328	22 504	1906	79 488	23 411
1847	77 364	22 519	1907	79 524	23 427
1848	77 400	22 535	1908	79 560	23 442
1849	77 436	22 550	1909	79 596	23 457
1850	77 472	22 565	1910	79 632	23 472
1851	77 508	22 580	1911	79 668	23 487
1852	77 544	22 595	1912	79 704	23 502
1853	77 580	22 610	1913	79 740	23 517
1854	77 616	22 625	1914	79 776	23 532
1855	77 652	22 640	1915	79 812	23 548
1856	77 688	22 655	1916	79 848	23 563
1857	77 724	22 671	1917	79 884	23 578
1858	77 760	22 686	1918	79 920	23 593
1859	77 796	22 701	1919	79 956	23 608
1860	77 832	22 716	1920	79 992	23 623

* Die Einkommensteuer gilt nur für den ausgewiesenen Wert, Zwischenwerte sind zu schätzen — s. Vorbemerkungen

ESt-Grundtabelle **T 1a**

laufende Nummer	zu versteuerndes Einkommen* in €	tarifliche Einkommen-steuer* in €	laufende Nummer	zu versteuerndes Einkommen* in €	tarifliche Einkommen-steuer* in €
1921	80 028	23 638	1981	82 188	24 545
1922	80 064	23 653	1982	82 224	24 561
1923	80 100	23 669	1983	82 260	24 576
1924	80 136	23 684	1984	82 296	24 591
1925	80 172	23 699	1985	82 332	24 606
1926	80 208	23 714	1986	82 368	24 621
1927	80 244	23 729	1987	82 404	24 636
1928	80 280	23 744	1988	82 440	24 651
1929	80 316	23 759	1989	82 476	24 666
1930	80 352	23 774	1990	82 512	24 682
1931	80 388	23 789	1991	82 548	24 697
1932	80 424	23 805	1992	82 584	24 712
1933	80 460	23 820	1993	82 620	24 727
1934	80 496	23 835	1994	82 656	24 742
1935	80 532	23 850	1995	82 692	24 757
1936	80 568	23 865	1996	82 728	24 772
1937	80 604	23 880	1997	82 764	24 787
1938	80 640	23 895	1998	82 800	24 803
1939	80 676	23 910	1999	82 836	24 818
1940	80 712	23 926	2000	82 872	24 833
1941	80 748	23 941	2001	82 908	24 848
1942	80 784	23 956	2002	82 944	24 863
1943	80 820	23 971	2003	82 980	24 878
1944	80 856	23 986	2004	83 016	24 893
1945	80 892	24 001	2005	83 052	24 908
1946	80 928	24 016	2006	83 088	24 923
1947	80 964	24 031	2007	83 124	24 939
1948	81 000	24 047	2008	83 160	24 954
1949	81 036	24 062	2009	83 196	24 969
1950	81 072	24 077	2010	83 232	24 984
1951	81 108	24 092	2011	83 268	24 999
1952	81 144	24 107	2012	83 304	25 014
1953	81 180	24 122	2013	83 340	25 029
1954	81 216	24 137	2014	83 376	25 044
1955	81 252	24 152	2015	83 412	25 060
1956	81 288	24 167	2016	83 448	25 075
1957	81 324	24 183	2017	83 484	25 090
1958	81 360	24 198	2018	83 520	25 105
1959	81 396	24 213	2019	83 556	25 120
1960	81 432	24 228	2020	83 592	25 135
1961	81 468	24 243	2021	83 628	25 150
1962	81 504	24 258	2022	83 664	25 165
1963	81 540	24 273	2023	83 700	25 181
1964	81 576	24 288	2024	83 736	25 196
1965	81 612	24 304	2025	83 772	25 211
1966	81 648	24 319	2026	83 808	25 226
1967	81 684	24 334	2027	83 844	25 241
1968	81 720	24 349	2028	83 880	25 256
1969	81 756	24 364	2029	83 916	25 271
1970	81 792	24 379	2030	83 952	25 286
1971	81 828	24 394	2031	83 988	25 301
1972	81 864	24 409	2032	84 024	25 317
1973	81 900	24 425	2033	84 060	25 332
1974	81 936	24 440	2034	84 096	25 347
1975	81 972	24 455	2035	84 132	25 362
1976	82 008	24 470	2036	84 168	25 377
1977	82 044	24 485	2037	84 204	25 392
1978	82 080	24 500	2038	84 240	25 407
1979	82 116	24 515	2039	84 276	25 422
1980	82 152	24 530	2040	84 312	25 438

* Die Einkommensteuer gilt nur für den ausgewiesenen Wert, Zwischenwerte sind zu schätzen — s. Vorbemerkungen

laufende Nummer	zu versteuerndes Einkommen* in €	tarifliche Einkommensteuer* in €	laufende Nummer	zu versteuerndes Einkommen* in €	tarifliche Einkommensteuer* in €
2 041	84 348	25 453	2 101	86 508	26 360
2 042	84 384	25 468	2 102	86 544	26 375
2 043	84 420	25 483	2 103	86 580	26 390
2 044	84 456	25 498	2 104	86 616	26 405
2 045	84 492	25 513	2 105	86 652	26 420
2 046	84 528	25 528	2 106	86 688	26 435
2 047	84 564	25 543	2 107	86 724	26 451
2 048	84 600	25 559	2 108	86 760	26 466
2 049	84 636	25 574	2 109	86 796	26 481
2 050	84 672	25 589	2 110	86 832	26 496
2 051	84 708	25 604	2 111	86 868	26 511
2 052	84 744	25 619	2 112	86 904	26 526
2 053	84 780	25 634	2 113	86 940	26 541
2 054	84 816	25 649	2 114	86 976	26 556
2 055	84 852	25 664	2 115	87 012	26 572
2 056	84 888	25 679	2 116	87 048	26 587
2 057	84 924	25 695	2 117	87 084	26 602
2 058	84 960	25 710	2 118	87 120	26 617
2 059	84 996	25 725	2 119	87 156	26 632
2 060	85 032	25 740	2 120	87 192	26 647
2 061	85 068	25 755	2 121	87 228	26 662
2 062	85 104	25 770	2 122	87 264	26 677
2 063	85 140	25 785	2 123	87 300	26 693
2 064	85 176	25 800	2 124	87 336	26 708
2 065	85 212	25 816	2 125	87 372	26 723
2 066	85 248	25 831	2 126	87 408	26 738
2 067	85 284	25 846	2 127	87 444	26 753
2 068	85 320	25 861	2 128	87 480	26 768
2 069	85 356	25 876	2 129	87 516	26 783
2 070	85 392	25 891	2 130	87 552	26 798
2 071	85 428	25 906	2 131	87 588	26 813
2 072	85 464	25 921	2 132	87 624	26 829
2 073	85 500	25 937	2 133	87 660	26 844
2 074	85 536	25 952	2 134	87 696	26 859
2 075	85 572	25 967	2 135	87 732	26 874
2 076	85 608	25 982	2 136	87 768	26 889
2 077	85 644	25 997	2 137	87 804	26 904
2 078	85 680	26 012	2 138	87 840	26 919
2 079	85 716	26 027	2 139	87 876	26 934
2 080	85 752	26 042	2 140	87 912	26 950
2 081	85 788	26 057	2 141	87 948	26 965
2 082	85 824	26 073	2 142	87 984	26 980
2 083	85 860	26 088	2 143	88 020	26 995
2 084	85 896	26 103	2 144	88 056	27 010
2 085	85 932	26 118	2 145	88 092	27 025
2 086	85 968	26 133	2 146	88 128	27 040
2 087	86 004	26 148	2 147	88 164	27 055
2 088	86 040	26 163	2 148	88 200	27 071
2 089	86 076	26 178	2 149	88 236	27 086
2 090	86 112	26 194	2 150	88 272	27 101
2 091	86 148	26 209	2 151	88 308	27 116
2 092	86 184	26 224	2 152	88 344	27 131
2 093	86 220	26 239	2 153	88 380	27 146
2 094	86 256	26 254	2 154	88 416	27 161
2 095	86 292	26 269	2 155	88 452	27 176
2 096	86 328	26 284	2 156	88 488	27 191
2 097	86 364	26 299	2 157	88 524	27 207
2 098	86 400	26 315	2 158	88 560	27 222
2 099	86 436	26 330	2 159	88 596	27 237
2 100	86 472	26 345	2 160	88 632	27 252

* Die Einkommensteuer gilt nur für den ausgewiesenen Wert, Zwischenwerte sind zu schätzen – s. Vorbemerkungen

ESt-Grundtabelle T 1a

laufende Nummer	zu versteuerndes Einkommen* in €	tarifliche Einkommensteuer* in €	laufende Nummer	zu versteuerndes Einkommen* in €	tarifliche Einkommensteuer* in €
2 161	88 668	27 267	2 221	90 828	28 174
2 162	88 704	27 282	2 222	90 864	28 189
2 163	88 740	27 297	2 223	90 900	28 205
2 164	88 776	27 312	2 224	90 936	28 220
2 165	88 812	27 328	2 225	90 972	28 235
2 166	88 848	27 343	2 226	91 008	28 250
2 167	88 884	27 358	2 227	91 044	28 265
2 168	88 920	27 373	2 228	91 080	28 280
2 169	88 956	27 388	2 229	91 116	28 295
2 170	88 992	27 403	2 230	91 152	28 310
2 171	89 028	27 418	2 231	91 188	28 325
2 172	89 064	27 433	2 232	91 224	28 341
2 173	89 100	27 449	2 233	91 260	28 356
2 174	89 136	27 464	2 234	91 296	28 371
2 175	89 172	27 479	2 235	91 332	28 386
2 176	89 208	27 494	2 236	91 368	28 401
2 177	89 244	27 509	2 237	91 404	28 416
2 178	89 280	27 524	2 238	91 440	28 431
2 179	89 316	27 539	2 239	91 476	28 446
2 180	89 352	27 554	2 240	91 512	28 462
2 181	89 388	27 569	2 241	91 548	28 477
2 182	89 424	27 585	2 242	91 584	28 492
2 183	89 460	27 600	2 243	91 620	28 507
2 184	89 496	27 615	2 244	91 656	28 522
2 185	89 532	27 630	2 245	91 692	28 537
2 186	89 568	27 645	2 246	91 728	28 552
2 187	89 604	27 660	2 247	91 764	28 567
2 188	89 640	27 675	2 248	91 800	28 583
2 189	89 676	27 690	2 249	91 836	28 598
2 190	89 712	27 706	2 250	91 872	28 613
2 191	89 748	27 721	2 251	91 908	28 628
2 192	89 784	27 736	2 252	91 944	28 643
2 193	89 820	27 751	2 253	91 980	28 658
2 194	89 856	27 766	2 254	92 016	28 673
2 195	89 892	27 781	2 255	92 052	28 688
2 196	89 928	27 796	2 256	92 088	28 703
2 197	89 964	27 811	2 257	92 124	28 719
2 198	90 000	27 827	2 258	92 160	28 734
2 199	90 036	27 842	2 259	92 196	28 749
2 200	90 072	27 857	2 260	92 232	28 764
2 201	90 108	27 872	2 261	92 268	28 779
2 202	90 144	27 887	2 262	92 304	28 794
2 203	90 180	27 902	2 263	92 340	28 809
2 204	90 216	27 917	2 264	92 376	28 824
2 205	90 252	27 932	2 265	92 412	28 840
2 206	90 288	27 947	2 266	92 448	28 855
2 207	90 324	27 963	2 267	92 484	28 870
2 208	90 360	27 978	2 268	92 520	28 885
2 209	90 396	27 993	2 269	92 556	28 900
2 210	90 432	28 008	2 270	92 592	28 915
2 211	90 468	28 023	2 271	92 628	28 930
2 212	90 504	28 038	2 272	92 664	28 945
2 213	90 540	28 053	2 273	92 700	28 961
2 214	90 576	28 068	2 274	92 736	28 976
2 215	90 612	28 084	2 275	92 772	28 991
2 216	90 648	28 099	2 276	92 808	29 006
2 217	90 684	28 114	2 277	92 844	29 021
2 218	90 720	28 129	2 278	92 880	29 036
2 219	90 756	28 144	2 279	92 916	29 051
2 220	90 792	28 159	2 280	92 952	29 066

* Die Einkommensteuer gilt nur für den ausgewiesenen Wert, Zwischenwerte sind zu schätzen — s. Vorbemerkungen

T 1a ESt-Grundtabelle

laufende Nummer	zu versteuerndes Einkommen* in €	tarifliche Einkommensteuer* in €	laufende Nummer	zu versteuerndes Einkommen* in €	tarifliche Einkommensteuer* in €
2281	92 988	29 081	2341	95 148	29 989
2282	93 024	29 097	2342	95 184	30 004
2283	93 060	29 112	2343	95 220	30 019
2284	93 096	29 127	2344	95 256	30 034
2285	93 132	29 142	2345	95 292	30 049
2286	93 168	29 157	2346	95 328	30 064
2287	93 204	29 172	2347	95 364	30 079
2288	93 240	29 187	2348	95 400	30 095
2289	93 276	29 202	2349	95 436	30 110
2290	93 312	29 218	2350	95 472	30 125
2291	93 348	29 233	2351	95 508	30 140
2292	93 384	29 248	2352	95 544	30 155
2293	93 420	29 263	2353	95 580	30 170
2294	93 456	29 278	2354	95 616	30 185
2295	93 492	29 293	2355	95 652	30 200
2296	93 528	29 308	2356	95 688	30 215
2297	93 564	29 323	2357	95 724	30 231
2298	93 600	29 339	2358	95 760	30 246
2299	93 636	29 354	2359	95 796	30 261
2300	93 672	29 369	2360	95 832	30 276
2301	93 708	29 384	2361	95 868	30 291
2302	93 744	29 399	2362	95 904	30 306
2303	93 780	29 414	2363	95 940	30 321
2304	93 816	29 429	2364	95 976	30 336
2305	93 852	29 444	2365	96 012	30 352
2306	93 888	29 459	2366	96 048	30 367
2307	93 924	29 475	2367	96 084	30 382
2308	93 960	29 490	2368	96 120	30 397
2309	93 996	29 505	2369	96 156	30 412
2310	94 032	29 520	2370	96 192	30 427
2311	94 068	29 535	2371	96 228	30 442
2312	94 104	29 550	2372	96 264	30 457
2313	94 140	29 565	2373	96 300	30 473
2314	94 176	29 580	2374	96 336	30 488
2315	94 212	29 596	2375	96 372	30 503
2316	94 248	29 611	2376	96 408	30 518
2317	94 284	29 626	2377	96 444	30 533
2318	94 320	29 641	2378	96 480	30 548
2319	94 356	29 656	2379	96 516	30 563
2320	94 392	29 671	2380	96 552	30 578
2321	94 428	29 686	2381	96 588	30 593
2322	94 464	29 701	2382	96 624	30 609
2323	94 500	29 717	2383	96 660	30 624
2324	94 536	29 732	2384	96 696	30 639
2325	94 572	29 747	2385	96 732	30 654
2326	94 608	29 762	2386	96 768	30 669
2327	94 644	29 777	2387	96 804	30 684
2328	94 680	29 792	2388	96 840	30 699
2329	94 716	29 807	2389	96 876	30 714
2330	94 752	29 822	2390	96 912	30 730
2331	94 788	29 837	2391	96 948	30 745
2332	94 824	29 853	2392	96 984	30 760
2333	94 860	29 868	2393	97 020	30 775
2334	94 896	29 883	2394	97 056	30 790
2335	94 932	29 898	2395	97 092	30 805
2336	94 968	29 913	2396	97 128	30 820
2337	95 004	29 928	2397	97 164	30 835
2338	95 040	29 943	2398	97 200	30 851
2339	95 076	29 958	2399	97 236	30 866
2340	95 112	29 974	2400	97 272	30 881

* Die Einkommensteuer gilt nur für den ausgewiesenen Wert, Zwischenwerte sind zu schätzen — s. Vorbemerkungen

ESt-Splittingtabelle T 1b

laufende Nummer	zu versteuerndes Einkommen* in €	tarifliche Einkommensteuer* in €	laufende Nummer	zu versteuerndes Einkommen* in €	tarifliche Einkommensteuer* in €
1	21 816		61	26 136	696
2	21 888	10	62	26 208	708
3	21 960	20	63	26 280	722
4	22 032	30	64	26 352	734
5	22 104	40	65	26 424	748
6	22 176	50	66	26 496	762
7	22 248	60	67	26 568	774
8	22 320	70	68	26 640	788
9	22 392	82	69	26 712	802
10	22 464	92	70	26 784	816
11	22 536	102	71	26 856	828
12	22 608	112	72	26 928	842
13	22 680	124	73	27 000	856
14	22 752	134	74	27 072	870
15	22 824	146	75	27 144	884
16	22 896	156	76	27 216	898
17	22 968	166	77	27 288	912
18	23 040	178	78	27 360	926
19	23 112	188	79	27 432	940
20	23 184	200	80	27 504	954
21	23 256	210	81	27 576	968
22	23 328	222	82	27 648	982
23	23 400	234	83	27 720	996
24	23 472	244	84	27 792	1 010
25	23 544	256	85	27 864	1 024
26	23 616	266	86	27 936	1 040
27	23 688	278	87	28 008	1 054
28	23 760	290	88	28 080	1 068
29	23 832	302	89	28 152	1 082
30	23 904	312	90	28 224	1 098
31	23 976	324	91	28 296	1 112
32	24 048	336	92	28 368	1 126
33	24 120	348	93	28 440	1 142
34	24 192	360	94	28 512	1 156
35	24 264	372	95	28 584	1 170
36	24 336	382	96	28 656	1 186
37	24 408	394	97	28 728	1 200
38	24 480	406	98	28 800	1 216
39	24 552	418	99	28 872	1 230
40	24 624	430	100	28 944	1 246
41	24 696	442	101	29 016	1 260
42	24 768	454	102	29 088	1 276
43	24 840	468	103	29 160	1 292
44	24 912	480	104	29 232	1 306
45	24 984	492	105	29 304	1 322
46	25 056	504	106	29 376	1 338
47	25 128	516	107	29 448	1 352
48	25 200	528	108	29 520	1 368
49	25 272	542	109	29 592	1 384
50	25 344	554	110	29 664	1 400
51	25 416	566	111	29 736	1 414
52	25 488	580	112	29 808	1 430
53	25 560	592	113	29 880	1 446
54	25 632	604	114	29 952	1 462
55	25 704	618	115	30 024	1 478
56	25 776	630	116	30 096	1 494
57	25 848	644	117	30 168	1 510
58	25 920	656	118	30 240	1 526
59	25 992	670	119	30 312	1 542
60	26 064	682	120	30 384	1 558

* Die Einkommensteuer gilt nur für den ausgewiesenen Wert, Zwischenwerte sind zu schätzen — s. Vorbemerkungen

1

laufende Nummer	zu versteuerndes Einkommen* in €	tarifliche Einkommen-steuer* in €	laufende Nummer	zu versteuerndes Einkommen* in €	tarifliche Einkommen-steuer* in €
121	30 456	1 574	181	34 776	2 606
122	30 528	1 590	182	34 848	2 624
123	30 600	1 606	183	34 920	2 640
124	30 672	1 622	184	34 992	2 658
125	30 744	1 640	185	35 064	2 676
126	30 816	1 656	186	35 136	2 694
127	30 888	1 672	187	35 208	2 712
128	30 960	1 688	188	35 280	2 730
129	31 032	1 706	189	35 352	2 746
130	31 104	1 722	190	35 424	2 764
131	31 176	1 738	191	35 496	2 782
132	31 248	1 756	192	35 568	2 800
133	31 320	1 772	193	35 640	2 818
134	31 392	1 788	194	35 712	2 836
135	31 464	1 806	195	35 784	2 854
136	31 536	1 822	196	35 856	2 872
137	31 608	1 840	197	35 928	2 888
138	31 680	1 856	198	36 000	2 906
139	31 752	1 874	199	36 072	2 924
140	31 824	1 890	200	36 144	2 942
141	31 896	1 908	201	36 216	2 960
142	31 968	1 924	202	36 288	2 978
143	32 040	1 942	203	36 360	2 996
144	32 112	1 960	204	36 432	3 014
145	32 184	1 976	205	36 504	3 032
146	32 256	1 994	206	36 576	3 050
147	32 328	2 012	207	36 648	3 068
148	32 400	2 028	208	36 720	3 086
149	32 472	2 046	209	36 792	3 104
150	32 544	2 064	210	36 864	3 122
151	32 616	2 080	211	36 936	3 140
152	32 688	2 098	212	37 008	3 158
153	32 760	2 116	213	37 080	3 176
154	32 832	2 132	214	37 152	3 194
155	32 904	2 150	215	37 224	3 212
156	32 976	2 168	216	37 296	3 230
157	33 048	2 184	217	37 368	3 248
158	33 120	2 202	218	37 440	3 266
159	33 192	2 220	219	37 512	3 284
160	33 264	2 238	220	37 584	3 302
161	33 336	2 254	221	37 656	3 320
162	33 408	2 272	222	37 728	3 338
163	33 480	2 290	223	37 800	3 356
164	33 552	2 306	224	37 872	3 374
165	33 624	2 324	225	37 944	3 392
166	33 696	2 342	226	38 016	3 410
167	33 768	2 360	227	38 088	3 428
168	33 840	2 376	228	38 160	3 446
169	33 912	2 394	229	38 232	3 464
170	33 984	2 412	230	38 304	3 482
171	34 056	2 430	231	38 376	3 500
172	34 128	2 446	232	38 448	3 518
173	34 200	2 464	233	38 520	3 536
174	34 272	2 482	234	38 592	3 554
175	34 344	2 500	235	38 664	3 572
176	34 416	2 518	236	38 736	3 590
177	34 488	2 534	237	38 808	3 610
178	34 560	2 552	238	38 880	3 628
179	34 632	2 570	239	38 952	3 646
180	34 704	2 588	240	39 024	3 664

* Die Einkommensteuer gilt nur für den ausgewiesenen Wert, Zwischenwerte sind zu schätzen — s. Vorbemerkungen

laufende Nummer	zu versteuerndes Einkommen* in €	tarifliche Einkommen- steuer* in €	laufende Nummer	zu versteuerndes Einkommen* in €	tarifliche Einkommen- steuer* in €
241	39 096	3 682	301	43 416	4 794
242	39 168	3 700	302	43 488	4 814
243	39 240	3 718	303	43 560	4 832
244	39 312	3 736	304	43 632	4 852
245	39 384	3 756	305	43 704	4 870
246	39 456	3 774	306	43 776	4 888
247	39 528	3 792	307	43 848	4 908
248	39 600	3 810	308	43 920	4 926
249	39 672	3 828	309	43 992	4 946
250	39 744	3 846	310	44 064	4 964
251	39 816	3 864	311	44 136	4 984
252	39 888	3 884	312	44 208	5 002
253	39 960	3 902	313	44 280	5 022
254	40 032	3 920	314	44 352	5 040
255	40 104	3 938	315	44 424	5 060
256	40 176	3 956	316	44 496	5 078
257	40 248	3 976	317	44 568	5 098
258	40 320	3 994	318	44 640	5 116
259	40 392	4 012	319	44 712	5 136
260	40 464	4 030	320	44 784	5 154
261	40 536	4 048	321	44 856	5 174
262	40 608	4 068	322	44 928	5 192
263	40 680	4 086	323	45 000	5 212
264	40 752	4 104	324	45 072	5 230
265	40 824	4 122	325	45 144	5 250
266	40 896	4 142	326	45 216	5 268
267	40 968	4 160	327	45 288	5 288
268	41 040	4 178	328	45 360	5 306
269	41 112	4 196	329	45 432	5 326
270	41 184	4 216	330	45 504	5 346
271	41 256	4 234	331	45 576	5 364
272	41 328	4 252	332	45 648	5 384
273	41 400	4 270	333	45 720	5 402
274	41 472	4 290	334	45 792	5 422
275	41 544	4 308	335	45 864	5 440
276	41 616	4 326	336	45 936	5 460
277	41 688	4 346	337	46 008	5 480
278	41 760	4 364	338	46 080	5 498
279	41 832	4 382	339	46 152	5 518
280	41 904	4 402	340	46 224	5 536
281	41 976	4 420	341	46 296	5 556
282	42 048	4 438	342	46 368	5 576
283	42 120	4 456	343	46 440	5 594
284	42 192	4 476	344	46 512	5 614
285	42 264	4 494	345	46 584	5 634
286	42 336	4 512	346	46 656	5 652
287	42 408	4 532	347	46 728	5 672
288	42 480	4 550	348	46 800	5 692
289	42 552	4 570	349	46 872	5 710
290	42 624	4 588	350	46 944	5 730
291	42 696	4 606	351	47 016	5 750
292	42 768	4 626	352	47 088	5 768
293	42 840	4 644	353	47 160	5 788
294	42 912	4 662	354	47 232	5 808
295	42 984	4 682	355	47 304	5 826
296	43 056	4 700	356	47 376	5 846
297	43 128	4 720	357	47 448	5 866
298	43 200	4 738	358	47 520	5 884
299	43 272	4 756	359	47 592	5 904
300	43 344	4 776	360	47 664	5 924

* Die Einkommensteuer gilt nur für den ausgewiesenen Wert, Zwischenwerte sind zu schätzen — s. Vorbemerkungen

3

laufende Nummer	zu versteuerndes Einkommen* in €	tarifliche Einkommen-steuer* in €	laufende Nummer	zu versteuerndes Einkommen* in €	tarifliche Einkommen-steuer* in €
361	47 736	5 942	421	52 056	7 128
362	47 808	5 962	422	52 128	7 148
363	47 880	5 982	423	52 200	7 168
364	47 952	6 002	424	52 272	7 188
365	48 024	6 020	425	52 344	7 208
366	48 096	6 040	426	52 416	7 228
367	48 168	6 060	427	52 488	7 248
368	48 240	6 080	428	52 560	7 268
369	48 312	6 098	429	52 632	7 288
370	48 384	6 118	430	52 704	7 308
371	48 456	6 138	431	52 776	7 328
372	48 528	6 158	432	52 848	7 348
373	48 600	6 176	433	52 920	7 368
374	48 672	6 196	434	52 992	7 388
375	48 744	6 216	435	53 064	7 408
376	48 816	6 236	436	53 136	7 430
377	48 888	6 256	437	53 208	7 450
378	48 960	6 274	438	53 280	7 470
379	49 032	6 294	439	53 352	7 490
380	49 104	6 314	440	53 424	7 510
381	49 176	6 334	441	53 496	7 530
382	49 248	6 354	442	53 568	7 550
383	49 320	6 374	443	53 640	7 570
384	49 392	6 392	444	53 712	7 590
385	49 464	6 412	445	53 784	7 612
386	49 536	6 432	446	53 856	7 632
387	49 608	6 452	447	53 928	7 652
388	49 680	6 472	448	54 000	7 672
389	49 752	6 492	449	54 072	7 692
390	49 824	6 510	450	54 144	7 712
391	49 896	6 530	451	54 216	7 734
392	49 968	6 550	452	54 288	7 754
393	50 040	6 570	453	54 360	7 774
394	50 112	6 590	454	54 432	7 794
395	50 184	6 610	455	54 504	7 814
396	50 256	6 630	456	54 576	7 834
397	50 328	6 650	457	54 648	7 856
398	50 400	6 670	458	54 720	7 876
399	50 472	6 688	459	54 792	7 896
400	50 544	6 708	460	54 864	7 916
401	50 616	6 728	461	54 936	7 936
402	50 688	6 748	462	55 008	7 958
403	50 760	6 768	463	55 080	7 978
404	50 832	6 788	464	55 152	7 998
405	50 904	6 808	465	55 224	8 018
406	50 976	6 828	466	55 296	8 040
407	51 048	6 848	467	55 368	8 060
408	51 120	6 868	468	55 440	8 080
409	51 192	6 888	469	55 512	8 100
410	51 264	6 908	470	55 584	8 122
411	51 336	6 928	471	55 656	8 142
412	51 408	6 948	472	55 728	8 162
413	51 480	6 968	473	55 800	8 182
414	51 552	6 988	474	55 872	8 204
415	51 624	7 008	475	55 944	8 224
416	51 696	7 028	476	56 016	8 244
417	51 768	7 048	477	56 088	8 266
418	51 840	7 068	478	56 160	8 286
419	51 912	7 088	479	56 232	8 306
420	51 984	7 108	480	56 304	8 328

* Die Einkommensteuer gilt nur für den ausgewiesenen Wert, Zwischenwerte sind zu schätzen — s. Vorbemerkungen

laufende Nummer	zu versteuerndes Einkommen* in €	tarifliche Einkommen-steuer* in €	laufende Nummer	zu versteuerndes Einkommen* in €	tarifliche Einkommen-steuer* in €
481	56 376	8 348	541	60 696	9 604
482	56 448	8 368	542	60 768	9 626
483	56 520	8 390	543	60 840	9 646
484	56 592	8 410	544	60 912	9 668
485	56 664	8 430	545	60 984	9 690
486	56 736	8 452	546	61 056	9 710
487	56 808	8 472	547	61 128	9 732
488	56 880	8 492	548	61 200	9 752
489	56 952	8 514	549	61 272	9 774
490	57 024	8 534	550	61 344	9 796
491	57 096	8 554	551	61 416	9 816
492	57 168	8 576	552	61 488	9 838
493	57 240	8 596	553	61 560	9 860
494	57 312	8 616	554	61 632	9 880
495	57 384	8 638	555	61 704	9 902
496	57 456	8 658	556	61 776	9 924
497	57 528	8 680	557	61 848	9 946
498	57 600	8 700	558	61 920	9 966
499	57 672	8 720	559	61 992	9 988
500	57 744	8 742	560	62 064	10 010
501	57 816	8 762	561	62 136	10 030
502	57 888	8 784	562	62 208	10 052
503	57 960	8 804	563	62 280	10 074
504	58 032	8 826	564	62 352	10 096
505	58 104	8 846	565	62 424	10 116
506	58 176	8 866	566	62 496	10 138
507	58 248	8 888	567	62 568	10 160
508	58 320	8 908	568	62 640	10 182
509	58 392	8 930	569	62 712	10 202
510	58 464	8 950	570	62 784	10 224
511	58 536	8 972	571	62 856	10 246
512	58 608	8 992	572	62 928	10 268
513	58 680	9 014	573	63 000	10 288
514	58 752	9 034	574	63 072	10 310
515	58 824	9 056	575	63 144	10 332
516	58 896	9 076	576	63 216	10 354
517	58 968	9 098	577	63 288	10 376
518	59 040	9 118	578	63 360	10 396
519	59 112	9 140	579	63 432	10 418
520	59 184	9 160	580	63 504	10 440
521	59 256	9 182	581	63 576	10 462
522	59 328	9 202	582	63 648	10 484
523	59 400	9 224	583	63 720	10 504
524	59 472	9 244	584	63 792	10 526
525	59 544	9 266	585	63 864	10 548
526	59 616	9 286	586	63 936	10 570
527	59 688	9 308	587	64 008	10 592
528	59 760	9 328	588	64 080	10 614
529	59 832	9 350	589	64 152	10 634
530	59 904	9 372	590	64 224	10 656
531	59 976	9 392	591	64 296	10 678
532	60 048	9 414	592	64 368	10 700
533	60 120	9 434	593	64 440	10 722
534	60 192	9 456	594	64 512	10 744
535	60 264	9 476	595	64 584	10 766
536	60 336	9 498	596	64 656	10 788
537	60 408	9 520	597	64 728	10 810
538	60 480	9 540	598	64 800	10 830
539	60 552	9 562	599	64 872	10 852
540	60 624	9 582	600	64 944	10 874

* Die Einkommensteuer gilt nur für den ausgewiesenen Wert, Zwischenwerte sind zu schätzen – s. Vorbemerkungen

laufende Nummer	zu versteuerndes Einkommen* in €	tarifliche Einkommen- steuer* in €	laufende Nummer	zu versteuerndes Einkommen* in €	tarifliche Einkommen- steuer* in €
601	65 016	10 896	661	69 336	12 224
602	65 088	10 918	662	69 408	12 246
603	65 160	10 940	663	69 480	12 270
604	65 232	10 962	664	69 552	12 292
605	65 304	10 984	665	69 624	12 314
606	65 376	11 006	666	69 696	12 336
607	65 448	11 028	667	69 768	12 360
608	65 520	11 050	668	69 840	12 382
609	65 592	11 072	669	69 912	12 404
610	65 664	11 094	670	69 984	12 426
611	65 736	11 116	671	70 056	12 450
612	65 808	11 138	672	70 128	12 472
613	65 880	11 160	673	70 200	12 494
614	65 952	11 180	674	70 272	12 516
615	66 024	11 202	675	70 344	12 540
616	66 096	11 224	676	70 416	12 562
617	66 168	11 246	677	70 488	12 584
618	66 240	11 268	678	70 560	12 608
619	66 312	11 290	679	70 632	12 630
620	66 384	11 312	680	70 704	12 652
621	66 456	11 336	681	70 776	12 676
622	66 528	11 358	682	70 848	12 698
623	66 600	11 380	683	70 920	12 720
624	66 672	11 402	684	70 992	12 744
625	66 744	11 424	685	71 064	12 766
626	66 816	11 446	686	71 136	12 788
627	66 888	11 468	687	71 208	12 812
628	66 960	11 490	688	71 280	12 834
629	67 032	11 512	689	71 352	12 856
630	67 104	11 534	690	71 424	12 880
631	67 176	11 556	691	71 496	12 902
632	67 248	11 578	692	71 568	12 924
633	67 320	11 600	693	71 640	12 948
634	67 392	11 622	694	71 712	12 970
635	67 464	11 644	695	71 784	12 994
636	67 536	11 666	696	71 856	13 016
637	67 608	11 688	697	71 928	13 038
638	67 680	11 712	698	72 000	13 062
639	67 752	11 734	699	72 072	13 084
640	67 824	11 756	700	72 144	13 108
641	67 896	11 778	701	72 216	13 130
642	67 968	11 800	702	72 288	13 152
643	68 040	11 822	703	72 360	13 176
644	68 112	11 844	704	72 432	13 198
645	68 184	11 866	705	72 504	13 222
646	68 256	11 890	706	72 576	13 244
647	68 328	11 912	707	72 648	13 268
648	68 400	11 934	708	72 720	13 290
649	68 472	11 956	709	72 792	13 312
650	68 544	11 978	710	72 864	13 336
651	68 616	12 000	711	72 936	13 358
652	68 688	12 022	712	73 008	13 382
653	68 760	12 046	713	73 080	13 404
654	68 832	12 068	714	73 152	13 428
655	68 904	12 090	715	73 224	13 450
656	68 976	12 112	716	73 296	13 474
657	69 048	12 134	717	73 368	13 496
658	69 120	12 158	718	73 440	13 520
659	69 192	12 180	719	73 512	13 542
660	69 264	12 202	720	73 584	13 566

* Die Einkommensteuer gilt nur für den ausgewiesenen Wert, Zwischenwerte sind zu schätzen — s. Vorbemerkungen

laufende Nummer	zu versteuerndes Einkommen* in €	tarifliche Einkommen- steuer* in €	laufende Nummer	zu versteuerndes Einkommen* in €	tarifliche Einkommen- steuer* in €
721	73 656	13 588	781	77 976	14 988
722	73 728	13 612	782	78 048	15 012
723	73 800	13 634	783	78 120	15 036
724	73 872	13 658	784	78 192	15 060
725	73 944	13 680	785	78 264	15 084
726	74 016	13 704	786	78 336	15 106
727	74 088	13 726	787	78 408	15 130
728	74 160	13 750	788	78 480	15 154
729	74 232	13 774	789	78 552	15 178
730	74 304	13 796	790	78 624	15 202
731	74 376	13 820	791	78 696	15 226
732	74 448	13 842	792	78 768	15 250
733	74 520	13 866	793	78 840	15 272
734	74 592	13 888	794	78 912	15 296
735	74 664	13 912	795	78 984	15 320
736	74 736	13 936	796	79 056	15 344
737	74 808	13 958	797	79 128	15 368
738	74 880	13 982	798	79 200	15 392
739	74 952	14 004	799	79 272	15 416
740	75 024	14 028	800	79 344	15 440
741	75 096	14 052	801	79 416	15 464
742	75 168	14 074	802	79 488	15 488
743	75 240	14 098	803	79 560	15 512
744	75 312	14 122	804	79 632	15 534
745	75 384	14 144	805	79 704	15 558
746	75 456	14 168	806	79 776	15 582
747	75 528	14 190	807	79 848	15 606
748	75 600	14 214	808	79 920	15 630
749	75 672	14 238	809	79 992	15 654
750	75 744	14 260	810	80 064	15 678
751	75 816	14 284	811	80 136	15 702
752	75 888	14 308	812	80 208	15 726
753	75 960	14 330	813	80 280	15 750
754	76 032	14 354	814	80 352	15 774
755	76 104	14 378	815	80 424	15 798
756	76 176	14 400	816	80 496	15 822
757	76 248	14 424	817	80 568	15 846
758	76 320	14 448	818	80 640	15 870
759	76 392	14 472	819	80 712	15 894
760	76 464	14 494	820	80 784	15 918
761	76 536	14 518	821	80 856	15 942
762	76 608	14 542	822	80 928	15 966
763	76 680	14 564	823	81 000	15 990
764	76 752	14 588	824	81 072	16 014
765	76 824	14 612	825	81 144	16 038
766	76 896	14 636	826	81 216	16 062
767	76 968	14 658	827	81 288	16 086
768	77 040	14 682	828	81 360	16 110
769	77 112	14 706	829	81 432	16 134
770	77 184	14 730	830	81 504	16 158
771	77 256	14 752	831	81 576	16 182
772	77 328	14 776	832	81 648	16 206
773	77 400	14 800	833	81 720	16 232
774	77 472	14 824	834	81 792	16 256
775	77 544	14 848	835	81 864	16 280
776	77 616	14 870	836	81 936	16 304
777	77 688	14 894	837	82 008	16 328
778	77 760	14 918	838	82 080	16 352
779	77 832	14 942	839	82 152	16 376
780	77 904	14 966	840	82 224	16 400

* Die Einkommensteuer gilt nur für den ausgewiesenen Wert, Zwischenwerte sind zu schätzen — s. Vorbemerkungen

laufende Nummer	zu versteuerndes Einkommen* in €	tarifliche Einkommen-steuer* in €	laufende Nummer	zu versteuerndes Einkommen* in €	tarifliche Einkommen-steuer* in €
841	82 296	16 424	901	86 616	17 896
842	82 368	16 448	902	86 688	17 922
843	82 440	16 474	903	86 760	17 946
844	82 512	16 498	904	86 832	17 972
845	82 584	16 522	905	86 904	17 996
846	82 656	16 546	906	86 976	18 020
847	82 728	16 570	907	87 048	18 046
848	82 800	16 594	908	87 120	18 070
849	82 872	16 618	909	87 192	18 096
850	82 944	16 644	910	87 264	18 120
851	83 016	16 668	911	87 336	18 146
852	83 088	16 692	912	87 408	18 170
853	83 160	16 716	913	87 480	18 196
854	83 232	16 740	914	87 552	18 220
855	83 304	16 764	915	87 624	18 246
856	83 376	16 790	916	87 696	18 270
857	83 448	16 814	917	87 768	18 296
858	83 520	16 838	918	87 840	18 320
859	83 592	16 862	919	87 912	18 346
860	83 664	16 886	920	87 984	18 370
861	83 736	16 912	921	88 056	18 396
862	83 808	16 936	922	88 128	18 420
863	83 880	16 960	923	88 200	18 446
864	83 952	16 984	924	88 272	18 470
865	84 024	17 010	925	88 344	18 496
866	84 096	17 034	926	88 416	18 520
867	84 168	17 058	927	88 488	18 546
868	84 240	17 082	928	88 560	18 570
869	84 312	17 108	929	88 632	18 596
870	84 384	17 132	930	88 704	18 620
871	84 456	17 156	931	88 776	18 646
872	84 528	17 180	932	88 848	18 672
873	84 600	17 206	933	88 920	18 696
874	84 672	17 230	934	88 992	18 722
875	84 744	17 254	935	89 064	18 746
876	84 816	17 278	936	89 136	18 772
877	84 888	17 304	937	89 208	18 798
878	84 960	17 328	938	89 280	18 822
879	85 032	17 352	939	89 352	18 848
880	85 104	17 378	940	89 424	18 872
881	85 176	17 402	941	89 496	18 898
882	85 248	17 426	942	89 568	18 924
883	85 320	17 452	943	89 640	18 948
884	85 392	17 476	944	89 712	18 974
885	85 464	17 500	945	89 784	18 998
886	85 536	17 526	946	89 856	19 024
887	85 608	17 550	947	89 928	19 050
888	85 680	17 574	948	90 000	19 074
889	85 752	17 600	949	90 072	19 100
890	85 824	17 624	950	90 144	19 126
891	85 896	17 648	951	90 216	19 150
892	85 968	17 674	952	90 288	19 176
893	86 040	17 698	953	90 360	19 202
894	86 112	17 724	954	90 432	19 226
895	86 184	17 748	955	90 504	19 252
896	86 256	17 772	956	90 576	19 278
897	86 328	17 798	957	90 648	19 302
898	86 400	17 822	958	90 720	19 328
899	86 472	17 846	959	90 792	19 354
900	86 544	17 872	960	90 864	19 380

* Die Einkommensteuer gilt nur für den ausgewiesenen Wert, Zwischenwerte sind zu schätzen — s. Vorbemerkungen

laufende Nummer	zu versteuerndes Einkommen* in €	tarifliche Einkommen- steuer* in €	laufende Nummer	zu versteuerndes Einkommen* in €	tarifliche Einkommen- steuer* in €
961	90 936	19 404	1 021	95 256	20 948
962	91 008	19 430	1 022	95 328	20 974
963	91 080	19 456	1 023	95 400	21 000
964	91 152	19 480	1 024	95 472	21 026
965	91 224	19 506	1 025	95 544	21 052
966	91 296	19 532	1 026	95 616	21 078
967	91 368	19 558	1 027	95 688	21 104
968	91 440	19 582	1 028	95 760	21 130
969	91 512	19 608	1 029	95 832	21 156
970	91 584	19 634	1 030	95 904	21 182
971	91 656	19 660	1 031	95 976	21 210
972	91 728	19 684	1 032	96 048	21 236
973	91 800	19 710	1 033	96 120	21 262
974	91 872	19 736	1 034	96 192	21 288
975	91 944	19 762	1 035	96 264	21 314
976	92 016	19 788	1 036	96 336	21 340
977	92 088	19 812	1 037	96 408	21 366
978	92 160	19 838	1 038	96 480	21 392
979	92 232	19 864	1 039	96 552	21 418
980	92 304	19 890	1 040	96 624	21 444
981	92 376	19 916	1 041	96 696	21 470
982	92 448	19 940	1 042	96 768	21 498
983	92 520	19 966	1 043	96 840	21 524
984	92 592	19 992	1 044	96 912	21 550
985	92 664	20 018	1 045	96 984	21 576
986	92 736	20 044	1 046	97 056	21 602
987	92 808	20 070	1 047	97 128	21 628
988	92 880	20 094	1 048	97 200	21 654
989	92 952	20 120	1 049	97 272	21 682
990	93 024	20 146	1 050	97 344	21 708
991	93 096	20 172	1 051	97 416	21 734
992	93 168	20 198	1 052	97 488	21 760
993	93 240	20 224	1 053	97 560	21 786
994	93 312	20 250	1 054	97 632	21 812
995	93 384	20 274	1 055	97 704	21 840
996	93 456	20 300	1 056	97 776	21 866
997	93 528	20 326	1 057	97 848	21 892
998	93 600	20 352	1 058	97 920	21 918
999	93 672	20 378	1 059	97 992	21 944
1 000	93 744	20 404	1 060	98 064	21 972
1 001	93 816	20 430	1 061	98 136	21 998
1 002	93 888	20 456	1 062	98 208	22 024
1 003	93 960	20 482	1 063	98 280	22 050
1 004	94 032	20 508	1 064	98 352	22 076
1 005	94 104	20 534	1 065	98 424	22 104
1 006	94 176	20 558	1 066	98 496	22 130
1 007	94 248	20 584	1 067	98 568	22 156
1 008	94 320	20 610	1 068	98 640	22 182
1 009	94 392	20 636	1 069	98 712	22 210
1 010	94 464	20 662	1 070	98 784	22 236
1 011	94 536	20 688	1 071	98 856	22 262
1 012	94 608	20 714	1 072	98 928	22 288
1 013	94 680	20 740	1 073	99 000	22 316
1 014	94 752	20 766	1 074	99 072	22 342
1 015	94 824	20 792	1 075	99 144	22 368
1 016	94 896	20 818	1 076	99 216	22 396
1 017	94 968	20 844	1 077	99 288	22 422
1 018	95 040	20 870	1 078	99 360	22 448
1 019	95 112	20 896	1 079	99 432	22 474
1 020	95 184	20 922	1 080	99 504	22 502

* Die Einkommensteuer gilt nur für den ausgewiesenen Wert, Zwischenwerte sind zu schätzen – s. Vorbemerkungen

laufende Nummer	zu versteuerndes Einkommen* in €	tarifliche Einkommensteuer* in €	laufende Nummer	zu versteuerndes Einkommen* in €	tarifliche Einkommensteuer* in €
1081	99 576	22 528	1141	103 896	24 144
1082	99 648	22 554	1142	103 968	24 172
1083	99 720	22 582	1143	104 040	24 198
1084	99 792	22 608	1144	104 112	24 226
1085	99 864	22 634	1145	104 184	24 252
1086	99 936	22 662	1146	104 256	24 280
1087	100 008	22 688	1147	104 328	24 308
1088	100 080	22 714	1148	104 400	24 334
1089	100 152	22 742	1149	104 472	24 362
1090	100 224	22 768	1150	104 544	24 390
1091	100 296	22 794	1151	104 616	24 416
1092	100 368	22 822	1152	104 688	24 444
1093	100 440	22 848	1153	104 760	24 472
1094	100 512	22 876	1154	104 832	24 498
1095	100 584	22 902	1155	104 904	24 526
1096	100 656	22 928	1156	104 976	24 554
1097	100 728	22 956	1157	105 048	24 580
1098	100 800	22 982	1158	105 120	24 608
1099	100 872	23 010	1159	105 192	24 636
1100	100 944	23 036	1160	105 264	24 662
1101	101 016	23 062	1161	105 336	24 690
1102	101 088	23 090	1162	105 408	24 718
1103	101 160	23 116	1163	105 480	24 746
1104	101 232	23 144	1164	105 552	24 772
1105	101 304	23 170	1165	105 624	24 800
1106	101 376	23 196	1166	105 696	24 828
1107	101 448	23 224	1167	105 768	24 856
1108	101 520	23 250	1168	105 840	24 882
1109	101 592	23 278	1169	105 912	24 910
1110	101 664	23 304	1170	105 984	24 938
1111	101 736	23 332	1171	106 056	24 966
1112	101 808	23 358	1172	106 128	24 992
1113	101 880	23 386	1173	106 200	25 020
1114	101 952	23 412	1174	106 272	25 048
1115	102 024	23 440	1175	106 344	25 076
1116	102 096	23 466	1176	106 416	25 102
1117	102 168	23 494	1177	106 488	25 130
1118	102 240	23 520	1178	106 560	25 158
1119	102 312	23 548	1179	106 632	25 186
1120	102 384	23 574	1180	106 704	25 214
1121	102 456	23 602	1181	106 776	25 240
1122	102 528	23 628	1182	106 848	25 268
1123	102 600	23 656	1183	106 920	25 296
1124	102 672	23 682	1184	106 992	25 324
1125	102 744	23 710	1185	107 064	25 352
1126	102 816	23 736	1186	107 136	25 380
1127	102 888	23 764	1187	107 208	25 406
1128	102 960	23 790	1188	107 280	25 434
1129	103 032	23 818	1189	107 352	25 462
1130	103 104	23 844	1190	107 424	25 490
1131	103 176	23 872	1191	107 496	25 518
1132	103 248	23 900	1192	107 568	25 546
1133	103 320	23 926	1193	107 640	25 574
1134	103 392	23 954	1194	107 712	25 600
1135	103 464	23 980	1195	107 784	25 628
1136	103 536	24 008	1196	107 856	25 656
1137	103 608	24 034	1197	107 928	25 684
1138	103 680	24 062	1198	108 000	25 712
1139	103 752	24 090	1199	108 072	25 740
1140	103 824	24 116	1200	108 144	25 768

* Die Einkommensteuer gilt nur für den ausgewiesenen Wert, Zwischenwerte sind zu schätzen — s. Vorbemerkungen

laufende Nummer	zu versteuerndes Einkommen* in €	tarifliche Einkommen-steuer* in €	laufende Nummer	zu versteuerndes Einkommen* in €	tarifliche Einkommen-steuer* in €
1201	108216	25796	1261	112536	27484
1202	108288	25824	1262	112608	27512
1203	108360	25852	1263	112680	27540
1204	108432	25878	1264	112752	27568
1205	108504	25906	1265	112824	27596
1206	108576	25934	1266	112896	27626
1207	108648	25962	1267	112968	27654
1208	108720	25990	1268	113040	27682
1209	108792	26018	1269	113112	27710
1210	108864	26046	1270	113184	27740
1211	108936	26074	1271	113256	27768
1212	109008	26102	1272	113328	27796
1213	109080	26130	1273	113400	27824
1214	109152	26158	1274	113472	27854
1215	109224	26186	1275	113544	27882
1216	109296	26214	1276	113616	27910
1217	109368	26242	1277	113688	27940
1218	109440	26270	1278	113760	27968
1219	109512	26298	1279	113832	27996
1220	109584	26326	1280	113904	28024
1221	109656	26354	1281	113976	28054
1222	109728	26382	1282	114048	28082
1223	109800	26410	1283	114120	28110
1224	109872	26438	1284	114192	28140
1225	109944	26466	1285	114264	28168
1226	110016	26494	1286	114336	28196
1227	110088	26522	1287	114408	28226
1228	110160	26550	1288	114480	28254
1229	110232	26578	1289	114552	28282
1230	110304	26606	1290	114624	28312
1231	110376	26634	1291	114696	28340
1232	110448	26662	1292	114768	28370
1233	110520	26692	1293	114840	28398
1234	110592	26720	1294	114912	28426
1235	110664	26748	1295	114984	28456
1236	110736	26776	1296	115056	28484
1237	110808	26804	1297	115128	28512
1238	110880	26832	1298	115200	28542
1239	110952	26860	1299	115272	28570
1240	111024	26888	1300	115344	28600
1241	111096	26916	1301	115416	28628
1242	111168	26944	1302	115488	28656
1243	111240	26974	1303	115560	28686
1244	111312	27002	1304	115632	28714
1245	111384	27030	1305	115704	28744
1246	111456	27058	1306	115776	28772
1247	111528	27086	1307	115848	28802
1248	111600	27114	1308	115920	28830
1249	111672	27142	1309	115992	28860
1250	111744	27170	1310	116064	28888
1251	111816	27200	1311	116136	28916
1252	111888	27228	1312	116208	28946
1253	111960	27256	1313	116280	28974
1254	112032	27284	1314	116352	29004
1255	112104	27312	1315	116424	29032
1256	112176	27342	1316	116496	29062
1257	112248	27370	1317	116568	29090
1258	112320	27398	1318	116640	29120
1259	112392	27426	1319	116712	29148
1260	112464	27454	1320	116784	29178

* Die Einkommensteuer gilt nur für den ausgewiesenen Wert, Zwischenwerte sind zu schätzen — s. Vorbemerkungen

laufende Nummer	zu versteuerndes Einkommen* in €	tarifliche Einkommensteuer* in €	laufende Nummer	zu versteuerndes Einkommen* in €	tarifliche Einkommensteuer* in €
1321	116 856	29 206	1381	121 176	30 966
1322	116 928	29 236	1382	121 248	30 996
1323	117 000	29 264	1383	121 320	31 026
1324	117 072	29 294	1384	121 392	31 056
1325	117 144	29 322	1385	121 464	31 084
1326	117 216	29 352	1386	121 536	31 114
1327	117 288	29 380	1387	121 608	31 144
1328	117 360	29 410	1388	121 680	31 174
1329	117 432	29 440	1389	121 752	31 204
1330	117 504	29 468	1390	121 824	31 234
1331	117 576	29 498	1391	121 896	31 262
1332	117 648	29 526	1392	121 968	31 292
1333	117 720	29 556	1393	122 040	31 322
1334	117 792	29 584	1394	122 112	31 352
1335	117 864	29 614	1395	122 184	31 382
1336	117 936	29 644	1396	122 256	31 412
1337	118 008	29 672	1397	122 328	31 442
1338	118 080	29 702	1398	122 400	31 472
1339	118 152	29 730	1399	122 472	31 500
1340	118 224	29 760	1400	122 544	31 530
1341	118 296	29 790	1401	122 616	31 560
1342	118 368	29 818	1402	122 688	31 590
1343	118 440	29 848	1403	122 760	31 620
1344	118 512	29 876	1404	122 832	31 650
1345	118 584	29 906	1405	122 904	31 680
1346	118 656	29 936	1406	122 976	31 710
1347	118 728	29 964	1407	123 048	31 740
1348	118 800	29 994	1408	123 120	31 770
1349	118 872	30 024	1409	123 192	31 800
1350	118 944	30 052	1410	123 264	31 830
1351	119 016	30 082	1411	123 336	31 860
1352	119 088	30 112	1412	123 408	31 890
1353	119 160	30 140	1413	123 480	31 920
1354	119 232	30 170	1414	123 552	31 950
1355	119 304	30 200	1415	123 624	31 980
1356	119 376	30 228	1416	123 696	32 010
1357	119 448	30 258	1417	123 768	32 040
1358	119 520	30 288	1418	123 840	32 070
1359	119 592	30 316	1419	123 912	32 100
1360	119 664	30 346	1420	123 984	32 130
1361	119 736	30 376	1421	124 056	32 160
1362	119 808	30 406	1422	124 128	32 190
1363	119 880	30 434	1423	124 200	32 220
1364	119 952	30 464	1424	124 272	32 250
1365	120 024	30 494	1425	124 344	32 280
1366	120 096	30 522	1426	124 416	32 310
1367	120 168	30 552	1427	124 488	32 340
1368	120 240	30 582	1428	124 560	32 370
1369	120 312	30 612	1429	124 632	32 400
1370	120 384	30 640	1430	124 704	32 430
1371	120 456	30 670	1431	124 776	32 460
1372	120 528	30 700	1432	124 848	32 490
1373	120 600	30 730	1433	124 920	32 520
1374	120 672	30 758	1434	124 992	32 550
1375	120 744	30 788	1435	125 064	32 580
1376	120 816	30 818	1436	125 136	32 610
1377	120 888	30 848	1437	125 208	32 640
1378	120 960	30 878	1438	125 280	32 670
1379	121 032	30 906	1439	125 352	32 702
1380	121 104	30 936	1440	125 424	32 732

* Die Einkommensteuer gilt nur für den ausgewiesenen Wert, Zwischenwerte sind zu schätzen — s. Vorbemerkungen

ESt-Splittingtabelle T 1b

laufende Nummer	zu versteuerndes Einkommen* in €	tarifliche Einkommen- steuer* in €	laufende Nummer	zu versteuerndes Einkommen* in €	tarifliche Einkommen- steuer* in €
1441	125 496	32 762	1501	129 816	34 576
1442	125 568	32 792	1502	129 888	34 606
1443	125 640	32 822	1503	129 960	34 636
1444	125 712	32 852	1504	130 032	34 666
1445	125 784	32 882	1505	130 104	34 696
1446	125 856	32 912	1506	130 176	34 726
1447	125 928	32 942	1507	130 248	34 758
1448	126 000	32 974	1508	130 320	34 788
1449	126 072	33 004	1509	130 392	34 818
1450	126 144	33 034	1510	130 464	34 848
1451	126 216	33 064	1511	130 536	34 878
1452	126 288	33 094	1512	130 608	34 908
1453	126 360	33 124	1513	130 680	34 938
1454	126 432	33 154	1514	130 752	34 968
1455	126 504	33 184	1515	130 824	35 000
1456	126 576	33 214	1516	130 896	35 030
1457	126 648	33 246	1517	130 968	35 060
1458	126 720	33 276	1518	131 040	35 090
1459	126 792	33 306	1519	131 112	35 120
1460	126 864	33 336	1520	131 184	35 150
1461	126 936	33 366	1521	131 256	35 180
1462	127 008	33 396	1522	131 328	35 210
1463	127 080	33 426	1523	131 400	35 242
1464	127 152	33 456	1524	131 472	35 272
1465	127 224	33 488	1525	131 544	35 302
1466	127 296	33 518	1526	131 616	35 332
1467	127 368	33 548	1527	131 688	35 362
1468	127 440	33 578	1528	131 760	35 392
1469	127 512	33 608	1529	131 832	35 422
1470	127 584	33 638	1530	131 904	35 452
1471	127 656	33 668	1531	131 976	35 482
1472	127 728	33 698	1532	132 048	35 514
1473	127 800	33 730	1533	132 120	35 544
1474	127 872	33 760	1534	132 192	35 574
1475	127 944	33 790	1535	132 264	35 604
1476	128 016	33 820	1536	132 336	35 634
1477	128 088	33 850	1537	132 408	35 664
1478	128 160	33 880	1538	132 480	35 694
1479	128 232	33 910	1539	132 552	35 724
1480	128 304	33 940	1540	132 624	35 756
1481	128 376	33 970	1541	132 696	35 786
1482	128 448	34 002	1542	132 768	35 816
1483	128 520	34 032	1543	132 840	35 846
1484	128 592	34 062	1544	132 912	35 876
1485	128 664	34 092	1545	132 984	35 906
1486	128 736	34 122	1546	133 056	35 936
1487	128 808	34 152	1547	133 128	35 966
1488	128 880	34 182	1548	133 200	35 998
1489	128 952	34 212	1549	133 272	36 028
1490	129 024	34 244	1550	133 344	36 058
1491	129 096	34 274	1551	133 416	36 088
1492	129 168	34 304	1552	133 488	36 118
1493	129 240	34 334	1553	133 560	36 148
1494	129 312	34 364	1554	133 632	36 178
1495	129 384	34 394	1555	133 704	36 208
1496	129 456	34 424	1556	133 776	36 238
1497	129 528	34 454	1557	133 848	36 270
1498	129 600	34 486	1558	133 920	36 300
1499	129 672	34 516	1559	133 992	36 330
1500	129 744	34 546	1560	134 064	36 360

* Die Einkommensteuer gilt nur für den ausgewiesenen Wert, Zwischenwerte sind zu schätzen — s. Vorbemerkungen

laufende Nummer	zu versteuerndes Einkommen* in €	tarifliche Einkommensteuer* in €	laufende Nummer	zu versteuerndes Einkommen* in €	tarifliche Einkommensteuer* in €
1561	134 136	36 390	1621	138 456	38 204
1562	134 208	36 420	1622	138 528	38 234
1563	134 280	36 450	1623	138 600	38 266
1564	134 352	36 480	1624	138 672	38 296
1565	134 424	36 512	1625	138 744	38 326
1566	134 496	36 542	1626	138 816	38 356
1567	134 568	36 572	1627	138 888	38 386
1568	134 640	36 602	1628	138 960	38 416
1569	134 712	36 632	1629	139 032	38 446
1570	134 784	36 662	1630	139 104	38 476
1571	134 856	36 692	1631	139 176	38 506
1572	134 928	36 722	1632	139 248	38 538
1573	135 000	36 754	1633	139 320	38 568
1574	135 072	36 784	1634	139 392	38 598
1575	135 144	36 814	1635	139 464	38 628
1576	135 216	36 844	1636	139 536	38 658
1577	135 288	36 874	1637	139 608	38 688
1578	135 360	36 904	1638	139 680	38 718
1579	135 432	36 934	1639	139 752	38 748
1580	135 504	36 964	1640	139 824	38 780
1581	135 576	36 994	1641	139 896	38 810
1582	135 648	37 026	1642	139 968	38 840
1583	135 720	37 056	1643	140 040	38 870
1584	135 792	37 086	1644	140 112	38 900
1585	135 864	37 116	1645	140 184	38 930
1586	135 936	37 146	1646	140 256	38 960
1587	136 008	37 176	1647	140 328	38 990
1588	136 080	37 206	1648	140 400	39 022
1589	136 152	37 236	1649	140 472	39 052
1590	136 224	37 268	1650	140 544	39 082
1591	136 296	37 298	1651	140 616	39 112
1592	136 368	37 328	1652	140 688	39 142
1593	136 440	37 358	1653	140 760	39 172
1594	136 512	37 388	1654	140 832	39 202
1595	136 584	37 418	1655	140 904	39 232
1596	136 656	37 448	1656	140 976	39 262
1597	136 728	37 478	1657	141 048	39 294
1598	136 800	37 510	1658	141 120	39 324
1599	136 872	37 540	1659	141 192	39 354
1600	136 944	37 570	1660	141 264	39 384
1601	137 016	37 600	1661	141 336	39 414
1602	137 088	37 630	1662	141 408	39 444
1603	137 160	37 660	1663	141 480	39 474
1604	137 232	37 690	1664	141 552	39 504
1605	137 304	37 720	1665	141 624	39 536
1606	137 376	37 750	1666	141 696	39 566
1607	137 448	37 782	1667	141 768	39 596
1608	137 520	37 812	1668	141 840	39 626
1609	137 592	37 842	1669	141 912	39 656
1610	137 664	37 872	1670	141 984	39 686
1611	137 736	37 902	1671	142 056	39 716
1612	137 808	37 932	1672	142 128	39 746
1613	137 880	37 962	1673	142 200	39 778
1614	137 952	37 992	1674	142 272	39 808
1615	138 024	38 024	1675	142 344	39 838
1616	138 096	38 054	1676	142 416	39 868
1617	138 168	38 084	1677	142 488	39 898
1618	138 240	38 114	1678	142 560	39 928
1619	138 312	38 144	1679	142 632	39 958
1620	138 384	38 174	1680	142 704	39 988

* Die Einkommensteuer gilt nur für den ausgewiesenen Wert, Zwischenwerte sind zu schätzen — s. Vorbemerkungen

laufende Nummer	zu versteuerndes Einkommen* in €	tarifliche Einkommen-steuer* in €	laufende Nummer	zu versteuerndes Einkommen* in €	tarifliche Einkommen-steuer* in €
1 681	142 776	40 018	1 741	147 096	41 834
1 682	142 848	40 050	1 742	147 168	41 864
1 683	142 920	40 080	1 743	147 240	41 894
1 684	142 992	40 110	1 744	147 312	41 924
1 685	143 064	40 140	1 745	147 384	41 954
1 686	143 136	40 170	1 746	147 456	41 984
1 687	143 208	40 200	1 747	147 528	42 014
1 688	143 280	40 230	1 748	147 600	42 046
1 689	143 352	40 260	1 749	147 672	42 076
1 690	143 424	40 292	1 750	147 744	42 106
1 691	143 496	40 322	1 751	147 816	42 136
1 692	143 568	40 352	1 752	147 888	42 166
1 693	143 640	40 382	1 753	147 960	42 196
1 694	143 712	40 412	1 754	148 032	42 226
1 695	143 784	40 442	1 755	148 104	42 256
1 696	143 856	40 472	1 756	148 176	42 286
1 697	143 928	40 502	1 757	148 248	42 318
1 698	144 000	40 534	1 758	148 320	42 348
1 699	144 072	40 564	1 759	148 392	42 378
1 700	144 144	40 594	1 760	148 464	42 408
1 701	144 216	40 624	1 761	148 536	42 438
1 702	144 288	40 654	1 762	148 608	42 468
1 703	144 360	40 684	1 763	148 680	42 498
1 704	144 432	40 714	1 764	148 752	42 528
1 705	144 504	40 744	1 765	148 824	42 560
1 706	144 576	40 774	1 766	148 896	42 590
1 707	144 648	40 806	1 767	148 968	42 620
1 708	144 720	40 836	1 768	149 040	42 650
1 709	144 792	40 866	1 769	149 112	42 680
1 710	144 864	40 896	1 770	149 184	42 710
1 711	144 936	40 926	1 771	149 256	42 740
1 712	145 008	40 956	1 772	149 328	42 770
1 713	145 080	40 986	1 773	149 400	42 802
1 714	145 152	41 016	1 774	149 472	42 832
1 715	145 224	41 048	1 775	149 544	42 862
1 716	145 296	41 078	1 776	149 616	42 892
1 717	145 368	41 108	1 777	149 688	42 922
1 718	145 440	41 138	1 778	149 760	42 952
1 719	145 512	41 168	1 779	149 832	42 982
1 720	145 584	41 198	1 780	149 904	43 012
1 721	145 656	41 228	1 781	149 976	43 042
1 722	145 728	41 258	1 782	150 048	43 074
1 723	145 800	41 290	1 783	150 120	43 104
1 724	145 872	41 320	1 784	150 192	43 134
1 725	145 944	41 350	1 785	150 264	43 164
1 726	146 016	41 380	1 786	150 336	43 194
1 727	146 088	41 410	1 787	150 408	43 224
1 728	146 160	41 440	1 788	150 480	43 254
1 729	146 232	41 470	1 789	150 552	43 284
1 730	146 304	41 500	1 790	150 624	43 316
1 731	146 376	41 530	1 791	150 696	43 346
1 732	146 448	41 562	1 792	150 768	43 376
1 733	146 520	41 592	1 793	150 840	43 406
1 734	146 592	41 622	1 794	150 912	43 436
1 735	146 664	41 652	1 795	150 984	43 466
1 736	146 736	41 682	1 796	151 056	43 496
1 737	146 808	41 712	1 797	151 128	43 526
1 738	146 880	41 742	1 798	151 200	43 558
1 739	146 952	41 772	1 799	151 272	43 588
1 740	147 024	41 804	1 800	151 344	43 618

T 1b ESt-Splittingtabelle

laufende Nummer	zu versteuerndes Einkommen* in €	tarifliche Einkommensteuer* in €	laufende Nummer	zu versteuerndes Einkommen* in €	tarifliche Einkommensteuer* in €
1801	151416	43648	1861	155736	45462
1802	151488	43678	1862	155808	45492
1803	151560	43708	1863	155880	45522
1804	151632	43738	1864	155952	45552
1805	151704	43768	1865	156024	45584
1806	151776	43798	1866	156096	45614
1807	151848	43830	1867	156168	45644
1808	151920	43860	1868	156240	45674
1809	151992	43890	1869	156312	45704
1810	152064	43920	1870	156384	45734
1811	152136	43950	1871	156456	45764
1812	152208	43980	1872	156528	45794
1813	152280	44010	1873	156600	45826
1814	152352	44040	1874	156672	45856
1815	152424	44072	1875	156744	45886
1816	152496	44102	1876	156816	45916
1817	152568	44132	1877	156888	45946
1818	152640	44162	1878	156960	45976
1819	152712	44192	1879	157032	46006
1820	152784	44222	1880	157104	46036
1821	152856	44252	1881	157176	46066
1822	152928	44282	1882	157248	46098
1823	153000	44314	1883	157320	46128
1824	153072	44344	1884	157392	46158
1825	153144	44374	1885	157464	46188
1826	153216	44404	1886	157536	46218
1827	153288	44434	1887	157608	46248
1828	153360	44464	1888	157680	46278
1829	153432	44494	1889	157752	46308
1830	153504	44524	1890	157824	46340
1831	153576	44554	1891	157896	46370
1832	153648	44586	1892	157968	46400
1833	153720	44616	1893	158040	46430
1834	153792	44646	1894	158112	46460
1835	153864	44676	1895	158184	46490
1836	153936	44706	1896	158256	46520
1837	154008	44736	1897	158328	46550
1838	154080	44766	1898	158400	46582
1839	154152	44796	1899	158472	46612
1840	154224	44828	1900	158544	46642
1841	154296	44858	1901	158616	46672
1842	154368	44888	1902	158688	46702
1843	154440	44918	1903	158760	46732
1844	154512	44948	1904	158832	46762
1845	154584	44978	1905	158904	46792
1846	154656	45008	1906	158976	46822
1847	154728	45038	1907	159048	46854
1848	154800	45070	1908	159120	46884
1849	154872	45100	1909	159192	46914
1850	154944	45130	1910	159264	46944
1851	155016	45160	1911	159336	46974
1852	155088	45190	1912	159408	47004
1853	155160	45220	1913	159480	47034
1854	155232	45250	1914	159552	47064
1855	155304	45280	1915	159624	47096
1856	155376	45310	1916	159696	47126
1857	155448	45342	1917	159768	47156
1858	155520	45372	1918	159840	47186
1859	155592	45402	1919	159912	47216
1860	155664	45432	1920	159984	47246

* Die Einkommensteuer gilt nur für den ausgewiesenen Wert, Zwischenwerte sind zu schätzen — s. Vorbemerkungen

laufende Nummer	zu versteuerndes Einkommen* in €	tarifliche Einkommen- steuer* in €	laufende Nummer	zu versteuerndes Einkommen* in €	tarifliche Einkommen- steuer* in €
1921	160 056	47 276	1981	164 376	49 090
1922	160 128	47 306	1982	164 448	49 122
1923	160 200	47 338	1983	164 520	49 152
1924	160 272	47 368	1984	164 592	49 182
1925	160 344	47 398	1985	164 664	49 212
1926	160 416	47 428	1986	164 736	49 242
1927	160 488	47 458	1987	164 808	49 272
1928	160 560	47 488	1988	164 880	49 302
1929	160 632	47 518	1989	164 952	49 332
1930	160 704	47 548	1990	165 024	49 364
1931	160 776	47 578	1991	165 096	49 394
1932	160 848	47 610	1992	165 168	49 424
1933	160 920	47 640	1993	165 240	49 454
1934	160 992	47 670	1994	165 312	49 484
1935	161 064	47 700	1995	165 384	49 514
1936	161 136	47 730	1996	165 456	49 544
1937	161 208	47 760	1997	165 528	49 574
1938	161 280	47 790	1998	165 600	49 606
1939	161 352	47 820	1999	165 672	49 636
1940	161 424	47 852	2000	165 744	49 666
1941	161 496	47 882	2001	165 816	49 696
1942	161 568	47 912	2002	165 888	49 726
1943	161 640	47 942	2003	165 960	49 756
1944	161 712	47 972	2004	166 032	49 786
1945	161 784	48 002	2005	166 104	49 816
1946	161 856	48 032	2006	166 176	49 846
1947	161 928	48 062	2007	166 248	49 878
1948	162 000	48 094	2008	166 320	49 908
1949	162 072	48 124	2009	166 392	49 938
1950	162 144	48 154	2010	166 464	49 968
1951	162 216	48 184	2011	166 536	49 998
1952	162 288	48 214	2012	166 608	50 028
1953	162 360	48 244	2013	166 680	50 058
1954	162 432	48 274	2014	166 752	50 088
1955	162 504	48 304	2015	166 824	50 120
1956	162 576	48 334	2016	166 896	50 150
1957	162 648	48 366	2017	166 968	50 180
1958	162 720	48 396	2018	167 040	50 210
1959	162 792	48 426	2019	167 112	50 240
1960	162 864	48 456	2020	167 184	50 270
1961	162 936	48 486	2021	167 256	50 300
1962	163 008	48 516	2022	167 328	50 330
1963	163 080	48 546	2023	167 400	50 362
1964	163 152	48 576	2024	167 472	50 392
1965	163 224	48 608	2025	167 544	50 422
1966	163 296	48 638	2026	167 616	50 452
1967	163 368	48 668	2027	167 688	50 482
1968	163 440	48 698	2028	167 760	50 512
1969	163 512	48 728	2029	167 832	50 542
1970	163 584	48 758	2030	167 904	50 572
1971	163 656	48 788	2031	167 976	50 602
1972	163 728	48 818	2032	168 048	50 634
1973	163 800	48 850	2033	168 120	50 664
1974	163 872	48 880	2034	168 192	50 694
1975	163 944	48 910	2035	168 264	50 724
1976	164 016	48 940	2036	168 336	50 754
1977	164 088	48 970	2037	168 408	50 784
1978	164 160	49 000	2038	168 480	50 814
1979	164 232	49 030	2039	168 552	50 844
1980	164 304	49 060	2040	168 624	50 876

* Die Einkommensteuer gilt nur für den ausgewiesenen Wert, Zwischenwerte sind zu schätzen — s. Vorbemerkungen

laufende Nummer	zu versteuerndes Einkommen* in €	tarifliche Einkommensteuer* in €	laufende Nummer	zu versteuerndes Einkommen* in €	tarifliche Einkommensteuer* in €
2041	168 696	50 906	2 101	173 016	52 720
2042	168 768	50 936	2 102	173 088	52 750
2043	168 840	50 966	2 103	173 160	52 780
2044	168 912	50 996	2 104	173 232	52 810
2045	168 984	51 026	2 105	173 304	52 840
2046	169 056	51 056	2 106	173 376	52 870
2047	169 128	51 086	2 107	173 448	52 902
2048	169 200	51 118	2 108	173 520	52 932
2049	169 272	51 148	2 109	173 592	52 962
2050	169 344	51 178	2 110	173 664	52 992
2051	169 416	51 208	2 111	173 736	53 022
2052	169 488	51 238	2 112	173 808	53 052
2053	169 560	51 268	2 113	173 880	53 082
2054	169 632	51 298	2 114	173 952	53 112
2055	169 704	51 328	2 115	174 024	53 144
2056	169 776	51 358	2 116	174 096	53 174
2057	169 848	51 390	2 117	174 168	53 204
2058	169 920	51 420	2 118	174 240	53 234
2059	169 992	51 450	2 119	174 312	53 264
2060	170 064	51 480	2 120	174 384	53 294
2061	170 136	51 510	2 121	174 456	53 324
2062	170 208	51 540	2 122	174 528	53 354
2063	170 280	51 570	2 123	174 600	53 386
2064	170 352	51 600	2 124	174 672	53 416
2065	170 424	51 632	2 125	174 744	53 446
2066	170 496	51 662	2 126	174 816	53 476
2067	170 568	51 692	2 127	174 888	53 506
2068	170 640	51 722	2 128	174 960	53 536
2069	170 712	51 752	2 129	175 032	53 566
2070	170 784	51 782	2 130	175 104	53 596
2071	170 856	51 812	2 131	175 176	53 626
2072	170 928	51 842	2 132	175 248	53 658
2073	171 000	51 874	2 133	175 320	53 688
2074	171 072	51 904	2 134	175 392	53 718
2075	171 144	51 934	2 135	175 464	53 748
2076	171 216	51 964	2 136	175 536	53 778
2077	171 288	51 994	2 137	175 608	53 808
2078	171 360	52 024	2 138	175 680	53 838
2079	171 432	52 054	2 139	175 752	53 868
2080	171 504	52 084	2 140	175 824	53 900
2081	171 576	52 114	2 141	175 896	53 930
2082	171 648	52 146	2 142	175 968	53 960
2083	171 720	52 176	2 143	176 040	53 990
2084	171 792	52 206	2 144	176 112	54 020
2085	171 864	52 236	2 145	176 184	54 050
2086	171 936	52 266	2 146	176 256	54 080
2087	172 008	52 296	2 147	176 328	54 110
2088	172 080	52 326	2 148	176 400	54 142
2089	172 152	52 356	2 149	176 472	54 172
2090	172 224	52 388	2 150	176 544	54 202
2091	172 296	52 418	2 151	176 616	54 232
2092	172 368	52 448	2 152	176 688	54 262
2093	172 440	52 478	2 153	176 760	54 292
2094	172 512	52 508	2 154	176 832	54 322
2095	172 584	52 538	2 155	176 904	54 352
2096	172 656	52 568	2 156	176 976	54 382
2097	172 728	52 598	2 157	177 048	54 414
2098	172 800	52 630	2 158	177 120	54 444
2099	172 872	52 660	2 159	177 192	54 474
2 100	172 944	52 690	2 160	177 264	54 504

* Die Einkommensteuer gilt nur für den ausgewiesenen Wert, Zwischenwerte sind zu schätzen — s. Vorbemerkungen

laufende Nummer	zu versteuerndes Einkommen* in €	tarifliche Einkommen-steuer* in €	laufende Nummer	zu versteuerndes Einkommen* in €	tarifliche Einkommen-steuer* in €
2 161	177 336	54 534	2 221	181 656	56 348
2 162	177 408	54 564	2 222	181 728	56 378
2 163	177 480	54 594	2 223	181 800	56 410
2 164	177 552	54 624	2 224	181 872	56 440
2 165	177 624	54 656	2 225	181 944	56 470
2 166	177 696	54 686	2 226	182 016	56 500
2 167	177 768	54 716	2 227	182 088	56 530
2 168	177 840	54 746	2 228	182 160	56 560
2 169	177 912	54 776	2 229	182 232	56 590
2 170	177 984	54 806	2 230	182 304	56 620
2 171	178 056	54 836	2 231	182 376	56 650
2 172	178 128	54 866	2 232	182 448	56 682
2 173	178 200	54 898	2 233	182 520	56 712
2 174	178 272	54 928	2 234	182 592	56 742
2 175	178 344	54 958	2 235	182 664	56 772
2 176	178 416	54 988	2 236	182 736	56 802
2 177	178 488	55 018	2 237	182 808	56 832
2 178	178 560	55 048	2 238	182 880	56 862
2 179	178 632	55 078	2 239	182 952	56 892
2 180	178 704	55 108	2 240	183 024	56 924
2 181	178 776	55 138	2 241	183 096	56 954
2 182	178 848	55 170	2 242	183 168	56 984
2 183	178 920	55 200	2 243	183 240	57 014
2 184	178 992	55 230	2 244	183 312	57 044
2 185	179 064	55 260	2 245	183 384	57 074
2 186	179 136	55 290	2 246	183 456	57 104
2 187	179 208	55 320	2 247	183 528	57 134
2 188	179 280	55 350	2 248	183 600	57 166
2 189	179 352	55 380	2 249	183 672	57 196
2 190	179 424	55 412	2 250	183 744	57 226
2 191	179 496	55 442	2 251	183 816	57 256
2 192	179 568	55 472	2 252	183 888	57 286
2 193	179 640	55 502	2 253	183 960	57 316
2 194	179 712	55 532	2 254	184 032	57 346
2 195	179 784	55 562	2 255	184 104	57 376
2 196	179 856	55 592	2 256	184 176	57 406
2 197	179 928	55 622	2 257	184 248	57 438
2 198	180 000	55 654	2 258	184 320	57 468
2 199	180 072	55 684	2 259	184 392	57 498
2 200	180 144	55 714	2 260	184 464	57 528
2 201	180 216	55 744	2 261	184 536	57 558
2 202	180 288	55 774	2 262	184 608	57 588
2 203	180 360	55 804	2 263	184 680	57 618
2 204	180 432	55 834	2 264	184 752	57 648
2 205	180 504	55 864	2 265	184 824	57 680
2 206	180 576	55 894	2 266	184 896	57 710
2 207	180 648	55 926	2 267	184 968	57 740
2 208	180 720	55 956	2 268	185 040	57 770
2 209	180 792	55 986	2 269	185 112	57 800
2 210	180 864	56 016	2 270	185 184	57 830
2 211	180 936	56 046	2 271	185 256	57 860
2 212	181 008	56 076	2 272	185 328	57 890
2 213	181 080	56 106	2 273	185 400	57 922
2 214	181 152	56 136	2 274	185 472	57 952
2 215	181 224	56 168	2 275	185 544	57 982
2 216	181 296	56 198	2 276	185 616	58 012
2 217	181 368	56 228	2 277	185 688	58 042
2 218	181 440	56 258	2 278	185 760	58 072
2 219	181 512	56 288	2 279	185 832	58 102
2 220	181 584	56 318	2 280	185 904	58 132

* Die Einkommensteuer gilt nur für den ausgewiesenen Wert, Zwischenwerte sind zu schätzen — s. Vorbemerkungen

laufende Nummer	zu versteuerndes Einkommen* in €	tarifliche Einkommensteuer* in €	laufende Nummer	zu versteuerndes Einkommen* in €	tarifliche Einkommensteuer* in €
2 281	185 976	58 162	2 341	190 296	59 978
2 282	186 048	58 194	2 342	190 368	60 008
2 283	186 120	58 224	2 343	190 440	60 038
2 284	186 192	58 254	2 344	190 512	60 068
2 285	186 264	58 284	2 345	190 584	60 098
2 286	186 336	58 314	2 346	190 656	60 128
2 287	186 408	58 344	2 347	190 728	60 158
2 288	186 480	58 374	2 348	190 800	60 190
2 289	186 552	58 404	2 349	190 872	60 220
2 290	186 624	58 436	2 350	190 944	60 250
2 291	186 696	58 466	2 351	191 016	60 280
2 292	186 768	58 496	2 352	191 088	60 310
2 293	186 840	58 526	2 353	191 160	60 340
2 294	186 912	58 556	2 354	191 232	60 370
2 295	186 984	58 586	2 355	191 304	60 400
2 296	187 056	58 616	2 356	191 376	60 430
2 297	187 128	58 646	2 357	191 448	60 462
2 298	187 200	58 678	2 358	191 520	60 492
2 299	187 272	58 708	2 359	191 592	60 522
2 300	187 344	58 738	2 360	191 664	60 552
2 301	187 416	58 768	2 361	191 736	60 582
2 302	187 488	58 798	2 362	191 808	60 612
2 303	187 560	58 828	2 363	191 880	60 642
2 304	187 632	58 858	2 364	191 952	60 672
2 305	187 704	58 888	2 365	192 024	60 704
2 306	187 776	58 918	2 366	192 096	60 734
2 307	187 848	58 950	2 367	192 168	60 764
2 308	187 920	58 980	2 368	192 240	60 794
2 309	187 992	59 010	2 369	192 312	60 824
2 310	188 064	59 040	2 370	192 384	60 854
2 311	188 136	59 070	2 371	192 456	60 884
2 312	188 208	59 100	2 372	192 528	60 914
2 313	188 280	59 130	2 373	192 600	60 946
2 314	188 352	59 160	2 374	192 672	60 976
2 315	188 424	59 192	2 375	192 744	61 006
2 316	188 496	59 222	2 376	192 816	61 036
2 317	188 568	59 252	2 377	192 888	61 066
2 318	188 640	59 282	2 378	192 960	61 096
2 319	188 712	59 312	2 379	193 032	61 126
2 320	188 784	59 342	2 380	193 104	61 156
2 321	188 856	59 372	2 381	193 176	61 186
2 322	188 928	59 402	2 382	193 248	61 218
2 323	189 000	59 434	2 383	193 320	61 248
2 324	189 072	59 464	2 384	193 392	61 278
2 325	189 144	59 494	2 385	193 464	61 308
2 326	189 216	59 524	2 386	193 536	61 338
2 327	189 288	59 554	2 387	193 608	61 368
2 328	189 360	59 584	2 388	193 680	61 398
2 329	189 432	59 614	2 389	193 752	61 428
2 330	189 504	59 644	2 390	193 824	61 460
2 331	189 576	59 674	2 391	193 896	61 490
2 332	189 648	59 706	2 392	193 968	61 520
2 333	189 720	59 736	2 393	194 040	61 550
2 334	189 792	59 766	2 394	194 112	61 580
2 335	189 864	59 796	2 395	194 184	61 610
2 336	189 936	59 826	2 396	194 256	61 640
2 337	190 008	59 856	2 397	194 328	61 670
2 338	190 080	59 886	2 398	194 400	61 702
2 339	190 152	59 916	2 399	194 472	61 732
2 340	190 224	59 948	2 400	194 544	61 762

* Die Einkommensteuer gilt nur für den ausgewiesenen Wert, Zwischenwerte sind zu schätzen — s. Vorbemerkungen

Vorbemerkungen

Die zur manuellen Berechnung der Lohnsteuer erstellten Lohnsteuertabellen wurden auf Basis des gem. § 51 Abs. 4 Nr. 1a EStG vom BMF veröffentlichten geänderten Programmablaufplans für die Erstellung von **Lohnsteuertabellen 2023** vom 18.11.2022 berechnet. Entgegen der maschinellen Berechnung der Lohnsteuer (sogenannter Formeltarif) kommt zur manuellen Berechnung der Lohnsteuer auch weiterhin der sogenannte **Stufentarif** zur Anwendung. Die Berechnung nach diesem Stufentarif ist auch weiterhin zulässig, es kommt allerdings zu geringfügigen Abweichungen gegenüber der Berechnung nach dem sogenannten Formeltarif, also der elektronischen Berechnung. Beide Berechnungsarten werden von der Finanzverwaltung ausdrücklich gebilligt. Zur genauen Berechnung der Lohnsteuer nach dem Formeltarif benutzen Sie bitte das über den link https://ch.beck.de/lohnsteuerrechner für Sie freigeschaltete online-Berechnungsprogramm.

Die Lohnsteuertabellen 2023 sind aus dem Einkommensteuertarif gem. § 32a EStG abgeleitet und zwar die Steuerbeträge der Steuerklassen I, II und IV aus dem Einkommensteuertarif nach § 32a Abs. 1, die Steuerbeträge der Steuerklasse III aus dem in § 32a Abs. 5 festgelegten Splitting-Verfahren. Die Steuerbeträge der Steuerklassen V und VI sind aus dem Einkommensteuertarif in der Weise abgeleitet worden, dass für das zu versteuernde Einkommen jeweils der Betrag als Jahresbetrag ermittelt worden ist (§ 39b Abs. 2 EStG), der sich aus dem Zweifachen des Unterschiedsbetrags zwischen dem Steuerbetrag für das Eineinviertelfache und dem Steuerbetrag für das Dreiviertelfache des abgerundeten zu versteuernden Jahresbetrags nach § 32a Abs. 1 EStG ergibt. Hierdurch wird im Ergebnis unterstellt, dass das nach der Steuerklasse V oder VI zu versteuernde Einkommen 40 v. H. des gesamten zu versteuernden Einkommens beträgt, das gesamte zu versteuernde Einkommen nach dem Einkommensteuer-Splittingtarif zu versteuern ist und bereits 60 v. H. des gesamten zu versteuernden Einkommens entsprechend versteuert worden. Im Übrigen ist besonders vorgeschrieben worden, dass die Steuerbeträge in den Steuerklassen V und VI mindestens 14 v. H. und höchstens 42 v. H. sowie für den 277 826 Euro übersteigenden Teil 45 v. H. des maßgebenden zu versteuernden Jahresbetrags betragen.

Die Beträge des zu versteuernden Einkommens sind durch Hinzurechnung verschiedener Beträge unter Bildung von Steuerklassen in Jahresarbeitslöhne umgerechnet worden (§ 39b Abs. 2 bis 3 EStG). Auf diese Weise sind folgende Beträge in die Jahreslohnsteuertabelle eingearbeitet worden:

T 2 Vorbem.

- der tarifliche Grundfreibetrag (§ 32a Abs. 1 EStG) von 10 908 Euro in den Steuerklassen I, II und IV, von 21 816 Euro in der Steuerklasse III,
- der Arbeitnehmer-Pauschbetrag (§ 9a Satz 1 Nr. 1 Buchstabe a EStG) von 1200 Euro oder bei Versorgungsbezügen der Pauschbetrag (§ 9a Satz 1 Nr. 1 Buchstabe b) von 102 Euro in den Steuerklassen I bis V,
- der Sonderausgaben-Pauschbetrag (§ 10c Satz 1 EStG) von 36 Euro in den Steuerklassen I bis V,
- eine Vorsorgepauschale aus den Teilbeträgen
  a) für die RV bei Arbeitnehmern, die in der gesetzlichen RV pflichtversichert oder von der gesetzlichen RV nach § 6 Absatz 1 Nr. 1 SGB VI befreit sind, in den Steuerklassen I bis VI in Höhe des Betrags, der bezogen auf den Arbeitslohn 50 Prozent des Beitrags in der allgemeinen RV unter Berücksichtigung der jeweiligen Beitragsbemessungsgrenzen entspricht. Im Kalenderjahr 2023 ist der so ermittelte Betrag auf 92 v. H. begrenzt (§ 39b Abs. 4 EStG),
  b) für die KV bei Arbeitnehmern, die in der gesetzlichen KV versichert sind, in den Steuerklassen I bis VI in Höhe des Betrags, der bezogen auf den Arbeitslohn unter Berücksichtigung der Beitragsbemessungsgrenzen und den ermäßigten Beitragssatz (§ 243 SGB V) dem Arbeitnehmeranteil eines pflichtversicherten Arbeitnehmers entspricht,
  c) für die PflegeV bei Arbeitnehmern, die in der sozialen PflegeV versichert sind, in den Steuerklassen I bis VI in Höhe des Betrags, der bezogen auf den Arbeitslohn unter Berücksichtigung der Beitragsbemessungsgrenzen und den bundeseinheitlichen Beitragssatz dem Arbeitnehmeranteil eines pflichtversicherten Arbeitnehmers entspricht, erhöht um den Beitragszuschlag des Arbeitnehmers nach § 55 Absatz 3 SGB XI (Beitragszuschlag für Kinderlose), wenn die Voraussetzungen dafür vorliegen,
  d) für die KV und für die private Pflege-PflichtV bei Arbeitnehmern, die nicht unter Buchstabe b und c fallen, in den Steuerklassen I bis V in Höhe der dem Arbeitgeber mitgeteilten Beiträge im Sinne des § 10 Absatz 1 Nummer 3 EStG, etwaig vervielfältigt unter sinngemäßer Anwendung von Satz 2 auf einen Jahresbetrag, vermindert um den Betrag, der bezogen auf den Arbeitslohn unter Berücksichtigung der Beitragsbemessungsgrenzen und den ermäßigten Beitragssatz in der gesetzlichen KV sowie den bundeseinheitlichen Beitragssatz in der sozialen PflegeV dem Arbeitgeberanteil für einen pflichtversicherten Arbeitnehmer entspricht, wenn der Arbeitgeber gesetzlich verpflichtet ist, Zuschüsse zu den KV- und PflegeV-Beiträgen des Arbeitnehmers zu leisten;

– Entschädigungen im Sinne des § 24 Nummer 1 EStG sind bei Anwendung der Buchstaben a bis c nicht zu berücksichtigen; mindestens ist für die Summe der Teilbeträge nach den Buchstaben b und c oder für den Teilbetrag nach Buchstabe d ein Betrag in Höhe von 12 Prozent des Arbeitslohns, höchstens 1900 Euro in den Steuerklassen I, II, IV, V, VI und höchstens 3000 Euro in der Steuerklasse III anzusetzen,

– der Entlastungsbetrag für Alleinerziehende (§ 24b EStG) von 4008 Euro in der Steuerklasse II, der sich für jedes weitere Kind um 240 Euro erhöht.

Die **Monatslohnsteuertabellen,** die **Wochenlohnsteuertabellen** und die **Tageslohnsteuertabellen** sind nach § 39b Abs. 2 EStG aus den Jahreslohnsteuertabellen abgeleitet worden. Dabei sind die Anfangsbeträge der Arbeitslohnstufen und die Lohnsteuerbeträge für die Monatslohnsteuertabelle mit einem Zwölftel, für die Wochenlohnsteuertabelle mit $^7/_{360}$ und für die Tageslohnsteuertabelle mit $^1/_{360}$ der Jahresbeträge angesetzt worden. Für Lohnzahlungszeiträume, für die keine Lohnsteuertabellen bestehen, ist die Lohnsteuer aus den mit der Zahl der Kalendertage oder Wochen dieser Zeiträume vervielfachten Beträgen der maßgebenden Tageslohnsteuertabelle oder Wochenlohnsteuertabelle zu ermitteln.

Vor Ermittlung der Lohnsteuer aus der maßgebenden Lohnsteuertabelle hat der Arbeitgeber ggf. den auf den Lohnzahlungszeitraum entfallenden Anteil des **Versorgungs-Freibetrags** und des **Zuschlags zum Versorgungs-Freibetrag** (§ 19 Abs. 2 EStG) oder des **Altersentlastungsbetrags** (§ 24a EStG) und einen etwaigen als Lohnsteuerabzugsmerkmal für den Lohnzahlungszeitraum mitgeteilten Freibetrag (§ 39a Abs. 1 EStG) des Arbeitnehmers **vom Arbeitslohn abzuziehen** oder um einen etwaigen **Hinzurechnungsbetrag** (§ 39a Abs. 1 Nr. 7 EStG) zu erhöhen. Dabei ist der Versorgungs-Freibetrag mit 13,6 v. H. der Versorgungsbezüge, höchstens mit monatlich 85 Euro, wöchentlich 19,83 Euro und täglich 2,83 Euro zu berücksichtigen. Der Zuschlag zum Versorgungs-Freibetrag ist höchstens mit monatlich 25,50 Euro, wöchentlich 5,95 Euro und täglich mit 0,85 Euro anzusetzen. Der Altersentlastungsbetrag ist mit 13,6 v. H. des Arbeitslohns ohne etwaige Versorgungsbezüge, höchstens mit monatlich 53,83 Euro, wöchentlich 12,56 Euro und täglich 1,79 Euro zu berücksichtigen.

Die **besonderen Lohnsteuertabellen** gelten **für Arbeitnehmer, die** in der gesetzlichen Rentenversicherung **nicht versicherungspflichtig** sind, wie Beamte, Richter, Berufssoldaten, Arbeitnehmer der Sozialversicherungsträger und Geistliche der öffentlich-rechtlichen Religionsgemeinschaften, Bezieher von Ruhegehältern u. dgl. Für diesen Personenkreis sowie **Arbeitnehmer, die privat kranken- und pflegeversichert** sind (Lohnsteuerberechnung nach der allgemeinen Lohnsteuertabelle),

T 2 Vorbem.

kann die Lohnsteuer nicht mehr direkt aus den Lohnsteuertabellen entnommen werden, sondern es muss zunächst eine Zwischenrechnung vorgenommen werden. Dabei werden die nachgewiesenen Basiskranken- und Pflegeversicherungsbeiträge des Arbeitnehmers um die nach den Lohnsteuertabellen für den tatsächlichen Bruttojahresarbeitslohn berücksichtigte Mindestvorsorgepauschale (BVSP) gemindert. Von dem verbleibenden Betrag ist der typisierte Arbeitgeberzuschuss (TAGZ) zur Kranken- und Pflegeversicherung abzuziehen, wenn der Arbeitgeber verpflichtet ist, einen Zuschuss zur Kranken- und Pflegeversicherung zu zahlen. Der so ermittelte Wert ist von dem maßgeblichen Bruttoarbeitslohn abzuziehen. Die Lohnsteuer ist für den geminderten Bruttoarbeitslohn in der Tabelle abzulesen. Für diese Nebenrechnung weisen die allgemeinen und besonderen Lohnsteuertabellen für privat versicherte Arbeitnehmer den typisierten Arbeitgeberzuschuss (TAGZ) und die Mindestvorsorgepauschale (BVSP) für die Basiskranken- und Pflegepflichtversicherungsbeiträge aus.

Berechnungsbeispiele

Beispiel 1: Allgemeine Lohnsteuertabelle, private KV und PflegeV

Ein Arbeitnehmer in der Steuerklasse III (keine Kinder, Beitragsbemessungsgrenze West) erhält einen Bruttojahresarbeitslohn von 75 000 Euro. Er ist in der gesetzlichen Rentenversicherung pflichtversichert und **privat kranken- und pflegeversichert.** Seine nachgewiesenen Basiskranken- und Pflegepflichtversicherungsbeiträge betragen 12 000 Euro im Jahr. Dazu erhält er einen Zuschuss von seinem Arbeitgeber.

Die Lohnsteuer nach der **allgemeinen Lohnsteuertabelle** beträgt 9762 Euro im Jahr, dabei ist durch die Berücksichtigung der Vorsorgepauschale ein Aufwand für eine Basiskranken- und Pflegepflichtversicherung von 5581 Euro berücksichtigt, der typisierte Arbeitgeberzuschuss beträgt in 2023 ebenfalls 5581 Euro. Um die nachgewiesenen Basiskranken- und Pflegepflichtversicherungsbeiträge zu berücksichtigen, sind in einer Nebenrechnung diese Beiträge um den nach der allgemeinen Lohnsteuertabelle berücksichtigten Aufwand für die gesetzliche Kranken- und soziale Pflegeversicherung und den typisierten Arbeitgeberzuschuss zu mindern. Es verbleiben (12 000 Euro − 5581 Euro − 5581 Euro =) 838 Euro, die den Bruttojahresarbeitslohn mindern. In diesem Fall ist die Lohnsteuer bei einem Bruttojahresarbeitslohn von (75 000 Euro − 838 Euro =) 74 162 Euro abzulesen. Die Lohnsteuer beträgt in der Steuerklasse III 9540 Euro.

Beispiel 2: Besondere Lohnsteuertabelle, rentenversicherungsfrei und private KV und PflegeV

Ein **Beamter** in der Steuerklasse I ohne Kinder erhält einen Jahresarbeitslohn von 15 000 Euro. Seine nachgewiesenen Basiskranken- und

Pflegepflichtversicherungsbeiträge betragen 2400 Euro im Jahr. Er erhält keinen Zuschuss von seinem Arbeitgeber.

Die Lohnsteuer nach der besonderen Lohnsteuertabelle beträgt 160 Euro im Jahr; dabei ist durch die Berücksichtigung der Mindestvorsorgepauschale bereits ein Aufwand von 1801 Euro berücksichtigt. Um die nachgewiesenen Basiskranken- und Pflege-Pflichtversicherungsbeiträge zu berücksichtigen, sind in einer Nebenrechnung diese Beiträge um die nach der besonderen Lohnsteuertabelle berücksichtigte Mindestvorsorgepauschale zu mindern. Es verbleiben (2400 Euro - 1801 Euro =) 599 Euro, die den Jahresarbeitslohn mindern. In diesem Fall ist die Lohnsteuer bei einem Jahresarbeitslohn von (15 000 Euro – 599 Euro =) 14 401 Euro abzulesen. Die Lohnsteuer beträgt in der Steuerklasse I 81 Euro.

Für Fälle, in denen die Lohnsteuertabellen keine Möglichkeit zur Berechnung anbieten, wird auf das über den link https://ch.beck.de/lohnsteuerrechner für Sie freigeschaltete online-Berechnungsprogramm verwiesen.

Für die Ermittlung der Lohnsteuer sind die Lohnsteuerabzugsmerkmale des Arbeitnehmers maßgebend. Nach § 39 Abs. 4 EStG sind dies

1. Steuerklasse (§ 38b Absatz 1) und Faktor (§ 39 f EStG),
2. Zahl der Kinderfreibeträge bei den Steuerklassen I bis IV (§ 38b Absatz 2 EStG),
3. Freibetrag und Hinzurechnungsbetrag (§ 39a EStG),
4. Höhe der Beiträge für eine private Krankenversicherung und für eine private Pflege-Pflichtversicherung (§ 39b Absatz 2 Satz 5 Nummer 3 Buchstabe d EStG) für die Dauer von zwölf Monaten, wenn der Arbeitnehmer dies beantragt,
5. Mitteilung, dass der von einem Arbeitgeber gezahlte Arbeitslohn nach einem Abkommen zur Vermeidung der Doppelbesteuerung von der Lohnsteuer freizustellen ist, wenn der Arbeitnehmer oder der Arbeitgeber dies beantragt.

Die Einreihung der Arbeitnehmer in die verschiedenen Steuerklassen ergibt sich aus § 38b EStG. In die Steuerklasse I gehören Arbeitnehmer, die unbeschränkt einkommensteuerpflichtig und ledig sind, verheiratet, verwitwet oder geschieden sind und bei denen die Voraussetzungen für die Steuerklasse III oder IV nicht erfüllt sind oder beschränkt einkommensteuerpflichtig sind. **Ehegatten,** die unbeschränkt steuerpflichtig sind, nicht dauernd getrennt leben und beide Arbeitslohn beziehen, können **wählen,** ob sie beide nach der Steuerklasse IV oder ob einer der Ehegatten nach Steuerklasse III und der andere Ehegatte nach Steuerklasse V besteuert werden sollen. Anstelle der Steuerklassenkombination III/V kann auch das **Faktorverfahren** (§ 39 f EStG) bei Ehegatten angewendet werden. Bei Ehegatten, die in die Steuerklasse IV gehören (§ 38b Abs. 1

Satz 2 Nr. 4 EStG), kann auf Antrag beider Ehegatten anstelle der Steuerklassenkombination III/V als Lohnsteuerabzugsmerkmal jeweils die Steuerklasse IV in Verbindung mit einem Faktor zur Ermittlung der Lohnsteuer berücksichtigt werden, wenn der Faktor kleiner als 1 ist. Der Faktor ist Y X und vom Finanzamt mit drei Nachkommastellen ohne Rundung zu berechnen. „Y" ist die voraussichtliche Einkommensteuer für beide Ehegatten nach dem Splittingverfahren (§ 32a Abs. 5 EStG) unter Berücksichtigung der in § 39b Abs. 2 EStG genannten Abzugsbeträge. „X" ist die Summe der voraussichtlichen Lohnsteuer bei Anwendung der Steuerklasse IV für jeden Ehegatten. In die Bemessungsgrundlage für Y werden jeweils neben den Jahresarbeitslöhnen der ersten Dienstverhältnisse zusätzlich nur Beträge einbezogen, die nach § 39a Abs. 1 Satz 1 Nr. 1 bis 6 EStG als Freibetrag ermittelt und als Lohnsteuerabzugsmerkmal gebildet werden könnten; Freibeträge werden neben dem Faktor nicht als Lohnsteuerabzugsmerkmal gebildet. In den Fällen des § 39a Abs. 1 Satz 1 Nr. 7 EStG sind bei der Ermittlung von Y und X die Hinzurechnungsbeträge zu berücksichtigen; die Hinzurechnungsbeträge sind zusätzlich als Lohnsteuerabzugsmerkmal für das erste Dienstverhältnis zu bilden. Arbeitslöhne aus zweiten und weiteren Dienstverhältnissen (Steuerklasse VI) sind im Faktorverfahren nicht zu berücksichtigen.

Für die Einbehaltung der Lohnsteuer vom Arbeitslohn hat der Arbeitgeber Steuerklasse IV und den Faktor anzuwenden.

Bei Anwendung des Faktorverfahrens ist zwingend eine Veranlagung durchzuführen (§ 46 Abs. 2 Nr. 3a EStG), ebenso bei Vorliegen anderer Einkünfte von mehr als 410 Euro (§ 46 Abs. 2 EStG).

Die für die Ehegatten günstigste Steuerklassenkombination hängt in erster Linie von der Höhe ihrer Arbeitslöhne, vom Verhältnis dieser Arbeitslöhne zueinander und von der Inanspruchnahme eines etwaigen Freibetrags und seiner Verteilung auf die Ehegatten ab. Bei der Steuerklassenkombination III/V kann die einbehaltene Lohnsteuer im Verhältnis zur Jahressteuerschuld zu gering sein, wenn das gemeinsam zu versteuernde Einkommen der Ehegatten der progressiven Besteuerung unterliegt. Daher müssen Ehegatten, die die Steuerklassen III/V gewählt haben, in jedem Fall zur Einkommensteuer veranlagt werden.

Bei **erweiterter unbeschränkter Steuerpflicht** erhalten die Arbeitnehmer auf Antrag vom Betriebsstättenfinanzamt eine Abzugsbescheinigung und einen etwa in Betracht kommenden Freibetrag (§ 39a Abs. 1 EStG). Erweitert unbeschränkt steuerpflichtig sind zum einen deutsche Staatsangehörige, die nicht im Inland wohnen und zu einer inländischen juristischen Person des öffentlichen Rechts in einem Dienstverhältnis stehen und dafür Arbeitslohn aus einer inländischen öffentlichen Kasse beziehen sowie bestimmte zu ihrem Haushalt gehörende Angehörige (§ 1 Abs. 2 EStG). Zum anderen können auf Antrag auch andere Staatsangehörige, die nicht im Inland wohnen, als unbeschränkt steuerpflichtig behandelt werden, soweit sie inländische Einkünfte haben, die mindestens zu 90 v.H. der deutschen Einkommensteuer unterliegen oder wenn die nicht der deutschen Einkommensteuer unterliegenden Einkünfte nicht mehr als 9744 Euro betragen, wobei eine Kürzung dieses Betrages nach den Verhältnissen des Wohnsitzstaates in Betracht kommt (§ 1 Abs. 3 EStG).

Neben der allgemeinen und besonderen Lohnsteuertabelle, die der Ermittlung der vom Arbeitgeber einzubehaltenden und abzuführenden Lohnsteuer dient, ohne dass hierbei Kinderfreibeträge zu berücksichtigen sind, besteht noch eine **Lohnsteuertabelle, in der die Kinderfreibeträge eingearbeitet** sind. Sie dient aber im Rahmen des laufenden Lohnsteuerabzugs nur dazu, die Lohnsteuer zu ermitteln, die die Bemessungsgrundlage für die sog. **Annexsteuern** darstellt (§ 51a Abs. 2a EStG), das sind die Kirchensteuer und der Solidaritätszuschlag. Ist für den Arbeitnehmer die Berücksichtigung von Freibeträgen für Kinder nach § 32 EStG günstiger als das Kindergeld, wird dies bei der Einkommensteuerveranlagung berücksichtigt und entsprechend verrechnet (§ 31 EStG).

Lohnsteuerklassen nach § 38b EStG:

(1) Für die Durchführung des Lohnsteuerabzugs werden Arbeitnehmer in Steuerklassen eingereiht. Dabei gilt Folgendes:

1. In die Steuerklasse I gehören Arbeitnehmer, die
   a) unbeschränkt einkommensteuerpflichtig und
      aa) ledig sind,
      bb) verheiratet, verwitwet oder geschieden sind und bei denen die Voraussetzungen für die Steuerklasse III oder IV nicht erfüllt sind; oder
   b) beschränkt einkommensteuerpflichtig sind;

2. in die Steuerklasse II gehören die unter Nummer 1 Buchstabe a bezeichneten Arbeitnehmer, wenn bei ihnen der Entlastungsbetrag für Alleinerziehende (§ 24b EStG) zu berücksichtigen ist;

3. in die Steuerklasse III gehören Arbeitnehmer,
   a) die verheiratet sind, wenn beide Ehegatten unbeschränkt einkommensteuerpflichtig sind und nicht dauernd getrennt leben und der Ehegatte des Arbeitnehmers auf Antrag beider Ehegatten in die Steuerklasse V eingereiht wird,
   b) die verwitwet sind, wenn sie und ihr verstorbener Ehegatte im Zeitpunkt seines Todes unbeschränkt einkommensteuerpflichtig waren und in diesem Zeitpunkt nicht dauernd getrennt gelebt haben, für das Kalenderjahr, das dem Kalenderjahr folgt, in dem der Ehegatte verstorben ist,

7

   c) deren Ehe aufgelöst worden ist, wenn

     aa) im Kalenderjahr der Auflösung der Ehe beide Ehegatten unbeschränkt einkommensteuerpflichtig waren und nicht dauernd getrennt gelebt haben und

     bb) der andere Ehegatte wieder geheiratet hat, von seinem neuen Ehegatten nicht dauernd getrennt lebt und er und sein neuer Ehegatte unbeschränkt einkommensteuerpflichtig sind,

    für das Kalenderjahr, in dem die Ehe aufgelöst worden ist;

4. in die Steuerklasse IV gehören Arbeitnehmer, die verheiratet sind, wenn beide Ehegatten unbeschränkt einkommensteuerpflichtig sind und nicht dauernd getrennt leben; dies gilt auch, wenn einer der Ehegatten keinen Arbeitslohn bezieht und kein Antrag nach Nummer 3 Buchstabe a gestellt worden ist;

5. in die Steuerklasse V gehören die unter Nummer 4 bezeichneten Arbeitnehmer, wenn der Ehegatte des Arbeitnehmers auf Antrag beider Ehegatten in die Steuerklasse III eingereiht wird;

6. die Steuerklasse VI gilt bei Arbeitnehmern, die nebeneinander von mehreren Arbeitgebern Arbeitslohn beziehen, für die Einbehaltung der Lohnsteuer vom Arbeitslohn aus dem zweiten und einem weiteren Dienstverhältnis sowie in den Fällen des § 39c EStG.

Als unbeschränkt einkommensteuerpflichtig im Sinne der Nummern 3 und 4 gelten nur Personen, die die Voraussetzungen des § 1 Absatz 1 oder 2 oder des § 1a erfüllen.

(2) Für ein minderjähriges und nach § 1 Absatz 1 unbeschränkt einkommensteuerpflichtiges Kind im Sinne des § 32 Absatz 1 Nummer 1 und Absatz 3 werden bei der Anwendung der Steuerklassen I bis IV die Kinderfreibeträge als Lohnsteuerabzugsmerkmal nach § 39 Absatz 1 wie folgt berücksichtigt:

1. mit Zähler 0,5, wenn dem Arbeitnehmer der Kinderfreibetrag nach § 32 Absatz 6 Satz 1 zusteht, oder

2. mit Zähler 1, wenn dem Arbeitnehmer der Kinderfreibetrag zusteht, weil

   a) die Voraussetzungen des § 32 Absatz 6 Satz 2 vorliegen oder

   b) der andere Elternteil vor dem Beginn des Kalenderjahres verstorben ist oder

   c) der Arbeitnehmer allein das Kind angenommen hat.

Soweit dem Arbeitnehmer Kinderfreibeträge nach § 32 Absatz 1 bis 6 zustehen, die nicht nach Satz 1 berücksichtigt werden, ist die Zahl der Kinderfreibeträge auf Antrag vorbehaltlich des § 39a Absatz 1 Nummer 6 zu Grunde zu legen. In den Fällen des Satzes 2 können die Kinderfreibeträge für mehrere Jahre gelten, wenn nach den tatsächlichen Verhältnissen zu erwarten ist, dass die Voraussetzungen bestehen bleiben. Bei Anwendung der Steuerklassen III und IV sind auch Kinder des Ehegatten bei der Zahl der Kinderfreibeträge zu berücksichtigen. Der Antrag kann nur nach amtlich vorgeschriebenem Vordruck gestellt werden.

(3) Auf Antrag des Arbeitnehmers kann abweichend von Absatz 1 oder 2 eine für ihn ungünstigere Steuerklasse oder geringere Zahl der Kinderfreibeträge als Lohnsteuerabzugsmerkmal gebildet werden. Der Wechsel von der Steuerklasse III oder V in die Steuerklasse IV ist auch auf Antrag nur eines Ehegatten möglich mit der Folge, dass beide Ehegatten in die Steuerklasse IV eingereiht werden. Diese Anträge sind nach amtlich vorgeschriebenem Vordruck zu stellen und vom Antragsteller eigenhändig zu unterschreiben.

Eine elektronische **Lohnsteuerbescheinigung** hat der Arbeitgeber bei Abschluss des Lohnkontos, d.h. bei Beendigung des Dienstverhältnisses oder am Ende des Kalenderjahres auszustellen (§ 41b Abs. 1 EStG). Arbeitgeber ohne maschinelle Lohnabrechnung, die ausschließlich Arbeitnehmer im Rahmen einer geringfügigen Beschäftigung in ihrem Privathaushalt beschäftigen und keine elektronische Lohnsteuerbescheinigung erteilen können, haben eine entsprechende Lohnsteuerbescheinigung nach amtlich vorgeschriebenem Muster auszustellen (§ 41b Abs. 3 EStG).

Erhebung des Solidaritätszuschlags

Gem. § 3 Abs. 4 SolZG ist der Solidaritätszuschlag in Höhe von 5,5% beim Abzug vom **laufenden** Arbeitslohn nur zu erheben, wenn die Bemessungsgrundlage (Lohnsteuer) im jeweiligen Lohnzahlungszeitraum

1. bei monatlicher Lohnzahlung
    a) in der Steuerklasse III mehr als 2923,83 Euro und
    b) in den Steuerklassen I, II, IV bis VI mehr als 1461,92 Euro,
2. bei wöchentlicher Lohnzahlung
    a) in der Steuerklasse III mehr als 682,23 Euro und
    b) in den Steuerklassen I, II, IV bis VI mehr als 341,11 Euro,
3. bei täglicher Lohnzahlung
    a) in der Steuerklasse III mehr als 97,46 Euro und
    b) in den Steuerklassen I, II, IV bis VI mehr als 48,73 Euro beträgt.

Beim Lohnsteuer-Jahresausgleich ist der Solidaritätszuschlag nur zu ermitteln, wenn die Bemessungsgrundlage in Steuerklasse III mehr als 35086 Euro und in den Steuerklassen I, II oder IV mehr als 17543 Euro beträgt.

Der Solidaritätszuschlag beträgt darüber hinaus nicht mehr als 11,9 v.H. des Unterschiedsbetrags zwischen der Bemessungsgrundlage und den o.g. Freigrenzen. Dieser „Übergangswert" ist den einzelnen Tabellen jeweils vorangestellten „Übergangstabellen Solidaritätszuschlag" zu entnehmen, wobei diese auf **„Sonstige Bezüge"** nicht anzuwenden sind.

Berechnungsprogramm 2023

Grundlage des vorliegenden Programms ist der vom Bundesministerium der Finanzen bekannt gemachte Euro-Programmablaufplan für die maschinelle Berechnung der vom Arbeitslohn einzubehaltenen Lohnsteuer, des Solidaritätszuschlages und der Maßstabsteuer für die Kirchenlohnsteuer 2023 vom 18.11.2022.

Für die maschinelle Berechnung der Lohn- und Einkommensteuer kommt der *stufenlose* Steuertarif (sog. Formeltarif) zur Anwendung, mit dem die Lohn- und Einkommensteuer exakt für den sich bei der Lohnsteuerberechnung bzw. Steuerveranlagung ergebenden Einzelwert berechnet wird.

Das Berechnungsprogramm (Lohnsteuerrechner 2023) mit ausführlicher Programmanleitung erreichen Sie über den für Sie freigeschalteten link https://ch.beck.de/lohnsteuerrechner

Solidaritätszuschlag beim Lohnsteuer-Jahresausgleich durch den Arbeitgeber*

Steuerklasse III		Steuerklasse III		Steuerklasse III		Steuerklasse III	
Maßstabs-lohnsteuer €	Solidaritäts-zuschlag €	Maßstabs-lohnsteuer €	Solidaritäts-zuschlag €	Maßstabs-lohnsteuer €	Solidaritäts-zuschlag €	Maßstabs-lohnsteuer €	Solidaritäts-zuschlag €
35082,00	0,00	35974,00	105,67	36866,00	211,82	37758,00	317,96
35096,00	1,19	35988,00	107,33	36880,00	213,48	37772,00	319,63
35112,00	3,09	36004,00	109,24	36896,00	215,39	37788,00	321,53
35126,00	4,76	36018,00	110,90	36910,00	217,05	37804,00	323,44
35142,00	6,66	36034,00	112,81	36926,00	218,96	37818,00	325,10
35158,00	8,56	36050,00	114,71	36942,00	220,86	37834,00	327,01
35172,00	10,23	36064,00	116,38	36956,00	222,53	37848,00	328,67
35188,00	12,13	36080,00	118,28	36972,00	224,43	37864,00	330,58
35202,00	13,80	36094,00	119,95	36986,00	226,10	37878,00	332,24
35218,00	15,70	36110,00	121,85	37002,00	228,00	37894,00	334,15
35232,00	17,37	36124,00	123,52	37016,00	229,67	37908,00	335,81
35248,00	19,27	36140,00	125,42	37032,00	231,57	37924,00	337,72
35262,00	20,94	36154,00	127,09	37048,00	233,47	37940,00	339,62
35278,00	22,84	36170,00	128,99	37062,00	235,14	37954,00	341,29
35294,00	24,75	36186,00	130,90	37078,00	237,04	37970,00	343,19
35308,00	26,41	36200,00	132,56	37092,00	238,71	37984,00	344,86
35324,00	28,32	36216,00	134,47	37108,00	240,61	38000,00	346,76
35338,00	29,98	36230,00	136,13	37122,00	242,28	38014,00	348,43
35354,00	31,89	36246,00	138,04	37138,00	244,18	38030,00	350,33
35368,00	33,55	36260,00	139,70	37152,00	245,85	38044,00	352,00
35384,00	35,46	36276,00	141,61	37168,00	247,75	38060,00	353,90
35398,00	37,12	36292,00	143,51	37184,00	249,66	38076,00	355,81
35414,00	39,03	36306,00	145,18	37198,00	251,32	38090,00	357,47
35430,00	40,93	36322,00	147,08	37214,00	253,23	38106,00	359,38
35444,00	42,60	36336,00	148,75	37228,00	254,89	38120,00	361,04
35460,00	44,50	36352,00	150,65	37244,00	256,80	38136,00	362,95
35474,00	46,17	36366,00	152,32	37258,00	258,46	38150,00	364,61
35490,00	48,07	36382,00	154,22	37274,00	260,37	38166,00	366,52
35504,00	49,74	36396,00	155,89	37288,00	262,03	38182,00	368,42
35520,00	51,64	36412,00	157,79	37304,00	263,94	38196,00	370,09
35536,00	53,55	36428,00	159,69	37320,00	265,84	38212,00	371,99
35550,00	55,21	36442,00	161,36	37334,00	267,51	38226,00	373,66
35566,00	57,12	36458,00	163,26	37350,00	269,41	38242,00	375,56
35580,00	58,78	36472,00	164,93	37364,00	271,08	38256,00	377,23
35596,00	60,69	36488,00	166,83	37380,00	272,98	38272,00	379,13
35610,00	62,35	36502,00	168,50	37394,00	274,65	38286,00	380,80
35626,00	64,26	36518,00	170,40	37410,00	276,55	38302,00	382,70
35640,00	65,92	36532,00	172,07	37426,00	278,46	38318,00	384,60
35656,00	67,83	36548,00	173,97	37440,00	280,12	38332,00	386,27
35672,00	69,73	36564,00	175,88	37456,00	282,03	38348,00	388,17
35686,00	71,40	36578,00	177,54	37470,00	283,69	38362,00	389,84
35702,00	73,30	36594,00	179,45	37486,00	285,60	38378,00	391,74
35716,00	74,97	36608,00	181,11	37500,00	287,26	38392,00	393,41
35732,00	76,87	36624,00	183,02	37516,00	289,17	38408,00	395,31
35746,00	78,54	36638,00	184,68	37530,00	290,83	38422,00	396,98
35762,00	80,44	36654,00	186,59	37546,00	292,74	38438,00	398,88
35776,00	82,11	36670,00	188,49	37562,00	294,64	38454,00	400,79
35792,00	84,01	36684,00	190,16	37576,00	296,31	38468,00	402,45
35808,00	85,91	36700,00	192,06	37592,00	298,21	38484,00	404,36
35822,00	87,58	36714,00	193,73	37606,00	299,88	38498,00	406,02
35838,00	89,48	36730,00	195,63	37622,00	301,78	38514,00	407,93
35852,00	91,15	36744,00	197,30	37636,00	303,45	38528,00	409,59
35868,00	93,05	36760,00	199,20	37652,00	305,35	38544,00	411,50
35882,00	94,72	36774,00	200,87	37666,00	307,02	38560,00	413,40
35898,00	96,62	36790,00	202,77	37682,00	308,92	38574,00	415,07
35914,00	98,53	36806,00	204,68	37698,00	310,82	38590,00	416,97
35928,00	100,19	36820,00	206,34	37712,00	312,49	38604,00	418,64
35944,00	102,10	36836,00	208,25	37728,00	314,39	38620,00	420,54
* 35958,00	103,76	36850,00	209,91	37742,00	316,06	38634,00	422,21

* Nur anzuwenden bei Lohnsteuer-Jahresausgleich durch den Arbeitgeber.

Steuerklasse III		Steuerklasse III		Steuerklasse III		Steuerklasse III	
Maßstabs-lohnsteuer €	Solidaritäts-zuschlag €	Maßstabs-lohnsteuer €	Solidaritäts-zuschlag €	Maßstabs-lohnsteuer €	Solidaritäts-zuschlag €	Maßstabs-lohnsteuer €	Solidaritäts-zuschlag €
38650,00	424,11	39678,00	546,44	40706,00	668,78	41734,00	791,11
38664,00	425,78	39694,00	548,35	40722,00	670,68	41750,00	793,01
38680,00	427,68	39708,00	550,01	40736,00	672,35	41764,00	794,68
38696,00	429,59	39724,00	551,92	40752,00	674,25	41780,00	796,58
38710,00	431,25	39738,00	553,58	40766,00	675,92	41794,00	798,25
38726,00	433,16	39754,00	555,49	40782,00	677,82	41810,00	800,15
38740,00	434,82	39768,00	557,15	40796,00	679,49	41824,00	801,82
38756,00	436,73	39784,00	559,06	40812,00	681,39	41840,00	803,72
38770,00	438,39	39798,00	560,72	40828,00	683,29	41856,00	805,63
38786,00	440,30	39814,00	562,63	40842,00	684,96	41870,00	807,29
38800,00	441,96	39830,00	564,53	40858,00	686,86	41886,00	809,20
38816,00	443,87	39844,00	566,20	40872,00	688,53	41900,00	810,86
38832,00	445,77	39860,00	568,10	40888,00	690,43	41916,00	812,77
38846,00	447,44	39874,00	569,77	40902,00	692,10	41930,00	814,43
38862,00	449,34	39890,00	571,67	40918,00	694,00	41946,00	816,34
38876,00	451,01	39904,00	573,34	40932,00	695,67	41962,00	818,24
38892,00	452,91	39920,00	575,24	40948,00	697,57	41976,00	819,91
38906,00	454,58	39934,00	576,91	40964,00	699,48	41992,00	821,81
38922,00	456,48	39950,00	578,81	40978,00	701,14	42006,00	823,48
38938,00	458,38	39966,00	580,72	40994,00	703,05	42022,00	825,38
38952,00	460,05	39980,00	582,38	41008,00	704,71	42036,00	827,05
38968,00	461,95	39996,00	584,29	41024,00	706,62	42052,00	828,95
38982,00	463,62	40010,00	585,95	41038,00	708,28	42066,00	830,62
38998,00	465,52	40026,00	587,86	41054,00	710,19	42082,00	832,52
39012,00	467,19	40040,00	589,52	41068,00	711,85	42098,00	834,42
39028,00	469,09	40056,00	591,43	41084,00	713,76	42112,00	836,09
39042,00	470,76	40072,00	593,33	41100,00	715,66	42128,00	837,99
39058,00	472,66	40086,00	595,00	41114,00	717,33	42142,00	839,66
39074,00	474,57	40102,00	596,90	41130,00	719,23	42158,00	841,56
39088,00	476,23	40116,00	598,57	41144,00	720,90	42172,00	843,23
39104,00	478,14	40132,00	600,47	41160,00	722,80	42188,00	845,13
39118,00	479,80	40146,00	602,14	41174,00	724,47	42202,00	846,80
39134,00	481,71	40162,00	604,04	41190,00	726,37	42218,00	848,70
39148,00	483,37	40176,00	605,71	41206,00	728,28	42234,00	850,61
39164,00	485,28	40192,00	607,61	41220,00	729,94	42248,00	852,27
39178,00	486,94	40208,00	609,51	41236,00	731,85	42264,00	854,18
39194,00	488,85	40222,00	611,18	41250,00	733,51	42278,00	855,84
39210,00	490,75	40238,00	613,08	41266,00	735,42	42294,00	857,75
39224,00	492,42	40252,00	614,75	41280,00	737,08	42308,00	859,41
39240,00	494,32	40268,00	616,65	41296,00	738,99	42324,00	861,32
39254,00	495,99	40282,00	618,32	41310,00	740,65	42340,00	863,22
39270,00	497,89	40298,00	620,22	41326,00	742,56	42354,00	864,89
39284,00	499,56	40312,00	621,89	41342,00	744,46	42370,00	866,79
39300,00	501,46	40328,00	623,79	41356,00	746,13	42384,00	868,46
39316,00	503,37	40344,00	625,70	41372,00	748,03	42400,00	870,36
39330,00	505,03	40358,00	627,36	41386,00	749,70	42414,00	872,03
39346,00	506,94	40374,00	629,27	41402,00	751,60	42430,00	873,93
39360,00	508,60	40388,00	630,93	41416,00	753,27	42444,00	875,60
39376,00	510,51	40404,00	632,84	41432,00	755,17	42460,00	877,50
39390,00	512,17	40418,00	634,50	41446,00	756,84	42476,00	879,41
39406,00	514,08	40434,00	636,41	41462,00	758,74	42490,00	881,07
39420,00	515,74	40450,00	638,31	41478,00	760,64	42506,00	882,98
39436,00	517,65	40464,00	639,98	41492,00	762,31	42520,00	884,64
39452,00	519,55	40480,00	641,88	41508,00	764,21	42536,00	886,55
39466,00	521,22	40494,00	643,55	41522,00	765,88	42550,00	888,21
39482,00	523,12	40510,00	645,45	41538,00	767,78	42566,00	890,12
39496,00	524,79	40524,00	647,12	41552,00	769,45	42580,00	891,78
39512,00	526,69	40540,00	649,02	41568,00	771,35	42596,00	893,69
39526,00	528,36	40554,00	650,69	41584,00	773,26	42612,00	895,59
39542,00	530,26	40570,00	652,59	41598,00	774,92	42626,00	897,26
39556,00	531,93	40586,00	654,50	41614,00	776,83	42642,00	899,16
39572,00	533,83	40600,00	656,16	41628,00	778,49	42656,00	900,83
39588,00	535,73	40616,00	658,07	41644,00	780,40	42672,00	902,73
39602,00	537,40	40630,00	659,73	41658,00	782,06	42686,00	904,40
39618,00	539,30	40646,00	661,64	41674,00	783,97	42702,00	906,30
39632,00	540,97	40660,00	663,30	41688,00	785,63	42718,00	908,20
39648,00	542,87	40676,00	665,21	41704,00	787,54	42732,00	909,87
39662,00	544,54	40690,00	666,87	41720,00	789,44	42748,00	911,77

Steuerklasse III		Steuerklasse III		Steuerklasse III		Steuerklasse III	
Maßstabs-lohnsteuer €	Solidaritäts-zuschlag €	Maßstabs-lohnsteuer €	Solidaritäts-zuschlag €	Maßstabs-lohnsteuer €	Solidaritäts-zuschlag €	Maßstabs-lohnsteuer €	Solidaritäts-zuschlag €
42762,00	913,44	43790,00	1035,77	44818,00	1158,10	45846,00	1280,44
42778,00	915,34	43806,00	1037,68	44834,00	1160,01	45862,00	1282,34
42792,00	917,01	43820,00	1039,34	44848,00	1161,67	45878,00	1284,24
42808,00	918,91	43836,00	1041,25	44864,00	1163,58	45892,00	1285,91
42822,00	920,58	43852,00	1043,15	44880,00	1165,48	45908,00	1287,81
42838,00	922,48	43866,00	1044,82	44894,00	1167,15	45922,00	1289,48
42854,00	924,39	43882,00	1046,72	44910,00	1169,05	45938,00	1291,38
42868,00	926,05	43896,00	1048,39	44924,00	1170,72	45952,00	1293,05
42884,00	927,96	43912,00	1050,29	44940,00	1172,62	45968,00	1294,95
42898,00	929,62	43926,00	1051,96	44954,00	1174,29	45982,00	1296,62
42914,00	931,53	43942,00	1053,86	44970,00	1176,19	45998,00	1298,52
42928,00	933,19	43956,00	1055,53	44986,00	1178,10	46014,00	1300,43
42944,00	935,10	43972,00	1057,43	45000,00	1179,76	46028,00	1302,09
42958,00	936,76	43988,00	1059,33	45016,00	1181,67	46044,00	1304,00
42974,00	938,67	44002,00	1061,00	45030,00	1183,33	46058,00	1305,66
42990,00	940,57	44018,00	1062,90	45046,00	1185,24	46074,00	1307,57
43004,00	942,24	44032,00	1064,57	45060,00	1186,90	46088,00	1309,23
43020,00	944,14	44048,00	1066,47	45076,00	1188,81	46104,00	1311,14
43034,00	945,81	44062,00	1068,14	45090,00	1190,47	46120,00	1313,04
43050,00	947,71	44078,00	1070,04	45106,00	1192,38	46134,00	1314,71
43064,00	949,38	44092,00	1071,71	45122,00	1194,28	46150,00	1316,61
43080,00	951,28	44108,00	1073,61	45136,00	1195,95	46164,00	1318,28
43096,00	953,19	44124,00	1075,52	45152,00	1197,85	46180,00	1320,18
43110,00	954,85	44138,00	1077,18	45166,00	1199,52	46194,00	1321,85
43126,00	956,76	44154,00	1079,09	45182,00	1201,42	46210,00	1323,75
43140,00	958,42	44168,00	1080,75	45196,00	1203,09	46224,00	1325,42
43156,00	960,33	44184,00	1082,66	45212,00	1204,99	46240,00	1327,32
43170,00	961,99	44198,00	1084,32	45226,00	1206,66	46256,00	1329,23
43186,00	963,90	44214,00	1086,23	45242,00	1208,56	46270,00	1330,89
43200,00	965,56	44230,00	1088,13	45258,00	1210,46	46286,00	1332,80
43216,00	967,47	44244,00	1089,80	45272,00	1212,13	46300,00	1334,46
43232,00	969,37	44260,00	1091,70	45288,00	1214,03	46316,00	1336,37
43246,00	971,04	44274,00	1093,37	45302,00	1215,70	46330,00	1338,03
43262,00	972,94	44290,00	1095,27	45318,00	1217,60	46346,00	1339,94
43276,00	974,61	44304,00	1096,94	45332,00	1219,27	46360,00	1341,60
43292,00	976,51	44320,00	1098,84	45348,00	1221,17	46376,00	1343,51
43306,00	978,18	44334,00	1100,51	45364,00	1223,08	46392,00	1345,41
43322,00	980,08	44350,00	1102,41	45378,00	1224,74	46406,00	1347,08
43336,00	981,75	44366,00	1104,32	45394,00	1226,65	46422,00	1348,98
43352,00	983,65	44380,00	1105,98	45408,00	1228,31	46436,00	1350,65
43368,00	985,55	44396,00	1107,89	45424,00	1230,22	46452,00	1352,55
43382,00	987,22	44410,00	1109,55	45438,00	1231,88	46466,00	1354,22
43398,00	989,12	44426,00	1111,46	45454,00	1233,79	46482,00	1356,12
43412,00	990,79	44440,00	1113,12	45468,00	1235,45	46498,00	1358,02
43428,00	992,69	44456,00	1115,03	45484,00	1237,36	46512,00	1359,69
43442,00	994,36	44470,00	1116,69	45500,00	1239,26	46528,00	1361,59
43458,00	996,26	44486,00	1118,60	45514,00	1240,93	46542,00	1363,26
43474,00	998,17	44502,00	1120,50	45530,00	1242,83	46558,00	1365,16
43488,00	999,83	44516,00	1122,17	45544,00	1244,50	46572,00	1366,83
43504,00	1001,74	44532,00	1124,07	45560,00	1246,40	46588,00	1368,73
43518,00	1003,40	44546,00	1125,74	45574,00	1248,07	46602,00	1370,40
43534,00	1005,31	44562,00	1127,64	45590,00	1249,97	46618,00	1372,30
43548,00	1006,97	44576,00	1129,31	45604,00	1251,64	46634,00	1374,21
43564,00	1008,88	44592,00	1131,21	45620,00	1253,54	46648,00	1375,87
43578,00	1010,54	44608,00	1133,11	45636,00	1255,45	46664,00	1377,78
43594,00	1012,45	44622,00	1134,78	45650,00	1257,11	46678,00	1379,44
43610,00	1014,35	44638,00	1136,68	45666,00	1259,02	46694,00	1381,35
43624,00	1016,02	44652,00	1138,35	45680,00	1260,68	46708,00	1383,01
43640,00	1017,92	44668,00	1140,25	45696,00	1262,59	46724,00	1384,92
43654,00	1019,59	44682,00	1141,92	45710,00	1264,25	46738,00	1386,58
43670,00	1021,49	44698,00	1143,82	45726,00	1266,16	46754,00	1388,49
43684,00	1023,16	44712,00	1145,49	45742,00	1268,06	46770,00	1390,39
43700,00	1025,06	44728,00	1147,39	45756,00	1269,73	46784,00	1392,06
43714,00	1026,73	44744,00	1149,30	45772,00	1271,63	46800,00	1393,96
43730,00	1028,63	44758,00	1150,96	45786,00	1273,30	46814,00	1395,63
43746,00	1030,54	44774,00	1152,87	45802,00	1275,20	46830,00	1397,53
43760,00	1032,20	44788,00	1154,53	45816,00	1276,87	46844,00	1399,20
43776,00	1034,11	44804,00	1156,44	45832,00	1278,77	46860,00	1401,10

Steuerklasse III		Steuerklasse III		Steuerklasse III		Steuerklasse III	
Maßstabs-lohnsteuer €	Solidaritäts-zuschlag €	Maßstabs-lohnsteuer €	Solidaritäts-zuschlag €	Maßstabs-lohnsteuer €	Solidaritäts-zuschlag €	Maßstabs-lohnsteuer €	Solidaritäts-zuschlag €
46876,00	1403,01	47904,00	1525,34	48932,00	1647,67	49960,00	1770,00
46890,00	1404,67	47918,00	1527,00	48946,00	1649,34	49974,00	1771,67
46906,00	1406,58	47934,00	1528,91	48962,00	1651,24	49990,00	1773,57
46920,00	1408,24	47948,00	1530,57	48976,00	1652,91	50004,00	1775,24
46936,00	1410,15	47964,00	1532,48	48992,00	1654,81	50020,00	1777,14
46950,00	1411,81	47978,00	1534,14	49006,00	1656,48	50036,00	1779,05
46966,00	1413,72	47994,00	1536,05	49022,00	1658,38	50050,00	1780,71
46980,00	1415,38	48010,00	1537,95	49038,00	1660,28	50066,00	1782,62
46996,00	1417,29	48024,00	1539,62	49052,00	1661,95	50080,00	1784,28
47012,00	1419,19	48040,00	1541,52	49068,00	1663,85	50096,00	1786,19
47026,00	1420,86	48054,00	1543,19	49082,00	1665,52	50110,00	1787,85
47042,00	1422,76	48070,00	1545,09	49098,00	1667,42	50126,00	1789,76
47056,00	1424,43	48084,00	1546,76	49112,00	1669,09	50140,00	1791,42
47072,00	1426,33	48100,00	1548,66	49128,00	1670,99	50156,00	1793,33
47086,00	1428,00	48114,00	1550,33	49144,00	1672,90	50172,00	1795,23
47102,00	1429,90	48130,00	1552,23	49158,00	1674,56	50186,00	1796,90
47116,00	1431,57	48146,00	1554,14	49174,00	1676,47	50202,00	1798,80
47132,00	1433,47	48160,00	1555,80	49188,00	1678,13	50216,00	1800,47
47148,00	1435,37	48176,00	1557,71	49204,00	1680,04	50232,00	1802,37
47162,00	1437,04	48190,00	1559,37	49218,00	1681,70	50246,00	1804,04
47178,00	1438,94	48206,00	1561,28	49234,00	1683,61	50262,00	1805,94
47192,00	1440,61	48220,00	1562,94	49248,00	1685,27	50278,00	1807,84
47208,00	1442,51	48236,00	1564,85	49264,00	1687,18	50292,00	1809,51
47222,00	1444,18	48250,00	1566,51	49280,00	1689,08	50308,00	1811,41
47238,00	1446,08	48266,00	1568,42	49294,00	1690,75	50322,00	1813,08
47254,00	1447,99	48282,00	1570,32	49310,00	1692,65	50338,00	1814,98
47268,00	1449,65	48296,00	1571,99	49324,00	1694,32	50352,00	1816,65
47284,00	1451,56	48312,00	1573,89	49340,00	1696,22	50368,00	1818,55
47298,00	1453,22	48326,00	1575,56	49354,00	1697,89	50382,00	1820,22
47314,00	1455,13	48342,00	1577,46	49370,00	1699,79	50398,00	1822,12
47328,00	1456,79	48356,00	1579,13	49384,00	1701,46	50414,00	1824,03
47344,00	1458,70	48372,00	1581,03	49400,00	1703,36	50428,00	1825,69
47358,00	1460,36	48388,00	1582,93	49416,00	1705,27	50444,00	1827,60
47374,00	1462,27	48402,00	1584,60	49430,00	1706,93	50458,00	1829,26
47390,00	1464,17	48418,00	1586,50	49446,00	1708,84	50474,00	1831,17
47404,00	1465,84	48432,00	1588,17	49460,00	1710,50	50488,00	1832,83
47420,00	1467,74	48448,00	1590,07	49476,00	1712,41	50504,00	1834,74
47434,00	1469,41	48462,00	1591,74	49490,00	1714,07	50518,00	1836,40
47450,00	1471,31	48478,00	1593,64	49506,00	1715,98	50534,00	1838,31
47464,00	1472,98	48492,00	1595,31	49522,00	1717,88	50550,00	1840,21
47480,00	1474,88	48508,00	1597,21	49536,00	1719,55	50564,00	1841,88
47494,00	1476,55	48524,00	1599,12	49552,00	1721,45	50580,00	1843,78
47510,00	1478,45	48538,00	1600,78	49566,00	1723,12	50594,00	1845,45
47526,00	1480,36	48554,00	1602,69	49582,00	1725,02	50610,00	1847,35
47540,00	1482,02	48568,00	1604,35	49596,00	1726,69	50624,00	1849,02
47556,00	1483,93	48584,00	1606,26	49612,00	1728,59	50640,00	1850,92
47570,00	1485,59	48598,00	1607,92	49626,00	1730,26	50656,00	1852,83
47586,00	1487,50	48614,00	1609,83	49642,00	1732,16	50670,00	1854,49
47600,00	1489,16	48628,00	1611,49	49658,00	1734,06	50686,00	1856,40
47616,00	1491,07	48644,00	1613,40	49672,00	1735,73	50700,00	1858,06
47632,00	1492,97	48660,00	1615,30	49688,00	1737,63	50716,00	1859,97
47646,00	1494,64	48674,00	1616,97	49702,00	1739,30	50730,00	1861,63
47662,00	1496,54	48690,00	1618,87	49718,00	1741,20	50746,00	1863,54
47676,00	1498,21	48704,00	1620,54	49732,00	1742,87	50760,00	1865,20
47692,00	1500,11	48720,00	1622,44	49748,00	1744,77	50776,00	1867,11
47706,00	1501,78	48734,00	1624,11	49762,00	1746,44	50792,00	1869,01
47722,00	1503,68	48750,00	1626,01	49778,00	1748,34	50806,00	1870,68
47736,00	1505,35	48766,00	1627,92	49794,00	1750,25	50822,00	1872,58
47752,00	1507,25	48780,00	1629,58	49808,00	1751,91	50836,00	1874,25
47768,00	1509,15	48796,00	1631,49	49824,00	1753,82	50852,00	1876,15
47782,00	1510,82	48810,00	1633,15	49838,00	1755,48	50866,00	1877,82
47798,00	1512,72	48826,00	1635,06	49854,00	1757,39	50882,00	1879,72
47812,00	1514,39	48840,00	1636,72	49868,00	1759,05	50896,00	1881,39
47828,00	1516,29	48856,00	1638,63	49884,00	1760,96	50912,00	1883,29
47842,00	1517,96	48870,00	1640,29	49900,00	1762,86	50928,00	1885,19
47858,00	1519,86	48886,00	1642,20	49914,00	1764,53	50942,00	1886,86
47872,00	1521,53	48902,00	1644,10	49930,00	1766,43	50958,00	1888,76
47888,00	1523,43	48916,00	1645,77	49944,00	1768,10	50972,00	1890,43

Steuerklasse III		Steuerklasse III		Steuerklasse III		Steuerklasse III	
Maßstabs- lohnsteuer €	Solidaritäts- zuschlag €	Maßstabs- lohnsteuer €	Solidaritäts- zuschlag €	Maßstabs- lohnsteuer €	Solidaritäts- zuschlag €	Maßstabs- lohnsteuer €	Solidaritäts- zuschlag €
50988,00	1892,33	52016,00	2014,67	53044,00	2137,00	54072,00	2259,33
51002,00	1894,00	52030,00	2016,33	53060,00	2138,90	54088,00	2261,23
51018,00	1895,90	52046,00	2018,24	53074,00	2140,57	54102,00	2262,90
51034,00	1897,81	52062,00	2020,14	53090,00	2142,47	54118,00	2264,80
51048,00	1899,47	52076,00	2021,81	53104,00	2144,14	54132,00	2266,47
51064,00	1901,38	52092,00	2023,71	53120,00	2146,04	54148,00	2268,37
51078,00	1903,04	52106,00	2025,38	53134,00	2147,71	54162,00	2270,04
51094,00	1904,95	52122,00	2027,28	53150,00	2149,61	54178,00	2271,94
51108,00	1906,61	52136,00	2028,95	53164,00	2151,28	54194,00	2273,85
51124,00	1908,52	52152,00	2030,85	53180,00	2153,18	54208,00	2275,51
51138,00	1910,18	52168,00	2032,75	53196,00	2155,09	54224,00	2277,42
51154,00	1912,09	52182,00	2034,42	53210,00	2156,75	54238,00	2279,08
51170,00	1913,99	52198,00	2036,32	53226,00	2158,66	54254,00	2280,99
51184,00	1915,66	52212,00	2037,99	53240,00	2160,32	54268,00	2282,65
51200,00	1917,56	52228,00	2039,89	53256,00	2162,23	54284,00	2284,56
51214,00	1919,23	52242,00	2041,56	53270,00	2163,89	54298,00	2286,22
51230,00	1921,13	52258,00	2043,46	53286,00	2165,80	54314,00	2288,13
51244,00	1922,80	52272,00	2045,13	53302,00	2167,70	54330,00	2290,03
51260,00	1924,70	52288,00	2047,03	53316,00	2169,37	54344,00	2291,70
51274,00	1926,37	52304,00	2048,94	53332,00	2171,27	54360,00	2293,60
51290,00	1928,27	52318,00	2050,60	53346,00	2172,94	54374,00	2295,27
51306,00	1930,18	52334,00	2052,51	53362,00	2174,84	54390,00	2297,17
51320,00	1931,84	52348,00	2054,17	53376,00	2176,51	54404,00	2298,84
51336,00	1933,75	52364,00	2056,08	53392,00	2178,41	54420,00	2300,74
51350,00	1935,41	52378,00	2057,74	53406,00	2180,08	54436,00	2302,65
51366,00	1937,32	52394,00	2059,65	53422,00	2181,98	54450,00	2304,31
51380,00	1938,98	52408,00	2061,31	53438,00	2183,88	54466,00	2306,22
51396,00	1940,89	52424,00	2063,22	53452,00	2185,55	54480,00	2307,88
51412,00	1942,79	52440,00	2065,12	53468,00	2187,45	54496,00	2309,79
51426,00	1944,46	52454,00	2066,79	53482,00	2189,12	54510,00	2311,45
51442,00	1946,36	52470,00	2068,69	53498,00	2191,02	54526,00	2313,36
51456,00	1948,03	52484,00	2070,36	53512,00	2192,69	54540,00	2315,02
51472,00	1949,93	52500,00	2072,26	53528,00	2194,59	54556,00	2316,93
51486,00	1951,60	52514,00	2073,93	53542,00	2196,26	54572,00	2318,83
51502,00	1953,50	52530,00	2075,83	53558,00	2198,16	54586,00	2320,50
51516,00	1955,17	52546,00	2077,74	53574,00	2200,07	54602,00	2322,40
51532,00	1957,07	52560,00	2079,40	53588,00	2201,73	54616,00	2324,07
51548,00	1958,97	52576,00	2081,31	53604,00	2203,64	54632,00	2325,97
51562,00	1960,64	52590,00	2082,97	53618,00	2205,30	54646,00	2327,64
51578,00	1962,54	52606,00	2084,88	53634,00	2207,21	54662,00	2329,54
51592,00	1964,21	52620,00	2086,54	53648,00	2208,87	54676,00	2331,21
51608,00	1966,11	52636,00	2088,45	53664,00	2210,78	54692,00	2333,11
51622,00	1967,78	52650,00	2090,11	53680,00	2212,68	54708,00	2335,01
51638,00	1969,68	52666,00	2092,02	53694,00	2214,35	54722,00	2336,68
51652,00	1971,35	52682,00	2093,92	53710,00	2216,25	54738,00	2338,58
51668,00	1973,25	52696,00	2095,59	53724,00	2217,92	54752,00	2340,25
51684,00	1975,16	52712,00	2097,49	53740,00	2219,82	54768,00	2342,15
51698,00	1976,82	52726,00	2099,16	53754,00	2221,49	54782,00	2343,82
51714,00	1978,73	52742,00	2101,06	53770,00	2223,39	54798,00	2345,72
51728,00	1980,39	52756,00	2102,73	53784,00	2225,06	54814,00	2347,63
51744,00	1982,30	52772,00	2104,63	53800,00	2226,96	54828,00	2349,29
51758,00	1983,96	52786,00	2106,30	53816,00	2228,87	54844,00	2351,20
51774,00	1985,87	52802,00	2108,20	53830,00	2230,53	54858,00	2352,86
51790,00	1987,77	52818,00	2110,10	53846,00	2232,44	54874,00	2354,77
51804,00	1989,44	52832,00	2111,77	53860,00	2234,10	54888,00	2356,43
51820,00	1991,34	52848,00	2113,67	53876,00	2236,01	54904,00	2358,34
51834,00	1993,01	52862,00	2115,34	53890,00	2237,67	54918,00	2360,00
51850,00	1994,91	52878,00	2117,24	53906,00	2239,58	54934,00	2361,91
51864,00	1996,58	52892,00	2118,91	53920,00	2241,24	54950,00	2363,81
51880,00	1998,48	52908,00	2120,81	53936,00	2243,15	54964,00	2365,48
51894,00	2000,15	52924,00	2122,72	53952,00	2245,05	54980,00	2367,38
51910,00	2002,05	52938,00	2124,38	53966,00	2246,72	54994,00	2369,05
51926,00	2003,96	52954,00	2126,29	53982,00	2248,62	55010,00	2370,95
51940,00	2005,62	52968,00	2127,95	53996,00	2250,29	55024,00	2372,62
51956,00	2007,53	52984,00	2129,86	54012,00	2252,19	55040,00	2374,52
51970,00	2009,19	52998,00	2131,52	54026,00	2253,86	55054,00	2376,19
51986,00	2011,10	53014,00	2133,43	54042,00	2255,76	55070,00	2378,09
52000,00	2012,76	53028,00	2135,09	54058,00	2257,66	55086,00	2380,00

Übergangstabelle Solidaritätszuschlag Jahr 2023

Steuerklasse III		Steuerklasse III		Steuerklasse III		Steuerklasse III	
Maßstabs-lohnsteuer €	Solidaritäts-zuschlag €	Maßstabs-lohnsteuer €	Solidaritäts-zuschlag €	Maßstabs-lohnsteuer €	Solidaritäts-zuschlag €	Maßstabs-lohnsteuer €	Solidaritäts-zuschlag €
55100,00	2381,66	56128,00	2503,99	57156,00	2626,33	58184,00	2748,66
55116,00	2383,57	56144,00	2505,90	57172,00	2628,23	58200,00	2750,56
55130,00	2385,23	56158,00	2507,56	57186,00	2629,90	58216,00	2752,47
55146,00	2387,14	56174,00	2509,47	57202,00	2631,80	58230,00	2754,13
55160,00	2388,80	56188,00	2511,13	57218,00	2633,70	58246,00	2756,04
55176,00	2390,71	56204,00	2513,04	57232,00	2635,37	58260,00	2757,70
55192,00	2392,61	56220,00	2514,94	57248,00	2637,27	58276,00	2759,61
55206,00	2394,28	56234,00	2516,61	57262,00	2638,94	58290,00	2761,27
55222,00	2396,18	56250,00	2518,51	57278,00	2640,84	58306,00	2763,18
55236,00	2397,85	56264,00	2520,18	57292,00	2642,51	58320,00	2764,84
55252,00	2399,75	56280,00	2522,08	57308,00	2644,41	58336,00	2766,75
55266,00	2401,42	56294,00	2523,75	57322,00	2646,08	58352,00	2768,65
55282,00	2403,32	56310,00	2525,65	57338,00	2647,98	58366,00	2770,32
55296,00	2404,99	56326,00	2527,56	57354,00	2649,89	58382,00	2772,22
55312,00	2406,89	56340,00	2529,22	57368,00	2651,55	58396,00	2773,89
55328,00	2408,79	56356,00	2531,13	57384,00	2653,46	58412,00	2775,79
55342,00	2410,46	56370,00	2532,79	57398,00	2655,12	58426,00	2777,46
55358,00	2412,36	56386,00	2534,70	57414,00	2657,03	58442,00	2779,36
55372,00	2414,03	56400,00	2536,36	57428,00	2658,69	58456,00	2781,03
55388,00	2415,93	56416,00	2538,27	57444,00	2660,60	58472,00	2782,93
55402,00	2417,60	56430,00	2539,93	57460,00	2662,50	58488,00	2784,83
55418,00	2419,50	56446,00	2541,84	57474,00	2664,17	58502,00	2786,50
55432,00	2421,17	56462,00	2543,74	57490,00	2666,07	58518,00	2788,40
55448,00	2423,07	56476,00	2545,41	57504,00	2667,74	58532,00	2790,07
55464,00	2424,98	56492,00	2547,31	57520,00	2669,64	58548,00	2791,97
55478,00	2426,64	56506,00	2548,98	57534,00	2671,31	58562,00	2793,64
55494,00	2428,55	56522,00	2550,88	57550,00	2673,21	58578,00	2795,54
55508,00	2430,21	56536,00	2552,55	57564,00	2674,88	58594,00	2797,45
55524,00	2432,12	56552,00	2554,45	57580,00	2676,78	58608,00	2799,11
55538,00	2433,78	56566,00	2556,12	57596,00	2678,69	58624,00	2801,02
55554,00	2435,69	56582,00	2558,02	57610,00	2680,35	58638,00	2802,68
55570,00	2437,59	56598,00	2559,92	57626,00	2682,26	58654,00	2804,59
55584,00	2439,26	56612,00	2561,59	57640,00	2683,92	58668,00	2806,25
55600,00	2441,16	56628,00	2563,49	57656,00	2685,83	58684,00	2808,16
55614,00	2442,83	56642,00	2565,16	57670,00	2687,49	58698,00	2809,82
55630,00	2444,73	56658,00	2567,06	57686,00	2689,40	58714,00	2811,73
55644,00	2446,40	56672,00	2568,73	57700,00	2691,06	58730,00	2813,63
55660,00	2448,30	56688,00	2570,63	57716,00	2692,97	58744,00	2815,30
55674,00	2449,97	56704,00	2572,54	57732,00	2694,87	58760,00	2817,20
55690,00	2451,87	56718,00	2574,20	57746,00	2696,54	58774,00	2818,87
55706,00	2453,78	56734,00	2576,11	57762,00	2698,44	58790,00	2820,77
55720,00	2455,44	56748,00	2577,77	57776,00	2700,11	58804,00	2822,44
55736,00	2457,35	56764,00	2579,68	57792,00	2702,01	58820,00	2824,34
55750,00	2459,01	56778,00	2581,34	57806,00	2703,68	58834,00	2826,01
55766,00	2460,92	56794,00	2583,25	57822,00	2705,58	58850,00	2827,91
55780,00	2462,58	56808,00	2584,91	57838,00	2707,48	58866,00	2829,82
55796,00	2464,49	56824,00	2586,82	57852,00	2709,15	58880,00	2831,48
55810,00	2466,15	56840,00	2588,72	57868,00	2711,05	58896,00	2833,39
55826,00	2468,06	56854,00	2590,39	57882,00	2712,72	58910,00	2835,05
55842,00	2469,96	56870,00	2592,29	57898,00	2714,62	58926,00	2836,96
55856,00	2471,63	56884,00	2593,96	57912,00	2716,29	58940,00	2838,62
55872,00	2473,53	56900,00	2595,86	57928,00	2718,19	58956,00	2840,53
55886,00	2475,20	56914,00	2597,53	57942,00	2719,86	58972,00	2842,43
55902,00	2477,10	56930,00	2599,43	57958,00	2721,76	58986,00	2844,10
55916,00	2478,77	56944,00	2601,10	57974,00	2723,67	59002,00	2846,00
55932,00	2480,67	56960,00	2603,00	57988,00	2725,33	59016,00	2847,67
55948,00	2482,57	56976,00	2604,91	58004,00	2727,24	59032,00	2849,57
55962,00	2484,24	56990,00	2606,57	58018,00	2728,90	59046,00	2851,24
55978,00	2486,14	57006,00	2608,48	58034,00	2730,81	59062,00	2853,14
55992,00	2487,81	57020,00	2610,14	58048,00	2732,47	59076,00	2854,81
56008,00	2489,71	57036,00	2612,05	58064,00	2734,38	59092,00	2856,71
56022,00	2491,38	57050,00	2613,71	58078,00	2736,04	59108,00	2858,61
56038,00	2493,28	57066,00	2615,62	58094,00	2737,95	59122,00	2860,28
56052,00	2494,95	57082,00	2617,52	58110,00	2739,85	59138,00	2862,18
56068,00	2496,85	57096,00	2619,19	58124,00	2741,52	59152,00	2863,85
56084,00	2498,76	57112,00	2621,09	58140,00	2743,42	59168,00	2865,75
56098,00	2.500,42	57126,00	2622,76	58154,00	2745,09	59182,00	2867,42
56114,00	2502,33	57142,00	2624,66	58170,00	2746,99	59198,00	2869,32

Steuerklasse III		Steuerklasse III		Steuerklasse III		Steuerklasse III	
Maßstabs-lohnsteuer €	Solidaritäts-zuschlag €	Maßstabs-lohnsteuer €	Solidaritäts-zuschlag €	Maßstabs-lohnsteuer €	Solidaritäts-zuschlag €	Maßstabs-lohnsteuer €	Solidaritäts-zuschlag €
59212,00	2870,99	60242,00	2993,56	61270,00	3115,89	62298,00	3238,22
59228,00	2872,89	60256,00	2995,23	61284,00	3117,56	62312,00	3239,89
59244,00	2874,80	60272,00	2997,13	61300,00	3119,46	62328,00	3241,79
59258,00	2876,46	60286,00	2998,80	61314,00	3121,13	62342,00	3243,46
59274,00	2878,37	60302,00	3000,70	61330,00	3123,03	62358,00	3245,36
59288,00	2880,03	60316,00	3002,37	61344,00	3124,70	62374,00	3247,27
59304,00	2881,94	60332,00	3004,27	61360,00	3126,60	62388,00	3248,93
59318,00	2883,60	60346,00	3005,94	61376,00	3128,51	62404,00	3250,84
59334,00	2885,51	60362,00	3007,84	61390,00	3130,17	62418,00	3252,50
59350,00	2887,41	60378,00	3009,74	61406,00	3132,08	62434,00	3254,41
59364,00	2889,08	60392,00	3011,41	61420,00	3133,74	62448,00	3256,07
59380,00	2890,98	60408,00	3013,31	61436,00	3135,65	62464,00	3257,98
59394,00	2892,65	60422,00	3014,98	61450,00	3137,31	62478,00	3259,64
59410,00	2894,55	60438,00	3016,88	61466,00	3139,22	62494,00	3261,55
59424,00	2896,22	60452,00	3018,55	61480,00	3140,88	62510,00	3263,45
59440,00	2898,12	60468,00	3020,45	61496,00	3142,79	62524,00	3265,12
59454,00	2899,79	60484,00	3022,36	61512,00	3144,69	62540,00	3267,02
59470,00	2901,69	60498,00	3024,02	61526,00	3146,36	62554,00	3268,69
59486,00	2903,60	60514,00	3025,93	61542,00	3148,26	62570,00	3270,59
59500,00	2905,26	60528,00	3027,59	61556,00	3149,93	62584,00	3272,26
59516,00	2907,17	60544,00	3029,50	61572,00	3151,83	62600,00	3274,16
59530,00	2908,83	60558,00	3031,16	61586,00	3153,50	62614,00	3275,83
59546,00	2910,74	60574,00	3033,07	61602,00	3155,40	62630,00	3277,73
59560,00	2912,40	60588,00	3034,73	61618,00	3157,30	62646,00	3279,64
59576,00	2914,31	60604,00	3036,64	61632,00	3158,97	62660,00	3281,30
59590,00	2915,97	60620,00	3038,54	61648,00	3160,87	62676,00	3283,21
59606,00	2917,88	60634,00	3040,21	61662,00	3162,54	62690,00	3284,87
59622,00	2919,78	60650,00	3042,11	61678,00	3164,44	62706,00	3286,78
59636,00	2921,45	60664,00	3043,78	61692,00	3166,11	62720,00	3288,44
59652,00	2923,35	60680,00	3045,68	61708,00	3168,01	62736,00	3290,35
59666,00	2925,02	60694,00	3047,35	61722,00	3169,68	62752,00	3292,25
59682,00	2926,92	60710,00	3049,25	61738,00	3171,58	62766,00	3293,92
59696,00	2928,59	60724,00	3050,92	61754,00	3173,49	62782,00	3295,82
59712,00	2930,49	60740,00	3052,82	61768,00	3175,15	62796,00	3297,49
59728,00	2932,39	60756,00	3054,73	61784,00	3177,06	62812,00	3299,39
59742,00	2934,06	60770,00	3056,39	61798,00	3178,72	62826,00	3301,06
59758,00	2935,96	60786,00	3058,30	61814,00	3180,63	62842,00	3302,96
59772,00	2937,63	60800,00	3059,96	61828,00	3182,29	62856,00	3304,63
59788,00	2939,53	60816,00	3061,87	61844,00	3184,20	62872,00	3306,53
59802,00	2941,20	60830,00	3063,53	61858,00	3185,86	62888,00	3308,43
59818,00	2943,10	60846,00	3065,44	61874,00	3187,77	62902,00	3310,10
59832,00	2944,77	60862,00	3067,34	61890,00	3189,67	62918,00	3312,00
59848,00	2946,67	60876,00	3069,01	61904,00	3191,34	62932,00	3313,67
59864,00	2948,58	60892,00	3070,91	61920,00	3193,24	62948,00	3315,57
59878,00	2950,24	60906,00	3072,58	61934,00	3194,91	62962,00	3317,24
59894,00	2952,15	60922,00	3074,48	61950,00	3196,81	62978,00	3319,14
59908,00	2953,81	60936,00	3076,15	61964,00	3198,48	62992,00	3320,81
59924,00	2955,72	60952,00	3078,05	61980,00	3200,38	63008,00	3322,71
59938,00	2957,38	60966,00	3079,72	61996,00	3202,29	63024,00	3324,62
59954,00	2959,29	60982,00	3081,62	62010,00	3203,95	63038,00	3326,28
59968,00	2960,95	60998,00	3083,52	62026,00	3205,86	63054,00	3328,19
59984,00	2962,86	61012,00	3085,19	62040,00	3207,52	63068,00	3329,85
60000,00	2964,76	61028,00	3087,09	62056,00	3209,43	63084,00	3331,76
60014,00	2966,43	61042,00	3088,76	62070,00	3211,09	63098,00	3333,42
60030,00	2968,33	61058,00	3090,66	62086,00	3213,00	63114,00	3335,33
60044,00	2970,00	61072,00	3092,33	62100,00	3214,66	63130,00	3337,23
60060,00	2971,90	61088,00	3094,23	62116,00	3216,57	63144,00	3338,90
60074,00	2973,57	61102,00	3095,90	62132,00	3218,47	63160,00	3340,80
60090,00	2975,47	61118,00	3097,80	62146,00	3220,14	63174,00	3342,47
60106,00	2977,38	61134,00	3099,71	62162,00	3222,04	63190,00	3344,37
60120,00	2979,04	61148,00	3101,37	62176,00	3223,71	63204,00	3346,04
60136,00	2980,95	61164,00	3103,28	62192,00	3225,61	63220,00	3347,94
60150,00	2982,61	61178,00	3104,94	62206,00	3227,28	63234,00	3349,61
60166,00	2984,52	61194,00	3106,85	62222,00	3229,18	63250,00	3351,51
60180,00	2986,18	61208,00	3108,51	62236,00	3230,85	63266,00	3353,42
60196,00	2988,09	61224,00	3110,42	62252,00	3232,75	63280,00	3355,08
60210,00	2989,75	61240,00	3112,32	62268,00	3234,65	63296,00	3356,99
60226,00	2991,66	61254,00	3113,99	62282,00	3236,32	63310,00	3358,65

Steuerklasse III		Steuerklasse III		Steuerklasse III		Steuerklasse III	
Maßstabs-lohnsteuer €	Solidaritäts-zuschlag €	Maßstabs-lohnsteuer €	Solidaritäts-zuschlag €	Maßstabs-lohnsteuer €	Solidaritäts-zuschlag €	Maßstabs-lohnsteuer €	Solidaritäts-zuschlag €
63326,00	3360,56	63824,00	3419,82	64324,00	3479,32	64822,00	3538,58
63340,00	3362,22	63840,00	3421,72	64338,00	3480,98	64838,00	3540,48
63356,00	3364,13	63854,00	3423,39	64354,00	3482,89	64852,00	3542,15
63370,00	3365,79	63870,00	3425,29	64368,00	3484,55	64868,00	3544,05
63386,00	3367,70	63886,00	3427,20	64384,00	3486,46	64882,00	3545,72
63402,00	3369,60	63900,00	3428,86	64400,00	3488,36	64898,00	3547,62
63416,00	3371,27	63916,00	3430,77	64414,00	3490,03	64914,00	3549,53
63432,00	3373,17	63930,00	3432,43	64430,00	3491,93	64928,00	3551,19
63446,00	3374,84	63946,00	3434,34	64444,00	3493,60	64944,00	3553,10
63462,00	3376,74	63960,00	3436,00	64460,00	3495,50	64958,00	3554,76
63476,00	3378,41	63976,00	3437,91	64474,00	3497,17	64974,00	3556,67
63492,00	3380,31	63990,00	3439,57	64490,00	3499,07	64988,00	3558,33
63508,00	3382,21	64006,00	3441,48	64504,00	3500,74	65004,00	3560,24
63522,00	3383,88	64022,00	3443,38	64520,00	3502,64	65020,00	3562,14
63538,00	3385,78	64036,00	3445,05	64536,00	3504,55	65034,00	3563,81
63552,00	3387,45	64052,00	3446,95	64550,00	3506,21	65050,00	3565,71
63568,00	3389,35	64066,00	3448,62	64566,00	3508,12	65064,00	3567,38
63582,00	3391,02	64082,00	3450,52	64580,00	3509,78	65080,00	3569,28
63598,00	3392,92	64096,00	3452,19	64596,00	3511,69	65094,00	3570,95
63612,00	3394,59	64112,00	3454,09	64610,00	3513,35	65110,00	3572,85
63628,00	3396,49	64126,00	3455,76	64626,00	3515,26	65124,00	3574,52
63644,00	3398,40	64142,00	3457,66	64642,00	3517,16	65140,00	3576,42
63658,00	3400,06	64158,00	3459,56	64656,00	3518,83	65156,00	3578,33
63674,00	3401,97	64172,00	3461,23	64672,00	3520,73	65170,00	3579,99
63688,00	3403,63	64188,00	3463,13	64686,00	3522,40	65186,00	3581,90
63704,00	3405,54	64202,00	3464,80	64702,00	3524,30	65200,00	3583,56
63718,00	3407,20	64218,00	3466,70	64716,00	3525,97	65216,00	3585,47
63734,00	3409,11	64232,00	3468,37	64732,00	3527,87	65230,00	3587,13
63748,00	3410,77	64248,00	3470,27	64746,00	3529,54	65246,00	3588,53
63764,00	3412,68	64264,00	3472,18	64762,00	3531,44		
63780,00	3414,58	64278,00	3473,84	64778,00	3533,34		
63794,00	3416,25	64294,00	3475,75	64792,00	3535,01		
63810,00	3418,15	64308,00	3477,41	64808,00	3536,91		

Steuerklasse I, II, IV, V, VI		Steuerklasse I, II, IV, V, VI		Steuerklasse I, II, IV, V, VI		Steuerklasse I, II, IV, V, VI	
Maßstabs-lohnsteuer €	Solidaritäts-zuschlag €	Maßstabs-lohnsteuer €	Solidaritäts-zuschlag €	Maßstabs-lohnsteuer €	Solidaritäts-zuschlag €	Maßstabs-lohnsteuer €	Solidaritäts-zuschlag €
17533,00	0,00	17931,00	46,17	18329,00	93,53	18726,00	140,77
17547,00	0,47	17945,00	47,83	18343,00	95,20	18740,00	142,44
17560,00	2,02	17958,00	49,38	18356,00	96,74	18754,00	144,10
17574,00	3,68	17972,00	51,05	18370,00	98,41	18768,00	145,77
17588,00	5,35	17986,00	52,71	18384,00	100,07	18781,00	147,32
17602,00	7,02	17999,00	54,26	18397,00	101,62	18795,00	148,98
17615,00	8,56	18013,00	55,93	18411,00	103,29	18809,00	150,65
17629,00	10,23	18027,00	57,59	18424,00	104,83	18822,00	152,20
17643,00	11,90	18041,00	59,26	18438,00	106,50	18836,00	153,86
17657,00	13,56	18054,00	60,80	18452,00	108,17	18850,00	155,53
17671,00	15,23	18068,00	62,47	18466,00	109,83	18863,00	157,08
17684,00	16,77	18082,00	64,14	18479,00	111,38	18877,00	158,74
17698,00	18,44	18096,00	65,80	18493,00	113,05	18891,00	160,41
17712,00	20,11	18109,00	67,35	18507,00	114,71	18904,00	161,95
17725,00	21,65	18123,00	69,02	18521,00	116,38	18918,00	163,62
17739,00	23,32	18137,00	70,68	18534,00	117,92	18932,00	165,29
17753,00	24,99	18150,00	72,23	18548,00	119,59	18946,00	166,95
17766,00	26,53	18164,00	73,89	18562,00	121,26	18959,00	168,50
17780,00	28,20	18178,00	75,56	18576,00	122,92	18973,00	170,17
17794,00	29,86	18191,00	77,11	18589,00	124,47	18987,00	171,83
17807,00	31,41	18205,00	78,77	18603,00	126,14	19001,00	173,50
17821,00	33,08	18219,00	80,44	18617,00	127,80	19015,00	175,16
17835,00	34,74	18232,00	81,99	18630,00	129,35	19028,00	176,71
17849,00	36,41	18246,00	83,65	18644,00	131,01	19042,00	178,38
17862,00	37,96	18260,00	85,32	18658,00	132,68	19055,00	179,92
17876,00	39,62	18274,00	86,98	18671,00	134,23	19069,00	181,59
17890,00	41,29	18287,00	88,53	18685,00	135,89	19083,00	183,26
17904,00	42,95	18301,00	90,20	18699,00	137,56	19096,00	184,80
17917,00	44,50	18315,00	91,86	18713,00	139,23	19110,00	186,47

Steuerklasse I, II, IV, V, VI		Steuerklasse I, II, IV, V, VI		Steuerklasse I, II, IV, V, VI		Steuerklasse I, II, IV, V, VI	
Maßstabs-lohnsteuer €	Solidaritäts-zuschlag €	Maßstabs-lohnsteuer €	Solidaritäts-zuschlag €	Maßstabs-lohnsteuer €	Solidaritäts-zuschlag €	Maßstabs-lohnsteuer €	Solidaritäts-zuschlag €
19124,00	188,13	20057,00	299,16	21045,00	416,73	22073,00	539,07
19138,00	189,80	20070,00	300,71	21060,00	418,52	22088,00	540,85
19151,00	191,35	20084,00	302,37	21075,00	420,30	22103,00	542,64
19165,00	193,01	20098,00	304,04	21090,00	422,09	22118,00	544,42
19179,00	194,68	20112,00	305,71	21105,00	423,87	22133,00	546,21
19193,00	196,35	20125,00	307,25	21120,00	425,66	22149,00	548,11
19206,00	197,89	20139,00	308,92	21136,00	427,56	22164,00	549,89
19220,00	199,56	20153,00	310,59	21151,00	429,35	22179,00	551,68
19234,00	201,22	20166,00	312,13	21166,00	431,13	22194,00	553,46
19248,00	202,89	20180,00	313,80	21181,00	432,92	22209,00	555,25
19261,00	204,44	20194,00	315,46	21196,00	434,70	22224,00	557,03
19275,00	206,10	20207,00	317,01	21211,00	436,49	22239,00	558,82
19289,00	207,77	20221,00	318,68	21226,00	438,27	22254,00	560,60
19302,00	209,32	20235,00	320,34	21241,00	440,06	22270,00	562,51
19316,00	210,98	20248,00	321,89	21256,00	441,84	22285,00	564,29
19330,00	212,65	20262,00	323,56	21272,00	443,75	22300,00	566,08
19343,00	214,20	20276,00	325,22	21287,00	445,53	22315,00	567,86
19357,00	215,86	20290,00	326,89	21302,00	447,32	22330,00	569,65
19371,00	217,53	20303,00	328,44	21317,00	449,10	22345,00	571,43
19385,00	219,19	20317,00	330,10	21332,00	450,89	22360,00	573,22
19398,00	220,74	20331,00	331,77	21347,00	452,67	22375,00	575,00
19412,00	222,41	20345,00	333,43	21362,00	454,46	22390,00	576,79
19426,00	224,07	20358,00	334,98	21377,00	456,24	22406,00	578,69
19440,00	225,74	20372,00	336,65	21393,00	458,15	22421,00	580,48
19453,00	227,29	20386,00	338,31	21408,00	459,93	22436,00	582,26
19467,00	228,95	20399,00	339,86	21423,00	461,72	22451,00	584,05
19481,00	230,62	20413,00	341,53	21438,00	463,50	22466,00	585,83
19494,00	232,16	20427,00	343,19	21453,00	465,29	22481,00	587,62
19508,00	233,83	20440,00	344,74	21468,00	467,07	22496,00	589,40
19522,00	235,50	20455,00	346,52	21483,00	468,86	22511,00	591,19
19535,00	237,04	20470,00	348,31	21498,00	470,64	22527,00	593,09
19549,00	238,71	20485,00	350,09	21514,00	472,54	22542,00	594,88
19563,00	240,38	20500,00	351,88	21529,00	474,33	22557,00	596,66
19576,00	241,92	20516,00	353,78	21544,00	476,11	22572,00	598,45
19590,00	243,59	20531,00	355,57	21559,00	477,90	22587,00	600,23
19604,00	245,25	20546,00	357,35	21574,00	479,68	22602,00	602,02
19618,00	246,92	20561,00	359,14	21589,00	481,47	22617,00	603,80
19631,00	248,47	20576,00	360,92	21604,00	483,25	22632,00	605,59
19645,00	250,13	20591,00	362,71	21619,00	485,04	22648,00	607,49
19659,00	251,80	20606,00	364,49	21634,00	486,82	22663,00	609,28
19673,00	253,47	20621,00	366,28	21650,00	488,73	22678,00	611,06
19686,00	255,01	20637,00	368,18	21665,00	490,51	22693,00	612,85
19700,00	256,68	20652,00	369,97	21680,00	492,30	22708,00	614,63
19714,00	258,34	20667,00	371,75	21695,00	494,08	22723,00	616,42
19727,00	259,89	20682,00	373,54	21710,00	495,87	22738,00	618,20
19741,00	261,56	20697,00	375,32	21725,00	497,65	22753,00	619,99
19755,00	263,22	20712,00	377,11	21740,00	499,44	22768,00	621,77
19768,00	264,77	20727,00	378,89	21755,00	501,22	22784,00	623,67
19782,00	266,44	20742,00	380,68	21771,00	503,13	22799,00	625,46
19796,00	268,10	20758,00	382,58	21786,00	504,91	22814,00	627,24
19810,00	269,77	20773,00	384,37	21801,00	506,70	22829,00	629,03
19823,00	271,32	20788,00	386,15	21816,00	508,48	22844,00	630,81
19837,00	272,98	20803,00	387,94	21831,00	510,27	22859,00	632,60
19851,00	274,65	20818,00	389,72	21846,00	512,05	22874,00	634,38
19865,00	276,31	20833,00	391,51	21861,00	513,84	22889,00	636,17
19878,00	277,86	20848,00	393,29	21876,00	515,62	22905,00	638,07
19892,00	279,53	20863,00	395,08	21892,00	517,53	22920,00	639,86
19906,00	281,19	20878,00	396,86	21907,00	519,31	22935,00	641,64
19920,00	282,86	20894,00	398,76	21922,00	521,10	22950,00	643,43
19933,00	284,41	20909,00	400,55	21937,00	522,88	22965,00	645,21
19947,00	286,07	20924,00	402,33	21952,00	524,67	22980,00	647,00
19961,00	287,74	20939,00	404,12	21967,00	526,45	22995,00	648,78
19974,00	289,28	20954,00	405,90	21982,00	528,24	23010,00	650,57
19988,00	290,95	20969,00	407,69	21997,00	530,02	23026,00	652,47
20002,00	292,62	20984,00	409,47	22012,00	531,81	23041,00	654,26
20015,00	294,16	20999,00	411,26	22028,00	533,71	23056,00	656,04
20029,00	295,83	21015,00	413,16	22043,00	535,50	23071,00	657,83
20043,00	297,50	21030,00	414,95	22058,00	537,28	23086,00	659,61

Steuerklasse I, II, IV, V, VI		Steuerklasse I, II, IV, V, VI		Steuerklasse I, II, IV, V, VI		Steuerklasse I, II, IV, V, VI	
Maßstabslohnsteuer €	Solidaritätszuschlag €	Maßstabslohnsteuer €	Solidaritätszuschlag €	Maßstabslohnsteuer €	Solidaritätszuschlag €	Maßstabslohnsteuer €	Solidaritätszuschlag €
23101,00	661,40	24129,00	783,73	25157,00	906,06	26186,00	1028,51
23116,00	663,18	24144,00	785,51	25173,00	907,97	26201,00	1030,30
23131,00	664,97	24160,00	787,42	25188,00	909,75	26216,00	1032,08
23146,00	666,75	24175,00	789,20	25203,00	911,54	26231,00	1033,87
23162,00	668,66	24190,00	790,99	25218,00	913,32	26246,00	1035,65
23177,00	670,44	24205,00	792,77	25233,00	915,11	26261,00	1037,44
23192,00	672,23	24220,00	794,56	25248,00	916,89	26276,00	1039,22
23207,00	674,01	24235,00	796,34	25263,00	918,68	26291,00	1041,01
23222,00	675,80	24250,00	798,13	25278,00	920,46	26307,00	1042,91
23237,00	677,58	24265,00	799,91	25294,00	922,36	26322,00	1044,70
23252,00	679,37	24280,00	801,70	25309,00	924,15	26337,00	1046,48
23267,00	681,15	24296,00	803,60	25324,00	925,93	26352,00	1048,27
23283,00	683,06	24311,00	805,39	25339,00	927,72	26367,00	1050,05
23298,00	684,84	24326,00	807,17	25354,00	929,50	26382,00	1051,84
23313,00	686,63	24341,00	808,96	25369,00	931,29	26397,00	1053,62
23328,00	688,41	24356,00	810,74	25384,00	933,07	26412,00	1055,41
23343,00	690,20	24371,00	812,53	25399,00	934,86	26428,00	1057,31
23358,00	691,98	24386,00	814,31	25414,00	936,64	26443,00	1059,10
23373,00	693,77	24401,00	816,10	25430,00	938,55	26458,00	1060,88
23388,00	695,55	24417,00	818,00	25445,00	940,33	26473,00	1062,67
23404,00	697,45	24432,00	819,79	25460,00	942,12	26488,00	1064,45
23419,00	699,24	24447,00	821,57	25475,00	943,90	26503,00	1066,24
23434,00	701,02	24462,00	823,36	25490,00	945,69	26518,00	1068,02
23449,00	702,81	24477,00	825,14	25505,00	947,47	26533,00	1069,81
23464,00	704,59	24492,00	826,93	25520,00	949,26	26548,00	1071,59
23479,00	706,38	24507,00	828,71	25535,00	951,04	26564,00	1073,49
23494,00	708,16	24522,00	830,50	25551,00	952,95	26579,00	1075,28
23509,00	709,95	24538,00	832,40	25566,00	954,73	26594,00	1077,06
23524,00	711,73	24553,00	834,19	25581,00	956,52	26609,00	1078,85
23540,00	713,64	24568,00	835,97	25596,00	958,30	26624,00	1080,63
23555,00	715,42	24583,00	837,76	25611,00	960,09	26639,00	1082,42
23570,00	717,21	24598,00	839,54	25626,00	961,87	26654,00	1084,20
23585,00	718,99	24613,00	841,33	25641,00	963,66	26669,00	1085,99
23600,00	720,78	24628,00	843,11	25656,00	965,44	26685,00	1087,89
23615,00	722,56	24643,00	844,90	25672,00	967,35	26700,00	1089,68
23630,00	724,35	24658,00	846,68	25687,00	969,13	26715,00	1091,46
23645,00	726,13	24674,00	848,58	25702,00	970,92	26730,00	1093,25
23661,00	728,04	24689,00	850,37	25717,00	972,70	26745,00	1095,03
23676,00	729,82	24704,00	852,15	25732,00	974,49	26760,00	1096,82
23691,00	731,61	24719,00	853,94	25747,00	976,27	26775,00	1098,60
23706,00	733,39	24734,00	855,72	25762,00	978,06	26790,00	1100,39
23721,00	735,18	24749,00	857,51	25777,00	979,84	26806,00	1102,29
23736,00	736,96	24764,00	859,29	25792,00	981,63	26821,00	1104,08
23751,00	738,75	24779,00	861,08	25808,00	983,53	26836,00	1105,86
23766,00	740,53	24795,00	862,98	25823,00	985,32	26851,00	1107,65
23782,00	742,44	24810,00	864,77	25838,00	987,10	26866,00	1109,43
23797,00	744,22	24825,00	866,55	25853,00	988,89	26881,00	1111,22
23812,00	746,01	24840,00	868,34	25868,00	990,67	26896,00	1113,00
23827,00	747,79	24855,00	870,12	25883,00	992,46	26911,00	1114,79
23842,00	749,58	24870,00	871,91	25898,00	994,24	26926,00	1116,57
23857,00	751,36	24885,00	873,69	25913,00	996,03	26942,00	1118,48
23872,00	753,15	24900,00	875,48	25929,00	997,93	26957,00	1120,26
23887,00	754,93	24916,00	877,38	25944,00	999,71	26972,00	1122,05
23902,00	756,72	24931,00	879,17	25959,00	1001,50	26987,00	1123,83
23918,00	758,62	24946,00	880,95	25974,00	1003,28	27002,00	1125,62
23933,00	760,41	24961,00	882,74	25989,00	1005,07	27017,00	1127,40
23948,00	762,19	24976,00	884,52	26004,00	1006,85	27032,00	1129,19
23963,00	763,98	24991,00	886,31	26019,00	1008,64	27047,00	1130,97
23978,00	765,76	25006,00	888,09	26034,00	1010,42	27063,00	1132,88
23993,00	767,55	25021,00	889,88	26050,00	1012,33	27078,00	1134,66
24008,00	769,33	25036,00	891,66	26065,00	1014,11	27093,00	1136,45
24023,00	771,12	25052,00	893,57	26080,00	1015,90	27108,00	1138,23
24039,00	773,02	25067,00	895,35	26095,00	1017,68	27123,00	1140,02
24054,00	774,80	25082,00	897,14	26110,00	1019,47	27138,00	1141,80
24069,00	776,59	25097,00	898,92	26125,00	1021,25	27153,00	1143,59
24084,00	778,37	25112,00	900,71	26140,00	1023,04	27168,00	1145,37
24099,00	780,16	25127,00	902,49	26155,00	1024,82	27184,00	1147,27
24114,00	781,94	25142,00	904,28	26170,00	1026,61	27199,00	1149,06

Steuerklasse I, II, IV, V, VI		Steuerklasse I, II, IV, V, VI		Steuerklasse I, II, IV, V, VI		Steuerklasse I, II, IV, V, VI	
Maßstabs-lohnsteuer €	Solidaritäts-zuschlag €	Maßstabs-lohnsteuer €	Solidaritäts-zuschlag €	Maßstabs-lohnsteuer €	Solidaritäts-zuschlag €	Maßstabs-lohnsteuer €	Solidaritäts-zuschlag €
27214,00	1150,84	28242,00	1273,18	29270,00	1395,51	30298,00	1517,84
27229,00	1152,63	28257,00	1274,96	29285,00	1397,29	30313,00	1519,63
27244,00	1154,41	28272,00	1276,75	29300,00	1399,08	30328,00	1521,41
27259,00	1156,20	28287,00	1278,53	29315,00	1400,86	30344,00	1523,31
27274,00	1157,98	28302,00	1280,32	29331,00	1402,77	30359,00	1525,10
27289,00	1159,77	28318,00	1282,22	29346,00	1404,55	30374,00	1526,88
27304,00	1161,55	28333,00	1284,01	29361,00	1406,34	30389,00	1528,67
27320,00	1163,46	28348,00	1285,79	29376,00	1408,12	30404,00	1530,45
27335,00	1165,24	28363,00	1287,58	29391,00	1409,91	30419,00	1532,24
27350,00	1167,03	28378,00	1289,36	29406,00	1411,69	30434,00	1534,02
27365,00	1168,81	28393,00	1291,15	29421,00	1413,48	30449,00	1535,81
27380,00	1170,60	28408,00	1292,93	29436,00	1415,26	30465,00	1537,71
27395,00	1172,38	28423,00	1294,72	29452,00	1417,17	30480,00	1539,50
27410,00	1174,17	28438,00	1296,50	29467,00	1418,95	30495,00	1541,28
27425,00	1175,95	28454,00	1298,40	29482,00	1420,74	30510,00	1543,07
27441,00	1177,86	28469,00	1300,19	29497,00	1422,52	30525,00	1544,85
27456,00	1179,64	28484,00	1301,97	29512,00	1424,31	30540,00	1546,64
27471,00	1181,43	28499,00	1303,76	29527,00	1426,09	30555,00	1548,42
27486,00	1183,21	28514,00	1305,54	29542,00	1427,88	30570,00	1550,21
27501,00	1185,00	28529,00	1307,33	29557,00	1429,66	30586,00	1552,11
27516,00	1186,78	28544,00	1309,11	29572,00	1431,45	30601,00	1553,90
27531,00	1188,57	28559,00	1310,90	29588,00	1433,35	30616,00	1555,68
27546,00	1190,35	28575,00	1312,80	29603,00	1435,14	30631,00	1557,47
27562,00	1192,26	28590,00	1314,59	29618,00	1436,92	30646,00	1559,25
27577,00	1194,04	28605,00	1316,37	29633,00	1438,71	30661,00	1561,04
27592,00	1195,83	28620,00	1318,16	29648,00	1440,49	30676,00	1562,82
27607,00	1197,61	28635,00	1319,94	29663,00	1442,28	30691,00	1564,61
27622,00	1199,40	28650,00	1321,73	29678,00	1444,06	30706,00	1566,39
27637,00	1201,18	28665,00	1323,51	29693,00	1445,85	30722,00	1568,30
27652,00	1202,97	28680,00	1325,30	29709,00	1447,75	30737,00	1570,08
27667,00	1204,75	28696,00	1327,20	29724,00	1449,53	30752,00	1571,87
27682,00	1206,54	28711,00	1328,99	29739,00	1451,32	30767,00	1573,65
27698,00	1208,44	28726,00	1330,77	29754,00	1453,10	30782,00	1575,44
27713,00	1210,23	28741,00	1332,56	29769,00	1454,89	30797,00	1577,22
27728,00	1212,01	28756,00	1334,34	29784,00	1456,67	30812,00	1579,01
27743,00	1213,80	28771,00	1336,13	29799,00	1458,46	30827,00	1580,79
27758,00	1215,58	28786,00	1337,91	29814,00	1460,24	30843,00	1582,70
27773,00	1217,37	28801,00	1339,70	29830,00	1462,15	30858,00	1584,48
27788,00	1219,15	28816,00	1341,48	29845,00	1463,93	30873,00	1586,27
27803,00	1220,94	28832,00	1343,39	29860,00	1465,72	30888,00	1588,05
27819,00	1222,84	28847,00	1345,17	29875,00	1467,50	30903,00	1589,84
27834,00	1224,62	28862,00	1346,96	29890,00	1469,29	30918,00	1591,62
27849,00	1226,41	28877,00	1348,74	29905,00	1471,07	30933,00	1593,41
27864,00	1228,19	28892,00	1350,53	29920,00	1472,86	30948,00	1595,19
27879,00	1229,98	28907,00	1352,31	29935,00	1474,64	30964,00	1597,09
27894,00	1231,76	28922,00	1354,10	29950,00	1476,43	30979,00	1598,88
27909,00	1233,55	28937,00	1355,88	29966,00	1478,33	30994,00	1600,66
27924,00	1235,33	28953,00	1357,79	29981,00	1480,12	31009,00	1602,45
27940,00	1237,24	28968,00	1359,57	29996,00	1481,90	31024,00	1604,23
27955,00	1239,02	28983,00	1361,36	30011,00	1483,69	31039,00	1606,02
27970,00	1240,81	28998,00	1363,14	30026,00	1485,47	31054,00	1607,80
27985,00	1242,59	29013,00	1364,93	30041,00	1487,26	31069,00	1609,59
28000,00	1244,38	29028,00	1366,71	30056,00	1489,04	31084,00	1611,37
28015,00	1246,16	29043,00	1368,50	30071,00	1490,83	31100,00	1613,28
28030,00	1247,95	29058,00	1370,28	30087,00	1492,73	31115,00	1615,06
28045,00	1249,73	29074,00	1372,18	30102,00	1494,52	31130,00	1616,85
28060,00	1251,52	29089,00	1373,97	30117,00	1496,30	31145,00	1618,63
28076,00	1253,42	29104,00	1375,75	30132,00	1498,09	31160,00	1620,42
28091,00	1255,21	29119,00	1377,54	30147,00	1499,87	31175,00	1622,20
28106,00	1256,99	29134,00	1379,32	30162,00	1501,66	31190,00	1623,99
28121,00	1258,78	29149,00	1381,11	30177,00	1503,44	31205,00	1625,77
28136,00	1260,56	29164,00	1382,89	30192,00	1505,23	31221,00	1627,68
28151,00	1262,35	29179,00	1384,68	30208,00	1507,13	31236,00	1629,46
28166,00	1264,13	29194,00	1386,46	30223,00	1508,92	31251,00	1631,25
28181,00	1265,92	29210,00	1388,37	30238,00	1510,70	31266,00	1633,03
28197,00	1267,82	29225,00	1390,15	30253,00	1512,49	31281,00	1634,82
28212,00	1269,61	29240,00	1391,94	30268,00	1514,27	31296,00	1636,60
28227,00	1271,39	29255,00	1393,72	30283,00	1516,06	31311,00	1638,39

Steuerklasse I, II, IV, V, VI		Steuerklasse I, II, IV, V, VI		Steuerklasse I, II, IV, V, VI		Steuerklasse I, II, IV, V, VI	
Maßstabs-lohnsteuer €	Solidaritäts-zuschlag €	Maßstabs-lohnsteuer €	Solidaritäts-zuschlag €	Maßstabs-lohnsteuer €	Solidaritäts-zuschlag €	Maßstabs-lohnsteuer €	Solidaritäts-zuschlag €
31326,00	1640,17	31659,00	1679,80	31992,00	1719,43	32324,00	1758,93
31342,00	1642,08	31674,00	1681,58	32007,00	1721,21	32339,00	1760,72
31357,00	1643,86	31689,00	1683,37	32022,00	1723,00	32355,00	1762,62
31372,00	1645,65	31704,00	1685,15	32037,00	1724,78	32370,00	1764,41
31387,00	1647,43	31720,00	1687,06	32052,00	1726,57	32385,00	1766,19
31402,00	1649,22	31735,00	1688,84	32067,00	1728,35	32400,00	1767,98
31417,00	1651,00	31750,00	1690,63	32082,00	1730,14	32415,00	1769,76
31432,00	1652,79	31765,00	1692,41	32098,00	1732,04	32430,00	1771,55
31447,00	1654,57	31780,00	1694,20	32113,00	1733,83	32445,00	1773,33
31462,00	1656,36	31795,00	1695,98	32128,00	1735,61	32460,00	1775,12
31478,00	1658,26	31810,00	1697,77	32143,00	1737,40	32476,00	1777,02
31493,00	1660,05	31825,00	1699,55	32158,00	1739,18	32491,00	1778,81
31508,00	1661,83	31840,00	1701,34	32173,00	1740,97	32506,00	1780,59
31523,00	1663,62	31856,00	1703,24	32188,00	1742,75	32521,00	1782,38
31538,00	1665,40	31871,00	1705,03	32203,00	1744,54	32536,00	1784,16
31553,00	1667,19	31886,00	1706,81	32218,00	1746,32	32551,00	1785,95
31568,00	1668,97	31901,00	1708,60	32234,00	1748,22	32566,00	1787,73
31583,00	1670,76	31916,00	1710,38	32249,00	1750,01	32581,00	1789,52
31599,00	1672,66	31931,00	1712,17	32264,00	1751,79	32596,00	1791,30
31614,00	1674,44	31946,00	1713,95	32279,00	1753,58	32612,00	1793,21
31629,00	1676,23	31961,00	1715,74	32294,00	1755,36	32627,00	1794,48
31644,00	1678,01	31977,00	1717,64	32309,00	1757,15		

Lohn/Gehalt in € bis	Steuerklasse	Lohn-steuer*	BVSP**	TAGZ***
35,99	I,IV		4	3
	II		4	3
	III		4	3
	V		4	3
	VI	3	4	3
71,99	I,IV		8	6
	II		8	6
	III		8	6
	V		8	6
	VI	7	8	6
107,99	I,IV		12	10
	II		12	10
	III		12	10
	V		12	10
	VI	11	12	10
143,99	I,IV		17	13
	II		17	13
	III		17	13
	V		17	13
	VI	15	17	13
179,99	I,IV		21	16
	II		21	16
	III		21	16
	V		21	16
	VI	19	21	16
215,99	I,IV		25	20
	II		25	20
	III		25	20
	V		25	20
	VI	23	25	20
251,99	I,IV		30	23
	II		30	23
	III		30	23
	V		30	23
	VI	27	30	23
287,99	I,IV		34	26
	II		34	26
	III		34	26
	V		34	26
	VI	31	34	26
323,99	I,IV		38	30
	II		38	30
	III		38	30
	V		38	30
	VI	35	38	30
359,99	I,IV		43	33
	II		43	33
	III		43	33
	V		43	33
	VI	39	43	33
395,99	I,IV		47	36
	II		47	36
	III		47	36
	V		47	36
	VI	43	47	36
431,99	I,IV		51	40
	II		51	40
	III		51	40
	V		51	40
	VI	47	51	40

Lohn/Gehalt in € bis	Steuerklasse	Lohn-steuer*	BVSP**	TAGZ***
467,99	I,IV		56	43
	II		56	43
	III		56	43
	V		56	43
	VI	51	56	43
503,99	I,IV		60	46
	II		60	46
	III		60	46
	V		60	46
	VI	55	60	46
539,99	I,IV		64	50
	II		64	50
	III		64	50
	V		64	50
	VI	59	64	50
575,99	I,IV		69	53
	II		69	53
	III		69	53
	V		69	53
	VI	63	69	53
611,99	I,IV		73	57
	II		73	57
	III		73	57
	V		73	57
	VI	67	73	57
647,99	I,IV		77	60
	II		77	60
	III		77	60
	V		77	60
	VI	71	77	60
683,99	I,IV		82	63
	II		82	63
	III		82	63
	V		82	63
	VI	75	82	63
719,99	I,IV		86	67
	II		86	67
	III		86	67
	V		86	67
	VI	79	86	67
755,99	I,IV		90	70
	II		90	70
	III		90	70
	V		90	70
	VI	83	90	70
791,99	I,IV		95	73
	II		95	73
	III		95	73
	V		95	73
	VI	87	95	73
827,99	I,IV		99	77
	II		99	77
	III		99	77
	V		99	77
	VI	91	99	77
863,99	I,IV		103	80
	II		103	80
	III		103	80
	V		103	80
	VI	94	103	80

*   Zur LSt-Berechnung für privat versicherte Arbeitnehmer s. Beispiele **Vorbemerkung S. 4 f.**
** Basisvorsorgepauschale KV und PV   *** Typisierter Arbeitgeberzuschuss

Lohn/Gehalt in € bis	Steuerklasse	Lohn-steuer*	BVSP**	TAGZ***
899,99	I,IV		107	83
	II		107	83
	III		107	83
	V		107	83
	VI	98	107	83
935,99	I,IV		112	87
	II		112	87
	III		112	87
	V		112	87
	VI	102	112	87
971,99	I,IV		116	90
	II		116	90
	III		116	90
	V		116	90
	VI	106	116	90
1 007,99	I,IV		120	93
	II		120	93
	III		120	93
	V		120	93
	VI	110	120	93
1 043,99	I,IV		125	97
	II		125	97
	III		125	97
	V		125	97
	VI	114	125	97
1 079,99	I,IV		129	100
	II		129	100
	III		129	100
	V		129	100
	VI	118	129	100
1 115,99	I,IV		133	104
	II		133	104
	III		133	104
	V		133	104
	VI	122	133	104
1 151,99	I,IV		138	107
	II		138	107
	III		138	107
	V		138	107
	VI	126	138	107
1 187,99	I,IV		142	110
	II		142	110
	III		142	110
	V		142	110
	VI	130	142	110
1 223,99	I,IV		146	114
	II		146	114
	III		146	114
	V		146	114
	VI	134	146	114
1 259,99	I,IV		151	117
	II		151	117
	III		151	117
	V		151	117
	VI	138	151	117
1 295,99	I,IV		155	120
	II		155	120
	III		155	120
	V		155	120
	VI	142	155	120

Lohn/Gehalt in € bis	Steuerklasse	Lohn-steuer*	BVSP**	TAGZ***
1 331,99	I,IV		159	124
	II		159	124
	III		159	124
	V		159	124
	VI	146	159	124
1 367,99	I,IV		164	127
	II		164	127
	III		164	127
	V		164	127
	VI	150	164	127
1 403,99	I,IV		168	130
	II		168	130
	III		168	130
	V		168	130
	VI	154	168	130
1 439,99	I,IV		172	134
	II		172	134
	III		172	134
	V		172	134
	VI	158	172	134
1 475,99	I,IV		177	137
	II		177	137
	III		177	137
	V		177	137
	VI	162	177	137
1 511,99	I,IV		181	140
	II		181	140
	III		181	140
	V		181	140
	VI	166	181	140
1 547,99	I,IV		185	144
	II		185	144
	III		185	144
	V		185	144
	VI	170	185	144
1 583,99	I,IV		190	147
	II		190	147
	III		190	147
	V	1	190	147
	VI	174	190	147
1 619,99	I,IV		194	151
	II		194	151
	III		194	151
	V	5	194	151
	VI	178	194	151
1 655,99	I,IV		198	154
	II		198	154
	III		198	154
	V	9	198	154
	VI	182	198	154
1 691,99	I,IV		203	157
	II		203	157
	III		203	157
	V	13	203	157
	VI	186	203	157
1 727,99	I,IV		207	161
	II		207	161
	III		207	161
	V	17	207	161
	VI	190	207	161

* Zur LSt-Berechnung für privat versicherte Arbeitnehmer s. Beispiele **Vorbemerkung S. 4f.**
** Basisvorsorgepauschale KV und PV *** Typisierter Arbeitgeberzuschuss

Lohn/Gehalt in € bis	Steuerklasse	Lohn-steuer*	BVSP**	TAGZ***	Lohn/Gehalt in € bis	Steuerklasse	Lohn-steuer*	BVSP**	TAGZ***
1763,99	I,IV		211	164	2195,99	I,IV		263	204
	II		211	164		II		263	204
	III		211	164		III		263	204
	V	21	211	164		V	68	263	204
	VI	194	211	164		VI	241	263	204
1799,99	I,IV		215	167	2231,99	I,IV		267	208
	II		215	167		II		267	208
	III		215	167		III		267	208
	V	25	215	167		V	72	267	208
	VI	198	215	167		VI	245	267	208
1835,99	I,IV		220	171	2267,99	I,IV		272	211
	II		220	171		II		272	211
	III		220	171		III		272	211
	V	28	220	171		V	76	272	211
	VI	202	220	171		VI	249	272	211
1871,99	I,IV		224	174	2303,99	I,IV		276	214
	II		224	174		II		276	214
	III		224	174		III		276	214
	V	33	224	174		V	80	276	214
	VI	206	224	174		VI	253	276	214
1907,99	I,IV		228	177	2339,99	I,IV		280	218
	II		228	177		II		280	218
	III		228	177		III		280	218
	V	36	228	177		V	84	280	218
	VI	210	228	177		VI	257	280	218
1943,99	I,IV		233	181	2375,99	I,IV		285	221
	II		233	181		II		285	221
	III		233	181		III		285	221
	V	40	233	181		V	88	285	221
	VI	213	233	181		VI	261	285	221
1979,99	I,IV		237	184	2411,99	I,IV		289	224
	II		237	184		II		289	224
	III		237	184		III		289	224
	V	44	237	184		V	92	289	224
	VI	217	237	184		VI	265	289	224
2015,99	I,IV		241	187	2447,99	I,IV		293	228
	II		241	187		II		293	228
	III		241	187		III		293	228
	V	48	241	187		V	96	293	228
	VI	221	241	187		VI	269	293	228
2051,99	I,IV		246	191	2483,99	I,IV		298	231
	II		246	191		II		298	231
	III		246	191		III		298	231
	V	52	246	191		V	100	298	231
	VI	225	246	191		VI	273	298	231
2087,99	I,IV		250	194	2519,99	I,IV		302	234
	II		250	194		II		302	234
	III		250	194		III		302	234
	V	56	250	194		V	104	302	234
	VI	229	250	194		VI	277	302	234
2123,99	I,IV		254	198	2555,99	I,IV		306	238
	II		254	198		II		306	238
	III		254	198		III		306	238
	V	60	254	198		V	108	306	238
	VI	233	254	198		VI	281	306	238
2159,99	I,IV		259	201	2591,99	I,IV		311	241
	II		259	201		II		311	241
	III		259	201		III		311	241
	V	64	259	201		V	112	311	241
	VI	237	259	201		VI	285	311	241

* Zur LSt-Berechnung für privat versicherte Arbeitnehmer s. Beispiele **Vorbemerkung S. 4 f.**
** Basisvorsorgepauschale KV und PV *** Typisierter Arbeitgeberzuschuss

Lohn/Gehalt in € bis	Steuerklasse	Lohnsteuer*	BVSP**	TAGZ***	Lohn/Gehalt in € bis	Steuerklasse	Lohnsteuer*	BVSP**	TAGZ***
2627,99	I,IV		315	245	3059,99	I,IV		367	285
	II		315	245		II		367	285
	III		315	245		III		367	285
	V	116	315	245		V	163	367	285
	VI	289	315	245		VI	336	367	285
2663,99	I,IV		319	248	3095,99	I,IV		371	288
	II		319	248		II		371	288
	III		319	248		III		371	288
	V	120	319	248		V	167	371	288
	VI	293	319	248		VI	340	371	288
2699,99	I,IV		323	251	3131,99	I,IV		375	292
	II		323	251		II		375	292
	III		323	251		III		375	292
	V	124	323	251		V	171	375	292
	VI	297	323	251		VI	344	375	292
2735,99	I,IV		328	255	3167,99	I,IV		380	295
	II		328	255		II		380	295
	III		328	255		III		380	295
	V	128	328	255		V	175	380	295
	VI	301	328	255		VI	348	380	295
2771,99	I,IV		332	258	3203,99	I,IV		384	298
	II		332	258		II		384	298
	III		332	258		III		384	298
	V	132	332	258		V	179	384	298
	VI	305	332	258		VI	352	384	298
2807,99	I,IV		336	261	3239,99	I,IV		388	302
	II		336	261		II		388	302
	III		336	261		III		388	302
	V	136	336	261		V	183	388	302
	VI	309	336	261		VI	356	388	302
2843,99	I,IV		341	265	3275,99	I,IV		393	305
	II		341	265		II		393	305
	III		341	265		III		393	305
	V	140	341	265		V	187	393	305
	VI	313	341	265		VI	360	393	305
2879,99	I,IV		345	268	3311,99	I,IV		397	308
	II		345	268		II		397	308
	III		345	268		III		397	308
	V	144	345	268		V	191	397	308
	VI	317	345	268		VI	364	397	308
2915,99	I,IV		349	271	3347,99	I,IV		401	312
	II		349	271		II		401	312
	III		349	271		III		401	312
	V	147	349	271		V	195	401	312
	VI	321	349	271		VI	368	401	312
2951,99	I,IV		354	275	3383,99	I,IV		406	315
	II		354	275		II		406	315
	III		354	275		III		406	315
	V	152	354	275		V	199	406	315
	VI	325	354	275		VI	372	406	315
2987,99	I,IV		358	278	3419,99	I,IV		410	318
	II		358	278		II		410	318
	III		358	278		III		410	318
	V	155	358	278		V	203	410	318
	VI	329	358	278		VI	376	410	318
3023,99	I,IV		362	281	3455,99	I,IV		414	322
	II		362	281		II		414	322
	III		362	281		III		414	322
	V	159	362	281		V	207	414	322
	VI	332	362	281		VI	380	414	322

* Zur LSt-Berechnung für privat versicherte Arbeitnehmer s. Beispiele **Vorbemerkung S. 4 f.**
** Basisvorsorgepauschale KV und PV *** Typisierter Arbeitgeberzuschuss

Lohn/Gehalt in € bis	Steuerklasse	Lohnsteuer*	BVSP**	TAGZ***
3 491,99	I,IV		419	325
	II		419	325
	III		419	325
	V	211	419	325
	VI	384	419	325
3 527,99	I,IV		423	328
	II		423	328
	III		423	328
	V	215	423	328
	VI	388	423	328
3 563,99	I,IV		427	332
	II		427	332
	III		427	332
	V	219	427	332
	VI	392	427	332
3 599,99	I,IV		431	335
	II		431	335
	III		431	335
	V	223	431	335
	VI	396	431	335
3 635,99	I,IV		436	339
	II		436	339
	III		436	339
	V	227	436	339
	VI	400	436	339
3 671,99	I,IV		440	342
	II		440	342
	III		440	342
	V	231	440	342
	VI	404	440	342
3 707,99	I,IV		444	345
	II		444	345
	III		444	345
	V	235	444	345
	VI	408	444	345
3 743,99	I,IV		449	349
	II		449	349
	III		449	349
	V	239	449	349
	VI	412	449	349
3 779,99	I,IV		453	352
	II		453	352
	III		453	352
	V	243	453	352
	VI	416	453	352
3 815,99	I,IV		457	355
	II		457	355
	III		457	355
	V	247	457	355
	VI	420	457	355
3 851,99	I,IV		462	359
	II		462	359
	III		462	359
	V	251	462	359
	VI	424	462	359
3 887,99	I,IV		466	362
	II		466	362
	III		466	362
	V	255	466	362
	VI	428	466	362

Lohn/Gehalt in € bis	Steuerklasse	Lohnsteuer*	BVSP**	TAGZ***
3 923,99	I,IV		470	365
	II		470	365
	III		470	365
	V	259	470	365
	VI	432	470	365
3 959,99	I,IV		475	369
	II		475	369
	III		475	369
	V	263	475	369
	VI	436	475	369
3 995,99	I,IV		479	372
	II		479	372
	III		479	372
	V	266	479	372
	VI	440	479	372
4 031,99	I,IV		483	375
	II		483	375
	III		483	375
	V	271	483	375
	VI	444	483	375
4 067,99	I,IV		488	379
	II		488	379
	III		488	379
	V	274	488	379
	VI	448	488	379
4 103,99	I,IV		492	382
	II		492	382
	III		492	382
	V	278	492	382
	VI	451	492	382
4 139,99	I,IV		496	386
	II		496	386
	III		496	386
	V	282	496	386
	VI	455	496	386
4 175,99	I,IV		501	389
	II		501	389
	III		501	389
	V	286	501	389
	VI	459	501	389
4 211,99	I,IV		505	392
	II		505	392
	III		505	392
	V	290	505	392
	VI	463	505	392
4 247,99	I,IV		509	396
	II		509	396
	III		509	396
	V	294	509	396
	VI	467	509	396
4 283,99	I,IV		514	399
	II		514	399
	III		514	399
	V	298	514	399
	VI	471	514	399
4 319,99	I,IV		518	402
	II		518	402
	III		518	402
	V	302	518	402
	VI	475	518	402

* Zur LSt-Berechnung für privat versicherte Arbeitnehmer s. Beispiele **Vorbemerkung S. 4 f.**
** Basisvorsorgepauschale KV und PV *** Typisierter Arbeitgeberzuschuss

Lohn/Gehalt in € bis	Steuerklasse	Lohn-steuer*	BVSP**	TAGZ***
4 355,99	I,IV		522	406
	II		522	406
	III		522	406
	V	**306**	522	406
	VI	**479**	522	406
4 391,99	I,IV		527	409
	II		527	409
	III		527	409
	V	**310**	527	409
	VI	**483**	527	409
4 427,99	I,IV		531	412
	II		531	412
	III		531	412
	V	**314**	531	412
	VI	**487**	531	412
4 463,99	I,IV		535	416
	II		535	416
	III		535	416
	V	**318**	535	416
	VI	**491**	535	416
4 499,99	I,IV		539	419
	II		539	419
	III		539	419
	V	**322**	539	419
	VI	**495**	539	419
4 535,99	I,IV		544	422
	II		544	422
	III		544	422
	V	**326**	544	422
	VI	**499**	544	422
4 571,99	I,IV		548	426
	II		548	426
	III		548	426
	V	**330**	548	426
	VI	**503**	548	426
4 607,99	I,IV		552	429
	II		552	429
	III		552	429
	V	**334**	552	429
	VI	**507**	552	429
4 643,99	I,IV		557	433
	II		557	433
	III		557	433
	V	**338**	557	433
	VI	**511**	557	433
4 679,99	I,IV		561	436
	II		561	436
	III		561	436
	V	**342**	561	436
	VI	**515**	561	436
4 715,99	I,IV		565	439
	II		565	439
	III		565	439
	V	**346**	565	439
	VI	**519**	565	439
4 751,99	I,IV		570	443
	II		570	443
	III		570	443
	V	**350**	570	443
	VI	**523**	570	443

Lohn/Gehalt in € bis	Steuerklasse	Lohn-steuer*	BVSP**	TAGZ***
4 787,99	I,IV		574	446
	II		574	446
	III		574	446
	V	**354**	574	446
	VI	**527**	574	446
4 823,99	I,IV		578	449
	II		578	449
	III		578	449
	V	**358**	578	449
	VI	**531**	578	449
4 859,99	I,IV		583	453
	II		583	453
	III		583	453
	V	**362**	583	453
	VI	**535**	583	453
4 895,99	I,IV		587	456
	II		587	456
	III		587	456
	V	**366**	587	456
	VI	**539**	587	456
4 931,99	I,IV		591	459
	II		591	459
	III		591	459
	V	**370**	591	459
	VI	**543**	591	459
4 967,99	I,IV		596	463
	II		596	463
	III		596	463
	V	**374**	596	463
	VI	**547**	596	463
5 003,99	I,IV		600	466
	II		600	466
	III		600	466
	V	**378**	600	466
	VI	**551**	600	466
5 039,99	I,IV		604	469
	II		604	469
	III		604	469
	V	**382**	604	469
	VI	**555**	604	469
5 075,99	I,IV		609	473
	II		609	473
	III		609	473
	V	**385**	609	473
	VI	**559**	609	473
5 111,99	I,IV		613	476
	II		613	476
	III		613	476
	V	**390**	613	476
	VI	**563**	613	476
5 147,99	I,IV		617	480
	II		617	480
	III		617	480
	V	**393**	617	480
	VI	**567**	617	480
5 183,99	I,IV		622	483
	II		622	483
	III		622	483
	V	**397**	622	483
	VI	**570**	622	483

* Zur LSt-Berechnung für privat versicherte Arbeitnehmer s. Beispiele **Vorbemerkung S. 4 f.**
** Basisvorsorgepauschale KV und PV *** Typisierter Arbeitgeberzuschuss

Lohn/Gehalt in € bis	Steuerklasse	Lohnsteuer*	BVSP**	TAGZ***
5 219,99	I,IV		626	486
	II		626	486
	III		626	486
	V	401	626	486
	VI	574	626	486
5 255,99	I,IV		630	490
	II		630	490
	III		630	490
	V	405	630	490
	VI	578	630	490
5 291,99	I,IV		635	493
	II		635	493
	III		635	493
	V	409	635	493
	VI	582	635	493
5 327,99	I,IV		639	496
	II		639	496
	III		639	496
	V	413	639	496
	VI	586	639	496
5 363,99	I,IV		643	500
	II		643	500
	III		643	500
	V	417	643	500
	VI	590	643	500
5 399,99	I,IV		647	503
	II		647	503
	III		647	503
	V	421	647	503
	VI	594	647	503
5 435,99	I,IV		652	506
	II		652	506
	III		652	506
	V	425	652	506
	VI	598	652	506
5 471,99	I,IV		656	510
	II		656	510
	III		656	510
	V	429	656	510
	VI	602	656	510
5 507,99	I,IV		660	513
	II		660	513
	III		660	513
	V	433	660	513
	VI	606	660	513
5 543,99	I,IV		665	516
	II		665	516
	III		665	516
	V	437	665	516
	VI	610	665	516
5 579,99	I,IV		669	520
	II		669	520
	III		669	520
	V	441	669	520
	VI	614	669	520
5 615,99	I,IV		673	523
	II		673	523
	III		673	523
	V	445	673	523
	VI	618	673	523

Lohn/Gehalt in € bis	Steuerklasse	Lohnsteuer*	BVSP**	TAGZ***
5 651,99	I,IV		678	527
	II		678	527
	III		678	527
	V	449	678	527
	VI	622	678	527
5 687,99	I,IV		682	530
	II		682	530
	III		682	530
	V	453	682	530
	VI	626	682	530
5 723,99	I,IV		686	533
	II		686	533
	III		686	533
	V	457	686	533
	VI	630	686	533
5 759,99	I,IV		691	537
	II		691	537
	III		691	537
	V	461	691	537
	VI	634	691	537
5 795,99	I,IV		695	540
	II		695	540
	III		695	540
	V	465	695	540
	VI	638	695	540
5 831,99	I,IV		699	543
	II		699	543
	III		699	543
	V	469	699	543
	VI	642	699	543
5 867,99	I,IV		704	547
	II		704	547
	III		704	547
	V	473	704	547
	VI	646	704	547
5 903,99	I,IV		708	550
	II		708	550
	III		708	550
	V	477	708	550
	VI	650	708	550
5 939,99	I,IV		712	553
	II		712	553
	III		712	553
	V	481	712	553
	VI	654	712	553
5 975,99	I,IV		717	557
	II		717	557
	III		717	557
	V	485	717	557
	VI	658	717	557
6 011,99	I,IV		721	560
	II		721	560
	III		721	560
	V	489	721	560
	VI	662	721	560
6 047,99	I,IV		725	563
	II		725	563
	III		725	563
	V	493	725	563
	VI	666	725	563

* Zur LSt-Berechnung für privat versicherte Arbeitnehmer s. Beispiele **Vorbemerkung S. 4 f.**
** Basisvorsorgepauschale KV und PV   *** Typisierter Arbeitgeberzuschuss

Lohn/ Gehalt in € bis	Steuerklasse	Lohn- steuer*	BVSP**	TAGZ***		Lohn/ Gehalt in € bis	Steuerklasse	Lohn- steuer*	BVSP**	TAGZ***
6083,99	I,IV		730	567		6515,99	I,IV		781	607
	II		730	567			II		781	607
	III		730	567			III		781	607
	V	497	730	567			V	544	781	607
	VI	670	730	567			VI	717	781	607
6119,99	I,IV		734	570		6551,99	I,IV		786	610
	II		734	570			II		786	610
	III		734	570			III		786	610
	V	501	734	570			V	548	786	610
	VI	674	734	570			VI	721	786	610
6155,99	I,IV		738	574		6587,99	I,IV		790	614
	II		738	574			II		790	614
	III		738	574			III		790	614
	V	504	738	574			V	552	790	614
	VI	678	738	574			VI	725	790	614
6191,99	I,IV		743	577		6623,99	I,IV		794	617
	II		743	577			II		794	617
	III		743	577			III		794	617
	V	509	743	577			V	556	794	617
	VI	682	743	577			VI	729	794	617
6227,99	I,IV		747	580		6659,99	I,IV		799	621
	II		747	580			II		799	621
	III		747	580			III		799	621
	V	512	747	580			V	560	799	621
	VI	686	747	580			VI	733	799	621
6263,99	I,IV		751	584		6695,99	I,IV		803	624
	II		751	584			II		803	624
	III		751	584			III		803	624
	V	516	751	584			V	564	803	624
	VI	689	751	584			VI	737	803	624
6299,99	I,IV		755	587		6731,99	I,IV		807	627
	II		755	587			II		807	627
	III		755	587			III		807	627
	V	520	755	587			V	568	807	627
	VI	693	755	587			VI	741	807	627
6335,99	I,IV		760	590		6767,99	I,IV		812	631
	II		760	590			II		812	631
	III		760	590			III		812	631
	V	524	760	590			V	572	812	631
	VI	697	760	590			VI	745	812	631
6371,99	I,IV		764	594		6803,99	I,IV		816	634
	II		764	594			II		816	634
	III		764	594			III		816	634
	V	528	764	594			V	576	816	634
	VI	701	764	594			VI	749	816	634
6407,99	I,IV		768	597		6839,99	I,IV		820	637
	II		768	597			II		820	637
	III		768	597			III		820	637
	V	532	768	597			V	580	820	637
	VI	705	768	597			VI	753	820	637
6443,99	I,IV		773	600		6875,99	I,IV		825	641
	II		773	600			II		825	641
	III		773	600			III		825	641
	V	536	773	600			V	584	825	641
	VI	709	773	600			VI	757	825	641
6479,99	I,IV		777	604		6911,99	I,IV		829	644
	II		777	604			II		829	644
	III		777	604			III		829	644
	V	540	777	604			V	588	829	644
	VI	713	777	604			VI	761	829	644

* Zur LSt-Berechnung für privat versicherte Arbeitnehmer s. Beispiele **Vorbemerkung S. 4f.**
** Basisvorsorgepauschale KV und PV *** Typisierter Arbeitgeberzuschuss

Lohn/Gehalt in € bis	Steuerklasse	Lohn-steuer*	BVSP**	TAGZ***
6 947,99	I,IV		833	647
	II		833	647
	III		833	647
	V	592	833	647
	VI	765	833	647
6 983,99	I,IV		838	651
	II		838	651
	III		838	651
	V	596	838	651
	VI	769	838	651
7 019,99	I,IV		842	654
	II		842	654
	III		842	654
	V	600	842	654
	VI	773	842	654
7 055,99	I,IV		846	657
	II		846	657
	III		846	657
	V	604	846	657
	VI	777	846	657
7 091,99	I,IV		851	661
	II		851	661
	III		851	661
	V	608	851	661
	VI	781	851	661
7 127,99	I,IV		855	664
	II		855	664
	III		855	664
	V	612	855	664
	VI	785	855	664
7 163,99	I,IV		859	668
	II		859	668
	III		859	668
	V	616	859	668
	VI	789	859	668
7 199,99	I,IV		863	671
	II		863	671
	III		863	671
	V	620	863	671
	VI	793	863	671
7 235,99	I,IV		868	674
	II		868	674
	III		868	674
	V	623	868	674
	VI	797	868	674
7 271,99	I,IV		872	678
	II		872	678
	III		872	678
	V	628	872	678
	VI	801	872	678
7 307,99	I,IV		876	681
	II		876	681
	III		876	681
	V	631	876	681
	VI	805	876	681
7 343,99	I,IV		881	684
	II		881	684
	III		881	684
	V	635	881	684
	VI	808	881	684
7 379,99	I,IV		885	688
	II		885	688
	III		885	688
	V	639	885	688
	VI	812	885	688
7 415,99	I,IV		889	691
	II		889	691
	III		889	691
	V	643	889	691
	VI	816	889	691
7 451,99	I,IV		894	694
	II		894	694
	III		894	694
	V	647	894	694
	VI	820	894	694
7 487,99	I,IV		898	698
	II		898	698
	III		898	698
	V	651	898	698
	VI	824	898	698
7 523,99	I,IV		902	701
	II		902	701
	III		902	701
	V	655	902	701
	VI	828	902	701
7 559,99	I,IV		907	704
	II		907	704
	III		907	704
	V	659	907	704
	VI	832	907	704
7 595,99	I,IV		911	708
	II		911	708
	III		911	708
	V	663	911	708
	VI	836	911	708
7 631,99	I,IV		915	711
	II		915	711
	III		915	711
	V	667	915	711
	VI	840	915	711
7 667,99	I,IV		920	715
	II		920	715
	III		920	715
	V	671	920	715
	VI	844	920	715
7 703,99	I,IV		924	718
	II		924	718
	III		924	718
	V	675	924	718
	VI	848	924	718
7 739,99	I,IV		928	721
	II		928	721
	III		928	721
	V	679	928	721
	VI	852	928	721
7 775,99	I,IV		933	725
	II		933	725
	III		933	725
	V	683	933	725
	VI	856	933	725

* Zur LSt-Berechnung für privat versicherte Arbeitnehmer s. Beispiele **Vorbemerkung S. 4 f.**
** Basisvorsorgepauschale KV und PV   *** Typisierter Arbeitgeberzuschuss

Lohn/ Gehalt in € bis	Steuerklasse	Lohn- steuer*	BVSP**	TAGZ***	Lohn/ Gehalt in € bis	Steuerklasse	Lohn- steuer*	BVSP**	TAGZ***
7 811,99	I,IV		937	728	8 243,99	I,IV		989	768
	II		937	728		II		989	768
	III		937	728		III		989	768
	V	687	937	728		V	735	989	768
	VI	860	937	728		VI	908	989	768
7 847,99	I,IV		941	731	8 279,99	I,IV		993	772
	II		941	731		II		993	772
	III		941	731		III		993	772
	V	691	941	731		V	739	993	772
	VI	864	941	731		VI	912	993	772
7 883,99	I,IV		946	735	8 315,99	I,IV		997	775
	II		946	735		II		997	775
	III		946	735		III		997	775
	V	695	946	735		V	742	997	775
	VI	868	946	735		VI	916	997	775
7 919,99	I,IV		950	738	8 351,99	I,IV		1002	778
	II		950	738		II		1002	778
	III		950	738		III		1002	778
	V	699	950	738		V	747	1002	778
	VI	872	950	738		VI	920	1002	778
7 955,99	I,IV		954	741	8 387,99	I,IV		1006	782
	II		954	741		II		1006	782
	III		954	741		III		1006	782
	V	703	954	741		V	750	1006	782
	VI	876	954	741		VI	924	1006	782
7 991,99	I,IV		959	745	8 423,99	I,IV		1010	785
	II		959	745		II		1010	785
	III		959	745		III		1010	785
	V	707	959	745		V	754	1010	785
	VI	880	959	745		VI	927	1010	785
8 027,99	I,IV		963	748	8 459,99	I,IV		1015	788
	II		963	748		II		1015	788
	III		963	748		III		1015	788
	V	711	963	748		V	758	1015	788
	VI	884	963	748		VI	931	1015	788
8 063,99	I,IV		967	751	8 495,99	I,IV		1019	792
	II		967	751		II		1019	792
	III		967	751		III		1019	792
	V	715	967	751		V	762	1019	792
	VI	888	967	751		VI	935	1019	792
8 099,99	I,IV		971	755	8 531,99	I,IV		1023	795
	II		971	755		II		1023	795
	III		971	755		III		1023	795
	V	719	971	755		V	766	1023	795
	VI	892	971	755		VI	939	1023	795
8 135,99	I,IV		976	758	8 567,99	I,IV		1028	798
	II		976	758		II		1028	798
	III		976	758		III		1028	798
	V	723	976	758		V	770	1028	798
	VI	896	976	758		VI	943	1028	798
8 171,99	I,IV		980	762	8 603,99	I,IV		1032	802
	II		980	762		II		1032	802
	III		980	762		III		1032	802
	V	727	980	762		V	774	1032	802
	VI	900	980	762		VI	947	1032	802
8 207,99	I,IV		984	765	8 639,99	I,IV		1036	805
	II		984	765		II		1036	805
	III		984	765		III		1036	805
	V	731	984	765		V	778	1036	805
	VI	904	984	765		VI	951	1036	805

* Zur LSt-Berechnung für privat versicherte Arbeitnehmer s. Beispiele **Vorbemerkung S. 4 f.**
** Basisvorsorgepauschale KV und PV *** Typisierter Arbeitgeberzuschuss

Lohn/ Gehalt in € bis	Steuerklasse	Lohn- steuer*	BVSP**	TAGZ***		Lohn/ Gehalt in € bis	Steuerklasse	Lohn- steuer*	BVSP**	TAGZ***
8 675,99	I,IV		1041	809		**9 107,99**	I,IV		1092	849
	II		1041	809			II		1092	849
	III		1041	809			III		1092	849
	V	782	1041	809			V	830	1092	849
	VI	955	1041	809			VI	1003	1092	849
8 711,99	I,IV		1045	812		**9 143,99**	I,IV		1097	852
	II		1045	812			II		1097	852
	III		1045	812			III		1097	852
	V	786	1045	812			V	834	1097	852
	VI	959	1045	812			VI	1007	1097	852
8 747,99	I,IV		1049	815		**9 179,99**	I,IV		1101	856
	II		1049	815			II		1101	856
	III		1049	815			III		1101	856
	V	790	1049	815			V	838	1101	856
	VI	963	1049	815			VI	1011	1101	856
8 783,99	I,IV		1054	819		**9 215,99**	I,IV		1105	859
	II		1054	819			II		1105	859
	III		1054	819			III		1105	859
	V	794	1054	819			V	842	1105	859
	VI	967	1054	819			VI	1015	1105	859
8 819,99	I,IV		1058	822		**9 251,99**	I,IV		1110	862
	II		1058	822			II		1110	862
	III		1058	822			III		1110	862
	V	798	1058	822			V	846	1110	862
	VI	971	1058	822			VI	1019	1110	862
8 855,99	I,IV		1062	825		**9 287,99**	I,IV		1114	866
	II		1062	825			II		1114	866
	III		1062	825			III		1114	866
	V	802	1062	825			V	850	1114	866
	VI	975	1062	825			VI	1023	1114	866
8 891,99	I,IV		1067	829		**9 323,99**	I,IV		1118	869
	II		1067	829			II		1118	869
	III		1067	829			III		1118	869
	V	806	1067	829			V	854	1118	869
	VI	979	1067	829			VI	1027	1118	869
8 927,99	I,IV		1071	832		**9 359,99**	I,IV		1123	872
	II		1071	832			II		1123	872
	III		1071	832			III		1123	872
	V	810	1071	832			V	858	1123	872
	VI	983	1071	832			VI	1031	1123	872
8 963,99	I,IV		1075	835		**9 395,99**	I,IV		1127	876
	II		1075	835			II		1127	876
	III		1075	835			III		1127	876
	V	814	1075	835			V	861	1127	876
	VI	987	1075	835			VI	1035	1127	876
8 999,99	I,IV		1079	839		**9 431,99**	I,IV		1131	879
	II		1079	839			II		1131	879
	III		1079	839			III		1131	879
	V	818	1079	839			V	866	1131	879
	VI	991	1079	839			VI	1039	1131	879
9 035,99	I,IV		1084	842		**9 467,99**	I,IV		1136	882
	II		1084	842			II		1136	882
	III		1084	842			III		1136	882
	V	822	1084	842			V	869	1136	882
	VI	995	1084	842			VI	1043	1136	882
9 071,99	I,IV		1088	845		**9 503,99**	I,IV		1140	886
	II		1088	845			II		1140	886
	III		1088	845			III		1140	886
	V	826	1088	845			V	873	1140	886
	VI	999	1088	845			VI	1046	1140	886

*   Zur LSt-Berechnung für privat versicherte Arbeitnehmer s. Beispiele **Vorbemerkung S. 4 f.**
** Basisvorsorgepauschale KV und PV   *** Typisierter Arbeitgeberzuschuss

Lohn/Gehalt in € bis	Steuerklasse	Lohn-steuer*	BVSP**	TAGZ***
9 539,99	I,IV		1 144	889
	II		1 144	889
	III		1 144	889
	V	877	1 144	889
	VI	1 050	1 144	889
9 575,99	I,IV		1 149	892
	II		1 149	892
	III		1 149	892
	V	881	1 149	892
	VI	1 054	1 149	892
9 611,99	I,IV		1 153	896
	II		1 153	896
	III		1 153	896
	V	885	1 153	896
	VI	1 058	1 153	896
9 647,99	I,IV		1 157	899
	II		1 157	899
	III		1 157	899
	V	889	1 157	899
	VI	1 062	1 157	899
9 683,99	I,IV		1 162	903
	II		1 162	903
	III		1 162	903
	V	893	1 162	903
	VI	1 066	1 162	903
9 719,99	I,IV		1 166	906
	II		1 166	906
	III		1 166	906
	V	897	1 166	906
	VI	1 070	1 166	906
9 755,99	I,IV		1 170	909
	II		1 170	909
	III		1 170	909
	V	901	1 170	909
	VI	1 074	1 170	909
9 791,99	I,IV		1 175	913
	II		1 175	913
	III		1 175	913
	V	905	1 175	913
	VI	1 078	1 175	913
9 827,99	I,IV		1 179	916
	II		1 179	916
	III		1 179	916
	V	909	1 179	916
	VI	1 082	1 179	916
9 863,99	I,IV		1 183	919
	II		1 183	919
	III		1 183	919
	V	913	1 183	919
	VI	1 086	1 183	919
9 899,99	I,IV		1 187	923
	II		1 187	923
	III		1 187	923
	V	917	1 187	923
	VI	1 090	1 187	923
9 935,99	I,IV		1 192	926
	II		1 192	926
	III		1 192	926
	V	921	1 192	926
	VI	1 094	1 192	926
9 971,99	I,IV		1 196	929
	II		1 196	929
	III		1 196	929
	V	925	1 196	929
	VI	1 098	1 196	929
10 007,99	I,IV		1 200	933
	II		1 200	933
	III		1 200	933
	V	929	1 200	933
	VI	1 102	1 200	933
10 043,99	I,IV		1 205	936
	II		1 205	936
	III		1 205	936
	V	933	1 205	936
	VI	1 106	1 205	936
10 079,99	I,IV		1 209	939
	II		1 209	939
	III		1 209	939
	V	937	1 209	939
	VI	1 110	1 209	939
10 115,99	I,IV		1 213	943
	II		1 213	943
	III		1 213	943
	V	941	1 213	943
	VI	1 114	1 213	943
10 151,99	I,IV		1 218	946
	II		1 218	946
	III		1 218	946
	V	945	1 218	946
	VI	1 118	1 218	946
10 187,99	I,IV		1 222	950
	II		1 222	950
	III		1 222	950
	V	949	1 222	950
	VI	1 122	1 222	950
10 223,99	I,IV		1 226	953
	II		1 226	953
	III		1 226	953
	V	953	1 226	953
	VI	1 126	1 226	953
10 259,99	I,IV		1 231	956
	II		1 231	956
	III		1 231	956
	V	957	1 231	956
	VI	1 130	1 231	956
10 295,99	I,IV		1 235	960
	II		1 235	960
	III		1 235	960
	V	961	1 235	960
	VI	1 134	1 235	960
10 331,99	I,IV		1 239	963
	II		1 239	963
	III		1 239	963
	V	965	1 239	963
	VI	1 138	1 239	963
10 367,99	I,IV		1 244	966
	II		1 244	966
	III		1 244	966
	V	969	1 244	966
	VI	1 142	1 244	966

* Zur LSt-Berechnung für privat versicherte Arbeitnehmer s. Beispiele **Vorbemerkung S. 4 f.**
** Basisvorsorgepauschale KV und PV *** Typisierter Arbeitgeberzuschuss

Lohn/Gehalt in € bis	Steuerklasse	Lohn-steuer*	BVSP**	TAGZ***
10 403,99	I,IV		1 248	970
	II		1 248	970
	III		1 248	970
	V	973	1 248	970
	VI	1 146	1 248	970
10 439,99	I,IV		1 252	973
	II		1 252	973
	III		1 252	973
	V	977	1 252	973
	VI	1 150	1 252	973
10 475,99	I,IV		1 257	976
	II		1 257	976
	III		1 257	976
	V	980	1 257	976
	VI	1 154	1 257	976
10 511,99	I,IV		1 261	980
	II		1 261	980
	III		1 261	980
	V	984	1 261	980
	VI	1 157	1 261	980
10 547,99	I,IV		1 265	983
	II		1 265	983
	III		1 265	983
	V	988	1 265	983
	VI	1 162	1 265	983
10 583,99	I,IV		1 270	986
	II		1 270	986
	III		1 270	986
	V	992	1 270	986
	VI	1 165	1 270	986
10 619,99	I,IV		1 274	990
	II		1 274	990
	III		1 274	990
	V	996	1 274	990
	VI	1 169	1 274	990
10 655,99	I,IV		1 278	993
	II		1 278	993
	III		1 278	993
	V	1 000	1 278	993
	VI	1 173	1 278	993
10 691,99	I,IV		1 283	997
	II		1 283	997
	III		1 283	997
	V	1 004	1 283	997
	VI	1 177	1 283	997
10 727,99	I,IV		1 287	1 000
	II		1 287	1 000
	III		1 287	1 000
	V	1 008	1 287	1 000
	VI	1 181	1 287	1 000
10 763,99	I,IV		1 291	1 003
	II		1 291	1 003
	III		1 291	1 003
	V	1 012	1 291	1 003
	VI	1 185	1 291	1 003
10 799,99	I,IV		1 295	1 007
	II		1 295	1 007
	III		1 295	1 007
	V	1 016	1 295	1 007
	VI	1 189	1 295	1 007

Lohn/Gehalt in € bis	Steuerklasse	Lohn-steuer*	BVSP**	TAGZ***
10 835,99	I,IV		1 300	1 010
	II		1 300	1 010
	III		1 300	1 010
	V	1 020	1 300	1 010
	VI	1 193	1 300	1 010
10 871,99	I,IV		1 304	1 013
	II		1 304	1 013
	III		1 304	1 013
	V	1 024	1 304	1 013
	VI	1 197	1 304	1 013
10 907,99	I,IV		1 308	1 017
	II		1 308	1 017
	III		1 308	1 017
	V	1 028	1 308	1 017
	VI	1 201	1 308	1 017
10 943,99	I,IV		1 313	1 020
	II		1 313	1 020
	III		1 313	1 020
	V	1 032	1 313	1 020
	VI	1 205	1 313	1 020
10 979,99	I,IV		1 317	1 023
	II		1 317	1 023
	III		1 317	1 023
	V	1 036	1 317	1 023
	VI	1 209	1 317	1 023
11 015,99	I,IV		1 321	1 027
	II		1 321	1 027
	III		1 321	1 027
	V	1 040	1 321	1 027
	VI	1 213	1 321	1 027
11 051,99	I,IV		1 326	1 030
	II		1 326	1 030
	III		1 326	1 030
	V	1 044	1 326	1 030
	VI	1 217	1 326	1 030
11 087,99	I,IV		1 330	1 033
	II		1 330	1 033
	III		1 330	1 033
	V	1 048	1 330	1 033
	VI	1 221	1 330	1 033
11 123,99	I,IV		1 334	1 037
	II		1 334	1 037
	III		1 334	1 037
	V	1 052	1 334	1 037
	VI	1 225	1 334	1 037
11 159,99	I,IV		1 339	1 040
	II		1 339	1 040
	III		1 339	1 040
	V	1 056	1 339	1 040
	VI	1 229	1 339	1 040
11 195,99	I,IV		1 343	1 044
	II		1 343	1 044
	III		1 343	1 044
	V	1 060	1 343	1 044
	VI	1 233	1 343	1 044
11 231,99	I,IV		1 347	1 047
	II		1 347	1 047
	III		1 347	1 047
	V	1 064	1 347	1 047
	VI	1 237	1 347	1 047

* Zur LSt-Berechnung für privat versicherte Arbeitnehmer s. Beispiele **Vorbemerkung S. 4 f.**
** Basisvorsorgepauschale KV und PV *** Typisierter Arbeitgeberzuschuss

Lohn/Gehalt in € bis	Steuerklasse	Lohn-steuer*	BVSP**	TAGZ***
11 267,99	I,IV		1 352	1 050
	II		1 352	1 050
	III		1 352	1 050
	V	**1 068**	1 352	1 050
	VI	**1 241**	1 352	1 050
11 303,99	I,IV		1 356	1 054
	II		1 356	1 054
	III		1 356	1 054
	V	**1 072**	1 356	1 054
	VI	**1 245**	1 356	1 054
11 339,99	I,IV		1 360	1 057
	II		1 360	1 057
	III		1 360	1 057
	V	**1 076**	1 360	1 057
	VI	**1 249**	1 360	1 057
11 375,99	I,IV		1 365	1 060
	II		1 365	1 060
	III		1 365	1 060
	V	**1 080**	1 365	1 060
	VI	**1 253**	1 365	1 060
11 411,99	I,IV		1 369	1 064
	II		1 369	1 064
	III		1 369	1 064
	V	**1 084**	1 369	1 064
	VI	**1 257**	1 369	1 064
11 447,99	I,IV		1 373	1 067
	II		1 373	1 067
	III		1 373	1 067
	V	**1 088**	1 373	1 067
	VI	**1 261**	1 373	1 067
11 483,99	I,IV		1 378	1 070
	II		1 378	1 070
	III		1 378	1 070
	V	**1 092**	1 378	1 070
	VI	**1 265**	1 378	1 070
11 519,99	I,IV		1 382	1 074
	II		1 382	1 074
	III		1 382	1 074
	V	**1 096**	1 382	1 074
	VI	**1 269**	1 382	1 074
11 555,99	I,IV		1 386	1 077
	II		1 386	1 077
	III		1 386	1 077
	V	**1 099**	1 386	1 077
	VI	**1 273**	1 386	1 077
11 591,99	I,IV		1 391	1 080
	II		1 391	1 080
	III		1 391	1 080
	V	**1 103**	1 391	1 080
	VI	**1 276**	1 391	1 080
11 627,99	I,IV		1 395	1 084
	II		1 395	1 084
	III		1 395	1 084
	V	**1 107**	1 395	1 084
	VI	**1 281**	1 395	1 084
11 663,99	I,IV		1 399	1 087
	II		1 399	1 087
	III		1 399	1 087
	V	**1 111**	1 399	1 087
	VI	**1 284**	1 399	1 087

Lohn/Gehalt in € bis	Steuerklasse	Lohn-steuer*	BVSP**	TAGZ***
11 699,99	I,IV		1 403	1 091
	II		1 403	1 091
	III		1 403	1 091
	V	**1 115**	1 403	1 091
	VI	**1 288**	1 403	1 091
11 735,99	I,IV		1 408	1 094
	II		1 408	1 094
	III		1 408	1 094
	V	**1 119**	1 408	1 094
	VI	**1 292**	1 408	1 094
11 771,99	I,IV		1 412	1 097
	II		1 412	1 097
	III		1 412	1 097
	V	**1 123**	1 412	1 097
	VI	**1 296**	1 412	1 097
11 807,99	I,IV		1 416	1 101
	II		1 416	1 101
	III		1 416	1 101
	V	**1 127**	1 416	1 101
	VI	**1 300**	1 416	1 101
11 843,99	I,IV		1 421	1 104
	II		1 421	1 104
	III		1 421	1 104
	V	**1 131**	1 421	1 104
	VI	**1 304**	1 421	1 104
11 879,99	I,IV		1 425	1 107
	II		1 425	1 107
	III		1 425	1 107
	V	**1 135**	1 425	1 107
	VI	**1 308**	1 425	1 107
11 915,99	I,IV		1 429	1 111
	II		1 429	1 111
	III		1 429	1 111
	V	**1 139**	1 429	1 111
	VI	**1 312**	1 429	1 111
11 951,99	I,IV		1 434	1 114
	II		1 434	1 114
	III		1 434	1 114
	V	**1 143**	1 434	1 114
	VI	**1 316**	1 434	1 114
11 987,99	I,IV		1 438	1 117
	II		1 438	1 117
	III		1 438	1 117
	V	**1 147**	1 438	1 117
	VI	**1 320**	1 438	1 117
12 023,99	I,IV		1 442	1 121
	II		1 442	1 121
	III		1 442	1 121
	V	**1 151**	1 442	1 121
	VI	**1 324**	1 442	1 121
12 059,99	I,IV		1 447	1 124
	II		1 447	1 124
	III		1 447	1 124
	V	**1 155**	1 447	1 124
	VI	**1 328**	1 447	1 124
12 095,99	I,IV		1 451	1 127
	II		1 451	1 127
	III		1 451	1 127
	V	**1 159**	1 451	1 127
	VI	**1 332**	1 451	1 127

* Zur LSt-Berechnung für privat versicherte Arbeitnehmer s. Beispiele **Vorbemerkung S. 4 f.**
** Basisvorsorgepauschale KV und PV *** Typisierter Arbeitgeberzuschuss

Lohn/Gehalt in € bis	Steuerklasse	Lohnsteuer*	BVSP**	TAGZ***
12 131,99	I,IV		1455	1131
	II		1455	1131
	III		1455	1131
	V	1163	1455	1131
	VI	1336	1455	1131
12 167,99	I,IV		1460	1134
	II		1460	1134
	III		1460	1134
	V	1167	1460	1134
	VI	1340	1460	1134
12 203,99	I,IV		1464	1138
	II		1464	1138
	III		1464	1138
	V	1171	1464	1138
	VI	1344	1464	1138
12 239,99	I,IV		1468	1141
	II		1468	1141
	III		1468	1141
	V	1175	1468	1141
	VI	1348	1468	1141
12 275,99	I,IV		1473	1144
	II		1473	1144
	III		1473	1144
	V	1179	1473	1144
	VI	1352	1473	1144
12 311,99	I,IV		1477	1148
	II		1477	1148
	III		1477	1148
	V	1183	1477	1148
	VI	1356	1477	1148
12 347,99	I,IV		1481	1151
	II		1481	1151
	III		1481	1151
	V	1187	1481	1151
	VI	1360	1481	1151
12 383,99	I,IV		1486	1154
	II		1486	1154
	III		1486	1154
	V	1191	1486	1154
	VI	1364	1486	1154
12 419,99	I,IV		1490	1158
	II		1490	1158
	III		1490	1158
	V	1195	1490	1158
	VI	1368	1490	1158
12 455,99	I,IV		1494	1161
	II		1494	1161
	III		1494	1161
	V	1199	1494	1161
	VI	1372	1494	1161
12 491,99	I,IV		1499	1164
	II		1499	1164
	III		1499	1164
	V	1203	1499	1164
	VI	1376	1499	1164
12 527,99	I,IV		1503	1168
	II		1503	1168
	III		1503	1168
	V	1207	1503	1168
	VI	1380	1503	1168

Lohn/Gehalt in € bis	Steuerklasse	Lohnsteuer*	BVSP**	TAGZ***
12 563,99	I,IV		1507	1171
	II		1507	1171
	III		1507	1171
	V	1211	1507	1171
	VI	1384	1507	1171
12 599,99	I,IV		1511	1174
	II		1511	1174
	III		1511	1174
	V	1215	1511	1174
	VI	1388	1511	1174
12 635,99	I,IV		1516	1178
	II		1516	1178
	III		1516	1178
	V	1218	1516	1178
	VI	1392	1516	1178
12 671,99	I,IV		1520	1181
	II		1520	1181
	III		1520	1181
	V	1222	1520	1181
	VI	1395	1520	1181
12 707,99	I,IV		1524	1185
	II		1524	1185
	III		1524	1185
	V	1226	1524	1185
	VI	1400	1524	1185
12 743,99	I,IV		1529	1188
	II		1529	1188
	III		1529	1188
	V	1230	1529	1188
	VI	1403	1529	1188
12 779,99	I,IV		1533	1191
	II		1533	1191
	III		1533	1191
	V	1234	1533	1191
	VI	1407	1533	1191
12 815,99	I,IV		1537	1195
	II		1537	1195
	III		1537	1195
	V	1238	1537	1195
	VI	1411	1537	1195
12 851,99	I,IV		1542	1198
	II		1542	1198
	III		1542	1198
	V	1242	1542	1198
	VI	1415	1542	1198
12 887,99	I,IV		1546	1201
	II		1546	1201
	III		1546	1201
	V	1246	1546	1201
	VI	1419	1546	1201
12 923,99	I,IV		1550	1205
	II		1550	1205
	III		1550	1205
	V	1250	1550	1205
	VI	1423	1550	1205
12 959,99	I,IV		1555	1208
	II		1555	1208
	III		1555	1208
	V	1254	1555	1208
	VI	1427	1555	1208

* Zur LSt-Berechnung für privat versicherte Arbeitnehmer s. Beispiele **Vorbemerkung S. 4 f.**
** Basisvorsorgepauschale KV und PV   *** Typisierter Arbeitgeberzuschuss

Lohn/ Gehalt in € bis	Steuerklasse	Lohn- steuer*	BVSP**	TAGZ***	Lohn/ Gehalt in € bis	Steuerklasse	Lohn- steuer*	BVSP**	TAGZ***
12 995,99	I,IV		1 559	1 211	13 427,99	I,IV		1 611	1 252
	II		1 559	1 211		II		1 611	1 252
	III		1 559	1 211		III		1 611	1 252
	V	1 258	1 559	1 211		V	1 306	1 611	1 252
	VI	1 431	1 559	1 211		VI	1 479	1 611	1 252
13 031,99	I,IV		1 563	1 215	13 463,99	I,IV		1 615	1 255
	II		1 563	1 215		II		1 615	1 255
	III		1 563	1 215		III		1 615	1 255
	V	1 262	1 563	1 215		V	1 310	1 615	1 255
	VI	1 435	1 563	1 215		VI	1 483	1 615	1 255
13 067,99	I,IV		1 568	1 218	13 499,99	I,IV		1 619	1 258
	II		1 568	1 218		II		1 619	1 258
	III		1 568	1 218		III		1 619	1 258
	V	1 266	1 568	1 218		V	1 314	1 619	1 258
	VI	1 439	1 568	1 218		VI	1 487	1 619	1 258
13 103,99	I,IV		1 572	1 221	13 535,99	I,IV		1 624	1 262
	II		1 572	1 221		II		1 624	1 262
	III		1 572	1 221		III		1 624	1 262
	V	1 270	1 572	1 221		V	1 318	1 624	1 262
	VI	1 443	1 572	1 221		VI	1 491	1 624	1 262
13 139,99	I,IV		1 576	1 225	13 571,99	I,IV		1 628	1 265
	II		1 576	1 225		II		1 628	1 265
	III		1 576	1 225		III		1 628	1 265
	V	1 274	1 576	1 225		V	1 322	1 628	1 265
	VI	1 447	1 576	1 225		VI	1 495	1 628	1 265
13 175,99	I,IV		1 581	1 228	13 607,99	I,IV		1 632	1 268
	II		1 581	1 228		II		1 632	1 268
	III		1 581	1 228		III		1 632	1 268
	V	1 278	1 581	1 228		V	1 326	1 632	1 268
	VI	1 451	1 581	1 228		VI	1 499	1 632	1 268
13 211,99	I,IV		1 585	1 232	13 643,99	I,IV		1 637	1 272
	II		1 585	1 232		II		1 637	1 272
	III		1 585	1 232		III		1 637	1 272
	V	1 282	1 585	1 232		V	1 330	1 637	1 272
	VI	1 455	1 585	1 232		VI	1 503	1 637	1 272
13 247,99	I,IV		1 589	1 235	13 679,99	I,IV		1 641	1 275
	II		1 589	1 235		II		1 641	1 275
	III		1 589	1 235		III		1 641	1 275
	V	1 286	1 589	1 235		V	1 334	1 641	1 275
	VI	1 459	1 589	1 235		VI	1 507	1 641	1 275
13 283,99	I,IV		1 594	1 238	13 715,99	I,IV		1 645	1 279
	II		1 594	1 238		II		1 645	1 279
	III		1 594	1 238		III		1 645	1 279
	V	1 290	1 594	1 238		V	1 337	1 645	1 279
	VI	1 463	1 594	1 238		VI	1 511	1 645	1 279
13 319,99	I,IV		1 598	1 242	13 751,99	I,IV		1 650	1 282
	II		1 598	1 242		II		1 650	1 282
	III		1 598	1 242		III		1 650	1 282
	V	1 294	1 598	1 242		V	1 341	1 650	1 282
	VI	1 467	1 598	1 242		VI	1 514	1 650	1 282
13 355,99	I,IV		1 602	1 245	13 787,99	I,IV		1 654	1 285
	II		1 602	1 245		II		1 654	1 285
	III		1 602	1 245		III		1 654	1 285
	V	1 298	1 602	1 245		V	1 345	1 654	1 285
	VI	1 471	1 602	1 245		VI	1 519	1 654	1 285
13 391,99	I,IV		1 607	1 248	13 823,99	I,IV		1 658	1 289
	II		1 607	1 248		II		1 658	1 289
	III		1 607	1 248		III		1 658	1 289
	V	1 302	1 607	1 248		V	1 349	1 658	1 289
	VI	1 475	1 607	1 248		VI	1 522	1 658	1 289

* Zur LSt-Berechnung für privat versicherte Arbeitnehmer s. Beispiele **Vorbemerkung S. 4 f.**
** Basisvorsorgepauschale KV und PV *** Typisierter Arbeitgeberzuschuss

Lohn/ Gehalt in € bis	Steuerklasse	Lohn- steuer*	BVSP**	TAGZ***	Lohn/ Gehalt in € bis	Steuerklasse	Lohn- steuer*	BVSP**	TAGZ***
13 859,99	I,IV		1663	1292	14 291,99	I,IV		1715	1332
	II		1663	1292		II		1715	1332
	III		1663	1292		III		1715	1332
	V	1353	1663	1292		V	1401	1715	1332
	VI	1526	1663	1292		VI	1574	1715	1332
13 895,99	I,IV		1667	1295	14 327,99	I,IV		1719	1336
	II		1667	1295		II		1719	1336
	III		1667	1295		III		1719	1336
	V	1357	1667	1295		V	1405	1719	1336
	VI	1530	1667	1295		VI	1578	1719	1336
13 931,99	I,IV		1671	1299	14 363,99	I,IV		1723	1339
	II		1671	1299		II		1723	1339
	III		1671	1299		III		1723	1339
	V	1361	1671	1299		V	1409	1723	1339
	VI	1534	1671	1299		VI	1582	1723	1339
13 967,99	I,IV		1676	1302	14 399,99	I,IV		1727	1342
	II		1676	1302		II		1727	1342
	III		1676	1302		III		1727	1342
	V	1365	1676	1302		V	1413	1727	1342
	VI	1538	1676	1302		VI	1586	1727	1342
14 003,99	I,IV		1680	1305	14 435,99	I,IV		1732	1346
	II		1680	1305		II		1732	1346
	III		1680	1305		III		1732	1346
	V	1369	1680	1305		V	1417	1732	1346
	VI	1542	1680	1305		VI	1590	1732	1346
14 039,99	I,IV		1684	1309	14 471,99	I,IV		1736	1349
	II		1684	1309		II		1736	1349
	III		1684	1309		III		1736	1349
	V	1373	1684	1309		V	1421	1736	1349
	VI	1546	1684	1309		VI	1594	1736	1349
14 075,99	I,IV		1689	1312	14 507,99	I,IV		1740	1352
	II		1689	1312		II		1740	1352
	III		1689	1312		III		1740	1352
	V	1377	1689	1312		V	1425	1740	1352
	VI	1550	1689	1312		VI	1598	1740	1352
14 111,99	I,IV		1693	1315	14 543,99	I,IV		1745	1356
	II		1693	1315		II		1745	1356
	III		1693	1315		III		1745	1356
	V	1381	1693	1315		V	1429	1745	1356
	VI	1554	1693	1315		VI	1602	1745	1356
14 147,99	I,IV		1697	1319	14 579,99	I,IV		1749	1359
	II		1697	1319		II		1749	1359
	III		1697	1319		III		1749	1359
	V	1385	1697	1319		V	1433	1749	1359
	VI	1558	1697	1319		VI	1606	1749	1359
14 183,99	I,IV		1702	1322	14 615,99	I,IV		1753	1362
	II		1702	1322		II		1753	1362
	III		1702	1322		III		1753	1362
	V	1389	1702	1322		V	1437	1753	1362
	VI	1562	1702	1322		VI	1610	1753	1362
14 219,99	I,IV		1706	1326	14 651,99	I,IV		1758	1366
	II		1706	1326		II		1758	1366
	III		1706	1326		III		1758	1366
	V	1393	1706	1326		V	1441	1758	1366
	VI	1566	1706	1326		VI	1614	1758	1366
14 255,99	I,IV		1710	1329	14 687,99	I,IV		1762	1369
	II		1710	1329		II		1762	1369
	III		1710	1329		III		1762	1369
	V	1397	1710	1329		V	1445	1762	1369
	VI	1570	1710	1329		VI	1618	1762	1369

*   Zur LSt-Berechnung für privat versicherte Arbeitnehmer s. Beispiele **Vorbemerkung S. 4 f.**
** Basisvorsorgepauschale KV und PV   *** Typisierter Arbeitgeberzuschuss

Lohn/Gehalt in € bis	Steuerklasse	Lohn-steuer*	BVSP**	TAGZ***	Lohn/Gehalt in € bis	Steuerklasse	Lohn-steuer*	BVSP**	TAGZ***
14 723,99	I,IV		1 766	1 373	**15 155,99**	I,IV		1 818	1 413
	II		1 766	1 373		II		1 818	1 413
	III		1 766	1 373		III		1 818	1 413
	V	**1 449**	1 766	1 373		V	**1 496**	1 818	1 413
	VI	**1 622**	1 766	1 373		VI	**1 669**	1 818	1 413
14 759,99	I,IV		1 771	1 376	**15 191,99**	I,IV		1 823	1 416
	II		1 771	1 376		II		1 823	1 416
	III		1 771	1 376		III		1 823	1 416
	V	**1 453**	1 771	1 376		V	**1 500**	1 823	1 416
	VI	**1 626**	1 771	1 376		VI	**1 673**	1 823	1 416
14 795,99	I,IV		1 775	1 379	**15 227,99**	I,IV		1 827	1 420
	II		1 775	1 379		II		1 827	1 420
	III		1 775	1 379		III		1 827	1 420
	V	**1 456**	1 775	1 379		V	**1 504**	1 827	1 420
	VI	**1 630**	1 775	1 379		VI	**1 677**	1 827	1 420
14 831,99	I,IV		1 779	1 383	**15 263,99**	I,IV		1 831	1 423
	II		1 779	1 383		II		1 831	1 423
	III		1 779	1 383		III		1 831	1 423
	V	**1 460**	1 779	1 383		V	**1 508**	1 831	1 423
	VI	**1 633**	1 779	1 383		VI	**1 681**	1 831	1 423
14 867,99	I,IV		1 784	1 386	**15 299,99**	I,IV		1 835	1 426
	II		1 784	1 386		II		1 835	1 426
	III		1 784	1 386		III		1 835	1 426
	V	**1 464**	1 784	1 386		V	**1 512**	1 835	1 426
	VI	**1 638**	1 784	1 386		VI	**1 685**	1 835	1 426
14 903,99	I,IV		1 788	1 389	**15 335,99**	I,IV		1 840	1 430
	II		1 788	1 389		II		1 840	1 430
	III		1 788	1 389		III		1 840	1 430
	V	**1 468**	1 788	1 389		V	**1 516**	1 840	1 430
	VI	**1 641**	1 788	1 389		VI	**1 689**	1 840	1 430
14 939,99	I,IV		1 792	1 393	**15 371,99**	I,IV		1 844	1 433
	II		1 792	1 393		II		1 844	1 433
	III		1 792	1 393		III		1 844	1 433
	V	**1 472**	1 792	1 393		V	**1 520**	1 844	1 433
	VI	**1 645**	1 792	1 393		VI	**1 693**	1 844	1 433
14 975,99	I,IV		1 797	1 396	**15 407,99**	I,IV		1 848	1 436
	II		1 797	1 396		II		1 848	1 436
	III		1 797	1 396		III		1 848	1 436
	V	**1 476**	1 797	1 396		V	**1 524**	1 848	1 436
	VI	**1 649**	1 797	1 396		VI	**1 697**	1 848	1 436
15 011,99	I,IV		1 801	1 399	**15 443,99**	I,IV	1	1 853	1 440
	II		1 801	1 399		II		1 853	1 440
	III		1 801	1 399		III		1 853	1 440
	V	**1 480**	1 801	1 399		V	**1 528**	1 853	1 440
	VI	**1 653**	1 801	1 399		VI	**1 701**	1 853	1 440
15 047,99	I,IV		1 805	1 403	**15 479,99**	I,IV	5	1 857	1 443
	II		1 805	1 403		II		1 857	1 443
	III		1 805	1 403		III		1 857	1 443
	V	**1 484**	1 805	1 403		V	**1 532**	1 857	1 443
	VI	**1 657**	1 805	1 403		VI	**1 705**	1 857	1 443
15 083,99	I,IV		1 810	1 406	**15 515,99**	I,IV	9	1 861	1 446
	II		1 810	1 406		II		1 861	1 446
	III		1 810	1 406		III		1 861	1 446
	V	**1 488**	1 810	1 406		V	**1 536**	1 861	1 446
	VI	**1 661**	1 810	1 406		VI	**1 709**	1 861	1 446
15 119,99	I,IV		1 814	1 409	**15 551,99**	I,IV	13	1 866	1 450
	II		1 814	1 409		II		1 866	1 450
	III		1 814	1 409		III		1 866	1 450
	V	**1 492**	1 814	1 409		V	**1 540**	1 866	1 450
	VI	**1 665**	1 814	1 409		VI	**1 713**	1 866	1 450

* Zur LSt-Berechnung für privat versicherte Arbeitnehmer s. Beispiele **Vorbemerkung S. 4 f.**
** Basisvorsorgepauschale KV und PV   *** Typisierter Arbeitgeberzuschuss

Lohn/Gehalt in € bis	Steuerklasse	Lohnsteuer*	BVSP**	TAGZ***
15 587,99	I,IV	17	1870	1453
	II		1870	1453
	III		1870	1453
	V	1544	1870	1453
	VI	1717	1870	1453
15 623,99	I,IV	21	1874	1456
	II		1874	1456
	III		1874	1456
	V	1548	1874	1456
	VI	1721	1874	1456
15 659,99	I,IV	25	1879	1460
	II		1879	1460
	III		1879	1460
	V	1552	1879	1460
	VI	1725	1879	1460
15 695,99	I,IV	29	1883	1463
	II		1883	1463
	III		1883	1463
	V	1556	1883	1463
	VI	1729	1883	1463
15 731,99	I,IV	33	1887	1467
	II		1887	1467
	III		1887	1467
	V	1560	1887	1467
	VI	1733	1887	1467
15 767,99	I,IV	37	1892	1470
	II		1892	1470
	III		1892	1470
	V	1564	1892	1470
	VI	1737	1892	1470
15 803,99	I,IV	41	1896	1473
	II		1896	1473
	III		1896	1473
	V	1568	1896	1473
	VI	1741	1896	1473
15 839,99	I,IV	45	1900	1477
	II		1900	1477
	III		1900	1477
	V	1572	1900	1477
	VI	1745	1900	1477
15 875,99	I,IV	50	1900	1480
	II		1900	1480
	III		1905	1480
	V	1576	1900	1480
	VI	1752	1900	1480
15 911,99	I,IV	55	1900	1483
	II		1900	1483
	III		1909	1483
	V	1581	1900	1483
	VI	1766	1900	1483
15 947,99	I,IV	60	1900	1487
	II		1900	1487
	III		1913	1487
	V	1585	1900	1487
	VI	1779	1900	1487
15 983,99	I,IV	65	1900	1490
	II		1900	1490
	III		1918	1490
	V	1590	1900	1490
	VI	1793	1900	1490

Lohn/Gehalt in € bis	Steuerklasse	Lohnsteuer*	BVSP**	TAGZ***
16 019,99	I,IV	70	1900	1493
	II		1900	1493
	III		1922	1493
	V	1595	1900	1493
	VI	1807	1900	1493
16 055,99	I,IV	74	1900	1497
	II		1900	1497
	III		1926	1497
	V	1599	1900	1497
	VI	1820	1900	1497
16 091,99	I,IV	79	1900	1500
	II		1900	1500
	III		1931	1500
	V	1604	1900	1500
	VI	1834	1900	1500
16 127,99	I,IV	84	1900	1503
	II		1900	1503
	III		1935	1503
	V	1608	1900	1503
	VI	1848	1900	1503
16 163,99	I,IV	89	1900	1507
	II		1900	1507
	III		1939	1507
	V	1613	1900	1507
	VI	1862	1900	1507
16 199,99	I,IV	94	1900	1510
	II		1900	1510
	III		1943	1510
	V	1617	1900	1510
	VI	1875	1900	1510
16 235,99	I,IV	99	1900	1514
	II		1900	1514
	III		1948	1514
	V	1622	1900	1514
	VI	1889	1900	1514
16 271,99	I,IV	104	1900	1517
	II		1900	1517
	III		1952	1517
	V	1626	1900	1517
	VI	1903	1900	1517
16 307,99	I,IV	109	1900	1520
	II		1900	1520
	III		1956	1520
	V	1631	1900	1520
	VI	1917	1900	1520
16 343,99	I,IV	115	1900	1524
	II		1900	1524
	III		1961	1524
	V	1636	1900	1524
	VI	1930	1900	1524
16 379,99	I,IV	119	1900	1527
	II		1900	1527
	III		1965	1527
	V	1640	1900	1527
	VI	1944	1900	1527
16 415,99	I,IV	125	1900	1530
	II		1900	1530
	III		1969	1530
	V	1645	1900	1530
	VI	1958	1900	1530

*   Zur LSt-Berechnung für privat versicherte Arbeitnehmer s. Beispiele **Vorbemerkung S. 4f.**
**   Basisvorsorgepauschale KV und PV   *** Typisierter Arbeitgeberzuschuss

Lohn/Gehalt in € bis	Steuerklasse	Lohn-steuer*	BVSP**	TAGZ***
16 451,99	I,IV	130	1 900	1 534
	II		1 900	1 534
	III		1 974	1 534
	V	1 649	1 900	1 534
	VI	1 971	1 900	1 534
16 487,99	I,IV	135	1 900	1 537
	II		1 900	1 537
	III		1 978	1 537
	V	1 654	1 900	1 537
	VI	1 985	1 900	1 537
16 523,99	I,IV	140	1 900	1 540
	II		1 900	1 540
	III		1 982	1 540
	V	1 659	1 900	1 540
	VI	1 999	1 900	1 540
16 559,99	I,IV	145	1 900	1 544
	II		1 900	1 544
	III		1 987	1 544
	V	1 663	1 900	1 544
	VI	2 012	1 900	1 544
16 595,99	I,IV	150	1 900	1 547
	II		1 900	1 547
	III		1 991	1 547
	V	1 668	1 900	1 547
	VI	2 026	1 900	1 547
16 631,99	I,IV	156	1 900	1 550
	II		1 900	1 550
	III		1 995	1 550
	V	1 672	1 900	1 550
	VI	2 040	1 900	1 550
16 667,99	I,IV	161	1 900	1 554
	II		1 900	1 554
	III		2 000	1 554
	V	1 677	1 900	1 554
	VI	2 054	1 900	1 554
16 703,99	I,IV	166	1 900	1 557
	II		1 900	1 557
	III		2 004	1 557
	V	1 681	1 900	1 557
	VI	2 067	1 900	1 557
16 739,99	I,IV	172	1 900	1 561
	II		1 900	1 561
	III		2 008	1 561
	V	1 686	1 900	1 561
	VI	2 081	1 900	1 561
16 775,99	I,IV	177	1 900	1 564
	II		1 900	1 564
	III		2 013	1 564
	V	1 690	1 900	1 564
	VI	2 095	1 900	1 564
16 811,99	I,IV	182	1 900	1 567
	II		1 900	1 567
	III		2 017	1 567
	V	1 695	1 900	1 567
	VI	2 109	1 900	1 567
16 847,99	I,IV	187	1 900	1 571
	II		1 900	1 571
	III		2 021	1 571
	V	1 700	1 900	1 571
	VI	2 122	1 900	1 571

Lohn/Gehalt in € bis	Steuerklasse	Lohn-steuer*	BVSP**	TAGZ***
16 883,99	I,IV	193	1 900	1 574
	II		1 900	1 574
	III		2 026	1 574
	V	1 704	1 900	1 574
	VI	2 136	1 900	1 574
16 919,99	I,IV	198	1 900	1 577
	II		1 900	1 577
	III		2 030	1 577
	V	1 709	1 900	1 577
	VI	2 150	1 900	1 577
16 955,99	I,IV	204	1 900	1 581
	II		1 900	1 581
	III		2 034	1 581
	V	1 713	1 900	1 581
	VI	2 164	1 900	1 581
16 991,99	I,IV	209	1 900	1 584
	II		1 900	1 584
	III		2 039	1 584
	V	1 718	1 900	1 584
	VI	2 177	1 900	1 584
17 027,99	I,IV	215	1 900	1 587
	II		1 900	1 587
	III		2 043	1 587
	V	1 722	1 900	1 587
	VI	2 191	1 900	1 587
17 063,99	I,IV	220	1 900	1 591
	II		1 900	1 591
	III		2 047	1 591
	V	1 727	1 900	1 591
	VI	2 205	1 900	1 591
17 099,99	I,IV	225	1 900	1 594
	II		1 900	1 594
	III		2 051	1 594
	V	1 732	1 900	1 594
	VI	2 218	1 900	1 594
17 135,99	I,IV	231	1 900	1 597
	II		1 900	1 597
	III		2 056	1 597
	V	1 736	1 900	1 597
	VI	2 232	1 900	1 597
17 171,99	I,IV	237	1 900	1 601
	II		1 900	1 601
	III		2 060	1 601
	V	1 741	1 900	1 601
	VI	2 246	1 900	1 601
17 207,99	I,IV	242	1 900	1 604
	II		1 900	1 604
	III		2 064	1 604
	V	1 745	1 900	1 604
	VI	2 259	1 900	1 604
17 243,99	I,IV	248	1 900	1 608
	II		1 900	1 608
	III		2 069	1 608
	V	1 754	1 900	1 608
	VI	2 273	1 900	1 608
17 279,99	I,IV	253	1 900	1 611
	II		1 900	1 611
	III		2 073	1 611
	V	1 768	1 900	1 611
	VI	2 287	1 900	1 611

* Zur LSt-Berechnung für privat versicherte Arbeitnehmer s. Beispiele **Vorbemerkung S. 4 f.**
** Basisvorsorgepauschale KV und PV *** Typisierter Arbeitgeberzuschuss

Lohn/ Gehalt in € bis	Steuerklasse	Lohn- steuer*	BVSP**	TAGZ***	Steuerklasse	Bemessungsgrundlage für Kirchensteuer und Solidaritätszuschlag					
						Freibeträge für ... Kinder					
						0,5	**1,0**	1,5	**2,0**	2,5	**3,0**
17 315,99	I,IV	259	1 900	1 614	I						
	II		1 900	1 614	II						
	III		2 077	1 614	III						
	V	**1 781**	1 900	1 614	IV						
	VI	**2 300**	1 900	1 614							
17 351,99	I,IV	265	1 900	1 618	I						
	II		1 900	1 618	II						
	III		2 082	1 618	III						
	V	**1 795**	1 900	1 618	IV						
	VI	**2 314**	1 900	1 618							
17 387,99	I,IV	270	1 900	1 621	I						
	II		1 900	1 621	II						
	III		2 086	1 621	III						
	V	**1 809**	1 900	1 621	IV						
	VI	**2 328**	1 900	1 621							
17 423,99	I,IV	276	1 900	1 624	I						
	II		1 900	1 624	II						
	III		2 090	1 624	III						
	V	**1 823**	1 900	1 624	IV						
	VI	**2 342**	1 900	1 624							
17 459,99	I,IV	282	1 900	1 628	I						
	II		1 900	1 628	II						
	III		2 095	1 628	III						
	V	**1 836**	1 900	1 628	IV						
	VI	**2 356**	1 900	1 628							
17 495,99	I,IV	287	1 900	1 631	I						
	II		1 900	1 631	II						
	III		2 099	1 631	III						
	V	**1 850**	1 900	1 631	IV						
	VI	**2 369**	1 900	1 631							
17 531,99	I,IV	293	1 900	1 634	I						
	II		1 900	1 634	II						
	III		2 103	1 634	III						
	V	**1 864**	1 900	1 634	IV						
	VI	**2 383**	1 900	1 634							
17 567,99	I,IV	299	1 900	1 638	I						
	II		1 900	1 638	II						
	III		2 108	1 638	III						
	V	**1 878**	1 900	1 638	IV						
	VI	**2 397**	1 900	1 638							
17 603,99	I,IV	305	1 900	1 641	I						
	II		1 900	1 641	II						
	III		2 112	1 641	III						
	V	**1 891**	1 900	1 641	IV						
	VI	**2 410**	1 900	1 641							
17 639,99	I,IV	310	1 900	1 644	I						
	II		1 900	1 644	II						
	III		2 116	1 644	III						
	V	**1 905**	1 900	1 644	IV						
	VI	**2 424**	1 900	1 644							
17 675,99	I,IV	316	1 900	1 648	I						
	II		1 900	1 648	II						
	III		2 121	1 648	III						
	V	**1 919**	1 900	1 648	IV						
	VI	**2 438**	1 900	1 648							
17 711,99	I,IV	322	1 900	1 651	I						
	II		1 900	1 651	II						
	III		2 125	1 651	III						
	V	**1 932**	1 900	1 651	IV						
	VI	**2 451**	1 900	1 651							

* Zur LSt-Berechnung für privat versicherte Arbeitnehmer s. Beispiele **Vorbemerkung S. 4 f.**
** Basisvorsorgepauschale KV und PV   *** Typisierter Arbeitgeberzuschuss

Lohn/ Gehalt in € bis	Steuerklasse	Lohn-steuer*	BVSP**	TAGZ***	Steuerklasse	Bemessungsgrundlage für Kirchensteuer und Solidaritätszuschlag					
						Freibeträge für ... Kinder					
						0,5	1,0	1,5	2,0	2,5	3,0
17 747,99	I,IV	328	1 900	1 655	I						
	II		1 900	1 655	II						
	III		2 129	1 655	III						
	V	1 946	1 900	1 655	IV						
	VI	2 465	1 900	1 655							
17 783,99	I,IV	334	1 900	1 658	I						
	II		1 900	1 658	II						
	III		2 134	1 658	III						
	V	1 960	1 900	1 658	IV						
	VI	2 479	1 900	1 658							
17 819,99	I,IV	340	1 900	1 661	I						
	II		1 900	1 661	II						
	III		2 138	1 661	III						
	V	1 973	1 900	1 661	IV						
	VI	2 492	1 900	1 661							
17 855,99	I,IV	346	1 900	1 665	I						
	II		1 900	1 665	II						
	III		2 142	1 665	III						
	V	1 987	1 900	1 665	IV						
	VI	2 506	1 900	1 665							
17 891,99	I,IV	352	1 900	1 668	I						
	II		1 900	1 668	II						
	III		2 147	1 668	III						
	V	2 001	1 900	1 668	IV						
	VI	2 520	1 900	1 668							
17 927,99	I,IV	358	1 900	1 671	I						
	II		1 900	1 671	II						
	III		2 151	1 671	III						
	V	2 014	1 900	1 671	IV						
	VI	2 534	1 900	1 671							
17 963,99	I,IV	364	1 900	1 675	I						
	II		1 900	1 675	II						
	III		2 155	1 675	III						
	V	2 028	1 900	1 675	IV	1					
	VI	2 547	1 900	1 675							
17 999,99	I,IV	370	1 900	1 678	I						
	II		1 900	1 678	II						
	III		2 159	1 678	III						
	V	2 042	1 900	1 678	IV	6					
	VI	2 561	1 900	1 678							
18 035,99	I,IV	376	1 900	1 681	I						
	II		1 900	1 681	II						
	III		2 164	1 681	III						
	V	2 056	1 900	1 681	IV	10					
	VI	2 575	1 900	1 681							
18 071,99	I,IV	382	1 900	1 685	I						
	II		1 900	1 685	II						
	III		2 168	1 685	III						
	V	2 069	1 900	1 685	IV	15					
	VI	2 589	1 900	1 685							
18 107,99	I,IV	388	1 900	1 688	I						
	II		1 900	1 688	II						
	III		2 172	1 688	III						
	V	2 083	1 900	1 688	IV	19					
	VI	2 602	1 900	1 688							
18 143,99	I,IV	394	1 900	1 691	I						
	II		1 900	1 691	II						
	III		2 177	1 691	III						
	V	2 097	1 900	1 691	IV	24					
	VI	2 616	1 900	1 691							

* Zur LSt-Berechnung für privat versicherte Arbeitnehmer s. Beispiele **Vorbemerkung S. 4 f.**
** Basisvorsorgepauschale KV und PV   *** Typisierter Arbeitgeberzuschuss

Lohn/Gehalt in € bis	Steuerklasse	Lohn-steuer*	BVSP**	TAGZ***	Steuerklasse	Bemessungsgrundlage für Kirchensteuer und Solidaritätszuschlag					
						Freibeträge für ... Kinder					
						0,5	**1,0**	1,5	**2,0**	2,5	**3,0**
18 179,99	I,IV	400	1 900	1 695	I						
	II		1 900	1 695	II						
	III		2 181	1 695	III						
	V	2 111	1 900	1 695	IV		29				
	VI	2 630	1 900	1 695							
18 215,99	I,IV	406	1 900	1 698	I						
	II		1 900	1 698	II						
	III		2 185	1 698	III						
	V	2 124	1 900	1 698	IV		33				
	VI	2 643	1 900	1 698							
18 251,99	I,IV	412	1 900	1 701	I						
	II		1 900	1 701	II						
	III		2 190	1 701	III						
	V	2 138	1 900	1 701	IV		38				
	VI	2 657	1 900	1 701							
18 287,99	I,IV	419	1 900	1 705	I						
	II		1 900	1 705	II						
	III		2 194	1 705	III						
	V	2 152	1 900	1 705	IV		43				
	VI	2 671	1 900	1 705							
18 323,99	I,IV	425	1 900	1 708	I						
	II		1 900	1 708	II						
	III		2 198	1 708	III						
	V	2 165	1 900	1 708	IV		48				
	VI	2 684	1 900	1 708							
18 359,99	I,IV	431	1 900	1 712	I						
	II		1 900	1 712	II						
	III		2 203	1 712	III						
	V	2 179	1 900	1 712	IV		52				
	VI	2 698	1 900	1 712							
18 395,99	I,IV	437	1 900	1 715	I						
	II		1 900	1 715	II						
	III		2 207	1 715	III						
	V	2 193	1 900	1 715	IV		57				
	VI	2 712	1 900	1 715							
18 431,99	I,IV	443	1 900	1 718	I						
	II		1 900	1 718	II						
	III		2 211	1 718	III						
	V	2 206	1 900	1 718	IV		62				
	VI	2 726	1 900	1 718							
18 467,99	I,IV	450	1 900	1 722	I						
	II		1 900	1 722	II						
	III		2 216	1 722	III						
	V	2 220	1 900	1 722	IV		67				
	VI	2 739	1 900	1 722							
18 503,99	I,IV	456	1 900	1 725	I						
	II		1 900	1 725	II						
	III		2 220	1 725	III						
	V	2 234	1 900	1 725	IV		72				
	VI	2 753	1 900	1 725							
18 539,99	I,IV	462	1 900	1 728	I						
	II		1 900	1 728	II						
	III		2 224	1 728	III						
	V	2 248	1 900	1 728	IV		77				
	VI	2 767	1 900	1 728							
18 575,99	I,IV	469	1 900	1 732	I						
	II		1 900	1 732	II						
	III		2 229	1 732	III						
	V	2 261	1 900	1 732	IV		82				
	VI	2 781	1 900	1 732							

* Zur LSt-Berechnung für privat versicherte Arbeitnehmer s. Beispiele **Vorbemerkung S. 4 f.**
** Basisvorsorgepauschale KV und PV *** Typisierter Arbeitgeberzuschuss

Lohn/ Gehalt in € bis	Steuerklasse	Lohn- steuer*	BVSP**	TAGZ***	Steuerklasse	Bemessungsgrundlage für Kirchensteuer und Solidaritätszuschlag					
						Freibeträge für ... Kinder					
						0,5	1,0	1,5	2,0	2,5	3,0
18 611,99	I,IV	**475**	1900	1735	I						
	II		1900	1735	II						
	III		2233	1735	III						
	V	**2275**	1900	1735	IV	87					
	VI	**2794**	1900	1735							
18 647,99	I,IV	**482**	1900	1738	I						
	II		1900	1738	II						
	III		2237	1738	III						
	V	**2289**	1900	1738	IV	92					
	VI	**2808**	1900	1738							
18 683,99	I,IV	**488**	1900	1742	I						
	II		1900	1742	II						
	III		2242	1742	III						
	V	**2303**	1900	1742	IV	97					
	VI	**2822**	1900	1742							
18 719,99	I,IV	**495**	1900	1745	I						
	II		1900	1745	II						
	III		2246	1745	III						
	V	**2316**	1900	1745	IV	102					
	VI	**2836**	1900	1745							
18 755,99	I,IV	**501**	1900	1748	I						
	II		1900	1748	II						
	III		2250	1748	III						
	V	**2330**	1900	1748	IV	107					
	VI	**2849**	1900	1748							
18 791,99	I,IV	**507**	1900	1752	I						
	II		1900	1752	II						
	III		2255	1752	III						
	V	**2344**	1900	1752	IV	112					
	VI	**2863**	1900	1752							
18 827,99	I,IV	**514**	1900	1755	I						
	II		1900	1755	II						
	III		2259	1755	III						
	V	**2358**	1900	1755	IV	117					
	VI	**2877**	1900	1755							
18 863,99	I,IV	**520**	1900	1759	I						
	II		1900	1759	II						
	III		2263	1759	III						
	V	**2371**	1900	1759	IV	122					
	VI	**2890**	1900	1759							
18 899,99	I,IV	**527**	1900	1762	I						
	II		1900	1762	II						
	III		2267	1762	III						
	V	**2385**	1900	1762	IV	127					
	VI	**2904**	1900	1762							
18 935,99	I,IV	**533**	1900	1765	I						
	II		1900	1765	II						
	III		2272	1765	III						
	V	**2398**	1900	1765	IV	132					
	VI	**2917**	1900	1765							
18 971,99	I,IV	**540**	1900	1769	I						
	II		1900	1769	II						
	III		2276	1769	III						
	V	**2412**	1900	1769	IV	137					
	VI	**2931**	1900	1769							
19 007,99	I,IV	**547**	1900	1772	I						
	II		1900	1772	II						
	III		2280	1772	III						
	V	**2426**	1900	1772	IV	142					
	VI	**2945**	1900	1772							

* Zur LSt-Berechnung für privat versicherte Arbeitnehmer s. Beispiele **Vorbemerkung S. 4 f.**
** Basisvorsorgepauschale KV und PV   *** Typisierter Arbeitgeberzuschuss

Lohn/ Gehalt in € bis	Steuerklasse	Lohn- steuer*	BVSP**	TAGZ***	Steuerklasse	Bemessungsgrundlage für Kirchensteuer und Solidaritätszuschlag					
						Freibeträge für ... Kinder					
						0,5	1,0	1,5	2,0	2,5	3,0
19 043,99	I,IV	553	1900	1775	I						
	II		1900	1775	II						
	III		2285	1775	III						
	V	2440	1900	1775	IV	148					
	VI	2959	1900	1775							
19 079,99	I,IV	560	1900	1779	I						
	II		1900	1779	II						
	III		2289	1779	III						
	V	2453	1900	1779	IV	153					
	VI	2972	1900	1779							
19 115,99	I,IV	567	1900	1782	I						
	II		1900	1782	II						
	III		2293	1782	III						
	V	2467	1900	1782	IV	158					
	VI	2986	1900	1782							
19 151,99	I,IV	573	1900	1785	I						
	II		1900	1785	II						
	III		2298	1785	III						
	V	2481	1900	1785	IV	163					
	VI	3000	1900	1785							
19 187,99	I,IV	580	1900	1789	I						
	II		1900	1789	II						
	III		2302	1789	III						
	V	2495	1900	1789	IV	169					
	VI	3014	1900	1789							
19 223,99	I,IV	587	1900	1792	I						
	II		1900	1792	II						
	III		2306	1792	III						
	V	2508	1900	1792	IV	174					
	VI	3028	1900	1792							
19 259,99	I,IV	593	1900	1795	I						
	II		1900	1795	II						
	III		2311	1795	III						
	V	2522	1900	1795	IV	179					
	VI	3041	1900	1795							
19 295,99	I,IV	600	1900	1799	I						
	II		1900	1799	II						
	III		2315	1799	III						
	V	2536	1900	1799	IV	185					
	VI	3055	1900	1799							
19 331,99	I,IV	607	1900	1802	I						
	II		1900	1802	II						
	III		2319	1802	III						
	V	2550	1900	1802	IV	190					
	VI	3069	1900	1802							
19 367,99	I,IV	614	1900	1806	I						
	II		1900	1806	II						
	III		2324	1806	III						
	V	2563	1900	1806	IV	195					
	VI	3082	1900	1806							
19 403,99	I,IV	621	1900	1809	I						
	II		1900	1809	II						
	III		2328	1809	III						
	V	2577	1900	1809	IV	201					
	VI	3096	1900	1809							
19 439,99	I,IV	628	1900	1812	I						
	II		1900	1812	II						
	III		2332	1812	III						
	V	2591	1900	1812	IV	206					
	VI	3110	1900	1812							

* Zur LSt-Berechnung für privat versicherte Arbeitnehmer s. Beispiele **Vorbemerkung S. 4 f.**
** Basisvorsorgepauschale KV und PV   *** Typisierter Arbeitgeberzuschuss

Lohn/ Gehalt in € bis	Steuerklasse	Lohn- steuer*	BVSP**	TAGZ***	Steuerklasse	Bemessungsgrundlage für Kirchensteuer und Solidaritätszuschlag					
						Freibeträge für ... Kinder					
						0,5	1,0	1,5	2,0	2,5	3,0
19 475,99	I,IV	**634**	1 900	1 816	I						
	II		1 900	1 816	II						
	III		2 337	1 816	III						
	V	**2 604**	1 900	1 816	IV	212					
	VI	**3 123**	1 900	1 816							
19 511,99	I,IV	**641**	1 900	1 819	I						
	II		1 900	1 819	II						
	III		2 341	1 819	III						
	V	**2 618**	1 900	1 819	IV	217					
	VI	**3 137**	1 900	1 819							
19 547,99	I,IV	**648**	1 900	1 822	I						
	II		1 900	1 822	II						
	III		2 345	1 822	III						
	V	**2 632**	1 900	1 822	IV	223					
	VI	**3 151**	1 900	1 822							
19 583,99	I,IV	**655**	1 900	1 826	I						
	II		1 900	1 826	II						
	III		2 350	1 826	III						
	V	**2 645**	1 900	1 826	IV	228					
	VI	**3 164**	1 900	1 826							
19 619,99	I,IV	**662**	1 900	1 829	I						
	II		1 900	1 829	II						
	III		2 354	1 829	III						
	V	**2 659**	1 900	1 829	IV	234					
	VI	**3 178**	1 900	1 829							
19 655,99	I,IV	**669**	1 900	1 832	I						
	II		1 900	1 832	II						
	III		2 358	1 832	III						
	V	**2 673**	1 900	1 832	IV	239					
	VI	**3 192**	1 900	1 832							
19 691,99	I,IV	**676**	1 900	1 836	I						
	II		1 900	1 836	II						
	III		2 363	1 836	III						
	V	**2 686**	1 900	1 836	IV	245					
	VI	**3 206**	1 900	1 836							
19 727,99	I,IV	**683**	1 900	1 839	I						
	II		1 900	1 839	II						
	III		2 367	1 839	III						
	V	**2 700**	1 900	1 839	IV	250					
	VI	**3 219**	1 900	1 839							
19 763,99	I,IV	**690**	1 900	1 842	I						
	II		1 900	1 842	II						
	III		2 371	1 842	III						
	V	**2 714**	1 900	1 842	IV	256					
	VI	**3 233**	1 900	1 842							
19 799,99	I,IV	**697**	1 900	1 846	I						
	II		1 900	1 846	II						
	III		2 375	1 846	III						
	V	**2 728**	1 900	1 846	IV	261					
	VI	**3 247**	1 900	1 846							
19 835,99	I,IV	**704**	1 900	1 849	I						
	II		1 900	1 849	II						
	III		2 380	1 849	III						
	V	**2 741**	1 900	1 849	IV	267					
	VI	**3 261**	1 900	1 849							
19 871,99	I,IV	**711**	1 900	1 853	I						
	II		1 900	1 853	II						
	III		2 384	1 853	III						
	V	**2 755**	1 900	1 853	IV	273					
	VI	**3 274**	1 900	1 853							

* Zur LSt-Berechnung für privat versicherte Arbeitnehmer s. Beispiele **Vorbemerkung S. 4 f.**
** Basisvorsorgepauschale KV und PV *** Typisierter Arbeitgeberzuschuss

Lohn/Gehalt in € bis	Steuerklasse	Lohn-steuer*	BVSP**	TAGZ***	Steuerklasse	Bemessungsgrundlage für Kirchensteuer und Solidaritätszuschlag Freibeträge für ... Kinder					
						0,5	1,0	1,5	2,0	2,5	3,0
19 907,99	I,IV	719	1900	1856	I						
	II		1900	1856	II						
	III		2388	1856	III						
	V	2 769	1900	1856	IV	279					
	VI	3 288	1900	1856							
19 943,99	I,IV	726	1900	1859	I						
	II	5	1900	1859	II						
	III		2393	1859	III						
	V	2 783	1900	1859	IV	284					
	VI	3 302	1900	1859							
19 979,99	I,IV	733	1900	1863	I						
	II	9	1900	1863	II						
	III		2397	1863	III						
	V	2 796	1900	1863	IV	290					
	VI	3 315	1900	1863							
20 015,99	I,IV	740	1900	1866	I						
	II	14	1900	1866	II						
	III		2401	1866	III						
	V	2 810	1900	1866	IV	296					
	VI	3 329	1900	1866							
20 051,99	I,IV	747	1900	1869	I						
	II	18	1900	1869	II						
	III		2406	1869	III						
	V	2 824	1900	1869	IV	302					
	VI	3 343	1900	1869							
20 087,99	I,IV	754	1900	1873	I						
	II	23	1900	1873	II						
	III		2410	1873	III						
	V	2 837	1900	1873	IV	307					
	VI	3 356	1900	1873							
20 123,99	I,IV	762	1900	1876	I						
	II	28	1900	1876	II						
	III		2414	1876	III						
	V	2 851	1900	1876	IV	313					
	VI	3 370	1900	1876							
20 159,99	I,IV	769	1900	1879	I						
	II	33	1900	1879	II						
	III		2419	1879	III						
	V	2 865	1900	1879	IV	319					
	VI	3 384	1900	1879							
20 195,99	I,IV	776	1900	1883	I						
	II	37	1900	1883	II						
	III		2423	1883	III						
	V	2 878	1900	1883	IV	325					
	VI	3 398	1900	1883							
20 231,99	I,IV	784	1900	1886	I						
	II	42	1900	1886	II						
	III		2427	1886	III						
	V	2 892	1900	1886	IV	331					
	VI	3 411	1900	1886							
20 267,99	I,IV	791	1900	1889	I						
	II	47	1900	1889	II						
	III		2432	1889	III						
	V	2 906	1900	1889	IV	337					
	VI	3 425	1900	1889							
20 303,99	I,IV	798	1900	1893	I						
	II	51	1900	1893	II						
	III		2436	1893	III						
	V	2 920	1900	1893	IV	342					
	VI	3 439	1900	1893							

*   Zur LSt-Berechnung für privat versicherte Arbeitnehmer s. Beispiele **Vorbemerkung S. 4 f.**
**   Basisvorsorgepauschale KV und PV   *** Typisierter Arbeitgeberzuschuss

Lohn/Gehalt in € bis	Steuerklasse	Lohn-steuer*	BVSP**	TAGZ***	Steuerklasse	Bemessungsgrundlage für Kirchensteuer und Solidaritätszuschlag Freibeträge für ... Kinder					
						0,5	1,0	1,5	2,0	2,5	3,0
20 339,99	I,IV	806	1900	1896	I						
	II	56	1900	1896	II						
	III		2440	1896	III						
	V	2933	1900	1896	IV	348					
	VI	3453	1900	1896							
20 375,99	I,IV	813	1900	1900	I						
	II	61	1900	1900	II						
	III		2445	1900	III						
	V	2947	1900	1900	IV	354					
	VI	3466	1900	1900							
20 411,99	I,IV	820	1903	1903	I						
	II	66	1903	1903	II						
	III		2449	1903	III						
	V	2959	1903	1903	IV	360					
	VI	3479	1903	1903							
20 447,99	I,IV	826	1906	1906	I	2					
	II	70	1906	1906	II						
	III		2453	1906	III						
	V	2972	1906	1906	IV	365	2				
	VI	3491	1906	1906							
20 483,99	I,IV	833	1910	1910	I	6					
	II	74	1910	1910	II						
	III		2458	1910	III						
	V	2984	1910	1910	IV	371	6				
	VI	3503	1910	1910							
20 519,99	I,IV	840	1913	1913	I	10					
	II	79	1913	1913	II						
	III		2462	1913	III						
	V	2996	1913	1913	IV	376	10				
	VI	3516	1913	1913							
20 555,99	I,IV	847	1916	1916	I	14					
	II	83	1916	1916	II						
	III		2466	1916	III						
	V	3009	1916	1916	IV	381	14				
	VI	3528	1916	1916							
20 591,99	I,IV	853	1920	1920	I	19					
	II	87	1920	1920	II						
	III		2471	1920	III						
	V	3021	1920	1920	IV	387	19				
	VI	3540	1920	1920							
20 627,99	I,IV	860	1923	1923	I	23					
	II	92	1923	1923	II						
	III		2475	1923	III						
	V	3033	1923	1923	IV	392	23				
	VI	3553	1923	1923							
20 663,99	I,IV	867	1926	1926	I	27					
	II	96	1926	1926	II						
	III		2479	1926	III						
	V	3046	1926	1926	IV	398	27				
	VI	3565	1926	1926							
20 699,99	I,IV	874	1930	1930	I	31					
	II	101	1930	1930	II						
	III		2483	1930	III						
	V	3058	1930	1930	IV	403	31				
	VI	3577	1930	1930							
20 735,99	I,IV	880	1933	1933	I	35					
	II	105	1933	1933	II						
	III		2488	1933	III						
	V	3070	1933	1933	IV	409	35				
	VI	3589	1933	1933							

* Zur LSt-Berechnung für privat versicherte Arbeitnehmer s. Beispiele **Vorbemerkung S. 4 f.**
** Basisvorsorgepauschale KV und PV *** Typisierter Arbeitgeberzuschuss

Lohn/Gehalt in € bis	Steuerklasse	Lohn-steuer*	BVSP**	TAGZ***	Steuerklasse	Bemessungsgrundlage für Kirchensteuer und Solidaritätszuschlag Freibeträge für ... Kinder					
						0,5	1,0	1,5	2,0	2,5	3,0
20771,99	I,IV	887	1936	1936	I	40					
	II	110	1936	1936	II						
	III		2492	1936	III						
	V	3083	1936	1936	IV	414	40				
	VI	3602	1936	1936							
20807,99	I,IV	894	1940	1940	I	44					
	II	115	1940	1940	II						
	III		2496	1940	III						
	V	3095	1940	1940	IV	420	44				
	VI	3614	1940	1940							
20843,99	I,IV	901	1943	1943	I	48					
	II	119	1943	1943	II						
	III		2501	1943	III						
	V	3107	1943	1943	IV	425	48				
	VI	3626	1943	1943							
20879,99	I,IV	908	1947	1947	I	53					
	II	124	1947	1947	II						
	III		2505	1947	III						
	V	3119	1947	1947	IV	431	53				
	VI	3639	1947	1947							
20915,99	I,IV	915	1950	1950	I	57					
	II	128	1950	1950	II						
	III		2509	1950	III						
	V	3132	1950	1950	IV	437	57				
	VI	3651	1950	1950							
20951,99	I,IV	922	1953	1953	I	61					
	II	133	1953	1953	II						
	III		2514	1953	III						
	V	3144	1953	1953	IV	442	61				
	VI	3663	1953	1953							
20987,99	I,IV	928	1957	1957	I	66					
	II	137	1957	1957	II						
	III		2518	1957	III						
	V	3156	1957	1957	IV	448	66				
	VI	3675	1957	1957							
21023,99	I,IV	936	1960	1960	I	70					
	II	142	1960	1960	II						
	III		2522	1960	III						
	V	3169	1960	1960	IV	454	70				
	VI	3688	1960	1960							
21059,99	I,IV	942	1963	1963	I	74					
	II	147	1963	1963	II						
	III		2527	1963	III						
	V	3181	1963	1963	IV	459	74				
	VI	3700	1963	1963							
21095,99	I,IV	949	1967	1967	I	79					
	II	151	1967	1967	II						
	III		2531	1967	III						
	V	3193	1967	1967	IV	465	79				
	VI	3712	1967	1967							
21131,99	I,IV	956	1970	1970	I	83					
	II	156	1970	1970	II						
	III		2535	1970	III						
	V	3206	1970	1970	IV	471	83				
	VI	3725	1970	1970							
21167,99	I,IV	963	1973	1973	I	88					
	II	161	1973	1973	II						
	III		2540	1973	III						
	V	3218	1973	1973	IV	476	88				
	VI	3737	1973	1973							

* Zur LSt-Berechnung für privat versicherte Arbeitnehmer s. Beispiele **Vorbemerkung S. 4 f.**
** Basisvorsorgepauschale KV und PV   *** Typisierter Arbeitgeberzuschuss

Lohn/ Gehalt in € bis	Steuerklasse	Lohn-steuer*	BVSP**	TAGZ***	Steuerklasse	Bemessungsgrundlage für Kirchensteuer und Solidaritätszuschlag					
						Freibeträge für ... Kinder					
						0,5	1,0	1,5	2,0	2,5	3,0
21 203,99	I,IV	**970**	1977	1977	I	92					
	II	**166**	1977	1977	II						
	III		2544	1977	III						
	V	**3 230**	1977	1977	IV	482	92				
	VI	**3 749**	1977	1977							
21 239,99	I,IV	**978**	1980	1980	I	97					
	II	**170**	1980	1980	II						
	III		2548	1980	III						
	V	**3 243**	1980	1980	IV	488	97				
	VI	**3 762**	1980	1980							
21 275,99	I,IV	**984**	1983	1983	I	101					
	II	**175**	1983	1983	II						
	III		2553	1983	III						
	V	**3 255**	1983	1983	IV	494	101				
	VI	**3 774**	1983	1983							
21 311,99	I,IV	**991**	1987	1987	I	106					
	II	**180**	1987	1987	II						
	III		2557	1987	III						
	V	**3 267**	1987	1987	IV	499	106				
	VI	**3 786**	1987	1987							
21 347,99	I,IV	**998**	1990	1990	I	110					
	II	**185**	1990	1990	II						
	III		2561	1990	III						
	V	**3 279**	1990	1990	IV	505	110				
	VI	**3 798**	1990	1990							
21 383,99	I,IV	**1 006**	1994	1994	I	115					
	II	**189**	1994	1994	II						
	III		2566	1994	III						
	V	**3 292**	1994	1994	IV	511	115				
	VI	**3 811**	1994	1994							
21 419,99	I,IV	**1 013**	1997	1997	I	119					
	II	**194**	1997	1997	II						
	III		2570	1997	III						
	V	**3 304**	1997	1997	IV	517	119				
	VI	**3 823**	1997	1997							
21 455,99	I,IV	**1 020**	2000	2000	I	124					
	II	**199**	2000	2000	II						
	III		2574	2000	III						
	V	**3 316**	2000	2000	IV	523	124				
	VI	**3 835**	2000	2000							
21 491,99	I,IV	**1 027**	2004	2004	I	128					
	II	**204**	2004	2004	II						
	III		2579	2004	III						
	V	**3 329**	2004	2004	IV	529	128				
	VI	**3 848**	2004	2004							
21 527,99	I,IV	**1 034**	2007	2007	I	133					
	II	**209**	2007	2007	II						
	III		2583	2007	III						
	V	**3 341**	2007	2007	IV	535	133				
	VI	**3 860**	2007	2007							
21 563,99	I,IV	**1 041**	2010	2010	I	138					
	II	**214**	2010	2010	II						
	III		2587	2010	III						
	V	**3 353**	2010	2010	IV	540	138				
	VI	**3 872**	2010	2010							
21 599,99	I,IV	**1 048**	2014	2014	I	142					
	II	**219**	2014	2014	II						
	III		2591	2014	III						
	V	**3 366**	2014	2014	IV	547	142				
	VI	**3 885**	2014	2014							

* Zur LSt-Berechnung für privat versicherte Arbeitnehmer s. Beispiele **Vorbemerkung S. 4 f.**
** Basisvorsorgepauschale KV und PV *** Typisierter Arbeitgeberzuschuss

Lohn/ Gehalt in € bis	Steuerklasse	Lohn- steuer*	BVSP**	TAGZ***	Steuerklasse	Bemessungsgrundlage für Kirchensteuer und Solidaritätszuschlag					
						Freibeträge für ... Kinder					
						0,5	1,0	1,5	2,0	2,5	3,0
21 635,99	I,IV	1 055	2017	2017	I	147					
	II	224	2017	2017	II						
	III		2596	2017	III						
	V	3378	2017	2017	IV	552	147				
	VI	3897	2017	2017							
21 671,99	I,IV	1 062	2020	2020	I	152					
	II	228	2020	2020	II						
	III		2600	2020	III						
	V	3390	2020	2020	IV	558	152				
	VI	3909	2020	2020							
21 707,99	I,IV	1 069	2024	2024	I	156					
	II	233	2024	2024	II						
	III		2604	2024	III						
	V	3402	2024	2024	IV	564	156				
	VI	3921	2024	2024							
21 743,99	I,IV	1 076	2027	2027	I	161					
	II	238	2027	2027	II						
	III		2609	2027	III						
	V	3415	2027	2027	IV	570	161				
	VI	3934	2027	2027							
21 779,99	I,IV	1 083	2030	2030	I	166					
	II	243	2030	2030	II						
	III		2613	2030	III						
	V	3427	2030	2030	IV	576	166				
	VI	3946	2030	2030							
21 815,99	I,IV	1 090	2034	2034	I	170					
	II	248	2034	2034	II						
	III		2617	2034	III						
	V	3439	2034	2034	IV	582	170				
	VI	3958	2034	2034							
21 851,99	I,IV	1 097	2037	2037	I	175					
	II	254	2037	2037	II						
	III		2622	2037	III						
	V	3452	2037	2037	IV	588	175				
	VI	3971	2037	2037							
21 887,99	I,IV	1 104	2041	2041	I	180					
	II	259	2041	2041	II						
	III		2626	2041	III						
	V	3464	2041	2041	IV	594	180				
	VI	3983	2041	2041							
21 923,99	I,IV	1 112	2044	2044	I	185					
	II	264	2044	2044	II						
	III		2630	2044	III						
	V	3476	2044	2044	IV	601	185				
	VI	3995	2044	2044							
21 959,99	I,IV	1 119	2047	2047	I	189					
	II	269	2047	2047	II						
	III		2635	2047	III						
	V	3488	2047	2047	IV	607	189				
	VI	4007	2047	2047							
21 995,99	I,IV	1 126	2051	2051	I	194					
	II	274	2051	2051	II						
	III		2639	2051	III						
	V	3501	2051	2051	IV	613	194				
	VI	4020	2051	2051							
22 031,99	I,IV	1 133	2054	2054	I	199					
	II	279	2054	2054	II						
	III		2643	2054	III						
	V	3513	2054	2054	IV	619	199				
	VI	4032	2054	2054							

*   Zur LSt-Berechnung für privat versicherte Arbeitnehmer s. Beispiele **Vorbemerkung S. 4 f.**
**   Basisvorsorgepauschale KV und PV   *** Typisierter Arbeitgeberzuschuss

Lohn/ Gehalt in € bis	Steuerklasse	Lohn-steuer*	BVSP**	TAGZ***	Steuerklasse	Bemessungsgrundlage für Kirchensteuer und Solidaritätszuschlag					
						Freibeträge für ... Kinder					
						0,5	1,0	1,5	2,0	2,5	3,0
22 067,99	I,IV	**1 140**	2 057	2 057	I	204					
	II	**284**	2 057	2 057	II						
	III		2 648	2 057	III						
	V	**3 525**	2 057	2 057	IV	625	204				
	VI	**4 044**	2 057	2 057							
22 103,99	I,IV	**1 147**	2 061	2 061	I	209					
	II	**289**	2 061	2 061	II						
	III		2 652	2 061	III						
	V	**3 538**	2 061	2 061	IV	631	209				
	VI	**4 057**	2 061	2 061							
22 139,99	I,IV	**1 154**	2 064	2 064	I	214					
	II	**294**	2 064	2 064	II						
	III		2 656	2 064	III						
	V	**3 550**	2 064	2 064	IV	637	214				
	VI	**4 069**	2 064	2 064							
22 175,99	I,IV	**1 161**	2 067	2 067	I	219					
	II	**299**	2 067	2 067	II						
	III		2 661	2 067	III						
	V	**3 562**	2 067	2 067	IV	643	219				
	VI	**4 081**	2 067	2 067							
22 211,99	I,IV	**1 168**	2 071	2 071	I	224					
	II	**305**	2 071	2 071	II						
	III		2 665	2 071	III						
	V	**3 575**	2 071	2 071	IV	650	224				
	VI	**4 094**	2 071	2 071							
22 247,99	I,IV	**1 176**	2 074	2 074	I	229					
	II	**310**	2 074	2 074	II						
	III		2 669	2 074	III						
	V	**3 587**	2 074	2 074	IV	656	229				
	VI	**4 106**	2 074	2 074							
22 283,99	I,IV	**1 183**	2 077	2 077	I	234					
	II	**315**	2 077	2 077	II						
	III		2 674	2 077	III						
	V	**3 599**	2 077	2 077	IV	662	234				
	VI	**4 118**	2 077	2 077							
22 319,99	I,IV	**1 190**	2 081	2 081	I	238					
	II	**320**	2 081	2 081	II						
	III		2 678	2 081	III						
	V	**3 611**	2 081	2 081	IV	668	238				
	VI	**4 130**	2 081	2 081							
22 355,99	I,IV	**1 197**	2 084	2 084	I	244					
	II	**326**	2 084	2 084	II						
	III		2 682	2 084	III						
	V	**3 624**	2 084	2 084	IV	675	244				
	VI	**4 143**	2 084	2 084							
22 391,99	I,IV	**1 204**	2 088	2 088	I	249					
	II	**331**	2 088	2 088	II						
	III		2 687	2 088	III						
	V	**3 636**	2 088	2 088	IV	681	249				
	VI	**4 155**	2 088	2 088							
22 427,99	I,IV	**1 211**	2 091	2 091	I	254					
	II	**336**	2 091	2 091	II						
	III		2 691	2 091	III						
	V	**3 648**	2 091	2 091	IV	687	254				
	VI	**4 167**	2 091	2 091							
22 463,99	I,IV	**1 218**	2 094	2 094	I	259					
	II	**342**	2 094	2 094	II						
	III		2 695	2 094	III						
	V	**3 661**	2 094	2 094	IV	694	259				
	VI	**4 180**	2 094	2 094							

* Zur LSt-Berechnung für privat versicherte Arbeitnehmer s. Beispiele **Vorbemerkung S. 4 f.**
** Basisvorsorgepauschale KV und PV   *** Typisierter Arbeitgeberzuschuss

Lohn/ Gehalt in € bis	Steuerklasse	Lohn-steuer*	BVSP**	TAGZ***	Steuerklasse	Bemessungsgrundlage für Kirchensteuer und Solidaritätszuschlag Freibeträge für … Kinder					
						0,5	**1,0**	1,5	**2,0**	2,5	**3,0**
22 499,99	I,IV	1 225	2 098	2 098	I	264					
	II	347	2 098	2 098	II						
	III		2 699	2 098	III						
	V	3 673	2 098	2 098	IV	700	264				
	VI	4 192	2 098	2 098							
22 535,99	I,IV	1 233	2 101	2 101	I	269					
	II	352	2 101	2 101	II						
	III		2 704	2 101	III						
	V	3 685	2 101	2 101	IV	706	269				
	VI	4 204	2 101	2 101							
22 571,99	I,IV	1 240	2 104	2 104	I	274					
	II	357	2 104	2 104	II						
	III		2 708	2 104	III						
	V	3 697	2 104	2 104	IV	713	274				
	VI	4 217	2 104	2 104							
22 607,99	I,IV	1 247	2 108	2 108	I	279					
	II	363	2 108	2 108	II						
	III		2 712	2 108	III						
	V	3 710	2 108	2 108	IV	719	279				
	VI	4 229	2 108	2 108							
22 643,99	I,IV	1 254	2 111	2 111	I	284					
	II	368	2 111	2 111	II						
	III		2 717	2 111	III						
	V	3 722	2 111	2 111	IV	726	284				
	VI	4 241	2 111	2 111							
22 679,99	I,IV	1 261	2 114	2 114	I	289					
	II	374	2 114	2 114	II						
	III		2 721	2 114	III						
	V	3 734	2 114	2 114	IV	732	289				
	VI	4 253	2 114	2 114							
22 715,99	I,IV	1 268	2 118	2 118	I	294					
	II	379	2 118	2 118	II						
	III		2 725	2 118	III						
	V	3 747	2 118	2 118	IV	739	294				
	VI	4 266	2 118	2 118							
22 751,99	I,IV	1 276	2 121	2 121	I	300					
	II	385	2 121	2 121	II						
	III		2 730	2 121	III						
	V	3 759	2 121	2 121	IV	745	300				
	VI	4 278	2 121	2 121							
22 787,99	I,IV	1 283	2 124	2 124	I	305					
	II	390	2 124	2 124	II						
	III		2 734	2 124	III						
	V	3 771	2 124	2 124	IV	751	305				
	VI	4 290	2 124	2 124							
22 823,99	I,IV	1 290	2 128	2 128	I	310					
	II	396	2 128	2 128	II						
	III		2 738	2 128	III						
	V	3 784	2 128	2 128	IV	758	310				
	VI	4 303	2 128	2 128							
22 859,99	I,IV	1 297	2 131	2 131	I	315					
	II	401	2 131	2 131	II						
	III		2 743	2 131	III						
	V	3 796	2 131	2 131	IV	764	315				
	VI	4 315	2 131	2 131							
22 895,99	I,IV	1 304	2 135	2 135	I	320					
	II	407	2 135	2 135	II						
	III		2 747	2 135	III						
	V	3 808	2 135	2 135	IV	771	320				
	VI	4 327	2 135	2 135							

*   Zur LSt-Berechnung für privat versicherte Arbeitnehmer s. Beispiele **Vorbemerkung S. 4 f.**
**   Basisvorsorgepauschale KV und PV   *** Typisierter Arbeitgeberzuschuss

Lohn/ Gehalt in € bis	Steuerklasse	Lohn- steuer*	BVSP**	TAGZ***	Steuerklasse	Bemessungsgrundlage für Kirchensteuer und Solidaritätszuschlag					
						Freibeträge für ... Kinder					
						0,5	1,0	1,5	2,0	2,5	3,0
22 931,99	I,IV	**1 311**	2 138	2 138	I	326					
	II	**412**	2 138	2 138	II						
	III		2 751	2 138	III						
	V	**3 820**	2 138	2 138	IV	777	326				
	VI	**4 340**	2 138	2 138							
22 967,99	I,IV	**1 319**	2 141	2 141	I	331					
	II	**418**	2 141	2 141	II						
	III		2 756	2 141	III						
	V	**3 833**	2 141	2 141	IV	784	331				
	VI	**4 352**	2 141	2 141							
23 003,99	I,IV	**1 326**	2 145	2 145	I	336					
	II	**423**	2 145	2 145	II						
	III		2 760	2 145	III						
	V	**3 845**	2 145	2 145	IV	791	336				
	VI	**4 364**	2 145	2 145							
23 039,99	I,IV	**1 333**	2 148	2 148	I	342					
	II	**429**	2 148	2 148	II						
	III		2 764	2 148	III						
	V	**3 857**	2 148	2 148	IV	797	342				
	VI	**4 377**	2 148	2 148							
23 075,99	I,IV	**1 340**	2 151	2 151	I	347					
	II	**434**	2 151	2 151	II						
	III		2 769	2 151	III						
	V	**3 870**	2 151	2 151	IV	804	347				
	VI	**4 389**	2 151	2 151							
23 111,99	I,IV	**1 347**	2 155	2 155	I	352					
	II	**440**	2 155	2 155	II						
	III		2 773	2 155	III						
	V	**3 882**	2 155	2 155	IV	811	352				
	VI	**4 401**	2 155	2 155							
23 147,99	I,IV	**1 354**	2 158	2 158	I	358					
	II	**446**	2 158	2 158	II						
	III		2 777	2 158	III						
	V	**3 894**	2 158	2 158	IV	817	358				
	VI	**4 414**	2 158	2 158							
23 183,99	I,IV	**1 362**	2 161	2 161	I	363					
	II	**451**	2 161	2 161	II						
	III		2 782	2 161	III						
	V	**3 907**	2 161	2 161	IV	824	363				
	VI	**4 426**	2 161	2 161							
23 219,99	I,IV	**1 369**	2 165	2 165	I	368					
	II	**457**	2 165	2 165	II						
	III		2 786	2 165	III						
	V	**3 919**	2 165	2 165	IV	831	368	5			
	VI	**4 438**	2 165	2 165							
23 255,99	I,IV	**1 376**	2 168	2 168	I	374					
	II	**463**	2 168	2 168	II						
	III		2 790	2 168	III						
	V	**3 931**	2 168	2 168	IV	837	374	9			
	VI	**4 450**	2 168	2 168							
23 291,99	I,IV	**1 383**	2 171	2 171	I	379					
	II	**468**	2 171	2 171	II						
	III		2 795	2 171	III						
	V	**3 944**	2 171	2 171	IV	844	379	13			
	VI	**4 463**	2 171	2 171							
23 327,99	I,IV	**1 391**	2 175	2 175	I	385					
	II	**474**	2 175	2 175	II						
	III		2 799	2 175	III						
	V	**3 956**	2 175	2 175	IV	851	385	17			
	VI	**4 475**	2 175	2 175							

* Zur LSt-Berechnung für privat versicherte Arbeitnehmer s. Beispiele **Vorbemerkung S. 4 f.**
** Basisvorsorgepauschale KV und PV   *** Typisierter Arbeitgeberzuschuss

Lohn/Gehalt in € bis	Steuerklasse	Lohn-steuer*	BVSP**	TAGZ***	Steuerklasse	Bemessungsgrundlage für Kirchensteuer und Solidaritätszuschlag Freibeträge für ... Kinder					
						0,5	1,0	1,5	2,0	2,5	3,0
23 363,99	I,IV	1 398	2 178	2 178	I	390					
	II	480	2 178	2 178	II						
	III		2 803	2 178	III						
	V	3 968	2 178	2 178	IV	857	390	21			
	VI	4 487	2 178	2 178							
23 399,99	I,IV	1 405	2 182	2 182	I	396					
	II	485	2 182	2 182	II						
	III		2 807	2 182	III						
	V	3 980	2 182	2 182	IV	864	396	25			
	VI	4 500	2 182	2 182							
23 435,99	I,IV	1 412	2 185	2 185	I	401					
	II	491	2 185	2 185	II						
	III		2 812	2 185	III						
	V	3 993	2 185	2 185	IV	871	401	30			
	VI	4 512	2 185	2 185							
23 471,99	I,IV	1 420	2 188	2 188	I	407					
	II	497	2 188	2 188	II						
	III		2 816	2 188	III						
	V	4 005	2 188	2 188	IV	878	407	34			
	VI	4 524	2 188	2 188							
23 507,99	I,IV	1 427	2 192	2 192	I	412					
	II	503	2 192	2 192	II						
	III		2 820	2 192	III						
	V	4 017	2 192	2 192	IV	884	412	38			
	VI	4 537	2 192	2 192							
23 543,99	I,IV	1 434	2 195	2 195	I	418					
	II	509	2 195	2 195	II						
	III		2 825	2 195	III						
	V	4 030	2 195	2 195	IV	891	418	42			
	VI	4 549	2 195	2 195							
23 579,99	I,IV	1 441	2 198	2 198	I	423					
	II	515	2 198	2 198	II						
	III		2 829	2 198	III						
	V	4 042	2 198	2 198	IV	898	423	47			
	VI	4 561	2 198	2 198							
23 615,99	I,IV	1 448	2 202	2 202	I	429					
	II	520	2 202	2 202	II						
	III		2 833	2 202	III						
	V	4 054	2 202	2 202	IV	905	429	51			
	VI	4 574	2 202	2 202							
23 651,99	I,IV	1 456	2 205	2 205	I	434					
	II	526	2 205	2 205	II						
	III		2 838	2 205	III						
	V	4 067	2 205	2 205	IV	912	434	55			
	VI	4 586	2 205	2 205							
23 687,99	I,IV	1 463	2 208	2 208	I	440					
	II	532	2 208	2 208	II						
	III		2 842	2 208	III						
	V	4 079	2 208	2 208	IV	919	440	60			
	VI	4 598	2 208	2 208							
23 723,99	I,IV	1 470	2 212	2 212	I	446					
	II	538	2 212	2 212	II						
	III		2 846	2 212	III						
	V	4 091	2 212	2 212	IV	926	446	64			
	VI	4 610	2 212	2 212							
23 759,99	I,IV	1 477	2 215	2 215	I	451					
	II	544	2 215	2 215	II						
	III		2 851	2 215	III						
	V	4 104	2 215	2 215	IV	933	451	68			
	VI	4 623	2 215	2 215							

*   Zur LSt-Berechnung für privat versicherte Arbeitnehmer s. Beispiele **Vorbemerkung S. 4 f.**
** Basisvorsorgepauschale KV und PV   *** Typisierter Arbeitgeberzuschuss

Lohn/Gehalt in € bis	Steuerklasse	Lohn-steuer*	BVSP**	TAGZ***	Steuerklasse	Bemessungsgrundlage für Kirchensteuer und Solidaritätszuschlag					
						Freibeträge für ... Kinder					
						0,5	1,0	1,5	2,0	2,5	3,0
23 795,99	I,IV	1 485	2 218	2 218	I	457					
	II	550	2 218	2 218	II						
	III		2 855	2 218	III						
	V	4 116	2 218	2 218	IV	940	457	73			
	VI	4 635	2 218	2 218							
23 831,99	I,IV	1 492	2 222	2 222	I	463					
	II	556	2 222	2 222	II						
	III		2 859	2 222	III						
	V	4 128	2 222	2 222	IV	947	463	77			
	VI	4 647	2 222	2 222							
23 867,99	I,IV	1 499	2 225	2 225	I	468					
	II	562	2 225	2 225	II						
	III		2 864	2 225	III						
	V	4 141	2 225	2 225	IV	954	468	81			
	VI	4 660	2 225	2 225							
23 903,99	I,IV	1 506	2 229	2 229	I	474					
	II	568	2 229	2 229	II						
	III		2 868	2 229	III						
	V	4 153	2 229	2 229	IV	961	474	86			
	VI	4 672	2 229	2 229							
23 939,99	I,IV	1 514	2 232	2 232	I	480					
	II	574	2 232	2 232	II						
	III		2 872	2 232	III						
	V	4 165	2 232	2 232	IV	968	480	90			
	VI	4 684	2 232	2 232							
23 975,99	I,IV	1 521	2 235	2 235	I	486					
	II	580	2 235	2 235	II						
	III		2 877	2 235	III						
	V	4 177	2 235	2 235	IV	975	486	95			
	VI	4 697	2 235	2 235							
24 011,99	I,IV	1 528	2 239	2 239	I	491					
	II	586	2 239	2 239	II						
	III		2 881	2 239	III						
	V	4 190	2 239	2 239	IV	982	491	99			
	VI	4 709	2 239	2 239							
24 047,99	I,IV	1 536	2 242	2 242	I	497					
	II	592	2 242	2 242	II						
	III		2 885	2 242	III						
	V	4 202	2 242	2 242	IV	989	497	104			
	VI	4 721	2 242	2 242							
24 083,99	I,IV	1 543	2 245	2 245	I	503					
	II	598	2 245	2 245	II						
	III		2 890	2 245	III						
	V	4 214	2 245	2 245	IV	996	503	108			
	VI	4 734	2 245	2 245							
24 119,99	I,IV	1 550	2 249	2 249	I	509					
	II	604	2 249	2 249	II						
	III		2 894	2 249	III						
	V	4 227	2 249	2 249	IV	1 003	509	113			
	VI	4 746	2 249	2 249							
24 155,99	I,IV	1 557	2 252	2 252	I	515					
	II	610	2 252	2 252	II						
	III		2 898	2 252	III						
	V	4 239	2 252	2 252	IV	1 010	515	117			
	VI	4 758	2 252	2 252							
24 191,99	I,IV	1 565	2 255	2 255	I	521					
	II	616	2 255	2 255	II						
	III		2 903	2 255	III						
	V	4 251	2 255	2 255	IV	1 017	521	122			
	VI	4 771	2 255	2 255							

* Zur LSt-Berechnung für privat versicherte Arbeitnehmer s. Beispiele **Vorbemerkung S. 4 f.**
** Basisvorsorgepauschale KV und PV   *** Typisierter Arbeitgeberzuschuss

Lohn/Gehalt in € bis	Steuerklasse	Lohnsteuer*	BVSP**	TAGZ***	Steuerklasse	Bemessungsgrundlage für Kirchensteuer und Solidaritätszuschlag					
						Freibeträge für ... Kinder					
						0,5	1,0	1,5	2,0	2,5	3,0
24 227,99	I,IV	1 572	2 259	2 259	I	526					
	II	622	2 259	2 259	II						
	III		2 907	2 259	III						
	V	4 264	2 259	2 259	IV	1 024	526	127			
	VI	4 783	2 259	2 259							
24 263,99	I,IV	1 579	2 262	2 262	I	532					
	II	629	2 262	2 262	II						
	III		2 911	2 262	III						
	V	4 276	2 262	2 262	IV	1 031	532	131			
	VI	4 795	2 262	2 262							
24 299,99	I,IV	1 587	2 265	2 265	I	538					
	II	635	2 265	2 265	II						
	III		2 915	2 265	III						
	V	4 288	2 265	2 265	IV	1 038	538	136			
	VI	4 807	2 265	2 265							
24 335,99	I,IV	1 594	2 269	2 269	I	544					
	II	641	2 269	2 269	II						
	III		2 920	2 269	III						
	V	4 301	2 269	2 269	IV	1 045	544	140			
	VI	4 820	2 269	2 269							
24 371,99	I,IV	1 601	2 272	2 272	I	550					
	II	647	2 272	2 272	II						
	III		2 924	2 272	III						
	V	4 313	2 272	2 272	IV	1 052	550	145			
	VI	4 832	2 272	2 272							
24 407,99	I,IV	1 609	2 276	2 276	I	556					
	II	653	2 276	2 276	II						
	III		2 928	2 276	III						
	V	4 325	2 276	2 276	IV	1 059	556	150			
	VI	4 844	2 276	2 276							
24 443,99	I,IV	1 616	2 279	2 279	I	562					
	II	660	2 279	2 279	II						
	III		2 933	2 279	III						
	V	4 337	2 279	2 279	IV	1 066	562	154			
	VI	4 857	2 279	2 279							
24 479,99	I,IV	1 623	2 282	2 282	I	568					
	II	666	2 282	2 282	II						
	III		2 937	2 282	III						
	V	4 350	2 282	2 282	IV	1 073	568	159			
	VI	4 869	2 282	2 282							
24 515,99	I,IV	1 631	2 286	2 286	I	574					
	II	672	2 286	2 286	II						
	III		2 941	2 286	III						
	V	4 362	2 286	2 286	IV	1 080	574	164			
	VI	4 881	2 286	2 286							
24 551,99	I,IV	1 638	2 289	2 289	I	580					
	II	678	2 289	2 289	II						
	III		2 946	2 289	III						
	V	4 374	2 289	2 289	IV	1 088	580	169			
	VI	4 894	2 289	2 289							
24 587,99	I,IV	1 645	2 292	2 292	I	586					
	II	685	2 292	2 292	II						
	III		2 950	2 292	III						
	V	4 387	2 292	2 292	IV	1 095	586	173			
	VI	4 906	2 292	2 292							
24 623,99	I,IV	1 653	2 296	2 296	I	592					
	II	691	2 296	2 296	II						
	III		2 954	2 296	III						
	V	4 399	2 296	2 296	IV	1 102	592	178			
	VI	4 918	2 296	2 296							

*   Zur LSt-Berechnung für privat versicherte Arbeitnehmer s. Beispiele **Vorbemerkung S. 4 f.**
** Basisvorsorgepauschale KV und PV   *** Typisierter Arbeitgeberzuschuss

Lohn/ Gehalt in € bis	Steuerklasse	Lohn- steuer*	BVSP**	TAGZ***	Steuerklasse	Bemessungsgrundlage für Kirchensteuer und Solidaritätszuschlag					
						Freibeträge für ... Kinder					
						0,5	1,0	1,5	2,0	2,5	3,0
24 659,99	I,IV	1 660	2 299	2 299	I	598					
	II	697	2 299	2 299	II						
	III		2 959	2 299	III						
	V	4 411	2 299	2 299	IV	1 109	598	183			
	VI	4 931	2 299	2 299							
24 695,99	I,IV	1 667	2 302	2 302	I	604					
	II	704	2 302	2 302	II						
	III		2 963	2 302	III						
	V	4 424	2 302	2 302	IV	1 116	604	188			
	VI	4 943	2 302	2 302							
24 731,99	I,IV	1 675	2 306	2 306	I	610					
	II	710	2 306	2 306	II						
	III		2 967	2 306	III						
	V	4 436	2 306	2 306	IV	1 123	610	192			
	VI	4 955	2 306								
24 767,99	I,IV	1 682	2 309	2 309	I	616					
	II	716	2 309	2 309	II						
	III		2 972	2 309	III						
	V	4 448	2 309	2 309	IV	1 130	616	197			
	VI	4 967	2 309								
24 803,99	I,IV	1 689	2 312	2 312	I	623					
	II	723	2 312	2 312	II						
	III		2 976	2 312	III						
	V	4 461	2 312	2 312	IV	1 137	623	202			
	VI	4 980	2 312								
24 839,99	I,IV	1 697	2 316	2 316	I	629					
	II	729	2 316	2 316	II						
	III		2 980	2 316	III						
	V	4 473	2 316	2 316	IV	1 144	629	207			
	VI	4 992	2 316								
24 875,99	I,IV	1 704	2 319	2 319	I	635					
	II	736	2 319	2 319	II						
	III		2 985	2 319	III						
	V	4 485	2 319	2 319	IV	1 151	635	212			
	VI	5 004	2 319								
24 911,99	I,IV	1 712	2 323	2 323	I	641					
	II	742	2 323	2 323	II						
	III		2 989	2 323	III						
	V	4 498	2 323	2 323	IV	1 159	641	217			
	VI	5 017	2 323								
24 947,99	I,IV	1 719	2 326	2 326	I	647					
	II	749	2 326	2 326	II						
	III		2 993	2 326	III						
	V	4 510	2 326	2 326	IV	1 166	647	222			
	VI	5 029	2 326								
24 983,99	I,IV	1 726	2 329	2 329	I	653					
	II	755	2 329	2 329	II						
	III		2 998	2 329	III						
	V	4 522	2 329	2 329	IV	1 173	653	227			
	VI	5 041	2 329								
25 019,99	I,IV	1 734	2 333	2 333	I	660					
	II	762	2 333	2 333	II						
	III		3 000	2 333	III						
	V	4 534	2 333	2 333	IV	1 180	660	232			
	VI	5 054	2 333								
25 055,99	I,IV	1 741	2 336	2 336	I	666					
	II	768	2 336	2 336	II						
	III		3 000	2 336	III						
	V	4 547	2 336	2 336	IV	1 187	666	237			
	VI	5 066	2 336								

* Zur LSt-Berechnung für privat versicherte Arbeitnehmer s. Beispiele **Vorbemerkung S. 4 f.**
** Basisvorsorgepauschale KV und PV *** Typisierter Arbeitgeberzuschuss

Lohn/Gehalt in € bis	Steuerklasse	Lohnsteuer*	BVSP**	TAGZ***	Steuerklasse	Bemessungsgrundlage für Kirchensteuer und Solidaritätszuschlag Freibeträge für ... Kinder					
						0,5	1,0	1,5	2,0	2,5	3,0
25 091,99	I,IV	1 748	2 339	2 339	I	672					
	II	775	2 339	2 339	II						
	III		3 000	2 339	III						
	V	4 559	2 339	2 339	IV	1 194	672	242			
	VI	5 078	2 339	2 339							
25 127,99	I,IV	1 756	2 343	2 343	I	678					
	II	781	2 343	2 343	II						
	III		3 000	2 343	III						
	V	4 571	2 343	2 343	IV	1 201	678	247			
	VI	5 090	2 343	2 343							
25 163,99	I,IV	1 763	2 346	2 346	I	685					
	II	788	2 346	2 346	II						
	III		3 000	2 346	III						
	V	4 584	2 346	2 346	IV	1 208	685	252			
	VI	5 103	2 346	2 346							
25 199,99	I,IV	1 770	2 349	2 349	I	691					
	II	794	2 349	2 349	II						
	III		3 000	2 349	III						
	V	4 596	2 349	2 349	IV	1 215	691	257			
	VI	5 115	2 349	2 349							
25 235,99	I,IV	1 778	2 353	2 353	I	697					
	II	801	2 353	2 353	II						
	III		3 000	2 353	III						
	V	4 608	2 353	2 353	IV	1 223	697	262			
	VI	5 127	2 353	2 353							
25 271,99	I,IV	1 785	2 356	2 356	I	704					
	II	808	2 356	2 356	II						
	III		3 000	2 356	III						
	V	4 621	2 356	2 356	IV	1 230	704	267			
	VI	5 140	2 356	2 356							
25 307,99	I,IV	1 793	2 359	2 359	I	710					
	II	814	2 359	2 359	II						
	III		3 000	2 359	III						
	V	4 633	2 359	2 359	IV	1 237	710	272			
	VI	5 152	2 359	2 359							
25 343,99	I,IV	1 800	2 363	2 363	I	717					
	II	821	2 363	2 363	II						
	III		3 000	2 363	III						
	V	4 645	2 363	2 363	IV	1 244	717	277			
	VI	5 164	2 363	2 363							
25 379,99	I,IV	1 807	2 366	2 366	I	723					
	II	828	2 366	2 366	II	3					
	III		3 000	2 366	III						
	V	4 657	2 366	2 366	IV	1 251	723	282			
	VI	5 176	2 366	2 366							
25 415,99	I,IV	1 815	2 370	2 370	I	730					
	II	834	2 370	2 370	II	7					
	III		3 000	2 370	III						
	V	4 670	2 370	2 370	IV	1 258	730	287			
	VI	5 189	2 370	2 370							
25 451,99	I,IV	1 822	2 373	2 373	I	736					
	II	841	2 373	2 373	II	11					
	III		3 000	2 373	III						
	V	4 682	2 373	2 373	IV	1 265	736	292			
	VI	5 201	2 373	2 373							
25 487,99	I,IV	1 830	2 376	2 376	I	742					
	II	848	2 376	2 376	II	15					
	III		3 000	2 376	III						
	V	4 694	2 376	2 376	IV	1 273	742	297			
	VI	5 213	2 376	2 376							

* Zur LSt-Berechnung für privat versicherte Arbeitnehmer s. Beispiele **Vorbemerkung S. 4 f.**
** Basisvorsorgepauschale KV und PV *** Typisierter Arbeitgeberzuschuss

Lohn/Gehalt in € bis	Steuerklasse	Lohn-steuer*	BVSP**	TAGZ***	Steuerklasse	Bemessungsgrundlage für Kirchensteuer und Solidaritätszuschlag Freibeträge für ... Kinder					
						0,5	1,0	1,5	2,0	2,5	3,0
25 523,99	I,IV	**1 837**	2 380	2 380	I	749					
	II	**855**	2 380	2 380	II	19					
	III		3 000	2 380	III						
	V	**4 707**	2 380	2 380	IV	1 280	749	303			
	VI	**5 226**	2 380	2 380							
25 559,99	I,IV	**1 845**	2 383	2 383	I	755					
	II	**861**	2 383	2 383	II	24					
	III		3 000	2 383	III						
	V	**4 719**	2 383	2 383	IV	1 287	755	308			
	VI	**5 238**	2 383	2 383							
25 595,99	I,IV	**1 852**	2 386	2 386	I	762					
	II	**868**	2 386	2 386	II	28					
	III		3 000	2 386	III						
	V	**4 731**	2 386	2 386	IV	1 294	762	313			
	VI	**5 250**	2 386	2 386							
25 631,99	I,IV	**1 859**	2 390	2 390	I	768					
	II	**875**	2 390	2 390	II	32					
	III		3 000	2 390	III						
	V	**4 744**	2 390	2 390	IV	1 301	768	318			
	VI	**5 263**	2 390	2 390							
25 667,99	I,IV	**1 867**	2 393	2 393	I	775					
	II	**882**	2 393	2 393	II	36					
	III		3 000	2 393	III						
	V	**4 756**	2 393	2 393	IV	1 309	775	324			
	VI	**5 275**	2 393	2 393							
25 703,99	I,IV	**1 874**	2 396	2 396	I	781					
	II	**888**	2 396	2 396	II	40					
	III		3 000	2 396	III						
	V	**4 768**	2 396	2 396	IV	1 316	781	329			
	VI	**5 287**	2 396								
25 739,99	I,IV	**1 882**	2 400	2 400	I	788					
	II	**895**	2 400	2 400	II	45					
	III		3 000	2 400	III						
	V	**4 780**	2 400	2 400	IV	1 323	788	334			
	VI	**5 299**	2 400	2 400							
25 775,99	I,IV	**1 889**	2 403	2 403	I	795					
	II	**902**	2 403	2 403	II	49					
	III		3 000	2 403	III						
	V	**4 793**	2 403	2 403	IV	1 330	795	340			
	VI	**5 312**	2 403	2 403							
25 811,99	I,IV	**1 897**	2 406	2 406	I	801					
	II	**909**	2 406	2 406	II	53					
	III		3 000	2 406	III						
	V	**4 805**	2 406	2 406	IV	1 337	801	345			
	VI	**5 324**	2 406	2 406							
25 847,99	I,IV	**1 904**	2 410	2 410	I	808					
	II	**916**	2 410	2 410	II	58					
	III		3 000	2 410	III						
	V	**4 817**	2 410	2 410	IV	1 344	808	350			
	VI	**5 336**	2 410	2 410							
25 883,99	I,IV	**1 912**	2 413	2 413	I	815					
	II	**923**	2 413	2 413	II	62					
	III		3 000	2 413	III						
	V	**4 830**	2 413	2 413	IV	1 352	815	356			
	VI	**5 349**	2 413	2 413							
25 919,99	I,IV	**1 919**	2 417	2 417	I	821					
	II	**930**	2 417	2 417	II	66					
	III		3 000	2 417	III						
	V	**4 842**	2 417	2 417	IV	1 359	821	361			
	VI	**5 361**	2 417	2 417							

* Zur LSt-Berechnung für privat versicherte Arbeitnehmer s. Beispiele **Vorbemerkung S. 4 f.**
** Basisvorsorgepauschale KV und PV   *** Typisierter Arbeitgeberzuschuss

Lohn/ Gehalt in € bis	Steuerklasse	Lohn-steuer*	BVSP**	TAGZ***	Steuerklasse	Bemessungsgrundlage für Kirchensteuer und Solidaritätszuschlag					
						Freibeträge für ... Kinder					
						0,5	**1,0**	1,5	**2,0**	2,5	**3,0**
25 955,99	I,IV	1 926	2420	2420	I	828	3				
	II	937	2420	2420	II	71					
	III		3000	2420	III						
	V	4 854	2420	2420	IV	1366	828	366	3		
	VI	5 373	2420	2420							
25 991,99	I,IV	1 934	2423	2423	I	835	7				
	II	944	2423	2423	II	75					
	III		3000	2423	III						
	V	4 867	2423	2423	IV	1373	835	372	7		
	VI	5 386	2423	2423							
26 027,99	I,IV	1 941	2427	2427	I	841	11				
	II	951	2427	2427	II	80					
	III		3000	2427	III						
	V	4 879	2427	2427	IV	1381	841	377	11		
	VI	5 398	2427	2427							
26 063,99	I,IV	1 949	2430	2430	I	848	15				
	II	958	2430	2430	II	84					
	III		3000	2430	III						
	V	4 891	2430	2430	IV	1388	848	383	15		
	VI	5 410	2430	2430							
26 099,99	I,IV	1 956	2433	2433	I	855	19				
	II	965	2433	2433	II	88					
	III		3000	2433	III						
	V	4 903	2433	2433	IV	1395	855	388	19		
	VI	5 422	2433	2433							
26 135,99	I,IV	1 964	2437	2437	I	862	24				
	II	972	2437	2437	II	93					
	III		3000	2437	III						
	V	4 916	2437	2437	IV	1402	862	394	24		
	VI	5 435	2437	2437							
26 171,99	I,IV	1 971	2440	2440	I	868	28				
	II	979	2440	2440	II	97					
	III		3000	2440	III						
	V	4 928	2440	2440	IV	1409	868	399	28		
	VI	5 447	2440	2440							
26 207,99	I,IV	1 979	2443	2443	I	875	32				
	II	986	2443	2443	II	102					
	III		3000	2443	III						
	V	4 940	2443	2443	IV	1417	875	404	32		
	VI	5 459	2443	2443							
26 243,99	I,IV	1 986	2447	2447	I	882	36				
	II	993	2447	2447	II	106					
	III		3000	2447	III						
	V	4 953	2447	2447	IV	1424	882	410	36		
	VI	5 472	2447	2447							
26 279,99	I,IV	1 994	2450	2450	I	889	41				
	II	1 000	2450	2450	II	111					
	III		3000	2450	III						
	V	4 965	2450	2450	IV	1431	889	416	41		
	VI	5 484	2450	2450							
26 315,99	I,IV	2 001	2453	2453	I	895	45				
	II	1 007	2453	2453	II	115					
	III		3000	2453	III						
	V	4 977	2453	2453	IV	1438	895	421	45		
	VI	5 496	2453	2453							
26 351,99	I,IV	2 009	2457	2457	I	902	49				
	II	1 014	2457	2457	II	120					
	III		3000	2457	III						
	V	4 989	2457	2457	IV	1445	902	427	49		
	VI	5 508	2457	2457							

* Zur LSt-Berechnung für privat versicherte Arbeitnehmer s. Beispiele **Vorbemerkung S. 4 f.**
** Basisvorsorgepauschale KV und PV   *** Typisierter Arbeitgeberzuschuss

Lohn/ Gehalt in € bis	Steuerklasse	Lohn-steuer*	BVSP**	TAGZ***	Steuerklasse	Bemessungsgrundlage für Kirchensteuer und Solidaritätszuschlag					
						Freibeträge für ... Kinder					
						0,5	1,0	1,5	2,0	2,5	3,0
26 387,99	I,IV	2 016	2 460	2 460	I	909	54				
	II	1 021	2 460	2 460	II	125					
	III		3 000	2 460	III						
	V	5 002	2 460	2 460	IV	1 453	909	432	54		
	VI	5 521	2 460	2 460							
26 423,99	I,IV	2 024	2 464	2 464	I	916	58				
	II	1 028	2 464	2 464	II	129					
	III		3 000	2 464	III						
	V	5 014	2 464	2 464	IV	1 460	916	438	58		
	VI	5 533	2 464	2 464							
26 459,99	I,IV	2 031	2 467	2 467	I	923	62				
	II	1 035	2 467	2 467	II	134					
	III		3 000	2 467	III						
	V	5 026	2 467	2 467	IV	1 467	923	443	62		
	VI	5 545	2 467	2 467							
26 495,99	I,IV	2 039	2 470	2 470	I	930	67				
	II	1 042	2 470	2 470	II	138					
	III		3 000	2 470	III						
	V	5 039	2 470	2 470	IV	1 475	930	449	67		
	VI	5 558	2 470	2 470							
26 531,99	I,IV	2 046	2 474	2 474	I	937	71				
	II	1 049	2 474	2 474	II	143					
	III		3 000	2 474	III						
	V	5 051	2 474	2 474	IV	1 482	937	455	71		
	VI	5 570	2 474	2 474							
26 567,99	I,IV	2 054	2 477	2 477	I	944	75				
	II	1 056	2 477	2 477	II	148					
	III		3 000	2 477	III						
	V	5 063	2 477	2 477	IV	1 489	944	460	75		
	VI	5 582	2 477	2 477							
26 603,99	I,IV	2 061	2 480	2 480	I	951	80				
	II	1 063	2 480	2 480	II	152					
	III		3 000	2 480	III						
	V	5 076	2 480	2 480	IV	1 496	951	466	80		
	VI	5 595	2 480	2 480							
26 639,99	I,IV	2 069	2 484	2 484	I	958	84				
	II	1 070	2 484	2 484	II	157					
	III		3 000	2 484	III						
	V	5 088	2 484	2 484	IV	1 504	958	472	84		
	VI	5 607	2 484	2 484							
26 675,99	I,IV	2 076	2 487	2 487	I	965	89				
	II	1 077	2 487	2 487	II	162					
	III		3 000	2 487	III						
	V	5 100	2 487	2 487	IV	1 511	965	478	89		
	VI	5 619	2 487	2 487							
26 711,99	I,IV	2 084	2 490	2 490	I	972	93				
	II	1 084	2 490	2 490	II	166					
	III		3 000	2 490	III						
	V	5 112	2 490	2 490	IV	1 518	972	483	93		
	VI	5 632	2 490	2 490							
26 747,99	I,IV	2 091	2 494	2 494	I	979	98				
	II	1 092	2 494	2 494	II	171					
	III		3 000	2 494	III						
	V	5 125	2 494	2 494	IV	1 526	979	489	98		
	VI	5 644	2 494	2 494							
26 783,99	I,IV	2 099	2 497	2 497	I	986	102				
	II	1 099	2 497	2 497	II	176					
	III		3 000	2 497	III						
	V	5 137	2 497	2 497	IV	1 533	986	495	102		
	VI	5 656	2 497	2 497							

* Zur LSt-Berechnung für privat versicherte Arbeitnehmer s. Beispiele **Vorbemerkung S. 4 f.**
** Basisvorsorgepauschale KV und PV *** Typisierter Arbeitgeberzuschuss

Lohn/Gehalt in € bis	Steuerklasse	Lohnsteuer*	BVSP**	TAGZ***	Steuerklasse	Bemessungsgrundlage für Kirchensteuer und Solidaritätszuschlag — Freibeträge für ... Kinder					
						0,5	1,0	1,5	2,0	2,5	3,0
26 819,99	I,IV	2106	2500	2500	I	993	106				
	II	1106	2500	2500	II	181					
	III		3000	2500	III						
	V	5149	2500	2500	IV	1540	993	501	106		
	VI	5668	2500	2500							
26 855,99	I,IV	2114	2504	2504	I	1000	111				
	II	1113	2504	2504	II	186					
	III		3000	2504	III						
	V	5162	2504	2504	IV	1547	1000	507	111		
	VI	5681	2504	2504							
26 891,99	I,IV	2122	2507	2507	I	1007	116				
	II	1120	2507	2507	II	190					
	III		3000	2507	III						
	V	5174	2507	2507	IV	1555	1007	512	116		
	VI	5693	2507	2507							
26 927,99	I,IV	2129	2511	2511	I	1014	120				
	II	1127	2511	2511	II	195					
	III		3000	2511	III						
	V	5186	2511	2511	IV	1562	1014	518	120		
	VI	5705	2511	2511							
26 963,99	I,IV	2136	2514	2514	I	1021	125				
	II	1134	2514	2514	II	200					
	III		3000	2514	III						
	V	5198	2514	2514	IV	1569	1021	524	125		
	VI	5718	2514	2514							
26 999,99	I,IV	2144	2517	2517	I	1028	129				
	II	1141	2517	2517	II	205					
	III		3000	2517	III						
	V	5211	2517	2517	IV	1577	1028	530	129		
	VI	5730	2517	2517							
27 035,99	I,IV	2152	2521	2521	I	1035	134				
	II	1148	2521	2521	II	210					
	III		3000	2521	III						
	V	5223	2521	2521	IV	1584	1035	536	134		
	VI	5742	2521	2521							
27 071,99	I,IV	2159	2524	2524	I	1042	138				
	II	1155	2524	2524	II	215					
	III		3000	2524	III						
	V	5235	2524	2524	IV	1591	1042	542	138		
	VI	5755	2524	2524							
27 107,99	I,IV	2167	2527	2527	I	1049	143				
	II	1163	2527	2527	II	220					
	III		3000	2527	III						
	V	5248	2527	2527	IV	1599	1049	548	143		
	VI	5767	2527	2527							
27 143,99	I,IV	2174	2531	2531	I	1056	148				
	II	1170	2531	2531	II	225					
	III		3000	2531	III						
	V	5260	2531	2531	IV	1606	1056	554	148		
	VI	5779	2531	2531							
27 179,99	I,IV	2182	2534	2534	I	1063	152				
	II	1177	2534	2534	II	230					
	III		3000	2534	III						
	V	5272	2534	2534	IV	1613	1063	560	152		
	VI	5792	2534	2534							
27 215,99	I,IV	2190	2537	2537	I	1071	157				
	II	1184	2537	2537	II	235					
	III		3000	2537	III						
	V	5285	2537	2537	IV	1621	1071	566	157		
	VI	5804	2537	2537							

*   Zur LSt-Berechnung für privat versicherte Arbeitnehmer s. Beispiele **Vorbemerkung S. 4 f.**
** Basisvorsorgepauschale KV und PV   *** Typisierter Arbeitgeberzuschuss

Lohn/ Gehalt in € bis	Steuerklasse	Lohn- steuer*	BVSP**	TAGZ***	Steuerklasse	Bemessungsgrundlage für Kirchensteuer und Solidaritätszuschlag					
						Freibeträge für ... Kinder					
						0,5	1,0	1,5	2,0	2,5	3,0
27 251,99	I,IV	2 197	2 541	2 541	I	1 078	162				
	II	1 191	2 541	2 541	II	240					
	III		3 000	2 541	III						
	V	5 297	2 541	2 541	IV	1 628	1 078	572	162		
	VI	5 816	2 541	2 541							
27 287,99	I,IV	2 205	2 544	2 544	I	1 085	167				
	II	1 198	2 544	2 544	II	244					
	III		3 000	2 544	III						
	V	5 309	2 544	2 544	IV	1 635	1 085	578	167		
	VI	5 828	2 544	2 544							
27 323,99	I,IV	2 212	2 547	2 547	I	1 092	171				
	II	1 205	2 547	2 547	II	249					
	III		3 000	2 547	III						
	V	5 322	2 547	2 547	IV	1 642	1 092	584	171		
	VI	5 841	2 547	2 547							
27 359,99	I,IV	2 220	2 551	2 551	I	1 099	176				
	II	1 213	2 551	2 551	II	255					
	III		3 000	2 551	III						
	V	5 334	2 551	2 551	IV	1 650	1 099	590	176		
	VI	5 853	2 551	2 551							
27 395,99	I,IV	2 227	2 554	2 554	I	1 106	181				
	II	1 220	2 554	2 554	II	260					
	III		3 000	2 554	III						
	V	5 346	2 554	2 554	IV	1 657	1 106	596	181		
	VI	5 865	2 554	2 554							
27 431,99	I,IV	2 235	2 558	2 558	I	1 113	186				
	II	1 227	2 558	2 558	II	265					
	III		3 000	2 558	III						
	V	5 359	2 558	2 558	IV	1 664	1 113	602	186		
	VI	5 878	2 558	2 558							
27 467,99	I,IV	2 243	2 561	2 561	I	1 120	191				
	II	1 234	2 561	2 561	II	270					
	III		3 000	2 561	III						
	V	5 371	2 561	2 561	IV	1 672	1 120	608	191		
	VI	5 890	2 561	2 561							
27 503,99	I,IV	2 250	2 564	2 564	I	1 127	195				
	II	1 241	2 564	2 564	II	275					
	III		3 000	2 564	III						
	V	5 383	2 564	2 564	IV	1 679	1 127	614	195		
	VI	5 902	2 564	2 564							
27 539,99	I,IV	2 258	2 568	2 568	I	1 134	200				
	II	1 248	2 568	2 568	II	280					
	III		3 000	2 568	III						
	V	5 395	2 568	2 568	IV	1 686	1 134	620	200		
	VI	5 915	2 568	2 568							
27 575,99	I,IV	2 265	2 571	2 571	I	1 141	205				
	II	1 255	2 571	2 571	II	285					
	III		3 000	2 571	III						
	V	5 408	2 571	2 571	IV	1 694	1 141	626	205		
	VI	5 927	2 571	2 571							
27 611,99	I,IV	2 273	2 574	2 574	I	1 149	210				
	II	1 263	2 574	2 574	II	290					
	III		3 000	2 574	III						
	V	5 420	2 574	2 574	IV	1 701	1 149	633	210		
	VI	5 939	2 574	2 574							
27 647,99	I,IV	2 281	2 578	2 578	I	1 156	215				
	II	1 270	2 578	2 578	II	295					
	III		3 000	2 578	III						
	V	5 432	2 578	2 578	IV	1 708	1 156	639	215		
	VI	5 952	2 578	2 578							

* Zur LSt-Berechnung für privat versicherte Arbeitnehmer s. Beispiele **Vorbemerkung S. 4 f.**
** Basisvorsorgepauschale KV und PV   *** Typisierter Arbeitgeberzuschuss

Lohn/Gehalt in € bis	Steuerklasse	Lohnsteuer*	BVSP**	TAGZ***	Steuerklasse	Bemessungsgrundlage für Kirchensteuer und Solidaritätszuschlag Freibeträge für ... Kinder 0,5	1,0	1,5	2,0	2,5	3,0
27 683,99	I,IV	2 288	2581	2581	I	1 163	220				
	II	1 277	2581	2581	II	300					
	III		3000	2581	III						
	V	5 445	2581	2581	IV	1 716	1 163	645	220		
	VI	5 964	2581	2581							
27 719,99	I,IV	2 296	2584	2584	I	1 170	225				
	II	1 284	2584	2584	II	306					
	III		3000	2584	III						
	V	5 457	2584	2584	IV	1 723	1 170	651	225		
	VI	5 976	2584	2584							
27 755,99	I,IV	2 304	2588	2588	I	1 177	230				
	II	1 291	2588	2588	II	311					
	III		3000	2588	III						
	V	5 469	2588	2588	IV	1 731	1 177	657	230		
	VI	5 986	2588	2588							
27 791,99	I,IV	2 311	2591	2591	I	1 184	235				
	II	1 298	2591	2591	II	316					
	III		3000	2591	III						
	V	5 482	2591	2591	IV	1 738	1 184	663	235		
	VI	5 998	2591	2591							
27 827,99	I,IV	2 319	2594	2594	I	1 191	240				
	II	1 306	2594	2594	II	322					
	III		3000	2594	III						
	V	5 494	2594	2594	IV	1 745	1 191	670	240		
	VI	6 006	2594	2594							
27 863,99	I,IV	2 326	2598	2598	I	1 198	245				
	II	1 313	2598	2598	II	327					
	III		3000	2598	III						
	V	5 506	2598	2598	IV	1 753	1 198	676	245		
	VI	6 018	2598	2598							
27 899,99	I,IV	2 334	2601	2601	I	1 205	250				
	II	1 320	2601	2601	II	332					
	III		3000	2601	III						
	V	5 519	2601	2601	IV	1 760	1 205	682	250		
	VI	6 028	2601	2601							
27 935,99	I,IV	2 342	2605	2605	I	1 213	255				
	II	1 327	2605	2605	II	337					
	III		3000	2605	III						
	V	5 531	2605	2605	IV	1 767	1 213	689	255		
	VI	6 038	2605	2605							
27 971,99	I,IV	2 349	2608	2608	I	1 220	260				
	II	1 334	2608	2608	II	343					
	III		3000	2608	III						
	V	5 543	2608	2608	IV	1 775	1 220	695	260		
	VI	6 048	2608	2608							
28 007,99	I,IV	2 357	2611	2611	I	1 227	265				
	II	1 341	2611	2611	II	348					
	III		3000	2611	III						
	V	5 555	2611	2611	IV	1 782	1 227	701	265		
	VI	6 060	2611	2611							
28 043,99	I,IV	2 365	2615	2615	I	1 234	270				
	II	1 349	2615	2615	II	353					
	III		3000	2615	III						
	V	5 568	2615	2615	IV	1 790	1 234	708	270		
	VI	6 068	2615	2615							
28 079,99	I,IV	2 372	2618	2618	I	1 241	275				
	II	1 356	2618	2618	II	359					
	III		3000	2618	III						
	V	5 580	2618	2618	IV	1 797	1 241	714	275		
	VI	6 080	2618	2618							

* Zur LSt-Berechnung für privat versicherte Arbeitnehmer s. Beispiele **Vorbemerkung S. 4 f.**
** Basisvorsorgepauschale KV und PV   *** Typisierter Arbeitgeberzuschuss

Lohn/ Gehalt in € bis	Steuerklasse	Lohn- steuer*	BVSP**	TAGZ***	Steuerklasse	Bemessungsgrundlage für Kirchensteuer und Solidaritätszuschlag					
						Freibeträge für ... Kinder					
						0,5	1,0	1,5	2,0	2,5	3,0
28 115,99	I,IV	2 380	2 621	2 621	I	1 248	280				
	II	1 363	2 621	2 621	II	364					
	III		3 000	2 621	III						
	V	5 592	2 621	2 621	IV	1 805	1 248	721	280		
	VI	6 090	2 621	2 621							
28 151,99	I,IV	2 388	2 625	2 625	I	1 255	285				
	II	1 370	2 625	2 625	II	369					
	III		3 000	2 625	III						
	V	5 605	2 625	2 625	IV	1 812	1 255	727	285		
	VI	6 100	2 625	2 625							
28 187,99	I,IV	2 395	2 628	2 628	I	1 263	290				
	II	1 377	2 628	2 628	II	375					
	III		3 000	2 628	III						
	V	5 617	2 628	2 628	IV	1 819	1 263	733	290		
	VI	6 110	2 628	2 628							
28 223,99	I,IV	2 403	2 631	2 631	I	1 270	296				
	II	1 385	2 631	2 631	II	380					
	III		3 000	2 631	III						
	V	5 629	2 631	2 631	IV	1 827	1 270	740	296		
	VI	6 120	2 631	2 631							
28 259,99	I,IV	2 411	2 635	2 635	I	1 277	301				
	II	1 392	2 635	2 635	II	386					
	III		3 000	2 635	III						
	V	5 642	2 635	2 635	IV	1 834	1 277	746	301		
	VI	6 132	2 635	2 635							
28 295,99	I,IV	2 418	2 638	2 638	I	1 284	306				
	II	1 399	2 638	2 638	II	391					
	III		3 000	2 638	III						
	V	5 654	2 638	2 638	IV	1 841	1 284	753	306		
	VI	6 142	2 638	2 638							
28 331,99	I,IV	2 426	2 641	2 641	I	1 291	311				
	II	1 406	2 641	2 641	II	397					
	III		3 000	2 641	III						
	V	5 666	2 641	2 641	IV	1 849	1 291	759	311		
	VI	6 152	2 641	2 641							
28 367,99	I,IV	2 434	2 645	2 645	I	1 299	316				
	II	1 414	2 645	2 645	II	402					
	III		3 000	2 645	III						
	V	5 679	2 645	2 645	IV	1 856	1 299	766	316		
	VI	6 164	2 645	2 645							
28 403,99	I,IV	2 441	2 648	2 648	I	1 306	322				
	II	1 421	2 648	2 648	II	408					
	III		3 000	2 648	III						
	V	5 691	2 648	2 648	IV	1 864	1 306	772	322		
	VI	6 174	2 648	2 648							
28 439,99	I,IV	2 449	2 652	2 652	I	1 313	327				
	II	1 428	2 652	2 652	II	413					
	III		3 000	2 652	III						
	V	5 703	2 652	2 652	IV	1 871	1 313	779	327		
	VI	6 184	2 652	2 652							
28 475,99	I,IV	2 457	2 655	2 655	I	1 320	332				
	II	1 435	2 655	2 655	II	419					
	III		3 000	2 655	III						
	V	5 716	2 655	2 655	IV	1 879	1 320	785	332		
	VI	6 194	2 655	2 655							
28 511,99	I,IV	2 464	2 658	2 658	I	1 327	337				
	II	1 442	2 658	2 658	II	424					
	III		3 000	2 658	III						
	V	5 728	2 658	2 658	IV	1 886	1 327	792	337		
	VI	6 204	2 658	2 658							

* Zur LSt-Berechnung für privat versicherte Arbeitnehmer s. Beispiele **Vorbemerkung S. 4 f.**
** Basisvorsorgepauschale KV und PV *** Typisierter Arbeitgeberzuschuss

Lohn/ Gehalt in € bis	Steuerklasse	Lohn- steuer*	BVSP**	TAGZ***	Steuerklasse	Bemessungsgrundlage für Kirchensteuer und Solidaritätszuschlag Freibeträge für ... Kinder					
						0,5	1,0	1,5	2,0	2,5	3,0
28 547,99	I,IV	2 472	2 662	2 662	I	1 334	343				
	II	1 450	2 662	2 662	II	430					
	III		3 000	2 662	III						
	V	5 740	2 662	2 662	IV	1 894	1 334	799	343		
	VI	6 214	2 662	2 662							
28 583,99	I,IV	2 480	2 665	2 665	I	1 342	348				
	II	1 457	2 665	2 665	II	436					
	III		3 000	2 665	III						
	V	5 752	2 665	2 665	IV	1 901	1 342	805	348		
	VI	6 226	2 665	2 665							
28 619,99	I,IV	2 487	2 668	2 668	I	1 349	353				
	II	1 464	2 668	2 668	II	441					
	III		3 000	2 668	III						
	V	5 765	2 668	2 668	IV	1 909	1 349	812	353		
	VI	6 236	2 668	2 668							
28 655,99	I,IV	2 495	2 672	2 672	I	1 356	359				
	II	1 471	2 672	2 672	II	447					
	III		3 000	2 672	III						
	V	5 777	2 672	2 672	IV	1 916	1 356	818	359		
	VI	6 246	2 672	2 672							
28 691,99	I,IV	2 503	2 675	2 675	I	1 363	364				
	II	1 479	2 675	2 675	II	453					
	III		3 000	2 675	III						
	V	5 789	2 675	2 675	IV	1 924	1 363	825	364	1	
	VI	6 256	2 675	2 675							
28 727,99	I,IV	2 511	2 678	2 678	I	1 370	370				
	II	1 486	2 678	2 678	II	458					
	III		3 000	2 678	III						
	V	5 802	2 678	2 678	IV	1 931	1 370	832	370	5	
	VI	6 268	2 678	2 678							
28 763,99	I,IV	2 518	2 682	2 682	I	1 378	375				
	II	1 493	2 682	2 682	II	464					
	III	4	3 000	2 682	III						
	V	5 814	2 682	2 682	IV	1 938	1 378	839	375	9	
	VI	6 278	2 682	2 682							
28 799,99	I,IV	2 526	2 685	2 685	I	1 385	381				
	II	1 501	2 685	2 685	II	470					
	III	8	3 000	2 685	III						
	V	5 826	2 685	2 685	IV	1 946	1 385	845	381	14	
	VI	6 288	2 685	2 685							
28 835,99	I,IV	2 534	2 688	2 688	I	1 392	386				
	II	1 508	2 688	2 688	II	475					
	III	14	3 000	2 688	III						
	V	5 839	2 688	2 688	IV	1 953	1 392	852	386	18	
	VI	6 300	2 688	2 688							
28 871,99	I,IV	2 541	2 692	2 692	I	1 399	391				
	II	1 515	2 692	2 692	II	481					
	III	18	3 000	2 692	III						
	V	5 851	2 692	2 692	IV	1 961	1 399	859	391	22	
	VI	6 308	2 692	2 692							
28 907,99	I,IV	2 549	2 695	2 695	I	1 406	397				
	II	1 522	2 695	2 695	II	487					
	III	22	3 000	2 695	III						
	V	5 863	2 695	2 695	IV	1 968	1 406	865	397	26	
	VI	6 320	2 695	2 695							
28 943,99	I,IV	2 557	2 699	2 699	I	1 414	402				
	II	1 530	2 699	2 699	II	493					
	III	26	3 000	2 699	III						
	V	5 876	2 699	2 699	IV	1 976	1 414	872	402	30	
	VI	6 332	2 699	2 699							

*   Zur LSt-Berechnung für privat versicherte Arbeitnehmer s. Beispiele **Vorbemerkung S. 4 f.**
** Basisvorsorgepauschale KV und PV   *** Typisierter Arbeitgeberzuschuss

allgemeine Lohnsteuer

Lohn/Gehalt in € bis	Steuerklasse	Lohn-steuer*	BVSP**	TAGZ***	Steuerklasse	0,5	1,0	1,5	2,0	2,5	3,0
						Bemessungsgrundlage für Kirchensteuer und Solidaritätszuschlag					
						Freibeträge für ... Kinder					
28 979,99	I,IV	2 565	2 702	2 702	I	1 421	408				
	II	1 537	2 702	2 702	II	498					
	III	32	3 000	2 702	III						
	V	5 888	2 702	2 702	IV	1 983	1 421	879	408	35	
	VI	6 340	2 702	2 702							
29 015,99	I,IV	2 572	2 705	2 705	I	1 428	413				
	II	1 544	2 705	2 705	II	504					
	III	36	3 000	2 705	III						
	V	5 900	2 705	2 705	IV	1 991	1 428	886	413	39	
	VI	6 352	2 705	2 705							
29 051,99	I,IV	2 580	2 709	2 709	I	1 436	419				
	II	1 552	2 709	2 709	II	510					
	III	40	3 000	2 709	III						
	V	5 912	2 709	2 709	IV	1 998	1 436	893	419	43	
	VI	6 362	2 709	2 709							
29 087,99	I,IV	2 588	2 712	2 712	I	1 443	425				
	II	1 559	2 712	2 712	II	516					
	III	46	3 000	2 712	III						
	V	5 925	2 712	2 712	IV	2 006	1 443	900	425	47	
	VI	6 372	2 712	2 712							
29 123,99	I,IV	2 596	2 715	2 715	I	1 450	430				
	II	1 566	2 715	2 715	II	522					
	III	50	3 000	2 715	III						
	V	5 937	2 715	2 715	IV	2 013	1 450	906	430	52	
	VI	6 384	2 715	2 715							
29 159,99	I,IV	2 603	2 719	2 719	I	1 457	436				
	II	1 573	2 719	2 719	II	527					
	III	54	3 000	2 719	III						
	V	5 949	2 719	2 719	IV	2 021	1 457	913	436	56	
	VI	6 394	2 719	2 719							
29 195,99	I,IV	2 611	2 722	2 722	I	1 465	441				
	II	1 581	2 722	2 722	II	533					
	III	60	3 000	2 722	III						
	V	5 962	2 722	2 722	IV	2 028	1 465	920	441	60	
	VI	6 406	2 722	2 722							
29 231,99	I,IV	2 619	2 725	2 725	I	1 472	447				
	II	1 588	2 725	2 725	II	539					
	III	64	3 000	2 725	III						
	V	5 974	2 725	2 725	IV	2 036	1 472	927	447	65	
	VI	6 414	2 725	2 725							
29 267,99	I,IV	2 627	2 729	2 729	I	1 479	453				
	II	1 595	2 729	2 729	II	545					
	III	70	3 000	2 729	III						
	V	5 984	2 729	2 729	IV	2 043	1 479	934	453	69	
	VI	6 426	2 729	2 729							
29 303,99	I,IV	2 635	2 732	2 732	I	1 486	458				
	II	1 603	2 732	2 732	II	551					
	III	74	3 000	2 732	III						
	V	5 996	2 732	2 732	IV	2 051	1 486	941	458	74	
	VI	6 436	2 732	2 732							
29 339,99	I,IV	2 642	2 735	2 735	I	1 494	464				
	II	1 610	2 735	2 735	II	557					
	III	78	3 000	2 735	III						
	V	6 004	2 735	2 735	IV	2 058	1 494	948	464	78	
	VI	6 446	2 735	2 735							
29 375,99	I,IV	2 650	2 739	2 739	I	1 501	470				
	II	1 617	2 739	2 739	II	563					
	III	84	3 000	2 739	III						
	V	6 016	2 739	2 739	IV	2 066	1 501	955	470	82	
	VI	6 458	2 739	2 739							

* Zur LSt-Berechnung für privat versicherte Arbeitnehmer s. Beispiele **Vorbemerkung S. 4 f.**
** Basisvorsorgepauschale KV und PV *** Typisierter Arbeitgeberzuschuss

Lohn/Gehalt in € bis	Steuerklasse	Lohnsteuer*	BVSP**	TAGZ***	Steuerklasse	0,5	1,0	1,5	2,0	2,5	3,0
29411,99	I,IV	2658	2742	2742	I	1508	475				
	II	1625	2742	2742	II	569					
	III	88	3000	2742	III						
	V	6026	2742	2742	IV	2073	1508	962	475	87	
	VI	6468	2742	2742							
29447,99	I,IV	2666	2746	2746	I	1515	481				
	II	1632	2746	2746	II	575					
	III	92	3000	2746	III						
	V	6036	2746	2746	IV	2081	1515	969	481	91	
	VI	6480	2746	2746							
29483,99	I,IV	2673	2749	2749	I	1523	487				
	II	1639	2749	2749	II	581					
	III	98	3000	2749	III						
	V	6046	2749	2749	IV	2088	1523	976	487	96	
	VI	6488	2749	2749							
29519,99	I,IV	2681	2752	2752	I	1530	493				
	II	1647	2752	2752	II	587					
	III	102	3000	2752	III						
	V	6058	2752	2752	IV	2096	1530	983	493	100	
	VI	6500	2752	2752							
29555,99	I,IV	2689	2756	2756	I	1537	499				
	II	1654	2756	2756	II	593					
	III	108	3000	2756	III						
	V	6068	2756	2756	IV	2103	1537	990	499	105	
	VI	6510	2756	2756							
29591,99	I,IV	2697	2759	2759	I	1544	504				
	II	1661	2759	2759	II	599					
	III	112	3000	2759	III						
	V	6078	2759	2759	IV	2111	1544	997	504	109	
	VI	6522	2759	2759							
29627,99	I,IV	2704	2762	2762	I	1552	510				
	II	1669	2762	2762	II	605					
	III	116	3000	2762	III						
	V	6088	2762	2762	IV	2118	1552	1004	510	114	
	VI	6532	2762	2762							
29663,99	I,IV	2712	2766	2766	I	1559	516				
	II	1676	2766	2766	II	612					
	III	122	3000	2766	III						
	V	6098	2766	2766	IV	2126	1559	1011	516	118	
	VI	6542	2766	2766							
29699,99	I,IV	2720	2769	2769	I	1566	522				
	II	1683	2769	2769	II	618					
	III	126	3000	2769	III						
	V	6110	2769	2769	IV	2134	1566	1018	522	123	
	VI	6554	2769	2769							
29735,99	I,IV	2728	2772	2772	I	1574	528				
	II	1691	2772	2772	II	624					
	III	132	3000	2772	III						
	V	6118	2772	2772	IV	2141	1574	1025	528	127	
	VI	6564	2772	2772							
29771,99	I,IV	2736	2776	2776	I	1581	533				
	II	1698	2776	2776	II	630					
	III	136	3000	2776	III						
	V	6130	2776	2776	IV	2149	1581	1032	533	132	
	VI	6574	2776	2776							
29807,99	I,IV	2744	2779	2779	I	1588	539				
	II	1705	2779	2779	II	636					
	III	142	3000	2779	III						
	V	6140	2779	2779	IV	2156	1588	1040	539	137	
	VI	6584	2779	2779							

* Zur LSt-Berechnung für privat versicherte Arbeitnehmer s. Beispiele **Vorbemerkung S. 4 f.**
** Basisvorsorgepauschale KV und PV   *** Typisierter Arbeitgeberzuschuss

49

Lohn/ Gehalt in € bis	Steuerklasse	Lohn- steuer*	BVSP**	TAGZ***	Steuerklasse	Bemessungsgrundlage für Kirchensteuer und Solidaritätszuschlag					
						Freibeträge für ... Kinder					
						0,5	1,0	1,5	2,0	2,5	3,0
29 843,99	I,IV	2 751	2 782	2 782	I	1 596	545				
	II	1 713	2 782	2 782	II	642					
	III	146	3 000	2 782	III						
	V	6 150	2 782	2 782	IV	2 164	1 596	1 047	545	141	
	VI	6 596	2 782	2 782							
29 879,99	I,IV	2 759	2 786	2 786	I	1 603	551				
	II	1 720	2 786	2 786	II	648					
	III	152	3 000	2 786	III						
	V	6 160	2 786	2 786	IV	2 171	1 603	1 054	551	146	
	VI	6 606	2 786	2 786							
29 915,99	I,IV	2 767	2 789	2 789	I	1 610	557				
	II	1 728	2 789	2 789	II	655					
	III	156	3 000	2 789	III						
	V	6 170	2 789	2 789	IV	2 179	1 610	1 061	557	151	
	VI	6 618	2 789	2 789							
29 951,99	I,IV	2 775	2 793	2 793	I	1 618	563				
	II	1 735	2 793	2 793	II	661					
	III	160	3 000	2 793	III						
	V	6 182	2 793	2 793	IV	2 187	1 618	1 068	563	155	
	VI	6 628	2 793	2 793							
29 987,99	I,IV	2 783	2 796	2 796	I	1 625	569				
	II	1 742	2 796	2 796	II	667					
	III	166	3 000	2 796	III						
	V	6 192	2 796	2 796	IV	2 194	1 625	1 075	569	160	
	VI	6 638	2 796	2 796							
30 023,99	I,IV	2 791	2 799	2 799	I	1 632	575				
	II	1 750	2 799	2 799	II	674					
	III	170	3 000	2 799	III						
	V	6 202	2 799	2 799	IV	2 202	1 632	1 082	575	165	
	VI	6 648	2 799	2 799							
30 059,99	I,IV	2 798	2 803	2 803	I	1 640	581				
	II	1 757	2 803	2 803	II	680					
	III	176	3 000	2 803	III						
	V	6 214	2 803	2 803	IV	2 209	1 640	1 089	581	170	
	VI	6 660	2 803	2 803							
30 095,99	I,IV	2 806	2 806	2 806	I	1 647	587				
	II	1 764	2 806	2 806	II	686					
	III	180	3 000	2 806	III						
	V	6 224	2 806	2 806	IV	2 217	1 647	1 096	587	174	
	VI	6 672	2 806	2 806							
30 131,99	I,IV	2 814	2 809	2 809	I	1 654	593				
	II	1 772	2 809	2 809	II	692					
	III	186	3 000	2 809	III						
	V	6 234	2 809	2 809	IV	2 224	1 654	1 103	593	179	
	VI	6 682	2 809	2 809							
30 167,99	I,IV	2 822	2 813	2 813	I	1 662	599				
	II	1 779	2 813	2 813	II	699					
	III	190	3 000	2 813	III						
	V	6 246	2 813	2 813	IV	2 232	1 662	1 110	599	184	
	VI	6 694	2 813	2 813							
30 203,99	I,IV	2 830	2 816	2 816	I	1 669	605				
	II	1 787	2 816	2 816	II	705					
	III	196	3 000	2 816	III						
	V	6 254	2 816	2 816	IV	2 240	1 669	1 117	605	189	
	VI	6 702	2 816	2 816							
30 239,99	I,IV	2 837	2 819	2 819	I	1 676	612				
	II	1 794	2 819	2 819	II	711					
	III	200	3 000	2 819	III						
	V	6 266	2 819	2 819	IV	2 247	1 676	1 124	612	193	
	VI	6 714	2 819	2 819							

* Zur LSt-Berechnung für privat versicherte Arbeitnehmer s. Beispiele **Vorbemerkung S. 4 f.**
** Basisvorsorgepauschale KV und PV *** Typisierter Arbeitgeberzuschuss

Lohn/Gehalt in € bis	Steuerklasse	Lohnsteuer*	BVSP**	TAGZ***	Steuerklasse	Bemessungsgrundlage für Kirchensteuer und Solidaritätszuschlag					
						Freibeträge für ... Kinder					
						0,5	1,0	1,5	2,0	2,5	3,0
30 275,99	I,IV	2846	2823	2823	I	1684	618				
	II	1802	2823	2823	II	718					
	III	206	3000	2823	III						
	V	6276	2823	2823	IV	2255	1684	1132	618	198	
	VI	6724	2823								
30 311,99	I,IV	2853	2826	2826	I	1691	624				
	II	1809	2826	2826	II	724					
	III	210	3000	2826	III						
	V	6286	2826	2826	IV	2262	1691	1139	624	203	
	VI	6736	2826								
30 347,99	I,IV	2861	2829	2829	I	1698	630				
	II	1816	2829	2829	II	731					
	III	216	3000	2829	III						
	V	6298	2829	2829	IV	2270	1698	1146	630	208	
	VI	6746	2829								
30 383,99	I,IV	2869	2833	2833	I	1705	636				
	II	1824	2833	2833	II	737					
	III	220	3000	2833	III						
	V	6308	2833	2833	IV	2278	1705	1153	636	213	
	VI	6758	2833								
30 419,99	I,IV	2877	2836	2836	I	1713	642				
	II	1831	2836	2836	II	744					
	III	226	3000	2836	III						
	V	6318	2836	2836	IV	2285	1713	1160	642	218	
	VI	6768	2836								
30 455,99	I,IV	2885	2840	2840	I	1720	649				
	II	1838	2840	2840	II	750					
	III	230	3000	2840	III						
	V	6330	2840	2840	IV	2293	1720	1167	649	223	
	VI	6778	2840								
30 491,99	I,IV	2893	2843	2843	I	1728	655				
	II	1846	2843	2843	II	756					
	III	236	3000	2843	III						
	V	6338	2843	2843	IV	2300	1728	1174	655	228	
	VI	6788	2843								
30 527,99	I,IV	2901	2846	2846	I	1735	661				
	II	1853	2846	2846	II	763					
	III	240	3000	2846	III						
	V	6350	2846	2846	IV	2308	1735	1181	661	233	
	VI	6800	2846								
30 563,99	I,IV	2908	2850	2850	I	1742	667				
	II	1861	2850	2850	II	770					
	III	246	3000	2850	III						
	V	6360	2850	2850	IV	2316	1742	1188	667	238	
	VI	6810	2850								
30 599,99	I,IV	2916	2853	2853	I	1750	674				
	II	1868	2853	2853	II	776					
	III	252	3000	2853	III						
	V	6370	2853	2853	IV	2323	1750	1195	674	243	
	VI	6822	2853								
30 635,99	I,IV	2924	2856	2856	I	1757	680				
	II	1876	2856	2856	II	783					
	III	256	3000	2856	III						
	V	6380	2856	2856	IV	2331	1757	1203	680	248	
	VI	6832	2856								
30 671,99	I,IV	2932	2860	2860	I	1765	686				
	II	1883	2860	2860	II	789					
	III	262	3000	2860	III						
	V	6392	2860	2860	IV	2339	1765	1210	686	253	
	VI	6844	2860								

* Zur LSt-Berechnung für privat versicherte Arbeitnehmer s. Beispiele **Vorbemerkung S. 4 f.**
** Basisvorsorgepauschale KV und PV   *** Typisierter Arbeitgeberzuschuss

Lohn/Gehalt in € bis	Steuerklasse	Lohn-steuer*	BVSP**	TAGZ***	Steuerklasse	Bemessungsgrundlage für Kirchensteuer und Solidaritätszuschlag					
						Freibeträge für ... Kinder					
						0,5	1,0	1,5	2,0	2,5	3,0
30 707,99	I,IV	2 940	2 863	2 863	I	1 772	692				
	II	1 890	2 863	2 863	II	796					
	III	266	3 000	2 863	III						
	V	6 402	2 863	2 863	IV	2 346	1 772	1 217	692	258	
	VI	6 854	2 863	2 863							
30 743,99	I,IV	2 948	2 866	2 866	I	1 779	699				
	II	1 898	2 866	2 866	II	802					
	III	272	3 000	2 866	III						
	V	6 412	2 866	2 866	IV	2 354	1 779	1 224	699	263	
	VI	6 866	2 866	2 866							
30 779,99	I,IV	2 956	2 870	2 870	I	1 787	705				
	II	1 905	2 870	2 870	II	809					
	III	276	3 000	2 870	III						
	V	6 424	2 870	2 870	IV	2 362	1 787	1 231	705	268	
	VI	6 876	2 870	2 870							
30 815,99	I,IV	2 964	2 873	2 873	I	1 794	712				
	II	1 913	2 873	2 873	II	816					
	III	282	3 000	2 873	III						
	V	6 434	2 873	2 873	IV	2 369	1 794	1 238	712	273	
	VI	6 888	2 873	2 873							
30 851,99	I,IV	2 971	2 876	2 876	I	1 802	718				
	II	1 920	2 876	2 876	II	822					
	III	288	3 000	2 876	III						
	V	6 444	2 876	2 876	IV	2 377	1 802	1 245	718	278	
	VI	6 896	2 876	2 876							
30 887,99	I,IV	2 980	2 880	2 880	I	1 809	724				
	II	1 928	2 880	2 880	II	829	4				
	III	292	3 000	2 880	III						
	V	6 456	2 880	2 880	IV	2 385	1 809	1 253	724	283	
	VI	6 910	2 880	2 880							
30 923,99	I,IV	2 987	2 883	2 883	I	1 816	731				
	II	1 935	2 883	2 883	II	836	8				
	III	298	3 000	2 883	III						
	V	6 466	2 883	2 883	IV	2 392	1 816	1 260	731	288	
	VI	6 920	2 883	2 883							
30 959,99	I,IV	2 995	2 887	2 887	I	1 824	737				
	II	1 943	2 887	2 887	II	842	12				
	III	302	3 000	2 887	III						
	V	6 476	2 887	2 887	IV	2 400	1 824	1 267	737	293	
	VI	6 930	2 887	2 887							
30 995,99	I,IV	3 003	2 890	2 890	I	1 831	744				
	II	1 950	2 890	2 890	II	849	16				
	III	308	3 000	2 890	III						
	V	6 486	2 890	2 890	IV	2 408	1 831	1 274	744	299	
	VI	6 942	2 890	2 890							
31 031,99	I,IV	3 011	2 893	2 893	I	1 839	750				
	II	1 958	2 893	2 893	II	856	20				
	III	314	3 000	2 893	III						
	V	6 498	2 893	2 893	IV	2 415	1 839	1 281	750	304	
	VI	6 952	2 893	2 893							
31 067,99	I,IV	3 019	2 897	2 897	I	1 846	757				
	II	1 965	2 897	2 897	II	863	24				
	III	318	3 000	2 897	III						
	V	6 508	2 897	2 897	IV	2 423	1 846	1 288	757	309	
	VI	6 962	2 897	2 897							
31 103,99	I,IV	3 027	2 900	2 900	I	1 853	763				
	II	1 972	2 900	2 900	II	869	29				
	III	324	3 000	2 900	III						
	V	6 518	2 900	2 900	IV	2 431	1 853	1 296	763	314	
	VI	6 974	2 900	2 900							

* Zur LSt-Berechnung für privat versicherte Arbeitnehmer s. Beispiele **Vorbemerkung S. 4f.**
** Basisvorsorgepauschale KV und PV *** Typisierter Arbeitgeberzuschuss

Lohn/Gehalt in € bis	Steuerklasse	Lohn-steuer*	BVSP**	TAGZ***	Steuerklasse	Bemessungsgrundlage für Kirchensteuer und Solidaritätszuschlag Freibeträge für ... Kinder					
						0,5	1,0	1,5	2,0	2,5	3,0
31 139,99	I,IV	3035	2903	2903	I	1861	770				
	II	1980	2903	2903	II	876	33				
	III	330	3000	2903	III						
	V	6528	2903	2903	IV	2438	1861	1303	770	320	
	VI	6984	2903	2903							
31 175,99	I,IV	3043	2907	2907	I	1868	776				
	II	1988	2907	2907	II	883	37				
	III	334	3000	2907	III						
	V	6540	2907	2907	IV	2446	1868	1310	776	325	
	VI	6996	2907	2907							
31 211,99	I,IV	3051	2910	2910	I	1876	783				
	II	1995	2910	2910	II	890	41				
	III	340	3000	2910	III						
	V	6552	2910	2910	IV	2454	1876	1317	783	330	
	VI	7006	2910	2910							
31 247,99	I,IV	3059	2913	2913	I	1883	790				
	II	2003	2913	2913	II	897	46				
	III	344	3000	2913	III						
	V	6562	2913	2913	IV	2461	1883	1325	790	335	
	VI	7018	2913	2913							
31 283,99	I,IV	3067	2917	2917	I	1891	796				
	II	2010	2917	2917	II	904	50				
	III	350	3000	2917	III						
	V	6572	2917	2917	IV	2469	1891	1332	796	341	
	VI	7028	2917	2917							
31 319,99	I,IV	3075	2920	2920	I	1898	803				
	II	2017	2920	2920	II	910	54				
	III	356	3000	2920	III						
	V	6582	2920	2920	IV	2477	1898	1339	803	346	
	VI	7040	2920	2920							
31 355,99	I,IV	3083	2923	2923	I	1905	809				
	II	2025	2923	2923	II	917	59				
	III	360	3000	2923	III						
	V	6594	2923	2923	IV	2484	1905	1346	809	351	
	VI	7050	2923	2923							
31 391,99	I,IV	3091	2927	2927	I	1913	816				
	II	2033	2927	2927	II	924	63				
	III	366	3000	2927	III						
	V	6604	2927	2927	IV	2492	1913	1353	816	357	
	VI	7062	2927	2927							
31 427,99	I,IV	3099	2930	2930	I	1920	823				
	II	2040	2930	2930	II	931	67				
	III	372	3000	2930	III						
	V	6616	2930	2930	IV	2500	1920	1360	823	362	
	VI	7072	2930	2930							
31 463,99	I,IV	3106	2934	2934	I	1928	829	4			
	II	2047	2934	2934	II	938	72				
	III	376	3000	2934	III						
	V	6626	2934	2934	IV	2507	1928	1368	829	367	4
	VI	7084	2934	2934							
31 499,99	I,IV	3115	2937	2937	I	1936	836	8			
	II	2055	2937	2937	II	945	76				
	III	382	3000	2937	III						
	V	6636	2937	2937	IV	2515	1936	1375	836	373	8
	VI	7096	2937	2937							
31 535,99	I,IV	3122	2940	2940	I	1943	843	12			
	II	2063	2940	2940	II	952	81				
	III	388	3000	2940	III						
	V	6648	2940	2940	IV	2523	1943	1382	843	378	12
	VI	7106	2940	2940							

*   Zur LSt-Berechnung für privat versicherte Arbeitnehmer s. Beispiele **Vorbemerkung S. 4 f.**
**   Basisvorsorgepauschale KV und PV   *** Typisierter Arbeitgeberzuschuss

Lohn/ Gehalt in € bis	Steuerklasse	Lohn- steuer*	BVSP**	TAGZ***	Steuerklasse	Bemessungsgrundlage für Kirchensteuer und Solidaritätszuschlag					
						Freibeträge für ... Kinder					
						0,5	1,0	1,5	2,0	2,5	3,0
31 571,99	I,IV	3130	2 944	2 944	I	1 950	849	16			
	II	2070	2 944	2 944	II	959	85				
	III	394	3 000	2 944	III						
	V	6658	2 944	2 944	IV	2 531	1 950	1 389	849	384	16
	VI	7116	2 944	2 944							
31 607,99	I,IV	3139	2 947	2 947	I	1 958	856	20			
	II	2078	2 947	2 947	II	966	89				
	III	398	3 000	2 947	III						
	V	6670	2 947	2 947	IV	2 539	1 958	1 397	856	389	20
	VI	7128	2 947	2 947							
31 643,99	I,IV	3146	2 950	2 950	I	1 965	863	25			
	II	2085	2 950	2 950	II	973	94				
	III	404	3 000	2 950	III						
	V	6680	2 950	2 950	IV	2 546	1 965	1 404	863	395	25
	VI	7140	2 950	2 950							
31 679,99	I,IV	3154	2 954	2 954	I	1 973	870	29			
	II	2093	2 954	2 954	II	980	98				
	III	410	3 000	2 954	III						
	V	6690	2 954	2 954	IV	2 554	1 973	1 411	870	400	29
	VI	7150	2 954	2 954							
31 715,99	I,IV	3162	2 957	2 957	I	1 980	876	33			
	II	2100	2 957	2 957	II	987	103				
	III	414	3 000	2 957	III						
	V	6700	2 957	2 957	IV	2 562	1 980	1 418	876	406	33
	VI	7162	2 957	2 957							
31 751,99	I,IV	3170	2 960	2 960	I	1 988	883	37			
	II	2108	2 960	2 960	II	994	107				
	III	420	3 000	2 960	III						
	V	6712	2 960	2 960	IV	2 569	1 988	1 425	883	411	37
	VI	7172	2 960	2 960							
31 787,99	I,IV	3178	2 964	2 964	I	1 995	890	42			
	II	2115	2 964	2 964	II	1 001	112				
	III	426	3 000	2 964	III						
	V	6722	2 964	2 964	IV	2 577	1 995	1 433	890	417	42
	VI	7184	2 964	2 964							
31 823,99	I,IV	3186	2 967	2 967	I	2 003	897	46			
	II	2123	2 967	2 967	II	1 008	116				
	III	432	3 000	2 967	III						
	V	6734	2 967	2 967	IV	2 585	2 003	1 440	897	422	46
	VI	7194	2 967	2 967							
31 859,99	I,IV	3194	2 970	2 970	I	2 010	904	50			
	II	2131	2 970	2 970	II	1 015	121				
	III	436	3 000	2 970	III						
	V	6744	2 970	2 970	IV	2 593	2 010	1 447	904	428	50
	VI	7204	2 970	2 970							
31 895,99	I,IV	3202	2 974	2 974	I	2 018	911	54			
	II	2138	2 974	2 974	II	1 022	126				
	III	442	3 000	2 974	III						
	V	6756	2 974	2 974	IV	2 600	2 018	1 454	911	434	54
	VI	7216	2 974	2 974							
31 931,99	I,IV	3210	2 977	2 977	I	2 025	918	59			
	II	2145	2 977	2 977	II	1 029	130				
	III	448	3 000	2 977	III						
	V	6764	2 977	2 977	IV	2 608	2 025	1 462	918	439	59
	VI	7226	2 977	2 977							
31 967,99	I,IV	3218	2 981	2 981	I	2 033	924	63			
	II	2153	2 981	2 981	II	1 036	135				
	III	452	3 000	2 981	III						
	V	6776	2 981	2 981	IV	2 616	2 033	1 469	924	445	63
	VI	7238	2 981	2 981							

* Zur LSt-Berechnung für privat versicherte Arbeitnehmer s. Beispiele **Vorbemerkung S. 4f.**
** Basisvorsorgepauschale KV und PV   *** Typisierter Arbeitgeberzuschuss

Lohn/ Gehalt in € bis	Steuerklasse	Lohn- steuer*	BVSP**	TAGZ***	Steuerklasse	Bemessungsgrundlage für Kirchensteuer und Solidaritätszuschlag					
						Freibeträge für … Kinder					
						0,5	**1,0**	1,5	**2,0**	2,5	**3,0**
32 003,99	I,IV	**3 226**	2 984	2 984	I	2 040	931	67			
	II	**2 161**	2 984	2 984	II	1 044	139				
	III	**458**	3 000	2 984	III						
	V	**6 786**	2 984	2 984	IV	2 624	2 040	1 476	931	450	67
	VI	**7 250**	2 984	2 984							
32 039,99	I,IV	**3 234**	2 987	2 987	I	2 048	938	72			
	II	**2 168**	2 987	2 987	II	1 051	144				
	III	**464**	3 000	2 987	III						
	V	**6 798**	2 987	2 987	IV	2 631	2 048	1 483	938	456	72
	VI	**7 262**	2 987	2 987							
32 075,99	I,IV	**3 242**	2 991	2 991	I	2 055	945	76			
	II	**2 176**	2 991	2 991	II	1 058	149				
	III	**470**	3 000	2 991	III						
	V	**6 808**	2 991	2 991	IV	2 639	2 055	1 491	945	462	76
	VI	**7 272**	2 991	2 991							
32 111,99	I,IV	**3 251**	2 994	2 994	I	2 063	952	81			
	II	**2 183**	2 994	2 994	II	1 065	153				
	III	**476**	3 000	2 994	III						
	V	**6 820**	2 994	2 994	IV	2 647	2 063	1 498	952	467	81
	VI	**7 282**	2 994	2 994							
32 147,99	I,IV	**3 258**	2 997	2 997	I	2 070	959	85			
	II	**2 191**	2 997	2 997	II	1 072	158				
	III	**480**	3 000	2 997	III						
	V	**6 830**	2 997	2 997	IV	2 655	2 070	1 505	959	473	85
	VI	**7 294**	2 997	2 997							
32 183,99	I,IV	**3 266**	3 001	3 001	I	2 078	966	89			
	II	**2 198**	3 001	3 001	II	1 079	163				
	III	**486**	3 001	3 001	III						
	V	**6 842**	3 001	3 001	IV	2 662	2 078	1 512	966	479	89
	VI	**7 304**	3 001	3 001							
32 219,99	I,IV	**3 275**	3 004	3 004	I	2 085	973	94			
	II	**2 206**	3 004	3 004	II	1 086	168				
	III	**492**	3 004	3 004	III						
	V	**6 852**	3 004	3 004	IV	2 670	2 085	1 520	973	485	94
	VI	**7 316**	3 004	3 004							
32 255,99	I,IV	**3 283**	3 007	3 007	I	2 093	980	98			
	II	**2 214**	3 007	3 007	II	1 093	172				
	III	**496**	3 007	3 007	III						
	V	**6 864**	3 007	3 007	IV	2 678	2 093	1 527	980	490	98
	VI	**7 328**	3 007	3 007							
32 291,99	I,IV	**3 291**	3 011	3 011	I	2 100	987	103			
	II	**2 221**	3 011	3 011	II	1 100	177				
	III	**502**	3 011	3 011	III						
	V	**6 874**	3 011	3 011	IV	2 686	2 100	1 534	987	496	103
	VI	**7 340**	3 011	3 011							
32 327,99	I,IV	**3 299**	3 014	3 014	I	2 108	994	107			
	II	**2 229**	3 014	3 014	II	1 107	182				
	III	**506**	3 014	3 014	III						
	V	**6 884**	3 014	3 014	IV	2 694	2 108	1 541	994	502	107
	VI	**7 350**	3 014	3 014							
32 363,99	I,IV	**3 307**	3 017	3 017	I	2 116	1 002	112			
	II	**2 237**	3 017	3 017	II	1 114	187				
	III	**512**	3 017	3 017	III						
	V	**6 896**	3 017	3 017	IV	2 702	2 116	1 549	1 002	508	112
	VI	**7 360**	3 017	3 017							
32 399,99	I,IV	**3 315**	3 021	3 021	I	2 123	1 009	117			
	II	**2 244**	3 021	3 021	II	1 121	191				
	III	**516**	3 021	3 021	III						
	V	**6 906**	3 021	3 021	IV	2 709	2 123	1 556	1 009	514	117
	VI	**7 372**	3 021	3 021							

* Zur LSt-Berechnung für privat versicherte Arbeitnehmer s. Beispiele **Vorbemerkung S. 4 f.**
** Basisvorsorgepauschale KV und PV　*** Typisierter Arbeitgeberzuschuss

Lohn/ Gehalt in € bis	Steuerklasse	Lohn- steuer*	BVSP**	TAGZ***	Steuerklasse	Bemessungsgrundlage für Kirchensteuer und Solidaritätszuschlag Freibeträge für ... Kinder					
						0,5	1,0	1,5	2,0	2,5	3,0
32 435,99	I,IV	3 323	3 024	3 024	I	2 131	1 015	121			
	II	2 252	3 024	3 024	II	1 128	196				
	III	522	3 024	3 024	III						
	V	6 916	3 024	3 024	IV	2 717	2 131	1 563	1 015	519	121
	VI	7 382	3 024								
32 471,99	I,IV	3 331	3 028	3 028	I	2 138	1 023	126			
	II	2 259	3 028	3 028	II	1 136	201				
	III	526	3 028	3 028	III						
	V	6 930	3 028	3 028	IV	2 725	2 138	1 571	1 023	525	126
	VI	7 396	3 028	3 028							
32 507,99	I,IV	3 339	3 031	3 031	I	2 146	1 030	130			
	II	2 267	3 031	3 031	II	1 143	206				
	III	532	3 031	3 031	III						
	V	6 938	3 031	3 031	IV	2 733	2 146	1 578	1 030	531	130
	VI	7 406	3 031	3 031							
32 543,99	I,IV	3 347	3 034	3 034	I	2 153	1 037	135			
	II	2 274	3 034	3 034	II	1 150	211				
	III	536	3 034	3 034	III						
	V	6 950	3 034	3 034	IV	2 740	2 153	1 585	1 037	537	135
	VI	7 418	3 034	3 034							
32 579,99	I,IV	3 355	3 038	3 038	I	2 161	1 044	139			
	II	2 282	3 038	3 038	II	1 157	216				
	III	542	3 038	3 038	III						
	V	6 960	3 038	3 038	IV	2 748	2 161	1 593	1 044	543	139
	VI	7 428	3 038	3 038							
32 615,99	I,IV	3 363	3 041	3 041	I	2 168	1 051	144			
	II	2 290	3 041	3 041	II	1 164	221				
	III	546	3 041	3 041	III						
	V	6 972	3 041	3 041	IV	2 756	2 168	1 600	1 051	549	144
	VI	7 438	3 041								
32 651,99	I,IV	3 371	3 044	3 044	I	2 176	1 058	149			
	II	2 297	3 044	3 044	II	1 171	226				
	III	552	3 044	3 044	III						
	V	6 982	3 044	3 044	IV	2 764	2 176	1 607	1 058	555	149
	VI	7 450	3 044								
32 687,99	I,IV	3 379	3 048	3 048	I	2 183	1 065	153			
	II	2 305	3 048	3 048	II	1 178	231				
	III	558	3 048	3 048	III						
	V	6 994	3 048	3 048	IV	2 772	2 183	1 615	1 065	561	153
	VI	7 460	3 048	3 048							
32 723,99	I,IV	3 387	3 051	3 051	I	2 191	1 072	158			
	II	2 313	3 051	3 051	II	1 186	236				
	III	562	3 051	3 051	III						
	V	7 004	3 051	3 051	IV	2 780	2 191	1 622	1 072	567	158
	VI	7 472	3 051								
32 759,99	I,IV	3 395	3 054	3 054	I	2 199	1 079	163			
	II	2 320	3 054	3 054	II	1 193	241				
	III	568	3 054	3 054	III						
	V	7 016	3 054	3 054	IV	2 787	2 199	1 629	1 079	573	163
	VI	7 484	3 054								
32 795,99	I,IV	3 403	3 058	3 058	I	2 206	1 086	168			
	II	2 328	3 058	3 058	II	1 200	245				
	III	572	3 058	3 058	III						
	V	7 026	3 058	3 058	IV	2 795	2 206	1 637	1 086	579	168
	VI	7 494	3 058								
32 831,99	I,IV	3 412	3 061	3 061	I	2 214	1 093	172			
	II	2 336	3 061	3 061	II	1 207	251				
	III	578	3 061	3 061	III						
	V	7 038	3 061	3 061	IV	2 803	2 214	1 644	1 093	585	172
	VI	7 508	3 061								

* Zur LSt-Berechnung für privat versicherte Arbeitnehmer s. Beispiele **Vorbemerkung S. 4 f.**
** Basisvorsorgepauschale KV und PV *** Typisierter Arbeitgeberzuschuss

Lohn/Gehalt in € bis	Steuerklasse	Lohn-steuer*	BVSP**	TAGZ***	Steuerklasse	Bemessungsgrundlage für Kirchensteuer und Solidaritätszuschlag					
						Freibeträge für ... Kinder					
						0,5	1,0	1,5	2,0	2,5	3,0
32 867,99	I,IV	3420	3064	3064	I	2221	1100	177			
	II	2343	3064	3064	II	1214	256				
	III	582	3064	3064	III						
	V	7048	3064	3064	IV	2811	2221	1651	1100	591	177
	VI	7518	3064								
32 903,99	I,IV	3428	3068	3068	I	2229	1107	182			
	II	2351	3068	3068	II	1221	261				
	III	588	3068	3068	III						
	V	7060	3068	3068	IV	2819	2229	1659	1107	597	182
	VI	7530	3068								
32 939,99	I,IV	3436	3071	3071	I	2237	1114	187			
	II	2358	3071	3071	II	1228	266				
	III	592	3071	3071	III						
	V	7070	3071	3071	IV	2827	2237	1666	1114	603	187
	VI	7540	3071								
32 975,99	I,IV	3444	3075	3075	I	2244	1122	192			
	II	2366	3075	3075	II	1235	271				
	III	598	3075	3075	III						
	V	7082	3075	3075	IV	2835	2244	1673	1122	609	192
	VI	7552	3075								
33 011,99	I,IV	3452	3078	3078	I	2252	1129	196			
	II	2374	3078	3078	II	1243	276				
	III	604	3078	3078	III						
	V	7092	3078	3078	IV	2842	2252	1681	1129	615	196
	VI	7564	3078								
33 047,99	I,IV	3460	3081	3081	I	2259	1136	201			
	II	2381	3081	3081	II	1250	281				
	III	608	3081	3081	III						
	V	7104	3081	3081	IV	2850	2259	1688	1136	621	201
	VI	7574	3081								
33 083,99	I,IV	3468	3085	3085	I	2267	1143	206			
	II	2389	3085	3085	II	1257	286				
	III	614	3085	3085	III						
	V	7116	3085	3085	IV	2858	2267	1695	1143	628	206
	VI	7584	3085								
33 119,99	I,IV	3476	3088	3088	I	2275	1150	211			
	II	2397	3088	3088	II	1264	291				
	III	620	3088	3088	III						
	V	7126	3088	3088	IV	2866	2275	1703	1150	634	211
	VI	7598	3088								
33 155,99	I,IV	3485	3091	3091	I	2282	1157	216			
	II	2404	3091	3091	II	1271	296				
	III	624	3091	3091	III						
	V	7136	3091	3091	IV	2874	2282	1710	1157	640	216
	VI	7608	3091								
33 191,99	I,IV	3493	3095	3095	I	2290	1164	221			
	II	2412	3095	3095	II	1278	302				
	III	630	3095	3095	III						
	V	7148	3095	3095	IV	2882	2290	1718	1164	646	221
	VI	7618	3095								
33 227,99	I,IV	3501	3098	3098	I	2298	1171	226			
	II	2420	3098	3098	II	1286	307				
	III	634	3098	3098	III						
	V	7160	3098	3098	IV	2890	2298	1725	1171	652	226
	VI	7630	3098								
33 263,99	I,IV	3509	3101	3101	I	2305	1178	231			
	II	2427	3101	3101	II	1293	312				
	III	640	3101	3101	III						
	V	7170	3101	3101	IV	2897	2305	1732	1178	659	231
	VI	7642	3101								

* Zur LSt-Berechnung für privat versicherte Arbeitnehmer s. Beispiele **Vorbemerkung S. 4 f.**
** Basisvorsorgepauschale KV und PV   *** Typisierter Arbeitgeberzuschuss

Lohn/Gehalt in € bis	Steuerklasse	Lohn-steuer*	BVSP**	TAGZ***	Steuerklasse	Bemessungsgrundlage für Kirchensteuer und Solidaritätszuschlag					
						Freibeträge für ... Kinder					
						0,5	1,0	1,5	2,0	2,5	3,0
33 299,99	I,IV	3517	3 105	3 105	I	2 313	1 186	236			
	II	2435	3 105	3 105	II	1 300	317				
	III	646	3 105	3 105	III						
	V	7182	3 105	3 105	IV	2 905	2 313	1 739	1 186	665	236
	VI	7654	3 105								
33 335,99	I,IV	3525	3 108	3 108	I	2 320	1 193	241			
	II	2443	3 108	3 108	II	1 307	323				
	III	650	3 108	3 108	III						
	V	7192	3 108	3 108	IV	2 913	2 320	1 747	1 193	671	241
	VI	7664	3 108								
33 371,99	I,IV	3533	3 111	3 111	I	2 328	1 200	246			
	II	2450	3 111	3 111	II	1 314	328				
	III	656	3 111	3 111	III						
	V	7204	3 111	3 111	IV	2 921	2 328	1 754	1 200	677	246
	VI	7676	3 111								
33 407,99	I,IV	3541	3 115	3 115	I	2 336	1 207	251			
	II	2458	3 115	3 115	II	1 321	333				
	III	662	3 115	3 115	III						
	V	7214	3 115	3 115	IV	2 929	2 336	1 762	1 207	684	251
	VI	7688	3 115								
33 443,99	I,IV	3550	3 118	3 118	I	2 343	1 214	256			
	II	2466	3 118	3 118	II	1 329	338				
	III	666	3 118	3 118	III						
	V	7224	3 118	3 118	IV	2 937	2 343	1 769	1 214	690	256
	VI	7698	3 118								
33 479,99	I,IV	3558	3 122	3 122	I	2 351	1 221	261			
	II	2474	3 122	3 122	II	1 336	344				
	III	672	3 122	3 122	III						
	V	7236	3 122	3 122	IV	2 945	2 351	1 776	1 221	696	261
	VI	7710	3 122								
33 515,99	I,IV	3566	3 125	3 125	I	2 359	1 228	266			
	II	2481	3 125	3 125	II	1 343	349				
	III	676	3 125	3 125	III						
	V	7246	3 125	3 125	IV	2 953	2 359	1 784	1 228	703	266
	VI	7722	3 125								
33 551,99	I,IV	3574	3 128	3 128	I	2 366	1 235	271			
	II	2489	3 128	3 128	II	1 350	354				
	III	682	3 128	3 128	III						
	V	7258	3 128	3 128	IV	2 960	2 366	1 791	1 235	709	271
	VI	7732	3 128								
33 587,99	I,IV	3582	3 132	3 132	I	2 374	1 243	276			
	II	2497	3 132	3 132	II	1 357	360				
	III	688	3 132	3 132	III						
	V	7270	3 132	3 132	IV	2 969	2 374	1 799	1 243	716	276
	VI	7746	3 132								
33 623,99	I,IV	3590	3 135	3 135	I	2 382	1 250	281			
	II	2504	3 135	3 135	II	1 365	365				
	III	692	3 135	3 135	III						
	V	7282	3 135	3 135	IV	2 976	2 382	1 806	1 250	722	281
	VI	7756	3 135								
33 659,99	I,IV	3599	3 138	3 138	I	2 389	1 257	286			
	II	2512	3 138	3 138	II	1 372	371				
	III	698	3 138	3 138	III						
	V	7292	3 138	3 138	IV	2 984	2 389	1 813	1 257	728	286
	VI	7766	3 138								
33 695,99	I,IV	3607	3 142	3 142	I	2 397	1 264	291			
	II	2520	3 142	3 142	II	1 379	376				
	III	704	3 142	3 142	III						
	V	7302	3 142	3 142	IV	2 992	2 397	1 821	1 264	735	291
	VI	7780	3 142								

* Zur LSt-Berechnung für privat versicherte Arbeitnehmer s. Beispiele **Vorbemerkung S. 4 f.**
** Basisvorsorgepauschale KV und PV *** Typisierter Arbeitgeberzuschuss

Lohn/ Gehalt in € bis	Steuerklasse	Lohn- steuer*	BVSP**	TAGZ***	Steuerklasse	Bemessungsgrundlage für Kirchensteuer und Solidaritätszuschlag — Freibeträge für ... Kinder					
						0,5	**1,0**	1,5	**2,0**	2,5	**3,0**
33 731,99	I,IV	3615	3145	3145	I	2405	1271	297			
	II	2528	3145	3145	II	1386	381				
	III	710	3145	3145	III						
	V	7314	3145	3145	IV	3000	2405	1828	1271	741	297
	VI	7790	3145								
33 767,99	I,IV	3623	3148	3148	I	2412	1278	302			
	II	2535	3148	3148	II	1393	387				
	III	714	3148	3148	III						
	V	7324	3148	3148	IV	3008	2412	1836	1278	748	302
	VI	7800	3148								
33 803,99	I,IV	3631	3152	3152	I	2420	1286	307			
	II	2543	3152	3152	II	1401	392				
	III	720	3152	3152	III						
	V	7338	3152	3152	IV	3016	2420	1843	1286	754	307
	VI	7814	3152								
33 839,99	I,IV	3640	3155	3155	I	2428	1293	312			
	II	2551	3155	3155	II	1408	398				
	III	726	3155	3155	III						
	V	7348	3155	3155	IV	3024	2428	1851	1293	761	312
	VI	7824	3155								
33 875,99	I,IV	3648	3158	3158	I	2435	1300	317			
	II	2558	3158	3158	II	1415	403				
	III	730	3158	3158	III	4					
	V	7360	3158	3158	IV	3032	2435	1858	1300	767	317
	VI	7834	3158								
33 911,99	I,IV	3656	3162	3162	I	2443	1307	323			
	II	2566	3162	3162	II	1422	409				
	III	736	3162	3162	III	8					
	V	7370	3162	3162	IV	3040	2443	1865	1307	774	323
	VI	7848	3162								
33 947,99	I,IV	3664	3165	3165	I	2451	1314	328			
	II	2574	3165	3165	II	1430	414				
	III	742	3165	3165	III	12					
	V	7380	3165	3165	IV	3048	2451	1873	1314	780	328
	VI	7858	3165								
33 983,99	I,IV	3672	3169	3169	I	2458	1322	333			
	II	2582	3169	3169	II	1437	420				
	III	746	3169	3169	III	16					
	V	7392	3169	3169	IV	3056	2458	1880	1322	787	333
	VI	7870	3169								
34 019,99	I,IV	3680	3172	3172	I	2466	1329	338			
	II	2589	3172	3172	II	1444	425				
	III	752	3172	3172	III	20					
	V	7402	3172	3172	IV	3064	2466	1888	1329	793	338
	VI	7882	3172								
34 055,99	I,IV	3689	3175	3175	I	2474	1336	344			
	II	2597	3175	3175	II	1451	431				
	III	758	3175	3175	III	24					
	V	7416	3175	3175	IV	3072	2474	1895	1336	800	344
	VI	7894	3175								
34 091,99	I,IV	3697	3179	3179	I	2481	1343	349			
	II	2605	3179	3179	II	1459	437				
	III	762	3179	3179	III	28					
	V	7426	3179	3179	IV	3080	2481	1903	1343	807	349
	VI	7904	3179								
34 127,99	I,IV	3705	3182	3182	I	2489	1350	355			
	II	2613	3182	3182	II	1466	442				
	III	768	3182	3182	III	34					
	V	7436	3182	3182	IV	3087	2489	1910	1350	813	355
	VI	7916	3182								

*   Zur LSt-Berechnung für privat versicherte Arbeitnehmer s. Beispiele **Vorbemerkung S. 4 f.**
**   Basisvorsorgepauschale KV und PV   *** Typisierter Arbeitgeberzuschuss

Lohn/ Gehalt in € bis	Steuerklasse	Lohn-steuer*	BVSP**	TAGZ***	Steuerklasse	Bemessungsgrundlage für Kirchensteuer und Solidaritätszuschlag					
						Freibeträge für ... Kinder					
						0,5	1,0	1,5	2,0	2,5	3,0
34 163,99	I,IV	3 713	3 185	3 185	I	2 497	1 357	360			
	II	2 620	3 185	3 185	II	1 473	448				
	III	774	3 185	3 185	III	38					
	V	7 448	3 185	3 185	IV	3 095	2 497	1 917	1 357	820	360
	VI	7 926	3 185								
34 199,99	I,IV	3 722	3 189	3 189	I	2 505	1 365	365			
	II	2 628	3 189	3 189	II	1 480	454				
	III	780	3 189	3 189	III	42					
	V	7 460	3 189	3 189	IV	3 103	2 505	1 925	1 365	827	365
	VI	7 938	3 189								
34 235,99	I,IV	3 730	3 192	3 192	I	2 512	1 372	371			
	II	2 636	3 192	3 192	II	1 488	459				
	III	784	3 192	3 192	III	46					
	V	7 472	3 192	3 192	IV	3 111	2 512	1 932	1 372	833	371
	VI	7 950	3 192								
34 271,99	I,IV	3 738	3 195	3 195	I	2 520	1 379	376			
	II	2 644	3 195	3 195	II	1 495	465				
	III	790	3 195	3 195	III	50					
	V	7 482	3 195	3 195	IV	3 119	2 520	1 940	1 379	840	376
	VI	7 962	3 195								
34 307,99	I,IV	3 746	3 199	3 199	I	2 528	1 386	382			
	II	2 652	3 199	3 199	II	1 502	471				
	III	796	3 199	3 199	III	54					
	V	7 492	3 199	3 199	IV	3 127	2 528	1 947	1 386	847	382
	VI	7 972	3 199								
34 343,99	I,IV	3 754	3 202	3 202	I	2 535	1 394	387			
	II	2 659	3 202	3 202	II	1 509	476				
	III	802	3 202	3 202	III	58					
	V	7 504	3 202	3 202	IV	3 135	2 535	1 955	1 394	853	387
	VI	7 986	3 202								
34 379,99	I,IV	3 763	3 205	3 205	I	2 543	1 401	392			
	II	2 667	3 205	3 205	II	1 517	482				
	III	806	3 205	3 205	III	62					
	V	7 514	3 205	3 205	IV	3 143	2 543	1 962	1 401	860	392
	VI	7 996	3 205								
34 415,99	I,IV	3 771	3 209	3 209	I	2 551	1 408	398			
	II	2 675	3 209	3 209	II	1 524	488				
	III	812	3 209	3 209	III	66					
	V	7 528	3 209	3 209	IV	3 151	2 551	1 970	1 408	867	398
	VI	8 008	3 209								
34 451,99	I,IV	3 779	3 212	3 212	I	2 559	1 415	404			
	II	2 683	3 212	3 212	II	1 531	494				
	III	818	3 212	3 212	III	72					
	V	7 538	3 212	3 212	IV	3 159	2 559	1 977	1 415	874	404
	VI	8 018	3 212								
34 487,99	I,IV	3 787	3 216	3 216	I	2 566	1 422	409			
	II	2 690	3 216	3 216	II	1 538	499				
	III	824	3 216	3 216	III	76					
	V	7 548	3 216	3 216	IV	3 167	2 566	1 985	1 422	881	409
	VI	8 032	3 216								
34 523,99	I,IV	3 795	3 219	3 219	I	2 574	1 430	414			
	II	2 698	3 219	3 219	II	1 546	505				
	III	828	3 219	3 219	III	80					
	V	7 560	3 219	3 219	IV	3 175	2 574	1 992	1 430	887	414
	VI	8 042	3 219								
34 559,99	I,IV	3 804	3 222	3 222	I	2 582	1 437	420			
	II	2 706	3 222	3 222	II	1 553	511				
	III	834	3 222	3 222	III	84					
	V	7 572	3 222	3 222	IV	3 183	2 582	2 000	1 437	894	420
	VI	8 054	3 222								

* Zur LSt-Berechnung für privat versicherte Arbeitnehmer s. Beispiele **Vorbemerkung S. 4f.**
** Basisvorsorgepauschale KV und PV *** Typisierter Arbeitgeberzuschuss

Lohn/ Gehalt in € bis	Steuerklasse	Lohn- steuer*	BVSP**	TAGZ***	Steuerklasse	Bemessungsgrundlage für Kirchensteuer und Solidaritätszuschlag Freibeträge für ... Kinder 0,5	1,0	1,5	2,0	2,5	3,0
34 595,99	I,IV	3 812	3 226	3 226	I	2 590	1 444	426			
	II	2 714	3 226	3 226	II	1 560	517				
	III	840	3 226	3 226	III	88					
	V	7 584	3 226	3 226	IV	3 191	2 590	2 007	1 444	901	426
	VI	8 066	3 226								
34 631,99	I,IV	3 820	3 229	3 229	I	2 597	1 451	431			
	II	2 722	3 229	3 229	II	1 568	523				
	III	846	3 229	3 229	III	92					
	V	7 594	3 229	3 229	IV	3 199	2 597	2 015	1 451	908	431
	VI	8 076	3 229								
34 667,99	I,IV	3 829	3 232	3 232	I	2 605	1 459	437			
	II	2 730	3 232	3 232	II	1 575	529				
	III	852	3 232	3 232	III	96					
	V	7 606	3 232	3 232	IV	3 207	2 605	2 022	1 459	915	437
	VI	8 088	3 232								
34 703,99	I,IV	3 837	3 236	3 236	I	2 613	1 466	443			
	II	2 737	3 236	3 236	II	1 582	535				
	III	856	3 236	3 236	III	100					
	V	7 618	3 236	3 236	IV	3 215	2 613	2 030	1 466	922	443
	VI	8 102	3 236								
34 739,99	I,IV	3 845	3 239	3 239	I	2 621	1 473	448			
	II	2 745	3 239	3 239	II	1 590	540				
	III	862	3 239	3 239	III	106					
	V	7 628	3 239	3 239	IV	3 223	2 621	2 037	1 473	929	448
	VI	8 112	3 239								
34 775,99	I,IV	3 853	3 242	3 242	I	2 628	1 480	454			
	II	2 753	3 242	3 242	II	1 597	546				
	III	868	3 242	3 242	III	110					
	V	7 638	3 242	3 242	IV	3 231	2 628	2 045	1 480	936	454
	VI	8 122	3 242								
34 811,99	I,IV	3 862	3 246	3 246	I	2 636	1 488	460			
	II	2 761	3 246	3 246	II	1 604	552				
	III	874	3 246	3 246	III	114					
	V	7 652	3 246	3 246	IV	3 239	2 636	2 052	1 488	943	460
	VI	8 134	3 246								
34 847,99	I,IV	3 870	3 249	3 249	I	2 644	1 495	465			
	II	2 768	3 249	3 249	II	1 612	558				
	III	880	3 249	3 249	III	118					
	V	7 662	3 249	3 249	IV	3 247	2 644	2 060	1 495	950	465
	VI	8 148	3 249								
34 883,99	I,IV	3 878	3 252	3 252	I	2 652	1 502	471			
	II	2 776	3 252	3 252	II	1 619	564				
	III	884	3 252	3 252	III	122					
	V	7 674	3 252	3 252	IV	3 255	2 652	2 067	1 502	956	471
	VI	8 158	3 252								
34 919,99	I,IV	3 887	3 256	3 256	I	2 660	1 510	477			
	II	2 784	3 256	3 256	II	1 626	570				
	III	890	3 256	3 256	III	126					
	V	7 686	3 256	3 256	IV	3 263	2 660	2 075	1 510	964	477
	VI	8 170	3 256								
34 955,99	I,IV	3 895	3 259	3 259	I	2 667	1 517	482			
	II	2 792	3 259	3 259	II	1 634	576				
	III	896	3 259	3 259	III	132					
	V	7 696	3 259	3 259	IV	3 271	2 667	2 082	1 517	971	482
	VI	8 182	3 259								
34 991,99	I,IV	3 903	3 263	3 263	I	2 675	1 524	488			
	II	2 800	3 263	3 263	II	1 641	582				
	III	902	3 263	3 263	III	136					
	V	7 708	3 263	3 263	IV	3 279	2 675	2 090	1 524	978	488
	VI	8 194	3 263								

* Zur LSt-Berechnung für privat versicherte Arbeitnehmer s. Beispiele **Vorbemerkung S. 4 f.**
** Basisvorsorgepauschale KV und PV   *** Typisierter Arbeitgeberzuschuss

Lohn/ Gehalt in € bis	Steuerklasse	Lohn- steuer*	BVSP**	TAGZ***	Steuerklasse	Bemessungsgrundlage für Kirchensteuer und Solidaritätszuschlag					
						Freibeträge für ... Kinder					
						0,5	1,0	1,5	2,0	2,5	3,0
35 027,99	I,IV	**3 911**	3 266	3 266	I	2 683	1 532	494			
	II	**2 808**	3 266	3 266	II	1 648	588				
	III	**908**	3 266	3 266	III	140					
	V	**7 720**	3 266	3 266	IV	3 288	2 683	2 098	1 532	985	494
	VI	**8 204**	3 266	3 266							
35 063,99	I,IV	**3 920**	3 269	3 269	I	2 691	1 539	500			
	II	**2 816**	3 269	3 269	II	1 656	594				
	III	**914**	3 269	3 269	III	144					
	V	**7 730**	3 269	3 269	IV	3 296	2 691	2 105	1 539	992	500
	VI	**8 216**	3 269	3 269							
35 099,99	I,IV	**3 928**	3 273	3 273	I	2 698	1 546	505			
	II	**2 823**	3 273	3 273	II	1 663	601				
	III	**918**	3 273	3 273	III	148					
	V	**7 742**	3 273	3 273	IV	3 303	2 698	2 112	1 546	999	505
	VI	**8 228**	3 273	3 273							
35 135,99	I,IV	**3 936**	3 276	3 276	I	2 706	1 553	511			
	II	**2 831**	3 276	3 276	II	1 670	607				
	III	**924**	3 276	3 276	III	154					
	V	**7 752**	3 276	3 276	IV	3 311	2 706	2 120	1 553	1 006	511
	VI	**8 240**	3 276	3 276							
35 171,99	I,IV	**3 945**	3 279	3 279	I	2 714	1 561	517			
	II	**2 839**	3 279	3 279	II	1 678	613				
	III	**930**	3 279	3 279	III	158					
	V	**7 764**	3 279	3 279	IV	3 320	2 714	2 128	1 561	1 013	517
	VI	**8 252**	3 279	3 279							
35 207,99	I,IV	**3 953**	3 283	3 283	I	2 722	1 568	523			
	II	**2 847**	3 283	3 283	II	1 685	619				
	III	**936**	3 283	3 283	III	162					
	V	**7 776**	3 283	3 283	IV	3 328	2 722	2 135	1 568	1 020	523
	VI	**8 264**	3 283	3 283							
35 243,99	I,IV	**3 961**	3 286	3 286	I	2 730	1 575	529			
	II	**2 855**	3 286	3 286	II	1 692	625				
	III	**942**	3 286	3 286	III	166					
	V	**7 788**	3 286	3 286	IV	3 336	2 730	2 143	1 575	1 027	529
	VI	**8 274**	3 286	3 286							
35 279,99	I,IV	**3 970**	3 289	3 289	I	2 737	1 583	535			
	II	**2 863**	3 289	3 289	II	1 700	631				
	III	**948**	3 289	3 289	III	172					
	V	**7 798**	3 289	3 289	IV	3 344	2 737	2 150	1 583	1 034	535
	VI	**8 286**	3 289	3 289							
35 315,99	I,IV	**3 978**	3 293	3 293	I	2 745	1 590	541			
	II	**2 871**	3 293	3 293	II	1 707	637				
	III	**952**	3 293	3 293	III	176					
	V	**7 810**	3 293	3 293	IV	3 352	2 745	2 158	1 590	1 041	541
	VI	**8 298**	3 293	3 293							
35 351,99	I,IV	**3 986**	3 296	3 296	I	2 753	1 597	547			
	II	**2 878**	3 296	3 296	II	1 714	643				
	III	**958**	3 296	3 296	III	180					
	V	**7 822**	3 296	3 296	IV	3 360	2 753	2 165	1 597	1 048	547
	VI	**8 310**	3 296	3 296							
35 387,99	I,IV	**3 994**	3 299	3 299	I	2 761	1 604	552			
	II	**2 886**	3 299	3 299	II	1 722	650				
	III	**964**	3 299	3 299	III	184					
	V	**7 834**	3 299	3 299	IV	3 368	2 761	2 173	1 604	1 055	552
	VI	**8 322**	3 299	3 299							
35 423,99	I,IV	**4 003**	3 303	3 303	I	2 769	1 612	559			
	II	**2 894**	3 303	3 303	II	1 729	656				
	III	**970**	3 303	3 303	III	188					
	V	**7 846**	3 303	3 303	IV	3 376	2 769	2 181	1 612	1 062	559
	VI	**8 334**	3 303	3 303							

* Zur LSt-Berechnung für privat versicherte Arbeitnehmer s. Beispiele **Vorbemerkung S. 4 f.**
** Basisvorsorgepauschale KV und PV   *** Typisierter Arbeitgeberzuschuss

Lohn/Gehalt in € bis	Steuerklasse	Lohn-steuer*	BVSP**	TAGZ***	Steuerklasse	Bemessungsgrundlage für Kirchensteuer und Solidaritätszuschlag					
						Freibeträge für ... Kinder					
						0,5	**1,0**	1,5	**2,0**	2,5	**3,0**
35 459,99	I,IV	4 011	3 306	3 306	I	2 776	1 619	564			
	II	2 902	3 306	3 306	II	1 736	662				
	III	976	3 306	3 306	III	194					
	V	7 856	3 306	3 306	IV	3 384	2 776	2 188	1 619	1 069	564
	VI	8 344	3 306	3 306							
35 495,99	I,IV	4 019	3 310	3 310	I	2 784	1 626	570			
	II	2 910	3 310	3 310	II	1 744	668				
	III	982	3 310	3 310	III	198					
	V	7 866	3 310	3 310	IV	3 392	2 784	2 196	1 626	1 076	570
	VI	8 358	3 310	3 310							
35 531,99	I,IV	4 028	3 313	3 313	I	2 792	1 634	577			
	II	2 918	3 313	3 313	II	1 751	675				
	III	988	3 313	3 313	III	202					
	V	7 880	3 313	3 313	IV	3 400	2 792	2 203	1 634	1 083	577
	VI	8 368	3 313	3 313							
35 567,99	I,IV	4 036	3 316	3 316	I	2 800	1 641	583			
	II	2 926	3 316	3 316	II	1 759	681				
	III	994	3 316	3 316	III	206					
	V	7 890	3 316	3 316	IV	3 408	2 800	2 211	1 641	1 090	583
	VI	8 380	3 316	3 316							
35 603,99	I,IV	4 044	3 320	3 320	I	2 808	1 648	588			
	II	2 933	3 320	3 320	II	1 766	687				
	III	998	3 320	3 320	III	212					
	V	7 900	3 320	3 320	IV	3 416	2 808	2 218	1 648	1 097	588
	VI	8 390	3 320	3 320							
35 639,99	I,IV	4 053	3 323	3 323	I	2 816	1 656	595			
	II	2 942	3 323	3 323	II	1 773	694				
	III	1 004	3 323	3 323	III	216					
	V	7 914	3 323	3 323	IV	3 425	2 816	2 226	1 656	1 105	595
	VI	8 404	3 323	3 323							
35 675,99	I,IV	4 061	3 326	3 326	I	2 824	1 663	601			
	II	2 949	3 326	3 326	II	1 781	700				
	III	1 010	3 326	3 326	III	220					
	V	7 924	3 326	3 326	IV	3 433	2 824	2 234	1 663	1 112	601
	VI	8 416	3 326	3 326							
35 711,99	I,IV	4 069	3 330	3 330	I	2 831	1 670	607			
	II	2 957	3 330	3 330	II	1 788	706				
	III	1 016	3 330	3 330	III	224					
	V	7 936	3 330	3 330	IV	3 441	2 831	2 241	1 670	1 119	607
	VI	8 426	3 330	3 330							
35 747,99	I,IV	4 078	3 333	3 333	I	2 839	1 678	613			
	II	2 965	3 333	3 333	II	1 795	713				
	III	1 022	3 333	3 333	III	230					
	V	7 948	3 333	3 333	IV	3 449	2 839	2 249	1 678	1 126	613
	VI	8 438	3 333	3 333							
35 783,99	I,IV	4 086	3 336	3 336	I	2 847	1 685	619			
	II	2 973	3 336	3 336	II	1 803	719				
	III	1 028	3 336	3 336	III	234					
	V	7 960	3 336	3 336	IV	3 457	2 847	2 256	1 685	1 133	619
	VI	8 452	3 336	3 336							
35 819,99	I,IV	4 095	3 340	3 340	I	2 855	1 692	625			
	II	2 981	3 340	3 340	II	1 810	726				
	III	1 034	3 340	3 340	III	238					
	V	7 970	3 340	3 340	IV	3 465	2 855	2 264	1 692	1 140	625
	VI	8 462	3 340	3 340							
35 855,99	I,IV	4 103	3 343	3 343	I	2 863	1 700	631			
	II	2 989	3 343	3 343	II	1 818	732				
	III	1 040	3 343	3 343	III	244					
	V	7 982	3 343	3 343	IV	3 473	2 863	2 272	1 700	1 147	631
	VI	8 474	3 343	3 343							

*   Zur LSt-Berechnung für privat versicherte Arbeitnehmer s. Beispiele **Vorbemerkung S. 4 f.**
** Basisvorsorgepauschale KV und PV   *** Typisierter Arbeitgeberzuschuss

Lohn/ Gehalt in € bis	Steuerklasse	Lohn- steuer*	BVSP**	TAGZ***	Steuerklasse	Bemessungsgrundlage für Kirchensteuer und Solidaritätszuschlag					
						Freibeträge für ... Kinder					
						0,5	1,0	1,5	2,0	2,5	3,0
35 891,99	I,IV	4 111	3 346	3 346	I	2 871	1 707	638			
	II	2 997	3 346	3 346	II	1 825	739				
	III	1 046	3 346	3 346	III	248					
	V	7 994	3 346	3 346	IV	3 481	2 871	2 279	1 707	1 154	638
	VI	8 486	3 346	3 346							
35 927,99	I,IV	4 120	3 350	3 350	I	2 879	1 715	644			
	II	3 005	3 350	3 350	II	1 833	745				
	III	1 052	3 350	3 350	III	252					
	V	8 006	3 350	3 350	IV	3 490	2 879	2 287	1 715	1 161	644
	VI	8 500	3 350	3 350							
35 963,99	I,IV	4 128	3 353	3 353	I	2 886	1 722	650			
	II	3 013	3 353	3 353	II	1 840	751				
	III	1 058	3 353	3 353	III	256					
	V	8 018	3 353	3 353	IV	3 498	2 886	2 294	1 722	1 168	650
	VI	8 510	3 353	3 353							
35 999,99	I,IV	4 137	3 356	3 356	I	2 894	1 729	656			
	II	3 021	3 356	3 356	II	1 848	758				
	III	1 064	3 356	3 356	III	262					
	V	8 030	3 356	3 356	IV	3 506	2 894	2 302	1 729	1 176	656
	VI	8 522	3 356	3 356							
36 035,99	I,IV	4 145	3 360	3 360	I	2 902	1 737	662			
	II	3 029	3 360	3 360	II	1 855	764				
	III	1 070	3 360	3 360	III	266					
	V	8 040	3 360	3 360	IV	3 514	2 902	2 310	1 737	1 183	662
	VI	8 534	3 360	3 360							
36 071,99	I,IV	4 153	3 363	3 363	I	2 910	1 744	669			
	II	3 036	3 363	3 363	II	1 862	771				
	III	1 076	3 363	3 363	III	270					
	V	8 052	3 363	3 363	IV	3 522	2 910	2 317	1 744	1 190	669
	VI	8 544	3 363	3 363							
36 107,99	I,IV	4 162	3 367	3 367	I	2 918	1 751	675			
	II	3 044	3 367	3 367	II	1 870	777				
	III	1 080	3 367	3 367	III	276					
	V	8 064	3 367	3 367	IV	3 530	2 918	2 325	1 751	1 197	675
	VI	8 558	3 367	3 367							
36 143,99	I,IV	4 170	3 370	3 370	I	2 926	1 759	681			
	II	3 052	3 370	3 370	II	1 877	784				
	III	1 088	3 370	3 370	III	280					
	V	8 074	3 370	3 370	IV	3 538	2 926	2 333	1 759	1 204	681
	VI	8 570	3 370	3 370							
36 179,99	I,IV	4 178	3 373	3 373	I	2 934	1 766	688			
	II	3 060	3 373	3 373	II	1 885	791				
	III	1 094	3 373	3 373	III	284					
	V	8 086	3 373	3 373	IV	3 546	2 934	2 340	1 766	1 211	688
	VI	8 580	3 373	3 373							
36 215,99	I,IV	4 187	3 377	3 377	I	2 942	1 773	694			
	II	3 068	3 377	3 377	II	1 892	797				
	III	1 098	3 377	3 377	III	290					
	V	8 098	3 377	3 377	IV	3 555	2 942	2 348	1 773	1 218	694
	VI	8 592	3 377	3 377							
36 251,99	I,IV	4 195	3 380	3 380	I	2 950	1 781	700			
	II	3 076	3 380	3 380	II	1 900	804				
	III	1 104	3 380	3 380	III	294					
	V	8 110	3 380	3 380	IV	3 563	2 950	2 356	1 781	1 226	700
	VI	8 604	3 380	3 380							
36 287,99	I,IV	4 204	3 383	3 383	I	2 957	1 788	707			
	II	3 084	3 383	3 383	II	1 907	811				
	III	1 110	3 383	3 383	III	298					
	V	8 120	3 383	3 383	IV	3 571	2 957	2 363	1 788	1 233	707
	VI	8 618	3 383	3 383							

* Zur LSt-Berechnung für privat versicherte Arbeitnehmer s. Beispiele **Vorbemerkung S. 4f.**
** Basisvorsorgepauschale KV und PV *** Typisierter Arbeitgeberzuschuss

Lohn/Gehalt in € bis	Steuerklasse	Lohnsteuer*	BVSP**	TAGZ***	Steuerklasse	Bemessungsgrundlage für Kirchensteuer und Solidaritätszuschlag					
						Freibeträge für ... Kinder					
						0,5	1,0	1,5	2,0	2,5	3,0
36 323,99	I,IV	4212	3387	3387	I	2965	1796	713			
	II	3092	3387	3387	II	1914	817				
	III	1116	3387	3387	III	304					
	V	8134	3387	3387	IV	3579	2965	2371	1796	1240	713
	VI	8628	3387								
36 359,99	I,IV	4220	3390	3390	I	2973	1803	719			
	II	3100	3390	3390	II	1922	824				
	III	1122	3390	3390	III	308					
	V	8144	3390	3390	IV	3587	2973	2378	1803	1247	719
	VI	8640	3390								
36 395,99	I,IV	4229	3393	3393	I	2981	1811	726			
	II	3108	3393	3393	II	1929	831	5			
	III	1128	3393	3393	III	312					
	V	8156	3393	3393	IV	3595	2981	2386	1811	1254	726
	VI	8652	3393								
36 431,99	I,IV	4237	3397	3397	I	2989	1818	732			
	II	3116	3397	3397	II	1937	837	9			
	III	1134	3397	3397	III	318					
	V	8166	3397	3397	IV	3604	2989	2394	1818	1261	732
	VI	8664	3397								
36 467,99	I,IV	4246	3400	3400	I	2997	1825	739			
	II	3124	3400	3400	II	1944	844	13			
	III	1140	3400	3400	III	322					
	V	8180	3400	3400	IV	3612	2997	2401	1825	1268	739
	VI	8676	3400								
36 503,99	I,IV	4254	3403	3403	I	3005	1833	745			
	II	3132	3403	3403	II	1952	851	17			
	III	1146	3403	3403	III	326					
	V	8192	3403	3403	IV	3620	3005	2409	1833	1276	745
	VI	8688	3403								
36 539,99	I,IV	4263	3407	3407	I	3013	1840	752			
	II	3140	3407	3407	II	1959	857	21			
	III	1152	3407	3407	III	332					
	V	8202	3407	3407	IV	3628	3013	2417	1840	1283	752
	VI	8700	3407								
36 575,99	I,IV	4271	3410	3410	I	3021	1848	758			
	II	3148	3410	3410	II	1967	864	25			
	III	1158	3410	3410	III	336					
	V	8214	3410	3410	IV	3636	3021	2424	1848	1290	758
	VI	8710	3410								
36 611,99	I,IV	4280	3414	3414	I	3029	1855	765			
	II	3156	3414	3414	II	1974	871	30			
	III	1166	3414	3414	III	342					
	V	8226	3414	3414	IV	3645	3029	2432	1855	1297	765
	VI	8724	3414								
36 647,99	I,IV	4288	3417	3417	I	3037	1863	771			
	II	3164	3417	3417	II	1982	878	34			
	III	1170	3417	3417	III	346					
	V	8238	3417	3417	IV	3653	3037	2440	1863	1304	771
	VI	8736	3417								
36 683,99	I,IV	4296	3420	3420	I	3045	1870	778			
	II	3172	3420	3420	II	1989	884	38			
	III	1176	3420	3420	III	350					
	V	8248	3420	3420	IV	3661	3045	2448	1870	1312	778
	VI	8748	3420								
36 719,99	I,IV	4305	3424	3424	I	3052	1877	784			
	II	3180	3424	3424	II	1997	891	42			
	III	1182	3424	3424	III	356					
	V	8262	3424	3424	IV	3669	3052	2455	1877	1319	784
	VI	8758	3424								

Lohn/Gehalt in € bis	Steuerklasse	Lohn-steuer*	BVSP**	TAGZ***	Steuerklasse	Bemessungsgrundlage für Kirchensteuer und Solidaritätszuschlag					
						Freibeträge für ... Kinder					
						0,5	1,0	1,5	2,0	2,5	3,0
36 755,99	I,IV	4 313	3 427	3 427	I	3 061	1 885	791			
	II	3 188	3 427	3 427	II	2 004	898	47			
	III	1 188	3 427	3 427	III	360					
	V	8 272	3 427	3 427	IV	3 677	3 061	2 463	1 885	1 326	791
	VI	8 770	3 427	3 427							
36 791,99	I,IV	4 322	3 430	3 430	I	3 068	1 892	797			
	II	3 196	3 430	3 430	II	2 012	905	51			
	III	1 196	3 430	3 430	III	364					
	V	8 284	3 430	3 430	IV	3 685	3 068	2 471	1 892	1 333	797
	VI	8 784	3 430	3 430							
36 827,99	I,IV	4 330	3 434	3 434	I	3 076	1 900	804			
	II	3 204	3 434	3 434	II	2 019	912	55			
	III	1 202	3 434	3 434	III	370					
	V	8 296	3 434	3 434	IV	3 694	3 076	2 478	1 900	1 340	804
	VI	8 796	3 434	3 434							
36 863,99	I,IV	4 339	3 437	3 437	I	3 084	1 907	811			
	II	3 212	3 437	3 437	II	2 027	919	60			
	III	1 208	3 437	3 437	III	374					
	V	8 308	3 437	3 437	IV	3 702	3 084	2 486	1 907	1 348	811
	VI	8 808	3 437	3 437							
36 899,99	I,IV	4 347	3 440	3 440	I	3 092	1 915	817			
	II	3 220	3 440	3 440	II	2 034	926	64			
	III	1 214	3 440	3 440	III	380					
	V	8 320	3 440	3 440	IV	3 710	3 092	2 494	1 915	1 355	817
	VI	8 820	3 440	3 440							
36 935,99	I,IV	4 356	3 444	3 444	I	3 100	1 922	824			
	II	3 228	3 444	3 444	II	2 042	933	68			
	III	1 220	3 444	3 444	III	384					
	V	8 330	3 444	3 444	IV	3 718	3 100	2 501	1 922	1 362	824
	VI	8 830	3 444	3 444							
36 971,99	I,IV	4 364	3 447	3 447	I	3 108	1 929	831	5		
	II	3 236	3 447	3 447	II	2 049	940	73			
	III	1 226	3 447	3 447	III	388					
	V	8 344	3 447	3 447	IV	3 726	3 108	2 509	1 929	1 369	831
	VI	8 844	3 447	3 447							
37 007,99	I,IV	4 373	3 450	3 450	I	3 116	1 937	837	9		
	II	3 244	3 450	3 450	II	2 057	947	77			
	III	1 232	3 450	3 450	III	394					
	V	8 356	3 450	3 450	IV	3 735	3 116	2 517	1 937	1 376	837
	VI	8 856	3 450	3 450							
37 043,99	I,IV	4 381	3 454	3 454	I	3 124	1 944	844	13		
	II	3 252	3 454	3 454	II	2 064	954	81			
	III	1 238	3 454	3 454	III	398					
	V	8 366	3 454	3 454	IV	3 743	3 124	2 525	1 944	1 384	844
	VI	8 868	3 454	3 454							
37 079,99	I,IV	4 389	3 457	3 457	I	3 132	1 952	851	17		
	II	3 260	3 457	3 457	II	2 072	961	86			
	III	1 244	3 457	3 457	III	404					
	V	8 378	3 457	3 457	IV	3 751	3 132	2 532	1 952	1 391	851
	VI	8 880	3 457	3 457							
37 115,99	I,IV	4 398	3 461	3 461	I	3 140	1 959	858	21		
	II	3 268	3 461	3 461	II	2 079	968	90			
	III	1 250	3 461	3 461	III	408					
	V	8 390	3 461	3 461	IV	3 759	3 140	2 540	1 959	1 398	858
	VI	8 892	3 461	3 461							
37 151,99	I,IV	4 406	3 464	3 464	I	3 148	1 967	864	25		
	II	3 276	3 464	3 464	II	2 087	975	95			
	III	1 256	3 464	3 464	III	414					
	V	8 402	3 464	3 464	IV	3 768	3 148	2 548	1 967	1 405	864
	VI	8 902	3 464	3 464							

* Zur LSt-Berechnung für privat versicherte Arbeitnehmer s. Beispiele **Vorbemerkung S. 4 f.**
** Basisvorsorgepauschale KV und PV *** Typisierter Arbeitgeberzuschuss

Lohn/Gehalt in € bis	Steuerklasse	Lohn-steuer*	BVSP**	TAGZ***	Steuerklasse	Bemessungsgrundlage für Kirchensteuer und Solidaritätszuschlag					
						Freibeträge für ... Kinder					
						0,5	1,0	1,5	2,0	2,5	3,0
37 187,99	I,IV	4415	3467	3467	I	3156	1974	871	30		
	II	3284	3467	3467	II	2094	982	99			
	III	1262	3467	3467	III	418					
	V	8414	3467	3467	IV	3776	3156	2555	1974	1412	871
	VI	8916	3467	3467							
37 223,99	I,IV	4424	3471	3471	I	3164	1982	878	34		
	II	3292	3471	3471	II	2102	989	104			
	III	1268	3471	3471	III	424					
	V	8424	3471	3471	IV	3784	3164	2563	1982	1420	878
	VI	8928	3471	3471							
37 259,99	I,IV	4432	3474	3474	I	3172	1989	885	38		
	II	3300	3474	3474	II	2109	996	108			
	III	1274	3474	3474	III	428					
	V	8436	3474	3474	IV	3792	3172	2571	1989	1427	885
	VI	8940	3474	3474							
37 295,99	I,IV	4440	3477	3477	I	3180	1997	891	42		
	II	3308	3477	3477	II	2117	1003	113			
	III	1282	3477	3477	III	432					
	V	8450	3477	3477	IV	3801	3180	2579	1997	1434	891
	VI	8952	3477	3477							
37 331,99	I,IV	4449	3481	3481	I	3188	2004	898	47		
	II	3316	3481	3481	II	2124	1010	117			
	III	1286	3481	3481	III	438					
	V	8460	3481	3481	IV	3809	3188	2586	2004	1441	898
	VI	8964	3481	3481							
37 367,99	I,IV	4458	3484	3484	I	3196	2012	905	51		
	II	3324	3484	3484	II	2132	1017	122			
	III	1294	3484	3484	III	442					
	V	8472	3484	3484	IV	3817	3196	2594	2012	1449	905
	VI	8976	3484	3484							
37 403,99	I,IV	4466	3487	3487	I	3204	2019	912	55		
	II	3332	3487	3487	II	2140	1024	127			
	III	1300	3487	3487	III	448					
	V	8484	3487	3487	IV	3825	3204	2602	2019	1456	912
	VI	8988	3487	3487							
37 439,99	I,IV	4474	3491	3491	I	3212	2027	919	60		
	II	3340	3491	3491	II	2147	1031	131			
	III	1306	3491	3491	III	452					
	V	8496	3491	3491	IV	3834	3212	2610	2027	1463	919
	VI	9000	3491	3491							
37 475,99	I,IV	4483	3494	3494	I	3220	2034	926	64		
	II	3349	3494	3494	II	2155	1038	136			
	III	1312	3494	3494	III	458					
	V	8508	3494	3494	IV	3842	3220	2618	2034	1470	926
	VI	9012	3494	3494							
37 511,99	I,IV	4492	3497	3497	I	3228	2042	933	68		
	II	3357	3497	3497	II	2162	1045	140			
	III	1318	3497	3497	III	462					
	V	8520	3497	3497	IV	3850	3228	2625	2042	1478	933
	VI	9024	3497	3497							
37 547,99	I,IV	4500	3501	3501	I	3236	2049	940	73		
	II	3365	3501	3501	II	2170	1052	145			
	III	1324	3501	3501	III	468					
	V	8530	3501	3501	IV	3858	3236	2633	2049	1485	940
	VI	9036	3501	3501							
37 583,99	I,IV	4508	3504	3504	I	3244	2057	947	77		
	II	3373	3504	3504	II	2177	1059	150			
	III	1330	3504	3504	III	472					
	V	8544	3504	3504	IV	3867	3244	2641	2057	1492	947
	VI	9048	3504	3504							

* Zur LSt-Berechnung für privat versicherte Arbeitnehmer s. Beispiele **Vorbemerkung S. 4 f.**
** Basisvorsorgepauschale KV und PV *** Typisierter Arbeitgeberzuschuss

Lohn/ Gehalt in € bis	Steuerklasse	Lohn- steuer*	BVSP**	TAGZ***	Steuerklasse	Bemessungsgrundlage für Kirchensteuer und Solidaritätszuschlag Freibeträge für ... Kinder 0,5	1,0	1,5	2,0	2,5	3,0
37 619,99	I,IV	4517	3508	3508	I	3252	2064	954	82		
	II	3381	3508	3508	II	2185	1066	154			
	III	1338	3508	3508	III	478					
	V	8556	3508	3508	IV	3875	3252	2649	2064	1499	954
	VI	9060	3508	3508							
37 655,99	I,IV	4526	3511	3511	I	3260	2072	961	86		
	II	3389	3511	3511	II	2192	1073	159			
	III	1344	3511	3511	III	482					
	V	8566	3511	3511	IV	3883	3260	2656	2072	1507	961
	VI	9074	3511	3511							
37 691,99	I,IV	4534	3514	3514	I	3268	2079	968	90		
	II	3397	3514	3514	II	2200	1080	164			
	III	1350	3514	3514	III	488					
	V	8578	3514	3514	IV	3891	3268	2664	2079	1514	968
	VI	9086	3514	3514							
37 727,99	I,IV	4543	3518	3518	I	3276	2087	975	95		
	II	3405	3518	3518	II	2208	1088	169			
	III	1356	3518	3518	III	492					
	V	8590	3518	3518	IV	3900	3276	2672	2087	1521	975
	VI	9098	3518	3518							
37 763,99	I,IV	4551	3521	3521	I	3284	2094	982	99		
	II	3413	3521	3521	II	2215	1095	173			
	III	1362	3521	3521	III	498					
	V	8604	3521	3521	IV	3908	3284	2680	2094	1529	982
	VI	9110	3521	3521							
37 799,99	I,IV	4560	3524	3524	I	3292	2102	989	104		
	II	3421	3524	3524	II	2223	1102	178			
	III	1368	3524	3524	III	502					
	V	8614	3524	3524	IV	3916	3292	2687	2102	1536	989
	VI	9120	3524	3524							
37 835,99	I,IV	4568	3528	3528	I	3300	2110	996	108		
	II	3429	3528	3528	II	2231	1109	183			
	III	1376	3528	3528	III	508					
	V	8626	3528	3528	IV	3925	3300	2695	2110	1543	996
	VI	9134	3528	3528							
37 871,99	I,IV	4577	3531	3531	I	3308	2117	1003	113		
	II	3437	3531	3531	II	2238	1116	188			
	III	1382	3531	3531	III	512					
	V	8638	3531	3531	IV	3933	3308	2703	2117	1550	1003
	VI	9146	3531	3531							
37 907,99	I,IV	4585	3534	3534	I	3316	2125	1010	117		
	II	3445	3534	3534	II	2246	1123	192			
	III	1388	3534	3534	III	518					
	V	8650	3534	3534	IV	3941	3316	2711	2125	1558	1010
	VI	9158	3534	3534							
37 943,99	I,IV	4594	3538	3538	I	3324	2132	1017	122		
	II	3453	3538	3538	II	2253	1130	197			
	III	1394	3538	3538	III	522					
	V	8662	3538	3538	IV	3949	3324	2719	2132	1565	1017
	VI	9170	3538	3538							
37 979,99	I,IV	4603	3541	3541	I	3333	2140	1024	127		
	II	3462	3541	3541	II	2261	1137	202			
	III	1400	3541	3541	III	528					
	V	8674	3541	3541	IV	3958	3333	2727	2140	1572	1024
	VI	9182	3541	3541							
38 015,99	I,IV	4611	3544	3544	I	3341	2147	1031	131		
	II	3470	3544	3544	II	2268	1144	207			
	III	1406	3544	3544	III	532					
	V	8686	3544	3544	IV	3966	3341	2734	2147	1580	1031
	VI	9194	3544	3544							

* Zur LSt-Berechnung für privat versicherte Arbeitnehmer s. Beispiele **Vorbemerkung S. 4 f.**
** Basisvorsorgepauschale KV und PV *** Typisierter Arbeitgeberzuschuss

Lohn/ Gehalt in € bis	Steuerklasse	Lohn- steuer*	BVSP**	TAGZ***	Steuerklasse	Bemessungsgrundlage für Kirchensteuer und Solidaritätszuschlag					
						Freibeträge für ... Kinder					
						0,5	1,0	1,5	2,0	2,5	3,0
38051,99	I,IV	4620	3548	3548	I	3349	2155	1038	136		
	II	3478	3548	3548	II	2276	1151	212			
	III	1412	3548	3548	III	538					
	V	8696	3548	3548	IV	3974	3349	2742	2155	1587	1038
	VI	9206	3548								
38087,99	I,IV	4628	3551	3551	I	3357	2163	1045	141		
	II	3486	3551	3551	II	2284	1159	217			
	III	1420	3551	3551	III	542					
	V	8708	3551	3551	IV	3983	3357	2750	2163	1594	1045
	VI	9218	3551								
38123,99	I,IV	4637	3555	3555	I	3365	2170	1052	145		
	II	3494	3555	3555	II	2291	1166	222			
	III	1426	3555	3555	III	548					
	V	8722	3555	3555	IV	3991	3365	2758	2170	1602	1052
	VI	9230	3555								
38159,99	I,IV	4645	3558	3558	I	3373	2177	1059	150		
	II	3502	3558	3558	II	2299	1173	227			
	III	1432	3558	3558	III	552					
	V	8734	3558	3558	IV	3999	3373	2766	2177	1609	1059
	VI	9242	3558								
38195,99	I,IV	4654	3561	3561	I	3381	2185	1067	155		
	II	3511	3561	3561	II	2307	1180	232			
	III	1438	3561	3561	III	558					
	V	8746	3561	3561	IV	4008	3381	2774	2185	1616	1067
	VI	9254	3561								
38231,99	I,IV	4663	3565	3565	I	3389	2193	1074	159		
	II	3519	3565	3565	II	2314	1187	237			
	III	1446	3565	3565	III	564					
	V	8756	3565	3565	IV	4016	3389	2781	2193	1624	1074
	VI	9268	3565								
38267,99	I,IV	4671	3568	3568	I	3397	2200	1081	164		
	II	3527	3568	3568	II	2322	1194	242			
	III	1452	3568	3568	III	568					
	V	8770	3568	3568	IV	4024	3397	2789	2200	1631	1081
	VI	9280	3568								
38303,99	I,IV	4680	3571	3571	I	3405	2208	1088	169		
	II	3535	3571	3571	II	2329	1201	247			
	III	1458	3571	3571	III	574					
	V	8782	3571	3571	IV	4033	3405	2797	2208	1638	1088
	VI	9292	3571								
38339,99	I,IV	4688	3575	3575	I	3413	2216	1095	173		
	II	3543	3575	3575	II	2337	1208	252			
	III	1464	3575	3575	III	578					
	V	8794	3575	3575	IV	4041	3413	2805	2216	1646	1095
	VI	9304	3575								
38375,99	I,IV	4697	3578	3578	I	3421	2223	1102	178		
	II	3551	3578	3578	II	2345	1215	257			
	III	1470	3578	3578	III	584					
	V	8806	3578	3578	IV	4050	3421	2813	2223	1653	1102
	VI	9316	3578								
38411,99	I,IV	4705	3581	3581	I	3429	2231	1109	183		
	II	3559	3581	3581	II	2352	1223	262			
	III	1478	3581	3581	III	588					
	V	8816	3581	3581	IV	4058	3429	2820	2231	1660	1109
	VI	9328	3581								
38447,99	I,IV	4714	3585	3585	I	3438	2238	1116	188		
	II	3568	3585	3585	II	2360	1230	267			
	III	1484	3585	3585	III	594					
	V	8828	3585	3585	IV	4066	3438	2828	2238	1668	1116
	VI	9342	3585								

* Zur LSt-Berechnung für privat versicherte Arbeitnehmer s. Beispiele **Vorbemerkung S. 4 f.**
** Basisvorsorgepauschale KV und PV *** Typisierter Arbeitgeberzuschuss

Lohn/Gehalt in € bis	Steuerklasse	Lohn-steuer*	BVSP**	TAGZ***	Steuerklasse	Bemessungsgrundlage für Kirchensteuer und Solidaritätszuschlag					
						Freibeträge für ... Kinder					
						0,5	1,0	1,5	2,0	2,5	3,0
38 483,99	I,IV	4 723	3 588	3 588	I	3 446	2 246	1 123	193		
	II	3 576	3 588	3 588	II	2 368	1 237	272			
	III	1 490	3 588	3 588	III	600					
	V	8 842	3 588	3 588	IV	4 075	3 446	2 836	2 246	1 675	1 123
	VI	9 352	3 588								
38 519,99	I,IV	4 731	3 591	3 591	I	3 454	2 253	1 130	197		
	II	3 584	3 591	3 591	II	2 375	1 244	277			
	III	1 496	3 591	3 591	III	604					
	V	8 854	3 591	3 591	IV	4 083	3 454	2 844	2 253	1 682	1 130
	VI	9 364	3 591								
38 555,99	I,IV	4 740	3 595	3 595	I	3 462	2 261	1 137	202		
	II	3 592	3 595	3 595	II	2 383	1 251	282			
	III	1 502	3 595	3 595	III	610					
	V	8 864	3 595	3 595	IV	4 091	3 462	2 852	2 261	1 689	1 137
	VI	9 378	3 595								
38 591,99	I,IV	4 749	3 598	3 598	I	3 470	2 269	1 144	207		
	II	3 600	3 598	3 598	II	2 391	1 258	287			
	III	1 510	3 598	3 598	III	614					
	V	8 878	3 598	3 598	IV	4 100	3 470	2 860	2 269	1 697	1 144
	VI	9 392	3 598								
38 627,99	I,IV	4 757	3 602	3 602	I	3 478	2 276	1 151	212		
	II	3 608	3 602	3 602	II	2 398	1 265	292			
	III	1 516	3 602	3 602	III	620					
	V	8 888	3 602	3 602	IV	4 108	3 478	2 868	2 276	1 704	1 151
	VI	9 401	3 602								
38 663,99	I,IV	4 766	3 605	3 605	I	3 486	2 284	1 159	217		
	II	3 616	3 605	3 605	II	2 406	1 273	297			
	III	1 522	3 605	3 605	III	626					
	V	8 902	3 605	3 605	IV	4 116	3 486	2 875	2 284	1 712	1 159
	VI	9 413	3 605								
38 699,99	I,IV	4 775	3 608	3 608	I	3 495	2 292	1 166	222		
	II	3 625	3 608	3 608	II	2 414	1 280	303			
	III	1 528	3 608	3 608	III	630					
	V	8 914	3 608	3 608	IV	4 125	3 495	2 883	2 292	1 719	1 166
	VI	9 426	3 608								
38 735,99	I,IV	4 783	3 612	3 612	I	3 503	2 299	1 173	227		
	II	3 633	3 612	3 612	II	2 421	1 287	308			
	III	1 536	3 612	3 612	III	636					
	V	8 926	3 612	3 612	IV	4 133	3 503	2 891	2 299	1 726	1 173
	VI	9 438	3 612								
38 771,99	I,IV	4 792	3 615	3 615	I	3 511	2 307	1 180	232		
	II	3 641	3 615	3 615	II	2 429	1 294	313			
	III	1 542	3 615	3 615	III	640					
	V	8 938	3 615	3 615	IV	4 142	3 511	2 899	2 307	1 734	1 180
	VI	9 450	3 615								
38 807,99	I,IV	4 801	3 618	3 618	I	3 519	2 314	1 187	237		
	II	3 649	3 618	3 618	II	2 437	1 301	318			
	III	1 548	3 618	3 618	III	646					
	V	8 950	3 618	3 618	IV	4 150	3 519	2 907	2 314	1 741	1 187
	VI	9 463	3 618								
38 843,99	I,IV	4 809	3 622	3 622	I	3 527	2 322	1 194	242		
	II	3 657	3 622	3 622	II	2 444	1 309	324			
	III	1 556	3 622	3 622	III	652					
	V	8 962	3 622	3 622	IV	4 158	3 527	2 915	2 322	1 749	1 194
	VI	9 475	3 622								
38 879,99	I,IV	4 818	3 625	3 625	I	3 535	2 330	1 201	247		
	II	3 666	3 625	3 625	II	2 452	1 316	329			
	III	1 562	3 625	3 625	III	656					
	V	8 972	3 625	3 625	IV	4 167	3 535	2 923	2 330	1 756	1 201
	VI	9 487	3 625								

* Zur LSt-Berechnung für privat versicherte Arbeitnehmer s. Beispiele **Vorbemerkung S. 4 f.**
** Basisvorsorgepauschale KV und PV *** Typisierter Arbeitgeberzuschuss

Lohn/Gehalt in € bis	Steuerklasse	Lohnsteuer*	BVSP**	TAGZ***	Steuerklasse	Bemessungsgrundlage für Kirchensteuer und Solidaritätszuschlag Freibeträge für ... Kinder					
						0,5	1,0	1,5	2,0	2,5	3,0
38 915,99	I,IV	4 826	3 628	3 628	I	3 543	2 337	1 208	252		
	II	3 674	3 628	3 628	II	2 460	1 323	334			
	III	1 568	3 628	3 628	III	662					
	V	8 986	3 628	3 628	IV	4 175	3 543	2 930	2 337	1 763	1 208
	VI	9 500	3 628								
38 951,99	I,IV	4 835	3 632	3 632	I	3 551	2 345	1 216	257		
	II	3 682	3 632	3 632	II	2 468	1 330	340			
	III	1 574	3 632	3 632	III	668					
	V	8 998	3 632	3 632	IV	4 184	3 551	2 939	2 345	1 771	1 216
	VI	9 512	3 632								
38 987,99	I,IV	4 844	3 635	3 635	I	3 560	2 353	1 223	262		
	II	3 690	3 635	3 635	II	2 475	1 337	345			
	III	1 582	3 635	3 635	III	672					
	V	9 010	3 635	3 635	IV	4 192	3 560	2 946	2 353	1 778	1 223
	VI	9 524	3 635								
39 023,99	I,IV	4 852	3 638	3 638	I	3 568	2 360	1 230	267		
	II	3 698	3 638	3 638	II	2 483	1 344	350			
	III	1 588	3 638	3 638	III	678					
	V	9 022	3 638	3 638	IV	4 200	3 568	2 954	2 360	1 785	1 230
	VI	9 537	3 638								
39 059,99	I,IV	4 861	3 642	3 642	I	3 576	2 368	1 237	272		
	II	3 707	3 642	3 642	II	2 491	1 352	356			
	III	1 594	3 642	3 642	III	684					
	V	9 034	3 642	3 642	IV	4 209	3 576	2 962	2 368	1 793	1 237
	VI	9 549	3 642								
39 095,99	I,IV	4 870	3 645	3 645	I	3 584	2 376	1 244	277		
	II	3 715	3 645	3 645	II	2 498	1 359	361			
	III	1 602	3 645	3 645	III	688					
	V	9 046	3 645	3 645	IV	4 217	3 584	2 970	2 376	1 800	1 244
	VI	9 561	3 645								
39 131,99	I,IV	4 878	3 649	3 649	I	3 592	2 383	1 251	282		
	II	3 723	3 649	3 649	II	2 506	1 366	366			
	III	1 608	3 649	3 649	III	694					
	V	9 060	3 649	3 649	IV	4 226	3 592	2 978	2 383	1 808	1 251
	VI	9 573	3 649								
39 167,99	I,IV	4 887	3 652	3 652	I	3 600	2 391	1 258	287		
	II	3 731	3 652	3 652	II	2 514	1 373	372			
	III	1 614	3 652	3 652	III	700					
	V	9 070	3 652	3 652	IV	4 234	3 600	2 986	2 391	1 815	1 258
	VI	9 586	3 652								
39 203,99	I,IV	4 896	3 655	3 655	I	3 609	2 399	1 266	293		
	II	3 740	3 655	3 655	II	2 521	1 381	377			
	III	1 622	3 655	3 655	III	704					
	V	9 084	3 655	3 655	IV	4 242	3 609	2 994	2 399	1 822	1 266
	VI	9 598	3 655								
39 239,99	I,IV	4 904	3 659	3 659	I	3 617	2 406	1 273	298		
	II	3 748	3 659	3 659	II	2 529	1 388	383			
	III	1 628	3 659	3 659	III	710					
	V	9 094	3 659	3 659	IV	4 251	3 617	3 002	2 406	1 830	1 273
	VI	9 610	3 659								
39 275,99	I,IV	4 913	3 662	3 662	I	3 625	2 414	1 280	303		
	II	3 756	3 662	3 662	II	2 537	1 395	388			
	III	1 634	3 662	3 662	III	716					
	V	9 106	3 662	3 662	IV	4 259	3 625	3 010	2 414	1 837	1 280
	VI	9 623	3 662								
39 311,99	I,IV	4 922	3 665	3 665	I	3 633	2 422	1 287	308		
	II	3 764	3 665	3 665	II	2 545	1 402	394			
	III	1 640	3 665	3 665	III	720					
	V	9 118	3 665	3 665	IV	4 268	3 633	3 018	2 422	1 845	1 287
	VI	9 635	3 665								

*　Zur LSt-Berechnung für privat versicherte Arbeitnehmer s. Beispiele **Vorbemerkung S. 4 f.**
**　Basisvorsorgepauschale KV und PV　*** Typisierter Arbeitgeberzuschuss

Lohn/Gehalt in € bis	Steuerklasse	Lohn-steuer*	BVSP**	TAGZ***	Steuerklasse	Bemessungsgrundlage für Kirchensteuer und Solidaritätszuschlag Freibeträge für ... Kinder					
						0,5	1,0	1,5	2,0	2,5	3,0
39 347,99	I,IV	4 930	3 669	3 669	I	3 641	2 429	1 294	313		
	II	3 772	3 669	3 669	II	2 552	1 409	399			
	III	1 648	3 669	3 669	III	726					
	V	9 130	3 669	3 669	IV	4 276	3 641	3 026	2 429	1 852	1 294
	VI	9 647	3 669	3 669							
39 383,99	I,IV	4 939	3 672	3 672	I	3 649	2 437	1 301	318		
	II	3 781	3 672	3 672	II	2 560	1 417	404			
	III	1 654	3 672	3 672	III	732	4				
	V	9 144	3 672	3 672	IV	4 285	3 649	3 033	2 437	1 859	1 301
	VI	9 660	3 672	3 672							
39 419,99	I,IV	4 948	3 675	3 675	I	3 658	2 445	1 309	324		
	II	3 789	3 675	3 675	II	2 568	1 424	410			
	III	1 662	3 675	3 675	III	736	10				
	V	9 156	3 675	3 675	IV	4 293	3 658	3 042	2 445	1 867	1 309
	VI	9 672	3 675	3 675							
39 455,99	I,IV	4 957	3 679	3 679	I	3 666	2 452	1 316	329		
	II	3 797	3 679	3 679	II	2 576	1 431	416			
	III	1 668	3 679	3 679	III	742	14				
	V	9 168	3 679	3 679	IV	4 302	3 666	3 049	2 452	1 874	1 316
	VI	9 684	3 679	3 679							
39 491,99	I,IV	4 965	3 682	3 682	I	3 674	2 460	1 323	334		
	II	3 805	3 682	3 682	II	2 583	1 438	421			
	III	1 674	3 682	3 682	III	748	18				
	V	9 180	3 682	3 682	IV	4 310	3 674	3 057	2 460	1 882	1 323
	VI	9 697	3 682	3 682							
39 527,99	I,IV	4 974	3 685	3 685	I	3 682	2 468	1 330	340		
	II	3 813	3 685	3 685	II	2 591	1 445	427			
	III	1 682	3 685	3 685	III	754	22				
	V	9 192	3 685	3 685	IV	4 318	3 682	3 065	2 468	1 889	1 330
	VI	9 709	3 685	3 685							
39 563,99	I,IV	4 983	3 689	3 689	I	3 690	2 475	1 338	345		
	II	3 822	3 689	3 689	II	2 599	1 453	432			
	III	1 688	3 689	3 689	III	758	26				
	V	9 204	3 689	3 689	IV	4 327	3 690	3 073	2 475	1 897	1 338
	VI	9 721	3 689	3 689							
39 599,99	I,IV	4 991	3 692	3 692	I	3 699	2 483	1 345	350		
	II	3 830	3 692	3 692	II	2 607	1 460	438			
	III	1 694	3 692	3 692	III	764	30				
	V	9 216	3 692	3 692	IV	4 335	3 699	3 081	2 483	1 904	1 345
	VI	9 733	3 692	3 692							
39 635,99	I,IV	5 000	3 696	3 696	I	3 707	2 491	1 352	356		
	II	3 838	3 696	3 696	II	2 614	1 467	443			
	III	1 702	3 696	3 696	III	770	34				
	V	9 228	3 696	3 696	IV	4 344	3 707	3 089	2 491	1 912	1 352
	VI	9 746	3 696	3 696							
39 671,99	I,IV	5 009	3 699	3 699	I	3 715	2 499	1 359	361		
	II	3 847	3 699	3 699	II	2 622	1 475	449			
	III	1 708	3 699	3 699	III	776	38				
	V	9 240	3 699	3 699	IV	4 352	3 715	3 097	2 499	1 919	1 359
	VI	9 758	3 699	3 699							
39 707,99	I,IV	5 017	3 702	3 702	I	3 723	2 506	1 366	366		
	II	3 855	3 702	3 702	II	2 630	1 482	455			
	III	1 714	3 702	3 702	III	780	42				
	V	9 254	3 702	3 702	IV	4 361	3 723	3 105	2 506	1 927	1 366
	VI	9 770	3 702	3 702							
39 743,99	I,IV	5 026	3 706	3 706	I	3 731	2 514	1 373	372		
	II	3 863	3 706	3 706	II	2 638	1 489	460			
	III	1 722	3 706	3 706	III	786	46				
	V	9 266	3 706	3 706	IV	4 369	3 731	3 113	2 514	1 934	1 373
	VI	9 783	3 706	3 706							

  * Zur LSt-Berechnung für privat versicherte Arbeitnehmer s. Beispiele **Vorbemerkung S. 4 f.**
** Basisvorsorgepauschale KV und PV   *** Typisierter Arbeitgeberzuschuss

Lohn/ Gehalt in € bis	Steuerklasse	Lohn- steuer*	BVSP**	TAGZ***	Steuerklasse	Bemessungsgrundlage für Kirchensteuer und Solidaritätszuschlag					
						Freibeträge für … Kinder					
						0,5	1,0	1,5	2,0	2,5	3,0
39 779,99	I,IV	5 035	3 709	3 709	I	3 740	2 521	1 381	377		
	II	3 871	3 709	3 709	II	2 645	1 496	466			
	III	1 728	3 709	3 709	III	792	50				
	V	9 278	3 709	3 709	IV	4 377	3 740	3 121	2 521	1 941	1 381
	VI	9 795	3 709	3 709							
39 815,99	I,IV	5 044	3 712	3 712	I	3 748	2 529	1 388	383		
	II	3 880	3 712	3 712	II	2 653	1 504	472			
	III	1 736	3 712	3 712	III	796	54				
	V	9 290	3 712	3 712	IV	4 386	3 748	3 129	2 529	1 949	1 388
	VI	9 807	3 712	3 712							
39 851,99	I,IV	5 052	3 716	3 716	I	3 756	2 537	1 395	388		
	II	3 888	3 716	3 716	II	2 661	1 511	478			
	III	1 742	3 716	3 716	III	802	60				
	V	9 302	3 716	3 716	IV	4 395	3 756	3 137	2 537	1 956	1 395
	VI	9 820	3 716	3 716							
39 887,99	I,IV	5 061	3 719	3 719	I	3 764	2 545	1 402	394		
	II	3 896	3 719	3 719	II	2 669	1 518	483			
	III	1 748	3 719	3 719	III	808	64				
	V	9 314	3 719	3 719	IV	4 403	3 764	3 145	2 545	1 964	1 402
	VI	9 832	3 719	3 719							
39 923,99	I,IV	5 070	3 722	3 722	I	3 773	2 553	1 410	399		
	II	3 905	3 722	3 722	II	2 677	1 526	489			
	III	1 756	3 722	3 722	III	814	68				
	V	9 326	3 722	3 722	IV	4 412	3 773	3 153	2 553	1 971	1 410
	VI	9 844	3 722	3 722							
39 959,99	I,IV	5 079	3 726	3 726	I	3 781	2 560	1 417	405		
	II	3 913	3 726	3 726	II	2 684	1 533	495			
	III	1 762	3 726	3 726	III	820	72				
	V	9 338	3 726	3 726	IV	4 420	3 781	3 161	2 560	1 979	1 417
	VI	9 857	3 726	3 726							
39 995,99	I,IV	5 087	3 729	3 729	I	3 789	2 568	1 424	410		
	II	3 921	3 729	3 729	II	2 692	1 540	501			
	III	1 768	3 729	3 729	III	824	76				
	V	9 352	3 729	3 729	IV	4 428	3 789	3 169	2 568	1 986	1 424
	VI	9 869	3 729	3 729							
40 031,99	I,IV	5 096	3 732	3 732	I	3 797	2 576	1 431	416		
	II	3 930	3 732	3 732	II	2 700	1 547	507			
	III	1 776	3 732	3 732	III	830	80				
	V	9 362	3 732	3 732	IV	4 437	3 797	3 177	2 576	1 994	1 431
	VI	9 881	3 732	3 732							
40 067,99	I,IV	5 105	3 736	3 736	I	3 806	2 583	1 439	421		
	II	3 938	3 736	3 736	II	2 708	1 555	512			
	III	1 782	3 736	3 736	III	836	84				
	V	9 376	3 736	3 736	IV	4 446	3 806	3 185	2 583	2 001	1 439
	VI	9 894	3 736	3 736							
40 103,99	I,IV	5 114	3 739	3 739	I	3 814	2 591	1 446	427		
	II	3 946	3 739	3 739	II	2 715	1 562	518			
	III	1 790	3 739	3 739	III	842	88				
	V	9 388	3 739	3 739	IV	4 454	3 814	3 193	2 591	2 009	1 446
	VI	9 906	3 739	3 739							
40 139,99	I,IV	5 122	3 743	3 743	I	3 822	2 599	1 453	432		
	II	3 954	3 743	3 743	II	2 723	1 569	524			
	III	1 796	3 743	3 743	III	846	94				
	V	9 399	3 743	3 743	IV	4 462	3 822	3 201	2 599	2 016	1 453
	VI	9 918	3 743	3 743							
40 175,99	I,IV	5 131	3 746	3 746	I	3 830	2 607	1 460	438		
	II	3 963	3 746	3 746	II	2 731	1 577	530			
	III	1 804	3 746	3 746	III	852	98				
	V	9 411	3 746	3 746	IV	4 471	3 830	3 209	2 607	2 024	1 460
	VI	9 930	3 746	3 746							

*   Zur LSt-Berechnung für privat versicherte Arbeitnehmer s. Beispiele **Vorbemerkung S. 4 f.**
** Basisvorsorgepauschale KV und PV   *** Typisierter Arbeitgeberzuschuss

Lohn/ Gehalt in € bis	Steuerklasse	Lohn- steuer*	BVSP**	TAGZ***	Steuerklasse	Bemessungsgrundlage für Kirchensteuer und Solidaritätszuschlag					
						Freibeträge für ... Kinder					
						0,5	1,0	1,5	2,0	2,5	3,0
40 211,99	I,IV	5140	3749	3749	I	3839	2614	1467	444		
	II	3971	3749	3749	II	2739	1584	536			
	III	1810	3749	3749	III	858	102				
	V	9424	3749	3749	IV	4480	3839	3217	2614	2031	1467
	VI	9943	3749	3749							
40 247,99	I,IV	5149	3753	3753	I	3847	2622	1475	449		
	II	3979	3753	3753	II	2747	1591	542			
	III	1818	3753	3753	III	864	106				
	V	9436	3753	3753	IV	4488	3847	3225	2622	2039	1475
	VI	9955	3753	3753							
40 283,99	I,IV	5158	3756	3756	I	3855	2630	1482	455		
	II	3988	3756	3756	II	2755	1599	548			
	III	1824	3756	3756	III	870	110				
	V	9448	3756	3756	IV	4497	3855	3233	2630	2046	1482
	VI	9967	3756	3756							
40 319,99	I,IV	5166	3759	3759	I	3863	2638	1489	461		
	II	3996	3759	3759	II	2762	1606	554			
	III	1830	3759	3759	III	874	114				
	V	9460	3759	3759	IV	4505	3863	3241	2638	2054	1489
	VI	9980	3759	3759							
40 355,99	I,IV	5175	3763	3763	I	3872	2645	1496	466		
	II	4004	3763	3763	II	2770	1613	560			
	III	1838	3763	3763	III	880	120				
	V	9473	3763	3763	IV	4514	3872	3249	2645	2061	1496
	VI	9992	3763	3763							
40 391,99	I,IV	5184	3766	3766	I	3880	2653	1504	472		
	II	4013	3766	3766	II	2778	1621	566			
	III	1844	3766	3766	III	886	124				
	V	9485	3766	3766	IV	4522	3880	3257	2653	2069	1504
	VI	10004	3766	3766							
40 427,99	I,IV	5193	3769	3769	I	3888	2661	1511	478		
	II	4021	3769	3769	II	2786	1628	572			
	III	1852	3769	3769	III	892	128				
	V	9497	3769	3769	IV	4531	3888	3265	2661	2076	1511
	VI	10017	3769	3769							
40 463,99	I,IV	5201	3773	3773	I	3896	2669	1518	484		
	II	4029	3773	3773	II	2794	1635	578			
	III	1858	3773	3773	III	898	132				
	V	9510	3773	3773	IV	4539	3896	3273	2669	2084	1518
	VI	10029	3773	3773							
40 499,99	I,IV	5210	3776	3776	I	3905	2677	1526	489		
	II	4038	3776	3776	II	2801	1642	584			
	III	1866	3776	3776	III	902	136				
	V	9522	3776	3776	IV	4548	3905	3281	2677	2091	1526
	VI	10041	3776	3776							
40 535,99	I,IV	5219	3779	3779	I	3913	2685	1533	495		
	II	4046	3779	3779	II	2809	1650	590			
	III	1872	3779	3779	III	908	140				
	V	9534	3779	3779	IV	4556	3913	3289	2685	2099	1533
	VI	10054	3779	3779							
40 571,99	I,IV	5228	3783	3783	I	3921	2692	1540	501		
	II	4054	3783	3783	II	2817	1657	596			
	III	1880	3783	3783	III	914	146				
	V	9547	3783	3783	IV	4565	3921	3297	2692	2107	1540
	VI	10066	3783	3783							
40 607,99	I,IV	5236	3786	3786	I	3930	2700	1547	507		
	II	4063	3786	3786	II	2825	1664	602			
	III	1886	3786	3786	III	920	150				
	V	9559	3786	3786	IV	4573	3930	3305	2700	2114	1547
	VI	10078	3786	3786							

* Zur LSt-Berechnung für privat versicherte Arbeitnehmer s. Beispiele **Vorbemerkung S. 4 f.**
** Basisvorsorgepauschale KV und PV *** Typisierter Arbeitgeberzuschuss

Lohn/Gehalt in € bis	Steuerklasse	Lohnsteuer*	BVSP**	TAGZ***	Steuerklasse	0,5	1,0	1,5	2,0	2,5	3,0
						Bemessungsgrundlage für Kirchensteuer und Solidaritätszuschlag — Freibeträge für ... Kinder					
40 643,99	I,IV	5 245	3 790	3 790	I	3 938	2 708	1 555	513		
	II	4 071	3 790	3 790	II	2 833	1 672	608			
	III	1 894	3 790	3 790	III	926	154				
	V	9 571	3 790	3 790	IV	4 582	3 938	3 313	2 708	2 122	1 555
	VI	10 090	3 790	3 790							
40 679,99	I,IV	5 254	3 793	3 793	I	3 946	2 716	1 562	518		
	II	4 079	3 793	3 793	II	2 841	1 679	614			
	III	1 900	3 793	3 793	III	932	158				
	V	9 584	3 793	3 793	IV	4 591	3 946	3 321	2 716	2 129	1 562
	VI	10 103	3 793	3 793							
40 715,99	I,IV	5 263	3 796	3 796	I	3 955	2 723	1 569	524		
	II	4 088	3 796	3 796	II	2 848	1 686	620			
	III	1 908	3 796	3 796	III	936	162				
	V	9 596	3 796	3 796	IV	4 599	3 955	3 329	2 723	2 137	1 569
	VI	10 115	3 796	3 796							
40 751,99	I,IV	5 272	3 800	3 800	I	3 963	2 731	1 577	530		
	II	4 096	3 800	3 800	II	2 856	1 694	626			
	III	1 914	3 800	3 800	III	942	168				
	V	9 608	3 800	3 800	IV	4 608	3 963	3 337	2 731	2 144	1 577
	VI	10 127	3 800	3 800							
40 787,99	I,IV	5 281	3 803	3 803	I	3 971	2 739	1 584	536		
	II	4 105	3 803	3 803	II	2 864	1 701	633			
	III	1 922	3 803	3 803	III	948	172				
	V	9 621	3 803	3 803	IV	4 616	3 971	3 346	2 739	2 152	1 584
	VI	10 140	3 803	3 803							
40 823,99	I,IV	5 289	3 806	3 806	I	3 980	2 747	1 591	542		
	II	4 113	3 806	3 806	II	2 872	1 708	639			
	III	1 928	3 806	3 806	III	954	176				
	V	9 633	3 806	3 806	IV	4 625	3 980	3 354	2 747	2 159	1 591
	VI	10 152	3 806	3 806							
40 859,99	I,IV	5 298	3 810	3 810	I	3 988	2 755	1 599	548		
	II	4 121	3 810	3 810	II	2 880	1 716	645			
	III	1 936	3 810	3 810	III	960	180				
	V	9 645	3 810	3 810	IV	4 633	3 988	3 362	2 755	2 167	1 599
	VI	10 164	3 810	3 810							
40 895,99	I,IV	5 307	3 813	3 813	I	3 996	2 763	1 606	554		
	II	4 130	3 813	3 813	II	2 888	1 723	651			
	III	1 942	3 813	3 813	III	966	186				
	V	9 657	3 813	3 813	IV	4 642	3 996	3 370	2 763	2 175	1 606
	VI	10 177	3 813	3 813							
40 931,99	I,IV	5 316	3 816	3 816	I	4 005	2 770	1 613	560		
	II	4 138	3 816	3 816	II	2 896	1 731	657			
	III	1 950	3 816	3 816	III	972	190				
	V	9 670	3 816	3 816	IV	4 651	4 005	3 378	2 770	2 182	1 613
	VI	10 189	3 816	3 816							
40 967,99	I,IV	5 325	3 820	3 820	I	4 013	2 778	1 621	566		
	II	4 146	3 820	3 820	II	2 904	1 738	663			
	III	1 956	3 820	3 820	III	978	194				
	V	9 682	3 820	3 820	IV	4 659	4 013	3 386	2 778	2 190	1 621
	VI	10 201	3 820	3 820							
41 003,99	I,IV	5 334	3 823	3 823	I	4 021	2 786	1 628	572		
	II	4 155	3 823	3 823	II	2 912	1 745	670			
	III	1 964	3 823	3 823	III	984	198				
	V	9 694	3 823	3 823	IV	4 668	4 021	3 394	2 786	2 197	1 628
	VI	10 214	3 823	3 823							
41 039,99	I,IV	5 343	3 826	3 826	I	4 030	2 794	1 635	578		
	II	4 163	3 826	3 826	II	2 919	1 753	676			
	III	1 970	3 826	3 826	III	988	204				
	V	9 707	3 826	3 826	IV	4 676	4 030	3 402	2 794	2 205	1 635
	VI	10 226	3 826	3 826							

* Zur LSt-Berechnung für privat versicherte Arbeitnehmer s. Beispiele **Vorbemerkung S. 4 f.**
** Basisvorsorgepauschale KV und PV   *** Typisierter Arbeitgeberzuschuss

Lohn/Gehalt in € bis	Steuerklasse	Lohn-steuer*	BVSP**	TAGZ***	Steuerklasse	Bemessungsgrundlage für Kirchensteuer und Solidaritätszuschlag					
						Freibeträge für ... Kinder					
						0,5	1,0	1,5	2,0	2,5	3,0
41 075,99	I,IV	5 351	3 830	3 830	I	4 038	2 802	1 643	584		
	II	4 172	3 830	3 830	II	2 927	1 760	682			
	III	1 978	3 830	3 830	III	994	208				
	V	9 719	3 830	3 830	IV	4 685	4 038	3 410	2 802	2 212	1 643
	VI	10 238	3 830								
41 111,99	I,IV	5 360	3 833	3 833	I	4 046	2 809	1 650	590		
	II	4 180	3 833	3 833	II	2 935	1 767	689			
	III	1 984	3 833	3 833	III	1 000	212				
	V	9 731	3 833	3 833	IV	4 693	4 046	3 418	2 809	2 220	1 650
	VI	10 250	3 833								
41 147,99	I,IV	5 369	3 837	3 837	I	4 055	2 817	1 657	596		
	II	4 188	3 837	3 837	II	2 943	1 775	695			
	III	1 992	3 837	3 837	III	1 006	216				
	V	9 744	3 837	3 837	IV	4 702	4 055	3 426	2 817	2 228	1 657
	VI	10 263	3 837	3 837							
41 183,99	I,IV	5 378	3 840	3 840	I	4 063	2 825	1 665	602		
	II	4 197	3 840	3 840	II	2 951	1 782	701			
	III	1 998	3 840	3 840	III	1 012	222				
	V	9 756	3 840	3 840	IV	4 711	4 063	3 434	2 825	2 235	1 665
	VI	10 275	3 840	3 840							
41 219,99	I,IV	5 387	3 843	3 843	I	4 071	2 833	1 672	608		
	II	4 205	3 843	3 843	II	2 959	1 790	708			
	III	2 006	3 843	3 843	III	1 018	226				
	V	9 768	3 843	3 843	IV	4 719	4 071	3 442	2 833	2 243	1 672
	VI	10 287	3 843	3 843							
41 255,99	I,IV	5 396	3 847	3 847	I	4 080	2 841	1 679	614		
	II	4 214	3 847	3 847	II	2 967	1 797	714			
	III	2 012	3 847	3 847	III	1 024	230				
	V	9 781	3 847	3 847	IV	4 728	4 080	3 451	2 841	2 251	1 679
	VI	10 300	3 847	3 847							
41 291,99	I,IV	5 405	3 850	3 850	I	4 088	2 849	1 687	620		
	II	4 222	3 850	3 850	II	2 975	1 805	721			
	III	2 020	3 850	3 850	III	1 030	234				
	V	9 793	3 850	3 850	IV	4 737	4 088	3 459	2 849	2 258	1 687
	VI	10 312	3 850	3 850							
41 327,99	I,IV	5 413	3 853	3 853	I	4 096	2 857	1 694	626		
	II	4 230	3 853	3 853	II	2 983	1 812	727			
	III	2 026	3 853	3 853	III	1 036	240				
	V	9 805	3 853	3 853	IV	4 745	4 096	3 467	2 857	2 266	1 694
	VI	10 324	3 853	3 853							
41 363,99	I,IV	5 422	3 857	3 857	I	4 105	2 864	1 701	633		
	II	4 239	3 857	3 857	II	2 990	1 819	733			
	III	2 034	3 857	3 857	III	1 042	244				
	V	9 817	3 857	3 857	IV	4 754	4 105	3 475	2 864	2 273	1 701
	VI	10 336	3 857	3 857							
41 399,99	I,IV	5 431	3 860	3 860	I	4 113	2 872	1 709	639		
	II	4 247	3 860	3 860	II	2 999	1 827	740			
	III	2 042	3 860	3 860	III	1 048	248				
	V	9 830	3 860	3 860	IV	4 763	4 113	3 483	2 872	2 281	1 709
	VI	10 349	3 860	3 860							
41 435,99	I,IV	5 440	3 863	3 863	I	4 121	2 880	1 716	645		
	II	4 256	3 863	3 863	II	3 006	1 834	746			
	III	2 048	3 863	3 863	III	1 052	254				
	V	9 842	3 863	3 863	IV	4 771	4 121	3 491	2 880	2 288	1 716
	VI	10 361	3 863	3 863							
41 471,99	I,IV	5 449	3 867	3 867	I	4 130	2 888	1 723	651		
	II	4 264	3 867	3 867	II	3 014	1 841	753			
	III	2 056	3 867	3 867	III	1 058	258				
	V	9 854	3 867	3 867	IV	4 780	4 130	3 499	2 888	2 296	1 723
	VI	10 373	3 867	3 867							

* Zur LSt-Berechnung für privat versicherte Arbeitnehmer s. Beispiele **Vorbemerkung S. 4 f.**
** Basisvorsorgepauschale KV und PV *** Typisierter Arbeitgeberzuschuss

Lohn/ Gehalt in € bis	Steuerklasse	Lohn- steuer*	BVSP**	TAGZ***	Steuerklasse	Bemessungsgrundlage für Kirchensteuer und Solidaritätszuschlag Freibeträge für ... Kinder					
						0,5	1,0	1,5	2,0	2,5	3,0
41 507,99	I,IV	5458	3870	3870	I	4138	2896	1731	658		
	II	4273	3870	3870	II	3022	1849	759			
	III	2062	3870	3870	III	1064	262				
	V	9867	3870	3870	IV	4788	4138	3508	2896	2304	1731
	VI	10386	3870	3870							
41 543,99	I,IV	5467	3873	3873	I	4147	2904	1738	664		
	II	4281	3873	3873	II	3030	1856	766			
	III	2070	3873	3873	III	1070	266				
	V	9879	3873	3873	IV	4797	4147	3516	2904	2311	1738
	VI	10398	3873	3873							
41 579,99	I,IV	5475	3877	3877	I	4155	2912	1745	670		
	II	4289	3877	3877	II	3038	1864	772			
	III	2076	3877	3877	III	1076	272				
	V	9891	3877	3877	IV	4806	4155	3524	2912	2319	1745
	VI	10410	3877	3877							
41 615,99	I,IV	5485	3880	3880	I	4164	2920	1753	676		
	II	4298	3880	3880	II	3046	1871	779			
	III	2084	3880	3880	III	1082	276				
	V	9904	3880	3880	IV	4814	4164	3532	2920	2327	1753
	VI	10423	3880	3880							
41 651,99	I,IV	5493	3884	3884	I	4172	2928	1760	683		
	II	4306	3884	3884	II	3054	1879	785			
	III	2090	3884	3884	III	1088	280				
	V	9916	3884	3884	IV	4823	4172	3540	2928	2334	1760
	VI	10435	3884	3884							
41 687,99	I,IV	5502	3887	3887	I	4180	2935	1768	689		
	II	4315	3887	3887	II	3062	1886	792			
	III	2098	3887	3887	III	1094	286				
	V	9928	3887	3887	IV	4832	4180	3548	2935	2342	1768
	VI	10447	3887	3887							
41 723,99	I,IV	5511	3890	3890	I	4188	2943	1775	695		
	II	4323	3890	3890	II	3070	1894	799			
	III	2104	3890	3890	III	1100	290				
	V	9940	3890	3890	IV	4840	4188	3556	2943	2349	1775
	VI	10459	3890	3890							
41 759,99	I,IV	5520	3894	3894	I	4197	2951	1783	702		
	II	4332	3894	3894	II	3078	1901	805			
	III	2112	3894	3894	III	1106	294				
	V	9953	3894	3894	IV	4849	4197	3565	2951	2357	1783
	VI	10472	3894	3894							
41 795,99	I,IV	5529	3897	3897	I	4205	2959	1790	708		
	II	4340	3897	3897	II	3086	1909	812			
	III	2118	3897	3897	III	1112	300				
	V	9965	3897	3897	IV	4858	4205	3573	2959	2365	1790
	VI	10484	3897	3897							
41 831,99	I,IV	5538	3900	3900	I	4214	2967	1797	714		
	II	4349	3900	3900	II	3094	1916	818			
	III	2126	3900	3900	III	1118	304				
	V	9977	3900	3900	IV	4866	4214	3581	2967	2372	1797
	VI	10496	3900	3900							
41 867,99	I,IV	5547	3904	3904	I	4222	2975	1805	721		
	II	4357	3904	3904	II	3102	1924	825	1		
	III	2132	3904	3904	III	1124	308				
	V	9990	3904	3904	IV	4875	4222	3589	2975	2380	1805
	VI	10509	3904	3904							
41 903,99	I,IV	5556	3907	3907	I	4231	2983	1812	727		
	II	4366	3907	3907	II	3110	1931	832	5		
	III	2140	3907	3907	III	1130	314				
	V	10002	3907	3907	IV	4884	4231	3597	2983	2388	1812
	VI	10521	3907	3907							

* Zur LSt-Berechnung für privat versicherte Arbeitnehmer s. Beispiele **Vorbemerkung S. 4 f.**
** Basisvorsorgepauschale KV und PV *** Typisierter Arbeitgeberzuschuss

Lohn/ Gehalt in € bis	Steuerklasse	Lohn-steuer*	BVSP**	TAGZ***	Steuerklasse	Bemessungsgrundlage für Kirchensteuer und Solidaritätszuschlag Freibeträge für ... Kinder					
						0,5	1,0	1,5	2,0	2,5	3,0
41 939,99	I,IV	5 565	3 910	3 910	I	4 239	2 991	1 819	733		
	II	4 374	3 910	3 910	II	3 118	1 938	839	9		
	III	2 146	3 910	3 910	III	1 136	318				
	V	10 014	3 910	3 910	IV	4 892	4 239	3 605	2 991	2 395	1 819
	VI	10 533	3 910								
41 975,99	I,IV	5 573	3 914	3 914	I	4 247	2 999	1 827	740		
	II	4 382	3 914	3 914	II	3 125	1 946	845	14		
	III	2 154	3 914	3 914	III	1 142	322				
	V	10 026	3 914	3 914	IV	4 901	4 247	3 613	2 999	2 403	1 827
	VI	10 545	3 914								
42 011,99	I,IV	5 583	3 917	3 917	I	4 256	3 007	1 834	746		
	II	4 391	3 917	3 917	II	3 134	1 953	852	18		
	III	2 162	3 917	3 917	III	1 148	328				
	V	10 039	3 917	3 917	IV	4 910	4 256	3 622	3 007	2 411	1 834
	VI	10 558	3 917								
42 047,99	I,IV	5 591	3 920	3 920	I	4 264	3 014	1 842	753		
	II	4 399	3 920	3 920	II	3 142	1 961	859	22		
	III	2 168	3 920	3 920	III	1 154	332				
	V	10 051	3 920	3 920	IV	4 918	4 264	3 630	3 014	2 418	1 842
	VI	10 570	3 920								
42 083,99	I,IV	5 600	3 924	3 924	I	4 273	3 022	1 849	759		
	II	4 408	3 924	3 924	II	3 149	1 968	865	26		
	III	2 176	3 924	3 924	III	1 160	338				
	V	10 063	3 924	3 924	IV	4 927	4 273	3 638	3 022	2 426	1 849
	VI	10 582	3 924								
42 119,99	I,IV	5 609	3 927	3 927	I	4 281	3 030	1 857	766		
	II	4 417	3 927	3 927	II	3 158	1 976	872	30		
	III	2 182	3 927	3 927	III	1 166	342				
	V	10 076	3 927	3 927	IV	4 936	4 281	3 646	3 030	2 434	1 857
	VI	10 595	3 927								
42 155,99	I,IV	5 618	3 931	3 931	I	4 290	3 038	1 864	772		
	II	4 425	3 931	3 931	II	3 166	1 983	879	35		
	III	2 190	3 931	3 931	III	1 172	346				
	V	10 088	3 931	3 931	IV	4 944	4 290	3 654	3 038	2 442	1 864
	VI	10 607	3 931								
42 191,99	I,IV	5 627	3 934	3 934	I	4 298	3 046	1 871	779		
	II	4 433	3 934	3 934	II	3 173	1 991	886	39		
	III	2 196	3 934	3 934	III	1 178	352				
	V	10 100	3 934	3 934	IV	4 953	4 298	3 662	3 046	2 449	1 871
	VI	10 619	3 934								
42 227,99	I,IV	5 636	3 937	3 937	I	4 307	3 054	1 879	786		
	II	4 442	3 937	3 937	II	3 182	1 998	893	43		
	III	2 204	3 937	3 937	III	1 184	356				
	V	10 113	3 937	3 937	IV	4 962	4 307	3 671	3 054	2 457	1 879
	VI	10 632	3 937								
42 263,99	I,IV	5 645	3 941	3 941	I	4 315	3 062	1 886	792		
	II	4 451	3 941	3 941	II	3 190	2 006	900	47		
	III	2 210	3 941	3 941	III	1 190	360				
	V	10 125	3 941	3 941	IV	4 970	4 315	3 679	3 062	2 465	1 886
	VI	10 644	3 941								
42 299,99	I,IV	5 654	3 944	3 944	I	4 323	3 070	1 894	799		
	II	4 459	3 944	3 944	II	3 197	2 013	906	52		
	III	2 218	3 944	3 944	III	1 196	366				
	V	10 137	3 944	3 944	IV	4 979	4 323	3 687	3 070	2 472	1 894
	VI	10 656	3 944								
42 335,99	I,IV	5 663	3 947	3 947	I	4 332	3 078	1 901	805		
	II	4 467	3 947	3 947	II	3 205	2 021	913	56		
	III	2 224	3 947	3 947	III	1 202	370				
	V	10 149	3 947	3 947	IV	4 988	4 332	3 695	3 078	2 480	1 901
	VI	10 668	3 947								

* Zur LSt-Berechnung für privat versicherte Arbeitnehmer s. Beispiele **Vorbemerkung S. 4 f.**
** Basisvorsorgepauschale KV und PV   *** Typisierter Arbeitgeberzuschuss

Lohn/Gehalt in € bis	Steuerklasse	Lohnsteuer*	BVSP**	TAGZ***	Steuerklasse	Bemessungsgrundlage für Kirchensteuer und Solidaritätszuschlag Freibeträge für ... Kinder					
						0,5	1,0	1,5	2,0	2,5	3,0
42 371,99	I,IV	5 672	3 951	3 951	I	4 340	3 086	1 909	812		
	II	4 476	3 951	3 951	II	3 214	2 028	920	60		
	III	2 232	3 951	3 951	III	1 208	376				
	V	10 162	3 951	3 951	IV	4 997	4 340	3 704	3 086	2 488	1 909
	VI	10 681	3 951								
42 407,99	I,IV	5 681	3 954	3 954	I	4 349	3 094	1 916	819		
	II	4 485	3 954	3 954	II	3 222	2 036	927	65		
	III	2 240	3 954	3 954	III	1 214	380				
	V	10 174	3 954	3 954	IV	5 005	4 349	3 712	3 094	2 495	1 916
	VI	10 693	3 954								
42 443,99	I,IV	5 690	3 957	3 957	I	4 357	3 102	1 924	825	1	
	II	4 493	3 957	3 957	II	3 229	2 043	934	69		
	III	2 246	3 957	3 957	III	1 220	384				
	V	10 186	3 957	3 957	IV	5 014	4 357	3 720	3 102	2 503	1 924
	VI	10 705	3 957								
42 479,99	I,IV	5 699	3 961	3 961	I	4 366	3 110	1 931	832	6	
	II	4 502	3 961	3 961	II	3 238	2 051	941	74		
	III	2 254	3 961	3 961	III	1 226	390				
	V	10 199	3 961	3 961	IV	5 023	4 366	3 728	3 110	2 511	1 931
	VI	10 718	3 961								
42 515,99	I,IV	5 708	3 964	3 964	I	4 374	3 118	1 939	839	10	
	II	4 510	3 964	3 964	II	3 246	2 058	948	78		
	III	2 260	3 964	3 964	III	1 234	394				
	V	10 211	3 964	3 964	IV	5 031	4 374	3 736	3 118	2 519	1 939
	VI	10 730	3 964								
42 551,99	I,IV	5 717	3 967	3 967	I	4 383	3 126	1 946	845	14	
	II	4 519	3 967	3 967	II	3 254	2 066	955	82		
	III	2 268	3 967	3 967	III	1 238	400				
	V	10 223	3 967	3 967	IV	5 040	4 383	3 745	3 126	2 526	1 946
	VI	10 742	3 967								
42 587,99	I,IV	5 726	3 971	3 971	I	4 391	3 134	1 953	852	18	
	II	4 527	3 971	3 971	II	3 262	2 073	962	87		
	III	2 274	3 971	3 971	III	1 246	404				
	V	10 235	3 971	3 971	IV	5 049	4 391	3 753	3 134	2 534	1 953
	VI	10 755	3 971								
42 623,99	I,IV	5 735	3 974	3 974	I	4 400	3 142	1 961	859	22	
	II	4 536	3 974	3 974	II	3 270	2 081	969	91		
	III	2 282	3 974	3 974	III	1 252	410				
	V	10 248	3 974	3 974	IV	5 058	4 400	3 761	3 142	2 542	1 961
	VI	10 767	3 974								
42 659,99	I,IV	5 744	3 978	3 978	I	4 408	3 150	1 968	866	26	
	II	4 544	3 978	3 978	II	3 278	2 088	976	96		
	III	2 288	3 978	3 978	III	1 258	414				
	V	10 260	3 978	3 978	IV	5 066	4 408	3 769	3 150	2 549	1 968
	VI	10 779	3 978								
42 695,99	I,IV	5 753	3 981	3 981	I	4 417	3 158	1 976	872	30	
	II	4 553	3 981	3 981	II	3 286	2 096	983	100		
	III	2 296	3 981	3 981	III	1 264	420				
	V	10 272	3 981	3 981	IV	5 075	4 417	3 777	3 158	2 557	1 976
	VI	10 791	3 981								
42 731,99	I,IV	5 762	3 984	3 984	I	4 425	3 166	1 983	879	35	
	II	4 561	3 984	3 984	II	3 294	2 103	990	105		
	III	2 302	3 984	3 984	III	1 270	424				
	V	10 285	3 984	3 984	IV	5 084	4 425	3 786	3 166	2 565	1 983
	VI	10 804	3 984								
42 767,99	I,IV	5 771	3 988	3 988	I	4 434	3 174	1 991	886	39	
	II	4 570	3 988	3 988	II	3 302	2 111	997	109		
	III	2 310	3 988	3 988	III	1 276	428				
	V	10 297	3 988	3 988	IV	5 093	4 434	3 794	3 174	2 573	1 991
	VI	10 816	3 988								

* Zur LSt-Berechnung für privat versicherte Arbeitnehmer s. Beispiele **Vorbemerkung S. 4 f.**
** Basisvorsorgepauschale KV und PV   *** Typisierter Arbeitgeberzuschuss

Lohn/Gehalt in € bis	Steuerklasse	Lohn-steuer*	BVSP**	TAGZ***	Steuerklasse	\multicolumn{6}{c}{Bemessungsgrundlage für Kirchensteuer und Solidaritätszuschlag}
						\multicolumn{6}{c}{Freibeträge für ... Kinder}
						0,5	1,0	1,5	2,0	2,5	3,0
42 803,99	I,IV	5 780	3 991	3 991	I	4 442	3 182	1 998	893	43	
	II	4 578	3 991	3 991	II	3 310	2 118	1 004	114		
	III	2 318	3 991	3 991	III	1 282	434				
	V	10 309	3 991	3 991	IV	5 101	4 442	3 802	3 182	2 580	1 998
	VI	10 828	3 991								
42 839,99	I,IV	5 789	3 994	3 994	I	4 451	3 190	2 006	900	48	
	II	4 587	3 994	3 994	II	3 318	2 126	1 011	118		
	III	2 324	3 994	3 994	III	1 288	438				
	V	10 322	3 994	3 994	IV	5 110	4 451	3 811	3 190	2 588	2 006
	VI	10 841	3 994	3 994							
42 875,99	I,IV	5 798	3 998	3 998	I	4 459	3 198	2 013	907	52	
	II	4 596	3 998	3 998	II	3 326	2 134	1 018	123		
	III	2 332	3 998	3 998	III	1 294	444				
	V	10 334	3 998	3 998	IV	5 119	4 459	3 819	3 198	2 596	2 013
	VI	10 853	3 998	3 998							
42 911,99	I,IV	5 807	4 001	4 001	I	4 468	3 206	2 021	914	56	
	II	4 604	4 001	4 001	II	3 334	2 141	1 025	127		
	III	2 338	4 001	4 001	III	1 300	448				
	V	10 346	4 001	4 001	IV	5 128	4 468	3 827	3 206	2 604	2 021
	VI	10 865	4 001	4 001							
42 947,99	I,IV	5 816	4 004	4 004	I	4 476	3 214	2 028	920	60	
	II	4 613	4 004	4 004	II	3 342	2 149	1 032	132		
	III	2 346	4 004	4 004	III	1 306	454				
	V	10 358	4 004	4 004	IV	5 136	4 476	3 835	3 214	2 611	2 028
	VI	10 878	4 004	4 004							
42 983,99	I,IV	5 825	4 008	4 008	I	4 485	3 222	2 036	927	65	
	II	4 621	4 008	4 008	II	3 350	2 156	1 040	137		
	III	2 352	4 008	4 008	III	1 314	458				
	V	10 371	4 008	4 008	IV	5 145	4 485	3 844	3 222	2 619	2 036
	VI	10 890	4 008	4 008							
43 019,99	I,IV	5 834	4 011	4 011	I	4 493	3 230	2 043	934	69	
	II	4 630	4 011	4 011	II	3 358	2 164	1 047	141		
	III	2 360	4 011	4 011	III	1 320	464				
	V	10 383	4 011	4 011	IV	5 154	4 493	3 852	3 230	2 627	2 043
	VI	10 902	4 011	4 011							
43 055,99	I,IV	5 843	4 014	4 014	I	4 502	3 238	2 051	941	74	
	II	4 638	4 014	4 014	II	3 366	2 171	1 054	146		
	III	2 366	4 014	4 014	III	1 326	468				
	V	10 395	4 014	4 014	IV	5 163	4 502	3 860	3 238	2 635	2 051
	VI	10 915	4 014	4 014							
43 091,99	I,IV	5 852	4 018	4 018	I	4 510	3 246	2 059	948	78	
	II	4 647	4 018	4 018	II	3 374	2 179	1 061	151		
	III	2 374	4 018	4 018	III	1 332	474				
	V	10 408	4 018	4 018	IV	5 172	4 510	3 869	3 246	2 643	2 059
	VI	10 927	4 018	4 018							
43 127,99	I,IV	5 861	4 021	4 021	I	4 519	3 254	2 066	955	82	
	II	4 656	4 021	4 021	II	3 382	2 187	1 068	155		
	III	2 382	4 021	4 021	III	1 338	478				
	V	10 420	4 021	4 021	IV	5 180	4 519	3 877	3 254	2 650	2 066
	VI	10 939	4 021	4 021							
43 163,99	I,IV	5 870	4 025	4 025	I	4 527	3 262	2 073	962	87	
	II	4 664	4 025	4 025	II	3 390	2 194	1 075	160		
	III	2 388	4 025	4 025	III	1 344	484				
	V	10 432	4 025	4 025	IV	5 189	4 527	3 885	3 262	2 658	2 073
	VI	10 951	4 025	4 025							
43 199,99	I,IV	5 879	4 028	4 028	I	4 536	3 270	2 081	969	91	
	II	4 673	4 028	4 028	II	3 399	2 202	1 082	165		
	III	2 396	4 028	4 028	III	1 350	488				
	V	10 445	4 028	4 028	IV	5 198	4 536	3 893	3 270	2 666	2 081
	VI	10 964	4 028	4 028							

* Zur LSt-Berechnung für privat versicherte Arbeitnehmer s. Beispiele **Vorbemerkung S. 4 f.**
** Basisvorsorgepauschale KV und PV *** Typisierter Arbeitgeberzuschuss

Lohn/ Gehalt in € bis	Steuerklasse	Lohn- steuer*	BVSP**	TAGZ***	Steuerklasse	Bemessungsgrundlage für Kirchensteuer und Solidaritätszuschlag					
						Freibeträge für ... Kinder					
						0,5	1,0	1,5	2,0	2,5	3,0
43 235,99	I,IV	5 888	4 031	4 031	I	4 545	3 278	2 089	976	96	
	II	4 681	4 031	4 031	II	3 407	2 209	1 089	170		
	III	2 402	4 031	4 031	III	1 358	494				
	V	10 457	4 031	4 031	IV	5 207	4 545	3 902	3 278	2 674	2 089
	VI	10 976	4 031								
43 271,99	I,IV	5 897	4 035	4 035	I	4 553	3 286	2 096	983	100	
	II	4 690	4 035	4 035	II	3 415	2 217	1 096	174		
	III	2 410	4 035	4 035	III	1 364	498				
	V	10 469	4 035	4 035	IV	5 215	4 553	3 910	3 286	2 681	2 096
	VI	10 988	4 035								
43 307,99	I,IV	5 906	4 038	4 038	I	4 561	3 294	2 103	990	105	
	II	4 698	4 038	4 038	II	3 423	2 224	1 103	179		
	III	2 416	4 038	4 038	III	1 370	504				
	V	10 482	4 038	4 038	IV	5 224	4 561	3 918	3 294	2 689	2 103
	VI	11 001	4 038								
43 343,99	I,IV	5 915	4 041	4 041	I	4 570	3 302	2 111	997	109	
	II	4 707	4 041	4 041	II	3 431	2 232	1 110	184		
	III	2 424	4 041	4 041	III	1 376	508				
	V	10 494	4 041	4 041	IV	5 233	4 570	3 927	3 302	2 697	2 111
	VI	11 013	4 041								
43 379,99	I,IV	5 924	4 045	4 045	I	4 579	3 310	2 119	1 004	114	
	II	4 716	4 045	4 045	II	3 439	2 240	1 117	189		
	III	2 430	4 045	4 045	III	1 382	514				
	V	10 506	4 045	4 045	IV	5 242	4 579	3 935	3 310	2 705	2 119
	VI	11 025	4 045								
43 415,99	I,IV	5 933	4 048	4 048	I	4 587	3 318	2 126	1 011	118	
	II	4 724	4 048	4 048	II	3 447	2 247	1 124	193		
	III	2 438	4 048	4 048	III	1 388	518				
	V	10 518	4 048	4 048	IV	5 251	4 587	3 943	3 318	2 712	2 126
	VI	11 038	4 048								
43 451,99	I,IV	5 943	4 051	4 051	I	4 596	3 326	2 134	1 019	123	
	II	4 733	4 051	4 051	II	3 455	2 255	1 132	198		
	III	2 446	4 051	4 051	III	1 396	524				
	V	10 531	4 051	4 051	IV	5 260	4 596	3 951	3 326	2 720	2 134
	VI	11 050	4 051								
43 487,99	I,IV	5 952	4 055	4 055	I	4 604	3 334	2 141	1 026	128	
	II	4 742	4 055	4 055	II	3 463	2 262	1 139	203		
	III	2 452	4 055	4 055	III	1 402	528				
	V	10 543	4 055	4 055	IV	5 268	4 604	3 960	3 334	2 728	2 141
	VI	11 062	4 055								
43 523,99	I,IV	5 961	4 058	4 058	I	4 613	3 342	2 149	1 033	132	
	II	4 750	4 058	4 058	II	3 471	2 270	1 146	208		
	III	2 460	4 058	4 058	III	1 408	534				
	V	10 555	4 058	4 058	IV	5 277	4 613	3 968	3 342	2 736	2 149
	VI	11 075	4 058								
43 559,99	I,IV	5 970	4 061	4 061	I	4 621	3 350	2 156	1 040	137	
	II	4 759	4 061	4 061	II	3 480	2 278	1 153	213		
	III	2 466	4 061	4 061	III	1 414	538				
	V	10 568	4 061	4 061	IV	5 286	4 621	3 976	3 350	2 744	2 156
	VI	11 087	4 061								
43 595,99	I,IV	5 979	4 065	4 065	I	4 630	3 359	2 164	1 047	141	
	II	4 768	4 065	4 065	II	3 488	2 285	1 160	218		
	III	2 474	4 065	4 065	III	1 420	544				
	V	10 580	4 065	4 065	IV	5 295	4 630	3 985	3 359	2 752	2 164
	VI	11 099	4 065								
43 631,99	I,IV	5 988	4 068	4 068	I	4 639	3 366	2 172	1 054	146	
	II	4 776	4 068	4 068	II	3 496	2 293	1 167	223		
	III	2 482	4 068	4 068	III	1 428	548				
	V	10 592	4 068	4 068	IV	5 304	4 639	3 993	3 366	2 759	2 172
	VI	11 112	4 068								

* Zur LSt-Berechnung für privat versicherte Arbeitnehmer s. Beispiele **Vorbemerkung S. 4 f.**
** Basisvorsorgepauschale KV und PV *** Typisierter Arbeitgeberzuschuss

Lohn/Gehalt in € bis	Steuerklasse	Lohn-steuer*	BVSP**	TAGZ***	Steuerklasse	Bemessungsgrundlage für Kirchensteuer und Solidaritätszuschlag Freibeträge für ... Kinder					
						0,5	1,0	1,5	2,0	2,5	3,0
43 667,99	I,IV	**5 997**	4 072	4 072	I	4 647	3 374	2 179	1 061	151	
	II	**4 785**	4 072	4 072	II	3 504	2 300	1 174	228		
	III	**2 488**	4 072	4 072	III	1 434	554				
	V	**10 605**	4 072	4 072	IV	5 312	4 647	4 001	3 374	2 767	2 179
	VI	**11 124**	4 072								
43 703,99	I,IV	**6 006**	4 075	4 075	I	4 656	3 383	2 187	1 068	156	
	II	**4 793**	4 075	4 075	II	3 512	2 308	1 181	233		
	III	**2 496**	4 075	4 075	III	1 440	560				
	V	**10 617**	4 075	4 075	IV	5 321	4 656	4 010	3 383	2 775	2 187
	VI	**11 136**	4 075								
43 739,99	I,IV	**6 015**	4 078	4 078	I	4 664	3 391	2 194	1 075	160	
	II	**4 802**	4 078	4 078	II	3 520	2 316	1 188	238		
	III	**2 502**	4 078	4 078	III	1 446	564				
	V	**10 629**	4 078	4 078	IV	5 330	4 664	4 018	3 391	2 783	2 194
	VI	**11 148**	4 078								
43 775,99	I,IV	**6 024**	4 082	4 082	I	4 673	3 399	2 202	1 082	165	
	II	**4 811**	4 082	4 082	II	3 528	2 323	1 195	243		
	III	**2 510**	4 082	4 082	III	1 452	570				
	V	**10 642**	4 082	4 082	IV	5 339	4 673	4 026	3 399	2 791	2 202
	VI	**11 161**	4 082								
43 811,99	I,IV	**6 034**	4 085	4 085	I	4 682	3 407	2 210	1 089	170	
	II	**4 819**	4 085	4 085	II	3 537	2 331	1 203	248		
	III	**2 516**	4 085	4 085	III	1 460	574				
	V	**10 654**	4 085	4 085	IV	5 348	4 682	4 035	3 407	2 799	2 210
	VI	**11 173**	4 085								
43 847,99	I,IV	**6 043**	4 088	4 088	I	4 690	3 415	2 217	1 096	174	
	II	**4 828**	4 088	4 088	II	3 545	2 339	1 210	253		
	III	**2 524**	4 088	4 088	III	1 466	580				
	V	**10 666**	4 088	4 088	IV	5 357	4 690	4 043	3 415	2 806	2 217
	VI	**11 185**	4 088								
43 883,99	I,IV	**6 052**	4 092	4 092	I	4 699	3 423	2 225	1 103	179	
	II	**4 837**	4 092	4 092	II	3 553	2 346	1 217	258		
	III	**2 530**	4 092	4 092	III	1 472	584				
	V	**10 678**	4 092	4 092	IV	5 365	4 699	4 051	3 423	2 814	2 225
	VI	**11 198**	4 092								
43 919,99	I,IV	**6 061**	4 095	4 095	I	4 707	3 431	2 232	1 110	184	
	II	**4 845**	4 095	4 095	II	3 561	2 354	1 224	263		
	III	**2 538**	4 095	4 095	III	1 478	590				
	V	**10 691**	4 095	4 095	IV	5 374	4 707	4 060	3 431	2 822	2 232
	VI	**11 210**	4 095								
43 955,99	I,IV	**6 070**	4 098	4 098	I	4 716	3 439	2 240	1 118	189	
	II	**4 854**	4 098	4 098	II	3 569	2 362	1 231	268		
	III	**2 546**	4 098	4 098	III	1 486	596				
	V	**10 703**	4 098	4 098	IV	5 383	4 716	4 068	3 439	2 830	2 240
	VI	**11 222**	4 098								
43 991,99	I,IV	**6 079**	4 102	4 102	I	4 725	3 447	2 247	1 125	194	
	II	**4 863**	4 102	4 102	II	3 577	2 369	1 238	273		
	III	**2 552**	4 102	4 102	III	1 492	600				
	V	**10 715**	4 102	4 102	IV	5 392	4 725	4 076	3 447	2 838	2 247
	VI	**11 235**	4 102								
44 027,99	I,IV	**6 088**	4 105	4 105	I	4 733	3 455	2 255	1 132	198	
	II	**4 871**	4 105	4 105	II	3 585	2 377	1 245	278		
	III	**2 560**	4 105	4 105	III	1 498	606				
	V	**10 728**	4 105	4 105	IV	5 401	4 733	4 085	3 455	2 846	2 255
	VI	**11 247**	4 105								
44 063,99	I,IV	**6 097**	4 108	4 108	I	4 742	3 464	2 263	1 139	203	
	II	**4 880**	4 108	4 108	II	3 594	2 385	1 253	283		
	III	**2 568**	4 108	4 108	III	1 504	610				
	V	**10 740**	4 108	4 108	IV	5 410	4 742	4 093	3 464	2 854	2 263
	VI	**11 259**	4 108								

* Zur LSt-Berechnung für privat versicherte Arbeitnehmer s. Beispiele **Vorbemerkung S. 4 f.**
** Basisvorsorgepauschale KV und PV   *** Typisierter Arbeitgeberzuschuss

Lohn/Gehalt in € bis	Steuerklasse	Lohn-steuer*	BVSP**	TAGZ***	Steuerklasse	Bemessungsgrundlage für Kirchensteuer und Solidaritätszuschlag					
						Freibeträge für ... Kinder					
						0,5	**1,0**	1,5	**2,0**	2,5	**3,0**
44 099,99	I,IV	6106	4112	4112	I	4750	3472	2270	1146	208	
	II	4889	4112	4112	II	3602	2392	1260	288		
	III	2574	4112	4112	III	1510	616				
	V	10752	4112	4112	IV	5419	4750	4101	3472	2861	2270
	VI	11272	4112								
44 135,99	I,IV	6115	4115	4115	I	4759	3480	2278	1153	213	
	II	4897	4115	4115	II	3610	2400	1267	293		
	III	2582	4115	4115	III	1518	622				
	V	10765	4115	4115	IV	5428	4759	4110	3480	2869	2278
	VI	11284	4115								
44 171,99	I,IV	6124	4119	4119	I	4768	3488	2285	1160	218	
	II	4906	4119	4119	II	3618	2407	1274	299		
	III	2588	4119	4119	III	1524	626				
	V	10777	4119	4119	IV	5436	4768	4118	3488	2877	2285
	VI	11296	4119								
44 207,99	I,IV	6134	4122	4122	I	4776	3496	2293	1167	223	
	II	4915	4122	4122	II	3626	2415	1281	304		
	III	2596	4122	4122	III	1530	632				
	V	10789	4122	4122	IV	5445	4776	4127	3496	2885	2293
	VI	11308	4122								
44 243,99	I,IV	6143	4125	4125	I	4785	3504	2301	1174	228	
	II	4923	4125	4125	II	3635	2423	1288	309		
	III	2602	4125	4125	III	1536	636				
	V	10802	4125	4125	IV	5454	4785	4135	3504	2893	2301
	VI	11321	4125								
44 279,99	I,IV	6152	4129	4129	I	4793	3512	2308	1181	233	
	II	4932	4129	4129	II	3643	2431	1296	314		
	III	2610	4129	4129	III	1544	642				
	V	10814	4129	4129	IV	5463	4793	4143	3512	2901	2308
	VI	11333	4129								
44 315,99	I,IV	6161	4132	4132	I	4802	3521	2316	1189	238	
	II	4941	4132	4132	II	3651	2438	1303	320		
	III	2618	4132	4132	III	1550	648				
	V	10826	4132	4132	IV	5472	4802	4152	3521	2909	2316
	VI	11345	4132								
44 351,99	I,IV	6170	4135	4135	I	4811	3529	2324	1196	243	
	II	4949	4135	4135	II	3659	2446	1310	325		
	III	2624	4135	4135	III	1556	652				
	V	10839	4135	4135	IV	5481	4811	4160	3529	2916	2324
	VI	11358	4135								
44 387,99	I,IV	6179	4139	4139	I	4819	3537	2331	1203	248	
	II	4958	4139	4139	II	3667	2454	1317	330		
	III	2632	4139	4139	III	1562	658				
	V	10851	4139	4139	IV	5490	4819	4168	3537	2924	2331
	VI	11370	4139								
44 423,99	I,IV	6189	4142	4142	I	4828	3545	2339	1210	253	
	II	4967	4142	4142	II	3676	2461	1325	335		
	III	2638	4142	4142	III	1570	664				
	V	10863	4142	4142	IV	5499	4828	4177	3545	2932	2339
	VI	11382	4142								
44 459,99	I,IV	6198	4145	4145	I	4837	3553	2347	1217	258	
	II	4976	4145	4145	II	3684	2469	1332	341		
	III	2646	4145	4145	III	1576	668				
	V	10875	4145	4145	IV	5508	4837	4185	3553	2940	2347
	VI	11395	4145								
44 495,99	I,IV	6207	4149	4149	I	4845	3561	2354	1224	263	
	II	4984	4149	4149	II	3692	2477	1339	346		
	III	2652	4149	4149	III	1582	674				
	V	10888	4149	4149	IV	5516	4845	4194	3561	2948	2354
	VI	11407	4149								

* Zur LSt-Berechnung für privat versicherte Arbeitnehmer s. Beispiele **Vorbemerkung S. 4 f.**
** Basisvorsorgepauschale KV und PV   *** Typisierter Arbeitgeberzuschuss

Lohn/ Gehalt in € bis	Steuerklasse	Lohn- steuer*	BVSP**	TAGZ***	Steuerklasse	Bemessungsgrundlage für Kirchensteuer und Solidaritätszuschlag					
						Freibeträge für ... Kinder					
						0,5	1,0	1,5	2,0	2,5	3,0
44 531,99	I,IV	6 216	4 152	4 152	I	4 854	3 569	2 362	1 231	268	
	II	4 993	4 152	4 152	II	3 700	2 484	1 346	351		
	III	2 660	4 152	4 152	III	1 590	680				
	V	10 900	4 152	4 152	IV	5 525	4 854	4 202	3 569	2 956	2 362
	VI	11 419	4 152								
44 567,99	I,IV	6 225	4 155	4 155	I	4 863	3 578	2 370	1 239	273	
	II	5 002	4 155	4 155	II	3 708	2 492	1 353	357		
	III	2 668	4 155	4 155	III	1 596	684				
	V	10 912	4 155	4 155	IV	5 534	4 863	4 211	3 578	2 964	2 370
	VI	11 432	4 155								
44 603,99	I,IV	6 234	4 159	4 159	I	4 871	3 586	2 377	1 246	278	
	II	5 010	4 159	4 159	II	3 717	2 500	1 360	362		
	III	2 674	4 159	4 159	III	1 602	690				
	V	10 925	4 159	4 159	IV	5 543	4 871	4 219	3 586	2 972	2 377
	VI	11 444	4 159								
44 639,99	I,IV	6 243	4 162	4 162	I	4 880	3 594	2 385	1 253	283	
	II	5 019	4 162	4 162	II	3 725	2 507	1 368	367		
	III	2 682	4 162	4 162	III	1 610	696				
	V	10 937	4 162	4 162	IV	5 552	4 880	4 227	3 594	2 980	2 385
	VI	11 456	4 162								
44 675,99	I,IV	6 253	4 166	4 166	I	4 889	3 602	2 393	1 260	288	
	II	5 028	4 166	4 166	II	3 733	2 515	1 375	373		
	III	2 690	4 166	4 166	III	1 616	700				
	V	10 949	4 166	4 166	IV	5 561	4 889	4 236	3 602	2 988	2 393
	VI	11 469	4 166								
44 711,99	I,IV	6 262	4 169	4 169	I	4 897	3 610	2 400	1 267	294	
	II	5 037	4 169	4 169	II	3 741	2 523	1 382	378		
	III	2 696	4 169	4 169	III	1 622	706				
	V	10 962	4 169	4 169	IV	5 570	4 897	4 244	3 610	2 996	2 400
	VI	11 481	4 169								
44 747,99	I,IV	6 271	4 172	4 172	I	4 906	3 618	2 408	1 274	299	
	II	5 045	4 172	4 172	II	3 749	2 531	1 389	384		
	III	2 704	4 172	4 172	III	1 630	712				
	V	10 974	4 172	4 172	IV	5 579	4 906	4 253	3 618	3 003	2 408
	VI	11 493	4 172								
44 783,99	I,IV	6 280	4 176	4 176	I	4 915	3 626	2 415	1 281	304	
	II	5 054	4 176	4 176	II	3 757	2 538	1 396	389		
	III	2 710	4 176	4 176	III	1 636	716				
	V	10 986	4 176	4 176	IV	5 588	4 915	4 261	3 626	3 011	2 415
	VI	11 505	4 176								
44 819,99	I,IV	6 290	4 179	4 179	I	4 924	3 635	2 423	1 289	309	
	II	5 063	4 179	4 179	II	3 766	2 546	1 404	395		
	III	2 718	4 179	4 179	III	1 642	722				
	V	10 999	4 179	4 179	IV	5 597	4 924	4 270	3 635	3 019	2 423
	VI	11 518	4 179								
44 855,99	I,IV	6 299	4 182	4 182	I	4 932	3 643	2 431	1 296	314	
	II	5 071	4 182	4 182	II	3 774	2 554	1 411	400		
	III	2 726	4 182	4 182	III	1 650	728	2			
	V	11 011	4 182	4 182	IV	5 606	4 932	4 278	3 643	3 027	2 431
	VI	11 530	4 182								
44 891,99	I,IV	6 308	4 186	4 186	I	4 941	3 651	2 438	1 303	320	
	II	5 080	4 186	4 186	II	3 782	2 562	1 418	406		
	III	2 732	4 186	4 186	III	1 656	732	6			
	V	11 023	4 186	4 186	IV	5 615	4 941	4 286	3 651	3 035	2 438
	VI	11 542	4 186								
44 927,99	I,IV	6 317	4 189	4 189	I	4 950	3 659	2 446	1 310	325	
	II	5 089	4 189	4 189	II	3 791	2 569	1 425	411		
	III	2 740	4 189	4 189	III	1 662	738	10			
	V	11 035	4 189	4 189	IV	5 624	4 950	4 295	3 659	3 043	2 446
	VI	11 555	4 189								

    * Zur LSt-Berechnung für privat versicherte Arbeitnehmer s. Beispiele **Vorbemerkung S. 4 f.**
    ** Basisvorsorgepauschale KV und PV   *** Typisierter Arbeitgeberzuschuss

84

Lohn/ Gehalt in € bis	Steuerklasse	Lohn- steuer*	BVSP**	TAGZ***	Steuerklasse	Bemessungsgrundlage für Kirchensteuer und Solidaritätszuschlag					
						Freibeträge für ... Kinder					
						0,5	**1,0**	1,5	**2,0**	2,5	**3,0**
44 963,99	I,IV	**6 326**	4 192	4 192	I	4 958	3 667	2 454	1 317	330	
	II	**5 098**	4 192	4 192	II	3 799	2 577	1 433	417		
	III	**2 746**	4 192	4 192	III	1 670	744	14			
	V	**11 048**	4 192	4 192	IV	5 633	4 958	4 303	3 667	3 051	2 454
	VI	**11 567**	4 192								
44 999,99	I,IV	**6 335**	4 196	4 196	I	4 967	3 676	2 461	1 325	335	
	II	**5 106**	4 196	4 196	II	3 807	2 585	1 440	422		
	III	**2 754**	4 196	4 196	III	1 676	748	18			
	V	**11 060**	4 196	4 196	IV	5 642	4 967	4 312	3 676	3 059	2 461
	VI	**11 579**	4 196								
45 035,99	I,IV	**6 345**	4 199	4 199	I	4 976	3 684	2 469	1 332	341	
	II	**5 115**	4 199	4 199	II	3 815	2 593	1 447	428		
	III	**2 762**	4 199	4 199	III	1 682	754	22			
	V	**11 072**	4 199	4 199	IV	5 651	4 976	4 320	3 684	3 067	2 469
	VI	**11 592**	4 199								
45 071,99	I,IV	**6 354**	4 202	4 202	I	4 984	3 692	2 477	1 339	346	
	II	**5 124**	4 202	4 202	II	3 824	2 600	1 454	434		
	III	**2 768**	4 202	4 202	III	1 690	760	26			
	V	**11 085**	4 202	4 202	IV	5 660	4 984	4 329	3 692	3 075	2 477
	VI	**11 604**	4 202								
45 107,99	I,IV	**6 363**	4 206	4 206	I	4 993	3 700	2 485	1 346	351	
	II	**5 133**	4 206	4 206	II	3 832	2 608	1 462	439		
	III	**2 776**	4 206	4 206	III	1 696	766	30			
	V	**11 097**	4 206	4 206	IV	5 668	4 993	4 337	3 700	3 083	2 485
	VI	**11 616**	4 206								
45 143,99	I,IV	**6 372**	4 209	4 209	I	5 002	3 708	2 492	1 353	357	
	II	**5 141**	4 209	4 209	II	3 840	2 616	1 469	445		
	III	**2 782**	4 209	4 209	III	1 702	770	34			
	V	**11 109**	4 209	4 209	IV	5 677	5 002	4 345	3 708	3 091	2 492
	VI	**11 628**	4 209								
45 179,99	I,IV	**6 382**	4 213	4 213	I	5 011	3 717	2 500	1 361	362	
	II	**5 150**	4 213	4 213	II	3 848	2 624	1 476	450		
	III	**2 790**	4 213	4 213	III	1 710	776	40			
	V	**11 122**	4 213	4 213	IV	5 686	5 011	4 354	3 717	3 099	2 500
	VI	**11 641**	4 213								
45 215,99	I,IV	**6 391**	4 216	4 216	I	5 019	3 725	2 508	1 368	368	
	II	**5 159**	4 216	4 216	II	3 857	2 631	1 483	456		
	III	**2 798**	4 216	4 216	III	1 716	782	44			
	V	**11 134**	4 216	4 216	IV	5 695	5 019	4 362	3 725	3 107	2 508
	VI	**11 653**	4 216								
45 251,99	I,IV	**6 400**	4 219	4 219	I	5 028	3 733	2 515	1 375	373	
	II	**5 168**	4 219	4 219	II	3 865	2 639	1 491	462		
	III	**2 804**	4 219	4 219	III	1 724	788	48			
	V	**11 146**	4 219	4 219	IV	5 704	5 028	4 371	3 733	3 115	2 515
	VI	**11 665**	4 219								
45 287,99	I,IV	**6 409**	4 223	4 223	I	5 037	3 741	2 523	1 382	378	
	II	**5 177**	4 223	4 223	II	3 873	2 647	1 498	467		
	III	**2 812**	4 223	4 223	III	1 730	792	52			
	V	**11 159**	4 223	4 223	IV	5 713	5 037	4 380	3 741	3 123	2 523
	VI	**11 678**	4 223								
45 323,99	I,IV	**6 419**	4 226	4 226	I	5 045	3 750	2 531	1 389	384	
	II	**5 185**	4 226	4 226	II	3 882	2 655	1 505	473		
	III	**2 818**	4 226	4 226	III	1 736	798	56			
	V	**11 171**	4 226	4 226	IV	5 722	5 045	4 388	3 750	3 131	2 531
	VI	**11 690**	4 226								
45 359,99	I,IV	**6 428**	4 229	4 229	I	5 054	3 758	2 539	1 397	389	
	II	**5 194**	4 229	4 229	II	3 890	2 662	1 512	479		
	III	**2 826**	4 229	4 229	III	1 744	804	60			
	V	**11 183**	4 229	4 229	IV	5 731	5 054	4 396	3 758	3 139	2 539
	VI	**11 702**	4 229								

* Zur LSt-Berechnung für privat versicherte Arbeitnehmer s. Beispiele **Vorbemerkung S. 4 f.**
** Basisvorsorgepauschale KV und PV   *** Typisierter Arbeitgeberzuschuss

Lohn/Gehalt in € bis	Steuerklasse	Lohn-steuer*	BVSP**	TAGZ***	Steuerklasse	Bemessungsgrundlage für Kirchensteuer und Solidaritätszuschlag					
						Freibeträge für ... Kinder					
						0,5	1,0	1,5	2,0	2,5	3,0
45 395,99	I,IV	6437	4233	4233	I	5063	3766	2547	1404	395	
	II	5203	4233	4233	II	3898	2670	1520	485		
	III	2834	4233	4233	III	1750	810	64			
	V	11196	4233	4233	IV	5740	5063	4405	3766	3147	2547
	VI	11715	4233								
45 431,99	I,IV	6446	4236	4236	I	5072	3774	2554	1411	400	
	II	5212	4236	4236	II	3906	2678	1527	490		
	III	2840	4236	4236	III	1756	814	68			
	V	11208	4236	4236	IV	5749	5072	4413	3774	3155	2554
	VI	11727	4236								
45 467,99	I,IV	6455	4239	4239	I	5080	3783	2562	1418	406	
	II	5221	4239	4239	II	3915	2686	1534	496		
	III	2848	4239	4239	III	1764	820	72			
	V	11220	4239	4239	IV	5758	5080	4422	3783	3163	2562
	VI	11739	4239								
45 503,99	I,IV	6465	4243	4243	I	5089	3791	2569	1425	411	
	II	5229	4243	4243	II	3923	2694	1541	502		
	III	2854	4243	4243	III	1770	826	76			
	V	11232	4243	4243	IV	5767	5089	4430	3791	3170	2569
	VI	11751	4243								
45 539,99	I,IV	6474	4246	4246	I	5098	3799	2577	1433	417	
	II	5238	4246	4246	II	3931	2702	1549	508		
	III	2862	4246	4246	III	1778	832	82			
	V	11245	4246	4246	IV	5776	5098	4439	3799	3179	2577
	VI	11764	4246								
45 575,99	I,IV	6483	4249	4249	I	5107	3807	2585	1440	422	
	II	5247	4249	4249	II	3940	2709	1556	514		
	III	2870	4249	4249	III	1784	836	86			
	V	11257	4249	4249	IV	5785	5107	4447	3807	3187	2585
	VI	11776	4249								
45 611,99	I,IV	6492	4253	4253	I	5115	3815	2593	1447	428	
	II	5256	4253	4253	II	3948	2717	1563	519		
	III	2876	4253	4253	III	1790	842	90			
	V	11269	4253	4253	IV	5794	5115	4456	3815	3194	2593
	VI	11788	4253								
45 647,99	I,IV	6502	4256	4256	I	5124	3824	2601	1455	434	
	II	5265	4256	4256	II	3956	2725	1571	525		
	III	2884	4256	4256	III	1798	848	94			
	V	11282	4256	4256	IV	5803	5124	4464	3824	3203	2601
	VI	11801	4256								
45 683,99	I,IV	6511	4260	4260	I	5133	3832	2608	1462	439	
	II	5273	4260	4260	II	3965	2733	1578	531		
	III	2892	4260	4260	III	1804	854	98			
	V	11294	4260	4260	IV	5812	5133	4473	3832	3211	2608
	VI	11813	4260								
45 719,99	I,IV	6520	4263	4263	I	5142	3840	2616	1469	445	
	II	5282	4263	4263	II	3973	2740	1585	537		
	III	2898	4263	4263	III	1812	860	102			
	V	11306	4263	4263	IV	5821	5142	4481	3840	3219	2616
	VI	11825	4263								
45 755,99	I,IV	6529	4266	4266	I	5150	3848	2624	1476	450	
	II	5291	4266	4266	II	3981	2748	1593	543		
	III	2906	4266	4266	III	1818	864	108			
	V	11318	4266	4266	IV	5830	5150	4490	3848	3226	2624
	VI	11837	4266								
45 791,99	I,IV	6539	4270	4270	I	5159	3857	2632	1484	456	
	II	5300	4270	4270	II	3989	2756	1600	549		
	III	2914	4270	4270	III	1826	870	112			
	V	11331	4270	4270	IV	5840	5159	4498	3857	3235	2632
	VI	11850	4270								

* Zur LSt-Berechnung für privat versicherte Arbeitnehmer s. Beispiele **Vorbemerkung S. 4f.**
** Basisvorsorgepauschale KV und PV *** Typisierter Arbeitgeberzuschuss

Lohn/ Gehalt in € bis	Steuerklasse	Lohn- steuer*	BVSP**	TAGZ***	Steuerklasse	Bemessungsgrundlage für Kirchensteuer und Solidaritätszuschlag					
						Freibeträge für ... Kinder					
						0,5	**1,0**	1,5	**2,0**	2,5	**3,0**
45 827,99	I,IV	**6 548**	4 273	4 273	I	5 168	3 865	2 639	1 491	462	
	II	**5 309**	4 273	4 273	II	3 998	2 764	1 607	555		
	III	**2 920**	4 273	4 273	III	1 832	876	116			
	V	**11 343**	4 273	4 273	IV	5 848	5 168	4 507	3 865	3 243	2 639
	VI	**11 862**	4 273								
45 863,99	I,IV	**6 557**	4 276	4 276	I	5 177	3 873	2 647	1 498	467	
	II	**5 317**	4 276	4 276	II	4 006	2 772	1 615	561		
	III	**2 928**	4 276	4 276	III	1 840	882	120			
	V	**11 355**	4 276	4 276	IV	5 857	5 177	4 515	3 873	3 251	2 647
	VI	**11 874**	4 276								
45 899,99	I,IV	**6 567**	4 280	4 280	I	5 186	3 882	2 655	1 505	473	
	II	**5 327**	4 280	4 280	II	4 015	2 780	1 622	567		
	III	**2 934**	4 280	4 280	III	1 846	888	124			
	V	**11 368**	4 280	4 280	IV	5 867	5 186	4 524	3 882	3 259	2 655
	VI	**11 887**	4 280								
45 935,99	I,IV	**6 576**	4 283	4 283	I	5 194	3 890	2 663	1 513	479	
	II	**5 335**	4 283	4 283	II	4 023	2 787	1 629	573		
	III	**2 942**	4 283	4 283	III	1 854	892	128			
	V	**11 380**	4 283	4 283	IV	5 876	5 194	4 533	3 890	3 267	2 663
	VI	**11 899**	4 283								
45 971,99	I,IV	**6 585**	4 286	4 286	I	5 203	3 898	2 670	1 520	485	
	II	**5 344**	4 286	4 286	II	4 031	2 795	1 637	579		
	III	**2 950**	4 286	4 286	III	1 860	898	134			
	V	**11 392**	4 286	4 286	IV	5 885	5 203	4 541	3 898	3 275	2 670
	VI	**11 911**	4 286								
46 007,99	I,IV	**6 595**	4 290	4 290	I	5 212	3 907	2 678	1 527	491	
	II	**5 353**	4 290	4 290	II	4 040	2 803	1 644	585		
	III	**2 956**	4 290	4 290	III	1 868	904	138			
	V	**11 405**	4 290	4 290	IV	5 894	5 212	4 550	3 907	3 283	2 678
	VI	**11 924**	4 290								
46 043,99	I,IV	**6 604**	4 293	4 293	I	5 221	3 915	2 686	1 534	496	
	II	**5 362**	4 293	4 293	II	4 048	2 811	1 651	591		
	III	**2 964**	4 293	4 293	III	1 874	910	142			
	V	**11 417**	4 293	4 293	IV	5 903	5 221	4 558	3 915	3 291	2 686
	VI	**11 936**	4 293								
46 079,99	I,IV	**6 613**	4 296	4 296	I	5 230	3 923	2 694	1 542	502	
	II	**5 371**	4 296	4 296	II	4 056	2 819	1 659	597		
	III	**2 972**	4 296	4 296	III	1 880	916	146			
	V	**11 429**	4 296	4 296	IV	5 912	5 230	4 567	3 923	3 299	2 694
	VI	**11 948**	4 296								
46 115,99	I,IV	**6 622**	4 300	4 300	I	5 238	3 931	2 702	1 549	508	
	II	**5 379**	4 300	4 300	II	4 064	2 827	1 666	603		
	III	**2 978**	4 300	4 300	III	1 888	920	150			
	V	**11 441**	4 300	4 300	IV	5 921	5 238	4 575	3 931	3 307	2 702
	VI	**11 960**	4 300								
46 151,99	I,IV	**6 632**	4 303	4 303	I	5 247	3 940	2 710	1 556	514	
	II	**5 388**	4 303	4 303	II	4 073	2 835	1 673	609		
	III	**2 986**	4 303	4 303	III	1 894	926	156			
	V	**11 454**	4 303	4 303	IV	5 930	5 247	4 584	3 940	3 315	2 710
	VI	**11 973**	4 303								
46 187,99	I,IV	**6 641**	4 307	4 307	I	5 256	3 948	2 717	1 564	520	
	II	**5 397**	4 307	4 307	II	4 081	2 842	1 681	615		
	III	**2 992**	4 307	4 307	III	1 902	932	160			
	V	**11 466**	4 307	4 307	IV	5 939	5 256	4 592	3 948	3 323	2 717
	VI	**11 985**	4 307								
46 223,99	I,IV	**6 650**	4 310	4 310	I	5 265	3 956	2 725	1 571	525	
	II	**5 406**	4 310	4 310	II	4 089	2 850	1 688	621		
	III	**3 000**	4 310	4 310	III	1 908	938	164			
	V	**11 478**	4 310	4 310	IV	5 948	5 265	4 601	3 956	3 331	2 725
	VI	**11 997**	4 310								

* Zur LSt-Berechnung für privat versicherte Arbeitnehmer s. Beispiele **Vorbemerkung S. 4 f.**
** Basisvorsorgepauschale KV und PV *** Typisierter Arbeitgeberzuschuss

Lohn/Gehalt in € bis	Steuerklasse	Lohn-steuer*	BVSP**	TAGZ***	Steuerklasse	Bemessungsgrundlage für Kirchensteuer und Solidaritätszuschlag — Freibeträge für ... Kinder					
						0,5	1,0	1,5	2,0	2,5	3,0
46 259,99	I,IV	6 660	4 313	4 313	I	5 274	3 965	2 733	1 578	531	
	II	5 415	4 313	4 313	II	4 098	2 858	1 695	628		
	III	3 008	4 313	4 313	III	1 916	944	168			
	V	11 491	4 313	4 313	IV	5 957	5 274	4 610	3 965	3 339	2 733
	VI	12 010	4 313								
46 295,99	I,IV	6 669	4 317	4 317	I	5 283	3 973	2 741	1 586	537	
	II	5 424	4 317	4 317	II	4 106	2 866	1 703	634		
	III	3 014	4 317	4 317	III	1 922	950	172			
	V	11 503	4 317	4 317	IV	5 966	5 283	4 618	3 973	3 347	2 741
	VI	12 022	4 317								
46 331,99	I,IV	6 678	4 320	4 320	I	5 291	3 981	2 748	1 593	543	
	II	5 433	4 320	4 320	II	4 115	2 874	1 710	640		
	III	3 022	4 320	4 320	III	1 930	956	178			
	V	11 515	4 320	4 320	IV	5 975	5 291	4 627	3 981	3 355	2 748
	VI	12 034	4 320								
46 367,99	I,IV	6 688	4 323	4 323	I	5 300	3 989	2 756	1 600	549	
	II	5 441	4 323	4 323	II	4 123	2 882	1 717	646		
	III	3 030	4 323	4 323	III	1 936	962	182			
	V	11 527	4 323	4 323	IV	5 984	5 300	4 635	3 989	3 363	2 756
	VI	12 046	4 323								
46 403,99	I,IV	6 697	4 327	4 327	I	5 309	3 998	2 764	1 608	555	
	II	5 451	4 327	4 327	II	4 131	2 890	1 725	652		
	III	3 036	4 327	4 327	III	1 944	968	186			
	V	11 540	4 327	4 327	IV	5 993	5 309	4 644	3 998	3 371	2 764
	VI	12 059	4 327								
46 439,99	I,IV	6 706	4 330	4 330	I	5 318	4 006	2 772	1 615	561	
	II	5 459	4 330	4 330	II	4 140	2 897	1 732	659		
	III	3 044	4 330	4 330	III	1 950	972	190			
	V	11 552	4 330	4 330	IV	6 002	5 318	4 652	4 006	3 379	2 772
	VI	12 071	4 330								
46 475,99	I,IV	6 716	4 333	4 333	I	5 327	4 015	2 780	1 622	567	
	II	5 468	4 333	4 333	II	4 148	2 905	1 739	665		
	III	3 052	4 333	4 333	III	1 958	978	196			
	V	11 564	4 333	4 333	IV	6 011	5 327	4 661	4 015	3 387	2 780
	VI	12 083	4 333								
46 511,99	I,IV	6 725	4 337	4 337	I	5 336	4 023	2 788	1 630	573	
	II	5 477	4 337	4 337	II	4 157	2 913	1 747	671		
	III	3 058	4 337	4 337	III	1 966	984	200			
	V	11 577	4 337	4 337	IV	6 021	5 336	4 670	4 023	3 396	2 788
	VI	12 096	4 337								
46 547,99	I,IV	6 735	4 340	4 340	I	5 344	4 031	2 795	1 637	579	
	II	5 486	4 340	4 340	II	4 165	2 921	1 754	677		
	III	3 066	4 340	4 340	III	1 972	990	204			
	V	11 589	4 340	4 340	IV	6 030	5 344	4 678	4 031	3 404	2 795
	VI	12 108	4 340								
46 583,99	I,IV	6 744	4 343	4 343	I	5 353	4 040	2 803	1 644	585	
	II	5 495	4 343	4 343	II	4 173	2 929	1 762	684		
	III	3 072	4 343	4 343	III	1 980	996	208			
	V	11 601	4 343	4 343	IV	6 039	5 353	4 687	4 040	3 412	2 803
	VI	12 120	4 343								
46 619,99	I,IV	6 753	4 347	4 347	I	5 362	4 048	2 811	1 652	591	
	II	5 504	4 347	4 347	II	4 182	2 937	1 769	690		
	III	3 080	4 347	4 347	III	1 986	1 002	214			
	V	11 614	4 347	4 347	IV	6 048	5 362	4 695	4 048	3 420	2 811
	VI	12 133	4 347								
46 655,99	I,IV	6 763	4 350	4 350	I	5 371	4 056	2 819	1 659	597	
	II	5 513	4 350	4 350	II	4 190	2 945	1 776	696		
	III	3 088	4 350	4 350	III	1 994	1 008	218			
	V	11 626	4 350	4 350	IV	6 057	5 371	4 704	4 056	3 428	2 819
	VI	12 145	4 350								

* Zur LSt-Berechnung für privat versicherte Arbeitnehmer s. Beispiele **Vorbemerkung S. 4 f.**
** Basisvorsorgepauschale KV und PV *** Typisierter Arbeitgeberzuschuss

Lohn/Gehalt in € bis	Steuerklasse	Lohnsteuer*	BVSP**	TAGZ***	Steuerklasse	Bemessungsgrundlage für Kirchensteuer und Solidaritätszuschlag — Freibeträge für ... Kinder					
						0,5	1,0	1,5	2,0	2,5	3,0
46 691,99	I,IV	6772	4354	4354	I	5380	4065	2827	1666	603	
	II	5522	4354	4354	II	4199	2953	1784	703		
	III	3094	4354	4354	III	2000	1014	222			
	V	11 638	4354	4354	IV	6066	5380	4713	4065	3436	2827
	VI	12 157	4354								
46 727,99	I,IV	6781	4357	4357	I	5388	4073	2835	1673	609	
	II	5530	4357	4357	II	4207	2960	1791	709		
	III	3102	4357	4357	III	2006	1018	226			
	V	11 650	4357	4357	IV	6075	5388	4721	4073	3444	2835
	VI	12 169	4357								
46 763,99	I,IV	6791	4360	4360	I	5398	4081	2843	1681	616	
	II	5540	4360	4360	II	4215	2969	1799	716		
	III	3110	4360	4360	III	2014	1024	232			
	V	11 663	4360	4360	IV	6085	5398	4730	4081	3452	2843
	VI	12 182	4360								
46 799,99	I,IV	6800	4364	4364	I	5406	4090	2850	1688	622	
	II	5548	4364	4364	II	4224	2976	1806	722		
	III	3116	4364	4364	III	2022	1030	236			
	V	11 675	4364	4364	IV	6094	5406	4738	4090	3460	2850
	VI	12 194	4364								
46 835,99	I,IV	6809	4367	4367	I	5415	4098	2858	1695	628	
	II	5557	4367	4367	II	4232	2984	1813	728		
	III	3124	4367	4367	III	2028	1036	240			
	V	11 687	4367	4367	IV	6103	5415	4747	4098	3468	2858
	VI	12 206	4367								
46 871,99	I,IV	6819	4370	4370	I	5424	4107	2866	1703	634	
	II	5566	4370	4370	II	4241	2992	1821	735		
	III	3132	4370	4370	III	2036	1042	244			
	V	11 700	4370	4370	IV	6112	5424	4756	4107	3477	2866
	VI	12 219	4370								
46 907,99	I,IV	6828	4374	4374	I	5433	4115	2874	1710	640	
	II	5575	4374	4374	II	4249	3000	1828	741		
	III	3138	4374	4374	III	2042	1048	250			
	V	11 712	4374	4374	IV	6121	5433	4764	4115	3485	2874
	VI	12 231	4374								
46 943,99	I,IV	6838	4377	4377	I	5442	4123	2882	1718	646	
	II	5584	4377	4377	II	4257	3008	1836	748		
	III	3146	4377	4377	III	2050	1054	254			
	V	11 724	4377	4377	IV	6130	5442	4773	4123	3493	2882
	VI	12 243	4377								
46 979,99	I,IV	6847	4380	4380	I	5451	4131	2890	1725	652	
	II	5593	4380	4380	II	4266	3016	1843	754		
	III	3154	4380	4380	III	2056	1060	258			
	V	11 736	4380	4380	IV	6139	5451	4781	4131	3501	2890
	VI	12 256	4380								
47 015,99	I,IV	6856	4384	4384	I	5460	4140	2898	1732	659	
	II	5602	4384	4384	II	4274	3024	1851	761		
	III	3160	4384	4384	III	2064	1066	264			
	V	11 749	4384	4384	IV	6148	5460	4790	4140	3509	2898
	VI	12 268	4384								
47 051,99	I,IV	6866	4387	4387	I	5468	4148	2905	1740	665	
	II	5611	4387	4387	II	4283	3032	1858	767		
	III	3168	4387	4387	III	2070	1072	268			
	V	11 761	4387	4387	IV	6157	5468	4799	4148	3517	2905
	VI	12 280	4387								
47 087,99	I,IV	6875	4390	4390	I	5477	4157	2913	1747	671	
	II	5620	4390	4390	II	4291	3040	1865	774		
	III	3176	4390	4390	III	2078	1078	272			
	V	11 773	4390	4390	IV	6167	5477	4807	4157	3525	2913
	VI	12 293	4390								

* Zur LSt-Berechnung für privat versicherte Arbeitnehmer s. Beispiele **Vorbemerkung S. 4 f.**
** Basisvorsorgepauschale KV und PV *** Typisierter Arbeitgeberzuschuss

Lohn/ Gehalt in € bis	Steuerklasse	Lohn- steuer*	BVSP**	TAGZ***	Steuerklasse	Bemessungsgrundlage für Kirchensteuer und Solidaritätszuschlag Freibeträge für ... Kinder					
						0,5	1,0	1,5	2,0	2,5	3,0
47123,99	I,IV	6885	4394	4394	I	5486	4165	2921	1755	678	
	II	5629	4394	4394	II	4300	3048	1873	780		
	III	3182	4394	4394	III	2084	1084	278			
	V	11786	4394	4394	IV	6176	5486	4816	4165	3534	2921
	VI	12305	4394	4394							
47159,99	I,IV	6894	4397	4397	I	5495	4174	2929	1762	684	
	II	5638	4397	4397	II	4308	3056	1880	787		
	III	3190	4397	4397	III	2092	1090	282			
	V	11798	4397	4397	IV	6185	5495	4825	4174	3542	2929
	VI	12317	4397	4397							
47195,99	I,IV	6903	4401	4401	I	5504	4182	2937	1769	690	
	II	5647	4401	4401	II	4317	3064	1888	793		
	III	3198	4401	4401	III	2098	1096	286			
	V	11810	4401	4401	IV	6194	5504	4833	4182	3550	2937
	VI	12330	4401	4401							
47231,99	I,IV	6913	4404	4404	I	5513	4190	2945	1777	697	
	II	5656	4404	4404	II	4325	3072	1895	800		
	III	3204	4404	4404	III	2106	1102	292			
	V	11823	4404	4404	IV	6203	5513	4842	4190	3558	2945
	VI	12342	4404	4404							
47267,99	I,IV	6922	4407	4407	I	5522	4199	2953	1784	703	
	II	5665	4407	4407	II	4334	3080	1903	807		
	III	3212	4407	4407	III	2112	1108	296			
	V	11835	4407	4407	IV	6212	5522	4851	4199	3566	2953
	VI	12354	4407	4407							
47303,99	I,IV	6932	4411	4411	I	5531	4207	2961	1791	709	
	II	5674	4411	4411	II	4342	3087	1910	813		
	III	3220	4411	4411	III	2120	1114	300			
	V	11847	4411	4411	IV	6222	5531	4859	4207	3574	2961
	VI	12366	4411	4411							
47339,99	I,IV	6941	4414	4414	I	5540	4215	2969	1799	716	
	II	5683	4414	4414	II	4350	3095	1917	820		
	III	3226	4414	4414	III	2126	1120	304			
	V	11860	4414	4414	IV	6231	5540	4868	4215	3582	2969
	VI	12379	4414	4414							
47375,99	I,IV	6951	4417	4417	I	5549	4224	2977	1806	722	
	II	5692	4417	4417	II	4359	3103	1925	827	2	
	III	3234	4417	4417	III	2134	1126	310			
	V	11872	4417	4417	IV	6240	5549	4877	4224	3591	2977
	VI	12391	4417	4417							
47411,99	I,IV	6960	4421	4421	I	5558	4232	2984	1814	728	
	II	5701	4421	4421	II	4367	3111	1932	833	6	
	III	3242	4421	4421	III	2142	1132	314			
	V	11884	4421	4421	IV	6249	5558	4885	4232	3599	2984
	VI	12403	4421	4421							
47447,99	I,IV	6969	4424	4424	I	5566	4241	2992	1821	735	
	II	5709	4424	4424	II	4376	3119	1940	840	10	
	III	3248	4424	4424	III	2148	1138	320			
	V	11896	4424	4424	IV	6258	5566	4894	4241	3607	2992
	VI	12416	4424	4424							
47483,99	I,IV	6979	4427	4427	I	5576	4249	3000	1829	741	
	II	5719	4427	4427	II	4384	3127	1947	847	15	
	III	3256	4427	4427	III	2156	1144	324			
	V	11909	4427	4427	IV	6268	5576	4903	4249	3615	3000
	VI	12428	4427	4427							
47519,99	I,IV	6988	4431	4431	I	5584	4258	3008	1836	748	
	II	5728	4431	4431	II	4393	3135	1955	853	19	
	III	3264	4431	4431	III	2162	1150	328			
	V	11921	4431	4431	IV	6277	5584	4911	4258	3623	3008
	VI	12440	4431	4431							

* Zur LSt-Berechnung für privat versicherte Arbeitnehmer s. Beispiele **Vorbemerkung S. 4f.**
** Basisvorsorgepauschale KV und PV   *** Typisierter Arbeitgeberzuschuss

Lohn/Gehalt in € bis	Steuerklasse	Lohnsteuer*	BVSP**	TAGZ***	Steuerklasse	Bemessungsgrundlage für Kirchensteuer und Solidaritätszuschlag — Freibeträge für ... Kinder 0,5	1,0	1,5	2,0	2,5	3,0
47 555,99	I,IV	6 998	4 434	4 434	I	5 593	4 266	3 016	1 843	754	
	II	5 736	4 434	4 434	II	4 401	3 143	1 962	860	23	
	III	3 270	4 434	4 434	III	2 170	1 156	334			
	V	11 933	4 434	4 434	IV	6 286	5 593	4 920	4 266	3 631	3 016
	VI	12 453	4 434	4 434							
47 591,99	I,IV	7 007	4 437	4 437	I	5 602	4 275	3 024	1 851	761	
	II	5 746	4 437	4 437	II	4 410	3 151	1 970	867	27	
	III	3 278	4 437	4 437	III	2 176	1 162	338			
	V	11 946	4 437	4 437	IV	6 295	5 602	4 929	4 275	3 640	3 024
	VI	12 465	4 437	4 437							
47 627,99	I,IV	7 017	4 441	4 441	I	5 611	4 283	3 032	1 858	767	
	II	5 755	4 441	4 441	II	4 418	3 159	1 977	874	31	
	III	3 286	4 441	4 441	III	2 184	1 168	344			
	V	11 958	4 441	4 441	IV	6 304	5 611	4 938	4 283	3 648	3 032
	VI	12 477	4 441	4 441							
47 663,99	I,IV	7 026	4 444	4 444	I	5 620	4 291	3 040	1 866	774	
	II	5 763	4 444	4 444	II	4 427	3 167	1 985	881	36	
	III	3 292	4 444	4 444	III	2 190	1 174	348			
	V	11 970	4 444	4 444	IV	6 313	5 620	4 946	4 291	3 656	3 040
	VI	12 490	4 444	4 444							
47 699,99	I,IV	7 035	4 448	4 448	I	5 629	4 300	3 048	1 873	780	
	II	5 772	4 448	4 448	II	4 435	3 175	1 992	887	40	
	III	3 300	4 448	4 448	III	2 198	1 180	352			
	V	11 983	4 448	4 448	IV	6 322	5 629	4 955	4 300	3 664	3 048
	VI	12 502	4 448	4 448							
47 735,99	I,IV	7 045	4 451	4 451	I	5 638	4 308	3 056	1 881	787	
	II	5 782	4 451	4 451	II	4 444	3 183	2 000	894	44	
	III	3 308	4 451	4 451	III	2 206	1 186	358			
	V	11 995	4 451	4 451	IV	6 332	5 638	4 964	4 308	3 673	3 056
	VI	12 514	4 451	4 451							
47 771,99	I,IV	7 054	4 454	4 454	I	5 647	4 317	3 064	1 888	794	
	II	5 791	4 454	4 454	II	4 452	3 191	2 007	901	48	
	III	3 314	4 454	4 454	III	2 212	1 192	362			
	V	12 007	4 454	4 454	IV	6 341	5 647	4 972	4 317	3 681	3 064
	VI	12 526	4 454	4 454							
47 807,99	I,IV	7 064	4 458	4 458	I	5 656	4 325	3 072	1 895	800	
	II	5 799	4 458	4 458	II	4 461	3 199	2 015	908	53	
	III	3 322	4 458	4 458	III	2 220	1 198	366			
	V	12 020	4 458	4 458	IV	6 350	5 656	4 981	4 325	3 689	3 072
	VI	12 539	4 458	4 458							
47 843,99	I,IV	7 073	4 461	4 461	I	5 665	4 334	3 080	1 903	807	
	II	5 809	4 461	4 461	II	4 469	3 207	2 022	915	57	
	III	3 330	4 461	4 461	III	2 226	1 204	372			
	V	12 032	4 461	4 461	IV	6 360	5 665	4 990	4 334	3 697	3 080
	VI	12 551	4 461	4 461							
47 879,99	I,IV	7 083	4 464	4 464	I	5 674	4 342	3 088	1 910	813	
	II	5 818	4 464	4 464	II	4 478	3 215	2 030	922	61	
	III	3 336	4 464	4 464	III	2 234	1 210	376			
	V	12 044	4 464	4 464	IV	6 369	5 674	4 998	4 342	3 705	3 088
	VI	12 563	4 464	4 464							
47 915,99	I,IV	7 092	4 468	4 468	I	5 683	4 351	3 096	1 918	820	
	II	5 827	4 468	4 468	II	4 486	3 223	2 037	929	66	
	III	3 344	4 468	4 468	III	2 240	1 216	382			
	V	12 057	4 468	4 468	IV	6 378	5 683	5 007	4 351	3 713	3 096
	VI	12 576	4 468	4 468							
47 951,99	I,IV	7 102	4 471	4 471	I	5 692	4 359	3 103	1 925	827	2
	II	5 835	4 471	4 471	II	4 495	3 231	2 045	936	70	
	III	3 350	4 471	4 471	III	2 248	1 222	386			
	V	12 069	4 471	4 471	IV	6 387	5 692	5 016	4 359	3 722	3 103
	VI	12 588	4 471	4 471							

* Zur LSt-Berechnung für privat versicherte Arbeitnehmer s. Beispiele **Vorbemerkung S. 4 f.**
** Basisvorsorgepauschale KV und PV   *** Typisierter Arbeitgeberzuschuss

Lohn/ Gehalt in € bis	Steuerklasse	Lohn- steuer*	BVSP**	TAGZ***	Steuerklasse	Bemessungsgrundlage für Kirchensteuer und Solidaritätszuschlag					
						Freibeträge für ... Kinder					
						0,5	1,0	1,5	2,0	2,5	3,0
47 987,99	I,IV	7111	4474	4474	I	5701	4368	3112	1933	833	6
	II	5845	4474	4474	II	4503	3239	2052	943	74	
	III	3358	4474	4474	III	2254	1228	390			
	V	12081	4474	4474	IV	6396	5701	5025	4368	3730	3112
	VI	12600	4474								
48 023,99	I,IV	7121	4478	4478	I	5710	4376	3119	1940	840	10
	II	5854	4478	4478	II	4512	3247	2060	950	79	
	III	3366	4478	4478	III	2262	1234	396			
	V	12093	4478	4478	IV	6406	5710	5033	4376	3738	3119
	VI	12613	4478								
48 059,99	I,IV	7130	4481	4481	I	5719	4384	3127	1947	847	15
	II	5863	4481	4481	II	4520	3255	2067	956	83	
	III	3372	4481	4481	III	2268	1240	400			
	V	12106	4481	4481	IV	6415	5719	5042	4384	3746	3127
	VI	12625	4481								
48 095,99	I,IV	7140	4484	4484	I	5728	4393	3136	1955	854	19
	II	5872	4484	4484	II	4529	3263	2075	964	88	
	III	3380	4484	4484	III	2276	1246	406			
	V	12118	4484	4484	IV	6424	5728	5051	4393	3755	3136
	VI	12637	4484								
48 131,99	I,IV	7149	4488	4488	I	5737	4402	3143	1963	860	23
	II	5881	4488	4488	II	4538	3271	2082	971	92	
	III	3388	4488	4488	III	2284	1252	410			
	V	12130	4488	4488	IV	6433	5737	5060	4402	3763	3143
	VI	12650	4488								
48 167,99	I,IV	7159	4491	4491	I	5746	4410	3151	1970	867	27
	II	5890	4491	4491	II	4546	3279	2090	978	97	
	III	3394	4491	4491	III	2290	1258	416			
	V	12143	4491	4491	IV	6442	5746	5068	4410	3771	3151
	VI	12662	4491								
48 203,99	I,IV	7168	4495	4495	I	5755	4419	3160	1978	874	31
	II	5899	4495	4495	II	4555	3288	2098	985	101	
	III	3402	4495	4495	III	2298	1266	420			
	V	12155	4495	4495	IV	6452	5755	5077	4419	3779	3160
	VI	12674	4495								
48 239,99	I,IV	7178	4498	4498	I	5764	4427	3167	1985	881	36
	II	5908	4498	4498	II	4563	3296	2105	992	106	
	III	3410	4498	4498	III	2304	1272	426			
	V	12167	4498	4498	IV	6461	5764	5086	4427	3788	3167
	VI	12687	4498								
48 275,99	I,IV	7187	4501	4501	I	5773	4435	3175	1992	888	40
	II	5917	4501	4501	II	4572	3303	2112	999	110	
	III	3416	4501	4501	III	2312	1278	430			
	V	12180	4501	4501	IV	6470	5773	5094	4435	3796	3175
	VI	12699	4501								
48 311,99	I,IV	7197	4505	4505	I	5782	4444	3183	2000	894	44
	II	5926	4505	4505	II	4580	3311	2120	1006	115	
	III	3424	4505	4505	III	2318	1284	434			
	V	12192	4505	4505	IV	6479	5782	5103	4444	3804	3183
	VI	12711	4505								
48 347,99	I,IV	7206	4508	4508	I	5791	4453	3191	2008	901	49
	II	5935	4508	4508	II	4589	3320	2128	1013	119	
	III	3432	4508	4508	III	2326	1290	440			
	V	12204	4508	4508	IV	6489	5791	5112	4453	3812	3191
	VI	12723	4508								
48 383,99	I,IV	7216	4511	4511	I	5800	4461	3199	2015	908	53
	II	5944	4511	4511	II	4597	3328	2135	1020	124	
	III	3440	4511	4511	III	2332	1296	444			
	V	12217	4511	4511	IV	6498	5800	5121	4461	3821	3199
	VI	12736	4511								

* Zur LSt-Berechnung für privat versicherte Arbeitnehmer s. Beispiele **Vorbemerkung S. 4 f.**
** Basisvorsorgepauschale KV und PV *** Typisierter Arbeitgeberzuschuss

Lohn/ Gehalt in € bis	Steuerklasse	Lohnsteuer*	BVSP**	TAGZ***	Steuerklasse	Bemessungsgrundlage für Kirchensteuer und Solidaritätszuschlag — Freibeträge für ... Kinder					
						0,5	1,0	1,5	2,0	2,5	3,0
48 419,99	I,IV	7 225	4 515	4 515	I	5 809	4 469	3 207	2 022	915	57
	II	5 953	4 515	4 515	II	4 606	3 336	2 143	1 027	128	
	III	3 446	4 515	4 515	III	2 340	1 302	450			
	V	12 229	4 515	4 515	IV	6 507	5 809	5 129	4 469	3 829	3 207
	VI	12 748	4 515								
48 455,99	I,IV	7 235	4 518	4 518	I	5 818	4 478	3 216	2 030	922	62
	II	5 962	4 518	4 518	II	4 615	3 344	2 150	1 034	133	
	III	3 454	4 518	4 518	III	2 348	1 308	454			
	V	12 241	4 518	4 518	IV	6 517	5 818	5 138	4 478	3 837	3 216
	VI	12 760	4 518								
48 491,99	I,IV	7 244	4 521	4 521	I	5 827	4 487	3 223	2 037	929	66
	II	5 971	4 521	4 521	II	4 623	3 352	2 158	1 041	138	
	III	3 462	4 521	4 521	III	2 354	1 314	460			
	V	12 253	4 521	4 521	IV	6 526	5 827	5 147	4 487	3 845	3 223
	VI	12 773	4 521								
48 527,99	I,IV	7 254	4 525	4 525	I	5 836	4 495	3 231	2 045	936	70
	II	5 980	4 525	4 525	II	4 632	3 360	2 165	1 048	142	
	III	3 468	4 525	4 525	III	2 362	1 320	464			
	V	12 266	4 525	4 525	IV	6 535	5 836	5 156	4 495	3 854	3 231
	VI	12 785	4 525								
48 563,99	I,IV	7 263	4 528	4 528	I	5 845	4 503	3 239	2 052	943	74
	II	5 989	4 528	4 528	II	4 640	3 368	2 173	1 055	147	
	III	3 476	4 528	4 528	III	2 368	1 326	470			
	V	12 278	4 528	4 528	IV	6 544	5 845	5 164	4 503	3 862	3 239
	VI	12 797	4 528								
48 599,99	I,IV	7 273	4 531	4 531	I	5 854	4 512	3 248	2 060	950	79
	II	5 999	4 531	4 531	II	4 649	3 376	2 181	1 062	152	
	III	3 484	4 531	4 531	III	2 376	1 334	474			
	V	12 290	4 531	4 531	IV	6 554	5 854	5 173	4 512	3 870	3 248
	VI	12 810	4 531								
48 635,99	I,IV	7 282	4 535	4 535	I	5 863	4 521	3 255	2 067	957	83
	II	6 008	4 535	4 535	II	4 657	3 384	2 188	1 069	156	
	III	3 490	4 535	4 535	III	2 382	1 340	480			
	V	12 303	4 535	4 535	IV	6 563	5 863	5 182	4 521	3 878	3 255
	VI	12 822	4 535								
48 671,99	I,IV	7 292	4 538	4 538	I	5 872	4 529	3 263	2 075	964	88
	II	6 017	4 538	4 538	II	4 666	3 392	2 196	1 076	161	
	III	3 498	4 538	4 538	III	2 390	1 346	484			
	V	12 315	4 538	4 538	IV	6 572	5 872	5 191	4 529	3 887	3 263
	VI	12 834	4 538								
48 707,99	I,IV	7 302	4 542	4 542	I	5 881	4 538	3 272	2 083	971	92
	II	6 026	4 542	4 542	II	4 675	3 400	2 203	1 083	166	
	III	3 506	4 542	4 542	III	2 396	1 352	490			
	V	12 327	4 542	4 542	IV	6 582	5 881	5 200	4 538	3 895	3 272
	VI	12 847	4 542								
48 743,99	I,IV	7 311	4 545	4 545	I	5 890	4 546	3 280	2 090	978	97
	II	6 035	4 545	4 545	II	4 683	3 408	2 211	1 090	171	
	III	3 514	4 545	4 545	III	2 404	1 358	494			
	V	12 340	4 545	4 545	IV	6 591	5 890	5 209	4 546	3 903	3 280
	VI	12 859	4 545								
48 779,99	I,IV	7 321	4 548	4 548	I	5 899	4 555	3 288	2 098	985	101
	II	6 044	4 548	4 548	II	4 692	3 416	2 218	1 097	175	
	III	3 520	4 548	4 548	III	2 410	1 364	500			
	V	12 352	4 548	4 548	IV	6 600	5 899	5 217	4 555	3 911	3 288
	VI	12 871	4 548								
48 815,99	I,IV	7 330	4 552	4 552	I	5 908	4 563	3 296	2 105	992	106
	II	6 053	4 552	4 552	II	4 700	3 425	2 226	1 105	180	
	III	3 528	4 552	4 552	III	2 418	1 372	504			
	V	12 364	4 552	4 552	IV	6 610	5 908	5 226	4 563	3 920	3 296
	VI	12 883	4 552								

*   Zur LSt-Berechnung für privat versicherte Arbeitnehmer s. Beispiele **Vorbemerkung S. 4 f.**
**   Basisvorsorgepauschale KV und PV   *** Typisierter Arbeitgeberzuschuss

Lohn/ Gehalt in € bis	Steuerklasse	Lohn-steuer*	BVSP**	TAGZ***	Steuerklasse	Bemessungsgrundlage für Kirchensteuer und Solidaritätszuschlag					
						Freibeträge für ... Kinder					
						0,5	1,0	1,5	2,0	2,5	3,0
48 851,99	I,IV	7 340	4 555	4 555	I	5 917	4 572	3 304	2 113	999	110
	II	6 062	4 555	4 555	II	4 709	3 433	2 234	1 112	185	
	III	3 536	4 555	4 555	III	2 426	1 378	510			
	V	12 377	4 555	4 555	IV	6 619	5 917	5 235	4 572	3 928	3 304
	VI	12 896	4 555	4 555							
48 887,99	I,IV	7 349	4 558	4 558	I	5 926	4 580	3 312	2 120	1 006	115
	II	6 071	4 558	4 558	II	4 718	3 441	2 241	1 119	190	
	III	3 542	4 558	4 558	III	2 432	1 384	514			
	V	12 389	4 558	4 558	IV	6 628	5 926	5 244	4 580	3 936	3 312
	VI	12 908	4 558	4 558							
48 923,99	I,IV	7 359	4 562	4 562	I	5 935	4 589	3 320	2 128	1 013	119
	II	6 080	4 562	4 562	II	4 726	3 449	2 249	1 126	194	
	III	3 550	4 562	4 562	III	2 440	1 390	520			
	V	12 401	4 562	4 562	IV	6 637	5 935	5 252	4 589	3 945	3 320
	VI	12 920	4 562	4 562							
48 959,99	I,IV	7 369	4 565	4 565	I	5 945	4 598	3 328	2 135	1 020	124
	II	6 090	4 565	4 565	II	4 735	3 457	2 256	1 133	199	
	III	3 558	4 565	4 565	III	2 446	1 396	524			
	V	12 414	4 565	4 565	IV	6 647	5 945	5 261	4 598	3 953	3 328
	VI	12 933	4 565	4 565							
48 995,99	I,IV	7 378	4 568	4 568	I	5 953	4 606	3 336	2 143	1 027	129
	II	6 099	4 568	4 568	II	4 743	3 465	2 264	1 140	204	
	III	3 564	4 568	4 568	III	2 454	1 402	530			
	V	12 426	4 568	4 568	IV	6 656	5 953	5 270	4 606	3 961	3 336
	VI	12 945	4 568	4 568							
49 031,99	I,IV	7 388	4 572	4 572	I	5 962	4 615	3 344	2 150	1 034	133
	II	6 108	4 572	4 572	II	4 752	3 473	2 272	1 147	209	
	III	3 572	4 572	4 572	III	2 462	1 410	534			
	V	12 438	4 572	4 572	IV	6 665	5 962	5 279	4 615	3 970	3 344
	VI	12 957	4 572	4 572							
49 067,99	I,IV	7 397	4 575	4 575	I	5 972	4 623	3 352	2 158	1 041	138
	II	6 117	4 575	4 575	II	4 761	3 481	2 279	1 154	214	
	III	3 580	4 575	4 575	III	2 468	1 416	540			
	V	12 450	4 575	4 575	IV	6 675	5 972	5 288	4 623	3 978	3 352
	VI	12 970	4 575	4 575							
49 103,99	I,IV	7 407	4 578	4 578	I	5 981	4 632	3 360	2 166	1 048	142
	II	6 126	4 578	4 578	II	4 769	3 490	2 287	1 161	219	
	III	3 586	4 578	4 578	III	2 476	1 422	544			
	V	12 463	4 578	4 578	IV	6 684	5 981	5 297	4 632	3 986	3 360
	VI	12 982	4 578	4 578							
49 139,99	I,IV	7 416	4 582	4 582	I	5 990	4 640	3 368	2 173	1 055	147
	II	6 135	4 582	4 582	II	4 778	3 498	2 294	1 168	224	
	III	3 594	4 582	4 582	III	2 482	1 428	550			
	V	12 475	4 582	4 582	IV	6 693	5 990	5 305	4 640	3 995	3 368
	VI	12 994	4 582	4 582							
49 175,99	I,IV	7 426	4 585	4 585	I	5 999	4 649	3 376	2 181	1 062	152
	II	6 144	4 585	4 585	II	4 786	3 506	2 302	1 176	229	
	III	3 602	4 585	4 585	III	2 490	1 434	554			
	V	12 487	4 585	4 585	IV	6 703	5 999	5 314	4 649	4 003	3 376
	VI	13 006	4 585	4 585							
49 211,99	I,IV	7 436	4 589	4 589	I	6 008	4 658	3 384	2 188	1 069	156
	II	6 154	4 589	4 589	II	4 795	3 514	2 310	1 183	234	
	III	3 610	4 589	4 589	III	2 496	1 442	560			
	V	12 500	4 589	4 589	IV	6 712	6 008	5 323	4 658	4 011	3 384
	VI	13 019	4 589	4 589							
49 247,99	I,IV	7 445	4 592	4 592	I	6 017	4 666	3 392	2 196	1 076	161
	II	6 163	4 592	4 592	II	4 804	3 522	2 317	1 190	239	
	III	3 616	4 592	4 592	III	2 504	1 448	566			
	V	12 512	4 592	4 592	IV	6 721	6 017	5 332	4 666	4 020	3 392
	VI	13 031	4 592	4 592							

* Zur LSt-Berechnung für privat versicherte Arbeitnehmer s. Beispiele **Vorbemerkung S. 4f.** ** Basisvorsorgepauschale KV und PV *** Typisierter Arbeitgeberzuschuss

Lohn/Gehalt in € bis	Steuerklasse	Lohnsteuer*	BVSP**	TAGZ***	Steuerklasse	Bemessungsgrundlage für Kirchensteuer und Solidaritätszuschlag Freibeträge für ... Kinder					
						0,5	**1,0**	1,5	**2,0**	2,5	**3,0**
49 283,99	I,IV	7 455	4 595	4 595	I	6 026	4 675	3 400	2 203	1 083	166
	II	6 172	4 595	4 595	II	4 812	3 530	2 325	1 197	244	
	III	3 624	4 595	4 595	III	2 510	1 454	570			
	V	12 524	4 595	4 595	IV	6 731	6 026	5 341	4 675	4 028	3 400
	VI	13 043	4 595	4 595							
49 319,99	I,IV	7 464	4 599	4 599	I	6 035	4 683	3 409	2 211	1 091	171
	II	6 181	4 599	4 599	II	4 821	3 538	2 333	1 204	249	
	III	3 632	4 599	4 599	III	2 518	1 460	576			
	V	12 537	4 599	4 599	IV	6 740	6 035	5 350	4 683	4 036	3 409
	VI	13 056	4 599	4 599							
49 355,99	I,IV	7 474	4 602	4 602	I	6 044	4 692	3 417	2 219	1 098	175
	II	6 190	4 602	4 602	II	4 830	3 546	2 340	1 211	254	
	III	3 638	4 602	4 602	III	2 526	1 466	580			
	V	12 549	4 602	4 602	IV	6 750	6 044	5 359	4 692	4 045	3 417
	VI	13 068	4 602	4 602							
49 391,99	I,IV	7 483	4 605	4 605	I	6 053	4 700	3 425	2 226	1 105	180
	II	6 199	4 605	4 605	II	4 838	3 555	2 348	1 218	259	
	III	3 646	4 605	4 605	III	2 532	1 474	586			
	V	12 561	4 605	4 605	IV	6 759	6 053	5 367	4 700	4 053	3 425
	VI	13 080	4 605	4 605							
49 427,99	I,IV	7 493	4 609	4 609	I	6 063	4 709	3 433	2 234	1 112	185
	II	6 209	4 609	4 609	II	4 847	3 563	2 356	1 226	264	
	III	3 654	4 609	4 609	III	2 540	1 480	592			
	V	12 574	4 609	4 609	IV	6 768	6 063	5 376	4 709	4 062	3 433
	VI	13 093	4 609	4 609							
49 463,99	I,IV	7 503	4 612	4 612	I	6 072	4 718	3 441	2 241	1 119	190
	II	6 218	4 612	4 612	II	4 856	3 571	2 363	1 233	269	
	III	3 662	4 612	4 612	III	2 548	1 486	596			
	V	12 586	4 612	4 612	IV	6 778	6 072	5 385	4 718	4 070	3 441
	VI	13 105	4 612	4 612							
49 499,99	I,IV	7 512	4 615	4 615	I	6 081	4 726	3 449	2 249	1 126	195
	II	6 227	4 615	4 615	II	4 864	3 579	2 371	1 240	274	
	III	3 668	4 615	4 615	III	2 554	1 492	602			
	V	12 598	4 615	4 615	IV	6 787	6 081	5 394	4 726	4 078	3 449
	VI	13 117	4 615	4 615							
49 535,99	I,IV	7 522	4 619	4 619	I	6 090	4 735	3 457	2 256	1 133	199
	II	6 236	4 619	4 619	II	4 873	3 587	2 378	1 247	279	
	III	3 676	4 619	4 619	III	2 562	1 500	606			
	V	12 610	4 619	4 619	IV	6 796	6 090	5 403	4 735	4 086	3 457
	VI	13 129	4 619	4 619							
49 571,99	I,IV	7 532	4 622	4 622	I	6 099	4 744	3 465	2 264	1 140	204
	II	6 245	4 622	4 622	II	4 882	3 595	2 386	1 254	284	
	III	3 684	4 622	4 622	III	2 568	1 506	612			
	V	12 623	4 622	4 622	IV	6 806	6 099	5 412	4 744	4 095	3 465
	VI	13 142	4 622	4 622							
49 607,99	I,IV	7 541	4 625	4 625	I	6 108	4 752	3 473	2 272	1 147	209
	II	6 254	4 625	4 625	II	4 890	3 604	2 394	1 261	289	
	III	3 690	4 625	4 625	III	2 576	1 512	616			
	V	12 635	4 625	4 625	IV	6 815	6 108	5 421	4 752	4 103	3 473
	VI	13 154	4 625	4 625							
49 643,99	I,IV	7 551	4 629	4 629	I	6 117	4 761	3 481	2 279	1 154	214
	II	6 263	4 629	4 629	II	4 899	3 612	2 401	1 268	294	
	III	3 698	4 629	4 629	III	2 582	1 518	622			
	V	12 647	4 629	4 629	IV	6 824	6 117	5 429	4 761	4 111	3 481
	VI	13 166	4 629	4 629							
49 679,99	I,IV	7 561	4 632	4 632	I	6 127	4 770	3 490	2 287	1 162	219
	II	6 273	4 632	4 632	II	4 908	3 620	2 409	1 276	300	
	III	3 706	4 632	4 632	III	2 590	1 526	628			
	V	12 660	4 632	4 632	IV	6 834	6 127	5 438	4 770	4 120	3 490
	VI	13 179	4 632	4 632							

*   Zur LSt-Berechnung für privat versicherte Arbeitnehmer s. Beispiele **Vorbemerkung S. 4 f.**
** Basisvorsorgepauschale KV und PV   *** Typisierter Arbeitgeberzuschuss

Lohn/Gehalt in € bis	Steuerklasse	Lohn-steuer*	BVSP**	TAGZ***	Steuerklasse	Bemessungsgrundlage für Kirchensteuer und Solidaritätszuschlag Freibeträge für ... Kinder					
						0,5	1,0	1,5	2,0	2,5	3,0
49 715,99	I,IV	**7 570**	4 636	4 636	I	6 136	4 778	3 498	2 295	1 169	224
	II	**6 282**	4 636	4 636	II	4 916	3 628	2 417	1 283	305	
	III	**3 712**	4 636	4 636	III	2 598	1 532	632			
	V	**12 672**	4 636	4 636	IV	6 843	6 136	5 447	4 778	4 128	3 498
	VI	**13 191**	4 636								
49 751,99	I,IV	**7 580**	4 639	4 639	I	6 145	4 787	3 506	2 302	1 176	229
	II	**6 291**	4 639	4 639	II	4 925	3 636	2 424	1 290	310	
	III	**3 720**	4 639	4 639	III	2 604	1 538	638			
	V	**12 684**	4 639	4 639	IV	6 853	6 145	5 456	4 787	4 137	3 506
	VI	**13 203**	4 639								
49 787,99	I,IV	**7 589**	4 642	4 642	I	6 154	4 795	3 514	2 310	1 183	234
	II	**6 300**	4 642	4 642	II	4 934	3 644	2 432	1 297	315	
	III	**3 728**	4 642	4 642	III	2 612	1 544	644			
	V	**12 696**	4 642	4 642	IV	6 862	6 154	5 465	4 795	4 145	3 514
	VI	**13 215**	4 642								
49 823,99	I,IV	**7 599**	4 646	4 646	I	6 163	4 804	3 522	2 318	1 190	239
	II	**6 310**	4 646	4 646	II	4 943	3 653	2 440	1 304	321	
	III	**3 736**	4 646	4 646	III	2 618	1 552	648			
	V	**12 709**	4 646	4 646	IV	6 872	6 163	5 474	4 804	4 154	3 522
	VI	**13 228**	4 646								
49 859,99	I,IV	**7 609**	4 649	4 649	I	6 172	4 813	3 530	2 325	1 197	244
	II	**6 319**	4 649	4 649	II	4 951	3 661	2 448	1 312	326	
	III	**3 742**	4 649	4 649	III	2 626	1 558	654			
	V	**12 721**	4 649	4 649	IV	6 881	6 172	5 483	4 813	4 162	3 530
	VI	**13 240**	4 649								
49 895,99	I,IV	**7 618**	4 652	4 652	I	6 181	4 821	3 538	2 333	1 204	249
	II	**6 328**	4 652	4 652	II	4 960	3 669	2 455	1 319	331	
	III	**3 750**	4 652	4 652	III	2 632	1 564	658			
	V	**12 733**	4 652	4 652	IV	6 890	6 181	5 492	4 821	4 170	3 538
	VI	**13 252**	4 652								
49 931,99	I,IV	**7 628**	4 656	4 656	I	6 191	4 830	3 547	2 341	1 212	254
	II	**6 337**	4 656	4 656	II	4 969	3 677	2 463	1 326	337	
	III	**3 758**	4 656	4 656	III	2 640	1 570	664			
	V	**12 746**	4 656	4 656	IV	6 900	6 191	5 501	4 830	4 179	3 547
	VI	**13 265**	4 656								
49 967,99	I,IV	**7 638**	4 659	4 659	I	6 200	4 839	3 555	2 348	1 219	259
	II	**6 346**	4 659	4 659	II	4 977	3 685	2 471	1 333	342	
	III	**3 766**	4 659	4 659	III	2 648	1 578	670			
	V	**12 758**	4 659	4 659	IV	6 909	6 200	5 509	4 839	4 187	3 555
	VI	**13 277**	4 659								
50 003,99	I,IV	**7 647**	4 662	4 662	I	6 209	4 847	3 563	2 356	1 226	264
	II	**6 356**	4 662	4 662	II	4 986	3 694	2 478	1 340	347	
	III	**3 772**	4 662	4 662	III	2 654	1 584	674			
	V	**12 770**	4 662	4 662	IV	6 918	6 209	5 518	4 847	4 195	3 563
	VI	**13 289**	4 662								
50 039,99	I,IV	**7 657**	4 666	4 666	I	6 218	4 856	3 571	2 364	1 233	269
	II	**6 365**	4 666	4 666	II	4 995	3 702	2 486	1 348	353	
	III	**3 780**	4 666	4 666	III	2 662	1 590	680			
	V	**12 783**	4 666	4 666	IV	6 928	6 218	5 527	4 856	4 204	3 571
	VI	**13 302**	4 666								
50 075,99	I,IV	**7 667**	4 669	4 669	I	6 227	4 865	3 579	2 371	1 240	274
	II	**6 374**	4 669	4 669	II	5 003	3 710	2 494	1 355	358	
	III	**3 788**	4 669	4 669	III	2 670	1 598	686			
	V	**12 795**	4 669	4 669	IV	6 937	6 227	5 536	4 865	4 212	3 579
	VI	**13 314**	4 669								
50 111,99	I,IV	**7 676**	4 672	4 672	I	6 236	4 873	3 587	2 379	1 247	279
	II	**6 383**	4 672	4 672	II	5 012	3 718	2 501	1 362	363	
	III	**3 794**	4 672	4 672	III	2 676	1 604	690			
	V	**12 807**	4 672	4 672	IV	6 947	6 236	5 545	4 873	4 221	3 587
	VI	**13 326**	4 672								

* Zur LSt-Berechnung für privat versicherte Arbeitnehmer s. Beispiele **Vorbemerkung S. 4f.**
** Basisvorsorgepauschale KV und PV *** Typisierter Arbeitgeberzuschuss

Lohn/Gehalt in € bis	Steuerklasse	Lohnsteuer*	BVSP**	TAGZ***	Steuerklasse	Bemessungsgrundlage für Kirchensteuer und Solidaritätszuschlag					
						Freibeträge für ... Kinder					
						0,5	1,0	1,5	2,0	2,5	3,0
50 147,99	I,IV	7686	4676	4676	I	6245	4882	3595	2386	1254	284
	II	6392	4676	4676	II	5021	3726	2509	1369	368	
	III	3802	4676	4676	III	2684	1610	696			
	V	12819	4676	4676	IV	6956	6245	5554	4882	4229	3595
	VI	13338	4676	4676							
50 183,99	I,IV	7696	4679	4679	I	6255	4891	3604	2394	1262	290
	II	6402	4679	4679	II	5030	3735	2517	1376	374	
	III	3810	4679	4679	III	2690	1618	702			
	V	12832	4679	4679	IV	6966	6255	5563	4891	4238	3604
	VI	13351	4679	4679							
50 219,99	I,IV	7706	4683	4683	I	6264	4899	3612	2402	1269	295
	II	6411	4683	4683	II	5038	3743	2525	1384	379	
	III	3818	4683	4683	III	2698	1624	706			
	V	12844	4683	4683	IV	6975	6264	5572	4899	4246	3612
	VI	13363	4683								
50 255,99	I,IV	7715	4686	4686	I	6273	4908	3620	2409	1276	300
	II	6420	4686	4686	II	5047	3751	2532	1391	385	
	III	3824	4686	4686	III	2706	1630	712			
	V	12856	4686	4686	IV	6984	6273	5581	4908	4254	3620
	VI	13375	4686								
50 291,99	I,IV	7725	4689	4689	I	6282	4917	3628	2417	1283	305
	II	6430	4689	4689	II	5056	3759	2540	1398	390	
	III	3832	4689	4689	III	2712	1638	718			
	V	12869	4689	4689	IV	6994	6282	5590	4917	4263	3628
	VI	13388	4689								
50 327,99	I,IV	7735	4693	4693	I	6291	4925	3636	2425	1290	310
	II	6439	4693	4693	II	5065	3768	2548	1405	396	
	III	3840	4693	4693	III	2720	1644	722			
	V	12881	4693	4693	IV	7003	6291	5599	4925	4271	3636
	VI	13400	4693								
50 363,99	I,IV	7744	4696	4696	I	6301	4934	3645	2432	1297	315
	II	6448	4696	4696	II	5073	3776	2555	1412	401	
	III	3848	4696	4696	III	2726	1650	728	2		
	V	12893	4696	4696	IV	7013	6301	5608	4934	4280	3645
	VI	13412	4696								
50 399,99	I,IV	7754	4699	4699	I	6310	4943	3653	2440	1305	321
	II	6457	4699	4699	II	5082	3784	2563	1420	407	
	III	3854	4699	4699	III	2734	1658	734	6		
	V	12906	4699	4699	IV	7022	6310	5617	4943	4288	3653
	VI	13425	4699								
50 435,99	I,IV	7764	4703	4703	I	6319	4951	3661	2448	1312	326
	II	6466	4703	4703	II	5091	3792	2571	1427	412	
	III	3862	4703	4703	III	2740	1664	740	10		
	V	12918	4703	4703	IV	7032	6319	5626	4951	4297	3661
	VI	13437	4703								
50 471,99	I,IV	7773	4706	4706	I	6328	4960	3669	2455	1319	331
	II	6476	4706	4706	II	5100	3801	2579	1434	418	
	III	3870	4706	4706	III	2748	1670	744	16		
	V	12930	4706	4706	IV	7041	6328	5634	4960	4305	3669
	VI	13449	4706								
50 507,99	I,IV	7783	4709	4709	I	6337	4969	3677	2463	1326	337
	II	6485	4709	4709	II	5108	3809	2586	1441	423	
	III	3876	4709	4709	III	2756	1678	750	18		
	V	12942	4709	4709	IV	7050	6337	5643	4969	4313	3677
	VI	13461	4709								
50 543,99	I,IV	7793	4713	4713	I	6347	4978	3686	2471	1333	342
	II	6494	4713	4713	II	5117	3817	2594	1449	429	
	III	3884	4713	4713	III	2762	1684	756	24		
	V	12955	4713	4713	IV	7060	6347	5653	4978	4322	3686
	VI	13474	4713								

* Zur LSt-Berechnung für privat versicherte Arbeitnehmer s. Beispiele **Vorbemerkung S. 4 f.**
** Basisvorsorgepauschale KV und PV   *** Typisierter Arbeitgeberzuschuss

Lohn/ Gehalt in € bis	Steuerklasse	Lohn-steuer*	BVSP**	TAGZ***	Steuerklasse	Bemessungsgrundlage für Kirchensteuer und Solidaritätszuschlag					
						Freibeträge für ... Kinder					
						0,5	1,0	1,5	2,0	2,5	3,0
50 579,99	I,IV	**7 803**	4 716	4 716	I	6 356	4 986	3 694	2 479	1 340	347
	II	**6 503**	4 716	4 716	II	5 126	3 825	2 602	1 456	435	
	III	**3 892**	4 716	4 716	III	2 770	1 690	762	28		
	V	**12 967**	4 716	4 716	IV	7 070	6 356	5 661	4 986	4 330	3 694
	VI	**13 486**	4 716	4 716							
50 615,99	I,IV	**7 812**	4 719	4 719	I	6 365	4 995	3 702	2 486	1 348	353
	II	**6 513**	4 719	4 719	II	5 134	3 834	2 610	1 463	440	
	III	**3 900**	4 719	4 719	III	2 776	1 698	766	32		
	V	**12 979**	4 719	4 719	IV	7 079	6 365	5 670	4 995	4 339	3 702
	VI	**13 498**	4 719	4 719							
50 651,99	I,IV	**7 822**	4 723	4 723	I	6 374	5 004	3 710	2 494	1 355	358
	II	**6 522**	4 723	4 723	II	5 143	3 842	2 618	1 470	446	
	III	**3 906**	4 723	4 723	III	2 784	1 704	772	36		
	V	**12 992**	4 723	4 723	IV	7 089	6 374	5 679	5 004	4 347	3 710
	VI	**13 511**	4 723	4 723							
50 687,99	I,IV	**7 832**	4 726	4 726	I	6 384	5 012	3 718	2 502	1 362	363
	II	**6 531**	4 726	4 726	II	5 152	3 850	2 625	1 478	452	
	III	**3 914**	4 726	4 726	III	2 792	1 712	778	40		
	V	**13 004**	4 726	4 726	IV	7 098	6 384	5 688	5 012	4 356	3 718
	VI	**13 523**	4 726	4 726							
50 723,99	I,IV	**7 841**	4 730	4 730	I	6 393	5 021	3 727	2 509	1 369	369
	II	**6 541**	4 730	4 730	II	5 161	3 858	2 633	1 485	457	
	III	**3 922**	4 730	4 730	III	2 798	1 718	782	44		
	V	**13 016**	4 730	4 730	IV	7 107	6 393	5 697	5 021	4 364	3 727
	VI	**13 535**	4 730	4 730							
50 759,99	I,IV	**7 851**	4 733	4 733	I	6 402	5 030	3 735	2 517	1 376	374
	II	**6 550**	4 733	4 733	II	5 170	3 867	2 641	1 492	463	
	III	**3 930**	4 733	4 733	III	2 806	1 724	788	48		
	V	**13 028**	4 733	4 733	IV	7 117	6 402	5 706	5 030	4 373	3 735
	VI	**13 548**	4 733	4 733							
50 795,99	I,IV	**7 861**	4 736	4 736	I	6 411	5 039	3 743	2 525	1 384	380
	II	**6 559**	4 736	4 736	II	5 179	3 875	2 649	1 499	469	
	III	**3 936**	4 736	4 736	III	2 814	1 732	794	52		
	V	**13 041**	4 736	4 736	IV	7 127	6 411	5 715	5 039	4 381	3 743
	VI	**13 560**	4 736	4 736							
50 831,99	I,IV	**7 871**	4 740	4 740	I	6 420	5 047	3 751	2 533	1 391	385
	II	**6 568**	4 740	4 740	II	5 187	3 883	2 656	1 507	474	
	III	**3 944**	4 740	4 740	III	2 820	1 738	800	56		
	V	**13 053**	4 740	4 740	IV	7 136	6 420	5 724	5 047	4 390	3 751
	VI	**13 572**	4 740	4 740							
50 867,99	I,IV	**7 880**	4 743	4 743	I	6 430	5 056	3 759	2 540	1 398	390
	II	**6 578**	4 743	4 743	II	5 196	3 891	2 664	1 514	480	
	III	**3 952**	4 743	4 743	III	2 828	1 744	804	60		
	V	**13 065**	4 743	4 743	IV	7 145	6 430	5 733	5 056	4 398	3 759
	VI	**13 584**	4 743	4 743							
50 903,99	I,IV	**7 890**	4 746	4 746	I	6 439	5 065	3 768	2 548	1 405	396
	II	**6 587**	4 746	4 746	II	5 205	3 900	2 672	1 521	486	
	III	**3 960**	4 746	4 746	III	2 836	1 752	810	66		
	V	**13 078**	4 746	4 746	IV	7 155	6 439	5 742	5 065	4 407	3 768
	VI	**13 597**	4 746	4 746							
50 939,99	I,IV	**7 900**	4 750	4 750	I	6 448	5 074	3 776	2 556	1 413	401
	II	**6 596**	4 750	4 750	II	5 214	3 908	2 680	1 529	492	
	III	**3 966**	4 750	4 750	III	2 842	1 758	816	70		
	V	**13 090**	4 750	4 750	IV	7 164	6 448	5 751	5 074	4 415	3 776
	VI	**13 609**	4 750	4 750							
50 975,99	I,IV	**7 910**	4 753	4 753	I	6 457	5 082	3 784	2 563	1 420	407
	II	**6 606**	4 753	4 753	II	5 222	3 916	2 687	1 536	497	
	III	**3 974**	4 753	4 753	III	2 850	1 766	822	74		
	V	**13 102**	4 753	4 753	IV	7 174	6 457	5 760	5 082	4 424	3 784
	VI	**13 621**	4 753	4 753							

* Zur LSt-Berechnung für privat versicherte Arbeitnehmer s. Beispiele **Vorbemerkung S. 4f.**
** Basisvorsorgepauschale KV und PV   *** Typisierter Arbeitgeberzuschuss

Lohn/Gehalt in € bis	Steuerklasse	Lohnsteuer*	BVSP**	TAGZ***	Steuerklasse	Bemessungsgrundlage für Kirchensteuer und Solidaritätszuschlag					
						Freibeträge für ... Kinder					
						0,5	1,0	1,5	2,0	2,5	3,0
51 011,99	I,IV	7 920	4 756	4 756	I	6 467	5 091	3 793	2 571	1 427	413
	II	6 615	4 756	4 756	II	5 231	3 925	2 695	1 543	503	
	III	3 982	4 756	4 756	III	2 856	1 772	828	78		
	V	13 115	4 756	4 756	IV	7 184	6 467	5 769	5 091	4 432	3 793
	VI	13 634	4 756								
51 047,99	I,IV	7 929	4 760	4 760	I	6 476	5 100	3 801	2 579	1 434	418
	II	6 624	4 760	4 760	II	5 240	3 933	2 703	1 550	509	
	III	3 988	4 760	4 760	III	2 864	1 778	832	82		
	V	13 127	4 760	4 760	IV	7 193	6 476	5 778	5 100	4 441	3 801
	VI	13 646	4 760								
51 083,99	I,IV	7 939	4 763	4 763	I	6 485	5 108	3 809	2 587	1 442	424
	II	6 634	4 763	4 763	II	5 249	3 941	2 711	1 558	515	
	III	3 996	4 763	4 763	III	2 872	1 786	838	86		
	V	13 139	4 763	4 763	IV	7 202	6 485	5 787	5 108	4 449	3 809
	VI	13 658	4 763								
51 119,99	I,IV	7 949	4 766	4 766	I	6 494	5 117	3 817	2 594	1 449	429
	II	6 643	4 766	4 766	II	5 258	3 949	2 719	1 565	521	
	III	4 004	4 766	4 766	III	2 878	1 792	844	90		
	V	13 151	4 766	4 766	IV	7 212	6 494	5 796	5 117	4 458	3 817
	VI	13 671	4 766								
51 155,99	I,IV	7 959	4 770	4 770	I	6 504	5 126	3 826	2 602	1 456	435
	II	6 652	4 770	4 770	II	5 267	3 958	2 727	1 572	527	
	III	4 012	4 770	4 770	III	2 886	1 800	850	94		
	V	13 164	4 770	4 770	IV	7 222	6 504	5 805	5 126	4 466	3 826
	VI	13 683	4 770								
51 191,99	I,IV	7 968	4 773	4 773	I	6 513	5 135	3 834	2 610	1 463	440
	II	6 662	4 773	4 773	II	5 275	3 966	2 734	1 580	532	
	III	4 020	4 773	4 773	III	2 892	1 806	854	100		
	V	13 176	4 773	4 773	IV	7 231	6 513	5 814	5 135	4 475	3 834
	VI	13 695	4 773								
51 227,99	I,IV	7 978	4 777	4 777	I	6 522	5 143	3 842	2 618	1 470	446
	II	6 671	4 777	4 777	II	5 284	3 974	2 742	1 587	538	
	III	4 026	4 777	4 777	III	2 900	1 812	860	104		
	V	13 188	4 777	4 777	IV	7 240	6 522	5 823	5 143	4 483	3 842
	VI	13 708	4 777								
51 263,99	I,IV	7 988	4 780	4 780	I	6 532	5 152	3 850	2 626	1 478	452
	II	6 680	4 780	4 780	II	5 293	3 983	2 750	1 594	544	
	III	4 034	4 780	4 780	III	2 908	1 820	866	108		
	V	13 201	4 780	4 780	IV	7 250	6 532	5 832	5 152	4 492	3 850
	VI	13 720	4 780								
51 299,99	I,IV	7 998	4 783	4 783	I	6 541	5 161	3 859	2 633	1 485	457
	II	6 690	4 783	4 783	II	5 302	3 991	2 758	1 602	550	
	III	4 042	4 783	4 783	III	2 914	1 828	872	112		
	V	13 213	4 783	4 783	IV	7 260	6 541	5 841	5 161	4 500	3 859
	VI	13 732	4 783								
51 335,99	I,IV	8 007	4 787	4 787	I	6 550	5 170	3 867	2 641	1 492	463
	II	6 699	4 787	4 787	II	5 311	3 999	2 766	1 609	556	
	III	4 048	4 787	4 787	III	2 922	1 834	876	116		
	V	13 225	4 787	4 787	IV	7 269	6 550	5 850	5 170	4 509	3 867
	VI	13 744	4 787								
51 371,99	I,IV	8 017	4 790	4 790	I	6 559	5 179	3 875	2 649	1 499	469
	II	6 708	4 790	4 790	II	5 319	4 008	2 773	1 616	562	
	III	4 056	4 790	4 790	III	2 930	1 840	882	120		
	V	13 238	4 790	4 790	IV	7 279	6 559	5 859	5 179	4 517	3 875
	VI	13 757	4 790								
51 407,99	I,IV	8 027	4 793	4 793	I	6 569	5 188	3 883	2 657	1 507	475
	II	6 718	4 793	4 793	II	5 328	4 016	2 781	1 624	568	
	III	4 064	4 793	4 793	III	2 936	1 848	888	126		
	V	13 250	4 793	4 793	IV	7 288	6 569	5 868	5 188	4 526	3 883
	VI	13 769	4 793								

* Zur LSt-Berechnung für privat versicherte Arbeitnehmer s. Beispiele **Vorbemerkung S. 4 f.**
** Basisvorsorgepauschale KV und PV *** Typisierter Arbeitgeberzuschuss

| Lohn/Gehalt in € bis | Steuerklasse | Lohnsteuer* | BVSP** | TAGZ*** | Steuerklasse | Bemessungsgrundlage für Kirchensteuer und Solidaritätszuschlag | | | | | |
| | | | | | | Freibeträge für ... Kinder | | | | | |
						0,5	1,0	1,5	2,0	2,5	3,0
51 443,99	I,IV	8037	4797	4797	I	6578	5196	3892	2664	1514	480
	II	6727	4797	4797	II	5337	4024	2789	1631	574	
	III	4072	4797	4797	III	2944	1854	894	130		
	V	13262	4797	4797	IV	7298	6578	5877	5196	4534	3892
	VI	13781	4797								
51 479,99	I,IV	8047	4800	4800	I	6587	5205	3900	2672	1521	486
	II	6736	4800	4800	II	5346	4033	2797	1638	580	
	III	4080	4800	4800	III	2950	1862	900	134		
	V	13275	4800	4800	IV	7307	6587	5886	5205	4543	3900
	VI	13794	4800								
51 515,99	I,IV	8057	4803	4803	I	6597	5214	3908	2680	1529	492
	II	6746	4803	4803	II	5355	4041	2805	1646	586	
	III	4086	4803	4803	III	2958	1868	906	138		
	V	13287	4803	4803	IV	7317	6597	5896	5214	4552	3908
	VI	13806	4803								
51 551,99	I,IV	8066	4807	4807	I	6606	5223	3917	2688	1536	498
	II	6755	4807	4807	II	5364	4050	2813	1653	592	
	III	4094	4807	4807	III	2966	1876	910	142		
	V	13299	4807	4807	IV	7326	6606	5905	5223	4560	3917
	VI	13818	4807								
51 587,99	I,IV	8076	4810	4810	I	6615	5231	3925	2695	1543	503
	II	6764	4810	4810	II	5372	4058	2820	1660	598	
	III	4102	4810	4810	III	2972	1882	916	148		
	V	13311	4810	4810	IV	7336	6615	5914	5231	4568	3925
	VI	13831	4810								
51 623,99	I,IV	8086	4813	4813	I	6625	5240	3933	2703	1551	509
	II	6774	4813	4813	II	5382	4066	2828	1668	604	
	III	4110	4813	4813	III	2980	1890	922	152		
	V	13324	4813	4813	IV	7346	6625	5923	5240	4577	3933
	VI	13843	4813								
51 659,99	I,IV	8096	4817	4817	I	6634	5249	3942	2711	1558	515
	II	6783	4817	4817	II	5390	4075	2836	1675	610	
	III	4116	4817	4817	III	2988	1896	928	156		
	V	13336	4817	4817	IV	7355	6634	5932	5249	4586	3942
	VI	13855	4817								
51 695,99	I,IV	8105	4820	4820	I	6643	5258	3950	2719	1565	521
	II	6792	4820	4820	II	5399	4083	2844	1682	617	
	III	4124	4820	4820	III	2994	1904	934	160		
	V	13348	4820	4820	IV	7365	6643	5941	5258	4594	3950
	VI	13868	4820								
51 731,99	I,IV	8115	4824	4824	I	6652	5267	3958	2727	1572	527
	II	6802	4824	4824	II	5408	4091	2852	1689	623	
	III	4132	4824	4824	III	3002	1910	940	164		
	V	13361	4824	4824	IV	7374	6652	5950	5267	4603	3958
	VI	13880	4824								
51 767,99	I,IV	8125	4827	4827	I	6662	5276	3966	2735	1580	533
	II	6811	4827	4827	II	5417	4100	2860	1697	629	
	III	4140	4827	4827	III	3008	1918	946	170		
	V	13373	4827	4827	IV	7384	6662	5959	5276	4611	3966
	VI	13892	4827								
51 803,99	I,IV	8135	4830	4830	I	6671	5284	3975	2742	1587	538
	II	6821	4830	4830	II	5426	4108	2868	1704	635	
	III	4146	4830	4830	III	3016	1924	950	174		
	V	13385	4830	4830	IV	7393	6671	5968	5284	4620	3975
	VI	13905	4830								
51 839,99	I,IV	8145	4834	4834	I	6680	5293	3983	2750	1594	544
	II	6830	4834	4834	II	5434	4116	2875	1712	641	
	III	4154	4834	4834	III	3024	1932	956	178		
	V	13398	4834	4834	IV	7403	6680	5977	5293	4628	3983
	VI	13917	4834								

* Zur LSt-Berechnung für privat versicherte Arbeitnehmer s. Beispiele **Vorbemerkung S. 4 f.**
** Basisvorsorgepauschale KV und PV *** Typisierter Arbeitgeberzuschuss

Lohn/ Gehalt in € bis	Steuerklasse	Lohn- steuer*	BVSP**	TAGZ***	Steuerklasse	Bemessungsgrundlage für Kirchensteuer und Solidaritätszuschlag — Freibeträge für ... Kinder					
						0,5	1,0	1,5	2,0	2,5	3,0
51 875,99	I,IV	**8 155**	4 837	4 837	I	6 690	5 302	3 991	2 758	1 602	550
	II	**6 839**	4 837	4 837	II	5 444	4 125	2 883	1 719	648	
	III	**4 162**	4 837	4 837	III	3 030	1 938	962	182		
	V	**13 410**	4 837	4 837	IV	7 413	6 690	5 986	5 302	4 637	3 991
	VI	**13 929**	4 837								
51 911,99	I,IV	**8 165**	4 840	4 840	I	6 699	5 311	4 000	2 766	1 609	556
	II	**6 849**	4 840	4 840	II	5 452	4 133	2 891	1 726	654	
	III	**4 170**	4 840	4 840	III	3 038	1 946	968	188		
	V	**13 422**	4 840	4 840	IV	7 422	6 699	5 995	5 311	4 646	4 000
	VI	**13 941**	4 840								
51 947,99	I,IV	**8 174**	4 844	4 844	I	6 708	5 320	4 008	2 774	1 616	562
	II	**6 858**	4 844	4 844	II	5 461	4 142	2 899	1 734	660	
	III	**4 176**	4 844	4 844	III	3 046	1 952	974	192		
	V	**13 435**	4 844	4 844	IV	7 432	6 708	6 004	5 320	4 654	4 008
	VI	**13 954**	4 844								
51 983,99	I,IV	**8 184**	4 847	4 847	I	6 718	5 328	4 016	2 781	1 624	568
	II	**6 867**	4 847	4 847	II	5 470	4 150	2 907	1 741	666	
	III	**4 184**	4 847	4 847	III	3 052	1 960	980	196		
	V	**13 447**	4 847	4 847	IV	7 441	6 718	6 013	5 328	4 663	4 016
	VI	**13 966**	4 847								
52 019,99	I,IV	**8 194**	4 850	4 850	I	6 727	5 337	4 025	2 789	1 631	574
	II	**6 877**	4 850	4 850	II	5 479	4 158	2 915	1 749	672	
	III	**4 192**	4 850	4 850	III	3 060	1 966	986	200		
	V	**13 459**	4 850	4 850	IV	7 451	6 727	6 023	5 337	4 671	4 025
	VI	**13 978**	4 850								
52 055,99	I,IV	**8 204**	4 854	4 854	I	6 736	5 346	4 033	2 797	1 638	580
	II	**6 886**	4 854	4 854	II	5 488	4 167	2 923	1 756	679	
	III	**4 200**	4 854	4 854	III	3 066	1 974	992	204		
	V	**13 471**	4 854	4 854	IV	7 461	6 736	6 032	5 346	4 680	4 033
	VI	**13 991**	4 854								
52 091,99	I,IV	**8 214**	4 857	4 857	I	6 746	5 355	4 041	2 805	1 646	586
	II	**6 896**	4 857	4 857	II	5 497	4 175	2 930	1 763	685	
	III	**4 206**	4 857	4 857	III	3 074	1 980	998	210		
	V	**13 484**	4 857	4 857	IV	7 470	6 746	6 041	5 355	4 688	4 041
	VI	**14 003**	4 857								
52 127,99	I,IV	**8 224**	4 860	4 860	I	6 755	5 364	4 050	2 813	1 653	592
	II	**6 905**	4 860	4 860	II	5 506	4 184	2 939	1 771	691	
	III	**4 214**	4 860	4 860	III	3 082	1 988	1 002	214		
	V	**13 496**	4 860	4 860	IV	7 480	6 755	6 050	5 364	4 697	4 050
	VI	**14 015**	4 860								
52 163,99	I,IV	**8 234**	4 864	4 864	I	6 765	5 373	4 058	2 821	1 660	598
	II	**6 915**	4 864	4 864	II	5 515	4 192	2 946	1 778	698	
	III	**4 222**	4 864	4 864	III	3 088	1 994	1 008	218		
	V	**13 508**	4 864	4 864	IV	7 489	6 765	6 059	5 373	4 706	4 058
	VI	**14 028**	4 864								
52 199,99	I,IV	**8 243**	4 867	4 867	I	6 774	5 382	4 066	2 828	1 668	604
	II	**6 924**	4 867	4 867	II	5 523	4 200	2 954	1 785	704	
	III	**4 230**	4 867	4 867	III	3 096	2 002	1 014	224		
	V	**13 521**	4 867	4 867	IV	7 499	6 774	6 068	5 382	4 714	4 066
	VI	**14 040**	4 867								
52 235,99	I,IV	**8 253**	4 871	4 871	I	6 783	5 391	4 075	2 836	1 675	611
	II	**6 933**	4 871	4 871	II	5 533	4 209	2 962	1 793	710	
	III	**4 238**	4 871	4 871	III	3 104	2 008	1 020	228		
	V	**13 533**	4 871	4 871	IV	7 509	6 783	6 077	5 391	4 723	4 075
	VI	**14 052**	4 871								
52 271,99	I,IV	**8 263**	4 874	4 874	I	6 793	5 399	4 083	2 844	1 682	617
	II	**6 943**	4 874	4 874	II	5 541	4 217	2 970	1 800	717	
	III	**4 244**	4 874	4 874	III	3 110	2 016	1 026	232		
	V	**13 545**	4 874	4 874	IV	7 518	6 793	6 086	5 399	4 732	4 083
	VI	**14 065**	4 874								

*   Zur LSt-Berechnung für privat versicherte Arbeitnehmer s. Beispiele **Vorbemerkung S. 4 f.**
**   Basisvorsorgepauschale KV und PV   *** Typisierter Arbeitgeberzuschuss

Lohn/ Gehalt in € bis	Steuerklasse	Lohn- steuer*	BVSP**	TAGZ***	Steuerklasse	Bemessungsgrundlage für Kirchensteuer und Solidaritätszuschlag					
						Freibeträge für ... Kinder					
						0,5	1,0	1,5	2,0	2,5	3,0
52 307,99	I,IV	**8 273**	4 877	4 877	I	6 802	5 408	4 091	2 852	1 690	623
	II	**6 952**	4 877	4 877	II	5 550	4 226	2 978	1 808	723	
	III	**4 252**	4 877	4 877	III	3 118	2 022	1 032	236		
	V	**13 558**	4 877	4 877	IV	7 528	6 802	6 095	5 408	4 740	4 091
	VI	**14 077**	4 877	4 877							
52 343,99	I,IV	**8 283**	4 881	4 881	I	6 811	5 417	4 100	2 860	1 697	629
	II	**6 961**	4 881	4 881	II	5 559	4 234	2 986	1 815	730	
	III	**4 260**	4 881	4 881	III	3 126	2 030	1 038	242		
	V	**13 570**	4 881	4 881	IV	7 537	6 811	6 104	5 417	4 749	4 100
	VI	**14 089**	4 881	4 881							
52 379,99	I,IV	**8 293**	4 884	4 884	I	6 821	5 426	4 108	2 868	1 704	635
	II	**6 971**	4 884	4 884	II	5 568	4 242	2 994	1 822	736	
	III	**4 268**	4 884	4 884	III	3 132	2 036	1 044	246		
	V	**13 582**	4 884	4 884	IV	7 547	6 821	6 114	5 426	4 758	4 108
	VI	**14 101**	4 884	4 884							
52 415,99	I,IV	**8 303**	4 887	4 887	I	6 830	5 435	4 117	2 876	1 712	641
	II	**6 980**	4 887	4 887	II	5 577	4 251	3 002	1 830	743	
	III	**4 274**	4 887	4 887	III	3 140	2 044	1 050	250		
	V	**13 595**	4 887	4 887	IV	7 557	6 830	6 123	5 435	4 766	4 117
	VI	**14 114**	4 887	4 887							
52 451,99	I,IV	**8 312**	4 891	4 891	I	6 839	5 444	4 125	2 883	1 719	648
	II	**6 990**	4 891	4 891	II	5 586	4 259	3 010	1 837	749	
	III	**4 282**	4 891	4 891	III	3 148	2 050	1 056	254		
	V	**13 607**	4 891	4 891	IV	7 566	6 839	6 132	5 444	4 775	4 125
	VI	**14 126**	4 891	4 891							
52 487,99	I,IV	**8 323**	4 894	4 894	I	6 849	5 453	4 133	2 891	1 727	654
	II	**7 000**	4 894	4 894	II	5 595	4 268	3 018	1 845	756	
	III	**4 290**	4 894	4 894	III	3 154	2 058	1 062	260		
	V	**13 619**	4 894	4 894	IV	7 576	6 849	6 141	5 453	4 783	4 133
	VI	**14 138**	4 894	4 894							
52 523,99	I,IV	**8 332**	4 897	4 897	I	6 858	5 461	4 142	2 899	1 734	660
	II	**7 009**	4 897	4 897	II	5 604	4 276	3 026	1 852	762	
	III	**4 298**	4 897	4 897	III	3 162	2 066	1 068	264		
	V	**13 632**	4 897	4 897	IV	7 586	6 858	6 150	5 461	4 792	4 142
	VI	**14 151**	4 897	4 897							
52 559,99	I,IV	**8 342**	4 901	4 901	I	6 868	5 470	4 150	2 907	1 741	666
	II	**7 018**	4 901	4 901	II	5 613	4 285	3 033	1 859	768	
	III	**4 304**	4 901	4 901	III	3 170	2 072	1 072	268		
	V	**13 644**	4 901	4 901	IV	7 595	6 868	6 159	5 470	4 801	4 150
	VI	**14 163**	4 901	4 901							
52 595,99	I,IV	**8 352**	4 904	4 904	I	6 877	5 479	4 159	2 915	1 749	673
	II	**7 028**	4 904	4 904	II	5 622	4 293	3 042	1 867	775	
	III	**4 312**	4 904	4 904	III	3 176	2 080	1 078	274		
	V	**13 656**	4 904	4 904	IV	7 605	6 877	6 169	5 479	4 809	4 159
	VI	**14 175**	4 904	4 904							
52 631,99	I,IV	**8 362**	4 907	4 907	I	6 887	5 488	4 167	2 923	1 756	679
	II	**7 037**	4 907	4 907	II	5 631	4 302	3 049	1 874	782	
	III	**4 320**	4 907	4 907	III	3 184	2 086	1 086	278		
	V	**13 668**	4 907	4 907	IV	7 615	6 887	6 178	5 488	4 818	4 167
	VI	**14 188**	4 907	4 907							
52 667,99	I,IV	**8 372**	4 911	4 911	I	6 896	5 497	4 175	2 931	1 763	685
	II	**7 047**	4 911	4 911	II	5 640	4 310	3 057	1 882	788	
	III	**4 328**	4 911	4 911	III	3 192	2 094	1 090	282		
	V	**13 681**	4 911	4 911	IV	7 624	6 896	6 187	5 497	4 827	4 175
	VI	**14 200**	4 911	4 911							
52 703,99	I,IV	**8 382**	4 914	4 914	I	6 905	5 506	4 184	2 939	1 771	691
	II	**7 056**	4 914	4 914	II	5 649	4 318	3 065	1 889	795	
	III	**4 336**	4 914	4 914	III	3 198	2 100	1 096	288		
	V	**13 693**	4 914	4 914	IV	7 634	6 905	6 196	5 506	4 835	4 184
	VI	**14 212**	4 914	4 914							

* Zur LSt-Berechnung für privat versicherte Arbeitnehmer s. Beispiele **Vorbemerkung S. 4 f.**
** Basisvorsorgepauschale KV und PV *** Typisierter Arbeitgeberzuschuss

Lohn/Gehalt in € bis	Steuerklasse	Lohnsteuer*	BVSP**	TAGZ***	Steuerklasse	Bemessungsgrundlage für Kirchensteuer und Solidaritätszuschlag Freibeträge für ... Kinder					
						0,5	1,0	1,5	2,0	2,5	3,0
52 739,99	I,IV	8392	4918	4918	I	6915	5515	4192	2947	1778	698
	II	7066	4918	4918	II	5658	4327	3073	1897	801	
	III	4344	4918	4918	III	3206	2108	1102	292		
	V	13705	4918	4918	IV	7644	6915	6205	5515	4844	4192
	VI	14225	4918	4918							
52 775,99	I,IV	8402	4921	4921	I	6924	5524	4201	2954	1786	704
	II	7075	4921	4921	II	5667	4335	3081	1904	808	
	III	4350	4921	4921	III	3214	2114	1108	296		
	V	13718	4921	4921	IV	7653	6924	6214	5524	4853	4201
	VI	14237	4921	4921							
52 811,99	I,IV	8412	4924	4924	I	6933	5533	4209	2962	1793	710
	II	7084	4924	4924	II	5675	4344	3089	1912	815	
	III	4358	4924	4924	III	3220	2122	1114	302		
	V	13730	4924	4924	IV	7663	6933	6223	5533	4861	4209
	VI	14249	4924	4924							
52 847,99	I,IV	8422	4928	4928	I	6943	5542	4217	2970	1800	717
	II	7094	4928	4928	II	5685	4352	3097	1919	821	
	III	4366	4928	4928	III	3228	2128	1120	306		
	V	13742	4928	4928	IV	7673	6943	6233	5542	4870	4217
	VI	14262	4928	4928							
52 883,99	I,IV	8432	4931	4931	I	6952	5551	4226	2978	1808	723
	II	7104	4931	4931	II	5694	4361	3105	1927	828	3
	III	4374	4931	4931	III	3236	2136	1126	310		
	V	13755	4931	4931	IV	7682	6952	6242	5551	4879	4226
	VI	14274	4931	4931							
52 919,99	I,IV	8441	4934	4934	I	6962	5559	4234	2986	1815	730
	II	7113	4934	4934	II	5702	4369	3113	1934	835	7
	III	4380	4934	4934	III	3242	2142	1132	316		
	V	13767	4934	4934	IV	7692	6962	6251	5559	4887	4234
	VI	14286	4934	4934							
52 955,99	I,IV	8451	4938	4938	I	6971	5568	4242	2994	1822	736
	II	7122	4938	4938	II	5711	4377	3121	1941	841	11
	III	4388	4938	4938	III	3250	2150	1138	320		
	V	13779	4938	4938	IV	7702	6971	6260	5568	4896	4242
	VI	14298	4938	4938							
52 991,99	I,IV	8461	4941	4941	I	6981	5577	4251	3002	1830	743
	II	7132	4941	4941	II	5721	4386	3129	1949	848	15
	III	4396	4941	4941	III	3258	2156	1144	324		
	V	13792	4941	4941	IV	7711	6981	6269	5577	4905	4251
	VI	14311	4941	4941							
53 027,99	I,IV	8471	4944	4944	I	6990	5586	4259	3010	1837	749
	II	7141	4944	4944	II	5729	4395	3137	1956	855	20
	III	4404	4944	4944	III	3264	2164	1150	330		
	V	13804	4944	4944	IV	7721	6990	6279	5586	4913	4259
	VI	14323	4944	4944							
53 063,99	I,IV	8481	4948	4948	I	7000	5595	4268	3018	1845	756
	II	7151	4948	4948	II	5738	4403	3145	1964	862	24
	III	4410	4948	4948	III	3272	2170	1156	334		
	V	13816	4948	4948	IV	7731	7000	6288	5595	4922	4268
	VI	14335	4948	4948							
53 099,99	I,IV	8491	4951	4951	I	7009	5604	4276	3026	1852	762
	II	7161	4951	4951	II	5748	4412	3153	1971	868	28
	III	4418	4951	4951	III	3280	2178	1162	340		
	V	13828	4951	4951	IV	7741	7009	6297	5604	4931	4276
	VI	14348	4951	4951							
53 135,99	I,IV	8501	4954	4954	I	7019	5613	4285	3034	1860	769
	II	7170	4954	4954	II	5756	4420	3161	1979	875	32
	III	4426	4954	4954	III	3286	2186	1168	344		
	V	13841	4954	4954	IV	7750	7019	6306	5613	4939	4285
	VI	14360	4954	4954							

* Zur LSt-Berechnung für privat versicherte Arbeitnehmer s. Beispiele **Vorbemerkung S. 4 f.**
** Basisvorsorgepauschale KV und PV   *** Typisierter Arbeitgeberzuschuss

Lohn/ Gehalt in € bis	Steuerklasse	Lohn-steuer*	BVSP**	TAGZ***	Steuerklasse	Bemessungsgrundlage für Kirchensteuer und Solidaritätszuschlag					
						Freibeträge für … Kinder					
						0,5	1,0	1,5	2,0	2,5	3,0
53171,99	I,IV	8511	4958	4958	I	7028	5622	4293	3042	1867	775
	II	7179	4958	4958	II	5765	4428	3169	1986	882	36
	III	4434	4958	4958	III	3294	2192	1174	348		
	V	13853	4958	4958	IV	7760	7028	6315	5622	4948	4293
	VI	14372	4958								
53207,99	I,IV	8521	4961	4961	I	7038	5631	4302	3050	1875	782
	II	7189	4961	4961	II	5775	4437	3177	1994	889	41
	III	4442	4961	4961	III	3302	2200	1180	354		
	V	13865	4961	4961	IV	7770	7038	6325	5631	4957	4302
	VI	14385	4961								
53243,99	I,IV	8531	4965	4965	I	7047	5640	4310	3058	1882	788
	II	7199	4965	4965	II	5783	4446	3185	2001	896	45
	III	4450	4965	4965	III	3308	2206	1186	358		
	V	13878	4965	4965	IV	7779	7047	6334	5640	4965	4310
	VI	14397	4965								
53279,99	I,IV	8541	4968	4968	I	7056	5649	4319	3065	1889	795
	II	7208	4968	4968	II	5792	4454	3193	2009	902	49
	III	4456	4968	4968	III	3316	2214	1192	362		
	V	13890	4968	4968	IV	7789	7056	6343	5649	4974	4319
	VI	14409	4968								
53315,99	I,IV	8551	4971	4971	I	7066	5658	4327	3073	1897	801
	II	7217	4971	4971	II	5801	4462	3201	2016	909	54
	III	4464	4971	4971	III	3324	2220	1198	368		
	V	13902	4971	4971	IV	7799	7066	6352	5658	4983	4327
	VI	14421	4971								
53351,99	I,IV	8561	4975	4975	I	7075	5667	4336	3081	1904	808
	II	7227	4975	4975	II	5811	4471	3209	2024	916	58
	III	4472	4975	4975	III	3330	2228	1206	372		
	V	13915	4975	4975	IV	7809	7075	6361	5667	4992	4336
	VI	14434	4975								
53387,99	I,IV	8571	4978	4978	I	7085	5676	4344	3089	1912	815
	II	7237	4978	4978	II	5819	4480	3217	2031	923	62
	III	4480	4978	4978	III	3338	2234	1210	378		
	V	13927	4978	4978	IV	7818	7085	6371	5676	5000	4344
	VI	14446	4978								
53423,99	I,IV	8581	4981	4981	I	7094	5685	4352	3097	1919	821
	II	7246	4981	4981	II	5828	4488	3225	2039	930	67
	III	4488	4981	4981	III	3346	2242	1218	382		
	V	13939	4981	4981	IV	7828	7094	6380	5685	5009	4352
	VI	14458	4981								
53459,99	I,IV	8591	4985	4985	I	7104	5694	4361	3105	1927	828
	II	7256	4985	4985	II	5838	4497	3233	2046	937	71
	III	4494	4985	4985	III	3352	2250	1224	388		
	V	13952	4985	4985	IV	7838	7104	6389	5694	5018	4361
	VI	14471	4985								
53495,99	I,IV	8601	4988	4988	I	7113	5703	4369	3113	1934	835
	II	7265	4988	4988	II	5847	4505	3241	2054	944	75
	III	4502	4988	4988	III	3360	2256	1230	392		
	V	13964	4988	4988	IV	7847	7113	6398	5703	5026	4369
	VI	14483	4988								
53531,99	I,IV	8611	4991	4991	I	7123	5712	4378	3121	1942	842
	II	7275	4991	4991	II	5856	4514	3249	2061	951	80
	III	4510	4991	4991	III	3368	2264	1236	396		
	V	13976	4991	4991	IV	7857	7123	6407	5712	5035	4378
	VI	14495	4991								
53567,99	I,IV	8621	4995	4995	I	7132	5721	4386	3129	1949	848
	II	7284	4995	4995	II	5864	4522	3257	2069	958	84
	III	4518	4995	4995	III	3374	2270	1242	402		
	V	13988	4995	4995	IV	7867	7132	6417	5721	5044	4386
	VI	14507	4995								

* Zur LSt-Berechnung für privat versicherte Arbeitnehmer s. Beispiele **Vorbemerkung S. 4 f.**
** Basisvorsorgepauschale KV und PV *** Typisierter Arbeitgeberzuschuss

Lohn/ Gehalt in € bis	Steuerklasse	Lohn- steuer*	BVSP**	TAGZ***	Steuerklasse	Bemessungsgrundlage für Kirchensteuer und Solidaritätszuschlag					
						Freibeträge für ... Kinder					
						0,5	**1,0**	1,5	**2,0**	2,5	**3,0**
53 603,99	I,IV	**8 631**	4 998	4 998	I	7 142	5 730	4 395	3 137	1 957	855
	II	**7 294**	4 998	4 998	II	5 874	4 531	3 265	2 076	965	89
	III	**4 524**	4 998	4 998	III	3 382	2 278	1 248	406		
	V	**14 001**	4 998	4 998	IV	7 877	7 142	6 426	5 730	5 053	4 395
	VI	**14 520**	4 998								
53 639,99	I,IV	**8 641**	5 001	5 001	I	7 151	5 739	4 403	3 145	1 964	862
	II	**7 303**	5 001	5 001	II	5 883	4 539	3 273	2 084	972	93
	III	**4 532**	5 001	5 001	III	3 390	2 284	1 254	412		
	V	**14 013**	5 001	5 001	IV	7 886	7 151	6 435	5 739	5 061	4 403
	VI	**14 532**	5 001								
53 675,99	I,IV	**8 651**	5 005	5 005	I	7 161	5 748	4 412	3 153	1 971	868
	II	**7 313**	5 005	5 005	II	5 892	4 548	3 281	2 091	979	98
	III	**4 540**	5 005	5 005	III	3 396	2 292	1 260	416		
	V	**14 025**	5 005	5 005	IV	7 896	7 161	6 444	5 748	5 070	4 412
	VI	**14 544**	5 005								
53 711,99	I,IV	**8 661**	5 008	5 008	I	7 170	5 757	4 420	3 161	1 979	875
	II	**7 323**	5 008	5 008	II	5 901	4 556	3 289	2 099	986	102
	III	**4 548**	5 008	5 008	III	3 404	2 298	1 266	422		
	V	**14 038**	5 008	5 008	IV	7 906	7 170	6 454	5 757	5 079	4 420
	VI	**14 557**	5 008								
53 747,99	I,IV	**8 671**	5 012	5 012	I	7 180	5 766	4 429	3 169	1 987	882
	II	**7 332**	5 012	5 012	II	5 910	4 565	3 297	2 107	993	107
	III	**4 556**	5 012	5 012	III	3 412	2 306	1 272	426		
	V	**14 050**	5 012	5 012	IV	7 916	7 180	6 463	5 766	5 088	4 429
	VI	**14 569**	5 012								
53 783,99	I,IV	**8 681**	5 015	5 015	I	7 189	5 775	4 437	3 177	1 994	889
	II	**7 341**	5 015	5 015	II	5 919	4 573	3 305	2 114	1 000	111
	III	**4 562**	5 015	5 015	III	3 418	2 312	1 278	430		
	V	**14 062**	5 015	5 015	IV	7 925	7 189	6 472	5 775	5 096	4 437
	VI	**14 581**	5 015								
53 819,99	I,IV	**8 691**	5 018	5 018	I	7 199	5 784	4 446	3 185	2 002	896
	II	**7 351**	5 018	5 018	II	5 928	4 582	3 313	2 122	1 007	116
	III	**4 570**	5 018	5 018	III	3 426	2 320	1 284	436		
	V	**14 075**	5 018	5 018	IV	7 935	7 199	6 482	5 784	5 105	4 446
	VI	**14 594**	5 018								
53 855,99	I,IV	**8 701**	5 022	5 022	I	7 208	5 793	4 454	3 193	2 009	903
	II	**7 361**	5 022	5 022	II	5 937	4 591	3 321	2 129	1 014	120
	III	**4 578**	5 022	5 022	III	3 434	2 328	1 292	440		
	V	**14 087**	5 022	5 022	IV	7 945	7 208	6 491	5 793	5 114	4 454
	VI	**14 606**	5 022								
53 891,99	I,IV	**8 711**	5 025	5 025	I	7 218	5 802	4 463	3 201	2 016	910
	II	**7 370**	5 025	5 025	II	5 946	4 599	3 329	2 137	1 021	125
	III	**4 586**	5 025	5 025	III	3 440	2 334	1 298	446		
	V	**14 099**	5 025	5 025	IV	7 955	7 218	6 500	5 802	5 123	4 463
	VI	**14 618**	5 025								
53 927,99	I,IV	**8 721**	5 028	5 028	I	7 227	5 811	4 471	3 209	2 024	916
	II	**7 380**	5 028	5 028	II	5 955	4 608	3 337	2 144	1 028	129
	III	**4 594**	5 028	5 028	III	3 448	2 342	1 304	450		
	V	**14 111**	5 028	5 028	IV	7 964	7 227	6 509	5 811	5 131	4 471
	VI	**14 630**	5 028								
53 963,99	I,IV	**8 731**	5 032	5 032	I	7 237	5 820	4 480	3 217	2 032	923
	II	**7 389**	5 032	5 032	II	5 964	4 616	3 346	2 152	1 035	134
	III	**4 602**	5 032	5 032	III	3 456	2 348	1 310	456		
	V	**14 124**	5 032	5 032	IV	7 974	7 237	6 519	5 820	5 140	4 480
	VI	**14 643**	5 032								
53 999,99	I,IV	**8 741**	5 035	5 035	I	7 246	5 829	4 488	3 225	2 039	930
	II	**7 399**	5 035	5 035	II	5 973	4 625	3 354	2 159	1 042	139
	III	**4 608**	5 035	5 035	III	3 462	2 356	1 316	460		
	V	**14 136**	5 035	5 035	IV	7 984	7 246	6 528	5 829	5 149	4 488
	VI	**14 655**	5 035								

* Zur LSt-Berechnung für privat versicherte Arbeitnehmer s. Beispiele **Vorbemerkung S. 4 f.**
** Basisvorsorgepauschale KV und PV   *** Typisierter Arbeitgeberzuschuss

Lohn/ Gehalt in € bis	Steuerklasse	Lohn-steuer*	BVSP**	TAGZ***	Steuerklasse	Bemessungsgrundlage für Kirchensteuer und Solidaritätszuschlag					
						Freibeträge für ... Kinder					
						0,5	1,0	1,5	2,0	2,5	3,0
54 035,99	I,IV	8 751	5 038	5 038	I	7 256	5 838	4 497	3 233	2 046	937
	II	7 408	5 038	5 038	II	5 982	4 633	3 362	2 167	1 049	143
	III	4 616	5 038	5 038	III	3 470	2 362	1 322	466		
	V	14 148	5 038	5 038	IV	7 994	7 256	6 537	5 838	5 158	4 497
	VI	14 667	5 038	5 038							
54 071,99	I,IV	8 761	5 042	5 042	I	7 265	5 847	4 505	3 241	2 054	944
	II	7 418	5 042	5 042	II	5 992	4 642	3 370	2 175	1 057	148
	III	4 624	5 042	5 042	III	3 478	2 370	1 328	470		
	V	14 161	5 042	5 042	IV	8 004	7 265	6 547	5 847	5 167	4 505
	VI	14 680	5 042	5 042							
54 107,99	I,IV	8 771	5 045	5 045	I	7 275	5 856	4 514	3 249	2 062	951
	II	7 428	5 045	5 045	II	6 001	4 651	3 378	2 182	1 064	153
	III	4 632	5 045	5 045	III	3 484	2 376	1 334	476		
	V	14 173	5 045	5 045	IV	8 013	7 275	6 556	5 856	5 175	4 514
	VI	14 692	5 045	5 045							
54 143,99	I,IV	8 781	5 048	5 048	I	7 284	5 865	4 522	3 257	2 069	958
	II	7 437	5 048	5 048	II	6 010	4 659	3 386	2 190	1 071	157
	III	4 640	5 048	5 048	III	3 492	2 384	1 342	480		
	V	14 185	5 048	5 048	IV	8 023	7 284	6 565	5 865	5 184	4 522
	VI	14 704	5 048	5 048							
54 179,99	I,IV	8 791	5 052	5 052	I	7 294	5 874	4 531	3 265	2 076	965
	II	7 447	5 052	5 052	II	6 019	4 668	3 394	2 197	1 078	162
	III	4 646	5 052	5 052	III	3 500	2 390	1 348	486		
	V	14 197	5 052	5 052	IV	8 033	7 294	6 574	5 874	5 193	4 531
	VI	14 716	5 052	5 052							
54 215,99	I,IV	8 801	5 055	5 055	I	7 304	5 883	4 540	3 273	2 084	972
	II	7 457	5 055	5 055	II	6 028	4 676	3 402	2 205	1 085	167
	III	4 654	5 055	5 055	III	3 508	2 398	1 354	490		
	V	14 210	5 055	5 055	IV	8 043	7 304	6 584	5 883	5 202	4 540
	VI	14 729	5 055	5 055							
54 251,99	I,IV	8 811	5 058	5 058	I	7 313	5 892	4 548	3 281	2 092	979
	II	7 466	5 058	5 058	II	6 037	4 685	3 410	2 212	1 092	172
	III	4 662	5 058	5 058	III	3 514	2 406	1 360	496		
	V	14 222	5 058	5 058	IV	8 053	7 313	6 593	5 892	5 210	4 548
	VI	14 741	5 058	5 058							
54 287,99	I,IV	8 821	5 062	5 062	I	7 323	5 901	4 556	3 289	2 099	986
	II	7 476	5 062	5 062	II	6 046	4 693	3 418	2 220	1 099	176
	III	4 670	5 062	5 062	III	3 522	2 412	1 366	500		
	V	14 234	5 062	5 062	IV	8 062	7 323	6 602	5 901	5 219	4 556
	VI	14 753	5 062	5 062							
54 323,99	I,IV	8 832	5 065	5 065	I	7 332	5 910	4 565	3 297	2 107	993
	II	7 485	5 065	5 065	II	6 055	4 702	3 426	2 228	1 106	181
	III	4 678	5 065	5 065	III	3 530	2 420	1 372	506		
	V	14 247	5 065	5 065	IV	8 072	7 332	6 612	5 910	5 228	4 565
	VI	14 766	5 065	5 065							
54 359,99	I,IV	8 842	5 069	5 069	I	7 342	5 919	4 574	3 305	2 114	1 000
	II	7 495	5 069	5 069	II	6 064	4 711	3 434	2 235	1 113	186
	III	4 686	5 069	5 069	III	3 536	2 428	1 378	510		
	V	14 259	5 069	5 069	IV	8 082	7 342	6 621	5 919	5 237	4 574
	VI	14 778	5 069	5 069							
54 395,99	I,IV	8 852	5 072	5 072	I	7 351	5 928	4 582	3 313	2 122	1 007
	II	7 504	5 072	5 072	II	6 073	4 719	3 442	2 243	1 120	191
	III	4 692	5 072	5 072	III	3 544	2 434	1 384	516		
	V	14 271	5 072	5 072	IV	8 092	7 351	6 630	5 928	5 245	4 582
	VI	14 790	5 072	5 072							
54 431,99	I,IV	8 862	5 075	5 075	I	7 361	5 937	4 591	3 322	2 129	1 015
	II	7 514	5 075	5 075	II	6 083	4 728	3 451	2 251	1 127	196
	III	4 700	5 075	5 075	III	3 552	2 442	1 392	520		
	V	14 284	5 075	5 075	IV	8 102	7 361	6 640	5 937	5 255	4 591
	VI	14 803	5 075	5 075							

* Zur LSt-Berechnung für privat versicherte Arbeitnehmer s. Beispiele **Vorbemerkung S. 4 f.**
** Basisvorsorgepauschale KV und PV   *** Typisierter Arbeitgeberzuschuss

Lohn/Gehalt in € bis	Steuerklasse	Lohn-steuer*	BVSP**	TAGZ***	Steuerklasse	Bemessungsgrundlage für Kirchensteuer und Solidaritätszuschlag Freibeträge für ... Kinder					
						0,5	1,0	1,5	2,0	2,5	3,0
54 467,99	I,IV	**8872**	5079	5079	I	7371	5946	4599	3330	2137	1022
	II	**7524**	5079	5079	II	6092	4737	3459	2258	1135	200
	III	**4708**	5079	5079	III	3560	2448	1398	526		
	V	**14296**	5079	5079	IV	8112	7371	6649	5946	5263	4599
	VI	**14815**	5079	5079							
54 503,99	I,IV	**8882**	5082	5082	I	7380	5955	4608	3338	2144	1028
	II	**7533**	5082	5082	II	6101	4745	3467	2266	1142	205
	III	**4716**	5082	5082	III	3566	2456	1404	530		
	V	**14308**	5082	5082	IV	8121	7380	6658	5955	5272	4608
	VI	**14827**	5082	5082							
54 539,99	I,IV	**8892**	5085	5085	I	7389	5964	4616	3346	2152	1035
	II	**7543**	5085	5085	II	6110	4754	3475	2273	1149	210
	III	**4724**	5085	5085	III	3574	2462	1410	536		
	V	**14320**	5085	5085	IV	8131	7389	6667	5964	5281	4616
	VI	**14839**	5085	5085							
54 575,99	I,IV	**8902**	5089	5089	I	7399	5974	4625	3354	2160	1043
	II	**7553**	5089	5089	II	6119	4763	3483	2281	1156	215
	III	**4732**	5089	5089	III	3582	2470	1418	540		
	V	**14333**	5089	5089	IV	8141	7399	6677	5974	5290	4625
	VI	**14852**	5089	5089							
54 611,99	I,IV	**8912**	5092	5092	I	7409	5983	4634	3362	2167	1050
	II	**7562**	5092	5092	II	6128	4771	3491	2288	1163	220
	III	**4738**	5092	5092	III	3588	2476	1424	546		
	V	**14345**	5092	5092	IV	8151	7409	6686	5983	5298	4634
	VI	**14864**	5092	5092							
54 647,99	I,IV	**8922**	5095	5095	I	7418	5992	4642	3370	2175	1057
	II	**7572**	5095	5095	II	6137	4780	3499	2296	1170	225
	III	**4746**	5095	5095	III	3596	2484	1430	552		
	V	**14357**	5095	5095	IV	8161	7418	6695	5992	5307	4642
	VI	**14876**	5095	5095							
54 683,99	I,IV	**8932**	5099	5099	I	7428	6001	4651	3378	2182	1064
	II	**7582**	5099	5099	II	6147	4788	3508	2304	1177	230
	III	**4754**	5099	5099	III	3604	2492	1436	556		
	V	**14370**	5099	5099	IV	8171	7428	6705	6001	5316	4651
	VI	**14889**	5099	5099							
54 719,99	I,IV	**8942**	5102	5102	I	7438	6010	4659	3386	2190	1071
	II	**7591**	5102	5102	II	6156	4797	3516	2311	1184	235
	III	**4762**	5102	5102	III	3610	2498	1442	562		
	V	**14382**	5102	5102	IV	8180	7438	6714	6010	5325	4659
	VI	**14901**	5102	5102							
54 755,99	I,IV	**8952**	5105	5105	I	7447	6019	4668	3394	2197	1078
	II	**7601**	5105	5105	II	6165	4806	3524	2319	1191	240
	III	**4770**	5105	5105	III	3618	2506	1448	566		
	V	**14394**	5105	5105	IV	8190	7447	6723	6019	5334	4668
	VI	**14913**	5105	5105							
54 791,99	I,IV	**8963**	5109	5109	I	7457	6028	4677	3402	2205	1085
	II	**7611**	5109	5109	II	6174	4814	3532	2327	1199	245
	III	**4778**	5109	5109	III	3626	2512	1456	572		
	V	**14407**	5109	5109	IV	8200	7457	6733	6028	5343	4677
	VI	**14926**	5109	5109							
54 827,99	I,IV	**8973**	5112	5112	I	7466	6037	4685	3410	2213	1092
	II	**7620**	5112	5112	II	6183	4823	3540	2334	1206	250
	III	**4784**	5112	5112	III	3632	2520	1462	576		
	V	**14419**	5112	5112	IV	8210	7466	6742	6037	5352	4685
	VI	**14938**	5112	5112							
54 863,99	I,IV	**8983**	5116	5116	I	7476	6046	4694	3418	2220	1099
	II	**7630**	5116	5116	II	6192	4832	3548	2342	1213	255
	III	**4792**	5116	5116	III	3640	2528	1468	582		
	V	**14431**	5116	5116	IV	8220	7476	6751	6046	5360	4694
	VI	**14950**	5116	5116							

* Zur LSt-Berechnung für privat versicherte Arbeitnehmer s. Beispiele **Vorbemerkung S. 4 f.**
** Basisvorsorgepauschale KV und PV   *** Typisierter Arbeitgeberzuschuss

Lohn/ Gehalt in € bis	Steuerklasse	Lohn-steuer*	BVSP**	TAGZ***	Steuerklasse	Bemessungsgrundlage für Kirchensteuer und Solidaritätszuschlag					
						Freibeträge für ... Kinder					
						0,5	1,0	1,5	2,0	2,5	3,0
54 899,99	I,IV	8 993	5 119	5 119	I	7 485	6 055	4 702	3 426	2 228	1 106
	II	7 639	5 119	5 119	II	6 201	4 840	3 556	2 349	1 220	260
	III	4 800	5 119	5 119	III	3 648	2 534	1 474	586		
	V	14 443	5 119	5 119	IV	8 229	7 485	6 761	6 055	5 369	4 702
	VI	14 962	5 119								
54 935,99	I,IV	9 003	5 122	5 122	I	7 495	6 065	4 711	3 435	2 235	1 113
	II	7 649	5 122	5 122	II	6 211	4 849	3 565	2 357	1 227	265
	III	4 808	5 122	5 122	III	3 656	2 542	1 482	592		
	V	14 456	5 122	5 122	IV	8 240	7 495	6 770	6 065	5 378	4 711
	VI	14 975	5 122								
54 971,99	I,IV	9 013	5 126	5 126	I	7 505	6 074	4 720	3 443	2 243	1 120
	II	7 659	5 126	5 126	II	6 220	4 858	3 573	2 365	1 234	270
	III	4 816	5 126	5 126	III	3 662	2 548	1 488	598		
	V	14 468	5 126	5 126	IV	8 249	7 505	6 780	6 074	5 387	4 720
	VI	14 987	5 126								
55 007,99	I,IV	9 023	5 129	5 129	I	7 514	6 083	4 728	3 451	2 251	1 127
	II	7 669	5 129	5 129	II	6 229	4 866	3 581	2 372	1 241	275
	III	4 822	5 129	5 129	III	3 670	2 556	1 494	602		
	V	14 480	5 129	5 129	IV	8 259	7 514	6 789	6 083	5 396	4 728
	VI	14 999	5 129								
55 043,99	I,IV	9 034	5 132	5 132	I	7 524	6 092	4 737	3 459	2 258	1 135
	II	7 678	5 132	5 132	II	6 238	4 875	3 589	2 380	1 249	280
	III	4 830	5 132	5 132	III	3 678	2 562	1 500	608		
	V	14 493	5 132	5 132	IV	8 269	7 524	6 798	6 092	5 405	4 737
	VI	15 012	5 132								
55 079,99	I,IV	9 044	5 136	5 136	I	7 534	6 101	4 745	3 467	2 266	1 142
	II	7 688	5 136	5 136	II	6 247	4 884	3 597	2 388	1 256	285
	III	4 838	5 136	5 136	III	3 686	2 570	1 508	614		
	V	14 505	5 136	5 136	IV	8 279	7 534	6 808	6 101	5 414	4 745
	VI	15 024	5 136								
55 115,99	I,IV	9 054	5 139	5 139	I	7 543	6 110	4 754	3 475	2 273	1 149
	II	7 698	5 139	5 139	II	6 256	4 892	3 605	2 395	1 263	290
	III	4 846	5 139	5 139	III	3 692	2 576	1 514	618		
	V	14 517	5 139	5 139	IV	8 289	7 543	6 817	6 110	5 422	4 754
	VI	15 036	5 139								
55 151,99	I,IV	9 064	5 142	5 142	I	7 553	6 119	4 763	3 483	2 281	1 156
	II	7 707	5 142	5 142	II	6 265	4 901	3 613	2 403	1 270	296
	III	4 854	5 142	5 142	III	3 700	2 584	1 520	624		
	V	14 529	5 142	5 142	IV	8 299	7 553	6 826	6 119	5 431	4 763
	VI	15 049	5 142								
55 187,99	I,IV	9 074	5 146	5 146	I	7 563	6 128	4 771	3 491	2 289	1 163
	II	7 717	5 146	5 146	II	6 275	4 910	3 622	2 411	1 277	301
	III	4 862	5 146	5 146	III	3 708	2 592	1 526	628		
	V	14 542	5 146	5 146	IV	8 309	7 563	6 836	6 128	5 440	4 771
	VI	15 061	5 146								
55 223,99	I,IV	9 084	5 149	5 149	I	7 572	6 137	4 780	3 499	2 296	1 170
	II	7 727	5 149	5 149	II	6 284	4 918	3 630	2 418	1 284	306
	III	4 868	5 149	5 149	III	3 714	2 598	1 532	634		
	V	14 554	5 149	5 149	IV	8 319	7 572	6 845	6 137	5 449	4 780
	VI	15 073	5 149								
55 259,99	I,IV	9 094	5 152	5 152	I	7 582	6 147	4 788	3 508	2 304	1 177
	II	7 736	5 152	5 152	II	6 293	4 927	3 638	2 426	1 291	311
	III	4 876	5 152	5 152	III	3 722	2 606	1 540	640		
	V	14 566	5 152	5 152	IV	8 328	7 582	6 855	6 147	5 458	4 788
	VI	15 086	5 152								
55 295,99	I,IV	9 105	5 156	5 156	I	7 592	6 156	4 797	3 516	2 312	1 185
	II	7 746	5 156	5 156	II	6 302	4 936	3 646	2 434	1 299	317
	III	4 884	5 156	5 156	III	3 730	2 614	1 546	644		
	V	14 579	5 156	5 156	IV	8 338	7 592	6 864	6 156	5 467	4 797
	VI	15 098	5 156								

* Zur LSt-Berechnung für privat versicherte Arbeitnehmer s. Beispiele **Vorbemerkung S. 4 f.**
** Basisvorsorgepauschale KV und PV   *** Typisierter Arbeitgeberzuschuss

Lohn/Gehalt in € bis	Steuerklasse	Lohn-steuer*	BVSP**	TAGZ***	Steuerklasse	Bemessungsgrundlage für Kirchensteuer und Solidaritätszuschlag					
						Freibeträge für ... Kinder					
						0,5	1,0	1,5	2,0	2,5	3,0
55 331,99	I,IV	9115	5159	5159	I	7601	6165	4806	3524	2319	1192
	II	7756	5159	5159	II	6312	4944	3654	2442	1306	322
	III	4892	5159	5159	III	3736	2620	1552	650		
	V	14591	5159	5159	IV	8348	7601	6873	6165	5476	4806
	VI	15110	5159								
55 367,99	I,IV	9125	5163	5163	I	7611	6174	4814	3532	2327	1199
	II	7765	5163	5163	II	6321	4953	3662	2449	1313	327
	III	4900	5163	5163	III	3744	2628	1560	654		
	V	14603	5163	5163	IV	8358	7611	6883	6174	5485	4814
	VI	15123	5163								
55 403,99	I,IV	9135	5166	5166	I	7621	6183	4823	3540	2335	1206
	II	7775	5166	5166	II	6330	4962	3671	2457	1320	332
	III	4908	5166	5166	III	3752	2634	1566	660		
	V	14616	5166	5166	IV	8368	7621	6892	6183	5494	4823
	VI	15135	5166								
55 439,99	I,IV	9145	5169	5169	I	7630	6192	4832	3548	2342	1213
	II	7785	5169	5169	II	6339	4970	3679	2465	1327	338
	III	4916	5169	5169	III	3760	2642	1572	666		
	V	14628	5169	5169	IV	8378	7630	6902	6192	5502	4832
	VI	15147	5169								
55 475,99	I,IV	9155	5173	5173	I	7640	6202	4840	3556	2350	1220
	II	7795	5173	5173	II	6348	4979	3687	2472	1335	343
	III	4922	5173	5173	III	3766	2650	1580	670		
	V	14640	5173	5173	IV	8388	7640	6911	6202	5511	4840
	VI	15159	5173								
55 511,99	I,IV	9165	5176	5176	I	7649	6211	4849	3565	2357	1227
	II	7804	5176	5176	II	6357	4988	3695	2480	1342	348
	III	4930	5176	5176	III	3774	2656	1586	676		
	V	14653	5176	5176	IV	8398	7649	6920	6211	5520	4849
	VI	15172	5176								
55 547,99	I,IV	9176	5179	5179	I	7659	6220	4858	3573	2365	1234
	II	7814	5179	5179	II	6367	4997	3704	2488	1349	354
	III	4938	5179	5179	III	3782	2664	1592	682		
	V	14665	5179	5179	IV	8408	7659	6930	6220	5529	4858
	VI	15184	5179								
55 583,99	I,IV	9186	5183	5183	I	7669	6229	4866	3581	2373	1242
	II	7824	5183	5183	II	6376	5005	3712	2495	1356	359
	III	4946	5183	5183	III	3790	2670	1598	686		
	V	14677	5183	5183	IV	8418	7669	6939	6229	5538	4866
	VI	15196	5183								
55 619,99	I,IV	9196	5186	5186	I	7678	6238	4875	3589	2380	1249
	II	7833	5186	5186	II	6385	5014	3720	2503	1363	364
	III	4954	5186	5186	III	3796	2678	1606	692		
	V	14689	5186	5186	IV	8427	7678	6949	6238	5547	4875
	VI	15209	5186								
55 655,99	I,IV	9206	5189	5189	I	7688	6248	4884	3597	2388	1256
	II	7843	5189	5189	II	6395	5023	3728	2511	1371	370
	III	4962	5189	5189	III	3804	2684	1612	698		
	V	14702	5189	5189	IV	8438	7688	6958	6248	5556	4884
	VI	15221	5189								
55 691,99	I,IV	9216	5193	5193	I	7698	6257	4892	3605	2396	1263
	II	7853	5193	5193	II	6404	5031	3736	2519	1378	375
	III	4970	5193	5193	III	3812	2692	1618	702		
	V	14714	5193	5193	IV	8448	7698	6968	6257	5565	4892
	VI	15233	5193								
55 727,99	I,IV	9226	5196	5196	I	7708	6266	4901	3614	2403	1270
	II	7863	5196	5196	II	6413	5040	3745	2526	1385	381
	III	4976	5196	5196	III	3818	2700	1626	708		
	V	14726	5196	5196	IV	8457	7708	6977	6266	5574	4901
	VI	15246	5196								

* Zur LSt-Berechnung für privat versicherte Arbeitnehmer s. Beispiele **Vorbemerkung S. 4 f.**
** Basisvorsorgepauschale KV und PV   *** Typisierter Arbeitgeberzuschuss

Lohn/ Gehalt in € bis	Steuerklasse	Lohn- steuer*	BVSP**	TAGZ***	Steuerklasse	Bemessungsgrundlage für Kirchensteuer und Solidaritätszuschlag Freibeträge für ... Kinder					
						0,5	1,0	1,5	2,0	2,5	3,0
55 763,99	I,IV	9237	5199	5199	I	7717	6275	4910	3622	2411	1277
	II	7872	5199	5199	II	6422	5049	3753	2534	1392	386
	III	4984	5199	5199	III	3826	2706	1632	714		
	V	14739	5199	5199	IV	8467	7717	6986	6275	5583	4910
	VI	15258	5199	5199							
55 799,99	I,IV	9247	5203	5203	I	7727	6284	4919	3630	2419	1285
	II	7882	5203	5203	II	6431	5058	3761	2542	1400	392
	III	4992	5203	5203	III	3834	2714	1638	718		
	V	14751	5203	5203	IV	8477	7727	6996	6284	5592	4919
	VI	15270	5203	5203							
55 835,99	I,IV	9257	5206	5206	I	7737	6293	4927	3638	2426	1292
	II	7892	5206	5206	II	6441	5066	3769	2549	1407	397
	III	5000	5206	5206	III	3840	2720	1646	724		
	V	14763	5206	5206	IV	8487	7737	7005	6293	5601	4927
	VI	15283	5206	5206							
55 871,99	I,IV	9267	5210	5210	I	7746	6302	4936	3646	2434	1299
	II	7902	5210	5210	II	6450	5075	3777	2557	1414	402
	III	5008	5210	5210	III	3848	2728	1652	730	4	
	V	14776	5210	5210	IV	8497	7746	7015	6302	5609	4936
	VI	15295	5210	5210							
55 907,99	I,IV	9278	5213	5213	I	7756	6312	4945	3655	2442	1306
	II	7912	5213	5213	II	6459	5084	3786	2565	1421	408
	III	5016	5213	5213	III	3856	2736	1658	736	8	
	V	14788	5213	5213	IV	8507	7756	7024	6312	5619	4945
	VI	15307	5213	5213							
55 943,99	I,IV	9288	5216	5216	I	7766	6321	4953	3663	2449	1313
	II	7921	5216	5216	II	6468	5093	3794	2573	1428	414
	III	5022	5216	5216	III	3864	2742	1666	740	12	
	V	14800	5216	5216	IV	8517	7766	7034	6321	5627	4953
	VI	15319	5216	5216							
55 979,99	I,IV	9298	5220	5220	I	7775	6330	4962	3671	2457	1320
	II	7931	5220	5220	II	6478	5101	3802	2580	1436	419
	III	5030	5220	5220	III	3872	2750	1672	746	16	
	V	14813	5220	5220	IV	8527	7775	7043	6330	5636	4962
	VI	15332	5220	5220							
56 015,99	I,IV	9308	5223	5223	I	7785	6339	4971	3679	2465	1328
	II	7941	5223	5223	II	6487	5110	3811	2588	1443	425
	III	5038	5223	5223	III	3878	2758	1678	752	20	
	V	14825	5223	5223	IV	8537	7785	7053	6339	5645	4971
	VI	15344	5223	5223							
56 051,99	I,IV	9318	5226	5226	I	7795	6349	4979	3687	2473	1335
	II	7951	5226	5226	II	6496	5119	3819	2596	1450	430
	III	5046	5226	5226	III	3886	2764	1686	756	24	
	V	14837	5226	5226	IV	8547	7795	7062	6349	5654	4979
	VI	15356	5226	5226							
56 087,99	I,IV	9329	5230	5230	I	7805	6358	4988	3695	2480	1342
	II	7960	5230	5230	II	6505	5128	3827	2604	1457	436
	III	5054	5230	5230	III	3894	2772	1692	762	28	
	V	14850	5230	5230	IV	8557	7805	7071	6358	5663	4988
	VI	15369	5230	5230							
56 123,99	I,IV	9339	5233	5233	I	7814	6367	4997	3704	2488	1349
	II	7970	5233	5233	II	6515	5136	3835	2611	1465	441
	III	5062	5233	5233	III	3900	2778	1698	768	32	
	V	14862	5233	5233	IV	8567	7814	7081	6367	5672	4997
	VI	15381	5233	5233							
56 159,99	I,IV	9349	5236	5236	I	7824	6376	5006	3712	2496	1356
	II	7980	5236	5236	II	6524	5145	3844	2619	1472	447
	III	5070	5236	5236	III	3908	2786	1706	772	36	
	V	14874	5236	5236	IV	8577	7824	7091	6376	5681	5006
	VI	15393	5236	5236							

* Zur LSt-Berechnung für privat versicherte Arbeitnehmer s. Beispiele **Vorbemerkung S. 4 f.**
** Basisvorsorgepauschale KV und PV   *** Typisierter Arbeitgeberzuschuss

Lohn/Gehalt in € bis	Steuerklasse	Lohn-steuer*	BVSP**	TAGZ***	Steuerklasse	Bemessungsgrundlage für Kirchensteuer und Solidaritätszuschlag					
						Freibeträge für ... Kinder					
						0,5	1,0	1,5	2,0	2,5	3,0
56 195,99	I,IV	9 359	5 240	5 240	I	7 834	6 385	5 014	3 720	2 503	1 364
	II	7 990	5 240	5 240	II	6 533	5 154	3 852	2 627	1 479	453
	III	5 078	5 240	5 240	III	3 916	2 794	1 712	778	40	
	V	14 886	5 240	5 240	IV	8 587	7 834	7 100	6 385	5 690	5 014
	VI	15 406	5 240	5 240							
56 231,99	I,IV	9 369	5 243	5 243	I	7 843	6 395	5 023	3 728	2 511	1 371
	II	7 999	5 243	5 243	II	6 542	5 163	3 860	2 635	1 486	458
	III	5 084	5 243	5 243	III	3 924	2 800	1 718	784	44	
	V	14 899	5 243	5 243	IV	8 597	7 843	7 109	6 395	5 699	5 023
	VI	15 418	5 243	5 243							
56 267,99	I,IV	9 380	5 246	5 246	I	7 853	6 404	5 032	3 737	2 519	1 378
	II	8 009	5 246	5 246	II	6 552	5 172	3 869	2 643	1 494	464
	III	5 092	5 246	5 246	III	3 930	2 808	1 726	790	50	
	V	14 911	5 246	5 246	IV	8 607	7 853	7 119	6 404	5 708	5 032
	VI	15 430	5 246	5 246							
56 303,99	I,IV	9 390	5 250	5 250	I	7 863	6 413	5 040	3 745	2 526	1 385
	II	8 019	5 250	5 250	II	6 561	5 180	3 877	2 650	1 501	470
	III	5 100	5 250	5 250	III	3 938	2 814	1 732	796	54	
	V	14 923	5 250	5 250	IV	8 617	7 863	7 128	6 413	5 717	5 040
	VI	15 443	5 250	5 250							
56 339,99	I,IV	9 400	5 253	5 253	I	7 873	6 422	5 049	3 753	2 534	1 392
	II	8 029	5 253	5 253	II	6 570	5 189	3 885	2 658	1 508	475
	III	5 108	5 253	5 253	III	3 946	2 822	1 740	800	58	
	V	14 935	5 253	5 253	IV	8 627	7 873	7 138	6 422	5 726	5 049
	VI	15 455	5 253	5 253							
56 375,99	I,IV	9 410	5 257	5 257	I	7 882	6 431	5 058	3 761	2 542	1 400
	II	8 038	5 257	5 257	II	6 580	5 198	3 893	2 666	1 515	481
	III	5 116	5 257	5 257	III	3 954	2 830	1 746	806	62	
	V	14 948	5 257	5 257	IV	8 637	7 882	7 147	6 431	5 735	5 058
	VI	15 467	5 257	5 257							
56 411,99	I,IV	9 421	5 260	5 260	I	7 892	6 441	5 067	3 770	2 550	1 407
	II	8 049	5 260	5 260	II	6 589	5 207	3 902	2 674	1 523	487
	III	5 124	5 260	5 260	III	3 960	2 836	1 754	812	66	
	V	14 960	5 260	5 260	IV	8 647	7 892	7 157	6 441	5 744	5 067
	VI	15 480	5 260	5 260							
56 447,99	I,IV	9 431	5 263	5 263	I	7 902	6 450	5 075	3 778	2 557	1 414
	II	8 058	5 263	5 263	II	6 598	5 215	3 910	2 681	1 530	493
	III	5 132	5 263	5 263	III	3 968	2 844	1 760	816	70	
	V	14 973	5 263	5 263	IV	8 657	7 902	7 166	6 450	5 753	5 075
	VI	15 492	5 263	5 263							
56 483,99	I,IV	9 441	5 267	5 267	I	7 912	6 459	5 084	3 786	2 565	1 421
	II	8 068	5 267	5 267	II	6 607	5 224	3 918	2 689	1 537	499
	III	5 138	5 267	5 267	III	3 976	2 850	1 766	822	74	
	V	14 985	5 267	5 267	IV	8 667	7 912	7 176	6 459	5 762	5 084
	VI	15 504	5 267	5 267							
56 519,99	I,IV	9 452	5 270	5 270	I	7 922	6 469	5 093	3 794	2 573	1 429
	II	8 078	5 270	5 270	II	6 617	5 233	3 927	2 697	1 545	504
	III	5 146	5 270	5 270	III	3 984	2 858	1 774	828	78	
	V	14 997	5 270	5 270	IV	8 677	7 922	7 186	6 469	5 771	5 093
	VI	15 516	5 270	5 270							
56 555,99	I,IV	9 462	5 273	5 273	I	7 931	6 478	5 102	3 803	2 581	1 436
	II	8 088	5 273	5 273	II	6 626	5 242	3 935	2 705	1 552	510
	III	5 154	5 273	5 273	III	3 990	2 866	1 780	834	84	
	V	15 010	5 273	5 273	IV	8 687	7 931	7 195	6 478	5 780	5 102
	VI	15 529	5 273	5 273							
56 591,99	I,IV	9 472	5 277	5 277	I	7 941	6 487	5 110	3 811	2 588	1 443
	II	8 097	5 277	5 277	II	6 635	5 251	3 943	2 712	1 559	516
	III	5 162	5 277	5 277	III	3 998	2 872	1 788	840	88	
	V	15 022	5 277	5 277	IV	8 697	7 941	7 204	6 487	5 789	5 110
	VI	15 541	5 277	5 277							

*   Zur LSt-Berechnung für privat versicherte Arbeitnehmer s. Beispiele **Vorbemerkung S. 4 f.**
** Basisvorsorgepauschale KV und PV   *** Typisierter Arbeitgeberzuschuss

Lohn/Gehalt in € bis	Steuerklasse	Lohn-steuer*	BVSP**	TAGZ***	Steuerklasse	Bemessungsgrundlage für Kirchensteuer und Solidaritätszuschlag					
						Freibeträge für ... Kinder					
						0,5	1,0	1,5	2,0	2,5	3,0
56627,99	I,IV	9483	5280	5280	I	7951	6497	5119	3819	2596	1450
	II	8108	5280	5280	II	6645	5260	3951	2720	1567	522
	III	5170	5280	5280	III	4006	2880	1794	844	92	
	V	15034	5280	5280	IV	8707	7951	7214	6497	5798	5119
	VI	15553	5280	5280							
56663,99	I,IV	9493	5283	5283	I	7961	6506	5128	3827	2604	1458
	II	8117	5283	5283	II	6654	5268	3960	2728	1574	528
	III	5178	5283	5283	III	4012	2886	1800	850	96	
	V	15046	5283	5283	IV	8717	7961	7224	6506	5807	5128
	VI	15566	5283	5283							
56699,99	I,IV	9503	5287	5287	I	7970	6515	5137	3835	2612	1465
	II	8127	5287	5287	II	6663	5277	3968	2736	1581	534
	III	5186	5287	5287	III	4020	2894	1808	856	100	
	V	15059	5287	5287	IV	8727	7970	7233	6515	5816	5137
	VI	15578	5287	5287							
56735,99	I,IV	9513	5290	5290	I	7980	6524	5145	3844	2619	1472
	II	8137	5290	5290	II	6673	5286	3976	2744	1588	539
	III	5192	5290	5290	III	4028	2902	1814	862	104	
	V	15071	5290	5290	IV	8737	7980	7242	6524	5825	5145
	VI	15590	5290	5290							
56771,99	I,IV	9524	5293	5293	I	7990	6534	5154	3852	2627	1479
	II	8147	5293	5293	II	6682	5295	3985	2752	1596	546
	III	5200	5293	5293	III	4036	2908	1822	868	108	
	V	15083	5293	5293	IV	8747	7990	7252	6534	5834	5154
	VI	15603	5293	5293							
56807,99	I,IV	9534	5297	5297	I	8000	6543	5163	3860	2635	1487
	II	8157	5297	5297	II	6691	5304	3993	2759	1603	551
	III	5208	5297	5297	III	4044	2916	1828	872	114	
	V	15096	5297	5297	IV	8757	8000	7262	6543	5843	5163
	VI	15615	5297	5297							
56843,99	I,IV	9544	5300	5300	I	8009	6552	5172	3869	2643	1494
	II	8166	5300	5300	II	6701	5312	4001	2767	1610	557
	III	5216	5300	5300	III	4050	2924	1836	878	118	
	V	15108	5300	5300	IV	8767	8009	7271	6552	5852	5172
	VI	15627	5300	5300							
56879,99	I,IV	9555	5304	5304	I	8019	6561	5181	3877	2651	1501
	II	8176	5304	5304	II	6710	5321	4010	2775	1618	563
	III	5224	5304	5304	III	4058	2930	1842	884	122	
	V	15120	5304	5304	IV	8777	8019	7281	6561	5861	5181
	VI	15640	5304	5304							
56915,99	I,IV	9565	5307	5307	I	8029	6571	5189	3885	2658	1508
	II	8186	5307	5307	II	6720	5330	4018	2783	1625	569
	III	5232	5307	5307	III	4066	2938	1850	890	126	
	V	15133	5307	5307	IV	8787	8029	7290	6571	5870	5189
	VI	15652	5307	5307							
56951,99	I,IV	9575	5310	5310	I	8039	6580	5198	3893	2666	1516
	II	8196	5310	5310	II	6729	5339	4026	2791	1632	575
	III	5240	5310	5310	III	4072	2944	1856	896	130	
	V	15145	5310	5310	IV	8797	8039	7300	6580	5879	5198
	VI	15664	5310	5310							
56987,99	I,IV	9585	5314	5314	I	8049	6589	5207	3902	2674	1523
	II	8206	5314	5314	II	6738	5348	4034	2798	1640	581
	III	5248	5314	5314	III	4080	2952	1862	900	134	
	V	15157	5314	5314	IV	8807	8049	7309	6589	5888	5207
	VI	15676	5314	5314							
57023,99	I,IV	9596	5317	5317	I	8059	6599	5216	3910	2682	1530
	II	8216	5317	5317	II	6748	5357	4043	2806	1647	587
	III	5256	5317	5317	III	4088	2960	1870	906	140	
	V	15170	5317	5317	IV	8818	8059	7319	6599	5898	5216
	VI	15689	5317	5317							

* Zur LSt-Berechnung für privat versicherte Arbeitnehmer s. Beispiele **Vorbemerkung S. 4f.**
** Basisvorsorgepauschale KV und PV *** Typisierter Arbeitgeberzuschuss

Lohn/ Gehalt in € bis	Steuerklasse	Lohnsteuer*	BVSP**	TAGZ***	Steuerklasse	Bemessungsgrundlage für Kirchensteuer und Solidaritätszuschlag					
						Freibeträge für ... Kinder					
						0,5	1,0	1,5	2,0	2,5	3,0
57 059,99	I,IV	9 606	5 320	5 320	I	8 068	6 608	5 224	3 918	2 689	1 537
	II	8 225	5 320	5 320	II	6 757	5 365	4 051	2 814	1 654	593
	III	5 262	5 320	5 320	III	4 096	2 966	1 876	912	144	
	V	15 182	5 320	5 320	IV	8 827	8 068	7 328	6 608	5 906	5 224
	VI	15 701	5 320	5 320							
57 095,99	I,IV	9 616	5 324	5 324	I	8 078	6 617	5 233	3 927	2 697	1 545
	II	8 235	5 324	5 324	II	6 766	5 374	4 060	2 822	1 662	599
	III	5 270	5 324	5 324	III	4 104	2 974	1 884	918	148	
	V	15 194	5 324	5 324	IV	8 837	8 078	7 338	6 617	5 915	5 233
	VI	15 713	5 324	5 324							
57 131,99	I,IV	9 627	5 327	5 327	I	8 088	6 627	5 242	3 935	2 705	1 552
	II	8 245	5 327	5 327	II	6 776	5 383	4 068	2 830	1 669	606
	III	5 278	5 327	5 327	III	4 110	2 982	1 890	924	152	
	V	15 207	5 327	5 327	IV	8 848	8 088	7 348	6 627	5 925	5 242
	VI	15 726	5 327	5 327							
57 167,99	I,IV	9 637	5 330	5 330	I	8 098	6 636	5 251	3 943	2 713	1 559
	II	8 255	5 330	5 330	II	6 785	5 392	4 076	2 838	1 676	612
	III	5 286	5 330	5 330	III	4 118	2 988	1 898	930	156	
	V	15 219	5 330	5 330	IV	8 858	8 098	7 357	6 636	5 934	5 251
	VI	15 738	5 330	5 330							
57 203,99	I,IV	9 647	5 334	5 334	I	8 108	6 645	5 260	3 951	2 720	1 567
	II	8 265	5 334	5 334	II	6 794	5 401	4 085	2 846	1 684	618
	III	5 294	5 334	5 334	III	4 126	2 996	1 904	934	162	
	V	15 231	5 334	5 334	IV	8 868	8 108	7 367	6 645	5 943	5 260
	VI	15 750	5 334	5 334							
57 239,99	I,IV	9 658	5 337	5 337	I	8 118	6 655	5 269	3 960	2 728	1 574
	II	8 275	5 337	5 337	II	6 804	5 410	4 093	2 854	1 691	624
	III	5 302	5 337	5 337	III	4 134	3 004	1 912	940	166	
	V	15 243	5 337	5 337	IV	8 878	8 118	7 376	6 655	5 952	5 269
	VI	15 763	5 337	5 337							
57 275,99	I,IV	9 668	5 340	5 340	I	8 127	6 664	5 277	3 968	2 736	1 581
	II	8 285	5 340	5 340	II	6 813	5 419	4 101	2 861	1 698	630
	III	5 310	5 340	5 340	III	4 140	3 010	1 918	946	170	
	V	15 256	5 340	5 340	IV	8 888	8 127	7 386	6 664	5 961	5 277
	VI	15 775	5 340	5 340							
57 311,99	I,IV	9 678	5 344	5 344	I	8 137	6 673	5 286	3 976	2 744	1 589
	II	8 295	5 344	5 344	II	6 822	5 428	4 110	2 869	1 706	636
	III	5 318	5 344	5 344	III	4 148	3 018	1 926	952	174	
	V	15 268	5 344	5 344	IV	8 898	8 137	7 395	6 673	5 970	5 286
	VI	15 787	5 344	5 344							
57 347,99	I,IV	9 688	5 347	5 347	I	8 147	6 682	5 295	3 985	2 752	1 596
	II	8 304	5 347	5 347	II	6 832	5 436	4 118	2 877	1 713	642
	III	5 324	5 347	5 347	III	4 156	3 024	1 932	958	178	
	V	15 280	5 347	5 347	IV	8 908	8 147	7 405	6 682	5 979	5 295
	VI	15 799	5 347	5 347							
57 383,99	I,IV	9 699	5 351	5 351	I	8 157	6 692	5 304	3 993	2 760	1 603
	II	8 314	5 351	5 351	II	6 841	5 445	4 127	2 885	1 721	649
	III	5 332	5 351	5 351	III	4 164	3 032	1 940	964	184	
	V	15 293	5 351	5 351	IV	8 918	8 157	7 415	6 692	5 988	5 304
	VI	15 812	5 351	5 351							
57 419,99	I,IV	9 709	5 354	5 354	I	8 167	6 701	5 313	4 001	2 767	1 611
	II	8 324	5 354	5 354	II	6 851	5 454	4 135	2 893	1 728	655
	III	5 340	5 354	5 354	III	4 170	3 040	1 946	970	188	
	V	15 305	5 354	5 354	IV	8 928	8 167	7 424	6 701	5 997	5 313
	VI	15 824	5 354	5 354							
57 455,99	I,IV	9 720	5 357	5 357	I	8 176	6 710	5 321	4 010	2 775	1 618
	II	8 334	5 357	5 357	II	6 860	5 463	4 143	2 901	1 735	661
	III	5 348	5 357	5 357	III	4 178	3 046	1 954	974	192	
	V	15 317	5 357	5 357	IV	8 938	8 176	7 434	6 710	6 006	5 321
	VI	15 836	5 357	5 357							

*   Zur LSt-Berechnung für privat versicherte Arbeitnehmer s. Beispiele **Vorbemerkung S. 4 f.**
**   Basisvorsorgepauschale KV und PV   *** Typisierter Arbeitgeberzuschuss

Lohn/Gehalt in € bis	Steuerklasse	Lohn-steuer*	BVSP**	TAGZ***	Steuerklasse	Bemessungsgrundlage für Kirchensteuer und Solidaritätszuschlag Freibeträge für ... Kinder					
						0,5	1,0	1,5	2,0	2,5	3,0
57491,99	I,IV	**9730**	5361	5361	I	8186	6720	5330	4018	2783	1625
	II	**8344**	5361	5361	II	6870	5472	4152	2909	1743	668
	III	**5356**	5361	5361	III	4186	3054	1960	980	196	
	V	**15330**	5361	5361	IV	8949	8186	7443	6720	6016	5330
	VI	**15849**	5361	5361							
57527,99	I,IV	**9740**	5364	5364	I	8196	6729	5339	4026	2791	1633
	II	**8354**	5364	5364	II	6879	5481	4160	2916	1750	674
	III	**5364**	5364	5364	III	4194	3062	1968	986	202	
	V	**15342**	5364	5364	IV	8959	8196	7453	6729	6025	5339
	VI	**15861**	5364	5364							
57563,99	I,IV	**9751**	5367	5367	I	8206	6738	5348	4035	2799	1640
	II	**8364**	5367	5367	II	6888	5490	4168	2924	1757	680
	III	**5372**	5367	5367	III	4200	3068	1974	992	206	
	V	**15354**	5367	5367	IV	8969	8206	7462	6738	6034	5348
	VI	**15873**	5367	5367							
57599,99	I,IV	**9761**	5371	5371	I	8216	6748	5357	4043	2807	1647
	II	**8374**	5371	5371	II	6898	5499	4177	2932	1765	686
	III	**5380**	5371	5371	III	4208	3076	1982	998	210	
	V	**15367**	5371	5371	IV	8979	8216	7472	6748	6043	5357
	VI	**15886**	5371	5371							
57635,99	I,IV	**9772**	5374	5374	I	8226	6757	5366	4052	2814	1655
	II	**8384**	5374	5374	II	6907	5508	4185	2940	1772	693
	III	**5388**	5374	5374	III	4216	3084	1990	1004	216	
	V	**15379**	5374	5374	IV	8989	8226	7482	6757	6052	5366
	VI	**15898**	5374	5374							
57671,99	I,IV	**9782**	5377	5377	I	8236	6766	5375	4060	2822	1662
	II	**8394**	5377	5377	II	6916	5516	4194	2948	1780	699
	III	**5396**	5377	5377	III	4224	3090	1996	1010	220	
	V	**15391**	5377	5377	IV	8999	8236	7491	6766	6061	5375
	VI	**15910**	5377	5377							
57707,99	I,IV	**9792**	5381	5381	I	8245	6776	5383	4068	2830	1669
	II	**8403**	5381	5381	II	6926	5525	4202	2956	1787	705
	III	**5404**	5381	5381	III	4232	3098	2004	1016	224	
	V	**15403**	5381	5381	IV	9009	8245	7501	6776	6070	5383
	VI	**15922**	5381	5381							
57743,99	I,IV	**9803**	5384	5384	I	8255	6785	5392	4077	2838	1677
	II	**8414**	5384	5384	II	6935	5534	4211	2964	1794	712
	III	**5412**	5384	5384	III	4238	3106	2010	1022	228	
	V	**15416**	5384	5384	IV	9019	8255	7511	6785	6079	5392
	VI	**15935**	5384	5384							
57779,99	I,IV	**9813**	5387	5387	I	8265	6795	5401	4085	2846	1684
	II	**8423**	5387	5387	II	6945	5543	4219	2972	1802	718
	III	**5418**	5387	5387	III	4246	3112	2018	1028	234	
	V	**15428**	5387	5387	IV	9029	8265	7520	6795	6088	5401
	VI	**15947**	5387	5387							
57815,99	I,IV	**9823**	5391	5391	I	8275	6804	5410	4093	2854	1691
	II	**8433**	5391	5391	II	6954	5552	4227	2980	1809	724
	III	**5426**	5391	5391	III	4254	3120	2024	1034	238	
	V	**15440**	5391	5391	IV	9039	8275	7530	6804	6097	5410
	VI	**15959**	5391	5391							
57851,99	I,IV	**9834**	5394	5394	I	8285	6813	5419	4102	2862	1699
	II	**8443**	5394	5394	II	6964	5561	4236	2988	1817	731
	III	**5434**	5394	5394	III	4262	3128	2032	1040	242	
	V	**15453**	5394	5394	IV	9050	8285	7540	6813	6107	5419
	VI	**15972**	5394	5394							
57887,99	I,IV	**9844**	5398	5398	I	8295	6823	5428	4110	2869	1706
	II	**8453**	5398	5398	II	6973	5570	4244	2996	1824	737
	III	**5442**	5398	5398	III	4268	3134	2038	1044	246	
	V	**15465**	5398	5398	IV	9060	8295	7549	6823	6116	5428
	VI	**15984**	5398	5398							

* Zur LSt-Berechnung für privat versicherte Arbeitnehmer s. Beispiele **Vorbemerkung S. 4 f.**
** Basisvorsorgepauschale KV und PV　　*** Typisierter Arbeitgeberzuschuss

Lohn/Gehalt in € bis	Steuerklasse	Lohn-steuer*	BVSP**	TAGZ***	Steuerklasse	Bemessungsgrundlage für Kirchensteuer und Solidaritätszuschlag					
						Freibeträge für ... Kinder					
						0,5	1,0	1,5	2,0	2,5	3,0
57 923,99	I,IV	9 854	5 401	5 401	I	8 305	6 832	5 437	4 118	2 877	1 713
	II	8 463	5 401	5 401	II	6 982	5 579	4 253	3 003	1 831	744
	III	5 450	5 401	5 401	III	4 276	3 142	2 046	1 050	252	
	V	15 477	5 401	5 401	IV	9 070	8 305	7 559	6 832	6 125	5 437
	VI	15 996	5 401								
57 959,99	I,IV	9 865	5 404	5 404	I	8 314	6 841	5 445	4 127	2 885	1 721
	II	8 473	5 404	5 404	II	6 992	5 588	4 261	3 011	1 839	750
	III	5 458	5 404	5 404	III	4 284	3 148	2 052	1 056	256	
	V	15 489	5 404	5 404	IV	9 080	8 314	7 568	6 841	6 134	5 445
	VI	16 008	5 404								
57 995,99	I,IV	9 875	5 408	5 408	I	8 325	6 851	5 455	4 135	2 893	1 728
	II	8 483	5 408	5 408	II	7 001	5 597	4 270	3 019	1 846	757
	III	5 466	5 408	5 408	III	4 292	3 156	2 060	1 062	260	
	V	15 502	5 408	5 408	IV	9 090	8 325	7 578	6 851	6 143	5 455
	VI	16 021	5 408								
58 031,99	I,IV	9 886	5 411	5 411	I	8 334	6 860	5 463	4 144	2 901	1 735
	II	8 493	5 411	5 411	II	7 011	5 606	4 278	3 027	1 854	763
	III	5 474	5 411	5 411	III	4 300	3 164	2 066	1 068	266	
	V	15 514	5 411	5 411	IV	9 100	8 334	7 588	6 860	6 152	5 463
	VI	16 033	5 411								
58 067,99	I,IV	9 896	5 414	5 414	I	8 344	6 870	5 472	4 152	2 909	1 743
	II	8 503	5 414	5 414	II	7 020	5 615	4 286	3 035	1 861	770
	III	5 480	5 414	5 414	III	4 306	3 170	2 074	1 074	270	
	V	15 526	5 414	5 414	IV	9 110	8 344	7 597	6 870	6 161	5 472
	VI	16 045	5 414								
58 103,99	I,IV	9 907	5 418	5 418	I	8 354	6 879	5 481	4 160	2 917	1 750
	II	8 513	5 418	5 418	II	7 030	5 624	4 295	3 043	1 869	777
	III	5 488	5 418	5 418	III	4 314	3 178	2 080	1 080	274	
	V	15 539	5 418	5 418	IV	9 121	8 354	7 607	6 879	6 171	5 481
	VI	16 058	5 418								
58 139,99	I,IV	9 917	5 421	5 421	I	8 364	6 889	5 490	4 169	2 925	1 758
	II	8 523	5 421	5 421	II	7 039	5 633	4 303	3 051	1 876	783
	III	5 496	5 421	5 421	III	4 322	3 186	2 088	1 086	280	
	V	15 551	5 421	5 421	IV	9 131	8 364	7 617	6 889	6 180	5 490
	VI	16 070	5 421								
58 175,99	I,IV	9 927	5 424	5 424	I	8 374	6 898	5 499	4 177	2 932	1 765
	II	8 533	5 424	5 424	II	7 049	5 642	4 312	3 059	1 883	790
	III	5 504	5 424	5 424	III	4 330	3 192	2 094	1 092	284	
	V	15 563	5 424	5 424	IV	9 141	8 374	7 626	6 898	6 189	5 499
	VI	16 082	5 424								
58 211,99	I,IV	9 938	5 428	5 428	I	8 384	6 907	5 508	4 186	2 940	1 772
	II	8 543	5 428	5 428	II	7 058	5 651	4 320	3 067	1 891	796
	III	5 512	5 428	5 428	III	4 336	3 200	2 102	1 098	288	
	V	15 576	5 428	5 428	IV	9 151	8 384	7 636	6 907	6 198	5 508
	VI	16 095	5 428								
58 247,99	I,IV	9 948	5 431	5 431	I	8 394	6 917	5 517	4 194	2 948	1 780
	II	8 553	5 431	5 431	II	7 068	5 660	4 329	3 075	1 898	803
	III	5 520	5 431	5 431	III	4 344	3 208	2 110	1 104	294	
	V	15 588	5 431	5 431	IV	9 161	8 394	7 646	6 917	6 207	5 517
	VI	16 107	5 431								
58 283,99	I,IV	9 959	5 434	5 434	I	8 404	6 926	5 526	4 202	2 956	1 787
	II	8 563	5 434	5 434	II	7 077	5 668	4 337	3 083	1 906	809
	III	5 528	5 434	5 434	III	4 352	3 214	2 116	1 110	298	
	V	15 600	5 434	5 434	IV	9 172	8 404	7 655	6 926	6 216	5 526
	VI	16 119	5 434								
58 319,99	I,IV	9 969	5 438	5 438	I	8 414	6 935	5 534	4 211	2 964	1 794
	II	8 573	5 438	5 438	II	7 086	5 677	4 345	3 091	1 913	816
	III	5 536	5 438	5 438	III	4 360	3 222	2 122	1 116	302	
	V	15 612	5 438	5 438	IV	9 182	8 414	7 665	6 935	6 225	5 534
	VI	16 131	5 438								

*   Zur LSt-Berechnung für privat versicherte Arbeitnehmer s. Beispiele **Vorbemerkung S. 4 f.**
**   Basisvorsorgepauschale KV und PV   *** Typisierter Arbeitgeberzuschuss

Lohn/ Gehalt in € bis	Steuerklasse	Lohn-steuer*	BVSP**	TAGZ***	Steuerklasse	Bemessungsgrundlage für Kirchensteuer und Solidaritätszuschlag					
						Freibeträge für ... Kinder					
						0,5	1,0	1,5	2,0	2,5	3,0
58355,99	I,IV	9980	5441	5441	I	8424	6945	5544	4219	2972	1802
	II	8583	5441	5441	II	7096	5686	4354	3099	1921	823
	III	5544	5441	5441	III	4368	3230	2130	1122	308	
	V	15625	5441	5441	IV	9192	8424	7675	6945	6235	5544
	VI	16144	5441	5441							
58391,99	I,IV	9990	5445	5445	I	8434	6954	5552	4228	2980	1809
	II	8593	5445	5445	II	7105	5695	4362	3107	1928	829
	III	5552	5445	5445	III	4374	3236	2136	1128	312	
	V	15637	5445	5445	IV	9202	8434	7684	6954	6244	5552
	VI	16156	5445	5445							
58427,99	I,IV	10000	5448	5448	I	8443	6964	5561	4236	2988	1817
	II	8603	5448	5448	II	7115	5704	4371	3115	1936	836
	III	5560	5448	5448	III	4382	3244	2144	1134	316	
	V	15649	5448	5448	IV	9212	8443	7694	6964	6253	5561
	VI	16168	5448	5448							
58463,99	I,IV	10011	5451	5451	I	8454	6973	5570	4244	2996	1824
	II	8613	5451	5451	II	7125	5713	4380	3123	1943	843
	III	5568	5451	5451	III	4390	3252	2152	1140	322	
	V	15662	5451	5451	IV	9223	8454	7704	6973	6262	5570
	VI	16181	5451	5451							
58499,99	I,IV	10021	5455	5455	I	8463	6983	5579	4253	3004	1832
	II	8623	5455	5455	II	7134	5722	4388	3131	1951	850
	III	5574	5455	5455	III	4398	3258	2158	1146	326	
	V	15674	5455	5455	IV	9233	8463	7713	6983	6271	5579
	VI	16193	5455	5455							
58535,99	I,IV	10032	5458	5458	I	8473	6992	5588	4261	3011	1839
	II	8633	5458	5458	II	7143	5731	4396	3139	1958	856
	III	5582	5458	5458	III	4406	3266	2166	1152	330	
	V	15686	5458	5458	IV	9243	8473	7723	6992	6280	5588
	VI	16205	5458	5458							
58571,99	I,IV	10042	5461	5461	I	8483	7001	5597	4270	3019	1846
	II	8643	5461	5461	II	7153	5740	4405	3146	1965	863
	III	5590	5461	5461	III	4412	3274	2172	1158	336	
	V	15698	5461	5461	IV	9253	8483	7733	7001	6290	5597
	VI	16217	5461	5461							
58607,99	I,IV	10053	5465	5465	I	8493	7011	5606	4278	3027	1854
	II	8653	5465	5465	II	7162	5749	4413	3155	1973	870
	III	5598	5465	5465	III	4420	3280	2180	1164	340	
	V	15711	5465	5465	IV	9263	8493	7743	7011	6299	5606
	VI	16230	5465	5465							
58643,99	I,IV	10063	5468	5468	I	8503	7020	5615	4287	3035	1861
	II	8663	5468	5468	II	7172	5758	4422	3163	1980	877
	III	5606	5468	5468	III	4428	3288	2186	1170	344	
	V	15723	5468	5468	IV	9273	8503	7752	7020	6308	5615
	VI	16242	5468	5468							
58679,99	I,IV	10073	5471	5471	I	8513	7030	5624	4295	3043	1869
	II	8673	5471	5471	II	7181	5767	4430	3170	1988	883
	III	5614	5471	5471	III	4436	3296	2194	1176	350	
	V	15735	5471	5471	IV	9284	8513	7762	7030	6317	5624
	VI	16254	5471	5471							
58715,99	I,IV	10084	5475	5475	I	8523	7040	5633	4304	3051	1876
	II	8683	5475	5475	II	7191	5776	4439	3179	1995	890
	III	5622	5475	5475	III	4442	3302	2200	1182	354	
	V	15748	5475	5475	IV	9294	8523	7772	7040	6327	5633
	VI	16267	5475	5475							
58751,99	I,IV	10095	5478	5478	I	8533	7049	5642	4312	3059	1884
	II	8693	5478	5478	II	7200	5785	4447	3187	2003	897
	III	5630	5478	5478	III	4450	3310	2208	1188	360	
	V	15760	5478	5478	IV	9304	8533	7781	7049	6336	5642
	VI	16279	5478	5478							

* Zur LSt-Berechnung für privat versicherte Arbeitnehmer s. Beispiele **Vorbemerkung S. 4 f.**
** Basisvorsorgepauschale KV und PV *** Typisierter Arbeitgeberzuschuss

Lohn/ Gehalt in € bis	Steuerklasse	Lohn- steuer*	BVSP**	TAGZ***	Steuerklasse	Bemessungsgrundlage für Kirchensteuer und Solidaritätszuschlag					
						Freibeträge für … Kinder					
						0,5	1,0	1,5	2,0	2,5	3,0
58 787,99	I,IV	10 105	5481	5481	I	8543	7058	5651	4320	3067	1891
	II	8703	5481	5481	II	7210	5794	4456	3194	2010	904
	III	5638	5481	5481	III	4458	3318	2214	1194	364	
	V	15772	5481	5481	IV	9314	8543	7791	7058	6345	5651
	VI	16291	5481	5481							
58 823,99	I,IV	10 116	5485	5485	I	8553	7068	5660	4329	3075	1899
	II	8713	5485	5485	II	7220	5803	4464	3203	2018	911
	III	5646	5485	5485	III	4466	3324	2222	1200	368	
	V	15785	5485	5485	IV	9325	8553	7801	7068	6354	5660
	VI	16304	5485	5485							
58 859,99	I,IV	10 126	5488	5488	I	8563	7077	5669	4337	3083	1906
	II	8723	5488	5488	II	7229	5812	4473	3211	2025	918
	III	5654	5488	5488	III	4474	3332	2230	1206	374	
	V	15797	5488	5488	IV	9335	8563	7811	7077	6363	5669
	VI	16316	5488	5488							
58 895,99	I,IV	10 136	5492	5492	I	8573	7087	5678	4346	3091	1913
	II	8733	5492	5492	II	7238	5821	4481	3219	2033	925
	III	5662	5492	5492	III	4480	3340	2236	1212	378	
	V	15809	5492	5492	IV	9345	8573	7820	7087	6372	5678
	VI	16328	5492	5492							
58 931,99	I,IV	10 147	5495	5495	I	8583	7096	5686	4354	3099	1921
	II	8743	5495	5495	II	7248	5830	4490	3226	2040	931
	III	5670	5495	5495	III	4488	3346	2244	1218	384	
	V	15821	5495	5495	IV	9355	8583	7830	7096	6382	5686
	VI	16341	5495	5495							
58 967,99	I,IV	10 158	5498	5498	I	8593	7106	5696	4363	3107	1928
	II	8753	5498	5498	II	7258	5840	4498	3235	2048	939
	III	5678	5498	5498	III	4496	3354	2250	1224	388	
	V	15834	5498	5498	IV	9366	8593	7840	7106	6391	5696
	VI	16353	5498	5498							
59 003,99	I,IV	10 168	5502	5502	I	8603	7115	5705	4371	3115	1936
	II	8763	5502	5502	II	7267	5848	4507	3243	2055	945
	III	5684	5502	5502	III	4504	3362	2258	1230	392	
	V	15846	5502	5502	IV	9376	8603	7849	7115	6400	5705
	VI	16365	5502	5502							
59 039,99	I,IV	10 178	5505	5505	I	8613	7125	5713	4380	3123	1943
	II	8773	5505	5505	II	7277	5857	4515	3251	2063	952
	III	5692	5505	5505	III	4512	3368	2264	1236	398	
	V	15858	5505	5505	IV	9386	8613	7859	7125	6409	5713
	VI	16377	5505	5505							
59 075,99	I,IV	10 189	5508	5508	I	8623	7134	5723	4388	3131	1951
	II	8783	5508	5508	II	7286	5867	4524	3259	2071	960
	III	5700	5508	5508	III	4520	3376	2272	1244	402	
	V	15871	5508	5508	IV	9396	8623	7869	7134	6419	5723
	VI	16390	5508	5508							
59 111,99	I,IV	10 199	5512	5512	I	8633	7144	5732	4397	3139	1958
	II	8793	5512	5512	II	7296	5876	4533	3267	2078	967
	III	5708	5512	5512	III	4526	3384	2278	1250	408	
	V	15883	5512	5512	IV	9407	8633	7879	7144	6428	5732
	VI	16402	5512	5512							
59 147,99	I,IV	10 210	5515	5515	I	8643	7153	5740	4405	3147	1966
	II	8803	5515	5515	II	7305	5885	4541	3275	2085	973
	III	5716	5515	5515	III	4534	3390	2286	1256	412	
	V	15895	5515	5515	IV	9417	8643	7888	7153	6437	5740
	VI	16414	5515	5515							
59 183,99	I,IV	10 220	5518	5518	I	8653	7162	5749	4413	3155	1973
	II	8813	5518	5518	II	7315	5893	4549	3283	2093	980
	III	5724	5518	5518	III	4542	3398	2292	1262	418	
	V	15907	5518	5518	IV	9427	8653	7898	7162	6446	5749
	VI	16427	5518	5518							

* Zur LSt-Berechnung für privat versicherte Arbeitnehmer s. Beispiele **Vorbemerkung S. 4 f.**
** Basisvorsorgepauschale KV und PV *** Typisierter Arbeitgeberzuschuss

Lohn/ Gehalt in € bis	Steuerklasse	Lohn-steuer*	BVSP**	TAGZ***	Steuerklasse	Bemessungsgrundlage für Kirchensteuer und Solidaritätszuschlag					
						Freibeträge für ... Kinder					
						0,5	1,0	1,5	2,0	2,5	3,0
59 219,99	I,IV	**10 231**	5 522	5 522	I	8 663	7 172	5 759	4 422	3 163	1 981
	II	**8 823**	5 522	5 522	II	7 324	5 903	4 558	3 291	2 101	988
	III	**5 732**	5 522	5 522	III	4 550	3 406	2 300	1 268	422	
	V	**15 920**	5 522	5 522	IV	9 437	8 663	7 908	7 172	6 456	5 759
	VI	**16 439**	5 522								
59 255,99	I,IV	**10 241**	5 525	5 525	I	8 673	7 182	5 767	4 431	3 171	1 988
	II	**8 833**	5 525	5 525	II	7 334	5 912	4 567	3 299	2 108	995
	III	**5 740**	5 525	5 525	III	4 558	3 412	2 308	1 274	428	
	V	**15 932**	5 525	5 525	IV	9 448	8 673	7 918	7 182	6 465	5 767
	VI	**16 451**	5 525	5 525							
59 291,99	I,IV	**10 252**	5 528	5 528	I	8 683	7 191	5 776	4 439	3 179	1 995
	II	**8 843**	5 528	5 528	II	7 343	5 921	4 575	3 307	2 116	1 002
	III	**5 748**	5 528	5 528	III	4 564	3 420	2 314	1 280	432	
	V	**15 944**	5 528	5 528	IV	9 458	8 683	7 927	7 191	6 474	5 776
	VI	**16 464**	5 528	5 528							
59 327,99	I,IV	**10 263**	5 532	5 532	I	8 693	7 201	5 786	4 448	3 187	2 003
	II	**8 854**	5 532	5 532	II	7 353	5 930	4 584	3 315	2 123	1 009
	III	**5 756**	5 532	5 532	III	4 572	3 428	2 322	1 286	436	
	V	**15 957**	5 532	5 532	IV	9 468	8 693	7 937	7 201	6 484	5 786
	VI	**16 476**	5 532	5 532							
59 363,99	I,IV	**10 273**	5 535	5 535	I	8 703	7 210	5 795	4 456	3 195	2 011
	II	**8 864**	5 535	5 535	II	7 363	5 939	4 592	3 323	2 131	1 016
	III	**5 764**	5 535	5 535	III	4 580	3 436	2 328	1 292	442	
	V	**15 969**	5 535	5 535	IV	9 478	8 703	7 947	7 210	6 493	5 795
	VI	**16 488**	5 535	5 535							
59 399,99	I,IV	**10 283**	5 539	5 539	I	8 713	7 220	5 803	4 464	3 203	2 018
	II	**8 874**	5 539	5 539	II	7 372	5 948	4 601	3 331	2 138	1 023
	III	**5 772**	5 539	5 539	III	4 588	3 442	2 336	1 298	446	
	V	**15 981**	5 539	5 539	IV	9 489	8 713	7 957	7 220	6 502	5 803
	VI	**16 501**	5 539	5 539							
59 435,99	I,IV	**10 294**	5 542	5 542	I	8 723	7 229	5 813	4 473	3 211	2 026
	II	**8 884**	5 542	5 542	II	7 382	5 957	4 610	3 339	2 146	1 030
	III	**5 780**	5 542	5 542	III	4 596	3 450	2 342	1 304	452	
	V	**15 994**	5 542	5 542	IV	9 499	8 723	7 967	7 229	6 511	5 813
	VI	**16 513**	5 542	5 542							
59 471,99	I,IV	**10 305**	5 545	5 545	I	8 733	7 239	5 822	4 482	3 219	2 033
	II	**8 894**	5 545	5 545	II	7 391	5 966	4 618	3 347	2 153	1 037
	III	**5 788**	5 545	5 545	III	4 602	3 458	2 350	1 312	456	
	V	**16 006**	5 545	5 545	IV	9 509	8 733	7 976	7 239	6 521	5 822
	VI	**16 525**	5 545	5 545							
59 507,99	I,IV	**10 315**	5 549	5 549	I	8 743	7 248	5 831	4 490	3 227	2 041
	II	**8 904**	5 549	5 549	II	7 401	5 975	4 627	3 355	2 161	1 044
	III	**5 794**	5 549	5 549	III	4 610	3 464	2 356	1 318	462	
	V	**16 018**	5 549	5 549	IV	9 519	8 743	7 986	7 248	6 530	5 831
	VI	**16 537**	5 549	5 549							
59 543,99	I,IV	**10 326**	5 552	5 552	I	8 753	7 258	5 840	4 498	3 235	2 048
	II	**8 914**	5 552	5 552	II	7 410	5 984	4 635	3 363	2 168	1 051
	III	**5 802**	5 552	5 552	III	4 618	3 472	2 364	1 324	466	
	V	**16 031**	5 552	5 552	IV	9 530	8 753	7 996	7 258	6 539	5 840
	VI	**16 550**	5 552	5 552							
59 579,99	I,IV	**10 336**	5 555	5 555	I	8 763	7 267	5 849	4 507	3 243	2 056
	II	**8 924**	5 555	5 555	II	7 420	5 993	4 644	3 371	2 176	1 058
	III	**5 810**	5 555	5 555	III	4 626	3 480	2 372	1 330	472	
	V	**16 043**	5 555	5 555	IV	9 540	8 763	8 006	7 267	6 548	5 849
	VI	**16 562**	5 555	5 555							
59 615,99	I,IV	**10 347**	5 559	5 559	I	8 773	7 277	5 858	4 516	3 251	2 063
	II	**8 934**	5 559	5 559	II	7 430	6 002	4 652	3 379	2 184	1 065
	III	**5 818**	5 559	5 559	III	4 634	3 486	2 378	1 336	476	
	V	**16 055**	5 559	5 559	IV	9 550	8 773	8 015	7 277	6 558	5 858
	VI	**16 574**	5 559	5 559							

* Zur LSt-Berechnung für privat versicherte Arbeitnehmer s. Beispiele **Vorbemerkung S. 4 f.**
** Basisvorsorgepauschale KV und PV *** Typisierter Arbeitgeberzuschuss

Lohn/ Gehalt in € bis	Steuerklasse	Lohn-steuer*	BVSP**	TAGZ***	Steuerklasse	Bemessungsgrundlage für Kirchensteuer und Solidaritätszuschlag Freibeträge für ... Kinder					
						0,5	1,0	1,5	2,0	2,5	3,0
59 651,99	I,IV	10 357	5562	5562	I	8783	7286	5867	4524	3259	2071
	II	8944	5562	5562	II	7439	6011	4661	3387	2191	1072
	III	5826	5562	5562	III	4640	3494	2386	1342	482	
	V	16068	5562	5562	IV	9561	8783	8025	7286	6567	5867
	VI	16587	5562	5562							
59 687,99	I,IV	10 368	5565	5565	I	8793	7296	5876	4533	3267	2078
	II	8955	5565	5565	II	7449	6021	4670	3396	2199	1079
	III	5834	5565	5565	III	4648	3502	2392	1348	486	
	V	16080	5565	5565	IV	9571	8793	8035	7296	6576	5876
	VI	16599	5565	5565							
59 723,99	I,IV	10 378	5569	5569	I	8803	7306	5885	4541	3275	2086
	II	8965	5569	5569	II	7459	6030	4678	3404	2206	1086
	III	5842	5569	5569	III	4656	3508	2400	1354	492	
	V	16092	5569	5569	IV	9581	8803	8045	7306	6586	5885
	VI	16611	5569	5569							
59 759,99	I,IV	10 389	5572	5572	I	8813	7315	5894	4550	3283	2093
	II	8975	5572	5572	II	7468	6039	4687	3412	2214	1093
	III	5850	5572	5572	III	4664	3516	2408	1362	496	
	V	16104	5572	5572	IV	9592	8813	8055	7315	6595	5894
	VI	16624	5572	5572							
59 795,99	I,IV	10 400	5575	5575	I	8824	7325	5903	4559	3291	2101
	II	8985	5575	5575	II	7478	6048	4695	3420	2222	1101
	III	5858	5575	5575	III	4672	3524	2414	1368	502	
	V	16117	5575	5575	IV	9602	8824	8065	7325	6604	5903
	VI	16636	5575	5575							
59 831,99	I,IV	10 410	5579	5579	I	8834	7334	5912	4567	3299	2108
	II	8995	5579	5579	II	7487	6057	4704	3428	2229	1108
	III	5866	5579	5579	III	4680	3530	2422	1374	506	
	V	16129	5579	5579	IV	9612	8834	8074	7334	6614	5912
	VI	16648	5579	5579							
59 867,99	I,IV	10 421	5581	5581	I	8844	7344	5922	4576	3308	2116
	II	9006	5581	5581	II	7498	6067	4713	3437	2237	1115
	III	5874	5581	5581	III	4688	3538	2428	1380	512	
	V	16142	5581	5581	IV	9623	8844	8085	7344	6623	5922
	VI	16661	5581	5581							
59 903,99	I,IV	10 433	5581	5581	I	8855	7355	5932	4585	3316	2125
	II	9017	5581	5581	II	7508	6077	4723	3445	2246	1123
	III	5884	5581	5581	III	4696	3546	2436	1388	518	
	V	16156	5581	5581	IV	9634	8855	8095	7355	6634	5932
	VI	16675	5581	5581							
59 939,99	I,IV	10 445	5581	5581	I	8867	7366	5942	4595	3325	2133
	II	9028	5581	5581	II	7519	6087	4732	3455	2254	1131
	III	5892	5581	5581	III	4704	3556	2444	1394	522	
	V	16170	5581	5581	IV	9646	8867	8106	7366	6644	5942
	VI	16689	5581	5581							
59 975,99	I,IV	10 457	5581	5581	I	8878	7376	5952	4605	3335	2142
	II	9039	5581	5581	II	7530	6097	4742	3464	2263	1139
	III	5900	5581	5581	III	4712	3564	2452	1402	528	
	V	16183	5581	5581	IV	9658	8878	8118	7376	6655	5952
	VI	16703	5581	5581							
60 011,99	I,IV	10 468	5581	5581	I	8889	7387	5962	4614	3343	2150
	II	9051	5581	5581	II	7540	6107	4751	3473	2271	1147
	III	5910	5581	5581	III	4722	3572	2460	1408	534	
	V	16197	5581	5581	IV	9669	8889	8128	7387	6665	5962
	VI	16716	5581	5581							
60 047,99	I,IV	10 480	5581	5581	I	8900	7398	5972	4624	3352	2158
	II	9062	5581	5581	II	7551	6118	4761	3482	2280	1155
	III	5918	5581	5581	III	4730	3580	2468	1416	540	
	V	16211	5581	5581	IV	9681	8900	8139	7398	6675	5972
	VI	16730	5581	5581							

* Zur LSt-Berechnung für privat versicherte Arbeitnehmer s. Beispiele **Vorbemerkung S. 4 f.**
** Basisvorsorgepauschale KV und PV *** Typisierter Arbeitgeberzuschuss

Lohn/ Gehalt in € bis	Steuerklasse	Lohn- steuer*	BVSP**	TAGZ***	Steuerklasse	Bemessungsgrundlage für Kirchensteuer und Solidaritätszuschlag					
						Freibeträge für ... Kinder					
						0,5	1,0	1,5	2,0	2,5	3,0
60 083,99	I,IV	**10 492**	5 581	5 581	I	8 912	7 408	5 982	4 633	3 362	2 167
	II	**9 073**	5 581	5 581	II	7 562	6 128	4 771	3 491	2 288	1 163
	III	**5 928**	5 581	5 581	III	4 738	3 588	2 476	1 424	546	
	V	**16 225**	5 581	5 581	IV	9 692	8 912	8 150	7 408	6 686	5 982
	VI	**16 744**	5 581	5 581							
60 119,99	I,IV	**10 504**	5 581	5 581	I	8 923	7 419	5 992	4 643	3 370	2 175
	II	**9 084**	5 581	5 581	II	7 573	6 138	4 780	3 500	2 297	1 170
	III	**5 936**	5 581	5 581	III	4 746	3 596	2 484	1 430	552	
	V	**16 238**	5 581	5 581	IV	9 704	8 923	8 161	7 419	6 696	5 992
	VI	**16 757**	5 581	5 581							
60 155,99	I,IV	**10 516**	5 581	5 581	I	8 934	7 430	6 002	4 652	3 379	2 184
	II	**9 096**	5 581	5 581	II	7 583	6 148	4 790	3 509	2 305	1 178
	III	**5 944**	5 581	5 581	III	4 756	3 604	2 492	1 438	558	
	V	**16 252**	5 581	5 581	IV	9 715	8 934	8 172	7 430	6 706	6 002
	VI	**16 771**	5 581	5 581							
60 191,99	I,IV	**10 528**	5 581	5 581	I	8 946	7 441	6 013	4 662	3 389	2 192
	II	**9 107**	5 581	5 581	II	7 594	6 158	4 800	3 518	2 314	1 186
	III	**5 954**	5 581	5 581	III	4 764	3 614	2 500	1 444	562	
	V	**16 266**	5 581	5 581	IV	9 727	8 946	8 183	7 441	6 717	6 013
	VI	**16 785**	5 581	5 581							
60 227,99	I,IV	**10 539**	5 581	5 581	I	8 957	7 451	6 023	4 671	3 397	2 201
	II	**9 118**	5 581	5 581	II	7 605	6 168	4 809	3 527	2 322	1 194
	III	**5 962**	5 581	5 581	III	4 772	3 622	2 508	1 452	568	
	V	**16 279**	5 581	5 581	IV	9 738	8 957	8 194	7 451	6 727	6 023
	VI	**16 798**	5 581	5 581							
60 263,99	I,IV	**10 551**	5 581	5 581	I	8 968	7 462	6 033	4 681	3 406	2 209
	II	**9 130**	5 581	5 581	II	7 616	6 179	4 819	3 536	2 331	1 202
	III	**5 972**	5 581	5 581	III	4 780	3 630	2 516	1 458	574	
	V	**16 293**	5 581	5 581	IV	9 750	8 968	8 205	7 462	6 738	6 033
	VI	**16 812**	5 581	5 581							
60 299,99	I,IV	**10 563**	5 581	5 581	I	8 979	7 473	6 043	4 691	3 416	2 218
	II	**9 141**	5 581	5 581	II	7 627	6 189	4 829	3 545	2 339	1 210
	III	**5 980**	5 581	5 581	III	4 790	3 638	2 524	1 466	580	
	V	**16 307**	5 581	5 581	IV	9 762	8 979	8 216	7 473	6 748	6 043
	VI	**16 826**	5 581	5 581							
60 335,99	I,IV	**10 575**	5 581	5 581	I	8 990	7 483	6 053	4 700	3 424	2 226
	II	**9 152**	5 581	5 581	II	7 637	6 199	4 838	3 554	2 348	1 218
	III	**5 988**	5 581	5 581	III	4 798	3 646	2 532	1 474	586	
	V	**16 320**	5 581	5 581	IV	9 773	8 990	8 227	7 483	6 758	6 053
	VI	**16 839**	5 581	5 581							
60 371,99	I,IV	**10 587**	5 581	5 581	I	9 002	7 494	6 063	4 710	3 434	2 234
	II	**9 164**	5 581	5 581	II	7 648	6 209	4 848	3 563	2 356	1 226
	III	**5 998**	5 581	5 581	III	4 806	3 654	2 540	1 480	592	
	V	**16 334**	5 581	5 581	IV	9 785	9 002	8 238	7 494	6 769	6 063
	VI	**16 853**	5 581	5 581							
60 407,99	I,IV	**10 599**	5 581	5 581	I	9 013	7 505	6 074	4 720	3 443	2 243
	II	**9 175**	5 581	5 581	II	7 659	6 220	4 858	3 573	2 365	1 234
	III	**6 006**	5 581	5 581	III	4 816	3 662	2 548	1 488	598	
	V	**16 348**	5 581	5 581	IV	9 796	9 013	8 249	7 505	6 780	6 074
	VI	**16 867**	5 581	5 581							
60 443,99	I,IV	**10 610**	5 581	5 581	I	9 024	7 515	6 084	4 729	3 452	2 251
	II	**9 186**	5 581	5 581	II	7 669	6 230	4 867	3 582	2 373	1 242
	III	**6 016**	5 581	5 581	III	4 824	3 670	2 556	1 494	604	
	V	**16 362**	5 581	5 581	IV	9 808	9 024	8 260	7 515	6 790	6 084
	VI	**16 881**	5 581	5 581							
60 479,99	I,IV	**10 622**	5 581	5 581	I	9 036	7 526	6 094	4 739	3 461	2 260
	II	**9 198**	5 581	5 581	II	7 680	6 240	4 877	3 591	2 382	1 250
	III	**6 024**	5 581	5 581	III	4 832	3 678	2 564	1 502	608	
	V	**16 375**	5 581	5 581	IV	9 819	9 036	8 271	7 526	6 800	6 094
	VI	**16 894**	5 581	5 581							

*: Zur LSt-Berechnung für privat versicherte Arbeitnehmer s. Beispiele **Vorbemerkung S. 4 f.**
** Basisvorsorgepauschale KV und PV   *** Typisierter Arbeitgeberzuschuss

Lohn/ Gehalt in € bis	Steuerklasse	Lohn- steuer*	BVSP**	TAGZ***	Steuerklasse	\multicolumn{6}{c}{Bemessungsgrundlage für Kirchensteuer und Solidaritätszuschlag}
						\multicolumn{6}{c}{Freibeträge für ... Kinder}
						0,5	**1,0**	1,5	**2,0**	2,5	**3,0**
60 515,99	I,IV	**10 634**	5 581	5 581	I	9 047	7 537	6 104	4 748	3 470	2 268
	II	**9 209**	5 581	5 581	II	7 691	6 250	4 887	3 600	2 390	1 258
	III	**6 034**	5 581	5 581	III	4 842	3 688	2 572	1 510	614	
	V	**16 389**	5 581	5 581	IV	9 831	9 047	8 282	7 537	6 811	6 104
	VI	**16 908**	5 581	5 581							
60 551,99	I,IV	**10 646**	5 581	5 581	I	9 058	7 548	6 114	4 758	3 479	2 277
	II	**9 221**	5 581	5 581	II	7 702	6 260	4 896	3 609	2 399	1 266
	III	**6 042**	5 581	5 581	III	4 850	3 696	2 580	1 516	620	
	V	**16 403**	5 581	5 581	IV	9 842	9 058	8 293	7 548	6 821	6 114
	VI	**16 922**	5 581	5 581							
60 587,99	I,IV	**10 658**	5 581	5 581	I	9 070	7 558	6 124	4 768	3 488	2 285
	II	**9 232**	5 581	5 581	II	7 713	6 271	4 906	3 618	2 407	1 274
	III	**6 050**	5 581	5 581	III	4 858	3 704	2 588	1 524	626	
	V	**16 417**	5 581	5 581	IV	9 854	9 070	8 304	7 558	6 832	6 124
	VI	**16 936**	5 581	5 581							
60 623,99	I,IV	**10 670**	5 581	5 581	I	9 081	7 569	6 134	4 777	3 497	2 294
	II	**9 243**	5 581	5 581	II	7 723	6 281	4 915	3 627	2 416	1 282
	III	**6 060**	5 581	5 581	III	4 866	3 712	2 596	1 530	632	
	V	**16 430**	5 581	5 581	IV	9 865	9 081	8 315	7 569	6 842	6 134
	VI	**16 949**	5 581	5 581							
60 659,99	I,IV	**10 682**	5 581	5 581	I	9 092	7 580	6 145	4 787	3 506	2 302
	II	**9 255**	5 581	5 581	II	7 734	6 291	4 925	3 636	2 424	1 290
	III	**6 068**	5 581	5 581	III	4 876	3 720	2 604	1 538	638	
	V	**16 444**	5 581	5 581	IV	9 877	9 092	8 326	7 580	6 853	6 145
	VI	**16 963**	5 581	5 581							
60 695,99	I,IV	**10 694**	5 581	5 581	I	9 104	7 591	6 155	4 796	3 515	2 311
	II	**9 266**	5 581	5 581	II	7 745	6 301	4 935	3 645	2 433	1 298
	III	**6 078**	5 581	5 581	III	4 884	3 728	2 612	1 546	644	
	V	**16 458**	5 581	5 581	IV	9 889	9 104	8 337	7 591	6 863	6 155
	VI	**16 977**	5 581	5 581							
60 731,99	I,IV	**10 705**	5 581	5 581	I	9 115	7 601	6 165	4 806	3 524	2 319
	II	**9 277**	5 581	5 581	II	7 756	6 312	4 944	3 654	2 442	1 306
	III	**6 086**	5 581	5 581	III	4 892	3 736	2 620	1 552	650	
	V	**16 471**	5 581	5 581	IV	9 900	9 115	8 348	7 601	6 873	6 165
	VI	**16 990**	5 581	5 581							
60 767,99	I,IV	**10 717**	5 581	5 581	I	9 126	7 612	6 175	4 816	3 533	2 328
	II	**9 289**	5 581	5 581	II	7 767	6 322	4 954	3 664	2 450	1 314
	III	**6 096**	5 581	5 581	III	4 900	3 746	2 628	1 560	656	
	V	**16 485**	5 581	5 581	IV	9 912	9 126	8 359	7 612	6 884	6 175
	VI	**17 004**	5 581	5 581							
60 803,99	I,IV	**10 729**	5 581	5 581	I	9 138	7 623	6 186	4 825	3 542	2 336
	II	**9 300**	5 581	5 581	II	7 778	6 332	4 964	3 673	2 459	1 322
	III	**6 104**	5 581	5 581	III	4 910	3 754	2 636	1 568	662	
	V	**16 499**	5 581	5 581	IV	9 924	9 138	8 371	7 623	6 895	6 186
	VI	**17 018**	5 581	5 581							
60 839,99	I,IV	**10 741**	5 581	5 581	I	9 149	7 634	6 196	4 835	3 551	2 345
	II	**9 312**	5 581	5 581	II	7 788	6 342	4 973	3 682	2 467	1 330
	III	**6 112**	5 581	5 581	III	4 918	3 762	2 644	1 574	668	
	V	**16 512**	5 581	5 581	IV	9 935	9 149	8 381	7 634	6 905	6 196
	VI	**17 031**	5 581	5 581							
60 875,99	I,IV	**10 753**	5 581	5 581	I	9 160	7 644	6 206	4 845	3 560	2 353
	II	**9 323**	5 581	5 581	II	7 799	6 353	4 983	3 691	2 476	1 338
	III	**6 122**	5 581	5 581	III	4 926	3 770	2 652	1 582	674	
	V	**16 526**	5 581	5 581	IV	9 947	9 160	8 393	7 644	6 915	6 206
	VI	**17 045**	5 581	5 581							
60 911,99	I,IV	**10 765**	5 581	5 581	I	9 172	7 655	6 216	4 854	3 570	2 362
	II	**9 335**	5 581	5 581	II	7 810	6 363	4 993	3 700	2 485	1 346
	III	**6 130**	5 581	5 581	III	4 936	3 778	2 660	1 590	680	
	V	**16 540**	5 581	5 581	IV	9 959	9 172	8 404	7 655	6 926	6 216
	VI	**17 059**	5 581	5 581							

* Zur LSt-Berechnung für privat versicherte Arbeitnehmer s. Beispiele **Vorbemerkung S. 4 f.**
** Basisvorsorgepauschale KV und PV   *** Typisierter Arbeitgeberzuschuss

Lohn/ Gehalt in € bis	Steuerklasse	Lohn-steuer*	BVSP**	TAGZ***	Steuerklasse	Bemessungsgrundlage für Kirchensteuer und Solidaritätszuschlag					
						Freibeträge für ... Kinder					
						0,5	1,0	1,5	2,0	2,5	3,0
60 947,99	I,IV	10 777	5 581	5 581	I	9 183	7 666	6 226	4 864	3 578	2 370
	II	9 346	5 581	5 581	II	7 821	6 373	5 003	3 709	2 493	1 354
	III	6 138	5 581	5 581	III	4 944	3 786	2 668	1 596	684	
	V	16 553	5 581	5 581	IV	9 970	9 183	8 415	7 666	6 936	6 226
	VI	17 073	5 581	5 581							
60 983,99	I,IV	10 789	5 581	5 581	I	9 194	7 677	6 237	4 874	3 588	2 379
	II	9 357	5 581	5 581	II	7 832	6 384	5 012	3 718	2 502	1 362
	III	6 148	5 581	5 581	III	4 952	3 796	2 676	1 604	692	
	V	16 567	5 581	5 581	IV	9 982	9 194	8 426	7 677	6 947	6 237
	VI	17 086	5 581	5 581							
61 019,99	I,IV	10 801	5 581	5 581	I	9 206	7 688	6 247	4 883	3 597	2 388
	II	9 369	5 581	5 581	II	7 843	6 394	5 022	3 728	2 510	1 370
	III	6 156	5 581	5 581	III	4 960	3 804	2 684	1 612	696	
	V	16 581	5 581	5 581	IV	9 994	9 206	8 437	7 688	6 958	6 247
	VI	17 100	5 581	5 581							
61 055,99	I,IV	10 812	5 581	5 581	I	9 217	7 698	6 257	4 893	3 606	2 396
	II	9 380	5 581	5 581	II	7 853	6 404	5 032	3 737	2 519	1 378
	III	6 166	5 581	5 581	III	4 970	3 812	2 692	1 618	702	
	V	16 595	5 581	5 581	IV	10 005	9 217	8 448	7 698	6 968	6 257
	VI	17 114	5 581	5 581							
61 091,99	I,IV	10 824	5 581	5 581	I	9 228	7 709	6 267	4 903	3 615	2 405
	II	9 392	5 581	5 581	II	7 864	6 414	5 042	3 746	2 528	1 386
	III	6 174	5 581	5 581	III	4 978	3 820	2 700	1 626	710	
	V	16 608	5 581	5 581	IV	10 017	9 228	8 459	7 709	6 979	6 267
	VI	17 128	5 581	5 581							
61 127,99	I,IV	10 837	5 581	5 581	I	9 240	7 720	6 278	4 912	3 624	2 413
	II	9 403	5 581	5 581	II	7 875	6 425	5 051	3 755	2 536	1 394
	III	6 184	5 581	5 581	III	4 986	3 828	2 708	1 634	714	
	V	16 622	5 581	5 581	IV	10 028	9 240	8 470	7 720	6 989	6 278
	VI	17 141	5 581	5 581							
61 163,99	I,IV	10 848	5 581	5 581	I	9 251	7 731	6 288	4 922	3 633	2 422
	II	9 414	5 581	5 581	II	7 886	6 435	5 061	3 764	2 545	1 402
	III	6 192	5 581	5 581	III	4 994	3 836	2 716	1 640	720	
	V	16 636	5 581	5 581	IV	10 040	9 251	8 481	7 731	7 000	6 288
	VI	17 155	5 581	5 581							
61 199,99	I,IV	10 860	5 581	5 581	I	9 262	7 742	6 298	4 932	3 642	2 430
	II	9 426	5 581	5 581	II	7 897	6 445	5 071	3 774	2 553	1 410
	III	6 202	5 581	5 581	III	5 004	3 846	2 724	1 648	728	2
	V	16 650	5 581	5 581	IV	10 052	9 262	8 492	7 742	7 010	6 298
	VI	17 169	5 581	5 581							
61 235,99	I,IV	10 872	5 581	5 581	I	9 274	7 753	6 308	4 941	3 652	2 439
	II	9 437	5 581	5 581	II	7 908	6 456	5 081	3 783	2 562	1 419
	III	6 210	5 581	5 581	III	5 012	3 854	2 732	1 656	732	6
	V	16 663	5 581	5 581	IV	10 063	9 274	8 504	7 753	7 021	6 308
	VI	17 183	5 581	5 581							
61 271,99	I,IV	10 884	5 581	5 581	I	9 285	7 763	6 318	4 951	3 661	2 447
	II	9 449	5 581	5 581	II	7 919	6 466	5 090	3 792	2 571	1 426
	III	6 218	5 581	5 581	III	5 020	3 862	2 740	1 664	738	10
	V	16 677	5 581	5 581	IV	10 075	9 285	8 514	7 763	7 031	6 318
	VI	17 196	5 581	5 581							
61 307,99	I,IV	10 896	5 581	5 581	I	9 297	7 774	6 329	4 961	3 670	2 456
	II	9 460	5 581	5 581	II	7 930	6 476	5 100	3 801	2 579	1 435
	III	6 228	5 581	5 581	III	5 030	3 870	2 748	1 672	746	16
	V	16 691	5 581	5 581	IV	10 087	9 297	8 526	7 774	7 042	6 329
	VI	17 210	5 581	5 581							
61 343,99	I,IV	10 908	5 581	5 581	I	9 308	7 785	6 339	4 970	3 679	2 465
	II	9 472	5 581	5 581	II	7 941	6 487	5 110	3 810	2 588	1 443
	III	6 236	5 581	5 581	III	5 038	3 878	2 756	1 678	752	20
	V	16 705	5 581	5 581	IV	10 098	9 308	8 537	7 785	7 052	6 339
	VI	17 224	5 581	5 581							

* Zur LSt-Berechnung für privat versicherte Arbeitnehmer s. Beispiele **Vorbemerkung S. 4 f.**
** Basisvorsorgepauschale KV und PV *** Typisierter Arbeitgeberzuschuss

Lohn/Gehalt in € bis	Steuerklasse	Lohnsteuer*	BVSP**	TAGZ***	Steuerklasse	Bemessungsgrundlage für Kirchensteuer und Solidaritätszuschlag — Freibeträge für ... Kinder					
						0,5	1,0	1,5	2,0	2,5	3,0
61 379,99	I,IV	10 920	5581	5581	I	9 319	7 796	6 349	4 980	3 688	2 473
	II	9 483	5581	5581	II	7 951	6 497	5 120	3 819	2 596	1 451
	III	6 246	5581	5581	III	5 046	3 886	2 764	1 686	756	24
	V	16 718	5581	5581	IV	10 110	9 319	8 548	7 796	7 063	6 349
	VI	17 237	5581								
61 415,99	I,IV	10 932	5581	5581	I	9 331	7 807	6 360	4 990	3 697	2 482
	II	9 495	5581	5581	II	7 962	6 507	5 129	3 829	2 605	1 459
	III	6 254	5581	5581	III	5 056	3 894	2 772	1 694	764	30
	V	16 732	5581	5581	IV	10 122	9 331	8 559	7 807	7 073	6 360
	VI	17 251	5581								
61 451,99	I,IV	10 944	5581	5581	I	9 342	7 817	6 370	4 999	3 706	2 490
	II	9 506	5581	5581	II	7 973	6 517	5 139	3 838	2 614	1 467
	III	6 264	5581	5581	III	5 064	3 904	2 780	1 700	770	34
	V	16 745	5581	5581	IV	10 133	9 342	8 570	7 817	7 084	6 370
	VI	17 265	5581								
61 487,99	I,IV	10 956	5581	5581	I	9 353	7 828	6 380	5 009	3 715	2 499
	II	9 517	5581	5581	II	7 984	6 528	5 149	3 847	2 622	1 475
	III	6 272	5581	5581	III	5 072	3 912	2 788	1 708	776	38
	V	16 759	5581	5581	IV	10 145	9 353	8 581	7 828	7 094	6 380
	VI	17 278	5581								
61 523,99	I,IV	10 968	5581	5581	I	9 365	7 839	6 390	5 019	3 725	2 507
	II	9 529	5581	5581	II	7 995	6 538	5 159	3 856	2 631	1 483
	III	6 282	5581	5581	III	5 082	3 920	2 798	1 716	782	44
	V	16 773	5581	5581	IV	10 157	9 365	8 592	7 839	7 105	6 390
	VI	17 292	5581								
61 559,99	I,IV	10 980	5581	5581	I	9 376	7 850	6 401	5 028	3 734	2 516
	II	9 540	5581	5581	II	8 006	6 548	5 168	3 865	2 640	1 491
	III	6 290	5581	5581	III	5 090	3 928	2 804	1 724	788	48
	V	16 787	5581	5581	IV	10 168	9 376	8 603	7 850	7 115	6 401
	VI	17 306	5581								
61 595,99	I,IV	10 992	5581	5581	I	9 388	7 861	6 411	5 038	3 743	2 525
	II	9 552	5581	5581	II	8 017	6 559	5 178	3 875	2 648	1 499
	III	6 298	5581	5581	III	5 098	3 936	2 812	1 730	794	52
	V	16 800	5581	5581	IV	10 180	9 388	8 615	7 861	7 126	6 411
	VI	17 320	5581								
61 631,99	I,IV	11 004	5581	5581	I	9 399	7 872	6 421	5 048	3 752	2 533
	II	9 563	5581	5581	II	8 028	6 569	5 188	3 884	2 657	1 507
	III	6 308	5581	5581	III	5 108	3 944	2 822	1 738	800	58
	V	16 814	5581	5581	IV	10 192	9 399	8 626	7 872	7 137	6 421
	VI	17 333	5581								
61 667,99	I,IV	11 016	5581	5581	I	9 410	7 882	6 431	5 058	3 761	2 542
	II	9 575	5581	5581	II	8 038	6 580	5 198	3 893	2 666	1 515
	III	6 316	5581	5581	III	5 116	3 954	2 830	1 746	806	62
	V	16 828	5581	5581	IV	10 203	9 410	8 637	7 882	7 147	6 431
	VI	17 347	5581								
61 703,99	I,IV	11 028	5581	5581	I	9 422	7 893	6 442	5 068	3 770	2 550
	II	9 586	5581	5581	II	8 050	6 590	5 208	3 902	2 674	1 524
	III	6 326	5581	5581	III	5 124	3 962	2 838	1 754	812	66
	V	16 842	5581	5581	IV	10 215	9 422	8 648	7 893	7 158	6 442
	VI	17 361	5581								
61 739,99	I,IV	11 040	5581	5581	I	9 434	7 904	6 452	5 077	3 780	2 559
	II	9 598	5581	5581	II	8 061	6 600	5 218	3 912	2 683	1 532
	III	6 334	5581	5581	III	5 134	3 970	2 846	1 762	818	72
	V	16 855	5581	5581	IV	10 227	9 434	8 659	7 904	7 169	6 452
	VI	17 375	5581								
61 775,99	I,IV	11 052	5581	5581	I	9 445	7 915	6 462	5 087	3 789	2 568
	II	9 609	5581	5581	II	8 071	6 611	5 227	3 921	2 692	1 540
	III	6 344	5581	5581	III	5 142	3 978	2 854	1 768	824	76
	V	16 869	5581	5581	IV	10 239	9 445	8 670	7 915	7 179	6 462
	VI	17 388	5581								

Lohn/ Gehalt in € bis	Steuerklasse	Lohn- steuer*	BVSP**	TAGZ***	Steuerklasse	Bemessungsgrundlage für Kirchensteuer und Solidaritätszuschlag Freibeträge für ... Kinder					
						0,5	1,0	1,5	2,0	2,5	3,0
61 811,99	I,IV	11 064	5 581	5 581	I	9 456	7 926	6 473	5 097	3 798	2 576
	II	9 621	5 581	5 581	II	8 082	6 621	5 237	3 930	2 700	1 548
	III	6 352	5 581	5 581	III	5 150	3 986	2 862	1 776	830	80
	V	16 883	5 581	5 581	IV	10 250	9 456	8 681	7 926	7 190	6 473
	VI	17 402	5 581	5 581							
61 847,99	I,IV	11 076	5 581	5 581	I	9 468	7 937	6 483	5 107	3 807	2 585
	II	9 632	5 581	5 581	II	8 093	6 632	5 247	3 940	2 709	1 556
	III	6 362	5 581	5 581	III	5 160	3 996	2 870	1 784	836	86
	V	16 897	5 581	5 581	IV	10 262	9 468	8 693	7 937	7 200	6 483
	VI	17 416	5 581	5 581							
61 883,99	I,IV	11 088	5 581	5 581	I	9 479	7 948	6 493	5 116	3 816	2 594
	II	9 644	5 581	5 581	II	8 104	6 642	5 257	3 949	2 718	1 564
	III	6 370	5 581	5 581	III	5 168	4 004	2 878	1 792	844	90
	V	16 910	5 581	5 581	IV	10 274	9 479	8 704	7 948	7 211	6 493
	VI	17 429	5 581	5 581							
61 919,99	I,IV	11 100	5 581	5 581	I	9 491	7 959	6 504	5 126	3 826	2 602
	II	9 655	5 581	5 581	II	8 115	6 652	5 267	3 958	2 727	1 572
	III	6 380	5 581	5 581	III	5 176	4 012	2 886	1 800	850	94
	V	16 924	5 581	5 581	IV	10 286	9 491	8 715	7 959	7 222	6 504
	VI	17 443	5 581	5 581							
61 955,99	I,IV	11 112	5 581	5 581	I	9 502	7 970	6 514	5 136	3 835	2 611
	II	9 667	5 581	5 581	II	8 126	6 663	5 276	3 967	2 735	1 581
	III	6 388	5 581	5 581	III	5 184	4 020	2 894	1 808	856	100
	V	16 938	5 581	5 581	IV	10 297	9 502	8 726	7 970	7 232	6 514
	VI	17 457	5 581	5 581							
61 991,99	I,IV	11 124	5 581	5 581	I	9 513	7 980	6 524	5 146	3 844	2 619
	II	9 678	5 581	5 581	II	8 137	6 673	5 286	3 976	2 744	1 589
	III	6 398	5 581	5 581	III	5 194	4 028	2 902	1 814	862	104
	V	16 951	5 581	5 581	IV	10 309	9 513	8 737	7 980	7 243	6 524
	VI	17 470	5 581	5 581							
62 027,99	I,IV	11 136	5 581	5 581	I	9 525	7 991	6 535	5 155	3 853	2 628
	II	9 690	5 581	5 581	II	8 148	6 684	5 296	3 986	2 753	1 597
	III	6 406	5 581	5 581	III	5 202	4 036	2 910	1 822	868	110
	V	16 965	5 581	5 581	IV	10 321	9 525	8 749	7 991	7 253	6 535
	VI	17 484	5 581	5 581							
62 063,99	I,IV	11 148	5 581	5 581	I	9 537	8 002	6 545	5 165	3 863	2 637
	II	9 702	5 581	5 581	II	8 159	6 694	5 306	3 995	2 762	1 605
	III	6 416	5 581	5 581	III	5 210	4 046	2 918	1 830	874	114
	V	16 979	5 581	5 581	IV	10 333	9 537	8 760	8 002	7 264	6 545
	VI	17 498	5 581	5 581							
62 099,99	I,IV	11 160	5 581	5 581	I	9 548	8 013	6 555	5 175	3 872	2 645
	II	9 713	5 581	5 581	II	8 170	6 704	5 316	4 004	2 770	1 613
	III	6 424	5 581	5 581	III	5 220	4 054	2 926	1 838	880	120
	V	16 992	5 581	5 581	IV	10 344	9 548	8 771	8 013	7 275	6 555
	VI	17 511	5 581	5 581							
62 135,99	I,IV	11 172	5 581	5 581	I	9 560	8 024	6 566	5 185	3 881	2 654
	II	9 725	5 581	5 581	II	8 181	6 715	5 326	4 014	2 779	1 621
	III	6 432	5 581	5 581	III	5 228	4 062	2 934	1 846	886	124
	V	17 006	5 581	5 581	IV	10 356	9 560	8 782	8 024	7 285	6 566
	VI	17 525	5 581	5 581							
62 171,99	I,IV	11 184	5 581	5 581	I	9 571	8 035	6 576	5 195	3 890	2 663
	II	9 736	5 581	5 581	II	8 192	6 725	5 336	4 023	2 788	1 630
	III	6 442	5 581	5 581	III	5 236	4 070	2 942	1 854	894	128
	V	17 020	5 581	5 581	IV	10 368	9 571	8 793	8 035	7 296	6 576
	VI	17 539	5 581	5 581							
62 207,99	I,IV	11 196	5 581	5 581	I	9 582	8 046	6 587	5 204	3 899	2 671
	II	9 747	5 581	5 581	II	8 203	6 735	5 345	4 032	2 796	1 638
	III	6 450	5 581	5 581	III	5 246	4 078	2 950	1 862	900	134
	V	17 034	5 581	5 581	IV	10 380	9 582	8 804	8 046	7 307	6 587
	VI	17 553	5 581	5 581							

*. Zur LSt-Berechnung für privat versicherte Arbeitnehmer s. Beispiele **Vorbemerkung S. 4 f.**
** Basisvorsorgepauschale KV und PV *** Typisierter Arbeitgeberzuschuss

Lohn/Gehalt in € bis	Steuerklasse	Lohnsteuer*	BVSP**	TAGZ***	Steuerklasse	Bemessungsgrundlage für Kirchensteuer und Solidaritätszuschlag — Freibeträge für ... Kinder					
						0,5	**1,0**	1,5	**2,0**	2,5	**3,0**
62 243,99	I,IV	11 208	5581	5581	I	9594	8057	6597	5214	3909	2680
	II	9759	5581	5581	II	8214	6746	5355	4042	2805	1646
	III	6460	5581	5581	III	5254	4086	2958	1868	906	138
	V	17047	5581	5581	IV	10391	9594	8816	8057	7317	6597
	VI	17566	5581	5581							
62 279,99	I,IV	11 220	5581	5581	I	9605	8068	6607	5224	3918	2689
	II	9770	5581	5581	II	8225	6756	5365	4051	2814	1654
	III	6468	5581	5581	III	5262	4094	2966	1876	912	144
	V	17061	5581	5581	IV	10403	9605	8827	8068	7328	6607
	VI	17580	5581	5581							
62 315,99	I,IV	11 232	5581	5581	I	9617	8079	6618	5234	3927	2698
	II	9782	5581	5581	II	8236	6767	5375	4060	2822	1662
	III	6478	5581	5581	III	5272	4104	2974	1884	918	148
	V	17075	5581	5581	IV	10415	9617	8838	8079	7339	6618
	VI	17594	5581	5581							
62 351,99	I,IV	11 244	5581	5581	I	9629	8090	6628	5244	3936	2706
	II	9794	5581	5581	II	8247	6777	5385	4069	2831	1670
	III	6486	5581	5581	III	5280	4112	2982	1892	924	154
	V	17089	5581	5581	IV	10427	9629	8849	8090	7349	6628
	VI	17608	5581	5581							
62 387,99	I,IV	11 256	5581	5581	I	9640	8100	6638	5253	3945	2715
	II	9805	5581	5581	II	8258	6788	5395	4079	2840	1678
	III	6496	5581	5581	III	5288	4120	2990	1900	930	158
	V	17102	5581	5581	IV	10438	9640	8860	8100	7360	6638
	VI	17621	5581	5581							
62 423,99	I,IV	11 268	5581	5581	I	9651	8112	6649	5263	3955	2724
	II	9817	5581	5581	II	8269	6798	5405	4088	2849	1687
	III	6504	5581	5581	III	5298	4128	2998	1908	938	164
	V	17116	5581	5581	IV	10450	9651	8872	8112	7371	6649
	VI	17635	5581	5581							
62 459,99	I,IV	11 281	5581	5581	I	9663	8123	6659	5273	3964	2732
	II	9829	5581	5581	II	8280	6809	5414	4097	2858	1695
	III	6514	5581	5581	III	5306	4138	3006	1916	944	168
	V	17130	5581	5581	IV	10462	9663	8883	8123	7381	6659
	VI	17649	5581	5581							
62 495,99	I,IV	11 293	5581	5581	I	9674	8133	6669	5283	3973	2741
	II	9840	5581	5581	II	8291	6819	5424	4107	2866	1703
	III	6522	5581	5581	III	5314	4146	3014	1922	950	172
	V	17143	5581	5581	IV	10474	9674	8894	8133	7392	6669
	VI	17662	5581	5581							
62 531,99	I,IV	11 305	5581	5581	I	9686	8144	6680	5293	3983	2750
	II	9852	5581	5581	II	8302	6830	5434	4116	2875	1711
	III	6532	5581	5581	III	5324	4154	3024	1932	956	178
	V	17157	5581	5581	IV	10486	9686	8906	8144	7403	6680
	VI	17676	5581	5581							
62 567,99	I,IV	11 317	5581	5581	I	9698	8155	6691	5303	3992	2759
	II	9863	5581	5581	II	8313	6840	5444	4125	2884	1720
	III	6540	5581	5581	III	5332	4162	3032	1938	962	182
	V	17171	5581	5581	IV	10498	9698	8917	8155	7413	6691
	VI	17690	5581	5581							
62 603,99	I,IV	11 329	5581	5581	I	9709	8166	6701	5312	4001	2767
	II	9875	5581	5581	II	8324	6850	5454	4135	2893	1728
	III	6548	5581	5581	III	5340	4170	3040	1946	970	188
	V	17184	5581	5581	IV	10509	9709	8928	8166	7424	6701
	VI	17703	5581	5581							
62 639,99	I,IV	11 341	5581	5581	I	9721	8177	6711	5322	4011	2776
	II	9886	5581	5581	II	8335	6861	5464	4144	2901	1736
	III	6558	5581	5581	III	5350	4180	3048	1954	976	192
	V	17198	5581	5581	IV	10521	9721	8939	8177	7435	6711
	VI	17717	5581	5581							

*   Zur LSt-Berechnung für privat versicherte Arbeitnehmer s. Beispiele **Vorbemerkung S. 4 f.**
** Basisvorsorgepauschale KV und PV   *** Typisierter Arbeitgeberzuschuss

| Lohn/ Gehalt in € bis | Steuerklasse | Lohn- steuer* | BVSP** | TAGZ*** | Steuerklasse | Bemessungsgrundlage für Kirchensteuer und Solidaritätszuschlag | | | | | |
| | | | | | | Freibeträge für ... Kinder | | | | | |
						0,5	1,0	1,5	2,0	2,5	3,0
62 675,99	I,IV	11 353	5 581	5 581	I	9 732	8 188	6 722	5 332	4 020	2 785
	II	9 898	5 581	5 581	II	8 346	6 872	5 474	4 154	2 910	1 744
	III	6 566	5 581	5 581	III	5 358	4 188	3 056	1 962	982	198
	V	17 212	5 581	5 581	IV	10 533	9 732	8 951	8 188	7 445	6 722
	VI	17 731	5 581	5 581							
62 711,99	I,IV	11 365	5 581	5 581	I	9 744	8 199	6 732	5 342	4 029	2 793
	II	9 910	5 581	5 581	II	8 357	6 882	5 484	4 163	2 919	1 752
	III	6 576	5 581	5 581	III	5 366	4 196	3 064	1 970	988	202
	V	17 225	5 581	5 581	IV	10 545	9 744	8 962	8 199	7 456	6 732
	VI	17 745	5 581	5 581							
62 747,99	I,IV	11 377	5 581	5 581	I	9 755	8 210	6 743	5 352	4 038	2 802
	II	9 921	5 581	5 581	II	8 368	6 892	5 494	4 172	2 928	1 761
	III	6 586	5 581	5 581	III	5 376	4 204	3 072	1 978	996	208
	V	17 239	5 581	5 581	IV	10 557	9 755	8 973	8 210	7 467	6 743
	VI	17 758	5 581	5 581							
62 783,99	I,IV	11 390	5 581	5 581	I	9 767	8 221	6 753	5 362	4 048	2 811
	II	9 933	5 581	5 581	II	8 379	6 903	5 504	4 182	2 937	1 769
	III	6 594	5 581	5 581	III	5 384	4 212	3 080	1 986	1 002	212
	V	17 253	5 581	5 581	IV	10 569	9 767	8 985	8 221	7 478	6 753
	VI	17 772	5 581	5 581							
62 819,99	I,IV	11 402	5 581	5 581	I	9 778	8 232	6 763	5 372	4 057	2 820
	II	9 944	5 581	5 581	II	8 390	6 913	5 513	4 191	2 945	1 777
	III	6 602	5 581	5 581	III	5 392	4 220	3 088	1 994	1 008	218
	V	17 267	5 581	5 581	IV	10 580	9 778	8 996	8 232	7 488	6 763
	VI	17 786	5 581	5 581							
62 855,99	I,IV	11 414	5 581	5 581	I	9 790	8 243	6 774	5 382	4 066	2 828
	II	9 956	5 581	5 581	II	8 401	6 924	5 523	4 200	2 954	1 785
	III	6 612	5 581	5 581	III	5 402	4 230	3 096	2 002	1 014	224
	V	17 280	5 581	5 581	IV	10 592	9 790	9 007	8 243	7 499	6 774
	VI	17 800	5 581	5 581							
62 891,99	I,IV	11 426	5 581	5 581	I	9 802	8 254	6 784	5 391	4 076	2 837
	II	9 968	5 581	5 581	II	8 413	6 934	5 534	4 210	2 963	1 794
	III	6 620	5 581	5 581	III	5 410	4 238	3 104	2 010	1 020	228
	V	17 294	5 581	5 581	IV	10 604	9 802	9 018	8 254	7 510	6 784
	VI	17 813	5 581	5 581							
62 927,99	I,IV	11 438	5 581	5 581	I	9 813	8 265	6 795	5 401	4 085	2 846
	II	9 979	5 581	5 581	II	8 423	6 945	5 543	4 219	2 972	1 802
	III	6 630	5 581	5 581	III	5 418	4 246	3 112	2 018	1 028	234
	V	17 308	5 581	5 581	IV	10 616	9 813	9 029	8 265	7 520	6 795
	VI	17 827	5 581	5 581							
62 963,99	I,IV	11 450	5 581	5 581	I	9 825	8 276	6 805	5 411	4 094	2 855
	II	9 991	5 581	5 581	II	8 435	6 955	5 553	4 228	2 981	1 810
	III	6 638	5 581	5 581	III	5 428	4 254	3 120	2 026	1 034	238
	V	17 322	5 581	5 581	IV	10 628	9 825	9 041	8 276	7 531	6 805
	VI	17 841	5 581	5 581							
62 999,99	I,IV	11 462	5 581	5 581	I	9 836	8 287	6 816	5 421	4 104	2 864
	II	10 003	5 581	5 581	II	8 446	6 966	5 563	4 238	2 990	1 818
	III	6 648	5 581	5 581	III	5 436	4 264	3 128	2 032	1 040	244
	V	17 335	5 581	5 581	IV	10 640	9 836	9 052	8 287	7 542	6 816
	VI	17 855	5 581	5 581							
63 035,99	I,IV	11 474	5 581	5 581	I	9 848	8 298	6 826	5 431	4 113	2 872
	II	10 014	5 581	5 581	II	8 457	6 976	5 573	4 247	2 998	1 827
	III	6 656	5 581	5 581	III	5 444	4 272	3 136	2 040	1 046	248
	V	17 349	5 581	5 581	IV	10 651	9 848	9 063	8 298	7 552	6 826
	VI	17 868	5 581	5 581							
63 071,99	I,IV	11 487	5 581	5 581	I	9 859	8 309	6 837	5 441	4 122	2 881
	II	10 026	5 581	5 581	II	8 468	6 987	5 583	4 257	3 007	1 835
	III	6 666	5 581	5 581	III	5 454	4 280	3 146	2 048	1 054	254
	V	17 363	5 581	5 581	IV	10 663	9 859	9 075	8 309	7 563	6 837
	VI	17 882	5 581	5 581							

* Zur LSt-Berechnung für privat versicherte Arbeitnehmer s. Beispiele **Vorbemerkung S. 4 f.**
** Basisvorsorgepauschale KV und PV   *** Typisierter Arbeitgeberzuschuss

Lohn/ Gehalt in € bis	Steuerklasse	Lohn-steuer*	BVSP**	TAGZ***	Steuerklasse	Bemessungsgrundlage für Kirchensteuer und Solidaritätszuschlag					
						Freibeträge für ... Kinder					
						0,5	1,0	1,5	2,0	2,5	3,0
63 107,99	I,IV	11 499	5581	5581	I	9871	8320	6847	5451	4131	2890
	II	10 037	5581	5581	II	8479	6997	5593	4266	3016	1843
	III	6 674	5581	5581	III	5462	4288	3154	2056	1060	258
	V	17 376	5581	5581	IV	10675	9871	9086	8320	7574	6847
	VI	17 895	5581	5581							
63 143,99	I,IV	11 511	5581	5581	I	9883	8331	6857	5461	4141	2898
	II	10 049	5581	5581	II	8490	7008	5603	4275	3025	1851
	III	6 684	5581	5581	III	5470	4296	3162	2064	1066	264
	V	17 390	5581	5581	IV	10687	9883	9097	8331	7585	6857
	VI	17 909	5581	5581							
63 179,99	I,IV	11 523	5581	5581	I	9894	8343	6868	5471	4150	2907
	II	10 061	5581	5581	II	8501	7019	5613	4285	3034	1860
	III	6 692	5581	5581	III	5480	4306	3170	2072	1074	270
	V	17 404	5581	5581	IV	10699	9894	9109	8343	7596	6868
	VI	17 923	5581	5581							
63 215,99	I,IV	11 535	5581	5581	I	9906	8353	6878	5480	4160	2916
	II	10 072	5581	5581	II	8512	7029	5623	4294	3042	1868
	III	6 702	5581	5581	III	5488	4314	3178	2080	1080	274
	V	17 417	5581	5581	IV	10711	9906	9120	8353	7606	6878
	VI	17 937	5581	5581							
63 251,99	I,IV	11 547	5581	5581	I	9917	8365	6889	5490	4169	2925
	II	10 084	5581	5581	II	8523	7040	5633	4304	3051	1876
	III	6 710	5581	5581	III	5496	4322	3186	2088	1086	280
	V	17 431	5581	5581	IV	10723	9917	9131	8365	7617	6889
	VI	17 950	5581	5581							
63 287,99	I,IV	11 560	5581	5581	I	9929	8376	6899	5500	4178	2934
	II	10 096	5581	5581	II	8534	7050	5643	4313	3060	1885
	III	6 720	5581	5581	III	5506	4330	3194	2096	1094	284
	V	17 445	5581	5581	IV	10735	9929	9143	8376	7628	6899
	VI	17 964	5581	5581							
63 323,99	I,IV	11 572	5581	5581	I	9940	8387	6910	5510	4188	2942
	II	10 107	5581	5581	II	8545	7061	5653	4322	3069	1893
	III	6 728	5581	5581	III	5514	4338	3202	2104	1100	290
	V	17 459	5581	5581	IV	10746	9940	9154	8387	7638	6910
	VI	17 978	5581	5581							
63 359,99	I,IV	11 584	5581	5581	I	9952	8398	6920	5520	4197	2951
	II	10 119	5581	5581	II	8557	7071	5663	4332	3078	1901
	III	6 738	5581	5581	III	5524	4348	3210	2112	1106	294
	V	17 472	5581	5581	IV	10758	9952	9165	8398	7649	6920
	VI	17 992	5581	5581							
63 395,99	I,IV	11 596	5581	5581	I	9964	8409	6931	5530	4207	2960
	II	10 131	5581	5581	II	8568	7082	5673	4341	3087	1910
	III	6 746	5581	5581	III	5532	4356	3218	2120	1114	300
	V	17 486	5581	5581	IV	10770	9964	9177	8409	7660	6931
	VI	18 005	5581	5581							
63 431,99	I,IV	11 608	5581	5581	I	9975	8420	6941	5540	4216	2969
	II	10 142	5581	5581	II	8579	7092	5683	4351	3096	1918
	III	6 756	5581	5581	III	5540	4364	3226	2128	1120	306
	V	17 500	5581	5581	IV	10782	9975	9188	8420	7671	6941
	VI	18 019	5581	5581							
63 467,99	I,IV	11 621	5581	5581	I	9987	8431	6952	5550	4225	2978
	II	10 154	5581	5581	II	8590	7103	5693	4360	3105	1926
	III	6 764	5581	5581	III	5550	4372	3234	2136	1126	310
	V	17 514	5581	5581	IV	10794	9987	9199	8431	7682	6952
	VI	18 033	5581	5581							
63 503,99	I,IV	11 633	5581	5581	I	9999	8442	6962	5560	4235	2987
	II	10 166	5581	5581	II	8601	7114	5703	4370	3113	1934
	III	6 774	5581	5581	III	5558	4382	3244	2144	1132	316
	V	17 527	5581	5581	IV	10806	9999	9211	8442	7693	6962
	VI	18 047	5581	5581							

*   Zur LSt-Berechnung für privat versicherte Arbeitnehmer s. Beispiele **Vorbemerkung S. 4 f.**
** Basisvorsorgepauschale KV und PV *** Typisierter Arbeitgeberzuschuss

aT2

Lohn/ Gehalt in € bis	Steuerklasse	Lohn-steuer*	BVSP**	TAGZ***	Steuerklasse	Bemessungsgrundlage für Kirchensteuer und Solidaritätszuschlag					
						Freibeträge für ... Kinder					
						0,5	1,0	1,5	2,0	2,5	3,0
63539,99	I,IV	11645	5581	5581	I	10010	8453	6973	5570	4244	2995
	II	10178	5581	5581	II	8612	7124	5713	4379	3122	1943
	III	6782	5581	5581	III	5566	4390	3252	2150	1140	322
	V	17541	5581	5581	IV	10818	10010	9222	8453	7703	6973
	VI	18060	5581	5581							
63575,99	I,IV	11657	5581	5581	I	10022	8464	6983	5580	4253	3004
	II	10189	5581	5581	II	8623	7135	5723	4388	3131	1951
	III	6792	5581	5581	III	5576	4398	3260	2158	1146	326
	V	17555	5581	5581	IV	10830	10022	9233	8464	7714	6983
	VI	18074	5581	5581							
63611,99	I,IV	11669	5581	5581	I	10034	8475	6994	5590	4263	3013
	II	10201	5581	5581	II	8635	7145	5733	4398	3140	1959
	III	6800	5581	5581	III	5584	4406	3268	2166	1154	332
	V	17569	5581	5581	IV	10842	10034	9245	8475	7725	6994
	VI	18088	5581	5581							
63647,99	I,IV	11681	5581	5581	I	10045	8486	7004	5600	4272	3022
	II	10213	5581	5581	II	8646	7156	5743	4407	3149	1968
	III	6810	5581	5581	III	5594	4414	3276	2174	1160	336
	V	17582	5581	5581	IV	10854	10045	9256	8486	7736	7004
	VI	18101	5581	5581							
63683,99	I,IV	11694	5581	5581	I	10057	8497	7015	5610	4282	3031
	II	10225	5581	5581	II	8657	7166	5753	4417	3158	1976
	III	6818	5581	5581	III	5602	4424	3284	2182	1166	342
	V	17596	5581	5581	IV	10866	10057	9268	8497	7747	7015
	VI	18115	5581	5581							
63719,99	I,IV	11706	5581	5581	I	10069	8509	7026	5620	4291	3040
	II	10236	5581	5581	II	8668	7177	5763	4426	3167	1984
	III	6828	5581	5581	III	5610	4432	3292	2190	1174	348
	V	17610	5581	5581	IV	10878	10069	9279	8509	7757	7026
	VI	18129	5581	5581							
63755,99	I,IV	11718	5581	5581	I	10080	8520	7036	5630	4300	3048
	II	10248	5581	5581	II	8679	7187	5773	4436	3176	1993
	III	6836	5581	5581	III	5620	4440	3300	2198	1180	352
	V	17623	5581	5581	IV	10890	10080	9290	8520	7768	7036
	VI	18142	5581	5581							
63791,99	I,IV	11730	5581	5581	I	10092	8531	7047	5640	4310	3057
	II	10260	5581	5581	II	8690	7198	5783	4445	3185	2001
	III	6846	5581	5581	III	5628	4448	3308	2206	1186	358
	V	17637	5581	5581	IV	10902	10092	9302	8531	7779	7047
	VI	18156	5581	5581							
63827,99	I,IV	11742	5581	5581	I	10103	8542	7057	5649	4319	3066
	II	10271	5581	5581	II	8701	7209	5793	4455	3193	2009
	III	6854	5581	5581	III	5636	4456	3316	2214	1194	364
	V	17650	5581	5581	IV	10913	10103	9313	8542	7790	7057
	VI	18170	5581	5581							
63863,99	I,IV	11755	5581	5581	I	10115	8553	7068	5660	4329	3075
	II	10283	5581	5581	II	8713	7219	5803	4464	3202	2018
	III	6864	5581	5581	III	5646	4466	3324	2222	1200	368
	V	17664	5581	5581	IV	10925	10115	9324	8553	7801	7068
	VI	18183	5581	5581							
63899,99	I,IV	11767	5581	5581	I	10127	8564	7078	5670	4338	3084
	II	10295	5581	5581	II	8724	7230	5813	4474	3211	2026
	III	6872	5581	5581	III	5654	4474	3332	2230	1206	374
	V	17678	5581	5581	IV	10938	10127	9336	8564	7812	7078
	VI	18197	5581	5581							
63935,99	I,IV	11779	5581	5581	I	10139	8575	7089	5679	4347	3093
	II	10306	5581	5581	II	8735	7240	5823	4483	3220	2034
	III	6882	5581	5581	III	5662	4482	3340	2238	1214	380
	V	17692	5581	5581	IV	10949	10139	9347	8575	7822	7089
	VI	18211	5581	5581							

* Zur LSt-Berechnung für privat versicherte Arbeitnehmer s. Beispiele **Vorbemerkung S. 4f.**
** Basisvorsorgepauschale KV und PV *** Typisierter Arbeitgeberzuschuss

Lohn/Gehalt in € bis	Steuerklasse	Lohnsteuer*	BVSP**	TAGZ***	Steuerklasse	Bemessungsgrundlage für Kirchensteuer und Solidaritätszuschlag Freibeträge für ... Kinder					
						0,5	1,0	1,5	2,0	2,5	3,0
63 971,99	I,IV	11 792	5581	5581	I	10 150	8586	7099	5690	4357	3102
	II	10 318	5581	5581	II	8746	7251	5833	4493	3229	2043
	III	6 890	5581	5581	III	5672	4492	3350	2246	1220	384
	V	17 706	5581	5581	IV	10 961	10 150	9359	8586	7833	7099
	VI	18 225	5581								
64 007,99	I,IV	11 804	5581	5581	I	10 162	8597	7110	5700	4366	3111
	II	10 330	5581	5581	II	8757	7262	5844	4502	3238	2051
	III	6 900	5581	5581	III	5680	4500	3358	2254	1228	390
	V	17 719	5581	5581	IV	10 973	10 162	9370	8597	7844	7110
	VI	18 238	5581								
64 043,99	I,IV	11 816	5581	5581	I	10 174	8608	7120	5709	4376	3119
	II	10 342	5581	5581	II	8768	7272	5853	4512	3247	2060
	III	6 908	5581	5581	III	5688	4508	3366	2262	1234	396
	V	17 733	5581	5581	IV	10 985	10 174	9381	8608	7855	7120
	VI	18 252	5581								
64 079,99	I,IV	11 828	5581	5581	I	10 185	8620	7131	5720	4385	3128
	II	10 354	5581	5581	II	8780	7283	5864	4521	3256	2068
	III	6 918	5581	5581	III	5698	4516	3374	2270	1242	402
	V	17 747	5581	5581	IV	10 997	10 185	9393	8620	7866	7131
	VI	18 266	5581								
64 115,99	I,IV	11 841	5581	5581	I	10 197	8631	7142	5730	4395	3137
	II	10 366	5581	5581	II	8791	7294	5874	4531	3265	2076
	III	6 926	5581	5581	III	5706	4524	3382	2278	1248	406
	V	17 761	5581	5581	IV	11 009	10 197	9404	8631	7877	7142
	VI	18 280	5581								
64 151,99	I,IV	11 853	5581	5581	I	10 209	8642	7152	5740	4404	3146
	II	10 377	5581	5581	II	8802	7304	5884	4540	3274	2085
	III	6 936	5581	5581	III	5716	4534	3390	2286	1254	412
	V	17 774	5581	5581	IV	11 021	10 209	9416	8642	7887	7152
	VI	18 293	5581								
64 187,99	I,IV	11 865	5581	5581	I	10 221	8653	7163	5750	4414	3155
	II	10 389	5581	5581	II	8813	7315	5894	4550	3283	2093
	III	6 946	5581	5581	III	5724	4542	3398	2294	1262	418
	V	17 788	5581	5581	IV	11 033	10 221	9427	8653	7898	7163
	VI	18 307	5581								
64 223,99	I,IV	11 878	5581	5581	I	10 232	8664	7174	5760	4423	3164
	II	10 401	5581	5581	II	8825	7326	5904	4559	3292	2102
	III	6 954	5581	5581	III	5732	4550	3406	2302	1268	422
	V	17 802	5581	5581	IV	11 045	10 232	9439	8664	7909	7174
	VI	18 321	5581								
64 259,99	I,IV	11 890	5581	5581	I	10 244	8675	7184	5770	4433	3173
	II	10 412	5581	5581	II	8836	7336	5914	4569	3301	2110
	III	6 962	5581	5581	III	5742	4558	3414	2308	1276	428
	V	17 815	5581	5581	IV	11 057	10 244	9450	8675	7920	7184
	VI	18 334	5581								
64 295,99	I,IV	11 902	5581	5581	I	10 256	8687	7195	5780	4442	3182
	II	10 424	5581	5581	II	8847	7347	5924	4578	3310	2118
	III	6 972	5581	5581	III	5750	4568	3424	2318	1282	434
	V	17 829	5581	5581	IV	11 069	10 256	9462	8687	7931	7195
	VI	18 348	5581								
64 331,99	I,IV	11 915	5581	5581	I	10 268	8698	7205	5790	4452	3191
	II	10 436	5581	5581	II	8858	7358	5934	4588	3319	2127
	III	6 982	5581	5581	III	5760	4576	3432	2324	1290	440
	V	17 843	5581	5581	IV	11 081	10 268	9473	8698	7942	7205
	VI	18 362	5581								
64 367,99	I,IV	11 927	5581	5581	I	10 279	8709	7216	5800	4461	3199
	II	10 448	5581	5581	II	8869	7368	5944	4597	3328	2135
	III	6 990	5581	5581	III	5768	4584	3440	2332	1296	444
	V	17 856	5581	5581	IV	11 093	10 279	9484	8709	7953	7216
	VI	18 375	5581								

* Zur LSt-Berechnung für privat versicherte Arbeitnehmer s. Beispiele **Vorbemerkung S. 4 f.**
** Basisvorsorgepauschale KV und PV *** Typisierter Arbeitgeberzuschuss

Lohn/ Gehalt in € bis	Steuerklasse	Lohn- steuer*	BVSP**	TAGZ***	Steuerklasse	Bemessungsgrundlage für Kirchensteuer und Solidaritätszuschlag					
						Freibeträge für ... Kinder					
						0,5	1,0	1,5	2,0	2,5	3,0
64 403,99	I,IV	11 939	5 581	5 581	I	10 291	8 720	7 226	5 810	4 471	3 208
	II	10 460	5 581	5 581	II	8 881	7 379	5 954	4 607	3 337	2 144
	III	7 000	5 581	5 581	III	5 778	4 594	3 448	2 340	1 304	450
	V	17 870	5 581	5 581	IV	11 105	10 291	9 496	8 720	7 964	7 226
	VI	18 389	5 581	5 581							
64 439,99	I,IV	11 951	5 581	5 581	I	10 303	8 731	7 237	5 820	4 480	3 217
	II	10 472	5 581	5 581	II	8 892	7 390	5 965	4 617	3 346	2 152
	III	7 008	5 581	5 581	III	5 786	4 602	3 456	2 348	1 310	456
	V	17 884	5 581	5 581	IV	11 118	10 303	9 508	8 731	7 975	7 237
	VI	18 403	5 581	5 581							
64 475,99	I,IV	11 964	5 581	5 581	I	10 314	8 742	7 248	5 830	4 489	3 226
	II	10 483	5 581	5 581	II	8 903	7 400	5 975	4 626	3 355	2 160
	III	7 018	5 581	5 581	III	5 794	4 610	3 464	2 356	1 316	462
	V	17 897	5 581	5 581	IV	11 129	10 314	9 519	8 742	7 985	7 248
	VI	18 417	5 581	5 581							
64 511,99	I,IV	11 976	5 581	5 581	I	10 326	8 754	7 258	5 840	4 499	3 235
	II	10 495	5 581	5 581	II	8 915	7 411	5 985	4 636	3 364	2 169
	III	7 026	5 581	5 581	III	5 804	4 618	3 472	2 364	1 324	466
	V	17 911	5 581	5 581	IV	11 141	10 326	9 530	8 754	7 996	7 258
	VI	18 430	5 581	5 581							
64 547,99	I,IV	11 988	5 581	5 581	I	10 338	8 765	7 269	5 850	4 509	3 244
	II	10 507	5 581	5 581	II	8 926	7 422	5 995	4 645	3 373	2 177
	III	7 036	5 581	5 581	III	5 812	4 626	3 480	2 372	1 330	472
	V	17 925	5 581	5 581	IV	11 154	10 338	9 542	8 765	8 007	7 269
	VI	18 444	5 581	5 581							
64 583,99	I,IV	12 000	5 581	5 581	I	10 350	8 776	7 279	5 860	4 518	3 253
	II	10 519	5 581	5 581	II	8 937	7 432	6 005	4 655	3 382	2 186
	III	7 044	5 581	5 581	III	5 820	4 636	3 488	2 380	1 338	478
	V	17 939	5 581	5 581	IV	11 165	10 350	9 553	8 776	8 018	7 279
	VI	18 458	5 581	5 581							
64 619,99	I,IV	12 013	5 581	5 581	I	10 362	8 787	7 290	5 870	4 528	3 262
	II	10 531	5 581	5 581	II	8 948	7 443	6 015	4 664	3 391	2 194
	III	7 054	5 581	5 581	III	5 830	4 644	3 498	2 388	1 344	484
	V	17 952	5 581	5 581	IV	11 178	10 362	9 565	8 787	8 029	7 290
	VI	18 472	5 581	5 581							
64 655,99	I,IV	12 025	5 581	5 581	I	10 373	8 798	7 301	5 880	4 537	3 271
	II	10 542	5 581	5 581	II	8 959	7 454	6 025	4 674	3 400	2 203
	III	7 062	5 581	5 581	III	5 838	4 652	3 506	2 396	1 352	488
	V	17 966	5 581	5 581	IV	11 189	10 373	9 576	8 798	8 040	7 301
	VI	18 485	5 581	5 581							
64 691,99	I,IV	12 038	5 581	5 581	I	10 385	8 810	7 311	5 890	4 547	3 280
	II	10 554	5 581	5 581	II	8 971	7 464	6 035	4 683	3 409	2 211
	III	7 072	5 581	5 581	III	5 846	4 660	3 514	2 404	1 358	494
	V	17 980	5 581	5 581	IV	11 202	10 385	9 588	8 810	8 051	7 311
	VI	18 499	5 581	5 581							
64 727,99	I,IV	12 050	5 581	5 581	I	10 397	8 821	7 322	5 901	4 556	3 289
	II	10 566	5 581	5 581	II	8 982	7 475	6 046	4 693	3 418	2 220
	III	7 082	5 581	5 581	III	5 856	4 670	3 522	2 412	1 366	500
	V	17 994	5 581	5 581	IV	11 214	10 397	9 599	8 821	8 062	7 322
	VI	18 513	5 581	5 581							
64 763,99	I,IV	12 062	5 581	5 581	I	10 408	8 832	7 333	5 910	4 566	3 298
	II	10 578	5 581	5 581	II	8 993	7 486	6 056	4 703	3 427	2 228
	III	7 090	5 581	5 581	III	5 864	4 678	3 530	2 420	1 372	506
	V	18 007	5 581	5 581	IV	11 226	10 408	9 611	8 832	8 073	7 333
	VI	18 526	5 581	5 581							
64 799,99	I,IV	12 075	5 581	5 581	I	10 420	8 843	7 343	5 921	4 575	3 307
	II	10 590	5 581	5 581	II	9 005	7 497	6 066	4 712	3 436	2 237
	III	7 100	5 581	5 581	III	5 874	4 686	3 538	2 428	1 380	512
	V	18 021	5 581	5 581	IV	11 238	10 420	9 622	8 843	8 084	7 343
	VI	18 540	5 581	5 581							

* Zur LSt-Berechnung für privat versicherte Arbeitnehmer s. Beispiele **Vorbemerkung S. 4 f.**
** Basisvorsorgepauschale KV und PV *** Typisierter Arbeitgeberzuschuss

Lohn/Gehalt in € bis	Steuerklasse	Lohn-steuer*	BVSP**	TAGZ***	Steuerklasse	Bemessungsgrundlage für Kirchensteuer und Solidaritätszuschlag Freibeträge für ... Kinder					
						0,5	1,0	1,5	2,0	2,5	3,0
64 835,99	I,IV	12 087	5 581	5 581	I	10 432	8 855	7 354	5 931	4 585	3 316
	II	10 602	5 581	5 581	II	9 016	7 507	6 076	4 722	3 445	2 245
	III	7 108	5 581	5 581	III	5 882	4 696	3 546	2 436	1 388	518
	V	18 035	5 581	5 581	IV	11 250	10 432	9 634	8 855	8 095	7 354
	VI	18 554	5 581	5 581							
64 871,99	I,IV	12 099	5 581	5 581	I	10 444	8 866	7 365	5 941	4 594	3 325
	II	10 613	5 581	5 581	II	9 027	7 518	6 086	4 731	3 454	2 253
	III	7 118	5 581	5 581	III	5 892	4 704	3 554	2 444	1 394	522
	V	18 048	5 581	5 581	IV	11 262	10 444	9 645	8 866	8 105	7 365
	VI	18 567	5 581	5 581							
64 907,99	I,IV	12 112	5 581	5 581	I	10 456	8 877	7 375	5 951	4 604	3 334
	II	10 625	5 581	5 581	II	9 038	7 529	6 096	4 741	3 463	2 262
	III	7 126	5 581	5 581	III	5 900	4 712	3 562	2 452	1 400	528
	V	18 062	5 581	5 581	IV	11 274	10 456	9 657	8 877	8 117	7 375
	VI	18 581	5 581	5 581							
64 943,99	I,IV	12 124	5 581	5 581	I	10 468	8 888	7 386	5 961	4 613	3 343
	II	10 637	5 581	5 581	II	9 050	7 540	6 107	4 751	3 472	2 271
	III	7 136	5 581	5 581	III	5 908	4 720	3 572	2 460	1 408	534
	V	18 076	5 581	5 581	IV	11 286	10 468	9 668	8 888	8 128	7 386
	VI	18 595	5 581	5 581							
64 979,99	I,IV	12 136	5 581	5 581	I	10 479	8 899	7 397	5 971	4 623	3 352
	II	10 649	5 581	5 581	II	9 061	7 550	6 117	4 760	3 481	2 279
	III	7 144	5 581	5 581	III	5 918	4 730	3 580	2 468	1 416	540
	V	18 089	5 581	5 581	IV	11 298	10 479	9 680	8 899	8 138	7 397
	VI	18 609	5 581	5 581							
65 015,99	I,IV	12 149	5 581	5 581	I	10 491	8 911	7 407	5 981	4 632	3 361
	II	10 661	5 581	5 581	II	9 072	7 561	6 127	4 770	3 490	2 287
	III	7 154	5 581	5 581	III	5 926	4 738	3 588	2 476	1 422	546
	V	18 103	5 581	5 581	IV	11 310	10 491	9 691	8 911	8 149	7 407
	VI	18 622	5 581	5 581							
65 051,99	I,IV	12 161	5 581	5 581	I	10 503	8 922	7 418	5 992	4 642	3 370
	II	10 673	5 581	5 581	II	9 084	7 572	6 137	4 780	3 499	2 296
	III	7 164	5 581	5 581	III	5 936	4 746	3 596	2 484	1 430	552
	V	18 117	5 581	5 581	IV	11 323	10 503	9 703	8 922	8 161	7 418
	VI	18 636	5 581	5 581							
65 087,99	I,IV	12 173	5 581	5 581	I	10 515	8 933	7 429	6 002	4 651	3 379
	II	10 684	5 581	5 581	II	9 095	7 582	6 147	4 789	3 508	2 304
	III	7 172	5 581	5 581	III	5 944	4 754	3 604	2 492	1 436	556
	V	18 131	5 581	5 581	IV	11 334	10 515	9 714	8 933	8 171	7 429
	VI	18 650	5 581	5 581							
65 123,99	I,IV	12 186	5 581	5 581	I	10 527	8 945	7 440	6 012	4 661	3 388
	II	10 697	5 581	5 581	II	9 106	7 593	6 157	4 799	3 517	2 313
	III	7 180	5 581	5 581	III	5 952	4 764	3 612	2 500	1 444	562
	V	18 144	5 581	5 581	IV	11 347	10 527	9 726	8 945	8 182	7 440
	VI	18 664	5 581	5 581							
65 159,99	I,IV	12 198	5 581	5 581	I	10 539	8 956	7 450	6 022	4 671	3 397
	II	10 709	5 581	5 581	II	9 118	7 604	6 168	4 809	3 526	2 322
	III	7 190	5 581	5 581	III	5 962	4 772	3 620	2 508	1 452	568
	V	18 158	5 581	5 581	IV	11 359	10 539	9 738	8 956	8 193	7 450
	VI	18 677	5 581	5 581							
65 195,99	I,IV	12 211	5 581	5 581	I	10 550	8 967	7 461	6 032	4 680	3 406
	II	10 720	5 581	5 581	II	9 129	7 615	6 178	4 818	3 535	2 330
	III	7 200	5 581	5 581	III	5 970	4 780	3 628	2 516	1 458	574
	V	18 172	5 581	5 581	IV	11 371	10 550	9 749	8 967	8 204	7 461
	VI	18 691	5 581	5 581							
65 231,99	I,IV	12 223	5 581	5 581	I	10 562	8 978	7 472	6 042	4 690	3 415
	II	10 732	5 581	5 581	II	9 140	7 626	6 188	4 828	3 544	2 338
	III	7 208	5 581	5 581	III	5 980	4 788	3 636	2 524	1 466	580
	V	18 186	5 581	5 581	IV	11 383	10 562	9 761	8 978	8 215	7 472
	VI	18 705	5 581	5 581							

* Zur LSt-Berechnung für privat versicherte Arbeitnehmer s. Beispiele **Vorbemerkung S. 4 f.**
** Basisvorsorgepauschale KV und PV   *** Typisierter Arbeitgeberzuschuss

Lohn/ Gehalt in € bis	Steuerklasse	Lohn-steuer*	BVSP**	TAGZ***	Steuerklasse	Bemessungsgrundlage für Kirchensteuer und Solidaritätszuschlag Freibeträge für ... Kinder 0,5	1,0	1,5	2,0	2,5	3,0
65 267,99	I,IV	**12 236**	5 581	5 581	I	10 574	8 990	7 483	6 052	4 700	3 424
	II	**10 744**	5 581	5 581	II	9 152	7 636	6 198	4 837	3 554	2 347
	III	**7 218**	5 581	5 581	III	5 988	4 798	3 646	2 532	1 472	586
	V	**18 199**	5 581	5 581	IV	11 395	10 574	9 772	8 990	8 226	7 483
	VI	**18 719**	5 581	5 581							
65 303,99	I,IV	**12 248**	5 581	5 581	I	10 586	9 001	7 493	6 062	4 709	3 433
	II	**10 756**	5 581	5 581	II	9 163	7 647	6 208	4 847	3 563	2 355
	III	**7 226**	5 581	5 581	III	5 998	4 806	3 654	2 540	1 480	592
	V	**18 213**	5 581	5 581	IV	11 407	10 586	9 784	9 001	8 237	7 493
	VI	**18 732**	5 581	5 581							
65 339,99	I,IV	**12 260**	5 581	5 581	I	10 598	9 012	7 504	6 073	4 719	3 442
	II	**10 768**	5 581	5 581	II	9 174	7 658	6 219	4 857	3 572	2 364
	III	**7 236**	5 581	5 581	III	6 006	4 814	3 662	2 548	1 486	596
	V	**18 227**	5 581	5 581	IV	11 419	10 598	9 795	9 012	8 248	7 504
	VI	**18 746**	5 581	5 581							
65 375,99	I,IV	**12 273**	5 581	5 581	I	10 610	9 024	7 515	6 083	4 728	3 451
	II	**10 780**	5 581	5 581	II	9 186	7 669	6 229	4 866	3 581	2 373
	III	**7 246**	5 581	5 581	III	6 014	4 824	3 670	2 556	1 494	602
	V	**18 241**	5 581	5 581	IV	11 432	10 610	9 807	9 024	8 259	7 515
	VI	**18 760**	5 581	5 581							
65 411,99	I,IV	**12 285**	5 581	5 581	I	10 621	9 035	7 525	6 093	4 738	3 460
	II	**10 792**	5 581	5 581	II	9 197	7 679	6 239	4 876	3 590	2 381
	III	**7 254**	5 581	5 581	III	6 024	4 832	3 678	2 564	1 502	608
	V	**18 254**	5 581	5 581	IV	11 444	10 621	9 818	9 035	8 270	7 525
	VI	**18 773**	5 581	5 581							
65 447,99	I,IV	**12 298**	5 581	5 581	I	10 633	9 046	7 536	6 103	4 748	3 469
	II	**10 804**	5 581	5 581	II	9 208	7 690	6 249	4 886	3 599	2 390
	III	**7 262**	5 581	5 581	III	6 032	4 840	3 686	2 572	1 508	614
	V	**18 268**	5 581	5 581	IV	11 456	10 633	9 830	9 046	8 281	7 536
	VI	**18 787**	5 581	5 581							
65 483,99	I,IV	**12 310**	5 581	5 581	I	10 645	9 057	7 547	6 113	4 757	3 478
	II	**10 815**	5 581	5 581	II	9 220	7 701	6 259	4 895	3 608	2 398
	III	**7 272**	5 581	5 581	III	6 040	4 848	3 694	2 580	1 516	620
	V	**18 281**	5 581	5 581	IV	11 468	10 645	9 841	9 057	8 292	7 547
	VI	**18 800**	5 581	5 581							
65 519,99	I,IV	**12 322**	5 581	5 581	I	10 657	9 069	7 557	6 123	4 767	3 487
	II	**10 827**	5 581	5 581	II	9 231	7 712	6 270	4 905	3 617	2 407
	III	**7 282**	5 581	5 581	III	6 050	4 858	3 704	2 588	1 524	626
	V	**18 295**	5 581	5 581	IV	11 480	10 657	9 853	9 069	8 303	7 557
	VI	**18 814**	5 581	5 581							
65 555,99	I,IV	**12 335**	5 581	5 581	I	10 669	9 080	7 568	6 134	4 776	3 496
	II	**10 839**	5 581	5 581	II	9 242	7 723	6 280	4 915	3 626	2 415
	III	**7 290**	5 581	5 581	III	6 058	4 866	3 712	2 596	1 530	632
	V	**18 309**	5 581	5 581	IV	11 492	10 669	9 865	9 080	8 314	7 568
	VI	**18 828**	5 581	5 581							
65 591,99	I,IV	**12 347**	5 581	5 581	I	10 680	9 091	7 579	6 144	4 786	3 505
	II	**10 851**	5 581	5 581	II	9 254	7 733	6 290	4 924	3 635	2 424
	III	**7 300**	5 581	5 581	III	6 068	4 874	3 720	2 604	1 538	638
	V	**18 322**	5 581	5 581	IV	11 504	10 680	9 876	9 091	8 325	7 579
	VI	**18 842**	5 581	5 581							
65 627,99	I,IV	**12 360**	5 581	5 581	I	10 692	9 103	7 590	6 154	4 796	3 514
	II	**10 863**	5 581	5 581	II	9 265	7 744	6 301	4 934	3 645	2 432
	III	**7 308**	5 581	5 581	III	6 076	4 884	3 728	2 612	1 544	644
	V	**18 336**	5 581	5 581	IV	11 516	10 692	9 888	9 103	8 336	7 590
	VI	**18 855**	5 581	5 581							
65 663,99	I,IV	**12 372**	5 581	5 581	I	10 705	9 114	7 601	6 164	4 805	3 523
	II	**10 875**	5 581	5 581	II	9 277	7 755	6 311	4 944	3 654	2 441
	III	**7 318**	5 581	5 581	III	6 086	4 892	3 736	2 620	1 552	650
	V	**18 350**	5 581	5 581	IV	11 529	10 705	9 900	9 114	8 348	7 601
	VI	**18 869**	5 581	5 581							

* Zur LSt-Berechnung für privat versicherte Arbeitnehmer s. Beispiele **Vorbemerkung S. 4 f.**
** Basisvorsorgepauschale KV und PV *** Typisierter Arbeitgeberzuschuss

Lohn/ Gehalt in € bis	Steuerklasse	Lohn- steuer*	BVSP**	TAGZ***	Steuerklasse	Bemessungsgrundlage für Kirchensteuer und Solidaritätszuschlag					
						Freibeträge für ... Kinder					
						0,5	1,0	1,5	2,0	2,5	3,0
65 699,99	I,IV	12 384	5 581	5 581	I	10 716	9 125	7 611	6 174	4 815	3 532
	II	10 887	5 581	5 581	II	9 288	7 766	6 321	4 953	3 663	2 449
	III	7 326	5 581	5 581	III	6 094	4 900	3 744	2 628	1 560	654
	V	18 364	5 581	5 581	IV	11 541	10 716	9 911	9 125	8 358	7 611
	VI	18 883	5 581	5 581							
65 735,99	I,IV	12 397	5 581	5 581	I	10 728	9 136	7 622	6 185	4 824	3 541
	II	10 899	5 581	5 581	II	9 299	7 777	6 331	4 963	3 672	2 458
	III	7 336	5 581	5 581	III	6 104	4 908	3 752	2 636	1 566	662
	V	18 378	5 581	5 581	IV	11 553	10 728	9 923	9 136	8 370	7 622
	VI	18 897	5 581	5 581							
65 771,99	I,IV	12 410	5 581	5 581	I	10 740	9 148	7 633	6 195	4 834	3 551
	II	10 911	5 581	5 581	II	9 311	7 788	6 342	4 973	3 681	2 467
	III	7 346	5 581	5 581	III	6 112	4 918	3 762	2 644	1 574	666
	V	18 391	5 581	5 581	IV	11 565	10 740	9 934	9 148	8 381	7 633
	VI	18 910	5 581	5 581							
65 807,99	I,IV	12 422	5 581	5 581	I	10 752	9 159	7 643	6 205	4 844	3 560
	II	10 923	5 581	5 581	II	9 322	7 798	6 352	4 982	3 690	2 475
	III	7 354	5 581	5 581	III	6 120	4 926	3 770	2 652	1 582	672
	V	18 405	5 581	5 581	IV	11 577	10 752	9 946	9 159	8 392	7 643
	VI	18 924	5 581	5 581							
65 843,99	I,IV	12 434	5 581	5 581	I	10 764	9 171	7 654	6 215	4 853	3 569
	II	10 935	5 581	5 581	II	9 333	7 809	6 362	4 992	3 699	2 484
	III	7 364	5 581	5 581	III	6 130	4 934	3 778	2 660	1 588	678
	V	18 419	5 581	5 581	IV	11 590	10 764	9 958	9 171	8 403	7 654
	VI	18 938	5 581	5 581							
65 879,99	I,IV	12 447	5 581	5 581	I	10 776	9 182	7 665	6 226	4 863	3 578
	II	10 947	5 581	5 581	II	9 345	7 820	6 373	5 002	3 709	2 492
	III	7 372	5 581	5 581	III	6 138	4 942	3 786	2 668	1 596	684
	V	18 433	5 581	5 581	IV	11 602	10 776	9 969	9 182	8 414	7 665
	VI	18 952	5 581	5 581							
65 915,99	I,IV	12 459	5 581	5 581	I	10 788	9 193	7 676	6 236	4 873	3 587
	II	10 959	5 581	5 581	II	9 356	7 831	6 383	5 012	3 718	2 501
	III	7 382	5 581	5 581	III	6 148	4 952	3 794	2 676	1 604	690
	V	18 446	5 581	5 581	IV	11 614	10 788	9 981	9 193	8 425	7 676
	VI	18 965	5 581	5 581							
65 951,99	I,IV	12 472	5 581	5 581	I	10 800	9 205	7 687	6 246	4 882	3 596
	II	10 971	5 581	5 581	II	9 368	7 842	6 393	5 021	3 727	2 510
	III	7 390	5 581	5 581	III	6 156	4 960	3 802	2 684	1 612	696
	V	18 460	5 581	5 581	IV	11 626	10 800	9 992	9 205	8 436	7 687
	VI	18 979	5 581	5 581							
65 987,99	I,IV	12 484	5 581	5 581	I	10 812	9 216	7 698	6 256	4 892	3 605
	II	10 983	5 581	5 581	II	9 379	7 853	6 403	5 031	3 736	2 518
	III	7 400	5 581	5 581	III	6 166	4 968	3 810	2 692	1 618	702
	V	18 474	5 581	5 581	IV	11 638	10 812	10 004	9 216	8 447	7 698
	VI	18 993	5 581	5 581							
66 023,99	I,IV	12 497	5 581	5 581	I	10 823	9 227	7 708	6 266	4 902	3 614
	II	10 995	5 581	5 581	II	9 390	7 863	6 413	5 041	3 745	2 527
	III	7 408	5 581	5 581	III	6 174	4 978	3 820	2 700	1 626	708
	V	18 487	5 581	5 581	IV	11 650	10 823	10 016	9 227	8 458	7 708
	VI	19 006	5 581	5 581							
66 059,99	I,IV	12 509	5 581	5 581	I	10 835	9 239	7 719	6 277	4 911	3 623
	II	11 007	5 581	5 581	II	9 402	7 874	6 424	5 051	3 754	2 535
	III	7 418	5 581	5 581	III	6 182	4 986	3 828	2 708	1 634	714
	V	18 501	5 581	5 581	IV	11 663	10 835	10 027	9 239	8 469	7 719
	VI	19 020	5 581	5 581							
66 095,99	I,IV	12 522	5 581	5 581	I	10 847	9 250	7 730	6 287	4 921	3 633
	II	11 019	5 581	5 581	II	9 414	7 885	6 434	5 060	3 764	2 544
	III	7 428	5 581	5 581	III	6 192	4 994	3 836	2 716	1 640	720
	V	18 515	5 581	5 581	IV	11 675	10 847	10 039	9 250	8 480	7 730
	VI	19 034	5 581	5 581							

*. Zur LSt-Berechnung für privat versicherte Arbeitnehmer s. Beispiele **Vorbemerkung S. 4 f.**
** Basisvorsorgepauschale KV und PV *** Typisierter Arbeitgeberzuschuss

Lohn/ Gehalt in € bis	Steuerklasse	Lohn- steuer*	BVSP**	TAGZ***	Steuerklasse	Bemessungsgrundlage für Kirchensteuer und Solidaritätszuschlag					
						Freibeträge für ... Kinder					
						0,5	1,0	1,5	2,0	2,5	3,0
66 131,99	I,IV	12 534	5 581	5 581	I	10 859	9 261	7 741	6 297	4 931	3 641
	II	11 031	5 581	5 581	II	9 425	7 896	6 444	5 070	3 773	2 553
	III	7 436	5 581	5 581	III	6 200	5 002	3 844	2 724	1 648	726
	V	18 528	5 581	5 581	IV	11 687	10 859	10 051	9 261	8 491	7 741
	VI	19 047	5 581	5 581							
66 167,99	I,IV	12 547	5 581	5 581	I	10 871	9 273	7 752	6 307	4 940	3 651
	II	11 043	5 581	5 581	II	9 436	7 907	6 455	5 080	3 782	2 561
	III	7 446	5 581	5 581	III	6 210	5 012	3 852	2 732	1 656	732
	V	18 542	5 581	5 581	IV	11 699	10 871	10 062	9 273	8 503	7 752
	VI	19 061	5 581	5 581							
66 203,99	I,IV	12 559	5 581	5 581	I	10 883	9 284	7 762	6 318	4 950	3 660
	II	11 055	5 581	5 581	II	9 448	7 918	6 465	5 090	3 791	2 570
	III	7 454	5 581	5 581	III	6 218	5 020	3 860	2 740	1 662	738
	V	18 556	5 581	5 581	IV	11 712	10 883	10 074	9 284	8 514	7 762
	VI	19 075	5 581	5 581							
66 239,99	I,IV	12 572	5 581	5 581	I	10 895	9 295	7 773	6 328	4 960	3 669
	II	11 067	5 581	5 581	II	9 459	7 929	6 475	5 099	3 800	2 578
	III	7 464	5 581	5 581	III	6 226	5 028	3 868	2 748	1 670	744
	V	18 569	5 581	5 581	IV	11 724	10 895	10 086	9 295	8 525	7 773
	VI	19 089	5 581	5 581							
66 275,99	I,IV	12 584	5 581	5 581	I	10 907	9 307	7 784	6 338	4 970	3 678
	II	11 079	5 581	5 581	II	9 471	7 940	6 486	5 109	3 810	2 587
	III	7 474	5 581	5 581	III	6 236	5 038	3 878	2 756	1 678	750
	V	18 583	5 581	5 581	IV	11 736	10 907	10 097	9 307	8 536	7 784
	VI	19 102	5 581	5 581							
66 311,99	I,IV	12 597	5 581	5 581	I	10 919	9 318	7 795	6 348	4 979	3 687
	II	11 091	5 581	5 581	II	9 482	7 950	6 496	5 119	3 819	2 596
	III	7 482	5 581	5 581	III	6 244	5 046	3 886	2 764	1 686	756
	V	18 597	5 581	5 581	IV	11 748	10 919	10 109	9 318	8 547	7 795
	VI	19 116	5 581	5 581							
66 347,99	I,IV	12 609	5 581	5 581	I	10 931	9 330	7 806	6 359	4 989	3 696
	II	11 103	5 581	5 581	II	9 493	7 961	6 506	5 129	3 828	2 604
	III	7 492	5 581	5 581	III	6 254	5 054	3 894	2 772	1 692	762
	V	18 611	5 581	5 581	IV	11 760	10 931	10 121	9 330	8 558	7 806
	VI	19 130	5 581	5 581							
66 383,99	I,IV	12 622	5 581	5 581	I	10 943	9 341	7 817	6 369	4 999	3 706
	II	11 115	5 581	5 581	II	9 505	7 972	6 517	5 138	3 837	2 613
	III	7 500	5 581	5 581	III	6 262	5 064	3 902	2 780	1 700	768
	V	18 624	5 581	5 581	IV	11 773	10 943	10 132	9 341	8 569	7 817
	VI	19 144	5 581	5 581							
66 419,99	I,IV	12 634	5 581	5 581	I	10 955	9 352	7 827	6 379	5 008	3 715
	II	11 127	5 581	5 581	II	9 516	7 983	6 527	5 148	3 846	2 622
	III	7 510	5 581	5 581	III	6 272	5 072	3 910	2 788	1 708	774
	V	18 638	5 581	5 581	IV	11 785	10 955	10 144	9 352	8 580	7 827
	VI	19 157	5 581	5 581							
66 455,99	I,IV	12 647	5 581	5 581	I	10 967	9 364	7 838	6 390	5 018	3 724
	II	11 139	5 581	5 581	II	9 528	7 994	6 537	5 158	3 856	2 630
	III	7 518	5 581	5 581	III	6 280	5 080	3 918	2 796	1 716	780
	V	18 652	5 581	5 581	IV	11 797	10 967	10 156	9 364	8 591	7 838
	VI	19 171	5 581	5 581							
66 491,99	I,IV	12 660	5 581	5 581	I	10 979	9 375	7 849	6 400	5 028	3 733
	II	11 151	5 581	5 581	II	9 539	8 005	6 548	5 168	3 865	2 639
	III	7 528	5 581	5 581	III	6 290	5 090	3 928	2 804	1 724	788
	V	18 666	5 581	5 581	IV	11 810	10 979	10 168	9 375	8 603	7 849
	VI	19 185	5 581	5 581							
66 527,99	I,IV	12 672	5 581	5 581	I	10 991	9 387	7 860	6 410	5 037	3 742
	II	11 163	5 581	5 581	II	9 551	8 016	6 558	5 177	3 874	2 648
	III	7 538	5 581	5 581	III	6 298	5 098	3 936	2 812	1 730	794
	V	18 679	5 581	5 581	IV	11 822	10 991	10 179	9 387	8 614	7 860
	VI	19 198	5 581	5 581							

* Zur LSt-Berechnung für privat versicherte Arbeitnehmer s. Beispiele **Vorbemerkung S. 4f.**
** Basisvorsorgepauschale KV und PV *** Typisierter Arbeitgeberzuschuss

Lohn/Gehalt in € bis	Steuerklasse	Lohnsteuer*	BVSP**	TAGZ***	Steuerklasse	Bemessungsgrundlage für Kirchensteuer und Solidaritätszuschlag					
						Freibeträge für ... Kinder					
						0,5	1,0	1,5	2,0	2,5	3,0
66 563,99	I,IV	12 685	5581	5581	I	11 003	9 398	7 871	6 420	5 047	3 751
	II	11 175	5581	5581	II	9 562	8 027	6 568	5 187	3 883	2 656
	III	7 546	5581	5581	III	6 308	5 106	3 944	2 820	1 738	800
	V	18 693	5581	5581	IV	11 834	11 003	10 191	9 398	8 625	7 871
	VI	19 212	5581	5581							
66 599,99	I,IV	12 697	5581	5581	I	11 015	9 410	7 882	6 431	5 057	3 761
	II	11 187	5581	5581	II	9 574	8 038	6 579	5 197	3 893	2 665
	III	7 556	5581	5581	III	6 316	5 116	3 952	2 828	1 746	806
	V	18 707	5581	5581	IV	11 846	11 015	10 203	9 410	8 636	7 882
	VI	19 226	5581	5581							
66 635,99	I,IV	12 710	5581	5581	I	11 027	9 421	7 892	6 441	5 067	3 770
	II	11 199	5581	5581	II	9 585	8 049	6 589	5 207	3 902	2 674
	III	7 566	5581	5581	III	6 326	5 124	3 960	2 836	1 754	812
	V	18 720	5581	5581	IV	11 858	11 027	10 214	9 421	8 647	7 892
	VI	19 239	5581	5581							
66 671,99	I,IV	12 722	5581	5581	I	11 039	9 432	7 903	6 451	5 077	3 779
	II	11 211	5581	5581	II	9 597	8 060	6 600	5 217	3 911	2 682
	III	7 574	5581	5581	III	6 334	5 132	3 968	2 844	1 760	818
	V	18 734	5581	5581	IV	11 871	11 039	10 226	9 432	8 658	7 903
	VI	19 253	5581	5581							
66 707,99	I,IV	12 735	5581	5581	I	11 051	9 444	7 914	6 462	5 086	3 788
	II	11 223	5581	5581	II	9 608	8 071	6 610	5 227	3 920	2 691
	III	7 584	5581	5581	III	6 344	5 142	3 978	2 852	1 768	824
	V	18 748	5581	5581	IV	11 883	11 051	10 238	9 444	8 670	7 914
	VI	19 267	5581	5581							
66 743,99	I,IV	12 747	5581	5581	I	11 063	9 455	7 925	6 472	5 096	3 797
	II	11 235	5581	5581	II	9 620	8 081	6 620	5 236	3 929	2 700
	III	7 592	5581	5581	III	6 352	5 150	3 986	2 860	1 776	830
	V	18 761	5581	5581	IV	11 895	11 063	10 249	9 455	8 680	7 925
	VI	19 281	5581	5581							
66 779,99	I,IV	12 760	5581	5581	I	11 075	9 467	7 936	6 482	5 106	3 806
	II	11 247	5581	5581	II	9 631	8 092	6 631	5 246	3 939	2 708
	III	7 602	5581	5581	III	6 360	5 158	3 994	2 868	1 784	836
	V	18 775	5581	5581	IV	11 908	11 075	10 261	9 467	8 692	7 936
	VI	19 294	5581	5581							
66 815,99	I,IV	12 773	5581	5581	I	11 087	9 478	7 947	6 493	5 116	3 816
	II	11 260	5581	5581	II	9 643	8 103	6 641	5 256	3 948	2 717
	III	7 612	5581	5581	III	6 370	5 166	4 002	2 878	1 792	842
	V	18 789	5581	5581	IV	11 920	11 087	10 273	9 478	8 703	7 947
	VI	19 308	5581	5581							
66 851,99	I,IV	12 785	5581	5581	I	11 099	9 490	7 958	6 503	5 125	3 825
	II	11 271	5581	5581	II	9 654	8 114	6 651	5 266	3 957	2 726
	III	7 620	5581	5581	III	6 378	5 176	4 010	2 884	1 798	848
	V	18 803	5581	5581	IV	11 932	11 099	10 285	9 490	8 714	7 958
	VI	19 322	5581	5581							
66 887,99	I,IV	12 798	5581	5581	I	11 111	9 501	7 969	6 513	5 135	3 834
	II	11 284	5581	5581	II	9 666	8 125	6 662	5 276	3 966	2 735
	III	7 630	5581	5581	III	6 388	5 184	4 020	2 892	1 806	854
	V	18 816	5581	5581	IV	11 945	11 111	10 296	9 501	8 725	7 969
	VI	19 336	5581	5581							
66 923,99	I,IV	12 810	5581	5581	I	11 123	9 513	7 980	6 524	5 145	3 843
	II	11 296	5581	5581	II	9 678	8 136	6 672	5 286	3 976	2 743
	III	7 638	5581	5581	III	6 396	5 192	4 028	2 902	1 814	862
	V	18 830	5581	5581	IV	11 957	11 123	10 308	9 513	8 737	7 980
	VI	19 349	5581	5581							
66 959,99	I,IV	12 823	5581	5581	I	11 135	9 524	7 990	6 534	5 155	3 852
	II	11 308	5581	5581	II	9 689	8 147	6 683	5 295	3 985	2 752
	III	7 648	5581	5581	III	6 406	5 202	4 036	2 910	1 822	868
	V	18 844	5581	5581	IV	11 969	11 135	10 320	9 524	8 748	7 990
	VI	19 363	5581	5581							

*　Zur LSt-Berechnung für privat versicherte Arbeitnehmer s. Beispiele **Vorbemerkung S. 4 f.**
**　Basisvorsorgepauschale KV und PV　*** Typisierter Arbeitgeberzuschuss

Lohn/ Gehalt in € bis	Steuerklasse	Lohn- steuer*	BVSP**	TAGZ***	Steuerklasse	Bemessungsgrundlage für Kirchensteuer und Solidaritätszuschlag					
						Freibeträge für ... Kinder					
						0,5	1,0	1,5	2,0	2,5	3,0
66995,99	I,IV	12836	5581	5581	I	11147	9536	8001	6544	5164	3862
	II	11320	5581	5581	II	9700	8158	6693	5305	3994	2761
	III	7656	5581	5581	III	6414	5210	4044	2918	1830	874
	V	18858	5581	5581	IV	11982	11147	10332	9536	8759	8001
	VI	19377	5581	5581							
67031,99	I,IV	12848	5581	5581	I	11159	9547	8012	6555	5174	3871
	II	11332	5581	5581	II	9712	8169	6704	5315	4004	2770
	III	7666	5581	5581	III	6424	5218	4052	2926	1838	880
	V	18871	5581	5581	IV	11994	11159	10344	9547	8770	8012
	VI	19391	5581	5581							
67067,99	I,IV	12861	5581	5581	I	11171	9558	8023	6565	5184	3880
	II	11344	5581	5581	II	9723	8180	6714	5325	4013	2778
	III	7676	5581	5581	III	6432	5228	4062	2934	1844	886
	V	18885	5581	5581	IV	12006	11171	10355	9558	8781	8023
	VI	19404	5581	5581							
67103,99	I,IV	12873	5581	5581	I	11183	9570	8034	6575	5194	3889
	II	11356	5581	5581	II	9735	8191	6724	5335	4022	2787
	III	7684	5581	5581	III	6440	5236	4070	2942	1852	892
	V	18899	5581	5581	IV	12019	11183	10367	9570	8792	8034
	VI	19418	5581	5581							
67139,99	I,IV	12886	5581	5581	I	11195	9581	8045	6586	5203	3898
	II	11368	5581	5581	II	9746	8202	6735	5344	4031	2795
	III	7694	5581	5581	III	6450	5244	4078	2950	1860	898
	V	18912	5581	5581	IV	12031	11195	10378	9581	8803	8045
	VI	19431	5581	5581							
67175,99	I,IV	12899	5581	5581	I	11207	9593	8056	6596	5213	3908
	II	11380	5581	5581	II	9758	8213	6745	5354	4041	2804
	III	7704	5581	5581	III	6458	5254	4086	2958	1868	906
	V	18926	5581	5581	IV	12043	11207	10390	9593	8815	8056
	VI	19445	5581	5581							
67211,99	I,IV	12911	5581	5581	I	11219	9605	8067	6607	5223	3917
	II	11393	5581	5581	II	9770	8224	6756	5364	4050	2813
	III	7712	5581	5581	III	6468	5262	4094	2966	1876	912
	V	18940	5581	5581	IV	12056	11219	10402	9605	8826	8067
	VI	19459	5581	5581							
67247,99	I,IV	12924	5581	5581	I	11231	9616	8078	6617	5233	3926
	II	11404	5581	5581	II	9781	8235	6766	5374	4059	2822
	III	7722	5581	5581	III	6476	5270	4102	2974	1884	918
	V	18953	5581	5581	IV	12068	11231	10414	9616	8837	8078
	VI	19472	5581	5581							
67283,99	I,IV	12936	5581	5581	I	11243	9627	8089	6627	5243	3936
	II	11417	5581	5581	II	9793	8246	6776	5384	4069	2831
	III	7730	5581	5581	III	6486	5280	4112	2982	1892	924
	V	18967	5581	5581	IV	12080	11243	10426	9627	8848	8089
	VI	19486	5581	5581							
67319,99	I,IV	12949	5581	5581	I	11256	9639	8100	6638	5253	3945
	II	11429	5581	5581	II	9804	8257	6787	5394	4078	2839
	III	7740	5581	5581	III	6494	5288	4120	2990	1900	930
	V	18981	5581	5581	IV	12093	11256	10438	9639	8860	8100
	VI	19500	5581	5581							
67355,99	I,IV	12962	5581	5581	I	11267	9650	8111	6648	5262	3954
	II	11441	5581	5581	II	9816	8268	6797	5404	4087	2848
	III	7748	5581	5581	III	6504	5296	4128	2998	1906	936
	V	18994	5581	5581	IV	12105	11267	10449	9650	8871	8111
	VI	19514	5581	5581							
67391,99	I,IV	12974	5581	5581	I	11280	9662	8122	6658	5272	3963
	II	11453	5581	5581	II	9828	8279	6808	5414	4097	2857
	III	7758	5581	5581	III	6512	5306	4136	3006	1914	944
	V	19008	5581	5581	IV	12117	11280	10461	9662	8882	8122
	VI	19527	5581	5581							

* Zur LSt-Berechnung für privat versicherte Arbeitnehmer s. Beispiele **Vorbemerkung S. 4f.**
** Basisvorsorgepauschale KV und PV *** Typisierter Arbeitgeberzuschuss

Lohn/ Gehalt in € bis	Steuerklasse	Lohn-steuer*	BVSP**	TAGZ***	Steuerklasse	Bemessungsgrundlage für Kirchensteuer und Solidaritätszuschlag					
						Freibeträge für ... Kinder					
						0,5	1,0	1,5	2,0	2,5	3,0
67 427,99	I,IV	12 987	5581	5581	I	11 292	9674	8133	6669	5282	3973
	II	11 465	5581	5581	II	9839	8290	6818	5424	4106	2866
	III	7768	5581	5581	III	6522	5314	4144	3014	1922	950
	V	19 022	5581	5581	IV	12 130	11 292	10 473	9674	8894	8133
	VI	19 541	5581	5581							
67 463,99	I,IV	13 000	5581	5581	I	11 304	9685	8143	6679	5292	3982
	II	11 477	5581	5581	II	9851	8301	6829	5433	4115	2874
	III	7776	5581	5581	III	6530	5322	4152	3022	1930	956
	V	19 036	5581	5581	IV	12 142	11 304	10 485	9685	8905	8143
	VI	19 555	5581	5581							
67 499,99	I,IV	13 012	5581	5581	I	11 316	9697	8154	6690	5302	3991
	II	11 490	5581	5581	II	9862	8312	6839	5443	4125	2883
	III	7786	5581	5581	III	6540	5332	4162	3030	1938	962
	V	19 050	5581	5581	IV	12 154	11 316	10 497	9697	8916	8154
	VI	19 569	5581	5581							
67 535,99	I,IV	13 025	5581	5581	I	11 328	9708	8166	6700	5312	4001
	II	11 502	5581	5581	II	9874	8323	6850	5453	4134	2892
	III	7796	5581	5581	III	6548	5340	4170	3038	1946	968
	V	19 063	5581	5581	IV	12 167	11 328	10 509	9708	8927	8166
	VI	19 582	5581	5581							
67 571,99	I,IV	13 038	5581	5581	I	11 340	9720	8176	6710	5321	4010
	II	11 514	5581	5581	II	9885	8334	6860	5463	4143	2901
	III	7804	5581	5581	III	6558	5348	4178	3046	1954	974
	V	19 077	5581	5581	IV	12 179	11 340	10 520	9720	8938	8176
	VI	19 596	5581	5581							
67 607,99	I,IV	13 050	5581	5581	I	11 352	9731	8187	6721	5331	4019
	II	11 526	5581	5581	II	9897	8345	6871	5473	4153	2909
	III	7814	5581	5581	III	6566	5358	4186	3056	1962	982
	V	19 091	5581	5581	IV	12 192	11 352	10 532	9731	8950	8187
	VI	19 610	5581	5581							
67 643,99	I,IV	13 063	5581	5581	I	11 364	9743	8199	6731	5341	4028
	II	11 538	5581	5581	II	9909	8356	6881	5483	4162	2918
	III	7822	5581	5581	III	6576	5366	4196	3064	1970	988
	V	19 105	5581	5581	IV	12 204	11 364	10 544	9743	8961	8199
	VI	19 624	5581	5581							
67 679,99	I,IV	13 076	5581	5581	I	11 376	9754	8209	6742	5351	4038
	II	11 550	5581	5581	II	9920	8367	6891	5493	4171	2927
	III	7832	5581	5581	III	6584	5374	4204	3070	1978	994
	V	19 118	5581	5581	IV	12 216	11 376	10 556	9754	8972	8209
	VI	19 637	5581	5581							
67 715,99	I,IV	13 088	5581	5581	I	11 389	9766	8220	6752	5361	4047
	II	11 563	5581	5581	II	9932	8378	6902	5503	4181	2936
	III	7842	5581	5581	III	6594	5384	4212	3080	1986	1000
	V	19 132	5581	5581	IV	12 229	11 389	10 568	9766	8983	8220
	VI	19 651	5581	5581							
67 751,99	I,IV	13 101	5581	5581	I	11 401	9778	8232	6763	5371	4056
	II	11 575	5581	5581	II	9944	8390	6913	5513	4190	2945
	III	7850	5581	5581	III	6602	5392	4220	3088	1994	1008
	V	19 146	5581	5581	IV	12 241	11 401	10 580	9778	8995	8232
	VI	19 665	5581	5581							
67 787,99	I,IV	13 114	5581	5581	I	11 413	9789	8242	6773	5381	4066
	II	11 587	5581	5581	II	9955	8400	6923	5523	4199	2953
	III	7860	5581	5581	III	6610	5400	4228	3096	2000	1014
	V	19 159	5581	5581	IV	12 253	11 413	10 591	9789	9006	8242
	VI	19 678	5581	5581							
67 823,99	I,IV	13 126	5581	5581	I	11 425	9801	8253	6783	5391	4075
	II	11 599	5581	5581	II	9967	8412	6933	5533	4209	2962
	III	7870	5581	5581	III	6620	5410	4238	3104	2008	1020
	V	19 173	5581	5581	IV	12 266	11 425	10 603	9801	9017	8253
	VI	19 692	5581	5581							

*   Zur LSt-Berechnung für privat versicherte Arbeitnehmer s. Beispiele **Vorbemerkung S. 4 f.**
** Basisvorsorgepauschale KV und PV   *** Typisierter Arbeitgeberzuschuss

Lohn/ Gehalt in € bis	Steuerklasse	Lohn-steuer*	BVSP**	TAGZ***	Steuerklasse	Bemessungsgrundlage für Kirchensteuer und Solidaritätszuschlag Freibeträge für ... Kinder					
						0,5	1,0	1,5	2,0	2,5	3,0
67 859,99	I,IV	13 139	5 581	5 581	I	11 437	9 812	8 265	6 794	5 401	4 084
	II	11 612	5 581	5 581	II	9 979	8 423	6 944	5 543	4 218	2 971
	III	7 878	5 581	5 581	III	6 628	5 418	4 246	3 112	2 016	1 026
	V	19 187	5 581	5 581	IV	12 279	11 437	10 615	9 812	9 029	8 265
	VI	19 706	5 581	5 581							
67 895,99	I,IV	13 152	5 581	5 581	I	11 449	9 824	8 275	6 804	5 410	4 093
	II	11 623	5 581	5 581	II	9 990	8 434	6 954	5 552	4 228	2 980
	III	7 888	5 581	5 581	III	6 638	5 426	4 254	3 120	2 024	1 034
	V	19 200	5 581	5 581	IV	12 291	11 449	10 627	9 824	9 040	8 275
	VI	19 719	5 581	5 581							
67 931,99	I,IV	13 165	5 581	5 581	I	11 461	9 835	8 286	6 815	5 420	4 103
	II	11 636	5 581	5 581	II	10 002	8 445	6 965	5 562	4 237	2 989
	III	7 898	5 581	5 581	III	6 648	5 436	4 262	3 128	2 032	1 040
	V	19 214	5 581	5 581	IV	12 303	11 461	10 639	9 835	9 051	8 286
	VI	19 733	5 581	5 581							
67 967,99	I,IV	13 177	5 581	5 581	I	11 473	9 847	8 297	6 825	5 430	4 112
	II	11 648	5 581	5 581	II	10 013	8 456	6 975	5 572	4 246	2 997
	III	7 906	5 581	5 581	III	6 656	5 444	4 270	3 136	2 040	1 046
	V	19 228	5 581	5 581	IV	12 315	11 473	10 650	9 847	9 062	8 297
	VI	19 747	5 581	5 581							
68 003,99	I,IV	13 190	5 581	5 581	I	11 486	9 858	8 308	6 836	5 440	4 121
	II	11 660	5 581	5 581	II	10 025	8 467	6 986	5 582	4 256	3 006
	III	7 916	5 581	5 581	III	6 664	5 452	4 280	3 144	2 048	1 052
	V	19 241	5 581	5 581	IV	12 328	11 486	10 662	9 858	9 074	8 308
	VI	19 761	5 581	5 581							
68 039,99	I,IV	13 203	5 581	5 581	I	11 498	9 870	8 320	6 846	5 450	4 131
	II	11 672	5 581	5 581	II	10 037	8 478	6 997	5 592	4 265	3 015
	III	7 926	5 581	5 581	III	6 674	5 462	4 288	3 152	2 056	1 060
	V	19 255	5 581	5 581	IV	12 341	11 498	10 674	9 870	9 085	8 320
	VI	19 774	5 581	5 581							
68 075,99	I,IV	13 215	5 581	5 581	I	11 510	9 881	8 330	6 856	5 460	4 140
	II	11 684	5 581	5 581	II	10 048	8 489	7 007	5 602	4 274	3 024
	III	7 934	5 581	5 581	III	6 682	5 470	4 296	3 160	2 064	1 066
	V	19 269	5 581	5 581	IV	12 353	11 510	10 686	9 881	9 096	8 330
	VI	19 788	5 581	5 581							
68 111,99	I,IV	13 228	5 581	5 581	I	11 522	9 893	8 342	6 867	5 470	4 150
	II	11 697	5 581	5 581	II	10 060	8 500	7 018	5 612	4 284	3 033
	III	7 944	5 581	5 581	III	6 692	5 478	4 304	3 168	2 072	1 072
	V	19 283	5 581	5 581	IV	12 365	11 522	10 698	9 893	9 108	8 342
	VI	19 802	5 581	5 581							
68 147,99	I,IV	13 241	5 581	5 581	I	11 534	9 905	8 353	6 878	5 480	4 159
	II	11 709	5 581	5 581	II	10 072	8 511	7 028	5 622	4 293	3 042
	III	7 952	5 581	5 581	III	6 702	5 488	4 314	3 178	2 080	1 080
	V	19 296	5 581	5 581	IV	12 378	11 534	10 710	9 905	9 119	8 353
	VI	19 816	5 581	5 581							
68 183,99	I,IV	13 253	5 581	5 581	I	11 546	9 916	8 363	6 888	5 489	4 168
	II	11 721	5 581	5 581	II	10 083	8 522	7 039	5 632	4 303	3 050
	III	7 962	5 581	5 581	III	6 710	5 496	4 322	3 186	2 088	1 086
	V	19 310	5 581	5 581	IV	12 390	11 546	10 722	9 916	9 130	8 363
	VI	19 829	5 581	5 581							
68 219,99	I,IV	13 266	5 581	5 581	I	11 559	9 928	8 375	6 898	5 499	4 178
	II	11 733	5 581	5 581	II	10 095	8 533	7 049	5 642	4 312	3 059
	III	7 972	5 581	5 581	III	6 718	5 504	4 330	3 194	2 096	1 092
	V	19 324	5 581	5 581	IV	12 403	11 559	10 734	9 928	9 142	8 375
	VI	19 843	5 581	5 581							
68 255,99	I,IV	13 279	5 581	5 581	I	11 571	9 940	8 386	6 909	5 509	4 187
	II	11 746	5 581	5 581	II	10 107	8 545	7 060	5 652	4 322	3 068
	III	7 980	5 581	5 581	III	6 728	5 514	4 338	3 202	2 104	1 100
	V	19 338	5 581	5 581	IV	12 415	11 571	10 746	9 940	9 153	8 386
	VI	19 857	5 581	5 581							

* Zur LSt-Berechnung für privat versicherte Arbeitnehmer s. Beispiele **Vorbemerkung S. 4 f.**
** Basisvorsorgepauschale KV und PV *** Typisierter Arbeitgeberzuschuss

Lohn/ Gehalt in € bis	Steuerklasse	Lohn- steuer*	BVSP**	TAGZ***	Steuerklasse	Bemessungsgrundlage für Kirchensteuer und Solidaritätszuschlag					
						Freibeträge für ... Kinder					
						0,5	1,0	1,5	2,0	2,5	3,0
68 291,99	I,IV	13 292	5581	5581	I	11 583	9 951	8 397	6 919	5 519	4 196
	II	11 758	5581	5581	II	10 118	8 556	7 070	5 662	4 331	3 077
	III	7 990	5581	5581	III	6 736	5 522	4 346	3 210	2 110	1 106
	V	19 351	5581	5581	IV	12 428	11 583	10 757	9 951	9 164	8 397
	VI	19 870	5581	5581							
68 327,99	I,IV	13 304	5581	5581	I	11 595	9 963	8 408	6 930	5 529	4 206
	II	11 770	5581	5581	II	10 130	8 567	7 081	5 672	4 340	3 086
	III	7 998	5581	5581	III	6 746	5 532	4 354	3 218	2 118	1 112
	V	19 365	5581	5581	IV	12 440	11 595	10 769	9 963	9 176	8 408
	VI	19 884	5581	5581							
68 363,99	I,IV	13 317	5581	5581	I	11 607	9 975	8 419	6 941	5 539	4 215
	II	11 783	5581	5581	II	10 142	8 578	7 092	5 682	4 350	3 095
	III	8 008	5581	5581	III	6 756	5 540	4 364	3 226	2 126	1 120
	V	19 379	5581	5581	IV	12 453	11 607	10 781	9 975	9 187	8 419
	VI	19 898	5581	5581							
68 399,99	I,IV	13 330	5581	5581	I	11 619	9 986	8 430	6 951	5 549	4 224
	II	11 795	5581	5581	II	10 153	8 589	7 102	5 692	4 359	3 104
	III	8 018	5581	5581	III	6 764	5 548	4 372	3 234	2 134	1 126
	V	19 392	5581	5581	IV	12 465	11 619	10 793	9 986	9 198	8 430
	VI	19 911	5581	5581							
68 435,99	I,IV	13 343	5581	5581	I	11 632	9 998	8 441	6 961	5 559	4 234
	II	11 807	5581	5581	II	10 165	8 600	7 113	5 702	4 369	3 113
	III	8 026	5581	5581	III	6 772	5 558	4 380	3 242	2 142	1 132
	V	19 406	5581	5581	IV	12 478	11 632	10 805	9 998	9 210	8 441
	VI	19 925	5581	5581							
68 471,99	I,IV	13 356	5581	5581	I	11 644	10 010	8 452	6 972	5 569	4 243
	II	11 819	5581	5581	II	10 177	8 611	7 123	5 712	4 378	3 122
	III	8 036	5581	5581	III	6 782	5 566	4 390	3 250	2 150	1 140
	V	19 420	5581	5581	IV	12 490	11 644	10 817	10 010	9 221	8 452
	VI	19 939	5581	5581							
68 507,99	I,IV	13 368	5581	5581	I	11 656	10 021	8 463	6 982	5 579	4 253
	II	11 831	5581	5581	II	10 188	8 622	7 134	5 722	4 388	3 130
	III	8 046	5581	5581	III	6 790	5 574	4 398	3 258	2 158	1 146
	V	19 433	5581	5581	IV	12 502	11 656	10 829	10 021	9 232	8 463
	VI	19 953	5581	5581							
68 543,99	I,IV	13 381	5581	5581	I	11 668	10 033	8 474	6 993	5 589	4 262
	II	11 844	5581	5581	II	10 200	8 634	7 144	5 732	4 397	3 139
	III	8 054	5581	5581	III	6 800	5 584	4 406	3 266	2 166	1 152
	V	19 447	5581	5581	IV	12 515	11 668	10 841	10 033	9 244	8 474
	VI	19 966	5581	5581							
68 579,99	I,IV	13 394	5581	5581	I	11 681	10 045	8 486	7 004	5 599	4 272
	II	11 856	5581	5581	II	10 212	8 645	7 155	5 742	4 407	3 148
	III	8 064	5581	5581	III	6 810	5 592	4 414	3 276	2 174	1 160
	V	19 461	5581	5581	IV	12 528	11 681	10 853	10 045	9 255	8 486
	VI	19 980	5581	5581							
68 615,99	I,IV	13 407	5581	5581	I	11 693	10 056	8 496	7 014	5 609	4 281
	II	11 868	5581	5581	II	10 223	8 656	7 165	5 752	4 416	3 157
	III	8 074	5581	5581	III	6 818	5 602	4 422	3 284	2 182	1 166
	V	19 475	5581	5581	IV	12 540	11 693	10 865	10 056	9 267	8 496
	VI	19 994	5581	5581							
68 651,99	I,IV	13 419	5581	5581	I	11 705	10 068	8 508	7 025	5 619	4 290
	II	11 881	5581	5581	II	10 235	8 667	7 176	5 762	4 426	3 166
	III	8 082	5581	5581	III	6 826	5 610	4 432	3 292	2 190	1 172
	V	19 488	5581	5581	IV	12 553	11 705	10 877	10 068	9 278	8 508
	VI	20 008	5581	5581							
68 687,99	I,IV	13 432	5581	5581	I	11 717	10 080	8 519	7 035	5 629	4 300
	II	11 893	5581	5581	II	10 247	8 678	7 187	5 772	4 435	3 175
	III	8 092	5581	5581	III	6 836	5 618	4 440	3 300	2 198	1 180
	V	19 502	5581	5581	IV	12 565	11 717	10 889	10 080	9 290	8 519
	VI	20 021	5581	5581							

*   Zur LSt-Berechnung für privat versicherte Arbeitnehmer s. Beispiele **Vorbemerkung S. 4 f.**
** Basisvorsorgepauschale KV und PV   *** Typisierter Arbeitgeberzuschuss

Lohn/ Gehalt in € bis	Steuerklasse	Lohn-steuer*	BVSP**	TAGZ***	Steuerklasse	Bemessungsgrundlage für Kirchensteuer und Solidaritätszuschlag					
						Freibeträge für ... Kinder					
						0,5	1,0	1,5	2,0	2,5	3,0
68 723,99	I,IV	13 445	5 581	5 581	I	11 729	10 091	8 530	7 046	5 639	4 309
	II	11 905	5 581	5 581	II	10 259	8 689	7 197	5 782	4 444	3 184
	III	8 102	5 581	5 581	III	6 846	5 628	4 448	3 308	2 206	1 186
	V	19 516	5 581	5 581	IV	12 578	11 729	10 901	10 091	9 301	8 530
	VI	20 035	5 581	5 581							
68 759,99	I,IV	13 458	5 581	5 581	I	11 742	10 103	8 541	7 056	5 649	4 319
	II	11 918	5 581	5 581	II	10 271	8 701	7 208	5 792	4 454	3 193
	III	8 110	5 581	5 581	III	6 854	5 636	4 456	3 316	2 214	1 192
	V	19 530	5 581	5 581	IV	12 590	11 742	10 913	10 103	9 312	8 541
	VI	20 049	5 581	5 581							
68 795,99	I,IV	13 470	5 581	5 581	I	11 754	10 114	8 552	7 067	5 659	4 328
	II	11 930	5 581	5 581	II	10 282	8 712	7 218	5 802	4 463	3 202
	III	8 120	5 581	5 581	III	6 862	5 644	4 464	3 324	2 222	1 200
	V	19 543	5 581	5 581	IV	12 602	11 754	10 924	10 114	9 323	8 552
	VI	20 062	5 581	5 581							
68 831,99	I,IV	13 483	5 581	5 581	I	11 766	10 126	8 563	7 077	5 669	4 337
	II	11 942	5 581	5 581	II	10 294	8 723	7 229	5 812	4 473	3 211
	III	8 130	5 581	5 581	III	6 872	5 654	4 474	3 332	2 230	1 206
	V	19 557	5 581	5 581	IV	12 615	11 766	10 936	10 126	9 335	8 563
	VI	20 076	5 581	5 581							
68 867,99	I,IV	13 496	5 581	5 581	I	11 778	10 138	8 574	7 088	5 679	4 347
	II	11 954	5 581	5 581	II	10 306	8 734	7 240	5 823	4 482	3 220
	III	8 138	5 581	5 581	III	6 880	5 662	4 482	3 340	2 238	1 214
	V	19 571	5 581	5 581	IV	12 628	11 778	10 949	10 138	9 346	8 574
	VI	20 090	5 581	5 581							
68 903,99	I,IV	13 509	5 581	5 581	I	11 790	10 149	8 585	7 098	5 689	4 356
	II	11 967	5 581	5 581	II	10 317	8 745	7 250	5 832	4 492	3 228
	III	8 148	5 581	5 581	III	6 890	5 670	4 490	3 348	2 244	1 220
	V	19 584	5 581	5 581	IV	12 640	11 790	10 960	10 149	9 358	8 585
	VI	20 103	5 581	5 581							
68 939,99	I,IV	13 522	5 581	5 581	I	11 803	10 161	8 596	7 109	5 699	4 366
	II	11 979	5 581	5 581	II	10 329	8 756	7 261	5 843	4 501	3 237
	III	8 158	5 581	5 581	III	6 900	5 680	4 498	3 356	2 254	1 226
	V	19 598	5 581	5 581	IV	12 653	11 803	10 972	10 161	9 369	8 596
	VI	20 117	5 581	5 581							
68 975,99	I,IV	13 535	5 581	5 581	I	11 815	10 173	8 608	7 120	5 709	4 375
	II	11 991	5 581	5 581	II	10 341	8 768	7 272	5 853	4 511	3 246
	III	8 166	5 581	5 581	III	6 908	5 688	4 508	3 364	2 260	1 234
	V	19 612	5 581	5 581	IV	12 665	11 815	10 984	10 173	9 381	8 608
	VI	20 131	5 581	5 581							
69 011,99	I,IV	13 547	5 581	5 581	I	11 827	10 184	8 619	7 130	5 719	4 384
	II	12 004	5 581	5 581	II	10 353	8 779	7 282	5 863	4 520	3 255
	III	8 176	5 581	5 581	III	6 916	5 696	4 516	3 372	2 268	1 240
	V	19 625	5 581	5 581	IV	12 678	11 827	10 996	10 184	9 392	8 619
	VI	20 144	5 581	5 581							
69 047,99	I,IV	13 560	5 581	5 581	I	11 840	10 196	8 630	7 141	5 729	4 394
	II	12 016	5 581	5 581	II	10 364	8 790	7 293	5 873	4 530	3 264
	III	8 186	5 581	5 581	III	6 926	5 706	4 524	3 382	2 276	1 248
	V	19 639	5 581	5 581	IV	12 690	11 840	11 008	10 196	9 403	8 630
	VI	20 158	5 581	5 581							
69 083,99	I,IV	13 573	5 581	5 581	I	11 852	10 208	8 641	7 151	5 739	4 404
	II	12 028	5 581	5 581	II	10 376	8 801	7 304	5 883	4 540	3 273
	III	8 194	5 581	5 581	III	6 936	5 714	4 532	3 390	2 284	1 254
	V	19 653	5 581	5 581	IV	12 703	11 852	11 020	10 208	9 415	8 641
	VI	20 172	5 581	5 581							
69 119,99	I,IV	13 586	5 581	5 581	I	11 864	10 220	8 652	7 162	5 749	4 413
	II	12 041	5 581	5 581	II	10 388	8 812	7 314	5 893	4 549	3 282
	III	8 204	5 581	5 581	III	6 944	5 724	4 542	3 398	2 292	1 260
	V	19 666	5 581	5 581	IV	12 715	11 864	11 032	10 220	9 426	8 652
	VI	20 186	5 581	5 581							

* Zur LSt-Berechnung für privat versicherte Arbeitnehmer s. Beispiele **Vorbemerkung S. 4f.**
** Basisvorsorgepauschale KV und PV *** Typisierter Arbeitgeberzuschuss

Lohn/Gehalt in € bis	Steuerklasse	Lohnsteuer*	BVSP**	TAGZ***	Steuerklasse	Bemessungsgrundlage für Kirchensteuer und Solidaritätszuschlag					
						Freibeträge für ... Kinder					
						0,5	1,0	1,5	2,0	2,5	3,0
69 155,99	I,IV	13 599	5581	5581	I	11 877	10 231	8663	7173	5759	4422
	II	12 053	5581	5581	II	10 400	8824	7325	5903	4559	3291
	III	8 214	5581	5581	III	6 954	5732	4550	3406	2300	1268
	V	19 680	5581	5581	IV	12 728	11 877	11 044	10 231	9438	8663
	VI	20 199	5581								
69 191,99	I,IV	13 612	5581	5581	I	11 889	10 243	8675	7183	5769	4432
	II	12 065	5581	5581	II	10 412	8835	7336	5913	4568	3300
	III	8 222	5581	5581	III	6 962	5742	4558	3414	2308	1274
	V	19 694	5581	5581	IV	12 741	11 889	11 056	10 243	9449	8675
	VI	20 213	5581								
69 227,99	I,IV	13 624	5581	5581	I	11 901	10 255	8686	7194	5779	4441
	II	12 078	5581	5581	II	10 423	8846	7346	5923	4577	3309
	III	8 232	5581	5581	III	6 972	5750	4566	3422	2316	1282
	V	19 708	5581	5581	IV	12 753	11 901	11 068	10 255	9460	8686
	VI	20 227	5581								
69 263,99	I,IV	13 637	5581	5581	I	11 913	10 267	8697	7204	5789	4451
	II	12 090	5581	5581	II	10 435	8857	7357	5933	4587	3318
	III	8 242	5581	5581	III	6 980	5758	4576	3430	2324	1288
	V	19 722	5581	5581	IV	12 766	11 913	11 080	10 267	9472	8697
	VI	20 241	5581								
69 299,99	I,IV	13 650	5581	5581	I	11 926	10 278	8708	7215	5799	4460
	II	12 103	5581	5581	II	10 447	8869	7368	5944	4597	3327
	III	8 250	5581	5581	III	6 990	5768	4584	3438	2332	1296
	V	19 735	5581	5581	IV	12 778	11 926	11 092	10 278	9484	8708
	VI	20 254	5581								
69 335,99	I,IV	13 663	5581	5581	I	11 938	10 290	8719	7225	5809	4470
	II	12 115	5581	5581	II	10 459	8880	7378	5953	4606	3336
	III	8 260	5581	5581	III	6 998	5776	4592	3446	2340	1302
	V	19 749	5581	5581	IV	12 791	11 938	11 104	10 290	9495	8719
	VI	20 268	5581								
69 371,99	I,IV	13 676	5581	5581	I	11 950	10 302	8730	7236	5819	4479
	II	12 127	5581	5581	II	10 471	8891	7389	5964	4616	3345
	III	8 270	5581	5581	III	7 008	5786	4600	3456	2348	1310
	V	19 763	5581	5581	IV	12 804	11 950	11 116	10 302	9506	8730
	VI	20 282	5581								
69 407,99	I,IV	13 689	5581	5581	I	11 963	10 314	8742	7247	5829	4489
	II	12 140	5581	5581	II	10 482	8902	7400	5974	4625	3354
	III	8 278	5581	5581	III	7 016	5794	4610	3464	2356	1316
	V	19 777	5581	5581	IV	12 816	11 963	11 129	10 314	9518	8742
	VI	20 296	5581								
69 443,99	I,IV	13 702	5581	5581	I	11 975	10 325	8753	7257	5839	4498
	II	12 152	5581	5581	II	10 494	8913	7410	5984	4635	3363
	III	8 288	5581	5581	III	7 026	5802	4618	3472	2364	1324
	V	19 790	5581	5581	IV	12 829	11 975	11 140	10 325	9529	8753
	VI	20 309	5581								
69 479,99	I,IV	13 715	5581	5581	I	11 987	10 337	8764	7268	5849	4508
	II	12 164	5581	5581	II	10 506	8925	7421	5994	4644	3372
	III	8 298	5581	5581	III	7 036	5812	4626	3480	2372	1330
	V	19 804	5581	5581	IV	12 841	11 987	11 153	10 337	9541	8764
	VI	20 323	5581								
69 515,99	I,IV	13 728	5581	5581	I	12 000	10 349	8775	7279	5860	4517
	II	12 177	5581	5581	II	10 518	8936	7432	6004	4654	3381
	III	8 306	5581	5581	III	7 044	5820	4634	3488	2380	1338
	V	19 818	5581	5581	IV	12 854	12 000	11 165	10 349	9552	8775
	VI	20 337	5581								
69 551,99	I,IV	13 740	5581	5581	I	12 012	10 360	8786	7289	5869	4527
	II	12 189	5581	5581	II	10 530	8947	7442	6014	4664	3390
	III	8 316	5581	5581	III	7 052	5828	4644	3496	2388	1344
	V	19 831	5581	5581	IV	12 866	12 012	11 177	10 360	9564	8786
	VI	20 350	5581								

* Zur LSt-Berechnung für privat versicherte Arbeitnehmer s. Beispiele **Vorbemerkung S. 4 f.**
** Basisvorsorgepauschale KV und PV *** Typisierter Arbeitgeberzuschuss

Lohn/Gehalt in € bis	Steuerklasse	Lohn-steuer*	BVSP**	TAGZ***	Steuerklasse	Bemessungsgrundlage für Kirchensteuer und Solidaritätszuschlag					
						Freibeträge für ... Kinder					
						0,5	1,0	1,5	2,0	2,5	3,0
69587,99	I,IV	13753	5581	5581	I	12024	10372	8798	7300	5880	4536
	II	12201	5581	5581	II	10541	8959	7453	6025	4673	3399
	III	8326	5581	5581	III	7062	5838	4652	3504	2396	1352
	V	19845	5581	5581	IV	12879	12024	11189	10372	9575	8798
	VI	20364	5581	5581							
69623,99	I,IV	13766	5581	5581	I	12036	10384	8809	7310	5889	4546
	II	12214	5581	5581	II	10553	8970	7463	6034	4683	3408
	III	8334	5581	5581	III	7072	5846	4660	3512	2404	1358
	V	19858	5581	5581	IV	12892	12036	11200	10384	9587	8809
	VI	20378	5581	5581							
69659,99	I,IV	13779	5581	5581	I	12049	10396	8820	7321	5900	4555
	II	12226	5581	5581	II	10565	8981	7474	6045	4692	3417
	III	8344	5581	5581	III	7080	5856	4668	3520	2412	1366
	V	19872	5581	5581	IV	12904	12049	11213	10396	9598	8820
	VI	20391	5581	5581							
69695,99	I,IV	13792	5581	5581	I	12061	10408	8831	7332	5910	4565
	II	12239	5581	5581	II	10577	8992	7485	6055	4702	3426
	III	8354	5581	5581	III	7090	5864	4678	3530	2420	1372
	V	19886	5581	5581	IV	12917	12061	11225	10408	9610	8831
	VI	20405	5581	5581							
69731,99	I,IV	13805	5581	5581	I	12073	10419	8842	7342	5920	4574
	II	12251	5581	5581	II	10589	9004	7496	6065	4711	3435
	III	8362	5581	5581	III	7098	5872	4686	3538	2428	1380
	V	19900	5581	5581	IV	12929	12073	11237	10419	9621	8842
	VI	20419	5581	5581							
69767,99	I,IV	13818	5581	5581	I	12086	10431	8854	7353	5930	4584
	II	12263	5581	5581	II	10601	9015	7506	6075	4721	3444
	III	8372	5581	5581	III	7108	5882	4694	3546	2436	1386
	V	19913	5581	5581	IV	12942	12086	11249	10431	9633	8854
	VI	20433	5581	5581							
69803,99	I,IV	13831	5581	5581	I	12098	10443	8865	7364	5940	4594
	II	12276	5581	5581	II	10613	9026	7517	6085	4731	3453
	III	8382	5581	5581	III	7116	5890	4704	3554	2444	1394
	V	19927	5581	5581	IV	12955	12098	11261	10443	9644	8865
	VI	20446	5581	5581							
69839,99	I,IV	13844	5581	5581	I	12110	10455	8876	7374	5950	4603
	II	12288	5581	5581	II	10624	9037	7528	6095	4740	3462
	III	8390	5581	5581	III	7126	5900	4712	3562	2452	1400
	V	19941	5581	5581	IV	12967	12110	11273	10455	9656	8876
	VI	20460	5581	5581							
69875,99	I,IV	13857	5581	5581	I	12123	10467	8887	7385	5960	4613
	II	12301	5581	5581	II	10636	9049	7539	6106	4750	3471
	III	8400	5581	5581	III	7134	5908	4720	3570	2460	1408
	V	19955	5581	5581	IV	12980	12123	11285	10467	9667	8887
	VI	20474	5581	5581							
69911,99	I,IV	13870	5581	5581	I	12135	10478	8899	7396	5971	4622
	II	12313	5581	5581	II	10648	9060	7550	6116	4760	3480
	III	8410	5581	5581	III	7144	5918	4728	3578	2468	1414
	V	19968	5581	5581	IV	12993	12135	11297	10478	9679	8899
	VI	20488	5581	5581							
69947,99	I,IV	13882	5581	5581	I	12148	10490	8910	7406	5980	4632
	II	12325	5581	5581	II	10660	9071	7560	6126	4769	3489
	III	8418	5581	5581	III	7152	5926	4736	3586	2476	1422
	V	19982	5581	5581	IV	13005	12148	11309	10490	9690	8910
	VI	20501	5581	5581							
69983,99	I,IV	13895	5581	5581	I	12160	10502	8921	7417	5991	4641
	II	12338	5581	5581	II	10672	9083	7571	6136	4779	3498
	III	8428	5581	5581	III	7162	5934	4746	3594	2484	1428
	V	19996	5581	5581	IV	13018	12160	11321	10502	9702	8921
	VI	20515	5581	5581							

* Zur LSt-Berechnung für privat versicherte Arbeitnehmer s. Beispiele **Vorbemerkung S. 4f.**
** Basisvorsorgepauschale KV und PV *** Typisierter Arbeitgeberzuschuss

Lohn/ Gehalt in € bis	Steuerklasse	Lohn-steuer*	BVSP**	TAGZ***	Steuerklasse	| 0,5	**1,0**	1,5	**2,0**	2,5	**3,0**
70019,99	I,IV	13908	5581	5581	I	12173	10514	8932	7428	6001	4651
	II	12351	5581	5581	II	10684	9094	7582	6147	4788	3508
	III	8438	5581	5581	III	7172	5944	4754	3604	2492	1436
	V	20010	5581	5581	IV	13031	12173	11334	10514	9714	8932
	VI	20529	5581	5581							
70055,99	I,IV	13921	5581	5581	I	12185	10526	8943	7439	6011	4660
	II	12363	5581	5581	II	10695	9105	7592	6157	4798	3516
	III	8448	5581	5581	III	7180	5952	4762	3612	2500	1444
	V	20023	5581	5581	IV	13043	12185	11346	10526	9725	8943
	VI	20542	5581	5581							
70091,99	I,IV	13934	5581	5581	I	12197	10537	8955	7449	6021	4670
	II	12375	5581	5581	II	10707	9117	7603	6167	4808	3526
	III	8456	5581	5581	III	7190	5960	4770	3620	2508	1450
	V	20037	5581	5581	IV	13056	12197	11358	10537	9737	8955
	VI	20556	5581	5581							
70127,99	I,IV	13947	5581	5581	I	12210	10549	8966	7460	6031	4680
	II	12388	5581	5581	II	10719	9128	7614	6177	4817	3535
	III	8466	5581	5581	III	7198	5970	4780	3628	2516	1458
	V	20051	5581	5581	IV	13069	12210	11370	10549	9748	8966
	VI	20570	5581	5581							
70163,99	I,IV	13960	5581	5581	I	12222	10561	8977	7471	6041	4689
	II	12400	5581	5581	II	10731	9139	7625	6187	4827	3544
	III	8476	5581	5581	III	7208	5978	4788	3636	2524	1464
	V	20064	5581	5581	IV	13081	12222	11382	10561	9760	8977
	VI	20583	5581	5581							
70199,99	I,IV	13973	5581	5581	I	12234	10573	8989	7482	6052	4699
	II	12413	5581	5581	II	10743	9151	7635	6197	4837	3553
	III	8484	5581	5581	III	7216	5988	4796	3644	2530	1472
	V	20078	5581	5581	IV	13094	12234	11394	10573	9771	8989
	VI	20597	5581	5581							
70235,99	I,IV	13986	5581	5581	I	12247	10585	9000	7492	6062	4708
	II	12425	5581	5581	II	10755	9162	7646	6208	4846	3562
	III	8494	5581	5581	III	7226	5996	4806	3654	2540	1480
	V	20092	5581	5581	IV	13107	12247	11406	10585	9783	9000
	VI	20611	5581	5581							
70271,99	I,IV	13999	5581	5581	I	12259	10597	9011	7503	6072	4718
	II	12437	5581	5581	II	10767	9173	7657	6218	4856	3571
	III	8504	5581	5581	III	7234	6006	4814	3662	2548	1486
	V	20105	5581	5581	IV	13119	12259	11418	10597	9794	9011
	VI	20625	5581	5581							
70307,99	I,IV	14012	5581	5581	I	12272	10609	9023	7514	6082	4728
	II	12450	5581	5581	II	10779	9185	7668	6228	4866	3580
	III	8512	5581	5581	III	7244	6014	4822	3670	2554	1494
	V	20119	5581	5581	IV	13132	12272	11430	10609	9806	9023
	VI	20638	5581	5581							
70343,99	I,IV	14025	5581	5581	I	12284	10621	9034	7525	6092	4737
	II	12463	5581	5581	II	10791	9196	7679	6238	4875	3589
	III	8522	5581	5581	III	7254	6022	4832	3678	2564	1500
	V	20133	5581	5581	IV	13145	12284	11443	10621	9818	9034
	VI	20652	5581	5581							
70379,99	I,IV	14038	5581	5581	I	12296	10632	9045	7535	6102	4747
	II	12475	5581	5581	II	10803	9207	7689	6248	4885	3598
	III	8532	5581	5581	III	7262	6032	4840	3686	2572	1508
	V	20147	5581	5581	IV	13158	12296	11455	10632	9829	9045
	VI	20666	5581	5581							
70415,99	I,IV	14051	5581	5581	I	12309	10644	9056	7546	6113	4756
	II	12488	5581	5581	II	10815	9219	7700	6259	4895	3607
	III	8540	5581	5581	III	7272	6040	4848	3694	2578	1516
	V	20160	5581	5581	IV	13170	12309	11467	10644	9841	9056
	VI	20680	5581	5581							

Bemessungsgrundlage für Kirchensteuer und Solidaritätszuschlag — Freibeträge für ... Kinder

*   Zur LSt-Berechnung für privat versicherte Arbeitnehmer s. Beispiele **Vorbemerkung S. 4 f.**
** Basisvorsorgepauschale KV und PV   *** Typisierter Arbeitgeberzuschuss

Lohn/Gehalt in € bis	Steuerklasse	Lohn-steuer*	BVSP**	TAGZ***	Steuerklasse	Bemessungsgrundlage für Kirchensteuer und Solidaritätszuschlag Freibeträge für ... Kinder					
						0,5	1,0	1,5	2,0	2,5	3,0
70 451,99	I,IV	14 064	5 581	5 581	I	12 321	10 656	9 068	7 556	6 123	4 766
	II	12 500	5 581	5 581	II	10 826	9 230	7 711	6 269	4 904	3 616
	III	8 550	5 581	5 581	III	7 280	6 048	4 856	3 702	2 586	1 522
	V	20 174	5 581	5 581	IV	13 183	12 321	11 479	10 656	9 852	9 068
	VI	20 693	5 581	5 581							
70 487,99	I,IV	14 077	5 581	5 581	I	12 334	10 668	9 079	7 567	6 133	4 775
	II	12 512	5 581	5 581	II	10 838	9 241	7 722	6 279	4 914	3 626
	III	8 560	5 581	5 581	III	7 290	6 058	4 866	3 710	2 596	1 530
	V	20 188	5 581	5 581	IV	13 196	12 334	11 491	10 668	9 864	9 079
	VI	20 707	5 581	5 581							
70 523,99	I,IV	14 090	5 581	5 581	I	12 346	10 680	9 090	7 578	6 143	4 785
	II	12 525	5 581	5 581	II	10 850	9 253	7 733	6 290	4 924	3 635
	III	8 570	5 581	5 581	III	7 298	6 066	4 874	3 718	2 602	1 536
	V	20 202	5 581	5 581	IV	13 209	12 346	11 503	10 680	9 875	9 090
	VI	20 721	5 581	5 581							
70 559,99	I,IV	14 103	5 581	5 581	I	12 359	10 691	9 101	7 589	6 153	4 795
	II	12 537	5 581	5 581	II	10 862	9 264	7 743	6 300	4 933	3 644
	III	8 578	5 581	5 581	III	7 308	6 076	4 882	3 728	2 610	1 544
	V	20 215	5 581	5 581	IV	13 221	12 359	11 515	10 691	9 887	9 101
	VI	20 734	5 581	5 581							
70 595,99	I,IV	14 116	5 581	5 581	I	12 371	10 703	9 113	7 600	6 163	4 804
	II	12 550	5 581	5 581	II	10 874	9 276	7 754	6 310	4 943	3 653
	III	8 588	5 581	5 581	III	7 318	6 084	4 890	3 736	2 620	1 552
	V	20 229	5 581	5 581	IV	13 234	12 371	11 528	10 703	9 899	9 113
	VI	20 748	5 581	5 581							
70 631,99	I,IV	14 129	5 581	5 581	I	12 384	10 715	9 124	7 610	6 174	4 814
	II	12 563	5 581	5 581	II	10 886	9 287	7 765	6 320	4 953	3 662
	III	8 598	5 581	5 581	III	7 326	6 094	4 900	3 744	2 626	1 558
	V	20 243	5 581	5 581	IV	13 247	12 384	11 540	10 715	9 910	9 124
	VI	20 762	5 581	5 581							
70 667,99	I,IV	14 142	5 581	5 581	I	12 396	10 727	9 135	7 621	6 184	4 824
	II	12 575	5 581	5 581	II	10 898	9 298	7 776	6 330	4 962	3 671
	III	8 606	5 581	5 581	III	7 334	6 102	4 908	3 752	2 634	1 566
	V	20 256	5 581	5 581	IV	13 259	12 396	11 552	10 727	9 922	9 135
	VI	20 775	5 581	5 581							
70 703,99	I,IV	14 155	5 581	5 581	I	12 408	10 739	9 147	7 632	6 194	4 833
	II	12 587	5 581	5 581	II	10 910	9 310	7 787	6 341	4 972	3 680
	III	8 616	5 581	5 581	III	7 344	6 112	4 916	3 760	2 644	1 574
	V	20 270	5 581	5 581	IV	13 272	12 408	11 564	10 739	9 933	9 147
	VI	20 789	5 581	5 581							
70 739,99	I,IV	14 168	5 581	5 581	I	12 421	10 751	9 158	7 643	6 204	4 843
	II	12 600	5 581	5 581	II	10 922	9 321	7 798	6 351	4 982	3 690
	III	8 626	5 581	5 581	III	7 354	6 120	4 926	3 768	2 650	1 580
	V	20 284	5 581	5 581	IV	13 285	12 421	11 576	10 751	9 945	9 158
	VI	20 803	5 581	5 581							
70 775,99	I,IV	14 181	5 581	5 581	I	12 433	10 763	9 169	7 653	6 214	4 853
	II	12 612	5 581	5 581	II	10 934	9 332	7 808	6 361	4 991	3 699
	III	8 634	5 581	5 581	III	7 362	6 128	4 934	3 776	2 658	1 588
	V	20 297	5 581	5 581	IV	13 297	12 433	11 588	10 763	9 956	9 169
	VI	20 816	5 581	5 581							
70 811,99	I,IV	14 194	5 581	5 581	I	12 446	10 775	9 181	7 664	6 225	4 862
	II	12 625	5 581	5 581	II	10 946	9 344	7 819	6 372	5 001	3 708
	III	8 644	5 581	5 581	III	7 372	6 138	4 942	3 786	2 668	1 596
	V	20 311	5 581	5 581	IV	13 310	12 446	11 601	10 775	9 968	9 181
	VI	20 830	5 581	5 581							
70 847,99	I,IV	14 207	5 581	5 581	I	12 458	10 787	9 192	7 675	6 235	4 872
	II	12 638	5 581	5 581	II	10 958	9 356	7 830	6 382	5 011	3 717
	III	8 654	5 581	5 581	III	7 380	6 146	4 950	3 794	2 676	1 602
	V	20 325	5 581	5 581	IV	13 323	12 458	11 613	10 787	9 980	9 192
	VI	20 844	5 581	5 581							

*. Zur LSt-Berechnung für privat versicherte Arbeitnehmer s. Beispiele **Vorbemerkung S. 4 f.**
. Basisvorsorgepauschale KV und PV *. Typisierter Arbeitgeberzuschuss

Lohn/Gehalt in € bis	Steuerklasse	Lohn-steuer*	BVSP**	TAGZ***	Steuerklasse	Bemessungsgrundlage für Kirchensteuer und Solidaritätszuschlag					
						Freibeträge für ... Kinder					
						0,5	1,0	1,5	2,0	2,5	3,0
70 883,99	I,IV	14 220	5 581	5 581	I	12 471	10 799	9 204	7 686	6 245	4 882
	II	12 650	5 581	5 581	II	10 970	9 367	7 841	6 392	5 020	3 726
	III	8 664	5 581	5 581	III	7 390	6 156	4 960	3 802	2 682	1 610
	V	20 338	5 581	5 581	IV	13 336	12 471	11 625	10 799	9 991	9 204
	VI	20 858	5 581	5 581							
70 919,99	I,IV	14 233	5 581	5 581	I	12 483	10 811	9 215	7 697	6 255	4 891
	II	12 663	5 581	5 581	II	10 982	9 378	7 852	6 402	5 030	3 735
	III	8 672	5 581	5 581	III	7 400	6 164	4 968	3 810	2 692	1 618
	V	20 352	5 581	5 581	IV	13 349	12 483	11 637	10 811	10 003	9 215
	VI	20 871	5 581	5 581							
70 955,99	I,IV	14 246	5 581	5 581	I	12 496	10 823	9 226	7 708	6 266	4 901
	II	12 675	5 581	5 581	II	10 994	9 390	7 863	6 413	5 040	3 745
	III	8 682	5 581	5 581	III	7 408	6 174	4 976	3 818	2 700	1 626
	V	20 366	5 581	5 581	IV	13 362	12 496	11 650	10 823	10 015	9 226
	VI	20 885	5 581	5 581							
70 991,99	I,IV	14 259	5 581	5 581	I	12 508	10 834	9 238	7 718	6 276	4 911
	II	12 688	5 581	5 581	II	11 006	9 401	7 873	6 423	5 050	3 754
	III	8 692	5 581	5 581	III	7 418	6 182	4 984	3 826	2 706	1 632
	V	20 380	5 581	5 581	IV	13 374	12 508	11 662	10 834	10 026	9 238
	VI	20 899	5 581	5 581							
71 027,99	I,IV	14 272	5 581	5 581	I	12 521	10 846	9 249	7 729	6 286	4 920
	II	12 700	5 581	5 581	II	11 018	9 413	7 884	6 433	5 060	3 763
	III	8 702	5 581	5 581	III	7 426	6 192	4 994	3 836	2 716	1 640
	V	20 394	5 581	5 581	IV	13 387	12 521	11 674	10 846	10 038	9 249
	VI	20 913	5 581	5 581							
71 063,99	I,IV	14 286	5 581	5 581	I	12 533	10 858	9 261	7 740	6 296	4 930
	II	12 713	5 581	5 581	II	11 030	9 424	7 895	6 444	5 069	3 772
	III	8 710	5 581	5 581	III	7 436	6 200	5 002	3 844	2 724	1 648
	V	20 407	5 581	5 581	IV	13 400	12 533	11 686	10 858	10 050	9 261
	VI	20 926	5 581	5 581							
71 099,99	I,IV	14 298	5 581	5 581	I	12 546	10 870	9 272	7 751	6 306	4 940
	II	12 725	5 581	5 581	II	11 042	9 435	7 906	6 454	5 079	3 781
	III	8 720	5 581	5 581	III	7 444	6 208	5 010	3 852	2 732	1 654
	V	20 421	5 581	5 581	IV	13 412	12 546	11 698	10 870	10 061	9 272
	VI	20 940	5 581	5 581							
71 135,99	I,IV	14 312	5 581	5 581	I	12 558	10 882	9 283	7 761	6 317	4 949
	II	12 738	5 581	5 581	II	11 054	9 447	7 917	6 464	5 089	3 790
	III	8 730	5 581	5 581	III	7 454	6 218	5 020	3 860	2 740	1 662
	V	20 435	5 581	5 581	IV	13 425	12 558	11 711	10 882	10 073	9 283
	VI	20 954	5 581	5 581							
71 171,99	I,IV	14 325	5 581	5 581	I	12 571	10 894	9 295	7 772	6 327	4 959
	II	12 751	5 581	5 581	II	11 066	9 458	7 928	6 475	5 099	3 800
	III	8 738	5 581	5 581	III	7 464	6 226	5 028	3 868	2 748	1 670
	V	20 449	5 581	5 581	IV	13 438	12 571	11 723	10 894	10 085	9 295
	VI	20 968	5 581	5 581							
71 207,99	I,IV	14 338	5 581	5 581	I	12 583	10 906	9 306	7 783	6 337	4 969
	II	12 763	5 581	5 581	II	11 078	9 470	7 939	6 485	5 108	3 809
	III	8 748	5 581	5 581	III	7 472	6 236	5 036	3 876	2 756	1 678
	V	20 462	5 581	5 581	IV	13 451	12 583	11 735	10 906	10 096	9 306
	VI	20 981	5 581	5 581							
71 243,99	I,IV	14 351	5 581	5 581	I	12 596	10 918	9 317	7 794	6 348	4 979
	II	12 776	5 581	5 581	II	11 090	9 481	7 950	6 495	5 118	3 818
	III	8 758	5 581	5 581	III	7 482	6 244	5 046	3 886	2 764	1 684
	V	20 476	5 581	5 581	IV	13 464	12 596	11 747	10 918	10 108	9 317
	VI	20 995	5 581	5 581							
71 279,99	I,IV	14 364	5 581	5 581	I	12 608	10 930	9 329	7 805	6 358	4 988
	II	12 788	5 581	5 581	II	11 102	9 492	7 960	6 505	5 128	3 827
	III	8 768	5 581	5 581	III	7 490	6 254	5 054	3 894	2 772	1 692
	V	20 489	5 581	5 581	IV	13 476	12 608	11 759	10 930	10 120	9 329
	VI	21 008	5 581	5 581							

* Zur LSt-Berechnung für privat versicherte Arbeitnehmer s. Beispiele **Vorbemerkung S. 4 f.**
** Basisvorsorgepauschale KV und PV   *** Typisierter Arbeitgeberzuschuss

Lohn/ Gehalt in € bis	Steuerklasse	Lohn-steuer*	BVSP**	TAGZ***	Steuerklasse	Bemessungsgrundlage für Kirchensteuer und Solidaritätszuschlag					
						Freibeträge für ... Kinder					
						0,5	1,0	1,5	2,0	2,5	3,0
71 315,99	I,IV	14 377	5581	5581	I	12 621	10 942	9 340	7 816	6 368	4 998
	II	12 801	5581	5581	II	11 114	9 504	7 971	6 516	5 137	3 836
	III	8 776	5581	5581	III	7 500	6 262	5 062	3 902	2 780	1 700
	V	20 503	5581	5581	IV	13 489	12 621	11 772	10 942	10 131	9 340
	VI	21 022	5581	5581							
71 351,99	I,IV	14 390	5581	5581	I	12 634	10 954	9 352	7 826	6 378	5 008
	II	12 814	5581	5581	II	11 126	9 516	7 982	6 526	5 147	3 846
	III	8 786	5581	5581	III	7 510	6 272	5 072	3 910	2 788	1 708
	V	20 517	5581	5581	IV	13 502	12 634	11 784	10 954	10 143	9 352
	VI	21 036	5581	5581							
71 387,99	I,IV	14 403	5581	5581	I	12 646	10 966	9 363	7 837	6 389	5 017
	II	12 826	5581	5581	II	11 138	9 527	7 993	6 536	5 157	3 855
	III	8 796	5581	5581	III	7 518	6 280	5 080	3 918	2 796	1 714
	V	20 530	5581	5581	IV	13 515	12 646	11 796	10 966	10 155	9 363
	VI	21 050	5581	5581							
71 423,99	I,IV	14 416	5581	5581	I	12 658	10 978	9 374	7 848	6 399	5 027
	II	12 839	5581	5581	II	11 150	9 538	8 004	6 547	5 167	3 864
	III	8 804	5581	5581	III	7 528	6 288	5 088	3 926	2 804	1 722
	V	20 544	5581	5581	IV	13 528	12 658	11 809	10 978	10 166	9 374
	VI	21 063	5581	5581							
71 459,99	I,IV	14 430	5581	5581	I	12 671	10 990	9 386	7 859	6 409	5 037
	II	12 851	5581	5581	II	11 162	9 550	8 015	6 557	5 177	3 873
	III	8 814	5581	5581	III	7 536	6 298	5 098	3 936	2 812	1 730
	V	20 558	5581	5581	IV	13 541	12 671	11 821	10 990	10 178	9 386
	VI	21 077	5581	5581							
71 495,99	I,IV	14 442	5581	5581	I	12 683	11 002	9 397	7 870	6 419	5 046
	II	12 864	5581	5581	II	11 174	9 561	8 026	6 567	5 186	3 882
	III	8 824	5581	5581	III	7 546	6 306	5 106	3 944	2 820	1 738
	V	20 572	5581	5581	IV	13 553	12 683	11 833	11 002	10 190	9 397
	VI	21 091	5581	5581							
71 531,99	I,IV	14 456	5581	5581	I	12 696	11 014	9 409	7 881	6 430	5 056
	II	12 876	5581	5581	II	11 186	9 573	8 037	6 578	5 196	3 892
	III	8 834	5581	5581	III	7 554	6 316	5 114	3 952	2 828	1 744
	V	20 585	5581	5581	IV	13 566	12 696	11 845	11 014	10 202	9 409
	VI	21 105	5581	5581							
71 567,99	I,IV	14 469	5581	5581	I	12 709	11 026	9 420	7 892	6 440	5 066
	II	12 889	5581	5581	II	11 198	9 584	8 048	6 588	5 206	3 901
	III	8 844	5581	5581	III	7 564	6 324	5 124	3 960	2 836	1 752
	V	20 599	5581	5581	IV	13 579	12 709	11 858	11 026	10 213	9 420
	VI	21 118	5581	5581							
71 603,99	I,IV	14 482	5581	5581	I	12 721	11 038	9 431	7 902	6 450	5 076
	II	12 902	5581	5581	II	11 210	9 596	8 059	6 599	5 216	3 910
	III	8 852	5581	5581	III	7 574	6 334	5 132	3 968	2 844	1 760
	V	20 613	5581	5581	IV	13 592	12 721	11 870	11 038	10 225	9 431
	VI	21 132	5581	5581							
71 639,99	I,IV	14 495	5581	5581	I	12 734	11 050	9 443	7 913	6 461	5 085
	II	12 914	5581	5581	II	11 222	9 607	8 070	6 609	5 226	3 919
	III	8 862	5581	5581	III	7 582	6 342	5 140	3 976	2 852	1 768
	V	20 627	5581	5581	IV	13 605	12 734	11 882	11 050	10 237	9 443
	VI	21 146	5581	5581							
71 675,99	I,IV	14 508	5581	5581	I	12 747	11 062	9 455	7 924	6 471	5 095
	II	12 927	5581	5581	II	11 234	9 619	8 081	6 620	5 236	3 929
	III	8 872	5581	5581	III	7 592	6 352	5 150	3 986	2 860	1 776
	V	20 640	5581	5581	IV	13 618	12 747	11 895	11 062	10 249	9 455
	VI	21 160	5581	5581							
71 711,99	I,IV	14 521	5581	5581	I	12 759	11 074	9 466	7 935	6 481	5 105
	II	12 939	5581	5581	II	11 246	9 630	8 091	6 630	5 245	3 938
	III	8 880	5581	5581	III	7 602	6 360	5 158	3 994	2 868	1 782
	V	20 654	5581	5581	IV	13 630	12 759	11 907	11 074	10 260	9 466
	VI	21 173	5581	5581							

* Zur LSt-Berechnung für privat versicherte Arbeitnehmer s. Beispiele **Vorbemerkung S. 4f.**
** Basisvorsorgepauschale KV und PV *** Typisierter Arbeitgeberzuschuss

Lohn/Gehalt in € bis	Steuerklasse	Lohn-steuer*	BVSP**	TAGZ***	Steuerklasse	Bemessungsgrundlage für Kirchensteuer und Solidaritätszuschlag					
						Freibeträge für ... Kinder					
						0,5	1,0	1,5	2,0	2,5	3,0
71 747,99	I,IV	14 534	5581	5581	I	12 772	11 086	9 477	7 946	6 492	5 115
	II	12 952	5581	5581	II	11 258	9 642	8 102	6 640	5 255	3 947
	III	8 890	5581	5581	III	7 610	6 368	5 166	4 002	2 876	1 790
	V	20 668	5581	5581	IV	13 643	12 772	11 919	11 086	10 272	9 477
	VI	21 187	5581								
71 783,99	I,IV	14 548	5581	5581	I	12 784	11 098	9 489	7 957	6 502	5 125
	II	12 965	5581	5581	II	11 271	9 654	8 114	6 651	5 265	3 957
	III	8 900	5581	5581	III	7 620	6 378	5 174	4 010	2 884	1 798
	V	20 682	5581	5581	IV	13 656	12 784	11 931	11 098	10 284	9 489
	VI	21 201	5581								
71 819,99	I,IV	14 561	5581	5581	I	12 797	11 110	9 500	7 968	6 512	5 134
	II	12 977	5581	5581	II	11 283	9 665	8 124	6 661	5 275	3 966
	III	8 910	5581	5581	III	7 628	6 386	5 184	4 018	2 892	1 806
	V	20 695	5581	5581	IV	13 669	12 797	11 944	11 110	10 295	9 500
	VI	21 214	5581								
71 855,99	I,IV	14 574	5581	5581	I	12 809	11 122	9 512	7 979	6 523	5 144
	II	12 990	5581	5581	II	11 295	9 676	8 135	6 671	5 285	3 975
	III	8 918	5581	5581	III	7 638	6 396	5 192	4 026	2 900	1 814
	V	20 709	5581	5581	IV	13 682	12 809	11 956	11 122	10 307	9 512
	VI	21 228	5581								
71 891,99	I,IV	14 587	5581	5581	I	12 822	11 134	9 523	7 990	6 533	5 154
	II	13 003	5581	5581	II	11 307	9 688	8 146	6 682	5 295	3 984
	III	8 928	5581	5581	III	7 648	6 404	5 200	4 036	2 908	1 822
	V	20 723	5581	5581	IV	13 695	12 822	11 968	11 134	10 319	9 523
	VI	21 242	5581								
71 927,99	I,IV	14 600	5581	5581	I	12 834	11 146	9 535	8 000	6 543	5 164
	II	13 015	5581	5581	II	11 319	9 699	8 157	6 692	5 304	3 993
	III	8 938	5581	5581	III	7 656	6 414	5 210	4 044	2 916	1 828
	V	20 736	5581	5581	IV	13 708	12 834	11 981	11 146	10 331	9 535
	VI	21 255	5581								
71 963,99	I,IV	14 613	5581	5581	I	12 847	11 158	9 546	8 011	6 554	5 173
	II	13 028	5581	5581	II	11 331	9 711	8 168	6 703	5 314	4 003
	III	8 946	5581	5581	III	7 666	6 422	5 218	4 052	2 924	1 836
	V	20 750	5581	5581	IV	13 721	12 847	11 993	11 158	10 342	9 546
	VI	21 269	5581								
71 999,99	I,IV	14 627	5581	5581	I	12 860	11 170	9 558	8 022	6 564	5 183
	II	13 041	5581	5581	II	11 343	9 723	8 179	6 713	5 324	4 012
	III	8 956	5581	5581	III	7 674	6 432	5 226	4 060	2 932	1 844
	V	20 764	5581	5581	IV	13 734	12 860	12 005	11 170	10 354	9 558
	VI	21 283	5581								
72 035,99	I,IV	14 640	5581	5581	I	12 872	11 182	9 569	8 033	6 574	5 193
	II	13 053	5581	5581	II	11 355	9 734	8 190	6 723	5 334	4 021
	III	8 966	5581	5581	III	7 684	6 440	5 236	4 068	2 940	1 852
	V	20 777	5581	5581	IV	13 746	12 872	12 017	11 182	10 366	9 569
	VI	21 297	5581								
72 071,99	I,IV	14 653	5581	5581	I	12 885	11 194	9 581	8 044	6 585	5 203
	II	13 066	5581	5581	II	11 367	9 746	8 201	6 734	5 344	4 031
	III	8 976	5581	5581	III	7 692	6 450	5 244	4 078	2 948	1 860
	V	20 791	5581	5581	IV	13 759	12 885	12 030	11 194	10 378	9 581
	VI	21 310	5581								
72 107,99	I,IV	14 666	5581	5581	I	12 897	11 206	9 592	8 055	6 595	5 212
	II	13 079	5581	5581	II	11 379	9 757	8 212	6 744	5 353	4 040
	III	8 984	5581	5581	III	7 702	6 458	5 252	4 086	2 956	1 868
	V	20 805	5581	5581	IV	13 772	12 897	12 042	11 206	10 389	9 592
	VI	21 324	5581								
72 143,99	I,IV	14 679	5581	5581	I	12 910	11 218	9 603	8 066	6 606	5 222
	II	13 091	5581	5581	II	11 392	9 769	8 223	6 755	5 363	4 049
	III	8 994	5581	5581	III	7 712	6 468	5 262	4 094	2 966	1 876
	V	20 819	5581	5581	IV	13 785	12 910	12 055	11 218	10 401	9 603
	VI	21 338	5581								

* Zur LSt-Berechnung für privat versicherte Arbeitnehmer s. Beispiele **Vorbemerkung S. 4 f.**
** Basisvorsorgepauschale KV und PV *** Typisierter Arbeitgeberzuschuss

Lohn/ Gehalt in € bis	Steuerklasse	Lohn-steuer*	BVSP**	TAGZ***	Steuerklasse	Bemessungsgrundlage für Kirchensteuer und Solidaritätszuschlag					
						Freibeträge für ... Kinder					
						0,5	1,0	1,5	2,0	2,5	3,0
72 179,99	I,IV	**14 692**	5 581	5 581	I	12 923	11 230	9 615	8 077	6 616	5 232
	II	**13 104**	5 581	5 581	II	11 404	9 780	8 234	6 765	5 373	4 059
	III	**9 004**	5 581	5 581	III	7 720	6 476	5 270	4 102	2 974	1 882
	V	**20 832**	5 581	5 581	IV	13 798	12 923	12 067	11 230	10 413	9 615
	VI	**21 352**	5 581	5 581							
72 215,99	I,IV	**14 705**	5 581	5 581	I	12 935	11 242	9 626	8 088	6 626	5 242
	II	**13 117**	5 581	5 581	II	11 416	9 792	8 245	6 775	5 383	4 068
	III	**9 014**	5 581	5 581	III	7 730	6 484	5 278	4 110	2 982	1 890
	V	**20 846**	5 581	5 581	IV	13 811	12 935	12 079	11 242	10 425	9 626
	VI	**21 365**	5 581	5 581							
72 251,99	I,IV	**14 719**	5 581	5 581	I	12 948	11 254	9 638	8 099	6 637	5 252
	II	**13 130**	5 581	5 581	II	11 428	9 803	8 256	6 786	5 393	4 077
	III	**9 024**	5 581	5 581	III	7 740	6 494	5 288	4 120	2 990	1 898
	V	**20 860**	5 581	5 581	IV	13 824	12 948	12 092	11 254	10 437	9 638
	VI	**21 379**	5 581	5 581							
72 287,99	I,IV	**14 732**	5 581	5 581	I	12 961	11 267	9 650	8 110	6 647	5 262
	II	**13 142**	5 581	5 581	II	11 440	9 815	8 267	6 797	5 403	4 087
	III	**9 032**	5 581	5 581	III	7 748	6 502	5 296	4 128	2 998	1 906
	V	**20 874**	5 581	5 581	IV	13 837	12 961	12 104	11 267	10 449	9 650
	VI	**21 393**	5 581	5 581							
72 323,99	I,IV	**14 745**	5 581	5 581	I	12 973	11 278	9 661	8 121	6 657	5 271
	II	**13 155**	5 581	5 581	II	11 452	9 826	8 278	6 807	5 413	4 096
	III	**9 042**	5 581	5 581	III	7 758	6 512	5 304	4 136	3 006	1 914
	V	**20 887**	5 581	5 581	IV	13 849	12 973	12 116	11 278	10 460	9 661
	VI	**21 406**	5 581	5 581							
72 359,99	I,IV	**14 758**	5 581	5 581	I	12 986	11 291	9 673	8 132	6 668	5 281
	II	**13 168**	5 581	5 581	II	11 464	9 838	8 289	6 817	5 423	4 105
	III	**9 052**	5 581	5 581	III	7 766	6 520	5 314	4 144	3 014	1 922
	V	**20 901**	5 581	5 581	IV	13 863	12 986	12 129	11 291	10 472	9 673
	VI	**21 420**	5 581	5 581							
72 395,99	I,IV	**14 772**	5 581	5 581	I	12 999	11 303	9 684	8 143	6 678	5 291
	II	**13 181**	5 581	5 581	II	11 477	9 850	8 300	6 828	5 433	4 115
	III	**9 062**	5 581	5 581	III	7 776	6 530	5 322	4 152	3 022	1 930
	V	**20 915**	5 581	5 581	IV	13 876	12 999	12 141	11 303	10 484	9 684
	VI	**21 434**	5 581	5 581							
72 431,99	I,IV	**14 785**	5 581	5 581	I	13 011	11 315	9 696	8 153	6 689	5 301
	II	**13 193**	5 581	5 581	II	11 489	9 861	8 311	6 838	5 442	4 124
	III	**9 070**	5 581	5 581	III	7 786	6 538	5 330	4 160	3 030	1 938
	V	**20 928**	5 581	5 581	IV	13 888	13 011	12 153	11 315	10 495	9 696
	VI	**21 447**	5 581	5 581							
72 467,99	I,IV	**14 798**	5 581	5 581	I	13 024	11 327	9 707	8 165	6 699	5 311
	II	**13 206**	5 581	5 581	II	11 501	9 873	8 322	6 849	5 452	4 133
	III	**9 080**	5 581	5 581	III	7 794	6 548	5 340	4 170	3 038	1 946
	V	**20 942**	5 581	5 581	IV	13 901	13 024	12 166	11 327	10 507	9 707
	VI	**21 461**	5 581	5 581							
72 503,99	I,IV	**14 811**	5 581	5 581	I	13 037	11 339	9 719	8 176	6 710	5 321
	II	**13 219**	5 581	5 581	II	11 513	9 885	8 333	6 859	5 462	4 143
	III	**9 090**	5 581	5 581	III	7 804	6 556	5 348	4 178	3 046	1 954
	V	**20 956**	5 581	5 581	IV	13 914	13 037	12 178	11 339	10 519	9 719
	VI	**21 475**	5 581	5 581							
72 539,99	I,IV	**14 824**	5 581	5 581	I	13 049	11 351	9 730	8 186	6 720	5 330
	II	**13 231**	5 581	5 581	II	11 525	9 896	8 344	6 870	5 472	4 152
	III	**9 098**	5 581	5 581	III	7 812	6 566	5 356	4 186	3 054	1 960
	V	**20 969**	5 581	5 581	IV	13 927	13 049	12 190	11 351	10 531	9 730
	VI	**21 488**	5 581	5 581							
72 575,99	I,IV	**14 838**	5 581	5 581	I	13 062	11 363	9 742	8 198	6 730	5 340
	II	**13 244**	5 581	5 581	II	11 537	9 908	8 355	6 880	5 482	4 161
	III	**9 108**	5 581	5 581	III	7 822	6 574	5 366	4 194	3 062	1 968
	V	**20 983**	5 581	5 581	IV	13 940	13 062	12 203	11 363	10 543	9 742
	VI	**21 502**	5 581	5 581							

* Zur LSt-Berechnung für privat versicherte Arbeitnehmer s. Beispiele **Vorbemerkung S. 4 f.**
** Basisvorsorgepauschale KV und PV *** Typisierter Arbeitgeberzuschuss

Lohn/ Gehalt in € bis	Steuerklasse	Lohn-steuer*	BVSP**	TAGZ***	Steuerklasse	Bemessungsgrundlage für Kirchensteuer und Solidaritätszuschlag					
						Freibeträge für ... Kinder					
						0,5	1,0	1,5	2,0	2,5	3,0
72 611,99	I,IV	14 851	5 581	5 581	I	13 075	11 376	9 753	8 209	6 741	5 350
	II	13 257	5 581	5 581	II	11 550	9 919	8 367	6 891	5 492	4 171
	III	9 118	5 581	5 581	III	7 832	6 584	5 374	4 202	3 070	1 976
	V	20 997	5 581	5 581	IV	13 953	13 075	12 216	11 376	10 555	9 753
	VI	21 516	5 581	5 581							
72 647,99	I,IV	14 864	5 581	5 581	I	13 087	11 387	9 765	8 219	6 751	5 360
	II	13 269	5 581	5 581	II	11 562	9 931	8 377	6 901	5 502	4 180
	III	9 128	5 581	5 581	III	7 840	6 592	5 382	4 212	3 078	1 984
	V	21 010	5 581	5 581	IV	13 966	13 087	12 228	11 387	10 566	9 765
	VI	21 530	5 581	5 581							
72 683,99	I,IV	14 878	5 581	5 581	I	13 100	11 400	9 777	8 231	6 762	5 370
	II	13 282	5 581	5 581	II	11 574	9 943	8 389	6 912	5 512	4 189
	III	9 138	5 581	5 581	III	7 850	6 602	5 392	4 220	3 086	1 992
	V	21 024	5 581	5 581	IV	13 979	13 100	12 240	11 400	10 578	9 777
	VI	21 543	5 581	5 581							
72 719,99	I,IV	14 891	5 581	5 581	I	13 113	11 412	9 788	8 242	6 772	5 380
	II	13 295	5 581	5 581	II	11 586	9 954	8 400	6 922	5 522	4 199
	III	9 146	5 581	5 581	III	7 860	6 610	5 400	4 228	3 094	2 000
	V	21 038	5 581	5 581	IV	13 992	13 113	12 253	11 412	10 590	9 788
	VI	21 557	5 581	5 581							
72 755,99	I,IV	14 904	5 581	5 581	I	13 125	11 424	9 800	8 252	6 782	5 390
	II	13 308	5 581	5 581	II	11 599	9 966	8 411	6 933	5 532	4 208
	III	9 156	5 581	5 581	III	7 868	6 620	5 408	4 236	3 102	2 008
	V	21 052	5 581	5 581	IV	14 005	13 125	12 265	11 424	10 602	9 800
	VI	21 571	5 581	5 581							
72 791,99	I,IV	14 917	5 581	5 581	I	13 138	11 436	9 811	8 264	6 793	5 400
	II	13 321	5 581	5 581	II	11 610	9 977	8 422	6 943	5 542	4 217
	III	9 166	5 581	5 581	III	7 878	6 628	5 418	4 246	3 112	2 016
	V	21 066	5 581	5 581	IV	14 018	13 138	12 277	11 436	10 614	9 811
	VI	21 585	5 581	5 581							
72 827,99	I,IV	14 930	5 581	5 581	I	13 151	11 448	9 823	8 274	6 803	5 409
	II	13 333	5 581	5 581	II	11 622	9 989	8 433	6 953	5 551	4 227
	III	9 176	5 581	5 581	III	7 888	6 638	5 426	4 254	3 120	2 024
	V	21 079	5 581	5 581	IV	14 031	13 151	12 290	11 448	10 626	9 823
	VI	21 598	5 581	5 581							
72 863,99	I,IV	14 944	5 581	5 581	I	13 163	11 460	9 834	8 285	6 814	5 419
	II	13 346	5 581	5 581	II	11 635	10 001	8 444	6 964	5 562	4 236
	III	9 184	5 581	5 581	III	7 896	6 646	5 434	4 262	3 128	2 032
	V	21 093	5 581	5 581	IV	14 044	13 163	12 302	11 460	10 638	9 834
	VI	21 612	5 581	5 581							
72 899,99	I,IV	14 957	5 581	5 581	I	13 176	11 473	9 846	8 297	6 824	5 429
	II	13 359	5 581	5 581	II	11 647	10 012	8 455	6 975	5 572	4 246
	III	9 194	5 581	5 581	III	7 906	6 656	5 444	4 270	3 136	2 040
	V	21 107	5 581	5 581	IV	14 057	13 176	12 315	11 473	10 650	9 846
	VI	21 626	5 581	5 581							
72 935,99	I,IV	14 970	5 581	5 581	I	13 189	11 484	9 857	8 307	6 835	5 439
	II	13 371	5 581	5 581	II	11 659	10 024	8 466	6 985	5 581	4 255
	III	9 204	5 581	5 581	III	7 914	6 664	5 452	4 278	3 144	2 048
	V	21 120	5 581	5 581	IV	14 070	13 189	12 327	11 484	10 661	9 857
	VI	21 639	5 581	5 581							
72 971,99	I,IV	14 984	5 581	5 581	I	13 202	11 497	9 869	8 319	6 845	5 449
	II	13 384	5 581	5 581	II	11 671	10 036	8 477	6 996	5 591	4 264
	III	9 214	5 581	5 581	III	7 924	6 672	5 460	4 286	3 152	2 056
	V	21 134	5 581	5 581	IV	14 083	13 202	12 339	11 497	10 673	9 869
	VI	21 653	5 581	5 581							
73 007,99	I,IV	14 997	5 581	5 581	I	13 214	11 509	9 881	8 330	6 856	5 459
	II	13 397	5 581	5 581	II	11 684	10 047	8 488	7 006	5 601	4 274
	III	9 224	5 581	5 581	III	7 934	6 682	5 470	4 296	3 160	2 064
	V	21 148	5 581	5 581	IV	14 096	13 214	12 352	11 509	10 685	9 881
	VI	21 667	5 581	5 581							

*   Zur LSt-Berechnung für privat versicherte Arbeitnehmer s. Beispiele **Vorbemerkung S. 4 f.**
**   Basisvorsorgepauschale KV und PV   *** Typisierter Arbeitgeberzuschuss

| Lohn/ Gehalt in € bis | Steuerklasse | Lohn- steuer* | BVSP** | TAGZ*** | Steuerklasse | Bemessungsgrundlage für Kirchensteuer und Solidaritätszuschlag | | | | | |
| | | | | | | Freibeträge für ... Kinder | | | | | |
						0,5	1,0	1,5	2,0	2,5	3,0
73043,99	I,IV	15010	5581	5581	I	13227	11521	9892	8340	6866	5469
	II	13410	5581	5581	II	11696	10059	8499	7017	5611	4283
	III	9232	5581	5581	III	7942	6692	5478	4304	3168	2070
	V	21161	5581	5581	IV	14109	13227	12364	11521	10697	9892
	VI	21680	5581	5581							
73079,99	I,IV	15023	5581	5581	I	13240	11533	9904	8352	6877	5479
	II	13423	5581	5581	II	11708	10071	8510	7027	5621	4293
	III	9242	5581	5581	III	7952	6700	5486	4312	3176	2078
	V	21175	5581	5581	IV	14122	13240	12377	11533	10709	9904
	VI	21694	5581	5581							
73115,99	I,IV	15037	5581	5581	I	13253	11545	9916	8363	6887	5489
	II	13436	5581	5581	II	11720	10082	8522	7038	5631	4302
	III	9252	5581	5581	III	7962	6710	5496	4320	3184	2086
	V	21189	5581	5581	IV	14135	13253	12389	11545	10721	9916
	VI	21708	5581	5581							
73151,99	I,IV	15050	5581	5581	I	13265	11557	9927	8374	6898	5499
	II	13448	5581	5581	II	11732	10094	8532	7048	5641	4311
	III	9262	5581	5581	III	7970	6718	5504	4330	3192	2094
	V	21202	5581	5581	IV	14148	13265	12402	11557	10733	9927
	VI	21722	5581	5581							
73187,99	I,IV	15063	5581	5581	I	13278	11570	9939	8385	6908	5509
	II	13461	5581	5581	II	11745	10106	8544	7059	5651	4321
	III	9270	5581	5581	III	7980	6726	5512	4338	3200	2102
	V	21216	5581	5581	IV	14161	13278	12414	11570	10745	9939
	VI	21735	5581	5581							
73223,99	I,IV	15077	5581	5581	I	13291	11582	9950	8396	6919	5519
	II	13474	5581	5581	II	11757	10117	8555	7070	5661	4330
	III	9280	5581	5581	III	7990	6736	5522	4346	3210	2110
	V	21230	5581	5581	IV	14174	13291	12427	11582	10757	9950
	VI	21749	5581	5581							
73259,99	I,IV	15090	5581	5581	I	13303	11594	9962	8407	6929	5528
	II	13487	5581	5581	II	11769	10129	8566	7080	5671	4340
	III	9290	5581	5581	III	7998	6746	5530	4354	3218	2118
	V	21244	5581	5581	IV	14187	13303	12439	11594	10768	9962
	VI	21763	5581	5581							
73295,99	I,IV	15103	5581	5581	I	13316	11606	9974	8418	6940	5538
	II	13499	5581	5581	II	11781	10141	8577	7091	5681	4349
	III	9300	5581	5581	III	8008	6754	5540	4362	3226	2126
	V	21257	5581	5581	IV	14200	13316	12452	11606	10780	9974
	VI	21777	5581	5581							
73331,99	I,IV	15117	5581	5581	I	13329	11619	9985	8429	6950	5548
	II	13512	5581	5581	II	11794	10152	8588	7101	5691	4359
	III	9310	5581	5581	III	8018	6764	5548	4372	3234	2134
	V	21271	5581	5581	IV	14213	13329	12464	11619	10792	9985
	VI	21790	5581	5581							
73367,99	I,IV	15130	5581	5581	I	13342	11631	9997	8440	6961	5558
	II	13525	5581	5581	II	11806	10164	8599	7112	5701	4368
	III	9318	5581	5581	III	8026	6772	5556	4380	3242	2142
	V	21285	5581	5581	IV	14226	13342	12476	11631	10804	9997
	VI	21804	5581	5581							
73403,99	I,IV	15143	5581	5581	I	13355	11643	10008	8451	6971	5568
	II	13538	5581	5581	II	11818	10176	8610	7122	5711	4377
	III	9328	5581	5581	III	8036	6780	5566	4388	3250	2150
	V	21299	5581	5581	IV	14239	13355	12489	11643	10816	10008
	VI	21818	5581	5581							
73439,99	I,IV	15157	5581	5581	I	13367	11655	10020	8462	6982	5578
	II	13551	5581	5581	II	11831	10188	8622	7133	5721	4387
	III	9338	5581	5581	III	8044	6790	5574	4396	3258	2158
	V	21312	5581	5581	IV	14252	13367	12502	11655	10828	10020
	VI	21832	5581	5581							

* Zur LSt-Berechnung für privat versicherte Arbeitnehmer s. Beispiele **Vorbemerkung S. 4 f.**
** Basisvorsorgepauschale KV und PV *** Typisierter Arbeitgeberzuschuss

Lohn/Gehalt in € bis	Steuerklasse	Lohnsteuer*	BVSP**	TAGZ***	Steuerklasse	Bemessungsgrundlage für Kirchensteuer und Solidaritätszuschlag Freibeträge für ... Kinder					
						0,5	1,0	1,5	2,0	2,5	3,0
73475,99	I,IV	15170	5581	5581	I	13380	11667	10032	8473	6992	5588
	II	13563	5581	5581	II	11843	10199	8633	7143	5731	4396
	III	9348	5581	5581	III	8054	6800	5582	4406	3266	2166
	V	21326	5581	5581	IV	14265	13380	12514	11667	10840	10032
	VI	21845	5581	5581							
73511,99	I,IV	15183	5581	5581	I	13393	11680	10043	8485	7003	5598
	II	13576	5581	5581	II	11855	10211	8644	7154	5741	4406
	III	9356	5581	5581	III	8064	6808	5592	4414	3274	2174
	V	21340	5581	5581	IV	14278	13393	12527	11680	10852	10043
	VI	21859	5581	5581							
73547,99	I,IV	15197	5581	5581	I	13406	11692	10055	8496	7013	5608
	II	13589	5581	5581	II	11868	10223	8655	7165	5752	4415
	III	9366	5581	5581	III	8072	6818	5600	4422	3282	2182
	V	21354	5581	5581	IV	14292	13406	12539	11692	10864	10055
	VI	21873	5581	5581							
73583,99	I,IV	15210	5581	5581	I	13418	11704	10067	8507	7024	5618
	II	13602	5581	5581	II	11880	10234	8666	7175	5761	4425
	III	9376	5581	5581	III	8082	6826	5610	4430	3290	2190
	V	21367	5581	5581	IV	14304	13418	12551	11704	10876	10067
	VI	21886	5581	5581							
73619,99	I,IV	15223	5581	5581	I	13431	11716	10078	8518	7034	5628
	II	13615	5581	5581	II	11892	10246	8677	7186	5771	4434
	III	9386	5581	5581	III	8092	6836	5618	4438	3298	2196
	V	21381	5581	5581	IV	14318	13431	12564	11716	10888	10078
	VI	21900	5581	5581							
73655,99	I,IV	15236	5581	5581	I	13444	11728	10090	8529	7045	5638
	II	13628	5581	5581	II	11904	10258	8688	7196	5781	4444
	III	9396	5581	5581	III	8100	6844	5626	4448	3306	2204
	V	21394	5581	5581	IV	14330	13444	12576	11728	10899	10090
	VI	21913	5581	5581							
73691,99	I,IV	15250	5581	5581	I	13457	11741	10102	8540	7055	5648
	II	13641	5581	5581	II	11916	10269	8700	7207	5791	4453
	III	9406	5581	5581	III	8110	6854	5636	4456	3316	2212
	V	21408	5581	5581	IV	14344	13457	12589	11741	10911	10102
	VI	21927	5581	5581							
73727,99	I,IV	15263	5581	5581	I	13470	11753	10113	8551	7066	5658
	II	13654	5581	5581	II	11929	10281	8711	7218	5802	4463
	III	9414	5581	5581	III	8120	6862	5644	4464	3324	2220
	V	21422	5581	5581	IV	14357	13470	12602	11753	10924	10113
	VI	21941	5581	5581							
73763,99	I,IV	15277	5581	5581	I	13482	11765	10125	8562	7076	5668
	II	13666	5581	5581	II	11941	10293	8722	7228	5811	4472
	III	9424	5581	5581	III	8128	6872	5652	4472	3332	2228
	V	21436	5581	5581	IV	14370	13482	12614	11765	10935	10125
	VI	21955	5581	5581							
73799,99	I,IV	15290	5581	5581	I	13495	11777	10137	8573	7087	5678
	II	13679	5581	5581	II	11953	10305	8733	7239	5822	4482
	III	9434	5581	5581	III	8138	6880	5662	4482	3340	2236
	V	21449	5581	5581	IV	14383	13495	12627	11777	10947	10137
	VI	21969	5581	5581							
73835,99	I,IV	15304	5581	5581	I	13508	11790	10149	8585	7098	5688
	II	13692	5581	5581	II	11966	10317	8744	7250	5832	4491
	III	9444	5581	5581	III	8146	6890	5670	4490	3348	2244
	V	21463	5581	5581	IV	14396	13508	12639	11790	10959	10149
	VI	21982	5581	5581							
73871,99	I,IV	15317	5581	5581	I	13521	11802	10160	8595	7108	5698
	II	13705	5581	5581	II	11978	10328	8755	7260	5842	4501
	III	9452	5581	5581	III	8156	6898	5678	4498	3356	2252
	V	21477	5581	5581	IV	14409	13521	12652	11802	10971	10160
	VI	21996	5581	5581							

* Zur LSt-Berechnung für privat versicherte Arbeitnehmer s. Beispiele **Vorbemerkung S. 4 f.**
** Basisvorsorgepauschale KV und PV   *** Typisierter Arbeitgeberzuschuss

Lohn/ Gehalt in € bis	Steuerklasse	Lohn-steuer*	BVSP**	TAGZ***	Steuerklasse	Bemessungsgrundlage für Kirchensteuer und Solidaritätszuschlag Freibeträge für ... Kinder					
						0,5	1,0	1,5	2,0	2,5	3,0
73 907,99	I,IV	15 330	5 581	5 581	I	13 534	11 814	10 172	8 607	7 119	5 708
	II	13 718	5 581	5 581	II	11 990	10 340	8 767	7 271	5 852	4 510
	III	9 462	5 581	5 581	III	8 166	6 908	5 688	4 506	3 364	2 260
	V	21 491	5 581	5 581	IV	14 422	13 534	12 664	11 814	10 983	10 172
	VI	22 010	5 581	5 581							
73 943,99	I,IV	15 344	5 581	5 581	I	13 547	11 827	10 184	8 618	7 129	5 718
	II	13 731	5 581	5 581	II	12 003	10 352	8 778	7 281	5 862	4 520
	III	9 472	5 581	5 581	III	8 174	6 916	5 696	4 516	3 372	2 268
	V	21 504	5 581	5 581	IV	14 436	13 547	12 677	11 827	10 995	10 184
	VI	22 024	5 581	5 581							
73 979,99	I,IV	15 357	5 581	5 581	I	13 559	11 839	10 195	8 629	7 140	5 728
	II	13 744	5 581	5 581	II	12 015	10 363	8 789	7 292	5 872	4 529
	III	9 482	5 581	5 581	III	8 184	6 926	5 706	4 524	3 380	2 276
	V	21 518	5 581	5 581	IV	14 448	13 559	12 689	11 839	11 007	10 195
	VI	22 037	5 581	5 581							
74 015,99	I,IV	15 370	5 581	5 581	I	13 572	11 851	10 207	8 640	7 150	5 738
	II	13 757	5 581	5 581	II	12 027	10 375	8 800	7 303	5 882	4 539
	III	9 492	5 581	5 581	III	8 194	6 934	5 714	4 532	3 388	2 284
	V	21 532	5 581	5 581	IV	14 462	13 572	12 702	11 851	11 019	10 207
	VI	22 051	5 581	5 581							
74 051,99	I,IV	15 384	5 581	5 581	I	13 585	11 863	10 219	8 651	7 161	5 748
	II	13 770	5 581	5 581	II	12 040	10 387	8 812	7 313	5 892	4 548
	III	9 500	5 581	5 581	III	8 202	6 944	5 722	4 540	3 396	2 292
	V	21 546	5 581	5 581	IV	14 475	13 585	12 715	11 863	11 031	10 219
	VI	22 065	5 581	5 581							
74 087,99	I,IV	15 397	5 581	5 581	I	13 598	11 875	10 230	8 662	7 172	5 758
	II	13 782	5 581	5 581	II	12 052	10 399	8 823	7 324	5 902	4 558
	III	9 510	5 581	5 581	III	8 212	6 952	5 732	4 548	3 404	2 300
	V	21 559	5 581	5 581	IV	14 488	13 598	12 727	11 875	11 043	10 230
	VI	22 078	5 581	5 581							
74 123,99	I,IV	15 411	5 581	5 581	I	13 611	11 888	10 242	8 674	7 182	5 768
	II	13 795	5 581	5 581	II	12 064	10 411	8 834	7 335	5 912	4 567
	III	9 520	5 581	5 581	III	8 222	6 962	5 740	4 558	3 414	2 308
	V	21 573	5 581	5 581	IV	14 501	13 611	12 740	11 888	11 055	10 242
	VI	22 092	5 581	5 581							
74 159,99	I,IV	15 424	5 581	5 581	I	13 624	11 900	10 254	8 685	7 193	5 778
	II	13 808	5 581	5 581	II	12 077	10 423	8 845	7 345	5 923	4 577
	III	9 530	5 581	5 581	III	8 230	6 970	5 750	4 566	3 422	2 316
	V	21 587	5 581	5 581	IV	14 514	13 624	12 752	11 900	11 067	10 254
	VI	22 106	5 581	5 581							
74 195,99	I,IV	15 437	5 581	5 581	I	13 636	11 912	10 265	8 696	7 203	5 788
	II	13 821	5 581	5 581	II	12 089	10 434	8 856	7 356	5 932	4 586
	III	9 540	5 581	5 581	III	8 240	6 980	5 758	4 574	3 430	2 324
	V	21 600	5 581	5 581	IV	14 527	13 636	12 765	11 912	11 079	10 265
	VI	22 119	5 581	5 581							
74 231,99	I,IV	15 451	5 581	5 581	I	13 649	11 925	10 277	8 707	7 214	5 798
	II	13 834	5 581	5 581	II	12 101	10 446	8 868	7 367	5 943	4 596
	III	9 550	5 581	5 581	III	8 250	6 990	5 766	4 584	3 438	2 332
	V	21 614	5 581	5 581	IV	14 540	13 649	12 777	11 925	11 091	10 277
	VI	22 133	5 581	5 581							
74 267,99	I,IV	15 465	5 581	5 581	I	13 662	11 937	10 289	8 718	7 225	5 808
	II	13 847	5 581	5 581	II	12 114	10 458	8 879	7 377	5 953	4 606
	III	9 558	5 581	5 581	III	8 258	6 998	5 776	4 592	3 446	2 340
	V	21 628	5 581	5 581	IV	14 554	13 662	12 790	11 937	11 104	10 289
	VI	22 147	5 581	5 581							
74 303,99	I,IV	15 478	5 581	5 581	I	13 675	11 949	10 301	8 729	7 235	5 818
	II	13 860	5 581	5 581	II	12 126	10 469	8 890	7 388	5 963	4 615
	III	9 568	5 581	5 581	III	8 268	7 006	5 784	4 600	3 454	2 348
	V	21 641	5 581	5 581	IV	14 567	13 675	12 802	11 949	11 115	10 301
	VI	22 160	5 581	5 581							

* Zur LSt-Berechnung für privat versicherte Arbeitnehmer s. Beispiele **Vorbemerkung S. 4 f.**
** Basisvorsorgepauschale KV und PV *** Typisierter Arbeitgeberzuschuss

Lohn/Gehalt in € bis	Steuerklasse	Lohnsteuer*	BVSP**	TAGZ***	Steuerklasse	Bemessungsgrundlage für Kirchensteuer und Solidaritätszuschlag Freibeträge für ... Kinder					
						0,5	1,0	1,5	2,0	2,5	3,0
74 339,99	I,IV	15 491	5 581	5 581	I	13 688	11 962	10 313	8 741	7 246	5 828
	II	13 873	5 581	5 581	II	12 139	10 481	8 901	7 399	5 973	4 625
	III	9 578	5 581	5 581	III	8 278	7 016	5 794	4 608	3 462	2 356
	V	21 655	5 581	5 581	IV	14 580	13 688	12 815	11 962	11 127	10 313
	VI	22 174	5 581								
74 375,99	I,IV	15 505	5 581	5 581	I	13 701	11 974	10 324	8 752	7 257	5 839
	II	13 886	5 581	5 581	II	12 151	10 493	8 913	7 409	5 983	4 634
	III	9 588	5 581	5 581	III	8 288	7 026	5 802	4 616	3 470	2 364
	V	21 669	5 581	5 581	IV	14 593	13 701	12 828	11 974	11 140	10 324
	VI	22 188	5 581								
74 411,99	I,IV	15 518	5 581	5 581	I	13 714	11 986	10 336	8 763	7 267	5 848
	II	13 899	5 581	5 581	II	12 163	10 505	8 924	7 420	5 993	4 644
	III	9 596	5 581	5 581	III	8 296	7 034	5 810	4 626	3 478	2 372
	V	21 682	5 581	5 581	IV	14 606	13 714	12 840	11 986	11 151	10 336
	VI	22 202	5 581								
74 447,99	I,IV	15 532	5 581	5 581	I	13 727	11 999	10 348	8 774	7 278	5 859
	II	13 912	5 581	5 581	II	12 176	10 517	8 935	7 431	6 003	4 653
	III	9 606	5 581	5 581	III	8 306	7 044	5 820	4 634	3 488	2 380
	V	21 696	5 581	5 581	IV	14 619	13 727	12 853	11 999	11 164	10 348
	VI	22 215	5 581								
74 483,99	I,IV	15 545	5 581	5 581	I	13 739	12 011	10 359	8 785	7 288	5 868
	II	13 924	5 581	5 581	II	12 188	10 528	8 946	7 441	6 013	4 663
	III	9 616	5 581	5 581	III	8 316	7 052	5 828	4 642	3 496	2 388
	V	21 710	5 581	5 581	IV	14 632	13 739	12 865	12 011	11 175	10 359
	VI	22 229	5 581								
74 519,99	I,IV	15 558	5 581	5 581	I	13 752	12 023	10 371	8 797	7 299	5 879
	II	13 937	5 581	5 581	II	12 200	10 540	8 958	7 452	6 024	4 672
	III	9 626	5 581	5 581	III	8 324	7 062	5 836	4 650	3 504	2 394
	V	21 724	5 581	5 581	IV	14 646	13 752	12 878	12 023	11 188	10 371
	VI	22 243	5 581								
74 555,99	I,IV	15 572	5 581	5 581	I	13 765	12 036	10 383	8 808	7 310	5 889
	II	13 951	5 581	5 581	II	12 213	10 552	8 969	7 463	6 034	4 682
	III	9 636	5 581	5 581	III	8 334	7 070	5 846	4 660	3 512	2 404
	V	21 738	5 581	5 581	IV	14 659	13 765	12 891	12 036	11 200	10 383
	VI	22 257	5 581								
74 591,99	I,IV	15 585	5 581	5 581	I	13 778	12 048	10 395	8 819	7 320	5 899
	II	13 963	5 581	5 581	II	12 225	10 564	8 980	7 473	6 044	4 691
	III	9 646	5 581	5 581	III	8 344	7 080	5 854	4 668	3 520	2 410
	V	21 751	5 581	5 581	IV	14 672	13 778	12 903	12 048	11 212	10 395
	VI	22 270	5 581								
74 627,99	I,IV	15 599	5 581	5 581	I	13 791	12 060	10 407	8 830	7 331	5 909
	II	13 976	5 581	5 581	II	12 238	10 576	8 991	7 484	6 054	4 701
	III	9 654	5 581	5 581	III	8 352	7 088	5 864	4 676	3 528	2 418
	V	21 765	5 581	5 581	IV	14 685	13 791	12 916	12 060	11 224	10 407
	VI	22 284	5 581								
74 663,99	I,IV	15 612	5 581	5 581	I	13 804	12 073	10 419	8 842	7 342	5 919
	II	13 989	5 581	5 581	II	12 250	10 588	9 003	7 495	6 064	4 711
	III	9 664	5 581	5 581	III	8 362	7 098	5 872	4 686	3 536	2 428
	V	21 779	5 581	5 581	IV	14 699	13 804	12 929	12 073	11 236	10 419
	VI	22 298	5 581								
74 699,99	I,IV	15 626	5 581	5 581	I	13 817	12 085	10 430	8 853	7 352	5 929
	II	14 002	5 581	5 581	II	12 262	10 599	9 014	7 505	6 074	4 720
	III	9 674	5 581	5 581	III	8 372	7 106	5 880	4 694	3 544	2 434
	V	21 792	5 581	5 581	IV	14 711	13 817	12 941	12 085	11 248	10 430
	VI	22 311	5 581								
74 735,99	I,IV	15 639	5 581	5 581	I	13 830	12 097	10 442	8 864	7 363	5 939
	II	14 015	5 581	5 581	II	12 275	10 611	9 025	7 516	6 085	4 730
	III	9 684	5 581	5 581	III	8 380	7 116	5 890	4 702	3 552	2 442
	V	21 806	5 581	5 581	IV	14 725	13 830	12 954	12 097	11 260	10 442
	VI	22 325	5 581								

*   Zur LSt-Berechnung für privat versicherte Arbeitnehmer s. Beispiele **Vorbemerkung S. 4 f.**
** Basisvorsorgepauschale KV und PV   *** Typisierter Arbeitgeberzuschuss

Lohn/ Gehalt in € bis	Steuerklasse	Lohn- steuer*	BVSP**	TAGZ***	Steuerklasse	Bemessungsgrundlage für Kirchensteuer und Solidaritätszuschlag					
						Freibeträge für ... Kinder					
						0,5	1,0	1,5	2,0	2,5	3,0
74771,99	I,IV	15653	5581	5581	I	13843	12110	10454	8875	7374	5949
	II	14028	5581	5581	II	12287	10623	9037	7527	6095	4740
	III	9694	5581	5581	III	8390	7126	5898	4710	3562	2450
	V	21820	5581	5581	IV	14738	13843	12967	12110	11272	10454
	VI	22339	5581	5581							
74807,99	I,IV	15666	5581	5581	I	13855	12122	10465	8886	7384	5959
	II	14041	5581	5581	II	12299	10635	9048	7538	6105	4749
	III	9704	5581	5581	III	8400	7134	5908	4720	3570	2458
	V	21833	5581	5581	IV	14751	13855	12979	12122	11284	10465
	VI	22352	5581	5581							
74843,99	I,IV	15680	5581	5581	I	13868	12134	10477	8898	7395	5970
	II	14054	5581	5581	II	12312	10647	9059	7549	6115	4759
	III	9712	5581	5581	III	8408	7142	5916	4728	3578	2466
	V	21847	5581	5581	IV	14764	13868	12992	12134	11296	10477
	VI	22366	5581	5581							
74879,99	I,IV	15693	5581	5581	I	13882	12147	10489	8909	7406	5980
	II	14067	5581	5581	II	12325	10659	9071	7559	6125	4768
	III	9722	5581	5581	III	8418	7152	5926	4736	3586	2474
	V	21861	5581	5581	IV	14778	13882	13005	12147	11308	10489
	VI	22380	5581	5581							
74915,99	I,IV	15707	5581	5581	I	13894	12159	10501	8920	7416	5990
	II	14080	5581	5581	II	12337	10671	9082	7570	6135	4778
	III	9732	5581	5581	III	8428	7162	5934	4744	3594	2482
	V	21874	5581	5581	IV	14791	13894	13017	12159	11320	10501
	VI	22394	5581	5581							
74951,99	I,IV	15720	5581	5581	I	13907	12171	10513	8931	7427	6000
	II	14093	5581	5581	II	12349	10683	9093	7581	6146	4788
	III	9742	5581	5581	III	8436	7170	5942	4754	3602	2490
	V	21888	5581	5581	IV	14804	13907	13030	12171	11333	10513
	VI	22407	5581	5581							
74987,99	I,IV	15734	5581	5581	I	13920	12184	10525	8943	7438	6010
	II	14106	5581	5581	II	12362	10695	9105	7592	6156	4797
	III	9752	5581	5581	III	8446	7180	5952	4762	3612	2498
	V	21902	5581	5581	IV	14818	13920	13043	12184	11345	10525
	VI	22421	5581	5581							
75023,99	I,IV	15747	5581	5581	I	13933	12196	10536	8954	7448	6020
	II	14119	5581	5581	II	12374	10706	9116	7602	6166	4807
	III	9762	5581	5581	III	8456	7188	5960	4770	3620	2506
	V	21916	5581	5581	IV	14830	13933	13055	12196	11357	10536
	VI	22435	5581	5581							
75059,99	I,IV	15761	5581	5581	I	13946	12209	10548	8965	7459	6030
	II	14132	5581	5581	II	12387	10718	9127	7613	6176	4816
	III	9770	5581	5581	III	8464	7198	5968	4778	3628	2514
	V	21929	5581	5581	IV	14844	13946	13068	12209	11369	10548
	VI	22449	5581	5581							
75095,99	I,IV	15774	5581	5581	I	13959	12221	10560	8977	7470	6041
	II	14145	5581	5581	II	12399	10730	9139	7624	6186	4826
	III	9780	5581	5581	III	8474	7208	5978	4788	3636	2522
	V	21943	5581	5581	IV	14857	13959	13081	12221	11381	10560
	VI	22462	5581	5581							
75131,99	I,IV	15788	5581	5581	I	13972	12233	10572	8988	7481	6051
	II	14158	5581	5581	II	12412	10742	9150	7635	6197	4836
	III	9790	5581	5581	III	8484	7216	5986	4796	3644	2530
	V	21957	5581	5581	IV	14870	13972	13093	12233	11393	10572
	VI	22476	5581	5581							
75167,99	I,IV	15801	5581	5581	I	13985	12246	10584	8999	7491	6061
	II	14171	5581	5581	II	12424	10754	9161	7645	6207	4845
	III	9800	5581	5581	III	8494	7224	5996	4804	3652	2538
	V	21971	5581	5581	IV	14884	13985	13106	12246	11405	10584
	VI	22490	5581	5581							

* Zur LSt-Berechnung für privat versicherte Arbeitnehmer s. Beispiele **Vorbemerkung S. 4f.**
** Basisvorsorgepauschale KV und PV *** Typisierter Arbeitgeberzuschuss

Lohn/Gehalt in € bis	Steuerklasse	Lohn-steuer*	BVSP**	TAGZ***	Steuerklasse	Bemessungsgrundlage für Kirchensteuer und Solidaritätszuschlag — Freibeträge für ... Kinder					
						0,5	1,0	1,5	2,0	2,5	3,0
75 203,99	I,IV	15 815	5581	5581	I	13 998	12 258	10 596	9 010	7 502	6 071
	II	14 185	5581	5581	II	12 437	10 766	9 173	7 656	6 217	4 855
	III	9 810	5581	5581	III	8 502	7 234	6 004	4 814	3 660	2 546
	V	21 984	5581	5581	IV	14 897	13 998	13 119	12 258	11 417	10 596
	VI	22 504	5581	5581							
75 239,99	I,IV	15 828	5581	5581	I	14 011	12 271	10 607	9 022	7 513	6 081
	II	14 197	5581	5581	II	12 449	10 778	9 184	7 667	6 227	4 865
	III	9 820	5581	5581	III	8 512	7 244	6 014	4 822	3 668	2 554
	V	21 998	5581	5581	IV	14 910	14 011	13 131	12 271	11 429	10 607
	VI	22 517	5581	5581							
75 275,99	I,IV	15 842	5581	5581	I	14 024	12 283	10 619	9 033	7 524	6 091
	II	14 210	5581	5581	II	12 462	10 790	9 195	7 678	6 237	4 874
	III	9 828	5581	5581	III	8 522	7 252	6 022	4 830	3 676	2 562
	V	22 012	5581	5581	IV	14 923	14 024	13 144	12 283	11 442	10 619
	VI	22 531	5581	5581							
75 311,99	I,IV	15 855	5581	5581	I	14 037	12 295	10 631	9 044	7 534	6 101
	II	14 223	5581	5581	II	12 474	10 801	9 206	7 688	6 248	4 884
	III	9 838	5581	5581	III	8 530	7 262	6 030	4 838	3 686	2 570
	V	22 025	5581	5581	IV	14 936	14 037	13 156	12 295	11 454	10 631
	VI	22 544	5581	5581							
75 347,99	I,IV	15 869	5581	5581	I	14 050	12 308	10 643	9 055	7 545	6 112
	II	14 236	5581	5581	II	12 486	10 814	9 218	7 699	6 258	4 894
	III	9 848	5581	5581	III	8 540	7 270	6 040	4 848	3 694	2 578
	V	22 039	5581	5581	IV	14 950	14 050	13 169	12 308	11 466	10 643
	VI	22 558	5581	5581							
75 383,99	I,IV	15 883	5581	5581	I	14 063	12 320	10 655	9 067	7 556	6 122
	II	14 250	5581	5581	II	12 499	10 826	9 229	7 710	6 268	4 903
	III	9 858	5581	5581	III	8 550	7 280	6 048	4 856	3 702	2 586
	V	22 053	5581	5581	IV	14 963	14 063	13 182	12 320	11 478	10 655
	VI	22 572	5581	5581							
75 419,99	I,IV	15 896	5581	5581	I	14 076	12 333	10 667	9 078	7 566	6 132
	II	14 262	5581	5581	II	12 511	10 837	9 240	7 721	6 278	4 913
	III	9 868	5581	5581	III	8 558	7 288	6 058	4 864	3 710	2 594
	V	22 066	5581	5581	IV	14 976	14 076	13 195	12 333	11 490	10 667
	VI	22 585	5581	5581							
75 455,99	I,IV	15 910	5581	5581	I	14 089	12 345	10 679	9 089	7 577	6 142
	II	14 276	5581	5581	II	12 524	10 849	9 252	7 732	6 289	4 923
	III	9 878	5581	5581	III	8 568	7 298	6 066	4 874	3 718	2 602
	V	22 080	5581	5581	IV	14 990	14 089	13 207	12 345	11 502	10 679
	VI	22 599	5581	5581							
75 491,99	I,IV	15 923	5581	5581	I	14 102	12 358	10 691	9 101	7 588	6 152
	II	14 289	5581	5581	II	12 537	10 861	9 263	7 743	6 299	4 932
	III	9 886	5581	5581	III	8 578	7 308	6 074	4 882	3 726	2 610
	V	22 094	5581	5581	IV	15 003	14 102	13 220	12 358	11 515	10 691
	VI	22 613	5581	5581							
75 527,99	I,IV	15 937	5581	5581	I	14 115	12 370	10 702	9 112	7 599	6 162
	II	14 302	5581	5581	II	12 549	10 873	9 275	7 753	6 309	4 942
	III	9 896	5581	5581	III	8 586	7 316	6 084	4 890	3 734	2 618
	V	22 108	5581	5581	IV	15 016	14 115	13 233	12 370	11 526	10 702
	VI	22 627	5581	5581							
75 563,99	I,IV	15 950	5581	5581	I	14 128	12 383	10 714	9 123	7 609	6 173
	II	14 315	5581	5581	II	12 561	10 885	9 286	7 764	6 319	4 952
	III	9 906	5581	5581	III	8 596	7 326	6 092	4 898	3 744	2 626
	V	22 121	5581	5581	IV	15 030	14 128	13 246	12 383	11 539	10 714
	VI	22 641	5581	5581							
75 599,99	I,IV	15 964	5581	5581	I	14 141	12 395	10 726	9 135	7 620	6 183
	II	14 328	5581	5581	II	12 574	10 897	9 298	7 775	6 330	4 962
	III	9 916	5581	5581	III	8 606	7 334	6 102	4 908	3 752	2 634
	V	22 135	5581	5581	IV	15 043	14 141	13 258	12 395	11 551	10 726
	VI	22 654	5581	5581							

* Zur LSt-Berechnung für privat versicherte Arbeitnehmer s. Beispiele **Vorbemerkung S. 4 f.**
** Basisvorsorgepauschale KV und PV   *** Typisierter Arbeitgeberzuschuss

Lohn/ Gehalt in € bis	Steuerklasse	Lohn-steuer*	BVSP**	TAGZ***	Steuerklasse	Bemessungsgrundlage für Kirchensteuer und Solidaritätszuschlag — Freibeträge für ... Kinder					
						0,5	1,0	1,5	2,0	2,5	3,0
75635,99	I,IV	15977	5581	5581	I	14154	12407	10738	9146	7631	6193
	II	14341	5581	5581	II	12586	10909	9309	7786	6340	4971
	III	9926	5581	5581	III	8616	7344	6110	4916	3760	2642
	V	22149	5581	5581	IV	15056	14154	13271	12407	11563	10738
	VI	22668	5581	5581							
75671,99	I,IV	15991	5581	5581	I	14167	12420	10750	9157	7642	6203
	II	14354	5581	5581	II	12599	10921	9320	7797	6350	4981
	III	9936	5581	5581	III	8624	7352	6120	4924	3768	2650
	V	22163	5581	5581	IV	15069	14167	13284	12420	11575	10750
	VI	22682	5581	5581							
75707,99	I,IV	16005	5581	5581	I	14180	12433	10762	9169	7653	6214
	II	14367	5581	5581	II	12612	10933	9332	7808	6361	4991
	III	9946	5581	5581	III	8634	7362	6128	4932	3776	2658
	V	22176	5581	5581	IV	15083	14180	13297	12433	11588	10762
	VI	22696	5581	5581							
75743,99	I,IV	16018	5581	5581	I	14193	12445	10774	9180	7663	6224
	II	14380	5581	5581	II	12624	10945	9343	7818	6371	5000
	III	9954	5581	5581	III	8644	7370	6136	4942	3784	2666
	V	22190	5581	5581	IV	15096	14193	13309	12445	11600	10774
	VI	22709	5581	5581							
75779,99	I,IV	16032	5581	5581	I	14206	12457	10786	9191	7674	6234
	II	14393	5581	5581	II	12637	10957	9354	7829	6381	5010
	III	9964	5581	5581	III	8654	7380	6146	4950	3794	2674
	V	22204	5581	5581	IV	15109	14206	13322	12457	11612	10786
	VI	22723	5581	5581							
75815,99	I,IV	16046	5581	5581	I	14219	12470	10798	9203	7685	6244
	II	14407	5581	5581	II	12649	10969	9366	7840	6391	5020
	III	9974	5581	5581	III	8662	7390	6154	4958	3802	2682
	V	22218	5581	5581	IV	15123	14219	13335	12470	11624	10798
	VI	22737	5581	5581							
75851,99	I,IV	16059	5581	5581	I	14232	12482	10809	9214	7696	6254
	II	14419	5581	5581	II	12662	10981	9377	7851	6401	5029
	III	9984	5581	5581	III	8672	7398	6164	4968	3810	2690
	V	22231	5581	5581	IV	15136	14232	13347	12482	11636	10809
	VI	22750	5581	5581							
75887,99	I,IV	16073	5581	5581	I	14245	12495	10822	9225	7707	6265
	II	14433	5581	5581	II	12674	10993	9389	7862	6412	5039
	III	9994	5581	5581	III	8682	7408	6172	4976	3818	2698
	V	22245	5581	5581	IV	15149	14245	13360	12495	11649	10822
	VI	22764	5581	5581							
75923,99	I,IV	16087	5581	5581	I	14258	12507	10834	9237	7717	6275
	II	14446	5581	5581	II	12687	11005	9400	7873	6422	5049
	III	10004	5581	5581	III	8690	7416	6182	4984	3826	2706
	V	22259	5581	5581	IV	15163	14258	13373	12507	11661	10834
	VI	22778	5581	5581							
75959,99	I,IV	16100	5581	5581	I	14271	12520	10845	9248	7728	6285
	II	14459	5581	5581	II	12699	11017	9411	7883	6432	5059
	III	10012	5581	5581	III	8700	7426	6190	4992	3834	2714
	V	22272	5581	5581	IV	15176	14271	13386	12520	11673	10845
	VI	22791	5581	5581							
75995,99	I,IV	16114	5581	5581	I	14284	12532	10857	9260	7739	6295
	II	14472	5581	5581	II	12712	11029	9423	7894	6443	5068
	III	10024	5581	5581	III	8710	7436	6200	5002	3842	2722
	V	22286	5581	5581	IV	15189	14284	13399	12532	11685	10857
	VI	22805	5581	5581							
76031,99	I,IV	16128	5581	5581	I	14298	12545	10869	9271	7750	6306
	II	14485	5581	5581	II	12725	11041	9435	7905	6453	5078
	III	10032	5581	5581	III	8720	7444	6208	5010	3852	2730
	V	22300	5581	5581	IV	15203	14298	13412	12545	11698	10869
	VI	22819	5581	5581							

* Zur LSt-Berechnung für privat versicherte Arbeitnehmer s. Beispiele **Vorbemerkung S. 4f.**
** Basisvorsorgepauschale KV und PV   *** Typisierter Arbeitgeberzuschuss

Lohn/ Gehalt in € bis	Steuerklasse	Lohn- steuer*	BVSP**	TAGZ***	Steuerklasse	Bemessungsgrundlage für Kirchensteuer und Solidaritätszuschlag					
						Freibeträge für ... Kinder					
						0,5	1,0	1,5	2,0	2,5	3,0
76 067,99	I,IV	16 141	5 581	5 581	I	14 310	12 557	10 881	9 282	7 760	6 316
	II	14 498	5 581	5 581	II	12 737	11 053	9 446	7 916	6 463	5 088
	III	10 042	5 581	5 581	III	8 728	7 454	6 216	5 018	3 860	2 738
	V	22 313	5 581	5 581	IV	15 216	14 310	13 424	12 557	11 710	10 881
	VI	22 832	5 581	5 581							
76 103,99	I,IV	16 155	5 581	5 581	I	14 324	12 570	10 893	9 294	7 771	6 326
	II	14 511	5 581	5 581	II	12 750	11 065	9 457	7 927	6 474	5 098
	III	10 052	5 581	5 581	III	8 738	7 462	6 226	5 028	3 868	2 746
	V	22 327	5 581	5 581	IV	15 230	14 324	13 437	12 570	11 722	10 893
	VI	22 846	5 581	5 581							
76 139,99	I,IV	16 168	5 581	5 581	I	14 336	12 582	10 905	9 305	7 782	6 336
	II	14 524	5 581	5 581	II	12 762	11 077	9 469	7 938	6 484	5 107
	III	10 062	5 581	5 581	III	8 748	7 472	6 234	5 036	3 876	2 754
	V	22 341	5 581	5 581	IV	15 243	14 336	13 450	12 582	11 734	10 905
	VI	22 860	5 581	5 581							
76 175,99	I,IV	16 182	5 581	5 581	I	14 350	12 595	10 917	9 316	7 793	6 347
	II	14 538	5 581	5 581	II	12 775	11 089	9 480	7 949	6 494	5 117
	III	10 072	5 581	5 581	III	8 756	7 480	6 244	5 044	3 884	2 762
	V	22 354	5 581	5 581	IV	15 256	14 350	13 463	12 595	11 746	10 917
	VI	22 874	5 581	5 581							
76 211,99	I,IV	16 196	5 581	5 581	I	14 363	12 607	10 929	9 328	7 804	6 357
	II	14 551	5 581	5 581	II	12 787	11 101	9 492	7 960	6 505	5 127
	III	10 082	5 581	5 581	III	8 766	7 490	6 252	5 054	3 892	2 770
	V	22 368	5 581	5 581	IV	15 270	14 363	13 476	12 607	11 759	10 929
	VI	22 887	5 581	5 581							
76 247,99	I,IV	16 209	5 581	5 581	I	14 376	12 620	10 941	9 339	7 815	6 367
	II	14 564	5 581	5 581	II	12 800	11 113	9 503	7 970	6 515	5 137
	III	10 090	5 581	5 581	III	8 776	7 500	6 262	5 062	3 902	2 778
	V	22 382	5 581	5 581	IV	15 283	14 376	13 488	12 620	11 771	10 941
	VI	22 901	5 581	5 581							
76 283,99	I,IV	16 223	5 581	5 581	I	14 389	12 632	10 953	9 351	7 825	6 378
	II	14 577	5 581	5 581	II	12 812	11 125	9 515	7 981	6 525	5 146
	III	10 100	5 581	5 581	III	8 786	7 508	6 270	5 070	3 910	2 786
	V	22 396	5 581	5 581	IV	15 296	14 389	13 501	12 632	11 783	10 953
	VI	22 915	5 581	5 581							
76 319,99	I,IV	16 237	5 581	5 581	I	14 402	12 645	10 965	9 362	7 836	6 388
	II	14 590	5 581	5 581	II	12 825	11 137	9 526	7 992	6 536	5 156
	III	10 110	5 581	5 581	III	8 794	7 518	6 280	5 080	3 918	2 796
	V	22 410	5 581	5 581	IV	15 310	14 402	13 514	12 645	11 795	10 965
	VI	22 929	5 581	5 581							
76 355,99	I,IV	16 250	5 581	5 581	I	14 415	12 657	10 977	9 373	7 847	6 398
	II	14 603	5 581	5 581	II	12 837	11 149	9 537	8 003	6 546	5 166
	III	10 120	5 581	5 581	III	8 804	7 526	6 288	5 088	3 926	2 804
	V	22 423	5 581	5 581	IV	15 323	14 415	13 527	12 657	11 807	10 977
	VI	22 942	5 581	5 581							
76 391,99	I,IV	16 264	5 581	5 581	I	14 428	12 670	10 989	9 385	7 858	6 408
	II	14 617	5 581	5 581	II	12 850	11 161	9 549	8 014	6 556	5 176
	III	10 130	5 581	5 581	III	8 814	7 536	6 296	5 096	3 934	2 810
	V	22 437	5 581	5 581	IV	15 336	14 428	13 540	12 670	11 820	10 989
	VI	22 956	5 581	5 581							
76 427,99	I,IV	16 278	5 581	5 581	I	14 442	12 683	11 001	9 396	7 869	6 419
	II	14 630	5 581	5 581	II	12 863	11 173	9 561	8 025	6 567	5 186
	III	10 140	5 581	5 581	III	8 824	7 546	6 306	5 106	3 942	2 820
	V	22 451	5 581	5 581	IV	15 350	14 442	13 552	12 683	11 832	11 001
	VI	22 970	5 581	5 581							
76 463,99	I,IV	16 291	5 581	5 581	I	14 454	12 695	11 013	9 408	7 880	6 429
	II	14 643	5 581	5 581	II	12 875	11 185	9 572	8 036	6 577	5 195
	III	10 150	5 581	5 581	III	8 832	7 554	6 314	5 114	3 952	2 828
	V	22 464	5 581	5 581	IV	15 363	14 454	13 565	12 695	11 844	11 013
	VI	22 983	5 581	5 581							

*   Zur LSt-Berechnung für privat versicherte Arbeitnehmer s. Beispiele **Vorbemerkung S. 4 f.**
**   Basisvorsorgepauschale KV und PV   *** Typisierter Arbeitgeberzuschuss

Lohn/ Gehalt in € bis	Steuerklasse	Lohn-steuer*	BVSP**	TAGZ***	Steuerklasse	Bemessungsgrundlage für Kirchensteuer und Solidaritätszuschlag Freibeträge für ... Kinder					
						0,5	1,0	1,5	2,0	2,5	3,0
76 499,99	I,IV	16 305	5 581	5 581	I	14 468	12 708	11 025	9 419	7 891	6 439
	II	14 656	5 581	5 581	II	12 888	11 197	9 583	8 047	6 587	5 205
	III	10 158	5 581	5 581	III	8 842	7 564	6 324	5 122	3 960	2 836
	V	22 478	5 581	5 581	IV	15 377	14 468	13 578	12 708	11 857	11 025
	VI	22 997	5 581	5 581							
76 535,99	I,IV	16 319	5 581	5 581	I	14 481	12 720	11 037	9 431	7 902	6 450
	II	14 669	5 581	5 581	II	12 901	11 209	9 595	8 058	6 598	5 215
	III	10 170	5 581	5 581	III	8 852	7 572	6 332	5 132	3 968	2 844
	V	22 492	5 581	5 581	IV	15 390	14 481	13 591	12 720	11 869	11 037
	VI	23 011	5 581	5 581							
76 571,99	I,IV	16 332	5 581	5 581	I	14 494	12 733	11 049	9 442	7 912	6 460
	II	14 682	5 581	5 581	II	12 913	11 221	9 606	8 069	6 608	5 225
	III	10 178	5 581	5 581	III	8 862	7 582	6 342	5 140	3 976	2 852
	V	22 505	5 581	5 581	IV	15 403	14 494	13 604	12 733	11 881	11 049
	VI	23 024	5 581	5 581							
76 607,99	I,IV	16 346	5 581	5 581	I	14 507	12 745	11 061	9 453	7 923	6 470
	II	14 696	5 581	5 581	II	12 926	11 233	9 618	8 080	6 619	5 235
	III	10 188	5 581	5 581	III	8 870	7 590	6 350	5 148	3 984	2 860
	V	22 519	5 581	5 581	IV	15 417	14 507	13 617	12 745	11 893	11 061
	VI	23 038	5 581	5 581							
76 643,99	I,IV	16 360	5 581	5 581	I	14 520	12 758	11 073	9 465	7 934	6 481
	II	14 709	5 581	5 581	II	12 939	11 246	9 630	8 091	6 629	5 245
	III	10 198	5 581	5 581	III	8 880	7 600	6 360	5 156	3 994	2 868
	V	22 533	5 581	5 581	IV	15 430	14 520	13 630	12 758	11 906	11 073
	VI	23 052	5 581	5 581							
76 679,99	I,IV	16 373	5 581	5 581	I	14 533	12 770	11 085	9 476	7 945	6 491
	II	14 722	5 581	5 581	II	12 951	11 257	9 641	8 101	6 639	5 254
	III	10 208	5 581	5 581	III	8 890	7 610	6 368	5 166	4 002	2 876
	V	22 546	5 581	5 581	IV	15 444	14 533	13 642	12 770	11 918	11 085
	VI	23 066	5 581	5 581							
76 715,99	I,IV	16 387	5 581	5 581	I	14 547	12 783	11 097	9 488	7 956	6 501
	II	14 735	5 581	5 581	II	12 964	11 270	9 652	8 113	6 650	5 264
	III	10 218	5 581	5 581	III	8 898	7 618	6 376	5 174	4 010	2 884
	V	22 560	5 581	5 581	IV	15 457	14 547	13 655	12 783	11 930	11 097
	VI	23 079	5 581	5 581							
76 751,99	I,IV	16 401	5 581	5 581	I	14 560	12 796	11 109	9 499	7 967	6 512
	II	14 749	5 581	5 581	II	12 977	11 282	9 664	8 124	6 660	5 274
	III	10 228	5 581	5 581	III	8 908	7 628	6 386	5 182	4 018	2 892
	V	22 574	5 581	5 581	IV	15 471	14 560	13 668	12 796	11 943	11 109
	VI	23 093	5 581	5 581							
76 787,99	I,IV	16 414	5 581	5 581	I	14 573	12 808	11 121	9 511	7 978	6 522
	II	14 762	5 581	5 581	II	12 989	11 294	9 675	8 134	6 670	5 284
	III	10 238	5 581	5 581	III	8 918	7 638	6 394	5 192	4 026	2 900
	V	22 588	5 581	5 581	IV	15 484	14 573	13 681	12 808	11 955	11 121
	VI	23 107	5 581	5 581							
76 823,99	I,IV	16 428	5 581	5 581	I	14 586	12 821	11 133	9 522	7 989	6 532
	II	14 775	5 581	5 581	II	13 002	11 306	9 687	8 145	6 681	5 294
	III	10 246	5 581	5 581	III	8 928	7 646	6 404	5 200	4 034	2 908
	V	22 601	5 581	5 581	IV	15 497	14 586	13 694	12 821	11 967	11 133
	VI	23 121	5 581	5 581							
76 859,99	I,IV	16 442	5 581	5 581	I	14 599	12 834	11 145	9 534	8 000	6 543
	II	14 788	5 581	5 581	II	13 015	11 318	9 699	8 157	6 691	5 304
	III	10 258	5 581	5 581	III	8 938	7 656	6 412	5 208	4 044	2 916
	V	22 615	5 581	5 581	IV	15 511	14 599	13 707	12 834	11 980	11 145
	VI	23 134	5 581	5 581							
76 895,99	I,IV	16 455	5 581	5 581	I	14 612	12 846	11 157	9 545	8 010	6 553
	II	14 801	5 581	5 581	II	13 027	11 330	9 710	8 167	6 702	5 313
	III	10 266	5 581	5 581	III	8 946	7 664	6 422	5 218	4 052	2 924
	V	22 629	5 581	5 581	IV	15 524	14 612	13 719	12 846	11 992	11 157
	VI	23 148	5 581	5 581							

* Zur LSt-Berechnung für privat versicherte Arbeitnehmer s. Beispiele **Vorbemerkung S. 4 f.**
** Basisvorsorgepauschale KV und PV *** Typisierter Arbeitgeberzuschuss

Lohn/Gehalt in € bis	Steuerklasse	Lohn-steuer*	BVSP**	TAGZ***	Steuerklasse	Bemessungsgrundlage für Kirchensteuer und Solidaritätszuschlag					
						Freibeträge für ... Kinder					
						0,5	1,0	1,5	2,0	2,5	3,0
76 931,99	I,IV	16 469	5581	5581	I	14 625	12 859	11 169	9 557	8 021	6 563
	II	14 815	5581	5581	II	13 040	11 342	9 722	8 178	6 712	5 323
	III	10 276	5581	5581	III	8 956	7 674	6 430	5 226	4 060	2 932
	V	22 643	5581	5581	IV	15 538	14 625	13 732	12 859	12 004	11 169
	VI	23 162	5581	5581							
76 967,99	I,IV	16 483	5581	5581	I	14 638	12 871	11 181	9 568	8 032	6 574
	II	14 828	5581	5581	II	13 052	11 354	9 733	8 189	6 722	5 333
	III	10 286	5581	5581	III	8 964	7 682	6 440	5 234	4 068	2 940
	V	22 656	5581	5581	IV	15 551	14 638	13 745	12 871	12 016	11 181
	VI	23 175	5581	5581							
77 003,99	I,IV	16 497	5581	5581	I	14 652	12 884	11 193	9 580	8 043	6 584
	II	14 841	5581	5581	II	13 065	11 366	9 745	8 200	6 733	5 343
	III	10 296	5581	5581	III	8 974	7 692	6 448	5 244	4 076	2 948
	V	22 670	5581	5581	IV	15 565	14 652	13 758	12 884	12 029	11 193
	VI	23 189	5581	5581							
77 039,99	I,IV	16 510	5581	5581	I	14 665	12 897	11 205	9 591	8 054	6 594
	II	14 854	5581	5581	II	13 078	11 379	9 756	8 211	6 743	5 353
	III	10 306	5581	5581	III	8 984	7 702	6 458	5 252	4 084	2 956
	V	22 684	5581	5581	IV	15 578	14 665	13 771	12 897	12 041	11 205
	VI	23 203	5581	5581							
77 075,99	I,IV	16 524	5581	5581	I	14 678	12 909	11 217	9 602	8 065	6 605
	II	14 867	5581	5581	II	13 090	11 390	9 768	8 222	6 754	5 362
	III	10 316	5581	5581	III	8 994	7 710	6 466	5 260	4 092	2 964
	V	22 697	5581	5581	IV	15 591	14 678	13 784	12 909	12 053	11 217
	VI	23 216	5581	5581							
77 111,99	I,IV	16 538	5581	5581	I	14 691	12 922	11 229	9 614	8 076	6 615
	II	14 881	5581	5581	II	13 103	11 403	9 779	8 233	6 764	5 372
	III	10 326	5581	5581	III	9 004	7 720	6 476	5 270	4 102	2 972
	V	22 711	5581	5581	IV	15 605	14 691	13 797	12 922	12 066	11 229
	VI	23 230	5581	5581							
77 147,99	I,IV	16 552	5581	5581	I	14 705	12 934	11 241	9 626	8 087	6 626
	II	14 894	5581	5581	II	13 116	11 415	9 791	8 244	6 775	5 382
	III	10 334	5581	5581	III	9 012	7 730	6 484	5 278	4 110	2 980
	V	22 725	5581	5581	IV	15 619	14 705	13 810	12 934	12 078	11 241
	VI	23 244	5581	5581							
77 183,99	I,IV	16 565	5581	5581	I	14 718	12 947	11 253	9 637	8 098	6 636
	II	14 907	5581	5581	II	13 128	11 427	9 802	8 255	6 785	5 392
	III	10 344	5581	5581	III	9 022	7 738	6 492	5 286	4 118	2 988
	V	22 738	5581	5581	IV	15 632	14 718	13 823	12 947	12 090	11 253
	VI	23 257	5581	5581							
77 219,99	I,IV	16 579	5581	5581	I	14 731	12 960	11 266	9 649	8 109	6 646
	II	14 921	5581	5581	II	13 141	11 439	9 814	8 266	6 796	5 402
	III	10 354	5581	5581	III	9 032	7 748	6 502	5 296	4 126	2 996
	V	22 752	5581	5581	IV	15 645	14 731	13 836	12 960	12 103	11 266
	VI	23 271	5581	5581							
77 255,99	I,IV	16 593	5581	5581	I	14 744	12 972	11 278	9 660	8 120	6 657
	II	14 934	5581	5581	II	13 154	11 451	9 826	8 277	6 806	5 412
	III	10 364	5581	5581	III	9 042	7 756	6 510	5 304	4 134	3 004
	V	22 766	5581	5581	IV	15 659	14 744	13 849	12 972	12 115	11 278
	VI	23 285	5581	5581							
77 291,99	I,IV	16 606	5581	5581	I	14 757	12 985	11 290	9 672	8 131	6 667
	II	14 947	5581	5581	II	13 166	11 463	9 837	8 288	6 816	5 422
	III	10 374	5581	5581	III	9 050	7 766	6 520	5 312	4 144	3 012
	V	22 780	5581	5581	IV	15 672	14 757	13 861	12 985	12 128	11 290
	VI	23 299	5581	5581							
77 327,99	I,IV	16 620	5581	5581	I	14 771	12 998	11 302	9 683	8 142	6 677
	II	14 960	5581	5581	II	13 179	11 475	9 849	8 299	6 827	5 432
	III	10 384	5581	5581	III	9 060	7 776	6 530	5 322	4 152	3 022
	V	22 793	5581	5581	IV	15 686	14 771	13 874	12 998	12 140	11 302
	VI	23 313	5581	5581							

*   Zur LSt-Berechnung für privat versicherte Arbeitnehmer s. Beispiele **Vorbemerkung S. 4 f.**
**   Basisvorsorgepauschale KV und PV   *** Typisierter Arbeitgeberzuschuss

Lohn/ Gehalt in € bis	Steuerklasse	Lohn- steuer*	BVSP**	TAGZ***	Steuerklasse	Bemessungsgrundlage für Kirchensteuer und Solidaritätszuschlag					
						Freibeträge für ... Kinder					
						0,5	1,0	1,5	2,0	2,5	3,0
77 363,99	I,IV	16 634	5 581	5 581	I	14 784	13 010	11 314	9 695	8 153	6 688
	II	14 974	5 581	5 581	II	13 192	11 488	9 861	8 310	6 838	5 442
	III	10 394	5 581	5 581	III	9 070	7 784	6 538	5 330	4 160	3 030
	V	22 807	5 581	5 581	IV	15 700	14 784	13 887	13 010	12 153	11 314
	VI	23 326	5 581	5 581							
77 399,99	I,IV	16 647	5 581	5 581	I	14 797	13 023	11 326	9 706	8 164	6 698
	II	14 987	5 581	5 581	II	13 205	11 500	9 872	8 321	6 848	5 451
	III	10 404	5 581	5 581	III	9 080	7 794	6 546	5 338	4 168	3 038
	V	22 821	5 581	5 581	IV	15 713	14 797	13 900	13 023	12 165	11 326
	VI	23 340	5 581	5 581							
77 435,99	I,IV	16 661	5 581	5 581	I	14 810	13 036	11 338	9 718	8 175	6 709
	II	15 000	5 581	5 581	II	13 218	11 512	9 884	8 332	6 858	5 461
	III	10 414	5 581	5 581	III	9 090	7 804	6 556	5 348	4 178	3 046
	V	22 835	5 581	5 581	IV	15 726	14 810	13 913	13 036	12 177	11 338
	VI	23 354	5 581	5 581							
77 471,99	I,IV	16 675	5 581	5 581	I	14 824	13 048	11 350	9 729	8 186	6 719
	II	15 014	5 581	5 581	II	13 230	11 524	9 895	8 344	6 869	5 472
	III	10 424	5 581	5 581	III	9 098	7 812	6 564	5 356	4 186	3 054
	V	22 848	5 581	5 581	IV	15 740	14 824	13 926	13 048	12 190	11 350
	VI	23 368	5 581	5 581							
77 507,99	I,IV	16 689	5 581	5 581	I	14 837	13 061	11 362	9 741	8 197	6 729
	II	15 027	5 581	5 581	II	13 243	11 536	9 907	8 354	6 879	5 481
	III	10 432	5 581	5 581	III	9 108	7 822	6 574	5 364	4 194	3 062
	V	22 862	5 581	5 581	IV	15 753	14 837	13 939	13 061	12 202	11 362
	VI	23 381	5 581	5 581							
77 543,99	I,IV	16 702	5 581	5 581	I	14 850	13 074	11 374	9 752	8 208	6 740
	II	15 040	5 581	5 581	II	13 256	11 548	9 918	8 366	6 890	5 491
	III	10 442	5 581	5 581	III	9 118	7 830	6 582	5 374	4 202	3 070
	V	22 876	5 581	5 581	IV	15 767	14 850	13 952	13 074	12 214	11 374
	VI	23 395	5 581	5 581							
77 579,99	I,IV	16 716	5 581	5 581	I	14 863	13 086	11 387	9 764	8 219	6 750
	II	15 054	5 581	5 581	II	13 269	11 561	9 930	8 377	6 900	5 501
	III	10 452	5 581	5 581	III	9 126	7 840	6 592	5 382	4 210	3 078
	V	22 890	5 581	5 581	IV	15 781	14 863	13 965	13 086	12 227	11 387
	VI	23 409	5 581	5 581							
77 615,99	I,IV	16 730	5 581	5 581	I	14 876	13 099	11 399	9 775	8 229	6 761
	II	15 067	5 581	5 581	II	13 281	11 573	9 942	8 388	6 911	5 511
	III	10 462	5 581	5 581	III	9 136	7 850	6 600	5 390	4 218	3 086
	V	22 903	5 581	5 581	IV	15 794	14 876	13 978	13 099	12 239	11 399
	VI	23 422	5 581	5 581							
77 651,99	I,IV	16 744	5 581	5 581	I	14 890	13 112	11 411	9 787	8 241	6 771
	II	15 080	5 581	5 581	II	13 294	11 585	9 953	8 399	6 921	5 521
	III	10 472	5 581	5 581	III	9 146	7 858	6 610	5 400	4 228	3 094
	V	22 917	5 581	5 581	IV	15 808	14 890	13 991	13 112	12 252	11 411
	VI	23 436	5 581	5 581							
77 687,99	I,IV	16 757	5 581	5 581	I	14 903	13 124	11 423	9 799	8 252	6 782
	II	15 094	5 581	5 581	II	13 307	11 597	9 965	8 410	6 932	5 531
	III	10 482	5 581	5 581	III	9 156	7 868	6 618	5 408	4 236	3 102
	V	22 931	5 581	5 581	IV	15 821	14 903	14 004	13 124	12 264	11 423
	VI	23 450	5 581	5 581							
77 723,99	I,IV	16 771	5 581	5 581	I	14 916	13 137	11 435	9 810	8 263	6 792
	II	15 107	5 581	5 581	II	13 319	11 609	9 976	8 421	6 942	5 541
	III	10 492	5 581	5 581	III	9 164	7 876	6 628	5 416	4 244	3 110
	V	22 944	5 581	5 581	IV	15 835	14 916	14 017	13 137	12 276	11 435
	VI	23 463	5 581	5 581							
77 759,99	I,IV	16 785	5 581	5 581	I	14 929	13 150	11 447	9 822	8 274	6 803
	II	15 120	5 581	5 581	II	13 332	11 622	9 988	8 432	6 953	5 551
	III	10 502	5 581	5 581	III	9 174	7 886	6 636	5 426	4 252	3 118
	V	22 958	5 581	5 581	IV	15 848	14 929	14 030	13 150	12 289	11 447
	VI	23 477	5 581	5 581							

* Zur LSt-Berechnung für privat versicherte Arbeitnehmer s. Beispiele **Vorbemerkung S. 4 f.**
** Basisvorsorgepauschale KV und PV *** Typisierter Arbeitgeberzuschuss

Lohn/Gehalt in € bis	Steuerklasse	Lohn-steuer*	BVSP**	TAGZ***	Steuerklasse	Bemessungsgrundlage für Kirchensteuer und Solidaritätszuschlag Freibeträge für ... Kinder					
						0,5	**1,0**	1,5	**2,0**	2,5	**3,0**
77 795,99	I,IV	16798	5581	5581	I	14942	13162	11459	9833	8284	6813
	II	15133	5581	5581	II	13345	11634	10000	8443	6963	5561
	III	10512	5581	5581	III	9184	7896	6646	5434	4262	3126
	V	22971	5581	5581	IV	15862	14942	14043	13162	12301	11459
	VI	23491	5581	5581							
77 831,99	I,IV	16812	5581	5581	I	14956	13175	11471	9845	8296	6823
	II	15147	5581	5581	II	13358	11646	10011	8454	6974	5571
	III	10522	5581	5581	III	9194	7904	6654	5442	4270	3134
	V	22985	5581	5581	IV	15875	14956	14056	13175	12314	11471
	VI	23504	5581	5581							
77 867,99	I,IV	16826	5581	5581	I	14969	13188	11484	9857	8307	6834
	II	15160	5581	5581	II	13371	11658	10023	8465	6984	5581
	III	10532	5581	5581	III	9204	7914	6664	5452	4278	3144
	V	22999	5581	5581	IV	15889	14969	14069	13188	12326	11484
	VI	23518	5581	5581							
77 903,99	I,IV	16839	5581	5581	I	14982	13200	11496	9868	8318	6844
	II	15173	5581	5581	II	13383	11670	10035	8476	6995	5590
	III	10540	5581	5581	III	9212	7924	6672	5460	4286	3152
	V	23013	5581	5581	IV	15902	14982	14082	13200	12338	11496
	VI	23532	5581	5581							
77 939,99	I,IV	16853	5581	5581	I	14996	13213	11508	9880	8329	6855
	II	15187	5581	5581	II	13396	11683	10046	8487	7005	5601
	III	10550	5581	5581	III	9222	7932	6682	5468	4294	3160
	V	23026	5581	5581	IV	15916	14996	14095	13213	12351	11508
	VI	23546	5581	5581							
77 975,99	I,IV	16867	5581	5581	I	15009	13226	11520	9891	8340	6865
	II	15200	5581	5581	II	13409	11695	10058	8498	7016	5611
	III	10560	5581	5581	III	9232	7942	6690	5478	4304	3168
	V	23040	5581	5581	IV	15930	15009	14108	13226	12363	11520
	VI	23559	5581	5581							
78 011,99	I,IV	16880	5581	5581	I	15022	13239	11532	9903	8351	6876
	II	15213	5581	5581	II	13421	11707	10070	8509	7026	5620
	III	10570	5581	5581	III	9242	7952	6700	5486	4312	3176
	V	23054	5581	5581	IV	15943	15022	14121	13239	12376	11532
	VI	23573	5581	5581							
78 047,99	I,IV	16894	5581	5581	I	15036	13251	11544	9915	8362	6886
	II	15227	5581	5581	II	13434	11719	10081	8521	7037	5630
	III	10580	5581	5581	III	9250	7960	6708	5494	4320	3184
	V	23068	5581	5581	IV	15957	15036	14134	13251	12388	11544
	VI	23587	5581	5581							
78 083,99	I,IV	16908	5581	5581	I	15049	13264	11557	9926	8373	6897
	II	15240	5581	5581	II	13447	11732	10093	8532	7048	5641
	III	10590	5581	5581	III	9260	7970	6718	5504	4328	3192
	V	23082	5581	5581	IV	15970	15049	14147	13264	12401	11557
	VI	23601	5581	5581							
78 119,99	I,IV	16922	5581	5581	I	15062	13277	11569	9938	8384	6907
	II	15253	5581	5581	II	13460	11744	10105	8543	7058	5650
	III	10600	5581	5581	III	9270	7978	6726	5512	4336	3200
	V	23095	5581	5581	IV	15984	15062	14160	13277	12413	11569
	VI	23614	5581	5581							
78 155,99	I,IV	16936	5581	5581	I	15076	13290	11581	9949	8395	6918
	II	15267	5581	5581	II	13473	11756	10116	8554	7069	5660
	III	10610	5581	5581	III	9280	7988	6736	5520	4346	3208
	V	23109	5581	5581	IV	15997	15076	14173	13290	12426	11581
	VI	23628	5581	5581							
78 191,99	I,IV	16949	5581	5581	I	15089	13303	11593	9961	8406	6928
	II	15280	5581	5581	II	13486	11768	10128	8565	7079	5671
	III	10620	5581	5581	III	9290	7998	6744	5530	4354	3216
	V	23123	5581	5581	IV	16011	15089	14186	13303	12438	11593
	VI	23642	5581	5581							

*   Zur LSt-Berechnung für privat versicherte Arbeitnehmer s. Beispiele **Vorbemerkung S. 4 f.**
** Basisvorsorgepauschale KV und PV   *** Typisierter Arbeitgeberzuschuss

Lohn/ Gehalt in € bis	Steuerklasse	Lohn- steuer*	BVSP**	TAGZ***	Steuerklasse	Bemessungsgrundlage für Kirchensteuer und Solidaritätszuschlag					
						Freibeträge für ... Kinder					
						0,5	1,0	1,5	2,0	2,5	3,0
78 227,99	I,IV	16 963	5581	5581	I	15 102	13 315	11 605	9973	8417	6939
	II	15 293	5581	5581	II	13 498	11 780	10 140	8576	7090	5680
	III	10 630	5581	5581	III	9298	8006	6754	5538	4362	3224
	V	23 136	5581	5581	IV	16025	15 102	14 199	13 315	12450	11 605
	VI	23 655	5581	5581							
78 263,99	I,IV	16 977	5581	5581	I	15 116	13 328	11 618	9984	8428	6949
	II	15 307	5581	5581	II	13 511	11 793	10 151	8587	7 100	5690
	III	10 640	5581	5581	III	9308	8016	6762	5548	4370	3232
	V	23 150	5581	5581	IV	16038	15 116	14 212	13 328	12463	11 618
	VI	23 669	5581	5581							
78 299,99	I,IV	16 991	5581	5581	I	15 129	13 341	11 630	9996	8439	6960
	II	15 320	5581	5581	II	13 524	11 805	10 163	8599	7 111	5701
	III	10 650	5581	5581	III	9318	8026	6772	5556	4380	3242
	V	23 164	5581	5581	IV	16052	15 129	14 225	13 341	12476	11 630
	VI	23 683	5581	5581							
78 335,99	I,IV	17 004	5581	5581	I	15 142	13 353	11 642	10 007	8450	6970
	II	15 334	5581	5581	II	13 537	11 817	10 175	8609	7 121	5710
	III	10 660	5581	5581	III	9328	8034	6780	5564	4388	3 250
	V	23 177	5581	5581	IV	16065	15 142	14 238	13 353	12488	11 642
	VI	23 696	5581	5581							
78 371,99	I,IV	17 018	5581	5581	I	15 156	13 366	11 654	10019	8461	6981
	II	15 347	5581	5581	II	13 550	11 830	10 187	8621	7 132	5721
	III	10 668	5581	5581	III	9336	8044	6790	5574	4396	3258
	V	23 191	5581	5581	IV	16079	15 156	14 251	13 366	12501	11 654
	VI	23 710	5581	5581							
78 407,99	I,IV	17 032	5581	5581	I	15 169	13 379	11 666	10031	8473	6991
	II	15 361	5581	5581	II	13 563	11 842	10 198	8632	7 143	5731
	III	10 680	5581	5581	III	9346	8054	6798	5582	4404	3266
	V	23 205	5581	5581	IV	16093	15 169	14 264	13 379	12513	11 666
	VI	23 724	5581	5581							
78 443,99	I,IV	17 045	5581	5581	I	15 182	13 392	11 678	10042	8483	7002
	II	15 374	5581	5581	II	13 575	11 854	10 210	8643	7 153	5740
	III	10 688	5581	5581	III	9356	8062	6808	5590	4412	3274
	V	23 218	5581	5581	IV	16106	15 182	14 277	13 392	12525	11 678
	VI	23 738	5581	5581							
78 479,99	I,IV	17 059	5581	5581	I	15 196	13 405	11 691	10054	8495	7012
	II	15 387	5581	5581	II	13 588	11 866	10 222	8654	7 164	5751
	III	10 698	5581	5581	III	9366	8072	6816	5600	4422	3282
	V	23 232	5581	5581	IV	16 120	15 196	14 290	13 405	12538	11 691
	VI	23 751	5581	5581							
78 515,99	I,IV	17 073	5581	5581	I	15 209	13 418	11 703	10066	8506	7023
	II	15 401	5581	5581	II	13 601	11 879	10 234	8665	7 174	5761
	III	10 708	5581	5581	III	9376	8082	6826	5608	4430	3290
	V	23 246	5581	5581	IV	16 134	15 209	14 304	13 418	12551	11 703
	VI	23 765	5581	5581							
78 551,99	I,IV	17 086	5581	5581	I	15 222	13 430	11 715	10077	8517	7033
	II	15 414	5581	5581	II	13 614	11 891	10 245	8676	7 185	5771
	III	10 718	5581	5581	III	9386	8090	6834	5618	4438	3298
	V	23 260	5581	5581	IV	16 147	15 222	14 316	13 430	12563	11 715
	VI	23 779	5581	5581							
78 587,99	I,IV	17 100	5581	5581	I	15 236	13 443	11 727	10089	8528	7044
	II	15 428	5581	5581	II	13 627	11 903	10 257	8688	7 196	5781
	III	10 728	5581	5581	III	9394	8 100	6844	5626	4446	3306
	V	23 273	5581	5581	IV	16 161	15 236	14 330	13 443	12576	11 727
	VI	23 793	5581	5581							
78 623,99	I,IV	17 114	5581	5581	I	15 249	13 456	11 739	10 101	8539	7054
	II	15 441	5581	5581	II	13 639	11 915	10 268	8699	7 206	5791
	III	10 738	5581	5581	III	9404	8 108	6852	5634	4454	3314
	V	23 287	5581	5581	IV	16 174	15 249	14 342	13 456	12588	11 739
	VI	23 806	5581	5581							

162

* Zur LSt-Berechnung für privat versicherte Arbeitnehmer s. Beispiele **Vorbemerkung S. 4f.**
** Basisvorsorgepauschale KV und PV *** Typisierter Arbeitgeberzuschuss

Lohn/Gehalt in € bis	Steuerklasse	Lohnsteuer*	BVSP**	TAGZ***	Steuerklasse	Bemessungsgrundlage für Kirchensteuer und Solidaritätszuschlag					
						Freibeträge für ... Kinder					
						0,5	**1,0**	1,5	**2,0**	2,5	**3,0**
78 659,99	I,IV	17 127	5581	5581	I	15 262	13 468	11 752	10 112	8550	7065
	II	15 454	5581	5581	II	13 652	11 928	10 280	8710	7217	5801
	III	10 748	5581	5581	III	9414	8118	6862	5644	4464	3322
	V	23 301	5581	5581	IV	16 188	15 262	14 356	13 468	12 601	11 752
	VI	23 820	5581	5581							
78 695,99	I,IV	17 141	5581	5581	I	15 276	13 481	11 764	10 124	8561	7076
	II	15 468	5581	5581	II	13 665	11 940	10 292	8721	7227	5811
	III	10 758	5581	5581	III	9424	8128	6870	5652	4472	3330
	V	23 315	5581	5581	IV	16 202	15 276	14 369	13 481	12 613	11 764
	VI	23 834	5581	5581							
78 731,99	I,IV	17 155	5581	5581	I	15 289	13 494	11 776	10 136	8572	7086
	II	15 481	5581	5581	II	13 678	11 952	10 304	8732	7238	5821
	III	10 768	5581	5581	III	9432	8136	6880	5660	4480	3338
	V	23 328	5581	5581	IV	16 215	15 289	14 382	13 494	12 625	11 776
	VI	23 847	5581	5581							
78 767,99	I,IV	17 169	5581	5581	I	15 302	13 507	11 789	10 147	8584	7097
	II	15 495	5581	5581	II	13 691	11 965	10 315	8743	7249	5831
	III	10 778	5581	5581	III	9442	8146	6888	5670	4490	3348
	V	23 342	5581	5581	IV	16 229	15 302	14 395	13 507	12 638	11 789
	VI	23 861	5581	5581							
78 803,99	I,IV	17 182	5581	5581	I	15 316	13 520	11 801	10 159	8595	7107
	II	15 508	5581	5581	II	13 704	11 977	10 327	8755	7259	5841
	III	10 788	5581	5581	III	9452	8156	6898	5678	4498	3356
	V	23 356	5581	5581	IV	16 243	15 316	14 408	13 520	12 651	11 801
	VI	23 875	5581	5581							
78 839,99	I,IV	17 196	5581	5581	I	15 329	13 532	11 813	10 171	8606	7118
	II	15 521	5581	5581	II	13 717	11 989	10 339	8766	7270	5851
	III	10 796	5581	5581	III	9462	8164	6906	5686	4506	3364
	V	23 369	5581	5581	IV	16 256	15 329	14 421	13 532	12 663	11 813
	VI	23 888	5581	5581							
78 875,99	I,IV	17 210	5581	5581	I	15 343	13 545	11 825	10 183	8617	7128
	II	15 535	5581	5581	II	13 730	12 002	10 351	8777	7280	5861
	III	10 808	5581	5581	III	9472	8174	6916	5696	4514	3372
	V	23 383	5581	5581	IV	16 270	15 343	14 434	13 545	12 676	11 825
	VI	23 902	5581	5581							
78 911,99	I,IV	17 224	5581	5581	I	15 356	13 558	11 838	10 194	8628	7139
	II	15 549	5581	5581	II	13 743	12 014	10 363	8788	7291	5871
	III	10 816	5581	5581	III	9480	8184	6924	5704	4522	3380
	V	23 397	5581	5581	IV	16 284	15 356	14 448	13 558	12 688	11 838
	VI	23 916	5581	5581							
78 947,99	I,IV	17 237	5581	5581	I	15 369	13 571	11 850	10 206	8639	7150
	II	15 562	5581	5581	II	13 755	12 026	10 374	8799	7302	5881
	III	10 826	5581	5581	III	9490	8192	6934	5714	4532	3388
	V	23 410	5581	5581	IV	16 297	15 369	14 460	13 571	12 701	11 850
	VI	23 929	5581	5581							
78 983,99	I,IV	17 251	5581	5581	I	15 383	13 584	11 862	10 218	8650	7160
	II	15 575	5581	5581	II	13 768	12 039	10 386	8811	7312	5891
	III	10 836	5581	5581	III	9500	8202	6942	5722	4540	3396
	V	23 424	5581	5581	IV	16 311	15 383	14 474	13 584	12 713	11 862
	VI	23 943	5581	5581							
79 019,99	I,IV	17 265	5581	5581	I	15 396	13 597	11 875	10 230	8662	7171
	II	15 589	5581	5581	II	13 781	12 051	10 398	8822	7323	5902
	III	10 846	5581	5581	III	9510	8212	6952	5730	4548	3404
	V	23 438	5581	5581	IV	16 325	15 396	14 487	13 597	12 726	11 875
	VI	23 957	5581	5581							
79 055,99	I,IV	17 278	5581	5581	I	15 409	13 609	11 887	10 241	8673	7181
	II	15 602	5581	5581	II	13 794	12 063	10 410	8833	7334	5911
	III	10 856	5581	5581	III	9520	8220	6960	5740	4556	3412
	V	23 452	5581	5581	IV	16 338	15 409	14 500	13 609	12 738	11 887
	VI	23 971	5581	5581							

*   Zur LSt-Berechnung für privat versicherte Arbeitnehmer s. Beispiele **Vorbemerkung S. 4 f.**
**   Basisvorsorgepauschale KV und PV   *** Typisierter Arbeitgeberzuschuss

Lohn/ Gehalt in € bis	Steuerklasse	Lohn-steuer*	BVSP**	TAGZ***	Steuerklasse	Bemessungsgrundlage für Kirchensteuer und Solidaritätszuschlag					
						Freibeträge für ... Kinder					
						0,5	1,0	1,5	2,0	2,5	3,0
79091,99	I,IV	**17292**	5581	5581	I	15423	13622	11899	10253	8684	7192
	II	**15616**	5581	5581	II	13807	12076	10421	8844	7344	5922
	III	**10866**	5581	5581	III	9530	8230	6970	5748	4566	3422
	V	**23465**	5581	5581	IV	16352	15423	14513	13622	12751	11899
	VI	**23985**	5581	5581							
79127,99	I,IV	**17306**	5581	5581	I	15437	13635	11912	10265	8695	7203
	II	**15629**	5581	5581	II	13820	12088	10433	8856	7355	5932
	III	**10876**	5581	5581	III	9538	8240	6980	5758	4574	3430
	V	**23479**	5581	5581	IV	16366	15437	14526	13635	12764	11912
	VI	**23998**	5581	5581							
79163,99	I,IV	**17319**	5581	5581	I	15450	13648	11924	10276	8706	7213
	II	**15643**	5581	5581	II	13833	12100	10445	8867	7366	5942
	III	**10886**	5581	5581	III	9548	8248	6988	5766	4582	3438
	V	**23493**	5581	5581	IV	16380	15450	14539	13648	12776	11924
	VI	**24012**	5581	5581							
79199,99	I,IV	**17333**	5581	5581	I	15463	13661	11936	10288	8717	7224
	II	**15656**	5581	5581	II	13846	12113	10457	8878	7376	5952
	III	**10896**	5581	5581	III	9558	8258	6998	5774	4590	3446
	V	**23507**	5581	5581	IV	16393	15463	14553	13661	12789	11936
	VI	**24026**	5581	5581							
79235,99	I,IV	**17347**	5581	5581	I	15477	13674	11948	10300	8729	7235
	II	**15670**	5581	5581	II	13859	12125	10469	8889	7387	5962
	III	**10906**	5581	5581	III	9568	8268	7006	5784	4600	3454
	V	**23520**	5581	5581	IV	16407	15477	14566	13674	12802	11948
	VI	**24040**	5581	5581							
79271,99	I,IV	**17361**	5581	5581	I	15490	13687	11961	10312	8740	7245
	II	**15683**	5581	5581	II	13872	12137	10480	8900	7398	5972
	III	**10916**	5581	5581	III	9576	8276	7016	5792	4608	3462
	V	**23534**	5581	5581	IV	16421	15490	14579	13687	12814	11961
	VI	**24053**	5581	5581							
79307,99	I,IV	**17374**	5581	5581	I	15504	13700	11973	10323	8751	7256
	II	**15697**	5581	5581	II	13885	12150	10492	8912	7408	5982
	III	**10926**	5581	5581	III	9586	8286	7024	5802	4616	3470
	V	**23548**	5581	5581	IV	16434	15504	14592	13700	12827	11973
	VI	**24067**	5581	5581							
79343,99	I,IV	**17388**	5581	5581	I	15517	13713	11985	10335	8762	7266
	II	**15710**	5581	5581	II	13898	12162	10504	8923	7419	5993
	III	**10936**	5581	5581	III	9596	8296	7034	5810	4624	3478
	V	**23562**	5581	5581	IV	16448	15517	14605	13713	12839	11985
	VI	**24081**	5581	5581							
79379,99	I,IV	**17402**	5581	5581	I	15530	13725	11997	10347	8773	7277
	II	**15724**	5581	5581	II	13910	12175	10516	8934	7430	6002
	III	**10946**	5581	5581	III	9606	8304	7042	5818	4634	3486
	V	**23575**	5581	5581	IV	16462	15530	14618	13725	12852	11997
	VI	**24094**	5581	5581							
79415,99	I,IV	**17416**	5581	5581	I	15544	13738	12010	10359	8785	7288
	II	**15737**	5581	5581	II	13924	12187	10528	8946	7441	6013
	III	**10956**	5581	5581	III	9616	8314	7052	5828	4642	3494
	V	**23589**	5581	5581	IV	16476	15544	14632	13738	12865	12010
	VI	**24108**	5581	5581							
79451,99	I,IV	**17429**	5581	5581	I	15557	13751	12022	10370	8796	7298
	II	**15750**	5581	5581	II	13936	12199	10539	8957	7451	6023
	III	**10966**	5581	5581	III	9626	8324	7060	5836	4650	3504
	V	**23602**	5581	5581	IV	16489	15557	14644	13751	12877	12022
	VI	**24121**	5581	5581							
79487,99	I,IV	**17443**	5581	5581	I	15571	13764	12034	10382	8807	7309
	II	**15764**	5581	5581	II	13949	12212	10551	8968	7462	6033
	III	**10976**	5581	5581	III	9634	8332	7070	5844	4658	3512
	V	**23616**	5581	5581	IV	16503	15571	14658	13764	12890	12034
	VI	**24135**	5581	5581							

* Zur LSt-Berechnung für privat versicherte Arbeitnehmer s. Beispiele **Vorbemerkung S. 4f.**
** Basisvorsorgepauschale KV und PV *** Typisierter Arbeitgeberzuschuss

Lohn/Gehalt in € bis	Steuerklasse	Lohn-steuer*	BVSP**	TAGZ***	Steuerklasse	Bemessungsgrundlage für Kirchensteuer und Solidaritätszuschlag					
						Freibeträge für ... Kinder					
						0,5	**1,0**	1,5	**2,0**	2,5	**3,0**
79523,99	I,IV	17457	5581	5581	I	15584	13777	12047	10394	8818	7320
	II	15778	5581	5581	II	13962	12224	10563	8979	7473	6043
	III	10986	5581	5581	III	9644	8342	7078	5854	4668	3520
	V	23630	5581	5581	IV	16517	15584	14671	13777	12902	12047
	VI	24149	5581	5581							
79559,99	I,IV	17470	5581	5581	I	15598	13790	12059	10406	8829	7330
	II	15791	5581	5581	II	13975	12236	10575	8990	7483	6053
	III	10996	5581	5581	III	9654	8352	7088	5862	4676	3528
	V	23643	5581	5581	IV	16530	15598	14684	13790	12915	12059
	VI	24163	5581	5581							
79595,99	I,IV	17484	5581	5581	I	15611	13803	12072	10417	8841	7341
	II	15805	5581	5581	II	13988	12249	10587	9002	7494	6063
	III	11004	5581	5581	III	9664	8360	7096	5872	4684	3536
	V	23657	5581	5581	IV	16544	15611	14697	13803	12928	12072
	VI	24176	5581	5581							
79631,99	I,IV	17498	5581	5581	I	15625	13816	12084	10429	8852	7352
	II	15818	5581	5581	II	14001	12261	10599	9013	7505	6074
	III	11016	5581	5581	III	9674	8370	7106	5880	4694	3544
	V	23671	5581	5581	IV	16558	15625	14711	13816	12940	12084
	VI	24190	5581	5581							
79667,99	I,IV	17511	5581	5581	I	15638	13828	12096	10441	8863	7362
	II	15832	5581	5581	II	14014	12274	10610	9024	7515	6084
	III	11026	5581	5581	III	9684	8380	7116	5890	4702	3552
	V	23685	5581	5581	IV	16571	15638	14724	13828	12953	12096
	VI	24204	5581	5581							
79703,99	I,IV	17525	5581	5581	I	15652	13842	12109	10453	8874	7373
	II	15845	5581	5581	II	14027	12286	10622	9036	7526	6094
	III	11034	5581	5581	III	9692	8390	7124	5898	4710	3560
	V	23698	5581	5581	IV	16585	15652	14737	13842	12965	12109
	VI	24218	5581	5581							
79739,99	I,IV	17539	5581	5581	I	15665	13855	12121	10465	8886	7384
	II	15859	5581	5581	II	14040	12299	10634	9047	7537	6104
	III	11046	5581	5581	III	9702	8398	7134	5906	4718	3570
	V	23712	5581	5581	IV	16599	15665	14750	13855	12978	12121
	VI	24231	5581	5581							
79775,99	I,IV	17552	5581	5581	I	15679	13867	12133	10476	8897	7394
	II	15872	5581	5581	II	14053	12311	10646	9058	7548	6114
	III	11054	5581	5581	III	9712	8408	7142	5916	4728	3578
	V	23726	5581	5581	IV	16613	15679	14763	13867	12991	12133
	VI	24245	5581	5581							
79811,99	I,IV	17566	5581	5581	I	15692	13880	12146	10488	8908	7405
	II	15886	5581	5581	II	14066	12323	10658	9070	7558	6124
	III	11064	5581	5581	III	9722	8418	7152	5924	4736	3586
	V	23740	5581	5581	IV	16626	15692	14777	13880	13003	12146
	VI	24259	5581	5581							
79847,99	I,IV	17580	5581	5581	I	15706	13893	12158	10500	8919	7416
	II	15900	5581	5581	II	14079	12336	10670	9081	7569	6135
	III	11074	5581	5581	III	9732	8426	7160	5934	4744	3594
	V	23754	5581	5581	IV	16640	15706	14790	13893	13016	12158
	VI	24273	5581	5581							
79883,99	I,IV	17594	5581	5581	I	15719	13906	12170	10512	8930	7426
	II	15913	5581	5581	II	14092	12348	10682	9092	7580	6145
	III	11084	5581	5581	III	9742	8436	7170	5942	4752	3602
	V	23767	5581	5581	IV	16654	15719	14803	13906	13029	12170
	VI	24286	5581	5581							
79919,99	I,IV	17608	5581	5581	I	15733	13919	12183	10524	8942	7437
	II	15927	5581	5581	II	14105	12361	10694	9104	7591	6155
	III	11094	5581	5581	III	9750	8446	7178	5950	4762	3610
	V	23781	5581	5581	IV	16668	15733	14816	13919	13041	12183
	VI	24300	5581	5581							

*   Zur LSt-Berechnung für privat versicherte Arbeitnehmer s. Beispiele **Vorbemerkung S. 4 f.**
** Basisvorsorgepauschale KV und PV   *** Typisierter Arbeitgeberzuschuss

aT2

Lohn/Gehalt in € bis	Steuerklasse	Lohn-steuer*	BVSP**	TAGZ***	Steuerklasse	0,5	1,0	1,5	2,0	2,5	3,0
79 955,99	I,IV	17 621	5 581	5 581	I	15 746	13 932	12 195	10 536	8 953	7 448
	II	15 940	5 581	5 581	II	14 118	12 373	10 706	9 115	7 602	6 165
	III	11 104	5 581	5 581	III	9 760	8 456	7 188	5 960	4 770	3 618
	V	23 795	5 581	5 581	IV	16 681	15 746	14 830	13 932	13 054	12 195
	VI	24 314	5 581	5 581							
79 991,99	I,IV	17 635	5 581	5 581	I	15 760	13 945	12 208	10 547	8 964	7 458
	II	15 954	5 581	5 581	II	14 131	12 386	10 717	9 126	7 612	6 175
	III	11 114	5 581	5 581	III	9 770	8 464	7 198	5 968	4 778	3 626
	V	23 808	5 581	5 581	IV	16 695	15 760	14 843	13 945	13 067	12 208
	VI	24 327	5 581	5 581							
80 027,99	I,IV	17 649	5 581	5 581	I	15 773	13 958	12 220	10 559	8 976	7 469
	II	15 967	5 581	5 581	II	14 144	12 398	10 729	9 138	7 623	6 186
	III	11 124	5 581	5 581	III	9 780	8 474	7 206	5 978	4 786	3 634
	V	23 822	5 581	5 581	IV	16 709	15 773	14 856	13 958	13 079	12 220
	VI	24 341	5 581	5 581							
80 063,99	I,IV	17 663	5 581	5 581	I	15 787	13 971	12 233	10 571	8 987	7 480
	II	15 981	5 581	5 581	II	14 157	12 411	10 741	9 149	7 634	6 196
	III	11 134	5 581	5 581	III	9 790	8 484	7 216	5 986	4 796	3 644
	V	23 836	5 581	5 581	IV	16 723	15 787	14 869	13 971	13 092	12 233
	VI	24 355	5 581	5 581							
80 099,99	I,IV	17 676	5 581	5 581	I	15 800	13 984	12 245	10 583	8 998	7 490
	II	15 995	5 581	5 581	II	14 170	12 423	10 753	9 160	7 644	6 206
	III	11 144	5 581	5 581	III	9 800	8 492	7 224	5 994	4 804	3 652
	V	23 849	5 581	5 581	IV	16 736	15 800	14 882	13 984	13 105	12 245
	VI	24 368	5 581	5 581							
80 135,99	I,IV	17 690	5 581	5 581	I	15 814	13 997	12 257	10 595	9 009	7 501
	II	16 008	5 581	5 581	II	14 183	12 436	10 765	9 172	7 655	6 216
	III	11 154	5 581	5 581	III	9 808	8 502	7 234	6 004	4 812	3 660
	V	23 863	5 581	5 581	IV	16 750	15 814	14 896	13 997	13 117	12 257
	VI	24 382	5 581	5 581							
80 171,99	I,IV	17 704	5 581	5 581	I	15 828	14 010	12 270	10 607	9 021	7 512
	II	16 022	5 581	5 581	II	14 197	12 448	10 777	9 183	7 666	6 227
	III	11 164	5 581	5 581	III	9 818	8 512	7 242	6 012	4 822	3 668
	V	23 877	5 581	5 581	IV	16 764	15 828	14 909	14 010	13 130	12 270
	VI	24 396	5 581	5 581							
80 207,99	I,IV	17 717	5 581	5 581	I	15 841	14 023	12 282	10 618	9 032	7 523
	II	16 035	5 581	5 581	II	14 209	12 460	10 789	9 194	7 677	6 237
	III	11 174	5 581	5 581	III	9 828	8 520	7 252	6 022	4 830	3 676
	V	23 890	5 581	5 581	IV	16 777	15 841	14 922	14 023	13 143	12 282
	VI	24 410	5 581	5 581							
80 243,99	I,IV	17 731	5 581	5 581	I	15 854	14 036	12 295	10 630	9 043	7 533
	II	16 049	5 581	5 581	II	14 222	12 473	10 801	9 206	7 688	6 247
	III	11 184	5 581	5 581	III	9 838	8 530	7 260	6 030	4 838	3 684
	V	23 904	5 581	5 581	IV	16 791	15 854	14 936	14 036	13 156	12 295
	VI	24 423	5 581	5 581							
80 279,99	I,IV	17 744	5 581	5 581	I	15 868	14 049	12 307	10 642	9 054	7 544
	II	16 062	5 581	5 581	II	14 235	12 485	10 812	9 217	7 698	6 257
	III	11 194	5 581	5 581	III	9 848	8 540	7 270	6 038	4 846	3 692
	V	23 918	5 581	5 581	IV	16 804	15 868	14 949	14 049	13 168	12 307
	VI	24 437	5 581	5 581							
80 315,99	I,IV	17 758	5 581	5 581	I	15 881	14 062	12 319	10 654	9 066	7 555
	II	16 076	5 581	5 581	II	14 248	12 498	10 824	9 228	7 709	6 267
	III	11 204	5 581	5 581	III	9 858	8 548	7 280	6 048	4 856	3 702
	V	23 932	5 581	5 581	IV	16 818	15 881	14 962	14 062	13 181	12 319
	VI	24 451	5 581	5 581							
80 351,99	I,IV	17 772	5 581	5 581	I	15 895	14 075	12 332	10 666	9 077	7 566
	II	16 090	5 581	5 581	II	14 262	12 510	10 837	9 240	7 720	6 278
	III	11 214	5 581	5 581	III	9 866	8 558	7 288	6 056	4 864	3 710
	V	23 945	5 581	5 581	IV	16 832	15 895	14 975	14 075	13 194	12 332
	VI	24 465	5 581	5 581							

Bemessungsgrundlage für Kirchensteuer und Solidaritätszuschlag — Freibeträge für ... Kinder

* Zur LSt-Berechnung für privat versicherte Arbeitnehmer s. Beispiele **Vorbemerkung S. 4 f.**
** Basisvorsorgepauschale KV und PV *** Typisierter Arbeitgeberzuschuss

Lohn/Gehalt in € bis	Steuerklasse	Lohn-steuer*	BVSP**	TAGZ***	Steuerklasse	Bemessungsgrundlage für Kirchensteuer und Solidaritätszuschlag Freibeträge für ... Kinder					
						0,5	**1,0**	1,5	**2,0**	2,5	**3,0**
80 387,99	I,IV	17 786	5 581	5 581	I	15 908	14 088	12 344	10 678	9 088	7 576
	II	16 103	5 581	5 581	II	14 274	12 523	10 848	9 251	7 731	6 288
	III	11 224	5 581	5 581	III	9 876	8 568	7 296	6 066	4 872	3 718
	V	23 959	5 581	5 581	IV	16 846	15 908	14 988	14 088	13 206	12 344
	VI	24 478	5 581	5 581							
80 423,99	I,IV	17 799	5 581	5 581	I	15 922	14 101	12 357	10 690	9 100	7 587
	II	16 117	5 581	5 581	II	14 288	12 535	10 860	9 262	7 742	6 298
	III	11 234	5 581	5 581	III	9 886	8 578	7 306	6 074	4 880	3 726
	V	23 973	5 581	5 581	IV	16 859	15 922	15 002	14 101	13 219	12 357
	VI	24 492	5 581	5 581							
80 459,99	I,IV	17 813	5 581	5 581	I	15 936	14 114	12 369	10 702	9 111	7 598
	II	16 131	5 581	5 581	II	14 301	12 548	10 872	9 274	7 753	6 308
	III	11 244	5 581	5 581	III	9 896	8 586	7 316	6 084	4 890	3 734
	V	23 987	5 581	5 581	IV	16 873	15 936	15 015	14 114	13 232	12 369
	VI	24 506	5 581	5 581							
80 495,99	I,IV	17 827	5 581	5 581	I	15 949	14 127	12 381	10 713	9 122	7 608
	II	16 144	5 581	5 581	II	14 314	12 560	10 884	9 285	7 763	6 318
	III	11 254	5 581	5 581	III	9 906	8 596	7 324	6 092	4 898	3 742
	V	24 000	5 581	5 581	IV	16 887	15 949	15 028	14 127	13 244	12 381
	VI	24 519	5 581	5 581							
80 531,99	I,IV	17 841	5 581	5 581	I	15 963	14 140	12 394	10 725	9 134	7 619
	II	16 158	5 581	5 581	II	14 327	12 573	10 896	9 297	7 774	6 329
	III	11 264	5 581	5 581	III	9 916	8 606	7 334	6 100	4 906	3 750
	V	24 014	5 581	5 581	IV	16 901	15 963	15 042	14 140	13 257	12 394
	VI	24 533	5 581	5 581							
80 567,99	I,IV	17 854	5 581	5 581	I	15 977	14 153	12 407	10 737	9 145	7 630
	II	16 172	5 581	5 581	II	14 340	12 586	10 908	9 308	7 785	6 339
	III	11 274	5 581	5 581	III	9 924	8 614	7 342	6 110	4 916	3 760
	V	24 028	5 581	5 581	IV	16 915	15 977	15 055	14 153	13 270	12 407
	VI	24 547	5 581	5 581							
80 603,99	I,IV	17 868	5 581	5 581	I	15 990	14 166	12 419	10 749	9 156	7 641
	II	16 185	5 581	5 581	II	14 353	12 598	10 920	9 319	7 796	6 349
	III	11 284	5 581	5 581	III	9 934	8 624	7 352	6 118	4 924	3 768
	V	24 041	5 581	5 581	IV	16 928	15 990	15 068	14 166	13 283	12 419
	VI	24 560	5 581	5 581							
80 639,99	I,IV	17 882	5 581	5 581	I	16 004	14 179	12 431	10 761	9 168	7 652
	II	16 199	5 581	5 581	II	14 366	12 610	10 932	9 331	7 807	6 360
	III	11 294	5 581	5 581	III	9 944	8 634	7 362	6 128	4 932	3 776
	V	24 055	5 581	5 581	IV	16 942	16 004	15 082	14 179	13 296	12 431
	VI	24 574	5 581	5 581							
80 675,99	I,IV	17 896	5 581	5 581	I	16 017	14 192	12 444	10 773	9 179	7 663
	II	16 213	5 581	5 581	II	14 379	12 623	10 944	9 342	7 818	6 370
	III	11 304	5 581	5 581	III	9 954	8 642	7 370	6 136	4 940	3 784
	V	24 069	5 581	5 581	IV	16 956	16 017	15 095	14 192	13 308	12 444
	VI	24 588	5 581	5 581							
80 711,99	I,IV	17 909	5 581	5 581	I	16 031	14 205	12 456	10 785	9 190	7 673
	II	16 226	5 581	5 581	II	14 392	12 635	10 956	9 353	7 828	6 380
	III	11 314	5 581	5 581	III	9 964	8 652	7 380	6 144	4 950	3 792
	V	24 082	5 581	5 581	IV	16 969	16 031	15 108	14 205	13 321	12 456
	VI	24 601	5 581	5 581							
80 747,99	I,IV	17 923	5 581	5 581	I	16 045	14 218	12 469	10 797	9 202	7 684
	II	16 240	5 581	5 581	II	14 405	12 648	10 968	9 365	7 839	6 390
	III	11 324	5 581	5 581	III	9 974	8 662	7 388	6 154	4 958	3 800
	V	24 096	5 581	5 581	IV	16 983	16 045	15 122	14 218	13 334	12 469
	VI	24 615	5 581	5 581							
80 783,99	I,IV	17 937	5 581	5 581	I	16 058	14 231	12 481	10 809	9 213	7 695
	II	16 254	5 581	5 581	II	14 419	12 661	10 980	9 376	7 850	6 401
	III	11 334	5 581	5 581	III	9 984	8 672	7 398	6 162	4 966	3 808
	V	24 110	5 581	5 581	IV	16 997	16 058	15 135	14 231	13 347	12 481
	VI	24 629	5 581	5 581							

*   Zur LSt-Berechnung für privat versicherte Arbeitnehmer s. Beispiele **Vorbemerkung S. 4 f.**
** Basisvorsorgepauschale KV und PV   *** Typisierter Arbeitgeberzuschuss

Lohn/ Gehalt in € bis	Steuerklasse	Lohn- steuer*	BVSP**	TAGZ***	Steuerklasse	Bemessungsgrundlage für Kirchensteuer und Solidaritätszuschlag					
						Freibeträge für ... Kinder					
						0,5	1,0	1,5	2,0	2,5	3,0
80 819,99	I,IV	17 950	5 581	5 581	I	16 072	14 244	12 494	10 820	9 224	7 706
	II	16 267	5 581	5 581	II	14 432	12 673	10 992	9 388	7 861	6 411
	III	11 344	5 581	5 581	III	9 992	8 680	7 406	6 172	4 974	3 818
	V	24 124	5 581	5 581	IV	17 010	16 072	15 148	14 244	13 359	12 494
	VI	24 643	5 581	5 581							
80 855,99	I,IV	17 964	5 581	5 581	I	16 085	14 257	12 506	10 832	9 236	7 716
	II	16 281	5 581	5 581	II	14 445	12 686	11 004	9 399	7 872	6 421
	III	11 354	5 581	5 581	III	10 002	8 690	7 416	6 180	4 984	3 826
	V	24 137	5 581	5 581	IV	17 024	16 085	15 162	14 257	13 372	12 506
	VI	24 657	5 581	5 581							
80 891,99	I,IV	17 978	5 581	5 581	I	16 099	14 270	12 519	10 845	9 247	7 727
	II	16 295	5 581	5 581	II	14 458	12 698	11 016	9 411	7 883	6 432
	III	11 364	5 581	5 581	III	10 012	8 700	7 426	6 190	4 992	3 834
	V	24 151	5 581	5 581	IV	17 038	16 099	15 175	14 270	13 385	12 519
	VI	24 670	5 581	5 581							
80 927,99	I,IV	17 991	5 581	5 581	I	16 112	14 283	12 531	10 856	9 259	7 738
	II	16 308	5 581	5 581	II	14 471	12 711	11 028	9 422	7 893	6 442
	III	11 374	5 581	5 581	III	10 022	8 708	7 434	6 198	5 000	3 842
	V	24 165	5 581	5 581	IV	17 051	16 112	15 188	14 283	13 398	12 531
	VI	24 684	5 581	5 581							
80 963,99	I,IV	18 005	5 581	5 581	I	16 126	14 296	12 544	10 868	9 270	7 749
	II	16 322	5 581	5 581	II	14 484	12 723	11 040	9 434	7 904	6 452
	III	11 384	5 581	5 581	III	10 032	8 718	7 444	6 208	5 010	3 850
	V	24 179	5 581	5 581	IV	17 065	16 126	15 202	14 296	13 410	12 544
	VI	24 698	5 581	5 581							
80 999,99	I,IV	18 019	5 581	5 581	I	16 140	14 310	12 556	10 880	9 282	7 760
	II	16 336	5 581	5 581	II	14 497	12 736	11 052	9 445	7 915	6 463
	III	11 394	5 581	5 581	III	10 042	8 728	7 452	6 216	5 018	3 858
	V	24 192	5 581	5 581	IV	17 079	16 140	15 215	14 310	13 423	12 556
	VI	24 712	5 581	5 581							
81 035,99	I,IV	18 033	5 581	5 581	I	16 153	14 322	12 569	10 892	9 293	7 770
	II	16 349	5 581	5 581	II	14 510	12 748	11 064	9 456	7 926	6 473
	III	11 404	5 581	5 581	III	10 052	8 738	7 462	6 224	5 026	3 866
	V	24 206	5 581	5 581	IV	17 093	16 153	15 228	14 322	13 436	12 569
	VI	24 725	5 581	5 581							
81 071,99	I,IV	18 046	5 581	5 581	I	16 167	14 336	12 581	10 904	9 304	7 781
	II	16 363	5 581	5 581	II	14 524	12 761	11 076	9 468	7 937	6 483
	III	11 414	5 581	5 581	III	10 062	8 746	7 472	6 234	5 036	3 876
	V	24 220	5 581	5 581	IV	17 106	16 167	15 242	14 336	13 449	12 581
	VI	24 739	5 581	5 581							
81 107,99	I,IV	18 060	5 581	5 581	I	16 181	14 348	12 594	10 916	9 315	7 792
	II	16 377	5 581	5 581	II	14 536	12 773	11 088	9 479	7 948	6 493
	III	11 424	5 581	5 581	III	10 070	8 756	7 480	6 242	5 044	3 884
	V	24 233	5 581	5 581	IV	17 120	16 181	15 255	14 348	13 461	12 594
	VI	24 752	5 581	5 581							
81 143,99	I,IV	18 074	5 581	5 581	I	16 194	14 362	12 606	10 928	9 327	7 803
	II	16 390	5 581	5 581	II	14 550	12 786	11 100	9 491	7 959	6 504
	III	11 434	5 581	5 581	III	10 080	8 766	7 490	6 252	5 052	3 892
	V	24 247	5 581	5 581	IV	17 134	16 194	15 268	14 362	13 474	12 606
	VI	24 766	5 581	5 581							
81 179,99	I,IV	18 088	5 581	5 581	I	16 208	14 375	12 619	10 940	9 338	7 814
	II	16 404	5 581	5 581	II	14 563	12 799	11 112	9 502	7 970	6 514
	III	11 444	5 581	5 581	III	10 090	8 776	7 498	6 260	5 062	3 900
	V	24 261	5 581	5 581	IV	17 148	16 208	15 282	14 375	13 487	12 619
	VI	24 780	5 581	5 581							
81 215,99	I,IV	18 101	5 581	5 581	I	16 222	14 388	12 631	10 952	9 350	7 824
	II	16 418	5 581	5 581	II	14 576	12 811	11 124	9 513	7 980	6 524
	III	11 454	5 581	5 581	III	10 100	8 784	7 508	6 270	5 070	3 908
	V	24 274	5 581	5 581	IV	17 161	16 222	15 295	14 388	13 500	12 631
	VI	24 793	5 581	5 581							

* Zur LSt-Berechnung für privat versicherte Arbeitnehmer s. Beispiele **Vorbemerkung S. 4 f.**
** Basisvorsorgepauschale KV und PV *** Typisierter Arbeitgeberzuschuss

Lohn/ Gehalt in € bis	Steuerklasse	Lohn- steuer*	BVSP**	TAGZ***	Steuerklasse	Bemessungsgrundlage für Kirchensteuer und Solidaritätszuschlag					
						Freibeträge für ... Kinder					
						0,5	1,0	1,5	2,0	2,5	3,0
81 251,99	I,IV	18 115	5581	5581	I	16 235	14 401	12 644	10 964	9 361	7 835
	II	16 432	5581	5581	II	14 589	12 824	11 136	9 525	7 991	6 535
	III	11 464	5581	5581	III	10 110	8 794	7 516	6 278	5 078	3 916
	V	24 288	5581	5581	IV	17 175	16 235	15 309	14 401	13 513	12 644
	VI	24 807	5581	5581							
81 287,99	I,IV	18 129	5581	5581	I	16 249	14 414	12 657	10 976	9 373	7 846
	II	16 445	5581	5581	II	14 602	12 837	11 148	9 537	8 002	6 545
	III	11 474	5581	5581	III	10 120	8 804	7 526	6 288	5 088	3 926
	V	24 302	5581	5581	IV	17 189	16 249	15 322	14 414	13 526	12 657
	VI	24 821	5581	5581							
81 323,99	I,IV	18 142	5581	5581	I	16 263	14 427	12 669	10 988	9 384	7 857
	II	16 459	5581	5581	II	14 615	12 849	11 160	9 548	8 013	6 555
	III	11 484	5581	5581	III	10 130	8 812	7 536	6 296	5 096	3 934
	V	24 315	5581	5581	IV	17 202	16 263	15 335	14 427	13 538	12 669
	VI	24 835	5581	5581							
81 359,99	I,IV	18 156	5581	5581	I	16 276	14 440	12 682	11 000	9 395	7 868
	II	16 473	5581	5581	II	14 629	12 862	11 172	9 560	8 024	6 566
	III	11 494	5581	5581	III	10 138	8 822	7 544	6 304	5 104	3 942
	V	24 329	5581	5581	IV	17 216	16 276	15 349	14 440	13 551	12 682
	VI	24 848	5581	5581							
81 395,99	I,IV	18 170	5581	5581	I	16 290	14 454	12 694	11 012	9 407	7 879
	II	16 487	5581	5581	II	14 642	12 875	11 184	9 571	8 035	6 576
	III	11 504	5581	5581	III	10 148	8 832	7 554	6 314	5 114	3 950
	V	24 343	5581	5581	IV	17 230	16 290	15 362	14 454	13 564	12 694
	VI	24 862	5581	5581							
81 431,99	I,IV	18 183	5581	5581	I	16 304	14 466	12 707	11 024	9 418	7 890
	II	16 500	5581	5581	II	14 655	12 887	11 196	9 582	8 046	6 587
	III	11 514	5581	5581	III	10 158	8 842	7 562	6 322	5 122	3 958
	V	24 357	5581	5581	IV	17 243	16 304	15 375	14 466	13 577	12 707
	VI	24 876	5581	5581							
81 467,99	I,IV	18 197	5581	5581	I	16 317	14 480	12 719	11 036	9 430	7 901
	II	16 514	5581	5581	II	14 668	12 900	11 208	9 594	8 057	6 597
	III	11 524	5581	5581	III	10 168	8 850	7 572	6 332	5 130	3 966
	V	24 370	5581	5581	IV	17 257	16 317	15 389	14 480	13 590	12 719
	VI	24 890	5581	5581							
81 503,99	I,IV	18 211	5581	5581	I	16 331	14 493	12 732	11 048	9 441	7 912
	II	16 528	5581	5581	II	14 682	12 912	11 220	9 606	8 068	6 607
	III	11 534	5581	5581	III	10 178	8 860	7 582	6 340	5 138	3 976
	V	24 384	5581	5581	IV	17 271	16 331	15 402	14 493	13 603	12 732
	VI	24 903	5581	5581							
81 539,99	I,IV	18 224	5581	5581	I	16 345	14 506	12 744	11 060	9 452	7 922
	II	16 541	5581	5581	II	14 695	12 925	11 232	9 617	8 079	6 618
	III	11 544	5581	5581	III	10 188	8 870	7 590	6 350	5 148	3 984
	V	24 398	5581	5581	IV	17 285	16 345	15 416	14 506	13 615	12 744
	VI	24 917	5581	5581							
81 575,99	I,IV	18 238	5581	5581	I	16 359	14 519	12 757	11 072	9 464	7 933
	II	16 555	5581	5581	II	14 708	12 938	11 244	9 629	8 090	6 628
	III	11 554	5581	5581	III	10 198	8 880	7 600	6 358	5 156	3 992
	V	24 412	5581	5581	IV	17 298	16 359	15 429	14 519	13 628	12 757
	VI	24 931	5581	5581							
81 611,99	I,IV	18 252	5581	5581	I	16 372	14 532	12 770	11 084	9 476	7 944
	II	16 569	5581	5581	II	14 721	12 950	11 257	9 640	8 101	6 639
	III	11 564	5581	5581	III	10 208	8 888	7 608	6 368	5 164	4 000
	V	24 426	5581	5581	IV	17 312	16 372	15 443	14 532	13 641	12 770
	VI	24 945	5581	5581							
81 647,99	I,IV	18 266	5581	5581	I	16 386	14 545	12 782	11 096	9 487	7 955
	II	16 582	5581	5581	II	14 734	12 963	11 268	9 651	8 112	6 649
	III	11 574	5581	5581	III	10 216	8 898	7 618	6 376	5 174	4 008
	V	24 439	5581	5581	IV	17 326	16 386	15 456	14 545	13 654	12 782
	VI	24 958	5581	5581							

* Zur LSt-Berechnung für privat versicherte Arbeitnehmer s. Beispiele **Vorbemerkung S. 4 f.**
** Basisvorsorgepauschale KV und PV *** Typisierter Arbeitgeberzuschuss

Lohn/ Gehalt in € bis	Steuerklasse	Lohn- steuer*	BVSP**	TAGZ***	Steuerklasse	Bemessungsgrundlage für Kirchensteuer und Solidaritätszuschlag					
						Freibeträge für ... Kinder					
						0,5	1,0	1,5	2,0	2,5	3,0
81 683,99	I,IV	18 280	5 581	5 581	I	16 400	14 559	12 795	11 108	9 498	7 966
	II	16 596	5 581	5 581	II	14 747	12 975	11 281	9 663	8 123	6 659
	III	11 584	5 581	5 581	III	10 226	8 908	7 626	6 386	5 182	4 018
	V	24 453	5 581	5 581	IV	17 340	16 400	15 469	14 559	13 667	12 795
	VI	24 972	5 581								
81 719,99	I,IV	18 293	5 581	5 581	I	16 413	14 572	12 807	11 120	9 510	7 977
	II	16 610	5 581	5 581	II	14 761	12 988	11 293	9 675	8 134	6 670
	III	11 594	5 581	5 581	III	10 236	8 918	7 636	6 394	5 190	4 026
	V	24 467	5 581	5 581	IV	17 353	16 413	15 483	14 572	13 680	12 807
	VI	24 986	5 581								
81 755,99	I,IV	18 307	5 581	5 581	I	16 427	14 585	12 820	11 132	9 521	7 988
	II	16 623	5 581	5 581	II	14 774	13 001	11 305	9 686	8 144	6 680
	III	11 604	5 581	5 581	III	10 246	8 926	7 646	6 404	5 200	4 034
	V	24 480	5 581	5 581	IV	17 367	16 427	15 496	14 585	13 693	12 820
	VI	24 999	5 581								
81 791,99	I,IV	18 321	5 581	5 581	I	16 441	14 598	12 832	11 144	9 533	7 999
	II	16 637	5 581	5 581	II	14 787	13 013	11 317	9 698	8 155	6 691
	III	11 614	5 581	5 581	III	10 256	8 936	7 654	6 412	5 208	4 042
	V	24 494	5 581	5 581	IV	17 381	16 441	15 510	14 598	13 706	12 832
	VI	25 013	5 581								
81 827,99	I,IV	18 334	5 581	5 581	I	16 454	14 611	12 845	11 156	9 544	8 009
	II	16 651	5 581	5 581	II	14 800	13 026	11 329	9 709	8 166	6 701
	III	11 624	5 581	5 581	III	10 266	8 946	7 664	6 420	5 216	4 050
	V	24 507	5 581	5 581	IV	17 394	16 454	15 523	14 611	13 718	12 845
	VI	25 027	5 581								
81 863,99	I,IV	18 348	5 581	5 581	I	16 468	14 624	12 858	11 168	9 556	8 020
	II	16 665	5 581	5 581	II	14 813	13 039	11 341	9 721	8 177	6 711
	III	11 634	5 581	5 581	III	10 276	8 956	7 674	6 430	5 226	4 060
	V	24 521	5 581	5 581	IV	17 408	16 468	15 537	14 624	13 731	12 858
	VI	25 040	5 581								
81 899,99	I,IV	18 362	5 581	5 581	I	16 482	14 638	12 870	11 180	9 567	8 031
	II	16 678	5 581	5 581	II	14 827	13 051	11 353	9 732	8 188	6 722
	III	11 644	5 581	5 581	III	10 286	8 964	7 682	6 438	5 234	4 068
	V	24 535	5 581	5 581	IV	17 422	16 482	15 550	14 638	13 744	12 870
	VI	25 054	5 581								
81 935,99	I,IV	18 375	5 581	5 581	I	16 495	14 650	12 883	11 192	9 579	8 042
	II	16 692	5 581	5 581	II	14 840	13 064	11 365	9 744	8 199	6 732
	III	11 654	5 581	5 581	III	10 294	8 974	7 692	6 448	5 242	4 076
	V	24 549	5 581	5 581	IV	17 435	16 495	15 563	14 650	13 757	12 883
	VI	25 068	5 581								
81 971,99	I,IV	18 389	5 581	5 581	I	16 509	14 664	12 895	11 204	9 590	8 053
	II	16 706	5 581	5 581	II	14 853	13 077	11 377	9 755	8 210	6 743
	III	11 664	5 581	5 581	III	10 304	8 984	7 700	6 456	5 252	4 084
	V	24 562	5 581	5 581	IV	17 449	16 509	15 577	14 664	13 770	12 895
	VI	25 082	5 581								
82 007,99	I,IV	18 403	5 581	5 581	I	16 523	14 677	12 908	11 216	9 602	8 064
	II	16 720	5 581	5 581	II	14 867	13 090	11 390	9 767	8 221	6 753
	III	11 674	5 581	5 581	III	10 314	8 992	7 710	6 466	5 260	4 092
	V	24 576	5 581	5 581	IV	17 463	16 523	15 591	14 677	13 783	12 908
	VI	25 095	5 581								
82 043,99	I,IV	18 416	5 581	5 581	I	16 537	14 690	12 921	11 228	9 613	8 075
	II	16 733	5 581	5 581	II	14 880	13 102	11 402	9 778	8 232	6 763
	III	11 684	5 581	5 581	III	10 324	9 002	7 718	6 474	5 268	4 100
	V	24 590	5 581	5 581	IV	17 476	16 537	15 604	14 690	13 796	12 921
	VI	25 109	5 581								
82 079,99	I,IV	18 430	5 581	5 581	I	16 550	14 703	12 933	11 240	9 625	8 086
	II	16 747	5 581	5 581	II	14 893	13 115	11 414	9 790	8 243	6 774
	III	11 696	5 581	5 581	III	10 334	9 012	7 728	6 484	5 278	4 110
	V	24 604	5 581	5 581	IV	17 490	16 550	15 617	14 703	13 809	12 933
	VI	25 123	5 581								

* Zur LSt-Berechnung für privat versicherte Arbeitnehmer s. Beispiele **Vorbemerkung S. 4 f.**
** Basisvorsorgepauschale KV und PV *** Typisierter Arbeitgeberzuschuss

Lohn/ Gehalt in € bis	Steuerklasse	Lohn-steuer*	BVSP**	TAGZ***	Steuerklasse	Bemessungsgrundlage für Kirchensteuer und Solidaritätszuschlag Freibeträge für ... Kinder					
						0,5	**1,0**	1,5	**2,0**	2,5	**3,0**
82 115,99	I,IV	**18 444**	5581	5581	I	16 564	14 717	12 946	11 253	9 636	8 097
	II	**16 761**	5581	5581	II	14 906	13 128	11 426	9 802	8 254	6 784
	III	**11 704**	5581	5581	III	10 344	9 022	7 738	6 492	5 286	4 118
	V	**24 617**	5581	5581	IV	17 504	16 564	15 631	14 717	13 822	12 946
	VI	**25 137**	5581	5581							
82 151,99	I,IV	**18 458**	5581	5581	I	16 578	14 730	12 958	11 264	9 648	8 108
	II	**16 774**	5581	5581	II	14 919	13 140	11 438	9 813	8 265	6 795
	III	**11 714**	5581	5581	III	10 354	9 030	7 746	6 502	5 294	4 126
	V	**24 631**	5581	5581	IV	17 518	16 578	15 644	14 730	13 834	12 958
	VI	**25 150**	5581	5581							
82 187,99	I,IV	**18 471**	5581	5581	I	16 592	14 743	12 971	11 277	9 659	8 119
	II	**16 788**	5581	5581	II	14 933	13 153	11 450	9 825	8 276	6 805
	III	**11 726**	5581	5581	III	10 364	9 040	7 756	6 510	5 304	4 134
	V	**24 645**	5581	5581	IV	17 531	16 592	15 658	14 743	13 847	12 971
	VI	**25 164**	5581	5581							
82 223,99	I,IV	**18 485**	5581	5581	I	16 605	14 756	12 984	11 289	9 671	8 130
	II	**16 802**	5581	5581	II	14 946	13 166	11 462	9 836	8 287	6 816
	III	**11 736**	5581	5581	III	10 374	9 050	7 766	6 520	5 312	4 142
	V	**24 659**	5581	5581	IV	17 545	16 605	15 671	14 756	13 861	12 984
	VI	**25 178**	5581	5581							
82 259,99	I,IV	**18 499**	5581	5581	I	16 619	14 769	12 996	11 301	9 682	8 141
	II	**16 815**	5581	5581	II	14 959	13 178	11 474	9 848	8 298	6 826
	III	**11 746**	5581	5581	III	10 382	9 060	7 774	6 528	5 320	4 150
	V	**24 672**	5581	5581	IV	17 559	16 619	15 685	14 769	13 873	12 996
	VI	**25 191**	5581	5581							
82 295,99	I,IV	**18 513**	5581	5581	I	16 633	14 783	13 009	11 313	9 694	8 152
	II	**16 829**	5581	5581	II	14 973	13 191	11 487	9 859	8 309	6 837
	III	**11 756**	5581	5581	III	10 394	9 070	7 784	6 538	5 330	4 160
	V	**24 686**	5581	5581	IV	17 573	16 633	15 698	14 783	13 886	13 009
	VI	**25 205**	5581	5581							
82 331,99	I,IV	**18 526**	5581	5581	I	16 647	14 796	13 022	11 325	9 705	8 163
	II	**16 843**	5581	5581	II	14 986	13 204	11 499	9 871	8 321	6 847
	III	**11 766**	5581	5581	III	10 402	9 078	7 792	6 546	5 338	4 168
	V	**24 700**	5581	5581	IV	17 587	16 647	15 712	14 796	13 899	13 022
	VI	**25 219**	5581	5581							
82 367,99	I,IV	**18 540**	5581	5581	I	16 660	14 809	13 034	11 337	9 717	8 174
	II	**16 857**	5581	5581	II	14 999	13 216	11 511	9 883	8 331	6 857
	III	**11 776**	5581	5581	III	10 412	9 088	7 802	6 554	5 346	4 176
	V	**24 713**	5581	5581	IV	17 600	16 660	15 725	14 809	13 912	13 034
	VI	**25 232**	5581	5581							
82 403,99	I,IV	**18 554**	5581	5581	I	16 674	14 822	13 047	11 349	9 728	8 185
	II	**16 870**	5581	5581	II	15 012	13 229	11 523	9 894	8 343	6 868
	III	**11 786**	5581	5581	III	10 422	9 098	7 812	6 564	5 356	4 184
	V	**24 727**	5581	5581	IV	17 614	16 674	15 739	14 822	13 925	13 047
	VI	**25 246**	5581	5581							
82 439,99	I,IV	**18 568**	5581	5581	I	16 688	14 836	13 060	11 361	9 740	8 196
	II	**16 884**	5581	5581	II	15 026	13 242	11 535	9 906	8 354	6 879
	III	**11 796**	5581	5581	III	10 432	9 108	7 820	6 572	5 364	4 194
	V	**24 741**	5581	5581	IV	17 628	16 688	15 753	14 836	13 938	13 060
	VI	**25 260**	5581	5581							
82 475,99	I,IV	**18 581**	5581	5581	I	16 701	14 849	13 072	11 373	9 751	8 207
	II	**16 898**	5581	5581	II	15 039	13 255	11 547	9 917	8 365	6 889
	III	**11 806**	5581	5581	III	10 442	9 116	7 830	6 582	5 372	4 202
	V	**24 754**	5581	5581	IV	17 641	16 701	15 766	14 849	13 951	13 072
	VI	**25 273**	5581	5581							
82 511,99	I,IV	**18 595**	5581	5581	I	16 715	14 862	13 085	11 386	9 763	8 218
	II	**16 912**	5581	5581	II	15 052	13 267	11 560	9 929	8 376	6 899
	III	**11 816**	5581	5581	III	10 452	9 126	7 840	6 592	5 382	4 210
	V	**24 768**	5581	5581	IV	17 655	16 715	15 779	14 862	13 964	13 085
	VI	**25 287**	5581	5581							

* Zur LSt-Berechnung für privat versicherte Arbeitnehmer s. Beispiele **Vorbemerkung S. 4f.**
** Basisvorsorgepauschale KV und PV   *** Typisierter Arbeitgeberzuschuss

Lohn/ Gehalt in € bis	Steuerklasse	Lohn- steuer*	BVSP**	TAGZ***	Steuerklasse	Bemessungsgrundlage für Kirchensteuer und Solidaritätszuschlag					
						Freibeträge für ... Kinder					
						0,5	1,0	1,5	2,0	2,5	3,0
82 547,99	I,IV	18 609	5 581	5 581	I	16 729	14 875	13 098	11 398	9 775	8 229
	II	16 925	5 581	5 581	II	15 066	13 280	11 572	9 941	8 387	6 910
	III	11 826	5 581	5 581	III	10 462	9 136	7 848	6 600	5 390	4 218
	V	24 782	5 581	5 581	IV	17 669	16 729	15 793	14 875	13 977	13 098
	VI	25 301	5 581								
82 583,99	I,IV	18 622	5 581	5 581	I	16 742	14 888	13 110	11 410	9 786	8 240
	II	16 939	5 581	5 581	II	15 079	13 293	11 584	9 952	8 398	6 920
	III	11 836	5 581	5 581	III	10 472	9 146	7 858	6 608	5 398	4 226
	V	24 796	5 581	5 581	IV	17 682	16 742	15 806	14 888	13 990	13 110
	VI	25 315	5 581								
82 619,99	I,IV	18 636	5 581	5 581	I	16 756	14 902	13 123	11 422	9 798	8 251
	II	16 953	5 581	5 581	II	15 092	13 306	11 596	9 964	8 409	6 931
	III	11 846	5 581	5 581	III	10 482	9 154	7 868	6 618	5 408	4 236
	V	24 809	5 581	5 581	IV	17 696	16 756	15 820	14 902	14 003	13 123
	VI	25 329	5 581								
82 655,99	I,IV	18 650	5 581	5 581	I	16 770	14 915	13 136	11 434	9 809	8 262
	II	16 966	5 581	5 581	II	15 105	13 318	11 608	9 975	8 420	6 941
	III	11 856	5 581	5 581	III	10 490	9 164	7 876	6 626	5 416	4 244
	V	24 823	5 581	5 581	IV	17 710	16 770	15 833	14 915	14 016	13 136
	VI	25 342	5 581								
82 691,99	I,IV	18 663	5 581	5 581	I	16 783	14 928	13 149	11 446	9 821	8 273
	II	16 980	5 581	5 581	II	15 119	13 331	11 621	9 987	8 431	6 952
	III	11 866	5 581	5 581	III	10 500	9 174	7 886	6 636	5 424	4 252
	V	24 837	5 581	5 581	IV	17 723	16 783	15 847	14 928	14 029	13 149
	VI	25 356	5 581								
82 727,99	I,IV	18 677	5 581	5 581	I	16 797	14 942	13 161	11 458	9 832	8 284
	II	16 994	5 581	5 581	II	15 132	13 344	11 633	9 999	8 442	6 962
	III	11 876	5 581	5 581	III	10 510	9 184	7 894	6 644	5 434	4 260
	V	24 851	5 581	5 581	IV	17 737	16 797	15 861	14 942	14 042	13 161
	VI	25 370	5 581								
82 763,99	I,IV	18 691	5 581	5 581	I	16 811	14 955	13 174	11 470	9 844	8 295
	II	17 007	5 581	5 581	II	15 145	13 356	11 645	10 010	8 453	6 973
	III	11 886	5 581	5 581	III	10 520	9 192	7 904	6 654	5 442	4 268
	V	24 864	5 581	5 581	IV	17 751	16 811	15 874	14 955	14 055	13 174
	VI	25 383	5 581								
82 799,99	I,IV	18 705	5 581	5 581	I	16 825	14 968	13 187	11 483	9 856	8 306
	II	17 021	5 581	5 581	II	15 159	13 369	11 657	10 022	8 464	6 983
	III	11 896	5 581	5 581	III	10 530	9 202	7 914	6 662	5 450	4 278
	V	24 878	5 581	5 581	IV	17 765	16 825	15 888	14 968	14 068	13 187
	VI	25 397	5 581								
82 835,99	I,IV	18 718	5 581	5 581	I	16 838	14 982	13 200	11 495	9 867	8 317
	II	17 035	5 581	5 581	II	15 172	13 382	11 669	10 034	8 475	6 994
	III	11 906	5 581	5 581	III	10 540	9 212	7 922	6 672	5 460	4 286
	V	24 892	5 581	5 581	IV	17 778	16 838	15 901	14 982	14 081	13 200
	VI	25 411	5 581								
82 871,99	I,IV	18 732	5 581	5 581	I	16 852	14 995	13 212	11 507	9 879	8 328
	II	17 048	5 581	5 581	II	15 185	13 395	11 681	10 045	8 486	7 004
	III	11 916	5 581	5 581	III	10 550	9 222	7 932	6 680	5 468	4 294
	V	24 905	5 581	5 581	IV	17 792	16 852	15 915	14 995	14 094	13 212
	VI	25 424	5 581								
82 907,99	I,IV	18 746	5 581	5 581	I	16 866	15 008	13 225	11 519	9 890	8 339
	II	17 062	5 581	5 581	II	15 199	13 408	11 694	10 057	8 497	7 015
	III	11 926	5 581	5 581	III	10 560	9 230	7 940	6 690	5 476	4 302
	V	24 919	5 581	5 581	IV	17 806	16 866	15 928	15 008	14 107	13 225
	VI	25 438	5 581								
82 943,99	I,IV	18 760	5 581	5 581	I	16 880	15 021	13 238	11 531	9 902	8 350
	II	17 076	5 581	5 581	II	15 212	13 421	11 706	10 069	8 509	7 026
	III	11 938	5 581	5 581	III	10 570	9 240	7 950	6 698	5 486	4 312
	V	24 933	5 581	5 581	IV	17 820	16 880	15 942	15 021	14 120	13 238
	VI	25 452	5 581								

* Zur LSt-Berechnung für privat versicherte Arbeitnehmer s. Beispiele **Vorbemerkung S. 4 f.**
** Basisvorsorgepauschale KV und PV *** Typisierter Arbeitgeberzuschuss

Lohn/ Gehalt in € bis	Steuerklasse	Lohn- steuer*	BVSP**	TAGZ***	Steuerklasse	Bemessungsgrundlage für Kirchensteuer und Solidaritätszuschlag					
						Freibeträge für ... Kinder					
						0,5	**1,0**	1,5	**2,0**	2,5	**3,0**
82 979,99	I,IV	18 773	5581	5581	I	16 893	15 034	13 250	11 543	9913	8361
	II	17 090	5581	5581	II	15 225	13 433	11 718	10 080	8520	7036
	III	11 948	5581	5581	III	10 580	9 250	7 960	6 708	5494	4320
	V	24 946	5581	5581	IV	17 833	16 893	15 955	15 034	14 133	13 250
	VI	25 465	5581	5581							
83 015,99	I,IV	18 787	5581	5581	I	16 907	15 048	13 263	11 556	9925	8372
	II	17 104	5581	5581	II	15 239	13 446	11 730	10 092	8531	7047
	III	11 958	5581	5581	III	10 590	9 260	7 968	6 716	5502	4328
	V	24 960	5581	5581	IV	17 847	16 907	15 969	15 048	14 146	13 263
	VI	25 479	5581	5581							
83 051,99	I,IV	18 801	5581	5581	I	16 921	15 061	13 276	11 568	9937	8383
	II	17 117	5581	5581	II	15 252	13 459	11 743	10 104	8542	7057
	III	11 968	5581	5581	III	10 600	9 270	7 978	6 726	5512	4336
	V	24 974	5581	5581	IV	17 861	16 921	15 983	15 061	14 159	13 276
	VI	25 493	5581	5581							
83 087,99	I,IV	18 814	5581	5581	I	16 934	15 074	13 288	11 580	9948	8394
	II	17 131	5581	5581	II	15 266	13 472	11 755	10 115	8553	7068
	III	11 978	5581	5581	III	10 610	9 278	7 988	6 734	5520	4344
	V	24 987	5581	5581	IV	17 874	16 934	15 996	15 074	14 172	13 288
	VI	25 507	5581	5581							
83 123,99	I,IV	18 828	5581	5581	I	16 948	15 088	13 301	11 592	9960	8405
	II	17 145	5581	5581	II	15 279	13 485	11 767	10 127	8564	7078
	III	11 988	5581	5581	III	10 618	9 288	7 996	6 744	5528	4352
	V	25 001	5581	5581	IV	17 888	16 948	16 010	15 088	14 185	13 301
	VI	25 520	5581	5581							
83 159,99	I,IV	18 842	5581	5581	I	16 962	15 101	13 314	11 604	9972	8416
	II	17 159	5581	5581	II	15 293	13 497	11 780	10 139	8575	7089
	III	11 998	5581	5581	III	10 628	9 298	8 006	6 752	5538	4362
	V	25 015	5581	5581	IV	17 902	16 962	16 024	15 101	14 198	13 314
	VI	25 534	5581	5581							
83 195,99	I,IV	18 855	5581	5581	I	16 975	15 114	13 327	11 616	9983	8427
	II	17 172	5581	5581	II	15 306	13 510	11 792	10 150	8586	7099
	III	12 008	5581	5581	III	10 638	9 308	8 016	6 762	5546	4370
	V	25 029	5581	5581	IV	17 915	16 975	16 037	15 114	14 211	13 327
	VI	25 548	5581	5581							
83 231,99	I,IV	18 869	5581	5581	I	16 989	15 128	13 340	11 629	9995	8438
	II	17 186	5581	5581	II	15 319	13 523	11 804	10 162	8597	7110
	III	12 018	5581	5581	III	10 648	9 318	8 024	6 770	5556	4378
	V	25 042	5581	5581	IV	17 929	16 989	16 051	15 128	14 224	13 340
	VI	25 562	5581	5581							
83 267,99	I,IV	18 883	5581	5581	I	17 003	15 141	13 353	11 641	10 007	8450
	II	17 200	5581	5581	II	15 333	13 536	11 816	10 174	8609	7121
	III	12 028	5581	5581	III	10 658	9 328	8 034	6 780	5564	4388
	V	25 056	5581	5581	IV	17 943	17 003	16 065	15 141	14 237	13 353
	VI	25 575	5581	5581							
83 303,99	I,IV	18 896	5581	5581	I	17 017	15 154	13 365	11 653	10 018	8460
	II	17 213	5581	5581	II	15 346	13 549	11 828	10 185	8620	7131
	III	12 038	5581	5581	III	10 668	9 336	8 044	6 788	5572	4396
	V	25 070	5581	5581	IV	17 957	17 017	16 078	15 154	14 250	13 365
	VI	25 589	5581	5581							
83 339,99	I,IV	18 910	5581	5581	I	17 030	15 168	13 378	11 665	10 030	8472
	II	17 227	5581	5581	II	15 359	13 562	11 841	10 197	8631	7142
	III	12 048	5581	5581	III	10 678	9 346	8 052	6 798	5582	4404
	V	25 084	5581	5581	IV	17 970	17 030	16 092	15 168	14 263	13 378
	VI	25 603	5581	5581							
83 375,99	I,IV	18 924	5581	5581	I	17 044	15 181	13 391	11 678	10 042	8483
	II	17 241	5581	5581	II	15 373	13 574	11 853	10 209	8642	7152
	III	12 058	5581	5581	III	10 688	9 356	8 062	6 806	5590	4412
	V	25 098	5581	5581	IV	17 984	17 044	16 105	15 181	14 276	13 391
	VI	25 617	5581	5581							

*   Zur LSt-Berechnung für privat versicherte Arbeitnehmer s. Beispiele **Vorbemerkung S. 4 f.**
** Basisvorsorgepauschale KV und PV   *** Typisierter Arbeitgeberzuschuss

Lohn/ Gehalt in € bis	Steuerklasse	Lohn-steuer*	BVSP**	TAGZ***	Steuerklasse	Bemessungsgrundlage für Kirchensteuer und Solidaritätszuschlag					
						Freibeträge für ... Kinder					
						0,5	1,0	1,5	2,0	2,5	3,0
83411,99	I,IV	**18938**	5581	5581	I	17058	15194	13403	11690	10053	8494
	II	**17254**	5581	5581	II	15386	13587	11865	10221	8653	7163
	III	**12068**	5581	5581	III	10698	9366	8072	6816	5598	4420
	V	**25111**	5581	5581	IV	17998	17058	16119	15194	14289	13403
	VI	**25630**	5581	5581							
83447,99	I,IV	**18952**	5581	5581	I	17072	15208	13416	11702	10065	8505
	II	**17268**	5581	5581	II	15400	13600	11878	10232	8664	7174
	III	**12078**	5581	5581	III	10708	9374	8080	6824	5608	4428
	V	**25125**	5581	5581	IV	18012	17072	16133	15208	14302	13416
	VI	**25644**	5581	5581							
83483,99	I,IV	**18965**	5581	5581	I	17085	15221	13429	11714	10076	8516
	II	**17282**	5581	5581	II	15413	13613	11890	10244	8675	7184
	III	**12088**	5581	5581	III	10718	9384	8090	6834	5616	4438
	V	**25138**	5581	5581	IV	18025	17085	16146	15221	14315	13429
	VI	**25657**	5581	5581							
83519,99	I,IV	**18979**	5581	5581	I	17099	15234	13442	11726	10088	8527
	II	**17295**	5581	5581	II	15426	13626	11902	10256	8687	7195
	III	**12100**	5581	5581	III	10728	9394	8100	6842	5626	4446
	V	**25152**	5581	5581	IV	18039	17099	16160	15234	14328	13442
	VI	**25671**	5581	5581							
83555,99	I,IV	**18993**	5581	5581	I	17113	15248	13455	11739	10100	8538
	II	**17309**	5581	5581	II	15440	13639	11915	10268	8698	7205
	III	**12110**	5581	5581	III	10738	9404	8108	6852	5634	4454
	V	**25166**	5581	5581	IV	18053	17113	16173	15248	14342	13455
	VI	**25685**	5581	5581							
83591,99	I,IV	**19006**	5581	5581	I	17126	15261	13467	11751	10111	8549
	II	**17323**	5581	5581	II	15453	13651	11927	10279	8709	7216
	III	**12120**	5581	5581	III	10746	9412	8118	6860	5642	4462
	V	**25179**	5581	5581	IV	18066	17126	16187	15261	14355	13467
	VI	**25699**	5581	5581							
83627,99	I,IV	**19020**	5581	5581	I	17140	15275	13480	11763	10123	8560
	II	**17337**	5581	5581	II	15467	13664	11939	10291	8720	7226
	III	**12130**	5581	5581	III	10756	9422	8128	6870	5652	4472
	V	**25193**	5581	5581	IV	18080	17140	16201	15275	14368	13480
	VI	**25712**	5581	5581							
83663,99	I,IV	**19034**	5581	5581	I	17154	15288	13493	11775	10135	8572
	II	**17350**	5581	5581	II	15480	13677	11951	10303	8731	7237
	III	**12140**	5581	5581	III	10766	9432	8136	6878	5660	4480
	V	**25207**	5581	5581	IV	18094	17154	16214	15288	14381	13493
	VI	**25726**	5581	5581							
83699,99	I,IV	**19047**	5581	5581	I	17167	15301	13506	11787	10146	8582
	II	**17364**	5581	5581	II	15493	13690	11964	10314	8742	7248
	III	**12150**	5581	5581	III	10776	9442	8146	6888	5668	4488
	V	**25221**	5581	5581	IV	18107	17167	16228	15301	14394	13506
	VI	**25740**	5581	5581							
83735,99	I,IV	**19061**	5581	5581	I	17181	15315	13519	11800	10158	8594
	II	**17378**	5581	5581	II	15507	13703	11976	10326	8754	7258
	III	**12160**	5581	5581	III	10786	9452	8154	6898	5678	4496
	V	**25234**	5581	5581	IV	18121	17181	16242	15315	14407	13519
	VI	**25754**	5581	5581							
83771,99	I,IV	**19075**	5581	5581	I	17195	15328	13532	11812	10170	8605
	II	**17392**	5581	5581	II	15521	13716	11988	10338	8765	7269
	III	**12170**	5581	5581	III	10796	9460	8164	6906	5686	4506
	V	**25248**	5581	5581	IV	18135	17195	16255	15328	14420	13532
	VI	**25767**	5581	5581							
83807,99	I,IV	**19088**	5581	5581	I	17209	15341	13544	11824	10182	8616
	II	**17405**	5581	5581	II	15534	13729	12000	10350	8776	7279
	III	**12180**	5581	5581	III	10806	9470	8174	6914	5694	4514
	V	**25262**	5581	5581	IV	18148	17209	16269	15341	14433	13544
	VI	**25781**	5581	5581							

* Zur LSt-Berechnung für privat versicherte Arbeitnehmer s. Beispiele **Vorbemerkung S. 4 f.**
** Basisvorsorgepauschale KV und PV   *** Typisierter Arbeitgeberzuschuss

Lohn/ Gehalt in € bis	Steuerklasse	Lohn- steuer*	BVSP**	TAGZ***	Steuerklasse	Bemessungsgrundlage für Kirchensteuer und Solidaritätszuschlag Freibeträge für ... Kinder					
						0,5	**1,0**	1,5	**2,0**	2,5	**3,0**
83 843,99	I,IV	19 102	5 581	5 581	I	17 222	15 355	13 557	11 837	10 193	8 627
	II	17 419	5 581	5 581	II	15 547	13 742	12 013	10 362	8 787	7 290
	III	12 190	5 581	5 581	III	10 816	9 480	8 182	6 924	5 704	4 522
	V	25 276	5 581	5 581	IV	18 162	17 222	16 283	15 355	14 446	13 557
	VI	25 795	5 581	5 581							
83 879,99	I,IV	19 116	5 581	5 581	I	17 236	15 368	13 570	11 849	10 205	8 638
	II	17 433	5 581	5 581	II	15 561	13 755	12 025	10 373	8 799	7 301
	III	12 200	5 581	5 581	III	10 826	9 490	8 192	6 934	5 712	4 530
	V	25 289	5 581	5 581	IV	18 176	17 236	16 296	15 368	14 460	13 570
	VI	25 809	5 581	5 581							
83 915,99	I,IV	19 130	5 581	5 581	I	17 250	15 382	13 583	11 861	10 217	8 649
	II	17 446	5 581	5 581	II	15 574	13 767	12 038	10 385	8 810	7 311
	III	12 210	5 581	5 581	III	10 836	9 500	8 202	6 942	5 722	4 538
	V	25 303	5 581	5 581	IV	18 190	17 250	16 310	15 382	14 472	13 583
	VI	25 822	5 581	5 581							
83 951,99	I,IV	19 143	5 581	5 581	I	17 264	15 395	13 596	11 874	10 228	8 661
	II	17 460	5 581	5 581	II	15 588	13 780	12 050	10 397	8 821	7 322
	III	12 222	5 581	5 581	III	10 846	9 510	8 210	6 952	5 730	4 548
	V	25 317	5 581	5 581	IV	18 203	17 264	16 324	15 395	14 486	13 596
	VI	25 836	5 581	5 581							
83 987,99	I,IV	19 157	5 581	5 581	I	17 277	15 409	13 609	11 886	10 240	8 672
	II	17 474	5 581	5 581	II	15 601	13 793	12 062	10 409	8 832	7 333
	III	12 232	5 581	5 581	III	10 856	9 518	8 220	6 960	5 738	4 556
	V	25 331	5 581	5 581	IV	18 217	17 277	16 338	15 409	14 499	13 609
	VI	25 850	5 581	5 581							
84 023,99	I,IV	19 171	5 581	5 581	I	17 291	15 422	13 621	11 898	10 252	8 683
	II	17 487	5 581	5 581	II	15 614	13 806	12 075	10 420	8 843	7 343
	III	12 242	5 581	5 581	III	10 866	9 528	8 230	6 970	5 748	4 564
	V	25 344	5 581	5 581	IV	18 231	17 291	16 351	15 422	14 512	13 621
	VI	25 863	5 581	5 581							
84 059,99	I,IV	19 185	5 581	5 581	I	17 305	15 435	13 634	11 910	10 264	8 694
	II	17 501	5 581	5 581	II	15 628	13 819	12 087	10 432	8 855	7 354
	III	12 252	5 581	5 581	III	10 876	9 538	8 238	6 978	5 756	4 574
	V	25 358	5 581	5 581	IV	18 245	17 305	16 365	15 435	14 525	13 634
	VI	25 877	5 581	5 581							
84 095,99	I,IV	19 198	5 581	5 581	I	17 319	15 449	13 647	11 923	10 276	8 705
	II	17 515	5 581	5 581	II	15 642	13 832	12 100	10 444	8 866	7 365
	III	12 262	5 581	5 581	III	10 886	9 548	8 248	6 988	5 766	4 582
	V	25 372	5 581	5 581	IV	18 259	17 319	16 379	15 449	14 538	13 647
	VI	25 891	5 581	5 581							
84 131,99	I,IV	19 212	5 581	5 581	I	17 332	15 462	13 660	11 935	10 287	8 716
	II	17 529	5 581	5 581	II	15 655	13 845	12 112	10 456	8 877	7 375
	III	12 272	5 581	5 581	III	10 896	9 556	8 258	6 996	5 774	4 590
	V	25 385	5 581	5 581	IV	18 272	17 332	16 392	15 462	14 551	13 660
	VI	25 904	5 581	5 581							
84 167,99	I,IV	19 226	5 581	5 581	I	17 346	15 476	13 673	11 947	10 299	8 728
	II	17 542	5 581	5 581	II	15 669	13 858	12 124	10 468	8 888	7 386
	III	12 282	5 581	5 581	III	10 906	9 566	8 266	7 006	5 782	4 598
	V	25 399	5 581	5 581	IV	18 286	17 346	16 406	15 476	14 565	13 673
	VI	25 918	5 581	5 581							
84 203,99	I,IV	19 240	5 581	5 581	I	17 360	15 489	13 686	11 960	10 311	8 739
	II	17 556	5 581	5 581	II	15 682	13 871	12 137	10 480	8 900	7 397
	III	12 292	5 581	5 581	III	10 916	9 576	8 276	7 014	5 792	4 608
	V	25 413	5 581	5 581	IV	18 300	17 360	16 420	15 489	14 578	13 686
	VI	25 932	5 581	5 581							
84 239,99	I,IV	19 253	5 581	5 581	I	17 373	15 502	13 699	11 972	10 322	8 750
	II	17 570	5 581	5 581	II	15 695	13 884	12 149	10 491	8 911	7 407
	III	12 302	5 581	5 581	III	10 924	9 586	8 286	7 024	5 800	4 616
	V	25 426	5 581	5 581	IV	18 313	17 373	16 433	15 502	14 591	13 699
	VI	25 945	5 581	5 581							

* Zur LSt-Berechnung für privat versicherte Arbeitnehmer s. Beispiele **Vorbemerkung S. 4 f.**
** Basisvorsorgepauschale KV und PV   *** Typisierter Arbeitgeberzuschuss

Lohn/ Gehalt in € bis	Steuerklasse	Lohn-steuer*	BVSP**	TAGZ***	Steuerklasse	Bemessungsgrundlage für Kirchensteuer und Solidaritätszuschlag					
						Freibeträge für ... Kinder					
						0,5	1,0	1,5	2,0	2,5	3,0
84 275,99	I,IV	19 267	5581	5581	I	17 387	15 516	13 712	11 984	10 334	8 761
	II	17 584	5581	5581	II	15 709	13 897	12 161	10 503	8 922	7 418
	III	12 314	5581	5581	III	10 936	9 596	8 296	7 032	5 810	4 624
	V	25 440	5581	5581	IV	18 327	17 387	16 447	15 516	14 604	13 712
	VI	25 959	5581	5581							
84 311,99	I,IV	19 280	5581	5581	I	17 400	15 529	13 724	11 996	10 346	8 772
	II	17 597	5581	5581	II	15 722	13 909	12 173	10 515	8 933	7 429
	III	12 324	5581	5581	III	10 944	9 606	8 304	7 042	5 818	4 632
	V	25 454	5581	5581	IV	18 340	17 400	16 460	15 529	14 617	13 724
	VI	25 973	5581	5581							
84 347,99	I,IV	19 294	5581	5581	I	17 414	15 543	13 737	12 009	10 358	8 784
	II	17 611	5581	5581	II	15 736	13 922	12 186	10 527	8 945	7 440
	III	12 334	5581	5581	III	10 954	9 614	8 314	7 050	5 826	4 640
	V	25 468	5581	5581	IV	18 354	17 414	16 474	15 543	14 630	13 737
	VI	25 987	5581	5581							
84 383,99	I,IV	19 308	5581	5581	I	17 428	15 556	13 750	12 021	10 369	8 795
	II	17 625	5581	5581	II	15 750	13 935	12 198	10 539	8 956	7 450
	III	12 344	5581	5581	III	10 964	9 624	8 324	7 060	5 836	4 650
	V	25 481	5581	5581	IV	18 368	17 428	16 488	15 556	14 644	13 750
	VI	26 001	5581	5581							
84 419,99	I,IV	19 322	5581	5581	I	17 442	15 570	13 763	12 033	10 381	8 806
	II	17 638	5581	5581	II	15 763	13 948	12 211	10 550	8 967	7 461
	III	12 354	5581	5581	III	10 974	9 634	8 332	7 068	5 844	4 658
	V	25 495	5581	5581	IV	18 382	17 442	16 502	15 570	14 657	13 763
	VI	26 014	5581	5581							
84 455,99	I,IV	19 335	5581	5581	I	17 455	15 583	13 776	12 046	10 393	8 817
	II	17 652	5581	5581	II	15 777	13 961	12 223	10 562	8 978	7 472
	III	12 364	5581	5581	III	10 984	9 644	8 342	7 078	5 852	4 666
	V	25 509	5581	5581	IV	18 395	17 455	16 516	15 583	14 670	13 776
	VI	26 028	5581	5581							
84 491,99	I,IV	19 349	5581	5581	I	17 469	15 597	13 789	12 058	10 405	8 829
	II	17 666	5581	5581	II	15 790	13 974	12 236	10 574	8 990	7 483
	III	12 374	5581	5581	III	10 994	9 654	8 352	7 088	5 862	4 676
	V	25 523	5581	5581	IV	18 409	17 469	16 529	15 597	14 683	13 789
	VI	26 042	5581	5581							
84 527,99	I,IV	19 363	5581	5581	I	17 483	15 610	13 802	12 070	10 416	8 840
	II	17 679	5581	5581	II	15 803	13 987	12 248	10 586	9 001	7 493
	III	12 384	5581	5581	III	11 004	9 664	8 360	7 096	5 870	4 684
	V	25 536	5581	5581	IV	18 423	17 483	16 543	15 610	14 696	13 802
	VI	26 055	5581	5581							
84 563,99	I,IV	19 377	5581	5581	I	17 497	15 624	13 815	12 083	10 428	8 851
	II	17 693	5581	5581	II	15 817	14 000	12 260	10 598	9 012	7 504
	III	12 394	5581	5581	III	11 014	9 672	8 370	7 106	5 880	4 692
	V	25 550	5581	5581	IV	18 437	17 497	16 557	15 624	14 709	13 815
	VI	26 069	5581	5581							
84 599,99	I,IV	19 390	5581	5581	I	17 510	15 637	13 828	12 095	10 440	8 862
	II	17 707	5581	5581	II	15 831	14 013	12 273	10 610	9 024	7 515
	III	12 404	5581	5581	III	11 024	9 682	8 380	7 114	5 888	4 700
	V	25 564	5581	5581	IV	18 450	17 510	16 571	15 637	14 723	13 828
	VI	26 083	5581	5581							
84 635,99	I,IV	19 404	5581	5581	I	17 524	15 650	13 840	12 107	10 452	8 873
	II	17 720	5581	5581	II	15 844	14 026	12 285	10 621	9 035	7 525
	III	12 414	5581	5581	III	11 034	9 692	8 388	7 124	5 898	4 710
	V	25 577	5581	5581	IV	18 464	17 524	16 584	15 650	14 736	13 840
	VI	26 096	5581	5581							
84 671,99	I,IV	19 418	5581	5581	I	17 538	15 664	13 853	12 120	10 464	8 885
	II	17 734	5581	5581	II	15 858	14 039	12 298	10 633	9 046	7 536
	III	12 424	5581	5581	III	11 044	9 702	8 398	7 132	5 906	4 718
	V	25 591	5581	5581	IV	18 478	17 538	16 598	15 664	14 749	13 853
	VI	26 110	5581	5581							

* Zur LSt-Berechnung für privat versicherte Arbeitnehmer s. Beispiele **Vorbemerkung S. 4 f.**
** Basisvorsorgepauschale KV und PV *** Typisierter Arbeitgeberzuschuss

Lohn/Gehalt in € bis	Steuerklasse	Lohn-steuer*	BVSP**	TAGZ***	Steuerklasse	Bemessungsgrundlage für Kirchensteuer und Solidaritätszuschlag Freibeträge für ... Kinder					
						0,5	1,0	1,5	2,0	2,5	3,0
84707,99	I,IV	19432	5581	5581	I	17552	15678	13866	12132	10476	8896
	II	17748	5581	5581	II	15872	14052	12310	10645	9057	7547
	III	12436	5581	5581	III	11054	9712	8408	7142	5914	4726
	V	25605	5581	5581	IV	18492	17552	16612	15678	14762	13866
	VI	26124	5581	5581							
84743,99	I,IV	19445	5581	5581	I	17565	15691	13879	12145	10487	8907
	II	17762	5581	5581	II	15885	14065	12322	10657	9069	7557
	III	12446	5581	5581	III	11064	9720	8416	7150	5924	4734
	V	25618	5581	5581	IV	18505	17565	16625	15691	14775	13879
	VI	26137	5581	5581							
84779,99	I,IV	19459	5581	5581	I	17579	15705	13892	12157	10499	8918
	II	17776	5581	5581	II	15898	14078	12335	10669	9080	7568
	III	12456	5581	5581	III	11074	9730	8426	7160	5932	4744
	V	25632	5581	5581	IV	18519	17579	16639	15705	14789	13892
	VI	26151	5581	5581							
84815,99	I,IV	19473	5581	5581	I	17593	15718	13905	12170	10511	8930
	II	17789	5581	5581	II	15912	14091	12347	10681	9091	7579
	III	12466	5581	5581	III	11084	9740	8436	7170	5942	4752
	V	25646	5581	5581	IV	18533	17593	16653	15718	14802	13905
	VI	26165	5581	5581							
84851,99	I,IV	19486	5581	5581	I	17606	15731	13918	12182	10523	8941
	II	17803	5581	5581	II	15926	14104	12360	10692	9103	7590
	III	12476	5581	5581	III	11094	9750	8444	7178	5950	4760
	V	25659	5581	5581	IV	18546	17606	16666	15731	14815	13918
	VI	26179	5581	5581							
84887,99	I,IV	19500	5581	5581	I	17620	15745	13931	12194	10535	8952
	II	17817	5581	5581	II	15939	14117	12372	10705	9114	7601
	III	12486	5581	5581	III	11104	9760	8454	7186	5958	4768
	V	25673	5581	5581	IV	18560	17620	16680	15745	14828	13931
	VI	26192	5581	5581							
84923,99	I,IV	19514	5581	5581	I	17634	15759	13944	12207	10547	8963
	II	17831	5581	5581	II	15953	14130	12385	10717	9125	7611
	III	12496	5581	5581	III	11114	9770	8464	7196	5968	4778
	V	25687	5581	5581	IV	18574	17634	16694	15759	14842	13944
	VI	26206	5581	5581							
84959,99	I,IV	19527	5581	5581	I	17647	15772	13957	12219	10558	8975
	II	17844	5581	5581	II	15966	14143	12397	10728	9136	7622
	III	12506	5581	5581	III	11124	9778	8472	7206	5976	4786
	V	25701	5581	5581	IV	18587	17647	16707	15772	14855	13957
	VI	26220	5581	5581							
84995,99	I,IV	19541	5581	5581	I	17661	15786	13970	12231	10570	8986
	II	17858	5581	5581	II	15980	14156	12410	10740	9148	7633
	III	12516	5581	5581	III	11134	9788	8482	7214	5986	4794
	V	25714	5581	5581	IV	18601	17661	16721	15786	14868	13970
	VI	26234	5581	5581							
85031,99	I,IV	19555	5581	5581	I	17675	15799	13983	12244	10582	8997
	II	17872	5581	5581	II	15994	14169	12422	10752	9159	7644
	III	12528	5581	5581	III	11144	9798	8492	7224	5994	4804
	V	25728	5581	5581	IV	18615	17675	16735	15799	14882	13983
	VI	26247	5581	5581							
85067,99	I,IV	19568	5581	5581	I	17689	15813	13996	12256	10594	9008
	II	17885	5581	5581	II	16007	14182	12434	10764	9171	7654
	III	12538	5581	5581	III	11154	9808	8502	7232	6002	4812
	V	25742	5581	5581	IV	18629	17689	16749	15813	14895	13996
	VI	26261	5581	5581							
85103,99	I,IV	19582	5581	5581	I	17702	15826	14009	12269	10606	9020
	II	17899	5581	5581	II	16021	14195	12447	10776	9182	7665
	III	12548	5581	5581	III	11164	9818	8510	7242	6012	4820
	V	25756	5581	5581	IV	18642	17702	16762	15826	14908	14009
	VI	26275	5581	5581							

* Zur LSt-Berechnung für privat versicherte Arbeitnehmer s. Beispiele **Vorbemerkung S. 4 f.**
** Basisvorsorgepauschale KV und PV   *** Typisierter Arbeitgeberzuschuss

Lohn/ Gehalt in € bis	Steuerklasse	Lohn-steuer*	BVSP**	TAGZ***	Steuerklasse	Bemessungsgrundlage für Kirchensteuer und Solidaritätszuschlag					
						Freibeträge für ... Kinder					
						0,5	1,0	1,5	2,0	2,5	3,0
85 139,99 West	I,IV	**19 596**	5 581	5 581	I	17 716	15 840	14 022	12 281	10 617	9 031
	II	**17 912**	5 581	5 581	II	16 034	14 208	12 459	10 788	9 193	7 676
	III	**12 558**	5 581	5 581	III	11 174	9 826	8 520	7 250	6 020	4 828
	V	**25 769**	5 581	5 581	IV	18 656	17 716	16 776	15 840	14 921	14 022
	VI	**26 288**	5 581	5 581							
85 139,99 Ost	I,IV	**19 596**	5 581	5 581	I	17 716	15 840	14 022	12 281	10 617	9 031
	II	**17 912**	5 581	5 581	II	16 034	14 208	12 459	10 788	9 193	7 676
	III	**12 558**	5 581	5 581	III	11 174	9 826	8 520	7 250	6 020	4 828
	V	**25 769**	5 581	5 581	IV	18 656	17 716	16 776	15 840	14 921	14 022
	VI	**26 288**	5 581	5 581							
85 175,99 West	I,IV	**19 610**	5 581	5 581	I	17 730	15 853	14 035	12 293	10 629	9 042
	II	**17 926**	5 581	5 581	II	16 048	14 221	12 472	10 800	9 205	7 687
	III	**12 568**	5 581	5 581	III	11 184	9 838	8 530	7 260	6 030	4 838
	V	**25 783**	5 581	5 581	IV	18 670	17 730	16 790	15 853	14 934	14 035
	VI	**26 302**	5 581	5 581							
85 175,99 Ost	I,IV	**19 610**	5 581	5 581	I	17 730	15 853	14 035	12 293	10 629	9 042
	II	**17 926**	5 581	5 581	II	16 048	14 221	12 472	10 800	9 205	7 687
	III	**12 568**	5 581	5 581	III	11 184	9 838	8 530	7 260	6 030	4 838
	V	**25 783**	5 581	5 581	IV	18 670	17 730	16 790	15 853	14 934	14 035
	VI	**26 302**	5 581	5 581							
85 211,99 West	I,IV	**19 624**	5 581	5 581	I	17 744	15 867	14 048	12 306	10 641	9 054
	II	**17 940**	5 581	5 581	II	16 062	14 234	12 484	10 812	9 216	7 698
	III	**12 578**	5 581	5 581	III	11 194	9 846	8 538	7 270	6 038	4 846
	V	**25 797**	5 581	5 581	IV	18 684	17 744	16 804	15 867	14 948	14 048
	VI	**26 316**	5 581	5 581							
85 211,99 Ost	I,IV	**19 624**	5 581	5 581	I	17 744	15 867	14 048	12 306	10 642	9 054
	II	**17 941**	5 581	5 581	II	16 062	14 235	12 485	10 812	9 216	7 698
	III	**12 580**	5 581	5 581	III	11 194	9 848	8 540	7 270	6 038	4 846
	V	**25 797**	5 581	5 581	IV	18 684	17 744	16 804	15 867	14 948	14 048
	VI	**26 316**	5 581	5 581							
85 247,99 West	I,IV	**19 637**	5 581	5 581	I	17 757	15 880	14 061	12 318	10 653	9 065
	II	**17 954**	5 581	5 581	II	16 075	14 247	12 497	10 823	9 227	7 708
	III	**12 588**	5 581	5 581	III	11 202	9 856	8 548	7 278	6 046	4 854
	V	**25 810**	5 581	5 581	IV	18 697	17 757	16 817	15 880	14 961	14 061
	VI	**26 329**	5 581	5 581							
85 247,99 Ost	I,IV	**19 639**	5 581	5 581	I	17 759	15 882	14 063	12 320	10 655	9 066
	II	**17 956**	5 581	5 581	II	16 077	14 249	12 499	10 825	9 229	7 710
	III	**12 590**	5 581	5 581	III	11 204	9 858	8 550	7 280	6 048	4 856
	V	**25 812**	5 581	5 581	IV	18 699	17 759	16 819	15 882	14 963	14 063
	VI	**26 331**	5 581	5 581							
85 283,99 West	I,IV	**19 651**	5 581	5 581	I	17 771	15 894	14 074	12 331	10 665	9 076
	II	**17 967**	5 581	5 581	II	16 089	14 260	12 509	10 835	9 239	7 719
	III	**12 600**	5 581	5 581	III	11 214	9 866	8 558	7 288	6 056	4 864
	V	**25 824**	5 581	5 581	IV	18 711	17 771	16 831	15 894	14 974	14 074
	VI	**26 343**	5 581	5 581							
85 283,99 Ost	I,IV	**19 654**	5 581	5 581	I	17 774	15 897	14 077	12 334	10 668	9 079
	II	**17 971**	5 581	5 581	II	16 092	14 264	12 512	10 838	9 241	7 722
	III	**12 602**	5 581	5 581	III	11 216	9 868	8 560	7 290	6 058	4 866
	V	**25 827**	5 581	5 581	IV	18 714	17 774	16 834	15 897	14 977	14 077
	VI	**26 347**	5 581	5 581							
85 319,99 West	I,IV	**19 665**	5 581	5 581	I	17 785	15 908	14 087	12 343	10 677	9 088
	II	**17 981**	5 581	5 581	II	16 102	14 274	12 522	10 847	9 250	7 730
	III	**12 610**	5 581	5 581	III	11 224	9 876	8 566	7 296	6 064	4 872
	V	**25 838**	5 581	5 581	IV	18 725	17 785	16 845	15 908	14 988	14 087
	VI	**26 357**	5 581	5 581							
85 319,99 Ost	I,IV	**19 669**	5 581	5 581	I	17 789	15 912	14 091	12 347	10 681	9 091
	II	**17 986**	5 581	5 581	II	16 107	14 278	12 526	10 852	9 254	7 734
	III	**12 612**	5 581	5 581	III	11 226	9 880	8 570	7 300	6 068	4 874
	V	**25 843**	5 581	5 581	IV	18 729	17 789	16 849	15 912	14 992	14 091
	VI	**26 362**	5 581	5 581							

* Zur LSt-Berechnung für privat versicherte Arbeitnehmer s. Beispiele **Vorbemerkung S. 4 f.**
** Basisvorsorgepauschale KV und PV   *** Typisierter Arbeitgeberzuschuss

Lohn/Gehalt in € bis	Steuerklasse	Lohn-steuer*	BVSP**	TAGZ***	Steuerklasse	Bemessungsgrundlage für Kirchensteuer und Solidaritätszuschlag Freibeträge für ... Kinder					
						0,5	1,0	1,5	2,0	2,5	3,0
85 355,99 West	I,IV	19678	5581	5581	I	17798	15921	14100	12355	10688	9099
	II	17995	5581	5581	II	16116	14286	12534	10859	9261	7741
	III	12620	5581	5581	III	11232	9886	8576	7306	6074	4880
	V	25851	5581	5581	IV	18738	17798	16858	15921	15001	14100
	VI	26371	5581								
85 355,99 Ost	I,IV	19684	5581	5581	I	17804	15927	14106	12361	10694	9104
	II	18001	5581	5581	II	16122	14292	12540	10865	9267	7746
	III	12624	5581	5581	III	11238	9890	8580	7310	6078	4884
	V	25858	5581	5581	IV	18744	17804	16865	15927	15007	14106
	VI	26377	5581	5581							
85 391,99 West	I,IV	19692	5581	5581	I	17812	15935	14113	12368	10701	9110
	II	18009	5581	5581	II	16130	14300	12547	10871	9273	7752
	III	12630	5581	5581	III	11244	9896	8586	7314	6082	4888
	V	25865	5581	5581	IV	18752	17812	16872	15935	15014	14113
	VI	26384	5581								
85 391,99 Ost	I,IV	19700	5581	5581	I	17820	15942	14120	12375	10707	9116
	II	18016	5581	5581	II	16137	14307	12554	10878	9279	7757
	III	12636	5581	5581	III	11248	9900	8590	7320	6088	4894
	V	25873	5581	5581	IV	18760	17820	16880	15942	15021	14120
	VI	26392	5581	5581							
85 427,99 West	I,IV	19706	5581	5581	I	17826	15948	14126	12381	10713	9122
	II	18022	5581	5581	II	16143	14313	12559	10883	9284	7762
	III	12640	5581	5581	III	11254	9904	8594	7324	6092	4898
	V	25879	5581	5581	IV	18766	17826	16886	15948	15027	14126
	VI	26398	5581	5581							
85 427,99 Ost	I,IV	19715	5581	5581	I	17835	15957	14134	12389	10720	9129
	II	18031	5581	5581	II	16152	14321	12568	10891	9292	7769
	III	12646	5581	5581	III	11260	9912	8602	7330	6098	4902
	V	25888	5581	5581	IV	18775	17835	16895	15957	15036	14134
	VI	26407	5581	5581							
85 463,99 West	I,IV	19719	5581	5581	I	17839	15962	14139	12393	10724	9133
	II	18036	5581	5581	II	16157	14326	12572	10895	9295	7773
	III	12650	5581	5581	III	11262	9914	8604	7332	6100	4906
	V	25893	5581	5581	IV	18779	17839	16899	15962	15041	14139
	VI	26412	5581	5581							
85 463,99 Ost	I,IV	19730	5581	5581	I	17850	15972	14149	12402	10733	9141
	II	18046	5581	5581	II	16167	14336	12581	10904	9304	7781
	III	12658	5581	5581	III	11270	9922	8612	7340	6106	4912
	V	25903	5581	5581	IV	18790	17850	16910	15972	15051	14149
	VI	26422	5581	5581							
85 499,99 West	I,IV	19733	5581	5581	I	17853	15975	14152	12405	10736	9144
	II	18050	5581	5581	II	16171	14339	12584	10907	9307	7784
	III	12660	5581	5581	III	11274	9924	8614	7342	6110	4914
	V	25906	5581	5581	IV	18793	17853	16913	15975	15054	14152
	VI	26426	5581	5581							
85 499,99 Ost	I,IV	19745	5581	5581	I	17865	15987	14163	12416	10746	9154
	II	18062	5581	5581	II	16182	14350	12595	10917	9317	7793
	III	12670	5581	5581	III	11282	9932	8622	7350	6116	4922
	V	25918	5581	5581	IV	18805	17865	16925	15987	15065	14163
	VI	26437	5581	5581							
85 535,99 West	I,IV	19747	5581	5581	I	17867	15989	14165	12418	10748	9156
	II	18064	5581	5581	II	16184	14352	12597	10919	9318	7795
	III	12670	5581	5581	III	11284	9934	8624	7352	6118	4922
	V	25920	5581	5581	IV	18807	17867	16927	15989	15067	14165
	VI	26439	5581	5581							
85 535,99 Ost	I,IV	19760	5581	5581	I	17880	16002	14177	12430	10760	9166
	II	18077	5581	5581	II	16197	14365	12609	10931	9329	7805
	III	12680	5581	5581	III	11292	9944	8632	7360	6126	4932
	V	25933	5581	5581	IV	18820	17880	16940	16002	15080	14177
	VI	26452	5581	5581							

* Zur LSt-Berechnung für privat versicherte Arbeitnehmer s. Beispiele **Vorbemerkung S. 4 f.**
** Basisvorsorgepauschale KV und PV *** Typisierter Arbeitgeberzuschuss

Lohn/ Gehalt in € bis	Steuerklasse	Lohn- steuer*	BVSP**	TAGZ***	Steuerklasse	Bemessungsgrundlage für Kirchensteuer und Solidaritätszuschlag					
						Freibeträge für ... Kinder					
						0,5	1,0	1,5	2,0	2,5	3,0
85 571,99 West	I,IV	**19 760**	5581	5581	I	17 881	16 002	14 178	12 430	10 760	9 167
	II	**18 077**	5581	5581	II	16 198	14 365	12 609	10 931	9 330	7 806
	III	**12 680**	5581	5581	III	11 292	9 944	8 632	7 360	6 126	4 932
	V	**25 934**	5581	5581	IV	18 820	17 881	16 941	16 002	15 080	14 178
	VI	**26 453**	5581	5581							
85 571,99 Ost	I,IV	**19 775**	5581	5581	I	17 895	16 017	14 192	12 444	10 773	9 179
	II	**18 092**	5581	5581	II	16 212	14 379	12 623	10 944	9 342	7 817
	III	**12 692**	5581	5581	III	11 304	9 954	8 642	7 370	6 136	4 940
	V	**25 948**	5581	5581	IV	18 835	17 895	16 955	16 017	15 095	14 192
	VI	**26 468**	5581	5581							
85 607,99 West	I,IV	**19 774**	5581	5581	I	17 894	16 016	14 191	12 443	10 772	9 178
	II	**18 091**	5581	5581	II	16 211	14 378	12 622	10 943	9 341	7 817
	III	**12 692**	5581	5581	III	11 304	9 954	8 642	7 370	6 136	4 940
	V	**25 948**	5581	5581	IV	18 834	17 894	16 954	16 016	15 094	14 191
	VI	**26 467**	5581	5581							
85 607,99 Ost	I,IV	**19 790**	5581	5581	I	17 910	16 032	14 206	12 457	10 786	9 191
	II	**18 107**	5581	5581	II	16 227	14 393	12 637	10 957	9 354	7 829
	III	**12 704**	5581	5581	III	11 314	9 964	8 654	7 380	6 146	4 950
	V	**25 964**	5581	5581	IV	18 850	17 910	16 970	16 032	15 109	14 206
	VI	**26 483**	5581	5581							
85 643,99 West	I,IV	**19 788**	5581	5581	I	17 908	16 030	14 204	12 455	10 784	9 190
	II	**18 105**	5581	5581	II	16 225	14 391	12 635	10 955	9 353	7 827
	III	**12 702**	5581	5581	III	11 312	9 962	8 652	7 378	6 144	4 948
	V	**25 961**	5581	5581	IV	18 848	17 908	16 968	16 030	15 107	14 204
	VI	**26 481**	5581	5581							
85 643,99 Ost	I,IV	**19 805**	5581	5581	I	17 925	16 047	14 220	12 471	10 799	9 204
	II	**18 122**	5581	5581	II	16 242	14 408	12 650	10 970	9 367	7 841
	III	**12 714**	5581	5581	III	11 326	9 976	8 664	7 390	6 156	4 960
	V	**25 979**	5581	5581	IV	18 865	17 925	16 985	16 047	15 124	14 220
	VI	**26 498**	5581	5581							
85 679,99 West	I,IV	**19 802**	5581	5581	I	17 922	16 043	14 217	12 468	10 796	9 201
	II	**18 118**	5581	5581	II	16 239	14 404	12 647	10 967	9 364	7 838
	III	**12 712**	5581	5581	III	11 322	9 972	8 660	7 388	6 154	4 958
	V	**25 975**	5581	5581	IV	18 862	17 922	16 982	16 043	15 120	14 217
	VI	**26 494**	5581	5581							
85 679,99 Ost	I,IV	**19 820**	5581	5581	I	17 941	16 062	14 235	12 485	10 812	9 216
	II	**18 137**	5581	5581	II	16 258	14 422	12 664	10 983	9 380	7 853
	III	**12 726**	5581	5581	III	11 336	9 986	8 674	7 400	6 166	4 970
	V	**25 994**	5581	5581	IV	18 881	17 941	17 001	16 062	15 139	14 235
	VI	**26 513**	5581	5581							
85 715,99 West	I,IV	**19 815**	5581	5581	I	17 936	16 057	14 230	12 480	10 808	9 212
	II	**18 132**	5581	5581	II	16 252	14 417	12 660	10 979	9 375	7 849
	III	**12 722**	5581	5581	III	11 334	9 982	8 670	7 398	6 162	4 966
	V	**25 989**	5581	5581	IV	18 875	17 936	16 996	16 057	15 134	14 230
	VI	**26 508**	5581	5581							
85 715,99 Ost	I,IV	**19 836**	5581	5581	I	17 956	16 077	14 249	12 499	10 825	9 229
	II	**18 152**	5581	5581	II	16 273	14 437	12 678	10 997	9 392	7 865
	III	**12 738**	5581	5581	III	11 348	9 996	8 684	7 410	6 176	4 978
	V	**26 009**	5581	5581	IV	18 896	17 956	17 016	16 077	15 153	14 249
	VI	**26 528**	5581	5581							
85 751,99 West	I,IV	**19 829**	5581	5581	I	17 949	16 071	14 243	12 493	10 820	9 224
	II	**18 146**	5581	5581	II	16 266	14 431	12 672	10 991	9 387	7 860
	III	**12 732**	5581	5581	III	11 342	9 992	8 680	7 406	6 170	4 974
	V	**26 003**	5581	5581	IV	18 889	17 949	17 009	16 071	15 147	14 243
	VI	**26 522**	5581	5581							
85 751,99 Ost	I,IV	**19 851**	5581	5581	I	17 971	16 092	14 264	12 512	10 838	9 241
	II	**18 167**	5581	5581	II	16 288	14 451	12 692	11 010	9 405	7 877
	III	**12 748**	5581	5581	III	11 358	10 008	8 694	7 420	6 186	4 988
	V	**26 024**	5581	5581	IV	18 911	17 971	17 031	16 092	15 168	14 264
	VI	**26 543**	5581	5581							

* Zur LSt-Berechnung für privat versicherte Arbeitnehmer s. Beispiele **Vorbemerkung S. 4 f.**
** Basisvorsorgepauschale KV und PV *** Typisierter Arbeitgeberzuschuss

Lohn/ Gehalt in € bis	Steuerklasse	Lohn-steuer*	BVSP**	TAGZ***	Steuerklasse	Bemessungsgrundlage für Kirchensteuer und Solidaritätszuschlag					
						Freibeträge für ... Kinder					
						0,5	1,0	1,5	2,0	2,5	3,0
85 787,99 West	I,IV	19843	5581	5581	I	17963	16084	14256	12505	10831	9235
	II	18159	5581	5581	II	16280	14444	12685	11003	9398	7871
	III	12742	5581	5581	III	11352	10002	8690	7416	6180	4982
	V	26016	5581	5581	IV	18903	17963	17023	16084	15160	14256
	VI	26535	5581	5581							
85 787,99 Ost	I,IV	19866	5581	5581	I	17986	16107	14278	12526	10852	9254
	II	18182	5581	5581	II	16303	14466	12706	11023	9417	7889
	III	12760	5581	5581	III	11370	10018	8706	7430	6194	4998
	V	26039	5581	5581	IV	18926	17986	17046	16107	15183	14278
	VI	26558	5581	5581							
85 823,99 West	I,IV	19857	5581	5581	I	17977	16098	14269	12518	10843	9246
	II	18173	5581	5581	II	16294	14457	12697	11015	9410	7882
	III	12754	5581	5581	III	11364	10012	8698	7424	6188	4992
	V	26030	5581	5581	IV	18917	17977	17037	16098	15174	14269
	VI	26549	5581	5581							
85 823,99 Ost	I,IV	19881	5581	5581	I	18001	16122	14292	12540	10865	9267
	II	18198	5581	5581	II	16318	14480	12720	11036	9430	7901
	III	12772	5581	5581	III	11380	10028	8716	7440	6204	5008
	V	26054	5581	5581	IV	18941	18001	17061	16122	15198	14292
	VI	26573	5581	5581							
85 859,99 West	I,IV	19870	5581	5581	I	17991	16112	14282	12530	10856	9258
	II	18187	5581	5581	II	16307	14470	12710	11027	9421	7893
	III	12764	5581	5581	III	11372	10022	8708	7434	6198	5000
	V	26044	5581	5581	IV	18931	17991	17051	16112	15187	14282
	VI	26563	5581	5581							
85 859,99 Ost	I,IV	19896	5581	5581	I	18016	16137	14307	12554	10878	9279
	II	18213	5581	5581	II	16333	14495	12733	11049	9443	7913
	III	12782	5581	5581	III	11392	10040	8726	7450	6214	5016
	V	26069	5581	5581	IV	18956	18016	17076	16137	15212	14307
	VI	26589	5581	5581							
85 895,99 West	I,IV	19884	5581	5581	I	18004	16125	14295	12543	10867	9269
	II	18201	5581	5581	II	16321	14483	12722	11039	9432	7903
	III	12774	5581	5581	III	11382	10030	8718	7442	6206	5008
	V	26057	5581	5581	IV	18944	18004	17064	16125	15200	14295
	VI	26576	5581	5581							
85 895,99 Ost	I,IV	19911	5581	5581	I	18031	16152	14321	12568	10891	9292
	II	18228	5581	5581	II	16348	14509	12747	11063	9455	7925
	III	12794	5581	5581	III	11402	10050	8736	7462	6224	5026
	V	26085	5581	5581	IV	18971	18031	17091	16152	15227	14321
	VI	26604	5581	5581							
85 931,99 West	I,IV	19898	5581	5581	I	18018	16139	14308	12555	10879	9280
	II	18214	5581	5581	II	16335	14496	12735	11051	9444	7914
	III	12784	5581	5581	III	11394	10040	8728	7452	6216	5018
	V	26071	5581	5581	IV	18958	18018	17078	16139	15214	14308
	VI	26590	5581	5581							
85 931,99 Ost	I,IV	19926	5581	5581	I	18046	16167	14336	12581	10904	9304
	II	18243	5581	5581	II	16363	14524	12761	11076	9468	7937
	III	12806	5581	5581	III	11414	10062	8746	7472	6234	5036
	V	26100	5581	5581	IV	18986	18046	17106	16167	15242	14336
	VI	26619	5581	5581							
85 967,99 West	I,IV	19911	5581	5581	I	18031	16152	14321	12568	10891	9292
	II	18228	5581	5581	II	16348	14509	12747	11063	9455	7925
	III	12794	5581	5581	III	11402	10050	8736	7462	6224	5026
	V	26085	5581	5581	IV	18971	18031	17091	16152	15227	14321
	VI	26604	5581	5581							
85 967,99 Ost	I,IV	19941	5581	5581	I	18062	16182	14350	12595	10917	9317
	II	18258	5581	5581	II	16378	14538	12775	11089	9480	7949
	III	12816	5581	5581	III	11426	10072	8758	7482	6244	5046
	V	26115	5581	5581	IV	19001	18062	17122	16182	15257	14350
	VI	26634	5581	5581							

*   Zur LSt-Berechnung für privat versicherte Arbeitnehmer s. Beispiele **Vorbemerkung S. 4 f.**
** Basisvorsorgepauschale KV und PV   *** Typisierter Arbeitgeberzuschuss

Lohn/ Gehalt in € bis	Steuerklasse	Lohn- steuer*	BVSP**	TAGZ***	Steuerklasse	Bemessungsgrundlage für Kirchensteuer und Solidaritätszuschlag					
						Freibeträge für ... Kinder					
						0,5	1,0	1,5	2,0	2,5	3,0
86003,99 West	I,IV	**19925**	5581	5581	I	18045	16166	14334	12580	10903	9303
	II	**18242**	5581	5581	II	16362	14522	12760	11075	9467	7936
	III	**12804**	5581	5581	III	11412	10060	8746	7470	6232	5034
	V	**26098**	5581	5581	IV	18985	18045	17105	16166	15241	14334
	VI	**26617**	5581	5581							
86003,99 Ost	I,IV	**19957**	5581	5581	I	18077	16197	14365	12609	10931	9329
	II	**18273**	5581	5581	II	16393	14553	12789	11102	9493	7961
	III	**12828**	5581	5581	III	11436	10082	8768	7492	6254	5054
	V	**26130**	5581	5581	IV	19017	18077	17137	16197	15271	14365
	VI	**26649**	5581	5581							
86039,99 West	I,IV	**19939**	5581	5581	I	18059	16180	14348	12593	10915	9315
	II	**18256**	5581	5581	II	16376	14536	12773	11087	9478	7947
	III	**12814**	5581	5581	III	11424	10070	8756	7480	6242	5044
	V	**26112**	5581	5581	IV	18999	18059	17119	16180	15254	14348
	VI	**26631**	5581	5581							
86039,99 Ost	I,IV	**19972**	5581	5581	I	18092	16212	14379	12623	10944	9342
	II	**18288**	5581	5581	II	16408	14567	12803	11116	9506	7973
	III	**12840**	5581	5581	III	11448	10094	8778	7502	6264	5064
	V	**26145**	5581	5581	IV	19032	18092	17152	16212	15286	14379
	VI	**26664**	5581	5581							
86075,99 West	I,IV	**19952**	5581	5581	I	18072	16193	14361	12605	10927	9326
	II	**18269**	5581	5581	II	16389	14549	12785	11099	9490	7958
	III	**12826**	5581	5581	III	11434	10080	8764	7488	6250	5052
	V	**26126**	5581	5581	IV	19012	18072	17132	16193	15267	14361
	VI	**26645**	5581	5581							
86075,99 Ost	I,IV	**19987**	5581	5581	I	18107	16227	14393	12637	10957	9354
	II	**18303**	5581	5581	II	16424	14582	12817	11129	9518	7985
	III	**12850**	5581	5581	III	11458	10104	8788	7512	6274	5074
	V	**26160**	5581	5581	IV	19047	18107	17167	16227	15301	14393
	VI	**26679**	5581	5581							
86111,99 West	I,IV	**19966**	5581	5581	I	18086	16207	14374	12618	10939	9337
	II	**18283**	5581	5581	II	16403	14562	12798	11111	9501	7969
	III	**12836**	5581	5581	III	11442	10090	8774	7498	6260	5060
	V	**26140**	5581	5581	IV	19026	18086	17146	16207	15281	14374
	VI	**26659**	5581	5581							
86111,99 Ost	I,IV	**20002**	5581	5581	I	18122	16242	14408	12650	10970	9367
	II	**18319**	5581	5581	II	16439	14596	12831	11142	9531	7997
	III	**12862**	5581	5581	III	11470	10114	8798	7522	6284	5082
	V	**26175**	5581	5581	IV	19062	18122	17182	16242	15315	14408
	VI	**26694**	5581	5581							
86147,99 West	I,IV	**19980**	5581	5581	I	18100	16221	14387	12630	10951	9349
	II	**18297**	5581	5581	II	16417	14575	12810	11123	9513	7980
	III	**12846**	5581	5581	III	11454	10100	8784	7508	6268	5070
	V	**26153**	5581	5581	IV	19040	18100	17160	16221	15294	14387
	VI	**26673**	5581	5581							
86147,99 Ost	I,IV	**20017**	5581	5581	I	18137	16258	14422	12664	10983	9380
	II	**18334**	5581	5581	II	16454	14611	12844	11155	9544	8009
	III	**12874**	5581	5581	III	11480	10126	8810	7532	6292	5092
	V	**26190**	5581	5581	IV	19077	18137	17197	16258	15330	14422
	VI	**26709**	5581	5581							
86183,99 West	I,IV	**19994**	5581	5581	I	18114	16234	14400	12643	10963	9360
	II	**18310**	5581	5581	II	16430	14588	12823	11135	9524	7990
	III	**12856**	5581	5581	III	11464	10108	8794	7516	6278	5078
	V	**26167**	5581	5581	IV	19054	18114	17174	16234	15307	14400
	VI	**26686**	5581	5581							
86183,99 Ost	I,IV	**20032**	5581	5581	I	18152	16273	14437	12678	10997	9392
	II	**18349**	5581	5581	II	16469	14625	12858	11169	9556	8021
	III	**12884**	5581	5581	III	11492	10136	8820	7542	6302	5102
	V	**26205**	5581	5581	IV	19092	18152	17212	16273	15345	14437
	VI	**26725**	5581	5581							

* Zur LSt-Berechnung für privat versicherte Arbeitnehmer s. Beispiele **Vorbemerkung S. 4 f.**
** Basisvorsorgepauschale KV und PV *** Typisierter Arbeitgeberzuschuss

Lohn/ Gehalt in € bis	Steuerklasse	Lohn-steuer*	BVSP**	TAGZ***	Steuerklasse	Bemessungsgrundlage für Kirchensteuer und Solidaritätszuschlag Freibeträge für ... Kinder					
						0,5	1,0	1,5	2,0	2,5	3,0
86 219,99 West	I,IV	20 007	5581	5581	I	18 127	16 248	14 413	12 655	10 975	9 372
	II	18 324	5581	5581	II	16 444	14 601	12 836	11 147	9 536	8 001
	III	12 866	5581	5581	III	11 472	10 118	8 802	7 526	6 286	5 086
	V	26 181	5581	5581	IV	19 067	18 127	17 188	16 248	15 321	14 413
	VI	26 700	5581	5581							
86 219,99 Ost	I,IV	20 047	5581	5581	I	18 167	16 288	14 451	12 692	11 010	9 405
	II	18 364	5581	5581	II	16 484	14 640	12 872	11 182	9 569	8 033
	III	12 896	5581	5581	III	11 502	10 148	8 830	7 552	6 312	5 112
	V	26 221	5581	5581	IV	19 107	18 167	17 227	16 288	15 360	14 451
	VI	26 740	5581	5581							
86 255,99 West	I,IV	20 021	5581	5581	I	18 141	16 262	14 426	12 668	10 987	9 383
	II	18 338	5581	5581	II	16 458	14 615	12 848	11 159	9 547	8 012
	III	12 876	5581	5581	III	11 484	10 128	8 812	7 534	6 296	5 096
	V	26 195	5581	5581	IV	19 081	18 141	17 201	16 262	15 334	14 426
	VI	26 714	5581	5581							
86 255,99 Ost	I,IV	20 062	5581	5581	I	18 182	16 303	14 466	12 706	11 023	9 417
	II	18 379	5581	5581	II	16 499	14 654	12 886	11 195	9 582	8 045
	III	12 908	5581	5581	III	11 514	10 158	8 840	7 562	6 322	5 120
	V	26 236	5581	5581	IV	19 122	18 182	17 243	16 303	15 375	14 466
	VI	26 755	5581	5581							
86 291,99 West	I,IV	20 035	5581	5581	I	18 155	16 275	14 439	12 680	10 999	9 394
	II	18 351	5581	5581	II	16 471	14 627	12 861	11 171	9 558	8 023
	III	12 886	5581	5581	III	11 494	10 138	8 822	7 544	6 304	5 104
	V	26 208	5581	5581	IV	19 095	18 155	17 215	16 275	15 347	14 439
	VI	26 727	5581	5581							
86 291,99 Ost	I,IV	20 078	5581	5581	I	18 198	16 318	14 480	12 720	11 036	9 430
	II	18 394	5581	5581	II	16 514	14 669	12 900	11 209	9 594	8 057
	III	12 920	5581	5581	III	11 524	10 168	8 852	7 572	6 332	5 130
	V	26 251	5581	5581	IV	19 138	18 198	17 258	16 318	15 389	14 480
	VI	26 770	5581	5581							
86 327,99 West	I,IV	20 049	5581	5581	I	18 169	16 289	14 452	12 693	11 011	9 406
	II	18 365	5581	5581	II	16 485	14 641	12 873	11 183	9 570	8 034
	III	12 896	5581	5581	III	11 504	10 148	8 830	7 552	6 314	5 112
	V	26 222	5581	5581	IV	19 109	18 169	17 229	16 289	15 361	14 452
	VI	26 741	5581	5581							
86 327,99 Ost	I,IV	20 093	5581	5581	I	18 213	16 333	14 495	12 733	11 049	9 443
	II	18 409	5581	5581	II	16 529	14 683	12 914	11 222	9 607	8 069
	III	12 930	5581	5581	III	11 536	10 180	8 862	7 582	6 342	5 140
	V	26 266	5581	5581	IV	19 153	18 213	17 273	16 333	15 404	14 495
	VI	26 785	5581	5581							
86 363,99 West	I,IV	20 062	5581	5581	I	18 182	16 303	14 466	12 706	11 023	9 417
	II	18 379	5581	5581	II	16 499	14 654	12 886	11 195	9 582	8 045
	III	12 908	5581	5581	III	11 514	10 158	8 840	7 562	6 322	5 120
	V	26 236	5581	5581	IV	19 122	18 182	17 243	16 303	15 375	14 466
	VI	26 755	5581	5581							
86 363,99 Ost	I,IV	20 108	5581	5581	I	18 228	16 348	14 509	12 747	11 063	9 455
	II	18 424	5581	5581	II	16 544	14 698	12 928	11 235	9 620	8 081
	III	12 942	5581	5581	III	11 546	10 190	8 872	7 592	6 352	5 150
	V	26 281	5581	5581	IV	19 168	18 228	17 288	16 348	15 419	14 509
	VI	26 800	5581	5581							
86 399,99 West	I,IV	20 076	5581	5581	I	18 196	16 316	14 479	12 718	11 035	9 429
	II	18 392	5581	5581	II	16 513	14 667	12 899	11 207	9 593	8 056
	III	12 918	5581	5581	III	11 524	10 168	8 850	7 572	6 332	5 130
	V	26 249	5581	5581	IV	19 136	18 196	17 256	16 316	15 388	14 479
	VI	26 768	5581	5581							
86 399,99 Ost	I,IV	20 123	5581	5581	I	18 243	16 363	14 524	12 761	11 076	9 468
	II	18 440	5581	5581	II	16 560	14 712	12 942	11 249	9 632	8 093
	III	12 954	5581	5581	III	11 558	10 200	8 882	7 602	6 362	5 160
	V	26 296	5581	5581	IV	19 183	18 243	17 303	16 363	15 434	14 524
	VI	26 815	5581	5581							

*   Zur LSt-Berechnung für privat versicherte Arbeitnehmer s. Beispiele **Vorbemerkung S. 4 f.**
**   Basisvorsorgepauschale KV und PV   *** Typisierter Arbeitgeberzuschuss

Lohn/ Gehalt in € bis	Steuerklasse	Lohn- steuer*	BVSP**	TAGZ***	Steuerklasse	Bemessungsgrundlage für Kirchensteuer und Solidaritätszuschlag					
						Freibeträge für ... Kinder					
						0,5	1,0	1,5	2,0	2,5	3,0
86 435,99 West	I,IV	20 090	5581	5581	I	18 210	16 330	14 492	12 731	11 047	9440
	II	18 406	5581	5581	II	16 526	14 680	12 911	11 219	9605	8067
	III	12 928	5581	5581	III	11 534	10 176	8860	7580	6340	5138
	V	26 263	5581	5581	IV	19 150	18 210	17 270	16 330	15 401	14 492
	VI	26 782	5581	5581							
86 435,99 Ost	I,IV	20 138	5581	5581	I	18 258	16 378	14 538	12 775	11 089	9480
	II	18 455	5581	5581	II	16 575	14 727	12 956	11 262	9645	8105
	III	12 964	5581	5581	III	11 568	10 212	8892	7612	6372	5168
	V	26 311	5581	5581	IV	19 198	18 258	17 318	16 378	15 448	14 538
	VI	26 830	5581	5581							
86 471,99 West	I,IV	20 104	5581	5581	I	18 224	16 344	14 505	12 743	11 059	9452
	II	18 420	5581	5581	II	16 540	14 694	12 924	11 232	9616	8078
	III	12 938	5581	5581	III	11 544	10 188	8870	7590	6350	5146
	V	26 277	5581	5581	IV	19 164	18 224	17 284	16 344	15 415	14 505
	VI	26 796	5581	5581							
86 471,99 Ost	I,IV	20 153	5581	5581	I	18 273	16 393	14 553	12 789	11 102	9493
	II	18 470	5581	5581	II	16 590	14 741	12 970	11 275	9658	8118
	III	12 976	5581	5581	III	11 580	10 222	8904	7624	6382	5178
	V	26 326	5581	5581	IV	19 213	18 273	17 333	16 393	15 463	14 553
	VI	26 846	5581	5581							
86 507,99 West	I,IV	20 117	5581	5581	I	18 237	16 357	14 518	12 756	11 071	9463
	II	18 434	5581	5581	II	16 554	14 707	12 936	11 243	9627	8089
	III	12 948	5581	5581	III	11 554	10 196	8878	7598	6358	5156
	V	26 290	5581	5581	IV	19 177	18 237	17 297	16 357	15 428	14 518
	VI	26 809	5581	5581							
86 507,99 Ost	I,IV	20 168	5581	5581	I	18 288	16 408	14 567	12 803	11 116	9506
	II	18 485	5581	5581	II	16 605	14 756	12 984	11 288	9670	8130
	III	12 988	5581	5581	III	11 590	10 234	8914	7634	6392	5188
	V	26 342	5581	5581	IV	19 228	18 288	17 348	16 408	15 478	14 567
	VI	26 861	5581	5581							
86 543,99 West	I,IV	20 131	5581	5581	I	18 251	16 371	14 531	12 768	11 083	9475
	II	18 448	5581	5581	II	16 568	14 720	12 949	11 256	9639	8100
	III	12 958	5581	5581	III	11 564	10 206	8888	7608	6366	5164
	V	26 304	5581	5581	IV	19 191	18 251	17 311	16 371	15 442	14 531
	VI	26 823	5581	5581							
86 543,99 Ost	I,IV	20 183	5581	5581	I	18 303	16 424	14 582	12 817	11 129	9518
	II	18 500	5581	5581	II	16 620	14 771	12 998	11 302	9683	8142
	III	12 998	5581	5581	III	11 602	10 244	8924	7644	6400	5198
	V	26 357	5581	5581	IV	19 243	18 303	17 363	16 424	15 493	14 582
	VI	26 876	5581	5581							
86 579,99 West	I,IV	20 145	5581	5581	I	18 265	16 385	14 544	12 781	11 095	9486
	II	18 461	5581	5581	II	16 581	14 733	12 962	11 268	9651	8111
	III	12 970	5581	5581	III	11 574	10 216	8898	7618	6376	5172
	V	26 318	5581	5581	IV	19 205	18 265	17 325	16 385	15 455	14 544
	VI	26 837	5581	5581							
86 579,99 Ost	I,IV	20 198	5581	5581	I	18 319	16 439	14 596	12 831	11 142	9531
	II	18 515	5581	5581	II	16 635	14 785	13 012	11 315	9696	8154
	III	13 010	5581	5581	III	11 614	10 254	8934	7654	6410	5206
	V	26 372	5581	5581	IV	19 259	18 319	17 379	16 439	15 508	14 596
	VI	26 891	5581	5581							
86 615,99 West	I,IV	20 158	5581	5581	I	18 278	16 398	14 557	12 794	11 107	9497
	II	18 475	5581	5581	II	16 595	14 746	12 974	11 280	9662	8122
	III	12 980	5581	5581	III	11 584	10 226	8906	7626	6384	5182
	V	26 331	5581	5581	IV	19 218	18 278	17 338	16 398	15 468	14 557
	VI	26 851	5581	5581							
86 615,99 Ost	I,IV	20 214	5581	5581	I	18 334	16 454	14 611	12 844	11 155	9544
	II	18 530	5581	5581	II	16 650	14 800	13 025	11 328	9709	8166
	III	13 022	5581	5581	III	11 624	10 266	8946	7664	6420	5216
	V	26 387	5581	5581	IV	19 274	18 334	17 394	16 454	15 523	14 611
	VI	26 906	5581	5581							

* Zur LSt-Berechnung für privat versicherte Arbeitnehmer s. Beispiele **Vorbemerkung S. 4 f.**
** Basisvorsorgepauschale KV und PV *** Typisierter Arbeitgeberzuschuss

Lohn/ Gehalt in € bis	Steuerklasse	Lohn-steuer*	BVSP**	TAGZ***	Steuerklasse	Bemessungsgrundlage für Kirchensteuer und Solidaritätszuschlag					
						Freibeträge für ... Kinder					
						0,5	1,0	1,5	2,0	2,5	3,0
86 651,99 West	I,IV	20172	5581	5581	I	18292	16412	14571	12806	11119	9509
	II	18489	5581	5581	II	16609	14760	12987	11292	9674	8133
	III	12990	5581	5581	III	11594	10236	8916	7636	6394	5190
	V	26345	5581	5581	IV	19232	18292	17352	16412	15482	14571
	VI	26864	5581	5581							
86 651,99 Ost	I,IV	20229	5581	5581	I	18349	16469	14625	12858	11169	9556
	II	18545	5581	5581	II	16665	14814	13039	11342	9721	8178
	III	13032	5581	5581	III	11636	10276	8956	7674	6430	5226
	V	26402	5581	5581	IV	19289	18349	17409	16469	15537	14625
	VI	26921	5581	5581							
86 687,99 West	I,IV	20186	5581	5581	I	18306	16426	14584	12819	11131	9521
	II	18503	5581	5581	II	16623	14773	13000	11304	9685	8144
	III	13000	5581	5581	III	11604	10246	8926	7646	6402	5198
	V	26359	5581	5581	IV	19246	18306	17366	16426	15495	14584
	VI	26878	5581	5581							
86 687,99 Ost	I,IV	20244	5581	5581	I	18364	16484	14640	12872	11182	9569
	II	18560	5581	5581	II	16681	14829	13053	11355	9734	8190
	III	13044	5581	5581	III	11646	10286	8966	7684	6440	5236
	V	26417	5581	5581	IV	19304	18364	17424	16484	15552	14640
	VI	26936	5581	5581							
86 723,99 West	I,IV	20199	5581	5581	I	18319	16439	14597	12831	11143	9532
	II	18516	5581	5581	II	16636	14786	13012	11316	9697	8154
	III	13010	5581	5581	III	11614	10256	8936	7654	6412	5208
	V	26373	5581	5581	IV	19259	18319	17379	16439	15509	14597
	VI	26892	5581	5581							
86 723,99 Ost	I,IV	20259	5581	5581	I	18379	16499	14654	12886	11195	9582
	II	18576	5581	5581	II	16696	14843	13067	11368	9747	8202
	III	13056	5581	5581	III	11658	10298	8976	7694	6450	5244
	V	26432	5581	5581	IV	19319	18379	17439	16499	15567	14654
	VI	26951	5581	5581							
86 759,99 West	I,IV	20213	5581	5581	I	18333	16453	14610	12844	11155	9543
	II	18530	5581	5581	II	16650	14799	13025	11328	9708	8166
	III	13020	5581	5581	III	11624	10264	8944	7664	6420	5216
	V	26386	5581	5581	IV	19273	18333	17393	16453	15522	14610
	VI	26906	5581	5581							
86 759,99 Ost	I,IV	20274	5581	5581	I	18394	16514	14669	12900	11209	9594
	II	18591	5581	5581	II	16711	14858	13081	11382	9760	8214
	III	13068	5581	5581	III	11668	10308	8988	7704	6460	5254
	V	26447	5581	5581	IV	19334	18394	17454	16514	15582	14669
	VI	26967	5581	5581							
86 795,99 West	I,IV	20227	5581	5581	I	18347	16467	14623	12856	11167	9555
	II	18543	5581	5581	II	16663	14812	13038	11340	9720	8176
	III	13032	5581	5581	III	11634	10274	8954	7672	6428	5224
	V	26400	5581	5581	IV	19287	18347	17407	16467	15535	14623
	VI	26919	5581	5581							
86 795,99 Ost	I,IV	20289	5581	5581	I	18409	16529	14683	12914	11222	9607
	II	18606	5581	5581	II	16726	14873	13095	11395	9772	8226
	III	13078	5581	5581	III	11680	10320	8998	7714	6470	5264
	V	26463	5581	5581	IV	19349	18409	17469	16529	15597	14683
	VI	26982	5581	5581							
86 831,99 West	I,IV	20240	5581	5581	I	18361	16481	14636	12869	11179	9566
	II	18557	5581	5581	II	16677	14826	13050	11352	9731	8187
	III	13042	5581	5581	III	11644	10284	8964	7682	6438	5234
	V	26414	5581	5581	IV	19301	18361	17421	16481	15549	14636
	VI	26933	5581	5581							
86 831,99 Ost	I,IV	20304	5581	5581	I	18424	16544	14698	12928	11235	9620
	II	18621	5581	5581	II	16741	14887	13109	11409	9785	8239
	III	13090	5581	5581	III	11690	10330	9008	7724	6480	5274
	V	26478	5581	5581	IV	19364	18424	17484	16544	15612	14698
	VI	26997	5581	5581							

* Zur LSt-Berechnung für privat versicherte Arbeitnehmer s. Beispiele **Vorbemerkung S. 4 f.**
** Basisvorsorgepauschale KV und PV *** Typisierter Arbeitgeberzuschuss

Lohn/Gehalt in € bis	Steuerklasse	Lohn-steuer*	BVSP**	TAGZ***	Steuerklasse	Bemessungsgrundlage für Kirchensteuer und Solidaritätszuschlag					
						Freibeträge für ... Kinder					
						0,5	1,0	1,5	2,0	2,5	3,0
86 867,99 West	I,IV	**20 254**	5 581	5 581	I	18 374	16 495	14 650	12 882	11 191	9 578
	II	**18 571**	5 581	5 581	II	16 691	14 839	13 063	11 364	9 743	8 199
	III	**13 052**	5 581	5 581	III	11 654	10 294	8 974	7 690	6 446	5 242
	V	**26 428**	5 581	5 581	IV	19 314	18 374	17 434	16 495	15 563	14 650
	VI	**26 947**	5 581	5 581							
86 867,99 Ost	I,IV	**20 319**	5 581	5 581	I	18 440	16 560	14 712	12 942	11 249	9 632
	II	**18 636**	5 581	5 581	II	16 756	14 902	13 123	11 422	9 798	8 251
	III	**13 102**	5 581	5 581	III	11 702	10 340	9 018	7 734	6 490	5 282
	V	**26 493**	5 581	5 581	IV	19 379	18 440	17 500	16 560	15 626	14 712
	VI	**27 012**	5 581	5 581							
86 903,99 West	I,IV	**20 268**	5 581	5 581	I	18 388	16 508	14 663	12 894	11 203	9 589
	II	**18 584**	5 581	5 581	II	16 705	14 852	13 076	11 376	9 754	8 209
	III	**13 062**	5 581	5 581	III	11 664	10 304	8 982	7 700	6 456	5 250
	V	**26 441**	5 581	5 581	IV	19 328	18 388	17 448	16 508	15 576	14 663
	VI	**26 960**	5 581	5 581							
86 903,99 Ost	I,IV	**20 335**	5 581	5 581	I	18 455	16 575	14 727	12 956	11 262	9 645
	II	**18 651**	5 581	5 581	II	16 771	14 916	13 137	11 435	9 811	8 263
	III	**13 112**	5 581	5 581	III	11 712	10 352	9 030	7 744	6 500	5 292
	V	**26 508**	5 581	5 581	IV	19 395	18 455	17 515	16 575	15 641	14 727
	VI	**27 027**	5 581	5 581							
86 939,99 West	I,IV	**20 282**	5 581	5 581	I	18 402	16 522	14 676	12 907	11 215	9 601
	II	**18 598**	5 581	5 581	II	16 718	14 865	13 088	11 389	9 766	8 220
	III	**13 072**	5 581	5 581	III	11 674	10 314	8 992	7 710	6 464	5 260
	V	**26 455**	5 581	5 581	IV	19 342	18 402	17 462	16 522	15 589	14 676
	VI	**26 974**	5 581	5 581							
86 939,99 Ost	I,IV	**20 350**	5 581	5 581	I	18 470	16 590	14 741	12 970	11 275	9 658
	II	**18 666**	5 581	5 581	II	16 786	14 931	13 151	11 449	9 823	8 275
	III	**13 124**	5 581	5 581	III	11 724	10 362	9 040	7 756	6 510	5 302
	V	**26 523**	5 581	5 581	IV	19 410	18 470	17 530	16 590	15 656	14 741
	VI	**27 042**	5 581	5 581							
86 975,99 West	I,IV	**20 296**	5 581	5 581	I	18 416	16 536	14 689	12 920	11 227	9 612
	II	**18 612**	5 581	5 581	II	16 732	14 879	13 101	11 401	9 778	8 232
	III	**13 082**	5 581	5 581	III	11 684	10 324	9 002	7 718	6 474	5 268
	V	**26 469**	5 581	5 581	IV	19 356	18 416	17 476	16 536	15 603	14 689
	VI	**26 988**	5 581	5 581							
86 975,99 Ost	I,IV	**20 365**	5 581	5 581	I	18 485	16 605	14 756	12 984	11 288	9 670
	II	**18 681**	5 581	5 581	II	16 802	14 946	13 165	11 462	9 836	8 287
	III	**13 136**	5 581	5 581	III	11 736	10 374	9 050	7 766	6 520	5 312
	V	**26 538**	5 581	5 581	IV	19 425	18 485	17 545	16 605	15 671	14 756
	VI	**27 057**	5 581	5 581							
87 011,99 West	I,IV	**20 309**	5 581	5 581	I	18 429	16 549	14 702	12 932	11 239	9 624
	II	**18 626**	5 581	5 581	II	16 746	14 892	13 114	11 413	9 789	8 242
	III	**13 094**	5 581	5 581	III	11 694	10 334	9 010	7 728	6 482	5 276
	V	**26 482**	5 581	5 581	IV	19 369	18 429	17 489	16 549	15 616	14 702
	VI	**27 001**	5 581	5 581							
87 011,99 Ost	I,IV	**20 380**	5 581	5 581	I	18 500	16 620	14 771	12 998	11 302	9 683
	II	**18 697**	5 581	5 581	II	16 817	14 960	13 179	11 475	9 849	8 299
	III	**13 148**	5 581	5 581	III	11 746	10 384	9 060	7 776	6 530	5 322
	V	**26 553**	5 581	5 581	IV	19 440	18 500	17 560	16 620	15 686	14 771
	VI	**27 072**	5 581	5 581							
87 047,99 West	I,IV	**20 323**	5 581	5 581	I	18 443	16 563	14 716	12 945	11 251	9 635
	II	**18 639**	5 581	5 581	II	16 760	14 905	13 126	11 425	9 801	8 253
	III	**13 104**	5 581	5 581	III	11 704	10 344	9 020	7 738	6 492	5 286
	V	**26 496**	5 581	5 581	IV	19 383	18 443	17 503	16 563	15 630	14 716
	VI	**27 015**	5 581	5 581							
87 047,99 Ost	I,IV	**20 395**	5 581	5 581	I	18 515	16 635	14 785	13 012	11 315	9 696
	II	**18 712**	5 581	5 581	II	16 832	14 975	13 193	11 489	9 862	8 311
	III	**13 158**	5 581	5 581	III	11 758	10 394	9 070	7 786	6 538	5 330
	V	**26 568**	5 581	5 581	IV	19 455	18 515	17 575	16 635	15 701	14 785
	VI	**27 087**	5 581	5 581							

* Zur LSt-Berechnung für privat versicherte Arbeitnehmer s. Beispiele **Vorbemerkung S. 4 f.**
** Basisvorsorgepauschale KV und PV   *** Typisierter Arbeitgeberzuschuss

Lohn/Gehalt in € bis	Steuerklasse	Lohn-steuer*	BVSP**	TAGZ***	Steuerklasse	Bemessungsgrundlage für Kirchensteuer und Solidaritätszuschlag					
						Freibeträge für ... Kinder					
						0,5	1,0	1,5	2,0	2,5	3,0
87 083,99 West	I,IV	20 337	5 581	5 581	I	18 457	16 577	14 729	12 958	11 264	9 647
	II	18 653	5 581	5 581	II	16 773	14 919	13 139	11 437	9 812	8 265
	III	13 114	5 581	5 581	III	11 714	10 352	9 030	7 746	6 500	5 294
	V	26 510	5 581	5 581	IV	19 397	18 457	17 517	16 577	15 643	14 729
	VI	27 029	5 581	5 581							
87 083,99 Ost	I,IV	20 410	5 581	5 581	I	18 530	16 650	14 800	13 025	11 328	9 709
	II	18 727	5 581	5 581	II	16 847	14 990	13 207	11 502	9 874	8 324
	III	13 170	5 581	5 581	III	11 768	10 406	9 082	7 796	6 548	5 340
	V	26 583	5 581	5 581	IV	19 470	18 530	17 590	16 650	15 716	14 800
	VI	27 103	5 581	5 581							
87 119,99 West	I,IV	20 350	5 581	5 581	I	18 470	16 590	14 742	12 970	11 276	9 658
	II	18 667	5 581	5 581	II	16 787	14 932	13 152	11 449	9 824	8 275
	III	13 124	5 581	5 581	III	11 724	10 362	9 040	7 756	6 510	5 302
	V	26 523	5 581	5 581	IV	19 410	18 470	17 530	16 590	15 657	14 742
	VI	27 043	5 581	5 581							
87 119,99 Ost	I,IV	20 425	5 581	5 581	I	18 545	16 665	14 814	13 039	11 342	9 721
	II	18 742	5 581	5 581	II	16 862	15 004	13 221	11 516	9 887	8 336
	III	13 182	5 581	5 581	III	11 780	10 416	9 092	7 806	6 558	5 350
	V	26 599	5 581	5 581	IV	19 485	18 545	17 605	16 665	15 731	14 814
	VI	27 118	5 581	5 581							
87 155,99 West	I,IV	20 364	5 581	5 581	I	18 484	16 604	14 755	12 983	11 288	9 670
	II	18 681	5 581	5 581	II	16 801	14 945	13 165	11 461	9 835	8 286
	III	13 134	5 581	5 581	III	11 734	10 372	9 050	7 764	6 518	5 312
	V	26 537	5 581	5 581	IV	19 424	18 484	17 544	16 604	15 670	14 755
	VI	27 056	5 581	5 581							
87 155,99 Ost	I,IV	20 440	5 581	5 581	I	18 560	16 681	14 829	13 053	11 355	9 734
	II	18 757	5 581	5 581	II	16 877	15 019	13 235	11 529	9 900	8 348
	III	13 192	5 581	5 581	III	11 790	10 428	9 102	7 816	6 568	5 360
	V	26 614	5 581	5 581	IV	19 500	18 560	17 621	16 681	15 746	14 829
	VI	27 133	5 581	5 581							
87 191,99 West	I,IV	20 378	5 581	5 581	I	18 498	16 618	14 769	12 996	11 300	9 681
	II	18 694	5 581	5 581	II	16 815	14 958	13 177	11 474	9 847	8 298
	III	13 146	5 581	5 581	III	11 744	10 382	9 058	7 774	6 528	5 320
	V	26 551	5 581	5 581	IV	19 438	18 498	17 558	16 618	15 684	14 769
	VI	27 070	5 581	5 581							
87 191,99 Ost	I,IV	20 456	5 581	5 581	I	18 576	16 696	14 843	13 067	11 368	9 747
	II	18 772	5 581	5 581	II	16 892	15 034	13 249	11 543	9 913	8 360
	III	13 204	5 581	5 581	III	11 802	10 438	9 112	7 826	6 578	5 370
	V	26 629	5 581	5 581	IV	19 516	18 576	17 636	16 696	15 760	14 843
	VI	27 148	5 581	5 581							
87 227,99 West	I,IV	20 391	5 581	5 581	I	18 511	16 631	14 781	13 008	11 312	9 693
	II	18 708	5 581	5 581	II	16 828	14 971	13 190	11 486	9 858	8 308
	III	13 156	5 581	5 581	III	11 754	10 392	9 068	7 782	6 536	5 328
	V	26 565	5 581	5 581	IV	19 451	18 511	17 571	16 631	15 697	14 781
	VI	27 084	5 581	5 581							
87 227,99 Ost	I,IV	20 471	5 581	5 581	I	18 591	16 711	14 858	13 081	11 382	9 760
	II	18 787	5 581	5 581	II	16 907	15 048	13 264	11 556	9 926	8 372
	III	13 216	5 581	5 581	III	11 812	10 448	9 124	7 836	6 588	5 378
	V	26 644	5 581	5 581	IV	19 531	18 591	17 651	16 711	15 775	14 858
	VI	27 163	5 581	5 581							
87 263,99 West	I,IV	20 405	5 581	5 581	I	18 525	16 645	14 795	13 021	11 324	9 704
	II	18 722	5 581	5 581	II	16 842	14 985	13 203	11 498	9 870	8 320
	III	13 166	5 581	5 581	III	11 764	10 402	9 078	7 792	6 546	5 338
	V	26 578	5 581	5 581	IV	19 465	18 525	17 585	16 645	15 711	14 795
	VI	27 098	5 581	5 581							
87 263,99 Ost	I,IV	20 486	5 581	5 581	I	18 606	16 726	14 873	13 095	11 395	9 772
	II	18 802	5 581	5 581	II	16 922	15 063	13 278	11 569	9 938	8 384
	III	13 228	5 581	5 581	III	11 824	10 460	9 134	7 846	6 598	5 388
	V	26 659	5 581	5 581	IV	19 546	18 606	17 666	16 726	15 790	14 873
	VI	27 178	5 581	5 581							

* Zur LSt-Berechnung für privat versicherte Arbeitnehmer s. Beispiele **Vorbemerkung S. 4 f.**
** Basisvorsorgepauschale KV und PV *** Typisierter Arbeitgeberzuschuss

Lohn/Gehalt in € bis	Steuerklasse	Lohn-steuer*	BVSP**	TAGZ***	Steuerklasse	Bemessungsgrundlage für Kirchensteuer und Solidaritätszuschlag					
						Freibeträge für ... Kinder					
						0,5	1,0	1,5	2,0	2,5	3,0
87 299,99 West	I,IV	20419	5581	5581	I	18539	16659	14808	13034	11336	9716
	II	18736	5581	5581	II	16856	14998	13216	11510	9882	8331
	III	13176	5581	5581	III	11774	10412	9088	7802	6554	5346
	V	26592	5581	5581	IV	19479	18539	17599	16659	15724	14808
	VI	27111	5581	5581							
87 299,99 Ost	I,IV	20501	5581	5581	I	18621	16741	14887	13109	11409	9785
	II	18818	5581	5581	II	16938	15078	13292	11583	9951	8397
	III	13238	5581	5581	III	11836	10470	9144	7856	6608	5398
	V	26674	5581	5581	IV	19561	18621	17681	16741	15805	14887
	VI	27193	5581	5581							
87 335,99 West	I,IV	20432	5581	5581	I	18553	16673	14821	13046	11348	9727
	II	18749	5581	5581	II	16869	15011	13228	11522	9893	8342
	III	13186	5581	5581	III	11784	10422	9096	7810	6564	5354
	V	26606	5581	5581	IV	19492	18553	17613	16673	15738	14821
	VI	27125	5581	5581							
87 335,99 Ost	I,IV	20516	5581	5581	I	18636	16756	14902	13123	11422	9798
	II	18833	5581	5581	II	16953	15092	13306	11596	9964	8409
	III	13250	5581	5581	III	11846	10482	9154	7868	6618	5408
	V	26689	5581	5581	IV	19576	18636	17696	16756	15820	14902
	VI	27208	5581	5581							
87 371,99 West	I,IV	20446	5581	5581	I	18566	16686	14835	13059	11360	9739
	II	18763	5581	5581	II	16883	15025	13241	11534	9905	8353
	III	13198	5581	5581	III	11796	10432	9106	7820	6572	5364
	V	26620	5581	5581	IV	19506	18566	17626	16686	15751	14835
	VI	27139	5581	5581							
87 371,99 Ost	I,IV	20531	5581	5581	I	18651	16771	14916	13137	11435	9811
	II	18848	5581	5581	II	16968	15107	13320	11610	9977	8421
	III	13262	5581	5581	III	11858	10492	9166	7878	6628	5416
	V	26704	5581	5581	IV	19591	18651	17711	16771	15835	14916
	VI	27224	5581	5581							
87 407,99 West	I,IV	20460	5581	5581	I	18580	16700	14848	13072	11373	9751
	II	18777	5581	5581	II	16897	15038	13254	11547	9917	8364
	III	13208	5581	5581	III	11804	10442	9116	7830	6582	5372
	V	26633	5581	5581	IV	19520	18580	17640	16700	15765	14848
	VI	27153	5581	5581							
87 407,99 Ost	I,IV	20546	5581	5581	I	18666	16786	14931	13151	11449	9823
	II	18863	5581	5581	II	16983	15122	13334	11623	9990	8433
	III	13272	5581	5581	III	11868	10504	9176	7888	6638	5426
	V	26720	5581	5581	IV	19606	18666	17726	16786	15850	14931
	VI	27239	5581	5581							
87 443,99 West	I,IV	20474	5581	5581	I	18594	16714	14861	13084	11384	9762
	II	18790	5581	5581	II	16910	15051	13266	11559	9928	8375
	III	13218	5581	5581	III	11814	10450	9126	7838	6590	5380
	V	26647	5581	5581	IV	19534	18594	17654	16714	15778	14861
	VI	27166	5581	5581							
87 443,99 Ost	I,IV	20561	5581	5581	I	18681	16802	14946	13165	11462	9836
	II	18878	5581	5581	II	16998	15136	13348	11637	10002	8445
	III	13284	5581	5581	III	11880	10514	9186	7898	6648	5436
	V	26735	5581	5581	IV	19621	18681	17741	16802	15865	14946
	VI	27254	5581	5581							
87 479,99 West	I,IV	20487	5581	5581	I	18608	16728	14874	13097	11397	9774
	II	18804	5581	5581	II	16924	15065	13279	11571	9940	8386
	III	13228	5581	5581	III	11826	10460	9136	7848	6600	5390
	V	26661	5581	5581	IV	19547	18608	17668	16728	15792	14874
	VI	27180	5581	5581							
87 479,99 Ost	I,IV	20576	5581	5581	I	18697	16817	14960	13179	11475	9849
	II	18893	5581	5581	II	17013	15151	13362	11650	10015	8458
	III	13296	5581	5581	III	11890	10524	9198	7908	6658	5446
	V	26750	5581	5581	IV	19637	18697	17757	16817	15880	14960
	VI	27269	5581	5581							

* Zur LSt-Berechnung für privat versicherte Arbeitnehmer s. Beispiele **Vorbemerkung S. 4 f.**
** Basisvorsorgepauschale KV und PV   *** Typisierter Arbeitgeberzuschuss

Lohn/ Gehalt in € bis	Steuerklasse	Lohn- steuer*	BVSP**	TAGZ***	Steuerklasse	Bemessungsgrundlage für Kirchensteuer und Solidaritätszuschlag — Freibeträge für ... Kinder					
						0,5	1,0	1,5	2,0	2,5	3,0
87 515,99 West	I,IV	20 501	5581	5581	I	18 621	16 741	14 888	13 110	11 409	9 785
	II	18 818	5581	5581	II	16 938	15 078	13 292	11 583	9 952	8 397
	III	13 238	5581	5581	III	11 836	10 470	9 144	7 856	6 608	5 398
	V	26 675	5581	5581	IV	19 561	18 621	17 681	16 741	15 806	14 888
	VI	27 194	5581								
87 515,99 Ost	I,IV	20 592	5581	5581	I	18 712	16 832	14 975	13 193	11 489	9 862
	II	18 908	5581	5581	II	17 028	15 166	13 376	11 663	10 028	8 470
	III	13 308	5581	5581	III	11 902	10 536	9 208	7 918	6 668	5 456
	V	26 765	5581	5581	IV	19 652	18 712	17 772	16 832	15 895	14 975
	VI	27 284	5581								
87 551,99 West	I,IV	20 515	5581	5581	I	18 635	16 755	14 901	13 122	11 421	9 797
	II	18 831	5581	5581	II	16 951	15 091	13 304	11 595	9 963	8 408
	III	13 248	5581	5581	III	11 846	10 480	9 154	7 866	6 616	5 406
	V	26 688	5581	5581	IV	19 575	18 635	17 695	16 755	15 819	14 901
	VI	27 207	5581								
87 551,99 Ost	I,IV	20 607	5581	5581	I	18 727	16 847	14 990	13 207	11 502	9 874
	II	18 923	5581	5581	II	17 043	15 180	13 390	11 677	10 041	8 482
	III	13 318	5581	5581	III	11 914	10 546	9 218	7 928	6 678	5 464
	V	26 780	5581	5581	IV	19 667	18 727	17 787	16 847	15 910	14 990
	VI	27 299	5581								
87 587,99 West	I,IV	20 529	5581	5581	I	18 649	16 769	14 914	13 135	11 433	9 808
	II	18 845	5581	5581	II	16 965	15 105	13 317	11 607	9 975	8 419
	III	13 260	5581	5581	III	11 856	10 490	9 164	7 876	6 626	5 416
	V	26 702	5581	5581	IV	19 589	18 649	17 709	16 769	15 833	14 914
	VI	27 221	5581								
87 587,99 Ost	I,IV	20 622	5581	5581	I	18 742	16 862	15 004	13 221	11 516	9 887
	II	18 938	5581	5581	II	17 059	15 195	13 404	11 690	10 054	8 494
	III	13 330	5581	5581	III	11 924	10 558	9 228	7 938	6 688	5 474
	V	26 795	5581	5581	IV	19 682	18 742	17 802	16 862	15 925	15 004
	VI	27 314	5581								
87 623,99 West	I,IV	20 543	5581	5581	I	18 663	16 783	14 928	13 149	11 446	9 821
	II	18 860	5581	5581	II	16 980	15 119	13 331	11 621	9 987	8 431
	III	13 270	5581	5581	III	11 866	10 500	9 174	7 886	6 636	5 424
	V	26 717	5581	5581	IV	19 603	18 663	17 723	16 783	15 847	14 928
	VI	27 236	5581								
87 623,99 Ost	I,IV	20 637	5581	5581	I	18 757	16 877	15 019	13 235	11 529	9 900
	II	18 954	5581	5581	II	17 074	15 210	13 418	11 704	10 067	8 507
	III	13 342	5581	5581	III	11 936	10 568	9 240	7 948	6 698	5 484
	V	26 810	5581	5581	IV	19 697	18 757	17 817	16 877	15 940	15 019
	VI	27 329	5581								
87 659,99 West	I,IV	20 558	5581	5581	I	18 679	16 799	14 943	13 163	11 459	9 834
	II	18 875	5581	5581	II	16 995	15 133	13 345	11 634	10 000	8 443
	III	13 282	5581	5581	III	11 878	10 512	9 184	7 896	6 646	5 434
	V	26 732	5581	5581	IV	19 618	18 679	17 739	16 799	15 862	14 943
	VI	27 251	5581								
87 659,99 Ost	I,IV	20 652	5581	5581	I	18 772	16 892	15 034	13 249	11 543	9 913
	II	18 969	5581	5581	II	17 089	15 225	13 432	11 717	10 080	8 519
	III	13 352	5581	5581	III	11 946	10 578	9 250	7 960	6 708	5 494
	V	26 825	5581	5581	IV	19 712	18 772	17 832	16 892	15 955	15 034
	VI	27 345	5581								
87 695,99 West	I,IV	20 574	5581	5581	I	18 694	16 814	14 958	13 177	11 473	9 846
	II	18 890	5581	5581	II	17 010	15 148	13 359	11 647	10 013	8 455
	III	13 294	5581	5581	III	11 888	10 522	9 194	7 906	6 656	5 444
	V	26 747	5581	5581	IV	19 634	18 694	17 754	16 814	15 877	14 958
	VI	27 266	5581								
87 695,99 Ost	I,IV	20 667	5581	5581	I	18 787	16 907	15 048	13 264	11 556	9 926
	II	18 984	5581	5581	II	17 104	15 239	13 447	11 731	10 092	8 531
	III	13 364	5581	5581	III	11 958	10 590	9 260	7 970	6 718	5 504
	V	26 841	5581	5581	IV	19 727	18 787	17 847	16 907	15 970	15 048
	VI	27 360	5581								

*   Zur LSt-Berechnung für privat versicherte Arbeitnehmer s. Beispiele **Vorbemerkung S. 4 f.**
**   Basisvorsorgepauschale KV und PV   *** Typisierter Arbeitgeberzuschuss

Lohn/Gehalt in € bis	Steuerklasse	Lohn-steuer*	BVSP**	TAGZ***	Steuerklasse	Bemessungsgrundlage für Kirchensteuer und Solidaritätszuschlag Freibeträge für ... Kinder					
						0,5	1,0	1,5	2,0	2,5	3,0
87 731,99 West	I,IV	20 589	5 581	5 581	I	18 709	16 829	14 972	13 191	11 486	9 859
	II	18 905	5 581	5 581	II	17 025	15 163	13 373	11 661	10 026	8 468
	III	13 304	5 581	5 581	III	11 900	10 534	9 206	7 916	6 666	5 454
	V	26 762	5 581	5 581	IV	19 649	18 709	17 769	16 829	15 892	14 972
	VI	27 281	5 581								
87 731,99 Ost	I,IV	20 682	5 581	5 581	I	18 802	16 922	15 063	13 278	11 569	9 938
	II	18 999	5 581	5 581	II	17 119	15 254	13 461	11 744	10 105	8 543
	III	13 376	5 581	5 581	III	11 968	10 600	9 270	7 980	6 726	5 512
	V	26 856	5 581	5 581	IV	19 742	18 802	17 862	16 922	15 985	15 063
	VI	27 375	5 581								
87 767,99 West	I,IV	20 604	5 581	5 581	I	18 724	16 844	14 987	13 205	11 500	9 872
	II	18 920	5 581	5 581	II	17 041	15 178	13 387	11 674	10 038	8 480
	III	13 316	5 581	5 581	III	11 910	10 544	9 216	7 926	6 676	5 462
	V	26 777	5 581	5 581	IV	19 664	18 724	17 784	16 844	15 907	14 987
	VI	27 296	5 581								
87 767,99 Ost	I,IV	20 697	5 581	5 581	I	18 818	16 938	15 078	13 292	11 583	9 951
	II	19 014	5 581	5 581	II	17 134	15 269	13 475	11 758	10 118	8 556
	III	13 388	5 581	5 581	III	11 980	10 612	9 282	7 990	6 736	5 522
	V	26 871	5 581	5 581	IV	19 757	18 818	17 878	16 938	16 000	15 078
	VI	27 390	5 581								
87 803,99 West	I,IV	20 619	5 581	5 581	I	18 739	16 859	15 001	13 219	11 513	9 885
	II	18 936	5 581	5 581	II	17 056	15 192	13 401	11 688	10 051	8 492
	III	13 328	5 581	5 581	III	11 922	10 554	9 226	7 936	6 686	5 472
	V	26 792	5 581	5 581	IV	19 679	18 739	17 799	16 859	15 922	15 001
	VI	27 311	5 581								
87 803,99 Ost	I,IV	20 713	5 581	5 581	I	18 833	16 953	15 092	13 306	11 596	9 964
	II	19 029	5 581	5 581	II	17 149	15 284	13 489	11 771	10 131	8 568
	III	13 398	5 581	5 581	III	11 992	10 622	9 292	8 000	6 746	5 532
	V	26 886	5 581	5 581	IV	19 773	18 833	17 893	16 953	16 015	15 092
	VI	27 405	5 581								
87 839,99 West	I,IV	20 634	5 581	5 581	I	18 754	16 874	15 016	13 233	11 526	9 897
	II	18 951	5 581	5 581	II	17 071	15 207	13 416	11 701	10 064	8 504
	III	13 338	5 581	5 581	III	11 934	10 566	9 236	7 946	6 694	5 482
	V	26 807	5 581	5 581	IV	19 694	18 754	17 814	16 874	15 937	15 016
	VI	27 326	5 581								
87 839,99 Ost	I,IV	20 728	5 581	5 581	I	18 848	16 968	15 107	13 320	11 610	9 977
	II	19 044	5 581	5 581	II	17 164	15 298	13 503	11 785	10 144	8 580
	III	13 410	5 581	5 581	III	12 002	10 634	9 302	8 010	6 756	5 542
	V	26 901	5 581	5 581	IV	19 788	18 848	17 908	16 968	16 030	15 107
	VI	27 420	5 581								
87 875,99 West	I,IV	20 649	5 581	5 581	I	18 769	16 889	15 031	13 247	11 540	9 910
	II	18 966	5 581	5 581	II	17 086	15 222	13 430	11 715	10 077	8 516
	III	13 350	5 581	5 581	III	11 944	10 576	9 248	7 956	6 704	5 492
	V	26 822	5 581	5 581	IV	19 709	18 769	17 829	16 889	15 952	15 031
	VI	27 342	5 581								
87 875,99 Ost	I,IV	20 743	5 581	5 581	I	18 863	16 983	15 122	13 334	11 623	9 990
	II	19 059	5 581	5 581	II	17 180	15 313	13 517	11 798	10 157	8 592
	III	13 422	5 581	5 581	III	12 014	10 644	9 312	8 020	6 766	5 552
	V	26 916	5 581	5 581	IV	19 803	18 863	17 923	16 983	16 045	15 122
	VI	27 435	5 581								
87 911,99 West	I,IV	20 664	5 581	5 581	I	18 784	16 904	15 045	13 261	11 553	9 923
	II	18 981	5 581	5 581	II	17 101	15 236	13 444	11 728	10 090	8 529
	III	13 362	5 581	5 581	III	11 956	10 588	9 258	7 968	6 714	5 502
	V	26 838	5 581	5 581	IV	19 724	18 784	17 844	16 904	15 967	15 045
	VI	27 357	5 581								
87 911,99 Ost	I,IV	20 758	5 581	5 581	I	18 878	16 998	15 136	13 348	11 637	10 002
	II	19 075	5 581	5 581	II	17 195	15 328	13 531	11 812	10 170	8 605
	III	13 434	5 581	5 581	III	12 024	10 654	9 324	8 030	6 776	5 560
	V	26 931	5 581	5 581	IV	19 818	18 878	17 938	16 998	16 060	15 136
	VI	27 450	5 581								

* Zur LSt-Berechnung für privat versicherte Arbeitnehmer s. Beispiele **Vorbemerkung S. 4 f.**
** Basisvorsorgepauschale KV und PV *** Typisierter Arbeitgeberzuschuss

Lohn/Gehalt in € bis	Steuerklasse	Lohn-steuer*	BVSP**	TAGZ***	Steuerklasse	Bemessungsgrundlage für Kirchensteuer und Solidaritätszuschlag					
						Freibeträge für ... Kinder					
						0,5	1,0	1,5	2,0	2,5	3,0
87 947,99 West	I,IV	20679	5581	5581	I	18799	16920	15060	13275	11567	9936
	II	18996	5581	5581	II	17116	15251	13458	11742	10103	8541
	III	13374	5581	5581	III	11966	10598	9268	7978	6724	5510
	V	26853	5581	5581	IV	19739	18799	17860	16920	15982	15060
	VI	27372	5581	5581							
87 947,99 Ost	I,IV	20773	5581	5581	I	18893	17013	15151	13362	11650	10015
	II	19090	5581	5581	II	17210	15343	13545	11825	10183	8617
	III	13444	5581	5581	III	12036	10666	9334	8040	6786	5570
	V	26946	5581	5581	IV	19833	18893	17953	17013	16075	15151
	VI	27465	5581	5581							
87 983,99 West	I,IV	20695	5581	5581	I	18815	16935	15075	13289	11580	9949
	II	19011	5581	5581	II	17131	15266	13472	11755	10116	8553
	III	13384	5581	5581	III	11978	10610	9278	7988	6734	5520
	V	26868	5581	5581	IV	19755	18815	17875	16935	15997	15075
	VI	27387	5581	5581							
87 983,99 Ost	I,IV	20788	5581	5581	I	18908	17028	15166	13376	11663	10028
	II	19105	5581	5581	II	17225	15357	13560	11839	10195	8629
	III	13456	5581	5581	III	12048	10676	9344	8052	6796	5580
	V	26961	5581	5581	IV	19848	18908	17968	17028	16090	15166
	VI	27481	5581	5581							
88 019,99 West	I,IV	20710	5581	5581	I	18830	16950	15089	13303	11594	9961
	II	19026	5581	5581	II	17146	15281	13486	11769	10129	8565
	III	13396	5581	5581	III	11988	10620	9290	7998	6744	5530
	V	26883	5581	5581	IV	19770	18830	17890	16950	16012	15089
	VI	27402	5581	5581							
88 019,99 Ost	I,IV	20803	5581	5581	I	18923	17043	15180	13390	11677	10041
	II	19120	5581	5581	II	17240	15372	13574	11852	10208	8642
	III	13468	5581	5581	III	12058	10688	9356	8062	6806	5590
	V	26977	5581	5581	IV	19863	18923	17983	17043	16105	15180
	VI	27496	5581	5581							
88 055,99 West	I,IV	20725	5581	5581	I	18845	16965	15104	13317	11607	9974
	II	19041	5581	5581	II	17161	15295	13500	11782	10141	8578
	III	13408	5581	5581	III	12000	10630	9300	8008	6754	5540
	V	26898	5581	5581	IV	19785	18845	17905	16965	16027	15104
	VI	27417	5581	5581							
88 055,99 Ost	I,IV	20818	5581	5581	I	18938	17059	15195	13404	11690	10054
	II	19135	5581	5581	II	17255	15387	13588	11866	10221	8654
	III	13480	5581	5581	III	12070	10698	9366	8072	6816	5600
	V	26992	5581	5581	IV	19878	18938	17999	17059	16120	15195
	VI	27511	5581	5581							
88 091,99 West	I,IV	20740	5581	5581	I	18860	16980	15119	13331	11621	9987
	II	19057	5581	5581	II	17177	15310	13514	11796	10154	8590
	III	13420	5581	5581	III	12012	10642	9310	8018	6764	5550
	V	26913	5581	5581	IV	19800	18860	17920	16980	16042	15119
	VI	27432	5581	5581							
88 091,99 Ost	I,IV	20834	5581	5581	I	18954	17074	15210	13418	11704	10067
	II	19150	5581	5581	II	17270	15402	13602	11880	10234	8666
	III	13490	5581	5581	III	12080	10710	9376	8082	6826	5610
	V	27007	5581	5581	IV	19894	18954	18014	17074	16135	15210
	VI	27526	5581	5581							
88 127,99 West	I,IV	20755	5581	5581	I	18875	16995	15133	13345	11634	10000
	II	19072	5581	5581	II	17192	15325	13529	11809	10167	8602
	III	13430	5581	5581	III	12022	10652	9322	8028	6774	5558
	V	26928	5581	5581	IV	19815	18875	17935	16995	16057	15133
	VI	27447	5581	5581							
88 127,99 Ost	I,IV	20849	5581	5581	I	18969	17089	15225	13432	11717	10080
	II	19165	5581	5581	II	17285	15416	13616	11893	10247	8678
	III	13502	5581	5581	III	12092	10720	9386	8092	6836	5618
	V	27022	5581	5581	IV	19909	18969	18029	17089	16150	15225
	VI	27541	5581	5581							

*   Zur LSt-Berechnung für privat versicherte Arbeitnehmer s. Beispiele **Vorbemerkung S. 4 f.**
** Basisvorsorgepauschale KV und PV   *** Typisierter Arbeitgeberzuschuss

Lohn/Gehalt in € bis	Steuerklasse	Lohnsteuer*	BVSP**	TAGZ***	Steuerklasse	Bemessungsgrundlage für Kirchensteuer und Solidaritätszuschlag Freibeträge für ... Kinder					
						0,5	1,0	1,5	2,0	2,5	3,0
88163,99 West	I,IV	20770	5581	5581	I	18890	17010	15148	13359	11647	10013
	II	19087	5581	5581	II	17207	15340	13543	11823	10180	8615
	III	13442	5581	5581	III	12034	10664	9332	8038	6784	5568
	V	26943	5581	5581	IV	19830	18890	17950	17010	16072	15148
	VI	27463	5581								
88163,99 Ost	I,IV	20864	5581	5581	I	18984	17104	15239	13447	11731	10092
	II	19180	5581	5581	II	17300	15431	13630	11907	10260	8691
	III	13514	5581	5581	III	12104	10730	9398	8102	6846	5628
	V	27037	5581	5581	IV	19924	18984	18044	17104	16165	15239
	VI	27556	5581								
88199,99 West	I,IV	20785	5581	5581	I	18905	17025	15163	13373	11661	10026
	II	19102	5581	5581	II	17222	15354	13557	11836	10193	8627
	III	13454	5581	5581	III	12044	10674	9342	8048	6794	5578
	V	26959	5581	5581	IV	19845	18905	17965	17025	16087	15163
	VI	27478	5581								
88199,99 Ost	I,IV	20879	5581	5581	I	18999	17119	15254	13461	11744	10105
	II	19196	5581	5581	II	17316	15446	13645	11920	10273	8703
	III	13526	5581	5581	III	12114	10742	9408	8112	6856	5638
	V	27052	5581	5581	IV	19939	18999	18059	17119	16180	15254
	VI	27571	5581								
88235,99 West	I,IV	20800	5581	5581	I	18920	17041	15178	13387	11674	10038
	II	19117	5581	5581	II	17237	15369	13571	11850	10206	8639
	III	13466	5581	5581	III	12056	10686	9352	8060	6804	5588
	V	26974	5581	5581	IV	19860	18920	17980	17041	16102	15178
	VI	27493	5581								
88235,99 Ost	I,IV	20894	5581	5581	I	19014	17134	15269	13475	11758	10118
	II	19211	5581	5581	II	17331	15461	13659	11934	10286	8715
	III	13536	5581	5581	III	12126	10752	9418	8124	6866	5648
	V	27067	5581	5581	IV	19954	19014	18074	17134	16195	15269
	VI	27586	5581								
88271,99 West	I,IV	20815	5581	5581	I	18936	17056	15192	13401	11688	10051
	II	19132	5581	5581	II	17252	15384	13585	11863	10219	8651
	III	13476	5581	5581	III	12068	10696	9364	8070	6814	5598
	V	26989	5581	5581	IV	19876	18936	17996	17056	16117	15192
	VI	27508	5581								
88271,99 Ost	I,IV	20909	5581	5581	I	19029	17149	15284	13489	11771	10131
	II	19226	5581	5581	II	17346	15476	13673	11947	10299	8728
	III	13548	5581	5581	III	12136	10764	9430	8134	6876	5658
	V	27082	5581	5581	IV	19969	19029	18089	17149	16210	15284
	VI	27602	5581								
88307,99 West	I,IV	20831	5581	5581	I	18951	17071	15207	13416	11701	10064
	II	19147	5581	5581	II	17267	15399	13599	11877	10232	8664
	III	13488	5581	5581	III	12078	10706	9374	8080	6824	5606
	V	27004	5581	5581	IV	19891	18951	18011	17071	16132	15207
	VI	27523	5581								
88307,99 Ost	I,IV	20924	5581	5581	I	19044	17164	15298	13503	11785	10144
	II	19241	5581	5581	II	17361	15490	13687	11961	10312	8740
	III	13560	5581	5581	III	12148	10774	9440	8144	6886	5666
	V	27098	5581	5581	IV	19984	19044	18104	17164	16225	15298
	VI	27617	5581								
88343,99 West	I,IV	20846	5581	5581	I	18966	17086	15222	13430	11715	10077
	II	19162	5581	5581	II	17282	15414	13613	11890	10245	8676
	III	13500	5581	5581	III	12090	10718	9384	8090	6834	5616
	V	27019	5581	5581	IV	19906	18966	18026	17086	16147	15222
	VI	27538	5581								
88343,99 Ost	I,IV	20939	5581	5581	I	19059	17180	15313	13517	11798	10157
	II	19256	5581	5581	II	17376	15505	13701	11974	10325	8752
	III	13572	5581	5581	III	12160	10786	9450	8154	6896	5676
	V	27113	5581	5581	IV	19999	19059	18119	17180	16240	15313
	VI	27632	5581								

* Zur LSt-Berechnung für privat versicherte Arbeitnehmer s. Beispiele **Vorbemerkung S. 4 f.**
** Basisvorsorgepauschale KV und PV   *** Typisierter Arbeitgeberzuschuss

Lohn/Gehalt in € bis	Steuerklasse	Lohnsteuer*	BVSP**	TAGZ***	Steuerklasse	Bemessungsgrundlage für Kirchensteuer und Solidaritätszuschlag					
						Freibeträge für ... Kinder					
						0,5	1,0	1,5	2,0	2,5	3,0
88 379,99 West	I,IV	**20 861**	5581	5581	I	18 981	17 101	15 236	13 444	11 728	10 090
	II	**19 177**	5581	5581	II	17 298	15 428	13 628	11 904	10 258	8 688
	III	**13 512**	5581	5581	III	12 100	10 728	9 396	8 100	6 844	5 626
	V	**27 034**	5581	5581	IV	19 921	18 981	18 041	17 101	16 162	15 236
	VI	**27 553**	5581	5581							
88 379,99 Ost	I,IV	**20 954**	5581	5581	I	19 075	17 195	15 328	13 531	11 812	10 170
	II	**19 271**	5581	5581	II	17 391	15 520	13 715	11 988	10 338	8 765
	III	**13 582**	5581	5581	III	12 170	10 796	9 460	8 164	6 906	5 686
	V	**27 128**	5581	5581	IV	20 015	19 075	18 135	17 195	16 255	15 328
	VI	**27 647**	5581	5581							
88 415,99 West	I,IV	**20 876**	5581	5581	I	18 996	17 116	15 251	13 458	11 742	10 103
	II	**19 193**	5581	5581	II	17 313	15 443	13 642	11 918	10 271	8 701
	III	**13 522**	5581	5581	III	12 112	10 740	9 406	8 110	6 854	5 636
	V	**27 049**	5581	5581	IV	19 936	18 996	18 056	17 116	16 177	15 251
	VI	**27 568**	5581	5581							
88 415,99 Ost	I,IV	**20 970**	5581	5581	I	19 090	17 210	15 343	13 545	11 825	10 183
	II	**19 286**	5581	5581	II	17 406	15 535	13 730	12 002	10 351	8 777
	III	**13 594**	5581	5581	III	12 182	10 808	9 472	8 174	6 916	5 696
	V	**27 143**	5581	5581	IV	20 030	19 090	18 150	17 210	16 270	15 343
	VI	**27 662**	5581	5581							
88 451,99 West	I,IV	**20 891**	5581	5581	I	19 011	17 131	15 266	13 472	11 755	10 116
	II	**19 208**	5581	5581	II	17 328	15 458	13 656	11 931	10 283	8 713
	III	**13 534**	5581	5581	III	12 122	10 750	9 416	8 120	6 864	5 646
	V	**27 064**	5581	5581	IV	19 951	19 011	18 071	17 131	16 192	15 266
	VI	**27 583**	5581	5581							
88 451,99 Ost	I,IV	**20 985**	5581	5581	I	19 105	17 225	15 357	13 560	11 839	10 195
	II	**19 301**	5581	5581	II	17 421	15 550	13 744	12 015	10 364	8 789
	III	**13 606**	5581	5581	III	12 192	10 818	9 482	8 184	6 926	5 706
	V	**27 158**	5581	5581	IV	20 045	19 105	18 165	17 225	16 285	15 357
	VI	**27 677**	5581	5581							
88 487,99 West	I,IV	**20 906**	5581	5581	I	19 026	17 146	15 281	13 486	11 769	10 129
	II	**19 223**	5581	5581	II	17 343	15 473	13 670	11 945	10 296	8 725
	III	**13 546**	5581	5581	III	12 134	10 762	9 426	8 132	6 874	5 656
	V	**27 079**	5581	5581	IV	19 966	19 026	18 086	17 146	16 207	15 281
	VI	**27 599**	5581	5581							
88 487,99 Ost	I,IV	**21 000**	5581	5581	I	19 120	17 240	15 372	13 574	11 852	10 208
	II	**19 316**	5581	5581	II	17 437	15 565	13 758	12 029	10 377	8 802
	III	**13 618**	5581	5581	III	12 204	10 828	9 492	8 194	6 936	5 716
	V	**27 173**	5581	5581	IV	20 060	19 120	18 180	17 240	16 300	15 372
	VI	**27 692**	5581	5581							
88 523,99 West	I,IV	**20 921**	5581	5581	I	19 041	17 161	15 295	13 500	11 782	10 141
	II	**19 238**	5581	5581	II	17 358	15 488	13 684	11 958	10 309	8 738
	III	**13 558**	5581	5581	III	12 146	10 772	9 438	8 142	6 884	5 664
	V	**27 095**	5581	5581	IV	19 981	19 041	18 101	17 161	16 222	15 295
	VI	**27 614**	5581	5581							
88 523,99 Ost	I,IV	**21 015**	5581	5581	I	19 135	17 255	15 387	13 588	11 866	10 221
	II	**19 332**	5581	5581	II	17 452	15 579	13 772	12 042	10 390	8 814
	III	**13 628**	5581	5581	III	12 216	10 840	9 504	8 206	6 946	5 724
	V	**27 188**	5581	5581	IV	20 075	19 135	18 195	17 255	16 315	15 387
	VI	**27 707**	5581	5581							
88 559,99 West	I,IV	**20 936**	5581	5581	I	19 057	17 177	15 310	13 514	11 796	10 154
	II	**19 253**	5581	5581	II	17 373	15 502	13 699	11 972	10 322	8 750
	III	**13 568**	5581	5581	III	12 156	10 782	9 448	8 152	6 894	5 674
	V	**27 110**	5581	5581	IV	19 996	19 057	18 117	17 177	16 237	15 310
	VI	**27 629**	5581	5581							
88 559,99 Ost	I,IV	**21 030**	5581	5581	I	19 150	17 270	15 402	13 602	11 880	10 234
	II	**19 347**	5581	5581	II	17 467	15 594	13 787	12 056	10 403	8 826
	III	**13 640**	5581	5581	III	12 226	10 850	9 514	8 216	6 956	5 734
	V	**27 203**	5581	5581	IV	20 090	19 150	18 210	17 270	16 330	15 402
	VI	**27 723**	5581	5581							

* Zur LSt-Berechnung für privat versicherte Arbeitnehmer s. Beispiele **Vorbemerkung S. 4 f.**
** Basisvorsorgepauschale KV und PV *** Typisierter Arbeitgeberzuschuss

Lohn/ Gehalt in € bis	Steuerklasse	Lohn-steuer*	BVSP**	TAGZ***	Steuerklasse	Bemessungsgrundlage für Kirchensteuer und Solidaritätszuschlag					
						Freibeträge für ... Kinder					
						0,5	1,0	1,5	2,0	2,5	3,0
88 595,99 West	I,IV	20 952	5 581	5 581	I	19 072	17 192	15 325	13 529	11 809	10 167
	II	19 268	5 581	5 581	II	17 388	15 517	13 713	11 985	10 335	8 762
	III	13 580	5 581	5 581	III	12 168	10 794	9 458	8 162	6 904	5 684
	V	27 125	5 581	5 581	IV	20 012	19 072	18 132	17 192	16 252	15 325
	VI	27 644	5 581	5 581							
88 595,99 Ost	I,IV	21 045	5 581	5 581	I	19 165	17 285	15 416	13 616	11 893	10 247
	II	19 362	5 581	5 581	II	17 482	15 609	13 801	12 070	10 416	8 839
	III	13 652	5 581	5 581	III	12 238	10 862	9 524	8 226	6 966	5 744
	V	27 219	5 581	5 581	IV	20 105	19 165	18 225	17 285	16 346	15 416
	VI	27 738	5 581	5 581							
88 631,99 West	I,IV	20 967	5 581	5 581	I	19 087	17 207	15 340	13 543	11 823	10 180
	II	19 283	5 581	5 581	II	17 403	15 532	13 727	11 999	10 348	8 775
	III	13 592	5 581	5 581	III	12 178	10 804	9 470	8 172	6 914	5 694
	V	27 140	5 581	5 581	IV	20 027	19 087	18 147	17 207	16 267	15 340
	VI	27 659	5 581	5 581							
88 631,99 Ost	I,IV	21 060	5 581	5 581	I	19 180	17 300	15 431	13 630	11 907	10 260
	II	19 377	5 581	5 581	II	17 497	15 624	13 815	12 083	10 429	8 851
	III	13 664	5 581	5 581	III	12 248	10 872	9 536	8 236	6 976	5 754
	V	27 234	5 581	5 581	IV	20 120	19 180	18 240	17 300	16 361	15 431
	VI	27 753	5 581	5 581							
88 667,99 West	I,IV	20 982	5 581	5 581	I	19 102	17 222	15 354	13 557	11 836	10 193
	II	19 298	5 581	5 581	II	17 419	15 547	13 741	12 013	10 361	8 787
	III	13 604	5 581	5 581	III	12 190	10 816	9 480	8 182	6 924	5 704
	V	27 155	5 581	5 581	IV	20 042	19 102	18 162	17 222	16 282	15 354
	VI	27 674	5 581	5 581							
88 667,99 Ost	I,IV	21 075	5 581	5 581	I	19 196	17 316	15 446	13 645	11 920	10 273
	II	19 392	5 581	5 581	II	17 512	15 639	13 829	12 097	10 442	8 864
	III	13 676	5 581	5 581	III	12 260	10 884	9 546	8 246	6 986	5 764
	V	27 249	5 581	5 581	IV	20 135	19 196	18 256	17 316	16 376	15 446
	VI	27 768	5 581	5 581							
88 703,99 West	I,IV	20 997	5 581	5 581	I	19 117	17 237	15 369	13 571	11 850	10 206
	II	19 314	5 581	5 581	II	17 434	15 562	13 755	12 026	10 374	8 799
	III	13 614	5 581	5 581	III	12 202	10 826	9 490	8 192	6 934	5 714
	V	27 170	5 581	5 581	IV	20 057	19 117	18 177	17 237	16 297	15 369
	VI	27 689	5 581	5 581							
88 703,99 Ost	I,IV	21 091	5 581	5 581	I	19 211	17 331	15 461	13 659	11 934	10 286
	II	19 407	5 581	5 581	II	17 527	15 654	13 844	12 110	10 455	8 876
	III	13 686	5 581	5 581	III	12 272	10 894	9 556	8 256	6 996	5 774
	V	27 264	5 581	5 581	IV	20 151	19 211	18 271	17 331	16 391	15 461
	VI	27 783	5 581	5 581							
88 739,99 West	I,IV	21 012	5 581	5 581	I	19 132	17 252	15 384	13 585	11 863	10 219
	II	19 329	5 581	5 581	II	17 449	15 577	13 770	12 040	10 387	8 812
	III	13 626	5 581	5 581	III	12 212	10 838	9 500	8 202	6 944	5 722
	V	27 185	5 581	5 581	IV	20 072	19 132	18 192	17 252	16 312	15 384
	VI	27 704	5 581	5 581							
88 739,99 Ost	I,IV	21 106	5 581	5 581	I	19 226	17 346	15 476	13 673	11 947	10 299
	II	19 422	5 581	5 581	II	17 542	15 669	13 858	12 124	10 468	8 888
	III	13 698	5 581	5 581	III	12 282	10 906	9 566	8 266	7 006	5 782
	V	27 279	5 581	5 581	IV	20 166	19 226	18 286	17 346	16 406	15 476
	VI	27 798	5 581	5 581							
88 775,99 West	I,IV	21 027	5 581	5 581	I	19 147	17 267	15 399	13 599	11 877	10 232
	II	19 344	5 581	5 581	II	17 464	15 591	13 784	12 053	10 400	8 824
	III	13 638	5 581	5 581	III	12 224	10 848	9 512	8 214	6 954	5 732
	V	27 200	5 581	5 581	IV	20 087	19 147	18 207	17 267	16 327	15 399
	VI	27 720	5 581	5 581							
88 775,99 Ost	I,IV	21 121	5 581	5 581	I	19 241	17 361	15 490	13 687	11 961	10 312
	II	19 437	5 581	5 581	II	17 558	15 683	13 872	12 138	10 481	8 901
	III	13 710	5 581	5 581	III	12 294	10 916	9 578	8 278	7 016	5 792
	V	27 294	5 581	5 581	IV	20 181	19 241	18 301	17 361	16 421	15 490
	VI	27 813	5 581	5 581							

* Zur LSt-Berechnung für privat versicherte Arbeitnehmer s. Beispiele **Vorbemerkung S. 4 f.**
** Basisvorsorgepauschale KV und PV   *** Typisierter Arbeitgeberzuschuss

Lohn/ Gehalt in € bis	Steuerklasse	Lohn-steuer*	BVSP**	TAGZ***	Steuerklasse	Bemessungsgrundlage für Kirchensteuer und Solidaritätszuschlag Freibeträge für ... Kinder					
						0,5	1,0	1,5	2,0	2,5	3,0
88 811,99 West	I,IV	21 042	5581	5581	I	19 162	17 282	15 414	13 613	11 890	10 245
	II	19 359	5581	5581	II	17 479	15 606	13 798	12 067	10 413	8 836
	III	13 650	5581	5581	III	12 236	10 860	9 522	8 224	6 964	5 742
	V	27 216	5581	5581	IV	20 102	19 162	18 222	17 282	16 343	15 414
	VI	27 735	5581	5581							
88 811,99 Ost	I,IV	21 136	5581	5581	I	19 256	17 376	15 505	13 701	11 974	10 325
	II	19 453	5581	5581	II	17 573	15 698	13 886	12 151	10 494	8 913
	III	13 722	5581	5581	III	12 304	10 928	9 588	8 288	7 026	5 802
	V	27 309	5581	5581	IV	20 196	19 256	18 316	17 376	16 436	15 505
	VI	27 828	5581	5581							
88 847,99 West	I,IV	21 057	5581	5581	I	19 177	17 298	15 428	13 628	11 904	10 258
	II	19 374	5581	5581	II	17 494	15 621	13 812	12 081	10 426	8 849
	III	13 660	5581	5581	III	12 246	10 870	9 532	8 234	6 974	5 752
	V	27 231	5581	5581	IV	20 117	19 177	18 238	17 298	16 358	15 428
	VI	27 750	5581	5581							
88 847,99 Ost	I,IV	21 151	5581	5581	I	19 271	17 391	15 520	13 715	11 988	10 338
	II	19 468	5581	5581	II	17 588	15 713	13 901	12 165	10 507	8 926
	III	13 732	5581	5581	III	12 316	10 938	9 598	8 298	7 036	5 812
	V	27 324	5581	5581	IV	20 211	19 271	18 331	17 391	16 451	15 520
	VI	27 843	5581	5581							
88 883,99 West	I,IV	21 073	5581	5581	I	19 193	17 313	15 443	13 642	11 918	10 271
	II	19 389	5581	5581	II	17 509	15 636	13 827	12 094	10 439	8 861
	III	13 672	5581	5581	III	12 258	10 882	9 544	8 244	6 984	5 762
	V	27 246	5581	5581	IV	20 133	19 193	18 253	17 313	16 373	15 443
	VI	27 765	5581	5581							
88 883,99 Ost	I,IV	21 166	5581	5581	I	19 286	17 406	15 535	13 730	12 002	10 351
	II	19 483	5581	5581	II	17 603	15 728	13 915	12 179	10 520	8 938
	III	13 744	5581	5581	III	12 328	10 950	9 610	8 308	7 046	5 822
	V	27 339	5581	5581	IV	20 226	19 286	18 346	17 406	16 466	15 535
	VI	27 859	5581	5581							
88 919,99 West	I,IV	21 088	5581	5581	I	19 208	17 328	15 458	13 656	11 931	10 283
	II	19 404	5581	5581	II	17 524	15 651	13 841	12 108	10 452	8 874
	III	13 684	5581	5581	III	12 268	10 892	9 554	8 254	6 994	5 772
	V	27 261	5581	5581	IV	20 148	19 208	18 268	17 328	16 388	15 458
	VI	27 780	5581	5581							
88 919,99 Ost	I,IV	21 181	5581	5581	I	19 301	17 421	15 550	13 744	12 015	10 364
	II	19 498	5581	5581	II	17 618	15 743	13 929	12 192	10 533	8 950
	III	13 756	5581	5581	III	12 338	10 960	9 620	8 318	7 056	5 832
	V	27 355	5581	5581	IV	20 241	19 301	18 361	17 421	16 481	15 550
	VI	27 874	5581	5581							
88 955,99 West	I,IV	21 103	5581	5581	I	19 223	17 343	15 473	13 670	11 945	10 296
	II	19 419	5581	5581	II	17 539	15 666	13 855	12 121	10 465	8 886
	III	13 696	5581	5581	III	12 280	10 902	9 564	8 264	7 004	5 780
	V	27 276	5581	5581	IV	20 163	19 223	18 283	17 343	16 403	15 473
	VI	27 795	5581	5581							
88 955,99 Ost	I,IV	21 196	5581	5581	I	19 316	17 437	15 565	13 758	12 029	10 377
	II	19 513	5581	5581	II	17 633	15 758	13 943	12 206	10 546	8 963
	III	13 768	5581	5581	III	12 350	10 970	9 630	8 328	7 066	5 842
	V	27 370	5581	5581	IV	20 256	19 316	18 377	17 437	16 497	15 565
	VI	27 889	5581	5581							
88 991,99 West	I,IV	21 118	5581	5581	I	19 238	17 358	15 488	13 684	11 958	10 309
	II	19 435	5581	5581	II	17 555	15 681	13 869	12 135	10 478	8 898
	III	13 708	5581	5581	III	12 292	10 914	9 576	8 274	7 014	5 790
	V	27 291	5581	5581	IV	20 178	19 238	18 298	17 358	16 418	15 488
	VI	27 810	5581	5581							
88 991,99 Ost	I,IV	21 212	5581	5581	I	19 332	17 452	15 579	13 772	12 042	10 390
	II	19 528	5581	5581	II	17 648	15 773	13 958	12 220	10 559	8 975
	III	13 778	5581	5581	III	12 362	10 982	9 642	8 340	7 076	5 850
	V	27 385	5581	5581	IV	20 272	19 332	18 392	17 452	16 512	15 579
	VI	27 904	5581	5581							

*   Zur LSt-Berechnung für privat versicherte Arbeitnehmer s. Beispiele **Vorbemerkung S. 4 f.**
**   Basisvorsorgepauschale KV und PV   *** Typisierter Arbeitgeberzuschuss

Lohn/Gehalt in € bis	Steuerklasse	Lohn-steuer*	BVSP**	TAGZ***	Steuerklasse	Bemessungsgrundlage für Kirchensteuer und Solidaritätszuschlag Freibeträge für ... Kinder					
						0,5	1,0	1,5	2,0	2,5	3,0
89 027,99 West	I,IV	21 133	5 581	5 581	I	19 253	17 373	15 502	13 699	11 972	10 322
	II	19 450	5 581	5 581	II	17 570	15 695	13 884	12 149	10 491	8 911
	III	13 718	5 581	5 581	III	12 302	10 924	9 586	8 286	7 024	5 800
	V	27 306	5 581	5 581	IV	20 193	19 253	18 313	17 373	16 433	15 502
	VI	27 825	5 581	5 581							
89 027,99 Ost	I,IV	21 227	5 581	5 581	I	19 347	17 467	15 594	13 787	12 056	10 403
	II	19 543	5 581	5 581	II	17 663	15 788	13 972	12 233	10 572	8 988
	III	13 790	5 581	5 581	III	12 372	10 992	9 652	8 350	7 086	5 860
	V	27 400	5 581	5 581	IV	20 287	19 347	18 407	17 467	16 527	15 594
	VI	27 919	5 581	5 581							
89 063,99 West	I,IV	21 148	5 581	5 581	I	19 268	17 388	15 517	13 713	11 985	10 335
	II	19 465	5 581	5 581	II	17 585	15 710	13 898	12 162	10 504	8 923
	III	13 730	5 581	5 581	III	12 314	10 936	9 596	8 296	7 034	5 810
	V	27 321	5 581	5 581	IV	20 208	19 268	18 328	17 388	16 448	15 517
	VI	27 841	5 581	5 581							
89 063,99 Ost	I,IV	21 242	5 581	5 581	I	19 362	17 482	15 609	13 801	12 070	10 416
	II	19 558	5 581	5 581	II	17 678	15 803	13 986	12 247	10 585	9 000
	III	13 802	5 581	5 581	III	12 384	11 004	9 662	8 360	7 096	5 870
	V	27 415	5 581	5 581	IV	20 302	19 362	18 422	17 482	16 542	15 609
	VI	27 934	5 581	5 581							
89 099,99 West	I,IV	21 163	5 581	5 581	I	19 283	17 403	15 532	13 727	11 999	10 348
	II	19 480	5 581	5 581	II	17 600	15 725	13 912	12 176	10 517	8 936
	III	13 742	5 581	5 581	III	12 324	10 946	9 606	8 306	7 044	5 820
	V	27 337	5 581	5 581	IV	20 223	19 283	18 343	17 403	16 463	15 532
	VI	27 856	5 581	5 581							
89 099,99 Ost	I,IV	21 257	5 581	5 581	I	19 377	17 497	15 624	13 815	12 083	10 429
	II	19 574	5 581	5 581	II	17 694	15 818	14 001	12 261	10 598	9 013
	III	13 814	5 581	5 581	III	12 394	11 014	9 674	8 370	7 106	5 880
	V	27 430	5 581	5 581	IV	20 317	19 377	18 437	17 497	16 557	15 624
	VI	27 949	5 581	5 581							
89 135,99 West	I,IV	21 178	5 581	5 581	I	19 298	17 419	15 547	13 741	12 013	10 361
	II	19 495	5 581	5 581	II	17 615	15 740	13 926	12 190	10 530	8 948
	III	13 754	5 581	5 581	III	12 336	10 958	9 618	8 316	7 054	5 830
	V	27 352	5 581	5 581	IV	20 238	19 298	18 358	17 419	16 479	15 547
	VI	27 871	5 581	5 581							
89 135,99 Ost	I,IV	21 272	5 581	5 581	I	19 392	17 512	15 639	13 829	12 097	10 442
	II	19 589	5 581	5 581	II	17 709	15 833	14 015	12 274	10 611	9 025
	III	13 826	5 581	5 581	III	12 406	11 026	9 684	8 380	7 116	5 890
	V	27 445	5 581	5 581	IV	20 332	19 392	18 452	17 512	16 572	15 639
	VI	27 964	5 581	5 581							
89 171,99 West	I,IV	21 193	5 581	5 581	I	19 314	17 434	15 562	13 755	12 026	10 374
	II	19 510	5 581	5 581	II	17 630	15 755	13 941	12 203	10 543	8 960
	III	13 764	5 581	5 581	III	12 348	10 968	9 628	8 326	7 064	5 838
	V	27 367	5 581	5 581	IV	20 254	19 314	18 374	17 434	16 494	15 562
	VI	27 886	5 581	5 581							
89 171,99 Ost	I,IV	21 287	5 581	5 581	I	19 407	17 527	15 654	13 844	12 110	10 455
	II	19 604	5 581	5 581	II	17 724	15 847	14 029	12 288	10 624	9 037
	III	13 836	5 581	5 581	III	12 418	11 036	9 694	8 390	7 126	5 900
	V	27 460	5 581	5 581	IV	20 347	19 407	18 467	17 527	16 587	15 654
	VI	27 980	5 581	5 581							
89 207,99 West	I,IV	21 209	5 581	5 581	I	19 329	17 449	15 577	13 770	12 040	10 387
	II	19 525	5 581	5 581	II	17 645	15 770	13 955	12 217	10 556	8 973
	III	13 776	5 581	5 581	III	12 358	10 980	9 638	8 336	7 074	5 848
	V	27 382	5 581	5 581	IV	20 269	19 329	18 389	17 449	16 509	15 577
	VI	27 901	5 581	5 581							
89 207,99 Ost	I,IV	21 302	5 581	5 581	I	19 422	17 542	15 669	13 858	12 124	10 468
	II	19 619	5 581	5 581	II	17 739	15 862	14 043	12 302	10 637	9 050
	III	13 848	5 581	5 581	III	12 428	11 048	9 706	8 402	7 136	5 908
	V	27 476	5 581	5 581	IV	20 362	19 422	18 482	17 542	16 602	15 669
	VI	27 995	5 581	5 581							

* Zur LSt-Berechnung für privat versicherte Arbeitnehmer s. Beispiele **Vorbemerkung S. 4 f.**
** Basisvorsorgepauschale KV und PV *** Typisierter Arbeitgeberzuschuss

Lohn/Gehalt in € bis	Steuerklasse	Lohn-steuer*	BVSP**	TAGZ***	Steuerklasse	Bemessungsgrundlage für Kirchensteuer und Solidaritätszuschlag					
						Freibeträge für ... Kinder					
						0,5	1,0	1,5	2,0	2,5	3,0
89 243,99 West	I,IV	21 224	5581	5581	I	19 344	17 464	15 591	13 784	12 053	10 400
	II	19 540	5581	5581	II	17 660	15 785	13 969	12 231	10 569	8 985
	III	13 788	5581	5581	III	12 370	10 990	9 650	8 348	7 084	5 858
	V	27 397	5581	5581	IV	20 284	19 344	18 404	17 464	16 524	15 591
	VI	27 916	5581								
89 243,99 Ost	I,IV	21 317	5581	5581	I	19 437	17 558	15 683	13 872	12 138	10 481
	II	19 634	5581	5581	II	17 754	15 877	14 058	12 315	10 650	9 062
	III	13 860	5581	5581	III	12 440	11 058	9 716	8 412	7 146	5 918
	V	27 491	5581	5581	IV	20 377	19 437	18 497	17 558	16 618	15 683
	VI	28 010	5581								
89 279,99 West	I,IV	21 239	5581	5581	I	19 359	17 479	15 606	13 798	12 067	10 413
	II	19 555	5581	5581	II	17 676	15 800	13 983	12 244	10 582	8 998
	III	13 800	5581	5581	III	12 382	11 002	9 660	8 358	7 094	5 868
	V	27 412	5581	5581	IV	20 299	19 359	18 419	17 479	16 539	15 606
	VI	27 931	5581								
89 279,99 Ost	I,IV	21 332	5581	5581	I	19 453	17 573	15 698	13 886	12 151	10 494
	II	19 649	5581	5581	II	17 769	15 892	14 072	12 329	10 663	9 075
	III	13 872	5581	5581	III	12 452	11 070	9 726	8 422	7 156	5 928
	V	27 506	5581	5581	IV	20 393	19 453	18 513	17 573	16 633	15 698
	VI	28 025	5581								
89 315,99 West	I,IV	21 254	5581	5581	I	19 374	17 494	15 621	13 812	12 081	10 426
	II	19 571	5581	5581	II	17 691	15 815	13 998	12 258	10 595	9 010
	III	13 812	5581	5581	III	12 392	11 012	9 670	8 368	7 104	5 878
	V	27 427	5581	5581	IV	20 314	19 374	18 434	17 494	16 554	15 621
	VI	27 946	5581								
89 315,99 Ost	I,IV	21 348	5581	5581	I	19 468	17 588	15 713	13 901	12 165	10 507
	II	19 664	5581	5581	II	17 784	15 907	14 086	12 343	10 676	9 087
	III	13 884	5581	5581	III	12 462	11 080	9 736	8 432	7 166	5 938
	V	27 521	5581	5581	IV	20 408	19 468	18 528	17 588	16 648	15 713
	VI	28 040	5581								
89 351,99 West	I,IV	21 269	5581	5581	I	19 389	17 509	15 636	13 827	12 094	10 439
	II	19 586	5581	5581	II	17 706	15 830	14 012	12 272	10 609	9 023
	III	13 822	5581	5581	III	12 404	11 024	9 682	8 378	7 114	5 888
	V	27 442	5581	5581	IV	20 329	19 389	18 449	17 509	16 569	15 636
	VI	27 961	5581								
89 351,99 Ost	I,IV	21 363	5581	5581	I	19 483	17 603	15 728	13 915	12 179	10 520
	II	19 679	5581	5581	II	17 799	15 922	14 101	12 357	10 690	9 100
	III	13 894	5581	5581	III	12 474	11 092	9 748	8 442	7 176	5 948
	V	27 536	5581	5581	IV	20 423	19 483	18 543	17 603	16 663	15 728
	VI	28 055	5581								
89 387,99 West	I,IV	21 284	5581	5581	I	19 404	17 524	15 651	13 841	12 108	10 452
	II	19 601	5581	5581	II	17 721	15 845	14 026	12 285	10 622	9 035
	III	13 834	5581	5581	III	12 414	11 034	9 692	8 388	7 124	5 898
	V	27 457	5581	5581	IV	20 344	19 404	18 464	17 524	16 584	15 651
	VI	27 977	5581								
89 387,99 Ost	I,IV	21 378	5581	5581	I	19 498	17 618	15 743	13 929	12 192	10 533
	II	19 694	5581	5581	II	17 815	15 937	14 115	12 370	10 703	9 112
	III	13 906	5581	5581	III	12 486	11 102	9 758	8 452	7 186	5 958
	V	27 551	5581	5581	IV	20 438	19 498	18 558	17 618	16 678	15 743
	VI	28 070	5581								
89 423,99 West	I,IV	21 299	5581	5581	I	19 419	17 539	15 666	13 855	12 121	10 465
	II	19 616	5581	5581	II	17 736	15 859	14 041	12 299	10 635	9 047
	III	13 846	5581	5581	III	12 426	11 046	9 702	8 398	7 134	5 906
	V	27 473	5581	5581	IV	20 359	19 419	18 479	17 539	16 600	15 666
	VI	27 992	5581								
89 423,99 Ost	I,IV	21 393	5581	5581	I	19 513	17 633	15 758	13 943	12 206	10 546
	II	19 710	5581	5581	II	17 830	15 952	14 129	12 384	10 716	9 125
	III	13 918	5581	5581	III	12 496	11 114	9 768	8 464	7 196	5 968
	V	27 566	5581	5581	IV	20 453	19 513	18 573	17 633	16 693	15 758
	VI	28 085	5581								

* Zur LSt-Berechnung für privat versicherte Arbeitnehmer s. Beispiele **Vorbemerkung S. 4 f.**
** Basisvorsorgepauschale KV und PV *** Typisierter Arbeitgeberzuschuss

Lohn/Gehalt in € bis	Steuerklasse	Lohn-steuer*	BVSP**	TAGZ***	Steuerklasse	Bemessungsgrundlage für Kirchensteuer und Solidaritätszuschlag					
						Freibeträge für ... Kinder					
						0,5	1,0	1,5	2,0	2,5	3,0
89 459,99 West	I,IV	21 314	5 581	5 581	I	19 435	17 555	15 681	13 869	12 135	10 478
	II	19 631	5 581	5 581	II	17 751	15 874	14 055	12 313	10 648	9 060
	III	13 858	5 581	5 581	III	12 438	11 056	9 714	8 410	7 144	5 916
	V	27 488	5 581	5 581	IV	20 374	19 435	18 495	17 555	16 615	15 681
	VI	28 007	5 581	5 581							
89 459,99 Ost	I,IV	21 408	5 581	5 581	I	19 528	17 648	15 773	13 958	12 220	10 559
	II	19 725	5 581	5 581	II	17 845	15 967	14 144	12 398	10 729	9 137
	III	13 930	5 581	5 581	III	12 508	11 124	9 780	8 474	7 206	5 978
	V	27 581	5 581	5 581	IV	20 468	19 528	18 588	17 648	16 708	15 773
	VI	28 101	5 581	5 581							
89 495,99 West	I,IV	21 330	5 581	5 581	I	19 450	17 570	15 695	13 884	12 149	10 491
	II	19 646	5 581	5 581	II	17 766	15 889	14 069	12 327	10 661	9 072
	III	13 868	5 581	5 581	III	12 448	11 068	9 724	8 420	7 154	5 926
	V	27 503	5 581	5 581	IV	20 390	19 450	18 510	17 570	16 630	15 695
	VI	28 022	5 581	5 581							
89 495,99 Ost	I,IV	21 423	5 581	5 581	I	19 543	17 663	15 788	13 972	12 233	10 572
	II	19 740	5 581	5 581	II	17 860	15 982	14 158	12 412	10 742	9 150
	III	13 942	5 581	5 581	III	12 518	11 136	9 790	8 484	7 216	5 986
	V	27 597	5 581	5 581	IV	20 483	19 543	18 603	17 663	16 723	15 788
	VI	28 116	5 581	5 581							
89 531,99 West	I,IV	21 345	5 581	5 581	I	19 465	17 585	15 710	13 898	12 162	10 504
	II	19 661	5 581	5 581	II	17 781	15 904	14 084	12 340	10 674	9 085
	III	13 880	5 581	5 581	III	12 460	11 078	9 734	8 430	7 164	5 936
	V	27 518	5 581	5 581	IV	20 405	19 465	18 525	17 585	16 645	15 710
	VI	28 037	5 581	5 581							
89 531,99 Ost	I,IV	21 438	5 581	5 581	I	19 558	17 678	15 803	13 986	12 247	10 585
	II	19 755	5 581	5 581	II	17 875	15 997	14 173	12 425	10 755	9 162
	III	13 952	5 581	5 581	III	12 530	11 146	9 800	8 494	7 226	5 996
	V	27 612	5 581	5 581	IV	20 498	19 558	18 618	17 678	16 739	15 803
	VI	28 131	5 581	5 581							
89 567,99 West	I,IV	21 360	5 581	5 581	I	19 480	17 600	15 725	13 912	12 176	10 517
	II	19 676	5 581	5 581	II	17 797	15 919	14 098	12 354	10 687	9 097
	III	13 892	5 581	5 581	III	12 472	11 088	9 746	8 440	7 174	5 946
	V	27 533	5 581	5 581	IV	20 420	19 480	18 540	17 600	16 660	15 725
	VI	28 052	5 581	5 581							
89 567,99 Ost	I,IV	21 453	5 581	5 581	I	19 574	17 694	15 818	14 001	12 261	10 598
	II	19 770	5 581	5 581	II	17 890	16 012	14 187	12 439	10 768	9 175
	III	13 964	5 581	5 581	III	12 542	11 158	9 812	8 504	7 236	6 006
	V	27 627	5 581	5 581	IV	20 513	19 574	18 634	17 694	16 754	15 818
	VI	28 146	5 581	5 581							
89 603,99 West	I,IV	21 375	5 581	5 581	I	19 495	17 615	15 740	13 926	12 190	10 530
	II	19 692	5 581	5 581	II	17 812	15 934	14 112	12 368	10 700	9 110
	III	13 904	5 581	5 581	III	12 482	11 100	9 756	8 450	7 184	5 956
	V	27 548	5 581	5 581	IV	20 435	19 495	18 555	17 615	16 675	15 740
	VI	28 067	5 581	5 581							
89 603,99 Ost	I,IV	21 469	5 581	5 581	I	19 589	17 709	15 833	14 015	12 274	10 611
	II	19 785	5 581	5 581	II	17 905	16 027	14 201	12 453	10 781	9 187
	III	13 976	5 581	5 581	III	12 552	11 168	9 822	8 514	7 246	6 016
	V	27 642	5 581	5 581	IV	20 529	19 589	18 649	17 709	16 769	15 833
	VI	28 161	5 581	5 581							
89 639,99 West	I,IV	21 390	5 581	5 581	I	19 510	17 630	15 755	13 941	12 203	10 543
	II	19 707	5 581	5 581	II	17 827	15 949	14 127	12 381	10 713	9 122
	III	13 916	5 581	5 581	III	12 494	11 110	9 766	8 460	7 194	5 966
	V	27 563	5 581	5 581	IV	20 450	19 510	18 570	17 630	16 690	15 755
	VI	28 082	5 581	5 581							
89 639,99 Ost	I,IV	21 484	5 581	5 581	I	19 604	17 724	15 847	14 029	12 288	10 624
	II	19 800	5 581	5 581	II	17 920	16 042	14 216	12 467	10 795	9 200
	III	13 988	5 581	5 581	III	12 564	11 180	9 832	8 526	7 256	6 026
	V	27 657	5 581	5 581	IV	20 544	19 604	18 664	17 724	16 784	15 847
	VI	28 176	5 581	5 581							

* Zur LSt-Berechnung für privat versicherte Arbeitnehmer s. Beispiele **Vorbemerkung S. 4 f.**
** Basisvorsorgepauschale KV und PV *** Typisierter Arbeitgeberzuschuss

Lohn/ Gehalt in € bis	Steuerklasse	Lohn-steuer*	BVSP**	TAGZ***	Steuerklasse	Bemessungsgrundlage für Kirchensteuer und Solidaritätszuschlag Freibeträge für ... Kinder					
						0,5	1,0	1,5	2,0	2,5	3,0
89 675,99 West	I,IV	21 405	5581	5581	I	19 525	17 645	15 770	13 955	12 217	10 556
	II	19 722	5581	5581	II	17 842	15 964	14 141	12 395	10 726	9 135
	III	13 926	5581	5581	III	12 506	11 122	9 778	8 472	7 204	5 974
	V	27 578	5581	5581	IV	20 465	19 525	18 585	17 645	16 705	15 770
	VI	28 098	5581	5581							
89 675,99 Ost	I,IV	21 499	5581	5581	I	19 619	17 739	15 862	14 043	12 302	10 637
	II	19 815	5581	5581	II	17 936	16 057	14 230	12 480	10 808	9 212
	III	14 000	5581	5581	III	12 576	11 190	9 844	8 536	7 266	6 036
	V	27 672	5581	5581	IV	20 559	19 619	18 679	17 739	16 799	15 862
	VI	28 191	5581	5581							
89 711,99 West	I,IV	21 420	5581	5581	I	19 540	17 660	15 785	13 969	12 231	10 569
	II	19 737	5581	5581	II	17 857	15 979	14 155	12 409	10 739	9 147
	III	13 938	5581	5581	III	12 516	11 132	9 788	8 482	7 214	5 984
	V	27 594	5581	5581	IV	20 480	19 540	18 600	17 660	16 720	15 785
	VI	28 113	5581	5581							
89 711,99 Ost	I,IV	21 514	5581	5581	I	19 634	17 754	15 877	14 058	12 315	10 650
	II	19 831	5581	5581	II	17 951	16 072	14 244	12 494	10 821	9 225
	III	14 010	5581	5581	III	12 586	11 202	9 854	8 546	7 276	6 046
	V	27 687	5581	5581	IV	20 574	19 634	18 694	17 754	16 814	15 877
	VI	28 206	5581	5581							
89 747,99 West	I,IV	21 435	5581	5581	I	19 555	17 676	15 800	13 983	12 244	10 582
	II	19 752	5581	5581	II	17 872	15 994	14 170	12 423	10 753	9 160
	III	13 950	5581	5581	III	12 528	11 144	9 798	8 492	7 224	5 994
	V	27 609	5581	5581	IV	20 495	19 555	18 616	17 676	16 736	15 800
	VI	28 128	5581	5581							
89 747,99 Ost	I,IV	21 529	5581	5581	I	19 649	17 769	15 892	14 072	12 329	10 663
	II	19 846	5581	5581	II	17 966	16 087	14 259	12 508	10 834	9 237
	III	14 022	5581	5581	III	12 598	11 212	9 864	8 556	7 286	6 054
	V	27 702	5581	5581	IV	20 589	19 649	18 709	17 769	16 829	15 892
	VI	28 221	5581	5581							
89 783,99 West	I,IV	21 451	5581	5581	I	19 571	17 691	15 815	13 998	12 258	10 595
	II	19 767	5581	5581	II	17 887	16 009	14 184	12 436	10 766	9 172
	III	13 962	5581	5581	III	12 538	11 154	9 810	8 502	7 234	6 004
	V	27 624	5581	5581	IV	20 511	19 571	18 631	17 691	16 751	15 815
	VI	28 143	5581	5581							
89 783,99 Ost	I,IV	21 544	5581	5581	I	19 664	17 784	15 907	14 086	12 343	10 676
	II	19 861	5581	5581	II	17 981	16 102	14 273	12 522	10 847	9 250
	III	14 034	5581	5581	III	12 610	11 224	9 876	8 566	7 296	6 064
	V	27 717	5581	5581	IV	20 604	19 664	18 724	17 784	16 844	15 907
	VI	28 237	5581	5581							
89 819,99 West	I,IV	21 466	5581	5581	I	19 586	17 706	15 830	14 012	12 272	10 609
	II	19 782	5581	5581	II	17 902	16 024	14 199	12 450	10 779	9 185
	III	13 974	5581	5581	III	12 550	11 166	9 820	8 512	7 244	6 014
	V	27 639	5581	5581	IV	20 526	19 586	18 646	17 706	16 766	15 830
	VI	28 158	5581	5581							
89 819,99 Ost	I,IV	21 559	5581	5581	I	19 679	17 799	15 922	14 101	12 357	10 690
	II	19 876	5581	5581	II	17 996	16 117	14 288	12 535	10 860	9 262
	III	14 046	5581	5581	III	12 620	11 234	9 886	8 578	7 306	6 074
	V	27 733	5581	5581	IV	20 619	19 679	18 739	17 799	16 859	15 922
	VI	28 252	5581	5581							
89 855,99 West	I,IV	21 481	5581	5581	I	19 601	17 721	15 845	14 026	12 285	10 622
	II	19 797	5581	5581	II	17 917	16 039	14 213	12 464	10 792	9 197
	III	13 984	5581	5581	III	12 562	11 176	9 830	8 522	7 254	6 024
	V	27 654	5581	5581	IV	20 541	19 601	18 661	17 721	16 781	15 845
	VI	28 173	5581	5581							
89 855,99 Ost	I,IV	21 574	5581	5581	I	19 694	17 815	15 937	14 115	12 370	10 703
	II	19 891	5581	5581	II	18 011	16 132	14 302	12 549	10 873	9 275
	III	14 058	5581	5581	III	12 632	11 246	9 896	8 588	7 316	6 084
	V	27 748	5581	5581	IV	20 634	19 694	18 755	17 815	16 875	15 937
	VI	28 267	5581	5581							

*   Zur LSt-Berechnung für privat versicherte Arbeitnehmer s. Beispiele **Vorbemerkung S. 4 f.**
** Basisvorsorgepauschale KV und PV   *** Typisierter Arbeitgeberzuschuss

Lohn/ Gehalt in € bis	Steuerklasse	Lohn- steuer*	BVSP**	TAGZ***	Steuerklasse	Bemessungsgrundlage für Kirchensteuer und Solidaritätszuschlag Freibeträge für ... Kinder					
						0,5	1,0	1,5	2,0	2,5	3,0
89 891,99 West	I,IV	21 496	5 581	5 581	I	19 616	17 736	15 859	14 041	12 299	10 635
	II	19 813	5 581	5 581	II	17 933	16 054	14 227	12 478	10 805	9 210
	III	13 996	5 581	5 581	III	12 572	11 188	9 842	8 534	7 264	6 034
	V	27 669	5 581	5 581	IV	20 556	19 616	18 676	17 736	16 796	15 859
	VI	28 188	5 581	5 581							
89 891,99 Ost	I,IV	21 590	5 581	5 581	I	19 710	17 830	15 952	14 129	12 384	10 716
	II	19 906	5 581	5 581	II	18 026	16 147	14 316	12 563	10 887	9 287
	III	14 068	5 581	5 581	III	12 644	11 256	9 908	8 598	7 326	6 094
	V	27 763	5 581	5 581	IV	20 650	19 710	18 770	17 830	16 890	15 952
	VI	28 282	5 581	5 581							
89 927,99 West	I,IV	21 511	5 581	5 581	I	19 631	17 751	15 874	14 055	12 313	10 648
	II	19 828	5 581	5 581	II	17 948	16 069	14 242	12 491	10 818	9 222
	III	14 008	5 581	5 581	III	12 584	11 198	9 852	8 544	7 274	6 044
	V	27 684	5 581	5 581	IV	20 571	19 631	18 691	17 751	16 811	15 874
	VI	28 203	5 581	5 581							
89 927,99 Ost	I,IV	21 605	5 581	5 581	I	19 725	17 845	15 967	14 144	12 398	10 729
	II	19 921	5 581	5 581	II	18 041	16 162	14 331	12 577	10 900	9 300
	III	14 080	5 581	5 581	III	12 654	11 268	9 918	8 608	7 336	6 104
	V	27 778	5 581	5 581	IV	20 665	19 725	18 785	17 845	16 905	15 967
	VI	28 297	5 581	5 581							
89 963,99 West	I,IV	21 526	5 581	5 581	I	19 646	17 766	15 889	14 069	12 327	10 661
	II	19 843	5 581	5 581	II	17 963	16 084	14 256	12 505	10 831	9 235
	III	14 020	5 581	5 581	III	12 596	11 210	9 862	8 554	7 284	6 052
	V	27 699	5 581	5 581	IV	20 586	19 646	18 706	17 766	16 826	15 889
	VI	28 219	5 581	5 581							
89 963,99 Ost	I,IV	21 620	5 581	5 581	I	19 740	17 860	15 982	14 158	12 412	10 742
	II	19 936	5 581	5 581	II	18 056	16 177	14 345	12 591	10 913	9 313
	III	14 092	5 581	5 581	III	12 666	11 278	9 930	8 618	7 346	6 114
	V	27 793	5 581	5 581	IV	20 680	19 740	18 800	17 860	16 920	15 982
	VI	28 312	5 581	5 581							
89 999,99 West	I,IV	21 541	5 581	5 581	I	19 661	17 781	15 904	14 084	12 340	10 674
	II	19 858	5 581	5 581	II	17 978	16 099	14 270	12 519	10 845	9 247
	III	14 032	5 581	5 581	III	12 606	11 220	9 874	8 564	7 294	6 062
	V	27 715	5 581	5 581	IV	20 601	19 661	18 721	17 781	16 841	15 904
	VI	28 234	5 581	5 581							
89 999,99 Ost	I,IV	21 635	5 581	5 581	I	19 755	17 875	15 997	14 173	12 425	10 755
	II	19 952	5 581	5 581	II	18 072	16 192	14 360	12 604	10 926	9 325
	III	14 104	5 581	5 581	III	12 678	11 290	9 940	8 628	7 356	6 124
	V	27 808	5 581	5 581	IV	20 695	19 755	18 815	17 875	16 935	15 997
	VI	28 327	5 581	5 581							
90 035,99 West	I,IV	21 556	5 581	5 581	I	19 676	17 797	15 919	14 098	12 354	10 687
	II	19 873	5 581	5 581	II	17 993	16 114	14 285	12 533	10 858	9 260
	III	14 042	5 581	5 581	III	12 618	11 232	9 884	8 574	7 304	6 072
	V	27 730	5 581	5 581	IV	20 616	19 676	18 736	17 797	16 857	15 919
	VI	28 249	5 581	5 581							
90 035,99 Ost	I,IV	21 650	5 581	5 581	I	19 770	17 890	16 012	14 187	12 439	10 768
	II	19 967	5 581	5 581	II	18 087	16 207	14 374	12 618	10 939	9 338
	III	14 116	5 581	5 581	III	12 688	11 300	9 950	8 640	7 366	6 132
	V	27 823	5 581	5 581	IV	20 710	19 770	18 830	17 890	16 950	16 012
	VI	28 342	5 581	5 581							
90 071,99 West	I,IV	21 571	5 581	5 581	I	19 692	17 812	15 934	14 112	12 368	10 700
	II	19 888	5 581	5 581	II	18 008	16 129	14 299	12 546	10 871	9 272
	III	14 054	5 581	5 581	III	12 630	11 242	9 894	8 586	7 314	6 082
	V	27 745	5 581	5 581	IV	20 632	19 692	18 752	17 812	16 872	15 934
	VI	28 264	5 581	5 581							
90 071,99 Ost	I,IV	21 665	5 581	5 581	I	19 785	17 905	16 027	14 201	12 453	10 781
	II	19 982	5 581	5 581	II	18 102	16 222	14 389	12 632	10 953	9 350
	III	14 126	5 581	5 581	III	12 700	11 312	9 962	8 650	7 376	6 142
	V	27 838	5 581	5 581	IV	20 725	19 785	18 845	17 905	16 965	16 027
	VI	28 358	5 581	5 581							

* Zur LSt-Berechnung für privat versicherte Arbeitnehmer s. Beispiele **Vorbemerkung S. 4 f.**
** Basisvorsorgepauschale KV und PV *** Typisierter Arbeitgeberzuschuss

Lohn/ Gehalt in € bis	Steuerklasse	Lohnsteuer*	BVSP**	TAGZ***	Steuerklasse	Bemessungsgrundlage für Kirchensteuer und Solidaritätszuschlag					
						Freibeträge für ... Kinder					
						0,5	**1,0**	1,5	**2,0**	2,5	**3,0**
90107,99 West	I,IV	**21587**	5581	5581	I	19707	17827	15949	14127	12381	10713
	II	**19903**	5581	5581	II	18023	16144	14314	12560	10884	9285
	III	**14066**	5581	5581	III	12640	11254	9906	8596	7324	6092
	V	**27760**	5581	5581	IV	20647	19707	18767	17827	16887	15949
	VI	**28279**	5581	5581							
90107,99 Ost	I,IV	**21680**	5581	5581	I	19800	17920	16042	14216	12467	10795
	II	**19997**	5581	5581	II	18117	16237	14403	12646	10966	9363
	III	**14138**	5581	5581	III	12712	11322	9972	8660	7388	6152
	V	**27854**	5581	5581	IV	20740	19800	18860	17920	16980	16042
	VI	**28373**	5581	5581							
90143,99 West	I,IV	**21602**	5581	5581	I	19722	17842	15964	14141	12395	10726
	II	**19918**	5581	5581	II	18038	16159	14328	12574	10897	9298
	III	**14078**	5581	5581	III	12652	11264	9916	8606	7334	6102
	V	**27775**	5581	5581	IV	20662	19722	18782	17842	16902	15964
	VI	**28294**	5581	5581							
90143,99 Ost	I,IV	**21695**	5581	5581	I	19815	17936	16057	14230	12480	10808
	II	**20012**	5581	5581	II	18132	16252	14417	12660	10979	9375
	III	**14150**	5581	5581	III	12722	11334	9982	8670	7398	6162
	V	**27869**	5581	5581	IV	20755	19815	18875	17936	16996	16057
	VI	**28388**	5581	5581							
90179,99 West	I,IV	**21617**	5581	5581	I	19737	17857	15979	14155	12409	10739
	II	**19933**	5581	5581	II	18054	16174	14342	12588	10910	9310
	III	**14090**	5581	5581	III	12664	11276	9926	8616	7344	6112
	V	**27790**	5581	5581	IV	20677	19737	18797	17857	16917	15979
	VI	**28309**	5581	5581							
90179,99 Ost	I,IV	**21710**	5581	5581	I	19831	17951	16072	14244	12494	10821
	II	**20027**	5581	5581	II	18147	16268	14432	12673	10992	9388
	III	**14162**	5581	5581	III	12734	11344	9994	8680	7408	6172
	V	**27884**	5581	5581	IV	20771	19831	18891	17951	17011	16072
	VI	**28403**	5581	5581							
90215,99 West	I,IV	**21632**	5581	5581	I	19752	17872	15994	14170	12423	10753
	II	**19949**	5581	5581	II	18069	16189	14357	12602	10924	9323
	III	**14100**	5581	5581	III	12674	11286	9938	8626	7354	6122
	V	**27805**	5581	5581	IV	20692	19752	18812	17872	16932	15994
	VI	**28324**	5581	5581							
90215,99 Ost	I,IV	**21726**	5581	5581	I	19846	17966	16087	14259	12508	10834
	II	**20042**	5581	5581	II	18162	16283	14446	12687	11005	9401
	III	**14174**	5581	5581	III	12746	11356	10004	8692	7418	6182
	V	**27899**	5581	5581	IV	20786	19846	18906	17966	17026	16087
	VI	**28418**	5581	5581							
90251,99 West	I,IV	**21647**	5581	5581	I	19767	17887	16009	14184	12436	10766
	II	**19964**	5581	5581	II	18084	16204	14371	12615	10937	9335
	III	**14112**	5581	5581	III	12686	11298	9948	8638	7364	6130
	V	**27820**	5581	5581	IV	20707	19767	18827	17887	16947	16009
	VI	**28339**	5581	5581							
90251,99 Ost	I,IV	**21741**	5581	5581	I	19861	17981	16102	14273	12522	10847
	II	**20057**	5581	5581	II	18177	16298	14461	12701	11019	9413
	III	**14186**	5581	5581	III	12756	11366	10014	8702	7428	6192
	V	**27914**	5581	5581	IV	20801	19861	18921	17981	17041	16102
	VI	**28433**	5581	5581							
90287,99 West	I,IV	**21662**	5581	5581	I	19782	17902	16024	14199	12450	10779
	II	**19979**	5581	5581	II	18099	16219	14386	12629	10950	9348
	III	**14124**	5581	5581	III	12698	11308	9958	8648	7374	6140
	V	**27835**	5581	5581	IV	20722	19782	18842	17902	16962	16024
	VI	**28355**	5581	5581							
90287,99 Ost	I,IV	**21756**	5581	5581	I	19876	17996	16117	14288	12535	10860
	II	**20072**	5581	5581	II	18193	16313	14475	12715	11032	9426
	III	**14196**	5581	5581	III	12768	11378	10026	8712	7438	6202
	V	**27929**	5581	5581	IV	20816	19876	18936	17996	17056	16117
	VI	**28448**	5581	5581							

* Zur LSt-Berechnung für privat versicherte Arbeitnehmer s. Beispiele **Vorbemerkung S. 4 f.**
** Basisvorsorgepauschale KV und PV *** Typisierter Arbeitgeberzuschuss

Lohn/ Gehalt in € bis	Steuerklasse	Lohn- steuer*	BVSP**	TAGZ***	Steuerklasse	Bemessungsgrundlage für Kirchensteuer und Solidaritätszuschlag					
						Freibeträge für ... Kinder					
						0,5	1,0	1,5	2,0	2,5	3,0
90 323,99 West	I,IV	**21 677**	5 581	5 581	I	19 797	17 917	16 039	14 213	12 464	10 792
	II	**19 994**	5 581	5 581	II	18 114	16 234	14 400	12 643	10 963	9 360
	III	**14 136**	5 581	5 581	III	12 708	11 320	9 970	8 658	7 384	6 150
	V	**27 851**	5 581	5 581	IV	20 737	19 797	18 857	17 917	16 978	16 039
	VI	**28 370**	5 581	5 581							
90 323,99 Ost	I,IV	**21 771**	5 581	5 581	I	19 891	18 011	16 132	14 302	12 549	10 873
	II	**20 088**	5 581	5 581	II	18 208	16 328	14 490	12 729	11 045	9 438
	III	**14 208**	5 581	5 581	III	12 780	11 388	10 036	8 722	7 448	6 212
	V	**27 944**	5 581	5 581	IV	20 831	19 891	18 951	18 011	17 071	16 132
	VI	**28 463**	5 581	5 581							
90 359,99 West	I,IV	**21 692**	5 581	5 581	I	19 813	17 933	16 054	14 227	12 478	10 805
	II	**20 009**	5 581	5 581	II	18 129	16 250	14 415	12 657	10 976	9 373
	III	**14 148**	5 581	5 581	III	12 720	11 330	9 980	8 668	7 394	6 160
	V	**27 866**	5 581	5 581	IV	20 752	19 813	18 873	17 933	16 993	16 054
	VI	**28 385**	5 581	5 581							
90 359,99 Ost	I,IV	**21 786**	5 581	5 581	I	19 906	18 026	16 147	14 316	12 563	10 887
	II	**20 103**	5 581	5 581	II	18 223	16 343	14 504	12 743	11 058	9 451
	III	**14 220**	5 581	5 581	III	12 790	11 400	10 046	8 732	7 458	6 222
	V	**27 959**	5 581	5 581	IV	20 846	19 906	18 966	18 026	17 086	16 147
	VI	**28 479**	5 581	5 581							
90 395,99 West	I,IV	**21 708**	5 581	5 581	I	19 828	17 948	16 069	14 242	12 491	10 818
	II	**20 024**	5 581	5 581	II	18 144	16 265	14 429	12 671	10 990	9 386
	III	**14 160**	5 581	5 581	III	12 732	11 342	9 990	8 678	7 404	6 170
	V	**27 881**	5 581	5 581	IV	20 768	19 828	18 888	17 948	17 008	16 069
	VI	**28 400**	5 581	5 581							
90 395,99 Ost	I,IV	**21 801**	5 581	5 581	I	19 921	18 041	16 162	14 331	12 577	10 900
	II	**20 118**	5 581	5 581	II	18 238	16 358	14 519	12 757	11 072	9 464
	III	**14 232**	5 581	5 581	III	12 802	11 410	10 058	8 744	7 468	6 230
	V	**27 975**	5 581	5 581	IV	20 861	19 921	18 981	18 041	17 101	16 162
	VI	**28 494**	5 581	5 581							
90 431,99 West	I,IV	**21 723**	5 581	5 581	I	19 843	17 963	16 084	14 256	12 505	10 831
	II	**20 039**	5 581	5 581	II	18 159	16 280	14 444	12 685	11 003	9 398
	III	**14 170**	5 581	5 581	III	12 742	11 352	10 002	8 690	7 416	6 180
	V	**27 896**	5 581	5 581	IV	20 783	19 843	18 903	17 963	17 023	16 084
	VI	**28 415**	5 581	5 581							
90 431,99 Ost	I,IV	**21 816**	5 581	5 581	I	19 936	18 056	16 177	14 345	12 591	10 913
	II	**20 133**	5 581	5 581	II	18 253	16 373	14 533	12 770	11 085	9 476
	III	**14 244**	5 581	5 581	III	12 814	11 422	10 068	8 754	7 478	6 240
	V	**27 990**	5 581	5 581	IV	20 876	19 936	18 996	18 056	17 117	16 177
	VI	**28 509**	5 581	5 581							
90 467,99 West	I,IV	**21 738**	5 581	5 581	I	19 858	17 978	16 099	14 270	12 519	10 845
	II	**20 054**	5 581	5 581	II	18 175	16 295	14 458	12 698	11 016	9 411
	III	**14 182**	5 581	5 581	III	12 754	11 364	10 012	8 700	7 426	6 190
	V	**27 911**	5 581	5 581	IV	20 798	19 858	18 918	17 978	17 038	16 099
	VI	**28 430**	5 581	5 581							
90 467,99 Ost	I,IV	**21 831**	5 581	5 581	I	19 952	18 072	16 192	14 360	12 604	10 926
	II	**20 148**	5 581	5 581	II	18 268	16 388	14 548	12 784	11 098	9 489
	III	**14 254**	5 581	5 581	III	12 824	11 432	10 080	8 764	7 488	6 250
	V	**28 005**	5 581	5 581	IV	20 891	19 952	19 012	18 072	17 132	16 192
	VI	**28 524**	5 581	5 581							
90 503,99 West	I,IV	**21 753**	5 581	5 581	I	19 873	17 993	16 114	14 285	12 533	10 858
	II	**20 070**	5 581	5 581	II	18 190	16 310	14 472	12 712	11 029	9 423
	III	**14 194**	5 581	5 581	III	12 766	11 374	10 024	8 710	7 436	6 200
	V	**27 926**	5 581	5 581	IV	20 813	19 873	18 933	17 993	17 053	16 114
	VI	**28 445**	5 581	5 581							
90 503,99 Ost	I,IV	**21 847**	5 581	5 581	I	19 967	18 087	16 207	14 374	12 618	10 939
	II	**20 163**	5 581	5 581	II	18 283	16 403	14 562	12 798	11 111	9 502
	III	**14 266**	5 581	5 581	III	12 836	11 444	10 090	8 774	7 498	6 260
	V	**28 020**	5 581	5 581	IV	20 907	19 967	19 027	18 087	17 147	16 207
	VI	**28 539**	5 581	5 581							

* Zur LSt-Berechnung für privat versicherte Arbeitnehmer s. Beispiele **Vorbemerkung S. 4 f.**
** Basisvorsorgepauschale KV und PV *** Typisierter Arbeitgeberzuschuss

Lohn/Gehalt in € bis	Steuerklasse	Lohnsteuer*	BVSP**	TAGZ***	Steuerklasse	Bemessungsgrundlage für Kirchensteuer und Solidaritätszuschlag					
						Freibeträge für ... Kinder					
						0,5	1,0	1,5	2,0	2,5	3,0
90 539,99 West	I,IV	21 768	5 581	5 581	I	19 888	18 008	16 129	14 299	12 546	10 871
	II	20 085	5 581	5 581	II	18 205	16 325	14 487	12 726	11 042	9 436
	III	14 206	5 581	5 581	III	12 776	11 386	10 034	8 720	7 446	6 210
	V	27 941	5 581	5 581	IV	20 828	19 888	18 948	18 008	17 068	16 129
	VI	28 460	5 581	5 581							
90 539,99 Ost	I,IV	21 862	5 581	5 581	I	19 982	18 102	16 222	14 389	12 632	10 953
	II	20 178	5 581	5 581	II	18 298	16 418	14 577	12 812	11 125	9 514
	III	14 278	5 581	5 581	III	12 848	11 454	10 100	8 786	7 508	6 270
	V	28 035	5 581	5 581	IV	20 922	19 982	19 042	18 102	17 162	16 222
	VI	28 554	5 581	5 581							
90 575,99 West	I,IV	21 783	5 581	5 581	I	19 903	18 023	16 144	14 314	12 560	10 884
	II	20 100	5 581	5 581	II	18 220	16 340	14 501	12 740	11 056	9 449
	III	14 218	5 581	5 581	III	12 788	11 396	10 044	8 730	7 456	6 218
	V	27 956	5 581	5 581	IV	20 843	19 903	18 963	18 023	17 083	16 144
	VI	28 476	5 581	5 581							
90 575,99 Ost	I,IV	21 877	5 581	5 581	I	19 997	18 117	16 237	14 403	12 646	10 966
	II	20 193	5 581	5 581	II	18 314	16 434	14 591	12 826	11 138	9 527
	III	14 290	5 581	5 581	III	12 858	11 466	10 112	8 796	7 518	6 280
	V	28 050	5 581	5 581	IV	20 937	19 997	19 057	18 117	17 177	16 237
	VI	28 569	5 581	5 581							
90 611,99 West	I,IV	21 798	5 581	5 581	I	19 918	18 038	16 159	14 328	12 574	10 897
	II	20 115	5 581	5 581	II	18 235	16 355	14 516	12 754	11 069	9 461
	III	14 230	5 581	5 581	III	12 800	11 408	10 056	8 742	7 466	6 228
	V	27 972	5 581	5 581	IV	20 858	19 918	18 978	18 038	17 098	16 159
	VI	28 491	5 581	5 581							
90 611,99 Ost	I,IV	21 892	5 581	5 581	I	20 012	18 132	16 252	14 417	12 660	10 979
	II	20 209	5 581	5 581	II	18 329	16 449	14 606	12 840	11 151	9 539
	III	14 302	5 581	5 581	III	12 870	11 476	10 122	8 806	7 528	6 290
	V	28 065	5 581	5 581	IV	20 952	20 012	19 072	18 132	17 192	16 252
	VI	28 584	5 581	5 581							
90 647,99 West	I,IV	21 813	5 581	5 581	I	19 933	18 054	16 174	14 342	12 588	10 910
	II	20 130	5 581	5 581	II	18 250	16 370	14 530	12 768	11 082	9 474
	III	14 240	5 581	5 581	III	12 810	11 418	10 066	8 752	7 476	6 238
	V	27 987	5 581	5 581	IV	20 873	19 933	18 994	18 054	17 114	16 174
	VI	28 506	5 581	5 581							
90 647,99 Ost	I,IV	21 907	5 581	5 581	I	20 027	18 147	16 268	14 432	12 673	10 992
	II	20 224	5 581	5 581	II	18 344	16 464	14 620	12 854	11 164	9 552
	III	14 314	5 581	5 581	III	12 882	11 488	10 132	8 816	7 538	6 300
	V	28 080	5 581	5 581	IV	20 967	20 027	19 087	18 147	17 207	16 268
	VI	28 599	5 581	5 581							
90 683,99 West	I,IV	21 829	5 581	5 581	I	19 949	18 069	16 189	14 357	12 602	10 924
	II	20 145	5 581	5 581	II	18 265	16 385	14 545	12 782	11 095	9 486
	III	14 252	5 581	5 581	III	12 822	11 430	10 076	8 762	7 486	6 248
	V	28 002	5 581	5 581	IV	20 889	19 949	19 009	18 069	17 129	16 189
	VI	28 521	5 581	5 581							
90 683,99 Ost	I,IV	21 922	5 581	5 581	I	20 042	18 162	16 283	14 446	12 687	11 005
	II	20 239	5 581	5 581	II	18 359	16 479	14 635	12 868	11 178	9 565
	III	14 324	5 581	5 581	III	12 892	11 498	10 144	8 826	7 548	6 310
	V	28 095	5 581	5 581	IV	20 982	20 042	19 102	18 162	17 222	16 283
	VI	28 615	5 581	5 581							
90 719,99 West	I,IV	21 844	5 581	5 581	I	19 964	18 084	16 204	14 371	12 615	10 937
	II	20 160	5 581	5 581	II	18 280	16 400	14 559	12 795	11 109	9 499
	III	14 264	5 581	5 581	III	12 834	11 442	10 088	8 772	7 496	6 258
	V	28 017	5 581	5 581	IV	20 904	19 964	19 024	18 084	17 144	16 204
	VI	28 536	5 581	5 581							
90 719,99 Ost	I,IV	21 937	5 581	5 581	I	20 057	18 177	16 298	14 461	12 701	11 019
	II	20 254	5 581	5 581	II	18 374	16 494	14 649	12 882	11 191	9 577
	III	14 336	5 581	5 581	III	12 904	11 510	10 154	8 838	7 558	6 320
	V	28 111	5 581	5 581	IV	20 997	20 057	19 117	18 177	17 237	16 298
	VI	28 630	5 581	5 581							

*   Zur LSt-Berechnung für privat versicherte Arbeitnehmer s. Beispiele **Vorbemerkung S. 4 f.**
** Basisvorsorgepauschale KV und PV   *** Typisierter Arbeitgeberzuschuss

Lohn/ Gehalt in € bis	Steuerklasse	Lohn- steuer*	BVSP**	TAGZ***	Steuerklasse	Bemessungsgrundlage für Kirchensteuer und Solidaritätszuschlag					
						Freibeträge für ... Kinder					
						0,5	1,0	1,5	2,0	2,5	3,0
90 755,99 West	I,IV	**21 859**	5 581	5 581	I	19 979	18 099	16 219	14 386	12 629	10 950
	II	**20 175**	5 581	5 581	II	18 295	16 416	14 574	12 809	11 122	9 512
	III	**14 276**	5 581	5 581	III	12 844	11 452	10 098	8 782	7 506	6 268
	V	**28 032**	5 581	5 581	IV	20 919	19 979	19 039	18 099	17 159	16 219
	VI	**28 551**	5 581	5 581							
90 755,99 Ost	I,IV	**21 952**	5 581	5 581	I	20 072	18 193	16 313	14 475	12 715	11 032
	II	**20 269**	5 581	5 581	II	18 389	16 509	14 664	12 895	11 204	9 590
	III	**14 348**	5 581	5 581	III	12 916	11 520	10 164	8 848	7 568	6 328
	V	**28 126**	5 581	5 581	IV	21 012	20 072	19 133	18 193	17 253	16 313
	VI	**28 645**	5 581	5 581							
90 791,99 West	I,IV	**21 874**	5 581	5 581	I	19 994	18 114	16 234	14 400	12 643	10 963
	II	**20 191**	5 581	5 581	II	18 311	16 431	14 588	12 823	11 135	9 524
	III	**14 288**	5 581	5 581	III	12 856	11 464	10 108	8 794	7 516	6 278
	V	**28 047**	5 581	5 581	IV	20 934	19 994	19 054	18 114	17 174	16 234
	VI	**28 566**	5 581	5 581							
90 791,99 Ost	I,IV	**21 968**	5 581	5 581	I	20 088	18 208	16 328	14 490	12 729	11 045
	II	**20 284**	5 581	5 581	II	18 404	16 524	14 678	12 909	11 217	9 603
	III	**14 360**	5 581	5 581	III	12 926	11 532	10 176	8 858	7 580	6 338
	V	**28 141**	5 581	5 581	IV	21 028	20 088	19 148	18 208	17 268	16 328
	VI	**28 660**	5 581	5 581							
90 827,99 West	I,IV	**21 889**	5 581	5 581	I	20 009	18 129	16 250	14 415	12 657	10 976
	II	**20 206**	5 581	5 581	II	18 326	16 446	14 603	12 837	11 148	9 537
	III	**14 300**	5 581	5 581	III	12 868	11 474	10 120	8 804	7 526	6 288
	V	**28 062**	5 581	5 581	IV	20 949	20 009	19 069	18 129	17 189	16 250
	VI	**28 581**	5 581	5 581							
90 827,99 Ost	I,IV	**21 983**	5 581	5 581	I	20 103	18 223	16 343	14 504	12 743	11 058
	II	**20 299**	5 581	5 581	II	18 419	16 539	14 693	12 923	11 231	9 615
	III	**14 372**	5 581	5 581	III	12 938	11 542	10 186	8 868	7 590	6 348
	V	**28 156**	5 581	5 581	IV	21 043	20 103	19 163	18 223	17 283	16 343
	VI	**28 675**	5 581	5 581							
90 863,99 West	I,IV	**21 904**	5 581	5 581	I	20 024	18 144	16 265	14 429	12 671	10 990
	II	**20 221**	5 581	5 581	II	18 341	16 461	14 617	12 851	11 162	9 550
	III	**14 310**	5 581	5 581	III	12 878	11 486	10 130	8 814	7 536	6 298
	V	**28 077**	5 581	5 581	IV	20 964	20 024	19 084	18 144	17 204	16 265
	VI	**28 597**	5 581	5 581							
90 863,99 Ost	I,IV	**21 998**	5 581	5 581	I	20 118	18 238	16 358	14 519	12 757	11 072
	II	**20 314**	5 581	5 581	II	18 434	16 555	14 707	12 937	11 244	9 628
	III	**14 384**	5 581	5 581	III	12 950	11 554	10 198	8 880	7 600	6 358
	V	**28 171**	5 581	5 581	IV	21 058	20 118	19 178	18 238	17 298	16 358
	VI	**28 690**	5 581	5 581							
90 899,99 West	I,IV	**21 919**	5 581	5 581	I	20 039	18 159	16 280	14 444	12 685	11 003
	II	**20 236**	5 581	5 581	II	18 356	16 476	14 632	12 865	11 175	9 562
	III	**14 322**	5 581	5 581	III	12 890	11 496	10 142	8 824	7 546	6 308
	V	**28 093**	5 581	5 581	IV	20 979	20 039	19 099	18 159	17 219	16 280
	VI	**28 612**	5 581	5 581							
90 899,99 Ost	I,IV	**22 013**	5 581	5 581	I	20 133	18 253	16 373	14 533	12 770	11 085
	II	**20 330**	5 581	5 581	II	18 450	16 570	14 722	12 951	11 257	9 641
	III	**14 396**	5 581	5 581	III	12 960	11 566	10 208	8 890	7 610	6 368
	V	**28 186**	5 581	5 581	IV	21 073	20 133	19 193	18 253	17 313	16 373
	VI	**28 705**	5 581	5 581							
90 935,99 West	I,IV	**21 934**	5 581	5 581	I	20 054	18 175	16 295	14 458	12 698	11 016
	II	**20 251**	5 581	5 581	II	18 371	16 491	14 646	12 879	11 188	9 575
	III	**14 334**	5 581	5 581	III	12 902	11 508	10 152	8 834	7 556	6 316
	V	**28 108**	5 581	5 581	IV	20 994	20 054	19 114	18 175	17 235	16 295
	VI	**28 627**	5 581	5 581							
90 935,99 Ost	I,IV	**22 028**	5 581	5 581	I	20 148	18 268	16 388	14 548	12 784	11 098
	II	**20 345**	5 581	5 581	II	18 465	16 585	14 737	12 965	11 271	9 654
	III	**14 406**	5 581	5 581	III	12 972	11 576	10 218	8 900	7 620	6 378
	V	**28 201**	5 581	5 581	IV	21 088	20 148	19 208	18 268	17 328	16 388
	VI	**28 720**	5 581	5 581							

* Zur LSt-Berechnung für privat versicherte Arbeitnehmer s. Beispiele **Vorbemerkung S. 4 f.**
** Basisvorsorgepauschale KV und PV *** Typisierter Arbeitgeberzuschuss

Solidaritätszuschlag für Monatslohnsteuerbeträge

Steuerklasse III		Steuerklasse III		Steuerklasse III		Steuerklasse III	
Maßstabs-lohnsteuer €	Solidaritäts-zuschlag €	Maßstabs-lohnsteuer €	Solidaritäts-zuschlag €	Maßstabs-lohnsteuer €	Solidaritäts-zuschlag €	Maßstabs-lohnsteuer €	Solidaritäts-zuschlag €
2923,50	0,00	3004,16	9,55	3084,66	19,13	3165,33	28,73
2924,66	0,09	3005,33	9,69	3086,00	19,29	3166,66	28,89
2926,00	0,25	3006,66	9,85	3087,33	19,45	3167,83	29,03
2927,16	0,39	3007,83	9,99	3088,50	19,59	3169,16	29,19
2928,50	0,55	3009,16	10,15	3089,83	19,75	3170,33	29,33
2929,83	0,71	3010,33	10,29	3091,00	19,89	3171,66	29,49
2931,00	0,85	3011,66	10,45	3092,33	20,05	3173,00	29,65
2932,33	1,01	3012,83	10,59	3093,50	20,19	3174,16	29,78
2933,50	1,15	3014,16	10,74	3094,83	20,34	3175,50	29,94
2934,83	1,30	3015,50	10,90	3096,00	20,48	3176,66	30,08
2936,00	1,44	3016,66	11,04	3097,33	20,64	3178,00	30,24
2937,33	1,60	3018,00	11,20	3098,66	20,80	3179,16	30,38
2938,50	1,74	3019,16	11,34	3099,83	20,94	3180,50	30,54
2939,83	1,90	3020,50	11,50	3101,16	21,10	3181,83	30,70
2941,16	2,06	3021,66	11,64	3102,33	21,24	3183,00	30,84
2942,33	2,20	3023,00	11,80	3103,66	21,40	3184,33	30,99
2943,66	2,36	3024,33	11,95	3104,83	21,53	3185,50	31,13
2944,83	2,49	3025,50	12,09	3106,16	21,69	3186,83	31,29
2946,16	2,65	3026,83	12,25	3107,33	21,83	3188,00	31,43
2947,33	2,79	3028,00	12,39	3108,66	21,99	3189,33	31,59
2948,66	2,95	3029,33	12,55	3110,00	22,15	3190,50	31,73
2949,83	3,09	3030,50	12,69	3111,16	22,29	3191,83	31,89
2951,16	3,25	3031,83	12,85	3112,50	22,45	3193,16	32,05
2952,50	3,41	3033,00	12,99	3113,66	22,59	3194,33	32,18
2953,66	3,55	3034,33	13,14	3115,00	22,74	3195,66	32,34
2955,00	3,70	3035,66	13,30	3116,16	22,88	3196,83	32,48
2956,16	3,84	3036,83	13,44	3117,50	23,04	3198,16	32,64
2957,50	4,00	3038,16	13,60	3118,83	23,20	3199,33	32,78
2958,66	4,14	3039,33	13,74	3120,00	23,34	3200,66	32,94
2960,00	4,30	3040,66	13,90	3121,33	23,50	3201,83	33,08
2961,33	4,46	3041,83	14,04	3122,50	23,64	3203,16	33,24
2962,50	4,60	3043,16	14,20	3123,83	23,80	3204,50	33,39
2963,83	4,76	3044,33	14,33	3125,00	23,93	3205,66	33,53
2965,00	4,89	3045,66	14,49	3126,33	24,09	3207,00	33,69
2966,33	5,05	3047,00	14,65	3127,50	24,23	3208,16	33,83
2967,50	5,19	3048,16	14,79	3128,83	24,39	3209,50	33,99
2968,83	5,35	3049,50	14,95	3130,16	24,55	3210,66	34,13
2970,00	5,49	3050,66	15,09	3131,33	24,69	3212,00	34,29
2971,33	5,65	3052,00	15,25	3132,66	24,85	3213,33	34,45
2972,66	5,81	3053,16	15,39	3133,83	24,99	3214,50	34,58
2973,83	5,95	3054,50	15,54	3135,16	25,14	3215,83	34,74
2975,16	6,10	3055,83	15,70	3136,33	25,28	3217,00	34,88
2976,33	6,24	3057,00	15,84	3137,66	25,44	3218,33	35,04
2977,66	6,40	3058,33	16,00	3138,83	25,58	3219,50	35,18
2978,83	6,54	3059,50	16,14	3140,16	25,74	3220,83	35,34
2980,16	6,70	3060,83	16,30	3141,50	25,90	3222,00	35,48
2981,33	6,84	3062,00	16,44	3142,66	26,04	3223,33	35,64
2982,66	7,00	3063,33	16,60	3144,00	26,19	3224,66	35,79
2.984,00	7,15	3064,50	16,73	3145,16	26,33	3225,83	35,93
2985,16	7,29	3065,83	16,89	3146,50	26,49	3227,16	36,09
2986,50	7,45	3067,16	17,05	3147,66	26,63	3228,33	36,23
2987,66	7,59	3068,33	17,19	3149,00	26,79	3229,66	36,39
2989,00	7,75	3069,66	17,35	3150,33	26,95	3230,83	36,53
2990,16	7,89	3070,83	17,49	3151,50	27,09	3232,16	36,69
2991,50	8,05	3072,16	17,65	3152,83	27,25	3233,33	36,83
2992,83	8,21	3073,33	17,79	3154,00	27,38	3234,66	36,98
2994,00	8,34	3074,66	17,94	3155,33	27,54	3236,00	37,14
2995,33	8,50	3075,83	18,08	3156,50	27,68	3237,16	37,28
2996,50	8,64	3077,16	18,24	3157,83	27,84	3238,50	37,44
2997,83	8,80	3078,50	18,40	3159,00	27,98	3239,66	37,58
2999,00	8,94	3079,66	18,54	3160,33	28,14	3241,00	37,74
3000,33	9,10	3081,00	18,70	3161,66	28,30	3242,16	37,88
3001,50	9,24	3082,16	18,84	3162,83	28,44	3243,50	38,04
3002,83	9,40	3083,50	19,00	3164,16	28,59	3244,83	38,19

Übergangstabelle Solidaritätszuschlag Monat 2023

Steuerklasse III		Steuerklasse III		Steuerklasse III		Steuerklasse III	
Maßstabs-lohnsteuer €	Solidaritäts-zuschlag €	Maßstabs-lohnsteuer €	Solidaritäts-zuschlag €	Maßstabs-lohnsteuer €	Solidaritäts-zuschlag €	Maßstabs-lohnsteuer €	Solidaritäts-zuschlag €
3246,00	38,33	3331,66	48,53	3417,33	58,72	3503,00	68,92
3247,33	38,49	3333,00	48,69	3418,66	58,88	3504,33	69,07
3248,50	38,63	3334,16	48,82	3419,83	59,02	3505,50	69,21
3249,83	38,79	3335,50	48,98	3421,16	59,18	3506,83	69,37
3251,00	38,93	3336,66	49,12	3422,33	59,32	3508,16	69,53
3252,33	39,09	3338,00	49,28	3423,66	59,48	3509,33	69,67
3253,50	39,23	3339,33	49,44	3425,00	59,63	3510,66	69,83
3254,83	39,38	3340,50	49,58	3426,16	59,77	3511,83	69,97
3256,16	39,54	3341,83	49,74	3427,50	59,93	3513,16	70,13
3257,33	39,68	3343,00	49,88	3428,66	60,07	3514,33	70,26
3258,66	39,84	3344,33	50,03	3430,00	60,23	3515,66	70,42
3259,83	39,98	3345,50	50,17	3431,16	60,37	3516,83	70,56
3261,16	40,14	3346,83	50,33	3432,50	60,53	3518,16	70,72
3262,33	40,28	3348,00	50,47	3433,83	60,69	3519,50	70,88
3263,66	40,44	3349,33	50,63	3435,00	60,82	3520,66	71,02
3264,83	40,57	3350,66	50,79	3436,33	60,98	3522,00	71,18
3266,16	40,73	3351,83	50,93	3437,50	61,12	3523,16	71,32
3267,50	40,89	3353,16	51,09	3438,83	61,28	3524,50	71,47
3268,66	41,03	3354,33	51,22	3440,00	61,42	3525,66	71,61
3270,00	41,19	3355,66	51,38	3441,33	61,58	3527,00	71,77
3271,16	41,33	3356,83	51,52	3442,50	61,72	3528,33	71,93
3272,50	41,49	3358,16	51,68	3443,83	61,88	3529,50	72,07
3273,66	41,63	3359,33	51,82	3445,16	62,03	3530,83	72,23
3275,00	41,78	3360,66	51,98	3446,33	62,17	3532,00	72,37
3276,33	41,94	3362,00	52,14	3447,66	62,33	3533,33	72,53
3277,50	42,08	3363,16	52,28	3448,83	62,47	3534,50	72,66
3278,83	42,24	3364,50	52,43	3450,16	62,63	3535,83	72,82
3280,00	42,38	3365,66	52,57	3451,33	62,77	3537,00	72,96
3281,33	42,54	3367,00	52,73	3452,66	62,93	3538,33	73,12
3282,50	42,68	3368,16	52,87	3453,83	63,07	3539,66	73,28
3283,83	42,84	3369,50	53,03	3455,16	63,22	3540,83	73,42
3285,00	42,97	3370,83	53,19	3456,50	63,38	3542,16	73,58
3286,33	43,13	3372,00	53,33	3457,66	63,52	3543,33	73,72
3287,66	43,29	3373,33	53,49	3459,00	63,68	3544,66	73,87
3288,83	43,43	3374,50	53,62	3460,16	63,82	3545,83	74,01
3290,16	43,59	3375,83	53,78	3461,50	63,98	3547,16	74,17
3291,33	43,73	3377,00	53,92	3462,66	64,12	3548,33	74,31
3292,66	43,89	3378,33	54,08	3464,00	64,27	3549,66	74,47
3293,83	44,03	3379,50	54,22	3465,33	64,43	3551,00	74,63
3295,16	44,18	3380,83	54,38	3466,50	64,57	3552,16	74,77
3296,33	44,32	3382,16	54,54	3467,83	64,73	3553,50	74,93
3297,66	44,48	3383,33	54,68	3469,00	64,87	3554,66	75,06
3299,00	44,64	3384,66	54,83	3470,33	65,03	3556,00	75,22
3300,16	44,78	3385,83	54,97	3471,50	65,17	3557,16	75,36
3301,50	44,94	3387,16	55,13	3472,83	65,33	3558,50	75,52
3302,66	45,08	3388,33	55,27	3474,00	65,46	3559,83	75,68
3304,00	45,23	3389,66	55,43	3475,33	65,62	3561,00	75,82
3305,16	45,37	3390,83	55,57	3476,66	65,78	3562,33	75,98
3306,50	45,53	3392,16	55,73	3477,83	65,92	3563,50	76,12
3307,83	45,69	3393,50	55,89	3479,16	66,08	3564,83	76,27
3309,00	45,83	3394,66	56,02	3480,33	66,22	3566,00	76,41
3310,33	45,99	3396,00	56,18	3481,66	66,38	3567,33	76,57
3311,50	46,13	3397,16	56,32	3482,83	66,52	3568,50	76,71
3312,83	46,29	3398,50	56,48	3484,16	66,67	3569,83	76,87
3314,00	46,42	3399,66	56,62	3485,33	66,81	3571,16	77,03
3315,33	46,58	3401,00	56,78	3486,66	66,97	3572,33	77,17
3316,50	46,72	3402,33	56,94	3488,00	67,13	3573,66	77,33
3317,83	46,88	3403,50	57,08	3489,16	67,27	3574,83	77,46
3319,16	47,04	3404,83	57,23	3490,50	67,43	3576,16	77,62
3320,33	47,18	3406,00	57,37	3491,66	67,57	3577,33	77,76
3321,66	47,34	3407,33	57,53	3493,00	67,73	3578,66	77,92
3322,83	47,48	3408,50	57,67	3494,16	67,86	3579,83	78,06
3324,16	47,63	3409,83	57,83	3495,50	68,02	3581,16	78,22
3325,33	47,77	3411,00	57,97	3496,83	68,18	3582,50	78,38
3326,66	47,93	3412,33	58,13	3498,00	68,32	3583,66	78,52
3327,83	48,07	3413,66	58,29	3499,33	68,48	3585,00	78,67
3329,16	48,23	3414,83	58,42	3500,50	68,62	3586,16	78,81
3330,50	48,39	3416,16	58,58	3501,83	68,78	3587,50	78,97

Steuerklasse III		Steuerklasse III		Steuerklasse III		Steuerklasse III	
Maßstabs-lohnsteuer €	Solidaritäts-zuschlag €	Maßstabs-lohnsteuer €	Solidaritäts-zuschlag €	Maßstabs-lohnsteuer €	Solidaritäts-zuschlag €	Maßstabs-lohnsteuer €	Solidaritäts-zuschlag €
3588,66	79,11	3674,33	89,30	3760,16	99,52	3845,83	109,71
3590,00	79,27	3675,66	89,46	3761,33	99,66	3847,00	109,85
3591,33	79,43	3677,00	89,62	3762,66	99,82	3848,33	110,01
3592,50	79,57	3678,16	89,76	3763,83	99,96	3849,50	110,15
3593,83	79,73	3679,50	89,92	3765,16	100,11	3850,83	110,31
3595,00	79,86	3680,66	90,06	3766,33	100,25	3852,00	110,45
3596,33	80,02	3682,00	90,22	3767,66	100,41	3853,33	110,61
3597,50	80,16	3683,16	90,36	3768,83	100,55	3854,66	110,76
3598,83	80,32	3684,50	90,51	3770,16	100,71	3855,83	110,90
3600,00	80,46	3685,83	90,67	3771,50	100,87	3857,16	111,06
3601,33	80,62	3687,00	90,81	3772,66	101,01	3858,33	111,20
3602,66	80,78	3688,33	90,97	3774,00	101,16	3859,66	111,36
3603,83	80,92	3689,50	91,11	3775,16	101,30	3860,83	111,50
3605,16	81,07	3690,83	91,27	3776,50	101,46	3862,16	111,66
3606,33	81,21	3692,00	91,41	3777,66	101,60	3863,33	111,80
3607,66	81,37	3693,33	91,57	3779,00	101,76	3864,66	111,95
3608,83	81,51	3694,50	91,70	3780,33	101,92	3866,00	112,11
3610,16	81,67	3695,83	91,86	3781,50	102,06	3867,16	112,25
3611,33	81,81	3697,16	92,02	3782,83	102,22	3868,50	112,41
3612,66	81,97	3698,33	92,16	3784,00	102,35	3869,66	112,55
3614,00	82,12	3699,66	92,32	3785,33	102,51	3871,00	112,71
3615,16	82,26	3700,83	92,46	3786,50	102,65	3872,16	112,85
3616,50	82,42	3702,16	92,62	3787,83	102,81	3873,50	113,01
3617,66	82,56	3703,33	92,76	3789,00	102,95	3874,83	113,16
3619,00	82,72	3704,66	92,91	3790,33	103,11	3876,00	113,30
3620,16	82,86	3705,83	93,05	3791,66	103,27	3877,33	113,46
3621,50	83,02	3707,16	93,21	3792,83	103,41	3878,50	113,60
3622,83	83,18	3708,50	93,37	3794,16	103,56	3879,83	113,76
3624,00	83,31	3709,66	93,51	3795,33	103,70	3881,00	113,90
3625,33	83,47	3711,00	93,67	3796,66	103,86	3882,33	114,06
3626,50	83,61	3712,16	93,81	3797,83	104,00	3883,50	114,20
3627,83	83,77	3713,50	93,97	3799,16	104,16	3884,83	114,35
3629,00	83,91	3714,66	94,10	3800,33	104,30	3886,16	114,51
3630,33	84,07	3716,00	94,26	3801,66	104,46	3887,33	114,65
3631,50	84,21	3717,33	94,42	3803,00	104,62	3888,66	114,81
3632,83	84,37	3718,50	94,56	3804,16	104,75	3889,83	114,95
3634,16	84,52	3719,83	94,72	3805,50	104,91	3891,16	115,11
3635,33	84,66	3721,00	94,86	3806,66	105,05	3892,33	115,25
3636,66	84,82	3722,33	95,02	3808,00	105,21	3893,66	115,41
3637,83	84,96	3723,50	95,16	3809,16	105,35	3894,83	115,54
3639,16	85,12	3724,83	95,31	3810,50	105,51	3896,16	115,70
3640,33	85,26	3726,00	95,45	3811,83	105,67	3897,50	115,86
3641,66	85,42	3727,33	95,61	3813,00	105,81	3898,66	116,00
3642,83	85,56	3728,66	95,77	3814,33	105,96	3900,00	116,16
3644,16	85,71	3729,83	95,91	3815,50	106,10	3901,16	116,30
3645,50	85,87	3731,16	96,07	3816,83	106,26	3902,50	116,46
3646,66	86,01	3732,33	96,21	3818,00	106,40	3903,66	116,60
3648,00	86,17	3733,66	96,37	3819,33	106,56	3905,00	116,75
3649,16	86,31	3734,83	96,50	3820,50	106,70	3906,33	116,91
3650,50	86,47	3736,16	96,66	3821,83	106,86	3907,50	117,05
3651,66	86,61	3737,33	96,80	3823,16	107,02	3908,83	117,21
3653,00	86,77	3738,66	96,96	3824,33	107,15	3910,00	117,35
3654,33	86,92	3740,00	97,12	3825,66	107,31	3911,33	117,51
3655,50	87,06	3741,16	97,26	3826,83	107,45	3912,50	117,65
3656,83	87,22	3742,50	97,42	3828,16	107,61	3913,83	117,81
3658,00	87,36	3743,66	97,56	3829,33	107,75	3915,00	117,94
3659,33	87,52	3745,00	97,71	3830,66	107,91	3916,33	118,10
3660,50	87,66	3746,16	97,85	3831,83	108,05	3917,66	118,26
3661,83	87,82	3747,50	98,01	3833,16	108,21	3918,83	118,40
3663,00	87,96	3748,83	98,17	3834,50	108,36	3920,16	118,56
3664,33	88,11	3750,00	98,31	3835,66	108,50	3921,33	118,70
3665,66	88,27	3751,33	98,47	3837,00	108,66	3922,66	118,86
3666,83	88,41	3752,50	98,61	3838,16	108,80	3923,83	119,00
3668,16	88,57	3753,83	98,77	3839,50	108,96	3925,16	119,15
3669,33	88,71	3755,00	98,90	3840,66	109,10	3926,33	119,29
3670,66	88,87	3756,33	99,06	3842,00	109,26	3927,66	119,45
3671,83	89,01	3757,50	99,20	3843,33	109,42	3929,00	119,61
3673,16	89,17	3758,83	99,36	3844,50	109,55	3930,16	119,75

Steuerklasse III		Steuerklasse III		Steuerklasse III		Steuerklasse III	
Maßstabs-lohnsteuer €	Solidaritäts-zuschlag €	Maßstabs-lohnsteuer €	Solidaritäts-zuschlag €	Maßstabs-lohnsteuer €	Solidaritäts-zuschlag €	Maßstabs-lohnsteuer €	Solidaritäts-zuschlag €
3931,50	119,91	4017,16	130,10	4102,83	140,30	4188,50	150,49
3932,66	120,05	4018,33	130,24	4104,00	140,43	4189,83	150,65
3934,00	120,20	4019,66	130,40	4105,33	140,59	4191,00	150,79
3935,16	120,34	4020,83	130,54	4106,66	140,75	4192,33	150,95
3936,50	120,50	4022,16	130,70	4107,83	140,89	4193,50	151,09
3937,83	120,66	4023,50	130,86	4109,16	141,05	4194,83	151,24
3939,00	120,80	4024,66	130,99	4110,33	141,19	4196,00	151,38
3940,33	120,96	4026,00	131,15	4111,66	141,35	4197,33	151,54
3941,50	121,10	4027,16	131,29	4112,83	141,49	4198,50	151,68
3942,83	121,26	4028,50	131,45	4114,16	141,64	4199,83	151,84
3944,00	121,39	4029,66	131,59	4115,33	141,78	4201,16	152,00
3945,33	121,55	4031,00	131,75	4116,66	141,94	4202,33	152,14
3946,50	121,69	4032,33	131,91	4118,00	142,10	4203,66	152,30
3947,83	121,85	4033,50	132,05	4119,16	142,24	4204,83	152,42
3949,16	122,01	4034,83	132,20	4120,50	142,40	4206,16	152,59
3950,33	122,15	4036,00	132,34	4121,66	142,54	4207,33	152,73
3951,66	122,31	4037,33	132,50	4123,00	142,70	4208,66	152,89
3952,83	122,45	4038,50	132,64	4124,16	142,83	4209,83	153,03
3954,16	122,60	4039,83	132,80	4125,50	142,99	4211,16	153,19
3955,33	122,74	4041,00	132,94	4126,83	143,15	4212,50	153,35
3956,66	122,90	4042,33	133,10	4128,00	143,29	4213,66	153,49
3957,83	123,04	4043,66	133,26	4129,33	143,45	4215,00	153,64
3959,16	123,20	4044,83	133,39	4130,50	143,59	4216,16	153,78
3960,50	123,36	4046,16	133,55	4131,83	143,75	4217,50	153,94
3961,66	123,50	4047,33	133,69	4133,00	143,89	4218,66	154,08
3963,00	123,66	4048,66	133,85	4134,33	144,04	4220,00	154,24
3964,16	123,79	4049,83	133,99	4135,50	144,18	4221,33	154,40
3965,50	123,95	4051,16	134,15	4136,83	144,34	4222,50	154,54
3966,66	124,09	4052,33	134,29	4138,16	144,50	4223,83	154,70
3968,00	124,25	4053,66	134,45	4139,33	144,64	4225,00	154,83
3969,33	124,41	4055,00	134,60	4140,66	144,80	4226,33	154,99
3970,50	124,55	4056,16	134,74	4141,83	144,94	4227,50	155,13
3971,83	124,71	4057,50	134,90	4143,16	145,10	4228,83	155,29
3973,00	124,85	4058,66	135,04	4144,33	145,23	4230,00	155,43
3974,33	125,00	4060,00	135,20	4145,66	145,39	4231,33	155,59
3975,50	125,14	4061,16	135,34	4146,83	145,53	4232,66	155,75
3976,83	125,30	4062,50	135,50	4148,16	145,69	4233,83	155,89
3978,00	125,44	4063,83	135,66	4149,50	145,85	4235,16	156,04
3979,33	125,60	4065,00	135,79	4150,66	145,99	4236,33	156,18
3980,66	125,76	4066,33	135,95	4152,00	146,15	4237,66	156,34
3981,83	125,90	4067,50	136,09	4153,16	146,29	4238,83	156,48
3983,16	126,06	4068,83	136,25	4154,50	146,44	4240,16	156,64
3984,33	126,19	4070,00	136,39	4155,66	146,58	4241,33	156,78
3985,66	126,35	4071,33	136,55	4157,00	146,74	4242,66	156,94
3986,83	126,49	4072,50	136,69	4158,33	146,90	4244,00	157,09
3988,16	126,65	4073,83	136,85	4159,50	147,04	4245,16	157,23
3989,33	126,79	4075,16	137,00	4160,83	147,20	4246,50	157,39
3990,66	126,95	4076,33	137,14	4162,00	147,34	4247,66	157,53
3992,00	127,11	4077,66	137,30	4163,33	147,50	4249,00	157,69
3993,16	127,25	4078,83	137,44	4164,50	147,63	4250,16	157,83
3994,50	127,40	4080,16	137,60	4165,83	147,79	4251,50	157,99
3995,66	127,54	4081,33	137,74	4167,00	147,93	4252,83	158,15
3997,00	127,70	4082,66	137,90	4168,33	148,09	4254,00	158,28
3998,16	127,84	4083,83	138,04	4169,66	148,25	4255,33	158,44
3999,50	128,00	4085,16	138,19	4170,83	148,39	4256,50	158,58
4000,83	128,16	4086,50	138,35	4172,16	148,55	4257,83	158,74
4002,00	128,30	4087,66	138,49	4173,33	148,69	4259,00	158,88
4003,33	128,46	4089,00	138,65	4174,66	148,84	4260,33	159,04
4004,50	128,59	4090,16	138,79	4175,83	148,98	4261,50	159,18
4005,83	128,75	4091,50	138,95	4177,16	149,14	4262,83	159,34
4007,00	128,89	4092,66	139,09	4178,33	149,28	4264,16	159,49
4008,33	129,05	4094,00	139,24	4179,66	149,44	4265,33	159,63
4009,50	129,19	4095,33	139,40	4181,00	149,60	4266,66	159,79
4010,83	129,35	4096,50	139,54	4182,16	149,74	4267,83	159,93
4012,16	129,51	4097,83	139,70	4183,50	149,90	4269,16	160,09
4013,33	129,65	4099,00	139,84	4184,66	150,03	4270,33	160,23
4014,66	129,80	4100,33	140,00	4186,00	150,19	4271,66	160,39
4015,83	129,94	4101,50	140,14	4187,16	150,33	4272,83	160,53

Steuerklasse III		Steuerklasse III		Steuerklasse III		Steuerklasse III	
Maßstabs-lohnsteuer €	Solidaritäts-zuschlag €	Maßstabs-lohnsteuer €	Solidaritäts-zuschlag €	Maßstabs-lohnsteuer €	Solidaritäts-zuschlag €	Maßstabs-lohnsteuer €	Solidaritäts-zuschlag €
4274,16	160,68	4359,83	170,88	4445,50	181,07	4531,16	191,27
4275,50	160,84	4361,16	171,04	4446,83	181,23	4532,50	191,43
4276,66	160,98	4362,33	171,18	4448,00	181,37	4533,66	191,57
4278,00	161,14	4363,66	171,34	4449,33	181,53	4535,00	191,72
4279,16	161,28	4364,83	171,47	4450,50	181,67	4536,33	191,88
4280,50	161,44	4366,16	171,63	4451,83	181,83	4537,50	192,02
4281,66	161,58	4367,33	171,77	4453,16	181,99	4538,83	192,18
4283,00	161,74	4368,66	171,93	4454,33	182,12	4540,00	192,32
4284,33	161,89	4370,00	172,09	4455,66	182,28	4541,33	192,48
4285,50	162,03	4371,16	172,23	4456,83	182,42	4542,50	192,62
4286,83	162,19	4372,50	172,39	4458,16	182,58	4543,83	192,78
4288,00	162,33	4373,66	172,53	4459,33	182,72	4545,00	192,91
4289,33	162,49	4375,00	172,68	4460,66	182,88	4546,33	193,07
4290,50	162,63	4376,16	172,82	4461,83	183,02	4547,66	193,23
4291,83	162,79	4377,50	172,98	4463,16	183,18	4548,83	193,37
4293,00	162,93	4378,83	173,14	4464,50	183,33	4550,16	193,53
4294,33	163,08	4380,00	173,28	4465,66	183,47	4551,33	193,67
4295,66	163,24	4381,33	173,44	4467,00	183,63	4552,66	193,83
4296,83	163,38	4382,50	173,58	4468,16	183,77	4553,83	193,97
4298,16	163,54	4383,83	173,74	4469,50	183,93	4555,16	194,12
4299,33	163,68	4385,00	173,87	4470,66	184,07	4556,33	194,26
4300,66	163,84	4386,33	174,03	4472,00	184,23	4557,66	194,42
4301,83	163,98	4387,50	174,17	4473,33	184,39	4559,00	194,58
4303,16	164,14	4388,83	174,33	4474,50	184,52	4560,16	194,72
4304,33	164,27	4390,16	174,49	4475,83	184,68	4561,50	194,88
4305,66	164,43	4391,33	174,63	4477,00	184,82	4562,66	195,02
4307,00	164,59	4392,66	174,79	4478,33	184,98	4564,00	195,17
4308,16	164,73	4393,83	174,93	4479,50	185,12	4565,16	195,31
4309,50	164,89	4395,16	175,08	4480,83	185,28	4566,50	195,47
4310,66	165,03	4396,33	175,22	4482,00	185,42	4567,83	195,63
4312,00	165,19	4397,66	175,38	4483,33	185,58	4569,00	195,77
4313,16	165,33	4398,83	175,52	4484,66	185,73	4570,33	195,93
4314,50	165,48	4400,16	175,68	4485,83	185,87	4571,50	196,07
4315,83	165,64	4401,50	175,84	4487,16	186,03	4572,83	196,23
4317,00	165,78	4402,66	175,98	4488,33	186,17	4574,00	196,36
4318,33	165,94	4404,00	176,13	4489,66	186,33	4575,33	196,52
4319,50	166,08	4405,16	176,27	4490,83	186,47	4576,50	196,66
4320,83	166,24	4406,50	176,43	4492,16	186,63	4577,83	196,82
4322,00	166,38	4407,66	176,57	4493,33	186,77	4579,16	196,98
4323,33	166,54	4409,00	176,73	4494,66	186,92	4580,33	197,12
4324,50	166,67	4410,33	176,89	4496,00	187,08	4581,66	197,28
4325,83	166,83	4411,50	177,03	4497,16	187,22	4582,83	197,42
4327,16	166,99	4412,83	177,19	4498,50	187,38	4584,16	197,57
4328,33	167,13	4414,00	177,32	4499,66	187,52	4585,33	197,71
4329,66	167,29	4415,33	177,48	4501,00	187,68	4586,66	197,87
4330,83	167,43	4416,50	177,62	4502,16	187,82	4587,83	198,01
4332,16	167,59	4417,83	177,78	4503,50	187,98	4589,16	198,17
4333,33	167,73	4419,00	177,92	4504,83	188,13	4590,50	198,33
4334,66	167,88	4420,33	178,08	4506,00	188,27	4591,66	198,47
4335,83	168,02	4421,66	178,24	4507,33	188,43	4593,00	198,63
4337,16	168,18	4422,83	178,38	4508,50	188,57	4594,16	198,76
4338,50	168,34	4424,16	178,53	4509,83	188,73	4595,50	198,92
4339,66	168,48	4425,33	178,67	4511,00	188,87	4596,66	199,06
4341,00	168,64	4426,66	178,83	4512,33	189,03	4598,00	199,22
4342,16	168,78	4427,83	178,97	4513,50	189,17	4599,33	199,38
4343,50	168,94	4429,16	179,13	4514,83	189,32	4600,50	199,52
4344,66	169,07	4430,33	179,27	4516,16	189,48	4601,83	199,68
4346,00	169,23	4431,66	179,43	4517,33	189,62	4603,00	199,82
4347,33	169,39	4433,00	179,59	4518,66	189,78	4604,33	199,97
4348,50	169,53	4434,16	179,72	4519,83	189,92	4605,50	200,11
4349,83	169,69	4435,50	179,88	4521,16	190,08	4606,83	200,27
4351,00	169,83	4436,66	180,02	4522,33	190,22	4608,00	200,41
4352,33	169,99	4438,00	180,18	4523,66	190,38	4609,33	200,57
4353,50	170,13	4439,16	180,32	4524,83	190,51	4610,66	200,73
4354,83	170,28	4440,50	180,48	4526,16	190,67	4611,83	200,87
4356,00	170,42	4441,83	180,64	4527,50	190,83	4613,16	201,03
4357,33	170,58	4443,00	180,78	4528,66	190,97	4614,33	201,16
4358,66	170,74	4444,33	180,93	4530,00	191,13	4615,66	201,32

Steuerklasse III		Steuerklasse III		Steuerklasse III		Steuerklasse III	
Maßstabs-lohnsteuer €	Solidaritäts-zuschlag €	Maßstabs-lohnsteuer €	Solidaritäts-zuschlag €	Maßstabs-lohnsteuer €	Solidaritäts-zuschlag €	Maßstabs-lohnsteuer €	Solidaritäts-zuschlag €
4616,83	201,46	4702,50	211,66	4788,33	221,87	4874,00	232,06
4618,16	201,62	4703,83	211,82	4789,50	222,01	4875,16	232,20
4619,33	201,76	4705,16	211,97	4790,83	222,17	4876,50	232,36
4620,66	201,92	4706,33	212,11	4792,00	222,31	4877,66	232,50
4622,00	202,08	4707,66	212,27	4793,33	222,47	4879,00	232,66
4623,16	202,22	4708,83	212,41	4794,50	222,60	4880,16	232,80
4624,50	202,37	4710,16	212,57	4795,83	222,76	4881,50	232,96
4625,66	202,51	4711,33	212,71	4797,00	222,90	4882,83	233,12
4627,00	202,67	4712,66	212,87	4798,33	223,06	4884,00	233,25
4628,16	202,81	4713,83	213,01	4799,66	223,22	4885,33	233,41
4629,50	202,97	4715,16	213,16	4800,83	223,36	4886,50	233,55
4630,83	203,13	4716,50	213,32	4802,16	223,52	4887,83	233,71
4632,00	203,27	4717,66	213,46	4803,33	223,66	4889,00	233,85
4633,33	203,43	4719,00	213,62	4804,66	223,81	4890,33	234,01
4634,50	203,56	4720,16	213,76	4805,83	223,95	4891,50	234,15
4635,83	203,72	4721,50	213,92	4807,16	224,11	4892,83	234,31
4637,00	203,86	4722,66	214,06	4808,33	224,25	4894,16	234,46
4638,33	204,02	4724,00	214,21	4809,66	224,41	4895,33	234,60
4639,50	204,16	4725,33	214,37	4811,00	224,57	4896,66	234,76
4640,83	204,32	4726,50	214,51	4812,16	224,71	4897,83	234,90
4642,16	204,48	4727,83	214,67	4813,50	224,87	4899,16	235,06
4643,33	204,62	4729,00	214,81	4814,66	225,00	4900,33	235,20
4644,66	204,77	4730,33	214,97	4816,00	225,16	4901,66	235,36
4645,83	204,91	4731,50	215,11	4817,16	225,30	4902,83	235,50
4647,16	205,07	4732,83	215,27	4818,50	225,46	4904,16	235,65
4648,33	205,21	4734,00	215,40	4819,83	225,62	4905,50	235,81
4649,66	205,37	4735,33	215,56	4821,00	225,76	4906,66	235,95
4650,83	205,51	4736,66	215,72	4822,33	225,92	4908,00	236,11
4652,16	205,67	4737,83	215,86	4823,50	226,06	4909,16	236,25
4653,50	205,83	4739,16	216,02	4824,83	226,21	4910,50	236,41
4654,66	205,96	4740,33	216,16	4826,00	226,35	4911,66	236,55
4656,00	206,12	4741,66	216,32	4827,33	226,51	4913,00	236,71
4657,16	206,26	4742,83	216,46	4828,50	226,65	4914,33	236,86
4658,50	206,42	4744,16	216,61	4829,83	226,81	4915,50	237,00
4659,66	206,56	4745,33	216,75	4831,16	226,97	4916,83	237,16
4661,00	206,72	4746,66	216,91	4832,33	227,11	4918,00	237,30
4662,33	206,88	4748,00	217,07	4833,66	227,27	4919,33	237,46
4663,50	207,02	4749,16	217,21	4834,83	227,40	4920,50	237,60
4664,83	207,17	4750,50	217,37	4836,16	227,56	4921,83	237,76
4666,00	207,31	4751,66	217,51	4837,33	227,70	4923,00	237,90
4667,33	207,47	4753,00	217,67	4838,66	227,86	4924,33	238,05
4668,50	207,61	4754,16	217,80	4839,83	228,00	4925,66	238,21
4669,83	207,77	4755,50	217,96	4841,16	228,16	4926,83	238,35
4671,00	207,91	4756,83	218,12	4842,50	228,32	4928,16	238,51
4672,33	208,07	4758,00	218,26	4843,66	228,46	4929,33	238,65
4673,66	208,23	4759,33	218,42	4845,00	228,61	4930,66	238,81
4674,83	208,36	4760,50	218,56	4846,16	228,75	4931,83	238,95
4676,16	208,52	4761,83	218,72	4847,50	228,91	4933,16	239,11
4677,33	208,66	4763,00	218,86	4848,66	229,05	4934,33	239,24
4678,66	208,82	4764,33	219,01	4850,00	229,21	4935,66	239,40
4679,83	208,96	4765,50	219,15	4851,33	229,37	4937,00	239,56
4681,16	209,12	4766,83	219,31	4852,50	229,51	4938,16	239,70
4682,33	209,26	4768,16	219,47	4853,83	229,67	4939,50	239,86
4683,66	209,42	4769,33	219,61	4855,00	229,80	4940,66	240,00
4685,00	209,57	4770,66	219,77	4856,33	229,96	4942,00	240,16
4686,16	209,71	4771,83	219,91	4857,50	230,10	4943,16	240,30
4687,50	209,87	4773,16	220,07	4858,83	230,26	4944,50	240,45
4688,66	210,01	4774,33	220,20	4860,00	230,40	4945,83	240,61
4690,00	210,17	4775,66	220,36	4861,33	230,56	4947,00	240,75
4691,16	210,31	4776,83	220,50	4862,66	230,72	4948,33	240,91
4692,50	210,47	4778,16	220,66	4863,83	230,86	4949,50	241,05
4693,83	210,63	4779,50	220,82	4865,16	231,01	4950,83	241,21
4695,00	210,76	4780,66	220,96	4866,33	231,15	4952,00	241,35
4696,33	210,92	4782,00	221,12	4867,66	231,31	4953,33	241,51
4697,50	211,06	4783,16	221,26	4868,83	231,45	4954,50	241,64
4698,83	211,22	4784,50	221,41	4870,16	231,61	4955,83	241,80
4700,00	211,36	4785,66	221,55	4871,33	231,75	4957,16	241,96
4701,33	211,52	4787,00	221,71	4872,66	231,91	4958,33	242,10

Steuerklasse III		Steuerklasse III		Steuerklasse III		Steuerklasse III	
Maßstabs-lohnsteuer €	Solidaritäts-zuschlag €	Maßstabs-lohnsteuer €	Solidaritäts-zuschlag €	Maßstabs-lohnsteuer €	Solidaritäts-zuschlag €	Maßstabs-lohnsteuer €	Solidaritäts-zuschlag €
4959,66	242,26	5045,33	252,45	5131,00	262,65	5216,66	272,84
4960,83	242,40	5046,50	252,59	5132,16	262,79	5217,83	272,98
4962,16	242,56	5047,83	252,75	5133,50	262,95	5219,16	273,14
4963,33	242,70	5049,00	252,89	5134,83	263,10	5220,50	273,30
4964,66	242,85	5050,33	253,05	5136,00	263,24	5221,66	273,44
4965,83	242,99	5051,66	253,21	5137,33	263,40	5223,00	273,60
4967,16	243,15	5052,83	253,35	5138,50	263,54	5224,16	273,73
4968,50	243,31	5054,16	253,50	5139,83	263,70	5225,50	273,89
4969,66	243,45	5055,33	253,64	5141,00	263,84	5226,66	274,03
4971,00	243,61	5056,66	253,80	5142,33	264,00	5228,00	274,19
4972,16	243,75	5057,83	253,94	5143,50	264,14	5229,33	274,35
4973,50	243,91	5059,16	254,10	5144,83	264,29	5230,50	274,49
4974,66	244,04	5060,33	254,24	5146,16	264,45	5231,83	274,65
4976,00	244,20	5061,66	254,40	5147,33	264,59	5233,00	274,79
4977,33	244,36	5063,00	254,56	5148,66	264,75	5234,33	274,94
4978,50	244,50	5064,16	254,69	5149,83	264,89	5235,50	275,08
4979,83	244,66	5065,50	254,85	5151,16	265,05	5236,83	275,24
4981,00	244,80	5066,66	254,99	5152,33	265,19	5238,00	275,38
4982,33	244,96	5068,00	255,15	5153,66	265,35	5239,33	275,54
4983,50	245,10	5069,16	255,29	5154,83	265,48	5240,66	275,70
4984,83	245,25	5070,50	255,45	5156,16	265,64	5241,83	275,84
4986,00	245,39	5071,83	255,61	5157,50	265,80	5243,16	276,00
4987,33	245,55	5073,00	255,75	5158,66	265,94	5244,33	276,13
4988,66	245,71	5074,33	255,90	5160,00	266,10	5245,66	276,29
4989,83	245,85	5075,50	256,04	5161,16	266,24	5246,83	276,43
4991,16	246,01	5076,83	256,20	5162,50	266,40	5248,16	276,59
4992,33	246,15	5078,00	256,34	5163,66	266,54	5249,33	276,73
4993,66	246,31	5079,33	256,50	5165,00	266,69	5250,66	276,89
4994,83	246,44	5080,50	256,64	5166,33	266,85	5252,00	277,05
4996,16	246,60	5081,83	256,80	5167,50	266,99	5253,16	277,19
4997,33	246,74	5083,16	256,96	5168,83	267,15	5254,50	277,34
4998,66	246,90	5084,33	257,09	5170,00	267,29	5255,66	277,48
5000,00	247,06	5085,66	257,25	5171,33	267,45	5257,00	277,64
5001,16	247,20	5086,83	257,39	5172,50	267,59	5258,16	277,78
5002,50	247,36	5088,16	257,55	5173,83	267,75	5259,50	277,94
5003,66	247,50	5089,33	257,69	5175,00	267,88	5260,83	278,10
5005,00	247,65	5090,66	257,85	5176,33	268,04	5262,00	278,24
5006,16	247,79	5091,83	257,99	5177,66	268,20	5263,33	278,40
5007,50	247,95	5093,16	258,15	5178,83	268,34	5264,50	278,53
5008,83	248,11	5094,50	258,30	5180,16	268,50	5265,83	278,69
5010,00	248,25	5095,66	258,44	5181,33	268,64	5267,00	278,83
5011,33	248,41	5097,00	258,60	5182,66	268,80	5268,33	278,99
5012,50	248,55	5098,16	258,74	5183,83	268,94	5269,50	279,13
5013,83	248,71	5099,50	258,90	5185,16	269,09	5270,83	279,29
5015,00	248,84	5100,66	259,04	5186,33	269,23	5272,16	279,45
5016,33	249,00	5102,00	259,20	5187,66	269,39	5273,33	279,59
5017,50	249,14	5103,33	259,36	5189,00	269,55	5274,66	279,74
5018,83	249,30	5104,50	259,49	5190,16	269,69	5275,83	279,88
5020,16	249,46	5105,83	259,65	5191,50	269,85	5277,16	280,04
5021,33	249,60	5107,00	259,79	5192,66	269,99	5278,33	280,18
5022,66	249,76	5108,33	259,95	5194,00	270,14	5279,66	280,34
5023,83	249,90	5109,50	260,09	5195,16	270,28	5280,83	280,48
5025,16	250,05	5110,83	260,25	5196,50	270,44	5282,16	280,64
5026,33	250,19	5112,00	260,39	5197,83	270,60	5283,50	280,80
5027,66	250,35	5113,33	260,55	5199,00	270,74	5284,66	280,93
5028,83	250,49	5114,66	260,70	5200,33	270,90	5286,00	281,09
5030,16	250,65	5115,83	260,84	5201,50	271,04	5287,16	281,23
5031,50	250,81	5117,16	261,00	5202,83	271,20	5288,50	281,39
5032,66	250,95	5118,33	261,14	5204,00	271,33	5289,66	281,53
5034,00	251,10	5119,66	261,30	5205,33	271,49	5291,00	281,69
5035,16	251,24	5120,83	261,44	5206,50	271,63	5292,33	281,85
5036,50	251,40	5122,16	261,60	5207,83	271,79	5293,50	281,99
5037,66	251,54	5123,33	261,74	5209,16	271,95	5294,83	282,14
5039,00	251,70	5124,66	261,89	5210,33	272,09	5296,00	282,28
5040,33	251,86	5126,00	262,05	5211,66	272,25	5297,33	282,44
5041,50	252,00	5127,16	262,19	5212,83	272,39	5298,50	282,58
5042,83	252,16	5128,50	262,35	5214,16	272,54	5299,83	282,74
5044,00	252,29	5129,66	262,49	5215,33	272,68	5301,00	282,88

Steuerklasse III		Steuerklasse III		Steuerklasse III		Steuerklasse III	
Maßstabs-lohnsteuer €	Solidaritäts-zuschlag €	Maßstabs-lohnsteuer €	Solidaritäts-zuschlag €	Maßstabs-lohnsteuer €	Solidaritäts-zuschlag €	Maßstabs-lohnsteuer €	Solidaritäts-zuschlag €
5302,33	283,04	5337,66	287,24	5372,83	291,43	5408,16	295,63
5303,66	283,20	5338,83	287,38	5374,16	291,58	5409,50	295,79
5304,83	283,33	5340,16	287,54	5375,33	291,72	5410,66	295,93
5306,16	283,49	5341,33	287,68	5376,66	291,88	5412,00	296,09
5307,33	283,63	5342,66	287,84	5378,00	292,04	5413,16	296,23
5308,66	283,79	5343,83	287,98	5379,16	292,18	5414,50	296,38
5309,83	283,93	5345,16	288,13	5380,50	292,34	5415,66	296,52
5311,16	284,09	5346,50	288,29	5381,66	292,48	5417,00	296,68
5312,33	284,23	5347,66	288,43	5383,00	292,64	5418,33	296,84
5313,66	284,39	5349,00	288,59	5384,16	292,77	5419,50	296,98
5315,00	284,54	5350,16	288,73	5385,50	292,93	5420,83	297,14
5316,16	284,68	5351,50	288,89	5386,83	293,09	5422,00	297,28
5317,50	284,84	5352,66	289,03	5388,00	293,23	5423,33	297,44
5318,66	284,98	5354,00	289,18	5389,33	293,39	5424,50	297,57
5320,00	285,14	5355,33	289,34	5390,50	293,53	5425,83	297,73
5321,16	285,28	5356,50	289,48	5391,83	293,69	5427,00	297,87
5322,50	285,44	5357,83	289,64	5393,00	293,83	5428,33	298,03
5323,83	285,60	5359,00	289,78	5394,33	293,98	5429,66	298,19
5325,00	285,73	5360,33	289,94	5395,50	294,12	5430,83	298,33
5326,33	285,89	5361,50	290,08	5396,83	294,28	5432,16	298,49
5327,50	286,03	5362,83	290,24	5398,16	294,44	5433,33	298,63
5328,83	286,19	5364,00	290,37	5399,33	294,58	5434,66	298,78
5330,00	286,33	5365,33	290,53	5400,66	294,74	5435,83	298,92
5331,33	286,49	5366,66	290,69	5401,83	294,88	5437,16	299,04
5332,50	286,63	5367,83	290,83	5403,16	295,04		
5333,83	286,79	5369,16	290,99	5404,33	295,17		
5335,16	286,94	5370,33	291,13	5405,66	295,33		
5336,33	287,08	5371,66	291,29	5406,83	295,47		

Steuerklasse I, II, IV, V, VI		Steuerklasse I, II, IV, V, VI		Steuerklasse I, II, IV, V, VI		Steuerklasse I, II, IV, V, VI	
Maßstabs-lohnsteuer €	Solidaritäts-zuschlag €	Maßstabs-lohnsteuer €	Solidaritäts-zuschlag €	Maßstabs-lohnsteuer €	Solidaritäts-zuschlag €	Maßstabs-lohnsteuer €	Solidaritäts-zuschlag €
1461,08	0,00	1499,91	4,52	1538,83	9,15	1577,66	13,77
1462,25	0,03	1501,08	4,66	1539,91	9,28	1578,83	13,91
1463,33	0,16	1502,25	4,79	1541,08	9,42	1579,91	14,04
1464,50	0,30	1503,41	4,93	1542,25	9,55	1581,08	14,18
1465,66	0,44	1504,50	5,06	1543,41	9,69	1582,25	14,31
1466,83	0,58	1505,66	5,20	1544,50	9,82	1583,41	14,45
1467,91	0,71	1506,83	5,34	1545,66	9,96	1584,58	14,59
1469,08	0,85	1508,00	5,48	1546,83	10,10	1585,66	14,72
1470,25	0,99	1509,08	5,61	1548,00	10,24	1586,83	14,86
1471,41	1,13	1510,25	5,75	1549,08	10,37	1587,91	14,99
1472,58	1,26	1511,41	5,89	1550,25	10,51	1589,08	15,13
1473,66	1,39	1512,50	6,01	1551,41	10,65	1590,25	15,27
1474,83	1,53	1513,66	6,15	1552,50	10,77	1591,33	15,40
1476,00	1,67	1514,83	6,29	1553,66	10,91	1592,50	15,53
1477,08	1,80	1515,91	6,42	1554,83	11,05	1593,66	15,67
1478,25	1,94	1517,08	6,56	1555,91	11,18	1594,83	15,81
1479,41	2,08	1518,25	6,70	1557,08	11,32	1595,91	15,94
1480,50	2,21	1519,33	6,83	1558,25	11,46	1597,08	16,08
1481,66	2,35	1520,50	6,97	1559,41	11,60	1598,25	16,22
1482,83	2,48	1521,66	7,11	1560,50	11,73	1599,41	16,36
1483,91	2,61	1522,83	7,24	1561,66	11,87	1600,50	16,49
1485,08	2,75	1523,91	7,37	1562,83	12,00	1601,66	16,63
1486,25	2,89	1525,08	7,51	1564,00	12,14	1602,83	16,76
1487,41	3,03	1526,25	7,65	1565,08	12,27	1604,00	16,90
1488,50	3,16	1527,41	7,79	1566,25	12,41	1605,08	17,03
1489,66	3,30	1528,58	7,93	1567,41	12,55	1606,25	17,17
1490,83	3,44	1529,66	8,06	1568,50	12,68	1607,41	17,31
1492,00	3,57	1530,83	8,20	1569,66	12,82	1608,50	17,44
1493,08	3,70	1532,00	8,33	1570,83	12,96	1609,66	17,58
1494,25	3,84	1533,08	8,46	1571,91	13,09	1610,83	17,72
1495,41	3,98	1534,25	8,60	1573,08	13,22	1611,91	17,85
1496,50	4,11	1535,33	8,73	1574,25	13,36	1613,08	17,98
1497,66	4,25	1536,50	8,87	1575,33	13,49	1614,25	18,12
1498,83	4,39	1537,66	9,01	1576,50	13,63	1615,41	18,26

Übergangstabelle Solidaritätszuschlag Monat 2023 — SaT3

Steuerklasse I, II, IV, V, VI		Steuerklasse I, II, IV, V, VI		Steuerklasse I, II, IV, V, VI		Steuerklasse I, II, IV, V, VI	
Maßstabs-lohnsteuer €	Solidaritäts-zuschlag €	Maßstabs-lohnsteuer €	Solidaritäts-zuschlag €	Maßstabs-lohnsteuer €	Solidaritäts-zuschlag €	Maßstabs-lohnsteuer €	Solidaritäts-zuschlag €
1616,50	18,39	1694,25	27,64	1778,91	37,72	1864,58	47,91
1617,66	18,53	1695,41	27,78	1780,16	37,87	1865,83	48,06
1618,83	18,67	1696,50	27,91	1781,41	38,02	1867,16	48,22
1620,00	18,81	1697,66	28,05	1782,75	38,17	1868,41	48,37
1621,08	18,94	1698,83	28,19	1784,00	38,32	1869,66	48,52
1622,25	19,07	1699,91	28,32	1785,25	38,47	1870,91	48,67
1623,41	19,21	1701,08	28,46	1786,50	38,62	1872,16	48,81
1624,50	19,34	1702,25	28,59	1787,75	38,77	1873,41	48,96
1625,66	19,48	1703,33	28,72	1789,00	38,92	1874,66	49,11
1626,83	19,62	1704,58	28,87	1790,25	39,07	1875,91	49,26
1627,91	19,75	1705,83	29,02	1791,50	39,22	1877,25	49,42
1629,08	19,89	1707,08	29,17	1792,83	39,37	1878,50	49,57
1630,25	20,03	1708,33	29,32	1794,08	39,52	1879,75	49,72
1631,33	20,16	1709,66	29,48	1795,33	39,67	1881,00	49,87
1632,50	20,29	1710,91	29,63	1796,58	39,82	1882,25	50,01
1633,66	20,43	1712,16	29,77	1797,83	39,97	1883,50	50,16
1634,83	20,57	1713,41	29,92	1799,08	40,12	1884,75	50,31
1635,91	20,70	1714,66	30,07	1800,33	40,27	1886,00	50,46
1637,08	20,84	1715,91	30,22	1801,58	40,42	1887,33	50,62
1638,25	20,98	1717,16	30,37	1802,83	40,56	1888,58	50,77
1639,41	21,12	1718,41	30,52	1804,16	40,72	1889,83	50,92
1640,50	21,25	1719,75	30,68	1805,41	40,87	1891,08	51,07
1641,66	21,39	1721,00	30,83	1806,66	41,02	1892,33	51,21
1642,83	21,52	1722,25	30,97	1807,91	41,17	1893,58	51,36
1643,91	21,65	1723,50	31,12	1809,16	41,32	1894,83	51,51
1645,08	21,79	1724,75	31,27	1810,41	41,47	1896,08	51,66
1646,25	21,93	1726,00	31,42	1811,66	41,62	1897,33	51,81
1647,33	22,06	1727,25	31,57	1812,91	41,76	1898,66	51,97
1648,50	22,20	1728,50	31,72	1814,25	41,92	1899,91	52,12
1649,66	22,34	1729,83	31,88	1815,50	42,07	1901,16	52,27
1650,83	22,48	1731,08	32,03	1816,75	42,22	1902,41	52,41
1651,91	22,61	1732,33	32,17	1818,00	42,37	1903,66	52,56
1653,08	22,74	1733,58	32,32	1819,25	42,52	1904,91	52,71
1654,25	22,88	1734,83	32,47	1820,50	42,67	1906,16	52,86
1655,41	23,02	1736,08	32,62	1821,75	42,82	1907,41	53,01
1656,50	23,15	1737,33	32,77	1823,00	42,96	1908,75	53,17
1657,66	23,29	1738,58	32,92	1824,33	43,12	1910,00	53,32
1658,83	23,43	1739,83	33,07	1825,58	43,27	1911,25	53,47
1660,00	23,57	1741,16	33,23	1826,83	43,42	1912,50	53,61
1661,08	23,70	1742,41	33,37	1828,08	43,57	1913,75	53,76
1662,25	23,83	1743,66	33,52	1829,33	43,72	1915,00	53,91
1663,41	23,97	1744,91	33,67	1830,58	43,87	1916,25	54,06
1664,50	24,10	1746,16	33,82	1831,83	44,02	1917,50	54,21
1665,66	24,24	1747,41	33,97	1833,08	44,16	1918,83	54,37
1666,83	24,38	1748,66	34,12	1834,33	44,31	1920,08	54,52
1667,91	24,51	1749,91	34,27	1835,66	44,47	1921,33	54,67
1669,08	24,65	1751,25	34,43	1836,91	44,62	1922,58	54,81
1670,25	24,79	1752,50	34,57	1838,16	44,77	1923,83	54,96
1671,41	24,93	1753,75	34,72	1839,41	44,92	1925,08	55,11
1672,50	25,05	1755,00	34,87	1840,66	45,07	1926,33	55,26
1673,66	25,19	1756,25	35,02	1841,91	45,22	1927,58	55,41
1674,83	25,33	1757,50	35,17	1843,16	45,36	1928,83	55,56
1676,00	25,47	1758,75	35,32	1844,41	45,51	1930,16	55,72
1677,08	25,60	1760,00	35,47	1845,75	45,67	1931,41	55,87
1678,25	25,74	1761,33	35,63	1847,00	45,82	1932,66	56,01
1679,41	25,88	1762,58	35,77	1848,25	45,97	1933,91	56,16
1680,50	26,01	1763,83	35,92	1849,50	46,12	1935,16	56,31
1681,66	26,15	1765,08	36,07	1850,75	46,27	1936,41	56,46
1682,83	26,28	1766,33	36,22	1852,00	46,41	1937,66	56,61
1683,91	26,41	1767,58	36,37	1853,25	46,56	1938,91	56,76
1685,08	26,55	1768,83	36,52	1854,50	46,71	1940,25	56,92
1686,25	26,69	1770,08	36,67	1855,83	46,87	1941,50	57,07
1687,33	26,82	1771,33	36,82	1857,08	47,02	1942,75	57,21
1688,50	26,96	1772,66	36,97	1858,33	47,17	1944,00	57,36
1689,66	27,10	1773,91	37,12	1859,58	47,32	1945,25	57,51
1690,83	27,24	1775,16	37,27	1860,83	47,47	1946,50	57,66
1691,91	27,37	1776,41	37,42	1862,08	47,61	1947,75	57,81
1693,08	27,50	1777,66	37,57	1863,33	47,76	1949,00	57,96

Steuerklasse I, II, IV, V, VI		Steuerklasse I, II, IV, V, VI		Steuerklasse I, II, IV, V, VI		Steuerklasse I, II, IV, V, VI	
Maßstabs-lohnsteuer €	Solidaritäts-zuschlag €	Maßstabs-lohnsteuer €	Solidaritäts-zuschlag €	Maßstabs-lohnsteuer €	Solidaritäts-zuschlag €	Maßstabs-lohnsteuer €	Solidaritäts-zuschlag €
1950,33	58,12	2036,00	68,31	2121,66	78,51	2207,33	88,70
1951,58	58,27	2037,25	68,46	2122,91	78,65	2208,58	88,85
1952,83	58,41	2038,50	68,61	2124,16	78,80	2209,83	89,00
1954,08	58,56	2039,75	68,76	2125,41	78,95	2211,08	89,15
1955,33	58,71	2041,00	68,91	2126,66	79,10	2212,33	89,29
1956,58	58,86	2042,25	69,05	2127,91	79,25	2213,66	89,45
1957,83	59,01	2043,50	69,20	2129,25	79,41	2214,91	89,60
1959,08	59,16	2044,83	69,36	2130,50	79,56	2216,16	89,75
1960,33	59,31	2046,08	69,51	2131,75	79,71	2217,41	89,90
1961,66	59,47	2047,33	69,66	2133,00	79,85	2218,66	90,05
1962,91	59,61	2048,58	69,81	2134,25	80,00	2219,91	90,20
1964,16	59,76	2049,83	69,96	2135,50	80,15	2221,16	90,35
1965,41	59,91	2051,08	70,11	2136,75	80,30	2222,41	90,49
1966,66	60,06	2052,33	70,25	2138,00	80,45	2223,75	90,65
1967,91	60,21	2053,58	70,40	2139,33	80,61	2225,00	90,80
1969,16	60,36	2054,83	70,55	2140,58	80,76	2226,25	90,95
1970,41	60,51	2056,16	70,71	2141,83	80,91	2227,50	91,10
1971,75	60,67	2057,41	70,86	2143,08	81,05	2228,75	91,25
1973,00	60,81	2058,66	71,01	2144,33	81,20	2230,00	91,40
1974,25	60,96	2059,91	71,16	2145,58	81,35	2231,25	91,55
1975,50	61,11	2061,16	71,31	2146,83	81,50	2232,50	91,69
1976,75	61,26	2062,41	71,45	2148,08	81,65	2233,83	91,85
1978,00	61,41	2063,66	71,60	2149,33	81,80	2235,08	92,00
1979,25	61,56	2064,91	71,75	2150,66	81,96	2236,33	92,15
1980,50	61,71	2066,25	71,91	2151,91	82,11	2237,58	92,30
1981,83	61,87	2067,50	72,06	2153,16	82,25	2238,83	92,45
1983,08	62,01	2068,75	72,21	2154,41	82,40	2240,08	92,60
1984,33	62,16	2070,00	72,36	2155,66	82,55	2241,33	92,75
1985,58	62,31	2071,25	72,51	2156,91	82,70	2242,58	92,89
1986,83	62,46	2072,50	72,65	2158,16	82,85	2243,83	93,04
1988,08	62,61	2073,75	72,80	2159,41	83,00	2245,16	93,20
1989,33	62,76	2075,00	72,95	2160,75	83,16	2246,41	93,35
1990,58	62,91	2076,33	73,11	2162,00	83,30	2247,66	93,50
1991,83	63,06	2077,58	73,26	2163,25	83,45	2248,91	93,65
1993,16	63,21	2078,83	73,41	2164,50	83,60	2250,16	93,80
1994,41	63,36	2080,08	73,56	2165,75	83,75	2251,41	93,95
1995,66	63,51	2081,33	73,71	2167,00	83,90	2252,66	94,09
1996,91	63,66	2082,58	73,85	2168,25	84,05	2253,91	94,24
1998,16	63,81	2083,83	74,00	2169,50	84,20	2255,25	94,40
1999,41	63,96	2085,08	74,15	2170,83	84,36	2256,50	94,55
2000,66	64,11	2086,33	74,30	2172,08	84,50	2257,75	94,70
2001,91	64,26	2087,66	74,46	2173,33	84,65	2259,00	94,85
2003,25	64,41	2088,91	74,61	2174,58	84,80	2260,25	95,00
2004,50	64,56	2090,16	74,76	2175,83	84,95	2261,50	95,15
2005,75	64,71	2091,41	74,91	2177,08	85,10	2262,75	95,29
2007,00	64,86	2092,66	75,05	2178,33	85,25	2264,00	95,44
2008,25	65,01	2093,91	75,20	2179,58	85,40	2265,33	95,60
2009,50	65,16	2095,16	75,35	2180,83	85,55	2266,58	95,75
2010,75	65,31	2096,41	75,50	2182,16	85,70	2267,83	95,90
2012,00	65,45	2097,75	75,66	2183,41	85,85	2269,08	96,05
2013,33	65,61	2099,00	75,81	2184,66	86,00	2270,33	96,20
2014,58	65,76	2100,25	75,96	2185,91	86,15	2271,58	96,35
2015,83	65,91	2101,50	76,11	2187,16	86,30	2272,83	96,49
2017,08	66,06	2102,75	76,25	2188,41	86,45	2274,08	96,64
2018,33	66,21	2104,00	76,40	2189,66	86,60	2275,33	96,79
2019,58	66,36	2105,25	76,55	2190,91	86,75	2276,66	96,95
2020,83	66,51	2106,50	76,70	2192,25	86,90	2277,91	97,10
2022,08	66,65	2107,83	76,86	2193,50	87,05	2279,16	97,25
2023,33	66,80	2109,08	77,01	2194,75	87,20	2280,41	97,40
2024,66	66,96	2110,33	77,16	2196,00	87,35	2281,66	97,55
2025,91	67,11	2111,58	77,31	2197,25	87,50	2282,91	97,69
2027,16	67,26	2112,83	77,45	2198,50	87,65	2284,16	97,84
2028,41	67,41	2114,08	77,60	2199,75	87,80	2285,41	97,99
2029,66	67,56	2115,33	77,75	2201,00	87,95	2286,75	98,15
2030,91	67,71	2116,58	77,90	2202,33	88,10	2288,00	98,30
2032,16	67,85	2117,83	78,05	2203,58	88,25	2289,25	98,45
2033,41	68,00	2119,16	78,21	2204,83	88,40	2290,50	98,60
2034,75	68,16	2120,41	78,36	2206,08	88,55	2291,75	98,75

Übergangstabelle Solidaritätszuschlag Monat 2023 SaT3

Steuerklasse I, II, IV, V, VI		Steuerklasse I, II, IV, V, VI		Steuerklasse I, II, IV, V, VI		Steuerklasse I, II, IV, V, VI	
Maßstabs-lohnsteuer €	Solidaritäts-zuschlag €	Maßstabs-lohnsteuer €	Solidaritäts-zuschlag €	Maßstabs-lohnsteuer €	Solidaritäts-zuschlag €	Maßstabs-lohnsteuer €	Solidaritäts-zuschlag €
2293,00	98,89	2378,66	109,09	2464,33	119,28	2550,08	129,49
2294,25	99,04	2379,91	109,24	2465,66	119,44	2551,33	129,64
2295,50	99,19	2381,25	109,40	2466,91	119,59	2552,58	129,78
2296,83	99,35	2382,50	109,54	2468,16	119,74	2553,83	129,93
2298,08	99,50	2383,75	109,69	2469,41	119,89	2555,08	130,08
2299,33	99,65	2385,00	109,84	2470,66	120,04	2556,33	130,23
2300,58	99,80	2386,25	109,99	2471,91	120,19	2557,58	130,38
2301,83	99,95	2387,50	110,14	2473,16	120,33	2558,83	130,53
2303,08	100,09	2388,75	110,29	2474,41	120,48	2560,16	130,69
2304,33	100,24	2390,00	110,44	2475,75	120,64	2561,41	130,84
2305,58	100,39	2391,33	110,60	2477,00	120,79	2562,66	130,98
2306,83	100,54	2392,58	110,74	2478,25	120,94	2563,91	131,13
2308,16	100,70	2393,83	110,89	2479,50	121,09	2565,16	131,28
2309,41	100,85	2395,08	111,04	2480,75	121,24	2566,41	131,43
2310,66	101,00	2396,33	111,19	2482,00	121,38	2567,66	131,58
2311,91	101,15	2397,58	111,34	2483,25	121,53	2568,91	131,73
2313,16	101,29	2398,83	111,49	2484,50	121,68	2570,25	131,89
2314,41	101,44	2400,08	111,64	2485,83	121,84	2571,50	132,04
2315,66	101,59	2401,33	111,79	2487,08	121,99	2572,75	132,18
2316,91	101,74	2402,66	111,94	2488,33	122,14	2574,00	132,33
2318,25	101,90	2403,91	112,09	2489,58	122,29	2575,25	132,48
2319,50	102,05	2405,16	112,24	2490,83	122,44	2576,50	132,63
2320,75	102,20	2406,41	112,39	2492,08	122,58	2577,75	132,78
2322,00	102,34	2407,66	112,54	2493,33	122,73	2579,00	132,93
2323,25	102,49	2408,91	112,69	2494,58	122,88	2580,33	133,09
2324,50	102,64	2410,16	112,84	2495,83	123,03	2581,58	133,24
2325,75	102,79	2411,41	112,99	2497,16	123,19	2582,83	133,38
2327,00	102,94	2412,75	113,14	2498,41	123,34	2584,08	133,53
2328,33	103,10	2414,00	113,29	2499,66	123,49	2585,33	133,68
2329,58	103,25	2415,25	113,44	2500,91	123,64	2586,58	133,83
2330,83	103,40	2416,50	113,59	2502,16	123,78	2587,83	133,98
2332,08	103,54	2417,75	113,74	2503,41	123,93	2589,08	134,13
2333,33	103,69	2419,00	113,89	2504,66	124,08	2590,33	134,28
2334,58	103,84	2420,25	114,04	2505,91	124,23	2591,66	134,44
2335,83	103,99	2421,50	114,19	2507,25	124,39	2592,91	134,58
2337,08	104,14	2422,83	114,34	2508,50	124,54	2594,16	134,73
2338,33	104,29	2424,08	114,49	2509,75	124,69	2595,41	134,88
2339,66	104,45	2425,33	114,64	2511,00	124,84	2596,66	135,03
2340,91	104,60	2426,58	114,79	2512,25	124,98	2597,91	135,18
2342,16	104,74	2427,83	114,94	2513,50	125,13	2599,16	135,33
2343,41	104,89	2429,08	115,09	2514,75	125,28	2600,41	135,48
2344,66	105,04	2430,33	115,24	2516,00	125,43	2601,75	135,64
2345,91	105,19	2431,58	115,39	2517,33	125,59	2603,00	135,78
2347,16	105,34	2432,83	115,53	2518,58	125,74	2604,25	135,93
2348,41	105,49	2434,16	115,69	2519,83	125,89	2605,50	136,08
2349,75	105,65	2435,41	115,84	2521,08	126,04	2606,75	136,23
2351,00	105,80	2436,66	115,99	2522,33	126,18	2608,00	136,38
2352,25	105,94	2437,91	116,14	2523,58	126,33	2609,25	136,53
2353,50	106,09	2439,16	116,29	2524,83	126,48	2610,50	136,68
2354,75	106,24	2440,41	116,44	2526,08	126,63	2611,83	136,84
2356,00	106,39	2441,66	116,59	2527,33	126,78	2613,08	136,98
2357,25	106,54	2442,91	116,73	2528,66	126,94	2614,33	137,13
2358,50	106,69	2444,25	116,89	2529,91	127,09	2615,58	137,28
2359,83	106,85	2445,50	117,04	2531,16	127,24	2616,83	137,43
2361,08	107,00	2446,75	117,19	2532,41	127,38	2618,08	137,58
2362,33	107,14	2448,00	117,34	2533,66	127,53	2619,33	137,73
2363,58	107,29	2449,25	117,49	2534,91	127,68	2620,58	137,88
2364,83	107,44	2450,50	117,64	2536,16	127,83	2621,83	138,03
2366,08	107,59	2451,75	117,79	2537,41	127,98	2623,16	138,18
2367,33	107,74	2453,00	117,93	2538,75	128,14	2624,41	138,33
2368,58	107,89	2454,33	118,09	2540,00	128,29	2625,66	138,48
2369,83	108,04	2455,58	118,24	2541,25	128,44	2626,91	138,63
2371,16	108,20	2456,83	118,39	2542,50	128,58	2628,16	138,78
2372,41	108,34	2458,08	118,54	2543,75	128,73	2629,41	138,93
2373,66	108,49	2459,33	118,69	2545,00	128,88	2630,66	139,08
2374,91	108,64	2460,58	118,84	2546,25	129,03	2631,91	139,23
2376,16	108,79	2461,83	118,99	2547,50	129,18	2633,25	139,38
2377,41	108,94	2463,08	119,13	2548,83	129,34	2634,50	139,53

Steuerklasse I, II, IV, V, VI		Steuerklasse I, II, IV, V, VI		Steuerklasse I, II, IV, V, VI		Steuerklasse I, II, IV, V, VI	
Maßstabs-lohnsteuer €	Solidaritäts-zuschlag €	Maßstabs-lohnsteuer €	Solidaritäts-zuschlag €	Maßstabs-lohnsteuer €	Solidaritäts-zuschlag €	Maßstabs-lohnsteuer €	Solidaritäts-zuschlag €
2635,75	139,68	2657,16	142,23	2678,58	144,78	2700,00	147,33
2637,00	139,83	2658,41	142,38	2679,83	144,93	2701,25	147,48
2638,25	139,98	2659,66	142,53	2681,08	145,08	2702,50	147,62
2639,50	140,13	2660,91	142,68	2682,33	145,22	2703,75	147,77
2640,75	140,28	2662,16	142,82	2683,58	145,37	2705,00	147,92
2642,00	140,42	2663,41	142,97	2684,83	145,52	2706,33	148,08
2643,33	140,58	2664,75	143,13	2686,16	145,68	2707,58	148,23
2644,58	140,73	2666,00	143,28	2687,41	145,83	2708,83	148,38
2645,83	140,88	2667,25	143,43	2688,66	145,98	2710,08	148,53
2647,08	141,03	2668,50	143,58	2689,91	146,13	2711,33	148,68
2648,33	141,18	2669,75	143,73	2691,16	146,28	2712,58	148,82
2649,58	141,33	2671,00	143,88	2692,41	146,42	2713,83	148,97
2650,83	141,48	2672,25	144,02	2693,66	146,57	2715,08	149,12
2652,08	141,62	2673,50	144,17	2694,91	146,72	2716,33	149,27
2653,33	141,77	2674,83	144,33	2696,25	146,88	2717,66	149,43
2654,66	141,93	2676,08	144,48	2697,50	147,03	2718,91	149,54
2655,91	142,08	2677,33	144,63	2698,75	147,18		

Lohn/Gehalt in € bis	Steuerklasse	Lohn-steuer*	BVSP**	TAGZ***
2,99	I,IV		0,33	0,25
	II		0,33	0,25
	III		0,33	0,25
	V		0,33	0,25
	VI	0,25	0,33	0,25
5,99	I,IV		0,66	0,50
	II		0,66	0,50
	III		0,66	0,50
	V		0,66	0,50
	VI	0,58	0,66	0,50
8,99	I,IV		1,00	0,83
	II		1,00	0,83
	III		1,00	0,83
	V		1,00	0,83
	VI	0,91	1,00	0,83
11,99	I,IV		1,41	1,08
	II		1,41	1,08
	III		1,41	1,08
	V		1,41	1,08
	VI	1,25	1,41	1,08
14,99	I,IV		1,75	1,33
	II		1,75	1,33
	III		1,75	1,33
	V		1,75	1,33
	VI	1,58	1,75	1,33
17,99	I,IV		2,08	1,66
	II		2,08	1,66
	III		2,08	1,66
	V		2,08	1,66
	VI	1,91	2,08	1,66
20,99	I,IV		2,50	1,91
	II		2,50	1,91
	III		2,50	1,91
	V		2,50	1,91
	VI	2,25	2,50	1,91
23,99	I,IV		2,83	2,16
	II		2,83	2,16
	III		2,83	2,16
	V		2,83	2,16
	VI	2,58	2,83	2,16
26,99	I,IV		3,16	2,50
	II		3,16	2,50
	III		3,16	2,50
	V		3,16	2,50
	VI	2,91	3,16	2,50
29,99	I,IV		3,58	2,75
	II		3,58	2,75
	III		3,58	2,75
	V		3,58	2,75
	VI	3,25	3,58	2,75
32,99	I,IV		3,91	3,00
	II		3,91	3,00
	III		3,91	3,00
	V		3,91	3,00
	VI	3,58	3,91	3,00
35,99	I,IV		4,25	3,33
	II		4,25	3,33
	III		4,25	3,33
	V		4,25	3,33
	VI	3,91	4,25	3,33

Lohn/Gehalt in € bis	Steuerklasse	Lohn-steuer*	BVSP**	TAGZ***
38,99	I,IV		4,66	3,58
	II		4,66	3,58
	III		4,66	3,58
	V		4,66	3,58
	VI	4,25	4,66	3,58
41,99	I,IV		5,00	3,83
	II		5,00	3,83
	III		5,00	3,83
	V		5,00	3,83
	VI	4,58	5,00	3,83
44,99	I,IV		5,33	4,16
	II		5,33	4,16
	III		5,33	4,16
	V		5,33	4,16
	VI	4,91	5,33	4,16
47,99	I,IV		5,75	4,41
	II		5,75	4,41
	III		5,75	4,41
	V		5,75	4,41
	VI	5,25	5,75	4,41
50,99	I,IV		6,08	4,75
	II		6,08	4,75
	III		6,08	4,75
	V		6,08	4,75
	VI	5,58	6,08	4,75
53,99	I,IV		6,41	5,00
	II		6,41	5,00
	III		6,41	5,00
	V		6,41	5,00
	VI	5,91	6,41	5,00
56,99	I,IV		6,83	5,25
	II		6,83	5,25
	III		6,83	5,25
	V		6,83	5,25
	VI	6,25	6,83	5,25
59,99	I,IV		7,16	5,58
	II		7,16	5,58
	III		7,16	5,58
	V		7,16	5,58
	VI	6,58	7,16	5,58
62,99	I,IV		7,50	5,83
	II		7,50	5,83
	III		7,50	5,83
	V		7,50	5,83
	VI	6,91	7,50	5,83
65,99	I,IV		7,91	6,08
	II		7,91	6,08
	III		7,91	6,08
	V		7,91	6,08
	VI	7,25	7,91	6,08
68,99	I,IV		8,25	6,41
	II		8,25	6,41
	III		8,25	6,41
	V		8,25	6,41
	VI	7,58	8,25	6,41
71,99	I,IV		8,58	6,66
	II		8,58	6,66
	III		8,58	6,66
	V		8,58	6,66
	VI	7,83	8,58	6,66

* Zur LSt-Berechnung für privat versicherte Arbeitnehmer s. Beispiele **Vorbemerkung S. 4 f.**
** Basisvorsorgepauschale KV und PV *** Typisierter Arbeitgeberzuschuss

Lohn/Gehalt in € bis	Steuerklasse	Lohn-steuer*	BVSP**	TAGZ***
74,99	I,IV		8,91	6,91
	II		8,91	6,91
	III		8,91	6,91
	V		8,91	6,91
	VI	8,16	8,91	6,91
77,99	I,IV		9,33	7,25
	II		9,33	7,25
	III		9,33	7,25
	V		9,33	7,25
	VI	8,50	9,33	7,25
80,99	I,IV		9,66	7,50
	II		9,66	7,50
	III		9,66	7,50
	V		9,66	7,50
	VI	8,83	9,66	7,50
83,99	I,IV		10,00	7,75
	II		10,00	7,75
	III		10,00	7,75
	V		10,00	7,75
	VI	9,16	10,00	7,75
86,99	I,IV		10,41	8,08
	II		10,41	8,08
	III		10,41	8,08
	V		10,41	8,08
	VI	9,50	10,41	8,08
89,99	I,IV		10,75	8,33
	II		10,75	8,33
	III		10,75	8,33
	V		10,75	8,33
	VI	9,83	10,75	8,33
92,99	I,IV		11,08	8,66
	II		11,08	8,66
	III		11,08	8,66
	V		11,08	8,66
	VI	10,16	11,08	8,66
95,99	I,IV		11,50	8,91
	II		11,50	8,91
	III		11,50	8,91
	V		11,50	8,91
	VI	10,50	11,50	8,91
98,99	I,IV		11,83	9,16
	II		11,83	9,16
	III		11,83	9,16
	V		11,83	9,16
	VI	10,83	11,83	9,16
101,99	I,IV		12,16	9,50
	II		12,16	9,50
	III		12,16	9,50
	V		12,16	9,50
	VI	11,16	12,16	9,50
104,99	I,IV		12,58	9,75
	II		12,58	9,75
	III		12,58	9,75
	V		12,58	9,75
	VI	11,50	12,58	9,75
107,99	I,IV		12,91	10,00
	II		12,91	10,00
	III		12,91	10,00
	V		12,91	10,00
	VI	11,83	12,91	10,00

Lohn/Gehalt in € bis	Steuerklasse	Lohn-steuer*	BVSP**	TAGZ***
110,99	I,IV		13,25	10,33
	II		13,25	10,33
	III		13,25	10,33
	V		13,25	10,33
	VI	12,16	13,25	10,33
113,99	I,IV		13,66	10,58
	II		13,66	10,58
	III		13,66	10,58
	V		13,66	10,58
	VI	12,50	13,66	10,58
116,99	I,IV		14,00	10,83
	II		14,00	10,83
	III		14,00	10,83
	V		14,00	10,83
	VI	12,83	14,00	10,83
119,99	I,IV		14,33	11,16
	II		14,33	11,16
	III		14,33	11,16
	V		14,33	11,16
	VI	13,16	14,33	11,16
122,99	I,IV		14,75	11,41
	II		14,75	11,41
	III		14,75	11,41
	V		14,75	11,41
	VI	13,50	14,75	11,41
125,99	I,IV		15,08	11,66
	II		15,08	11,66
	III		15,08	11,66
	V		15,08	11,66
	VI	13,83	15,08	11,66
128,99	I,IV		15,41	12,00
	II		15,41	12,00
	III		15,41	12,00
	V		15,41	12,00
	VI	14,16	15,41	12,00
131,99	I,IV		15,83	12,25
	II		15,83	12,25
	III		15,83	12,25
	V	0,08	15,83	12,25
	VI	14,50	15,83	12,25
134,99	I,IV		16,16	12,58
	II		16,16	12,58
	III		16,16	12,58
	V	0,41	16,16	12,58
	VI	14,83	16,16	12,58
137,99	I,IV		16,50	12,83
	II		16,50	12,83
	III		16,50	12,83
	V	0,75	16,50	12,83
	VI	15,16	16,50	12,83
140,99	I,IV		16,91	13,08
	II		16,91	13,08
	III		16,91	13,08
	V	1,08	16,91	13,08
	VI	15,50	16,91	13,08
143,99	I,IV		17,25	13,41
	II		17,25	13,41
	III		17,25	13,41
	V	1,41	17,25	13,41
	VI	15,83	17,25	13,41

* Zur LSt-Berechnung für privat versicherte Arbeitnehmer s. Beispiele **Vorbemerkung S. 4 f.**
** Basisvorsorgepauschale KV und PV *** Typisierter Arbeitgeberzuschuss

Lohn/Gehalt in € bis	Steuerklasse	Lohn-steuer*	BVSP**	TAGZ***
146,99	I,IV		17,58	13,66
	II		17,58	13,66
	III		17,58	13,66
	V	**1,75**	17,58	13,66
	VI	**16,16**	17,58	13,66
149,99	I,IV		17,91	13,91
	II		17,91	13,91
	III		17,91	13,91
	V	**2,08**	17,91	13,91
	VI	**16,50**	17,91	13,91
152,99	I,IV		18,33	14,25
	II		18,33	14,25
	III		18,33	14,25
	V	**2,33**	18,33	14,25
	VI	**16,83**	18,33	14,25
155,99	I,IV		18,66	14,50
	II		18,66	14,50
	III		18,66	14,50
	V	**2,75**	18,66	14,50
	VI	**17,16**	18,66	14,50
158,99	I,IV		19,00	14,75
	II		19,00	14,75
	III		19,00	14,75
	V	**3,00**	19,00	14,75
	VI	**17,50**	19,00	14,75
161,99	I,IV		19,41	15,08
	II		19,41	15,08
	III		19,41	15,08
	V	**3,33**	19,41	15,08
	VI	**17,75**	19,41	15,08
164,99	I,IV		19,75	15,33
	II		19,75	15,33
	III		19,75	15,33
	V	**3,66**	19,75	15,33
	VI	**18,08**	19,75	15,33
167,99	I,IV		20,08	15,58
	II		20,08	15,58
	III		20,08	15,58
	V	**4,00**	20,08	15,58
	VI	**18,41**	20,08	15,58
170,99	I,IV		20,50	15,91
	II		20,50	15,91
	III		20,50	15,91
	V	**4,33**	20,50	15,91
	VI	**18,75**	20,50	15,91
173,99	I,IV		20,83	16,16
	II		20,83	16,16
	III		20,83	16,16
	V	**4,66**	20,83	16,16
	VI	**19,08**	20,83	16,16
176,99	I,IV		21,16	16,50
	II		21,16	16,50
	III		21,16	16,50
	V	**5,00**	21,16	16,50
	VI	**19,41**	21,16	16,50
179,99	I,IV		21,58	16,75
	II		21,58	16,75
	III		21,58	16,75
	V	**5,33**	21,58	16,75
	VI	**19,75**	21,58	16,75
182,99	I,IV		21,91	17,00
	II		21,91	17,00
	III		21,91	17,00
	V	**5,66**	21,91	17,00
	VI	**20,08**	21,91	17,00
185,99	I,IV		22,25	17,33
	II		22,25	17,33
	III		22,25	17,33
	V	**6,00**	22,25	17,33
	VI	**20,41**	22,25	17,33
188,99	I,IV		22,66	17,58
	II		22,66	17,58
	III		22,66	17,58
	V	**6,33**	22,66	17,58
	VI	**20,75**	22,66	17,58
191,99	I,IV		23,00	17,83
	II		23,00	17,83
	III		23,00	17,83
	V	**6,66**	23,00	17,83
	VI	**21,08**	23,00	17,83
194,99	I,IV		23,33	18,16
	II		23,33	18,16
	III		23,33	18,16
	V	**7,00**	23,33	18,16
	VI	**21,41**	23,33	18,16
197,99	I,IV		23,75	18,41
	II		23,75	18,41
	III		23,75	18,41
	V	**7,33**	23,75	18,41
	VI	**21,75**	23,75	18,41
200,99	I,IV		24,08	18,66
	II		24,08	18,66
	III		24,08	18,66
	V	**7,66**	24,08	18,66
	VI	**22,08**	24,08	18,66
203,99	I,IV		24,41	19,00
	II		24,41	19,00
	III		24,41	19,00
	V	**8,00**	24,41	19,00
	VI	**22,41**	24,41	19,00
206,99	I,IV		24,83	19,25
	II		24,83	19,25
	III		24,83	19,25
	V	**8,33**	24,83	19,25
	VI	**22,75**	24,83	19,25
209,99	I,IV		25,16	19,50
	II		25,16	19,50
	III		25,16	19,50
	V	**8,66**	25,16	19,50
	VI	**23,08**	25,16	19,50
212,99	I,IV		25,50	19,83
	II		25,50	19,83
	III		25,50	19,83
	V	**9,00**	25,50	19,83
	VI	**23,41**	25,50	19,83
215,99	I,IV		25,91	20,08
	II		25,91	20,08
	III		25,91	20,08
	V	**9,33**	25,91	20,08
	VI	**23,75**	25,91	20,08

* Zur LSt-Berechnung für privat versicherte Arbeitnehmer s. Beispiele **Vorbemerkung S. 4 f.**
** Basisvorsorgepauschale KV und PV   *** Typisierter Arbeitgeberzuschuss

Lohn/Gehalt in € bis	Steuerklasse	Lohnsteuer*	BVSP**	TAGZ***
218,99	I,IV		26,25	20,41
	II		26,25	20,41
	III		26,25	20,41
	V	9,66	26,25	20,41
	VI	**24,08**	26,25	20,41
221,99	I,IV		26,58	20,66
	II		26,58	20,66
	III		26,58	20,66
	V	10,00	26,58	20,66
	VI	**24,41**	26,58	20,66
224,99	I,IV		26,91	20,91
	II		26,91	20,91
	III		26,91	20,91
	V	10,33	26,91	20,91
	VI	**24,75**	26,91	20,91
227,99	I,IV		27,33	21,25
	II		27,33	21,25
	III		27,33	21,25
	V	10,66	27,33	21,25
	VI	**25,08**	27,33	21,25
230,99	I,IV		27,66	21,50
	II		27,66	21,50
	III		27,66	21,50
	V	11,00	27,66	21,50
	VI	**25,41**	27,66	21,50
233,99	I,IV		28,00	21,75
	II		28,00	21,75
	III		28,00	21,75
	V	11,33	28,00	21,75
	VI	**25,75**	28,00	21,75
236,99	I,IV		28,41	22,08
	II		28,41	22,08
	III		28,41	22,08
	V	11,66	28,41	22,08
	VI	**26,08**	28,41	22,08
239,99	I,IV		28,75	22,33
	II		28,75	22,33
	III		28,75	22,33
	V	12,00	28,75	22,33
	VI	**26,41**	28,75	22,33
242,99	I,IV		29,08	22,58
	II		29,08	22,58
	III		29,08	22,58
	V	12,25	29,08	22,58
	VI	**26,75**	29,08	22,58
245,99	I,IV		29,50	22,91
	II		29,50	22,91
	III		29,50	22,91
	V	12,66	29,50	22,91
	VI	**27,08**	29,50	22,91
248,99	I,IV		29,83	23,16
	II		29,83	23,16
	III		29,83	23,16
	V	12,91	29,83	23,16
	VI	**27,41**	29,83	23,16
251,99	I,IV		30,16	23,41
	II		30,16	23,41
	III		30,16	23,41
	V	13,25	30,16	23,41
	VI	**27,66**	30,16	23,41
254,99	I,IV		30,58	23,75
	II		30,58	23,75
	III		30,58	23,75
	V	13,58	30,58	23,75
	VI	**28,00**	30,58	23,75
257,99	I,IV		30,91	24,00
	II		30,91	24,00
	III		30,91	24,00
	V	13,91	30,91	24,00
	VI	**28,33**	30,91	24,00
260,99	I,IV		31,25	24,33
	II		31,25	24,33
	III		31,25	24,33
	V	14,25	31,25	24,33
	VI	**28,66**	31,25	24,33
263,99	I,IV		31,66	24,58
	II		31,66	24,58
	III		31,66	24,58
	V	14,58	31,66	24,58
	VI	**29,00**	31,66	24,58
266,99	I,IV		32,00	24,83
	II		32,00	24,83
	III		32,00	24,83
	V	14,91	32,00	24,83
	VI	**29,31**	32,00	24,83
269,99	I,IV		32,33	25,16
	II		32,33	25,16
	III		32,33	25,16
	V	15,25	32,33	25,16
	VI	**29,66**	32,33	25,16
272,99	I,IV		32,75	25,41
	II		32,75	25,41
	III		32,75	25,41
	V	15,58	32,75	25,41
	VI	**30,00**	32,75	25,41
275,99	I,IV		33,08	25,66
	II		33,08	25,66
	III		33,08	25,66
	V	15,91	33,08	25,66
	VI	**30,33**	33,08	25,66
278,99	I,IV		33,41	26,00
	II		33,41	26,00
	III		33,41	26,00
	V	16,25	33,41	26,00
	VI	**30,66**	33,41	26,00
281,99	I,IV		33,83	26,25
	II		33,83	26,25
	III		33,83	26,25
	V	16,58	33,83	26,25
	VI	**31,00**	33,83	26,25
284,99	I,IV		34,16	26,50
	II		34,16	26,50
	III		34,16	26,50
	V	16,91	34,16	26,50
	VI	**31,33**	34,16	26,50
287,99	I,IV		34,50	26,83
	II		34,50	26,83
	III		34,50	26,83
	V	17,25	34,50	26,83
	VI	**31,66**	34,50	26,83

* Zur LSt-Berechnung für privat versicherte Arbeitnehmer s. Beispiele **Vorbemerkung S. 4 f.**
** Basisvorsorgepauschale KV und PV   *** Typisierter Arbeitgeberzuschuss

Lohn/Gehalt in € bis	Steuerklasse	Lohn-steuer*	BVSP**	TAGZ***		Lohn/Gehalt in € bis	Steuerklasse	Lohn-steuer*	BVSP**	TAGZ***
290,99	I,IV		34,91	27,08		**326,99**	I,IV		39,16	30,41
	II		34,91	27,08			II		39,16	30,41
	III		34,91	27,08			III		39,16	30,41
	V	**17,58**	34,91	27,08			V	**21,58**	39,16	30,41
	VI	**32,00**	34,91	27,08			VI	**36,00**	39,16	30,41
293,99	I,IV		35,25	27,33		**329,99**	I,IV		39,58	30,75
	II		35,25	27,33			II		39,58	30,75
	III		35,25	27,33			III		39,58	30,75
	V	**17,91**	35,25	27,33			V	**21,91**	39,58	30,75
	VI	**32,33**	35,25	27,33			VI	**36,33**	39,58	30,75
296,99	I,IV		35,58	27,66		**332,99**	I,IV		39,91	31,00
	II		35,58	27,66			II		39,91	31,00
	III		35,58	27,66			III		39,91	31,00
	V	**18,25**	35,58	27,66			V	**22,16**	39,91	31,00
	VI	**32,66**	35,58	27,66			VI	**36,66**	39,91	31,00
299,99	I,IV		35,91	27,91		**335,99**	I,IV		40,25	31,25
	II		35,91	27,91			II		40,25	31,25
	III		35,91	27,91			III		40,25	31,25
	V	**18,58**	35,91	27,91			V	**22,58**	40,25	31,25
	VI	**33,00**	35,91	27,91			VI	**37,00**	40,25	31,25
302,99	I,IV		36,33	28,25		**338,99**	I,IV		40,66	31,58
	II		36,33	28,25			II		40,66	31,58
	III		36,33	28,25			III		40,66	31,58
	V	**18,91**	36,33	28,25			V	**22,83**	40,66	31,58
	VI	**33,33**	36,33	28,25			VI	**37,33**	40,66	31,58
305,99	I,IV		36,66	28,50		**341,99**	I,IV		41,00	31,83
	II		36,66	28,50			II		41,00	31,83
	III		36,66	28,50			III		41,00	31,83
	V	**19,25**	36,66	28,50			V	**23,16**	41,00	31,83
	VI	**33,66**	36,66	28,50			VI	**37,58**	41,00	31,83
308,99	I,IV		37,00	28,75		**344,99**	I,IV		41,33	32,16
	II		37,00	28,75			II		41,33	32,16
	III		37,00	28,75			III		41,33	32,16
	V	**19,58**	37,00	28,75			V	**23,50**	41,33	32,16
	VI	**34,00**	37,00	28,75			VI	**37,91**	41,33	32,16
311,99	I,IV		37,41	29,08		**347,99**	I,IV		41,75	32,41
	II		37,41	29,08			II		41,75	32,41
	III		37,41	29,08			III		41,75	32,41
	V	**19,91**	37,41	29,08			V	**23,83**	41,75	32,41
	VI	**34,33**	37,41	29,08			VI	**38,25**	41,75	32,41
314,99	I,IV		37,75	29,33		**350,99**	I,IV		42,08	32,66
	II		37,75	29,33			II		42,08	32,66
	III		37,75	29,33			III		42,08	32,66
	V	**20,25**	37,75	29,33			V	**24,16**	42,08	32,66
	VI	**34,66**	37,75	29,33			VI	**38,58**	42,08	32,66
317,99	I,IV		38,08	29,58		**353,99**	I,IV		42,41	33,00
	II		38,08	29,58			II		42,41	33,00
	III		38,08	29,58			III		42,41	33,00
	V	**20,58**	38,08	29,58			V	**24,50**	42,41	33,00
	VI	**35,00**	38,08	29,58			VI	**38,91**	42,41	33,00
320,99	I,IV		38,50	29,91		**356,99**	I,IV		42,83	33,25
	II		38,50	29,91			II		42,83	33,25
	III		38,50	29,91			III		42,83	33,25
	V	**20,91**	38,50	29,91			V	**24,83**	42,83	33,25
	VI	**35,33**	38,50	29,91			VI	**39,25**	42,83	33,25
323,99	I,IV		38,83	30,16		**359,99**	I,IV		43,16	33,50
	II		38,83	30,16			II		43,16	33,50
	III		38,83	30,16			III		43,16	33,50
	V	**21,25**	38,83	30,16			V	**25,16**	43,16	33,50
	VI	**35,66**	38,83	30,16			VI	**39,58**	43,16	33,50

*   Zur LSt-Berechnung für privat versicherte Arbeitnehmer s. Beispiele **Vorbemerkung S. 4 f.**
** Basisvorsorgepauschale KV und PV   *** Typisierter Arbeitgeberzuschuss

Lohn/Gehalt in € bis	Steuerklasse	Lohn-steuer*	BVSP**	TAGZ***
362,99	I,IV		43,50	33,83
	II		43,50	33,83
	III		43,50	33,83
	V	25,50	43,50	33,83
	VI	39,91	43,50	33,83
365,99	I,IV		43,91	34,08
	II		43,91	34,08
	III		43,91	34,08
	V	25,83	43,91	34,08
	VI	40,25	43,91	34,08
368,99	I,IV		44,25	34,33
	II		44,25	34,33
	III		44,25	34,33
	V	26,16	44,25	34,33
	VI	40,58	44,25	34,33
371,99	I,IV		44,58	34,66
	II		44,58	34,66
	III		44,58	34,66
	V	26,50	44,58	34,66
	VI	40,91	44,58	34,66
374,99	I,IV		44,91	34,91
	II		44,91	34,91
	III		44,91	34,91
	V	26,83	44,91	34,91
	VI	41,25	44,91	34,91
377,99	I,IV		45,33	35,16
	II		45,33	35,16
	III		45,33	35,16
	V	27,16	45,33	35,16
	VI	41,58	45,33	35,16
380,99	I,IV		45,66	35,50
	II		45,66	35,50
	III		45,66	35,50
	V	27,50	45,66	35,50
	VI	41,91	45,66	35,50
383,99	I,IV		46,00	35,75
	II		46,00	35,75
	III		46,00	35,75
	V	27,83	46,00	35,75
	VI	42,25	46,00	35,75
386,99	I,IV		46,41	36,08
	II		46,41	36,08
	III		46,41	36,08
	V	28,16	46,41	36,08
	VI	42,58	46,41	36,08
389,99	I,IV		46,75	36,33
	II		46,75	36,33
	III		46,75	36,33
	V	28,50	46,75	36,33
	VI	42,91	46,75	36,33
392,99	I,IV		47,08	36,58
	II		47,08	36,58
	III		47,08	36,58
	V	28,83	47,08	36,58
	VI	43,25	47,08	36,58
395,99	I,IV		47,50	36,91
	II		47,50	36,91
	III		47,50	36,91
	V	29,16	47,50	36,91
	VI	43,58	47,50	36,91

Lohn/Gehalt in € bis	Steuerklasse	Lohn-steuer*	BVSP**	TAGZ***
398,99	I,IV		47,83	37,16
	II		47,83	37,16
	III		47,83	37,16
	V	29,50	47,83	37,16
	VI	43,91	47,83	37,16
401,99	I,IV		48,16	37,41
	II		48,16	37,41
	III		48,16	37,41
	V	29,83	48,16	37,41
	VI	44,25	48,16	37,41
404,99	I,IV		48,58	37,75
	II		48,58	37,75
	III		48,58	37,75
	V	30,16	48,58	37,75
	VI	44,58	48,58	37,75
407,99	I,IV		48,91	38,00
	II		48,91	38,00
	III		48,91	38,00
	V	30,50	48,91	38,00
	VI	44,91	48,91	38,00
410,99	I,IV		49,25	38,25
	II		49,25	38,25
	III		49,25	38,25
	V	30,83	49,25	38,25
	VI	45,25	49,25	38,25
413,99	I,IV		49,66	38,58
	II		49,66	38,58
	III		49,66	38,58
	V	31,16	49,66	38,58
	VI	45,58	49,66	38,58
416,99	I,IV		50,00	38,83
	II		50,00	38,83
	III		50,00	38,83
	V	31,50	50,00	38,83
	VI	45,91	50,00	38,83
419,99	I,IV		50,33	39,08
	II		50,33	39,08
	III		50,33	39,08
	V	31,83	50,33	39,08
	VI	46,25	50,33	39,08
422,99	I,IV		50,75	39,41
	II		50,75	39,41
	III		50,75	39,41
	V	32,08	50,75	39,41
	VI	46,58	50,75	39,41
425,99	I,IV		51,08	39,66
	II		51,08	39,66
	III		51,08	39,66
	V	32,50	51,08	39,66
	VI	46,91	51,08	39,66
428,99	I,IV		51,41	40,00
	II		51,41	40,00
	III		51,41	40,00
	V	32,75	51,41	40,00
	VI	47,25	51,41	40,00
431,99	I,IV		51,83	40,25
	II		51,83	40,25
	III		51,83	40,25
	V	33,08	51,83	40,25
	VI	47,50	51,83	40,25

* Zur LSt-Berechnung für privat versicherte Arbeitnehmer s. Beispiele **Vorbemerkung S. 4 f.**
** Basisvorsorgepauschale KV und PV   *** Typisierter Arbeitgeberzuschuss

Lohn/ Gehalt in € bis	Steuerklasse	Lohnsteuer*	BVSP**	TAGZ***
434,99	I,IV		52,16	40,50
	II		52,16	40,50
	III		52,16	40,50
	V	**33,41**	52,16	40,50
	VI	**47,83**	52,16	40,50
437,99	I,IV		52,50	40,83
	II		52,50	40,83
	III		52,50	40,83
	V	**33,75**	52,50	40,83
	VI	**48,16**	52,50	40,83
440,99	I,IV		52,91	41,08
	II		52,91	41,08
	III		52,91	41,08
	V	**34,08**	52,91	41,08
	VI	**48,50**	52,91	41,08
443,99	I,IV		53,25	41,33
	II		53,25	41,33
	III		53,25	41,33
	V	**34,41**	53,25	41,33
	VI	**48,83**	53,25	41,33
446,99	I,IV		53,58	41,66
	II		53,58	41,66
	III		53,58	41,66
	V	**34,75**	53,58	41,66
	VI	**49,16**	53,58	41,66
449,99	I,IV		53,91	41,91
	II		53,91	41,91
	III		53,91	41,91
	V	**35,08**	53,91	41,91
	VI	**49,50**	53,91	41,91
452,99	I,IV		54,33	42,16
	II		54,33	42,16
	III		54,33	42,16
	V	**35,41**	54,33	42,16
	VI	**49,83**	54,33	42,16
455,99	I,IV		54,66	42,50
	II		54,66	42,50
	III		54,66	42,50
	V	**35,75**	54,66	42,50
	VI	**50,16**	54,66	42,50
458,99	I,IV		55,00	42,75
	II		55,00	42,75
	III		55,00	42,75
	V	**36,08**	55,00	42,75
	VI	**50,50**	55,00	42,75
461,99	I,IV		55,41	43,00
	II		55,41	43,00
	III		55,41	43,00
	V	**36,41**	55,41	43,00
	VI	**50,83**	55,41	43,00
464,99	I,IV		55,75	43,33
	II		55,75	43,33
	III		55,75	43,33
	V	**36,75**	55,75	43,33
	VI	**51,16**	55,75	43,33
467,99	I,IV		56,08	43,58
	II		56,08	43,58
	III		56,08	43,58
	V	**37,08**	56,08	43,58
	VI	**51,50**	56,08	43,58
470,99	I,IV		56,50	43,91
	II		56,50	43,91
	III		56,50	43,91
	V	**37,41**	56,50	43,91
	VI	**51,83**	56,50	43,91
473,99	I,IV		56,83	44,16
	II		56,83	44,16
	III		56,83	44,16
	V	**37,75**	56,83	44,16
	VI	**52,16**	56,83	44,16
476,99	I,IV		57,16	44,41
	II		57,16	44,41
	III		57,16	44,41
	V	**38,08**	57,16	44,41
	VI	**52,50**	57,16	44,41
479,99	I,IV		57,58	44,75
	II		57,58	44,75
	III		57,58	44,75
	V	**38,41**	57,58	44,75
	VI	**52,83**	57,58	44,75
482,99	I,IV		57,91	45,00
	II		57,91	45,00
	III		57,91	45,00
	V	**38,75**	57,91	45,00
	VI	**53,16**	57,91	45,00
485,99	I,IV		58,25	45,25
	II		58,25	45,25
	III		58,25	45,25
	V	**39,08**	58,25	45,25
	VI	**53,50**	58,25	45,25
488,99	I,IV		58,66	45,58
	II		58,66	45,58
	III		58,66	45,58
	V	**39,41**	58,66	45,58
	VI	**53,83**	58,66	45,58
491,99	I,IV		59,00	45,83
	II		59,00	45,83
	III		59,00	45,83
	V	**39,75**	59,00	45,83
	VI	**54,16**	59,00	45,83
494,99	I,IV		59,33	46,08
	II		59,33	46,08
	III		59,33	46,08
	V	**40,08**	59,33	46,08
	VI	**54,50**	59,33	46,08
497,99	I,IV		59,75	46,41
	II		59,75	46,41
	III		59,75	46,41
	V	**40,41**	59,75	46,41
	VI	**54,83**	59,75	46,41
500,99	I,IV		60,08	46,66
	II		60,08	46,66
	III		60,08	46,66
	V	**40,75**	60,08	46,66
	VI	**55,16**	60,08	46,66
503,99	I,IV		60,41	46,91
	II		60,41	46,91
	III		60,41	46,91
	V	**41,08**	60,41	46,91
	VI	**55,50**	60,41	46,91

* Zur LSt-Berechnung für privat versicherte Arbeitnehmer s. Beispiele **Vorbemerkung S. 4 f.**
** Basisvorsorgepauschale KV und PV　*** Typisierter Arbeitgeberzuschuss

Lohn/Gehalt in € bis	Steuerklasse	Lohn-steuer*	BVSP**	TAGZ***
506,99	I,IV		60,83	47,25
	II		60,83	47,25
	III		60,83	47,25
	V	41,41	60,83	47,25
	VI	55,83	60,83	47,25
509,99	I,IV		61,16	47,50
	II		61,16	47,50
	III		61,16	47,50
	V	41,75	61,16	47,50
	VI	56,16	61,16	47,50
512,99	I,IV		61,50	47,83
	II		61,50	47,83
	III		61,50	47,83
	V	42,00	61,50	47,83
	VI	56,50	61,50	47,83
515,99	I,IV		61,91	48,08
	II		61,91	48,08
	III		61,91	48,08
	V	42,41	61,91	48,08
	VI	56,83	61,91	48,08
518,99	I,IV		62,25	48,33
	II		62,25	48,33
	III		62,25	48,33
	V	42,66	62,25	48,33
	VI	57,16	62,25	48,33
521,99	I,IV		62,58	48,66
	II		62,58	48,66
	III		62,58	48,66
	V	43,00	62,58	48,66
	VI	57,41	62,58	48,66
524,99	I,IV		62,91	48,91
	II		62,91	48,91
	III		62,91	48,91
	V	43,33	62,91	48,91
	VI	57,75	62,91	48,91
527,99	I,IV		63,33	49,16
	II		63,33	49,16
	III		63,33	49,16
	V	43,66	63,33	49,16
	VI	58,08	63,33	49,16
530,99	I,IV		63,66	49,50
	II		63,66	49,50
	III		63,66	49,50
	V	44,00	63,66	49,50
	VI	58,41	63,66	49,50
533,99	I,IV		64,00	49,75
	II		64,00	49,75
	III		64,00	49,75
	V	44,33	64,00	49,75
	VI	58,75	64,00	49,75
536,99	I,IV		64,41	50,00
	II		64,41	50,00
	III		64,41	50,00
	V	44,66	64,41	50,00
	VI	59,08	64,41	50,00
539,99	I,IV		64,75	50,33
	II		64,75	50,33
	III		64,75	50,33
	V	45,00	64,75	50,33
	VI	59,41	64,75	50,33

Lohn/Gehalt in € bis	Steuerklasse	Lohn-steuer*	BVSP**	TAGZ***
542,99	I,IV		65,08	50,58
	II		65,08	50,58
	III		65,08	50,58
	V	45,33	65,08	50,58
	VI	59,75	65,08	50,58
545,99	I,IV		65,50	50,83
	II		65,50	50,83
	III		65,50	50,83
	V	45,66	65,50	50,83
	VI	60,08	65,50	50,83
548,99	I,IV		65,83	51,16
	II		65,83	51,16
	III		65,83	51,16
	V	46,00	65,83	51,16
	VI	60,41	65,83	51,16
551,99	I,IV		66,16	51,41
	II		66,16	51,41
	III		66,16	51,41
	V	46,33	66,16	51,41
	VI	60,75	66,16	51,41
554,99	I,IV		66,58	51,75
	II		66,58	51,75
	III		66,58	51,75
	V	46,66	66,58	51,75
	VI	61,08	66,58	51,75
557,99	I,IV		66,91	52,00
	II		66,91	52,00
	III		66,91	52,00
	V	47,00	66,91	52,00
	VI	61,41	66,91	52,00
560,99	I,IV		67,25	52,25
	II		67,25	52,25
	III		67,25	52,25
	V	47,33	67,25	52,25
	VI	61,75	67,25	52,25
563,99	I,IV		67,66	52,58
	II		67,66	52,58
	III		67,66	52,58
	V	47,66	67,66	52,58
	VI	62,08	67,66	52,58
566,99	I,IV		68,00	52,83
	II		68,00	52,83
	III		68,00	52,83
	V	48,00	68,00	52,83
	VI	62,41	68,00	52,83
569,99	I,IV		68,33	53,08
	II		68,33	53,08
	III		68,33	53,08
	V	48,33	68,33	53,08
	VI	62,75	68,33	53,08
572,99	I,IV		68,75	53,41
	II		68,75	53,41
	III		68,75	53,41
	V	48,66	68,75	53,41
	VI	63,08	68,75	53,41
575,99	I,IV		69,08	53,66
	II		69,08	53,66
	III		69,08	53,66
	V	49,00	69,08	53,66
	VI	63,41	69,08	53,66

* Zur LSt-Berechnung für privat versicherte Arbeitnehmer s. Beispiele **Vorbemerkung S. 4 f.**
** Basisvorsorgepauschale KV und PV   *** Typisierter Arbeitgeberzuschuss

Lohn/ Gehalt in € bis	Steuerklasse	Lohn- steuer*	BVSP**	TAGZ***
578,99	I,IV		69,41	53,91
	II		69,41	53,91
	III		69,41	53,91
	V	**49,33**	69,41	53,91
	VI	**63,75**	69,41	53,91
581,99	I,IV		69,83	54,25
	II		69,83	54,25
	III		69,83	54,25
	V	**49,66**	69,83	54,25
	VI	**64,08**	69,83	54,25
584,99	I,IV		70,16	54,50
	II		70,16	54,50
	III		70,16	54,50
	V	**50,00**	70,16	54,50
	VI	**64,41**	70,16	54,50
587,99	I,IV		70,50	54,75
	II		70,50	54,75
	III		70,50	54,75
	V	**50,33**	70,50	54,75
	VI	**64,75**	70,50	54,75
590,99	I,IV		70,91	55,08
	II		70,91	55,08
	III		70,91	55,08
	V	**50,66**	70,91	55,08
	VI	**65,08**	70,91	55,08
593,99	I,IV		71,25	55,33
	II		71,25	55,33
	III		71,25	55,33
	V	**51,00**	71,25	55,33
	VI	**65,41**	71,25	55,33
596,99	I,IV		71,58	55,66
	II		71,58	55,66
	III		71,58	55,66
	V	**51,33**	71,58	55,66
	VI	**65,75**	71,58	55,66
599,99	I,IV		71,91	55,91
	II		71,91	55,91
	III		71,91	55,91
	V	**51,66**	71,91	55,91
	VI	**66,08**	71,91	55,91
602,99	I,IV		72,33	56,16
	II		72,33	56,16
	III		72,33	56,16
	V	**51,91**	72,33	56,16
	VI	**66,41**	72,33	56,16
605,99	I,IV		72,66	56,50
	II		72,66	56,50
	III		72,66	56,50
	V	**52,33**	72,66	56,50
	VI	**66,75**	72,66	56,50
608,99	I,IV		73,00	56,75
	II		73,00	56,75
	III		73,00	56,75
	V	**52,58**	73,00	56,75
	VI	**67,08**	73,00	56,75
611,99	I,IV		73,41	57,00
	II		73,41	57,00
	III		73,41	57,00
	V	**52,91**	73,41	57,00
	VI	**67,33**	73,41	57,00

Lohn/ Gehalt in € bis	Steuerklasse	Lohn- steuer*	BVSP**	TAGZ***
614,99	I,IV		73,75	57,33
	II		73,75	57,33
	III		73,75	57,33
	V	**53,25**	73,75	57,33
	VI	**67,66**	73,75	57,33
617,99	I,IV		74,08	57,58
	II		74,08	57,58
	III		74,08	57,58
	V	**53,58**	74,08	57,58
	VI	**68,00**	74,08	57,58
620,99	I,IV		74,50	57,83
	II		74,50	57,83
	III		74,50	57,83
	V	**53,91**	74,50	57,83
	VI	**68,33**	74,50	57,83
623,99	I,IV		74,83	58,16
	II		74,83	58,16
	III		74,83	58,16
	V	**54,25**	74,83	58,16
	VI	**68,66**	74,83	58,16
626,99	I,IV		75,16	58,41
	II		75,16	58,41
	III		75,16	58,41
	V	**54,58**	75,16	58,41
	VI	**69,00**	75,16	58,41
629,99	I,IV		75,58	58,66
	II		75,58	58,66
	III		75,58	58,66
	V	**54,91**	75,58	58,66
	VI	**69,33**	75,58	58,66
632,99	I,IV		75,91	59,00
	II		75,91	59,00
	III		75,91	59,00
	V	**55,25**	75,91	59,00
	VI	**69,66**	75,91	59,00
635,99	I,IV		76,25	59,25
	II		76,25	59,25
	III		76,25	59,25
	V	**55,58**	76,25	59,25
	VI	**70,00**	76,25	59,25
638,99	I,IV		76,66	59,58
	II		76,66	59,58
	III		76,66	59,58
	V	**55,91**	76,66	59,58
	VI	**70,33**	76,66	59,58
641,99	I,IV		77,00	59,83
	II		77,00	59,83
	III		77,00	59,83
	V	**56,25**	77,00	59,83
	VI	**70,66**	77,00	59,83
644,99	I,IV		77,33	60,08
	II		77,33	60,08
	III		77,33	60,08
	V	**56,58**	77,33	60,08
	VI	**71,00**	77,33	60,08
647,99	I,IV		77,75	60,41
	II		77,75	60,41
	III		77,75	60,41
	V	**56,91**	77,75	60,41
	VI	**71,33**	77,75	60,41

* Zur LSt-Berechnung für privat versicherte Arbeitnehmer s. Beispiele **Vorbemerkung S. 4 f.**
** Basisvorsorgepauschale KV und PV *** Typisierter Arbeitgeberzuschuss

Lohn/ Gehalt in € bis	Steuerklasse	Lohn- steuer*	BVSP**	TAGZ***	Lohn/ Gehalt in € bis	Steuerklasse	Lohn- steuer*	BVSP**	TAGZ***
650,99	I,IV		78,08	60,66	686,99	I,IV		82,41	64,00
	II		78,08	60,66		II		82,41	64,00
	III		78,08	60,66		III		82,41	64,00
	V	57,25	78,08	60,66		V	61,25	82,41	64,00
	VI	71,66	78,08	60,66		VI	75,66	82,41	64,00
653,99	I,IV		78,41	60,91	689,99	I,IV		82,75	64,33
	II		78,41	60,91		II		82,75	64,33
	III		78,41	60,91		III		82,75	64,33
	V	57,58	78,41	60,91		V	61,58	82,75	64,33
	VI	72,00	78,41	60,91		VI	76,00	82,75	64,33
656,99	I,IV		78,83	61,25	692,99	I,IV		83,08	64,58
	II		78,83	61,25		II		83,08	64,58
	III		78,83	61,25		III		83,08	64,58
	V	57,91	78,83	61,25		V	61,83	83,08	64,58
	VI	72,33	78,83	61,25		VI	76,33	83,08	64,58
659,99	I,IV		79,16	61,50	695,99	I,IV		83,50	64,83
	II		79,16	61,50		II		83,50	64,83
	III		79,16	61,50		III		83,50	64,83
	V	58,25	79,16	61,50		V	62,25	83,50	64,83
	VI	72,66	79,16	61,50		VI	76,66	83,50	64,83
662,99	I,IV		79,50	61,75	698,99	I,IV		83,83	65,16
	II		79,50	61,75		II		83,83	65,16
	III		79,50	61,75		III		83,83	65,16
	V	58,58	79,50	61,75		V	62,50	83,83	65,16
	VI	73,00	79,50	61,75		VI	77,00	83,83	65,16
665,99	I,IV		79,91	62,08	701,99	I,IV		84,16	65,41
	II		79,91	62,08		II		84,16	65,41
	III		79,91	62,08		III		84,16	65,41
	V	58,91	79,91	62,08		V	62,83	84,16	65,41
	VI	73,33	79,91	62,08		VI	77,25	84,16	65,41
668,99	I,IV		80,25	62,33	704,99	I,IV		84,58	65,66
	II		80,25	62,33		II		84,58	65,66
	III		80,25	62,33		III		84,58	65,66
	V	59,25	80,25	62,33		V	63,16	84,58	65,66
	VI	73,66	80,25	62,33		VI	77,58	84,58	65,66
671,99	I,IV		80,58	62,58	707,99	I,IV		84,91	66,00
	II		80,58	62,58		II		84,91	66,00
	III		80,58	62,58		III		84,91	66,00
	V	59,58	80,58	62,58		V	63,50	84,91	66,00
	VI	74,00	80,58	62,58		VI	77,91	84,91	66,00
674,99	I,IV		80,91	62,91	710,99	I,IV		85,25	66,25
	II		80,91	62,91		II		85,25	66,25
	III		80,91	62,91		III		85,25	66,25
	V	59,91	80,91	62,91		V	63,83	85,25	66,25
	VI	74,33	80,91	62,91		VI	78,25	85,25	66,25
677,99	I,IV		81,33	63,16	713,99	I,IV		85,66	66,50
	II		81,33	63,16		II		85,66	66,50
	III		81,33	63,16		III		85,66	66,50
	V	60,25	81,33	63,16		V	64,16	85,66	66,50
	VI	74,66	81,33	63,16		VI	78,58	85,66	66,50
680,99	I,IV		81,66	63,50	716,99	I,IV		86,00	66,83
	II		81,66	63,50		II		86,00	66,83
	III		81,66	63,50		III		86,00	66,83
	V	60,58	81,66	63,50		V	64,50	86,00	66,83
	VI	75,00	81,66	63,50		VI	78,91	86,00	66,83
683,99	I,IV		82,00	63,75	719,99	I,IV		86,33	67,08
	II		82,00	63,75		II		86,33	67,08
	III		82,00	63,75		III		86,33	67,08
	V	60,91	82,00	63,75		V	64,83	86,33	67,08
	VI	75,33	82,00	63,75		VI	79,25	86,33	67,08

* Zur LSt-Berechnung für privat versicherte Arbeitnehmer s. Beispiele **Vorbemerkung S. 4 f.**
** Basisvorsorgepauschale KV und PV *** Typisierter Arbeitgeberzuschuss

Lohn/Gehalt in € bis	Steuerklasse	Lohn-steuer*	BVSP**	TAGZ***
722,99	I,IV		86,75	67,41
	II		86,75	67,41
	III		86,75	67,41
	V	65,16	86,75	67,41
	VI	79,58	86,75	67,41
725,99	I,IV		87,08	67,66
	II		87,08	67,66
	III		87,08	67,66
	V	65,50	87,08	67,66
	VI	79,91	87,08	67,66
728,99	I,IV		87,41	67,91
	II		87,41	67,91
	III		87,41	67,91
	V	65,83	87,41	67,91
	VI	80,25	87,41	67,91
731,99	I,IV		87,83	68,25
	II		87,83	68,25
	III		87,83	68,25
	V	66,16	87,83	68,25
	VI	80,58	87,83	68,25
734,99	I,IV		88,16	68,50
	II		88,16	68,50
	III		88,16	68,50
	V	66,50	88,16	68,50
	VI	80,91	88,16	68,50
737,99	I,IV		88,50	68,75
	II		88,50	68,75
	III		88,50	68,75
	V	66,83	88,50	68,75
	VI	81,25	88,50	68,75
740,99	I,IV		88,91	69,08
	II		88,91	69,08
	III		88,91	69,08
	V	67,16	88,91	69,08
	VI	81,58	88,91	69,08
743,99	I,IV		89,25	69,33
	II		89,25	69,33
	III		89,25	69,33
	V	67,50	89,25	69,33
	VI	81,91	89,25	69,33
746,99	I,IV		89,58	69,58
	II		89,58	69,58
	III		89,58	69,58
	V	67,83	89,58	69,58
	VI	82,25	89,58	69,58
749,99	I,IV		89,91	69,91
	II		89,91	69,91
	III		89,91	69,91
	V	68,16	89,91	69,91
	VI	82,58	89,91	69,91
752,99	I,IV		90,33	70,16
	II		90,33	70,16
	III		90,33	70,16
	V	68,50	90,33	70,16
	VI	82,91	90,33	70,16
755,99	I,IV		90,66	70,41
	II		90,66	70,41
	III		90,66	70,41
	V	68,83	90,66	70,41
	VI	83,25	90,66	70,41
758,99	I,IV		91,00	70,75
	II		91,00	70,75
	III		91,00	70,75
	V	69,16	91,00	70,75
	VI	83,58	91,00	70,75
761,99	I,IV		91,41	71,00
	II		91,41	71,00
	III		91,41	71,00
	V	69,50	91,41	71,00
	VI	83,91	91,41	71,00
764,99	I,IV		91,75	71,33
	II		91,75	71,33
	III		91,75	71,33
	V	69,83	91,75	71,33
	VI	84,25	91,75	71,33
767,99	I,IV		92,08	71,58
	II		92,08	71,58
	III		92,08	71,58
	V	70,16	92,08	71,58
	VI	84,58	92,08	71,58
770,99	I,IV		92,50	71,83
	II		92,50	71,83
	III		92,50	71,83
	V	70,50	92,50	71,83
	VI	84,91	92,50	71,83
773,99	I,IV		92,83	72,16
	II		92,83	72,16
	III		92,83	72,16
	V	70,83	92,83	72,16
	VI	85,25	92,83	72,16
776,99	I,IV		93,16	72,41
	II		93,16	72,41
	III		93,16	72,41
	V	71,16	93,16	72,41
	VI	85,58	93,16	72,41
779,99	I,IV		93,58	72,66
	II		93,58	72,66
	III		93,58	72,66
	V	71,50	93,58	72,66
	VI	85,91	93,58	72,66
782,99	I,IV		93,91	73,00
	II		93,91	73,00
	III		93,91	73,00
	V	71,75	93,91	73,00
	VI	86,25	93,91	73,00
785,99	I,IV		94,25	73,25
	II		94,25	73,25
	III		94,25	73,25
	V	72,16	94,25	73,25
	VI	86,58	94,25	73,25
788,99	I,IV		94,66	73,50
	II		94,66	73,50
	III		94,66	73,50
	V	72,41	94,66	73,50
	VI	86,91	94,66	73,50
791,99	I,IV		95,00	73,83
	II		95,00	73,83
	III		95,00	73,83
	V	72,75	95,00	73,83
	VI	87,16	95,00	73,83

* Zur LSt-Berechnung für privat versicherte Arbeitnehmer s. Beispiele **Vorbemerkung S. 4 f.**
** Basisvorsorgepauschale KV und PV   *** Typisierter Arbeitgeberzuschuss

Lohn/Gehalt in € bis	Steuerklasse	Lohn-steuer*	BVSP**	TAGZ***
794,99	I,IV		95,33	74,08
	II		95,33	74,08
	III		95,33	74,08
	V	73,08	95,33	74,08
	VI	87,50	95,33	74,08
797,99	I,IV		95,75	74,33
	II		95,75	74,33
	III		95,75	74,33
	V	73,41	95,75	74,33
	VI	87,83	95,75	74,33
800,99	I,IV		96,08	74,66
	II		96,08	74,66
	III		96,08	74,66
	V	73,75	96,08	74,66
	VI	88,16	96,08	74,66
803,99	I,IV		96,41	74,91
	II		96,41	74,91
	III		96,41	74,91
	V	74,08	96,41	74,91
	VI	88,50	96,41	74,91
806,99	I,IV		96,83	75,25
	II		96,83	75,25
	III		96,83	75,25
	V	74,41	96,83	75,25
	VI	88,83	96,83	75,25
809,99	I,IV		97,16	75,50
	II		97,16	75,50
	III		97,16	75,50
	V	74,75	97,16	75,50
	VI	89,16	97,16	75,50
812,99	I,IV		97,50	75,75
	II		97,50	75,75
	III		97,50	75,75
	V	75,08	97,50	75,75
	VI	89,50	97,50	75,75
815,99	I,IV		97,91	76,08
	II		97,91	76,08
	III		97,91	76,08
	V	75,41	97,91	76,08
	VI	89,83	97,91	76,08
818,99	I,IV		98,25	76,33
	II		98,25	76,33
	III		98,25	76,33
	V	75,75	98,25	76,33
	VI	90,16	98,25	76,33
821,99	I,IV		98,58	76,58
	II		98,58	76,58
	III		98,58	76,58
	V	76,08	98,58	76,58
	VI	90,50	98,58	76,58
824,99	I,IV		98,91	76,91
	II		98,91	76,91
	III		98,91	76,91
	V	76,41	98,91	76,91
	VI	90,83	98,91	76,91
827,99	I,IV		99,33	77,16
	II		99,33	77,16
	III		99,33	77,16
	V	76,75	99,33	77,16
	VI	91,16	99,33	77,16
830,99	I,IV		99,66	77,41
	II		99,66	77,41
	III		99,66	77,41
	V	77,08	99,66	77,41
	VI	91,50	99,66	77,41
833,99	I,IV		100,00	77,75
	II		100,00	77,75
	III		100,00	77,75
	V	77,41	100,00	77,75
	VI	91,83	100,00	77,75
836,99	I,IV		100,41	78,00
	II		100,41	78,00
	III		100,41	78,00
	V	77,75	100,41	78,00
	VI	92,16	100,41	78,00
839,99	I,IV		100,75	78,25
	II		100,75	78,25
	III		100,75	78,25
	V	78,08	100,75	78,25
	VI	92,50	100,75	78,25
842,99	I,IV		101,08	78,58
	II		101,08	78,58
	III		101,08	78,58
	V	78,41	101,08	78,58
	VI	92,83	101,08	78,58
845,99	I,IV		101,50	78,83
	II		101,50	78,83
	III		101,50	78,83
	V	78,75	101,50	78,83
	VI	93,16	101,50	78,83
848,99	I,IV		101,83	79,16
	II		101,83	79,16
	III		101,83	79,16
	V	79,08	101,83	79,16
	VI	93,50	101,83	79,16
851,99	I,IV		102,16	79,41
	II		102,16	79,41
	III		102,16	79,41
	V	79,41	102,16	79,41
	VI	93,83	102,16	79,41
854,99	I,IV		102,58	79,66
	II		102,58	79,66
	III		102,58	79,66
	V	79,75	102,58	79,66
	VI	94,16	102,58	79,66
857,99	I,IV		102,91	80,00
	II		102,91	80,00
	III		102,91	80,00
	V	80,08	102,91	80,00
	VI	94,50	102,91	80,00
860,99	I,IV		103,25	80,25
	II		103,25	80,25
	III		103,25	80,25
	V	80,41	103,25	80,25
	VI	94,83	103,25	80,25
863,99	I,IV		103,66	80,50
	II		103,66	80,50
	III		103,66	80,50
	V	80,75	103,66	80,50
	VI	95,16	103,66	80,50

* Zur LSt-Berechnung für privat versicherte Arbeitnehmer s. Beispiele **Vorbemerkung S. 4f.**
** Basisvorsorgepauschale KV und PV   *** Typisierter Arbeitgeberzuschuss

Lohn/Gehalt in € bis	Steuerklasse	Lohn-steuer*	BVSP**	TAGZ***		Lohn/Gehalt in € bis	Steuerklasse	Lohn-steuer*	BVSP**	TAGZ***
866,99	I,IV		104,00	80,83		902,99	I,IV		108,33	84,16
	II		104,00	80,83			II		108,33	84,16
	III		104,00	80,83			III		108,33	84,16
	V	81,08	104,00	80,83			V	85,00	108,33	84,16
	VI	95,50	104,00	80,83			VI	99,41	108,33	84,16
869,99	I,IV		104,33	81,08		905,99	I,IV		108,66	84,41
	II		104,33	81,08			II		108,66	84,41
	III		104,33	81,08			III		108,66	84,41
	V	81,41	104,33	81,08			V	85,33	108,66	84,41
	VI	95,83	104,33	81,08			VI	99,75	108,66	84,41
872,99	I,IV		104,75	81,33		908,99	I,IV		109,00	84,75
	II		104,75	81,33			II		109,00	84,75
	III		104,75	81,33			III		109,00	84,75
	V	81,66	104,75	81,33			V	85,66	109,00	84,75
	VI	96,16	104,75	81,33			VI	100,08	109,00	84,75
875,99	I,IV		105,08	81,66		911,99	I,IV		109,41	85,00
	II		105,08	81,66			II		109,41	85,00
	III		105,08	81,66			III		109,41	85,00
	V	82,00	105,08	81,66			V	86,00	109,41	85,00
	VI	96,41	105,08	81,66			VI	100,41	109,41	85,00
878,99	I,IV		105,41	81,91		914,99	I,IV		109,75	85,25
	II		105,41	81,91			II		109,75	85,25
	III		105,41	81,91			III		109,75	85,25
	V	82,33	105,41	81,91			V	86,33	109,75	85,25
	VI	96,83	105,41	81,91			VI	100,75	109,75	85,25
881,99	I,IV		105,83	82,16		917,99	I,IV		110,08	85,58
	II		105,83	82,16			II		110,08	85,58
	III		105,83	82,16			III		110,08	85,58
	V	82,66	105,83	82,16			V	86,66	110,08	85,58
	VI	97,08	105,83	82,16			VI	101,08	110,08	85,58
884,99	I,IV		106,16	82,50		920,99	I,IV		110,50	85,83
	II		106,16	82,50			II		110,50	85,83
	III		106,16	82,50			III		110,50	85,83
	V	83,00	106,16	82,50			V	87,00	110,50	85,83
	VI	97,41	106,16	82,50			VI	101,41	110,50	85,83
887,99	I,IV		106,50	82,75		923,99	I,IV		110,83	86,08
	II		106,50	82,75			II		110,83	86,08
	III		106,50	82,75			III		110,83	86,08
	V	83,33	106,50	82,75			V	87,33	110,83	86,08
	VI	97,75	106,50	82,75			VI	101,75	110,83	86,08
890,99	I,IV		106,91	83,08		926,99	I,IV		111,16	86,41
	II		106,91	83,08			II		111,16	86,41
	III		106,91	83,08			III		111,16	86,41
	V	83,66	106,91	83,08			V	87,66	111,16	86,41
	VI	98,08	106,91	83,08			VI	102,08	111,16	86,41
893,99	I,IV		107,25	83,33		929,99	I,IV		111,58	86,66
	II		107,25	83,33			II		111,58	86,66
	III		107,25	83,33			III		111,58	86,66
	V	84,00	107,25	83,33			V	88,00	111,58	86,66
	VI	98,41	107,25	83,33			VI	102,41	111,58	86,66
896,99	I,IV		107,58	83,58		932,99	I,IV		111,91	87,00
	II		107,58	83,58			II		111,91	87,00
	III		107,58	83,58			III		111,91	87,00
	V	84,33	107,58	83,58			V	88,33	111,91	87,00
	VI	98,75	107,58	83,58			VI	102,75	111,91	87,00
899,99	I,IV		107,91	83,91		935,99	I,IV		112,25	87,25
	II		107,91	83,91			II		112,25	87,25
	III		107,91	83,91			III		112,25	87,25
	V	84,66	107,91	83,91			V	88,66	112,25	87,25
	VI	99,08	107,91	83,91			VI	103,08	112,25	87,25

*   Zur LSt-Berechnung für privat versicherte Arbeitnehmer s. Beispiele **Vorbemerkung S. 4 f.**
**   Basisvorsorgepauschale KV und PV   *** Typisierter Arbeitgeberzuschuss

aT3 allgemeine Lohnsteuer

Lohn/Gehalt in € bis	Steuerklasse	Lohn-steuer*	BVSP**	TAGZ***
938,99	I,IV		112,66	87,50
	II		112,66	87,50
	III		112,66	87,50
	V	**89,00**	112,66	87,50
	VI	**103,41**	112,66	87,50
941,99	I,IV		113,00	87,83
	II		113,00	87,83
	III		113,00	87,83
	V	**89,33**	113,00	87,83
	VI	**103,75**	113,00	87,83
944,99	I,IV		113,33	88,08
	II		113,33	88,08
	III		113,33	88,08
	V	**89,66**	113,33	88,08
	VI	**104,08**	113,33	88,08
947,99	I,IV		113,75	88,33
	II		113,75	88,33
	III		113,75	88,33
	V	**90,00**	113,75	88,33
	VI	**104,41**	113,75	88,33
950,99	I,IV		114,08	88,66
	II		114,08	88,66
	III		114,08	88,66
	V	**90,33**	114,08	88,66
	VI	**104,75**	114,08	88,66
953,99	I,IV		114,41	88,91
	II		114,41	88,91
	III		114,41	88,91
	V	**90,66**	114,41	88,91
	VI	**105,08**	114,41	88,91
956,99	I,IV		114,83	89,16
	II		114,83	89,16
	III		114,83	89,16
	V	**91,00**	114,83	89,16
	VI	**105,41**	114,83	89,16
959,99	I,IV		115,16	89,50
	II		115,16	89,50
	III		115,16	89,50
	V	**91,33**	115,16	89,50
	VI	**105,75**	115,16	89,50
962,99	I,IV		115,50	89,75
	II		115,50	89,75
	III		115,50	89,75
	V	**91,58**	115,50	89,75
	VI	**106,08**	115,50	89,75
965,99	I,IV		115,91	90,00
	II		115,91	90,00
	III		115,91	90,00
	V	**91,91**	115,91	90,00
	VI	**106,33**	115,91	90,00
968,99	I,IV		116,25	90,33
	II		116,25	90,33
	III		116,25	90,33
	V	**92,25**	116,25	90,33
	VI	**106,75**	116,25	90,33
971,99	I,IV		116,58	90,58
	II		116,58	90,58
	III		116,58	90,58
	V	**92,58**	116,58	90,58
	VI	**107,00**	116,58	90,58
974,99	I,IV		116,91	90,91
	II		116,91	90,91
	III		116,91	90,91
	V	**92,91**	116,91	90,91
	VI	**107,33**	116,91	90,91
977,99	I,IV		117,33	91,16
	II		117,33	91,16
	III		117,33	91,16
	V	**93,25**	117,33	91,16
	VI	**107,66**	117,33	91,16
980,99	I,IV		117,66	91,41
	II		117,66	91,41
	III		117,66	91,41
	V	**93,58**	117,66	91,41
	VI	**108,00**	117,66	91,41
983,99	I,IV		118,00	91,75
	II		118,00	91,75
	III		118,00	91,75
	V	**93,91**	118,00	91,75
	VI	**108,33**	118,00	91,75
986,99	I,IV		118,41	92,00
	II		118,41	92,00
	III		118,41	92,00
	V	**94,25**	118,41	92,00
	VI	**108,66**	118,41	92,00
989,99	I,IV		118,75	92,25
	II		118,75	92,25
	III		118,75	92,25
	V	**94,58**	118,75	92,25
	VI	**109,00**	118,75	92,25
992,99	I,IV		119,08	92,58
	II		119,08	92,58
	III		119,08	92,58
	V	**94,91**	119,08	92,58
	VI	**109,33**	119,08	92,58
995,99	I,IV		119,50	92,83
	II		119,50	92,83
	III		119,50	92,83
	V	**95,25**	119,50	92,83
	VI	**109,66**	119,50	92,83
998,99	I,IV		119,83	93,08
	II		119,83	93,08
	III		119,83	93,08
	V	**95,58**	119,83	93,08
	VI	**110,00**	119,83	93,08
1001,99	I,IV		120,16	93,41
	II		120,16	93,41
	III		120,16	93,41
	V	**95,91**	120,16	93,41
	VI	**110,33**	120,16	93,41
1004,99	I,IV		120,58	93,66
	II		120,58	93,66
	III		120,58	93,66
	V	**96,25**	120,58	93,66
	VI	**110,66**	120,58	93,66
1007,99	I,IV		120,91	93,91
	II		120,91	93,91
	III		120,91	93,91
	V	**96,58**	120,91	93,91
	VI	**111,00**	120,91	93,91

14

* Zur LSt-Berechnung für privat versicherte Arbeitnehmer s. Beispiele **Vorbemerkung S. 4 f.**
** Basisvorsorgepauschale KV und PV *** Typisierter Arbeitgeberzuschuss

Lohn/Gehalt in € bis	Steuerklasse	Lohn-steuer*	BVSP**	TAGZ***	Lohn/Gehalt in € bis	Steuerklasse	Lohn-steuer*	BVSP**	TAGZ***
1 010,99	I,IV		121,25	94,25	**1 046,99**	I,IV		125,58	97,58
	II		121,25	94,25		II		125,58	97,58
	III		121,25	94,25		III		125,58	97,58
	V	**96,91**	121,25	94,25		V	**100,91**	125,58	97,58
	VI	**111,33**	121,25	94,25		VI	**115,33**	125,58	97,58
1 013,99	I,IV		121,66	94,50	**1 049,99**	I,IV		125,91	97,83
	II		121,66	94,50		II		125,91	97,83
	III		121,66	94,50		III		125,91	97,83
	V	**97,25**	121,66	94,50		V	**101,25**	125,91	97,83
	VI	**111,66**	121,66	94,50		VI	**115,66**	125,91	97,83
1 016,99	I,IV		122,00	94,83	**1 052,99**	I,IV		126,33	98,16
	II		122,00	94,83		II		126,33	98,16
	III		122,00	94,83		III		126,33	98,16
	V	**97,58**	122,00	94,83		V	**101,50**	126,33	98,16
	VI	**112,00**	122,00	94,83		VI	**116,00**	126,33	98,16
1 019,99	I,IV		122,33	95,08	**1 055,99**	I,IV		126,66	98,41
	II		122,33	95,08		II		126,66	98,41
	III		122,33	95,08		III		126,66	98,41
	V	**97,91**	122,33	95,08		V	**101,83**	126,66	98,41
	VI	**112,33**	122,33	95,08		VI	**116,25**	126,66	98,41
1 022,99	I,IV		122,75	95,33	**1 058,99**	I,IV		127,00	98,75
	II		122,75	95,33		II		127,00	98,75
	III		122,75	95,33		III		127,00	98,75
	V	**98,25**	122,75	95,33		V	**102,16**	127,00	98,75
	VI	**112,66**	122,75	95,33		VI	**116,66**	127,00	98,75
1 025,99	I,IV		123,08	95,66	**1 061,99**	I,IV		127,41	99,00
	II		123,08	95,66		II		127,41	99,00
	III		123,08	95,66		III		127,41	99,00
	V	**98,58**	123,08	95,66		V	**102,50**	127,41	99,00
	VI	**113,00**	123,08	95,66		VI	**116,91**	127,41	99,00
1 028,99	I,IV		123,41	95,91	**1 064,99**	I,IV		127,75	99,25
	II		123,41	95,91		II		127,75	99,25
	III		123,41	95,91		III		127,75	99,25
	V	**98,91**	123,41	95,91		V	**102,83**	127,75	99,25
	VI	**113,33**	123,41	95,91		VI	**117,25**	127,75	99,25
1 031,99	I,IV		123,83	96,16	**1 067,99**	I,IV		128,08	99,58
	II		123,83	96,16		II		128,08	99,58
	III		123,83	96,16		III		128,08	99,58
	V	**99,25**	123,83	96,16		V	**103,16**	128,08	99,58
	VI	**113,66**	123,83	96,16		VI	**117,58**	128,08	99,58
1 034,99	I,IV		124,16	96,50	**1 070,99**	I,IV		128,50	99,83
	II		124,16	96,50		II		128,50	99,83
	III		124,16	96,50		III		128,50	99,83
	V	**99,58**	124,16	96,50		V	**103,50**	128,50	99,83
	VI	**114,00**	124,16	96,50		VI	**117,91**	128,50	99,83
1 037,99	I,IV		124,50	96,75	**1 073,99**	I,IV		128,83	100,08
	II		124,50	96,75		II		128,83	100,08
	III		124,50	96,75		III		128,83	100,08
	V	**99,91**	124,50	96,75		V	**103,83**	128,83	100,08
	VI	**114,33**	124,50	96,75		VI	**118,25**	128,83	100,08
1 040,99	I,IV		124,91	97,00	**1 076,99**	I,IV		129,16	100,41
	II		124,91	97,00		II		129,16	100,41
	III		124,91	97,00		III		129,16	100,41
	V	**100,25**	124,91	97,00		V	**104,16**	129,16	100,41
	VI	**114,66**	124,91	97,00		VI	**118,58**	129,16	100,41
1 043,99	I,IV		125,25	97,33	**1 079,99**	I,IV		129,58	100,66
	II		125,25	97,33		II		129,58	100,66
	III		125,25	97,33		III		129,58	100,66
	V	**100,58**	125,25	97,33		V	**104,50**	129,58	100,66
	VI	**115,00**	125,25	97,33		VI	**118,91**	129,58	100,66

* Zur LSt-Berechnung für privat versicherte Arbeitnehmer s. Beispiele **Vorbemerkung S. 4 f.**
** Basisvorsorgepauschale KV und PV   *** Typisierter Arbeitgeberzuschuss

Lohn/Gehalt in € bis	Steuerklasse	Lohn-steuer*	BVSP**	TAGZ***
1082,99	I,IV		129,91	100,91
	II		129,91	100,91
	III		129,91	100,91
	V	**104,83**	129,91	100,91
	VI	**119,25**	129,91	100,91
1085,99	I,IV		130,25	101,25
	II		130,25	101,25
	III		130,25	101,25
	V	**105,16**	130,25	101,25
	VI	**119,58**	130,25	101,25
1088,99	I,IV		130,66	101,50
	II		130,66	101,50
	III		130,66	101,50
	V	**105,50**	130,66	101,50
	VI	**119,91**	130,66	101,50
1091,99	I,IV		131,00	101,75
	II		131,00	101,75
	III		131,00	101,75
	V	**105,83**	131,00	101,75
	VI	**120,25**	131,00	101,75
1094,99	I,IV		131,33	102,08
	II		131,33	102,08
	III		131,33	102,08
	V	**106,16**	131,33	102,08
	VI	**120,58**	131,33	102,08
1097,99	I,IV		131,75	102,33
	II		131,75	102,33
	III		131,75	102,33
	V	**106,50**	131,75	102,33
	VI	**120,91**	131,75	102,33
1100,99	I,IV		132,08	102,66
	II		132,08	102,66
	III		132,08	102,66
	V	**106,83**	132,08	102,66
	VI	**121,25**	132,08	102,66
1103,99	I,IV		132,41	102,91
	II		132,41	102,91
	III		132,41	102,91
	V	**107,16**	132,41	102,91
	VI	**121,58**	132,41	102,91
1106,99	I,IV		132,83	103,16
	II		132,83	103,16
	III		132,83	103,16
	V	**107,50**	132,83	103,16
	VI	**121,91**	132,83	103,16
1109,99	I,IV		133,16	103,50
	II		133,16	103,50
	III		133,16	103,50
	V	**107,83**	133,16	103,50
	VI	**122,25**	133,16	103,50
1112,99	I,IV		133,50	103,75
	II		133,50	103,75
	III		133,50	103,75
	V	**108,16**	133,50	103,75
	VI	**122,58**	133,50	103,75
1115,99	I,IV		133,91	104,00
	II		133,91	104,00
	III		133,91	104,00
	V	**108,50**	133,91	104,00
	VI	**122,91**	133,91	104,00
1118,99	I,IV		134,25	104,33
	II		134,25	104,33
	III		134,25	104,33
	V	**108,83**	134,25	104,33
	VI	**123,25**	134,25	104,33
1121,99	I,IV		134,58	104,58
	II		134,58	104,58
	III		134,58	104,58
	V	**109,16**	134,58	104,58
	VI	**123,58**	134,58	104,58
1124,99	I,IV		134,91	104,83
	II		134,91	104,83
	III		134,91	104,83
	V	**109,50**	134,91	104,83
	VI	**123,91**	134,91	104,83
1127,99	I,IV		135,33	105,16
	II		135,33	105,16
	III		135,33	105,16
	V	**109,83**	135,33	105,16
	VI	**124,25**	135,33	105,16
1130,99	I,IV		135,66	105,41
	II		135,66	105,41
	III		135,66	105,41
	V	**110,16**	135,66	105,41
	VI	**124,58**	135,66	105,41
1133,99	I,IV		136,00	105,66
	II		136,00	105,66
	III		136,00	105,66
	V	**110,50**	136,00	105,66
	VI	**124,91**	136,00	105,66
1136,99	I,IV		136,41	106,00
	II		136,41	106,00
	III		136,41	106,00
	V	**110,83**	136,41	106,00
	VI	**125,25**	136,41	106,00
1139,99	I,IV		136,75	106,25
	II		136,75	106,25
	III		136,75	106,25
	V	**111,16**	136,75	106,25
	VI	**125,58**	136,75	106,25
1142,99	I,IV		137,08	106,58
	II		137,08	106,58
	III		137,08	106,58
	V	**111,41**	137,08	106,58
	VI	**125,91**	137,08	106,58
1145,99	I,IV		137,50	106,83
	II		137,50	106,83
	III		137,50	106,83
	V	**111,75**	137,50	106,83
	VI	**126,16**	137,50	106,83
1148,99	I,IV		137,83	107,08
	II		137,83	107,08
	III		137,83	107,08
	V	**112,08**	137,83	107,08
	VI	**126,58**	137,83	107,08
1151,99	I,IV		138,16	107,41
	II		138,16	107,41
	III		138,16	107,41
	V	**112,41**	138,16	107,41
	VI	**126,83**	138,16	107,41

* Zur LSt-Berechnung für privat versicherte Arbeitnehmer s. Beispiele **Vorbemerkung S. 4f.**
** Basisvorsorgepauschale KV und PV   *** Typisierter Arbeitgeberzuschuss

Lohn/ Gehalt in € bis	Steuerklasse	Lohn-steuer*	BVSP**	TAGZ***
1154,99	I,IV		138,58	107,66
	II		138,58	107,66
	III		138,58	107,66
	V	112,75	138,58	107,66
	VI	127,16	138,58	107,66
1157,99	I,IV		138,91	107,91
	II		138,91	107,91
	III		138,91	107,91
	V	113,08	138,91	107,91
	VI	127,50	138,91	107,91
1160,99	I,IV		139,25	108,25
	II		139,25	108,25
	III		139,25	108,25
	V	113,41	139,25	108,25
	VI	127,83	139,25	108,25
1163,99	I,IV		139,66	108,50
	II		139,66	108,50
	III		139,66	108,50
	V	113,75	139,66	108,50
	VI	128,16	139,66	108,50
1166,99	I,IV		140,00	108,75
	II		140,00	108,75
	III		140,00	108,75
	V	114,08	140,00	108,75
	VI	128,50	140,00	108,75
1169,99	I,IV		140,33	109,08
	II		140,33	109,08
	III		140,33	109,08
	V	114,41	140,33	109,08
	VI	128,83	140,33	109,08
1172,99	I,IV		140,75	109,33
	II		140,75	109,33
	III		140,75	109,33
	V	114,75	140,75	109,33
	VI	129,16	140,75	109,33
1175,99	I,IV		141,08	109,58
	II		141,08	109,58
	III		141,08	109,58
	V	115,08	141,08	109,58
	VI	129,50	141,08	109,58
1178,99	I,IV		141,41	109,91
	II		141,41	109,91
	III		141,41	109,91
	V	115,41	141,41	109,91
	VI	129,83	141,41	109,91
1181,99	I,IV		141,83	110,16
	II		141,83	110,16
	III		141,83	110,16
	V	115,75	141,83	110,16
	VI	130,16	141,83	110,16
1184,99	I,IV		142,16	110,50
	II		142,16	110,50
	III		142,16	110,50
	V	116,08	142,16	110,50
	VI	130,50	142,16	110,50
1187,99	I,IV		142,50	110,75
	II		142,50	110,75
	III		142,50	110,75
	V	116,41	142,50	110,75
	VI	130,83	142,50	110,75
1190,99	I,IV		142,91	111,00
	II		142,91	111,00
	III		142,91	111,00
	V	116,75	142,91	111,00
	VI	131,16	142,91	111,00
1193,99	I,IV		143,25	111,33
	II		143,25	111,33
	III		143,25	111,33
	V	117,08	143,25	111,33
	VI	131,50	143,25	111,33
1196,99	I,IV		143,58	111,58
	II		143,58	111,58
	III		143,58	111,58
	V	117,41	143,58	111,58
	VI	131,83	143,58	111,58
1199,99	I,IV		143,91	111,83
	II		143,91	111,83
	III		143,91	111,83
	V	117,75	143,91	111,83
	VI	132,16	143,91	111,83
1202,99	I,IV		144,33	112,16
	II		144,33	112,16
	III		144,33	112,16
	V	118,08	144,33	112,16
	VI	132,50	144,33	112,16
1205,99	I,IV		144,66	112,41
	II		144,66	112,41
	III		144,66	112,41
	V	118,41	144,66	112,41
	VI	132,83	144,66	112,41
1208,99	I,IV		145,00	112,66
	II		145,00	112,66
	III		145,00	112,66
	V	118,75	145,00	112,66
	VI	133,16	145,00	112,66
1211,99	I,IV		145,41	113,00
	II		145,41	113,00
	III		145,41	113,00
	V	119,08	145,41	113,00
	VI	133,50	145,41	113,00
1214,99	I,IV		145,75	113,25
	II		145,75	113,25
	III		145,75	113,25
	V	119,41	145,75	113,25
	VI	133,83	145,75	113,25
1217,99	I,IV		146,08	113,50
	II		146,08	113,50
	III		146,08	113,50
	V	119,75	146,08	113,50
	VI	134,16	146,08	113,50
1220,99	I,IV		146,50	113,83
	II		146,50	113,83
	III		146,50	113,83
	V	120,08	146,50	113,83
	VI	134,50	146,50	113,83
1223,99	I,IV		146,83	114,08
	II		146,83	114,08
	III		146,83	114,08
	V	120,41	146,83	114,08
	VI	134,83	146,83	114,08

*   Zur LSt-Berechnung für privat versicherte Arbeitnehmer s. Beispiele **Vorbemerkung S. 4 f.**
** Basisvorsorgepauschale KV und PV   *** Typisierter Arbeitgeberzuschuss

Lohn/Gehalt in € bis	Steuerklasse	Lohn-steuer*	BVSP**	TAGZ***
1 226,99	I,IV		147,16	114,41
	II		147,16	114,41
	III		147,16	114,41
	V	**120,75**	147,16	114,41
	VI	**135,16**	147,16	114,41
1 229,99	I,IV		147,58	114,66
	II		147,58	114,66
	III		147,58	114,66
	V	**121,08**	147,58	114,66
	VI	**135,50**	147,58	114,66
1 232,99	I,IV		147,91	114,91
	II		147,91	114,91
	III		147,91	114,91
	V	**121,33**	147,91	114,91
	VI	**135,83**	147,91	114,91
1 235,99	I,IV		148,25	115,25
	II		148,25	115,25
	III		148,25	115,25
	V	**121,66**	148,25	115,25
	VI	**136,08**	148,25	115,25
1 238,99	I,IV		148,66	115,50
	II		148,66	115,50
	III		148,66	115,50
	V	**122,00**	148,66	115,50
	VI	**136,50**	148,66	115,50
1 241,99	I,IV		149,00	115,75
	II		149,00	115,75
	III		149,00	115,75
	V	**122,33**	149,00	115,75
	VI	**136,75**	149,00	115,75
1 244,99	I,IV		149,33	116,08
	II		149,33	116,08
	III		149,33	116,08
	V	**122,66**	149,33	116,08
	VI	**137,08**	149,33	116,08
1 247,99	I,IV		149,75	116,33
	II		149,75	116,33
	III		149,75	116,33
	V	**123,00**	149,75	116,33
	VI	**137,41**	149,75	116,33
1 250,99	I,IV		150,08	116,58
	II		150,08	116,58
	III		150,08	116,58
	V	**123,33**	150,08	116,58
	VI	**137,75**	150,08	116,58
1 253,99	I,IV		150,41	116,91
	II		150,41	116,91
	III		150,41	116,91
	V	**123,66**	150,41	116,91
	VI	**138,08**	150,41	116,91
1 256,99	I,IV		150,83	117,16
	II		150,83	117,16
	III		150,83	117,16
	V	**124,00**	150,83	117,16
	VI	**138,41**	150,83	117,16
1 259,99	I,IV		151,16	117,41
	II		151,16	117,41
	III		151,16	117,41
	V	**124,33**	151,16	117,41
	VI	**138,75**	151,16	117,41
1 262,99	I,IV		151,50	117,75
	II		151,50	117,75
	III		151,50	117,75
	V	**124,66**	151,50	117,75
	VI	**139,08**	151,50	117,75
1 265,99	I,IV		151,91	118,00
	II		151,91	118,00
	III		151,91	118,00
	V	**125,00**	151,91	118,00
	VI	**139,41**	151,91	118,00
1 268,99	I,IV		152,25	118,33
	II		152,25	118,33
	III		152,25	118,33
	V	**125,33**	152,25	118,33
	VI	**139,75**	152,25	118,33
1 271,99	I,IV		152,58	118,58
	II		152,58	118,58
	III		152,58	118,58
	V	**125,66**	152,58	118,58
	VI	**140,08**	152,58	118,58
1 274,99	I,IV		152,91	118,83
	II		152,91	118,83
	III		152,91	118,83
	V	**126,00**	152,91	118,83
	VI	**140,41**	152,91	118,83
1 277,99	I,IV		153,33	119,16
	II		153,33	119,16
	III		153,33	119,16
	V	**126,33**	153,33	119,16
	VI	**140,75**	153,33	119,16
1 280,99	I,IV		153,66	119,41
	II		153,66	119,41
	III		153,66	119,41
	V	**126,66**	153,66	119,41
	VI	**141,08**	153,66	119,41
1 283,99	I,IV		154,00	119,66
	II		154,00	119,66
	III		154,00	119,66
	V	**127,00**	154,00	119,66
	VI	**141,41**	154,00	119,66
1 286,99	I,IV	0,08	154,41	120,00
	II		154,41	120,00
	III		154,41	120,00
	V	**127,33**	154,41	120,00
	VI	**141,75**	154,41	120,00
1 289,99	I,IV	0,41	154,75	120,25
	II		154,75	120,25
	III		154,75	120,25
	V	**127,66**	154,75	120,25
	VI	**142,08**	154,75	120,25
1 292,99	I,IV	0,75	155,08	120,50
	II		155,08	120,50
	III		155,08	120,50
	V	**128,00**	155,08	120,50
	VI	**142,41**	155,08	120,50
1 295,99	I,IV	1,08	155,50	120,83
	II		155,50	120,83
	III		155,50	120,83
	V	**128,33**	155,50	120,83
	VI	**142,75**	155,50	120,83

* Zur LSt-Berechnung für privat versicherte Arbeitnehmer s. Beispiele **Vorbemerkung S. 4 f.**
** Basisvorsorgepauschale KV und PV *** Typisierter Arbeitgeberzuschuss

Lohn/Gehalt in € bis	Steuerklasse	Lohn-steuer*	BVSP**	TAGZ***	Lohn/Gehalt in € bis	Steuerklasse	Lohn-steuer*	BVSP**	TAGZ***
1 298,99	I,IV	1,41	155,83	121,08	1 334,99	I,IV	5,83	158,33	124,41
	II		155,83	121,08		II		158,33	124,41
	III		155,83	121,08		III		160,16	124,41
	V	128,66	155,83	121,08		V	132,91	158,33	124,41
	VI	143,08	155,83	121,08		VI	150,58	158,33	124,41
1 301,99	I,IV	1,75	156,16	121,33	1 337,99	I,IV	6,16	158,33	124,75
	II		156,16	121,33		II		158,33	124,75
	III		156,16	121,33		III		160,50	124,75
	V	129,00	156,16	121,33		V	133,25	158,33	124,75
	VI	143,41	156,16	121,33		VI	151,66	158,33	124,75
1 304,99	I,IV	2,08	156,58	121,66	1 340,99	I,IV	6,58	158,33	125,00
	II		156,58	121,66		II		158,33	125,00
	III		156,58	121,66		III		160,91	125,00
	V	129,33	156,58	121,66		V	133,66	158,33	125,00
	VI	143,75	156,58	121,66		VI	152,83	158,33	125,00
1 307,99	I,IV	2,41	156,91	121,91	1 343,99	I,IV	7,00	158,33	125,25
	II		156,91	121,91		II		158,33	125,25
	III		156,91	121,91		III		161,25	125,25
	V	129,66	156,91	121,91		V	134,00	158,33	125,25
	VI	144,08	156,91	121,91		VI	154,00	158,33	125,25
1 310,99	I,IV	2,75	157,25	122,25	1 346,99	I,IV	7,41	158,33	125,58
	II		157,25	122,25		II		158,33	125,58
	III		157,25	122,25		III		161,58	125,58
	V	130,00	157,25	122,25		V	134,41	158,33	125,58
	VI	144,41	157,25	122,25		VI	155,16	158,33	125,58
1 313,99	I,IV	3,08	157,66	122,50	1 349,99	I,IV	7,83	158,33	125,83
	II		157,66	122,50		II		158,33	125,83
	III		157,66	122,50		III		161,91	125,83
	V	130,33	157,66	122,50		V	134,75	158,33	125,83
	VI	144,75	157,66	122,50		VI	156,25	158,33	125,83
1 316,99	I,IV	3,41	158,00	122,75	1 352,99	I,IV	8,25	158,33	126,16
	II		158,00	122,75		II		158,33	126,16
	III		158,00	122,75		III		162,33	126,16
	V	130,66	158,00	122,75		V	135,16	158,33	126,16
	VI	145,08	158,00	122,75		VI	157,41	158,33	126,16
1 319,99	I,IV	3,75	158,33	123,08	1 355,99	I,IV	8,66	158,33	126,41
	II		158,33	123,08		II		158,33	126,41
	III		158,33	123,08		III		162,66	126,41
	V	131,00	158,33	123,08		V	135,50	158,33	126,41
	VI	145,41	158,33	123,08		VI	158,58	158,33	126,41
1 322,99	I,IV	4,16	158,33	123,33	1 358,99	I,IV	9,08	158,33	126,66
	II		158,33	123,33		II		158,33	126,66
	III		158,75	123,33		III		163,00	126,66
	V	131,33	158,33	123,33		V	135,91	158,33	126,66
	VI	146,00	158,33	123,33		VI	159,75	158,33	126,66
1 325,99	I,IV	4,58	158,33	123,58	1 361,99	I,IV	9,58	158,33	127,00
	II		158,33	123,58		II		158,33	127,00
	III		159,08	123,58		III		163,41	127,00
	V	131,75	158,33	123,58		V	136,33	158,33	127,00
	VI	147,16	158,33	123,58		VI	160,83	158,33	127,00
1 328,99	I,IV	5,00	158,33	123,91	1 364,99	I,IV	9,91	158,33	127,25
	II		158,33	123,91		II		158,33	127,25
	III		159,41	123,91		III		163,75	127,25
	V	132,08	158,33	123,91		V	136,66	158,33	127,25
	VI	148,25	158,33	123,91		VI	162,00	158,33	127,25
1 331,99	I,IV	5,41	158,33	124,16	1 367,99	I,IV	10,41	158,33	127,50
	II		158,33	124,16		II		158,33	127,50
	III		159,83	124,16		III		164,08	127,50
	V	132,50	158,33	124,16		V	137,08	158,33	127,50
	VI	149,41	158,33	124,16		VI	163,16	158,33	127,50

*   Zur LSt-Berechnung für privat versicherte Arbeitnehmer s. Beispiele **Vorbemerkung S. 4 f.**
** Basisvorsorgepauschale KV und PV   *** Typisierter Arbeitgeberzuschuss

Lohn/Gehalt in € bis	Steuerklasse	Lohn-steuer*	BVSP**	TAGZ***
1 370,99	I,IV	10,83	158,33	127,83
	II		158,33	127,83
	III		164,50	127,83
	V	137,41	158,33	127,83
	VI	164,25	158,33	127,83
1 373,99	I,IV	11,25	158,33	128,08
	II		158,33	128,08
	III		164,83	128,08
	V	137,83	158,33	128,08
	VI	165,41	158,33	128,08
1 376,99	I,IV	11,66	158,33	128,33
	II		158,33	128,33
	III		165,16	128,33
	V	138,25	158,33	128,33
	VI	166,58	158,33	128,33
1 379,99	I,IV	12,08	158,33	128,66
	II		158,33	128,66
	III		165,58	128,66
	V	138,58	158,33	128,66
	VI	167,66	158,33	128,66
1 382,99	I,IV	12,50	158,33	128,91
	II		158,33	128,91
	III		165,91	128,91
	V	139,00	158,33	128,91
	VI	168,83	158,33	128,91
1 385,99	I,IV	13,00	158,33	129,16
	II		158,33	129,16
	III		166,25	129,16
	V	139,33	158,33	129,16
	VI	170,00	158,33	129,16
1 388,99	I,IV	13,41	158,33	129,50
	II		158,33	129,50
	III		166,66	129,50
	V	139,75	158,33	129,50
	VI	171,16	158,33	129,50
1 391,99	I,IV	13,83	158,33	129,75
	II		158,33	129,75
	III		167,00	129,75
	V	140,08	158,33	129,75
	VI	172,25	158,33	129,75
1 394,99	I,IV	14,33	158,33	130,08
	II		158,33	130,08
	III		167,33	130,08
	V	140,50	158,33	130,08
	VI	173,41	158,33	130,08
1 397,99	I,IV	14,75	158,33	130,33
	II		158,33	130,33
	III		167,75	130,33
	V	140,83	158,33	130,33
	VI	174,58	158,33	130,33
1 400,99	I,IV	15,16	158,33	130,58
	II		158,33	130,58
	III		168,08	130,58
	V	141,25	158,33	130,58
	VI	175,75	158,33	130,58
1 403,99	I,IV	15,58	158,33	130,91
	II		158,33	130,91
	III		168,41	130,91
	V	141,66	158,33	130,91
	VI	176,83	158,33	130,91

Lohn/Gehalt in € bis	Steuerklasse	Lohn-steuer*	BVSP**	TAGZ***
1 406,99	I,IV	16,08	158,33	131,16
	II		158,33	131,16
	III		168,83	131,16
	V	142,00	158,33	131,16
	VI	178,00	158,33	131,16
1 409,99	I,IV	16,50	158,33	131,41
	II		158,33	131,41
	III		169,16	131,41
	V	142,41	158,33	131,41
	VI	179,16	158,33	131,41
1 412,99	I,IV	17,00	158,33	131,75
	II		158,33	131,75
	III		169,50	131,75
	V	142,75	158,33	131,75
	VI	180,33	158,33	131,75
1 415,99	I,IV	17,41	158,33	132,00
	II		158,33	132,00
	III		169,91	132,00
	V	143,16	158,33	132,00
	VI	181,41	158,33	132,00
1 418,99	I,IV	17,91	158,33	132,25
	II		158,33	132,25
	III		170,25	132,25
	V	143,50	158,33	132,25
	VI	182,58	158,33	132,25
1 421,99	I,IV	18,33	158,33	132,58
	II		158,33	132,58
	III		170,58	132,58
	V	143,91	158,33	132,58
	VI	183,75	158,33	132,58
1 424,99	I,IV	18,75	158,33	132,83
	II		158,33	132,83
	III		170,91	132,83
	V	144,33	158,33	132,83
	VI	184,83	158,33	132,83
1 427,99	I,IV	19,25	158,33	133,08
	II		158,33	133,08
	III		171,33	133,08
	V	144,66	158,33	133,08
	VI	186,00	158,33	133,08
1 430,99	I,IV	19,75	158,33	133,41
	II		158,33	133,41
	III		171,66	133,41
	V	145,08	158,33	133,41
	VI	187,16	158,33	133,41
1 433,99	I,IV	20,16	158,33	133,66
	II		158,33	133,66
	III		172,00	133,66
	V	145,41	158,33	133,66
	VI	188,25	158,33	133,66
1 436,99	I,IV	20,66	158,33	134,00
	II		158,33	134,00
	III		172,41	134,00
	V	146,16	158,33	134,00
	VI	189,41	158,33	134,00
1 439,99	I,IV	21,08	158,33	134,25
	II		158,33	134,25
	III		172,75	134,25
	V	147,33	158,33	134,25
	VI	190,58	158,33	134,25

* Zur LSt-Berechnung für privat versicherte Arbeitnehmer s. Beispiele **Vorbemerkung S. 4 f.**
** Basisvorsorgepauschale KV und PV   *** Typisierter Arbeitgeberzuschuss

Lohn/ Gehalt in € bis	Steuerklasse	Lohn- steuer*	BVSP**	TAGZ***	Steuerklasse	Bemessungsgrundlage für Kirchensteuer und Solidaritätszuschlag					
						Freibeträge für ... Kinder					
						0,5	**1,0**	1,5	**2,0**	2,5	**3,0**
1 442,99	I,IV	**21,58**	158,33	134,50	I						
	II		158,33	134,50	II						
	III		173,08	134,50	III						
	V	**148,41**	158,33	134,50	IV						
	VI	**191,66**	158,33	134,50							
1 445,99	I,IV	**22,08**	158,33	134,83	I						
	II		158,33	134,83	II						
	III		173,50	134,83	III						
	V	**149,58**	158,33	134,83	IV						
	VI	**192,83**	158,33	134,83							
1 448,99	I,IV	**22,50**	158,33	135,08	I						
	II		158,33	135,08	II						
	III		173,83	135,08	III						
	V	**150,75**	158,33	135,08	IV						
	VI	**194,00**	158,33	135,08							
1 451,99	I,IV	**23,00**	158,33	135,33	I						
	II		158,33	135,33	II						
	III		174,16	135,33	III						
	V	**151,91**	158,33	135,33	IV						
	VI	**195,16**	158,33	135,33							
1 454,99	I,IV	**23,50**	158,33	135,66	I						
	II		158,33	135,66	II						
	III		174,58	135,66	III						
	V	**153,00**	158,33	135,66	IV						
	VI	**196,33**	158,33	135,66							
1 457,99	I,IV	**23,91**	158,33	135,91	I						
	II		158,33	135,91	II						
	III		174,91	135,91	III						
	V	**154,16**	158,33	135,91	IV						
	VI	**197,41**	158,33	135,91							
1 460,99	I,IV	**24,41**	158,33	136,16	I						
	II		158,33	136,16	II						
	III		175,25	136,16	III						
	V	**155,33**	158,33	136,16	IV						
	VI	**198,58**	158,33	136,16							
1 463,99	I,IV	**24,91**	158,33	136,50	I						
	II		158,33	136,50	II						
	III		175,66	136,50	III						
	V	**156,50**	158,33	136,50	IV						
	VI	**199,75**	158,33	136,50							
1 466,99	I,IV	**25,41**	158,33	136,75	I						
	II		158,33	136,75	II						
	III		176,00	136,75	III						
	V	**157,58**	158,33	136,75	IV						
	VI	**200,83**	158,33	136,75							
1 469,99	I,IV	**25,83**	158,33	137,00	I						
	II		158,33	137,00	II						
	III		176,33	137,00	III						
	V	**158,75**	158,33	137,00	IV						
	VI	**202,00**	158,33	137,00							
1 472,99	I,IV	**26,33**	158,33	137,33	I						
	II		158,33	137,33	II						
	III		176,75	137,33	III						
	V	**159,91**	158,33	137,33	IV						
	VI	**203,16**	158,33	137,33							
1 475,99	I,IV	**26,83**	158,33	137,58	I						
	II		158,33	137,58	II						
	III		177,08	137,58	III						
	V	**161,00**	158,33	137,58	IV						
	VI	**204,25**	158,33	137,58							

*   Zur LSt-Berechnung für privat versicherte Arbeitnehmer s. Beispiele **Vorbemerkung S. 4 f.**
** Basisvorsorgepauschale KV und PV   *** Typisierter Arbeitgeberzuschuss

Lohn/Gehalt in € bis	Steuerklasse	Lohn-steuer*	BVSP**	TAGZ***	Steuerklasse	Bemessungsgrundlage für Kirchensteuer und Solidaritätszuschlag					
						Freibeträge für ... Kinder					
						0,5	1,0	1,5	2,0	2,5	3,0
1 478,99	I,IV	**27,33**	158,33	137,91	I						
	II		158,33	137,91	II						
	III		177,41	137,91	III						
	V	**162,16**	158,33	137,91	IV						
	VI	**205,41**	158,33	137,91							
1 481,99	I,IV	**27,83**	158,33	138,16	I						
	II		158,33	138,16	II						
	III		177,83	138,16	III						
	V	**163,33**	158,33	138,16	IV						
	VI	**206,58**	158,33	138,16							
1 484,99	I,IV	**28,33**	158,33	138,41	I						
	II		158,33	138,41	II						
	III		178,16	138,41	III						
	V	**164,41**	158,33	138,41	IV						
	VI	**207,66**	158,33	138,41							
1 487,99	I,IV	**28,83**	158,33	138,75	I						
	II		158,33	138,75	II						
	III		178,50	138,75	III						
	V	**165,58**	158,33	138,75	IV						
	VI	**208,83**	158,33	138,75							
1 490,99	I,IV	**29,33**	158,33	139,00	I						
	II		158,33	139,00	II						
	III		178,91	139,00	III						
	V	**166,75**	158,33	139,00	IV						
	VI	**210,00**	158,33	139,00							
1 493,99	I,IV	**29,83**	158,33	139,25	I						
	II		158,33	139,25	II						
	III		179,25	139,25	III						
	V	**167,83**	158,33	139,25	IV						
	VI	**211,16**	158,33	139,25							
1 496,99	I,IV	**30,33**	158,33	139,58	I						
	II		158,33	139,58	II						
	III		179,58	139,58	III						
	V	**169,00**	158,33	139,58	IV	0,08					
	VI	**212,25**	158,33	139,58							
1 499,99	I,IV	**30,83**	158,33	139,83	I						
	II		158,33	139,83	II						
	III		179,91	139,83	III						
	V	**170,16**	158,33	139,83	IV	0,50					
	VI	**213,41**	158,33	139,83							
1 502,99	I,IV	**31,33**	158,33	140,08	I						
	II		158,33	140,08	II						
	III		180,33	140,08	III						
	V	**171,33**	158,33	140,08	IV	0,83					
	VI	**214,58**	158,33	140,08							
1 505,99	I,IV	**31,83**	158,33	140,41	I						
	II		158,33	140,41	II						
	III		180,66	140,41	III						
	V	**172,41**	158,33	140,41	IV	1,25					
	VI	**215,75**	158,33	140,41							
1 508,99	I,IV	**32,33**	158,33	140,66	I						
	II		158,33	140,66	II						
	III		181,00	140,66	III						
	V	**173,58**	158,33	140,66	IV	1,58					
	VI	**216,83**	158,33	140,66							
1 511,99	I,IV	**32,83**	158,33	140,91	I						
	II		158,33	140,91	II						
	III		181,41	140,91	III						
	V	**174,75**	158,33	140,91	IV	2,00					
	VI	**218,00**	158,33	140,91							

* Zur LSt-Berechnung für privat versicherte Arbeitnehmer s. Beispiele **Vorbemerkung S. 4f.**
** Basisvorsorgepauschale KV und PV   *** Typisierter Arbeitgeberzuschuss

Lohn/ Gehalt in € bis	Steuerklasse	Lohn- steuer*	BVSP**	TAGZ***	Steuerklasse	\multicolumn{6}{Bemessungsgrundlage für Kirchensteuer und Solidaritätszuschlag}
						0,5	**1,0**	1,5	**2,0**	2,5	**3,0**
1 514,99	I,IV	**33,33**	158,33	141,25	I						
	II		158,33	141,25	II						
	III		181,75	141,25	III						
	V	**175,91**	158,33	141,25	IV	2,41					
	VI	**219,16**	158,33	141,25							
1 517,99	I,IV	**33,83**	158,33	141,50	I						
	II		158,33	141,50	II						
	III		182,08	141,50	III						
	V	**177,00**	158,33	141,50	IV	2,75					
	VI	**220,25**	158,33	141,50							
1 520,99	I,IV	**34,33**	158,33	141,75	I						
	II		158,33	141,75	II						
	III		182,50	141,75	III						
	V	**178,16**	158,33	141,75	IV	3,16					
	VI	**221,41**	158,33	141,75							
1 523,99	I,IV	**34,91**	158,33	142,08	I						
	II		158,33	142,08	II						
	III		182,83	142,08	III						
	V	**179,33**	158,33	142,08	IV	3,58					
	VI	**222,58**	158,33	142,08							
1 526,99	I,IV	**35,41**	158,33	142,33	I						
	II		158,33	142,33	II						
	III		183,16	142,33	III						
	V	**180,41**	158,33	142,33	IV	4,00					
	VI	**223,66**	158,33	142,33							
1 529,99	I,IV	**35,91**	158,33	142,66	I						
	II		158,33	142,66	II						
	III		183,58	142,66	III						
	V	**181,58**	158,33	142,66	IV	4,33					
	VI	**224,83**	158,33	142,66							
1 532,99	I,IV	**36,41**	158,33	142,91	I						
	II		158,33	142,91	II						
	III		183,91	142,91	III						
	V	**182,75**	158,33	142,91	IV	4,75					
	VI	**226,00**	158,33	142,91							
1 535,99	I,IV	**36,91**	158,33	143,16	I						
	II		158,33	143,16	II						
	III		184,25	143,16	III						
	V	**183,83**	158,33	143,16	IV	5,16					
	VI	**227,16**	158,33	143,16							
1 538,99	I,IV	**37,50**	158,33	143,50	I						
	II		158,33	143,50	II						
	III		184,66	143,50	III						
	V	**185,00**	158,33	143,50	IV	5,58					
	VI	**228,25**	158,33	143,50							
1 541,99	I,IV	**38,00**	158,33	143,75	I						
	II		158,33	143,75	II						
	III		185,00	143,75	III						
	V	**186,16**	158,33	143,75	IV	6,00					
	VI	**229,41**	158,33	143,75							
1 544,99	I,IV	**38,50**	158,33	144,00	I						
	II		158,33	144,00	II						
	III		185,33	144,00	III						
	V	**187,33**	158,33	144,00	IV	6,41					
	VI	**230,58**	158,33	144,00							
1 547,99	I,IV	**39,08**	158,33	144,33	I						
	II		158,33	144,33	II						
	III		185,75	144,33	III						
	V	**188,41**	158,33	144,33	IV	6,83					
	VI	**231,75**	158,33	144,33							

* Zur LSt-Berechnung für privat versicherte Arbeitnehmer s. Beispiele **Vorbemerkung S. 4 f.**
** Basisvorsorgepauschale KV und PV *** Typisierter Arbeitgeberzuschuss

| Lohn/ Gehalt in € bis | Steuerklasse | Lohn- steuer* | BVSP** | TAGZ*** | Steuerklasse | Bemessungsgrundlage für Kirchensteuer und Solidaritätszuschlag | | | | | |
| | | | | | | Freibeträge für ... Kinder | | | | | |
						0,5	1,0	1,5	2,0	2,5	3,0
1 550,99	I,IV	**39,58**	158,33	144,58	I						
	II		158,33	144,58	II						
	III		186,08	144,58	III						
	V	**189,58**	158,33	144,58	IV	7,25					
	VI	**232,83**	158,33	144,58							
1 553,99	I,IV	**40,16**	158,33	144,83	I						
	II		158,33	144,83	II						
	III		186,41	144,83	III						
	V	**190,75**	158,33	144,83	IV	7,66					
	VI	**234,00**	158,33	144,83							
1 556,99	I,IV	**40,66**	158,33	145,16	I						
	II		158,33	145,16	II						
	III		186,83	145,16	III						
	V	**191,91**	158,33	145,16	IV	8,08					
	VI	**235,16**	158,33	145,16							
1 559,99	I,IV	**41,25**	158,33	145,41	I						
	II		158,33	145,41	II						
	III		187,16	145,41	III						
	V	**193,00**	158,33	145,41	IV	8,50					
	VI	**236,33**	158,33	145,41							
1 562,99	I,IV	**41,75**	158,33	145,66	I						
	II		158,33	145,66	II						
	III		187,50	145,66	III						
	V	**194,16**	158,33	145,66	IV	8,91					
	VI	**237,41**	158,33	145,66							
1 565,99	I,IV	**42,25**	158,33	146,00	I						
	II		158,33	146,00	II						
	III		187,91	146,00	III						
	V	**195,33**	158,33	146,00	IV	9,33					
	VI	**238,58**	158,33	146,00							
1 568,99	I,IV	**42,83**	158,33	146,25	I						
	II		158,33	146,25	II						
	III		188,25	146,25	III						
	V	**196,50**	158,33	146,25	IV	9,75					
	VI	**239,75**	158,33	146,25							
1 571,99	I,IV	**43,33**	158,33	146,58	I						
	II		158,33	146,58	II						
	III		188,58	146,58	III						
	V	**197,58**	158,33	146,58	IV	10,16					
	VI	**240,83**	158,33	146,58							
1 574,99	I,IV	**43,91**	158,33	146,83	I						
	II		158,33	146,83	II						
	III		188,91	146,83	III						
	V	**198,75**	158,33	146,83	IV	10,58					
	VI	**242,00**	158,33	146,83							
1 577,99	I,IV	**44,41**	158,33	147,08	I						
	II		158,33	147,08	II						
	III		189,08	147,08	III						
	V	**199,83**	158,33	147,08	IV	11,00					
	VI	**243,08**	158,33	147,08							
1 580,99	I,IV	**45,00**	158,33	147,41	I						
	II		158,33	147,41	II						
	III		189,66	147,41	III						
	V	**201,00**	158,33	147,41	IV	11,41					
	VI	**244,25**	158,33	147,41							
1 583,99	I,IV	**45,58**	158,33	147,66	I						
	II		158,33	147,66	II						
	III		190,00	147,66	III						
	V	**202,16**	158,33	147,66	IV	11,83					
	VI	**245,41**	158,33	147,66							

* Zur LSt-Berechnung für privat versicherte Arbeitnehmer s. Beispiele **Vorbemerkung S. 4 f.**
** Basisvorsorgepauschale KV und PV   *** Typisierter Arbeitgeberzuschuss

Lohn/ Gehalt in € bis	Steuerklasse	Lohn- steuer*	BVSP**	TAGZ***	Steuerklasse	Bemessungsgrundlage für Kirchensteuer und Solidaritätszuschlag					
						Freibeträge für ... Kinder					
						0,5	1,0	1,5	2,0	2,5	3,0
1586,99	I,IV	46,08	158,33	147,91	I						
	II		158,33	147,91	II						
	III		190,41	147,91	III						
	V	203,33	158,33	147,91	IV	12,33					
	VI	246,58	158,33	147,91							
1589,99	I,IV	46,66	158,33	148,25	I						
	II		158,33	148,25	II						
	III		190,75	148,25	III						
	V	204,41	158,33	148,25	IV	12,75					
	VI	247,66	158,33	148,25							
1592,99	I,IV	47,25	158,33	148,50	I						
	II		158,33	148,50	II						
	III		191,08	148,50	III						
	V	205,58	158,33	148,50	IV	13,16					
	VI	248,83	158,33	148,50							
1595,99	I,IV	47,75	158,33	148,75	I						
	II		158,33	148,75	II						
	III		191,50	148,75	III						
	V	206,75	158,33	148,75	IV	13,58					
	VI	250,00	158,33	148,75							
1598,99	I,IV	48,33	158,33	149,08	I						
	II		158,33	149,08	II						
	III		191,83	149,08	III						
	V	207,91	158,33	149,08	IV	14,08					
	VI	251,16	158,33	149,08							
1601,99	I,IV	48,91	158,33	149,33	I						
	II		158,33	149,33	II						
	III		192,16	149,33	III						
	V	209,00	158,33	149,33	IV	14,50					
	VI	252,33	158,33	149,33							
1604,99	I,IV	49,41	158,33	149,58	I						
	II		158,33	149,58	II						
	III		192,58	149,58	III						
	V	210,16	158,33	149,58	IV	14,91					
	VI	253,41	158,33	149,58							
1607,99	I,IV	50,00	158,33	149,91	I						
	II		158,33	149,91	II						
	III		192,91	149,91	III						
	V	211,33	158,33	149,91	IV	15,41					
	VI	254,58	158,33	149,91							
1610,99	I,IV	50,58	158,33	150,16	I						
	II		158,33	150,16	II						
	III		193,25	150,16	III						
	V	212,50	158,33	150,16	IV	15,83					
	VI	255,75	158,33	150,16							
1613,99	I,IV	51,16	158,33	150,50	I						
	II		158,33	150,50	II						
	III		193,66	150,50	III						
	V	213,58	158,33	150,50	IV	16,25					
	VI	256,83	158,33	150,50							
1616,99	I,IV	51,75	158,33	150,75	I						
	II		158,33	150,75	II						
	III		194,00	150,75	III						
	V	214,75	158,33	150,75	IV	16,75					
	VI	258,00	158,33	150,75							
1619,99	I,IV	52,33	158,33	151,00	I						
	II		158,33	151,00	II						
	III		194,33	151,00	III						
	V	215,91	158,33	151,00	IV	17,16					
	VI	259,16	158,33	151,00							

*   Zur LSt-Berechnung für privat versicherte Arbeitnehmer s. Beispiele **Vorbemerkung S. 4 f.**
**   Basisvorsorgepauschale KV und PV   *** Typisierter Arbeitgeberzuschuss

Lohn/ Gehalt in € bis	Steuerklasse	Lohn-steuer*	BVSP**	TAGZ***	Steuerklasse	Bemessungsgrundlage für Kirchensteuer und Solidaritätszuschlag					
						Freibeträge für ... Kinder					
						0,5	1,0	1,5	2,0	2,5	3,0
1 622,99	I,IV	52,83	158,33	151,33	I						
	II		158,33	151,33	II						
	III		194,75	151,33	III						
	V	217,00	158,33	151,33	IV	17,66					
	VI	260,25	158,33	151,33							
1 625,99	I,IV	53,41	158,33	151,58	I						
	II		158,33	151,58	II						
	III		195,08	151,58	III						
	V	218,16	158,33	151,58	IV	18,08					
	VI	261,41	158,33	151,58							
1 628,99	I,IV	54,00	158,33	151,83	I						
	II		158,33	151,83	II						
	III		195,41	151,83	III						
	V	219,33	158,33	151,83	IV	18,58					
	VI	262,58	158,33	151,83							
1 631,99	I,IV	54,58	158,33	152,16	I						
	II		158,33	152,16	II						
	III		195,83	152,16	III						
	V	220,41	158,33	152,16	IV	19,00					
	VI	263,66	158,33	152,16							
1 634,99	I,IV	55,16	158,33	152,41	I						
	II		158,33	152,41	II						
	III		196,16	152,41	III						
	V	221,58	158,33	152,41	IV	19,50					
	VI	264,83	158,33	152,41							
1 637,99	I,IV	55,75	158,33	152,66	I						
	II		158,33	152,66	II						
	III		196,50	152,66	III						
	V	222,75	158,33	152,66	IV	19,91					
	VI	266,00	158,33	152,66							
1 640,99	I,IV	56,33	158,33	153,00	I						
	II		158,33	153,00	II						
	III		196,91	153,00	III						
	V	223,83	158,33	153,00	IV	20,41					
	VI	267,16	158,33	153,00							
1 643,99	I,IV	56,91	158,33	153,25	I						
	II		158,33	153,25	II						
	III		197,25	153,25	III						
	V	225,00	158,33	153,25	IV	20,83					
	VI	268,25	158,33	153,25							
1 646,99	I,IV	57,50	158,33	153,50	I						
	II		158,33	153,50	II						
	III		197,58	153,50	III						
	V	226,16	158,33	153,50	IV	21,33					
	VI	269,41	158,33	153,50							
1 649,99	I,IV	58,08	158,33	153,83	I						
	II		158,33	153,83	II						
	III		197,91	153,83	III						
	V	227,33	158,33	153,83	IV	21,75					
	VI	270,58	158,33	153,83							
1 652,99	I,IV	58,66	158,33	154,08	I						
	II		158,33	154,08	II						
	III		198,33	154,08	III						
	V	228,41	158,33	154,08	IV	22,25					
	VI	271,75	158,33	154,08							
1 655,99	I,IV	59,25	158,33	154,41	I						
	II		158,33	154,41	II						
	III		198,66	154,41	III						
	V	229,58	158,33	154,41	IV	22,75					
	VI	272,83	158,33	154,41							

* Zur LSt-Berechnung für privat versicherte Arbeitnehmer s. Beispiele **Vorbemerkung S. 4f.**
** Basisvorsorgepauschale KV und PV *** Typisierter Arbeitgeberzuschuss

Lohn/ Gehalt in € bis	Steuerklasse	Lohn- steuer*	BVSP**	TAGZ***	Steuerklasse	Bemessungsgrundlage für Kirchensteuer und Solidaritätszuschlag					
						Freibeträge für ... Kinder					
						0,5	**1,0**	1,5	**2,0**	2,5	**3,0**
1 658,99	I,IV	**59,91**	158,33	154,66	I						
	II		158,33	154,66	II						
	III		199,00	154,66	III						
	V	**230,75**	158,33	154,66	IV	23,25					
	VI	**274,00**	158,33	154,66							
1 661,99	I,IV	**60,50**	158,33	154,91	I						
	II	**0,41**	158,33	154,91	II						
	III		199,41	154,91	III						
	V	**231,91**	158,33	154,91	IV	23,66					
	VI	**275,16**	158,33	154,91							
1 664,99	I,IV	**61,08**	158,33	155,25	I						
	II	**0,75**	158,33	155,25	II						
	III		199,75	155,25	III						
	V	**233,00**	158,33	155,25	IV	24,16					
	VI	**276,25**	158,33	155,25							
1 667,99	I,IV	**61,66**	158,33	155,50	I						
	II	**1,16**	158,33	155,50	II						
	III		200,08	155,50	III						
	V	**234,16**	158,33	155,50	IV	24,66					
	VI	**277,41**	158,33	155,50							
1 670,99	I,IV	**62,25**	158,33	155,75	I						
	II	**1,50**	158,33	155,75	II						
	III		200,50	155,75	III						
	V	**235,33**	158,33	155,75	IV	25,16					
	VI	**278,58**	158,33	155,75							
1 673,99	I,IV	**62,83**	158,33	156,08	I						
	II	**1,91**	158,33	156,08	II						
	III		200,83	156,08	III						
	V	**236,41**	158,33	156,08	IV	25,58					
	VI	**279,66**	158,33	156,08							
1 676,99	I,IV	**63,50**	158,33	156,33	I						
	II	**2,33**	158,33	156,33	II						
	III		201,16	156,33	III						
	V	**237,58**	158,33	156,33	IV	26,08					
	VI	**280,83**	158,33	156,33							
1 679,99	I,IV	**64,08**	158,33	156,58	I						
	II	**2,75**	158,33	156,58	II						
	III		201,58	156,58	III						
	V	**238,75**	158,33	156,58	IV	26,58					
	VI	**282,00**	158,33	156,58							
1 682,99	I,IV	**64,66**	158,33	156,91	I						
	II	**3,08**	158,33	156,91	II						
	III		201,91	156,91	III						
	V	**239,83**	158,33	156,91	IV	27,08					
	VI	**283,16**	158,33	156,91							
1 685,99	I,IV	**65,33**	158,33	157,16	I						
	II	**3,50**	158,33	157,16	II						
	III		202,25	157,16	III						
	V	**241,00**	158,33	157,16	IV	27,58					
	VI	**284,25**	158,33	157,16							
1 688,99	I,IV	**65,91**	158,33	157,41	I						
	II	**3,91**	158,33	157,41	II						
	III		202,66	157,41	III						
	V	**242,16**	158,33	157,41	IV	28,08					
	VI	**285,41**	158,33	157,41							
1 691,99	I,IV	**66,50**	158,33	157,75	I						
	II	**4,25**	158,33	157,75	II						
	III		203,00	157,75	III						
	V	**243,33**	158,33	157,75	IV	28,50					
	VI	**286,58**	158,33	157,75							

*   Zur LSt-Berechnung für privat versicherte Arbeitnehmer s. Beispiele **Vorbemerkung S. 4 f.**
**   Basisvorsorgepauschale KV und PV   *** Typisierter Arbeitgeberzuschuss

Lohn/Gehalt in € bis	Steuerklasse	Lohn-steuer*	BVSP**	TAGZ***	Steuerklasse	Bemessungsgrundlage für Kirchensteuer und Solidaritätszuschlag					
						Freibeträge für ... Kinder					
						0,5	1,0	1,5	2,0	2,5	3,0
1 694,99	I,IV	67,16	158,33	158,00	I						
	II	4,66	158,33	158,00	II						
	III		203,33	158,00	III						
	V	244,41	158,33	158,00	IV	29,00					
	VI	287,75	158,33	158,00							
1 697,99	I,IV	67,75	158,33	158,33	I						
	II	5,08	158,33	158,33	II						
	III		203,75	158,33	III						
	V	245,58	158,33	158,33	IV	29,50					
	VI	288,83	158,33	158,33							
1 700,99	I,IV	68,33	158,58	158,58	I						
	II	5,50	158,58	158,58	II						
	III		204,08	158,58	III						
	V	246,58	158,58	158,58	IV	30,00					
	VI	289,91	158,58	158,58							
1 703,99	I,IV	68,83	158,83	158,83	I	0,16					
	II	5,83	158,83	158,83	II						
	III		204,41	158,83	III						
	V	247,66	158,83	158,83	IV	30,41	0,16				
	VI	290,91	158,83	158,83							
1 706,99	I,IV	69,41	159,16	159,16	I	0,50					
	II	6,16	159,16	159,16	II						
	III		204,83	159,16	III						
	V	248,66	159,16	159,16	IV	30,91	0,50				
	VI	291,91	159,16	159,16							
1 709,99	I,IV	70,00	159,41	159,41	I	0,83					
	II	6,58	159,41	159,41	II						
	III		205,16	159,41	III						
	V	249,66	159,41	159,41	IV	31,33	0,83				
	VI	293,00	159,41	159,41							
1 712,99	I,IV	70,58	159,66	159,66	I	1,16					
	II	6,91	159,66	159,66	II						
	III		205,50	159,66	III						
	V	250,75	159,66	159,66	IV	31,75	1,16				
	VI	294,00	159,66	159,66							
1 715,99	I,IV	71,08	160,00	160,00	I	1,58					
	II	7,25	160,00	160,00	II						
	III		205,91	160,00	III						
	V	251,75	160,00	160,00	IV	32,25	1,58				
	VI	295,00	160,00	160,00							
1 718,99	I,IV	71,66	160,25	160,25	I	1,91					
	II	7,66	160,25	160,25	II						
	III		206,25	160,25	III						
	V	252,75	160,25	160,25	IV	32,66	1,91				
	VI	296,08	160,25	160,25							
1 721,99	I,IV	72,25	160,50	160,50	I	2,25					
	II	8,00	160,50	160,50	II						
	III		206,58	160,50	III						
	V	253,83	160,50	160,50	IV	33,16	2,25				
	VI	297,08	160,50	160,50							
1 724,99	I,IV	72,83	160,83	160,83	I	2,58					
	II	8,41	160,83	160,83	II						
	III		206,91	160,83	III						
	V	254,83	160,83	160,83	IV	33,58	2,58				
	VI	298,08	160,83	160,83							
1 727,99	I,IV	73,33	161,08	161,08	I	2,91					
	II	8,75	161,08	161,08	II						
	III		207,33	161,08	III						
	V	255,83	161,08	161,08	IV	34,08	2,91				
	VI	299,08	161,08	161,08							

* Zur LSt-Berechnung für privat versicherte Arbeitnehmer s. Beispiele **Vorbemerkung S. 4 f.**
** Basisvorsorgepauschale KV und PV   *** Typisierter Arbeitgeberzuschuss

Lohn/ Gehalt in € bis	Steuerklasse	Lohn-steuer*	BVSP**	TAGZ***	Steuerklasse	Bemessungsgrundlage für Kirchensteuer und Solidaritätszuschlag Freibeträge für ... Kinder 0,5	**1,0**	1,5	**2,0**	2,5	**3,0**
1 730,99	I,IV	**73,91**	161,33	161,33	I	3,33					
	II	**9,16**	161,33	161,33	II						
	III		207,66	161,33	III						
	V	**256,91**	161,33	161,33	IV	34,50	3,33				
	VI	**300,16**	161,33	161,33							
1 733,99	I,IV	**74,50**	161,66	161,66	I	3,66					
	II	**9,58**	161,66	161,66	II						
	III		208,00	161,66	III						
	V	**257,91**	161,66	161,66	IV	35,00	3,66				
	VI	**301,16**	161,66	161,66							
1 736,99	I,IV	**75,08**	161,91	161,91	I	4,00					
	II	**9,91**	161,91	161,91	II						
	III		208,41	161,91	III						
	V	**258,91**	161,91	161,91	IV	35,41	4,00				
	VI	**302,16**	161,91	161,91							
1 739,99	I,IV	**75,66**	162,25	162,25	I	4,41					
	II	**10,33**	162,25	162,25	II						
	III		208,75	162,25	III						
	V	**259,91**	162,25	162,25	IV	35,91	4,41				
	VI	**303,25**	162,25	162,25							
1 742,99	I,IV	**76,25**	162,50	162,50	I	4,75					
	II	**10,66**	162,50	162,50	II						
	III		209,08	162,50	III						
	V	**261,00**	162,50	162,50	IV	36,41	4,75				
	VI	**304,25**	162,50	162,50							
1 745,99	I,IV	**76,83**	162,75	162,75	I	5,08					
	II	**11,08**	162,75	162,75	II						
	III		209,50	162,75	III						
	V	**262,00**	162,75	162,75	IV	36,83	5,08				
	VI	**305,25**	162,75	162,75							
1 748,99	I,IV	**77,33**	163,08	163,08	I	5,50					
	II	**11,41**	163,08	163,08	II						
	III		209,83	163,08	III						
	V	**263,00**	163,08	163,08	IV	37,33	5,50				
	VI	**306,25**	163,08	163,08							
1 751,99	I,IV	**78,00**	163,33	163,33	I	5,83					
	II	**11,83**	163,33	163,33	II						
	III		210,16	163,33	III						
	V	**264,08**	163,33	163,33	IV	37,83	5,83				
	VI	**307,33**	163,33	163,33							
1 754,99	I,IV	**78,50**	163,58	163,58	I	6,16					
	II	**12,25**	163,58	163,58	II						
	III		210,58	163,58	III						
	V	**265,08**	163,58	163,58	IV	38,25	6,16				
	VI	**308,33**	163,58	163,58							
1 757,99	I,IV	**79,08**	163,91	163,91	I	6,58					
	II	**12,58**	163,91	163,91	II						
	III		210,91	163,91	III						
	V	**266,08**	163,91	163,91	IV	38,75	6,58				
	VI	**309,33**	163,91	163,91							
1 760,99	I,IV	**79,66**	164,16	164,16	I	6,91					
	II	**13,00**	164,16	164,16	II						
	III		211,25	164,16	III						
	V	**267,16**	164,16	164,16	IV	39,25	6,91				
	VI	**310,41**	164,16	164,16							
1 763,99	I,IV	**80,25**	164,41	164,41	I	7,33					
	II	**13,41**	164,41	164,41	II						
	III		211,66	164,41	III						
	V	**268,16**	164,41	164,41	IV	39,66	7,33				
	VI	**311,41**	164,41	164,41							

*   Zur LSt-Berechnung für privat versicherte Arbeitnehmer s. Beispiele **Vorbemerkung S. 4 f.**
**   Basisvorsorgepauschale KV und PV   *** Typisierter Arbeitgeberzuschuss

Lohn/ Gehalt in € bis	Steuerklasse	Lohn- steuer*	BVSP**	TAGZ***	Steuerklasse	Bemessungsgrundlage für Kirchensteuer und Solidaritätszuschlag					
						Freibeträge für ... Kinder					
						0,5	1,0	1,5	2,0	2,5	3,0
1 766,99	I,IV	**80,83**	164,75	164,75	I	7,66					
	II	**13,83**	164,75	164,75	II						
	III		212,00	164,75	III						
	V	**269,16**	164,75	164,75	IV	40,16	7,66				
	VI	**312,41**	164,75	164,75							
1 769,99	I,IV	**81,50**	165,00	165,00	I	8,08					
	II	**14,16**	165,00	165,00	II						
	III		212,33	165,00	III						
	V	**270,25**	165,00	165,00	IV	40,66	8,08				
	VI	**313,50**	165,00	165,00							
1 772,99	I,IV	**82,00**	165,25	165,25	I	8,41					
	II	**14,58**	165,25	165,25	II						
	III		212,75	165,25	III						
	V	**271,25**	165,25	165,25	IV	41,16	8,41				
	VI	**314,50**	165,25	165,25							
1 775,99	I,IV	**82,58**	165,58	165,58	I	8,83					
	II	**15,00**	165,58	165,58	II						
	III		213,08	165,58	III						
	V	**272,25**	165,58	165,58	IV	41,58	8,83				
	VI	**315,50**	165,58	165,58							
1 778,99	I,IV	**83,16**	165,83	165,83	I	9,16					
	II	**15,41**	165,83	165,83	II						
	III		213,41	165,83	III						
	V	**273,25**	165,83	165,83	IV	42,08	9,16				
	VI	**316,50**	165,83	165,83							
1 781,99	I,IV	**83,83**	166,16	166,16	I	9,58					
	II	**15,75**	166,16	166,16	II						
	III		213,83	166,16	III						
	V	**274,33**	166,16	166,16	IV	42,58	9,58				
	VI	**317,58**	166,16	166,16							
1 784,99	I,IV	**84,41**	166,41	166,41	I	9,91					
	II	**16,16**	166,41	166,41	II						
	III		214,16	166,41	III						
	V	**275,33**	166,41	166,41	IV	43,08	9,91				
	VI	**318,58**	166,41	166,41							
1 787,99	I,IV	**85,00**	166,66	166,66	I	10,33					
	II	**16,58**	166,66	166,66	II						
	III		214,50	166,66	III						
	V	**276,33**	166,66	166,66	IV	43,58	10,33				
	VI	**319,58**	166,66	166,66							
1 790,99	I,IV	**85,58**	167,00	167,00	I	10,66					
	II	**17,00**	167,00	167,00	II						
	III		214,91	167,00	III						
	V	**277,41**	167,00	167,00	IV	44,08	10,66				
	VI	**320,66**	167,00	167,00							
1 793,99	I,IV	**86,16**	167,25	167,25	I	11,08					
	II	**17,41**	167,25	167,25	II						
	III		215,25	167,25	III						
	V	**278,41**	167,25	167,25	IV	44,58	11,08				
	VI	**321,66**	167,25	167,25							
1 796,99	I,IV	**86,75**	167,50	167,50	I	11,50					
	II	**17,83**	167,50	167,50	II						
	III		215,58	167,50	III						
	V	**279,41**	167,50	167,50	IV	45,00	11,50				
	VI	**322,66**	167,50	167,50							
1 799,99	I,IV	**87,33**	167,83	167,83	I	11,83					
	II	**18,25**	167,83	167,83	II						
	III		215,91	167,83	III						
	V	**280,50**	167,83	167,83	IV	45,58	11,83				
	VI	**323,75**	167,83	167,83							

* Zur LSt-Berechnung für privat versicherte Arbeitnehmer s. Beispiele **Vorbemerkung S. 4 f.**
** Basisvorsorgepauschale KV und PV   *** Typisierter Arbeitgeberzuschuss

Lohn/ Gehalt in € bis	Steuerklasse	Lohn- steuer*	BVSP**	TAGZ***	Steuerklasse	Bemessungsgrundlage für Kirchensteuer und Solidaritätszuschlag					
						Freibeträge für ... Kinder					
						0,5	1,0	1,5	2,0	2,5	3,0
1 802,99	I,IV	87,91	168,08	168,08	I	12,25					
	II	18,66	168,08	168,08	II						
	III		216,33	168,08	III						
	V	281,50	168,08	168,08	IV	46,00	12,25				
	VI	324,75	168,08	168,08							
1 805,99	I,IV	88,50	168,33	168,33	I	12,66					
	II	19,00	168,33	168,33	II						
	III		216,66	168,33	III						
	V	282,50	168,33	168,33	IV	46,50	12,66				
	VI	325,75	168,33	168,33							
1 808,99	I,IV	89,08	168,66	168,66	I	13,00					
	II	19,41	168,66	168,66	II						
	III		217,00	168,66	III						
	V	283,50	168,66	168,66	IV	47,00	13,00				
	VI	326,75	168,66	168,66							
1 811,99	I,IV	89,66	168,91	168,91	I	13,41					
	II	19,83	168,91	168,91	II						
	III		217,41	168,91	III						
	V	284,58	168,91	168,91	IV	47,50	13,41				
	VI	327,83	168,91	168,91							
1 814,99	I,IV	90,25	169,16	169,16	I	13,83					
	II	20,25	169,16	169,16	II						
	III		217,75	169,16	III						
	V	285,58	169,16	169,16	IV	48,00	13,83				
	VI	328,83	169,16	169,16							
1 817,99	I,IV	90,83	169,50	169,50	I	14,16					
	II	20,66	169,50	169,50	II						
	III		218,08	169,50	III						
	V	286,58	169,50	169,50	IV	48,50	14,16				
	VI	329,83	169,50	169,50							
1 820,99	I,IV	91,41	169,75	169,75	I	14,58					
	II	21,16	169,75	169,75	II						
	III		218,50	169,75	III						
	V	287,66	169,75	169,75	IV	49,00	14,58				
	VI	330,91	169,75	169,75							
1 823,99	I,IV	92,00	170,08	170,08	I	15,00					
	II	21,58	170,08	170,08	II						
	III		218,83	170,08	III						
	V	288,66	170,08	170,08	IV	49,50	15,00				
	VI	331,91	170,08	170,08							
1 826,99	I,IV	92,66	170,33	170,33	I	15,41					
	II	22,00	170,33	170,33	II						
	III		219,16	170,33	III						
	V	289,66	170,33	170,33	IV	50,08	15,41				
	VI	332,91	170,33	170,33							
1 829,99	I,IV	93,25	170,58	170,58	I	15,75					
	II	22,41	170,58	170,58	II						
	III		219,58	170,58	III						
	V	290,66	170,58	170,58	IV	50,58	15,75				
	VI	333,91	170,58	170,58							
1 832,99	I,IV	93,83	170,91	170,91	I	16,16					
	II	22,83	170,91	170,91	II						
	III		219,91	170,91	III						
	V	291,75	170,91	170,91	IV	51,08	16,16				
	VI	335,00	170,91	170,91							
1 835,99	I,IV	94,41	171,16	171,16	I	16,58					
	II	23,25	171,16	171,16	II						
	III		220,25	171,16	III						
	V	292,75	171,16	171,16	IV	51,58	16,58				
	VI	336,00	171,16	171,16							

* Zur LSt-Berechnung für privat versicherte Arbeitnehmer s. Beispiele **Vorbemerkung S. 4 f.**
** Basisvorsorgepauschale KV und PV   *** Typisierter Arbeitgeberzuschuss

Lohn/ Gehalt in € bis	Steuerklasse	Lohn- steuer*	BVSP**	TAGZ***	Steuerklasse	Bemessungsgrundlage für Kirchensteuer und Solidaritätszuschlag					
						Freibeträge für ... Kinder					
						0,5	1,0	1,5	2,0	2,5	3,0
1 838,99	I,IV	**95,00**	171,41	171,41	I	17,00					
	II	**23,66**	171,41	171,41	II						
	III		220,66	171,41	III						
	V	**293,75**	171,41	171,41	IV	52,08	17,00				
	VI	**337,00**	171,41	171,41							
1 841,99	I,IV	**95,58**	171,75	171,75	I	17,41					
	II	**24,08**	171,75	171,75	II						
	III		221,00	171,75	III						
	V	**294,83**	171,75	171,75	IV	52,58	17,41				
	VI	**338,08**	171,75	171,75							
1 844,99	I,IV	**96,16**	172,00	172,00	I	17,83					
	II	**24,50**	172,00	172,00	II						
	III		221,33	172,00	III						
	V	**295,83**	172,00	172,00	IV	53,08	17,83				
	VI	**339,08**	172,00	172,00							
1 847,99	I,IV	**96,75**	172,25	172,25	I	18,25					
	II	**24,91**	172,25	172,25	II						
	III		221,75	172,25	III						
	V	**296,83**	172,25	172,25	IV	53,58	18,25				
	VI	**340,08**	172,25	172,25							
1 850,99	I,IV	**97,33**	172,58	172,58	I	18,66					
	II	**25,41**	172,58	172,58	II						
	III		222,08	172,58	III						
	V	**297,91**	172,58	172,58	IV	54,16	18,66				
	VI	**341,16**	172,58	172,58							
1 853,99	I,IV	**98,00**	172,83	172,83	I	19,08					
	II	**25,83**	172,83	172,83	II						
	III		222,41	172,83	III						
	V	**298,91**	172,83	172,83	IV	54,66	19,08				
	VI	**342,16**	172,83	172,83							
1 856,99	I,IV	**98,58**	173,08	173,08	I	19,50					
	II	**26,25**	173,08	173,08	II						
	III		222,83	173,08	III						
	V	**299,91**	173,08	173,08	IV	55,16	19,50				
	VI	**343,16**	173,08	173,08							
1 859,99	I,IV	**99,16**	173,41	173,41	I	19,83					
	II	**26,66**	173,41	173,41	II						
	III		223,16	173,41	III						
	V	**300,91**	173,41	173,41	IV	55,66	19,83				
	VI	**344,16**	173,41	173,41							
1 862,99	I,IV	**99,75**	173,66	173,66	I	20,33					
	II	**27,16**	173,66	173,66	II						
	III		223,50	173,66	III						
	V	**302,00**	173,66	173,66	IV	56,25	20,33				
	VI	**345,25**	173,66	173,66							
1 865,99	I,IV	**100,33**	174,00	174,00	I	20,75					
	II	**27,58**	174,00	174,00	II						
	III		223,91	174,00	III						
	V	**303,00**	174,00	174,00	IV	56,75	20,75				
	VI	**346,25**	174,00	174,00							
1 868,99	I,IV	**100,91**	174,25	174,25	I	21,16					
	II	**28,00**	174,25	174,25	II						
	III		224,25	174,25	III						
	V	**304,00**	174,25	174,25	IV	57,25	21,16				
	VI	**347,25**	174,25	174,25							
1 871,99	I,IV	**101,50**	174,50	174,50	I	21,58					
	II	**28,50**	174,50	174,50	II						
	III		224,58	174,50	III						
	V	**305,08**	174,50	174,50	IV	57,83	21,58				
	VI	**348,33**	174,50	174,50							

* Zur LSt-Berechnung für privat versicherte Arbeitnehmer s. Beispiele **Vorbemerkung S. 4 f.**
** Basisvorsorgepauschale KV und PV   *** Typisierter Arbeitgeberzuschuss

Lohn/ Gehalt in € bis	Steuerklasse	Lohn- steuer*	BVSP**	TAGZ***	Steuerklasse	Bemessungsgrundlage für Kirchensteuer und Solidaritätszuschlag					
						Freibeträge für ... Kinder					
						0,5	1,0	1,5	2,0	2,5	3,0
1 874,99	I,IV	**102,08**	174,83	174,83	I	22,00					
	II	**28,91**	174,83	174,83	II						
	III		224,91	174,83	III						
	V	**306,08**	174,83	174,83	IV	58,33	22,00				
	VI	**349,33**	174,83	174,83							
1 877,99	I,IV	**102,75**	175,08	175,08	I	22,41					
	II	**29,33**	175,08	175,08	II						
	III		225,33	175,08	III						
	V	**307,08**	175,08	175,08	IV	58,83	22,41				
	VI	**350,33**	175,08	175,08							
1 880,99	I,IV	**103,33**	175,33	175,33	I	22,83					
	II	**29,75**	175,33	175,33	II						
	III		225,66	175,33	III						
	V	**308,08**	175,33	175,33	IV	59,41	22,83				
	VI	**351,41**	175,33	175,33							
1 883,99	I,IV	**103,91**	175,66	175,66	I	23,25					
	II	**30,25**	175,66	175,66	II						
	III		226,00	175,66	III						
	V	**309,16**	175,66	175,66	IV	59,91	23,25				
	VI	**352,41**	175,66	175,66							
1 886,99	I,IV	**104,50**	175,91	175,91	I	23,66					
	II	**30,66**	175,91	175,91	II						
	III		226,41	175,91	III						
	V	**310,16**	175,91	175,91	IV	60,50	23,66				
	VI	**353,41**	175,91	175,91							
1 889,99	I,IV	**105,08**	176,16	176,16	I	24,08					
	II	**31,16**	176,16	176,16	II						
	III		226,75	176,16	III						
	V	**311,16**	176,16	176,16	IV	61,00	24,08				
	VI	**354,41**	176,16	176,16							
1 892,99	I,IV	**105,66**	176,50	176,50	I	24,50					
	II	**31,58**	176,50	176,50	II						
	III		227,08	176,50	III						
	V	**312,25**	176,50	176,50	IV	61,58	24,50				
	VI	**355,50**	176,50	176,50							
1 895,99	I,IV	**106,33**	176,75	176,75	I	25,00					
	II	**32,08**	176,75	176,75	II						
	III		227,50	176,75	III						
	V	**313,25**	176,75	176,75	IV	62,08	25,00				
	VI	**356,50**	176,75	176,75							
1 898,99	I,IV	**106,91**	177,00	177,00	I	25,41					
	II	**32,50**	177,00	177,00	II						
	III		227,83	177,00	III						
	V	**314,25**	177,00	177,00	IV	62,58	25,41				
	VI	**357,50**	177,00	177,00							
1 901,99	I,IV	**107,50**	177,33	177,33	I	25,83					
	II	**33,00**	177,33	177,33	II						
	III		228,16	177,33	III						
	V	**315,33**	177,33	177,33	IV	63,16	25,83				
	VI	**358,58**	177,33	177,33							
1 904,99	I,IV	**108,08**	177,58	177,58	I	26,25					
	II	**33,41**	177,58	177,58	II						
	III		228,58	177,58	III						
	V	**316,33**	177,58	177,58	IV	63,66	26,25				
	VI	**359,58**	177,58	177,58							
1 907,99	I,IV	**108,66**	177,91	177,91	I	26,66					
	II	**33,91**	177,91	177,91	II						
	III		228,91	177,91	III						
	V	**317,33**	177,91	177,91	IV	64,25	26,66				
	VI	**360,58**	177,91	177,91							

* Zur LSt-Berechnung für privat versicherte Arbeitnehmer s. Beispiele **Vorbemerkung S. 4 f.**
** Basisvorsorgepauschale KV und PV   *** Typisierter Arbeitgeberzuschuss

Lohn/ Gehalt in € bis	Steuerklasse	Lohn-steuer*	BVSP**	TAGZ***	Steuerklasse	Bemessungsgrundlage für Kirchensteuer und Solidaritätszuschlag Freibeträge für ... Kinder					
						0,5	1,0	1,5	2,0	2,5	3,0
1 910,99	I,IV	109,25	178,16	178,16	I	27,16					
	II	34,33	178,16	178,16	II						
	III		229,25	178,16	III						
	V	318,33	178,16	178,16	IV	64,75	27,16				
	VI	361,66	178,16	178,16							
1 913,99	I,IV	109,91	178,41	178,41	I	27,58					
	II	34,83	178,41	178,41	II						
	III		229,66	178,41	III						
	V	319,41	178,41	178,41	IV	65,33	27,58				
	VI	362,66	178,41	178,41							
1 916,99	I,IV	110,50	178,75	178,75	I	28,00					
	II	35,25	178,75	178,75	II						
	III		230,00	178,75	III						
	V	320,41	178,75	178,75	IV	65,91	28,00				
	VI	363,66	178,75	178,75							
1 919,99	I,IV	111,08	179,00	179,00	I	28,50					
	II	35,75	179,00	179,00	II						
	III		230,33	179,00	III						
	V	321,41	179,00	179,00	IV	66,41	28,50				
	VI	364,75	179,00	179,00							
1 922,99	I,IV	111,66	179,25	179,25	I	28,91					
	II	36,16	179,25	179,25	II						
	III		230,75	179,25	III						
	V	322,50	179,25	179,25	IV	67,00	28,91				
	VI	365,75	179,25	179,25							
1 925,99	I,IV	112,25	179,58	179,58	I	29,33					
	II	36,66	179,58	179,58	II						
	III		231,08	179,58	III						
	V	323,50	179,58	179,58	IV	67,58	29,33				
	VI	366,75	179,58	179,58							
1 928,99	I,IV	112,83	179,83	179,83	I	29,83					
	II	37,16	179,83	179,83	II						
	III		231,41	179,83	III						
	V	324,50	179,83	179,83	IV	68,08	29,83				
	VI	367,83	179,83	179,83							
1 931,99	I,IV	113,50	180,08	180,08	I	30,25					
	II	37,58	180,08	180,08	II						
	III		231,83	180,08	III						
	V	325,58	180,08	180,08	IV	68,66	30,25				
	VI	368,83	180,08	180,08							
1 934,99	I,IV	114,08	180,41	180,41	I	30,66					
	II	38,08	180,41	180,41	II						
	III		232,16	180,41	III						
	V	326,58	180,41	180,41	IV	69,25	30,66	0,41			
	VI	369,83	180,41	180,41							
1 937,99	I,IV	114,66	180,66	180,66	I	31,16					
	II	38,58	180,66	180,66	II						
	III		232,50	180,66	III						
	V	327,58	180,66	180,66	IV	69,75	31,16	0,75			
	VI	370,83	180,66	180,66							
1 940,99	I,IV	115,25	180,91	180,91	I	31,58					
	II	39,00	180,91	180,91	II						
	III		232,91	180,91	III						
	V	328,66	180,91	180,91	IV	70,33	31,58	1,08			
	VI	371,91	180,91	180,91							
1 943,99	I,IV	115,91	181,25	181,25	I	32,08					
	II	39,50	181,25	181,25	II						
	III		233,25	181,25	III						
	V	329,66	181,25	181,25	IV	70,91	32,08	1,41			
	VI	372,91	181,25	181,25							

* Zur LSt-Berechnung für privat versicherte Arbeitnehmer s. Beispiele **Vorbemerkung S. 4 f.**
** Basisvorsorgepauschale KV und PV   *** Typisierter Arbeitgeberzuschuss

Lohn/ Gehalt in € bis	Steuerklasse	Lohn-steuer*	BVSP**	TAGZ***	Steuerklasse	Bemessungsgrundlage für Kirchensteuer und Solidaritätszuschlag					
						Freibeträge für ... Kinder					
						0,5	1,0	1,5	2,0	2,5	3,0
1 946,99	I,IV	116,50	181,50	181,50	I	32,50					
	II	40,00	181,50	181,50	II						
	III		233,58	181,50	III						
	V	330,66	181,50	181,50	IV	71,41	32,50	1,75			
	VI	373,91	181,50	181,50							
1 949,99	I,IV	117,08	181,83	181,83	I	33,00					
	II	40,41	181,83	181,83	II						
	III		233,91	181,83	III						
	V	331,66	181,83	181,83	IV	72,00	33,00	2,08			
	VI	375,00	181,83	181,83							
1 952,99	I,IV	117,66	182,08	182,08	I	33,41					
	II	40,91	182,08	182,08	II						
	III		234,33	182,08	III						
	V	332,75	182,08	182,08	IV	72,58	33,41	2,50			
	VI	376,00	182,08	182,08							
1 955,99	I,IV	118,33	182,33	182,33	I	33,91					
	II	41,41	182,33	182,33	II						
	III		234,66	182,33	III						
	V	333,75	182,33	182,33	IV	73,16	33,91	2,83			
	VI	377,00	182,33	182,33							
1 958,99	I,IV	118,91	182,66	182,66	I	34,33					
	II	41,91	182,66	182,66	II						
	III		235,00	182,66	III						
	V	334,75	182,66	182,66	IV	73,66	34,33	3,16			
	VI	378,08	182,66	182,66							
1 961,99	I,IV	119,50	182,91	182,91	I	34,83					
	II	42,41	182,91	182,91	II						
	III		235,41	182,91	III						
	V	335,83	182,91	182,91	IV	74,25	34,83	3,50			
	VI	379,08	182,91	182,91							
1 964,99	I,IV	120,08	183,16	183,16	I	35,25					
	II	42,91	183,16	183,16	II						
	III		235,75	183,16	III						
	V	336,83	183,16	183,16	IV	74,83	35,25	3,91			
	VI	380,08	183,16	183,16							
1 967,99	I,IV	120,66	183,50	183,50	I	35,75					
	II	43,33	183,50	183,50	II						
	III		236,08	183,50	III						
	V	337,83	183,50	183,50	IV	75,41	35,75	4,25			
	VI	381,16	183,50	183,50							
1 970,99	I,IV	121,33	183,75	183,75	I	36,16					
	II	43,83	183,75	183,75	II						
	III		236,50	183,75	III						
	V	338,91	183,75	183,75	IV	76,00	36,16	4,58			
	VI	382,16	183,75	183,75							
1 973,99	I,IV	121,91	184,00	184,00	I	36,66					
	II	44,33	184,00	184,00	II						
	III		236,83	184,00	III						
	V	339,91	184,00	184,00	IV	76,58	36,66	5,00			
	VI	383,16	184,00	184,00							
1 976,99	I,IV	122,50	184,33	184,33	I	37,16					
	II	44,83	184,33	184,33	II						
	III		237,16	184,33	III						
	V	340,91	184,33	184,33	IV	77,16	37,16	5,33			
	VI	384,16	184,33	184,33							
1 979,99	I,IV	123,08	184,58	184,58	I	37,58					
	II	45,33	184,58	184,58	II						
	III		237,58	184,58	III						
	V	342,00	184,58	184,58	IV	77,75	37,58	5,66			
	VI	385,25	184,58	184,58							

*   Zur LSt-Berechnung für privat versicherte Arbeitnehmer s. Beispiele **Vorbemerkung S. 4 f.**
**   Basisvorsorgepauschale KV und PV   *** Typisierter Arbeitgeberzuschuss

Lohn/ Gehalt in € bis	Steuerklasse	Lohn- steuer*	BVSP**	TAGZ***	Steuerklasse	Bemessungsgrundlage für Kirchensteuer und Solidaritätszuschlag					
						Freibeträge für ... Kinder					
						0,5	1,0	1,5	2,0	2,5	3,0
1 982,99	I,IV	**123,75**	184,83	184,83	I	38,08					
	II	**45,83**	184,83	184,83	II						
	III		237,91	184,83	III						
	V	**343,00**	184,83	184,83	IV	78,33	38,08	6,08			
	VI	**386,25**	184,83	184,83							
1 985,99	I,IV	**124,33**	185,16	185,16	I	38,58					
	II	**46,33**	185,16	185,16	II						
	III		238,25	185,16	III						
	V	**344,00**	185,16	185,16	IV	78,91	38,58	6,41			
	VI	**387,25**	185,16	185,16							
1 988,99	I,IV	**124,91**	185,41	185,41	I	39,00					
	II	**46,83**	185,41	185,41	II						
	III		238,66	185,41	III						
	V	**345,08**	185,41	185,41	IV	79,50	39,00	6,75			
	VI	**388,33**	185,41	185,41							
1 991,99	I,IV	**125,50**	185,75	185,75	I	39,50					
	II	**47,33**	185,75	185,75	II						
	III		239,00	185,75	III						
	V	**346,08**	185,75	185,75	IV	80,08	39,50	7,16			
	VI	**389,33**	185,75	185,75							
1 994,99	I,IV	**126,16**	186,00	186,00	I	40,00					
	II	**47,83**	186,00	186,00	II						
	III		239,33	186,00	III						
	V	**347,08**	186,00	186,00	IV	80,66	40,00	7,50			
	VI	**390,33**	186,00	186,00							
1 997,99	I,IV	**126,75**	186,25	186,25	I	40,50					
	II	**48,33**	186,25	186,25	II						
	III		239,75	186,25	III						
	V	**348,08**	186,25	186,25	IV	81,25	40,50	7,91			
	VI	**391,41**	186,25	186,25							
2 000,99	I,IV	**127,33**	186,58	186,58	I	40,91					
	II	**48,83**	186,58	186,58	II						
	III		240,08	186,58	III						
	V	**349,16**	186,58	186,58	IV	81,83	40,91	8,25			
	VI	**392,41**	186,58	186,58							
2 003,99	I,IV	**128,00**	186,83	186,83	I	41,41					
	II	**49,33**	186,83	186,83	II						
	III		240,41	186,83	III						
	V	**350,16**	186,83	186,83	IV	82,41	41,41	8,66			
	VI	**393,41**	186,83	186,83							
2 006,99	I,IV	**128,58**	187,08	187,08	I	41,91					
	II	**49,83**	187,08	187,08	II						
	III		240,83	187,08	III						
	V	**351,16**	187,08	187,08	IV	83,00	41,91	9,00			
	VI	**394,50**	187,08	187,08							
2 009,99	I,IV	**129,16**	187,41	187,41	I	42,41					
	II	**50,33**	187,41	187,41	II						
	III		241,16	187,41	III						
	V	**352,25**	187,41	187,41	IV	83,58	42,41	9,41			
	VI	**395,50**	187,41	187,41							
2 012,99	I,IV	**129,75**	187,66	187,66	I	42,91					
	II	**50,83**	187,66	187,66	II						
	III		241,50	187,66	III						
	V	**353,25**	187,66	187,66	IV	84,16	42,91	9,75			
	VI	**396,50**	187,66	187,66							
2 015,99	I,IV	**130,41**	187,91	187,91	I	43,41					
	II	**51,33**	187,91	187,91	II						
	III		241,91	187,91	III						
	V	**354,25**	187,91	187,91	IV	84,75	43,41	10,16			
	VI	**397,58**	187,91	187,91							

* Zur LSt-Berechnung für privat versicherte Arbeitnehmer s. Beispiele **Vorbemerkung S. 4f.**
** Basisvorsorgepauschale KV und PV *** Typisierter Arbeitgeberzuschuss

Lohn/ Gehalt in € bis	Steuerklasse	Lohn- steuer*	BVSP**	TAGZ***	Steuerklasse	Bemessungsgrundlage für Kirchensteuer und Solidaritätszuschlag					
						Freibeträge für ... Kinder					
						0,5	1,0	1,5	2,0	2,5	3,0
2018,99	I,IV	**131,00**	188,25	188,25	I	43,83					
	II	**51,83**	188,25	188,25	II						
	III		242,25	188,25	III						
	V	**355,33**	188,25	188,25	IV	85,33	43,83	10,58			
	VI	**398,58**	188,25	188,25							
2021,99	I,IV	**131,58**	188,50	188,50	I	44,33					
	II	**52,41**	188,50	188,50	II						
	III		242,58	188,50	III						
	V	**356,33**	188,50	188,50	IV	85,91	44,33	10,91			
	VI	**399,58**	188,50	188,50							
2024,99	I,IV	**132,25**	188,75	188,75	I	44,83					
	II	**52,91**	188,75	188,75	II						
	III		242,91	188,75	III						
	V	**357,33**	188,75	188,75	IV	86,50	44,83	11,33			
	VI	**400,58**	188,75	188,75							
2027,99	I,IV	**132,83**	189,08	189,08	I	45,33					
	II	**53,41**	189,08	189,08	II						
	III		243,33	189,08	III						
	V	**358,41**	189,08	189,08	IV	87,08	45,33	11,66			
	VI	**401,66**	189,08	189,08							
2030,99	I,IV	**133,41**	189,33	189,33	I	45,83					
	II	**53,91**	189,33	189,33	II						
	III		243,66	189,33	III						
	V	**359,41**	189,33	189,33	IV	87,66	45,83	12,08			
	VI	**402,66**	189,33	189,33							
2033,99	I,IV	**134,08**	189,66	189,66	I	46,33					
	II	**54,41**	189,66	189,66	II						
	III		244,00	189,66	III						
	V	**360,41**	189,66	189,66	IV	88,25	46,33	12,50			
	VI	**403,66**	189,66	189,66							
2036,99	I,IV	**134,66**	189,91	189,91	I	46,83					
	II	**55,00**	189,91	189,91	II						
	III		244,41	189,91	III						
	V	**361,41**	189,91	189,91	IV	88,83	46,83	12,83			
	VI	**404,75**	189,91	189,91							
2039,99	I,IV	**135,25**	190,16	190,16	I	47,33					
	II	**55,50**	190,16	190,16	II						
	III		244,75	190,16	III						
	V	**362,50**	190,16	190,16	IV	89,41	47,33	13,25			
	VI	**405,75**	190,16	190,16							
2042,99	I,IV	**135,91**	190,50	190,50	I	47,83					
	II	**56,00**	190,50	190,50	II						
	III		245,08	190,50	III						
	V	**363,50**	190,50	190,50	IV	90,00	47,83	13,66			
	VI	**406,75**	190,50	190,50							
2045,99	I,IV	**136,50**	190,75	190,75	I	48,33					
	II	**56,50**	190,75	190,75	II						
	III		245,50	190,75	III						
	V	**364,50**	190,75	190,75	IV	90,66	48,33	14,08			
	VI	**407,83**	190,75	190,75							
2048,99	I,IV	**137,08**	191,00	191,00	I	48,83					
	II	**57,08**	191,00	191,00	II						
	III		245,83	191,00	III						
	V	**365,58**	191,00	191,00	IV	91,25	48,83	14,41			
	VI	**408,83**	191,00	191,00							
2051,99	I,IV	**137,75**	191,33	191,33	I	49,33					
	II	**57,58**	191,33	191,33	II						
	III		246,16	191,33	III						
	V	**366,58**	191,33	191,33	IV	91,83	49,33	14,83			
	VI	**409,83**	191,33	191,33							

*   Zur LSt-Berechnung für privat versicherte Arbeitnehmer s. Beispiele **Vorbemerkung S. 4 f.**
** Basisvorsorgepauschale KV und PV   *** Typisierter Arbeitgeberzuschuss

aT3   allgemeine Lohnsteuer

Lohn/ Gehalt in € bis	Steuerklasse	Lohn- steuer*	BVSP**	TAGZ***	Steuerklasse	Bemessungsgrundlage für Kirchensteuer und Solidaritätszuschlag Freibeträge für ... Kinder					
						0,5	1,0	1,5	2,0	2,5	3,0
2054,99	I,IV	138,33	191,58	191,58	I	49,83					
	II	58,08	191,58	191,58	II						
	III		246,58	191,58	III						
	V	367,58	191,58	191,58	IV	92,41	49,83	15,25			
	VI	410,91	191,58	191,58							
2057,99	I,IV	138,91	191,83	191,83	I	50,33					
	II	58,66	191,83	191,83	II						
	III		246,91	191,83	III						
	V	368,66	191,83	191,83	IV	93,00	50,33	15,66			
	VI	411,91	191,83	191,83							
2060,99	I,IV	139,58	192,16	192,16	I	50,83					
	II	59,16	192,16	192,16	II						
	III		247,25	192,16	III						
	V	369,66	192,16	192,16	IV	93,58	50,83	16,00			
	VI	412,91	192,16	192,16							
2063,99	I,IV	140,16	192,41	192,41	I	51,33					
	II	59,66	192,41	192,41	II						
	III		247,66	192,41	III						
	V	370,66	192,41	192,41	IV	94,16	51,33	16,41			
	VI	413,91	192,41	192,41							
2066,99	I,IV	140,75	192,66	192,66	I	51,91					
	II	60,25	192,66	192,66	II						
	III		248,00	192,66	III						
	V	371,75	192,66	192,66	IV	94,75	51,91	16,83			
	VI	415,00	192,66	192,66							
2069,99	I,IV	141,41	193,00	193,00	I	52,41					
	II	60,75	193,00	193,00	II						
	III		248,33	193,00	III						
	V	372,75	193,00	193,00	IV	95,33	52,41	17,25			
	VI	416,00	193,00	193,00							
2072,99	I,IV	142,00	193,25	193,25	I	52,91					
	II	61,33	193,25	193,25	II						
	III		248,75	193,25	III						
	V	373,75	193,25	193,25	IV	95,91	52,91	17,66			
	VI	417,00	193,25	193,25							
2075,99	I,IV	142,66	193,58	193,58	I	53,41					
	II	61,83	193,58	193,58	II						
	III		249,08	193,58	III						
	V	374,83	193,58	193,58	IV	96,58	53,41	18,08			
	VI	418,08	193,58	193,58							
2078,99	I,IV	143,25	193,83	193,83	I	53,91					
	II	62,41	193,83	193,83	II						
	III		249,41	193,83	III						
	V	375,83	193,83	193,83	IV	97,16	53,91	18,50			
	VI	419,08	193,83	193,83							
2081,99	I,IV	143,83	194,08	194,08	I	54,41					
	II	62,91	194,08	194,08	II						
	III		249,83	194,08	III						
	V	376,83	194,08	194,08	IV	97,75	54,41	18,91			
	VI	420,08	194,08	194,08							
2084,99	I,IV	144,50	194,41	194,41	I	55,00					
	II	63,50	194,41	194,41	II						
	III		250,00	194,41	III						
	V	377,83	194,41	194,41	IV	98,33	55,00	19,33			
	VI	421,16	194,41	194,41							
2087,99	I,IV	145,08	194,66	194,66	I	55,50					
	II	64,00	194,66	194,66	II						
	III		250,00	194,66	III						
	V	378,91	194,66	194,66	IV	98,91	55,50	19,75			
	VI	422,16	194,66	194,66							

* Zur LSt-Berechnung für privat versicherte Arbeitnehmer s. Beispiele **Vorbemerkung S. 4 f.**
** Basisvorsorgepauschale KV und PV *** Typisierter Arbeitgeberzuschuss

Lohn/ Gehalt in € bis	Steuerklasse	Lohn- steuer*	BVSP**	TAGZ***	Steuerklasse	Bemessungsgrundlage für Kirchensteuer und Solidaritätszuschlag					
						Freibeträge für ... Kinder					
						0,5	1,0	1,5	2,0	2,5	3,0
2 090,99	I,IV	145,66	194,91	194,91	I	56,00					
	II	64,58	194,91	194,91	II						
	III		250,00	194,91	III						
	V	379,91	194,91	194,91	IV	99,50	56,00	20,16			
	VI	423,16	194,91	194,91							
2 093,99	I,IV	146,33	195,25	195,25	I	56,50					
	II	65,08	195,25	195,25	II						
	III		250,00	195,25	III						
	V	380,91	195,25	195,25	IV	100,08	56,50	20,58			
	VI	424,16	195,25	195,25							
2 096,99	I,IV	146,91	195,50	195,50	I	57,08					
	II	65,66	195,50	195,50	II						
	III		250,00	195,50	III						
	V	382,00	195,50	195,50	IV	100,66	57,08	21,00			
	VI	425,25	195,50	195,50							
2 099,99	I,IV	147,50	195,75	195,75	I	57,58					
	II	66,16	195,75	195,75	II						
	III		250,00	195,75	III						
	V	383,00	195,75	195,75	IV	101,25	57,58	21,41			
	VI	426,25	195,75	195,75							
2 102,99	I,IV	148,16	196,08	196,08	I	58,08					
	II	66,75	196,08	196,08	II						
	III		250,00	196,08	III						
	V	384,00	196,08	196,08	IV	101,91	58,08	21,83			
	VI	427,25	196,08	196,08							
2 105,99	I,IV	148,75	196,33	196,33	I	58,66					
	II	67,33	196,33	196,33	II						
	III		250,00	196,33	III						
	V	385,08	196,33	196,33	IV	102,50	58,66	22,25			
	VI	428,33	196,33	196,33							
2 108,99	I,IV	149,41	196,58	196,58	I	59,16					
	II	67,83	196,58	196,58	II						
	III		250,00	196,58	III						
	V	386,08	196,58	196,58	IV	103,08	59,16	22,66			
	VI	429,33	196,58	196,58							
2 111,99	I,IV	150,00	196,91	196,91	I	59,75					
	II	68,41	196,91	196,91	II						
	III		250,00	196,91	III						
	V	387,08	196,91	196,91	IV	103,66	59,75	23,08			
	VI	430,33	196,91	196,91							
2 114,99	I,IV	150,58	197,16	197,16	I	60,25					
	II	69,00	197,16	197,16	II	0,25					
	III		250,00	197,16	III						
	V	388,08	197,16	197,16	IV	104,25	60,25	23,50			
	VI	431,33	197,16	197,16							
2 117,99	I,IV	151,25	197,50	197,50	I	60,83					
	II	69,50	197,50	197,50	II	0,58					
	III		250,00	197,50	III						
	V	389,16	197,50	197,50	IV	104,83	60,83	23,91			
	VI	432,41	197,50	197,50							
2 120,99	I,IV	151,83	197,75	197,75	I	61,33					
	II	70,08	197,75	197,75	II	0,91					
	III		250,00	197,75	III						
	V	390,16	197,75	197,75	IV	105,41	61,33	24,33			
	VI	433,41	197,75	197,75							
2 123,99	I,IV	152,50	198,00	198,00	I	61,83					
	II	70,66	198,00	198,00	II	1,25					
	III		250,00	198,00	III						
	V	391,16	198,00	198,00	IV	106,08	61,83	24,75			
	VI	434,41	198,00	198,00							

*   Zur LSt-Berechnung für privat versicherte Arbeitnehmer s. Beispiele **Vorbemerkung S. 4 f.**
** Basisvorsorgepauschale KV und PV   *** Typisierter Arbeitgeberzuschuss

Lohn/ Gehalt in € bis	Steuerklasse	Lohn- steuer*	BVSP**	TAGZ***	Steuerklasse	Bemessungsgrundlage für Kirchensteuer und Solidaritätszuschlag					
								Freibeträge für ... Kinder			
						0,5	1,0	1,5	2,0	2,5	3,0
2126,99	I,IV	153,08	198,33	198,33	I	62,41					
	II	71,25	198,33	198,33	II	1,58					
	III		250,00	198,33	III						
	V	392,25	198,33	198,33	IV	106,66	62,41	25,25			
	VI	435,50	198,33	198,33							
2129,99	I,IV	153,75	198,58	198,58	I	62,91					
	II	71,75	198,58	198,58	II	2,00					
	III		250,00	198,58	III						
	V	393,25	198,58	198,58	IV	107,25	62,91	25,66			
	VI	436,50	198,58	198,58							
2132,99	I,IV	154,33	198,83	198,83	I	63,50					
	II	72,33	198,83	198,83	II	2,33					
	III		250,00	198,83	III						
	V	394,25	198,83	198,83	IV	107,83	63,50	26,08			
	VI	437,50	198,83	198,83							
2135,99	I,IV	154,91	199,16	199,16	I	64,00					
	II	72,91	199,16	199,16	II	2,66					
	III		250,00	199,16	III						
	V	395,33	199,16	199,16	IV	108,41	64,00	26,50			
	VI	438,58	199,16	199,16							
2138,99	I,IV	155,58	199,41	199,41	I	64,58					
	II	73,50	199,41	199,41	II	3,00					
	III		250,00	199,41	III						
	V	396,33	199,41	199,41	IV	109,08	64,58	27,00			
	VI	439,58	199,41	199,41							
2141,99	I,IV	156,16	199,66	199,66	I	65,08					
	II	74,00	199,66	199,66	II	3,33					
	III		250,00	199,66	III						
	V	397,33	199,66	199,66	IV	109,66	65,08	27,41			
	VI	440,58	199,66	199,66							
2144,99	I,IV	156,83	200,00	200,00	I	65,66					
	II	74,58	200,00	200,00	II	3,75					
	III		250,00	200,00	III						
	V	398,33	200,00	200,00	IV	110,25	65,66	27,83			
	VI	441,58	200,00	200,00							
2147,99	I,IV	157,41	200,25	200,25	I	66,25					
	II	75,16	200,25	200,25	II	4,08					
	III		250,00	200,25	III						
	V	399,41	200,25	200,25	IV	110,83	66,25	28,33			
	VI	442,66	200,25	200,25							
2150,99	I,IV	158,08	200,50	200,50	I	66,75					
	II	75,75	200,50	200,50	II	4,41					
	III		250,00	200,50	III						
	V	400,41	200,50	200,50	IV	111,41	66,75	28,75			
	VI	443,66	200,50	200,50							
2153,99	I,IV	158,66	200,83	200,83	I	67,33					
	II	76,33	200,83	200,83	II	4,83					
	III		250,00	200,83	III						
	V	401,41	200,83	200,83	IV	112,00	67,33	29,16			
	VI	444,66	200,83	200,83							
2156,99	I,IV	159,33	201,08	201,08	I	67,91					
	II	76,91	201,08	201,08	II	5,16					
	III		250,00	201,08	III						
	V	402,50	201,08	201,08	IV	112,66	67,91	29,66			
	VI	445,75	201,08	201,08							
2159,99	I,IV	159,91	201,41	201,41	I	68,41					
	II	77,50	201,41	201,41	II	5,50					
	III		250,00	201,41	III						
	V	403,50	201,41	201,41	IV	113,25	68,41	30,08			
	VI	446,75	201,41	201,41							

* Zur LSt-Berechnung für privat versicherte Arbeitnehmer s. Beispiele **Vorbemerkung S. 4 f.**
** Basisvorsorgepauschale KV und PV *** Typisierter Arbeitgeberzuschuss

Lohn/ Gehalt in € bis	Steuerklasse	Lohn- steuer*	BVSP**	TAGZ***	Steuerklasse	Bemessungsgrundlage für Kirchensteuer und Solidaritätszuschlag					
						Freibeträge für ... Kinder					
						0,5	**1,0**	1,5	**2,0**	2,5	**3,0**
2162,99	I,IV	**160,50**	201,66	201,66	I	69,00	0,25				
	II	**78,08**	201,66	201,66	II	5,91					
	III		250,00	201,66	III						
	V	**404,50**	201,66	201,66	IV	113,83	69,00	30,50	0,25		
	VI	**447,75**	201,66	201,66							
2165,99	I,IV	**161,16**	201,91	201,91	I	69,58	0,58				
	II	**78,66**	201,91	201,91	II	6,25					
	III		250,00	201,91	III						
	V	**405,58**	201,91	201,91	IV	114,41	69,58	31,00	0,58		
	VI	**448,83**	201,91	201,91							
2168,99	I,IV	**161,75**	202,25	202,25	I	70,08	0,91				
	II	**79,25**	202,25	202,25	II	6,66					
	III		250,00	202,25	III						
	V	**406,58**	202,25	202,25	IV	115,08	70,08	31,41	0,91		
	VI	**449,83**	202,25	202,25							
2171,99	I,IV	**162,41**	202,50	202,50	I	70,66	1,25				
	II	**79,83**	202,50	202,50	II	7,00					
	III		250,00	202,50	III						
	V	**407,58**	202,50	202,50	IV	115,66	70,66	31,91	1,25		
	VI	**450,83**	202,50	202,50							
2174,99	I,IV	**163,00**	202,75	202,75	I	71,25	1,58				
	II	**80,41**	202,75	202,75	II	7,33					
	III		250,00	202,75	III						
	V	**408,58**	202,75	202,75	IV	116,25	71,25	32,33	1,58		
	VI	**451,83**	202,75	202,75							
2177,99	I,IV	**163,66**	203,08	203,08	I	71,83	2,00				
	II	**81,00**	203,08	203,08	II	7,75					
	III		250,00	203,08	III						
	V	**409,66**	203,08	203,08	IV	116,83	71,83	32,83	2,00		
	VI	**452,91**	203,08	203,08							
2180,99	I,IV	**164,25**	203,33	203,33	I	72,33	2,33				
	II	**81,58**	203,33	203,33	II	8,08					
	III		250,00	203,33	III						
	V	**410,66**	203,33	203,33	IV	117,41	72,33	33,25	2,33		
	VI	**453,91**	203,33	203,33							
2183,99	I,IV	**164,91**	203,58	203,58	I	72,91	2,66				
	II	**82,16**	203,58	203,58	II	8,50					
	III		250,00	203,58	III						
	V	**411,66**	203,58	203,58	IV	118,08	72,91	33,66	2,66		
	VI	**454,91**	203,58	203,58							
2186,99	I,IV	**165,50**	203,91	203,91	I	73,50	3,00				
	II	**82,75**	203,91	203,91	II	8,83					
	III		250,00	203,91	III						
	V	**412,75**	203,91	203,91	IV	118,66	73,50	34,16	3,00		
	VI	**456,00**	203,91	203,91							
2189,99	I,IV	**166,16**	204,16	204,16	I	74,08	3,41				
	II	**83,33**	204,16	204,16	II	9,25					
	III		250,00	204,16	III						
	V	**413,75**	204,16	204,16	IV	119,25	74,08	34,66	3,41		
	VI	**457,00**	204,16	204,16							
2192,99	I,IV	**166,75**	204,41	204,41	I	74,58	3,75				
	II	**83,91**	204,41	204,41	II	9,58					
	III		250,00	204,41	III						
	V	**414,75**	204,41	204,41	IV	119,83	74,58	35,08	3,75		
	VI	**458,00**	204,41	204,41							
2195,99	I,IV	**167,41**	204,75	204,75	I	75,16	4,08				
	II	**84,50**	204,75	204,75	II	10,00					
	III		250,00	204,75	III						
	V	**415,75**	204,75	204,75	IV	120,41	75,16	35,58	4,08		
	VI	**459,00**	204,75	204,75							

*   Zur LSt-Berechnung für privat versicherte Arbeitnehmer s. Beispiele **Vorbemerkung S. 4 f.**
** Basisvorsorgepauschale KV und PV   *** Typisierter Arbeitgeberzuschuss   41

Lohn/ Gehalt in € bis	Steuerklasse	Lohn- steuer*	BVSP**	TAGZ***	Steuerklasse	Bemessungsgrundlage für Kirchensteuer und Solidaritätszuschlag					
						Freibeträge für ... Kinder					
						0,5	1,0	1,5	2,0	2,5	3,0
2 198,99	I,IV	168,00	205,00	205,00	I	75,75	4,50				
	II	85,08	205,00	205,00	II	10,41					
	III		250,00	205,00	III						
	V	416,83	205,00	205,00	IV	121,08	75,75	36,00	4,50		
	VI	460,08	205,00	205,00							
2 201,99	I,IV	168,66	205,33	205,33	I	76,33	4,83				
	II	85,66	205,33	205,33	II	10,75					
	III		250,00	205,33	III						
	V	417,83	205,33	205,33	IV	121,66	76,33	36,50	4,83		
	VI	461,08	205,33	205,33							
2 204,99	I,IV	169,25	205,58	205,58	I	76,91	5,16				
	II	86,25	205,58	205,58	II	11,16					
	III		250,00	205,58	III						
	V	418,83	205,58	205,58	IV	122,25	76,91	36,91	5,16		
	VI	462,08	205,58	205,58							
2 207,99	I,IV	169,91	205,83	205,83	I	77,50	5,58				
	II	86,83	205,83	205,83	II	11,50					
	III		250,00	205,83	III						
	V	419,91	205,83	205,83	IV	122,91	77,50	37,41	5,58		
	VI	463,16	205,83	205,83							
2 210,99	I,IV	170,50	206,16	206,16	I	78,08	5,91				
	II	87,41	206,16	206,16	II	11,91					
	III		250,00	206,16	III						
	V	420,91	206,16	206,16	IV	123,50	78,08	37,91	5,91		
	VI	464,16	206,16	206,16							
2 213,99	I,IV	171,16	206,41	206,41	I	78,66	6,25				
	II	88,00	206,41	206,41	II	12,33					
	III		250,00	206,41	III						
	V	421,91	206,41	206,41	IV	124,08	78,66	38,33	6,25		
	VI	465,16	206,41	206,41							
2 216,99	I,IV	171,75	206,66	206,66	I	79,25	6,66				
	II	88,58	206,66	206,66	II	12,66					
	III		250,00	206,66	III						
	V	423,00	206,66	206,66	IV	124,66	79,25	38,83	6,66		
	VI	466,25	206,66	206,66							
2 219,99	I,IV	172,41	207,00	207,00	I	79,83	7,00				
	II	89,16	207,00	207,00	II	13,08					
	III		250,00	207,00	III						
	V	424,00	207,00	207,00	IV	125,33	79,83	39,33	7,00		
	VI	467,25	207,00	207,00							
2 222,99	I,IV	173,00	207,25	207,25	I	80,41	7,41				
	II	89,75	207,25	207,25	II	13,50					
	III		250,00	207,25	III						
	V	425,00	207,25	207,25	IV	125,91	80,41	39,83	7,41		
	VI	468,25	207,25	207,25							
2 225,99	I,IV	173,66	207,50	207,50	I	81,00	7,75				
	II	90,33	207,50	207,50	II	13,83					
	III		250,00	207,50	III						
	V	426,00	207,50	207,50	IV	126,50	81,00	40,25	7,75		
	VI	469,33	207,50	207,50							
2 228,99	I,IV	174,25	207,83	207,83	I	81,58	8,16				
	II	91,00	207,83	207,83	II	14,25					
	III		250,00	207,83	III						
	V	427,08	207,83	207,83	IV	127,16	81,58	40,75	8,16		
	VI	470,33	207,83	207,83							
2 231,99	I,IV	174,91	208,08	208,08	I	82,16	8,50				
	II	91,58	208,08	208,08	II	14,66					
	III		250,00	208,08	III						
	V	428,08	208,08	208,08	IV	127,75	82,16	41,25	8,50		
	VI	471,33	208,08	208,08							

* Zur LSt-Berechnung für privat versicherte Arbeitnehmer s. Beispiele **Vorbemerkung S. 4f.**
** Basisvorsorgepauschale KV und PV *** Typisierter Arbeitgeberzuschuss

Lohn/Gehalt in € bis	Steuerklasse	Lohnsteuer*	BVSP**	TAGZ***	Steuerklasse	Bemessungsgrundlage für Kirchensteuer und Solidaritätszuschlag Freibeträge für ... Kinder 0,5	1,0	1,5	2,0	2,5	3,0
2234,99	I,IV	175,50	208,33	208,33	I	82,75	8,83				
	II	92,16	208,33	208,33	II	15,08					
	III		250,00	208,33	III						
	V	429,08	208,33	208,33	IV	128,33	82,75	41,75	8,83		
	VI	472,33	208,33	208,33							
2237,99	I,IV	176,16	208,66	208,66	I	83,33	9,25				
	II	92,75	208,66	208,66	II	15,50					
	III		250,00	208,66	III						
	V	430,16	208,66	208,66	IV	128,91	83,33	42,25	9,25		
	VI	473,41	208,66	208,66							
2240,99	I,IV	176,83	208,91	208,91	I	83,91	9,66				
	II	93,33	208,91	208,91	II	15,83					
	III		250,00	208,91	III						
	V	431,16	208,91	208,91	IV	129,58	83,91	42,66	9,66		
	VI	474,41	208,91	208,91							
2243,99	I,IV	177,41	209,25	209,25	I	84,50	10,00				
	II	93,91	209,25	209,25	II	16,25					
	III		250,00	209,25	III						
	V	432,16	209,25	209,25	IV	130,16	84,50	43,16	10,00		
	VI	475,41	209,25	209,25							
2246,99	I,IV	178,00	209,50	209,50	I	85,08	10,41				
	II	94,50	209,50	209,50	II	16,66					
	III		250,00	209,50	III						
	V	433,16	209,50	209,50	IV	130,75	85,08	43,66	10,41		
	VI	476,50	209,50	209,50							
2249,99	I,IV	178,66	209,75	209,75	I	85,66	10,75				
	II	95,08	209,75	209,75	II	17,08					
	III		250,00	209,75	III						
	V	434,25	209,75	209,75	IV	131,41	85,66	44,16	10,75		
	VI	477,50	209,75	209,75							
2252,99	I,IV	179,33	210,08	210,08	I	86,25	11,16				
	II	95,66	210,08	210,08	II	17,50					
	III		250,00	210,08	III						
	V	435,25	210,08	210,08	IV	132,00	86,25	44,66	11,16		
	VI	478,50	210,08	210,08							
2255,99	I,IV	179,91	210,33	210,33	I	86,83	11,50				
	II	96,25	210,33	210,33	II	17,91					
	III		250,00	210,33	III						
	V	436,25	210,33	210,33	IV	132,58	86,83	45,16	11,50		
	VI	479,58	210,33	210,33							
2258,99	I,IV	180,58	210,58	210,58	I	87,41	11,91				
	II	96,91	210,58	210,58	II	18,33					
	III		250,00	210,58	III						
	V	437,33	210,58	210,58	IV	133,25	87,41	45,66	11,91		
	VI	480,58	210,58	210,58							
2261,99	I,IV	181,16	210,91	210,91	I	88,00	12,33				
	II	97,50	210,91	210,91	II	18,75					
	III		250,00	210,91	III						
	V	438,33	210,91	210,91	IV	133,83	88,00	46,16	12,33		
	VI	481,58	210,91	210,91							
2264,99	I,IV	181,83	211,16	211,16	I	88,58	12,66				
	II	98,08	211,16	211,16	II	19,16					
	III		250,00	211,16	III						
	V	439,33	211,16	211,16	IV	134,41	88,58	46,66	12,66		
	VI	482,66	211,16	211,16							
2267,99	I,IV	182,50	211,41	211,41	I	89,25	13,08				
	II	98,66	211,41	211,41	II	19,58					
	III		250,00	211,41	III						
	V	440,41	211,41	211,41	IV	135,08	89,25	47,16	13,08		
	VI	483,66	211,41	211,41							

*   Zur LSt-Berechnung für privat versicherte Arbeitnehmer s. Beispiele **Vorbemerkung S. 4 f.**
** Basisvorsorgepauschale KV und PV   *** Typisierter Arbeitgeberzuschuss

aT3

Lohn/ Gehalt in € bis	Steuerklasse	Lohn- steuer*	BVSP**	TAGZ***	Steuerklasse	Bemessungsgrundlage für Kirchensteuer und Solidaritätszuschlag					
						Freibeträge für ... Kinder					
						0,5	1,0	1,5	2,0	2,5	3,0
2270,99	I,IV	183,08	211,75	211,75	I	89,83	13,50				
	II	99,25	211,75	211,75	II	20,00					
	III		250,00	211,75	III						
	V	441,41	211,75	211,75	IV	135,66	89,83	47,66	13,50		
	VI	484,66	211,75	211,75							
2273,99	I,IV	183,75	212,00	212,00	I	90,41	13,91				
	II	99,83	212,00	212,00	II	20,33					
	III		250,00	212,00	III						
	V	442,41	212,00	212,00	IV	136,25	90,41	48,16	13,91		
	VI	485,66	212,00	212,00							
2276,99	I,IV	184,33	212,25	212,25	I	91,00	14,25				
	II	100,41	212,25	212,25	II	20,75					
	III		250,00	212,25	III						
	V	443,50	212,25	212,25	IV	136,83	91,00	48,66	14,25		
	VI	486,75	212,25	212,25							
2279,99	I,IV	185,00	212,58	212,58	I	91,58	14,66				
	II	101,08	212,58	212,58	II	21,25					
	III		250,00	212,58	III						
	V	444,50	212,58	212,58	IV	137,50	91,58	49,16	14,66		
	VI	487,75	212,58	212,58							
2282,99	I,IV	185,58	212,83	212,83	I	92,16	15,08				
	II	101,66	212,83	212,83	II	21,66					
	III		250,00	212,83	III						
	V	445,50	212,83	212,83	IV	138,08	92,16	49,66	15,08		
	VI	488,75	212,83	212,83							
2285,99	I,IV	186,25	213,16	213,16	I	92,75	15,50				
	II	102,25	213,16	213,16	II	22,08					
	III		250,00	213,16	III						
	V	446,58	213,16	213,16	IV	138,66	92,75	50,16	15,50		
	VI	489,83	213,16	213,16							
2288,99	I,IV	186,91	213,41	213,41	I	93,33	15,91				
	II	102,83	213,41	213,41	II	22,50					
	III		250,00	213,41	III						
	V	447,58	213,41	213,41	IV	139,33	93,33	50,66	15,91		
	VI	490,83	213,41	213,41							
2291,99	I,IV	187,50	213,66	213,66	I	93,91	16,25				
	II	103,41	213,66	213,66	II	22,91					
	III		250,00	213,66	III						
	V	448,58	213,66	213,66	IV	139,91	93,91	51,16	16,25		
	VI	491,83	213,66	213,66							
2294,99	I,IV	188,16	214,00	214,00	I	94,50	16,66				
	II	104,00	214,00	214,00	II	23,33					
	III		250,00	214,00	III						
	V	449,58	214,00	214,00	IV	140,50	94,50	51,66	16,66		
	VI	492,91	214,00	214,00							
2297,99	I,IV	188,75	214,25	214,25	I	95,08	17,08				
	II	104,58	214,25	214,25	II	23,75					
	III		250,00	214,25	III						
	V	450,66	214,25	214,25	IV	141,16	95,08	52,16	17,08		
	VI	493,91	214,25	214,25							
2300,99	I,IV	189,41	214,50	214,50	I	95,75	17,50				
	II	105,25	214,50	214,50	II	24,16					
	III		250,00	214,50	III						
	V	451,66	214,50	214,50	IV	141,75	95,75	52,75	17,50		
	VI	494,91	214,50	214,50							
2303,99	I,IV	190,08	214,83	214,83	I	96,33	17,91				
	II	105,83	214,83	214,83	II	24,58					
	III		250,00	214,83	III						
	V	452,66	214,83	214,83	IV	142,33	96,33	53,25	17,91		
	VI	496,00	214,83	214,83							

* Zur LSt-Berechnung für privat versicherte Arbeitnehmer s. Beispiele **Vorbemerkung S. 4 f.**
** Basisvorsorgepauschale KV und PV *** Typisierter Arbeitgeberzuschuss

Monat gültig ab 1. 1. 2023 — **aT3**

Lohn/Gehalt in € bis	Steuerklasse	Lohn-steuer*	BVSP**	TAGZ***	Steuerklasse	**					

Lohn/Gehalt in € bis	Steuerklasse	Lohn-steuer*	BVSP**	TAGZ***	Steuerklasse	\(Bemessungsgrundlage für Kirchensteuer und Solidaritätszuschlag — Freibeträge für ... Kinder\) 0,5	1,0	1,5	2,0	2,5	3,0
2342,99	I,IV	**198,33**	218,41	218,41	I	104,00	23,33				
	II	**113,58**	218,41	218,41	II	30,33					
	III		250,00	218,41	III						
	V	**466,00**	218,41	218,41	IV	150,41	104,00	60,08	23,33		
	VI	**507,50**	218,41	218,41							
2345,99	I,IV	**199,00**	218,75	218,75	I	104,58	23,75				
	II	**114,16**	218,75	218,75	II	30,75					
	III		250,00	218,75	III						
	V	**467,08**	218,75	218,75	IV	151,00	104,58	60,58	23,75		
	VI	**508,33**	218,75	218,75							
2348,99	I,IV	**199,58**	219,00	219,00	I	105,25	24,16				
	II	**114,75**	219,00	219,00	II	31,25					
	III		250,00	219,00	III						
	V	**468,08**	219,00	219,00	IV	151,58	105,25	61,08	24,16		
	VI	**509,16**	219,00	219,00							
2351,99	I,IV	**200,25**	219,25	219,25	I	105,83	24,66				
	II	**115,41**	219,25	219,25	II	31,66					
	III		250,00	219,25	III						
	V	**469,08**	219,25	219,25	IV	152,25	105,83	61,66	24,66		
	VI	**510,00**	219,25	219,25							
2354,99	I,IV	**200,91**	219,58	219,58	I	106,41	25,08				
	II	**116,00**	219,58	219,58	II	32,16					
	III		250,00	219,58	III						
	V	**470,16**	219,58	219,58	IV	152,83	106,41	62,16	25,08		
	VI	**511,00**	219,58	219,58							
2357,99	I,IV	**201,50**	219,83	219,83	I	107,00	25,50				
	II	**116,58**	219,83	219,83	II	32,58					
	III		250,00	219,83	III						
	V	**471,16**	219,83	219,83	IV	153,41	107,00	62,75	25,50		
	VI	**511,83**	219,83	219,83							
2360,99	I,IV	**202,16**	220,08	220,08	I	107,58	25,91				
	II	**117,16**	220,08	220,08	II	33,08					
	III		250,00	220,08	III						
	V	**472,16**	220,08	220,08	IV	154,08	107,58	63,25	25,91		
	VI	**512,66**	220,08	220,08							
2363,99	I,IV	**202,83**	220,41	220,41	I	108,25	26,33				
	II	**117,83**	220,41	220,41	II	33,50					
	III		250,00	220,41	III						
	V	**473,25**	220,41	220,41	IV	154,66	108,25	63,83	26,33		
	VI	**513,66**	220,41	220,41							
2366,99	I,IV	**203,41**	220,66	220,66	I	108,83	26,83				
	II	**118,41**	220,66	220,66	II	34,00					
	III		250,00	220,66	III						
	V	**474,25**	220,66	220,66	IV	155,33	108,83	64,33	26,83		
	VI	**514,50**	220,66	220,66							
2369,99	I,IV	**204,08**	221,00	221,00	I	109,41	27,25				
	II	**119,00**	221,00	221,00	II	34,41					
	III		250,00	221,00	III						
	V	**475,25**	221,00	221,00	IV	155,91	109,41	64,91	27,25		
	VI	**515,33**	221,00	221,00							
2372,99	I,IV	**204,75**	221,25	221,25	I	110,00	27,66				
	II	**119,58**	221,25	221,25	II	34,91					
	III		250,00	221,25	III						
	V	**476,33**	221,25	221,25	IV	156,58	110,00	65,41	27,66		
	VI	**516,16**	221,25	221,25							
2375,99	I,IV	**205,33**	221,50	221,50	I	110,58	28,08				
	II	**120,16**	221,50	221,50	II	35,33					
	III		250,00	221,50	III						
	V	**477,33**	221,50	221,50	IV	157,16	110,58	66,00	28,08		
	VI	**517,00**	221,50	221,50							

* Zur LSt-Berechnung für privat versicherte Arbeitnehmer s. Beispiele **Vorbemerkung S. 4 f.**
** Basisvorsorgepauschale KV und PV *** Typisierter Arbeitgeberzuschuss

Lohn/ Gehalt in € bis	Steuerklasse	Lohn- steuer*	BVSP**	TAGZ***	Steuerklasse	Bemessungsgrundlage für Kirchensteuer und Solidaritätszuschlag Freibeträge für ... Kinder					
						0,5	1,0	1,5	2,0	2,5	3,0
2378,99	I,IV	206,00	221,83	221,83	I	111,16	28,58				
	II	120,83	221,83	221,83	II	35,83					
	III		250,00	221,83	III						
	V	478,33	221,83	221,83	IV	157,83	111,16	66,58	28,58		
	VI	517,83	221,83	221,83							
2381,99	I,IV	206,66	222,08	222,08	I	111,83	29,00				
	II	121,41	222,08	222,08	II	36,33					
	III		250,00	222,08	III						
	V	479,33	222,08	222,08	IV	158,41	111,83	67,08	29,00		
	VI	518,83	222,08	222,08							
2384,99	I,IV	207,25	222,33	222,33	I	112,41	29,41				
	II	122,00	222,33	222,33	II	36,75					
	III		250,00	222,33	III						
	V	480,41	222,33	222,33	IV	159,08	112,41	67,66	29,41		
	VI	519,66	222,33	222,33							
2387,99	I,IV	207,91	222,66	222,66	I	113,00	29,91				
	II	122,58	222,66	222,66	II	37,25					
	III		250,00	222,66	III						
	V	481,41	222,66	222,66	IV	159,66	113,00	68,16	29,91		
	VI	520,50	222,66	222,66							
2390,99	I,IV	208,58	222,91	222,91	I	113,58	30,33				
	II	123,25	222,91	222,91	II	37,75					
	III		250,00	222,91	III						
	V	482,41	222,91	222,91	IV	160,33	113,58	68,75	30,33	0,08	
	VI	521,33	222,91	222,91							
2393,99	I,IV	209,25	223,16	223,16	I	114,16	30,83				
	II	123,83	223,16	223,16	II	38,16					
	III		250,00	223,16	III						
	V	483,50	223,16	223,16	IV	160,91	114,16	69,33	30,83	0,41	
	VI	522,33	223,16	223,16							
2396,99	I,IV	209,83	223,50	223,50	I	114,83	31,25				
	II	124,41	223,50	223,50	II	38,66					
	III	0,33	250,00	223,50	III						
	V	484,50	223,50	223,50	IV	161,50	114,83	69,91	31,25	0,75	
	VI	523,16	223,50	223,50							
2399,99	I,IV	210,50	223,75	223,75	I	115,41	31,75				
	II	125,08	223,75	223,75	II	39,16					
	III	0,66	250,00	223,75	III						
	V	485,50	223,75	223,75	IV	162,16	115,41	70,41	31,75	1,16	
	VI	524,00	223,75	223,75							
2402,99	I,IV	211,16	224,00	224,00	I	116,00	32,16				
	II	125,66	224,00	224,00	II	39,58					
	III	1,16	250,00	224,00	III						
	V	486,58	224,00	224,00	IV	162,75	116,00	71,00	32,16	1,50	
	VI	525,00	224,00	224,00							
2405,99	I,IV	211,75	224,33	224,33	I	116,58	32,58				
	II	126,25	224,33	224,33	II	40,08					
	III	1,50	250,00	224,33	III						
	V	487,58	224,33	224,33	IV	163,41	116,58	71,58	32,58	1,83	
	VI	525,66	224,33	224,33							
2408,99	I,IV	212,41	224,58	224,58	I	117,16	33,08				
	II	126,83	224,58	224,58	II	40,58					
	III	1,83	250,00	224,58	III						
	V	488,58	224,58	224,58	IV	164,00	117,16	72,08	33,08	2,16	
	VI	526,66	224,58	224,58							
2411,99	I,IV	213,08	224,91	224,91	I	117,83	33,50				
	II	127,50	224,91	224,91	II	41,08					
	III	2,16	250,00	224,91	III						
	V	489,66	224,91	224,91	IV	164,66	117,83	72,66	33,50	2,50	
	VI	527,66	224,91	224,91							

*   Zur LSt-Berechnung für privat versicherte Arbeitnehmer s. Beispiele **Vorbemerkung S. 4 f.**
** Basisvorsorgepauschale KV und PV *** Typisierter Arbeitgeberzuschuss

Lohn/ Gehalt in € bis	Steuerklasse	Lohn-steuer*	BVSP**	TAGZ***	Steuerklasse	Bemessungsgrundlage für Kirchensteuer und Solidaritätszuschlag					
						Freibeträge für ... Kinder					
						0,5	1,0	1,5	2,0	2,5	3,0
2414,99	I,IV	**213,75**	225,16	225,16	I	118,41	34,00				
	II	**128,08**	225,16	225,16	II	41,50					
	III	**2,66**	250,00	225,16	III						
	V	**490,66**	225,16	225,16	IV	165,25	118,41	73,25	34,00	2,91	
	VI	**528,33**	225,16	225,16							
2417,99	I,IV	**214,33**	225,41	225,41	I	119,00	34,41				
	II	**128,66**	225,41	225,41	II	42,00					
	III	**3,00**	250,00	225,41	III						
	V	**491,66**	225,41	225,41	IV	165,91	119,00	73,83	34,41	3,25	
	VI	**529,33**	225,41	225,41							
2420,99	I,IV	**215,00**	225,75	225,75	I	119,66	34,91				
	II	**129,33**	225,75	225,75	II	42,50					
	III	**3,33**	250,00	225,75	III						
	V	**492,66**	225,75	225,75	IV	166,50	119,66	74,41	34,91	3,58	
	VI	**530,16**	225,75	225,75							
2423,99	I,IV	**215,66**	226,00	226,00	I	120,25	35,41				
	II	**129,91**	226,00	226,00	II	43,00					
	III	**3,83**	250,00	226,00	III						
	V	**493,75**	226,00	226,00	IV	167,16	120,25	75,00	35,41	3,91	
	VI	**531,00**	226,00	226,00							
2426,99	I,IV	**216,33**	226,25	226,25	I	120,83	35,83				
	II	**130,50**	226,25	226,25	II	43,50					
	III	**4,16**	250,00	226,25	III						
	V	**494,75**	226,25	226,25	IV	167,75	120,83	75,50	35,83	4,33	
	VI	**532,00**	226,25	226,25							
2429,99	I,IV	**216,91**	226,58	226,58	I	121,41	36,33				
	II	**131,08**	226,58	226,58	II	43,91					
	III	**4,50**	250,00	226,58	III						
	V	**495,75**	226,58	226,58	IV	168,41	121,41	76,08	36,33	4,66	
	VI	**532,83**	226,58	226,58							
2432,99	I,IV	**217,58**	226,83	226,83	I	122,08	36,75				
	II	**131,75**	226,83	226,83	II	44,41					
	III	**5,00**	250,00	226,83	III						
	V	**496,83**	226,83	226,83	IV	169,00	122,08	76,66	36,75	5,00	
	VI	**533,83**	226,83	226,83							
2435,99	I,IV	**218,25**	227,08	227,08	I	122,66	37,25				
	II	**132,33**	227,08	227,08	II	44,91					
	III	**5,33**	250,00	227,08	III						
	V	**497,83**	227,08	227,08	IV	169,66	122,66	77,25	37,25	5,41	
	VI	**534,50**	227,08	227,08							
2438,99	I,IV	**218,91**	227,41	227,41	I	123,25	37,75				
	II	**132,91**	227,41	227,41	II	45,41					
	III	**5,83**	250,00	227,41	III						
	V	**498,66**	227,41	227,41	IV	170,25	123,25	77,83	37,75	5,75	
	VI	**535,50**	227,41	227,41							
2441,99	I,IV	**219,58**	227,66	227,66	I	123,83	38,16				
	II	**133,58**	227,66	227,66	II	45,91					
	III	**6,16**	250,00	227,66	III						
	V	**499,66**	227,66	227,66	IV	170,91	123,83	78,41	38,16	6,16	
	VI	**536,33**	227,66	227,66							
2444,99	I,IV	**220,16**	227,91	227,91	I	124,50	38,66				
	II	**134,16**	227,91	227,91	II	46,41					
	III	**6,50**	250,00	227,91	III						
	V	**500,33**	227,91	227,91	IV	171,50	124,50	79,00	38,66	6,50	
	VI	**537,16**	227,91	227,91							
2447,99	I,IV	**220,83**	228,25	228,25	I	125,08	39,16				
	II	**134,75**	228,25	228,25	II	46,91					
	III	**7,00**	250,00	228,25	III						
	V	**501,33**	228,25	228,25	IV	172,16	125,08	79,58	39,16	6,83	
	VI	**538,16**	228,25	228,25							

* Zur LSt-Berechnung für privat versicherte Arbeitnehmer s. Beispiele **Vorbemerkung S. 4 f.**
** Basisvorsorgepauschale KV und PV *** Typisierter Arbeitgeberzuschuss

Lohn/ Gehalt in € bis	Steuerklasse	Lohn-steuer*	BVSP**	TAGZ***	Steuerklasse	Bemessungsgrundlage für Kirchensteuer und Solidaritätszuschlag Freibeträge für ... Kinder					
						0,5	1,0	1,5	2,0	2,5	3,0
2450,99	I,IV	**221,50**	228,50	228,50	I	125,66	39,58				
	II	**135,41**	228,50	228,50	II	47,41					
	III	**7,33**	250,00	228,50	III						
	V	**502,16**	228,50	228,50	IV	172,75	125,66	80,16	39,58	7,25	
	VI	**539,00**	228,50	228,50							
2453,99	I,IV	**222,16**	228,83	228,83	I	126,25	40,08				
	II	**136,00**	228,83	228,83	II	47,91					
	III	**7,66**	250,00	228,83	III						
	V	**503,00**	228,83	228,83	IV	173,41	126,25	80,75	40,08	7,58	
	VI	**540,00**	228,83	228,83							
2456,99	I,IV	**222,75**	229,08	229,08	I	126,91	40,58				
	II	**136,58**	229,08	229,08	II	48,41					
	III	**8,16**	250,00	229,08	III						
	V	**503,83**	229,08	229,08	IV	174,00	126,91	81,33	40,58	8,00	
	VI	**540,66**	229,08	229,08							
2459,99	I,IV	**223,41**	229,33	229,33	I	127,50	41,08				
	II	**137,25**	229,33	229,33	II	48,91					
	III	**8,50**	250,00	229,33	III						
	V	**504,83**	229,33	229,33	IV	174,66	127,50	81,91	41,08	8,33	
	VI	**541,66**	229,33	229,33							
2462,99	I,IV	**224,08**	229,66	229,66	I	128,08	41,58				
	II	**137,83**	229,66	229,66	II	49,41					
	III	**9,00**	250,00	229,66	III						
	V	**505,66**	229,66	229,66	IV	175,25	128,08	82,50	41,58	8,75	
	VI	**542,50**	229,66	229,66							
2465,99	I,IV	**224,75**	229,91	229,91	I	128,66	42,00				
	II	**138,41**	229,91	229,91	II	49,91					
	III	**9,33**	250,00	229,91	III						
	V	**506,50**	229,91	229,91	IV	175,91	128,66	83,08	42,00	9,08	
	VI	**543,50**	229,91	229,91							
2468,99	I,IV	**225,33**	230,16	230,16	I	129,33	42,50				
	II	**139,08**	230,16	230,16	II	50,41					
	III	**9,66**	250,00	230,16	III						
	V	**507,33**	230,16	230,16	IV	176,50	129,33	83,66	42,50	9,50	
	VI	**544,33**	230,16	230,16							
2471,99	I,IV	**226,00**	230,50	230,50	I	129,91	43,00				
	II	**139,66**	230,50	230,50	II	51,00					
	III	**10,16**	250,00	230,50	III						
	V	**508,16**	230,50	230,50	IV	177,16	129,91	84,25	43,00	9,83	
	VI	**545,16**	230,50	230,50							
2474,99	I,IV	**226,66**	230,75	230,75	I	130,50	43,50				
	II	**140,25**	230,75	230,75	II	51,50					
	III	**10,50**	250,00	230,75	III						
	V	**509,16**	230,75	230,75	IV	177,83	130,50	84,83	43,50	10,25	
	VI	**546,16**	230,75	230,75							
2477,99	I,IV	**227,33**	231,00	231,00	I	131,16	44,00				
	II	**140,91**	231,00	231,00	II	52,00					
	III	**11,00**	250,00	231,00	III						
	V	**509,83**	231,00	231,00	IV	178,41	131,16	85,41	44,00	10,58	
	VI	**547,00**	231,00	231,00							
2480,99	I,IV	**228,00**	231,33	231,33	I	131,75	44,41				
	II	**141,50**	231,33	231,33	II	52,50					
	III	**11,33**	250,00	231,33	III						
	V	**510,83**	231,33	231,33	IV	179,08	131,75	86,00	44,41	11,00	
	VI	**547,83**	231,33	231,33							
2483,99	I,IV	**228,66**	231,58	231,58	I	132,33	44,91				
	II	**142,08**	231,58	231,58	II	53,00					
	III	**11,83**	250,00	231,58	III						
	V	**511,66**	231,58	231,58	IV	179,66	132,33	86,66	44,91	11,41	
	VI	**548,66**	231,58	231,58							

* Zur LSt-Berechnung für privat versicherte Arbeitnehmer s. Beispiele **Vorbemerkung S. 4 f.**
** Basisvorsorgepauschale KV und PV *** Typisierter Arbeitgeberzuschuss

Lohn/ Gehalt in € bis	Steuerklasse	Lohn- steuer*	BVSP**	TAGZ***	Steuerklasse	Bemessungsgrundlage für Kirchensteuer und Solidaritätszuschlag Freibeträge für ... Kinder					
						0,5	1,0	1,5	2,0	2,5	3,0
2 486,99	I,IV	**229,25**	231,83	231,83	I	133,00	45,41				
	II	**142,75**	231,83	231,83	II	53,50					
	III	**12,16**	250,00	231,83	III						
	V	**512,50**	231,83	231,83	IV	180,33	133,00	87,25	45,41	11,75	
	VI	**549,66**	231,83	231,83							
2 489,99	I,IV	**229,91**	232,16	232,16	I	133,58	45,91				
	II	**143,33**	232,16	232,16	II	54,00					
	III	**12,66**	250,00	232,16	III						
	V	**513,33**	232,16	232,16	IV	180,91	133,58	87,83	45,91	12,16	
	VI	**550,50**	232,16	232,16							
2 492,99	I,IV	**230,58**	232,41	232,41	I	134,16	46,41				
	II	**144,00**	232,41	232,41	II	54,58					
	III	**13,00**	250,00	232,41	III						
	V	**514,16**	232,41	232,41	IV	181,58	134,16	88,41	46,41	12,58	
	VI	**551,50**	232,41	232,41							
2 495,99	I,IV	**231,25**	232,75	232,75	I	134,83	46,91				
	II	**144,58**	232,75	232,75	II	55,08					
	III	**13,33**	250,00	232,75	III						
	V	**515,16**	232,75	232,75	IV	182,25	134,83	89,00	46,91	12,91	
	VI	**552,33**	232,75	232,75							
2 498,99	I,IV	**231,91**	233,00	233,00	I	135,41	47,41				
	II	**145,16**	233,00	233,00	II	55,58					
	III	**13,83**	250,00	233,00	III						
	V	**516,00**	233,00	233,00	IV	182,83	135,41	89,58	47,41	13,33	
	VI	**553,16**	233,00	233,00							
2 501,99	I,IV	**232,58**	233,25	233,25	I	136,00	47,91				
	II	**145,83**	233,25	233,25	II	56,16					
	III	**14,16**	250,00	233,25	III						
	V	**516,83**	233,25	233,25	IV	183,50	136,00	90,16	47,91	13,75	
	VI	**554,00**	233,25	233,25							
2 504,99	I,IV	**233,16**	233,58	233,58	I	136,66	48,41				
	II	**146,41**	233,58	233,58	II	56,66					
	III	**14,66**	250,00	233,58	III						
	V	**517,83**	233,58	233,58	IV	184,08	136,66	90,75	48,41	14,16	
	VI	**555,00**	233,58	233,58							
2 507,99	I,IV	**233,83**	233,83	233,83	I	137,25	48,91				
	II	**147,00**	233,83	233,83	II	57,16					
	III	**15,00**	250,00	233,83	III						
	V	**518,66**	233,83	233,83	IV	184,75	137,25	91,33	48,91	14,50	
	VI	**556,00**	233,83	233,83							
2 510,99	I,IV	**234,50**	234,08	234,08	I	137,83	49,41				
	II	**147,66**	234,08	234,08	II	57,66					
	III	**15,50**	250,00	234,08	III						
	V	**519,50**	234,08	234,08	IV	185,33	137,83	91,91	49,41	14,91	
	VI	**556,83**	234,08	234,08							
2 513,99	I,IV	**235,16**	234,41	234,41	I	138,50	49,91				
	II	**148,25**	234,41	234,41	II	58,25					
	III	**15,83**	250,00	234,41	III						
	V	**520,50**	234,41	234,41	IV	186,00	138,50	92,50	49,91	15,33	
	VI	**557,83**	234,41	234,41							
2 516,99	I,IV	**235,83**	234,66	234,66	I	139,08	50,41				
	II	**148,91**	234,66	234,66	II	58,75					
	III	**16,33**	250,00	234,66	III						
	V	**521,16**	234,66	234,66	IV	186,66	139,08	93,08	50,41	15,75	
	VI	**558,50**	234,66	234,66							
2 519,99	I,IV	**236,41**	234,91	234,91	I	139,66	51,00				
	II	**149,50**	234,91	234,91	II	59,25					
	III	**16,66**	250,00	234,91	III						
	V	**522,16**	234,91	234,91	IV	187,25	139,66	93,66	51,00	16,08	
	VI	**559,50**	234,91	234,91							

* Zur LSt-Berechnung für privat versicherte Arbeitnehmer s. Beispiele **Vorbemerkung S. 4 f.**
** Basisvorsorgepauschale KV und PV   *** Typisierter Arbeitgeberzuschuss

Lohn/Gehalt in € bis	Steuerklasse	Lohn-steuer*	BVSP**	TAGZ***	Steuerklasse	Bemessungsgrundlage für Kirchensteuer und Solidaritätszuschlag — Freibeträge für ... Kinder					
						0,5	**1,0**	1,5	**2,0**	2,5	**3,0**
2522,99	I,IV	237,16	235,25	235,25	I	140,33	51,50				
	II	150,16	235,25	235,25	II	59,83					
	III	17,16	250,00	235,25	III						
	V	523,00	235,25	235,25	IV	187,91	140,33	94,33	51,50	16,50	
	VI	560,33	235,25	235,25							
2525,99	I,IV	237,75	235,50	235,50	I	140,91	52,00				
	II	150,75	235,50	235,50	II	60,33					
	III	17,50	250,00	235,50	III						
	V	523,83	235,50	235,50	IV	188,50	140,91	94,91	52,00	16,91	
	VI	561,33	235,50	235,50							
2528,99	I,IV	238,41	235,75	235,75	I	141,50	52,50				
	II	151,33	235,75	235,75	II	60,91					
	III	18,00	250,00	235,75	III						
	V	524,83	235,75	235,75	IV	189,16	141,50	95,50	52,50	17,33	
	VI	562,16	235,75	235,75							
2531,99	I,IV	239,08	236,08	236,08	I	142,08	53,00				
	II	152,00	236,08	236,08	II	61,41					
	III	18,33	250,00	236,08	III						
	V	525,66	236,08	236,08	IV	189,83	142,08	96,08	53,00	17,75	
	VI	563,16	236,08	236,08							
2534,99	I,IV	239,75	236,33	236,33	I	142,75	53,50				
	II	152,58	236,33	236,33	II	62,00					
	III	18,83	250,00	236,33	III						
	V	526,50	236,33	236,33	IV	190,41	142,75	96,66	53,50	18,16	
	VI	564,00	236,33	236,33							
2537,99	I,IV	240,41	236,66	236,66	I	143,33	54,08				
	II	153,16	236,66	236,66	II	62,50					
	III	19,16	250,00	236,66	III						
	V	527,50	236,66	236,66	IV	191,08	143,33	97,25	54,08	18,58	
	VI	564,83	236,66	236,66							
2540,99	I,IV	241,08	236,91	236,91	I	144,00	54,58				
	II	153,83	236,91	236,91	II	63,00					
	III	19,66	250,00	236,91	III						
	V	528,16	236,91	236,91	IV	191,66	144,00	97,83	54,58	19,00	
	VI	565,66	236,91	236,91							
2543,99	I,IV	241,75	237,16	237,16	I	144,58	55,08				
	II	154,41	237,16	237,16	II	63,58					
	III	20,00	250,00	237,16	III						
	V	529,16	237,16	237,16	IV	192,33	144,58	98,41	55,08	19,41	
	VI	566,66	237,16	237,16							
2546,99	I,IV	242,33	237,50	237,50	I	145,16	55,58				
	II	155,08	237,50	237,50	II	64,16					
	III	20,50	250,00	237,50	III						
	V	530,00	237,50	237,50	IV	193,00	145,16	99,00	55,58	19,83	
	VI	567,50	237,50	237,50							
2549,99	I,IV	243,00	237,75	237,75	I	145,83	56,16				
	II	155,66	237,75	237,75	II	64,66					
	III	21,00	250,00	237,75	III						
	V	530,83	237,75	237,75	IV	193,58	145,83	99,58	56,16	20,25	
	VI	568,50	237,75	237,75							
2552,99	I,IV	243,66	238,00	238,00	I	146,41	56,66				
	II	156,33	238,00	238,00	II	65,25					
	III	21,33	250,00	238,00	III						
	V	531,66	238,00	238,00	IV	194,25	146,41	100,25	56,66	20,66	
	VI	569,33	238,00	238,00							
2555,99	I,IV	244,33	238,33	238,33	I	147,08	57,16				
	II	156,91	238,33	238,33	II	65,75					
	III	21,83	250,00	238,33	III						
	V	532,66	238,33	238,33	IV	194,91	147,08	100,83	57,16	21,08	
	VI	570,33	238,33	238,33							

* Zur LSt-Berechnung für privat versicherte Arbeitnehmer s. Beispiele **Vorbemerkung S. 4 f.**
** Basisvorsorgepauschale KV und PV   *** Typisierter Arbeitgeberzuschuss

aT3

Lohn/ Gehalt in € bis	Steuerklasse	Lohn-steuer*	BVSP**	TAGZ***	Steuerklasse	Bemessungsgrundlage für Kirchensteuer und Solidaritätszuschlag Freibeträge für ... Kinder					
						0,5	1,0	1,5	2,0	2,5	3,0
2558,99	I,IV	**245,00**	238,58	238,58	I	147,66	57,66				
	II	**157,50**	238,58	238,58	II	66,33					
	III	**22,16**	250,00	238,58	III						
	V	**533,50**	238,58	238,58	IV	195,50	147,66	101,41	57,66	21,50	
	VI	**571,16**	238,58	238,58							
2561,99	I,IV	**245,66**	238,83	238,83	I	148,25	58,25				
	II	**158,16**	238,83	238,83	II	66,83					
	III	**22,66**	250,00	238,83	III						
	V	**534,33**	238,83	238,83	IV	196,16	148,25	102,00	58,25	21,91	
	VI	**572,16**	238,83	238,83							
2564,99	I,IV	**246,33**	239,16	239,16	I	148,91	58,75				
	II	**158,75**	239,16	239,16	II	67,41					
	III	**23,00**	250,00	239,16	III						
	V	**535,33**	239,16	239,16	IV	196,83	148,91	102,58	58,75	22,33	
	VI	**573,00**	239,16	239,16							
2567,99	I,IV	**247,00**	239,41	239,41	I	149,50	59,33				
	II	**159,41**	239,41	239,41	II	68,00					
	III	**23,50**	250,00	239,41	III						
	V	**536,16**	239,41	239,41	IV	197,41	149,50	103,16	59,33	22,75	
	VI	**574,00**	239,41	239,41							
2570,99	I,IV	**247,58**	239,66	239,66	I	150,16	59,83				
	II	**160,00**	239,66	239,66	II	68,50					
	III	**24,00**	250,00	239,66	III						
	V	**537,00**	239,66	239,66	IV	198,08	150,16	103,75	59,83	23,16	
	VI	**574,66**	239,66	239,66							
2573,99	I,IV	**248,33**	240,00	240,00	I	150,75	60,33				
	II	**160,66**	240,00	240,00	II	69,08	0,33				
	III	**24,33**	250,00	240,00	III						
	V	**538,00**	240,00	240,00	IV	198,75	150,75	104,41	60,33	23,58	
	VI	**575,83**	240,00	240,00							
2576,99	I,IV	**248,91**	240,25	240,25	I	151,33	60,91				
	II	**161,25**	240,25	240,25	II	69,66	0,66				
	III	**24,83**	250,00	240,25	III						
	V	**538,83**	240,25	240,25	IV	199,33	151,33	105,00	60,91	24,00	
	VI	**576,66**	240,25	240,25							
2579,99	I,IV	**249,58**	240,58	240,58	I	152,00	61,41				
	II	**161,91**	240,58	240,58	II	70,16	1,00				
	III	**25,16**	250,00	240,58	III						
	V	**539,66**	240,58	240,58	IV	200,00	152,00	105,58	61,41	24,41	
	VI	**577,50**	240,58	240,58							
2582,99	I,IV	**250,25**	240,83	240,83	I	152,58	62,00				
	II	**162,50**	240,83	240,83	II	70,75	1,33				
	III	**25,66**	250,00	240,83	III						
	V	**540,50**	240,83	240,83	IV	200,66	152,58	106,16	62,00	24,91	
	VI	**578,50**	240,83	240,83							
2585,99	I,IV	**250,91**	241,08	241,08	I	153,25	62,50				
	II	**163,16**	241,08	241,08	II	71,33	1,66				
	III	**26,16**	250,00	241,08	III						
	V	**541,50**	241,08	241,08	IV	201,25	153,25	106,75	62,50	25,33	
	VI	**579,33**	241,08	241,08							
2588,99	I,IV	**251,58**	241,41	241,41	I	153,83	63,08				
	II	**163,75**	241,41	241,41	II	71,91	2,00				
	III	**26,50**	250,00	241,41	III						
	V	**542,33**	241,41	241,41	IV	201,91	153,83	107,33	63,08	25,75	
	VI	**580,16**	241,41	241,41							
2591,99	I,IV	**252,25**	241,66	241,66	I	154,41	63,58				
	II	**164,33**	241,66	241,66	II	72,41	2,41				
	III	**27,00**	250,00	241,66	III						
	V	**543,16**	241,66	241,66	IV	202,58	154,41	108,00	63,58	26,16	
	VI	**581,16**	241,66	241,66							

52

        * Zur LSt-Berechnung für privat versicherte Arbeitnehmer s. Beispiele **Vorbemerkung S. 4 f.**
        ** Basisvorsorgepauschale KV und PV   *** Typisierter Arbeitgeberzuschuss

Lohn/Gehalt in € bis	Steuerklasse	Lohn-steuer*	BVSP**	TAGZ***	Steuerklasse	Bemessungsgrundlage für Kirchensteuer und Solidaritätszuschlag Freibeträge für ... Kinder					
						0,5	1,0	1,5	2,0	2,5	3,0
2594,99	I,IV	252,91	241,91	241,91	I	155,08	64,16				
	II	165,00	241,91	241,91	II	73,00	2,75				
	III	27,50	250,00	241,91	III						
	V	544,00	241,91	241,91	IV	203,16	155,08	108,58	64,16	26,66	
	VI	582,00	241,91	241,91							
2597,99	I,IV	253,58	242,25	242,25	I	155,66	64,66				
	II	165,66	242,25	242,25	II	73,58	3,08				
	III	27,83	250,00	242,25	III						
	V	545,00	242,25	242,25	IV	203,83	155,66	109,16	64,66	27,08	
	VI	583,00	242,25	242,25							
2600,99	I,IV	254,25	242,50	242,50	I	156,33	65,25				
	II	166,25	242,50	242,50	II	74,16	3,41				
	III	28,33	250,00	242,50	III						
	V	546,00	242,50	242,50	IV	204,50	156,33	109,75	65,25	27,50	
	VI	583,83	242,50	242,50							
2603,99	I,IV	254,91	242,75	242,75	I	156,91	65,83				
	II	166,91	242,75	242,75	II	74,75	3,83				
	III	28,66	250,00	242,75	III						
	V	546,83	242,75	242,75	IV	205,08	156,91	110,41	65,83	27,91	
	VI	584,83	242,75	242,75							
2606,99	I,IV	255,58	243,08	243,08	I	157,58	66,33				
	II	167,50	243,08	243,08	II	75,33	4,16				
	III	29,16	250,00	243,08	III						
	V	547,66	243,08	243,08	IV	205,75	157,58	111,00	66,33	28,41	
	VI	585,66	243,08	243,08							
2609,99	I,IV	256,25	243,33	243,33	I	158,16	66,91				
	II	168,08	243,33	243,33	II	75,83	4,50				
	III	29,66	250,00	243,33	III						
	V	548,50	243,33	243,33	IV	206,41	158,16	111,58	66,91	28,83	
	VI	586,66	243,33	243,33							
2612,99	I,IV	256,91	243,58	243,58	I	158,75	67,41				
	II	168,75	243,58	243,58	II	76,41	4,91				
	III	30,00	250,00	243,58	III						
	V	549,50	243,58	243,58	IV	207,00	158,75	112,16	67,41	29,25	
	VI	587,50	243,58	243,58							
2615,99	I,IV	257,58	243,91	243,91	I	159,41	68,00				
	II	169,41	243,91	243,91	II	77,00	5,25				
	III	30,50	250,00	243,91	III						
	V	550,33	243,91	243,91	IV	207,66	159,41	112,75	68,00	29,75	
	VI	588,50	243,91	243,91							
2618,99	I,IV	258,25	244,16	244,16	I	160,00	68,58				
	II	170,00	244,16	244,16	II	77,58	5,58				
	III	31,00	250,00	244,16	III						
	V	551,33	244,16	244,16	IV	208,33	160,00	113,33	68,58	30,16	
	VI	589,33	244,16	244,16							
2621,99	I,IV	258,83	244,50	244,50	I	160,66	69,08	0,33			
	II	170,58	244,50	244,50	II	78,16	6,00				
	III	31,33	250,00	244,50	III						
	V	552,16	244,50	244,50	IV	208,91	160,66	114,00	69,08	30,58	0,33
	VI	590,33	244,50	244,50							
2624,99	I,IV	259,58	244,75	244,75	I	161,33	69,66	0,66			
	II	171,25	244,75	244,75	II	78,75	6,33				
	III	31,83	250,00	244,75	III						
	V	553,00	244,75	244,75	IV	209,58	161,33	114,58	69,66	31,08	0,66
	VI	591,33	244,75	244,75							
2627,99	I,IV	260,16	245,00	245,00	I	161,91	70,25	1,00			
	II	171,91	245,00	245,00	II	79,33	6,75				
	III	32,33	245,00	245,00	III						
	V	554,00	245,00	245,00	IV	210,25	161,91	115,16	70,25	31,50	1,00
	VI	592,16	245,00	245,00							

* Zur LSt-Berechnung für privat versicherte Arbeitnehmer s. Beispiele **Vorbemerkung S. 4 f.**
** Basisvorsorgepauschale KV und PV   *** Typisierter Arbeitgeberzuschuss

Lohn/ Gehalt in € bis	Steuerklasse	Lohn- steuer*	BVSP**	TAGZ***	Steuerklasse	Bemessungsgrundlage für Kirchensteuer und Solidaritätszuschlag					
						Freibeträge für ... Kinder					
						0,5	1,0	1,5	2,0	2,5	3,0
2 630,99	I,IV	**260,83**	245,33	245,33	I	162,50	70,75	1,33			
	II	**172,50**	245,33	245,33	II	79,91	7,08				
	III	**32,83**	250,00	245,33	III						
	V	**554,83**	245,33	245,33	IV	210,91	162,50	115,75	70,75	32,00	1,33
	VI	**593,00**	245,33	245,33							
2 633,99	I,IV	**261,58**	245,58	245,58	I	163,16	71,33	1,66			
	II	**173,16**	245,58	245,58	II	80,50	7,41				
	III	**33,16**	250,00	245,58	III						
	V	**555,83**	245,58	245,58	IV	211,58	163,16	116,41	71,33	32,41	1,66
	VI	**594,00**	245,58	245,58							
2 636,99	I,IV	**262,16**	245,83	245,83	I	163,75	71,91	2,08			
	II	**173,75**	245,83	245,83	II	81,08	7,83				
	III	**33,66**	250,00	245,83	III						
	V	**556,66**	245,83	245,83	IV	212,16	163,75	117,00	71,91	32,91	2,08
	VI	**595,00**	245,83	245,83							
2 639,99	I,IV	**262,83**	246,16	246,16	I	164,41	72,50	2,41			
	II	**174,41**	246,16	246,16	II	81,66	8,16				
	III	**34,16**	250,00	246,16	III						
	V	**557,50**	246,16	246,16	IV	212,83	164,41	117,58	72,50	33,33	2,41
	VI	**595,83**	246,16	246,16							
2 642,99	I,IV	**263,50**	246,41	246,41	I	165,00	73,00	2,75			
	II	**175,00**	246,41	246,41	II	82,25	8,58				
	III	**34,50**	250,00	246,41	III						
	V	**558,33**	246,41	246,41	IV	213,50	165,00	118,16	73,00	33,83	2,75
	VI	**596,83**	246,41	246,41							
2 645,99	I,IV	**264,16**	246,66	246,66	I	165,66	73,58	3,08			
	II	**175,66**	246,66	246,66	II	82,83	8,91				
	III	**35,00**	250,00	246,66	III						
	V	**559,33**	246,66	246,66	IV	214,08	165,66	118,75	73,58	34,25	3,08
	VI	**597,66**	246,66	246,66							
2 648,99	I,IV	**264,83**	247,00	247,00	I	166,25	74,16	3,50			
	II	**176,25**	247,00	247,00	II	83,41	9,33				
	III	**35,50**	250,00	247,00	III						
	V	**560,16**	247,00	247,00	IV	214,75	166,25	119,41	74,16	34,75	3,50
	VI	**598,66**	247,00	247,00							
2 651,99	I,IV	**265,50**	247,25	247,25	I	166,91	74,75	3,83			
	II	**176,91**	247,25	247,25	II	84,00	9,66				
	III	**36,00**	250,00	247,25	III						
	V	**561,16**	247,25	247,25	IV	215,41	166,91	120,00	74,75	35,16	3,83
	VI	**599,50**	247,25	247,25							
2 654,99	I,IV	**266,16**	247,50	247,50	I	167,50	75,33	4,16			
	II	**177,58**	247,50	247,50	II	84,58	10,08				
	III	**36,33**	250,00	247,50	III						
	V	**562,00**	247,50	247,50	IV	216,08	167,50	120,58	75,33	35,66	4,16
	VI	**600,33**	247,50	247,50							
2 657,99	I,IV	**266,83**	247,83	247,83	I	168,16	75,91	4,50			
	II	**178,16**	247,83	247,83	II	85,16	10,50				
	III	**36,83**	250,00	247,83	III						
	V	**563,00**	247,83	247,83	IV	216,66	168,16	121,16	75,91	36,16	4,50
	VI	**601,33**	247,83	247,83							
2 660,99	I,IV	**267,50**	248,08	248,08	I	168,75	76,50	4,91			
	II	**178,75**	248,08	248,08	II	85,75	10,83				
	III	**37,33**	250,00	248,08	III						
	V	**563,66**	248,08	248,08	IV	217,33	168,75	121,83	76,50	36,58	4,91
	VI	**602,16**	248,08	248,08							
2 663,99	I,IV	**268,16**	248,41	248,41	I	169,41	77,00	5,25			
	II	**179,41**	248,41	248,41	II	86,33	11,25				
	III	**37,66**	250,00	248,41	III						
	V	**564,66**	248,41	248,41	IV	218,00	169,41	122,41	77,00	37,08	5,25
	VI	**603,16**	248,41	248,41							

* Zur LSt-Berechnung für privat versicherte Arbeitnehmer s. Beispiele **Vorbemerkung S. 4 f.**
** Basisvorsorgepauschale KV und PV   *** Typisierter Arbeitgeberzuschuss

Lohn/ Gehalt in € bis	Steuerklasse	Lohn- steuer*	BVSP**	TAGZ***	Steuerklasse	Bemessungsgrundlage für Kirchensteuer und Solidaritätszuschlag					
						| Freibeträge für ... Kinder					
						0,5	1,0	1,5	2,0	2,5	3,0
2 666,99	I,IV	268,83	248,66	248,66	I	170,00	77,58	5,58			
	II	180,08	248,66	248,66	II	87,00	11,58				
	III	38,16	250,00	248,66	III						
	V	565,50	248,66	248,66	IV	218,66	170,00	123,00	77,58	37,50	5,58
	VI	604,16	248,66	248,66							
2 669,99	I,IV	269,50	248,91	248,91	I	170,66	78,16	6,00			
	II	180,66	248,91	248,91	II	87,58	12,00				
	III	38,66	250,00	248,91	III						
	V	566,50	248,91	248,91	IV	219,25	170,66	123,58	78,16	38,00	6,00
	VI	605,16	248,91	248,91							
2 672,99	I,IV	270,16	249,25	249,25	I	171,25	78,75	6,33			
	II	181,33	249,25	249,25	II	88,16	12,41				
	III	39,16	250,00	249,25	III						
	V	567,33	249,25	249,25	IV	219,91	171,25	124,25	78,75	38,50	6,33
	VI	606,00	249,25	249,25							
2 675,99	I,IV	270,91	249,50	249,50	I	171,91	79,33	6,75			
	II	181,91	249,50	249,50	II	88,75	12,75				
	III	39,66	250,00	249,50	III						
	V	568,33	249,50	249,50	IV	220,58	171,91	124,83	79,33	38,91	6,75
	VI	606,83	249,50	249,50							
2 678,99	I,IV	271,50	249,75	249,75	I	172,50	79,91	7,08			
	II	182,58	249,75	249,75	II	89,33	13,16				
	III	40,00	250,00	249,75	III						
	V	569,16	249,75	249,75	IV	221,25	172,50	125,41	79,91	39,41	7,08
	VI	607,83	249,75	249,75							
2 681,99	I,IV	272,16	250,08	250,08	I	173,16	80,50	7,41			
	II	183,16	250,08	250,08	II	89,91	13,58				
	III	40,50	250,08	250,08	III						
	V	570,16	250,08	250,08	IV	221,83	173,16	126,00	80,50	39,91	7,41
	VI	608,66	250,08	250,08							
2 684,99	I,IV	272,91	250,33	250,33	I	173,75	81,08	7,83			
	II	183,83	250,33	250,33	II	90,50	14,00				
	III	41,00	250,33	250,33	III						
	V	571,00	250,33	250,33	IV	222,50	173,75	126,66	81,08	40,41	7,83
	VI	609,66	250,33	250,33							
2 687,99	I,IV	273,58	250,58	250,58	I	174,41	81,66	8,16			
	II	184,50	250,58	250,58	II	91,08	14,33				
	III	41,33	250,58	250,58	III						
	V	572,00	250,58	250,58	IV	223,16	174,41	127,25	81,66	40,83	8,16
	VI	610,66	250,58	250,58							
2 690,99	I,IV	274,25	250,91	250,91	I	175,00	82,25	8,58			
	II	185,08	250,91	250,91	II	91,66	14,75				
	III	41,83	250,91	250,91	III						
	V	572,83	250,91	250,91	IV	223,83	175,00	127,83	82,25	41,33	8,58
	VI	611,66	250,91	250,91							
2 693,99	I,IV	274,91	251,16	251,16	I	175,66	82,83	8,91			
	II	185,75	251,16	251,16	II	92,25	15,16				
	III	42,16	251,16	251,16	III						
	V	573,66	251,16	251,16	IV	224,50	175,66	128,41	82,83	41,83	8,91
	VI	612,50	251,16	251,16							
2 696,99	I,IV	275,58	251,41	251,41	I	176,33	83,50	9,33			
	II	186,41	251,41	251,41	II	92,83	15,58				
	III	42,66	251,41	251,41	III						
	V	574,66	251,41	251,41	IV	225,16	176,33	129,08	83,50	42,33	9,33
	VI	613,33	251,41	251,41							
2 699,99	I,IV	276,25	251,75	251,75	I	176,91	84,08	9,75			
	II	187,00	251,75	251,75	II	93,41	15,91				
	III	43,00	251,75	251,75	III						
	V	575,50	251,75	251,75	IV	225,75	176,91	129,66	84,08	42,83	9,75
	VI	614,33	251,75	251,75							

*   Zur LSt-Berechnung für privat versicherte Arbeitnehmer s. Beispiele **Vorbemerkung S. 4 f.**
**   Basisvorsorgepauschale KV und PV   *** Typisierter Arbeitgeberzuschuss

Lohn/ Gehalt in € bis	Steuerklasse	Lohn-steuer*	BVSP**	TAGZ***	Steuerklasse	Bemessungsgrundlage für Kirchensteuer und Solidaritätszuschlag					
						Freibeträge für ... Kinder					
						0,5	1,0	1,5	2,0	2,5	3,0
2702,99	I,IV	276,91	252,00	252,00	I	177,58	84,58	10,08			
	II	187,66	252,00	252,00	II	94,00	16,33				
	III	43,50	252,00	252,00	III						
	V	576,33	252,00	252,00	IV	226,41	177,58	130,25	84,58	43,25	10,08
	VI	615,16	252,00	252,00							
2705,99	I,IV	277,58	252,33	252,33	I	178,16	85,25	10,50			
	II	188,25	252,33	252,33	II	94,66	16,75				
	III	43,83	252,33	252,33	III						
	V	577,50	252,33	252,33	IV	227,08	178,16	130,91	85,25	43,75	10,50
	VI	616,33	252,33	252,33							
2708,99	I,IV	278,25	252,58	252,58	I	178,83	85,83	10,83			
	II	188,91	252,58	252,58	II	95,25	17,16				
	III	44,33	252,58	252,58	III						
	V	578,16	252,58	252,58	IV	227,75	178,83	131,50	85,83	44,25	10,83
	VI	617,16	252,58	252,58							
2711,99	I,IV	278,91	252,83	252,83	I	179,41	86,41	11,25			
	II	189,50	252,83	252,83	II	95,83	17,58				
	III	44,66	252,83	252,83	III						
	V	579,16	252,83	252,83	IV	228,33	179,41	132,08	86,41	44,75	11,25
	VI	618,16	252,83	252,83							
2714,99	I,IV	279,58	253,16	253,16	I	180,08	87,00	11,58			
	II	190,16	253,16	253,16	II	96,41	18,00				
	III	45,16	253,16	253,16	III						
	V	580,00	253,16	253,16	IV	229,00	180,08	132,75	87,00	45,25	11,58
	VI	619,00	253,16	253,16							
2717,99	I,IV	280,25	253,41	253,41	I	180,66	87,58	12,00			
	II	190,83	253,41	253,41	II	97,00	18,41				
	III	45,50	253,41	253,41	III						
	V	581,00	253,41	253,41	IV	229,66	180,66	133,33	87,58	45,75	12,00
	VI	619,83	253,41	253,41							
2720,99	I,IV	280,91	253,66	253,66	I	181,33	88,16	12,41			
	II	191,41	253,66	253,66	II	97,58	18,83				
	III	46,00	253,66	253,66	III						
	V	581,83	253,66	253,66	IV	230,33	181,33	133,91	88,16	46,25	12,41
	VI	620,83	253,66	253,66							
2723,99	I,IV	281,58	254,00	254,00	I	181,91	88,75	12,75			
	II	192,08	254,00	254,00	II	98,16	19,25				
	III	46,50	254,00	254,00	III						
	V	582,83	254,00	254,00	IV	231,00	181,91	134,58	88,75	46,75	12,75
	VI	621,66	254,00	254,00							
2726,99	I,IV	282,25	254,25	254,25	I	182,58	89,33	13,16			
	II	192,75	254,25	254,25	II	98,83	19,66				
	III	46,83	254,25	254,25	III						
	V	583,66	254,25	254,25	IV	231,66	182,58	135,16	89,33	47,25	13,16
	VI	622,66	254,25	254,25							
2729,99	I,IV	282,91	254,50	254,50	I	183,25	89,91	13,58			
	II	193,33	254,50	254,50	II	99,41	20,08				
	III	47,33	254,50	254,50	III						
	V	584,66	254,50	254,50	IV	232,25	183,25	135,75	89,91	47,75	13,58
	VI	623,66	254,50	254,50							
2732,99	I,IV	283,58	254,83	254,83	I	183,83	90,50	14,00			
	II	194,00	254,83	254,83	II	100,00	20,41				
	III	47,66	254,83	254,83	III						
	V	585,50	254,83	254,83	IV	232,91	183,83	136,41	90,50	48,25	14,00
	VI	624,50	254,83	254,83							
2735,99	I,IV	284,33	255,08	255,08	I	184,50	91,08	14,33			
	II	194,66	255,08	255,08	II	100,58	20,91				
	III	48,16	255,08	255,08	III						
	V	586,50	255,08	255,08	IV	233,58	184,50	137,00	91,08	48,75	14,33
	VI	625,66	255,08	255,08							

* Zur LSt-Berechnung für privat versicherte Arbeitnehmer s. Beispiele **Vorbemerkung S. 4 f.**
** Basisvorsorgepauschale KV und PV   *** Typisierter Arbeitgeberzuschuss

Lohn/Gehalt in € bis	Steuerklasse	Lohn-steuer*	BVSP**	TAGZ***	Steuerklasse	Bemessungsgrundlage für Kirchensteuer und Solidaritätszuschlag Freibeträge für ... Kinder 0,5	1,0	1,5	2,0	2,5	3,0
2738,99	I,IV	285,00	255,33	255,33	I	185,08	91,66	14,75			
	II	195,25	255,33	255,33	II	101,16	21,33				
	III	48,50	255,33	255,33	III						
	V	587,33	255,33	255,33	IV	234,25	185,08	137,58	91,66	49,25	14,75
	VI	626,50	255,33	255,33							
2741,99	I,IV	285,66	255,66	255,66	I	185,75	92,25	15,16			
	II	195,91	255,66	255,66	II	101,75	21,75				
	III	49,00	255,66	255,66	III						
	V	588,33	255,66	255,66	IV	234,91	185,75	138,25	92,25	49,75	15,16
	VI	627,50	255,66	255,66							
2744,99	I,IV	286,33	255,91	255,91	I	186,41	92,83	15,58			
	II	196,50	255,91	255,91	II	102,33	22,16				
	III	49,33	255,91	255,91	III						
	V	589,16	255,91	255,91	IV	235,58	186,41	138,83	92,83	50,25	15,58
	VI	628,33	255,91	255,91							
2747,99	I,IV	287,00	256,25	256,25	I	187,00	93,50	16,00			
	II	197,16	256,25	256,25	II	102,91	22,58				
	III	49,83	256,25	256,25	III						
	V	590,16	256,25	256,25	IV	236,25	187,00	139,41	93,50	50,75	16,00
	VI	629,33	256,25	256,25							
2750,99	I,IV	287,66	256,50	256,50	I	187,66	94,08	16,33			
	II	197,83	256,50	256,50	II	103,58	23,00				
	III	50,33	256,50	256,50	III						
	V	591,00	256,50	256,50	IV	236,83	187,66	140,08	94,08	51,25	16,33
	VI	630,33	256,50	256,50							
2753,99	I,IV	288,33	256,75	256,75	I	188,25	94,66	16,75			
	II	198,41	256,75	256,75	II	104,16	23,41				
	III	50,66	256,75	256,75	III						
	V	592,00	256,75	256,75	IV	237,50	188,25	140,66	94,66	51,75	16,75
	VI	631,16	256,75	256,75							
2756,99	I,IV	289,00	257,08	257,08	I	188,91	95,25	17,16			
	II	199,08	257,08	257,08	II	104,75	23,83				
	III	51,16	257,08	257,08	III						
	V	593,00	257,08	257,08	IV	238,16	188,91	141,25	95,25	52,33	17,16
	VI	632,00	257,08	257,08							
2759,99	I,IV	289,66	257,33	257,33	I	189,58	95,83	17,58			
	II	199,75	257,33	257,33	II	105,33	24,25				
	III	51,66	257,33	257,33	III						
	V	593,83	257,33	257,33	IV	238,83	189,58	141,91	95,83	52,83	17,58
	VI	633,16	257,33	257,33							
2762,99	I,IV	290,41	257,58	257,58	I	190,16	96,41	18,00			
	II	200,33	257,58	257,58	II	105,91	24,66				
	III	52,00	257,58	257,58	III						
	V	594,66	257,58	257,58	IV	239,50	190,16	142,50	96,41	53,33	18,00
	VI	634,00	257,58	257,58							
2765,99	I,IV	291,08	257,91	257,91	I	190,83	97,00	18,41			
	II	201,00	257,91	257,91	II	106,50	25,16				
	III	52,50	257,91	257,91	III						
	V	595,66	257,91	257,91	IV	240,16	190,83	143,16	97,00	53,83	18,41
	VI	634,83	257,91	257,91							
2768,99	I,IV	291,75	258,16	258,16	I	191,50	97,58	18,83			
	II	201,66	258,16	258,16	II	107,16	25,58				
	III	52,83	258,16	258,16	III						
	V	596,66	258,16	258,16	IV	240,83	191,50	143,75	97,58	54,33	18,83
	VI	635,83	258,16	258,16							
2771,99	I,IV	292,41	258,41	258,41	I	192,08	98,16	19,25			
	II	202,25	258,41	258,41	II	107,75	26,00				
	III	53,33	258,41	258,41	III						
	V	597,50	258,41	258,41	IV	241,41	192,08	144,33	98,16	54,91	19,25
	VI	636,83	258,41	258,41							

* Zur LSt-Berechnung für privat versicherte Arbeitnehmer s. Beispiele **Vorbemerkung S. 4 f.**
** Basisvorsorgepauschale KV und PV   *** Typisierter Arbeitgeberzuschuss

Lohn/ Gehalt in € bis	Steuerklasse	Lohn- steuer*	BVSP**	TAGZ***	Steuerklasse	Bemessungsgrundlage für Kirchensteuer und Solidaritätszuschlag					
						Freibeträge für ... Kinder					
						0,5	1,0	1,5	2,0	2,5	3,0
2 774,99	I,IV	293,08	258,75	258,75	I	192,75	98,83	19,66			
	II	202,91	258,75	258,75	II	108,33	26,41				
	III	53,83	258,75	258,75	III						
	V	598,50	258,75	258,75	IV	242,08	192,75	144,91	98,83	55,41	19,66
	VI	637,83	258,75	258,75							
2 777,99	I,IV	293,75	259,00	259,00	I	193,33	99,41	20,08			
	II	203,58	259,00	259,00	II	108,91	26,91				
	III	54,16	259,00	259,00	III						
	V	599,33	259,00	259,00	IV	242,75	193,33	145,58	99,41	55,91	20,08
	VI	638,66	259,00	259,00							
2 780,99	I,IV	294,41	259,25	259,25	I	194,00	100,00	20,50			
	II	204,16	259,25	259,25	II	109,50	27,33				
	III	54,66	259,25	259,25	III						
	V	600,33	259,25	259,25	IV	243,41	194,00	146,16	100,00	56,41	20,50
	VI	639,66	259,25	259,25							
2 783,99	I,IV	295,08	259,58	259,58	I	194,66	100,58	20,91			
	II	204,83	259,58	259,58	II	110,08	27,75				
	III	55,16	259,58	259,58	III						
	V	601,16	259,58	259,58	IV	244,08	194,66	146,83	100,58	57,00	20,91
	VI	640,66	259,58	259,58							
2 786,99	I,IV	295,83	259,83	259,83	I	195,25	101,16	21,33			
	II	205,50	259,83	259,83	II	110,75	28,16				
	III	55,50	259,83	259,83	III						
	V	602,00	259,83	259,83	IV	244,75	195,25	147,41	101,16	57,50	21,33
	VI	641,50	259,83	259,83							
2 789,99	I,IV	296,50	260,16	260,16	I	195,91	101,75	21,75			
	II	206,16	260,16	260,16	II	111,33	28,66				
	III	56,00	260,16	260,16	III						
	V	603,00	260,16	260,16	IV	245,41	195,91	148,00	101,75	58,00	21,75
	VI	642,50	260,16	260,16							
2 792,99	I,IV	297,16	260,41	260,41	I	196,58	102,33	22,16			
	II	206,75	260,41	260,41	II	111,91	29,08				
	III	56,33	260,41	260,41	III						
	V	603,83	260,41	260,41	IV	246,08	196,58	148,66	102,33	58,58	22,16
	VI	643,50	260,41	260,41							
2 795,99	I,IV	297,83	260,66	260,66	I	197,16	102,91	22,58			
	II	207,41	260,66	260,66	II	112,50	29,50				
	III	56,83	260,66	260,66	III						
	V	604,83	260,66	260,66	IV	246,66	197,16	149,25	102,91	59,08	22,58
	VI	644,33	260,66	260,66							
2 798,99	I,IV	298,50	261,00	261,00	I	197,83	103,58	23,00			
	II	208,08	261,00	261,00	II	113,08	30,00				
	III	57,33	261,00	261,00	III						
	V	605,83	261,00	261,00	IV	247,41	197,83	149,91	103,58	59,66	23,00
	VI	645,50	261,00	261,00							
2 801,99	I,IV	299,16	261,25	261,25	I	198,50	104,16	23,41			
	II	208,66	261,25	261,25	II	113,75	30,41				
	III	57,66	261,25	261,25	III						
	V	606,83	261,25	261,25	IV	248,00	198,50	150,50	104,16	60,16	23,41
	VI	646,33	261,25	261,25							
2 804,99	I,IV	299,91	261,50	261,50	I	199,08	104,75	23,83			
	II	209,33	261,50	261,50	II	114,33	30,91				
	III	58,16	261,50	261,50	III						
	V	607,66	261,50	261,50	IV	248,66	199,08	151,08	104,75	60,66	23,83
	VI	647,16	261,50	261,50							
2 807,99	I,IV	300,58	261,83	261,83	I	199,75	105,33	24,25			
	II	210,00	261,83	261,83	II	114,91	31,33				
	III	58,66	261,83	261,83	III						
	V	608,50	261,83	261,83	IV	249,33	199,75	151,75	105,33	61,25	24,25
	VI	648,33	261,83	261,83							

* Zur LSt-Berechnung für privat versicherte Arbeitnehmer s. Beispiele **Vorbemerkung S. 4 f.**
** Basisvorsorgepauschale KV und PV *** Typisierter Arbeitgeberzuschuss

Lohn/Gehalt in € bis	Steuerklasse	Lohnsteuer*	BVSP**	TAGZ***	Steuerklasse	Bemessungsgrundlage für Kirchensteuer und Solidaritätszuschlag Freibeträge für ... Kinder 0,5	1,0	1,5	2,0	2,5	3,0
2810,99	I,IV	301,25	262,08	262,08	I	200,41	105,91	24,75			
	II	210,66	262,08	262,08	II	115,50	31,75				
	III	59,16	262,08	262,08	III						
	V	609,50	262,08	262,08	IV	250,00	200,41	152,33	105,91	61,75	24,75
	VI	649,16	262,08	262,08							
2813,99	I,IV	301,91	262,33	262,33	I	201,00	106,50	25,16			
	II	211,25	262,33	262,33	II	116,08	32,25				
	III	59,50	262,33	262,33	III						
	V	610,33	262,33	262,33	IV	250,66	201,00	153,00	106,50	62,33	25,16
	VI	650,00	262,33	262,33							
2816,99	I,IV	302,58	262,66	262,66	I	201,66	107,16	25,58			
	II	211,91	262,66	262,66	II	116,75	32,66				
	III	60,00	262,66	262,66	III						
	V	611,50	262,66	262,66	IV	251,33	201,66	153,58	107,16	62,83	25,58
	VI	651,16	262,66	262,66							
2819,99	I,IV	303,33	262,91	262,91	I	202,33	107,75	26,00			
	II	212,58	262,91	262,91	II	117,33	33,16				
	III	60,50	262,91	262,91	III						
	V	612,33	262,91	262,91	IV	252,00	202,33	154,25	107,75	63,41	26,00
	VI	652,00	262,91	262,91							
2822,99	I,IV	304,00	263,16	263,16	I	202,91	108,33	26,41			
	II	213,16	263,16	263,16	II	117,91	33,58				
	III	60,83	263,16	263,16	III	0,33					
	V	613,33	263,16	263,16	IV	252,66	202,91	154,83	108,33	63,91	26,41
	VI	652,83	263,16	263,16							
2825,99	I,IV	304,66	263,50	263,50	I	203,58	108,91	26,91			
	II	213,83	263,50	263,50	II	118,50	34,08				
	III	61,33	263,50	263,50	III	0,66					
	V	614,16	263,50	263,50	IV	253,33	203,58	155,41	108,91	64,50	26,91
	VI	654,00	263,50	263,50							
2828,99	I,IV	305,33	263,75	263,75	I	204,25	109,50	27,33			
	II	214,50	263,75	263,75	II	119,16	34,50				
	III	61,83	263,75	263,75	III	1,00					
	V	615,00	263,75	263,75	IV	254,00	204,25	156,08	109,50	65,00	27,33
	VI	654,83	263,75	263,75							
2831,99	I,IV	306,00	264,08	264,08	I	204,83	110,16	27,75			
	II	215,16	264,08	264,08	II	119,75	35,00				
	III	62,16	264,08	264,08	III	1,33					
	V	616,00	264,08	264,08	IV	254,66	204,83	156,66	110,16	65,58	27,75
	VI	655,83	264,08	264,08							
2834,99	I,IV	306,66	264,33	264,33	I	205,50	110,75	28,16			
	II	215,75	264,33	264,33	II	120,33	35,41				
	III	62,66	264,33	264,33	III	1,66					
	V	616,83	264,33	264,33	IV	255,33	205,50	157,33	110,75	66,08	28,16
	VI	656,83	264,33	264,33							
2837,99	I,IV	307,41	264,58	264,58	I	206,16	111,33	28,66			
	II	216,41	264,58	264,58	II	120,91	35,91				
	III	63,16	264,58	264,58	III	2,00					
	V	618,00	264,58	264,58	IV	256,00	206,16	157,91	111,33	66,66	28,66
	VI	657,83	264,58	264,58							
2840,99	I,IV	308,08	264,91	264,91	I	206,75	111,91	29,08			
	II	217,08	264,91	264,91	II	121,58	36,41				
	III	63,50	264,91	264,91	III	2,33					
	V	618,83	264,91	264,91	IV	256,66	206,75	158,58	111,91	67,25	29,08
	VI	658,66	264,91	264,91							
2843,99	I,IV	308,75	265,16	265,16	I	207,41	112,50	29,58			
	II	217,75	265,16	265,16	II	122,16	36,83				
	III	64,00	265,16	265,16	III	2,83					
	V	619,66	265,16	265,16	IV	257,25	207,41	159,16	112,50	67,75	29,58
	VI	659,66	265,16	265,16							

* Zur LSt-Berechnung für privat versicherte Arbeitnehmer s. Beispiele **Vorbemerkung S. 4 f.**
** Basisvorsorgepauschale KV und PV *** Typisierter Arbeitgeberzuschuss

Lohn/Gehalt in € bis	Steuerklasse	Lohn-steuer*	BVSP**	TAGZ***	Steuerklasse	Bemessungsgrundlage für Kirchensteuer und Solidaritätszuschlag					
						Freibeträge für ... Kinder					
						0,5	1,0	1,5	2,0	2,5	3,0
2846,99	I,IV	309,41	265,41	265,41	I	208,08	113,08	30,00			
	II	218,33	265,41	265,41	II	122,75	37,33	30,00			
	III	64,50	265,41	265,41	III	3,16					
	V	620,66	265,41	265,41	IV	257,91	208,08	159,75	113,08	68,33	30,00
	VI	660,50	265,41	265,41							
2849,99	I,IV	310,16	265,75	265,75	I	208,75	113,75	30,41			
	II	219,00	265,75	265,75	II	123,33	37,83				
	III	65,00	265,75	265,75	III	3,50					
	V	621,66	265,75	265,75	IV	258,58	208,75	160,41	113,75	68,91	30,41
	VI	661,50	265,75	265,75							
2852,99	I,IV	310,83	266,00	266,00	I	209,33	114,33	30,91			
	II	219,66	266,00	266,00	II	124,00	38,25				
	III	65,33	266,00	266,00	III	3,83					
	V	622,66	266,00	266,00	IV	259,25	209,33	161,00	114,33	69,41	30,91
	VI	662,50	266,00	266,00							
2855,99	I,IV	311,50	266,25	266,25	I	210,00	114,91	31,33			
	II	220,33	266,25	266,25	II	124,58	38,75				
	III	65,83	266,25	266,25	III	4,16					
	V	623,50	266,25	266,25	IV	259,91	210,00	161,66	114,91	70,00	31,33
	VI	663,50	266,25	266,25							
2858,99	I,IV	312,16	266,58	266,58	I	210,66	115,50	31,83			
	II	221,00	266,58	266,58	II	125,16	39,25				
	III	66,33	266,58	266,58	III	4,50					
	V	624,33	266,58	266,58	IV	260,58	210,66	162,25	115,50	70,58	31,83
	VI	664,33	266,58	266,58							
2861,99	I,IV	312,83	266,83	266,83	I	211,25	116,16	32,25			
	II	221,58	266,83	266,83	II	125,75	39,66				
	III	66,83	266,83	266,83	III	4,83					
	V	625,33	266,83	266,83	IV	261,25	211,25	162,91	116,16	71,08	32,25
	VI	665,50	266,83	266,83							
2864,99	I,IV	313,58	267,08	267,08	I	211,91	116,75	32,66			
	II	222,25	267,08	267,08	II	126,41	40,16				
	III	67,16	267,08	267,08	III	5,16					
	V	626,16	267,08	267,08	IV	261,91	211,91	163,50	116,75	71,66	32,66
	VI	666,33	267,08	267,08							
2867,99	I,IV	314,25	267,41	267,41	I	212,58	117,33	33,16			
	II	222,91	267,41	267,41	II	127,00	40,66				
	III	67,66	267,41	267,41	III	5,50					
	V	627,33	267,41	267,41	IV	262,58	212,58	164,16	117,33	72,25	33,16
	VI	667,33	267,41	267,41							
2870,99	I,IV	314,91	267,66	267,66	I	213,25	117,91	33,66			
	II	223,58	267,66	267,66	II	127,58	41,16				
	III	68,16	267,66	267,66	III	6,00					
	V	628,16	267,66	267,66	IV	263,25	213,25	164,75	117,91	72,83	33,66
	VI	668,16	267,66	267,66							
2873,99	I,IV	315,58	268,00	268,00	I	213,83	118,50	34,08			
	II	224,16	268,00	268,00	II	128,16	41,58				
	III	68,66	268,00	268,00	III	6,33					
	V	629,00	268,00	268,00	IV	263,91	213,83	165,41	118,50	73,41	34,08
	VI	669,33	268,00	268,00							
2876,99	I,IV	316,25	268,25	268,25	I	214,50	119,16	34,50			
	II	224,83	268,25	268,25	II	128,83	42,08				
	III	69,00	268,25	268,25	III	6,66					
	V	630,00	268,25	268,25	IV	264,58	214,50	166,00	119,16	73,91	34,50
	VI	670,16	268,25	268,25							
2879,99	I,IV	317,00	268,50	268,50	I	215,16	119,75	35,00			
	II	225,25	268,50	268,50	II	129,41	42,58				
	III	69,50	268,50	268,50	III	7,00					
	V	631,00	268,50	268,50	IV	265,25	215,16	166,66	119,75	74,50	35,00
	VI	671,16	268,50	268,50							

* Zur LSt-Berechnung für privat versicherte Arbeitnehmer s. Beispiele **Vorbemerkung S. 4f.**
** Basisvorsorgepauschale KV und PV *** Typisierter Arbeitgeberzuschuss

Lohn/ Gehalt in € bis	Steuerklasse	Lohn- steuer*	BVSP**	TAGZ***	Steuerklasse	Bemessungsgrundlage für Kirchensteuer und Solidaritätszuschlag Freibeträge für ... Kinder					
						0,5	1,0	1,5	2,0	2,5	3,0
2 882,99	I,IV	317,66	268,83	268,83	I	215,83	120,33	35,50			
	II	226,16	268,83	268,83	II	130,00	43,08				
	III	70,00	268,83	268,83	III	7,33					
	V	632,00	268,83	268,83	IV	265,91	215,83	167,25	120,33	75,08	35,50
	VI	672,16	268,83	268,83							
2 885,99	I,IV	318,33	269,08	269,08	I	216,41	120,91	35,91			
	II	226,83	269,08	269,08	II	130,66	43,58				
	III	70,50	269,08	269,08	III	7,66					
	V	632,83	269,08	269,08	IV	266,58	216,41	167,91	120,91	75,66	35,91
	VI	673,00	269,08	269,08							
2 888,99	I,IV	319,08	269,33	269,33	I	217,08	121,58	36,41			
	II	227,50	269,33	269,33	II	131,25	44,08				
	III	71,00	269,33	269,33	III	8,00					
	V	633,83	269,33	269,33	IV	267,25	217,08	168,50	121,58	76,25	36,41
	VI	674,00	269,33	269,33							
2 891,99	I,IV	319,75	269,66	269,66	I	217,75	122,16	36,91			
	II	228,08	269,66	269,66	II	131,83	44,58				
	III	71,33	269,66	269,66	III	8,33					
	V	634,83	269,66	269,66	IV	267,91	217,75	169,16	122,16	76,83	36,91
	VI	675,16	269,66	269,66							
2 894,99	I,IV	320,41	269,91	269,91	I	218,41	122,75	37,33			
	II	228,75	269,91	269,91	II	132,50	45,00				
	III	71,83	269,91	269,91	III	8,83					
	V	635,66	269,91	269,91	IV	268,58	218,41	169,75	122,75	77,41	37,33
	VI	676,00	269,91	269,91							
2 897,99	I,IV	321,08	270,16	270,16	I	219,00	123,33	37,83			
	II	229,41	270,16	270,16	II	133,00	45,50				
	III	72,33	270,16	270,16	III	9,16					
	V	636,50	270,16	270,16	IV	269,25	219,00	170,41	123,33	78,00	37,83
	VI	676,83	270,16	270,16							
2 900,99	I,IV	321,83	270,50	270,50	I	219,66	124,00	38,33			
	II	230,08	270,50	270,50	II	133,66	46,00				
	III	72,83	270,50	270,50	III	9,50					
	V	637,66	270,50	270,50	IV	269,91	219,66	171,00	124,00	78,58	38,33
	VI	677,83	270,50	270,50							
2 903,99	I,IV	322,50	270,75	270,75	I	220,33	124,58	38,75			
	II	230,66	270,75	270,75	II	134,33	46,50				
	III	73,33	270,75	270,75	III	9,83					
	V	638,50	270,75	270,75	IV	270,58	220,33	171,66	124,58	79,16	38,75
	VI	679,00	270,75	270,75							
2 906,99	I,IV	323,16	271,00	271,00	I	221,00	125,16	39,25			
	II	231,33	271,00	271,00	II	134,91	47,00				
	III	73,66	271,00	271,00	III	10,16					
	V	639,50	271,00	271,00	IV	271,25	221,00	172,25	125,16	79,66	39,25
	VI	679,83	271,00	271,00							
2 909,99	I,IV	323,91	271,33	271,33	I	221,66	125,83	39,75			
	II	232,00	271,33	271,33	II	135,50	47,50				
	III	74,16	271,33	271,33	III	10,50					
	V	640,50	271,33	271,33	IV	271,91	221,66	172,91	125,83	80,33	39,75
	VI	680,83	271,33	271,33							
2 912,99	I,IV	324,58	271,58	271,58	I	222,25	126,41	40,16			
	II	232,66	271,58	271,58	II	136,16	48,00				
	III	74,66	271,58	271,58	III	11,00					
	V	641,33	271,58	271,58	IV	272,58	222,25	173,50	126,41	80,91	40,16
	VI	681,83	271,58	271,58							
2 915,99	I,IV	325,25	271,91	271,91	I	222,91	127,00	40,66			
	II	233,33	271,91	271,91	II	136,75	48,50				
	III	75,16	271,91	271,91	III	11,33					
	V	642,33	271,91	271,91	IV	273,25	222,91	174,16	127,00	81,50	40,66
	VI	682,83	271,91	271,91							

*   Zur LSt-Berechnung für privat versicherte Arbeitnehmer s. Beispiele **Vorbemerkung S. 4 f.**
**   Basisvorsorgepauschale KV und PV   *** Typisierter Arbeitgeberzuschuss

Lohn/ Gehalt in € bis	Steuerklasse	Lohn- steuer*	BVSP**	TAGZ***	Steuerklasse	Bemessungsgrundlage für Kirchensteuer und Solidaritätszuschlag					
						Freibeträge für ... Kinder					
						0,5	1,0	1,5	2,0	2,5	3,0
2918,99	I,IV	325,91	272,16	272,16	I	223,58	127,66	41,16			
	II	234,00	272,16	272,16	II	137,33	49,00				
	III	75,66	272,16	272,16	III	11,66					
	V	643,33	272,16	272,16	IV	274,00	223,58	174,83	127,66	82,08	41,16
	VI	683,66	272,16	272,16							
2921,99	I,IV	326,66	272,41	272,41	I	224,25	128,25	41,66			
	II	234,66	272,41	272,41	II	138,00	49,50				
	III	76,16	272,41	272,41	III	12,00					
	V	644,16	272,41	272,41	IV	274,66	224,25	175,41	128,25	82,66	41,66
	VI	684,66	272,41	272,41							
2924,99	I,IV	327,33	272,75	272,75	I	224,83	128,83	42,08			
	II	235,25	272,75	272,75	II	138,58	50,08				
	III	76,50	272,75	272,75	III	12,33					
	V	645,16	272,75	272,75	IV	275,25	224,83	176,00	128,83	83,25	42,08
	VI	685,66	272,75	272,75							
2927,99	I,IV	328,00	273,00	273,00	I	225,50	129,41	42,58			
	II	235,91	273,00	273,00	II	139,16	50,58				
	III	77,00	273,00	273,00	III	12,83					
	V	646,00	273,00	273,00	IV	275,91	225,50	176,66	129,41	83,83	42,58
	VI	686,66	273,00	273,00							
2930,99	I,IV	328,75	273,25	273,25	I	226,16	130,08	43,08			
	II	236,58	273,25	273,25	II	139,83	51,08				
	III	77,50	273,25	273,25	III	13,16					
	V	647,00	273,25	273,25	IV	276,66	226,16	177,33	130,08	84,41	43,08
	VI	687,66	273,25	273,25							
2933,99	I,IV	329,41	273,58	273,58	I	226,83	130,66	43,58			
	II	237,25	273,58	273,58	II	140,41	51,58				
	III	78,00	273,58	273,58	III	13,50					
	V	648,00	273,58	273,58	IV	277,33	226,83	177,91	130,66	85,00	43,58
	VI	688,66	273,58	273,58							
2936,99	I,IV	330,08	273,83	273,83	I	227,50	131,25	44,08			
	II	237,91	273,83	273,83	II	141,00	52,08				
	III	78,50	273,83	273,83	III	13,83					
	V	649,00	273,83	273,83	IV	278,00	227,50	178,58	131,25	85,58	44,08
	VI	689,50	273,83	273,83							
2939,99	I,IV	330,83	274,08	274,08	I	228,08	131,91	44,58			
	II	238,58	274,08	274,08	II	141,66	52,58				
	III	79,00	274,08	274,08	III	14,33					
	V	649,83	274,08	274,08	IV	278,66	228,08	179,16	131,91	86,16	44,58
	VI	690,50	274,08	274,08							
2942,99	I,IV	331,50	274,41	274,41	I	228,75	132,50	45,08			
	II	239,25	274,41	274,41	II	142,25	53,08				
	III	79,33	274,41	274,41	III	14,66					
	V	650,83	274,41	274,41	IV	279,33	228,75	179,83	132,50	86,75	45,08
	VI	691,50	274,41	274,41							
2945,99	I,IV	332,16	274,66	274,66	I	229,41	133,08	45,58			
	II	239,83	274,66	274,66	II	142,83	53,58				
	III	79,83	274,66	274,66	III	15,00					
	V	651,83	274,66	274,66	IV	280,00	229,41	180,41	133,08	87,33	45,58
	VI	692,50	274,66	274,66							
2948,99	I,IV	332,83	274,91	274,91	I	230,08	133,66	46,00			
	II	240,50	274,91	274,91	II	143,50	54,16				
	III	80,33	274,91	274,91	III	15,33					
	V	652,83	274,91	274,91	IV	280,66	230,08	181,08	133,66	87,91	46,00
	VI	693,50	274,91	274,91							
2951,99	I,IV	333,58	275,25	275,25	I	230,75	134,33	46,58			
	II	241,16	275,25	275,25	II	144,08	54,66				
	III	80,83	275,25	275,25	III	15,66					
	V	653,83	275,25	275,25	IV	281,33	230,75	181,75	134,33	88,50	46,58
	VI	694,50	275,25	275,25							

* Zur LSt-Berechnung für privat versicherte Arbeitnehmer s. Beispiele **Vorbemerkung S. 4 f.**
** Basisvorsorgepauschale KV und PV *** Typisierter Arbeitgeberzuschuss

Lohn/ Gehalt in € bis	Steuerklasse	Lohn-steuer*	BVSP**	TAGZ***	Steuerklasse	Bemessungsgrundlage für Kirchensteuer und Solidaritätszuschlag Freibeträge für ... Kinder					
						0,5	1,0	1,5	2,0	2,5	3,0
2 954,99	I,IV	**334,25**	275,50	275,50	I	231,33	134,91	47,00			
	II	**241,83**	275,50	275,50	II	144,66	55,16				
	III	**81,33**	275,50	275,50	III	16,16					
	V	**654,66**	275,50	275,50	IV	282,00	231,33	182,33	134,91	89,08	47,00
	VI	**695,33**	275,50	275,50							
2 957,99	I,IV	**334,91**	275,83	275,83	I	232,00	135,50	47,50			
	II	**242,50**	275,83	275,83	II	145,33	55,66				
	III	**81,83**	275,83	275,83	III	16,50					
	V	**655,50**	275,83	275,83	IV	282,66	232,00	183,00	135,50	89,66	47,50
	VI	**696,33**	275,83	275,83							
2 960,99	I,IV	**335,66**	276,08	276,08	I	232,66	136,16	48,08			
	II	**243,16**	276,08	276,08	II	145,91	56,25				
	III	**82,33**	276,08	276,08	III	16,83					
	V	**656,66**	276,08	276,08	IV	283,33	232,66	183,58	136,16	90,25	48,08
	VI	**697,33**	276,08	276,08							
2 963,99	I,IV	**336,33**	276,33	276,33	I	233,33	136,75	48,58			
	II	**243,83**	276,33	276,33	II	146,58	56,75				
	III	**82,83**	276,33	276,33	III	17,16					
	V	**657,50**	276,33	276,33	IV	284,00	233,33	184,25	136,75	90,83	48,58
	VI	**698,33**	276,33	276,33							
2 966,99	I,IV	**337,00**	276,66	276,66	I	234,00	137,33	49,00			
	II	**244,41**	276,66	276,66	II	147,16	57,25				
	III	**83,16**	276,66	276,66	III	17,66					
	V	**658,33**	276,66	276,66	IV	284,66	234,00	184,83	137,33	91,41	49,00
	VI	**699,16**	276,66	276,66							
2 969,99	I,IV	**337,75**	276,91	276,91	I	234,66	138,00	49,58			
	II	**245,16**	276,91	276,91	II	147,75	57,83				
	III	**83,66**	276,91	276,91	III	18,00					
	V	**659,50**	276,91	276,91	IV	285,41	234,66	185,50	138,00	92,08	49,58
	VI	**700,33**	276,91	276,91							
2 972,99	I,IV	**338,41**	277,16	277,16	I	235,33	138,58	50,08			
	II	**245,75**	277,16	277,16	II	148,41	58,33				
	III	**84,16**	277,16	277,16	III	18,33					
	V	**660,33**	277,16	277,16	IV	286,08	235,33	186,16	138,58	92,66	50,08
	VI	**701,33**	277,16	277,16							
2 975,99	I,IV	**339,08**	277,50	277,50	I	235,91	139,16	50,58			
	II	**246,41**	277,50	277,50	II	149,00	58,83				
	III	**84,66**	277,50	277,50	III	18,66					
	V	**661,33**	277,50	277,50	IV	286,75	235,91	186,75	139,16	93,25	50,58
	VI	**702,16**	277,50	277,50							
2 978,99	I,IV	**339,83**	277,75	277,75	I	236,58	139,83	51,08			
	II	**247,08**	277,75	277,75	II	149,58	59,41				
	III	**85,16**	277,75	277,75	III	19,16					
	V	**662,33**	277,75	277,75	IV	287,41	236,58	187,41	139,83	93,83	51,08
	VI	**703,16**	277,75	277,75							
2 981,99	I,IV	**340,50**	278,00	278,00	I	237,25	140,41	51,58			
	II	**247,75**	278,00	278,00	II	150,25	59,91				
	III	**85,66**	278,00	278,00	III	19,50					
	V	**663,33**	278,00	278,00	IV	288,08	237,25	188,00	140,41	94,41	51,58
	VI	**704,33**	278,00	278,00							
2 984,99	I,IV	**341,25**	278,33	278,33	I	237,91	141,00	52,08			
	II	**248,41**	278,33	278,33	II	150,83	60,50				
	III	**86,16**	278,33	278,33	III	19,83					
	V	**664,16**	278,33	278,33	IV	288,75	237,91	188,66	141,00	95,00	52,08
	VI	**705,16**	278,33	278,33							
2 987,99	I,IV	**341,91**	278,58	278,58	I	238,58	141,66	52,58			
	II	**249,08**	278,58	278,58	II	151,50	61,00				
	III	**86,66**	278,58	278,58	III	20,33					
	V	**665,16**	278,58	278,58	IV	289,41	238,58	189,33	141,66	95,58	52,58
	VI	**706,16**	278,58	278,58							

*   Zur LSt-Berechnung für privat versicherte Arbeitnehmer s. Beispiele **Vorbemerkung S. 4 f.**
** Basisvorsorgepauschale KV und PV   *** Typisierter Arbeitgeberzuschuss

Lohn/Gehalt in € bis	Steuerklasse	Lohn-steuer*	BVSP**	TAGZ***	Steuerklasse	Bemessungsgrundlage für Kirchensteuer und Solidaritätszuschlag Freibeträge für ... Kinder					
						0,5	1,0	1,5	2,0	2,5	3,0
2990,99	I,IV	342,58	278,83	278,83	I	239,25	142,25	53,16			
	II	249,75	278,83	278,83	II	152,08	61,58				
	III	87,16	278,83	278,83	III	20,66					
	V	666,16	278,83	278,83	IV	290,08	239,25	189,91	142,25	96,16	53,16
	VI	707,16	278,83	278,83							
2993,99	I,IV	343,33	279,16	279,16	I	239,91	142,91	53,66			
	II	250,41	279,16	279,16	II	152,75	62,08				
	III	87,66	279,16	279,16	III	21,00					
	V	667,16	279,16	279,16	IV	290,83	239,91	190,58	142,91	96,75	53,66
	VI	708,33	279,16	279,16							
2996,99	I,IV	344,00	279,41	279,41	I	240,50	143,50	54,16			
	II	251,08	279,41	279,41	II	153,33	62,58				
	III	88,16	279,41	279,41	III	21,33					
	V	668,16	279,41	279,41	IV	291,50	240,50	191,16	143,50	97,33	54,16
	VI	709,16	279,41	279,41							
2999,99	I,IV	344,75	279,66	279,66	I	241,16	144,08	54,66			
	II	251,75	279,66	279,66	II	154,00	63,16				
	III	88,66	279,66	279,66	III	21,83					
	V	669,16	279,66	279,66	IV	292,16	241,16	191,83	144,08	98,00	54,66
	VI	710,16	279,66	279,66							
3002,99	I,IV	345,41	280,00	280,00	I	241,83	144,75	55,16			
	II	252,41	280,00	280,00	II	154,58	63,66				
	III	89,16	280,00	280,00	III	22,16					
	V	670,00	280,00	280,00	IV	292,83	241,83	192,50	144,75	98,58	55,16
	VI	711,16	280,00	280,00							
3005,99	I,IV	346,08	280,25	280,25	I	242,50	145,33	55,75			
	II	253,00	280,25	280,25	II	155,16	64,25				
	III	89,66	280,25	280,25	III	22,50					
	V	671,00	280,25	280,25	IV	293,50	242,50	193,08	145,33	99,16	55,75
	VI	712,00	280,25	280,25							
3008,99	I,IV	346,83	280,58	280,58	I	243,16	145,91	56,25			
	II	253,66	280,58	280,58	II	155,83	64,75				
	III	90,00	280,58	280,58	III	23,00					
	V	672,00	280,58	280,58	IV	294,16	243,16	193,75	145,91	99,75	56,25
	VI	713,16	280,58	280,58							
3011,99	I,IV	347,50	280,83	280,83	I	243,83	146,58	56,75			
	II	254,33	280,83	280,83	II	156,41	65,33				
	III	90,66	280,83	280,83	III	23,33					
	V	672,83	280,83	280,83	IV	294,83	243,83	194,41	146,58	100,33	56,75
	VI	714,16	280,83	280,83							
3014,99	I,IV	348,16	281,08	281,08	I	244,50	147,16	57,33			
	II	255,00	281,08	281,08	II	157,08	65,91				
	III	91,16	281,08	281,08	III	23,66					
	V	673,83	281,08	281,08	IV	295,50	244,50	195,00	147,16	100,91	57,33
	VI	715,00	281,08	281,08							
3017,99	I,IV	348,91	281,41	281,41	I	245,16	147,75	57,83			
	II	255,66	281,41	281,41	II	157,66	66,41				
	III	91,50	281,41	281,41	III	24,16					
	V	674,83	281,41	281,41	IV	296,25	245,16	195,66	147,75	101,50	57,83
	VI	716,00	281,41	281,41							
3020,99	I,IV	349,58	281,66	281,66	I	245,83	148,41	58,33			
	II	256,33	281,66	281,66	II	158,33	67,00				
	III	92,00	281,66	281,66	III	24,50					
	V	675,83	281,66	281,66	IV	296,91	245,83	196,33	148,41	102,16	58,33
	VI	717,00	281,66	281,66							
3023,99	I,IV	350,33	281,91	281,91	I	246,41	149,00	58,91			
	II	257,00	281,91	281,91	II	158,91	67,58				
	III	92,50	281,91	281,91	III	24,83					
	V	676,66	281,91	281,91	IV	297,58	246,41	196,91	149,00	102,75	58,91
	VI	718,16	281,91	281,91							

* Zur LSt-Berechnung für privat versicherte Arbeitnehmer s. Beispiele **Vorbemerkung S. 4 f.**
** Basisvorsorgepauschale KV und PV   *** Typisierter Arbeitgeberzuschuss

Lohn/ Gehalt in € bis	Steuerklasse	Lohn- steuer*	BVSP**	TAGZ***	Steuerklasse	Bemessungsgrundlage für Kirchensteuer und Solidaritätszuschlag					
						Freibeträge für ... Kinder					
						0,5	1,0	1,5	2,0	2,5	3,0
3026,99	I,IV	**351,00**	282,25	282,25	I	247,08	149,66	59,41			
	II	**257,66**	282,25	282,25	II	159,50	68,08				
	III	**93,00**	282,25	282,25	III	25,33					
	V	**677,83**	282,25	282,25	IV	298,25	247,08	197,58	149,66	103,33	59,41
	VI	**719,00**	282,25	282,25							
3029,99	I,IV	**351,66**	282,50	282,50	I	247,75	150,25	59,91			
	II	**258,33**	282,50	282,50	II	160,16	68,66				
	III	**93,50**	282,50	282,50	III	25,66					
	V	**678,66**	282,50	282,50	IV	298,91	247,75	198,16	150,25	103,91	59,91
	VI	**720,00**	282,50	282,50							
3032,99	I,IV	**352,41**	282,75	282,75	I	248,41	150,91	60,50			
	II	**259,00**	282,75	282,75	II	160,75	69,25	0,41			
	III	**94,00**	282,75	282,75	III	26,00					
	V	**679,66**	282,75	282,75	IV	299,58	248,41	198,83	150,91	104,50	60,50
	VI	**721,00**	282,75	282,75							
3035,99	I,IV	**353,08**	283,08	283,08	I	249,08	151,50	61,00			
	II	**259,66**	283,08	283,08	II	161,41	69,75	0,75			
	III	**94,50**	283,08	283,08	III	26,50					
	V	**680,50**	283,08	283,08	IV	300,33	249,08	199,50	151,50	105,08	61,00
	VI	**722,00**	283,08	283,08							
3038,99	I,IV	**353,83**	283,33	283,33	I	249,75	152,08	61,58			
	II	**260,33**	283,33	283,33	II	162,00	70,33	1,08			
	III	**95,00**	283,33	283,33	III	26,83					
	V	**681,66**	283,33	283,33	IV	301,00	249,75	200,08	152,08	105,66	61,58
	VI	**723,00**	283,33	283,33							
3041,99	I,IV	**354,50**	283,58	283,58	I	250,41	152,75	62,08			
	II	**261,00**	283,58	283,58	II	162,66	70,91	1,41			
	III	**95,50**	283,58	283,58	III	27,16					
	V	**682,66**	283,58	283,58	IV	301,66	250,41	200,75	152,75	106,33	62,08
	VI	**724,00**	283,58	283,58							
3044,99	I,IV	**355,25**	283,91	283,91	I	251,08	153,33	62,66			
	II	**261,66**	283,91	283,91	II	163,25	71,41	1,75			
	III	**96,00**	283,91	283,91	III	27,66					
	V	**683,50**	283,91	283,91	IV	302,33	251,08	201,41	153,33	106,91	62,66
	VI	**725,00**	283,91	283,91							
3047,99	I,IV	**355,91**	284,16	284,16	I	251,75	154,00	63,16			
	II	**262,33**	284,16	284,16	II	163,91	72,00	2,08			
	III	**96,50**	284,16	284,16	III	28,00					
	V	**684,00**	284,16	284,16	IV	303,00	251,75	202,00	154,00	107,50	63,16
	VI	**725,83**	284,16	284,16							
3050,99	I,IV	**356,66**	284,50	284,50	I	252,41	154,58	63,75			
	II	**263,00**	284,50	284,50	II	164,50	72,58	2,50			
	III	**97,16**	284,50	284,50	III	28,50					
	V	**685,50**	284,50	284,50	IV	303,75	252,41	202,66	154,58	108,08	63,75
	VI	**727,00**	284,50	284,50							
3053,99	I,IV	**357,33**	284,75	284,75	I	253,08	155,25	64,25			
	II	**263,66**	284,75	284,75	II	165,16	73,16	2,83			
	III	**97,50**	284,75	284,75	III	28,83					
	V	**686,50**	284,75	284,75	IV	304,41	253,08	203,33	155,25	108,66	64,25
	VI	**728,00**	284,75	284,75							
3056,99	I,IV	**358,00**	285,00	285,00	I	253,75	155,83	64,83			
	II	**264,33**	285,00	285,00	II	165,75	73,66	3,16			
	III	**98,00**	285,00	285,00	III	29,16					
	V	**687,33**	285,00	285,00	IV	305,08	253,75	204,00	155,83	109,33	64,83
	VI	**729,00**	285,00	285,00							
3059,99	I,IV	**358,75**	285,33	285,33	I	254,33	156,41	65,33			
	II	**265,00**	285,33	285,33	II	166,41	74,25	3,50			
	III	**98,50**	285,33	285,33	III	29,66					
	V	**688,50**	285,33	285,33	IV	305,75	254,33	204,58	156,41	109,91	65,33
	VI	**729,83**	285,33	285,33							

* Zur LSt-Berechnung für privat versicherte Arbeitnehmer s. Beispiele **Vorbemerkung S. 4 f.**
** Basisvorsorgepauschale KV und PV *** Typisierter Arbeitgeberzuschuss

Lohn/ Gehalt in € bis	Steuerklasse	Lohn-steuer*	BVSP**	TAGZ***	Steuerklasse	Bemessungsgrundlage für Kirchensteuer und Solidaritätszuschlag					
						Freibeträge für ... Kinder					
						0,5	1,0	1,5	2,0	2,5	3,0
3062,99	I,IV	**359,41**	285,58	285,58	I	255,08	157,08	65,91			
	II	**265,66**	285,58	285,58	II	167,00	74,83	3,91			
	III	**99,00**	285,58	285,58	III	30,00					
	V	**689,33**	285,58	285,58	IV	306,41	255,08	205,25	157,08	110,50	65,91
	VI	**730,83**	285,58	285,58							
3065,99	I,IV	**360,16**	285,83	285,83	I	255,66	157,66	66,41			
	II	**266,33**	285,83	285,83	II	167,66	75,41	4,25			
	III	**99,66**	285,83	285,83	III	30,33					
	V	**690,33**	285,83	285,83	IV	307,08	255,66	205,91	157,66	111,08	66,41
	VI	**732,00**	285,83	285,83							
3068,99	I,IV	**360,83**	286,16	286,16	I	256,33	158,33	67,00			
	II	**267,00**	286,16	286,16	II	168,25	76,00	4,58			
	III	**100,16**	286,16	286,16	III	30,83					
	V	**691,33**	286,16	286,16	IV	307,83	256,33	206,50	158,33	111,66	67,00
	VI	**733,00**	286,16	286,16							
3071,99	I,IV	**361,58**	286,41	286,41	I	257,00	158,91	67,58			
	II	**267,66**	286,41	286,41	II	168,91	76,58	5,00			
	III	**100,66**	286,41	286,41	III	31,16					
	V	**692,33**	286,41	286,41	IV	308,50	257,00	207,16	158,91	112,33	67,58
	VI	**734,00**	286,41	286,41							
3074,99	I,IV	**362,25**	286,66	286,66	I	257,66	159,58	68,08			
	II	**268,33**	286,66	286,66	II	169,50	77,16	5,33			
	III	**101,16**	286,66	286,66	III	31,66					
	V	**693,33**	286,66	286,66	IV	309,16	257,66	207,83	159,58	112,91	68,08
	VI	**735,00**	286,66	286,66							
3077,99	I,IV	**363,00**	287,00	287,00	I	258,33	160,16	68,66			
	II	**269,00**	287,00	287,00	II	170,16	77,75	5,66			
	III	**101,66**	287,00	287,00	III	32,00					
	V	**694,16**	287,00	287,00	IV	309,83	258,33	208,41	160,16	113,50	68,66
	VI	**735,83**	287,00	287,00							
3080,99	I,IV	**363,66**	287,25	287,25	I	259,00	160,75	69,25	0,41		
	II	**269,66**	287,25	287,25	II	170,75	78,33	6,08			
	III	**102,16**	287,25	287,25	III	32,33					
	V	**695,33**	287,25	287,25	IV	310,50	259,00	209,08	160,75	114,08	69,25
	VI	**737,00**	287,25	287,25							
3083,99	I,IV	**364,41**	287,50	287,50	I	259,66	161,41	69,75	0,75		
	II	**270,33**	287,50	287,50	II	171,41	78,91	6,41			
	III	**102,66**	287,50	287,50	III	32,83					
	V	**696,33**	287,50	287,50	IV	311,25	259,66	209,75	161,41	114,66	69,75
	VI	**738,00**	287,50	287,50							
3086,99	I,IV	**365,08**	287,83	287,83	I	260,33	162,00	70,33	1,08		
	II	**271,00**	287,83	287,83	II	172,00	79,50	6,75			
	III	**103,16**	287,83	287,83	III	33,16					
	V	**697,16**	287,83	287,83	IV	311,91	260,33	210,41	162,00	115,33	70,33
	VI	**739,00**	287,83	287,83							
3089,99	I,IV	**365,75**	288,08	288,08	I	261,00	162,66	70,91	1,41		
	II	**271,66**	288,08	288,08	II	172,66	80,08	7,16			
	III	**103,66**	288,08	288,08	III	33,66					
	V	**698,16**	288,08	288,08	IV	312,58	261,00	211,00	162,66	115,91	70,91
	VI	**740,00**	288,08	288,08							
3092,99	I,IV	**366,50**	288,41	288,41	I	261,66	163,25	71,50	1,75		
	II	**272,33**	288,41	288,41	II	173,25	80,66	7,50			
	III	**104,16**	288,41	288,41	III	34,00					
	V	**699,16**	288,41	288,41	IV	313,25	261,66	211,66	163,25	116,50	71,50
	VI	**741,00**	288,41	288,41							
3095,99	I,IV	**367,16**	288,66	288,66	I	262,33	163,91	72,00	2,08		
	II	**273,00**	288,66	288,66	II	173,91	81,25	7,91			
	III	**104,66**	288,66	288,66	III	34,50					
	V	**700,16**	288,66	288,66	IV	314,00	262,33	212,33	163,91	117,08	72,00
	VI	**741,83**	288,66	288,66							

* Zur LSt-Berechnung für privat versicherte Arbeitnehmer s. Beispiele **Vorbemerkung S. 4 f.**
** Basisvorsorgepauschale KV und PV *** Typisierter Arbeitgeberzuschuss

Lohn/ Gehalt in € bis	Steuerklasse	Lohn- steuer*	BVSP**	TAGZ***	Steuerklasse	Bemessungsgrundlage für Kirchensteuer und Solidaritätszuschlag					
						Freibeträge für ... Kinder					
						0,5	1,0	1,5	2,0	2,5	3,0
3098,99	I,IV	**367,91**	288,91	288,91	I	263,00	164,50	72,58	2,50		
	II	**273,66**	288,91	288,91	II	174,50	81,83	8,25			
	III	**105,16**	288,91	288,91	III	34,83					
	V	**701,16**	288,91	288,91	IV	314,66	263,00	212,91	164,50	117,66	72,58
	VI	**743,00**	288,91	288,91							
3101,99	I,IV	**368,66**	289,25	289,25	I	263,66	165,16	73,16	2,83		
	II	**274,33**	289,25	289,25	II	175,16	82,41	8,66			
	III	**105,66**	289,25	289,25	III	35,33					
	V	**702,00**	289,25	289,25	IV	315,33	263,66	213,58	165,16	118,33	73,16
	VI	**744,00**	289,25	289,25							
3104,99	I,IV	**369,33**	289,50	289,50	I	264,33	165,75	73,75	3,16		
	II	**275,00**	289,50	289,50	II	175,75	83,00	9,00			
	III	**106,16**	289,50	289,50	III	35,66					
	V	**703,00**	289,50	289,50	IV	316,00	264,33	214,25	165,75	118,91	73,75
	VI	**745,00**	289,50	289,50							
3107,99	I,IV	**370,00**	289,75	289,75	I	265,00	166,41	74,25	3,50		
	II	**275,66**	289,75	289,75	II	176,41	83,58	9,41			
	III	**106,83**	289,75	289,75	III	36,00					
	V	**704,16**	289,75	289,75	IV	316,75	265,00	214,91	166,41	119,50	74,25
	VI	**746,00**	289,75	289,75							
3110,99	I,IV	**370,75**	290,08	290,08	I	265,66	167,00	74,83	3,91		
	II	**276,33**	290,08	290,08	II	177,00	84,16	9,75			
	III	**107,16**	290,08	290,08	III	36,50					
	V	**705,00**	290,08	290,08	IV	317,41	265,66	215,50	167,00	120,08	74,83
	VI	**747,00**	290,08	290,08							
3113,99	I,IV	**371,50**	290,33	290,33	I	266,33	167,66	75,41	4,25		
	II	**277,00**	290,33	290,33	II	177,66	84,75	10,16			
	III	**107,83**	290,33	290,33	III	36,83					
	V	**706,00**	290,33	290,33	IV	318,08	266,33	216,16	167,66	120,75	75,41
	VI	**748,00**	290,33	290,33							
3116,99	I,IV	**372,16**	290,58	290,58	I	267,00	168,25	76,00	4,58		
	II	**277,66**	290,58	290,58	II	178,33	85,33	10,58			
	III	**108,33**	290,58	290,58	III	37,33					
	V	**707,00**	290,58	290,58	IV	318,75	267,00	216,83	168,25	121,33	76,00
	VI	**749,00**	290,58	290,58							
3119,99	I,IV	**372,83**	290,91	290,91	I	267,66	168,91	76,58	5,00		
	II	**278,33**	290,91	290,91	II	178,91	85,91	10,91			
	III	**108,83**	290,91	290,91	III	37,66					
	V	**708,00**	290,91	290,91	IV	319,50	267,66	217,50	168,91	121,91	76,58
	VI	**750,00**	290,91	290,91							
3122,99	I,IV	**373,58**	291,16	291,16	I	268,33	169,50	77,16	5,33		
	II	**279,08**	291,16	291,16	II	179,58	86,50	11,33			
	III	**109,33**	291,16	291,16	III	38,16					
	V	**709,00**	291,16	291,16	IV	320,16	268,33	218,16	169,50	122,50	77,16
	VI	**751,00**	291,16	291,16							
3125,99	I,IV	**374,33**	291,41	291,41	I	269,00	170,16	77,75	5,66		
	II	**279,75**	291,41	291,41	II	180,16	87,08	11,66			
	III	**109,83**	291,41	291,41	III	38,50					
	V	**710,00**	291,41	291,41	IV	320,83	269,00	218,75	170,16	123,16	77,75
	VI	**752,00**	291,41	291,41							
3128,99	I,IV	**375,00**	291,75	291,75	I	269,66	170,75	78,33	6,08		
	II	**280,41**	291,75	291,75	II	180,83	87,66	12,08			
	III	**110,33**	291,75	291,75	III	39,00					
	V	**710,83**	291,75	291,75	IV	321,50	269,66	219,41	170,75	123,75	78,33
	VI	**753,00**	291,75	291,75							
3131,99	I,IV	**375,66**	292,00	292,00	I	270,33	171,41	78,91	6,41		
	II	**281,08**	292,00	292,00	II	181,41	88,25	12,50			
	III	**110,83**	292,00	292,00	III	39,33					
	V	**712,00**	292,00	292,00	IV	322,25	270,33	220,08	171,41	124,33	78,91
	VI	**754,00**	292,00	292,00							

* Zur LSt-Berechnung für privat versicherte Arbeitnehmer s. Beispiele **Vorbemerkung S. 4 f.**
** Basisvorsorgepauschale KV und PV   *** Typisierter Arbeitgeberzuschuss

Lohn/ Gehalt in € bis	Steuerklasse	Lohn- steuer*	BVSP**	TAGZ***	Steuerklasse	Bemessungsgrundlage für Kirchensteuer und Solidaritätszuschlag					
						Freibeträge für ... Kinder					
						0,5	1,0	1,5	2,0	2,5	3,0
3134,99	I,IV	**376,41**	292,33	292,33	I	271,00	172,00	79,50	6,83		
	II	**281,75**	292,33	292,33	II	182,08	88,83	12,83			
	III	**111,50**	292,33	292,33	III	39,83					
	V	**713,00**	292,33	292,33	IV	322,91	271,00	220,75	172,00	124,91	79,50
	VI	**755,00**	292,33	292,33							
3137,99	I,IV	**377,16**	292,58	292,58	I	271,66	172,66	80,08	7,16		
	II	**282,41**	292,58	292,58	II	182,66	89,41	13,25			
	III	**112,00**	292,58	292,58	III	40,16					
	V	**713,83**	292,58	292,58	IV	323,58	271,66	221,33	172,66	125,58	80,08
	VI	**756,16**	292,58	292,58							
3140,99	I,IV	**377,83**	292,83	292,83	I	272,33	173,25	80,66	7,50		
	II	**283,08**	292,83	292,83	II	183,33	90,00	13,66			
	III	**112,50**	292,83	292,83	III	40,66					
	V	**714,83**	292,83	292,83	IV	324,25	272,33	222,00	173,25	126,16	80,66
	VI	**757,16**	292,83	292,83							
3143,99	I,IV	**378,58**	293,16	293,16	I	273,00	173,91	81,25	7,91		
	II	**283,75**	293,16	293,16	II	184,00	90,66	14,08			
	III	**113,00**	293,16	293,16	III	41,00					
	V	**715,83**	293,16	293,16	IV	325,00	273,00	222,66	173,91	126,75	81,25
	VI	**758,16**	293,16	293,16							
3146,99	I,IV	**379,25**	293,41	293,41	I	273,66	174,50	81,83	8,25		
	II	**284,41**	293,41	293,41	II	184,58	91,25	14,41			
	III	**113,50**	293,41	293,41	III	41,50					
	V	**717,00**	293,41	293,41	IV	325,66	273,66	223,33	174,50	127,41	81,83
	VI	**759,16**	293,41	293,41							
3149,99	I,IV	**380,00**	293,66	293,66	I	274,33	175,16	82,41	8,66		
	II	**285,08**	293,66	293,66	II	185,25	91,83	14,83			
	III	**114,00**	293,66	293,66	III	41,83					
	V	**717,83**	293,66	293,66	IV	326,33	274,33	223,91	175,16	128,00	82,41
	VI	**760,00**	293,66	293,66							
3152,99	I,IV	**380,66**	294,00	294,00	I	275,00	175,83	83,00	9,00		
	II	**285,75**	294,00	294,00	II	185,91	92,41	15,25			
	III	**114,66**	294,00	294,00	III	42,33					
	V	**718,83**	294,00	294,00	IV	327,08	275,00	224,58	175,83	128,58	83,00
	VI	**761,16**	294,00	294,00							
3155,99	I,IV	**381,41**	294,25	294,25	I	275,66	176,41	83,58	9,41		
	II	**286,41**	294,25	294,25	II	186,50	93,00	15,66			
	III	**115,16**	294,25	294,25	III	42,66					
	V	**719,83**	294,25	294,25	IV	327,75	275,66	225,25	176,41	129,16	83,58
	VI	**762,16**	294,25	294,25							
3158,99	I,IV	**382,08**	294,50	294,50	I	276,33	177,08	84,16	9,75		
	II	**287,08**	294,50	294,50	II	187,16	93,58	16,00			
	III	**115,66**	294,50	294,50	III	43,16					
	V	**720,83**	294,50	294,50	IV	328,41	276,33	225,91	177,08	129,83	84,16
	VI	**763,16**	294,50	294,50							
3161,99	I,IV	**382,83**	294,83	294,83	I	277,00	177,66	84,75	10,16		
	II	**287,75**	294,83	294,83	II	187,75	94,16	16,41			
	III	**116,16**	294,83	294,83	III	43,50					
	V	**721,83**	294,83	294,83	IV	329,08	277,00	226,58	177,66	130,41	84,75
	VI	**764,16**	294,83	294,83							
3164,99	I,IV	**383,58**	295,08	295,08	I	277,75	178,33	85,33	10,58		
	II	**288,50**	295,08	295,08	II	188,41	94,75	16,83			
	III	**116,66**	295,08	295,08	III	44,00					
	V	**722,83**	295,08	295,08	IV	329,83	277,75	227,25	178,33	131,00	85,33
	VI	**765,16**	295,08	295,08							
3167,99	I,IV	**384,25**	295,33	295,33	I	278,41	178,91	85,91	10,91		
	II	**289,16**	295,33	295,33	II	189,00	95,33	17,25			
	III	**117,16**	295,33	295,33	III	44,33					
	V	**723,83**	295,33	295,33	IV	330,50	278,41	227,83	178,91	131,66	85,91
	VI	**766,16**	295,33	295,33							

* Zur LSt-Berechnung für privat versicherte Arbeitnehmer s. Beispiele **Vorbemerkung S. 4 f.**
** Basisvorsorgepauschale KV und PV   *** Typisierter Arbeitgeberzuschuss

Lohn/Gehalt in € bis	Steuerklasse	Lohn-steuer*	BVSP**	TAGZ***	Steuerklasse	Bemessungsgrundlage für Kirchensteuer und Solidaritätszuschlag					
						Freibeträge für … Kinder					
						0,5	1,0	1,5	2,0	2,5	3,0
3170,99	I,IV	**385,00**	295,66	295,66	I	279,08	179,58	86,50	11,33		
	II	**289,83**	295,66	295,66	II	189,66	95,91	17,66			
	III	**117,66**	295,66	295,66	III	44,83					
	V	**724,66**	295,66	295,66	IV	331,16	279,08	228,50	179,58	132,25	86,50
	VI	**767,16**	295,66	295,66							
3173,99	I,IV	**385,66**	295,91	295,91	I	279,75	180,25	87,08	11,75		
	II	**290,50**	295,91	295,91	II	190,33	96,58	18,08			
	III	**118,33**	295,91	295,91	III	45,16					
	V	**725,66**	295,91	295,91	IV	331,91	279,75	229,16	180,25	132,83	87,08
	VI	**768,16**	295,91	295,91							
3176,99	I,IV	**386,41**	296,25	296,25	I	280,41	180,83	87,66	12,08		
	II	**291,16**	296,25	296,25	II	190,91	97,16	18,50			
	III	**118,83**	296,25	296,25	III	45,66					
	V	**726,83**	296,25	296,25	IV	332,58	280,41	229,83	180,83	133,50	87,66
	VI	**769,16**	296,25	296,25							
3179,99	I,IV	**387,08**	296,50	296,50	I	281,08	181,41	88,25	12,50		
	II	**291,83**	296,50	296,50	II	191,58	97,75	18,91			
	III	**119,33**	296,50	296,50	III	46,00					
	V	**727,83**	296,50	296,50	IV	333,25	281,08	230,50	181,41	134,08	88,25
	VI	**770,16**	296,50	296,50							
3182,99	I,IV	**387,83**	296,75	296,75	I	281,75	182,08	88,91	12,91		
	II	**292,58**	296,75	296,75	II	192,25	98,33	19,33			
	III	**119,83**	296,75	296,75	III	46,50					
	V	**728,83**	296,75	296,75	IV	334,00	281,75	231,16	182,08	134,66	88,91
	VI	**771,16**	296,75	296,75							
3185,99	I,IV	**388,58**	297,08	297,08	I	282,41	182,75	89,50	13,25		
	II	**293,25**	297,08	297,08	II	192,83	98,91	19,75			
	III	**120,50**	297,08	297,08	III	47,00					
	V	**729,66**	297,08	297,08	IV	334,66	282,41	231,75	182,75	135,33	89,50
	VI	**772,33**	297,08	297,08							
3188,99	I,IV	**389,25**	297,33	297,33	I	283,08	183,33	90,08	13,66		
	II	**293,91**	297,33	297,33	II	193,50	99,50	20,16			
	III	**121,00**	297,33	297,33	III	47,33					
	V	**730,83**	297,33	297,33	IV	335,33	283,08	232,41	183,33	135,91	90,08
	VI	**773,33**	297,33	297,33							
3191,99	I,IV	**390,00**	297,58	297,58	I	283,75	184,00	90,66	14,08		
	II	**294,58**	297,58	297,58	II	194,08	100,08	20,58			
	III	**121,50**	297,58	297,58	III	47,83					
	V	**731,83**	297,58	297,58	IV	336,08	283,75	233,08	184,00	136,50	90,66
	VI	**774,33**	297,58	297,58							
3194,99	I,IV	**390,66**	297,91	297,91	I	284,41	184,66	91,25	14,41		
	II	**295,25**	297,91	297,91	II	194,75	100,66	21,00			
	III	**122,00**	297,91	297,91	III	48,16					
	V	**732,83**	297,91	297,91	IV	336,75	284,41	233,75	184,66	137,16	91,25
	VI	**775,33**	297,91	297,91							
3197,99	I,IV	**391,41**	298,16	298,16	I	285,08	185,25	91,83	14,83		
	II	**295,91**	298,16	298,16	II	195,41	101,25	21,41			
	III	**122,50**	298,16	298,16	III	48,66					
	V	**733,83**	298,16	298,16	IV	337,50	285,08	234,41	185,25	137,75	91,83
	VI	**776,33**	298,16	298,16							
3200,99	I,IV	**392,08**	298,41	298,41	I	285,75	185,91	92,41	15,25		
	II	**296,58**	298,41	298,41	II	196,00	101,91	21,83			
	III	**123,16**	298,41	298,41	III	49,00					
	V	**734,66**	298,41	298,41	IV	338,16	285,75	235,00	185,91	138,33	92,41
	VI	**777,33**	298,41	298,41							
3203,99	I,IV	**392,83**	298,75	298,75	I	286,50	186,50	93,00	15,66		
	II	**297,33**	298,75	298,75	II	196,66	102,50	22,25			
	III	**123,66**	298,75	298,75	III	49,50					
	V	**735,66**	298,75	298,75	IV	338,83	286,50	235,66	186,50	139,00	93,00
	VI	**778,50**	298,75	298,75							

*   Zur LSt-Berechnung für privat versicherte Arbeitnehmer s. Beispiele **Vorbemerkung S. 4 f.**
** Basisvorsorgepauschale KV und PV   *** Typisierter Arbeitgeberzuschuss

Lohn/ Gehalt in € bis	Steuerklasse	Lohn- steuer*	BVSP**	TAGZ***	Steuerklasse	Bemessungsgrundlage für Kirchensteuer und Solidaritätszuschlag					
						Freibeträge für ... Kinder					
						0,5	1,0	1,5	2,0	2,5	3,0
3206,99	I,IV	**393,58**	299,00	299,00	I	287,16	187,16	93,58	16,08		
	II	**298,00**	299,00	299,00	II	197,33	103,08	22,66			
	III	**124,16**	299,00	299,00	III	50,00					
	V	**736,83**	299,00	299,00	IV	339,58	287,16	236,33	187,16	139,58	93,58
	VI	**779,33**	299,00	299,00							
3209,99	I,IV	**394,25**	299,25	299,25	I	287,83	187,75	94,16	16,41		
	II	**298,66**	299,25	299,25	II	197,91	103,66	23,08			
	III	**124,66**	299,25	299,25	III	50,33					
	V	**737,83**	299,25	299,25	IV	340,25	287,83	237,00	187,75	140,16	94,16
	VI	**780,33**	299,25	299,25							
3212,99	I,IV	**395,00**	299,58	299,58	I	288,50	188,41	94,75	16,83		
	II	**299,33**	299,58	299,58	II	198,58	104,25	23,50			
	III	**125,16**	299,58	299,58	III	50,83					
	V	**738,66**	299,58	299,58	IV	340,91	288,50	237,66	188,41	140,75	94,75
	VI	**781,50**	299,58	299,58							
3215,99	I,IV	**395,75**	299,83	299,83	I	289,16	189,08	95,33	17,25		
	II	**300,00**	299,83	299,83	II	199,25	104,83	23,91			
	III	**125,83**	299,83	299,83	III	51,16					
	V	**739,83**	299,83	299,83	IV	341,66	289,16	238,33	189,08	141,41	95,33
	VI	**782,66**	299,83	299,83							
3218,99	I,IV	**396,41**	300,16	300,16	I	289,83	189,66	95,91	17,66		
	II	**300,66**	300,16	300,16	II	199,83	105,41	24,33			
	III	**126,33**	300,16	300,16	III	51,66					
	V	**740,66**	300,16	300,16	IV	342,33	289,83	239,00	189,66	142,00	95,91
	VI	**783,41**	300,16	300,16							
3221,99	I,IV	**397,16**	300,41	300,41	I	290,50	190,33	96,58	18,08		
	II	**301,33**	300,41	300,41	II	200,50	106,08	24,75			
	III	**126,83**	300,41	300,41	III	52,16					
	V	**741,83**	300,41	300,41	IV	343,00	290,50	239,58	190,33	142,66	96,58
	VI	**784,41**	300,41	300,41							
3224,99	I,IV	**397,91**	300,66	300,66	I	291,25	191,00	97,16	18,50		
	II	**302,08**	300,66	300,66	II	201,16	106,66	25,25			
	III	**127,33**	300,66	300,66	III	52,50					
	V	**742,83**	300,66	300,66	IV	343,75	291,25	240,25	191,00	143,25	97,16
	VI	**785,50**	300,66	300,66							
3227,99	I,IV	**398,58**	301,00	301,00	I	291,91	191,58	97,75	18,91		
	II	**302,75**	301,00	301,00	II	201,75	107,25	25,66			
	III	**128,00**	301,00	301,00	III	53,00					
	V	**743,83**	301,00	301,00	IV	344,41	291,91	240,91	191,58	143,83	97,75
	VI	**786,50**	301,00	301,00							
3230,99	I,IV	**399,33**	301,25	301,25	I	292,58	192,25	98,33	19,33		
	II	**303,41**	301,25	301,25	II	202,41	107,83	26,08			
	III	**128,50**	301,25	301,25	III	53,33					
	V	**744,83**	301,25	301,25	IV	345,16	292,58	241,58	192,25	144,50	98,33
	VI	**787,50**	301,25	301,25							
3233,99	I,IV	**400,08**	301,50	301,50	I	293,25	192,83	98,91	19,75		
	II	**304,08**	301,50	301,50	II	203,08	108,41	26,50			
	III	**129,00**	301,50	301,50	III	53,83					
	V	**745,83**	301,50	301,50	IV	345,83	293,25	242,25	192,83	145,08	98,91
	VI	**788,58**	301,50	301,50							
3236,99	I,IV	**400,75**	301,83	301,83	I	293,91	193,50	99,50	20,16		
	II	**304,75**	301,83	301,83	II	203,66	109,08	27,00			
	III	**129,66**	301,83	301,83	III	54,33					
	V	**746,83**	301,83	301,83	IV	346,50	293,91	242,91	193,50	145,75	99,50
	VI	**789,58**	301,83	301,83							
3239,99	I,IV	**401,50**	302,08	302,08	I	294,58	194,16	100,08	20,58		
	II	**305,50**	302,08	302,08	II	204,33	109,66	27,41			
	III	**130,16**	302,08	302,08	III	54,66					
	V	**747,66**	302,08	302,08	IV	347,25	294,58	243,58	194,16	146,33	100,08
	VI	**790,58**	302,08	302,08							

* Zur LSt-Berechnung für privat versicherte Arbeitnehmer s. Beispiele **Vorbemerkung S. 4f.**
** Basisvorsorgepauschale KV und PV *** Typisierter Arbeitgeberzuschuss

Lohn/Gehalt in € bis	Steuerklasse	Lohn-steuer*	BVSP**	TAGZ***	Steuerklasse	Bemessungsgrundlage für Kirchensteuer und Solidaritätszuschlag Freibeträge für ... Kinder					
						0,5	1,0	1,5	2,0	2,5	3,0
3242,99	I,IV	**402,16**	302,33	302,33	I	295,25	194,75	100,66	21,00		
	II	**306,16**	302,33	302,33	II	205,00	110,25	27,83			
	III	**130,66**	302,33	302,33	III	55,16					
	V	**748,83**	302,33	302,33	IV	347,91	295,25	244,16	194,75	146,91	100,66
	VI	**791,66**	302,33	302,33							
3245,99	I,IV	**402,91**	302,66	302,66	I	295,91	195,41	101,33	21,41		
	II	**306,83**	302,66	302,66	II	205,66	110,83	28,33			
	III	**131,16**	302,66	302,66	III	55,66					
	V	**749,83**	302,66	302,66	IV	348,66	295,91	244,91	195,41	147,58	101,33
	VI	**792,66**	302,66	302,66							
3248,99	I,IV	**403,66**	302,91	302,91	I	296,66	196,08	101,91	21,83		
	II	**307,50**	302,91	302,91	II	206,25	111,41	28,75			
	III	**131,83**	302,91	302,91	III	56,00					
	V	**750,83**	302,91	302,91	IV	349,33	296,66	245,50	196,08	148,16	101,91
	VI	**793,66**	302,91	302,91							
3251,99	I,IV	**404,33**	303,16	303,16	I	297,33	196,66	102,50	22,25		
	II	**308,16**	303,16	303,16	II	206,91	112,00	29,16			
	III	**132,33**	303,16	303,16	III	56,50					
	V	**751,83**	303,16	303,16	IV	350,00	297,33	246,16	196,66	148,75	102,50
	VI	**794,75**	303,16	303,16							
3254,99	I,IV	**405,08**	303,50	303,50	I	298,00	197,33	103,08	22,66		
	II	**308,91**	303,50	303,50	II	207,58	112,66	29,66			
	III	**132,83**	303,50	303,50	III	57,00					
	V	**752,83**	303,50	303,50	IV	350,75	298,00	246,83	197,33	149,41	103,08
	VI	**795,75**	303,50	303,50							
3257,99	I,IV	**405,83**	303,75	303,75	I	298,66	198,00	103,66	23,08		
	II	**309,58**	303,75	303,75	II	208,16	113,25	30,08			
	III	**133,50**	303,75	303,75	III	57,33					
	V	**753,83**	303,75	303,75	IV	351,41	298,66	247,50	198,00	150,00	103,66
	VI	**796,75**	303,75	303,75							
3260,99	I,IV	**406,50**	304,08	304,08	I	299,33	198,58	104,25	23,50		
	II	**310,25**	304,08	304,08	II	208,83	113,83	30,50			
	III	**134,00**	304,08	304,08	III	57,83					
	V	**755,00**	304,08	304,08	IV	352,16	299,33	248,16	198,58	150,66	104,25
	VI	**797,75**	304,08	304,08							
3263,99	I,IV	**407,25**	304,33	304,33	I	300,00	199,25	104,83	23,91		
	II	**310,91**	304,33	304,33	II	209,50	114,41	31,00			
	III	**134,50**	304,33	304,33	III	58,33					
	V	**755,83**	304,33	304,33	IV	352,83	300,00	248,83	199,25	151,25	104,83
	VI	**798,83**	304,33	304,33							
3266,99	I,IV	**408,00**	304,58	304,58	I	300,75	199,91	105,50	24,41		
	II	**311,66**	304,58	304,58	II	210,08	115,08	31,41			
	III	**135,16**	304,58	304,58	III	58,66					
	V	**757,00**	304,58	304,58	IV	353,50	300,75	249,50	199,91	151,83	105,50
	VI	**799,83**	304,58	304,58							
3269,99	I,IV	**408,66**	304,91	304,91	I	301,41	200,50	106,08	24,83		
	II	**312,33**	304,91	304,91	II	210,75	115,66	31,91			
	III	**135,66**	304,91	304,91	III	59,16					
	V	**757,83**	304,91	304,91	IV	354,25	301,41	250,16	200,50	152,50	106,08
	VI	**800,83**	304,91	304,91							
3272,99	I,IV	**409,41**	305,16	305,16	I	302,08	201,16	106,66	25,25		
	II	**313,00**	305,16	305,16	II	211,41	116,25	32,33			
	III	**136,16**	305,16	305,16	III	59,66					
	V	**758,83**	305,16	305,16	IV	354,91	302,08	250,83	201,16	153,08	106,66
	VI	**801,91**	305,16	305,16							
3275,99	I,IV	**410,16**	305,41	305,41	I	302,75	201,83	107,25	25,66		
	II	**313,66**	305,41	305,41	II	212,08	116,83	32,83			
	III	**136,66**	305,41	305,41	III	60,00					
	V	**759,83**	305,41	305,41	IV	355,66	302,75	251,50	201,83	153,75	107,25
	VI	**802,91**	305,41	305,41							

* Zur LSt-Berechnung für privat versicherte Arbeitnehmer s. Beispiele **Vorbemerkung S. 4f.**
** Basisvorsorgepauschale KV und PV   *** Typisierter Arbeitgeberzuschuss

Lohn/ Gehalt in € bis	Steuerklasse	Lohn-steuer*	BVSP**	TAGZ***	Steuerklasse	Bemessungsgrundlage für Kirchensteuer und Solidaritätszuschlag Freibeträge für ... Kinder					
						0,5	1,0	1,5	2,0	2,5	3,0
3278,99	I,IV	410,83	305,75	305,75	I	303,41	202,41	107,83	26,08		
	II	314,33	305,75	305,75	II	212,66	117,41	33,25			
	III	137,33	305,75	305,75	III	60,50					
	V	760,83	305,75	305,75	IV	356,33	303,41	252,16	202,41	154,33	107,83
	VI	803,91	305,75	305,75							
3281,99	I,IV	411,58	306,00	306,00	I	304,08	203,08	108,41	26,50		
	II	315,08	306,00	306,00	II	213,33	118,08	33,66			
	III	137,83	306,00	306,00	III	61,00	0,33				
	V	762,00	306,00	306,00	IV	357,08	304,08	252,75	203,08	154,91	108,41
	VI	805,00	306,00	306,00							
3284,99	I,IV	412,33	306,25	306,25	I	304,83	203,75	109,08	27,00		
	II	315,75	306,25	306,25	II	214,00	118,66	34,16			
	III	138,50	306,25	306,25	III	61,33	0,83				
	V	763,00	306,25	306,25	IV	357,75	304,83	253,50	203,75	155,58	109,08
	VI	806,00	306,25	306,25							
3287,99	I,IV	413,08	306,58	306,58	I	305,50	204,33	109,66	27,41		
	II	316,41	306,58	306,58	II	214,66	119,25	34,66			
	III	139,00	306,58	306,58	III	61,83	1,16				
	V	764,00	306,58	306,58	IV	358,50	305,50	254,08	204,33	156,16	109,66
	VI	807,00	306,58	306,58							
3290,99	I,IV	413,75	306,83	306,83	I	306,16	205,00	110,25	27,83		
	II	317,08	306,83	306,83	II	215,25	119,83	35,08			
	III	139,50	306,83	306,83	III	62,33	1,50				
	V	765,00	306,83	306,83	IV	359,16	306,16	254,75	205,00	156,83	110,25
	VI	808,08	306,83	306,83							
3293,99	I,IV	414,50	307,08	307,08	I	306,83	205,66	110,83	28,33		
	II	317,75	307,08	307,08	II	215,91	120,41	35,58			
	III	140,16	307,08	307,08	III	62,83	1,83				
	V	766,00	307,08	307,08	IV	359,83	306,83	255,41	205,66	157,41	110,83
	VI	809,08	307,08	307,08							
3296,99	I,IV	415,25	307,41	307,41	I	307,50	206,25	111,50	28,75		
	II	318,50	307,41	307,41	II	216,58	121,08	36,00			
	III	140,66	307,41	307,41	III	63,16	2,16				
	V	767,00	307,41	307,41	IV	360,58	307,50	256,08	206,25	158,08	111,50
	VI	810,08	307,41	307,41							
3299,99	I,IV	415,91	307,66	307,66	I	308,25	206,91	112,08	29,16		
	II	319,16	307,66	307,66	II	217,25	121,66	36,50			
	III	141,16	307,66	307,66	III	63,66	2,50				
	V	768,00	307,66	307,66	IV	361,25	308,25	256,75	206,91	158,66	112,08
	VI	811,08	307,66	307,66							
3302,99	I,IV	416,66	308,00	308,00	I	308,91	207,58	112,66	29,66		
	II	319,83	308,00	308,00	II	217,83	122,25	36,91			
	III	141,83	308,00	308,00	III	64,16	2,83				
	V	769,00	308,00	308,00	IV	362,00	308,91	257,41	207,58	159,33	112,66
	VI	812,16	308,00	308,00							
3305,99	I,IV	417,41	308,25	308,25	I	309,58	208,25	113,25	30,08		
	II	320,58	308,25	308,25	II	218,50	122,91	37,41			
	III	142,33	308,25	308,25	III	64,66	3,16				
	V	770,00	308,25	308,25	IV	362,66	309,58	258,08	208,25	159,91	113,25
	VI	813,16	308,25	308,25							
3308,99	I,IV	418,08	308,50	308,50	I	310,25	208,83	113,83	30,50		
	II	321,25	308,50	308,50	II	219,16	123,50	37,91			
	III	142,83	308,50	308,50	III	65,00	3,50				
	V	771,16	308,50	308,50	IV	363,41	310,25	258,75	208,83	160,58	113,83
	VI	814,16	308,50	308,50							
3311,99	I,IV	418,83	308,83	308,83	I	310,91	209,50	114,41	31,00		
	II	321,91	308,83	308,83	II	219,83	124,08	38,33			
	III	143,50	308,83	308,83	III	65,50	3,83				
	V	772,16	308,83	308,83	IV	364,08	310,91	259,41	209,50	161,16	114,41
	VI	815,25	308,83	308,83							

* Zur LSt-Berechnung für privat versicherte Arbeitnehmer s. Beispiele **Vorbemerkung S. 4 f.**
** Basisvorsorgepauschale KV und PV *** Typisierter Arbeitgeberzuschuss

Lohn/ Gehalt in € bis	Steuerklasse	Lohn- steuer*	BVSP**	TAGZ***	Steuerklasse	Bemessungsgrundlage für Kirchensteuer und Solidaritätszuschlag Freibeträge für ... Kinder					
						0,5	1,0	1,5	2,0	2,5	3,0
3314,99	I,IV	**419,58**	309,08	309,08	I	311,66	210,08	115,08	31,41		
	II	**322,58**	309,08	309,08	II	220,41	124,66	38,83			
	III	**144,00**	309,08	309,08	III	66,00	4,16				
	V	**773,16**	309,08	309,08	IV	364,75	311,66	260,08	210,08	161,75	115,08
	VI	**816,25**	309,08	309,08							
3317,99	I,IV	**420,33**	309,33	309,33	I	312,33	210,75	115,66	31,91		
	II	**323,33**	309,33	309,33	II	221,08	125,33	39,33			
	III	**144,66**	309,33	309,33	III	66,33	4,50				
	V	**774,16**	309,33	309,33	IV	365,50	312,33	260,75	210,75	162,41	115,66
	VI	**817,25**	309,33	309,33							
3320,99	I,IV	**421,00**	309,66	309,66	I	313,00	211,41	116,25	32,33		
	II	**324,00**	309,66	309,66	II	221,75	125,91	39,83			
	III	**145,16**	309,66	309,66	III	66,83	5,00				
	V	**775,16**	309,66	309,66	IV	366,25	313,00	261,41	211,41	163,00	116,25
	VI	**818,33**	309,66	309,66							
3323,99	I,IV	**421,75**	309,91	309,91	I	313,66	212,08	116,83	32,83		
	II	**324,66**	309,91	309,91	II	222,41	126,50	40,25			
	III	**145,66**	309,91	309,91	III	67,33	5,33				
	V	**776,16**	309,91	309,91	IV	366,91	313,66	262,08	212,08	163,66	116,83
	VI	**819,33**	309,91	309,91							
3326,99	I,IV	**422,50**	310,16	310,16	I	314,41	212,75	117,50	33,25		
	II	**325,41**	310,16	310,16	II	223,08	127,16	40,75			
	III	**146,33**	310,16	310,16	III	67,83	5,66				
	V	**777,16**	310,16	310,16	IV	367,66	314,41	262,75	212,75	164,25	117,50
	VI	**820,33**	310,16	310,16							
3329,99	I,IV	**423,25**	310,50	310,50	I	315,08	213,33	118,08	33,75		
	II	**326,08**	310,50	310,50	II	223,66	127,75	41,25			
	III	**146,83**	310,50	310,50	III	68,33	6,00				
	V	**778,16**	310,50	310,50	IV	368,33	315,08	263,41	213,33	164,91	118,08
	VI	**821,41**	310,50	310,50							
3332,99	I,IV	**423,91**	310,75	310,75	I	315,75	214,00	118,66	34,16		
	II	**326,75**	310,75	310,75	II	224,33	128,33	41,75			
	III	**147,33**	310,75	310,75	III	68,66	6,33				
	V	**779,33**	310,75	310,75	IV	369,00	315,75	264,00	214,00	165,50	118,66
	VI	**822,41**	310,75	310,75							
3335,99	I,IV	**424,66**	311,00	311,00	I	316,41	214,66	119,25	34,66		
	II	**327,50**	311,00	311,00	II	225,00	128,91	42,25			
	III	**148,00**	311,00	311,00	III	69,16	6,66				
	V	**780,16**	311,00	311,00	IV	369,75	316,41	264,75	214,66	166,16	119,25
	VI	**823,41**	311,00	311,00							
3338,99	I,IV	**425,41**	311,33	311,33	I	317,16	215,25	119,91	35,08		
	II	**328,16**	311,33	311,33	II	225,66	129,58	42,66			
	III	**148,50**	311,33	311,33	III	69,66	7,00				
	V	**781,33**	311,33	311,33	IV	370,50	317,16	265,41	215,25	166,75	119,91
	VI	**824,50**	311,33	311,33							
3341,99	I,IV	**426,16**	311,58	311,58	I	317,83	215,91	120,50	35,58		
	II	**328,83**	311,58	311,58	II	226,25	130,16	43,16			
	III	**149,16**	311,58	311,58	III	70,16	7,33				
	V	**782,33**	311,58	311,58	IV	371,16	317,83	266,08	215,91	167,41	120,50
	VI	**825,50**	311,58	311,58							
3344,99	I,IV	**426,83**	311,91	311,91	I	318,50	216,58	121,08	36,00		
	II	**329,50**	311,91	311,91	II	226,91	130,75	43,66			
	III	**149,66**	311,91	311,91	III	70,50	7,83				
	V	**783,25**	311,91	311,91	IV	371,83	318,50	266,75	216,58	168,00	121,08
	VI	**826,50**	311,91	311,91							
3347,99	I,IV	**427,58**	312,16	312,16	I	319,16	217,25	121,66	36,50		
	II	**330,25**	312,16	312,16	II	227,58	131,41	44,16			
	III	**150,33**	312,16	312,16	III	71,00	8,16				
	V	**784,25**	312,16	312,16	IV	372,58	319,16	267,41	217,25	168,66	121,66
	VI	**827,50**	312,16	312,16							

*   Zur LSt-Berechnung für privat versicherte Arbeitnehmer s. Beispiele **Vorbemerkung S. 4 f.**
**   Basisvorsorgepauschale KV und PV   *** Typisierter Arbeitgeberzuschuss

Lohn/Gehalt in € bis	Steuerklasse	Lohnsteuer*	BVSP**	TAGZ***	Steuerklasse	Bemessungsgrundlage für Kirchensteuer und Solidaritätszuschlag					
						Freibeträge für ... Kinder					
						0,5	1,0	1,5	2,0	2,5	3,0
3350,99	I,IV	**428,33**	312,41	312,41	I	319,91	217,83	122,25	37,00		
	II	**330,91**	312,41	312,41	II	228,25	132,00	44,66			
	III	**150,83**	312,41	312,41	III	71,50	8,50				
	V	**785,33**	312,41	312,41	IV	373,33	319,91	268,08	217,83	169,25	122,25
	VI	**828,58**	312,41	312,41							
3353,99	I,IV	**429,08**	312,75	312,75	I	320,58	218,50	122,91	37,41		
	II	**331,58**	312,75	312,75	II	228,91	132,58	45,16			
	III	**151,50**	312,75	312,75	III	72,00	8,83				
	V	**786,33**	312,75	312,75	IV	374,00	320,58	268,75	218,50	169,91	122,91
	VI	**829,58**	312,75	312,75							
3356,99	I,IV	**429,83**	313,00	313,00	I	321,25	219,16	123,50	37,91		
	II	**332,33**	313,00	313,00	II	229,58	133,25	45,66			
	III	**152,00**	313,00	313,00	III	72,50	9,16				
	V	**787,33**	313,00	313,00	IV	374,75	321,25	269,41	219,16	170,50	123,50
	VI	**830,58**	313,00	313,00							
3359,99	I,IV	**430,50**	313,25	313,25	I	321,91	219,83	124,08	38,41		
	II	**333,00**	313,25	313,25	II	230,16	133,83	46,16			
	III	**152,50**	313,25	313,25	III	72,83	9,50				
	V	**788,33**	313,25	313,25	IV	375,41	321,91	270,08	219,83	171,16	124,08
	VI	**831,66**	313,25	313,25							
3362,99	I,IV	**431,25**	313,58	313,58	I	322,66	220,41	124,66	38,83		
	II	**333,66**	313,58	313,58	II	230,83	134,41	46,66			
	III	**153,16**	313,58	313,58	III	73,33	10,00				
	V	**789,41**	313,58	313,58	IV	376,16	322,66	270,75	220,41	171,75	124,66
	VI	**832,66**	313,58	313,58							
3365,99	I,IV	**432,00**	313,83	313,83	I	323,33	221,08	125,33	39,33		
	II	**334,41**	313,83	313,83	II	231,50	135,08	47,16			
	III	**153,66**	313,83	313,83	III	73,83	10,33				
	V	**790,41**	313,83	313,83	IV	376,83	323,33	271,41	221,08	172,41	125,33
	VI	**833,66**	313,83	313,83							
3368,99	I,IV	**432,75**	314,08	314,08	I	324,00	221,75	125,91	39,83		
	II	**335,08**	314,08	314,08	II	232,16	135,66	47,66			
	III	**154,33**	314,08	314,08	III	74,33	10,66				
	V	**791,41**	314,08	314,08	IV	377,58	324,00	272,08	221,75	173,00	125,91
	VI	**834,75**	314,08	314,08							
3371,99	I,IV	**433,41**	314,41	314,41	I	324,66	222,41	126,50	40,33		
	II	**335,75**	314,41	314,41	II	232,83	136,25	48,16			
	III	**154,83**	314,41	314,41	III	74,83	11,00				
	V	**792,50**	314,41	314,41	IV	378,25	324,66	272,75	222,41	173,66	126,50
	VI	**835,75**	314,41	314,41							
3374,99	I,IV	**434,16**	314,66	314,66	I	325,41	223,08	127,16	40,75		
	II	**336,50**	314,66	314,66	II	233,41	136,83	48,66			
	III	**155,50**	314,66	314,66	III	75,16	11,33				
	V	**793,50**	314,66	314,66	IV	379,00	325,41	273,41	223,08	174,25	127,16
	VI	**836,75**	314,66	314,66							
3377,99	I,IV	**434,91**	314,91	314,91	I	326,08	223,75	127,75	41,25		
	II	**337,16**	314,91	314,91	II	234,08	137,50	49,16			
	III	**156,00**	314,91	314,91	III	75,66	11,66				
	V	**794,50**	314,91	314,91	IV	379,66	326,08	274,08	223,75	174,91	127,75
	VI	**837,83**	314,91	314,91							
3380,99	I,IV	**435,66**	315,25	315,25	I	326,75	224,33	128,33	41,75		
	II	**337,83**	315,25	315,25	II	234,75	138,08	49,66			
	III	**156,66**	315,25	315,25	III	76,16	12,16				
	V	**795,58**	315,25	315,25	IV	380,41	326,75	274,75	224,33	175,58	128,33
	VI	**838,83**	315,25	315,25							
3383,99	I,IV	**436,33**	315,50	315,50	I	327,50	225,00	128,91	42,25		
	II	**338,58**	315,50	315,50	II	235,41	138,66	50,16			
	III	**157,16**	315,50	315,50	III	76,66	12,50				
	V	**796,58**	315,50	315,50	IV	381,08	327,50	275,41	225,00	176,16	128,91
	VI	**839,83**	315,50	315,50							

* Zur LSt-Berechnung für privat versicherte Arbeitnehmer s. Beispiele **Vorbemerkung S. 4f.**
** Basisvorsorgepauschale KV und PV *** Typisierter Arbeitgeberzuschuss

Lohn/ Gehalt in € bis	Steuerklasse	Lohn-steuer*	BVSP**	TAGZ***	Steuerklasse	Bemessungsgrundlage für Kirchensteuer und Solidaritätszuschlag					
						Freibeträge für ... Kinder					
						0,5	1,0	1,5	2,0	2,5	3,0
3386,99	I,IV	437,08	315,83	315,83	I	328,16	225,66	129,58	42,75		
	II	339,25	315,83	315,83	II	236,08	139,33	50,66			
	III	157,83	315,83	315,83	III	77,16	12,83				
	V	797,58	315,83	315,83	IV	381,83	328,16	276,08	225,66	176,83	129,58
	VI	840,83	315,83	315,83							
3389,99	I,IV	437,83	316,08	316,08	I	328,83	226,33	130,16	43,16		
	II	339,91	316,08	316,08	II	236,75	139,91	51,16			
	III	158,33	316,08	316,08	III	77,66	13,16				
	V	798,66	316,08	316,08	IV	382,58	328,83	276,75	226,33	177,41	130,16
	VI	841,91	316,08	316,08							
3392,99	I,IV	438,58	316,33	316,33	I	329,58	226,91	130,75	43,66		
	II	340,66	316,33	316,33	II	237,33	140,50	51,66			
	III	159,00	316,33	316,33	III	78,00	13,50				
	V	799,66	316,33	316,33	IV	383,25	329,58	277,41	226,91	178,08	130,75
	VI	842,91	316,33	316,33							
3395,99	I,IV	439,33	316,66	316,66	I	330,25	227,58	131,41	44,16		
	II	341,33	316,66	316,66	II	238,00	141,16	52,16			
	III	159,50	316,66	316,66	III	78,50	14,00				
	V	800,66	316,66	316,66	IV	384,00	330,25	278,08	227,58	178,66	131,41
	VI	843,91	316,66	316,66							
3398,99	I,IV	440,08	316,91	316,91	I	330,91	228,25	132,00	44,66		
	II	342,08	316,91	316,91	II	238,66	141,75	52,75			
	III	160,16	316,91	316,91	III	79,00	14,33				
	V	801,75	316,91	316,91	IV	384,66	330,91	278,83	228,25	179,33	132,00
	VI	845,00	316,91	316,91							
3401,99	I,IV	440,75	317,16	317,16	I	331,66	228,91	132,58	45,16		
	II	342,75	317,16	317,16	II	239,33	142,33	53,25			
	III	160,66	317,16	317,16	III	79,50	14,66				
	V	802,75	317,16	317,16	IV	385,41	331,66	279,50	228,91	179,91	132,58
	VI	846,00	317,16	317,16							
3404,99	I,IV	441,50	317,50	317,50	I	332,33	229,58	133,25	45,66		
	II	343,41	317,50	317,50	II	240,00	143,00	53,75			
	III	161,33	317,50	317,50	III	80,00	15,00				
	V	803,75	317,50	317,50	IV	386,08	332,33	280,16	229,58	180,58	133,25
	VI	847,00	317,50	317,50							
3407,99	I,IV	442,25	317,75	317,75	I	333,00	230,25	133,83	46,16		
	II	344,16	317,75	317,75	II	240,66	143,58	54,25			
	III	161,83	317,75	317,75	III	80,50	15,50				
	V	804,75	317,75	317,75	IV	386,83	333,00	280,83	230,25	181,25	133,83
	VI	848,08	317,75	317,75							
3410,99	I,IV	443,00	318,00	318,00	I	333,75	230,83	134,41	46,66		
	II	344,83	318,00	318,00	II	241,33	144,25	54,75			
	III	162,50	318,00	318,00	III	81,00	15,83				
	V	805,83	318,00	318,00	IV	387,58	333,75	281,50	230,83	181,83	134,41
	VI	849,08	318,00	318,00							
3413,99	I,IV	443,75	318,33	318,33	I	334,41	231,50	135,08	47,16		
	II	345,50	318,33	318,33	II	242,00	144,83	55,25			
	III	163,00	318,33	318,33	III	81,50	16,16				
	V	806,83	318,33	318,33	IV	388,25	334,41	282,16	231,50	182,50	135,08
	VI	850,08	318,33	318,33							
3416,99	I,IV	444,50	318,58	318,58	I	335,08	232,16	135,66	47,66		
	II	346,25	318,58	318,58	II	242,66	145,41	55,83			
	III	163,66	318,58	318,58	III	82,00	16,50				
	V	807,83	318,58	318,58	IV	389,00	335,08	282,83	232,16	183,08	135,66
	VI	851,16	318,58	318,58							
3419,99	I,IV	445,25	318,83	318,83	I	335,83	232,83	136,25	48,16		
	II	346,91	318,83	318,83	II	243,25	146,08	56,33			
	III	164,16	318,83	318,83	III	82,33	17,00				
	V	808,91	318,83	318,83	IV	389,66	335,83	283,50	232,83	183,75	136,25
	VI	852,16	318,83	318,83							

* Zur LSt-Berechnung für privat versicherte Arbeitnehmer s. Beispiele **Vorbemerkung S. 4 f.**
** Basisvorsorgepauschale KV und PV   *** Typisierter Arbeitgeberzuschuss

Lohn/ Gehalt in € bis	Steuerklasse	Lohn-steuer*	BVSP**	TAGZ***	Steuerklasse	Bemessungsgrundlage für Kirchensteuer und Solidaritätszuschlag Freibeträge für ... Kinder					
						0,5	1,0	1,5	2,0	2,5	3,0
3422,99	I,IV	**445,91**	319,16	319,16	I	336,50	233,50	136,91	48,66		
	II	**347,66**	319,16	319,16	II	243,91	146,66	56,83			
	III	**164,83**	319,16	319,16	III	82,83	17,33				
	V	**809,91**	319,16	319,16	IV	390,41	336,50	284,16	233,50	184,33	136,91
	VI	**853,16**	319,16	319,16							
3425,99	I,IV	**446,66**	319,41	319,41	I	337,16	234,08	137,50	49,16		
	II	**348,33**	319,41	319,41	II	244,58	147,25	57,41			
	III	**165,33**	319,41	319,41	III	83,33	17,66				
	V	**810,91**	319,41	319,41	IV	391,08	337,16	284,83	234,08	185,00	137,50
	VI	**854,16**	319,41	319,41							
3428,99	I,IV	**447,41**	319,75	319,75	I	337,91	234,75	138,08	49,66		
	II	**349,00**	319,75	319,75	II	245,25	147,91	57,91			
	III	**166,00**	319,75	319,75	III	83,83	18,00				
	V	**812,00**	319,75	319,75	IV	391,83	337,91	285,50	234,75	185,66	138,08
	VI	**855,25**	319,75	319,75							
3431,99	I,IV	**448,16**	320,00	320,00	I	338,58	235,41	138,75	50,16		
	II	**349,75**	320,00	320,00	II	245,91	148,50	58,41			
	III	**166,50**	320,00	320,00	III	84,33	18,50				
	V	**813,00**	320,00	320,00	IV	392,58	338,58	286,16	235,41	186,25	138,75
	VI	**856,25**	320,00	320,00							
3434,99	I,IV	**448,91**	320,25	320,25	I	339,25	236,08	139,33	50,66		
	II	**350,41**	320,25	320,25	II	246,58	149,16	59,00			
	III	**167,16**	320,25	320,25	III	84,83	18,83				
	V	**814,00**	320,25	320,25	IV	393,25	339,25	286,83	236,08	186,91	139,33
	VI	**857,25**	320,25	320,25							
3437,99	I,IV	**449,66**	320,58	320,58	I	340,00	236,75	139,91	51,16		
	II	**351,16**	320,58	320,58	II	247,25	149,75	59,50			
	III	**167,66**	320,58	320,58	III	85,33	19,16				
	V	**815,08**	320,58	320,58	IV	394,00	340,00	287,58	236,75	187,58	139,91
	VI	**858,33**	320,58	320,58							
3440,99	I,IV	**450,41**	320,83	320,83	I	340,66	237,41	140,58	51,66		
	II	**351,83**	320,83	320,83	II	247,91	150,41	60,08			
	III	**168,33**	320,83	320,83	III	85,83	19,50				
	V	**816,08**	320,83	320,83	IV	394,75	340,66	288,25	237,41	188,16	140,58
	VI	**859,33**	320,83	320,83							
3443,99	I,IV	**451,08**	321,08	321,08	I	341,33	238,08	141,16	52,16		
	II	**352,50**	321,08	321,08	II	248,58	151,00	60,58			
	III	**168,83**	321,08	321,08	III	86,33	20,00				
	V	**817,08**	321,08	321,08	IV	395,41	341,33	288,91	238,08	188,83	141,16
	VI	**860,33**	321,08	321,08							
3446,99	I,IV	**451,83**	321,41	321,41	I	342,08	238,66	141,75	52,75		
	II	**353,25**	321,41	321,41	II	249,16	151,58	61,08			
	III	**169,50**	321,41	321,41	III	86,83	20,33				
	V	**818,08**	321,41	321,41	IV	396,16	342,08	289,58	238,66	189,41	141,75
	VI	**861,33**	321,41	321,41							
3449,99	I,IV	**452,58**	321,66	321,66	I	342,75	239,33	142,41	53,25		
	II	**353,91**	321,66	321,66	II	249,91	152,25	61,66			
	III	**170,16**	321,66	321,66	III	87,33	20,66				
	V	**819,16**	321,66	321,66	IV	396,91	342,75	290,25	239,33	190,08	142,41
	VI	**862,41**	321,66	321,66							
3452,99	I,IV	**453,33**	321,91	321,91	I	343,41	240,00	143,00	53,75		
	II	**354,66**	321,91	321,91	II	250,50	152,83	62,16			
	III	**170,66**	321,91	321,91	III	87,66	21,16				
	V	**820,16**	321,91	321,91	IV	397,58	343,41	290,91	240,00	190,66	143,00
	VI	**863,41**	321,91	321,91							
3455,99	I,IV	**454,08**	322,25	322,25	I	344,16	240,66	143,58	54,25		
	II	**355,33**	322,25	322,25	II	251,16	153,41	62,75			
	III	**171,33**	322,25	322,25	III	88,16	21,50				
	V	**821,16**	322,25	322,25	IV	398,33	344,16	291,58	240,66	191,33	143,58
	VI	**864,41**	322,25	322,25							

* Zur LSt-Berechnung für privat versicherte Arbeitnehmer s. Beispiele **Vorbemerkung S. 4 f.**
** Basisvorsorgepauschale KV und PV   *** Typisierter Arbeitgeberzuschuss

Lohn/Gehalt in € bis	Steuerklasse	Lohnsteuer*	BVSP**	TAGZ***	Steuerklasse	Bemessungsgrundlage für Kirchensteuer und Solidaritätszuschlag — Freibeträge für ... Kinder					
						0,5	1,0	1,5	2,0	2,5	3,0
3458,99	I,IV	**454,83**	322,50	322,50	I	344,83	241,33	144,25	54,83		
	II	**356,08**	322,50	322,50	II	251,83	154,08	63,25			
	III	**171,83**	322,50	322,50	III	88,66	21,83				
	V	**822,25**	322,50	322,50	IV	399,00	344,83	292,33	241,33	192,00	144,25
	VI	**865,50**	322,50	322,50							
3461,99	I,IV	**455,58**	322,75	322,75	I	345,58	242,00	144,83	55,33		
	II	**356,75**	322,75	322,75	II	252,50	154,66	63,83			
	III	**172,50**	322,75	322,75	III	89,16	22,16				
	V	**823,25**	322,75	322,75	IV	399,75	345,58	293,00	242,00	192,58	144,83
	VI	**866,50**	322,75	322,75							
3464,99	I,IV	**456,25**	323,08	323,08	I	346,25	242,66	145,41	55,83		
	II	**357,41**	323,08	323,08	II	253,16	155,33	64,33			
	III	**173,00**	323,08	323,08	III	89,66	22,66				
	V	**824,25**	323,08	323,08	IV	400,50	346,25	293,66	242,66	193,25	145,41
	VI	**867,50**	323,08	323,08							
3467,99	I,IV	**457,08**	323,33	323,33	I	347,00	243,33	146,08	56,33		
	II	**358,16**	323,33	323,33	II	253,83	155,91	64,91			
	III	**173,66**	323,33	323,33	III	90,16	23,00				
	V	**825,33**	323,33	323,33	IV	401,16	347,00	294,33	243,33	193,91	146,08
	VI	**868,58**	323,33	323,33							
3470,99	I,IV	**457,75**	323,66	323,66	I	347,66	244,00	146,66	56,91		
	II	**358,83**	323,66	323,66	II	254,50	156,58	65,41			
	III	**174,16**	323,66	323,66	III	90,66	23,33				
	V	**826,33**	323,66	323,66	IV	401,91	347,66	295,00	244,00	194,50	146,66
	VI	**869,58**	323,66	323,66							
3473,99	I,IV	**458,50**	323,91	323,91	I	348,33	244,58	147,33	57,41		
	II	**359,58**	323,91	323,91	II	255,16	157,16	66,00			
	III	**174,83**	323,91	323,91	III	91,16	23,83				
	V	**827,33**	323,91	323,91	IV	402,66	348,33	295,66	244,58	195,16	147,33
	VI	**870,58**	323,91	323,91							
3476,99	I,IV	**459,25**	324,16	324,16	I	349,00	245,25	147,91	57,91		
	II	**360,25**	324,16	324,16	II	255,83	157,83	66,58			
	III	**175,25**	324,16	324,16	III	91,66	24,16				
	V	**828,33**	324,16	324,16	IV	403,33	349,00	296,33	245,25	195,75	147,91
	VI	**871,58**	324,16	324,16							
3479,99	I,IV	**460,00**	324,50	324,50	I	349,75	245,91	148,58	58,50		
	II	**361,00**	324,50	324,50	II	256,50	158,41	67,08			
	III	**176,00**	324,50	324,50	III	92,16	24,50				
	V	**829,41**	324,50	324,50	IV	404,08	349,75	297,08	245,91	196,41	148,58
	VI	**872,66**	324,50	324,50							
3482,99	I,IV	**460,75**	324,75	324,75	I	350,41	246,58	149,16	59,00		
	II	**361,66**	324,75	324,75	II	257,16	159,08	67,66			
	III	**176,50**	324,75	324,75	III	92,66	25,00				
	V	**830,41**	324,75	324,75	IV	404,83	350,41	297,75	246,58	197,08	149,16
	VI	**873,66**	324,75	324,75							
3485,99	I,IV	**461,50**	325,00	325,00	I	351,16	247,25	149,75	59,50		
	II	**362,41**	325,00	325,00	II	257,83	159,66	68,16			
	III	**177,16**	325,00	325,00	III	93,16	25,33				
	V	**831,41**	325,00	325,00	IV	405,50	351,16	298,41	247,25	197,66	149,75
	VI	**874,66**	325,00	325,00							
3488,99	I,IV	**462,25**	325,33	325,33	I	351,83	247,91	150,41	60,08		
	II	**363,08**	325,33	325,33	II	258,50	160,33	68,75	0,08		
	III	**177,66**	325,33	325,33	III	93,66	25,66				
	V	**832,50**	325,33	325,33	IV	406,25	351,83	299,08	247,91	198,33	150,41
	VI	**875,75**	325,33	325,33							
3491,99	I,IV	**463,00**	325,58	325,58	I	352,58	248,58	151,00	60,58		
	II	**363,83**	325,58	325,58	II	259,16	160,91	69,33	0,41		
	III	**178,33**	325,58	325,58	III	94,16	26,16				
	V	**833,50**	325,58	325,58	IV	407,00	352,58	299,75	248,58	199,00	151,00
	VI	**876,75**	325,58	325,58							

* Zur LSt-Berechnung für privat versicherte Arbeitnehmer s. Beispiele **Vorbemerkung S. 4 f.**
** Basisvorsorgepauschale KV und PV *** Typisierter Arbeitgeberzuschuss

Lohn/Gehalt in € bis	Steuerklasse	Lohnsteuer*	BVSP**	TAGZ***	Steuerklasse	Bemessungsgrundlage für Kirchensteuer und Solidaritätszuschlag Freibeträge für ... Kinder 0,5	1,0	1,5	2,0	2,5	3,0
3494,99	I,IV	**463,75**	325,83	325,83	I	353,25	249,25	151,58	61,08		
	II	**364,50**	325,83	325,83	II	259,83	161,50	69,91	0,75		
	III	**178,83**	325,83	325,83	III	94,66	26,50				
	V	**834,50**	325,83	325,83	IV	407,66	353,25	300,41	249,25	199,58	151,58
	VI	**877,75**	325,83	325,83							
3497,99	I,IV	**464,41**	326,16	326,16	I	353,91	249,91	152,25	61,66		
	II	**365,16**	326,16	326,16	II	260,41	162,16	70,41	1,16		
	III	**179,50**	326,16	326,16	III	95,16	26,83				
	V	**835,50**	326,16	326,16	IV	408,41	353,91	301,08	249,91	200,25	152,25
	VI	**878,75**	326,16	326,16							
3500,99	I,IV	**465,25**	326,41	326,41	I	354,66	250,58	152,83	62,16		
	II	**365,91**	326,41	326,41	II	261,16	162,75	71,00	1,50		
	III	**180,16**	326,41	326,41	III	95,66	27,33				
	V	**836,58**	326,41	326,41	IV	409,16	354,66	301,83	250,58	200,91	152,83
	VI	**879,83**	326,41	326,41							
3503,99	I,IV	**465,91**	326,66	326,66	I	355,33	251,16	153,50	62,75		
	II	**366,58**	326,66	326,66	II	261,83	163,41	71,58	1,83		
	III	**180,66**	326,66	326,66	III	96,16	27,66				
	V	**837,58**	326,66	326,66	IV	409,83	355,33	302,50	251,16	201,50	153,50
	VI	**880,83**	326,66	326,66							
3506,99	I,IV	**466,66**	327,00	327,00	I	356,08	251,83	154,08	63,25		
	II	**367,33**	327,00	327,00	II	262,41	164,00	72,08	2,16		
	III	**181,33**	327,00	327,00	III	96,66	28,16				
	V	**838,58**	327,00	327,00	IV	410,58	356,08	303,16	251,83	202,16	154,08
	VI	**881,83**	327,00	327,00							
3509,99	I,IV	**467,41**	327,25	327,25	I	356,75	252,50	154,75	63,83		
	II	**368,08**	327,25	327,25	II	263,16	164,66	72,66	2,50		
	III	**181,83**	327,25	327,25	III	97,16	28,50				
	V	**839,66**	327,25	327,25	IV	411,33	356,75	303,83	252,50	202,83	154,75
	VI	**882,91**	327,25	327,25							
3512,99	I,IV	**468,16**	327,58	327,58	I	357,50	253,16	155,33	64,33		
	II	**368,75**	327,58	327,58	II	263,83	165,25	73,25	2,91		
	III	**182,50**	327,58	327,58	III	97,66	28,83				
	V	**840,66**	327,58	327,58	IV	412,00	357,50	304,50	253,16	203,50	155,33
	VI	**883,91**	327,58	327,58							
3515,99	I,IV	**468,91**	327,83	327,83	I	358,16	253,83	155,91	64,91		
	II	**369,41**	327,83	327,83	II	264,41	165,91	73,83	3,25		
	III	**183,00**	327,83	327,83	III	98,16	29,33				
	V	**841,66**	327,83	327,83	IV	412,75	358,16	305,16	253,83	204,08	155,91
	VI	**884,91**	327,83	327,83							
3518,99	I,IV	**469,66**	328,08	328,08	I	358,91	254,50	156,58	65,50		
	II	**370,16**	328,08	328,08	II	265,16	166,50	74,41	3,58		
	III	**183,66**	328,08	328,08	III	98,66	29,66				
	V	**842,75**	328,08	328,08	IV	413,50	358,91	305,91	254,50	204,75	156,58
	VI	**886,00**	328,08	328,08							
3521,99	I,IV	**470,41**	328,41	328,41	I	359,58	255,16	157,16	66,00		
	II	**370,91**	328,41	328,41	II	265,83	167,16	75,00	3,91		
	III	**184,16**	328,41	328,41	III	99,16	30,00				
	V	**843,75**	328,41	328,41	IV	414,16	359,58	306,58	255,16	205,41	157,16
	VI	**887,00**	328,41	328,41							
3524,99	I,IV	**471,16**	328,66	328,66	I	360,25	255,83	157,83	66,58		
	II	**371,58**	328,66	328,66	II	266,41	167,75	75,50	4,33		
	III	**184,83**	328,66	328,66	III	99,66	30,50				
	V	**844,75**	328,66	328,66	IV	414,91	360,25	307,25	255,83	206,00	157,83
	VI	**888,00**	328,66	328,66							
3527,99	I,IV	**471,91**	328,91	328,91	I	361,00	256,50	158,41	67,08		
	II	**372,25**	328,91	328,91	II	267,08	168,41	76,08	4,66		
	III	**185,33**	328,91	328,91	III	100,16	30,83				
	V	**845,75**	328,91	328,91	IV	415,66	361,00	307,91	256,50	206,66	158,41
	VI	**889,00**	328,91	328,91							

* Zur LSt-Berechnung für privat versicherte Arbeitnehmer s. Beispiele **Vorbemerkung S. 4 f.**
** Basisvorsorgepauschale KV und PV *** Typisierter Arbeitgeberzuschuss

Lohn/ Gehalt in € bis	Steuerklasse	Lohn- steuer*	BVSP**	TAGZ***	Steuerklasse	Bemessungsgrundlage für Kirchensteuer und Solidaritätszuschlag Freibeträge für ... Kinder					
						0,5	1,0	1,5	2,0	2,5	3,0
3530,99	I,IV	**472,66**	329,25	329,25	I	361,66	257,16	159,08	67,66		
	II	**373,00**	329,25	329,25	II	267,83	169,00	76,66	5,00		
	III	**186,00**	329,25	329,25	III	100,66	31,33				
	V	**846,83**	329,25	329,25	IV	416,41	361,66	308,66	257,16	207,33	159,08
	VI	**890,08**	329,25	329,25							
3533,99	I,IV	**473,41**	329,50	329,50	I	362,41	257,83	159,66	68,25		
	II	**373,75**	329,50	329,50	II	268,50	169,66	77,25	5,41		
	III	**186,66**	329,50	329,50	III	101,16	31,66				
	V	**847,83**	329,50	329,50	IV	417,08	362,41	309,33	257,83	207,91	159,66
	VI	**891,08**	329,50	329,50							
3536,99	I,IV	**474,16**	329,75	329,75	I	363,08	258,50	160,33	68,75	0,08	
	II	**374,41**	329,75	329,75	II	269,08	170,25	77,83	5,75		
	III	**187,16**	329,75	329,75	III	101,66	32,00				
	V	**848,83**	329,75	329,75	IV	417,83	363,08	310,00	258,50	208,58	160,33
	VI	**892,08**	329,75	329,75							
3539,99	I,IV	**474,91**	330,08	330,08	I	363,83	259,16	160,91	69,33	0,50	
	II	**375,16**	330,08	330,08	II	269,83	170,91	78,41	6,16		
	III	**187,83**	330,08	330,08	III	102,16	32,50				
	V	**849,91**	330,08	330,08	IV	418,58	363,83	310,66	259,16	209,25	160,91
	VI	**893,16**	330,08	330,08							
3542,99	I,IV	**475,66**	330,33	330,33	I	364,50	259,83	161,58	69,91	0,83	
	II	**375,83**	330,33	330,33	II	270,50	171,50	79,00	6,50		
	III	**188,33**	330,33	330,33	III	102,83	32,83				
	V	**850,91**	330,33	330,33	IV	419,25	364,50	311,33	259,83	209,91	161,58
	VI	**894,16**	330,33	330,33							
3545,99	I,IV	**476,41**	330,58	330,58	I	365,25	260,50	162,16	70,41	1,16	
	II	**376,58**	330,58	330,58	II	271,16	172,16	79,58	6,83		
	III	**189,00**	330,58	330,58	III	103,16	33,33				
	V	**851,91**	330,58	330,58	IV	420,00	365,25	312,08	260,50	210,50	162,16
	VI	**895,16**	330,58	330,58							
3548,99	I,IV	**477,16**	330,91	330,91	I	365,91	261,16	162,75	71,00	1,50	
	II	**377,25**	330,91	330,91	II	271,83	172,75	80,16	7,25		
	III	**189,50**	330,91	330,91	III	103,83	33,66				
	V	**852,91**	330,91	330,91	IV	420,75	365,91	312,75	261,16	211,16	162,75
	VI	**896,25**	330,91	330,91							
3551,99	I,IV	**477,91**	331,16	331,16	I	366,66	261,83	163,41	71,58	1,83	
	II	**378,00**	331,16	331,16	II	272,50	173,41	80,75	7,58		
	III	**190,16**	331,16	331,16	III	104,33	34,16				
	V	**854,00**	331,16	331,16	IV	421,50	366,66	313,41	261,83	211,83	163,41
	VI	**897,25**	331,16	331,16							
3554,99	I,IV	**478,66**	331,50	331,50	I	367,33	262,50	164,00	72,16	2,16	
	II	**378,66**	331,50	331,50	II	273,16	174,00	81,33	8,00		
	III	**190,66**	331,50	331,50	III	104,83	34,50				
	V	**855,00**	331,50	331,50	IV	422,16	367,33	314,08	262,50	212,41	164,00
	VI	**898,25**	331,50	331,50							
3557,99	I,IV	**479,41**	331,75	331,75	I	368,08	263,16	164,66	72,66	2,50	
	II	**379,41**	331,75	331,75	II	273,83	174,66	81,91	8,33		
	III	**191,33**	331,75	331,75	III	105,33	35,00				
	V	**856,00**	331,75	331,75	IV	422,91	368,08	314,75	263,16	213,08	164,66
	VI	**899,25**	331,75	331,75							
3560,99	I,IV	**480,16**	332,00	332,00	I	368,75	263,83	165,25	73,25	2,91	
	II	**380,08**	332,00	332,00	II	274,50	175,25	82,50	8,75		
	III	**191,83**	332,00	332,00	III	105,83	35,33				
	V	**857,08**	332,00	332,00	IV	423,66	368,75	315,50	263,83	213,75	165,25
	VI	**900,33**	332,00	332,00							
3563,99	I,IV	**480,91**	332,33	332,33	I	369,50	264,50	165,91	73,83	3,25	
	II	**380,83**	332,33	332,33	II	275,16	175,91	83,08	9,08		
	III	**192,50**	332,33	332,33	III	106,33	35,66				
	V	**858,08**	332,33	332,33	IV	424,41	369,50	316,16	264,50	214,41	165,91
	VI	**901,33**	332,33	332,33							

*   Zur LSt-Berechnung für privat versicherte Arbeitnehmer s. Beispiele **Vorbemerkung S. 4 f.**
** Basisvorsorgepauschale KV und PV   *** Typisierter Arbeitgeberzuschuss

Lohn/Gehalt in € bis	Steuerklasse	Lohn-steuer*	BVSP**	TAGZ***	Steuerklasse	Bemessungsgrundlage für Kirchensteuer und Solidaritätszuschlag					
						Freibeträge für ... Kinder					
						0,5	1,0	1,5	2,0	2,5	3,0
3566,99	I,IV	481,66	332,58	332,58	I	370,16	265,16	166,50	74,41	3,58	
	II	381,50	332,58	332,58	II	275,83	176,50	83,66	9,50		
	III	193,16	332,58	332,58	III	106,83	36,16				
	V	859,08	332,58	332,58	IV	425,08	370,16	316,83	265,16	215,00	166,50
	VI	902,33	332,58	332,58							
3569,99	I,IV	482,41	332,83	332,83	I	370,91	265,83	167,16	75,00	4,00	
	II	382,25	332,83	332,83	II	276,50	177,16	84,25	9,83		
	III	193,66	332,83	332,83	III	107,33	36,50				
	V	860,16	332,83	332,83	IV	425,83	370,91	317,58	265,83	215,66	167,16
	VI	903,41	332,83	332,83							
3572,99	I,IV	483,16	333,16	333,16	I	371,58	266,50	167,75	75,58	4,33	
	II	383,00	333,16	333,16	II	277,16	177,83	84,83	10,25		
	III	194,33	333,16	333,16	III	107,83	37,00				
	V	861,16	333,16	333,16	IV	426,58	371,58	318,25	266,50	216,33	167,75
	VI	904,41	333,16	333,16							
3575,99	I,IV	483,91	333,41	333,41	I	372,33	267,16	168,41	76,16	4,66	
	II	383,66	333,41	333,41	II	277,83	178,41	85,41	10,58		
	III	194,83	333,41	333,41	III	108,33	37,33				
	V	862,16	333,41	333,41	IV	427,33	372,33	318,91	267,16	217,00	168,41
	VI	905,41	333,41	333,41							
3578,99	I,IV	484,66	333,66	333,66	I	373,00	267,83	169,00	76,66	5,00	
	II	384,41	333,66	333,66	II	278,50	179,08	86,00	11,00		
	III	195,50	333,66	333,66	III	108,83	37,83				
	V	863,16	333,66	333,66	IV	428,00	373,00	319,58	267,83	217,58	169,00
	VI	906,50	333,66	333,66							
3581,99	I,IV	485,41	334,00	334,00	I	373,75	268,50	169,66	77,25	5,41	
	II	385,08	334,00	334,00	II	279,16	179,66	86,66	11,41		
	III	196,00	334,00	334,00	III	109,50	38,16				
	V	864,25	334,00	334,00	IV	428,75	373,75	320,33	268,50	218,25	169,66
	VI	907,50	334,00	334,00							
3584,99	I,IV	486,16	334,25	334,25	I	374,41	269,16	170,25	77,83	5,75	
	II	385,83	334,25	334,25	II	279,83	180,33	87,25	11,75		
	III	196,66	334,25	334,25	III	110,00	38,66				
	V	865,25	334,25	334,25	IV	429,50	374,41	321,00	269,16	218,91	170,25
	VI	908,50	334,25	334,25							
3587,99	I,IV	486,91	334,50	334,50	I	375,16	269,83	170,91	78,41	6,16	
	II	386,50	334,50	334,50	II	280,50	180,91	87,83	12,16		
	III	197,16	334,50	334,50	III	110,50	39,00				
	V	866,25	334,50	334,50	IV	430,25	375,16	321,66	269,83	219,58	170,91
	VI	909,58	334,50	334,50							
3590,99	I,IV	487,66	334,83	334,83	I	375,83	270,50	171,58	79,00	6,50	
	II	387,25	334,83	334,83	II	281,16	181,58	88,41	12,58		
	III	197,83	334,83	334,83	III	111,00	39,50				
	V	867,33	334,83	334,83	IV	431,00	375,83	322,41	270,50	220,25	171,58
	VI	910,58	334,83	334,83							
3593,99	I,IV	488,41	335,08	335,08	I	376,58	271,16	172,16	79,58	6,83	
	II	388,00	335,08	335,08	II	281,83	182,25	89,00	12,91		
	III	198,50	335,08	335,08	III	111,50	39,83				
	V	868,33	335,08	335,08	IV	431,66	376,58	323,08	271,16	220,83	172,16
	VI	911,58	335,08	335,08							
3596,99	I,IV	489,16	335,41	335,41	I	377,25	271,83	172,75	80,16	7,25	
	II	388,66	335,41	335,41	II	282,50	182,83	89,58	13,33		
	III	199,00	335,41	335,41	III	112,00	40,33				
	V	869,33	335,41	335,41	IV	432,41	377,25	323,75	271,83	221,50	172,75
	VI	912,58	335,41	335,41							
3599,99	I,IV	489,91	335,66	335,66	I	378,00	272,50	173,41	80,75	7,58	
	II	389,41	335,66	335,66	II	283,25	183,50	90,16	13,75		
	III	199,66	335,66	335,66	III	112,50	40,66				
	V	870,41	335,66	335,66	IV	433,16	378,00	324,41	272,50	222,16	173,41
	VI	913,66	335,66	335,66							

* Zur LSt-Berechnung für privat versicherte Arbeitnehmer s. Beispiele **Vorbemerkung S. 4 f.**
** Basisvorsorgepauschale KV und PV   *** Typisierter Arbeitgeberzuschuss

Lohn/Gehalt in € bis	Steuerklasse	Lohn-steuer*	BVSP**	TAGZ***	Steuerklasse	Bemessungsgrundlage für Kirchensteuer und Solidaritätszuschlag					
						Freibeträge für ... Kinder					
						0,5	1,0	1,5	2,0	2,5	3,0
3602,99	I,IV	490,66	335,91	335,91	I	378,75	273,16	174,08	81,33	8,00	
	II	390,08	335,91	335,91	II	283,91	184,08	90,75	14,16		
	III	200,16	335,91	335,91	III	113,16	41,16				
	V	871,41	335,91	335,91	IV	433,91	378,75	325,16	273,16	222,83	174,08
	VI	914,66	335,91	335,91							
3605,99	I,IV	491,41	336,25	336,25	I	379,41	273,83	174,66	81,91	8,33	
	II	390,83	336,25	336,25	II	284,58	184,75	91,33	14,50		
	III	200,83	336,25	336,25	III	113,66	41,50				
	V	872,41	336,25	336,25	IV	434,58	379,41	325,83	273,83	223,41	174,66
	VI	915,66	336,25	336,25							
3608,99	I,IV	492,16	336,50	336,50	I	380,08	274,50	175,25	82,50	8,75	
	II	391,50	336,50	336,50	II	285,25	185,33	91,91	14,91		
	III	201,33	336,50	336,50	III	114,16	42,00				
	V	873,50	336,50	336,50	IV	435,33	380,08	326,50	274,50	224,08	175,25
	VI	916,75	336,50	336,50							
3611,99	I,IV	492,91	336,75	336,75	I	380,83	275,16	175,91	83,08	9,08	
	II	392,25	336,75	336,75	II	285,91	186,00	92,50	15,33		
	III	202,00	336,75	336,75	III	114,66	42,33				
	V	874,50	336,75	336,75	IV	436,08	380,83	327,25	275,16	224,75	175,91
	VI	917,75	336,75	336,75							
3614,99	I,IV	493,66	337,08	337,08	I	381,58	275,83	176,58	83,66	9,50	
	II	393,00	337,08	337,08	II	286,58	186,66	93,08	15,75		
	III	202,50	337,08	337,08	III	115,16	42,83				
	V	875,50	337,08	337,08	IV	436,83	381,58	327,91	275,83	225,41	176,58
	VI	918,75	337,08	337,08							
3617,99	I,IV	494,41	337,33	337,33	I	382,25	276,50	177,16	84,25	9,83	
	II	393,66	337,33	337,33	II	287,25	187,25	93,66	16,08		
	III	203,16	337,33	337,33	III	115,66	43,16				
	V	876,50	337,33	337,33	IV	437,58	382,25	328,58	276,50	226,00	177,16
	VI	919,83	337,33	337,33							
3620,99	I,IV	495,25	337,58	337,58	I	383,00	277,16	177,83	84,91	10,25	
	II	394,41	337,58	337,58	II	287,91	187,91	94,33	16,50		
	III	203,83	337,58	337,58	III	116,33	43,66				
	V	877,58	337,58	337,58	IV	438,33	383,00	329,25	277,16	226,66	177,83
	VI	920,83	337,58	337,58							
3623,99	I,IV	496,00	337,91	337,91	I	383,66	277,83	178,41	85,50	10,66	
	II	395,16	337,91	337,91	II	288,58	188,50	94,91	16,91		
	III	204,33	337,91	337,91	III	116,83	44,00				
	V	878,58	337,91	337,91	IV	439,00	383,66	330,00	277,83	227,33	178,41
	VI	921,83	337,91	337,91							
3626,99	I,IV	496,75	338,16	338,16	I	384,41	278,50	179,08	86,08	11,00	
	II	395,83	338,16	338,16	II	289,25	189,16	95,50	17,33		
	III	205,00	338,16	338,16	III	117,33	44,50				
	V	879,58	338,16	338,16	IV	439,75	384,41	330,66	278,50	228,00	179,08
	VI	922,91	338,16	338,16							
3629,99	I,IV	497,50	338,41	338,41	I	385,08	279,16	179,66	86,66	11,41	
	II	396,58	338,41	338,41	II	290,00	189,83	96,08	17,75		
	III	205,50	338,41	338,41	III	117,83	44,83				
	V	880,66	338,41	338,41	IV	440,50	385,08	331,33	279,16	228,66	179,66
	VI	923,91	338,41	338,41							
3632,99	I,IV	498,25	338,75	338,75	I	385,83	279,91	180,33	87,25	11,75	
	II	397,33	338,75	338,75	II	290,66	190,41	96,66	18,16		
	III	206,16	338,75	338,75	III	118,33	45,33				
	V	881,66	338,75	338,75	IV	441,25	385,83	332,08	279,91	229,33	180,33
	VI	924,91	338,75	338,75							
3635,99	I,IV	499,00	339,00	339,00	I	386,58	280,50	181,00	87,83	12,16	
	II	398,00	339,00	339,00	II	291,33	191,08	97,25	18,58		
	III	206,83	339,00	339,00	III	119,00	45,66				
	V	882,66	339,00	339,00	IV	442,00	386,58	332,75	280,50	229,91	181,00
	VI	926,00	339,00	339,00							

*   Zur LSt-Berechnung für privat versicherte Arbeitnehmer s. Beispiele **Vorbemerkung S. 4 f.**
**   Basisvorsorgepauschale KV und PV   *** Typisierter Arbeitgeberzuschuss

Lohn/ Gehalt in € bis	Steuerklasse	Lohn- steuer*	BVSP**	TAGZ***	Steuerklasse	Bemessungsgrundlage für Kirchensteuer und Solidaritätszuschlag					
						Freibeträge für ... Kinder					
						0,5	1,0	1,5	2,0	2,5	3,0
3638,99	I,IV	**499,75**	339,33	339,33	I	387,25	281,16	181,58	88,41	12,58	
	II	**398,75**	339,33	339,33	II	292,00	191,66	97,83	19,00		
	III	**207,33**	339,33	339,33	III	119,50	46,16				
	V	**883,75**	339,33	339,33	IV	442,66	387,25	333,41	281,16	230,58	181,58
	VI	**927,00**	339,33	339,33							
3641,99	I,IV	**500,50**	339,58	339,58	I	388,00	281,91	182,25	89,00	13,00	
	II	**399,41**	339,58	339,58	II	292,66	192,33	98,41	19,41		
	III	**208,00**	339,58	339,58	III	120,00	46,66				
	V	**884,75**	339,58	339,58	IV	443,41	388,00	334,16	281,91	231,25	182,25
	VI	**928,00**	339,58	339,58							
3644,99	I,IV	**501,25**	339,83	339,83	I	388,66	282,58	182,83	89,58	13,33	
	II	**400,16**	339,83	339,83	II	293,33	193,00	99,00	19,83		
	III	**208,50**	339,83	339,83	III	120,50	47,00				
	V	**885,75**	339,83	339,83	IV	444,16	388,66	334,83	282,58	231,91	182,83
	VI	**929,00**	339,83	339,83							
3647,99	I,IV	**502,00**	340,16	340,16	I	389,41	283,25	183,50	90,16	13,75	
	II	**400,91**	340,16	340,16	II	294,00	193,58	99,58	20,25		
	III	**209,16**	340,16	340,16	III	121,00	47,50				
	V	**886,83**	340,16	340,16	IV	444,91	389,41	335,50	283,25	232,58	183,50
	VI	**930,08**	340,16	340,16							
3650,99	I,IV	**502,83**	340,41	340,41	I	390,16	283,91	184,16	90,75	14,16	
	II	**401,58**	340,41	340,41	II	294,75	194,25	100,25	20,66		
	III	**209,66**	340,41	340,41	III	121,66	47,83				
	V	**887,83**	340,41	340,41	IV	445,66	390,16	336,25	283,91	233,25	184,16
	VI	**931,08**	340,41	340,41							
3653,99	I,IV	**503,58**	340,66	340,66	I	390,83	284,58	184,75	91,33	14,50	
	II	**402,33**	340,66	340,66	II	295,41	194,91	100,83	21,08		
	III	**210,33**	340,66	340,66	III	122,16	48,33				
	V	**888,83**	340,66	340,66	IV	446,41	390,83	336,91	284,58	233,83	184,75
	VI	**932,08**	340,66	340,66							
3656,99	I,IV	**504,33**	341,00	341,00	I	391,58	285,25	185,41	91,91	14,91	
	II	**403,08**	341,00	341,00	II	296,08	195,50	101,41	21,50		
	III	**210,83**	341,00	341,00	III	122,66	48,66				
	V	**889,83**	341,00	341,00	IV	447,08	391,58	337,58	285,25	234,50	185,41
	VI	**933,16**	341,00	341,00							
3659,99	I,IV	**505,08**	341,25	341,25	I	392,25	285,91	186,00	92,50	15,33	
	II	**403,75**	341,25	341,25	II	296,75	196,16	102,00	21,91		
	III	**211,50**	341,25	341,25	III	123,16	49,16				
	V	**890,91**	341,25	341,25	IV	447,83	392,25	338,33	285,91	235,16	186,00
	VI	**934,16**	341,25	341,25							
3662,99	I,IV	**505,83**	341,50	341,50	I	393,00	286,58	186,66	93,16	15,75	
	II	**404,50**	341,50	341,50	II	297,41	196,83	102,58	22,33		
	III	**212,16**	341,50	341,50	III	123,83	49,66				
	V	**891,91**	341,50	341,50	IV	448,58	393,00	339,00	286,58	235,83	186,66
	VI	**935,16**	341,50	341,50							
3665,99	I,IV	**506,58**	341,83	341,83	I	393,75	287,25	187,25	93,75	16,16	
	II	**405,25**	341,83	341,83	II	298,08	197,41	103,16	22,75		
	III	**212,66**	341,83	341,83	III	124,33	50,00				
	V	**892,91**	341,83	341,83	IV	449,33	393,75	339,66	287,25	236,50	187,25
	VI	**936,25**	341,83	341,83							
3668,99	I,IV	**507,33**	342,08	342,08	I	394,41	287,91	187,91	94,33	16,50	
	II	**405,91**	342,08	342,08	II	298,75	198,00	103,75	23,16		
	III	**213,33**	342,08	342,08	III	124,83	50,50				
	V	**894,00**	342,08	342,08	IV	450,08	394,41	340,41	287,91	237,16	187,91
	VI	**937,25**	342,08	342,08							
3671,99	I,IV	**508,08**	342,33	342,33	I	395,16	288,66	188,58	94,91	16,91	
	II	**406,66**	342,33	342,33	II	299,50	198,75	104,41	23,58		
	III	**214,00**	342,33	342,33	III	125,33	50,83				
	V	**895,00**	342,33	342,33	IV	450,83	395,16	341,08	288,66	237,83	188,58
	VI	**938,25**	342,33	342,33							

* Zur LSt-Berechnung für privat versicherte Arbeitnehmer s. Beispiele **Vorbemerkung S. 4 f.**
** Basisvorsorgepauschale KV und PV *** Typisierter Arbeitgeberzuschuss

Lohn/Gehalt in € bis	Steuerklasse	Lohnsteuer*	BVSP**	TAGZ***	Steuerklasse	Bemessungsgrundlage für Kirchensteuer und Solidaritätszuschlag					
						Freibeträge für ... Kinder					
						0,5	1,0	1,5	2,0	2,5	3,0
3674,99	I,IV	**508,83**	342,66	342,66	I	395,83	289,33	189,16	95,50	17,33	
	II	**407,41**	342,66	342,66	II	300,16	199,33	105,00	24,00		
	III	**214,50**	342,66	342,66	III	125,83	51,33				
	V	**896,00**	342,66	342,66	IV	451,58	395,83	341,75	289,33	238,41	189,16
	VI	**939,33**	342,66	342,66							
3677,99	I,IV	**509,58**	342,91	342,91	I	396,58	290,00	189,83	96,08	17,75	
	II	**408,08**	342,91	342,91	II	300,83	200,00	105,58	24,41		
	III	**215,16**	342,91	342,91	III	126,50	51,83				
	V	**897,08**	342,91	342,91	IV	452,33	396,58	342,50	290,00	239,08	189,83
	VI	**940,33**	342,91	342,91							
3680,99	I,IV	**510,33**	343,25	343,25	I	397,33	290,66	190,41	96,66	18,16	
	II	**408,83**	343,25	343,25	II	301,50	200,58	106,16	24,91		
	III	**215,66**	343,25	343,25	III	127,00	52,16				
	V	**898,08**	343,25	343,25	IV	453,00	397,33	343,16	290,66	239,75	190,41
	VI	**941,33**	343,25	343,25							
3683,99	I,IV	**511,16**	343,50	343,50	I	398,00	291,33	191,08	97,25	18,58	
	II	**409,58**	343,50	343,50	II	302,16	201,25	106,75	25,33		
	III	**216,33**	343,50	343,50	III	127,50	52,66				
	V	**899,08**	343,50	343,50	IV	453,75	398,00	343,91	291,33	240,41	191,08
	VI	**942,33**	343,50	343,50							
3686,99	I,IV	**511,91**	343,75	343,75	I	398,75	292,00	191,75	97,83	19,00	
	II	**410,25**	343,75	343,75	II	302,91	201,91	107,33	25,75		
	III	**216,83**	343,75	343,75	III	128,00	53,00				
	V	**900,16**	343,75	343,75	IV	454,50	398,75	344,58	292,00	241,08	191,75
	VI	**943,41**	343,75	343,75							
3689,99	I,IV	**512,66**	344,08	344,08	I	399,41	292,66	192,33	98,41	19,41	
	II	**411,00**	344,08	344,08	II	303,58	202,58	108,00	26,16		
	III	**217,50**	344,08	344,08	III	128,66	53,50				
	V	**901,16**	344,08	344,08	IV	455,25	399,41	345,25	292,66	241,75	192,33
	VI	**944,41**	344,08	344,08							
3692,99	I,IV	**513,41**	344,33	344,33	I	400,16	293,41	193,00	99,08	19,83	
	II	**411,75**	344,33	344,33	II	304,25	203,16	108,58	26,66		
	III	**218,16**	344,33	344,33	III	129,16	54,00				
	V	**902,16**	344,33	344,33	IV	456,00	400,16	346,00	293,41	242,41	193,00
	VI	**945,41**	344,33	344,33							
3695,99	I,IV	**514,16**	344,58	344,58	I	400,91	294,08	193,66	99,66	20,25	
	II	**412,41**	344,58	344,58	II	304,91	203,83	109,16	27,08		
	III	**218,66**	344,58	344,58	III	129,66	54,33				
	V	**903,25**	344,58	344,58	IV	456,75	400,91	346,66	294,08	243,00	193,66
	VI	**946,50**	344,58	344,58							
3698,99	I,IV	**514,91**	344,91	344,91	I	401,58	294,75	194,25	100,25	20,66	
	II	**413,16**	344,91	344,91	II	305,58	204,50	109,75	27,50		
	III	**219,33**	344,91	344,91	III	130,16	54,83				
	V	**904,25**	344,91	344,91	IV	457,50	401,58	347,33	294,75	243,66	194,25
	VI	**947,50**	344,91	344,91							
3701,99	I,IV	**515,75**	345,16	345,16	I	402,33	295,41	194,91	100,83	21,08	
	II	**413,91**	345,16	345,16	II	306,33	205,08	110,41	27,91		
	III	**219,83**	345,16	345,16	III	130,83	55,33				
	V	**905,25**	345,16	345,16	IV	458,25	402,33	348,08	295,41	244,33	194,91
	VI	**948,50**	345,16	345,16							
3704,99	I,IV	**516,50**	345,41	345,41	I	403,08	296,08	195,58	101,41	21,50	
	II	**414,66**	345,41	345,41	II	307,00	205,75	111,00	28,41		
	III	**220,50**	345,41	345,41	III	131,33	55,66				
	V	**906,25**	345,41	345,41	IV	459,00	403,08	348,75	296,08	245,00	195,58
	VI	**949,58**	345,41	345,41							
3707,99	I,IV	**517,25**	345,75	345,75	I	403,75	296,75	196,16	102,00	21,91	
	II	**415,33**	345,75	345,75	II	307,66	206,41	111,58	28,83		
	III	**221,00**	345,75	345,75	III	131,83	56,16				
	V	**907,33**	345,75	345,75	IV	459,66	403,75	349,50	296,75	245,66	196,16
	VI	**950,58**	345,75	345,75							

* Zur LSt-Berechnung für privat versicherte Arbeitnehmer s. Beispiele **Vorbemerkung S. 4 f.**
** Basisvorsorgepauschale KV und PV   *** Typisierter Arbeitgeberzuschuss

aT3 allgemeine Lohnsteuer

Lohn/ Gehalt in € bis	Steuerklasse	Lohn- steuer*	BVSP**	TAGZ***	Steuerklasse	Bemessungsgrundlage für Kirchensteuer und Solidaritätszuschlag					
						Freibeträge für ... Kinder					
						0,5	1,0	1,5	2,0	2,5	3,0
3710,99	I,IV	**518,00**	346,00	346,00	I	404,50	297,41	196,83	102,58	22,33	
	II	**416,08**	346,00	346,00	II	308,33	207,00	112,16	29,25		
	III	**221,66**	346,00	346,00	III	132,50	56,66				
	V	**908,33**	346,00	346,00	IV	460,41	404,50	350,16	297,41	246,33	196,83
	VI	**951,58**	346,00	346,00							
3713,99	I,IV	**518,75**	346,25	346,25	I	405,25	298,16	197,50	103,25	22,75	
	II	**416,83**	346,25	346,25	II	309,00	207,66	112,75	29,75		
	III	**222,33**	346,25	346,25	III	133,00	57,00				
	V	**909,33**	346,25	346,25	IV	461,16	405,25	350,91	298,16	247,00	197,50
	VI	**952,66**	346,25	346,25							
3716,99	I,IV	**519,50**	346,58	346,58	I	405,91	298,83	198,08	103,83	23,16	
	II	**417,50**	346,58	346,58	II	309,75	208,33	113,33	30,16		
	III	**222,83**	346,58	346,58	III	133,50	57,50				
	V	**910,41**	346,58	346,58	IV	461,91	405,91	351,58	298,83	247,66	198,08
	VI	**953,66**	346,58	346,58							
3719,99	I,IV	**520,25**	346,83	346,83	I	406,66	299,50	198,75	104,41	23,58	
	II	**418,25**	346,83	346,83	II	310,41	208,91	114,00	30,58		
	III	**223,50**	346,83	346,83	III	134,16	58,00				
	V	**911,41**	346,83	346,83	IV	462,66	406,66	352,25	299,50	248,33	198,75
	VI	**954,66**	346,83	346,83							
3722,99	I,IV	**521,08**	347,16	347,16	I	407,41	300,16	199,41	105,00	24,00	
	II	**419,00**	347,16	347,16	II	311,00	209,58	114,58	31,08		
	III	**224,16**	347,16	347,16	III	134,66	58,33				
	V	**912,41**	347,16	347,16	IV	463,41	407,41	353,00	300,16	249,00	199,41
	VI	**955,75**	347,16	347,16							
3725,99	I,IV	**521,83**	347,41	347,41	I	408,08	300,83	200,00	105,58	24,50	
	II	**419,75**	347,41	347,41	II	311,75	210,25	115,16	31,50		
	III	**224,66**	347,41	347,41	III	135,16	58,83				
	V	**913,50**	347,41	347,41	IV	464,16	408,08	353,66	300,83	249,66	200,00
	VI	**956,75**	347,41	347,41							
3728,99	I,IV	**522,58**	347,66	347,66	I	408,83	301,50	200,66	106,16	24,91	
	II	**420,41**	347,66	347,66	II	312,41	210,91	115,75	32,00		
	III	**225,33**	347,66	347,66	III	135,83	59,33				
	V	**914,50**	347,66	347,66	IV	464,91	408,83	354,41	301,50	250,25	200,66
	VI	**957,75**	347,66	347,66							
3731,99	I,IV	**523,33**	348,00	348,00	I	409,58	302,16	201,25	106,75	25,33	
	II	**421,16**	348,00	348,00	II	313,00	211,50	116,33	32,41		
	III	**225,83**	348,00	348,00	III	136,33	59,66				
	V	**915,50**	348,00	348,00	IV	465,66	409,58	355,08	302,16	250,91	201,25
	VI	**958,75**	348,00	348,00							
3734,99	I,IV	**524,16**	348,25	348,25	I	410,33	302,91	201,91	107,41	25,75	
	II	**421,91**	348,25	348,25	II	313,83	212,16	117,00	32,91		
	III	**226,50**	348,25	348,25	III	136,83	60,16				
	V	**916,58**	348,25	348,25	IV	466,41	410,33	355,83	302,91	251,58	201,91
	VI	**959,83**	348,25	348,25							
3737,99	I,IV	**524,91**	348,50	348,50	I	411,00	303,58	202,58	108,00	26,16	
	II	**422,58**	348,50	348,50	II	314,50	212,83	117,58	33,33		
	III	**227,16**	348,50	348,50	III	137,50	60,66	0,16			
	V	**917,58**	348,50	348,50	IV	467,16	411,00	356,50	303,58	252,25	202,58
	VI	**960,83**	348,50	348,50							
3740,99	I,IV	**525,66**	348,83	348,83	I	411,75	304,25	203,16	108,58	26,66	
	II	**423,33**	348,83	348,83	II	315,16	213,50	118,16	33,83		
	III	**227,66**	348,83	348,83	III	138,00	61,00	0,50			
	V	**918,58**	348,83	348,83	IV	467,91	411,75	357,16	304,25	252,91	203,16
	VI	**961,83**	348,83	348,83							
3743,99	I,IV	**526,41**	349,08	349,08	I	412,50	304,91	203,83	109,16	27,08	
	II	**424,08**	349,08	349,08	II	315,91	214,08	118,75	34,25		
	III	**228,33**	349,08	349,08	III	138,50	61,50	0,83			
	V	**919,58**	349,08	349,08	IV	468,66	412,50	357,91	304,91	253,58	203,83
	VI	**962,91**	349,08	349,08							

* Zur LSt-Berechnung für privat versicherte Arbeitnehmer s. Beispiele **Vorbemerkung S. 4f.**
** Basisvorsorgepauschale KV und PV *** Typisierter Arbeitgeberzuschuss

Lohn/Gehalt in € bis	Steuerklasse	Lohnsteuer*	BVSP**	TAGZ***	Steuerklasse	0,5	1,0	1,5	2,0	2,5	3,0
						Bemessungsgrundlage für Kirchensteuer und Solidaritätszuschlag — Freibeträge für ... Kinder					
3746,99	I,IV	527,16	349,33	349,33	I	413,16	305,58	204,50	109,75	27,50	
	II	424,83	349,33	349,33	II	316,58	214,75	119,41	34,75		
	III	228,83	349,33	349,33	III	139,16	62,00	1,16			
	V	920,66	349,33	349,33	IV	469,41	413,16	358,58	305,58	254,25	204,50
	VI	963,91	349,33	349,33							
3749,99	I,IV	527,91	349,66	349,66	I	413,91	306,33	205,08	110,41	27,91	
	II	425,50	349,66	349,66	II	317,25	215,41	120,00	35,16		
	III	229,50	349,66	349,66	III	139,66	62,33	1,50			
	V	921,66	349,66	349,66	IV	470,16	413,91	359,33	306,33	254,91	205,08
	VI	964,91	349,66	349,66							
3752,99	I,IV	528,75	349,91	349,91	I	414,66	307,00	205,75	111,00	28,41	
	II	426,25	349,91	349,91	II	317,91	216,08	120,58	35,66		
	III	230,16	349,91	349,91	III	140,16	62,83	1,83			
	V	922,66	349,91	349,91	IV	470,91	414,66	360,00	307,00	255,58	205,75
	VI	966,00	349,91	349,91							
3755,99	I,IV	529,75	350,16	350,16	I	415,33	307,66	206,41	111,58	28,83	
	II	427,00	350,16	350,16	II	318,66	216,66	121,16	36,16		
	III	230,66	350,16	350,16	III	140,83	63,33	2,16			
	V	923,75	350,16	350,16	IV	471,66	415,33	360,75	307,66	256,25	206,41
	VI	967,00	350,16	350,16							
3758,99	I,IV	530,25	350,50	350,50	I	416,08	308,33	207,08	112,16	29,25	
	II	427,75	350,50	350,50	II	319,33	217,33	121,83	36,58		
	III	231,33	350,50	350,50	III	141,33	63,83	2,50			
	V	924,75	350,50	350,50	IV	472,33	416,08	361,41	308,33	256,91	207,08
	VI	968,00	350,50	350,50							
3761,99	I,IV	531,00	350,75	350,75	I	416,83	309,00	207,66	112,75	29,75	
	II	428,41	350,75	350,75	II	320,00	218,00	122,41	37,08		
	III	231,83	350,75	350,75	III	141,83	64,16	2,83			
	V	925,75	350,75	350,75	IV	473,08	416,83	362,08	309,00	257,58	207,66
	VI	969,00	350,75	350,75							
3764,99	I,IV	531,83	351,08	351,08	I	417,58	309,75	208,33	113,41	30,16	
	II	429,16	351,08	351,08	II	320,66	218,66	123,00	37,50		
	III	232,50	351,08	351,08	III	142,50	64,66	3,33			
	V	926,83	351,08	351,08	IV	473,83	417,58	362,83	309,75	258,25	208,33
	VI	970,08	351,08	351,08							
3767,99	I,IV	532,58	351,33	351,33	I	418,25	310,41	209,00	114,00	30,66	
	II	429,91	351,33	351,33	II	321,41	219,25	123,58	38,00		
	III	233,16	351,33	351,33	III	143,00	65,16	3,66			
	V	927,83	351,33	351,33	IV	474,58	418,25	363,50	310,41	258,91	209,00
	VI	971,08	351,33	351,33							
3770,99	I,IV	533,33	351,58	351,58	I	419,00	311,08	209,58	114,58	31,08	
	II	430,66	351,58	351,58	II	322,08	219,91	124,25	38,50		
	III	233,66	351,58	351,58	III	143,66	65,66	4,00			
	V	928,83	351,58	351,58	IV	475,33	419,00	364,25	311,08	259,58	209,58
	VI	972,08	351,58	351,58							
3773,99	I,IV	534,08	351,91	351,91	I	419,75	311,75	210,25	115,16	31,50	
	II	431,41	351,91	351,91	II	322,75	220,58	124,83	38,91		
	III	234,33	351,91	351,91	III	144,16	66,00	4,33			
	V	929,91	351,91	351,91	IV	476,08	419,75	365,00	311,75	260,25	210,25
	VI	973,16	351,91	351,91							
3776,99	I,IV	534,91	352,16	352,16	I	420,41	312,50	210,91	115,75	32,00	
	II	432,08	352,16	352,16	II	323,50	221,25	125,41	39,41		
	III	234,83	352,16	352,16	III	144,66	66,50	4,66			
	V	930,91	352,16	352,16	IV	476,83	420,41	365,66	312,50	260,91	210,91
	VI	974,16	352,16	352,16							
3779,99	I,IV	535,66	352,41	352,41	I	421,16	313,16	211,58	116,41	32,41	
	II	432,83	352,41	352,41	II	324,16	221,83	126,00	39,91		
	III	235,50	352,41	352,41	III	145,33	67,00	5,00			
	V	931,91	352,41	352,41	IV	477,58	421,16	366,33	313,16	261,58	211,58
	VI	975,16	352,41	352,41							

*   Zur LSt-Berechnung für privat versicherte Arbeitnehmer s. Beispiele **Vorbemerkung S. 4f.**
**   Basisvorsorgepauschale KV und PV   *** Typisierter Arbeitgeberzuschuss

Lohn/ Gehalt in € bis	Steuerklasse	Lohn- steuer*	BVSP**	TAGZ***	Steuerklasse	Bemessungsgrundlage für Kirchensteuer und Solidaritätszuschlag Freibeträge für ... Kinder					
						0,5	1,0	1,5	2,0	2,5	3,0
3 782,99	I,IV	536,41	352,75	352,75	I	421,91	313,83	212,25	117,00	32,91	
	II	433,58	352,75	352,75	II	324,83	222,50	126,66	40,41		
	III	236,16	352,75	352,75	III	145,83	67,50	5,33			
	V	933,00	352,75	352,75	IV	478,33	421,91	367,08	313,83	262,25	212,25
	VI	976,25	352,75	352,75							
3 785,99	I,IV	537,16	353,00	353,00	I	422,66	314,50	212,83	117,58	33,33	
	II	434,33	353,00	353,00	II	325,50	223,16	127,25	40,83		
	III	236,66	353,00	353,00	III	146,33	67,83	5,66			
	V	934,00	353,00	353,00	IV	479,08	422,66	367,75	314,50	262,91	212,83
	VI	977,25	353,00	353,00							
3 788,99	I,IV	537,91	353,25	353,25	I	423,33	315,25	213,50	118,16	33,83	
	II	435,08	353,25	353,25	II	326,25	223,83	127,83	41,33		
	III	237,33	353,25	353,25	III	147,00	68,33	6,00			
	V	935,00	353,25	353,25	IV	479,83	423,33	368,50	315,25	263,58	213,50
	VI	978,25	353,25	353,25							
3 791,99	I,IV	538,75	353,58	353,58	I	424,08	315,91	214,08	118,75	34,25	
	II	435,75	353,58	353,58	II	326,91	224,50	128,41	41,83		
	III	237,83	353,58	353,58	III	147,50	68,83	6,33			
	V	936,00	353,58	353,58	IV	480,58	424,08	369,16	315,91	264,16	214,08
	VI	979,25	353,58	353,58							
3 794,99	I,IV	539,50	353,83	353,83	I	424,83	316,58	214,75	119,41	34,75	
	II	436,50	353,83	353,83	II	327,58	225,16	129,08	42,33		
	III	238,50	353,83	353,83	III	148,16	69,33	6,83			
	V	937,08	353,83	353,83	IV	481,33	424,83	369,91	316,58	264,91	214,75
	VI	980,33	353,83	353,83							
3 797,99	I,IV	540,25	354,08	354,08	I	425,58	317,25	215,41	120,00	35,16	
	II	437,25	354,08	354,08	II	328,33	225,75	129,66	42,83		
	III	239,16	354,08	354,08	III	148,66	69,66	7,16			
	V	938,08	354,08	354,08	IV	482,08	425,58	370,58	317,25	265,58	215,41
	VI	981,33	354,08	354,08							
3 800,99	I,IV	541,00	354,41	354,41	I	426,25	317,91	216,08	120,58	35,66	
	II	438,00	354,41	354,41	II	329,00	226,41	130,25	43,25		
	III	239,66	354,41	354,41	III	149,16	70,16	7,50			
	V	939,08	354,41	354,41	IV	482,83	426,25	371,33	317,91	266,16	216,08
	VI	982,33	354,41	354,41							
3 803,99	I,IV	541,83	354,66	354,66	I	427,00	318,66	216,75	121,25	36,16	
	II	438,75	354,66	354,66	II	329,66	227,08	130,91	43,75		
	III	240,33	354,66	354,66	III	149,83	70,66	7,83			
	V	940,16	354,66	354,66	IV	483,58	427,00	372,00	318,66	266,91	216,75
	VI	983,41	354,66	354,66							
3 806,99	I,IV	542,58	355,00	355,00	I	427,75	319,33	217,33	121,83	36,58	
	II	439,41	355,00	355,00	II	330,41	227,75	131,50	44,25		
	III	241,00	355,00	355,00	III	150,33	71,16	8,16			
	V	941,16	355,00	355,00	IV	484,33	427,75	372,75	319,33	267,58	217,33
	VI	984,41	355,00	355,00							
3 809,99	I,IV	543,33	355,25	355,25	I	428,50	320,00	218,00	122,41	37,08	
	II	440,16	355,25	355,25	II	331,08	228,33	132,08	44,75		
	III	241,50	355,25	355,25	III	151,00	71,66	8,50			
	V	942,16	355,25	355,25	IV	485,08	428,50	373,41	320,00	268,25	218,00
	VI	985,41	355,25	355,25							
3 812,99	I,IV	544,08	355,50	355,50	I	429,16	320,66	218,66	123,00	37,50	
	II	440,91	355,50	355,50	II	331,75	229,00	132,75	45,25		
	III	242,16	355,50	355,50	III	151,50	72,00	9,00			
	V	943,16	355,50	355,50	IV	485,83	429,16	374,16	320,66	268,83	218,66
	VI	986,41	355,50	355,50							
3 815,99	I,IV	544,91	355,83	355,83	I	429,91	321,41	219,33	123,66	38,00	
	II	441,66	355,83	355,83	II	332,41	229,66	133,33	45,75		
	III	242,83	355,83	355,83	III	152,16	72,50	9,33			
	V	944,25	355,83	355,83	IV	486,66	429,91	374,83	321,41	269,58	219,33
	VI	987,50	355,83	355,83							

* Zur LSt-Berechnung für privat versicherte Arbeitnehmer s. Beispiele **Vorbemerkung S. 4 f.**
** Basisvorsorgepauschale KV und PV *** Typisierter Arbeitgeberzuschuss

Lohn/Gehalt in € bis	Steuerklasse	Lohnsteuer*	BVSP**	TAGZ***	Steuerklasse	Bemessungsgrundlage für Kirchensteuer und Solidaritätszuschlag — Freibeträge für ... Kinder					
						0,5	1,0	1,5	2,0	2,5	3,0
3818,99	I,IV	**545,66**	356,08	356,08	I	430,66	322,08	219,91	124,25	38,50	
	II	**442,41**	356,08	356,08	II	333,16	230,33	133,91	46,25		
	III	**243,33**	356,08	356,08	III	152,66	73,00	9,66			
	V	**945,25**	356,08	356,08	IV	487,33	430,66	375,58	322,08	270,25	219,91
	VI	**988,50**	356,08	356,08							
3821,99	I,IV	**546,41**	356,33	356,33	I	431,41	322,75	220,58	124,83	38,91	
	II	**443,08**	356,33	356,33	II	333,16	231,00	134,58	46,75		
	III	**244,00**	356,33	356,33	III	153,33	73,50	10,00			
	V	**946,25**	356,33	356,33	IV	488,08	431,41	376,25	322,75	270,91	220,58
	VI	**989,50**	356,33	356,33							
3824,99	I,IV	**547,25**	356,66	356,66	I	432,16	323,50	221,25	125,41	39,41	
	II	**443,91**	356,66	356,66	II	334,58	231,66	135,16	47,25		
	III	**244,50**	356,66	356,66	III	153,83	74,00	10,33			
	V	**947,33**	356,66	356,66	IV	488,91	432,16	377,00	323,50	271,58	221,25
	VI	**990,58**	356,66	356,66							
3827,99	I,IV	**548,00**	356,91	356,91	I	432,83	324,16	221,91	126,08	39,91	
	II	**444,58**	356,91	356,91	II	335,25	232,25	135,75	47,75		
	III	**245,16**	356,91	356,91	III	154,50	74,33	10,66			
	V	**948,33**	356,91	356,91	IV	489,66	432,83	377,75	324,16	272,25	221,91
	VI	**991,58**	356,91	356,91							
3830,99	I,IV	**548,75**	357,16	357,16	I	433,58	324,83	222,50	126,66	40,41	
	II	**445,33**	357,16	357,16	II	335,91	232,91	136,41	48,25		
	III	**245,83**	357,16	357,16	III	155,00	74,83	11,16			
	V	**949,33**	357,16	357,16	IV	490,41	433,58	378,41	324,83	272,91	222,50
	VI	**992,58**	357,16	357,16							
3833,99	I,IV	**549,58**	357,50	357,50	I	434,33	325,58	223,16	127,25	40,91	
	II	**446,08**	357,50	357,50	II	336,66	233,58	137,00	48,75		
	III	**246,33**	357,50	357,50	III	155,66	75,33	11,50			
	V	**950,41**	357,50	357,50	IV	491,16	434,33	379,16	325,58	273,58	223,16
	VI	**993,66**	357,50	357,50							
3836,99	I,IV	**550,33**	357,75	357,75	I	435,08	326,25	223,83	127,83	41,33	
	II	**446,83**	357,75	357,75	II	337,33	234,25	137,58	49,25		
	III	**247,00**	357,75	357,75	III	156,16	75,83	11,83			
	V	**951,41**	357,75	357,75	IV	491,91	435,08	379,83	326,25	274,25	223,83
	VI	**994,66**	357,75	357,75							
3839,99	I,IV	**551,08**	358,00	358,00	I	435,83	326,91	224,50	128,50	41,83	
	II	**447,58**	358,00	358,00	II	338,00	234,91	138,25	49,75		
	III	**247,66**	358,00	358,00	III	156,66	76,33	12,16			
	V	**952,41**	358,00	358,00	IV	492,66	435,83	380,58	326,91	274,91	224,50
	VI	**995,66**	358,00	358,00							
3842,99	I,IV	**551,83**	358,33	358,33	I	436,50	327,58	225,16	129,08	42,33	
	II	**448,25**	358,33	358,33	II	338,66	235,58	138,83	50,25		
	III	**248,16**	358,33	358,33	III	157,33	76,66	12,50			
	V	**953,41**	358,33	358,33	IV	493,41	436,50	381,25	327,58	275,58	225,16
	VI	**996,66**	358,33	358,33							
3845,99	I,IV	**552,66**	358,58	358,58	I	437,25	328,33	225,83	129,66	42,83	
	II	**449,00**	358,58	358,58	II	339,41	236,25	139,41	50,75		
	III	**248,83**	358,58	358,58	III	157,83	77,16	13,00			
	V	**954,50**	358,58	358,58	IV	494,16	437,25	382,00	328,33	276,25	225,83
	VI	**997,75**	358,58	358,58							
3848,99	I,IV	**553,41**	358,91	358,91	I	438,00	329,00	226,41	130,33	43,33	
	II	**449,75**	358,91	358,91	II	340,00	236,83	140,08	51,25		
	III	**249,33**	358,91	358,91	III	158,50	77,66	13,33			
	V	**955,50**	358,91	358,91	IV	494,91	438,00	382,66	329,00	276,91	226,41
	VI	**998,75**	358,91	358,91							
3851,99	I,IV	**554,16**	359,16	359,16	I	438,75	329,66	227,08	130,91	43,75	
	II	**450,50**	359,16	359,16	II	340,75	237,50	140,66	51,75		
	III	**250,00**	359,16	359,16	III	159,00	78,16	13,66			
	V	**956,50**	359,16	359,16	IV	495,66	438,75	383,41	329,66	277,58	227,08
	VI	**999,75**	359,16	359,16							

*   Zur LSt-Berechnung für privat versicherte Arbeitnehmer s. Beispiele **Vorbemerkung S. 4 f.**
**   Basisvorsorgepauschale KV und PV   *** Typisierter Arbeitgeberzuschuss

Lohn/ Gehalt in € bis	Steuerklasse	Lohn- steuer*	BVSP**	TAGZ***	Steuerklasse	Bemessungsgrundlage für Kirchensteuer und Solidaritätszuschlag					
						Freibeträge für ... Kinder					
						0,5	1,0	1,5	2,0	2,5	3,0
3854,99	I,IV	555,00	359,41	359,41	I	439,50	330,41	227,75	131,50	44,25	
	II	451,25	359,41	359,41	II	341,50	238,16	141,25	52,33		
	III	250,66	359,41	359,41	III	159,66	78,66	14,00			
	V	957,58	359,41	359,41	IV	496,41	439,50	384,16	330,41	278,25	227,75
	VI	1000,83	359,41	359,41							
3857,99	I,IV	555,75	359,75	359,75	I	440,25	331,08	228,41	132,16	44,75	
	II	452,00	359,75	359,75	II	342,16	238,83	141,91	52,83		
	III	251,16	359,75	359,75	III	160,16	79,16	14,33			
	V	958,58	359,75	359,75	IV	497,16	440,25	384,83	331,08	278,91	228,41
	VI	1001,83	359,75	359,75							
3860,99	I,IV	556,50	360,00	360,00	I	440,91	331,75	229,00	132,75	45,25	
	II	452,75	360,00	360,00	II	342,91	239,50	142,50	53,33		
	III	251,83	360,00	360,00	III	160,83	79,66	14,83			
	V	959,58	360,00	360,00	IV	497,91	440,91	385,58	331,75	279,58	229,00
	VI	1002,83	360,00	360,00							
3863,99	I,IV	557,33	360,25	360,25	I	441,66	332,41	229,66	133,33	45,75	
	II	453,41	360,25	360,25	II	343,58	240,16	143,08	53,83		
	III	252,50	360,25	360,25	III	161,33	80,16	15,16			
	V	960,58	360,25	360,25	IV	498,66	441,66	386,25	332,41	280,25	229,66
	VI	1003,83	360,25	360,25							
3866,99	I,IV	558,08	360,58	360,58	I	442,41	333,16	230,33	134,00	46,25	
	II	454,25	360,58	360,58	II	344,25	240,83	143,75	54,33		
	III	253,00	360,58	360,58	III	162,00	80,66	15,50			
	V	961,66	360,58	360,58	IV	499,41	442,41	387,00	333,16	280,91	230,33
	VI	1004,91	360,58	360,58							
3869,99	I,IV	558,83	360,83	360,83	I	443,16	333,83	231,00	134,58	46,75	
	II	454,91	360,83	360,83	II	345,00	241,41	144,33	54,91		
	III	253,66	360,83	360,83	III	162,50	81,00	15,83			
	V	962,66	360,83	360,83	IV	500,16	443,16	387,66	333,83	281,58	231,00
	VI	1005,91	360,83	360,83							
3872,99	I,IV	559,66	361,08	361,08	I	443,91	334,58	231,66	135,16	47,25	
	II	455,66	361,08	361,08	II	345,66	242,08	144,91	55,41		
	III	254,33	361,08	361,08	III	163,16	81,50	16,33			
	V	963,66	361,08	361,08	IV	500,91	443,91	388,41	334,58	282,25	231,66
	VI	1006,91	361,08	361,08							
3875,99	I,IV	560,41	361,41	361,41	I	444,66	335,25	232,33	135,83	47,75	
	II	456,41	361,41	361,41	II	346,41	242,75	145,58	55,91		
	III	254,83	361,41	361,41	III	163,83	82,00	16,66			
	V	964,75	361,41	361,41	IV	501,75	444,66	389,16	335,25	283,00	232,33
	VI	1008,00	361,41	361,41							
3878,99	I,IV	561,25	361,66	361,66	I	445,33	335,91	232,91	136,41	48,25	
	II	457,16	361,66	361,66	II	347,08	243,41	146,16	56,41		
	III	255,50	361,66	361,66	III	164,33	82,50	17,00			
	V	965,75	361,66	361,66	IV	502,50	445,33	389,83	335,91	283,66	232,91
	VI	1009,00	361,66	361,66							
3881,99	I,IV	562,00	361,91	361,91	I	446,08	336,66	233,58	137,00	48,75	
	II	457,91	361,91	361,91	II	347,75	244,08	146,83	57,00		
	III	256,00	361,91	361,91	III	165,00	83,00	17,33			
	V	966,75	361,91	361,91	IV	503,25	446,08	390,58	336,66	284,33	233,58
	VI	1010,00	361,91	361,91							
3884,99	I,IV	562,75	362,25	362,25	I	446,83	337,33	234,25	137,66	49,25	
	II	458,66	362,25	362,25	II	348,50	244,75	147,41	57,50		
	III	256,66	362,25	362,25	III	165,50	83,50	17,83			
	V	967,83	362,25	362,25	IV	504,00	446,83	391,25	337,33	285,00	234,25
	VI	1011,08	362,25	362,25							
3887,99	I,IV	563,58	362,50	362,50	I	447,58	338,00	234,91	138,25	49,75	
	II	459,41	362,50	362,50	II	349,16	245,41	148,00	58,00		
	III	257,33	362,50	362,50	III	166,16	84,00	18,16			
	V	968,83	362,50	362,50	IV	504,75	447,58	392,00	338,00	285,66	234,91
	VI	1012,08	362,50	362,50							

* Zur LSt-Berechnung für privat versicherte Arbeitnehmer s. Beispiele **Vorbemerkung S. 4f.**
** Basisvorsorgepauschale KV und PV *** Typisierter Arbeitgeberzuschuss

Lohn/ Gehalt in € bis	Steuerklasse	Lohnsteuer*	BVSP**	TAGZ***	Steuerklasse	Bemessungsgrundlage für Kirchensteuer und Solidaritätszuschlag Freibeträge für ... Kinder					
						0,5	1,0	1,5	2,0	2,5	3,0
3 890,99	I,IV	**564,33**	362,83	362,83	I	448,33	338,75	235,58	138,83	50,25	
	II	**460,16**	362,83	362,83	II	349,91	246,08	148,66	58,58		
	III	**257,83**	362,83	362,83	III	166,66	84,50	18,50			
	V	**969,83**	362,83	362,83	IV	505,50	448,33	392,75	338,75	286,33	235,58
	VI	**1 013,08**	362,83	362,83							
3 893,99	I,IV	**565,08**	363,08	363,08	I	449,00	339,41	236,25	139,41	50,75	
	II	**460,83**	363,08	363,08	II	350,58	246,66	149,25	59,08		
	III	**258,50**	363,08	363,08	III	167,16	84,83	18,83			
	V	**970,83**	363,08	363,08	IV	506,25	449,00	393,41	339,41	287,00	236,25
	VI	**1 014,08**	363,08	363,08							
3 896,99	I,IV	**565,91**	363,33	363,33	I	449,83	340,08	236,91	140,08	51,33	
	II	**461,66**	363,33	363,33	II	351,25	247,41	149,91	59,66		
	III	**259,16**	363,33	363,33	III	167,83	85,33	19,33			
	V	**971,91**	363,33	363,33	IV	507,08	449,83	394,16	340,08	287,66	236,91
	VI	**1 015,16**	363,33	363,33							
3 899,99	I,IV	**566,66**	363,66	363,66	I	450,50	340,83	237,50	140,66	51,83	
	II	**462,33**	363,66	363,66	II	352,00	248,00	150,50	60,16		
	III	**259,66**	363,66	363,66	III	168,50	85,83	19,66			
	V	**972,91**	363,66	363,66	IV	507,83	450,50	394,83	340,83	288,33	237,50
	VI	**1 016,16**	363,66	363,66							
3 902,99	I,IV	**567,41**	363,91	363,91	I	451,25	341,50	238,16	141,25	52,33	
	II	**463,08**	363,91	363,91	II	352,66	248,66	151,08	60,66		
	III	**260,33**	363,91	363,91	III	169,00	86,33	20,00			
	V	**973,91**	363,91	363,91	IV	508,58	451,25	395,58	341,50	289,00	238,16
	VI	**1 017,16**	363,91	363,91							
3 905,99	I,IV	**568,25**	364,16	364,16	I	452,00	342,25	238,83	141,91	52,83	
	II	**463,83**	364,16	364,16	II	353,41	249,33	151,75	61,25		
	III	**261,00**	364,16	364,16	III	169,66	86,83	20,33			
	V	**975,00**	364,16	364,16	IV	509,33	452,00	396,33	342,25	289,75	238,83
	VI	**1 018,25**	364,16	364,16							
3 908,99	I,IV	**569,00**	364,50	364,50	I	452,75	342,91	239,50	142,50	53,33	
	II	**464,58**	364,50	364,50	II	354,08	250,00	152,33	61,75		
	III	**261,50**	364,50	364,50	III	170,16	87,33	20,83			
	V	**976,00**	364,50	364,50	IV	510,08	452,75	397,00	342,91	290,41	239,50
	VI	**1 019,25**	364,50	364,50							
3 911,99	I,IV	**569,83**	364,75	364,75	I	453,50	343,58	240,16	143,16	53,83	
	II	**465,33**	364,75	364,75	II	354,75	250,66	153,00	62,33		
	III	**262,16**	364,75	364,75	III	170,83	87,83	21,16			
	V	**977,00**	364,75	364,75	IV	510,83	453,50	397,75	343,58	291,08	240,16
	VI	**1 020,25**	364,75	364,75							
3 914,99	I,IV	**570,58**	365,00	365,00	I	454,25	344,25	240,83	143,75	54,33	
	II	**466,08**	365,00	365,00	II	355,50	251,33	153,58	62,83		
	III	**262,83**	365,00	365,00	III	171,33	88,33	21,50			
	V	**978,00**	365,00	365,00	IV	511,58	454,25	398,41	344,25	291,75	240,83
	VI	**1 021,33**	365,00	365,00							
3 917,99	I,IV	**571,33**	365,33	365,33	I	455,00	345,00	241,50	144,33	54,91	
	II	**466,83**	365,33	365,33	II	356,16	252,00	154,25	63,41		
	III	**263,33**	365,33	365,33	III	172,00	88,83	22,00			
	V	**979,00**	365,33	365,33	IV	512,33	455,00	399,16	345,00	292,41	241,50
	VI	**1 022,33**	365,33	365,33							
3 920,99	I,IV	**572,16**	365,58	365,58	I	455,66	345,66	242,08	145,00	55,41	
	II	**467,58**	365,58	365,58	II	356,91	252,66	154,83	63,91		
	III	**264,00**	365,58	365,58	III	172,50	89,33	22,33			
	V	**980,08**	365,58	365,58	IV	513,08	455,66	399,91	345,66	293,08	242,08
	VI	**1 023,33**	365,58	365,58							
3 923,99	I,IV	**572,91**	365,83	365,83	I	456,41	346,41	242,75	145,58	55,91	
	II	**468,33**	365,83	365,83	II	357,58	253,33	155,41	64,50		
	III	**264,66**	365,83	365,83	III	173,16	89,83	22,66			
	V	**981,08**	365,83	365,83	IV	513,91	456,41	400,58	346,41	293,75	242,75
	VI	**1 024,41**	365,83	365,83							

Lohn/ Gehalt in € bis	Steuerklasse	Lohn- steuer*	BVSP**	TAGZ***	Steuerklasse	Bemessungsgrundlage für Kirchensteuer und Solidaritätszuschlag					
						Freibeträge für ... Kinder					
						0,5	1,0	1,5	2,0	2,5	3,0
3926,99	I,IV	**573,75**	366,16	366,16	I	457,16	347,08	243,41	146,25	56,50	
	II	**469,08**	366,16	366,16	II	358,33	254,00	156,08	65,00		
	III	**265,16**	366,16	366,16	III	173,66	90,33	23,16			
	V	**982,16**	366,16	366,16	IV	514,66	457,16	401,33	347,08	294,50	243,41
	VI	**1025,41**	366,16	366,16							
3929,99	I,IV	**574,50**	366,41	366,41	I	457,91	347,83	244,08	146,83	57,00	
	II	**469,83**	366,41	366,41	II	359,00	254,66	156,66	65,58		
	III	**265,83**	366,41	366,41	III	174,33	90,83	23,50			
	V	**983,16**	366,41	366,41	IV	515,41	457,91	402,08	347,83	295,16	244,08
	VI	**1026,41**	366,41	366,41							
3932,99	I,IV	**575,25**	366,75	366,75	I	458,66	348,50	244,75	147,41	57,50	
	II	**470,58**	366,75	366,75	II	359,75	255,33	157,33	66,08		
	III	**266,50**	366,75	366,75	III	174,83	91,33	23,83			
	V	**984,16**	366,75	366,75	IV	516,16	458,66	402,75	348,50	295,83	244,75
	VI	**1027,50**	366,75	366,75							
3935,99	I,IV	**576,08**	367,00	367,00	I	459,41	349,16	245,41	148,08	58,08	
	II	**471,33**	367,00	367,00	II	360,41	256,00	157,91	66,66		
	III	**267,00**	367,00	367,00	III	175,50	91,83	24,33			
	V	**985,25**	367,00	367,00	IV	516,91	459,41	403,50	349,16	296,50	245,41
	VI	**1028,50**	367,00	367,00							
3938,99	I,IV	**576,83**	367,25	367,25	I	460,16	349,91	246,08	148,66	58,58	
	II	**472,08**	367,25	367,25	II	361,16	256,66	158,58	67,25		
	III	**267,66**	367,25	367,25	III	176,00	92,33	24,66			
	V	**986,25**	367,25	367,25	IV	517,66	460,16	404,25	349,91	297,16	246,08
	VI	**1029,50**	367,25	367,25							
3941,99	I,IV	**577,66**	367,58	367,58	I	460,91	350,58	246,75	149,25	59,08	
	II	**472,83**	367,58	367,58	II	361,83	257,25	159,16	67,75		
	III	**268,33**	367,58	367,58	III	176,66	92,83	25,00			
	V	**987,25**	367,58	367,58	IV	518,50	460,91	404,91	350,58	297,83	246,75
	VI	**1030,50**	367,58	367,58							
3944,99	I,IV	**578,41**	367,83	367,83	I	461,66	351,25	247,41	149,91	59,66	
	II	**473,58**	367,83	367,83	II	362,50	257,91	159,75	68,33		
	III	**268,83**	367,83	367,83	III	177,16	93,33	25,33			
	V	**988,33**	367,83	367,83	IV	519,25	461,66	405,66	351,25	298,50	247,41
	VI	**1031,58**	367,83	367,83							
3947,99	I,IV	**579,25**	368,08	368,08	I	462,41	352,00	248,08	150,50	60,16	
	II	**474,33**	368,08	368,08	II	363,25	258,58	160,41	68,91	0,16	
	III	**269,50**	368,08	368,08	III	177,83	93,83	25,83			
	V	**989,33**	368,08	368,08	IV	520,00	462,41	406,41	352,00	299,25	248,08
	VI	**1032,58**	368,08	368,08							
3950,99	I,IV	**580,00**	368,41	368,41	I	463,16	352,66	248,66	151,16	60,66	
	II	**475,08**	368,41	368,41	II	363,91	259,25	161,00	69,41	0,50	
	III	**270,16**	368,41	368,41	III	178,50	94,33	26,16			
	V	**990,33**	368,41	368,41	IV	520,75	463,16	407,08	352,66	299,91	248,66
	VI	**1033,58**	368,41	368,41							
3953,99	I,IV	**580,75**	368,66	368,66	I	463,83	353,41	249,33	151,75	61,25	
	II	**475,75**	368,66	368,66	II	364,66	259,91	161,66	70,00	0,83	
	III	**270,66**	368,66	368,66	III	179,00	94,83	26,66			
	V	**991,33**	368,66	368,66	IV	521,50	463,83	407,83	353,41	300,58	249,33
	VI	**1034,66**	368,66	368,66							
3956,99	I,IV	**581,58**	368,91	368,91	I	464,66	354,08	250,00	152,41	61,75	
	II	**476,58**	368,91	368,91	II	365,33	260,58	162,25	70,58	1,25	
	III	**271,33**	368,91	368,91	III	179,66	95,33	27,00			
	V	**992,41**	368,91	368,91	IV	522,33	464,66	408,58	354,08	301,25	250,00
	VI	**1035,66**	368,91	368,91							
3959,99	I,IV	**582,33**	369,25	369,25	I	465,33	354,83	250,66	153,00	62,33	
	II	**477,33**	369,25	369,25	II	366,08	261,25	162,91	71,08	1,58	
	III	**272,00**	369,25	369,25	III	180,16	95,83	27,33			
	V	**993,41**	369,25	369,25	IV	523,08	465,33	409,25	354,83	301,91	250,66
	VI	**1036,66**	369,25	369,25							

* Zur LSt-Berechnung für privat versicherte Arbeitnehmer s. Beispiele **Vorbemerkung S. 4f.**
** Basisvorsorgepauschale KV und PV   *** Typisierter Arbeitgeberzuschuss

Lohn/ Gehalt in € bis	Steuerklasse	Lohn- steuer*	BVSP**	TAGZ***	Steuerklasse	Bemessungsgrundlage für Kirchensteuer und Solidaritätszuschlag					
						Freibeträge für ... Kinder					
						0,5	1,0	1,5	2,0	2,5	3,0
3962,99	I,IV	**583,16**	369,50	369,50	I	466,08	355,50	251,33	153,58	62,83	
	II	**478,00**	369,50	369,50	II	366,75	261,91	163,50	71,66	1,91	
	III	**272,50**	369,50	369,50	III	180,83	96,33	27,83			
	V	**994,41**	369,50	369,50	IV	523,83	466,08	410,00	355,50	302,58	251,33
	VI	**1037,75**	369,50	369,50							
3965,99	I,IV	**583,91**	369,75	369,75	I	466,83	356,25	252,00	154,25	63,41	
	II	**478,83**	369,75	369,75	II	367,50	262,58	164,16	72,25	2,25	
	III	**273,16**	369,75	369,75	III	181,33	96,83	28,16			
	V	**995,50**	369,75	369,75	IV	524,58	466,83	410,75	356,25	303,33	252,00
	VI	**1038,75**	369,75	369,75							
3968,99	I,IV	**584,75**	370,08	370,08	I	467,58	356,91	252,66	154,83	63,91	
	II	**479,58**	370,08	370,08	II	368,16	263,25	164,75	72,83	2,58	
	III	**273,83**	370,08	370,08	III	182,00	97,33	28,66			
	V	**996,50**	370,08	370,08	IV	525,33	467,58	411,50	356,91	304,00	252,66
	VI	**1039,75**	370,08	370,08							
3971,99	I,IV	**585,50**	370,33	370,33	I	468,33	357,58	253,33	155,50	64,50	
	II	**480,25**	370,33	370,33	II	368,91	263,91	165,41	73,41	3,00	
	III	**274,33**	370,33	370,33	III	182,50	97,83	29,00			
	V	**997,50**	370,33	370,33	IV	526,08	468,33	412,16	357,58	304,66	253,33
	VI	**1040,83**	370,33	370,33							
3974,99	I,IV	**586,25**	370,66	370,66	I	469,08	358,33	254,00	156,08	65,00	
	II	**481,00**	370,66	370,66	II	369,58	264,58	166,00	73,91	3,33	
	III	**275,00**	370,66	370,66	III	183,16	98,33	29,33			
	V	**998,58**	370,66	370,66	IV	526,83	469,08	412,91	358,33	305,33	254,00
	VI	**1041,83**	370,66	370,66							
3977,99	I,IV	**587,08**	370,91	370,91	I	469,83	359,00	254,66	156,75	65,58	
	II	**481,83**	370,91	370,91	II	370,33	265,25	166,66	74,50	3,66	
	III	**275,66**	370,91	370,91	III	183,83	98,83	29,83			
	V	**999,58**	370,91	370,91	IV	527,66	469,83	413,66	359,00	306,08	254,66
	VI	**1042,83**	370,91	370,91							
3980,99	I,IV	**587,83**	371,16	371,16	I	470,58	359,75	255,33	157,33	66,16	
	II	**482,58**	371,16	371,16	II	371,00	265,91	167,25	75,08	4,00	
	III	**276,16**	371,16	371,16	III	184,33	99,33	30,16			
	V	**1000,58**	371,16	371,16	IV	528,41	470,58	414,33	359,75	306,75	255,33
	VI	**1043,83**	371,16	371,16							
3983,99	I,IV	**588,66**	371,50	371,50	I	471,33	360,41	256,00	157,91	66,66	
	II	**483,25**	371,50	371,50	II	371,75	266,58	167,91	75,66	4,41	
	III	**276,83**	371,50	371,50	III	185,00	99,83	30,50			
	V	**1001,66**	371,50	371,50	IV	529,16	471,33	415,08	360,41	307,41	256,00
	VI	**1044,91**	371,50	371,50							
3986,99	I,IV	**589,41**	371,75	371,75	I	472,08	361,16	256,66	158,58	67,25	
	II	**484,08**	371,75	371,75	II	372,41	267,25	168,50	76,25	4,75	
	III	**277,50**	371,75	371,75	III	185,50	100,33	31,00			
	V	**1002,66**	371,75	371,75	IV	530,00	472,08	415,83	361,16	308,08	256,66
	VI	**1045,91**	371,75	371,75							
3989,99	I,IV	**590,25**	372,00	372,00	I	472,83	361,83	257,33	159,16	67,75	
	II	**484,83**	372,00	372,00	II	373,16	267,91	169,16	76,83	5,08	
	III	**278,00**	372,00	372,00	III	186,16	100,83	31,33			
	V	**1003,66**	372,00	372,00	IV	530,75	472,83	416,50	361,83	308,75	257,33
	VI	**1046,91**	372,00	372,00							
3992,99	I,IV	**591,00**	372,33	372,33	I	473,58	362,58	258,00	159,83	68,33	
	II	**485,58**	372,33	372,33	II	373,83	268,58	169,75	77,41	5,50	
	III	**278,66**	372,33	372,33	III	186,66	101,33	31,83			
	V	**1004,75**	372,33	372,33	IV	531,50	473,58	417,25	362,58	309,41	258,00
	VI	**1048,00**	372,33	372,33							
3995,99	I,IV	**591,83**	372,58	372,58	I	474,33	363,25	258,58	160,41	68,91	0,16
	II	**486,25**	372,58	372,58	II	374,58	269,25	170,41	78,00	5,83	
	III	**279,16**	372,58	372,58	III	187,33	101,83	32,16			
	V	**1005,75**	372,58	372,58	IV	532,25	474,33	418,00	363,25	310,16	258,58
	VI	**1049,00**	372,58	372,58							

* Zur LSt-Berechnung für privat versicherte Arbeitnehmer s. Beispiele **Vorbemerkung S. 4 f.**
** Basisvorsorgepauschale KV und PV   *** Typisierter Arbeitgeberzuschuss

91

Lohn/Gehalt in € bis	Steuerklasse	Lohn-steuer*	BVSP**	TAGZ***	Steuerklasse	Bemessungsgrundlage für Kirchensteuer und Solidaritätszuschlag Freibeträge für ... Kinder					
						0,5	1,0	1,5	2,0	2,5	3,0
3998,99	I,IV	592,58	372,83	372,83	I	475,08	364,00	259,33	161,08	69,41	0,50
	II	487,08	372,83	372,83	II	375,25	269,91	171,00	78,58	6,16	
	III	279,83	372,83	372,83	III	187,83	102,33	32,50			
	V	1006,75	372,83	372,83	IV	533,00	475,08	418,75	364,00	310,83	259,33
	VI	1050,00	372,83	372,83							
4001,99	I,IV	593,41	373,16	373,16	I	475,83	364,66	259,91	161,66	70,00	0,83
	II	487,83	373,16	373,16	II	376,00	270,58	171,66	79,16	6,58	
	III	280,50	373,16	373,16	III	188,50	102,83	33,00			
	V	1007,75	373,16	373,16	IV	533,83	475,83	419,41	364,66	311,50	259,91
	VI	1051,08	373,16	373,16							
4004,99	I,IV	594,16	373,41	373,41	I	476,58	365,33	260,58	162,25	70,58	1,25
	II	488,58	373,41	373,41	II	376,66	271,25	172,25	79,66	6,91	
	III	281,00	373,41	373,41	III	189,00	103,33	33,33			
	V	1008,83	373,41	373,41	IV	534,58	476,58	420,16	365,33	312,16	260,58
	VI	1052,08	373,41	373,41							
4007,99	I,IV	595,00	373,66	373,66	I	477,33	366,08	261,33	162,91	71,16	1,58
	II	489,33	373,66	373,66	II	377,41	271,91	172,91	80,33	7,33	
	III	281,66	373,66	373,66	III	189,66	103,83	33,83			
	V	1009,83	373,66	373,66	IV	535,33	477,33	420,91	366,08	312,91	261,33
	VI	1053,08	373,66	373,66							
4010,99	I,IV	595,75	374,00	374,00	I	478,08	366,83	261,91	163,58	71,66	1,91
	II	490,08	374,00	374,00	II	378,16	272,58	173,50	80,91	7,66	
	III	282,33	374,00	374,00	III	190,33	104,33	34,16			
	V	1010,83	374,00	374,00	IV	536,08	478,08	421,66	366,83	313,58	261,91
	VI	1054,16	374,00	374,00							
4013,99	I,IV	596,58	374,25	374,25	I	478,83	367,50	262,58	164,16	72,25	2,25
	II	490,83	374,25	374,25	II	378,83	273,25	174,16	81,50	8,08	
	III	282,83	374,25	374,25	III	190,83	104,83	34,66			
	V	1011,91	374,25	374,25	IV	536,83	478,83	422,33	367,50	314,25	262,58
	VI	1055,16	374,25	374,25							
4016,99	I,IV	597,33	374,58	374,58	I	479,58	368,25	263,33	164,83	72,83	2,58
	II	491,58	374,58	374,58	II	379,58	274,00	174,83	82,08	8,41	
	III	283,50	374,58	374,58	III	191,50	105,50	35,00			
	V	1012,91	374,58	374,58	IV	537,66	479,58	423,08	368,25	314,91	263,33
	VI	1056,16	374,58	374,58							
4019,99	I,IV	598,16	374,83	374,83	I	480,33	368,91	263,91	165,41	73,41	3,00
	II	492,33	374,83	374,83	II	380,25	274,66	175,41	82,66	8,83	
	III	284,16	374,83	374,83	III	192,00	106,00	35,50			
	V	1013,91	374,83	374,83	IV	538,41	480,33	423,83	368,91	315,66	263,91
	VI	1057,25	374,83	374,83							
4022,99	I,IV	598,91	375,08	375,08	I	481,08	369,58	264,58	166,00	74,00	3,33
	II	493,08	375,08	375,08	II	381,00	275,25	176,00	83,25	9,16	
	III	284,66	375,08	375,08	III	192,66	106,50	35,83			
	V	1015,00	375,08	375,08	IV	539,16	481,08	424,50	369,58	316,33	264,58
	VI	1058,25	375,08	375,08							
4025,99	I,IV	599,75	375,41	375,41	I	481,83	370,33	265,25	166,66	74,50	3,66
	II	493,83	375,41	375,41	II	381,66	275,91	176,66	83,83	9,58	
	III	285,33	375,41	375,41	III	193,16	107,00	36,16			
	V	1016,00	375,41	375,41	IV	539,91	481,83	425,25	370,33	317,00	265,25
	VI	1059,25	375,41	375,41							
4028,99	I,IV	600,50	375,66	375,66	I	482,58	371,08	265,91	167,33	75,08	4,08
	II	494,58	375,66	375,66	II	382,41	276,66	177,33	84,41	9,91	
	III	286,00	375,66	375,66	III	193,83	107,50	36,66			
	V	1017,00	375,66	375,66	IV	540,75	482,58	426,00	371,08	317,66	265,91
	VI	1060,25	375,66	375,66							
4031,99	I,IV	601,33	375,91	375,91	I	483,33	371,75	266,58	167,91	75,66	4,41
	II	495,33	375,91	375,91	II	383,08	277,33	177,91	85,00	10,33	
	III	286,66	375,91	375,91	III	194,33	108,00	37,00			
	V	1018,08	375,91	375,91	IV	541,50	483,33	426,75	371,75	318,41	266,58
	VI	1061,33	375,91	375,91							

* Zur LSt-Berechnung für privat versicherte Arbeitnehmer s. Beispiele **Vorbemerkung S. 4 f.**
** Basisvorsorgepauschale KV und PV *** Typisierter Arbeitgeberzuschuss

Lohn/Gehalt in € bis	Steuerklasse	Lohnsteuer*	BVSP**	TAGZ***	Steuerklasse	Bemessungsgrundlage für Kirchensteuer und Solidaritätszuschlag — Freibeträge für ... Kinder					
						0,5	1,0	1,5	2,0	2,5	3,0
4034,99	I,IV	602,08	376,25	376,25	I	484,08	372,41	267,25	168,50	76,25	4,75
	II	496,08	376,25	376,25	II	383,83	278,00	178,58	85,58	10,66	
	III	287,16	376,25	376,25	III	195,00	108,50	37,50			
	V	1 019,08	376,25	376,25	IV	542,25	484,08	427,41	372,41	319,08	267,25
	VI	1 062,33	376,25	376,25							
4037,99	I,IV	602,91	376,50	376,50	I	484,83	373,16	268,00	169,16	76,83	5,16
	II	496,83	376,50	376,50	II	384,58	278,66	179,16	86,16	11,08	
	III	287,83	376,50	376,50	III	195,66	109,00	37,83			
	V	1 020,08	376,50	376,50	IV	543,08	484,83	428,16	373,16	319,75	268,00
	VI	1 063,33	376,50	376,50							
4040,99	I,IV	603,66	376,75	376,75	I	485,58	373,91	268,58	169,75	77,41	5,50
	II	497,58	376,75	376,75	II	385,25	279,33	179,83	86,75	11,50	
	III	288,50	376,75	376,75	III	196,16	109,50	38,33			
	V	1 021,08	376,75	376,75	IV	543,83	485,58	428,91	373,91	320,41	268,58
	VI	1 064,41	376,75	376,75							
4043,99	I,IV	604,50	377,08	377,08	I	486,33	374,58	269,25	170,41	78,00	5,83
	II	498,33	377,08	377,08	II	386,00	280,00	180,41	87,33	11,83	
	III	289,00	377,08	377,08	III	196,83	110,00	38,66			
	V	1 022,16	377,08	377,08	IV	544,33	486,33	429,66	374,58	321,16	269,25
	VI	1 065,41	377,08	377,08							
4046,99	I,IV	605,25	377,33	377,33	I	487,08	375,25	269,91	171,00	78,58	6,16
	II	499,08	377,33	377,33	II	386,66	280,66	181,08	87,91	12,25	
	III	289,66	377,33	377,33	III	197,33	110,50	39,16			
	V	1 023,16	377,33	377,33	IV	545,33	487,08	430,33	375,25	321,83	269,91
	VI	1 066,41	377,33	377,33							
4049,99	I,IV	606,08	377,58	377,58	I	487,83	376,00	270,66	171,66	79,16	6,58
	II	499,91	377,58	377,58	II	387,41	281,33	181,75	88,50	12,66	
	III	290,33	377,58	377,58	III	198,00	111,16	39,50			
	V	1 024,16	377,58	377,58	IV	546,16	487,83	431,08	376,00	322,50	270,66
	VI	1 067,50	377,58	377,58							
4052,99	I,IV	606,83	377,91	377,91	I	488,58	376,75	271,25	172,25	79,75	6,91
	II	500,66	377,91	377,91	II	388,08	282,00	182,33	89,08	13,00	
	III	290,83	377,91	377,91	III	198,50	111,66	40,00			
	V	1 025,25	377,91	377,91	IV	546,91	488,58	431,83	376,75	323,16	271,25
	VI	1 068,50	377,91	377,91							
4055,99	I,IV	607,66	378,16	378,16	I	489,33	377,41	271,91	172,91	80,33	7,33
	II	501,41	378,16	378,16	II	388,83	282,66	183,00	89,66	13,41	
	III	291,50	378,16	378,16	III	199,16	112,16	40,33			
	V	1 026,25	378,16	378,16	IV	547,66	489,33	432,58	377,41	323,91	271,91
	VI	1 069,50	378,16	378,16							
4058,99	I,IV	608,50	378,50	378,50	I	490,08	378,16	272,66	173,58	80,91	7,66
	II	502,16	378,50	378,50	II	389,58	283,33	183,58	90,25	13,83	
	III	292,16	378,50	378,50	III	199,66	112,66	40,83			
	V	1 027,25	378,50	378,50	IV	548,50	490,08	433,33	378,16	324,58	272,66
	VI	1 070,58	378,50	378,50							
4061,99	I,IV	609,25	378,75	378,75	I	490,83	378,83	273,33	174,16	81,50	8,08
	II	502,91	378,75	378,75	II	390,25	284,00	184,25	90,83	14,25	
	III	292,83	378,75	378,75	III	200,33	113,16	41,16			
	V	1 028,33	378,75	378,75	IV	549,25	490,83	434,08	378,83	325,25	273,33
	VI	1 071,58	378,75	378,75							
4064,99	I,IV	610,08	379,00	379,00	I	491,58	379,58	274,00	174,83	82,08	8,41
	II	503,66	379,00	379,00	II	391,00	284,66	184,83	91,41	14,58	
	III	293,33	379,00	379,00	III	200,83	113,66	41,66			
	V	1 029,33	379,00	379,00	IV	550,00	491,58	434,75	379,58	325,91	274,00
	VI	1 072,58	379,00	379,00							
4067,99	I,IV	610,83	379,33	379,33	I	492,33	380,25	274,66	175,41	82,66	8,83
	II	504,41	379,33	379,33	II	391,66	285,41	185,50	92,08	15,00	
	III	294,00	379,33	379,33	III	201,50	114,33	42,00			
	V	1 030,33	379,33	379,33	IV	550,83	492,33	435,50	380,25	326,66	274,66
	VI	1 073,58	379,33	379,33							

* Zur LSt-Berechnung für privat versicherte Arbeitnehmer s. Beispiele **Vorbemerkung S. 4 f.**
** Basisvorsorgepauschale KV und PV   *** Typisierter Arbeitgeberzuschuss

Lohn/ Gehalt in € bis	Steuerklasse	Lohn-steuer*	BVSP**	TAGZ***	Steuerklasse	Bemessungsgrundlage für Kirchensteuer und Solidaritätszuschlag					
						Freibeträge für ... Kinder					
						0,5	1,0	1,5	2,0	2,5	3,0
4070,99	I,IV	611,66	379,58	379,58	I	493,08	381,00	275,33	176,08	83,25	9,16
	II	505,16	379,58	379,58	II	392,41	286,08	186,16	92,66	15,41	
	III	294,66	379,58	379,58	III	202,16	114,83	42,50			
	V	1031,41	379,58	379,58	IV	551,58	493,08	436,25	381,00	327,33	275,33
	VI	1074,66	379,58	379,58							
4073,99	I,IV	612,41	379,83	379,83	I	493,83	381,66	276,00	176,66	83,83	9,58
	II	505,91	379,83	379,83	II	393,16	286,75	186,75	93,25	15,83	
	III	295,16	379,83	379,83	III	202,66	115,33	42,83			
	V	1032,41	379,83	379,83	IV	552,33	493,83	437,00	381,66	328,00	276,00
	VI	1075,66	379,83	379,83							
4076,99	I,IV	613,25	380,16	380,16	I	494,58	382,41	276,66	177,33	84,41	9,91
	II	506,66	380,16	380,16	II	393,83	287,41	187,41	93,83	16,16	
	III	295,83	380,16	380,16	III	203,33	115,83	43,33			
	V	1033,41	380,16	380,16	IV	553,08	494,58	437,66	382,41	328,75	276,66
	VI	1076,66	380,16	380,16							
4079,99	I,IV	614,08	380,41	380,41	I	495,41	383,16	277,33	177,91	85,00	10,33
	II	507,50	380,41	380,41	II	394,58	288,08	188,00	94,41	16,58	
	III	296,50	380,41	380,41	III	203,83	116,33	43,66			
	V	1034,50	380,41	380,41	IV	553,91	495,41	438,41	383,16	329,41	277,33
	VI	1077,75	380,41	380,41							
4082,99	I,IV	614,83	380,66	380,66	I	496,08	383,83	278,00	178,58	85,58	10,75
	II	508,25	380,66	380,66	II	395,25	288,75	188,66	95,00	17,00	
	III	297,00	380,66	380,66	III	204,50	116,83	44,16			
	V	1035,50	380,66	380,66	IV	554,66	496,08	439,16	383,83	330,08	278,00
	VI	1078,75	380,66	380,66							
4085,99	I,IV	615,66	381,00	381,00	I	496,83	384,58	278,66	179,16	86,16	11,08
	II	509,00	381,00	381,00	II	396,00	289,41	189,33	95,58	17,41	
	III	297,66	381,00	381,00	III	205,16	117,50	44,50			
	V	1036,50	381,00	381,00	IV	555,41	496,83	439,91	384,58	330,83	278,66
	VI	1079,75	381,00	381,00							
4088,99	I,IV	616,41	381,25	381,25	I	497,66	385,25	279,33	179,83	86,75	11,50
	II	509,75	381,25	381,25	II	396,75	290,08	189,91	96,16	17,83	
	III	298,33	381,25	381,25	III	205,66	118,00	45,00			
	V	1037,50	381,25	381,25	IV	556,25	497,66	440,66	385,25	331,50	279,33
	VI	1080,83	381,25	381,25							
4091,99	I,IV	617,25	381,50	381,50	I	498,41	386,00	280,00	180,50	87,33	11,83
	II	510,50	381,50	381,50	II	397,41	290,83	190,58	96,75	18,25	
	III	298,83	381,50	381,50	III	206,33	118,50	45,33			
	V	1038,50	381,50	381,50	IV	557,00	498,41	441,41	386,00	332,16	280,00
	VI	1081,83	381,50	381,50							
4094,99	I,IV	618,00	381,83	381,83	I	499,16	386,66	280,66	181,08	87,91	12,25
	II	511,25	381,83	381,83	II	398,16	291,50	191,16	97,33	18,66	
	III	299,50	381,83	381,83	III	206,83	119,00	45,83			
	V	1039,58	381,83	381,83	IV	557,75	499,16	442,08	386,66	332,91	280,66
	VI	1082,83	381,83	381,83							
4097,99	I,IV	618,83	382,08	382,08	I	499,91	387,41	281,33	181,75	88,50	12,66
	II	512,00	382,08	382,08	II	398,83	292,16	191,83	98,00	19,08	
	III	300,16	382,08	382,08	III	207,50	119,50	46,16			
	V	1040,58	382,08	382,08	IV	558,58	499,91	442,83	387,41	333,58	281,33
	VI	1083,83	382,08	382,08							
4100,99	I,IV	619,66	382,41	382,41	I	500,66	388,16	282,00	182,33	89,08	13,00
	II	512,83	382,41	382,41	II	399,58	292,83	192,50	98,58	19,50	
	III	300,83	382,41	382,41	III	208,00	120,16	46,66			
	V	1041,66	382,41	382,41	IV	559,33	500,66	443,58	388,16	334,25	282,00
	VI	1084,91	382,41	382,41							
4103,99	I,IV	620,41	382,66	382,66	I	501,41	388,83	282,66	183,00	89,66	13,41
	II	513,58	382,66	382,66	II	400,33	293,50	193,08	99,16	19,91	
	III	301,33	382,66	382,66	III	208,66	120,66	47,16			
	V	1042,66	382,66	382,66	IV	560,08	501,41	444,33	388,83	335,00	282,66
	VI	1085,91	382,66	382,66							

* Zur LSt-Berechnung für privat versicherte Arbeitnehmer s. Beispiele **Vorbemerkung S. 4f.**
** Basisvorsorgepauschale KV und PV　*** Typisierter Arbeitgeberzuschuss

Lohn/Gehalt in € bis	Steuerklasse	Lohnsteuer*	BVSP**	TAGZ***	Steuerklasse	Bemessungsgrundlage für Kirchensteuer und Solidaritätszuschlag — Freibeträge für ... Kinder 0,5	1,0	1,5	2,0	2,5	3,0
4106,99	I,IV	621,25	382,91	382,91	I	502,16	389,58	283,33	183,58	90,25	13,83
	II	514,33	382,91	382,91	II	401,00	294,16	193,75	99,75	20,33	
	III	302,00	382,91	382,91	III	209,16	121,16	47,50			
	V	1043,66	382,91	382,91	IV	560,91	502,16	445,08	389,58	335,66	283,33
	VI	1086,91	382,91	382,91							
4109,99	I,IV	622,00	383,25	383,25	I	502,91	390,25	284,08	184,25	90,91	14,25
	II	515,08	383,25	383,25	II	401,75	294,83	194,41	100,33	20,75	
	III	302,66	383,25	383,25	III	209,83	121,66	48,00			
	V	1044,75	383,25	383,25	IV	561,66	502,91	445,83	390,25	336,33	284,08
	VI	1088,00	383,25	383,25							
4112,99	I,IV	622,83	383,50	383,50	I	503,66	391,00	284,75	184,91	91,50	14,58
	II	515,83	383,50	383,50	II	402,50	295,50	195,00	100,91	21,16	
	III	303,16	383,50	383,50	III	210,50	122,16	48,33			
	V	1045,75	383,50	383,50	IV	562,50	503,66	446,58	391,00	337,08	284,75
	VI	1089,00	383,50	383,50							
4115,99	I,IV	623,58	383,75	383,75	I	504,41	391,66	285,41	185,50	92,08	15,00
	II	516,58	383,75	383,75	II	403,16	296,25	195,66	101,50	21,58	
	III	303,83	383,75	383,75	III	211,00	122,83	48,83			
	V	1046,75	383,75	383,75	IV	563,25	504,41	447,25	391,66	337,75	285,41
	VI	1090,00	383,75	383,75							
4118,99	I,IV	624,41	384,08	384,08	I	505,25	392,41	286,08	186,16	92,66	15,41
	II	517,41	384,08	384,08	II	403,91	296,91	196,33	102,16	22,00	
	III	304,50	384,08	384,08	III	211,66	123,33	49,33			
	V	1047,83	384,08	384,08	IV	564,00	505,25	448,00	392,41	338,50	286,08
	VI	1091,08	384,08	384,08							
4121,99	I,IV	625,25	384,33	384,33	I	506,00	393,16	286,75	186,75	93,25	15,83
	II	518,16	384,33	384,33	II	404,66	297,58	196,91	102,75	22,41	
	III	305,16	384,33	384,33	III	212,33	123,83	49,66			
	V	1048,83	384,33	384,33	IV	564,83	506,00	448,75	393,16	339,16	286,75
	VI	1092,08	384,33	384,33							
4124,99	I,IV	626,00	384,58	384,58	I	506,75	393,83	287,41	187,41	93,83	16,25
	II	518,91	384,58	384,58	II	405,33	298,25	197,58	103,33	22,83	
	III	305,66	384,58	384,58	III	212,83	124,33	50,16			
	V	1049,83	384,58	384,58	IV	565,58	506,75	449,50	393,83	339,16	287,41
	VI	1093,08	384,58	384,58							
4127,99	I,IV	626,83	384,91	384,91	I	507,50	394,58	288,08	188,00	94,41	16,58
	II	519,66	384,91	384,91	II	406,08	298,91	198,16	103,91	23,25	
	III	306,33	384,91	384,91	III	213,50	125,00	50,50			
	V	1050,83	384,91	384,91	IV	566,33	507,50	450,25	394,58	340,50	288,08
	VI	1094,08	384,91	384,91							
4130,99	I,IV	627,66	385,16	385,16	I	508,25	395,33	288,75	188,66	95,00	17,00
	II	520,41	385,16	385,16	II	406,83	299,58	198,83	104,50	23,66	
	III	307,00	385,16	385,16	III	214,00	125,50	51,00			
	V	1051,91	385,16	385,16	IV	567,16	508,25	451,00	395,33	341,25	288,75
	VI	1095,16	385,16	385,16							
4133,99	I,IV	628,41	385,41	385,41	I	509,00	396,00	289,41	189,33	95,58	17,41
	II	521,16	385,41	385,41	II	407,50	300,33	199,50	105,08	24,08	
	III	307,50	385,41	385,41	III	214,66	126,00	51,33			
	V	1052,91	385,41	385,41	IV	567,91	509,00	451,75	396,00	341,91	289,41
	VI	1096,16	385,41	385,41							
4136,99	I,IV	629,25	385,75	385,75	I	509,75	396,75	290,08	189,91	96,16	17,83
	II	521,91	385,75	385,75	II	408,25	301,00	200,08	105,66	24,50	
	III	308,16	385,75	385,75	III	215,16	126,50	51,83			
	V	1053,91	385,75	385,75	IV	568,66	509,75	452,41	396,75	342,58	290,08
	VI	1097,16	385,75	385,75							
4139,99	I,IV	630,08	386,00	386,00	I	510,58	397,50	290,83	190,58	96,83	18,25
	II	522,75	386,00	386,00	II	409,00	301,66	200,75	106,33	25,00	
	III	308,83	386,00	386,00	III	215,83	127,16	52,33			
	V	1055,00	386,00	386,00	IV	569,50	510,58	453,16	397,50	343,33	290,83
	VI	1098,25	386,00	386,00							

* Zur LSt-Berechnung für privat versicherte Arbeitnehmer s. Beispiele **Vorbemerkung S. 4 f.**
** Basisvorsorgepauschale KV und PV   *** Typisierter Arbeitgeberzuschuss

Lohn/Gehalt in € bis	Steuerklasse	Lohn-steuer*	BVSP**	TAGZ***	Steuerklasse	Bemessungsgrundlage für Kirchensteuer und Solidaritätszuschlag					
						Freibeträge für ... Kinder					
						0,5	1,0	1,5	2,0	2,5	3,0
4142,99	I,IV	**630,83**	386,33	386,33	I	511,33	398,16	291,50	191,25	97,41	18,66
	II	**523,50**	386,33	386,33	II	409,66	302,33	201,41	106,91	25,41	
	III	**309,33**	386,33	386,33	III	216,50	127,66	52,66			
	V	**1056,00**	386,33	386,33	IV	570,25	511,33	453,91	398,16	344,00	291,50
	VI	**1099,25**	386,33	386,33							
4145,99	I,IV	**631,66**	386,58	386,58	I	512,08	398,91	292,16	191,83	98,00	19,08
	II	**524,25**	386,58	386,58	II	410,41	303,00	202,00	107,50	25,83	
	III	**310,00**	386,58	386,58	III	217,00	128,16	53,16			
	V	**1057,00**	386,58	386,58	IV	571,08	512,08	454,66	398,91	344,75	292,16
	VI	**1100,25**	386,58	386,58							
4148,99	I,IV	**632,41**	386,83	386,83	I	512,83	399,58	292,83	192,50	98,58	19,50
	II	**525,00**	386,83	386,83	II	411,16	303,66	202,66	108,08	26,25	
	III	**310,66**	386,83	386,83	III	217,66	128,66	53,66			
	V	**1058,00**	386,83	386,83	IV	571,83	512,83	455,41	399,58	345,41	292,83
	VI	**1101,25**	386,83	386,83							
4151,99	I,IV	**633,25**	387,16	387,16	I	513,58	400,33	293,50	193,16	99,16	19,91
	II	**525,83**	387,16	387,16	II	411,91	304,41	203,33	108,66	26,75	
	III	**311,16**	387,16	387,16	III	218,16	129,33	54,00			
	V	**1059,08**	387,16	387,16	IV	572,66	513,58	456,16	400,33	346,16	293,50
	VI	**1102,33**	387,16	387,16							
4154,99	I,IV	**634,08**	387,41	387,41	I	514,33	401,08	294,16	193,75	99,75	20,33
	II	**526,58**	387,41	387,41	II	412,58	305,08	204,00	109,33	27,16	
	III	**311,83**	387,41	387,41	III	218,83	129,83	54,50			
	V	**1060,08**	387,41	387,41	IV	573,41	514,33	456,91	401,08	346,83	294,16
	VI	**1103,33**	387,41	387,41							
4157,99	I,IV	**634,83**	387,66	387,66	I	515,08	401,75	294,83	194,41	100,33	20,75
	II	**527,33**	387,66	387,66	II	413,33	305,75	204,58	109,91	27,58	
	III	**312,50**	387,66	387,66	III	219,33	130,33	54,83			
	V	**1061,08**	387,66	387,66	IV	574,16	515,08	457,66	401,75	347,50	294,83
	VI	**1104,33**	387,66	387,66							
4160,99	I,IV	**635,66**	388,00	388,00	I	515,91	402,50	295,58	195,08	101,00	21,16
	II	**528,08**	388,00	388,00	II	414,08	306,41	205,25	110,50	28,08	
	III	**313,16**	388,00	388,00	III	220,00	130,83	55,33			
	V	**1062,16**	388,00	388,00	IV	575,00	515,91	458,41	402,50	348,25	295,58
	VI	**1105,41**	388,00	388,00							
4163,99	I,IV	**636,50**	388,25	388,25	I	516,66	403,25	296,25	195,66	101,58	21,58
	II	**528,83**	388,25	388,25	II	414,75	307,00	205,91	111,08	28,50	
	III	**313,83**	388,25	388,25	III	220,66	131,50	55,83			
	V	**1063,16**	388,25	388,25	IV	575,75	516,66	459,08	403,25	348,91	296,25
	VI	**1106,41**	388,25	388,25							
4166,99	I,IV	**637,25**	388,50	388,50	I	517,41	403,91	296,91	196,33	102,16	22,00
	II	**529,66**	388,50	388,50	II	415,50	307,83	206,50	111,66	28,91	
	III	**314,33**	388,50	388,50	III	221,16	132,00	56,16			
	V	**1064,16**	388,50	388,50	IV	576,50	517,41	459,83	403,91	349,58	296,91
	VI	**1107,41**	388,50	388,50							
4169,99	I,IV	**638,08**	388,83	388,83	I	518,16	404,66	297,58	197,00	102,75	22,41
	II	**530,41**	388,83	388,83	II	416,25	308,50	207,16	112,33	29,41	
	III	**315,00**	388,83	388,83	III	221,83	132,50	56,66			
	V	**1065,25**	388,83	388,83	IV	577,33	518,16	460,58	404,66	350,33	297,58
	VI	**1108,50**	388,83	388,83							
4172,99	I,IV	**638,91**	389,08	389,08	I	518,91	405,41	298,25	197,58	103,33	22,83
	II	**531,16**	389,08	389,08	II	416,91	309,16	207,83	112,91	29,83	
	III	**315,66**	389,08	389,08	III	222,50	133,16	57,16			
	V	**1066,25**	389,08	389,08	IV	578,08	518,91	461,33	405,41	351,00	298,25
	VI	**1109,50**	389,08	389,08							
4175,99	I,IV	**639,66**	389,33	389,33	I	519,66	406,08	298,91	198,25	103,91	23,25
	II	**531,91**	389,33	389,33	II	417,66	309,83	208,41	113,50	30,25	
	III	**316,16**	389,33	389,33	III	223,00	133,66	57,50			
	V	**1067,25**	389,33	389,33	IV	578,91	519,66	462,08	406,08	351,75	298,91
	VI	**1110,50**	389,33	389,33							

* Zur LSt-Berechnung für privat versicherte Arbeitnehmer s. Beispiele **Vorbemerkung S. 4 f.**
** Basisvorsorgepauschale KV und PV   *** Typisierter Arbeitgeberzuschuss

Lohn/ Gehalt in € bis	Steuerklasse	Lohnsteuer*	BVSP**	TAGZ***	Steuerklasse	Bemessungsgrundlage für Kirchensteuer und Solidaritätszuschlag Freibeträge für ... Kinder					
						0,5	1,0	1,5	2,0	2,5	3,0
4178,99	I,IV	640,50	389,66	389,66	I	520,41	406,83	299,58	198,83	104,50	23,66
	II	532,66	389,66	389,66	II	418,41	310,50	209,08	114,08	30,66	
	III	316,83	389,66	389,66	III	223,66	134,16	58,00			
	V	1068,25	389,66	389,66	IV	579,66	520,41	462,83	406,83	352,41	299,58
	VI	1111,50	389,66	389,66							
4181,99	I,IV	641,33	389,91	389,91	I	521,25	407,58	300,33	199,50	105,16	24,16
	II	533,50	389,91	389,91	II	419,16	311,25	209,75	114,66	31,16	
	III	317,50	389,91	389,91	III	224,16	134,83	58,50			
	V	1069,33	389,91	389,91	IV	580,50	521,25	463,58	407,58	353,16	300,33
	VI	1112,58	389,91	389,91							
4184,99	I,IV	642,16	390,25	390,25	I	522,00	408,25	301,00	200,16	105,75	24,58
	II	534,25	390,25	390,25	II	419,83	311,91	210,41	115,33	31,58	
	III	318,16	390,25	390,25	III	224,83	135,33	58,83			
	V	1070,33	390,25	390,25	IV	581,25	522,00	464,33	408,25	353,83	301,00
	VI	1113,58	390,25	390,25							
4187,99	I,IV	642,91	390,50	390,50	I	522,75	409,00	301,66	200,75	106,33	25,00
	II	535,00	390,50	390,50	II	420,58	312,58	211,00	115,91	32,08	
	III	318,66	390,50	390,50	III	225,50	135,83	59,33			
	V	1071,33	390,50	390,50	IV	582,00	522,75	465,00	409,00	354,50	301,66
	VI	1114,58	390,50	390,50							
4190,99	I,IV	643,75	390,75	390,75	I	523,50	409,75	302,33	201,41	106,91	25,41
	II	535,83	390,75	390,75	II	421,33	313,25	211,66	116,50	32,50	
	III	319,33	390,75	390,75	III	226,00	136,50	59,83			
	V	1072,41	390,75	390,75	IV	582,83	523,50	465,83	409,75	355,25	302,33
	VI	1115,66	390,75	390,75							
4193,99	I,IV	644,58	391,08	391,08	I	524,25	410,41	303,00	202,08	107,50	25,83
	II	536,58	391,08	391,08	II	422,08	314,00	212,33	117,08	33,00	
	III	320,00	391,08	391,08	III	226,66	137,00	60,16			
	V	1073,41	391,08	391,08	IV	583,58	524,25	466,58	410,41	355,91	303,00
	VI	1116,66	391,08	391,08							
4196,99	I,IV	645,33	391,33	391,33	I	525,08	411,16	303,75	202,66	108,08	26,25
	II	537,33	391,33	391,33	II	422,75	314,66	212,91	117,66	33,41	
	III	320,66	391,33	391,33	III	227,16	137,50	60,66	0,16		
	V	1074,41	391,33	391,33	IV	584,41	525,08	467,33	411,16	356,66	303,75
	VI	1117,66	391,33	391,33							
4199,99	I,IV	646,16	391,58	391,58	I	525,83	411,91	304,41	203,33	108,75	26,75
	II	538,08	391,58	391,58	II	423,50	315,33	213,58	118,33	33,91	
	III	321,16	391,58	391,58	III	227,83	138,16	61,16	0,50		
	V	1075,50	391,58	391,58	IV	585,16	525,83	468,08	411,91	357,33	304,41
	VI	1118,75	391,58	391,58							
4202,99	I,IV	647,00	391,91	391,91	I	526,58	412,58	305,08	204,00	109,33	27,16
	II	538,83	391,91	391,91	II	424,25	316,00	214,25	118,91	34,33	
	III	321,83	391,91	391,91	III	228,33	138,66	61,66	0,83		
	V	1076,50	391,91	391,91	IV	586,00	526,58	468,83	412,58	358,08	305,08
	VI	1119,75	391,91	391,91							
4205,99	I,IV	647,75	392,16	392,16	I	527,33	413,33	305,75	204,58	109,91	27,58
	II	539,66	392,16	392,16	II	425,00	316,75	214,91	119,50	34,83	
	III	322,50	392,16	392,16	III	229,00	139,16	62,00	1,33		
	V	1077,50	392,16	392,16	IV	586,75	527,33	469,50	413,33	358,75	305,75
	VI	1120,75	392,16	392,16							
4208,99	I,IV	648,58	392,41	392,41	I	528,08	414,08	306,41	205,25	110,50	28,08
	II	540,41	392,41	392,41	II	425,66	317,41	215,50	120,08	35,25	
	III	323,00	392,41	392,41	III	229,66	139,83	62,50	1,50		
	V	1078,50	392,41	392,41	IV	587,50	528,08	470,25	414,08	359,41	306,41
	VI	1121,75	392,41	392,41							
4211,99	I,IV	649,41	392,75	392,75	I	528,91	414,83	307,16	205,91	111,08	28,50
	II	541,16	392,75	392,75	II	426,41	318,08	216,16	120,75	35,75	
	III	323,66	392,75	392,75	III	230,16	140,33	63,00	2,00		
	V	1079,58	392,75	392,75	IV	588,33	528,91	471,08	414,83	360,16	307,16
	VI	1122,83	392,75	392,75							

*   Zur LSt-Berechnung für privat versicherte Arbeitnehmer s. Beispiele **Vorbemerkung S. 4 f.**
**   Basisvorsorgepauschale KV und PV   *** Typisierter Arbeitgeberzuschuss

| Lohn/ Gehalt in € bis | Steuerklasse | Lohn- steuer* | BVSP** | TAGZ*** | Steuerklasse | Bemessungsgrundlage für Kirchensteuer und Solidaritätszuschlag | | | | | |
| | | | | | | Freibeträge für ... Kinder | | | | | |
						0,5	1,0	1,5	2,0	2,5	3,0
4214,99	I,IV	650,25	393,00	393,00	I	529,66	415,50	307,83	206,58	111,66	28,91
	II	541,91	393,00	393,00	II	427,16	318,75	216,83	121,33	36,25	
	III	324,33	393,00	393,00	III	230,83	140,83	63,50	2,33		
	V	1080,58	393,00	393,00	IV	589,16	529,66	471,75	415,50	360,83	307,83
	VI	1123,83	393,00	393,00							
4217,99	I,IV	651,00	393,25	393,25	I	530,41	416,25	308,50	207,16	112,33	29,41
	II	542,75	393,25	393,25	II	427,83	319,50	217,50	121,91	36,66	
	III	325,00	393,25	393,25	III	231,33	141,50	63,83	2,66		
	V	1081,58	393,25	393,25	IV	589,91	530,41	472,50	416,25	361,58	308,50
	VI	1124,83	393,25	393,25							
4220,99	I,IV	651,83	393,58	393,58	I	531,16	417,00	309,16	207,83	112,91	29,83
	II	543,50	393,58	393,58	II	428,58	320,16	218,16	122,50	37,16	
	III	325,50	393,58	393,58	III	232,00	142,00	64,33	3,00		
	V	1082,66	393,58	393,58	IV	590,75	531,16	473,25	417,00	362,25	309,16
	VI	1125,91	393,58	393,58							
4223,99	I,IV	652,66	393,83	393,83	I	532,00	417,66	309,83	208,50	113,50	30,25
	II	544,25	393,83	393,83	II	429,33	320,83	218,75	123,16	37,66	
	III	326,16	393,83	393,83	III	232,66	142,66	64,83	3,33		
	V	1083,66	393,83	393,83	IV	591,50	532,00	474,00	417,66	363,00	309,83
	VI	1126,91	393,83	393,83							
4226,99	I,IV	653,41	394,16	394,16	I	532,75	418,41	310,58	209,08	114,08	30,75
	II	545,08	394,16	394,16	II	430,08	321,50	219,41	123,75	38,08	
	III	326,83	394,16	394,16	III	233,16	143,16	65,16	3,66		
	V	1084,66	394,16	394,16	IV	592,25	532,75	474,75	418,41	363,66	310,58
	VI	1127,91	394,16	394,16							
4229,99	I,IV	654,25	394,41	394,41	I	533,50	419,16	311,25	209,75	114,66	31,16
	II	545,83	394,41	394,41	II	430,83	322,25	220,08	124,33	38,58	
	III	327,50	394,41	394,41	III	233,83	143,66	65,66	4,00		
	V	1085,66	394,41	394,41	IV	593,08	533,50	475,50	419,16	364,41	311,25
	VI	1129,00	394,41	394,41							
4232,99	I,IV	655,08	394,66	394,66	I	534,25	419,91	311,91	210,41	115,33	31,66
	II	546,58	394,66	394,66	II	431,58	322,91	220,75	124,91	39,08	
	III	328,00	394,66	394,66	III	234,50	144,33	66,16	4,33		
	V	1086,75	394,66	394,66	IV	593,91	534,25	476,25	419,91	365,08	311,91
	VI	1130,00	394,66	394,66							
4235,99	I,IV	655,91	395,00	395,00	I	535,00	420,58	312,58	211,08	115,91	32,08
	II	547,33	395,00	395,00	II	432,25	323,58	221,33	125,58	39,50	
	III	328,66	395,00	395,00	III	235,00	144,83	66,66	4,66		
	V	1087,75	395,00	395,00	IV	594,66	535,00	477,00	420,58	365,83	312,58
	VI	1131,00	395,00	395,00							
4238,99	I,IV	656,66	395,25	395,25	I	535,83	421,33	313,25	211,66	116,50	32,50
	II	548,16	395,25	395,25	II	433,00	324,25	222,00	126,16	40,00	
	III	329,33	395,25	395,25	III	235,66	145,33	67,00	5,00		
	V	1088,75	395,25	395,25	IV	595,41	535,83	477,75	421,33	366,50	313,25
	VI	1132,00	395,25	395,25							
4241,99	I,IV	657,50	395,50	395,50	I	536,58	422,08	314,00	212,33	117,08	33,00
	II	548,91	395,50	395,50	II	433,75	325,00	222,66	126,75	40,50	
	III	330,00	395,50	395,50	III	236,33	146,00	67,50	5,50		
	V	1089,83	395,50	395,50	IV	596,25	536,58	478,50	422,08	367,25	314,00
	VI	1133,08	395,50	395,50							
4244,99	I,IV	658,33	395,83	395,83	I	537,33	422,83	314,66	213,00	117,75	33,41
	II	549,66	395,83	395,83	II	434,50	325,66	223,33	127,41	41,00	
	III	330,50	395,83	395,83	III	236,83	146,50	68,00	5,83		
	V	1090,83	395,83	395,83	IV	597,00	537,33	479,25	422,83	367,91	314,66
	VI	1134,08	395,83	395,83							
4247,99	I,IV	659,16	396,08	396,08	I	538,08	423,50	315,33	213,58	118,33	33,91
	II	550,50	396,08	396,08	II	435,16	326,33	223,91	128,00	41,41	
	III	331,16	396,08	396,08	III	237,50	147,16	68,50	6,16		
	V	1091,83	396,08	396,08	IV	597,83	538,00	480,00	423,50	368,66	315,33
	VI	1135,08	396,08	396,08							

* Zur LSt-Berechnung für privat versicherte Arbeitnehmer s. Beispiele **Vorbemerkung S. 4 f.**
** Basisvorsorgepauschale KV und PV   *** Typisierter Arbeitgeberzuschuss

Lohn/ Gehalt in € bis	Steuerklasse	Lohn- steuer*	BVSP**	TAGZ***	Steuerklasse	Bemessungsgrundlage für Kirchensteuer und Solidaritätszuschlag					
						Freibeträge für ... Kinder					
						0,5	1,0	1,5	2,0	2,5	3,0
4 250,99	I,IV	**660,00**	396,33	396,33	I	538,91	424,25	316,08	214,25	118,91	34,41
	II	**551,25**	396,33	396,33	II	435,91	327,08	224,58	128,58	41,91	
	III	**331,83**	396,33	396,33	III	238,00	147,66	69,00	6,50		
	V	**1 092,91**	396,33	396,33	IV	598,66	538,91	480,75	424,25	369,33	316,08
	VI	**1 136,16**	396,33	396,33							
4 253,99	I,IV	**660,75**	396,66	396,66	I	539,66	425,00	316,75	214,91	119,50	34,83
	II	**552,00**	396,66	396,66	II	436,66	327,75	225,25	129,16	42,41	
	III	**332,33**	396,66	396,66	III	238,66	148,16	69,33	6,83		
	V	**1 093,91**	396,66	396,66	IV	599,41	539,66	481,50	425,00	370,08	316,75
	VI	**1 137,16**	396,66	396,66							
4 256,99	I,IV	**661,58**	396,91	396,91	I	540,41	425,66	317,41	215,58	120,16	35,33
	II	**552,83**	396,91	396,91	II	437,41	328,41	225,91	129,83	42,91	
	III	**333,00**	396,91	396,91	III	239,33	148,83	69,83	7,16		
	V	**1 094,91**	396,91	396,91	IV	600,16	540,41	482,25	425,66	370,75	317,41
	VI	**1 138,16**	396,91	396,91							
4 259,99	I,IV	**662,41**	397,16	397,16	I	541,16	426,41	318,08	216,16	120,75	35,75
	II	**553,58**	397,16	397,16	II	438,16	329,08	226,58	130,41	43,41	
	III	**333,66**	397,16	397,16	III	239,83	149,33	70,33	7,50		
	V	**1 095,91**	397,16	397,16	IV	601,00	541,16	483,00	426,41	371,50	318,08
	VI	**1 139,25**	397,16	397,16							
4 262,99	I,IV	**663,25**	397,50	397,50	I	542,00	427,16	318,83	216,83	121,33	36,25
	II	**554,33**	397,50	397,50	II	438,91	329,83	227,25	131,00	43,91	
	III	**334,33**	397,50	397,50	III	240,50	150,00	70,83	7,83		
	V	**1 097,00**	397,50	397,50	IV	601,83	542,00	483,75	427,16	372,16	318,83
	VI	**1 140,25**	397,50	397,50							
4 265,99	I,IV	**664,00**	397,75	397,75	I	542,75	427,91	319,50	217,50	121,91	36,66
	II	**555,16**	397,75	397,75	II	439,58	330,50	227,83	131,66	44,33	
	III	**335,00**	397,75	397,75	III	241,00	150,50	71,16	8,33		
	V	**1 098,00**	397,75	397,75	IV	602,58	542,75	484,50	427,91	372,91	319,50
	VI	**1 141,25**	397,75	397,75							
4 268,99	I,IV	**664,83**	398,08	398,08	I	543,50	428,58	320,16	218,16	122,50	37,16
	II	**555,91**	398,08	398,08	II	440,33	331,16	228,50	132,25	44,83	
	III	**335,50**	398,08	398,08	III	241,66	151,00	71,66	8,66		
	V	**1 099,00**	398,08	398,08	IV	603,33	543,50	485,25	428,58	373,58	320,16
	VI	**1 142,33**	398,08	398,08							
4 271,99	I,IV	**665,66**	398,33	398,33	I	544,33	429,33	320,83	218,83	123,16	37,66
	II	**556,66**	398,33	398,33	II	441,08	331,91	229,16	132,83	45,33	
	III	**336,16**	398,33	398,33	III	242,33	151,66	72,16	9,00		
	V	**1 100,33**	398,33	398,33	IV	604,16	544,33	486,00	429,33	374,33	320,83
	VI	**1 143,33**	398,33	398,33							
4 274,99	I,IV	**666,50**	398,58	398,58	I	545,08	430,08	321,58	219,41	123,75	38,08
	II	**557,50**	398,58	398,58	II	441,83	332,58	229,83	133,50	45,83	
	III	**336,83**	398,58	398,58	III	242,83	152,33	72,66	9,33		
	V	**1 101,08**	398,58	398,58	IV	605,00	545,08	486,75	430,08	375,00	321,58
	VI	**1 144,33**	398,58	398,58							
4 277,99	I,IV	**667,25**	398,91	398,91	I	545,83	430,83	322,25	220,08	124,33	38,58
	II	**558,25**	398,91	398,91	II	442,58	333,25	230,50	134,08	46,33	
	III	**337,33**	398,91	398,91	III	243,50	152,83	73,00	9,66		
	V	**1 102,08**	398,91	398,91	IV	605,75	545,83	487,50	430,83	375,75	322,25
	VI	**1 145,33**	398,91	398,91							
4 280,99	I,IV	**668,08**	399,16	399,16	I	546,58	431,58	322,91	220,75	124,91	39,08
	II	**559,00**	399,16	399,16	II	443,25	334,00	231,08	134,66	46,83	
	III	**338,00**	399,16	399,16	III	244,16	153,33	73,50	10,00		
	V	**1 103,16**	399,16	399,16	IV	606,58	546,58	488,25	431,58	376,41	322,91
	VI	**1 146,41**	399,16	399,16							
4 283,99	I,IV	**668,91**	399,41	399,41	I	547,41	432,33	323,58	221,41	125,58	39,58
	II	**559,83**	399,41	399,41	II	444,00	334,66	231,75	135,33	47,33	
	III	**338,66**	399,41	399,41	III	244,66	154,00	74,00	10,50		
	V	**1 104,16**	399,41	399,41	IV	607,33	547,41	489,00	432,33	377,16	323,58
	VI	**1 147,41**	399,41	399,41							

*   Zur LSt-Berechnung für privat versicherte Arbeitnehmer s. Beispiele **Vorbemerkung S. 4 f.**
** Basisvorsorgepauschale KV und PV   *** Typisierter Arbeitgeberzuschuss

Lohn/ Gehalt in € bis	Steuerklasse	Lohnsteuer*	BVSP**	TAGZ***	Steuerklasse	Bemessungsgrundlage für Kirchensteuer und Solidaritätszuschlag Freibeträge für ... Kinder					
						0,5	1,0	1,5	2,0	2,5	3,0
4 286,99	I,IV	669,75	399,75	399,75	I	548,16	433,00	324,33	222,00	126,16	40,00
	II	560,58	399,75	399,75	II	444,75	335,33	232,41	135,91	47,83	
	III	339,33	399,75	399,75	III	245,33	154,50	74,50	10,83		
	V	1 105,16	399,75	399,75	IV	608,16	548,16	489,75	433,00	377,83	324,33
	VI	1 148,41	399,75	399,75							
4 289,99	I,IV	670,58	400,00	400,00	I	548,91	433,75	325,00	222,66	126,75	40,50
	II	561,33	400,00	400,00	II	445,33	336,08	233,08	136,50	48,33	
	III	340,00	400,00	400,00	III	245,83	155,16	75,00	11,16		
	V	1 106,25	400,00	400,00	IV	608,91	548,91	490,50	433,75	378,58	325,00
	VI	1 149,50	400,00	400,00							
4 292,99	I,IV	671,41	400,25	400,25	I	549,75	434,50	325,66	223,33	127,41	41,00
	II	562,16	400,25	400,25	II	446,25	336,75	233,75	137,16	48,83	
	III	340,50	400,25	400,25	III	246,50	155,66	75,50	11,50		
	V	1 107,25	400,25	400,25	IV	609,75	549,75	491,33	434,50	379,33	325,66
	VI	1 150,50	400,25	400,25							
4 295,99	I,IV	672,16	400,58	400,58	I	550,50	435,25	326,41	224,00	128,00	41,50
	II	562,91	400,58	400,58	II	447,00	337,50	234,41	137,75	49,33	
	III	341,16	400,58	400,58	III	247,16	156,33	75,83	11,83		
	V	1 108,25	400,58	400,58	IV	610,50	550,50	492,00	435,25	380,00	326,41
	VI	1 151,50	400,58	400,58							
4 298,99	I,IV	673,00	400,83	400,83	I	551,25	435,91	327,08	224,58	128,58	41,91
	II	563,66	400,83	400,83	II	447,66	338,16	235,00	138,33	49,83	
	III	341,83	400,83	400,83	III	247,66	156,83	76,33	12,33		
	V	1 109,25	400,83	400,83	IV	611,33	551,25	492,83	435,91	380,66	327,08
	VI	1 152,58	400,83	400,83							
4 301,99	I,IV	673,83	401,08	401,08	I	552,08	436,66	327,75	225,25	129,25	42,41
	II	564,50	401,08	401,08	II	448,50	338,83	235,66	139,00	50,33	
	III	342,50	401,08	401,08	III	248,33	157,50	76,83	12,66		
	V	1 110,33	401,08	401,08	IV	612,16	552,08	493,58	436,66	381,41	327,75
	VI	1 153,58	401,08	401,08							
4 304,99	I,IV	674,66	401,41	401,41	I	552,83	437,41	328,50	225,91	129,83	42,91
	II	565,25	401,41	401,41	II	449,16	339,58	236,33	139,58	50,83	
	III	343,00	401,41	401,41	III	249,00	158,00	77,33	13,00		
	V	1 111,33	401,41	401,41	IV	612,91	552,83	494,33	437,41	382,16	328,50
	VI	1 154,58	401,41	401,41							
4 307,99	I,IV	675,41	401,66	401,66	I	553,58	438,16	329,16	226,58	130,41	43,41
	II	566,00	401,66	401,66	II	449,91	340,25	237,00	140,16	51,41	
	III	343,66	401,66	401,66	III	249,50	158,66	77,83	13,33		
	V	1 112,33	401,66	401,66	IV	613,75	553,58	495,08	438,16	382,83	329,16
	VI	1 155,66	401,66	401,66							
4 310,99	I,IV	676,25	402,00	402,00	I	554,33	438,91	329,83	227,25	131,00	43,91
	II	566,83	402,00	402,00	II	450,66	340,91	237,66	140,75	51,91	
	III	344,33	402,00	402,00	III	250,16	159,16	78,33	13,66		
	V	1 113,41	402,00	402,00	IV	614,50	554,33	495,83	438,91	383,58	329,83
	VI	1 156,66	402,00	402,00							
4 313,99	I,IV	677,08	402,25	402,25	I	555,16	439,66	330,50	227,91	131,66	44,41
	II	567,58	402,25	402,25	II	451,41	341,66	238,33	141,41	52,41	
	III	345,00	402,25	402,25	III	250,66	159,83	78,83	14,16		
	V	1 114,41	402,25	402,25	IV	615,33	555,16	496,58	439,66	384,25	330,50
	VI	1 157,66	402,25	402,25							
4 316,99	I,IV	677,91	402,50	402,50	I	555,91	440,33	331,25	228,50	132,25	44,83
	II	568,41	402,50	402,50	II	452,16	342,33	239,00	142,00	52,91	
	III	345,50	402,50	402,50	III	251,33	160,33	79,16	14,50		
	V	1 115,41	402,50	402,50	IV	616,08	555,91	497,33	440,33	385,00	331,25
	VI	1 158,75	402,50	402,50							
4 319,99	I,IV	678,75	402,83	402,83	I	556,66	441,08	331,91	229,16	132,83	45,33
	II	569,16	402,83	402,83	II	452,83	343,00	239,58	142,66	53,41	
	III	346,16	402,83	402,83	III	252,00	161,00	79,66	14,83		
	V	1 116,50	402,83	402,83	IV	616,91	556,66	498,00	441,08	385,66	331,91
	VI	1 159,75	402,83	402,83							

* Zur LSt-Berechnung für privat versicherte Arbeitnehmer s. Beispiele **Vorbemerkung S. 4 f.**
** Basisvorsorgepauschale KV und PV *** Typisierter Arbeitgeberzuschuss

Lohn/ Gehalt in € bis	Steuerklasse	Lohn-steuer*	BVSP**	TAGZ***	Steuerklasse	Bemessungsgrundlage für Kirchensteuer und Solidaritätszuschlag — Freibeträge für ... Kinder					
						0,5	1,0	1,5	2,0	2,5	3,0
4 322,99	I,IV	679,58	403,08	403,08	I	557,50	441,83	332,58	229,83	133,50	45,83
	II	569,91	403,08	403,08	II	453,66	343,75	240,25	143,25	54,00	
	III	346,83	403,08	403,08	III	252,50	161,50	80,16	15,16		
	V	1 117,50	403,08	403,08	IV	617,75	557,50	498,83	441,83	386,41	332,58
	VI	1 160,75	403,08	403,08							
4 325,99	I,IV	680,41	403,33	403,33	I	558,25	442,58	333,33	230,50	134,08	46,33
	II	570,75	403,33	403,33	II	454,33	344,41	240,91	143,83	54,50	
	III	347,50	403,33	403,33	III	253,16	162,16	80,66	15,66		
	V	1 118,50	403,33	403,33	IV	618,50	558,25	499,58	442,58	387,16	333,33
	VI	1 161,75	403,33	403,33							
4 328,99	I,IV	681,16	403,66	403,66	I	559,00	443,33	334,00	231,16	134,66	46,83
	II	571,50	403,66	403,66	II	455,08	345,16	241,58	144,50	55,00	
	III	348,00	403,66	403,66	III	253,83	162,66	81,16	16,00		
	V	1 119,58	403,66	403,66	IV	619,33	559,00	500,33	443,33	387,83	334,00
	VI	1 162,83	403,66	403,66							
4 331,99	I,IV	682,00	403,91	403,91	I	559,83	444,00	334,66	231,75	135,33	47,33
	II	572,25	403,91	403,91	II	455,83	345,83	242,25	145,08	55,50	
	III	348,66	403,91	403,91	III	254,33	163,33	81,66	16,33		
	V	1 120,58	403,91	403,91	IV	620,08	559,83	501,08	444,00	388,58	334,66
	VI	1 163,83	403,91	403,91							
4 334,99	I,IV	682,83	404,16	404,16	I	560,58	444,75	335,41	232,41	135,91	47,83
	II	573,08	404,16	404,16	II	456,58	346,50	242,91	145,75	56,00	
	III	349,33	404,16	404,16	III	255,00	163,83	82,16	16,66		
	V	1 121,58	404,16	404,16	IV	620,91	560,58	501,91	444,75	389,25	335,41
	VI	1 164,83	404,16	404,16							
4 337,99	I,IV	683,66	404,50	404,50	I	561,33	445,50	336,08	233,08	136,50	48,33
	II	573,83	404,50	404,50	II	457,33	347,25	243,58	146,33	56,58	
	III	350,00	404,50	404,50	III	255,58	164,50	82,66	17,00		
	V	1 122,58	404,50	404,50	IV	621,75	561,33	502,66	445,50	390,00	336,08
	VI	1 165,91	404,50	404,50							
4 340,99	I,IV	684,50	404,75	404,75	I	562,16	446,25	336,75	233,75	137,16	48,83
	II	574,66	404,75	404,75	II	458,08	347,91	244,16	146,91	57,08	
	III	350,50	404,75	404,75	III	256,16	165,00	83,16	17,50		
	V	1 123,66	404,75	404,75	IV	622,50	562,16	503,41	446,25	390,66	336,75
	VI	1 166,91	404,75	404,75							
4 343,99	I,IV	685,33	405,00	405,00	I	562,91	447,00	337,50	234,41	137,75	49,33
	II	575,41	405,00	405,00	II	458,83	348,66	244,91	147,58	57,58	
	III	351,16	405,00	405,00	III	256,83	165,66	83,50	17,83		
	V	1 124,66	405,00	405,00	IV	623,33	562,91	504,16	447,00	391,41	337,50
	VI	1 167,91	405,00	405,00							
4 346,99	I,IV	686,16	405,33	405,33	I	563,75	447,75	338,16	235,08	138,33	49,83
	II	576,25	405,33	405,33	II	459,58	349,33	245,50	148,16	58,16	
	III	351,83	405,33	405,33	III	257,50	166,16	84,00	18,16		
	V	1 125,66	405,33	405,33	IV	624,08	563,75	504,91	447,75	392,16	338,16
	VI	1 169,00	405,33	405,33							
4 349,99	I,IV	686,91	405,58	405,58	I	564,50	448,50	338,83	235,66	139,00	50,33
	II	577,00	405,58	405,58	II	460,25	350,00	246,16	148,75	58,66	
	III	352,50	405,58	405,58	III	258,00	166,83	84,50	18,66		
	V	1 126,75	405,58	405,58	IV	624,91	564,50	505,66	448,50	392,83	338,83
	VI	1 170,00	405,58	405,58							
4 352,99	I,IV	687,75	405,91	405,91	I	565,25	449,25	339,58	236,33	139,58	50,91
	II	577,75	405,91	405,91	II	461,00	350,75	246,83	149,41	59,16	
	III	353,16	405,91	405,91	III	258,66	167,33	85,00	19,00		
	V	1 127,75	405,91	405,91	IV	625,75	565,25	506,41	449,25	393,58	339,58
	VI	1 171,00	405,91	405,91							
4 355,99	I,IV	688,58	406,16	406,16	I	566,08	449,91	340,25	237,00	140,16	51,41
	II	578,58	406,16	406,16	II	461,75	351,41	247,50	150,00	59,75	
	III	353,66	406,16	406,16	III	259,16	168,00	85,50	19,33		
	V	1 128,75	406,16	406,16	IV	626,50	566,08	507,16	449,91	394,33	340,25
	VI	1 172,08	406,16	406,16							

* Zur LSt-Berechnung für privat versicherte Arbeitnehmer s. Beispiele **Vorbemerkung S. 4 f.**
** Basisvorsorgepauschale KV und PV   *** Typisierter Arbeitgeberzuschuss

Lohn/ Gehalt in € bis	Steuerklasse	Lohn-steuer*	BVSP**	TAGZ***	Steuerklasse	Bemessungsgrundlage für Kirchensteuer und Solidaritätszuschlag					
						Freibeträge für ... Kinder					
						0,5	1,0	1,5	2,0	2,5	3,0
4 358,99	I,IV	**689,41**	406,41	406,41	I	566,83	450,66	340,91	237,66	140,83	51,91
	II	**579,33**	406,41	406,41	II	462,50	352,16	248,16	150,66	60,25	
	III	**354,33**	406,41	406,41	III	259,83	168,50	86,00	19,66		
	V	**1 129,83**	406,41	406,41	IV	627,33	566,83	507,91	450,66	395,00	340,91
	VI	**1 173,08**	406,41	406,41							
4 361,99	I,IV	**690,25**	406,75	406,75	I	567,58	451,41	341,66	238,33	141,41	52,41
	II	**580,08**	406,75	406,75	II	463,25	352,83	248,83	151,25	60,83	
	III	**355,00**	406,75	406,75	III	260,50	169,16	86,50	20,16		
	V	**1 130,83**	406,75	406,75	IV	628,08	567,58	508,66	451,41	395,75	341,66
	VI	**1 174,08**	406,75	406,75							
4 364,99	I,IV	**691,08**	407,00	407,00	I	568,41	452,16	342,33	239,00	142,00	52,91
	II	**580,91**	407,00	407,00	II	464,00	353,50	249,50	151,83	61,33	
	III	**355,66**	407,00	407,00	III	261,00	169,66	87,00	20,50		
	V	**1 131,83**	407,00	407,00	IV	628,91	568,41	509,50	452,16	396,50	342,33
	VI	**1 175,08**	407,00	407,00							
4 367,99	I,IV	**691,91**	407,25	407,25	I	569,16	452,91	343,08	239,66	142,66	53,41
	II	**581,66**	407,25	407,25	II	464,75	354,25	250,16	152,50	61,91	
	III	**356,16**	407,25	407,25	III	261,66	170,33	87,50	20,83		
	V	**1 132,91**	407,25	407,25	IV	629,75	569,16	510,25	452,91	397,16	343,08
	VI	**1 176,16**	407,25	407,25							
4 370,99	I,IV	**692,66**	407,58	407,58	I	569,91	453,66	343,75	240,25	143,25	54,00
	II	**582,50**	407,58	407,58	II	465,50	354,91	250,83	153,08	62,41	
	III	**356,83**	407,58	407,58	III	262,33	170,83	88,00	21,16		
	V	**1 133,91**	407,58	407,58	IV	630,50	569,91	511,00	453,66	397,91	343,75
	VI	**1 177,16**	407,58	407,58							
4 373,99	I,IV	**693,58**	407,83	407,83	I	570,75	454,41	344,41	240,91	143,91	54,50
	II	**583,33**	407,83	407,83	II	466,25	355,66	251,50	153,75	63,00	
	III	**357,50**	407,83	407,83	III	262,83	171,50	88,50	21,66		
	V	**1 134,91**	407,83	407,83	IV	631,33	570,75	511,75	454,41	398,58	344,41
	VI	**1 178,16**	407,83	407,83							
4 376,99	I,IV	**694,33**	408,08	408,08	I	571,50	455,08	345,16	241,58	144,50	55,00
	II	**584,08**	408,08	408,08	II	467,00	356,33	252,16	154,33	63,50	
	III	**358,16**	408,08	408,08	III	263,50	172,16	89,00	22,00		
	V	**1 136,00**	408,08	408,08	IV	632,16	571,50	512,50	455,08	399,33	345,16
	VI	**1 179,25**	408,08	408,08							
4 379,99	I,IV	**695,16**	408,41	408,41	I	572,33	455,83	345,83	242,25	145,08	55,50
	II	**584,83**	408,41	408,41	II	467,75	357,08	252,75	154,91	64,00	
	III	**358,66**	408,41	408,41	III	264,16	172,66	89,33	22,33		
	V	**1 137,00**	408,41	408,41	IV	632,91	572,33	513,25	455,83	400,08	345,83
	VI	**1 180,25**	408,41	408,41							
4 382,99	I,IV	**696,00**	408,66	408,66	I	573,08	456,58	346,58	242,91	145,75	56,08
	II	**585,66**	408,66	408,66	II	468,50	357,75	253,50	155,58	64,58	
	III	**359,33**	408,66	408,66	III	264,66	173,33	89,83	22,83		
	V	**1 138,00**	408,66	408,66	IV	633,75	573,08	514,08	456,58	400,75	346,58
	VI	**1 181,25**	408,66	408,66							
4 385,99	I,IV	**696,83**	408,91	408,91	I	573,91	457,33	347,25	243,58	146,33	56,58
	II	**586,41**	408,91	408,91	II	469,25	358,50	254,08	156,16	65,16	
	III	**360,00**	408,91	408,91	III	265,33	173,83	90,50	23,16		
	V	**1 139,00**	408,91	408,91	IV	634,58	573,91	514,83	457,33	401,50	347,25
	VI	**1 182,33**	408,91	408,91							
4 388,99	I,IV	**697,66**	409,25	409,25	I	574,66	458,08	347,91	244,25	146,91	57,08
	II	**587,25**	409,25	409,25	II	470,00	359,16	254,75	156,83	65,66	
	III	**360,66**	409,25	409,25	III	266,00	174,50	90,83	23,50		
	V	**1 140,08**	409,25	409,25	IV	635,33	574,66	515,58	458,08	402,25	347,91
	VI	**1 183,33**	409,25	409,25							
4 391,99	I,IV	**698,50**	409,50	409,50	I	575,41	458,83	348,66	244,91	147,58	57,58
	II	**588,00**	409,50	409,50	II	470,75	359,83	255,41	157,41	66,25	
	III	**361,33**	409,50	409,50	III	266,50	175,00	91,33	24,00		
	V	**1 141,08**	409,50	409,50	IV	636,16	575,41	516,33	458,83	402,91	348,66
	VI	**1 184,33**	409,50	409,50							

* Zur LSt-Berechnung für privat versicherte Arbeitnehmer s. Beispiele **Vorbemerkung S. 4 f.**
** Basisvorsorgepauschale KV und PV   *** Typisierter Arbeitgeberzuschuss

Lohn/Gehalt in € bis	Steuerklasse	Lohn-steuer*	BVSP**	TAGZ***	Steuerklasse	Bemessungsgrundlage für Kirchensteuer und Solidaritätszuschlag Freibeträge für ... Kinder					
						0,5	1,0	1,5	2,0	2,5	3,0
4 394,99	I,IV	**699,33**	409,83	409,83	I	576,25	459,58	349,33	245,58	148,16	58,16
	II	**588,83**	409,83	409,83	II	471,50	360,58	256,08	158,08	66,75	
	III	**362,00**	409,83	409,83	III	267,16	175,66	91,83	24,33		
	V	**1 142,08**	409,83	409,83	IV	637,00	576,25	517,08	459,58	403,66	349,33
	VI	**1 185,41**	409,83	409,83							
4 397,99	I,IV	**700,16**	410,08	410,08	I	577,00	460,33	350,08	246,16	148,83	58,66
	II	**589,58**	410,08	410,08	II	472,25	361,25	256,75	158,66	67,33	
	III	**362,50**	410,08	410,08	III	267,83	176,16	92,33	24,66		
	V	**1 143,16**	410,08	410,08	IV	637,75	577,00	517,83	460,33	404,41	350,08
	VI	**1 186,41**	410,08	410,08							
4 400,99	I,IV	**701,00**	410,33	410,33	I	577,75	461,08	350,75	246,83	149,41	59,16
	II	**590,33**	410,33	410,33	II	472,91	362,00	257,41	159,33	67,91	
	III	**363,16**	410,33	410,33	III	268,33	176,83	92,83	25,16		
	V	**1 144,16**	410,33	410,33	IV	638,58	577,75	518,58	461,08	405,08	350,75
	VI	**1 187,41**	410,33	410,33							
4 403,99	I,IV	**701,83**	410,66	410,66	I	578,58	461,83	351,41	247,50	150,00	59,75
	II	**591,16**	410,66	410,66	II	473,75	362,66	258,08	159,91	68,41	
	III	**363,83**	410,66	410,66	III	269,00	177,33	93,33	25,50		
	V	**1 145,16**	410,66	410,66	IV	639,41	578,58	519,41	461,83	405,83	351,41
	VI	**1 188,50**	410,66	410,66							
4 406,99	I,IV	**702,66**	410,91	410,91	I	579,33	462,58	352,16	248,16	150,66	60,25
	II	**592,00**	410,91	410,91	II	474,50	363,41	258,75	160,58	69,00	0,25
	III	**364,50**	410,91	410,91	III	269,66	178,00	93,83	25,83		
	V	**1 146,25**	410,91	410,91	IV	640,16	579,33	520,16	462,58	406,58	352,16
	VI	**1 189,50**	410,91	410,91							
4 409,99	I,IV	**703,41**	411,16	411,16	I	580,16	463,25	352,83	248,83	151,25	60,83
	II	**592,75**	411,16	411,16	II	475,16	364,08	259,41	161,16	69,58	0,58
	III	**365,00**	411,16	411,16	III	270,16	178,50	94,33	26,33		
	V	**1 147,25**	411,16	411,16	IV	641,00	580,16	520,91	463,25	407,25	352,83
	VI	**1 190,50**	411,16	411,16							
4 412,99	I,IV	**704,25**	411,50	411,50	I	580,91	464,00	353,50	249,50	151,83	61,33
	II	**593,50**	411,50	411,50	II	475,91	364,75	260,08	161,75	70,08	0,91
	III	**365,66**	411,50	411,50	III	270,83	179,16	94,83	26,66		
	V	**1 148,25**	411,50	411,50	IV	641,83	580,91	521,66	464,00	408,00	353,50
	VI	**1 191,50**	411,50	411,50							
4 415,99	I,IV	**705,08**	411,75	411,75	I	581,75	464,75	354,25	250,16	152,50	61,91
	II	**594,33**	411,75	411,75	II	476,75	365,50	260,75	162,41	70,66	1,25
	III	**366,33**	411,75	411,75	III	271,50	179,66	95,33	27,00		
	V	**1 149,33**	411,75	411,75	IV	642,58	581,75	522,41	464,75	408,75	354,25
	VI	**1 192,58**	411,75	411,75							
4 418,99	I,IV	**705,91**	412,00	412,00	I	582,50	465,50	354,91	250,83	153,08	62,41
	II	**595,08**	412,00	412,00	II	477,41	366,25	261,41	163,00	71,25	1,66
	III	**367,00**	412,00	412,00	III	272,00	180,33	95,83	27,50		
	V	**1 150,33**	412,00	412,00	IV	643,41	582,50	523,25	465,50	409,41	354,91
	VI	**1 193,58**	412,00	412,00							
4 421,99	I,IV	**706,75**	412,33	412,33	I	583,33	466,25	355,66	251,50	153,75	63,00
	II	**595,91**	412,33	412,33	II	478,16	366,91	262,08	163,66	71,83	2,00
	III	**367,50**	412,33	412,33	III	272,66	180,83	96,33	27,83		
	V	**1 151,33**	412,33	412,33	IV	644,25	583,33	524,00	466,25	410,16	355,66
	VI	**1 194,58**	412,33	412,33							
4 424,99	I,IV	**707,58**	412,58	412,58	I	584,08	467,00	356,33	252,16	154,33	63,50
	II	**596,75**	412,58	412,58	II	479,00	367,66	262,75	164,25	72,33	2,33
	III	**368,16**	412,58	412,58	III	273,33	181,50	96,83	28,33		
	V	**1 152,33**	412,58	412,58	IV	645,08	584,08	524,75	467,00	410,91	356,33
	VI	**1 195,66**	412,58	412,58							
4 427,99	I,IV	**708,41**	412,83	412,83	I	584,91	467,75	357,08	252,83	155,00	64,08
	II	**597,50**	412,83	412,83	II	479,66	368,33	263,41	164,91	72,91	2,66
	III	**368,83**	412,83	412,83	III	273,83	182,16	97,33	28,66		
	V	**1 153,41**	412,83	412,83	IV	645,83	584,91	525,50	467,75	411,58	357,08
	VI	**1 196,66**	412,83	412,83							

* Zur LSt-Berechnung für privat versicherte Arbeitnehmer s. Beispiele **Vorbemerkung S. 4 f.**
** Basisvorsorgepauschale KV und PV   *** Typisierter Arbeitgeberzuschuss

Lohn/Gehalt in € bis	Steuerklasse	Lohnsteuer*	BVSP**	TAGZ***	Steuerklasse	Bemessungsgrundlage für Kirchensteuer und Solidaritätszuschlag					
						Freibeträge für ... Kinder					
						0,5	1,0	1,5	2,0	2,5	3,0
4430,99	I,IV	**709,25**	413,16	413,16	I	585,66	468,50	357,75	253,50	155,58	64,58
	II	**598,25**	413,16	413,16	II	480,41	369,00	264,08	165,50	73,50	3,00
	III	**369,50**	413,16	413,16	III	274,50	182,66	97,83	29,00		
	V	**1154,41**	413,16	413,16	IV	646,66	585,66	526,25	468,50	412,33	357,75
	VI	**1197,66**	413,16	413,16							
4433,99	I,IV	**710,08**	413,41	413,41	I	586,50	469,25	358,50	254,16	156,25	65,16
	II	**599,08**	413,41	413,41	II	481,25	369,75	264,75	166,16	74,08	3,41
	III	**370,16**	413,41	413,41	III	275,16	183,33	98,33	29,50		
	V	**1155,41**	413,41	413,41	IV	647,50	586,50	527,08	469,25	413,08	358,50
	VI	**1198,75**	413,41	413,41							
4436,99	I,IV	**710,91**	413,75	413,75	I	587,25	470,00	359,16	254,83	156,83	65,66
	II	**599,91**	413,75	413,75	II	481,91	370,50	265,41	166,75	74,66	3,75
	III	**370,83**	413,75	413,75	III	275,66	183,83	98,83	29,83		
	V	**1156,50**	413,75	413,75	IV	648,25	587,25	527,83	470,00	413,75	359,16
	VI	**1199,75**	413,75	413,75							
4439,99	I,IV	**711,75**	414,00	414,00	I	588,00	470,75	359,91	255,41	157,41	66,25
	II	**600,66**	414,00	414,00	II	482,66	371,16	266,08	167,41	75,16	4,08
	III	**371,33**	414,00	414,00	III	276,33	184,50	99,33	30,16		
	V	**1157,50**	414,00	414,00	IV	649,08	588,00	528,58	470,75	414,50	359,91
	VI	**1200,75**	414,00	414,00							
4442,99	I,IV	**712,58**	414,25	414,25	I	588,83	471,50	360,58	256,08	158,08	66,75
	II	**601,41**	414,25	414,25	II	483,41	371,83	266,75	168,00	75,75	4,50
	III	**372,00**	414,25	414,25	III	277,00	185,00	99,83	30,66		
	V	**1158,50**	414,25	414,25	IV	649,91	588,83	529,33	471,50	415,25	360,58
	VI	**1201,75**	414,25	414,25							
4445,99	I,IV	**713,41**	414,58	414,58	I	589,58	472,25	361,33	256,75	158,66	67,33
	II	**602,25**	414,58	414,58	II	484,25	372,58	267,41	168,66	76,33	4,83
	III	**372,66**	414,58	414,58	III	277,50	185,66	100,50	31,00		
	V	**1159,58**	414,58	414,58	IV	650,75	589,58	530,08	472,25	416,00	361,33
	VI	**1202,83**	414,58	414,58							
4448,99	I,IV	**714,25**	414,83	414,83	I	590,41	473,00	362,00	257,41	159,33	67,91
	II	**603,08**	414,83	414,83	II	484,91	373,33	268,08	169,25	76,91	5,16
	III	**373,33**	414,83	414,83	III	278,16	186,16	100,83	31,50		
	V	**1160,58**	414,83	414,83	IV	651,50	590,41	530,91	473,00	416,66	362,00
	VI	**1203,83**	414,83	414,83							
4451,99	I,IV	**715,08**	415,08	415,08	I	591,16	473,75	362,66	258,08	159,91	68,41
	II	**603,83**	415,08	415,08	II	485,66	374,00	268,75	169,91	77,50	5,58
	III	**374,00**	415,08	415,08	III	278,83	186,83	101,50	31,83		
	V	**1161,58**	415,08	415,08	IV	652,33	591,16	531,66	473,75	417,41	362,66
	VI	**1204,83**	415,08	415,08							
4454,99	I,IV	**715,91**	415,41	415,41	I	592,00	474,50	363,41	258,75	160,58	69,00
	II	**604,66**	415,41	415,41	II	486,50	374,75	269,41	170,50	78,08	5,91
	III	**374,50**	415,41	415,41	III	279,33	187,50	102,00	32,33		
	V	**1162,66**	415,41	415,41	IV	653,16	592,00	532,41	474,50	418,16	363,41
	VI	**1205,91**	415,41	415,41							
4457,99	I,IV	**716,75**	415,66	415,66	I	592,75	475,25	364,08	259,41	161,16	69,58
	II	**605,41**	415,66	415,66	II	487,25	375,41	270,08	171,16	78,66	6,25
	III	**375,16**	415,66	415,66	III	280,00	188,00	102,50	32,66		
	V	**1163,66**	415,66	415,66	IV	653,91	592,75	533,16	475,25	418,83	364,08
	VI	**1206,91**	415,66	415,66							
4460,99	I,IV	**717,58**	415,91	415,91	I	593,58	476,00	364,83	260,08	161,83	70,16
	II	**606,25**	415,91	415,91	II	488,00	376,16	270,75	171,75	79,25	6,66
	III	**375,83**	415,91	415,91	III	280,66	188,66	103,00	33,00		
	V	**1164,66**	415,91	415,91	IV	654,75	593,58	533,91	476,00	419,58	364,83
	VI	**1207,91**	415,91	415,91							
4463,99	I,IV	**718,41**	416,25	416,25	I	594,33	476,75	365,50	260,75	162,41	70,66
	II	**607,00**	416,25	416,25	II	488,66	376,83	271,41	172,41	79,83	7,00
	III	**376,50**	416,25	416,25	III	281,16	189,16	103,50	33,50		
	V	**1165,66**	416,25	416,25	IV	655,58	594,33	534,75	476,75	420,33	365,50
	VI	**1208,91**	416,25	416,25							

* Zur LSt-Berechnung für privat versicherte Arbeitnehmer s. Beispiele **Vorbemerkung S. 4 f.**
** Basisvorsorgepauschale KV und PV *** Typisierter Arbeitgeberzuschuss

Lohn/Gehalt in € bis	Steuerklasse	Lohnsteuer*	BVSP**	TAGZ***	Steuerklasse	Bemessungsgrundlage für Kirchensteuer und Solidaritätszuschlag					
						Freibeträge für ... Kinder					
						0,5	1,0	1,5	2,0	2,5	3,0
4466,99	I,IV	**719,25**	416,50	416,50	I	595,16	477,50	366,25	261,41	163,08	71,25
	II	**607,83**	416,50	416,50	II	489,50	377,58	272,08	173,00	80,41	7,41
	III	**377,00**	416,50	416,50	III	281,83	189,83	104,00	33,83		
	V	**1 166,75**	416,50	416,50	IV	656,41	595,16	535,50	477,50	421,08	366,25
	VI	**1 210,00**	416,50	416,50							
4469,99	I,IV	**720,08**	416,75	416,75	I	595,91	478,25	366,91	262,08	163,66	71,83
	II	**608,58**	416,75	416,75	II	490,25	378,25	272,75	173,66	81,00	7,75
	III	**377,66**	416,75	416,75	III	282,50	190,33	104,50	34,33		
	V	**1 167,75**	416,75	416,75	IV	657,16	595,91	536,25	478,25	421,75	366,91
	VI	**1 211,00**	416,75	416,75							
4472,99	I,IV	**720,91**	417,08	417,08	I	596,75	479,00	367,66	262,75	164,25	72,33
	II	**609,41**	417,08	417,08	II	491,00	379,00	273,41	174,25	81,58	8,16
	III	**378,33**	417,08	417,08	III	283,00	191,00	105,00	34,66		
	V	**1 168,75**	417,08	417,08	IV	658,00	596,75	537,00	479,00	422,50	367,66
	VI	**1 212,00**	417,08	417,08							
4475,99	I,IV	**721,75**	417,33	417,33	I	597,50	479,75	368,33	263,41	164,91	72,91
	II	**610,25**	417,33	417,33	II	491,75	379,66	274,08	174,91	82,16	8,50
	III	**379,00**	417,33	417,33	III	283,66	191,50	105,50	35,16		
	V	**1 169,83**	417,33	417,33	IV	658,83	597,50	537,83	479,75	423,25	368,33
	VI	**1 213,08**	417,33	417,33							
4478,99	I,IV	**722,58**	417,66	417,66	I	598,33	480,50	369,08	264,08	165,58	73,50
	II	**611,00**	417,66	417,66	II	492,50	380,41	274,75	175,58	82,75	8,91
	III	**379,66**	417,66	417,66	III	284,33	192,16	106,00	35,50		
	V	**1 170,83**	417,66	417,66	IV	659,66	598,33	538,58	480,50	424,00	369,08
	VI	**1 214,08**	417,66	417,66							
4481,99	I,IV	**723,41**	417,91	417,91	I	599,08	481,25	369,75	264,75	166,16	74,08
	II	**611,75**	417,91	417,91	II	493,25	381,08	275,41	176,16	83,33	9,25
	III	**380,16**	417,91	417,91	III	284,83	192,66	106,50	35,83		
	V	**1 171,83**	417,91	417,91	IV	660,41	599,08	539,33	481,25	424,66	369,75
	VI	**1 215,08**	417,91	417,91							
4484,99	I,IV	**724,25**	418,16	418,16	I	599,91	482,00	370,50	265,41	166,83	74,66
	II	**612,58**	418,16	418,16	II	494,00	381,83	276,08	176,83	83,91	9,66
	III	**380,66**	418,16	418,16	III	285,50	193,33	107,00	36,33		
	V	**1 172,91**	418,16	418,16	IV	661,25	599,91	540,16	482,00	425,41	370,50
	VI	**1 216,16**	418,16	418,16							
4487,99	I,IV	**725,08**	418,50	418,50	I	600,66	482,75	371,16	266,08	167,41	75,25
	II	**613,41**	418,50	418,50	II	494,75	382,58	276,75	177,41	84,50	10,00
	III	**381,50**	418,50	418,50	III	286,16	194,00	107,66	36,66		
	V	**1 173,91**	418,50	418,50	IV	662,08	600,66	540,91	482,75	426,16	371,16
	VI	**1 217,16**	418,50	418,50							
4490,99	I,IV	**725,91**	418,75	418,75	I	601,50	483,50	371,91	266,75	168,00	75,83
	II	**614,16**	418,75	418,75	II	495,50	383,25	277,41	178,08	85,08	10,41
	III	**382,16**	418,75	418,75	III	286,66	194,50	108,16	37,16		
	V	**1 174,91**	418,75	418,75	IV	662,91	601,50	541,66	483,50	426,91	371,91
	VI	**1 218,16**	418,75	418,75							
4493,99	I,IV	**726,75**	419,00	419,00	I	602,25	484,25	372,58	267,41	168,66	76,33
	II	**615,00**	419,00	419,00	II	496,25	384,00	278,08	178,66	85,66	10,75
	III	**382,83**	419,00	419,00	III	287,33	195,16	108,66	37,50		
	V	**1 175,91**	419,00	419,00	IV	663,66	602,25	542,41	484,25	427,58	372,58
	VI	**1 219,16**	419,00	419,00							
4496,99	I,IV	**727,58**	419,33	419,33	I	603,08	485,00	373,33	268,08	169,33	76,91
	II	**615,75**	419,33	419,33	II	497,00	384,66	278,83	179,33	86,25	11,16
	III	**383,50**	419,33	419,33	III	288,00	195,66	109,16	38,00		
	V	**1 177,00**	419,33	419,33	IV	664,50	603,08	543,25	485,00	428,33	373,33
	VI	**1 220,25**	419,33	419,33							
4499,99	I,IV	**728,41**	419,58	419,58	I	603,83	485,75	374,00	268,75	169,91	77,50
	II	**616,58**	419,58	419,58	II	497,75	385,41	279,50	179,91	86,83	11,58
	III	**384,00**	419,58	419,58	III	288,50	196,33	109,66	38,33		
	V	**1 178,00**	419,58	419,58	IV	665,33	603,83	544,00	485,75	429,08	374,00
	VI	**1 221,25**	419,58	419,58							

* Zur LSt-Berechnung für privat versicherte Arbeitnehmer s. Beispiele **Vorbemerkung S. 4 f.**
** Basisvorsorgepauschale KV und PV   *** Typisierter Arbeitgeberzuschuss

Lohn/ Gehalt in € bis	Steuerklasse	Lohn- steuer*	BVSP**	TAGZ***	Steuerklasse	Bemessungsgrundlage für Kirchensteuer und Solidaritätszuschlag					
						Freibeträge für ... Kinder					
						0,5	1,0	1,5	2,0	2,5	3,0
4502,99	I,IV	**729,25**	419,83	419,83	I	604,66	486,50	374,75	269,41	170,50	78,08
	II	**617,33**	419,83	419,83	II	498,50	386,08	280,16	180,58	87,41	11,91
	III	**384,66**	419,83	419,83	III	289,16	196,83	110,16	38,83		
	V	**1179,00**	419,83	419,83	IV	666,16	604,66	544,75	486,50	429,83	374,75
	VI	**1222,25**	419,83	419,83							
4505,99	I,IV	**730,08**	420,16	420,16	I	605,41	487,25	375,41	270,08	171,16	78,66
	II	**618,16**	420,16	420,16	II	499,33	386,83	280,83	181,25	88,08	12,33
	III	**385,33**	420,16	420,16	III	289,83	197,50	110,66	39,16		
	V	**1180,08**	420,16	420,16	IV	667,00	605,41	545,58	487,25	430,58	375,41
	VI	**1223,33**	420,16	420,16							
4508,99	I,IV	**730,91**	420,41	420,41	I	606,25	488,00	376,16	270,75	171,83	79,25
	II	**619,00**	420,41	420,41	II	500,08	387,58	281,50	181,83	88,66	12,75
	III	**386,00**	420,41	420,41	III	290,33	198,00	111,16	39,66		
	V	**1181,08**	420,41	420,41	IV	667,75	606,25	546,33	488,00	431,25	376,16
	VI	**1224,33**	420,41	420,41							
4511,99	I,IV	**731,75**	420,66	420,66	I	607,00	488,75	376,83	271,41	172,41	79,83
	II	**619,75**	420,66	420,66	II	500,83	388,25	282,16	182,50	89,25	13,08
	III	**386,66**	420,66	420,66	III	291,00	198,66	111,83	40,00		
	V	**1182,08**	420,66	420,66	IV	668,58	607,00	547,08	488,75	432,00	376,83
	VI	**1225,33**	420,66	420,66							
4514,99	I,IV	**732,58**	421,00	421,00	I	607,83	489,50	377,58	272,08	173,00	80,41
	II	**620,58**	421,00	421,00	II	501,58	389,00	282,83	183,08	89,83	13,50
	III	**387,16**	421,00	421,00	III	291,66	199,16	112,33	40,50		
	V	**1183,08**	421,00	421,00	IV	669,41	607,83	547,83	489,50	432,75	377,58
	VI	**1226,33**	421,00	421,00							
4517,99	I,IV	**733,41**	421,25	421,25	I	608,66	490,25	378,33	272,75	173,66	81,00
	II	**621,41**	421,25	421,25	II	502,33	389,66	283,50	183,75	90,41	13,91
	III	**387,83**	421,25	421,25	III	292,33	199,83	112,83	40,83		
	V	**1184,16**	421,25	421,25	IV	670,25	608,66	548,66	490,25	433,50	378,33
	VI	**1227,41**	421,25	421,25							
4520,99	I,IV	**734,25**	421,50	421,50	I	609,41	491,00	379,00	273,41	174,33	81,58
	II	**622,16**	421,50	421,50	II	503,08	390,41	284,16	184,33	91,00	14,33
	III	**388,50**	421,50	421,50	III	292,83	200,50	113,33	41,33		
	V	**1185,16**	421,50	421,50	IV	671,08	609,41	549,41	491,00	434,16	379,00
	VI	**1228,41**	421,50	421,50							
4523,99	I,IV	**735,08**	421,83	421,83	I	610,25	491,75	379,66	274,08	174,91	82,16
	II	**623,00**	421,83	421,83	II	503,83	391,08	284,83	185,00	91,58	14,66
	III	**389,16**	421,83	421,83	III	293,50	201,00	113,83	41,66		
	V	**1186,16**	421,83	421,83	IV	671,83	610,25	550,16	491,75	434,91	379,66
	VI	**1229,41**	421,83	421,83							
4526,99	I,IV	**736,00**	422,08	422,08	I	611,00	492,50	380,41	274,75	175,58	82,75
	II	**623,75**	422,08	422,08	II	504,58	391,83	285,50	185,66	92,16	15,08
	III	**389,83**	422,08	422,08	III	294,16	201,66	114,33	42,16		
	V	**1187,25**	422,08	422,08	IV	672,66	611,00	551,00	492,50	435,66	380,41
	VI	**1230,50**	422,08	422,08							
4529,99	I,IV	**736,83**	422,41	422,41	I	611,83	493,25	381,16	275,41	176,16	83,33
	II	**624,58**	422,41	422,41	II	505,33	392,58	286,16	186,25	92,75	15,50
	III	**390,50**	422,41	422,41	III	294,66	202,33	114,83	42,50		
	V	**1188,25**	422,41	422,41	IV	673,50	611,83	551,75	493,25	436,41	381,16
	VI	**1231,50**	422,41	422,41							
4532,99	I,IV	**737,66**	422,66	422,66	I	612,58	494,00	381,83	276,08	176,83	83,91
	II	**625,33**	422,66	422,66	II	506,08	393,25	286,83	186,91	93,33	15,91
	III	**391,00**	422,66	422,66	III	295,33	202,83	115,33	43,00		
	V	**1189,25**	422,66	422,66	IV	674,33	612,58	552,50	494,00	437,08	381,83
	VI	**1232,50**	422,66	422,66							
4535,99	I,IV	**738,50**	422,91	422,91	I	613,41	494,75	382,58	276,83	177,41	84,58
	II	**626,16**	422,91	422,91	II	506,91	394,00	287,58	187,58	93,91	16,33
	III	**391,66**	422,91	422,91	III	296,00	203,50	116,00	43,33		
	V	**1190,33**	422,91	422,91	IV	675,16	613,41	553,33	494,75	437,91	382,58
	VI	**1233,58**	422,91	422,91							

* Zur LSt-Berechnung für privat versicherte Arbeitnehmer s. Beispiele **Vorbemerkung S. 4 f.**
** Basisvorsorgepauschale KV und PV *** Typisierter Arbeitgeberzuschuss

Lohn/ Gehalt in € bis	Steuerklasse	Lohn-steuer*	BVSP**	TAGZ***	Steuerklasse	Bemessungsgrundlage für Kirchensteuer und Solidaritätszuschlag Freibeträge für ... Kinder					
						0,5	1,0	1,5	2,0	2,5	3,0
4538,99	I,IV	**739,33**	423,25	423,25	I	614,25	495,50	383,25	277,50	178,08	85,16
	II	**627,00**	423,25	423,25	II	507,66	394,75	288,25	188,16	94,58	16,66
	III	**392,33**	423,25	423,25	III	296,66	204,00	116,50	43,83		
	V	**1 191,33**	423,25	423,25	IV	676,00	614,25	554,08	495,50	438,58	383,25
	VI	**1 234,58**	423,25	423,25							
4541,99	I,IV	**740,16**	423,50	423,50	I	615,00	496,25	384,00	278,16	178,66	85,66
	II	**627,75**	423,50	423,50	II	508,41	395,41	288,91	188,83	95,16	17,08
	III	**393,00**	423,50	423,50	III	297,16	204,66	117,00	44,16		
	V	**1 192,33**	423,50	423,50	IV	676,75	615,00	554,83	496,25	439,33	384,00
	VI	**1 235,58**	423,50	423,50							
4544,99	I,IV	**741,00**	423,75	423,75	I	615,75	497,00	384,66	278,83	179,33	86,25
	II	**628,58**	423,75	423,75	II	509,16	396,16	289,58	189,41	95,75	17,50
	III	**393,66**	423,75	423,75	III	297,83	205,16	117,50	44,66		
	V	**1 193,33**	423,75	423,75	IV	677,58	615,75	555,58	497,00	440,08	384,66
	VI	**1 236,58**	423,75	423,75							
4547,99	I,IV	**741,83**	424,08	424,08	I	616,58	497,83	385,41	279,50	180,00	86,91
	II	**629,41**	424,08	424,08	II	509,91	396,91	290,25	190,08	96,33	17,91
	III	**394,33**	424,08	424,08	III	298,50	205,83	118,16	45,00		
	V	**1 194,41**	424,08	424,08	IV	678,41	616,58	556,41	497,83	440,83	385,41
	VI	**1 237,66**	424,08	424,08							
4550,99	I,IV	**742,66**	424,33	424,33	I	617,41	498,58	386,16	280,16	180,58	87,50
	II	**630,16**	424,33	424,33	II	510,66	397,58	290,91	190,66	96,91	18,33
	III	**394,83**	424,33	424,33	III	299,00	206,33	118,66	45,50		
	V	**1 195,41**	424,33	424,33	IV	679,25	617,41	557,16	498,58	441,50	386,16
	VI	**1 238,66**	424,33	424,33							
4553,99	I,IV	**743,50**	424,58	424,58	I	618,16	499,33	386,83	280,83	181,25	88,08
	II	**631,00**	424,58	424,58	II	511,41	398,33	291,58	191,33	97,50	18,75
	III	**395,50**	424,58	424,58	III	299,66	207,00	119,16	46,00		
	V	**1 196,41**	424,58	424,58	IV	680,08	618,16	557,91	499,33	442,25	386,83
	VI	**1 239,66**	424,58	424,58							
4556,99	I,IV	**744,33**	424,91	424,91	I	619,00	500,08	387,58	281,50	181,83	88,66
	II	**631,83**	424,91	424,91	II	512,25	399,00	292,33	192,00	98,08	19,16
	III	**396,16**	424,91	424,91	III	300,33	207,66	119,66	46,33		
	V	**1 197,50**	424,91	424,91	IV	680,91	619,00	558,75	500,00	443,00	387,58
	VI	**1 240,75**	424,91	424,91							
4559,99	I,IV	**745,16**	425,16	425,16	I	619,83	500,83	388,25	282,16	182,50	89,25
	II	**632,58**	425,16	425,16	II	513,00	399,75	293,00	192,58	98,66	19,58
	III	**396,83**	425,16	425,16	III	300,83	208,16	120,16	46,83		
	V	**1 198,50**	425,16	425,16	IV	681,66	619,83	559,50	500,83	443,75	388,25
	VI	**1 241,75**	425,16	425,16							
4562,99	I,IV	**746,00**	425,41	425,41	I	620,58	501,58	389,00	282,83	183,08	89,83
	II	**633,41**	425,41	425,41	II	513,75	400,50	293,66	193,25	99,25	20,00
	III	**397,50**	425,41	425,41	III	301,50	208,83	120,66	47,16		
	V	**1 199,50**	425,41	425,41	IV	682,50	620,58	560,25	501,58	444,50	389,00
	VI	**1 242,75**	425,41	425,41							
4565,99	I,IV	**746,91**	425,75	425,75	I	621,41	502,33	389,75	283,50	183,75	90,41
	II	**634,25**	425,75	425,75	II	514,50	401,16	294,33	193,91	99,91	20,41
	III	**398,16**	425,75	425,75	III	302,16	209,33	121,33	47,66		
	V	**1 200,58**	425,75	425,75	IV	683,33	621,41	561,08	502,33	445,25	389,75
	VI	**1 243,83**	425,75	425,75							
4568,99	I,IV	**747,75**	426,00	426,00	I	622,16	503,08	390,41	284,16	184,41	91,00
	II	**635,00**	426,00	426,00	II	515,25	401,91	295,00	194,50	100,50	20,83
	III	**398,66**	426,00	426,00	III	302,66	210,00	121,83	48,00		
	V	**1 201,50**	426,00	426,00	IV	684,16	622,16	561,83	503,08	446,00	390,41
	VI	**1 244,83**	426,00	426,00							
4571,99	I,IV	**748,58**	426,33	426,33	I	623,00	503,83	391,16	284,83	185,00	91,58
	II	**635,83**	426,33	426,33	II	516,00	402,66	295,66	195,16	101,08	21,25
	III	**399,33**	426,33	426,33	III	303,33	210,66	122,33	48,50		
	V	**1 202,58**	426,33	426,33	IV	685,00	623,00	562,58	503,83	446,66	391,16
	VI	**1 245,83**	426,33	426,33							

*   Zur LSt-Berechnung für privat versicherte Arbeitnehmer s. Beispiele **Vorbemerkung S. 4 f.**
** Basisvorsorgepauschale KV und PV   *** Typisierter Arbeitgeberzuschuss

Lohn/ Gehalt in € bis	Steuerklasse	Lohn- steuer*	BVSP**	TAGZ***	Steuerklasse	Bemessungsgrundlage für Kirchensteuer und Solidaritätszuschlag					
						Freibeträge für ... Kinder					
						0,5	1,0	1,5	2,0	2,5	3,0
4574,99	I,IV	749,41	426,58	426,58	I	623,75	504,58	391,83	285,50	185,66	92,16
	II	636,58	426,58	426,58	II	516,75	403,33	296,33	195,75	101,66	21,66
	III	400,00	426,58	426,58	III	304,00	211,16	122,83	48,83		
	V	1 203,58	426,58	426,58	IV	685,75	623,75	563,41	504,58	447,41	391,83
	VI	1 246,83	426,58	426,58							
4577,99	I,IV	750,25	426,83	426,83	I	624,58	505,41	392,58	286,25	186,25	92,75
	II	637,41	426,83	426,83	II	517,58	404,08	297,08	196,41	102,25	22,08
	III	400,66	426,83	426,83	III	304,66	211,83	123,50	49,33		
	V	1 204,66	426,83	426,83	IV	686,66	624,58	564,16	505,41	448,16	392,58
	VI	1 247,91	426,83	426,83							
4580,99	I,IV	751,08	427,16	427,16	I	625,41	506,16	393,33	286,91	186,91	93,33
	II	638,25	427,16	427,16	II	518,33	404,83	297,75	197,08	102,83	22,50
	III	401,33	427,16	427,16	III	305,16	212,33	124,00	49,83		
	V	1 205,66	427,16	427,16	IV	687,41	625,41	565,00	506,16	448,91	393,33
	VI	1 248,91	427,16	427,16							
4583,99	I,IV	751,91	427,41	427,41	I	626,16	506,91	394,00	287,58	187,58	93,91
	II	639,08	427,41	427,41	II	519,08	405,50	298,41	197,66	103,41	22,91
	III	401,83	427,41	427,41	III	305,83	213,00	124,50	50,16		
	V	1 206,66	427,41	427,41	IV	688,25	626,16	565,75	506,91	449,66	394,00
	VI	1 249,91	427,41	427,41							
4586,99	I,IV	752,83	427,66	427,66	I	627,00	507,66	394,75	288,25	188,16	94,58
	II	639,83	427,66	427,66	II	519,83	406,25	299,08	198,33	104,08	23,33
	III	402,50	427,66	427,66	III	306,50	213,50	125,00	50,66		
	V	1 207,75	427,66	427,66	IV	689,08	627,00	566,50	507,66	450,41	394,75
	VI	1 251,00	427,66	427,66							
4589,99	I,IV	753,66	428,00	428,00	I	627,83	508,41	395,41	288,91	188,83	95,16
	II	640,66	428,00	428,00	II	520,58	407,00	299,75	199,00	104,66	23,75
	III	403,16	428,00	428,00	III	307,16	214,16	125,66	51,16		
	V	1 208,75	428,00	428,00	IV	689,91	627,83	567,33	508,41	451,16	395,41
	VI	1 252,00	428,00	428,00							
4592,99	I,IV	754,50	428,25	428,25	I	628,58	509,16	396,16	289,58	189,41	95,75
	II	641,50	428,25	428,25	II	521,33	407,66	300,41	199,58	105,25	24,16
	III	403,83	428,25	428,25	III	307,66	214,66	126,16	51,50		
	V	1 209,75	428,25	428,25	IV	690,75	628,58	568,00	509,16	451,83	396,16
	VI	1 253,00	428,25	428,25							
4595,99	I,IV	755,33	428,50	428,50	I	629,41	509,91	396,91	290,25	190,08	96,33
	II	642,25	428,50	428,50	II	522,08	408,41	301,08	200,25	105,83	24,66
	III	404,50	428,50	428,50	III	308,33	215,33	126,66	52,00		
	V	1 210,75	428,50	428,50	IV	691,58	629,41	568,83	509,91	452,58	396,91
	VI	1 254,08	428,50	428,50							
4598,99	I,IV	756,16	428,83	428,83	I	630,25	510,66	397,58	290,91	190,75	96,91
	II	643,08	428,83	428,83	II	522,91	409,16	301,83	200,91	106,41	25,08
	III	405,16	428,83	428,83	III	309,00	216,00	127,16	52,33		
	V	1 211,83	428,83	428,83	IV	692,41	630,25	569,66	510,66	453,33	397,58
	VI	1 255,08	428,83	428,83							
4601,99	I,IV	757,00	429,08	429,08	I	631,00	511,41	398,33	291,58	191,33	97,50
	II	643,91	429,08	429,08	II	523,66	409,83	302,50	201,50	107,00	25,50
	III	405,66	429,08	429,08	III	309,50	216,50	127,66	52,83		
	V	1 212,83	429,08	429,08	IV	693,25	631,00	570,41	511,41	454,08	398,33
	VI	1 256,08	429,08	429,08							
4604,99	I,IV	757,83	429,33	429,33	I	631,83	512,25	399,00	292,33	192,00	98,08
	II	644,66	429,33	429,33	II	524,41	410,58	303,16	202,16	107,58	25,91
	III	406,33	429,33	429,33	III	310,16	217,16	128,33	53,33		
	V	1 213,83	429,33	429,33	IV	694,00	631,83	571,25	512,25	454,83	399,00
	VI	1 257,16	429,33	429,33							
4607,99	I,IV	758,75	429,66	429,66	I	632,66	513,00	399,75	293,00	192,66	98,75
	II	645,50	429,66	429,66	II	525,16	411,33	303,83	202,83	108,25	26,41
	III	407,00	429,66	429,66	III	310,83	217,83	128,83	53,66		
	V	1 214,91	429,66	429,66	IV	694,83	632,66	572,00	513,00	455,58	399,75
	VI	1 258,16	429,66	429,66							

* Zur LSt-Berechnung für privat versicherte Arbeitnehmer s. Beispiele **Vorbemerkung S. 4 f.**
** Basisvorsorgepauschale KV und PV *** Typisierter Arbeitgeberzuschuss

Lohn/Gehalt in € bis	Steuerklasse	Lohnsteuer*	BVSP**	TAGZ***	Steuerklasse	0,5	1,0	1,5	2,0	2,5	3,0
4610,99	I,IV	759,58	429,91	429,91	I	633,41	513,75	400,50	293,66	193,25	99,33
	II	646,33	429,91	429,91	II	526,00	412,00	304,50	203,50	108,83	26,83
	III	407,66	429,91	429,91	III	311,33	218,33	129,33	54,16		
	V	1215,91	429,91	429,91	IV	695,66	633,41	572,75	513,75	456,33	400,50
	VI	1259,16	429,91	429,91							
4613,99	I,IV	760,41	430,25	430,25	I	634,25	514,50	401,16	294,33	193,91	99,91
	II	647,08	430,25	430,25	II	526,75	412,75	305,16	204,08	109,41	27,25
	III	408,33	430,25	430,25	III	312,00	219,00	130,00	54,50		
	V	1216,91	430,25	430,25	IV	696,50	634,25	573,58	514,50	457,08	401,16
	VI	1260,25	430,25	430,25							
4616,99	I,IV	761,25	430,50	430,50	I	635,08	515,25	401,91	295,00	194,58	100,50
	II	647,91	430,50	430,50	II	527,50	413,50	305,91	204,75	110,00	27,66
	III	409,00	430,50	430,50	III	312,66	219,50	130,50	55,00		
	V	1218,00	430,50	430,50	IV	697,33	635,08	574,33	515,25	457,83	401,91
	VI	1261,25	430,50	430,50							
4619,99	I,IV	762,08	430,75	430,75	I	635,83	516,00	402,66	295,66	195,16	101,08
	II	648,75	430,75	430,75	II	528,25	414,16	306,58	205,41	110,58	28,16
	III	409,66	430,75	430,75	III	313,33	220,16	131,00	55,50		
	V	1219,00	430,75	430,75	IV	698,33	635,83	575,16	516,00	458,50	402,66
	VI	1262,25	430,75	430,75							
4622,99	I,IV	762,91	431,08	431,08	I	636,66	516,83	403,33	296,33	195,83	101,66
	II	649,58	431,08	431,08	II	529,00	414,91	307,25	206,00	111,25	28,58
	III	410,16	431,08	431,08	III	313,83	220,83	131,66	55,83		
	V	1220,00	431,08	431,08	IV	699,00	636,66	575,91	516,83	459,25	403,33
	VI	1263,25	431,08	431,08							
4625,99	I,IV	763,75	431,33	431,33	I	637,41	517,58	404,08	297,08	196,41	102,25
	II	650,33	431,33	431,33	II	529,75	415,66	307,91	206,66	111,83	29,00
	III	410,83	431,33	431,33	III	314,50	221,33	132,16	56,33		
	V	1221,08	431,33	431,33	IV	699,83	637,41	576,66	517,58	460,00	404,08
	VI	1264,33	431,33	431,33							
4628,99	I,IV	764,66	431,58	431,58	I	638,25	518,33	404,83	297,75	197,08	102,83
	II	651,16	431,58	431,58	II	530,58	416,41	308,66	207,33	112,41	29,50
	III	411,50	431,58	431,58	III	315,16	222,00	132,66	56,83		
	V	1222,08	431,58	431,58	IV	700,66	638,25	577,50	518,33	460,75	404,83
	VI	1265,33	431,58	431,58							
4631,99	I,IV	765,50	431,91	431,91	I	639,08	519,08	405,50	298,41	197,75	103,50
	II	652,00	431,91	431,91	II	531,33	417,08	309,33	207,91	113,00	29,91
	III	412,16	431,91	431,91	III	315,83	222,50	133,16	57,16		
	V	1223,08	431,91	431,91	IV	701,50	639,08	578,25	519,08	461,50	405,50
	VI	1266,33	431,91	431,91							
4634,99	I,IV	766,33	432,16	432,16	I	639,83	519,83	406,25	299,08	198,33	104,08
	II	652,75	432,16	432,16	II	532,08	417,83	310,00	208,58	113,58	30,33
	III	412,83	432,16	432,16	III	316,33	223,16	133,83	57,66		
	V	1224,08	432,16	432,16	IV	702,25	639,83	579,08	519,83	462,25	406,25
	VI	1267,41	432,16	432,16							
4637,99	I,IV	767,16	432,41	432,41	I	640,66	520,66	407,00	299,75	199,00	104,66
	II	653,58	432,41	432,41	II	532,91	418,58	310,66	209,25	114,25	30,83
	III	413,50	432,41	432,41	III	317,00	223,66	134,33	58,16		
	V	1225,16	432,41	432,41	IV	703,16	640,66	579,83	520,66	463,00	407,00
	VI	1268,41	432,41	432,41							
4640,99	I,IV	768,00	432,75	432,75	I	641,50	521,41	407,66	300,41	199,66	105,25
	II	654,41	432,75	432,75	II	533,66	419,25	311,33	209,91	114,83	31,25
	III	414,16	432,75	432,75	III	317,66	224,33	134,83	58,50		
	V	1226,16	432,75	432,75	IV	704,00	641,50	580,66	521,41	463,75	407,66
	VI	1269,41	432,75	432,75							
4643,99	I,IV	768,83	433,00	433,00	I	642,33	522,16	408,41	301,16	200,25	105,83
	II	655,25	433,00	433,00	II	534,41	420,00	312,08	210,50	115,41	31,75
	III	414,66	433,00	433,00	III	318,16	225,00	135,50	59,00		
	V	1227,16	433,00	433,00	IV	704,75	642,33	581,41	522,16	464,50	408,41
	VI	1270,50	433,00	433,00							

Bemessungsgrundlage für Kirchensteuer und Solidaritätszuschlag — Freibeträge für ... Kinder

* Zur LSt-Berechnung für privat versicherte Arbeitnehmer s. Beispiele **Vorbemerkung S. 4 f.**
** Basisvorsorgepauschale KV und PV   *** Typisierter Arbeitgeberzuschuss

Lohn/ Gehalt in € bis	Steuerklasse	Lohn- steuer*	BVSP**	TAGZ***	Steuerklasse	Bemessungsgrundlage für Kirchensteuer und Solidaritätszuschlag					
						Freibeträge für ... Kinder					
						0,5	1,0	1,5	2,0	2,5	3,0
4 646,99	I,IV	769,75	433,25	433,25	I	643,08	522,91	409,16	301,83	200,91	106,41
	II	656,00	433,25	433,25	II	535,16	420,75	312,75	211,16	116,00	32,16
	III	415,33	433,25	433,25	III	318,83	225,50	136,00	59,50		
	V	1 228,25	433,25	433,25	IV	705,58	643,08	582,16	522,91	465,25	409,16
	VI	1 271,50	433,25	433,25							
4 649,99	I,IV	770,58	433,58	433,58	I	643,91	523,66	409,91	302,50	201,58	107,08
	II	656,83	433,58	433,58	II	535,91	421,50	313,41	211,83	116,66	32,66
	III	416,00	433,58	433,58	III	319,50	226,16	136,50	59,83		
	V	1 229,25	433,58	433,58	IV	706,41	643,91	583,00	523,66	466,00	409,91
	VI	1 272,50	433,58	433,58							
4 652,99	I,IV	771,41	433,83	433,83	I	644,75	524,41	410,58	303,16	202,16	107,66
	II	657,66	433,83	433,83	II	536,75	422,16	314,08	212,41	117,25	33,08
	III	416,66	433,83	433,83	III	320,00	226,66	137,16	60,33		
	V	1 230,25	433,83	433,83	IV	707,25	644,75	583,75	524,41	466,75	410,58
	VI	1 273,58	433,83	433,83							
4 655,99	I,IV	772,25	434,16	434,16	I	645,50	525,16	411,33	303,83	202,83	108,25
	II	658,50	434,16	434,16	II	537,50	422,91	314,75	213,08	117,83	33,50
	III	417,33	434,16	434,16	III	320,66	227,33	137,66	60,83	0,33	
	V	1 231,33	434,16	434,16	IV	708,08	645,50	584,58	525,16	467,41	411,33
	VI	1 274,58	434,16	434,16							
4 658,99	I,IV	773,16	434,41	434,41	I	646,33	526,00	412,08	304,58	203,50	108,83
	II	659,33	434,41	434,41	II	538,25	423,66	315,50	213,75	118,41	34,00
	III	418,00	434,41	434,41	III	321,33	228,00	138,16	61,33	0,66	
	V	1 232,58	434,41	434,41	IV	708,91	646,33	585,33	526,00	468,25	412,08
	VI	1 275,58	434,41	434,41							
4 661,99	I,IV	774,00	434,66	434,66	I	647,16	526,75	412,75	305,25	204,08	109,41
	II	660,08	434,66	434,66	II	539,00	424,41	316,16	214,41	119,00	34,50
	III	418,50	434,66	434,66	III	322,00	228,50	138,83	61,66	1,00	
	V	1 233,33	434,66	434,66	IV	709,75	647,16	586,16	526,75	468,91	412,75
	VI	1 276,58	434,66	434,66							
4 664,99	I,IV	774,83	435,00	435,00	I	647,91	527,50	413,50	305,91	204,75	110,00
	II	660,91	435,00	435,00	II	539,83	425,08	316,83	215,00	119,66	34,91
	III	419,16	435,00	435,00	III	322,66	229,16	139,33	62,16	1,33	
	V	1 234,41	435,00	435,00	IV	710,58	647,91	586,91	527,50	469,66	413,50
	VI	1 277,66	435,00	435,00							
4 667,99	I,IV	775,66	435,25	435,25	I	648,75	528,25	414,25	306,58	205,41	110,66
	II	661,75	435,25	435,25	II	540,58	425,83	317,58	215,66	120,25	35,41
	III	419,83	435,25	435,25	III	323,16	229,83	139,83	62,66	1,66	
	V	1 235,41	435,25	435,25	IV	711,41	648,75	587,75	528,25	470,41	414,25
	VI	1 278,66	435,25	435,25							
4 670,99	I,IV	776,50	435,50	435,50	I	649,58	529,08	414,91	307,25	206,08	111,25
	II	662,58	435,50	435,50	II	541,33	426,58	318,25	216,33	120,83	35,83
	III	420,50	435,50	435,50	III	323,83	230,33	140,50	63,00	2,00	
	V	1 236,41	435,50	435,50	IV	712,25	649,58	588,50	529,08	471,16	414,91
	VI	1 279,66	435,50	435,50							
4 673,99	I,IV	777,41	435,83	435,83	I	650,41	529,83	415,66	307,91	206,66	111,83
	II	663,33	435,83	435,83	II	542,08	427,33	318,91	217,00	121,41	36,33
	III	421,16	435,83	435,83	III	324,50	231,00	141,00	63,50	2,33	
	V	1 237,50	435,83	435,83	IV	713,08	650,41	589,25	529,83	471,91	415,66
	VI	1 280,75	435,83	435,83							
4 676,99	I,IV	778,25	436,08	436,08	I	651,16	530,58	416,41	308,66	207,33	112,41
	II	664,16	436,08	436,08	II	542,91	428,00	319,58	217,58	122,08	36,75
	III	421,83	436,08	436,08	III	325,00	231,50	141,50	64,00	2,66	
	V	1 238,50	436,08	436,08	IV	713,91	651,16	590,08	530,58	472,66	416,41
	VI	1 281,75	436,08	436,08							
4 679,99	I,IV	779,08	436,33	436,33	I	652,00	531,33	417,16	309,33	208,00	113,00
	II	665,00	436,33	436,33	II	543,66	428,75	320,33	218,25	122,66	37,25
	III	422,50	436,33	436,33	III	325,66	232,16	142,16	64,33	3,00	
	V	1 239,50	436,33	436,33	IV	714,75	652,00	590,91	531,33	473,41	417,16
	VI	1 282,75	436,33	436,33							

* Zur LSt-Berechnung für privat versicherte Arbeitnehmer s. Beispiele **Vorbemerkung S. 4 f.**
** Basisvorsorgepauschale KV und PV *** Typisierter Arbeitgeberzuschuss

Lohn/ Gehalt in € bis	Steuerklasse	Lohn-steuer*	BVSP**	TAGZ***	Steuerklasse	Bemessungsgrundlage für Kirchensteuer und Solidaritätszuschlag Freibeträge für ... Kinder					
						0,5	1,0	1,5	2,0	2,5	3,0
4 682,99	I,IV	**779,91**	436,66	436,66	I	652,83	532,08	417,83	310,00	208,58	113,66
	II	**665,83**	436,66	436,66	II	544,41	429,50	321,00	218,91	123,25	37,75
	III	**423,16**	436,66	436,66	III	326,33	232,83	142,66	64,83	3,33	
	V	**1 240,50**	436,66	436,66	IV	715,58	652,83	591,66	532,08	474,16	417,83
	VI	**1 283,83**	436,66	436,66							
4 685,99	I,IV	**780,75**	436,91	436,91	I	653,58	532,91	418,58	310,66	209,25	114,25
	II	**666,58**	436,91	436,91	II	545,16	430,25	321,66	219,58	123,83	38,16
	III	**423,66**	436,91	436,91	III	327,00	233,33	143,16	65,33	3,66	
	V	**1 241,58**	436,91	436,91	IV	716,41	653,58	592,41	532,91	474,91	418,58
	VI	**1 284,83**	436,91	436,91							
4 688,99	I,IV	**781,66**	437,16	437,16	I	654,41	533,66	419,33	311,41	209,91	114,83
	II	**667,41**	437,16	437,16	II	546,00	431,00	322,41	220,25	124,50	38,66
	III	**424,33**	437,16	437,16	III	327,50	234,00	143,83	65,83	4,16	
	V	**1 242,58**	437,16	437,16	IV	717,25	654,41	593,25	533,66	475,66	419,33
	VI	**1 285,83**	437,16	437,16							
4 691,99	I,IV	**782,50**	437,50	437,50	I	655,25	534,41	420,00	312,08	210,50	115,41
	II	**668,25**	437,50	437,50	II	546,75	431,66	323,08	220,83	125,08	39,16
	III	**425,00**	437,50	437,50	III	328,16	234,50	144,33	66,33	4,50	
	V	**1 243,58**	437,50	437,50	IV	718,08	655,25	594,00	534,41	476,41	420,00
	VI	**1 286,91**	437,50	437,50							
4 694,99	I,IV	**783,33**	437,75	437,75	I	656,08	535,16	420,75	312,75	211,16	116,00
	II	**669,08**	437,75	437,75	II	547,50	432,41	323,75	221,50	125,66	39,58
	III	**425,66**	437,75	437,75	III	328,83	235,16	145,00	66,66	4,83	
	V	**1 244,66**	437,75	437,75	IV	718,91	656,08	594,83	535,16	477,16	420,75
	VI	**1 287,91**	437,75	437,75							
4 697,99	I,IV	**784,16**	438,08	438,08	I	656,83	535,91	421,50	313,41	211,83	116,66
	II	**669,83**	438,08	438,08	II	548,33	433,16	324,41	222,16	126,25	40,08
	III	**426,33**	438,08	438,08	III	329,50	235,83	145,50	67,16	5,16	
	V	**1 245,66**	438,08	438,08	IV	719,75	656,83	595,58	535,91	477,91	421,50
	VI	**1 288,91**	438,08	438,08							
4 700,99	I,IV	**785,08**	438,33	438,33	I	657,66	536,75	422,25	314,16	212,50	117,25
	II	**670,75**	438,33	438,33	II	549,08	433,91	325,16	222,83	126,91	40,58
	III	**427,00**	438,33	438,33	III	330,00	236,33	146,16	67,66	5,50	
	V	**1 246,66**	438,33	438,33	IV	720,58	657,66	596,41	536,75	478,66	422,25
	VI	**1 290,00**	438,33	438,33							
4 703,99	I,IV	**785,91**	438,58	438,58	I	658,50	537,50	422,91	314,83	213,08	117,83
	II	**671,50**	438,58	438,58	II	549,83	434,58	325,83	223,41	127,50	41,08
	III	**427,66**	438,58	438,58	III	330,66	237,00	146,66	68,00	5,83	
	V	**1 247,75**	438,58	438,58	IV	721,41	658,50	597,16	537,50	479,41	422,91
	VI	**1 291,00**	438,58	438,58							
4 706,99	I,IV	**786,75**	438,91	438,91	I	659,33	538,25	423,66	315,50	213,75	118,41
	II	**672,33**	438,91	438,91	II	550,58	435,33	326,50	224,08	128,08	41,58
	III	**428,16**	438,91	438,91	III	331,33	237,50	147,16	68,50	6,16	
	V	**1 248,75**	438,91	438,91	IV	722,25	659,33	598,00	538,25	480,16	423,66
	VI	**1 292,00**	438,91	438,91							
4 709,99	I,IV	**787,66**	439,16	439,16	I	660,16	539,08	424,41	316,16	214,41	119,00
	II	**673,16**	439,16	439,16	II	551,41	436,08	327,25	224,75	128,75	42,00
	III	**428,83**	439,16	439,16	III	332,00	238,16	147,83	69,00	6,50	
	V	**1 249,75**	439,16	439,16	IV	723,08	660,16	598,83	539,08	480,91	424,41
	VI	**1 293,00**	439,16	439,16							
4 712,99	I,IV	**788,50**	439,41	439,41	I	660,91	539,83	425,16	316,91	215,08	119,66
	II	**674,00**	439,41	439,41	II	552,16	436,83	327,91	225,41	129,33	42,50
	III	**429,50**	439,41	439,41	III	332,50	238,83	148,33	69,50	7,00	
	V	**1 250,83**	439,41	439,41	IV	723,91	660,91	599,58	539,83	481,66	425,16
	VI	**1 294,08**	439,41	439,41							
4 715,99	I,IV	**789,33**	439,75	439,75	I	661,75	540,58	425,83	317,58	215,66	120,25
	II	**674,75**	439,75	439,75	II	552,91	437,58	328,58	226,00	129,91	43,00
	III	**430,16**	439,75	439,75	III	333,16	239,33	149,00	70,00	7,33	
	V	**1 251,83**	439,75	439,75	IV	724,75	661,75	600,33	540,58	482,41	425,83
	VI	**1 295,08**	439,75	439,75							

Lohn/ Gehalt in € bis	Steuerklasse	Lohn- steuer*	BVSP**	TAGZ***	Steuerklasse	Bemessungsgrundlage für Kirchensteuer und Solidaritätszuschlag — Freibeträge für ... Kinder					
						0,5	1,0	1,5	2,0	2,5	3,0
4718,99	I,IV	790,25	440,00	440,00	I	662,58	541,41	426,58	318,25	216,33	120,83
	II	675,66	440,00	440,00	II	553,75	438,33	329,25	226,66	130,58	43,50
	III	430,83	440,00	440,00	III	333,83	240,00	149,50	70,33	7,66	
	V	1 252,83	440,00	440,00	IV	725,58	662,58	601,16	541,41	483,16	426,58
	VI	1 296,08	440,00	440,00							
4721,99	I,IV	791,08	440,25	440,25	I	663,41	542,16	427,33	318,91	217,00	121,50
	II	676,41	440,25	440,25	II	554,50	439,00	330,00	227,33	131,16	44,00
	III	431,50	440,25	440,25	III	334,33	240,50	150,00	70,83	8,00	
	V	1 253,83	440,25	440,25	IV	726,41	663,41	602,00	542,16	483,91	427,33
	VI	1 297,16	440,25	440,25							
4724,99	I,IV	791,91	440,58	440,58	I	664,16	542,91	428,08	319,58	217,66	122,08
	II	677,25	440,58	440,58	II	555,25	439,75	330,66	228,00	131,75	44,50
	III	432,16	440,58	440,58	III	335,00	241,16	150,66	71,33	8,33	
	V	1 254,91	440,58	440,58	IV	727,25	664,16	602,75	542,91	484,66	428,08
	VI	1 298,16	440,58	440,58							
4727,99	I,IV	792,75	440,83	440,83	I	665,00	543,66	428,75	320,33	218,25	122,66
	II	678,08	440,83	440,83	II	556,08	440,50	331,33	228,66	132,33	44,91
	III	432,66	440,83	440,83	III	335,66	241,83	151,16	71,83	8,66	
	V	1 255,91	440,83	440,83	IV	728,08	665,00	603,50	543,66	485,41	428,75
	VI	1 299,16	440,83	440,83							
4730,99	I,IV	793,66	441,08	441,08	I	665,83	544,50	429,50	321,00	218,91	123,25
	II	678,91	441,08	441,08	II	556,83	441,25	332,08	229,33	133,00	45,50
	III	433,33	441,08	441,08	III	336,33	242,33	151,83	72,33	9,00	
	V	1 256,91	441,08	441,08	IV	728,91	665,83	604,33	544,50	486,16	429,50
	VI	1 300,25	441,08	441,08							
4733,99	I,IV	794,50	441,41	441,41	I	666,66	545,25	430,25	321,66	219,58	123,91
	II	679,75	441,41	441,41	II	557,58	442,00	332,75	229,91	133,58	45,91
	III	434,00	441,41	441,41	III	337,00	243,00	152,33	72,66	9,50	
	V	1 258,00	441,41	441,41	IV	729,75	666,66	605,16	545,25	486,91	430,25
	VI	1 301,25	441,41	441,41							
4736,99	I,IV	795,33	441,66	441,66	I	667,41	546,00	431,00	322,41	220,25	124,50
	II	680,50	441,66	441,66	II	558,41	442,66	333,41	230,58	134,16	46,41
	III	434,66	441,66	441,66	III	337,50	243,66	153,00	73,16	9,83	
	V	1 259,00	441,66	441,66	IV	730,58	667,41	605,91	546,00	487,66	431,00
	VI	1 302,25	441,66	441,66							
4739,99	I,IV	796,25	442,00	442,00	I	668,25	546,75	431,75	323,08	220,91	125,08
	II	681,33	442,00	442,00	II	559,16	443,41	334,16	231,25	134,83	46,91
	III	435,33	442,00	442,00	III	338,16	244,16	153,50	73,66	10,16	
	V	1 260,00	442,00	442,00	IV	731,41	668,25	606,75	546,75	488,41	431,75
	VI	1 303,33	442,00	442,00							
4742,99	I,IV	797,08	442,25	442,25	I	669,08	547,58	432,41	323,75	221,50	125,66
	II	682,16	442,25	442,25	II	560,00	444,16	334,83	231,91	135,41	47,41
	III	436,00	442,25	442,25	III	338,83	244,83	154,16	74,16	10,50	
	V	1 261,08	442,25	442,25	IV	732,25	669,08	607,50	547,58	489,16	432,41
	VI	1 304,33	442,25	442,25							
4745,99	I,IV	797,91	442,50	442,50	I	669,91	548,33	433,16	324,41	222,16	126,33
	II	683,00	442,50	442,50	II	560,75	444,91	335,50	232,58	136,00	47,91
	III	436,66	442,50	442,50	III	339,33	245,33	154,66	74,66	10,83	
	V	1 262,08	442,50	442,50	IV	733,08	669,91	608,33	548,33	489,91	433,16
	VI	1 305,33	442,50	442,50							
4748,99	I,IV	798,75	442,83	442,83	I	670,75	549,08	433,91	325,16	222,83	126,91
	II	683,83	442,83	442,83	II	561,50	445,66	336,16	233,16	136,66	48,41
	III	437,33	442,83	442,83	III	340,00	246,00	155,16	75,00	11,16	
	V	1 263,08	442,83	442,83	IV	733,91	670,75	609,08	549,08	490,66	433,91
	VI	1 306,33	442,83	442,83							
4751,99	I,IV	799,66	443,08	443,08	I	671,58	549,91	434,66	325,83	223,50	127,50
	II	684,66	443,08	443,08	II	562,33	446,41	336,91	233,83	137,25	48,91
	III	438,00	443,08	443,08	III	340,66	246,66	155,83	75,50	11,66	
	V	1 264,16	443,08	443,08	IV	734,83	671,58	609,91	549,91	491,16	434,66
	VI	1 307,41	443,08	443,08							

*   Zur LSt-Berechnung für privat versicherte Arbeitnehmer s. Beispiele **Vorbemerkung S. 4 f.**
** Basisvorsorgepauschale KV und PV *** Typisierter Arbeitgeberzuschuss

Lohn/Gehalt in € bis	Steuerklasse	Lohnsteuer*	BVSP**	TAGZ***	Steuerklasse	Bemessungsgrundlage für Kirchensteuer und Solidaritätszuschlag — Freibeträge für ... Kinder					
						0,5	1,0	1,5	2,0	2,5	3,0
4 754,99	I,IV	**800,50**	443,33	443,33	I	672,33	550,66	435,33	326,50	224,08	128,08
	II	**685,41**	443,33	443,33	II	563,08	447,08	337,58	234,50	137,83	49,41
	III	**438,50**	443,33	443,33	III	341,33	247,16	156,33	76,00	12,00	
	V	**1 265,16**	443,33	443,33	IV	735,58	672,33	610,66	550,66	492,16	435,33
	VI	**1 308,41**	443,33	443,33							
4 757,99	I,IV	**801,33**	443,66	443,66	I	673,16	551,41	436,08	327,25	224,75	128,75
	II	**686,25**	443,66	443,66	II	563,83	447,83	338,33	235,16	138,50	49,91
	III	**439,16**	443,66	443,66	III	342,00	247,83	157,00	76,50	12,33	
	V	**1 266,16**	443,66	443,66	IV	736,41	673,16	611,50	551,41	492,91	436,08
	VI	**1 309,41**	443,66	443,66							
4 760,99	I,IV	**802,25**	443,91	443,91	I	674,00	552,25	436,83	327,91	225,41	129,33
	II	**687,08**	443,91	443,91	II	564,66	448,58	339,00	235,83	139,08	50,50
	III	**439,83**	443,91	443,91	III	342,50	248,50	157,50	77,00	12,66	
	V	**1 267,25**	443,91	443,91	IV	737,33	674,00	612,33	552,25	493,75	436,83
	VI	**1 310,50**	443,91	443,91							
4 763,99	I,IV	**803,08**	444,16	444,16	I	674,83	553,00	437,58	328,58	226,08	129,91
	II	**687,91**	444,16	444,16	II	565,41	449,33	339,66	236,50	139,66	51,00
	III	**440,50**	444,16	444,16	III	343,16	249,00	158,16	77,50	13,00	
	V	**1 268,25**	444,16	444,16	IV	738,16	674,83	613,08	553,00	494,50	437,58
	VI	**1 311,50**	444,16	444,16							
4 766,99	I,IV	**803,91**	444,50	444,50	I	675,66	553,75	438,33	329,25	226,66	130,58
	II	**688,75**	444,50	444,50	II	566,16	450,08	340,41	237,16	140,33	51,50
	III	**441,16**	444,50	444,50	III	343,83	249,66	158,66	77,83	13,50	
	V	**1 269,25**	444,50	444,50	IV	739,00	675,66	613,91	553,75	495,25	438,33
	VI	**1 312,50**	444,50	444,50							
4 769,99	I,IV	**804,83**	444,75	444,75	I	676,50	554,58	439,08	330,00	227,33	131,16
	II	**689,58**	444,75	444,75	II	567,00	450,83	341,08	237,83	140,91	52,00
	III	**441,83**	444,75	444,75	III	344,50	250,33	159,33	78,33	13,83	
	V	**1 270,25**	444,75	444,75	IV	739,83	676,50	614,66	554,58	496,00	439,08
	VI	**1 313,58**	444,75	444,75							
4 772,99	I,IV	**805,66**	445,00	445,00	I	677,25	555,33	439,75	330,66	228,00	131,75
	II	**690,41**	445,00	445,00	II	567,75	451,58	341,75	238,41	141,50	52,50
	III	**442,50**	445,00	445,00	III	345,00	250,83	159,83	78,83	14,16	
	V	**1 271,33**	445,00	445,00	IV	740,66	677,25	615,50	555,33	496,75	439,75
	VI	**1 314,58**	445,00	445,00							
4 775,99	I,IV	**806,50**	445,33	445,33	I	678,08	556,08	440,50	331,33	228,66	132,41
	II	**691,25**	445,33	445,33	II	568,50	452,33	342,50	239,08	142,16	53,00
	III	**443,16**	445,33	445,33	III	345,66	251,50	160,50	79,33	14,50	
	V	**1 272,33**	445,33	445,33	IV	741,50	678,08	616,25	556,08	497,50	440,50
	VI	**1 315,58**	445,33	445,33							
4 778,99	I,IV	**807,33**	445,58	445,58	I	678,91	556,83	441,25	332,08	229,33	133,00
	II	**692,00**	445,58	445,58	II	569,33	453,00	343,16	239,75	142,75	53,50
	III	**443,66**	445,58	445,58	III	346,33	252,00	161,00	79,83	14,83	
	V	**1 273,33**	445,58	445,58	IV	742,33	678,91	617,08	556,83	498,25	441,25
	VI	**1 316,58**	445,58	445,58							
4 781,99	I,IV	**808,25**	445,91	445,91	I	679,75	557,66	442,00	332,75	230,00	133,58
	II	**692,83**	445,91	445,91	II	570,08	453,75	343,91	240,41	143,41	54,08
	III	**444,33**	445,91	445,91	III	347,00	252,66	161,66	80,33	15,33	
	V	**1 274,41**	445,91	445,91	IV	743,16	679,75	617,91	557,66	499,00	442,00
	VI	**1 317,66**	445,91	445,91							
4 784,99	I,IV	**809,08**	446,16	446,16	I	680,58	558,41	442,75	333,41	230,58	134,25
	II	**693,66**	446,16	446,16	II	570,91	454,50	344,58	241,08	144,00	54,58
	III	**445,00**	446,16	446,16	III	347,50	253,33	162,16	80,83	15,66	
	V	**1 275,41**	446,16	446,16	IV	744,00	680,58	618,66	558,41	499,75	442,75
	VI	**1 318,66**	446,16	446,16							
4 787,99	I,IV	**810,00**	446,41	446,41	I	681,33	559,16	443,41	334,16	231,25	134,83
	II	**694,50**	446,41	446,41	II	571,66	455,25	345,25	241,75	144,58	55,08
	III	**445,66**	446,41	446,41	III	348,16	253,83	162,83	81,16	16,00	
	V	**1 276,41**	446,41	446,41	IV	744,83	681,33	619,50	559,16	500,00	443,41
	VI	**1 319,66**	446,41	446,41							

*   Zur LSt-Berechnung für privat versicherte Arbeitnehmer s. Beispiele **Vorbemerkung S. 4 f.**
**   Basisvorsorgepauschale KV und PV   *** Typisierter Arbeitgeberzuschuss

Lohn/ Gehalt in € bis	Steuerklasse	Lohn-steuer*	BVSP**	TAGZ***	Steuerklasse	Bemessungsgrundlage für Kirchensteuer und Solidaritätszuschlag					
						Freibeträge für ... Kinder					
						0,5	1,0	1,5	2,0	2,5	3,0
4 790,99	I,IV	810,83	446,75	446,75	I	682,16	560,00	444,16	334,83	231,91	135,41
	II	695,33	446,75	446,75	II	572,50	456,00	346,00	242,41	145,25	55,66
	III	446,33	446,75	446,75	III	348,83	254,50	163,33	81,66	16,33	
	V	1 277,50	446,75	446,75	IV	745,75	682,16	620,25	560,00	501,33	444,16
	VI	1 320,75	446,75	446,75							
4 793,99	I,IV	811,66	447,00	447,00	I	683,00	560,75	444,91	335,50	232,58	136,08
	II	696,16	447,00	447,00	II	573,25	456,75	346,66	243,00	145,83	56,16
	III	447,00	447,00	447,00	III	349,50	255,16	164,00	82,16	16,83	
	V	1 278,50	447,00	447,00	IV	746,58	683,00	621,08	560,75	502,08	444,91
	VI	1 321,75	447,00	447,00							
4 796,99	I,IV	812,58	447,25	447,25	I	683,83	561,50	445,66	336,25	233,25	136,66
	II	697,00	447,25	447,25	II	574,00	457,50	347,33	243,66	146,41	56,66
	III	447,66	447,25	447,25	III	350,00	255,66	164,50	82,66	17,16	
	V	1 279,50	447,25	447,25	IV	747,41	683,83	621,83	561,50	502,83	445,66
	VI	1 322,75	447,25	447,25							
4 799,99	I,IV	813,41	447,58	447,58	I	684,66	562,33	446,41	336,91	233,91	137,25
	II	697,83	447,58	447,58	II	574,83	458,25	348,08	244,33	147,08	57,16
	III	448,33	447,58	447,58	III	350,66	256,33	165,16	83,16	17,50	
	V	1 280,58	447,58	447,58	IV	748,25	684,66	622,66	562,33	503,58	446,41
	VI	1 323,83	447,58	447,58							
4 802,99	I,IV	814,33	447,83	447,83	I	685,50	563,08	447,16	337,66	234,50	137,91
	II	698,66	447,83	447,83	II	575,58	459,00	348,75	245,00	147,66	57,75
	III	449,00	447,83	447,83	III	351,33	257,00	165,83	83,66	18,00	
	V	1 281,58	447,83	447,83	IV	749,08	685,50	623,50	563,08	504,33	447,16
	VI	1 324,83	447,83	447,83							
4 805,99	I,IV	815,16	448,08	448,08	I	686,33	563,83	447,91	338,33	235,16	138,50
	II	699,50	448,08	448,08	II	576,33	459,66	349,50	245,66	148,33	58,25
	III	449,66	448,08	448,08	III	352,00	257,50	166,33	84,16	18,33	
	V	1 282,58	448,08	448,08	IV	749,91	686,33	624,25	563,83	505,08	447,91
	VI	1 325,83	448,08	448,08							
4 808,99	I,IV	816,00	448,41	448,41	I	687,08	564,66	448,58	339,00	235,83	139,08
	II	700,25	448,41	448,41	II	577,16	460,41	350,16	246,33	148,91	58,75
	III	450,33	448,41	448,41	III	352,66	258,16	167,00	84,66	18,66	
	V	1 283,58	448,41	448,41	IV	750,75	687,08	625,08	564,66	505,83	448,58
	VI	1 326,83	448,41	448,41							
4 811,99	I,IV	816,91	448,66	448,66	I	687,91	565,41	449,33	339,75	236,50	139,75
	II	701,16	448,66	448,66	II	577,91	461,16	350,91	247,00	149,50	59,33
	III	451,00	448,66	448,66	III	353,16	258,83	167,50	85,16	19,00	
	V	1 284,66	448,66	448,66	IV	751,58	687,91	625,91	565,41	506,58	449,33
	VI	1 327,91	448,66	448,66							
4 814,99	I,IV	817,75	448,91	448,91	I	688,75	566,25	450,08	340,41	237,16	140,33
	II	701,91	448,91	448,91	II	578,75	461,91	351,58	247,66	150,16	59,83
	III	451,50	448,91	448,91	III	353,83	259,33	168,16	85,66	19,50	
	V	1 285,66	448,91	448,91	IV	752,41	688,75	626,66	566,25	507,33	450,08
	VI	1 328,91	448,91	448,91							
4 817,99	I,IV	818,58	449,25	449,25	I	689,58	567,00	450,83	341,08	237,83	140,91
	II	702,75	449,25	449,25	II	579,50	462,66	352,25	248,33	150,75	60,33
	III	452,16	449,25	449,25	III	354,50	260,00	168,66	86,16	19,83	
	V	1 286,66	449,25	449,25	IV	753,25	689,58	627,50	567,00	508,08	450,83
	VI	1 329,91	449,25	449,25							
4 820,99	I,IV	819,50	449,50	449,50	I	690,41	567,75	451,58	341,83	238,50	141,58
	II	703,58	449,50	449,50	II	580,33	463,41	353,00	249,00	151,41	60,91
	III	452,83	449,50	449,50	III	355,16	260,66	169,33	86,66	20,16	
	V	1 287,75	449,50	449,50	IV	754,16	690,41	628,33	567,75	508,91	451,58
	VI	1 331,00	449,50	449,50							
4 823,99	I,IV	820,33	449,83	449,83	I	691,25	568,58	452,33	342,50	239,08	142,16
	II	704,41	449,83	449,83	II	581,08	464,16	353,66	249,66	152,00	61,41
	III	453,50	449,83	449,83	III	355,66	261,16	169,83	87,00	20,50	
	V	1 288,75	449,83	449,83	IV	755,00	691,25	629,08	568,58	509,66	452,33
	VI	1 332,00	449,83	449,83							

* Zur LSt-Berechnung für privat versicherte Arbeitnehmer s. Beispiele **Vorbemerkung S. 4f.**
** Basisvorsorgepauschale KV und PV   *** Typisierter Arbeitgeberzuschuss

Lohn/Gehalt in € bis	Steuerklasse	Lohnsteuer*	BVSP**	TAGZ***	Steuerklasse	Bemessungsgrundlage für Kirchensteuer und Solidaritätszuschlag — Freibeträge für ... Kinder 0,5	1,0	1,5	2,0	2,5	3,0
4826,99	I,IV	821,16	450,08	450,08	I	692,08	569,33	453,08	343,16	239,75	142,75
	II	705,25	450,08	450,08	II	581,83	464,91	354,41	250,25	152,58	62,00
	III	454,16	450,08	450,08	III	356,33	261,83	170,50	87,50	21,00	
	V	1289,75	450,08	450,08	IV	755,83	692,08	629,91	569,33	510,41	453,08
	VI	1333,00	450,08	450,08							
4829,99	I,IV	822,08	450,33	450,33	I	692,83	570,08	453,75	343,91	240,41	143,41
	II	706,08	450,33	450,33	II	582,66	465,66	355,08	250,91	153,25	62,50
	III	454,83	450,33	450,33	III	357,00	262,33	171,00	88,00	21,33	
	V	1290,75	450,33	450,33	IV	756,66	692,83	630,66	570,08	511,16	453,75
	VI	1334,00	450,33	450,33							
4832,99	I,IV	822,91	450,66	450,66	I	693,75	570,91	454,58	344,58	241,08	144,00
	II	706,91	450,66	450,66	II	583,41	466,41	355,83	251,58	153,83	63,08
	III	455,50	450,66	450,66	III	357,66	263,00	171,66	88,50	21,66	
	V	1291,83	450,66	450,66	IV	757,50	693,75	631,50	570,91	511,91	454,58
	VI	1335,08	450,66	450,66							
4835,99	I,IV	823,83	450,91	450,91	I	694,50	571,66	455,25	345,33	241,75	144,75
	II	707,75	450,91	450,91	II	584,25	467,16	356,50	252,25	154,50	63,58
	III	456,16	450,91	450,91	III	358,33	263,66	172,16	89,00	22,16	
	V	1292,83	450,91	450,91	IV	758,33	694,50	632,33	571,66	512,66	455,25
	VI	1336,08	450,91	450,91							
4838,99	I,IV	824,66	451,16	451,16	I	695,33	572,50	456,00	346,00	242,41	145,25
	II	708,58	451,16	451,16	II	585,00	467,91	357,16	252,91	155,08	64,16
	III	456,66	451,16	451,16	III	358,83	264,16	172,83	89,50	22,50	
	V	1293,83	451,16	451,16	IV	759,16	695,33	633,08	572,50	513,41	456,00
	VI	1337,16	451,16	451,16							
4841,99	I,IV	825,58	451,50	451,50	I	696,16	573,25	456,75	346,66	243,08	145,83
	II	709,41	451,50	451,50	II	585,83	468,66	357,91	253,58	155,75	64,75
	III	457,33	451,50	451,50	III	359,50	264,83	173,33	90,00	22,83	
	V	1294,91	451,50	451,50	IV	760,00	696,16	633,91	573,25	514,25	456,75
	VI	1338,16	451,50	451,50							
4844,99	I,IV	826,41	451,75	451,75	I	697,00	574,08	457,50	347,41	243,75	146,50
	II	710,25	451,75	451,75	II	586,58	469,41	358,58	254,25	156,33	65,25
	III	458,00	451,75	451,75	III	360,16	265,50	174,00	90,50	23,33	
	V	1295,91	451,75	451,75	IV	760,91	697,00	634,75	574,08	515,00	457,50
	VI	1339,16	451,75	451,75							
4847,99	I,IV	827,25	452,00	452,00	I	697,83	574,83	458,25	348,08	244,33	147,08
	II	711,08	452,00	452,00	II	587,41	470,16	359,33	254,91	156,91	65,83
	III	458,66	452,00	452,00	III	360,83	266,00	174,50	91,00	23,66	
	V	1296,91	452,00	452,00	IV	761,75	697,83	635,50	574,83	515,75	458,25
	VI	1340,16	452,00	452,00							
4850,99	I,IV	828,16	452,33	452,33	I	698,66	575,58	459,00	348,83	245,00	147,66
	II	711,91	452,33	452,33	II	588,16	470,91	360,00	255,58	157,58	66,33
	III	459,33	452,33	452,33	III	361,33	266,66	175,16	91,50	24,00	
	V	1298,00	452,33	452,33	IV	762,58	698,66	636,33	575,58	516,50	459,00
	VI	1341,25	452,33	452,33							
4853,99	I,IV	829,00	452,58	452,58	I	699,50	576,41	459,75	349,50	245,66	148,33
	II	712,75	452,58	452,58	II	589,00	471,66	360,75	256,25	158,16	66,91
	III	460,00	452,58	452,58	III	362,00	267,33	175,83	92,00	24,50	
	V	1299,00	452,58	452,58	IV	763,41	699,50	637,16	576,41	517,25	459,75
	VI	1342,25	452,58	452,58							
4856,99	I,IV	829,91	452,83	452,83	I	700,33	577,16	460,50	350,16	246,33	148,91
	II	713,58	452,83	452,83	II	589,75	472,33	361,41	256,91	158,83	67,41
	III	460,66	452,83	452,83	III	362,66	267,83	176,33	92,50	24,83	
	V	1300,00	452,83	452,83	IV	764,33	700,33	637,91	577,16	518,00	460,50
	VI	1343,25	452,83	452,83							
4859,99	I,IV	830,75	453,16	453,16	I	701,16	577,91	461,16	350,91	247,00	149,50
	II	714,41	453,16	453,16	II	590,50	473,08	362,08	257,58	159,41	68,00
	III	461,33	453,16	453,16	III	363,33	268,50	176,83	93,00	25,16	
	V	1301,00	453,16	453,16	IV	765,16	701,16	638,75	577,91	518,75	461,16
	VI	1344,25	453,16	453,16							

* Zur LSt-Berechnung für privat versicherte Arbeitnehmer s. Beispiele **Vorbemerkung S. 4 f.**
** Basisvorsorgepauschale KV und PV   *** Typisierter Arbeitgeberzuschuss

Lohn/ Gehalt in € bis	Steuerklasse	Lohn-steuer*	BVSP**	TAGZ***	Steuerklasse	Bemessungsgrundlage für Kirchensteuer und Solidaritätszuschlag					
						Freibeträge für ... Kinder					
						0,5	1,0	1,5	2,0	2,5	3,0
4862,99	I,IV	**831,66**	453,41	453,41	I	702,00	578,75	462,00	351,58	247,66	150,16
	II	**715,25**	453,41	453,41	II	591,33	473,83	362,83	258,25	160,08	68,58
	III	**462,00**	453,41	453,41	III	364,00	269,16	177,50	93,50	25,66	
	V	**1 302,08**	453,41	453,41	IV	766,00	702,00	639,58	578,75	519,58	462,00
	VI	**1 345,33**	453,41	453,41							
4865,99	I,IV	**832,50**	453,75	453,75	I	702,83	579,50	462,66	352,33	248,33	150,75
	II	**716,08**	453,75	453,75	II	592,08	474,58	363,50	258,91	160,66	69,08
	III	**462,66**	453,75	453,75	III	364,50	269,66	178,00	94,00	26,00	
	V	**1 303,08**	453,75	453,75	IV	766,83	702,83	640,33	579,50	520,33	462,66
	VI	**1 346,33**	453,75	453,75							
4868,99	I,IV	**833,33**	454,00	454,00	I	703,58	580,33	463,41	353,00	249,00	151,41
	II	**716,91**	454,00	454,00	II	592,91	475,33	364,25	259,58	161,33	69,66
	III	**463,33**	454,00	454,00	III	365,16	270,33	178,66	94,50	26,33	
	V	**1 304,08**	454,00	454,00	IV	767,66	703,58	641,16	580,33	521,08	463,41
	VI	**1 347,33**	454,00	454,00							
4871,99	I,IV	**834,25**	454,25	454,25	I	704,50	581,08	464,16	353,66	249,66	152,00
	II	**717,75**	454,25	454,25	II	593,75	476,00	365,00	260,25	161,91	70,25
	III	**464,00**	454,25	454,25	III	365,83	271,00	179,33	95,00	26,83	
	V	**1 305,16**	454,25	454,25	IV	768,58	704,50	642,00	581,08	521,83	464,16
	VI	**1 348,41**	454,25	454,25							
4874,99	I,IV	**835,08**	454,58	454,58	I	705,25	581,91	464,91	354,41	250,33	152,66
	II	**718,58**	454,58	454,58	II	594,50	476,83	365,66	260,91	162,58	70,83
	III	**464,50**	454,58	454,58	III	366,50	271,50	179,83	95,50	27,16	
	V	**1 306,16**	454,58	454,58	IV	769,41	705,25	642,75	581,91	522,58	464,91
	VI	**1 349,41**	454,58	454,58							
4877,99	I,IV	**836,00**	454,83	454,83	I	706,08	582,66	465,66	355,08	250,91	153,25
	II	**719,41**	454,83	454,83	II	595,25	477,58	366,33	261,58	163,16	71,33
	III	**465,16**	454,83	454,83	III	367,16	272,16	180,50	96,00	27,50	
	V	**1 307,16**	454,83	454,83	IV	770,25	706,08	643,58	582,66	523,33	465,66
	VI	**1 350,41**	454,83	454,83							
4880,99	I,IV	**836,83**	455,08	455,08	I	706,91	583,41	466,41	355,83	251,58	153,83
	II	**720,25**	455,08	455,08	II	596,08	478,33	367,08	262,16	163,75	71,91
	III	**465,83**	455,08	455,08	III	367,66	272,83	181,00	96,50	28,00	
	V	**1 308,16**	455,08	455,08	IV	771,08	706,91	644,41	583,41	524,16	466,41
	VI	**1 351,41**	455,08	455,08							
4883,99	I,IV	**837,75**	455,41	455,41	I	707,75	584,25	467,16	356,50	252,25	154,50
	II	**721,08**	455,41	455,41	II	596,83	479,08	367,75	262,91	164,41	72,50
	III	**466,50**	455,41	455,41	III	368,33	273,33	181,66	97,00	28,33	
	V	**1 309,25**	455,41	455,41	IV	771,91	707,75	645,25	584,25	524,91	467,16
	VI	**1 352,50**	455,41	455,41							
4886,99	I,IV	**838,58**	455,66	455,66	I	708,58	585,00	467,91	357,25	252,91	155,08
	II	**721,91**	455,66	455,66	II	597,66	479,83	368,50	263,58	165,00	73,08
	III	**467,16**	455,66	455,66	III	369,00	274,00	182,16	97,50	28,66	
	V	**1 310,25**	455,66	455,66	IV	772,75	708,58	646,00	585,00	525,66	467,91
	VI	**1 353,50**	455,66	455,66							
4889,99	I,IV	**839,41**	455,91	455,91	I	709,41	585,83	468,66	357,91	253,58	155,75
	II	**722,75**	455,91	455,91	II	598,41	480,58	369,16	264,16	165,66	73,58
	III	**467,83**	455,91	455,91	III	369,66	274,66	182,83	98,00	29,16	
	V	**1 311,25**	455,91	455,91	IV	773,66	709,41	646,83	585,83	526,41	468,66
	VI	**1 354,50**	455,91	455,91							
4892,99	I,IV	**840,33**	456,25	456,25	I	710,25	586,66	469,41	358,66	254,25	156,33
	II	**723,58**	456,25	456,25	II	599,25	481,33	369,91	264,91	166,25	74,16
	III	**468,50**	456,25	456,25	III	370,16	275,16	183,33	98,50	29,50	
	V	**1 312,33**	456,25	456,25	IV	774,50	710,25	647,66	586,66	527,25	469,41
	VI	**1 355,58**	456,25	456,25							
4895,99	I,IV	**841,25**	456,50	456,50	I	711,08	587,41	470,16	359,33	254,91	157,00
	II	**724,41**	456,50	456,50	II	600,00	482,08	370,58	265,58	166,91	74,75
	III	**469,16**	456,50	456,50	III	370,83	275,83	184,00	99,00	30,00	
	V	**1 313,33**	456,50	456,50	IV	775,33	711,08	648,41	587,41	528,00	470,16
	VI	**1 356,58**	456,50	456,50							

* Zur LSt-Berechnung für privat versicherte Arbeitnehmer s. Beispiele **Vorbemerkung S. 4 f.**
** Basisvorsorgepauschale KV und PV *** Typisierter Arbeitgeberzuschuss

Lohn/Gehalt in € bis	Steuerklasse	Lohn-steuer*	BVSP**	TAGZ***	Steuerklasse	Bemessungsgrundlage für Kirchensteuer und Solidaritätszuschlag					
						Freibeträge für ... Kinder					
						0,5	1,0	1,5	2,0	2,5	3,0
4898,99	I,IV	842,08	456,75	456,75	I	711,91	588,16	470,91	360,00	255,58	157,58
	II	725,25	456,75	456,75	II	600,83	482,83	371,33	266,16	167,50	75,33
	III	469,83	456,75	456,75	III	371,50	276,50	184,50	99,50	30,33	
	V	1314,33	456,75	456,75	IV	776,16	711,91	649,25	588,16	528,75	470,91
	VI	1357,58	456,75	456,75							
4901,99	I,IV	843,00	457,08	457,08	I	712,75	589,00	471,66	360,75	256,25	158,25
	II	726,08	457,08	457,08	II	601,66	483,58	372,00	266,91	168,16	75,91
	III	470,50	457,08	457,08	III	372,16	277,00	185,16	100,00	30,66	
	V	1315,41	457,08	457,08	IV	777,08	712,75	650,08	589,00	529,50	471,66
	VI	1358,58	457,08	457,08							
4904,99	I,IV	843,83	457,33	457,33	I	713,58	589,75	472,41	361,41	256,91	158,83
	II	726,91	457,33	457,33	II	602,41	484,33	372,75	267,58	168,75	76,50
	III	471,16	457,33	457,33	III	372,83	277,66	185,83	100,50	31,16	
	V	1316,41	457,33	457,33	IV	777,91	713,58	650,91	589,75	530,25	472,41
	VI	1359,66	457,33	457,33							
4907,99	I,IV	844,66	457,66	457,66	I	714,41	590,58	473,16	362,16	257,58	159,41
	II	727,75	457,66	457,66	II	603,16	485,08	373,41	268,25	169,41	77,08
	III	471,83	457,66	457,66	III	373,33	278,33	186,33	101,00	31,50	
	V	1317,41	457,66	457,66	IV	778,75	714,41	651,66	590,58	531,08	473,16
	VI	1360,66	457,66	457,66							
4910,99	I,IV	845,58	457,91	457,91	I	715,25	591,33	473,83	362,83	258,25	160,08
	II	728,58	457,91	457,91	II	604,00	485,83	374,16	268,83	170,00	77,58
	III	472,50	457,91	457,91	III	374,00	278,83	187,00	101,50	32,00	
	V	1318,41	457,91	457,91	IV	779,58	715,25	652,50	591,33	531,83	473,83
	VI	1361,75	457,91	457,91							
4913,99	I,IV	846,50	458,16	458,16	I	716,08	592,16	474,66	363,58	258,91	160,66
	II	729,41	458,16	458,16	II	604,83	486,66	374,83	269,58	170,66	78,25
	III	473,16	458,16	458,16	III	374,66	279,50	187,50	102,00	32,33	
	V	1319,50	458,16	458,16	IV	780,50	716,08	653,33	592,16	532,58	474,66
	VI	1362,75	458,16	458,16							
4916,99	I,IV	847,33	458,50	458,50	I	716,91	592,91	475,41	364,25	259,58	161,33
	II	730,25	458,50	458,50	II	605,58	487,33	375,58	270,25	171,25	78,75
	III	473,66	458,50	458,50	III	375,33	280,16	188,16	102,50	32,66	
	V	1320,50	458,50	458,50	IV	781,33	716,91	654,08	592,91	533,33	475,41
	VI	1363,75	458,50	458,50							
4919,99	I,IV	848,16	458,75	458,75	I	717,75	593,75	476,08	365,00	260,25	161,91
	II	731,08	458,75	458,75	II	606,41	488,08	376,25	270,91	171,91	79,33
	III	474,33	458,75	458,75	III	376,00	280,66	188,66	103,00	33,16	
	V	1321,50	458,75	458,75	IV	782,16	717,75	654,91	593,75	534,08	476,08
	VI	1364,75	458,75	458,75							
4922,99	I,IV	849,08	459,00	459,00	I	718,58	594,50	476,91	365,66	260,91	162,58
	II	731,91	459,00	459,00	II	607,16	488,91	377,00	271,58	172,58	80,00
	III	475,00	459,00	459,00	III	376,66	281,33	189,33	103,66	33,50	
	V	1322,58	459,00	459,00	IV	783,00	718,58	655,75	594,50	534,91	476,91
	VI	1365,83	459,00	459,00							
4925,99	I,IV	849,91	459,33	459,33	I	719,41	595,33	477,66	366,41	261,58	163,16
	II	732,75	459,33	459,33	II	608,00	489,66	377,75	272,25	173,16	80,58
	III	475,66	459,33	459,33	III	377,16	282,00	189,83	104,16	34,00	
	V	1323,58	459,33	459,33	IV	783,91	719,41	656,58	595,33	535,66	477,66
	VI	1366,83	459,33	459,33							
4928,99	I,IV	850,83	459,58	459,58	I	720,25	596,08	478,33	367,08	262,25	163,83
	II	733,58	459,58	459,58	II	608,75	490,41	378,41	272,91	173,75	81,08
	III	476,33	459,58	459,58	III	377,83	282,50	190,50	104,66	34,33	
	V	1324,58	459,58	459,58	IV	784,75	720,25	657,33	596,08	536,41	478,33
	VI	1367,83	459,58	459,58							
4931,99	I,IV	851,66	459,83	459,83	I	721,08	596,83	479,08	367,75	262,91	164,41
	II	734,41	459,83	459,83	II	609,58	491,08	379,08	273,58	174,41	81,66
	III	477,00	459,83	459,83	III	378,50	283,16	191,00	105,16	34,83	
	V	1325,58	459,83	459,83	IV	785,58	721,08	658,16	596,83	537,16	479,08
	VI	1368,91	459,83	459,83							

* Zur LSt-Berechnung für privat versicherte Arbeitnehmer s. Beispiele **Vorbemerkung S. 4 f.**
** Basisvorsorgepauschale KV und PV *** Typisierter Arbeitgeberzuschuss

Lohn/ Gehalt in € bis	Steuerklasse	Lohn-steuer*	BVSP**	TAGZ***	Steuerklasse	Bemessungsgrundlage für Kirchensteuer und Solidaritätszuschlag					
						Freibeträge für ... Kinder					
						0,5	1,0	1,5	2,0	2,5	3,0
4 934,99	I,IV	852,58	460,16	460,16	I	721,91	597,66	479,91	368,50	263,58	165,08
	II	735,25	460,16	460,16	II	610,33	491,91	379,83	274,25	175,08	82,33
	III	477,66	460,16	460,16	III	379,16	283,83	191,66	105,66	35,16	
	V	1 326,66	460,16	460,16	IV	786,41	721,91	659,00	597,66	538,00	479,91
	VI	1 369,91	460,16	460,16							
4 937,99	I,IV	853,41	460,41	460,41	I	722,75	598,50	480,58	369,25	264,25	165,66
	II	736,08	460,41	460,41	II	611,16	492,66	380,58	274,91	175,66	82,91
	III	478,33	460,41	460,41	III	379,83	284,33	192,33	106,16	35,66	
	V	1 327,66	460,41	460,41	IV	787,33	722,75	659,83	598,50	538,75	480,58
	VI	1 370,91	460,41	460,41							
4 940,99	I,IV	854,33	460,66	460,66	I	723,58	599,25	481,33	369,91	264,91	166,25
	II	736,91	460,66	460,66	II	611,91	493,41	381,25	275,58	176,33	83,50
	III	479,00	460,66	460,66	III	380,33	285,00	192,83	106,66	36,00	
	V	1 328,66	460,66	460,66	IV	788,16	723,58	660,58	599,25	539,50	481,33
	VI	1 372,00	460,66	460,66							
4 943,99	I,IV	855,25	461,00	461,00	I	724,41	600,08	482,16	370,66	265,58	166,91
	II	737,83	461,00	461,00	II	612,75	494,16	382,00	276,25	176,91	84,08
	III	479,66	461,00	461,00	III	381,00	285,66	193,50	107,16	36,33	
	V	1 329,75	461,00	461,00	IV	789,00	724,41	661,41	600,08	540,33	482,16
	VI	1 373,00	461,00	461,00							
4 946,99	I,IV	856,08	461,25	461,25	I	725,25	600,83	482,91	371,33	266,25	167,58
	II	738,66	461,25	461,25	II	613,58	494,91	382,66	276,91	177,58	84,66
	III	480,33	461,25	461,25	III	381,66	286,33	194,00	107,66	36,83	
	V	1 330,75	461,25	461,25	IV	789,83	725,25	662,25	600,83	541,08	482,91
	VI	1 374,00	461,25	461,25							
4 949,99	I,IV	856,91	461,58	461,58	I	726,08	601,66	483,58	372,00	266,91	168,16
	II	739,50	461,58	461,58	II	614,33	495,66	383,41	277,58	178,16	85,25
	III	481,00	461,58	461,58	III	382,33	286,83	194,66	108,16	37,16	
	V	1 331,75	461,58	461,58	IV	790,75	726,08	663,08	601,66	541,83	483,58
	VI	1 375,08	461,58	461,58							
4 952,99	I,IV	857,83	461,83	461,83	I	726,91	602,41	484,41	372,75	267,58	168,83
	II	740,33	461,83	461,83	II	615,16	496,41	384,16	278,25	178,83	85,83
	III	481,66	461,83	461,83	III	383,00	287,50	195,16	108,66	37,66	
	V	1 332,83	461,83	461,83	IV	791,58	726,91	663,91	602,41	542,58	484,41
	VI	1 376,08	461,83	461,83							
4 955,99	I,IV	858,75	462,08	462,08	I	727,75	603,25	485,16	373,50	268,25	169,41
	II	741,16	462,08	462,08	II	615,91	497,16	384,83	278,91	179,41	86,41
	III	482,33	462,08	462,08	III	383,50	288,16	195,83	109,33	38,00	
	V	1 333,83	462,08	462,08	IV	792,41	727,75	664,66	603,25	543,41	485,16
	VI	1 377,08	462,08	462,08							
4 958,99	I,IV	859,58	462,41	462,41	I	728,58	604,00	485,91	374,16	268,91	170,08
	II	742,00	462,41	462,41	II	616,75	497,91	385,58	279,58	180,08	87,00
	III	482,83	462,41	462,41	III	384,16	288,66	196,33	109,83	38,50	
	V	1 334,83	462,41	462,41	IV	793,25	728,58	665,50	604,00	544,16	485,91
	VI	1 378,08	462,41	462,41							
4 961,99	I,IV	860,50	462,66	462,66	I	729,41	604,83	486,66	374,83	269,58	170,66
	II	742,83	462,66	462,66	II	617,50	498,66	386,25	280,25	180,66	87,58
	III	483,50	462,66	462,66	III	384,83	289,33	197,00	110,33	38,83	
	V	1 335,91	462,66	462,66	IV	794,16	729,41	666,33	604,83	544,91	486,66
	VI	1 379,16	462,66	462,66							
4 964,99	I,IV	861,33	462,91	462,91	I	730,25	605,58	487,41	375,58	270,25	171,33
	II	743,66	462,91	462,91	II	618,33	499,41	387,00	280,91	181,33	88,16
	III	484,16	462,91	462,91	III	385,50	290,00	197,66	110,83	39,33	
	V	1 336,91	462,91	462,91	IV	795,00	730,25	667,16	605,58	545,66	487,41
	VI	1 380,16	462,91	462,91							
4 967,99	I,IV	862,25	463,25	463,25	I	731,08	606,41	488,16	376,33	270,91	171,91
	II	744,50	463,25	463,25	II	619,16	500,16	387,66	281,58	182,00	88,75
	III	484,83	463,25	463,25	III	386,16	290,50	198,16	111,33	39,66	
	V	1 337,91	463,25	463,25	IV	795,83	731,08	667,91	606,41	546,50	488,16
	VI	1 381,16	463,25	463,25							

* Zur LSt-Berechnung für privat versicherte Arbeitnehmer s. Beispiele **Vorbemerkung S. 4 f.**
** Basisvorsorgepauschale KV und PV   *** Typisierter Arbeitgeberzuschuss

Lohn/Gehalt in € bis	Steuerklasse	Lohnsteuer*	BVSP**	TAGZ***	Steuerklasse	Bemessungsgrundlage für Kirchensteuer und Solidaritätszuschlag — Freibeträge für ... Kinder					
						0,5	1,0	1,5	2,0	2,5	3,0
4 970,99	I,IV	**863,08**	463,50	463,50	I	731,91	607,16	488,91	377,00	271,58	172,58
	II	**745,33**	463,50	463,50	II	619,91	500,91	388,41	282,25	182,58	89,33
	III	**485,50**	463,50	463,50	III	386,66	291,16	198,83	111,83	40,16	
	V	**1 339,00**	463,50	463,50	IV	796,75	731,91	668,75	607,16	547,25	488,91
	VI	**1 382,25**	463,50	463,50							
4 973,99	I,IV	**864,00**	463,75	463,75	I	732,75	608,00	489,66	377,75	272,25	173,16
	II	**746,25**	463,75	463,75	II	620,75	501,75	389,16	283,00	183,25	89,91
	III	**486,16**	463,75	463,75	III	387,33	291,83	199,33	112,33	40,50	
	V	**1 340,00**	463,75	463,75	IV	797,58	732,75	669,58	608,00	548,00	489,66
	VI	**1 383,25**	463,75	463,75							
4 976,99	I,IV	**864,83**	464,08	464,08	I	733,58	608,83	490,41	378,41	272,91	173,83
	II	**747,08**	464,08	464,08	II	621,58	502,50	389,83	283,66	183,83	90,50
	III	**486,83**	464,08	464,08	III	388,00	292,33	200,00	112,83	41,00	
	V	**1 341,00**	464,08	464,08	IV	798,41	733,58	670,41	608,83	548,83	490,41
	VI	**1 384,25**	464,08	464,08							
4 979,99	I,IV	**865,75**	464,33	464,33	I	734,41	609,58	491,16	379,16	273,58	174,41
	II	**747,91**	464,33	464,33	II	622,33	503,25	390,58	284,33	184,50	91,08
	III	**487,50**	464,33	464,33	III	388,66	293,00	200,66	113,50	41,33	
	V	**1 342,00**	464,33	464,33	IV	799,33	734,41	671,25	609,58	549,58	491,16
	VI	**1 385,33**	464,33	464,33							
4 982,99	I,IV	**866,66**	464,58	464,58	I	735,33	610,41	491,91	379,91	274,25	175,08
	II	**748,75**	464,58	464,58	II	623,16	504,00	391,25	285,00	185,16	91,75
	III	**488,16**	464,58	464,58	III	389,33	293,66	201,16	114,00	41,83	
	V	**1 343,08**	464,58	464,58	IV	800,16	735,33	672,08	610,41	550,33	491,91
	VI	**1 386,33**	464,58	464,58							
4 985,99	I,IV	**867,50**	464,91	464,91	I	736,16	611,16	492,66	380,58	274,91	175,66
	II	**749,58**	464,91	464,91	II	623,91	504,75	392,00	285,66	185,75	92,33
	III	**488,83**	464,91	464,91	III	390,00	294,16	201,83	114,50	42,16	
	V	**1 344,08**	464,91	464,91	IV	801,00	736,16	672,83	611,16	551,16	492,66
	VI	**1 387,33**	464,91	464,91							
4 988,99	I,IV	**868,41**	465,08	465,08	I	737,00	612,00	493,50	381,33	275,66	176,33
	II	**750,50**	465,08	465,08	II	624,83	505,58	392,75	286,41	186,41	92,91
	III	**489,50**	465,08	465,08	III	390,66	294,83	202,33	115,00	42,66	
	V	**1 345,16**	465,08	465,08	IV	801,91	737,00	673,75	612,00	551,91	493,50
	VI	**1 388,41**	465,08	465,08							
4 991,99	I,IV	**869,41**	465,08	465,08	I	737,91	612,91	494,33	382,08	276,33	177,08
	II	**751,41**	465,08	465,08	II	625,66	506,41	393,58	287,08	187,16	93,58
	III	**490,33**	465,08	465,08	III	391,33	295,50	203,00	115,66	43,16	
	V	**1 346,33**	465,08	465,08	IV	802,83	737,91	674,58	612,91	552,83	494,33
	VI	**1 389,58**	465,08	465,08							
4 994,99	I,IV	**870,41**	465,08	465,08	I	738,91	613,83	495,16	382,91	277,08	177,75
	II	**752,33**	465,08	465,08	II	626,58	507,25	394,33	287,91	187,83	94,25
	III	**491,00**	465,08	465,08	III	392,00	296,33	203,66	116,16	43,50	
	V	**1 347,50**	465,08	465,08	IV	803,83	738,91	675,50	613,83	553,66	495,16
	VI	**1 390,75**	465,08	465,08							
4 997,99	I,IV	**871,41**	465,08	465,08	I	739,83	614,66	496,00	383,75	277,91	178,50
	II	**753,25**	465,08	465,08	II	627,50	508,08	395,16	288,66	188,58	94,91
	III	**491,66**	465,08	465,08	III	392,66	297,00	204,33	116,83	44,00	
	V	**1 348,58**	465,08	465,08	IV	804,83	739,83	676,50	614,66	554,58	496,00
	VI	**1 391,91**	465,08	465,08							
5 000,99	I,IV	**872,33**	465,08	465,08	I	740,75	615,58	496,83	384,50	278,58	179,16
	II	**754,25**	465,08	465,08	II	628,33	508,91	395,91	289,41	189,25	95,58
	III	**492,50**	465,08	465,08	III	393,50	297,66	205,00	117,33	44,50	
	V	**1 349,75**	465,08	465,08	IV	805,75	740,75	677,33	615,58	555,41	496,83
	VI	**1 393,00**	465,08	465,08							
5 003,99	I,IV	**873,33**	465,08	465,08	I	741,66	616,50	497,66	385,33	279,33	179,83
	II	**755,16**	465,08	465,08	II	629,25	509,83	396,75	290,16	190,00	96,25
	III	**493,16**	465,08	465,08	III	394,16	298,33	205,66	118,00	45,00	
	V	**1 350,91**	465,08	465,08	IV	806,75	741,66	678,25	616,50	556,25	497,66
	VI	**1 394,16**	465,08	465,08							

* Zur LSt-Berechnung für privat versicherte Arbeitnehmer s. Beispiele **Vorbemerkung S. 4 f.**
** Basisvorsorgepauschale KV und PV   *** Typisierter Arbeitgeberzuschuss

Lohn/ Gehalt in € bis	Steuerklasse	Lohn-steuer*	BVSP**	TAGZ***	Steuerklasse	Bemessungsgrundlage für Kirchensteuer und Solidaritätszuschlag Freibeträge für ... Kinder					
						0,5	1,0	1,5	2,0	2,5	3,0
5006,99	I,IV	**874,33**	465,08	465,08	I	742,66	617,33	498,50	386,08	280,16	180,58
	II	756,08	465,08	465,08	II	630,16	510,66	397,58	290,91	190,66	96,91
	III	494,00	465,08	465,08	III	394,83	299,00	206,33	118,66	45,50	
	V	**1352,08**	465,08	465,08	IV	807,66	742,66	679,16	617,33	557,16	498,50
	VI	**1395,33**	465,08	465,08							
5009,99	I,IV	**875,33**	465,08	465,08	I	743,58	618,25	499,33	386,91	280,83	181,25
	II	757,00	465,08	465,08	II	631,08	511,50	398,33	291,66	191,41	97,50
	III	494,66	465,08	465,08	III	395,50	299,66	207,00	119,16	46,00	
	V	**1353,16**	465,08	465,08	IV	808,66	743,58	680,08	618,25	558,00	499,33
	VI	**1396,41**	465,08	465,08							
5012,99	I,IV	**876,33**	465,08	465,08	I	744,50	619,16	500,16	387,66	281,58	182,00
	II	758,00	465,08	465,08	II	631,91	512,33	399,16	292,41	192,08	98,16
	III	495,33	465,08	465,08	III	396,33	300,33	207,66	119,83	46,50	
	V	**1354,33**	465,08	465,08	IV	809,58	744,50	681,00	619,16	558,83	500,16
	VI	**1397,58**	465,08	465,08							
5015,99	I,IV	**877,33**	465,08	465,08	I	745,50	620,08	501,08	388,50	282,41	182,66
	II	758,91	465,08	465,08	II	632,83	513,16	400,00	293,16	192,83	98,83
	III	496,16	465,08	465,08	III	397,00	301,16	208,33	120,33	46,83	
	V	**1355,50**	465,08	465,08	IV	810,58	745,50	681,91	620,08	559,75	501,08
	VI	**1398,75**	465,08	465,08							
5018,99	I,IV	**878,25**	465,08	465,08	I	746,41	620,91	501,91	389,25	283,08	183,41
	II	759,83	465,08	465,08	II	633,75	514,00	400,75	293,91	193,50	99,50
	III	496,83	465,08	465,08	III	397,66	301,83	209,00	121,00	47,33	
	V	**1356,58**	465,08	465,08	IV	811,50	746,41	682,83	620,91	560,58	501,91
	VI	**1399,83**	465,08	465,08							
5021,99	I,IV	**879,25**	465,08	465,08	I	747,33	621,83	502,75	390,08	283,83	184,08
	II	760,83	465,08	465,08	II	634,66	514,91	401,58	294,66	194,25	100,16
	III	497,66	465,08	465,08	III	398,33	302,50	209,66	121,50	47,83	
	V	**1357,75**	465,08	465,08	IV	812,50	747,33	683,75	621,83	561,50	502,75
	VI	**1401,00**	465,08	465,08							
5024,99	I,IV	**880,25**	465,08	465,08	I	748,25	622,75	503,58	390,91	284,66	184,83
	II	761,75	465,08	465,08	II	635,58	515,75	402,41	295,41	194,91	100,83
	III	498,33	465,08	465,08	III	399,16	303,16	210,33	122,16	48,33	
	V	**1358,91**	465,08	465,08	IV	813,50	748,25	684,66	622,75	562,33	503,58
	VI	**1402,16**	465,08	465,08							
5027,99	I,IV	**881,25**	465,08	465,08	I	749,16	623,58	504,41	391,66	285,33	185,50
	II	762,66	465,08	465,08	II	636,41	516,58	403,16	296,16	195,66	101,50
	III	499,00	465,08	465,08	III	399,83	303,83	211,00	122,83	48,83	
	V	**1360,00**	465,08	465,08	IV	814,41	749,16	685,58	623,58	563,16	504,41
	VI	**1403,25**	465,08	465,08							
5030,99	I,IV	**882,25**	465,08	465,08	I	750,16	624,50	505,25	392,50	286,16	186,16
	II	763,66	465,08	465,08	II	637,33	517,41	404,00	296,91	196,33	102,16
	III	499,83	465,08	465,08	III	400,50	304,50	211,66	123,33	49,33	
	V	**1361,16**	465,08	465,08	IV	815,41	750,16	686,50	624,50	564,08	505,25
	VI	**1404,41**	465,08	465,08							
5033,99	I,IV	**883,25**	465,08	465,08	I	751,08	625,41	506,16	393,33	286,91	186,91
	II	764,58	465,08	465,08	II	638,25	518,33	404,83	297,75	197,08	102,83
	III	500,50	465,08	465,08	III	401,33	305,16	212,33	124,00	49,83	
	V	**1362,33**	465,08	465,08	IV	816,33	751,08	687,41	625,41	565,00	506,16
	VI	**1405,58**	465,08	465,08							
5036,99	I,IV	**884,16**	465,08	465,08	I	752,00	626,25	507,00	394,08	287,66	187,58
	II	765,50	465,08	465,08	II	639,08	519,16	405,58	298,50	197,75	103,50
	III	501,33	465,08	465,08	III	402,00	305,83	213,00	124,50	50,33	
	V	**1363,50**	465,08	465,08	IV	817,33	752,00	688,33	626,25	565,83	507,00
	VI	**1406,75**	465,08	465,08							
5039,99	I,IV	**885,16**	465,08	465,08	I	753,00	627,16	507,83	394,91	288,41	188,33
	II	766,50	465,08	465,08	II	640,00	520,00	406,41	299,25	198,50	104,16
	III	502,00	465,08	465,08	III	402,66	306,50	213,66	125,16	50,66	
	V	**1364,58**	465,08	465,08	IV	818,25	753,00	689,25	627,16	566,66	507,83
	VI	**1407,83**	465,08	465,08							

* Zur LSt-Berechnung für privat versicherte Arbeitnehmer s. Beispiele **Vorbemerkung S. 4f.**
** Basisvorsorgepauschale KV und PV *** Typisierter Arbeitgeberzuschuss

Lohn/ Gehalt in € bis	Steuerklasse	Lohn- steuer*	BVSP**	TAGZ***	Steuerklasse	Bemessungsgrundlage für Kirchensteuer und Solidaritätszuschlag Freibeträge für ... Kinder					
						0,5	1,0	1,5	2,0	2,5	3,0
5 042,99	I,IV	886,16	465,08	465,08	I	753,91	628,08	508,66	395,66	289,16	189,00
	II	767,41	465,08	465,08	II	640,91	520,83	407,25	300,00	199,16	104,83
	III	502,83	465,08	465,08	III	403,50	307,33	214,33	125,83	51,16	
	V	1 365,75	465,08	465,08	IV	819,25	753,91	690,16	628,08	567,58	508,66
	VI	1 409,00	465,08	465,08							
5 045,99	I,IV	887,16	465,08	465,08	I	754,83	629,00	509,50	396,50	289,91	189,75
	II	768,41	465,08	465,08	II	641,83	521,66	408,00	300,75	199,91	105,50
	III	503,50	465,08	465,08	III	404,16	308,00	215,00	126,33	51,66	
	V	1 366,91	465,08	465,08	IV	820,16	754,83	691,08	629,00	568,41	509,50
	VI	1 410,16	465,08	465,08							
5 048,99	I,IV	888,16	465,08	465,08	I	755,83	629,83	510,33	397,33	290,66	190,41
	II	769,33	465,08	465,08	II	642,75	522,58	408,83	301,50	200,58	106,16
	III	504,16	465,08	465,08	III	404,83	308,66	215,66	127,00	52,16	
	V	1 368,08	465,08	465,08	IV	821,16	755,83	692,00	629,83	569,33	510,33
	VI	1 411,33	465,08	465,08							
5 051,99	I,IV	889,16	465,08	465,08	I	756,75	630,75	511,16	398,08	291,41	191,16
	II	770,25	465,08	465,08	II	643,58	523,41	409,58	302,25	201,33	106,83
	III	505,00	465,08	465,08	III	405,50	309,33	216,33	127,50	52,66	
	V	1 369,16	465,08	465,08	IV	822,08	756,75	692,91	630,75	570,16	511,16
	VI	1 412,41	465,08	465,08							
5 054,99	I,IV	890,16	465,08	465,08	I	757,66	631,66	512,08	398,91	292,16	191,83
	II	771,25	465,08	465,08	II	644,50	524,25	410,41	303,00	202,00	107,50
	III	505,66	465,08	465,08	III	406,33	310,00	217,00	128,16	53,16	
	V	1 370,33	465,08	465,08	IV	823,08	757,66	693,83	631,66	571,08	512,08
	VI	1 413,58	465,08	465,08							
5 057,99	I,IV	891,16	465,08	465,08	I	758,66	632,58	512,91	399,66	292,91	192,58
	II	772,16	465,08	465,08	II	645,41	525,08	411,25	303,75	202,75	108,16
	III	506,66	465,08	465,08	III	407,00	310,66	217,66	128,83	53,66	
	V	1 371,50	465,08	465,08	IV	824,08	758,66	694,75	632,58	571,91	512,91
	VI	1 414,75	465,08	465,08							
5 060,99	I,IV	892,08	465,08	465,08	I	759,58	633,41	513,75	400,50	293,66	193,25
	II	773,08	465,08	465,08	II	646,33	526,00	412,00	304,50	203,50	108,83
	III	507,16	465,08	465,08	III	407,66	311,33	218,33	129,33	54,16	
	V	1 372,58	465,08	465,08	IV	825,00	759,58	695,66	633,41	572,75	513,75
	VI	1 415,83	465,08	465,08							
5 063,99	I,IV	893,08	465,08	465,08	I	760,50	634,33	514,58	401,33	294,41	194,00
	II	774,08	465,08	465,08	II	647,25	526,83	412,83	305,33	204,16	109,50
	III	508,00	465,08	465,08	III	408,33	312,16	219,00	130,00	54,66	
	V	1 373,75	465,08	465,08	IV	826,00	760,50	696,58	634,33	573,66	514,58
	VI	1 417,00	465,08	465,08							
5 066,99	I,IV	894,08	465,08	465,08	I	761,50	635,25	515,50	402,08	295,16	194,66
	II	775,00	465,08	465,08	II	648,16	527,66	413,66	306,08	204,91	110,16
	III	508,66	465,08	465,08	III	409,16	312,83	219,66	130,66	55,16	
	V	1 374,91	465,08	465,08	IV	827,00	761,50	697,58	635,25	574,58	515,50
	VI	1 418,16	465,08	465,08							
5 069,99	I,IV	895,08	465,08	465,08	I	762,41	636,16	516,33	402,91	295,91	195,41
	II	776,00	465,08	465,08	II	649,00	528,50	414,41	306,83	205,58	110,83
	III	509,33	465,08	465,08	III	409,83	313,50	220,33	131,16	55,66	
	V	1 376,00	465,08	465,08	IV	827,91	762,41	698,41	636,16	575,41	516,33
	VI	1 419,25	465,08	465,08							
5 072,99	I,IV	896,08	465,08	465,08	I	763,33	637,00	517,16	403,75	296,66	196,08
	II	776,91	465,08	465,08	II	649,91	529,41	415,25	307,58	206,33	111,50
	III	510,16	465,08	465,08	III	410,50	314,16	221,00	131,83	56,16	
	V	1 377,16	465,08	465,08	IV	828,91	763,33	699,41	637,00	576,25	517,16
	VI	1 420,41	465,08	465,08							
5 075,99	I,IV	897,08	465,08	465,08	I	764,33	637,91	518,00	404,50	297,50	196,83
	II	777,91	465,08	465,08	II	650,83	530,25	416,08	308,33	207,08	112,16
	III	510,83	465,08	465,08	III	411,33	314,83	221,66	132,50	56,66	
	V	1 378,33	465,08	465,08	IV	829,91	764,33	700,33	637,91	577,16	518,00
	VI	1 421,58	465,08	465,08							

* Zur LSt-Berechnung für privat versicherte Arbeitnehmer s. Beispiele **Vorbemerkung S. 4 f.**
** Basisvorsorgepauschale KV und PV   *** Typisierter Arbeitgeberzuschuss

Lohn/Gehalt in € bis	Steuerklasse	Lohn-steuer*	BVSP**	TAGZ***	Steuerklasse	Bemessungsgrundlage für Kirchensteuer und Solidaritätszuschlag					
						Freibeträge für ... Kinder					
						0,5	1,0	1,5	2,0	2,5	3,0
5078,99	I,IV	898,08	465,08	465,08	I	765,25	638,83	518,83	405,33	298,16	197,50
	II	778,83	465,08	465,08	II	651,75	531,08	416,91	309,08	207,75	112,83
	III	511,50	465,08	465,08	III	412,00	315,50	222,33	133,00	57,00	
	V	1379,41	465,08	465,08	IV	830,83	765,25	701,25	638,83	578,00	518,83
	VI	1422,75	465,08	465,08							
5081,99	I,IV	899,08	465,08	465,08	I	766,16	639,75	519,75	406,16	299,00	198,25
	II	779,75	465,08	465,08	II	652,66	532,00	417,66	309,83	208,50	113,50
	III	512,33	465,08	465,08	III	412,66	316,33	223,00	133,66	57,66	
	V	1380,58	465,08	465,08	IV	831,83	766,16	702,16	639,75	578,91	519,75
	VI	1423,83	465,08	465,08							
5084,99	I,IV	900,08	465,08	465,08	I	767,16	640,66	520,58	406,91	299,75	199,00
	II	780,75	465,08	465,08	II	653,58	532,83	418,50	310,66	209,16	114,16
	III	513,00	465,08	465,08	III	413,33	317,00	223,66	134,33	58,00	
	V	1381,75	465,08	465,08	IV	832,83	767,16	703,08	640,66	579,83	520,58
	VI	1425,00	465,08	465,08							
5087,99	I,IV	901,00	465,08	465,08	I	768,08	641,50	521,41	407,75	300,50	199,66
	II	781,66	465,08	465,08	II	654,41	533,66	419,33	311,41	209,91	114,83
	III	513,83	465,08	465,08	III	414,16	317,66	224,33	134,83	58,50	
	V	1382,91	465,08	465,08	IV	833,75	768,08	704,00	641,50	580,66	521,41
	VI	1426,16	465,08	465,08							
5090,99	I,IV	902,00	465,08	465,08	I	769,00	642,41	522,25	408,58	301,25	200,41
	II	782,66	465,08	465,08	II	655,33	534,50	420,16	312,16	210,66	115,50
	III	514,50	465,08	465,08	III	414,83	318,33	225,00	135,50	59,16	
	V	1384,00	465,08	465,08	IV	834,75	769,00	704,91	642,41	581,58	522,25
	VI	1427,33	465,08	465,08							
5093,99	I,IV	903,08	465,08	465,08	I	770,00	643,33	523,16	409,33	302,00	201,08
	II	783,58	465,08	465,08	II	656,25	535,41	420,91	312,91	211,33	116,16
	III	515,33	465,08	465,08	III	415,50	319,00	225,66	136,16	59,50	
	V	1385,16	465,08	465,08	IV	835,66	770,00	705,83	643,33	582,41	523,16
	VI	1428,41	465,08	465,08							
5096,99	I,IV	904,00	465,08	465,08	I	770,91	644,25	524,00	410,16	302,75	201,83
	II	784,50	465,08	465,08	II	657,16	536,25	421,75	313,66	212,08	116,83
	III	516,00	465,08	465,08	III	416,16	319,66	226,33	136,66	60,00	
	V	1386,33	465,08	465,08	IV	836,66	770,91	706,75	644,25	583,33	524,00
	VI	1429,58	465,08	465,08							
5099,99	I,IV	905,00	465,08	465,08	I	771,83	645,16	524,83	411,00	303,50	202,50
	II	785,50	465,08	465,08	II	658,00	537,08	422,58	314,50	212,75	117,50
	III	516,83	465,08	465,08	III	417,00	320,50	227,00	137,33	60,66	0,16
	V	1387,50	465,08	465,08	IV	837,66	771,83	707,66	645,16	584,16	524,83
	VI	1430,75	465,08	465,08							
5102,99	I,IV	906,00	465,08	465,08	I	772,83	646,08	525,66	411,75	304,33	203,25
	II	786,41	465,08	465,08	II	659,00	538,00	423,41	315,25	213,50	118,25
	III	517,50	465,08	465,08	III	417,66	321,16	227,66	138,00	61,00	0,50
	V	1388,58	465,08	465,08	IV	838,58	772,83	708,66	646,08	585,08	525,66
	VI	1431,91	465,08	465,08							
5105,99	I,IV	907,00	465,08	465,08	I	773,75	646,91	526,50	412,58	305,08	203,91
	II	787,41	465,08	465,08	II	659,91	538,83	424,16	316,00	214,25	118,83
	III	518,16	465,08	465,08	III	418,33	321,83	228,33	138,66	61,50	0,83
	V	1389,75	465,08	465,08	IV	839,58	773,75	709,50	646,91	585,91	526,50
	VI	1433,00	465,08	465,08							
5108,99	I,IV	908,00	465,08	465,08	I	774,75	647,83	527,41	413,41	305,83	204,66
	II	788,33	465,08	465,08	II	660,83	539,66	425,00	316,75	214,91	119,58
	III	519,00	465,08	465,08	III	419,16	322,50	229,00	139,33	62,16	1,33
	V	1390,91	465,08	465,08	IV	840,58	774,75	710,50	647,83	586,83	527,41
	VI	1434,16	465,08	465,08							
5111,99	I,IV	909,00	465,08	465,08	I	775,66	648,75	528,25	414,16	306,58	205,41
	II	789,33	465,08	465,08	II	661,75	540,58	425,83	317,50	215,66	120,25
	III	519,66	465,08	465,08	III	419,83	323,16	229,66	139,83	62,66	1,66
	V	1392,08	465,08	465,08	IV	841,50	775,66	711,41	648,75	587,66	528,25
	VI	1435,33	465,08	465,08							

* Zur LSt-Berechnung für privat versicherte Arbeitnehmer s. Beispiele **Vorbemerkung S. 4 f.**
** Basisvorsorgepauschale KV und PV   *** Typisierter Arbeitgeberzuschuss

Lohn/ Gehalt in € bis	Steuerklasse	Lohn- steuer*	BVSP**	TAGZ***	Steuerklasse	Bemessungsgrundlage für Kirchensteuer und Solidaritätszuschlag Freibeträge für ... Kinder 0,5	1,0	1,5	2,0	2,5	3,0
5 114,99	I,IV	910,00	465,08	465,08	I	776,58	649,66	529,08	415,00	307,33	206,08
	II	790,25	465,08	465,08	II	662,58	541,41	426,66	318,25	216,33	120,91
	III	520,50	465,08	465,08	III	420,50	323,83	230,33	140,50	63,00	2,00
	V	1 393,16	465,08	465,08	IV	842,50	776,58	712,33	649,66	588,58	529,08
	VI	1 436,41	465,08	465,08							
5 117,99	I,IV	911,00	465,08	465,08	I	777,58	650,58	530,00	415,83	308,08	206,83
	II	791,25	465,08	465,08	II	663,50	542,25	427,41	319,08	217,08	121,58
	III	521,16	465,08	465,08	III	421,33	324,50	231,00	141,16	63,66	2,50
	V	1 394,33	465,08	465,08	IV	843,50	777,58	713,25	650,58	589,41	530,00
	VI	1 437,58	465,08	465,08							
5 120,99	I,IV	912,00	465,08	465,08	I	778,50	651,41	530,83	416,58	308,83	207,50
	II	792,16	465,08	465,08	II	664,41	543,08	428,25	319,83	217,83	122,25
	III	522,00	465,08	465,08	III	422,00	325,33	231,66	141,66	64,16	2,83
	V	1 395,41	465,08	465,08	IV	844,41	778,50	714,16	651,41	590,33	530,83
	VI	1 438,75	465,08	465,08							
5 123,99	I,IV	913,00	465,08	465,08	I	779,41	652,33	531,66	417,41	309,58	208,25
	II	793,08	465,08	465,08	II	665,33	544,00	429,08	320,58	218,50	122,91
	III	522,66	465,08	465,08	III	422,66	326,00	232,33	142,33	64,66	3,16
	V	1 396,58	465,08	465,08	IV	845,41	779,41	715,08	652,33	591,16	531,66
	VI	1 439,83	465,08	465,08							
5 126,99	I,IV	914,00	465,08	465,08	I	780,41	653,25	532,50	418,25	310,41	208,91
	II	794,08	465,08	465,08	II	666,25	544,83	429,91	321,33	219,25	123,58
	III	523,50	465,08	465,08	III	423,50	326,66	233,16	143,00	65,16	3,66
	V	1 397,75	465,08	465,08	IV	846,41	780,41	716,00	653,25	592,08	532,50
	VI	1 441,00	465,08	465,08							
5 129,99	I,IV	915,00	465,08	465,08	I	781,33	654,16	533,41	419,00	311,16	209,66
	II	795,00	465,08	465,08	II	667,16	545,66	430,66	322,08	220,00	124,25
	III	524,16	465,08	465,08	III	424,16	327,33	233,66	143,66	65,66	4,00
	V	1 398,91	465,08	465,08	IV	847,33	781,33	716,91	654,16	592,91	533,41
	VI	1 442,16	465,08	465,08							
5 132,99	I,IV	916,00	465,08	465,08	I	782,33	655,08	534,25	419,83	311,91	210,41
	II	796,00	465,08	465,08	II	668,08	546,58	431,50	322,91	220,66	124,91
	III	524,83	465,08	465,08	III	424,83	328,00	234,33	144,16	66,16	4,33
	V	1 400,00	465,08	465,08	IV	848,33	782,33	717,91	655,08	593,83	534,25
	VI	1 443,33	465,08	465,08							
5 135,99	I,IV	917,00	465,08	465,08	I	783,25	656,00	535,08	420,66	312,66	211,08
	II	796,91	465,08	465,08	II	669,00	547,41	432,33	323,66	221,41	125,58
	III	525,66	465,08	465,08	III	425,66	328,66	235,16	144,83	66,66	4,83
	V	1 401,16	465,08	465,08	IV	849,33	783,25	718,83	656,00	594,75	535,08
	VI	1 444,41	465,08	465,08							
5 138,99	I,IV	918,00	465,08	465,08	I	784,16	656,83	535,91	421,50	313,41	211,83
	II	797,91	465,08	465,08	II	669,83	548,33	433,16	324,41	222,16	126,25
	III	526,33	465,08	465,08	III	426,33	329,50	235,83	145,50	67,16	5,16
	V	1 402,33	465,08	465,08	IV	850,25	784,16	719,75	656,83	595,58	535,91
	VI	1 445,58	465,08	465,08							
5 141,99	I,IV	919,00	465,08	465,08	I	785,16	657,75	536,83	422,33	314,16	212,50
	II	798,83	465,08	465,08	II	670,83	549,16	434,00	325,16	222,83	127,00
	III	527,16	465,08	465,08	III	427,00	330,16	236,50	146,16	67,66	5,50
	V	1 403,50	465,08	465,08	IV	851,25	785,16	720,66	657,75	596,50	536,83
	VI	1 446,75	465,08	465,08							
5 144,99	I,IV	920,00	465,08	465,08	I	786,16	658,66	537,66	423,08	315,00	213,25
	II	799,83	465,08	465,08	II	671,75	550,00	434,83	326,00	223,58	127,66
	III	527,83	465,08	465,08	III	427,83	330,83	237,16	146,83	68,16	6,00
	V	1 404,58	465,08	465,08	IV	852,25	786,16	721,58	658,66	597,41	537,66
	VI	1 447,91	465,08	465,08							
5 147,99	I,IV	921,00	465,08	465,08	I	787,08	659,58	538,50	423,91	315,75	214,00
	II	800,75	465,08	465,08	II	672,58	550,91	435,58	326,75	224,33	128,33
	III	528,66	465,08	465,08	III	428,50	331,50	237,83	147,33	68,66	6,33
	V	1 405,75	465,08	465,08	IV	853,25	787,08	722,50	659,58	598,25	538,50
	VI	1 449,00	465,08	465,08							

Lohn/ Gehalt in € bis	Steuerklasse	Lohn-steuer*	BVSP**	TAGZ***	Steuerklasse	Bemessungsgrundlage für Kirchensteuer und Solidaritätszuschlag Freibeträge für ... Kinder					
						0,5	1,0	1,5	2,0	2,5	3,0
5150,99	I,IV	922,00	465,08	465,08	I	788,00	660,50	539,41	424,75	316,50	214,66
	II	801,75	465,08	465,08	II	673,50	551,75	436,41	327,50	225,00	129,00
	III	529,33	465,08	465,08	III	429,16	332,16	238,50	148,00	69,16	6,66
	V	1406,91	465,08	465,08	IV	854,16	788,00	723,41	660,50	599,16	539,41
	VI	1450,16	465,08	465,08							
5153,99	I,IV	923,00	465,08	465,08	I	789,00	661,41	540,25	425,58	317,25	215,41
	II	802,66	465,08	465,08	II	674,41	552,66	437,25	328,33	225,75	129,66
	III	530,16	465,08	465,08	III	430,00	333,00	239,16	148,66	69,66	7,16
	V	1408,08	465,08	465,08	IV	855,16	789,00	724,41	661,41	600,00	540,25
	VI	1451,33	465,08	465,08							
5156,99	I,IV	924,00	465,08	465,08	I	789,91	662,33	541,08	426,33	318,00	216,16
	II	803,66	465,08	465,08	II	675,33	553,50	438,08	329,08	226,50	130,33
	III	530,83	465,08	465,08	III	430,66	333,66	239,83	149,33	70,33	7,50
	V	1409,16	465,08	465,08	IV	856,16	789,91	725,33	662,33	600,91	541,08
	VI	1452,41	465,08	465,08							
5159,99	I,IV	925,00	465,08	465,08	I	790,91	663,25	542,00	427,16	318,83	216,83
	II	804,58	465,08	465,08	II	676,25	554,33	438,91	329,83	227,25	131,00
	III	531,66	465,08	465,08	III	431,33	334,33	240,50	150,00	70,83	7,83
	V	1410,33	465,08	465,08	IV	857,16	790,91	726,25	663,25	601,83	542,00
	VI	1453,58	465,08	465,08							
5162,99	I,IV	926,00	465,08	465,08	I	791,83	664,16	542,83	428,00	319,58	217,58
	II	805,58	465,08	465,08	II	677,16	555,25	439,66	330,58	227,91	131,75
	III	532,33	465,08	465,08	III	432,00	335,00	241,16	150,66	71,33	8,33
	V	1411,50	465,08	465,08	IV	858,08	791,83	727,16	664,16	602,66	542,83
	VI	1454,75	465,08	465,08							
5165,99	I,IV	927,00	465,08	465,08	I	792,75	665,00	543,66	428,83	320,33	218,25
	II	806,50	465,08	465,08	II	678,00	556,08	440,50	331,33	228,66	132,41
	III	533,16	465,08	465,08	III	432,83	335,66	241,83	151,16	71,83	8,66
	V	1412,58	465,08	465,08	IV	859,08	792,75	728,08	665,00	603,58	543,66
	VI	1455,83	465,08	465,08							
5168,99	I,IV	928,00	465,08	465,08	I	793,75	665,91	544,58	429,58	321,08	219,00
	II	807,50	465,08	465,08	II	679,00	557,00	441,33	332,16	229,41	133,08
	III	533,83	465,08	465,08	III	433,50	336,33	242,50	151,83	72,33	9,16
	V	1413,75	465,08	465,08	IV	860,08	793,75	729,08	665,91	604,41	544,58
	VI	1457,00	465,08	465,08							
5171,99	I,IV	929,00	465,08	465,08	I	794,75	666,83	545,41	430,41	321,91	219,75
	II	808,50	465,08	465,08	II	679,91	557,83	442,16	332,91	230,16	133,75
	III	534,66	465,08	465,08	III	434,16	337,16	243,16	152,50	72,83	9,50
	V	1414,91	465,08	465,08	IV	861,08	794,75	730,00	666,83	605,33	545,41
	VI	1458,16	465,08	465,08							
5174,99	I,IV	930,00	465,08	465,08	I	795,66	667,75	546,25	431,25	322,66	220,41
	II	809,41	465,08	465,08	II	680,83	558,66	443,00	333,66	230,83	134,41
	III	535,33	465,08	465,08	III	435,00	337,83	243,83	153,16	73,33	10,00
	V	1416,00	465,08	465,08	IV	862,00	795,66	730,91	667,75	606,25	546,25
	VI	1459,25	465,08	465,08							
5177,99	I,IV	931,00	465,08	465,08	I	796,66	668,66	547,16	432,08	323,41	221,16
	II	810,41	465,08	465,08	II	681,75	559,58	443,83	334,50	231,58	135,08
	III	536,00	465,08	465,08	III	435,66	338,50	244,50	153,83	73,83	10,33
	V	1417,16	465,08	465,08	IV	863,00	796,66	731,83	668,66	607,08	547,16
	VI	1460,41	465,08	465,08							
5180,99	I,IV	932,00	465,08	465,08	I	797,58	669,58	548,00	432,91	324,16	221,91
	II	811,33	465,08	465,08	II	682,66	560,41	444,66	335,25	232,33	135,83
	III	536,83	465,08	465,08	III	436,33	339,16	245,16	154,50	74,50	10,66
	V	1418,33	465,08	465,08	IV	864,00	797,58	732,75	669,58	608,00	548,00
	VI	1461,58	465,08	465,08							
5183,99	I,IV	933,00	465,08	465,08	I	798,50	670,50	548,91	433,66	324,91	222,58
	II	812,25	465,08	465,08	II	683,58	561,25	445,41	336,00	233,00	136,50
	III	537,50	465,08	465,08	III	437,16	339,83	245,83	155,16	75,00	11,16
	V	1419,50	465,08	465,08	IV	865,00	798,50	733,66	670,50	608,91	548,91
	VI	1462,75	465,08	465,08							

* Zur LSt-Berechnung für privat versicherte Arbeitnehmer s. Beispiele **Vorbemerkung S. 4 f.**
** Basisvorsorgepauschale KV und PV   *** Typisierter Arbeitgeberzuschuss

Lohn/ Gehalt in € bis	Steuerklasse	Lohn- steuer*	BVSP**	TAGZ***	Steuerklasse	Bemessungsgrundlage für Kirchensteuer und Solidaritätszuschlag					
						Freibeträge für ... Kinder					
						0,5	1,0	1,5	2,0	2,5	3,0
5186,99	I,IV	934,00	465,08	465,08	I	799,50	671,41	549,75	434,50	325,75	223,33
	II	813,25	465,08	465,08	II	684,50	562,16	446,25	336,83	233,75	137,16
	III	538,33	465,08	465,08	III	437,83	340,50	246,50	155,66	75,50	11,50
	V	1420,58	465,08	465,08	IV	865,91	799,50	734,66	671,41	609,75	549,75
	VI	1463,83	465,08	465,08							
5189,99	I,IV	935,00	465,08	465,08	I	800,41	672,33	550,58	435,33	326,50	224,08
	II	814,16	465,08	465,08	II	685,41	563,00	447,08	337,58	234,50	137,83
	III	539,00	465,08	465,08	III	438,50	341,16	247,16	156,33	76,00	12,00
	V	1421,75	465,08	465,08	IV	866,91	800,41	735,58	672,33	610,66	550,58
	VI	1465,00	465,08	465,08							
5192,99	I,IV	936,00	465,08	465,08	I	801,41	673,25	551,50	436,16	327,25	224,83
	II	815,16	465,08	465,08	II	686,33	563,91	447,91	338,33	235,16	138,50
	III	539,83	465,08	465,08	III	439,33	342,00	247,83	157,00	76,50	12,33
	V	1422,91	465,08	465,08	IV	867,91	801,41	736,50	673,25	611,58	551,50
	VI	1466,16	465,08	465,08							
5195,99	I,IV	937,00	465,08	465,08	I	802,41	674,16	552,33	437,00	328,00	225,50
	II	816,16	465,08	465,08	II	687,25	564,75	448,75	339,08	235,91	139,16
	III	540,50	465,08	465,08	III	440,00	342,66	248,50	157,66	77,00	12,83
	V	1424,08	465,08	465,08	IV	868,91	802,41	737,41	674,16	612,41	552,33
	VI	1467,33	465,08	465,08							
5198,99	I,IV	938,00	465,08	465,08	I	803,33	675,00	553,16	437,75	328,75	226,25
	II	817,08	465,08	465,08	II	688,16	565,66	449,58	339,91	236,66	139,83
	III	541,33	465,08	465,08	III	440,66	343,33	249,16	158,33	77,50	13,16
	V	1425,16	465,08	465,08	IV	869,83	803,33	738,33	675,00	613,33	553,16
	VI	1468,41	465,08	465,08							
5201,99	I,IV	939,00	465,08	465,08	I	804,25	676,00	554,08	438,58	329,58	227,00
	II	818,08	465,08	465,08	II	689,08	566,50	450,41	340,66	237,41	140,58
	III	542,00	465,08	465,08	III	441,50	344,00	249,83	159,00	78,16	13,66
	V	1426,33	465,08	465,08	IV	870,83	804,25	739,33	676,00	614,25	554,08
	VI	1469,58	465,08	465,08							
5204,99	I,IV	940,08	465,08	465,08	I	805,25	676,91	554,91	439,41	330,33	227,66
	II	819,08	465,08	465,08	II	690,00	567,41	451,16	341,41	238,16	141,25
	III	542,83	465,08	465,08	III	442,16	344,83	250,50	159,66	78,66	14,00
	V	1427,50	465,08	465,08	IV	871,83	805,25	740,25	676,91	615,08	554,91
	VI	1470,75	465,08	465,08							
5207,99	I,IV	941,08	465,08	465,08	I	806,16	677,75	555,75	440,25	331,08	228,41
	II	820,00	465,08	465,08	II	690,91	568,25	452,00	342,25	238,83	141,91
	III	543,50	465,08	465,08	III	442,83	345,50	251,16	160,16	79,16	14,33
	V	1428,58	465,08	465,08	IV	872,83	806,16	741,16	677,75	616,00	555,75
	VI	1471,83	465,08	465,08							
5210,99	I,IV	942,08	465,08	465,08	I	807,16	678,66	556,66	441,08	331,91	229,16
	II	821,00	465,08	465,08	II	691,83	569,16	452,83	343,00	239,58	142,58
	III	544,33	465,08	465,08	III	443,66	346,16	252,00	161,00	79,66	14,83
	V	1429,75	465,08	465,08	IV	873,83	807,16	742,16	678,66	616,91	556,66
	VI	1473,00	465,08	465,08							
5213,99	I,IV	943,08	465,08	465,08	I	808,16	679,58	557,58	441,91	332,66	229,91
	II	821,91	465,08	465,08	II	692,75	570,00	453,66	343,75	240,33	143,33
	III	545,00	465,08	465,08	III	444,33	346,83	252,66	161,50	80,16	15,16
	V	1430,91	465,08	465,08	IV	874,83	808,16	743,08	679,58	617,75	557,58
	VI	1474,16	465,08	465,08							
5216,99	I,IV	944,08	465,08	465,08	I	809,08	680,50	558,41	442,66	333,41	230,58
	II	822,91	465,08	465,08	II	693,66	570,83	454,50	344,58	241,08	144,00
	III	545,66	465,08	465,08	III	445,00	347,50	253,33	162,16	80,83	15,66
	V	1432,08	465,08	465,08	IV	875,75	809,08	744,00	680,50	618,66	558,41
	VI	1475,25	465,08	465,08							
5219,99	I,IV	945,08	465,08	465,08	I	810,08	681,41	559,25	443,50	334,25	231,33
	II	823,83	465,08	465,08	II	694,58	571,75	455,33	345,33	241,75	144,66
	III	546,50	465,08	465,08	III	445,83	348,33	254,00	162,83	81,33	16,00
	V	1433,16	465,08	465,08	IV	876,75	810,08	744,91	681,41	619,58	559,25
	VI	1476,41	465,08	465,08							

* Zur LSt-Berechnung für privat versicherte Arbeitnehmer s. Beispiele **Vorbemerkung S. 4 f.**
** Basisvorsorgepauschale KV und PV   *** Typisierter Arbeitgeberzuschuss

Lohn/ Gehalt in € bis	Steuerklasse	Lohn-steuer*	BVSP**	TAGZ***	Steuerklasse	Bemessungsgrundlage für Kirchensteuer und Solidaritätszuschlag Freibeträge für ... Kinder					
						0,5	1,0	1,5	2,0	2,5	3,0
5 222,99	I,IV	946,08	465,08	465,08	I	811,00	682,33	560,16	444,33	335,00	232,08
	II	824,83	465,08	465,08	II	695,50	572,66	456,16	346,16	242,50	145,33
	III	547,16	465,08	465,08	III	446,50	349,00	254,66	163,50	81,83	16,50
	V	1 434,33	465,08	465,08	IV	877,75	811,00	745,91	682,33	620,41	560,16
	VI	1 477,58	465,08	465,08							
5 225,99	I,IV	947,08	465,08	465,08	I	812,00	683,25	561,00	445,16	335,75	232,75
	II	825,83	465,08	465,08	II	696,41	573,50	457,00	346,91	243,25	146,00
	III	548,00	465,08	465,08	III	447,16	349,66	255,33	164,16	82,33	16,83
	V	1 435,41	465,08	465,08	IV	878,75	812,00	746,83	683,25	621,33	561,00
	VI	1 478,75	465,08	465,08							
5 228,99	I,IV	948,08	465,08	465,08	I	812,91	684,16	561,91	446,00	336,50	233,50
	II	826,75	465,08	465,08	II	697,33	574,33	457,83	347,66	244,00	146,75
	III	548,83	465,08	465,08	III	448,00	350,33	256,00	164,83	83,00	17,33
	V	1 436,58	465,08	465,08	IV	879,75	812,91	747,75	684,16	622,25	561,91
	VI	1 479,83	465,08	465,08							
5 231,99	I,IV	949,16	465,08	465,08	I	813,91	685,08	562,75	446,83	337,33	234,25
	II	827,75	465,08	465,08	II	698,25	575,25	458,66	348,50	244,75	147,41
	III	549,50	465,08	465,08	III	448,66	351,00	256,66	165,50	83,50	17,66
	V	1 437,75	465,08	465,08	IV	880,75	813,91	748,75	685,08	623,16	562,75
	VI	1 481,00	465,08	465,08							
5 234,99	I,IV	950,16	465,08	465,08	I	814,83	686,00	563,58	447,66	338,08	235,00
	II	828,66	465,08	465,08	II	699,16	576,08	459,41	349,25	245,41	148,08
	III	550,16	465,08	465,08	III	449,33	351,66	257,33	166,16	84,00	18,16
	V	1 438,91	465,08	465,08	IV	881,66	814,83	749,66	686,00	624,00	563,58
	VI	1 482,16	465,08	465,08							
5 237,99	I,IV	951,16	465,08	465,08	I	815,83	686,91	564,50	448,50	338,83	235,66
	II	829,66	465,08	465,08	II	700,08	577,00	460,25	350,00	246,16	148,75
	III	551,00	465,08	465,08	III	450,16	352,50	258,00	166,83	84,50	18,66
	V	1 440,00	465,08	465,08	IV	882,66	815,83	750,58	686,91	624,91	564,50
	VI	1 483,33	465,08	465,08							
5 240,99	I,IV	952,16	465,08	465,08	I	816,83	687,83	565,33	449,25	339,66	236,41
	II	830,66	465,08	465,08	II	701,08	577,83	461,16	350,83	246,91	149,50
	III	551,66	465,08	465,08	III	450,83	353,16	258,66	167,50	85,00	19,00
	V	1 441,16	465,08	465,08	IV	883,66	816,83	751,50	687,83	625,83	565,33
	VI	1 484,41	465,08	465,08							
5 243,99	I,IV	953,16	465,08	465,08	I	817,75	688,75	566,25	450,08	340,41	237,16
	II	831,58	465,08	465,08	II	701,91	578,75	461,91	351,58	247,66	150,16
	III	552,50	465,08	465,08	III	451,50	353,83	259,33	168,16	85,66	19,50
	V	1 442,33	465,08	465,08	IV	884,66	817,75	752,41	688,75	626,66	566,25
	VI	1 485,58	465,08	465,08							
5 246,99	I,IV	954,16	465,08	465,08	I	818,75	689,66	567,08	450,91	341,16	237,91
	II	832,58	465,08	465,08	II	702,91	579,58	462,75	352,33	248,41	150,83
	III	553,16	465,08	465,08	III	452,33	354,50	260,00	168,83	86,16	19,83
	V	1 443,50	465,08	465,08	IV	885,66	818,75	753,41	689,66	627,58	567,08
	VI	1 486,75	465,08	465,08							
5 249,99	I,IV	955,16	465,08	465,08	I	819,66	690,58	568,00	451,75	342,00	238,66
	II	833,58	465,08	465,08	II	703,83	580,50	463,58	353,16	249,16	151,50
	III	554,00	465,08	465,08	III	453,00	355,33	260,66	169,33	86,66	20,33
	V	1 444,58	465,08	465,08	IV	886,66	819,66	754,33	690,58	628,50	568,00
	VI	1 487,91	465,08	465,08							
5 252,99	I,IV	956,16	465,08	465,08	I	820,66	691,50	568,83	452,58	342,75	239,33
	II	834,50	465,08	465,08	II	704,75	581,33	464,41	353,91	249,83	152,25
	III	554,66	465,08	465,08	III	453,66	356,00	261,33	170,00	87,16	20,66
	V	1 445,75	465,08	465,08	IV	887,58	820,66	755,25	691,50	629,33	568,83
	VI	1 489,00	465,08	465,08							
5 255,99	I,IV	957,25	465,08	465,08	I	821,58	692,41	569,75	453,41	343,50	240,08
	II	835,50	465,08	465,08	II	705,66	582,25	465,25	354,75	250,58	152,91
	III	555,50	465,08	465,08	III	454,50	356,66	262,16	170,66	87,83	21,16
	V	1 446,91	465,08	465,08	IV	888,58	821,58	756,25	692,41	630,25	569,75
	VI	1 490,16	465,08	465,08							

* Zur LSt-Berechnung für privat versicherte Arbeitnehmer s. Beispiele **Vorbemerkung S. 4 f.**
** Basisvorsorgepauschale KV und PV *** Typisierter Arbeitgeberzuschuss

Lohn/ Gehalt in € bis	Steuerklasse	Lohn- steuer*	BVSP**	TAGZ***	Steuerklasse	Bemessungsgrundlage für Kirchensteuer und Solidaritätszuschlag					
						Freibeträge für ... Kinder					
						0,5	1,0	1,5	2,0	2,5	3,0
5 258,99	I,IV	**958,25**	465,08	465,08	I	822,58	693,33	570,58	454,25	344,25	240,83
	II	**836,41**	465,08	465,08	II	706,58	583,08	466,08	355,50	251,33	153,58
	III	**556,16**	465,08	465,08	III	455,16	357,33	262,83	171,33	88,33	21,50
	V	**1 448,00**	465,08	465,08	IV	889,58	822,58	757,16	693,33	631,16	570,58
	VI	**1 491,25**	465,08	465,08							
5 261,99	I,IV	**959,25**	465,08	465,08	I	823,58	694,25	571,41	455,08	345,08	241,50
	II	**837,41**	465,08	465,08	II	707,50	584,00	466,91	356,25	252,08	154,25
	III	**557,00**	465,08	465,08	III	455,83	358,00	263,50	172,00	88,83	22,00
	V	**1 449,16**	465,08	465,08	IV	890,58	823,58	758,08	694,25	632,08	571,41
	VI	**1 492,41**	465,08	465,08							
5 264,99	I,IV	**960,25**	465,08	465,08	I	824,50	695,25	572,33	455,91	345,83	242,25
	II	**838,41**	465,08	465,08	II	708,41	584,91	467,75	357,08	252,83	155,00
	III	**557,66**	465,08	465,08	III	456,66	358,83	264,16	172,66	89,50	22,50
	V	**1 450,33**	465,08	465,08	IV	891,58	824,50	759,08	695,25	633,00	572,33
	VI	**1 493,58**	465,08	465,08							
5 267,99	I,IV	**961,25**	465,08	465,08	I	825,50	696,08	573,16	456,66	346,66	243,00
	II	**839,33**	465,08	465,08	II	709,33	585,75	468,58	357,83	253,50	155,66
	III	**558,50**	465,08	465,08	III	457,33	359,50	264,83	173,33	90,00	22,83
	V	**1 451,41**	465,08	465,08	IV	892,58	825,50	760,00	696,08	633,83	573,16
	VI	**1 494,75**	465,08	465,08							
5 270,99	I,IV	**962,25**	465,08	465,08	I	826,41	697,08	574,08	457,50	347,41	243,75
	II	**840,33**	465,08	465,08	II	710,25	586,66	469,41	358,66	254,25	156,33
	III	**559,16**	465,08	465,08	III	458,00	360,16	265,50	174,00	90,50	23,33
	V	**1 452,58**	465,08	465,08	IV	893,58	826,41	760,91	697,08	634,75	574,08
	VI	**1 495,83**	465,08	465,08							
5 273,99	I,IV	**963,33**	465,08	465,08	I	827,41	698,00	574,91	458,33	348,16	244,50
	II	**841,33**	465,08	465,08	II	711,16	587,50	470,25	359,41	255,00	157,08
	III	**560,00**	465,08	465,08	III	458,83	360,83	266,16	174,66	91,16	23,66
	V	**1 453,75**	465,08	465,08	IV	894,58	827,41	761,91	698,00	635,66	574,91
	VI	**1 497,00**	465,08	465,08							
5 276,99	I,IV	**964,33**	465,08	465,08	I	828,33	698,91	575,83	459,16	349,00	245,16
	II	**842,25**	465,08	465,08	II	712,08	588,41	471,08	360,16	255,75	157,75
	III	**560,66**	465,08	465,08	III	459,50	361,50	266,83	175,33	91,66	24,16
	V	**1 454,91**	465,08	465,08	IV	895,50	828,33	762,83	698,91	636,50	575,83
	VI	**1 498,16**	465,08	465,08							
5 279,99	I,IV	**965,33**	465,08	465,08	I	829,33	699,83	576,66	460,00	349,75	245,91
	II	**843,25**	465,08	465,08	II	713,08	589,25	471,91	361,00	256,50	158,41
	III	**561,50**	465,08	465,08	III	460,33	362,33	267,50	176,00	92,16	24,50
	V	**1 456,00**	465,08	465,08	IV	896,50	829,33	763,75	699,83	637,41	576,66
	VI	**1 499,33**	465,08	465,08							
5 282,99	I,IV	**966,33**	465,08	465,08	I	830,33	700,75	577,58	460,83	350,58	246,66
	II	**844,25**	465,08	465,08	II	714,00	590,16	472,75	361,75	257,25	159,16
	III	**562,16**	465,08	465,08	III	461,00	363,00	268,16	176,66	92,83	25,00
	V	**1 457,16**	465,08	465,08	IV	897,50	830,33	764,75	700,75	638,33	577,58
	VI	**1 500,41**	465,08	465,08							
5 285,99	I,IV	**967,33**	465,08	465,08	I	831,25	701,66	578,41	461,66	351,33	247,41
	II	**845,16**	465,08	465,08	II	714,91	591,00	473,58	362,58	258,00	159,83
	III	**563,00**	465,08	465,08	III	461,66	363,66	268,83	177,33	93,33	25,50
	V	**1 458,33**	465,08	465,08	IV	898,50	831,25	765,66	701,66	639,25	578,41
	VI	**1 501,58**	465,08	465,08							
5 288,99	I,IV	**968,41**	465,08	465,08	I	832,25	702,58	579,33	462,50	352,08	248,16
	II	**846,16**	465,08	465,08	II	715,83	591,91	474,41	363,33	258,75	160,50
	III	**563,66**	465,08	465,08	III	462,50	364,33	269,50	178,00	93,83	25,83
	V	**1 459,50**	465,08	465,08	IV	899,50	832,25	766,58	702,58	640,16	579,33
	VI	**1 502,75**	465,08	465,08							
5 291,99	I,IV	**969,41**	465,08	465,08	I	833,25	703,50	580,16	463,33	352,91	248,91
	II	**847,16**	465,08	465,08	II	716,75	592,83	475,25	364,16	259,41	161,16
	III	**564,50**	465,08	465,08	III	463,16	365,16	270,33	178,66	94,33	26,33
	V	**1 460,58**	465,08	465,08	IV	900,50	833,25	767,58	703,50	641,08	580,16
	VI	**1 503,91**	465,08	465,08							

* Zur LSt-Berechnung für privat versicherte Arbeitnehmer s. Beispiele **Vorbemerkung S. 4 f.**
** Basisvorsorgepauschale KV und PV   *** Typisierter Arbeitgeberzuschuss

Lohn/ Gehalt in € bis	Steuerklasse	Lohn- steuer*	BVSP**	TAGZ***	Steuerklasse	Bemessungsgrundlage für Kirchensteuer und Solidaritätszuschlag Freibeträge für ... Kinder					
						0,5	1,0	1,5	2,0	2,5	3,0
5 294,99	I,IV	970,41	465,08	465,08	I	834,16	704,41	581,08	464,16	353,66	249,58
	II	848,16	465,08	465,08	II	717,66	593,66	476,08	364,91	260,16	161,91
	III	565,16	465,08	465,08	III	463,83	365,83	271,00	179,16	95,00	26,83
	V	1 461,75	465,08	465,08	IV	901,50	834,16	768,50	704,41	641,91	581,08
	VI	1 505,00	465,08	465,08							
5 297,99	I,IV	971,41	465,08	465,08	I	835,16	705,33	581,91	465,00	354,41	250,33
	II	849,08	465,08	465,08	II	718,58	594,58	476,91	365,66	260,91	162,58
	III	566,00	465,08	465,08	III	464,66	366,50	271,66	179,83	95,50	27,16
	V	1 462,91	465,08	465,08	IV	902,50	835,16	769,41	705,33	642,83	581,91
	VI	1 506,16	465,08	465,08							
5 300,99	I,IV	972,41	465,08	465,08	I	836,16	706,25	582,83	465,83	355,25	251,08
	II	850,08	465,08	465,08	II	719,58	595,41	477,75	366,50	261,66	163,25
	III	566,66	465,08	465,08	III	465,33	367,16	272,33	180,50	96,16	27,66
	V	1 464,08	465,08	465,08	IV	903,50	836,16	770,41	706,25	643,75	582,83
	VI	1 507,33	465,08	465,08							
5 303,99	I,IV	973,41	465,08	465,08	I	837,08	707,16	583,66	466,66	356,00	251,83
	II	851,08	465,08	465,08	II	720,50	596,33	478,58	367,25	262,41	164,00
	III	567,50	465,08	465,08	III	466,16	367,83	273,00	181,16	96,66	28,00
	V	1 465,16	465,08	465,08	IV	904,50	837,08	771,33	707,16	644,66	583,66
	VI	1 508,41	465,08	465,08							
5 306,99	I,IV	974,50	465,08	465,08	I	838,08	708,08	584,58	467,50	356,83	252,58
	II	852,08	465,08	465,08	II	721,41	597,16	479,41	368,08	263,16	164,66
	III	568,16	465,08	465,08	III	466,83	368,66	273,66	181,83	97,16	28,50
	V	1 466,33	465,08	465,08	IV	905,50	838,08	772,33	708,08	645,58	584,58
	VI	1 509,58	465,08	465,08							
5 309,99	I,IV	975,50	465,08	465,08	I	839,08	709,08	585,50	468,33	357,58	253,33
	II	853,00	465,08	465,08	II	722,33	598,00	480,25	368,83	263,91	165,33
	III	569,00	465,08	465,08	III	467,50	369,33	274,33	182,50	97,83	29,00
	V	1 467,50	465,08	465,08	IV	906,50	839,08	773,25	709,08	646,41	585,50
	VI	1 510,75	465,08	465,08							
5 312,99	I,IV	976,50	465,08	465,08	I	840,00	710,00	586,33	469,16	358,33	254,00
	II	854,00	465,08	465,08	II	723,25	598,91	481,08	369,66	264,66	166,08
	III	569,66	465,08	465,08	III	468,33	370,00	275,00	183,16	98,33	29,33
	V	1 468,58	465,08	465,08	IV	907,50	840,00	774,16	710,00	647,33	586,33
	VI	1 511,83	465,08	465,08							
5 315,99	I,IV	977,50	465,08	465,08	I	841,00	710,91	587,25	470,00	359,16	254,75
	II	855,00	465,08	465,08	II	724,16	599,83	481,91	370,41	265,41	166,75
	III	570,50	465,08	465,08	III	469,00	370,66	275,66	183,83	98,83	29,83
	V	1 469,75	465,08	465,08	IV	908,50	841,00	775,16	710,91	648,25	587,25
	VI	1 513,00	465,08	465,08							
5 318,99	I,IV	978,50	465,08	465,08	I	841,91	711,83	588,08	470,75	359,91	255,50
	II	855,91	465,08	465,08	II	725,08	600,75	482,75	371,25	266,08	167,41
	III	571,16	465,08	465,08	III	469,66	371,33	276,33	184,50	99,50	30,33
	V	1 470,83	465,08	465,08	IV	909,41	841,91	776,08	711,83	649,16	588,08
	VI	1 514,16	465,08	465,08							
5 321,99	I,IV	979,58	465,08	465,08	I	842,91	712,75	589,00	471,66	360,75	256,25
	II	856,91	465,08	465,08	II	726,08	601,58	483,58	372,00	266,83	168,16
	III	572,00	465,08	465,08	III	470,50	372,16	277,00	185,16	100,00	30,66
	V	1 472,00	465,08	465,08	IV	910,41	842,91	777,00	712,75	650,08	589,00
	VI	1 515,25	465,08	465,08							
5 324,99	I,IV	980,58	465,08	465,08	I	843,91	713,66	589,83	472,50	361,50	257,00
	II	857,91	465,08	465,08	II	727,00	602,50	484,41	372,83	267,58	168,83
	III	572,66	465,08	465,08	III	471,16	372,83	277,66	185,83	100,50	31,16
	V	1 473,16	465,08	465,08	IV	911,50	843,91	778,00	713,66	651,00	589,83
	VI	1 516,41	465,08	465,08							
5 327,99	I,IV	981,58	465,08	465,08	I	844,91	714,58	590,75	473,25	362,25	257,75
	II	858,83	465,08	465,08	II	727,91	603,33	485,25	373,58	268,33	169,50
	III	573,50	465,08	465,08	III	471,83	373,50	278,33	186,50	101,16	31,66
	V	1 474,33	465,08	465,08	IV	912,41	844,91	778,91	714,58	651,83	590,75
	VI	1 517,58	465,08	465,08							

* Zur LSt-Berechnung für privat versicherte Arbeitnehmer s. Beispiele **Vorbemerkung S. 4f.**
** Basisvorsorgepauschale KV und PV *** Typisierter Arbeitgeberzuschuss

Lohn/ Gehalt in € bis	Steuerklasse	Lohn- steuer*	BVSP**	TAGZ***	Steuerklasse	Bemessungsgrundlage für Kirchensteuer und Solidaritätszuschlag					
						Freibeträge für ... Kinder					
						0,5	1,0	1,5	2,0	2,5	3,0
5 330,99	I,IV	**982,66**	465,08	465,08	I	845,83	715,50	591,58	474,16	363,08	258,50
	II	**859,83**	465,08	465,08	II	728,83	604,25	486,08	374,41	269,08	170,25
	III	**574,16**	465,08	465,08	III	472,66	374,33	279,16	187,16	101,66	32,00
	V	**1 475,50**	465,08	465,08	IV	913,41	845,83	779,91	715,50	652,75	591,58
	VI	**1 518,75**	465,08	465,08							
5 333,99	I,IV	**983,66**	465,08	465,08	I	846,83	716,41	592,50	475,00	363,83	259,25
	II	**860,83**	465,08	465,08	II	729,75	605,16	487,00	375,16	269,83	170,91
	III	**575,00**	465,08	465,08	III	473,33	375,00	279,83	187,83	102,33	32,50
	V	**1 476,58**	465,08	465,08	IV	914,41	846,83	780,83	716,41	653,66	592,50
	VI	**1 519,83**	465,08	465,08							
5 336,99	I,IV	**984,66**	465,08	465,08	I	847,83	717,33	593,33	475,75	364,66	259,91
	II	**861,83**	465,08	465,08	II	730,66	606,00	487,75	376,00	270,58	171,66
	III	**575,66**	465,08	465,08	III	474,00	375,66	280,50	188,50	102,83	33,00
	V	**1 477,75**	465,08	465,08	IV	915,41	847,83	781,75	717,33	654,58	593,33
	VI	**1 521,00**	465,08	465,08							
5 339,99	I,IV	**985,66**	465,08	465,08	I	848,75	718,33	594,25	476,66	365,41	260,66
	II	**862,83**	465,08	465,08	II	731,66	606,91	488,66	376,75	271,33	172,33
	III	**576,50**	465,08	465,08	III	474,83	376,33	281,16	189,16	103,50	33,50
	V	**1 478,91**	465,08	465,08	IV	916,41	848,75	782,75	718,33	655,50	594,25
	VI	**1 522,16**	465,08	465,08							
5 342,99	I,IV	**986,75**	465,08	465,08	I	849,75	719,25	595,16	477,50	366,25	261,41
	II	**863,83**	465,08	465,08	II	732,58	607,83	489,50	377,58	272,08	173,00
	III	**577,16**	465,08	465,08	III	475,50	377,00	281,83	189,83	104,00	33,83
	V	**1 480,08**	465,08	465,08	IV	917,41	849,75	783,66	719,25	656,41	595,16
	VI	**1 523,33**	465,08	465,08							
5 345,99	I,IV	**987,75**	465,08	465,08	I	850,75	720,16	596,00	478,33	367,00	262,16
	II	**864,75**	465,08	465,08	II	733,50	608,66	490,33	378,33	272,83	173,75
	III	**578,00**	465,08	465,08	III	476,33	377,83	282,50	190,50	104,50	34,33
	V	**1 481,16**	465,08	465,08	IV	918,41	850,75	784,66	720,16	657,25	596,00
	VI	**1 524,41**	465,08	465,08							
5 348,99	I,IV	**988,75**	465,08	465,08	I	851,75	721,08	596,91	479,16	367,83	262,91
	II	**865,75**	465,08	465,08	II	734,41	609,58	491,16	379,16	273,58	174,41
	III	**578,83**	465,08	465,08	III	477,00	378,50	283,16	191,16	105,16	34,83
	V	**1 482,33**	465,08	465,08	IV	919,41	851,75	785,58	721,08	658,16	596,91
	VI	**1 525,58**	465,08	465,08							
5 351,99	I,IV	**989,83**	465,08	465,08	I	852,66	722,00	597,83	480,00	368,58	263,66
	II	**866,75**	465,08	465,08	II	735,41	610,50	492,00	379,91	274,33	175,16
	III	**579,50**	465,08	465,08	III	477,66	379,16	283,83	191,83	105,66	35,16
	V	**1 483,50**	465,08	465,08	IV	920,41	852,66	786,58	722,00	659,08	597,83
	VI	**1 526,75**	465,08	465,08							
5 354,99	I,IV	**990,83**	465,08	465,08	I	853,66	722,91	598,66	480,83	369,41	264,41
	II	**867,66**	465,08	465,08	II	736,33	611,33	492,83	380,75	275,08	175,83
	III	**580,16**	465,08	465,08	III	478,50	379,83	284,50	192,33	106,33	35,66
	V	**1 484,58**	465,08	465,08	IV	921,41	853,66	787,50	722,91	660,00	598,66
	VI	**1 527,83**	465,08	465,08							
5 357,99	I,IV	**991,83**	465,08	465,08	I	854,66	723,91	599,58	481,66	370,16	265,16
	II	**868,66**	465,08	465,08	II	737,25	612,25	493,66	381,50	275,83	176,50
	III	**581,00**	465,08	465,08	III	479,16	380,66	285,33	193,16	106,83	36,16
	V	**1 485,75**	465,08	465,08	IV	922,41	854,66	788,50	723,91	660,91	599,58
	VI	**1 529,00**	465,08	465,08							
5 360,99	I,IV	**992,91**	465,08	465,08	I	855,66	724,83	600,41	482,50	371,00	265,91
	II	**869,66**	465,08	465,08	II	738,16	613,16	494,50	382,33	276,58	177,25
	III	**581,83**	465,08	465,08	III	480,00	381,33	286,00	193,66	107,50	36,66
	V	**1 486,91**	465,08	465,08	IV	923,41	855,66	789,41	724,83	661,83	600,41
	VI	**1 530,16**	465,08	465,08							
5 363,99	I,IV	**993,91**	465,08	465,08	I	856,58	725,75	601,33	483,33	371,75	266,58
	II	**870,66**	465,08	465,08	II	739,08	614,00	495,33	383,08	277,33	177,91
	III	**582,50**	465,08	465,08	III	480,66	382,00	286,66	194,33	108,00	37,00
	V	**1 488,00**	465,08	465,08	IV	924,41	856,58	790,33	725,75	662,75	601,33
	VI	**1 531,25**	465,08	465,08							

* Zur LSt-Berechnung für privat versicherte Arbeitnehmer s. Beispiele **Vorbemerkung S. 4 f.**
** Basisvorsorgepauschale KV und PV   *** Typisierter Arbeitgeberzuschuss

aT3 allgemeine Lohnsteuer

Lohn/ Gehalt in € bis	Steuerklasse	Lohnsteuer*	BVSP**	TAGZ***	Steuerklasse	Bemessungsgrundlage für Kirchensteuer und Solidaritätszuschlag					
						Freibeträge für ... Kinder					
						0,5	1,0	1,5	2,0	2,5	3,0
5366,99	I,IV	994,91	465,08	465,08	I	857,58	726,66	602,16	484,16	372,58	267,33
	II	871,66	465,08	465,08	II	740,08	614,91	496,16	383,91	278,08	178,66
	III	583,33	465,08	465,08	III	481,50	382,83	287,33	195,00	108,66	37,50
	V	1489,16	465,08	465,08	IV	925,41	857,58	791,33	726,66	663,66	602,16
	VI	1532,41	465,08	465,08							
5369,99	I,IV	995,91	465,08	465,08	I	858,58	727,58	603,08	485,00	373,33	268,08
	II	872,66	465,08	465,08	II	741,00	615,83	497,08	384,75	278,83	179,33
	III	584,00	465,08	465,08	III	482,16	383,50	288,00	195,66	109,16	38,00
	V	1490,33	465,08	465,08	IV	926,50	858,58	792,33	727,58	664,58	603,08
	VI	1533,58	465,08	465,08							
5372,99	I,IV	997,00	465,08	465,08	I	859,50	728,50	604,00	485,83	374,08	268,83
	II	873,58	465,08	465,08	II	741,91	616,66	497,91	385,50	279,58	180,00
	III	584,83	465,08	465,08	III	482,83	384,16	288,66	196,33	109,66	38,50
	V	1491,41	465,08	465,08	IV	927,41	859,50	793,25	728,50	665,41	604,00
	VI	1534,75	465,08	465,08							
5375,99	I,IV	998,00	465,08	465,08	I	860,50	729,50	604,83	486,66	374,91	269,58
	II	874,58	465,08	465,08	II	742,91	617,58	498,75	386,33	280,33	180,75
	III	585,50	465,08	465,08	III	483,66	384,83	289,33	197,00	110,33	38,83
	V	1492,58	465,08	465,08	IV	928,41	860,50	794,16	729,50	666,33	604,83
	VI	1535,83	465,08	465,08							
5378,99	I,IV	999,00	465,08	465,08	I	861,50	730,41	605,75	487,50	375,75	270,33
	II	875,58	465,08	465,08	II	743,83	618,50	499,58	387,08	281,08	181,41
	III	586,33	465,08	465,08	III	484,33	385,50	290,00	197,66	110,83	39,33
	V	1493,75	465,08	465,08	IV	929,50	861,50	795,16	730,41	667,25	605,75
	VI	1537,00	465,08	465,08							
5381,99	I,IV	1000,00	465,08	465,08	I	862,50	731,33	606,58	488,33	376,50	271,08
	II	876,58	465,08	465,08	II	744,75	619,33	500,41	387,91	281,83	182,16
	III	587,00	465,08	465,08	III	485,00	386,33	290,66	198,33	111,50	39,83
	V	1494,91	465,08	465,08	IV	930,41	862,50	796,08	731,33	668,16	606,58
	VI	1538,16	465,08	465,08							
5384,99	I,IV	1001,08	465,08	465,08	I	863,50	732,25	607,50	489,16	377,33	271,83
	II	877,58	465,08	465,08	II	745,66	620,25	501,25	388,66	282,58	182,83
	III	587,83	465,08	465,08	III	485,83	387,00	291,50	199,00	112,00	40,33
	V	1496,00	465,08	465,08	IV	931,50	863,50	797,00	732,25	669,08	607,50
	VI	1539,33	465,08	465,08							
5387,99	I,IV	1002,08	465,08	465,08	I	864,41	733,16	608,41	490,00	378,08	272,58
	II	878,50	465,08	465,08	II	746,58	621,16	502,08	389,50	283,33	183,58
	III	588,50	465,08	465,08	III	486,50	387,66	292,16	199,66	112,66	40,66
	V	1497,16	465,08	465,08	IV	932,41	864,41	798,00	733,16	670,00	608,41
	VI	1540,41	465,08	465,08							
5390,99	I,IV	1003,16	465,08	465,08	I	865,41	734,16	609,25	490,83	378,91	273,33
	II	879,50	465,08	465,08	II	747,58	622,00	502,91	390,25	284,08	184,25
	III	589,33	465,08	465,08	III	487,16	388,33	292,83	200,33	113,16	41,16
	V	1498,33	465,08	465,08	IV	933,50	865,41	799,00	734,16	670,91	609,25
	VI	1541,58	465,08	465,08							
5393,99	I,IV	1004,16	465,08	465,08	I	866,41	735,08	610,16	491,75	379,66	274,08
	II	880,50	465,08	465,08	II	748,50	622,91	503,83	391,08	284,83	185,00
	III	590,16	465,08	465,08	III	488,00	389,16	293,50	201,00	113,83	41,66
	V	1499,50	465,08	465,08	IV	934,50	866,41	799,91	735,08	671,83	610,16
	VI	1542,75	465,08	465,08							
5396,99	I,IV	1005,16	465,08	465,08	I	867,33	736,00	611,08	492,50	380,50	274,83
	II	881,50	465,08	465,08	II	749,41	623,83	504,66	391,91	285,58	185,66
	III	590,83	465,08	465,08	III	488,66	389,83	294,16	201,66	114,33	42,16
	V	1500,58	465,08	465,08	IV	935,50	867,33	800,91	736,00	672,75	611,08
	VI	1543,83	465,08	465,08							
5399,99	I,IV	1006,25	465,08	465,08	I	868,33	736,91	611,91	493,41	381,25	275,58
	II	882,50	465,08	465,08	II	750,41	624,75	505,50	392,66	286,33	186,41
	III	591,66	465,08	465,08	III	489,50	390,50	294,83	202,33	115,00	42,66
	V	1501,75	465,08	465,08	IV	936,50	868,33	801,83	736,91	673,66	611,91
	VI	1545,00	465,08	465,08							

* Zur LSt-Berechnung für privat versicherte Arbeitnehmer s. Beispiele **Vorbemerkung S. 4 f.**
** Basisvorsorgepauschale KV und PV *** Typisierter Arbeitgeberzuschuss

| Lohn/Gehalt in € bis | Steuerklasse | Lohnsteuer* | BVSP** | TAGZ*** | Steuerklasse | Bemessungsgrundlage für Kirchensteuer und Solidaritätszuschlag | | | | | |
| | | | | | | Freibeträge für ... Kinder | | | | | |
						0,5	1,0	1,5	2,0	2,5	3,0
5402,99	I,IV	1007,25	465,08	465,08	I	869,33	737,91	612,83	494,25	382,08	276,33
	II	883,50	465,08	465,08	II	751,33	625,58	506,33	393,50	287,08	187,08
	III	592,33	465,08	465,08	III	490,16	391,33	295,50	203,00	115,66	43,16
	V	1502,91	465,08	465,08	IV	937,50	869,33	802,83	737,91	674,58	612,83
	VI	1546,16	465,08	465,08							
5405,99	I,IV	1008,25	465,08	465,08	I	870,33	738,83	613,75	495,08	382,83	277,08
	II	884,41	465,08	465,08	II	752,25	626,50	507,16	394,25	287,83	187,75
	III	593,16	465,08	465,08	III	491,00	392,00	296,16	203,66	116,16	43,50
	V	1504,00	465,08	465,08	IV	938,50	870,33	803,75	738,83	675,41	613,75
	VI	1547,25	465,08	465,08							
5408,99	I,IV	1009,33	465,08	465,08	I	871,33	739,75	614,58	495,91	383,66	277,83
	II	885,41	465,08	465,08	II	753,16	627,41	508,00	395,08	288,58	188,50
	III	593,83	465,08	465,08	III	491,66	392,66	296,83	204,33	116,66	44,00
	V	1505,16	465,08	465,08	IV	939,50	871,33	804,75	739,75	676,41	614,58
	VI	1548,41	465,08	465,08							
5411,99	I,IV	1010,33	465,08	465,08	I	872,33	740,66	615,50	496,75	384,41	278,58
	II	886,41	465,08	465,08	II	754,16	628,33	508,91	395,91	289,33	189,25
	III	594,66	465,08	465,08	III	492,33	393,33	297,66	205,00	117,33	44,50
	V	1506,33	465,08	465,08	IV	940,50	872,33	805,66	740,66	677,33	615,50
	VI	1549,58	465,08	465,08							
5414,99	I,IV	1011,33	465,08	465,08	I	873,25	741,58	616,41	497,58	385,25	279,33
	II	887,41	465,08	465,08	II	755,08	629,16	509,75	396,66	290,08	189,91
	III	595,33	465,08	465,08	III	493,16	394,16	298,33	205,66	118,00	45,00
	V	1507,41	465,08	465,08	IV	941,50	873,25	806,66	741,58	678,16	616,41
	VI	1550,75	465,08	465,08							
5417,99	I,IV	1012,41	465,08	465,08	I	874,25	742,58	617,25	498,41	386,00	280,08
	II	888,41	465,08	465,08	II	756,00	630,08	510,58	397,50	290,83	190,58
	III	596,16	465,08	465,08	III	493,83	394,83	299,00	206,33	118,50	45,50
	V	1508,58	465,08	465,08	IV	942,50	874,25	807,58	742,58	679,08	617,25
	VI	1551,83	465,08	465,08							
5420,99	I,IV	1013,41	465,08	465,08	I	875,25	743,50	618,16	499,33	386,83	280,83
	II	889,41	465,08	465,08	II	757,00	631,00	511,41	398,33	291,58	191,33
	III	597,00	465,08	465,08	III	494,66	395,50	299,66	207,00	119,16	46,00
	V	1509,75	465,08	465,08	IV	943,58	875,25	808,58	743,50	680,08	618,16
	VI	1553,00	465,08	465,08							
5423,99	I,IV	1014,41	465,08	465,08	I	876,25	744,41	619,08	500,16	387,58	281,58
	II	890,33	465,08	465,08	II	757,91	631,83	512,25	399,08	292,33	192,00
	III	597,66	465,08	465,08	III	495,33	396,16	300,33	207,66	119,66	46,33
	V	1510,91	465,08	465,08	IV	944,50	876,25	809,50	744,41	680,91	619,08
	VI	1554,16	465,08	465,08							
5426,99	I,IV	1015,50	465,08	465,08	I	877,25	745,41	620,00	501,00	388,41	282,33
	II	891,41	465,08	465,08	II	758,83	632,75	513,08	399,91	293,08	192,75
	III	598,33	465,08	465,08	III	496,00	397,00	301,00	208,33	120,33	46,83
	V	1512,00	465,08	465,08	IV	945,58	877,25	810,50	745,41	681,83	620,00
	VI	1555,33	465,08	465,08							
5429,99	I,IV	1016,50	465,08	465,08	I	878,25	746,33	620,83	501,83	389,25	283,08
	II	892,41	465,08	465,08	II	759,83	633,66	514,00	400,75	293,83	193,50
	III	599,16	465,08	465,08	III	496,83	397,66	301,66	209,00	121,00	47,33
	V	1513,16	465,08	465,08	IV	946,58	878,25	811,50	746,33	682,75	620,83
	VI	1556,41	465,08	465,08							
5432,99	I,IV	1017,58	465,08	465,08	I	879,16	747,25	621,75	502,66	390,00	283,83
	II	893,33	465,08	465,08	II	760,75	634,58	514,83	401,50	294,58	194,16
	III	600,00	465,08	465,08	III	497,50	398,33	302,33	209,66	121,50	47,83
	V	1514,33	465,08	465,08	IV	947,58	879,16	812,41	747,25	683,66	621,75
	VI	1557,58	465,08	465,08							
5435,99	I,IV	1018,58	465,08	465,08	I	880,16	748,16	622,66	503,50	390,83	284,58
	II	894,33	465,08	465,08	II	761,66	635,50	515,66	402,33	295,33	194,83
	III	600,66	465,08	465,08	III	498,33	399,00	303,00	210,33	122,16	48,33
	V	1515,50	465,08	465,08	IV	948,58	880,16	813,41	748,16	684,58	622,66
	VI	1558,75	465,08	465,08							

* Zur LSt-Berechnung für privat versicherte Arbeitnehmer s. Beispiele **Vorbemerkung S. 4 f.**
** Basisvorsorgepauschale KV und PV   *** Typisierter Arbeitgeberzuschuss

Lohn/Gehalt in € bis	Steuerklasse	Lohn-steuer*	BVSP**	TAGZ***	Steuerklasse	Bemessungsgrundlage für Kirchensteuer und Solidaritätszuschlag Freibeträge für ... Kinder					
						0,5	1,0	1,5	2,0	2,5	3,0
5438,99	I,IV	1019,66	465,08	465,08	I	881,16	749,16	623,58	504,33	391,66	285,33
	II	895,33	465,08	465,08	II	762,66	636,33	516,50	403,08	296,16	195,58
	III	601,50	465,08	465,08	III	499,00	399,83	303,83	211,00	122,66	48,83
	V	1516,58	465,08	465,08	IV	949,58	881,16	814,33	749,16	685,50	623,58
	VI	1559,91	465,08	465,08							
5441,99	I,IV	1020,66	465,08	465,08	I	882,16	750,08	624,41	505,16	392,41	286,08
	II	896,33	465,08	465,08	II	763,58	637,25	517,33	403,91	296,91	196,25
	III	602,16	465,08	465,08	III	499,83	400,50	304,50	211,66	123,33	49,33
	V	1517,75	465,08	465,08	IV	950,58	882,16	815,33	750,08	686,41	624,41
	VI	1561,00	465,08	465,08							
5444,99	I,IV	1021,66	465,08	465,08	I	883,16	751,00	625,33	506,08	393,25	286,83
	II	897,33	465,08	465,08	II	764,50	638,16	518,25	404,75	297,66	197,00
	III	603,00	465,08	465,08	III	500,50	401,16	305,16	212,33	123,33	49,66
	V	1518,91	465,08	465,08	IV	951,58	883,16	816,25	751,00	687,33	625,33
	VI	1562,16	465,08	465,08							
5447,99	I,IV	1022,75	465,08	465,08	I	884,16	752,00	626,25	506,91	394,00	287,58
	II	898,33	465,08	465,08	II	765,50	639,08	519,08	405,50	298,41	197,75
	III	603,83	465,08	465,08	III	501,16	402,00	305,83	213,00	124,50	50,16
	V	1520,08	465,08	465,08	IV	952,66	884,16	817,25	752,00	688,25	626,25
	VI	1563,33	465,08	465,08							
5450,99	I,IV	1023,75	465,08	465,08	I	885,08	752,91	627,08	507,75	394,83	288,33
	II	899,33	465,08	465,08	II	766,41	639,91	519,91	406,33	299,16	198,41
	III	604,50	465,08	465,08	III	502,00	402,66	306,50	213,66	125,16	50,66
	V	1521,16	465,08	465,08	IV	953,66	885,08	818,16	752,91	689,16	627,08
	VI	1564,41	465,08	465,08							
5453,99	I,IV	1024,83	465,08	465,08	I	886,08	753,83	628,00	508,58	395,66	289,08
	II	900,33	465,08	465,08	II	767,33	640,83	520,75	407,16	299,91	199,16
	III	605,16	465,08	465,08	III	502,66	403,33	307,16	214,33	125,66	51,16
	V	1522,33	465,08	465,08	IV	954,66	886,08	819,16	753,83	690,08	628,00
	VI	1565,58	465,08	465,08							
5456,99	I,IV	1025,83	465,08	465,08	I	887,08	754,75	628,91	509,41	396,41	289,83
	II	901,25	465,08	465,08	II	768,33	641,75	521,58	407,91	300,66	199,83
	III	606,00	465,08	465,08	III	503,33	404,00	307,83	215,00	126,33	51,66
	V	1523,41	465,08	465,08	IV	955,66	887,08	820,08	754,75	691,00	628,91
	VI	1566,66	465,08	465,08							
5459,99	I,IV	1026,83	465,08	465,08	I	888,08	755,75	629,75	510,25	397,25	290,58
	II	902,25	465,08	465,08	II	769,25	642,66	522,50	408,75	301,41	200,58
	III	606,83	465,08	465,08	III	504,16	404,83	308,66	215,66	127,00	52,16
	V	1524,58	465,08	465,08	IV	956,66	888,08	821,08	755,75	691,91	629,75
	VI	1567,83	465,08	465,08							
5462,99	I,IV	1027,91	465,08	465,08	I	889,08	756,66	630,66	511,16	398,00	291,33
	II	903,25	465,08	465,08	II	770,16	643,58	523,33	409,58	302,16	201,25
	III	607,50	465,08	465,08	III	504,83	405,50	309,33	216,33	127,50	52,66
	V	1525,75	465,08	465,08	IV	957,66	889,08	822,08	756,66	692,83	630,66
	VI	1569,00	465,08	465,08							
5465,99	I,IV	1028,91	465,08	465,08	I	890,00	757,58	631,58	512,00	398,83	292,08
	II	904,25	465,08	465,08	II	771,16	644,41	524,16	410,33	302,91	202,00
	III	608,33	465,08	465,08	III	505,66	406,16	310,00	217,00	128,16	53,16
	V	1526,83	465,08	465,08	IV	958,66	890,00	823,00	757,58	693,75	631,58
	VI	1570,16	465,08	465,08							
5468,99	I,IV	1030,00	465,08	465,08	I	891,00	758,58	632,50	512,83	399,66	292,83
	II	905,25	465,08	465,08	II	772,08	645,33	525,08	411,16	303,75	202,66
	III	609,00	465,08	465,08	III	506,33	407,00	310,66	217,66	128,66	53,66
	V	1528,00	465,08	465,08	IV	959,66	891,00	824,00	758,58	694,66	632,50
	VI	1571,25	465,08	465,08							
5471,99	I,IV	1031,00	465,08	465,08	I	892,08	759,50	633,41	513,66	400,41	293,58
	II	906,25	465,08	465,08	II	773,08	646,25	525,91	412,00	304,50	203,41
	III	609,83	465,08	465,08	III	507,16	407,66	311,33	218,33	129,33	54,16
	V	1529,16	465,08	465,08	IV	960,75	892,08	825,00	759,50	695,66	633,41
	VI	1572,41	465,08	465,08							

* Zur LSt-Berechnung für privat versicherte Arbeitnehmer s. Beispiele **Vorbemerkung S. 4 f.**
** Basisvorsorgepauschale KV und PV   *** Typisierter Arbeitgeberzuschuss

Lohn/ Gehalt in € bis	Steuerklasse	Lohn-steuer*	BVSP**	TAGZ***	Steuerklasse	Bemessungsgrundlage für Kirchensteuer und Solidaritätszuschlag Freibeträge für ... Kinder					
						0,5	1,0	1,5	2,0	2,5	3,0
5 474,99	I,IV	1 032,00	465,08	465,08	I	893,00	760,41	634,25	514,50	401,25	294,33
	II	907,25	465,08	465,08	II	774,00	647,16	526,75	412,75	305,25	204,08
	III	610,50	465,08	465,08	III	507,83	408,33	312,00	219,00	130,00	54,50
	V	1 530,33	465,08	465,08	IV	961,75	893,00	825,91	760,41	696,50	634,25
	VI	1 573,58	465,08	465,08							
5 477,99	I,IV	1 033,08	465,08	465,08	I	894,00	761,33	635,16	515,41	402,00	295,08
	II	908,25	465,08	465,08	II	774,91	648,08	527,58	413,58	306,00	204,83
	III	611,33	465,08	465,08	III	508,66	409,00	312,66	219,66	130,50	55,16
	V	1 531,50	465,08	465,08	IV	962,75	894,00	826,91	761,33	697,50	635,16
	VI	1 574,75	465,08	465,08							
5 480,99	I,IV	1 034,16	465,08	465,08	I	895,00	762,33	636,08	516,25	402,83	295,91
	II	909,25	465,08	465,08	II	775,91	649,00	528,50	414,41	306,75	205,58
	III	612,16	465,08	465,08	III	509,33	409,83	313,50	220,33	131,16	55,50
	V	1 532,58	465,08	465,08	IV	963,75	895,00	827,83	762,33	698,41	636,08
	VI	1 575,83	465,08	465,08							
5 483,99	I,IV	1 035,16	465,08	465,08	I	896,00	763,25	636,91	517,08	403,66	296,66
	II	910,25	465,08	465,08	II	776,83	649,83	529,33	415,16	307,50	206,25
	III	612,83	465,08	465,08	III	510,00	410,50	314,16	221,00	131,83	56,00
	V	1 533,75	465,08	465,08	IV	964,75	896,00	828,83	763,25	699,33	636,91
	VI	1 577,00	465,08	465,08							
5 486,99	I,IV	1 036,16	465,08	465,08	I	897,00	764,25	637,83	517,91	404,41	297,41
	II	911,25	465,08	465,08	II	777,75	650,75	530,16	416,00	308,25	207,00
	III	613,66	465,08	465,08	III	510,83	411,16	314,83	221,66	132,33	56,50
	V	1 534,91	465,08	465,08	IV	965,83	897,00	829,83	764,25	700,25	637,83
	VI	1 578,16	465,08	465,08							
5 489,99	I,IV	1 037,25	465,08	465,08	I	898,00	765,16	638,75	518,83	405,25	298,16
	II	912,25	465,08	465,08	II	778,75	651,66	531,08	416,83	309,08	207,66
	III	614,33	465,08	465,08	III	511,50	411,83	315,50	222,33	133,00	57,00
	V	1 536,08	465,08	465,08	IV	966,83	898,00	830,75	765,16	701,16	638,75
	VI	1 579,33	465,08	465,08							
5 492,99	I,IV	1 038,25	465,08	465,08	I	899,00	766,08	639,66	519,66	406,08	298,91
	II	913,25	465,08	465,08	II	779,66	652,58	531,91	417,66	309,83	208,41
	III	615,16	465,08	465,08	III	512,33	412,66	316,16	223,00	133,66	57,50
	V	1 537,16	465,08	465,08	IV	967,83	899,00	831,75	766,08	702,08	639,66
	VI	1 580,41	465,08	465,08							
5 495,99	I,IV	1 039,33	465,08	465,08	I	900,00	767,08	640,58	520,50	406,83	299,66
	II	914,25	465,08	465,08	II	780,66	653,50	532,75	418,41	310,58	209,16
	III	615,83	465,08	465,08	III	513,00	413,33	316,83	223,66	134,33	58,00
	V	1 538,33	465,08	465,08	IV	968,83	900,00	832,66	767,08	703,00	640,58
	VI	1 581,58	465,08	465,08							
5 498,99	I,IV	1 040,33	465,08	465,08	I	901,00	768,00	641,50	521,33	407,66	300,41
	II	915,25	465,08	465,08	II	781,58	654,41	533,58	419,25	311,33	209,83
	III	616,66	465,08	465,08	III	513,83	414,00	317,50	224,33	134,83	58,50
	V	1 539,50	465,08	465,08	IV	969,83	901,00	833,66	768,00	703,91	641,50
	VI	1 582,75	465,08	465,08							
5 501,99	I,IV	1 041,41	465,08	465,08	I	901,91	768,91	642,33	522,16	408,50	301,16
	II	916,25	465,08	465,08	II	782,50	655,25	534,41	420,08	312,08	210,58
	III	617,33	465,08	465,08	III	514,50	414,83	318,33	225,00	135,50	59,00
	V	1 540,58	465,08	465,08	IV	970,83	901,91	834,66	768,91	704,83	642,33
	VI	1 583,83	465,08	465,08							
5 504,99	I,IV	1 042,41	465,08	465,08	I	902,91	769,91	643,25	523,08	409,25	301,91
	II	917,25	465,08	465,08	II	783,50	656,16	535,33	420,91	312,83	211,25
	III	618,16	465,08	465,08	III	515,16	415,50	319,00	225,66	136,16	59,50
	V	1 541,75	465,08	465,08	IV	971,91	902,91	835,58	769,91	705,75	643,25
	VI	1 585,00	465,08	465,08							
5 507,99	I,IV	1 043,50	465,08	465,08	I	903,91	770,83	644,16	523,91	410,08	302,75
	II	918,25	465,08	465,08	II	784,50	657,00	536,16	421,66	313,66	212,00
	III	619,00	465,08	465,08	III	516,00	416,16	319,66	226,33	136,66	60,00
	V	1 542,91	465,08	465,08	IV	972,91	903,91	836,58	770,83	706,66	644,16
	VI	1 586,16	465,08	465,08							

* Zur LSt-Berechnung für privat versicherte Arbeitnehmer s. Beispiele **Vorbemerkung S. 4 f.**
** Basisvorsorgepauschale KV und PV *** Typisierter Arbeitgeberzuschuss

Lohn/ Gehalt in € bis	Steuerklasse	Lohn- steuer*	BVSP**	TAGZ***	Steuerklasse	Bemessungsgrundlage für Kirchensteuer und Solidaritätszuschlag					
						Freibeträge für ... Kinder					
						0,5	1,0	1,5	2,0	2,5	3,0
5510,99	I,IV	1044,50	465,08	465,08	I	904,91	771,75	645,08	524,75	410,91	303,41
	II	919,25	465,08	465,08	II	785,41	658,00	537,00	422,50	314,41	212,75
	III	619,66	465,08	465,08	III	516,66	416,83	320,33	227,00	137,33	60,50
	V	1544,00	465,08	465,08	IV	973,91	904,91	837,58	771,75	707,58	645,08
	VI	1587,25	465,08	465,08							
5513,99	I,IV	1045,58	465,08	465,08	I	905,91	772,75	646,00	525,58	411,66	304,25
	II	920,25	465,08	465,08	II	786,33	658,91	537,91	423,33	315,16	213,41
	III	620,50	465,08	465,08	III	517,50	417,66	321,00	227,66	138,00	61,00
	V	1545,16	465,08	465,08	IV	974,91	905,91	838,50	772,75	708,58	646,00
	VI	1588,41	465,08	465,08							
5516,99	I,IV	1046,58	465,08	465,08	I	906,91	773,66	646,83	526,50	412,50	305,00
	II	921,25	465,08	465,08	II	787,33	659,83	538,75	424,16	315,91	214,16
	III	621,16	465,08	465,08	III	518,16	418,33	321,66	228,33	138,50	61,50
	V	1546,33	465,08	465,08	IV	976,00	906,91	839,50	773,66	709,50	646,83
	VI	1589,58	465,08	465,08							
5519,99	I,IV	1047,66	465,08	465,08	I	907,91	774,58	647,75	527,33	413,33	305,75
	II	922,25	465,08	465,08	II	788,25	660,75	539,58	424,91	316,66	214,83
	III	622,00	465,08	465,08	III	518,83	419,00	322,33	229,00	139,16	62,00
	V	1547,41	465,08	465,08	IV	977,00	907,91	840,50	774,58	710,41	647,75
	VI	1590,75	465,08	465,08							
5522,99	I,IV	1048,66	465,08	465,08	I	908,91	775,58	648,66	528,16	414,16	306,50
	II	923,25	465,08	465,08	II	789,25	661,66	540,50	425,75	317,50	215,58
	III	622,83	465,08	465,08	III	519,66	419,83	323,16	229,66	139,83	62,50
	V	1548,58	465,08	465,08	IV	978,00	908,91	841,41	775,58	711,33	648,66
	VI	1591,83	465,08	465,08							
5525,99	I,IV	1049,75	465,08	465,08	I	909,91	776,50	649,58	529,00	414,91	307,25
	II	924,25	465,08	465,08	II	790,16	662,50	541,33	426,58	318,25	216,33
	III	623,50	465,08	465,08	III	520,33	420,50	323,83	230,33	140,50	63,00
	V	1549,75	465,08	465,08	IV	979,00	909,91	842,41	776,50	712,25	649,58
	VI	1593,00	465,08	465,08							
5528,99	I,IV	1050,75	465,08	465,08	I	910,91	777,50	650,50	529,91	415,75	308,00
	II	925,25	465,08	465,08	II	791,08	663,41	542,16	427,41	319,00	217,00
	III	624,33	465,08	465,08	III	521,16	421,16	324,50	231,00	141,00	63,50
	V	1550,91	465,08	465,08	IV	980,00	910,91	843,41	777,50	713,16	650,50
	VI	1594,16	465,08	465,08							
5531,99	I,IV	1051,83	465,08	465,08	I	911,91	778,41	651,41	530,75	416,58	308,83
	II	926,25	465,08	465,08	II	792,08	664,33	543,08	428,16	319,75	217,75
	III	625,00	465,08	465,08	III	521,83	422,00	325,16	231,66	141,66	64,00
	V	1552,00	465,08	465,08	IV	981,08	911,91	844,33	778,41	714,08	651,41
	VI	1595,33	465,08	465,08							
5534,99	I,IV	1052,83	465,08	465,08	I	912,91	779,33	652,25	531,58	417,33	309,58
	II	927,25	465,08	465,08	II	793,00	665,25	543,91	429,00	320,50	218,50
	III	625,83	465,08	465,08	III	522,66	422,66	325,83	232,33	142,33	64,50
	V	1553,16	465,08	465,08	IV	982,08	912,91	845,33	779,33	715,00	652,25
	VI	1596,41	465,08	465,08							
5537,99	I,IV	1053,91	465,08	465,08	I	913,91	780,33	653,16	532,50	418,16	310,33
	II	928,25	465,08	465,08	II	794,00	666,16	544,75	429,83	321,33	219,16
	III	626,50	465,08	465,08	III	523,33	423,33	326,50	233,00	143,00	65,00
	V	1554,33	465,08	465,08	IV	983,08	913,91	846,33	780,33	715,91	653,16
	VI	1597,58	465,08	465,08							
5540,99	I,IV	1055,00	465,08	465,08	I	914,91	781,25	654,08	533,33	419,00	311,08
	II	929,25	465,08	465,08	II	794,91	667,08	545,66	430,66	322,08	219,91
	III	627,33	465,08	465,08	III	524,16	424,16	327,33	233,66	143,66	65,66
	V	1555,50	465,08	465,08	IV	984,16	914,91	847,33	781,25	716,91	654,08
	VI	1598,75	465,08	465,08							
5543,99	I,IV	1056,00	465,08	465,08	I	915,91	782,25	655,00	534,16	419,75	311,83
	II	930,25	465,08	465,08	II	795,91	668,00	546,50	431,41	322,83	220,66
	III	628,16	465,08	465,08	III	524,83	424,83	328,00	234,33	144,16	66,16
	V	1556,58	465,08	465,08	IV	985,16	915,91	848,25	782,25	717,83	655,00
	VI	1599,83	465,08	465,08							

    * Zur LSt-Berechnung für privat versicherte Arbeitnehmer s. Beispiele **Vorbemerkung S. 4f.**
    ** Basisvorsorgepauschale KV und PV   *** Typisierter Arbeitgeberzuschuss

Lohn/Gehalt in € bis	Steuerklasse	Lohnsteuer*	BVSP**	TAGZ***	Steuerklasse	Bemessungsgrundlage für Kirchensteuer und Solidaritätszuschlag Freibeträge für ... Kinder 0,5	1,0	1,5	2,0	2,5	3,0
5 546,99	I,IV	1 057,08	465,08	465,08	I	916,91	783,16	655,91	535,00	420,58	312,58
	II	931,25	465,08	465,08	II	796,83	668,91	547,33	432,25	323,58	221,33
	III	628,83	465,08	465,08	III	525,66	425,50	328,66	235,00	144,83	66,66
	V	1 557,75	465,08	465,08	IV	986,16	916,91	849,25	783,16	718,75	655,91
	VI	1 601,00	465,08	465,08							
5 549,99	I,IV	1 058,08	465,08	465,08	I	917,91	784,16	656,83	535,91	421,41	313,41
	II	932,25	465,08	465,08	II	797,83	669,83	548,25	433,08	324,41	222,08
	III	629,66	465,08	465,08	III	526,33	426,33	329,33	235,66	145,50	67,16
	V	1 558,91	465,08	465,08	IV	987,16	917,91	850,25	784,16	719,66	656,83
	VI	1 602,16	465,08	465,08							
5 552,99	I,IV	1 059,16	465,08	465,08	I	918,91	785,08	657,66	536,75	422,25	314,16
	II	933,25	465,08	465,08	II	798,75	670,75	549,08	433,91	325,16	222,83
	III	630,50	465,08	465,08	III	527,16	427,00	330,00	236,33	146,16	67,66
	V	1 560,00	465,08	465,08	IV	988,16	918,91	851,16	785,08	720,58	657,66
	VI	1 603,25	465,08	465,08							
5 555,99	I,IV	1 060,16	465,08	465,08	I	919,91	786,00	658,58	537,58	423,08	314,91
	II	934,25	465,08	465,08	II	799,75	671,66	550,00	434,75	325,91	223,50
	III	631,16	465,08	465,08	III	527,83	427,66	330,66	237,00	146,66	68,16
	V	1 561,16	465,08	465,08	IV	989,25	919,91	852,16	786,00	721,50	658,58
	VI	1 604,41	465,08	465,08							
5 558,99	I,IV	1 061,25	465,08	465,08	I	920,91	787,00	659,50	538,50	423,83	315,66
	II	935,25	465,08	465,08	II	800,66	672,58	550,83	435,58	326,66	224,25
	III	632,00	465,08	465,08	III	528,66	428,50	331,50	237,66	147,33	68,66
	V	1 562,33	465,08	465,08	IV	990,25	920,91	853,16	787,00	722,50	659,50
	VI	1 605,58	465,08	465,08							
5 561,99	I,IV	1 062,25	465,08	465,08	I	921,91	787,91	660,41	539,33	424,66	316,41
	II	936,25	465,08	465,08	II	801,66	673,41	551,66	436,33	327,41	225,00
	III	632,66	465,08	465,08	III	529,33	429,16	332,16	238,33	148,00	69,16
	V	1 563,41	465,08	465,08	IV	991,25	921,91	854,08	787,91	723,33	660,41
	VI	1 606,75	465,08	465,08							
5 564,99	I,IV	1 063,33	465,08	465,08	I	922,91	788,91	661,33	540,16	425,50	317,16
	II	937,25	465,08	465,08	II	802,58	674,33	552,58	437,16	328,25	225,66
	III	633,33	465,08	465,08	III	530,00	429,83	332,83	239,00	148,66	69,66
	V	1 564,58	465,08	465,08	IV	992,33	922,91	855,08	788,91	724,33	661,33
	VI	1 607,83	465,08	465,08							
5 567,99	I,IV	1 064,41	465,08	465,08	I	923,91	789,83	662,25	541,08	426,33	318,00
	II	938,33	465,08	465,08	II	803,58	675,25	553,41	438,00	329,00	226,41
	III	634,33	465,08	465,08	III	530,83	430,50	333,50	239,83	149,33	70,16
	V	1 565,75	465,08	465,08	IV	993,33	923,91	856,08	789,83	725,25	662,25
	VI	1 609,00	465,08	465,08							
5 570,99	I,IV	1 065,41	465,08	465,08	I	924,91	790,83	663,16	541,91	427,08	318,75
	II	939,25	465,08	465,08	II	804,50	676,16	554,25	438,83	329,75	227,16
	III	635,00	465,08	465,08	III	531,50	431,33	334,16	240,33	149,83	70,66
	V	1 566,91	465,08	465,08	IV	994,33	924,91	857,08	790,83	726,16	663,16
	VI	1 610,16	465,08	465,08							
5 573,99	I,IV	1 066,50	465,08	465,08	I	925,91	791,75	664,08	542,75	427,91	319,50
	II	940,33	465,08	465,08	II	805,50	677,08	555,16	439,66	330,50	227,91
	III	635,83	465,08	465,08	III	532,33	432,00	335,00	241,00	150,50	71,16
	V	1 568,00	465,08	465,08	IV	995,41	925,91	858,00	791,75	727,08	664,08
	VI	1 611,33	465,08	465,08							
5 576,99	I,IV	1 067,50	465,08	465,08	I	926,91	792,75	665,00	543,66	428,75	320,25
	II	941,33	465,08	465,08	II	806,50	678,00	556,00	440,50	331,33	228,58
	III	636,50	465,08	465,08	III	533,00	432,66	335,66	241,83	151,16	71,83
	V	1 569,16	465,08	465,08	IV	996,41	926,91	859,00	792,75	728,08	665,00
	VI	1 612,41	465,08	465,08							
5 579,99	I,IV	1 068,58	465,08	465,08	I	927,91	793,66	665,83	544,50	429,58	321,00
	II	942,33	465,08	465,08	II	807,41	678,91	556,91	441,25	332,08	229,33
	III	637,33	465,08	465,08	III	533,83	433,50	336,33	242,50	151,83	72,33
	V	1 570,33	465,08	465,08	IV	997,41	927,91	860,00	793,66	729,00	665,83
	VI	1 613,58	465,08	465,08							

*   Zur LSt-Berechnung für privat versicherte Arbeitnehmer s. Beispiele **Vorbemerkung S. 4 f.**
** Basisvorsorgepauschale KV und PV   *** Typisierter Arbeitgeberzuschuss

Lohn/ Gehalt in € bis	Steuerklasse	Lohn- steuer*	BVSP**	TAGZ***	Steuerklasse	Bemessungsgrundlage für Kirchensteuer und Solidaritätszuschlag					
						Freibeträge für ... Kinder					
						0,5	1,0	1,5	2,0	2,5	3,0
5 582,99	I,IV	1 069,66	465,08	465,08	I	928,91	794,66	666,75	545,33	430,33	321,83
	II	943,33	465,08	465,08	II	808,33	679,83	557,75	442,08	332,83	230,08
	III	638,00	465,08	465,08	III	534,50	434,16	337,00	243,16	152,50	72,83
	V	1 571,50	465,08	465,08	IV	998,50	928,91	861,00	794,66	729,91	666,75
	VI	1 614,75	465,08	465,08							
5 585,99	I,IV	1 070,66	465,08	465,08	I	929,91	795,58	667,66	546,25	431,16	322,58
	II	944,33	465,08	465,08	II	809,33	680,75	558,66	442,91	333,66	230,83
	III	638,83	465,08	465,08	III	535,33	434,83	337,66	243,83	153,16	73,33
	V	1 572,58	465,08	465,08	IV	999,50	929,91	862,00	795,58	730,83	667,66
	VI	1 615,91	465,08	465,08							
5 588,99	I,IV	1 071,75	465,08	465,08	I	930,91	796,50	668,58	547,08	432,00	323,33
	II	945,33	465,08	465,08	II	810,25	681,66	559,50	443,75	334,41	231,50
	III	639,66	465,08	465,08	III	536,00	435,66	338,50	244,50	153,66	73,83
	V	1 573,75	465,08	465,08	IV	1 000,50	930,91	862,91	796,50	731,75	668,58
	VI	1 617,00	465,08	465,08							
5 591,99	I,IV	1 072,75	465,08	465,08	I	931,91	797,50	669,50	547,91	432,83	324,08
	II	946,33	465,08	465,08	II	811,25	682,58	560,33	444,58	335,16	232,25
	III	640,33	465,08	465,08	III	536,66	436,33	339,16	245,16	154,33	74,33
	V	1 574,91	465,08	465,08	IV	1 001,58	931,91	863,91	797,50	732,66	669,50
	VI	1 618,16	465,08	465,08							
5 594,99	I,IV	1 073,83	465,08	465,08	I	932,91	798,41	670,41	548,83	433,58	324,83
	II	947,33	465,08	465,08	II	812,16	683,50	561,25	445,33	335,91	232,91
	III	641,16	465,08	465,08	III	537,50	437,00	339,83	245,83	155,00	74,83
	V	1 576,00	465,08	465,08	IV	1 002,58	932,91	864,83	798,41	733,58	670,41
	VI	1 619,25	465,08	465,08							
5 597,99	I,IV	1 074,91	465,08	465,08	I	933,91	799,41	671,33	549,66	434,41	325,66
	II	948,33	465,08	465,08	II	813,16	684,41	562,08	446,16	336,75	233,66
	III	642,00	465,08	465,08	III	538,16	437,83	340,50	246,50	155,66	75,50
	V	1 577,16	465,08	465,08	IV	1 003,58	933,91	865,83	799,41	734,58	671,33
	VI	1 620,41	465,08	465,08							
5 600,99	I,IV	1 075,91	465,08	465,08	I	934,91	800,41	672,25	550,58	435,25	326,41
	II	949,41	465,08	465,08	II	814,16	685,33	563,00	447,00	337,50	234,41
	III	642,66	465,08	465,08	III	539,00	438,50	341,16	247,16	156,33	76,00
	V	1 578,33	465,08	465,08	IV	1 004,66	934,91	866,83	800,41	735,50	672,25
	VI	1 621,58	465,08	465,08							
5 603,99	I,IV	1 077,00	465,08	465,08	I	935,91	801,33	673,16	551,41	436,08	327,16
	II	950,33	465,08	465,08	II	815,00	686,25	563,83	447,83	338,25	235,16
	III	643,50	465,08	465,08	III	539,66	439,16	341,83	247,83	157,00	76,50
	V	1 579,41	465,08	465,08	IV	1 005,66	935,91	867,83	801,33	736,41	673,16
	VI	1 622,66	465,08	465,08							
5 606,99	I,IV	1 078,00	465,08	465,08	I	936,91	802,25	674,08	552,25	436,91	328,00
	II	951,41	465,08	465,08	II	816,00	687,16	564,66	448,66	339,08	235,91
	III	644,16	465,08	465,08	III	540,50	440,00	342,66	248,50	157,66	77,00
	V	1 580,58	465,08	465,08	IV	1 006,66	936,91	868,83	802,25	737,33	674,08
	VI	1 623,83	465,08	465,08							
5 609,99	I,IV	1 079,08	465,08	465,08	I	938,00	803,25	675,00	553,16	437,75	328,75
	II	952,41	465,08	465,08	II	817,00	688,08	565,58	449,50	339,83	236,58
	III	645,00	465,08	465,08	III	541,16	440,66	343,33	249,16	158,33	77,50
	V	1 581,75	465,08	465,08	IV	1 007,75	938,00	869,83	803,25	738,33	675,00
	VI	1 625,00	465,08	465,08							
5 612,99	I,IV	1 080,16	465,08	465,08	I	938,91	804,16	675,91	554,00	438,50	329,50
	II	953,41	465,08	465,08	II	818,00	689,00	566,41	450,33	340,58	237,33
	III	645,66	465,08	465,08	III	542,00	441,33	344,00	249,83	158,83	78,00
	V	1 582,83	465,08	465,08	IV	1 008,75	938,91	870,75	804,16	739,25	675,91
	VI	1 626,16	465,08	465,08							
5 615,99	I,IV	1 081,16	465,08	465,08	I	940,00	805,16	676,83	554,83	439,33	330,25
	II	954,41	465,08	465,08	II	819,00	689,91	567,33	451,16	341,41	238,08
	III	646,50	465,08	465,08	III	542,66	442,16	344,66	250,50	159,50	78,66
	V	1 584,00	465,08	465,08	IV	1 009,75	940,00	871,75	805,16	740,16	676,83
	VI	1 627,25	465,08	465,08							

* Zur LSt-Berechnung für privat versicherte Arbeitnehmer s. Beispiele **Vorbemerkung S. 4 f.**
** Basisvorsorgepauschale KV und PV   *** Typisierter Arbeitgeberzuschuss

Lohn/ Gehalt in € bis	Steuerklasse	Lohn-steuer*	BVSP**	TAGZ***	Steuerklasse	Bemessungsgrundlage für Kirchensteuer und Solidaritätszuschlag Freibeträge für ... Kinder					
						0,5	1,0	1,5	2,0	2,5	3,0
5 618,99	I,IV	1 082,25	465,08	465,08	I	941,00	806,16	677,75	555,75	440,16	331,08
	II	955,41	465,08	465,08	II	819,91	690,83	568,16	452,00	342,16	238,83
	III	647,33	465,08	465,08	III	543,50	442,83	345,33	251,16	160,16	79,16
	V	1 585,16	465,08	465,08	IV	1 010,83	941,00	872,75	806,16	741,16	677,75
	VI	1 628,41	465,08	465,08							
5 621,99	I,IV	1 083,33	465,08	465,08	I	942,00	807,08	678,58	556,58	441,00	331,83
	II	956,41	465,08	465,08	II	820,91	691,75	569,08	452,75	342,91	239,50
	III	648,00	465,08	465,08	III	544,16	443,50	346,00	251,83	160,83	79,66
	V	1 586,33	465,08	465,08	IV	1 011,83	942,00	873,75	807,08	742,08	678,58
	VI	1 629,58	465,08	465,08							
5 624,99	I,IV	1 084,33	465,08	465,08	I	943,00	808,08	679,50	557,50	441,83	332,58
	II	957,50	465,08	465,08	II	821,83	692,66	569,91	453,58	343,75	240,25
	III	648,83	465,08	465,08	III	545,00	444,33	346,83	252,50	161,50	80,16
	V	1 587,50	465,08	465,08	IV	1 012,83	943,00	874,75	808,08	743,00	679,50
	VI	1 630,75	465,08	465,08							
5 627,99	I,IV	1 085,41	465,08	465,08	I	944,00	809,00	680,50	558,33	442,66	333,41
	II	958,50	465,08	465,08	II	822,83	693,58	570,83	454,41	344,50	241,00
	III	649,66	465,08	465,08	III	545,66	445,00	347,50	253,16	162,16	80,66
	V	1 588,58	465,08	465,08	IV	1 013,91	944,00	875,75	809,00	743,91	680,50
	VI	1 631,83	465,08	465,08							
5 630,99	I,IV	1 086,50	465,08	465,08	I	945,00	810,00	681,33	559,16	443,41	334,16
	II	959,50	465,08	465,08	II	823,75	694,50	571,66	455,25	345,25	241,75
	III	650,33	465,08	465,08	III	546,50	445,66	348,16	253,83	162,83	81,16
	V	1 589,75	465,08	465,08	IV	1 014,91	945,00	876,66	810,00	744,83	681,33
	VI	1 633,00	465,08	465,08							
5 633,99	I,IV	1 087,50	465,08	465,08	I	946,00	810,91	682,25	560,08	444,25	334,91
	II	960,50	465,08	465,08	II	824,75	695,41	572,58	456,08	346,08	242,41
	III	651,16	465,08	465,08	III	547,16	446,50	348,83	254,66	163,50	81,83
	V	1 590,91	465,08	465,08	IV	1 016,00	946,00	877,66	810,91	745,83	682,25
	VI	1 634,16	465,08	465,08							
5 636,99	I,IV	1 088,58	465,08	465,08	I	947,00	811,91	683,25	560,91	445,08	335,66
	II	961,50	465,08	465,08	II	825,75	696,33	573,41	456,91	346,83	243,16
	III	651,83	465,08	465,08	III	548,00	447,16	349,66	255,33	164,16	82,33
	V	1 592,00	465,08	465,08	IV	1 017,00	947,00	878,66	811,91	746,75	683,25
	VI	1 635,33	465,08	465,08							
5 639,99	I,IV	1 089,66	465,08	465,08	I	948,00	812,83	684,08	561,83	445,91	336,50
	II	962,50	465,08	465,08	II	826,66	697,25	574,25	457,75	347,58	243,91
	III	652,66	465,08	465,08	III	548,66	447,83	350,33	255,83	164,83	82,83
	V	1 593,16	465,08	465,08	IV	1 018,00	948,00	879,66	812,83	747,66	684,08
	VI	1 636,41	465,08	465,08							
5 642,99	I,IV	1 090,66	465,08	465,08	I	949,08	813,83	685,00	562,66	446,75	337,25
	II	963,58	465,08	465,08	II	827,66	698,16	575,16	458,58	348,41	244,66
	III	653,50	465,08	465,08	III	549,50	448,66	351,00	256,66	165,50	83,33
	V	1 594,33	465,08	465,08	IV	1 019,00	949,00	880,66	813,83	748,58	685,00
	VI	1 637,58	465,08	465,08							
5 645,99	I,IV	1 091,75	465,08	465,08	I	950,08	814,83	686,00	563,58	447,58	338,00
	II	964,58	465,08	465,08	II	828,66	699,16	576,08	459,41	349,16	245,41
	III	654,16	465,08	465,08	III	550,16	449,33	351,66	257,33	166,16	84,00
	V	1 595,50	465,08	465,08	IV	1 020,08	950,08	881,66	814,83	749,58	686,00
	VI	1 638,75	465,08	465,08							
5 648,99	I,IV	1 092,83	465,08	465,08	I	951,08	815,75	686,83	564,41	448,41	338,83
	II	965,58	465,08	465,08	II	829,58	700,00	576,91	460,25	349,91	246,08
	III	655,00	465,08	465,08	III	550,83	450,00	352,33	258,00	166,66	84,50
	V	1 596,58	465,08	465,08	IV	1 021,08	951,08	882,58	815,75	750,50	686,83
	VI	1 639,83	465,08	465,08							
5 651,99	I,IV	1 093,83	465,08	465,08	I	952,08	816,75	687,75	565,25	449,25	339,58
	II	966,58	465,08	465,08	II	830,58	701,00	577,75	461,08	350,75	246,83
	III	655,83	465,08	465,08	III	551,66	450,83	353,16	258,66	167,33	85,00
	V	1 597,75	465,08	465,08	IV	1 022,16	952,00	883,58	816,75	751,41	687,75
	VI	1 641,00	465,08	465,08							

*   Zur LSt-Berechnung für privat versicherte Arbeitnehmer s. Beispiele **Vorbemerkung S. 4 f.**
** Basisvorsorgepauschale KV und PV   *** Typisierter Arbeitgeberzuschuss

Lohn/Gehalt in € bis	Steuerklasse	Lohn-steuer*	BVSP**	TAGZ***	Steuerklasse	Bemessungsgrundlage für Kirchensteuer und Solidaritätszuschlag					
						Freibeträge für ... Kinder					
						0,5	1,0	1,5	2,0	2,5	3,0
5 654,99	I,IV	**1 094,91**	465,08	465,08	I	953,08	817,66	688,75	566,16	450,08	340,33
	II	**967,66**	465,08	465,08	II	831,58	701,91	578,66	461,91	351,50	247,58
	III	**656,50**	465,08	465,08	III	552,33	451,50	353,83	259,33	168,00	85,50
	V	**1 598,91**	465,08	465,08	IV	1 023,25	953,08	884,58	817,66	752,41	688,75
	VI	**1 642,16**	465,08	465,08							
5 657,99	I,IV	**1 096,00**	465,08	465,08	I	954,08	818,66	689,58	567,00	450,83	341,08
	II	**968,58**	465,08	465,08	II	832,50	702,83	579,50	462,66	352,33	248,33
	III	**657,33**	465,08	465,08	III	553,16	452,16	354,50	260,00	168,66	86,16
	V	**1 600,00**	465,08	465,08	IV	1 024,25	954,08	885,58	818,66	753,33	689,58
	VI	**1 643,25**	465,08	465,08							
5 660,99	I,IV	**1 097,08**	465,08	465,08	I	955,08	819,58	690,50	567,91	451,66	341,91
	II	**969,66**	465,08	465,08	II	833,50	703,75	580,41	463,50	353,08	249,08
	III	**658,16**	465,08	465,08	III	554,00	453,00	355,16	260,66	169,33	86,66
	V	**1 601,16**	465,08	465,08	IV	1 025,25	955,08	886,58	819,58	754,25	690,50
	VI	**1 644,41**	465,08	465,08							
5 663,99	I,IV	**1 098,08**	465,08	465,08	I	956,08	820,58	691,41	568,75	452,50	342,66
	II	**970,66**	465,08	465,08	II	834,41	704,66	581,25	464,33	353,83	249,75
	III	**658,83**	465,08	465,08	III	554,66	453,66	355,83	261,33	170,00	87,16
	V	**1 602,33**	465,08	465,08	IV	1 026,25	956,08	887,50	820,58	755,16	691,41
	VI	**1 645,58**	465,08	465,08							
5 666,99	I,IV	**1 099,16**	465,08	465,08	I	957,16	821,50	692,33	569,66	453,33	343,41
	II	**971,66**	465,08	465,08	II	835,41	705,58	582,16	465,16	354,66	250,50
	III	**659,66**	465,08	465,08	III	555,33	454,33	356,66	262,00	170,66	87,66
	V	**1 603,41**	465,08	465,08	IV	1 027,33	957,16	888,50	821,50	756,16	692,33
	VI	**1 646,75**	465,08	465,08							
5 669,99	I,IV	**1 100,25**	465,08	465,08	I	958,16	822,50	693,33	570,50	454,16	344,25
	II	**972,66**	465,08	465,08	II	836,41	706,50	583,08	466,00	355,41	251,25
	III	**660,50**	465,08	465,08	III	556,16	455,16	357,33	262,66	171,33	88,33
	V	**1 604,58**	465,08	465,08	IV	1 028,41	958,16	889,50	822,50	757,08	693,33
	VI	**1 647,83**	465,08	465,08							
5 672,99	I,IV	**1 101,25**	465,08	465,08	I	959,16	823,41	694,16	571,33	455,00	345,00
	II	**973,66**	465,08	465,08	II	837,33	707,41	583,91	466,83	356,16	252,00
	III	**661,16**	465,08	465,08	III	556,83	455,83	358,00	263,33	172,00	88,83
	V	**1 605,75**	465,08	465,08	IV	1 029,41	959,16	890,50	823,41	758,00	694,16
	VI	**1 649,00**	465,08	465,08							
5 675,99	I,IV	**1 102,33**	465,08	465,08	I	960,16	824,41	695,16	572,25	455,83	345,83
	II	**974,75**	465,08	465,08	II	838,33	708,33	584,83	467,66	357,00	252,75
	III	**662,00**	465,08	465,08	III	557,66	456,50	358,66	264,00	172,66	89,33
	V	**1 606,91**	465,08	465,08	IV	1 030,41	960,16	891,50	824,41	759,00	695,16
	VI	**1 650,16**	465,08	465,08							
5 678,99	I,IV	**1 103,41**	465,08	465,08	I	961,16	825,41	696,08	573,16	456,66	346,58
	II	**975,75**	465,08	465,08	II	839,33	709,25	585,66	468,50	357,75	253,50
	III	**662,66**	465,08	465,08	III	558,50	457,33	359,50	264,83	173,33	90,00
	V	**1 608,00**	465,08	465,08	IV	1 031,50	961,16	892,50	825,41	759,91	696,08
	VI	**1 651,33**	465,08	465,08							
5 681,99	I,IV	**1 104,41**	465,08	465,08	I	962,16	826,33	696,91	574,00	457,41	347,33
	II	**976,75**	465,08	465,08	II	840,25	710,16	586,58	469,33	358,58	254,16
	III	**663,50**	465,08	465,08	III	559,16	458,00	360,16	265,50	174,00	90,50
	V	**1 609,16**	465,08	465,08	IV	1 032,50	962,16	893,50	826,33	760,83	696,91
	VI	**1 652,41**	465,08	465,08							
5 684,99	I,IV	**1 105,50**	465,08	465,08	I	963,25	827,33	697,91	574,83	458,25	348,16
	II	**977,75**	465,08	465,08	II	841,25	711,08	587,41	470,16	359,33	254,91
	III	**664,33**	465,08	465,08	III	559,83	458,66	360,83	266,16	174,66	91,00
	V	**1 610,33**	465,08	465,08	IV	1 033,58	963,25	894,50	827,33	761,83	697,91
	VI	**1 653,58**	465,08	465,08							
5 687,99	I,IV	**1 106,58**	465,08	465,08	I	964,25	828,33	698,83	575,75	459,08	348,91
	II	**978,83**	465,08	465,08	II	842,25	712,08	588,33	471,00	360,16	255,66
	III	**665,00**	465,08	465,08	III	560,66	459,50	361,50	266,83	175,33	91,66
	V	**1 611,50**	465,08	465,08	IV	1 034,58	964,25	895,50	828,33	762,75	698,83
	VI	**1 654,75**	465,08	465,08							

* Zur LSt-Berechnung für privat versicherte Arbeitnehmer s. Beispiele **Vorbemerkung S. 4 f.**
** Basisvorsorgepauschale KV und PV   *** Typisierter Arbeitgeberzuschuss

Lohn/ Gehalt in € bis	Steuerklasse	Lohn- steuer*	BVSP**	TAGZ***	Steuerklasse	Bemessungsgrundlage für Kirchensteuer und Solidaritätszuschlag Freibeträge für ... Kinder					
						0,5	1,0	1,5	2,0	2,5	3,0
5 690,99	I,IV	1 107,66	465,08	465,08	I	965,25	829,25	699,75	576,58	459,91	349,66
	II	979,83	465,08	465,08	II	843,16	713,00	589,16	471,83	360,91	256,41
	III	665,83	465,08	465,08	III	561,33	460,16	362,16	267,50	175,83	92,16
	V	1 612,58	465,08	465,08	IV	1 035,66	965,25	896,41	829,25	763,66	699,75
	VI	1 655,83	465,08	465,08							
5 693,99	I,IV	1 108,66	465,08	465,08	I	966,25	830,25	700,66	577,50	460,75	350,50
	II	980,83	465,08	465,08	II	844,16	713,91	590,08	472,66	361,66	257,16
	III	666,50	465,08	465,08	III	562,16	461,00	362,83	268,16	176,50	92,66
	V	1 613,75	465,08	465,08	IV	1 036,66	966,25	897,41	830,25	764,66	700,66
	VI	1 657,00	465,08	465,08							
5 696,99	I,IV	1 109,75	465,08	465,08	I	967,25	831,25	701,58	578,41	461,58	351,25
	II	981,91	465,08	465,08	II	845,16	714,83	591,00	473,50	362,50	257,91
	III	667,33	465,08	465,08	III	563,00	461,66	363,66	268,83	177,16	93,33
	V	1 614,91	465,08	465,08	IV	1 037,75	967,25	898,41	831,25	765,58	701,58
	VI	1 658,16	465,08	465,08							
5 699,99	I,IV	1 110,83	465,08	465,08	I	968,25	832,16	702,50	579,25	462,41	352,00
	II	982,91	465,08	465,08	II	846,08	715,75	591,83	474,33	363,25	258,66
	III	668,16	465,08	465,08	III	563,66	462,33	364,33	269,50	177,83	93,83
	V	1 616,00	465,08	465,08	IV	1 038,75	968,25	899,41	832,16	766,50	702,50
	VI	1 659,25	465,08	465,08							
5 702,99	I,IV	1 111,91	465,08	465,08	I	969,33	833,16	703,41	580,08	463,25	352,83
	II	983,91	465,08	465,08	II	847,08	716,66	592,75	475,16	364,08	259,41
	III	668,83	465,08	465,08	III	564,33	463,16	365,00	270,16	178,50	94,33
	V	1 617,16	465,08	465,08	IV	1 039,83	969,33	900,41	833,16	767,50	703,41
	VI	1 660,41	465,08	465,08							
5 705,99	I,IV	1 113,00	465,08	465,08	I	970,33	834,16	704,33	581,00	464,08	353,58
	II	984,91	465,08	465,08	II	848,00	717,58	593,58	476,00	364,83	260,16
	III	669,66	465,08	465,08	III	565,16	463,83	365,83	270,83	179,16	95,00
	V	1 618,33	465,08	465,08	IV	1 040,83	970,33	901,41	834,16	768,41	704,33
	VI	1 661,58	465,08	465,08							
5 708,99	I,IV	1 114,00	465,08	465,08	I	971,33	835,08	705,25	581,83	464,91	354,41
	II	985,91	465,08	465,08	II	849,00	718,50	594,50	476,83	365,66	260,83
	III	670,50	465,08	465,08	III	565,83	464,50	366,50	271,50	179,83	95,50
	V	1 619,41	465,08	465,08	IV	1 041,83	971,33	902,41	835,08	769,33	705,25
	VI	1 662,75	465,08	465,08							
5 711,99	I,IV	1 115,08	465,08	465,08	I	972,33	836,08	706,16	582,75	465,75	355,16
	II	987,00	465,08	465,08	II	850,00	719,50	595,33	477,66	366,41	261,58
	III	671,16	465,08	465,08	III	566,66	465,33	367,16	272,16	180,50	96,00
	V	1 620,58	465,08	465,08	IV	1 042,91	972,33	903,41	836,08	770,33	706,16
	VI	1 663,83	465,08	465,08							
5 714,99	I,IV	1 116,16	465,08	465,08	I	973,41	837,08	707,16	583,66	466,58	356,00
	II	988,00	465,08	465,08	II	851,00	720,41	596,25	478,50	367,25	262,33
	III	672,00	465,08	465,08	III	567,50	466,00	367,83	273,00	181,16	96,66
	V	1 621,75	465,08	465,08	IV	1 044,00	973,41	904,41	837,08	771,25	707,16
	VI	1 665,00	465,08	465,08							
5 717,99	I,IV	1 117,25	465,08	465,08	I	974,41	838,00	708,00	584,50	467,41	356,75
	II	989,00	465,08	465,08	II	851,91	721,33	597,08	479,33	368,00	263,08
	III	672,83	465,08	465,08	III	568,16	466,83	368,50	273,66	181,83	97,16
	V	1 622,91	465,08	465,08	IV	1 045,00	974,41	905,41	838,00	772,25	708,00
	VI	1 666,16	465,08	465,08							
5 720,99	I,IV	1 118,25	465,08	465,08	I	975,41	839,00	709,00	585,41	468,25	357,50
	II	990,08	465,08	465,08	II	852,91	722,25	598,00	480,16	368,83	263,83
	III	673,50	465,08	465,08	III	568,83	467,50	369,33	274,33	182,50	97,66
	V	1 624,00	465,08	465,08	IV	1 046,08	975,41	906,41	839,00	773,16	709,00
	VI	1 667,33	465,08	465,08							
5 723,99	I,IV	1 119,33	465,08	465,08	I	976,41	840,00	709,91	586,25	469,08	358,33
	II	991,08	465,08	465,08	II	853,91	723,16	598,91	481,00	369,58	264,58
	III	674,33	465,08	465,08	III	569,66	468,16	370,00	275,00	183,16	98,33
	V	1 625,16	465,08	465,08	IV	1 047,08	976,41	907,41	840,00	774,16	709,91
	VI	1 668,41	465,08	465,08							

*   Zur LSt-Berechnung für privat versicherte Arbeitnehmer s. Beispiele **Vorbemerkung S. 4 f.**
** Basisvorsorgepauschale KV und PV *** Typisierter Arbeitgeberzuschuss

139

Lohn/ Gehalt in € bis	Steuerklasse	Lohn-steuer*	BVSP**	TAGZ***	Steuerklasse	Bemessungsgrundlage für Kirchensteuer und Solidaritätszuschlag					
						Freibeträge für ... Kinder					
						0,5	1,0	1,5	2,0	2,5	3,0
5 726,99	I,IV	1 120,41	465,08	465,08	I	977,41	840,91	710,83	587,16	469,91	359,08
	II	992,08	465,08	465,08	II	854,91	724,08	599,75	481,83	370,33	265,33
	III	675,16	465,08	465,08	III	570,50	469,00	370,66	275,66	183,83	98,83
	V	1 626,33	465,08	465,08	IV	1 048,16	977,41	908,41	840,91	775,08	710,83
	VI	1 669,58	465,08	465,08							
5 729,99	I,IV	1 121,50	465,08	465,08	I	978,50	841,91	711,75	588,00	470,75	359,91
	II	993,16	465,08	465,08	II	855,91	725,00	600,66	482,66	371,16	266,08
	III	675,83	465,08	465,08	III	571,16	469,66	371,33	276,33	184,50	99,33
	V	1 627,50	465,08	465,08	IV	1 049,16	978,50	909,41	841,91	776,00	711,75
	VI	1 670,75	465,08	465,08							
5 732,99	I,IV	1 122,50	465,08	465,08	I	979,50	842,83	712,66	588,91	471,58	360,66
	II	994,16	465,08	465,08	II	856,83	726,00	601,50	483,50	371,91	266,83
	III	676,66	465,08	465,08	III	571,91	470,33	372,00	277,00	185,16	100,00
	V	1 628,58	465,08	465,08	IV	1 050,16	979,50	910,33	842,83	776,91	712,66
	VI	1 671,83	465,08	465,08							
5 735,99	I,IV	1 123,58	465,08	465,08	I	980,50	843,83	713,58	589,75	472,41	361,41
	II	995,16	465,08	465,08	II	857,83	726,91	602,41	484,33	372,75	267,58
	III	677,50	465,08	465,08	III	572,66	471,16	372,83	277,66	185,83	100,50
	V	1 629,75	465,08	465,08	IV	1 051,25	980,50	911,33	843,83	777,91	713,58
	VI	1 673,00	465,08	465,08							
5 738,99	I,IV	1 124,66	465,08	465,08	I	981,50	844,83	714,50	590,66	473,25	362,25
	II	996,16	465,08	465,08	II	858,83	727,83	603,33	485,25	373,50	268,33
	III	678,16	465,08	465,08	III	573,33	471,83	373,50	278,33	186,50	101,16
	V	1 630,91	465,08	465,08	IV	1 052,33	981,50	912,41	844,83	778,83	714,50
	VI	1 674,16	465,08	465,08							
5 741,99	I,IV	1 125,75	465,08	465,08	I	982,50	845,75	715,41	591,50	474,08	363,00
	II	997,25	465,08	465,08	II	859,75	728,75	604,16	486,00	374,33	269,00
	III	679,00	465,08	465,08	III	574,16	472,50	374,16	279,00	187,00	101,66
	V	1 632,00	465,08	465,08	IV	1 053,33	982,50	913,33	845,75	779,83	715,41
	VI	1 675,25	465,08	465,08							
5 744,99	I,IV	1 126,83	465,08	465,08	I	983,58	846,75	716,33	592,41	474,91	363,83
	II	998,25	465,08	465,08	II	860,75	729,66	605,08	486,91	375,08	269,75
	III	679,83	465,08	465,08	III	575,00	473,33	374,83	279,66	187,83	102,16
	V	1 633,16	465,08	465,08	IV	1 054,41	983,58	914,33	846,75	780,75	716,33
	VI	1 676,41	465,08	465,08							
5 747,99	I,IV	1 127,91	465,08	465,08	I	984,58	847,75	717,33	593,33	475,75	364,58
	II	999,25	465,08	465,08	II	861,75	730,66	606,00	487,75	375,91	270,50
	III	680,50	465,08	465,08	III	575,66	474,00	375,66	280,33	188,33	102,83
	V	1 634,33	465,08	465,08	IV	1 055,41	984,58	915,33	847,75	781,75	717,33
	VI	1 677,58	465,08	465,08							
5 750,99	I,IV	1 128,91	465,08	465,08	I	985,58	848,66	718,25	594,16	476,58	365,33
	II	1 000,33	465,08	465,08	II	862,75	731,58	606,83	488,58	376,66	271,25
	III	681,33	465,08	465,08	III	576,33	474,66	376,33	281,00	189,00	103,33
	V	1 635,41	465,08	465,08	IV	1 056,50	985,58	916,33	848,66	782,66	718,25
	VI	1 678,66	465,08	465,08							
5 753,99	I,IV	1 130,00	465,08	465,08	I	986,66	849,66	719,16	595,08	477,41	366,16
	II	1 001,33	465,08	465,08	II	863,66	732,50	607,75	489,41	377,50	272,00
	III	682,16	465,08	465,08	III	577,16	475,50	377,00	281,83	189,66	104,00
	V	1 636,58	465,08	465,08	IV	1 057,50	986,66	917,33	849,66	783,58	719,16
	VI	1 679,83	465,08	465,08							
5 756,99	I,IV	1 131,08	465,08	465,08	I	987,66	850,66	720,08	595,91	478,25	367,00
	II	1 002,33	465,08	465,08	II	864,66	733,41	608,66	490,25	378,33	272,75
	III	682,83	465,08	465,08	III	578,00	476,16	377,66	282,50	190,33	104,50
	V	1 637,75	465,08	465,08	IV	1 058,58	987,66	918,33	850,66	784,58	720,08
	VI	1 681,00	465,08	465,08							
5 759,99	I,IV	1 132,16	465,08	465,08	I	988,66	851,66	721,00	596,83	479,08	367,75
	II	1 003,41	465,08	465,08	II	865,66	734,33	609,50	491,08	379,08	273,50
	III	683,66	465,08	465,08	III	578,66	477,00	378,50	283,16	191,00	105,00
	V	1 638,83	465,08	465,08	IV	1 059,58	988,66	919,33	851,66	785,50	721,00
	VI	1 682,16	465,08	465,08							

* Zur LSt-Berechnung für privat versicherte Arbeitnehmer s. Beispiele **Vorbemerkung S. 4 f.**
** Basisvorsorgepauschale KV und PV   *** Typisierter Arbeitgeberzuschuss

Lohn/ Gehalt in € bis	Steuerklasse	Lohn-steuer*	BVSP**	TAGZ***	Steuerklasse	Bemessungsgrundlage für Kirchensteuer und Solidaritätszuschlag Freibeträge für ... Kinder 0,5	1,0	1,5	2,0	2,5	3,0
5762,99	I,IV	1133,25	465,08	465,08	I	989,75	852,58	721,91	597,75	479,91	368,50
	II	1004,41	465,08	465,08	II	866,66	735,33	610,41	491,91	379,91	274,25
	III	684,50	465,08	465,08	III	579,50	477,66	379,16	283,83	191,66	105,66
	V	1640,00	465,08	465,08	IV	1060,66	989,75	920,33	852,58	786,50	721,91
	VI	1683,25	465,08	465,08							
5765,99	I,IV	1134,33	465,08	465,08	I	990,75	853,58	722,91	598,58	480,75	369,33
	II	1005,41	465,08	465,08	II	867,66	736,25	611,33	492,75	380,66	275,00
	III	685,16	465,08	465,08	III	580,16	478,50	379,83	284,50	192,33	106,16
	V	1641,16	465,08	465,08	IV	1061,75	990,75	921,33	853,58	787,41	722,91
	VI	1684,41	465,08	465,08							
5768,99	I,IV	1135,33	465,08	465,08	I	991,75	854,58	723,83	599,50	481,58	370,08
	II	1006,50	465,08	465,08	II	868,58	737,16	612,16	493,58	381,41	275,75
	III	686,00	465,08	465,08	III	581,00	479,16	380,50	285,16	193,00	106,83
	V	1642,33	465,08	465,08	IV	1062,75	991,75	922,33	854,58	788,33	723,83
	VI	1685,58	465,08	465,08							
5771,99	I,IV	1136,41	465,08	465,08	I	992,75	855,58	724,75	600,33	482,41	370,91
	II	1007,50	465,08	465,08	II	869,58	738,08	613,08	494,41	382,25	276,50
	III	686,83	465,08	465,08	III	581,66	479,83	381,33	285,83	193,66	107,33
	V	1643,50	465,08	465,08	IV	1063,83	992,75	923,33	855,58	789,33	724,75
	VI	1686,75	465,08	465,08							
5774,99	I,IV	1137,50	465,08	465,08	I	993,83	856,50	725,66	601,25	483,25	371,66
	II	1008,58	465,08	465,08	II	870,58	739,00	614,00	495,33	383,08	277,25
	III	687,50	465,08	465,08	III	582,50	480,66	382,00	286,50	194,33	108,00
	V	1644,58	465,08	465,08	IV	1064,83	993,83	924,33	856,50	790,33	725,66
	VI	1687,83	465,08	465,08							
5777,99	I,IV	1138,58	465,08	465,08	I	994,83	857,50	726,58	602,08	484,08	372,50
	II	1009,58	465,08	465,08	II	871,58	740,00	614,83	496,08	383,83	278,00
	III	688,33	465,08	465,08	III	583,16	481,33	382,66	287,16	195,00	108,50
	V	1645,75	465,08	465,08	IV	1065,91	994,83	925,33	857,50	791,25	726,58
	VI	1689,00	465,08	465,08							
5780,99	I,IV	1139,66	465,08	465,08	I	995,83	858,50	727,50	603,00	484,91	373,25
	II	1010,58	465,08	465,08	II	872,58	740,91	615,75	497,00	384,66	278,75
	III	689,16	465,08	465,08	III	584,00	482,16	383,33	288,00	195,66	109,16
	V	1646,91	465,08	465,08	IV	1067,00	995,83	926,33	858,50	792,16	727,50
	VI	1690,16	465,08	465,08							
5783,99	I,IV	1140,75	465,08	465,08	I	996,91	859,50	728,50	603,91	485,75	374,08
	II	1011,66	465,08	465,08	II	873,50	741,83	616,66	497,83	385,41	279,50
	III	689,83	465,08	465,08	III	584,66	482,83	384,16	288,66	196,33	109,66
	V	1648,08	465,08	465,08	IV	1068,00	996,91	927,41	859,50	793,16	728,50
	VI	1691,33	465,08	465,08							
5786,99	I,IV	1141,83	465,08	465,08	I	997,91	860,41	729,41	604,75	486,58	374,83
	II	1012,66	465,08	465,08	II	874,50	742,75	617,50	498,66	386,25	280,25
	III	690,66	465,08	465,08	III	585,50	483,50	384,83	289,33	197,00	110,33
	V	1649,16	465,08	465,08	IV	1069,08	997,91	928,33	860,41	794,08	729,41
	VI	1692,41	465,08	465,08							
5789,99	I,IV	1142,91	465,08	465,08	I	998,91	861,41	730,33	605,66	487,41	375,66
	II	1013,66	465,08	465,08	II	875,50	743,75	618,41	499,50	387,00	281,00
	III	691,50	465,08	465,08	III	586,33	484,33	385,50	290,00	197,66	110,83
	V	1650,33	465,08	465,08	IV	1070,08	998,91	929,41	861,41	795,08	730,33
	VI	1693,58	465,08	465,08							
5792,99	I,IV	1144,00	465,08	465,08	I	1000,00	862,41	731,25	606,58	488,33	376,41
	II	1014,75	465,08	465,08	II	876,50	744,66	619,33	500,33	387,83	281,75
	III	692,16	465,08	465,08	III	587,00	485,00	386,16	290,66	198,33	111,50
	V	1651,50	465,08	465,08	IV	1071,16	1000,00	930,41	862,41	796,00	731,25
	VI	1694,75	465,08	465,08							
5795,99	I,IV	1145,00	465,08	465,08	I	1001,00	863,33	732,16	607,41	489,08	377,25
	II	1015,75	465,08	465,08	II	877,50	745,58	620,16	501,16	388,66	282,50
	III	693,00	465,08	465,08	III	587,66	485,66	387,00	291,33	199,00	112,00
	V	1652,58	465,08	465,08	IV	1072,16	1001,00	931,41	863,33	797,00	732,16
	VI	1695,83	465,08	465,08							

Lohn/ Gehalt in € bis	Steuerklasse	Lohn- steuer*	BVSP**	TAGZ***	Steuerklasse	Bemessungsgrundlage für Kirchensteuer und Solidaritätszuschlag					
						Freibeträge für ... Kinder					
						0,5	1,0	1,5	2,0	2,5	3,0
5 798,99	I,IV	**1 146,08**	465,08	465,08	I	1 002,00	864,33	733,16	608,33	490,00	378,00
	II	**1 016,75**	465,08	465,08	II	878,41	746,58	621,08	502,08	389,41	283,25
	III	**693,83**	465,08	465,08	III	588,50	486,50	387,66	292,00	199,66	112,66
	V	**1 653,75**	465,08	465,08	IV	1 073,25	1 002,00	932,41	864,33	797,91	733,16
	VI	**1 697,00**	465,08	465,08							
5 801,99	I,IV	**1 147,16**	465,08	465,08	I	1 003,00	865,33	734,08	609,16	490,75	378,83
	II	**1 017,83**	465,08	465,08	II	879,41	747,50	621,91	502,83	390,25	284,00
	III	**694,50**	465,08	465,08	III	589,33	487,16	388,33	292,66	200,33	113,16
	V	**1 654,83**	465,08	465,08	IV	1 074,33	1 003,00	933,33	865,33	798,91	734,08
	VI	**1 698,16**	465,08	465,08							
5 804,99	I,IV	**1 148,25**	465,08	465,08	I	1 004,08	866,33	735,00	610,08	491,66	379,58
	II	**1 018,83**	465,08	465,08	II	880,41	748,41	622,83	503,75	391,00	284,75
	III	**695,33**	465,08	465,08	III	590,00	488,00	389,00	293,33	201,00	113,83
	V	**1 656,00**	465,08	465,08	IV	1 075,33	1 004,08	934,41	866,33	799,83	735,00
	VI	**1 699,25**	465,08	465,08							
5 807,99	I,IV	**1 149,33**	465,08	465,08	I	1 005,08	867,33	735,91	611,00	492,50	380,41
	II	**1 019,91**	465,08	465,08	II	881,41	749,33	623,75	504,58	391,83	285,50
	III	**696,16**	465,08	465,08	III	590,83	488,66	389,83	294,16	201,66	114,33
	V	**1 657,16**	465,08	465,08	IV	1 076,41	1 005,08	935,41	867,33	800,83	735,91
	VI	**1 700,41**	465,08	465,08							
5 810,99	I,IV	**1 150,41**	465,08	465,08	I	1 006,08	868,25	736,83	611,83	493,33	381,16
	II	**1 020,91**	465,08	465,08	II	882,41	750,33	624,66	505,41	392,58	286,25
	III	**696,83**	465,08	465,08	III	591,50	489,33	390,50	294,83	202,33	115,00
	V	**1 658,33**	465,08	465,08	IV	1 077,41	1 006,08	936,41	868,25	801,75	736,83
	VI	**1 701,58**	465,08	465,08							
5 813,99	I,IV	**1 151,50**	465,08	465,08	I	1 007,16	869,25	737,83	612,75	494,16	382,00
	II	**1 021,91**	465,08	465,08	II	883,41	751,25	625,50	506,25	393,41	287,00
	III	**697,66**	465,08	465,08	III	592,33	490,16	391,16	295,50	203,00	115,50
	V	**1 659,41**	465,08	465,08	IV	1 078,50	1 007,16	937,41	869,25	802,75	737,83
	VI	**1 702,75**	465,08	465,08							
5 816,99	I,IV	**1 152,58**	465,08	465,08	I	1 008,16	870,25	738,75	613,66	495,00	382,83
	II	**1 023,00**	465,08	465,08	II	884,41	752,16	626,41	507,08	394,25	287,75
	III	**698,50**	465,08	465,08	III	593,00	490,83	392,00	296,16	203,66	116,16
	V	**1 660,58**	465,08	465,08	IV	1 079,58	1 008,16	938,41	870,25	803,66	738,75
	VI	**1 703,83**	465,08	465,08							
5 819,99	I,IV	**1 153,66**	465,08	465,08	I	1 009,16	871,25	739,66	614,50	495,83	383,58
	II	**1 024,00**	465,08	465,08	II	885,33	753,08	627,33	507,91	395,00	288,50
	III	**699,16**	465,08	465,08	III	593,83	491,66	392,66	296,83	204,33	116,66
	V	**1 661,75**	465,08	465,08	IV	1 080,58	1 009,16	939,41	871,25	804,66	739,66
	VI	**1 705,00**	465,08	465,08							
5 822,99	I,IV	**1 154,75**	465,08	465,08	I	1 010,25	872,25	740,58	615,41	496,66	384,41
	II	**1 025,08**	465,08	465,08	II	886,33	754,08	628,25	508,83	395,83	289,25
	III	**700,00**	465,08	465,08	III	594,50	492,33	393,33	297,50	205,00	117,33
	V	**1 662,91**	465,08	465,08	IV	1 081,66	1 010,25	940,41	872,25	805,58	740,58
	VI	**1 706,16**	465,08	465,08							
5 825,99	I,IV	**1 155,83**	465,08	465,08	I	1 011,25	873,16	741,58	616,33	497,58	385,16
	II	**1 026,08**	465,08	465,08	II	887,33	755,00	629,16	509,66	396,66	290,00
	III	**700,83**	465,08	465,08	III	595,33	493,16	394,00	298,16	205,66	117,83
	V	**1 664,00**	465,08	465,08	IV	1 082,75	1 011,25	941,41	873,16	806,58	741,58
	VI	**1 707,33**	465,08	465,08							
5 828,99	I,IV	**1 156,83**	465,08	465,08	I	1 012,33	874,16	742,50	617,16	498,33	386,00
	II	**1 027,08**	465,08	465,08	II	888,33	755,91	630,00	510,50	397,41	290,75
	III	**701,50**	465,08	465,08	III	596,00	493,83	394,66	298,83	206,33	118,50
	V	**1 665,16**	465,08	465,08	IV	1 083,75	1 012,33	942,41	874,16	807,50	742,50
	VI	**1 708,41**	465,08	465,08							
5 831,99	I,IV	**1 157,91**	465,08	465,08	I	1 013,33	875,16	743,41	618,08	499,25	386,75
	II	**1 028,16**	465,08	465,08	II	889,33	756,91	630,91	511,33	398,25	291,50
	III	**702,33**	465,08	465,08	III	596,83	494,50	395,50	299,50	207,00	119,00
	V	**1 666,33**	465,08	465,08	IV	1 084,83	1 013,33	943,41	875,16	808,50	743,41
	VI	**1 709,58**	465,08	465,08							

* Zur LSt-Berechnung für privat versicherte Arbeitnehmer s. Beispiele **Vorbemerkung S. 4 f.**
** Basisvorsorgepauschale KV und PV   *** Typisierter Arbeitgeberzuschuss

Lohn/ Gehalt in € bis	Steuerklasse	Lohn- steuer*	BVSP**	TAGZ***	Steuerklasse	Bemessungsgrundlage für Kirchensteuer und Solidaritätszuschlag Freibeträge für ... Kinder					
						0,5	1,0	1,5	2,0	2,5	3,0
5 834,99	I,IV	1 159,00	465,08	465,08	I	1 014,41	876,16	744,33	619,00	500,08	387,58
	II	1 029,25	465,08	465,08	II	890,33	757,83	631,83	512,25	399,00	292,33
	III	703,16	465,08	465,08	III	597,66	495,33	396,16	300,33	207,66	119,66
	V	1 667,50	465,08	465,08	IV	1 085,91	1 014,41	944,50	876,16	809,50	744,33
	VI	1 710,75	465,08	465,08							
5 837,99	I,IV	1 160,08	465,08	465,08	I	1 015,41	877,16	745,25	619,91	500,91	388,33
	II	1 030,25	465,08	465,08	II	891,25	758,75	632,66	513,08	399,83	293,00
	III	704,00	465,08	465,08	III	598,33	496,00	396,83	301,00	208,33	120,33
	V	1 668,58	465,08	465,08	IV	1 086,91	1 015,41	945,50	877,16	810,41	745,25
	VI	1 711,83	465,08	465,08							
5 840,99	I,IV	1 161,16	465,08	465,08	I	1 016,41	878,08	746,25	620,75	501,75	389,16
	II	1 031,25	465,08	465,08	II	892,25	759,75	633,58	513,91	400,66	293,83
	III	704,66	465,08	465,08	III	599,16	496,66	397,50	301,66	209,00	120,83
	V	1 669,75	465,08	465,08	IV	1 088,00	1 016,41	946,50	878,08	811,41	746,25
	VI	1 713,00	465,08	465,08							
5 843,99	I,IV	1 162,25	465,08	465,08	I	1 017,50	879,08	747,16	621,66	502,58	390,00
	II	1 032,33	465,08	465,08	II	893,25	760,66	634,50	514,75	401,41	294,58
	III	705,50	465,08	465,08	III	599,83	497,50	398,33	302,33	209,66	121,50
	V	1 670,91	465,08	465,08	IV	1 089,08	1 017,50	947,50	879,08	812,33	747,16
	VI	1 714,16	465,08	465,08							
5 846,99	I,IV	1 163,33	465,08	465,08	I	1 018,50	880,08	748,08	622,58	503,41	390,75
	II	1 033,33	465,08	465,08	II	894,25	761,58	635,41	515,58	402,25	295,33
	III	706,33	465,08	465,08	III	600,66	498,16	399,00	303,00	210,33	122,00
	V	1 672,00	465,08	465,08	IV	1 090,08	1 018,50	948,50	880,08	813,33	748,08
	VI	1 715,25	465,08	465,08							
5 849,99	I,IV	1 164,41	465,08	465,08	I	1 019,50	881,08	749,08	623,50	504,33	391,58
	II	1 034,41	465,08	465,08	II	895,25	762,58	636,25	516,41	403,08	296,08
	III	707,00	465,08	465,08	III	601,33	499,00	399,66	303,66	210,83	122,66
	V	1 673,16	465,08	465,08	IV	1 091,16	1 019,50	949,50	881,08	814,25	749,08
	VI	1 716,41	465,08	465,08							
5 852,99	I,IV	1 165,50	465,08	465,08	I	1 020,58	882,08	750,00	624,33	505,16	392,33
	II	1 035,41	465,08	465,08	II	896,25	763,50	637,16	517,33	403,83	296,83
	III	707,83	465,08	465,08	III	602,16	499,66	400,50	304,50	211,66	123,33
	V	1 674,33	465,08	465,08	IV	1 092,25	1 020,58	950,50	882,08	815,25	750,00
	VI	1 717,58	465,08	465,08							
5 855,99	I,IV	1 166,58	465,08	465,08	I	1 021,58	883,08	750,91	625,25	506,00	393,16
	II	1 036,41	465,08	465,08	II	897,25	764,41	638,08	518,16	404,66	297,58
	III	708,66	465,08	465,08	III	602,83	500,50	401,16	305,16	212,33	123,83
	V	1 675,41	465,08	465,08	IV	1 093,25	1 021,58	951,50	883,08	816,16	750,91
	VI	1 718,75	465,08	465,08							
5 858,99	I,IV	1 167,66	465,08	465,08	I	1 022,66	884,08	751,91	626,16	506,83	394,00
	II	1 037,50	465,08	465,08	II	898,25	765,41	639,00	519,00	405,50	298,33
	III	709,33	465,08	465,08	III	603,66	501,16	401,83	305,83	212,83	124,50
	V	1 676,58	465,08	465,08	IV	1 094,33	1 022,66	952,50	884,08	817,16	751,91
	VI	1 719,83	465,08	465,08							
5 861,99	I,IV	1 168,75	465,08	465,08	I	1 023,66	885,08	752,83	627,08	507,66	394,75
	II	1 038,58	465,08	465,08	II	899,25	766,33	639,91	519,83	406,25	299,08
	III	710,16	465,08	465,08	III	604,50	501,83	402,66	306,50	213,66	125,00
	V	1 677,75	465,08	465,08	IV	1 095,41	1 023,66	953,58	885,08	818,16	752,83
	VI	1 721,00	465,08	465,08							
5 864,99	I,IV	1 169,83	465,08	465,08	I	1 024,66	886,00	753,75	627,91	508,50	395,58
	II	1 039,58	465,08	465,08	II	900,25	767,25	640,75	520,66	407,08	299,83
	III	711,00	465,08	465,08	III	605,16	502,66	403,33	307,16	214,33	125,66
	V	1 678,91	465,08	465,08	IV	1 096,50	1 024,66	954,58	886,00	819,08	753,75
	VI	1 722,16	465,08	465,08							
5 867,99	I,IV	1 170,91	465,08	465,08	I	1 025,75	887,00	754,66	628,83	509,41	396,33
	II	1 040,66	465,08	465,08	II	901,25	768,25	641,66	521,58	407,91	300,58
	III	711,66	465,08	465,08	III	606,00	503,33	404,00	307,83	214,83	126,33
	V	1 680,00	465,08	465,08	IV	1 097,50	1 025,75	955,58	887,00	820,00	754,66
	VI	1 723,33	465,08	465,08							

*   Zur LSt-Berechnung für privat versicherte Arbeitnehmer s. Beispiele **Vorbemerkung S. 4 f.**
** Basisvorsorgepauschale KV und PV   *** Typisierter Arbeitgeberzuschuss

Lohn/Gehalt in € bis	Steuerklasse	Lohn-steuer*	BVSP**	TAGZ***	Steuerklasse	Bemessungsgrundlage für Kirchensteuer und Solidaritätszuschlag Freibeträge für ... Kinder					
						0,5	1,0	1,5	2,0	2,5	3,0
5 870,99	I,IV	1 172,00	465,08	465,08	I	1 026,75	888,00	755,66	629,66	510,25	397,16
	II	1 041,66	465,08	465,08	II	902,16	769,16	642,58	522,41	408,66	301,33
	III	712,50	465,08	465,08	III	606,66	504,00	404,66	308,50	215,50	126,83
	V	1 681,16	465,08	465,08	IV	1 098,58	1 026,75	956,58	888,00	821,00	755,66
	VI	1 724,41	465,08	465,08							
5 873,99	I,IV	1 173,08	465,08	465,08	I	1 027,83	889,00	756,58	630,58	511,08	397,91
	II	1 042,66	465,08	465,08	II	903,16	770,08	643,50	523,25	409,50	302,16
	III	713,33	465,08	465,08	III	607,50	504,83	405,50	309,16	216,33	127,50
	V	1 682,33	465,08	465,08	IV	1 099,66	1 027,83	957,58	889,00	822,00	756,58
	VI	1 725,58	465,08	465,08							
5 876,99	I,IV	1 174,16	465,08	465,08	I	1 028,83	890,00	757,50	631,50	511,91	398,75
	II	1 043,75	465,08	465,08	II	904,16	771,08	644,41	524,16	410,33	302,91
	III	714,16	465,08	465,08	III	608,16	505,50	406,16	309,83	216,83	128,00
	V	1 683,50	465,08	465,08	IV	1 100,75	1 028,83	958,58	890,00	822,91	757,50
	VI	1 726,75	465,08	465,08							
5 879,99	I,IV	1 175,25	465,08	465,08	I	1 029,91	890,91	758,41	632,41	512,75	399,58
	II	1 044,75	465,08	465,08	II	905,16	772,00	645,25	525,00	411,08	303,66
	III	714,83	465,08	465,08	III	609,00	506,33	406,83	310,66	217,50	128,66
	V	1 684,58	465,08	465,08	IV	1 101,75	1 029,91	959,58	890,91	823,91	758,41
	VI	1 727,83	465,08	465,08							
5 882,99	I,IV	1 176,33	465,08	465,08	I	1 030,91	891,91	759,41	633,33	513,58	400,33
	II	1 045,83	465,08	465,08	II	906,16	773,00	646,16	525,83	411,91	304,41
	III	715,66	465,08	465,08	III	609,83	507,00	407,50	311,33	218,33	129,33
	V	1 685,75	465,08	465,08	IV	1 102,83	1 030,91	960,66	891,91	824,91	759,41
	VI	1 729,00	465,08	465,08							
5 885,99	I,IV	1 177,41	465,08	465,08	I	1 032,00	892,91	760,33	634,16	514,50	401,16
	II	1 046,91	465,08	465,08	II	907,16	773,91	647,08	526,66	412,75	305,16
	III	716,50	465,08	465,08	III	610,50	507,83	408,33	312,00	218,83	129,83
	V	1 686,91	465,08	465,08	IV	1 103,91	1 032,00	961,66	892,91	825,83	760,33
	VI	1 730,16	465,08	465,08							
5 888,99	I,IV	1 178,50	465,08	465,08	I	1 033,00	893,91	761,25	635,08	515,33	402,00
	II	1 047,91	465,08	465,08	II	908,16	774,83	648,00	527,50	413,50	305,91
	III	717,16	465,08	465,08	III	611,16	508,50	409,00	312,66	219,50	130,50
	V	1 688,00	465,08	465,08	IV	1 104,91	1 033,00	962,66	893,91	826,83	761,25
	VI	1 731,25	465,08	465,08							
5 891,99	I,IV	1 179,58	465,08	465,08	I	1 034,00	894,91	762,25	636,00	516,16	402,75
	II	1 048,91	465,08	465,08	II	909,16	775,83	648,91	528,41	414,33	306,66
	III	718,00	465,08	465,08	III	612,00	509,33	409,66	313,33	220,33	131,16
	V	1 689,16	465,08	465,08	IV	1 106,00	1 034,00	963,66	894,91	827,75	762,25
	VI	1 732,41	465,08	465,08							
5 894,99	I,IV	1 180,66	465,08	465,08	I	1 035,08	895,91	763,16	636,91	517,00	403,58
	II	1 050,00	465,08	465,08	II	910,16	776,75	649,83	529,25	415,16	307,50
	III	718,83	465,08	465,08	III	612,83	510,00	410,50	314,00	220,83	131,66
	V	1 690,33	465,08	465,08	IV	1 107,00	1 035,08	964,66	895,91	828,75	763,16
	VI	1 733,58	465,08	465,08							
5 897,99	I,IV	1 181,75	465,08	465,08	I	1 036,08	896,91	764,08	637,75	517,83	404,41
	II	1 051,00	465,08	465,08	II	911,16	777,66	650,66	530,08	415,91	308,25
	III	719,50	465,08	465,08	III	613,50	510,66	411,16	314,66	221,50	132,33
	V	1 691,41	465,08	465,08	IV	1 108,00	1 036,08	965,66	896,91	829,66	764,08
	VI	1 734,66	465,08	465,08							
5 900,99	I,IV	1 182,83	465,08	465,08	I	1 037,16	897,91	765,08	638,66	518,75	405,16
	II	1 052,08	465,08	465,08	II	912,16	778,66	651,58	531,00	416,75	309,00
	III	720,33	465,08	465,08	III	614,33	511,50	411,83	315,50	222,33	133,00
	V	1 692,58	465,08	465,08	IV	1 109,16	1 037,16	966,75	897,91	830,66	765,08
	VI	1 735,83	465,08	465,08							
5 903,99	I,IV	1 183,91	465,08	465,08	I	1 038,16	898,91	766,00	639,58	519,58	406,00
	II	1 053,16	465,08	465,08	II	913,16	779,66	652,50	531,83	417,58	309,75
	III	721,16	465,08	465,08	III	615,00	512,16	412,50	316,16	223,00	133,50
	V	1 693,75	465,08	465,08	IV	1 110,25	1 038,16	967,75	898,91	831,66	766,00
	VI	1 737,00	465,08	465,08							

* Zur LSt-Berechnung für privat versicherte Arbeitnehmer s. Beispiele **Vorbemerkung S. 4f.**
** Basisvorsorgepauschale KV und PV   *** Typisierter Arbeitgeberzuschuss

Lohn/ Gehalt in € bis	Steuerklasse	Lohn- steuer*	BVSP**	TAGZ***	Steuerklasse	Bemessungsgrundlage für Kirchensteuer und Solidaritätszuschlag Freibeträge für ... Kinder					
						0,5	1,0	1,5	2,0	2,5	3,0
5 906,99	I,IV	1 185,00	465,08	465,08	I	1 039,25	899,91	767,00	640,50	520,41	406,83
	II	1 054,16	465,08	465,08	II	914,16	780,58	653,41	532,66	418,33	310,50
	III	722,00	465,08	465,08	III	615,83	513,00	413,33	316,83	223,50	134,16
	V	1 694,83	465,08	465,08	IV	1 111,33	1 039,25	968,75	899,91	832,58	767,00
	VI	1 738,16	465,08	465,08							
5 909,99	I,IV	1 186,08	465,08	465,08	I	1 040,25	900,91	767,91	641,41	521,25	407,58
	II	1 055,25	465,08	465,08	II	915,16	781,50	654,33	533,50	419,16	311,25
	III	722,66	465,08	465,08	III	616,66	513,66	414,00	317,50	224,33	134,83
	V	1 696,00	465,08	465,08	IV	1 112,41	1 040,25	969,75	900,91	833,58	767,91
	VI	1 739,25	465,08	465,08							
5 912,99	I,IV	1 187,16	465,08	465,08	I	1 041,33	901,91	768,83	642,33	522,16	408,41
	II	1 056,25	465,08	465,08	II	916,16	782,50	655,25	534,41	420,00	312,08
	III	723,66	465,08	465,08	III	617,33	514,50	414,66	318,16	225,00	135,50
	V	1 697,16	465,08	465,08	IV	1 113,50	1 041,33	970,83	901,91	834,58	768,83
	VI	1 740,41	465,08	465,08							
5 915,99	I,IV	1 188,25	465,08	465,08	I	1 042,33	902,83	769,83	643,16	523,00	409,25
	II	1 057,33	465,08	465,08	II	917,16	783,41	656,08	535,25	420,83	312,83
	III	724,33	465,08	465,08	III	618,16	515,16	415,33	318,83	225,50	136,00
	V	1 698,33	465,08	465,08	IV	1 114,50	1 042,33	971,83	902,83	835,50	769,83
	VI	1 741,58	465,08	465,08							
5 918,99	I,IV	1 189,33	465,08	465,08	I	1 043,41	903,83	770,75	644,08	523,83	410,00
	II	1 058,33	465,08	465,08	II	918,16	784,41	657,00	536,08	421,66	313,58
	III	725,16	465,08	465,08	III	618,83	516,00	416,16	319,66	226,33	136,66
	V	1 699,50	465,08	465,08	IV	1 115,58	1 043,41	972,83	903,83	836,50	770,75
	VI	1 742,75	465,08	465,08							
5 921,99	I,IV	1 190,50	465,08	465,08	I	1 044,41	904,83	771,75	645,00	524,66	410,83
	II	1 059,41	465,08	465,08	II	919,16	785,33	657,91	537,00	422,41	314,33
	III	725,83	465,08	465,08	III	619,66	516,66	416,83	320,33	227,00	137,33
	V	1 700,58	465,08	465,08	IV	1 116,66	1 044,41	973,83	904,83	837,50	771,75
	VI	1 743,83	465,08	465,08							
5 924,99	I,IV	1 191,50	465,08	465,08	I	1 045,50	905,83	772,66	645,91	525,50	411,66
	II	1 060,41	465,08	465,08	II	920,16	786,25	658,83	537,83	423,25	315,08
	III	726,66	465,08	465,08	III	620,33	517,33	417,50	321,00	227,66	137,83
	V	1 701,75	465,08	465,08	IV	1 117,66	1 045,50	974,83	905,83	838,41	772,66
	VI	1 745,00	465,08	465,08							
5 927,99	I,IV	1 192,66	465,08	465,08	I	1 046,50	906,83	773,58	646,75	526,41	412,41
	II	1 061,50	465,08	465,08	II	921,16	787,25	659,75	538,66	424,08	315,83
	III	727,50	465,08	465,08	III	621,16	518,16	418,33	321,66	228,33	138,50
	V	1 702,91	465,08	465,08	IV	1 118,75	1 046,50	975,91	906,83	839,41	773,58
	VI	1 746,16	465,08	465,08							
5 930,99	I,IV	1 193,75	465,08	465,08	I	1 047,58	907,83	774,58	647,66	527,25	413,25
	II	1 062,58	465,08	465,08	II	922,16	788,16	660,66	539,58	424,91	316,66
	III	728,16	465,08	465,08	III	622,00	518,83	419,00	322,33	229,00	139,16
	V	1 704,08	465,08	465,08	IV	1 119,83	1 047,58	976,91	907,83	840,41	774,58
	VI	1 747,33	465,08	465,08							
5 933,99	I,IV	1 194,83	465,08	465,08	I	1 048,58	908,83	775,50	648,58	528,08	414,08
	II	1 063,58	465,08	465,08	II	923,16	789,16	661,58	540,41	425,66	317,41
	III	729,00	465,08	465,08	III	622,66	519,66	419,66	323,00	229,66	139,83
	V	1 705,16	465,08	465,08	IV	1 120,91	1 048,58	977,91	908,83	841,33	775,50
	VI	1 748,41	465,08	465,08							
5 936,99	I,IV	1 195,91	465,08	465,08	I	1 049,66	909,83	776,41	649,50	529,00	414,91
	II	1 064,66	465,08	465,08	II	924,16	790,08	662,50	541,25	426,50	318,16
	III	729,83	465,08	465,08	III	623,50	520,33	420,50	323,83	230,33	140,33
	V	1 706,33	465,08	465,08	IV	1 122,00	1 049,66	978,91	909,83	842,33	776,41
	VI	1 749,58	465,08	465,08							
5 939,99	I,IV	1 197,00	465,08	465,08	I	1 050,66	910,83	777,41	650,41	529,83	415,66
	II	1 065,66	465,08	465,08	II	925,16	791,00	663,33	542,08	427,33	318,91
	III	730,66	465,08	465,08	III	624,16	521,16	421,16	324,50	231,00	141,00
	V	1 707,41	465,08	465,08	IV	1 123,00	1 050,66	979,91	910,83	843,33	777,41
	VI	1 750,66	465,08	465,08							

* Zur LSt-Berechnung für privat versicherte Arbeitnehmer s. Beispiele **Vorbemerkung S. 4 f.**
** Basisvorsorgepauschale KV und PV   *** Typisierter Arbeitgeberzuschuss

Lohn/ Gehalt in € bis	Steuerklasse	Lohn- steuer*	BVSP**	TAGZ***	Steuerklasse	Bemessungsgrundlage für Kirchensteuer und Solidaritätszuschlag					
						Freibeträge für ... Kinder					
						0,5	1,0	1,5	2,0	2,5	3,0
5 942,99	I,IV	1 198,08	465,08	465,08	I	1 051,75	911,83	778,33	651,33	530,66	416,50
	II	1 066,75	465,08	465,08	II	926,16	792,00	664,25	543,00	428,08	319,66
	III	731,33	465,08	465,08	III	625,00	521,83	421,83	325,16	231,66	141,66
	V	1 708,58	465,08	465,08	IV	1 124,08	1 051,75	981,00	911,83	844,25	778,33
	VI	1 751,83	465,08	465,08							
5 945,99	I,IV	1 199,16	465,08	465,08	I	1 052,83	912,83	779,33	652,16	531,50	417,33
	II	1 067,83	465,08	465,08	II	927,16	793,00	665,16	543,83	428,91	320,50
	III	732,16	465,08	465,08	III	625,83	522,66	422,66	325,83	232,33	142,33
	V	1 709,75	465,08	465,08	IV	1 125,16	1 052,83	982,00	912,83	845,25	779,33
	VI	1 753,00	465,08	465,08							
5 948,99	I,IV	1 200,25	465,08	465,08	I	1 053,83	913,83	780,25	653,08	532,41	418,08
	II	1 068,83	465,08	465,08	II	928,16	793,91	666,08	544,66	429,75	321,25
	III	733,00	465,08	465,08	III	626,50	523,33	423,33	326,50	233,00	142,83
	V	1 710,83	465,08	465,08	IV	1 126,25	1 053,83	983,00	913,83	846,25	780,25
	VI	1 754,16	465,08	465,08							
5 951,99	I,IV	1 201,33	465,08	465,08	I	1 054,83	914,83	781,16	654,00	533,25	418,91
	II	1 069,91	465,08	465,08	II	929,16	794,83	667,00	545,58	430,58	322,00
	III	733,66	465,08	465,08	III	627,33	524,00	424,00	327,16	233,66	143,50
	V	1 712,00	465,08	465,08	IV	1 127,33	1 054,83	984,08	914,83	847,16	781,16
	VI	1 755,25	465,08	465,08							
5 954,99	I,IV	1 202,50	465,08	465,08	I	1 055,91	915,83	782,16	654,91	534,08	419,75
	II	1 070,91	465,08	465,08	II	930,16	795,83	667,91	546,41	431,41	322,75
	III	734,50	465,08	465,08	III	628,00	524,83	424,83	328,00	234,33	144,16
	V	1 713,16	465,08	465,08	IV	1 128,41	1 055,91	985,08	915,83	848,16	782,16
	VI	1 756,41	465,08	465,08							
5 957,99	I,IV	1 203,50	465,08	465,08	I	1 056,91	916,83	783,08	655,83	534,91	420,50
	II	1 072,00	465,08	465,08	II	931,16	796,75	668,83	547,25	432,16	323,50
	III	735,33	465,08	465,08	III	628,83	525,50	425,50	328,66	235,00	144,83
	V	1 714,33	465,08	465,08	IV	1 129,41	1 056,91	986,00	916,83	849,16	783,08
	VI	1 757,58	465,08	465,08							
5 960,99	I,IV	1 204,66	465,08	465,08	I	1 058,00	917,83	784,08	656,75	535,83	421,33
	II	1 073,00	465,08	465,08	II	932,16	797,75	669,75	548,16	433,00	324,33
	III	736,16	465,08	465,08	III	629,50	526,33	426,16	329,33	235,66	145,33
	V	1 715,41	465,08	465,08	IV	1 130,50	1 058,00	987,00	917,83	850,16	784,00
	VI	1 758,75	465,08	465,08							
5 963,99	I,IV	1 205,75	465,08	465,08	I	1 059,08	918,83	785,00	657,66	536,66	422,16
	II	1 074,08	465,08	465,08	II	933,16	798,66	670,66	549,00	433,83	325,08
	III	737,00	465,08	465,08	III	630,33	527,00	427,00	330,00	236,33	146,00
	V	1 716,58	465,08	465,08	IV	1 131,58	1 059,08	988,16	918,83	851,08	785,00
	VI	1 759,83	465,08	465,08							
5 966,99	I,IV	1 206,83	465,08	465,08	I	1 060,08	919,83	785,91	658,50	537,50	423,00
	II	1 075,16	465,08	465,08	II	934,16	799,66	671,58	549,91	434,66	325,83
	III	737,66	465,08	465,08	III	631,16	527,83	427,66	330,66	237,00	146,66
	V	1 717,75	465,08	465,08	IV	1 132,66	1 060,08	989,16	919,83	852,08	785,91
	VI	1 761,00	465,08	465,08							
5 969,99	I,IV	1 207,91	465,08	465,08	I	1 061,16	920,83	786,91	659,41	538,41	423,75
	II	1 076,16	465,08	465,08	II	935,16	800,58	672,50	550,75	435,50	326,58
	III	738,50	465,08	465,08	III	631,83	528,50	428,33	331,33	237,66	147,33
	V	1 718,91	465,08	465,08	IV	1 133,75	1 061,16	990,16	920,83	853,08	786,91
	VI	1 762,16	465,08	465,08							
5 972,99	I,IV	1 209,00	465,08	465,08	I	1 062,25	921,83	787,91	660,33	539,25	424,58
	II	1 077,25	465,08	465,08	II	936,16	801,58	673,41	551,66	436,33	327,41
	III	739,33	465,08	465,08	III	632,66	529,33	429,16	332,16	238,33	148,00
	V	1 720,00	465,08	465,08	IV	1 134,83	1 062,25	991,25	921,83	854,08	787,91
	VI	1 763,33	465,08	465,08							
5 975,99	I,IV	1 210,08	465,08	465,08	I	1 063,25	922,83	788,83	661,25	540,08	425,41
	II	1 078,25	465,08	465,08	II	937,16	802,50	674,25	552,50	437,08	328,16
	III	740,00	465,08	465,08	III	633,50	530,00	429,83	332,83	239,00	148,50
	V	1 721,16	465,08	465,08	IV	1 135,83	1 063,25	992,25	922,83	855,00	788,83
	VI	1 764,41	465,08	465,08							

* Zur LSt-Berechnung für privat versicherte Arbeitnehmer s. Beispiele **Vorbemerkung S. 4 f.**
** Basisvorsorgepauschale KV und PV   *** Typisierter Arbeitgeberzuschuss

Lohn/Gehalt in € bis	Steuerklasse	Lohnsteuer*	BVSP**	TAGZ***	Steuerklasse	Bemessungsgrundlage für Kirchensteuer und Solidaritätszuschlag Freibeträge für ... Kinder					
						0,5	1,0	1,5	2,0	2,5	3,0
5978,99	I,IV	**1 211,16**	465,08	465,08	I	1 064,33	923,83	789,75	662,16	541,00	426,25
	II	**1 079,33**	465,08	465,08	II	938,16	803,50	675,16	553,33	437,91	328,91
	III	**740,83**	465,08	465,08	III	634,16	530,66	430,50	333,50	239,66	149,16
	V	**1 722,33**	465,08	465,08	IV	1 136,91	1 064,33	993,25	923,83	856,00	789,75
	VI	**1 765,58**	465,08	465,08							
5981,99	I,IV	**1 212,33**	465,08	465,08	I	1 065,33	924,83	790,75	663,08	541,83	427,08
	II	**1 080,41**	465,08	465,08	II	939,25	804,50	676,16	554,25	438,75	329,75
	III	**741,66**	465,08	465,08	III	635,00	531,50	431,16	334,16	240,33	149,83
	V	**1 723,50**	465,08	465,08	IV	1 138,00	1 065,33	994,25	924,83	857,00	790,75
	VI	**1 766,75**	465,08	465,08							
5984,99	I,IV	**1 213,41**	465,08	465,08	I	1 066,41	925,83	791,66	664,00	542,66	427,83
	II	**1 081,41**	465,08	465,08	II	940,25	805,41	677,00	555,08	439,58	330,50
	III	**742,50**	465,08	465,08	III	635,66	532,16	432,00	334,83	241,00	150,50
	V	**1 724,58**	465,08	465,08	IV	1 139,00	1 066,41	995,33	925,83	857,91	791,66
	VI	**1 767,83**	465,08	465,08							
5987,99	I,IV	**1 214,41**	465,08	465,08	I	1 067,41	926,83	792,66	664,91	543,58	428,66
	II	**1 082,50**	465,08	465,08	II	941,25	806,33	677,91	555,91	440,41	331,25
	III	**743,16**	465,08	465,08	III	636,50	533,00	432,66	335,50	241,66	151,16
	V	**1 725,75**	465,08	465,08	IV	1 140,16	1 067,41	996,33	926,83	858,91	792,66
	VI	**1 769,00**	465,08	465,08							
5990,99	I,IV	**1 215,58**	465,08	465,08	I	1 068,50	927,83	793,58	665,83	544,41	429,50
	II	**1 083,58**	465,08	465,08	II	942,25	807,33	678,83	556,83	441,25	332,00
	III	**744,00**	465,08	465,08	III	637,33	533,66	433,33	336,33	242,33	151,83
	V	**1 726,91**	465,08	465,08	IV	1 141,25	1 068,50	997,33	927,83	859,91	793,58
	VI	**1 770,16**	465,08	465,08							
5993,99	I,IV	**1 216,66**	465,08	465,08	I	1 069,50	928,83	794,58	666,66	545,25	430,33
	II	**1 084,58**	465,08	465,08	II	943,25	808,25	679,75	557,66	442,00	332,75
	III	**744,83**	465,08	465,08	III	638,00	534,50	434,16	337,00	243,00	152,33
	V	**1 728,00**	465,08	465,08	IV	1 142,33	1 069,50	998,41	928,83	860,91	794,58
	VI	**1 771,25**	465,08	465,08							
5996,99	I,IV	**1 217,75**	465,08	465,08	I	1 070,58	929,83	795,50	667,58	546,16	431,00
	II	**1 085,66**	465,08	465,08	II	944,25	809,25	680,66	558,58	442,83	333,58
	III	**745,50**	465,08	465,08	III	638,83	535,16	434,83	337,66	243,66	153,00
	V	**1 729,16**	465,08	465,08	IV	1 143,41	1 070,58	999,41	929,83	861,83	795,50
	VI	**1 772,41**	465,08	465,08							
5999,99	I,IV	**1 218,91**	465,08	465,08	I	1 071,66	930,83	796,50	668,50	547,00	431,91
	II	**1 086,75**	465,08	465,08	II	945,25	810,25	681,58	559,41	443,66	334,33
	III	**746,33**	465,08	465,08	III	639,50	536,00	435,50	338,33	244,33	153,66
	V	**1 730,33**	465,08	465,08	IV	1 144,50	1 071,66	1 000,41	930,83	862,83	796,50
	VI	**1 773,58**	465,08	465,08							
6002,99	I,IV	**1 220,00**	465,08	465,08	I	1 072,66	931,83	797,41	669,41	547,83	432,75
	II	**1 087,75**	465,08	465,08	II	946,25	811,16	682,50	560,25	444,50	335,08
	III	**747,16**	465,08	465,08	III	640,33	536,66	436,33	339,00	245,00	154,33
	V	**1 731,41**	465,08	465,08	IV	1 145,50	1 072,66	1 001,41	931,83	863,83	797,41
	VI	**1 774,75**	465,08	465,08							
6005,99	I,IV	**1 221,08**	465,08	465,08	I	1 073,75	932,83	798,41	670,33	548,75	433,58
	II	**1 088,83**	465,08	465,08	II	947,25	812,16	683,41	561,16	445,33	335,91
	III	**748,00**	465,08	465,08	III	641,00	537,50	437,00	339,83	245,66	155,00
	V	**1 732,58**	465,08	465,08	IV	1 146,58	1 073,75	1 002,50	932,83	864,83	798,41
	VI	**1 775,83**	465,08	465,08							
6008,99	I,IV	**1 222,16**	465,08	465,08	I	1 074,75	933,83	799,33	671,25	549,58	434,33
	II	**1 089,91**	465,08	465,08	II	948,25	813,08	684,33	562,00	446,08	336,66
	III	**748,66**	465,08	465,08	III	641,83	538,16	437,66	340,50	246,33	155,66
	V	**1 733,91**	465,08	465,08	IV	1 147,66	1 074,75	1 003,50	933,83	865,75	799,33
	VI	**1 777,00**	465,08	465,08							
6011,99	I,IV	**1 223,25**	465,08	465,08	I	1 075,83	934,83	800,25	672,16	550,50	435,16
	II	**1 090,91**	465,08	465,08	II	949,33	814,08	685,25	562,91	446,91	337,41
	III	**749,50**	465,08	465,08	III	642,66	539,00	438,50	341,16	247,16	156,33
	V	**1 734,91**	465,08	465,08	IV	1 148,75	1 075,83	1 004,58	934,83	866,75	800,25
	VI	**1 778,16**	465,08	465,08							

* Zur LSt-Berechnung für privat versicherte Arbeitnehmer s. Beispiele **Vorbemerkung S. 4 f.**
** Basisvorsorgepauschale KV und PV   *** Typisierter Arbeitgeberzuschuss

Lohn/ Gehalt in € bis	Steuerklasse	Lohn-steuer*	BVSP**	TAGZ***	Steuerklasse	Bemessungsgrundlage für Kirchensteuer und Solidaritätszuschlag					
						Freibeträge für ... Kinder					
						0,5	1,0	1,5	2,0	2,5	3,0
6014,99	I,IV	1224,33	465,08	465,08	I	1076,91	935,83	801,25	673,08	551,33	436,00
	II	1092,00	465,08	465,08	II	950,33	815,00	686,16	563,75	447,75	338,25
	III	750,33	465,08	465,08	III	643,33	539,66	439,16	341,83	247,83	156,83
	V	1736,00	465,08	465,08	IV	1149,83	1076,91	1005,58	935,83	867,75	801,25
	VI	1779,33	465,08	465,08							
6017,99	I,IV	1225,41	465,08	465,08	I	1077,91	936,83	802,16	674,00	552,16	436,83
	II	1093,08	465,08	465,08	II	951,33	816,00	687,08	564,58	448,58	339,00
	III	751,16	465,08	465,08	III	644,16	540,33	439,83	342,50	248,50	157,50
	V	1737,16	465,08	465,08	IV	1150,91	1077,91	1006,58	936,83	868,75	802,16
	VI	1780,41	465,08	465,08							
6020,99	I,IV	1226,58	465,08	465,08	I	1079,00	937,83	803,16	674,91	553,08	437,66
	II	1094,16	465,08	465,08	II	952,33	816,91	688,00	565,50	449,41	339,75
	III	752,00	465,08	465,08	III	645,00	541,16	440,66	343,33	249,16	158,16
	V	1738,33	465,08	465,08	IV	1152,00	1079,00	1007,66	937,83	869,75	803,16
	VI	1781,58	465,08	465,08							
6023,99	I,IV	1227,66	465,08	465,08	I	1080,08	938,91	804,16	675,83	553,91	438,50
	II	1095,16	465,08	465,08	II	953,33	817,91	688,91	566,41	450,25	340,58
	III	752,66	465,08	465,08	III	645,66	541,83	441,33	344,00	249,83	158,83
	V	1739,50	465,08	465,08	IV	1153,08	1080,08	1008,66	938,91	870,75	804,16
	VI	1782,75	465,08	465,08							
6026,99	I,IV	1228,75	465,08	465,08	I	1081,08	939,83	805,08	676,75	554,75	439,25
	II	1096,25	465,08	465,08	II	954,33	818,83	689,83	567,25	451,08	341,33
	III	753,50	465,08	465,08	III	646,50	542,66	442,00	344,66	250,50	159,50
	V	1740,58	465,08	465,08	IV	1154,08	1081,08	1009,66	939,83	871,66	805,08
	VI	1783,83	465,08	465,08							
6029,99	I,IV	1229,83	465,08	465,08	I	1082,16	940,91	806,08	677,66	555,66	440,08
	II	1097,33	465,08	465,08	II	955,33	819,83	690,75	568,08	451,91	342,08
	III	754,33	465,08	465,08	III	647,16	543,33	442,83	345,33	251,16	160,16
	V	1741,75	465,08	465,08	IV	1155,25	1082,16	1010,75	940,91	872,66	806,08
	VI	1785,00	465,08	465,08							
6032,99	I,IV	1231,00	465,08	465,08	I	1083,25	941,91	807,00	678,58	556,50	440,91
	II	1098,41	465,08	465,08	II	956,41	820,83	691,66	569,00	452,75	342,91
	III	755,16	465,08	465,08	III	648,00	544,16	443,50	346,00	251,83	160,83
	V	1742,91	465,08	465,08	IV	1156,33	1083,25	1011,75	941,91	873,66	807,00
	VI	1786,16	465,08	465,08							
6035,99	I,IV	1232,08	465,08	465,08	I	1084,25	942,91	808,00	679,41	557,41	441,75
	II	1099,41	465,08	465,08	II	957,41	821,75	692,58	569,83	453,50	343,66
	III	755,83	465,08	465,08	III	648,83	544,83	444,16	346,66	252,50	161,50
	V	1744,00	465,08	465,08	IV	1157,33	1084,25	1012,75	942,91	874,58	808,00
	VI	1787,25	465,08	465,08							
6038,99	I,IV	1233,16	465,08	465,08	I	1085,33	943,91	808,91	680,41	558,25	442,58
	II	1100,50	465,08	465,08	II	958,41	822,75	693,50	570,75	454,33	344,41
	III	756,66	465,08	465,08	III	649,50	545,66	445,00	347,50	253,16	162,16
	V	1745,16	465,08	465,08	IV	1158,41	1085,33	1013,83	943,91	875,58	808,91
	VI	1788,41	465,08	465,08							
6041,99	I,IV	1234,25	465,08	465,08	I	1086,41	944,91	809,91	681,33	559,16	443,41
	II	1101,58	465,08	465,08	II	959,41	823,75	694,41	571,58	455,16	345,25
	III	757,50	465,08	465,08	III	650,33	546,33	445,66	348,16	253,83	162,83
	V	1746,33	465,08	465,08	IV	1159,50	1086,41	1014,83	944,91	876,58	809,91
	VI	1789,58	465,08	465,08							
6044,99	I,IV	1235,33	465,08	465,08	I	1087,41	945,91	810,83	682,16	560,00	444,16
	II	1102,58	465,08	465,08	II	960,41	824,66	695,33	572,50	456,00	346,00
	III	758,16	465,08	465,08	III	651,00	547,16	446,33	348,83	254,50	163,33
	V	1747,41	465,08	465,08	IV	1160,58	1087,41	1015,83	945,91	877,58	810,83
	VI	1790,66	465,08	465,08							
6047,99	I,IV	1236,50	465,08	465,08	I	1088,50	946,91	811,83	683,16	560,83	445,00
	II	1103,66	465,08	465,08	II	961,41	825,66	696,25	573,33	456,83	346,75
	III	759,00	465,08	465,08	III	651,83	547,83	447,16	349,50	255,16	164,00
	V	1748,58	465,08	465,08	IV	1161,66	1088,50	1016,91	946,91	878,58	811,83
	VI	1791,83	465,08	465,08							

* Zur LSt-Berechnung für privat versicherte Arbeitnehmer s. Beispiele **Vorbemerkung S. 4f.**
** Basisvorsorgepauschale KV und PV   *** Typisierter Arbeitgeberzuschuss

Lohn/ Gehalt in € bis	Steuerklasse	Lohn- steuer*	BVSP**	TAGZ***	Steuerklasse	Bemessungsgrundlage für Kirchensteuer und Solidaritätszuschlag					
						Freibeträge für ... Kinder					
						0,5	1,0	1,5	2,0	2,5	3,0
6050,99	I,IV	1 237,58	465,08	465,08	I	1 089,58	948,00	812,75	684,08	561,75	445,83
	II	1 104,75	465,08	465,08	II	962,50	826,58	697,25	574,25	457,66	347,58
	III	759,83	465,08	465,08	III	652,66	548,66	447,83	350,16	255,83	164,66
	V	1 749,75	465,08	465,08	IV	1 162,75	1 089,58	1 018,00	948,00	879,58	812,75
	VI	1 793,00	465,08	465,08							
6053,99	I,IV	1 238,66	465,08	465,08	I	1 090,58	948,91	813,75	684,91	562,58	446,66
	II	1 105,75	465,08	465,08	II	963,50	827,58	698,08	575,08	458,50	348,33
	III	760,66	465,08	465,08	III	653,33	549,33	448,50	351,00	256,50	165,33
	V	1 750,83	465,08	465,08	IV	1 163,83	1 090,58	1 019,00	948,91	880,50	813,75
	VI	1 794,16	465,08	465,08							
6056,99	I,IV	1 239,83	465,08	465,08	I	1 091,66	950,00	814,75	685,91	563,50	447,50
	II	1 106,83	465,08	465,08	II	964,50	828,58	699,08	576,00	459,33	349,08
	III	761,50	465,08	465,08	III	654,16	550,16	449,33	351,66	257,16	166,00
	V	1 752,00	465,08	465,08	IV	1 164,91	1 091,66	1 020,00	950,00	881,50	814,75
	VI	1 795,25	465,08	465,08							
6059,99	I,IV	1 240,91	465,08	465,08	I	1 092,75	951,00	815,66	686,83	564,33	448,33
	II	1 107,91	465,08	465,08	II	965,50	829,50	700,00	576,83	460,16	349,91
	III	762,16	465,08	465,08	III	655,00	550,83	450,00	352,33	257,83	166,66
	V	1 753,16	465,08	465,08	IV	1 166,00	1 092,75	1 021,08	951,00	882,50	815,66
	VI	1 796,41	465,08	465,08							
6062,99	I,IV	1 242,00	465,08	465,08	I	1 093,75	952,00	816,66	687,66	565,16	449,16
	II	1 109,00	465,08	465,08	II	966,50	830,50	700,91	577,75	461,00	350,66
	III	763,00	465,08	465,08	III	655,66	551,66	450,66	353,00	258,50	167,33
	V	1 754,33	465,08	465,08	IV	1 167,08	1 093,75	1 022,08	952,00	883,50	816,66
	VI	1 797,58	465,08	465,08							
6065,99	I,IV	1 243,08	465,08	465,08	I	1 094,83	953,00	817,58	688,66	566,08	450,00
	II	1 110,08	465,08	465,08	II	967,50	831,41	701,83	578,58	461,83	351,41
	III	763,83	465,08	465,08	III	656,50	552,33	451,50	353,83	259,33	168,00
	V	1 755,50	465,08	465,08	IV	1 168,16	1 094,83	1 023,08	953,00	884,50	817,58
	VI	1 798,75	465,08	465,08							
6068,99	I,IV	1 244,16	465,08	465,08	I	1 095,91	954,00	818,58	689,50	566,91	450,75
	II	1 111,08	465,08	465,08	II	968,50	832,41	702,75	579,41	462,58	352,25
	III	764,66	465,08	465,08	III	657,33	553,16	452,16	354,50	260,00	168,66
	V	1 756,58	465,08	465,08	IV	1 169,25	1 095,91	1 024,00	954,00	885,50	818,58
	VI	1 799,83	465,08	465,08							
6071,99	I,IV	1 245,33	465,08	465,08	I	1 096,91	955,00	819,50	690,41	567,83	451,58
	II	1 112,16	465,08	465,08	II	969,58	833,41	703,66	580,33	463,50	353,00
	III	765,33	465,08	465,08	III	658,00	553,83	452,83	355,16	260,66	169,33
	V	1 757,75	465,08	465,08	IV	1 170,33	1 096,91	1 025,16	955,00	886,50	819,50
	VI	1 801,00	465,08	465,08							
6074,99	I,IV	1 246,41	465,08	465,08	I	1 098,00	956,08	820,50	691,41	568,66	452,41
	II	1 113,25	465,08	465,08	II	970,58	834,33	704,58	581,25	464,33	353,83
	III	766,16	465,08	465,08	III	658,83	554,66	453,66	355,83	261,33	170,00
	V	1 758,91	465,08	465,08	IV	1 171,41	1 098,00	1 026,25	956,08	887,50	820,50
	VI	1 802,16	465,08	465,08							
6077,99	I,IV	1 247,50	465,08	465,08	I	1 099,08	957,00	821,41	692,25	569,58	453,25
	II	1 114,25	465,08	465,08	II	971,58	835,33	705,50	582,08	465,08	354,58
	III	767,00	465,08	465,08	III	659,50	555,33	454,33	356,50	262,00	170,66
	V	1 760,00	465,08	465,08	IV	1 172,50	1 099,08	1 027,25	957,00	888,41	821,41
	VI	1 803,25	465,08	465,08							
6080,99	I,IV	1 248,66	465,08	465,08	I	1 100,16	958,08	822,41	693,25	570,41	454,08
	II	1 115,33	465,08	465,08	II	972,58	836,33	706,41	583,00	465,91	355,33
	III	767,83	465,08	465,08	III	660,33	556,00	455,00	357,16	262,66	171,33
	V	1 761,16	465,08	465,08	IV	1 173,58	1 100,16	1 028,25	958,08	889,41	822,41
	VI	1 804,41	465,08	465,08							
6083,99	I,IV	1 249,75	465,08	465,08	I	1 101,16	959,08	823,41	694,16	571,33	454,91
	II	1 116,41	465,08	465,08	II	973,66	837,25	707,33	583,83	466,75	356,16
	III	768,66	465,08	465,08	III	661,16	556,83	455,83	358,00	263,33	172,00
	V	1 762,33	465,08	465,08	IV	1 174,66	1 101,16	1 029,33	959,08	890,41	823,41
	VI	1 805,58	465,08	465,08							

* Zur LSt-Berechnung für privat versicherte Arbeitnehmer s. Beispiele **Vorbemerkung S. 4 f.**
** Basisvorsorgepauschale KV und PV   *** Typisierter Arbeitgeberzuschuss

Lohn/ Gehalt in € bis	Steuerklasse	Lohn-steuer*	BVSP**	TAGZ***	Steuerklasse	Bemessungsgrundlage für Kirchensteuer und Solidaritätszuschlag					
						Freibeträge für ... Kinder					
						0,5	1,0	1,5	2,0	2,5	3,0
6086,99	I,IV	1 250,83	465,08	465,08	I	1 102,25	960,08	824,33	695,00	572,16	455,75
	II	1 117,50	465,08	465,08	II	974,66	838,25	708,25	584,75	467,58	356,91
	III	769,33	465,08	465,08	III	661,83	557,66	456,50	358,66	264,00	172,50
	V	1 763,41	465,08	465,08	IV	1 175,75	1 102,25	1 030,33	960,08	891,41	824,33
	VI	1 806,66	465,08	465,08							
6089,99	I,IV	1 251,91	465,08	465,08	I	1 103,33	961,08	825,33	696,00	573,08	456,58
	II	1 118,58	465,08	465,08	II	975,66	839,25	709,16	585,58	468,41	357,75
	III	770,16	465,08	465,08	III	662,66	558,33	457,16	359,33	264,66	173,16
	V	1 764,58	465,08	465,08	IV	1 176,83	1 103,33	1 031,41	961,08	892,41	825,33
	VI	1 807,83	465,08	465,08							
6092,99	I,IV	1 253,08	465,08	465,08	I	1 104,41	962,08	826,33	696,91	573,91	457,41
	II	1 119,66	465,08	465,08	II	976,66	840,16	710,16	586,50	469,25	358,50
	III	771,00	465,08	465,08	III	663,50	559,16	458,00	360,00	265,33	173,83
	V	1 765,75	465,08	465,08	IV	1 177,91	1 104,41	1 032,41	962,08	893,41	826,33
	VI	1 809,00	465,08	465,08							
6095,99	I,IV	1 254,16	465,08	465,08	I	1 105,41	963,08	827,25	697,83	574,83	458,25
	II	1 120,66	465,08	465,08	II	977,66	841,16	711,00	587,33	470,08	359,25
	III	771,83	465,08	465,08	III	664,16	559,83	458,66	360,83	266,00	174,50
	V	1 766,83	465,08	465,08	IV	1 179,00	1 105,41	1 033,50	963,08	894,41	827,25
	VI	1 810,16	465,08	465,08							
6098,99	I,IV	1 255,25	465,08	465,08	I	1 106,50	964,16	828,25	698,75	575,66	459,08
	II	1 121,75	465,08	465,08	II	978,75	842,16	712,00	588,25	470,91	360,08
	III	772,50	465,08	465,08	III	665,00	560,50	459,33	361,50	266,66	175,16
	V	1 768,00	465,08	465,08	IV	1 180,08	1 106,50	1 034,50	964,16	895,41	828,25
	VI	1 811,25	465,08	465,08							
6101,99	I,IV	1 256,41	465,08	465,08	I	1 107,58	965,16	829,16	699,66	576,58	459,91
	II	1 122,83	465,08	465,08	II	979,75	843,08	712,91	589,16	471,75	360,83
	III	773,33	465,08	465,08	III	665,83	561,33	460,16	362,16	267,50	175,83
	V	1 769,16	465,08	465,08	IV	1 181,16	1 107,58	1 035,58	965,16	896,41	829,16
	VI	1 812,41	465,08	465,08							
6104,99	I,IV	1 257,50	465,08	465,08	I	1 108,58	966,16	830,16	700,58	577,41	460,66
	II	1 123,91	465,08	465,08	II	980,75	844,08	713,83	590,00	472,58	361,66
	III	774,16	465,08	465,08	III	666,50	562,16	460,83	362,83	268,16	176,50
	V	1 770,33	465,08	465,08	IV	1 182,25	1 108,58	1 036,58	966,16	897,33	830,16
	VI	1 813,58	465,08	465,08							
6107,99	I,IV	1 258,58	465,08	465,08	I	1 109,66	967,16	831,16	701,50	578,33	461,50
	II	1 124,91	465,08	465,08	II	981,75	845,08	714,75	590,91	473,41	362,41
	III	775,00	465,08	465,08	III	667,33	562,83	461,66	363,50	268,83	177,16
	V	1 771,41	465,08	465,08	IV	1 183,33	1 109,66	1 037,66	967,16	898,33	831,16
	VI	1 814,75	465,08	465,08							
6110,99	I,IV	1 259,75	465,08	465,08	I	1 110,75	968,25	832,08	702,41	579,16	462,33
	II	1 126,00	465,08	465,08	II	982,83	846,00	715,66	591,75	474,25	363,25
	III	775,83	465,08	465,08	III	668,16	563,66	462,33	364,33	269,50	177,83
	V	1 772,58	465,08	465,08	IV	1 184,41	1 110,75	1 038,66	968,25	899,33	832,08
	VI	1 815,83	465,08	465,08							
6113,99	I,IV	1 260,83	465,08	465,08	I	1 111,83	969,25	833,08	703,33	580,08	463,16
	II	1 127,08	465,08	465,08	II	983,83	847,00	716,58	592,66	475,08	364,00
	III	776,50	465,08	465,08	III	668,83	564,33	463,00	365,00	270,16	178,50
	V	1 773,75	465,08	465,08	IV	1 185,50	1 111,83	1 039,66	969,25	900,33	833,08
	VI	1 817,00	465,08	465,08							
6116,99	I,IV	1 261,91	465,08	465,08	I	1 112,91	970,25	834,00	704,25	580,91	464,00
	II	1 128,16	465,08	465,08	II	984,83	848,00	717,50	593,50	475,91	364,75
	III	777,33	465,08	465,08	III	669,66	565,00	463,83	365,66	270,83	179,16
	V	1 774,91	465,08	465,08	IV	1 186,58	1 112,91	1 040,75	970,25	901,33	834,00
	VI	1 818,16	465,08	465,08							
6119,99	I,IV	1 263,08	465,08	465,08	I	1 113,91	971,25	835,00	705,16	581,83	464,83
	II	1 129,25	465,08	465,08	II	985,91	849,00	718,50	594,41	476,75	365,58
	III	778,16	465,08	465,08	III	670,33	565,83	464,50	366,33	271,50	179,83
	V	1 776,00	465,08	465,08	IV	1 187,66	1 113,91	1 041,83	971,25	902,33	835,00
	VI	1 819,33	465,08	465,08							

* Zur LSt-Berechnung für privat versicherte Arbeitnehmer s. Beispiele **Vorbemerkung S. 4f.**
** Basisvorsorgepauschale KV und PV   *** Typisierter Arbeitgeberzuschuss

Lohn/ Gehalt in € bis	Steuerklasse	Lohn- steuer*	BVSP**	TAGZ***	Steuerklasse	Bemessungsgrundlage für Kirchensteuer und Solidaritätszuschlag Freibeträge für ... Kinder					
						0,5	1,0	1,5	2,0	2,5	3,0
6122,99	I,IV	1264,16	465,08	465,08	I	1115,00	972,25	836,00	706,08	582,66	465,66
	II	1130,25	465,08	465,08	II	986,91	849,91	719,41	595,25	477,58	366,33
	III	779,00	465,08	465,08	III	671,16	566,66	465,16	367,16	272,16	180,50
	V	1777,16	465,08	465,08	IV	1188,75	1115,00	1042,83	972,25	903,33	836,00
	VI	1820,41	465,08	465,08							
6125,99	I,IV	1265,25	465,08	465,08	I	1116,08	973,33	836,91	707,08	583,58	466,50
	II	1131,33	465,08	465,08	II	987,91	850,91	720,33	596,16	478,41	367,16
	III	779,66	465,08	465,08	III	672,00	567,33	466,00	367,83	272,83	181,16
	V	1778,33	465,08	465,08	IV	1189,83	1116,08	1043,91	973,33	904,33	836,91
	VI	1821,58	465,08	465,08							
6128,99	I,IV	1266,41	465,08	465,08	I	1117,16	974,33	837,91	708,00	584,41	467,33
	II	1132,41	465,08	465,08	II	989,00	851,91	721,25	597,08	479,33	367,91
	III	780,50	465,08	465,08	III	672,66	568,16	466,66	368,50	273,50	181,83
	V	1779,50	465,08	465,08	IV	1191,00	1117,16	1044,91	974,33	905,33	837,91
	VI	1822,75	465,08	465,08							
6131,99	I,IV	1267,50	465,08	465,08	I	1118,16	975,33	838,91	708,91	585,33	468,16
	II	1133,50	465,08	465,08	II	990,00	852,83	722,16	597,91	480,08	368,75
	III	781,33	465,08	465,08	III	673,50	568,83	467,50	369,16	274,16	182,50
	V	1780,58	465,08	465,08	IV	1192,00	1118,16	1045,91	975,33	906,33	838,91
	VI	1823,83	465,08	465,08							
6134,99	I,IV	1268,58	465,08	465,08	I	1119,25	976,33	839,83	709,83	586,16	469,00
	II	1134,58	465,08	465,08	II	991,00	853,83	723,08	598,83	480,91	369,50
	III	782,16	465,08	465,08	III	674,33	569,66	468,16	369,83	274,83	183,00
	V	1781,75	465,08	465,08	IV	1193,16	1119,25	1047,00	976,33	907,33	839,83
	VI	1825,00	465,08	465,08							
6137,99	I,IV	1269,66	465,08	465,08	I	1120,33	977,33	840,83	710,75	587,08	469,83
	II	1135,66	465,08	465,08	II	992,00	854,83	724,00	599,66	481,75	370,33
	III	783,00	465,08	465,08	III	675,00	570,33	468,83	370,66	275,50	183,66
	V	1782,83	465,08	465,08	IV	1194,16	1120,33	1048,00	977,33	908,25	840,83
	VI	1826,08	465,08	465,08							
6140,99	I,IV	1270,83	465,08	465,08	I	1121,41	978,41	841,83	711,66	587,91	470,66
	II	1136,75	465,08	465,08	II	993,00	855,75	725,00	600,58	482,58	371,08
	III	783,83	465,08	465,08	III	675,83	571,16	469,66	371,33	276,33	184,33
	V	1784,00	465,08	465,08	IV	1195,33	1121,41	1049,00	978,41	909,25	841,83
	VI	1827,25	465,08	465,08							
6143,99	I,IV	1271,91	465,08	465,08	I	1122,50	979,41	842,75	712,58	588,83	471,50
	II	1137,83	465,08	465,08	II	994,08	856,75	725,91	601,50	483,50	371,91
	III	784,50	465,08	465,08	III	676,66	571,83	470,33	372,00	277,00	185,00
	V	1785,16	465,08	465,08	IV	1196,41	1122,50	1050,16	979,41	910,33	842,75
	VI	1828,41	465,08	465,08							
6146,99	I,IV	1273,08	465,08	465,08	I	1123,50	980,41	843,75	713,50	589,66	472,33
	II	1138,83	465,08	465,08	II	995,08	857,75	726,83	602,33	484,25	372,66
	III	785,33	465,08	465,08	III	677,33	572,66	471,00	372,66	277,66	185,66
	V	1786,33	465,08	465,08	IV	1197,50	1123,50	1051,16	980,41	911,25	843,75
	VI	1829,58	465,08	465,08							
6149,99	I,IV	1274,16	465,08	465,08	I	1124,58	981,41	844,75	714,41	590,58	473,16
	II	1139,91	465,08	465,08	II	996,08	858,75	727,75	603,25	485,16	373,50
	III	786,16	465,08	465,08	III	678,16	573,33	471,83	373,50	278,33	186,33
	V	1787,41	465,08	465,08	IV	1198,58	1124,58	1052,25	981,41	912,25	844,75
	VI	1830,75	465,08	465,08							
6152,99	I,IV	1275,33	465,08	465,08	I	1125,66	982,50	845,75	715,41	591,50	474,00
	II	1141,00	465,08	465,08	II	997,16	859,75	728,66	604,16	486,00	374,25
	III	787,00	465,08	465,08	III	678,83	574,16	472,50	374,16	279,00	187,00
	V	1788,58	465,08	465,08	IV	1199,66	1125,66	1053,25	982,50	913,25	845,75
	VI	1831,83	465,08	465,08							
6155,99	I,IV	1276,41	465,08	465,08	I	1126,75	983,50	846,66	716,25	592,33	474,83
	II	1142,08	465,08	465,08	II	998,16	860,66	729,58	605,00	486,83	375,08
	III	787,66	465,08	465,08	III	679,66	574,83	473,16	374,83	279,66	187,66
	V	1789,75	465,08	465,08	IV	1200,75	1126,75	1054,33	983,50	914,25	846,66
	VI	1833,00	465,08	465,08							

* Zur LSt-Berechnung für privat versicherte Arbeitnehmer s. Beispiele **Vorbemerkung S. 4 f.**
** Basisvorsorgepauschale KV und PV *** Typisierter Arbeitgeberzuschuss

aT3 allgemeine Lohnsteuer

Lohn/ Gehalt in € bis	Steuerklasse	Lohn-steuer*	BVSP**	TAGZ***	Steuerklasse	Bemessungsgrundlage für Kirchensteuer und Solidaritätszuschlag					
						Freibeträge für ... Kinder					
						0,5	1,0	1,5	2,0	2,5	3,0
6158,99	I,IV	**1 277,50**	465,08	465,08	I	1 127,83	984,50	847,66	717,25	593,25	475,66
	II	**1 143,16**	465,08	465,08	II	999,16	861,66	730,58	605,91	487,66	375,83
	III	**788,50**	465,08	465,08	III	680,50	575,66	474,00	375,50	280,33	188,33
	V	**1 790,91**	465,08	465,08	IV	1 201,83	1 127,83	1 055,33	984,50	915,25	847,66
	VI	**1 834,16**	465,08	465,08							
6161,99	I,IV	**1 278,66**	465,08	465,08	I	1 128,91	985,58	848,66	718,16	594,08	476,50
	II	**1 144,25**	465,08	465,08	II	1 000,25	862,66	731,50	606,75	488,50	376,66
	III	**789,33**	465,08	465,08	III	681,16	576,33	474,66	376,33	281,00	189,00
	V	**1 792,00**	465,08	465,08	IV	1 203,00	1 128,91	1 056,41	985,58	916,25	848,66
	VI	**1 835,33**	465,08	465,08							
6164,99	I,IV	**1 279,75**	465,08	465,08	I	1 129,91	986,58	849,58	719,08	595,00	477,33
	II	**1 145,33**	465,08	465,08	II	1 001,25	863,58	732,41	607,66	489,33	377,41
	III	**790,16**	465,08	465,08	III	682,00	577,16	475,50	377,00	281,66	189,66
	V	**1 793,16**	465,08	465,08	IV	1 204,00	1 129,91	1 057,41	986,58	917,25	849,58
	VI	**1 836,41**	465,08	465,08							
6167,99	I,IV	**1 280,83**	465,08	465,08	I	1 131,00	987,58	850,58	720,00	595,83	478,16
	II	**1 146,41**	465,08	465,08	II	1 002,25	864,58	733,33	608,58	490,16	378,25
	III	**791,00**	465,08	465,08	III	682,83	577,83	476,16	377,66	282,33	190,33
	V	**1 794,33**	465,08	465,08	IV	1 205,16	1 131,00	1 058,50	987,58	918,25	850,58
	VI	**1 837,58**	465,08	465,08							
6170,99	I,IV	**1 282,00**	465,08	465,08	I	1 132,08	988,58	851,58	720,91	596,75	479,00
	II	**1 147,50**	465,08	465,08	II	1 003,33	865,58	734,33	609,41	491,00	379,00
	III	**791,66**	465,08	465,08	III	683,50	578,66	476,83	378,33	283,00	191,00
	V	**1 795,50**	465,08	465,08	IV	1 206,25	1 132,08	1 059,58	988,58	919,25	851,58
	VI	**1 838,75**	465,08	465,08							
6173,99	I,IV	**1 283,08**	465,08	465,08	I	1 133,16	989,58	852,50	721,83	597,66	479,83
	II	**1 148,50**	465,08	465,08	II	1 004,33	866,58	735,25	610,33	491,83	379,83
	III	**792,50**	465,08	465,08	III	684,33	579,33	477,66	379,00	283,66	191,66
	V	**1 796,58**	465,08	465,08	IV	1 207,33	1 133,16	1 060,58	989,58	920,25	852,50
	VI	**1 839,83**	465,08	465,08							
6176,99	I,IV	**1 284,25**	465,08	465,08	I	1 134,25	990,66	853,50	722,83	598,50	480,66
	II	**1 149,58**	465,08	465,08	II	1 005,33	867,58	736,16	611,25	492,66	380,58
	III	**793,33**	465,08	465,08	III	685,16	580,16	478,33	379,83	284,50	192,33
	V	**1 797,75**	465,08	465,08	IV	1 208,41	1 134,25	1 061,66	990,66	921,25	853,50
	VI	**1 841,00**	465,08	465,08							
6179,99	I,IV	**1 285,33**	465,08	465,08	I	1 135,33	991,66	854,50	723,75	599,41	481,50
	II	**1 150,66**	465,08	465,08	II	1 006,41	868,58	737,08	612,08	493,58	381,41
	III	**794,16**	465,08	465,08	III	685,83	580,83	479,16	380,50	285,16	193,00
	V	**1 798,91**	465,08	465,08	IV	1 209,50	1 135,33	1 062,66	991,66	922,25	854,50
	VI	**1 842,16**	465,08	465,08							
6182,99	I,IV	**1 286,41**	465,08	465,08	I	1 136,33	992,66	855,41	724,66	600,25	482,33
	II	**1 151,75**	465,08	465,08	II	1 007,41	869,50	738,00	613,00	494,33	382,16
	III	**795,00**	465,08	465,08	III	686,66	581,66	479,83	381,16	285,83	193,66
	V	**1 800,00**	465,08	465,08	IV	1 210,58	1 136,33	1 063,75	992,66	923,25	855,41
	VI	**1 843,25**	465,08	465,08							
6185,99	I,IV	**1 287,58**	465,08	465,08	I	1 137,41	993,75	856,41	725,58	601,16	483,16
	II	**1 152,83**	465,08	465,08	II	1 008,41	870,50	739,00	613,91	495,25	383,00
	III	**795,83**	465,08	465,08	III	687,50	582,50	480,50	382,00	286,50	194,33
	V	**1 801,16**	465,08	465,08	IV	1 211,66	1 137,41	1 064,75	993,75	924,25	856,41
	VI	**1 844,41**	465,08	465,08							
6188,99	I,IV	**1 288,75**	465,08	465,08	I	1 138,50	994,75	857,41	726,50	602,08	484,00
	II	**1 153,91**	465,08	465,08	II	1 009,50	871,50	739,91	614,75	496,08	383,83
	III	**796,50**	465,08	465,08	III	688,16	583,16	481,33	382,66	287,16	195,00
	V	**1 802,33**	465,08	465,08	IV	1 212,83	1 138,50	1 065,83	994,75	925,33	857,41
	VI	**1 845,58**	465,08	465,08							
6191,99	I,IV	**1 289,83**	465,08	465,08	I	1 139,58	995,75	858,41	727,41	602,91	484,83
	II	**1 155,00**	465,08	465,08	II	1 010,50	872,41	740,83	615,66	496,91	384,58
	III	**797,33**	465,08	465,08	III	689,00	583,83	482,00	383,33	287,83	195,66
	V	**1 803,41**	465,08	465,08	IV	1 213,91	1 139,58	1 066,83	995,75	926,25	858,41
	VI	**1 846,66**	465,08	465,08							

* Zur LSt-Berechnung für privat versicherte Arbeitnehmer s. Beispiele **Vorbemerkung S. 4f.**
** Basisvorsorgepauschale KV und PV   *** Typisierter Arbeitgeberzuschuss

Lohn/ Gehalt in € bis	Steuerklasse	Lohn- steuer*	BVSP**	TAGZ***	Steuerklasse	Bemessungsgrundlage für Kirchensteuer und Solidaritätszuschlag					
						Freibeträge für ... Kinder					
						0,5	1,0	1,5	2,0	2,5	3,0
6194,99	I,IV	**1290,91**	465,08	465,08	I	1140,66	996,83	859,41	728,41	603,83	485,66
	II	**1156,08**	465,08	465,08	II	1011,58	873,41	741,75	616,58	497,75	385,41
	III	**798,16**	465,08	465,08	III	689,83	584,66	482,83	384,00	288,50	196,33
	V	**1804,58**	465,08	465,08	IV	1215,00	1140,66	1067,91	996,83	927,25	859,41
	VI	**1847,83**	465,08	465,08							
6197,99	I,IV	**1292,08**	465,08	465,08	I	1141,75	997,83	860,33	729,33	604,75	486,58
	II	**1157,16**	465,08	465,08	II	1012,58	874,41	742,75	617,41	498,58	386,16
	III	**799,00**	465,08	465,08	III	690,66	585,50	483,50	384,66	289,16	197,00
	V	**1805,75**	465,08	465,08	IV	1216,08	1141,75	1069,00	997,83	928,33	860,33
	VI	**1849,00**	465,08	465,08							
6200,99	I,IV	**1293,16**	465,08	465,08	I	1142,83	998,83	861,33	730,25	605,58	487,33
	II	**1158,25**	465,08	465,08	II	1013,58	875,41	743,66	618,33	499,41	387,00
	III	**799,66**	465,08	465,08	III	691,33	586,16	484,16	385,50	289,83	197,66
	V	**1806,83**	465,08	465,08	IV	1217,16	1142,83	1070,00	998,83	929,25	861,33
	VI	**1850,00**	465,08	465,08							
6203,99	I,IV	**1294,33**	465,08	465,08	I	1143,91	999,91	862,33	731,16	606,50	488,25
	II	**1159,33**	465,08	465,08	II	1014,66	876,41	744,58	619,25	500,25	387,75
	III	**800,50**	465,08	465,08	III	692,16	587,00	485,00	386,16	290,66	198,33
	V	**1808,00**	465,08	465,08	IV	1218,25	1143,91	1071,08	999,91	930,33	862,33
	VI	**1851,25**	465,08	465,08							
6206,99	I,IV	**1295,41**	465,08	465,08	I	1144,91	1000,91	863,25	732,08	607,33	489,00
	II	**1160,33**	465,08	465,08	II	1015,66	877,33	745,50	620,08	501,08	388,58
	III	**801,33**	465,08	465,08	III	693,00	587,66	485,66	386,83	291,33	199,00
	V	**1809,16**	465,08	465,08	IV	1219,33	1144,91	1072,08	1000,91	931,25	863,25
	VI	**1852,41**	465,08	465,08							
6209,99	I,IV	**1296,50**	465,08	465,08	I	1146,00	1001,91	864,25	733,08	608,25	489,91
	II	**1161,41**	465,08	465,08	II	1016,66	878,33	746,50	621,00	502,00	389,33
	III	**802,16**	465,08	465,08	III	693,66	588,50	486,33	387,50	292,00	199,50
	V	**1810,33**	465,08	465,08	IV	1220,50	1146,00	1073,16	1001,91	932,33	864,25
	VI	**1853,58**	465,08	465,08							
6212,99	I,IV	**1297,66**	465,08	465,08	I	1147,08	1003,00	865,25	734,00	609,16	490,75
	II	**1162,58**	465,08	465,08	II	1017,75	879,33	747,41	621,91	502,83	390,16
	III	**803,00**	465,08	465,08	III	694,50	589,16	487,16	388,33	292,66	200,33
	V	**1811,50**	465,08	465,08	IV	1221,58	1147,08	1074,25	1003,00	933,33	865,25
	VI	**1854,75**	465,08	465,08							
6215,99	I,IV	**1298,75**	465,08	465,08	I	1148,16	1004,00	866,25	734,91	610,00	491,58
	II	**1163,58**	465,08	465,08	II	1018,75	880,33	748,33	622,75	503,66	390,91
	III	**803,83**	465,08	465,08	III	695,33	590,00	487,83	389,00	293,33	200,83
	V	**1812,58**	465,08	465,08	IV	1222,66	1148,16	1075,25	1004,00	934,33	866,25
	VI	**1855,83**	465,08	465,08							
6218,99	I,IV	**1299,91**	465,08	465,08	I	1149,25	1005,00	867,25	735,83	610,91	492,41
	II	**1164,66**	465,08	465,08	II	1019,83	881,33	749,25	623,66	504,50	391,75
	III	**804,50**	465,08	465,08	III	696,00	590,66	488,66	389,66	294,00	201,50
	V	**1813,75**	465,08	465,08	IV	1223,75	1149,25	1076,33	1005,00	935,33	867,25
	VI	**1857,00**	465,08	465,08							
6221,99	I,IV	**1301,00**	465,08	465,08	I	1150,33	1006,08	868,25	736,83	611,83	493,25
	II	**1165,75**	465,08	465,08	II	1020,83	882,33	750,25	624,58	505,33	392,58
	III	**805,33**	465,08	465,08	III	696,83	591,50	489,33	390,50	294,66	202,33
	V	**1814,91**	465,08	465,08	IV	1224,91	1150,33	1077,41	1006,08	936,33	868,25
	VI	**1858,16**	465,08	465,08							
6224,99	I,IV	**1302,16**	465,08	465,08	I	1151,41	1007,08	869,16	737,75	612,66	494,08
	II	**1166,83**	465,08	465,08	II	1021,83	883,25	751,16	625,41	506,16	393,33
	III	**806,16**	465,08	465,08	III	697,66	592,16	490,00	391,16	295,33	202,83
	V	**1816,00**	465,08	465,08	IV	1225,91	1151,41	1078,41	1007,08	937,33	869,16
	VI	**1859,25**	465,08	465,08							
6227,99	I,IV	**1303,25**	465,08	465,08	I	1152,50	1008,08	870,16	738,66	613,58	494,91
	II	**1167,91**	465,08	465,08	II	1022,91	884,25	752,08	626,33	507,08	394,16
	III	**807,00**	465,08	465,08	III	698,33	593,00	490,83	391,83	296,00	203,50
	V	**1817,16**	465,08	465,08	IV	1227,08	1152,50	1079,50	1008,08	938,33	870,16
	VI	**1860,41**	465,08	465,08							

* Zur LSt-Berechnung für privat versicherte Arbeitnehmer s. Beispiele **Vorbemerkung S. 4 f.**
** Basisvorsorgepauschale KV und PV　*** Typisierter Arbeitgeberzuschuss

Lohn/ Gehalt in € bis	Steuerklasse	Lohn-steuer*	BVSP**	TAGZ***	Steuerklasse	Bemessungsgrundlage für Kirchensteuer und Solidaritätszuschlag					
						Freibeträge für ... Kinder					
						0,5	1,0	1,5	2,0	2,5	3,0
6230,99	I,IV	1304,41	465,08	465,08	I	1153,58	1009,16	871,16	739,58	614,50	495,75
	II	1169,00	465,08	465,08	II	1023,91	885,25	753,08	627,25	507,91	395,00
	III	807,83	465,08	465,08	III	699,16	593,83	491,50	392,50	296,83	204,16
	V	1818,33	465,08	465,08	IV	1228,16	1153,58	1080,58	1009,16	939,33	871,16
	VI	1861,58	465,08	465,08							
6233,99	I,IV	1305,50	465,08	465,08	I	1154,58	1010,16	872,08	740,50	615,33	496,58
	II	1170,08	465,08	465,08	II	1024,91	886,25	754,00	628,16	508,75	395,75
	III	808,66	465,08	465,08	III	700,00	594,50	492,33	393,33	297,50	204,83
	V	1819,41	465,08	465,08	IV	1229,25	1154,58	1081,58	1010,16	940,33	872,08
	VI	1862,66	465,08	465,08							
6236,99	I,IV	1306,66	465,08	465,08	I	1155,66	1011,16	873,00	741,50	616,25	497,50
	II	1171,16	465,08	465,08	II	1026,00	887,25	754,91	629,08	509,58	396,58
	III	809,33	465,08	465,08	III	700,66	595,16	493,00	394,00	298,16	205,50
	V	1820,58	465,08	465,08	IV	1230,33	1155,66	1082,66	1011,16	941,33	873,08
	VI	1863,83	465,08	465,08							
6239,99	I,IV	1307,75	465,08	465,08	I	1156,83	1012,25	874,08	742,41	617,16	498,33
	II	1172,25	465,08	465,08	II	1027,08	888,25	755,91	629,91	510,41	397,33
	III	810,16	465,08	465,08	III	701,50	596,00	493,83	394,66	298,83	206,16
	V	1821,75	465,08	465,08	IV	1231,50	1156,83	1083,75	1012,25	942,33	874,08
	VI	1865,00	465,08	465,08							
6242,99	I,IV	1308,91	465,08	465,08	I	1157,83	1013,25	875,08	743,33	618,00	499,16
	II	1173,33	465,08	465,08	II	1028,08	889,25	756,83	630,83	511,25	398,16
	III	811,00	465,08	465,08	III	702,33	596,83	494,50	395,33	299,50	206,83
	V	1822,83	465,08	465,08	IV	1232,58	1157,83	1084,75	1013,25	943,33	875,08
	VI	1866,16	465,08	465,08							
6245,99	I,IV	1310,00	465,08	465,08	I	1158,91	1014,25	876,08	744,25	618,91	500,00
	II	1174,41	465,08	465,08	II	1029,08	890,25	757,75	631,75	512,16	399,00
	III	811,83	465,08	465,08	III	703,00	597,50	495,16	396,16	300,16	207,50
	V	1824,00	465,08	465,08	IV	1233,66	1158,91	1085,83	1014,25	944,41	876,08
	VI	1867,25	465,08	465,08							
6248,99	I,IV	1311,16	465,08	465,08	I	1160,00	1015,33	877,08	745,25	619,83	500,83
	II	1175,50	465,08	465,08	II	1030,16	891,25	758,75	632,66	513,00	399,75
	III	812,66	465,08	465,08	III	703,83	598,33	496,00	396,83	301,00	208,16
	V	1825,16	465,08	465,08	IV	1234,83	1160,00	1086,91	1015,33	945,41	877,08
	VI	1868,41	465,08	465,08							
6251,99	I,IV	1312,25	465,08	465,08	I	1161,08	1016,33	878,00	746,16	620,66	501,66
	II	1176,58	465,08	465,08	II	1031,16	892,16	759,66	633,50	513,83	400,58
	III	813,50	465,08	465,08	III	704,66	599,00	496,66	397,50	301,66	208,83
	V	1826,33	465,08	465,08	IV	1235,83	1161,08	1087,91	1016,33	946,41	878,00
	VI	1869,58	465,08	465,08							
6254,99	I,IV	1313,41	465,08	465,08	I	1162,16	1017,41	879,00	747,08	621,58	502,50
	II	1177,66	465,08	465,08	II	1032,25	893,16	760,58	634,41	514,66	401,33
	III	814,16	465,08	465,08	III	705,33	599,83	497,33	398,16	302,33	209,50
	V	1827,41	465,08	465,08	IV	1237,00	1162,16	1089,00	1017,41	947,41	879,00
	VI	1870,75	465,08	465,08							
6257,99	I,IV	1314,50	465,08	465,08	I	1163,25	1018,41	880,00	748,08	622,50	503,41
	II	1178,75	465,08	465,08	II	1033,25	894,16	761,58	635,33	515,50	402,16
	III	815,00	465,08	465,08	III	706,16	600,66	498,16	399,00	303,00	210,16
	V	1828,58	465,08	465,08	IV	1238,08	1163,25	1090,00	1018,41	948,41	880,00
	VI	1871,83	465,08	465,08							
6260,99	I,IV	1315,66	465,08	465,08	I	1164,33	1019,41	881,00	749,00	623,41	504,25
	II	1179,83	465,08	465,08	II	1034,33	895,16	762,50	636,25	516,41	403,00
	III	815,83	465,08	465,08	III	707,00	601,33	498,83	399,66	303,66	210,83
	V	1829,75	465,08	465,08	IV	1239,16	1164,33	1091,08	1019,41	949,41	881,00
	VI	1873,00	465,08	465,08							
6263,99	I,IV	1316,75	465,08	465,08	I	1165,41	1020,50	882,00	749,91	624,25	505,08
	II	1180,91	465,08	465,08	II	1035,33	896,16	763,41	637,08	517,25	403,75
	III	816,66	465,08	465,08	III	707,83	602,00	499,66	400,33	304,33	211,50
	V	1830,91	465,08	465,08	IV	1240,33	1165,41	1092,16	1020,50	950,41	882,00
	VI	1874,16	465,08	465,08							

* Zur LSt-Berechnung für privat versicherte Arbeitnehmer s. Beispiele **Vorbemerkung S. 4f.**
** Basisvorsorgepauschale KV und PV *** Typisierter Arbeitgeberzuschuss

Lohn/ Gehalt in € bis	Steuerklasse	Lohn- steuer*	BVSP**	TAGZ***	Steuerklasse	\multicolumn{6}{c}{Bemessungsgrundlage für Kirchensteuer und Solidaritätszuschlag — Freibeträge für ... Kinder}
						0,5	1,0	1,5	2,0	2,5	3,0
6266,99	I,IV	1317,91	465,08	465,08	I	1166,50	1021,50	883,00	750,83	625,16	505,91
	II	1182,08	465,08	465,08	II	1036,41	897,16	764,41	638,00	518,08	404,58
	III	817,50	465,08	465,08	III	708,50	602,83	500,33	401,16	305,00	212,16
	V	1832,00	465,08	465,08	IV	1241,41	1166,50	1093,25	1021,50	951,41	883,00
	VI	1875,33	465,08	465,08							
6269,99	I,IV	1319,00	465,08	465,08	I	1167,58	1022,58	883,91	751,83	626,08	506,75
	II	1183,08	465,08	465,08	II	1037,41	898,16	765,33	638,91	518,91	405,41
	III	818,33	465,08	465,08	III	709,33	603,66	501,16	401,83	305,66	212,83
	V	1833,16	465,08	465,08	IV	1242,50	1167,58	1094,25	1022,58	952,41	883,91
	VI	1876,41	465,08	465,08							
6272,99	I,IV	1320,16	465,08	465,08	I	1168,66	1023,58	884,91	752,75	627,00	507,58
	II	1184,16	465,08	465,08	II	1038,50	899,16	766,25	639,83	519,75	406,16
	III	819,00	465,08	465,08	III	710,16	604,33	501,83	402,50	306,33	213,50
	V	1834,33	465,08	465,08	IV	1243,58	1168,66	1095,33	1023,58	953,50	884,91
	VI	1877,58	465,08	465,08							
6275,99	I,IV	1321,25	465,08	465,08	I	1169,75	1024,58	885,91	753,66	627,83	508,41
	II	1185,25	465,08	465,08	II	1039,50	900,08	767,16	640,66	520,66	407,00
	III	819,83	465,08	465,08	III	710,83	605,16	502,50	403,16	307,16	214,16
	V	1835,41	465,08	465,08	IV	1244,66	1169,75	1096,33	1024,58	954,50	885,91
	VI	1878,66	465,08	465,08							
6278,99	I,IV	1322,41	465,08	465,08	I	1170,83	1025,66	886,91	754,58	628,75	509,33
	II	1186,33	465,08	465,08	II	1040,50	901,16	768,16	641,58	521,50	407,83
	III	820,66	465,08	465,08	III	711,66	605,83	503,33	404,00	307,83	214,83
	V	1836,58	465,08	465,08	IV	1245,83	1170,83	1097,41	1025,66	955,50	886,91
	VI	1879,83	465,08	465,08							
6281,99	I,IV	1323,58	465,08	465,08	I	1171,91	1026,66	887,91	755,58	629,66	510,16
	II	1187,50	465,08	465,08	II	1041,58	902,16	769,08	642,50	522,33	408,58
	III	821,50	465,08	465,08	III	712,50	606,66	504,00	404,66	308,50	215,50
	V	1837,75	465,08	465,08	IV	1246,91	1171,91	1098,50	1026,66	956,50	887,91
	VI	1881,00	465,08	465,08							
6284,99	I,IV	1324,66	465,08	465,08	I	1173,00	1027,75	888,91	756,50	630,50	511,00
	II	1188,50	465,08	465,08	II	1042,58	903,08	770,00	643,41	523,16	409,41
	III	822,33	465,08	465,08	III	713,16	607,33	504,83	405,33	309,16	216,16
	V	1838,83	465,08	465,08	IV	1248,00	1173,00	1099,58	1027,75	957,50	888,91
	VI	1882,08	465,08	465,08							
6287,99	I,IV	1325,83	465,08	465,08	I	1174,08	1028,75	889,91	757,41	631,41	511,83
	II	1189,66	465,08	465,08	II	1043,66	904,08	771,00	644,33	524,08	410,25
	III	823,16	465,08	465,08	III	714,00	608,16	505,50	406,16	309,83	216,83
	V	1840,00	465,08	465,08	IV	1249,16	1174,08	1100,58	1028,75	958,50	889,91
	VI	1883,25	465,08	465,08							
6290,99	I,IV	1326,91	465,08	465,08	I	1175,16	1029,83	890,91	758,41	632,33	512,66
	II	1190,75	465,08	465,08	II	1044,75	905,08	771,91	645,25	524,91	411,00
	III	823,83	465,08	465,08	III	714,83	609,00	506,16	406,83	310,50	217,50
	V	1841,16	465,08	465,08	IV	1250,25	1175,16	1101,66	1029,83	959,58	890,91
	VI	1884,41	465,08	465,08							
6293,99	I,IV	1328,08	465,08	465,08	I	1176,25	1030,83	891,83	759,33	633,25	513,50
	II	1191,83	465,08	465,08	II	1045,75	906,08	772,91	646,08	525,75	411,83
	III	824,66	465,08	465,08	III	715,50	609,66	507,00	407,50	311,16	218,16
	V	1842,33	465,08	465,08	IV	1251,33	1176,25	1102,75	1030,83	960,50	891,83
	VI	1885,58	465,08	465,08							
6296,99	I,IV	1329,16	465,08	465,08	I	1177,33	1031,91	892,83	760,25	634,08	514,41
	II	1192,91	465,08	465,08	II	1046,75	907,08	773,83	647,00	526,58	412,66
	III	825,50	465,08	465,08	III	716,33	610,50	507,66	408,16	312,00	218,83
	V	1843,41	465,08	465,08	IV	1252,50	1177,33	1103,83	1031,91	961,58	892,83
	VI	1886,75	465,08	465,08							
6299,99	I,IV	1330,33	465,08	465,08	I	1178,41	1032,91	893,83	761,25	635,00	515,25
	II	1194,00	465,08	465,08	II	1047,83	908,00	774,83	647,91	527,50	413,50
	III	826,33	465,08	465,08	III	717,16	611,16	508,50	409,00	312,66	219,50
	V	1844,58	465,08	465,08	IV	1253,58	1178,41	1104,83	1032,91	962,58	893,83
	VI	1887,83	465,08	465,08							

* Zur LSt-Berechnung für privat versicherte Arbeitnehmer s. Beispiele **Vorbemerkung S. 4 f.**
** Basisvorsorgepauschale KV und PV   *** Typisierter Arbeitgeberzuschuss

Lohn/ Gehalt in € bis	Steuerklasse	Lohn- steuer*	BVSP**	TAGZ***	Steuerklasse	Bemessungsgrundlage für Kirchensteuer und Solidaritätszuschlag Freibeträge für ... Kinder 0,5	1,0	1,5	2,0	2,5	3,0
6302,99	I,IV	1331,41	465,08	465,08	I	1179,50	1033,91	894,83	762,16	635,91	516,08
	II	1195,08	465,08	465,08	II	1048,83	909,08	775,75	648,83	528,33	414,25
	III	827,16	465,08	465,08	III	718,00	612,00	509,16	409,66	313,33	220,16
	V	1845,75	465,08	465,08	IV	1254,66	1179,50	1105,91	1033,91	963,58	894,83
	VI	1889,00	465,08	465,08							
6305,99	I,IV	1332,58	465,08	465,08	I	1180,58	1035,00	895,83	763,08	636,83	516,91
	II	1196,16	465,08	465,08	II	1049,91	910,00	776,66	649,75	529,16	415,08
	III	828,00	465,08	465,08	III	718,66	612,66	510,00	410,33	314,00	220,83
	V	1846,91	465,08	465,08	IV	1255,75	1180,58	1107,00	1035,00	964,58	895,83
	VI	1890,16	465,08	465,08							
6308,99	I,IV	1333,75	465,08	465,08	I	1181,66	1036,08	896,83	764,08	637,75	517,83
	II	1197,25	465,08	465,08	II	1051,00	911,08	777,66	650,66	530,08	415,91
	III	828,83	465,08	465,08	III	719,50	613,50	510,66	411,00	314,66	221,50
	V	1848,00	465,08	465,08	IV	1256,91	1181,66	1108,08	1036,08	965,66	896,83
	VI	1891,33	465,08	465,08							
6311,99	I,IV	1334,83	465,08	465,08	I	1182,75	1037,08	897,83	765,00	638,58	518,66
	II	1198,33	465,08	465,08	II	1052,00	912,08	778,58	651,50	530,91	416,66
	III	829,50	465,08	465,08	III	720,33	614,16	511,33	411,83	315,33	222,16
	V	1849,16	465,08	465,08	IV	1258,00	1182,75	1109,08	1037,08	966,66	897,83
	VI	1892,41	465,08	465,08							
6314,99	I,IV	1336,00	465,08	465,08	I	1183,83	1038,08	898,83	765,91	639,50	519,50
	II	1199,41	465,08	465,08	II	1053,08	913,08	779,50	652,41	531,75	417,50
	III	830,33	465,08	465,08	III	721,16	615,00	512,16	412,50	316,16	222,83
	V	1850,33	465,08	465,08	IV	1259,08	1183,83	1110,16	1038,08	967,66	898,83
	VI	1893,58	465,08	465,08							
6317,99	I,IV	1337,16	465,08	465,08	I	1184,91	1039,16	899,83	766,91	640,41	520,33
	II	1200,58	465,08	465,08	II	1054,00	914,08	780,50	653,33	532,58	418,33
	III	831,16	465,08	465,08	III	721,83	615,83	512,83	413,16	316,83	223,50
	V	1851,50	465,08	465,08	IV	1260,25	1184,91	1111,25	1039,16	968,66	899,83
	VI	1894,75	465,08	465,08							
6320,99	I,IV	1338,25	465,08	465,08	I	1186,00	1040,16	900,75	767,83	641,33	521,16
	II	1201,58	465,08	465,08	II	1055,16	915,08	781,41	654,25	533,41	419,08
	III	832,00	465,08	465,08	III	722,66	616,50	513,66	414,00	317,50	224,16
	V	1852,58	465,08	465,08	IV	1261,33	1186,00	1112,25	1040,16	969,66	900,75
	VI	1895,83	465,08	465,08							
6323,99	I,IV	1339,41	465,08	465,08	I	1187,08	1041,25	901,83	768,75	642,25	522,08
	II	1202,75	465,08	465,08	II	1056,16	916,00	782,41	655,16	534,33	419,91
	III	832,83	465,08	465,08	III	723,50	617,33	514,33	414,66	318,16	224,83
	V	1853,75	465,08	465,08	IV	1262,41	1187,08	1113,33	1041,25	970,75	901,83
	VI	1897,00	465,08	465,08							
6326,99	I,IV	1340,58	465,08	465,08	I	1188,16	1042,25	902,83	769,75	643,08	522,91
	II	1203,83	465,08	465,08	II	1057,25	917,00	783,33	656,08	535,16	420,75
	III	833,66	465,08	465,08	III	724,16	618,00	515,16	415,33	318,83	225,50
	V	1854,91	465,08	465,08	IV	1263,58	1188,16	1114,41	1042,25	971,75	902,83
	VI	1898,16	465,08	465,08							
6329,99	I,IV	1341,66	465,08	465,08	I	1189,25	1043,33	903,75	770,66	644,00	523,75
	II	1204,91	465,08	465,08	II	1058,25	918,08	784,25	656,91	536,00	421,58
	III	834,33	465,08	465,08	III	725,00	618,83	515,83	416,00	319,50	226,16
	V	1856,00	465,08	465,08	IV	1264,66	1189,25	1115,50	1043,33	972,75	903,75
	VI	1899,25	465,08	465,08							
6332,99	I,IV	1342,83	465,08	465,08	I	1190,33	1044,33	904,75	771,66	644,91	524,58
	II	1206,00	465,08	465,08	II	1059,33	919,08	785,25	657,83	536,91	422,33
	III	835,33	465,08	465,08	III	725,83	619,66	516,66	416,83	320,16	226,83
	V	1857,16	465,08	465,08	IV	1265,75	1190,33	1116,58	1044,33	973,75	904,75
	VI	1900,41	465,08	465,08							
6335,99	I,IV	1344,00	465,08	465,08	I	1191,50	1045,41	905,75	772,58	645,83	525,50
	II	1207,08	465,08	465,08	II	1060,41	920,08	786,25	658,75	537,75	423,16
	III	836,00	465,08	465,08	III	726,66	620,33	517,33	417,50	321,00	227,50
	V	1858,33	465,08	465,08	IV	1266,91	1191,50	1117,66	1045,41	974,83	905,75
	VI	1901,58	465,08	465,08							

* Zur LSt-Berechnung für privat versicherte Arbeitnehmer s. Beispiele **Vorbemerkung S. 4 f.**
** Basisvorsorgepauschale KV und PV   *** Typisierter Arbeitgeberzuschuss

Lohn/Gehalt in € bis	Steuerklasse	Lohnsteuer*	BVSP**	TAGZ***	Steuerklasse	Bemessungsgrundlage für Kirchensteuer und Solidaritätszuschlag					
						Freibeträge für ... Kinder					
						0,5	1,0	1,5	2,0	2,5	3,0
6 338,99	I,IV	**1 345,08**	465,08	465,08	I	1 192,50	1 046,41	906,75	773,50	646,66	526,33
	II	**1 208,16**	465,08	465,08	II	1 061,41	921,08	787,16	659,66	538,58	424,00
	III	**836,83**	465,08	465,08	III	727,33	621,16	518,00	418,16	321,66	228,16
	V	**1 359,41**	465,08	465,08	IV	1 268,00	1 192,50	1 118,66	1 046,41	975,83	906,75
	VI	**1 902,66**	465,08	465,08							
6 341,99	I,IV	**1 346,25**	465,08	465,08	I	1 193,66	1 047,50	907,75	774,50	647,58	527,16
	II	**1 209,25**	465,08	465,08	II	1 062,50	922,08	788,08	660,58	539,50	424,83
	III	**837,66**	465,08	465,08	III	728,16	621,83	518,83	419,00	322,33	228,83
	V	**1 860,58**	465,08	465,08	IV	1 269,16	1 193,66	1 119,75	1 047,50	976,83	907,75
	VI	**1 903,83**	465,08	465,08							
6 344,99	I,IV	**1 347,33**	465,08	465,08	I	1 194,66	1 048,50	908,75	775,41	648,50	528,00
	II	**1 210,33**	465,08	465,08	II	1 063,50	923,08	789,08	661,50	540,33	425,58
	III	**838,50**	465,08	465,08	III	729,00	622,66	519,50	419,66	323,00	229,50
	V	**1 861,75**	465,08	465,08	IV	1 270,25	1 194,66	1 120,83	1 048,50	977,83	908,75
	VI	**1 905,00**	465,08	465,08							
6 347,99	I,IV	**1 348,41**	465,08	465,08	I	1 195,83	1 049,58	909,75	776,33	649,41	528,91
	II	**1 211,50**	465,08	465,08	II	1 064,58	924,08	790,00	662,41	541,16	426,41
	III	**839,33**	465,08	465,08	III	729,66	623,33	520,33	420,33	323,66	230,16
	V	**1 862,83**	465,08	465,08	IV	1 271,33	1 195,83	1 121,91	1 049,58	978,83	909,75
	VI	**1 906,16**	465,08	465,08							
6 350,99	I,IV	**1 349,66**	465,08	465,08	I	1 196,91	1 050,58	910,75	777,33	650,33	529,75
	II	**1 212,58**	465,08	465,08	II	1 065,58	925,08	791,00	663,33	542,08	427,25
	III	**840,16**	465,08	465,08	III	730,50	624,16	521,00	421,16	324,33	230,83
	V	**1 864,00**	465,08	465,08	IV	1 272,50	1 196,91	1 123,00	1 050,58	979,91	910,75
	VI	**1 907,25**	465,08	465,08							
6 353,99	I,IV	**1 350,75**	465,08	465,08	I	1 198,00	1 051,66	911,75	778,25	651,25	530,58
	II	**1 213,66**	465,08	465,08	II	1 066,66	926,08	791,91	664,16	542,91	428,08
	III	**840,83**	465,08	465,08	III	731,33	625,00	521,83	421,83	325,16	231,50
	V	**1 865,16**	465,08	465,08	IV	1 273,58	1 198,00	1 124,00	1 051,66	980,91	911,75
	VI	**1 908,41**	465,08	465,08							
6 356,99	I,IV	**1 351,91**	465,08	465,08	I	1 199,08	1 052,66	912,75	779,25	652,08	531,50
	II	**1 214,75**	465,08	465,08	II	1 067,66	927,08	792,91	665,08	543,75	428,83
	III	**841,66**	465,08	465,08	III	732,16	625,66	522,50	422,50	325,83	232,16
	V	**1 866,33**	465,08	465,08	IV	1 274,66	1 199,08	1 125,08	1 052,66	981,91	912,75
	VI	**1 909,58**	465,08	465,08							
6 359,99	I,IV	**1 353,08**	465,08	465,08	I	1 200,16	1 053,75	913,75	780,16	653,00	532,33
	II	**1 215,83**	465,08	465,08	II	1 068,75	928,00	793,83	666,00	544,66	429,66
	III	**842,50**	465,08	465,08	III	732,83	626,50	523,33	423,33	326,50	233,00
	V	**1 867,50**	465,08	465,08	IV	1 275,83	1 200,16	1 126,16	1 053,75	982,91	913,75
	VI	**1 910,75**	465,08	465,08							
6 362,99	I,IV	**1 354,16**	465,08	465,08	I	1 201,25	1 054,75	914,75	781,08	653,91	533,16
	II	**1 216,91**	465,08	465,08	II	1 069,75	929,08	794,75	666,91	545,50	430,50
	III	**843,33**	465,08	465,08	III	733,66	627,16	524,00	424,00	327,16	233,66
	V	**1 868,58**	465,08	465,08	IV	1 276,91	1 201,25	1 127,25	1 054,75	983,91	914,75
	VI	**1 911,83**	465,08	465,08							
6 365,99	I,IV	**1 355,33**	465,08	465,08	I	1 202,33	1 055,83	915,75	782,08	654,83	534,00
	II	**1 218,08**	465,08	465,08	II	1 070,83	930,08	795,75	667,83	546,33	431,33
	III	**844,16**	465,08	465,08	III	734,50	628,00	524,66	424,66	327,83	234,16
	V	**1 869,75**	465,08	465,08	IV	1 278,00	1 202,33	1 128,33	1 055,83	985,00	915,75
	VI	**1 913,00**	465,08	465,08							
6 368,99	I,IV	**1 356,50**	465,08	465,08	I	1 203,50	1 056,91	916,75	783,00	655,75	534,91
	II	**1 219,16**	465,08	465,08	II	1 071,91	931,00	796,75	668,75	547,25	432,16
	III	**845,00**	465,08	465,08	III	735,33	628,83	525,50	425,50	328,50	235,00
	V	**1 870,91**	465,08	465,08	IV	1 279,16	1 203,50	1 129,33	1 056,91	986,00	916,75
	VI	**1 914,16**	465,08	465,08							
6 371,99	I,IV	**1 357,58**	465,08	465,08	I	1 204,50	1 057,91	917,75	784,00	656,66	535,75
	II	**1 220,25**	465,08	465,08	II	1 072,91	932,08	797,66	669,66	548,08	432,91
	III	**845,83**	465,08	465,08	III	736,00	629,50	526,16	426,16	329,33	235,66
	V	**1 872,00**	465,08	465,08	IV	1 280,25	1 204,50	1 130,41	1 057,91	987,00	917,75
	VI	**1 915,25**	465,08	465,08							

* Zur LSt-Berechnung für privat versicherte Arbeitnehmer s. Beispiele **Vorbemerkung S. 4 f.**
** Basisvorsorgepauschale KV und PV *** Typisierter Arbeitgeberzuschuss

Lohn/ Gehalt in € bis	Steuerklasse	Lohn-steuer*	BVSP**	TAGZ***	Steuerklasse	Bemessungsgrundlage für Kirchensteuer und Solidaritätszuschlag					
						Freibeträge für ... Kinder					
						0,5	1,0	1,5	2,0	2,5	3,0
6 374,99	I,IV	**1 358,75**	465,08	465,08	I	1 205,66	1 059,00	918,75	784,91	657,58	536,58
	II	**1 221,33**	465,08	465,08	II	1 074,00	933,08	798,58	670,58	548,91	433,75
	III	**846,50**	465,08	465,08	III	736,83	630,33	527,00	426,83	330,00	236,33
	V	**1 873,16**	465,08	465,08	IV	1 281,41	1 205,66	1 131,50	1 059,00	988,08	918,75
	VI	**1 916,41**	465,08	465,08							
6 377,99	I,IV	**1 359,91**	465,08	465,08	I	1 206,75	1 060,00	919,75	785,91	658,50	537,50
	II	**1 222,41**	465,08	465,08	II	1 075,08	934,08	799,58	671,50	549,83	434,58
	III	**847,50**	465,08	465,08	III	737,66	631,00	527,66	427,66	330,66	237,00
	V	**1 874,33**	465,08	465,08	IV	1 282,50	1 206,75	1 132,58	1 060,00	989,08	919,75
	VI	**1 917,58**	465,08	465,08							
6 380,99	I,IV	**1 361,00**	465,08	465,08	I	1 207,83	1 061,08	920,75	786,83	659,33	538,33
	II	**1 223,50**	465,08	465,08	II	1 076,08	935,08	800,50	672,41	550,66	435,41
	III	**848,16**	465,08	465,08	III	738,50	631,83	528,50	428,33	331,33	237,66
	V	**1 875,41**	465,08	465,08	IV	1 283,58	1 207,83	1 133,66	1 061,08	990,08	920,75
	VI	**1 918,66**	465,08	465,08							
6 383,99	I,IV	**1 362,16**	465,08	465,08	I	1 208,91	1 062,08	921,75	787,75	660,25	539,16
	II	**1 224,66**	465,08	465,08	II	1 077,16	936,08	801,50	673,33	551,58	436,25
	III	**849,00**	465,08	465,08	III	739,16	632,50	529,16	429,00	332,00	238,33
	V	**1 876,58**	465,08	465,08	IV	1 284,75	1 208,91	1 134,75	1 062,08	991,08	921,75
	VI	**1 919,83**	465,08	465,08							
6 386,99	I,IV	**1 363,33**	465,08	465,08	I	1 210,00	1 063,16	922,75	788,75	661,16	540,08
	II	**1 225,75**	465,08	465,08	II	1 078,25	937,16	802,50	674,25	552,41	437,08
	III	**849,83**	465,08	465,08	III	740,00	633,33	530,00	429,66	332,83	239,00
	V	**1 877,75**	465,08	465,08	IV	1 285,83	1 210,00	1 135,83	1 063,16	992,16	922,75
	VI	**1 921,00**	465,08	465,08							
6 389,99	I,IV	**1 364,41**	465,08	465,08	I	1 211,08	1 064,16	923,75	789,66	662,08	540,91
	II	**1 226,83**	465,08	465,08	II	1 079,25	938,08	803,41	675,08	553,25	437,83
	III	**850,66**	465,08	465,08	III	740,83	634,16	530,66	430,50	333,50	239,66
	V	**1 878,83**	465,08	465,08	IV	1 287,00	1 211,08	1 136,83	1 064,16	993,16	923,75
	VI	**1 922,16**	465,08	465,08							
6 392,99	I,IV	**1 365,58**	465,08	465,08	I	1 212,25	1 065,25	924,75	790,66	663,00	541,75
	II	**1 227,91**	465,08	465,08	II	1 080,33	939,16	804,33	676,08	554,16	438,66
	III	**851,50**	465,08	465,08	III	741,50	634,83	531,33	431,16	334,16	240,33
	V	**1 880,00**	465,08	465,08	IV	1 288,08	1 212,25	1 137,91	1 065,25	994,16	924,75
	VI	**1 923,25**	465,08	465,08							
6 395,99	I,IV	**1 366,75**	465,08	465,08	I	1 213,33	1 066,33	925,75	791,58	663,91	542,66
	II	**1 229,08**	465,08	465,08	II	1 081,41	940,16	805,33	677,00	555,00	439,50
	III	**852,33**	465,08	465,08	III	742,33	635,66	532,16	431,83	334,83	241,00
	V	**1 881,16**	465,08	465,08	IV	1 289,25	1 213,33	1 139,00	1 066,33	995,25	925,75
	VI	**1 924,41**	465,08	465,08							
6 398,99	I,IV	**1 367,83**	465,08	465,08	I	1 214,41	1 067,33	926,75	792,58	664,83	543,50
	II	**1 230,16**	465,08	465,08	II	1 082,41	941,16	806,25	677,83	555,83	440,33
	III	**853,16**	465,08	465,08	III	743,16	636,50	532,83	432,66	335,50	241,66
	V	**1 882,33**	465,08	465,08	IV	1 290,33	1 214,41	1 140,00	1 067,33	996,25	926,75
	VI	**1 925,58**	465,08	465,08							
6 401,99	I,IV	**1 369,00**	465,08	465,08	I	1 215,50	1 068,41	927,75	793,50	665,75	544,33
	II	**1 231,25**	465,08	465,08	II	1 083,50	942,16	807,25	678,75	556,75	441,16
	III	**853,83**	465,08	465,08	III	744,00	637,16	533,66	433,33	336,16	242,33
	V	**1 883,41**	465,08	465,08	IV	1 291,41	1 215,50	1 141,16	1 068,41	997,25	927,75
	VI	**1 926,75**	465,08	465,08							
6 404,99	I,IV	**1 370,16**	465,08	465,08	I	1 216,58	1 069,50	928,75	794,50	666,66	545,25
	II	**1 232,33**	465,08	465,08	II	1 084,58	943,16	808,25	679,75	557,58	442,00
	III	**854,83**	465,08	465,08	III	744,83	638,00	534,33	434,00	337,00	243,00
	V	**1 884,58**	465,08	465,08	IV	1 292,58	1 216,58	1 142,25	1 069,50	998,33	928,75
	VI	**1 927,83**	465,08	465,08							
6 407,99	I,IV	**1 371,25**	465,08	465,08	I	1 217,66	1 070,50	929,75	795,41	667,50	546,08
	II	**1 233,41**	465,08	465,08	II	1 085,58	944,16	809,16	680,58	558,50	442,75
	III	**855,50**	465,08	465,08	III	745,50	638,66	535,16	434,83	337,66	243,66
	V	**1 885,75**	465,08	465,08	IV	1 293,66	1 217,66	1 143,25	1 070,50	999,33	929,75
	VI	**1 929,00**	465,08	465,08							

* Zur LSt-Berechnung für privat versicherte Arbeitnehmer s. Beispiele **Vorbemerkung S. 4 f.**
** Basisvorsorgepauschale KV und PV   *** Typisierter Arbeitgeberzuschuss

Lohn/Gehalt in € bis	Steuerklasse	Lohn-steuer*	BVSP**	TAGZ***	Steuerklasse	0,5	1,0	1,5	2,0	2,5	3,0
						Bemessungsgrundlage für Kirchensteuer und Solidaritätszuschlag / Freibeträge für ... Kinder					
6410,99	I,IV	**1**372,41	465,08	465,08	I	1218,75	1071,58	930,75	796,41	668,41	546,91
	II	**1**234,58	465,08	465,08	II	1086,66	945,16	810,16	681,50	559,33	443,58
	III	856,33	465,08	465,08	III	746,33	639,50	535,83	435,50	338,33	244,33
	V	**1**886,91	465,08	465,08	IV	1294,83	1218,75	1144,33	1071,58	1000,33	930,75
	VI	**1**930,16	465,08	465,08							
6413,99	I,IV	**1**373,58	465,08	465,08	I	1219,83	1072,58	931,75	797,33	669,33	547,83
	II	**1**235,66	465,08	465,08	II	1087,66	946,16	811,08	682,41	560,16	444,41
	III	857,16	465,08	465,08	III	747,00	640,16	536,66	436,16	339,00	245,00
	V	**1**888,00	465,08	465,08	IV	1295,91	1219,83	1145,41	1072,58	1001,33	931,75
	VI	**1**931,25	465,08	465,08							
6416,99	I,IV	**1**374,75	465,08	465,08	I	1221,00	1073,66	932,75	798,33	670,25	548,66
	II	**1**236,75	465,08	465,08	II	1088,75	947,16	812,08	683,33	561,08	445,25
	III	858,00	465,08	465,08	III	747,83	641,00	537,33	437,00	339,66	245,66
	V	**1**889,16	465,08	465,08	IV	1297,00	1221,00	1146,50	1073,66	1002,41	932,75
	VI	**1**932,41	465,08	465,08							
6419,99	I,IV	**1**375,83	465,08	465,08	I	1222,08	1074,75	933,75	799,25	671,16	549,50
	II	**1**237,83	465,08	465,08	II	1089,83	948,25	813,00	684,25	561,91	446,08
	III	858,83	465,08	465,08	III	748,66	641,83	538,16	437,66	340,33	246,33
	V	**1**890,33	465,08	465,08	IV	1298,16	1222,08	1147,58	1074,75	1003,41	933,75
	VI	**1**933,58	465,08	465,08							
6422,99	I,IV	**1**377,00	465,08	465,08	I	1223,16	1075,75	934,75	800,16	672,08	550,41
	II	**1**238,91	465,08	465,08	II	1090,83	949,16	814,00	685,16	562,83	446,83
	III	859,66	465,08	465,08	III	749,50	642,50	538,83	438,33	341,00	247,00
	V	**1**891,41	465,08	465,08	IV	1299,25	1223,16	1148,66	1075,75	1004,41	934,75
	VI	**1**934,66	465,08	465,08							
6425,99	I,IV	**1**378,16	465,08	465,08	I	1224,25	1076,83	935,75	801,16	673,00	551,25
	II	**1**240,08	465,08	465,08	II	1091,91	950,25	814,91	686,08	563,66	447,66
	III	860,50	465,08	465,08	III	750,33	643,33	539,66	439,16	341,83	247,66
	V	**1**892,58	465,08	465,08	IV	1300,41	1224,25	1149,75	1076,83	1005,50	935,75
	VI	**1**935,83	465,08	465,08							
6428,99	I,IV	**1**379,33	465,08	465,08	I	1225,41	1077,83	936,75	802,16	673,91	552,16
	II	**1**241,16	465,08	465,08	II	1093,00	951,25	815,91	687,00	564,58	448,50
	III	861,16	465,08	465,08	III	751,00	644,16	540,33	439,83	342,50	248,33
	V	**1**893,75	465,08	465,08	IV	1301,58	1225,41	1150,83	1077,83	1006,50	936,75
	VI	**1**937,00	465,08	465,08							
6431,99	I,IV	**1**380,41	465,08	465,08	I	1226,50	1078,91	937,75	803,08	674,83	553,00
	II	**1**242,25	465,08	465,08	II	1094,00	952,25	816,83	687,91	565,41	449,33
	III	862,00	465,08	465,08	III	751,83	644,83	541,00	440,50	343,16	249,00
	V	**1**894,83	465,08	465,08	IV	1302,66	1226,50	1151,91	1078,91	1007,50	937,75
	VI	**1**938,08	465,08	465,08							
6434,99	I,IV	**1**381,58	465,08	465,08	I	1227,58	1080,00	938,83	804,08	675,75	553,83
	II	**1**243,41	465,08	465,08	II	1095,08	953,25	817,83	688,83	566,33	450,16
	III	862,83	465,08	465,08	III	752,66	645,66	541,83	441,33	343,83	249,66
	V	**1**896,00	465,08	465,08	IV	1303,75	1227,58	1153,00	1080,00	1008,58	938,83
	VI	**1**939,25	465,08	465,08							
6437,99	I,IV	**1**382,75	465,08	465,08	I	1228,66	1081,00	939,83	805,00	676,66	554,75
	II	**1**244,50	465,08	465,08	II	1096,16	954,25	818,83	689,75	567,16	451,00
	III	863,66	465,08	465,08	III	753,50	646,33	542,50	442,00	344,50	250,33
	V	**1**897,16	465,08	465,08	IV	1304,91	1228,66	1154,08	1081,00	1009,58	939,83
	VI	**1**940,41	465,08	465,08							
6440,99	I,IV	**1**383,83	465,08	465,08	I	1229,75	1082,08	940,83	806,00	677,58	555,58
	II	**1**245,58	465,08	465,08	II	1097,16	955,25	819,75	690,66	568,00	451,83
	III	864,50	465,08	465,08	III	754,16	647,16	543,33	442,66	345,33	251,00
	V	**1**898,33	465,08	465,08	IV	1306,00	1229,75	1155,08	1082,08	1010,66	940,83
	VI	**1**941,58	465,08	465,08							
6443,99	I,IV	**1**385,00	465,08	465,08	I	1230,91	1083,16	941,83	806,91	678,50	556,41
	II	**1**246,66	465,08	465,08	II	1098,25	956,25	820,75	691,58	568,91	452,66
	III	865,33	465,08	465,08	III	755,00	648,00	544,16	443,50	346,00	251,83
	V	**1**899,41	465,08	465,08	IV	1307,16	1230,91	1156,16	1083,16	1011,66	941,83
	VI	**1**942,75	465,08	465,08							

* Zur LSt-Berechnung für privat versicherte Arbeitnehmer s. Beispiele **Vorbemerkung S. 4 f.**
** Basisvorsorgepauschale KV und PV *** Typisierter Arbeitgeberzuschuss

Lohn/ Gehalt in € bis	Steuerklasse	Lohn- steuer*	BVSP**	TAGZ***	Steuerklasse	Bemessungsgrundlage für Kirchensteuer und Solidaritätszuschlag					
						Freibeträge für ... Kinder					
						0,5	1,0	1,5	2,0	2,5	3,0
6 446,99	I,IV	**1 386,16**	465,08	465,08	I	1 232,00	1 084,16	942,83	807,91	679,41	557,33
	II	**1 247,83**	465,08	465,08	II	1 099,33	957,33	821,75	692,50	569,83	453,50
	III	**866,16**	465,08	465,08	III	755,83	648,66	544,83	444,16	346,66	252,50
	V	**1 900,58**	465,08	465,08	IV	1 308,33	1 232,00	1 157,25	1 084,16	1 012,75	942,83
	VI	**1 943,83**	465,08	465,08							
6 449,99	I,IV	**1 387,25**	465,08	465,08	I	1 233,08	1 085,25	943,83	808,83	680,33	558,16
	II	**1 248,91**	465,08	465,08	II	1 100,41	958,33	822,66	693,41	570,66	454,25
	III	**867,00**	465,08	465,08	III	756,66	649,50	545,50	444,83	347,33	253,16
	V	**1 901,75**	465,08	465,08	IV	1 309,41	1 233,08	1 158,33	1 085,25	1 013,75	943,83
	VI	**1 945,00**	465,08	465,08							
6 452,99	I,IV	**1 388,41**	465,08	465,08	I	1 234,16	1 086,33	944,83	809,83	681,25	559,08
	II	**1 250,00**	465,08	465,08	II	1 101,50	959,33	823,66	694,33	571,50	455,08
	III	**867,83**	465,08	465,08	III	757,50	650,33	546,33	445,66	348,16	253,83
	V	**1 902,91**	465,08	465,08	IV	1 310,50	1 234,16	1 159,41	1 086,33	1 014,75	944,83
	VI	**1 946,16**	465,08	465,08							
6 455,99	I,IV	**1 389,58**	465,08	465,08	I	1 235,33	1 087,33	945,83	810,75	682,16	559,91
	II	**1 251,16**	465,08	465,08	II	1 102,50	960,33	824,58	695,33	572,41	456,00
	III	**868,66**	465,08	465,08	III	758,16	651,00	547,00	446,33	348,83	254,50
	V	**1 904,00**	465,08	465,08	IV	1 311,66	1 235,33	1 160,50	1 087,33	1 015,83	945,83
	VI	**1 947,33**	465,08	465,08							
6 458,99	I,IV	**1 390,75**	465,08	465,08	I	1 236,41	1 088,41	946,83	811,75	683,08	560,75
	II	**1 252,25**	465,08	465,08	II	1 103,58	961,33	825,58	696,16	573,25	456,75
	III	**869,33**	465,08	465,08	III	759,00	651,83	547,83	447,00	349,50	255,16
	V	**1 905,16**	465,08	465,08	IV	1 312,75	1 236,41	1 161,58	1 088,41	1 016,83	946,83
	VI	**1 948,41**	465,08	465,08							
6 461,99	I,IV	**1 391,83**	465,08	465,08	I	1 237,50	1 089,50	947,83	812,66	684,00	561,66
	II	**1 253,33**	465,08	465,08	II	1 104,66	962,33	826,50	697,16	574,16	457,58
	III	**870,16**	465,08	465,08	III	759,83	652,50	548,50	447,83	350,16	255,83
	V	**1 906,33**	465,08	465,08	IV	1 313,91	1 237,50	1 162,66	1 089,50	1 017,83	947,83
	VI	**1 949,58**	465,08	465,08							
6 464,99	I,IV	**1 393,00**	465,08	465,08	I	1 238,58	1 090,50	948,91	813,66	684,91	562,50
	II	**1 254,50**	465,08	465,08	II	1 105,75	963,41	827,50	698,08	575,00	458,41
	III	**871,00**	465,08	465,08	III	760,50	653,33	549,33	448,50	350,83	256,50
	V	**1 907,50**	465,08	465,08	IV	1 315,08	1 238,58	1 163,75	1 090,50	1 018,91	948,91
	VI	**1 950,75**	465,08	465,08							
6 467,99	I,IV	**1 394,16**	465,08	465,08	I	1 239,66	1 091,58	949,91	814,58	685,75	563,41
	II	**1 255,58**	465,08	465,08	II	1 106,75	964,41	828,50	699,00	575,91	459,25
	III	**871,83**	465,08	465,08	III	761,33	654,16	550,00	449,16	351,50	257,16
	V	**1 908,58**	465,08	465,08	IV	1 316,16	1 239,66	1 164,83	1 091,58	1 019,91	949,91
	VI	**1 951,83**	465,08	465,08							
6 470,99	I,IV	**1 395,33**	465,08	465,08	I	1 240,83	1 092,66	950,91	815,58	686,75	564,25
	II	**1 256,66**	465,08	465,08	II	1 107,83	965,41	829,41	699,91	576,75	460,08
	III	**872,66**	465,08	465,08	III	762,16	654,83	550,83	450,00	352,33	257,83
	V	**1 909,75**	465,08	465,08	IV	1 317,33	1 240,83	1 165,91	1 092,66	1 021,00	950,91
	VI	**1 953,00**	465,08	465,08							
6 473,99	I,IV	**1 396,41**	465,08	465,08	I	1 241,91	1 093,66	951,91	816,58	687,66	565,16
	II	**1 257,83**	465,08	465,08	II	1 108,91	966,41	830,41	700,83	577,66	460,91
	III	**873,50**	465,08	465,08	III	763,00	655,66	551,50	450,66	353,00	258,50
	V	**1 910,91**	465,08	465,08	IV	1 318,41	1 241,91	1 167,00	1 093,66	1 022,00	951,91
	VI	**1 954,16**	465,08	465,08							
6 476,99	I,IV	**1 397,58**	465,08	465,08	I	1 243,00	1 094,75	952,91	817,50	688,58	566,00
	II	**1 258,91**	465,08	465,08	II	1 109,91	967,41	831,33	701,75	578,50	461,75
	III	**874,33**	465,08	465,08	III	763,66	656,33	552,33	451,33	353,66	259,16
	V	**1 912,00**	465,08	465,08	IV	1 319,58	1 243,00	1 168,08	1 094,75	1 023,00	952,91
	VI	**1 955,25**	465,08	465,08							
6 479,99	I,IV	**1 398,75**	465,08	465,08	I	1 244,08	1 095,83	953,91	818,50	689,50	566,91
	II	**1 260,00**	465,08	465,08	II	1 111,00	968,50	832,33	702,66	579,41	462,58
	III	**875,16**	465,08	465,08	III	764,50	657,16	553,00	452,16	354,33	259,83
	V	**1 913,16**	465,08	465,08	IV	1 320,66	1 244,08	1 169,16	1 095,83	1 024,08	953,91
	VI	**1 956,41**	465,08	465,08							

* Zur LSt-Berechnung für privat versicherte Arbeitnehmer s. Beispiele **Vorbemerkung S. 4 f.**
** Basisvorsorgepauschale KV und PV   *** Typisierter Arbeitgeberzuschuss

Lohn/Gehalt in € bis	Steuerklasse	Lohn-steuer*	BVSP**	TAGZ***	Steuerklasse	Bemessungsgrundlage für Kirchensteuer und Solidaritätszuschlag Freibeträge für ... Kinder 0,5	1,0	1,5	2,0	2,5	3,0
6482,99	I,IV	1 399,83	465,08	465,08	I	1 245,16	1 096,83	954,91	819,41	690,33	567,75
	II	1 261,08	465,08	465,08	II	1 112,08	969,50	833,33	703,58	580,25	463,41
	III	876,00	465,08	465,08	III	765,33	658,00	553,83	452,83	355,16	260,50
	V	1 914,25	465,08	465,08	IV	1 321,83	1 245,16	1 170,25	1 096,83	1 025,08	954,91
	VI	1 957,58	465,08	465,08							
6485,99	I,IV	1 401,00	465,08	465,08	I	1 246,33	1 097,91	955,91	820,41	691,33	568,58
	II	1 262,25	465,08	465,08	II	1 113,16	970,50	834,25	704,50	581,16	464,25
	III	876,83	465,08	465,08	III	766,16	658,66	554,50	453,50	355,83	261,16
	V	1 915,41	465,08	465,08	IV	1 322,91	1 246,33	1 171,33	1 097,91	1 026,16	955,91
	VI	1 958,66	465,08	465,08							
6488,99	I,IV	1 402,16	465,08	465,08	I	1 247,41	1 099,00	957,00	821,41	692,25	569,50
	II	1 263,33	465,08	465,08	II	1 114,25	971,50	835,25	705,41	582,00	465,08
	III	877,66	465,08	465,08	III	767,00	659,50	555,33	454,33	356,50	262,00
	V	1 916,58	465,08	465,08	IV	1 324,08	1 247,41	1 172,41	1 099,00	1 027,16	957,00
	VI	1 959,83	465,08	465,08							
6491,99	I,IV	1 403,25	465,08	465,08	I	1 248,50	1 100,00	958,00	822,33	693,16	570,33
	II	1 264,41	465,08	465,08	II	1 115,25	972,50	836,25	706,33	582,91	465,83
	III	878,33	465,08	465,08	III	767,66	660,33	556,00	455,00	357,16	262,66
	V	1 917,75	465,08	465,08	IV	1 325,16	1 248,50	1 173,50	1 100,00	1 028,16	958,00
	VI	1 961,00	465,08	465,08							
6494,99	I,IV	1 404,41	465,08	465,08	I	1 249,66	1 101,00	959,00	823,33	694,08	571,25
	II	1 265,58	465,08	465,08	II	1 116,33	973,58	837,16	707,25	583,75	466,75
	III	879,16	465,08	465,08	III	768,50	661,00	556,83	455,66	357,83	263,33
	V	1 918,83	465,08	465,08	IV	1 326,33	1 249,66	1 174,58	1 101,08	1 029,25	959,00
	VI	1 962,16	465,08	465,08							
6497,99	I,IV	1 405,58	465,08	465,08	I	1 250,75	1 102,16	960,00	824,25	695,00	572,08
	II	1 266,66	465,08	465,08	II	1 117,41	974,58	838,16	708,16	584,66	467,58
	III	880,00	465,08	465,08	III	769,33	661,83	557,50	456,50	358,66	264,00
	V	1 920,00	465,08	465,08	IV	1 327,50	1 250,75	1 175,66	1 102,16	1 030,25	960,00
	VI	1 963,25	465,08	465,08							
6500,99	I,IV	1 406,66	465,08	465,08	I	1 251,83	1 103,25	961,00	825,25	695,91	573,00
	II	1 267,75	465,08	465,08	II	1 118,41	975,58	839,16	709,08	585,50	468,33
	III	880,83	465,08	465,08	III	770,16	662,66	558,33	457,16	359,33	264,66
	V	1 921,16	465,08	465,08	IV	1 328,58	1 251,83	1 176,75	1 103,25	1 031,33	961,00
	VI	1 964,41	465,08	465,08							
6503,99	I,IV	1 407,83	465,08	465,08	I	1 253,00	1 104,25	962,00	826,25	696,83	573,83
	II	1 268,91	465,08	465,08	II	1 119,50	976,58	840,08	710,08	586,41	469,16
	III	881,66	465,08	465,08	III	770,83	663,33	559,00	457,83	360,00	265,33
	V	1 922,33	465,08	465,08	IV	1 329,75	1 253,00	1 177,83	1 104,25	1 032,33	962,00
	VI	1 965,58	465,08	465,08							
6506,99	I,IV	1 409,00	465,08	465,08	I	1 254,08	1 105,33	963,08	827,16	697,75	574,75
	II	1 270,00	465,08	465,08	II	1 120,58	977,66	841,08	711,00	587,33	470,08
	III	882,50	465,08	465,08	III	771,66	664,16	559,83	458,66	360,66	266,00
	V	1 923,50	465,08	465,08	IV	1 330,83	1 254,08	1 178,91	1 105,33	1 033,41	963,08
	VI	1 966,75	465,08	465,08							
6509,99	I,IV	1 410,16	465,08	465,08	I	1 255,16	1 106,41	964,08	828,16	698,66	575,58
	II	1 271,08	465,08	465,08	II	1 121,66	978,66	842,08	711,91	588,16	470,83
	III	883,33	465,08	465,08	III	772,50	664,83	560,50	459,33	361,33	266,66
	V	1 924,58	465,08	465,08	IV	1 332,00	1 255,16	1 180,00	1 106,41	1 034,41	964,00
	VI	1 967,83	465,08	465,08							
6512,99	I,IV	1 411,33	465,08	465,08	I	1 256,33	1 107,50	965,08	829,08	699,58	576,50
	II	1 272,25	465,08	465,08	II	1 122,75	979,66	843,00	712,83	589,08	471,66
	III	884,16	465,08	465,08	III	773,33	665,66	561,33	460,00	362,16	267,33
	V	1 925,75	465,08	465,08	IV	1 333,08	1 256,33	1 181,08	1 107,50	1 035,50	965,08
	VI	1 969,00	465,08	465,08							
6515,99	I,IV	1 412,41	465,08	465,08	I	1 257,41	1 108,58	966,08	830,08	700,50	577,33
	II	1 273,33	465,08	465,08	II	1 123,83	980,66	844,00	713,75	589,91	472,58
	III	885,00	465,08	465,08	III	774,16	666,50	562,00	460,83	362,83	268,00
	V	1 926,91	465,08	465,08	IV	1 334,25	1 257,41	1 182,16	1 108,58	1 036,50	966,08
	VI	1 970,16	465,08	465,08							

* Zur LSt-Berechnung für privat versicherte Arbeitnehmer s. Beispiele **Vorbemerkung S. 4 f.**
** Basisvorsorgepauschale KV und PV   *** Typisierter Arbeitgeberzuschuss

Lohn/ Gehalt in € bis	Steuerklasse	Lohn-steuer*	BVSP**	TAGZ***	Steuerklasse	Bemessungsgrundlage für Kirchensteuer und Solidaritätszuschlag					
						Freibeträge für ... Kinder					
						0,5	1,0	1,5	2,0	2,5	3,0
6518,99	I,IV	**1413,58**	465,08	465,08	I	1258,50	1109,58	967,08	831,08	701,41	578,25
	II	**1274,41**	465,08	465,08	II	1124,83	981,66	845,00	714,66	590,83	473,33
	III	**885,83**	465,08	465,08	III	774,83	667,16	562,83	461,50	363,50	268,66
	V	**1928,00**	465,08	465,08	IV	1335,41	1258,50	1183,25	1109,58	1037,50	967,08
	VI	**1971,25**	465,08	465,08							
6521,99	I,IV	**1414,75**	465,08	465,08	I	1259,66	1110,66	968,16	832,00	702,33	579,08
	II	**1275,58**	465,08	465,08	II	1125,91	982,75	845,91	715,58	591,66	474,16
	III	**886,66**	465,08	465,08	III	775,66	668,00	563,50	462,33	364,16	269,33
	V	**1929,16**	465,08	465,08	IV	1336,50	1259,66	1184,33	1110,66	1038,58	968,16
	VI	**1972,41**	465,08	465,08							
6524,99	I,IV	**1415,91**	465,08	465,08	I	1260,75	1111,75	969,16	833,00	703,25	580,00
	II	**1276,66**	465,08	465,08	II	1127,00	983,75	846,91	716,58	592,58	475,08
	III	**887,50**	465,08	465,08	III	776,50	668,83	564,33	463,00	365,00	270,16
	V	**1930,33**	465,08	465,08	IV	1337,66	1260,75	1185,41	1111,75	1039,66	969,16
	VI	**1973,58**	465,08	465,08							
6527,99	I,IV	**1417,00**	465,08	465,08	I	1261,83	1112,75	970,16	833,91	704,16	580,83
	II	**1277,83**	465,08	465,08	II	1128,08	984,75	847,91	717,41	593,41	475,83
	III	**888,33**	465,08	465,08	III	777,33	669,50	565,00	463,66	365,66	270,83
	V	**1931,41**	465,08	465,08	IV	1338,75	1261,83	1186,50	1112,75	1040,66	970,16
	VI	**1974,66**	465,08	465,08							
6530,99	I,IV	**1418,16**	465,08	465,08	I	1263,00	1113,83	971,16	834,91	705,08	581,75
	II	**1278,91**	465,08	465,08	II	1129,16	985,83	848,91	718,41	594,33	476,75
	III	**889,00**	465,08	465,08	III	778,00	670,33	565,83	464,50	366,33	271,50
	V	**1932,58**	465,08	465,08	IV	1339,91	1263,00	1187,58	1113,83	1041,75	971,16
	VI	**1975,83**	465,08	465,08							
6533,99	I,IV	**1419,33**	465,08	465,08	I	1264,08	1114,91	972,16	835,91	706,08	582,58
	II	**1280,08**	465,08	465,08	II	1130,25	986,83	849,83	719,33	595,25	477,58
	III	**890,00**	465,08	465,08	III	778,83	671,16	566,50	465,16	367,00	272,16
	V	**1933,75**	465,08	465,08	IV	1341,08	1264,08	1188,66	1114,91	1042,75	972,16
	VI	**1977,00**	465,08	465,08							
6536,99	I,IV	**1420,41**	465,08	465,08	I	1265,16	1116,00	973,16	836,83	706,91	583,50
	II	**1281,16**	465,08	465,08	II	1131,25	987,83	850,83	720,25	596,08	478,33
	III	**890,66**	465,08	465,08	III	779,66	671,83	567,33	465,83	367,66	272,83
	V	**1934,83**	465,08	465,08	IV	1342,16	1265,16	1189,75	1116,00	1043,75	973,16
	VI	**1978,16**	465,08	465,08							
6539,99	I,IV	**1421,58**	465,08	465,08	I	1266,33	1117,08	974,25	837,83	707,91	584,33
	II	**1282,25**	465,08	465,08	II	1132,33	988,83	851,83	721,16	597,00	479,25
	III	**891,50**	465,08	465,08	III	780,50	672,66	568,00	466,66	368,50	273,50
	V	**1936,00**	465,08	465,08	IV	1343,33	1266,33	1190,83	1117,08	1044,83	974,16
	VI	**1979,25**	465,08	465,08							
6542,99	I,IV	**1422,75**	465,08	465,08	I	1267,41	1118,16	975,25	838,83	708,83	585,25
	II	**1283,41**	465,08	465,08	II	1133,41	989,91	852,83	722,08	597,83	480,08
	III	**892,33**	465,08	465,08	III	781,33	673,50	568,83	467,33	369,16	274,16
	V	**1937,16**	465,08	465,08	IV	1344,50	1267,41	1192,00	1118,16	1045,91	975,25
	VI	**1980,41**	465,08	465,08							
6545,99	I,IV	**1423,83**	465,08	465,08	I	1268,50	1119,16	976,25	839,75	709,75	586,00
	II	**1284,50**	465,08	465,08	II	1134,50	990,91	853,75	723,00	598,75	480,91
	III	**893,16**	465,08	465,08	III	782,16	674,16	569,50	468,16	369,83	274,83
	V	**1938,33**	465,08	465,08	IV	1345,58	1268,50	1193,00	1119,16	1046,91	976,25
	VI	**1981,58**	465,08	465,08							
6548,99	I,IV	**1425,00**	465,08	465,08	I	1269,66	1120,25	977,25	840,75	710,66	587,00
	II	**1285,66**	465,08	465,08	II	1135,58	991,91	854,75	724,00	599,66	481,75
	III	**894,00**	465,08	465,08	III	782,83	675,00	570,33	468,83	370,50	275,50
	V	**1939,41**	465,08	465,08	IV	1346,75	1269,66	1194,16	1120,25	1048,00	977,25
	VI	**1982,75**	465,08	465,08							
6551,99	I,IV	**1426,16**	465,08	465,08	I	1270,75	1121,33	978,25	841,75	711,58	587,83
	II	**1286,75**	465,08	465,08	II	1136,58	992,91	855,66	724,91	600,50	482,58
	III	**894,83**	465,08	465,08	III	783,66	675,66	571,00	469,50	371,16	276,16
	V	**1940,58**	465,08	465,08	IV	1347,83	1270,75	1195,16	1121,33	1049,00	978,25
	VI	**1983,83**	465,08	465,08							

* Zur LSt-Berechnung für privat versicherte Arbeitnehmer s. Beispiele **Vorbemerkung S. 4 f.**
** Basisvorsorgepauschale KV und PV *** Typisierter Arbeitgeberzuschuss

Lohn/Gehalt in € bis	Steuerklasse	Lohnsteuer*	BVSP**	TAGZ***	Steuerklasse	Bemessungsgrundlage für Kirchensteuer und Solidaritätszuschlag Freibeträge für ... Kinder					
						0,5	1,0	1,5	2,0	2,5	3,0
6554,99	I,IV	**1 427,25**	465,08	465,08	I	1 271,83	1 122,33	979,33	842,66	712,50	588,75
	II	**1 287,83**	465,08	465,08	II	1 137,66	994,00	856,66	725,83	601,41	483,41
	III	**895,66**	465,08	465,08	III	784,50	676,50	571,83	470,33	372,00	276,83
	V	**1 941,75**	465,08	465,08	IV	1 349,00	1 271,83	1 196,33	1 122,33	1 050,08	979,33
	VI	**1 985,00**	465,08	465,08							
6557,99	I,IV	**1 428,41**	465,08	465,08	I	1 273,00	1 123,41	980,33	843,66	713,41	589,66
	II	**1 289,00**	465,08	465,08	II	1 138,75	995,00	857,66	726,75	602,25	484,25
	III	**896,50**	465,08	465,08	III	785,33	677,33	572,50	471,00	372,66	277,50
	V	**1 942,91**	465,08	465,08	IV	1 350,16	1 273,00	1 197,41	1 123,41	1 051,08	980,33
	VI	**1 986,16**	465,08	465,08							
6560,99	I,IV	**1 429,58**	465,08	465,08	I	1 274,08	1 124,50	981,33	844,66	714,33	590,50
	II	**1 290,08**	465,08	465,08	II	1 139,83	996,00	858,66	727,66	603,16	485,08
	III	**897,33**	465,08	465,08	III	786,00	678,00	573,33	471,66	373,33	278,16
	V	**1 944,00**	465,08	465,08	IV	1 351,25	1 274,08	1 198,50	1 124,50	1 052,08	981,33
	VI	**1 987,25**	465,08	465,08							
6563,99	I,IV	**1 430,75**	465,08	465,08	I	1 275,16	1 125,58	982,41	845,58	715,33	591,41
	II	**1 291,25**	465,08	465,08	II	1 140,91	997,08	859,58	728,58	604,08	485,91
	III	**898,16**	465,08	465,08	III	786,83	678,83	574,00	472,50	374,16	279,00
	V	**1 945,16**	465,08	465,08	IV	1 352,41	1 275,16	1 199,58	1 125,58	1 053,16	982,41
	VI	**1 988,41**	465,08	465,08							
6566,99	I,IV	**1 431,83**	465,08	465,08	I	1 276,33	1 126,66	983,41	846,58	716,25	592,25
	II	**1 292,33**	465,08	465,08	II	1 142,00	998,08	860,58	729,58	604,91	486,75
	III	**899,00**	465,08	465,08	III	787,66	679,66	574,83	473,16	374,83	279,66
	V	**1 946,33**	465,08	465,08	IV	1 353,58	1 276,33	1 200,66	1 126,66	1 054,25	983,41
	VI	**1 989,58**	465,08	465,08							
6569,99	I,IV	**1 433,00**	465,08	465,08	I	1 277,41	1 127,66	984,41	847,58	717,16	593,16
	II	**1 293,41**	465,08	465,08	II	1 143,08	999,08	861,58	730,50	605,83	487,58
	III	**899,66**	465,08	465,08	III	788,50	680,33	575,50	473,83	375,50	280,33
	V	**1 947,41**	465,08	465,08	IV	1 354,66	1 277,41	1 201,75	1 127,66	1 055,25	984,41
	VI	**1 990,66**	465,08	465,08							
6572,99	I,IV	**1 434,16**	465,08	465,08	I	1 278,58	1 128,75	985,41	848,58	718,08	594,00
	II	**1 294,58**	465,08	465,08	II	1 144,16	1 000,16	862,58	731,41	606,66	488,41
	III	**900,66**	465,08	465,08	III	789,33	681,16	576,33	474,66	376,16	281,00
	V	**1 948,58**	465,08	465,08	IV	1 355,83	1 278,58	1 202,83	1 128,75	1 056,33	985,41
	VI	**1 991,83**	465,08	465,08							
6575,99	I,IV	**1 435,33**	465,08	465,08	I	1 279,66	1 129,83	986,50	849,50	719,00	594,91
	II	**1 295,75**	465,08	465,08	II	1 145,25	1 001,16	863,58	732,33	607,58	489,25
	III	**901,33**	465,08	465,08	III	790,00	682,00	577,00	475,33	376,83	281,66
	V	**1 949,75**	465,08	465,08	IV	1 357,00	1 279,66	1 204,00	1 129,83	1 057,33	986,50
	VI	**1 993,00**	465,08	465,08							
6578,99	I,IV	**1 436,41**	465,08	465,08	I	1 280,75	1 130,91	987,50	850,50	719,91	595,83
	II	**1 296,83**	465,08	465,08	II	1 146,25	1 002,16	864,50	733,25	608,50	490,08
	III	**902,16**	465,08	465,08	III	790,83	682,66	577,83	476,16	377,66	282,33
	V	**1 950,83**	465,08	465,08	IV	1 358,00	1 280,75	1 205,00	1 130,91	1 058,41	987,50
	VI	**1 994,08**	465,08	465,08							
6581,99	I,IV	**1 437,58**	465,08	465,08	I	1 281,91	1 132,00	988,50	851,50	720,83	596,66
	II	**1 297,91**	465,08	465,08	II	1 147,33	1 003,25	865,50	734,25	609,33	490,91
	III	**903,00**	465,08	465,08	III	791,66	683,50	578,50	476,83	378,33	283,00
	V	**1 952,00**	465,08	465,08	IV	1 359,25	1 281,91	1 206,16	1 132,00	1 059,41	988,50
	VI	**1 995,25**	465,08	465,08							
6584,99	I,IV	**1 438,75**	465,08	465,08	I	1 283,00	1 133,08	989,58	852,50	721,83	597,58
	II	**1 299,08**	465,08	465,08	II	1 148,41	1 004,25	866,50	735,16	610,25	491,83
	III	**903,83**	465,08	465,08	III	792,50	684,33	579,33	477,50	379,00	283,66
	V	**1 953,16**	465,08	465,08	IV	1 360,41	1 283,00	1 207,25	1 133,08	1 060,50	989,58
	VI	**1 996,41**	465,08	465,08							
6587,99	I,IV	**1 439,83**	465,08	465,08	I	1 284,08	1 134,08	990,58	853,41	722,75	598,41
	II	**1 300,16**	465,08	465,08	II	1 149,50	1 005,25	867,50	736,08	611,16	492,58
	III	**904,66**	465,08	465,08	III	793,33	685,00	580,00	478,33	379,66	284,33
	V	**1 954,33**	465,08	465,08	IV	1 361,50	1 284,08	1 208,33	1 134,08	1 061,50	990,58
	VI	**1 997,58**	465,08	465,08							

*   Zur LSt-Berechnung für privat versicherte Arbeitnehmer s. Beispiele **Vorbemerkung S. 4 f.**
**   Basisvorsorgepauschale KV und PV   *** Typisierter Arbeitgeberzuschuss

Lohn/ Gehalt in € bis	Steuerklasse	Lohn- steuer*	BVSP**	TAGZ***	Steuerklasse	Bemessungsgrundlage für Kirchensteuer und Solidaritätszuschlag Freibeträge für ... Kinder					
						0,5	1,0	1,5	2,0	2,5	3,0
6590,99	I,IV	1441,00	465,08	465,08	I	1285,25	1135,16	991,58	854,41	723,66	599,33
	II	1301,33	465,08	465,08	II	1150,58	1006,33	868,41	737,00	612,00	493,50
	III	905,50	465,08	465,08	III	794,16	685,83	580,83	479,00	380,50	285,16
	V	1955,41	465,08	465,08	IV	1362,66	1285,25	1209,41	1135,16	1062,58	991,58
	VI	1998,75	465,08	465,08							
6593,99	I,IV	1442,16	465,08	465,08	I	1286,41	1136,25	992,66	855,41	724,58	600,25
	II	1302,41	465,08	465,08	II	1151,66	1007,33	869,41	738,00	612,91	494,33
	III	906,33	465,08	465,08	III	794,83	686,66	581,66	479,83	381,16	285,83
	V	1956,58	465,08	465,08	IV	1363,83	1286,41	1210,50	1136,25	1063,66	992,66
	VI	1999,83	465,08	465,08							
6596,99	I,IV	1443,25	465,08	465,08	I	1287,50	1137,33	993,66	856,33	725,50	601,08
	II	1303,58	465,08	465,08	II	1152,75	1008,33	870,41	738,91	613,83	495,16
	III	907,16	465,08	465,08	III	795,66	687,33	582,33	480,50	381,83	286,50
	V	1957,75	465,08	465,08	IV	1365,00	1287,50	1211,58	1137,33	1064,66	993,66
	VI	2001,00	465,08	465,08							
6599,99	I,IV	1444,41	465,08	465,08	I	1288,58	1138,41	994,66	857,33	726,41	602,00
	II	1304,66	465,08	465,08	II	1153,83	1009,41	871,41	739,83	614,66	496,00
	III	908,00	465,08	465,08	III	796,50	688,16	583,16	481,16	382,50	287,16
	V	1958,91	465,08	465,08	IV	1366,08	1288,58	1212,75	1138,41	1065,75	994,66
	VI	2002,16	465,08	465,08							
6602,99	I,IV	1445,58	465,08	465,08	I	1289,75	1139,50	995,66	858,33	727,41	602,91
	II	1305,83	465,08	465,08	II	1154,91	1010,41	872,41	740,75	615,58	496,83
	III	908,83	465,08	465,08	III	797,33	689,00	583,83	482,00	383,33	287,83
	V	1960,00	465,08	465,08	IV	1367,25	1289,75	1213,83	1139,50	1066,83	995,66
	VI	2003,33	465,08	465,08							
6605,99	I,IV	1446,75	465,08	465,08	I	1290,83	1140,58	996,75	859,33	728,33	603,75
	II	1306,91	465,08	465,08	II	1156,00	1011,41	873,33	741,66	616,50	497,66
	III	909,66	465,08	465,08	III	798,00	689,66	584,66	482,66	384,00	288,50
	V	1961,16	465,08	465,08	IV	1368,41	1290,83	1214,91	1140,58	1067,83	996,75
	VI	2004,41	465,08	465,08							
6608,99	I,IV	1447,83	465,08	465,08	I	1292,00	1141,66	997,75	860,25	729,25	604,66
	II	1308,08	465,08	465,08	II	1157,08	1012,50	874,33	742,66	617,33	498,50
	III	910,50	465,08	465,08	III	798,83	690,50	585,33	483,50	384,66	289,16
	V	1962,33	465,08	465,08	IV	1369,50	1292,00	1216,00	1141,66	1068,91	997,75
	VI	2005,58	465,08	465,08							
6611,99	I,IV	1449,00	465,08	465,08	I	1293,08	1142,75	998,75	861,25	730,16	605,50
	II	1309,16	465,08	465,08	II	1158,16	1013,50	875,33	743,58	618,25	499,41
	III	911,33	465,08	465,08	III	799,66	691,33	586,16	484,16	385,33	289,83
	V	1963,50	465,08	465,08	IV	1370,66	1293,08	1217,08	1142,75	1069,91	998,75
	VI	2006,75	465,08	465,08							
6614,99	I,IV	1450,16	465,08	465,08	I	1294,16	1143,75	999,75	862,25	731,08	606,41
	II	1310,33	465,08	465,08	II	1159,16	1014,58	876,33	744,50	619,16	500,16
	III	912,16	465,08	465,08	III	800,50	692,00	586,83	484,83	386,16	290,50
	V	1964,58	465,08	465,08	IV	1371,83	1294,16	1218,16	1143,75	1071,00	999,75
	VI	2007,83	465,08	465,08							
6617,99	I,IV	1451,33	465,08	465,08	I	1295,33	1144,83	1000,83	863,25	732,08	607,33
	II	1311,41	465,08	465,08	II	1160,33	1015,58	877,33	745,50	620,08	501,08
	III	913,00	465,08	465,08	III	801,33	692,83	587,66	485,66	386,83	291,16
	V	1965,75	465,08	465,08	IV	1373,00	1295,33	1219,33	1144,83	1072,08	1000,83
	VI	2009,00	465,08	465,08							
6620,99	I,IV	1452,41	465,08	465,08	I	1296,41	1145,91	1001,83	864,16	733,00	608,16
	II	1312,50	465,08	465,08	II	1161,33	1016,58	878,25	746,41	620,91	501,91
	III	913,83	465,08	465,08	III	802,16	693,66	588,33	486,33	387,50	292,00
	V	1966,83	465,08	465,08	IV	1374,08	1296,41	1220,33	1145,91	1073,08	1001,83
	VI	2010,08	465,08	465,08							
6623,99	I,IV	1453,58	465,08	465,08	I	1297,58	1147,00	1002,83	865,16	733,91	609,08
	II	1313,66	465,08	465,08	II	1162,41	1017,66	879,25	747,33	621,83	502,75
	III	914,66	465,08	465,08	III	802,83	694,33	589,16	487,00	388,16	292,66
	V	1968,00	465,08	465,08	IV	1375,25	1297,58	1221,50	1147,00	1074,16	1002,83
	VI	2011,25	465,08	465,08							

* Zur LSt-Berechnung für privat versicherte Arbeitnehmer s. Beispiele **Vorbemerkung S. 4f.**
** Basisvorsorgepauschale KV und PV *** Typisierter Arbeitgeberzuschuss

Lohn/ Gehalt in € bis	Steuerklasse	Lohn- steuer*	BVSP**	TAGZ***	Steuerklasse	Bemessungsgrundlage für Kirchensteuer und Solidaritätszuschlag					
						Freibeträge für ... Kinder					
						0,5	1,0	1,5	2,0	2,5	3,0
6626,99	I,IV	1454,75	465,08	465,08	I	1298,66	1148,08	1003,91	866,16	734,83	610,00
	II	1314,83	465,08	465,08	II	1163,50	1018,66	880,25	748,25	622,75	503,58
	III	915,50	465,08	465,08	III	803,66	695,16	589,83	487,83	389,00	293,33
	V	1969,16	465,08	465,08	IV	1376,41	1298,66	1222,58	1148,08	1075,16	1003,91
	VI	2012,41	465,08	465,08							
6629,99	I,IV	1455,83	465,08	465,08	I	1299,83	1149,16	1004,91	867,16	735,75	610,83
	II	1315,91	465,08	465,08	II	1164,58	1019,66	881,25	749,16	623,58	504,41
	III	916,33	465,08	465,08	III	804,50	696,00	590,66	488,50	389,66	294,00
	V	1970,25	465,08	465,08	IV	1377,50	1299,83	1223,66	1149,16	1076,25	1004,91
	VI	2013,58	465,08	465,08							
6632,99	I,IV	1457,00	465,08	465,08	I	1300,91	1150,25	1006,00	868,08	736,75	611,75
	II	1317,08	465,08	465,08	II	1165,66	1020,75	882,25	750,16	624,50	505,25
	III	917,00	465,08	465,08	III	805,33	696,66	591,33	489,33	390,33	294,66
	V	1971,41	465,08	465,08	IV	1378,66	1300,91	1224,75	1150,25	1077,33	1006,00
	VI	2014,66	465,08	465,08							
6635,99	I,IV	1458,16	465,08	465,08	I	1302,08	1151,33	1007,00	869,08	737,66	612,66
	II	1318,16	465,08	465,08	II	1166,75	1021,75	883,25	751,08	625,41	506,16
	III	918,00	465,08	465,08	III	806,16	697,50	592,16	490,00	391,16	295,33
	V	1972,58	465,08	465,08	IV	1379,83	1302,08	1225,91	1151,33	1078,33	1007,00
	VI	2015,83	465,08	465,08							
6638,99	I,IV	1459,25	465,08	465,08	I	1303,16	1152,33	1008,00	870,08	738,58	613,50
	II	1319,33	465,08	465,08	II	1167,83	1022,83	884,16	752,00	626,25	507,00
	III	918,83	465,08	465,08	III	807,00	698,33	593,00	490,83	391,83	296,00
	V	1973,75	465,08	465,08	IV	1380,91	1303,16	1227,00	1152,33	1079,41	1008,00
	VI	2017,00	465,08	465,08							
6641,99	I,IV	1460,41	465,08	465,08	I	1304,33	1153,50	1009,08	871,08	739,50	614,41
	II	1320,41	465,08	465,08	II	1168,91	1023,83	885,16	753,00	627,16	507,83
	III	919,50	465,08	465,08	III	807,66	699,16	593,66	491,50	392,50	296,66
	V	1974,83	465,08	465,08	IV	1382,08	1304,33	1228,08	1153,50	1080,41	1009,08
	VI	2018,16	465,08	465,08							
6644,99	I,IV	1461,58	465,08	465,08	I	1305,41	1154,58	1010,08	872,08	740,50	615,33
	II	1321,58	465,08	465,08	II	1170,00	1024,91	886,16	753,91	628,08	508,66
	III	920,50	465,08	465,08	III	808,50	699,83	594,50	492,16	393,16	297,50
	V	1976,00	465,08	465,08	IV	1383,25	1305,41	1229,16	1154,58	1081,50	1010,08
	VI	2019,25	465,08	465,08							
6647,99	I,IV	1462,66	465,08	465,08	I	1306,58	1155,58	1011,08	873,00	741,41	616,16
	II	1322,66	465,08	465,08	II	1171,08	1025,91	887,16	754,83	629,00	509,50
	III	921,16	465,08	465,08	III	809,33	700,66	595,16	493,00	394,00	298,16
	V	1977,16	465,08	465,08	IV	1384,41	1306,58	1230,25	1155,58	1082,58	1011,08
	VI	2020,41	465,08	465,08							
6650,99	I,IV	1463,83	465,08	465,08	I	1307,66	1156,66	1012,16	874,00	742,33	617,08
	II	1323,83	465,08	465,08	II	1172,16	1026,91	888,16	755,83	629,83	510,33
	III	922,00	465,08	465,08	III	810,16	701,50	596,00	493,66	394,66	298,83
	V	1978,33	465,08	465,08	IV	1385,50	1307,66	1231,41	1156,66	1083,58	1012,16
	VI	2021,58	465,08	465,08							
6653,99	I,IV	1465,00	465,08	465,08	I	1308,83	1157,75	1013,16	875,00	743,25	618,00
	II	1325,00	465,08	465,08	II	1173,25	1028,00	889,16	756,75	630,75	511,25
	III	922,83	465,08	465,08	III	811,00	702,16	596,66	494,50	395,33	299,50
	V	1979,50	465,08	465,08	IV	1386,66	1308,83	1232,50	1157,75	1084,66	1013,16
	VI	2022,75	465,08	465,08							
6656,99	I,IV	1466,16	465,08	465,08	I	1309,91	1158,83	1014,16	876,00	744,16	618,83
	II	1326,08	465,08	465,08	II	1174,33	1029,00	890,16	757,66	631,66	512,08
	III	923,66	465,08	465,08	III	811,83	703,00	597,50	495,16	396,00	300,16
	V	1980,58	465,08	465,08	IV	1387,83	1309,91	1233,58	1158,83	1085,75	1014,16
	VI	2023,83	465,08	465,08							
6659,99	I,IV	1467,33	465,08	465,08	I	1311,08	1159,91	1015,25	877,00	745,16	619,75
	II	1327,25	465,08	465,08	II	1175,41	1030,08	891,16	758,66	632,58	512,91
	III	924,50	465,08	465,08	III	812,50	703,83	598,16	495,83	396,83	300,83
	V	1981,75	465,08	465,08	IV	1389,00	1311,08	1234,66	1159,91	1086,75	1015,25
	VI	2025,00	465,08	465,08							

* Zur LSt-Berechnung für privat versicherte Arbeitnehmer s. Beispiele **Vorbemerkung S. 4f.**
** Basisvorsorgepauschale KV und PV *** Typisierter Arbeitgeberzuschuss

Lohn/ Gehalt in € bis	Steuerklasse	Lohn- steuer*	BVSP**	TAGZ***	Steuerklasse	Bemessungsgrundlage für Kirchensteuer und Solidaritätszuschlag					
						Freibeträge für ... Kinder					
						0,5	1,0	1,5	2,0	2,5	3,0
6662,99	I,IV	1468,41	465,08	465,08	I	1312,16	1161,00	1016,25	878,00	746,08	620,66
	II	1328,33	465,08	465,08	II	1176,50	1031,08	892,16	759,58	633,50	513,75
	III	925,33	465,08	465,08	III	813,33	704,66	599,00	496,66	397,50	301,50
	V	1982,91	465,08	465,08	IV	1390,08	1312,16	1235,83	1161,00	1087,83	1016,25
	VI	2026,16	465,08	465,08							
6665,99	I,IV	1469,58	465,08	465,08	I	1313,33	1162,08	1017,33	878,91	747,00	621,50
	II	1329,50	465,08	465,08	II	1177,58	1032,16	893,08	760,50	634,33	514,58
	III	926,16	465,08	465,08	III	814,16	705,33	599,83	497,33	398,16	302,16
	V	1984,00	465,08	465,08	IV	1391,25	1313,33	1236,91	1162,08	1088,91	1017,33
	VI	2027,25	465,08	465,08							
6668,99	I,IV	1470,75	465,08	465,08	I	1314,41	1163,16	1018,33	879,91	748,00	622,41
	II	1330,58	465,08	465,08	II	1178,66	1033,16	894,08	761,50	635,25	515,50
	III	927,00	465,08	465,08	III	815,00	706,16	600,50	498,16	398,83	302,83
	V	1985,16	465,08	465,08	IV	1392,41	1314,41	1238,00	1163,16	1089,91	1018,33
	VI	2028,41	465,08	465,08							
6671,99	I,IV	1471,91	465,08	465,08	I	1315,58	1164,25	1019,41	880,91	748,91	623,33
	II	1331,75	465,08	465,08	II	1179,75	1034,25	895,08	762,41	636,16	516,33
	III	927,83	465,08	465,08	III	815,83	707,00	601,33	498,83	399,66	303,66
	V	1986,33	465,08	465,08	IV	1393,58	1315,58	1239,08	1164,25	1091,00	1019,41
	VI	2029,58	465,08	465,08							
6674,99	I,IV	1473,00	465,08	465,08	I	1316,66	1165,33	1020,41	881,91	749,83	624,16
	II	1332,91	465,08	465,08	II	1180,83	1035,25	896,08	763,33	637,00	517,16
	III	928,66	465,08	465,08	III	816,66	707,66	602,00	499,50	400,33	304,33
	V	1987,41	465,08	465,08	IV	1394,66	1316,66	1240,16	1165,33	1092,08	1020,41
	VI	2030,66	465,08	465,08							
6677,99	I,IV	1474,16	465,08	465,08	I	1317,83	1166,41	1021,41	882,91	750,75	625,08
	II	1334,00	465,08	465,08	II	1181,91	1036,33	897,00	764,33	637,91	518,00
	III	929,50	465,08	465,08	III	817,33	708,50	602,83	500,33	401,00	305,00
	V	1988,58	465,08	465,08	IV	1395,83	1317,83	1241,33	1166,41	1093,08	1021,41
	VI	2031,83	465,08	465,08							
6680,99	I,IV	1475,33	465,08	465,08	I	1319,00	1167,50	1022,50	883,91	751,75	626,00
	II	1335,16	465,08	465,08	II	1183,08	1037,33	898,08	765,25	638,83	518,91
	III	930,33	465,08	465,08	III	818,16	709,33	603,50	501,00	401,83	305,66
	V	1989,75	465,08	465,08	IV	1397,00	1319,00	1242,41	1167,50	1094,16	1022,50
	VI	2033,00	465,08	465,08							
6683,99	I,IV	1476,41	465,08	465,08	I	1320,08	1168,58	1023,50	884,83	752,66	626,91
	II	1336,25	465,08	465,08	II	1184,08	1038,33	899,08	766,16	639,75	519,75
	III	931,16	465,08	465,08	III	819,00	710,00	604,33	501,83	402,50	306,33
	V	1990,83	465,08	465,08	IV	1398,08	1320,08	1243,50	1168,58	1095,25	1023,50
	VI	2034,08	465,08	465,08							
6686,99	I,IV	1477,58	465,08	465,08	I	1321,16	1169,66	1024,58	885,83	753,58	627,75
	II	1337,41	465,08	465,08	II	1185,16	1039,41	900,08	767,16	640,66	520,58
	III	932,00	465,08	465,08	III	819,83	710,83	605,00	502,50	403,16	307,00
	V	1992,00	465,08	465,08	IV	1399,25	1321,16	1244,66	1169,66	1096,33	1024,58
	VI	2035,25	465,08	465,08							
6689,99	I,IV	1478,66	465,08	465,08	I	1322,33	1170,75	1025,58	886,83	754,50	628,66
	II	1338,50	465,08	465,08	II	1186,25	1040,41	901,00	768,08	641,50	521,41
	III	932,83	465,08	465,08	III	820,66	711,66	605,83	503,16	403,83	307,66
	V	1993,16	465,08	465,08	IV	1400,33	1322,33	1245,75	1170,75	1097,33	1025,58
	VI	2036,41	465,08	465,08							
6692,99	I,IV	1479,83	465,08	465,08	I	1323,41	1171,83	1026,58	887,83	755,50	629,58
	II	1339,66	465,08	465,08	II	1187,33	1041,50	902,00	769,00	642,41	522,25
	III	933,66	465,08	465,08	III	821,50	712,33	606,66	504,00	404,66	308,50
	V	1994,33	465,08	465,08	IV	1401,50	1323,41	1246,83	1171,83	1098,41	1026,58
	VI	2037,58	465,08	465,08							
6695,99	I,IV	1481,00	465,08	465,08	I	1324,58	1172,91	1027,66	888,83	756,41	630,50
	II	1340,83	465,08	465,08	II	1188,50	1042,50	903,08	770,00	643,33	523,16
	III	934,50	465,08	465,08	III	822,16	713,16	607,33	504,66	405,33	309,16
	V	1995,41	465,08	465,08	IV	1402,66	1324,58	1247,91	1172,91	1099,50	1027,66
	VI	2038,75	465,08	465,08							

* Zur LSt-Berechnung für privat versicherte Arbeitnehmer s. Beispiele **Vorbemerkung S. 4 f.**
** Basisvorsorgepauschale KV und PV *** Typisierter Arbeitgeberzuschuss

Lohn/Gehalt in € bis	Steuerklasse	Lohnsteuer*	BVSP**	TAGZ***	Steuerklasse	Bemessungsgrundlage für Kirchensteuer und Solidaritätszuschlag					
						Freibeträge für ... Kinder					
						0,5	1,0	1,5	2,0	2,5	3,0
6 698,99	I,IV	1 482,16	465,08	465,08	I	1 325,66	1 174,00	1 028,66	889,83	757,33	631,33
	II	1 341,91	465,08	465,08	II	1 189,50	1 043,58	904,00	770,91	644,25	524,00
	III	935,33	465,08	465,08	III	823,00	714,00	608,00	505,50	406,00	309,83
	V	1 996,58	465,08	465,08	IV	1 403,83	1 325,66	1 249,00	1 174,00	1 100,50	1 028,66
	VI	2 039,83	465,08	465,08							
6 701,99	I,IV	1 483,25	465,08	465,08	I	1 326,83	1 175,08	1 029,75	890,83	758,33	632,25
	II	1 343,08	465,08	465,08	II	1 190,66	1 044,58	905,00	771,83	645,16	524,83
	III	936,16	465,08	465,08	III	823,83	714,83	608,83	506,16	406,66	310,50
	V	1 997,75	465,08	465,08	IV	1 404,91	1 326,83	1 250,16	1 175,08	1 101,58	1 029,75
	VI	2 041,00	465,08	465,08							
6 704,99	I,IV	1 484,41	465,08	465,08	I	1 328,00	1 176,16	1 030,75	891,83	759,25	633,16
	II	1 344,25	465,08	465,08	II	1 191,75	1 045,66	906,00	772,83	646,08	525,66
	III	937,00	465,08	465,08	III	824,66	715,50	609,66	507,00	407,50	311,16
	V	1 998,91	465,08	465,08	IV	1 406,08	1 328,00	1 251,25	1 176,16	1 102,66	1 030,75
	VI	2 042,16	465,08	465,08							
6 707,99	I,IV	1 485,58	465,08	465,08	I	1 329,08	1 177,25	1 031,75	892,75	760,16	634,00
	II	1 345,33	465,08	465,08	II	1 192,83	1 046,66	907,00	773,75	646,91	526,50
	III	937,83	465,08	465,08	III	825,50	716,33	610,33	507,66	408,16	311,83
	V	2 000,00	465,08	465,08	IV	1 407,25	1 329,08	1 252,33	1 177,25	1 103,66	1 031,75
	VI	2 043,25	465,08	465,08							
6 710,99	I,IV	1 486,75	465,08	465,08	I	1 330,25	1 178,33	1 032,83	893,75	761,16	634,91
	II	1 346,50	465,08	465,08	II	1 193,91	1 047,75	908,00	774,75	647,83	527,41
	III	938,66	465,08	465,08	III	826,33	717,16	611,16	508,33	408,83	312,50
	V	2 001,16	465,08	465,08	IV	1 408,41	1 330,25	1 253,50	1 178,33	1 104,75	1 032,83
	VI	2 044,41	465,08	465,08							
6 713,99	I,IV	1 487,83	465,08	465,08	I	1 331,41	1 179,41	1 033,91	894,75	762,08	635,83
	II	1 347,66	465,08	465,08	II	1 195,00	1 048,83	909,00	775,66	648,75	528,25
	III	939,50	465,08	465,08	III	827,00	717,83	611,83	509,16	409,66	313,33
	V	2 002,33	465,08	465,08	IV	1 409,58	1 331,41	1 254,58	1 179,41	1 105,83	1 033,91
	VI	2 045,58	465,08	465,08							
6 716,99	I,IV	1 489,00	465,08	465,08	I	1 332,50	1 180,50	1 034,91	895,75	763,00	636,75
	II	1 348,75	465,08	465,08	II	1 196,08	1 049,83	910,00	776,58	649,66	529,08
	III	940,33	465,08	465,08	III	827,83	718,66	612,66	509,83	410,33	314,00
	V	2 003,41	465,08	465,08	IV	1 410,66	1 332,50	1 255,66	1 180,50	1 106,91	1 034,91
	VI	2 046,66	465,08	465,08							
6 719,99	I,IV	1 490,16	465,08	465,08	I	1 333,66	1 181,58	1 035,91	896,75	764,00	637,66
	II	1 349,91	465,08	465,08	II	1 197,16	1 050,83	911,00	777,58	650,58	530,00
	III	941,16	465,08	465,08	III	828,66	719,50	613,50	510,66	411,00	314,66
	V	2 004,58	465,08	465,08	IV	1 411,83	1 333,66	1 256,83	1 181,58	1 108,00	1 035,91
	VI	2 047,83	465,08	465,08							
6 722,99	I,IV	1 491,33	465,08	465,08	I	1 334,75	1 182,66	1 037,00	897,75	764,91	638,58
	II	1 351,08	465,08	465,08	II	1 198,25	1 051,91	912,00	778,50	651,50	530,83
	III	942,00	465,08	465,08	III	829,50	720,16	614,16	511,33	411,66	315,33
	V	2 005,75	465,08	465,08	IV	1 413,00	1 334,75	1 257,91	1 182,66	1 109,00	1 037,00
	VI	2 049,00	465,08	465,08							
6 725,99	I,IV	1 492,41	465,08	465,08	I	1 335,91	1 183,75	1 038,00	898,75	765,83	639,41
	II	1 352,16	465,08	465,08	II	1 199,33	1 052,91	913,00	779,41	652,33	531,66
	III	942,83	465,08	465,08	III	830,33	721,00	615,00	512,00	412,50	316,00
	V	2 006,83	465,08	465,08	IV	1 414,08	1 335,91	1 259,00	1 183,75	1 110,08	1 038,00
	VI	2 050,08	465,08	465,08							
6 728,99	I,IV	1 493,58	465,08	465,08	I	1 337,08	1 184,83	1 039,08	899,75	766,83	640,33
	II	1 353,33	465,08	465,08	II	1 200,41	1 054,00	914,00	780,41	653,25	532,50
	III	943,66	465,08	465,08	III	831,16	721,83	615,66	512,83	413,16	316,66
	V	2 008,00	465,08	465,08	IV	1 415,25	1 337,08	1 260,16	1 184,83	1 111,16	1 039,08
	VI	2 051,25	465,08	465,08							
6 731,99	I,IV	1 494,75	465,08	465,08	I	1 338,16	1 185,91	1 040,08	900,75	767,75	641,25
	II	1 354,50	465,08	465,08	II	1 201,58	1 055,08	915,00	781,33	654,16	533,41
	III	944,50	465,08	465,08	III	832,00	722,66	616,50	513,50	413,83	317,33
	V	2 009,16	465,08	465,08	IV	1 416,41	1 338,16	1 261,25	1 185,91	1 112,25	1 040,00
	VI	2 052,41	465,08	465,08							

* Zur LSt-Berechnung für privat versicherte Arbeitnehmer s. Beispiele **Vorbemerkung S. 4 f.**
** Basisvorsorgepauschale KV und PV   *** Typisierter Arbeitgeberzuschuss

Lohn/ Gehalt in € bis	Steuerklasse	Lohn-steuer*	BVSP**	TAGZ***	Steuerklasse	Bemessungsgrundlage für Kirchensteuer und Solidaritätszuschlag					
						Freibeträge für ... Kinder					
						0,5	1,0	1,5	2,0	2,5	3,0
6734,99	I,IV	1495,83	465,08	465,08	I	1339,33	1187,00	1041,16	901,66	768,66	642,16
	II	1355,58	465,08	465,08	II	1202,66	1056,08	916,00	782,33	655,08	534,25
	III	945,33	465,08	465,08	III	832,66	723,33	617,16	514,33	414,50	318,16
	V	2010,33	465,08	465,08	IV	1417,50	1339,33	1262,33	1187,00	1113,25	1041,16
	VI	2053,58	465,08	465,08							
6737,99	I,IV	1497,00	465,08	465,08	I	1340,41	1188,08	1042,16	902,66	769,66	643,00
	II	1356,75	465,08	465,08	II	1203,75	1057,16	917,00	783,25	656,00	535,08
	III	946,16	465,08	465,08	III	833,50	724,16	618,00	515,00	415,33	318,83
	V	2011,41	465,08	465,08	IV	1418,66	1340,41	1263,50	1188,08	1114,33	1042,16
	VI	2054,75	465,08	465,08							
6740,99	I,IV	1498,16	465,08	465,08	I	1341,58	1189,16	1043,25	903,75	770,58	643,91
	II	1357,91	465,08	465,08	II	1204,83	1058,16	918,00	784,25	656,91	536,00
	III	947,00	465,08	465,08	III	834,33	725,00	618,83	515,83	416,00	319,50
	V	2012,58	465,08	465,08	IV	1419,83	1341,58	1264,58	1189,16	1115,41	1043,25
	VI	2055,83	465,08	465,08							
6743,99	I,IV	1499,25	465,08	465,08	I	1342,66	1190,25	1044,25	904,66	771,58	644,83
	II	1359,00	465,08	465,08	II	1205,91	1059,25	919,00	785,16	657,75	536,83
	III	947,83	465,08	465,08	III	835,16	725,66	619,50	516,50	416,66	320,16
	V	2013,75	465,08	465,08	IV	1420,91	1342,66	1265,66	1190,25	1116,50	1044,25
	VI	2057,00	465,08	465,08							
6746,99	I,IV	1500,41	465,08	465,08	I	1343,83	1191,33	1045,33	905,66	772,50	645,75
	II	1360,16	465,08	465,08	II	1207,00	1060,25	920,00	786,16	658,66	537,66
	III	948,66	465,08	465,08	III	836,00	726,50	620,33	517,33	417,50	320,83
	V	2014,91	465,08	465,08	IV	1422,08	1343,83	1266,83	1191,33	1117,50	1045,33
	VI	2058,16	465,08	465,08							
6749,99	I,IV	1501,58	465,08	465,08	I	1345,00	1192,50	1046,33	906,66	773,50	646,66
	II	1361,33	465,08	465,08	II	1208,00	1061,33	921,00	787,08	659,58	538,58
	III	949,50	465,08	465,08	III	836,83	727,33	621,00	518,00	418,16	321,50
	V	2016,00	465,08	465,08	IV	1423,25	1345,00	1267,91	1192,50	1118,58	1046,33
	VI	2059,33	465,08	465,08							
6752,99	I,IV	1502,75	465,08	465,08	I	1346,08	1193,50	1047,41	907,66	774,41	647,50
	II	1362,41	465,08	465,08	II	1209,16	1062,33	922,00	788,00	660,50	539,41
	III	950,33	465,08	465,08	III	837,66	728,16	621,83	518,66	418,83	322,16
	V	2017,16	465,08	465,08	IV	1424,41	1346,08	1269,00	1193,50	1119,66	1047,41
	VI	2060,41	465,08	465,08							
6755,99	I,IV	1503,83	465,08	465,08	I	1347,25	1194,66	1048,41	908,66	775,33	648,41
	II	1363,58	465,08	465,08	II	1210,33	1063,41	923,00	789,00	661,41	540,25
	III	951,16	465,08	465,08	III	838,50	728,83	622,66	519,50	419,66	323,00
	V	2018,33	465,08	465,08	IV	1425,50	1347,25	1270,16	1194,66	1120,75	1048,41
	VI	2061,58	465,08	465,08							
6758,99	I,IV	1505,00	465,08	465,08	I	1348,41	1195,66	1049,50	909,66	776,25	649,33
	II	1364,75	465,08	465,08	II	1211,33	1064,41	924,00	789,91	662,33	541,08
	III	952,00	465,08	465,08	III	839,16	729,66	623,33	520,16	420,33	323,66
	V	2019,41	465,08	465,08	IV	1426,66	1348,41	1271,25	1195,66	1121,75	1049,50
	VI	2062,66	465,08	465,08							
6761,99	I,IV	1506,16	465,08	465,08	I	1349,50	1196,83	1050,50	910,66	777,25	650,25
	II	1365,83	465,08	465,08	II	1212,50	1065,50	925,00	790,91	663,25	542,00
	III	952,83	465,08	465,08	III	840,00	730,50	624,16	521,00	421,00	324,33
	V	2020,58	465,08	465,08	IV	1427,83	1349,50	1272,33	1196,83	1122,83	1050,50
	VI	2063,83	465,08	465,08							
6764,99	I,IV	1507,33	465,08	465,08	I	1350,66	1197,91	1051,58	911,66	778,16	651,16
	II	1367,00	465,08	465,08	II	1213,58	1066,58	926,00	791,83	664,16	542,83
	III	953,66	465,08	465,08	III	840,83	731,33	624,83	521,66	421,83	325,00
	V	2021,75	465,08	465,08	IV	1429,00	1350,66	1273,50	1197,91	1123,91	1051,58
	VI	2065,00	465,08	465,08							
6767,99	I,IV	1508,41	465,08	465,08	I	1351,83	1199,00	1052,58	912,66	779,16	652,00
	II	1368,16	465,08	465,08	II	1214,66	1067,58	927,00	792,75	665,00	543,66
	III	954,50	465,08	465,08	III	841,66	732,00	625,66	522,50	422,50	325,66
	V	2022,83	465,08	465,08	IV	1430,08	1351,83	1274,58	1199,00	1125,00	1052,58
	VI	2066,08	465,08	465,08							

* Zur LSt-Berechnung für privat versicherte Arbeitnehmer s. Beispiele **Vorbemerkung S. 4f.**
** Basisvorsorgepauschale KV und PV *** Typisierter Arbeitgeberzuschuss

Lohn/Gehalt in € bis	Steuerklasse	Lohnsteuer*	BVSP**	TAGZ***	Steuerklasse	Bemessungsgrundlage für Kirchensteuer und Solidaritätszuschlag – Freibeträge für ... Kinder 0,5	1,0	1,5	2,0	2,5	3,0
6770,99	I,IV	**1509,58**	465,08	465,08	I	1352,91	1200,08	1053,66	913,66	780,08	652,91
	II	**1369,33**	465,08	465,08	II	1215,75	1068,66	928,00	793,75	665,91	544,58
	III	**955,58**	465,08	465,08	III	842,50	732,83	626,33	523,16	423,16	326,33
	V	**2024,00**	465,08	465,08	IV	1431,25	1352,91	1275,75	1200,08	1126,08	1053,66
	VI	**2067,25**	465,08	465,08							
6773,99	I,IV	**1510,75**	465,08	465,08	I	1354,08	1201,16	1054,75	914,66	781,08	653,83
	II	**1370,41**	465,08	465,08	II	1216,83	1069,75	929,00	794,75	666,83	545,41
	III	**956,16**	465,08	465,08	III	843,33	733,66	627,16	524,00	424,00	327,16
	V	**2025,16**	465,08	465,08	IV	1432,41	1354,08	1276,83	1201,16	1127,16	1054,75
	VI	**2068,41**	465,08	465,08							
6776,99	I,IV	**1511,83**	465,08	465,08	I	1355,25	1202,25	1055,75	915,66	782,00	654,75
	II	**1371,58**	465,08	465,08	II	1217,91	1070,75	930,00	795,66	667,75	546,25
	III	**957,00**	465,08	465,08	III	844,16	734,33	628,00	524,66	424,66	327,83
	V	**2026,25**	465,08	465,08	IV	1433,50	1355,25	1277,91	1202,25	1128,16	1055,75
	VI	**2069,58**	465,08	465,08							
6779,99	I,IV	**1513,00**	465,08	465,08	I	1356,33	1203,33	1056,83	916,66	782,91	655,66
	II	**1372,75**	465,08	465,08	II	1219,08	1071,83	931,00	796,66	668,66	547,16
	III	**957,83**	465,08	465,08	III	844,83	735,16	628,66	525,33	425,33	328,50
	V	**2027,41**	465,08	465,08	IV	1434,66	1356,33	1279,08	1203,33	1129,25	1056,83
	VI	**2070,66**	465,08	465,08							
6782,99	I,IV	**1514,16**	465,08	465,08	I	1357,50	1204,50	1057,83	917,66	783,91	656,58
	II	**1373,91**	465,08	465,08	II	1220,16	1072,91	932,00	797,58	669,58	548,00
	III	**958,66**	465,08	465,08	III	845,66	736,00	629,50	526,16	426,16	329,16
	V	**2028,58**	465,08	465,08	IV	1435,83	1357,50	1280,16	1204,50	1130,33	1057,83
	VI	**2071,83**	465,08	465,08							
6785,99	I,IV	**1515,25**	465,08	465,08	I	1358,66	1205,50	1058,91	918,66	784,83	657,50
	II	**1375,00**	465,08	465,08	II	1221,25	1073,91	933,00	798,50	670,50	548,91
	III	**959,50**	465,08	465,08	III	846,50	736,83	630,16	526,83	426,83	329,83
	V	**2029,75**	465,08	465,08	IV	1436,91	1358,66	1281,25	1205,50	1131,41	1058,91
	VI	**2073,00**	465,08	465,08							
6788,99	I,IV	**1516,41**	465,08	465,08	I	1359,75	1206,66	1059,91	919,66	785,83	658,41
	II	**1376,16**	465,08	465,08	II	1222,33	1075,00	934,00	799,50	671,41	549,75
	III	**960,33**	465,08	465,08	III	847,33	737,50	631,00	527,66	427,50	330,50
	V	**2030,83**	465,08	465,08	IV	1438,08	1359,75	1282,41	1206,66	1132,50	1059,91
	VI	**2074,16**	465,08	465,08							
6791,99	I,IV	**1517,58**	465,08	465,08	I	1360,91	1207,75	1061,00	920,66	786,75	659,33
	II	**1377,33**	465,08	465,08	II	1223,50	1076,00	935,00	800,50	672,33	550,58
	III	**961,16**	465,08	465,08	III	848,16	738,33	631,83	528,33	428,16	331,33
	V	**2032,00**	465,08	465,08	IV	1439,25	1360,91	1283,50	1207,75	1133,58	1061,00
	VI	**2075,25**	465,08	465,08							
6794,99	I,IV	**1518,66**	465,08	465,08	I	1362,08	1208,83	1062,00	921,66	787,66	660,16
	II	**1378,41**	465,08	465,08	II	1224,58	1077,08	936,00	801,41	673,25	551,50
	III	**962,00**	465,08	465,08	III	849,00	739,16	632,50	529,16	429,00	332,00
	V	**2033,16**	465,08	465,08	IV	1440,41	1362,08	1284,66	1208,83	1134,58	1062,00
	VI	**2076,41**	465,08	465,08							
6797,99	I,IV	**1519,83**	465,08	465,08	I	1363,25	1209,91	1063,00	922,66	788,66	661,00
	II	**1379,58**	465,08	465,08	II	1225,66	1078,16	937,00	802,41	674,16	552,33
	III	**962,83**	465,08	465,08	III	849,83	740,00	633,33	529,83	429,66	332,66
	V	**2034,33**	465,08	465,08	IV	1441,50	1363,25	1285,75	1209,91	1135,66	1063,08
	VI	**2077,58**	465,08	465,08							
6800,99	I,IV	**1521,00**	465,08	465,08	I	1364,33	1211,00	1064,16	923,66	789,66	662,00
	II	**1380,75**	465,08	465,08	II	1226,75	1079,16	938,00	803,33	675,08	553,25
	III	**963,66**	465,08	465,08	III	850,66	740,66	634,00	530,66	430,33	333,33
	V	**2035,50**	465,08	465,08	IV	1442,66	1364,33	1286,91	1211,00	1136,75	1064,16
	VI	**2078,75**	465,08	465,08							
6803,99	I,IV	**1522,16**	465,08	465,08	I	1365,50	1212,08	1065,16	924,66	790,58	662,91
	II	**1381,83**	465,08	465,08	II	1227,83	1080,25	939,00	804,25	676,00	554,08
	III	**964,50**	465,08	465,08	III	851,33	741,50	634,83	531,33	431,16	334,00
	V	**2036,58**	465,08	465,08	IV	1443,83	1365,50	1288,00	1212,08	1137,83	1065,16
	VI	**2079,83**	465,08	465,08							

* Zur LSt-Berechnung für privat versicherte Arbeitnehmer s. Beispiele **Vorbemerkung S. 4 f.**
** Basisvorsorgepauschale KV und PV   *** Typisierter Arbeitgeberzuschuss

Lohn/ Gehalt in € bis	Steuerklasse	Lohn- steuer*	BVSP**	TAGZ***	Steuerklasse	Bemessungsgrundlage für Kirchensteuer und Solidaritätszuschlag					
						Freibeträge für ... Kinder					
						0,5	1,0	1,5	2,0	2,5	3,0
6 806,99	I,IV	1 523,33	465,08	465,08	I	1 366,66	1 213,25	1 066,25	925,66	791,50	663,83
	II	1 383,00	465,08	465,08	II	1 228,91	1 081,25	940,08	805,25	676,91	554,91
	III	965,33	465,08	465,08	III	852,16	742,33	635,50	532,16	431,83	334,83
	V	2 037,75	465,08	465,08	IV	1 445,00	1 366,66	1 289,08	1 213,25	1 138,91	1 066,25
	VI	2 081,00	465,08	465,08							
6 809,99	I,IV	1 524,41	465,08	465,08	I	1 367,75	1 214,33	1 067,25	926,66	792,50	664,75
	II	1 384,16	465,08	465,08	II	1 230,08	1 082,33	941,08	806,25	677,83	555,83
	III	966,16	465,08	465,08	III	853,00	743,16	636,33	532,83	432,50	335,50
	V	2 038,91	465,08	465,08	IV	1 446,08	1 367,75	1 290,25	1 214,33	1 140,00	1 067,25
	VI	2 082,16	465,08	465,08							
6 812,99	I,IV	1 525,58	465,08	465,08	I	1 368,91	1 215,41	1 068,33	927,66	793,41	665,66
	II	1 385,25	465,08	465,08	II	1 231,16	1 083,41	942,08	807,16	678,66	556,66
	III	967,00	465,08	465,08	III	853,83	743,83	637,16	533,66	433,33	336,16
	V	2 040,00	465,08	465,08	IV	1 447,25	1 368,91	1 291,33	1 215,41	1 141,08	1 068,33
	VI	2 083,25	465,08	465,08							
6 815,99	I,IV	1 526,75	465,08	465,08	I	1 370,08	1 216,50	1 069,33	928,66	794,41	666,58
	II	1 386,41	465,08	465,08	II	1 232,25	1 084,41	943,08	808,16	679,58	557,58
	III	967,83	465,08	465,08	III	854,66	744,66	637,83	534,33	434,00	336,83
	V	2 041,16	465,08	465,08	IV	1 448,41	1 370,08	1 292,50	1 216,50	1 142,16	1 069,33
	VI	2 084,41	465,08	465,08							
6 818,99	I,IV	1 527,83	465,08	465,08	I	1 371,16	1 217,58	1 070,41	929,66	795,33	667,41
	II	1 387,58	465,08	465,08	II	1 233,33	1 085,50	944,08	809,08	680,50	558,41
	III	968,66	465,08	465,08	III	855,50	745,50	638,66	535,00	434,66	337,50
	V	2 042,25	465,08	465,08	IV	1 449,50	1 371,16	1 293,58	1 217,58	1 143,16	1 070,41
	VI	2 085,58	465,08	465,08							
6 821,99	I,IV	1 529,00	465,08	465,08	I	1 372,33	1 218,66	1 071,50	930,66	796,33	668,33
	II	1 388,75	465,08	465,08	II	1 234,41	1 086,58	945,08	810,08	681,41	559,25
	III	969,50	465,08	465,08	III	856,33	746,33	639,50	535,83	435,50	338,33
	V	2 043,41	465,08	465,08	IV	1 450,66	1 372,33	1 294,75	1 218,66	1 144,25	1 071,50
	VI	2 086,66	465,08	465,08							
6 824,99	I,IV	1 530,16	465,08	465,08	I	1 373,50	1 219,83	1 072,50	931,66	797,25	669,25
	II	1 389,83	465,08	465,08	II	1 235,58	1 087,58	946,08	811,00	682,33	560,16
	III	970,33	465,08	465,08	III	857,16	747,00	640,16	536,50	436,16	339,00
	V	2 044,58	465,08	465,08	IV	1 451,83	1 373,50	1 295,83	1 219,83	1 145,33	1 072,50
	VI	2 087,83	465,08	465,08							
6 827,99	I,IV	1 531,25	465,08	465,08	I	1 374,58	1 220,83	1 073,58	932,66	798,25	670,16
	II	1 391,00	465,08	465,08	II	1 236,66	1 088,66	947,00	812,00	683,25	561,00
	III	971,16	465,08	465,08	III	857,83	747,83	641,00	537,33	436,83	339,66
	V	2 045,75	465,08	465,08	IV	1 452,91	1 374,58	1 296,91	1 220,83	1 146,41	1 073,58
	VI	2 089,00	465,08	465,08							
6 830,99	I,IV	1 532,41	465,08	465,08	I	1 375,75	1 222,00	1 074,58	933,66	799,16	671,08
	II	1 392,16	465,08	465,08	II	1 237,75	1 089,75	948,08	812,91	684,16	561,91
	III	972,00	465,08	465,08	III	858,66	748,66	641,66	538,00	437,66	340,33
	V	2 046,83	465,08	465,08	IV	1 454,08	1 375,75	1 298,08	1 222,00	1 147,50	1 074,58
	VI	2 090,16	465,08	465,08							
6 833,99	I,IV	1 533,58	465,08	465,08	I	1 376,91	1 223,08	1 075,66	934,66	800,16	672,00
	II	1 393,33	465,08	465,08	II	1 238,91	1 090,83	949,16	813,91	685,08	562,75
	III	972,83	465,08	465,08	III	859,50	749,33	642,50	538,83	438,33	341,00
	V	2 048,00	465,08	465,08	IV	1 455,25	1 376,91	1 299,25	1 223,08	1 148,58	1 075,66
	VI	2 091,25	465,08	465,08							
6 836,99	I,IV	1 534,66	465,08	465,08	I	1 378,08	1 224,16	1 076,75	935,66	801,08	672,91
	II	1 394,41	465,08	465,08	II	1 240,00	1 091,83	950,16	814,83	686,00	563,58
	III	973,66	465,08	465,08	III	860,33	750,16	643,16	539,50	439,00	341,66
	V	2 049,16	465,08	465,08	IV	1 456,33	1 378,08	1 300,33	1 224,16	1 149,66	1 076,75
	VI	2 092,41	465,08	465,08							
6 839,99	I,IV	1 535,83	465,08	465,08	I	1 379,16	1 225,25	1 077,75	936,66	802,08	673,83
	II	1 395,58	465,08	465,08	II	1 241,08	1 092,91	951,16	815,83	686,91	564,50
	III	974,66	465,08	465,08	III	861,16	751,00	644,00	540,33	439,83	342,50
	V	2 050,33	465,08	465,08	IV	1 457,50	1 379,16	1 301,41	1 225,25	1 150,75	1 077,75
	VI	2 093,58	465,08	465,08							

* Zur LSt-Berechnung für privat versicherte Arbeitnehmer s. Beispiele **Vorbemerkung S. 4 f.**
** Basisvorsorgepauschale KV und PV   *** Typisierter Arbeitgeberzuschuss

Lohn/Gehalt in € bis	Steuerklasse	Lohnsteuer*	BVSP**	TAGZ***	Steuerklasse	Bemessungsgrundlage für Kirchensteuer und Solidaritätszuschlag					
						Freibeträge für ... Kinder					
						0,5	1,0	1,5	2,0	2,5	3,0
6842,99	I,IV	**1537,00**	465,08	465,08	I	1380,33	1226,41	1078,83	937,75	803,00	674,75
	II	**1396,75**	465,08	465,08	II	1242,16	1094,00	952,16	816,83	687,83	565,33
	III	**975,33**	465,08	465,08	III	862,00	751,83	644,83	541,00	440,50	343,16
	V	**2051,41**	465,08	465,08	IV	1458,66	1380,33	1302,58	1226,41	1151,83	1078,83
	VI	**2094,75**	465,08	465,08							
6845,99	I,IV	**1538,16**	465,08	465,08	I	1381,50	1227,50	1079,83	938,66	804,00	675,66
	II	**1397,83**	465,08	465,08	II	1243,25	1095,00	953,16	817,75	688,75	566,25
	III	**976,16**	465,08	465,08	III	862,83	752,50	645,50	541,83	441,16	343,83
	V	**2052,58**	465,08	465,08	IV	1459,83	1381,50	1303,66	1227,50	1152,83	1079,83
	VI	**2095,83**	465,08	465,08							
6848,99	I,IV	**1539,25**	465,08	465,08	I	1382,66	1228,58	1080,91	939,75	804,91	676,58
	II	**1399,00**	465,08	465,08	II	1244,41	1096,08	954,16	818,75	689,66	567,08
	III	**977,16**	465,08	465,08	III	863,66	753,33	646,33	542,50	442,00	344,50
	V	**2053,75**	465,08	465,08	IV	1460,91	1382,66	1304,83	1228,58	1153,91	1080,91
	VI	**2097,00**	465,08	465,08							
6851,99	I,IV	**1540,41**	465,08	465,08	I	1383,75	1229,66	1082,00	940,75	805,91	677,50
	II	**1400,16**	465,08	465,08	II	1245,50	1097,16	955,16	819,66	690,58	568,00
	III	**978,00**	465,08	465,08	III	864,50	754,16	647,16	543,33	442,66	345,16
	V	**2054,91**	465,08	465,08	IV	1462,08	1383,75	1305,91	1229,66	1155,08	1082,00
	VI	**2098,16**	465,08	465,08							
6854,99	I,IV	**1541,58**	465,08	465,08	I	1384,91	1230,75	1083,00	941,75	806,83	678,41
	II	**1401,25**	465,08	465,08	II	1246,58	1098,16	956,16	820,66	691,50	568,83
	III	**978,83**	465,08	465,08	III	865,16	755,00	647,83	544,00	443,33	345,83
	V	**2056,00**	465,08	465,08	IV	1463,25	1384,91	1307,08	1230,75	1156,08	1083,00
	VI	**2099,25**	465,08	465,08							
6857,99	I,IV	**1542,75**	465,08	465,08	I	1386,08	1231,91	1084,08	942,75	807,83	679,33
	II	**1402,41**	465,08	465,08	II	1247,75	1099,25	957,25	821,58	692,41	569,75
	III	**979,66**	465,08	465,08	III	866,00	755,83	648,66	544,83	444,16	346,66
	V	**2057,16**	465,08	465,08	IV	1464,41	1386,08	1308,16	1231,91	1157,16	1084,00
	VI	**2100,41**	465,08	465,08							
6860,99	I,IV	**1543,83**	465,08	465,08	I	1387,25	1233,00	1085,16	943,75	808,75	680,25
	II	**1403,58**	465,08	465,08	II	1248,83	1100,33	958,25	822,58	693,41	570,58
	III	**980,50**	465,08	465,08	III	866,83	756,50	649,33	545,50	444,83	347,33
	V	**2058,33**	465,08	465,08	IV	1465,58	1387,25	1309,33	1233,00	1158,25	1085,16
	VI	**2101,58**	465,08	465,08							
6863,99	I,IV	**1545,00**	465,08	465,08	I	1388,33	1234,08	1086,16	944,75	809,75	681,16
	II	**1404,75**	465,08	465,08	II	1249,91	1101,33	959,25	823,58	694,25	571,41
	III	**981,33**	465,08	465,08	III	867,66	757,33	650,16	546,16	445,50	348,00
	V	**2059,41**	465,08	465,08	IV	1466,66	1388,33	1310,41	1234,08	1159,33	1086,16
	VI	**2102,66**	465,08	465,08							
6866,99	I,IV	**1546,16**	465,08	465,08	I	1389,50	1235,16	1087,25	945,75	810,66	682,08
	II	**1405,83**	465,08	465,08	II	1251,00	1102,41	960,25	824,50	695,25	572,33
	III	**982,16**	465,08	465,08	III	868,50	758,16	651,00	547,00	446,33	348,66
	V	**2060,58**	465,08	465,08	IV	1467,83	1389,50	1311,58	1235,16	1160,41	1087,25
	VI	**2103,83**	465,08	465,08							
6869,99	I,IV	**1547,33**	465,08	465,08	I	1390,66	1236,33	1088,33	946,75	811,66	683,00
	II	**1407,00**	465,08	465,08	II	1252,16	1103,50	961,25	825,50	696,16	573,25
	III	**983,00**	465,08	465,08	III	869,33	759,00	651,66	547,66	447,00	349,50
	V	**2061,75**	465,08	465,08	IV	1469,00	1390,66	1312,75	1236,33	1161,50	1088,33
	VI	**2105,00**	465,08	465,08							
6872,99	I,IV	**1548,41**	465,08	465,08	I	1391,75	1237,41	1089,33	947,75	812,58	683,91
	II	**1408,16**	465,08	465,08	II	1253,25	1104,58	962,25	826,41	697,08	574,08
	III	**983,83**	465,08	465,08	III	870,16	759,66	652,50	548,50	447,66	350,16
	V	**2062,83**	465,08	465,08	IV	1470,08	1391,75	1313,83	1237,41	1162,58	1089,33
	VI	**2106,08**	465,08	465,08							
6875,99	I,IV	**1549,58**	465,08	465,08	I	1392,91	1238,50	1090,41	948,83	813,58	684,83
	II	**1409,33**	465,08	465,08	II	1254,33	1105,58	963,33	827,41	698,00	574,91
	III	**984,66**	465,08	465,08	III	871,00	760,50	653,33	549,33	448,50	350,83
	V	**2064,00**	465,08	465,08	IV	1471,25	1392,91	1314,91	1238,50	1163,66	1090,33
	VI	**2107,25**	465,08	465,08							

* Zur LSt-Berechnung für privat versicherte Arbeitnehmer s. Beispiele **Vorbemerkung S. 4 f.**
** Basisvorsorgepauschale KV und PV   *** Typisierter Arbeitgeberzuschuss

Lohn/Gehalt in € bis	Steuerklasse	Lohn-steuer*	BVSP**	TAGZ***	Steuerklasse	Bemessungsgrundlage für Kirchensteuer und Solidaritätszuschlag Freibeträge für ... Kinder					
						0,5	1,0	1,5	2,0	2,5	3,0
6 878,99	I,IV	1 550,75	465,08	465,08	I	1 394,08	1 239,58	1 091,50	949,83	814,58	685,75
	II	1 410,41	465,08	465,08	II	1 255,50	1 106,66	964,33	828,41	698,91	575,83
	III	985,50	465,08	465,08	III	871,83	761,33	654,00	550,00	449,16	351,50
	V	2 065,16	465,08	465,08	IV	1 472,41	1 394,08	1 316,08	1 239,58	1 164,75	1 091,50
	VI	2 108,41	465,08	465,08							
6 881,99	I,IV	1 551,83	465,08	465,08	I	1 395,16	1 240,66	1 092,50	950,83	815,50	686,66
	II	1 411,58	465,08	465,08	II	1 256,58	1 107,75	965,33	829,33	699,83	576,66
	III	986,33	465,08	465,08	III	872,66	762,16	654,83	550,66	449,83	352,16
	V	2 066,33	465,08	465,08	IV	1 473,50	1 395,16	1 317,16	1 240,66	1 165,83	1 092,50
	VI	2 109,58	465,08	465,08							
6 884,99	I,IV	1 553,00	465,08	465,08	I	1 396,33	1 241,83	1 093,58	951,83	816,50	687,58
	II	1 412,75	465,08	465,08	II	1 257,66	1 108,83	966,33	830,33	700,75	577,58
	III	987,16	465,08	465,08	III	873,50	762,83	655,66	551,50	450,66	353,00
	V	2 067,41	465,08	465,08	IV	1 474,66	1 396,33	1 318,33	1 241,83	1 166,91	1 093,58
	VI	2 110,75	465,08	465,08							
6 887,99	I,IV	1 554,16	465,08	465,08	I	1 397,50	1 242,91	1 094,66	952,83	817,41	688,50
	II	1 413,83	465,08	465,08	II	1 258,75	1 109,83	967,33	831,25	701,66	578,41
	III	988,00	465,08	465,08	III	874,16	763,66	656,33	552,16	451,33	353,66
	V	2 068,58	465,08	465,08	IV	1 475,83	1 397,50	1 319,41	1 242,91	1 168,00	1 094,66
	VI	2 111,83	465,08	465,08							
6 890,99	I,IV	1 555,25	465,08	465,08	I	1 398,58	1 244,00	1 095,75	953,83	818,41	689,41
	II	1 415,00	465,08	465,08	II	1 259,91	1 110,91	968,41	832,25	702,58	579,33
	III	988,83	465,08	465,08	III	875,00	764,50	657,16	553,00	452,00	354,33
	V	2 069,75	465,08	465,08	IV	1 476,91	1 398,58	1 320,58	1 244,00	1 169,00	1 095,75
	VI	2 113,00	465,08	465,08							
6 893,99	I,IV	1 556,41	465,08	465,08	I	1 399,75	1 245,16	1 096,75	954,83	819,33	690,33
	II	1 416,16	465,08	465,08	II	1 261,00	1 112,00	969,41	833,25	703,50	580,16
	III	989,66	465,08	465,08	III	875,83	765,33	657,83	553,66	452,83	355,00
	V	2 070,91	465,08	465,08	IV	1 478,08	1 399,75	1 321,75	1 245,16	1 170,16	1 096,75
	VI	2 114,16	465,08	465,08							
6 896,99	I,IV	1 557,58	465,08	465,08	I	1 400,91	1 246,25	1 097,83	955,83	820,33	691,25
	II	1 417,25	465,08	465,08	II	1 262,08	1 113,00	970,41	834,16	704,41	581,08
	III	990,50	465,08	465,08	III	876,66	766,00	658,66	554,50	453,50	355,66
	V	2 072,00	465,08	465,08	IV	1 479,25	1 400,91	1 322,83	1 246,25	1 171,25	1 097,83
	VI	2 115,25	465,08	465,08							
6 899,99	I,IV	1 558,75	465,08	465,08	I	1 402,08	1 247,33	1 098,91	956,91	821,33	692,16
	II	1 418,41	465,08	465,08	II	1 263,25	1 114,08	971,41	835,16	705,33	581,91
	III	991,33	465,08	465,08	III	877,50	766,83	659,50	555,16	454,16	356,50
	V	2 073,16	465,08	465,08	IV	1 480,41	1 402,08	1 324,00	1 247,33	1 172,33	1 098,91
	VI	2 116,41	465,08	465,08							
6 902,99	I,IV	1 559,83	465,08	465,08	I	1 403,16	1 248,50	1 100,00	957,91	822,25	693,08
	II	1 419,58	465,08	465,08	II	1 264,33	1 115,16	972,41	836,16	706,25	582,83
	III	992,16	465,08	465,08	III	878,33	767,66	660,16	556,00	455,00	357,16
	V	2 074,33	465,08	465,08	IV	1 481,50	1 403,16	1 325,08	1 248,50	1 173,41	1 100,00
	VI	2 117,58	465,08	465,08							
6 905,99	I,IV	1 561,00	465,08	465,08	I	1 404,33	1 249,58	1 101,00	958,91	823,25	694,00
	II	1 420,66	465,08	465,08	II	1 265,41	1 116,25	973,41	837,08	707,16	583,66
	III	993,00	465,08	465,08	III	879,16	768,50	661,00	556,66	455,66	357,83
	V	2 075,41	465,08	465,08	IV	1 482,66	1 404,33	1 326,25	1 249,58	1 174,50	1 101,00
	VI	2 118,66	465,08	465,08							
6 908,99	I,IV	1 562,16	465,08	465,08	I	1 405,50	1 250,66	1 102,08	959,91	824,16	694,91
	II	1 421,83	465,08	465,08	II	1 266,58	1 117,33	974,50	838,08	708,08	584,58
	III	993,83	465,08	465,08	III	880,00	769,16	661,66	557,50	456,33	358,50
	V	2 076,58	465,08	465,08	IV	1 483,83	1 405,50	1 327,33	1 250,66	1 175,58	1 102,08
	VI	2 119,83	465,08	465,08							
6 911,99	I,IV	1 563,33	465,08	465,08	I	1 406,66	1 251,75	1 103,16	960,91	825,16	695,83
	II	1 423,00	465,08	465,08	II	1 267,66	1 118,41	975,50	839,08	709,08	585,50
	III	994,83	465,08	465,08	III	880,83	770,00	662,50	558,16	457,16	359,33
	V	2 077,75	465,08	465,08	IV	1 485,00	1 406,66	1 328,50	1 251,75	1 176,66	1 103,00
	VI	2 121,00	465,08	465,08							

* Zur LSt-Berechnung für privat versicherte Arbeitnehmer s. Beispiele **Vorbemerkung S. 4 f.**
** Basisvorsorgepauschale KV und PV *** Typisierter Arbeitgeberzuschuss

Lohn/ Gehalt in € bis	Steuerklasse	Lohn- steuer*	BVSP**	TAGZ***	Steuerklasse	Bemessungsgrundlage für Kirchensteuer und Solidaritätszuschlag					
						Freibeträge für ... Kinder					
						0,5	**1,0**	1,5	**2,0**	2,5	**3,0**
6 914,99	I,IV	**1 564,41**	465,08	465,08	I	1 407,75	1 252,83	1 104,16	961,91	826,08	696,75
	II	**1 424,41**	465,08	465,08	II	1 268,75	1 119,41	976,50	840,00	710,00	586,33
	III	**995,66**	465,08	465,08	III	881,66	770,83	663,33	559,00	457,83	360,00
	V	**2 078,83**	465,08	465,08	IV	1 486,08	1 407,75	1 329,58	1 252,83	1 177,75	1 104,16
	VI	**2 122,08**	465,08	465,08							
6 917,99	I,IV	**1 565,58**	465,08	465,08	I	1 408,91	1 254,00	1 105,25	963,00	827,08	697,66
	II	**1 425,33**	465,08	465,08	II	1 269,91	1 120,50	977,50	841,00	710,91	587,25
	III	**996,50**	465,08	465,08	III	882,50	771,66	664,00	559,66	458,50	360,66
	V	**2 080,00**	465,08	465,08	IV	1 487,25	1 408,91	1 330,75	1 254,00	1 178,83	1 105,25
	VI	**2 123,25**	465,08	465,08							
6 920,99	I,IV	**1 566,75**	465,08	465,08	I	1 410,08	1 255,08	1 106,33	964,00	828,00	698,58
	II	**1 426,41**	465,08	465,08	II	1 271,00	1 121,58	978,58	842,00	711,83	588,08
	III	**997,33**	465,08	465,08	III	883,33	772,50	664,83	560,50	459,33	361,33
	V	**2 081,16**	465,08	465,08	IV	1 488,41	1 410,08	1 331,91	1 255,08	1 179,91	1 106,33
	VI	**2 124,41**	465,08	465,08							
6 923,99	I,IV	**1 567,83**	465,08	465,08	I	1 411,16	1 256,16	1 107,33	965,00	829,00	699,50
	II	**1 427,58**	465,08	465,08	II	1 272,16	1 122,66	979,58	842,91	712,75	589,00
	III	**998,16**	465,08	465,08	III	884,16	773,16	665,66	561,16	460,00	362,00
	V	**2 082,25**	465,08	465,08	IV	1 489,50	1 411,16	1 333,00	1 256,16	1 181,00	1 107,33
	VI	**2 125,58**	465,08	465,08							
6 926,99	I,IV	**1 569,00**	465,08	465,08	I	1 412,33	1 257,33	1 108,41	966,00	830,00	700,41
	II	**1 428,75**	465,08	465,08	II	1 273,25	1 123,75	980,58	843,91	713,66	589,83
	III	**999,00**	465,08	465,08	III	884,83	774,00	666,33	562,00	460,66	362,66
	V	**2 083,41**	465,08	465,08	IV	1 490,66	1 412,33	1 334,16	1 257,33	1 182,08	1 108,41
	VI	**2 126,66**	465,08	465,08							
6 929,99	I,IV	**1 570,16**	465,08	465,08	I	1 413,50	1 258,41	1 109,50	967,00	831,00	701,33
	II	**1 429,91**	465,08	465,08	II	1 274,41	1 124,75	981,66	844,91	714,58	590,75
	III	**999,83**	465,08	465,08	III	885,66	774,83	667,16	562,66	461,50	363,50
	V	**2 084,58**	465,08	465,08	IV	1 491,83	1 413,50	1 335,33	1 258,41	1 183,16	1 109,50
	VI	**2 127,83**	465,08	465,08							
6 932,99	I,IV	**1 571,25**	465,08	465,08	I	1 414,58	1 259,50	1 110,58	968,00	831,91	702,25
	II	**1 431,00**	465,08	465,08	II	1 275,50	1 125,83	982,66	845,83	715,50	591,58
	III	**1 000,66**	465,08	465,08	III	886,50	775,66	668,00	563,50	462,16	364,16
	V	**2 085,75**	465,08	465,08	IV	1 492,91	1 414,58	1 336,41	1 259,50	1 184,25	1 110,58
	VI	**2 129,00**	465,08	465,08							
6 935,99	I,IV	**1 572,41**	465,08	465,08	I	1 415,75	1 260,66	1 111,66	969,08	832,91	703,16
	II	**1 432,16**	465,08	465,08	II	1 276,58	1 126,91	983,66	846,83	716,41	592,50
	III	**1 001,50**	465,08	465,08	III	887,33	776,50	668,66	564,16	463,00	364,83
	V	**2 086,83**	465,08	465,08	IV	1 494,08	1 415,75	1 337,58	1 260,66	1 185,33	1 111,66
	VI	**2 130,16**	465,08	465,08							
6 938,99	I,IV	**1 573,58**	465,08	465,08	I	1 416,91	1 261,75	1 112,75	970,08	833,91	704,16
	II	**1 433,33**	465,08	465,08	II	1 277,75	1 128,00	984,66	847,83	717,41	593,41
	III	**1 002,33**	465,08	465,08	III	888,16	777,33	669,50	565,00	463,66	365,66
	V	**2 088,00**	465,08	465,08	IV	1 495,25	1 416,91	1 338,75	1 261,75	1 186,41	1 112,75
	VI	**2 131,25**	465,08	465,08							
6 941,99	I,IV	**1 574,66**	465,08	465,08	I	1 418,08	1 262,83	1 113,75	971,08	834,83	705,00
	II	**1 434,41**	465,08	465,08	II	1 278,83	1 129,00	985,66	848,75	718,33	594,25
	III	**1 003,16**	465,08	465,08	III	889,00	778,00	670,33	565,66	464,33	366,33
	V	**2 089,16**	465,08	465,08	IV	1 496,41	1 418,08	1 339,83	1 262,83	1 187,50	1 113,75
	VI	**2 132,41**	465,08	465,08							
6 944,99	I,IV	**1 575,83**	465,08	465,08	I	1 419,16	1 264,00	1 114,83	972,08	835,83	706,00
	II	**1 435,58**	465,08	465,08	II	1 279,91	1 130,16	986,75	849,75	719,25	595,16
	III	**1 004,00**	465,08	465,08	III	889,83	778,83	671,00	566,50	465,16	367,00
	V	**2 090,33**	465,08	465,08	IV	1 497,50	1 419,16	1 341,00	1 264,00	1 188,58	1 114,83
	VI	**2 133,58**	465,08	465,08							
6 947,99	I,IV	**1 577,00**	465,08	465,08	I	1 420,33	1 265,08	1 115,91	973,16	836,83	706,91
	II	**1 436,75**	465,08	465,08	II	1 281,08	1 131,16	987,75	850,75	720,16	596,00
	III	**1 004,83**	465,08	465,08	III	890,66	779,66	671,83	567,16	465,83	367,66
	V	**2 091,50**	465,08	465,08	IV	1 498,66	1 420,33	1 342,08	1 265,08	1 189,66	1 115,91
	VI	**2 134,75**	465,08	465,08							

* Zur LSt-Berechnung für privat versicherte Arbeitnehmer s. Beispiele **Vorbemerkung S. 4 f.**
** Basisvorsorgepauschale KV und PV   *** Typisierter Arbeitgeberzuschuss

Lohn/Gehalt in € bis	Steuerklasse	Lohnsteuer*	BVSP**	TAGZ***	Steuerklasse	Bemessungsgrundlage für Kirchensteuer und Solidaritätszuschlag					
						Freibeträge für ... Kinder					
						0,5	1,0	1,5	2,0	2,5	3,0
6950,99	I,IV	1578,16	465,08	465,08	I	1421,50	1266,16	1116,91	974,16	837,75	707,83
	II	1437,83	465,08	465,08	II	1282,16	1132,25	988,75	851,75	721,08	596,91
	III	1005,66	465,08	465,08	III	891,50	780,50	672,66	568,00	466,50	368,33
	V	2092,58	465,08	465,08	IV	1499,83	1421,50	1343,25	1266,16	1190,75	1116,91
	VI	2135,83	465,08	465,08							
6953,99	I,IV	1579,33	465,08	465,08	I	1422,66	1267,33	1118,00	975,16	838,75	708,75
	II	1439,00	465,08	465,08	II	1283,33	1133,33	989,83	852,66	722,00	597,83
	III	1006,50	465,08	465,08	III	892,33	781,16	673,33	568,66	467,33	369,00
	V	2093,75	465,08	465,08	IV	1501,00	1422,66	1344,41	1267,33	1191,83	1118,00
	VI	2137,00	465,08	465,08							
6956,99	I,IV	1580,41	465,08	465,08	I	1423,75	1268,41	1119,08	976,16	839,66	709,66
	II	1440,16	465,08	465,08	II	1284,41	1134,41	990,83	853,66	722,91	598,66
	III	1007,33	465,08	465,08	III	893,16	782,00	674,16	569,50	468,00	369,83
	V	2094,83	465,08	465,08	IV	1502,08	1423,75	1345,50	1268,41	1192,91	1119,08
	VI	2138,08	465,08	465,08							
6959,99	I,IV	1581,58	465,08	465,08	I	1424,91	1269,50	1120,16	977,16	840,66	710,58
	II	1441,25	465,08	465,08	II	1285,50	1135,50	991,83	854,66	723,91	599,58
	III	1008,33	465,08	465,08	III	894,00	782,83	675,00	570,16	468,83	370,50
	V	2096,00	465,08	465,08	IV	1503,25	1424,91	1346,66	1269,50	1194,00	1120,16
	VI	2139,25	465,08	465,08							
6962,99	I,IV	1582,75	465,08	465,08	I	1426,08	1270,66	1121,25	978,25	841,66	711,50
	II	1442,41	465,08	465,08	II	1286,66	1136,58	992,91	855,66	724,83	600,41
	III	1009,16	465,08	465,08	III	894,83	783,66	675,66	571,00	469,50	371,16
	V	2097,16	465,08	465,08	IV	1504,41	1426,08	1347,75	1270,66	1195,16	1121,25
	VI	2140,41	465,08	465,08							
6965,99	I,IV	1583,83	465,08	465,08	I	1427,16	1271,75	1122,25	979,25	842,58	712,41
	II	1443,58	465,08	465,08	II	1287,75	1137,58	993,91	856,58	725,75	601,33
	III	1010,00	465,08	465,08	III	895,50	784,33	676,50	571,66	470,16	371,83
	V	2098,25	465,08	465,08	IV	1505,50	1427,16	1348,91	1271,75	1196,25	1122,25
	VI	2141,58	465,08	465,08							
6968,99	I,IV	1585,00	465,08	465,08	I	1428,33	1272,91	1123,33	980,25	843,58	713,33
	II	1444,75	465,08	465,08	II	1288,91	1138,66	994,91	857,58	726,66	602,16
	III	1010,83	465,08	465,08	III	896,33	785,16	677,33	572,50	471,00	372,66
	V	2099,41	465,08	465,08	IV	1506,66	1428,33	1350,08	1272,91	1197,33	1123,33
	VI	2142,66	465,08	465,08							
6971,99	I,IV	1586,16	465,08	465,08	I	1429,50	1274,00	1124,41	981,25	844,58	714,33
	II	1445,83	465,08	465,08	II	1290,00	1139,75	995,91	858,58	727,58	603,08
	III	1011,66	465,08	465,08	III	897,16	786,00	678,00	573,16	471,66	373,33
	V	2100,58	465,08	465,08	IV	1507,83	1429,50	1351,16	1274,00	1198,41	1124,41
	VI	2143,83	465,08	465,08							
6974,99	I,IV	1587,25	465,08	465,08	I	1430,58	1275,08	1125,50	982,25	845,50	715,16
	II	1447,00	465,08	465,08	II	1291,08	1140,83	997,00	859,50	728,50	604,00
	III	1012,50	465,08	465,08	III	898,00	786,83	678,83	574,00	472,33	374,00
	V	2101,75	465,08	465,08	IV	1508,91	1430,58	1352,33	1275,08	1199,50	1125,50
	VI	2145,00	465,08	465,08							
6977,99	I,IV	1588,41	465,08	465,08	I	1431,75	1276,25	1126,58	983,33	846,50	716,16
	II	1448,16	465,08	465,08	II	1292,25	1141,91	998,00	860,50	729,50	604,83
	III	1013,33	465,08	465,08	III	898,83	787,66	679,50	574,83	473,16	374,66
	V	2102,83	465,08	465,08	IV	1510,08	1431,75	1353,50	1276,25	1200,58	1126,58
	VI	2146,16	465,08	465,08							
6980,99	I,IV	1589,58	465,08	465,08	I	1432,91	1277,33	1127,66	984,33	847,50	717,08
	II	1449,33	465,08	465,08	II	1293,41	1143,00	999,00	861,50	730,41	605,75
	III	1014,16	465,08	465,08	III	899,66	788,33	680,33	575,50	473,83	375,50
	V	2104,00	465,08	465,08	IV	1511,25	1432,91	1354,58	1277,33	1201,66	1127,66
	VI	2147,25	465,08	465,08							
6983,99	I,IV	1590,66	465,08	465,08	I	1434,08	1278,41	1128,66	985,33	848,50	718,00
	II	1450,41	465,08	465,08	II	1294,50	1144,08	1000,00	862,50	731,33	606,58
	III	1015,00	465,08	465,08	III	900,50	789,16	681,16	576,16	474,50	376,16
	V	2105,16	465,08	465,08	IV	1512,33	1434,08	1355,75	1278,41	1202,75	1128,66
	VI	2148,41	465,08	465,08							

* Zur LSt-Berechnung für privat versicherte Arbeitnehmer s. Beispiele **Vorbemerkung S. 4f.**
** Basisvorsorgepauschale KV und PV   *** Typisierter Arbeitgeberzuschuss

Lohn/ Gehalt in € bis	Steuerklasse	Lohn- steuer*	BVSP**	TAGZ***	Steuerklasse	Bemessungsgrundlage für Kirchensteuer und Solidaritätszuschlag					
						Freibeträge für ... Kinder					
						0,5	1,0	1,5	2,0	2,5	3,0
6986,99	I,IV	**1591,83**	465,08	465,08	I	1435,16	1279,58	1129,75	986,41	849,41	718,91
	II	**1451,58**	465,08	465,08	II	1295,58	1145,16	1001,08	863,50	732,25	607,50
	III	**1015,83**	465,08	465,08	III	901,33	790,00	681,83	577,00	475,33	376,83
	V	**2106,33**	465,08	465,08	IV	1513,50	1435,16	1356,91	1279,58	1203,83	1129,75
	VI	**2149,58**	465,08	465,08							
6989,99	I,IV	**1593,00**	465,08	465,08	I	1436,33	1280,66	1130,83	987,41	850,41	719,83
	II	**1452,75**	465,08	465,08	II	1296,75	1146,25	1002,08	864,41	733,25	608,41
	III	**1016,66**	465,08	465,08	III	902,16	790,83	682,66	577,83	476,00	377,50
	V	**2107,41**	465,08	465,08	IV	1514,66	1436,33	1358,00	1280,66	1205,00	1130,83
	VI	**2150,75**	465,08	465,08							
6992,99	I,IV	**1594,16**	465,08	465,08	I	1437,50	1281,83	1131,91	988,41	851,41	720,75
	II	**1453,83**	465,08	465,08	II	1297,83	1147,25	1003,16	865,41	734,16	609,25
	III	**1017,50**	465,08	465,08	III	903,00	791,66	683,50	578,50	476,83	378,16
	V	**2108,58**	465,08	465,08	IV	1515,83	1437,50	1359,16	1281,83	1206,00	1131,91
	VI	**2151,83**	465,08	465,08							
6995,99	I,IV	**1595,25**	465,08	465,08	I	1438,66	1282,91	1133,00	989,50	852,33	721,75
	II	**1455,00**	465,08	465,08	II	1299,00	1148,33	1004,16	866,41	735,08	610,16
	III	**1018,50**	465,08	465,08	III	903,83	792,50	684,16	579,33	477,50	379,00
	V	**2109,75**	465,08	465,08	IV	1516,91	1438,66	1360,33	1282,91	1207,16	1133,00
	VI	**2153,00**	465,08	465,08							
6998,99	I,IV	**1596,41**	465,08	465,08	I	1439,75	1284,08	1134,08	990,50	853,33	722,66
	II	**1456,16**	465,08	465,08	II	1300,08	1149,41	1005,16	867,41	736,00	611,08
	III	**1019,33**	465,08	465,08	III	904,66	793,16	685,00	580,00	478,16	379,66
	V	**2110,91**	465,08	465,08	IV	1518,08	1439,75	1361,50	1284,08	1208,25	1134,08
	VI	**2154,16**	465,08	465,08							
7001,99	I,IV	**1597,58**	465,08	465,08	I	1440,91	1285,16	1135,08	991,50	854,33	723,58
	II	**1457,25**	465,08	465,08	II	1301,16	1150,50	1006,25	868,33	736,91	611,91
	III	**1020,16**	465,08	465,08	III	905,50	794,00	685,83	580,83	479,00	380,33
	V	**2112,00**	465,08	465,08	IV	1519,25	1440,91	1362,58	1285,16	1209,33	1135,00
	VI	**2155,25**	465,08	465,08							
7004,99	I,IV	**1598,75**	465,08	465,08	I	1442,08	1286,25	1136,16	992,50	855,33	724,50
	II	**1458,41**	465,08	465,08	II	1302,33	1151,58	1007,25	869,33	737,91	612,83
	III	**1021,00**	465,08	465,08	III	906,33	794,83	686,50	581,50	479,66	381,16
	V	**2113,16**	465,08	465,08	IV	1520,41	1442,08	1363,75	1286,25	1210,41	1136,16
	VI	**2156,41**	465,08	465,08							
7007,99	I,IV	**1599,83**	465,08	465,08	I	1443,25	1287,41	1137,25	993,58	856,33	725,41
	II	**1459,58**	465,08	465,08	II	1303,50	1152,66	1008,33	870,33	738,83	613,75
	III	**1021,83**	465,08	465,08	III	907,16	795,66	687,33	582,33	480,50	381,83
	V	**2114,33**	465,08	465,08	IV	1521,58	1443,25	1364,91	1287,41	1211,50	1137,25
	VI	**2157,58**	465,08	465,08							
7010,99	I,IV	**1601,00**	465,08	465,08	I	1444,33	1288,50	1138,33	994,58	857,25	726,33
	II	**1460,75**	465,08	465,08	II	1304,58	1153,75	1009,33	871,33	739,75	614,58
	III	**1022,66**	465,08	465,08	III	908,00	796,33	688,16	583,00	481,16	382,50
	V	**2115,41**	465,08	465,08	IV	1522,66	1444,33	1366,00	1288,50	1212,58	1138,33
	VI	**2158,66**	465,08	465,08							
7013,99	I,IV	**1602,16**	465,08	465,08	I	1445,50	1289,66	1139,41	995,58	858,25	727,33
	II	**1461,83**	465,08	465,08	II	1305,75	1154,83	1010,33	872,33	740,66	615,50
	III	**1023,50**	465,08	465,08	III	908,83	797,16	688,83	583,83	481,83	383,16
	V	**2116,58**	465,08	465,08	IV	1523,83	1445,50	1367,16	1289,66	1213,75	1139,41
	VI	**2159,83**	465,08	465,08							
7016,99	I,IV	**1603,33**	465,08	465,08	I	1446,66	1290,75	1140,50	996,66	859,25	728,25
	II	**1463,00**	465,08	465,08	II	1306,83	1155,91	1011,41	873,33	741,66	616,41
	III	**1024,33**	465,08	465,08	III	909,66	798,00	689,66	584,50	482,66	384,00
	V	**2117,75**	465,08	465,08	IV	1525,00	1446,66	1368,33	1290,75	1214,83	1140,50
	VI	**2161,00**	465,08	465,08							
7019,99	I,IV	**1604,41**	465,08	465,08	I	1447,75	1291,83	1141,58	997,66	860,16	729,16
	II	**1464,16**	465,08	465,08	II	1307,91	1157,00	1012,41	874,25	742,58	617,25
	III	**1025,16**	465,08	465,08	III	910,33	798,83	690,50	585,33	483,33	384,66
	V	**2118,83**	465,08	465,08	IV	1526,08	1447,75	1369,41	1291,83	1215,91	1141,58
	VI	**2162,08**	465,08	465,08							

*   Zur LSt-Berechnung für privat versicherte Arbeitnehmer s. Beispiele **Vorbemerkung S. 4f.**
** Basisvorsorgepauschale KV und PV   *** Typisierter Arbeitgeberzuschuss

Lohn/ Gehalt in € bis	Steuerklasse	Lohn-steuer*	BVSP**	TAGZ***	Steuerklasse	Bemessungsgrundlage für Kirchensteuer und Solidaritätszuschlag					
						Freibeträge für ... Kinder					
						0,5	1,0	1,5	2,0	2,5	3,0
7 022,99	I,IV	1 605,58	465,08	465,08	I	1 448,91	1 293,00	1 142,66	998,66	861,16	730,08
	II	1 465,33	465,08	465,08	II	1 309,08	1 158,08	1 013,41	875,25	743,50	618,16
	III	1 026,16	465,08	465,08	III	911,33	799,66	691,33	586,00	484,16	385,33
	V	2 120,00	465,08	465,08	IV	1 527,25	1 448,91	1 370,58	1 293,00	1 217,00	1 142,66
	VI	2 163,25	465,08	465,08							
7 025,99	I,IV	1 606,66	465,08	465,08	I	1 450,00	1 294,08	1 143,66	999,66	862,16	731,00
	II	1 466,41	465,08	465,08	II	1 310,16	1 159,00	1 014,41	876,25	744,41	619,08
	III	1 027,00	465,08	465,08	III	912,00	800,50	692,00	586,83	484,83	386,00
	V	2 121,16	465,08	465,08	IV	1 528,33	1 450,00	1 371,66	1 294,08	1 218,08	1 143,66
	VI	2 164,41	465,08	465,08							
7 028,99	I,IV	1 607,83	465,08	465,08	I	1 451,16	1 295,25	1 144,75	1 000,75	863,16	732,00
	II	1 467,58	465,08	465,08	II	1 311,33	1 160,16	1 015,50	877,25	745,41	620,00
	III	1 027,83	465,08	465,08	III	912,83	801,16	692,83	587,50	485,50	386,66
	V	2 122,33	465,08	465,08	IV	1 529,50	1 451,16	1 372,83	1 295,25	1 219,16	1 144,75
	VI	2 165,58	465,08	465,08							
7 031,99	I,IV	1 609,00	465,08	465,08	I	1 452,33	1 296,33	1 145,83	1 001,75	864,08	732,91
	II	1 468,75	465,08	465,08	II	1 312,50	1 161,25	1 016,50	878,25	746,33	620,83
	III	1 028,66	465,08	465,08	III	913,66	802,00	693,66	588,33	486,33	387,50
	V	2 123,41	465,08	465,08	IV	1 530,66	1 452,33	1 374,00	1 296,33	1 220,33	1 145,83
	VI	2 166,75	465,08	465,08							
7 034,99	I,IV	1 610,16	465,08	465,08	I	1 453,50	1 297,50	1 146,91	1 002,75	865,08	733,83
	II	1 469,83	465,08	465,08	II	1 313,58	1 162,33	1 017,58	879,16	747,25	621,75
	III	1 029,50	465,08	465,08	III	914,50	802,83	694,33	589,00	487,00	388,16
	V	2 124,58	465,08	465,08	IV	1 531,83	1 453,50	1 375,16	1 297,50	1 221,41	1 146,91
	VI	2 167,83	465,08	465,08							
7 037,99	I,IV	1 611,25	465,08	465,08	I	1 454,58	1 298,58	1 148,00	1 003,83	866,08	734,75
	II	1 471,00	465,08	465,08	II	1 314,75	1 163,41	1 018,58	880,16	748,16	622,66
	III	1 030,33	465,08	465,08	III	915,33	803,66	695,16	589,83	487,66	388,83
	V	2 125,75	465,08	465,08	IV	1 532,91	1 454,58	1 376,33	1 298,58	1 222,50	1 148,00
	VI	2 169,00	465,08	465,08							
7 040,99	I,IV	1 612,41	465,08	465,08	I	1 455,75	1 299,75	1 149,08	1 004,83	867,00	735,75
	II	1 472,16	465,08	465,08	II	1 315,83	1 164,50	1 019,66	881,16	749,16	623,58
	III	1 031,16	465,08	465,08	III	916,16	804,50	696,00	590,66	488,50	389,66
	V	2 126,91	465,08	465,08	IV	1 534,08	1 455,75	1 377,41	1 299,75	1 223,58	1 149,08
	VI	2 170,16	465,08	465,08							
7 043,99	I,IV	1 613,58	465,08	465,08	I	1 456,91	1 300,83	1 150,16	1 005,83	868,00	736,66
	II	1 473,25	465,08	465,08	II	1 316,91	1 165,58	1 020,66	882,16	750,08	624,41
	III	1 032,00	465,08	465,08	III	917,00	805,33	696,66	591,33	489,16	390,33
	V	2 128,00	465,08	465,08	IV	1 535,25	1 456,91	1 378,58	1 300,83	1 224,66	1 150,16
	VI	2 171,25	465,08	465,08							
7 046,99	I,IV	1 614,75	465,08	465,08	I	1 458,08	1 302,00	1 151,25	1 006,91	869,00	737,58
	II	1 474,41	465,08	465,08	II	1 318,08	1 166,66	1 021,66	883,16	751,00	625,33
	III	1 032,83	465,08	465,08	III	917,83	806,00	697,50	592,16	490,00	391,00
	V	2 129,16	465,08	465,08	IV	1 536,41	1 458,08	1 379,75	1 302,00	1 225,75	1 151,25
	VI	2 172,41	465,08	465,08							
7 049,99	I,IV	1 615,83	465,08	465,08	I	1 459,16	1 303,08	1 152,33	1 007,91	870,00	738,50
	II	1 475,58	465,08	465,08	II	1 319,25	1 167,75	1 022,75	884,16	752,00	626,25
	III	1 033,66	465,08	465,08	III	918,66	806,83	698,33	592,83	490,66	391,66
	V	2 130,33	465,08	465,08	IV	1 537,50	1 459,16	1 380,66	1 303,08	1 226,91	1 152,33
	VI	2 173,58	465,08	465,08							
7 052,99	I,IV	1 617,00	465,08	465,08	I	1 460,33	1 304,16	1 153,33	1 008,91	871,00	739,41
	II	1 476,66	465,08	465,08	II	1 320,33	1 168,83	1 023,75	885,08	752,91	627,08
	III	1 034,50	465,08	465,08	III	919,50	807,66	699,00	593,66	491,50	392,50
	V	2 131,41	465,08	465,08	IV	1 538,66	1 460,33	1 382,00	1 304,16	1 228,00	1 153,33
	VI	2 174,66	465,08	465,08							
7 055,99	I,IV	1 618,16	465,08	465,08	I	1 461,50	1 305,33	1 154,41	1 010,00	872,00	740,41
	II	1 477,83	465,08	465,08	II	1 321,50	1 169,91	1 024,83	886,08	753,83	628,00
	III	1 035,33	465,08	465,08	III	920,33	808,50	699,83	594,33	492,16	393,16
	V	2 132,58	465,08	465,08	IV	1 539,83	1 461,50	1 383,16	1 305,33	1 229,08	1 154,41
	VI	2 175,83	465,08	465,08							

* Zur LSt-Berechnung für privat versicherte Arbeitnehmer s. Beispiele **Vorbemerkung S. 4 f.**
** Basisvorsorgepauschale KV und PV   *** Typisierter Arbeitgeberzuschuss

Lohn/Gehalt in € bis	Steuerklasse	Lohn-steuer*	BVSP**	TAGZ***	Steuerklasse	Bemessungsgrundlage für Kirchensteuer und Solidaritätszuschlag					
						Freibeträge für ... Kinder					
						0,5	1,0	1,5	2,0	2,5	3,0
7058,99	I,IV	**1619,33**	465,08	465,08	I	1462,66	1306,50	1155,50	1011,00	873,00	741,33
	II	**1479,00**	465,08	465,08	II	1322,66	1171,00	1025,83	887,08	754,75	628,91
	III	**1036,33**	465,08	465,08	III	921,16	809,33	700,66	595,16	492,83	393,83
	V	**2133,75**	465,08	465,08	IV	1541,00	1462,66	1384,33	1306,50	1230,16	1155,50
	VI	**2177,00**	465,08	465,08							
7061,99	I,IV	**1620,41**	465,08	465,08	I	1463,75	1307,58	1156,58	1012,08	873,91	742,25
	II	**1480,16**	465,08	465,08	II	1323,75	1172,00	1026,83	888,08	755,75	629,75
	III	**1037,16**	465,08	465,08	III	922,00	810,00	701,33	595,83	493,66	394,50
	V	**2134,83**	465,08	465,08	IV	1542,08	1463,75	1385,41	1307,58	1231,25	1156,58
	VI	**2178,08**	465,08	465,08							
7064,99	I,IV	**1621,58**	465,08	465,08	I	1464,91	1308,75	1157,66	1013,08	874,91	743,16
	II	**1481,33**	465,08	465,08	II	1324,83	1173,16	1027,91	889,08	756,66	630,66
	III	**1038,00**	465,08	465,08	III	922,83	810,83	702,16	596,66	494,33	395,33
	V	**2136,00**	465,08	465,08	IV	1543,25	1464,91	1386,58	1308,75	1232,41	1157,66
	VI	**2179,25**	465,08	465,08							
7067,99	I,IV	**1622,75**	465,08	465,08	I	1466,08	1309,83	1158,75	1014,16	875,91	744,16
	II	**1482,41**	465,08	465,08	II	1326,00	1174,25	1028,91	890,08	757,58	631,58
	III	**1038,83**	465,08	465,08	III	923,66	811,66	703,00	597,50	495,16	396,00
	V	**2137,16**	465,08	465,08	IV	1544,41	1466,08	1387,75	1309,83	1233,50	1158,75
	VI	**2180,41**	465,08	465,08							
7070,99	I,IV	**1623,83**	465,08	465,08	I	1467,16	1310,91	1159,83	1015,16	876,91	745,08
	II	**1483,58**	465,08	465,08	II	1327,16	1175,33	1030,00	891,00	758,58	632,50
	III	**1039,66**	465,08	465,08	III	924,50	812,50	703,66	598,16	495,83	396,66
	V	**2138,25**	465,08	465,08	IV	1545,50	1467,16	1388,83	1310,91	1234,58	1159,83
	VI	**2181,58**	465,08	465,08							
7073,99	I,IV	**1625,00**	465,08	465,08	I	1468,33	1312,00	1160,91	1016,16	877,91	746,00
	II	**1484,75**	465,08	465,08	II	1328,25	1176,41	1031,00	892,08	759,50	633,41
	III	**1040,50**	465,08	465,08	III	925,33	813,33	704,50	598,83	496,50	397,33
	V	**2139,41**	465,08	465,08	IV	1546,66	1468,33	1390,00	1312,08	1235,66	1160,91
	VI	**2182,66**	465,08	465,08							
7076,99	I,IV	**1626,16**	465,08	465,08	I	1469,50	1313,25	1162,00	1017,25	878,91	746,91
	II	**1485,91**	465,08	465,08	II	1329,41	1177,50	1032,08	893,08	760,41	634,25
	III	**1041,33**	465,08	465,08	III	926,16	814,16	705,33	599,66	497,33	398,16
	V	**2140,58**	465,08	465,08	IV	1547,83	1469,50	1391,16	1313,25	1236,83	1162,00
	VI	**2183,83**	465,08	465,08							
7079,99	I,IV	**1627,25**	465,08	465,08	I	1470,58	1314,33	1163,08	1018,25	879,83	747,91
	II	**1487,00**	465,08	465,08	II	1330,50	1178,58	1033,08	894,00	761,33	635,16
	III	**1042,16**	465,08	465,08	III	927,00	814,83	706,00	600,50	498,00	398,83
	V	**2141,75**	465,08	465,08	IV	1548,91	1470,58	1392,25	1314,33	1237,91	1163,08
	VI	**2185,00**	465,08	465,08							
7082,99	I,IV	**1628,41**	465,08	465,08	I	1471,75	1315,50	1164,16	1019,25	880,83	748,83
	II	**1488,16**	465,08	465,08	II	1331,66	1179,66	1034,16	895,00	762,33	636,08
	III	**1043,00**	465,08	465,08	III	927,83	815,66	706,83	601,16	498,83	399,50
	V	**2142,83**	465,08	465,08	IV	1550,00	1471,75	1393,41	1315,50	1239,00	1164,16
	VI	**2186,16**	465,08	465,08							
7085,99	I,IV	**1629,58**	465,08	465,08	I	1472,91	1316,58	1165,25	1020,33	881,83	749,75
	II	**1489,33**	465,08	465,08	II	1332,83	1180,75	1035,16	896,00	763,25	637,00
	III	**1044,00**	465,08	465,08	III	928,66	816,50	707,66	602,00	499,50	400,33
	V	**2144,00**	465,08	465,08	IV	1551,25	1472,91	1394,58	1316,58	1240,16	1165,25
	VI	**2187,25**	465,08	465,08							
7088,99	I,IV	**1630,66**	465,08	465,08	I	1474,08	1317,75	1166,33	1021,33	882,83	750,66
	II	**1490,41**	465,08	465,08	II	1333,91	1181,83	1036,16	897,00	764,25	637,83
	III	**1044,83**	465,08	465,08	III	929,50	817,33	708,50	602,66	500,16	401,00
	V	**2145,16**	465,08	465,08	IV	1552,41	1474,08	1395,75	1317,75	1241,25	1166,33
	VI	**2188,41**	465,08	465,08							
7091,99	I,IV	**1631,83**	465,08	465,08	I	1475,16	1318,83	1167,41	1022,41	883,83	751,66
	II	**1491,58**	465,08	465,08	II	1335,08	1182,91	1037,25	898,00	765,16	638,75
	III	**1045,66**	465,08	465,08	III	930,33	818,16	709,16	603,50	501,00	401,66
	V	**2146,33**	465,08	465,08	IV	1553,50	1475,16	1396,83	1318,83	1242,33	1167,41
	VI	**2189,58**	465,08	465,08							

* Zur LSt-Berechnung für privat versicherte Arbeitnehmer s. Beispiele **Vorbemerkung S. 4 f.**
** Basisvorsorgepauschale KV und PV　*** Typisierter Arbeitgeberzuschuss

Lohn/ Gehalt in € bis	Steuerklasse	Lohn- steuer*	BVSP**	TAGZ***	Steuerklasse	Bemessungsgrundlage für Kirchensteuer und Solidaritätszuschlag					
						Freibeträge für ... Kinder					
						0,5	1,0	1,5	2,0	2,5	3,0
7 094,99 West	I,IV	1 633,00	465,08	465,08	I	1 476,33	1 320,00	1 168,50	1 023,41	884,75	752,58
	II	1 492,66	465,08	465,08	II	1 336,16	1 184,00	1 038,25	899,00	766,08	639,66
	III	1 046,50	465,08	465,08	III	931,16	818,83	710,00	604,16	501,66	402,33
	V	2 147,41	465,08	465,08	IV	1 554,66	1 476,33	1 398,00	1 320,00	1 243,41	1 168,50
	VI	2 190,66	465,08	465,08							
7 094,99 Ost	I,IV	1 633,00	465,08	465,08	I	1 476,33	1 320,00	1 168,50	1 023,41	884,75	752,58
	II	1 492,66	465,08	465,08	II	1 336,16	1 184,00	1 038,25	899,00	766,08	639,66
	III	1 046,50	465,08	465,08	III	931,16	818,83	710,00	604,16	501,66	402,33
	V	2 147,41	465,08	465,08	IV	1 554,66	1 476,33	1 398,00	1 320,00	1 243,41	1 168,50
	VI	2 190,66	465,08	465,08							
7 097,99 West	I,IV	1 634,16	465,08	465,08	I	1 477,50	1 321,08	1 169,58	1 024,41	885,75	753,50
	II	1 493,83	465,08	465,08	II	1 337,33	1 185,08	1 039,33	900,00	767,08	640,58
	III	1 047,33	465,08	465,08	III	932,00	819,83	710,83	605,00	502,50	403,16
	V	2 148,58	465,08	465,08	IV	1 555,83	1 477,50	1 399,16	1 321,08	1 244,50	1 169,58
	VI	2 191,83	465,08	465,08							
7 097,99 Ost	I,IV	1 634,16	465,08	465,08	I	1 477,50	1 321,08	1 169,58	1 024,41	885,75	753,50
	II	1 493,83	465,08	465,08	II	1 337,33	1 185,08	1 039,33	900,00	767,08	640,58
	III	1 047,33	465,08	465,08	III	932,00	819,83	710,83	605,00	502,50	403,16
	V	2 148,58	465,08	465,08	IV	1 555,83	1 477,50	1 399,16	1 321,08	1 244,50	1 169,58
	VI	2 191,83	465,08	465,08							
7 100,99 West	I,IV	1 635,33	465,08	465,08	I	1 478,66	1 322,25	1 170,66	1 025,50	886,75	754,50
	II	1 495,00	465,08	465,08	II	1 338,50	1 186,16	1 040,33	901,00	768,00	641,50
	III	1 048,16	465,08	465,08	III	932,83	820,50	711,50	605,83	503,16	403,83
	V	2 149,75	465,08	465,08	IV	1 557,00	1 478,66	1 400,33	1 322,25	1 245,66	1 170,66
	VI	2 193,00	465,08	465,08							
7 100,99 Ost	I,IV	1 635,33	465,08	465,08	I	1 478,66	1 322,25	1 170,66	1 025,50	886,83	754,50
	II	1 495,08	465,08	465,08	II	1 338,50	1 186,25	1 040,41	901,00	768,00	641,50
	III	1 048,33	465,08	465,08	III	932,83	820,66	711,66	605,83	503,16	403,83
	V	2 149,75	465,08	465,08	IV	1 557,00	1 478,66	1 400,33	1 322,25	1 245,66	1 170,66
	VI	2 193,00	465,08	465,08							
7 103,99 West	I,IV	1 636,41	465,08	465,08	I	1 479,75	1 323,33	1 171,75	1 026,50	887,75	755,41
	II	1 496,16	465,08	465,08	II	1 339,58	1 187,25	1 041,41	901,91	768,91	642,33
	III	1 049,00	465,08	465,08	III	933,50	821,33	712,33	606,50	503,83	404,50
	V	2 150,83	465,08	465,08	IV	1 558,08	1 479,75	1 401,41	1 323,33	1 246,75	1 171,75
	VI	2 194,08	465,08	465,08							
7 103,99 Ost	I,IV	1 636,58	465,08	465,08	I	1 479,91	1 323,50	1 171,91	1 026,66	887,91	755,50
	II	1 496,33	465,08	465,08	II	1 339,75	1 187,41	1 041,58	902,08	769,08	642,50
	III	1 049,16	465,08	465,08	III	933,66	821,50	712,50	606,66	504,00	404,66
	V	2 151,00	465,08	465,08	IV	1 558,25	1 479,91	1 401,58	1 323,50	1 246,91	1 171,91
	VI	2 194,25	465,08	465,08							
7 106,99 West	I,IV	1 637,58	465,08	465,08	I	1 480,91	1 324,50	1 172,83	1 027,58	888,75	756,33
	II	1 497,25	465,08	465,08	II	1 340,75	1 188,33	1 042,41	902,91	769,91	643,25
	III	1 050,00	465,08	465,08	III	934,50	822,16	713,16	607,33	504,66	405,33
	V	2 152,00	465,08	465,08	IV	1 559,25	1 480,91	1 402,58	1 324,50	1 247,83	1 172,83
	VI	2 195,25	465,08	465,08							
7 106,99 Ost	I,IV	1 637,83	465,08	465,08	I	1 481,16	1 324,75	1 173,08	1 027,83	889,00	756,58
	II	1 497,58	465,08	465,08	II	1 341,00	1 188,66	1 042,66	903,16	770,08	643,50
	III	1 050,16	465,08	465,08	III	934,66	822,33	713,33	607,50	504,83	405,50
	V	2 152,25	465,08	465,08	IV	1 559,50	1 481,16	1 402,83	1 324,75	1 248,08	1 173,08
	VI	2 195,58	465,08	465,08							
7 109,99 West	I,IV	1 638,75	465,08	465,08	I	1 482,08	1 325,66	1 173,91	1 028,58	889,75	757,33
	II	1 498,41	465,08	465,08	II	1 341,83	1 189,50	1 043,50	903,91	770,83	644,16
	III	1 050,83	465,08	465,08	III	935,33	823,00	713,83	608,00	505,33	406,00
	V	2 153,16	465,08	465,08	IV	1 560,41	1 482,08	1 403,75	1 325,66	1 249,00	1 173,91
	VI	2 196,41	465,08	465,08							
7 109,99 Ost	I,IV	1 639,08	465,08	465,08	I	1 482,41	1 326,00	1 174,25	1 028,91	890,08	757,58
	II	1 498,83	465,08	465,08	II	1 342,25	1 189,83	1 043,83	904,33	771,16	644,50
	III	1 051,00	465,08	465,08	III	935,50	823,33	714,16	608,33	505,66	406,16
	V	2 153,58	465,08	465,08	IV	1 560,75	1 482,41	1 404,08	1 326,00	1 249,33	1 174,25
	VI	2 196,83	465,08	465,08							

* Zur LSt-Berechnung für privat versicherte Arbeitnehmer s. Beispiele **Vorbemerkung S. 4 f.**
** Basisvorsorgepauschale KV und PV   *** Typisierter Arbeitgeberzuschuss

Lohn/Gehalt in € bis	Steuerklasse	Lohnsteuer*	BVSP**	TAGZ***	Steuerklasse	Bemessungsgrundlage für Kirchensteuer und Solidaritätszuschlag — Freibeträge für ... Kinder 0,5	1,0	1,5	2,0	2,5	3,0
7112,99 West	I,IV	**1 639,83**	465,08	465,08	I	1 483,16	1 326,75	1 175,00	1 029,58	890,66	758,25
	II	**1 499,58**	465,08	465,08	II	1 343,00	1 190,50	1 044,50	904,91	771,75	645,08
	III	**1 051,66**	465,08	465,08	III	936,00	823,83	714,66	608,83	506,16	406,66
	V	**2 154,25**	465,08	465,08	IV	1 561,50	1 483,16	1 404,83	1 326,75	1 250,08	1 175,00
	VI	**2 197,58**	465,08	465,08							
7112,99 Ost	I,IV	**1 640,33**	465,08	465,08	I	1 483,66	1 327,25	1 175,50	1 030,00	891,16	758,66
	II	**1 500,08**	465,08	465,08	II	1 343,50	1 191,00	1 045,00	905,41	772,25	645,50
	III	**1 052,00**	465,08	465,08	III	936,50	824,16	715,00	609,16	506,50	407,00
	V	**2 154,83**	465,08	465,08	IV	1 562,00	1 483,66	1 405,41	1 327,25	1 250,58	1 175,50
	VI	**2 198,08**	465,08	465,08							
7115,99 West	I,IV	**1 641,00**	465,08	465,08	I	1 484,33	1 327,91	1 176,08	1 030,66	891,75	759,16
	II	**1 500,75**	465,08	465,08	II	1 344,16	1 191,66	1 045,58	905,91	772,75	646,00
	III	**1 052,50**	465,08	465,08	III	937,00	824,66	715,50	609,50	506,83	407,33
	V	**2 155,41**	465,08	465,08	IV	1 562,66	1 484,33	1 406,00	1 327,91	1 251,16	1 176,08
	VI	**2 198,66**	465,08	465,08							
7115,99 Ost	I,IV	**1 641,66**	465,08	465,08	I	1 485,00	1 328,50	1 176,66	1 031,25	892,25	759,66
	II	**1 501,33**	465,08	465,08	II	1 344,75	1 192,25	1 046,16	906,50	773,25	646,41
	III	**1 053,00**	465,08	465,08	III	937,33	825,00	715,83	610,00	507,33	407,83
	V	**2 156,08**	465,08	465,08	IV	1 563,33	1 485,00	1 406,66	1 328,50	1 251,75	1 176,66
	VI	**2 199,33**	465,08	465,08							
7118,99 West	I,IV	**1 642,16**	465,08	465,08	I	1 485,50	1 329,00	1 177,16	1 031,75	892,75	760,16
	II	**1 501,83**	465,08	465,08	II	1 345,25	1 192,75	1 046,58	906,91	773,66	646,83
	III	**1 053,33**	465,08	465,08	III	937,83	825,33	716,16	610,33	507,66	408,16
	V	**2 156,58**	465,08	465,08	IV	1 563,83	1 485,50	1 407,16	1 329,00	1 252,25	1 177,16
	VI	**2 199,83**	465,08	465,08							
7118,99 Ost	I,IV	**1 642,91**	465,08	465,08	I	1 486,25	1 329,75	1 177,83	1 032,41	893,33	760,75
	II	**1 502,58**	465,08	465,08	II	1 346,00	1 193,41	1 047,33	907,58	774,33	647,41
	III	**1 053,83**	465,08	465,08	III	938,33	826,00	716,83	610,83	508,16	408,50
	V	**2 157,33**	465,08	465,08	IV	1 564,58	1 486,25	1 407,91	1 329,75	1 253,00	1 177,83
	VI	**2 200,58**	465,08	465,08							
7121,99 West	I,IV	**1 643,25**	465,08	465,08	I	1 486,58	1 330,16	1 178,25	1 032,75	893,66	761,08
	II	**1 503,00**	465,08	465,08	II	1 346,41	1 193,83	1 047,66	907,91	774,58	647,75
	III	**1 054,16**	465,08	465,08	III	938,50	826,16	717,00	611,00	508,33	408,83
	V	**2 157,75**	465,08	465,08	IV	1 564,91	1 486,58	1 408,25	1 330,16	1 253,41	1 178,25
	VI	**2 201,00**	465,08	465,08							
7121,99 Ost	I,IV	**1 644,16**	465,08	465,08	I	1 487,50	1 331,00	1 179,08	1 033,50	894,41	761,75
	II	**1 503,83**	465,08	465,08	II	1 347,25	1 194,66	1 048,41	908,66	775,33	648,41
	III	**1 054,83**	465,08	465,08	III	939,16	826,83	717,66	611,66	508,83	409,33
	V	**2 158,58**	465,08	465,08	IV	1 565,83	1 487,50	1 409,16	1 331,00	1 254,25	1 179,08
	VI	**2 201,83**	465,08	465,08							
7124,99 West	I,IV	**1 644,41**	465,08	465,08	I	1 487,75	1 331,25	1 179,33	1 033,75	894,66	762,00
	II	**1 504,16**	465,08	465,08	II	1 347,58	1 194,91	1 048,66	908,91	775,58	648,66
	III	**1 055,00**	465,08	465,08	III	939,50	827,00	717,83	611,83	509,16	409,50
	V	**2 158,83**	465,08	465,08	IV	1 566,08	1 487,75	1 409,41	1 331,25	1 254,50	1 179,33
	VI	**2 202,16**	465,08	465,08							
7124,99 Ost	I,IV	**1 645,41**	465,08	465,08	I	1 488,75	1 332,25	1 180,25	1 034,66	895,50	762,83
	II	**1 505,16**	465,08	465,08	II	1 348,50	1 195,83	1 049,58	909,75	776,41	649,41
	III	**1 055,83**	465,08	465,08	III	940,16	827,66	718,50	612,50	509,66	410,16
	V	**2 159,83**	465,08	465,08	IV	1 567,08	1 488,75	1 410,41	1 332,25	1 255,41	1 180,25
	VI	**2 203,08**	465,08	465,08							
7127,99 West	I,IV	**1 645,58**	465,08	465,08	I	1 488,91	1 332,41	1 180,41	1 034,83	895,66	763,00
	II	**1 505,33**	465,08	465,08	II	1 348,66	1 196,00	1 049,75	909,91	776,50	649,58
	III	**1 055,83**	465,08	465,08	III	940,33	827,83	718,66	612,66	509,83	410,16
	V	**2 160,00**	465,08	465,08	IV	1 567,25	1 488,91	1 410,58	1 332,41	1 255,58	1 180,41
	VI	**2 203,25**	465,08	465,08							
7127,99 Ost	I,IV	**1 646,66**	465,08	465,08	I	1 490,00	1 333,50	1 181,41	1 035,83	896,66	763,83
	II	**1 506,41**	465,08	465,08	II	1 349,75	1 197,08	1 050,75	910,91	777,41	650,41
	III	**1 056,66**	465,08	465,08	III	941,00	828,66	719,33	613,33	510,50	411,00
	V	**2 161,08**	465,08	465,08	IV	1 568,33	1 490,00	1 411,66	1 333,50	1 256,66	1 181,41
	VI	**2 204,33**	465,08	465,08							

*   Zur LSt-Berechnung für privat versicherte Arbeitnehmer s. Beispiele **Vorbemerkung S. 4 f.**
** Basisvorsorgepauschale KV und PV   *** Typisierter Arbeitgeberzuschuss

Lohn/ Gehalt in € bis	Steuerklasse	Lohn-steuer*	BVSP**	TAGZ***	Steuerklasse	Bemessungsgrundlage für Kirchensteuer und Solidaritätszuschlag					
						Freibeträge für ... Kinder					
						0,5	1,0	1,5	2,0	2,5	3,0
7130,99 West	I,IV	**1646,66**	465,08	465,08	I	1490,08	1333,50	1181,50	1035,83	896,66	763,91
	II	**1506,41**	465,08	465,08	II	1349,83	1197,08	1050,75	910,91	777,50	650,50
	III	**1056,66**	465,08	465,08	III	941,00	828,66	719,33	613,33	510,50	411,00
	V	**2161,16**	465,08	465,08	IV	1568,33	1490,08	1411,75	1333,50	1256,66	1181,50
	VI	**2204,41**	465,08	465,08							
7130,99 Ost	I,IV	**1647,91**	465,08	465,08	I	1491,25	1334,50	1182,66	1037,00	897,75	764,91
	II	**1507,66**	465,08	465,08	II	1351,00	1198,25	1051,91	912,00	778,50	651,41
	III	**1057,66**	465,08	465,08	III	942,00	829,50	720,16	614,16	511,33	411,66
	V	**2162,33**	465,08	465,08	IV	1569,58	1491,25	1412,91	1334,75	1257,91	1182,66
	VI	**2205,66**	465,08	465,08							
7133,99 West	I,IV	**1647,83**	465,08	465,08	I	1491,16	1334,66	1182,58	1036,91	897,66	764,83
	II	**1507,58**	465,08	465,08	II	1350,91	1198,16	1051,83	911,91	778,41	651,41
	III	**1057,66**	465,08	465,08	III	942,00	829,50	720,16	614,16	511,33	411,66
	V	**2162,33**	465,08	465,08	IV	1569,50	1491,16	1412,83	1334,66	1257,83	1182,58
	VI	**2205,58**	465,08	465,08							
7133,99 Ost	I,IV	**1649,16**	465,08	465,08	I	1492,50	1336,00	1183,83	1038,08	898,83	765,91
	II	**1508,91**	465,08	465,08	II	1352,25	1199,41	1053,08	913,08	779,50	652,41
	III	**1058,66**	465,08	465,08	III	942,83	830,33	721,16	615,00	512,16	412,50
	V	**2163,66**	465,08	465,08	IV	1570,83	1492,50	1414,16	1336,00	1259,08	1183,83
	VI	**2206,91**	465,08	465,08							
7136,99 West	I,IV	**1649,00**	465,08	465,08	I	1492,33	1335,83	1183,66	1037,91	898,66	765,83
	II	**1508,75**	465,08	465,08	II	1352,08	1199,25	1052,91	912,91	779,41	652,25
	III	**1058,50**	465,08	465,08	III	942,66	830,16	721,00	614,83	512,00	412,33
	V	**2163,41**	465,08	465,08	IV	1570,66	1492,33	1414,00	1335,83	1258,91	1183,66
	VI	**2206,75**	465,08	465,08							
7136,99 Ost	I,IV	**1650,41**	465,08	465,08	I	1493,75	1337,25	1185,00	1039,25	899,91	767,00
	II	**1510,16**	465,08	465,08	II	1353,50	1200,66	1054,16	914,16	780,58	653,41
	III	**1059,50**	465,08	465,08	III	943,83	831,33	722,00	615,83	513,00	413,33
	V	**2164,91**	465,08	465,08	IV	1572,08	1493,75	1415,41	1337,25	1260,33	1185,00
	VI	**2208,16**	465,08	465,08							
7139,99 West	I,IV	**1650,16**	465,08	465,08	I	1493,50	1336,91	1184,75	1039,00	899,66	766,75
	II	**1509,83**	465,08	465,08	II	1353,25	1200,33	1053,91	913,91	780,33	653,16
	III	**1059,33**	465,08	465,08	III	943,50	831,00	721,66	615,66	512,83	413,16
	V	**2164,58**	465,08	465,08	IV	1571,83	1493,50	1415,16	1336,91	1260,00	1184,75
	VI	**2207,83**	465,08	465,08							
7139,99 Ost	I,IV	**1651,66**	465,08	465,08	I	1495,08	1338,50	1186,25	1040,41	901,00	768,00
	II	**1511,41**	465,08	465,08	II	1354,83	1201,83	1055,33	915,25	781,66	654,41
	III	**1060,50**	465,08	465,08	III	944,66	832,16	722,83	616,66	513,83	414,16
	V	**2166,16**	465,08	465,08	IV	1573,41	1495,08	1416,75	1338,50	1261,58	1186,25
	VI	**2209,41**	465,08	465,08							
7142,99 West	I,IV	**1651,25**	465,08	465,08	I	1494,66	1338,08	1185,83	1040,00	900,66	767,66
	II	**1511,00**	465,08	465,08	II	1354,33	1201,41	1055,00	914,91	781,25	654,08
	III	**1060,16**	465,08	465,08	III	944,50	831,83	722,50	616,50	513,50	413,83
	V	**2165,75**	465,08	465,08	IV	1572,91	1494,66	1416,33	1338,08	1261,16	1185,83
	VI	**2209,00**	465,08	465,08							
7142,99 Ost	I,IV	**1653,00**	465,08	465,08	I	1496,33	1339,75	1187,41	1041,58	902,08	769,08
	II	**1512,66**	465,08	465,08	II	1356,08	1203,08	1056,50	916,41	782,66	655,41
	III	**1061,50**	465,08	465,08	III	945,66	833,00	723,66	617,50	514,66	414,83
	V	**2167,41**	465,08	465,08	IV	1574,66	1496,33	1418,00	1339,75	1262,75	1187,41
	VI	**2210,66**	465,08	465,08							
7145,99 West	I,IV	**1652,41**	465,08	465,08	I	1495,75	1339,25	1186,91	1041,08	901,66	768,66
	II	**1512,16**	465,08	465,08	II	1355,50	1202,58	1056,00	915,91	782,25	655,00
	III	**1061,00**	465,08	465,08	III	945,16	832,66	723,33	617,16	514,16	414,50
	V	**2166,91**	465,08	465,08	IV	1574,08	1495,75	1417,41	1339,25	1262,25	1186,91
	VI	**2210,16**	465,08	465,08							
7145,99 Ost	I,IV	**1654,25**	465,08	465,08	I	1497,58	1341,00	1188,66	1042,66	903,16	770,08
	II	**1513,91**	465,08	465,08	II	1357,33	1204,25	1057,66	917,50	783,75	656,41
	III	**1062,33**	465,08	465,08	III	946,50	834,00	724,50	618,33	515,50	415,66
	V	**2168,66**	465,08	465,08	IV	1575,91	1497,58	1419,25	1341,00	1264,00	1188,66
	VI	**2211,91**	465,08	465,08							

* Zur LSt-Berechnung für privat versicherte Arbeitnehmer s. Beispiele **Vorbemerkung S. 4f.**
** Basisvorsorgepauschale KV und PV *** Typisierter Arbeitgeberzuschuss

Lohn/ Gehalt in € bis	Steuerklasse	Lohn-steuer*	BVSP**	TAGZ***	Steuerklasse	Bemessungsgrundlage für Kirchensteuer und Solidaritätszuschlag Freibeträge für ... Kinder					
						0,5	1,0	1,5	2,0	2,5	3,0
7148,99 West	I,IV	1653,58	465,08	465,08	I	1496,91	1340,33	1188,00	1042,08	902,58	769,58
	II	1513,25	465,08	465,08	II	1356,66	1203,66	1057,08	916,91	783,16	655,91
	III	1061,83	465,08	465,08	III	946,00	833,33	724,16	618,00	515,00	415,16
	V	2168,00	465,08	465,08	IV	1575,25	1496,91	1418,58	1340,33	1263,33	1188,00
	VI	2211,25	465,08	465,08							
7148,99 Ost	I,IV	1655,50	465,08	465,08	I	1498,83	1342,25	1189,83	1043,83	904,33	771,16
	II	1515,16	465,08	465,08	II	1358,58	1205,50	1058,83	918,58	784,75	657,41
	III	1063,33	465,08	465,08	III	947,50	834,83	725,50	619,16	516,16	416,50
	V	2169,91	465,08	465,08	IV	1577,16	1498,83	1420,50	1342,25	1265,25	1189,83
	VI	2213,16	465,08	465,08							
7151,99 West	I,IV	1654,75	465,08	465,08	I	1498,08	1341,50	1189,08	1043,16	903,58	770,50
	II	1514,41	465,08	465,08	II	1357,83	1204,75	1058,08	917,91	784,16	656,83
	III	1062,83	465,08	465,08	III	947,00	834,33	724,83	618,66	515,66	416,00
	V	2169,16	465,08	465,08	IV	1576,41	1498,08	1419,75	1341,50	1264,50	1189,08
	VI	2212,41	465,08	465,08							
7151,99 Ost	I,IV	1656,75	465,08	465,08	I	1500,08	1343,50	1191,00	1045,00	905,41	772,25
	II	1516,50	465,08	465,08	II	1359,83	1206,66	1060,00	919,66	785,83	658,41
	III	1064,33	465,08	465,08	III	948,33	835,66	726,33	620,00	517,00	417,33
	V	2171,16	465,08	465,08	IV	1578,41	1500,08	1421,75	1343,50	1266,50	1191,00
	VI	2214,41	465,08	465,08							
7154,99 West	I,IV	1655,83	465,08	465,08	I	1499,25	1342,66	1190,16	1044,16	904,66	771,50
	II	1515,58	465,08	465,08	II	1358,91	1205,83	1059,16	918,91	785,08	657,75
	III	1063,66	465,08	465,08	III	947,66	835,16	725,66	619,50	516,50	416,66
	V	2170,33	465,08	465,08	IV	1577,58	1499,25	1420,91	1342,66	1265,58	1190,16
	VI	2213,58	465,08	465,08							
7154,99 Ost	I,IV	1658,00	465,08	465,08	I	1501,33	1344,75	1192,25	1046,16	906,50	773,25
	II	1517,75	465,08	465,08	II	1361,00	1207,91	1061,08	920,75	786,91	659,41
	III	1065,16	465,08	465,08	III	949,33	836,66	727,16	620,83	517,83	418,00
	V	2172,41	465,08	465,08	IV	1579,66	1501,33	1423,00	1344,75	1267,66	1192,25
	VI	2215,75	465,08	465,08							
7157,99 West	I,IV	1657,00	465,08	465,08	I	1500,33	1343,75	1191,25	1045,25	905,58	772,41
	II	1516,75	465,08	465,08	II	1360,08	1206,91	1060,16	919,91	786,00	658,58
	III	1064,50	465,08	465,08	III	948,50	835,83	726,50	620,16	517,16	417,33
	V	2171,41	465,08	465,08	IV	1578,66	1500,33	1422,00	1343,75	1266,66	1191,25
	VI	2214,66	465,08	465,08							
7157,99 Ost	I,IV	1659,25	465,08	465,08	I	1502,58	1346,00	1193,41	1047,33	907,58	774,33
	II	1519,00	465,08	465,08	II	1362,33	1209,08	1062,25	921,91	787,91	660,41
	III	1066,16	465,08	465,08	III	950,16	837,50	728,00	621,83	518,66	418,83
	V	2173,75	465,08	465,08	IV	1580,91	1502,58	1424,25	1346,00	1268,91	1193,41
	VI	2217,00	465,08	465,08							
7160,99 West	I,IV	1658,16	465,08	465,08	I	1501,50	1344,91	1192,33	1046,25	906,58	773,33
	II	1517,83	465,08	465,08	II	1361,25	1208,00	1061,25	920,91	787,00	659,50
	III	1065,33	465,08	465,08	III	949,50	836,66	727,33	621,00	518,00	418,16
	V	2172,58	465,08	465,08	IV	1579,83	1501,50	1423,16	1344,91	1267,83	1192,33
	VI	2215,83	465,08	465,08							
7160,99 Ost	I,IV	1660,50	465,08	465,08	I	1503,83	1347,25	1194,66	1048,41	908,66	775,33
	II	1520,25	465,08	465,08	II	1363,58	1210,33	1063,41	923,00	789,00	661,41
	III	1067,16	465,08	465,08	III	951,16	838,50	728,83	622,66	519,50	419,66
	V	2175,00	465,08	465,08	IV	1582,16	1503,83	1425,50	1347,25	1270,16	1194,66
	VI	2218,25	465,08	465,08							
7163,99 West	I,IV	1659,25	465,08	465,08	I	1502,58	1346,00	1193,41	1047,33	907,58	774,33
	II	1519,00	465,08	465,08	II	1362,33	1209,08	1062,25	921,91	787,91	660,41
	III	1066,16	465,08	465,08	III	950,16	837,50	728,00	621,83	518,66	418,83
	V	2173,75	465,08	465,08	IV	1580,91	1502,58	1424,25	1346,00	1268,91	1193,41
	VI	2217,00	465,08	465,08							
7163,99 Ost	I,IV	1661,75	465,08	465,08	I	1505,16	1348,50	1195,83	1049,58	909,75	776,41
	II	1521,50	465,08	465,08	II	1364,83	1211,50	1064,58	924,08	790,00	662,41
	III	1068,00	465,08	465,08	III	952,16	839,33	729,83	623,50	520,33	420,50
	V	2176,25	465,08	465,08	IV	1583,41	1505,16	1426,83	1348,50	1271,41	1195,83
	VI	2219,50	465,08	465,08							

*   Zur LSt-Berechnung für privat versicherte Arbeitnehmer s. Beispiele **Vorbemerkung S. 4 f.**
** Basisvorsorgepauschale KV und PV   *** Typisierter Arbeitgeberzuschuss

Lohn/ Gehalt in € bis	Steuerklasse	Lohn- steuer*	BVSP**	TAGZ***	Steuerklasse	Bemessungsgrundlage für Kirchensteuer und Solidaritätszuschlag					
						Freibeträge für ... Kinder					
						0,5	1,0	1,5	2,0	2,5	3,0
7166,99 West	I,IV	**1 660,41**	465,08	465,08	I	1 503,75	1 347,16	1 194,50	1 048,33	908,58	775,25
	II	**1 520,16**	465,08	465,08	II	1 363,50	1 210,16	1 063,33	922,91	788,91	661,33
	III	**1 067,00**	465,08	465,08	III	951,00	838,33	728,83	622,50	519,33	419,50
	V	**2 174,83**	465,08	465,08	IV	1 582,08	1 503,75	1 425,41	1 347,16	1 270,08	1 194,50
	VI	**2 218,08**	465,08	465,08							
7166,99 Ost	I,IV	**1 663,08**	465,08	465,08	I	1 506,41	1 349,16	1 197,08	1 050,75	910,91	777,41
	II	**1 522,75**	465,08	465,08	II	1 366,08	1 212,75	1 065,75	925,16	791,08	663,41
	III	**1 069,00**	465,08	465,08	III	953,00	840,16	730,66	624,33	521,16	421,16
	V	**2 177,50**	465,08	465,08	IV	1 584,75	1 506,41	1 428,08	1 349,75	1 272,58	1 197,08
	VI	**2 220,75**	465,08	465,08							
7169,99 West	I,IV	**1 661,58**	465,08	465,08	I	1 504,91	1 348,33	1 195,66	1 049,41	909,58	776,25
	II	**1 521,33**	465,08	465,08	II	1 364,66	1 211,33	1 064,41	923,91	789,83	662,25
	III	**1 067,83**	465,08	465,08	III	952,00	839,16	729,66	623,33	520,16	420,33
	V	**2 176,00**	465,08	465,08	IV	1 583,25	1 504,91	1 426,58	1 348,33	1 271,16	1 195,66
	VI	**2 219,25**	465,08	465,08							
7169,99 Ost	I,IV	**1 664,33**	465,08	465,08	I	1 507,66	1 351,00	1 198,25	1 051,91	912,00	778,50
	II	**1 524,00**	465,08	465,08	II	1 367,33	1 213,91	1 066,91	926,33	792,16	664,41
	III	**1 070,00**	465,08	465,08	III	954,00	841,16	731,50	625,16	522,00	422,00
	V	**2 178,75**	465,08	465,08	IV	1 586,00	1 507,66	1 429,33	1 351,00	1 273,83	1 198,25
	VI	**2 222,00**	465,08	465,08							
7172,99 West	I,IV	**1 662,66**	465,08	465,08	I	1 506,00	1 349,41	1 196,75	1 050,41	910,58	777,16
	II	**1 522,41**	465,08	465,08	II	1 365,75	1 212,41	1 065,41	924,91	790,83	663,16
	III	**1 068,83**	465,08	465,08	III	952,83	840,00	730,33	624,00	520,83	421,00
	V	**2 177,16**	465,08	465,08	IV	1 584,33	1 506,00	1 427,66	1 349,41	1 272,25	1 196,75
	VI	**2 220,41**	465,08	465,08							
7172,99 Ost	I,IV	**1 665,58**	465,08	465,08	I	1 508,91	1 352,25	1 199,41	1 053,08	913,08	779,50
	II	**1 525,25**	465,08	465,08	II	1 368,66	1 215,16	1 068,08	927,41	793,16	665,41
	III	**1 070,83**	465,08	465,08	III	954,83	842,00	732,33	626,00	522,83	422,83
	V	**2 180,00**	465,08	465,08	IV	1 587,25	1 508,91	1 430,58	1 352,25	1 275,08	1 199,41
	VI	**2 223,25**	465,08	465,08							
7175,99 West	I,IV	**1 663,83**	465,08	465,08	I	1 507,16	1 350,58	1 197,83	1 051,50	911,58	778,08
	II	**1 523,58**	465,08	465,08	II	1 366,91	1 213,50	1 066,50	925,91	791,75	664,08
	III	**1 069,66**	465,08	465,08	III	953,50	840,83	731,16	624,83	521,66	421,66
	V	**2 178,33**	465,08	465,08	IV	1 585,50	1 507,16	1 428,83	1 350,58	1 273,41	1 197,83
	VI	**2 221,58**	465,08	465,08							
7175,99 Ost	I,IV	**1 666,83**	465,08	465,08	I	1 510,16	1 353,50	1 200,66	1 054,16	914,16	780,58
	II	**1 526,58**	465,08	465,08	II	1 369,91	1 216,33	1 069,25	928,50	794,25	666,41
	III	**1 071,83**	465,08	465,08	III	955,83	842,83	733,16	626,83	523,66	423,50
	V	**2 181,25**	465,08	465,08	IV	1 588,50	1 510,16	1 431,83	1 353,50	1 276,25	1 200,66
	VI	**2 224,50**	465,08	465,08							
7178,99 West	I,IV	**1 665,00**	465,08	465,08	I	1 508,33	1 351,75	1 198,91	1 052,50	912,58	779,08
	II	**1 524,75**	465,08	465,08	II	1 368,00	1 214,58	1 067,50	926,91	792,75	665,00
	III	**1 070,50**	465,08	465,08	III	954,50	841,66	732,00	625,66	522,33	422,50
	V	**2 179,41**	465,08	465,08	IV	1 586,66	1 508,33	1 430,00	1 351,75	1 274,50	1 198,91
	VI	**2 222,75**	465,08	465,08							
7178,99 Ost	I,IV	**1 668,08**	465,08	465,08	I	1 511,41	1 354,83	1 201,83	1 055,33	915,25	781,66
	II	**1 527,83**	465,08	465,08	II	1 371,16	1 217,58	1 070,33	929,58	795,33	667,41
	III	**1 072,83**	465,08	465,08	III	956,66	843,83	734,16	627,66	524,33	424,33
	V	**2 182,50**	465,08	465,08	IV	1 589,75	1 511,41	1 433,00	1 354,83	1 277,50	1 201,83
	VI	**2 225,75**	465,08	465,08							
7181,99 West	I,IV	**1 666,16**	465,08	465,08	I	1 509,50	1 352,83	1 200,00	1 053,58	913,58	780,00
	II	**1 525,83**	465,08	465,08	II	1 369,16	1 215,66	1 068,58	927,91	793,66	665,83
	III	**1 071,33**	465,08	465,08	III	955,33	842,33	732,83	626,33	523,16	423,16
	V	**2 180,58**	465,08	465,08	IV	1 587,83	1 509,50	1 431,16	1 352,83	1 275,58	1 200,00
	VI	**2 223,83**	465,08	465,08							
7181,99 Ost	I,IV	**1 669,33**	465,08	465,08	I	1 512,66	1 356,08	1 203,08	1 056,50	916,41	782,66
	II	**1 529,00**	465,08	465,08	II	1 372,41	1 218,75	1 071,50	930,75	796,33	668,41
	III	**1 073,66**	465,08	465,08	III	957,66	844,66	735,00	628,50	525,16	425,16
	V	**2 183,75**	465,08	465,08	IV	1 591,00	1 512,66	1 434,33	1 356,08	1 278,75	1 203,08
	VI	**2 227,08**	465,08	465,08							

* Zur LSt-Berechnung für privat versicherte Arbeitnehmer s. Beispiele **Vorbemerkung S. 4 f.**
** Basisvorsorgepauschale KV und PV   *** Typisierter Arbeitgeberzuschuss

Lohn/Gehalt in € bis	Steuerklasse	Lohnsteuer*	BVSP**	TAGZ***	Steuerklasse	Bemessungsgrundlage für Kirchensteuer und Solidaritätszuschlag Freibeträge für ... Kinder					
						0,5	1,0	1,5	2,0	2,5	3,0
7184,99 West	I,IV	**1 667,25**	465,08	465,08	I	1 510,58	1 354,00	1 201,08	1 054,58	914,58	781,00
	II	**1 527,00**	465,08	465,08	II	1 370,33	1 216,75	1 069,66	928,91	794,66	666,75
	III	**1 072,16**	465,08	465,08	III	956,00	843,16	733,50	627,16	523,83	423,83
	V	**2 181,75**	465,08	465,08	IV	1 588,91	1 510,58	1 432,33	1 354,00	1 276,75	1 201,00
	VI	**2 225,00**	465,08	465,08							
7184,99 Ost	I,IV	**1 670,58**	465,08	465,08	I	1 513,91	1 357,33	1 204,25	1 057,66	917,50	783,75
	II	**1 530,33**	465,08	465,08	II	1 373,66	1 220,00	1 072,66	931,83	797,41	669,41
	III	**1 074,66**	465,08	465,08	III	958,50	845,66	735,83	629,33	526,00	426,00
	V	**2 185,08**	465,08	465,08	IV	1 592,25	1 513,91	1 435,58	1 357,33	1 280,00	1 204,25
	VI	**2 228,33**	465,08	465,08							
7187,99 West	I,IV	**1 668,41**	465,08	465,08	I	1 511,75	1 355,16	1 202,16	1 055,66	915,58	781,91
	II	**1 528,16**	465,08	465,08	II	1 371,50	1 217,91	1 070,66	929,91	795,58	667,66
	III	**1 073,00**	465,08	465,08	III	957,00	844,00	734,33	627,83	524,66	424,66
	V	**2 182,91**	465,08	465,08	IV	1 590,08	1 511,75	1 433,41	1 355,16	1 277,83	1 202,16
	VI	**2 226,16**	465,08	465,08							
7187,99 Ost	I,IV	**1 671,83**	465,08	465,08	I	1 515,16	1 358,58	1 205,50	1 058,83	918,58	784,75
	II	**1 531,58**	465,08	465,08	II	1 374,91	1 221,16	1 073,83	932,91	798,50	670,41
	III	**1 075,66**	465,08	465,08	III	959,50	846,50	736,66	630,16	526,83	426,66
	V	**2 186,33**	465,08	465,08	IV	1 593,50	1 515,16	1 436,91	1 358,58	1 281,25	1 205,50
	VI	**2 229,58**	465,08	465,08							
7190,99 West	I,IV	**1 669,00**	465,08	465,08	I	1 512,91	1 356,25	1 203,25	1 056,66	916,58	782,83
	II	**1 529,25**	465,08	465,08	II	1 372,58	1 218,91	1 071,75	930,91	796,50	668,58
	III	**1 073,83**	465,08	465,08	III	957,83	844,83	735,16	628,66	525,33	425,33
	V	**2 184,00**	465,08	465,08	IV	1 591,25	1 512,91	1 434,58	1 356,25	1 278,91	1 203,25
	VI	**2 227,25**	465,08	465,08							
7190,99 Ost	I,IV	**1 673,16**	465,08	465,08	I	1 516,50	1 359,83	1 206,66	1 060,00	919,66	785,83
	II	**1 532,83**	465,08	465,08	II	1 376,16	1 222,41	1 075,00	934,08	799,50	671,41
	III	**1 076,66**	465,08	465,08	III	960,33	847,33	737,66	631,00	527,66	427,50
	V	**2 187,58**	465,08	465,08	IV	1 594,83	1 516,50	1 438,16	1 359,83	1 282,41	1 206,66
	VI	**2 230,83**	465,08	465,08							
7193,99 West	I,IV	**1 670,75**	465,08	465,08	I	1 514,08	1 357,41	1 204,33	1 057,75	917,58	783,83
	II	**1 530,41**	465,08	465,08	II	1 373,75	1 220,08	1 072,75	931,91	797,50	669,50
	III	**1 074,66**	465,08	465,08	III	958,66	845,66	735,83	629,33	526,16	426,00
	V	**2 185,16**	465,08	465,08	IV	1 592,41	1 514,08	1 435,75	1 357,41	1 280,08	1 204,33
	VI	**2 228,41**	465,08	465,08							
7193,99 Ost	I,IV	**1 674,41**	465,08	465,08	I	1 517,75	1 361,08	1 207,91	1 061,08	920,75	786,91
	II	**1 534,08**	465,08	465,08	II	1 377,41	1 223,58	1 076,16	935,16	800,58	672,41
	III	**1 077,50**	465,08	465,08	III	961,33	848,33	738,50	631,83	528,50	428,33
	V	**2 188,50**	465,08	465,08	IV	1 596,08	1 517,75	1 439,41	1 361,08	1 283,66	1 207,91
	VI	**2 232,08**	465,08	465,08							
7196,99 West	I,IV	**1 671,83**	465,08	465,08	I	1 515,16	1 358,58	1 205,50	1 058,83	918,58	784,75
	II	**1 531,58**	465,08	465,08	II	1 374,91	1 221,16	1 073,83	932,91	798,50	670,41
	III	**1 075,66**	465,08	465,08	III	959,50	846,50	736,66	630,16	526,83	426,66
	V	**2 186,33**	465,08	465,08	IV	1 593,50	1 515,16	1 436,91	1 358,58	1 281,25	1 205,50
	VI	**2 229,58**	465,08	465,08							
7196,99 Ost	I,IV	**1 675,66**	465,08	465,08	I	1 519,00	1 362,33	1 209,08	1 062,25	921,91	787,91
	II	**1 535,33**	465,08	465,08	II	1 378,66	1 224,83	1 077,33	936,25	801,66	673,41
	III	**1 078,50**	465,08	465,08	III	962,16	849,16	739,33	632,66	529,33	429,16
	V	**2 190,08**	465,08	465,08	IV	1 597,33	1 519,00	1 440,66	1 362,33	1 284,91	1 209,08
	VI	**2 233,33**	465,08	465,08							
7199,99 West	I,IV	**1 673,00**	465,08	465,08	I	1 516,33	1 359,66	1 206,58	1 059,83	919,58	785,75
	II	**1 532,66**	465,08	465,08	II	1 376,08	1 222,25	1 074,91	933,91	799,41	671,33
	III	**1 076,50**	465,08	465,08	III	960,33	847,33	737,50	631,00	527,66	427,50
	V	**2 187,41**	465,08	465,08	IV	1 594,66	1 516,33	1 438,00	1 359,66	1 282,33	1 206,58
	VI	**2 230,83**	465,08	465,08							
7199,99 Ost	I,IV	**1 676,91**	465,08	465,08	I	1 520,25	1 363,58	1 210,33	1 063,41	923,00	789,00
	II	**1 536,66**	465,08	465,08	II	1 380,00	1 226,00	1 078,50	937,41	802,66	674,41
	III	**1 079,50**	465,08	465,08	III	963,16	850,00	740,16	633,50	530,16	430,00
	V	**2 191,33**	465,08	465,08	IV	1 598,58	1 520,25	1 441,91	1 363,58	1 286,16	1 210,33
	VI	**2 234,58**	465,08	465,08							

* Zur LSt-Berechnung für privat versicherte Arbeitnehmer s. Beispiele **Vorbemerkung S. 4 f.**
** Basisvorsorgepauschale KV und PV   *** Typisierter Arbeitgeberzuschuss

Lohn/ Gehalt in € bis	Steuerklasse	Lohn- steuer*	BVSP**	TAGZ***	Steuerklasse	Bemessungsgrundlage für Kirchensteuer und Solidaritätszuschlag					
						Freibeträge für ... Kinder					
						0,5	1,0	1,5	2,0	2,5	3,0
7202,99 West	I,IV	**1674,16**	465,08	465,08	I	1517,50	1360,83	1207,66	1060,91	920,58	786,66
	II	**1533,83**	465,08	465,08	II	1377,16	1223,33	1075,91	934,91	800,41	672,25
	III	**1077,33**	465,08	465,08	III	961,16	848,00	738,33	631,66	528,33	428,16
	V	**2188,58**	465,08	465,08	IV	1595,83	1517,50	1439,16	1360,83	1283,41	1207,66
	VI	**2231,83**	465,08	465,08							
7202,99 Ost	I,IV	**1678,16**	465,08	465,08	I	1521,50	1364,83	1211,50	1064,58	924,08	790,00
	II	**1537,91**	465,08	465,08	II	1381,25	1227,25	1079,66	938,50	803,75	675,41
	III	**1080,33**	465,08	465,08	III	964,00	851,00	741,00	634,33	531,00	430,66
	V	**2192,58**	465,08	465,08	IV	1599,83	1521,50	1443,16	1364,83	1287,33	1211,50
	VI	**2235,83**	465,08	465,08							
7205,99 West	I,IV	**1675,33**	465,08	465,08	I	1518,66	1362,00	1208,75	1061,91	921,58	787,66
	II	**1535,00**	465,08	465,08	II	1378,33	1224,50	1077,00	936,00	801,33	673,16
	III	**1078,16**	465,08	465,08	III	962,00	849,00	739,16	632,50	529,16	428,83
	V	**2189,75**	465,08	465,08	IV	1597,00	1518,66	1440,33	1362,00	1284,58	1208,75
	VI	**2233,00**	465,08	465,08							
7205,99 Ost	I,IV	**1679,41**	465,08	465,08	I	1522,75	1366,08	1212,75	1065,75	925,16	791,00
	II	**1539,16**	465,08	465,08	II	1382,50	1228,41	1080,83	939,58	804,83	676,50
	III	**1081,33**	465,08	465,08	III	965,00	851,83	742,00	635,33	531,83	431,50
	V	**2193,83**	465,08	465,08	IV	1601,08	1522,75	1444,41	1366,08	1288,58	1212,75
	VI	**2237,16**	465,08	465,08							
7208,99 West	I,IV	**1676,41**	465,08	465,08	I	1519,75	1363,08	1209,83	1063,00	922,58	788,58
	II	**1536,16**	465,08	465,08	II	1379,50	1225,58	1078,00	936,91	802,25	674,08
	III	**1079,00**	465,08	465,08	III	962,83	849,66	739,83	633,16	529,83	429,66
	V	**2190,83**	465,08	465,08	IV	1598,08	1519,75	1441,41	1363,00	1285,66	1209,83
	VI	**2234,08**	465,08	465,08							
7208,99 Ost	I,IV	**1680,66**	465,08	465,08	I	1524,00	1367,33	1213,91	1066,91	926,33	792,16
	II	**1540,41**	465,08	465,08	II	1383,75	1229,66	1082,00	940,66	805,83	677,50
	III	**1082,33**	465,08	465,08	III	965,83	852,83	742,83	636,16	532,66	432,33
	V	**2195,16**	465,08	465,08	IV	1602,33	1524,00	1445,66	1367,33	1289,83	1213,91
	VI	**2238,41**	465,08	465,08							
7211,99 West	I,IV	**1677,58**	465,08	465,08	I	1520,91	1364,25	1210,91	1064,00	923,58	789,58
	II	**1537,33**	465,08	465,08	II	1380,66	1226,66	1079,08	938,00	803,25	675,00
	III	**1079,83**	465,08	465,08	III	963,66	850,50	740,66	634,00	530,50	430,33
	V	**2192,00**	465,08	465,08	IV	1599,25	1520,91	1442,58	1364,25	1286,83	1210,91
	VI	**2235,25**	465,08	465,08							
7211,99 Ost	I,IV	**1681,91**	465,08	465,08	I	1525,25	1368,66	1215,16	1068,08	927,41	793,16
	II	**1541,66**	465,08	465,08	II	1385,00	1230,91	1083,16	941,83	806,91	678,50
	III	**1083,16**	465,08	465,08	III	966,83	853,66	743,66	637,00	533,33	433,16
	V	**2196,41**	465,08	465,08	IV	1603,58	1525,25	1446,91	1368,66	1291,08	1215,16
	VI	**2239,66**	465,08	465,08							
7214,99 West	I,IV	**1678,75**	465,08	465,08	I	1522,08	1365,41	1212,00	1065,00	924,58	790,50
	II	**1538,41**	465,08	465,08	II	1381,75	1227,75	1080,16	939,00	804,25	675,91
	III	**1080,83**	465,08	465,08	III	964,50	851,33	741,50	634,83	531,33	431,00
	V	**2193,16**	465,08	465,08	IV	1600,41	1522,08	1443,75	1365,41	1287,91	1212,00
	VI	**2236,41**	465,08	465,08							
7214,99 Ost	I,IV	**1683,16**	465,08	465,08	I	1526,58	1369,91	1216,33	1069,25	928,50	794,25
	II	**1542,91**	465,08	465,08	II	1386,25	1232,08	1084,33	942,91	808,00	679,50
	III	**1084,16**	465,08	465,08	III	967,83	854,50	744,50	637,83	534,16	433,83
	V	**2197,66**	465,08	465,08	IV	1604,91	1526,58	1448,25	1369,91	1292,33	1216,33
	VI	**2240,91**	465,08	465,08							
7217,99 West	I,IV	**1679,83**	465,08	465,08	I	1523,16	1366,50	1213,08	1066,16	925,58	791,41
	II	**1539,58**	465,08	465,08	II	1382,91	1228,83	1081,16	940,00	805,16	676,83
	III	**1081,66**	465,08	465,08	III	965,33	852,16	742,16	635,50	532,00	431,83
	V	**2194,25**	465,08	465,08	IV	1601,50	1523,16	1444,83	1366,50	1289,00	1213,08
	VI	**2237,58**	465,08	465,08							
7217,99 Ost	I,IV	**1684,50**	465,08	465,08	I	1527,83	1371,16	1217,58	1070,33	929,58	795,33
	II	**1544,16**	465,08	465,08	II	1387,50	1233,33	1085,41	944,00	809,08	680,50
	III	**1085,16**	465,08	465,08	III	968,66	855,50	745,50	638,66	535,00	434,66
	V	**2198,91**	465,08	465,08	IV	1606,16	1527,83	1449,50	1371,16	1293,58	1217,58
	VI	**2242,16**	465,08	465,08							

* Zur LSt-Berechnung für privat versicherte Arbeitnehmer s. Beispiele **Vorbemerkung S. 4f.**
** Basisvorsorgepauschale KV und PV   *** Typisierter Arbeitgeberzuschuss

Lohn/ Gehalt in € bis	Steuerklasse	Lohn- steuer*	BVSP**	TAGZ***	Steuerklasse	Bemessungsgrundlage für Kirchensteuer und Solidaritätszuschlag					
						Freibeträge für ... Kinder					
						0,5	**1,0**	**1,5**	**2,0**	**2,5**	**3,0**
7 220,99 West	I,IV	**1 681,00**	465,08	465,08	I	1 524,33	1 367,66	1 214,25	1 067,16	926,58	792,41
	II	**1 540,75**	465,08	465,08	II	1 384,08	1 230,00	1 082,25	941,00	806,16	677,75
	III	**1 082,50**	465,08	465,08	III	966,00	853,00	743,00	636,33	532,83	432,50
	V	**2 195,41**	465,08	465,08	IV	1 602,66	1 524,33	1 446,00	1 367,66	1 290,16	1 214,25
	VI	**2 238,66**	465,08	465,08							
7 220,99 Ost	I,IV	**1 685,75**	465,08	465,08	I	1 529,08	1 372,41	1 218,75	1 071,50	930,75	796,33
	II	**1 545,41**	465,08	465,08	II	1 388,75	1 234,50	1 086,58	945,16	810,08	681,50
	III	**1 086,00**	465,08	465,08	III	969,66	856,33	746,33	639,50	535,83	435,50
	V	**2 200,16**	465,08	465,08	IV	1 607,41	1 529,08	1 450,75	1 372,41	1 294,75	1 218,75
	VI	**2 243,41**	465,08	465,08							
7 223,99 West	I,IV	**1 682,16**	465,08	465,08	I	1 525,50	1 368,83	1 215,33	1 068,25	927,58	793,41
	II	**1 541,91**	465,08	465,08	II	1 385,25	1 231,08	1 083,33	942,00	807,08	678,66
	III	**1 083,33**	465,08	465,08	III	967,00	853,83	743,83	637,16	533,50	433,16
	V	**2 196,58**	465,08	465,08	IV	1 603,83	1 525,50	1 447,16	1 368,83	1 291,25	1 215,33
	VI	**2 239,83**	465,08	465,08							
7 223,99 Ost	I,IV	**1 687,00**	465,08	465,08	I	1 530,33	1 373,66	1 220,00	1 072,66	931,83	797,41
	II	**1 546,66**	465,08	465,08	II	1 390,08	1 235,75	1 087,75	946,25	811,16	682,50
	III	**1 087,00**	465,08	465,08	III	970,50	857,16	747,16	640,33	536,66	436,33
	V	**2 201,41**	465,08	465,08	IV	1 608,66	1 530,33	1 452,00	1 373,66	1 296,00	1 220,00
	VI	**2 244,66**	465,08	465,08							
7 226,99 West	I,IV	**1 683,25**	465,08	465,08	I	1 526,58	1 369,91	1 216,41	1 069,25	928,58	794,33
	II	**1 543,00**	465,08	465,08	II	1 386,33	1 232,16	1 084,33	943,00	808,00	679,50
	III	**1 084,16**	465,08	465,08	III	967,83	854,66	744,66	637,83	534,33	434,00
	V	**2 197,75**	465,08	465,08	IV	1 604,91	1 526,58	1 448,25	1 369,91	1 292,41	1 216,41
	VI	**2 241,00**	465,08	465,08							
7 226,99 Ost	I,IV	**1 688,25**	465,08	465,08	I	1 531,58	1 374,91	1 221,16	1 073,83	932,91	798,50
	II	**1 548,00**	465,08	465,08	II	1 391,33	1 236,91	1 088,91	947,33	812,25	683,50
	III	**1 088,00**	465,08	465,08	III	971,50	858,16	748,00	641,16	537,50	437,00
	V	**2 202,66**	465,08	465,08	IV	1 609,91	1 531,58	1 453,25	1 374,91	1 297,25	1 221,16
	VI	**2 245,91**	465,08	465,08							
7 229,99 West	I,IV	**1 684,41**	465,08	465,08	I	1 527,75	1 371,08	1 217,50	1 070,33	929,58	795,25
	II	**1 544,16**	465,08	465,08	II	1 387,50	1 233,25	1 085,41	944,00	809,00	680,50
	III	**1 085,00**	465,08	465,08	III	968,66	855,33	745,33	638,66	535,00	434,66
	V	**2 198,83**	465,08	465,08	IV	1 606,08	1 527,75	1 449,41	1 371,08	1 293,50	1 217,50
	VI	**2 242,16**	465,08	465,08							
7 229,99 Ost	I,IV	**1 689,50**	465,08	465,08	I	1 532,83	1 376,16	1 222,41	1 075,00	934,08	799,50
	II	**1 549,25**	465,08	465,08	II	1 392,58	1 238,16	1 090,08	948,50	813,33	684,50
	III	**1 089,00**	465,08	465,08	III	972,33	859,00	749,00	642,00	538,33	437,83
	V	**2 203,91**	465,08	465,08	IV	1 611,16	1 532,83	1 454,50	1 376,16	1 298,50	1 222,41
	VI	**2 247,25**	465,08	465,08							
7 232,99 West	I,IV	**1 685,58**	465,08	465,08	I	1 528,91	1 372,25	1 218,58	1 071,33	930,58	796,25
	II	**1 545,25**	465,08	465,08	II	1 388,58	1 234,33	1 086,50	945,00	810,00	681,33
	III	**1 086,00**	465,08	465,08	III	969,50	856,16	746,16	639,33	535,66	435,33
	V	**2 200,00**	465,08	465,08	IV	1 607,25	1 528,91	1 450,58	1 372,25	1 294,58	1 218,58
	VI	**2 243,25**	465,08	465,08							
7 232,99 Ost	I,IV	**1 690,75**	465,08	465,08	I	1 534,08	1 377,41	1 223,58	1 076,16	935,16	800,50
	II	**1 550,50**	465,08	465,08	II	1 393,83	1 239,41	1 091,25	949,58	814,33	685,50
	III	**1 089,83**	465,08	465,08	III	973,33	860,00	749,83	642,83	539,16	438,66
	V	**2 205,00**	465,08	465,08	IV	1 612,41	1 534,08	1 455,75	1 377,41	1 299,75	1 223,58
	VI	**2 248,50**	465,08	465,08							
7 235,99 West	I,IV	**1 686,66**	465,08	465,08	I	1 530,08	1 373,41	1 219,66	1 072,41	931,58	797,16
	II	**1 546,41**	465,08	465,08	II	1 389,75	1 235,50	1 087,50	946,00	810,91	682,25
	III	**1 086,83**	465,08	465,08	III	970,33	857,00	747,00	640,16	536,50	436,16
	V	**2 201,16**	465,08	465,08	IV	1 608,41	1 530,08	1 451,75	1 373,41	1 295,75	1 219,66
	VI	**2 244,41**	465,08	465,08							
7 235,99 Ost	I,IV	**1 692,00**	465,08	465,08	I	1 535,33	1 378,66	1 224,83	1 077,33	936,25	801,66
	II	**1 551,75**	465,08	465,08	II	1 395,08	1 240,58	1 092,41	950,75	815,41	686,58
	III	**1 090,83**	465,08	465,08	III	974,16	860,83	750,66	643,66	540,00	439,50
	V	**2 206,50**	465,08	465,08	IV	1 613,66	1 535,33	1 457,00	1 378,66	1 301,00	1 224,83
	VI	**2 249,75**	465,08	465,08							

* Zur LSt-Berechnung für privat versicherte Arbeitnehmer s. Beispiele **Vorbemerkung S. 4 f.**
** Basisvorsorgepauschale KV und PV   *** Typisierter Arbeitgeberzuschuss

Lohn/ Gehalt in € bis	Steuerklasse	Lohn-steuer*	BVSP**	TAGZ***	Steuerklasse	Bemessungsgrundlage für Kirchensteuer und Solidaritätszuschlag					
						Freibeträge für ... Kinder					
						0,5	1,0	1,5	2,0	2,5	3,0
7238,99 West	I,IV	**1687,83**	465,08	465,08	I	1531,16	1374,58	1220,83	1073,50	932,58	798,16
	II	**1547,58**	465,08	465,08	II	1390,91	1236,58	1088,58	947,00	811,91	683,25
	III	**1087,66**	465,08	465,08	III	971,16	857,83	747,83	640,83	537,16	436,83
	V	**2202,33**	465,08	465,08	IV	1609,50	1531,16	1452,83	1374,58	1296,91	1220,83
	VI	**2245,58**	465,08	465,08							
7238,99 Ost	I,IV	**1693,25**	465,08	465,08	I	1536,66	1380,00	1226,00	1078,50	937,41	802,66
	II	**1553,00**	465,08	465,08	II	1396,33	1241,83	1093,58	951,83	816,50	687,58
	III	**1091,83**	465,08	465,08	III	975,16	861,66	751,50	644,50	540,83	440,16
	V	**2207,75**	465,08	465,08	IV	1614,91	1536,66	1458,33	1380,00	1302,16	1226,00
	VI	**2251,00**	465,08	465,08							
7241,99 West	I,IV	**1689,00**	465,08	465,08	I	1532,33	1375,66	1221,91	1074,50	933,58	799,08
	II	**1548,66**	465,08	465,08	II	1392,08	1237,66	1089,66	948,00	812,83	684,08
	III	**1088,50**	465,08	465,08	III	972,00	858,66	748,50	641,66	538,00	437,50
	V	**2203,41**	465,08	465,08	IV	1610,66	1532,33	1454,00	1375,66	1298,00	1221,91
	VI	**2246,66**	465,08	465,08							
7241,99 Ost	I,IV	**1694,58**	465,08	465,08	I	1537,91	1381,25	1227,25	1079,66	938,50	803,75
	II	**1554,25**	465,08	465,08	II	1397,58	1243,00	1094,75	952,91	817,58	688,58
	III	**1092,66**	465,08	465,08	III	976,00	862,66	752,50	645,33	541,66	441,00
	V	**2209,00**	465,08	465,08	IV	1616,25	1537,91	1459,58	1381,25	1303,41	1227,25
	VI	**2252,25**	465,08	465,08							
7244,99 West	I,IV	**1690,16**	465,08	465,08	I	1533,50	1376,83	1223,00	1075,58	934,58	800,08
	II	**1549,83**	465,08	465,08	II	1393,16	1238,75	1090,66	949,00	813,83	685,00
	III	**1089,33**	465,08	465,08	III	972,83	859,50	749,33	642,50	538,66	438,33
	V	**2204,58**	465,08	465,08	IV	1611,83	1533,50	1455,16	1376,83	1299,00	1223,00
	VI	**2247,83**	465,08	465,08							
7244,99 Ost	I,IV	**1695,83**	465,08	465,08	I	1539,16	1382,50	1228,41	1080,83	939,58	804,83
	II	**1555,50**	465,08	465,08	II	1398,83	1244,25	1095,91	954,08	818,58	689,58
	III	**1093,66**	465,08	465,08	III	977,00	863,50	753,33	646,33	542,50	441,83
	V	**2210,25**	465,08	465,08	IV	1617,50	1539,16	1460,83	1382,50	1304,66	1228,41
	VI	**2253,50**	465,08	465,08							
7247,99 West	I,IV	**1691,33**	465,08	465,08	I	1534,66	1378,00	1224,08	1076,66	935,58	801,00
	II	**1551,00**	465,08	465,08	II	1394,33	1239,91	1091,75	950,08	814,83	686,00
	III	**1090,16**	465,08	465,08	III	973,66	860,33	750,16	643,16	539,50	439,00
	V	**2205,75**	465,08	465,08	IV	1613,00	1534,66	1456,33	1378,00	1300,25	1224,08
	VI	**2249,00**	465,08	465,08							
7247,99 Ost	I,IV	**1697,08**	465,08	465,08	I	1540,41	1383,75	1229,66	1082,00	940,66	805,83
	II	**1556,75**	465,08	465,08	II	1400,16	1245,50	1097,08	955,16	819,66	690,58
	III	**1094,66**	465,08	465,08	III	978,00	864,50	754,16	647,16	543,33	442,66
	V	**2211,50**	465,08	465,08	IV	1618,75	1540,41	1462,08	1383,75	1305,91	1229,66
	VI	**2254,75**	465,08	465,08							
7250,99 West	I,IV	**1692,41**	465,08	465,08	I	1535,75	1379,08	1225,16	1077,66	936,58	802,00
	II	**1552,16**	465,08	465,08	II	1395,50	1241,00	1092,83	951,08	815,75	686,83
	III	**1091,16**	465,08	465,08	III	974,50	861,16	750,83	644,00	540,16	439,66
	V	**2206,83**	465,08	465,08	IV	1614,08	1535,75	1457,41	1379,08	1301,33	1225,16
	VI	**2250,08**	465,08	465,08							
7250,99 Ost	I,IV	**1698,33**	465,08	465,08	I	1541,66	1385,00	1230,91	1083,16	941,83	806,91
	II	**1558,08**	465,08	465,08	II	1401,41	1246,66	1098,25	956,25	820,75	691,58
	III	**1095,66**	465,08	465,08	III	978,83	865,33	755,00	648,00	544,16	443,50
	V	**2212,75**	465,08	465,08	IV	1620,00	1541,66	1463,33	1385,00	1307,16	1230,91
	VI	**2256,00**	465,08	465,08							
7253,99 West	I,IV	**1693,58**	465,08	465,08	I	1536,91	1380,25	1226,33	1078,75	937,58	802,91
	II	**1553,25**	465,08	465,08	II	1396,66	1242,08	1093,83	952,08	816,75	687,75
	III	**1092,00**	465,08	465,08	III	975,33	862,00	751,66	644,83	541,00	440,50
	V	**2208,00**	465,08	465,08	IV	1615,25	1536,91	1458,58	1380,25	1302,50	1226,33
	VI	**2251,25**	465,08	465,08							
7253,99 Ost	I,IV	**1699,58**	465,08	465,08	I	1542,91	1386,25	1232,08	1084,33	942,91	808,00
	II	**1559,33**	465,08	465,08	II	1402,66	1247,91	1099,41	957,41	821,83	692,58
	III	**1096,50**	465,08	465,08	III	979,83	866,16	755,83	648,83	544,83	444,16
	V	**2214,00**	465,08	465,08	IV	1621,25	1542,91	1464,58	1386,25	1308,41	1232,00
	VI	**2257,25**	465,08	465,08							

* Zur LSt-Berechnung für privat versicherte Arbeitnehmer s. Beispiele **Vorbemerkung S. 4 f.**
** Basisvorsorgepauschale KV und PV   *** Typisierter Arbeitgeberzuschuss

Lohn/Gehalt in € bis	Steuerklasse	Lohnsteuer*	BVSP**	TAGZ***	Steuerklasse	Bemessungsgrundlage für Kirchensteuer und Solidaritätszuschlag — Freibeträge für ... Kinder					
						0,5	1,0	1,5	2,0	2,5	3,0
7256,99 West	I,IV	**1694,75**	465,08	465,08	I	1538,08	1381,41	1227,41	1079,83	938,66	803,91
	II	**1554,41**	465,08	465,08	II	1397,75	1243,25	1094,91	953,08	817,66	688,75
	III	**1092,83**	465,08	465,08	III	976,16	862,66	752,50	645,50	541,66	441,16
	V	**2209,16**	465,08	465,08	IV	1616,41	1538,08	1459,75	1381,41	1303,58	1227,41
	VI	**2252,41**	465,08	465,08							
7256,99 Ost	I,IV	**1700,83**	465,08	465,08	I	1544,16	1387,50	1233,33	1085,41	944,00	809,08
	II	**1560,58**	465,08	465,08	II	1403,91	1249,16	1100,58	958,50	822,83	693,66
	III	**1097,50**	465,08	465,08	III	980,66	867,16	756,83	649,66	545,66	445,00
	V	**2215,25**	465,08	465,08	IV	1622,50	1544,16	1465,83	1387,50	1309,66	1233,33
	VI	**2258,58**	465,08	465,08							
7259,99 West	I,IV	**1695,83**	465,08	465,08	I	1539,16	1382,50	1228,50	1080,83	939,66	804,83
	II	**1555,58**	465,08	465,08	II	1398,91	1244,33	1096,00	954,08	818,66	689,58
	III	**1093,66**	465,08	465,08	III	977,00	863,50	753,33	646,33	542,50	441,83
	V	**2210,25**	465,08	465,08	IV	1617,50	1539,16	1460,83	1382,50	1304,75	1228,50
	VI	**2253,58**	465,08	465,08							
7259,99 Ost	I,IV	**1702,08**	465,08	465,08	I	1545,41	1388,75	1234,50	1086,58	945,16	810,08
	II	**1561,83**	465,08	465,08	II	1405,16	1250,33	1101,75	959,66	823,91	694,66
	III	**1098,50**	465,08	465,08	III	981,66	868,00	757,66	650,50	546,50	445,83
	V	**2216,58**	465,08	465,08	IV	1623,75	1545,41	1467,08	1388,75	1310,91	1234,50
	VI	**2259,83**	465,08	465,08							
7262,99 West	I,IV	**1697,00**	465,08	465,08	I	1540,33	1383,66	1229,58	1081,91	940,66	805,83
	II	**1556,75**	465,08	465,08	II	1400,08	1245,41	1097,08	955,08	819,58	690,50
	III	**1094,50**	465,08	465,08	III	977,83	864,33	754,16	647,00	543,16	442,66
	V	**2211,41**	465,08	465,08	IV	1618,66	1540,33	1462,00	1383,66	1305,83	1229,58
	VI	**2254,66**	465,08	465,08							
7262,99 Ost	I,IV	**1703,33**	465,08	465,08	I	1546,66	1390,08	1235,75	1087,75	946,25	811,16
	II	**1563,08**	465,08	465,08	II	1406,41	1251,58	1102,91	960,75	825,00	695,66
	III	**1099,33**	465,08	465,08	III	982,50	869,00	758,50	651,33	547,33	446,66
	V	**2217,83**	465,08	465,08	IV	1625,00	1546,66	1468,41	1390,08	1312,16	1235,75
	VI	**2261,08**	465,08	465,08							
7265,99 West	I,IV	**1698,16**	465,08	465,08	I	1541,50	1384,83	1230,75	1083,00	941,66	806,75
	II	**1557,83**	465,08	465,08	II	1401,25	1246,50	1098,08	956,16	820,58	691,50
	III	**1095,50**	465,08	465,08	III	978,66	865,16	754,83	647,83	544,00	443,33
	V	**2212,58**	465,08	465,08	IV	1619,83	1541,50	1463,16	1384,83	1307,00	1230,75
	VI	**2255,83**	465,08	465,08							
7265,99 Ost	I,IV	**1704,66**	465,08	465,08	I	1548,00	1391,33	1236,91	1088,91	947,33	812,25
	II	**1564,33**	465,08	465,08	II	1407,66	1252,83	1104,08	961,91	826,00	696,66
	III	**1100,33**	465,08	465,08	III	983,50	869,83	759,33	652,16	548,16	447,50
	V	**2219,08**	465,08	465,08	IV	1626,33	1548,00	1469,66	1391,33	1313,33	1236,91
	VI	**2262,33**	465,08	465,08							
7268,99 West	I,IV	**1699,25**	465,08	465,08	I	1542,58	1385,91	1231,75	1084,00	942,66	807,75
	II	**1559,00**	465,08	465,08	II	1402,33	1247,58	1099,16	957,16	821,50	692,33
	III	**1096,33**	465,08	465,08	III	979,50	866,00	755,66	648,50	544,66	444,00
	V	**2213,75**	465,08	465,08	IV	1620,91	1542,58	1464,25	1385,91	1308,00	1231,75
	VI	**2257,00**	465,08	465,08							
7268,99 Ost	I,IV	**1705,91**	465,08	465,08	I	1549,25	1392,58	1238,16	1090,00	948,50	813,33
	II	**1565,58**	465,08	465,08	II	1408,91	1254,00	1105,33	963,00	827,16	697,66
	III	**1101,33**	465,08	465,08	III	984,33	870,66	760,33	653,00	549,00	448,16
	V	**2220,33**	465,08	465,08	IV	1627,58	1549,25	1470,91	1392,58	1314,58	1238,16
	VI	**2263,58**	465,08	465,08							
7271,99 West	I,IV	**1700,41**	465,08	465,08	I	1543,75	1387,08	1232,91	1085,08	943,66	808,66
	II	**1560,16**	465,08	465,08	II	1403,50	1248,75	1100,25	958,16	822,50	693,33
	III	**1097,16**	465,08	465,08	III	980,33	866,83	756,50	649,33	545,50	444,83
	V	**2214,83**	465,08	465,08	IV	1622,08	1543,75	1465,41	1387,08	1309,25	1232,91
	VI	**2258,16**	465,08	465,08							
7271,99 Ost	I,IV	**1707,16**	465,08	465,08	I	1550,50	1393,83	1239,41	1091,25	949,58	814,33
	II	**1566,83**	465,08	465,08	II	1410,16	1255,25	1106,50	964,08	828,16	698,66
	III	**1102,33**	465,08	465,08	III	985,33	871,66	761,16	653,83	549,83	449,00
	V	**2221,58**	465,08	465,08	IV	1628,83	1550,50	1472,16	1393,83	1315,83	1239,41
	VI	**2264,83**	465,08	465,08							

* Zur LSt-Berechnung für privat versicherte Arbeitnehmer s. Beispiele **Vorbemerkung S. 4 f.**
** Basisvorsorgepauschale KV und PV *** Typisierter Arbeitgeberzuschuss

aT3

Lohn/Gehalt in € bis	Steuerklasse	Lohn-steuer*	BVSP**	TAGZ***	Steuerklasse	Bemessungsgrundlage für Kirchensteuer und Solidaritätszuschlag Freibeträge für ... Kinder					
						0,5	1,0	1,5	2,0	2,5	3,0
7274,99 West	I,IV	**1701,58**	465,08	465,08	I	1544,91	1388,25	1234,00	1086,16	944,66	809,66
	II	**1561,33**	465,08	465,08	II	1404,66	1249,83	1101,33	959,16	823,50	694,25
	III	**1098,00**	465,08	465,08	III	981,16	867,66	757,33	650,16	546,16	445,50
	V	**2216,00**	465,08	465,08	IV	1623,25	1544,91	1466,58	1388,25	1310,33	1234,00
	VI	**2259,25**	465,08	465,08							
7274,99 Ost	I,IV	**1708,41**	465,08	465,08	I	1551,75	1395,08	1240,58	1092,41	950,75	815,41
	II	**1568,16**	465,08	465,08	II	1411,50	1256,50	1107,66	965,25	829,25	699,75
	III	**1103,16**	465,08	465,08	III	986,33	872,50	762,00	654,66	550,66	449,83
	V	**2222,83**	465,08	465,08	IV	1630,08	1551,75	1473,41	1395,08	1317,08	1240,58
	VI	**2266,08**	465,08	465,08							
7277,99 West	I,IV	**1702,66**	465,08	465,08	I	1546,08	1389,41	1235,08	1087,16	945,66	810,58
	II	**1562,41**	465,08	465,08	II	1405,75	1250,91	1102,33	960,16	824,41	695,16
	III	**1098,83**	465,08	465,08	III	982,00	868,50	758,00	650,83	547,00	446,16
	V	**2217,16**	465,08	465,08	IV	1624,33	1546,08	1467,75	1389,41	1311,50	1235,08
	VI	**2260,41**	465,08	465,08							
7277,99 Ost	I,IV	**1709,66**	465,08	465,08	I	1553,00	1396,33	1241,83	1093,58	951,83	816,50
	II	**1569,41**	465,08	465,08	II	1412,75	1257,66	1108,83	966,33	830,33	700,75
	III	**1104,16**	465,08	465,08	III	987,16	873,50	762,83	655,66	551,50	450,66
	V	**2224,08**	465,08	465,08	IV	1631,33	1553,00	1474,66	1396,33	1318,33	1241,83
	VI	**2267,33**	465,08	465,08							
7280,99 West	I,IV	**1703,83**	465,08	465,08	I	1547,16	1390,50	1236,25	1088,25	946,66	811,58
	II	**1563,58**	465,08	465,08	II	1406,91	1252,08	1103,41	961,16	825,41	696,08
	III	**1099,83**	465,08	465,08	III	983,00	869,33	758,83	651,66	547,66	447,00
	V	**2218,33**	465,08	465,08	IV	1625,50	1547,16	1468,83	1390,50	1312,58	1236,25
	VI	**2261,58**	465,08	465,08							
7280,99 Ost	I,IV	**1710,91**	465,08	465,08	I	1554,25	1397,58	1243,00	1094,75	952,91	817,58
	II	**1570,66**	465,08	465,08	II	1414,00	1258,91	1110,00	967,50	831,41	701,75
	III	**1105,16**	465,08	465,08	III	988,16	874,33	763,83	656,50	552,33	451,33
	V	**2225,33**	465,08	465,08	IV	1632,58	1554,25	1475,91	1397,58	1319,58	1243,00
	VI	**2268,66**	465,08	465,08							
7283,99 West	I,IV	**1705,00**	465,08	465,08	I	1548,33	1391,66	1237,33	1089,33	947,75	812,58
	II	**1564,75**	465,08	465,08	II	1408,08	1253,16	1104,50	962,25	826,41	697,00
	III	**1100,66**	465,08	465,08	III	983,66	870,16	759,66	652,50	548,50	447,66
	V	**2219,41**	465,08	465,08	IV	1626,66	1548,33	1470,00	1391,66	1313,75	1237,33
	VI	**2262,75**	465,08	465,08							
7283,99 Ost	I,IV	**1712,16**	465,08	465,08	I	1555,50	1398,83	1244,25	1095,91	954,08	818,58
	II	**1571,91**	465,08	465,08	II	1415,25	1260,16	1111,16	968,58	832,50	702,75
	III	**1106,00**	465,08	465,08	III	989,00	875,33	764,66	657,33	553,16	452,16
	V	**2226,66**	465,08	465,08	IV	1633,83	1555,50	1477,16	1398,83	1320,83	1244,25
	VI	**2269,91**	465,08	465,08							
7286,99 West	I,IV	**1706,16**	465,08	465,08	I	1549,50	1392,83	1238,41	1090,33	948,66	813,50
	II	**1565,83**	465,08	465,08	II	1409,16	1254,25	1105,50	963,25	827,33	697,91
	III	**1101,50**	465,08	465,08	III	984,50	870,83	760,50	653,16	549,16	448,33
	V	**2220,58**	465,08	465,08	IV	1627,83	1549,50	1471,16	1392,83	1314,83	1238,41
	VI	**2263,83**	465,08	465,08							
7286,99 Ost	I,IV	**1713,41**	465,08	465,08	I	1556,75	1400,16	1245,50	1097,08	955,16	819,66
	II	**1573,16**	465,08	465,08	II	1416,50	1261,33	1112,33	969,75	833,50	703,75
	III	**1107,00**	465,08	465,08	III	990,00	876,16	765,50	658,16	554,00	453,00
	V	**2227,91**	465,08	465,08	IV	1635,08	1556,75	1478,41	1400,16	1322,08	1245,50
	VI	**2271,16**	465,08	465,08							
7289,99 West	I,IV	**1707,25**	465,08	465,08	I	1550,66	1394,00	1239,50	1091,41	949,75	814,50
	II	**1567,00**	465,08	465,08	II	1410,33	1255,41	1106,58	964,25	828,33	698,83
	III	**1102,33**	465,08	465,08	III	985,50	871,66	761,33	654,00	550,00	449,16
	V	**2221,75**	465,08	465,08	IV	1628,91	1550,66	1472,33	1394,00	1316,00	1239,50
	VI	**2265,00**	465,08	465,08							
7289,99 Ost	I,IV	**1714,66**	465,08	465,08	I	1558,08	1401,41	1246,66	1098,25	956,25	820,75
	II	**1574,41**	465,08	465,08	II	1417,75	1262,58	1113,50	970,83	834,58	704,83
	III	**1108,00**	465,08	465,08	III	990,83	877,00	766,50	659,00	554,83	453,83
	V	**2229,16**	465,08	465,08	IV	1636,41	1558,08	1479,75	1401,41	1323,33	1246,66
	VI	**2272,41**	465,08	465,08							

* Zur LSt-Berechnung für privat versicherte Arbeitnehmer s. Beispiele **Vorbemerkung S. 4f.**
** Basisvorsorgepauschale KV und PV *** Typisierter Arbeitgeberzuschuss

188

Lohn/ Gehalt in € bis	Steuerklasse	Lohn- steuer*	BVSP**	TAGZ***	Steuerklasse	Bemessungsgrundlage für Kirchensteuer und Solidaritätszuschlag Freibeträge für ... Kinder					
						0,5	1,0	1,5	2,0	2,5	3,0
7 292,99 West	I,IV	1 708,41	465,08	465,08	I	1 551,75	1 395,08	1 240,66	1 092,50	950,75	815,41
	II	1 568,16	465,08	465,08	II	1 411,50	1 256,50	1 107,66	965,25	829,33	699,75
	III	1 103,16	465,08	465,08	III	986,33	872,50	762,00	654,66	550,66	449,83
	V	2 222,91	465,08	465,08	IV	1 630,08	1 551,75	1 473,41	1 395,08	1 317,16	1 240,66
	VI	2 266,16	465,08	465,08							
7 292,99 Ost	I,IV	1 716,00	465,08	465,08	I	1 559,33	1 402,66	1 247,91	1 099,41	957,41	821,83
	II	1 575,66	465,08	465,08	II	1 419,00	1 263,83	1 114,66	971,91	835,66	705,83
	III	1 109,00	465,08	465,08	III	991,83	878,00	767,33	659,83	555,66	454,66
	V	2 230,41	465,08	465,08	IV	1 637,66	1 559,33	1 481,00	1 402,66	1 324,58	1 247,91
	VI	2 273,66	465,08	465,08							
7 295,99 West	I,IV	1 709,58	465,08	465,08	I	1 552,91	1 396,25	1 241,75	1 093,50	951,75	816,41
	II	1 569,25	465,08	465,08	II	1 412,58	1 257,58	1 108,66	966,25	830,25	700,66
	III	1 104,00	465,08	465,08	III	987,16	873,33	762,83	655,50	551,33	450,50
	V	2 224,00	465,08	465,08	IV	1 631,25	1 552,91	1 474,58	1 396,25	1 318,25	1 241,75
	VI	2 267,25	465,08	465,08							
7 295,99 Ost	I,IV	1 717,25	465,08	465,08	I	1 560,58	1 403,91	1 249,16	1 100,58	958,50	822,83
	II	1 576,91	465,08	465,08	II	1 420,25	1 265,00	1 115,83	973,08	836,75	706,83
	III	1 109,83	465,08	465,08	III	992,83	878,83	768,16	660,66	556,50	455,33
	V	2 231,66	465,08	465,08	IV	1 638,91	1 560,58	1 482,25	1 403,91	1 325,83	1 249,16
	VI	2 274,91	465,08	465,08							
7 298,99 West	I,IV	1 710,75	465,08	465,08	I	1 554,08	1 397,41	1 242,83	1 094,58	952,75	817,33
	II	1 570,41	465,08	465,08	II	1 413,75	1 258,75	1 109,75	967,25	831,25	701,58
	III	1 105,00	465,08	465,08	III	988,00	874,16	763,66	656,33	552,16	451,33
	V	2 225,16	465,08	465,08	IV	1 632,41	1 554,08	1 475,75	1 397,41	1 319,41	1 242,83
	VI	2 268,41	465,08	465,08							
7 298,99 Ost	I,IV	1 718,50	465,08	465,08	I	1 561,83	1 405,16	1 250,33	1 101,75	959,66	823,91
	II	1 578,16	465,08	465,08	II	1 421,58	1 266,25	1 117,00	974,16	837,83	707,83
	III	1 110,83	465,08	465,08	III	993,66	879,83	769,00	661,50	557,33	456,16
	V	2 232,91	465,08	465,08	IV	1 640,16	1 561,83	1 483,50	1 405,16	1 327,08	1 250,33
	VI	2 276,16	465,08	465,08							
7 301,99 West	I,IV	1 711,91	465,08	465,08	I	1 555,25	1 398,58	1 244,00	1 095,75	953,83	818,41
	II	1 571,66	465,08	465,08	II	1 415,00	1 259,91	1 110,91	968,41	832,25	702,58
	III	1 105,83	465,08	465,08	III	988,83	875,00	764,50	657,16	553,00	452,00
	V	2 226,41	465,08	465,08	IV	1 633,58	1 555,25	1 476,91	1 398,58	1 320,58	1 244,00
	VI	2 269,66	465,08	465,08							
7 301,99 Ost	I,IV	1 719,75	465,08	465,08	I	1 563,08	1 406,41	1 251,58	1 102,91	960,75	825,00
	II	1 579,50	465,08	465,08	II	1 422,83	1 267,50	1 118,16	975,33	838,91	708,91
	III	1 111,83	465,08	465,08	III	994,66	880,66	770,00	662,33	558,16	457,00
	V	2 234,16	465,08	465,08	IV	1 641,41	1 563,08	1 484,75	1 406,41	1 328,33	1 251,58
	VI	2 277,41	465,08	465,08							
7 304,99 West	I,IV	1 713,16	465,08	465,08	I	1 556,58	1 399,91	1 245,25	1 096,91	954,91	819,50
	II	1 572,91	465,08	465,08	II	1 416,25	1 261,08	1 112,08	969,50	833,33	703,58
	III	1 106,83	465,08	465,08	III	989,83	876,00	765,33	658,00	553,83	452,83
	V	2 227,66	465,08	465,08	IV	1 634,83	1 556,58	1 478,25	1 399,91	1 321,83	1 245,25
	VI	2 270,91	465,08	465,08							
7 304,99 Ost	I,IV	1 721,00	465,08	465,08	I	1 564,33	1 407,66	1 252,83	1 104,08	961,91	826,08
	II	1 580,75	465,08	465,08	II	1 424,08	1 268,75	1 119,33	976,41	840,00	709,91
	III	1 112,66	465,08	465,08	III	995,50	881,50	770,83	663,33	559,00	457,83
	V	2 235,41	465,08	465,08	IV	1 642,66	1 564,33	1 486,00	1 407,66	1 329,58	1 252,83
	VI	2 278,75	465,08	465,08							
7 307,99 West	I,IV	1 714,50	465,08	465,08	I	1 557,83	1 401,16	1 246,50	1 098,08	956,08	820,50
	II	1 574,16	465,08	465,08	II	1 417,50	1 262,33	1 113,25	970,58	834,41	704,58
	III	1 107,83	465,08	465,08	III	990,66	876,83	766,16	658,83	554,66	453,66
	V	2 228,91	465,08	465,08	IV	1 636,16	1 557,83	1 479,50	1 401,16	1 323,08	1 246,50
	VI	2 272,16	465,08	465,08							
7 307,99 Ost	I,IV	1 722,25	465,08	465,08	I	1 565,58	1 408,91	1 254,00	1 105,33	963,00	827,16
	II	1 582,00	465,08	465,08	II	1 425,33	1 269,91	1 120,58	977,58	841,00	710,91
	III	1 113,66	465,08	465,08	III	996,50	882,50	771,66	664,16	559,83	458,66
	V	2 236,75	465,08	465,08	IV	1 643,91	1 565,58	1 487,25	1 408,91	1 330,83	1 254,00
	VI	2 280,00	465,08	465,08							

*:   Zur LSt-Berechnung für privat versicherte Arbeitnehmer s. Beispiele **Vorbemerkung S. 4 f.**
: Basisvorsorgepauschale KV und PV   *: Typisierter Arbeitgeberzuschuss

Lohn/Gehalt in € bis	Steuerklasse	Lohn-steuer*	BVSP**	TAGZ***	Steuerklasse	Bemessungsgrundlage für Kirchensteuer und Solidaritätszuschlag — Freibeträge für ... Kinder					
						0,5	1,0	1,5	2,0	2,5	3,0
7 310,99 West	I,IV	1 715,75	465,08	465,08	I	1 559,08	1 402,41	1 247,66	1 099,25	957,16	821,58
	II	1 575,41	465,08	465,08	II	1 418,75	1 263,58	1 114,41	971,75	835,50	705,66
	III	1 108,66	465,08	465,08	III	991,66	877,83	767,16	659,66	555,50	454,50
	V	2 230,16	465,08	465,08	IV	1 637,41	1 559,08	1 480,75	1 402,41	1 324,33	1 247,66
	VI	2 273,41	465,08	465,08							
7 310,99 Ost	I,IV	1 723,50	465,08	465,08	I	1 566,83	1 410,16	1 255,25	1 106,50	964,08	828,16
	II	1 583,25	465,08	465,08	II	1 426,58	1 271,16	1 121,75	978,66	842,08	711,91
	III	1 114,66	465,08	465,08	III	997,33	883,33	772,50	665,00	560,50	459,33
	V	2 238,00	465,08	465,08	IV	1 645,16	1 566,83	1 488,50	1 410,16	1 332,08	1 255,25
	VI	2 281,25	465,08	465,08							
7 313,99 West	I,IV	1 717,00	465,08	465,08	I	1 560,33	1 403,66	1 248,91	1 100,41	958,33	822,66
	II	1 576,66	465,08	465,08	II	1 420,08	1 264,83	1 115,58	972,83	836,50	706,66
	III	1 109,66	465,08	465,08	III	992,50	878,66	768,00	660,50	556,33	455,16
	V	2 231,41	465,08	465,08	IV	1 638,66	1 560,33	1 482,00	1 403,66	1 325,58	1 248,91
	VI	2 274,66	465,08	465,08							
7 313,99 Ost	I,IV	1 724,75	465,08	465,08	I	1 568,16	1 411,50	1 256,50	1 107,66	965,25	829,25
	II	1 584,50	465,08	465,08	II	1 427,83	1 272,41	1 122,91	979,83	843,16	713,00
	III	1 115,66	465,08	465,08	III	998,33	884,33	773,50	665,83	561,33	460,16
	V	2 239,25	465,08	465,08	IV	1 646,41	1 568,16	1 489,83	1 411,50	1 333,33	1 256,50
	VI	2 282,50	465,08	465,08							
7 316,99 West	I,IV	1 718,25	465,08	465,08	I	1 561,58	1 404,91	1 250,08	1 101,58	959,41	823,75
	II	1 578,00	465,08	465,08	II	1 421,33	1 266,00	1 116,75	974,00	837,58	707,66
	III	1 110,66	465,08	465,08	III	993,50	879,50	768,83	661,33	557,16	456,00
	V	2 232,66	465,08	465,08	IV	1 639,91	1 561,58	1 483,25	1 404,91	1 326,83	1 250,08
	VI	2 275,91	465,08	465,08							
7 316,99 Ost	I,IV	1 726,08	465,08	465,08	I	1 569,41	1 412,75	1 257,66	1 108,83	966,33	830,33
	II	1 585,75	465,08	465,08	II	1 429,08	1 273,66	1 124,08	980,91	844,25	714,00
	III	1 116,50	465,08	465,08	III	999,33	885,16	774,33	666,66	562,16	461,00
	V	2 240,50	465,08	465,08	IV	1 647,75	1 569,41	1 491,08	1 412,75	1 334,58	1 257,66
	VI	2 283,75	465,08	465,08							
7 319,99 West	I,IV	1 719,50	465,08	465,08	I	1 562,83	1 406,16	1 251,33	1 102,75	960,50	824,75
	II	1 579,25	465,08	465,08	II	1 422,58	1 267,25	1 118,00	975,08	838,66	708,66
	III	1 111,50	465,08	465,08	III	994,50	880,50	769,66	662,16	557,83	456,83
	V	2 233,91	465,08	465,08	IV	1 641,16	1 562,83	1 484,50	1 406,16	1 328,08	1 251,33
	VI	2 277,16	465,08	465,08							
7 319,99 Ost	I,IV	1 727,33	465,08	465,08	I	1 570,66	1 414,00	1 258,91	1 110,00	967,50	831,41
	II	1 587,00	465,08	465,08	II	1 430,33	1 274,83	1 125,25	982,08	845,33	715,00
	III	1 117,50	465,08	465,08	III	1 000,16	886,16	775,16	667,50	563,00	461,83
	V	2 241,75	465,08	465,08	IV	1 649,00	1 570,66	1 492,33	1 414,00	1 335,83	1 258,91
	VI	2 285,00	465,08	465,08							
7 322,99 West	I,IV	1 720,75	465,08	465,08	I	1 564,08	1 407,41	1 252,58	1 103,91	961,66	825,83
	II	1 580,50	465,08	465,08	II	1 423,83	1 268,50	1 119,16	976,25	839,75	709,66
	III	1 112,50	465,08	465,08	III	995,33	881,33	770,66	663,00	558,66	457,66
	V	2 235,16	465,08	465,08	IV	1 642,41	1 564,08	1 485,75	1 407,41	1 329,33	1 252,58
	VI	2 278,50	465,08	465,08							
7 322,99 Ost	I,IV	1 728,58	465,08	465,08	I	1 571,91	1 415,25	1 260,16	1 111,16	968,58	832,50
	II	1 588,25	465,08	465,08	II	1 431,66	1 276,08	1 126,41	983,16	846,41	716,00
	III	1 118,50	465,08	465,08	III	1 001,16	887,00	776,00	668,33	563,83	462,66
	V	2 243,00	465,08	465,08	IV	1 650,25	1 571,91	1 493,58	1 415,25	1 337,08	1 260,16
	VI	2 286,25	465,08	465,08							
7 325,99 West	I,IV	1 722,00	465,08	465,08	I	1 565,33	1 408,66	1 253,75	1 105,08	962,75	826,91
	II	1 581,75	465,08	465,08	II	1 425,08	1 269,66	1 120,33	977,33	840,83	710,75
	III	1 113,50	465,08	465,08	III	996,33	882,33	771,50	664,00	559,50	458,50
	V	2 236,50	465,08	465,08	IV	1 643,66	1 565,33	1 487,00	1 408,66	1 330,58	1 253,75
	VI	2 279,75	465,08	465,08							
7 325,99 Ost	I,IV	1 729,83	465,08	465,08	I	1 573,16	1 416,50	1 261,33	1 112,33	969,75	833,50
	II	1 589,58	465,08	465,08	II	1 432,91	1 277,33	1 127,58	984,33	847,50	717,08
	III	1 119,50	465,08	465,08	III	1 002,00	887,83	777,00	669,16	564,66	463,33
	V	2 244,25	465,08	465,08	IV	1 651,50	1 573,16	1 494,83	1 416,50	1 338,33	1 261,33
	VI	2 287,50	465,08	465,08							

* Zur LSt-Berechnung für privat versicherte Arbeitnehmer s. Beispiele **Vorbemerkung S. 4 f.**
** Basisvorsorgepauschale KV und PV   *** Typisierter Arbeitgeberzuschuss

Lohn/Gehalt in € bis	Steuerklasse	Lohnsteuer*	BVSP**	TAGZ***	Steuerklasse	Bemessungsgrundlage für Kirchensteuer und Solidaritätszuschlag — Freibeträge für ... Kinder					
						0,5	1,0	1,5	2,0	2,5	3,0
7 328,99 West	I,IV	1 723,25	465,08	465,08	I	1 566,58	1 410,00	1 255,00	1 106,25	963,91	828,00
	II	1 583,00	465,08	465,08	II	1 426,33	1 270,91	1 121,50	978,50	841,91	711,75
	III	1 114,50	465,08	465,08	III	997,16	883,16	772,33	664,83	560,33	459,16
	V	2 237,75	465,08	465,08	IV	1 644,91	1 566,58	1 488,33	1 410,00	1 331,83	1 255,00
	VI	2 281,00	465,08	465,08							
7 328,99 Ost	I,IV	1 731,08	465,08	465,08	I	1 574,41	1 417,75	1 262,58	1 113,50	970,83	834,58
	II	1 590,83	465,08	465,08	II	1 434,16	1 278,58	1 128,75	985,41	848,58	718,08
	III	1 120,33	465,08	465,08	III	1 003,00	888,83	777,83	670,00	565,50	464,16
	V	2 245,50	465,08	465,08	IV	1 652,75	1 574,41	1 496,08	1 417,75	1 339,58	1 262,58
	VI	2 288,75	465,08	465,08							
7 331,99 West	I,IV	1 724,58	465,08	465,08	I	1 567,91	1 411,25	1 256,25	1 107,41	965,00	829,08
	II	1 584,25	465,08	465,08	II	1 427,58	1 272,16	1 122,66	979,58	843,00	712,75
	III	1 115,33	465,08	465,08	III	998,16	884,16	773,16	665,66	561,16	460,00
	V	2 239,00	465,08	465,08	IV	1 646,25	1 567,91	1 489,58	1 411,25	1 333,08	1 256,25
	VI	2 282,25	465,08	465,08							
7 331,99 Ost	I,IV	1 732,33	465,08	465,08	I	1 575,66	1 419,00	1 263,83	1 114,66	971,91	835,66
	II	1 592,08	465,08	465,08	II	1 435,41	1 279,75	1 130,00	986,58	849,58	719,08
	III	1 121,33	465,08	465,08	III	1 004,00	889,66	778,66	671,00	566,33	465,00
	V	2 246,75	465,08	465,08	IV	1 654,00	1 575,66	1 497,33	1 419,00	1 340,83	1 263,83
	VI	2 290,08	465,08	465,08							
7 334,99 West	I,IV	1 725,83	465,08	465,08	I	1 569,16	1 412,50	1 257,41	1 108,58	966,16	830,00
	II	1 585,50	465,08	465,08	II	1 428,83	1 273,41	1 123,83	980,75	844,08	713,75
	III	1 116,33	465,08	465,08	III	999,00	885,00	774,16	666,50	562,00	460,83
	V	2 240,25	465,08	465,08	IV	1 647,50	1 569,16	1 490,83	1 412,50	1 334,33	1 257,41
	VI	2 283,50	465,08	465,08							
7 334,99 Ost	I,IV	1 733,58	465,08	465,08	I	1 576,91	1 420,25	1 265,00	1 115,83	973,08	836,75
	II	1 593,33	465,08	465,08	II	1 436,66	1 281,00	1 131,16	987,66	850,66	720,16
	III	1 122,33	465,08	465,08	III	1 004,83	890,66	779,66	671,83	567,16	465,83
	V	2 248,08	465,08	465,08	IV	1 655,25	1 576,91	1 498,58	1 420,25	1 342,08	1 265,00
	VI	2 291,33	465,08	465,08							
7 337,99 West	I,IV	1 727,33	465,08	465,08	I	1 570,41	1 413,75	1 258,66	1 109,75	967,25	831,16
	II	1 586,75	465,08	465,08	II	1 430,08	1 274,58	1 125,00	981,83	845,08	714,83
	III	1 117,33	465,08	465,08	III	1 000,00	885,83	775,00	667,33	562,83	461,66
	V	2 241,50	465,08	465,08	IV	1 648,75	1 570,41	1 492,08	1 413,75	1 335,58	1 258,66
	VI	2 284,75	465,08	465,08							
7 337,99 Ost	I,IV	1 734,83	465,08	465,08	I	1 578,16	1 421,58	1 266,25	1 117,00	974,16	837,83
	II	1 594,58	465,08	465,08	II	1 437,91	1 282,25	1 132,33	988,83	851,75	721,16
	III	1 123,33	465,08	465,08	III	1 005,83	891,50	780,50	672,66	568,00	466,66
	V	2 249,33	465,08	465,08	IV	1 656,50	1 578,16	1 499,91	1 421,58	1 343,33	1 266,25
	VI	2 292,58	465,08	465,08							
7 340,99 West	I,IV	1 728,33	465,08	465,08	I	1 571,66	1 415,00	1 259,91	1 110,91	968,41	832,25
	II	1 588,08	465,08	465,08	II	1 431,41	1 275,83	1 126,16	983,00	846,16	715,83
	III	1 118,33	465,08	465,08	III	1 001,00	886,83	775,83	668,16	563,66	462,50
	V	2 242,75	465,08	465,08	IV	1 650,00	1 571,66	1 493,33	1 415,00	1 336,83	1 259,91
	VI	2 286,00	465,08	465,08							
7 340,99 Ost	I,IV	1 736,16	465,08	465,08	I	1 579,50	1 422,83	1 267,50	1 118,16	975,33	838,91
	II	1 595,83	465,08	465,08	II	1 439,16	1 283,50	1 133,50	990,00	852,83	722,16
	III	1 124,16	465,08	465,08	III	1 006,66	892,50	781,33	673,50	568,83	467,50
	V	2 250,58	465,08	465,08	IV	1 657,75	1 579,50	1 501,16	1 422,83	1 344,58	1 267,50
	VI	2 293,83	465,08	465,08							
7 343,99 West	I,IV	1 729,58	465,08	465,08	I	1 572,91	1 416,25	1 261,08	1 112,08	969,50	833,33
	II	1 589,33	465,08	465,08	II	1 432,66	1 277,08	1 127,41	984,08	847,25	716,83
	III	1 119,16	465,08	465,08	III	1 001,83	887,66	776,83	669,00	564,50	463,16
	V	2 244,00	465,08	465,08	IV	1 651,25	1 572,91	1 494,58	1 416,25	1 338,08	1 261,08
	VI	2 287,25	465,08	465,08							
7 343,99 Ost	I,IV	1 737,41	465,08	465,08	I	1 580,75	1 424,08	1 268,75	1 119,33	976,41	840,00
	II	1 597,08	465,08	465,08	II	1 440,41	1 284,66	1 134,66	991,08	853,91	723,16
	III	1 125,16	465,08	465,08	III	1 007,66	893,33	782,16	674,33	569,66	468,16
	V	2 251,83	465,08	465,08	IV	1 659,08	1 580,75	1 502,41	1 424,08	1 345,83	1 268,75
	VI	2 295,08	465,08	465,08							

* Zur LSt-Berechnung für privat versicherte Arbeitnehmer s. Beispiele **Vorbemerkung S. 4 f.**
** Basisvorsorgepauschale KV und PV *** Typisierter Arbeitgeberzuschuss

Lohn/Gehalt in € bis	Steuerklasse	Lohn-steuer*	BVSP**	TAGZ***	Steuerklasse	Bemessungsgrundlage für Kirchensteuer und Solidaritätszuschlag					
						Freibeträge für ... Kinder					
						0,5	1,0	1,5	2,0	2,5	3,0
7346,99 West	I,IV	**1730,83**	465,08	465,08	I	1574,16	1417,50	1262,33	1113,25	970,58	834,41
	II	**1590,58**	465,08	465,08	II	1433,91	1278,33	1128,58	985,25	848,33	717,91
	III	**1120,16**	465,08	465,08	III	1002,83	888,66	777,66	669,83	565,33	464,00
	V	**2245,25**	465,08	465,08	IV	1652,50	1574,16	1495,83	1417,50	1339,33	1262,33
	VI	**2288,58**	465,08	465,08							
7346,99 Ost	I,IV	**1738,66**	465,08	465,08	I	1582,00	1425,33	1269,91	1120,58	977,58	841,00
	II	**1598,33**	465,08	465,08	II	1441,66	1285,91	1135,83	992,25	855,00	724,25
	III	**1126,16**	465,08	465,08	III	1008,66	894,16	783,16	675,16	570,50	469,00
	V	**2253,08**	465,08	465,08	IV	1660,33	1582,00	1503,66	1425,33	1347,08	1269,91
	VI	**2296,33**	465,08	465,08							
7349,99 West	I,IV	**1732,08**	465,08	465,08	I	1575,41	1418,75	1263,58	1114,41	971,75	835,50
	II	**1591,83**	465,08	465,08	II	1435,16	1279,50	1129,75	986,33	849,41	718,91
	III	**1121,16**	465,08	465,08	III	1003,66	889,50	778,50	670,66	566,16	464,83
	V	**2246,58**	465,08	465,08	IV	1653,75	1575,41	1497,08	1418,75	1340,58	1263,58
	VI	**2289,83**	465,08	465,08							
7349,99 Ost	I,IV	**1739,91**	465,08	465,08	I	1583,25	1426,58	1271,16	1121,75	978,66	842,08
	II	**1599,66**	465,08	465,08	II	1443,00	1287,16	1137,08	993,33	856,08	725,25
	III	**1127,16**	465,08	465,08	III	1009,50	895,16	784,00	676,00	571,33	469,83
	V	**2254,33**	465,08	465,08	IV	1661,58	1583,25	1504,91	1426,58	1348,33	1271,16
	VI	**2297,58**	465,08	465,08							
7352,99 West	I,IV	**1733,33**	465,08	465,08	I	1576,66	1420,08	1264,83	1115,58	972,83	836,50
	II	**1593,08**	465,08	465,08	II	1436,41	1280,75	1130,91	987,50	850,50	719,91
	III	**1122,16**	465,08	465,08	III	1004,66	890,50	779,33	671,66	567,00	465,66
	V	**2247,83**	465,08	465,08	IV	1655,00	1576,66	1498,33	1420,08	1341,83	1264,83
	VI	**2291,08**	465,08	465,08							
7352,99 Ost	I,IV	**1741,16**	465,08	465,08	I	1584,50	1427,83	1272,41	1122,91	979,83	843,16
	II	**1600,91**	465,08	465,08	II	1444,25	1288,41	1138,25	994,50	857,16	726,25
	III	**1128,00**	465,08	465,08	III	1010,50	896,00	784,83	677,00	572,16	470,66
	V	**2255,58**	465,08	465,08	IV	1662,83	1584,50	1506,16	1427,83	1349,58	1272,41
	VI	**2298,83**	465,08	465,08							
7355,99 West	I,IV	**1734,58**	465,08	465,08	I	1578,00	1421,33	1266,00	1116,75	974,00	837,58
	II	**1594,33**	465,08	465,08	II	1437,66	1282,00	1132,08	988,58	851,58	720,91
	III	**1123,00**	465,08	465,08	III	1005,66	891,33	780,33	672,50	567,83	466,50
	V	**2249,08**	465,08	465,08	IV	1656,33	1578,00	1499,66	1421,33	1343,08	1266,00
	VI	**2292,33**	465,08	465,08							
7355,99 Ost	I,IV	**1742,41**	465,08	465,08	I	1585,75	1429,08	1273,66	1124,08	980,91	844,25
	II	**1602,16**	465,08	465,08	II	1445,50	1289,66	1139,41	995,58	858,25	727,33
	III	**1129,00**	465,08	465,08	III	1011,33	897,00	785,83	677,83	573,00	471,50
	V	**2256,83**	465,08	465,08	IV	1664,08	1585,75	1507,41	1429,08	1350,83	1273,66
	VI	**2300,16**	465,08	465,08							
7358,99 West	I,IV	**1735,91**	465,08	465,08	I	1579,25	1422,58	1267,25	1118,00	975,08	838,66
	II	**1595,58**	465,08	465,08	II	1438,91	1283,25	1133,25	989,75	852,66	722,00
	III	**1124,00**	465,08	465,08	III	1006,50	892,16	781,16	673,33	568,66	467,16
	V	**2250,33**	465,08	465,08	IV	1657,58	1579,25	1500,91	1422,58	1344,33	1267,25
	VI	**2293,58**	465,08	465,08							
7358,99 Ost	I,IV	**1743,66**	465,08	465,08	I	1587,00	1430,33	1274,83	1125,25	982,08	845,33
	II	**1603,41**	465,08	465,08	II	1446,75	1290,83	1140,58	996,75	859,33	728,33
	III	**1130,00**	465,08	465,08	III	1012,33	897,83	786,66	678,66	573,83	472,16
	V	**2258,16**	465,08	465,08	IV	1665,33	1587,00	1508,66	1430,33	1352,08	1274,83
	VI	**2301,41**	465,08	465,08							
7361,99 West	I,IV	**1737,16**	465,08	465,08	I	1580,50	1423,83	1268,50	1119,16	976,25	839,75
	II	**1596,83**	465,08	465,08	II	1440,16	1284,50	1134,41	990,83	853,75	723,00
	III	**1125,00**	465,08	465,08	III	1007,50	893,16	782,00	674,16	569,50	468,00
	V	**2251,58**	465,08	465,08	IV	1658,83	1580,50	1502,16	1423,83	1345,58	1268,50
	VI	**2294,83**	465,08	465,08							
7361,99 Ost	I,IV	**1744,91**	465,08	465,08	I	1588,25	1431,66	1276,08	1126,41	983,16	846,41
	II	**1604,66**	465,08	465,08	II	1448,00	1292,08	1141,75	997,83	860,41	729,33
	III	**1131,00**	465,08	465,08	III	1013,33	898,83	787,50	679,50	574,66	473,00
	V	**2259,41**	465,08	465,08	IV	1666,58	1588,25	1509,91	1431,66	1353,33	1276,08
	VI	**2302,66**	465,08	465,08							

* Zur LSt-Berechnung für privat versicherte Arbeitnehmer s. Beispiele **Vorbemerkung S. 4f.**
** Basisvorsorgepauschale KV und PV *** Typisierter Arbeitgeberzuschuss

Lohn/ Gehalt in € bis	Steuerklasse	Lohn-steuer*	BVSP**	TAGZ***	Steuerklasse	Bemessungsgrundlage für Kirchensteuer und Solidaritätszuschlag					
						Freibeträge für ... Kinder					
						0,5	1,0	1,5	2,0	2,5	3,0
7 364,99 West	I,IV	1 738,41	465,08	465,08	I	1 581,75	1 425,08	1 269,66	1 120,33	977,33	840,83
	II	1 598,08	465,08	465,08	II	1 441,50	1 285,66	1 135,66	992,00	854,83	724,00
	III	1 126,00	465,08	465,08	III	1 008,33	894,00	783,00	675,00	570,33	468,83
	V	2 252,83	465,08	465,08	IV	1 660,08	1 581,75	1 503,41	1 425,08	1 346,83	1 269,66
	VI	2 296,08	465,08	465,08							
7 364,99 Ost	I,IV	1 746,16	465,08	465,08	I	1 589,58	1 432,91	1 277,33	1 127,58	984,33	847,50
	II	1 605,91	465,08	465,08	II	1 449,25	1 293,33	1 142,91	999,00	861,50	730,41
	III	1 131,83	465,08	465,08	III	1 014,16	899,66	788,33	680,33	575,50	473,83
	V	2 260,66	465,08	465,08	IV	1 667,91	1 589,58	1 511,25	1 432,91	1 354,58	1 277,33
	VI	2 303,91	465,08	465,08							
7 367,99 West	I,IV	1 739,66	465,08	465,08	I	1 583,00	1 426,33	1 270,91	1 121,50	978,50	841,91
	II	1 599,41	465,08	465,08	II	1 442,75	1 286,91	1 136,83	993,16	855,91	725,08
	III	1 126,83	465,08	465,08	III	1 009,33	895,00	783,83	675,83	571,16	469,66
	V	2 254,08	465,08	465,08	IV	1 661,33	1 583,00	1 504,66	1 426,33	1 348,08	1 270,91
	VI	2 297,33	465,08	465,08							
7 367,99 Ost	I,IV	1 747,50	465,08	465,08	I	1 590,83	1 434,16	1 278,58	1 128,75	985,41	848,58
	II	1 607,16	465,08	465,08	II	1 450,50	1 294,58	1 144,16	1 000,16	862,58	731,41
	III	1 132,83	465,08	465,08	III	1 015,16	900,66	789,33	681,16	576,33	474,66
	V	2 261,91	465,08	465,08	IV	1 669,16	1 590,83	1 512,50	1 434,16	1 355,83	1 278,58
	VI	2 305,16	465,08	465,08							
7 370,99 West	I,IV	1 740,91	465,08	465,08	I	1 584,25	1 427,58	1 272,16	1 122,66	979,58	843,00
	II	1 600,66	465,08	465,08	II	1 444,00	1 288,16	1 138,00	994,25	856,91	726,08
	III	1 127,83	465,08	465,08	III	1 010,16	895,83	784,66	676,66	572,00	470,50
	V	2 255,33	465,08	465,08	IV	1 662,58	1 584,25	1 505,91	1 427,58	1 349,33	1 272,16
	VI	2 298,58	465,08	465,08							
7 370,99 Ost	I,IV	1 748,75	465,08	465,08	I	1 592,08	1 435,41	1 279,75	1 130,00	986,58	849,58
	II	1 608,41	465,08	465,08	II	1 451,75	1 295,83	1 145,33	1 001,25	863,66	732,41
	III	1 133,83	465,08	465,08	III	1 016,00	901,50	790,16	682,00	577,16	475,50
	V	2 263,16	465,08	465,08	IV	1 670,41	1 592,08	1 513,75	1 435,41	1 357,08	1 279,75
	VI	2 306,41	465,08	465,08							
7 373,99 West	I,IV	1 742,16	465,08	465,08	I	1 585,50	1 428,83	1 273,41	1 123,83	980,75	844,00
	II	1 601,91	465,08	465,08	II	1 445,25	1 289,41	1 139,16	995,41	858,00	727,08
	III	1 128,83	465,08	465,08	III	1 011,16	896,83	785,50	677,66	572,83	471,33
	V	2 256,58	465,08	465,08	IV	1 663,83	1 585,50	1 507,16	1 428,83	1 350,58	1 273,41
	VI	2 299,91	465,08	465,08							
7 373,99 Ost	I,IV	1 750,00	465,08	465,08	I	1 593,33	1 436,66	1 281,00	1 131,16	987,66	850,66
	II	1 609,66	465,08	465,08	II	1 453,00	1 297,08	1 146,50	1 002,41	864,75	733,50
	III	1 134,83	465,08	465,08	III	1 017,00	902,33	791,00	682,83	578,00	476,33
	V	2 264,41	465,08	465,08	IV	1 671,66	1 593,33	1 515,00	1 436,66	1 358,33	1 281,00
	VI	2 307,66	465,08	465,08							
7 376,99 West	I,IV	1 743,41	465,08	465,08	I	1 586,75	1 430,08	1 274,58	1 125,00	981,83	845,08
	II	1 603,16	465,08	465,08	II	1 446,50	1 290,66	1 140,33	996,50	859,08	728,16
	III	1 129,83	465,08	465,08	III	1 012,16	897,66	786,50	678,50	573,66	472,00
	V	2 257,91	465,08	465,08	IV	1 665,08	1 586,75	1 508,41	1 430,08	1 351,83	1 274,58
	VI	2 301,16	465,08	465,08							
7 376,99 Ost	I,IV	1 751,25	465,08	465,08	I	1 594,58	1 437,91	1 282,25	1 132,33	988,83	851,75
	II	1 611,00	465,08	465,08	II	1 454,33	1 298,25	1 147,66	1 003,50	865,83	734,50
	III	1 135,66	465,08	465,08	III	1 018,00	903,33	792,00	683,83	578,83	477,00
	V	2 265,66	465,08	465,08	IV	1 672,91	1 594,58	1 516,25	1 437,91	1 359,58	1 282,25
	VI	2 308,91	465,08	465,08							
7 379,99 West	I,IV	1 744,66	465,08	465,08	I	1 588,08	1 431,41	1 275,83	1 126,16	983,00	846,16
	II	1 604,41	465,08	465,08	II	1 447,75	1 291,83	1 141,58	997,66	860,16	729,16
	III	1 130,66	465,08	465,08	III	1 013,00	898,50	787,33	679,33	574,50	472,83
	V	2 259,16	465,08	465,08	IV	1 666,33	1 588,08	1 509,75	1 431,41	1 353,08	1 275,83
	VI	2 302,41	465,08	465,08							
7 379,99 Ost	I,IV	1 752,50	465,08	465,08	I	1 595,83	1 439,16	1 283,50	1 133,50	990,00	852,83
	II	1 612,25	465,08	465,08	II	1 455,58	1 299,50	1 148,91	1 004,66	866,91	735,50
	III	1 136,66	465,08	465,08	III	1 018,83	904,16	792,83	684,66	579,66	477,83
	V	2 266,91	465,08	465,08	IV	1 674,16	1 595,83	1 517,50	1 439,16	1 360,83	1 283,50
	VI	2 310,25	465,08	465,08							

* Zur LSt-Berechnung für privat versicherte Arbeitnehmer s. Beispiele **Vorbemerkung S. 4 f.**
** Basisvorsorgepauschale KV und PV *** Typisierter Arbeitgeberzuschuss

aT3 allgemeine Lohnsteuer

Lohn/ Gehalt in € bis	Steuerklasse	Lohn- steuer*	BVSP**	TAGZ***	Steuerklasse	Bemessungsgrundlage für Kirchensteuer und Solidaritätszuschlag Freibeträge für ... Kinder					
						0,5	1,0	1,5	2,0	2,5	3,0
7382,99 West	I,IV	1746,00	465,08	465,08	I	1589,33	1432,66	1277,08	1127,41	984,08	847,25
	II	1605,66	465,08	465,08	II	1449,00	1293,08	1142,75	998,75	861,25	730,16
	III	1131,66	465,08	465,08	III	1014,00	899,50	788,16	680,16	575,33	473,66
	V	2260,41	465,08	465,08	IV	1667,66	1589,33	1511,00	1432,66	1354,33	1277,00
	VI	2303,66	465,08	465,08							
7382,99 Ost	I,IV	1753,75	465,08	465,08	I	1597,08	1440,41	1284,66	1134,66	991,08	853,91
	II	1613,50	465,08	465,08	II	1456,83	1300,75	1150,08	1005,83	868,00	736,58
	III	1137,66	465,08	465,08	III	1019,83	905,16	793,66	685,50	580,50	478,66
	V	2268,25	465,08	465,08	IV	1675,41	1597,08	1518,75	1440,41	1362,16	1284,66
	VI	2311,50	465,08	465,08							
7385,99 West	I,IV	1747,25	465,08	465,08	I	1590,58	1433,91	1278,33	1128,58	985,25	848,33
	II	1606,91	465,08	465,08	II	1450,25	1294,33	1143,91	999,91	862,33	731,25
	III	1132,66	465,08	465,08	III	1014,83	900,33	789,16	681,00	576,16	474,50
	V	2261,66	465,08	465,08	IV	1668,91	1590,58	1512,25	1433,91	1355,58	1278,33
	VI	2304,91	465,08	465,08							
7385,99 Ost	I,IV	1755,00	465,08	465,08	I	1598,33	1441,66	1285,91	1135,83	992,25	855,00
	II	1614,75	465,08	465,08	II	1458,08	1302,00	1151,25	1006,91	869,08	737,58
	III	1138,66	465,08	465,08	III	1020,66	906,00	794,66	686,33	581,33	479,50
	V	2269,50	465,08	465,08	IV	1676,66	1598,33	1520,00	1441,66	1363,41	1285,91
	VI	2312,75	465,08	465,08							
7388,99 West	I,IV	1748,50	465,08	465,08	I	1591,83	1435,16	1279,50	1129,75	986,33	849,41
	II	1608,16	465,08	465,08	II	1451,58	1295,58	1145,08	1001,08	863,41	732,25
	III	1133,66	465,08	465,08	III	1015,83	901,33	790,00	681,83	577,00	475,33
	V	2262,91	465,08	465,08	IV	1670,16	1591,83	1513,50	1435,16	1356,83	1279,50
	VI	2306,16	465,08	465,08							
7388,99 Ost	I,IV	1756,25	465,08	465,08	I	1599,66	1443,00	1287,16	1137,08	993,33	856,08
	II	1616,00	465,08	465,08	II	1459,33	1303,25	1152,41	1008,00	870,16	738,66
	III	1139,66	465,08	465,08	III	1021,66	907,00	795,50	687,16	582,16	480,33
	V	2270,75	465,08	465,08	IV	1677,91	1599,66	1521,33	1443,00	1364,66	1287,16
	VI	2314,00	465,08	465,08							
7391,99 West	I,IV	1749,75	465,08	465,08	I	1593,08	1436,41	1280,75	1130,91	987,50	850,50
	II	1609,50	465,08	465,08	II	1452,83	1296,83	1146,25	1002,16	864,50	733,25
	III	1134,50	465,08	465,08	III	1016,83	902,16	790,83	682,66	577,83	476,16
	V	2264,16	465,08	465,08	IV	1671,41	1593,08	1514,75	1436,41	1358,08	1280,75
	VI	2307,41	465,08	465,08							
7391,99 Ost	I,IV	1757,58	465,08	465,08	I	1600,91	1444,25	1288,41	1138,25	994,50	857,16
	II	1617,25	465,08	465,08	II	1460,58	1304,50	1153,66	1009,16	871,25	739,66
	III	1140,50	465,08	465,08	III	1022,66	907,83	796,33	688,00	583,00	481,16
	V	2272,00	465,08	465,08	IV	1679,25	1600,91	1522,58	1444,25	1365,91	1288,41
	VI	2315,25	465,08	465,08							
7394,99 West	I,IV	1751,00	465,08	465,08	I	1594,33	1437,66	1282,00	1132,08	988,58	851,58
	II	1610,75	465,08	465,08	II	1454,08	1298,08	1147,50	1003,33	865,58	734,33
	III	1135,50	465,08	465,08	III	1017,66	903,16	791,66	683,50	578,66	476,83
	V	2265,41	465,08	465,08	IV	1672,66	1594,33	1516,00	1437,66	1359,33	1282,00
	VI	2308,66	465,08	465,08							
7394,99 Ost	I,IV	1758,83	465,08	465,08	I	1602,16	1445,50	1289,66	1139,41	995,58	858,25
	II	1618,50	465,08	465,08	II	1461,83	1305,75	1154,83	1010,33	872,33	740,66
	III	1141,50	465,08	465,08	III	1023,50	908,83	797,16	688,83	583,83	481,83
	V	2273,25	465,08	465,08	IV	1680,50	1602,16	1523,83	1445,50	1367,16	1289,66
	VI	2316,50	465,08	465,08							
7397,99 West	I,IV	1752,25	465,08	465,08	I	1595,58	1438,91	1283,25	1133,25	989,75	852,66
	II	1612,00	465,08	465,08	II	1455,33	1299,25	1148,66	1004,41	866,66	735,33
	III	1136,50	465,08	465,08	III	1018,66	904,00	792,66	684,50	579,50	477,66
	V	2266,66	465,08	465,08	IV	1673,91	1595,58	1517,25	1438,91	1360,58	1283,25
	VI	2310,00	465,08	465,08							
7397,99 Ost	I,IV	1760,08	465,08	465,08	I	1603,41	1446,75	1290,83	1140,58	996,75	859,33
	II	1619,75	465,08	465,08	II	1463,16	1306,91	1156,00	1011,50	873,41	741,75
	III	1142,50	465,08	465,08	III	1024,50	909,66	798,16	689,83	584,66	482,66
	V	2274,50	465,08	465,08	IV	1681,75	1603,41	1525,08	1446,75	1368,41	1290,83
	VI	2317,75	465,08	465,08							

* Zur LSt-Berechnung für privat versicherte Arbeitnehmer s. Beispiele **Vorbemerkung S. 4 f.**
** Basisvorsorgepauschale KV und PV *** Typisierter Arbeitgeberzuschuss

Lohn/ Gehalt in € bis	Steuerklasse	Lohn- steuer*	BVSP**	TAGZ***	Steuerklasse	Bemessungsgrundlage für Kirchensteuer und Solidaritätszuschlag					
						Freibeträge für ... Kinder					
						0,5	1,0	1,5	2,0	2,5	3,0
7400,99 West	I,IV	**1753,50**	465,08	465,08	I	1596,83	1440,16	1284,50	1134,41	990,83	853,75
	II	**1613,25**	465,08	465,08	II	1456,58	1300,50	1149,83	1005,58	867,75	736,33
	III	**1137,50**	465,08	465,08	III	1019,66	905,00	793,50	685,33	580,33	478,50
	V	**2268,00**	465,08	465,08	IV	1675,83	1596,83	1518,50	1440,16	1361,91	1284,50
	VI	**2311,25**	465,08	465,08							
7400,99 Ost	I,IV	**1761,33**	465,08	465,08	I	1604,66	1448,00	1292,08	1141,75	997,83	860,41
	II	**1621,08**	465,08	465,08	II	1464,41	1308,16	1157,16	1012,58	874,50	742,75
	III	**1143,50**	465,08	465,08	III	1025,33	910,66	799,00	690,66	585,50	483,50
	V	**2275,75**	465,08	465,08	IV	1683,00	1604,66	1526,33	1448,00	1369,66	1292,08
	VI	**2319,00**	465,08	465,08							
7403,99 West	I,IV	**1754,75**	465,08	465,08	I	1598,08	1441,50	1285,66	1135,66	992,00	854,83
	II	**1614,50**	465,08	465,08	II	1457,83	1301,75	1151,00	1006,75	868,83	737,41
	III	**1138,33**	465,08	465,08	III	1020,50	905,83	794,33	686,16	581,16	479,33
	V	**2269,25**	465,08	465,08	IV	1676,41	1598,08	1519,83	1441,50	1363,16	1285,66
	VI	**2312,50**	465,08	465,08							
7403,99 Ost	I,IV	**1762,58**	465,08	465,08	I	1605,91	1449,25	1293,33	1142,91	999,00	861,50
	II	**1622,33**	465,08	465,08	II	1465,66	1309,41	1158,41	1013,75	875,58	743,83
	III	**1144,33**	465,08	465,08	III	1026,33	911,50	799,83	691,50	586,33	484,33
	V	**2277,00**	465,08	465,08	IV	1684,25	1605,91	1527,58	1449,25	1370,91	1293,33
	VI	**2320,25**	465,08	465,08							
7406,99 West	I,IV	**1756,08**	465,08	465,08	I	1599,41	1442,75	1286,91	1136,83	993,16	855,91
	II	**1615,75**	465,08	465,08	II	1459,08	1303,00	1152,25	1007,83	869,91	738,41
	III	**1139,33**	465,08	465,08	III	1021,50	906,83	795,33	687,00	582,00	480,16
	V	**2270,50**	465,08	465,08	IV	1677,75	1599,41	1521,08	1442,75	1364,41	1286,91
	VI	**2313,75**	465,08	465,08							
7406,99 Ost	I,IV	**1763,83**	465,08	465,08	I	1607,16	1450,50	1294,58	1144,16	1000,16	862,58
	II	**1623,58**	465,08	465,08	II	1466,91	1310,66	1159,58	1014,91	876,66	744,83
	III	**1145,33**	465,08	465,08	III	1027,33	912,50	800,83	692,33	587,16	485,16
	V	**2278,25**	465,08	465,08	IV	1685,50	1607,16	1528,83	1450,50	1372,16	1294,58
	VI	**2321,58**	465,08	465,08							
7409,99 West	I,IV	**1757,33**	465,08	465,08	I	1600,66	1444,00	1288,16	1138,00	994,25	856,91
	II	**1617,00**	465,08	465,08	II	1460,33	1304,25	1153,41	1009,00	871,00	739,50
	III	**1140,33**	465,08	465,08	III	1022,33	907,66	796,16	687,83	582,83	481,00
	V	**2271,75**	465,08	465,08	IV	1679,00	1600,66	1522,33	1444,00	1365,66	1288,16
	VI	**2315,00**	465,08	465,08							
7409,99 Ost	I,IV	**1765,08**	465,08	465,08	I	1608,41	1451,75	1295,83	1145,33	1001,25	863,66
	II	**1624,83**	465,08	465,08	II	1468,16	1311,91	1160,75	1016,00	877,75	745,83
	III	**1146,33**	465,08	465,08	III	1028,16	913,33	801,66	693,16	588,00	486,00
	V	**2279,58**	465,08	465,08	IV	1686,75	1608,41	1530,08	1451,75	1373,41	1295,83
	VI	**2322,83**	465,08	465,08							
7412,99 West	I,IV	**1758,58**	465,08	465,08	I	1601,91	1445,25	1289,41	1139,16	995,41	858,00
	II	**1618,25**	465,08	465,08	II	1461,58	1305,50	1154,58	1010,08	872,08	740,50
	III	**1141,33**	465,08	465,08	III	1023,33	908,50	797,00	688,66	583,66	481,66
	V	**2273,00**	465,08	465,08	IV	1680,25	1601,91	1523,58	1445,25	1366,91	1289,41
	VI	**2316,25**	465,08	465,08							
7412,99 Ost	I,IV	**1766,33**	465,08	465,08	I	1609,66	1453,08	1297,08	1146,50	1002,41	864,75
	II	**1626,08**	465,08	465,08	II	1469,41	1313,16	1161,91	1017,16	878,83	746,91
	III	**1147,33**	465,08	465,08	III	1029,16	914,16	802,50	694,00	588,83	486,83
	V	**2280,83**	465,08	465,08	IV	1688,00	1609,66	1531,41	1453,08	1374,75	1297,08
	VI	**2324,08**	465,08	465,08							
7415,99 West	I,IV	**1759,83**	465,08	465,08	I	1603,16	1446,50	1290,66	1140,33	996,50	859,08
	II	**1619,58**	465,08	465,08	II	1462,91	1306,75	1155,75	1011,25	873,16	741,50
	III	**1142,33**	465,08	465,08	III	1024,33	909,50	798,00	689,50	584,50	482,50
	V	**2274,25**	465,08	465,08	IV	1681,50	1603,16	1524,83	1446,50	1368,16	1290,66
	VI	**2317,50**	465,08	465,08							
7415,99 Ost	I,IV	**1767,66**	465,08	465,08	I	1611,00	1454,33	1298,25	1147,66	1003,50	865,83
	II	**1627,33**	465,08	465,08	II	1470,66	1314,41	1163,16	1018,33	879,91	747,91
	III	**1148,16**	465,08	465,08	III	1030,16	915,16	803,50	695,00	589,66	487,50
	V	**2282,08**	465,08	465,08	IV	1689,33	1611,00	1532,66	1454,33	1376,00	1298,25
	VI	**2325,33**	465,08	465,08							

*   Zur LSt-Berechnung für privat versicherte Arbeitnehmer s. Beispiele **Vorbemerkung S. 4f.**
** Basisvorsorgepauschale KV und PV *** Typisierter Arbeitgeberzuschuss

allgemeine Lohnsteuer

Lohn/Gehalt in € bis	Steuerklasse	Lohn-steuer*	BVSP**	TAGZ***	Steuerklasse	Bemessungsgrundlage für Kirchensteuer und Solidaritätszuschlag Freibeträge für ... Kinder					
						0,5	1,0	1,5	2,0	2,5	3,0
7418,99 West	I,IV	**1761,08**	465,08	465,08	I	1604,41	1447,75	1291,83	1141,58	997,66	860,16
	II	**1620,83**	465,08	465,08	II	1464,16	1307,91	1157,00	1012,41	874,25	742,58
	III	**1143,16**	465,08	465,08	III	1025,00	910,33	798,83	690,50	585,33	483,33
	V	**2275,50**	465,08	465,08	IV	1682,75	1604,41	1526,00	1447,75	1369,41	1291,83
	VI	**2318,75**	465,08	465,08							
7418,99 Ost	I,IV	**1768,91**	465,08	465,08	I	1612,25	1455,58	1299,50	1148,91	1004,66	866,91
	II	**1628,58**	465,08	465,08	II	1471,91	1315,66	1164,33	1019,41	881,00	749,00
	III	**1149,16**	465,08	465,08	III	1031,00	916,00	804,33	695,83	590,50	488,33
	V	**2283,33**	465,08	465,08	IV	1690,58	1612,25	1533,91	1455,58	1377,25	1299,50
	VI	**2326,58**	465,08	465,08							
7421,99 West	I,IV	**1762,33**	465,08	465,08	I	1605,66	1449,00	1293,08	1142,75	998,75	861,25
	II	**1622,08**	465,08	465,08	II	1465,41	1309,16	1158,16	1013,50	875,33	743,58
	III	**1144,16**	465,08	465,08	III	1026,16	911,33	799,66	691,33	586,16	484,16
	V	**2276,75**	465,08	465,08	IV	1684,00	1605,66	1527,33	1449,00	1370,66	1293,08
	VI	**2320,08**	465,08	465,08							
7421,99 Ost	I,IV	**1770,16**	465,08	465,08	I	1613,50	1456,83	1300,75	1150,08	1005,83	868,00
	II	**1629,83**	465,08	465,08	II	1473,16	1316,91	1165,50	1020,58	882,08	750,00
	III	**1150,16**	465,08	465,08	III	1032,00	917,00	805,16	696,66	591,33	489,16
	V	**2284,58**	465,08	465,08	IV	1691,83	1613,50	1535,16	1456,83	1378,50	1300,75
	VI	**2327,83**	465,08	465,08							
7424,99 West	I,IV	**1763,58**	465,08	465,08	I	1606,91	1450,25	1294,33	1143,91	999,91	862,33
	II	**1623,33**	465,08	465,08	II	1466,66	1310,41	1159,33	1014,66	876,41	744,66
	III	**1145,16**	465,08	465,08	III	1027,00	912,16	800,50	692,16	587,00	485,00
	V	**2278,08**	465,08	465,08	IV	1685,25	1606,91	1528,58	1450,25	1371,91	1294,33
	VI	**2321,33**	465,08	465,08							
7424,99 Ost	I,IV	**1771,41**	465,08	465,08	I	1614,75	1458,08	1302,00	1151,25	1006,91	869,08
	II	**1631,08**	465,08	465,08	II	1474,50	1318,16	1166,75	1021,75	883,16	751,08
	III	**1151,16**	465,08	465,08	III	1032,83	917,83	806,16	697,50	592,16	490,00
	V	**2285,83**	465,08	465,08	IV	1693,08	1614,75	1536,41	1458,08	1379,75	1302,00
	VI	**2329,08**	465,08	465,08							
7427,99 West	I,IV	**1764,83**	465,08	465,08	I	1608,16	1451,58	1295,58	1145,00	1001,08	863,41
	II	**1624,58**	465,08	465,08	II	1467,91	1311,66	1160,50	1015,83	877,50	745,66
	III	**1146,16**	465,08	465,08	III	1028,00	913,16	801,50	693,00	587,83	485,83
	V	**2279,33**	465,08	465,08	IV	1686,50	1608,16	1529,83	1451,58	1373,25	1295,58
	VI	**2322,58**	465,08	465,08							
7427,99 Ost	I,IV	**1772,66**	465,08	465,08	I	1616,00	1459,33	1303,25	1152,41	1008,00	870,16
	II	**1632,41**	465,08	465,08	II	1475,75	1319,41	1167,91	1022,83	884,25	752,08
	III	**1152,16**	465,08	465,08	III	1033,83	918,83	807,00	698,33	593,00	490,83
	V	**2287,08**	465,08	465,08	IV	1694,33	1616,00	1537,66	1459,33	1381,00	1303,25
	VI	**2330,33**	465,08	465,08							
7430,99 West	I,IV	**1766,08**	465,08	465,08	I	1609,50	1452,83	1296,83	1146,25	1002,16	864,50
	II	**1625,83**	465,08	465,08	II	1469,16	1312,91	1161,75	1016,91	878,58	746,66
	III	**1147,00**	465,08	465,08	III	1029,00	914,00	802,33	693,83	588,66	486,50
	V	**2280,58**	465,08	465,08	IV	1687,83	1609,50	1531,16	1452,83	1374,50	1296,83
	VI	**2323,83**	465,08	465,08							
7430,99 Ost	I,IV	**1773,91**	465,08	465,08	I	1617,25	1460,58	1304,50	1153,66	1009,16	871,25
	II	**1633,66**	465,08	465,08	II	1477,00	1320,58	1169,08	1024,00	885,33	753,08
	III	**1153,00**	465,08	465,08	III	1034,83	919,66	807,83	699,16	593,83	491,66
	V	**2288,33**	465,08	465,08	IV	1695,58	1617,25	1538,91	1460,58	1382,25	1304,50
	VI	**2331,66**	465,08	465,08							
7433,99 West	I,IV	**1767,41**	465,08	465,08	I	1610,75	1454,08	1298,08	1147,50	1003,33	865,58
	II	**1627,08**	465,08	465,08	II	1470,41	1314,16	1162,91	1018,08	879,66	747,75
	III	**1148,00**	465,08	465,08	III	1029,83	915,00	803,16	694,66	589,50	487,33
	V	**2281,83**	465,08	465,08	IV	1689,08	1610,75	1532,41	1454,08	1375,75	1298,08
	VI	**2325,08**	465,08	465,08							
7433,99 Ost	I,IV	**1775,16**	465,08	465,08	I	1618,50	1461,83	1305,75	1154,83	1010,33	872,33
	II	**1634,91**	465,08	465,08	II	1478,25	1321,83	1170,25	1025,16	886,41	754,16
	III	**1154,00**	465,08	465,08	III	1035,66	920,66	808,83	700,16	594,66	492,33
	V	**2289,66**	465,08	465,08	IV	1696,83	1618,50	1540,16	1461,83	1383,50	1305,75
	VI	**2332,91**	465,08	465,08							

* Zur LSt-Berechnung für privat versicherte Arbeitnehmer s. Beispiele **Vorbemerkung S. 4 f.**
** Basisvorsorgepauschale KV und PV   *** Typisierter Arbeitgeberzuschuss

Lohn/ Gehalt in € bis	Steuerklasse	Lohn- steuer*	BVSP**	TAGZ***	Steuerklasse	Bemessungsgrundlage für Kirchensteuer und Solidaritätszuschlag					
						Freibeträge für ... Kinder					
						0,5	1,0	1,5	2,0	2,5	3,0
7436,99 West	I,IV	**1768,66**	465,08	465,08	I	1612,00	1455,33	1299,25	1148,66	1004,41	866,66
	II	**1628,33**	465,08	465,08	II	1471,66	1315,41	1164,08	1019,25	880,75	748,75
	III	**1149,00**	465,08	465,08	III	1030,83	915,83	804,16	695,66	590,33	488,16
	V	**2283,08**	465,08	465,08	IV	1690,33	1612,00	1533,66	1455,33	1377,00	1299,25
	VI	**2326,33**	465,08	465,08							
7436,99 Ost	I,IV	**1776,41**	465,08	465,08	I	1619,75	1463,16	1306,91	1156,00	1011,50	873,41
	II	**1636,16**	465,08	465,08	II	1479,50	1323,08	1171,50	1026,25	887,50	755,16
	III	**1155,00**	465,08	465,08	III	1036,66	921,50	809,66	701,00	595,50	493,16
	V	**2290,91**	465,08	465,08	IV	1698,08	1619,75	1541,41	1463,16	1384,83	1306,91
	VI	**2334,16**	465,08	465,08							
7439,99 West	I,IV	**1769,91**	465,08	465,08	I	1613,25	1456,58	1300,50	1149,83	1005,58	867,75
	II	**1629,58**	465,08	465,08	II	1473,00	1316,66	1165,25	1020,33	881,83	749,83
	III	**1150,00**	465,08	465,08	III	1031,83	916,83	805,00	696,50	591,16	489,00
	V	**2284,33**	465,08	465,08	IV	1691,58	1613,25	1534,91	1456,58	1378,25	1300,50
	VI	**2327,58**	465,08	465,08							
7439,99 Ost	I,IV	**1777,66**	465,08	465,08	I	1621,08	1464,41	1308,16	1157,16	1012,58	874,50
	II	**1637,41**	465,08	465,08	II	1480,75	1324,33	1172,66	1027,41	888,58	756,25
	III	**1156,00**	465,08	465,08	III	1037,66	922,50	810,50	701,83	596,33	494,00
	V	**2292,16**	465,08	465,08	IV	1699,41	1621,08	1542,75	1464,41	1386,08	1308,16
	VI	**2335,41**	465,08	465,08							
7442,99 West	I,IV	**1771,16**	465,08	465,08	I	1614,50	1457,83	1301,75	1151,00	1006,75	868,83
	II	**1630,91**	465,08	465,08	II	1474,25	1317,91	1166,50	1021,50	882,91	750,83
	III	**1151,00**	465,08	465,08	III	1032,66	917,66	805,83	697,33	592,00	489,83
	V	**2285,58**	465,08	465,08	IV	1692,83	1614,50	1536,16	1457,83	1379,50	1301,75
	VI	**2328,83**	465,08	465,08							
7442,99 Ost	I,IV	**1779,00**	465,08	465,08	I	1622,33	1465,66	1309,41	1158,41	1013,75	875,58
	II	**1638,66**	465,08	465,08	II	1482,00	1325,58	1173,83	1028,58	889,66	757,25
	III	**1157,00**	465,08	465,08	III	1038,50	923,33	811,33	702,66	597,16	494,83
	V	**2293,41**	465,08	465,08	IV	1700,66	1622,33	1544,00	1465,66	1387,33	1309,41
	VI	**2336,66**	465,08	465,08							
7445,99 West	I,IV	**1772,41**	465,08	465,08	I	1615,75	1459,00	1303,00	1152,25	1007,83	869,91
	II	**1632,16**	465,08	465,08	II	1475,50	1319,16	1167,66	1022,66	884,08	751,91
	III	**1151,83**	465,08	465,08	III	1033,66	918,66	806,83	698,16	592,83	490,66
	V	**2286,83**	465,08	465,08	IV	1694,08	1615,75	1537,41	1459,00	1380,75	1303,00
	VI	**2330,08**	465,08	465,08							
7445,99 Ost	I,IV	**1780,25**	465,08	465,08	I	1623,58	1466,91	1310,66	1159,58	1014,91	876,66
	II	**1639,91**	465,08	465,08	II	1483,25	1326,83	1175,00	1029,75	890,83	758,33
	III	**1157,83**	465,08	465,08	III	1039,50	924,33	812,33	703,50	598,00	495,66
	V	**2294,66**	465,08	465,08	IV	1701,91	1623,58	1545,25	1466,91	1388,58	1310,66
	VI	**2337,91**	465,08	465,08							
7448,99 West	I,IV	**1773,66**	465,08	465,08	I	1617,00	1460,33	1304,25	1153,41	1009,00	871,00
	II	**1633,41**	465,08	465,08	II	1476,75	1320,41	1168,83	1023,75	885,16	752,91
	III	**1152,83**	465,08	465,08	III	1034,50	919,50	807,66	699,00	593,66	491,50
	V	**2288,08**	465,08	465,08	IV	1695,33	1617,00	1538,66	1460,33	1382,00	1304,25
	VI	**2331,41**	465,08	465,08							
7448,99 Ost	I,IV	**1781,50**	465,08	465,08	I	1624,83	1468,16	1311,91	1160,75	1016,00	877,75
	II	**1641,16**	465,08	465,08	II	1484,58	1328,08	1176,25	1030,83	891,91	759,33
	III	**1158,83**	465,08	465,08	III	1040,50	925,16	813,16	704,33	598,83	496,50
	V	**2295,91**	465,08	465,08	IV	1703,16	1624,83	1546,50	1468,16	1389,83	1311,91
	VI	**2339,16**	465,08	465,08							
7451,99 West	I,IV	**1774,91**	465,08	465,08	I	1618,25	1461,58	1305,50	1154,58	1010,08	872,08
	II	**1634,66**	465,08	465,08	II	1478,00	1321,58	1170,00	1024,91	886,25	753,91
	III	**1153,83**	465,08	465,08	III	1035,50	920,50	808,50	699,83	594,50	492,16
	V	**2289,41**	465,08	465,08	IV	1696,58	1618,25	1539,91	1461,58	1383,33	1305,50
	VI	**2332,66**	465,08	465,08							
7451,99 Ost	I,IV	**1782,75**	465,08	465,08	I	1626,08	1469,41	1313,16	1161,91	1017,16	878,83
	II	**1642,50**	465,08	465,08	II	1485,83	1329,33	1177,41	1032,00	893,00	760,41
	III	**1159,83**	465,08	465,08	III	1041,33	926,16	814,00	705,33	599,66	497,33
	V	**2297,16**	465,08	465,08	IV	1704,41	1626,08	1547,75	1469,41	1391,08	1313,16
	VI	**2340,41**	465,08	465,08							

*   Zur LSt-Berechnung für privat versicherte Arbeitnehmer s. Beispiele **Vorbemerkung S. 4 f.**
**   Basisvorsorgepauschale KV und PV   *** Typisierter Arbeitgeberzuschuss

Lohn/ Gehalt in € bis	Steuerklasse	Lohn-steuer*	BVSP**	TAGZ***	Steuerklasse	Bemessungsgrundlage für Kirchensteuer und Solidaritätszuschlag Freibeträge für ... Kinder					
						0,5	1,0	1,5	2,0	2,5	3,0
7454,99 West	I,IV	1776,16	465,08	465,08	I	1619,58	1462,91	1306,75	1155,75	1011,25	873,16
	II	1635,91	465,08	465,08	II	1479,25	1322,83	1171,25	1026,08	887,33	755,00
	III	1154,83	465,08	465,08	III	1036,50	921,33	809,50	700,83	595,33	493,00
	V	2290,66	465,08	465,08	IV	1697,83	1619,58	1541,25	1462,91	1384,58	1306,75
	VI	2333,91	465,08	465,08							
7454,99 Ost	I,IV	1784,00	465,08	465,08	I	1627,33	1470,66	1314,41	1163,16	1018,33	879,91
	II	1643,75	465,08	465,08	II	1487,08	1330,58	1178,66	1033,16	894,08	761,41
	III	1160,83	465,08	465,08	III	1042,33	927,00	815,00	706,16	600,50	498,16
	V	2298,41	465,08	465,08	IV	1705,66	1627,33	1549,00	1470,66	1392,33	1314,41
	VI	2341,75	465,08	465,08							
7457,99 West	I,IV	1777,50	465,08	465,08	I	1620,83	1464,16	1307,91	1157,00	1012,41	874,25
	II	1637,16	465,08	465,08	II	1480,50	1324,08	1172,41	1027,25	888,41	756,00
	III	1155,66	465,08	465,08	III	1037,33	922,33	810,33	701,66	596,16	493,83
	V	2291,91	465,08	465,08	IV	1699,16	1620,83	1542,50	1464,16	1385,83	1307,91
	VI	2335,16	465,08	465,08							
7457,99 Ost	I,IV	1785,25	465,08	465,08	I	1628,58	1471,91	1315,66	1164,33	1019,41	881,00
	II	1645,00	465,08	465,08	II	1488,33	1331,83	1179,83	1034,33	895,16	762,50
	III	1161,83	465,08	465,08	III	1043,16	928,00	815,83	707,00	601,33	498,83
	V	2299,75	465,08	465,08	IV	1706,91	1628,58	1550,25	1471,91	1393,58	1315,66
	VI	2343,00	465,08	465,08							
7460,99 West	I,IV	1778,75	465,08	465,08	I	1622,08	1465,41	1309,16	1158,16	1013,50	875,33
	II	1638,41	465,08	465,08	II	1481,75	1325,33	1173,66	1028,33	889,50	757,08
	III	1156,66	465,08	465,08	III	1038,33	923,16	811,16	702,50	597,00	494,66
	V	2293,16	465,08	465,08	IV	1700,41	1622,08	1543,75	1465,41	1387,08	1309,16
	VI	2336,41	465,08	465,08							
7460,99 Ost	I,IV	1786,50	465,08	465,08	I	1629,83	1473,16	1316,91	1165,50	1020,58	882,08
	II	1646,25	465,08	465,08	II	1489,58	1333,08	1181,08	1035,41	896,25	763,50
	III	1162,66	465,08	465,08	III	1044,16	928,83	816,66	707,83	602,16	499,66
	V	2301,00	465,08	465,08	IV	1708,16	1629,83	1551,50	1473,16	1394,91	1316,91
	VI	2344,25	465,08	465,08							
7463,99 West	I,IV	1780,00	465,08	465,08	I	1623,33	1466,66	1310,41	1159,33	1014,66	876,41
	II	1639,66	465,08	465,08	II	1483,08	1326,58	1174,83	1029,50	890,58	758,08
	III	1157,66	465,08	465,08	III	1039,33	924,00	812,16	703,33	597,83	495,50
	V	2294,41	465,08	465,08	IV	1701,66	1623,33	1545,00	1466,66	1388,33	1310,41
	VI	2337,66	465,08	465,08							
7463,99 Ost	I,IV	1787,75	465,08	465,08	I	1631,16	1474,50	1318,16	1166,75	1021,75	883,16
	II	1647,50	465,08	465,08	II	1490,83	1334,33	1182,25	1036,58	897,33	764,58
	III	1163,66	465,08	465,08	III	1045,16	929,83	817,66	708,66	603,00	500,50
	V	2302,25	465,08	465,08	IV	1709,41	1631,16	1552,83	1474,50	1396,16	1318,16
	VI	2345,50	465,08	465,08							
7466,99 West	I,IV	1781,25	465,08	465,08	I	1624,58	1467,91	1311,66	1160,50	1015,83	877,50
	II	1641,00	465,08	465,08	II	1484,33	1327,83	1176,00	1030,66	891,66	759,16
	III	1158,66	465,08	465,08	III	1040,16	925,00	813,00	704,16	598,66	496,33
	V	2295,66	465,08	465,08	IV	1702,91	1624,58	1546,25	1467,91	1389,58	1311,66
	VI	2338,91	465,08	465,08							
7466,99 Ost	I,IV	1789,08	465,08	465,08	I	1632,41	1475,75	1319,41	1167,91	1022,83	884,25
	II	1648,75	465,08	465,08	II	1492,08	1335,58	1183,41	1037,75	898,41	765,58
	III	1164,66	465,08	465,08	III	1046,00	930,66	818,50	709,50	603,83	501,33
	V	2303,50	465,08	465,08	IV	1710,75	1632,41	1554,08	1475,75	1397,41	1319,41
	VI	2346,75	465,08	465,08							
7469,99 West	I,IV	1782,50	465,08	465,08	I	1625,83	1469,16	1312,91	1161,75	1016,91	878,58
	II	1642,25	465,08	465,08	II	1485,58	1329,08	1177,25	1031,75	892,75	760,16
	III	1159,66	465,08	465,08	III	1041,16	925,83	813,83	705,00	599,50	497,16
	V	2296,91	465,08	465,08	IV	1704,16	1625,83	1547,50	1469,16	1390,83	1312,91
	VI	2340,16	465,08	465,08							
7469,99 Ost	I,IV	1790,33	465,08	465,08	I	1633,66	1477,00	1320,58	1169,08	1024,00	885,33
	II	1650,00	465,08	465,08	II	1493,33	1336,83	1184,66	1038,91	899,58	766,66
	III	1165,66	465,08	465,08	III	1047,00	931,66	819,33	710,50	604,66	502,16
	V	2304,75	465,08	465,08	IV	1712,00	1633,66	1555,33	1477,00	1398,66	1320,58
	VI	2348,00	465,08	465,08							

* Zur LSt-Berechnung für privat versicherte Arbeitnehmer s. Beispiele **Vorbemerkung S. 4f.**
** Basisvorsorgepauschale KV und PV *** Typisierter Arbeitgeberzuschuss

Lohn/ Gehalt in € bis	Steuerklasse	Lohn- steuer*	BVSP**	TAGZ***	Steuerklasse	Bemessungsgrundlage für Kirchensteuer und Solidaritätszuschlag — Freibeträge für ... Kinder					
						0,5	1,0	1,5	2,0	2,5	3,0
7472,99 West	I,IV	1783,75	465,08	465,08	I	1627,08	1470,41	1314,16	1162,91	1018,08	879,66
	II	1643,50	465,08	465,08	II	1486,83	1330,33	1178,41	1032,91	893,83	761,25
	III	1160,50	465,08	465,08	III	1042,16	926,83	814,83	706,00	600,33	497,83
	V	2298,16	465,08	465,08	IV	1705,41	1627,08	1548,75	1470,41	1392,08	1314,16
	VI	2341,50	465,08	465,08							
7472,99 Ost	I,IV	1791,58	465,08	465,08	I	1634,91	1478,25	1321,83	1170,25	1025,16	886,41
	II	1651,25	465,08	465,08	II	1494,66	1338,08	1185,83	1040,00	900,66	767,66
	III	1166,66	465,08	465,08	III	1048,00	932,50	820,33	711,33	605,50	503,00
	V	2306,00	465,08	465,08	IV	1713,25	1634,91	1556,58	1478,25	1399,91	1321,83
	VI	2349,25	465,08	465,08							
7475,99 West	I,IV	1785,00	465,08	465,08	I	1628,33	1471,66	1315,41	1164,08	1019,25	880,75
	II	1644,75	465,08	465,08	II	1488,08	1331,58	1179,58	1034,08	894,91	762,25
	III	1161,50	465,08	465,08	III	1043,00	927,66	815,66	706,83	601,16	498,66
	V	2299,50	465,08	465,08	IV	1706,66	1628,33	1550,00	1471,66	1393,33	1315,41
	VI	2342,75	465,08	465,08							
7475,99 Ost	I,IV	1792,83	465,08	465,08	I	1636,16	1479,50	1323,08	1171,50	1026,25	887,50
	II	1652,58	465,08	465,08	II	1495,91	1339,33	1187,00	1041,16	901,75	768,75
	III	1167,50	465,08	465,08	III	1048,83	933,50	821,16	712,16	606,33	503,83
	V	2307,25	465,08	465,08	IV	1714,50	1636,16	1557,83	1479,50	1401,16	1323,08
	VI	2350,50	465,08	465,08							
7478,99 West	I,IV	1786,25	465,08	465,08	I	1629,58	1473,00	1316,66	1165,25	1020,33	881,83
	II	1646,00	465,08	465,08	II	1489,33	1332,83	1180,83	1035,25	896,08	763,33
	III	1162,50	465,08	465,08	III	1044,00	928,66	816,50	707,66	602,00	499,50
	V	2300,75	465,08	465,08	IV	1707,91	1629,58	1551,33	1473,00	1394,66	1316,66
	VI	2344,00	465,08	465,08							
7478,99 Ost	I,IV	1794,08	465,08	465,08	I	1637,41	1480,75	1324,33	1172,66	1027,41	888,58
	II	1653,83	465,08	465,08	II	1497,16	1340,58	1188,25	1042,33	902,83	769,75
	III	1168,50	465,08	465,08	III	1049,83	934,33	822,00	713,00	607,16	504,50
	V	2308,50	465,08	465,08	IV	1715,75	1637,41	1559,08	1480,75	1402,41	1324,33
	VI	2351,75	465,08	465,08							
7481,99 West	I,IV	1787,58	465,08	465,08	I	1630,91	1474,25	1317,91	1166,50	1021,50	882,91
	II	1647,25	465,08	465,08	II	1490,58	1334,08	1182,00	1036,33	897,16	764,33
	III	1163,50	465,08	465,08	III	1044,83	929,50	817,50	708,50	602,83	500,33
	V	2302,00	465,08	465,08	IV	1709,25	1630,91	1552,58	1474,25	1395,91	1317,91
	VI	2345,25	465,08	465,08							
7481,99 Ost	I,IV	1795,33	465,08	465,08	I	1638,66	1482,00	1325,58	1173,83	1028,58	889,66
	II	1655,08	465,08	465,08	II	1498,41	1341,83	1189,41	1043,50	903,91	770,83
	III	1169,50	465,08	465,08	III	1050,83	935,33	823,00	713,83	608,00	505,33
	V	2309,75	465,08	465,08	IV	1717,00	1638,66	1560,33	1482,00	1403,66	1325,58
	VI	2353,08	465,08	465,08							
7484,99 West	I,IV	1788,83	465,08	465,08	I	1632,16	1475,50	1319,16	1167,66	1022,66	884,08
	II	1648,50	465,08	465,08	II	1491,83	1335,33	1183,25	1037,50	898,25	765,41
	III	1164,50	465,08	465,08	III	1045,83	930,50	818,33	709,33	603,66	501,16
	V	2303,25	465,08	465,08	IV	1710,50	1632,16	1553,83	1475,50	1397,16	1319,16
	VI	2346,50	465,08	465,08							
7484,99 Ost	I,IV	1796,58	465,08	465,08	I	1639,91	1483,25	1326,83	1175,08	1029,75	890,83
	II	1656,33	465,08	465,08	II	1499,66	1343,08	1190,66	1044,58	905,00	771,83
	III	1170,50	465,08	465,08	III	1051,66	936,16	823,83	714,83	608,83	506,16
	V	2311,08	465,08	465,08	IV	1718,25	1639,91	1561,58	1483,25	1404,91	1326,83
	VI	2354,33	465,08	465,08							
7487,99 West	I,IV	1790,08	465,08	465,08	I	1633,41	1476,75	1320,41	1168,83	1023,75	885,16
	II	1649,75	465,08	465,08	II	1493,08	1336,58	1184,41	1038,66	899,33	766,41
	III	1165,33	465,08	465,08	III	1046,83	931,33	819,16	710,16	604,50	502,00
	V	2304,50	465,08	465,08	IV	1711,75	1633,41	1555,08	1476,75	1398,41	1320,41
	VI	2347,75	465,08	465,08							
7487,99 Ost	I,IV	1797,83	465,08	465,08	I	1641,16	1484,58	1328,08	1176,25	1030,83	891,91
	II	1657,58	465,08	465,08	II	1500,91	1344,33	1191,83	1045,75	906,08	772,91
	III	1171,50	465,08	465,08	III	1052,66	937,16	824,66	715,66	609,66	507,00
	V	2312,33	465,08	465,08	IV	1719,50	1641,16	1562,91	1484,58	1406,25	1328,83
	VI	2355,58	465,08	465,08							

*   Zur LSt-Berechnung für privat versicherte Arbeitnehmer s. Beispiele **Vorbemerkung S. 4f.**
** Basisvorsorgepauschale KV und PV   *** Typisierter Arbeitgeberzuschuss

Lohn/ Gehalt in € bis	Steuerklasse	Lohn-steuer*	BVSP**	TAGZ***	Steuerklasse	Bemessungsgrundlage für Kirchensteuer und Solidaritätszuschlag					
						Freibeträge für ... Kinder					
						0,5	1,0	1,5	2,0	2,5	3,0
7490,99 West	I,IV	**1791,33**	465,08	465,08	I	1634,66	1478,00	1321,58	1170,08	1024,91	886,25
	II	**1651,08**	465,08	465,08	II	1494,41	1337,83	1185,58	1039,83	900,41	767,50
	III	**1166,33**	465,08	465,08	III	1047,66	932,33	820,16	711,16	605,33	502,83
	V	**2305,75**	465,08	465,08	IV	1713,00	1634,66	1556,33	1478,00	1399,66	1321,58
	VI	**2349,00**	465,08	465,08							
7490,99 Ost	I,IV	**1799,16**	465,08	465,08	I	1642,50	1485,83	1329,33	1177,41	1032,00	893,00
	II	**1658,83**	465,08	465,08	II	1502,16	1345,58	1193,00	1046,91	907,25	773,91
	III	**1172,33**	465,08	465,08	III	1053,66	938,00	825,66	716,50	610,50	507,83
	V	**2313,58**	465,08	465,08	IV	1720,83	1642,50	1564,16	1485,83	1407,50	1329,33
	VI	**2356,83**	465,08	465,08							
7493,99 West	I,IV	**1792,58**	465,08	465,08	I	1635,91	1479,25	1322,83	1171,25	1026,08	887,33
	II	**1652,33**	465,08	465,08	II	1495,66	1339,08	1186,83	1040,91	901,50	768,50
	III	**1167,33**	465,08	465,08	III	1048,66	933,16	821,00	712,00	606,16	503,66
	V	**2307,00**	465,08	465,08	IV	1714,25	1635,91	1557,58	1479,25	1400,91	1322,83
	VI	**2350,25**	465,08	465,08							
7493,99 Ost	I,IV	**1800,41**	465,08	465,08	I	1643,75	1487,08	1330,58	1178,66	1033,16	894,08
	II	**1660,08**	465,08	465,08	II	1503,41	1346,83	1194,25	1048,08	908,33	775,00
	III	**1173,33**	465,08	465,08	III	1054,66	939,00	826,50	717,33	611,33	508,66
	V	**2314,83**	465,08	465,08	IV	1722,08	1643,75	1565,41	1487,08	1408,75	1330,58
	VI	**2358,08**	465,08	465,08							
7496,99 West	I,IV	**1793,83**	465,08	465,08	I	1637,16	1480,50	1324,08	1172,41	1027,25	888,41
	II	**1653,58**	465,08	465,08	II	1496,91	1340,33	1188,00	1042,08	902,58	769,58
	III	**1168,33**	465,08	465,08	III	1049,66	934,16	821,83	712,83	607,00	504,33
	V	**2308,25**	465,08	465,08	IV	1715,50	1637,16	1558,83	1480,50	1402,16	1324,08
	VI	**2351,58**	465,08	465,08							
7496,99 Ost	I,IV	**1801,66**	465,08	465,08	I	1645,00	1488,33	1331,83	1179,83	1034,33	895,16
	II	**1661,33**	465,08	465,08	II	1504,16	1348,08	1195,41	1049,25	909,41	776,08
	III	**1174,33**	465,08	465,08	III	1055,50	939,83	827,50	718,16	612,16	509,50
	V	**2316,08**	465,08	465,08	IV	1723,33	1645,00	1566,66	1488,33	1410,00	1331,83
	VI	**2359,33**	465,08	465,08							
7499,99 West	I,IV	**1795,08**	465,08	465,08	I	1638,41	1481,75	1325,33	1173,66	1028,33	889,50
	II	**1654,83**	465,08	465,08	II	1498,16	1341,58	1189,16	1043,25	903,75	770,58
	III	**1169,33**	465,08	465,08	III	1050,50	935,00	822,83	713,66	607,83	505,16
	V	**2309,58**	465,08	465,08	IV	1716,75	1638,41	1560,08	1481,75	1403,41	1325,33
	VI	**2352,83**	465,08	465,08							
7499,99 Ost	I,IV	**1802,91**	465,08	465,08	I	1646,25	1489,58	1333,08	1181,08	1035,41	896,25
	II	**1662,66**	465,08	465,08	II	1506,00	1349,33	1196,66	1050,33	910,50	777,08
	III	**1175,33**	465,08	465,08	III	1056,50	940,83	828,33	719,00	613,00	510,33
	V	**2317,33**	465,08	465,08	IV	1724,58	1646,25	1567,91	1489,58	1411,25	1333,08
	VI	**2360,58**	465,08	465,08							
7502,99 West	I,IV	**1796,33**	465,08	465,08	I	1639,66	1483,08	1326,58	1174,83	1029,50	890,58
	II	**1656,08**	465,08	465,08	II	1499,41	1342,83	1190,41	1044,41	904,83	771,66
	III	**1170,16**	465,08	465,08	III	1051,50	936,00	823,66	714,50	608,66	506,00
	V	**2310,83**	465,08	465,08	IV	1718,00	1639,66	1561,33	1483,08	1404,75	1326,58
	VI	**2354,08**	465,08	465,08							
7502,99 Ost	I,IV	**1804,16**	465,08	465,08	I	1647,50	1490,83	1334,33	1182,25	1036,58	897,33
	II	**1663,91**	465,08	465,08	II	1507,25	1350,58	1197,83	1051,50	911,58	778,16
	III	**1176,33**	465,08	465,08	III	1057,33	941,66	829,16	720,00	613,83	511,00
	V	**2318,58**	465,08	465,08	IV	1725,83	1647,50	1569,16	1490,83	1412,50	1334,33
	VI	**2361,83**	465,08	465,08							
7505,99 West	I,IV	**1797,58**	465,08	465,08	I	1641,00	1484,33	1327,83	1176,00	1030,66	891,66
	II	**1657,33**	465,08	465,08	II	1500,66	1344,08	1191,58	1045,50	905,91	772,66
	III	**1171,16**	465,08	465,08	III	1052,50	936,83	824,50	715,50	609,50	506,83
	V	**2312,08**	465,08	465,08	IV	1719,33	1641,00	1562,66	1484,33	1406,00	1327,83
	VI	**2355,33**	465,08	465,08							
7505,99 Ost	I,IV	**1805,41**	465,08	465,08	I	1648,75	1492,08	1335,58	1183,41	1037,75	898,41
	II	**1665,16**	465,08	465,08	II	1508,50	1351,83	1199,08	1052,66	912,75	779,16
	III	**1177,16**	465,08	465,08	III	1058,33	942,66	830,16	720,83	614,66	511,83
	V	**2319,83**	465,08	465,08	IV	1727,08	1648,75	1570,41	1492,08	1413,75	1335,58
	VI	**2363,16**	465,08	465,08							

* Zur LSt-Berechnung für privat versicherte Arbeitnehmer s. Beispiele **Vorbemerkung S. 4 f.**
** Basisvorsorgepauschale KV und PV *** Typisierter Arbeitgeberzuschuss

Lohn/ Gehalt in € bis	Steuerklasse	Lohn-steuer*	BVSP**	TAGZ***	Steuerklasse	Bemessungsgrundlage für Kirchensteuer und Solidaritätszuschlag					
						Freibeträge für ... Kinder					
						0,5	1,0	1,5	2,0	2,5	3,0
7508,99 West	I,IV	**1798,91**	465,08	465,08	I	1642,25	1485,58	1329,08	1177,25	1031,75	892,75
	II	**1658,58**	465,08	465,08	II	1501,91	1345,33	1192,83	1046,66	907,00	773,75
	III	**1172,16**	465,08	465,08	III	1053,33	937,83	825,50	716,33	610,33	507,66
	V	**2313,33**	465,08	465,08	IV	1720,58	1642,25	1563,91	1485,58	1407,25	1329,08
	VI	**2356,58**	465,08	465,08							
7508,99 Ost	I,IV	**1806,66**	465,08	465,08	I	1650,00	1493,33	1336,83	1184,66	1038,91	899,58
	II	**1666,41**	465,08	465,08	II	1509,75	1353,08	1200,25	1053,83	913,83	780,25
	III	**1178,16**	465,08	465,08	III	1059,33	943,50	831,00	721,66	615,66	512,66
	V	**2321,16**	465,08	465,08	IV	1728,33	1650,00	1571,66	1493,33	1415,00	1336,83
	VI	**2364,41**	465,08	465,08							
7511,99 West	I,IV	**1800,16**	465,08	465,08	I	1643,50	1486,83	1330,33	1178,41	1032,91	893,83
	II	**1659,83**	465,08	465,08	II	1503,16	1346,58	1194,00	1047,83	908,00	774,83
	III	**1173,16**	465,08	465,08	III	1054,33	938,66	826,33	717,16	611,16	508,50
	V	**2314,58**	465,08	465,08	IV	1721,83	1643,50	1565,16	1486,83	1408,50	1330,33
	VI	**2357,83**	465,08	465,08							
7511,99 Ost	I,IV	**1807,91**	465,08	465,08	I	1651,25	1494,66	1338,08	1185,83	1040,00	900,66
	II	**1667,66**	465,08	465,08	II	1511,00	1354,33	1201,41	1055,00	914,91	781,25
	III	**1179,16**	465,08	465,08	III	1060,16	944,50	831,83	722,50	616,50	513,50
	V	**2322,41**	465,08	465,08	IV	1729,58	1651,25	1572,91	1494,66	1416,33	1338,08
	VI	**2365,66**	465,08	465,08							
7514,99 West	I,IV	**1801,41**	465,08	465,08	I	1644,75	1488,08	1331,58	1179,58	1034,08	894,91
	II	**1661,08**	465,08	465,08	II	1504,50	1347,83	1195,16	1049,00	909,16	775,83
	III	**1174,16**	465,08	465,08	III	1055,33	939,66	827,16	718,00	612,00	509,33
	V	**2315,83**	465,08	465,08	IV	1723,08	1644,75	1566,41	1488,08	1409,75	1331,58
	VI	**2359,08**	465,08	465,08							
7514,99 Ost	I,IV	**1809,16**	465,08	465,08	I	1652,58	1495,91	1339,33	1187,00	1041,16	901,75
	II	**1668,91**	465,08	465,08	II	1512,25	1355,66	1202,66	1056,08	916,00	782,33
	III	**1180,16**	465,08	465,08	III	1061,16	945,33	832,83	723,33	617,33	514,33
	V	**2323,66**	465,08	465,08	IV	1730,91	1652,58	1574,25	1495,91	1417,58	1339,33
	VI	**2366,91**	465,08	465,08							
7517,99 West	I,IV	**1802,66**	465,08	465,08	I	1646,00	1489,33	1332,83	1180,83	1035,25	896,00
	II	**1662,41**	465,08	465,08	II	1505,75	1349,08	1196,41	1050,16	910,33	776,91
	III	**1175,00**	465,08	465,08	III	1056,16	940,50	828,16	718,83	612,83	510,16
	V	**2317,08**	465,08	465,08	IV	1724,33	1646,00	1567,66	1489,33	1411,00	1332,83
	VI	**2360,33**	465,08	465,08							
7517,99 Ost	I,IV	**1810,50**	465,08	465,08	I	1653,83	1497,16	1340,58	1188,25	1042,33	902,83
	II	**1670,16**	465,08	465,08	II	1513,50	1356,91	1203,83	1057,25	917,08	783,41
	III	**1181,16**	465,08	465,08	III	1062,16	946,33	833,66	724,33	618,16	515,16
	V	**2324,41**	465,08	465,08	IV	1732,16	1653,83	1575,50	1497,16	1418,83	1340,58
	VI	**2368,16**	465,08	465,08							
7520,99 West	I,IV	**1803,91**	465,08	465,08	I	1647,25	1490,58	1334,08	1182,00	1036,33	897,16
	II	**1663,66**	465,08	465,08	II	1507,00	1350,33	1197,58	1051,25	911,41	777,91
	III	**1176,00**	465,08	465,08	III	1057,16	941,50	829,00	719,83	613,66	510,83
	V	**2318,33**	465,08	465,08	IV	1725,58	1647,25	1568,91	1490,58	1412,25	1334,08
	VI	**2361,58**	465,08	465,08							
7520,99 Ost	I,IV	**1811,75**	465,08	465,08	I	1655,08	1498,41	1341,83	1189,41	1043,50	903,91
	II	**1671,41**	465,08	465,08	II	1514,75	1358,16	1205,08	1058,41	918,25	784,41
	III	**1182,16**	465,08	465,08	III	1063,00	947,16	834,50	725,16	619,00	516,00
	V	**2326,16**	465,08	465,08	IV	1733,41	1655,08	1576,75	1498,41	1420,08	1341,83
	VI	**2369,41**	465,08	465,08							
7523,99 West	I,IV	**1805,16**	465,08	465,08	I	1648,50	1491,83	1335,33	1183,25	1037,50	898,25
	II	**1664,91**	465,08	465,08	II	1508,25	1351,58	1198,83	1052,41	912,50	779,00
	III	**1177,00**	465,08	465,08	III	1058,16	942,33	829,83	720,66	614,50	511,66
	V	**2319,58**	465,08	465,08	IV	1726,83	1648,50	1570,16	1491,83	1413,50	1335,33
	VI	**2362,91**	465,08	465,08							
7523,99 Ost	I,IV	**1813,00**	465,08	465,08	I	1656,33	1499,66	1343,08	1190,66	1044,58	905,00
	II	**1672,66**	465,08	465,08	II	1516,08	1359,41	1206,25	1059,58	919,33	785,50
	III	**1183,00**	465,08	465,08	III	1064,00	948,16	835,50	726,00	619,83	516,83
	V	**2327,41**	465,08	465,08	IV	1734,66	1656,33	1578,00	1499,66	1421,33	1343,00
	VI	**2370,66**	465,08	465,08							

*   Zur LSt-Berechnung für privat versicherte Arbeitnehmer s. Beispiele **Vorbemerkung S. 4 f.**
** Basisvorsorgepauschale KV und PV   *** Typisierter Arbeitgeberzuschuss

Lohn/ Gehalt in € bis	Steuerklasse	Lohn- steuer*	BVSP**	TAGZ***	Steuerklasse	Bemessungsgrundlage für Kirchensteuer und Solidaritätszuschlag Freibeträge für ... Kinder					
						0,5	1,0	1,5	2,0	2,5	3,0
7526,99 West	I,IV	**1 806,41**	465,08	465,08	I	1 649,75	1 493,08	1 336,58	1 184,41	1 038,66	899,33
	II	**1 666,16**	465,08	465,08	II	1 509,50	1 352,83	1 200,00	1 053,58	913,58	780,00
	III	**1 178,00**	465,08	465,08	III	1 059,00	943,33	830,83	721,50	615,33	512,50
	V	**2 320,91**	465,08	465,08	IV	1 728,08	1 649,75	1 571,41	1 493,08	1 414,83	1 336,58
	VI	**2 364,16**	465,08	465,08							
7526,99 Ost	I,IV	**1 814,25**	465,08	465,08	I	1 657,58	1 500,91	1 344,33	1 191,83	1 045,75	906,08
	II	**1 674,00**	465,08	465,08	II	1 517,33	1 360,66	1 207,50	1 060,75	920,41	786,50
	III	**1 184,00**	465,08	465,08	III	1 065,00	949,00	836,33	726,83	620,66	517,66
	V	**2 328,66**	465,08	465,08	IV	1 735,91	1 657,58	1 579,25	1 500,91	1 422,58	1 344,33
	VI	**2 371,91**	465,08	465,08							
7529,99 West	I,IV	**1 807,66**	465,08	465,08	I	1 651,08	1 494,41	1 337,83	1 185,58	1 039,83	900,41
	II	**1 667,41**	465,08	465,08	II	1 510,75	1 354,16	1 201,25	1 054,75	914,66	781,08
	III	**1 179,00**	465,08	465,08	III	1 060,00	944,16	831,66	722,33	616,16	513,33
	V	**2 322,16**	465,08	465,08	IV	1 729,33	1 651,08	1 572,75	1 494,41	1 416,08	1 337,83
	VI	**2 365,91**	465,08	465,08							
7529,99 Ost	I,IV	**1 815,50**	465,08	465,08	I	1 658,83	1 502,16	1 345,58	1 193,00	1 046,91	907,25
	II	**1 675,25**	465,08	465,08	II	1 518,58	1 361,91	1 208,66	1 061,91	921,50	787,58
	III	**1 185,00**	465,08	465,08	III	1 065,83	950,00	837,16	727,66	621,50	518,50
	V	**2 329,91**	465,08	465,08	IV	1 737,16	1 658,83	1 580,50	1 502,16	1 423,83	1 345,58
	VI	**2 373,25**	465,08	465,08							
7532,99 West	I,IV	**1 809,00**	465,08	465,08	I	1 652,33	1 495,66	1 339,08	1 186,83	1 040,91	901,50
	II	**1 668,66**	465,08	465,08	II	1 512,00	1 355,41	1 202,41	1 055,91	915,83	782,16
	III	**1 180,00**	465,08	465,08	III	1 061,00	945,16	832,50	723,16	617,00	514,16
	V	**2 323,41**	465,08	465,08	IV	1 730,66	1 652,33	1 574,00	1 495,66	1 417,33	1 339,08
	VI	**2 366,66**	465,08	465,08							
7532,99 Ost	I,IV	**1 816,75**	465,08	465,08	I	1 660,08	1 503,41	1 346,83	1 194,25	1 048,08	908,33
	II	**1 676,50**	465,08	465,08	II	1 519,83	1 363,16	1 209,91	1 063,08	922,66	788,66
	III	**1 186,00**	465,08	465,08	III	1 066,83	950,83	838,16	728,66	622,33	519,16
	V	**2 331,25**	465,08	465,08	IV	1 738,41	1 660,08	1 581,75	1 503,41	1 425,08	1 346,83
	VI	**2 374,50**	465,08	465,08							
7535,99 West	I,IV	**1 810,25**	465,08	465,08	I	1 653,58	1 496,91	1 340,33	1 188,00	1 042,08	902,58
	II	**1 669,91**	465,08	465,08	II	1 513,25	1 356,66	1 203,66	1 057,08	916,91	783,16
	III	**1 180,83**	465,08	465,08	III	1 061,83	946,00	833,50	724,16	618,00	515,00
	V	**2 324,66**	465,08	465,08	IV	1 731,91	1 653,58	1 575,25	1 496,91	1 418,58	1 340,33
	VI	**2 367,91**	465,08	465,08							
7535,99 Ost	I,IV	**1 818,00**	465,08	465,08	I	1 661,33	1 504,66	1 348,08	1 195,41	1 049,25	909,41
	II	**1 677,75**	465,08	465,08	II	1 521,08	1 364,41	1 211,08	1 064,16	923,75	789,66
	III	**1 187,00**	465,08	465,08	III	1 067,83	951,83	839,00	729,50	623,16	520,00
	V	**2 332,50**	465,08	465,08	IV	1 739,66	1 661,33	1 583,00	1 504,66	1 426,41	1 348,08
	VI	**2 375,75**	465,08	465,08							
7538,99 West	I,IV	**1 811,50**	465,08	465,08	I	1 654,83	1 498,16	1 341,58	1 189,16	1 043,25	903,75
	II	**1 671,16**	465,08	465,08	II	1 514,58	1 357,91	1 204,83	1 058,16	918,00	784,25
	III	**1 181,83**	465,08	465,08	III	1 062,83	947,00	834,33	725,00	618,83	515,83
	V	**2 325,91**	465,08	465,08	IV	1 733,16	1 654,83	1 576,50	1 498,16	1 419,83	1 341,58
	VI	**2 369,16**	465,08	465,08							
7538,99 Ost	I,IV	**1 819,25**	465,08	465,08	I	1 662,66	1 506,00	1 349,33	1 196,66	1 050,33	910,50
	II	**1 679,00**	465,08	465,08	II	1 522,33	1 365,66	1 212,33	1 065,33	924,83	790,75
	III	**1 187,83**	465,08	465,08	III	1 068,66	952,66	840,00	730,33	624,00	520,83
	V	**2 333,75**	465,08	465,08	IV	1 740,91	1 662,66	1 584,33	1 506,00	1 427,66	1 349,33
	VI	**2 377,00**	465,08	465,08							
7541,99 West	I,IV	**1 812,75**	465,08	465,08	I	1 656,08	1 499,41	1 342,83	1 190,41	1 044,41	904,83
	II	**1 672,50**	465,08	465,08	II	1 515,83	1 359,16	1 206,00	1 059,33	919,08	785,25
	III	**1 182,83**	465,08	465,08	III	1 063,83	947,83	835,33	725,83	619,66	516,66
	V	**2 327,16**	465,08	465,08	IV	1 734,41	1 656,08	1 577,75	1 499,41	1 421,08	1 342,83
	VI	**2 370,41**	465,08	465,08							
7541,99 Ost	I,IV	**1 820,58**	465,08	465,08	I	1 663,91	1 507,25	1 350,58	1 197,83	1 051,50	911,58
	II	**1 680,25**	465,08	465,08	II	1 523,58	1 366,91	1 213,50	1 066,50	925,91	791,83
	III	**1 188,83**	465,08	465,08	III	1 069,66	953,66	840,83	731,16	624,83	521,66
	V	**2 335,00**	465,08	465,08	IV	1 742,16	1 663,91	1 585,58	1 507,25	1 428,91	1 350,58
	VI	**2 378,25**	465,08	465,08							

* Zur LSt-Berechnung für privat versicherte Arbeitnehmer s. Beispiele **Vorbemerkung S. 4f.**
** Basisvorsorgepauschale KV und PV *** Typisierter Arbeitgeberzuschuss

Lohn/Gehalt in € bis	Steuerklasse	Lohnsteuer*	BVSP**	TAGZ***	Steuerklasse	Bemessungsgrundlage für Kirchensteuer und Solidaritätszuschlag — Freibeträge für ... Kinder 0,5	1,0	1,5	2,0	2,5	3,0
7544,99 West	I,IV	**1814,00**	465,08	465,08	I	1657,33	1500,66	1344,08	1191,58	1045,50	905,91
	II	**1673,75**	465,08	465,08	II	1517,08	1360,41	1207,25	1060,50	920,16	786,33
	III	**1183,83**	465,08	465,08	III	1064,66	948,83	836,16	726,66	620,50	517,50
	V	**2328,41**	465,08	465,08	IV	1735,66	1657,33	1579,00	1500,66	1422,33	1344,08
	VI	**2371,66**	465,08	465,08							
7544,99 Ost	I,IV	**1821,83**	465,08	465,08	I	1665,16	1508,50	1351,83	1199,08	1052,66	912,75
	II	**1681,50**	465,08	465,08	II	1524,83	1368,16	1214,75	1067,66	927,08	792,83
	III	**1189,83**	465,08	465,08	III	1070,66	954,50	841,66	732,16	625,66	522,50
	V	**2336,25**	465,08	465,08	IV	1743,50	1665,16	1586,83	1508,50	1430,16	1351,83
	VI	**2379,50**	465,08	465,08							
7547,99 West	I,IV	**1815,25**	465,08	465,08	I	1658,58	1501,91	1345,33	1192,83	1046,66	907,00
	II	**1675,00**	465,08	465,08	II	1518,33	1361,66	1208,41	1061,66	921,33	787,41
	III	**1184,83**	465,08	465,08	III	1065,66	949,66	837,00	727,50	621,33	518,16
	V	**2329,66**	465,08	465,08	IV	1736,91	1658,58	1580,25	1501,91	1423,58	1345,33
	VI	**2373,00**	465,08	465,08							
7547,99 Ost	I,IV	**1823,08**	465,08	465,08	I	1666,41	1509,75	1353,08	1200,25	1053,83	913,83
	II	**1682,75**	465,08	465,08	II	1526,16	1369,50	1215,91	1068,83	928,16	793,91
	III	**1190,83**	465,08	465,08	III	1071,50	955,50	842,66	733,00	626,50	523,33
	V	**2337,50**	465,08	465,08	IV	1744,75	1666,41	1588,08	1509,75	1431,41	1353,08
	VI	**2380,75**	465,08	465,08							
7550,99 West	I,IV	**1816,50**	465,08	465,08	I	1659,83	1503,16	1346,58	1194,00	1047,83	908,08
	II	**1676,25**	465,08	465,08	II	1519,58	1362,91	1209,66	1062,83	922,41	788,41
	III	**1185,83**	465,08	465,08	III	1066,66	950,66	838,00	728,50	622,16	519,00
	V	**2331,00**	465,08	465,08	IV	1738,16	1659,83	1581,50	1503,16	1424,83	1346,58
	VI	**2374,25**	465,08	465,08							
7550,99 Ost	I,IV	**1824,33**	465,08	465,08	I	1667,66	1511,00	1354,33	1201,41	1055,00	914,91
	II	**1684,08**	465,08	465,08	II	1527,41	1370,75	1217,16	1070,00	929,25	794,91
	III	**1191,83**	465,08	465,08	III	1072,50	956,33	843,50	733,83	627,33	524,16
	V	**2338,75**	465,08	465,08	IV	1746,00	1667,66	1589,33	1511,00	1432,66	1354,33
	VI	**2382,00**	465,08	465,08							
7553,99 West	I,IV	**1817,75**	465,08	465,08	I	1661,08	1504,50	1347,83	1195,16	1049,00	909,16
	II	**1677,50**	465,08	465,08	II	1520,83	1364,16	1210,83	1064,00	923,50	789,50
	III	**1186,66**	465,08	465,08	III	1067,50	951,50	838,83	729,33	623,00	519,83
	V	**2332,25**	465,08	465,08	IV	1739,41	1661,08	1582,83	1504,50	1426,16	1347,83
	VI	**2375,50**	465,08	465,08							
7553,99 Ost	I,IV	**1825,58**	465,08	465,08	I	1668,91	1512,25	1355,66	1202,66	1056,08	916,00
	II	**1685,33**	465,08	465,08	II	1528,66	1372,00	1218,33	1071,16	930,33	796,00
	III	**1192,83**	465,08	465,08	III	1073,50	957,33	844,33	734,66	628,16	525,00
	V	**2340,00**	465,08	465,08	IV	1747,25	1668,91	1590,58	1512,25	1433,91	1355,66
	VI	**2383,25**	465,08	465,08							
7556,99 West	I,IV	**1819,08**	465,08	465,08	I	1662,41	1505,75	1349,08	1196,41	1050,16	910,33
	II	**1678,75**	465,08	465,08	II	1522,08	1365,41	1212,08	1065,16	924,58	790,50
	III	**1187,66**	465,08	465,08	III	1068,50	952,50	839,66	730,16	623,83	520,66
	V	**2333,50**	465,08	465,08	IV	1740,75	1662,41	1584,08	1505,75	1427,41	1349,08
	VI	**2376,75**	465,08	465,08							
7556,99 Ost	I,IV	**1826,83**	465,08	465,08	I	1670,16	1513,50	1356,91	1203,83	1057,25	917,00
	II	**1686,58**	465,08	465,08	II	1529,91	1373,25	1219,58	1072,33	931,50	797,08
	III	**1193,66**	465,08	465,08	III	1074,33	958,16	845,33	735,50	629,00	525,83
	V	**2341,25**	465,08	465,08	IV	1748,50	1670,16	1591,83	1513,50	1435,16	1356,91
	VI	**2384,58**	465,08	465,08							
7559,99 West	I,IV	**1820,33**	465,08	465,08	I	1663,66	1507,00	1350,33	1197,58	1051,25	911,41
	II	**1680,00**	465,08	465,08	II	1523,33	1366,66	1213,25	1066,25	925,75	791,58
	III	**1188,66**	465,08	465,08	III	1069,50	953,50	840,66	731,00	624,66	521,50
	V	**2334,75**	465,08	465,08	IV	1742,00	1663,66	1585,33	1507,00	1428,66	1350,33
	VI	**2378,00**	465,08	465,08							
7559,99 Ost	I,IV	**1828,08**	465,08	465,08	I	1671,41	1514,75	1358,16	1205,08	1058,41	918,25
	II	**1687,83**	465,08	465,08	II	1531,16	1374,50	1220,75	1073,50	932,58	798,08
	III	**1194,66**	465,08	465,08	III	1075,33	959,16	846,16	736,50	629,83	526,66
	V	**2342,58**	465,08	465,08	IV	1749,75	1671,41	1593,08	1514,75	1436,41	1358,16
	VI	**2385,83**	465,08	465,08							

* Zur LSt-Berechnung für privat versicherte Arbeitnehmer s. Beispiele **Vorbemerkung S. 4 f.**
** Basisvorsorgepauschale KV und PV   *** Typisierter Arbeitgeberzuschuss

Lohn/Gehalt in € bis	Steuerklasse	Lohn-steuer*	BVSP**	TAGZ***	Steuerklasse	Bemessungsgrundlage für Kirchensteuer und Solidaritätszuschlag Freibeträge für ... Kinder 0,5	1,0	1,5	2,0	2,5	3,0
7562,99 West	I,IV	**1 821,58**	465,08	465,08	I	1 664,91	1 508,25	1 351,58	1 198,83	1 052,41	912,50
	II	**1 681,25**	465,08	465,08	II	1 524,58	1 368,00	1 214,50	1 067,41	926,83	792,66
	III	**1 189,66**	465,08	465,08	III	1 070,33	954,33	841,50	731,83	625,50	522,33
	V	**2 336,00**	465,08	465,08	IV	1 743,25	1 664,91	1 586,58	1 508,25	1 429,91	1 351,58
	VI	**2 379,25**	465,08	465,08							
7562,99 Ost	I,IV	**1 829,33**	465,08	465,08	I	1 672,66	1 516,08	1 359,41	1 206,25	1 059,58	919,33
	II	**1 689,08**	465,08	465,08	II	1 532,41	1 375,75	1 222,00	1 074,58	933,66	799,16
	III	**1 195,66**	465,08	465,08	III	1 076,33	960,00	847,00	737,33	630,66	527,33
	V	**2 343,83**	465,08	465,08	IV	1 751,00	1 672,66	1 594,41	1 516,08	1 437,75	1 359,41
	VI	**2 387,08**	465,08	465,08							
7565,99 West	I,IV	**1 822,83**	465,08	465,08	I	1 666,16	1 509,50	1 352,83	1 200,00	1 053,58	913,58
	II	**1 682,58**	465,08	465,08	II	1 525,91	1 369,25	1 215,66	1 068,58	927,91	793,66
	III	**1 190,66**	465,08	465,08	III	1 071,33	955,33	842,33	732,83	626,33	523,16
	V	**2 337,25**	465,08	465,08	IV	1 744,50	1 666,16	1 587,83	1 509,50	1 431,16	1 352,83
	VI	**2 380,50**	465,08	465,08							
7565,99 Ost	I,IV	**1 830,66**	465,08	465,08	I	1 674,00	1 517,33	1 360,66	1 207,50	1 060,75	920,41
	II	**1 690,33**	465,08	465,08	II	1 533,66	1 377,00	1 223,16	1 075,75	934,75	800,25
	III	**1 196,66**	465,08	465,08	III	1 077,16	961,00	848,00	738,16	631,66	528,16
	V	**2 345,08**	465,08	465,08	IV	1 752,33	1 674,00	1 595,66	1 517,33	1 439,00	1 360,66
	VI	**2 388,33**	465,08	465,08							
7568,99 West	I,IV	**1 824,08**	465,08	465,08	I	1 667,41	1 510,75	1 354,16	1 201,25	1 054,75	914,66
	II	**1 683,83**	465,08	465,08	II	1 527,16	1 370,50	1 216,91	1 069,75	929,00	794,75
	III	**1 191,66**	465,08	465,08	III	1 072,33	956,16	843,33	733,66	627,16	524,00
	V	**2 338,50**	465,08	465,08	IV	1 745,75	1 667,41	1 589,08	1 510,75	1 432,41	1 354,16
	VI	**2 381,75**	465,08	465,08							
7568,99 Ost	I,IV	**1 831,91**	465,08	465,08	I	1 675,25	1 518,58	1 361,91	1 208,66	1 061,91	921,50
	II	**1 691,58**	465,08	465,08	II	1 534,91	1 378,25	1 224,41	1 076,91	935,91	801,25
	III	**1 197,66**	465,08	465,08	III	1 078,16	961,83	848,83	739,00	632,50	529,00
	V	**2 346,33**	465,08	465,08	IV	1 753,58	1 675,25	1 596,91	1 518,58	1 440,25	1 361,91
	VI	**2 389,58**	465,08	465,08							
7571,99 West	I,IV	**1 825,33**	465,08	465,08	I	1 668,66	1 512,00	1 355,41	1 202,41	1 055,91	915,83
	II	**1 685,08**	465,08	465,08	II	1 528,41	1 371,75	1 218,08	1 070,91	930,16	795,83
	III	**1 192,50**	465,08	465,08	III	1 073,16	957,16	844,16	734,50	628,00	524,83
	V	**2 339,75**	465,08	465,08	IV	1 747,00	1 668,66	1 590,33	1 512,00	1 433,66	1 355,41
	VI	**2 383,08**	465,08	465,08							
7571,99 Ost	I,IV	**1 833,16**	465,08	465,08	I	1 676,50	1 519,83	1 363,16	1 209,91	1 063,08	922,66
	II	**1 692,83**	465,08	465,08	II	1 536,16	1 379,58	1 225,58	1 078,08	937,00	802,33
	III	**1 198,66**	465,08	465,08	III	1 079,16	962,83	849,83	740,00	633,33	529,83
	V	**2 347,58**	465,08	465,08	IV	1 754,83	1 676,50	1 598,16	1 519,83	1 441,50	1 363,16
	VI	**2 390,83**	465,08	465,08							
7574,99 West	I,IV	**1 826,58**	465,08	465,08	I	1 669,91	1 513,25	1 356,66	1 203,66	1 057,08	916,91
	II	**1 686,33**	465,08	465,08	II	1 529,66	1 373,00	1 219,33	1 072,08	931,25	796,83
	III	**1 193,50**	465,08	465,08	III	1 074,16	958,00	845,16	735,33	628,83	525,66
	V	**2 341,08**	465,08	465,08	IV	1 748,25	1 669,91	1 591,58	1 513,25	1 434,91	1 356,66
	VI	**2 384,33**	465,08	465,08							
7574,99 Ost	I,IV	**1 834,41**	465,08	465,08	I	1 677,75	1 521,08	1 364,41	1 211,08	1 064,16	923,75
	II	**1 694,16**	465,08	465,08	II	1 537,50	1 380,83	1 226,83	1 079,25	938,08	803,41
	III	**1 199,66**	465,08	465,08	III	1 080,00	963,83	850,66	740,83	634,16	530,66
	V	**2 348,83**	465,08	465,08	IV	1 756,08	1 677,75	1 599,41	1 521,08	1 442,75	1 364,41
	VI	**2 392,08**	465,08	465,08							
7577,99 West	I,IV	**1 827,83**	465,08	465,08	I	1 671,16	1 514,58	1 357,91	1 204,83	1 058,16	918,00
	II	**1 687,58**	465,08	465,08	II	1 530,91	1 374,25	1 220,50	1 073,25	932,33	797,91
	III	**1 194,50**	465,08	465,08	III	1 075,16	959,00	846,00	736,16	629,66	526,33
	V	**2 342,33**	465,08	465,08	IV	1 749,50	1 671,16	1 592,83	1 514,58	1 436,25	1 357,91
	VI	**2 385,58**	465,08	465,08							
7577,99 Ost	I,IV	**1 835,66**	465,08	465,08	I	1 679,00	1 522,33	1 365,66	1 212,33	1 065,33	924,83
	II	**1 695,41**	465,08	465,08	II	1 538,75	1 382,08	1 228,08	1 080,41	939,25	804,50
	III	**1 200,50**	465,08	465,08	III	1 081,00	964,66	851,50	741,66	635,00	531,50
	V	**2 350,08**	465,08	465,08	IV	1 757,33	1 679,00	1 600,66	1 522,33	1 444,00	1 365,66
	VI	**2 393,33**	465,08	465,08							

* Zur LSt-Berechnung für privat versicherte Arbeitnehmer s. Beispiele **Vorbemerkung S. 4 f.**
** Basisvorsorgepauschale KV und PV   *** Typisierter Arbeitgeberzuschuss

Lohn/ Gehalt in € bis	Steuerklasse	Lohn-steuer*	BVSP**	TAGZ***	Steuerklasse	Bemessungsgrundlage für Kirchensteuer und Solidaritätszuschlag Freibeträge für ... Kinder					
						0,5	1,0	1,5	2,0	2,5	3,0
7580,99 West	I,IV	1829,08	465,08	465,08	I	1672,50	1515,83	1359,16	1206,00	1059,33	919,08
	II	1688,83	465,08	465,08	II	1532,16	1375,50	1221,75	1074,41	933,50	799,00
	III	1195,50	465,08	465,08	III	1076,00	959,83	846,83	737,16	630,50	527,16
	V	2343,58	465,08	465,08	IV	1750,83	1672,50	1594,16	1515,83	1437,50	1359,16
	VI	2386,83	465,08	465,08							
7580,99 Ost	I,IV	1836,91	465,08	465,08	I	1680,25	1523,58	1366,91	1213,50	1066,50	925,91
	II	1696,66	465,08	465,08	II	1540,00	1383,33	1229,25	1081,58	940,33	805,50
	III	1201,50	465,08	465,08	III	1082,00	965,66	852,50	742,50	635,83	532,33
	V	2351,33	465,08	465,08	IV	1758,58	1680,25	1601,91	1523,58	1445,25	1366,91
	VI	2394,66	465,08	465,08							
7583,99 West	I,IV	1830,41	465,08	465,08	I	1673,75	1517,08	1360,41	1207,25	1060,50	920,16
	II	1690,08	465,08	465,08	II	1533,41	1376,75	1223,00	1075,58	934,58	800,00
	III	1196,50	465,08	465,08	III	1077,00	960,83	847,83	738,00	631,33	528,00
	V	2344,83	465,08	465,08	IV	1752,08	1673,75	1595,41	1517,08	1438,75	1360,41
	VI	2388,08	465,08	465,08							
7583,99 Ost	I,IV	1838,16	465,08	465,08	I	1681,50	1524,83	1368,16	1214,75	1067,66	927,08
	II	1697,91	465,08	465,08	II	1541,25	1384,58	1230,50	1082,75	941,41	806,58
	III	1202,50	465,08	465,08	III	1082,83	966,50	853,33	743,33	636,66	533,16
	V	2352,66	465,08	465,08	IV	1759,83	1681,50	1603,16	1524,83	1446,50	1368,16
	VI	2395,91	465,08	465,08							
7586,99 West	I,IV	1831,66	465,08	465,08	I	1675,00	1518,33	1361,66	1208,41	1061,66	921,33
	II	1691,33	465,08	465,08	II	1534,66	1378,00	1224,16	1076,75	935,66	801,08
	III	1197,50	465,08	465,08	III	1078,00	961,66	848,66	738,83	632,16	528,83
	V	2346,08	465,08	465,08	IV	1753,33	1675,00	1596,66	1518,33	1440,00	1361,66
	VI	2389,33	465,08	465,08							
7586,99 Ost	I,IV	1839,41	465,08	465,08	I	1682,75	1526,16	1369,50	1215,91	1068,83	928,16
	II	1699,16	465,08	465,08	II	1542,50	1385,83	1231,66	1083,91	942,58	807,66
	III	1203,50	465,08	465,08	III	1083,83	967,50	854,33	744,33	637,50	534,00
	V	2353,91	465,08	465,08	IV	1761,08	1682,75	1604,41	1526,16	1447,83	1369,50
	VI	2397,16	465,08	465,08							
7589,99 West	I,IV	1832,91	465,08	465,08	I	1676,25	1519,58	1362,91	1209,66	1062,83	922,41
	II	1692,58	465,08	465,08	II	1536,00	1379,33	1225,41	1077,83	936,75	802,16
	III	1198,33	465,08	465,08	III	1078,83	962,66	849,50	739,66	633,16	529,66
	V	2347,33	465,08	465,08	IV	1754,58	1676,25	1597,91	1519,58	1441,25	1362,91
	VI	2390,58	465,08	465,08							
7589,99 Ost	I,IV	1840,66	465,08	465,08	I	1684,08	1527,41	1370,75	1217,16	1070,00	929,25
	II	1700,41	465,08	465,08	II	1543,75	1387,00	1232,91	1085,08	943,66	808,66
	III	1204,50	465,08	465,08	III	1084,83	968,33	855,16	745,16	638,33	534,83
	V	2355,16	465,08	465,08	IV	1762,41	1684,08	1605,75	1527,41	1449,08	1370,75
	VI	2398,41	465,08	465,08							
7592,99 West	I,IV	1834,16	465,08	465,08	I	1677,50	1520,83	1364,16	1210,83	1064,00	923,50
	II	1693,91	465,08	465,08	II	1537,25	1380,58	1226,58	1079,00	937,91	803,16
	III	1199,33	465,08	465,08	III	1079,83	963,50	850,50	740,66	634,00	530,50
	V	2348,58	465,08	465,08	IV	1755,83	1677,50	1599,16	1520,83	1442,50	1364,16
	VI	2391,83	465,08	465,08							
7592,99 Ost	I,IV	1842,00	465,08	465,08	I	1685,33	1528,66	1372,00	1218,33	1071,16	930,33
	II	1701,66	465,08	465,08	II	1545,00	1388,33	1234,08	1086,25	944,75	809,75
	III	1205,50	465,08	465,08	III	1085,83	969,33	856,00	746,00	639,16	535,66
	V	2356,41	465,08	465,08	IV	1763,66	1685,33	1607,00	1528,66	1450,33	1372,00
	VI	2399,66	465,08	465,08							
7595,99 West	I,IV	1835,41	465,08	465,08	I	1678,75	1522,08	1365,41	1212,08	1065,16	924,58
	II	1695,16	465,08	465,08	II	1538,50	1381,83	1227,83	1080,16	939,00	804,25
	III	1200,33	465,08	465,08	III	1080,83	964,50	851,33	741,50	634,83	531,33
	V	2349,83	465,08	465,08	IV	1757,08	1678,75	1600,41	1522,08	1443,75	1365,41
	VI	2393,08	465,08	465,08							
7595,99 Ost	I,IV	1843,25	465,08	465,08	I	1686,58	1529,91	1373,25	1219,58	1072,33	931,50
	II	1702,91	465,08	465,08	II	1546,25	1389,66	1235,33	1087,41	945,91	810,83
	III	1206,33	465,08	465,08	III	1086,66	970,16	857,00	746,83	640,00	536,50
	V	2357,66	465,08	465,08	IV	1764,91	1686,58	1608,25	1529,91	1451,58	1373,25
	VI	2400,91	465,08	465,08							

*   Zur LSt-Berechnung für privat versicherte Arbeitnehmer s. Beispiele **Vorbemerkung S. 4 f.**
** Basisvorsorgepauschale KV und PV   *** Typisierter Arbeitgeberzuschuss

Lohn/ Gehalt in € bis	Steuerklasse	Lohn- steuer*	BVSP**	TAGZ***	Steuerklasse	Bemessungsgrundlage für Kirchensteuer und Solidaritätszuschlag					
						Freibeträge für ... Kinder					
						0,5	1,0	1,5	2,0	2,5	3,0
7598,99 West	I,IV	**1 836,66**	465,08	465,08	I	1 680,00	1 523,33	1 366,66	1 213,25	1 066,25	925,75
	II	**1 696,41**	465,08	465,08	II	1 539,75	1 383,08	1 229,00	1 081,33	940,08	805,33
	III	**1 201,33**	465,08	465,08	III	1 081,83	965,33	852,33	742,33	635,66	532,16
	V	**2 351,08**	465,08	465,08	IV	1 758,33	1 680,00	1 601,66	1 523,33	1 445,00	1 366,66
	VI	**2 394,41**	465,08	465,08							
7598,99 Ost	I,IV	**1 844,50**	465,08	465,08	I	1 687,83	1 531,16	1 374,50	1 220,75	1 073,50	932,58
	II	**1 704,16**	465,08	465,08	II	1 547,58	1 390,91	1 236,58	1 088,58	947,00	811,91
	III	**1 207,33**	465,08	465,08	III	1 087,66	971,16	857,83	747,83	640,83	537,16
	V	**2 358,91**	465,08	465,08	IV	1 766,16	1 687,83	1 609,50	1 531,16	1 452,83	1 374,50
	VI	**2 402,16**	465,08	465,08							
7601,99 West	I,IV	**1 837,91**	465,08	465,08	I	1 681,25	1 524,58	1 368,00	1 214,50	1 067,41	926,83
	II	**1 697,66**	465,08	465,08	II	1 541,00	1 384,33	1 230,25	1 082,50	941,25	806,33
	III	**1 202,33**	465,08	465,08	III	1 082,66	966,33	853,16	743,16	636,50	533,00
	V	**2 352,41**	465,08	465,08	IV	1 759,58	1 681,25	1 602,91	1 524,58	1 446,33	1 368,00
	VI	**2 395,66**	465,08	465,08							
7601,99 Ost	I,IV	**1 845,75**	465,08	465,08	I	1 689,08	1 532,41	1 375,75	1 222,00	1 074,58	933,66
	II	**1 705,50**	465,08	465,08	II	1 548,83	1 392,16	1 237,75	1 089,75	948,08	812,91
	III	**1 208,33**	465,08	465,08	III	1 088,66	972,00	858,66	748,66	641,66	538,00
	V	**2 360,16**	465,08	465,08	IV	1 767,41	1 689,08	1 610,75	1 532,41	1 454,08	1 375,75
	VI	**2 403,41**	465,08	465,08							
7604,99 West	I,IV	**1 839,16**	465,08	465,08	I	1 682,58	1 525,91	1 369,25	1 215,66	1 068,58	927,91
	II	**1 698,91**	465,08	465,08	II	1 542,25	1 385,58	1 231,41	1 083,66	942,33	807,41
	III	**1 203,33**	465,08	465,08	III	1 083,66	967,16	854,00	744,00	637,33	533,83
	V	**2 353,66**	465,08	465,08	IV	1 760,83	1 682,58	1 604,25	1 525,91	1 447,58	1 369,25
	VI	**2 396,91**	465,08	465,08							
7604,99 Ost	I,IV	**1 847,00**	465,08	465,08	I	1 690,33	1 533,66	1 377,00	1 223,16	1 075,75	934,75
	II	**1 706,75**	465,08	465,08	II	1 550,08	1 393,41	1 239,00	1 090,91	949,25	814,00
	III	**1 209,33**	465,08	465,08	III	1 089,50	973,00	859,66	749,50	642,66	538,83
	V	**2 361,41**	465,08	465,08	IV	1 768,66	1 690,33	1 612,00	1 533,66	1 455,33	1 377,00
	VI	**2 404,75**	465,08	465,08							
7607,99 West	I,IV	**1 840,50**	465,08	465,08	I	1 683,83	1 527,16	1 370,50	1 216,91	1 069,75	929,00
	II	**1 700,16**	465,08	465,08	II	1 543,50	1 386,83	1 232,66	1 084,83	943,41	808,50
	III	**1 204,16**	465,08	465,08	III	1 084,66	968,16	855,00	745,00	638,16	534,66
	V	**2 354,91**	465,08	465,08	IV	1 762,16	1 683,83	1 605,50	1 527,16	1 448,83	1 370,50
	VI	**2 398,16**	465,08	465,08							
7607,99 Ost	I,IV	**1 848,25**	465,08	465,08	I	1 691,58	1 534,91	1 378,25	1 224,41	1 076,91	935,91
	II	**1 708,00**	465,08	465,08	II	1 551,33	1 394,66	1 240,16	1 092,08	950,33	815,08
	III	**1 210,33**	465,08	465,08	III	1 090,50	974,00	860,50	750,33	643,50	539,66
	V	**2 362,75**	465,08	465,08	IV	1 769,91	1 691,58	1 613,25	1 534,91	1 456,58	1 378,25
	VI	**2 406,00**	465,08	465,08							
7610,99 West	I,IV	**1 841,75**	465,08	465,08	I	1 685,08	1 528,41	1 371,75	1 218,08	1 070,91	930,16
	II	**1 701,41**	465,08	465,08	II	1 544,75	1 388,08	1 233,91	1 086,00	944,58	809,58
	III	**1 205,16**	465,08	465,08	III	1 085,50	969,16	855,83	745,83	639,00	535,33
	V	**2 356,16**	465,08	465,08	IV	1 763,41	1 685,08	1 606,75	1 528,41	1 450,00	1 371,75
	VI	**2 399,41**	465,08	465,08							
7610,99 Ost	I,IV	**1 849,50**	465,08	465,08	I	1 692,83	1 536,16	1 379,58	1 225,58	1 078,08	937,00
	II	**1 709,25**	465,08	465,08	II	1 552,58	1 395,91	1 241,41	1 093,25	951,41	816,08
	III	**1 211,33**	465,08	465,08	III	1 091,50	974,83	861,50	751,33	644,33	540,50
	V	**2 364,00**	465,08	465,08	IV	1 771,16	1 692,83	1 614,50	1 536,16	1 457,91	1 379,58
	VI	**2 407,25**	465,08	465,08							
7613,99 West	I,IV	**1 843,00**	465,08	465,08	I	1 686,33	1 529,66	1 373,00	1 219,33	1 072,08	931,25
	II	**1 702,66**	465,08	465,08	II	1 546,08	1 389,41	1 235,08	1 087,16	945,66	810,58
	III	**1 206,16**	465,08	465,08	III	1 086,50	970,00	856,66	746,66	639,83	536,16
	V	**2 357,41**	465,08	465,08	IV	1 764,66	1 686,33	1 608,00	1 529,66	1 451,33	1 373,00
	VI	**2 400,66**	465,08	465,08							
7613,99 Ost	I,IV	**1 850,75**	465,08	465,08	I	1 694,16	1 537,50	1 380,83	1 226,83	1 079,25	938,08
	II	**1 710,50**	465,08	465,08	II	1 553,83	1 397,16	1 242,66	1 094,41	952,58	817,16
	III	**1 212,33**	465,08	465,08	III	1 092,33	975,83	862,33	752,16	645,16	541,33
	V	**2 365,25**	465,08	465,08	IV	1 772,41	1 694,16	1 615,83	1 537,50	1 459,16	1 380,83
	VI	**2 408,50**	465,08	465,08							

* Zur LSt-Berechnung für privat versicherte Arbeitnehmer s. Beispiele **Vorbemerkung S. 4 f.**
** Basisvorsorgepauschale KV und PV   *** Typisierter Arbeitgeberzuschuss

Lohn/ Gehalt in € bis	Steuerklasse	Lohnsteuer*	BVSP**	TAGZ***	Steuerklasse	Bemessungsgrundlage für Kirchensteuer und Solidaritätszuschlag — Freibeträge für ... Kinder					
						0,5	1,0	1,5	2,0	2,5	3,0
7 616,99 West	I,IV	**1 844,25**	465,08	465,08	I	1 687,58	1 530,91	1 374,25	1 220,50	1 073,25	932,33
	II	**1 704,00**	465,08	465,08	II	1 547,33	1 390,66	1 236,33	1 088,33	946,75	811,66
	III	**1 207,16**	465,08	465,08	III	1 087,90	971,00	857,66	747,50	640,66	537,00
	V	**2 358,66**	465,08	465,08	IV	1 765,91	1 687,58	1 609,25	1 530,91	1 452,58	1 374,25
	VI	**2 401,91**	465,08	465,08							
7 616,99 Ost	I,IV	**1 852,08**	465,08	465,08	I	1 695,41	1 538,75	1 382,08	1 228,08	1 080,41	939,25
	II	**1 711,75**	465,08	465,08	II	1 555,08	1 398,41	1 243,83	1 095,58	953,66	818,25
	III	**1 213,16**	465,08	465,08	III	1 093,33	976,66	863,16	753,00	646,00	542,16
	V	**2 366,50**	465,08	465,08	IV	1 773,75	1 695,41	1 617,08	1 538,75	1 460,41	1 382,08
	VI	**2 409,75**	465,08	465,08							
7 619,99 West	I,IV	**1 845,50**	465,08	465,08	I	1 688,83	1 532,16	1 375,50	1 221,75	1 074,41	933,50
	II	**1 705,25**	465,08	465,08	II	1 548,58	1 391,91	1 237,50	1 089,50	947,91	812,75
	III	**1 208,16**	465,08	465,08	III	1 088,33	971,83	858,50	748,50	641,50	537,83
	V	**2 359,91**	465,08	465,08	IV	1 767,16	1 688,83	1 610,50	1 532,16	1 453,83	1 375,50
	VI	**2 403,16**	465,08	465,08							
7 619,99 Ost	I,IV	**1 853,33**	465,08	465,08	I	1 696,66	1 540,00	1 383,33	1 229,25	1 081,58	940,33
	II	**1 713,00**	465,08	465,08	II	1 556,33	1 399,66	1 245,08	1 096,75	954,83	819,33
	III	**1 214,16**	465,08	465,08	III	1 094,33	977,66	864,16	753,83	646,83	543,00
	V	**2 367,75**	465,08	465,08	IV	1 775,00	1 696,66	1 618,33	1 540,00	1 461,66	1 383,33
	VI	**2 411,00**	465,08	465,08							
7 622,99 West	I,IV	**1 846,75**	465,08	465,08	I	1 690,08	1 533,41	1 376,75	1 223,00	1 075,58	934,58
	II	**1 706,50**	465,08	465,08	II	1 549,83	1 393,16	1 238,75	1 090,66	949,00	813,83
	III	**1 209,16**	465,08	465,08	III	1 089,33	972,83	859,50	749,33	642,33	538,66
	V	**2 361,16**	465,08	465,08	IV	1 768,41	1 690,08	1 611,75	1 533,41	1 455,08	1 376,75
	VI	**2 404,50**	465,08	465,08							
7 622,99 Ost	I,IV	**1 854,58**	465,08	465,08	I	1 697,91	1 541,25	1 384,58	1 230,50	1 082,75	941,41
	II	**1 714,25**	465,08	465,08	II	1 557,66	1 401,00	1 246,25	1 097,91	955,91	820,41
	III	**1 215,16**	465,08	465,08	III	1 095,33	978,50	865,00	754,66	647,66	543,83
	V	**2 369,00**	465,08	465,08	IV	1 776,25	1 697,91	1 619,58	1 541,25	1 462,91	1 384,58
	VI	**2 412,25**	465,08	465,08							
7 625,99 West	I,IV	**1 848,00**	465,08	465,08	I	1 691,33	1 534,66	1 378,08	1 224,16	1 076,75	935,66
	II	**1 707,75**	465,08	465,08	II	1 551,08	1 394,41	1 240,00	1 091,83	950,16	814,83
	III	**1 210,16**	465,08	465,08	III	1 090,33	973,66	860,33	750,16	643,16	539,50
	V	**2 362,50**	465,08	465,08	IV	1 769,66	1 691,33	1 613,00	1 534,66	1 456,33	1 378,00
	VI	**2 405,75**	465,08	465,08							
7 625,99 Ost	I,IV	**1 855,83**	465,08	465,08	I	1 699,16	1 542,50	1 385,83	1 231,66	1 083,91	942,58
	II	**1 715,58**	465,08	465,08	II	1 558,91	1 402,25	1 247,50	1 099,08	957,00	821,41
	III	**1 216,16**	465,08	465,08	III	1 096,16	979,50	866,00	755,66	648,50	544,66
	V	**2 370,25**	465,08	465,08	IV	1 777,50	1 699,16	1 620,83	1 542,50	1 464,16	1 385,83
	VI	**2 413,50**	465,08	465,08							
7 628,99 West	I,IV	**1 849,25**	465,08	465,08	I	1 692,58	1 536,00	1 379,33	1 225,41	1 077,83	936,75
	II	**1 709,00**	465,08	465,08	II	1 552,33	1 395,66	1 241,16	1 093,00	951,25	815,91
	III	**1 211,00**	465,08	465,08	III	1 091,16	974,66	861,16	751,00	644,16	540,33
	V	**2 363,75**	465,08	465,08	IV	1 770,91	1 692,58	1 614,33	1 536,00	1 457,66	1 379,33
	VI	**2 407,00**	465,08	465,08							
7 628,99 Ost	I,IV	**1 857,08**	465,08	465,08	I	1 700,41	1 543,75	1 387,08	1 232,91	1 085,08	943,66
	II	**1 716,83**	465,08	465,08	II	1 560,16	1 403,50	1 248,75	1 100,25	958,16	822,50
	III	**1 217,16**	465,08	465,08	III	1 097,16	980,33	866,83	756,50	649,33	545,50
	V	**2 371,50**	465,08	465,08	IV	1 778,75	1 700,41	1 622,08	1 543,75	1 465,41	1 387,08
	VI	**2 414,75**	465,08	465,08							
7 631,99 West	I,IV	**1 850,58**	465,08	465,08	I	1 693,91	1 537,25	1 380,58	1 226,58	1 079,00	937,91
	II	**1 710,25**	465,08	465,08	II	1 553,58	1 396,91	1 242,41	1 094,16	952,33	817,00
	III	**1 212,00**	465,08	465,08	III	1 092,16	975,50	862,16	752,00	645,00	541,16
	V	**2 365,00**	465,08	465,08	IV	1 772,25	1 693,91	1 615,58	1 537,25	1 458,91	1 380,58
	VI	**2 408,25**	465,08	465,08							
7 631,99 Ost	I,IV	**1 858,33**	465,08	465,08	I	1 701,66	1 545,00	1 388,33	1 234,08	1 086,25	944,75
	II	**1 718,08**	465,08	465,08	II	1 561,41	1 404,75	1 249,91	1 101,41	959,25	823,58
	III	**1 218,16**	465,08	465,08	III	1 098,16	981,33	867,66	757,33	650,16	546,33
	V	**2 372,75**	465,08	465,08	IV	1 780,00	1 701,66	1 623,33	1 545,00	1 466,66	1 388,33
	VI	**2 416,08**	465,08	465,08							

*   Zur LSt-Berechnung für privat versicherte Arbeitnehmer s. Beispiele **Vorbemerkung S. 4 f.**
** Basisvorsorgepauschale KV und PV   *** Typisierter Arbeitgeberzuschuss

aT3

Lohn/ Gehalt in € bis	Steuerklasse	Lohn-steuer*	BVSP**	TAGZ***	Steuerklasse	Bemessungsgrundlage für Kirchensteuer und Solidaritätszuschlag Freibeträge für ... Kinder					
						0,5	1,0	1,5	2,0	2,5	3,0
7634,99 West	I,IV	1851,83	465,08	465,08	I	1695,16	1538,50	1381,83	1227,83	1080,16	939,00
	II	1711,50	465,08	465,08	II	1554,83	1398,16	1243,58	1095,33	953,50	818,08
	III	1213,00	465,08	465,08	III	1093,16	976,50	863,00	752,83	645,83	542,00
	V	2366,25	465,08	465,08	IV	1773,50	1695,16	1616,83	1538,50	1460,16	1381,83
	VI	2409,50	465,08	465,08							
7634,99 Ost	I,IV	1859,58	465,08	465,08	I	1702,91	1546,25	1389,66	1235,33	1087,41	945,91
	II	1719,33	465,08	465,08	II	1562,66	1406,00	1251,16	1102,58	960,41	824,66
	III	1219,16	465,08	465,08	III	1099,00	982,16	868,66	758,16	651,00	547,16
	V	2374,08	465,08	465,08	IV	1781,25	1702,91	1624,58	1546,25	1467,91	1389,66
	VI	2417,33	465,08	465,08							
7637,99 West	I,IV	1853,08	465,08	465,08	I	1696,41	1539,75	1383,08	1229,00	1081,33	940,08
	II	1712,75	465,08	465,08	II	1556,08	1399,50	1244,83	1096,50	954,58	819,08
	III	1214,00	465,08	465,08	III	1094,16	977,33	864,00	753,66	646,66	542,83
	V	2367,50	465,08	465,08	IV	1774,75	1696,41	1618,08	1539,75	1461,41	1383,08
	VI	2410,75	465,08	465,08							
7637,99 Ost	I,IV	1860,83	465,08	465,08	I	1704,16	1547,58	1390,91	1236,58	1088,58	947,00
	II	1720,58	465,08	465,08	II	1563,91	1407,25	1252,41	1103,75	961,50	825,66
	III	1220,16	465,08	465,08	III	1100,00	983,16	869,50	759,16	651,83	548,00
	V	2375,33	465,08	465,08	IV	1782,50	1704,16	1625,91	1547,58	1469,25	1390,91
	VI	2418,58	465,08	465,08							
7640,99 West	I,IV	1854,33	465,08	465,08	I	1697,66	1541,00	1384,33	1230,25	1082,50	941,25
	II	1714,08	465,08	465,08	II	1557,41	1400,75	1246,08	1097,66	955,66	820,16
	III	1215,00	465,08	465,08	III	1095,00	978,33	864,83	754,50	647,50	543,66
	V	2368,75	465,08	465,08	IV	1776,00	1697,66	1619,33	1541,00	1462,66	1384,33
	VI	2412,00	465,08	465,08							
7640,99 Ost	I,IV	1862,16	465,08	465,08	I	1705,50	1548,83	1392,16	1237,75	1089,75	948,08
	II	1721,83	465,08	465,08	II	1565,16	1408,50	1253,58	1104,91	962,58	826,75
	III	1221,00	465,08	465,08	III	1101,00	984,16	870,50	760,00	652,83	548,83
	V	2376,58	465,08	465,08	IV	1783,83	1705,50	1627,16	1548,83	1470,50	1392,16
	VI	2419,83	465,08	465,08							
7643,99 West	I,IV	1855,58	465,08	465,08	I	1698,91	1542,25	1385,58	1231,41	1083,66	942,33
	II	1715,33	465,08	465,08	II	1558,66	1402,00	1247,25	1098,83	956,83	821,25
	III	1216,00	465,08	465,08	III	1096,00	979,33	865,66	755,50	648,33	544,50
	V	2370,00	465,08	465,08	IV	1777,25	1698,91	1620,58	1542,25	1463,91	1385,58
	VI	2413,25	465,08	465,08							
7643,99 Ost	I,IV	1863,41	465,08	465,08	I	1706,75	1550,08	1393,41	1239,00	1090,91	949,25
	II	1723,08	465,08	465,08	II	1566,41	1409,75	1254,83	1106,08	963,75	827,83
	III	1222,00	465,08	465,08	III	1102,00	985,00	871,33	760,83	653,66	549,50
	V	2377,83	465,08	465,08	IV	1785,08	1706,75	1628,41	1550,08	1471,75	1393,41
	VI	2421,08	465,08	465,08							
7646,99 West	I,IV	1856,83	465,08	465,08	I	1700,16	1543,50	1386,83	1232,66	1084,83	943,41
	II	1716,58	465,08	465,08	II	1559,91	1403,25	1248,50	1100,00	957,91	822,33
	III	1217,00	465,08	465,08	III	1097,00	980,16	866,66	756,33	649,16	545,33
	V	2371,25	465,08	465,08	IV	1778,50	1700,16	1621,83	1543,50	1465,16	1386,83
	VI	2414,58	465,08	465,08							
7646,99 Ost	I,IV	1864,66	465,08	465,08	I	1708,00	1551,33	1394,66	1240,16	1092,08	950,33
	II	1724,33	465,08	465,08	II	1567,66	1411,08	1256,08	1107,25	964,83	828,91
	III	1223,00	465,08	465,08	III	1102,83	986,00	872,16	761,66	654,50	550,33
	V	2379,08	465,08	465,08	IV	1786,33	1708,00	1629,66	1551,33	1473,00	1394,66
	VI	2422,33	465,08	465,08							
7649,99 West	I,IV	1858,08	465,08	465,08	I	1701,41	1544,75	1388,08	1233,91	1086,00	944,58
	II	1717,83	465,08	465,08	II	1561,16	1404,50	1249,75	1101,16	959,08	823,33
	III	1218,00	465,08	465,08	III	1097,83	981,16	867,50	757,16	650,00	546,16
	V	2372,58	465,08	465,08	IV	1779,75	1701,41	1623,08	1544,75	1466,41	1388,08
	VI	2415,83	465,08	465,08							
7649,99 Ost	I,IV	1865,91	465,08	465,08	I	1709,25	1552,58	1395,91	1241,41	1093,25	951,41
	II	1725,66	465,08	465,08	II	1569,00	1412,33	1257,25	1108,41	966,00	830,00
	III	1224,00	465,08	465,08	III	1103,83	986,83	873,16	762,66	655,33	551,16
	V	2380,33	465,08	465,08	IV	1787,58	1709,25	1630,91	1552,58	1474,25	1395,91
	VI	2423,58	465,08	465,08							

* Zur LSt-Berechnung für privat versicherte Arbeitnehmer s. Beispiele **Vorbemerkung S. 4f.**
** Basisvorsorgepauschale KV und PV   *** Typisierter Arbeitgeberzuschuss

Lohn/Gehalt in € bis	Steuerklasse	Lohnsteuer*	BVSP**	TAGZ***	Steuerklasse	| Bemessungsgrundlage für Kirchensteuer und Solidaritätszuschlag — Freibeträge für ... Kinder					
						0,5	1,0	1,5	2,0	2,5	3,0
7 652,99 West	I,IV	**1 859,33**	465,08	465,08	I	1 702,66	1 546,08	1 389,41	1 235,08	1 087,16	945,66
	II	**1 719,08**	465,08	465,08	II	1 562,41	1 405,75	1 250,91	1 102,33	960,16	824,41
	III	**1 218,83**	465,08	465,08	III	1 098,83	982,00	868,50	758,00	650,83	547,00
	V	**2 373,83**	465,08	465,08	IV	1 781,00	1 702,66	1 624,33	1 546,08	1 467,75	1 389,41
	VI	**2 417,08**	465,08	465,08							
7 652,99 Ost	I,IV	**1 867,16**	465,08	465,08	I	1 710,50	1 553,83	1 397,16	1 242,66	1 094,41	952,58
	II	**1 726,91**	465,08	465,08	II	1 570,25	1 413,58	1 258,50	1 109,58	967,08	831,08
	III	**1 225,00**	465,08	465,08	III	1 104,83	987,83	874,00	763,50	656,16	552,00
	V	**2 381,58**	465,08	465,08	IV	1 788,83	1 710,50	1 632,16	1 553,83	1 475,50	1 397,16
	VI	**2 424,83**	465,08	465,08							
7 655,99 West	I,IV	**1 860,58**	465,08	465,08	I	1 704,00	1 547,33	1 390,66	1 236,33	1 088,33	946,75
	II	**1 720,33**	465,08	465,08	II	1 563,66	1 407,00	1 252,16	1 103,50	961,25	825,50
	III	**1 219,83**	465,08	465,08	III	1 099,83	983,00	869,33	759,00	651,66	547,66
	V	**2 375,08**	465,08	465,08	IV	1 782,33	1 704,00	1 625,66	1 547,33	1 469,00	1 390,66
	VI	**2 418,33**	465,08	465,08							
7 655,99 Ost	I,IV	**1 868,41**	465,08	465,08	I	1 711,75	1 555,08	1 398,41	1 243,83	1 095,58	953,66
	II	**1 728,16**	465,08	465,08	II	1 571,50	1 414,83	1 259,75	1 110,75	968,25	832,08
	III	**1 226,00**	465,08	465,08	III	1 105,66	988,66	875,00	764,33	657,00	552,83
	V	**2 382,83**	465,08	465,08	IV	1 790,08	1 711,75	1 633,41	1 555,08	1 476,75	1 398,41
	VI	**2 426,16**	465,08	465,08							
7 658,99 West	I,IV	**1 861,91**	465,08	465,08	I	1 705,25	1 548,58	1 391,91	1 237,50	1 089,50	947,91
	II	**1 721,58**	465,08	465,08	II	1 564,91	1 408,25	1 253,41	1 104,66	962,41	826,58
	III	**1 220,83**	465,08	465,08	III	1 100,83	983,83	870,16	759,83	652,50	548,50
	V	**2 376,33**	465,08	465,08	IV	1 783,58	1 705,25	1 626,91	1 548,58	1 470,25	1 391,91
	VI	**2 419,58**	465,08	465,08							
7 658,99 Ost	I,IV	**1 869,66**	465,08	465,08	I	1 713,00	1 556,33	1 399,66	1 245,08	1 096,75	954,83
	II	**1 729,41**	465,08	465,08	II	1 572,75	1 416,08	1 260,91	1 111,91	969,33	833,16
	III	**1 227,00**	465,08	465,08	III	1 106,66	989,66	875,83	765,33	657,83	553,66
	V	**2 384,16**	465,08	465,08	IV	1 791,33	1 713,00	1 634,66	1 556,33	1 478,00	1 399,66
	VI	**2 427,41**	465,08	465,08							
7 661,99 West	I,IV	**1 863,16**	465,08	465,08	I	1 706,50	1 549,83	1 393,16	1 238,75	1 090,66	949,00
	II	**1 722,83**	465,08	465,08	II	1 566,16	1 409,58	1 254,58	1 105,83	963,50	827,66
	III	**1 221,83**	465,08	465,08	III	1 101,66	984,83	871,16	760,66	653,50	549,33
	V	**2 377,58**	465,08	465,08	IV	1 784,83	1 706,50	1 628,16	1 549,83	1 471,50	1 393,16
	VI	**2 420,83**	465,08	465,08							
7 661,99 Ost	I,IV	**1 870,91**	465,08	465,08	I	1 714,25	1 557,66	1 401,00	1 246,25	1 097,91	955,91
	II	**1 730,66**	465,08	465,08	II	1 574,00	1 417,33	1 262,16	1 113,08	970,50	834,25
	III	**1 228,00**	465,08	465,08	III	1 107,66	990,66	876,83	766,16	658,66	554,50
	V	**2 385,41**	465,08	465,08	IV	1 792,58	1 714,25	1 635,91	1 557,66	1 479,33	1 401,00
	VI	**2 428,66**	465,08	465,08							
7 664,99 West	I,IV	**1 864,41**	465,08	465,08	I	1 707,75	1 551,08	1 394,41	1 240,00	1 091,83	950,16
	II	**1 724,08**	465,08	465,08	II	1 567,50	1 410,83	1 255,83	1 107,00	964,66	828,66
	III	**1 222,83**	465,08	465,08	III	1 102,66	985,83	872,00	761,50	654,33	550,16
	V	**2 378,83**	465,08	465,08	IV	1 786,08	1 707,75	1 629,41	1 551,08	1 472,75	1 394,41
	VI	**2 422,08**	465,08	465,08							
7 664,99 Ost	I,IV	**1 872,16**	465,08	465,08	I	1 715,58	1 558,91	1 402,25	1 247,50	1 099,08	957,00
	II	**1 731,91**	465,08	465,08	II	1 575,25	1 418,58	1 263,41	1 114,25	971,58	835,33
	III	**1 228,83**	465,08	465,08	III	1 108,66	991,50	877,66	767,00	659,50	555,33
	V	**2 386,66**	465,08	465,08	IV	1 793,91	1 715,58	1 637,25	1 558,91	1 480,58	1 402,25
	VI	**2 429,91**	465,08	465,08							
7 667,99 West	I,IV	**1 865,66**	465,08	465,08	I	1 709,00	1 552,33	1 395,66	1 241,16	1 093,00	951,25
	II	**1 725,41**	465,08	465,08	II	1 568,75	1 412,08	1 257,08	1 108,16	965,75	829,75
	III	**1 223,83**	465,08	465,08	III	1 103,66	986,66	873,00	762,50	655,16	551,00
	V	**2 380,08**	465,08	465,08	IV	1 787,33	1 709,00	1 630,66	1 552,33	1 474,00	1 395,66
	VI	**2 423,33**	465,08	465,08							
7 667,99 Ost	I,IV	**1 873,50**	465,08	465,08	I	1 716,83	1 560,16	1 403,50	1 248,75	1 100,25	958,16
	II	**1 733,16**	465,08	465,08	II	1 576,50	1 419,83	1 264,66	1 115,41	972,66	836,41
	III	**1 229,83**	465,08	465,08	III	1 109,50	992,50	878,50	767,83	660,50	556,16
	V	**2 387,91**	465,08	465,08	IV	1 795,16	1 716,83	1 638,50	1 560,16	1 481,83	1 403,50
	VI	**2 431,16**	465,08	465,08							

*   Zur LSt-Berechnung für privat versicherte Arbeitnehmer s. Beispiele **Vorbemerkung S. 4 f.**
** Basisvorsorgepauschale KV und PV   *** Typisierter Arbeitgeberzuschuss

aT3 allgemeine Lohnsteuer

Lohn/ Gehalt in € bis	Steuerklasse	Lohn-steuer*	BVSP**	TAGZ***	Steuerklasse	Bemessungsgrundlage für Kirchensteuer und Solidaritätszuschlag					
						Freibeträge für ... Kinder					
						0,5	1,0	1,5	2,0	2,5	3,0
7670,99 West	I,IV	**1 866,91**	465,08	465,08	I	1 710,25	1 553,58	1 396,91	1 242,41	1 094,16	952,33
	II	**1 726,66**	465,08	465,08	II	1 570,00	1 413,33	1 258,25	1 109,33	966,91	830,83
	III	**1 224,83**	465,08	465,08	III	1 104,50	987,66	873,83	763,33	656,00	551,83
	V	**2 381,33**	465,08	465,08	IV	1 788,58	1 710,25	1 631,91	1 553,58	1 475,25	1 396,91
	VI	**2 424,58**	465,08	465,08							
7670,99 Ost	I,IV	**1 874,75**	465,08	465,08	I	1 718,08	1 561,41	1 404,75	1 249,91	1 101,41	959,25
	II	**1 734,41**	465,08	465,08	II	1 577,75	1 421,16	1 265,83	1 116,66	973,83	837,50
	III	**1 230,83**	465,08	465,08	III	1 110,50	993,33	879,50	768,83	661,33	557,00
	V	**2 389,16**	465,08	465,08	IV	1 796,41	1 718,08	1 639,75	1 561,41	1 483,08	1 404,75
	VI	**2 432,41**	465,08	465,08							
7673,99 West	I,IV	**1 868,16**	465,08	465,08	I	1 711,50	1 554,83	1 398,16	1 243,58	1 095,33	953,50
	II	**1 727,91**	465,08	465,08	II	1 571,25	1 414,58	1 259,50	1 110,50	968,00	831,91
	III	**1 225,83**	465,08	465,08	III	1 105,50	988,50	874,83	764,16	656,83	552,66
	V	**2 382,58**	465,08	465,08	IV	1 789,83	1 711,50	1 633,16	1 554,83	1 476,50	1 398,16
	VI	**2 425,91**	465,08	465,08							
7673,99 Ost	I,IV	**1 876,00**	465,08	465,08	I	1 719,33	1 562,66	1 406,00	1 251,16	1 102,58	960,41
	II	**1 735,66**	465,08	465,08	II	1 579,08	1 422,41	1 267,08	1 117,83	974,91	838,50
	III	**1 231,83**	465,08	465,08	III	1 111,50	994,33	880,33	769,66	662,16	557,83
	V	**2 390,41**	465,08	465,08	IV	1 797,66	1 719,33	1 641,00	1 562,66	1 484,33	1 406,00
	VI	**2 433,66**	465,08	465,08							
7676,99 West	I,IV	**1 869,41**	465,08	465,08	I	1 712,75	1 556,08	1 399,50	1 244,83	1 096,50	954,58
	II	**1 729,16**	465,08	465,08	II	1 572,50	1 415,83	1 260,75	1 111,66	969,08	833,00
	III	**1 226,66**	465,08	465,08	III	1 106,50	989,50	875,66	765,00	657,66	553,50
	V	**2 383,91**	465,08	465,08	IV	1 791,08	1 712,75	1 634,41	1 556,08	1 477,83	1 399,50
	VI	**2 427,16**	465,08	465,08							
7676,99 Ost	I,IV	**1 877,25**	465,08	465,08	I	1 720,58	1 563,91	1 407,25	1 252,41	1 103,75	961,50
	II	**1 737,00**	465,08	465,08	II	1 580,33	1 423,66	1 268,33	1 119,00	976,08	839,58
	III	**1 232,83**	465,08	465,08	III	1 112,50	995,16	881,33	770,50	663,00	558,66
	V	**2 391,66**	465,08	465,08	IV	1 798,91	1 720,58	1 642,25	1 563,91	1 485,58	1 407,25
	VI	**2 434,91**	465,08	465,08							
7679,99 West	I,IV	**1 870,66**	465,08	465,08	I	1 714,08	1 557,41	1 400,75	1 246,08	1 097,66	955,66
	II	**1 730,41**	465,08	465,08	II	1 573,75	1 417,08	1 261,91	1 112,91	970,25	834,00
	III	**1 227,66**	465,08	465,08	III	1 107,50	990,33	876,50	766,00	658,50	554,33
	V	**2 385,16**	465,08	465,08	IV	1 792,33	1 714,08	1 635,75	1 557,41	1 479,08	1 400,75
	VI	**2 428,41**	465,08	465,08							
7679,99 Ost	I,IV	**1 878,50**	465,08	465,08	I	1 721,83	1 565,16	1 408,50	1 253,58	1 104,91	962,58
	II	**1 738,25**	465,08	465,08	II	1 581,58	1 424,91	1 269,50	1 120,16	977,16	840,66
	III	**1 233,83**	465,08	465,08	III	1 113,33	996,16	882,16	771,33	663,83	559,50
	V	**2 392,91**	465,08	465,08	IV	1 800,16	1 721,83	1 643,50	1 565,16	1 486,83	1 408,50
	VI	**2 436,25**	465,08	465,08							
7682,99 West	I,IV	**1 872,00**	465,08	465,08	I	1 715,33	1 558,66	1 402,00	1 247,25	1 098,83	956,83
	II	**1 731,66**	465,08	465,08	II	1 575,00	1 418,33	1 263,16	1 114,08	971,33	835,08
	III	**1 228,66**	465,08	465,08	III	1 108,33	991,33	877,50	766,83	659,33	555,16
	V	**2 386,41**	465,08	465,08	IV	1 793,66	1 715,33	1 637,00	1 558,66	1 480,33	1 402,00
	VI	**2 429,66**	465,08	465,08							
7682,99 Ost	I,IV	**1 879,75**	465,08	465,08	I	1 723,08	1 566,41	1 409,75	1 254,83	1 106,08	963,75
	II	**1 739,50**	465,08	465,08	II	1 582,83	1 426,16	1 270,75	1 121,33	978,33	841,75
	III	**1 234,83**	465,08	465,08	III	1 114,33	997,16	883,00	772,33	664,66	560,33
	V	**2 394,25**	465,08	465,08	IV	1 801,41	1 723,08	1 644,75	1 566,41	1 488,08	1 409,75
	VI	**2 437,50**	465,08	465,08							
7685,99 West	I,IV	**1 873,25**	465,08	465,08	I	1 716,58	1 559,91	1 403,25	1 248,50	1 100,00	957,91
	II	**1 732,91**	465,08	465,08	II	1 576,25	1 419,58	1 264,41	1 115,25	972,50	836,16
	III	**1 229,66**	465,08	465,08	III	1 109,33	992,16	878,33	767,66	660,16	556,00
	V	**2 387,66**	465,08	465,08	IV	1 794,91	1 716,58	1 638,25	1 559,91	1 481,58	1 403,25
	VI	**2 430,91**	465,08	465,08							
7685,99 Ost	I,IV	**1 881,00**	465,08	465,08	I	1 724,33	1 567,66	1 411,08	1 256,08	1 107,25	964,83
	II	**1 740,75**	465,08	465,08	II	1 584,08	1 427,41	1 272,00	1 122,50	979,41	842,83
	III	**1 235,83**	465,08	465,08	III	1 115,33	998,00	884,00	773,16	665,50	561,16
	V	**2 395,50**	465,08	465,08	IV	1 802,66	1 724,33	1 646,00	1 567,66	1 489,41	1 411,08
	VI	**2 438,75**	465,08	465,08							

* Zur LSt-Berechnung für privat versicherte Arbeitnehmer s. Beispiele **Vorbemerkung S. 4 f.**
** Basisvorsorgepauschale KV und PV *** Typisierter Arbeitgeberzuschuss

Lohn/ Gehalt in € bis	Steuerklasse	Lohn-steuer*	BVSP**	TAGZ***	Steuerklasse	Bemessungsgrundlage für Kirchensteuer und Solidaritätszuschlag					
						Freibeträge für ... Kinder					
						0,5	1,0	1,5	2,0	2,5	3,0
7 688,99 West	I,IV	**1 874,50**	465,08	465,08	I	1 717,83	1 561,16	1 404,50	1 249,75	1 101,16	959,08
	II	**1 734,16**	465,08	465,08	II	1 577,58	1 420,91	1 265,58	1 116,41	973,58	837,25
	III	**1 230,66**	465,08	465,08	III	1 110,33	993,16	879,33	768,50	661,00	556,83
	V	**2 388,91**	465,08	465,08	IV	1 796,16	1 717,83	1 639,50	1 561,16	1 482,83	1 404,50
	VI	**2 432,16**	465,08	465,08							
7 688,99 Ost	I,IV	**1 882,25**	465,08	465,08	I	1 725,66	1 569,00	1 412,33	1 257,25	1 108,41	966,00
	II	**1 742,00**	465,08	465,08	II	1 585,33	1 428,66	1 273,25	1 123,66	980,58	843,91
	III	**1 236,83**	465,08	465,08	III	1 116,33	999,00	884,83	774,00	666,33	562,00
	V	**2 396,75**	465,08	465,08	IV	1 803,91	1 725,66	1 647,33	1 569,00	1 490,66	1 412,33
	VI	**2 440,00**	465,08	465,08							
7 691,99 West	I,IV	**1 875,75**	465,08	465,08	I	1 719,08	1 562,41	1 405,75	1 250,91	1 102,33	960,16
	II	**1 735,50**	465,08	465,08	II	1 578,83	1 422,16	1 266,83	1 117,58	974,75	838,33
	III	**1 231,66**	465,08	465,08	III	1 111,33	994,16	880,16	769,50	662,00	557,66
	V	**2 390,16**	465,08	465,08	IV	1 797,41	1 719,08	1 640,75	1 562,41	1 484,08	1 405,75
	VI	**2 433,41**	465,08	465,08							
7 691,99 Ost	I,IV	**1 883,58**	465,08	465,08	I	1 726,91	1 570,25	1 413,58	1 258,50	1 109,58	967,08
	II	**1 743,25**	465,08	465,08	II	1 586,58	1 429,91	1 274,41	1 124,83	981,66	845,00
	III	**1 237,66**	465,08	465,08	III	1 117,16	999,83	885,83	774,83	667,16	562,83
	V	**2 398,00**	465,08	465,08	IV	1 805,25	1 726,91	1 648,58	1 570,25	1 491,91	1 413,58
	VI	**2 441,25**	465,08	465,08							
7 694,99 West	I,IV	**1 877,00**	465,08	465,08	I	1 720,33	1 563,66	1 407,00	1 252,16	1 103,50	961,25
	II	**1 736,75**	465,08	465,08	II	1 580,08	1 423,41	1 268,00	1 118,75	975,83	839,41
	III	**1 232,66**	465,08	465,08	III	1 112,16	995,00	881,00	770,33	662,83	558,50
	V	**2 391,41**	465,08	465,08	IV	1 798,66	1 720,33	1 642,00	1 563,66	1 485,33	1 407,00
	VI	**2 434,66**	465,08	465,08							
7 694,99 Ost	I,IV	**1 884,83**	465,08	465,08	I	1 728,16	1 571,50	1 414,83	1 259,75	1 110,75	968,25
	II	**1 744,50**	465,08	465,08	II	1 587,83	1 431,16	1 275,66	1 126,00	982,83	846,00
	III	**1 238,66**	465,08	465,08	III	1 118,16	1 000,83	886,66	775,83	668,16	563,66
	V	**2 399,25**	465,08	465,08	IV	1 806,50	1 728,16	1 649,83	1 571,50	1 493,16	1 414,83
	VI	**2 442,50**	465,08	465,08							
7 697,99 West	I,IV	**1 878,25**	465,08	465,08	I	1 721,58	1 564,91	1 408,25	1 253,41	1 104,66	962,41
	II	**1 738,00**	465,08	465,08	II	1 581,33	1 424,66	1 269,33	1 119,91	977,00	840,50
	III	**1 233,66**	465,08	465,08	III	1 113,16	996,00	882,00	771,16	663,66	559,33
	V	**2 392,66**	465,08	465,08	IV	1 799,91	1 721,58	1 643,25	1 564,91	1 486,58	1 408,25
	VI	**2 436,00**	465,08	465,08							
7 697,99 Ost	I,IV	**1 886,08**	465,08	465,08	I	1 729,41	1 572,75	1 416,08	1 260,91	1 111,91	969,33
	II	**1 745,75**	465,08	465,08	II	1 589,16	1 432,50	1 276,91	1 127,25	983,91	847,08
	III	**1 239,66**	465,08	465,08	III	1 119,16	1 001,83	887,66	776,66	669,00	564,50
	V	**2 400,50**	465,08	465,08	IV	1 807,75	1 729,41	1 651,08	1 572,75	1 494,41	1 416,08
	VI	**2 443,75**	465,08	465,08							
7 700,99 West	I,IV	**1 879,50**	465,08	465,08	I	1 722,83	1 566,16	1 409,58	1 254,58	1 105,83	963,50
	II	**1 739,25**	465,08	465,08	II	1 582,58	1 425,91	1 270,50	1 121,08	978,08	841,50
	III	**1 234,50**	465,08	465,08	III	1 114,16	996,83	882,83	772,00	664,50	560,16
	V	**2 394,00**	465,08	465,08	IV	1 801,16	1 722,83	1 644,50	1 566,16	1 487,83	1 409,58
	VI	**2 437,25**	465,08	465,08							
7 700,99 Ost	I,IV	**1 887,33**	465,08	465,08	I	1 730,66	1 574,00	1 417,33	1 262,16	1 113,08	970,50
	II	**1 747,08**	465,08	465,08	II	1 590,41	1 433,75	1 278,16	1 128,41	985,08	848,16
	III	**1 240,66**	465,08	465,08	III	1 120,00	1 002,66	888,50	777,50	669,83	565,33
	V	**2 401,75**	465,08	465,08	IV	1 809,00	1 730,66	1 652,33	1 574,00	1 495,66	1 417,33
	VI	**2 445,00**	465,08	465,08							
7 703,99 West	I,IV	**1 880,75**	465,08	465,08	I	1 724,08	1 567,50	1 410,83	1 255,83	1 107,00	964,66
	II	**1 740,50**	465,08	465,08	II	1 583,83	1 427,16	1 271,75	1 122,25	979,25	842,58
	III	**1 235,50**	465,08	465,08	III	1 115,16	997,83	883,83	773,00	665,33	561,00
	V	**2 395,25**	465,08	465,08	IV	1 802,41	1 724,08	1 645,83	1 567,50	1 489,16	1 410,83
	VI	**2 438,50**	465,08	465,08							
7 703,99 Ost	I,IV	**1 888,58**	465,08	465,08	I	1 731,91	1 575,25	1 418,58	1 263,41	1 114,25	971,58
	II	**1 748,33**	465,08	465,08	II	1 591,66	1 435,00	1 279,33	1 129,58	986,16	849,25
	III	**1 241,66**	465,08	465,08	III	1 121,00	1 003,66	889,33	778,50	670,66	566,16
	V	**2 403,00**	465,08	465,08	IV	1 810,25	1 731,91	1 653,58	1 575,25	1 496,91	1 418,58
	VI	**2 446,25**	465,08	465,08							

* Zur LSt-Berechnung für privat versicherte Arbeitnehmer s. Beispiele **Vorbemerkung S. 4 f.**
** Basisvorsorgepauschale KV und PV *** Typisierter Arbeitgeberzuschuss

Lohn/ Gehalt in € bis	Steuerklasse	Lohn-steuer*	BVSP**	TAGZ***	Steuerklasse	Bemessungsgrundlage für Kirchensteuer und Solidaritätszuschlag					
						Freibeträge für ... Kinder					
						0,5	1,0	1,5	2,0	2,5	3,0
7 706,99 West	I,IV	1 882,08	465,08	465,08	I	1 725,41	1 568,75	1 412,08	1 257,08	1 108,16	965,75
	II	1 741,75	465,08	465,08	II	1 585,08	1 428,41	1 273,00	1 123,41	980,33	843,66
	III	1 236,50	465,08	465,08	III	1 116,00	998,83	884,66	773,83	666,16	561,83
	V	2 396,50	465,08	465,08	IV	1 803,75	1 725,41	1 647,08	1 568,75	1 490,41	1 412,08
	VI	2 439,75	465,08	465,08							
7 706,99 Ost	I,IV	1 889,83	465,08	465,08	I	1 733,16	1 576,50	1 419,83	1 264,66	1 115,41	972,66
	II	1 749,58	465,08	465,08	II	1 592,91	1 436,25	1 280,58	1 130,75	987,33	850,33
	III	1 242,66	465,08	465,08	III	1 122,00	1 004,50	890,33	779,33	671,50	567,00
	V	2 404,25	465,08	465,08	IV	1 811,50	1 733,16	1 654,83	1 576,50	1 498,16	1 419,83
	VI	2 447,58	465,08	465,08							
7 709,99 West	I,IV	1 883,33	465,08	465,08	I	1 726,66	1 570,00	1 413,33	1 258,25	1 109,33	966,91
	II	1 743,00	465,08	465,08	II	1 586,33	1 429,66	1 274,25	1 124,66	981,50	844,75
	III	1 237,50	465,08	465,08	III	1 117,00	999,66	885,66	774,66	667,00	562,66
	V	2 397,75	465,08	465,08	IV	1 805,00	1 726,66	1 648,33	1 570,00	1 491,66	1 413,33
	VI	2 441,00	465,08	465,08							
7 709,99 Ost	I,IV	1 891,08	465,08	465,08	I	1 734,41	1 577,75	1 421,16	1 265,83	1 116,66	973,83
	II	1 750,83	465,08	465,08	II	1 594,16	1 437,50	1 281,83	1 131,91	988,41	851,41
	III	1 243,66	465,08	465,08	III	1 123,00	1 005,50	891,16	780,16	672,33	567,66
	V	2 405,58	465,08	465,08	IV	1 812,75	1 734,41	1 656,00	1 577,75	1 499,41	1 421,16
	VI	2 448,83	465,08	465,08							
7 712,99 West	I,IV	1 884,58	465,08	465,08	I	1 727,91	1 571,25	1 414,58	1 259,50	1 110,50	968,00
	II	1 744,25	465,08	465,08	II	1 587,58	1 431,00	1 275,41	1 125,83	982,58	845,83
	III	1 238,50	465,08	465,08	III	1 118,00	1 000,66	886,50	775,66	667,83	563,50
	V	2 399,00	465,08	465,08	IV	1 806,25	1 727,91	1 649,58	1 571,25	1 492,91	1 414,58
	VI	2 442,25	465,08	465,08							
7 712,99 Ost	I,IV	1 892,33	465,08	465,08	I	1 735,66	1 579,08	1 422,41	1 267,08	1 117,83	974,91
	II	1 752,08	465,08	465,08	II	1 595,41	1 438,75	1 283,08	1 133,08	989,58	852,50
	III	1 244,66	465,08	465,08	III	1 123,83	1 006,33	892,16	781,00	673,16	568,50
	V	2 406,83	465,08	465,08	IV	1 814,00	1 735,66	1 657,41	1 579,08	1 500,75	1 422,41
	VI	2 450,08	465,08	465,08							
7 715,99 West	I,IV	1 885,83	465,08	465,08	I	1 729,16	1 572,50	1 415,83	1 260,75	1 111,66	969,08
	II	1 745,58	465,08	465,08	II	1 588,91	1 432,25	1 276,66	1 127,00	983,75	846,91
	III	1 239,50	465,08	465,08	III	1 118,83	1 001,50	887,33	776,50	668,83	564,33
	V	2 400,25	465,08	465,08	IV	1 807,50	1 729,16	1 650,83	1 572,50	1 494,16	1 415,83
	VI	2 443,50	465,08	465,08							
7 715,99 Ost	I,IV	1 893,66	465,08	465,08	I	1 737,00	1 580,33	1 423,66	1 268,33	1 119,00	976,08
	II	1 753,33	465,08	465,08	II	1 596,66	1 440,00	1 284,33	1 134,25	990,75	853,58
	III	1 245,66	465,08	465,08	III	1 124,83	1 007,33	893,00	782,00	674,00	569,33
	V	2 408,08	465,08	465,08	IV	1 815,33	1 737,00	1 658,66	1 580,33	1 502,00	1 423,66
	VI	2 451,33	465,08	465,08							
7 718,99 West	I,IV	1 887,08	465,08	465,08	I	1 730,41	1 573,75	1 417,08	1 261,91	1 112,91	970,25
	II	1 746,83	465,08	465,08	II	1 590,16	1 433,50	1 277,91	1 128,16	984,83	848,00
	III	1 240,50	465,08	465,08	III	1 119,83	1 002,50	888,33	777,33	669,66	565,00
	V	2 401,50	465,08	465,08	IV	1 808,75	1 730,41	1 652,08	1 573,75	1 495,41	1 417,08
	VI	2 444,75	465,08	465,08							
7 718,99 Ost	I,IV	1 894,91	465,08	465,08	I	1 738,25	1 581,58	1 424,91	1 269,50	1 120,16	977,16
	II	1 754,58	465,08	465,08	II	1 597,91	1 441,25	1 285,50	1 135,50	991,83	854,66
	III	1 246,66	465,08	465,08	III	1 125,83	1 008,33	894,00	782,83	675,00	570,16
	V	2 409,33	465,08	465,08	IV	1 816,58	1 738,25	1 659,91	1 581,58	1 503,25	1 424,91
	VI	2 452,58	465,08	465,08							
7 721,99 West	I,IV	1 888,33	465,08	465,08	I	1 731,66	1 575,00	1 418,33	1 263,16	1 114,08	971,33
	II	1 748,08	465,08	465,08	II	1 591,41	1 434,75	1 279,16	1 129,33	986,00	849,08
	III	1 241,50	465,08	465,08	III	1 120,83	1 003,33	889,16	778,16	670,50	565,83
	V	2 402,75	465,08	465,08	IV	1 810,00	1 731,66	1 653,33	1 575,00	1 496,66	1 418,33
	VI	2 446,08	465,08	465,08							
7 721,99 Ost	I,IV	1 896,16	465,08	465,08	I	1 739,50	1 582,83	1 426,16	1 270,75	1 121,33	978,33
	II	1 755,83	465,08	465,08	II	1 599,16	1 442,58	1 286,75	1 136,66	993,00	855,75
	III	1 247,50	465,08	465,08	III	1 126,83	1 009,16	894,83	783,66	675,83	571,00
	V	2 410,58	465,08	465,08	IV	1 817,83	1 739,50	1 661,16	1 582,83	1 504,50	1 426,16
	VI	2 453,83	465,08	465,08							

* Zur LSt-Berechnung für privat versicherte Arbeitnehmer s. Beispiele **Vorbemerkung S. 4 f.**
** Basisvorsorgepauschale KV und PV *** Typisierter Arbeitgeberzuschuss

Lohn/Gehalt in € bis	Steuerklasse	Lohn-steuer*	BVSP**	TAGZ***	Steuerklasse	Bemessungsgrundlage für Kirchensteuer und Solidaritätszuschlag — Freibeträge für ... Kinder					
						0,5	1,0	1,5	2,0	2,5	3,0
7 724,99 West	I,IV	1 889,58	465,08	465,08	I	1 732,91	1 576,25	1 419,58	1 264,41	1 115,25	972,50
	II	1 749,33	465,08	465,08	II	1 592,66	1 436,00	1 280,33	1 130,50	987,08	850,16
	III	1 242,50	465,08	465,08	III	1 121,83	1 004,33	890,16	779,16	671,33	566,66
	V	2 404,08	465,08	465,08	IV	1 811,25	1 732,91	1 654,58	1 576,25	1 497,91	1 419,58
	VI	2 447,33	465,08	465,08							
7 724,99 Ost	I,IV	1 897,41	465,08	465,08	I	1 740,75	1 584,08	1 427,41	1 272,00	1 122,50	979,41
	II	1 757,16	465,08	465,08	II	1 600,50	1 443,83	1 288,00	1 137,83	994,08	856,83
	III	1 248,50	465,08	465,08	III	1 127,66	1 010,16	895,83	784,66	676,66	571,83
	V	2 411,83	465,08	465,08	IV	1 819,08	1 740,75	1 662,41	1 584,08	1 505,75	1 427,41
	VI	2 455,08	465,08	465,08							
7 727,99 West	I,IV	1 890,83	465,08	465,08	I	1 734,16	1 577,58	1 420,91	1 265,58	1 116,41	973,58
	II	1 750,58	465,08	465,08	II	1 593,91	1 437,25	1 281,58	1 131,66	988,25	851,16
	III	1 243,50	465,08	465,08	III	1 122,66	1 005,33	891,00	780,00	672,25	567,50
	V	2 405,33	465,08	465,08	IV	1 812,50	1 734,16	1 655,83	1 577,58	1 499,25	1 420,91
	VI	2 448,58	465,08	465,08							
7 727,99 Ost	I,IV	1 898,66	465,08	465,08	I	1 742,00	1 585,33	1 428,66	1 273,25	1 123,66	980,58
	II	1 758,41	465,08	465,08	II	1 601,75	1 445,08	1 289,25	1 139,00	995,25	857,91
	III	1 249,50	465,08	465,08	III	1 128,66	1 011,00	896,66	785,50	677,50	572,66
	V	2 413,08	465,08	465,08	IV	1 820,33	1 742,00	1 663,66	1 585,33	1 507,00	1 428,66
	VI	2 456,33	465,08	465,08							
7 730,99 West	I,IV	1 892,08	465,08	465,08	I	1 735,50	1 578,83	1 422,16	1 266,83	1 117,58	974,75
	II	1 751,83	465,08	465,08	II	1 595,16	1 438,50	1 282,83	1 132,91	989,33	852,25
	III	1 244,33	465,08	465,08	III	1 123,66	1 006,16	892,00	780,83	673,00	568,33
	V	2 406,58	465,08	465,08	IV	1 813,83	1 735,50	1 657,16	1 578,83	1 500,50	1 422,16
	VI	2 449,83	465,08	465,08							
7 730,99 Ost	I,IV	1 899,91	465,08	465,08	I	1 743,25	1 586,58	1 429,91	1 274,41	1 124,83	981,66
	II	1 759,66	465,08	465,08	II	1 603,00	1 446,33	1 290,50	1 140,16	996,33	859,00
	III	1 250,50	465,08	465,08	III	1 129,66	1 012,00	897,50	786,33	678,33	573,50
	V	2 414,33	465,08	465,08	IV	1 821,58	1 743,25	1 664,91	1 586,58	1 508,25	1 429,91
	VI	2 457,66	465,08	465,08							
7 733,99 West	I,IV	1 893,41	465,08	465,08	I	1 736,75	1 580,08	1 423,41	1 268,08	1 118,75	975,83
	II	1 753,08	465,08	465,08	II	1 596,41	1 439,75	1 284,08	1 134,08	990,50	853,33
	III	1 245,33	465,08	465,08	III	1 124,66	1 007,16	892,83	781,66	673,83	569,16
	V	2 407,83	465,08	465,08	IV	1 815,08	1 736,75	1 658,41	1 580,08	1 501,75	1 423,41
	VI	2 451,08	465,08	465,08							
7 733,99 Ost	I,IV	1 901,16	465,08	465,08	I	1 744,50	1 587,83	1 431,16	1 275,66	1 126,00	982,83
	II	1 760,91	465,08	465,08	II	1 604,25	1 447,58	1 291,66	1 141,41	997,25	860,00
	III	1 251,50	465,08	465,08	III	1 130,66	1 013,00	898,50	787,16	679,16	574,33
	V	2 415,66	465,08	465,08	IV	1 822,83	1 744,50	1 666,16	1 587,83	1 509,50	1 431,16
	VI	2 458,91	465,08	465,08							
7 736,99 West	I,IV	1 894,66	465,08	465,08	I	1 738,00	1 581,33	1 424,66	1 269,33	1 119,91	977,00
	II	1 754,33	465,08	465,08	II	1 597,66	1 441,08	1 285,25	1 135,25	991,58	854,41
	III	1 246,33	465,08	465,08	III	1 125,66	1 008,00	893,66	782,66	674,66	570,00
	V	2 409,08	465,08	465,08	IV	1 816,33	1 738,00	1 659,66	1 581,33	1 503,00	1 424,66
	VI	2 452,33	465,08	465,08							
7 736,99 Ost	I,IV	1 902,41	465,08	465,08	I	1 745,75	1 589,16	1 432,50	1 276,91	1 127,25	983,91
	II	1 762,16	465,08	465,08	II	1 605,50	1 448,83	1 292,91	1 142,58	998,66	861,08
	III	1 252,50	465,08	465,08	III	1 131,50	1 013,83	899,33	788,16	680,00	575,16
	V	2 416,91	465,08	465,08	IV	1 824,08	1 745,75	1 667,41	1 589,16	1 510,83	1 432,50
	VI	2 460,16	465,08	465,08							
7 739,99 West	I,IV	1 895,91	465,08	465,08	I	1 739,25	1 582,58	1 425,91	1 270,50	1 121,08	978,08
	II	1 755,58	465,08	465,08	II	1 599,00	1 442,33	1 286,50	1 136,41	992,75	855,50
	III	1 247,33	465,08	465,08	III	1 126,50	1 009,00	894,66	783,50	675,66	570,83
	V	2 410,33	465,08	465,08	IV	1 817,58	1 739,25	1 660,91	1 582,58	1 504,25	1 425,91
	VI	2 453,58	465,08	465,08							
7 739,99 Ost	I,IV	1 903,66	465,08	465,08	I	1 747,08	1 590,41	1 433,75	1 278,16	1 128,41	985,08
	II	1 763,41	465,08	465,08	II	1 606,75	1 450,08	1 294,16	1 143,75	999,75	862,16
	III	1 253,50	465,08	465,08	III	1 132,50	1 014,83	900,33	789,00	680,83	576,00
	V	2 418,16	465,08	465,08	IV	1 825,41	1 747,08	1 668,75	1 590,41	1 512,00	1 433,75
	VI	2 461,41	465,08	465,08							

Lohn/Gehalt in € bis	Steuerklasse	Lohn-steuer*	BVSP**	TAGZ***	Steuerklasse	Bemessungsgrundlage für Kirchensteuer und Solidaritätszuschlag — Freibeträge für ... Kinder					
						0,5	1,0	1,5	2,0	2,5	3,0
7742,99 West	I,IV	1897,16	465,08	465,08	I	1740,50	1583,83	1427,16	1271,75	1122,25	979,25
	II	1756,91	465,08	465,08	II	1600,25	1443,58	1287,75	1137,58	993,91	856,58
	III	1248,33	465,08	465,08	III	1127,50	1010,00	895,50	784,33	676,50	571,66
	V	2411,58	465,08	465,08	IV	1818,83	1740,50	1662,16	1583,83	1505,50	1427,16
	VI	2454,83	465,08	465,08							
7742,99 Ost	I,IV	1905,00	465,08	465,08	I	1748,33	1591,66	1435,00	1279,33	1129,58	986,16
	II	1764,66	465,08	465,08	II	1608,00	1451,33	1295,41	1144,91	1000,91	863,25
	III	1254,50	465,08	465,08	III	1133,50	1015,66	901,16	789,83	681,83	576,83
	V	2419,41	465,08	465,08	IV	1826,66	1748,33	1670,00	1591,66	1513,33	1435,00
	VI	2462,66	465,08	465,08							
7745,99 West	I,IV	1898,41	465,08	465,08	I	1741,75	1585,08	1428,41	1273,00	1123,41	980,33
	II	1758,16	465,08	465,08	II	1601,50	1444,83	1289,00	1138,75	995,00	857,66
	III	1249,33	465,08	465,08	III	1128,50	1010,83	896,50	785,33	677,33	572,50
	V	2412,83	465,08	465,08	IV	1820,08	1741,75	1663,41	1585,08	1506,75	1428,41
	VI	2456,08	465,08	465,08							
7745,99 Ost	I,IV	1906,25	465,08	465,08	I	1749,58	1592,91	1436,25	1280,58	1130,75	987,33
	II	1765,91	465,08	465,08	II	1609,25	1452,66	1296,66	1146,08	1002,00	864,33
	III	1255,50	465,08	465,08	III	1134,50	1016,66	902,16	790,83	682,66	577,66
	V	2420,66	465,08	465,08	IV	1827,91	1749,58	1671,25	1592,91	1514,58	1436,25
	VI	2463,91	465,08	465,08							
7748,99 West	I,IV	1899,66	465,08	465,08	I	1743,00	1586,33	1429,66	1274,25	1124,66	981,50
	II	1759,41	465,08	465,08	II	1602,75	1446,08	1290,25	1140,00	996,16	858,75
	III	1250,33	465,08	465,08	III	1129,50	1011,83	897,33	786,16	678,16	573,33
	V	2414,08	465,08	465,08	IV	1821,33	1743,00	1664,66	1586,33	1508,00	1429,66
	VI	2457,41	465,08	465,08							
7748,99 Ost	I,IV	1907,50	465,08	465,08	I	1750,83	1594,16	1437,50	1281,83	1131,91	988,41
	II	1767,16	465,08	465,08	II	1610,58	1453,91	1297,83	1147,33	1003,16	865,41
	III	1256,50	465,08	465,08	III	1135,50	1017,66	903,00	791,66	683,50	578,50
	V	2421,91	465,08	465,08	IV	1829,16	1750,83	1672,50	1594,16	1515,83	1437,50
	VI	2465,16	465,08	465,08							
7751,99 West	I,IV	1900,91	465,08	465,08	I	1744,25	1587,58	1431,00	1275,41	1125,83	982,58
	II	1760,66	465,08	465,08	II	1604,00	1447,33	1291,41	1141,16	997,25	859,83
	III	1251,33	465,08	465,08	III	1130,33	1012,66	898,33	787,00	679,00	574,16
	V	2415,41	465,08	465,08	IV	1822,58	1744,25	1665,91	1587,58	1509,33	1431,00
	VI	2458,66	465,08	465,08							
7751,99 Ost	I,IV	1908,75	465,08	465,08	I	1752,08	1595,41	1438,75	1283,08	1133,08	989,58
	II	1768,50	465,08	465,08	II	1611,83	1455,16	1299,08	1148,50	1004,25	866,50
	III	1257,50	465,08	465,08	III	1136,33	1018,50	904,00	792,50	684,33	579,33
	V	2423,16	465,08	465,08	IV	1830,41	1752,08	1673,75	1595,41	1517,08	1438,75
	VI	2466,41	465,08	465,08							
7754,99 West	I,IV	1902,16	465,08	465,08	I	1745,58	1588,91	1432,25	1276,66	1127,00	983,75
	II	1761,91	465,08	465,08	II	1605,25	1448,58	1292,66	1142,33	998,41	860,91
	III	1252,33	465,08	465,08	III	1131,33	1013,66	899,16	788,00	679,83	575,00
	V	2416,66	465,08	465,08	IV	1823,83	1745,58	1667,25	1588,91	1510,58	1432,25
	VI	2459,91	465,08	465,08							
7754,99 Ost	I,IV	1910,00	465,08	465,08	I	1753,33	1596,66	1440,00	1284,33	1134,25	990,75
	II	1769,75	465,08	465,08	II	1613,08	1456,41	1300,33	1149,66	1005,41	867,58
	III	1258,50	465,08	465,08	III	1137,33	1019,50	904,83	793,33	685,16	580,16
	V	2424,41	465,08	465,08	IV	1831,66	1753,33	1675,00	1596,66	1518,33	1440,00
	VI	2467,75	465,08	465,08							
7757,99 West	I,IV	1903,50	465,08	465,08	I	1746,83	1590,16	1433,50	1277,91	1128,16	984,83
	II	1763,16	465,08	465,08	II	1606,50	1449,83	1293,91	1143,50	999,50	862,00
	III	1253,33	465,08	465,08	III	1132,33	1014,66	900,16	788,83	680,66	575,83
	V	2417,91	465,08	465,08	IV	1825,16	1746,83	1668,50	1590,16	1511,83	1433,50
	VI	2461,16	465,08	465,08							
7757,99 Ost	I,IV	1911,25	465,08	465,08	I	1754,58	1597,91	1441,25	1285,50	1135,50	991,83
	II	1771,00	465,08	465,08	II	1614,33	1457,66	1301,58	1150,83	1006,58	868,66
	III	1259,33	465,08	465,08	III	1138,33	1020,50	905,66	794,33	686,00	581,00
	V	2425,75	465,08	465,08	IV	1832,91	1754,58	1676,25	1597,91	1519,58	1441,25
	VI	2469,00	465,08	465,08							

* Zur LSt-Berechnung für privat versicherte Arbeitnehmer s. Beispiele **Vorbemerkung S. 4f.**
** Basisvorsorgepauschale KV und PV *** Typisierter Arbeitgeberzuschuss

Lohn/Gehalt in € bis	Steuerklasse	Lohn-steuer*	BVSP**	TAGZ***	Steuerklasse	0,5	1,0	1,5	2,0	2,5	3,0
7760,99 West	I,IV	1904,75	465,08	465,08	I	1748,08	1591,41	1434,75	1279,16	1129,33	986,00
	II	1764,41	465,08	465,08	II	1607,75	1451,08	1295,16	1144,66	1000,66	863,08
	III	1254,33	465,08	465,08	III	1133,33	1015,50	901,00	789,66	681,50	576,66
	V	2419,16	465,08	465,08	IV	1826,41	1748,08	1669,75	1591,41	1513,08	1434,75
	VI	2462,41	465,08	465,08							
7760,99 Ost	I,IV	1912,50	465,08	465,08	I	1755,83	1599,16	1442,58	1286,75	1136,66	993,00
	II	1772,25	465,08	465,08	II	1615,58	1458,91	1302,83	1152,08	1007,66	869,75
	III	1260,33	465,08	465,08	III	1139,33	1021,33	906,66	795,16	686,83	581,83
	V	2427,00	465,08	465,08	IV	1834,16	1755,83	1677,50	1599,16	1520,91	1442,58
	VI	2470,25	465,08	465,08							
7763,99 West	I,IV	1906,00	465,08	465,08	I	1749,33	1592,66	1436,00	1280,33	1130,50	987,08
	II	1765,66	465,08	465,08	II	1609,08	1452,41	1296,41	1145,91	1001,83	864,16
	III	1255,16	465,08	465,08	III	1134,16	1016,50	901,83	790,50	682,50	577,50
	V	2420,41	465,08	465,08	IV	1827,66	1749,33	1671,00	1592,66	1514,33	1436,00
	VI	2463,66	465,08	465,08							
7763,99 Ost	I,IV	1913,75	465,08	465,08	I	1757,16	1600,50	1443,83	1288,00	1137,83	994,08
	II	1773,50	465,08	465,08	II	1616,83	1460,16	1304,08	1153,25	1008,83	870,83
	III	1261,33	465,08	465,08	III	1140,16	1022,33	907,50	796,00	687,83	582,66
	V	2428,25	465,08	465,08	IV	1835,41	1757,16	1678,83	1600,50	1522,16	1443,83
	VI	2471,50	465,08	465,08							
7766,99 West	I,IV	1907,25	465,08	465,08	I	1750,58	1593,91	1437,25	1281,58	1131,66	988,25
	II	1767,00	465,08	465,08	II	1610,33	1453,66	1297,66	1147,00	1002,91	865,25
	III	1256,16	465,08	465,08	III	1135,16	1017,33	902,83	791,50	683,33	578,33
	V	2421,66	465,08	465,08	IV	1828,91	1750,58	1672,25	1593,91	1515,58	1437,25
	VI	2464,91	465,08	465,08							
7766,99 Ost	I,IV	1915,08	465,08	465,08	I	1758,41	1601,75	1445,08	1289,25	1139,00	995,25
	II	1774,75	465,08	465,08	II	1618,08	1461,41	1305,33	1154,41	1010,00	871,91
	III	1262,33	465,08	465,08	III	1141,16	1023,16	908,50	797,00	688,66	583,50
	V	2429,50	465,08	465,08	IV	1836,75	1758,41	1680,08	1601,75	1523,41	1445,08
	VI	2472,50	465,08	465,08							
7769,99 West	I,IV	1908,50	465,08	465,08	I	1751,83	1595,16	1438,50	1282,83	1132,91	989,33
	II	1768,25	465,08	465,08	II	1611,58	1454,91	1298,83	1148,25	1004,08	866,33
	III	1257,16	465,08	465,08	III	1136,16	1018,33	903,66	792,33	684,16	579,16
	V	2422,91	465,08	465,08	IV	1830,16	1751,83	1673,50	1595,16	1516,83	1438,50
	VI	2466,16	465,08	465,08							
7769,99 Ost	I,IV	1916,33	465,08	465,08	I	1759,66	1603,00	1446,33	1290,50	1140,16	996,33
	II	1776,00	465,08	465,08	II	1619,33	1462,66	1306,58	1155,58	1011,08	873,00
	III	1263,33	465,08	465,08	III	1142,16	1024,16	909,33	797,83	689,50	584,33
	V	2430,75	465,08	465,08	IV	1838,00	1759,66	1681,33	1603,00	1524,66	1446,33
	VI	2474,00	465,08	465,08							
7772,99 West	I,IV	1909,75	465,08	465,08	I	1753,08	1596,41	1439,75	1284,08	1134,08	990,50
	II	1769,50	465,08	465,08	II	1612,83	1456,16	1300,08	1149,41	1005,16	867,41
	III	1258,16	465,08	465,08	III	1137,16	1019,33	904,66	793,16	685,00	580,00
	V	2424,16	465,08	465,08	IV	1831,41	1753,08	1674,75	1596,41	1518,08	1439,75
	VI	2467,50	465,08	465,08							
7772,99 Ost	I,IV	1917,58	465,08	465,08	I	1760,91	1604,25	1447,58	1291,66	1141,41	997,50
	II	1777,25	465,08	465,08	II	1620,66	1464,00	1307,75	1156,83	1012,25	874,08
	III	1264,33	465,08	465,08	III	1143,16	1025,16	910,33	798,66	690,33	585,16
	V	2432,00	465,08	465,08	IV	1839,25	1760,91	1682,58	1604,25	1525,91	1447,58
	VI	2475,25	465,08	465,08							
7775,99 West	I,IV	1911,00	465,08	465,08	I	1754,33	1597,66	1441,08	1285,25	1135,25	991,58
	II	1770,75	465,08	465,08	II	1614,08	1457,41	1301,33	1150,66	1006,33	868,50
	III	1259,16	465,08	465,08	III	1138,16	1020,16	905,50	794,16	685,83	580,83
	V	2425,50	465,08	465,08	IV	1832,66	1754,33	1676,00	1597,66	1519,33	1441,08
	VI	2468,75	465,08	465,08							
7775,99 Ost	I,IV	1918,83	465,08	465,08	I	1762,16	1605,50	1448,83	1292,91	1142,58	998,66
	II	1778,58	465,08	465,08	II	1621,91	1465,25	1309,00	1158,00	1013,41	875,16
	III	1265,33	465,08	465,08	III	1144,00	1026,00	911,16	799,66	691,16	586,00
	V	2433,25	465,08	465,08	IV	1840,50	1762,16	1683,83	1605,50	1527,16	1448,83
	VI	2476,50	465,08	465,08							

* Zur LSt-Berechnung für privat versicherte Arbeitnehmer s. Beispiele **Vorbemerkung S. 4 f.**
** Basisvorsorgepauschale KV und PV   *** Typisierter Arbeitgeberzuschuss

215

aT3 allgemeine Lohnsteuer

Lohn/ Gehalt in € bis	Steuerklasse	Lohn- steuer*	BVSP**	TAGZ***	Steuerklasse	Bemessungsgrundlage für Kirchensteuer und Solidaritätszuschlag Freibeträge für ... Kinder					
						0,5	1,0	1,5	2,0	2,5	3,0
7778,99 West	I,IV	**1912,25**	465,08	465,08	I	1755,58	1599,00	1442,33	1286,50	1136,41	992,75
	II	**1772,00**	465,08	465,08	II	1615,33	1458,66	1302,58	1151,83	1007,50	869,58
	III	**1260,16**	465,08	465,08	III	1139,00	1021,16	906,50	795,00	686,66	581,66
	V	**2426,75**	465,08	465,08	IV	1833,91	1755,58	1677,33	1599,00	1520,66	1442,33
	VI	**2470,00**	465,08	465,08							
7778,99 Ost	I,IV	**1920,08**	465,08	465,08	I	1763,41	1606,75	1450,08	1294,16	1143,75	999,75
	II	**1779,83**	465,08	465,08	II	1623,16	1466,50	1310,25	1159,16	1014,50	876,25
	III	**1266,33**	465,08	465,08	III	1145,00	1027,00	912,16	800,50	692,00	586,83
	V	**2434,50**	465,08	465,08	IV	1841,75	1763,41	1685,08	1606,75	1528,41	1450,08
	VI	**2477,75**	465,08	465,08							
7781,99 West	I,IV	**1913,58**	465,08	465,08	I	1756,91	1600,25	1443,58	1287,75	1137,58	993,91
	II	**1773,25**	465,08	465,08	II	1616,58	1459,91	1303,83	1153,00	1008,58	870,66
	III	**1261,16**	465,08	465,08	III	1140,00	1022,00	907,33	795,83	687,50	582,50
	V	**2428,00**	465,08	465,08	IV	1835,25	1756,91	1678,58	1600,25	1521,91	1443,58
	VI	**2471,25**	465,08	465,08							
7781,99 Ost	I,IV	**1921,33**	465,08	465,08	I	1764,66	1608,00	1451,33	1295,41	1144,91	1000,91
	II	**1781,08**	465,08	465,08	II	1624,41	1467,75	1311,50	1160,33	1015,66	877,33
	III	**1267,33**	465,08	465,08	III	1146,00	1027,83	913,00	801,33	693,00	587,66
	V	**2435,75**	465,08	465,08	IV	1843,00	1764,66	1686,33	1608,00	1529,66	1451,33
	VI	**2479,08**	465,08	465,08							
7784,99 West	I,IV	**1914,83**	465,08	465,08	I	1758,16	1601,50	1444,83	1289,00	1138,75	995,00
	II	**1774,50**	465,08	465,08	II	1617,83	1461,16	1305,00	1154,16	1009,75	871,75
	III	**1262,16**	465,08	465,08	III	1141,00	1023,00	908,33	796,66	688,50	583,33
	V	**2429,25**	465,08	465,08	IV	1836,50	1758,16	1679,83	1601,50	1523,16	1444,83
	VI	**2472,50**	465,08	465,08							
7784,99 Ost	I,IV	**1922,58**	465,08	465,08	I	1765,91	1609,25	1452,66	1296,66	1146,08	1002,00
	II	**1782,33**	465,08	465,08	II	1625,66	1469,00	1312,75	1161,58	1016,75	878,41
	III	**1268,33**	465,08	465,08	III	1147,00	1028,83	914,00	802,33	693,83	588,50
	V	**2437,08**	465,08	465,08	IV	1844,25	1765,91	1687,58	1609,25	1530,91	1452,66
	VI	**2480,33**	465,08	465,08							
7787,99 West	I,IV	**1916,08**	465,08	465,08	I	1759,41	1602,75	1446,08	1290,25	1140,00	996,16
	II	**1775,75**	465,08	465,08	II	1619,08	1462,50	1306,33	1155,41	1010,91	872,83
	III	**1263,16**	465,08	465,08	III	1142,00	1024,00	909,16	797,66	689,33	584,16
	V	**2430,50**	465,08	465,08	IV	1837,75	1759,41	1681,08	1602,75	1524,41	1446,08
	VI	**2473,75**	465,08	465,08							
7787,99 Ost	I,IV	**1923,83**	465,08	465,08	I	1767,16	1610,58	1453,91	1297,83	1147,33	1003,16
	II	**1783,58**	465,08	465,08	II	1626,91	1470,25	1314,00	1162,75	1017,91	879,58
	III	**1269,33**	465,08	465,08	III	1148,00	1029,83	914,83	803,16	694,66	589,33
	V	**2438,33**	465,08	465,08	IV	1845,50	1767,16	1688,91	1610,58	1532,25	1453,91
	VI	**2481,58**	465,08	465,08							
7790,99 West	I,IV	**1917,33**	465,08	465,08	I	1760,66	1604,00	1447,33	1291,41	1141,16	997,25
	II	**1777,08**	465,08	465,08	II	1620,41	1463,75	1307,50	1156,58	1012,00	873,91
	III	**1264,16**	465,08	465,08	III	1142,83	1024,83	910,16	798,50	690,16	585,00
	V	**2431,75**	465,08	465,08	IV	1839,00	1760,66	1682,33	1604,00	1525,66	1447,33
	VI	**2475,00**	465,08	465,08							
7790,99 Ost	I,IV	**1925,16**	465,08	465,08	I	1768,50	1611,83	1455,16	1299,08	1148,50	1004,25
	II	**1784,83**	465,08	465,08	II	1628,16	1471,50	1315,25	1163,91	1019,08	880,66
	III	**1270,33**	465,08	465,08	III	1148,83	1030,66	915,83	804,00	695,50	590,16
	V	**2439,58**	465,08	465,08	IV	1846,83	1768,50	1690,16	1611,83	1533,50	1455,16
	VI	**2482,83**	465,08	465,08							
7793,99 West	I,IV	**1918,58**	465,08	465,08	I	1761,91	1605,25	1448,58	1292,66	1142,33	998,41
	II	**1778,33**	465,08	465,08	II	1621,66	1465,00	1308,75	1157,75	1013,16	875,00
	III	**1265,16**	465,08	465,08	III	1143,83	1025,83	911,00	799,33	691,00	585,83
	V	**2433,00**	465,08	465,08	IV	1840,25	1761,91	1683,58	1605,25	1526,91	1448,58
	VI	**2476,25**	465,08	465,08							
7793,99 Ost	I,IV	**1926,41**	465,08	465,08	I	1769,75	1613,08	1456,41	1300,33	1149,66	1005,41
	II	**1786,08**	465,08	465,08	II	1629,41	1472,75	1316,50	1165,08	1020,16	881,75
	III	**1271,33**	465,08	465,08	III	1149,83	1031,66	916,66	804,83	696,33	591,00
	V	**2440,83**	465,08	465,08	IV	1848,08	1769,75	1691,41	1613,08	1534,75	1456,41
	VI	**2484,08**	465,08	465,08							

*) Zur LSt-Berechnung für privat versicherte Arbeitnehmer s. Beispiele **Vorbemerkung S. 4f.**
** Basisvorsorgepauschale KV und PV *** Typisierter Arbeitgeberzuschuss

Lohn/ Gehalt in € bis	Steuerklasse	Lohn- steuer*	BVSP**	TAGZ***	Steuerklasse	Bemessungsgrundlage für Kirchensteuer und Solidaritätszuschlag Freibeträge für ... Kinder					
						0,5	1,0	1,5	2,0	2,5	3,0
7 796,99 West	I,IV	**1 919,83**	465,08	465,08	I	1 763,16	1 606,50	1 449,83	1 293,91	1 143,50	999,50
	II	**1 779,58**	465,08	465,08	II	1 622,91	1 466,25	1 310,00	1 158,91	1 014,25	876,08
	III	**1 266,16**	465,08	465,08	III	1 144,83	1 026,83	912,00	800,33	691,83	586,66
	V	**2 434,25**	465,08	465,08	IV	1 841,50	1 763,16	1 684,83	1 606,50	1 528,16	1 449,83
	VI	**2 477,58**	465,08	465,08							
7 796,99 Ost	I,IV	**1 927,66**	465,08	465,08	I	1 771,00	1 614,33	1 457,66	1 301,58	1 150,83	1 006,58
	II	**1 787,33**	465,08	465,08	II	1 630,66	1 474,08	1 317,75	1 166,33	1 021,33	882,83
	III	**1 272,33**	465,08	465,08	III	1 150,83	1 032,66	917,66	805,83	697,16	591,83
	V	**2 442,08**	465,08	465,08	IV	1 849,33	1 771,00	1 692,66	1 614,33	1 536,00	1 457,66
	VI	**2 485,33**	465,08	465,08							
7 799,99 West	I,IV	**1 921,08**	465,08	465,08	I	1 764,41	1 607,75	1 451,08	1 295,16	1 144,66	1 000,66
	II	**1 780,83**	465,08	465,08	II	1 624,16	1 467,50	1 311,25	1 160,16	1 015,41	877,16
	III	**1 267,16**	465,08	465,08	III	1 145,83	1 027,66	912,83	801,16	692,66	587,50
	V	**2 435,58**	465,08	465,08	IV	1 842,75	1 764,41	1 686,08	1 607,75	1 529,41	1 451,08
	VI	**2 478,83**	465,08	465,08							
7 799,99 Ost	I,IV	**1 928,91**	465,08	465,08	I	1 772,25	1 615,58	1 458,91	1 302,83	1 152,08	1 007,66
	II	**1 788,66**	465,08	465,08	II	1 632,00	1 475,33	1 319,00	1 167,50	1 022,50	883,91
	III	**1 273,16**	465,08	465,08	III	1 151,83	1 033,50	918,50	806,66	698,00	592,66
	V	**2 443,33**	465,08	465,08	IV	1 850,58	1 772,25	1 693,91	1 615,58	1 537,25	1 458,91
	VI	**2 486,58**	465,08	465,08							
7 802,99 West	I,IV	**1 922,33**	465,08	465,08	I	1 765,66	1 609,08	1 452,41	1 296,41	1 145,91	1 001,83
	II	**1 782,08**	465,08	465,08	II	1 625,41	1 468,75	1 312,50	1 161,33	1 016,58	878,25
	III	**1 268,00**	465,08	465,08	III	1 146,66	1 028,66	913,66	802,00	693,66	588,33
	V	**2 436,58**	465,08	465,08	IV	1 844,00	1 765,66	1 687,33	1 609,08	1 530,75	1 452,41
	VI	**2 480,08**	465,08	465,08							
7 802,99 Ost	I,IV	**1 930,16**	465,08	465,08	I	1 773,50	1 616,83	1 460,16	1 304,08	1 153,25	1 008,83
	II	**1 789,91**	465,08	465,08	II	1 633,25	1 476,58	1 320,16	1 168,66	1 023,66	885,00
	III	**1 274,16**	465,08	465,08	III	1 152,66	1 034,50	919,33	807,50	699,00	593,50
	V	**2 444,58**	465,08	465,08	IV	1 851,83	1 773,50	1 695,16	1 616,83	1 538,50	1 460,16
	VI	**2 487,83**	465,08	465,08							
7 805,99 West	I,IV	**1 923,58**	465,08	465,08	I	1 767,00	1 610,33	1 453,66	1 297,66	1 147,08	1 002,91
	II	**1 783,33**	465,08	465,08	II	1 626,66	1 470,00	1 313,75	1 162,50	1 017,66	879,33
	III	**1 269,00**	465,08	465,08	III	1 147,66	1 029,50	914,50	803,00	694,50	589,16
	V	**2 438,08**	465,08	465,08	IV	1 845,33	1 767,00	1 688,66	1 610,33	1 532,00	1 453,66
	VI	**2 481,33**	465,08	465,08							
7 805,99 Ost	I,IV	**1 931,41**	465,08	465,08	I	1 774,75	1 618,08	1 461,41	1 305,33	1 154,41	1 010,00
	II	**1 791,16**	465,08	465,08	II	1 634,50	1 477,83	1 321,41	1 169,91	1 024,75	886,08
	III	**1 275,16**	465,08	465,08	III	1 153,66	1 035,33	920,33	808,50	699,83	594,33
	V	**2 445,33**	465,08	465,08	IV	1 853,08	1 774,75	1 696,41	1 618,08	1 539,75	1 461,41
	VI	**2 489,16**	465,08	465,08							
7 808,99 West	I,IV	**1 924,91**	465,08	465,08	I	1 768,25	1 611,58	1 454,91	1 298,83	1 148,25	1 004,08
	II	**1 784,58**	465,08	465,08	II	1 627,91	1 471,25	1 315,00	1 163,66	1 018,83	880,41
	III	**1 270,00**	465,08	465,08	III	1 148,66	1 030,50	915,50	803,83	695,33	590,00
	V	**2 439,33**	465,08	465,08	IV	1 846,58	1 768,25	1 689,91	1 611,58	1 533,25	1 454,91
	VI	**2 482,58**	465,08	465,08							
7 808,99 Ost	I,IV	**1 932,66**	465,08	465,08	I	1 776,00	1 619,33	1 462,66	1 306,58	1 155,58	1 011,08
	II	**1 792,41**	465,08	465,08	II	1 635,75	1 479,08	1 322,66	1 171,08	1 025,91	887,16
	III	**1 276,16**	465,08	465,08	III	1 154,66	1 036,33	921,16	809,33	700,66	595,16
	V	**2 447,16**	465,08	465,08	IV	1 854,33	1 776,00	1 697,66	1 619,33	1 541,00	1 462,66
	VI	**2 490,41**	465,08	465,08							
7 811,99 West	I,IV	**1 926,16**	465,08	465,08	I	1 769,50	1 612,83	1 456,16	1 300,08	1 149,41	1 005,16
	II	**1 785,83**	465,08	465,08	II	1 629,16	1 472,58	1 316,25	1 164,91	1 020,00	881,50
	III	**1 271,00**	465,08	465,08	III	1 149,66	1 031,50	916,50	804,66	696,16	590,83
	V	**2 440,58**	465,08	465,08	IV	1 847,83	1 769,50	1 691,16	1 612,83	1 534,50	1 456,16
	VI	**2 483,83**	465,08	465,08							
7 811,99 Ost	I,IV	**1 933,91**	465,08	465,08	I	1 777,25	1 620,66	1 464,00	1 307,75	1 156,83	1 012,75
	II	**1 793,66**	465,08	465,08	II	1 637,00	1 480,33	1 323,91	1 172,25	1 027,08	888,25
	III	**1 277,16**	465,08	465,08	III	1 155,66	1 037,33	922,16	810,16	701,50	596,00
	V	**2 448,41**	465,08	465,08	IV	1 855,58	1 777,25	1 698,91	1 620,66	1 542,33	1 464,00
	VI	**2 491,66**	465,08	465,08							

Lohn/ Gehalt in € bis	Steuerklasse	Lohn-steuer*	BVSP**	TAGZ***	Steuerklasse	Bemessungsgrundlage für Kirchensteuer und Solidaritätszuschlag					
						Freibeträge für ... Kinder					
						0,5	1,0	1,5	2,0	2,5	3,0
7814,99 West	I,IV	1927,41	465,08	465,08	I	1770,75	1614,08	1457,41	1301,33	1150,66	1006,33
	II	1787,08	465,08	465,08	II	1630,50	1473,83	1317,50	1166,08	1021,08	882,58
	III	1272,00	465,08	465,08	III	1150,66	1032,33	917,33	805,66	697,00	591,66
	V	2441,83	465,08	465,08	IV	1849,08	1770,75	1692,41	1614,08	1535,75	1457,41
	VI	2485,08	465,08	465,08							
7814,99 Ost	I,IV	1935,16	465,08	465,08	I	1778,58	1621,91	1465,25	1309,00	1158,00	1013,41
	II	1794,91	465,08	465,08	II	1638,25	1481,58	1325,16	1173,50	1028,16	889,33
	III	1278,16	465,08	465,08	III	1156,66	1038,16	923,00	811,16	702,33	596,83
	V	2449,66	465,08	465,08	IV	1856,91	1778,58	1700,25	1621,91	1543,58	1465,25
	VI	2492,91	465,08	465,08							
7817,99 West	I,IV	1928,66	465,08	465,08	I	1772,00	1615,33	1458,66	1302,58	1151,83	1007,50
	II	1788,41	465,08	465,08	II	1631,75	1475,08	1318,75	1167,25	1022,25	883,66
	III	1273,00	465,08	465,08	III	1151,50	1033,33	918,33	806,50	697,83	592,50
	V	2443,08	465,08	465,08	IV	1850,33	1772,00	1693,66	1615,33	1537,00	1458,66
	VI	2486,33	465,08	465,08							
7817,99 Ost	I,IV	1936,50	465,08	465,08	I	1779,83	1623,16	1466,50	1310,25	1159,16	1014,50
	II	1796,16	465,08	465,08	II	1639,50	1482,83	1326,41	1174,66	1029,33	890,41
	III	1279,16	465,08	465,08	III	1157,50	1039,16	924,00	812,00	703,16	597,66
	V	2450,91	465,08	465,08	IV	1858,16	1779,83	1701,50	1623,16	1544,83	1466,50
	VI	2494,16	465,08	465,08							
7820,99 West	I,IV	1929,91	465,08	465,08	I	1773,25	1616,58	1459,91	1303,83	1153,00	1008,58
	II	1789,66	465,08	465,08	II	1633,00	1476,33	1320,00	1168,50	1023,41	884,75
	III	1274,00	465,08	465,08	III	1152,50	1034,33	919,16	807,33	698,83	593,33
	V	2444,33	465,08	465,08	IV	1851,58	1773,25	1694,91	1616,58	1538,25	1459,91
	VI	2487,58	465,08	465,08							
7820,99 Ost	I,IV	1937,75	465,08	465,08	I	1781,08	1624,41	1467,75	1311,50	1160,33	1015,66
	II	1797,41	465,08	465,08	II	1640,75	1484,16	1327,66	1175,83	1030,50	891,50
	III	1280,16	465,08	465,08	III	1158,50	1040,16	924,83	812,83	704,16	598,50
	V	2452,16	465,08	465,08	IV	1859,41	1781,08	1702,75	1624,41	1546,08	1467,75
	VI	2495,41	465,08	465,08							
7823,99 West	I,IV	1931,16	465,08	465,08	I	1774,50	1617,83	1461,16	1305,08	1154,16	1009,75
	II	1790,91	465,08	465,08	II	1634,25	1477,58	1321,16	1169,66	1024,58	885,83
	III	1275,00	465,08	465,08	III	1153,50	1035,16	920,16	808,33	699,66	594,16
	V	2445,58	465,08	465,08	IV	1852,83	1774,50	1696,16	1617,83	1539,50	1461,16
	VI	2488,91	465,08	465,08							
7823,99 Ost	I,IV	1939,00	465,08	465,08	I	1782,33	1625,66	1469,00	1312,75	1161,58	1016,75
	II	1798,66	465,08	465,08	II	1642,00	1485,41	1328,91	1177,00	1031,58	892,58
	III	1281,16	465,08	465,08	III	1159,50	1041,00	925,83	813,83	705,00	599,33
	V	2453,41	465,08	465,08	IV	1860,66	1782,33	1704,00	1625,66	1547,33	1469,00
	VI	2496,66	465,08	465,08							
7826,99 West	I,IV	1932,41	465,08	465,08	I	1775,75	1619,08	1462,50	1306,33	1155,41	1010,91
	II	1792,16	465,08	465,08	II	1635,50	1478,83	1322,41	1170,83	1025,66	886,91
	III	1276,00	465,08	465,08	III	1154,50	1036,16	921,00	809,16	700,50	595,00
	V	2446,91	465,08	465,08	IV	1854,08	1775,75	1697,41	1619,08	1540,83	1462,50
	VI	2490,16	465,08	465,08							
7826,99 Ost	I,IV	1940,25	465,08	465,08	I	1783,58	1626,91	1470,25	1314,00	1162,75	1017,91
	II	1800,00	465,08	465,08	II	1643,33	1486,66	1330,16	1178,25	1032,75	893,75
	III	1282,16	465,08	465,08	III	1160,50	1042,00	926,66	814,66	705,83	600,16
	V	2454,66	465,08	465,08	IV	1861,91	1783,58	1705,25	1626,91	1548,58	1470,25
	VI	2497,91	465,08	465,08							
7829,99 West	I,IV	1933,66	465,08	465,08	I	1777,08	1620,41	1463,75	1307,50	1156,58	1012,00
	II	1793,41	465,08	465,08	II	1636,75	1480,08	1323,66	1172,08	1026,83	888,00
	III	1277,00	465,08	465,08	III	1155,50	1037,00	922,00	810,00	701,33	595,83
	V	2448,16	465,08	465,08	IV	1855,33	1777,08	1698,75	1620,41	1542,08	1463,75
	VI	2491,41	465,08	465,08							
7829,99 Ost	I,IV	1941,50	465,08	465,08	I	1784,83	1628,16	1471,50	1315,25	1163,91	1019,08
	II	1801,25	465,08	465,08	II	1644,58	1487,91	1331,41	1179,41	1033,91	894,83
	III	1283,16	465,08	465,08	III	1161,50	1043,00	927,66	815,50	706,66	601,00
	V	2455,91	465,08	465,08	IV	1863,16	1784,83	1706,50	1628,16	1549,83	1471,50
	VI	2499,25	465,08	465,08							

* Zur LSt-Berechnung für privat versicherte Arbeitnehmer s. Beispiele **Vorbemerkung S. 4 f.**
** Basisvorsorgepauschale KV und PV *** Typisierter Arbeitgeberzuschuss

Lohn/Gehalt in € bis	Steuerklasse	Lohnsteuer*	BVSP**	TAGZ***	Steuerklasse	Bemessungsgrundlage für Kirchensteuer und Solidaritätszuschlag					
						Freibeträge für ... Kinder					
						0,5	**1,0**	1,5	**2,0**	2,5	**3,0**
7 832,99 West	I,IV	**1 935,00**	465,08	465,08	I	1 778,33	1 621,66	1 465,00	1 308,75	1 157,75	1 013,16
	II	**1 794,66**	465,08	465,08	II	1 638,00	1 481,33	1 324,91	1 173,25	1 028,00	889,16
	III	**1 278,00**	465,08	465,08	III	1 156,33	1 038,00	922,83	811,00	702,16	596,66
	V	**2 449,41**	465,08	465,08	IV	1 856,66	1 778,33	1 700,00	1 621,66	1 543,33	1 465,00
	VI	**2 492,66**	465,08	465,08							
7 832,99 Ost	I,IV	**1 942,75**	465,08	465,08	I	1 786,08	1 629,41	1 472,75	1 316,50	1 165,08	1 020,16
	II	**1 802,50**	465,08	465,08	II	1 645,83	1 489,16	1 332,66	1 180,08	1 035,08	895,91
	III	**1 284,16**	465,08	465,08	III	1 162,33	1 043,83	928,50	816,50	707,50	601,83
	V	**2 457,25**	465,08	465,08	IV	1 864,41	1 786,08	1 707,75	1 629,41	1 551,08	1 472,75
	VI	**2 500,50**	465,08	465,08							
7 835,99 West	I,IV	**1 936,25**	465,08	465,08	I	1 779,58	1 622,91	1 466,25	1 310,00	1 158,91	1 014,25
	II	**1 795,91**	465,08	465,08	II	1 639,25	1 482,58	1 326,16	1 174,41	1 029,08	890,25
	III	**1 279,00**	465,08	465,08	III	1 157,33	1 039,00	923,83	811,83	703,00	597,50
	V	**2 450,66**	465,08	465,08	IV	1 857,91	1 779,58	1 701,25	1 622,91	1 544,58	1 466,25
	VI	**2 493,91**	465,08	465,08							
7 835,99 Ost	I,IV	**1 944,00**	465,08	465,08	I	1 787,33	1 630,66	1 474,08	1 317,75	1 166,33	1 021,33
	II	**1 803,75**	465,08	465,08	II	1 647,08	1 490,41	1 333,91	1 181,83	1 036,16	897,00
	III	**1 285,16**	465,08	465,08	III	1 163,33	1 044,83	929,50	817,33	708,50	602,66
	V	**2 458,50**	465,08	465,08	IV	1 865,66	1 787,33	1 709,00	1 630,66	1 552,41	1 474,08
	VI	**2 501,75**	465,08	465,08							
7 838,99 West	I,IV	**1 937,50**	465,08	465,08	I	1 780,83	1 624,16	1 467,50	1 311,25	1 160,16	1 015,41
	II	**1 797,16**	465,08	465,08	II	1 640,58	1 483,91	1 327,41	1 175,66	1 030,25	891,33
	III	**1 280,00**	465,08	465,08	III	1 158,33	1 039,83	924,66	812,66	704,00	598,33
	V	**2 451,91**	465,08	465,08	IV	1 859,16	1 780,83	1 702,50	1 624,16	1 545,83	1 467,50
	VI	**2 495,16**	465,08	465,08							
7 838,99 Ost	I,IV	**1 945,25**	465,08	465,08	I	1 788,66	1 632,00	1 475,33	1 319,00	1 167,50	1 022,50
	II	**1 805,00**	465,08	465,08	II	1 648,33	1 491,66	1 335,16	1 183,08	1 037,33	898,08
	III	**1 286,16**	465,08	465,08	III	1 164,33	1 045,66	930,33	818,16	709,33	603,50
	V	**2 459,75**	465,08	465,08	IV	1 866,91	1 788,66	1 710,33	1 632,00	1 553,66	1 475,33
	VI	**2 503,00**	465,08	465,08							
7 841,99 West	I,IV	**1 938,75**	465,08	465,08	I	1 782,08	1 625,41	1 468,75	1 312,50	1 161,33	1 016,58
	II	**1 798,50**	465,08	465,08	II	1 641,83	1 485,16	1 328,66	1 176,83	1 031,41	892,41
	III	**1 281,00**	465,08	465,08	III	1 159,33	1 040,83	925,66	813,66	704,83	599,16
	V	**2 453,16**	465,08	465,08	IV	1 860,41	1 782,08	1 703,75	1 625,41	1 547,08	1 468,75
	VI	**2 496,41**	465,08	465,08							
7 841,99 Ost	I,IV	**1 946,58**	465,08	465,08	I	1 789,91	1 633,25	1 476,58	1 320,16	1 168,66	1 023,66
	II	**1 806,25**	465,08	465,08	II	1 649,58	1 492,91	1 336,41	1 184,25	1 038,50	899,16
	III	**1 287,16**	465,08	465,08	III	1 165,33	1 046,66	931,33	819,16	710,16	604,33
	V	**2 461,00**	465,08	465,08	IV	1 868,25	1 789,91	1 711,58	1 633,25	1 554,91	1 476,58
	VI	**2 504,25**	465,08	465,08							
7 844,99 West	I,IV	**1 940,00**	465,08	465,08	I	1 783,33	1 626,66	1 470,00	1 313,75	1 162,50	1 017,66
	II	**1 799,75**	465,08	465,08	II	1 643,08	1 486,41	1 329,91	1 178,00	1 032,58	893,50
	III	**1 282,00**	465,08	465,08	III	1 160,16	1 041,83	926,50	814,50	705,66	600,00
	V	**2 454,41**	465,08	465,08	IV	1 861,66	1 783,33	1 705,00	1 626,66	1 548,33	1 470,00
	VI	**2 497,66**	465,08	465,08							
7 844,99 Ost	I,IV	**1 947,83**	465,08	465,08	I	1 791,16	1 634,58	1 477,83	1 321,41	1 169,91	1 024,75
	II	**1 807,50**	465,08	465,08	II	1 650,83	1 494,16	1 337,66	1 185,41	1 039,66	900,25
	III	**1 288,16**	465,08	465,08	III	1 166,33	1 047,66	932,16	820,00	711,00	605,16
	V	**2 462,25**	465,08	465,08	IV	1 869,50	1 791,16	1 712,83	1 634,50	1 556,16	1 477,83
	VI	**2 505,50**	465,08	465,08							
7 847,99 West	I,IV	**1 941,25**	465,08	465,08	I	1 784,58	1 627,91	1 471,25	1 315,00	1 163,66	1 018,83
	II	**1 801,00**	465,08	465,08	II	1 644,33	1 487,66	1 331,16	1 179,25	1 033,66	894,58
	III	**1 283,00**	465,08	465,08	III	1 161,16	1 042,66	927,50	815,33	706,50	600,83
	V	**2 455,66**	465,08	465,08	IV	1 862,91	1 784,58	1 706,25	1 627,91	1 549,58	1 471,25
	VI	**2 499,00**	465,08	465,08							
7 847,99 Ost	I,IV	**1 949,08**	465,08	465,08	I	1 792,41	1 635,75	1 479,08	1 322,66	1 171,08	1 025,91
	II	**1 808,75**	465,08	465,08	II	1 652,16	1 495,50	1 338,91	1 186,66	1 040,75	901,33
	III	**1 289,16**	465,08	465,08	III	1 167,16	1 048,50	933,16	820,83	711,83	606,00
	V	**2 463,50**	465,08	465,08	IV	1 870,75	1 792,41	1 714,08	1 635,75	1 557,41	1 479,08
	VI	**2 506,75**	465,08	465,08							

*   Zur LSt-Berechnung für privat versicherte Arbeitnehmer s. Beispiele **Vorbemerkung S. 4 f.**
**   Basisvorsorgepauschale KV und PV   *** Typisierter Arbeitgeberzuschuss

aT3

Lohn/ Gehalt in € bis	Steuerklasse	Lohn-steuer*	BVSP**	TAGZ***	Steuerklasse	Bemessungsgrundlage für Kirchensteuer und Solidaritätszuschlag					
						Freibeträge für ... Kinder					
						0,5	1,0	1,5	2,0	2,5	3,0
7850,99 West	I,IV	1942,50	465,08	465,08	I	1785,83	1629,16	1472,58	1316,25	1164,91	1020,00
	II	1802,25	465,08	465,08	II	1645,58	1488,91	1332,41	1180,41	1034,83	895,66
	III	1284,00	465,08	465,08	III	1162,16	1043,66	928,33	816,16	707,33	601,66
	V	2457,00	465,08	465,08	IV	1864,16	1785,83	1707,50	1629,16	1550,83	1472,58
	VI	2500,25	465,08	465,08							
7850,99 Ost	I,IV	1950,33	465,08	465,08	I	1793,66	1637,00	1480,33	1323,91	1172,25	1027,08
	II	1810,08	465,08	465,08	II	1653,41	1496,75	1340,16	1187,83	1041,91	902,50
	III	1290,16	465,08	465,08	III	1168,16	1049,50	934,00	821,83	712,66	606,83
	V	2464,75	465,08	465,08	IV	1872,00	1793,66	1715,33	1637,00	1558,66	1480,33
	VI	2508,00	465,08	465,08							
7853,99 West	I,IV	1943,75	465,08	465,08	I	1787,08	1630,50	1473,83	1317,50	1166,08	1021,08
	II	1803,50	465,08	465,08	II	1646,83	1490,16	1333,66	1181,58	1036,00	896,75
	III	1284,83	465,08	465,08	III	1163,16	1044,66	929,33	817,16	708,16	602,50
	V	2458,25	465,08	465,08	IV	1865,41	1787,08	1708,83	1630,50	1552,16	1473,83
	VI	2501,50	465,08	465,08							
7853,99 Ost	I,IV	1951,58	465,08	465,08	I	1794,91	1638,25	1481,58	1325,16	1173,50	1028,16
	II	1811,33	465,08	465,08	II	1654,66	1498,00	1341,41	1189,00	1043,08	903,58
	III	1291,16	465,08	465,08	III	1169,16	1050,50	935,00	822,66	713,66	607,83
	V	2466,00	465,08	465,08	IV	1873,25	1794,91	1716,58	1638,25	1559,91	1481,58
	VI	2509,25	465,08	465,08							
7856,99 West	I,IV	1945,08	465,08	465,08	I	1788,41	1631,75	1475,08	1318,75	1167,25	1022,25
	II	1804,75	465,08	465,08	II	1648,08	1491,41	1334,91	1182,83	1037,16	897,83
	III	1285,83	465,08	465,08	III	1164,16	1045,50	930,16	818,00	709,16	603,33
	V	2459,50	465,08	465,08	IV	1866,75	1788,41	1710,08	1631,75	1553,41	1475,08
	VI	2502,75	465,08	465,08							
7856,99 Ost	I,IV	1952,83	465,08	465,08	I	1796,16	1639,50	1482,83	1326,41	1174,66	1029,33
	II	1812,58	465,08	465,08	II	1655,91	1499,25	1342,66	1190,25	1044,25	904,66
	III	1292,16	465,08	465,08	III	1170,16	1051,33	935,83	823,50	714,50	608,66
	V	2467,25	465,08	465,08	IV	1874,50	1796,16	1717,83	1639,50	1561,16	1482,83
	VI	2510,58	465,08	465,08							
7859,99 West	I,IV	1946,33	465,08	465,08	I	1789,66	1633,00	1476,33	1320,00	1168,50	1023,41
	II	1806,00	465,08	465,08	II	1649,33	1492,66	1336,16	1184,00	1038,25	899,00
	III	1286,83	465,08	465,08	III	1165,00	1046,50	931,16	818,83	710,00	604,16
	V	2460,75	465,08	465,08	IV	1868,00	1789,66	1711,33	1633,00	1554,66	1476,33
	VI	2504,00	465,08	465,08							
7859,99 Ost	I,IV	1954,08	465,08	465,08	I	1797,41	1640,75	1484,16	1327,66	1175,83	1030,50
	II	1813,83	465,08	465,08	II	1657,16	1500,50	1343,91	1191,41	1045,41	905,75
	III	1293,00	465,08	465,08	III	1171,16	1052,33	936,83	824,50	715,33	609,50
	V	2468,58	465,08	465,08	IV	1875,75	1797,41	1719,08	1640,75	1562,41	1484,16
	VI	2511,83	465,08	465,08							
7862,99 West	I,IV	1947,58	465,08	465,08	I	1790,91	1634,25	1477,58	1321,16	1169,66	1024,58
	II	1807,25	465,08	465,08	II	1650,58	1494,00	1337,41	1185,16	1039,41	900,08
	III	1287,83	465,08	465,08	III	1166,00	1047,50	932,00	819,83	710,83	605,00
	V	2462,00	465,08	465,08	IV	1869,25	1790,91	1712,58	1634,25	1555,91	1477,58
	VI	2505,25	465,08	465,08							
7862,99 Ost	I,IV	1955,33	465,08	465,08	I	1798,66	1642,08	1485,41	1328,91	1177,08	1031,58
	II	1815,08	465,08	465,08	II	1658,41	1501,75	1345,16	1192,66	1046,50	906,83
	III	1294,00	465,08	465,08	III	1172,00	1053,33	937,66	825,33	716,16	610,33
	V	2469,83	465,08	465,08	IV	1877,00	1798,66	1720,41	1642,08	1563,75	1485,41
	VI	2513,08	465,08	465,08							
7865,99 West	I,IV	1948,83	465,08	465,08	I	1792,16	1635,50	1478,83	1322,41	1170,83	1025,66
	II	1808,58	465,08	465,08	II	1651,91	1495,25	1338,66	1186,41	1040,58	901,16
	III	1288,83	465,08	465,08	III	1167,00	1048,33	933,00	820,66	711,66	605,83
	V	2463,25	465,08	465,08	IV	1870,50	1792,16	1713,83	1635,50	1557,16	1478,83
	VI	2506,50	465,08	465,08							
7865,99 Ost	I,IV	1956,66	465,08	465,08	I	1800,00	1643,33	1486,66	1330,16	1178,25	1032,75
	II	1816,33	465,08	465,08	II	1659,66	1503,00	1346,41	1193,83	1047,66	907,91
	III	1295,00	465,08	465,08	III	1173,00	1054,16	938,66	826,16	717,00	611,16
	V	2471,08	465,08	465,08	IV	1878,33	1800,00	1721,66	1643,33	1565,00	1486,66
	VI	2514,33	465,08	465,08							

* Zur LSt-Berechnung für privat versicherte Arbeitnehmer s. Beispiele **Vorbemerkung S. 4f.**
** Basisvorsorgepauschale KV und PV   *** Typisierter Arbeitgeberzuschuss

Lohn/ Gehalt in € bis	Steuerklasse	Lohn- steuer*	BVSP**	TAGZ***	Steuerklasse	Bemessungsgrundlage für Kirchensteuer und Solidaritätszuschlag					
						Freibeträge für ... Kinder					
						0,5	1,0	1,5	2,0	2,5	3,0
7868,99 West	I,IV	1950,08	465,08	465,08	I	1793,41	1636,75	1480,08	1323,66	1172,08	1026,83
	II	1809,83	465,08	465,08	II	1653,16	1496,50	1339,91	1187,58	1041,75	902,25
	III	1289,83	465,08	465,08	III	1168,00	1049,33	933,83	821,66	712,50	606,66
	V	2464,50	465,08	465,08	IV	1871,75	1793,41	1715,08	1636,75	1558,41	1480,08
	VI	2507,75	465,08	465,08							
7868,99 Ost	I,IV	1957,91	465,08	465,08	I	1801,25	1644,58	1487,91	1331,41	1179,41	1033,91
	II	1817,58	465,08	465,08	II	1660,91	1504,25	1347,66	1195,00	1048,83	909,08
	III	1296,00	465,08	465,08	III	1174,00	1055,16	939,50	827,16	718,00	612,00
	V	2472,33	465,08	465,08	IV	1879,58	1801,25	1722,91	1644,58	1566,25	1487,91
	VI	2515,58	465,08	465,08							
7871,99 West	I,IV	1951,33	465,08	465,08	I	1794,66	1638,00	1481,33	1324,91	1173,25	1028,00
	II	1811,08	465,08	465,08	II	1654,41	1497,75	1341,16	1188,83	1042,83	903,33
	III	1290,83	465,08	465,08	III	1169,00	1050,16	934,83	822,50	713,33	607,50
	V	2465,75	465,08	465,08	IV	1873,00	1794,66	1716,33	1638,00	1559,66	1481,33
	VI	2509,08	465,08	465,08							
7871,99 Ost	I,IV	1959,16	465,08	465,08	I	1802,50	1645,83	1489,16	1332,66	1180,66	1035,08
	II	1818,83	465,08	465,08	II	1662,16	1505,58	1348,91	1196,25	1050,00	910,16
	III	1297,00	465,08	465,08	III	1175,00	1056,16	940,50	828,00	718,83	612,83
	V	2473,58	465,08	465,08	IV	1880,83	1802,50	1724,16	1645,83	1567,50	1489,16
	VI	2516,83	465,08	465,08							
7874,99 West	I,IV	1952,58	465,08	465,08	I	1795,91	1639,25	1482,58	1326,16	1174,41	1029,08
	II	1812,33	465,08	465,08	II	1655,66	1499,00	1342,41	1190,00	1044,00	904,41
	III	1291,83	465,08	465,08	III	1170,00	1051,16	935,66	823,33	714,33	608,33
	V	2467,08	465,08	465,08	IV	1874,25	1795,91	1717,58	1639,25	1560,91	1482,58
	VI	2510,33	465,08	465,08							
7874,99 Ost	I,IV	1960,41	465,08	465,08	I	1803,75	1647,08	1490,41	1333,91	1181,83	1036,16
	II	1820,16	465,08	465,08	II	1663,50	1506,83	1350,16	1197,41	1051,16	911,25
	III	1298,00	465,08	465,08	III	1176,00	1057,00	941,33	828,83	719,66	613,66
	V	2474,83	465,08	465,08	IV	1882,08	1803,75	1725,41	1647,08	1568,75	1490,41
	VI	2518,08	465,08	465,08							
7877,99 West	I,IV	1953,83	465,08	465,08	I	1797,16	1640,50	1483,91	1327,41	1175,66	1030,25
	II	1813,58	465,08	465,08	II	1656,91	1500,25	1343,66	1191,16	1045,16	905,50
	III	1292,83	465,08	465,08	III	1170,83	1052,16	936,50	824,33	715,16	609,16
	V	2468,33	465,08	465,08	IV	1875,50	1797,16	1718,83	1640,50	1562,25	1483,91
	VI	2511,58	465,08	465,08							
7877,99 Ost	I,IV	1961,66	465,08	465,08	I	1805,00	1648,33	1491,66	1335,16	1183,08	1037,33
	II	1821,41	465,08	465,08	II	1664,75	1508,08	1351,41	1198,66	1052,33	912,33
	III	1299,00	465,08	465,08	III	1176,83	1058,00	942,33	829,83	720,50	614,50
	V	2476,00	465,08	465,08	IV	1883,33	1805,00	1726,66	1648,33	1570,00	1491,66
	VI	2519,33	465,08	465,08							
7880,99 West	I,IV	1955,08	465,08	465,08	I	1798,50	1641,83	1485,16	1328,66	1176,83	1031,41
	II	1814,83	465,08	465,08	II	1658,16	1501,50	1344,91	1192,41	1046,33	906,66
	III	1293,83	465,08	465,08	III	1171,83	1053,00	937,50	825,16	716,00	610,16
	V	2469,58	465,08	465,08	IV	1876,83	1798,50	1720,16	1641,83	1563,50	1485,16
	VI	2512,83	465,08	465,08							
7880,99 Ost	I,IV	1962,91	465,08	465,08	I	1806,25	1649,58	1492,91	1336,41	1184,25	1038,50
	II	1822,66	465,08	465,08	II	1666,00	1509,33	1352,66	1199,83	1053,41	913,41
	III	1300,00	465,08	465,08	III	1177,83	1059,00	943,16	830,66	721,33	615,33
	V	2477,33	465,08	465,08	IV	1884,58	1806,25	1727,91	1649,58	1571,25	1492,91
	VI	2520,66	465,08	465,08							
7883,99 West	I,IV	1956,41	465,08	465,08	I	1799,75	1643,08	1486,41	1329,91	1178,00	1032,58
	II	1816,08	465,08	465,08	II	1659,41	1502,75	1346,16	1193,58	1047,41	907,75
	III	1294,83	465,08	465,08	III	1172,83	1054,00	938,33	826,00	716,83	611,00
	V	2470,83	465,08	465,08	IV	1878,08	1799,75	1721,41	1643,08	1564,75	1486,41
	VI	2514,08	465,08	465,08							
7883,99 Ost	I,IV	1964,16	465,08	465,08	I	1807,50	1650,83	1494,16	1337,66	1185,41	1039,66
	II	1823,91	465,08	465,08	II	1667,25	1510,58	1353,91	1201,08	1054,58	914,58
	III	1301,00	465,08	465,08	III	1178,83	1059,83	944,16	831,66	722,33	616,16
	V	2478,66	465,08	465,08	IV	1885,83	1807,50	1729,16	1650,83	1572,50	1494,16
	VI	2521,91	465,08	465,08							

* Zur LSt-Berechnung für privat versicherte Arbeitnehmer s. Beispiele **Vorbemerkung S. 4 f.**
** Basisvorsorgepauschale KV und PV *** Typisierter Arbeitgeberzuschuss

Lohn/ Gehalt in € bis	Steuerklasse	Lohn- steuer*	BVSP**	TAGZ***	Steuerklasse	Bemessungsgrundlage für Kirchensteuer und Solidaritätszuschlag					
						Freibeträge für ... Kinder					
						0,5	1,0	1,5	2,0	2,5	3,0
7886,99 West	I,IV	1957,66	465,08	465,08	I	1801,00	1644,33	1487,66	1331,16	1179,25	1033,66
	II	1817,33	465,08	465,08	II	1660,66	1504,08	1347,41	1194,83	1048,58	908,83
	III	1295,83	465,08	465,08	III	1173,83	1055,00	939,33	827,00	717,66	611,83
	V	2472,08	465,08	465,08	IV	1879,33	1801,00	1722,66	1644,33	1566,00	1487,66
	VI	2515,33	465,08	465,08							
7886,99 Ost	I,IV	1965,41	465,08	465,08	I	1808,75	1652,16	1495,50	1338,91	1186,66	1040,75
	II	1825,16	465,08	465,08	II	1668,90	1511,83	1355,25	1202,25	1055,75	915,66
	III	1302,00	465,08	465,08	III	1179,83	1060,83	945,00	832,50	723,16	617,00
	V	2479,91	465,08	465,08	IV	1887,08	1808,75	1730,41	1652,16	1573,83	1495,50
	VI	2523,16	465,08	465,08							
7889,99 West	I,IV	1958,91	465,08	465,08	I	1802,25	1645,58	1488,91	1332,41	1180,41	1034,83
	II	1818,58	465,08	465,08	II	1662,00	1505,33	1348,66	1196,00	1049,75	909,91
	III	1296,83	465,08	465,08	III	1174,83	1055,83	940,33	827,83	718,66	612,66
	V	2473,33	465,08	465,08	IV	1880,58	1802,25	1723,91	1645,58	1567,25	1488,91
	VI	2516,58	465,08	465,08							
7889,99 Ost	I,IV	1966,66	465,08	465,08	I	1810,08	1653,41	1496,75	1340,16	1187,83	1041,91
	II	1826,41	465,08	465,08	II	1669,75	1513,08	1356,50	1203,50	1056,91	916,75
	III	1303,00	465,08	465,08	III	1180,83	1061,83	946,00	833,33	724,00	617,83
	V	2481,16	465,08	465,08	IV	1888,41	1810,08	1731,75	1653,41	1575,08	1496,75
	VI	2524,41	465,08	465,08							
7892,99 West	I,IV	1960,16	465,08	465,08	I	1803,50	1646,83	1490,16	1333,66	1181,58	1036,00
	II	1819,91	465,08	465,08	II	1663,25	1506,58	1349,91	1197,25	1050,91	911,00
	III	1297,83	465,08	465,08	III	1175,66	1056,83	941,16	828,66	719,50	613,50
	V	2474,58	465,08	465,08	IV	1881,83	1803,50	1725,16	1646,83	1568,50	1490,16
	VI	2517,83	465,08	465,08							
7892,99 Ost	I,IV	1968,00	465,08	465,08	I	1811,33	1654,66	1498,00	1341,41	1189,00	1043,08
	II	1827,66	465,08	465,08	II	1671,00	1514,33	1357,75	1204,66	1058,08	917,83
	III	1304,00	465,08	465,08	III	1181,83	1062,66	946,83	834,33	724,83	618,66
	V	2482,41	465,08	465,08	IV	1889,66	1811,33	1733,00	1654,66	1576,33	1498,00
	VI	2525,66	465,08	465,08							
7895,99 West	I,IV	1961,41	465,08	465,08	I	1804,75	1648,08	1491,41	1334,91	1182,83	1037,16
	II	1821,16	465,08	465,08	II	1664,50	1507,83	1351,16	1198,41	1052,08	912,16
	III	1298,83	465,08	465,08	III	1176,66	1057,83	942,16	829,66	720,33	614,33
	V	2475,83	465,08	465,08	IV	1883,08	1804,75	1726,41	1648,08	1569,75	1491,41
	VI	2519,08	465,08	465,08							
7895,99 Ost	I,IV	1969,25	465,08	465,08	I	1812,58	1655,91	1499,25	1342,66	1190,25	1044,25
	II	1828,91	465,08	465,08	II	1672,25	1515,66	1359,00	1205,83	1059,16	918,91
	III	1305,00	465,08	465,08	III	1182,66	1063,66	947,83	835,16	725,66	619,50
	V	2483,66	465,08	465,08	IV	1890,91	1812,58	1734,25	1655,91	1577,58	1499,25
	VI	2526,91	465,08	465,08							
7898,99 West	I,IV	1962,66	465,08	465,08	I	1806,00	1649,33	1492,66	1336,16	1184,00	1038,25
	II	1822,41	465,08	465,08	II	1665,75	1509,08	1352,41	1199,58	1053,16	913,25
	III	1299,83	465,08	465,08	III	1177,66	1058,66	943,00	830,50	721,16	615,16
	V	2477,08	465,08	465,08	IV	1884,33	1806,00	1727,66	1649,33	1571,00	1492,66
	VI	2520,41	465,08	465,08							
7898,99 Ost	I,IV	1970,50	465,08	465,08	I	1813,83	1657,16	1500,50	1343,91	1191,41	1045,41
	II	1830,16	465,08	465,08	II	1673,58	1516,91	1360,25	1207,08	1060,33	920,08
	III	1306,00	465,08	465,08	III	1183,66	1064,66	948,66	836,00	726,66	620,33
	V	2484,91	465,08	465,08	IV	1892,16	1813,83	1735,50	1657,16	1578,83	1500,50
	VI	2528,16	465,08	465,08							
7901,99 West	I,IV	1963,91	465,08	465,08	I	1807,25	1650,58	1494,00	1337,41	1185,16	1039,41
	II	1823,66	465,08	465,08	II	1667,00	1510,33	1353,75	1200,83	1054,33	914,33
	III	1300,83	465,08	465,08	III	1178,66	1059,66	944,00	831,33	722,00	616,00
	V	2478,41	465,08	465,08	IV	1885,58	1807,25	1728,91	1650,58	1572,33	1494,00
	VI	2521,66	465,08	465,08							
7901,99 Ost	I,IV	1971,75	465,08	465,08	I	1815,08	1658,41	1501,75	1345,16	1192,66	1046,50
	II	1831,50	465,08	465,08	II	1674,83	1518,16	1361,50	1208,25	1061,50	921,16
	III	1307,00	465,08	465,08	III	1184,66	1065,50	949,66	837,00	727,50	621,16
	V	2486,16	465,08	465,08	IV	1893,41	1815,08	1736,75	1658,41	1580,08	1501,75
	VI	2529,41	465,08	465,08							

* Zur LSt-Berechnung für privat versicherte Arbeitnehmer s. Beispiele **Vorbemerkung S. 4 f.**
** Basisvorsorgepauschale KV und PV   *** Typisierter Arbeitgeberzuschuss

Lohn/ Gehalt in € bis	Steuerklasse	Lohn-steuer*	BVSP**	TAGZ***	Steuerklasse	Bemessungsgrundlage für Kirchensteuer und Solidaritätszuschlag — Freibeträge für ... Kinder					
						0,5	1,0	1,5	2,0	2,5	3,0
7 904,99 West	I,IV	1 965,16	465,08	465,08	I	1 808,58	1 651,91	1 495,25	1 338,66	1 186,41	1 040,58
	II	1 824,91	465,08	465,08	II	1 668,25	1 511,58	1 355,00	1 202,00	1 055,50	915,41
	III	1 301,83	465,08	465,08	III	1 179,66	1 060,66	944,83	832,33	723,00	616,83
	V	2 479,66	465,08	465,08	IV	1 886,83	1 808,58	1 730,25	1 651,91	1 573,58	1 495,25
	VI	2 522,91	465,08	465,08							
7 904,99 Ost	I,IV	1 973,00	465,08	465,08	I	1 816,33	1 659,66	1 503,00	1 346,41	1 193,83	1 047,66
	II	1 832,75	465,08	465,08	II	1 676,08	1 519,41	1 362,75	1 209,50	1 062,66	922,25
	III	1 308,00	465,08	465,08	III	1 185,66	1 066,50	950,50	837,83	728,33	622,00
	V	2 487,41	465,08	465,08	IV	1 894,66	1 816,33	1 738,00	1 659,66	1 581,33	1 503,00
	VI	2 530,75	465,08	465,08							
7 907,99 West	I,IV	1 966,50	465,08	465,08	I	1 809,83	1 653,16	1 496,50	1 339,91	1 187,58	1 041,75
	II	1 826,16	465,08	465,08	II	1 669,50	1 512,83	1 356,25	1 203,25	1 056,66	916,50
	III	1 302,83	465,08	465,08	III	1 180,50	1 061,50	945,83	833,16	723,83	617,66
	V	2 480,91	465,08	465,08	IV	1 888,16	1 809,83	1 731,50	1 653,16	1 574,83	1 496,50
	VI	2 524,16	465,08	465,08							
7 907,99 Ost	I,IV	1 974,25	465,08	465,08	I	1 817,58	1 660,91	1 504,25	1 347,66	1 195,00	1 048,83
	II	1 834,00	465,08	465,08	II	1 677,33	1 520,66	1 364,00	1 210,66	1 063,83	923,33
	III	1 309,00	465,08	465,08	III	1 186,66	1 067,50	951,50	838,66	729,16	622,83
	V	2 488,75	465,08	465,08	IV	1 895,91	1 817,58	1 739,25	1 660,91	1 582,58	1 504,25
	VI	2 532,00	465,08	465,08							
7 910,99 West	I,IV	1 967,75	465,08	465,08	I	1 811,08	1 654,41	1 497,75	1 341,16	1 188,83	1 042,83
	II	1 827,41	465,08	465,08	II	1 670,75	1 514,08	1 357,50	1 204,41	1 057,83	917,66
	III	1 303,83	465,08	465,08	III	1 181,50	1 062,50	946,66	834,00	724,66	618,50
	V	2 482,16	465,08	465,08	IV	1 889,41	1 811,08	1 732,75	1 654,41	1 576,08	1 497,75
	VI	2 525,41	465,08	465,08							
7 910,99 Ost	I,IV	1 975,50	465,08	465,08	I	1 818,83	1 662,16	1 505,58	1 348,91	1 196,25	1 050,00
	II	1 835,25	465,08	465,08	II	1 678,58	1 521,91	1 365,25	1 211,91	1 065,00	924,50
	III	1 310,00	465,08	465,08	III	1 187,66	1 068,33	952,33	839,66	730,00	623,66
	V	2 490,00	465,08	465,08	IV	1 897,16	1 818,83	1 740,50	1 662,16	1 583,91	1 505,58
	VI	2 533,25	465,08	465,08							
7 913,99 West	I,IV	1 969,00	465,08	465,08	I	1 812,33	1 655,66	1 499,00	1 342,41	1 190,00	1 044,00
	II	1 828,66	465,08	465,08	II	1 672,08	1 515,41	1 358,75	1 205,66	1 059,00	918,75
	III	1 304,83	465,08	465,08	III	1 182,50	1 063,50	947,66	835,00	725,50	619,33
	V	2 483,41	465,08	465,08	IV	1 890,66	1 812,33	1 734,00	1 655,66	1 577,33	1 499,00
	VI	2 526,66	465,08	465,08							
7 913,99 Ost	I,IV	1 976,75	465,08	465,08	I	1 820,16	1 663,50	1 506,83	1 350,16	1 197,41	1 051,16
	II	1 836,50	465,08	465,08	II	1 679,83	1 523,16	1 366,50	1 213,08	1 066,16	925,58
	III	1 311,00	465,08	465,08	III	1 188,50	1 069,33	953,33	840,50	731,00	624,50
	V	2 491,25	465,08	465,08	IV	1 898,41	1 820,16	1 741,83	1 663,50	1 585,16	1 506,83
	VI	2 534,50	465,08	465,08							
7 916,99 West	I,IV	1 970,25	465,08	465,08	I	1 813,58	1 656,91	1 500,25	1 343,66	1 191,16	1 045,16
	II	1 830,00	465,08	465,08	II	1 673,33	1 516,66	1 360,00	1 206,83	1 060,16	919,83
	III	1 305,83	465,08	465,08	III	1 183,50	1 064,33	948,50	835,83	726,33	620,16
	V	2 484,66	465,08	465,08	IV	1 891,91	1 813,58	1 735,25	1 656,91	1 578,58	1 500,25
	VI	2 527,91	465,08	465,08							
7 916,99 Ost	I,IV	1 978,08	465,08	465,08	I	1 821,41	1 664,75	1 508,08	1 351,41	1 198,66	1 052,25
	II	1 837,75	465,08	465,08	II	1 681,08	1 524,41	1 367,75	1 214,33	1 067,25	926,66
	III	1 312,00	465,08	465,08	III	1 189,50	1 070,33	954,16	841,33	731,83	625,33
	V	2 492,50	465,08	465,08	IV	1 899,75	1 821,41	1 743,08	1 664,75	1 586,41	1 508,08
	VI	2 535,75	465,08	465,08							
7 919,99 West	I,IV	1 971,50	465,08	465,08	I	1 814,83	1 658,16	1 501,50	1 344,91	1 192,41	1 046,33
	II	1 831,25	465,08	465,08	II	1 674,58	1 517,91	1 361,25	1 208,08	1 061,25	920,91
	III	1 306,83	465,08	465,08	III	1 184,50	1 065,33	949,50	836,66	727,33	621,00
	V	2 485,91	465,08	465,08	IV	1 893,16	1 814,83	1 736,50	1 658,16	1 579,83	1 501,50
	VI	2 529,16	465,08	465,08							
7 919,99 Ost	I,IV	1 979,33	465,08	465,08	I	1 822,66	1 666,00	1 509,33	1 352,66	1 199,83	1 053,41
	II	1 839,00	465,08	465,08	II	1 682,33	1 525,66	1 369,08	1 215,50	1 068,41	927,75
	III	1 313,00	465,08	465,08	III	1 190,50	1 071,16	955,16	842,33	732,66	626,16
	V	2 493,75	465,08	465,08	IV	1 901,00	1 822,66	1 744,33	1 666,00	1 587,66	1 509,33
	VI	2 537,00	465,08	465,08							

* Zur LSt-Berechnung für privat versicherte Arbeitnehmer s. Beispiele **Vorbemerkung S. 4 f.**
** Basisvorsorgepauschale KV und PV *** Typisierter Arbeitgeberzuschuss

Lohn/Gehalt in € bis	Steuerklasse	Lohn-steuer*	BVSP**	TAGZ***	Steuerklasse	Bemessungsgrundlage für Kirchensteuer und Solidaritätszuschlag Freibeträge für ... Kinder					
						0,5	1,0	1,5	2,0	2,5	3,0
7922,99 West	I,IV	1972,75	465,08	465,08	I	1816,08	1659,41	1502,75	1346,16	1193,58	1047,41
	II	1832,50	465,08	465,08	II	1675,83	1519,16	1362,50	1209,25	1062,41	922,08
	III	1307,83	465,08	465,08	III	1185,50	1066,33	950,33	837,66	728,16	621,83
	V	2487,16	465,08	465,08	IV	1894,41	1816,08	1737,75	1659,41	1581,08	1502,75
	VI	2530,50	465,08	465,08							
7922,99 Ost	I,IV	1980,58	465,08	465,08	I	1823,91	1667,25	1510,58	1353,91	1201,08	1054,58
	II	1840,25	465,08	465,08	II	1683,66	1527,00	1370,33	1216,75	1069,58	928,91
	III	1314,00	465,08	465,08	III	1191,50	1072,16	956,00	843,16	733,50	627,16
	V	2495,00	465,08	465,08	IV	1902,25	1823,91	1745,58	1667,25	1588,91	1510,58
	VI	2538,25	465,08	465,08							
7925,99 West	I,IV	1974,00	465,08	465,08	I	1817,33	1660,66	1504,08	1347,41	1194,83	1048,58
	II	1833,75	465,08	465,08	II	1677,08	1520,41	1363,75	1210,50	1063,58	923,16
	III	1308,83	465,08	465,08	III	1186,33	1067,16	951,33	838,50	729,00	622,66
	V	2488,50	465,08	465,08	IV	1895,66	1817,33	1739,00	1660,66	1582,33	1504,08
	VI	2531,75	465,08	465,08							
7925,99 Ost	I,IV	1981,83	465,08	465,08	I	1825,16	1668,50	1511,83	1355,25	1202,25	1055,75
	II	1841,58	465,08	465,08	II	1684,91	1528,25	1371,58	1217,91	1070,75	930,00
	III	1315,00	465,08	465,08	III	1192,50	1073,16	957,00	844,16	734,33	628,00
	V	2496,25	465,08	465,08	IV	1903,50	1825,16	1746,83	1668,50	1590,16	1511,83
	VI	2539,50	465,08	465,08							
7928,99 West	I,IV	1975,25	465,08	465,08	I	1818,58	1662,00	1505,33	1348,66	1196,00	1049,75
	II	1835,00	465,08	465,08	II	1678,33	1521,66	1365,00	1211,66	1064,75	924,25
	III	1309,83	465,08	465,08	III	1187,33	1068,16	952,16	839,50	729,83	623,50
	V	2489,75	465,08	465,08	IV	1896,91	1818,58	1740,33	1662,00	1583,66	1505,33
	VI	2533,00	465,08	465,08							
7928,99 Ost	I,IV	1983,08	465,08	465,08	I	1826,41	1669,75	1513,08	1356,50	1203,50	1056,91
	II	1842,83	465,08	465,08	II	1686,16	1529,50	1372,83	1219,16	1071,91	931,08
	III	1316,00	465,08	465,08	III	1193,50	1074,00	958,00	845,00	735,33	628,83
	V	2497,50	465,08	465,08	IV	1904,75	1826,41	1748,08	1669,75	1591,41	1513,08
	VI	2540,75	465,08	465,08							
7931,99 West	I,IV	1976,58	465,08	465,08	I	1819,91	1663,25	1506,58	1349,91	1197,25	1050,91
	II	1836,25	465,08	465,08	II	1679,58	1522,91	1366,25	1212,91	1065,91	925,33
	III	1310,83	465,08	465,08	III	1188,33	1069,16	953,16	840,33	730,66	624,33
	V	2491,00	465,08	465,08	IV	1898,25	1819,91	1741,58	1663,25	1584,91	1506,58
	VI	2534,25	465,08	465,08							
7931,99 Ost	I,IV	1984,33	465,08	465,08	I	1827,66	1671,00	1514,33	1357,75	1204,66	1058,08
	II	1844,08	465,08	465,08	II	1687,41	1530,75	1374,08	1220,33	1073,08	932,16
	III	1317,00	465,08	465,08	III	1194,33	1075,00	958,83	845,83	736,16	629,66
	V	2498,75	465,08	465,08	IV	1906,00	1827,66	1749,33	1671,00	1592,66	1514,33
	VI	2542,08	465,08	465,08							
7934,99 West	I,IV	1977,83	465,08	465,08	I	1821,16	1664,50	1507,83	1351,16	1198,41	1052,08
	II	1837,50	465,08	465,08	II	1680,83	1524,16	1367,58	1214,08	1067,08	926,50
	III	1311,83	465,08	465,08	III	1189,33	1070,00	954,00	841,16	731,66	625,16
	V	2492,25	465,08	465,08	IV	1899,50	1821,16	1742,83	1664,50	1586,16	1507,83
	VI	2535,50	465,08	465,08							
7934,99 Ost	I,IV	1985,58	465,08	465,08	I	1828,91	1672,25	1515,66	1359,00	1205,83	1059,16
	II	1845,33	465,08	465,08	II	1688,66	1532,00	1375,33	1221,58	1074,25	933,33
	III	1318,00	465,08	465,08	III	1195,33	1076,00	959,83	846,83	737,00	630,50
	V	2500,08	465,08	465,08	IV	1907,25	1828,91	1750,58	1672,25	1593,91	1515,66
	VI	2543,33	465,08	465,08							
7937,99 West	I,IV	1979,08	465,08	465,08	I	1822,41	1665,75	1509,08	1352,41	1199,58	1053,16
	II	1838,75	465,08	465,08	II	1682,08	1525,50	1368,83	1215,33	1068,25	927,58
	III	1312,83	465,08	465,08	III	1190,33	1071,00	955,00	842,16	732,50	626,00
	V	2493,50	465,08	465,08	IV	1900,75	1822,41	1744,08	1665,75	1587,41	1509,08
	VI	2536,75	465,08	465,08							
7937,99 Ost	I,IV	1986,83	465,08	465,08	I	1830,16	1673,58	1516,91	1360,25	1207,08	1060,33
	II	1846,58	465,08	465,08	II	1689,91	1533,25	1376,58	1222,83	1075,41	934,41
	III	1319,00	465,08	465,08	III	1196,33	1076,83	960,66	847,66	737,83	631,33
	V	2501,33	465,08	465,08	IV	1908,50	1830,16	1751,91	1673,58	1595,25	1516,91
	VI	2544,58	465,08	465,08							

   * Zur LSt-Berechnung für privat versicherte Arbeitnehmer s. Beispiele **Vorbemerkung S. 4 f.**
  ** Basisvorsorgepauschale KV und PV   *** Typisierter Arbeitgeberzuschuss

Lohn/ Gehalt in € bis	Steuerklasse	Lohn-steuer*	BVSP**	TAGZ***	Steuerklasse	Bemessungsgrundlage für Kirchensteuer und Solidaritätszuschlag					
						Freibeträge für ... Kinder					
						0,5	**1,0**	1,5	**2,0**	2,5	**3,0**
7940,99 West	I,IV	1980,33	465,08	465,08	I	1823,66	1667,00	1510,33	1353,75	1200,83	1054,33
	II	1840,08	465,08	465,08	II	1683,41	1526,75	1370,08	1216,50	1069,33	928,66
	III	1313,83	465,08	465,08	III	1191,33	1072,00	955,83	843,00	733,33	626,83
	V	2494,75	465,08	465,08	IV	1902,00	1823,66	1745,33	1667,00	1588,66	1510,33
	VI	2538,00	465,08	465,08							
7940,99 Ost	I,IV	1988,16	465,08	465,08	I	1831,50	1674,83	1518,16	1361,50	1208,25	1061,50
	II	1847,83	465,08	465,08	II	1691,16	1534,50	1377,83	1224,00	1076,58	935,50
	III	1320,00	465,08	465,08	III	1197,33	1077,83	961,66	848,50	738,83	632,16
	V	2502,58	465,08	465,08	IV	1909,83	1831,50	1753,16	1674,83	1596,50	1518,16
	VI	2545,83	465,08	465,08							
7943,99 West	I,IV	1981,58	465,08	465,08	I	1824,91	1668,25	1511,58	1355,00	1202,00	1055,50
	II	1841,33	465,08	465,08	II	1684,66	1528,00	1371,33	1217,75	1070,50	929,75
	III	1314,83	465,08	465,08	III	1192,16	1072,83	956,83	843,83	734,16	627,66
	V	2496,00	465,08	465,08	IV	1903,25	1824,91	1746,58	1668,25	1589,91	1511,58
	VI	2539,25	465,08	465,08							
7943,99 Ost	I,IV	1989,41	465,08	465,08	I	1832,75	1676,08	1519,41	1362,75	1209,50	1062,66
	II	1849,08	465,08	465,08	II	1692,41	1535,75	1379,16	1225,25	1077,75	936,66
	III	1321,00	465,08	465,08	III	1198,33	1078,83	962,50	849,50	739,66	633,00
	V	2503,83	465,08	465,08	IV	1911,08	1832,75	1754,41	1676,08	1597,75	1519,41
	VI	2547,08	465,08	465,08							
7946,99 West	I,IV	1982,83	465,08	465,08	I	1826,16	1669,50	1512,83	1356,25	1203,25	1056,66
	II	1842,58	465,08	465,08	II	1685,91	1529,25	1372,58	1218,91	1071,66	930,91
	III	1315,83	465,08	465,08	III	1193,16	1073,83	957,66	844,83	735,16	628,66
	V	2497,25	465,08	465,08	IV	1904,50	1826,16	1747,83	1669,50	1591,16	1512,83
	VI	2540,58	465,08	465,08							
7946,99 Ost	I,IV	1990,66	465,08	465,08	I	1834,00	1677,33	1520,66	1364,00	1210,66	1063,83
	II	1850,33	465,08	465,08	II	1693,66	1537,00	1380,41	1226,41	1078,83	937,75
	III	1322,00	465,08	465,08	III	1199,33	1079,66	963,50	850,33	740,50	633,83
	V	2505,08	465,08	465,08	IV	1912,33	1834,00	1755,66	1677,33	1599,00	1520,66
	VI	2548,33	465,08	465,08							
7949,99 West	I,IV	1984,08	465,08	465,08	I	1827,41	1670,75	1514,08	1357,50	1204,41	1057,83
	II	1843,83	465,08	465,08	II	1687,16	1530,50	1373,83	1220,16	1072,83	932,00
	III	1316,83	465,08	465,08	III	1194,16	1074,83	958,66	845,66	736,00	629,50
	V	2498,58	465,08	465,08	IV	1905,75	1827,41	1749,08	1670,75	1592,41	1514,08
	VI	2541,83	465,08	465,08							
7949,99 Ost	I,IV	1991,91	465,08	465,08	I	1835,25	1678,58	1521,91	1365,25	1211,91	1065,00
	II	1851,66	465,08	465,08	II	1695,00	1538,33	1381,66	1227,66	1080,00	938,83
	III	1323,00	465,08	465,08	III	1200,16	1080,66	964,33	851,33	741,33	634,66
	V	2506,33	465,08	465,08	IV	1913,58	1835,25	1756,91	1678,58	1600,25	1521,91
	VI	2549,58	465,08	465,08							
7952,99 West	I,IV	1985,33	465,08	465,08	I	1828,66	1672,08	1515,41	1358,75	1205,66	1059,00
	II	1845,08	465,08	465,08	II	1688,41	1531,75	1375,08	1221,33	1074,00	933,08
	III	1317,83	465,08	465,08	III	1195,16	1075,66	959,50	846,50	736,83	630,33
	V	2499,83	465,08	465,08	IV	1907,00	1828,66	1750,33	1672,08	1593,75	1515,41
	VI	2543,08	465,08	465,08							
7952,99 Ost	I,IV	1993,16	465,08	465,08	I	1836,50	1679,83	1523,16	1366,50	1213,08	1066,16
	II	1852,91	465,08	465,08	II	1696,25	1539,58	1382,91	1228,83	1081,16	940,00
	III	1324,00	465,08	465,08	III	1201,16	1081,66	965,33	852,16	742,16	635,50
	V	2507,58	465,08	465,08	IV	1914,83	1836,50	1757,91	1679,83	1601,50	1523,16
	VI	2550,83	465,08	465,08							
7955,99 West	I,IV	1986,58	465,08	465,08	I	1830,00	1673,33	1516,66	1360,00	1206,83	1060,16
	II	1846,33	465,08	465,08	II	1689,66	1533,00	1376,33	1222,58	1075,16	934,16
	III	1318,83	465,08	465,08	III	1196,16	1076,66	960,50	847,50	737,66	631,16
	V	2501,08	465,08	465,08	IV	1908,33	1830,00	1751,66	1673,33	1595,00	1516,66
	VI	2544,33	465,08	465,08							
7955,99 Ost	I,IV	1994,41	465,08	465,08	I	1837,75	1681,08	1524,41	1367,75	1214,33	1067,25
	II	1854,16	465,08	465,08	II	1697,50	1540,83	1384,16	1230,08	1082,33	941,08
	III	1325,00	465,08	465,08	III	1202,16	1082,66	966,16	853,00	743,16	636,33
	V	2508,83	465,08	465,08	IV	1916,08	1837,75	1759,41	1681,08	1602,75	1524,41
	VI	2552,16	465,08	465,08							

* Zur LSt-Berechnung für privat versicherte Arbeitnehmer s. Beispiele **Vorbemerkung S. 4 f.**
** Basisvorsorgepauschale KV und PV   *** Typisierter Arbeitgeberzuschuss

Lohn/ Gehalt in € bis	Steuerklasse	Lohn- steuer*	BVSP**	TAGZ***	Steuerklasse	Bemessungsgrundlage für Kirchensteuer und Solidaritätszuschlag					
						Freibeträge für ... Kinder					
						0,5	1,0	1,5	2,0	2,5	3,0
7 958,99 West	I,IV	1 987,91	465,08	465,08	I	1 831,25	1 674,58	1 517,91	1 361,25	1 208,08	1 061,25
	II	1 847,58	465,08	465,08	II	1 690,91	1 534,25	1 377,58	1 223,75	1 076,33	935,33
	III	1 319,83	465,08	465,08	III	1 197,16	1 077,66	961,33	848,33	738,50	632,00
	V	2 502,33	465,08	465,08	IV	1 909,58	1 831,25	1 752,91	1 674,58	1 596,25	1 517,91
	VI	2 545,58	465,08	465,08							
7 958,99 Ost	I,IV	1 995,66	465,08	465,08	I	1 839,00	1 682,33	1 525,66	1 369,00	1 215,50	1 068,41
	II	1 855,41	465,08	465,08	II	1 698,75	1 542,08	1 385,41	1 231,25	1 083,50	942,16
	III	1 326,00	465,08	465,08	III	1 203,16	1 083,50	967,16	854,00	744,00	637,16
	V	2 510,16	465,08	465,08	IV	1 917,33	1 839,00	1 760,66	1 682,33	1 604,00	1 525,66
	VI	2 553,41	465,08	465,08							
7 961,99 West	I,IV	1 989,16	465,08	465,08	I	1 832,50	1 675,83	1 519,16	1 362,50	1 209,25	1 062,41
	II	1 848,83	465,08	465,08	II	1 692,16	1 535,58	1 378,91	1 225,00	1 077,50	936,41
	III	1 320,83	465,08	465,08	III	1 198,00	1 078,66	962,33	849,33	739,50	632,83
	V	2 503,58	465,08	465,08	IV	1 910,83	1 832,50	1 754,16	1 675,83	1 597,50	1 519,16
	VI	2 546,83	465,08	465,08							
7 961,99 Ost	I,IV	1 996,91	465,08	465,08	I	1 840,25	1 683,66	1 527,00	1 370,33	1 216,75	1 069,58
	II	1 856,66	465,08	465,08	II	1 700,00	1 543,33	1 386,66	1 232,50	1 084,66	943,33
	III	1 327,00	465,08	465,08	III	1 204,16	1 084,50	968,00	854,83	744,83	638,00
	V	2 511,41	465,08	465,08	IV	1 918,58	1 840,25	1 761,91	1 683,66	1 605,33	1 527,00
	VI	2 554,66	465,08	465,08							
7 964,99 West	I,IV	1 990,41	465,08	465,08	I	1 833,75	1 677,08	1 520,41	1 363,75	1 210,50	1 063,58
	II	1 850,08	465,08	465,08	II	1 693,50	1 536,83	1 380,16	1 226,16	1 078,66	937,50
	III	1 321,83	465,08	465,08	III	1 199,00	1 079,50	963,16	850,16	740,33	633,66
	V	2 504,83	465,08	465,08	IV	1 912,08	1 833,75	1 755,41	1 677,08	1 598,75	1 520,41
	VI	2 548,08	465,08	465,08							
7 964,99 Ost	I,IV	1 998,16	465,08	465,08	I	1 841,58	1 684,91	1 528,25	1 371,58	1 217,91	1 070,75
	II	1 857,91	465,08	465,08	II	1 701,25	1 544,58	1 387,91	1 233,75	1 085,83	944,41
	III	1 328,00	465,08	465,08	III	1 205,16	1 085,50	969,00	855,66	745,66	639,00
	V	2 512,66	465,08	465,08	IV	1 919,91	1 841,58	1 763,25	1 684,91	1 606,58	1 528,25
	VI	2 555,91	465,08	465,08							
7 967,99 West	I,IV	1 991,66	465,08	465,08	I	1 835,00	1 678,33	1 521,66	1 365,00	1 211,66	1 064,75
	II	1 851,41	465,08	465,08	II	1 694,75	1 538,08	1 381,41	1 227,41	1 079,83	938,66
	III	1 322,83	465,08	465,08	III	1 200,00	1 080,50	964,16	851,00	741,16	634,50
	V	2 506,08	465,08	465,08	IV	1 913,33	1 835,00	1 756,66	1 678,33	1 600,00	1 521,66
	VI	2 549,33	465,08	465,08							
7 967,99 Ost	I,IV	1 999,50	465,08	465,08	I	1 842,83	1 686,16	1 529,50	1 372,83	1 219,16	1 071,91
	II	1 859,16	465,08	465,08	II	1 702,50	1 545,83	1 389,16	1 234,91	1 087,00	945,50
	III	1 329,00	465,08	465,08	III	1 206,16	1 086,33	969,83	856,66	746,66	639,83
	V	2 513,91	465,08	465,08	IV	1 921,16	1 842,83	1 764,50	1 686,16	1 607,83	1 529,50
	VI	2 557,16	465,08	465,08							
7 970,99 West	I,IV	1 992,91	465,08	465,08	I	1 836,25	1 679,58	1 522,91	1 366,25	1 212,91	1 065,91
	II	1 852,66	465,08	465,08	II	1 696,00	1 539,33	1 382,66	1 228,58	1 081,00	939,75
	III	1 323,83	465,08	465,08	III	1 201,00	1 081,50	965,16	852,00	742,00	635,33
	V	2 507,33	465,08	465,08	IV	1 914,58	1 836,25	1 757,91	1 679,58	1 601,25	1 522,91
	VI	2 550,58	465,08	465,08							
7 970,99 Ost	I,IV	2 000,75	465,08	465,08	I	1 844,08	1 687,41	1 530,75	1 374,08	1 220,33	1 073,08
	II	1 860,41	465,08	465,08	II	1 703,75	1 547,16	1 390,50	1 236,16	1 088,16	946,66
	III	1 330,00	465,08	465,08	III	1 207,00	1 087,33	970,83	857,50	747,50	640,66
	V	2 515,16	465,08	465,08	IV	1 922,41	1 844,08	1 765,75	1 687,41	1 609,08	1 530,75
	VI	2 558,41	465,08	465,08							
7 973,99 West	I,IV	1 994,16	465,08	465,08	I	1 837,50	1 680,83	1 524,16	1 367,58	1 214,08	1 067,08
	II	1 853,91	465,08	465,08	II	1 697,25	1 540,58	1 383,91	1 229,83	1 082,16	940,83
	III	1 324,83	465,08	465,08	III	1 202,00	1 082,33	966,00	852,83	743,00	636,16
	V	2 508,58	465,08	465,08	IV	1 915,83	1 837,50	1 759,16	1 680,83	1 602,50	1 524,16
	VI	2 551,91	465,08	465,08							
7 973,99 Ost	I,IV	2 002,00	465,08	465,08	I	1 845,33	1 688,66	1 532,00	1 375,33	1 221,58	1 074,25
	II	1 861,66	465,08	465,08	II	1 705,08	1 548,41	1 391,75	1 237,33	1 089,33	947,75
	III	1 331,00	465,08	465,08	III	1 208,00	1 088,33	971,83	858,50	748,33	641,50
	V	2 516,41	465,08	465,08	IV	1 923,66	1 845,33	1 767,00	1 688,66	1 610,33	1 532,00
	VI	2 559,66	465,08	465,08							

* Zur LSt-Berechnung für privat versicherte Arbeitnehmer s. Beispiele **Vorbemerkung S. 4 f.**
** Basisvorsorgepauschale KV und PV *** Typisierter Arbeitgeberzuschuss

Lohn/ Gehalt in € bis	Steuerklasse	Lohn- steuer*	BVSP**	TAGZ***	Steuerklasse	\multicolumn{6}{c}{Bemessungsgrundlage für Kirchensteuer und Solidaritätszuschlag}
						\multicolumn{6}{c}{Freibeträge für … Kinder}
						0,5	**1,0**	1,5	**2,0**	2,5	**3,0**
7976,99 West	I,IV	**1995,41**	465,08	465,08	I	1838,75	1682,08	1525,50	1368,83	1215,33	1068,25
	II	**1855,16**	465,08	465,08	II	1698,50	1541,83	1385,16	1231,08	1083,33	942,00
	III	**1325,83**	465,08	465,08	III	1203,00	1083,33	967,00	853,83	743,83	637,00
	V	**2509,91**	465,08	465,08	IV	1917,00	1838,75	1760,41	1682,08	1603,83	1525,50
	VI	**2553,16**	465,08	465,08							
7976,99 Ost	I,IV	**2003,25**	465,08	465,08	I	1846,58	1689,91	1533,25	1376,58	1222,83	1075,41
	II	**1863,00**	465,08	465,08	II	1706,33	1549,66	1393,00	1238,58	1090,50	948,83
	III	**1332,00**	465,08	465,08	III	1209,00	1089,16	972,66	859,33	749,16	642,33
	V	**2517,66**	465,08	465,08	IV	1924,91	1846,58	1768,25	1689,91	1611,58	1533,25
	VI	**2560,91**	465,08	465,08							
7979,99 West	I,IV	**1996,66**	465,08	465,08	I	1840,08	1683,41	1526,75	1370,08	1216,50	1069,33
	II	**1856,41**	465,08	465,08	II	1699,75	1543,08	1386,41	1232,25	1084,41	943,08
	III	**1326,83**	465,08	465,08	III	1204,00	1084,33	967,83	854,66	744,66	637,83
	V	**2511,16**	465,08	465,08	IV	1918,33	1840,08	1761,75	1683,41	1605,08	1526,75
	VI	**2554,41**	465,08	465,08							
7979,99 Ost	I,IV	**2004,50**	465,08	465,08	I	1847,83	1691,16	1534,50	1377,83	1224,00	1076,58
	II	**1864,25**	465,08	465,08	II	1707,58	1550,91	1394,25	1239,83	1091,66	950,00
	III	**1333,00**	465,08	465,08	III	1210,00	1090,16	973,66	860,16	750,16	643,16
	V	**2518,91**	465,08	465,08	IV	1926,16	1847,83	1769,50	1691,16	1612,83	1534,50
	VI	**2562,25**	465,08	465,08							
7982,99 West	I,IV	**1998,00**	465,08	465,08	I	1841,33	1684,66	1528,00	1371,33	1217,75	1070,50
	II	**1857,66**	465,08	465,08	II	1701,00	1544,33	1387,66	1233,50	1085,58	944,16
	III	**1327,83**	465,08	465,08	III	1204,83	1085,16	968,83	855,50	745,50	638,66
	V	**2512,41**	465,08	465,08	IV	1919,66	1841,33	1763,00	1684,66	1606,33	1528,00
	VI	**2555,66**	465,08	465,08							
7982,99 Ost	I,IV	**2005,75**	465,08	465,08	I	1849,08	1692,41	1535,75	1379,16	1225,25	1077,75
	II	**1865,50**	465,08	465,08	II	1708,83	1552,16	1395,50	1241,00	1092,83	951,08
	III	**1334,00**	465,08	465,08	III	1211,00	1091,16	974,50	861,16	751,00	644,00
	V	**2520,25**	465,08	465,08	IV	1927,41	1849,08	1770,75	1692,41	1614,08	1535,75
	VI	**2563,50**	465,08	465,08							
7985,99 West	I,IV	**1999,33**	465,08	465,08	I	1842,58	1685,91	1529,25	1372,58	1218,91	1071,66
	II	**1858,91**	465,08	465,08	II	1702,25	1545,58	1389,00	1234,66	1086,75	945,33
	III	**1328,83**	465,08	465,08	III	1205,83	1086,16	969,66	856,50	746,33	639,50
	V	**2513,66**	465,08	465,08	IV	1920,91	1842,58	1764,25	1685,91	1607,58	1529,25
	VI	**2556,91**	465,08	465,08							
7985,99 Ost	I,IV	**2007,00**	465,08	465,08	I	1850,33	1693,66	1537,08	1380,41	1226,41	1078,83
	II	**1866,75**	465,08	465,08	II	1710,08	1553,41	1396,75	1242,25	1094,00	952,16
	III	**1335,00**	465,08	465,08	III	1212,00	1092,16	975,50	862,00	751,83	644,83
	V	**2521,50**	465,08	465,08	IV	1928,66	1850,33	1772,00	1693,66	1615,41	1537,08
	VI	**2564,75**	465,08	465,08							
7988,99 West	I,IV	**2000,50**	465,08	465,08	I	1843,83	1687,16	1530,50	1373,83	1220,16	1072,83
	II	**1860,16**	465,08	465,08	II	1703,58	1546,91	1390,25	1235,91	1087,91	946,41
	III	**1329,83**	465,08	465,08	III	1206,83	1087,16	970,66	857,33	747,33	640,50
	V	**2514,91**	465,08	465,08	IV	1922,16	1843,83	1765,50	1687,16	1608,83	1530,50
	VI	**2558,16**	465,08	465,08							
7988,99 Ost	I,IV	**2008,25**	465,08	465,08	I	1851,66	1695,00	1538,33	1381,66	1227,66	1080,00
	II	**1868,00**	465,08	465,08	II	1711,33	1554,66	1398,00	1243,41	1095,16	953,33
	III	**1336,00**	465,08	465,08	III	1213,00	1093,00	976,33	863,00	752,66	645,66
	V	**2522,75**	465,08	465,08	IV	1929,91	1851,66	1773,33	1695,00	1616,66	1538,33
	VI	**2566,00**	465,08	465,08							
7991,99 West	I,IV	**2001,75**	465,08	465,08	I	1845,08	1688,41	1531,75	1375,08	1221,33	1074,00
	II	**1861,50**	465,08	465,08	II	1704,83	1548,16	1391,50	1237,08	1089,08	947,50
	III	**1330,83**	465,08	465,08	III	1207,83	1088,00	971,50	858,16	748,16	641,33
	V	**2516,16**	465,08	465,08	IV	1923,41	1845,08	1766,75	1688,41	1610,08	1531,75
	VI	**2559,41**	465,08	465,08							
7991,99 Ost	I,IV	**2009,58**	465,08	465,08	I	1852,91	1696,25	1539,58	1382,91	1228,83	1081,16
	II	**1869,25**	465,08	465,08	II	1712,58	1555,91	1399,25	1244,66	1096,33	954,41
	III	**1337,00**	465,08	465,08	III	1213,83	1094,00	977,33	863,83	753,50	646,50
	V	**2524,00**	465,08	465,08	IV	1931,25	1852,91	1774,58	1696,25	1617,91	1539,58
	VI	**2567,25**	465,08	465,08							

* Zur LSt-Berechnung für privat versicherte Arbeitnehmer s. Beispiele **Vorbemerkung S. 4 f.**
** Basisvorsorgepauschale KV und PV *** Typisierter Arbeitgeberzuschuss

Lohn/ Gehalt in € bis	Steuerklasse	Lohn- steuer*	BVSP**	TAGZ***	Steuerklasse	Bemessungsgrundlage für Kirchensteuer und Solidaritätszuschlag					
						Freibeträge für ... Kinder					
						0,5	1,0	1,5	2,0	2,5	3,0
7 994,99 West	I,IV	2 003,00	465,08	465,08	I	1 846,33	1 689,66	1 533,00	1 376,33	1 222,58	1 075,16
	II	1 862,75	465,08	465,08	II	1 706,08	1 549,41	1 392,75	1 238,33	1 090,25	948,66
	III	1 331,83	465,08	465,08	III	1 208,83	1 089,00	972,50	859,16	749,00	642,16
	V	2 517,41	465,08	465,08	IV	1 924,66	1 846,33	1 768,00	1 689,66	1 611,33	1 533,00
	VI	2 560,66	465,08	465,08							
7 994,99 Ost	I,IV	2 010,83	465,08	465,08	I	1 854,16	1 697,50	1 540,83	1 384,16	1 230,08	1 082,33
	II	1 870,50	465,08	465,08	II	1 713,83	1 557,16	1 400,58	1 245,91	1 097,50	955,58
	III	1 338,00	465,08	465,08	III	1 214,83	1 095,00	978,16	864,66	754,50	647,33
	V	2 525,25	465,08	465,08	IV	1 932,50	1 854,16	1 775,83	1 697,50	1 619,16	1 540,83
	VI	2 568,50	465,08	465,08							
7 997,99 West	I,IV	2 004,25	465,08	465,08	I	1 847,58	1 690,91	1 534,25	1 377,58	1 223,75	1 076,33
	II	1 864,00	465,08	465,08	II	1 707,33	1 550,66	1 394,00	1 239,58	1 091,41	949,75
	III	1 332,83	465,08	465,08	III	1 209,83	1 090,00	973,33	860,00	749,83	643,00
	V	2 518,66	465,08	465,08	IV	1 925,91	1 847,58	1 769,25	1 690,91	1 612,58	1 534,25
	VI	2 562,00	465,08	465,08							
7 997,99 Ost	I,IV	2 012,08	465,08	465,08	I	1 855,41	1 698,75	1 542,08	1 385,41	1 231,25	1 083,50
	II	1 871,75	465,08	465,08	II	1 715,16	1 558,50	1 401,83	1 247,08	1 098,66	956,66
	III	1 339,00	465,08	465,08	III	1 215,83	1 095,83	979,16	865,66	755,33	648,16
	V	2 526,50	465,08	465,08	IV	1 933,75	1 855,41	1 777,08	1 698,75	1 620,41	1 542,08
	VI	2 569,75	465,08	465,08							
8 000,99 West	I,IV	2 005,50	465,08	465,08	I	1 848,83	1 692,16	1 535,58	1 378,91	1 225,00	1 077,50
	II	1 865,25	465,08	465,08	II	1 708,58	1 551,91	1 395,25	1 240,75	1 092,58	950,83
	III	1 333,83	465,08	465,08	III	1 210,83	1 091,00	974,33	861,00	750,83	643,83
	V	2 520,00	465,08	465,08	IV	1 927,16	1 848,83	1 770,50	1 692,16	1 613,83	1 535,58
	VI	2 563,25	465,08	465,08							
8 000,99 Ost	I,IV	2 013,33	465,08	465,08	I	1 856,66	1 700,00	1 543,33	1 386,66	1 232,50	1 084,66
	II	1 873,08	465,08	465,08	II	1 716,41	1 559,75	1 403,08	1 248,33	1 099,83	957,75
	III	1 340,00	465,08	465,08	III	1 216,83	1 096,83	980,16	866,50	756,16	649,16
	V	2 527,75	465,08	465,08	IV	1 935,00	1 856,66	1 778,33	1 700,00	1 621,66	1 543,33
	VI	2 571,00	465,08	465,08							
8 003,99 West	I,IV	2 006,75	465,08	465,08	I	1 850,08	1 693,50	1 536,83	1 380,16	1 226,16	1 078,66
	II	1 866,50	465,08	465,08	II	1 709,83	1 553,16	1 396,50	1 242,00	1 093,75	952,00
	III	1 334,83	465,08	465,08	III	1 211,66	1 091,83	975,33	861,83	751,66	644,66
	V	2 521,25	465,08	465,08	IV	1 928,41	1 850,08	1 771,83	1 693,50	1 615,16	1 536,83
	VI	2 564,50	465,08	465,08							
8 003,99 Ost	I,IV	2 014,58	465,08	465,08	I	1 857,91	1 701,25	1 544,58	1 387,91	1 233,75	1 085,83
	II	1 874,33	465,08	465,08	II	1 717,66	1 561,00	1 404,33	1 249,58	1 101,00	958,91
	III	1 341,00	465,08	465,08	III	1 217,83	1 097,83	981,00	867,50	757,00	650,00
	V	2 529,00	465,08	465,08	IV	1 936,25	1 857,91	1 779,58	1 701,25	1 622,91	1 544,58
	VI	2 572,25	465,08	465,08							
8 006,99 West	I,IV	2 008,08	465,08	465,08	I	1 851,41	1 694,75	1 538,08	1 381,41	1 227,41	1 079,83
	II	1 867,75	465,08	465,08	II	1 711,08	1 554,41	1 397,75	1 243,25	1 094,91	953,08
	III	1 335,83	465,08	465,08	III	1 212,66	1 092,83	976,16	862,66	752,50	645,50
	V	2 522,50	465,08	465,08	IV	1 929,75	1 851,41	1 773,08	1 694,75	1 616,41	1 538,08
	VI	2 565,75	465,08	465,08							
8 006,99 Ost	I,IV	2 015,83	465,08	465,08	I	1 859,16	1 702,50	1 545,83	1 389,16	1 234,91	1 087,00
	II	1 875,58	465,08	465,08	II	1 718,91	1 562,25	1 405,58	1 250,75	1 102,16	960,00
	III	1 342,00	465,08	465,08	III	1 218,83	1 098,83	982,00	868,33	758,00	650,83
	V	2 530,25	465,08	465,08	IV	1 937,50	1 859,16	1 780,83	1 702,50	1 624,16	1 545,83
	VI	2 573,58	465,08	465,08							
8 009,99 West	I,IV	2 009,33	465,08	465,08	I	1 852,66	1 696,00	1 539,33	1 382,66	1 228,58	1 081,00
	II	1 869,00	465,08	465,08	II	1 712,33	1 555,66	1 399,08	1 244,41	1 096,08	954,25
	III	1 336,83	465,08	465,08	III	1 213,66	1 093,83	977,16	863,66	753,33	646,33
	V	2 523,75	465,08	465,08	IV	1 931,00	1 852,66	1 774,33	1 696,00	1 617,66	1 539,33
	VI	2 567,00	465,08	465,08							
8 009,99 Ost	I,IV	2 017,08	465,08	465,08	I	1 860,41	1 703,75	1 547,16	1 390,50	1 236,16	1 088,16
	II	1 876,83	465,08	465,08	II	1 720,16	1 563,50	1 406,83	1 252,00	1 103,33	961,16
	III	1 343,00	465,08	465,08	III	1 219,83	1 099,66	982,83	869,16	758,83	651,66
	V	2 531,58	465,08	465,08	IV	1 938,75	1 860,41	1 782,08	1 703,75	1 625,41	1 547,16
	VI	2 574,83	465,08	465,08							

* Zur LSt-Berechnung für privat versicherte Arbeitnehmer s. Beispiele **Vorbemerkung S. 4 f.**
** Basisvorsorgepauschale KV und PV *** Typisierter Arbeitgeberzuschuss

Lohn/ Gehalt in € bis	Steuerklasse	Lohn-steuer*	BVSP**	TAGZ***	Steuerklasse	Bemessungsgrundlage für Kirchensteuer und Solidaritätszuschlag Freibeträge für ... Kinder					
						0,5	1,0	1,5	2,0	2,5	3,0
8012,99 West	I,IV	2010,58	465,08	465,08	I	1853,91	1697,25	1540,58	1383,91	1229,83	1082,16
	II	1870,25	465,08	465,08	II	1713,58	1557,00	1400,33	1245,66	1097,25	955,33
	III	1337,83	465,08	465,08	III	1214,66	1094,66	978,00	864,50	754,33	647,16
	V	2525,00	465,08	465,08	IV	1932,25	1853,91	1775,58	1697,25	1618,91	1540,58
	VI	2568,25	465,08	465,08							
8012,99 Ost	I,IV	2018,33	465,08	465,08	I	1861,66	1705,00	1548,41	1391,75	1237,33	1089,33
	II	1878,08	465,08	465,08	II	1721,41	1564,75	1408,08	1253,16	1104,50	962,25
	III	1344,00	465,08	465,08	III	1220,66	1100,66	983,83	870,16	759,66	652,50
	V	2532,83	465,08	465,08	IV	1940,00	1861,66	1783,41	1705,08	1626,75	1548,41
	VI	2576,08	465,08	465,08							
8015,99 West	I,IV	2011,83	465,08	465,08	I	1855,16	1698,50	1541,83	1385,16	1231,08	1083,33
	II	1871,58	465,08	465,08	II	1714,91	1558,25	1401,58	1246,83	1098,41	956,41
	III	1338,83	465,08	465,08	III	1215,66	1095,66	979,00	865,50	755,16	648,00
	V	2526,25	465,08	465,08	IV	1933,50	1855,16	1776,83	1698,50	1620,16	1541,83
	VI	2569,50	465,08	465,08							
8015,99 Ost	I,IV	2019,66	465,08	465,08	I	1863,00	1706,33	1549,66	1393,00	1238,58	1090,50
	II	1879,33	465,08	465,08	II	1722,66	1566,00	1409,33	1254,41	1105,66	963,33
	III	1345,00	465,08	465,08	III	1221,66	1101,66	984,66	871,00	760,50	653,33
	V	2534,08	465,08	465,08	IV	1941,33	1863,00	1784,66	1706,33	1628,00	1549,66
	VI	2577,33	465,08	465,08							
8018,99 West	I,IV	2013,08	465,08	465,08	I	1856,41	1699,75	1543,08	1386,41	1232,25	1084,41
	II	1872,83	465,08	465,08	II	1716,16	1559,50	1402,83	1248,08	1099,58	957,58
	III	1339,83	465,08	465,08	III	1216,66	1096,66	979,83	866,33	756,00	648,83
	V	2527,50	465,08	465,08	IV	1934,75	1856,41	1778,08	1699,75	1621,41	1543,08
	VI	2570,75	465,08	465,08							
8018,99 Ost	I,IV	2020,91	465,08	465,08	I	1864,25	1707,58	1550,91	1394,25	1239,83	1091,66
	II	1880,58	465,08	465,08	II	1723,91	1567,25	1410,66	1255,66	1106,83	964,50
	III	1346,00	465,08	465,08	III	1222,66	1102,50	985,66	872,00	761,50	654,16
	V	2535,33	465,08	465,08	IV	1942,58	1864,25	1785,91	1707,58	1629,25	1550,91
	VI	2578,58	465,08	465,08							
8021,99 West	I,IV	2014,33	465,08	465,08	I	1857,66	1701,00	1544,33	1387,66	1233,50	1085,58
	II	1874,08	465,08	465,08	II	1717,41	1560,75	1404,08	1249,33	1100,75	958,66
	III	1340,83	465,08	465,08	III	1217,66	1097,66	980,83	867,16	756,83	649,66
	V	2528,75	465,08	465,08	IV	1936,00	1857,66	1779,33	1701,00	1622,66	1544,33
	VI	2572,08	465,08	465,08							
8021,99 Ost	I,IV	2022,16	465,08	465,08	I	1865,50	1708,83	1552,16	1395,50	1241,00	1092,83
	II	1881,83	465,08	465,08	II	1725,16	1568,50	1411,91	1256,83	1108,00	965,58
	III	1347,00	465,08	465,08	III	1223,66	1103,50	986,50	872,83	762,33	655,00
	V	2536,58	465,08	465,08	IV	1943,83	1865,50	1787,16	1708,83	1630,50	1552,16
	VI	2579,83	465,08	465,08							
8024,99 West	I,IV	2015,58	465,08	465,08	I	1858,91	1702,25	1545,58	1389,00	1234,66	1086,75
	II	1875,33	465,08	465,08	II	1718,66	1562,00	1405,33	1250,50	1101,91	959,83
	III	1341,83	465,08	465,08	III	1218,50	1098,50	981,66	868,16	757,83	650,66
	V	2530,08	465,08	465,08	IV	1937,25	1858,91	1780,58	1702,25	1623,91	1545,58
	VI	2573,33	465,08	465,08							
8024,99 Ost	I,IV	2023,41	465,08	465,08	I	1866,75	1710,08	1553,41	1396,75	1242,25	1094,00
	II	1883,16	465,08	465,08	II	1726,50	1569,83	1413,16	1258,08	1109,16	966,75
	III	1348,00	465,08	465,08	III	1224,66	1104,50	987,50	873,66	763,16	655,83
	V	2537,83	465,08	465,08	IV	1945,08	1866,75	1788,41	1710,08	1631,75	1553,41
	VI	2581,08	465,08	465,08							
8027,99 West	I,IV	2016,83	465,08	465,08	I	1860,16	1703,58	1546,91	1390,25	1235,91	1087,91
	II	1876,58	465,08	465,08	II	1719,91	1563,25	1406,58	1251,75	1103,08	960,91
	III	1342,83	465,08	465,08	III	1219,50	1099,50	982,66	869,00	758,66	651,50
	V	2531,33	465,08	465,08	IV	1938,50	1860,16	1781,83	1703,58	1625,25	1546,91
	VI	2574,58	465,08	465,08							
8027,99 Ost	I,IV	2024,66	465,08	465,08	I	1868,00	1711,33	1554,66	1398,00	1243,41	1095,16
	II	1884,41	465,08	465,08	II	1727,75	1571,08	1414,41	1259,33	1110,33	967,83
	III	1349,00	465,08	465,08	III	1225,66	1105,50	988,50	874,66	764,16	656,66
	V	2539,08	465,08	465,08	IV	1946,33	1868,00	1789,66	1711,33	1633,00	1554,66
	VI	2582,33	465,08	465,08							

* Zur LSt-Berechnung für privat versicherte Arbeitnehmer s. Beispiele **Vorbemerkung S. 4 f.**
** Basisvorsorgepauschale KV und PV   *** Typisierter Arbeitgeberzuschuss

Lohn/ Gehalt in € bis	Steuerklasse	Lohn-steuer*	BVSP**	TAGZ***	Steuerklasse	Bemessungsgrundlage für Kirchensteuer und Solidaritätszuschlag					
						Freibeträge für ... Kinder					
						0,5	1,0	1,5	2,0	2,5	3,0
8030,99 West	I,IV	**2018,08**	465,08	465,08	I	1861,50	1704,83	1548,16	1391,50	1237,08	1089,08
	II	**1877,83**	465,08	465,08	II	1721,16	1564,50	1407,83	1253,00	1104,25	962,00
	III	**1343,83**	465,08	465,08	III	1220,50	1100,50	983,66	870,00	759,50	652,33
	V	**2532,58**	465,08	465,08	IV	1939,83	1861,50	1783,16	1704,83	1626,50	1548,16
	VI	**2575,83**	465,08	465,08							
8030,99 Ost	I,IV	**2025,91**	465,08	465,08	I	1869,25	1712,58	1555,91	1399,25	1244,66	1096,33
	II	**1885,66**	465,08	465,08	II	1729,00	1572,33	1415,66	1260,58	1111,50	969,00
	III	**1350,00**	465,08	465,08	III	1226,66	1106,33	989,33	875,50	765,00	657,50
	V	**2540,33**	465,08	465,08	IV	1947,58	1869,25	1790,91	1712,58	1634,25	1555,91
	VI	**2583,66**	465,08	465,08							
8033,99 West	I,IV	**2019,41**	465,08	465,08	I	1862,75	1706,08	1549,41	1392,75	1238,33	1090,25
	II	**1879,08**	465,08	465,08	II	1722,41	1565,75	1409,08	1254,16	1105,41	963,16
	III	**1344,83**	465,08	465,08	III	1221,50	1101,33	984,50	870,83	760,33	653,16
	V	**2533,83**	465,08	465,08	IV	1941,08	1862,75	1784,41	1706,08	1627,75	1549,41
	VI	**2577,08**	465,08	465,08							
8033,99 Ost	I,IV	**2027,16**	465,08	465,08	I	1870,50	1713,83	1557,16	1400,58	1245,91	1097,50
	II	**1886,91**	465,08	465,08	II	1730,25	1573,58	1416,91	1261,75	1112,75	970,08
	III	**1351,00**	465,08	465,08	III	1227,66	1107,33	990,33	876,50	765,83	658,50
	V	**2541,66**	465,08	465,08	IV	1948,83	1870,50	1792,16	1713,83	1635,50	1557,16
	VI	**2584,91**	465,08	465,08							
8036,99 West	I,IV	**2020,66**	465,08	465,08	I	1864,00	1707,33	1550,66	1394,00	1239,58	1091,41
	II	**1880,33**	465,08	465,08	II	1723,66	1567,08	1410,41	1255,41	1106,66	964,25
	III	**1345,83**	465,08	465,08	III	1222,50	1102,33	985,50	871,66	761,33	654,00
	V	**2535,08**	465,08	465,08	IV	1942,33	1864,00	1785,66	1707,33	1629,00	1550,66
	VI	**2578,33**	465,08	465,08							
8036,99 Ost	I,IV	**2028,41**	465,08	465,08	I	1871,75	1715,16	1558,50	1401,83	1247,08	1098,66
	II	**1888,16**	465,08	465,08	II	1731,50	1574,83	1418,16	1263,00	1113,91	971,25
	III	**1352,16**	465,08	465,08	III	1228,50	1108,33	991,16	877,33	766,66	659,33
	V	**2542,91**	465,08	465,08	IV	1950,08	1871,75	1793,41	1715,16	1636,83	1558,50
	VI	**2586,16**	465,08	465,08							
8039,99 West	I,IV	**2021,91**	465,08	465,08	I	1865,25	1708,58	1551,91	1395,25	1240,75	1092,58
	II	**1881,58**	465,08	465,08	II	1725,00	1568,33	1411,66	1256,66	1107,83	965,41
	III	**1346,83**	465,08	465,08	III	1223,50	1103,33	986,33	872,66	762,16	654,83
	V	**2536,33**	465,08	465,08	IV	1943,58	1865,25	1786,91	1708,58	1630,25	1551,91
	VI	**2579,58**	465,08	465,08							
8039,99 Ost	I,IV	**2029,66**	465,08	465,08	I	1873,08	1716,41	1559,75	1403,08	1248,33	1099,83
	II	**1889,41**	465,08	465,08	II	1732,75	1576,08	1419,41	1264,25	1115,08	972,33
	III	**1353,16**	465,08	465,08	III	1229,50	1109,16	992,16	878,33	767,66	660,16
	V	**2544,16**	465,08	465,08	IV	1951,41	1873,08	1794,75	1716,41	1638,08	1559,75
	VI	**2587,41**	465,08	465,08							
8042,99 West	I,IV	**2023,16**	465,08	465,08	I	1866,50	1709,83	1553,16	1396,50	1242,00	1093,75
	II	**1882,91**	465,08	465,08	II	1726,25	1569,58	1412,91	1257,83	1109,00	966,50
	III	**1347,83**	465,08	465,08	III	1224,50	1104,33	987,33	873,50	763,00	655,66
	V	**2537,58**	465,08	465,08	IV	1944,83	1866,50	1788,16	1709,83	1631,50	1553,16
	VI	**2580,83**	465,08	465,08							
8042,99 Ost	I,IV	**2031,00**	465,08	465,08	I	1874,33	1717,66	1561,00	1404,33	1249,58	1101,00
	II	**1890,66**	465,08	465,08	II	1734,00	1577,33	1420,66	1265,41	1116,25	973,41
	III	**1354,16**	465,08	465,08	III	1230,50	1110,16	993,00	879,16	768,50	661,00
	V	**2545,41**	465,08	465,08	IV	1952,66	1874,33	1796,00	1717,66	1639,33	1561,00
	VI	**2588,66**	465,08	465,08							
8045,99 West	I,IV	**2024,41**	465,08	465,08	I	1867,75	1711,08	1554,41	1397,75	1243,25	1094,91
	II	**1884,16**	465,08	465,08	II	1727,50	1570,83	1414,16	1259,08	1110,16	967,66
	III	**1348,83**	465,08	465,08	III	1225,50	1105,16	988,16	874,50	763,83	656,50
	V	**2538,83**	465,08	465,08	IV	1946,08	1867,75	1789,41	1711,08	1632,75	1554,41
	VI	**2582,08**	465,08	465,08							
8045,99 Ost	I,IV	**2032,25**	465,08	465,08	I	1875,58	1718,91	1562,25	1405,58	1250,75	1102,16
	II	**1891,91**	465,08	465,08	II	1735,25	1578,66	1422,00	1266,66	1117,41	974,58
	III	**1355,16**	465,08	465,08	III	1231,50	1111,16	994,00	880,00	769,33	661,83
	V	**2546,66**	465,08	465,08	IV	1953,91	1875,58	1797,25	1718,91	1640,58	1562,25
	VI	**2589,91**	465,08	465,08							

* Zur LSt-Berechnung für privat versicherte Arbeitnehmer s. Beispiele **Vorbemerkung S. 4f.**
** Basisvorsorgepauschale KV und PV *** Typisierter Arbeitgeberzuschuss

Lohn/Gehalt in € bis	Steuerklasse	Lohn-steuer*	BVSP**	TAGZ***	Steuerklasse	Bemessungsgrundlage für Kirchensteuer und Solidaritätszuschlag Freibeträge für ... Kinder					
						0,5	1,0	1,5	2,0	2,5	3,0
8 048,99 West	I,IV	2 025,66	465,08	465,08	I	1 869,00	1 712,33	1 555,66	1 399,08	1 244,41	1 096,08
	II	1 885,41	465,08	465,08	II	1 728,75	1 572,08	1 415,41	1 260,33	1 111,33	968,75
	III	1 349,83	465,08	465,08	III	1 226,33	1 106,16	989,16	875,33	764,83	657,33
	V	2 540,08	465,08	465,08	IV	1 947,33	1 869,00	1 790,66	1 712,33	1 634,00	1 555,66
	VI	2 583,41	465,08	465,08							
8 048,99 Ost	I,IV	2 033,50	465,08	465,08	I	1 876,83	1 720,16	1 563,50	1 406,83	1 252,00	1 103,33
	II	1 893,16	465,08	465,08	II	1 736,58	1 579,91	1 423,25	1 267,91	1 118,58	975,66
	III	1 356,16	465,08	465,08	III	1 232,50	1 112,16	995,00	881,00	770,16	662,66
	V	2 547,91	465,08	465,08	IV	1 955,16	1 876,83	1 798,50	1 720,16	1 641,83	1 563,50
	VI	2 591,16	465,08	465,08							
8 051,99 West	I,IV	2 026,91	465,08	465,08	I	1 870,25	1 713,58	1 557,00	1 400,33	1 245,66	1 097,25
	II	1 886,66	465,08	465,08	II	1 730,00	1 573,33	1 416,66	1 261,50	1 112,50	969,83
	III	1 350,83	465,08	465,08	III	1 227,33	1 107,16	990,00	876,33	765,66	658,16
	V	2 541,41	465,08	465,08	IV	1 948,58	1 870,25	1 791,91	1 713,58	1 635,33	1 557,00
	VI	2 584,66	465,08	465,08							
8 051,99 Ost	I,IV	2 034,75	465,08	465,08	I	1 878,08	1 721,41	1 564,75	1 408,08	1 253,16	1 104,50
	II	1 894,50	465,08	465,08	II	1 737,83	1 581,16	1 424,50	1 269,16	1 119,75	976,83
	III	1 357,16	465,08	465,08	III	1 233,50	1 113,00	995,83	881,83	771,16	663,50
	V	2 549,16	465,08	465,08	IV	1 956,41	1 878,08	1 799,75	1 721,41	1 643,08	1 564,75
	VI	2 592,41	465,08	465,08							
8 054,99 West	I,IV	2 028,16	465,08	465,08	I	1 871,58	1 714,91	1 558,25	1 401,58	1 246,83	1 098,41
	II	1 887,91	465,08	465,08	II	1 731,25	1 574,58	1 417,91	1 262,75	1 113,66	971,00
	III	1 351,83	465,08	465,08	III	1 228,33	1 108,00	991,00	877,16	766,50	659,16
	V	2 542,66	465,08	465,08	IV	1 949,83	1 871,58	1 793,25	1 714,91	1 636,58	1 558,25
	VI	2 585,91	465,08	465,08							
8 054,99 Ost	I,IV	2 036,00	465,08	465,08	I	1 879,33	1 722,66	1 566,00	1 409,33	1 254,41	1 105,66
	II	1 895,75	465,08	465,08	II	1 739,08	1 582,41	1 425,75	1 270,33	1 120,91	977,91
	III	1 358,16	465,08	465,08	III	1 234,50	1 114,00	996,83	882,83	772,00	664,33
	V	2 550,41	465,08	465,08	IV	1 957,66	1 879,33	1 801,00	1 722,66	1 644,33	1 566,00
	VI	2 593,75	465,08	465,08							
8 057,99 West	I,IV	2 029,50	465,08	465,08	I	1 872,83	1 716,16	1 559,50	1 402,83	1 248,08	1 099,58
	II	1 889,16	465,08	465,08	II	1 732,50	1 575,83	1 419,16	1 264,00	1 114,83	972,08
	III	1 352,83	465,08	465,08	III	1 229,33	1 109,00	992,00	878,00	767,33	660,00
	V	2 543,91	465,08	465,08	IV	1 951,16	1 872,83	1 794,50	1 716,16	1 637,83	1 559,50
	VI	2 587,16	465,08	465,08							
8 057,99 Ost	I,IV	2 037,25	465,08	465,08	I	1 880,58	1 723,91	1 567,25	1 410,66	1 255,66	1 106,83
	II	1 897,00	465,08	465,08	II	1 740,33	1 583,66	1 427,00	1 271,58	1 122,08	979,08
	III	1 359,16	465,08	465,08	III	1 235,50	1 115,00	997,66	883,66	772,83	665,16
	V	2 551,50	465,08	465,08	IV	1 958,91	1 880,58	1 802,25	1 723,91	1 645,58	1 567,25
	VI	2 595,00	465,08	465,08							
8 060,99 West	I,IV	2 030,75	465,08	465,08	I	1 874,08	1 717,41	1 560,75	1 404,08	1 249,33	1 100,75
	II	1 890,41	465,08	465,08	II	1 733,75	1 577,08	1 420,50	1 265,16	1 116,00	973,25
	III	1 353,83	465,08	465,08	III	1 230,33	1 110,00	992,83	879,00	768,33	660,83
	V	2 545,16	465,08	465,08	IV	1 952,41	1 874,08	1 795,75	1 717,41	1 639,08	1 560,75
	VI	2 588,41	465,08	465,08							
8 060,99 Ost	I,IV	2 038,50	465,08	465,08	I	1 881,83	1 725,16	1 568,58	1 411,91	1 256,83	1 108,00
	II	1 898,25	465,08	465,08	II	1 741,58	1 584,91	1 428,25	1 272,83	1 123,25	980,16
	III	1 360,16	465,08	465,08	III	1 236,50	1 116,00	998,66	884,66	773,66	666,16
	V	2 553,00	465,08	465,08	IV	1 960,16	1 881,83	1 803,50	1 725,16	1 646,91	1 568,58
	VI	2 596,25	465,08	465,08							
8 063,99 West	I,IV	2 032,00	465,08	465,08	I	1 875,33	1 718,66	1 562,00	1 405,33	1 250,50	1 101,91
	II	1 891,66	465,08	465,08	II	1 735,00	1 578,41	1 421,75	1 266,41	1 117,16	974,33
	III	1 354,83	465,08	465,08	III	1 231,33	1 111,00	993,83	879,83	769,16	661,66
	V	2 546,41	465,08	465,08	IV	1 953,66	1 875,33	1 797,00	1 718,66	1 640,33	1 562,00
	VI	2 589,66	465,08	465,08							
8 063,99 Ost	I,IV	2 039,75	465,08	465,08	I	1 883,16	1 726,50	1 569,83	1 413,16	1 258,08	1 109,16
	II	1 899,50	465,08	465,08	II	1 742,83	1 586,16	1 429,50	1 274,00	1 124,50	981,33
	III	1 361,16	465,08	465,08	III	1 237,33	1 116,83	999,66	885,50	774,66	667,00
	V	2 554,25	465,08	465,08	IV	1 961,41	1 883,16	1 804,83	1 726,50	1 648,16	1 569,83
	VI	2 597,50	465,08	465,08							

* Zur LSt-Berechnung für privat versicherte Arbeitnehmer s. Beispiele **Vorbemerkung S. 4 f.**
** Basisvorsorgepauschale KV und PV *** Typisierter Arbeitgeberzuschuss

Lohn/ Gehalt in € bis	Steuerklasse	Lohn- steuer*	BVSP**	TAGZ***	Steuerklasse	Bemessungsgrundlage für Kirchensteuer und Solidaritätszuschlag Freibeträge für ... Kinder					
						0,5	1,0	1,5	2,0	2,5	3,0
8066,99 West	I,IV	**2033,25**	465,08	465,08	I	1876,58	1719,91	1563,25	1406,58	1251,75	1103,08
	II	**1893,00**	465,08	465,08	II	1736,33	1579,66	1423,00	1267,66	1118,33	975,50
	III	**1355,83**	465,08	465,08	III	1232,33	1111,83	994,66	880,83	770,00	662,50
	V	**2547,66**	465,08	465,08	IV	1954,91	1876,58	1798,25	1719,91	1641,58	1563,25
	VI	**2590,91**	465,08	465,08							
8066,99 Ost	I,IV	**2041,08**	465,08	465,08	I	1884,41	1727,75	1571,08	1414,41	1259,33	1110,33
	II	**1900,75**	465,08	465,08	II	1744,08	1587,41	1430,75	1275,25	1125,66	982,41
	III	**1362,16**	465,08	465,08	III	1238,33	1117,83	1000,50	886,33	775,50	667,83
	V	**2555,50**	465,08	465,08	IV	1962,75	1884,41	1806,08	1727,75	1649,41	1571,08
	VI	**2598,75**	465,08	465,08							
8069,99 West	I,IV	**2034,50**	465,08	465,08	I	1877,83	1721,16	1564,50	1407,83	1253,00	1104,25
	II	**1894,25**	465,08	465,08	II	1737,58	1580,91	1424,25	1268,91	1119,50	976,58
	III	**1356,83**	465,08	465,08	III	1233,33	1112,83	995,66	881,66	770,83	663,33
	V	**2548,91**	465,08	465,08	IV	1956,16	1877,83	1799,50	1721,16	1642,83	1564,50
	VI	**2592,16**	465,08	465,08							
8069,99 Ost	I,IV	**2042,33**	465,08	465,08	I	1885,66	1729,00	1572,33	1415,66	1260,58	1111,50
	II	**1902,00**	465,08	465,08	II	1745,33	1588,66	1432,08	1276,50	1126,83	983,58
	III	**1363,16**	465,08	465,08	III	1239,33	1118,83	1001,50	887,33	776,33	668,66
	V	**2556,75**	465,08	465,08	IV	1964,00	1885,66	1807,33	1729,00	1650,66	1572,33
	VI	**2600,00**	465,08	465,08							
8072,99 West	I,IV	**2035,75**	465,08	465,08	I	1879,08	1722,41	1565,75	1409,08	1254,16	1105,41
	II	**1895,50**	465,08	465,08	II	1738,83	1582,16	1425,50	1270,08	1120,66	977,75
	III	**1357,83**	465,08	465,08	III	1234,33	1113,83	996,66	882,50	771,83	664,16
	V	**2550,16**	465,08	465,08	IV	1957,41	1879,08	1800,75	1722,41	1644,08	1565,75
	VI	**2593,50**	465,08	465,08							
8072,99 Ost	I,IV	**2043,58**	465,08	465,08	I	1886,91	1730,25	1573,58	1416,91	1261,75	1112,75
	II	**1903,25**	465,08	465,08	II	1746,66	1590,00	1433,33	1277,75	1128,00	984,66
	III	**1364,16**	465,08	465,08	III	1240,33	1119,83	1002,33	888,16	777,33	669,50
	V	**2558,00**	465,08	465,08	IV	1965,25	1886,91	1808,58	1730,25	1651,91	1573,58
	VI	**2601,25**	465,08	465,08							
8075,99 West	I,IV	**2037,00**	465,08	465,08	I	1880,33	1723,66	1567,08	1410,41	1255,41	1106,66
	II	**1896,75**	465,08	465,08	II	1740,08	1583,41	1426,75	1271,33	1121,91	978,83
	III	**1358,83**	465,08	465,08	III	1235,16	1114,83	997,50	883,50	772,66	665,00
	V	**2551,50**	465,08	465,08	IV	1958,66	1880,33	1802,00	1723,66	1645,33	1567,08
	VI	**2594,75**	465,08	465,08							
8075,99 Ost	I,IV	**2044,83**	465,08	465,08	I	1888,16	1731,50	1574,83	1418,16	1263,00	1113,91
	II	**1904,58**	465,08	465,08	II	1747,91	1591,25	1434,58	1278,91	1129,16	985,83
	III	**1365,16**	465,08	465,08	III	1241,33	1120,66	1003,33	889,16	778,16	670,33
	V	**2559,25**	465,08	465,08	IV	1966,50	1888,16	1809,83	1731,50	1653,16	1574,83
	VI	**2602,50**	465,08	465,08							
8078,99 West	I,IV	**2038,25**	465,08	465,08	I	1881,58	1725,00	1568,33	1411,66	1256,66	1107,83
	II	**1898,00**	465,08	465,08	II	1741,33	1584,66	1428,00	1272,58	1123,08	980,00
	III	**1360,00**	465,08	465,08	III	1236,16	1115,66	998,50	884,33	773,50	665,83
	V	**2552,75**	465,08	465,08	IV	1959,91	1881,58	1803,33	1725,00	1646,66	1568,33
	VI	**2596,00**	465,08	465,08							
8078,99 Ost	I,IV	**2046,08**	465,08	465,08	I	1889,41	1732,75	1576,08	1419,41	1264,25	1115,08
	II	**1905,83**	465,08	465,08	II	1749,16	1592,50	1435,83	1280,16	1130,33	986,91
	III	**1366,16**	465,08	465,08	III	1242,33	1121,66	1004,16	890,00	779,00	671,16
	V	**2560,50**	465,08	465,08	IV	1967,75	1889,41	1811,08	1732,75	1654,41	1576,08
	VI	**2603,75**	465,08	465,08							
8081,99 West	I,IV	**2039,58**	465,08	465,08	I	1882,91	1726,25	1569,58	1412,91	1257,83	1109,00
	II	**1899,25**	465,08	465,08	II	1742,58	1585,91	1429,25	1273,83	1124,25	981,08
	III	**1361,00**	465,08	465,08	III	1237,16	1116,66	999,33	885,33	774,50	666,83
	V	**2554,00**	465,08	465,08	IV	1961,25	1882,91	1804,58	1726,25	1647,91	1569,58
	VI	**2597,25**	465,08	465,08							
8081,99 Ost	I,IV	**2047,33**	465,08	465,08	I	1890,66	1734,00	1577,33	1420,66	1265,41	1116,25
	II	**1907,08**	465,08	465,08	II	1750,41	1593,75	1437,08	1281,41	1131,50	988,08
	III	**1367,16**	465,08	465,08	III	1243,33	1122,66	1005,16	891,00	779,83	672,00
	V	**2561,75**	465,08	465,08	IV	1969,00	1890,66	1812,33	1734,00	1655,66	1577,33
	VI	**2605,08**	465,08	465,08							

* Zur LSt-Berechnung für privat versicherte Arbeitnehmer s. Beispiele **Vorbemerkung S. 4 f.**
** Basisvorsorgepauschale KV und PV *** Typisierter Arbeitgeberzuschuss

Lohn/ Gehalt in € bis	Steuerklasse	Lohn-steuer*	BVSP**	TAGZ***	Steuerklasse	Bemessungsgrundlage für Kirchensteuer und Solidaritätszuschlag					
						Freibeträge für ... Kinder					
						0,5	1,0	1,5	2,0	2,5	3,0
8084,99 West	I,IV	**2040,83**	465,08	465,08	I	1884,16	1727,50	1570,83	1414,16	1259,08	1110,16
	II	**1900,50**	465,08	465,08	II	1743,83	1587,16	1430,58	1275,00	1125,41	982,25
	III	**1362,00**	465,08	465,08	III	1238,16	1117,66	1000,33	886,16	775,33	667,66
	V	**2555,25**	465,08	465,08	IV	1962,50	1884,16	1805,83	1727,50	1649,16	1570,83
	VI	**2598,50**	465,08	465,08							
8084,99 Ost	I,IV	**2048,58**	465,08	465,08	I	1891,91	1735,25	1578,66	1422,00	1266,66	1117,41
	II	**1908,33**	465,08	465,08	II	1751,66	1595,00	1438,33	1282,66	1132,75	989,25
	III	**1368,16**	465,08	465,08	III	1244,33	1123,66	1006,16	891,83	780,83	673,00
	V	**2563,08**	465,08	465,08	IV	1970,25	1891,91	1813,58	1735,25	1656,91	1578,66
	VI	**2606,33**	465,08	465,08							
8087,99 West	I,IV	**2042,08**	465,08	465,08	I	1885,41	1728,75	1572,08	1415,41	1260,33	1111,33
	II	**1901,75**	465,08	465,08	II	1745,08	1588,50	1431,83	1276,25	1126,58	983,33
	III	**1363,00**	465,08	465,08	III	1239,16	1118,66	1001,16	887,16	776,16	668,50
	V	**2556,50**	465,08	465,08	IV	1963,75	1885,41	1807,08	1728,75	1650,41	1572,08
	VI	**2599,75**	465,08	465,08							
8087,99 Ost	I,IV	**2049,83**	465,08	465,08	I	1893,16	1736,58	1579,91	1423,25	1267,91	1118,58
	II	**1909,58**	465,08	465,08	II	1752,91	1596,25	1439,58	1283,91	1133,91	990,33
	III	**1369,16**	465,08	465,08	III	1245,33	1124,50	1007,00	892,66	781,66	673,83
	V	**2564,33**	465,08	465,08	IV	1971,50	1893,16	1814,91	1736,58	1658,25	1579,91
	VI	**2607,58**	465,08	465,08							
8090,99 West	I,IV	**2043,33**	465,08	465,08	I	1886,66	1730,00	1573,33	1416,66	1261,50	1112,50
	II	**1903,08**	465,08	465,08	II	1746,41	1589,75	1433,08	1277,50	1127,75	984,50
	III	**1364,00**	465,08	465,08	III	1240,16	1119,50	1002,16	888,00	777,00	669,33
	V	**2557,75**	465,08	465,08	IV	1965,00	1886,66	1808,33	1730,00	1651,66	1573,33
	VI	**2601,00**	465,08	465,08							
8090,99 Ost	I,IV	**2051,16**	465,08	465,08	I	1894,50	1737,83	1581,16	1424,50	1269,16	1119,75
	II	**1910,83**	465,08	465,08	II	1754,16	1597,50	1440,83	1285,08	1135,08	991,50
	III	**1370,16**	465,08	465,08	III	1246,33	1125,50	1008,00	893,66	782,50	674,66
	V	**2565,58**	465,08	465,08	IV	1972,83	1894,50	1816,16	1737,83	1659,50	1581,16
	VI	**2608,83**	465,08	465,08							
8093,99 West	I,IV	**2044,33**	465,08	465,08	I	1887,91	1731,25	1574,58	1417,91	1262,75	1113,66
	II	**1904,33**	465,08	465,08	II	1747,66	1591,00	1434,33	1278,75	1128,91	985,58
	III	**1365,00**	465,08	465,08	III	1241,16	1120,50	1003,16	888,83	778,00	670,16
	V	**2559,00**	465,08	465,08	IV	1966,25	1887,91	1809,58	1731,25	1652,91	1574,58
	VI	**2602,25**	465,08	465,08							
8093,99 Ost	I,IV	**2052,41**	465,08	465,08	I	1895,75	1739,08	1582,41	1425,75	1270,33	1120,91
	II	**1912,08**	465,08	465,08	II	1755,41	1598,75	1442,16	1286,33	1136,25	992,58
	III	**1371,16**	465,08	465,08	III	1247,16	1126,50	1008,83	894,50	783,33	675,50
	V	**2566,83**	465,08	465,08	IV	1974,08	1895,75	1817,41	1739,08	1660,75	1582,41
	VI	**2610,08**	465,08	465,08							
8096,99 West	I,IV	**2045,83**	465,08	465,08	I	1889,16	1732,50	1575,83	1419,16	1264,00	1114,83
	II	**1905,58**	465,08	465,08	II	1748,91	1592,25	1435,58	1279,91	1130,16	986,75
	III	**1366,00**	465,08	465,08	III	1242,16	1121,50	1004,00	889,83	778,83	671,00
	V	**2560,25**	465,08	465,08	IV	1967,50	1889,16	1810,83	1732,50	1654,16	1575,83
	VI	**2603,58**	465,08	465,08							
8096,99 Ost	I,IV	**2053,66**	465,08	465,08	I	1897,00	1740,33	1583,66	1427,00	1271,58	1122,08
	II	**1913,33**	465,08	465,08	II	1756,66	1600,08	1443,41	1287,58	1137,41	993,75
	III	**1372,16**	465,08	465,08	III	1248,16	1127,50	1009,83	895,50	784,33	676,33
	V	**2568,08**	465,08	465,08	IV	1975,33	1897,00	1818,66	1740,33	1662,00	1583,66
	VI	**2611,33**	465,08	465,08							
8099,99 West	I,IV	**2047,08**	465,08	465,08	I	1890,41	1733,75	1577,08	1420,50	1265,16	1116,00
	II	**1906,83**	465,08	465,08	II	1750,16	1593,50	1436,83	1281,16	1131,33	987,83
	III	**1367,00**	465,08	465,08	III	1243,16	1122,50	1005,00	890,66	779,66	671,83
	V	**2561,58**	465,08	465,08	IV	1968,75	1890,41	1812,08	1733,75	1655,41	1577,08
	VI	**2604,83**	465,08	465,08							
8099,99 Ost	I,IV	**2054,91**	465,08	465,08	I	1898,25	1741,58	1584,91	1428,25	1272,83	1123,25
	II	**1914,66**	465,08	465,08	II	1758,00	1601,33	1444,66	1288,83	1138,58	994,83
	III	**1373,33**	465,08	465,08	III	1249,16	1128,33	1010,83	896,33	785,16	677,16
	V	**2569,33**	465,08	465,08	IV	1976,58	1898,25	1819,91	1741,58	1663,25	1584,91
	VI	**2612,58**	465,08	465,08							

*   Zur LSt-Berechnung für privat versicherte Arbeitnehmer s. Beispiele **Vorbemerkung S. 4 f.**
** Basisvorsorgepauschale KV und PV   *** Typisierter Arbeitgeberzuschuss

Lohn/ Gehalt in € bis	Steuerklasse	Lohn-steuer*	BVSP**	TAGZ***	Steuerklasse	Bemessungsgrundlage für Kirchensteuer und Solidaritätszuschlag — Freibeträge für ... Kinder					
						0,5	1,0	1,5	2,0	2,5	3,0
8102,99 West	I,IV	2048,33	465,08	465,08	I	1891,66	1735,08	1578,41	1421,75	1266,41	1117,16
	II	1908,08	465,08	465,08	II	1751,41	1594,75	1438,08	1282,41	1132,50	989,00
	III	1368,00	465,08	465,08	III	1244,00	1123,33	1005,83	891,66	780,50	672,66
	V	2562,83	465,08	465,08	IV	1970,00	1891,66	1813,33	1735,08	1656,75	1578,41
	VI	2606,08	465,08	465,08							
8102,99 Ost	I,IV	2056,16	465,08	465,08	I	1899,50	1742,83	1586,16	1429,50	1274,00	1124,50
	II	1915,91	465,08	465,08	II	1759,25	1602,58	1445,91	1290,08	1139,83	996,00
	III	1374,33	465,08	465,08	III	1250,16	1129,33	1011,66	897,33	786,00	678,00
	V	2570,58	465,08	465,08	IV	1977,83	1899,50	1821,16	1742,83	1664,50	1586,16
	VI	2613,83	465,08	465,08							
8105,99 West	I,IV	2049,58	465,08	465,08	I	1893,00	1736,33	1579,66	1423,00	1267,66	1118,33
	II	1909,33	465,08	465,08	II	1752,66	1596,00	1439,33	1283,66	1133,66	990,00
	III	1369,00	465,08	465,08	III	1245,00	1124,33	1006,83	892,50	781,50	673,66
	V	2564,08	465,08	465,08	IV	1971,33	1893,00	1814,66	1736,33	1658,00	1579,66
	VI	2607,33	465,08	465,08							
8105,99 Ost	I,IV	2057,41	465,08	465,08	I	1900,75	1744,08	1587,41	1430,75	1275,25	1125,66
	II	1917,16	465,08	465,08	II	1760,50	1603,83	1447,16	1291,25	1141,00	997,08
	III	1375,33	465,08	465,08	III	1251,16	1130,33	1012,66	898,16	787,00	678,83
	V	2571,83	465,08	465,08	IV	1979,08	1900,75	1822,41	1744,08	1665,75	1587,41
	VI	2615,16	465,08	465,08							
8108,99 West	I,IV	2050,91	465,08	465,08	I	1894,25	1737,58	1580,91	1424,25	1268,91	1119,50
	II	1910,58	465,08	465,08	II	1753,91	1597,25	1440,58	1284,83	1134,83	991,25
	III	1370,00	465,08	465,08	III	1246,00	1125,33	1007,83	893,50	782,33	674,50
	V	2565,33	465,08	465,08	IV	1972,58	1894,25	1815,91	1737,58	1659,25	1580,91
	VI	2608,58	465,08	465,08							
8108,99 Ost	I,IV	2058,66	465,08	465,08	I	1902,00	1745,33	1588,66	1432,08	1276,50	1126,83
	II	1918,41	465,08	465,08	II	1761,75	1605,08	1448,41	1292,50	1142,16	998,25
	III	1376,33	465,08	465,08	III	1252,16	1131,33	1013,50	899,16	787,83	679,83
	V	2573,16	465,08	465,08	IV	1980,33	1902,00	1823,66	1745,33	1667,00	1588,66
	VI	2616,41	465,08	465,08							
8111,99 West	I,IV	2052,16	465,08	465,08	I	1895,50	1738,83	1582,16	1425,50	1270,08	1120,66
	II	1911,83	465,08	465,08	II	1755,16	1598,58	1441,91	1286,08	1136,00	992,41
	III	1371,00	465,08	465,08	III	1247,00	1126,33	1008,66	894,33	783,16	675,33
	V	2566,58	465,08	465,08	IV	1973,83	1895,50	1817,16	1738,83	1660,50	1582,16
	VI	2609,83	465,08	465,08							
8111,99 Ost	I,IV	2059,91	465,08	465,08	I	1903,25	1746,66	1590,00	1433,33	1277,75	1128,00
	II	1919,66	465,08	465,08	II	1763,00	1606,33	1449,66	1293,75	1143,33	999,41
	III	1377,33	465,08	465,08	III	1253,16	1132,16	1014,50	900,00	788,66	680,66
	V	2574,41	465,08	465,08	IV	1981,58	1903,25	1824,91	1746,66	1668,33	1590,00
	VI	2617,66	465,08	465,08							
8114,99 West	I,IV	2053,41	465,08	465,08	I	1896,75	1740,08	1583,41	1426,75	1271,33	1121,91
	II	1913,08	465,08	465,08	II	1756,50	1599,83	1443,16	1287,33	1137,16	993,50
	III	1372,00	465,08	465,08	III	1248,00	1127,16	1009,66	895,33	784,16	676,16
	V	2567,83	465,08	465,08	IV	1975,08	1896,75	1818,41	1740,08	1661,75	1583,41
	VI	2611,08	465,08	465,08							
8114,99 Ost	I,IV	2061,16	465,08	465,08	I	1904,58	1747,91	1591,25	1434,58	1278,91	1129,16
	II	1920,91	465,08	465,08	II	1764,25	1607,58	1450,91	1295,00	1144,50	1000,50
	III	1378,33	465,08	465,08	III	1254,16	1133,16	1015,50	900,83	789,66	681,50
	V	2575,66	465,08	465,08	IV	1982,91	1904,58	1826,25	1747,91	1669,58	1591,25
	VI	2618,91	465,08	465,08							
8117,99 West	I,IV	2054,66	465,08	465,08	I	1898,00	1741,33	1584,66	1428,00	1272,58	1123,08
	II	1914,41	465,08	465,08	II	1757,75	1601,08	1444,41	1288,58	1138,41	994,66
	III	1373,00	465,08	465,08	III	1249,00	1128,16	1010,50	896,16	785,00	677,00
	V	2569,08	465,08	465,08	IV	1976,33	1898,00	1819,66	1741,33	1663,00	1584,66
	VI	2612,33	465,08	465,08							
8117,99 Ost	I,IV	2062,50	465,08	465,08	I	1905,83	1749,16	1592,50	1435,83	1280,16	1130,33
	II	1922,16	465,08	465,08	II	1765,50	1608,83	1452,16	1296,25	1145,75	1001,66
	III	1379,33	465,08	465,08	III	1255,16	1134,16	1016,33	901,83	790,50	682,33
	V	2576,91	465,08	465,08	IV	1984,16	1905,83	1827,50	1749,16	1670,83	1592,50
	VI	2620,16	465,08	465,08							

* Zur LSt-Berechnung für privat versicherte Arbeitnehmer s. Beispiele **Vorbemerkung S. 4 f.**
** Basisvorsorgepauschale KV und PV   *** Typisierter Arbeitgeberzuschuss

aT3

Lohn/ Gehalt in € bis	Steuerklasse	Lohn- steuer*	BVSP**	TAGZ***	Steuerklasse	Bemessungsgrundlage für Kirchensteuer und Solidaritätszuschlag					
						Freibeträge für ... Kinder					
						0,5	1,0	1,5	2,0	2,5	3,0
8120,99 West	I,IV	2055,91	465,08	465,08	I	1899,25	1742,58	1585,91	1429,25	1273,83	1124,25
	II	1915,66	465,08	465,08	II	1759,00	1602,33	1445,66	1289,83	1139,58	995,75
	III	1374,00	465,08	465,08	III	1250,00	1129,16	1011,50	897,00	785,83	677,83
	V	2570,33	465,08	465,08	IV	1977,58	1899,25	1820,91	1742,58	1664,25	1585,91
	VI	2613,58	465,08	465,08							
8120,99 Ost	I,IV	2063,75	465,08	465,08	I	1907,08	1750,41	1593,75	1437,08	1281,41	1131,50
	II	1923,41	465,08	465,08	II	1766,75	1610,16	1453,50	1297,50	1146,91	1002,75
	III	1380,33	465,08	465,08	III	1256,16	1135,16	1017,33	902,66	791,33	683,16
	V	2578,16	465,08	465,08	IV	1985,41	1907,08	1828,75	1750,41	1672,08	1593,75
	VI	2621,41	465,08	465,08							
8123,99 West	I,IV	2057,16	465,08	465,08	I	1900,50	1743,83	1587,16	1430,58	1275,00	1125,41
	II	1916,91	465,08	465,08	II	1760,25	1603,58	1446,91	1291,08	1140,75	996,91
	III	1375,00	465,08	465,08	III	1251,00	1130,16	1012,50	898,00	786,66	678,66
	V	2571,58	465,08	465,08	IV	1978,83	1900,50	1822,16	1743,83	1665,50	1587,16
	VI	2614,91	465,08	465,08							
8123,99 Ost	I,IV	2065,00	465,08	465,08	I	1908,33	1751,66	1595,00	1438,33	1282,66	1132,75
	II	1924,66	465,08	465,08	II	1768,08	1611,41	1454,75	1298,66	1148,08	1003,91
	III	1381,33	465,08	465,08	III	1257,16	1136,00	1018,16	903,66	792,16	684,00
	V	2579,41	465,08	465,08	IV	1986,66	1908,33	1830,00	1751,66	1673,33	1595,00
	VI	2622,66	465,08	465,08							
8126,99 West	I,IV	2058,41	465,08	465,08	I	1901,75	1745,08	1588,50	1431,83	1276,25	1126,58
	II	1918,16	465,08	465,08	II	1761,50	1604,83	1448,16	1292,25	1141,91	998,00
	III	1376,00	465,08	465,08	III	1252,00	1131,00	1013,33	898,83	787,66	679,50
	V	2572,91	465,08	465,08	IV	1980,08	1901,75	1823,41	1745,08	1666,83	1588,50
	VI	2616,16	465,08	465,08							
8126,99 Ost	I,IV	2066,25	465,08	465,08	I	1909,58	1752,91	1596,25	1439,58	1283,91	1133,91
	II	1926,00	465,08	465,08	II	1769,33	1612,66	1456,00	1299,91	1149,25	1005,08
	III	1382,33	465,08	465,08	III	1258,16	1137,00	1019,16	904,50	793,16	684,83
	V	2580,66	465,08	465,08	IV	1987,91	1909,58	1831,25	1752,91	1674,58	1596,25
	VI	2623,91	465,08	465,08							
8129,99 West	I,IV	2059,66	465,08	465,08	I	1903,08	1746,41	1589,75	1433,08	1277,50	1127,75
	II	1919,41	465,08	465,08	II	1762,75	1606,08	1449,41	1293,50	1143,08	999,16
	III	1377,16	465,08	465,08	III	1253,00	1132,00	1014,33	899,83	788,50	680,50
	V	2574,16	465,08	465,08	IV	1981,33	1903,08	1824,75	1746,41	1668,08	1589,75
	VI	2617,41	465,08	465,08							
8129,99 Ost	I,IV	2067,50	465,08	465,08	I	1910,83	1754,16	1597,50	1440,83	1285,08	1135,08
	II	1927,25	465,08	465,08	II	1770,58	1613,91	1457,25	1301,16	1150,50	1006,16
	III	1383,33	465,08	465,08	III	1259,00	1138,00	1020,16	905,50	794,00	685,83
	V	2581,91	465,08	465,08	IV	1989,16	1910,83	1832,50	1754,16	1675,83	1597,50
	VI	2625,25	465,08	465,08							
8132,99 West	I,IV	2061,00	465,08	465,08	I	1904,33	1747,66	1591,00	1434,33	1278,75	1128,91
	II	1920,66	465,08	465,08	II	1764,00	1607,33	1450,66	1294,75	1144,33	1000,33
	III	1378,16	465,08	465,08	III	1254,00	1133,00	1015,16	900,66	789,33	681,33
	V	2575,41	465,08	465,08	IV	1982,66	1904,33	1826,00	1747,66	1669,33	1591,00
	VI	2618,66	465,08	465,08							
8132,99 Ost	I,IV	2068,75	465,08	465,08	I	1912,08	1755,41	1598,75	1442,16	1286,33	1136,25
	II	1928,50	465,08	465,08	II	1771,83	1615,16	1458,50	1302,41	1151,66	1007,33
	III	1384,33	465,08	465,08	III	1260,00	1139,00	1021,00	906,33	794,83	686,66
	V	2583,25	465,08	465,08	IV	1990,41	1912,08	1833,75	1755,41	1677,08	1598,75
	VI	2626,50	465,08	465,08							
8135,99 West	I,IV	2062,25	465,08	465,08	I	1905,58	1748,91	1592,25	1435,58	1279,91	1130,16
	II	1921,91	465,08	465,08	II	1765,25	1608,58	1452,00	1296,00	1145,50	1001,41
	III	1379,16	465,08	465,08	III	1254,83	1134,00	1016,16	901,66	790,33	682,16
	V	2576,75	465,08	465,08	IV	1983,91	1905,58	1827,25	1748,91	1670,58	1592,25
	VI	2619,91	465,08	465,08							
8135,99 Ost	I,IV	2070,00	465,08	465,08	I	1913,33	1756,66	1600,08	1443,41	1287,58	1137,41
	II	1929,75	465,08	465,08	II	1773,08	1616,41	1459,75	1303,66	1152,83	1008,41
	III	1385,33	465,08	465,08	III	1261,00	1139,83	1022,00	907,33	795,83	687,50
	V	2584,50	465,08	465,08	IV	1991,66	1913,33	1835,00	1756,66	1678,41	1600,08
	VI	2627,75	465,08	465,08							

* Zur LSt-Berechnung für privat versicherte Arbeitnehmer s. Beispiele **Vorbemerkung S. 4 f.**
** Basisvorsorgepauschale KV und PV *** Typisierter Arbeitgeberzuschuss

Lohn/ Gehalt in € bis	Steuerklasse	Lohn-steuer*	BVSP**	TAGZ***	Steuerklasse	Bemessungsgrundlage für Kirchensteuer und Solidaritätszuschlag Freibeträge für ... Kinder					
						0,5	1,0	1,5	2,0	2,5	3,0
8138,99 West	I,IV	2063,50	465,08	465,08	I	1906,83	1750,16	1593,50	1436,83	1281,16	1131,33
	II	1923,16	465,08	465,08	II	1766,58	1609,91	1453,25	1297,25	1146,66	1002,58
	III	1380,16	465,08	465,08	III	1255,83	1134,83	1017,16	902,50	791,16	683,00
	V	2577,91	465,08	465,08	IV	1985,16	1906,83	1828,50	1750,16	1671,83	1593,50
	VI	2621,16	465,08	465,08							
8138,99 Ost	I,IV	2071,25	465,08	465,08	I	1914,66	1758,00	1601,33	1444,66	1288,83	1138,58
	II	1931,00	465,08	465,08	II	1774,33	1617,66	1461,00	1304,91	1154,00	1009,58
	III	1386,50	465,08	465,08	III	1262,00	1140,83	1022,83	908,16	796,66	688,33
	V	2585,75	465,08	465,08	IV	1992,91	1914,66	1836,33	1758,00	1679,66	1601,33
	VI	2629,00	465,08	465,08							
8141,99 West	I,IV	2064,75	465,08	465,08	I	1908,08	1751,41	1594,75	1438,08	1282,41	1132,50
	II	1924,50	465,08	465,08	II	1767,83	1611,16	1454,50	1298,41	1147,83	1003,66
	III	1381,16	465,08	465,08	III	1256,83	1135,83	1018,00	903,50	792,00	683,83
	V	2579,16	465,08	465,08	IV	1986,41	1908,08	1829,75	1751,41	1673,08	1594,75
	VI	2622,41	465,08	465,08							
8141,99 Ost	I,IV	2072,58	465,08	465,08	I	1915,91	1759,25	1602,58	1445,91	1290,08	1139,83
	II	1932,25	465,08	465,08	II	1775,58	1618,91	1462,25	1306,16	1155,25	1010,75
	III	1387,50	465,08	465,08	III	1263,00	1141,83	1023,83	909,16	797,50	689,16
	V	2587,00	465,08	465,08	IV	1994,25	1915,91	1837,58	1759,25	1680,91	1602,58
	VI	2630,25	465,08	465,08							
8144,99 West	I,IV	2066,00	465,08	465,08	I	1909,33	1752,66	1596,00	1439,33	1283,66	1133,66
	II	1925,75	465,08	465,08	II	1769,08	1612,41	1455,75	1299,66	1149,08	1004,83
	III	1382,16	465,08	465,08	III	1257,83	1136,83	1019,00	904,33	793,00	684,66
	V	2580,41	465,08	465,08	IV	1987,66	1909,33	1831,00	1752,66	1674,33	1596,00
	VI	2623,66	465,08	465,08							
8144,99 Ost	I,IV	2073,83	465,08	465,08	I	1917,16	1760,50	1603,83	1447,16	1291,25	1141,00
	II	1933,50	465,08	465,08	II	1776,83	1620,16	1463,58	1307,33	1156,41	1011,83
	III	1388,50	465,08	465,08	III	1264,00	1142,83	1024,83	910,00	798,50	690,00
	V	2588,25	465,08	465,08	IV	1995,50	1917,16	1838,83	1760,50	1682,16	1603,83
	VI	2631,50	465,08	465,08							
8147,99 West	I,IV	2067,25	465,08	465,08	I	1910,58	1753,91	1597,25	1440,58	1284,83	1134,83
	II	1927,00	465,08	465,08	II	1770,33	1613,66	1457,00	1300,91	1150,25	1006,00
	III	1383,16	465,08	465,08	III	1258,83	1137,83	1019,83	905,16	793,83	685,50
	V	2581,66	465,08	465,08	IV	1988,91	1910,58	1832,25	1753,91	1675,58	1597,25
	VI	2625,00	465,08	465,08							
8147,99 Ost	I,IV	2075,08	465,08	465,08	I	1918,41	1761,75	1605,08	1448,41	1292,50	1142,16
	II	1934,75	465,08	465,08	II	1778,16	1621,50	1464,83	1308,58	1157,58	1013,00
	III	1389,50	465,08	465,08	III	1265,00	1143,83	1025,66	910,83	799,33	691,00
	V	2589,50	465,08	465,08	IV	1996,75	1918,41	1840,08	1761,75	1683,41	1605,08
	VI	2632,75	465,08	465,08							
8150,99 West	I,IV	2068,50	465,08	465,08	I	1911,83	1755,16	1598,58	1441,91	1286,08	1136,00
	II	1928,25	465,08	465,08	II	1771,58	1614,91	1458,25	1302,16	1151,41	1007,08
	III	1384,16	465,08	465,08	III	1259,83	1138,66	1020,83	906,16	794,66	686,50
	V	2583,00	465,08	465,08	IV	1990,16	1911,83	1833,50	1755,16	1676,83	1598,58
	VI	2626,25	465,08	465,08							
8150,99 Ost	I,IV	2076,33	465,08	465,08	I	1919,66	1763,00	1606,33	1449,66	1293,75	1143,33
	II	1936,08	465,08	465,08	II	1779,41	1622,75	1466,08	1309,83	1158,75	1014,16
	III	1390,50	465,08	465,08	III	1266,00	1144,66	1026,66	911,83	800,16	691,83
	V	2590,75	465,08	465,08	IV	1998,00	1919,66	1841,33	1763,00	1684,66	1606,33
	VI	2634,00	465,08	465,08							
8153,99 West	I,IV	2069,75	465,08	465,08	I	1913,08	1756,50	1599,83	1443,16	1287,33	1137,16
	II	1929,50	465,08	465,08	II	1772,83	1616,16	1459,50	1303,41	1152,58	1008,25
	III	1385,16	465,08	465,08	III	1260,83	1139,66	1021,83	907,00	795,50	687,33
	V	2584,25	465,08	465,08	IV	1991,41	1913,08	1834,83	1756,50	1678,16	1599,83
	VI	2627,50	465,08	465,08							
8153,99 Ost	I,IV	2077,58	465,08	465,08	I	1920,91	1764,25	1607,58	1450,91	1295,00	1144,50
	II	1937,33	465,08	465,08	II	1780,66	1624,00	1467,33	1311,08	1160,00	1015,25
	III	1391,50	465,08	465,08	III	1267,00	1145,66	1027,66	912,66	801,00	692,66
	V	2592,00	465,08	465,08	IV	1999,25	1920,91	1842,58	1764,25	1685,91	1607,58
	VI	2635,25	465,08	465,08							

** Zur LSt-Berechnung für privat versicherte Arbeitnehmer s. Beispiele **Vorbemerkung S. 4 f.**
** Basisvorsorgepauschale KV und PV   *** Typisierter Arbeitgeberzuschuss*

Lohn/ Gehalt in € bis	Steuerklasse	Lohn-steuer*	BVSP**	TAGZ***	Steuerklasse	Bemessungsgrundlage für Kirchensteuer und Solidaritätszuschlag Freibeträge für ... Kinder					
						0,5	1,0	1,5	2,0	2,5	3,0
8156,99 West	I,IV	2071,08	465,08	465,08	I	1914,41	1757,75	1601,08	1444,41	1288,58	1138,41
	II	1930,75	465,08	465,08	II	1774,08	1617,41	1460,75	1304,66	1153,83	1009,33
	III	1386,16	465,08	465,08	III	1261,83	1140,66	1022,66	908,00	796,50	688,16
	V	2585,50	465,08	465,08	IV	1992,75	1914,41	1836,08	1757,75	1679,41	1601,08
	VI	2628,75	465,08	465,08							
8156,99 Ost	I,IV	2078,83	465,08	465,08	I	1922,16	1765,50	1608,83	1452,16	1296,25	1145,75
	II	1938,58	465,08	465,08	II	1781,91	1625,25	1468,58	1312,33	1161,16	1016,41
	III	1392,50	465,08	465,08	III	1268,00	1146,66	1028,50	913,66	802,00	693,50
	V	2593,25	465,08	465,08	IV	2000,50	1922,16	1843,83	1765,50	1687,16	1608,83
	VI	2636,58	465,08	465,08							
8159,99 West	I,IV	2072,33	465,08	465,08	I	1915,66	1759,00	1602,33	1445,66	1289,83	1139,58
	II	1932,00	465,08	465,08	II	1775,33	1618,66	1462,08	1305,91	1155,00	1010,50
	III	1387,16	465,08	465,08	III	1262,83	1141,66	1023,66	908,83	797,33	689,00
	V	2586,75	465,08	465,08	IV	1994,00	1915,66	1837,33	1759,00	1680,66	1602,33
	VI	2630,00	465,08	465,08							
8159,99 Ost	I,IV	2080,08	465,08	465,08	I	1923,41	1766,75	1610,16	1453,50	1297,50	1146,91
	II	1939,83	465,08	465,08	II	1783,16	1626,50	1469,83	1313,58	1162,33	1017,58
	III	1393,50	465,08	465,08	III	1269,00	1147,66	1029,50	914,50	802,83	694,33
	V	2594,58	465,08	465,08	IV	2001,75	1923,41	1845,08	1766,75	1688,41	1610,16
	VI	2637,83	465,08	465,08							
8162,99 West	I,IV	2073,58	465,08	465,08	I	1916,91	1760,25	1603,58	1446,91	1291,08	1140,75
	II	1933,25	465,08	465,08	II	1776,58	1620,00	1463,33	1307,16	1156,16	1011,66
	III	1388,16	465,08	465,08	III	1263,83	1142,50	1024,50	909,83	798,16	689,83
	V	2588,00	465,08	465,08	IV	1995,25	1916,91	1838,58	1760,25	1681,91	1603,58
	VI	2631,25	465,08	465,08							
8162,99 Ost	I,IV	2081,33	465,08	465,08	I	1924,66	1768,08	1611,41	1454,75	1298,66	1148,08
	II	1941,08	465,08	465,08	II	1784,41	1627,75	1471,08	1314,83	1163,50	1018,66
	III	1394,50	465,08	465,08	III	1270,00	1148,50	1030,33	915,50	803,66	695,16
	V	2595,83	465,08	465,08	IV	2003,00	1924,66	1846,41	1768,08	1689,75	1611,41
	VI	2639,08	465,08	465,08							
8165,99 West	I,IV	2074,83	465,08	465,08	I	1918,16	1761,50	1604,83	1448,16	1292,25	1141,91
	II	1934,58	465,08	465,08	II	1777,91	1621,25	1464,58	1308,33	1157,33	1012,75
	III	1389,16	465,08	465,08	III	1264,83	1143,50	1025,50	910,66	799,16	690,66
	V	2589,25	465,08	465,08	IV	1996,50	1918,16	1839,83	1761,50	1683,16	1604,83
	VI	2632,50	465,08	465,08							
8165,99 Ost	I,IV	2082,66	465,08	465,08	I	1926,00	1769,33	1612,66	1456,00	1299,91	1149,25
	II	1942,33	465,08	465,08	II	1785,66	1629,00	1472,33	1316,08	1164,75	1019,83
	III	1395,50	465,08	465,08	III	1271,00	1149,50	1031,33	916,33	804,66	696,00
	V	2597,08	465,08	465,08	IV	2004,33	1926,00	1847,66	1769,33	1691,00	1612,66
	VI	2640,33	465,08	465,08							
8168,99 West	I,IV	2076,08	465,08	465,08	I	1919,41	1762,75	1606,08	1449,41	1293,50	1143,08
	II	1935,83	465,08	465,08	II	1779,16	1622,50	1465,83	1309,58	1158,58	1013,91
	III	1390,33	465,08	465,08	III	1265,83	1144,50	1026,50	911,66	800,00	691,66
	V	2590,50	465,08	465,08	IV	1997,75	1919,41	1841,08	1762,75	1684,41	1606,08
	VI	2633,75	465,08	465,08							
8168,99 Ost	I,IV	2083,91	465,08	465,08	I	1927,25	1770,58	1613,91	1457,25	1301,16	1150,50
	II	1943,58	465,08	465,08	II	1786,91	1630,25	1473,66	1317,33	1165,91	1021,00
	III	1396,50	465,08	465,08	III	1272,00	1150,50	1032,33	917,33	805,50	697,00
	V	2598,33	465,08	465,08	IV	2005,58	1927,25	1848,91	1770,58	1692,25	1613,91
	VI	2641,58	465,08	465,08							
8171,99 West	I,IV	2077,33	465,08	465,08	I	1920,66	1764,00	1607,33	1450,66	1294,75	1144,33
	II	1937,08	465,08	465,08	II	1780,41	1623,75	1467,08	1310,83	1159,75	1015,08
	III	1391,33	465,08	465,08	III	1266,83	1145,50	1027,33	912,50	800,83	692,50
	V	2591,75	465,08	465,08	IV	1999,00	1920,66	1842,33	1764,00	1685,66	1607,33
	VI	2635,08	465,08	465,08							
8171,99 Ost	I,IV	2085,16	465,08	465,08	I	1928,50	1771,83	1615,16	1458,50	1302,41	1151,66
	II	1944,83	465,08	465,08	II	1788,16	1631,58	1474,91	1318,58	1167,08	1022,08
	III	1397,50	465,08	465,08	III	1272,83	1151,50	1033,16	918,16	806,33	697,83
	V	2599,58	465,08	465,08	IV	2006,83	1928,50	1850,16	1771,83	1693,50	1615,16
	VI	2642,83	465,08	465,08							

* Zur LSt-Berechnung für privat versicherte Arbeitnehmer s. Beispiele **Vorbemerkung S. 4 f.**
** Basisvorsorgepauschale KV und PV   *** Typisierter Arbeitgeberzuschuss

Lohn/Gehalt in € bis	Steuerklasse	Lohn-steuer*	BVSP**	TAGZ***	Steuerklasse	Bemessungsgrundlage für Kirchensteuer und Solidaritätszuschlag					
						Freibeträge für ... Kinder					
						0,5	1,0	1,5	2,0	2,5	3,0
8174,99 West	I,IV	**2078,58**	465,08	465,08	I	1921,91	1765,25	1608,58	1452,00	1296,00	1145,50
	II	**1938,33**	465,08	465,08	II	1781,66	1625,00	1468,33	1312,08	1160,91	1016,16
	III	**1392,33**	465,08	465,08	III	1267,66	1146,50	1028,33	913,50	801,83	693,33
	V	**2593,08**	465,08	465,08	IV	2000,25	1921,91	1843,58	1765,25	1686,91	1608,58
	VI	**2636,33**	465,08	465,08							
8174,99 Ost	I,IV	**2086,41**	465,08	465,08	I	1929,75	1773,08	1616,41	1459,75	1303,66	1152,83
	II	**1946,16**	465,08	465,08	II	1789,50	1632,83	1476,16	1319,75	1168,33	1023,25
	III	**1398,66**	465,08	465,08	III	1273,83	1152,50	1034,16	919,16	807,33	698,66
	V	**2600,83**	465,08	465,08	IV	2008,08	1929,75	1851,41	1773,08	1694,75	1616,41
	VI	**2644,08**	465,08	465,08							
8177,99 West	I,IV	**2079,83**	465,08	465,08	I	1923,16	1766,58	1609,91	1453,25	1297,25	1146,66
	II	**1939,58**	465,08	465,08	II	1782,91	1626,25	1469,58	1313,33	1162,08	1017,33
	III	**1393,33**	465,08	465,08	III	1268,66	1147,33	1029,33	914,33	802,66	694,16
	V	**2594,33**	465,08	465,08	IV	2001,50	1923,16	1844,83	1766,58	1688,25	1609,91
	VI	**2637,58**	465,08	465,08							
8177,99 Ost	I,IV	**2087,66**	465,08	465,08	I	1931,00	1774,33	1617,66	1461,00	1304,91	1154,00
	II	**1947,41**	465,08	465,08	II	1790,75	1634,08	1477,41	1321,00	1169,50	1024,41
	III	**1399,66**	465,08	465,08	III	1274,83	1153,33	1035,16	920,00	808,16	699,50
	V	**2602,08**	465,08	465,08	IV	2009,33	1931,00	1852,66	1774,33	1696,00	1617,66
	VI	**2645,33**	465,08	465,08							
8180,99 West	I,IV	**2081,08**	465,08	465,08	I	1924,50	1767,83	1611,16	1454,50	1298,41	1147,83
	II	**1940,83**	465,08	465,08	II	1784,16	1627,50	1470,83	1314,58	1163,33	1018,50
	III	**1394,33**	465,08	465,08	III	1269,66	1148,33	1030,16	915,33	803,50	695,00
	V	**2595,58**	465,08	465,08	IV	2002,83	1924,50	1846,16	1767,83	1689,50	1611,16
	VI	**2638,83**	465,08	465,08							
8180,99 Ost	I,IV	**2088,91**	465,08	465,08	I	1932,25	1775,58	1618,91	1462,25	1306,16	1155,25
	II	**1948,66**	465,08	465,08	II	1792,00	1635,33	1478,66	1322,25	1170,66	1025,50
	III	**1400,66**	465,08	465,08	III	1275,83	1154,33	1036,00	921,00	809,00	700,33
	V	**2603,33**	465,08	465,08	IV	2010,58	1932,25	1853,91	1775,58	1697,25	1618,91
	VI	**2646,66**	465,08	465,08							
8183,99 West	I,IV	**2082,41**	465,08	465,08	I	1925,75	1769,08	1612,41	1455,75	1299,66	1149,08
	II	**1942,08**	465,08	465,08	II	1785,41	1628,75	1472,08	1315,83	1164,50	1019,58
	III	**1395,33**	465,08	465,08	III	1270,66	1149,33	1031,16	916,16	804,50	695,83
	V	**2596,83**	465,08	465,08	IV	2004,08	1925,75	1847,41	1769,08	1690,75	1612,41
	VI	**2640,08**	465,08	465,08							
8183,99 Ost	I,IV	**2090,16**	465,08	465,08	I	1933,50	1776,83	1620,16	1463,58	1307,33	1156,41
	II	**1949,91**	465,08	465,08	II	1793,25	1636,58	1479,91	1323,50	1171,91	1026,66
	III	**1401,66**	465,08	465,08	III	1276,83	1155,33	1037,00	921,83	810,00	701,16
	V	**2604,66**	465,08	465,08	IV	2011,83	1933,50	1855,16	1776,83	1698,50	1620,16
	VI	**2647,91**	465,08	465,08							
8186,99 West	I,IV	**2083,66**	465,08	465,08	I	1927,00	1770,33	1613,66	1457,00	1300,91	1150,25
	II	**1943,33**	465,08	465,08	II	1786,66	1630,08	1473,41	1317,08	1165,66	1020,75
	III	**1396,33**	465,08	465,08	III	1271,66	1150,33	1032,00	917,00	805,33	696,66
	V	**2598,08**	465,08	465,08	IV	2005,33	1927,00	1848,66	1770,33	1692,00	1613,66
	VI	**2641,33**	465,08	465,08							
8186,99 Ost	I,IV	**2091,41**	465,08	465,08	I	1934,75	1778,16	1621,50	1464,83	1308,58	1157,58
	II	**1951,16**	465,08	465,08	II	1794,50	1637,83	1481,16	1324,75	1173,08	1027,83
	III	**1402,66**	465,08	465,08	III	1277,83	1156,33	1037,83	922,83	810,83	702,16
	V	**2605,91**	465,08	465,08	IV	2013,08	1934,75	1856,41	1778,16	1699,83	1621,50
	VI	**2649,16**	465,08	465,08							
8189,99 West	I,IV	**2084,91**	465,08	465,08	I	1928,25	1771,58	1614,91	1458,25	1302,16	1151,41
	II	**1944,58**	465,08	465,08	II	1788,00	1631,33	1474,66	1318,33	1166,91	1021,91
	III	**1397,33**	465,08	465,08	III	1272,66	1151,16	1033,00	918,00	806,16	697,66
	V	**2599,33**	465,08	465,08	IV	2006,58	1928,25	1849,91	1771,58	1693,25	1614,91
	VI	**2642,58**	465,08	465,08							
8189,99 Ost	I,IV	**2092,66**	465,08	465,08	I	1936,08	1779,41	1622,75	1466,08	1309,83	1158,75
	II	**1952,41**	465,08	465,08	II	1795,75	1639,08	1482,41	1326,00	1174,25	1028,91
	III	**1403,66**	465,08	465,08	III	1278,83	1157,16	1038,83	923,66	811,66	703,00
	V	**2607,16**	465,08	465,08	IV	2014,41	1936,08	1857,75	1779,41	1701,08	1622,75
	VI	**2650,41**	465,08	465,08							

* Zur LSt-Berechnung für privat versicherte Arbeitnehmer s. Beispiele **Vorbemerkung S. 4 f.**
** Basisvorsorgepauschale KV und PV *** Typisierter Arbeitgeberzuschuss

Lohn/Gehalt in € bis	Steuerklasse	Lohnsteuer*	BVSP**	TAGZ***	Steuerklasse	Bemessungsgrundlage für Kirchensteuer und Solidaritätszuschlag Freibeträge für ... Kinder					
						0,5	1,0	1,5	2,0	2,5	3,0
8192,99 West	I,IV	2086,16	465,08	465,08	I	1929,50	1772,83	1616,16	1459,50	1303,41	1152,58
	II	1945,91	465,08	465,08	II	1789,25	1632,58	1475,91	1319,58	1168,08	1023,00
	III	1398,33	465,08	465,08	III	1273,66	1152,16	1034,00	918,83	807,00	698,50
	V	2600,58	465,08	465,08	IV	2007,83	1929,50	1851,16	1772,83	1694,50	1616,16
	VI	2643,83	465,08	465,08							
8192,99 Ost	I,IV	2094,00	465,08	465,08	I	1937,33	1780,66	1624,00	1467,33	1311,08	1160,00
	II	1953,66	465,08	465,08	II	1797,00	1640,33	1483,66	1327,25	1175,50	1030,08
	III	1404,66	465,08	465,08	III	1279,83	1158,16	1039,83	924,66	812,66	703,83
	V	2608,41	465,08	465,08	IV	2015,66	1937,33	1859,00	1780,66	1702,33	1624,00
	VI	2651,66	465,08	465,08							
8195,99 West	I,IV	2087,41	465,08	465,08	I	1930,75	1774,08	1617,41	1460,75	1304,66	1153,83
	II	1947,16	465,08	465,08	II	1790,50	1633,83	1477,16	1320,83	1169,25	1024,16
	III	1399,33	465,08	465,08	III	1274,66	1153,16	1034,83	919,83	808,00	699,33
	V	2601,83	465,08	465,08	IV	2009,08	1930,75	1852,41	1774,08	1695,75	1617,41
	VI	2645,08	465,08	465,08							
8195,99 Ost	I,IV	2095,25	465,08	465,08	I	1938,58	1781,91	1625,25	1468,58	1312,33	1161,16
	II	1954,91	465,08	465,08	II	1798,25	1641,66	1485,00	1328,50	1176,66	1031,25
	III	1405,66	465,08	465,08	III	1280,83	1159,16	1040,66	925,50	813,50	704,66
	V	2609,66	465,08	465,08	IV	2016,91	1938,58	1860,25	1781,91	1703,58	1625,25
	VI	2652,91	465,08	465,08							
8198,99 West	I,IV	2088,66	465,08	465,08	I	1932,00	1775,33	1618,66	1462,08	1305,91	1155,00
	II	1948,41	465,08	465,08	II	1791,75	1635,00	1478,41	1322,00	1170,41	1025,33
	III	1400,33	465,08	465,08	III	1275,66	1154,16	1035,83	920,66	808,83	700,16
	V	2603,08	465,08	465,08	IV	2010,33	1932,00	1853,66	1775,33	1697,00	1618,66
	VI	2646,41	465,08	465,08							
8198,99 Ost	I,IV	2096,50	465,08	465,08	I	1939,83	1783,16	1626,50	1469,83	1313,58	1162,33
	II	1956,16	465,08	465,08	II	1799,58	1642,91	1486,25	1329,75	1177,83	1032,41
	III	1406,66	465,08	465,08	III	1281,83	1160,16	1041,66	926,33	814,33	705,50
	V	2610,91	465,08	465,08	IV	2018,16	1939,83	1861,50	1783,16	1704,83	1626,50
	VI	2654,16	465,08	465,08							
8201,99 West	I,IV	2089,91	465,08	465,08	I	1933,25	1776,58	1620,00	1463,33	1307,16	1156,16
	II	1949,66	465,08	465,08	II	1793,00	1636,33	1479,66	1323,25	1171,66	1026,41
	III	1401,50	465,08	465,08	III	1276,58	1155,16	1036,83	921,66	809,66	701,00
	V	2604,41	465,08	465,08	IV	2011,58	1933,25	1854,91	1776,58	1698,33	1620,00
	VI	2647,66	465,08	465,08							
8201,99 Ost	I,IV	2097,75	465,08	465,08	I	1941,08	1784,41	1627,75	1471,00	1314,83	1163,50
	II	1957,50	465,08	465,08	II	1800,83	1644,16	1487,50	1331,00	1179,08	1033,50
	III	1407,66	465,08	465,08	III	1282,83	1161,16	1042,66	927,33	815,33	706,33
	V	2612,16	465,08	465,08	IV	2019,41	1941,08	1862,75	1784,41	1706,08	1627,75
	VI	2655,41	465,08	465,08							
8204,99 West	I,IV	2091,16	465,08	465,08	I	1934,58	1777,91	1621,25	1464,58	1308,33	1157,33
	II	1950,91	465,08	465,08	II	1794,25	1637,58	1480,91	1324,50	1172,83	1027,58
	III	1402,50	465,08	465,08	III	1277,66	1156,00	1037,66	922,50	810,66	701,83
	V	2605,66	465,08	465,08	IV	2012,83	1934,58	1856,25	1777,91	1699,58	1621,25
	VI	2648,91	465,08	465,08							
8204,99 Ost	I,IV	2099,00	465,08	465,08	I	1942,33	1785,66	1629,00	1472,33	1316,08	1164,75
	II	1958,75	465,08	465,08	II	1802,08	1645,41	1488,75	1332,25	1180,25	1034,66
	III	1408,83	465,08	465,08	III	1283,83	1162,00	1043,50	928,16	816,16	707,33
	V	2613,41	465,08	465,08	IV	2020,66	1942,33	1864,00	1785,66	1707,33	1629,00
	VI	2656,75	465,08	465,08							
8207,99 West	I,IV	2092,50	465,08	465,08	I	1935,83	1779,16	1622,50	1465,83	1309,58	1158,58
	II	1952,16	465,08	465,08	II	1795,50	1638,83	1482,16	1325,75	1174,00	1028,75
	III	1403,50	465,08	465,08	III	1278,66	1157,00	1038,66	923,50	811,50	702,83
	V	2606,16	465,08	465,08	IV	2014,16	1935,83	1857,50	1779,16	1700,83	1622,50
	VI	2650,16	465,08	465,08							
8207,99 Ost	I,IV	2100,25	465,08	465,08	I	1943,58	1786,91	1630,25	1473,66	1317,33	1165,91
	II	1960,00	465,08	465,08	II	1803,33	1646,66	1490,00	1333,50	1181,41	1035,83
	III	1409,83	465,08	465,08	III	1284,83	1163,00	1044,50	929,16	817,00	708,16
	V	2614,75	465,08	465,08	IV	2021,91	1943,58	1865,25	1786,91	1708,58	1630,25
	VI	2658,00	465,08	465,08							

* Zur LSt-Berechnung für privat versicherte Arbeitnehmer s. Beispiele **Vorbemerkung S. 4 f.**
** Basisvorsorgepauschale KV und PV *** Typisierter Arbeitgeberzuschuss

Lohn/Gehalt in € bis	Steuerklasse	Lohn-steuer*	BVSP**	TAGZ***	Steuerklasse	Bemessungsgrundlage für Kirchensteuer und Solidaritätszuschlag Freibeträge für ... Kinder					
						0,5	1,0	1,5	2,0	2,5	3,0
8210,99 West	I,IV	**2093,75**	465,08	465,08	I	1937,08	1780,41	1623,75	1467,08	1310,83	1159,75
	II	**1953,41**	465,08	465,08	II	1796,75	1640,08	1483,50	1327,00	1175,25	1029,91
	III	**1404,50**	465,08	465,08	III	1279,66	1158,00	1039,50	924,33	812,33	703,66
	V	**2608,16**	465,08	465,08	IV	2015,41	1937,08	1858,75	1780,41	1702,08	1623,75
	VI	**2651,41**	465,08	465,08							
8210,99 Ost	I,IV	**2101,50**	465,08	465,08	I	1944,83	1788,16	1631,58	1474,91	1318,58	1167,00
	II	**1961,25**	465,08	465,08	II	1804,58	1647,91	1491,25	1334,75	1182,66	1037,00
	III	**1410,83**	465,08	465,08	III	1285,83	1164,00	1045,50	930,00	818,00	709,00
	V	**2616,00**	465,08	465,08	IV	2023,16	1944,83	1866,50	1788,16	1709,91	1631,58
	VI	**2659,25**	465,08	465,08							
8213,99 West	I,IV	**2095,00**	465,08	465,08	I	1938,33	1781,66	1625,00	1468,33	1312,08	1160,91
	II	**1954,66**	465,08	465,08	II	1798,00	1641,41	1484,75	1328,25	1176,41	1031,00
	III	**1405,50**	465,08	465,08	III	1280,66	1159,00	1040,50	925,33	813,33	704,50
	V	**2609,41**	465,08	465,08	IV	2016,66	1938,33	1860,00	1781,66	1703,33	1625,00
	VI	**2652,66**	465,08	465,08							
8213,99 Ost	I,IV	**2102,75**	465,08	465,08	I	1946,16	1789,50	1632,83	1476,16	1319,75	1168,33
	II	**1962,50**	465,08	465,08	II	1805,83	1649,16	1492,50	1336,00	1183,83	1038,08
	III	**1411,83**	465,08	465,08	III	1286,83	1165,00	1046,33	931,00	818,83	709,83
	V	**2617,25**	465,08	465,08	IV	2024,41	1946,16	1867,83	1789,50	1711,16	1632,83
	VI	**2660,50**	465,08	465,08							
8216,99 West	I,IV	**2096,25**	465,08	465,08	I	1939,58	1782,91	1626,25	1469,58	1313,33	1162,08
	II	**1956,00**	465,08	465,08	II	1799,33	1642,66	1486,00	1329,50	1177,58	1032,16
	III	**1406,50**	465,08	465,08	III	1281,66	1160,00	1041,50	926,16	814,16	705,33
	V	**2610,66**	465,08	465,08	IV	2017,91	1939,58	1861,25	1782,91	1704,58	1626,25
	VI	**2653,91**	465,08	465,08							
8216,99 Ost	I,IV	**2104,08**	465,08	465,08	I	1947,41	1790,75	1634,08	1477,41	1321,00	1169,50
	II	**1963,75**	465,08	465,08	II	1807,08	1650,41	1493,75	1337,25	1185,00	1039,25
	III	**1412,83**	465,08	465,08	III	1287,83	1166,00	1047,33	931,83	819,66	710,66
	V	**2618,50**	465,08	465,08	IV	2025,75	1947,41	1869,08	1790,75	1712,41	1634,08
	VI	**2661,75**	465,08	465,08							
8219,99 West	I,IV	**2097,50**	465,08	465,08	I	1940,83	1784,16	1627,50	1470,83	1314,58	1163,33
	II	**1957,25**	465,08	465,08	II	1800,58	1643,91	1487,25	1330,75	1178,83	1033,33
	III	**1407,50**	465,08	465,08	III	1282,66	1160,83	1042,33	927,16	815,00	706,16
	V	**2611,91**	465,08	465,08	IV	2019,16	1940,83	1862,50	1784,16	1705,83	1627,50
	VI	**2655,16**	465,08	465,08							
8219,99 Ost	I,IV	**2105,33**	465,08	465,08	I	1948,66	1792,00	1635,33	1478,66	1322,25	1170,66
	II	**1965,00**	465,08	465,08	II	1808,33	1651,66	1495,00	1338,50	1186,25	1040,41
	III	**1413,83**	465,08	465,08	III	1288,83	1166,83	1048,33	932,83	820,66	711,66
	V	**2619,75**	465,08	465,08	IV	2027,00	1948,66	1870,33	1792,00	1713,66	1635,33
	VI	**2663,00**	465,08	465,08							
8222,99 West	I,IV	**2098,75**	465,08	465,08	I	1942,08	1785,41	1628,75	1472,00	1315,83	1164,50
	II	**1958,50**	465,08	465,08	II	1801,83	1645,16	1488,50	1332,00	1180,00	1034,41
	III	**1408,50**	465,08	465,08	III	1283,66	1161,83	1043,33	928,00	816,00	707,00
	V	**2613,16**	465,08	465,08	IV	2020,41	1942,08	1863,75	1785,41	1707,08	1628,75
	VI	**2656,50**	465,08	465,08							
8222,99 Ost	I,IV	**2106,58**	465,08	465,08	I	1949,91	1793,25	1636,58	1479,91	1323,50	1171,91
	II	**1966,25**	465,08	465,08	II	1809,66	1653,00	1496,33	1339,75	1187,41	1041,58
	III	**1414,83**	465,08	465,08	III	1289,83	1167,83	1049,16	933,66	821,50	712,50
	V	**2621,00**	465,08	465,08	IV	2028,25	1949,91	1871,58	1793,25	1714,91	1636,58
	VI	**2664,25**	465,08	465,08							
8225,99 West	I,IV	**2100,00**	465,08	465,08	I	1943,33	1786,66	1630,08	1473,41	1317,08	1165,66
	II	**1959,75**	465,08	465,08	II	1803,08	1646,41	1489,75	1333,25	1181,25	1035,58
	III	**1409,50**	465,08	465,08	III	1284,66	1162,83	1044,33	929,00	816,83	708,00
	V	**2614,50**	465,08	465,08	IV	2021,66	1943,33	1865,00	1786,66	1708,33	1630,08
	VI	**2657,75**	465,08	465,08							
8225,99 Ost	I,IV	**2107,83**	465,08	465,08	I	1951,16	1794,50	1637,83	1481,16	1324,75	1173,08
	II	**1967,58**	465,08	465,08	II	1810,91	1654,25	1497,58	1341,00	1188,66	1042,66
	III	**1415,83**	465,08	465,08	III	1290,83	1168,83	1050,16	934,66	822,33	713,33
	V	**2622,25**	465,08	465,08	IV	2029,50	1951,16	1872,83	1794,50	1716,16	1637,83
	VI	**2665,50**	465,08	465,08							

* Zur LSt-Berechnung für privat versicherte Arbeitnehmer s. Beispiele **Vorbemerkung S. 4f.**
** Basisvorsorgepauschale KV und PV *** Typisierter Arbeitgeberzuschuss

Lohn/ Gehalt in € bis	Steuerklasse	Lohnsteuer*	BVSP**	TAGZ***	Steuerklasse	Bemessungsgrundlage für Kirchensteuer und Solidaritätszuschlag — Freibeträge für ... Kinder					
						0,5	**1,0**	1,5	**2,0**	2,5	**3,0**
8 228,99 West	I,IV	**2 101,25**	465,08	465,08	I	1 944,58	1 788,00	1 631,33	1 474,66	1 318,33	1 166,91
	II	**1 961,00**	465,08	465,08	II	1 804,33	1 647,66	1 491,00	1 334,50	1 182,41	1 036,75
	III	**1 410,50**	465,08	465,08	III	1 285,50	1 163,83	1 045,16	929,83	817,66	708,83
	V	**2 615,75**	465,08	465,08	IV	2 022,91	1 944,58	1 866,33	1 788,00	1 709,66	1 631,33
	VI	**2 659,00**	465,08	465,08							
8 228,99 Ost	I,IV	**2 109,08**	465,08	465,08	I	1 952,41	1 795,75	1 639,08	1 482,41	1 326,00	1 174,25
	II	**1 968,83**	465,08	465,08	II	1 812,16	1 655,50	1 498,83	1 342,25	1 189,83	1 043,83
	III	**1 416,83**	465,08	465,08	III	1 291,83	1 169,83	1 051,00	935,50	823,33	714,16
	V	**2 623,50**	465,08	465,08	IV	2 030,75	1 952,41	1 874,00	1 795,75	1 717,41	1 639,08
	VI	**2 666,75**	465,08	465,08							
8 231,99 West	I,IV	**2 102,58**	465,08	465,08	I	1 945,91	1 789,25	1 632,58	1 475,91	1 319,58	1 168,08
	II	**1 962,25**	465,08	465,08	II	1 805,58	1 648,91	1 492,25	1 335,75	1 183,58	1 037,91
	III	**1 411,66**	465,08	465,08	III	1 286,50	1 164,83	1 046,16	930,83	818,66	709,66
	V	**2 617,00**	465,08	465,08	IV	2 024,25	1 945,91	1 867,58	1 789,25	1 710,91	1 632,58
	VI	**2 660,25**	465,08	465,08							
8 231,99 Ost	I,IV	**2 110,33**	465,08	465,08	I	1 953,66	1 797,00	1 640,33	1 483,66	1 327,25	1 175,50
	II	**1 970,08**	465,08	465,08	II	1 813,41	1 656,75	1 500,08	1 343,50	1 191,00	1 045,00
	III	**1 418,00**	465,08	465,08	III	1 292,66	1 170,83	1 052,00	936,50	824,16	715,00
	V	**2 624,75**	465,08	465,08	IV	2 032,00	1 953,66	1 875,33	1 797,00	1 718,66	1 640,33
	VI	**2 668,08**	465,08	465,08							
8 234,99 West	I,IV	**2 103,83**	465,08	465,08	I	1 947,16	1 790,50	1 633,83	1 477,16	1 320,83	1 169,25
	II	**1 963,50**	465,08	465,08	II	1 806,83	1 650,16	1 493,58	1 337,00	1 184,83	1 039,00
	III	**1 412,66**	465,08	465,08	III	1 287,50	1 165,66	1 047,16	931,66	819,50	710,50
	V	**2 618,25**	465,08	465,08	IV	2 025,50	1 947,16	1 868,83	1 790,50	1 712,16	1 633,83
	VI	**2 661,50**	465,08	465,08							
8 234,99 Ost	I,IV	**2 111,58**	465,08	465,08	I	1 954,91	1 798,25	1 641,66	1 485,00	1 328,50	1 176,66
	II	**1 971,33**	465,08	465,08	II	1 814,66	1 658,00	1 501,33	1 344,75	1 192,25	1 046,16
	III	**1 419,00**	465,08	465,08	III	1 293,66	1 171,66	1 053,00	937,33	825,00	715,83
	V	**2 626,08**	465,08	465,08	IV	2 033,25	1 954,91	1 876,58	1 798,25	1 719,91	1 641,66
	VI	**2 669,33**	465,08	465,08							
8 237,99 West	I,IV	**2 105,08**	465,08	465,08	I	1 948,41	1 791,75	1 635,08	1 478,41	1 322,00	1 170,41
	II	**1 964,75**	465,08	465,08	II	1 808,08	1 651,50	1 494,83	1 338,25	1 186,00	1 040,16
	III	**1 413,66**	465,08	465,08	III	1 288,50	1 166,66	1 048,00	932,66	820,33	711,33
	V	**2 619,50**	465,08	465,08	IV	2 026,75	1 948,41	1 870,08	1 791,75	1 713,41	1 635,08
	VI	**2 662,75**	465,08	465,08							
8 237,99 Ost	I,IV	**2 112,83**	465,08	465,08	I	1 956,16	1 799,50	1 642,91	1 486,25	1 329,75	1 177,83
	II	**1 972,58**	465,08	465,08	II	1 815,91	1 659,25	1 502,58	1 346,00	1 193,41	1 047,33
	III	**1 420,00**	465,08	465,08	III	1 294,66	1 172,66	1 053,83	938,33	826,00	716,83
	V	**2 627,33**	465,08	465,08	IV	2 034,50	1 956,16	1 877,91	1 799,58	1 721,25	1 642,91
	VI	**2 670,58**	465,08	465,08							
8 240,99 West	I,IV	**2 106,33**	465,08	465,08	I	1 949,66	1 793,00	1 636,33	1 479,66	1 323,25	1 171,66
	II	**1 966,08**	465,08	465,08	II	1 809,41	1 652,75	1 496,08	1 339,50	1 187,16	1 041,33
	III	**1 414,66**	465,08	465,08	III	1 289,50	1 167,66	1 049,00	933,50	821,33	712,33
	V	**2 620,75**	465,08	465,08	IV	2 028,00	1 949,66	1 871,33	1 793,00	1 714,66	1 636,33
	VI	**2 664,00**	465,08	465,08							
8 240,99 Ost	I,IV	**2 114,16**	465,08	465,08	I	1 957,50	1 800,83	1 644,16	1 487,50	1 331,00	1 179,08
	II	**1 973,83**	465,08	465,08	II	1 817,16	1 660,50	1 503,83	1 347,25	1 194,66	1 048,41
	III	**1 421,00**	465,08	465,08	III	1 295,66	1 173,66	1 054,83	939,16	826,83	717,66
	V	**2 628,58**	465,08	465,08	IV	2 035,83	1 957,50	1 879,16	1 800,83	1 722,50	1 644,16
	VI	**2 671,83**	465,08	465,08							
8 243,99 West	I,IV	**2 107,58**	465,08	465,08	I	1 950,91	1 794,25	1 637,58	1 480,91	1 324,50	1 172,83
	II	**1 967,33**	465,08	465,08	II	1 810,66	1 654,00	1 497,33	1 340,75	1 188,41	1 042,50
	III	**1 415,66**	465,08	465,08	III	1 290,50	1 168,66	1 050,00	934,50	822,16	713,16
	V	**2 622,00**	465,08	465,08	IV	2 029,25	1 950,91	1 872,58	1 794,25	1 715,91	1 637,58
	VI	**2 665,25**	465,08	465,08							
8 243,99 Ost	I,IV	**2 115,41**	465,08	465,08	I	1 958,75	1 802,08	1 645,41	1 488,75	1 332,25	1 180,25
	II	**1 975,08**	465,08	465,08	II	1 818,41	1 661,75	1 505,16	1 348,50	1 195,83	1 049,58
	III	**1 422,00**	465,08	465,08	III	1 296,66	1 174,66	1 055,83	940,16	827,66	718,50
	V	**2 629,83**	465,08	465,08	IV	2 037,08	1 958,75	1 880,41	1 802,08	1 723,75	1 645,41
	VI	**2 673,08**	465,08	465,08							

* Zur LSt-Berechnung für privat versicherte Arbeitnehmer s. Beispiele **Vorbemerkung S. 4 f.**
** Basisvorsorgepauschale KV und PV   *** Typisierter Arbeitgeberzuschuss

Lohn/ Gehalt in € bis	Steuerklasse	Lohn- steuer*	BVSP**	TAGZ***	Steuerklasse	Bemessungsgrundlage für Kirchensteuer und Solidaritätszuschlag Freibeträge für ... Kinder					
						0,5	1,0	1,5	2,0	2,5	3,0
8 246,99 West	I,IV	2 108,83	465,08	465,08	I	1 952,16	1 795,50	1 638,83	1 482,16	1 325,75	1 174,00
	II	1 968,58	465,08	465,08	II	1 811,91	1 655,25	1 498,58	1 342,00	1 189,58	1 043,66
	III	1 416,66	465,08	465,08	III	1 291,50	1 169,66	1 050,83	935,33	823,00	714,00
	V	2 623,25	465,08	465,08	IV	2 030,50	1 952,16	1 873,83	1 795,50	1 717,16	1 638,83
	VI	2 666,58	465,08	465,08							
8 246,99 Ost	I,IV	2 116,66	465,08	465,08	I	1 960,00	1 803,33	1 646,66	1 490,00	1 333,50	1 181,41
	II	1 976,33	465,08	465,08	II	1 819,66	1 663,08	1 506,41	1 349,75	1 197,08	1 050,75
	III	1 423,00	465,08	465,08	III	1 297,66	1 175,66	1 056,66	941,00	828,66	719,33
	V	2 631,08	465,08	465,08	IV	2 038,33	1 960,00	1 881,66	1 803,33	1 725,00	1 646,66
	VI	2 674,33	465,08	465,08							
8 249,99 West	I,IV	2 110,08	465,08	465,08	I	1 953,41	1 796,75	1 640,08	1 483,50	1 327,00	1 175,25
	II	1 969,83	465,08	465,08	II	1 813,16	1 656,50	1 499,83	1 343,25	1 190,83	1 044,75
	III	1 417,66	465,08	465,08	III	1 292,50	1 170,50	1 051,83	936,33	824,00	714,83
	V	2 624,58	465,08	465,08	IV	2 031,75	1 953,41	1 875,08	1 796,75	1 718,41	1 640,08
	VI	2 667,83	465,08	465,08							
8 249,99 Ost	I,IV	2 117,91	465,08	465,08	I	1 961,25	1 804,58	1 647,91	1 491,25	1 334,75	1 182,66
	II	1 977,66	465,08	465,08	II	1 821,00	1 664,33	1 507,66	1 351,00	1 198,25	1 051,91
	III	1 424,00	465,08	465,08	III	1 298,66	1 176,66	1 057,66	942,00	829,50	720,16
	V	2 632,33	465,08	465,08	IV	2 039,58	1 961,25	1 882,91	1 804,58	1 726,25	1 647,91
	VI	2 675,58	465,08	465,08							
8 252,99 West	I,IV	2 111,33	465,08	465,08	I	1 954,66	1 798,00	1 641,41	1 484,75	1 328,25	1 176,41
	II	1 971,08	465,08	465,08	II	1 814,41	1 657,75	1 501,08	1 344,50	1 192,00	1 045,91
	III	1 418,66	465,08	465,08	III	1 293,50	1 171,50	1 052,83	937,16	824,83	715,66
	V	2 625,83	465,08	465,08	IV	2 033,00	1 954,66	1 876,33	1 798,08	1 719,75	1 641,41
	VI	2 669,08	465,08	465,08							
8 252,99 Ost	I,IV	2 119,16	465,08	465,08	I	1 962,50	1 805,83	1 649,16	1 492,50	1 336,00	1 183,83
	II	1 978,91	465,08	465,08	II	1 822,25	1 665,58	1 508,91	1 352,25	1 199,41	1 053,08
	III	1 425,00	465,08	465,08	III	1 299,66	1 177,50	1 058,66	942,83	830,33	721,16
	V	2 633,58	465,08	465,08	IV	2 040,83	1 962,50	1 884,16	1 805,83	1 727,50	1 649,16
	VI	2 676,83	465,08	465,08							
8 255,99 West	I,IV	2 112,58	465,08	465,08	I	1 956,00	1 799,33	1 642,66	1 486,00	1 329,50	1 177,58
	II	1 972,33	465,08	465,08	II	1 815,66	1 659,00	1 502,33	1 345,75	1 193,16	1 047,08
	III	1 419,66	465,08	465,08	III	1 294,50	1 172,50	1 053,66	938,16	825,66	716,66
	V	2 627,08	465,08	465,08	IV	2 034,33	1 956,00	1 877,66	1 799,33	1 721,00	1 642,66
	VI	2 670,33	465,08	465,08							
8 255,99 Ost	I,IV	2 120,41	465,08	465,08	I	1 963,75	1 807,08	1 650,41	1 493,75	1 337,25	1 185,00
	II	1 980,16	465,08	465,08	II	1 823,50	1 666,83	1 510,16	1 353,50	1 200,66	1 054,16
	III	1 426,16	465,08	465,08	III	1 300,66	1 178,50	1 059,50	943,83	831,33	722,00
	V	2 634,83	465,08	465,08	IV	2 042,08	1 963,75	1 885,41	1 807,08	1 728,75	1 650,41
	VI	2 678,16	465,08	465,08							
8 258,99 West	I,IV	2 113,91	465,08	465,08	I	1 957,25	1 800,58	1 643,91	1 487,25	1 330,75	1 178,83
	II	1 973,58	465,08	465,08	II	1 816,91	1 660,25	1 503,58	1 347,00	1 194,41	1 048,25
	III	1 420,83	465,08	465,08	III	1 295,50	1 173,50	1 054,66	939,00	826,66	717,50
	V	2 628,33	465,08	465,08	IV	2 035,58	1 957,25	1 878,91	1 800,58	1 722,25	1 643,91
	VI	2 671,58	465,08	465,08							
8 258,99 Ost	I,IV	2 121,66	465,08	465,08	I	1 965,00	1 808,33	1 651,66	1 495,08	1 338,50	1 186,25
	II	1 981,41	465,08	465,08	II	1 824,75	1 668,08	1 511,41	1 354,83	1 201,83	1 055,33
	III	1 427,16	465,08	465,08	III	1 301,66	1 179,50	1 060,50	944,66	832,16	722,83
	V	2 636,16	465,08	465,08	IV	2 043,33	1 965,00	1 886,66	1 808,33	1 730,00	1 651,66
	VI	2 679,41	465,08	465,08							
8 261,99 West	I,IV	2 115,16	465,08	465,08	I	1 958,50	1 801,83	1 645,16	1 488,50	1 332,00	1 180,00
	II	1 974,83	465,08	465,08	II	1 818,16	1 661,58	1 504,91	1 348,25	1 195,58	1 049,33
	III	1 421,83	465,08	465,08	III	1 296,50	1 174,50	1 055,50	940,00	827,50	718,33
	V	2 629,58	465,08	465,08	IV	2 036,83	1 958,50	1 880,16	1 801,83	1 723,50	1 645,16
	VI	2 672,83	465,08	465,08							
8 261,99 Ost	I,IV	2 122,91	465,08	465,08	I	1 966,25	1 809,66	1 653,00	1 496,33	1 339,75	1 187,41
	II	1 982,66	465,08	465,08	II	1 826,00	1 669,33	1 512,66	1 356,08	1 203,08	1 056,50
	III	1 428,16	465,08	465,08	III	1 302,66	1 180,50	1 061,50	945,66	833,00	723,66
	V	2 637,41	465,08	465,08	IV	2 044,58	1 966,25	1 887,91	1 809,66	1 731,33	1 653,00
	VI	2 680,66	465,08	465,08							

* Zur LSt-Berechnung für privat versicherte Arbeitnehmer s. Beispiele **Vorbemerkung S. 4f.**
** Basisvorsorgepauschale KV und PV   *** Typisierter Arbeitgeberzuschuss

Lohn/ Gehalt in € bis	Steuerklasse	Lohn-steuer*	BVSP**	TAGZ***	Steuerklasse	Bemessungsgrundlage für Kirchensteuer und Solidaritätszuschlag					
						Freibeträge für ... Kinder					
						0,5	**1,0**	1,5	**2,0**	2,5	**3,0**
8264,99 West	I,IV	**2116,41**	465,08	465,08	I	1959,75	1803,08	1646,41	1489,75	1333,25	1181,25
	II	**1976,08**	465,08	465,08	II	1819,50	1662,83	1506,16	1349,50	1196,83	1050,50
	III	**1422,83**	465,08	465,08	III	1297,50	1175,33	1056,50	940,83	828,33	719,16
	V	**2630,83**	465,08	465,08	IV	2038,08	1959,75	1881,41	1803,08	1724,75	1646,41
	VI	**2674,08**	465,08	465,08							
8264,99 Ost	I,IV	**2124,16**	465,08	465,08	I	1967,58	1810,91	1654,25	1497,58	1341,00	1188,66
	II	**1983,91**	465,08	465,08	II	1827,25	1670,58	1513,91	1357,33	1204,25	1057,66
	III	**1429,16**	465,08	465,08	III	1303,66	1181,50	1062,33	946,50	834,00	724,50
	V	**2638,66**	465,08	465,08	IV	2045,91	1967,58	1889,25	1810,91	1732,58	1654,25
	VI	**2681,91**	465,08	465,08							
8267,99 West	I,IV	**2117,66**	465,08	465,08	I	1961,00	1804,33	1647,66	1491,00	1334,50	1182,41
	II	**1977,41**	465,08	465,08	II	1820,75	1664,08	1507,41	1350,75	1198,00	1051,66
	III	**1423,83**	465,08	465,08	III	1298,50	1176,33	1057,50	941,83	829,33	720,00
	V	**2632,08**	465,08	465,08	IV	2039,33	1961,00	1882,66	1804,33	1726,00	1647,66
	VI	**2675,33**	465,08	465,08							
8267,99 Ost	I,IV	**2125,50**	465,08	465,08	I	1968,83	1812,16	1655,50	1498,83	1342,25	1189,83
	II	**1985,16**	465,08	465,08	II	1828,50	1671,83	1515,16	1358,58	1205,50	1058,83
	III	**1430,16**	465,08	465,08	III	1304,66	1182,33	1063,33	947,50	834,83	725,50
	V	**2639,91**	465,08	465,08	IV	2047,16	1968,83	1890,50	1812,16	1733,83	1655,50
	VI	**2683,16**	465,08	465,08							
8270,99 West	I,IV	**2118,91**	465,08	465,08	I	1962,25	1805,58	1648,91	1492,25	1335,75	1183,58
	II	**1978,66**	465,08	465,08	II	1822,00	1665,33	1508,66	1352,00	1199,25	1052,83
	III	**1424,83**	465,08	465,08	III	1299,50	1177,33	1058,33	942,66	830,16	720,83
	V	**2633,33**	465,08	465,08	IV	2040,58	1962,25	1883,91	1805,58	1727,25	1648,91
	VI	**2676,58**	465,08	465,08							
8270,99 Ost	I,IV	**2126,75**	465,08	465,08	I	1970,08	1813,41	1656,75	1500,08	1343,50	1191,00
	II	**1986,41**	465,08	465,08	II	1829,75	1673,16	1516,50	1359,83	1206,66	1060,00
	III	**1431,16**	465,08	465,08	III	1305,66	1183,33	1064,33	948,33	835,66	726,33
	V	**2641,41**	465,08	465,08	IV	2048,41	1970,08	1891,75	1813,41	1735,08	1656,75
	VI	**2684,41**	465,08	465,08							
8273,99 West	I,IV	**2120,16**	465,08	465,08	I	1963,50	1806,83	1650,16	1493,58	1337,00	1184,83
	II	**1979,91**	465,08	465,08	II	1823,25	1666,58	1509,91	1353,33	1200,41	1054,00
	III	**1425,83**	465,08	465,08	III	1300,50	1178,33	1059,33	943,66	831,16	721,83
	V	**2634,58**	465,08	465,08	IV	2041,83	1963,50	1885,16	1806,83	1728,50	1650,16
	VI	**2677,91**	465,08	465,08							
8273,99 Ost	I,IV	**2128,00**	465,08	465,08	I	1971,33	1814,66	1658,00	1501,33	1344,75	1192,25
	II	**1987,66**	465,08	465,08	II	1831,00	1674,41	1517,75	1361,08	1207,91	1061,08
	III	**1432,16**	465,08	465,08	III	1306,66	1184,33	1065,16	949,33	836,66	727,16
	V	**2642,41**	465,08	465,08	IV	2049,66	1971,33	1893,00	1814,66	1736,33	1658,00
	VI	**2685,66**	465,08	465,08							
8276,99 West	I,IV	**2121,41**	465,08	465,08	I	1964,75	1808,08	1651,50	1494,83	1338,25	1186,00
	II	**1981,16**	465,08	465,08	II	1824,50	1667,83	1511,16	1354,58	1201,58	1055,16
	III	**1426,83**	465,08	465,08	III	1301,50	1179,33	1060,33	944,50	832,00	722,66
	V	**2635,91**	465,08	465,08	IV	2043,08	1964,75	1886,41	1808,08	1729,83	1651,50
	VI	**2679,16**	465,08	465,08							
8276,99 Ost	I,IV	**2129,25**	465,08	465,08	I	1972,58	1815,91	1659,25	1502,58	1346,00	1193,41
	II	**1989,00**	465,08	465,08	II	1832,33	1675,66	1519,00	1362,33	1209,08	1062,25
	III	**1433,33**	465,08	465,08	III	1307,66	1185,33	1066,16	950,16	837,50	728,00
	V	**2643,66**	465,08	465,08	IV	2050,91	1972,58	1894,25	1815,91	1737,58	1659,25
	VI	**2686,91**	465,08	465,08							
8279,99 West	I,IV	**2122,66**	465,08	465,08	I	1966,08	1809,41	1652,75	1496,08	1339,50	1187,16
	II	**1982,41**	465,08	465,08	II	1825,75	1669,08	1512,41	1355,83	1202,83	1056,25
	III	**1428,00**	465,08	465,08	III	1302,50	1180,33	1061,16	945,50	832,83	723,50
	V	**2637,16**	465,08	465,08	IV	2044,33	1966,08	1887,75	1809,41	1731,08	1652,75
	VI	**2680,41**	465,08	465,08							
8279,99 Ost	I,IV	**2130,50**	465,08	465,08	I	1973,83	1817,16	1660,50	1503,83	1347,25	1194,66
	II	**1990,25**	465,08	465,08	II	1833,58	1676,91	1520,25	1363,58	1210,33	1063,33
	III	**1434,33**	465,08	465,08	III	1308,66	1186,33	1067,16	951,16	838,50	728,83
	V	**2644,91**	465,08	465,08	IV	2052,16	1973,83	1895,50	1817,16	1738,83	1660,50
	VI	**2688,25**	465,08	465,08							

*   Zur LSt-Berechnung für privat versicherte Arbeitnehmer s. Beispiele **Vorbemerkung S. 4 f.**
**   Basisvorsorgepauschale KV und PV   *** Typisierter Arbeitgeberzuschuss

aT3

allgemeine Lohnsteuer

Lohn/ Gehalt in € bis	Steuerklasse	Lohn- steuer*	BVSP**	TAGZ***	Steuerklasse	Bemessungsgrundlage für Kirchensteuer und Solidaritätszuschlag Freibeträge für ... Kinder					
						0,5	1,0	1,5	2,0	2,5	3,0
8282,99 West	I,IV	2124,00	465,08	465,08	I	1967,33	1810,66	1654,00	1497,33	1340,75	1188,41
	II	1983,66	465,08	465,08	II	1827,00	1670,33	1513,66	1357,08	1204,00	1057,41
	III	1429,00	465,08	465,08	III	1303,50	1181,16	1062,16	946,33	833,83	724,33
	V	2638,41	465,08	465,08	IV	2045,66	1967,33	1889,00	1810,66	1732,33	1654,00
	VI	2681,66	465,08	465,08							
8282,99 Ost	I,IV	2131,75	465,08	465,08	I	1975,08	1818,41	1661,75	1505,16	1348,50	1195,83
	II	1991,50	465,08	465,08	II	1834,83	1678,16	1521,50	1364,83	1211,50	1064,58
	III	1435,33	465,08	465,08	III	1309,66	1187,33	1068,00	952,16	839,33	729,83
	V	2646,25	465,08	465,08	IV	2053,41	1975,08	1896,75	1818,41	1740,08	1661,75
	VI	2689,50	465,08	465,08							
8285,99 West	I,IV	2125,25	465,08	465,08	I	1968,58	1811,91	1655,25	1498,58	1342,00	1189,58
	II	1984,91	465,08	465,08	II	1828,25	1671,58	1515,00	1358,33	1205,25	1058,58
	III	1430,00	465,08	465,08	III	1304,50	1182,16	1063,16	947,33	834,66	725,16
	V	2639,66	465,08	465,08	IV	2046,91	1968,58	1890,25	1811,91	1733,58	1655,25
	VI	2682,91	465,08	465,08							
8285,99 Ost	I,IV	2133,00	465,08	465,08	I	1976,33	1819,66	1663,08	1506,41	1349,75	1197,08
	II	1992,75	465,08	465,08	II	1836,08	1679,41	1522,75	1366,08	1212,75	1065,75
	III	1436,33	465,08	465,08	III	1310,66	1188,16	1069,00	953,00	840,16	730,66
	V	2647,50	465,08	465,08	IV	2054,66	1976,33	1898,00	1819,66	1741,41	1663,08
	VI	2690,75	465,08	465,08							
8288,99 West	I,IV	2126,50	465,08	465,08	I	1969,83	1813,16	1656,50	1499,83	1343,25	1190,83
	II	1986,16	465,08	465,08	II	1829,58	1672,91	1516,25	1359,58	1206,41	1059,75
	III	1431,00	465,08	465,08	III	1305,50	1183,16	1064,00	948,16	835,50	726,16
	V	2640,91	465,08	465,08	IV	2048,16	1969,83	1891,50	1813,16	1734,83	1656,50
	VI	2684,16	465,08	465,08							
8288,99 Ost	I,IV	2134,25	465,08	465,08	I	1977,66	1821,00	1664,33	1507,66	1351,00	1198,25
	II	1994,00	465,08	465,08	II	1837,33	1680,66	1524,00	1367,33	1213,91	1066,91
	III	1437,33	465,08	465,08	III	1311,66	1189,16	1070,00	954,00	841,16	731,50
	V	2648,75	465,08	465,08	IV	2055,91	1977,66	1899,33	1821,00	1742,66	1664,33
	VI	2692,00	465,08	465,08							
8291,99 West	I,IV	2127,75	465,08	465,08	I	1971,08	1814,41	1657,75	1501,08	1344,50	1192,00
	II	1987,50	465,08	465,08	II	1830,83	1674,16	1517,50	1360,83	1207,66	1060,91
	III	1432,00	465,08	465,08	III	1306,50	1184,16	1065,00	949,16	836,50	727,00
	V	2642,16	465,08	465,08	IV	2049,41	1971,08	1892,75	1814,41	1736,08	1657,75
	VI	2685,41	465,08	465,08							
8291,99 Ost	I,IV	2135,58	465,08	465,08	I	1978,91	1822,25	1665,58	1508,91	1352,25	1199,41
	II	1995,25	465,08	465,08	II	1838,58	1681,91	1525,25	1368,66	1215,16	1068,08
	III	1438,33	465,08	465,08	III	1312,66	1190,16	1070,83	954,83	842,00	732,33
	V	2650,00	465,08	465,08	IV	2057,25	1978,91	1900,58	1822,25	1743,91	1665,58
	VI	2693,25	465,08	465,08							
8294,99 West	I,IV	2129,00	465,08	465,08	I	1972,33	1815,66	1659,00	1502,33	1345,75	1193,16
	II	1988,75	465,08	465,08	II	1832,08	1675,41	1518,75	1362,08	1208,83	1062,08
	III	1433,00	465,08	465,08	III	1307,50	1185,16	1066,00	950,00	837,33	727,83
	V	2643,41	465,08	465,08	IV	2050,66	1972,33	1894,00	1815,66	1737,33	1659,00
	VI	2686,66	465,08	465,08							
8294,99 Ost	I,IV	2136,83	465,08	465,08	I	1980,16	1823,50	1666,83	1510,16	1353,50	1200,66
	II	1996,50	465,08	465,08	II	1839,83	1683,16	1526,58	1369,91	1216,33	1069,25
	III	1439,33	465,08	465,08	III	1313,66	1191,16	1071,83	955,83	842,83	733,16
	V	2651,25	465,08	465,08	IV	2058,50	1980,16	1901,83	1823,50	1745,16	1666,83
	VI	2694,50	465,08	465,08							
8297,99 West	I,IV	2130,25	465,08	465,08	I	1973,58	1816,91	1660,25	1503,58	1347,00	1194,41
	II	1990,00	465,08	465,08	II	1833,33	1676,66	1520,00	1363,33	1210,08	1063,16
	III	1434,00	465,08	465,08	III	1308,50	1186,00	1066,83	951,00	838,16	728,66
	V	2644,66	465,08	465,08	IV	2051,91	1973,58	1895,25	1816,91	1738,58	1660,25
	VI	2688,00	465,08	465,08							
8297,99 Ost	I,IV	2138,08	465,08	465,08	I	1981,41	1824,75	1668,08	1511,41	1354,83	1201,83
	II	1997,75	465,08	465,08	II	1841,16	1684,50	1527,83	1371,16	1217,58	1070,33
	III	1440,50	465,08	465,08	III	1314,66	1192,16	1072,83	956,66	843,83	734,16
	V	2652,50	465,08	465,08	IV	2059,75	1981,41	1903,08	1824,75	1746,41	1668,08
	VI	2695,75	465,08	465,08							

244

* Zur LSt-Berechnung für privat versicherte Arbeitnehmer s. Beispiele **Vorbemerkung S. 4f.**
** Basisvorsorgepauschale KV und PV *** Typisierter Arbeitgeberzuschuss

Lohn/Gehalt in € bis	Steuerklasse	Lohnsteuer*	BVSP**	TAGZ***	Steuerklasse	Bemessungsgrundlage für Kirchensteuer und Solidaritätszuschlag					
						Freibeträge für ... Kinder					
						0,5	1,0	1,5	2,0	2,5	3,0
8 300,99 West	I,IV	2 131,50	465,08	465,08	I	1 974,83	1 818,16	1 661,58	1 504,91	1 348,25	1 195,58
	II	1 991,25	465,08	465,08	II	1 834,58	1 677,91	1 521,25	1 364,58	1 211,25	1 064,33
	III	1 435,00	465,08	465,08	III	1 309,50	1 187,00	1 067,83	951,83	839,16	729,50
	V	2 646,00	465,08	465,08	IV	2 053,16	1 974,83	1 896,50	1 818,16	1 739,83	1 661,58
	VI	2 689,25	465,08	465,08							
8 300,99 Ost	I,IV	2 139,33	465,08	465,08	I	1 982,66	1 826,00	1 669,33	1 512,66	1 356,08	1 203,08
	II	1 999,08	465,08	465,08	II	1 842,41	1 685,75	1 529,08	1 372,41	1 218,75	1 071,50
	III	1 441,58	465,08	465,08	III	1 315,66	1 193,16	1 073,66	957,66	844,66	735,00
	V	2 653,75	465,08	465,08	IV	2 061,00	1 982,66	1 904,33	1 826,00	1 747,66	1 669,33
	VI	2 697,00	465,08	465,08							
8 303,99 West	I,IV	2 132,75	465,08	465,08	I	1 976,08	1 819,50	1 662,83	1 506,16	1 349,50	1 196,83
	II	1 992,50	465,08	465,08	II	1 835,83	1 679,16	1 522,50	1 365,83	1 212,50	1 065,50
	III	1 436,16	465,08	465,08	III	1 310,50	1 188,00	1 068,83	952,83	840,00	730,50
	V	2 647,25	465,08	465,08	IV	2 054,41	1 976,08	1 897,83	1 819,50	1 741,16	1 662,83
	VI	2 690,50	465,08	465,08							
8 303,99 Ost	I,IV	2 140,58	465,08	465,08	I	1 983,91	1 827,25	1 670,58	1 513,91	1 357,33	1 204,25
	II	2 000,33	465,08	465,08	II	1 843,66	1 687,00	1 530,33	1 373,66	1 220,00	1 072,66
	III	1 442,50	465,08	465,08	III	1 316,66	1 194,00	1 074,66	958,50	845,66	735,83
	V	2 655,00	465,08	465,08	IV	2 062,25	1 983,91	1 905,58	1 827,25	1 748,91	1 670,58
	VI	2 698,25	465,08	465,08							
8 306,99 West	I,IV	2 134,08	465,08	465,08	I	1 977,41	1 820,75	1 664,08	1 507,41	1 350,75	1 198,00
	II	1 993,75	465,08	465,08	II	1 837,08	1 680,41	1 523,75	1 367,16	1 213,66	1 066,66
	III	1 437,16	465,08	465,08	III	1 311,50	1 189,00	1 069,83	953,66	840,83	731,33
	V	2 648,50	465,08	465,08	IV	2 055,75	1 977,41	1 899,00	1 820,75	1 742,41	1 664,08
	VI	2 691,75	465,08	465,08							
8 306,99 Ost	I,IV	2 141,83	465,08	465,08	I	1 985,16	1 828,50	1 671,83	1 515,16	1 358,58	1 205,50
	II	2 001,58	465,08	465,08	II	1 844,91	1 688,25	1 531,58	1 374,91	1 221,16	1 073,83
	III	1 443,50	465,08	465,08	III	1 317,66	1 195,00	1 075,66	959,50	846,50	736,66
	V	2 656,25	465,08	465,08	IV	2 063,50	1 985,16	1 906,83	1 828,50	1 750,16	1 671,83
	VI	2 699,58	465,08	465,08							
8 309,99 West	I,IV	2 135,33	465,08	465,08	I	1 978,66	1 822,00	1 665,33	1 508,66	1 352,00	1 199,25
	II	1 995,00	465,08	465,08	II	1 838,33	1 681,66	1 525,08	1 368,41	1 214,91	1 067,83
	III	1 438,16	465,08	465,08	III	1 312,50	1 190,00	1 070,66	954,66	841,83	732,16
	V	2 649,75	465,08	465,08	IV	2 057,00	1 978,66	1 900,33	1 822,00	1 743,66	1 665,33
	VI	2 693,00	465,08	465,08							
8 309,99 Ost	I,IV	2 143,08	465,08	465,08	I	1 986,41	1 829,75	1 673,16	1 516,50	1 359,83	1 206,66
	II	2 002,83	465,08	465,08	II	1 846,16	1 689,50	1 532,83	1 376,16	1 222,41	1 075,00
	III	1 444,50	465,08	465,08	III	1 318,66	1 196,00	1 076,66	960,33	847,33	737,66
	V	2 657,58	465,08	465,08	IV	2 064,75	1 986,41	1 908,08	1 829,75	1 751,41	1 673,16
	VI	2 700,83	465,08	465,08							
8 312,99 West	I,IV	2 136,58	465,08	465,08	I	1 979,91	1 823,25	1 666,58	1 509,91	1 353,33	1 200,41
	II	1 996,25	465,08	465,08	II	1 839,58	1 683,00	1 526,33	1 369,66	1 216,08	1 069,00
	III	1 439,16	465,08	465,08	III	1 313,50	1 191,00	1 071,66	955,50	842,66	733,00
	V	2 651,00	465,08	465,08	IV	2 058,25	1 979,91	1 901,58	1 823,25	1 744,91	1 666,58
	VI	2 694,25	465,08	465,08							
8 312,99 Ost	I,IV	2 144,83	465,08	465,08	I	1 987,66	1 831,08	1 674,41	1 517,75	1 361,08	1 207,91
	II	2 004,08	465,08	465,08	II	1 847,41	1 690,75	1 534,08	1 377,41	1 223,58	1 076,16
	III	1 445,50	465,08	465,08	III	1 319,66	1 197,00	1 077,50	961,33	848,33	738,50
	V	2 658,83	465,08	465,08	IV	2 066,00	1 987,66	1 909,41	1 831,08	1 752,75	1 674,41
	VI	2 702,08	465,08	465,08							
8 315,99 West	I,IV	2 137,83	465,08	465,08	I	1 981,16	1 824,50	1 667,83	1 511,16	1 354,58	1 201,58
	II	1 997,58	465,08	465,08	II	1 840,91	1 684,25	1 527,58	1 370,91	1 217,33	1 070,16
	III	1 440,16	465,08	465,08	III	1 314,50	1 191,83	1 072,66	956,50	843,66	734,00
	V	2 652,25	465,08	465,08	IV	2 059,50	1 981,16	1 902,83	1 824,50	1 746,16	1 667,83
	VI	2 695,50	465,08	465,08							
8 315,99 Ost	I,IV	2 145,66	465,08	465,08	I	1 989,00	1 832,33	1 675,66	1 519,00	1 362,33	1 209,06
	II	2 005,33	465,08	465,08	II	1 848,66	1 692,00	1 535,33	1 378,66	1 224,83	1 077,33
	III	1 446,50	465,08	465,08	III	1 320,66	1 198,00	1 078,50	962,16	849,16	739,33
	V	2 660,08	465,08	465,08	IV	2 067,33	1 989,00	1 910,66	1 832,33	1 754,00	1 675,66
	VI	2 703,33	465,08	465,08							

* Zur LSt-Berechnung für privat versicherte Arbeitnehmer s. Beispiele **Vorbemerkung S. 4 f.**
** Basisvorsorgepauschale KV und PV *** Typisierter Arbeitgeberzuschuss

Lohn/ Gehalt in € bis	Steuerklasse	Lohn- steuer*	BVSP**	TAGZ***	Steuerklasse	Bemessungsgrundlage für Kirchensteuer und Solidaritätszuschlag Freibeträge für ... Kinder					
						0,5	1,0	1,5	2,0	2,5	3,0
8318,99 West	I,IV	2139,08	465,08	465,08	I	1982,41	1825,75	1669,08	1512,41	1355,83	1202,83
	II	1998,83	465,08	465,08	II	1842,16	1685,50	1528,83	1372,16	1218,50	1071,33
	III	1441,16	465,08	465,08	III	1315,50	1192,83	1073,50	957,33	844,50	734,83
	V	2653,50	465,08	465,08	IV	2060,75	1982,41	1904,08	1825,75	1747,41	1669,08
	VI	2696,75	465,08	465,08							
8318,99 Ost	I,IV	2146,91	465,08	465,08	I	1990,25	1833,58	1676,91	1520,25	1363,58	1210,33
	II	2006,58	465,08	465,08	II	1849,91	1693,25	1536,66	1380,00	1226,00	1078,50
	III	1447,66	465,08	465,08	III	1321,66	1199,00	1079,50	963,16	850,00	740,16
	V	2661,33	465,08	465,08	IV	2068,58	1990,25	1911,91	1833,58	1755,25	1676,91
	VI	2704,58	465,08	465,08							
8321,99 West	I,IV	2140,33	465,08	465,08	I	1983,66	1827,00	1670,33	1513,66	1357,08	1204,00
	II	2000,08	465,08	465,08	II	1843,41	1686,75	1530,08	1373,41	1219,75	1072,50
	III	1442,16	465,08	465,08	III	1316,50	1193,83	1074,50	958,33	845,33	735,66
	V	2654,75	465,08	465,08	IV	2062,00	1983,66	1905,33	1827,00	1748,66	1670,33
	VI	2698,08	465,08	465,08							
8321,99 Ost	I,IV	2148,16	465,08	465,08	I	1991,50	1834,83	1678,16	1521,50	1364,83	1211,50
	II	2007,83	465,08	465,08	II	1851,16	1694,58	1537,91	1381,25	1227,25	1079,66
	III	1448,66	465,08	465,08	III	1322,66	1199,83	1080,33	964,00	851,00	741,00
	V	2662,58	465,08	465,08	IV	2069,83	1991,50	1913,16	1834,83	1756,50	1678,16
	VI	2705,83	465,08	465,08							
8324,99 West	I,IV	2141,58	465,08	465,08	I	1984,91	1828,25	1671,58	1515,00	1358,33	1205,25
	II	2001,33	465,08	465,08	II	1844,66	1688,00	1531,33	1374,66	1220,91	1073,58
	III	1443,33	465,08	465,08	III	1317,50	1194,83	1075,50	959,33	846,33	736,50
	V	2656,08	465,08	465,08	IV	2063,25	1984,91	1906,58	1828,25	1749,91	1671,58
	VI	2699,33	465,08	465,08							
8324,99 Ost	I,IV	2149,41	465,08	465,08	I	1992,75	1836,08	1679,41	1522,75	1366,08	1212,75
	II	2009,08	465,08	465,08	II	1852,50	1695,83	1539,16	1382,50	1228,41	1080,83
	III	1449,66	465,08	465,08	III	1323,66	1200,83	1081,33	965,00	851,83	742,00
	V	2663,83	465,08	465,08	IV	2071,08	1992,75	1914,41	1836,08	1757,75	1679,41
	VI	2707,08	465,08	465,08							
8327,99 West	I,IV	2142,83	465,08	465,08	I	1986,16	1829,58	1672,91	1516,25	1359,58	1206,41
	II	2002,58	465,08	465,08	II	1845,91	1689,25	1532,58	1375,91	1222,16	1074,75
	III	1444,33	465,08	465,08	III	1318,50	1195,83	1076,33	960,16	847,16	737,33
	V	2657,33	465,08	465,08	IV	2064,50	1986,16	1907,83	1829,58	1751,25	1672,91
	VI	2700,58	465,08	465,08							
8327,99 Ost	I,IV	2150,66	465,08	465,08	I	1994,00	1837,33	1680,66	1524,00	1367,33	1213,91
	II	2010,41	465,08	465,08	II	1853,75	1697,08	1540,41	1383,75	1229,66	1082,00
	III	1450,66	465,08	465,08	III	1324,66	1201,83	1082,33	965,83	852,83	742,83
	V	2665,08	465,08	465,08	IV	2072,33	1994,00	1915,66	1837,33	1759,00	1680,66
	VI	2708,33	465,08	465,08							
8330,99 West	I,IV	2144,08	465,08	465,08	I	1987,50	1830,83	1674,16	1517,50	1360,83	1207,66
	II	2003,83	465,08	465,08	II	1847,16	1690,50	1533,83	1377,16	1223,33	1075,91
	III	1445,33	465,08	465,08	III	1319,50	1196,83	1077,33	961,16	848,00	738,33
	V	2658,58	465,08	465,08	IV	2065,83	1987,50	1909,16	1830,83	1752,50	1674,16
	VI	2701,83	465,08	465,08							
8330,99 Ost	I,IV	2151,91	465,08	465,08	I	1995,25	1838,58	1681,91	1525,25	1368,66	1215,16
	II	2011,66	465,08	465,08	II	1855,00	1698,33	1541,66	1385,00	1230,91	1083,16
	III	1451,66	465,08	465,08	III	1325,66	1202,83	1083,16	966,83	853,66	743,66
	V	2666,33	465,08	465,08	IV	2073,58	1995,25	1916,91	1838,58	1760,25	1681,91
	VI	2709,66	465,08	465,08							
8333,99 West	I,IV	2145,41	465,08	465,08	I	1988,75	1832,08	1675,41	1518,75	1362,08	1208,83
	II	2005,08	465,08	465,08	II	1848,41	1691,75	1535,08	1378,50	1224,58	1077,08
	III	1446,33	465,08	465,08	III	1320,50	1197,66	1078,33	962,00	849,00	739,16
	V	2659,83	465,08	465,08	IV	2067,08	1988,75	1910,41	1832,08	1753,75	1675,41
	VI	2703,08	465,08	465,08							
8333,99 Ost	I,IV	2153,16	465,08	465,08	I	1996,50	1839,83	1683,16	1526,58	1369,91	1216,33
	II	2012,91	465,08	465,08	II	1856,25	1699,58	1542,91	1386,25	1232,08	1084,33
	III	1452,66	465,08	465,08	III	1326,66	1203,83	1084,16	967,83	854,50	744,50
	V	2667,66	465,08	465,08	IV	2074,83	1996,50	1918,16	1839,83	1761,50	1683,16
	VI	2710,91	465,08	465,08							

* Zur LSt-Berechnung für privat versicherte Arbeitnehmer s. Beispiele **Vorbemerkung S. 4f.**
** Basisvorsorgepauschale KV und PV *** Typisierter Arbeitgeberzuschuss

Lohn/Gehalt in € bis	Steuerklasse	Lohnsteuer*	BVSP**	TAGZ***	Steuerklasse	Bemessungsgrundlage für Kirchensteuer und Solidaritätszuschlag					
						Freibeträge für ... Kinder					
						0,5	1,0	1,5	2,0	2,5	3,0
8336,99 West	I,IV	**2146,66**	465,08	465,08	I	1990,00	1833,33	1676,66	1520,00	1363,33	1210,08
	II	**2006,33**	465,08	465,08	II	1849,66	1693,08	1536,41	1379,75	1225,75	1078,25
	III	**1447,33**	465,08	465,08	III	1321,50	1198,66	1079,16	963,00	849,83	740,00
	V	**2661,08**	465,08	465,08	IV	2068,33	1990,00	1911,66	1833,33	1755,00	1676,66
	VI	**2704,33**	465,08	465,08							
8336,99 Ost	I,IV	**2154,41**	465,08	465,08	I	1997,75	1841,16	1684,50	1527,83	1371,16	1217,58
	II	**2014,16**	465,08	465,08	II	1857,50	1700,83	1544,16	1387,50	1233,33	1085,41
	III	**1453,83**	465,08	465,08	III	1327,66	1204,83	1085,16	968,66	855,50	745,50
	V	**2668,91**	465,08	465,08	IV	2076,08	1997,75	1919,41	1841,16	1762,83	1684,50
	VI	**2712,16**	465,08	465,08							
8339,99 West	I,IV	**2147,91**	465,08	465,08	I	1991,25	1834,58	1677,91	1521,25	1364,58	1211,25
	II	**2007,58**	465,08	465,08	II	1851,00	1694,33	1537,66	1381,00	1227,00	1079,41
	III	**1448,33**	465,08	465,08	III	1322,50	1199,66	1080,16	963,83	850,83	740,83
	V	**2662,33**	465,08	465,08	IV	2069,58	1991,25	1912,91	1834,58	1756,25	1677,91
	VI	**2705,58**	465,08	465,08							
8339,99 Ost	I,IV	**2155,66**	465,08	465,08	I	1999,08	1842,41	1685,75	1529,08	1372,41	1218,75
	II	**2015,41**	465,08	465,08	II	1858,75	1702,08	1545,41	1388,75	1234,50	1086,58
	III	**1454,83**	465,08	465,08	III	1328,66	1205,83	1086,00	969,66	856,33	746,33
	V	**2670,16**	465,08	465,08	IV	2077,41	1999,08	1920,75	1842,41	1764,08	1685,75
	VI	**2713,41**	465,08	465,08							
8342,99 West	I,IV	**2149,16**	465,08	465,08	I	1992,50	1835,83	1679,16	1522,50	1365,83	1212,50
	II	**2008,91**	465,08	465,08	II	1852,25	1695,58	1538,91	1382,25	1228,25	1080,58
	III	**1449,50**	465,08	465,08	III	1323,50	1200,66	1081,16	964,83	851,66	741,83
	V	**2663,58**	465,08	465,08	IV	2070,83	1992,50	1914,16	1835,83	1757,50	1679,16
	VI	**2706,83**	465,08	465,08							
8342,99 Ost	I,IV	**2157,00**	465,08	465,08	I	2000,33	1843,66	1687,00	1530,33	1373,66	1220,00
	II	**2016,66**	465,08	465,08	II	1860,00	1703,33	1546,66	1390,08	1235,75	1087,75
	III	**1455,83**	465,08	465,08	III	1329,66	1206,66	1087,00	970,50	857,16	747,16
	V	**2671,41**	465,08	465,08	IV	2078,66	2000,33	1922,00	1843,66	1765,33	1687,00
	VI	**2714,16**	465,08	465,08							
8345,99 West	I,IV	**2150,41**	465,08	465,08	I	1993,75	1837,08	1680,41	1523,75	1367,16	1213,66
	II	**2010,16**	465,08	465,08	II	1853,50	1696,83	1540,16	1383,50	1229,41	1081,75
	III	**1450,50**	465,08	465,08	III	1324,50	1201,66	1082,00	965,66	852,50	742,66
	V	**2664,83**	465,08	465,08	IV	2072,08	1993,75	1915,41	1837,08	1758,75	1680,41
	VI	**2708,08**	465,08	465,08							
8345,99 Ost	I,IV	**2158,25**	465,08	465,08	I	2001,58	1844,91	1688,25	1531,58	1374,91	1221,16
	II	**2017,91**	465,08	465,08	II	1861,25	1704,66	1548,00	1391,33	1236,91	1088,91
	III	**1456,83**	465,08	465,08	III	1330,66	1207,66	1088,00	971,50	858,16	748,00
	V	**2672,66**	465,08	465,08	IV	2079,91	2001,58	1923,25	1844,91	1766,58	1688,25
	VI	**2715,91**	465,08	465,08							
8348,99 West	I,IV	**2151,66**	465,08	465,08	I	1995,00	1838,33	1681,66	1525,00	1368,41	1214,91
	II	**2011,41**	465,08	465,08	II	1854,75	1698,08	1541,41	1384,75	1230,66	1082,91
	III	**1451,50**	465,08	465,08	III	1325,50	1202,66	1083,00	966,66	853,50	743,50
	V	**2666,08**	465,08	465,08	IV	2073,33	1995,00	1916,66	1838,33	1760,00	1681,66
	VI	**2709,41**	465,08	465,08							
8348,99 Ost	I,IV	**2159,50**	465,08	465,08	I	2002,83	1846,16	1689,50	1532,83	1376,16	1222,41
	II	**2019,16**	465,08	465,08	II	1862,58	1705,91	1549,25	1392,58	1238,16	1090,08
	III	**1457,83**	465,08	465,08	III	1331,66	1208,66	1089,00	972,33	859,00	749,00
	V	**2673,91**	465,08	465,08	IV	2081,16	2002,83	1924,50	1846,16	1767,83	1689,50
	VI	**2717,16**	465,08	465,08							
8351,99 West	I,IV	**2152,91**	465,08	465,08	I	1996,25	1839,58	1683,00	1526,33	1369,66	1216,08
	II	**2012,66**	465,08	465,08	II	1856,00	1699,33	1542,66	1386,00	1231,83	1084,08
	III	**1452,50**	465,08	465,08	III	1326,50	1203,66	1084,00	967,50	854,33	744,33
	V	**2667,41**	465,08	465,08	IV	2074,58	1996,25	1917,91	1839,58	1761,33	1683,00
	VI	**2710,66**	465,08	465,08							
8351,99 Ost	I,IV	**2160,75**	465,08	465,08	I	2004,08	1847,41	1690,75	1534,08	1377,41	1223,58
	II	**2020,50**	465,08	465,08	II	1863,83	1707,16	1550,50	1393,83	1239,41	1091,25
	III	**1458,83**	465,08	465,08	III	1332,66	1209,66	1089,83	973,33	860,00	749,83
	V	**2675,16**	465,08	465,08	IV	2082,41	2004,08	1925,75	1847,41	1769,08	1690,75
	VI	**2718,41**	465,08	465,08							

* Zur LSt-Berechnung für privat versicherte Arbeitnehmer s. Beispiele **Vorbemerkung S. 4 f.**
** Basisvorsorgepauschale KV und PV *** Typisierter Arbeitgeberzuschuss

Lohn/ Gehalt in € bis	Steuerklasse	Lohn- steuer*	BVSP**	TAGZ***	Steuerklasse	Bemessungsgrundlage für Kirchensteuer und Solidaritätszuschlag Freibeträge für ... Kinder 0,5	1,0	1,5	2,0	2,5	3,0
8354,99 West	I,IV	2154,16	465,08	465,08	I	1997,58	1840,91	1684,25	1527,58	1370,91	1217,33
	II	2013,91	465,08	465,08	II	1857,25	1700,58	1543,91	1387,25	1233,08	1085,25
	III	1453,50	465,08	465,08	III	1327,50	1204,50	1084,83	968,50	855,33	745,16
	V	2668,66	465,08	465,08	IV	2075,83	1997,58	1919,25	1840,91	1762,58	1684,25
	VI	2711,91	465,08	465,08							
8354,99 Ost	I,IV	2162,00	465,08	465,08	I	2005,33	1848,66	1692,00	1535,33	1378,66	1224,83
	II	2021,75	465,08	465,08	II	1865,08	1708,41	1551,75	1395,08	1240,58	1092,41
	III	1460,00	465,08	465,08	III	1333,66	1210,66	1090,83	974,16	860,83	750,66
	V	2676,41	465,08	465,08	IV	2083,66	2005,33	1927,00	1848,66	1770,33	1692,00
	VI	2719,75	465,08	465,08							
8357,99 West	I,IV	2155,50	465,08	465,08	I	1998,83	1842,16	1685,50	1528,83	1372,16	1218,50
	II	2015,16	465,08	465,08	II	1858,50	1701,83	1545,16	1388,58	1234,25	1086,41
	III	1454,50	465,08	465,08	III	1328,50	1205,50	1085,83	969,33	856,16	746,16
	V	2669,91	465,08	465,08	IV	2077,16	1998,83	1920,50	1842,16	1763,83	1685,50
	VI	2713,16	465,08	465,08							
8357,99 Ost	I,IV	2163,25	465,08	465,08	I	2006,58	1849,91	1693,25	1536,66	1380,00	1226,00
	II	2023,00	465,08	465,08	II	1866,33	1709,66	1553,00	1396,33	1241,83	1093,58
	III	1461,00	465,08	465,08	III	1334,66	1211,66	1091,83	975,16	861,66	751,50
	V	2677,75	465,08	465,08	IV	2084,91	2006,58	1928,25	1849,91	1771,58	1693,25
	VI	2721,00	465,08	465,08							
8360,99 West	I,IV	2156,75	465,08	465,08	I	2000,08	1843,41	1686,75	1530,08	1373,41	1219,75
	II	2016,41	465,08	465,08	II	1859,75	1703,08	1546,50	1389,83	1235,50	1087,58
	III	1455,50	465,08	465,08	III	1329,50	1206,50	1086,83	970,33	857,00	747,00
	V	2671,16	465,08	465,08	IV	2078,41	2000,08	1921,75	1843,41	1765,08	1686,75
	VI	2714,41	465,08	465,08							
8360,99 Ost	I,IV	2164,50	465,08	465,08	I	2007,83	1851,16	1694,58	1537,91	1381,25	1227,25
	II	2024,25	465,08	465,08	II	1867,58	1710,91	1554,25	1397,58	1243,00	1094,75
	III	1462,00	465,08	465,08	III	1335,66	1212,66	1092,66	976,00	862,66	752,50
	V	2679,00	465,08	465,08	IV	2086,16	2007,83	1929,50	1851,16	1772,91	1694,58
	VI	2722,25	465,08	465,08							
8363,99 West	I,IV	2158,00	465,08	465,08	I	2001,33	1844,66	1688,00	1531,33	1374,66	1220,91
	II	2017,66	465,08	465,08	II	1861,08	1704,41	1547,75	1391,08	1236,75	1088,75
	III	1456,50	465,08	465,08	III	1330,50	1207,50	1087,83	971,16	858,00	747,83
	V	2672,41	465,08	465,08	IV	2079,66	2001,33	1923,00	1844,66	1766,33	1688,00
	VI	2715,66	465,08	465,08							
8363,99 Ost	I,IV	2165,75	465,08	465,08	I	2009,16	1852,50	1695,83	1539,16	1382,50	1228,41
	II	2025,50	465,08	465,08	II	1868,83	1712,16	1555,50	1398,83	1244,25	1095,91
	III	1463,00	465,08	465,08	III	1336,66	1213,50	1093,66	977,00	863,50	753,33
	V	2680,25	465,08	465,08	IV	2087,41	2009,16	1930,83	1852,50	1774,16	1695,83
	VI	2723,50	465,08	465,08							
8366,99 West	I,IV	2159,25	465,08	465,08	I	2002,58	1845,91	1689,25	1532,58	1375,91	1222,16
	II	2019,00	465,08	465,08	II	1862,33	1705,66	1549,00	1392,33	1237,91	1089,91
	III	1457,66	465,08	465,08	III	1331,50	1208,50	1088,66	972,16	858,83	748,66
	V	2673,66	465,08	465,08	IV	2080,91	2002,58	1924,25	1845,91	1767,58	1689,25
	VI	2716,91	465,08	465,08							
8366,99 Ost	I,IV	2167,08	465,08	465,08	I	2010,41	1853,75	1697,08	1540,41	1383,75	1229,66
	II	2026,75	465,08	465,08	II	1870,08	1713,41	1556,75	1400,16	1245,50	1097,08
	III	1464,00	465,08	465,08	III	1337,66	1214,50	1094,66	978,00	864,50	754,16
	V	2681,00	465,08	465,08	IV	2088,75	2010,41	1932,08	1853,75	1775,41	1697,08
	VI	2724,75	465,08	465,08							
8369,99 West	I,IV	2160,50	465,08	465,08	I	2003,83	1847,16	1690,50	1533,83	1377,16	1223,33
	II	2020,25	465,08	465,08	II	1863,58	1706,91	1550,25	1393,58	1239,16	1091,08
	III	1458,66	465,08	465,08	III	1332,50	1209,50	1089,66	973,16	859,66	749,66
	V	2674,91	465,08	465,08	IV	2082,16	2003,83	1925,50	1847,16	1768,83	1690,50
	VI	2718,16	465,08	465,08							
8369,99 Ost	I,IV	2168,33	465,08	465,08	I	2011,66	1855,00	1698,33	1541,66	1385,00	1230,91
	II	2028,00	465,08	465,08	II	1871,33	1714,66	1558,08	1401,41	1246,66	1098,25
	III	1465,00	465,08	465,08	III	1338,66	1215,50	1095,66	978,83	865,33	755,00
	V	2682,75	465,08	465,08	IV	2090,00	2011,66	1933,33	1855,00	1776,66	1698,33
	VI	2726,00	465,08	465,08							

* Zur LSt-Berechnung für privat versicherte Arbeitnehmer s. Beispiele **Vorbemerkung S. 4f.**
** Basisvorsorgepauschale KV und PV *** Typisierter Arbeitgeberzuschuss

Lohn/Gehalt in € bis	Steuerklasse	Lohn-steuer*	BVSP**	TAGZ***	Steuerklasse	Bemessungsgrundlage für Kirchensteuer und Solidaritätszuschlag					
						Freibeträge für ... Kinder					
						0,5	1,0	1,5	2,0	2,5	3,0
8 372,99 West	I,IV	2 161,75	465,08	465,08	I	2 005,08	1 848,41	1 691,75	1 535,08	1 378,50	1 224,58
	II	2 021,50	465,08	465,08	II	1 864,83	1 708,16	1 551,50	1 394,83	1 240,33	1 092,25
	III	1 459,66	465,08	465,08	III	1 333,50	1 210,50	1 090,66	974,00	860,66	750,50
	V	2 676,16	465,08	465,08	IV	2 083,41	2 005,08	1 926,75	1 848,41	1 770,08	1 691,75
	VI	2 719,50	465,08	465,08							
8 372,99 Ost	I,IV	2 169,58	465,08	465,08	I	2 012,91	1 856,25	1 699,58	1 542,91	1 386,25	1 232,08
	II	2 029,25	465,08	465,08	II	1 872,66	1 716,00	1 559,33	1 402,66	1 247,91	1 099,41
	III	1 466,16	465,08	465,08	III	1 339,66	1 216,50	1 096,50	979,83	866,16	755,83
	V	2 684,00	465,08	465,08	IV	2 091,25	2 012,91	1 934,58	1 856,25	1 777,91	1 699,58
	VI	2 727,25	465,08	465,08							
8 375,99 West	I,IV	2 163,00	465,08	465,08	I	2 006,33	1 849,66	1 693,08	1 536,41	1 379,75	1 225,75
	II	2 022,75	465,08	465,08	II	1 866,08	1 709,41	1 552,75	1 396,08	1 241,58	1 093,41
	III	1 460,66	465,08	465,08	III	1 334,50	1 211,33	1 091,50	975,00	861,50	751,33
	V	2 677,50	465,08	465,08	IV	2 084,66	2 006,33	1 928,00	1 849,66	1 771,33	1 693,08
	VI	2 720,75	465,08	465,08							
8 375,99 Ost	I,IV	2 170,83	465,08	465,08	I	2 014,16	1 857,50	1 700,83	1 544,16	1 387,50	1 233,33
	II	2 030,58	465,08	465,08	II	1 873,91	1 717,25	1 560,58	1 403,91	1 249,16	1 100,58
	III	1 467,16	465,08	465,08	III	1 340,66	1 217,50	1 097,50	980,66	867,16	756,83
	V	2 685,25	465,08	465,08	IV	2 092,50	2 014,16	1 935,83	1 857,50	1 779,16	1 700,83
	VI	2 728,50	465,08	465,08							
8 378,99 West	I,IV	2 164,25	465,08	465,08	I	2 007,58	1 851,00	1 694,33	1 537,66	1 381,00	1 227,00
	II	2 024,00	465,08	465,08	II	1 867,33	1 710,66	1 554,00	1 397,33	1 242,83	1 094,58
	III	1 461,83	465,08	465,08	III	1 335,50	1 212,33	1 092,50	975,83	862,50	752,16
	V	2 678,75	465,08	465,08	IV	2 085,91	2 007,58	1 929,33	1 851,00	1 772,66	1 694,33
	VI	2 722,00	465,08	465,08							
8 378,99 Ost	I,IV	2 172,08	465,08	465,08	I	2 015,41	1 858,75	1 702,08	1 545,41	1 388,75	1 234,50
	II	2 031,83	465,08	465,08	II	1 875,16	1 718,50	1 561,83	1 405,16	1 250,33	1 101,75
	III	1 468,16	465,08	465,08	III	1 341,66	1 218,50	1 098,50	981,66	868,00	757,66
	V	2 686,50	465,08	465,08	IV	2 093,75	2 015,41	1 937,08	1 858,75	1 780,41	1 702,08
	VI	2 729,75	465,08	465,08							
8 381,99 West	I,IV	2 165,58	465,08	465,08	I	2 008,91	1 852,25	1 695,58	1 538,91	1 382,25	1 228,25
	II	2 025,25	465,08	465,08	II	1 868,58	1 711,91	1 555,25	1 398,58	1 244,00	1 095,75
	III	1 462,83	465,08	465,08	III	1 336,50	1 213,33	1 093,50	976,83	863,33	753,16
	V	2 680,00	465,08	465,08	IV	2 087,25	2 008,91	1 930,58	1 852,25	1 773,91	1 695,58
	VI	2 723,25	465,08	465,08							
8 381,99 Ost	I,IV	2 173,33	465,08	465,08	I	2 016,66	1 860,00	1 703,33	1 546,66	1 390,00	1 235,75
	II	2 033,08	465,08	465,08	II	1 876,41	1 719,75	1 563,08	1 406,41	1 251,58	1 102,91
	III	1 469,16	465,08	465,08	III	1 342,66	1 219,50	1 099,33	982,50	869,00	758,50
	V	2 687,75	465,08	465,08	IV	2 095,00	2 016,66	1 938,33	1 860,00	1 781,66	1 703,33
	VI	2 731,08	465,08	465,08							
8 384,99 West	I,IV	2 166,83	465,08	465,08	I	2 010,16	1 853,50	1 696,83	1 540,16	1 383,50	1 229,41
	II	2 026,50	465,08	465,08	II	1 869,83	1 713,16	1 556,58	1 399,91	1 245,25	1 096,91
	III	1 463,83	465,08	465,08	III	1 337,50	1 214,33	1 094,50	977,66	864,16	754,00
	V	2 681,25	465,08	465,08	IV	2 088,50	2 010,16	1 931,83	1 853,50	1 775,16	1 696,83
	VI	2 724,50	465,08	465,08							
8 384,99 Ost	I,IV	2 174,58	465,08	465,08	I	2 017,91	1 861,25	1 704,66	1 548,00	1 391,33	1 236,91
	II	2 034,33	465,08	465,08	II	1 877,66	1 721,00	1 564,33	1 407,66	1 252,83	1 104,08
	III	1 470,16	465,08	465,08	III	1 343,66	1 220,50	1 100,33	983,50	869,83	759,33
	V	2 689,08	465,08	465,08	IV	2 096,25	2 017,91	1 939,58	1 861,25	1 782,91	1 704,66
	VI	2 732,33	465,08	465,08							
8 387,99 West	I,IV	2 168,08	465,08	465,08	I	2 011,41	1 854,75	1 698,08	1 541,41	1 384,75	1 230,66
	II	2 027,75	465,08	465,08	II	1 871,08	1 714,50	1 557,83	1 401,16	1 246,50	1 098,08
	III	1 464,83	465,08	465,08	III	1 338,50	1 215,33	1 095,33	978,66	865,16	754,83
	V	2 682,50	465,08	465,08	IV	2 089,75	2 011,41	1 933,08	1 854,75	1 776,41	1 698,08
	VI	2 725,75	465,08	465,08							
8 387,99 Ost	I,IV	2 175,83	465,08	465,08	I	2 019,16	1 862,58	1 705,91	1 549,25	1 392,58	1 238,16
	II	2 035,58	465,08	465,08	II	1 878,91	1 722,25	1 565,58	1 408,91	1 254,00	1 105,33
	III	1 471,16	465,08	465,08	III	1 344,66	1 221,33	1 101,33	984,33	870,66	760,33
	V	2 690,33	465,08	465,08	IV	2 097,50	2 019,16	1 940,91	1 862,58	1 784,25	1 705,91
	VI	2 733,58	465,08	465,08							

* Zur LSt-Berechnung für privat versicherte Arbeitnehmer s. Beispiele **Vorbemerkung S. 4 f.**
** Basisvorsorgepauschale KV und PV   *** Typisierter Arbeitgeberzuschuss

Lohn/ Gehalt in € bis	Steuerklasse	Lohn- steuer*	BVSP**	TAGZ***	Steuerklasse	Bemessungsgrundlage für Kirchensteuer und Solidaritätszuschlag					
						Freibeträge für ... Kinder					
						0,5	1,0	1,5	2,0	2,5	3,0
8390,99 West	I,IV	**2169,33**	465,08	465,08	I	2012,66	1856,00	1699,33	1542,66	1386,00	1231,83
	II	**2029,08**	465,08	465,08	II	1872,41	1715,75	1559,08	1402,41	1247,66	1099,25
	III	**1465,83**	465,08	465,08	III	1339,50	1216,33	1096,33	979,50	866,00	755,66
	V	**2683,75**	465,08	465,08	IV	2091,00	2012,66	1934,33	1856,00	1777,66	1699,33
	VI	**2727,00**	465,08	465,08							
8390,99 Ost	I,IV	**2177,16**	465,08	465,08	I	2020,50	1863,83	1707,16	1550,50	1393,83	1239,41
	II	**2036,83**	465,08	465,08	II	1880,16	1723,50	1566,83	1410,16	1255,25	1106,50
	III	**1472,33**	465,08	465,08	III	1345,66	1222,33	1102,33	985,33	871,66	761,16
	V	**2691,58**	465,08	465,08	IV	2098,83	2020,50	1942,16	1863,83	1785,50	1707,16
	VI	**2734,83**	465,08	465,08							
8393,99 West	I,IV	**2170,58**	465,08	465,08	I	2013,91	1857,25	1700,58	1543,91	1387,25	1233,08
	II	**2030,33**	465,08	465,08	II	1873,66	1717,00	1560,33	1403,66	1248,91	1100,41
	III	**1466,83**	465,08	465,08	III	1340,50	1217,33	1097,33	980,50	867,00	756,66
	V	**2685,00**	465,08	465,08	IV	2092,25	2013,91	1935,58	1857,25	1778,91	1700,58
	VI	**2728,25**	465,08	465,08							
8393,99 Ost	I,IV	**2178,41**	465,08	465,08	I	2021,75	1865,08	1708,41	1551,75	1395,08	1240,58
	II	**2038,08**	465,08	465,08	II	1881,41	1724,75	1568,16	1411,50	1256,50	1107,66
	III	**1473,33**	465,08	465,08	III	1346,66	1223,33	1103,16	986,33	872,50	762,00
	V	**2692,83**	465,08	465,08	IV	2100,08	2021,75	1943,41	1865,08	1786,75	1708,41
	VI	**2736,08**	465,08	465,08							
8396,99 West	I,IV	**2171,83**	465,08	465,08	I	2015,16	1858,50	1701,83	1545,16	1388,58	1234,25
	II	**2031,58**	465,08	465,08	II	1874,91	1718,25	1561,58	1404,91	1250,08	1101,58
	III	**1468,00**	465,08	465,08	III	1341,50	1218,16	1098,16	981,50	867,83	757,50
	V	**2686,25**	465,08	465,08	IV	2093,50	2015,16	1936,83	1858,50	1780,16	1701,83
	VI	**2729,58**	465,08	465,08							
8396,99 Ost	I,IV	**2179,66**	465,08	465,08	I	2023,00	1866,33	1709,66	1553,00	1396,33	1241,83
	II	**2039,33**	465,08	465,08	II	1882,66	1726,08	1569,41	1412,75	1257,66	1108,83
	III	**1474,33**	465,08	465,08	III	1347,66	1224,33	1104,16	987,16	873,50	762,83
	V	**2694,08**	465,08	465,08	IV	2101,33	2023,00	1944,66	1866,33	1788,00	1709,66
	VI	**2737,33**	465,08	465,08							
8399,99 West	I,IV	**2173,08**	465,08	465,08	I	2016,41	1859,75	1703,08	1546,50	1389,83	1235,50
	II	**2032,83**	465,08	465,08	II	1876,16	1719,50	1562,83	1406,16	1251,33	1102,75
	III	**1469,00**	465,08	465,08	III	1342,50	1219,16	1099,16	982,33	868,66	758,33
	V	**2687,58**	465,08	465,08	IV	2094,75	2016,41	1938,08	1859,75	1781,41	1703,08
	VI	**2730,83**	465,08	465,08							
8399,99 Ost	I,IV	**2180,91**	465,08	465,08	I	2024,25	1867,58	1710,91	1554,25	1397,58	1243,00
	II	**2040,66**	465,08	465,08	II	1884,00	1727,33	1570,66	1414,00	1258,91	1110,00
	III	**1475,33**	465,08	465,08	III	1348,66	1225,33	1105,16	988,16	874,33	763,83
	V	**2695,33**	465,08	465,08	IV	2102,58	2024,25	1945,91	1867,58	1789,25	1710,91
	VI	**2738,58**	465,08	465,08							
8402,99 West	I,IV	**2174,33**	465,08	465,08	I	2017,66	1861,08	1704,41	1547,75	1391,08	1236,75
	II	**2034,08**	465,08	465,08	II	1877,41	1720,75	1564,08	1407,41	1252,58	1103,91
	III	**1470,00**	465,08	465,08	III	1343,50	1220,16	1100,16	983,33	869,66	759,16
	V	**2688,83**	465,08	465,08	IV	2096,00	2017,66	1939,33	1861,08	1782,75	1704,41
	VI	**2732,08**	465,08	465,08							
8402,99 Ost	I,IV	**2182,16**	465,08	465,08	I	2025,50	1868,83	1712,16	1555,50	1398,83	1244,25
	II	**2041,91**	465,08	465,08	II	1885,25	1728,58	1571,91	1415,25	1260,16	1111,16
	III	**1476,33**	465,08	465,08	III	1349,66	1226,33	1106,00	989,00	875,33	764,66
	V	**2696,58**	465,08	465,08	IV	2103,83	2025,50	1947,16	1868,83	1790,50	1712,16
	VI	**2739,83**	465,08	465,08							
8405,99 West	I,IV	**2175,58**	465,08	465,08	I	2019,00	1862,33	1705,66	1549,00	1392,33	1237,91
	II	**2035,33**	465,08	465,08	II	1878,66	1722,00	1565,33	1408,66	1253,75	1105,08
	III	**1471,00**	465,08	465,08	III	1344,50	1221,16	1101,16	984,16	870,50	760,16
	V	**2690,08**	465,08	465,08	IV	2097,33	2019,00	1940,66	1862,33	1784,00	1705,66
	VI	**2733,33**	465,08	465,08							
8405,99 Ost	I,IV	**2183,41**	465,08	465,08	I	2026,75	1870,08	1713,41	1556,75	1400,16	1245,50
	II	**2043,16**	465,08	465,08	II	1886,50	1729,83	1573,16	1416,50	1261,33	1112,33
	III	**1477,50**	465,08	465,08	III	1350,66	1227,33	1107,00	990,00	876,16	765,50
	V	**2697,83**	465,08	465,08	IV	2105,08	2026,75	1948,41	1870,08	1791,75	1713,41
	VI	**2741,16**	465,08	465,08							

* Zur LSt-Berechnung für privat versicherte Arbeitnehmer s. Beispiele **Vorbemerkung S. 4f.**
** Basisvorsorgepauschale KV und PV   *** Typisierter Arbeitgeberzuschuss

Lohn/Gehalt in € bis	Steuerklasse	Lohnsteuer*	BVSP**	TAGZ***	Steuerklasse	Bemessungsgrundlage für Kirchensteuer und Solidaritätszuschlag Freibeträge für ... Kinder					
						0,5	1,0	1,5	2,0	2,5	3,0
8408,99 West	I,IV	**2176,91**	465,08	465,08	I	2020,25	1863,58	1706,91	1550,25	1393,58	1239,16
	II	**2036,58**	465,08	465,08	II	1879,91	1723,25	1566,58	1410,00	1255,00	1106,25
	III	**1472,00**	465,08	465,08	III	1345,50	1222,16	1102,00	985,16	871,50	761,00
	V	**2691,33**	465,08	465,08	IV	2098,58	2020,25	1941,91	1863,58	1785,25	1706,91
	VI	**2734,58**	465,08	465,08							
8408,99 Ost	I,IV	**2184,66**	465,08	465,08	I	2028,00	1871,33	1714,66	1558,08	1401,41	1246,66
	II	**2044,41**	465,08	465,08	II	1887,75	1731,08	1574,41	1417,75	1262,58	1113,50
	III	**1478,50**	465,08	465,08	III	1351,83	1228,33	1108,00	990,83	877,00	766,50
	V	**2699,16**	465,08	465,08	IV	2106,33	2028,00	1949,66	1871,33	1793,00	1714,66
	VI	**2742,41**	465,08	465,08							
8411,99 West	I,IV	**2178,16**	465,08	465,08	I	2021,50	1864,83	1708,16	1551,50	1394,83	1240,33
	II	**2037,83**	465,08	465,08	II	1881,16	1724,58	1567,91	1411,25	1256,25	1107,41
	III	**1473,00**	465,08	465,08	III	1346,50	1223,16	1103,00	986,00	872,33	761,83
	V	**2692,58**	465,08	465,08	IV	2099,83	2021,50	1943,16	1864,83	1786,50	1708,16
	VI	**2735,83**	465,08	465,08							
8411,99 Ost	I,IV	**2185,91**	465,08	465,08	I	2029,25	1872,66	1716,00	1559,33	1402,66	1247,91
	II	**2045,66**	465,08	465,08	II	1889,00	1732,33	1575,66	1419,00	1263,83	1114,66
	III	**1479,50**	465,08	465,08	III	1352,83	1229,16	1109,00	991,83	878,00	767,33
	V	**2700,41**	465,08	465,08	IV	2107,58	2029,25	1950,91	1872,66	1794,33	1716,00
	VI	**2743,66**	465,08	465,08							
8414,99 West	I,IV	**2179,41**	465,08	465,08	I	2022,75	1866,00	1709,41	1552,75	1396,08	1241,58
	II	**2039,08**	465,08	465,08	II	1882,50	1725,83	1569,16	1412,50	1257,41	1108,58
	III	**1474,16**	465,08	465,08	III	1347,50	1224,16	1104,00	987,00	873,16	762,66
	V	**2693,83**	465,08	465,08	IV	2101,08	2022,75	1944,41	1866,08	1787,75	1709,41
	VI	**2737,08**	465,08	465,08							
8414,99 Ost	I,IV	**2187,16**	465,08	465,08	I	2030,58	1873,91	1717,25	1560,58	1403,91	1249,16
	II	**2046,91**	465,08	465,08	II	1890,25	1733,58	1576,91	1420,25	1265,00	1115,83
	III	**1480,50**	465,08	465,08	III	1353,83	1230,16	1109,83	992,83	878,83	768,16
	V	**2701,66**	465,08	465,08	IV	2108,91	2030,58	1952,25	1873,91	1795,58	1717,25
	VI	**2744,91**	465,08	465,08							
8417,99 West	I,IV	**2180,66**	465,08	465,08	I	2024,00	1867,33	1710,66	1554,00	1397,33	1242,83
	II	**2040,41**	465,08	465,08	II	1883,75	1727,08	1570,41	1413,75	1258,66	1109,75
	III	**1475,16**	465,08	465,08	III	1348,50	1225,16	1104,83	988,00	874,16	763,66
	V	**2695,08**	465,08	465,08	IV	2102,33	2024,00	1945,66	1867,33	1789,00	1710,66
	VI	**2738,33**	465,08	465,08							
8417,99 Ost	I,IV	**2188,50**	465,08	465,08	I	2031,83	1875,16	1718,50	1561,83	1405,16	1250,33
	II	**2048,16**	465,08	465,08	II	1891,50	1734,83	1578,16	1421,58	1266,25	1117,00
	III	**1481,50**	465,08	465,08	III	1354,83	1231,16	1110,83	993,66	879,83	769,00
	V	**2702,91**	465,08	465,08	IV	2110,16	2031,83	1953,50	1875,16	1796,83	1718,50
	VI	**2746,16**	465,08	465,08							
8420,99 West	I,IV	**2181,91**	465,08	465,08	I	2025,25	1868,58	1711,91	1555,25	1398,58	1244,00
	II	**2041,66**	465,08	465,08	II	1885,00	1728,33	1571,66	1415,00	1259,91	1110,91
	III	**1476,16**	465,08	465,08	III	1349,50	1226,00	1105,83	988,83	875,00	764,50
	V	**2696,33**	465,08	465,08	IV	2103,58	2025,25	1946,91	1868,58	1790,25	1711,91
	VI	**2739,58**	465,08	465,08							
8420,99 Ost	I,IV	**2189,75**	465,08	465,08	I	2033,08	1876,41	1719,75	1563,08	1406,41	1251,58
	II	**2049,41**	465,08	465,08	II	1892,75	1736,16	1579,50	1422,83	1267,50	1118,16
	III	**1482,50**	465,08	465,08	III	1355,83	1232,16	1111,83	994,66	880,66	770,00
	V	**2704,16**	465,08	465,08	IV	2111,41	2033,08	1954,75	1876,41	1798,00	1719,75
	VI	**2747,41**	465,08	465,08							
8423,99 West	I,IV	**2183,16**	465,08	465,08	I	2026,50	1869,83	1713,16	1556,58	1399,91	1245,25
	II	**2042,91**	465,08	465,08	II	1886,25	1729,58	1572,91	1416,25	1261,08	1112,08
	III	**1477,16**	465,08	465,08	III	1350,50	1227,00	1106,83	989,83	876,00	765,33
	V	**2697,58**	465,08	465,08	IV	2104,83	2026,50	1948,16	1869,83	1791,50	1713,16
	VI	**2740,91**	465,08	465,08							
8423,99 Ost	I,IV	**2191,00**	465,08	465,08	I	2034,33	1877,66	1721,00	1564,33	1407,66	1252,83
	II	**2050,66**	465,08	465,08	II	1894,08	1737,41	1580,75	1424,08	1268,75	1119,33
	III	**1483,66**	465,08	465,08	III	1356,83	1233,16	1112,66	995,50	881,50	770,83
	V	**2705,41**	465,08	465,08	IV	2112,66	2034,33	1956,00	1877,66	1799,33	1721,00
	VI	**2748,66**	465,08	465,08							

* Zur LSt-Berechnung für privat versicherte Arbeitnehmer s. Beispiele **Vorbemerkung S. 4 f.**
** Basisvorsorgepauschale KV und PV *** Typisierter Arbeitgeberzuschuss

Lohn/ Gehalt in € bis	Steuerklasse	Lohn-steuer*	BVSP**	TAGZ***	Steuerklasse	Bemessungsgrundlage für Kirchensteuer und Solidaritätszuschlag Freibeträge für ... Kinder					
						0,5	1,0	1,5	2,0	2,5	3,0
8426,99 West	I,IV	2184,41	465,08	465,08	I	2027,75	1871,08	1714,50	1557,83	1401,16	1246,50
	II	2044,16	465,08	465,08	II	1887,50	1730,83	1574,16	1417,50	1262,33	1113,25
	III	1478,16	465,08	465,08	III	1351,50	1228,00	1107,83	990,66	876,83	766,16
	V	2698,91	465,08	465,08	IV	2106,08	2027,75	1949,41	1871,08	1792,83	1714,50
	VI	2742,16	465,08	465,08							
8426,99 Ost	I,IV	2192,25	465,08	465,08	I	2035,58	1878,91	1722,25	1565,58	1408,91	1254,00
	II	2052,00	465,08	465,08	II	1895,33	1738,66	1582,00	1425,33	1269,91	1120,58
	III	1484,66	465,08	465,08	III	1357,83	1234,16	1113,66	996,50	882,50	771,66
	V	2706,66	465,08	465,08	IV	2113,91	2035,58	1957,25	1878,91	1800,58	1722,25
	VI	2749,91	465,08	465,08							
8429,99 West	I,IV	2185,66	465,08	465,08	I	2029,08	1872,41	1715,75	1559,08	1402,41	1247,66
	II	2045,41	465,08	465,08	II	1888,75	1732,08	1575,41	1418,75	1263,58	1114,41
	III	1479,33	465,08	465,08	III	1352,50	1229,00	1108,66	991,66	877,83	767,16
	V	2700,16	465,08	465,08	IV	2107,33	2029,08	1950,75	1872,41	1794,08	1715,75
	VI	2743,41	465,08	465,08							
8429,99 Ost	I,IV	2193,50	465,08	465,08	I	2036,83	1880,16	1723,50	1566,83	1410,16	1255,25
	II	2053,25	465,08	465,08	II	1896,58	1739,91	1583,25	1426,58	1271,16	1121,75
	III	1485,66	465,08	465,08	III	1358,83	1235,16	1114,66	997,33	883,33	772,50
	V	2707,91	465,08	465,08	IV	2115,16	2036,83	1958,50	1880,16	1801,83	1723,50
	VI	2751,25	465,08	465,08							
8432,99 West	I,IV	2187,00	465,08	465,08	I	2030,33	1873,66	1717,00	1560,33	1403,66	1248,91
	II	2046,66	465,08	465,08	II	1890,00	1733,33	1576,66	1420,00	1264,83	1115,58
	III	1480,33	465,08	465,08	III	1353,50	1230,00	1109,66	992,50	878,66	768,00
	V	2701,41	465,08	465,08	IV	2108,66	2030,33	1952,00	1873,66	1795,33	1717,00
	VI	2744,66	465,08	465,08							
8432,99 Ost	I,IV	2194,75	465,08	465,08	I	2038,08	1881,41	1724,75	1568,16	1411,50	1256,50
	II	2054,50	465,08	465,08	II	1897,83	1741,16	1584,50	1427,83	1272,41	1122,91
	III	1486,66	465,08	465,08	III	1359,83	1236,16	1115,66	998,33	884,33	773,50
	V	2709,25	465,08	465,08	IV	2116,41	2038,08	1959,75	1881,41	1803,08	1724,75
	VI	2752,50	465,08	465,08							
8435,99 West	I,IV	2188,25	465,08	465,08	I	2031,58	1874,91	1718,25	1561,58	1404,91	1250,08
	II	2047,91	465,08	465,08	II	1891,25	1734,58	1578,00	1421,33	1266,00	1116,75
	III	1481,33	465,08	465,08	III	1354,50	1231,00	1110,66	993,50	879,50	768,83
	V	2702,66	465,08	465,08	IV	2109,91	2031,58	1953,25	1874,91	1796,58	1718,25
	VI	2745,91	465,08	465,08							
8435,99 Ost	I,IV	2196,00	465,08	465,08	I	2039,33	1882,66	1726,08	1569,41	1412,75	1257,66
	II	2055,75	465,08	465,08	II	1899,08	1742,41	1585,75	1429,08	1273,66	1124,08
	III	1487,83	465,08	465,08	III	1360,83	1237,16	1116,50	999,33	885,16	774,33
	V	2710,50	465,08	465,08	IV	2117,66	2039,33	1961,00	1882,66	1804,41	1726,08
	VI	2753,75	465,08	465,08							
8438,99 West	I,IV	2189,50	465,08	465,08	I	2032,83	1876,16	1719,50	1562,83	1406,16	1251,33
	II	2049,16	465,08	465,08	II	1892,58	1735,91	1579,25	1422,58	1267,25	1118,00
	III	1482,33	465,08	465,08	III	1355,50	1232,00	1111,50	994,50	880,50	769,66
	V	2703,91	465,08	465,08	IV	2111,16	2032,83	1954,50	1876,16	1797,83	1719,50
	VI	2747,16	465,08	465,08							
8438,99 Ost	I,IV	2197,25	465,08	465,08	I	2040,66	1884,00	1727,33	1570,66	1414,00	1258,91
	II	2057,00	465,08	465,08	II	1900,33	1743,66	1587,00	1430,33	1274,83	1125,25
	III	1488,83	465,08	465,08	III	1361,83	1238,00	1117,50	1000,16	886,16	775,16
	V	2711,75	465,08	465,08	IV	2118,91	2040,66	1962,33	1884,00	1805,66	1727,33
	VI	2755,00	465,08	465,08							
8441,99 West	I,IV	2190,75	465,08	465,08	I	2034,08	1877,41	1720,75	1564,08	1407,41	1252,58
	II	2050,50	465,08	465,08	II	1893,83	1737,16	1580,50	1423,83	1268,50	1119,16
	III	1483,33	465,08	465,08	III	1356,50	1233,00	1112,50	995,33	881,33	770,66
	V	2705,16	465,08	465,08	IV	2112,41	2034,08	1955,75	1877,41	1799,08	1720,75
	VI	2748,41	465,08	465,08							
8441,99 Ost	I,IV	2198,58	465,08	465,08	I	2041,91	1885,25	1728,58	1571,91	1415,25	1260,16
	II	2058,25	465,08	465,08	II	1901,58	1744,91	1588,25	1431,66	1276,08	1126,41
	III	1489,83	465,08	465,08	III	1362,83	1239,00	1118,50	1001,16	887,00	776,00
	V	2713,00	465,08	465,08	IV	2120,25	2041,91	1963,58	1885,25	1806,91	1728,58
	VI	2756,25	465,08	465,08							

* Zur LSt-Berechnung für privat versicherte Arbeitnehmer s. Beispiele **Vorbemerkung S. 4f.**
** Basisvorsorgepauschale KV und PV *** Typisierter Arbeitgeberzuschuss

Lohn/Gehalt in € bis	Steuerklasse	Lohn-steuer*	BVSP**	TAGZ***	Steuerklasse	Bemessungsgrundlage für Kirchensteuer und Solidaritätszuschlag Freibeträge für ... Kinder					
						0,5	1,0	1,5	2,0	2,5	3,0
8444,99 West	I,IV	**2192,00**	465,08	465,08	I	2035,33	1878,66	1722,00	1565,33	1408,66	1253,75
	II	**2051,75**	465,08	465,08	II	1895,08	1738,41	1581,75	1425,08	1269,66	1120,33
	III	**1484,50**	465,08	465,08	III	1357,50	1234,00	1113,50	996,33	882,33	771,50
	V	**2706,41**	465,08	465,08	IV	2113,66	2035,33	1957,00	1878,66	1800,33	1722,00
	VI	**2749,66**	465,08	465,08							
8444,99 Ost	I,IV	**2199,83**	465,08	465,08	I	2043,16	1886,66	1729,83	1573,16	1416,50	1261,33
	II	**2059,50**	465,08	465,08	II	1902,83	1746,16	1589,58	1432,91	1277,33	1127,58
	III	**1490,83**	465,08	465,08	III	1363,83	1240,00	1119,50	1002,00	887,83	777,00
	V	**2714,25**	465,08	465,08	IV	2121,50	2043,16	1964,83	1886,50	1808,16	1729,83
	VI	**2757,50**	465,08	465,08							
8447,99 West	I,IV	**2193,25**	465,08	465,08	I	2036,58	1879,91	1723,25	1566,58	1410,00	1255,00
	II	**2053,00**	465,08	465,08	II	1896,33	1739,66	1583,00	1426,33	1270,91	1121,50
	III	**1485,50**	465,08	465,08	III	1358,50	1234,83	1114,50	997,16	883,16	772,33
	V	**2707,66**	465,08	465,08	IV	2114,91	2036,58	1958,25	1879,91	1801,58	1723,25
	VI	**2751,00**	465,08	465,08							
8447,99 Ost	I,IV	**2201,08**	465,08	465,08	I	2044,41	1887,75	1731,08	1574,41	1417,75	1262,58
	II	**2060,75**	465,08	465,08	II	1904,16	1747,50	1590,83	1434,16	1278,58	1128,75
	III	**1491,83**	465,08	465,08	III	1364,83	1241,00	1120,33	1003,00	888,83	777,83
	V	**2715,50**	465,08	465,08	IV	2122,75	2044,41	1966,08	1887,75	1809,41	1731,08
	VI	**2758,75**	465,08	465,08							
8450,99 West	I,IV	**2194,50**	465,08	465,08	I	2037,83	1881,16	1724,58	1567,91	1411,25	1256,25
	II	**2054,25**	465,08	465,08	II	1897,58	1740,91	1584,25	1427,58	1272,16	1122,66
	III	**1486,50**	465,08	465,08	III	1359,66	1235,83	1115,33	998,16	884,16	773,16
	V	**2709,00**	465,08	465,08	IV	2116,16	2037,83	1959,50	1881,16	1802,83	1724,58
	VI	**2752,25**	465,08	465,08							
8450,99 Ost	I,IV	**2202,33**	465,08	465,08	I	2045,66	1889,00	1732,33	1575,66	1419,00	1263,83
	II	**2062,08**	465,08	465,08	II	1905,41	1748,75	1592,08	1435,41	1279,75	1130,00
	III	**1493,00**	465,08	465,08	III	1365,83	1242,00	1121,33	1004,00	889,66	778,66
	V	**2716,75**	465,08	465,08	IV	2124,00	2045,66	1967,33	1889,00	1810,66	1732,33
	VI	**2760,00**	465,08	465,08							
8453,99 West	I,IV	**2195,75**	465,08	465,08	I	2039,08	1882,50	1725,83	1569,16	1412,50	1257,41
	II	**2055,50**	465,08	465,08	II	1898,83	1742,16	1585,50	1428,83	1273,41	1123,83
	III	**1487,50**	465,08	465,08	III	1360,66	1236,83	1116,33	999,00	885,00	774,16
	V	**2710,25**	465,08	465,08	IV	2117,41	2039,08	1960,83	1882,50	1804,16	1725,83
	VI	**2753,50**	465,08	465,08							
8453,99 Ost	I,IV	**2203,58**	465,08	465,08	I	2046,91	1890,25	1733,58	1576,91	1420,25	1265,00
	II	**2063,33**	465,08	465,08	II	1906,66	1750,00	1593,33	1436,66	1281,00	1131,16
	III	**1494,00**	465,08	465,08	III	1366,83	1243,00	1122,33	1004,83	890,66	779,66
	V	**2718,00**	465,08	465,08	IV	2125,25	2046,91	1968,58	1890,25	1811,91	1733,58
	VI	**2761,25**	465,08	465,08							
8456,99 West	I,IV	**2197,08**	465,08	465,08	I	2040,41	1883,75	1727,08	1570,41	1413,75	1258,66
	II	**2056,75**	465,08	465,08	II	1900,08	1743,41	1586,75	1430,08	1274,58	1125,00
	III	**1488,50**	465,08	465,08	III	1361,66	1237,83	1117,33	1000,00	885,83	775,00
	V	**2711,50**	465,08	465,08	IV	2118,75	2040,41	1962,08	1883,75	1805,41	1727,08
	VI	**2754,75**	465,08	465,08							
8456,99 Ost	I,IV	**2204,83**	465,08	465,08	I	2048,16	1891,50	1734,83	1578,16	1421,58	1266,25
	II	**2064,58**	465,08	465,08	II	1907,91	1751,25	1594,58	1437,91	1282,25	1132,33
	III	**1495,00**	465,08	465,08	III	1367,83	1244,00	1123,33	1005,83	891,50	780,50
	V	**2719,25**	465,08	465,08	IV	2126,50	2048,16	1969,83	1891,50	1813,16	1734,83
	VI	**2762,58**	465,08	465,08							
8459,99 West	I,IV	**2198,33**	465,08	465,08	I	2041,66	1885,00	1728,33	1571,66	1415,00	1259,91
	II	**2058,00**	465,08	465,08	II	1901,33	1744,66	1588,00	1431,41	1275,83	1126,16
	III	**1489,66**	465,08	465,08	III	1362,66	1238,83	1118,33	1001,00	886,83	775,83
	V	**2712,75**	465,08	465,08	IV	2120,00	2041,66	1963,33	1885,00	1806,66	1728,33
	VI	**2756,00**	465,08	465,08							
8459,99 Ost	I,IV	**2206,08**	465,08	465,08	I	2049,41	1892,75	1736,16	1579,50	1422,83	1267,50
	II	**2065,83**	465,08	465,08	II	1909,16	1752,50	1595,83	1439,16	1283,50	1133,50
	III	**1496,00**	465,08	465,08	III	1368,83	1245,00	1124,16	1006,66	892,50	781,33
	V	**2720,58**	465,08	465,08	IV	2127,75	2049,41	1971,08	1892,75	1814,41	1736,16
	VI	**2763,83**	465,08	465,08							

* Zur LSt-Berechnung für privat versicherte Arbeitnehmer s. Beispiele **Vorbemerkung S. 4 f.**
** Basisvorsorgepauschale KV und PV   *** Typisierter Arbeitgeberzuschuss

Lohn/ Gehalt in € bis	Steuerklasse	Lohn-steuer*	BVSP**	TAGZ***	Steuerklasse	Bemessungsgrundlage für Kirchensteuer und Solidaritätszuschlag					
						Freibeträge für ... Kinder					
						0,5	1,0	1,5	2,0	2,5	3,0
8 462,99 West	I,IV	**2 199,58**	465,08	465,08	I	2 042,91	1 886,25	1 729,58	1 572,91	1 416,25	1 261,08
	II	**2 059,25**	465,08	465,08	II	1 902,58	1 746,00	1 589,33	1 432,66	1 277,08	1 127,41
	III	**1 490,66**	465,08	465,08	III	1 363,66	1 239,83	1 119,16	1 001,83	887,66	776,83
	V	**2 714,00**	465,08	465,08	IV	2 121,25	2 042,91	1 964,58	1 886,25	1 807,91	1 729,58
	VI	**2 757,25**	465,08	465,08							
8 462,99 Ost	I,IV	**2 207,33**	465,08	465,08	I	2 050,66	1 894,00	1 737,41	1 580,75	1 424,08	1 268,75
	II	**2 067,08**	465,08	465,08	II	1 910,41	1 753,75	1 597,00	1 440,41	1 284,66	1 134,66
	III	**1 497,00**	465,08	465,08	III	1 369,83	1 246,00	1 125,16	1 007,66	893,33	782,16
	V	**2 721,83**	465,08	465,08	IV	2 129,00	2 050,66	1 972,41	1 894,08	1 815,75	1 737,41
	VI	**2 765,08**	465,08	465,08							
8 465,99 West	I,IV	**2 200,83**	465,08	465,08	I	2 044,16	1 887,50	1 730,83	1 574,16	1 417,50	1 262,33
	II	**2 060,58**	465,08	465,08	II	1 903,91	1 747,25	1 590,58	1 433,91	1 278,33	1 128,58
	III	**1 491,66**	465,08	465,08	III	1 364,66	1 240,83	1 120,16	1 002,83	888,66	777,66
	V	**2 715,25**	465,08	465,08	IV	2 122,50	2 044,16	1 965,83	1 887,50	1 809,16	1 730,83
	VI	**2 758,50**	465,08	465,08							
8 465,99 Ost	I,IV	**2 208,66**	465,08	465,08	I	2 052,00	1 895,33	1 738,66	1 582,00	1 425,33	1 269,91
	II	**2 068,33**	465,08	465,08	II	1 911,66	1 755,00	1 598,33	1 441,66	1 285,91	1 135,83
	III	**1 498,16**	465,08	465,08	III	1 370,83	1 247,00	1 126,16	1 008,66	894,16	783,16
	V	**2 723,08**	465,08	465,08	IV	2 130,33	2 052,00	1 973,66	1 895,33	1 817,00	1 738,66
	VI	**2 766,33**	465,08	465,08							
8 468,99 West	I,IV	**2 202,08**	465,08	465,08	I	2 045,41	1 888,75	1 732,08	1 575,41	1 418,75	1 263,58
	II	**2 061,83**	465,08	465,08	II	1 905,16	1 748,50	1 591,83	1 435,16	1 279,50	1 129,75
	III	**1 492,66**	465,08	465,08	III	1 365,66	1 241,83	1 121,16	1 003,66	889,50	778,50
	V	**2 716,50**	465,08	465,08	IV	2 123,75	2 045,41	1 967,08	1 888,75	1 810,41	1 732,08
	VI	**2 759,75**	465,08	465,08							
8 468,99 Ost	I,IV	**2 209,91**	465,08	465,08	I	2 053,25	1 896,58	1 739,91	1 583,25	1 426,58	1 271,16
	II	**2 069,58**	465,08	465,08	II	1 912,91	1 756,25	1 599,66	1 443,00	1 287,16	1 137,08
	III	**1 499,16**	465,08	465,08	III	1 372,00	1 247,83	1 127,16	1 009,50	895,16	784,00
	V	**2 724,33**	465,08	465,08	IV	2 131,58	2 053,25	1 974,91	1 896,58	1 818,25	1 739,91
	VI	**2 767,58**	465,08	465,08							
8 471,99 West	I,IV	**2 203,33**	465,08	465,08	I	2 046,66	1 890,00	1 733,33	1 576,66	1 420,00	1 264,83
	II	**2 063,08**	465,08	465,08	II	1 906,41	1 749,75	1 593,08	1 436,41	1 280,75	1 130,91
	III	**1 493,66**	465,08	465,08	III	1 366,66	1 242,83	1 122,16	1 004,66	890,50	779,33
	V	**2 717,75**	465,08	465,08	IV	2 125,00	2 046,66	1 968,33	1 890,00	1 811,66	1 733,33
	VI	**2 761,08**	465,08	465,08							
8 471,99 Ost	I,IV	**2 211,16**	465,08	465,08	I	2 054,50	1 897,83	1 741,16	1 584,50	1 427,83	1 272,41
	II	**2 070,83**	465,08	465,08	II	1 914,16	1 757,58	1 600,91	1 444,25	1 288,41	1 138,25
	III	**1 500,16**	465,08	465,08	III	1 373,00	1 248,83	1 128,00	1 010,50	896,00	784,83
	V	**2 725,58**	465,08	465,08	IV	2 132,83	2 054,50	1 976,16	1 897,83	1 819,50	1 741,16
	VI	**2 768,83**	465,08	465,08							
8 474,99 West	I,IV	**2 204,58**	465,08	465,08	I	2 047,91	1 891,25	1 734,58	1 578,00	1 421,33	1 266,00
	II	**2 064,33**	465,08	465,08	II	1 907,66	1 751,00	1 594,33	1 437,66	1 282,00	1 132,08
	III	**1 494,83**	465,08	465,08	III	1 367,66	1 243,66	1 123,00	1 005,66	891,33	780,33
	V	**2 719,08**	465,08	465,08	IV	2 126,25	2 047,91	1 969,58	1 891,25	1 812,91	1 734,58
	VI	**2 762,33**	465,08	465,08							
8 474,99 Ost	I,IV	**2 212,41**	465,08	465,08	I	2 055,75	1 899,08	1 742,41	1 585,75	1 429,08	1 273,66
	II	**2 072,16**	465,08	465,08	II	1 915,50	1 758,83	1 602,16	1 445,50	1 289,66	1 139,41
	III	**1 501,16**	465,08	465,08	III	1 374,00	1 249,83	1 129,00	1 011,33	897,00	785,83
	V	**2 726,83**	465,08	465,08	IV	2 134,08	2 055,75	1 977,41	1 899,08	1 820,75	1 742,41
	VI	**2 770,08**	465,08	465,08							
8 477,99 West	I,IV	**2 205,83**	465,08	465,08	I	2 049,16	1 892,58	1 735,91	1 579,25	1 422,58	1 267,25
	II	**2 065,58**	465,08	465,08	II	1 908,91	1 752,25	1 595,58	1 438,91	1 283,25	1 133,25
	III	**1 495,83**	465,08	465,08	III	1 368,66	1 244,66	1 124,00	1 006,50	892,16	781,16
	V	**2 720,33**	465,08	465,08	IV	2 127,50	2 049,16	1 970,83	1 892,58	1 814,25	1 735,91
	VI	**2 763,58**	465,08	465,08							
8 477,99 Ost	I,IV	**2 213,66**	465,08	465,08	I	2 057,00	1 900,33	1 743,66	1 587,00	1 430,33	1 274,83
	II	**2 073,41**	465,08	465,08	II	1 916,75	1 760,08	1 603,41	1 446,75	1 290,83	1 140,58
	III	**1 502,33**	465,08	465,08	III	1 375,00	1 250,83	1 130,00	1 012,33	897,83	786,66
	V	**2 728,08**	465,08	465,08	IV	2 135,33	2 057,00	1 978,66	1 900,33	1 822,00	1 743,66
	VI	**2 771,33**	465,08	465,08							

* Zur LSt-Berechnung für privat versicherte Arbeitnehmer s. Beispiele **Vorbemerkung S. 4f.**
** Basisvorsorgepauschale KV und PV   *** Typisierter Arbeitgeberzuschuss

Lohn/Gehalt in € bis	Steuerklasse	Lohnsteuer*	BVSP**	TAGZ***	Steuerklasse	Bemessungsgrundlage für Kirchensteuer und Solidaritätszuschlag — Freibeträge für ... Kinder					
						0,5	1,0	1,5	2,0	2,5	3,0
8480,99 West	I,IV	2207,08	465,08	465,08	I	2050,50	1893,83	1737,16	1580,50	1423,83	1268,50
	II	2066,83	465,08	465,08	II	1910,16	1753,50	1596,83	1440,16	1284,50	1134,41
	III	1496,83	465,08	465,08	III	1369,66	1245,66	1125,00	1007,50	893,16	782,00
	V	2721,58	465,08	465,08	IV	2128,83	2050,50	1972,16	1893,83	1815,50	1737,16
	VI	2764,83	465,08	465,08							
8480,99 Ost	I,IV	2214,91	465,08	465,08	I	2058,25	1901,58	1744,91	1588,25	1431,66	1276,08
	II	2074,66	465,08	465,08	II	1918,00	1761,33	1604,66	1448,00	1292,08	1141,75
	III	1503,33	465,08	465,08	III	1376,00	1251,83	1131,00	1013,33	898,83	787,50
	V	2729,33	465,08	465,08	IV	2136,58	2058,25	1979,91	1901,58	1823,25	1744,91
	VI	2772,66	465,08	465,08							
8483,99 West	I,IV	2208,41	465,08	465,08	I	2051,75	1895,08	1738,41	1581,75	1425,08	1269,66
	II	2068,08	465,08	465,08	II	1911,41	1754,75	1598,08	1441,50	1285,66	1135,66
	III	1497,83	465,08	465,08	III	1370,66	1246,66	1126,00	1008,33	894,00	783,00
	V	2722,83	465,08	465,08	IV	2130,08	2051,75	1973,41	1895,08	1816,75	1738,41
	VI	2766,08	465,08	465,08							
8483,99 Ost	I,IV	2216,16	465,08	465,08	I	2059,50	1902,83	1746,16	1589,58	1432,91	1277,33
	II	2075,91	465,08	465,08	II	1919,25	1762,58	1605,91	1449,25	1293,33	1142,91
	III	1504,33	465,08	465,08	III	1377,00	1252,83	1131,83	1014,16	899,66	788,33
	V	2730,66	465,08	465,08	IV	2137,83	2059,50	1981,16	1902,83	1824,50	1746,16
	VI	2773,91	465,08	465,08							
8486,99 West	I,IV	2209,66	465,08	465,08	I	2053,00	1896,33	1739,66	1583,00	1426,33	1270,91
	II	2069,33	465,08	465,08	II	1912,66	1756,08	1599,41	1442,75	1286,91	1136,83
	III	1499,00	465,08	465,08	III	1371,66	1247,66	1126,83	1009,33	895,00	783,83
	V	2724,08	465,08	465,08	IV	2131,33	2053,00	1974,66	1896,33	1818,00	1739,66
	VI	2767,33	465,08	465,08							
8486,99 Ost	I,IV	2217,41	465,08	465,08	I	2060,75	1904,16	1747,50	1590,83	1434,16	1278,58
	II	2077,16	465,08	465,08	II	1920,50	1763,83	1607,16	1450,50	1294,58	1144,16
	III	1505,33	465,08	465,08	III	1378,00	1253,83	1132,83	1015,16	900,66	789,33
	V	2731,91	465,08	465,08	IV	2139,08	2060,75	1982,41	1904,16	1825,83	1747,50
	VI	2775,16	465,08	465,08							
8489,99 West	I,IV	2210,91	465,08	465,08	I	2054,25	1897,58	1740,91	1584,25	1427,58	1272,16
	II	2070,58	465,08	465,08	II	1914,00	1757,33	1600,66	1444,00	1288,16	1138,00
	III	1500,00	465,08	465,08	III	1372,66	1248,66	1127,83	1010,16	895,83	784,66
	V	2725,33	465,08	465,08	IV	2132,58	2054,25	1975,91	1897,58	1819,25	1740,91
	VI	2768,58	465,08	465,08							
8489,99 Ost	I,IV	2218,66	465,08	465,08	I	2062,08	1905,41	1748,75	1592,08	1435,41	1279,75
	II	2078,41	465,08	465,08	II	1921,75	1765,08	1608,41	1451,75	1295,83	1145,33
	III	1506,33	465,08	465,08	III	1379,00	1254,83	1133,83	1016,00	901,50	790,16
	V	2733,16	465,08	465,08	IV	2140,41	2062,08	1983,75	1905,41	1827,08	1748,75
	VI	2776,41	465,08	465,08							
8492,99 West	I,IV	2212,16	465,08	465,08	I	2055,50	1898,83	1742,16	1585,50	1428,83	1273,41
	II	2071,91	465,08	465,08	II	1915,25	1758,58	1601,91	1445,25	1289,41	1139,16
	III	1501,00	465,08	465,08	III	1373,66	1249,66	1128,83	1011,16	896,83	785,50
	V	2726,58	465,08	465,08	IV	2133,83	2055,50	1977,16	1898,83	1820,50	1742,16
	VI	2769,83	465,08	465,08							
8492,99 Ost	I,IV	2220,00	465,08	465,08	I	2063,33	1906,66	1750,00	1593,33	1436,66	1281,00
	II	2079,66	465,08	465,08	II	1923,00	1766,33	1609,66	1453,08	1297,08	1146,50
	III	1507,50	465,08	465,08	III	1380,00	1255,83	1134,83	1017,00	902,33	791,00
	V	2734,41	465,08	465,08	IV	2141,66	2063,33	1985,00	1906,66	1828,33	1750,00
	VI	2777,66	465,08	465,08							
8495,99 West	I,IV	2213,41	465,08	465,08	I	2056,75	1900,08	1743,41	1586,75	1430,08	1274,58
	II	2073,16	465,08	465,08	II	1916,50	1759,83	1603,16	1446,50	1290,66	1140,33
	III	1502,00	465,08	465,08	III	1374,66	1250,66	1129,83	1012,16	897,66	786,50
	V	2727,83	465,08	465,08	IV	2135,08	2056,75	1978,41	1900,08	1821,75	1743,41
	VI	2771,08	465,08	465,08							
8495,99 Ost	I,IV	2221,25	465,08	465,08	I	2064,58	1907,91	1751,25	1594,58	1437,91	1282,25
	II	2080,91	465,08	465,08	II	1924,25	1767,66	1611,00	1454,33	1298,25	1147,66
	III	1508,50	465,08	465,08	III	1381,00	1256,83	1135,66	1018,00	903,33	792,00
	V	2735,66	465,08	465,08	IV	2142,91	2064,58	1986,25	1907,91	1829,58	1751,25
	VI	2778,91	465,08	465,08							

* Zur LSt-Berechnung für privat versicherte Arbeitnehmer s. Beispiele **Vorbemerkung S. 4 f.**
** Basisvorsorgepauschale KV und PV   *** Typisierter Arbeitgeberzuschuss

Lohn/ Gehalt in € bis	Steuerklasse	Lohn-steuer*	BVSP**	TAGZ***	Steuerklasse	Bemessungsgrundlage für Kirchensteuer und Solidaritätszuschlag Freibeträge für ... Kinder					
						0,5	1,0	1,5	2,0	2,5	3,0
8498,99 West	I,IV	**2214,66**	465,08	465,08	I	2058,00	1901,33	1744,66	1588,08	1431,41	1275,83
	II	**2074,41**	465,08	465,08	II	1917,75	1761,08	1604,41	1447,75	1291,83	1141,58
	III	**1503,00**	465,08	465,08	III	1375,66	1251,66	1130,66	1013,00	898,50	787,33
	V	**2729,08**	465,08	465,08	IV	2136,33	2058,00	1979,66	1901,33	1823,00	1744,66
	VI	**2772,41**	465,08	465,08							
8498,99 Ost	I,IV	**2222,50**	465,08	465,08	I	2065,83	1909,16	1752,50	1595,83	1439,16	1283,50
	II	**2082,16**	465,08	465,08	II	1925,58	1768,91	1612,25	1455,58	1299,50	1148,91
	III	**1509,50**	465,08	465,08	III	1382,00	1257,83	1136,66	1018,83	904,16	792,83
	V	**2736,91**	465,08	465,08	IV	2144,16	2065,83	1987,50	1909,16	1830,83	1752,50
	VI	**2780,16**	465,08	465,08							
8501,99 West	I,IV	**2215,91**	465,08	465,08	I	2059,25	1902,58	1746,00	1589,33	1432,66	1277,08
	II	**2075,66**	465,08	465,08	II	1919,00	1762,33	1605,66	1449,00	1293,08	1142,75
	III	**1504,16**	465,08	465,08	III	1376,66	1252,66	1131,66	1014,00	899,50	788,16
	V	**2730,41**	465,08	465,08	IV	2137,58	2059,25	1980,91	1902,58	1824,33	1746,00
	VI	**2773,66**	465,08	465,08							
8501,99 Ost	I,IV	**2223,75**	465,08	465,08	I	2067,08	1910,41	1753,75	1597,08	1440,41	1284,66
	II	**2083,50**	465,08	465,08	II	1926,83	1770,16	1613,50	1456,83	1300,75	1150,08
	III	**1510,50**	465,08	465,08	III	1383,00	1258,66	1137,66	1019,83	905,16	793,66
	V	**2738,16**	465,08	465,08	IV	2145,41	2067,08	1988,75	1910,41	1832,08	1753,75
	VI	**2781,41**	465,08	465,08							
8504,99 West	I,IV	**2217,16**	465,08	465,08	I	2060,58	1903,91	1747,25	1590,58	1433,91	1278,33
	II	**2076,91**	465,08	465,08	II	1920,25	1763,58	1606,91	1450,25	1294,33	1143,91
	III	**1505,16**	465,08	465,08	III	1377,83	1253,66	1132,66	1014,83	900,33	789,16
	V	**2731,66**	465,08	465,08	IV	2138,83	2060,58	1982,25	1903,91	1825,58	1747,25
	VI	**2774,91**	465,08	465,08							
8504,99 Ost	I,IV	**2225,00**	465,08	465,08	I	2068,33	1911,66	1755,00	1598,33	1441,66	1285,91
	II	**2084,75**	465,08	465,08	II	1928,00	1771,41	1614,75	1458,08	1302,00	1151,25
	III	**1511,66**	465,08	465,08	III	1384,00	1259,66	1138,66	1020,66	906,00	794,66
	V	**2739,41**	465,08	465,08	IV	2146,66	2068,33	1990,00	1911,66	1833,33	1755,00
	VI	**2782,75**	465,08	465,08							
8507,99 West	I,IV	**2218,50**	465,08	465,08	I	2061,83	1905,16	1748,50	1591,83	1435,16	1279,50
	II	**2078,16**	465,08	465,08	II	1921,50	1764,83	1608,16	1451,58	1295,58	1145,08
	III	**1506,16**	465,08	465,08	III	1378,83	1254,50	1133,66	1015,83	901,33	790,00
	V	**2732,91**	465,08	465,08	IV	2140,16	2061,83	1983,50	1905,16	1826,83	1748,50
	VI	**2776,16**	465,08	465,08							
8507,99 Ost	I,IV	**2226,25**	465,08	465,08	I	2069,58	1912,91	1756,25	1599,66	1443,00	1287,16
	II	**2086,00**	465,08	465,08	II	1929,33	1772,66	1616,00	1459,33	1303,25	1152,41
	III	**1512,66**	465,08	465,08	III	1385,00	1260,66	1139,66	1021,66	907,00	795,50
	V	**2740,75**	465,08	465,08	IV	2147,91	2069,58	1991,25	1912,91	1834,58	1756,25
	VI	**2784,00**	465,08	465,08							
8510,99 West	I,IV	**2219,75**	465,08	465,08	I	2063,08	1906,41	1749,75	1593,08	1436,41	1280,75
	II	**2079,41**	465,08	465,08	II	1922,75	1766,08	1609,50	1452,83	1296,83	1146,25
	III	**1507,16**	465,08	465,08	III	1379,83	1255,50	1134,50	1016,83	902,16	790,83
	V	**2734,16**	465,08	465,08	IV	2141,41	2063,08	1984,75	1906,41	1828,08	1749,75
	VI	**2777,41**	465,08	465,08							
8510,99 Ost	I,IV	**2227,50**	465,08	465,08	I	2070,83	1914,16	1757,58	1600,91	1444,25	1288,41
	II	**2087,25**	465,08	465,08	II	1930,58	1773,91	1617,25	1460,58	1304,50	1153,66
	III	**1513,66**	465,08	465,08	III	1386,16	1261,66	1140,50	1022,66	907,83	796,33
	V	**2742,00**	465,08	465,08	IV	2149,16	2070,83	1992,50	1914,16	1835,91	1757,58
	VI	**2785,25**	465,08	465,08							
8513,99 West	I,IV	**2221,00**	465,08	465,08	I	2064,33	1907,66	1751,00	1594,33	1437,66	1282,00
	II	**2080,66**	465,08	465,08	II	1924,00	1767,41	1610,75	1454,08	1298,08	1147,50
	III	**1508,33**	465,08	465,08	III	1380,83	1256,50	1135,50	1017,66	903,16	791,66
	V	**2735,41**	465,08	465,08	IV	2142,66	2064,33	1986,00	1907,66	1829,33	1751,00
	VI	**2778,66**	465,08	465,08							
8513,99 Ost	I,IV	**2228,75**	465,08	465,08	I	2072,16	1915,50	1758,83	1602,16	1445,50	1289,66
	II	**2088,50**	465,08	465,08	II	1931,83	1775,16	1618,50	1461,83	1305,75	1154,83
	III	**1514,66**	465,08	465,08	III	1387,16	1262,66	1141,50	1023,50	908,83	797,16
	V	**2743,25**	465,08	465,08	IV	2150,41	2072,16	1993,83	1915,50	1837,16	1758,83
	VI	**2786,50**	465,08	465,08							

256

* Zur LSt-Berechnung für privat versicherte Arbeitnehmer s. Beispiele **Vorbemerkung S. 4 f.**
** Basisvorsorgepauschale KV und PV *** Typisierter Arbeitgeberzuschuss

Lohn/ Gehalt in € bis	Steuerklasse	Lohn- steuer*	BVSP**	TAGZ***	Steuerklasse	Bemessungsgrundlage für Kirchensteuer und Solidaritätszuschlag					
						Freibeträge für ... Kinder					
						0,5	1,0	1,5	2,0	2,5	3,0
8516,99 West	I,IV	**2 222,25**	465,08	465,08	I	2 065,58	1 908,91	1 752,25	1 595,58	1 438,91	1 283,25
	II	**2 082,00**	465,08	465,08	II	1 925,33	1 768,66	1 612,00	1 455,33	1 299,25	1 148,66
	III	**1 509,33**	465,08	465,08	III	1 381,83	1 257,50	1 136,50	1 018,66	904,00	792,66
	V	**2 736,66**	465,08	465,08	IV	2 143,91	2 065,58	1 987,25	1 908,91	1 830,58	1 752,25
	VI	**2 779,91**	465,08	465,08							
8516,99 Ost	I,IV	**2 230,08**	465,08	465,08	I	2 073,41	1 916,75	1 760,08	1 603,41	1 446,75	1 290,83
	II	**2 089,75**	465,08	465,08	II	1 933,08	1 776,41	1 619,75	1 463,16	1 306,91	1 156,00
	III	**1 515,83**	465,08	465,08	III	1 388,16	1 263,66	1 142,50	1 024,50	909,66	798,16
	V	**2 744,50**	465,08	465,08	IV	2 151,75	2 073,41	1 995,08	1 916,75	1 838,41	1 760,08
	VI	**2 787,75**	465,08	465,08							
8519,99 West	I,IV	**2 223,50**	465,08	465,08	I	2 066,83	1 910,16	1 753,50	1 596,83	1 440,16	1 284,50
	II	**2 083,25**	465,08	465,08	II	1 926,58	1 769,91	1 613,25	1 456,58	1 300,50	1 149,83
	III	**1 510,33**	465,08	465,08	III	1 382,83	1 258,50	1 137,50	1 019,66	905,00	793,50
	V	**2 737,91**	465,08	465,08	IV	2 145,16	2 066,83	1 988,50	1 910,16	1 831,83	1 753,50
	VI	**2 781,16**	465,08	465,08							
8519,99 Ost	I,IV	**2 231,33**	465,08	465,08	I	2 074,66	1 918,00	1 761,33	1 604,66	1 448,00	1 292,08
	II	**2 091,00**	465,08	465,08	II	1 934,33	1 777,66	1 621,08	1 464,41	1 308,16	1 157,16
	III	**1 516,83**	465,08	465,08	III	1 389,16	1 264,66	1 143,50	1 025,33	910,66	799,00
	V	**2 745,75**	465,08	465,08	IV	2 153,00	2 074,66	1 996,33	1 918,00	1 839,66	1 761,33
	VI	**2 789,00**	465,08	465,08							
8522,99 West	I,IV	**2 224,75**	465,08	465,08	I	2 068,08	1 911,41	1 754,75	1 598,08	1 441,50	1 285,66
	II	**2 084,50**	465,08	465,08	II	1 927,83	1 771,16	1 614,50	1 457,83	1 301,75	1 151,00
	III	**1 511,33**	465,08	465,08	III	1 383,83	1 259,50	1 138,33	1 020,50	905,83	794,33
	V	**2 739,16**	465,08	465,08	IV	2 146,41	2 068,08	1 989,75	1 911,41	1 833,08	1 754,75
	VI	**2 782,50**	465,08	465,08							
8522,99 Ost	I,IV	**2 232,58**	465,08	465,08	I	2 075,91	1 919,25	1 762,58	1 605,91	1 449,25	1 293,33
	II	**2 092,25**	465,08	465,08	II	1 935,66	1 779,00	1 622,33	1 465,66	1 309,41	1 158,41
	III	**1 517,83**	465,08	465,08	III	1 390,16	1 265,66	1 144,33	1 026,33	911,50	799,83
	V	**2 747,00**	465,08	465,08	IV	2 154,25	2 075,91	1 997,58	1 919,25	1 840,91	1 762,58
	VI	**2 790,25**	465,08	465,08							
8525,99 West	I,IV	**2 226,00**	465,08	465,08	I	2 069,33	1 912,66	1 756,08	1 599,41	1 442,75	1 286,91
	II	**2 085,75**	465,08	465,08	II	1 929,08	1 772,41	1 615,75	1 459,08	1 303,00	1 152,25
	III	**1 512,33**	465,08	465,08	III	1 384,83	1 260,50	1 139,33	1 021,50	906,83	795,33
	V	**2 740,50**	465,08	465,08	IV	2 147,66	2 069,33	1 991,00	1 912,66	1 834,33	1 756,08
	VI	**2 783,75**	465,08	465,08							
8525,99 Ost	I,IV	**2 233,83**	465,08	465,08	I	2 077,16	1 920,50	1 763,83	1 607,16	1 450,50	1 294,58
	II	**2 093,58**	465,08	465,08	II	1 936,91	1 780,25	1 623,58	1 466,91	1 310,66	1 159,58
	III	**1 518,83**	465,08	465,08	III	1 391,16	1 266,66	1 145,33	1 027,33	912,50	800,83
	V	**2 748,25**	465,08	465,08	IV	2 155,50	2 077,16	1 998,83	1 920,50	1 842,16	1 763,83
	VI	**2 791,50**	465,08	465,08							
8528,99 West	I,IV	**2 227,25**	465,08	465,08	I	2 070,58	1 914,00	1 757,33	1 600,66	1 444,00	1 288,16
	II	**2 087,00**	465,08	465,08	II	1 930,33	1 773,66	1 617,00	1 460,33	1 304,25	1 153,41
	III	**1 513,50**	465,08	465,08	III	1 385,83	1 261,50	1 140,33	1 022,33	907,66	796,16
	V	**2 741,75**	465,08	465,08	IV	2 148,91	2 070,58	1 992,33	1 914,00	1 835,66	1 757,33
	VI	**2 785,00**	465,08	465,08							
8528,99 Ost	I,IV	**2 235,08**	465,08	465,08	I	2 078,41	1 921,75	1 765,08	1 608,41	1 451,75	1 295,83
	II	**2 094,83**	465,08	465,08	II	1 938,16	1 781,50	1 624,83	1 468,16	1 311,91	1 160,75
	III	**1 519,83**	465,08	465,08	III	1 392,16	1 267,66	1 146,33	1 028,16	913,33	801,66
	V	**2 749,50**	465,08	465,08	IV	2 156,75	2 078,41	2 000,08	1 921,75	1 843,41	1 765,08
	VI	**2 792,75**	465,08	465,08							
8531,99 West	I,IV	**2 228,58**	465,08	465,08	I	2 071,91	1 915,25	1 758,58	1 601,91	1 445,25	1 289,41
	II	**2 088,25**	465,08	465,08	II	1 931,58	1 774,91	1 618,25	1 461,58	1 305,50	1 154,58
	III	**1 514,50**	465,08	465,08	III	1 386,83	1 262,50	1 141,33	1 023,33	908,50	797,00
	V	**2 743,00**	465,08	465,08	IV	2 150,25	2 071,91	1 993,58	1 915,25	1 836,91	1 758,58
	VI	**2 786,25**	465,08	465,08							
8531,99 Ost	I,IV	**2 236,33**	465,08	465,08	I	2 079,66	1 923,00	1 766,33	1 609,66	1 453,08	1 297,08
	II	**2 096,08**	465,08	465,08	II	1 939,41	1 782,75	1 626,08	1 469,41	1 313,16	1 161,91
	III	**1 521,00**	465,08	465,08	III	1 393,16	1 268,66	1 147,33	1 029,16	914,16	802,50
	V	**2 750,75**	465,08	465,08	IV	2 158,00	2 079,66	2 001,33	1 923,00	1 844,66	1 766,33
	VI	**2 794,08**	465,08	465,08							

* Zur LSt-Berechnung für privat versicherte Arbeitnehmer s. Beispiele **Vorbemerkung S. 4 f.**
** Basisvorsorgepauschale KV und PV *** Typisierter Arbeitgeberzuschuss

Lohn/Gehalt in € bis	Steuerklasse	Lohnsteuer*	BVSP**	TAGZ***	Steuerklasse	Bemessungsgrundlage für Kirchensteuer und Solidaritätszuschlag — Freibeträge für ... Kinder					
						0,5	1,0	1,5	2,0	2,5	3,0
8534,99 West	I,IV	2229,83	465,08	465,08	I	2073,16	1916,50	1759,83	1603,16	1446,50	1290,66
	II	2089,50	465,08	465,08	II	1932,83	1776,16	1619,58	1462,91	1306,75	1155,75
	III	1515,50	465,08	465,08	III	1387,83	1263,50	1142,33	1024,33	909,50	798,00
	V	2744,25	465,08	465,08	IV	2151,50	2073,16	1994,83	1916,50	1838,16	1759,83
	VI	2787,50	465,08	465,08							
8534,99 Ost	I,IV	2237,58	465,08	465,08	I	2080,91	1924,25	1767,66	1611,00	1454,33	1298,25
	II	2097,33	465,08	465,08	II	1940,91	1784,00	1627,33	1470,66	1314,41	1163,16
	III	1522,00	465,08	465,08	III	1394,16	1269,66	1148,16	1030,16	915,16	803,50
	V	2752,08	465,08	465,08	IV	2159,25	2080,91	2002,58	1924,25	1845,91	1767,66
	VI	2795,33	465,08	465,08							
8537,99 West	I,IV	2231,08	465,08	465,08	I	2074,41	1917,75	1761,08	1604,41	1447,75	1291,83
	II	2090,75	465,08	465,08	II	1934,08	1777,50	1620,83	1464,16	1307,91	1157,00
	III	1516,50	465,08	465,08	III	1388,83	1264,50	1143,16	1025,16	910,33	798,83
	V	2745,50	465,08	465,08	IV	2152,75	2074,41	1996,08	1917,75	1839,41	1761,08
	VI	2788,75	465,08	465,08							
8537,99 Ost	I,IV	2238,83	465,08	465,08	I	2082,16	1925,58	1768,91	1612,25	1455,58	1299,50
	II	2098,58	465,08	465,08	II	1941,91	1785,25	1628,58	1471,91	1315,66	1164,33
	III	1523,00	465,08	465,08	III	1395,16	1270,66	1149,16	1031,00	916,00	804,33
	V	2753,33	465,08	465,08	IV	2160,50	2082,16	2003,91	1925,58	1847,25	1768,91
	VI	2796,58	465,08	465,08							
8540,99 West	I,IV	2232,33	465,08	465,08	I	2075,66	1919,00	1762,33	1605,66	1449,00	1293,08
	II	2092,08	465,08	465,08	II	1935,41	1778,75	1622,08	1465,41	1309,16	1158,16
	III	1517,66	465,08	465,08	III	1389,83	1265,50	1144,16	1026,16	911,33	799,66
	V	2746,75	465,08	465,08	IV	2154,00	2075,66	1997,33	1919,00	1840,66	1762,33
	VI	2790,00	465,08	465,08							
8540,99 Ost	I,IV	2240,16	465,08	465,08	I	2083,50	1926,83	1770,16	1613,50	1456,83	1300,75
	II	2099,83	465,08	465,08	II	1943,16	1786,50	1629,83	1473,16	1316,91	1165,50
	III	1524,00	465,08	465,08	III	1396,16	1271,66	1150,16	1032,00	917,00	805,16
	V	2754,58	465,08	465,08	IV	2161,83	2083,50	2005,16	1926,83	1848,50	1770,16
	VI	2797,83	465,08	465,08							
8543,99 West	I,IV	2233,58	465,08	465,08	I	2076,91	1920,25	1763,58	1606,91	1450,25	1294,33
	II	2093,33	465,08	465,08	II	1936,66	1780,00	1623,33	1466,66	1310,41	1159,33
	III	1518,66	465,08	465,08	III	1391,00	1266,50	1145,16	1027,00	912,16	800,50
	V	2748,00	465,08	465,08	IV	2155,25	2076,91	1998,58	1920,25	1841,91	1763,58
	VI	2791,25	465,08	465,08							
8543,99 Ost	I,IV	2241,41	465,08	465,08	I	2084,75	1928,08	1771,41	1614,75	1458,08	1302,00
	II	2101,08	465,08	465,08	II	1944,41	1787,75	1631,16	1474,50	1318,16	1166,75
	III	1525,16	465,08	465,08	III	1397,16	1272,50	1151,16	1032,83	917,83	806,16
	V	2755,83	465,08	465,08	IV	2163,08	2084,75	2006,41	1928,08	1849,75	1771,41
	VI	2799,08	465,08	465,08							
8546,99 West	I,IV	2234,83	465,08	465,08	I	2078,16	1921,50	1764,83	1608,16	1451,58	1295,58
	II	2094,58	465,08	465,08	II	1937,91	1781,25	1624,58	1467,91	1311,66	1160,50
	III	1519,66	465,08	465,08	III	1392,00	1267,33	1146,16	1028,00	913,16	801,50
	V	2749,25	465,08	465,08	IV	2156,50	2078,16	1999,83	1921,50	1843,16	1764,83
	VI	2792,58	465,08	465,08							
8546,99 Ost	I,IV	2242,66	465,08	465,08	I	2086,00	1929,33	1772,66	1616,00	1459,33	1303,25
	II	2102,33	465,08	465,08	II	1945,66	1789,08	1632,41	1475,75	1319,41	1167,91
	III	1526,16	465,08	465,08	III	1398,33	1273,50	1152,16	1033,83	918,83	807,00
	V	2757,08	465,08	465,08	IV	2164,33	2086,00	2007,66	1929,33	1851,00	1772,66
	VI	2800,33	465,08	465,08							
8549,99 West	I,IV	2236,08	465,08	465,08	I	2079,41	1922,75	1766,08	1609,50	1452,83	1296,83
	II	2095,83	465,08	465,08	II	1939,16	1782,50	1625,83	1469,16	1312,91	1161,75
	III	1520,66	465,08	465,08	III	1393,00	1268,33	1147,00	1029,00	914,00	802,33
	V	2750,58	465,08	465,08	IV	2157,75	2079,41	2001,08	1922,75	1844,41	1766,08
	VI	2793,83	465,08	465,08							
8549,99 Ost	I,IV	2243,91	465,08	465,08	I	2087,25	1930,58	1773,91	1617,25	1460,58	1304,50
	II	2103,66	465,08	465,08	II	1947,00	1790,33	1633,66	1477,00	1320,58	1169,08
	III	1527,16	465,08	465,08	III	1399,33	1274,50	1153,00	1034,83	919,66	807,83
	V	2758,33	465,08	465,08	IV	2165,58	2087,25	2008,91	1930,58	1852,25	1773,91
	VI	2801,58	465,08	465,08							

* Zur LSt-Berechnung für privat versicherte Arbeitnehmer s. Beispiele **Vorbemerkung S. 4f.**
** Basisvorsorgepauschale KV und PV *** Typisierter Arbeitgeberzuschuss

Sachverzeichnis

Stand: September 2021

Die fett gedruckte Ziffer nach dem Stichwort bezeichnet die Nummer innerhalb der Sammlung, die nachfolgende magere Ziffer den Paragraphen bzw. Artikel. Die in Klammer gesetzten Zahlen verweisen auf die Nummern innerhalb der Vorschrift. Der Zusatz „F" verweist auf eine Fußnote.

Sachverzeichnis

fette Ziffer = Gesetzesnummer

2

Sachverzeichnis

Sachverzeichnis

Sachverzeichnis

Sachverzeichnis

Sachverzeichnis

Sachverzeichnis

magere Ziffer = Paragraf oder Artikel

Sachverzeichnis

Sachverzeichnis

Sachverzeichnis

Sachverzeichnis

Sachverzeichnis

Sachverzeichnis

Sachverzeichnis

Sachverzeichnis

Sachverzeichnis

Sachverzeichnis

Sachverzeichnis

Sachverzeichnis

Sachverzeichnis

Sachverzeichnis

Sachverzeichnis

Sachverzeichnis

Sachverzeichnis

Sachverzeichnis

Sachverzeichnis

Sachverzeichnis

Sachverzeichnis

Sachverzeichnis

Sachverzeichnis

Sachverzeichnis

Sachverzeichnis

Sachverzeichnis

39

Sachverzeichnis

fette Ziffer = Gesetzesnummer

Sachverzeichnis

Sachverzeichnis

Sachverzeichnis

Sachverzeichnis

Sachverzeichnis

Sachverzeichnis

Sachverzeichnis

Sachverzeichnis

Sachverzeichnis

Sachverzeichnis

Sachverzeichnis

Sachverzeichnis

Sachverzeichnis

Sachverzeichnis

Sachverzeichnis

Sachverzeichnis

Sachverzeichnis

Sachverzeichnis

Sachverzeichnis

Sachverzeichnis

Sachverzeichnis

Sachverzeichnis

fette Ziffer = Gesetzesnummer

Sachverzeichnis

Sachverzeichnis

Sachverzeichnis

Sachverzeichnis

Sachverzeichnis

Sachverzeichnis

Sachverzeichnis

Sachverzeichnis

Sachverzeichnis

Sachverzeichnis

Sachverzeichnis

Sachverzeichnis

Sachverzeichnis

Sachverzeichnis

Sachverzeichnis

Sachverzeichnis

Sachverzeichnis

Sachverzeichnis

Sachverzeichnis

Sachverzeichnis

Sachverzeichnis

Sachverzeichnis

Sachverzeichnis

Sachverzeichnis

fette Ziffer = Gesetzesnummer

Sachverzeichnis

Sachverzeichnis

Sachverzeichnis

Sachverzeichnis

Sachverzeichnis

Sachverzeichnis

Sachverzeichnis

Sachverzeichnis

Sachverzeichnis

Sachverzeichnis

Steuergegenstand
Erbschaftsteuer **250** 1
Feuerschutzsteuer **650** 1
Gewerbesteuer **450** 2
Grunderwerbsteuer **600** 1, 2
Grundsteuer **420** 2
Kraftfahrzeugsteuer **660** 1
Lotteriesteuer **630** 26
Online-Pokersteuer **630** 46
Rennwettsteuer **630** 8
Sportwettensteuer **630** 16
Umsatzsteuer **500** 1; **550** 14–30
Versicherungsteuer **620** 1
Virtuelle Automatensteuer **630** 36
Steuergeheimnis
Allgemeines **800** 30-31a, 96; **802** 86
Datenübermittlung **800** 87a; **800g; 801** 19
Datenverarbeitung **800** 29c, 30
Vollstreckungsersuchen **801a** 21
Steuerhaftung s. Haftung
Steuerheft 500 22; **510** 68
Steuerhehlerei s. Hehlerei
Steuerhinterziehung s. Hinterziehung
Steuerkarte, Kraftfahrzeugsteuer **665** 11–13
Steuerklassen
Erbschaftsteuer **250** 6, 15
Lohnsteuer **1** 38b, 39f
Steuerlicher Vorteil bei grenzüber-schreitenden Steuergestaltungen **800** 138d, 138e, 138g
Steuermarken
Allgemeines **800** 167, 170
Berichtigung von Erklärungen **800** 153
Straftat bei Fälschung **800** 369, 370
Steuermessbetrag
Allgemeines **800** 184; **800a** Art. 97 P. 35
Gewerbesteuer **450** 11, 14–15; **800** 184
Grundsteuer **420** 13; **420a** 13; **800** 184
Steuermesszahl
Gewerbesteuer **450** 11
Grundsteuer **420** 13–15; **420a** 13–15
Steuern
Begriff **800** 3
EU **1** Anl. 2–3
Steuernachforderung s. Nachforderung
Steuernummer
Angabe in Rechnung **500** 14
Fiskalvertreter **500** 22d
Steueroasen-Abwehrgesetz 12

Steuerordnungswidrigkeit
Allgemeines **800** 2a, 29c, 377
s. a. Bußgeld
Steuerpflicht
Einkommensteuer **1** 1, 1a; **725** 2, 7
Erbschaftsteuer **250** 1–9; **725** 4
Gewerbesteuer **450** 2
Körperschaftsteuer **100** 1–6
Kraftfahrzeugsteuer **660** 1, 5
Solidaritätszuschlag **1a** 2
Vermögensteuer **220** 1, 2
Steuerpflichtiger
Begriff **800** 33, 43
Einkommensteuer **1** 26b
Erbschaftsteuer **250** 20
Feuerschutzsteuer **650** 5
Gewerbesteuer **450** 5
Grunderwerbsteuer **600** 13
Grundsteuer **420** 10; **420a** 10
Kraftfahrzeugsteuer **660** 7
Lotteriesteuer **630** 30
Online-Pokersteuer **630** 49
Rennwettsteuer **630** 11
Sportwettensteuer **630** 18
Umsatzsteuer **500** 13a; **550** 9–13; **550a** 5d; **550b** 2, 3
Verfahrensbeteiligter **800** 78
Versicherungsteuer **620** 7
Virtuelle Automatensteuer **630** 39
s. a. Steuerschuldner
Steuerpflichtiges Vermögen
Erbschaftsteuer **250** 10
Vermögensteuer **220** 9
Steuersatz
außerordentliche Einkünfte aus Forstwirt-schaft **1** 34b; **720** 5
Einkommensteuer **1** 32a, 32b, 32d, 34, 34a, 34b, 50, 50a; **725** 2
Erbschaftsteuer **250** 6, 19, 19a
Feuerschutzsteuer **650** 4
Gewerbesteuer **450** 11
Grunderwerbsteuer **600** 11
Grundsteuer **420** 13, 15; **420a** 13, 15
Kapitalertragsteuer **1** 43a
Körperschaftsteuer **100** 5, 23
Kraftfahrzeugsteuer **660** 9, 9a, 18
Lotteriesteuer **630** 29
Online-Pokersteuer **630** 49
Progressionsvorbehalt **1** 32b, 34, 34c
Rennwettsteuer **630** 10
Sportwettensteuer **630** 17

104

September 2021   EL 207

Sachverzeichnis

Sachverzeichnis

Sachverzeichnis

Sachverzeichnis

magere Ziffer = Paragraf oder Artikel

Sachverzeichnis

Sachverzeichnis

Sachverzeichnis

Sachverzeichnis

Sachverzeichnis

Sachverzeichnis

fette Ziffer = Gesetzesnummer

Mängel **800** 126, 127; **802** 115, 116, 118
Mitteilung grenzüberschreitender Steuer-
    gestaltungen **800** 138g
nach Klagerücknahme **802** 72
Solidaritätszuschlag **1a** 1
Vollstreckungsersuchen innerhalb der EU
    801a 17–21
Vollzug der Steuergesetze **803** 21a
Wirtschaftsprüfer **850** 4a, 36a, 40, 81–
    121a
Wohnungsbauprämie **52** 4a, 4b
Zahlungen nach REIT-Gesetz **125** 21
Zerlegung **807** 6
Verfahrensakten, Gerichte **802a**
Verfahrensbeteiligte s. Beteiligte
Verfahrenshandlungsfähigkeit bei
    Steuergericht **802** 58
Verfahrenskosten s. Kosten
Verfahrensverbindung s. Verbindung
Verfall Gebäude 200 72, 145, 178,
    246
Verfassungswidrigkeit 800 176
Verfolgte, Einkommensteuer **1** 3 (8a)
Verfolgung Straftat
Eigenheimzulage **5** 15
Forschungszulage **750** 13
geringfügige Beschäftigung **1** 50e
Investitionszulage **740a** 14; **740b** 14
Verfügbares Vermögen, Erbschaftsteuer
    250 28a
Verfügungsberechtigter
Konten **800** 93, 154
Steuerpflichten **800** 35
Verfügungsberechtigung
Haftung **800** 69
Vollstreckung **800** 77
Verfügungsbeschränkungen
Bewertung **200** 9
Erbschaftsteuer **250** 13a, 13c
Vergleichbarkeitsanalyse, Fremdver-
    gleichswert **725** 1
Vergleichendes Verfahren, Einheitsbe-
    wertung **200** 37–41, 55, 61, 62
Vergleichsmieten, Einheitsbewertung
    200 79
Vergleichsstücke, Bodenschätzung **210**
    7
Vergleichsverfahren
Haftung für Erwerb aus V. **800** 75
Insolvenzsicherung für betriebliche
    Altersversorgung **70** 7–15

Vergleichswert
Bedarfsbewertung **200** 182, 183
Einheitsbewertung **200** 40, 55, 62
Vergleichszahlen, Einheitsbewertung
    200 38, 39, 125
Vergütungen
Ansprüche auf Steuervergütungen **800** 37
Aufsichtsrat **1** 18, 50a; **100** 10
Bevollmächtigte **800** 80, 81
Erbschaftsteuer **250** 13a, 13b
genossenschaftliche Rückvergütungen
    100 22
Gesellschafter-Fremdfinanzierung **100** 8a
Gewerbesteuer **450** 8, 9
grenzüberschreitende Steuergestaltungen
    800 138e
Körperschaftsteuer **1a** 3; **100** 1a
Mitteilung an Finanzbehörden **800f** 6
Mitunternehmer **1** 15; **450** 7, 9
Steuerberater und Steuerbevollmächtigte
    840 9, 9a, 69; **840a**
Umsatzsteuervergütung **500** 4a, 18, 18g;
    510 24, 59-61a; **803** 5
Venture Capital- und Private Equity-
    Fonds **1** 3 (40a), 3c, 18
Vorwegvergütungen **1** 15
Wirtschaftsprüfer **850** 55, 55a, 55c
Vergütungszeitraum, Umsatzsteuer **510**
    60
Verhaftung, Vollstreckungsschuldner **800**
    284
Verhältnismäßigkeitsprüfung
Satzung Steuerberaterkammer **840** 86
Satzung Wirtschaftsprüferkammer **850**
    57, 57c
Verhandlung
mündliche V. im berufsgerichtlichen
    Verfahren **840** 121, 124; **850** 98, 102
mündliche V. im steuergerichtlichen Ver-
    fahren **802** 79–94
Verjährung
Aufrechnung **800** 226
ausländische Abgabenansprüche **801a** 15
betriebliche Altersversorgung **70** 18a
Festsetzungsverjährung **800** 169–171;
    800a Art. 97 P. 10
Haftungsanspruch **800** 191
Kindergeld **60** 6b
Steuer-, Abgabenstraftaten **800** 376,
    396
Steuerordnungswidrigkeiten **800** 384

September 2021 EL 207

Sachverzeichnis

Sachverzeichnis

Sachverzeichnis

Sachverzeichnis

Sachverzeichnis

Sachverzeichnis

Sachverzeichnis

Sachverzeichnis

Sachverzeichnis

Sachverzeichnis

Sachverzeichnis

Sachverzeichnis

Sachverzeichnis

Sachverzeichnis

Sachverzeichnis

Sachverzeichnis

Sachverzeichnis

Sachverzeichnis

Sachverzeichnis

fette Ziffer = Gesetzesnummer

Für handschriftliche Notizen

Für handschriftliche Notizen